山西方音字汇

（第一卷）

乔全生 著

SSAP
社会科学文献出版社
SOCIAL SCIENCES ACADEMIC PRESS (CHINA)

图书在版编目（CIP）数据

山西方音字汇：全五卷 / 乔全生著 . -- 北京：社会科学文献出版社，2024. 12. -- ISBN 978-7-5228-3889-2

Ⅰ. H172.2

中国国家版本馆 CIP 数据核字第 2024DN6216 号

山西方音字汇（全五卷）

著　　者 / 乔全生

出 版 人 / 冀祥德
责任编辑 / 赵晶华
责任印制 / 王京美

出　　版 / 社会科学文献出版社 · 文化传媒分社（010）59367004
地址：北京市北三环中路甲29号院华龙大厦　邮编：100029
网址：www. ssap. com. cn
发　　行 / 社会科学文献出版社（010）59367028
印　　装 / 河北虎彩印刷有限公司

规　　格 / 开 本：787mm × 1092mm　1/16
印 张：122.5　字 数：2525千字
版　　次 / 2024年12月第1版　2024年12月第1次印刷
书　　号 / ISBN 978-7-5228-3889-2
定　　价 / 2000. 00元（全五卷）

读者服务电话：4008918866

乔全生

山西临汾人，中共党员。教育部“长江学者奖励计划”特聘教授，享受国务院政府特殊津贴专家，中国语言资源保护工程核心专家组专家。陕西师范大学文学院教授、博士生导师、语言科学研究所所长。山西省首批“三晋学者”特聘教授。《北斗语言学刊》主编。《汉语方言学大词典》副主编。兼任中国音韵学研究会会长。主要从事汉语方言学、汉语语音史教学研究工作。发表学术论文100余篇，出版专著10余部，主编《近代汉语方言文献集成》14辑309卷、“山西方言重点研究丛书”10辑70部、《中国语言资源集·山西》10卷。“语言科学研究所”获先进集体称号1次。本人获“中国语言资源保护奖”先进个人称号1次，第十三届北京大学王力语言学奖二等奖1次，山西省、陕西省哲学社会科学优秀成果奖一等奖4次，山西省高等学校科学研究优秀成果奖（人文社会科学）一等奖4次，山西省五一劳动奖章1次。主持并完成国家社科基金重大招标项目、重点项目、一般项目、西部项目各1项，完成教育部、国家语委中国语言资源保护工程专项项目多项。

序　言

张振兴

乔全生教授国庆、中秋双节前给我发送了五卷本《山西方音字汇》书稿的电子版，我非常高兴。国庆节期间凡是平时想去走走的地方都人多拥挤，外出看望朋友也有诸多不便，这正是在家清静读书的好时光，我便用了几天时间把这部书稿浏览了一遍，颇有兴奋之感。看到好书比什么都强。

《山西方音字汇》包括序言、前言、凡例、方言音系简介、方音字汇表、字目索引等内容，收入山西省 107 个县（市、区）汉语方言点 2943 个单字音材料，并附 107 个方言点声韵调表及连读变调表等音系材料，基本实现了山西省境内方言语音调查地域全覆盖。107 个方言点所包括的方言区片如下：

晋语

并州片：小店、尖草坪、晋源、阳曲、古交、清徐、娄烦、榆次、交城、文水、祁县、太谷、平遥、孝义、介休、灵石、盂县、寿阳、榆社；

吕梁片：离石、汾阳、中阳、柳林、方山、临县、兴县、岚县、静乐、交口、石楼、隰县、大宁、永和、汾西、蒲县；

上党片：潞州、上党、长子、屯留、襄垣、黎城、平顺、壶关、沁县、武乡、沁源、安泽、沁水端氏、阳城、高平、陵川、晋城；

五台片：忻府、原平、定襄、五台、岢岚、五寨、宁武、神池、繁峙、代县、河曲、保德、偏关、朔城、平鲁、应县、灵丘、浑源；

大包片：云州、新荣、怀仁、左云、右玉、阳高、山阴、天镇、平定、昔阳、左权、和顺。

中原官话汾河片

平阳小片：尧都、洪洞、洪洞赵城、古县、襄汾、浮山、霍州、翼城；

绛州小片：闻喜、侯马、新绛、绛县、垣曲、夏县、万荣、稷山；

解州小片：盐湖、临猗、河津、平陆、永济、芮城、吉县、乡宁。

冀鲁官话保唐片

涞阜小片：广灵。

从以上资料可以看出，《山西方音字汇》所收的107个方言地点覆盖境内晋语、中原官话和冀鲁官话全部方言地域。所收2943个单字也根据山西方言的实际情况，大致覆盖《方言调查字表》的收字范围。因此，这部书稿就其规模来说，是我所见到的最全面、最完整的一部省区方言字音汇集。它在全面调查、准确听音、客观记音、仔细核查、认真校对的基础之上，比较深入地反映了山西方言的语音特点，同时又排列《切韵》系统的古音来历，比较好地照顾到汉语方言学的音韵传统。它对山西方言语音的共时描写准确、客观，历时对应清晰、明确，既反映了现代方音研究的最新观点，也展示了方音历史演变的真实面貌。我认为《山西方音字汇》可以成为汉语方音尤其是山西方音深度研究，以及其他相关研究的经得起历史检验的学术根基和文献依据。

大家都知道语言本身有语音、词汇和语法三大要素，其中语音是基础，词汇是核心，语法是架构。因此，调查研究方言必须首先从语音入手。20世纪50~60年代我国掀起汉语方言调查研究的高潮，成绩最显著者首先表现在方言语音的调查研究方面。其中不乏一些精品，如后来公开出版和发表的《江苏省和上海市方言概况》（1960）、《四川方言音系》（1960）、《河北方言概况》（1961）、《安徽方言概况》（1962）等，都是以语音分析和语音比较为主的。特别需要提到的是，由江苏人民出版社出版的《江苏省和上海市方言概况》，第二部分就是“字音对照表”，对照排列20个地点2601个单字的读音，并加注每个字的中古音，以方便读者需要，读者可以很快得到某个地点方言古今语音演变的基本规律。表前有详细说明和20个地点的声韵调表。表前说明第（六）项，关于收字范围：“本表只收各地都用的字，一部分地点不用的字不收。”例如《集韵》中去声口浪切、训“藏也”的“囥”字，第二区和第三区的很多地点都用，但第一区和第四区都不用，所以不收“囥”字。这条规定很好理解：字音表是为了比较对照用的，需要尽可能收录各地都用的字，不使对照出现太多空缺，否则不能表现各地的异同。还有第（七）项，关于一些收字的来历：“本表所收的字，就来历说，各地读音大多数字都对得起来，只有极少数的字对不起来。这些对不起来的音，斟酌加注说明。”例如“踏”字，第二区和第三区都来自《集韵》定母入声合韵“达合切”，第一区和第四区都来自《广韵》透母入声合韵“他合切”，这些不同表里都加注，完全是语言事实材料。总之，《江苏省和上海市方言概况》的语音对照表所收的方言地点和方言用字并不是最多的，但都恰到好处，对于了解江苏省和上海市方言的详细情况是很有价值的。

也有不完全相同的情况。例如广西人民出版社出版的谢建猷所著《广西汉语方言研究》（2007），上册第四部分是一个详细的“单字音对照表”，刊布广西境内42个地点 3810 个字的字音对照表。书中说："不删去《方言调查字表》里有，而发音人读不出来的字，旨在保持《方言调查字表》的完整性，反映《方言调查字表》在各方言的读音现状，以便进行方言的对比研究。"所以这个字音对照表所收单字总数最多，超过了《方言调查字表》。这种处理方式不能就说没有道理，同样的事物本来就是有不同的处理方式的。

而本书恰好取以上两者之长，更接近《江苏省和上海市方言概况》一书的模式。这个自有其道理，是由两个重要因素决定的。

其一，山西方言的丰富性和特殊性。李荣先生 1984 年在"山西方言志丛书·序"中说："山西方言在我国北方方言里是比较复杂的。对于研究语言的人来说，山西的方言跟山西的煤炭一样，是无穷无尽的宝藏，亟待开发。"这段很概括的话说的就是山西方言的丰富性和特殊性。关于晋语的特殊性不用多说，即使是境内中原官话汾河片方言，某些很特殊的语音现象也是其他汉语方言中不多见的。例如潘家懿在《山西闻喜方言古帮组声母字的读音》(《方言》1985 年第 4 期）一文中指出，汉语大多数方言古帮组字今读 [p、p^h、m] 声母，可是山西闻喜逢蟹、止、效、流、咸、深、山、臻、曾、梗十摄开口三、四等今读细音的古帮组字在口语里可以变读为 [t、t^h、l]，其他帮组字今读细音也不变读，仍读 [p、p^h、m]。这里摘录 [i、ie、iau、iɯŋ] 四韵部分字表例字，①②③④分别表示阴平、阳平、上声、去声：

ti	①碑石~臂~膀 ②闭~住嘴箅~子 ③比~~高低 ④备准~笔毛~逼~死人	tiau	①膘~肥标高~准 ③表~格裱~一下
t^hi	①批一大~披~在身上 ②皮猪~被~子脾~气 ③避~~雨蔽~住了 ④屁放~劈~开	t^hiau	①飘在头上~漂~白粉 ②瓢水~票戏~
li	②迷~糊眉~毛 ③米小~儿 ④蜜~蜂	liau	②苗棉花~~庙小~ ③谬~论 ④妙~太，妙极了
tie	④憋~煞，闷得慌	tiɯŋ	①编~席子边~~儿 ②变~化 ③贬~得远远的扁~担 ④变~了遍一~，两~
t^hie	②病害~ ④撇~开腿	t^hiɯŋ	①偏~~儿篇写下三~ ②便~宜辫~子 ③片铁~儿蝙夜~儿
lie	②明~叨，明天名小~儿 ④灭火~了篾竹~儿	liɯŋ	②棉~花面脸~儿 ③免~了勉~励

潘文同时说明，闻喜方言帮组字这种变读现象早有记载。1918 年编纂的《闻喜县志》就记录了一些变读字，如兵读丁、标读刁、扁读典、平读停、皮读提、贫读停临切、撇读铁上声、眉读厘、苗读辽、民读临等。1929 年闻喜人崔盈科所写《山西闻喜之方言》也举过类似的例子，如"明读凉，命读令，庙读料，饼读顶"等。显然，这是一种很特殊的方言语音现象。

山西方言的这种丰富性和特殊性很早就吸引了中外研究者的注意。我们应该首先提到瑞典汉学家高本汉（Bernhard Karlgren），以及他的著名著作《中国音韵学研究》（*Etudes sur la Phonologie Chinoise*）。高本汉被认为是利用汉语方言材料构拟汉语中古音和上古音的第一人，他研究 33 处汉语方言，其中山西占了 8 处：

归化城（朔平府）
大同（大同府）
太原（太原府）
文水（太原府）
太谷（太原府）
兴县（太原府）
平阳（平阳府）[今临汾]
凤台（泽州府）[今晋城]

高本汉所著《中国音韵学研究》共分四卷，中文本由赵元任、罗常培、李方桂合译，于 1940 年由商务印书馆出版，1994 年商务印书馆缩印重出新版。第四卷第十八章第 537~731 页是“方言字汇”，排比 22 处方言的 3000 多个字音，反映了古今音的演变和方音之间的异同。其中收入山西方言 7 处，没有收平阳。可见，高本汉对山西方言特别重视。

其二，山西方言调查研究的丰富积累。20 世纪 50~60 年代我国兴起汉语方言调查研究的高潮，山西方言的调查研究不落人后，也进行了大面积的实地调查记录，最后由山西省方言调查指导组编成油印本《山西方言概况》（语音部分），其中包括很多地点的方言音系，以及读音对照表。但是对山西省方言真正深入、全面的调查则始于 80 年代后期。1987 年《中国语言地图集》出版，把山西省以及周边有入声的方言分立为“晋语”，作为汉语方言十大类之一，引发广泛讨论。学术讨论是学术发展的最有力推动力。自此之后，山西方言的调查研究步入快车道。据张振兴等辑录的《中国分省区汉语方言文献目录（稿）》一书的大概统计，截至 2010 年，山西省共有方言文献 978 条，内含“晋语”的方言文献多达 556 条，其中 1987 年以前的文献仅仅 68 条，而 1987 年以后二十多年中的文献却达到 488 条，是以往年代文献数量的 7 倍多！

关于山西省的方言研究，学术精品很多。例如侯精一、温端政主编《山西方言研究》（1989）和《山西方言调查研究报告》（1993），侯精一著《现代晋语的研究》（1999），温端政主编“山西省方言志丛书”（1982~1995），吴建生、赵宏因编纂《万荣方言词典》，乔全生主编“山西方言重点研究丛书”（1999~ ），乔全生著《洪洞方言研究》（1999）、《晋方言语法研究》（2000）、《晋方言语音史研究》（2008），沈明著

《晋语语音研究》(2022)等。这些论著涉及山西境内的晋语和中原官话，都值得读者仔细一读。尤其是以下三种著作应该引起更多的重视。

①温端政主编的“山西省方言志丛书”。该丛书起编于1982年，终编于1995年，1984年著名语言学家李荣教授亲自为其作序，先后由语文出版社和山西高校联合出版社出版。包括新绛、忻州、长治、武乡、长子、吉县、大同、平陆、永济、介休、清徐、文水、陵川、沁县、临汾、和顺、屯留、襄垣、山阴、汾西、左权、怀仁、盂县、临县、定襄等37种方言志，大致涵盖山西省主要的晋语和中原官话方言。每种方言志都有详细的音系描写或说明，大部分方言志都有同音字汇或词汇表，有的还有比较详细的语法说明。该丛书为山西省的方言分区和晋语的分立提供了重要的语言事实依据。

②侯精一、温端政所著《山西方言调查研究报告》。1993由山西高校联合出版社出版。本书详细描写和讨论了山西方言主要的音韵特点，包括文白异读等语音特点，同时排列了山西42个地点方言272个字目的字音对照，以及116条词语对照。还有山西8个方言代表点53个语法例句的对照。在这个基础上，绘制了50幅山西方言地图，并且据此把山西101个地点方言分为六区：中区(21)、西区(15)、东南区(15)、北区(25)、南区(24)、东北区(1)。大致说来，中区、西区、东南区、北区相当于晋语地区，南区相当于中原官话汾河片，东北区只有广灵县。就研究的深度和广度而言，该书是调查研究山西方言绕不过去的一部重要必读书。由于篇幅限制，实际所收地点的方言字音、词目数量都有限，但仍然具有重要的参考价值。

③乔全生主编的“山西方言重点研究丛书”。该丛书起编于1999年，按照事先约定的“成熟一本出版一本”的原则，不设终编年限，也没有预设出版多少种。分别由北岳文艺出版社等多家出版社陆续出版。截至2022年，已经出版十辑共70种。该丛书已经出版的方言地点基本涵盖以上“方言志丛书”和“研究报告”所涉及的方言地点，但其中所包含的内容和材料都比以上“方言志丛书”丰富得多，反映了山西方言调查研究的发展和深入。

以上说的两个因素，是《山西方音字汇》成为一部好书的最重要原因。没有山西的方言背景，没有几十年来山西方言调查研究的积累，是不可能编纂成功《山西方音字汇》的。当然，我们也很高兴地看到《山西方音字汇》在这个基础上所做的创新。调查的方言地点、收录的单字数量都是以往的论著不能相比的，这对于山西方言本身的比较研究，以及与其他汉语方言广泛的比较研究，都是具有重要价值、重要意义的。

《山西方音字汇》是山西方言研究、汉语方言研究的又一个重大工程，是中国语言学研究的一项基础建设。书成众人之手，是非功过不能算在一个人头上，自有后来者评说。但若论功说事，乔全生教授当为首功。

乔全生教授专治音韵学和方言学，同时也广涉其他学问，学养涵深，为学界所知。

他几十年来尤其专注于山西方言的调查研究，出版和发表过一批重要论著，主持并担纲很多重要研究课题，时有新见，为同仁所敬服。上文已有略说。他不久前才完成国家社科基金重大招标项目《近代汉语方言文献集成》的编纂出版工作。我在为挚友马重奇教授《明清以来濒危中西闽方言文献发掘、集成与研究》所作的序言里（《汉语学报》2023 年第 1 期）有一段话是涉及乔全生教授的，不嫌赘述，逐录如下：

> 乔全生（陕西师范大学语言科学研究所），申请成功 2010-2018 国家社科基金重大招标项目，计划收集、整理和编纂《近代汉语方言文献集成》，包括十大方言区的历史文献，少则几卷，多则几十卷。总数 309 卷，共 14 辑。商务印书馆于 2019 年 12 月正式出版第一辑《近代汉语官话方言韵书韵图文献集成》22 卷。至 2022 年底，已经出版 146 卷，其他各卷将于 2023 年底出齐。乔全生是我多年的老朋友，三年多前他还在山西大学，我专程到太原访问他的语言科学研究所，看到几十大卷文献集成的复印件、影印件、手抄件堆满一间办公室。听他详细介绍这些文献的收集整理过程，动情之处，我们都含泪倾听。我对乔全生教授和他的团队全体成员肃然起敬，十分敬佩！

刚完成一件大事，又见五卷本《山西方音字汇》，几乎是马不停蹄，于我是很难想象的，但乔全生教授做到了。这需要学识和远见，又需要胆识和魄力，还需要有甘于奉献的精神，当然还需要特别的勤奋和努力。我知道汉语方言学界里，像乔全生教授这样的人才大有人在。非常期望有更多的同仁，担当起各个省区的类似于《山西方音字汇》一类的方言学基础建设的重任。基础建设做好了，我们将迎来汉语方言学更加辉煌的未来！

2023 年中秋国庆节期间
写于北京康城花园

前　言

1984年，李荣先生在“山西方言志丛书·序”中说：“山西方言在我国北方方言里是比较复杂的。对于研究语言的人来说，山西的方言跟山西的煤炭一样，是无穷无尽的宝藏，亟待开发。”1985年，李荣先生将以山西为主体（包括山西周边陕西、内蒙古、河北、河南部分县市）的晋方言从官话中分立出来，作为全国十大方言区之一。四十年来，山西方言研究成果丰硕，从20世纪80年代试编41本“山西方言志丛书”到90年代出版120万字的《山西方言调查研究报告》，从21世纪出版70部“山西方言重点研究丛书”到最近的“中国语言资源保护工程”中55个山西方言点的调查，均在全国汉语方言学界产生了重要影响。大量的共时和历时研究成果表明，山西方言作为黄土高原、黄河流域的一种古老方言，无论就其形成的历史，还是所保留的古代语言、古代文化成分看，在汉语发展史、中国文明史上均占有突出的地位。同时也要看到，随着普通话的大力普及、交通的极大便利、人口的多向流动，山西方言中的很多古老成分在慢慢消失。鉴于山西方言的独特性与重要性，21世纪初我们正式启动“山西方言重点研究丛书”的编纂工作，计划在不太长的时间内对山西省境内119个县市区中100个左右的方言点作重点调查，一县一部书，每部25万字左右。该丛书以《洪洞方言研究》（中央文献出版社1999年版）为蓝本，本着“细致描写，科学分析，突出重点，不拘一格”的原则，全面记录山西省各县（市、区）方言点的全貌，包括地理概况、语音描写、历史音韵、同音字表、分类词表、语法特点等方面的内容。该丛书是率先对一个省内单点方言进行较大规模集成研究的一种尝试。正如张振兴先生在“山西方言重点研究丛书·总序”（2002）中所说，“是非常适时的，肯定是可行的，也是很有远见的一个重大举措”。在2002~2018年的16年中，我带领山西方言调查团队坚持不懈、迎难而上，对甄选出的全省107个方言点的规定内容全部做了调查。目前已出版十辑70部，其余将陆续出版。107个点的语音调查成果为《山西方音字汇》的编纂奠定了坚实基础，同时也为山西方言的开发、保护做出了应有贡献，使晋方言的共时研究达到更高的层次。

《山西方音字汇》包括序言、前言、凡例、方言音系简介、方音字汇表、字目索引等内容，共收入山西省107个县（市、区）汉语方言点（其中有两个点是原县城所在地，现已降为镇所在地）的2943个单字音材料，并附107个方言点声韵调表及连读变调表，基本实现山西省境内方言语音调查地域全覆盖。其中有55个方言点的音系与1000个单字音是借助中国语言资源保护工程完成的，随后我们又在此基础上补充调查了1951个单字音。截至2018年，107个方言点的所有单字音及音系已全部调查完毕。2018年以来，陆续对107个方言点的材料进行录入、排序、核实、编校，并与中古音进行对照。由于本书调查点多、单字音多、音标符号复杂，再加上之前受疫情影响，需要不断地投入精力补充调查、反复核实，以臻完善，以铸精品。

我们认为，方言研究的基础工作是调查，调查分为语音、词汇、语法、口头文化等若干方面，其中语音调查是基础。若对山西方言进行全面深入的共时、历时研究，需要做好扎实的语音调查工作。对一个省的107个方言点的语音进行拉网式全覆盖调查，不仅需要勇气，更需要责任和担当。从方言点的确定、字目的选择等超大调查计划的制定，到调查团队组建，具体听音、记音、核音、音系归纳，既要反映山西的方言特点，又要照顾到汉语方言学的传统。方音字汇的质量和价值最理想的标准就是建立在全面调查、准确听音、客观记音的基础之上，也建立在反复多次的核查与校对之上。一部好的方音字汇要体现出以下特色和内涵：对方言语音共时描写准确、客观，历时对应清晰、明确，既反映现代方音研究的最新观点，也展示方音历史演变的真实面貌。

《山西方音字汇》由我担纲著作者，统筹整体工作，包括确定107个方言调查点，现场核实方言音系，择取本书例字，确定字音性质，审定全书内容，落实专人核实，安排专录专校等。

参与《山西方音字汇》调查研究的团队主要成员总共有38人，按姓氏音序排列如下：白静茹（山西大学）、白云（山西大学）、常乐（山西传媒学院）、崔容（太原师范学院）、崔淑慧（华南理工大学）、崔霞（山西大同大学）、冯良珍（山西大学）、高晓莉（晋中学院）、郭晓瑞（中共永济市委党校）、郭校珍（华东师范大学）、蒋文华（山西大同大学）、李建校（曲阜师范大学）、李卫锋（山西传媒学院）、李小苹（山西大学）、李雅翠（运城学院）、刘芳（晋中学院）、刘洋（晋中学院）、鲁冰（河南大学）、马启红（山西省社会科学院）、孟德腾（山西师范大学）、乔全生（陕西师范大学）、史素芬（长治学院）、史秀菊（山西大学）、孙宏吉（山西大同大学）、田宇（山西大学）、王跟国（山西大同大学）、王俊青（山西大同大学）、王利（长治学院）、王文卿（太原师范学院）、王晓婷（陕西师范大学）、吴云霞（北京联合大学）、武玉芳（山西传媒学院）、延俊荣（山西大学）、杨萌（吕梁学院）、余跃龙（陕西师范大学）、原慧艳（晋中学院）、张洁（山西传媒学院）、赵巧玲（山西大学）。此外，博士生邸恩嘉（陕西师范大学）、高晓慧（陕西师范大学）、谷少华（陕西师范大学）、郭慧（山西大学）、郭艳花（山西大学）、刘雨荷（山西大学）、马苗苗（山西大学）、王鹤（山西大学）、王美艳（山西大学）、王堉程（山西大学）、张长江（陕西师范大学）、赵擎华（山西大学）等，硕士生陈晓璐（陕西师范大学）、段棚（陕西师范大学）、何莎莎（陕西师范大学）、李涛（陕西师范大学）、苏吉光（陕西师范大学）、姚何春（陕西师范大学）也参与了本书的调查、输入、校对等工作。

可以说，《山西方音字汇》是山西方言调查研究团队集体劳动的结晶。没有一支庞大的山西方言调查研究团队，没有几十年孜孜矻矻的坚守，这项工程是无法完成的。

当本书付梓之际，又一次承蒙中国社会科学院张振兴先生赐序，二十多年前启动"山西方言重点研究丛书"时就是张先生作的总序。这里我谨代表山西方言研究团队向多年来一直关心、支持山西方言研究的张先生表示衷心的感谢！

社会科学文献出版社的赵晶华责任编辑对本书的出版高度负责，对这种专业性极强的书稿一次次找出问题并提出修改意见，该书顺利出版，赵编辑功不可没，在此也深表谢意！

由于全书收字多、音标多，尽管进行多次校对，仍然会存在诸多错漏不妥之处，敬请批评指正！

乔全生

2024 年 6 月 28 日

凡 例

本书主体框架参照北京大学中国语言文学系语言学教研室编写的《汉语方音字汇》，也参考了同类著作的编写体例，在方音字汇表与索引部分的排序方面，根据山西方音实际做了适当调整。

一 方言点

《山西方音字汇》精选山西107个县（市、区）汉语方言点2943个字的字音材料，基本实现山西方言调查研究地域和单字音的全覆盖。各方言点以县（市、区）政府所在地街道或城镇话为主，个别点虽不是今县（市、区）政府所在地，但在历史上一直是县府所在地，方言具有代表性，比如洪洞县赵城镇、沁水县端氏镇等。

方言点如为县（市、区）级政府所在地，则直接称县（市、区）级政府所在地，如太原市小店区简称“小店”，保德县简称“保德”。方言点为非县（市、区）级政府所在地的乡镇则采取县名加乡镇，乡镇字体小一号的形式，如沁水端氏、洪洞赵城。各点具体顺序如下：

晋方言并州片19点：小店、尖草坪、晋源、阳曲、古交、清徐、娄烦、榆次、交城、文水、祁县、太谷、平遥、孝义、介休、灵石、盂县、寿阳、榆社；

晋方言吕梁片16点：离石、汾阳、中阳、柳林、方山、临县、兴县、岚县、静乐、交口、石楼、隰县、大宁、永和、汾西、蒲县；

晋方言上党片17点：潞州、上党、长子、屯留、襄垣、黎城、平顺、壶关、沁县、武乡、沁源、安泽、沁水端氏、阳城、高平、陵川、晋城；

晋方言五台片18点：忻府、原平、定襄、五台、岢岚、五寨、宁武、神池、繁峙、代县、河曲、保德、偏关、朔城、平鲁、应县、灵丘、浑源；

晋方言大包片12点：云州、新荣、怀仁、左云、右玉、阳高、山阴、天镇、平定、昔阳、左权、和顺；

中原官话汾河片平阳小片8点：尧都、洪洞、洪洞赵城、古县、襄汾、浮山、霍州、冀城；

中原官话汾河片绛州小片8点：闻喜、侯马、新绛、绛县、垣曲、夏县、万荣、稷山；

中原官话汾河片解州小片8点：盐湖、临猗、河津、平陆、永济、芮城、吉县、乡宁；

冀鲁官话1点：广灵。

二　方言音系

声母表。按照传统横行中发音部位相同或相近、竖列中发音方法相同或相近排列。每个声母后列4个例字，有的声母所辖字目过少，不足4个则按实际例字列出。

韵母表。按照传统横行中韵腹相同或相近、竖列中四呼相同或相近排列。第一行必须有韵母，分别代表开、齐、合、撮四呼。舌尖不圆唇元音韵母往往在开口呼列的第一行。每个韵母后列4个例字，有的韵母所辖字目过少，不足4个则按实际例字列出。

声调表。按照调值、调类名、例字的顺序展开。声调例字大都为每调4个字，有的方言点声调复杂，则不拘字数限制，但均选代表性强的例字。

音值说明。声母、韵母、声调后根据需要分别附声母说明、韵母说明、声调说明。音值说明总体上遵循汉语方言学的传统表述，尽量做到简要清晰。音值描写为实际发音时则不附音值说明。

例字选择。在准确听音、记音的基础之上选择例字，尽量做到对方言古音信息、今音信息的覆盖。按顺序排列例字，排序先考虑古音信息，再考虑今音信息。选常用字，既指汉语中常用的字，也指方言中常说的字。《方言调查字表》前面的声韵调调查例字，在选字时重点考虑。多选读音单一的字，如所选例字有文白异读、新老派差异等，再进行说明。选规律性强的例字，个例字多不选。提取的例字大都为方音字汇表中有的例字与读音，字汇表中不包含的例字做出说明。例字提取参考有影响的相关文献。

连读变调表。按照变调类型，一般分为非叠字非轻声两字组、非叠字轻声两字组、叠字两字组连读变调3类。一类一表。表格中纵行为前字，横行为后字，按平、上、去、入两两组合，有变调的则记录变调调值，并举例说明。

三　方音字汇表

方音字汇表部分具体包括以下五项内容：

字目。在《方言调查字表》（修订本）（商务印书馆2004年版）所选字目基础上，选择常用字目2943个。具体排列如下：

①每页横排字目，竖排调查点。字目用通用简体汉字书写。以中古果、假、遇、蟹、止、效、流、咸、深、山、臻、宕、江、曾、梗、通十六摄顺序排列。

②每页1个表格。一个字目在普通话中有几个读音的，只选择常见的一个读音。同形词分别在右下角用小字注明。

③每个字目都列出反切和中古音韵地位。中古音韵地位包括声、韵、调、摄、等、呼六项。如“多”字下列“得何”反切，中古音韵地位“果开一平歌端”（“得何”加框，“果开一”和“平歌端”分行）。

④一个字目代表中古韵书中的一个字（词）。中古韵书中是不同的字而现代汉语读音仍有区分的，另立字目，如“重~复”和“重~要”；中古韵书中是不同的字而现代汉语已无区分的，合为一个字目，如“下低~”和“下~降”合并为“下”。

音标及字体。每个字的读音用国际音标表示，音标右上标数字为声调调值，所记声调均为单字调。用IPAPANNEW国际音标字体标记方言字音声韵调。

方言字音。各方言点的字音以城区中老年男性发音为主，其他年龄段人群的发音作为补充。方言中一个字有几个读音的，根据读音之间的关系处理如下：文白异读指具有语音对应规律、使用场合不同的异读。白读音后标注“白”，表示日常口语中经常使用的读音和原有词；文读音后标注“文”，表示正式场合使用的读书音或新词。没有文白对应，而在读音后注明“文”或“白”的，则指这个字的读音仅为读书音或口语音。老派读音后标注“老”，指中老年人经常使用的读音；新派读音后标注“新”，为青年人常使用的读音。又音一般为多音字，标注“/”。一字几音的，先白读、后文读，先老派、后新派。没有读音的字，用“—”表示。

本书音系尽量体现文白异读的对应，但限于例字数量，个别字的文白异读情况在方言音系表中没有体现。

本书记录的字尊重原作者的记音，不同方言点的调查和记音在详略程度上有差异，对于文白异读的描写不尽相同，读者在阅读时可以参考周围地区方言的记音。

中古音切。字目下面列出中古音，包括反切和声、韵、调、摄、等、呼六项。例如“歌”字的释义下列“古俄”和“果开一平歌见”，是说“歌”的反切上字为“古”，反切下字为“俄”，在中古的音韵地位是果摄开口一等平声歌韵见母。中古音韵地位中的韵部采取“举平以赅上去”的做法标注，例如“大~小”字用“歌”不用“箇”标注，音韵地位标注为“果开一去歌定”。入声韵部予以单列。字目的反切及音韵地位依照丁声树编录、李荣参订的《古今字音对照手册》（中华书局1981版）。

注释。注释大都用下标。一个字目有两个意义的，注释中的两个意义用分号隔开。字音注释中，在表格内有空间可以注释的，则直接在读音后注释；注释较长的，在读音后标注上标“①”等，在表下作脚注。字音后标注下标“1”、“2”的，分别对应字目的第1个意义和第2个意义。释义中的波浪线“~”代表字目组词释义。

四　索引

本书后附有字目的普通话音序索引，在繁体字后同时列出简化字，备对照查用，不再列繁简字对照表。字目顺序同《现代汉语词典》的音序索引。

主要发音合作人介绍

方言点	发音人	性别	民族	出生年	学历	职业	世居地
小店	任德明	男	汉族	1954	高小	装订厂工人	太原市小店区小店街道巩家堡村
晋源	彭宗仁	男	汉族	1956	初中	政协干部	晋源镇
阳曲	刘金玉	男	汉族	1953	中专	教师	阳曲县黄寨镇黄寨村
古交	耿顺明	男	汉族	1950	初中	工人	太原市古交市桃园二社区文欣苑
	耿付有	男	汉族	1970	小学	工人	太原市古交市桃园二社区文欣苑
清徐	宋永贵	男	汉族	1960	高小	水果商贩	太原市清徐县清源镇南门社区
榆次	杨卯林	男	汉族	1954	小学	农民	晋中市榆次区张庆乡西长寿村
交城	常殿卿	男	汉族	1950	本科	教师	交城县天宁镇北关街
文水	闫爱成	男	汉族	1954	初中	农民	文水县凤城镇私评村
祁县	张立恕	男	汉族	1954	初中	无职业	祁县昭馀镇北谷丰村
太谷	吴致强	男	汉族	1951	高小	农民	太谷区明星镇程家庄村
平遥	李仁增	男	汉族	1949	大专	干部	平遥老城内明清街
孝义	那德斌	男	汉族	1957	大专	公务员	孝义市中阳楼街道新庄村
介休	候有生	男	汉族	1951	初中	工人	介休市东南街道三官楼巷社区
灵石	张强	男	汉	1958	初中	自由职业者	灵石县静升镇旌介村
盂县	张兴文	男	汉	1942	中专	文化馆退休馆长	盂县苌池镇南苌池村
寿阳	郭旭明	男	汉族	1947	高小	农民	寿阳县朝阳镇西关社区
榆社	陈云生	男	汉族	1963	大专	小学教师	晋中市榆社县西马乡白壁村
离石	张祥生	男	汉族	1956	小学	运输公司职员	吕梁市离石区莲花池街道城内社区
汾阳	李小萍	女	汉	1949	高小	汽车站退休工人	汾阳市城关镇圪垛园街
中阳	张应应	男	汉族	1952	初中	农民	中阳县宁乡镇南街社区
柳林	刘侯赖	男	汉族	1951	初中	自由职业	柳林县柳林镇锄沟村

续表

方言点	发音人	性别	民族	出生年	学历	职业	世居地
方山	康金平	男	汉族	1959	初中	运输公司职员	方山县圪洞镇圪洞村
临县	张秋桂	男	汉族	1953	小学	工人	临县临泉镇北门街
兴县	弓憨儿	男	汉族	1948	中师	教师	兴县蔚汾镇枣峁梁段
岚县	李琪春	男	汉族	1943	大专	退休教师	岚县社科乡普通村
	李　凯	男	汉族	1956	初中	农民	岚县东村镇东村
静乐	段　铸	男	汉族	1966	中师	中学教师	忻州市静乐县娑婆乡石城村
交口	王玉仓	男	汉族	1963	初中	农民	交口县水头镇马家山村
石楼	曹补双	男	汉族	1963	初中	农民	石楼县灵泉镇岔沟村
隰县	崔春祥	男	汉族	1958	中专	教师	隰县龙泉镇北社区
永和	李书成	男	汉族	1952	大学	中学教师	临汾市永和县阁底乡阁底村
汾西	郭清和	男	汉族	1910	私塾	农民	汾西县城关镇
蒲县	常青子	男	汉族	1962	高中	工人	蒲县城关镇东关
潞州	王建林	男	汉族	1956	高中	会计	长治市潞州区常青街道屈家庄村
上党	田志忠	男	汉族	1954	初中	农民	上党区韩店街道
长子	牛启明	男	汉族	1954	高中	农民	长子县丹朱镇泊里村
屯留	高垒山	男	汉族	1953	初中	退休在家	长治市屯留区麟绛镇东脑村
襄垣	连月厅	男	汉族	1952	高中	退休教师	襄垣县古韩镇南丰沟村
黎城	张虎成	男	汉族	1954	高中	农民	黎城县黎侯镇靳家街村
平顺	路连胜	男	汉族	1953	高小	个体户	平顺县青羊镇城关村
壶关	李长胜	男	汉族	1941	小学	农民	壶关县龙泉镇
沁县	王睿一	男	汉族	1951	大专	公务员退休在家	沁县定昌镇
沁源	郑志成	男	汉族	1957	初中	农民	沁源县沁河镇北石渠村
安泽	弓玉亮	男	汉族	1954	初中	农民	安泽县和川镇荆村
	常九红	男	汉族	1955	初中	退休干部	安泽县和川镇荆村
	常九亭	男	汉族	1954	初中	退休工人	安泽县和川镇荆村
	常宏茂	男	汉族	1949	高中	退休教师	安泽县和川镇岭南村
沁水端氏	郭来明	男	汉族	1956	初中	农民	沁水县端氏镇端氏村
阳城	李小桃	女	汉族	1941	小学	农民	晋城市阳城县凤城镇东进村
	陈金苗	女	汉族	1941	小学	农民	阳城县凤城镇东进村
高平	殷明德	男	汉族	1959	初中	文化干部	高平市南城街道

续表

方言点	发音人	性别	民族	出生年	学历	职业	世居地
陵川	马春林	男	汉族	1946	中师	教师	陵川县崇文镇城南社区
晋城	王小苟	男	汉族	1949	初中	干部	晋城市钟家庄洞头村
忻府	王福如	男	汉族	1956	高中	退休教师	忻州市忻府区胜利社区
原平	任海龙	男	汉族	1958	初中	务农	原平市崞阳镇
定襄	刘燕青	男	汉族	1958	高小	公务员	定襄县晋昌镇南关村
五台	孙效康	男	汉族	1943	大学	县委党校退休干部	五台县城关镇西关村
岢岚	赵文光	男	汉族	1958	中专	副校长离岗	岢岚县岚漪镇东街村
五寨	蔚文亮	男	汉族	1956	中学	自由职业	五寨县砚城镇李家口村
宁武	常建业	男	汉族	1953	高中	企业会计	宁武县凤凰镇上河南村
神池	谢厚小	男	汉族	1951	初中	农民	神池县龙泉镇新城街村
繁峙	席建新	男	汉族	1957	中专	教师	繁峙县繁城镇东峪村
代县	李　芮	男	汉族	1946	高中	干部	代县上馆镇五星村
河曲	张国光	男	汉族	1961	大专	教师	河曲县文笔镇南元村
保德	王保庆	男	汉族	1959	小学	个体工商户	保德县东关镇新市场街
偏关	黄新录	男	汉族	1950	中学	退休教师	偏关县新关镇磁窑沟村
朔城	张晔	女	汉族	1989	本科	教师	朔州市朔城区
应县	尚子文	男	汉族	1943	大专	退休	应县南泉乡窨子沟村
灵丘	姚志烈	男	汉族	1951	大专	工人	灵丘县武灵镇西武庄村
浑源	裴怀智	男	汉族	1939	小学	煤炭公司司机	浑源县永安镇西顺村
云州	赵录	男	汉族	1975	高中	教师	西坪镇水头村
新荣	袁桂	男	汉族	1958	大专	教师	大同市新荣区新荣镇鲁家沟村
怀仁	田焕明	男	汉族	1955	中专	干部	怀仁县云中镇迎宾西街社区
左云	赵俊	男	汉族	1953	大专	干部	左云县云兴镇
右玉	谢永乐	男	汉族	1942	高中	退休教师	右玉县新城镇老邹窑村
	贾世珍	男	汉族	1943	高中	民政局退休干部	右玉县威坪镇
阳高	孙正	男	汉族	1939	初中	农民	阳高县北徐屯乡南徐屯村
山阴	郭文银	男	汉族	1934	小学	工人	山阴县岱岳镇同太路
天镇	王军	男	汉族	1949	大专	教师	天镇县南河堡乡上吾其村
平定	延傲祥	男	汉族	1947	高小	农民	平定县柏井镇前牌岭村
昔阳	翟玉兰	男	汉族	1961	高中	自由职业	昔阳县乐平镇东关村

续表

方言点	发音人	性别	民族	出生年	学历	职业	世居地
左权	冀保田	男	汉族	1932	高小	银行职员	左权县辽阳镇西关村
和顺	王玉忠	男	汉族	1942	小学	工匠	和顺县义兴镇北关村
尧都	刘富增	男	汉族	1957	小学	个体	临汾市尧都区乡贤街道办水门社区
洪洞	陈忠	男	汉族	1917	私塾	农民	洪洞县城关镇洞桥村
洪洞赵城	申拽宝	男	汉族	1952	初中	农民	洪洞县赵城镇侯村
古县	杨吉良	男	汉族	1943	初中	农民	古县古阳镇热留村
襄汾	张平义	男	汉族	1940	初中	农民	襄汾县襄陵镇庄头村
浮山	赵蟲	男	汉族	1951	初中	农民	浮山县城关镇西关村
霍州	冯守全	男	汉族	1933	—	退休干部	霍州市三教乡（东区）
翼城	杨玉宝	男	汉族	1955	高中	退休干部	翼城县唐兴镇陵下村
闻喜	郭马师	男	汉族	1950	高小	农民	闻喜县桐城镇东官庄村
侯马	李守印	男	汉族	1956	高中	教师	侯马市新田乡东庄村
新绛	吉良柱	男	汉族	1947	初中	退休干部	新绛县龙兴镇四府街文庙社区
绛县	徐效骥	男	汉族	1938	中专	教师	绛县城关镇
	贾若珍	男	汉族	1941	大专	教师	绛县城关镇
	王国荣	男	汉族	1940	中专	教师	绛县城关镇
垣曲	吴炜	男	汉族	1955	初中	农民	垣曲县新城镇刘张村
夏县	孙永文	男	汉族	1963	大专	教师	夏县禹王镇禹王村
万荣	黄文堂	男	汉族	1955	初中	农民	万荣县解店镇北解村
稷山	王寅成	男	汉族	1957	小学	农民	稷山县稷峰镇东街村
盐湖	籍运生	男	汉	1950 年	小学	农民	运城市盐湖区
临猗	李建平	男	汉族	1957	初中	农民	临猗县猗氏镇贵戚坊村
平陆	王连奎	男	汉族	1941	高小	干部	平陆县圣人涧镇
永济	高鹏飞	男	汉族	1932	初中	农民	永济市城东街道
芮城	杨引章	男	汉族	1944	初中	务农	芮城县古魏镇北关村
吉县	刘党生	男	汉族	1947	专科	原文化局局长	吉县吉昌镇兰古庄
乡宁	王 方	男	汉族	1955	初中	职工	乡宁县昌宁镇
广灵	杨友全	男	汉族	1955	初中	农民	广灵县壶泉镇北关村

目 录

方言音系简介

一 太原小店区话声韵调

（一）声母 21 个

p 八兵爬病	p^h 派爬破谱	m 麦明马磨	f 飞风顺书	v 味问软温
t 多东甜毒	t^h 讨天土拖	n 脑南闹奴		l 老蓝连路
ts 资字张争	ts^h 刺床双船		s 丝双顺十	z 热绕如软
tɕ 酒九茄假	tɕ^h 清全轻权	ȵ 年泥女鸟	ɕ 想谢响县	
k 高共歌甘	k^h 开课快口		x 好灰活花	
∅ 熬月王药				

声母说明：

①中古微母和影、喻母合口字，当 [u] 为韵头时，实际音值为 [ʋ]，在音系中处理为 [v]；[u] 为韵腹时，没有擦音色彩，归为零声母。

（二）韵母 36 个

ɿ 师丝争生	i 米病星凌	u 苦五猪妇	y 雨兄岁嘴
ɑ 茶瓦党拿	iɑ 牙嫁虾两	uɑ 横筐瓜华	
ɛ 开排鞋赔		uɛ 对快怀灰	
æ 南咸山半	iæ 盐咸年尖	uæ 短官端宽	yæ 权选圈院
o 坐过床郎	io 讲娘两响		
	ie 写街棚戒		ye 靴倔瘸却
əɯ 歌豆走偷	iəɯ 油六修球		
ei 飞杯雷肺		uei 鬼岁雷嘴	
ɔo 宝饱毛刀	iɔo 笑桥交票		
əŋ 棚争生横	iə̃ 心硬病星	uəŋ 寸滚春东	yə̃ 云用孕均
aʔ 盒八壳色	iaʔ 鸭夹甲掐	uaʔ 活刮托夺	
əʔ 十直尺可	iəʔ 节七学锡	uəʔ 骨国六绿	yəʔ 月橘药局
m̩ 们	n̩ 你呢		

韵母说明：

① [u] 舌位靠前，唇形偏展，实际音值接近 [ʉ]。在与声母 [p、p^h]、[t、t^h]、[ts、ts^h、s] 和 [k、k^h、x] 相拼时，中间有过渡音，实际音值接近 [^{ə}ʉ]。

② [o] 与声母 [ts、ts^h、s]、[k、k^h、x] 相拼时，中间有过渡音，实际音值接近 [^{u}o]。“钢”、“港” 和 “郎” 的韵母本读 [o]，但在语流中如 “（太）钢”、“（香）港” 及

“（牛）郎”中，有时发成 [ɑ]。

③ [ie、ye] 中的 [e] 舌位略高，接近 [ɪ]。

（三）声调5个

11　平声　东该糖红

53　上声　懂老五有

24　去声　冻动罪后

1　阴入　谷百麦月

54　阳入　毒白盒罚

声调说明：

①阴入调值与平声相同，阳入调值与上声相近，只是较为短促。为区别计，阴入记作 1，阳入记作 54。

（四）连读变调

本节包括 3 个表格：表 1–1 非叠字非轻声两字组连读变调规律；表 1–2 非叠字轻声两字组连读变调规律表；表 1–3 叠字两字组连读变调规律。

表 1–1　非叠字非轻声两字组连读变调规律

前字＼后字	平声 11	上声 53	去声 24	阴入 1	阳入 54
平声 11	——	——	——	——	——
上声 53	——	11+53 火腿 53+24 晌午	——	——	53+1 主席 11+54 小学
去声 24	——	24+31 报纸	24+55 唱戏 24+31 地动	——	——
阴入 1	54+11 北京 54+53 钥匙	54+53 谷雨	——	——	54+1 缺乏 1+1 积极
阳入 54	——	1+53 局长	——	——	——

表 1-2 非叠字轻声两字组连读变调规律

前字＼后字	平声 11	上声 53	去声 24	阴入 1	阳入 54
平声 11	11+0 粗头、葱头	11+0 绳子、钉子	——	——	——
上声 53	53+0 脑头、伞儿	53+0 股子、斧子	——	——	——
去声 24	24+0 下头、外头	24+0 毽子、铺子	——	——	——
阴入 1	1+0 历头、木头	1+0 瞎子、褥子	——	——	——
阳入 54	54+0 石头	54+0 席子、笛子	——	——	——

表 1-3 叠字两字组连读变调规律

前字＼后字	平声 11	上声 53	去声 24	阴入 1	阳入 54
平声 11	11+0（11） 爷爷、刀刀	——	——	——	——
上声 53	——	53+0（11） 婶婶、本本	——	——	——
去声 24	——	——	24+0（31） 舅舅、妹妹	——	——
阴入 1	——	——	——	1+0（1） 角角、窟窟	——
阳入 54	——	——	——	——	54+0（1） 碟蝶、直直

说明：
①太原小店方言的小称是通过重叠表达的。

二 太原尖草坪区话声韵调

（一）声母 21 个

p 布表别兵　p^h 怕铺普胖　m 门忙米麦　f 非服风发　v 文为万五
t 到等多稻　t^h 堂疼土稻　n 难女努能　l 兰路连罗
ʦ 自周摘族　ʦ^h 常蛇祠族　s 蛇上顺祠　z 人日让软
ʨ 家结几菊　ʨ^h 去菊墙清　ɕ 修向选鞋

k 共高个跪　　kʰ 可开阔跪　　x 会话红鞋　　ɣ 爱安袄我
Ø 应二原语

声母说明：

① [n] 在细音前读为 [ȵ]。

② [ɣ] 的发音摩擦较轻。

③ [ʦ] 组声母有的人发音时舌位稍后。

④零声母 [i、y] 的舌位较低。单元音 [u] 为 [u]，介音 [u] 为 [v]，本书一律记作 [v]。

⑤ [ɣ] 和 [z] 浊化的程度较轻。

⑥其他声母的音值与北京话大致相同。

（二）韵母 32 个

ɿ 之子眵是	i 记听经星	u 姑五户土	y 女吕徐句
a 爬马他茶	ia 家牙霞价	ua 抓横瓜娃	
ɔ 张装行黄	iɔ 量将洋娘		
æ 感碗懒饭	ie 捡年街茄	uæ 管断换团	ye 捐选靴权
ɤɯ 锣波我者		uɤɯ 锅课作锣	
ai 贝败开歪			
ei 肉非路费	iei 有就牛秋	uei 桂怪内岁	
au 高早扫好	iau 料条叫药		
ʌŋ 横分跟成	iʌŋ 金经听星	uʌŋ 吨东村葱	yʌŋ 运用群穷
aʔ 法辣八割	iaʔ 夹掐辖鸭	uaʔ 刮阔桌滑	
əʔ 质吃日佛	iəʔ 北跌药踢	uəʔ 国掇作忽	yəʔ 月屈雪俗

韵母说明：

① [ɔ] 的舌位较低，有时接近 [ɒ]。

② [iei] 中的 [e] 舌位较高，韵尾 [i] 不太明显。

③ [əʔ、uəʔ] 中的 [əʔ] 与声母 [k] 相拼时音值接近 [ʌʔ]。

④ [aʔ、iaʔ、uaʔ] 中的 [a] 舌位较后。

（三）声调 5 个

33	平声	诗时梯题方房
312	上声	碗尾引比米有
35	去声	是妇到助见就
2	阴入	八发督桌失曲
43	阳入	拔罚毒浊实局

声调说明：

①上声降后有略升的趋势，但到不了 2。

②去声的起点比 3 高，也可以记为 45。

③年轻人入声不分阴阳，其调值为 2。

（四）连读变调

本节包括 2 个表格：表 2–1 非叠字非轻声两字组连读变调规律；表 2–2 叠字两字组连读变调规律。

表 2–1　非叠字非轻两字组连读变调规律

前字＼后字	平声 33	上声 312	去声 35	阴入 2	阳入 43
平声 22	——	——	53+35 相信、功课	——	——
上声 312	——	33+312 水果、检讨	——	——	33+43 老实、有毒
去声 35	——	——	——	——	——
阴入 2	43+33 陌生、蜜蜂	35+312 热水、月饼	——	43+2 蜡烛、目的	35+43 日蚀、阅读
阳入 43	——	2+312 侄女、合理	2+35 学费、毒气	——	——

表 2–2　叠字两字组连读变调规律

前字＼后字	平声 33	上声 312	去声 35	阴入 2	阳入 43
平声 22	53+35 娃娃、刀刀	——	——	——	——
上声 312	——	53+33 奶奶、马马	——	——	——
去声 35	——	——	35+53 舅舅、妹妹	——	——
阴入 2	——	——	——		——
阳入 43	——	——	——	——	43+2 直直、白白

三　太原晋源区话声韵调

（一）声母 22 个

p 布盘别巴	p^h 怕盘膀皮	m 门木棉米	f 飞书税睡	v 午围挽五
t 桃蛋东团	t^h 太桃梯团	n 内脑暖呢		l 连吕兰离
ts 遭招主迟	ts^h 仓昌迟池		s 扇散书思	z 认饶肉惹
tɕ 焦节经鸡	$tɕ^h$ 丘齐雀晴	ȵ 年硬娘尿	ɕ 修显旋霞	
k 贵根管姑	k^h 葵开跪裤		x 含欢化壶	ɣ 爱岸袄我
∅ 衣儿圆雨				

声母说明：

① [n] 在细音前读 [ȵ]，在洪音前读 [n]。因晋源话中 [ȵ] 音的特征比较明显，故把 [n] 和 [ȵ] 作为两个独立的声母。

②声母 [v] 为唇齿浊擦音，与洪音相拼，摩擦较小。

③声母 [z] 为舌尖浊擦音，与洪音相拼，摩擦较小。

④声母 [ɣ] 为舌根浊擦音，与洪音相拼，摩擦较小。

⑤声母 [ɣ] 与韵母 [ɤu] 相拼时，略带喉塞音。

⑥其他声母的音值与北京话大致相同。

（二）韵母 39 个

ɿ 资支知呢	i 第地以鸡	u 赌故厨抱	y 虚雨举驴
a 爬下咱马	ia 架下两霞	ua 花挂夸瓜	
æ 碗而饵儿	iæ 绵连谦鞭	uæ 官	yæ 撅瘸靴卷
ɔ 旁方狼当	iɔ 粮央阳扬		
ɤ 河婆馍蛇	ie 爹姐写揩	uɤ 朵唾箩诺	
ɤu 斗绸路钩	iɤu 丢留友牛		
ei 倍妹为肥		uei 雷桂瑞毁	
ai 爱盖太呆		uai 怪帅对灰	
au 抱早烧闹	iau 条焦桥尿		
aŋ 软胆旁当	iaŋ 央阳扬仰	uaŋ 端团宽乱	yaŋ 全楦圆联
əŋ 盆问庚门	in 民心林贫	uŋ 论魂东容	yn 均裙轮容
aʔ 舌各合色	iaʔ 峡页业结	uaʔ 落刮活脱	
əʔ 木日直不	iəʔ 铁接捏北	uəʔ 做鹿国骨	yəʔ 脚却月血

韵母说明：

① [a] 包括 [a]、[ᴀ]、[ɑ] 三个音素。[a] 出现于 [ai、uai] 两个韵母中，[ᴀ] 出现于 [a] 单独作韵母时或 [ia、ua] 两个韵母中，[ɑ] 出现于 [au、iau] 和 [aŋ、iaŋ、uaŋ、yaŋ] 六个韵母中。

② [yæ] 的实际发音为 [yɛ]。

③韵母 [iaʔ] 为零声母音节时，个别音值为 [iai]，如“叶、业”。

（三）声调 5 个

11　平声　高平天穷寒扶唐晨神

42　上声　展纸走口草普好手粉有

35　去声　怕汗世易见病树饭按用

2　阴入　竹割桌出七匹黑尺麦药

43　阳入　拔乏葫局哲杂彻十舌活

声调说明：

①晋源话平声不分阴阳，调值都为 11。

②声调记音以老年人为准，年轻人上声为调值 412。

③入声带有明显的喉塞音韵尾 [ʔ]，分阴入、阳入两种调类。中古清入声字和中古次浊入声字在今晋源话中为阴入调，如“急、曲、黑、缺、歇、约、人”等。中古全浊入声字在今晋源话中大部分为阳入调，如“局、食、杂、舌、白”等；个别的读阴入，如“读、服、合”；个别的归入其他声调，如“宅”归平声。

（四）连读变调

本节包括 2 个表格：表 3–1 非叠字非轻声两字组连读变调规律；表 3–2 叠字两字组连读变调规律。

表 3–1　非叠字非轻声两字组连读变调规律

后字 / 前字	平声 11	上声 42	去声 35	阴入 2	阳入 43
平声 11	11+21 姨儿、猫儿、牛儿	—	—	—	—
上声 42	—	24+42 九本、火腿、管理、滚水	—	—	
去声 35	—		53+35 记住、味气、大料、背静	—	—

续表

前字 \ 后字	平声 11	上声 42	去声 35	阴入 2	阳入 43
阴入 2			——	21+2 一月、墨汁	——
阳入 43	——		——	21+2 白铁、十匹	——

表 3-2　叠字两字组连读变调规律

前字 \ 后字	平声 11	上声 42	去声 35	阴 2	阳入 43
平声 11	11+21 床床、棚棚、娃娃	——	——	——	——
上声 42	——	33+42 奶奶、姥姥、姐姐	——	——	——
去声 35	——	——	53+35 舅舅、襻襻、票票	——	——
阴入 2	——	——	——	21+2 镊镊、麦麦	——
阳入 43	——	——	——	——	24+43 碟碟

四　阳曲话声韵调

（一）声母 22 个

p 八摆笔贝　p^h 平盆匹派　m 麦明面灭　f 飞风副蜂　v 挖味问温
t 多毒躲杜　t^h 讨甜图托　n 脑男能奴　l 老蓝连路
ts 资早足字　ts^h 初床草祠　s 丝祠手十　z 热软肉弱
tɕ 局酒井足　$tɕ^h$ 清全曲庆　ȵ 捏年眼硬　ɕ 鲜习想谢
k 高敢共鸽　k^h 开口靠课　ŋ 熬安哑饿　x 好灰活恨
ø 王云用药

声母说明：

① [v] 是唇齿浊擦音，摩擦较轻。

② [n] 只拼开、合口呼韵母，[ȵ] 只拼齐、撮口呼韵母。

（二）韵母 37 个

ɿ 师丝迟治	i 饥米戏星	u 苦五猪雾	y 雨取绿兄
a 沙茶夏瓦	ia 虾牙两夏	ua 瓜抓华划	
ɤ 歌蛇可射		uɤ 坐躲所阔	
æ 南弯晚饭	iɛ 烟前写见	uæ 短官转换	yɛ 靴权远劝
ɔ 方尝党浪	iɔ 浆娘抢样	uɔ 装床王双	
ai 开排鞋二		uai 怪快坏拐	
ei 赔飞豆走	iei 丢休油六	uei 对鬼水追	
ɔo 抄桃好罩	iɔo 交笑桥表		
ə̃ 深根灯争	iə̃ 心硬紧星	uə̃ 寸滚春东	yə̃ 云兄穷军
aʔ 袜塔辣法	iaʔ 鸭夹甲雀	uaʔ 刷刮滑阔	yaʔ 曰
əʔ 十壳割直		uəʔ 说戳足绿	
	iɛʔ 接急七北		yɛʔ 月曲足局
ɔʔ 博热哲割		uɔʔ 戳说辘轳	

韵母说明：

①阳曲话入声韵有 [aʔ、iaʔ、uaʔ、yaʔ]、[əʔ、uəʔ]、[iɛʔ、yɛʔ] 和 [ɔʔ、uɔʔ] 四套。在 [k、kʰ、ŋ、x] 声母后的 [əʔ、uəʔ] 受舌根音声母的影响，主元音略靠后，实际音值接近 [ɔʔ、uɔʔ]。

② [ɔʔ] 韵个别字也读为 [aʔ]，二者可自由变读，如“盒”。

③部分入声字已舒化，如“六、锡、托”等。

（三）声调 5 个

312	阴平上	东该五有
43	阳平	门龙牛油
454	去声	冻怪去麦
4	阴入	去百塔麦
212	阳入	毒盒罚局

声调说明：

①阳平调是降调，但降幅不大，调值为 43。

②阴平上调是降升曲折调 312，部分字的声调升幅不明显，调值接近 311。

③去声是一个升降曲折调 454，部分字降幅不明显，实际调值为 45，部分字升幅不明显，调值接近 54。

④阴入调是半高平短调 4，发音短促，喉塞成分不明显。

⑤阳入调为降升短调 212，喉塞成分不明显，部分字声调读如阴入，如“服、罚、局”等。

（四）连读变调

本节包括 3 个表格：表 4–1 非叠字非轻声两字组连读变调规律；表 4–2 非叠字轻声两字组连读变调规律；表 4–3 叠字两字组连读变调规律。

表 4–1　非叠字非轻声两字组连读变调规律

前字＼后字	阴平上 312	阳平 43	去声 454	阴入 4	阳入 212
阴平上 312	312+43 端午、中指	53+43 暖壶、炒瓢	——	53+4 水笔、倒歇	24+212 选择、礼服
阳平 43	——	——	——	——	——
去声 454	45+31 右手、裤腿	——	45+54 愿意、看病	——	——
阴入 4	——	——	——	——	——
阳入 212	——	——	——	——	——

表 4–2　非叠字轻声两字组连读变调规律

前字＼后字	阴平上 312	阳平 43	去声 454	阴入 4	阳入 212
阴平上 312	53+0 尾巴、马虎	53+0 里头、以前	——	53+0 解毒	24+0 赶集、煮熟
阳平 43	31+0 棉花、瘸子	——	31+0 能耐、毛病	31+0 萝卜、蓝的	——
去声 454	45+0 地方、豆腐	45+0 上头、问题	——	——	——
阴入 4	——	——	——	——	——
阳入 212	——	——	——	——	——

说明：

①阳曲方言中有些非叠字两字组后字读轻声，一般不区分实际调值，一律记为 0。

②阳曲方言轻声的实际音值为 31 或 42：若前字为高调 53 或 45，后字轻声音值为 31；若前字为中低调 31 或 24，后字轻声音值为 42。

表 4-3 叠字两字组连读变调规律

前字＼后字	阴平上 312	阳平 43	去声 454	阴入 4	阳入 212
阴平上 312	31+53 蛛蛛、边边 53+0 鸟鸟、奶奶	——	——	——	——
阳平 43	——	43+0 爷爷	——	——	——
去声 454	——	——	45+0 缝缝、弟弟	——	——
阴入 4	——	——	——	——	——
阳入 212	——	——	——	——	——

说明：

①韵母为 [iɛ] 的两字组重叠构成称谓时，前字韵母变为 [i]，如“爷爷”[i^{43}iɛ^{0}]、“姐姐”[tɕi^{53} tɕiɛ^{0}]。

②“妈妈”指伯母或叔母义时，声调为 45+0；指母亲义时，声调为 31+53。

③“奶奶”指乳房义时，声调为 31+53；指祖母义时，声调为 53+0。

五 古交话声韵调

（一）声母 23 个

p 布别杯背　p^h 怕排平偏　m 门米麻木　f 飞冯费浮　v 闻围微晚

t 到夺头桃　t^h 太他天桃　n 难怒那挪　l 蓝路连吕

ts 增糟蒸制　ts^h 粗初次迟　nz 女　s 丝生声西　z 认绕软日

tɕ 精杰绝穷　$tɕ^h$ 秋丘全枪　ȵ 尼女咬眼　ɕ 修线鞋夏

k 高贵共跪　k^h 开葵苦跪　ŋ 安岸鹅爱　x 化话鞋夏

ø 而言元云

声母说明：

① [p、t、k] 发音时，气流充足。

② [v] 发音时齿唇摩擦较轻，实际音值为 [ʋ]。

③ [p^h、t^h、k^h] 发音时，送气气流较强、较重，实际音值为 [p^hx、t^hx、k^hx]。

④ [m、n、ȵ、ŋ] 发音时，伴有同部位浊塞音成分 [b、d、ȡ、g]，实际音值为 [m^b、n^d、$ȵ^{ȡ}$、$ŋ^g$]。

⑤ [z] 发音时，摩擦较轻。

（二）韵母 36 个

ɿ 资支制死	i 闭明地鸡	u 母祖故务	y 嘴居虚兄
	iɪ 姐街茄鞋		yɪ 靴瘸
ɑ 炸茶岔下	iɑ 家恰牙下	uɑ 瓜夸花瓦	
ɛ 班胆难三	iɛ 边天减眼	uɛ 短砖官环	yɛ 捐权楦远
ɔ 帮当脏钢	iɔ 粮娘江香	uɔ 光眶黄王	
ɯ 多河蛾蛇		uɯ 过唾火锉	
ai 杯牌鞋二		uai 甩筷推灰	
au 保桃高烧	iau 飘条交妖		
ei 豆绸沟藕	iei 刘酒秋有	uei 屡驴吕泪	
əŋ 本根横温	iəŋ 民灵紧明	uəŋ 东种村魂	yəŋ 群胸云兄
əʔ 木择直十	iəʔ 笔麦掐滴	uəʔ 脱说褥霍	yəʔ 雪月屈俗
aʔ 八搭热瞎	iaʔ 甲鸭掐瞎	uaʔ 袜桌缩活	

韵母说明：

① [i] 韵母与 [ʦ、$ʦ^h$、s]、[ʨ、$ʨ^h$、ɕ] 和 [p、p^h、m] 声母相拼时，舌尖化色彩较浓，实际发音近于 [ɹ]，介于舌面元音 [i] 与舌尖元音 [ɿ] 之间。

② [u] 韵母发音时唇形较紧。

③ [iɪ] 韵母中的 [ɪ]，实际发音时舌位较低，介于 [ɪ] 与 [e] 之间。

④ [ɑ、iɑ、uɑ] 中的 [ɑ]，实际发音时唇形较圆，实际音值近于 [ɒ]。

⑤ [ɯ、uɯ] 中的 [ɯ] 为舌面后高不圆唇元音，实际发音时舌位略靠前、唇形略圆。

⑥ [au、iau] 中的 [au]，实际音值接近 [ɔo]。

⑦入声韵 [iəʔ、yəʔ] 中的 [ə]，实际读音近于 [ɛ]。

（三）声调 5 个

44	平声	高抽田堂
312	上声	古展草好
53	去声	霸旧菜大
4	阴入	吃热不辣
312	阳入	罚杂局盒

声调说明：

①去声 53 调略平，近于 54。

②阴入调比较短促，有时读得较低，有时较高。

③阳入调 312，调型、调值与上声调相同，但比较短促，有时读为 31。

（四）连读变调

本节包括 2 个表格：表 5–1 非叠字非轻声两字组连读变调规律；表 5–2 叠字两字组连读变调规律。

表 5–1 非叠字非轻声两字组连读变调规律

后字 前字	平声 44	上声 312	去声 53	阴入 4	阳入 312
平声 44	——	——	——	——	——
上声 312	31+44 火车、水池	12+31 火腿、手表	31+53 海带、草帽	31+4 粉笔、小麦	31+312 小学、伙食
去声 53	44+31 汽车、大门	44+31 报纸、大腿	44+53 唱戏、救命 44+31 饭店、位置	44+4 政策、建设	44+4 树叶、中毒
阴入 4	——	4+31 发火、谷雨	4+44 发票、铁路	——	4+31 复习、结合
阳入 312	31+44 读书、拔牙	3+31 毒酒、石板	31+44 绝对、学问	3+31 白色、及格	3+31 实习、拔毒

表 5–2 叠字两字组连读变调规律

后字 前字	平声 44	上声 312	去声 53	阴入 4	阳入 312
平声 44	——	——	——	——	——
上声 312	——	31+53 碗碗、眼眼	——	——	——
去声 53	——	——	44+31 菜菜、被被	——	——
阴入 4	——	——	——	——	——
阳入 312	——	——	——	——	31+53 垡垡、妮妮

六 清徐话声韵调

（一）声母 21 个

p 包表背壁	p^h 泡品盼仆	m 马美冒没	f 肥反放乏	v 武味晚物
t 桃典对的	t^h 桃体跳突	n 尼脑念匿		l 离累泪律
ts 虫宰最浙	ts^h 虫草菜擦		s 斯扫嗽索	z 柔染刃入
tɕ 佳己救劫	$tɕ^h$ 其雀劝劫		ɕ 香陷行瞎	
k 规稿干葛	k^h 葵考看渴	ŋ 挨懊岸恶	x 回吼憾瞎	
ø 姨掩映液				

声母说明：

① [v] 是唇齿浊擦音，今清徐方言中仍保留此读音，有的摩擦已不明显，读音接近零声母。

② [ŋ] 是舌面后鼻音，发音部位与 [k、k^h、x] 相同。

③ [n] 声母既拼洪音，也拼细音。

④清徐方言中 [m、n、ŋ] 的塞音成分不明显。

（二）韵母 34 个

ɿ 资此四事	i 其非寄镜	u 朱五固母	y 绥锤累追
ə 的们			
ɒ 帮打炕浪	iɒ 良两假讲	uɒ 匡晃抓光	
ɛ 丹旱泛衔	iɛ 衔监爹野	uɛ 短酸官软	yɛ 圈选卷绢
ɣɯ 歌玻河卧		uɣɯ 过锁朵罗	yɣɯ 瘸靴
ai 杯卖儿妹		uai 怪帅拽揣	
		uei 贵累锤追	
ɔu 骚稿包桃	iɔu 交瞭条要		
ɐu 头口偶露	iəu 牛纠嗅幼		
əŋ 根很赠们	iəŋ 欣近邻镜	uəŋ 松种共东	yəŋ 熊拥琼勋
aʔ 色辣合抹	iaʔ 白学烈跌	uaʔ 刮落夺捉	yaʔ 缺角雪穴
əʔ 直日吃木	iəʔ 北急踢结	uəʔ 鹿突出国	yəʔ 律曲药俗

韵母说明：

①普通话 [ei] 韵母的字在清徐方言中读 [ai]，如“杯” [pai^{11}]、“妹” [mai^{45}]。

②普通话韵母 [an、ian、uan、yan] 和 [iɛ、yɛ]，在清徐方言中合并为 [ɛ、iɛ、uɛ、

yɛ] 四韵母。[iɛ、yɛ] 中的 [ɛ] 受介音的影响，实际音值接近 [e]。

③流摄字开口呼、齐齿呼的主元音不同，开口呼韵母是 [ɐu]，齐齿呼韵母是 [iəu]。

（三）声调 5 个

11　　平声　　猪低扶平
54　　上声　　古走老有
45　　去声　　近病谢岸
1　　阴入　　曲出月入
54　　阳入　　局宅白服

声调说明：

①清徐方言的平声来自中古清平、浊平字，调值为 11。上声来自中古清上、次浊上字，调值为 54。去声来自中古全浊上声、去声字，调值为 45。入声分阴阳，阴入来自中古清入、次浊入字，调值为 1，阳入来自中古全浊入字，调值为 54。

②清徐方言阴入 1 与平声 11 的调型相同，阳入 54 与上声 54 调型相同。阴入、阳入在单字调中喉塞韵尾 [ʔ] 不明显，在语流中较为明显。

（四）连读变调

本节包括 1 个表格：表 6–1 非叠字非轻声两字组连读变调规律。

表 6–1　非叠字非轻声两字组连读变调规律

后字 前字	平声 11	上声 54	去声 45	阳入 54
平声 11	11+53 牙膏、毛巾	——	——	——
上声 54	——	44+54 洗脸、打眼	——	44+54 小学、主席
去声 45	——	——	33+45 西部、用户	——
阳入 54	——	4+54 石板、毒草	——	——

说明：

清徐方言有 5 个单字调，非叠字非轻声两字组的变调可分为前字变调和后字变调，共出现 4 个新的调值：53 调、44 调、33 调和 4 调。具体情况如下：

①前字变调：前字是上声、后字是阳入，或前字是上声、后字是上声，前字调值 54 变为 44，44 是一个新出现的调值。前字是去声、后字是去声，前字调值 45 变为 33，33 调也是一个新出现的调值。前字是阳入、后字是上声，前字调值 54 变为 4，4 也是新出现的调值。

②后字变调：清徐方言的后字变调的情况比较简单，前字是平声，后字是平声，后字调值 11 变为 53。

阴入调与其他声调连读，几乎没有产生变调，故表中未列。

七 娄烦话声韵调

（一）声母 24 个

p 波补巴冰	p^{h} 皮配派怕	m 米马慢卖		
pf 猪转拽庄	pf^{h} 除传春初		f 所栓水书	v 软伍湾挖
t 度多当蛋	t^{h} 塔滩唐团	n 南内暖努		l 岚萝路老
ts 作镇政组	ts^{h} 抽粗池产		s 水赛嗽少	z 日人然让
tɕ 静记家交	tɕ^{h} 起期亲前	ȵ 牛年娘你	ɕ 县细息向	
k 盖刚给勾	k^{h} 口宽炕颗	ŋ 案肮爱偶	x 和呼皇还	
ø 阳严一引				

声母说明：

①声母 [m、n、ȵ、ŋ] 分别带有同部位浊塞音成分 [b、d、ȡ、g]，如按严式记音，可记为 [m^{b}、n^{d}、ȵ^{ȡ}、ŋ^{g}]。另，娄烦方言部分 [ȵ] 声母字还带有浊擦音成分 [z]。

② [pf、pf^{h}、f] 只拼洪音，不拼细音。[v] 只拼开口呼。

③ [n] 只拼洪音，[ȵ] 只拼细音。区别明显。

（二）韵母 33 个

ɿ 资枝剩蒸	i 提细明清	u 故母驴补	y 居需岁穗
ɷ 颗光锅果			
æ 蛋三滩南	iɛ 县钱年件	uæ 段团乱宽	yɛ 拳元卷选
	iɪ 解街且写		
ə 河床抽收	iu 秀有六牛		
ɛi 盖帅太开		uɛi 怪快怀坏	
ei 倍妹税费		ui 贵桂岁穗	
ɔu 包绍稿脑	iɔu 掉跳叫小		
ɑ̃ 怕党抓打	iɑ̃ 加两将虾	uɑ̃ 挂话画筐	
əŋ 跟问剩蒸	iəŋ 进亲明清	uəŋ 混洪滚红	yəŋ 云荣穷君
aʔ 色落格割	iaʔ 鸭药麦节	uaʔ 滑落阔扩	yaʔ 缺越月穴
əʔ 只日福吃	iəʔ 集力笔蜜	uəʔ 国毒哭突	yəʔ 裕育曲域

韵母说明：

① [ɛi、uɛi] 两韵母的动程较小，接近 [ɛɪ、uɛɪ]。

② [u] 韵母与声母 [pf、pf^{h}、f] 相拼时，读唇齿音 [v]。

③ [ɔu、iɔu] 两韵母有单音化倾向，韵尾 [u] 已高化。

（三）声调 5 个

33	平声	诗天初高难人
312	上声	古纸走碗口老
54	去声	盖抗汉害近柱
3	阴入	掇豁喝发得八
21	阳入	罚督实舌食十

（四）连读变调

娄烦话的非轻声连读变调只有“阴入 + 平声”时，后字变为 35，如“吃烟、铁锨”等。

娄烦话的轻声主要有：①时间词“年”在具体的数字后或作为语素与别的语素构成词时读轻声；②部分趋向补语轻读；③重叠式的第二个音节读轻声；④语气词在疑问句或感叹句中读轻声。娄烦话轻声的调值为 11。

八　晋中榆次区话声韵调

（一）声母 21 个

p 本表爬盆	p^h 派爬盆胖	m 民马麦密	f 飞放福肺	v 雾味瓦温
t 多低灯毒	t^h 他讨同太	n 脑南女娘		l 拉老路连
ts 字触租早	ts^h 词触祠愁		s 三祠酸愁	z 如惹然热
tɕ 九见讲晋	tɕ^h 起膝客权		ɕ 想谢鞋膝	
k 赶高果跪	k^h 跪客口可	ŋ 袄我爱肮	x 鞋瞎活红	
∅ 药用夜言				

声母说明：

① [v] 摩擦较小，与半元音 [ʋ] 相近。

② [z] 是舌尖前浊擦音，发音部位与 [ts、ts^h、s] 相同。

③ [ŋ] 是舌根浊鼻音，实际发音比较轻。

（二）韵母 31 个

ɿ 字迟知指	i 衣戏听钉	u 古书水堡	y 雨去穗兄
æ 谈南山暖	ie 杏界店怜	uæ 短团乱暖	ye 靴全院泉

ɒ 茶把忙哑　　iɒ 家假哑镶　　uɒ 瓜花霜逛
ɯ 哥磨肺粥　　iɯ 九有扭六　　uɯ 坐锁会桂
ər 儿耳二尔
ɛe 贝塞白柴　　　　　　　　　uɛe 碎外乖穗
ɔu 堡道皂孝　　iɔu 效表雕摇
ɤ̃ 深温农吞　　iɤ̃ 因杏听钉　　uɤ̃ 寸粽农吞　　yɤ̃ 巡兄军粽
aʔ 八辣热壳　　iaʔ 白铁学雀　　uaʔ 脱刮扩缩　　yaʔ 月缺雪鹊
əʔ 日指郝去　　iəʔ 益墨劈塞　　uəʔ 六出粥秃　　yəʔ 蓄削局俗

韵母说明：

① [ɒ] 是舌面后低圆唇元音，实际发音部位略靠前。

② [ɯ] 是舌面后高不圆唇元音，实际发音介于 [ɯ] 和 [ɤ] 之间。

（三）声调 5 个

11　平声　冬通门龙
53　上声　懂统草老
35　去声　罪痛洞六
1　阴入　谷六叶急
53　阳入　毒盒局赎

声调说明：

①平声不分阴阳，一律读平调 11。

②中古清上、次浊上今读上声，调值为 53；中古浊上归去声。

③去声因人而异，有的读为降调 42。

④入声分阴阳。中古清入、次浊入今为阴入，全浊入今为阳入，均为短促调。阴入与平声调型、调值相同，阳入与上声调型、调值相同。

（四）连读变调

本节包括 2 个表格：表 8-1 非叠字两字组连读变调规律；表 8-2 叠字两字组连读变调规律。

表 8-1　非叠字两字组连读变调规律

前字＼后字	平声 11	上声 53	去声 35	阴入 1	阳入 53
平声 11	——	——	——	——	——
上声 53	——	——	——	——	——
去声 35	——	——	——	——	——

续表

前字＼后字	平声 11	上声 53	去声 35	阴入 1	阳入 53
阴入 1	——	——	——	——	——
阳入 53	——	1+53 十五、嘬嘴	——	——	——

表 8-2　叠字两字组连读变调规律

前字＼后字	平声 11	上声 53	去声 35	阴入 1	阳入 53
平声 11	——	——	——	——	——
上声 53	——	53+11 姐姐、嫂嫂	——	——	——
去声 35	——	——	11+53 舅舅、妗妗	——	——
阴入 1	——	——	——	——	——
阳入 53	——	——	——	——	——

九　交城话声韵调

（一）声母 19 个

p 盘爬篇白　　p^h 剖篇盘爬　　m 魔马梦麦

t 头地疼跌　　t^h 齐头疼铁　　n 义眼难逆　　l 棱里路鹿

ts 磁种斩走　　ts^h 茶唇馋磁　　s 唇馋四熟　　ʐ 仁肉软日

tɕ 骑嫁菊结　　$tɕ^h$ 菊骑齐掐　　ɕ 溪孝咸雪

k 高够拐国　　k^h 刊筷捆括　　ŋ 鹅案藕额　　x 咸孝饭抚

ø 鸦味宇义

声母说明：

①交城话中没有唇齿擦音 [f] 和 [v]。

② [n] 与开、合口韵母相拼时舌尖抵住上齿龈，与齐、撮呼韵母相拼时舌尖抵住下齿龈，因两种情况下音色差异不大且不区别意义，故合为一个音位。

③交城城关地区塞擦音和清擦音只有舌尖前音 [ʦ、$ʦ^h$、s]，无舌尖后音 [ʈʂ、$ʈʂ^h$、ʂ]；浊擦音无舌尖前音 [z]，只有舌尖后音 [ʐ]。

（二）韵母 40 个

ɿ 支次死智	i 晴婿肥命	u 暮徒堡祖	y 累荣婿罪
ɑ 霸哑渣啊	iɑ 猛哑涯硬	uɑ 寡跨画横	
ɤ 昂肠缸场	iɤ 娘枪享殃	uɤ 壮晃旷汪	
ɛ 陪态买哀	iɛ 涯界揩野	uɛ 歪腿罪拽	yɛ 揪靴拽
		ui 肥慧胃卫	
ər 儿而二耳			
ɤɯ 鹅智声舍		uɤɯ 矬果阔卧	
ʌɯ 偷后祖掫	iʌɯ 流舅宿幼		
ɔu 懊保桃堡	iɔu 角调效肴		
ã 丹懒散赞	iã 棉眼间联	uã 范关涮弯	
ɒ̃ 竿看酣安			
ə̃ 根声猛农	iə̃ 品晴硬命	uə̃ 村拱稳奋	yə̃ 群殉荣拱
		ũ 团篆暖联	yũ 圈券远园
aʔ 剥答隔缸	iaʔ 铁别麦隔	uaʔ 夺活阔沃	yaʔ 角瘸决月
əʔ 刻黑食薄	iəʔ 北力笛席	uəʔ 褥绿熟触	yəʔ 曲狱局俗

韵母说明：

①韵母 [ɤ、iɤ、uɤ] 的主要元音 [ɤ] 发音时略带圆唇，因无区别意义的作用，与 [ɤɯ] 类韵母中的韵腹 [ɤ] 合为一个音位。

② [iə̃] 的开口度明显比 [ə̃、uə̃、yə̃] 要小，为了韵母系统整齐，记作 [iə̃]。

（三）声调 5 个

11	平声	巴多难加
53	上声	马吐选嚷
24	去声	意伴放蒜
1	阴入	剥括朴急
53	阳入	敌食杂舌

声调说明：

①平声不分阴阳，一律读平调 11。

②去声记为 24，也可以记为 35，因为只有一个升调。

③入声分阴阳。中古清入、次浊入今为阴入，中古全浊入声归阳入，均读短调。就调型来看，阴入与平声调型、调值相同，阳入与上声调型、调值相同。

（四）连读变调

本节包括 2 个表格：表 9-1 非叠字非轻声两字组连读变调规律；表 9-2 叠字两字组连读变调规律。

表 9-1 非叠字非轻声两字组连读变调规律

前字＼后字	平声 11	上声 53	去声 24	阴入 1	阳入 53
平声 11	——	——	——	——	——
上声 53	——	11+53 火把、买米	——	——	11+53 水闸、解毒
去声 24	——	——	11+24 罪犯、胜利 24+53 地震、唱片	——	——
阴入 1	53+11 竹竿、木瓜 1+11 作文、国旗	——	——	——	——
阳入 53	——	1+53 别扭、白米	——	——	1+53 服毒、学习

表 9-2 叠字两字组连读变调规律

前字＼后字	平声 11	上声 53	去声 24	阴入 1	阳入 53
平声 11	——	——	——	——	——
上声 53	——	53+11 筒筒、斧斧	——	——	——
去声 24	——	——	24+53 裤裤、舅舅	——	——
阴入 1	——	——	——	——	——
阳入 53	——	——	——	——	53+1 脖脖、盒盒

十 文水话声韵调

（一）声母 21 个

p 八兵爬病	p^h 派爬蜂破	m 麦明马磨		
t 多东甜毒	t^h 讨甜土拖	n 脑南奴闹		l 老蓝连路
ts 资早装纸	ts^h 抄床车城	nz 泥女黏	s 肥床城十	ʐ 热软绕如
tɕ 酒坐九假	$tɕ^h$ 清全轻权	ȵ 年牙鸟业	ɕ 酸想谢县	
k 高共歌瓜	k^h 开快苦可	ŋ 熬安鹅爱	x 风肥蜂灰	
∅ 味月用药				

声母说明：

① [ts、ts^h、s] 实际发音时舌尖不在齿背后，而与上齿龈接触较多。

② "十"等入声字，声母可读 [s]，也可读 [ʂ]，属自由变体。

③ [ʐ] 声母的实际发音有时读成半元音 [ɻ]。

④ [m、n、ŋ] 后带高元音时，有较明显的同部位浊塞音 [b、d、g]，如"母"[m^bəɸ^{423}]、"努"[n^dəɯ^{423}]、"我"[$ŋ^g$ɪi^{423}]。

（二）韵母 43 个

ʅ 米师病星	i 写笑桥茄	u 糖床王双	y 坐靴锁
ʮ 雨兄吕举			
a 茶沙把下	ia 牙硬鸭假	ua 瓦刮花瓜	ya 哕横
	iu 响娘亮抢		
əɸ 苦五猪毛			
ər 二儿耳而			
ai 排鞋袋解	iai 街戒解蟹	uai 快怪拐坏	
eɪ 开赔贝袋		ueɪ 对飞鬼罪	
ɪi 歌多拖锣		uɪi 过躲果锁	
au 宝饱毛讨	iau 笑桥票交		
əɯ 豆走偷奴	iəɯ 油六修球		
æĩ 半感甘暗	iæĩ 盐年尖签	uæĩ 短官宽端	yæĩ 权选圈院
aŋ 南山糖贪	iaŋ 响讲亮抢	uaŋ 床王双赚	
ɔŋ 深根灯横	iɔŋ 心硬病星	uɔŋ 寸滚春东	yɔŋ 云兄用均
aʔ 盒塔鸭法	iaʔ 接贴节学	uaʔ 活刮法桌	yaʔ 月雪绝缺

əʔ 十托直尺　　iəʔ 急七一北　　uəʔ 骨出郭国　　yəʔ 橘药局律

n̩ 你

韵母说明：

① [ɿ] 韵母发音不典型，实际应是 [iɿ]，即使与 [ts] 组声母相拼，也有点儿腭化色彩。[y] 韵母也带有 [ʮ] 的色彩。

② [ər] 实际发音时卷舌动作较小。

③ [ua] 中的 [a] 实际音值为 [ɑ]。

④ [eɪ] 的主要元音 [e] 实际发音时舌位略低，开口度略大。

⑤ [əɯ、iəɯ] 中的复合元音 [əɯ] 实际发音时动程较短，韵尾 [ɯ] 实际发音时唇形略展，并未到达实际发音部位。

⑥ [iæĩ、yæĩ] 中的复合元音 [æĩ] 实际发音时动程较短。

⑦ [aŋ、iaŋ、uaŋ] 中的鼻韵尾 [ŋ] 弱化，主要元音 [a] 的实际音值介于 [ã] 与 [aŋ] 之间。

⑧ [ɔŋ、iɔŋ、uɔŋ、yɔŋ] 中的鼻尾 [ŋ] 弱化，主要元音 [ɔ] 实际发音时舌位略高，带有较明显的鼻化色彩，实际音值介于 [ɔ̃] 与 [ɔŋ] 之间。

⑨ [aʔ、iaʔ、uaʔ、yaʔ] 中的韵腹 [a]，实际发音部位略靠后。

⑩ [uəʔ、yəʔ] 中的韵腹 [ə]，实际发音部位靠后，近于 [ɔ]。

（三）声调 5 个

22　平声　东该油红

423　上声　懂草买有

35　去声　动罪树六

2　阴入　谷百叶月

312　阳入　毒白盒罚

声调说明：

①阴入在读单字调时发音不短促，实际音值为 22，与平声调值基本一致，为区别计，记作 2。

②阳入单字调发音不短促，有的字单念时与上声接近，有的字单念时比上声调值略低，个别字的曲折调不明显。

（四）连读变调

本节包括 2 个表格：表 10-1 非叠字非轻声两字组连读变调规律；表 10-2 叠字两字组连读变调规律。

表 10-1 非叠字非轻声两字组连读变调规律

前字＼后字	平声 22	上声 423	去声 35	阴入 2	阳入 312
平声 22	22+11 交通、丝绵 22+35 阴天、飞机 22+423 牙膏	22+35 端午、沙眼 22+42 清理	22+11 登记、招待	22+1 方法、开业 22+35 筋骨、钢笔	22+31 风俗、消毒 22+35 科学、生活
上声 423	42+22 火车、雨衣 42+35 表扬、可怜 35+22 舞台	22+423 表演、洗脸 22+42 火腿、手表 42+35 选举、小米 42+423 小产	42+35 鼓动、榜样 42+22 打扮、冷淡	42+2 损失、祖国	42+2 主席、宝石 22+31 打杂、有毒
去声 35	22+35 冻凌 35+42 嚏喷	35+42 技巧、道理	22+35 善后、上当 35+22 错误、外套 35+42 炸弹、孝顺	22+35 电压	35+31 拒绝、混合 35+2 蛋白
阴入 2	2+11 雪花、热心 2+53 忽然 2+35 药房、铁皮	2+42 发抖、出丑 35+42 壁虎、铁板	2+11 绿豆、捏造 35+31 烈士、药片	2+1 出国、吃药 2+35 剥削、结束 35+31 脉搏	2+31 复杂、出席 2+35 缺乏、发达 35+31 确实、日蚀
阳入 312	2+11 石灰、合金 2+42 石膏 31+22 白天	2+42 石板、局长	31+35 杂技、局部	31+2 白铁、及格 2+35 直接 2+312 熟悉	2+312 学习、实习

表 10-2 叠字两字组连读变调规律

前字＼后字	平声 22	上声 423	去声 35	阴入 2	阳入 312
平声 22	22+11 瓶瓶、盆盆 22+35 筐筐、天天 23+42 听听、陪陪	——	——	——	——

续表

前字＼后字	平声 22	上声 423	去声 35	阴入 2	阳入 312
上声 423	——	42+22 点点、草草 23+42 想想、耍耍	——	——	——
去声 35	——	——	35+0 弟弟、盖盖 23+42 看看、问问	——	——
阴入 2	——	——	——	2+0 钵钵、角角 23+42 歇歇、说说	——
阳入 312	——	——	——	——	2+31 盒盒、白白 23+42 学学

说明：

①去声和阴入的叠字两字组连读变调，后字实际读音短而轻时，本书一律记为 0。

十一　祁县话声韵调

（一）声母 23 个

p 八兵爬病　p^h 派片爬蜂　m 麦明磨马

t 多东甜毒　t^h 讨天甜拖　n 脑南奴闹　l 老蓝连路

ts 资早装纸　ts^h 祠清床双　s 书祠床双

tʂ 张照砖针　$tʂ^h$ 抽车城轻　ʂ 手十城沙　ʐ 热软如染

tɕ 酒九茄假　$tɕ^h$ 清圈轻权　ȵ 年泥牙念　ɕ 想谢响县

k 高共歌果　k^h 开块挂亏　ŋ 熬安鹅哑　x 副蜂灰活

∅ 味问用药

声母说明：

① [t、t^h] 拼细音时有轻微的腭化现象。

②零声母在开口呼、合口呼音节前带有轻微喉塞音 [ʔ]，连读中且作为后字时喉塞音 [ʔ] 消失。

③ [ʐ] 摩擦较轻，实际读音接近 [ɻ]。

（二）韵母 43 个

ɿ 米丝病星		u 坐床王双	
ʅ 升池制世			
	iəβ 雨兄徐吕	uβ 苦五猪布	
a 茶把下哑	ia 牙响讲假	ua 瓦刮$_1$花抓	ya 趹
	iɪ 写硬茄借		yɪ 靴横倔
ɯ 歌大可多			
əɭ 二儿耳而			
æɛ 排鞋白开		uæɛ 快外怪个	
əɨ 开赔北该	iei 街解挨蟹	uəɨ 对飞鬼雷	
ɒɔ 宝饱帽刀	iɒɔ 笑桥票庙		
ɤu 豆走奴偷	iɤu 油六酒修		
	iu 笑桥票庙		
ɑ̃ 南山糖单	iɑ̃ 响讲眼限	uɑ̃ 床王双犯	
ə̃ 半暗感满	iẽ 盐年黏尖	uə̃ 短官端乱	yẽ 权选圈院
ɔõ 灯升争横	iɔõ 心硬病星		
əm 寸滚春东	iəm 云兄用均		
ɑʔ 盒八热壳	iɑʔ 鸭节药白	uɑʔ 活刮法夺	yɑʔ 月绝雪缺
əʔ 十托直尺	iəʔ 急七北锡	uəʔ 骨国六绿	yəʔ 橘药局
n̩ 你			

韵母说明：

① [ɿ] 的实际读音带有舌面色彩；在声母 [l] 和零声母之后舌面色彩强，部分读音接近 [i]。

② [uβ] 发音时舌位上升，双唇略展，从轻微摩擦达到完全闭合，[u] 为过渡音。

③ [iəβ] 收尾时双唇从轻微摩擦到完全闭合。

④ [a、ia、ua、ya] 中 [a] 的舌位略高。

⑤ [iu] 的韵腹前有过渡音 [ə]。

⑥ [ə̃] 中 [ə] 发音时舌位偏高，实际读为舌面半高不圆唇元音 [ɘ]。

⑦ [əm、iəm] 中 [ə] 为过渡音，实际音值不明显。

（三）声调 5 个

31	平声	东该红白
314	上声	懂古五有
45	去声	冻怪后六

32　阴入　谷百叶月

324　阳入　毒白盒罚

声调说明：

①平声单字调的起点值高于词汇环境或语境中的起点值。

②上声音节中间有短暂的喉塞音 [ʔ]，即“中喉塞”，发音时喉头（声门）紧拉。

③阴入单字调的实际音值与平声单字调同为 31，但时长较短，为区分二者，阴入记为 32。

④阳入单字调的实际音值与上声单字调同为 314，但时长较短，为区分二者，阳入记为 324。

（四）连读变调

本节包括 3 个表格：表 11–1 非叠字非轻声两字组连读变调规律；表 11–2 非叠字轻声两字组连读变调规律；表 11–3 叠字两字组连读变调规律。

表 11–1　非叠字非轻声两字组连读变调规律

前字＼后字	平声 31	上声 314	去声 45	阴入 32	阳入 324
平声 31	23+23 阴天、东风 23+31 交通、丝绵	23+314 担保、风雨 23+14 白酒、肩膀	23+31 登记、青菜 23+45 窑洞、徒弟	23+23 筋骨、中国 23+32 油漆、麻药	23+32 中学、风俗 23+324 邮局、留学
上声 314	31+14 火车、党员	31+314 水果、小米 31+14 苦恼、整理 14+31 野草、五彩	31+45 打扮、巧妙	31+23 祖国、草药	31+24 宝石、小学 31+324 水闸、打杂
去声 45	45+53 臭虫、难民	45+53 报纸、送礼	44+45 变化、唱戏 45+53 大肚、待见	45+53 变革、教育	45+53 正直、外族
阴入 32	23+31 出租、脱离 23+23 发明、铁门	23+31 缺少、谷雨 23+314 刻苦、砝码	23+31 笔记、铁道 23+45 法院、出面	23+24 结束、发育	23+24 缺乏、克服 45+53 烈属、阅读
阳入 324	32+31 读书、杂粮	32+314 石板、局长	32+45 学费、杂技	32+23 白铁、直接	32+324 实习、学习

说明：

（一）前字为平声

①后字无论为何声调，前字一律由 31 变 23。

②单字调平声不分阴阳，但当后字为平声、去声、入声字时，部分可以区分阴阳。比如："清平（部分）+平声"（如："阴天、东风、中农、猪皮"，23+23）与"浊平+平声"（如："农村、羊毛、人才、平安"，23+31）变调不同；"清平（部分）+去声"（如："登记、青菜、车票、猪圈"，23+31）与"浊平+去声"（如："时分、徒弟、帆布、窑洞"，23+45）变调不同；"清平+阴入"（如："筋骨、中国、开业、猪血"，23+23）与"浊平+阴入"（如："油漆、麻药、潮湿、茶叶"，23+32）变调不同。

③"平声+去声"中，除了"清平+清去"外，前字大多由31变为23，后字不变调（45），但与单字调去声相比，上扬不明显。

④规律之外的情况："平声+平声"变读为"23+45"，如："犍牛、推车、工钱、公鸡"。"平声+上声"变读为"23+45"，如："天每"。

（二）前字为上声

①前字为上声时，调值一般由314变读为31。但"次浊上+上声"连读时，前字由314变为14，如："野草、五彩、雨伞、玛瑙、美满"。

②规律之外的情况："母牛、女猫、母狗"变读为"31+45"。

（三）前字为去声

①去声字与去声字连读时，一般变读为44+45，但听感上前字略降，后字不如单字调升感明显。

②后字为平声时，可以区分阴阳平，如"预先、卫生、坐车"与"臭虫、难民、问题"形成不同的变调。

（四）前字为入声

①前字为入声时，阴入32变读为23，阳入324变读为32。

②阴入字与平声字连读时，可以区分部分阴阳平。如"出租、脱离、脱鞋、陆军"与"发明、铁门、职员、黑糖"形成不同的变调。

③前字为次浊入，后字为阳入时，前字由32变读为去声调45，后字由324变读为高降调53，如"烈属、阅读、掠夺、陆续"。

④规律之外的词语："入声+平声"变读为"32+45"：如："月明、蜜蝇、局⁼猪种猪"；"牿猪"变读为"23+45"。

表 11-2　非叠字轻声两字组连读变调规律

前字＼后字	平声 31	上声 314	去声 45	阴入 32	阳入 324
平声 31	23+0（31） 咱们、渠儿	——	——	23+0（31） 蚊子、捎的	——
上声 314	31+0（14） 瓦儿、想头	——	——	31+0（14） 李子	——
去声 45	45+0（53） 路儿、后头	——	——	45+0（53） 上的、动的	——
阴入 32	23+0 木头、鸽儿	23+0 黑⁼里地方	——	23+0（31） 出的 23+0（23） 竹子	——
阳入 324	32+0（23） 石头	——	——	32+0（23） 橘子、席子	——

说明：

①表格中标"0"，表示轻声音值轻短；若标"0（31）"、"0（53）"、"0（23）"等，括号中的数值表示轻声的实际音值。

表 11-3 叠字两字组连读变调规律

前字＼后字	平声 31	上声 314	去声 45	阴入 32	阳入 324
平声 31	23+31 边边、台台 23+23 窝窝、蛛蛛	——	——	——	——
上声 314	——	31+14 爪爪、纸纸	——	——	——
去声 45	——	——	45+53 缝缝、面面	——	——
阴入 32	——	——	——	23+32 钵钵、窟窟 23+23 叶叶、月月	——
阳入 324	——	——	——	——	32+24 勺勺、碟碟

十二　晋中太谷区话声韵调

（一）声母 22 个

p 八兵爬病　p^h 派片蜂破　m 麦明马磨　f 风蜂肥书　v 味问软温
t 多东甜毒　t^h 讨甜土拖　n 脑南奴闹　l 老蓝连路
ts 资早纸主　ts^h 草床双城　s 丝床双城　z 热绕如染
tɕ 酒九茄嫁　$tɕ^h$ 清全轻权　ȵ 年泥鸟牛　ɕ 肥酸响县
k 高共歌果　k^h 开块苦可　ŋ 熬安鹅爱　x 好灰活花
∅ 月王云药

声母说明：

①声母 [v] 摩擦较轻，实际音值为半元音 [ʋ]。

②声母 [t、t^h、n] 在与齐齿呼和撮口呼韵母相拼时，有较为明显的舌面音色彩，近于 [ȶ、$ȶ^h$、ȵ]。其中 [n] 与齐齿呼和撮口呼韵母相拼时，舌面音色彩尤为明显，记为 [ȵ]。

③声母 [z] 摩擦性不强。

④声母 [k、k^h、ŋ、x] 发音部位偏前，与齐齿呼韵母相拼时，近于 [c、c^h、ɲ、ç]。

（二）韵母 42 个

ʅ 师试升整　i 尾病星井　u 五猪母幕　y 雨兄玉剧

ɒ 茶瓦耍糖　iɒ 牙响讲假　uɒ 坐卦抓筐

e 魔车婆射　ie 歌写硬锣　ue 过课横火　ye 靴锁躲摞

ər 二儿耳而

ɑi 排鞋白菜　iɑi 戒蟹解街　uɑi 快怪拐坏

ei 开赔飞来　uei 对鬼碎尾

ɑɯ 宝饱刀讨　iɑɯ 交笑敲鸟

əɯ 豆走搂偷　iəɯ 油六修球

io 笑桥表庙　uo 苦帮双考

ɑ̃ 南山含潭　uɑ̃ 关欢惯还

ẽĩ 半闪汉感　iẽĩ 盐年尖签　uẽĩ 官宽传砖　yẽĩ 短权乱暖

ə̃ 深升横整　iə̃ 心硬病星　uə̃ 寸滚春东　yə̃ 云兄用均

aʔ 塔法辣热　iaʔ 盒节壳白　uaʔ 活刮阔桌　yaʔ 月倔约觉

əʔ 十出托尺　iəʔ 急七北锡　uəʔ 骨国六出　yəʔ 橘药局宿

n̩ 你

韵母说明：

①元音 [e] 舌位略高，实际读音近似 [ɘ]。

②韵母 [ɒ、iɒ、uɒ] 中 [ɒ] 的舌位略高。

③元音 [u] 与声母 [ts、tsʰ] 及 [k、kʰ] 相拼时，实际音值接近 [ʋ]；与声母 [f] 相拼时，实际音值接近 [v]。

④韵母 [əɯ、iəɯ] 中 [ə] 的舌位略后，[ɯ] 的读音较松。

⑤ [ɑ̃、uɑ̃] 的鼻化程度浅，[ə̃、iə̃、uə̃、yə̃] 的鼻化程度更深。

（三）声调 5 个

33　平声　东该糖白

312　上声　懂古买有

53　去声　冻罪后六

3　阴入　六百叶月

423　阳入　毒白盒罚

声调说明：

①入声单字调不十分短促，在词汇条件下比舒声调短。

（四）连读变调

本节包括 3 个表格：表 12-1 非叠字非轻声两字组连读变调规律；表 12-2 非叠字轻声两字组连读变调规律；表 12-3 叠字两字组连读变调规律。

表 12-1　非叠字非轻声两字组连读变调规律

前字＼后字	平声 33	上声 312	去声 53	阴入 3	阳入 423
平声 33	33+53 思谋、磨叨	33+31 标准、沙眼	——	——	33+42 风俗、灵活
上声 312	31+33 火车、党员 31+53 老爷曾祖父、 老娘曾祖母	31+312 火腿、整理 31+31 赶紧	31+53 打扮、草帽	31+3 粉笔、小麦	31+423 小学、武术
去声 53	24+33 秤钩、透明	24+31 院长、糯米	24+53 唱戏、训练 24+31 饭店、种上	24+3 用法、卖力	24+42 算术、面食
阴入 3	——	3+31 刻苦、谷雨	——	——	3+42 缺乏、确实
阳入 423	42+33 读书、拔牙	42+312 毒酒、石板	42+53 绝对、学问	42+3 白铁、及格	42+423 实习、学习

表 12-2　非叠字轻声两字组连读变调规律

前字＼后字	平声 33	上声 312	去声 53	阴入 3	阳入 423
平声 33	33+0（33） 他们、桃儿	——	——	——	——
上声 312	31+0（33） 脑头、枣儿	31+0（53） 晌午	——	31+0（3） 李子	——
去声 53	24+0（33） 上头 53+0 树儿	24+0（31） 扫帚	——	24+0（3） 上的、袖子	——
阴入 3	3+0（53） 木头		——	3+0（3） 虱子、出的	3+0（3） 日食、月食
阳入 423	42+0（33） 石头、舌头	——	——	42+0（3） 橘子	——

说明：
①表格中标“0”，表示轻声读得轻短；括号中的数值表示轻声的实际音值。

表 12-3　叠字两字组连读变调规律

前字＼后字	平声 33	上声 312	去声 53	阴入 3	阳入 423
平声 33	3+33 牌牌、爷爷	——	——	——	——
上声 312	——	42+33（名词） 碗碗、眼眼 31+13（形容词） 小小、好好	——	——	——
去声 53	——	——	3+0 帽帽、被被 24+31 梦梦、面面	——	——
阴入 3	——	——	——	——	——
阳入 423	——	——	——	——	42+3 垡垡、妮妮

说明：

①两个平声字重叠，一般不变调，如："爷爷"[ie^{33}ie^{33}]。如果快读，则前字变得轻短，变读为阴入调，且变韵为[əʔ、iəʔ、uəʔ、yəʔ]。如："牌牌"[p^{h}əʔ^{3}p^{h}ɑi^{33}]、"爷爷"[iəʔ^{3}ie^{33}]、"锤锤"[ts^{h}uəʔ^{3}ts^{h}uei^{33}]、"渠渠"[tɕyəʔ^{3}tɕy^{33}]；个别平声字重叠根据构词和构形的不同而出现不同的变调，如："人人"读[zə̃^{33}zə̃^{33}]时指每一个人（构词，表"每一"义）；变读为[zəʔ^{3}zə̃^{33}]时表小称，有喜爱意味（构形，表强调），例如："人人书"和"猴小人人"。

②上声字重叠，一种变调情况为前字变读为阳入调，且变韵为[əʔ、iəʔ、uəʔ、yəʔ]，后字变为平声调。如："碗碗"[vəʔ^{42}vẽĩ^{33}]、"眼眼"[ȵiəʔ^{42}ȵiẽĩ^{33}]、"腿腿"[t^{h}uəʔ^{42}t^{h}uei^{33}]、"锁锁"[ɕyəʔ^{42}ɕye^{33}]；另一种变调方式为"31+13"，此一般为形容词或副词修饰性重叠词的变调方式，前字为阳入调 31，同时变为入声韵。

③两个去声字重叠，一般前字变读为阴入调，且变韵为[əʔ、iəʔ、uəʔ、yəʔ]，后字变为轻声，实际音值为31。比如："帽帽"[məʔ^{3}mɑɯ^{0}]、"被被"[piəʔ^{3}pi^{0}]、"肚肚"[tuəʔ^{3}tuo^{0}]、"穗穗"[ɕyəʔ^{3}ɕy^{0}]。

④两个阴入字重叠，前后字字调都不变，依韵母不同可分为两种情况：

a. 前字韵母为[aʔ、iaʔ、uaʔ、yaʔ]时，变韵为[əʔ、iəʔ、uəʔ、yəʔ]，比如："折折"[tsəʔ^{3}tsaʔ^{3}]、"叶叶"[iəʔ^{3}iaʔ^{3}]、"桌桌"[tsuəʔ^{3}tsuaʔ^{3}]、"月月"[yəʔ^{3}yaʔ^{3}]；

b. 前字韵母为[əʔ、iəʔ、uəʔ、yəʔ]时，则韵和字调都不变，比如："窟窟"[k^{h}uəʔ^{3}k^{h}uəʔ^{3}]、"足足"[tɕyəʔ^{3}tɕyəʔ^{3}]。

⑤两个阳入字重叠，前字变为 42，后字变为阴入调，依韵母不同可分为两种情况：

a. 前字韵母为[aʔ、iaʔ、uaʔ]，则变韵为[əʔ、iəʔ、uəʔ]，比如："垡垡"[fəʔ^{42}faʔ^{3}]、"妮妮"[ȵiəʔ^{42}ȵiəʔ^{3}]、"滑滑"[xuəʔ^{42}xuaʔ^{3}]；

b. 前字韵母为[əʔ、iəʔ、uəʔ、yəʔ]，则只变调，比如："勺勺"[fəʔ^{42}fəʔ^{3}]。

十三　平遥话声韵调

（一）声母 25 个

p 八兵爬病　　p^{h} 派片排破　　m 麦明磨骂

t 多东甜毒　　t^{h} 讨天图剃　　n 脑南奴闹　　l 老蓝连路

ts 资柱争纸	ts^h 刺床双春		s 丝床山双	z 软入如闰
tʂ 张章窄治	tʂ^h 车抽池城	ɳ 黏沾碾	ʂ 手十城生	ʐ 热任绕人
tɕ 酒坐九假	tɕ^h 清全轻权	ȵ 年泥牙鸟	ɕ 想谢响县	
k 高共歌过	k^h 开狂可裤	ŋ 熬安鹅饿	x 副好灰活	
ø 味云用药				

声母说明：

① [n] 与舌尖元音相拼时略有摩擦，实际音值为 [nz]，如“女”[nzʮ^{512}]。因这类字很少，且 [nz] 与 [n] 并无对立，与 [n] 合为一个音位。

② [uei] 自成音节时，有三个字（“卫、位、味”）的韵头 [u] 变读为 [v]。

③ [ɳ] 声母只有“黏、沾、碾”三个字。

（二）韵母 37 个

ɿ 师丝试紫	i 米戏病艺	u 苦五毛富	y 雨兄玉徐
ʅ 知车世正			
ʮ 猪除书主			
ɑ 茶拉打下	iɑ 牙冷假虾	uɑ 瓦挂抓挖	
ɤ 车蛇射扯		uə 床王课错	yə 想仓抢像
	iɛ 写街棚姐		yɛ 坐靴双横
ɔ 歌宝饱毛	iɔ 笑桥雀交		
ər 二儿耳而			
æe 开排鞋白		uæe 对快雷灰	
ei 星多贝碑		uei 过飞吕岁	
əu 豆走路肉	iəu 油酒修舅		
ɑ̃ 南山糖仓	iɑ̃ 响想抢像	uɑ̃ 床双王赚	
	ĩɛ̃ 盐年尖签		ỹɛ̃ 权卷圈院
əŋ 冷棚正横	iəŋ 心硬病星	uəŋ 寸滚春东	yəŋ 云兄用裙
ʌʔ 盒热托割	iʌʔ 接贴急白	uʌʔ 国谷划绿	yʌʔ 月橘药局
n̩ 你			

韵母说明：

① [əŋ] 韵母中的元音 [ə] 开口度略大，接近 [ʌ]。

②中古咸、山摄开口一、二等及合口字今读 [ɑ̃、iɑ̃、uɑ̃]，与中古宕、江摄文读合流；开口三、四等字，老派大都读为 [ĩɛ̃、ỹɛ̃]。[ĩɛ̃、ỹɛ̃、uɑ̃] 中的 [i、y、u] 带有明显的鼻化色彩，读音较长、较重。不过，少数读 [ĩɛ̃、ỹɛ̃] 韵母的字（如“剑、全”等），韵母的鼻化色彩有所减弱，但与假摄“借”[iɛ]、“靴”[yɛ] 等字的韵母仍有区别。

③部分入声韵促化已经不明显，个别入声韵已能延长，但入声韵与舒声韵仍有区别，所以仍记作入声韵。

④ [i、u] 开头的零声母字，音节开头有较轻微的摩擦，接近无擦通音。

⑤ [ɛ] 的开口度略小，接近 [ᴇ]。

⑥ [ɑ̃] 在听感上接近 [ɑŋ]，但发音人发音时舌根完全没有抵住软腭，发韵母时全过程都能看到发音人的喉咙，所以记为鼻化音。

⑦阴声韵中的 [ɑ] 舌位较靠前，接近 [ᴀ]，这里与阳声韵的 [ɑ] 合为一个音位。

⑧ [n̩] 是自成音节，平遥话中只有“你”读此音。

（三）声调 5 个

213　平声　东该糖红
512　上声　懂古五有
24　去声　动快树六
212　阴入　谷百塔刻
523　阳入　六麦盒罚

声调说明：

①平声单字调不分阴阳。单字调有曲折，调值记作 213。

②上声单字调很长，并在尾音有曲折，调值记作 512。

③阴入和平声、阳入和上声调值基本相同，只是前者比后者调短促。为与舒声区别，阴入记作 212，阳入记作 523。

（四）连读变调

本节包括 2 个表格：表 13–1 非叠字非轻声两字组连读变调规律；表 13–2 叠字两字组连读变调规律。

表 13–1　非叠字非轻声两字组连读变调规律

前字＼后字	平声 213	上声 512	去声 24	阴入 212	阳入 523
平声 213	31+13 公鸡、芝麻 22+13 毛衣、男人	31+51 端午、瓜果 13+512 云彩、河涨	31+24 豌豆、猪圈 31+24 油菜、蚕豆	31+12 铅笔、干渴 22+12 头发、油笔	31+52 今日、阴历 13+523 黄历
上声 512	——	51+51 冷水、暖水	51+24 柳树、韭菜	51+12 水笔、晓得	51+52 扁食、满月
去声 24	24+31 豆浆、旱烟	24+3 露水、大米	24+31 旱地、地震	24+21 记得、认得	4+21 大麦、大卖

续表

前字＼后字	平声 213	上声 512	去声 24	阴入 212	阳入 523
阴入 212	2+13 结婚、出来	21+512 吃奶、不好	21+24 柏树、脊背 52+24 绰号	21+12 一百、恶色	21+52 吃药、竹叶
阳入 523	52+13 圪针、木头	52+512 圪蚤、木耳	52+24 木炭、绿豆	2+12 拾掇、圪眨	52+52 日食、月食

表 13-2 叠字两字组连读变调规律

前字＼后字	平声 213	上声 512	去声 24	阴入 212	阳入 523
平声 213	31+13 边边、窝窝 31+51 天天 22+13 爷爷、驴驴 31+13 娘娘 51+13 婆婆	——	——	——	——
上声 512	——	51+13 姥姥、婶婶	——	——	——
去声 24	——	——	24+31 路路、阵阵	——	——
阴入 212	——	——	——	21+12 角角、索索	——
阳入 523	——	——	——	——	52+12 叶叶、盒盒

十四　孝义话声韵调

（一）声母 26 个

p 八兵爬病　　p^h 派片破谱　　m 麦明马骂

t 多东甜毒　　t^h 讨天土拖　　n 脑南奴闹　　l 老蓝连路

ts 资竹柱争　　ts^h 刺初床双　　nz 女腻　　s 丝三床双　　z 软如入肉

tʂ 张争迟制	tʂʰ 抽拆车城	ɳ 黏扭钮碾	ʂ 手十城射	ʐ 热绕染肉
tɕ 酒九穷家	tɕʰ 清全轻权	ȵ 年泥牙眼	ɕ 肥想谢响	
k 高共歌过	kʰ 开狂苦课	ŋ 熬安鹅爱	x 飞风肥灰	
ø 味问用药				

声母说明：

① [n] 与开口呼和合口呼韵母相拼，[ȵ] 与齐齿呼和撮口呼韵母相拼，二者互补分布，不构成音位上的对立，但音色差异明显。

② [ŋ] 在实际发音过程中带有同部位的浊塞音成分 [g]。

③零声母在齐齿呼、撮口呼前面带有半元音色彩。

（二）韵母 42 个

ɿ 师丝试刺	i 米戏病星	u 苦猪抱毛	y 雨嘴兄徐
ʅ 知升池剩			
a 茶争沙把	ia 茄牙硬假	ua 瓦刮花画	ya 横倔曰哕
ᴇ 多车扇张	iᴇ 写盐年响	uᴇ 坐过果锁	yᴇ 靴权院冤
ɒ 歌靠看汤	iɒ 笑桥表庙		
		uə 床王官双	
ər 二儿耳而			
ai 排鞋白拍	iai 街戒蟹解	uai 快怪拐坏	
ei 开赔梨贝		uei 对飞鬼灰	
ao 宝饱毛讨	iao 交校敲焦		
ou 路豆走肉	iou 油六修球		
ã 南山糖张	iã 眼讲尖签	uã 关床王双	yã 权冤选
ə̃ 深根升争	iə̃ 心新硬星	uə̃ 寸滚春东	yə̃ 云用均熏
aʔ 盒塔托色	iaʔ 鸭学白夹	uaʔ 法刮床袜	yaʔ 角约越握
əʔ 十壳北直	iəʔ 接节七北	uəʔ 五活谷肉	yəʔ 月橘药局

韵母说明：

①韵母 [ɒ、iɒ] 中韵腹舌位比标准的 [ɒ] 略高，唇形略展。发音收束、舌位回归自然状态时带出一个近似 [ʌ] 音的收尾。

② [iɒ] 韵母在非唇音声母后介音为 [i]，在唇音声母后介音近似 [y]。

（三）声调 5 个

33	平声	东该灯白
312	上声	懂古老有

454　去声　冻怪后六

3　阴入　谷麦叶五

423　阳入　毒白盒罚

声调说明：

①平声调有微降倾向，调值接近 32；音强加强时，呈现低凹的特征，调值接近 323。

②上声调为降升调，发音过程中常伴有嘎裂现象。

③去声在发音完整时是一个高升降调，记作 454。语流中有时升的部分显著，记作 45；有时降的部分显著，记作 54：均可视为去声的自由变体。

④阴入调较为短促。

⑤阳入调是一个降升调，起点比上声高，发音过程中常伴有嘎裂现象，时长比阴入略长。

（四）连读变调

本节包括 3 个表格：表 14–1 非叠字非轻声两字组连读变调规律；表 14–2 非叠字轻声两字组连读变调规律；表 14–3 叠字两字组连读变调规律。

表 14–1　非叠字非轻声两字组连读变调规律

前字＼后字	平声 33	上声 312	去声 454	阴入 3	阳入 423
平声 33	33+11 书包、丢人 33+454 风筝、今年	33+454 山水	33+11 家具	33+1 黄历、头发 33+4 铅笔	33+4 收拾
上声 312	31+11 牡丹、火人 31+454 解锥、暖壶	31+312 洗澡 31+454 冷水	31+454 小气	31+1 水笔 31+454 解决	31+423 美活 31+4 满月
去声 454	45+11 过年	45+312 下雨	33+454 算卦	45+1 号脉	45+423 上学
阴入 3	3+11 发烧、刷牙 3+454 客人	3+454 一起	—	3+1 吃药 3+4 一百	3+4 日食
阳入 423	42+11 拔丝、食堂	3+312 白酒	42+454 做饭	42+1 拾掇	3+423 熟悉 3+4 月食

表 14-2 非叠字轻声两字组连读变调规律

前字＼后字	平声 33	上声 312	去声 454	阴入 3	阳入 423
平声 33	——	——	——	——	——
上声 312	——	——	——	——	——
去声 454	45+0 大方、事情	45+0 大米	45+0 味道	45+0 大麦	45+0 簟席
阴入 3	——	——	——	——	——
阳入 423	——	——	——	——	——

说明：
①孝义方言中有些非叠字两字组后字读轻声，一般不区分实际调值，一律记为 0。

表 14-3 叠字两字组连读变调规律

前字＼后字	平声 33	上声 312	去声 454	阴入 3	阳入 423
平声 33	33+454 边边、蛛蛛 33+11 尘尘、蛾蛾	——	——	—	——
上声 312	——	31+11 火火、婶婶	——	——	——
去声 454	——	——	45+312 巷巷、袖袖 45+0 缝缝	——	——
阴入 3	——	——	——	3+4 角角、竹竹	——
阳入 423	——	——	——	——	42+1 碟碟、盒盒

十五 介休话声韵调

（一）声母 26 个

p 八兵爬病　pʰ 派片蜂爬　m 麦明摸猛
t 多东甜毒　tʰ 讨天甜托　n 脑南闹弄　l 老蓝连路
ts 资竹柱装　tsʰ 刺草清船　nz 女$_1$ 挠　s 丝船双书　z 软闰弱如
tʂ 张知照占　tʂʰ 抽拆车城　ɳ 黏扭碾　ʂ 手十城射　ʐ 热染任入
tɕ 酒坐张装　tɕʰ 清全双轻　ȵ 年泥女业　ɕ 肥想谢县
k 高共果个　kʰ 开可裤块　ŋ 熬安鹅爱　x 飞好肥蜂

ø 味王云女$_2$

声母说明：

① [tʂ、tʂʰ、ʂ] 的实际发音部位较普通话靠后。

② [nz] 是舌尖鼻擦音，舌尖浊擦音 [z] 明显。

（二）韵母 38 个

ɿ 师丝试纸	i 米戏病鸡	u 苦布铺赌	y 雨兄徐去
ʅ 池			
ʮ 猪初梳树			
a 茶把下打	ia 牙硬假虾	ua 瓦瓜化抓	ya 哕横
	iᴇ 写池鹅河	uᴇ 过躲火货	yᴇ 坐靴锁所
ɤ 歌鹅河课		uɤ 两课螺错	yɤ 响床双错
ər 二儿耳女			
ai 开排色白		uai 对快个雷	
ei 升星来贝		uei 飞鬼岁吹	
ɔo 宝饱帽刀	iɔo 笑桥交校		
əu 豆走奴路	iəu 油六流酒		
æ̃ 南山半糖	iɛ̃ 盐年响讲	uæ̃ 官床王双	yɛ̃ 权选圈院
əŋ 深根升横	in 心病硬星	uŋ 寸滚春东	yn 云兄用永
ʌʔ 盒壳北尺	iʌʔ 鸭接贴白	uʌʔ 五国谷六	yʌʔ 月橘药局
n̩ 你			

韵母说明：

① [ɤ] 实际发音时舌位较靠前。

② [ai、uai] 中的 [a] 实际发音时舌位略高。

③ [in、yn] 有鼻化色彩。

（三）声调 5 个

13	平声	东该糖红
423	上声	懂古鬼老
45	去声	冻怪后六
12	阴入	谷塔切刻
312	阳入	六麦罚五

声调说明：

①平声单字调与阴入单字调起点相同，平声终点值略高，记为 13，阴入记为 12。

②多数上声单字调起点稍高于终点，记为 423；但个别字终点稍高于起点，例如“雨”，统一记作 423。

③去声单字调为高升调，记为 45；有个别字发音先升后降，例如“四、树、地”，可记为 454，统一记为 45。

④阳入单字调实际音值比上声单字调 423 略低，记为 312。

⑤入声在单字调中短促不明显，在词汇和语流中发音短促。

（四）连读变调

本节包括 3 个表格：表 15-1 非叠字非轻声两字组连读变调规律；表 15-2 非叠字轻声两字组连读变调规律；表 15-3 叠字两字组连读变调规律。

表 15-1　非叠字非轻声两字组连读变调规律

前字＼后字	平声 13	上声 423	去声 45	阴入 12	阳入 312
平声 13	33+13 高低、农村 11+45 阴天、中农	33+423 担保、风雨 11+45 端午、清理	11+45 相信、邮票	11+45 筋骨、中国 33+12 方法、油漆	11+53 膏药、金属 33+312 开业、风俗
上声 423	42+13 火车、火炉 42+45 党员、母猪	53+53/45 水果、小米 55+423 洒水、五彩 42+42 雨伞、攒点	42+45 广告、草帽	42+12 宝塔、祖国	42+53 享乐、水闸 42+12 武术、老实 55+312 赶集、打杂
去声 45	——	——	11+45 变化、费用、 用度、受罪	——	——
阴入 12	3+13 出租、发明 1+45 羯羊	3+423 刻苦、铁马 1+53 黑马、谷雨 3+45 捉哄、谝打闲聊	3+45 笔记、法院 1+53 厮打	3+12 节约、出国	3+31 确实 3+312 积极、出席
阳入 312	31+13 陆军、木材 31+45 蜜蜂、月明	31+423 热水、木偶	31+45 入味、捏造 1+45 欲望、疾病	31+12 墨汁、及格	31+312 绿叶、掠夺 31+45 日食、集合

说明：

①“平声＋上声”中后字变调后的 45 不稳定，在部分词中为高降调 53，如“端午、清理、偷跑”。

②“上声＋上声”变读为 53+53/45 后，后字变调不稳定，53 与 45 可自由变读，如“老虎”为 53+45，“水果”为 53+53，“野草”为 53+53，“保守”为 53+45。

③当前字为阳入调时，一般变读为低降调 31，由于发音短促，有时也记为 3。

表 15-2 非叠字轻声两字组连读变调规律

前字 \ 后字	平声 13	上声 423	去声 45	阴入 12	阳入 312
平声 13	11+0（45） 他们、咱们	——	——	33+0（12） 蚊子、条子 11+0（45） 捎的、沙子	——
上声 423	42+0（13） 尾巴	——	——	42+0（12） 冷子、李子	——
去声 45	45+0 背心、臭虫	45+0 报纸、带领	45+0 世界、炮弹	45+0 正式、利益	45+0 快乐、算术
阴入 12	3+0（13） 骨头、百天	3+0（423） 跌倒	——	1+0（45） 出的出去、竹子	——
阳入 312	31+0（13） 石头、五天	——	——	31+0（12） 栗子、麦子	31+0（312） 糊涂、五月

说明：

①表格中标“0”，表示轻声轻短；标“0（13）”、“0（45）”、“0（12）”等时，括号中的数值表示轻声的实际音值。

表 15-3 叠字两字组连读变调规律

前字 \ 后字	平声 13	上声 423	去声 45	阴入 12	阳入 312
平声 13	11+45 边边、窝窝 33+13 爷爷老天爷、胡胡二胡	——	——	——	——
上声 423	——	42+23 暖暖（地）、 （清）寡寡清 53+13 靥靥、婶婶	——	——	——
去声 45	——	——	11+45 尿尿、梦梦 45+0 觉觉、盖盖	——	——
阴入 12	——	——	——	11+45 角角、豁豁兔 3+12 （扁）息息扁、 （黑）出出黑	——
阳入 312	——	——	——	——	31+12 叶叶、盒盒

十六　灵石话声韵调

（一）声母 23 个

p 比布标百	pʰ 盘怕朋匹	m 麻门忙棉		
t 答得店道	tʰ 甜条汤推	n 拿牛能娘		l 吕兰雷泪
ts 资债追哲	tsʰ 才蚕昌成		s 色孙舌岁	z 闰软容瑞
tʂ 枝蒸遮智	tʂʰ 池吹迟锤		ʂ 树水折湿	ʐ 人日如绕
tɕ 加酒捐醉	tɕʰ 轻抢去切		ɕ 希徐夏岁	
k 古官格跪	kʰ 跪看开课	ŋ 藕安恩哀	x 发呼怀夏	
ø 耳衣武羽				

声母说明：

①中古非、敷、奉三声母字在灵石话中均读为 [x] 声母合口字，即 [f] 和 [x] 不分。例如："分、芬" 读音相同，"飞、灰" 读音相同，声母均为 [x]。

②部分中古疑、影两声母字在灵石方言中不读零声母，而读 [n] 声母。如："言、硬、焉、鸭" 等 。

③在灵石方言中有部分阳入字读成送气声母：如："白" [pʰiaʔ^{212}]、"鼻" [pʰiəʔ^{212}]、"直" [tsʰəʔ^{212}]、"碟" [tʰiəʔ^{212}]、"薄" [pʰəʔ^{212}] 等。

④ [n] 与齐齿呼、撮口呼韵母相拼时，读音近于 [ȵ]。

（二）韵母 39 个

ɿ 支字师志	i 米低旗明	u 捕土醋肚	y 吕区徐岁
ʅ 知池耻世			
a 巴麻茶萨	ia 加价牙压	ua 桂花爪挂	
ɤ 波忙蛇社		uɤ 坐座上汤	yɤ 香想抢匠
ɔ 讨毛考到	iɔ 表吊交效		
ɛ 拜买太菜	iɛ 姐写茄夜	uɛ 拐回外对	yɛ 靴坐座瘸
ər 耳二而儿			
ei 贝占扇杯		uei 岁柜飞躲	
ou 头狗抽后	iou 牛九有右		
	ie 鞭点年肩		
ɒ̃ 看上汤忙	iɒ̃ 眼香想匠	uɒ̃ 短方状算	yɒ̃ 卷圈权悬
əŋ 本碰声胜	iŋ 新精明迎	uŋ 动蛊葱蜂	yŋ 群匈雄讯

aʔ 革脖达塔　　iaʔ 鸭甲麦掐　　uaʔ 扩发伐刷　　yaʔ 确岳曰穴

əʔ 黑石得日　　iəʔ 节七习贴　　uəʔ 绿竹入物　　yəʔ 药俗足菊

韵母说明：

①在灵石方言中，咸摄开口一等、二等与合口二等字，山摄开口一等、二等与合口一等、二等字，与宕摄字合流。

②宕摄开口一等、三等、四等字以及合口一等字，在灵石方言中读为开尾韵母。江摄二等字与知、庄组结合时，在灵石方言中也读开尾韵母。

（三）声调 6 个

535　阴平　包标姑低

44　阳平　排闻门迷

212　上声　展纸女染

53　去声　醉对让共

4　阴入　急集笔一

212　阳入　石服鼻席

声调说明：

①灵石方言的平声调分为阴平和阳平：中古清声母今读阴平，浊声母今读阳平。阴平调值 535，阳平调值 44。

②灵石方言保留入声，带有比较明显的喉塞音 [ʔ]，入声分阴入、阳入两类。中古的入声清声母和入声次浊声母今读阴入调，调值 4；中古的入声全浊声母今读阳入调，调值 212。

（四）连读变调

本节包括 1 个表格：表 16–1 非叠字非轻声两字组连读变调规律；表 16–2 叠字两字组连读变调规律。

表 16–1　非叠字非轻声两字组连读变调规律

前字＼后字	阴平 535	阳平 44	上声 212	去声 53	阴入 4	阳入 212
阴平 535	35+21 医生、飞机	53+44 青年、清明	53+35 甘草、科长	21+53 相信、登记	53+4 方法、钢笔	53+212 开学、生活
阳平 44	44+21 来宾、梅花	44+21 前年、年时	44+35 前晌	——	——	44+4 传达
上声 212	21+35 水车、好心	35+21 火炉、好人	21+212 火把、小姐	35+53 火柱、写字	35+4 火速、口吃	35+212 死活、解毒 35+4 水闸、普及

续表

前字＼后字	阴平 535	阳平 44	上声 212	去声 53	阴入 4	阳入 212
去声 53	53+21 菜单、半天 53+4 外甥	53+21 道人、杏仁	——	53+4 厚道	——	53+4 快乐、汉族 53+4 放学
阴入 4	4+35 国家、接收	——	——	——	4+212 剥削、节约	4+4 积极
阳入 212	212+35 读书、石膏	——	212+35 入股、桌椅 4+212 集体	4+53 绿化、学费	4+4 及格、突击	212+4 实习、学习 4+212 集合、绝食

表 16-2　叠字两字组连读变调规律

前字＼后字	阴平 535	阳平 44	上声 212	去声 53	阴入 4	阳入 212
阴平 535	21+53 姑姑、哥哥 35+21 肩肩、叔叔	——	——	——	——	——
阳平 44	——	44+44 娘娘、爷爷	——	——	——	——
上声 212	——	——	21+53 奶奶、姥姥 21+35 姐姐、嫂嫂	——	——	——
去声 53	——	——	——	53+21 舅舅、豆豆	——	——
阴入 4	——	——	——	——	——	——
阳入 212	——	——	——	——	——	——

十七　盂县话声韵调

（一）声母 22 个

p 本表播半	p^h 坡排皮平	m 民马妹买	f 负佛发飞	v 挖袜瓦洼
t 大对读多	t^h 他推头拖	n 挪哪内耐		l 拉类来楼
ts 字走知照	ts^h 词催吃柴		s 洒三山晒	z 人如瑞忍

tɕ 酒九假姐　　tɕʰ 清全轻去　　ȵ 年牙鸟黏　　ɕ 想谢响飞
k 高共过跪　　kʰ 跪去口可　　ŋ 袄我爱肮　　x 鞋瞎活话
ø 牙云用药

声母说明：

① [ȵ] 是舌面前鼻音，发音部位与 [tɕ、tɕʰ、ɕ] 相同，由于特征明显，未与 [n] 合并。

② [ŋ] 是舌面后鼻音，发音部位与 [k、kʰ、x] 相同。

（二）韵母 40 个

ɿ 字纸师声　　i 衣肥女净　　u 古所住堡　　y 女句穗兄
ɑ 爸妈他上　　iɑ 家俩夏虾　　uɑ 瓜要话夸　　yɑ □[①]
ər 儿耳二尔
ɑɛ 来莱摆白　　iɑɛ 阶秸皆　　uɑɛ 怪帅拽揣
ɑu 掏老雹堡　　iɑu 阶尿钓角
ɿᴇ 车蛇惹遮　　iɛ 杏蔑将茄　　yɛ 靴倔瘸劣
ɤo 张哥河多　　io 样讲虹想　　uo 所跛左王
ei 李埋生$_1$肥　　uei 生$_2$横对穗
əu 楼就豆住　　iəu 丢留牛就
æ̃ 王上张暖　　iæ̃ 天样讲想　　uæ̃ 暖乱断短　　yæ̃ 远卷全选
ə̃ 生横声农　　iə̃ 因玲净屏　　uə̃ 准农虹龙　　yə̃ 云穷兄龙
ʌʔ 八雹剥发　　iʌʔ 白铁百麦　　uʌʔ 刮落刷括　　yʌʔ 削绝角雪
əʔ 不木可福　　iəʔ 密踢力七　　uəʔ 突出陆竹　　yəʔ 育削局曲

韵母说明：

① [ɿᴇ] 只在声母 [ts、tsʰ、s、z] 后出现，韵头 [ɿ] 比较明显，[ᴇ] 实际读音的开口度略小。

② [ɑ] 的舌位略靠前，比 [ᴀ] 略后。

（三）声调 6 个

412　阴平　东该天春
22　阳平　疼平迷河
53　上声　我五老短
55　去声　进是怕大
2　阴入　力笔凸踢

① □ [ɕyɑ]：形容人走路提不起脚，脚擦地走路的声音。

53　　阳入　截局杂活

说明：

①盂县城关地区上声单字调有上升的趋势，读作 534，在语流中读 53 调。

（四）连读变调

本节包括 2 个表格：表 17-1 非叠字非轻声两字组连读变调规律；表 17-2 叠字两字组连读变调规律。

表 17-1　非叠字非轻声两字组连读变调规律

前字＼后字	阴平 412	阳平 22	上声 53	去声 55	阴入 2	阳入 53
阴平 412	412+22 阴天、三斤	——	——	——	——	——
阳平 22	22+22 梅花、传单	——	22+22 鞋底、红枣	——	——	——
上声 53	53+22 酒杯、好心	——	412+53 火把、水果	——	——	412+53 酒席、死活
去声 55	55+22 是非、重心	——	55+22 动手、父母	——	——	55+2 建筑、化学
阴入 2	53+412 铁丝、国家	——	5+53 铁板、竹板	——	——	5+53 折叠、出席
阳入 53	——	——	——	——	——	——

表 17-2　叠字两字组连读变调规律

前字＼后字	阴平 412	阳平 22	上声 53	去声 55	阴入 2	阳入 53
阴平 412	412+22 姑姑、天天 53+22 哥哥	——	——	——	——	——
阳平 22	——	2+22 爷爷、娘娘	——	——	——	——
上声 53	——	——	53+22 嫂嫂、本本 412+53 姥姥 53+22 姐姐	——	——	——

续表

前字＼后字	阴平 412	阳平 22	上声 53	去声 55	阴入 2	阳入 53
去声 55	——	——	——	55+53 舅舅、道道 53+55 看看、问问	——	——
阴入 2	——	——	——	——	——	——
阳入 53	——	——	——	——	——	53+2 盒盒、勺勺

说明

①盂县方言部分亲属称谓叠词在连读变调时，前字由其他声调变读为入声，例如：“哥哥、姐姐”的前字变读为阳入；“爷爷、娘娘”的前字变读为阴入。

十八　寿阳话声韵调

（一）声母 22 个

p 八兵病把　p^h 派片爬蜂　m 麦明磨名　f 飞蜂肥饭　v 味问温王

t 多东毒赌　t^h 讨天甜土　n 脑南女泥　l 老蓝连路

ts 资早纸主　ts^h 刺草船城　s 丝三书十　z 热软如绕

tɕ 酒九假姐　$tɕ^h$ 清全轻权　ȵ 年牙鸟黏　ɕ 想谢响县

k 高共过歌　k^h 开课苦去　ŋ 熬安鹅爱　x 好灰活河

ø 月云用药

声母说明：

① [ts、ts^h、s、z] 实际发音时舌尖靠前。

（二）韵母 34 个

ɿ 米师星升　u 苦五谱布

ʮ 猪雨兄吕

ɑ 茶瓦沙爬　iɑ 牙两虾嫁　uɑ 刮画瓜抓

æ 南山半贪　iɪ 写盐年茄　uæ 短官赚酸　yɪ 靴权选院

ɐr 二耳儿而

ai 开排鞋白　uai 快拐碎坏

ei 飞争贝配　uei 对鬼横$_1$嘴

ɔo 宝饱毛讨　iɔo 笑桥交票

əɯ 歌豆走多　　iəɯ 油六修九　　uəɯ 坐过躲锁

ɒo 糖床王双　　iɒo 响讲亮娘

ə̃ 深根争横　　iə̃ 心硬病星　　uə̃ 寸滚春横$_2$　　yə̃ 云兄用轮

aʔ 盒塔热色　　uaʔ 活刮骨托

iɛʔ 鸭接学白　　yɛʔ 月绝雪缺

əʔ 十直尺日　　iəʔ 急七一锡　　uəʔ 出谷六绿　　yəʔ 橘局宿律

韵母说明：

① [ɿ、ʮ] 有舌面化倾向，前者的实际音值向 [i] 靠拢。

② [ɑ、iɑ、uɑ] 中的 [ɑ] 舌位偏高，唇形偏圆，实际音值接近 [ɔ]。

③ [iɔo] 受介音 [i] 影响，主要元音舌位偏高，开口度略小，介于 [ɔ] 和 [o] 之间。

④ [əɯ、iəɯ、uəɯ] 中的 [ɯ]，实际发音开口度略大，介于 [ɯ] 和 [ɤ] 之间。

（三）声调 6 个

31　阴平　东该天春

22　阳平　门龙糖红

53　上声　懂古鬼老

45　去声　冻怪半六

2　阴入　百急拍切

54　阳入　六叶罚学

（四）连读变调

本节包括 3 个表格：表 18-1 非叠字非轻声两字组连读变调规律；表 18-2 非叠字轻声两字组连读变调规律；表 18-3 叠字两字组连读变调规律。

表 18-1　非叠字非轻声两字组连读变调规律

前字＼后字	阴平 31	阳平 22	上声 53	去声 45	阴入 2	阳入 54
阴平 31	31+22 浇花、交通 22+11 庵窝	22+22 开门、东门	22+53 溜舔、春草 21+33 天每每天	31+22 猪圈、东路	——	——
阳平 22	22+22 成天、棉花	22+2 农民、银行	——	22+22 咱大咱爹、门缝	22+54 常识、形式	22+2 民族、红叶
上声 53	53+22 尾巴、奶妈	——	53+22 理解	31+53 保佑 53+22 板凳、打架	53+2 请客、小麦	53+2 普及、选择 45+54 主席、小学

续表

前字＼后字	阴平 31	阳平 22	上声 53	去声 45	阴入 2	阳入 54
去声 45	45+22 唱歌	45+31 道人	45+0 露水	45+5 寺庙、上算 45+53 唱戏、送信 55+45 放屁 53+45 旱地 45+31 庆寿 55+22 算卦	45+21 教室、炸药	45+21 中毒、正直
阴入 2	2+22 结婚	——	54+31 夹剪、日捣 2+31 拍打	54+45 博士	54+2 脉搏	2+21 确实、吸毒 2+2 积极、陆续
阳入 54	——	——	42+21 直爽、白脸	2+45 秩序	2+2 及格、突击	54+21 疙瘩、集合

表 18-2　非叠字轻声两字组连读变调规律

前字＼后字	阴平 31	阳平 22	上声 53	去声 45	阴入 2	阳入 54
阴平 31	31+0 腌臜	31+0 葱头、他们	——	——	——	——
阳平 22	22+0 邻家	22+0 咱们	22+0 朋友	——	——	——
上声 53	53+0 捣=拉=唠叨	53+0 暖和、我们	53+0 耳朵	——	——	——
去声 45	45+0 意思	45+0 下来	45+0 豆腐	——	——	——
阴入 2	——	2+0 出来、指头	2+0 黑=里地方	——	——	——
阳入 54	——	54+0 蛤蟆	——	——	——	——

说明：

①寿阳方言有些非叠字两字组后字读轻声，一般不区分实际调值，一律记为 0。

表 18-3　叠字两字组连读变调规律

前字＼后字	阴平 31	阳平 22	上声 53	去声 45	阴入 2	阳入 54
阴平 31	31+22 哥哥、姑姑	——	——	——	——	——
阳平 22	——	22+22 爷爷、年年	——	——	——	——
上声 53	——	——	53+22 姐姐、嫂嫂	——	——	——
去声 45	——	——	——	45+21 太太、痘痘	——	——
阴入 2	——	——	——	——	2+2 热热、捏捏	——
阳入 54	——	——	——	——	——	——

十九　榆社话声韵调

（一）声母 21 个

p 布包病北　p^h 怕破盘胖　m 米苗门麦　f 飞冯双书　v 万危闻午
t 到低灯夺　t^h 同太土脱　n 脑纳女硬　l 另连路绿
ts 招组张杂　ts^h 齐醋厂去　s 僧苏诗色　z 惹以然日
tɕ 加见晋节　$tɕ^h$ 秋庆墙七　ɕ 修虾香席
k 高古刚国　k^h 开可坑哭　ŋ 按袄爱额　x 灰旱红合
ø 而言之药

声母说明：

① [v] 带半元音性质，摩擦较小。

② [n] 与细音相拼时为舌面前鼻音 [ȵ]，发音部位与 [tɕ、$tɕ^h$、ɕ] 同。

③ [k、k^h、ŋ、x] 的发音部位略前。

④舌面音与齐齿呼韵母相拼时，舌尖成分较明显；与撮口呼韵母相拼时，舌尖成分较弱。

⑤ [z] 声母是舌尖浊擦音。

（二）韵母 38 个

ʅ 以皮泥西　i 姐野飘苗　u 过锁唾坐　y 靴瘸茅

ɥ 雨虚取锯
ɒ 爬马他沙　　iɒ 架牙压家　　uɒ 瓜花要褂
ɤ 河蛇烧波
ɛ 盖派来柴　　　　　　　　　uɛ 怪帅坏揣
a 胆三竿万　　ie 减连间街　　ua 短酸乱船　　ye 权捐选愿
ər 耳二尔而
ei 妹地林辈　　　　　　　　　uei 桂对内驴
ou 早烧宝抱　　iou 飘苗焦遥
əu 斗丑收狗　　iəu 流九又牛
ɛɪ 根横温吞　　iɛɪ 紧心兵印　　uɛɪ 魂东龙顺　　yɛɪ 云群胸军
ɔu 党桑帮港　　iɔu 讲良羊乡　　uɔu 床光庄矿
aʔ 辣舌合割　　iaʔ 夹铁药百　　uaʔ 刮活说夺　　yaʔ 缺月绝学
əʔ 直日木色　　iəʔ 北踢力膝　　uəʔ 鹿窟郭出　　yəʔ 欲绿菊速
ṿ 抱书顾五

韵母说明：

① [ɛ] 有动程，接近复元音 [ɛe]。

② [ɤ] 的实际读音接近 [ɯ]。

③ [ei] 的实际音值接近 [eɪ]。

④ 韵母的主要元音逢曲折调时拉长。

⑤ [ie] 的实际音值接近 [iɪ]。

⑥ [ɛɪ、iɛɪ、uɛɪ、yɛɪ] 有轻微的鼻化成分，其中 [iɛɪ、yɛɪ] 两韵的鼻化成分更加明显。

（三）声调 5 个

22　　平声　　诗边抽平
312　　上声　　使古走饷
45　　去声　　近淡放害
2　　阴入　　竹得窄八
312　　阳入　　白俗舌伐

声调说明：

①平声不分阴阳，一律读低平调 22。

②中古清上、次浊上在榆社方言中读上声，调值为 312；中古浊上归去声。

③去声因个人差异，有的读为降调 53。

④入声分阴阳。中古清入、次浊入在榆社方言中为阴入，全浊入为阳入，均为短促调。阴入与平声的调型、调值相同；阳入与上声的调型、调值相同。

（四）连读变调

榆社方言有五个调类，两字组连读变调并不复杂，只有前字变调，没有后字变调。详见表 19-1。

表 19-1 两字组连读变调规律

前字＼后字	平声 22	上声 312	去声 45	阴入 2	阳入 312
平声 22	——	——	——	——	——
上声 321	——	22+312 滚水、老虎	——	53+2 粉笔、小雪	22+312 火石、赶集
去声 45	——	——	——	——	——
阴入 2	4+22 铁匙、足球	4+312 热水、墨斗	——	4+2 指甲、辣椒	4+312 黑白、憋着
阳入 312	53+22 学生、读书	53+312 嘶嘴、十五	——	53+2 胳膊、十一	53+312 碟碟、学习

二十 吕梁离石区话声韵调

（一）声母 22 个

p 八兵爬病　　pʰ 派片爬铺　　m 麦明马骂

t 多东毒大　　tʰ 讨天甜土　　n 脑南年泥　　l 老蓝连路

ts 资早贼争　　tsʰ 清草初床　　s 丝三十肥　　z 热如入肉

tʂ 知张照占　　tʂʰ 池秤车拆　　ʂ 世绳手诗

tɕ 酒九假姐　　tɕʰ 清全轻权　　ɕ 想谢响县

k 高共歌果　　kʰ 开快砍可　　ŋ 熬安鹅爱　　x 飞风饭肥

ø 味问用药

声母说明：

①送气塞音、塞擦音气流较大，送气较强。

② [ts、tsʰ、s] 发音部位靠后，与 [ʅ] 韵母相拼时，声母、韵母同时带有舌叶音色彩。

③ [x] 与韵母 [iɛ] 相拼时，实际音值是 [ç]。

④声母 [tʂ、tʂʰ、ʂ] 发音部位介于舌尖与舌叶之间，与舌叶音靠近。

（二）韵母 37 个

ʅ 米丝病星　　i 梨李迷戏　　u 苦毛短兄

ɪ 旱汉鼾寒	iɪ 盐年尖甘		yɪ 权选园圈
ɑ 茶沙把骂	iɑ 牙嫁虾假	uɑ 瓦瓜抓花	
æ 南山寒汉	iæ 铅签	uæ 官端宽完	
ɔ 歌糖多河	iɔ 响讲抢亮		
	iɛ 写排鞋茄		yɛ 靴快痄瘸
		uə 过床王双	
ʅr 升池制声			
ər 二儿耳而			
ɛe 开赔贝排		uɛe 对飞鬼灰	
ʌu 豆走头偷	iʌu 油六修球		
ou 宝饱半毛	iou 笑桥交票	uou 完碗丸腕	
əŋ 深升争横	iəŋ 心新病星	uəŋ 寸滚春东	yəŋ 云用兄均
ɑʔ 盒塔托色	iɑʔ 鸭甲夹客	uɑʔ 法刮滑刷	
əʔ 十热直尺	ieʔ 接贴学北	uəʔ 活骨国谷	yeʔ 月橘局俗

韵母说明：

① [ʅ] 舌尖化已不明显，读音介于 [i] 与 [ʅ] 之间。

② [u] 实际读音舌位略高。

③ [ʅr] 中的 [r] 表示 [ʅ] 带有明显的卷舌动作。

④ [uə] 中的主要元音 [ə]，实际读音舌位略靠后。

⑤ [iɛ、yɛ] 中的主要元音 [ɛ]，实际读音舌位略高，接近 [ᴇ]。

⑥ [əŋ、iəŋ、uəŋ、yəŋ] 主要元音带鼻化色彩，韵尾较松。

⑦阳入字单念时，喉塞韵尾不明显，连读且作为前字时，喉塞韵尾明显。

（三）声调 6 个

24	阴平	东该天春
44	阳平	门牛铜皮
312	上声	鬼九讨买
53	去声	近后冻快
4	阴入	搭急哭麦
23	阳入	白罚五去

声调说明：

①阴入字单读时，比较短促；阳入字单读时不短促，在连读中作为前字时明显短促。

②阳入与阴平的调型、调值接近，实际读音比阳平收尾略低。

（四）连读变调

本节包括 3 个表格：表 20–1 非叠字非轻声两字组连读变调规律；表 20–2 非叠字轻声两字组连读变调规律；表 20–3 叠字两字组连读变调规律。

表 20–1　非叠字非轻声两字组连读变调规律

前字＼后字	阴平 24	阳平 44	上声 312	去声 53	阴入 4	阳入 23
阴平 24	——	——	24+31 修改、标准	——	——	——
阳平 44	——	——	44+31 牛奶、年底	——	——	——
上声 312	31+24 火车、手枪	31+44 党员、检查	24+31 水果、表演	31+53 眼镜、野菜	31+4 体育、享乐	24+23 小学、打杂
去声 53	——	——	53+31 跳舞、送礼	——	——	——
阴入 4	2+24 出租、菊花	——	4+31 刻苦、节省	——	——	——
阳入 23	2+24 药房	——	4+31 毒酒、局长 4+312 石板、月饼	——	——	4+23 实习、腊月 23+4 学习、日历

表 20–2　非叠字轻声两字组连读变调规律

前字＼后字	阴平 24	阳平 44	上声 312	去声 53	阴入 4	阳入 23
阴平 24	24+0 灰渣、当中	——	24+0 肩胛、欢喜	24+0 天气、庄稼	24+0 车子、虚说说谎	24+0 蜂蜜、中药
阳平 44	44+0 如今、蘑菇	44+0 明年、年时	44+0 红薯、眉眼	44+0 和尚、强盗	44+0 萝卜、头发	44+0 茶叶、难活
上声 312	——	——	24+0 保险、保姆	——	——	24+0 扁食、好活
去声 53	53+0 地方、嫁妆	53+0 笊篱、下来	53+0 夜里、后晌	53+0 睡下、豆面	——	53+0 拜实结拜、教室
阴入 4	——	——	——	——	——	——
阳入 23	——	——	——	——	——	——

说明：

①离石方言中有些非叠字两字组后字读轻声，一般不区分实际调值，一律记为 0。

表 20-3　叠字两字组连读变调规律

前字＼后字	阴平 24	阳平 44	上声 312	去声 53	阴入 4	阳入 23
阴平 24	24+0 蛛蛛、肩肩	——	——	——	——	——
阳平 44	——	44+0 棱棱、馍馍	——	——	——	——
上声 312	——	——	31+24 草草、火火 44+0 奶奶、姐姐	——	——	——
去声 53	——	——	——	53+0 会会、面面	——	——
阴入 4	——	——	——	——	4+0 伯伯、角角	——
阳入 23	——	——	——	——	——	23+0 叶叶、盒盒

二十一　汾阳话声韵调

（一）声母 28 个

p 布班编百　　Pʰ 怕盘碰拍　　m 门妈梦木　　f 放肺扶胡　　v 闻万尾物
t 多邓敌毒　　tʰ 抬同谭踏　　n 能南暖纳　　　　　　　　　l 烂练律立
ts 字精机展　　tsʰ 缠茶青旗　　nz 泥女倪衲　　s 洒史西星　　z 胰医衣蝇
tʂ 正职直竹　　tʂʰ 蝉船畜尺　　ɳ 镊扭拧搡　　ʂ 时顺食商　　ʐ 日染柔热
tɕ 借展精绝　　tɕʰ 缠青客屈　　ȵ 年牙拧娘　　ɕ 心星旱学
k 姑干管国　　kʰ 渴客宽跪　　ŋ 袄饿恶鸭　　x 旱好黑含
Ø 蝇染尾远

声母说明：

① [n] 与韵母 [ɿ、ʮ] 相拼时，声韵之间明显有个 [z]。

② [z] 为舌尖前浊擦音，日母中的少数字读此声母。

③ [ɳ] 为舌尖后鼻音，普通话中个别 [n] 声母字在汾阳话中读此声母，如“镊、拧、扭”等。

④ [tʂ、tʂʰ、ʂ、ɳ、ʐ] 与合口呼韵母相拼时，舌位靠前。

⑤ [m、n、ɳ、ȵ、ŋ] 都伴随同部位浊塞音成分 [b、d、ɖ、ȡ、g]，实际音值为

[m^{b}、n^{d}、ɳ^{d}、ȵ^{d}、ŋ^{g}]。

⑥声母 [k、k^{h}、ŋ、x] 与 [i] 相拼时，发音部位稍靠前，实际音值接近 [c、c^{h}、ɲ、ç]，本书不作区别，仍记作 [k、k^{h}、ŋ、x]，如“哥”[ki^{324}]、“看”[k^{h}i^{55}]。

（二）韵母 42 个

ɿ 低资明蝇	i 鞭扯邪染	u 过短断判	y 圆靴院楦
ʮ 居岁去女			
ʅ 治迟正声			
a 爬生哑下	ia 家下牙杏	ua 挖花瓜抓	ya 哕横
ɯ 多扯乱高	iɯ 描妖笑娇		
	iɔ 讲凉抢杨	uɔ 党郎馍上	
ər 耳二儿而			
ai 来台耐鞋	iæi 街械崖揩	uai 怪怀快歪	
ei 给来台耐		uei 堆腿最灰	
au 饱高闹稍	iau 刁学描妖		
ou 斗透厚丑	iou 九牛球油		
əʊ 女姑库胡			
ã 班三染判	iã 篇点眼练	uã 弯栓乱断	yã 冤悬圆院
əŋ 横生正声	iɛ̃ 杏银蝇明	uŋ 温伦红顺	yŋ 迅均窘凶
aʔ 八达擦杀	iaʔ 夹百掐学	uaʔ 握刷刮滑	yaʔ 穴域曰浴
əʔ 直吃十割	ieʔ 立接灭铁	uəʔ 畜竹熟入	yeʔ 月雪曲决
n̩ 你			

韵母说明：

①普通话中的 [i] 韵母与 [t、t^{h}、n、l]、[ts、ts^{h}、s]、[tɕ、tɕ^{h}、ɕ]、[p、p^{h}、m] 声母相拼时，在汾阳话中读作 [ɿ]，发音时舌位较低，气流的通路较宽。

② [ʮ] 是舌尖前高圆唇元音，发音部位与 [ɿ] 相同，发音时舌位比较低，气流的通路也比较宽。

③ [i、u、y] 三个韵母的舌位都比较低，实际音值接近 [ɪ、ʊ、ʏ]。

④ [ɯ] 是舌面后高不圆唇元音，果开一摄中的歌韵字多为此韵母。

⑤ [ã、iã、uã、yã] 中的主要元音 [a] 鼻化，实际音值为 [ᴀ]，本书不作区别，统一为 [ã]。

⑥ [əŋ、iɛ̃、uŋ、yŋ] 中的 [iɛ̃]，明显地和 [ŋ] 韵尾的其他三个韵母不同，其韵腹是舌面前正中鼻化元音，本书记其实际读音为 [iɛ̃]。

⑦入声韵 [iaʔ、uaʔ、yaʔ] 的实际读音中主要元音不够 [a]，而稍微靠近 [æ]，本书

中仍然归入 [a]。

⑧普通话中的 [u] 韵母，在汾阳话中读为 [əʋ]，上齿稍稍接触下唇，前面明显带有 [ə]。和唇音声母结合时，[ə] 便消失，剩下 [ʋ]，如“布”读 [pʋ⁵⁵]，“胡”读 [fʋ²²]，本文一律记为 [əʋ]。

⑨ [n̩] 表示 [n] 自成音节，舌贴上腭前部发鼻音，汾阳话中只有“你”读此音。

（三）声调 6 个

阴平	324	高猪专尊
阳平	22	穷陈才麻
上声	312	古展纸粉
去声	55	是坐盖怕
阴入	2	急竹窄歇
阳入	$\underline{312}$	月入麦宅

声调说明：

①汾阳方言的阴平调曲折不是很大，前低后高。

②上声也是曲折调，调型为前高后低。

③入声分阴阳，阴入调型其实同阳平，比较短；阳入调型同上声。

（四）连读变调

本节包括 2 个表格：表 21–1 非叠字非轻声两字组连读变调规律；表 21–2 叠字两字组连读变调规律。

表 21–1 非叠字非轻声两字组连读变调规律

前字＼后字	阴平 324	阳平 22	上声 312	去声 55	阴入 2	阳入 $\underline{312}$
阴平 324	——	——	——	——	——	——
阳平 22	——	——	——	——	——	——
上声 312	31+324 火车、手枪	31+22 火柴、改良	12+312 水果、火腿	31+55 广告、打扮	31+2 宝塔、祖国	12+$\underline{312}$ 主席、小麦
去声 55	——	——	——	——	——	——
阴入 2	——	——	——	——	——	——
阳入 $\underline{312}$	$\underline{31}$+324 陌生、列车	$\underline{31}$+22 木棉、药房	2+312 木板、密码	$\underline{31}$+55 木料、绿豆	$\underline{31}$+2 白铁、及格	2+$\underline{312}$ 目录、毒药

表 21-2　叠字两字组连读变调规律

前字＼后字	阴平 324	阳平 22	上声 312	去声 55	阴入 2	阳入 312
阴平 324	324+0 车车、姑姑 312+0 听听、揞揞	——	——	——	——	——
阳平 22	——	22+22 床床、爷爷 22+0 量量	——	——	——	——
上声 312	——	——	31+324 板板、姐姐 312+0 走走、要要	——	——	——
去声 55	——	——	——	45+312 凳凳、舅舅 53+0 坐坐、晾晾	——	——
阴入 2	——	——	——	——	2+0 角角、伯伯 53+0 擦擦	——
阳入 312	——	——	——	——	——	31+312 盒盒、勺勺 312+0 学学

二十二　中阳话声韵调

（一）声母 22 个

p 八兵爬病　p^h 派片爬拍　m 麦明马骂

t 多东毒大　t^h 讨天甜土　n 脑南年泥　l 老蓝连路

ts 资早张纸　ts^h 草抄床城　s 丝山双十

tʂ 坐竹柱张　tʂ^h 寸初春船　ʂ 酸顺书熟　ʐ 热软如绕

tɕ 酒九假嫁　tɕ^h 清全轻权　ɕ 肥想谢县

k 高共歌果　k^h 开快砍可　ŋ 熬安鹅爱　x 飞副肥活

ø 味月温药

（二）韵母35个

ɿ 师丝试紫　i 米戏病星　u 苦五猪毛　y 雨兄举徐
ɑ 茶沙把骂　iɑ 牙写假虾　uɑ 瓦刮瓜花　yɑ 靴瘸横
ɤ 歌半河坡　uɤ 坐短官王
æ 排鞋南山　ie 盐年尖甘　uæ 快缓款段　ye 权缘原选
ʌ 豆走头偷　iʌ 油六秋丢
ɒ 糖床双多　iɒ 响讲想亮　uɒ 网旺忘望
ər 二儿耳而
ɛe 开白代耐　uɛe 对飞鬼雷
ɔo 宝饱毛刀　iɔo 笑桥交票
ə̃ 深根争横　iə̃ 心新病星　uə̃ 寸滚春东　yə̃ 云用兄均
ɑʔ 塔辣托色　iɑʔ 鸭角确隔　uɑʔ 法刮桌捉
əʔ 十壳直尺　ieʔ 接急北白　uəʔ 活骨国六　yeʔ 月橘局绝

韵母说明：

① [ɤ、uɤ] 中的主要元音 [ɤ]，实际读音舌位略高，接近 [ɯ]。

② [ie、ye] 中的主要元音 [e]，实际读音舌位略低，接近 [ᴇ]。

③ [ə̃、iə̃、uə̃、yə̃] 的鼻化色彩较重，且主要元音舌位略靠后。

④入声韵单念时，喉塞韵尾不明显；连读且作为前字时，喉塞韵尾明显。

（三）声调6个

24　阴平　东该天春
33　阳平　门牛皮红
423　上声　懂鬼老五
53　去声　罪后洞六
4　阴入　切刻六麦
312　阳入　毒白罚去

声调说明：

①阴入字单读时，比较短促；阳入字单读时不短促，在连读中作为前字时明显短促。

（四）连读变调

本节包括3个表格：表22-1非叠字非轻声两字组连读变调规律；表22-2非叠字轻声两字组连读变调规律；表22-3叠字两字组连读变调规律。

表 22-1　非叠字非轻声两字组连读变调规律

前字＼后字	阴平 24	阳平 33	上声 423	去声 53	阴入 4	阳入 312
阴平 24	——	——	——	——	24+312 方法、筋骨	——
阳平 33	——	——	——	——	33+312 农业、麻木	33+4 民族、传达
上声 423	——	——	24+423 水果、表演	——	——	423+4 武术、马达 24+312 小学、打杂
去声 53	——	——	——	33+53 变化、费用	——	53+4 中毒、艺术
阴入 4	——	——	——	——	——	4+4 积极、阅读
阳入 312	——	4+33 敌人、复原	4+423 局长、侄女	4+53 绝对、绝望	4+4 直接、独立	4+4 特别 312+4 学习 4+312 实习、集合

表 22-2　非叠字轻声两字组连读变调规律

前字＼后字	阴平 24	阳平 33	上声 423	去声 53	阴入 4	阳入 312
阴平 24	24+0 公鸡、东西	——	24+0 虚嘴	24+0 天气	——	——
阳平 33	33+0 如今、明天	33+0 年时、前年	33+0 红薯	33+0 时候、菩萨	——	33+0 难活
上声 423	——	——	24+0 老鼠、起火	——	——	——
去声 53	53+0 地方、亲家	53+0 店房、会坪	53+0 豆腐	53+0 半夜	——	——
阴入 4	——	——	4+0 磕打	——	——	——
阳入 312	——	——	——	——	——	——

说明：

①中阳方言中有些非叠字两字组后字读轻声，一般不区分实际调值，一律记为 0。

表 22-3 叠字两字组连读变调规律

前字＼后字	阴平 24	阳平 33	上声 423	去声 53	阴入 4	阳入 312
阴平 24	24+0 蛛蛛、肩肩	——	——	——	——	——
阳平 33	——	33+0 棱棱、馍馍	——	——	——	——
上声 423	——	——	423+24 草草、老老 33+0 奶奶	——	——	——
去声 53	——	——	——	53+0 会会、面面 423+24 片片、毽毽	——	——
阴入 4	——	——	——	——	4+0 伯伯、角角	——
阳入 312	——	——	——	——	——	——

二十三 柳林话声韵调

(一) 声母 19 个

p 八兵爬病　pʰ 派片爬破　m 麦明马骂

t 多东毒大　tʰ 讨天甜土　n 脑南年泥　l 老蓝连路

ts 资早竹纸　tsʰ 刺寸抄春　s 丝山双手　z 热软如绕

tɕ 酒九假姐　tɕʰ 清全轻权　ɕ 肥想谢县

k 高共歌果　kʰ 开快砍可　ŋ 熬安鹅爱　x 肥风饭活

ø 味月用药

声母说明：

① [ŋ] 是舌面后浊鼻音，发音部位与 [k、kʰ、x] 相同。

(二) 韵母 35 个

ɿ 师丝试紫　i 米戏病星　u 苦猪谱毛　y 雨兄岁嘴

ə 二豆走偷　iɛ 油六纠牛

æ 南山班单　ie 盐年谢街　uæ 犯弯关反　ye 权选圈院

ɑ 茶沙把骂　iɑ 牙写假斜　uɑ 瓦瓜刮花　yɑ 靴瘸斜横

o 破绑帮忙　　　　　　　　uo 坐床王双
ɔ 歌糖多河　　iɔ 响讲亮抢
ɛe 开排鞋剩　　　　　　　　uɛe 对快飞鬼
ei 善半射盘　　　　　　　　uei 短官谷乱
ou 宝饱半毛　　iou 笑桥学交
ə̃ 深根争横　　iə̃ 心硬病星　　uə̃ 寸滚春东　　yə̃ 云用均兄
ɑʔ 盒塔托色　　iɑʔ 鸭甲确掐　　uɑʔ 法刮刷桌　　yɑʔ 穴
əʔ 十热壳尺　　iɛʔ 贴急学白　　uəʔ 五出国绿　　yɛʔ 月橘局绝

韵母说明：

① [æ、uæ] 的实际读音介于 [a、æ] 之间。

② [ie、ye] 中的 [e] 发音时舌位略低，接近 [iᴇ、yᴇ]。

③ [ə] 实际读音时舌位略低。

④ [ə̃、iə̃、uə̃、yə̃] 组韵母鼻音色彩较重。

（三）声调 6 个

24　　阴平　　东灯风春
44　　阳平　　龙油皮红
312　　上声　　古九买老
53　　去声　　罪半地饭
4　　阴入　　百节拍刻
423　　阳入　　麦月白五

声调说明：

①柳林方言入分阴阳，阳入在单字调时略有舒化色彩，语流中入声明显。

（四）连读变调

本节包括 3 个表格：表 23–1 非叠字非轻声两字组连读变调规律；表 23–2 非叠字轻声两字组连读变调规律；表 23–3 叠字两字组连读变调规律。

表 23–1　非叠字非轻声两字组连读变调规律

前字＼后字	阴平 24	阳平 44	上声 312	去声 53	阴入 4	阳入 423
阴平 24	——	——	——	——	24+423 方法	——
阳平 44	——	——	——	——	——	44+4 民族

续表

前字＼后字	阴平 24	阳平 44	上声 312	去声 53	阴入 4	阳入 423
上声 312	——	——	24+312 水果	——	——	312+4 冷落、武术
去声 53	——	——	——	——	——	53+4 艺术
阴入 4	423+24 铁箱	——	——	——	——	4+4 积极
阳入 423	——	4+44 越南	4+312 木马	4+53 欲望、毒气	4+4 及格	4+423 绿叶 423+4 学习

表 23-2　非叠字轻声两字组连读变调规律

前字＼后字	阴平 24	阳平 44	上声 312	去声 53	阴入 4	阳入 423
阴平 24	24+0 东西	——	24+0 虚嘴	24+0 天气	——	——
阳平 44	——	44+0 前年、裁缝	44+0 红薯	44+0 徒弟	——	44+0 难活
上声 312	——	——	24+0 老鼠	——	——	——
去声 53	53+0 地方	53+0 下来	53+0 豆腐	53+0 半夜	——	——
阴入 4	——	——	——	——	——	——
阳入 423	——	——	——	——	——	——

表 23-3　叠字两字组连读变调规律

前字＼后字	阴平 24	阳平 44	上声 312	去声 53	阴入 4	阳入 423
阴平 24	24+0 刀刀、哥哥	——	——	——	——	——
阳平 44	——	44+0 馍馍、婆婆	——	——	——	——
上声 312	——	——	312+24 姐姐、草草	——	——	——

续表

前字＼后字	阴平 24	阳平 44	上声 312	去声 53	阴入 4	阳入 423
去声 53	——	——	——	53+0 盖盖、柜柜	——	——
阴入 4	——	——	——	——	4+0 伯伯、叶叶	——
阳入 423	——	——	——	——	——	423+0 碟碟、勺勺

说明：

①构词重叠两字组的连读变调分为三种情况：第一种是前字不变，后字变为轻声；第二种是重叠后前字调值变为 312，后字调值变为 24；第三种是前字调值变为 44，后字变为轻声。

二十四　方山话声韵调

（一）声母 23 个

p 八兵爬病　p^h 派片爬破　m 麦明马骂

t 多东毒大　t^h 讨天甜土　n 脑南年泥　l 老蓝连路

ts 资贼柱装　ts^h 刺茶初床　s 丝事双书　z 软如入肉

tʂ 张制照占　$tʂ^h$ 拆车城池　ʂ 手十蛇世　ʐ 热绕染任

tɕ 酒九假姐　$tɕ^h$ 清全轻权　ɕ 肥想谢县

k 高共歌果　k^h 开快砍可　ŋ 熬安鹅爱　x 肥副饭灰

ø 问月用药

声母说明：

①送气塞音、塞擦音气流量较大，送气较强。

② [tʂ、$tʂ^h$、ʂ、ʐ] 的实际读音舌尖靠后。

③以 [i] 开头的齐齿呼零声母字和以 [y] 开头的撮口呼零声母字带有较明显的摩擦成分，实际音值是半元音 [j、ɥ]。

（二）韵母 39 个

ɿ 师丝试紫　i 米戏病星　u 苦谱布土　y 雨兄举徐

ʅ 升池制声

ʮ 猪除锄书

a 茶沙把骂　ia 牙写假虾　ua 瓦瓜刮花　ya 靴横角哕

æ 南占贪甘	iɛ 盐年减甘	uæ 官宽端关	yɛ 权选圈院
ə 扇占射染		uə 坐过端床	
ɔ 歌糖多河	iɔ 响讲亮抢		
ər 二儿耳而			
ɛe 开排赔白		uɛe 对快坏怪	
ei 贼美里犁		uei 飞鬼灰亏	
əɯ 豆走偷头	iəɯ 油六修球		
ou 宝饱半毛	iou 笑桥学交		
ə̃ŋ 深升灯横	iə̃ŋ 心新病星	uə̃ŋ 寸滚春东	yə̃ŋ 云用均兄
əʔ 十热壳尺	iɛʔ 接学北白	uəʔ 五活郭谷	yɛʔ 月橘局绝
ɑʔ 盒八托色	iɑʔ 鸭甲协客	uɑʔ 法刮滑刷	yɑʔ 确角觉

韵母说明：

① [ʅ] 实际发音时舌尖略靠后。

② [ɥ] 的实际音值开始时是 [ɥ]，收尾时逐渐向 [u] 靠拢。

③ [a、ua] 的主要元音分别为 [ᴀ] 和 [ɑ]，这里统一记作 [a]。

④ [iɛ、yɛ] 中的主要元音 [ɛ]，实际发音时舌位略高，接近 [ᴇ]。

⑤ [æ、uæ] 和 [ɔ、iɔ] 带有较轻微的鼻化色彩。

⑥ [ə] 只出现在声母 [tʂ、tʂ^h、ʂ、ʐ] 后，声韵之间带有过渡音 [ʅ]。

⑦ [əɯ、iəɯ] 的韵尾实际发音介于 [u] 和 [ɯ] 之间。

⑧ [ou] 的主要元音 [o]，实际发音时舌位略低，唇形略窄。

⑨ [ə̃ŋ、iə̃ŋ、uə̃ŋ、yə̃ŋ] 的主要元音带鼻化色彩，且鼻音色彩较重。

⑩ [ɑʔ、iɑʔ、uɑʔ、yɑʔ] 中主要元音 [ɑ] 实际发音时舌位略靠前。

（三）声调 6 个

24	阴平	东该天春
44	阳平	门龙铜红
312	上声	懂苦老有
52	去声	罪近硬六
4	阴入	谷哭塔切
23	阳入	麦罚五去

声调说明：

①去声调值为 52，部分字读音终点比 2 略低，接近 51。

②阴入字单读时比较短促；阳入字单读时不短促，在连读中作为前字时明显短促。

（四）连读变调

本节包括3个表格：表24–1非叠字非轻声两字组连读变调规律；表24–2非叠字轻声两字组连读变调规律；表24–3叠字两字组连读变调规律。

表24–1 非叠字非轻声两字组连读变调规律

前字＼后字	阴平24	阳平44	上声312	去声52	阴入4	阳入23
阴平24	——	21+44 光荣、新闻	24+31 担保、修改	21+52 相信、冬至	21+4 清洁、中国 24+2 方法	——
阳平44	——	——	——	——	——	——
上声312	31+24 火车、指挥	31+44 党员、表扬	24+312 举手、洗脸 24+31 水果、手表	31+52 广告、反对	31+4 祖国、改革	24+23 打杂
去声52	——	——	——	——	——	——
阴入4	——	——	——	——	——	——
阳入23	2+24 蜜蜂、热心	2+44 木材、药房	2+312 月饼、合理	2+52 日记、落后	2+4 目的、日历	——

表24–2 非叠字轻声两字组连读变调规律

前字＼后字	阴平24	阳平44	上声312	去声52	阴入4	阳入23
阴平24	24+0 交通、阴天	——	——	——	——	24+0 蜂蜜、消灭
阳平44	44+0 良心、离婚	44+0 羊皮	44+0 门口、营养	——	——	44+0 农业、茶叶
上声312	——	——	——	——	——	24+0 小麦、火药
去声52	52+0 汽车、运输	52+0 证明、酱油	52+0 禁止、政府	52+0 对象、任务	52+0 正式、教室	52+0 炸药、大麦
阴入4	——	——	4+0 节省、缺少	——	——	4+0 出纳、职业
阳入23	——	——	2+0 历史	——	——	4+0 目录、入学 23+0 腊月

说明：

①方山方言中有些非叠字两字组后字读轻声，一般不区分实际调值，一律记为0。

表 24-3　叠字两字组连读变调规律

前字＼后字	阴平 24	阳平 44	上声 312	去声 52	阴入 4	阳入 23
阴平 24	24+0 丝丝、天天	——	——	——	——	——
阳平 44	——	44+0 蛾蛾、娘娘	——	——	——	——
上声 312	——	——	31+24 草草 44+0 奶奶	——	——	——
去声 52	——	——	——	52+0 大大、泡泡	——	——
阴入 4	——	——	——	——	4+0 插插、吃吃	——
阳入 23	——	——	——	——	——	21+0 叶叶

说明：

①叠字两字组分为构词重叠和构形重叠，其连读变调规律不同，这里主要讨论构词重叠的变调规律。构词重叠两字组连读变调分为四种情况：第一种是前字不变，后字变为轻声；第二种是前字变为 31，后字变为 24；第三种是前字变为 44，后字变为轻声；第四种是前字变为 21，后字变为轻声。

二十五　临县话声韵调

（一）声母 24 个

p 八兵病步	p^h 派片爬婆	m 麦明马骂	f 飞副蜂肥	
t 多东毒大	t^h 讨天甜土	n 脑南年泥		l 老蓝连路
ts 资竹装纸	ts^h 刺抄春清		s 丝事山顺	z 软如入肉
tʂ 张制照针	tʂ^h 拆车城池		ʂ 手十射捎	ʐ 热绕染任
tɕ 酒九假姐	tɕ^h 清全轻权		ɕ 肥想响县	
k 高共歌果	k^h 开快砍可	ŋ 熬安爱鹅	x 好灰活河	
ø 味云用药				

声母说明：

①塞音和塞擦音发音时，成阻部位面积较大，除阻时气流较为强烈。

② [ts、ts^h、s] 与 [tʂ、tʂ^h、ʂ] 实际发音部位均略靠后。

③ [m、n、ŋ] 实际发音时带有同部位的浊塞音成分，接近 [m^b、n^d、ŋ^g]。

（二）韵母 40 个

ɿ 师丝试紫	i 米戏病币	u 过苦谱布	y 雨兄举徐
ʮ 坐猪锄书			
a 茶沙把骂	ia 牙写假虾	ua 瓦瓜刮花	ya 靴横
æ 南山贪蚕	ie 写年减甘	uæ 关惯还弯	ye 权选圈园
		uɐ 五	
ɒ 歌糖多拖	iɒ 响讲娘亮		
		uɤ 半短官王	
ʅə 车射占缠			
ʮə 床双错算			
ər 二儿耳而			
ɛe 开排赔白		uɛe 对快雷碎	
ei 飞星制杯		uei 鬼规吹卫	
ɔu 刀讨脑老	iɔu 笑桥学交		
əɯ 豆走偷头	iəɯ 油六修球		
ə̃ 深升争横	iə̃ 心病硬星	uə̃ 寸滚春东	yə̃ 云兄用均
aʔ 盒辣八色	iaʔ 鸭白甲百	uaʔ 刮滑刷桌	yaʔ 角确
ɐʔ 十壳直尺	iɐʔ 接节七药	uɐʔ 出国谷绿	yɐʔ 月橘局绝

韵母说明：

① [ia] 中主要元音 [a] 实际发音时舌位略高。

② [ʮə] 中的主要元音 [ə]，实际发音时舌位靠前且偏高。

③ “宝、饱、半” 的韵母与 “短、官” 略有不同，前者的圆唇色彩较弱，但我们统一记为 [uɤ]。

④ [ɒ、iɒ] 中的主要元音在个别字中舌位略高。

⑤ [əɯ] 韵母动程较小，韵尾 [ɯ] 发音不明显。

⑥ [ə̃、iə̃、uə̃、yə̃] 中的主要元音鼻化特征明显，且实际发音时舌位略靠后。

⑦ [iaʔ] 中的主要元音 [a] 实际发音时舌位略靠后；“鸭、白” 两字的主要元音 [a] 实际发音时接近 [æ]。

（三）声调 6 个

24	阴平	东该风春
33	阳平	白油铜皮
312	上声	鬼统五有
52	去声	近后饭树

3 阴入 百哭拍切

24 阳入 叶白盒罚

声调说明：

①阴平起调略降，但不明显，记为 24。

②上声 312 起调较高，有时高于 3。

③阳入的调型、调值与阴平相同，阳入为短促调。

（四）连读变调

本节包括 3 个表格：表 25–1 非叠字非轻声两字组连读变调规律；表 25–2 非叠字轻声两字组连读变调规律；表 25–3 叠字两字组连读变调规律。

表 25–1 非叠字非轻声两字组连读变调规律

前字＼后字	阴平 24	阳平 33	上声 312	去声 52	阴入 3	阳入 24
阴平 24	24+31 飞机、东风	31+33 非常、专门	24+31 山水、村里	31+52 青菜、车票	31+3 初一、铅笔	24+31 工业、生活
阳平 33	33+31 年轻、洋灰	33+31 年时、前年	33+31 熬水、年底	——	——	33+31 零食、粮食
上声 312	31+24 纸烟、火车	31+24 好人、以前	24+31 打闪、死水	31+52 左面、以后	31+3 粉笔、紧急	24+31 草药、宝石
去声 52	——	——	52+31 报纸、购买	52+31 变化、训练	——	——
阴入 3	31+24 北京、吸收	——	3+31 失火、热水	——	——	3+31 职业、克服
阳入 24	31+24 石灰、读书	31+33 熟人、石油	24+31 石板、白马	31+52 学问、熟练	31+3 白铁、合作	24+31 学习

表 25–2 非叠字轻声两字组连读变调规律

前字＼后字	阴平 24	阳平 33	上声 312	去声 52	阴入 3	阳入 24
阴平 24	——	——	——	——	——	——
阳平 33	——	33+0 前头	——	——	——	——
上声 312	——	312+0 里头	——	——	——	——
去声 52	——	52+0 后头、上头	——	——	——	——

续表

前字＼后字	阴平 24	阳平 33	上声 312	去声 52	阴入 3	阳入 24
阴入 3	——	3+0 做头	——	——	——	——
阳入 24	——	24+0 舌头	——	——	——	——

说明：

①临县方言中有些非叠字两字组后字读轻声，一般不区分实际调值，一律记为 0。一般来说，词后缀“头”为轻声，如“前头、后头、外头”。

表 25-3　叠字两字组连读变调规律

前字＼后字	阴平 24	阳平 33	上声 312	去声 52	阴入 3	阳入 24
阴平 24	24+52 天天、边边	——	——	——	——	——
阳平 33	——	33+31 馍馍、娘娘	——	——	——	——
上声 312	——	——	31+24 婶婶、姐姐	——	——	——
去声 52	——	——	——	52+31 舅舅、弟弟	——	——
阴入 3	——	——	——	——	3+31 叔叔、伯伯	——
阳入 24	——	——	——	——	——	31+24 叶叶、月月

二十六　兴县话声韵调

（一）声母 23 个

p 帮布败白　　P^h 败普朋白　　m 马墓明梦

t 提肚担叠　　t^h 驼齐提叠　　n 崖女言南　　l 离吕兰乱

ts 走钻脊炸₁　　ts^h 搓暑₁造沉　　s 司寻蒜术　　z 儿如锐软

tʂ 知今阵值　　tʂ^h 值持尝侄　　ʂ 尝声胜舌　　ʐ 扰认然若

tɕ 今追脊虹　　tɕ^h 齐悄去七　　ɕ 肥水下咸

k 古贵耕割　　k^h 楷苦看去　　ŋ 我熬案恶　　x 下肥咸虹

ø 儿咬言问

声母说明：

①兴县县川话的新派方言没有舌尖前后的分别，只有 [ts、ts^h、s、z]，而没有 [tʂ、tʂ^h、ʂ、ʐ]。但老派方言仍保留着两者的区别：部分老派人舌尖前后音区别明显，另一部分老派人 [tʂ、tʂ^h、ʂ、ʐ] 的发音舌位很靠前，已经非常接近 [ts、ts^h、s、z]，但说话人能清楚地区分舌尖前后音，二者不容相混。

（二）韵母 42 个

ɿ 子翅时儿	i 肥平井移	u 布女蛆裤	y 泪举兄围
ʅ 知池蒸剩			
ᴀ 怕冷沙下	iᴀ 牙价卡下	uᴀ 爪$_1$ 卦话瓦	
ɤ 傍党生讹	iɛ 娘晾虹爷	uɤ 躲坐仿往	yɛ 撅瘸靴哕
ai 白奶赛儿	iai 秸揩谐液	uai 歪摔怪怀	
ei 台来菜开		uei 堆碎肥围	
ɔu 跑老造孝	iɔu 咬交巧孝		
ɯu 招绍高澳	iɯu 秒跳雀窑		
ou 斗楼苏口	iou 牛柳舅油		
æ̃ 扁担删咸	iæ̃ 眼捡咸陷	uæ̃ 关涮环往	
ẽn 般战干寒	iẽn 变连扁烟	uẽn 联串欢丸	yẽn 卷拳宣院
əŋ 生冷蒸剩	iəŋ 平井信鹰	uəŋ 动虹拱温	yəŋ 拱穷兄云
aʔ 八鹿扎盒	iɛʔ 鸭夹恰确	uaʔ 捉刮滑袜	yɛʔ 确
əʔ 扑得涩各	iəʔ 北贴白叶	uəʔ 夺凿国活	yəʔ 局曲俗月

韵母说明：

① [u] 发音部位偏低，实际发音介于 [u] 和 [ʊ] 之间。

②老派方言读 [ɯu] 的字，新派方言均读为 [u]。

③ [uᴀ] 的韵腹发音部位靠后，接近 [ɑ]，因不区别意义，与 [ᴀ] 合并。

④该地的入声单字调大部分已经舒化，但在语流中尤其是作为双音节词的前一音节，兴县县川话入声仍保留完整，所以音系中仍按入声记录。有个别舒声字，兴县话今读入声，如“五”。

（三）声调 5 个

阴平上	324	帮天马眼
阳平	55	婆红泉人
去声	53	步路戏证
阴入	5	八桌接吸

阳入 312 罚舌木月

声调说明：

①阴平和上声单字调合并，但在连读中仍能分开：阴平调值为 324，趋升，快读时接近 24；上声调值 312，趋降，在词末时接近 31。

②入声分为阴入和阳入，阴入字明显多于阳入字，部分原来读阳入的字今已读为阴入。

（四）连读变调

本节包括 1 个表格：表 26-1 非叠字非轻声两字组连读变调规律。

表 26-1 非叠字非轻声两字组连读变调规律

后字 前字	阴平上 324	阳平 55	去声 53	阴入 5	阳入 312
阴平上 324	324+55 山边、乌龟 324+312 山顶、腰鼓 312+324 火星、酒杯	312+55 火炉、海洋	312+53 腿部、省市	324+312 初级、中学 312+5 普及、解读	——
阳平 55	55+312 红枣、团长	——	——	——	——
去声 53	53+312 菜单、战争	——	——	——	53+324 静脉、费力
阴入 5	312+324 铁丝、菊花 5+312 屋顶、作品	——	——	——	5+324 出力、铁勺
阳入 312	——	——	——	——	312+324 十盒、日落

二十七 岚县话声韵调

（一）声母 21 个

p 布步般北　p^h 怕皮盘拔　m 门帽面木　f 飞符冯罚

t 到道斗豆　t^h 太同炭犊　n 怒耐难纳　l 路流兰鹿

ts 资主知职　ts^h 草处潮镯　s 散书声实　ʐ 认日闰入

tɕ 精酒节九　$tɕ^h$ 清丘田梯　ȵ 牛泥眼硬　ɕ 修写休吸

k 贵歌共国　k^h 夸葵宽克　ŋ 袄爱恩暗　x 胡河红黑

ø 耳延雾远

声母说明：

① [p、t、k] 发音时，气流较充足。

② [p^h、t^h、k^h] 发音时，送气气流较强，实际音值为 [p^hx、t^hx、k^hx]。

③ [m、n、ȵ、ŋ] 发音时，分别伴有同部位浊塞音成分 [b、d、ȡ、g]，实际音值为 [m^b、n^d、ȵ^{ȡ}、ŋ^g]。

④ [ʐ] 发音时，卷舌动作明显。

⑤ [k、k^h、ŋ、x] 拼齐齿呼韵母时，发音部位略前，近于 [c、c^h、ɲ、ç]。

（二）韵母 48 个

ɿ 资支知蒸	i 弟犁基青	u 补吐猪苦	y 女居水绪
a 怕达抓冷	ia 掐霞夏借	ua 瓜夸华挂	ya 哕
ɤ 婆多挪罗	ie 歌姐车借	ue 朵坐缩果	ye 瘸靴却横
		uə 张庄生广	yə 绢娘疆香
ər 而耳儿二			
ai 摆再奶鞋	iai 捱街界蟹	uai 拽摔拐坏	
ei 背飞梅给		uei 对追水轨	
au 跑道招高	iau 妙挑鸟妖		
	iɤu 标料潮焦		
ɐu 豆绸走沟	iɐu 丢留酒有		
ẽ 颁战扇陷	iẽ 变点类陷	uẽ 恋端钻纂	yẽ 全弦捐员
aŋ 搬贪山闲	iaŋ 奸乾闲宴	uaŋ 赚关还玩	
əŋ 冷蒸根生	iəŋ 饼林青英	uəŋ 冬中工横	yəŋ 均穷胸用
ɤʔ 脖剥泼沫	ieʔ 麦热色切	ueʔ 脱说阔活	yeʔ 雪月觉角
aʔ 八塌杀瞎	iaʔ 甲恰虾压	uaʔ 绰朔滑袜	
ɔʔ 薄木			
əʔ 不特执咳	iəʔ 得墨我别	uəʔ 木陆族锅	yəʔ 刻血绝越

韵母说明：

① [a] 在 [aŋ、iaŋ、uaŋ] 和 [aʔ、iaʔ、uaʔ] 韵母中，实际音值为 [ɑ]。

② [a] 在 [a、ia、ua、ya] 中的实际音值为 [ɑ]，且舌位偏高、唇形偏圆，接近 [ɔ]。

③ [ie] 韵母中的 [i]，在“多、歌”等字中实际发音为 [ɪ]。

④ [ai、iai、uai] 中的 [ai]，实际音值为 [ɛe]。

⑤ [au、iau] 中的 [au]，实际发音为 [ɔo]。

⑥ [ue] 中的 [u] 实际读音舌位略靠前，接近 [y]。

⑦ [əŋ、iəŋ、uəŋ、yəŋ] 中的鼻韵尾很明显。

⑧入声韵中的喉塞韵尾 [ʔ] 比较明显。

（三）声调 6 个

214　　阴平　　高知天安
44　　阳平　　田穷舌文
312　　上声　　老古口五
53　　去声　　大旧盖爱
4　　阴入　　麦桌黑药
312　　阳入　　白宅杂十

声调说明：

①阴平与上声调型、调值非常接近，但还是有所区别：阴平起点比上声略低，落点比上声略高。但如果将两类字打乱后，发音人不能分辨清楚，也说明这两类声调有合并的趋势。

②入声调比较短促，阴入调平而短，阳入调为曲折短调。

③阴入调与阳平调调型、调值相同，阳入调与上声调调型、调值相同。

（四）连读变调

本节包括 3 个表格：表 27–1 非叠字非轻声两字组连读变调规律；表 27–2 非叠字轻声两字组连读变调规律；表 27–3 叠字两字组连读变调规律。

表 27–1　非叠字非轻声两字组连读变调规律

前字＼后字	阴平 214	阳平 44	上声 312	去声 53	阴入 4	阳入 312
阴平 214	35+214 干姜、西瓜	——	35+22 烧纸、浇水	——	——	35+2 三十、生活
阳平 44	——	——	——	——	——	——
上声 312	22+35 早清早晨、草鸡母鸡	22+44 嘴唇、水渠	35+22 小满、雨伞	22+53 韭菜、草帽	22+4 粉笔、草药	35+2 宝石、火石
去声 53	——	——	——	——	——	——
阴入 4	2+214 刮风、立春	——	——	——	——	4+4 复杂、百毒
阳入 312	2+35 石青青石的颜色、鼻尖	2+44 杂粮、舌头	4+312 石杵、十五	4+53 杂货、白菜	2+4 白铁、石墨	2+4 滑石、独活

表 27-2 非叠字轻声两字组连读变调规律

前字＼后字	阴平 214	阳平 44	上声 312	去声 53	阴入 4	阳入 312
阴平 214	35+0 丝瓜、春天 214+53 东西、新安村名	35+0 芝麻 214+53 东河地名	35+0 冬冷	35+0 秋上秋日、锅盖	35+0 冬日、生日	——
阳平 44	44+0 棉花	44+0 羊皮 44+53 猴 = 孩小孩儿	44+0 牛奶、红枣 44+53 羊腿羊小腿骨做的水烟袋	——	44+0 墙壁、蓝的	44+0 符合
上声 312	22+0 哑巴	22+0 苤蓝 22+53 冷泉村名	22+0 两块 35+0 晌午、雨水	22+53 雅寒、两角村名	22+0 省得、舍得	——
去声 53	53+0 外甥	53+0 丈人、上头	53+0 四块、砚瓦	——	53+0 造孽、柱子	——
阴入 4	——	4+53 月明、指头	4+0 作坊 4+53 曲井村名	——	4+0 烙铁、黑的	4+0 确实、缺乏
阳入 312	——	2+0 石榴	——	——	2+0 碟子、活的	——

说明：

①非叠字两字组中，有的后字失去本调，但并不轻短，读 53 调（同去声调）。

表 27-3 叠字两字组连读变调规律

前字＼后字	阴平 214	阳平 44	上声 312	去声 53	阴入 4	阳入 312
阴平 214	35+53 哥哥、姑姑 214+0 称称、哼哼	——	——	——	——	——
阳平 44	——	44+0 爷爷、娘娘	——	——	——	——
上声 312	——	——	22+35 姐姐、婶婶 35+0 舔舔、想想	——	——	——
去声 53	——	——	——	53+0 票票、妹妹	——	——

续表

前字＼后字	阴平 214	阳平 44	上声 312	去声 53	阴入 4	阳入 312
阴入 4	——	——	——	——	4+0 叔叔、格格	——
阳入 312	——	——	——	——	——	2+4 碟碟、勺勺 2+0 叠叠、嚼嚼

二十八　静乐话声韵调

（一）声母 24 个

p 布本背北　p^h 盆皮爬泼　m 门苗马麦

pf 猪煮装桌　pf^h 吹疮锤戳　f 飞风树法　v 五忘闰入

t 等多堆毒　t^h 腿疼田托　n 嫩南耐纳　l 良驴聋辣

ts 猪煮装桌　ts^h 吹疮锤戳　s 四岁树室　z 人嚷绕日

tɕ 鸡交精急　tɕ^h 强渠田七　ȵ 娘牛女捏　ɕ 小心岁吸

k 狗哥跪郭　k^h 开跪口哭　ŋ 袄怄饿恶　x 哄厚河黑

ø 二羊院月

声调说明：

①塞音和塞擦音 [p^h、t^h、k^h、pf^h、ts^h、tɕ^h] 的送气成分较明显，可以记为 [ph、th、kh、pfh、tsh、tɕh]。

② [m、n、ȵ、ŋ] 带有较明显的同部位浊塞音成分，相当于 [m^b、n^d、ȵ^d、ŋ^g]。

③ [v] 不是一个典型的唇齿音，发音时上齿与下唇稍有接触，唇形略圆。

④ [n] 只拼洪音，[ȵ] 只拼细音，二者在音系中分布互补，由于它们在音质上特征明显，当地人认为区别显著，列为两个音位。

⑤ [z] 是舌尖前浊擦音，但浊音成分并不明显。

⑥ [ts] 组声母的发音部位略靠前。

⑦零声母主要由齐齿呼、合口呼、撮口呼三部分组成，韵头发音时相应部位有轻微的摩擦。

（二）韵母 31 个

ʅ 字迟声正　i 眉泥平记　u 亩肚睡泪　y 举渠穗兄

ae 开外爱来		uae 快坏怪乖	
	ie 街茄些解		
ei 非给妹眉		uei 穗给睡泪	
ɑo 饱跑到早	iɑo 叫桥小尿		
ɤɯ 歌婆放走	iɤɯ 油沟喉九	uɤ 坐过光火	
ɑ̃ 他下长张	iɑ̃ 加凉墙压	uɑ̃ 话化瓜光	
æ̃ 南山半暖	iæ̃ 盐年练联	uæ̃ 短官酸联	yæ̃ 元全卷选
ɤ̃ 灯根深正	iɤ̃ 新林惊平	uɤ̃ 动困寸弄	yɤ̃ 云兄穷荣
aʔ 八蜡发抹		uaʔ 活刮获阔	
əʔ 十吃不服	iəʔ 一笔鸭压	uəʔ 秃毒郭绿	yəʔ 月局雪足

韵母说明：

① [ɑ̃] 在 [i] 后面舌位略靠前、略高，接近 [ʌ]；在 [u] 后面舌位略靠后，接近 [ɒ]。

② [i] 与声母 [t、l] 相拼时，略有动程，实际音值为 [ɪi]。

③ [ae] 的动程不大，实际音值接近 [æe]。

④ [ie] 中主要元音的舌位要比 [e] 高，应该是 [ɪ]。

⑤ [ɑo、iɑo] 中主要元音的舌位要比 [ɑ] 高，而且唇形稍圆，接近 [ɔ]。[iɑo] 的动程较小，接近 [iɔ]。

⑥ [ɤɯ、iɤɯ] 里主要元音 [ɤ] 的舌位略靠前，但仍然记为 [ɤ]。[ɤɯ] 中韵尾 [ɯ] 并不很明显。在韵母 [uɤ] 里，韵尾 [ɯ] 已经脱落。

⑦ [æ̃、iæ̃、uæ̃、yæ̃] 韵里主要元音的舌位比标准的 [æ] 要高，接近 [ɛ]。以上四韵的鼻化色彩不重。

⑧入声韵喉塞尾在读单字音时很明显，但在双音节以上的词语中有所减弱。[aʔ、uaʔ] 韵的主元音舌位略靠央。

（三）声调 6 个

24	阴平	揪张钢添
33	阳平	田棉神闻
314	上声	懂碗女手
53	去声	受六唱汉
4	阴入	吃血做录
212	阳入	合读石舌

声调说明：

①阴平 24 调的实际音高略有曲折。

②上声 314 调的曲折比较明显，实际是 214，为了醒目记为 314。

③阳入 212 与上声 314 调型相同，不过阳入发音十分短促。如果阳入在语流中舒化，很可能与上声合流。

④去声 53 是一个降调，但并没有降到 1。

（四）连读变调

本节包括 2 个表格：表 28–1 非叠字非轻声两字组连读变调规律；表 28–2 叠字两字组连读变调规律。

表 28–1　非叠字非轻声两字组连读变调规律

前字＼后字	阴平 24	阳平 33	上声 314	去声 53	阴入 4	阳入 212
阴平 24	24+33 高低、阴天	——	24+31 辛苦、工厂	——	——	——
阳平 33	——	——	——	——	——	——
上声 314	31+24 火车、手枪	31+33 火炉、党员	35+314 水果、火腿	31+53 广告、手套	31+4 祖国、草药	35+21 水闸、主席
去声 53	——	——	——	——	——	——
阴入 4	31+24 北京、菊花	——	——	——	——	——
阳入 212	——	——	4+314 石板、局长	——	——	4+212 集合、滑石

表 28–2　叠字两字组连读变调规律

前字＼后字	阴平 24	阳平 33	上声 314	去声 53	阴入 4	阳入 212
阴平 24	24+53 天天、家家	——	——	——	——	——
阳平 33	——	——	——	——	——	——
上声 314	——	——		——	——	——
去声 53	——	——	——	314+31 肚肚、裤裤	——	——
阴入 4	——	——	——	——	——	——
阳入 212	——	——	——	——	——	4+35 白白、脖脖

二十九　交口话声韵调

（一）声母 20 个

p 八兵病爬　pʰ 派片爬破　m 麦明马骂
t 多东大毒　tʰ 讨天甜毒　n 脑南奴闹　l 老蓝连路
ts 资坐张主　tsʰ 刺车春城　s 丝顺手城　ʐ 热软绕染
tɕ 酒九假姐　tɕʰ 清全轻权　ȵ 年泥娘牛　ɕ 肥想谢响
k 高共歌果　kʰ 开快砍可　ŋ 熬安鹅爱　x 飞副肥灰
ø 问月云药

声母说明：

① [ʐ] 发音时舌尖略靠后，摩擦不明显，实际读音接近 [ɻ]。

② [n] 只拼开口呼、合口呼韵母；[ȵ] 只拼齐齿呼、撮口呼韵母。[ȵ] 发音时舌面前部接触前硬腭不太典型，没有完全到舌面前的位置。

③部分读舌尖前音 [ts、tsʰ、s] 的字儿化后，读为舌尖后音 [tʂ、tʂʰ、ʂ]。

（二）韵母 39 个

ɿ 师丝试紫　i 米戏病星　u 苦五布毛　y 雨兄举徐
ʮ 猪锄除书
ʯ 女驴如乳
a 茶沙把骂　ia 牙写假虾　ua 瓦刮花瓜　ya 靴横
ə 升多萝坡　iɛ 歌响病星　uə 坐床王双　yɛ 兄
ər 二儿耳而
ai 排鞋海白　uai 对快坏怪
ei 杯贼贝赔　uei 飞鬼灰亏
ɑo 宝饱毛刀　iɑo 笑桥学交
ou 豆走狗头　iou 油六修球
ɑ̃ 南山半糖　iɑ̃ 盐年响讲　uɑ̃ 短床王双　yɑ̃ 权选圈院
əŋ 深灯升横　iəŋ 心新病星　uəŋ 寸滚春东　yəŋ 云兄用均
aʔ 塔辣八色　iaʔ 鸭拍百麦　uaʔ 法刮滑刷　yaʔ 角觉确
əʔ 盒壳直尺　ieʔ 接白学北　uəʔ 出国谷六　yeʔ 月橘绿局

韵母说明：

① [a、ia、ua] 的主要元音实际发音为 [ᴀ]。

② [iɛ] 的主要元音 [ɛ] 实际发音时舌位略高，接近 [ᴇ]。
③ [ə] 发音时舌位靠后。
④ [ai] 发音时韵尾舌位略低，在个别单字中发音舌位略高。
⑤ [ɑo] 发音时韵腹的舌位比 [ɑ] 略高。
⑥入声韵单念时喉塞韵尾不明显，连读中作为前字时喉塞韵尾明显。

（三）声调 5 个

323　阴平上　灯风通买
44　阳平　白牛铜皮
53　去声　去六四硬
4　阴入　去百六月
212　阳入　毒白盒罚

声调说明：
①阴平上与阳入调值非常接近，为区别计，阴平记作 323，阳入记作 212。
②去声 53 的实际音值落点比 3 略低，接近 2。
③阴入字单读时比较短促；阳入字单读时不短促，而连读中作为前字时明显短促。
④阴入的实际音值比 4 略低，接近 3。

（四）连读变调

本节包括 3 个表格：表 29–1 非叠字非轻声两字组连读变调规律；表 29–2 非叠字轻声两字组连读变调规律；表 29–3 叠字两字组连读变调规律。

表 29–1　非叠字非轻声两字组连读变调规律

前字＼后字	阴平上 323	阳平 44	去声 53	阴入 4	阳入 212
阴平上 323	23+32 高低、工厂 32+32 灰渣、山水 32+23 星期、居舍	32+23 青年、花瓶	32+53 天气、冬至	32+4 方法、阴历	32+4 消极、选择
阳平 44	——	——	——	——	44+4 邮局、传达
去声 53	——	53+23 冻凌	——	——	53+4 练习
阴入 4	——	4+323 窟窿、石头	——	——	4+4 积极、骨折

续表

前字＼后字	阴平 323	阳平 44	去声 53	阴入 4	阳入 212
阳入 212	4+323 集中、极端	4+44 杂粮、敌人	4+53 绝望、活动	4+4 直接、熟悉	4+4 学习、直达

表 29-2 非叠字轻声两字组连读变调规律

前字＼后字	阴平上 323	阳平 44	去声 53	阴入 4	阳入 212
阴平上 323	23+0 母狗、中间 32+0 梳脑、丝瓜	32+0 今年、芝麻	——	——	23+0 中学、科学 32+0 三十
阳平 44	44+0 农村、牙膏	44+0 茶壶、厨房	44+0 赔货	44+0 麻药、茶叶	44+0 文学、围脖
去声 53	53+0 地方、汽车	53+0 面前、酱油	53+0 味道、庙会	53+0 上去、教室	53+0 汉族、面食
阴入 4	4+0 热水、结婚	——	——	4+0 腊月、八百	4+0 复杂、出席
阳入 212	——	——	4+0 学校	4+0 合作、脖子	4+0 集合、特别

说明：
①非叠字两字组连读，后字为轻声时，实际调值为 21、22 或 2，本书一律标记为 0。

表 29-3 叠字两字组连读变调规律

前字＼后字	阴平上 323	阳平 44	去声 53	阴入 4	阳入 212
阴平上 323	32+43 姑姑、边边 32+323 爪爪 32+23 嫂嫂、姥姥 23+0 奶奶、哥哥	——	——	——	——
阳平 44	——	44+0 娘娘、婆婆	——	——	——
去声 53	——	——	53+0 妹妹、弟弟	——	——

续表

前字＼后字	阴平上 323	阳平 44	去声 53	阴入 4	阳入 212
阴入 4	——	——	——	4+0 叔叔、伯伯	——
阳入 212	——	——	——	——	21+212 盒盒、核核

说明：

①来源于上声的“阴平上＋阴平上”叠字组，在语速舒缓时实际调值为 32+323，语速较快时实际调值为 32+23。

②叠字轻声两字组连读，后字为轻声时，实际调值为 21 或 2，本书一律标记为 0。

三十　石楼话声韵调

（一）声母 24 个

p 八兵爬白　pʰ 派片爬拍　m 麦明马骂

t 多东毒大　tʰ 讨天甜毒　n 脑南闹挠　l 老蓝连路

ts 姐早租城　tsʰ 刺祠抄初　s 丝三祠山　z 挠

tʂ 坐张竹主　tʂʰ 寸抽船城　ʂ 酸双书十　ʐ 热如照绕

tɕ 酒九假姐　tɕʰ 清全轻权　ȵ 年泥银捏　ɕ 肥想谢响

k 高共该怪　kʰ 开可课亏　ŋ 熬安袄饿　x 风肥饭灰

ø 味温云白

声母说明：

①[m、n、ŋ] 实际发音时带有同部位浊塞音成分，相当于 [mᵇ、nᵈ、ŋᵍ]。

②[tʂ、tʂʰ、ʂ] 实际发音时舌尖略靠前。

（二）韵母 37 个

ɿ 师丝试紫　i 米戏艺低　u 苦五猪毛　y 雨月吕徐

ʅ 制世池治

a 茶沙把骂　ia 牙鸭茄嫁　ua 瓦刮瓜花　ya 横角

ə 歌升车秤　iɛ 写响病星　uə 歌过床双　yɛ 靴兄雀

ər 二儿耳而

ɛi 写开争白　uɛi 快外怪坏

ei 开赔台来　uei 对外鬼灰

ɔo 宝饱毛刀　　iɔo 笑桥学雀

ou 豆走头偷　　iou 油六修球

ɑŋ 南山半糖　　iɑŋ 盐年响硬　　uɑŋ 短床王双　　yɑŋ 权选圈院

əŋ 升争横秤　　iəŋ 心硬病星　　uəŋ 寸滚春东　　yəŋ 云兄用均

əʔ 十骨直尺　　iəʔ 鸭节角白　　uəʔ 骨出郭谷　　yəʔ 缺月学局

ʌʔ 隔瞎托色　　iʌʔ 甲隔瞎狭　　uʌʔ 法刮托国

韵母说明：

① [a、ua] 中的主要元音 [a]，实际发音时舌位略靠后。

② [ə] 与声母 [tʂ、tʂʰ、ʂ、ʐ] 相拼时，[ə] 韵母前略带 [ʅ] 过渡音，且 [ə] 唇形略展、舌位略后。

③ [əʔ] 中的主要元音 [ə] 实际发音时个别字开口度略大，如“黑”等。

④ [iəʔ、yəʔ] 中的主要元音 [ə] 受介音 [i、y] 的影响，实际发音时舌位略靠前。

⑤ [uəʔ] 中的主要元音 [ə] 受介音 [u] 的影响，实际发音时舌位略靠后。

⑥ [ɑŋ、iɑŋ、uɑŋ、yɑŋ] 中的主要元音 [ɑ]，实际发音时略带鼻化色彩，韵尾 [ŋ] 发音时舌根与软腭接触较松。

⑦ [ʌʔ、iʌʔ、uʌʔ] 中的主要元音 [ʌ]，实际发音时舌位略靠前。

（三）声调 5 个

213　阴平上　东灯古买

44　阳平　门龙牛糖

51　去声　动近怪四

4　阴入　谷百拍塔

213　阳入　毒白盒罚

声调说明：

①阴平上 213 实际发音的起点有时略高，相当于 313。

②去声 51 实际发音的起点有时略低，相当于 41。

（四）连读变调

本节包括 3 个表格：表 30-1 非叠字非轻声两字组连读变调规律；表 30-2 非叠字轻声两字组连读变调规律；表 30-3 叠字两字组连读变调规律。

表 30-1 非叠字非轻声两字组连读变调规律

前字 \ 后字	阴平上 213	阳平 44	去声 51	阴入 4	阳入 213
阴平上 213	21+13 书包、草鸡 21+44 梳脑、晌午 24+213 公猪、买米 51+213 装袄	21+44 高楼、海洋 21+51 养孩、纸钱	21+51 光棍、清淡 21+44 宽套	21+4 山谷、初级	21+4 商业、收集
阳平 44	44+51 前晌、寻死 44+21 人家	——	——	——	——
去声 51	44+51 豆浆	21+44 住宅 51+22 后门、杏仁	44+51 罪犯、厚道 21+51 态度	——	——
阴入 4	4+13 白酒、圪都	4+51 指头、圪虫 21+13 月明	——	——	4+4 缺乏
阳入 213	4+213 石灰、学生 4+13 罚款、拔草	4+44 食堂、习题	4+51 杂技、活动	4+4 活泼、服帖	4+213 十盒

表 30-2 非叠字轻声两字组连读变调规律

前字 \ 后字	阴平上 213	阳平 44	去声 51	阴入 4	阳入 213
阴平上 213	24+0 山边、医生 21+0 我们	——	——	24+0 亲热、风俗	24+0 中学、生活
阳平 44	24+0 凉水、城里	——	——	——	——
去声 51	——	——	——	——	——
阴入 4	——	——	——	——	——
阳入 213	——	——	——	——	——

说明：

①石楼方言非叠字轻声两字组连读变调规律整齐，除“年除”等个别词连读时后字调值略高，实际发音有时接近 21，其他调值均为轻声，为统一计，本书将轻声一律标记为 0。

表 30-3 叠字两字组连读变调规律

前字＼后字	阴平上 213	阳平 44	去声 51	阴入 4	阳入 213
阴平上 213	21+51 哥哥、姐姐 21+44 姑姑、奶奶 24+0 铺铺、本本	——	——	——	——
阳平 44	——	21+51 爷爷、婆婆 44+0 人人、闻闻	——	——	——
去声 51	——	——	21+51 爸爸 44+51 渐渐 51+0 舅舅、痘痘	——	——
阴入 4	——	——	——	4+0 伯伯、叔叔	——
阳入 213	——	——	——	——	4+0 学学、读读

三十一　隰县话声韵调

（一）声母 20 个

p 八兵病扒	p^h 派片爬病	m 麦明马骂		
t 多东赌大	t^h 讨大甜毒	n 脑南奴闹		l 老蓝连路
ts 资早坐纸	ts^h 草坐祠城		s 三祠十城	z 热软如绕
tɕ 酒九假姐	$tɕ^h$ 清全轻权	ȵ 年泥衣念	ɕ 肥想响县	
k 高共歌果	k^h 开快砍可	ŋ 熬安鹅爱	x 飞肥灰活	
∅ 味问云用				

声母说明：

① [m、n、ŋ] 带有同部位塞音成分，其中 [ŋ] 明显，实际为 [ŋ^g]。

②舌尖前音 [ts] 组声母，发音时舌位略靠后。

③ [ȵ] 是舌面前鼻音，发音部位与 [tɕ、$tɕ^h$、ɕ] 相同，由于特征明显，未与 [n] 合并。

④来自中古知、庄、章组的舌尖前音 [ts] 组声母，部分人读为舌尖后音 [tʂ] 组。

⑤部分舌尖前音 [ts、tsʰ、s] 字儿化后，读为舌尖后音 [tʂ、tʂʰ、ʂ]。

（二）韵母 38 个

ɿ 师丝试紫	i 米戏艺弟	u 苦五猪书	y 雨举吕徐
a 茶沙把下	ia 牙哑嫁虾	ua 瓦刮花瓜	
æ 山半三暗	iɛ 写硬病星	uæ 官双关换	yɛ 靴兄院劝
ɤ 个升争托		uo 坐床王双	
ər 二耳儿而			
ae 排鞋财海		uae 怀个拐筷	
ɛe 开白台爱		uɛe 快对坏怪	
ei 赔北贝杯		uei 对飞鬼灰	
ɑo 宝饱毛刀	iɑo 笑桥学交		
ou 豆走头偷	iou 油六修球		
aŋ 南糖潭蚕	iaŋ 盐年响讲	uaŋ 短床王碗	yaŋ 权选圈全
əŋ 深根升争	iəŋ 心病硬星	uəŋ 寸滚春东	yəŋ 云兄用均
aʔ 盒塔壳色		uaʔ 法活托夺	
əʔ 十骨直尺	iəʔ 一白学北	uəʔ 刮骨郭国	yəʔ 月橘绿局

韵母说明：

①零声母后的 [i、u、y] 介音发音不到位：[i] 的实际发音舌位略后、略低；[u] 的实际发音舌位略前、略低；[y] 的实际发音舌位略后、略低。

② [ɿ] 略带舌面化色彩。

③ [u] 在 [ts] 组声母后实际音值接近 [ʮ]，如“猪、除”；且 [u] 单独作韵母时略有动程，韵尾略展。

④ [a、ia、ua] 中的主要元音实际音值为 [ᴀ]。

⑤ [ɛe、uɛe、iɛ、yɛ] 中的主要元音 [ɛ] 实际音值为 [ᴇ]，个别 [iɛ] 韵字音色略近 [yɛ]，如“蟹”。

⑥ [ae、uae] 中的主要元音 [a] 实际发音时舌位略高。

⑦ [ɑo、iɑo] 中的主要元音 [ɑ] 实际发音时舌位略高。

⑧ [aŋ、iaŋ、uaŋ、yaŋ] 中的主要元音 [a] 在舌尖前声母后读 [a]，在舌面后声母后读 [ɑ]；[ŋ] 的实际发音未到位，舌根并未与软腭完全接触。

（三）声调 5 个

53　阴平　东风通白

24　阳平　龙牛皮糖
21　上声　古鬼讨买
44　去声　近去卖树
3　入声　去白刻盒
声调说明：
①阳平前头稍有降幅，但不到1度。
②上声前头较平，实际调值为221。

（四）连读变调

本节包括3个表格：表31-1 非叠字非轻声两字组连读变调规律；表31-2 非叠字轻声两字组连读变调规律；表31-3 叠字两字组连读变调规律。

表31-1　非叠字非轻声两字组连读变调规律

前字＼后字	阴平 53	阳平 24	上声 21	去声 44	入声 3
阴平 53	24+53 高低、香菇 21+21 飞机、生姜	——	21+21 风雨、粗野	53+44 家具、冬至	21+3 中学、阴历
阳平 24	——	24+53 煤油、明年	24+53 眉眼、寻死	——	——
上声 21	44+53 手巾、眼窝 24+53 小心、喜欢	44+24 酒瓶、母牛	44+21 耳朵、左手	——	——
去声 44	——	——	——	——	——
入声 3	——	——	——	——	——

表31-2　非叠字轻声两字组连读变调规律

前字＼后字	阴平 53	阳平 24	上声 21	去声 44	入声 3
阴平 53	53+0 当中、公鸡	53+0 冬凌、今年	53+0 镲子、边里	53+0 菠菜	53+0 巴结
阳平 24	——	24+0 人才、羊皮	21+0 蚊子 24+0 蝇子、柴火	24+0 螃蟹、陪货	24+0 枚笛
上声 21	44+0 姐夫、尾巴	44+0 枕头、两姨	21+0 早起	21+0 屎布、姊妹	——

续表

前字＼后字	阴平 53	阳平 24	上声 21	去声 44	入声 3
去声 44	44+0 弟兄	44+0 后年、上头	44+0 夜里、翅膀	44+0 背后	44+0 教室、记得
入声 3	——	3+0 窟窿、木头	5+0 桌子、镯子	3+0 绿豆	3+0 拾掇 5+0 结实

说明：
①隰县方言中部分非叠字两字组连读变调的后字读音又轻又短，记作轻声，调值为 21。

表 31-3　叠字两字组连读变调规律

前字＼后字	阴平 53	阳平 24	上声 21	去声 44	入声 3
阴平 53	53+0 天天、边边	——	——	——	——
阳平 24	——	24+0 棚棚、瓶瓶	——	——	——
上声 21	——	——	44+0 把把、奶奶	——	——
去声 44	——	——	——	44+0 缝缝、盖盖	——
入声 3	——	——	——	——	5+0 窟窟、角角

三十二　大宁话声韵调

（一）声母 25 个

p 兵拜病笔　p^h 派波病盆　m 马米麦密　f 飞放肺副　v 温位歪蚊
t 多低东跌　t^h 讨毯炭听　n 南脑年你　l 老兰连路
ts 资早租争　ts^h 刺草村全　s 丝三酸些　z 而耳儿
tʂ 张竹装主　$tʂ^h$ 床车春船　ʂ 手顺湿书　ʐ 热软扰锐
tɕ 酒九鸡聚　$tɕ^h$ 清轻全权　ɕ 飞些谢响
k 高共骨郭　k^h 开考盔筷　ŋ 熬安恶摁　x 好灰活河
ø 二而耳儿

声母说明：

①发不送气的塞音和塞擦音 [p、t、k、ʦ、tʂ、ʨ] 时，发音部位的阻塞面积比较大，爆破有力。

②送气的塞音和塞擦音 [p^{h}、t^{h}、k^{h}、ʦ^{h}、tʂ^{h}、ʨ^{h}] 送气成分明显，可以记为 [px、tx、kx、tsx、tʂx、tɕx]

③ [m、n、ŋ] 带有较明显的同部位浊塞音，相当于 [m^{b}、n^{d}、ŋ^{g}]。

④ [ȵ] 和 [n] 互补，可以合并为一个音位 [n]。

⑤相当于普通话的合口呼零声母，除 [u、uo] 外，发音时上下唇较展，上齿接近下唇，摩擦明显，实际上是一个唇齿浊擦音 [v]。

⑥ [u、uo] 韵母的零声母，发音时上下唇较圆，与普通话的合口呼零声母不同。

⑦ [tʂ、tʂ^{h}、ʂ] 发音部位略靠后，舌面两侧向中间略卷。

⑧ [ʐ] 是舌尖后浊擦音，但浊音成分不明显。

⑨ [ʦ、ʦ^{h}] 的发音部位略靠前，塞音成分较明显。

⑩开口呼零声母只有“二、耳、儿”等少数字；齐齿呼、开口呼零声母，韵头发音时有相对应部位轻微的摩擦成分。

（二）韵母 38 个

ʅ 耳儿而时	i 费米被提	u 湖布狐吹	y 女趣雨兄
ʅ 知治迟制			
ɤ 扯蒸肠丈		uo 跛坐歌棒	
ɑ 巴马咱扯	iɑ 借野茄爷	uɑ 抓化华瓜	yɑ 瘸横
	ie 借爷野病		ye 倔靴
ər 二儿耳而			
ɛe 拜胎开爱		uɛe 乖筷帅坏	
ei 费被煤位		uei 对堆吹鬼	
ɐu 孝熬考赵	iɐu 孝票条苗		
əu 奴偷努炉	iəu 秀牛提右		
ɛ̃ 肠丈当棒	iɛ̃ 免点天良	uɛ̃ 软官换晃	yɛ̃ 圆圈冤院
əŋ 奔问横蒸	iən 病硬兵巾	uəŋ 寸冻种工	yən 用军熊兄
ɐʔ 八塔窄壳	iɐʔ 鸭接贴药	uɐʔ 活刮郭国	yɐʔ 阅削绝缺
əʔ 薄十物肋	iəʔ 北笛昔益	uəʔ 毒族烛鹿	yəʔ 欲屈肃玉

韵母说明：

①声母 [p、p^{h}] 与韵母 [uo] 拼时，[uo] 的动程较小。

②韵母 [ər] 实际上是一个舌位较靠后的元音，近 [ɤ]，[r] 表示发这个元音同时有卷

舌成分。

③韵母 [ie] 中，主要元音的舌位要比 [e] 高，靠近 [ɪ]。

④韵母 [i] 与声母 [t、t^{h}、l] 相拼时，略有动程，实际上应该为 [ɪi]。

⑤韵母 [ɐu、iɐu] 的韵尾是 [u]，但与 [əu、iəu] 的韵尾 [u] 相比，音值并不明显。

⑥在韵母 [ei、uei] 中，[e] 和 [i] 之间的动程较小，近于 [eɪ]。

⑦韵母 [ɛe] 的动程不大，韵尾 [e] 实际上是 [ɪ]，所以韵母的实际读音接近 [ɛɪ]。

⑧韵母 [ɛ̃、iɛ̃、uɛ̃、yɛ̃] 的主要元音 [ɛ] 的位置略靠下，近于 [æ]。

⑨ [əŋ、iən、uəŋ、yən] 四韵母中，主要元音 [ə] 的舌位略靠后，接近 [ɤ]；鼻音韵尾 [n、ŋ] 有时不太稳定，这时主要元音鼻化。

⑩ [iɐʔ、yɐʔ] 两韵母中，主要元音 [ɐ] 的舌位略高；[uɐʔ、ɐʔ] 两韵母中，主要元音的舌位略低，接近央低元音 [ᴀ]。

（三）声调 5 个

31　阴平上　天风古讨
24　阳平　铜肠牛油
55　去声　罪后近冻
$\underline{31}$　阴入　百节日切
4　阳入　白罚碟穴

声调说明：

①阳平调是一个前略有下降随即上升的一个声调，现记为中升调 24。

②去声 55 是一个略有上升趋势的调，也可以记为 45。

③阴入 $\underline{31}$ 与阴平上 31 的调型相同，不过阴入发音十分短促。

④阳入 4 调值比去声调的起点略低，略有上升趋势，因发音短促，记为 4。

（四）连读变调

本节包括 1 个表格：表 32-1 非叠字非轻声两字组连读变调规律。

表 32-1　非叠字非轻声两字组连读变调规律

前字＼后字	阴平上 31	阳平 24	去声 55	阴入 $\underline{31}$	阳入 4
阴平上 31	55+31 眼窝、左手	55+24 暖壶、伙房	——	——	——
阳平 24	24+55 蚕沙、皮袄	——	——	——	——
去声 55	——	——	——	——	——

续表

前字＼后字	阴平 31	阳平 24	去声 55	阴入 ʔ31	阳入 ʔ44
阴入 31	——	——	——	——	——
阳入 4	31+31 石灰、读书	——	——	——	——

三十三　永和话声韵调

（一）声母 23 个

p 兵波北棒　pʰ 派盆棒旁　m 骂米密马
t 多东跌毒　tʰ 讨毯毒推　n 南脑泥怒　l 老连路
ts 资租纸坐　tsʰ 草坐拆全　s 丝三山酸　z 日
tʂ 张装主柱　tʂʰ 柱床船川　ʂ 双树十书　ʐ 热软染如
tɕ 酒九姐狙　tɕʰ 清全权取　ɕ 想响县谢
k 高共骨哥　kʰ 开考快苦　ŋ 熬安恶摁　x 飞副活河
ø 雾问药月

声母说明：

①发不送气塞音、塞擦音 [p、t、k、ts、tʂ、tɕ] 时，发音部位的阻塞面积较大，爆破有力。

②塞音、塞擦音 [pʰ、tʰ、kʰ、tsʰ、tʂʰ、tɕʰ] 的送气成分明显，可以记为 [ph、th、kh、tsh、tʂh、tɕh]。

③ [m、n、ŋ] 带有较明显的同部位浊塞音成分，相当于 [mᵇ、nᵈ、ŋᵍ]。

④合口呼零声母不是一个典型的 [u] 介音，发音时上下唇略展，上齿接近下唇，稍有摩擦，近于无擦通音 [ʋ]。

⑤与 [tʂ、tʂʰ、ʂ] 同为一组的舌尖后音 [ʐ] 声母，发音部位略靠前。

⑥ [ʐ] 是舌尖后浊擦音，但是浊音成分并不明显。

⑦开口呼零声母只有“二、耳、儿”等少数字；齐齿呼、撮口呼零声母，韵母发音时有相应部位轻微的摩擦成分。

⑧ [x] 是舌面后擦音，摩擦成音时气流较其他擦音强。

（二）韵母 40 个

ʅ 师试字紫　i 米戏平记　u 苦五猪睡　y 雨女沮趋

ʅ知治迟制			
a 茶爸麻打	ia 牙写假茄	ua 瓦抓瓜夸	ya 靴瘸
ɿə 生争睁			
ʅə 瓤正长			
ɤr 二儿而耳			
	ie 写硬病星		ye 兄~弟
	iɪ 盐年便面		yɪ 全捐选冤
ɛi 排开来满		uɛi 快短官端	
ei 陪飞开来		uei 对泪归睡	
ɑo 饱跑到早	iɑo 叫桥小尿		
		uɤ 歌坐王双	
ɤu 沟豆走偷	iɤu 油丢牛九		
ã 南山瓤长	iã 响讲减粮	uã 王广双爽	
əŋ 生争睁正	iəŋ 硬病星平	uəŋ 寸滚春冬	yəŋ 用云军兄
ɐʔ 盒塔热色	iɐʔ 鸭接学白	uɐʔ 活刮桌勺	yɐʔ 雪月绝缺
əʔ 十一直尺	iəʔ 急北锡踢	uəʔ 骨郭国绿	yəʔ 橘局足绿

韵母说明：

①韵母 [i] 与声母 [t、l] 相拼时，略有动程，实际应该为 [ɪi]。

②韵母 [ɛi] 的动程不大，韵尾 [i] 实际上是 [ɪ]，所以实际读音近于 [ɛɪ]。

③韵母 [ie、ye] 中，主要元音的舌位要比 [e] 低，靠近 [ᴇ]。

④韵母 [ei、uei] 中，[e] 和 [i] 之间的动程较小，近于 [eɪ]。

⑤韵母 [ɑo、iɑo] 中，主要元音的舌位要比 [ɑ] 高，接近 [ʌ]；[o] 的舌位较高，近于 [o] 和 [u] 之间的 [ɷ]。[iɑo] 的动程小，近于 [iɔ]。

⑥在韵母 [ɤu、iɤu] 中，主要元音 [ɤ] 略靠前，但仍然为 [ɤ]，韵尾 [u] 是很紧的元音。

⑦韵母 [ã] 的鼻化色彩非常明显，舌位略靠前，接近 [ᴀ]。

⑧韵母 [iɪ、yɪ] 中，主要元音和韵头之间的动程较小；主要元音的舌位更低，[ɪ] 实际上靠近 [e]。

⑨ [əŋ、iəŋ、uəŋ、yəŋ] 四韵母中，主要元音 [ə] 的舌位略靠后，接近 [ɤ]；鼻音韵尾 [ŋ] 有时不太明显，这时主要元音鼻化。

⑩ [iɐʔ、yɐʔ] 两韵母中，主要元音 [ɐ] 的舌位略高；[ɐʔ、uɐʔ] 两韵母中，主要元音的舌位略低，接近央低元音 [ᴀ]。

⑪[ɤr] 里的主要元音 [ɤ] 略靠央；[r] 不是一个独立的音素，只表示 [ɤ] 的卷舌成分。

⑫[tʂ、tʂʰ、ʂ、ʐ] 与 [u] 韵母相拼时，[u] 的实际读音接近舌尖后元音 [ʯ]。

（三）声调 6 个

33　　阴平　　东该方开
35　　阳平　　肠红门龙
312　　上声　　古鬼买老
53　　去声　　近后快路
$\underline{35}$　　阴入　　百节拍切
$\underline{312}$　　阳入　　叶月毒罚

声调说明：

①阴平 33 调不是一个非常稳定的调型，在不同发音人口中有不同的表现：在新派中是一个标准的平调；在老派中音高略有曲折，是一个微降即升的调型。

②阳平 35 是一个中升调，在老派、新派中都相当稳定。

③上声 312 是曲折调，前降明显，后面实际上是个不太明显的上升弯头。

④去声 53 是一个降调，但并没有降到 1。

⑤阳入 $\underline{312}$ 与上声 312 调型相同，不过阳入发音十分短促。如果阳入在语流中舒化，很可能与上声合流。

⑥阴入 $\underline{35}$ 与阳平 35 调型相同，不过阴入发音十分短促。

⑦老派中，阴平、阳平与上声相混的比较多。

（四）连读变调

本节包括 1 个表格：表 33-1 非叠字非轻声两字组连读变调规律。

表 33-1　非叠字非轻声两字组连读变调规律

前字＼后字	阴平 33	阳平 35	上声 312	去声 53	阴入 $\underline{35}$	阳入 $\underline{312}$
阴平 33	35+33 飞机、阴天	——	35+312 资本、工厂	——	——	——
阳平 35	——	——	——	33+53 肥皂、脾气	——	——
上声 312	31+33 酒缸、点心	31+35 好人、水壶	35+312 草纸、火腿	——	——	35+$\underline{312}$ 小麦、酒席
去声 53	——	——	——	——	——	——
阴入 $\underline{35}$	$\underline{31}$+33 北方、骨科	$\underline{31}$+35 鲫鱼、发条	——	$\underline{31}$+53 伯父、百货	$\underline{312}$+$\underline{35}$ 北屋、积蓄	——
阳入 $\underline{312}$	——	——	$\underline{44}$+312 局长、罚款	——	——	$\underline{44}$+$\underline{312}$ 毒药、独立

三十四　汾西话声韵调

（一）声母 21 个

p 病步布冰	p^h 病步泼拍	m 米忙磨马	f 发水说谁	v 袜万软肉
t 道灯丁贾	t^h 土道疼团	n 哪眼南碾		l 拉列兰罗
ts 走争张嘴	ts^h 醋车潮擦		s 丝水说谁	z 软肉□① 碾
tɕ 贾就嘴谴	tɕ^h 谴墙全就		ɕ 绣下夏□②	
k 哥工管跪	k^h 可空苦跪	ŋ 熬我恩爱	x 化汉下夏	
ø 二完英样				

声母说明：

① [v] 是唇齿浊擦音，除作声母外，可自成音节，可作韵母。如："武" [v̩^{33}]、"书" [fv^{11}]。

② [t、t^h、n] 与洪音拼时是 [t、t^h、n]，与细音拼时是 [ȶ、ȶ^h、ȵ]。

③ [z] 是舌尖前浊擦音，发音部位与 [ts、ts^h、s] 同。汾西方言里没有舌尖后音 [tʂ、tʂ^h、ʂ]，普通话里的舌尖后音全部发舌尖前音。

④ [ŋ] 是舌面后鼻音，发音部位与 [k、k^h、x] 同。

⑤ 其他声母音值与普通话大致相同。

（二）韵母 39 个

ɿ 支纸自师	i 冰写阶清	u 播猫王窝	y 女驴醉椿
ɑ 车咱些下	iɑ 牙下写夜	uɑ 挂夸画划	yɑ 瘸攫□③ 颊
	iu 觉业略强		
ɪ 伯说仿设	iɪ 憋些切夜	uɪ 拙掴划或	yɪ 决缺雪月
ɯ 播房多长	iɯ 娘		
ər 而耳儿尔			
ɑi 摆开菜伯		uɑi 帅拐怪块	
ei 北车杏开		uei 堆嘴危醉	
ɑo 包到袄猫	iɑo 标庙腰舀		
ou 斗漏藕后	iou 丢牛旧有		

① □ [zɑ^{53}]：意为踩泥路。

② □ [ɕyɑ̃^{33}]：意为用手推。

③ □ [tɕ^{h}yɑ^{11}]：意为偷懒。

ɑ̃ 房长张仿　iɑ̃ 边娘枪强　uɑ̃ 端软换王　yɑ̃ 联捐冤院
əŋ 蹦喷人横　iəŋ 杏兵冰清　uəŋ 东炖温椿　yəŋ 轮军拥用
əʔ 北目石黑　iəʔ 逼灭揭益　uəʔ 秃出哭说　yəʔ 六足俗玉
ʑ̩ 比提基起　β̩ 捕菩肚古　v̩ 浮水如书

韵母说明：

① [yɑ] 韵母的字只有 4 个，[iɯ] 韵母的字只有 1 个。

② [ɑ] 音位包括 [a]、[ᴀ]、[ɑ]、[ɐ]4 个音素。[a] 出现于 [ɑi、uɑi] 两个韵母中，[ᴀ] 出现于 [ɑ、iɑ、uɑ、yɑ] 四个韵母中，[ɐ] 出现于 [ɑ̃、iɑ̃、uɑ̃、yɑ̃] 四个韵母中。

③韵母 [iu] 里的 [u] 实际读音是舌面后次高圆唇元音。[iu] 不同于北京话的 [iu]，北京话 [iu] 的两个元音之间有过渡音 [o]，而汾西话中 [iu] 是二合的，两个韵母相去较远。汾西话里的 [iou] 韵母相当于北京话里的 [iu] 韵母。

④ [ɪ] 是舌面前次高不圆唇元音。这里不归入 [i] 或 [e] 音位，是因为 [ɪ] 和 [i] 呈对立关系，[ɪ] 的实际读音与 [e] 又相距太远。

⑤ [ʑ̩] 是舌面前浊擦音。可自成音节，如："姨" [ʑ̩^{35}]。可作韵母，如："泥" [nʑ̩^{35}]。

⑥ [β̩] 是双唇浊擦音。自成音节时略带轻微的 [u]，如："五" [^{u}β̩^{33}]、"误" [^{u}β̩^{53}]、"布" [p^{u}β̩^{55}]。

⑦ [v̩] 是唇齿浊擦音。可自成音节，如："如" [v̩^{35}]。可作韵母，如："水" [fv̩^{33}]。

⑧ [ɯ] 是舌面后不圆唇高元音，发音位置与 [u] 相同。

⑨ [ɑ̃、iɑ̃、uɑ̃、yɑ̃] 里的主要元音 [ɑ̃]，有时候略带鼻音韵尾 [ŋ]，大多数情况下不明显。

⑩ [əʔ、iəʔ、uəʔ、yəʔ] 是 4 个入声韵，喉塞音 [ʔ] 不明显。

（三）声调 7 个

11	阴平	帮灯青书
35	阳平	爬藏绍和
33	上声	把果李米
55	阴去	过计炕衬
53	阳去	夏墓二怒
1	阴入	墨德必木
3	阳入	白敌熟局

声调说明：

①汾西方言里没有曲折调：中古浊声母上声字归入阳去，调值为 53，上声调值为 33。

②阴平调有时念成低降调 21，多数情况下念成低平调 11。

③阳平调的实际音值为 34，阴去的实际音值为 44，为醒目起见分别记作 35 和 55。

（四）连读变调

本节包括 2 个表格：表 34-1 非叠字非轻声两字组连读变调规律；表 34-2 叠字两字组连读变调规律。

表 34-1　非叠字非轻声两字组连读变调规律

前字＼后字	阴平 11	阳平 35	上声 33	阴去 55	阳去 53	阴入 1	阳入 3
阴平 11	53+11 刮风、发音	——	——	——	——	——	——
阳平 35	22+53 牙猪、胡生	22+53 蚕娃、男人	22+53 黄酒、行手	——	22+53 榆树、栏柜	22+5 排骨、神秘	——
上声 35	——	——	——	——	——	——	——
阴去 55	——	——	——	——	——	——	——
阳去 53	——	——	——	——	——	——	——
阴入 1	5+11 逆风、吃烟	5+35 踢球、沏茶	——	——	——	——	——
阳入 3	——	——	——	——	——	——	——

表 34-2　叠字两字组连读变调规律

前字＼后字	阴平 11	阳平 35	上声 33	阴去 55	阳去 53	阴入 1	阳入 3
阴平 11	53+0 燔燔、尖尖	——	——	——	——	——	——
阳平 35	——	22+53 墙墙、壶壶	——	——	——	——	——
上声 35	——	——	——	——	——	——	——
阴去 55	——	——	——		——	——	——
阳去 53	——	——	——	——	——	——	——
阴入 1	——	——	——	——	——	——	——
阳入 3	——	——	——	——	——	——	——

三十五 蒲县话声韵调

（一）声母 24 个

p 八兵病把	p^h 派片爬病	m 麦明马骂	f 飞风副肥	
t 多东大待	t^h 讨大甜毒	n 脑南奴闹		l 老蓝连路
ts 早字坐纸	ts^h 刺字坐床		s 丝三事双	
tʂ 张竹主照	tʂ^h 抽床车春		ʂ 顺手书十	ʐ 热软绕如
tɕ 酒九假姐	tɕ^h 清全轻权	ȵ 年泥牙牛	ɕ 肥想谢县	
k 高共歌果	k^h 开可块亏	ŋ 熬安饿爱	x 好灰活花	
ø 味问月温				

说明：

① [ts、ts^h、s] 实际发音时舌尖略靠前。

② [tʂ、tʂ^h、ʂ、ʐ] 实际发音时舌尖略靠后。

③ [s] 与合口呼韵母相拼时，实际发音接近齿间音 [θ]，如："酸、双"。

④ [tɕ] 组与细音相拼时，发音部位略靠前，如："清、轻、接、急"。

（二）韵母 46 个

ɿ 师丝试紫	i 米戏急七	u 苦猪出北	y 雨橘局
ʅ 十直制池			
a 茶把辣马	ia 牙假夏夜	ua 瓦瓜花画	ya 茄瘸
ɛ 白	iɛ 茄硬病星		yɛ 靴兄
o 拨佛破磨		uo 坐过床双	
ɤ 歌争盒热			
ər 二耳儿而			
ai 开排鞋白		uai 快怪块坏	
ei 开赔飞北		uei 对鬼碎回	
ɑu 宝饱桃讨	iɑu 笑桥药焦		
ou 豆走租锄	iou 油六流酒		
æ̃ 南山半贪	iæ̃ 盐年减咸	uæ̃ 短官赚宽	yæ̃ 权泉全宣
eĩ 深根灯奔	ieĩ 心新宾贫	ueĩ 寸滚春东	yeĩ 云讯循军
ɑŋ 糖端忙糠	iɑŋ 响讲亮浆	uɑŋ 床王双壮	
əŋ 升争横朋	iŋ 硬病星更	uŋ 东荣懂通	yŋ 兄用永熊

ʌʔ 塔八搭插　　iʌʔ 鸭虾瞎夹　　uʌʔ 刮刷袜滑

əʔ 尺射设割　　iɛʔ 接贴节药　　uəʔ 活郭国谷　　yɛʔ 月学绝雪

声母说明：

① [ai、uai] 中的主要元音 [a] 实际发音时舌位略高，相当于 [ɛ]，如："排、鞋"等字。

② [ẽi、iẽi、uẽi、yẽi] 只是韵尾带鼻化色彩，有的字鼻化色彩较轻，如："深、心、滚、云"。

③ [o、uo] 中的主要元音 [o] 实际发音时舌位略低，有时不圆唇，如："佛、错"；[uai] 中的 [a] 舌位偏高，实际读音接近 [ɐ]，如："快"。

④ [ei] 中的主要元音 [e] 实际发音时舌位偏后，接近 [əi]；[uei] 中的主要元音 [e] 实际发音时舌位偏高。

⑤韵母 [iẽi] 的后半段动程不明显，韵尾 [i] 舌位偏低，实际读音接近 [ɪ]。

⑥韵母 [əŋ] 的元音 [ə] 实际发音时舌位偏高、偏后，读音接近 [ɤ]。

（三）声调 6 个

52　阴平　东该灯风

24　阳平　门去牛白

31　上声　懂古鬼统

33　去声　动罪近去白

43　阴入　谷搭节塔

3　阳入　毒罚绝决

声调说明：

①阴平 52 实际收尾略高。

②上声 31，当发音人气力足时，实际发音略高；当发音人气力不足时，实际发音略低。

③入声单字调中个别字发音短促，如："郭、国、谷"；大部分入声单字调发音不短促，但作为双音节前字时较短促。

④阴入实际调值接近阴平 52，但比 52 略低，记作 43。

⑤阳入接近去声 33，发音较短，记作 3。

（四）连读变调

本节包括 3 个表格：表 35-1 非叠字非轻声两字组连读变调规律；表 35-2 非叠字轻声两字组连读变调规律；表 35-3 叠字两字组连读变调规律。

表 35-1 非叠字非轻声两字组连读变调规律

后字 前字	阴平 52	阳平 24	上声 31	去声 33	阴入 43	阳入 3
阴平 52	31+52 乌龟、心肝 52+31 医生、新鲜	52+31 冰凌、今年	31+31 甘草、工厂	52+31 豌豆、菠菜	31+52 公式、青竹 52+31 生铁、松木 52+3 初一、阴历 31+43 猪血	52+24 三叠、单独
阳平 24	31+33 葵花、黄瓜 31+52 梅花、牙猪 33+52 荷花	31+33 茶壶、煤油	24+52 红枣、门口 31+33 池子、洪水 31+52 牙狗	31+33 咸菜、群众 31+52 时候 24+52 银杏	24 +52 毛笔、圆桌 31+3 阳历 31+52 铅笔	24+24 羊杂、重叠 31+52 牛犊、蝴蝶
上声 31	33+52 马车、普通	33+31 小河、起来 33+24 嘴唇、指头 31+33 草裙 24+24 鲤鱼	33+31 老虎、左手 31+33 爪子	31+31 扁担、板凳 31+52 草帽、小路 52+31 滚豆 33+31 韭菜	31+3 粉笔、紧急 31+31 野雀、满月 33+3 指甲	31+24 打滑、水闸
去声 33	33+33 豆浆	33+31 幼年、臭虫	31+52 四本、正楷 31+31 稻草 33+33 鼻子	33+31 唱片、四块 33+52 背后、道士	33+52 教室、课桌 33+31 后日 33+3 输液	33+24 汉族、正直
阴入 43	31+52 竹竿、北方 43+24 圪窝 3+52 历书	52+31 日头、客人 3+24 鲫鱼、着凉 3+31 出来 31+24 甲鱼	3+31 着火 52+31 热水 3+33 圪蚤 3+52 圪挤	3+33 脊背、媳妇 52+31 出去、百姓 3+33 圪刺 3+31 绿豆	31+43 铁塔、法国 52+31 七月、腊月、柏木 31+3 茶叶	43+24 缺乏、克服、失学、恶毒
阳入 3	24+52 滑冰	3+33 学堂 24+24 划拳	3+33 十五	24+33 拔刺、杂志	24+52 及格 3+3 拾掇	——

表 35-2　非叠字轻声两字组连读变调规律

前字＼后字	阴平 52	阳平 24	上声 31	去声 33	阴入 43	阳入 3
阴平 52	——	——	52+0 窗子、梳子 31+0 筛子	52+0 天气、星宿	52+0 巴结、山药	——
阳平 24	——	——	24+0 寻死、明显 31+0 锤子	——	——	——
上声 31	——	——	31+0 李子、冷子	——	——	——
去声 33	——	33+0 外人、内人 52+0 芋头	33+0 夜里、后晌 31+0 稻子	33+0 笑话、旱地	——	——
阴入 43	——	——	43+0 黑子、瞎子 52+0 橘子、竹子 3+0 栗子	——	——	52+0 日食、月食
阳入 3	——	——	——	——	——	——

说明：

①蒲县方言中有些非叠字两字组后字读轻声，一般不区分实际调值，一律记为 0。

②阳平与上声字连读，前字不变调的情况下，后字实际调值应为 1，例如："寻死"。

表 35-3　叠字两字组连读变调规律

前字＼后字	阴平 52	阳平 24	上声 31	去声 33	阴入 43	阳入 3
阴平 52	52+31 亲亲、姑姑、锅锅	——	——	——	——	——
阳平 24	——	31+33 勤勤、娘娘、馍馍 31+52 坨坨 31+0 妈妈	——	——	——	——

续表

前字 \ 后字	阴平 52	阳平 24	上声 31	去声 33	阴入 43	阳入 3
上声 31	—	—	31+33 奶奶、纸纸、宝宝	—	—	—
去声 33	—	—	—	33+0 弟弟、舅舅	—	—
阴入 43	—	—	—	—	52+31 伯伯、叶叶	—
阳入 3	—	—	—	—	—	3+52 勺勺、肉肉 3+24 照照

说明：

①“妈妈”的“妈”读为 [ma²⁴]，其单字调未按规律来读，因此，将其变调规律列入说明中。

②阳平与阳平连读时，在前字读 31 调的情况下，后字实际调值为 1，例：“妈妈”24+24> 31+1。

三十六　长治潞州区话声韵调

（一）声母 21 个

p 八兵病扒	pʰ 派片爬朋	m 麦明泥马	f 飞风副肥	v 味问温卫
t 多东毒大	tʰ 讨天甜土	n 脑南奴闹		l 老蓝连路
ts 资早字张	tsʰ 刺祠茶床		s 丝祠事双	ʐ 日
tɕ 酒九假姐	tɕʰ 清全轻权	ȵ 年泥鸟黏	ɕ 想谢响县	
k 高共歌果	kʰ 开快砍可		x 好灰活花	
ø 热熬月日				

声母说明：

① [v] 为唇齿浊擦音，唇齿接触较为轻微。部分人的个别字发音不稳定，如“外、歪、危、尾、围、胃、物、万”等，有时读 [v]，有时读零声母，本书一律按实际读音记。

② [n] 与开口呼、合口呼韵母相拼，[ȵ] 与齐齿呼、撮口呼韵母相拼，由于 [ȵ] 的舌面特征明显，归纳为两个音位。[ȵ] 实际发音时舌面与上腭接触较轻。

③“熬、安”等字发音时起首有点紧，近似喉塞。

（二）韵母 37 个

ɿ 师丝试紫	i 米戏你弟	u 苦五猪母	y 雨吕举徐
a 茶沙把骂	ia 牙下假虾	ua 瓦刮瓜花	
ə 歌鹅破河	iɛ 写鞋姐茄	uə 坐过果锁	yɛ 靴
ər 二耳儿而			
ai 开排白该		uai 快外怪坏	
ei 赔飞北贝		uei 对鬼罪灰	
ɑo 宝饱毛刀	iɑo 笑桥药交		
əu 豆走偷头	iəu 油六修球		
aŋ 南山半糖	iaŋ 盐年响讲	uaŋ 短官床王	yaŋ 权鲜全选
əŋ 深根灯升	iŋ 心新硬病	uŋ 寸滚春横	yŋ 云兄用均
ʌʔ 塔法辣八	iʌʔ 鸭夹甲辖	uʌʔ 刮滑刷袜	
əʔ 盒骨壳北	iəʔ 接贴热白	uəʔ 活骨出六	yəʔ 月橘药学
m̩ 母	n̩ 你		

韵母说明：

① [ə] 与声母 [p、pʰ、m、f] 相拼时，实际发音接近 [o]；[ə] 组字，主要元音实际发音时舌位靠后，接近 [ɤ]。

② [ai、uai] 中主要元音 [a] 实际发音时舌位略高，[i] 舌位略低；[ɑo] 中主要元音 [ɑ] 实际发音时舌位略高。

③ [aŋ、iaŋ、uaŋ、yaŋ] 以鼻音收尾，舌根没有完全堵塞。

④ [iəʔ、yəʔ] 由于受介音影响，主要元音 [ə] 实际发音接近 [ɛ]。

（三）声调 6 个

312	阴平	东该灯风
24	阳平	门龙牛油
535	上声	懂古鬼九
44	阴去	冻怪半四
54	阳去	卖路硬六
53	入声	谷百搭六

声调说明：

①上声调收尾略低，实际调值接近 534，为醒目记作 535。

②去声分阴阳。

③入声不分阴阳，单字的调值、调型与阳去相同，较为舒缓，连读时略为短促，为区别计，记为 53。

（四）连读变调

本节包括 3 个表格：表 36–1 非叠字非轻声两字组连读变调规律；表 36–2 非叠字轻声两字组连读变调规律；表 36–3 叠字两字组连读变调规律。

表 36–1　非叠字非轻声两字组连读变调规律

前字＼后字	阴平 312	阳平 24	上声 535	阴去 44	阳去 54	入声 53
阴平 312	24+312 飞机、秋收 31+22 冬瓜、丝瓜 31+24 当中儿、书包 31+54 蜘蛛	31+24 天明、清明 31+44 芝麻 31+54 冰凌、工钱	24+53 担保、修改 24+535 莴笋、输水 31+35 端午、沙眼	31+54 光棍儿、师傅 31+44 菠菜 31+24 天气、抽屉	31+54 姑父、阴历	31+5 输血、蜂蜜 31+53 舒服、三十 31+35 铅笔、听说
阳平 24	24+31 农村、晴天 22+55 荷花、牙猪 24+54 棉花、蘑菇 31+24 葵花	24+44 农民、年时 31+44 箩头	24+53 洪水、调整 22+55 云彩、前晌	22+54 文化、群众 31+44 奇怪	22+54 阳历、黄豆 24+44 麻袋、流汗	22+5 毛笔、农业
上声 535	55+312 尾巴、简单	55+24 暖壶、老牛 53+54 暖和 53+312 里头	53+53 冷水、水果 55+312 小米、晌午 53+54 老鼠	53+54 广告、打扮 53+44 韭菜、炒菜 44+44 吵架	53+54 以后、讨厌 53+312 底下	53+5 请客、草药 53+53 满月
阴去 44	24+312 教师、汽车	24+24 透明、剃头 24+312 汉们	24+535 中暑、翅膀	——	54+54 笨蛋、干部 24+312 布袋儿	44+5 正式、炸药
阳去 54	24+312 坐车、定亲 24+31 后爹 24+44 外甥	24+24 上坟、受凉	24+535 卖酒、技巧 24+53 稻草、上手	54+54 限制、庙会 24+54 饭店、瓦匠	24+54 后日、道士	54+5 犯法、道德
入声 53	5+312 出租、结冰 5+44 国家、蜜蜂儿、	5+24 木头、石头 5+54 蛐蛇、舌头 5+44 黑来	5+535 木耳、毒酒 5+53 物理、热水 5+44 谷雨、圪挤	5+54 媳妇、骨臭 5+44 热气、不快	5+54 柏树、铁道 5+44 不在、不是	5+5 节约、剥削 5+53 毒药、腊月

表 36-2　非叠字轻声两字组连读变调规律

前字＼后字	阴平 312	阳平 24	上声 535	阴去 44	阳去 54	入声 53
阴平 312	——	——	——	——	——	24+0 今个
阳平 24	——	——	——	——	——	24+0 明个
上声 535	——	——	——	——	——	——
阴去 44	24+0 背心、意思	24+0 鲫鱼、太阳	24+0 政府、稻草	——	——	——
阳去 54	24+0 弟兄、大方	24+0 芋头、大门	24+0 后底、露水	——	54+0 旱地、甚样儿	24+0 大麦、大学 54+0 藏族、技术
入声 53	——	——	——	——	——	——

说明：

①长治潞州区话中有些非叠字两字组后字读轻声，一般不区分实际调值，一律记为 0。

表 36-3　叠字两字组连读变调规律

前字＼后字	阴平 312	阳平 24	上声 535	阴去 44	阳去 54	入声 53
阴平 312	55+312 哥哥 31+54 姑姑、星星 31+24 听听、哼哼 31+44 刚刚儿 24+0 天天	——	——	——	——	——
阳平 24	——	22+55 人人、年年 22+54 闻闻、挠挠	——	——	——	——
上声 535	——	——	55+312 姐姐、嫂嫂	——	——	——
阴去 44	——	——	—	55+55 泡泡、试试 55+0 太太 24+0 妹妹、问问	——	——

续表

前字＼后字	阴平 312	阳平 24	上声 535	阴去 44	阳去 54	入声 53
阳去 54	——	——	——	——	55+55 渐渐、事事 55+0 件件、代代 24+0 弟弟、舅舅	——
入声 53	——	——	——	——	——	5+53 叔叔、学学 5+5 吃吃、喝喝

三十七　长治上党区话声韵调

（一）声母 18 个

p 布伴边步　　pʰ 怕皮盘朋　　m 门墨木泥　　f 飞福冯凡
t 帝多夺道　　tʰ 太铁统塔　　n 脑女难牛　　l 蓝雷路拉
ts 祖皱朱租　　tsʰ 采昌翅曹　　s 思水师傻
tɕ 者姐叫举　　tɕʰ 去抢车齐　　ɕ 笑戏射虚
k 瓜共贵古　　kʰ 看考开葵　　x 河黑化花
ø 人安晚牛

声母说明：

①零声母 [ø] 在开口呼韵母前有很不明显的喉塞音 [ʔ]。

② [n] 声母在细音前读 [ȵ]。

（二）韵母 36 个

ɿ 支紫世资　　i 祭被题日　　u 部某鼠抱　　y 句女雨如
ɑ 爬怕骂撒　　iɑ 假牙架娘　　uɑ 瓜花瓦撒
ə 歌哥河可　　ie 邪姐夜车　　ye 瘸靴啰倔
o 波婆磨破　　uo 多科课和
æ 排台耐才　　uæ 拐外乖帅
ɔ 刀保少抱　　iɔ 交小叫条
ər 二儿耳而

ei 杯背废嘴		uei 灰卫惠会	
əu 头走宙某	iəu 救刘幽肉		
ɑŋ 淡党山昌	iɑŋ 闲减匠娘	uɑŋ 专狂状穿	yɑŋ 权犬玄员
əŋ 沉喷等横	iŋ 金幸琴寻	uŋ 昏轰中横	yŋ 云均穷寻
ɑʔ 法特刻辣	iɑʔ 甲鸭雀压	uɑʔ 刷滑刮袜	
əʔ 革磕不各	iəʔ 列业积质	uəʔ 骨活获脱	yəʔ 月菊肃爵

韵母说明：

①入声韵的喉塞韵尾 [ʔ] 非常清楚。

② [iŋ、uŋ、yŋ] 与零声母 [0] 相拼时，主要元音与鼻音韵尾之间都有过渡音 [ə]。

（三）声调 6 个

213	阴平	高猪粗昏
44	阳平	陈才人麻
535	上声	古纸口女
22	阴去	破到菜放
42	阳去	淡运帽右
21	入声	瞎热席鼻

声调说明：

①上声的实际调值接近 534，为醒目起见，记为 535。

②入声是短调。

（四）连读变调

长治上党区方言的连读变调比较简单，而且叠字组变调和非叠字组变调的情况基本一致。长治上党区方言的连读变调格式应当有 36 组，根据变调的情况可以分为以下两类：①有 35 组前后字都不变调，例如“阴平 + 阴平”：“西瓜” [ɕi^{213} kuɑ^{213}]。②只有“入声 + 阳平”依据语法结构的不同而发生变调：当为非述宾结构时，前字不变调，后字变为 24 调，如“黑门” [xəʔ^{21} mie^{24}]；当为述宾结构时，前后字都不变调，如“脱鞋” [t^{h}uəʔ^{21} ɕie^{44}]。24 调是连读中产生的新调。

三十八　长子话声韵调

（一）声母 21 个

p 帮把兵病	p^{h} 派片爬铺	m 麦明泥骂	f 飞副蜂肥	v 味问温王

t 多低东毒　t^h 讨梯天甜　n 脑南暖浓　l 老蓝连路

ts 资早贼张　ts^h 刺草祠茶　s 丝酸祠双

tɕ 酒九街尖　$tɕ^h$ 清全轻权　ȵ 年娘女泥　ɕ 想谢响县

k 高共跪怪　k^h 开苦块亏　ŋ 熬安恩恶　x 好灰活慌

ø 热软月云

声母说明：

① [n] 拼开口呼和合口呼韵母，[ȵ] 拼齐齿呼和撮口呼韵母，二者互补分布，不构成音位上的对立，但音色差异明显。

② [ŋ] 在实际发音时舌根与软腭接触比较轻微。

③普通话零声母的合口呼字，在长子话中单韵母 [u] 的声母仍读为零声母，复韵母里的 [u] 变成 [v]，因为声母已经是辅音了。

（二）韵母 44 个

ɿ 师丝试刺　i 米戏剃你　u 苦抱猪母　y 雨女徐区

a 把茶瓦马　ia 牙假夏娘　ua 刮花挂抓

ə 哥破磨车　iɛ 写姐爷鞋　uə 坐过拖锁　yɛ 靴哕倔瘸

ɔ 宝饱抱老　iɔ 笑交桥庙

ɛe 开满排白　uɛe 快怪怀拐

ei 赔飞危北　uei 对鬼碎灰

əu 豆头凑走　iəu 油酒修六

æ̃ 南山半盘　iæ̃ 盐年天前　uæ̃ 短官乱酸　yæ̃ 权选院全

ɛ̃ 心深根新　iɛ̃ 人认印引　uɛ̃ 寸滚春吞　yɛ̃ 云闰运匀

aŋ 糖王莽帮　iaŋ 响讲亮想　uaŋ 床双壮光

əŋ 灯升争横　iŋ 硬病星冰　uŋ 东同龙弄　yŋ 兄用荣穷

aʔ 塔法辣八　iaʔ 鸭夹甲瞎　uaʔ 刮滑刷抓

əʔ 盒十壳北　iəʔ 接贴白药　uəʔ 骨出六绿　yəʔ 月橘药学

l̩ 二耳　m̩ 母　n̩ 你

韵母说明：

① [ɛ̃] 与声母相拼时带有轻微的过渡音 [e]。

② [aŋ、iaŋ、uaŋ] 的主要元音 [a] 实际音值接近 [ᴀ]。

③ [iəʔ、yəʔ] 的主要元音舌位偏低。

（三）声调 7 个

312　阴平　东该灯风

24　阳平　门龙牛白
434　上声　懂古鬼九
422　阴去　冻怪半四
53　阳去　卖路硬乱
4　阴入　谷百搭节
212　阳入　叶毒白盒

声调说明：

①上声调带有明显的嘎裂音。

（四）连读变调

本节包括3个表格：表38–1非叠字非轻声两字组连读变调规律；表38–2非叠字轻声两字组连读变调规律；表38–3叠字两字组连读变调规律。

表38–1　非叠字非轻声两字组连读变调规律

前字＼后字	阴平312	阳平24	上声434	阴去422	阳去53	阴入4	阳入212
阴平312	31+312 花生儿、剥削 31+53 丝瓜、批发	31+53 今年、辉煌	31+24 端午、清楚 31+434 糕点、疏远 31+53 开水、花朵	31+422 商店 31+53 师傅、开会	31+53 阴历	31+53 正月 31+24 铅笔、东北 31+4 蜂蜜、工作	31+24 三十、生活 53+4 青石 24+42 科学、开学
阳平24	22+33 南瓜、难抓 22+53 前天、其他 31+24 葵花	22+33 麻池 24+312 流氓、长廊 22+24 煤油、仆人	22+53 苹果、云朵 22+33 牙狗	22+53 油菜、毛豆 22+33 菩萨、盘算	22+53 河岸、蛮力 22+33 螃蟹、渠道	22+4 头发、毛发 22+53 颜色	22+4 魔术、农业
上声434	43+312 水沟儿	43+53 里头、酒楼 43+24 水田 43+312 火柴、母牛	43+434 晌午、起码 43+53 冷水、管理	43+53 韭菜、买票 43+422 炒菜 43+312 小爸、市镇	43+53 闪电 43+312 老大	43+53 小麦、火辣 43+4 哪个 43+24 喜鹊	43+53 老实
阴去422	42+312 右边儿	44+24 放牛、向前 44+312 太阳	44+434 裤腿儿 44+33 报纸 42+53 跳舞	42+53 唱戏、痛快 42+422 放屁、算卦	42+53 半夜、盼望	42+4 正式、励志	44+212 放学、验核

续表

前字＼后字	阴平 312	阳平 24	上声 434	阴去 422	阳去 53	阴入 4	阳入 212
阳去 53	44+312 后妈、布丁	42+53 上头 44+24 面条	44+434 市场 22+53 后悔	22+53 饭店 22+422 地震	53+53 庙会 22+53 笨蛋	22+4 自杀 44+4 那个	44+212 上学、下雪
阴入 4	4+44 一天	4+44 窟窿、镯头 4+53 出来、一时	4+44 木耳、恶水	4+53 出嫁、租价	4+422 做甚	4+53 月食	4+53 结实
阳入 212	4+312 白天、别开	21+24 石头	4+53 热水 4+434 着火 4+44 白酒	4+422 热气 4+53 药性 21+422 鼻涕	4+53 做饭 21+422 学校	21+4 及格	4+53 集合 21+4 独立 4+212 毒药

表 38-2　非叠字轻声两字组连读变调规律

前字＼后字	阴平 312	阳平 24	上声 434	阴去 422	阳去 53	阴入 4	阳入 212
阴平 312	——	——	——	——	——	——	——
阳平 24	——	——	——	——	——	——	——
上声 434	——	——	——	——	——	——	——
阴去 422	——	——	——	——	——	——	44+0 记录、酒楼
阳去 53	44+0 后天、露天	44+0 后年、害人	44+0 下水、病死	44+0 运气、乐器	44+0 道士、跳动	4+0 日食、认可	44+0 二十
阴入 4	——	——	——	——	——	——	44+0 克服
阳入 212	——	——	——	——	——	——	4+0 特别

说明：

①长子方言中有些非叠字两字组后字读轻声，一般不区分实际调值，一律记为 0。

表 38-3　叠字两字组连读变调规律

前字＼后字	阴平 312	阳平 24	上声 434	阴去 422	阳去 53	阴入 4	阳入 212
阴平 312	31+44 公公、姑姑 24+24 高高、低低	——	——	——	——	——	——
阳平 24	——	42+53 爷爷、停停 21+53 衔衔、求求 22+44 人人、年年 22+0 行行 21+24 头儿头儿	——	——	——	——	——
上声 434	——	——	44+434 奶奶、姥姥 42+53 宝宝、舔舔 24+44 死死、好好	——	——	——	——
阴去 422	——	——	——	42+53 太太、泡泡	——	——	——
阳去 53	——	——	——	——	44+0 妹妹、问问 21+53 道儿道儿	——	——
阴入 4	——	——	——	——	——	4+53 摸摸、捏捏	——
阳入 212	——	——	——	——	——	——	4+53 读读、学学

三十九　长治屯留区话声韵调

（一）声母 22 个

p 八兵病逼　p^h 派白片爬　m 磨麦明泥　f 飞风副蜂　v 味问温王

t 多东毒弟　t^h 梯讨天甜　n 脑南能弄　l 老蓝连路

ts 资早贼张　ts^h 刺草祠茶　s 丝酸祠双　z 如

tɕ 酒假九姐　tɕʰ 清全轻权　ȵ 女年捏泥　ɕ 想谢响县
k 高共果个　kʰ 开课苦块　ŋ 饿熬安矮　x 河好灰活
ø 热软月如

声母说明：

① [v] 实际发音时摩擦较轻。

② [ȵ] 实际发音时舌面与上腭接触较轻，如“年、你”。

③ [ŋ] 实际发音时舌根与软腭接触轻微，如“熬、安”。

④ [ts、tsʰ、s] 实际发音时舌位略靠后，有的读成舌尖后音 [tʂ、tʂʰ、ʂ]，如“柱、春、输”等字。由于二者不区别意义，本书将 [tʂ、tʂʰ、ʂ] 作为 [ts、tsʰ、s] 的自由变体，统一记为舌尖前音 [ts、tsʰ、s]。

⑤ [ts、tsʰ、s] 与儿化韵相拼时，读为舌尖后音 [tʂ、tʂʰ、ʂ]，如“侄儿、池儿、事儿”等，本书统一记为舌尖前音 [ts、tsʰ、s]。

（二）韵母 43 个

ɿ 制师丝试	i 米戏梯鸡	u 土苦五如	y 吕雨徐如
a 沙茶瓦把	ia 假牙娘下	ua 刮花瓜抓	
ɤ 歌饿河额	ie 写茄鞋夜	uɤ 多坐过罗	ye 靴瘸哕
ər 儿二耳而			
ɛe 开排来白		uɛe 快怪怀拐	
ei 赔飞卫北		uei 罪雷对鬼	
ɔo 宝饱毛讨	iɔo 交笑表桥		
əu 偷豆头走	iəu 油六酒修		
æ̃ 贪南山半	iæ̃ 减盐年岩	uæ̃ 暖官赚宣	yæ̃ 权鲜选软
ẽ 神恨深根	iẽ 品林心寻	uẽ 吞寸滚春	yẽ 云寻闰匀
ɑŋ 南糖王暖	iɑŋ 响讲娘两	uɑŋ 床双装光	
əŋ 灯升争横	iəŋ 硬病星平	uəŋ 东桶动弄	yəŋ 兄用穷熊
ʌʔ 骨北白尺			
əʔ 盒个割渴	iəʔ 鸭接药锡	uəʔ 骨出六刮	yəʔ 月橘学绿
m̩ 牡	n̩ 你	l̩ 儿	

韵母说明：

① [ɿ] 受声母 [ts、tsʰ、s] 的影响，实际发音时舌位略靠前。

② [a] 实际发音时舌位略靠后，如“茶、瓦”。

③ [ye] 中个别字的主要元音 [e] 实际发音时舌位略、低略后，如“靴”。

④ [uɤ] 中的主要元音 [ɤ] 实际发音时唇形略圆，如“坐”。

⑤ [ʌʔ] 中的主要元音实际发音时比 [ʌ] 舌位靠前。

⑥ [əʔ、iəʔ、uəʔ、yəʔ] 中的主要元音 [ə]，实际发音时舌位略低。

（三）声调 6 个

31　阴平　东开天春

11　阳平　铜皮糖拍

43　上声　统苦讨草

53　去声　冻怪六白

1　阴入　急哭拍六

54　阳入　毒白盒罚

声调说明：

①阴平调收尾趋平，实际调值为 311，为方便计，记为 31。个别字实际读音降幅不大，如“该”。

②读阳平的部分字调值收尾略上扬，接近 2。

③上声的实际调值不稳定，有时略平，有时收尾略降，统一记为 43。

④去声的调值和阳入相近，尾略上扬。

⑤入声分阴阳，单念时调值较舒缓，连读中且作为前字时读音短促。阴入的调型、调值与阳平接近，收尾略上扬。阳入的调型、调值与去声相同，为区别计，记为 54。

（四）连读变调

本节包括 3 个表格：表 39-1 非叠字非轻声两字组连读变调规律；表 39-2 非叠字轻声两字组连读变调规律；表 39-3 叠字两字组连读变调规律。

表 39-1　非叠字非轻声两字组连读变调规律

前字＼后字	阴平 31	阳平 11	上声 43	去声 53	阴入 1	阳入 54
阴平 31	24+31 搬家、浇花 31+44 飞机、丝瓜	31+44 清明、芝麻 31+24 穿鞋、帮忙	31+11 端午、沙眼	31+44 相信、车票	31+4 山药、方法	——
阳平 11	24+31 订婚、电灯 11+44 煤灰、梅花	11+44 杏仁、外人 24+44 上回、剧名 11+24 面条、游门串门	24+43 洋火、大水 11+44 前晌、后悔	11+44 咸菜、芹菜	11+4 皇历、毛笔	——

续表

前字＼后字	阴平 31	阳平 11	上声 43	去声 53	阴入 1	阳入 54
上声 43	——	44+11 彩虹、闪电 43+44 草鞋 43+24 跑茅、小强	43+44 老虎、选举 44+11 小米、晌午	43+44 礼拜、韭菜	43+4 补药、火药	43+4 主席、宝石
去声 53	55+31 喂猪、细心	55+11 透明、太阳 53+44 算盘、四年	55+43 报纸、信纸	——	55+1 正式、教室	——
阴入 1	1+11 雪花、吸收	1+44 药房、一年 4+11 绿豆、立夏	1+44 发痒、月饼 1+11 谷雨、夹袄	1+44 笔记、百姓	1+4 蜡烛、腊月	——
阳入 54	5+31 白天、读书	5+11 别人、拔牙 1+11 石头、食油	5+43 局长、合理	5+53 白菜、学费	5+1 独立、毒药	5+54 绝食、实习

说明：

①“阴平＋阳平”两种连读变调中，“31+44”是主体变调。

②“阳平＋阳平”三种连读变调中，“11+44”是主体变调；“阳平＋上声”两种连读变调中，“24+43”是主体变调。

③“上声＋阳平”三种连读变调中，“44+11”是主体变调；“上声＋上声”两种连读变调中，“43+44”是主体变调。

④“去声＋阳平”两种连读变调中，“55+11”是主体变调。

⑤“阴入＋阳平”两种连读变调中，“1+44”是主体变调；“阴入＋上声”两种连读变调中，“1+44”是主体变调。

⑥“阳入＋阳平”两种连读变调中，“5+11”是主体变调。

⑦屯留方言将很多普通话去声字读如阳平调，如：“订、电、杏、外”等。

表 39-2　非叠字轻声两字组连读变调规律

前字＼后字	阴平 31	阳平 11	上声 43	去声 53	阴入 1	阳入 54
阴平 31	31+0 医生、阴天	——	——	——	——	——
阳平 11	——	——	——	——	——	——
上声 43	——	——	——	——	——	——
去声 53	——	——	——	——	——	——
阴入 1	——	——	——	——	——	——
阳入 54	——	——	——	——	——	——

表 39-3 叠字两字组连读变调规律

前字＼后字	阴平 31	阳平 11	上声 43	去声 53	阴入 1	阳入 54
阴平 31	33+0 哥哥 31+44 星星、姑姑	——	——	——	——	——
阳平 11	——	11+44 爷爷 31+24 胡胡、停停	——	——	——	——
上声 43	——	——	43+0 姐姐、奶奶	——	——	——
去声 53	——	——	——	55+0 太太 53+0 泡泡、试试	——	——
阴入 1	——	——	——	——	1+4 叔叔、伯伯 5+1 甲甲	——
阳入 54	——	——	——	——	——	54+0 学学、读读

说明：

①“阴平 + 阴平”中，“31+44”是主体变调；“阳平 + 阳平”中，“11+44”是主体变调；“去声 + 去声”中，“53+0”是主体连调；“阴入 + 阴入”中，“1+4”是主体变调。

四十 襄垣话声韵调

（一）声母 21 个

p 八兵病帮　pʰ 派排片爬　m 麦明马泥　f 飞风副肥　v 味问温王

t 多递东毒　tʰ 讨天条甜　n 脑南浓奴　l 老蓝连路

ts 资早贼张　tsʰ 刺祠茶双　s 丝酸祠双　ʐ 如绕热软

tɕ 酒九假句　tɕʰ 清全轻权　ȵ 年泥女文　ɕ 想谢响县

k 高共过古　kʰ 开苦阔块　x 好灰活河

ø 熬月安女

声母说明：

①声母 [ts、tsʰ、s] 实际发音时带有舌面化色彩。

②发开口呼零声母，有时会带有轻微的舌根浊擦音 [ɣ]，如：“熬、安”。

（二）韵母 38 个

ɿ 紫师丝试	i 契米戏艺	u 苦五猪奴	y 雨吕徐举
a 把沙茶瓦	ia 牙夏哑娘	ua 刮抓花挂	
æ 南山半完		uæ 短乱官传	
ə 歌河蛇车	ie 写鞋野姐	uə 初坐过错	ye 靴
ɒ 帮糖王刚	iɒ 响讲娘亮	uɒ 床双装黄	
ər 二耳儿而			
ᴇɪ 来开排菜		uᴇɪ 快拐怀怪	
ei 赔飞卫甜	iei 减岩盐年	uei 对鬼灰为	yei 权鲜选卷
ɔo 宝饱道勺	iɔo 交笑桥庙		
əu 头豆走厚	iəu 油九牛六		
əŋ 深根灯升	iəŋ 心新硬病	uəŋ 寸滚春横	yəŋ 云兄用匀
ʌʔ 盒塔北直	iʌʔ 鸭七北白	uʌʔ 活刮骨六	yʌʔ 月橘绿局
m̩ 母	n̩ 你	l̩ 二儿而	

韵母说明：

① [ɿ] 实际发音时舌尖略靠后。

② [i、u、y] 实际发音时口型略紧，带有轻微摩擦。

③ [ə] 单独作韵母时，舌位略靠后，唇形略展，实际读音接近 [ɤ]。

④ [ei、iei、uei、yei] 的韵尾 [i] 实际发音时舌位略低，接近 [ɪ]。

（三）声调 7 个

33	阴平	东该灯风
31	阳平	门龙牛油
42	上声	统苦讨草
53	阴去	四痛快六
45	阳去	洞地饭树
3	阴入	六麦叶月
43	阳入	毒白盒罚

声调说明：

①阳平、上声个别字发音时会拖长，略显曲折。

②阴去、阳去调值分别记作 53、45，这两个声调实际发音时均较为短促。

③读阴入的个别字发音时会拖长，略显上扬，如：“鸽、鸭”等。

（四）连读变调

本节包括 3 个表格：表 40-1 非叠字非轻声两字组连读变调规律；表 40-2 非叠字轻声两字组连读变调规律；表 40-3 叠字两字组连读变调规律。

表 40-1 非叠字非轻声两字组连读变调规律

前字＼后字	阴平 33	阳平 31	上声 42	阴去 53	阳去 45	阴入 3	阳入 43
阴平 33	——	24+31 天明、修房 33+44 西芹、工钱	24+42 温水、开水 33+33 肩膀、笸篓	33+45 冬至、商店 33+33 天气、家具	——	24+3 今日	——
阳平 31	53+33 棉花、毛衣	31+33 前年、胡芹	31+33 前晌、洋火	31+45 蚊帐	33+45 姨父、艺术	31+3 毛笔、明日	——
上声 42	44+33 米汤、点心 44+31 手巾、首金	44+31 打牌、眼红 42+33 鲤鱼、草房	44+42 老虎、蚂蚁 45+42 左手、所有 44+33 小产	42+45 屎布、衩裤	——	——	——
阴去 53	44+33 嫁妆、唱歌	44+31 剃头、酱油、放牛 42+33 厦棚、挂房	44+42 裤腿、翅膀	——	——	45+3 告密、建立	45+43 正直、放学
阳去 45	33+44 傍黑儿	53+53 灶爷、创元	——	——	——	——	——
阴入 3	——	3+33 圪雷 43+33 圪虫、圪除	3+44 捉唬、日捣	3+45 折扣、木炭	3+44 媳妇、月亮 43+45 绿豆	43+3 木鸽	——
阳入 43	——	——	3+33 绝奶	——	——	——	——

表 40-2 非叠字轻声两字组连读变调规律

前字＼后字	阴平 33	阳平 31	上声 42	阴去 53	阳去 45	阴入 3	阳入 43
阴平 33	——	——	——	——	——	——	——
阳平 31	——	——	——	——	——	——	——
上声 42	——	——	——	——	——	——	——
阴去 53	——	45+0 罐头、对头		45+0 照顾、告诉	——	45+0 唾沫、退牧	——
阳去 45	——	——	——	——	——	——	——

续表

前字＼后字	阴平 33	阳平 31	上声 42	阴去 53	阳去 45	阴入 3	阳入 43
阴入 3	——	——	——	——	——	——	——
阳入 43	——	——	——	——	——	——	——

说明：

①襄垣方言中有些非叠字两字组后字读轻声，一般不区分实际调值，一律记为 0。

表 40-3　叠字两字组连读变调规律

前字＼后字	阴平 33	阳平 31	上声 42	阴去 53	阳去 45	阴入 3	阳入 43
阴平 33	33+44 姑姑、星星	——	——	——	——	——	——
阳平 31	——	33+44 闻闻、尝尝 31+0 爷爷	——	——	——	——	——
上声 42	——	——	42+44 婶婶、姥姥 44+44 跑跑、宝宝 44+0 姐姐、奶奶	——	——	——	——
阴去 53	——	——	——	53+0 试试、算算	——	——	——
阳去 45	——	——	——	——	45+44 大大 45+0 问问	——	——
阴入 3	——	——	——	——	——	3+4 叔叔、伯伯 3+0 吃吃、摸摸	——
阳入 43	——	——	——	——	——	——	43+0 学学、读读

四十一　黎城话声韵调

（一）声母 21 个

p 八兵病把　p^h 派片爬病　m 麦明马骂　f 飞风副蜂

t 多东毒大	tʰ 讨天甜土	n 脑南年泥		l 老蓝连路
ts 资早租竹	tsʰ 刺草寸祠		s 丝三酸祠	
tɕ 酒柱主姐	tɕʰ 清全抽车		ɕ 想谢顺手	
c 九句佳皆	cʰ 轻权球修		ç 县穴训香	
k 高共歌果	kʰ 开快宽可		x 好灰花画	
ø 味问热软				

声母说明：

① [ts、tsʰ、s] 实际发音时舌位略靠后。

② [tɕ、tɕʰ、ɕ] 部分字实际发音时舌位略后，如“十、城、情”等。

③ “月、温”等字实际发音时声带略带摩擦。

（二）韵母 43 个

ɿ 师丝试使	i 米戏制艺	u 苦五租土	y 猪雨鱼句
a 茶沙渣马	ia 牙加哑夏	ua 瓦花瓜画	
æ 南山半买	iæ 盐年然件	uæ 短官拐宽	yæ 权宣元传
ɤ 歌河鹅贺	iɤ 写鞋斜谐	uɤ 坐过所果	yɤ 靴瘸
		uo 初蔬锄楚	
ər 二耳儿而			
ɔo 宝饱毛讨	iɔo 笑桥超赵		
ɛi 开排带卖		uɛi 快怪坏块	
ei 赔飞来本		uei 对鬼滚碎	
əu 豆走偷头	iəu 油六丑周		
ẽ 根恩痕恳	iẽ 心深新珍		yẽ 云群准春
ɑŋ 糖帮忙养	iɑŋ 响讲亮抢	uɑŋ 床王双壮	
əŋ 灯争横更	iəŋ 升硬病星	uəŋ 东虫红通	yəŋ 兄用穷茸
ʌʔ 塔法辣八	iʌʔ 鸭接学白	uʌʔ 活刮托郭	yʌʔ 月药学绝
ɤʔ 色之指厕	iɤʔ 十急热七	uɤʔ 骨国谷束	yɤʔ 出橘绿局

韵母说明：

① [a、ia、ua] 中的主要元音 [a] 实际发音时舌位略靠后。

② [iɤ、yɤ] 中的主要元音 [ɤ] 受介音的影响，实际发音时舌位偏前、偏高。

③ [ɔo、iɔo] 与上声字组合时，受曲折调影响，实际发音时舌位略低。

④ [əu、iəu] 与非上声字组合时，实际发音时收音略紧。

⑤ [æ、uæ] 中的主要元音 [æ] 实际发音时略带鼻化色彩。

⑥ [ɑŋ、iɑŋ、uɑŋ] 中的主要元音 [ɑ]，实际发音时略带鼻化色彩，发韵尾音 [ŋ] 时

舌根与软腭接触较松。

（三）声调 6 个

33　　阴平　　通开天春
53　　阳平　　门铜树六
213　 上声　　买老五有
422　 去声　　冻怪四快
2　　 阴入　　谷百搭节
31　　阳入　　麦叶月毒

声调说明：

①阴平实际发音的起点有时略低，接近 22。

②去声实际发音的起点有时略高，收尾有时略低，近于 512；个别字的实际发音可归入阳平，如“快、半、四、寸”等。

③阳入中来源于中古次浊入的字实际发音时略带拖调，而来源于中古全浊入的字则没有拖调。

（四）连读变调

本节包括 1 个表格：表 41-1 叠字两字组连读变调规律。

表 41-1　叠字两字组连读变调规律

	阴平 33	阳平 53	上声 213	去声 422	阴入 2	阳入 31
阴平 33	31+0 哥哥 21+33 姑姑	—	—	—	—	—
阳平 53	—	33+53 爷爷、婆婆 53+0 闻闻	—	—	—	—
上声 213	—	—	33+0 嫂嫂 21+0 姐姐、本本 21+53 远远、稳稳	—	—	—
去声 422	—	—	—	44+0 试试、算算	—	—

续表

	阴平 33	阳平 53	上声 213	去声 422	阴入 2	阳入 31
阴入 2	——	——	——	——	31+0 叔叔、吃吃	——
阳入 31	——	——	——	——	——	31+0 月月、摸摸

四十二　平顺话声韵调

（一）声母 22 个

p 八兵病扒　p^h 派片爬破　m 麦明泥马　f 飞副蜂肥
t 多东毒赌　t^h 讨天甜土　n 脑南奴闹　l 老蓝连路
ts 资早贼张　ts^h 刺草寸祠　s 丝三酸双
tɕ 酒姐知焦　$tɕ^h$ 清全车池　ȵ 年女念捏　ɕ 想谢十县
c 九假嫁锯　c^h 轻权茄去
k 高共歌果　k^h 开可阔困　x 好灰活花　ɣ 熬安鹅爱
ø 味问热软

声母说明：

① [n] 与开口呼和合口呼韵母相拼，[ȵ] 与齐齿呼和撮口呼韵母相拼，二者互补分布，不构成音位上的对立，但音色差异明显。

② [ɣ] 实际读音的发音部位稍微靠前，与开口呼韵母相拼。

（二）韵母 44 个

ɿ 师丝试紫　i 米戏艺低　u 苦五猪谱　y 雨徐吕举
a 茶沙把骂　ia 牙假虾嫁　ua 瓦刮花瓜
ɤ 歌鹅饿河　iɛ 写鞋茄斜　uɤ 坐过错锁　yɛ 靴瘸哕
o 破磨婆沫
ɔ 宝饱毛刀　iɔ 笑桥校表
ɛe 开排台来　uɛe 快坏怪拐
ei 赔飞北贝　uei 对鬼灰亏
əu 豆走头偷　iəu 油六修球
æ̃ 南山半蚕　iæ̃ 盐年念岩　uæ̃ 短官端宽　yæ̃ 权鲜全选

ᴇ̃ 深根沉参　　iᴇ̃ 心新品任　　uᴇ̃ 寸滚春墩　　yᴇ̃ 云笋闰裙
aŋ 糖帮忙汤　　iaŋ 响讲亮抢　　uaŋ 床王双装
əŋ 灯升争等　　iŋ 硬病星冰　　uŋ 东横冻通　　yŋ 兄用穷熊
ʌʔ 盒塔法辣　　iʌʔ 鸭接贴热　　uʌʔ 活刮托郭　　yʌʔ 月越绝雪
əʔ 骨色可做　　iəʔ 十急七一　　uəʔ 出谷哭卒　　yəʔ 橘绿局入
ɭ 二

韵母说明：

① [æ̃、iæ̃、uæ̃、yæ̃] 韵母中主要元音的鼻化程度略弱，但明显与口元音相区别。

（三）声调 6 个

213　阴平　东开天春
13　阳平　门皮糖红
434　上声　懂老五有
53　去声　动饭树六
212　阴入　谷塔切刻
423　阳入　麦毒白罚

声调说明：

①平顺城关话的入声带有喉塞音特征。

②阴平调和阴入调的实际音高相差不大，这里将阴入调记作 212，主要为了体现舒声调与入声调两个调类的差异。

（四）连读变调

本节包括 3 个表格：表 42–1 非叠字非轻声两字组连读变调规律；表 42–2 非叠字轻声两字组连读变调规律；表 42–3 叠字两字组连读变调规律。

表 42–1　非叠字非轻声两字组连读变调规律

前字＼后字	阴平 213	阳平 13	上声 434	去声 53	阴入 212	阳入 423
阴平 213	213+13 阴天、交通	213+22 青年、收成	213+53 标准 213+22 优点、端午	213+22 冬至、司令	——	213+2 开业、膏药 213+53 科学、中学
阳平 13	13+22 农村、梅花 213+33 葵花	13+22 农民、轮流	13+22 柴火 53+22 前晌	13+22 前日	——	13+2 农业、灵活

续表

后字 / 前字	阴平 213	阳平 13	上声 434	去声 53	阴入 212	阳入 423
上声 434	——	53+22 水牛、雨鞋	213+22 小米 434+53 老鼠、火腿	53+22 晚辈、眼镜	53+212 五谷、演说	53+2 眼药、老实 434+53 美学、理学
去声 53	13+22 秤钩、卫生	13+22 少年、证明	13+434 跳远、笑脸 13+22 报纸、跳舞	13+22 变化、费用 53+22 限制、种菜	13+2 正式、变革	13+2 建立、记录
阴入 212	2+22 出租、铁箱	2+22 发明、铁门 2+53 脱离	2+22 谷雨、黑马 2+53 刻苦、铁饼	2+53 革命 2+22 接受、速度	2+2 节约、结束	2+2 激烈、缺乏
阳入 423	2+22 陆军、蜜蜂	2+53 灭亡 2+22 药房、腊梅 53+22 敌人、拔河	2+434 木耳 2+53 入党、毒酒	53+22 热气、杂技 2+53 烈士、捏造	53+22 蜡烛、立刻	2+53 特别、腊月 53+2 掠夺、实习

表 42-2　非叠字轻声两字组连读变调规律

后字 / 前字	阴平 213	阳平 13	上声 434	去声 53	阴入 212	阳入 423
阴平 213	——	213+0 玻璃	213+0 闺女	——	——	——
阳平 13	13+0 娘家、棉花	13+0 盘缠	13+0 云彩	13+0 毛病	——	——
上声 434	——	434+0 老婆	434+0 老虎	——	——	——
去声 53	——	——	53+0 道理	53+0 布袋、厚道	——	——
阴入 212	——	——	213+0 恶水	——	——	——
阳入 423	——	434+0 木头	434+0 侄女	434+0 俗气	——	——

表 42-3　叠字两字组连读变调规律

前字＼后字	阴平 213	阳平 13	上声 434	去声 53	阴入 212	阳入 423
阴平 213	213+13 哥哥 213+0 姑姑、听听 22+213 妈妈	——	——	——	——	——
阳平 13	——	13+0 爷爷、尝尝	——	——	——	——
上声 434	——	——	434+0 嫂嫂、比比 44+434 奶奶、本本	——	——	——
去声 53	——	——	——	53+0 算算、笑笑 13+21 踩踩、画画 13+22 万万、念念	——	——
阴入 212	——	——	——	——	2+0 摸摸、喝喝	——
阳入 423	——	——	——	——	——	53+0 读读、学学

四十三　壶关话声韵调

（一）声母 26 个

p 布伴边被　p^{h} 怕皮盘朋　m 门墨木泥　f 飞福冯凡

t 帝多夺道　t^{h} 太铁统塔　n 脑难暖嫩　l 蓝雷路拉

ts 尖精酒聚　ts^{h} 妻秋切蛆　s 修西秀选

tʃ 者制哲知　tʃ^{h} 彻车尺斥　ʃ 十蛇石勺

tʂ 祖追真张　tʂ^{h} 采翅昌陈　ʂ 思师生水

c 见甲九军　c^{h} 旗掐区拳　ȵ 女年你泥　ç 溪歇许香

k 瓜共贵　k^{h} 看考开葵　x 河黑化孩　ɣ 安爱昂熬

ø 人微闰晚

声母说明：

① [Ø] 在开口呼韵母前有不很明显的喉塞音 [ʔ]。

② [tʂ、tʂʰ、ʂ] 的发音部位较北京话还要靠后。

③ [tʃ、tʃʰ、ʃ] 是舌叶音。

④ [ɣ] 是舌根浊擦音，只与洪音韵母相拼。

⑤ [ȵ] 与 [n] 互补，[ȵ] 只拼细音，[n] 只拼洪音。

⑥ [c、cʰ、ç] 是舌面中音。

（二）韵母 36 个

ʅ 支紫世枝	i 祭被迟衣	u 部某鼠抱	y 句女雨如
a 爬骂打巴	ia 假牙架霞	ua 瓜花抓瓦	
ə 歌可磨破	iᴇ 邪姐夜车	uə 多初课和	yᴇ 瘸靴哕
ɔ 刀保少抱	iɔ 交小桥条		
ai 台耐才灾		uai 拐外坏帅	
ei 非杯每被		uei 卫归雷水	
əu 头走庙某	iəu 救刘求肉		
aŋ 党昌干安	iaŋ 项央闲盐	uaŋ 庄光穿酸	yaŋ 权选远卷
əŋ 等城坑喷	iŋ 精幸琴金	uŋ 轰中准顿	yŋ 穷勇军闰
ʌʔ 法特刻渴	iʌʔ 甲叶压彻	uʌʔ 刷滑刮袜	yʌʔ 月决雪说
əʔ 革色不各	iəʔ 列业积质	uəʔ 骨获国屋	yəʔ 菊肃橘竹
ɭ 二儿耳而			

韵母说明：

① [iŋ、uŋ、yŋ] 与零声母相拼时，主要元音和鼻音尾韵之间都有过渡音 [ə]。

②入声韵的喉塞韵尾 [ʔ] 非常清楚。

（三）声调 7 个

33	阴平	高猪粗昏
13	阳平	陈才人麻
535	上声	古纸口女
42	阴去	破到菜放
353	阳去	淡运帽右
2	阴入	瞎缺黑桌
21	阳入	席鼻碟白

声调说明：

①阴平是升调，但升不到 3，为醒目起见记作 13。

②上声的实际调值接近 534，为醒目起见，这里记作 535。

③入声是短促调。

（四）连读变调

壶关方言的连读变调比较简单，而且叠字组变调和非叠字组变调的情况基本一致。连读变调格式按规律应有 49 组，实际仅有 7 组。这 7 组的变调与语法结构有关。例如，“阴平＋阴平”：在述宾结构中，前后字都不变调，如“搬家”[paŋ^{33} cia^{33}]；在非述宾结构中，前字不变调，后字调值变为 13，如“公鸡”[kuŋ^{33} ci^{13}]。连读变调产生了两个新调，即 53 调和 31 调，如“花脸”[xua^{33} liaŋ^{53}] 和“毛巾”[mɔ^{13} ciŋ^{31}]。

四十四　沁县话声韵调

（一）声母 22 个

p 帮兵病鼻	p^{h} 派片炮爬	m 麦明泥灭	f 飞风副肥	v 味问温王
t 多登东毒	t^{h} 讨塔藤踏	n 脑南年泥		l 老蓝连路
ts 资早坐张	ts^{h} 刺草茶双		s 丝酸祠双	z 鱼如热软
tɕ 酒贼九节	tɕ^{h} 天甜清去	ȵ 鸟捏眼硬	ɕ 想谢响县	
k 高共骨阔	k^{h} 开阔哭去	ŋ 熬安饿爱	x 好灰活滑	
ø 月云用药				

声母说明：

① [p、p^{h}、m、n] 与韵母 [ɿ] 相拼时，声母与韵母之间摩擦明显。

② [v] 为唇齿浊擦音，唇齿摩擦较轻。

③ [n] 与开口呼、合口呼韵母相拼，[ȵ] 与齐齿呼、撮口呼韵母相拼。由于 [ȵ] 的舌面特征明显，归纳为两个音位。

④零声母只与齐齿呼、撮口呼韵母相拼，不与开口呼、合口呼韵母相拼。

（二）韵母 37 个

ɿ 米师丝试	i 盐铅县岩	u 苦五猪抱	y 油六修酒
ʮ 雨剧徐玉			

a 茶瓦马挖　　ia 牙夹哑夏　　ua 刮抓划瓜
æ 南山半暗　　　　　　　　　uæ 短官赚宽
ɔ 刚糖王上　　iɔ 响讲娘样　　uɔ 床双状光
ɤ 歌饿磨鹤　　iɛ 姐写开鞋　　uɤ 多坐锁过　　yɛ 觉靴却瘸
əɭ 二犁李耳
ɛe 歪排白蔡　　　　　　　　　uɛe 怀快拐坏
ei 赔飞年埋　　　　　　　　　uei 对鬼权吕
ɔo 宝饱抱毛　　io 交笑表桥
əu 奴豆偷走
ə̃ 深根灯升　　iə̃ 心新硬病　　uə̃ 寸滚春东　　yə̃ 云兄用俊
aʔ 盒塔法舌　　iæʔ 鸭接贴白　　uaʔ 活刮托郭　　yæʔ 月绝约缺
əʔ 十直色尺　　iəʔ 急七一北　　uəʔ 骨出国谷　　yəʔ 橘绿局宿

韵母说明：

① [əɭ] 中的 [ɭ] 发音时舌尖不接触上腭，实际音值接近 [ɻ]。

② [uɤ] 中的 [ɤ] 受介音 [u] 影响，发音部位靠前。

③ [ɔo] 的动程较短，音色以 [ɔ] 为主，尾音滑向 [o]，听感近似单元音。

④ [io] 中的 [o] 实际音值接近 [ʊ]。

（三）声调 6 个

224　阴平　东该天春
33　阳平　门龙糖白
214　上声　懂古五有
53　去声　冻怪后六
31　阴入　谷百叶月
212　阳入　毒白盒罚

声调说明：

①阴平和上声调值接近。为了便于区分，阴平记作 224，上声记作 214。

②阴入和阳入单字调多为短调。

（四）连读变调

本节包括 3 个表格：表 44-1 非叠字非轻声两字组连读变调规律；表 44-2 非叠字轻声两字组连读变调规律；表 44-3 叠字两字组连读变调规律。

表 44-1 非叠字非轻声两字组连读变调规律

前字＼后字	阴平 224	阳平 33	上声 214	去声 53	阴入 31	阳入 212
阴平 224	33+33 浇花、秋收 24+33 当中、香菇	33+33 新闻、开门 24+33 天明、今年	24+214 担保、修改 24+33 莴笋、开酒	21+53 相信、登记	21+31 输血、方法 24+31 今日、星宿	24+212 中学、科学 24+31 风俗、生活
阳平 33	33+33 农村、良心	——	——	33+55 菩萨、姨父	——	33+31 魔术、传达
上声 214	53+224 火车、手枪 53+33 米汤 33+33 俺爹、你爹	53+33 表扬、党员 24+33 有钱、俺们 53+53 暖和、老牛	24+214 水果、举手 24+33 晌午 53+53 老鼠 53+33 蚂蚁	53+53 广告、打扮	53+31 请客、改革 24+31 解决、扁食	53+31 选择、普及 53+212 打杂、宝塔 24+31 主席、坦白 24+212 小学、老实
去声 53	55+224 喂猪、运输	55+33 算盘、太平	55+214 变脸、救火	——	55+31 正式、变革	55+31 算术、化学 55+212 中毒、正直
阴入 31	3+224 出租、结冰 53+224 木梳、羯猪 53+33 圪渣、一边	3+33 刷牙、发明 53+33 圪虫、核桃 3+224 钥匙、窟窿	3+21 谷雨、热水 3+214 刻苦、缺少 53+214 不管	3+53 笔记、发票 53+53 不是、不在	3+31 节约、接触 53+31 疙瘩、责驳	3+31 积极、克服 3+212 吸毒、确实
阳入 212	53+224 读书、石膏	53+33 杂粮、敌人	53+214 石板、毒酒	21+53 学费、服务	53+31 白铁、合作 3+31 突击、及格	53+212 实习、服毒

表 44-2 非叠字轻声两字组连读变调规律

前字＼后字	阴平 224	阳平 33	上声 214	去声 53	阴入 31	阳入 212
阴平 224	——	——	——	——	——	——
阳平 33	——	——	——	——	——	——
上声 214	——	——	——	——	——	——
去声 53	55+0 绣花、背心	55+0 臭虫、证明	——	——	——	——

续表

后字 前字	阴平 224	阳平 33	上声 214	去声 53	阴入 31	阳入 212
阴入 31	——	——	——	——	——	——
阳入 212	——	——	——	——	——	——

说明：

①沁县方言中有些非叠字两字组后字读轻声，一般不区分实际调值，一律记为 0。

表 43-3　叠字两字组连读变调规律

后字 前字	阴平 224	阳平 33	上声 214	去声 53	阴入 31	阳入 212
阴平 224	53+0 哥哥、开开 24+0 姑姑、听听 33+33 哼哼、登登	——	——	——	——	——
阳平 33	——	33+0 闻闻、挠挠	——	——	——	——
上声 214	——	——	53+24 姐姐、嫂嫂 24+0 比比、理理 53+33 火火、点点	——	——	——
去声 53	——	——	——	55+0 道道、试试 55+214 蔓蔓、凳凳 55+55 霎霎、进进	——	——
阴入 31	——	——	——	——	3+31 叔叔、伯伯 3+0 搭搭、摸摸	—
阳入 212	——	——	——	——	—	3+0 学学、读读

四十五 武乡话声韵调

（一）声母 23 个

p 布步别把	p^h 怕盘爬拍	m 门麦梅泥	f 飞冯符肥	v 围闻危挖
t 到道夺大	t^h 太同桃台	n 难怒拿奴		l 兰路龙篮
ts 糟招举资	ts^h 仓昌齐草	nz 腻女泥逆	s 散扇洗师	z 认元远热
tɕ 精经焦交	$tɕ^h$ 秋丘车扯	ȵ 娘宁硬牙	ɕ 休修兴小	
k 贵郭改跪	k^h 跪葵开快	ŋ 岸案袄爱	x 红胡化花	
ø 约武荣				

声母说明：

① [n] 在开口呼（[ɿ] 和 [ʮ] 除外）、合口呼韵母前是 [n]，在齐齿呼韵母前是 [ȵ]，在 [ɿ] 和 [ʮ] 两个韵母前是 [nz]。因武乡话中读 [ȵ] 和 [nz] 声母的字为数还不少，故把 [ȵ] 和 [nz] 作为独立的两个声母。

②武乡话能够分别由见系字分化出来的 [k] 和 [tɕ] 两类读音，可是精系的齐齿呼和撮口呼字声母为 [ts、ts^h、s]，如“鸡”[$tsɿ^{113}$]、“欺”[$ts^hɿ^{113}$]、“西”[$sɿ^{113}$]、“举”[$tsʮ^{213}$]、“取”[$ts^hʮ^{213}$]、“絮”[$sʮ^{55}$]。

③ [nz] 是舌尖前鼻擦音，一般只和齐齿呼、撮口呼韵母相拼，如：“你”[$nzɿ^{213}$]、“女”[$nzʮ^{213}$]。也有少数几个字是开口呼韵母，如：“内”[$nzei^{55}$]。

④零声母与开口呼韵母相拼时，韵母前有舌根浊鼻音 [ŋ]，例如“爱、饿、恶”等。零声母与合口呼韵母相拼时，韵母前有唇齿浊擦音 [v]，如“完、危、为”等。普通话中单独作韵母的 [u]，在武乡话里是 [vu]，如“武、舞、五”等，其中的 [v] 很微弱，故不作为独立声母，归入零声母。

（二）韵母 36 个

ɿ 资支第知		u 故赌母书	
ʮ 女雨虚鱼			
a 爬巴马挖	ia 架牙下虾	ua 花抓挂瓜	
ɛ 盖奶开该	iɛ 姐野蛇射	uɛ 帅怪坏快	yɛ 靴瘸
æ 胆三班贪		uæ 官短宽端	
ɤ 河磨坡可		uɤ 过货科锁	
ɔ 饱桃跑毛	iɔ 条巧妖苗		
əu 斗丑候偷	iəu 流九丘修		

ei 倍边连天		uei 贵权累选	
ɔ̃ 党桑帮忙	iɔ̃ 讲良强亮	uɔ̃ 光床壮双	
ɐŋ 根温朋门	iɐŋ 林紧星影	uɐŋ 东横同通	yɐŋ 云胸群军
ʌʔ 辣合割八	iʌʔ 灭铁百麦	uʌʔ 落刮活郭	yʌʔ 月缺决薛
əʔ 日色木福	iəʔ 北踢急力	uəʔ 鹿出国骨	yəʔ 欲绿玉曲
l̩ 耳儿里二			

韵母说明：

①武乡话没有 [i] 韵，多用 [ɿ] 代替，如：“第” [tsɿ^{55}]、“替” [tsʰɿ^{55}]、“洗” [sɿ^{213}]、“米” [mɿ^{213}]、“你” [nzɿ^{213}] 等。[l] 自成音节，如：李 [l̩^{213}]、里 [l̩^{213}]、梨 [l̩^{33}] 等，还有“儿、二、尔、而”等。

②武乡话没有儿化韵，“儿”附在名词后时，读音同单音节词“儿”，只是由 33 调变为轻音而已。如：“桃儿” [tʰɔ^{33}l̩]、“歌儿” [kɤ^{113} l̩]。

③武乡话没有单独作韵母的 [y]，用来代替的是舌尖前高圆唇元音 [ʮ]，如“女” [nzʮ^{213}]、“雨” [zʮ^{213}]、“去” [tsʰʮ^{55}] 等字。

④ [ɤ] 的实际音值是 [ɤːᵊ]，为方便起见，记作 [ɤ]。[uɤ] 的实际音值是 [uoːᵊ]，为方便起见，记作 [uɤ]。

（三）声调 6 个

113	阴平	诗高开初
33	阳平	时穷才除
213	上声	体草买古
55	去声	是帽菜怒
3	阴入	识滴百出
423	阳入	食笛局合

声调说明：

①去声较短，接近 5。

②入声带有明显的喉塞音尾 [ʔ]，分阴入、阳入两种调类。中古全浊声母入声字，在武乡话中为阳入调，如“局、白、合、服”；中古清声母入声字和次浊声母入声字，在武乡话中为阴入调，如“急、曲、月、入”等字。

③此外，有些中古入声字在武乡话中今读舒声。如：“泄、协、榨~菜、易、益、逆、牧、剧”等。

④还有极少数入声字，有入声和舒声两读。如：

“拉” [lʌʔ^{3}][la^{113}]；“死” [sʌʔ^{3}][sɿ^{213}]；“日” [zəʔ^{3}][zɿ^{55}]；

“刮” [kuʌʔ^{3}][kua^{113}]；“股” [kuəʔ^{3}][ku^{213}]；“指” [tsəʔ^{3}][tsɿ^{213}]。

（四）连读变调

本节包括2个表格：表45-1非叠字非轻声两字组连读变调规律；表45-2叠字两字组连读变调规律。

表 45-1 非叠字非轻声两字组连读变调规律

前字＼后字	阴平 113	阳平 33	上声 213	去声 55	阴入 3	阳入 423
阴平 113	113+33 伤心、中央	——	113+21 烟筒、光景	——	——	——
阳平 33	33+33 行军、迎亲	——	33+21 裁剪、传统	——	——	——
上声 213	211+113 起身、已经	——	213+21 管理、总统	211+55 水库、买卖	211+3 买笔、少说	——
去声 55	——	——	55+21 率领、困苦	53+55 送信、记账	——	——
阴入 3	3+33 结婚、国家 42+113 铁锅、脚心	——	3+21 发展、跌倒 4+21 发痒、雪耻	——	——	4+42 入学、结合
阳入 423	——	——	423+21 滑倒、决死 4+213 白纸	——	——	4+42 服毒、熟食

表 45-2 叠字两字组连读变调规律

前字＼后字	阴平 113	阳平 33	上声 213	去声 55	阴入 3	阳入 423
阴平 113	113+2 听听、妈妈 33+33 斤斤	——	——	——	——	——
阳平 33	——	——	——	——	——	——
上声 213	——	——	213+2 洗洗、想想 211+211 口口	——	——	——
去声 55	——	——	——	55+2 棍棍、架架	——	——

续表

前字＼后字	阴平 113	阳平 33	上声 213	去声 55	阴入 3	阳入 423
阴入 3	——	——	——	——	——	
阳入 423	——	——	——	——	——	423+2 盒盒

四十六　沁源话声韵调

（一）声母 26 个

p 八布兵病	pʰ 派排片爬	m 磨买麦明	f 飞风副肥	v 味问温歪
t 多地东毒	tʰ 讨偷天甜	n 脑南暖能		l 老蓝连路
ts 资早贼纸	tsʰ 刺草祠茶		s 丝三祠山	
tʂ 张竹柱装	tʂʰ 抽床双车	ɳ 娘	ʂ 双顺手十	ʐ 热软如任
tɕ 酒九去戒	tɕʰ 清全轻权	ȵ 女年泥娘	ɕ 想谢响县	
k 高瓜共该	kʰ 开块亏靠	ŋ 饿熬安矮	x 好灰活回	
ø 月王云用				

声母说明：

① [v] 为唇齿浊擦音，齿唇接触较轻。

② [n] 与开口呼、合口呼韵母相拼，[ȵ] 与齐齿呼、撮口呼韵母相拼。由于 [ȵ] 的舌面特征明显，归纳为两个音位。

③ [ȵ、ŋ] 有时略带同部位塞音，[m] 拼细音有时也如此。

④ [tʂ、tʂʰ、ɳ、ʂ、ʐ] 的实际发音部位靠后。

⑤ [k、kʰ、x] 与细音相拼时，实际音值接近 [c、cʰ、ç]。

（二）韵母 39 个

ɿ 师丝试世	i 米戏星你	u 苦五猪普	y 雨女徐兄
ʅ 升秤绕制			
ɑ 茶把瓦骂	iɑ 牙假下亚	uɑ 挂抓花刮	
	ie 写茄姐斜		ye 靴斜瘸胁
	iᴇ 多拖歌左	uə 坐床王双	
ər 二儿耳而			
ɛe 开排鞋白		uɛe 快怪坏拐	

ei 赔飞豆走		uei 对鬼岁挂	
ɔo 宝饱刀灶	iɔo 笑桥交表		
	iəu 油钩六口		
æ̃ 南山半蚕	iæ̃ 盐减年尖	uæ̃ 短官暖酸	yæ̃ 权园卷选
ʌ̃ 糖党浪仓	iʌ̃ 响讲两匠		
ə̃ 深根灯升	iə̃ 心新硬星	uə̃ 寸滚春东	yə̃ 云兄用俊
ʌʔ 盒塔法托	iʌʔ 夹鸭角客	uʌʔ 活刮托郭	yʌʔ 雀爵
əʔ 十骨北直	iəʔ 接贴北白	uəʔ 骨出谷六	yəʔ 月橘绿局
n̩ 能你南弄			

韵母说明：

① [i] 有明显的舌尖化色彩，实际发音接近 [ʅ]。

② [u] 实际发音唇形较圆、较紧。

③ [y] 有明显的舌尖化色彩，实际发音接近 [ʮ]。

④ [ɑ] 类韵母的实际发音舌位略靠前。

⑤ [ie、ye] 与 [tɕ、tɕʰ、ɕ] 相拼时，介音带有舌尖化色彩。

⑥ [æ̃、iæ̃、uæ̃、yæ̃] 的主要元音 [æ] 实际发音时舌位略低、略后。

⑦ [ʌ̃] 实际发音时舌位偏低。

⑧ [iə̃、yə̃] 由于受介音影响，主要元音实际发音时舌位偏高。

⑨ [iəʔ、yəʔ] 由于受介音影响，主要元音实际发音时舌位靠前。

（三）声调 4 个

324　阴平上　高天草买

33　阳平　门龙牛油

53　去声　四痛快六

31　入声　切刻六麦

声调说明：

①来自中古清声母的平声字与来自中古清声母、次浊声母的上声字调型、调值相同，今归为阴平上调类。

②阳平 33 末尾略降，实际为 332。

③去声 53 降得幅度较小，实际近 54，而且比较短促，末尾有时略带紧喉色彩。

④入声不分阴阳，较为短促。

（四）连读变调

本节包括 3 个表格：表 46-1 非叠字非轻声两字组连读变调规律；表 46-2 非叠字

轻声两字组连读变调规律；表 46-3 叠字两字组连读变调规律。

表 46-1　非叠字非轻声两字组连读变调规律

前字＼后字	阴平上 324	阳平 33	去声 53	入声 31
阴平上 324	324+33 山沟、香菇 32+324 火车、牡丹、早起、晌午 32+53 老鼠、暖和	324+53 猜谜、子嗣 32+33 表扬、党员 32+33 鲤鱼、演员	32+53 闪电、眼镜	324+3 猪血、听说 32+3 赶集、五谷 32+31 马勺、邋遢
阳平 33	33+32 蘑菇、年底、红薯、眉眼 33+33 葵花、阑珊	——	33+33 菩萨、年限	33+3 阳历、萝卜
去声 53	——	——	——	——
入声 31	3+33 蜜蜂、切满 3+32 圪蚤、结奶	3+33 个人、客人 31+24 出来、货船	31+324 圪皱、切盘	3+31 腊月、恶煞 31+3 吃药、缺月

表 46-2　非叠字轻声两字组连读变调规律

前字＼后字	阴平上 324	阳平 33	去声 53	入声 31
阴平上 324	324+0 飞机、修改、水果、野马	324+0 清明、冰糖	324+0 天气、甘蔗	324+0 三十、饮食
阳平 33	24+0 晴天、床厂 33+0 邻家、黄酒 53+0 前晌、防网	——	33+0 时候儿、怀上	——
去声 53	53+0 细心、政府 24+0 领水	53+0 后年、后门	53+0 岸上、道士	53+0 大麦、号脉

续表

后字 前字	阴平上 324	阳平 33	去声 53	入声 31
入声 31	53+0 白酒、铁马	31+0 日头、磕头 3+0 月明、铁皮 3+0 窟窿、出名	31+0 媳妇、安静	5+0 剥削、吸铁

说明：

①沁源方言中有些非叠字两字组后字读轻声，一般不区分实际调值，一律记为 0。

表 46-3 叠字两字组连读变调规律

后字 前字	阴平上 324	阳平 33	去声 53	入声 31
阴平上 324	53+24 哥哥、姐姐 24+33 哼哼、将将 24+0 姑姑、舔舔 33+33 窝窝、奶奶 满满 53+33 远远、稳稳	——	——	——
阳平 33	——	33+53 常常、蓬蓬 24+0 馍馍、谈谈 33+0 闻闻、尝尝	——	——
去声 53	——	——	24+0 爸爸、处处 53+0 试试、算算	——
入声 31	——	——	——	3+31 叔叔、格格 3+3 密密、读读

四十七　安泽话声韵调

（一）声母 22 个

p 布别波巴	p^h 步波盆盘	m 门麻魔买	f 飞冯谁水	v 温翁忘袜
t 到多地街	t^h 地夺太同	n 难怒脑内		l 兰路吕连
ts 糟祖增争	ts^h 仓巢粗初		s 散丝锄柴	z 认绕若日
tɕ 精加焦减	$tɕ^h$ 秋棋趣墙	ȵ 女年娘硬	ɕ 夏修学星	
k 贵哥跪古	k^h 开跪苦夸	ŋ 鹅案袄欧	x 灰红夏孩	
ø 移运延缘				

声母说明：

① [n] 只与开口呼和合口呼韵母相拼，[ȵ] 只与齐齿呼和撮口呼韵母相拼，二者互补分布，不构成音位上的对立，但音色差异明显。

② [v] 声母是唇齿浊擦音，实际读音时摩擦比较轻微，近似 [ʋ]。

③ [ts、ts^h、s、z] 声母实际发音时舌位靠后。

（二）韵母 39 个

ɿ 资支紫持	i 皮眉离尾	u 故木苏赌	y 举驴虚雨
ɑ 把耙茶马	iɑ 架恰厦哑	uɑ 抓刷瓜花	
æ 南含乱删	iæ 镰潜剪缘	uæ 段唤关官	yæ 全泉权缘
ɤ 歌河舌车			
o 波婆磨佛	iɛ 姐介界荆	uo 坐过火国	yɛ 靴薛绝诀
ər 耳二而儿			
ai 灾猜改海		uai 怪乖快衰	
ei 倍陪眉废		uei 桂盔会尾	
au 糟草扫高	iau 标雕挑消		
əu 走漏丑苏	iəu 酒就牛秋		
ʌŋ 帮当郎昂	iʌŋ 蒋良强享	uʌŋ 壮光狂晃	
əŋ 本粉灯冷	iəŋ 林信冰荆	uəŋ 顿损葱宏	yəŋ 损裙荣永
ʌʔ 辣杂纳磕	iʌʔ 夹掐	uʌʔ 刮	
əʔ 八喝色割	iəʔ 踢七接力	uəʔ 独出说骨	yəʔ 绿脚雪月

（三）声调 5 个

21　阴平　高猪专开
35　阳平　穷寒神唐
42　上声　古展口草
53　去声　共助害饭
21　入声　搭纳腊夹

（四）连读变调

本节包括 2 个表格：表 47–1 非叠字非轻声两字组连读变调规律；表 47–2 叠字两字组连读变调规律。非叠字轻声两字组只限于“子”尾音节的“子”或表时态的“了”，其他音节无，故此表从略。

表 47–1　非叠字非轻声两字组连读变调规律

前字 \ 后字	阴平 21	阳平 35	上声 42	去声 53	入声 21
阴平 21	——	21+21 清明、工程	21+21 酸枣、粗鲁	21+35 堤岸、销售	——
阳平 35	35+55 良心、邻居、梅花 35+35 皮肤、石灰	35+21 团员、人民 35+53 文凭	35+35 门口、牙齿 35+21 行李、团长	35+21 油菜、农具	——
上声 42	35+53 火车、手枪	35+53 口粮、小寒	42+21 小暑、打扫	35+53 韭菜、火焰	35+53 粉笔、打击
去声 53	55+21 证书、教师	55+35 后年、受凉 55+21 化肥、教条	55+21 柿饼、妇女	55+21 动荡、下面 53+55 受罪、犯罪	55+21 上药、政策
入声 21	——	——	——	——	——

表 47–2　叠字两字组连读变调规律

前字 \ 后字	阴平 21	阳平 35	上声 42	去声 53	入声 21
阴平 21	——	——	——	——	——
阳平 35	——	35+21 爷爷、娘娘	——	——	——

续表

前字＼后字	阴平 21	阳平 35	上声 42	去声 53	入声 21
上声 42	——	——	35+42 姐姐、嫂嫂 42+22 美美、紧紧 35+21 本本、走走	——	——
去声 53	——	——	——	53+55 票票、妹妹	——
入声 21	——	——	——	——	——

四十八　沁水端氏镇话声韵调

（一）声母 21 个

p 八兵鼻病　p^h 派片爬票　m 麦明庙灭　f 飞风副蜂　v 味问温物

t 多得东毒　t^h 讨天甜踢　n 脑南暖年　l 老蓝连路

ts 资早贼张　ts^h 刺草祠茶　s 丝三酸双　z 热软闰褥

tɕ 鸡酒九局　$tɕ^h$ 骑清轻切　ȵ 泥鸟娘捏　ɕ 想谢响学

k 高共格谷　k^h 开块权牵　x 好灰活滑

Ø 熬月安王

声母说明：

①唇齿浊擦音 [v] 摩擦较轻，发音时接近半元音 [ʋ]。

②舌尖音 [ts] 组声母实际发音时舌尖略靠后，与单韵母 [u] 相拼时舌尖明显靠后，如“租、坐、柱”等；舌尖前浊擦音 [z] 摩擦较轻，发音时接近半元音 [ɹ]。

③ [n] 只拼开口呼、合口呼韵母，[ȵ] 只拼齐齿呼、撮口呼韵母。[ȵ] 发音时舌面前部接触前硬腭不太到位，没有完全触到舌面前的位置。

④舌面后清擦音 [x] 实际发音部位略靠后，与开口呼相拼时有喉音 [h] 色彩，如“好”等 。

⑤开口呼零声母，实际发音时主要元音前有舌根浊擦音 [ɣ]，属于自由变体，且摩擦不是很强烈。

（二）韵母 44 个

ɿ 师祠丝试　i 梯米尾文　u 母猪骨布　y 雨女育剧

ɒ 茶瓦刮滑	iɒ 牙鸭哑夏		
a 他婆抓大	ia 姐爷霞且		
æ 南山半战	iɪ 岩盐延验	uæ 酸短官还	
ɤ 歌婆饿破	iɛ 写鞋姐爷	uɤ 多坐过出	yɛ 缺靴觉页
ɔ 宝早饱闹	iɔ 表笑桥庙		
ər 而儿二耳			
ai 赔对尾根		uai 鬼寸滚春	
ɛe 开排白爱		uɛe 拐快怀外	
ei 间染年限		uei 鲜全权卷	
ɔu 豆走藕肉	iɔu 油六修牛		
ɑŋ 糖方常让	iɑŋ 响讲娘两	uɑŋ 床黄王双	
əŋ 贞任深升	iŋ 心新病星		yŋ 俊云兄用
oŋ 东烘同送			
aʔ 八热色白	iaʔ 接贴节药	uaʔ 活刮托滑	yaʔ 缺雪月脚
əʔ 盒十不直	iəʔ 急七一锡	uəʔ 骨国谷六	yəʔ 橘绿局宿
m̩ 母	n̩ 女你	ɭ 里日	

韵母说明：

① [ʅ] 实际发音时舌尖略靠后。

② [ər] 的卷舌动作较小。

③ [ɒ、iɒ] 中的主要元音 [ɒ] 实际发音时舌位略高。

④ [ia] 中的主要元音 [a] 实际发音时舌位略高。

⑤ [æ、uæ] 中的主要元音 [æ] 实际发音时舌位略靠后，在与鼻音声母相拼时带有鼻化色彩。

⑥ [iɛ] 中的介音 [i] 发音动程较长，尤其在合音里，如："几个"，读为 [tɕiːɛ]。

⑦ [ɤ、uɤ] 发音时有后滑音 [a]，实际音值为 [ɤᵃ、uɤᵃ]；[ɤ] 与声母 [p、pʰ、m、f] 相拼时，实际发音接近 [o]；与声母 [ts、tsʰ、s] 相拼时，声韵母之间带有与声母同部位的舌尖音 [ɿ]，例如"蛇、车"，韵母实际音值为 [ɿə]。

⑧ [ɔ、iɔ] 中的主要元音 [ɔ] 实际发音时舌位略高，接近 [o]。

⑨ [ɛe] 发音时动程短，主要元音 [ɛ] 舌位偏高，音色接近单元音。

⑩ [ɔu、iɔu] 中的主要元音 [ɔ]，实际发音时唇形略展。

⑪ [ei] 与鼻音声母相拼时有时带有鼻化色彩，如"面"。

⑫ [iŋ] 中的鼻音韵尾 [ŋ] 在个别字中舌位偏前，如"心、银"，因不具有区别意义的作用，本书统一记为 [ŋ]。

⑬ [aʔ、iaʔ、uaʔ、yaʔ] 中的主要元音 [a] 舌位偏后，近于 [ʌ]，但个别字在语流中

舌位偏高、偏前，接近 [ɛ]，如“正月十五”中的“月”[yɛʔ^{54}]。

⑭ [əʔ、iəʔ、uəʔ、yəʔ] 中的主要元音 [ə] 舌位偏后，实际发音介于 [ɤ] 和 [ʌ] 之间。

⑮ [ɭ] 仅用于“里头”的“里”和“日”。

（三）声调 6 个

21　阴平　东该灯风
24　阳平　门龙牛白
31　上声　懂古鬼九
53　去声　动罪近六
2　阴入　谷百六麦
54　阳入　毒白盒罚

声调说明：

①阴平 21，有的字落点比 1 高，趋于平调，如“开、丝”。

②阳平 24，有时有急降的尾音，实际音值为 241，如“糖”。

③去声 53，落点实际音值比 3 略高。

④阴入 2，落点实际音值比 2 略低，接近 21。

⑤阴入、阳入调实际发音时比舒声调略短。

⑥“急”为阳入，调值 54；“六”的文读为去声，调值为 53。

（四）连读变调

本节包括 3 个表格：表 48-1 非叠字非轻声两字组连读变调规律；表 48-2 非叠字轻声两字组连读变调规律；表 48-3 叠字两字组连读变调规律。

表 48-1　非叠字非轻声两字组连读变调规律

前字＼后字	阴平 21	阳平 24	上声 31	去声 53	阴入 2	阳入 54
阴平 21	21+24 青蛙、星期 24+31 稀粥、高低	21+21 苍蝇、青年	24+31 端午、肩膀 53+31 输水	——	——	——
阳平 24	——	——	——	21+53 蚕豆、盘算	——	——
上声 31	——	24+24 跑茅	24+31 左手、冷水	——	24+2 满月、九节	——
去声 53	——	——	24+31 妇女	——	——	——

续表

后字 前字	阴平 21	阳平 24	上声 31	去声 53	阴入 2	阳入 54
阴入 2	——	——	54+31 失火、着火 24+31 屙屎、百草 2+24 一起	——	24+2 烙铁、刻薄	2+24 缺乏、洁白
阳入 54	——	——	24+31 绝奶、毒酒	2+53 做梦、熟练	——	——

表 48-2 非叠字轻声两字组连读变调规律

后字 前字	阴平 21	阳平 24	上声 31	去声 53	阴入 2	阳入 54
阴平 21	24+0 公鸡、丝瓜	21+0 开除、欢迎 24+0 跟头、跟前	——	21+0 欺负、开去 24+0 松树、猪圈	24+0 正月、师傅	24+0 三十、开盒
阳平 24	24+0 蘑菇、南瓜	24+0 煤油、前年	24+0 云彩、萝卜	24+0 时候、便宜 54+0 狐臭、门后	24+0 蝴蝶、茶叶	24+0 粮食、留学
上声 31	31+0 简单	31+0 表扬、酒瓶	31+0 晌午、古董 24+0 蚂蚁、老虎	24+0 冷蛋、柳树	24+0 小麦、满月	24+0 扁食、打杂
去声 53	53+0 地方、大夫	53+0 太阳、算盘	53+0 扫帚、豆腐	53+0 布袋	53+0 大麦、正确	53+0 二十、正直
阴入 2	22+0 发春	2+0 黑来	54+0 竹笋、木耳	54+0 木炭、绿豆 24+0 热闹、铁锈	54+0 一月、出息	54+0 圪石、百合
阳入 54	54+0 学生、石灰 2+0 值班	54+0 石榴、侄儿	——	54+0 白菜、鼻涕 24+0 柏树、盒饭	54+0 媳妇、七踏	——

说明：

①沁水县端氏镇方言中有些非叠字两字组后字读轻声，一般不区分实际调值，一律记为 0。

表 48-3　叠字两字组连读变调规律

前字＼后字	阴平 21	阳平 24	上声 31	去声 53	阴入 2	阳入 54
阴平 21	21+0 哥哥、天天 24+0 姑姑、听听 21+24 刚刚、登登	——	——	——	——	——
阳平 24	——	24+0 爷爷、闻闻 53+0 谜谜、牛牛	——	——	——	——
上声 31	——	——	24+0 姥姥、想想 31+0 嫂嫂、死死	——	——	——
去声 53	——	——	——	53+0 舅舅、看看	——	——
阴入 2	——	——	——	——	2+0 格格、足足 24+0 歇歇、捏捏 54+0 吃吃、拔拔	——
阳入 54	——	——	——	——	——	54+0 叔叔、读读

说明：
①沁水县端氏镇方言叠字两字组轻声音节的实际调值为 2。

四十九　阳城话声韵调

（一）声母 27 个

p 布别八帮　p^h 怕盘胖泼　m 门马忙米　f 飞冯符费　v 闻围味瓦
t 到夺答灯　t^h 太同疼土　n 难怒女年　l 兰路吕连
ts 遭组走资　ts^h 曹仓次从　s 散桑寺三
tʂ 争招之卓　$tʂ^h$ 昌虫潮茶　ʂ 税声扇刷　ʐ 然绕认日
tɕ 焦杰精酒　$tɕ^h$ 枪齐妻秋　ɕ 修西血星
c 经居甲九　c^h 旗掐区茄　ç 虚溪歇香

k 高共歌果　　k^h 开葵宽克　　x 灰红胡化　　ɣ 岸硬蛾袄

ø 严耳元武

声母说明：

①唇齿音 [f] 可以与齐齿呼韵母 [i] 相拼，如："飞"读音为 [fi^{224}]。

② [tɕ、$tɕ^h$、ɕ] 的实际发音部位靠前，听感上介于 [ts、ts^h、s] 与 [tɕ、$tɕ^h$、ɕ] 之间。

③ [n] 与细音相拼时实际发音为舌面前鼻音 [ȵ]。

④以 [u] 作介音的零声母字带有明显的浊擦音声母 [v]，发 [u] 和 [uə] 韵母的零声母字则无浊擦音声母 [v]。

（二）韵母 38 个

ʅ 支师时日			
ɿ 资词私次	i 以第地飞	u 故赌午肚	y 雨居去需
ɑ 爬马色麻	iɑ 架夏牙家	uɑ 花瓜蛙跨	
ə 河歌阿渍		uə 过多左磨	
ɛ 胆三兰含	iɛ 野间捡盐	uɛ 短官关酸	yɛ 靴权园选
o 保桃刀脑	io 条交苗咬		
ʅə 蛇师颤然			
ər 耳儿二而			
ɐu 斗牛收口	iɐu 流修酒秋		
ai 盖妹倍败		uai 怪贵帅对	
əĩ 真声陈任	iəĩ 林银星紧		yəĩ 云群勋军
ɑ̃ŋ 党跟更凳	iɑ̃ŋ 讲良香央	uɑ̃ŋ 光魂棍孙	
		uoŋ 红东母凳	yoŋ 胸琼用宗
ʌʔ 合割百日	iʌʔ 接夹铁甲	uʌʔ 落活郭乐	yʌʔ 药缺月确
əʔ 不直物目	iəʔ 急踢笛立	uəʔ 出鹿绿木	yəʔ 欲曲玉俗

韵母说明：

① [ʅ、ʅə、əĩ] 三个韵母只与舌尖后音声母 [tʂ、$tʂ^h$、ʂ、ʐ] 相拼。

② [ɑ̃ŋ、iɑ̃ŋ、uɑ̃ŋ] 的主要元音 [ɑ] 的开口度比普通话小，舌位比普通话高。

（三）声调 5 个

224　阴平　高开婚粗

22　阳平　穷寒鹅娘

212　上声　古口好纸

51　去声　是社正唱

2　　入声　笔七福麦

声调说明：

①平声分为阴平和阳平。

②中古全浊上声归去声，清上、次浊上今为上声。

③去声不分阴阳。

④入声不分阴阳。

（四）连读变调

本节包括 1 个表格：表 49–1 非叠字非轻声两字组连读变调规律。

表 49–1　非叠字非轻声两字组连读变调规律

前字＼后字	阴平 224	阳平 22	上声 212	去声 51	入声 2
阴平 224	24+224 推车、医生 24+22 西瓜、偷听	22+22 工人、商量	24+212 闺女、多少	22+51 签字、教坏	22+2 亲戚、中国
阳平 22	24+22 农村、毛衣	——	24+212 云彩	——	——
上声 212	21+224 手巾、好心	21+22 口粮、可能	24+212 小姐、厂长	21+51 板凳、考试	21+2 粉笔、小学
去声 51	53+224 是非、重心	53+22 社员、证明	53+212 市长、重点	53+51 厚道、善意	53+2 幸福、动作
入声 2	2+22 国家、革新	——	2+12 热水、月饼	——	——

五十　高平话声韵调

（一）声母 22 个

p 帮布步别　p^h 怕盘泼胖　m 门马茂抹　f 飞冯符复　v 袜我窝胃

t 到道答当　t^h 太同突汤　n 难兰连女　l 鸟扭路拉

tɕ 精酒焦捷　$tɕ^h$ 秋潜齐墙　ɕ 修休鞋习

tʂ 增争蒸竹　$tʂ^h$ 粗池仓深　ʂ 僧生声熟　ʐ 如芮瓤热

c 经结舅减　c^h 丘趋匙奇

k 贵跪狗乖　k^h 开葵苦磕　x 化黑后话

ø 耳言武运

声母说明：

① [tɕ、tɕ^h、ɕ] 的实际发音部位靠前，听感上介于 [ts、ts^h、s] 与 [tɕ、tɕ^h、ɕ] 之间。

② [c、c^h] 两个声母只拼细音，从来源上看都是中古见组细音字。就其出现的位置来说，与 [k、k^h] 构成互补。考虑到其过渡阶段的特征很明显，我们还是把这两个音在音系里单列出来，使其显豁。见组有个别字细音前声母腭化读 [tɕ]，如：“街”。

③零声母属齐齿呼、合口呼的 [i、u] 带有摩擦成分，实际音值为半元音 [j、w]。

（二）韵母 40 个韵母

	i 梯奇取雨	u 土粗猪富
ʅ 资支知事		
ɑ 我爬拿查	iɑ 嫁牙姐也	uɑ 瓜花要抓
ɤ 歌河波窝	iɛ 茄瘸借介	uɤ 多左坐科
ʅɛ 遮车蛇惹		
əʅ 二耳儿而		
ei 杯肺萎飞		uei 推脆吹追
ɛe 开牌柴歪		uɛe 拽怪快揣
ɔo 保梢赵茂	iɔo 敲表轿跳	
ʌu 头口丑收	iʌu 流酒油纠	
æ̃ 南站干盘	iæ̃ 咸尖眼全	uæ̃ 端碗关船
ə̃ĩ 针根梅身	iə̃ĩ 林亲米运	uə̃ĩ 村婚困芮
ɔ̃ 帮张王胖	iɔ̃ 凉羊虹江	uɔ̃ 床光筐双
ə̃ŋ 朋秤更风	iə̃ŋ 冰京钉赢	uə̃ŋ 东宗供怒
	iuə̃ŋ 兄从蓉用	
əʔ 汁特服物	iəʔ 立笔席滴	uəʔ 骨出六哭
ɛʔ 舌着白百	iɛʔ 夹跌雪雀	
ʌʔ 搭八博窝		uʌʔ 脱刮落镯
m̩ 模亩墓牡		

韵母说明：

① [ɤ] 韵母拼唇音声母时，近于圆唇的 [o]。

②没有撮口呼韵母，普通话中读撮口呼的韵母，高平方言中大部分归入齐齿呼。

③ “模、募、某、亩、牡、拇、暮、慕、墓、母” 等字的读音是自成音节的 [m̩]。

④入声韵的喉塞尾 [ʔ] 趋于弱化，部分入声字也已舒化；也有部分字舒声促化。

（三）声调 4 个

33 平声 高低开天穷平鹅娘云
212 上声 古走口好粉五女老有
53 去声 近厚是盖抗共害岸用
2 入声 急竹出七月六局合服

声调说明：

①平声不分阴阳，统称为平声。

②中古全浊上声归去声，清上、次浊上今为上声。

③去声不分阴阳。

④入声不分阴阳。

（四）连读变调

高平方言中的连读变调不太丰富，规律也不甚明显。连读变调主要发生在两字组词语中。本节包括 2 个表格：表 50–1 非叠字两字组连读变调规律；表 50–2 叠字两字组连读变调规律。

表 50–1 非叠字两字组连读变调规律

前字＼后字	平声 33	上声 212	去声 53	入声 2
平声 33	33+53 今年、安排	33+53 甘草、工厂 33+33 酸枣、闺女	35+53 稠饭、咸菜	——
上声 212	——	212+53 水土、好歹	——	——
去声 53	53+35 证明、拜年 35+33 病人、半年	35+212 到底、露水	35+33 近视、变化	35+2 道德、芥末
入声 2	2+53 菊花、学生	2+53 结果、十五	——	——

表 50–2 叠字两字组连读变调规律

前字＼后字	平声 33	上声 212	去声 53	入声 2
平声 33	33+53 姑姑、星星 35+33 回回、明明	——	——	——

续表

前字 \ 后字	平声 33	上声 212	去声 53	入声 2
上声 212	—	212+33 洗洗、好好 212+53 想想、奶奶	—	—
去声 53	—	—	35+33 晒晒、晾晾	—
入声 2	—	—	—	—

五十一　陵川话声韵调

（一）声母 21 个

p 八兵病薄　p^h 派片爬拜　m 麦明泥庙　f 飞风副肥

t 多东毒弟　t^h 讨天甜梯　n 脑南年奴　l 老蓝连路

tʂ 资早贼张　$tʂ^h$ 刺草祠茶　ʂ 丝三事双

tɕ 假姐酒举　$tɕ^h$ 清全车秋　ɕ 想谢十响

c 九酒姐假　c^h 轻权选远

k 高共个瓜　k^h 开苦块靠　x 好灰活滑　ɣ 熬安恩硬

ø 味问热月

声母说明：

① [tʂ、$tʂ^h$、ʂ] 实际发音时舌尖略靠前。

（二）韵母 52 个

ɿ 师丝试指　i 米戏弟泥　u 苦五猪妇　y 雨女徐吕

a 茶爬麻拉　ia 牙鸭假厦　ua 瓦刮花袜

e 辈孩培黑　ie 写鞋邪姐　ue 位对追水　ye 靴学瘸唠

ɤ 歌贺壳撤　uɤ 坐过罗左

o 破磨帽包

ɔo 宝饱炮老　iɔo 笑交桥庙

æe 开排南财　uæe 快追水歪

ei 赔飞北肺　uei 对鬼岁位

əo 豆走楼头　iəo 油六修求

ã 山半兰盘		uã 短官团孪	
əĩ 深根痕肯	iəĩ 盐片县银	uəĩ 寸滚春遵	yəĩ 权云圈选
æ̃ 根恨本盆	iæ̃ 件县片银	uæ̃ 蚊文轮孙	yæ̃ 院卷玄圈
ɑŋ 糖棒胖当	iɑŋ 响讲杨强	uɑŋ 床王双黄	
ɒŋ 房缝访杠	iɒŋ 蝇轻镜瓶	uɒŋ 窗	yɒŋ 粽凶
əŋ 灯升硬缝	iŋ 病星领井	uŋ 东横弄浓	yŋ 兄用穷龙
ʌʔ 塔法辣八	iʌʔ 接贴热节	uʌʔ 活刮托郭	yʌʔ 月药学绝
əʔ 骨色指妇	iəʔ 十急七一	uəʔ 骨出国谷	yəʔ 橘绿局雀
l̩ 二荣力领			

韵母说明：

① [a 、ia、ua] 中主要元音的实际读音为 [ʌ]，这里统一记为 [a]。

② [e、ie、ue、ye] 中的主要元音 [e] 实际发音时舌位略低。

③ [ɑŋ、iɑŋ、uɑŋ] 的鼻音韵尾不明显。

④ [ɒŋ、iɒŋ、uɒŋ、yɒŋ] 的鼻音韵尾不明显。

⑤ [iəʔ 、yəʔ] 受介音影响，其主要元音 [ə] 实际发音时舌位略靠前。

（三）声调 6 个

33	阴平	东该灯风
53	阳平	门龙牛油
312	上声	懂古鬼九
24	去声	路硬乱洞
3	阴入	谷百搭节
23	阳入	麦叶月毒

声调说明：

①阴入、阳入均读短调。阴入调收尾偏降，实际调值为短调 32。阳入实际调值为 24。“六、盒”两字已舒化，调值均为 24。

② “去”字调值为 53。

（四）连读变调

本节包括 3 个表格：表 51-1 非叠字非轻声两字组连读变调规律；表 51-2 非叠字轻声两字组连读变调规律；表 51-3 叠字两字组连读变调规律。

表 51–1 非叠字非轻声两字组连读变调规律

前字＼后字	阴平 33	阳平 53	上声 312	去声 24	阴入 3	阳入 23
阴平 33	——	——	——	——	——	——
阳平 53	24+33 农村、良心	44+53 农民、煤油	44+312 门口、灵巧	44+24 邮票、文化	44+3 油漆、颜色	44+3 传达、魔术
上声 312	31+33 雨天、手枪	31+53 演员、表扬	24+31 举手、保守 31+24 本领、盆里	31+24 小路、广告	31+3 五谷、了结	31+23 小麦、主席
去声 24	——	——	——	——	——	——
阴入 3	——	3+33 泊池	——	——	——	3+3 克服、黑白
阳入 23	——	——	——	——	——	——

说明：

①表中所列“阳平＋阳入、阴入＋阳平、阴入＋阳入”变调类型只辖部分词语。还有读为原调的类型，因不发生变调，故未在表中标出。如：“阳平＋阳入”类未发生变调的有“麻木、灵活”等词。

表 51–2 非叠字轻声两字组连读变调规律

前字＼后字	阴平 33	阳平 53	上声 312	去声 24	阴入 3	阳入 23
阴平 33	33+0 东西、饥荒	33+0 苍蝇、灯笼	33+0 酸枣、牲口	33+0 烟洞、边上	33+0 区别	33+0 收拾、生活
阳平 53	53+0 蘑菇	53+0 裁缝	53+0 云彩、红火	53+0 时候、笤帚	——	53+0 粮食
上声 312	312+0 补丁、打听	321+0 老婆、警察	321+0 晌午、可以	——	312+0 打发	——
去声 24	24+0 大方、弟兄	24+0 动弹、簸箕	24+0 豆腐	24+0 地道、动静	24+0 办法	——
阴入 3	3+0 结巴	3+0 发愁、指头	3+0 橘子	3+0 力气、做伴	3+0 搁下	3+0 腊月、说合
阳入 23	——	23+0 石头、月明	23+0 脖颈、落枕	23+0 热闹、白日	——	——

表 51–3 叠字两字组连读变调规律

前字＼后字	阴平 33	阳平 53	上声 312	去声 24	阴入 3	阳入 23
阴平 33	33+0 妈妈、姑姑	——	——	——	——	——

续表

前字＼后字	阴平 33	阳平 53	上声 312	去声 24	阴入 3	阳入 23
阳平 53	——	53+0 姨姨	——	——	——	——
上声 312	——	——	312+0 奶奶、姥姥	——	——	——
去声 24	——	——	——	24+0 爸爸、舅舅	——	——
阴入 3	——	——	——	——	3+0 拍拍	——
阳入 23	——	——	——	——	——	——

五十二　晋城话声韵调

（一）声母 20 个

p 步播伴八　pʰ 爬喷跑北　m 美米满猛　f 飞府分芳
t 道当第头　tʰ 太桃天团　n 南怒女牛　l 老论连棱
tʂ 遭主资周　tʂʰ 苍缠深鼠　ʂ 辞深瘦肃　ʐ 认然惹日
tɕ 经酒继足　tɕʰ 秋钳丛切　ɕ 休颂俗肃
k 跪狗刚各　kʰ 开葵口扩　x 话红灰黑　ɣ 岸袄牛₁恶
ø 二言牛₂一

声母说明：

① [tʂ、tʂʰ、ʂ、ʐ] 的实际发音部位比普通话靠前，只拼洪音，不拼细音。

②舌根浊擦音 [ɣ] 只与开口呼韵母相拼，不与齐齿呼、合口呼、撮口呼韵母相拼。

（二）韵母 46 个

ʅ 紫迟私治　i 地明宁皮　u 夫如叔苏　y 继去愚取
ɭ 二耳而儿
ʌ 爸哥婆他　iʌ 姐爷也野　uʌ 驼剁唆我
ɑ 爬马打拿　iɑ 架霞嘉丫　uɑ 花挂瓦瓜
ɤ 车科歌惹　iə 你椅　uə 科婆多武　yə 女吕趋须
æ 板满安染　iɛ 姐验件爷　uæ 短恋晚软　yɛ 权员靴瘸

o 保刀劳草　io 条鸟咬轿
ᴇ 盖败爱派　uᴇ 怪槐帅快
ɤɯ 妹飞配尾　uɤɯ 柜推灰水
aɯ 收走欧牛　iaɯ 牛流九休
ẽ 跟庚针争　iẽ 心星音英　uẽ 温论孙横　yẽ 均句群军
ɒ̃ 党忙仓刚　iɒ̃ 讲良乡洋　uɒ̃ 光双王床
ũ 奴谋怒募
oŋ 风棚梦封　uoŋ 龙中怒翁　yoŋ 穷龙颂兄
ʌʔ 八麦发恶　iʌʔ 别灭血脚　uʌʔ 夺桌说入　yʌʔ 缺绝雪劣
əʔ 没木十佛　iəʔ 笔蜜踢集　uəʔ 突叔骨绿　yəʔ 律菊曲俗

韵母说明：

① [ʅ] 的舌位比普通话偏前。

② [oŋ] 限于拼唇音声母，[uoŋ] 限于拼非唇音声母。

③ [ɑ、iɑ、uɑ] 中 [ɑ] 的舌位比普通话明显靠后。

④入声韵的喉塞尾 [ʔ] 非常明显。

（三）声调 5 个

33　阴平　刚高开婚
324　阳平　池麻罗埋
213　上声　穷贫古口
53　去声　父近柱盖
2　入声　说曲出木

（四）连读变调

本节包括 1 个表格：表 52–1 非叠字非轻声两字组连读变调规律。

表 52–1　非叠字非轻声两字组连读变调规律

前字＼后字	阴平 33	阳平 324	上声 213	去声 53	入声 2
阴平 33	——	33+33 周年、天桥	33+21 中等、风水	33+33 家具、灯泡	324+2 生铁
阳平 324	33+33 洋葱、洋灰	324+21 来源、和平 324+13 羊毛、团圆	324+21 传染、长远	33+53 邮票、洋气	213+2 题目、流血 33+2 邮局

续表

前字＼后字	阴平 33	阳平 324	上声 213	去声 53	入声 2
上声 213	——	213+33 水平、口粮	213+21 手表、火把	213+33 子弹、产量 13+21 韭菜、体面	——
去声 53	213+33 卫生	53+21 教员、太平 53+33 自由	324+21 妇女	53+21 教训、笑话 213+53 附近	53+324 放学、上学
入声 2	324+21 白糖 53+53 习题、食堂	——	324+213 白纸 53+213 墨水	324+21 白菜、白布	53+21 实习、独立

五十三　忻州忻府区话声韵调

（一）声母 25 个

p 八兵病婆　pʰ 派片爬婆　m 麦明磨毛　f 飞风副肥　v 味问温王
t 多东躲毒　tʰ 讨天甜土　n 脑南年泥　l 老蓝连路
ts 资早贼竹　tsʰ 刺草祠茶　s 丝三事双　z 软如闰肉
tʂ 张柱争制　tʂʰ 抽车城长　ʂ 手十射晒　ʐ 热绕任入
tɕ 酒九间急　tɕʰ 清全轻权　ɕ 想谢响县
k 高共肝割　kʰ 开看苦宽　ŋ 熬安眼饿　x 好灰活河
ø 月云用药

声母说明：

① [v] 摩擦较轻。

② [n] 与齐齿呼、撮口呼韵母相拼时舌尖略靠后。

③ [k、kʰ、x] 与入声韵相拼时，发音部位略后，实际音值接近 [q、qʰ、χ]。

④ [z] 摩擦较轻。

⑤ [tʂ、tʂʰ、ʂ、ʐ] 发音时舌尖靠后。

（二）韵母 40 个

ɿ 师丝试生　i 米戏病星　u 苦五猪宿　y 雨兄徐举

ʅ 升整池治			
ɑ 茶瓦爬马	iɑ 牙假虾两	uɑ 刮划瓜化	
ɛ 歌婆张饿	iɛ 写响硬茄	uɛ 坐过床双	yɛ 靴
ər 二儿耳而			
æe 开排鞋白		uæe 快怪怀拐	
ei 赔飞卫煤		uei 对鬼会随	
ɔo 宝饱猫绕	iɔo 笑桥表学		
əu 豆走偷凑	iəu 油六修球		
ã 南山半糖	iã 响讲监眼	uã 短官床双	yã 权卷原选
	iɛ̃ 盐年县减		
əŋ 深整升争	iəŋ 新硬病星	uəŋ 寸滚春东	yəŋ 云兄用军
ɑʔ 塔法辣八	iɑʔ 鸭夹雀甲		
ʌʔ 壳色摸剥		uʌʔ 活刮托国	yʌʔ 月削绝决
	iɛʔ 接贴学白		yɛʔ 橘局律宿
əʔ 盒十热直	iəʔ 急七北锡	uəʔ 郭谷六绿	

韵母说明：

① [ɑ] 的实际音值为：单韵母时为 [ᴀ]；齐齿呼为 [ia]；合口呼为 [uɑ]。

② [ɛ、iɛ、uɛ] 三韵中的 [ɛ] 实际音值为 [ᴇ]。

③ [əu、iəu] 里的 [ə] 舌位略后，实际音值接近 [ɤ]。

④ [əŋ、iəŋ、uəŋ、yəŋ] 里的 [ŋ] 舌根没有完全接触软腭，[ə] 已有鼻化色彩。

⑤ [ã] 实际发音时舌根略靠近软腭。

⑥ [ɑʔ、iɑʔ] 中的主要元音 [ɑ] 舌位略前。

⑦ [ʌʔ、uʌʔ、yʌʔ] 中的主要元音 [ʌ] 实际发音介于 [ɔ] 和 [ɑ] 之间。

(三) 声调 4 个

313	阴平上	东该灯风通开天春懂古鬼九统苦讨草买老五有
21	阳平	门龙牛油铜皮糖红白
53	去声	动罪近后冻怪半四痛快寸去卖路硬乱洞地饭树六
32	入声	谷百搭节急哭拍塔切刻六麦叶月毒白盒罚

声调说明：

①阴平上调值313，曲折调收尾处可拖长音。

②阳平调值21，低降。

③去声调值53，高降。

④入声短促，是调值为 32 的短调。入声只在双音节连调时作为第一音节短促，其

他情况下不读短调。

（四）连读变调

本节包括3个表格：表53-1 非叠字非轻声两字组连读变调规律；表53-2 非叠字轻声两字组连读变调规律；表53-3 叠字两字组连读变调规律。

表53-1 非叠字非轻声两字组连读变调规律

前字＼后字	阴平上 313	阳平 21	去声 53	入声 32
阴平上 313	13+31 东风、阴天 31+31 温水、闺女 31+33 打针、改锥	33+31 葱头、公牛 42+31 暖和、炒瓢	42+53 星宿、霜冻	42+32 水笔、理发
阳平 21	42+33 云彩、尘土	——	——	——
去声 53	53+31 地方、菜刀	——	53+31 旱地、地震	——
入声 32	——	——	——	——

说明：

①“阴平上＋阴平上”有三种变调“13+31”、“31+31”和“31+33”，其中“13+31”为主体变调；“阴平上＋阳平”有两种变调“33+31”和“42+31”，其中“33+31”为主体变调。

②连读调例外情形如下：中古平声和中古全清、次清上声连读时，变调不稳定。

③“阴平上＋阴平上”中变调“13+31”不稳定：在部分词中如“山水、瓜果、打闪、水果、左手”中，实际变调为“313+313”；在“天每、肩膀、蚯蚓”中，实际变调为“33+31”；在“火车、普通、水烟”等少数情况下实际变调是“22+33”。

④“阴平上＋阴平上”中变调“31+33”不稳定，在部分词如“小丢、整天、牡丹、藕根、母猪”中，实际变调为“31+313”。

⑤“阳平＋阴平上”中变调“42+33”不稳定，在部分词中如“红薯”中，实际变调为“21+313”；在“黄酒、芫荽”中，实际变调为“21+31”，也可以为“13+313”。

表53-2 非叠字轻声两字组连读变调规律

前字＼后字	阴平上 313	阳平 21	去声 53	入声 32
阴平上 313	313+0 东西、打发	313+0 收成	313+0 师傅、欺负	313+0 垃圾、阴历
阳平 21	21+0 虫子、云彩	21+0 馒头、油条	21+0 蛤蟆	21+0 难活、阳历
去声 53	53+0 户口	53+0 进来、芋头	53+0 翅膀、外父	53+0 记得、下学

续表

前字 \ 后字	阴平上 313	阳平 21	去声 53	入声 32
入声 32	32+0 疙瘩	32+0 窟窿、个别	32+0 乐意	32+0 拾掇、结实

说明：

①忻府区方言大量实词后字可轻读，如“师傅、东西、油条”等。非叠字两字组连读变调的后字（除入声外），词缀“子”及虚词“了、的、哩、哂”等轻化程度较重，其他轻化程度较轻。其中，当后字为入声时，调值较高，实际音值为 3，如“日食、月食、阴历、阳历”等；当后字为非入声时，调值较低，实际音值为 21，如“芋头、乐意”等；个别词后字调值较高，实际音值为 31，如“卧室、翅膀”等。一般不区分实际调值，一律标记为 0。

表 53-3　叠字两字组连读变调规律

前字 \ 后字	阴平上 313	阳平 21	去声 53	入声 32
阴平上 313	13+31 天天、刀刀	——	——	——
阳平 21	——	21+21 苗苗、球球	——	——
去声 53	——	——	53+31 票票、扣扣	——
入声 32	——	——	——	32+32 七七、说说

五十四　原平话声韵调

（一）声母 25 个

p 布步别北　p^h 怕盘胖泼　m 门帽面木　f 非符冯罚　v 蛙危文王

t 到道豆夺　t^h 太同炭铁　n 怒耐难纳　l 路流兰鹿

ts 资早主竹　ts^h 草仓处插　s 散思书刷　z 闰软如入

tʂ 知展招职　$tʂ^h$ 潮池昌吃　ʂ 世声扇实　ʐ 惹日若然

tɕ 精酒经级　$tɕ^h$ 清秋丘乞　ɕ 修写休吸

k 贵歌共国　k^h 夸跪宽克　ŋ 袄爱恩暗　x 胡河红黑

ø 耳延雾远

声母说明：

① [v] 的摩擦较轻。

② [n] 和齐齿呼、撮口呼韵母相拼时是 [ȵ]。

③ [k、kʰ、ŋ、x] 的实际发音部位比北京话略靠后。

（二）韵母 41 个

ɿ 资支翅

ʅ 智逝正升

ɑ 巴茶挖下　　iɑ 家架霞下　　uɑ 花跨抓瓜

ɔ 方党商昂　　iɔ 良乡江阳　　uɔ 装双光黄

ɤ 波多饿锣　　iɤ 爹姐写爷　　uɤ 朵所过科　　yɤ 瘸靴

ər 儿耳二饵

æɛ 排奶债挨　　uæɛ 怪快坏拽

əi 妹飞杯卫　　uəi 推雷岁汇

ɔo 保好老刀　　iɔo 条秒料腰

ɤɯ 偷走奴路　　iɤɯ 流牛口欧

ɛ̃ 般难晚碗　　iɛ̃ 边眼见看　　uɛ̃ 端管栓乱　　yɛ̃ 全选元院

əŋ 分文冷升　　iəŋ 林新停病　　uəŋ 顺春虫送　　yəŋ 军云永用

ɑʔ 法答腊瞎　　iɑʔ 押甲掐狭　　uɑʔ 刷刮猾

əʔ 木服尺黑　　iəʔ 拍跌吉一　　uəʔ 毒叔谷忽　　yəʔ 律局削月

ɔʔ 测设色喝　　uɔʔ 夺脱桌阔

i 米眉平轻　　u 母富图故　　yʉ 居虚语兄

韵母说明：

① [ɑ、iɑ、uɑ] 里的 [ɑ] 舌位较前，实际音值近 [ʌ]。

② [ɛ̃、iɛ̃、uɛ̃、yɛ̃] 里的 [ɛ̃] 鼻化色彩较弱。

③ [əŋ、iəŋ、uəŋ、yəŋ] 里的 [ə] 舌位靠后，实际音值近 [ʌ]。

（三）声调 4 个

213　阴平上　高知五少

33　阳平　穷陈平寒

53　去声　近著杜送

34　入声　急织竹福

声调说明：

①中古平声清声母字与中古上声清声母、次浊声母字今在原平话中声调相同，我们称之为阴平上，其中大部分字可根据连读变调的不同区分出阴平和上声。

②中古全浊声母上声字和中古去声字今在原平话中读去声。

③入声收喉塞尾，不分阴阳。

（四）连读变调

本节包括 4 个表格：表 54–1 非叠字两字组连读变调规律；表 54–2 名词叠字两字组连读变调规律；表 54–3 动词叠字两字组连读变调规律；表 54–4 形容词叠字两字组连读变调规律。

表 54-1　非叠字两字组连读变调规律

前字＼后字	阴平上 213	阳平 33	去声 53	入声 34
阴平上 213	24+213 交通、首长 24+21 司机、理想	24+33 青年、新闻 24+21 英雄、冰糖 213+31 今年、山羊	24+53 开会、消费	24+21 钢铁、西药
阳平 33	33+21 平安、年底	31+33 煤油、绵阳	31+53 门缝、抬杠	31+34 强迫、传说
去声 53	53+21 汽车、丈母	53+21 酱油、算盘	53+21 地下、挂面	35+2 道德、芥末
入声 34	34+21 月饼、结果	——	——	——

说明：
①轻声调值记作 21。

表 54-2　名词叠字两字组连读变调规律

前字＼后字	阴平上 213	阳平 33	去声 53	入声 34
阴平上 213	21+53 哥哥、姑姑 21+24 姐姐、嫂嫂	——	——	——
阳平 33	——	31+33 爷爷、姨姨	——	——
去声 53	——	——	53+21 舅舅、爸爸 53+213 棍棍、罐罐	——
入声 34	——	——	——	——

表 54-3 动词叠字两字组连读变调规律

前字＼后字	阴平上 213	阳平 33	去声 53	入声 34
阴平上 213	213+21 听听、想想	——	——	——
阳平 33	——	33+21 闻闻	——	——
去声 53	——	——	53+21 看看	——
入声 34	——	——	——	34+21 歇歇

说明：
①前一字主要元音的发音要自然延长。

表 54-4 形容词叠字两字组连读变调规律

前字＼后字	阴平上 213	阳平 33	去声 53	入声 34
阴平上 213	24+213 酸酸儿、光光儿 21+213 扁扁儿、满满儿	——	——	——
阳平 33	——	33+213 凉凉儿、甜甜儿	——	——
去声 53	——	——	53+213 脆脆儿、碎碎儿	——
入声 34	——	——	——	34+213 辣辣儿、直直儿

说明：
①单音节重叠一般要儿化，变成“AA 儿”式。

五十五　定襄话声韵调

（一）声母 24 个

p 八兵病破	p^h 派片爬排	m 麦明米妹	f 飞风副蜂	v 瓦味问温
t 多东毒递	t^h 讨天甜条	n 脑南年泥		l 老蓝连路
ts 资早租张	ts^h 刺草寸祠		s 丝三双祠	
tʂ 张制州占	$tʂ^h$ 抽车城池		ʂ 手十深烧	ʐ 人任日热

tɕ 酒九橘军	tɕ^h 清全轻权		ɕ 想谢响县
k 高共光各	k^h 开筐肯壳	ŋ 熬安哑饿	x 好灰活害
ø 月王云用			

声母说明：

① [v] 是唇齿浊擦音，实际发音时摩擦较轻。

② [tʂ、tʂ^h] 实际发音时舌尖略靠后。

（二）韵母 42 个

ɿ 师丝试紫	i 米戏星艺	u 苦五猪步	y 雨兄女吕
ʅ 制迟寺池			
a 茶瓦把沙	ia 牙下假两	ua 花瓜挂划	
æ 南山糖反	iæ 讲铅秧	uæ 关光慌筐	
ɔ 歌床双个	iɔ 响姜像娘		yɔ 靴
ə 车蛇射	ie 写硬野姐	uə 坐过王错	
ər 二儿耳			
ɛi 开排鞋白	iɛi 戒街解蟹	uɛi 快个怪怀	
ei 赔飞背妹		uei 对鬼雷灰	
ɔu 宝饱毛刀	iɔu 交笑桥表		
əu 豆走路斗	iəu 油袖九六		
ə̃ 占染战扇	iə̃ 盐年尖验	uə̃ 搬半短官	yə̃ 权选圈院
əŋ 深根春灯	iəŋ 心新病星	uəŋ 寸滚东墩	yəŋ 云用俊裙
aʔ 塔法辣八	iaʔ 鸭鼻夹甲	uaʔ 刮滑夺桌	
əʔ 盒十热出	iəʔ 接贴急白	uəʔ 国谷六绿	yəʔ 月橘学局

韵母说明：

① [əʔ、iəʔ、uəʔ、yəʔ] 的主元音 [ə]，实际发音时舌位靠前。

② [ɛi] 的韵尾 [i] 实际发音时开口度略大，舌位较低，实际音值为 [ɪ]。

（三）声调 4 个

24	阴平上	高知有白
11	阳平	铜皮糖红
53	去声	地饭树六
1	入声	毒白盒六

声调说明：

①来自中古清声母的平声字与来自中古清声母、次浊声母的上声字声调相同，读

音为 24，有时略带曲折，起点略降，但不到 1 度。

②阳平有时起点略降，实际音值为 211。

③入声单念时，声调略有舒化色彩；连读时，入声作为第一音节，声调非常短促。

（四）连读变调

本节包括 3 个表格：表 55-1 非叠字非轻声两字组连读变调规律；表 55-2 非叠字轻声两字组连读变调规律；表 55-3 叠字两字组连读变调规律。

表 55-1　非叠字非轻声两字组连读变调规律

前字＼后字	阴平上 24	阳平 11	去声 53	入声 1
阴平上 24	24+42 高山、分工 42+24 假山、许多	24+42 鸡头、书名 42+11 假如、雨鞋	42+53 经验、基地	42+1 粉笔、努力
阳平 11	——	——	——	——
去声 53	44+0 汉奸、汽车	44+0 后年、教员	——	44+1 教室、树木
入声 1	——	——	——	——

表 55-2　非叠字轻声两字组连读变调规律

前字＼后字	阴平上 24	阳平 11	去声 53	入声 1
阴平上 24	24+0 冬天、先生	24+0 天才、工钱	——	24+0 中国、工业
阳平 11	11+0 凉水、元宝	——	——	——
去声 53	53+0 后生、衬衣	53+0 自己、道理	53+0 豆面、记性	——
入声 1	——	1+0 木头、洛阳	——	1+0 白铁、学习

说明：

①定襄方言中有些非叠字两字组后字读轻声，一般不区分实际调值，一律记为 0。

表 55-3 叠字两字组连读变调规律

前字＼后字	阴平上 24	阳平 11	去声 53	入声 1
阴平上 24	42+53 姑姑、娃娃 42+21 姐姐、铲铲 24+53 想想、挤挤	——	——	——
阳平 11	——	11+53 迟迟、停停	——	——
去声 53	——	——	53+11 爸爸、妹妹	——
入声 1	——	——	——	1+53 伯伯、月月

五十六　五台话声韵调

（一）声母 20 个

p 摆笨布鼻　　p^h 坡骗菩拍　　m 梅秒暮默　　f 丰放符法

t 到叠短德　　t^h 腾探逃土　　n 耐挪女聂　　　　　　l 楼丽垒吕

ts 在纸状桌　　ts^h 财脆锄测　　　　　　s 山宋所水　　z 锐任人热

tɕ 挤叫均绝　　$tɕ^h$ 跳渠抢漆　　　　　　ɕ 下羞小雪

k 盖锅贵国　　k^h 肯狂刻跪　　ŋ 饿袄爱藕　　x 虎含混瞎

ø 耳延雾远

声母说明：

①[n] 声母和开口呼、合口呼韵母相拼时是 [n]，和齐齿呼、撮口呼韵母相拼时是 [ȵ]。

②五台城关话只有一套舌尖音声母 [ts、ts^h、s]，下五台话有两套舌尖音声母，为 [ts、ts^h、s] 和 [tʂ、$tʂ^h$、ʂ]。

③[tɕ、$tɕ^h$、ɕ] 只拼细音，不拼洪音。

④[ŋ] 声母是舌面后鼻音，发音部位与 [k、k^h、x] 相同。

⑤[z] 声母是舌尖前浊擦音，与开口呼、合口呼韵母相拼。

⑥其他声母音值与北京话大致相同。

（二）韵母 42 个

ɿ 资世丝纸　　i 比提李米　　u 粗布墓书　　y 居徐吕取

ə 子	iə 咧		
ɑ 马拉巴下	iɑ 价卡家牙	uɑ 抓瓜花瓦	
ɔ 多拖歌狼	iɔ 墙姜匠香	uɔ 过货帮晃	
ɛ 买抬斋盖	iɛ 进冷茄介	uɛ 拽帅怪外	yɛ 瘸靴倔
ər 二儿而耳			
ɿɛ 者社车遮			
ei 杯妹豆努	iey 丢流纠酒	uei 追归雷贵	
ɑɔ 保道捞考	iɑɔ 掉条教巧		
ə̃ 然展缠扇	iə̃ 面演电浅	uə̃ 短团官船	yə̃ 卷劝圆权
æn 感站南兰	iæn 眼拣嵌简	uæn 矿关惯幻	
ən 本灯根胜	iən 林音兵应	uən 轮困东统	yən 轮运穷军
əʔ 拾直蛰去	iəʔ 北灭结德	uəʔ 落毒国物	yəʔ 确掘曲肃
ɑʔ 答榻辣瞎	iɑʔ 掐甲鸭夹	uɑʔ 刮刷袜猾	
ɔʔ 渴割托窄			

韵母说明：

① [ɑ] 包括两个 [A] 和 [ɑ] 两个音素。[A] 出现在 [ɑ、iɑ、uɑ] 三个韵母中；[ɑ] 出现在 [ɑɔ、iɑɔ] 和 [ɑʔ、iɑʔ、uɑʔ] 五个韵母中。

② [ɿɛ] 韵母只出现在声母 [ts、ts^{h}、s、z] 后面。

③ [iey] 韵母舌位靠前，嘴唇有一个很短的由展到圆的动程。

④ [ɔ、iɔ、uɔ] 三个韵母中，[ɔ] 单独作韵母开口度较大，[iɔ、uɔ] 中的 [ɔ] 开口度较小。

⑤ [ɑɔ] 韵母收尾的开口度介于 [o] 和 [ɔ] 之间。

⑥ [ə] 韵母下只有一个例字：做词尾的“子”[lə^{21}]；[iə] 韵母下只有一个例字：助词“咧”[liə^{21}]。

⑦入声韵的喉塞尾较明显。

（三）声调 4 个

213	阴平上	抽伤古手
33	阳平	穷陈唐平
52	去声	父正抗送
3	入声	织竹福锡

声调说明：

①中古清声母平声字与中古清声母上声字、次浊声母字今在五台话中声调相同，我们称之为阴平上。其中大部分字可根据连读变调的不同区分出阴平和上声。

②中古全浊声母上声字和中古去声字今在五台话中读去声。
③入声收喉塞尾，不分阴阳，读短促调。

（四）连读变调

本节包括1个表格：表56-1 非叠字非轻声两字组连读变调规律。

表56-1 非叠字非轻声两字组连读变调规律

前字＼后字	阴平上213	阳平33	去声52	入声3
阴平上213	24+213 交通、举手 21+213 火车、手枪	24+33 青年、天堂 21+33 党员、海绵	21+52 打扮、草帽	24+3 筋骨、钢笔 21+3 火药、改革
阳平33	33+21 平安、门窗	——	——	——
去声52	52+21 汽车、电灯	——	——	——
入声3	——	——	——	——

五十七 岢岚话声韵调

（一）声母24个

p 八兵病布　pʰ 派片爬婆　m 麦明米妹　f 飞风副肥　v 味问温王
t 多东毒带　tʰ 讨天甜台　n 脑南年泥　l 老蓝连路
ts 资早灶争　tsʰ 刺草祠茶　s 丝三酸祠
tʂ 租坐张竹　tʂʰ 寸抽拆初　ʂ 双顺手书　ʐ 热软染绕
tɕ 酒九姐举　tɕʰ 清全轻权　ɕ 想谢响县
k 高共个果　kʰ 开课苦去　ŋ 熬安爱岸　x 好灰活花
ø 月云用药

声母说明：

① [v] 实际发音时唇齿摩擦较轻。

② [tʂ、tʂʰ、ʂ、ʐ] 实际发音时舌尖略靠后。[tʂ、tʂʰ、ʂ] 发音有时不稳定，读作 [ts、tsʰ、s]。

（二）韵母33个

ɿ 师丝试紫　i 米戏宜鸡　u 苦五猪布　y 雨举渠女

ʅ知世迟程

a 把茶瓦爬　ia 牙夏下鸭　ua 瓜化挂抓

æ 南山半蚕　iɛ 写鞋盐年　uæ 短官赚换　yɛ 靴权选卷

ɤ 歌破鹅墨　uɤ 坐过锁课

ɔ 糖床王双　iɔ 响娘讲亮

ər 二耳儿而

ɛi 开排赔白　uɛi 对快鬼灰

əu 豆走奴路　iu 油六旧牛

ɑu 宝饱讨道　iɑu 笑表桥学

əŋ 深根灯升　iəŋ 心新硬病　uəŋ 寸滚春东　yəŋ 云兄用俊

aʔ 盒塔法辣　uaʔ 活刮托国

iɛʔ 鸭七白墨　yɛʔ 月橘学局

əʔ 十直尺去　uəʔ 骨出郭谷

韵母说明：

① [ʅ] 实际发音时舌尖略靠后。

② [ɤ、uɤ] 中的主要元音 [ɤ] 实际发音时舌位略靠前。

③ [uɛi] 中的主要元音 [ɛ] 实际发音时比 [ɛi] 中的主要元音 [ɛ] 舌位略高。个别唇齿声母字如“飞”比双唇声母字如“败”舌位略高。舌尖音与合口呼韵母相拼时，[uɛi] 中的主要元音 [ɛ] 实际发音时舌位略高。

④ [iu] 的主要元音发音较弱，实际音值为 [iᵊu]。

⑤ [aʔ、uaʔ] 实际发音时舌位略靠后。

（三）声调 4 个

13　阴平上　东该五少

44　阳平　门龙牛白

52　去声　罪近后六

4　入声　白罚缺湿

声调说明：

①阴平上的收尾有时比 3 略高。

②去声的收尾比 2 略低。

（四）连读变调

本节包括 3 个表格：表 57–1 非叠字非轻声两字组连读变调规律；表 57–2 非叠字轻声两字组连读变调规律；表 57–3 叠字两字组连读变调规律。

表 57-1 非叠字非轻声两字组连读变调规律

前字＼后字	阴平上 13	阳平 44	去声 52	入声 4
阴平上 13	22+44 浇花、飞机 13+21 担保、修改 21+13 雨衣、马车	22+44 青年、光荣	21+52 广告、奖励	21+4 祖国、火药
阳平 44	——	——	——	——
去声 52	52+21 报纸、痛苦	——	——	——
入声 4	4+21 刻苦、木马	——	——	——

表 57-2 非叠字轻声两字组连读变调规律

前字＼后字	阴平上 13	阳平 44	去声 52	入声 4
阴平上 13	13+0 东风、端午、 冷水、莴笋	——	——	21+0 冷子
阳平 44	44+0 晴天、牛奶	44+0 茶壶、厨房	——	44+0 提拔
去声 52	52+0 电灯、误解	52+0 问题、害虫	52+0 世界	52+0 用法
入声 4	4+0 热水	——	——	4+0 腊月、学习

说明：

①非叠字两字组连读时，部分后字读轻声。轻声的实际调值为 21，统一标记为 0。

表 57-3 叠字两字组连读变调规律

前字＼后字	阴平上 13	阳平 44	去声 52	入声 4
阴平上 13	21+44 哥哥、车车 21+13 嫂嫂、姊姊	——	——	——
阳平 44	——	44+0 爷爷、娘娘	——	——

续表

前字＼后字	阴平上 13	阳平 44	去声 52	入声 4
去声 52	——	——	52+0 舅舅、面面	——
入声 4	——	——	——	4+0 叔叔、歇歇

说明：

①“阴平上＋阴平上”组合时，有两种变调情况，分别是：“21+44”和“21+13”。从中古清平演变为阴平的字，前一音节变为 21，后一音节变为 44；从中古清上演变为阴平的字，前一音节变为 21，后一音节变为 13。

②叠字组为阳平、去声和入声时，相叠的第一音节均保持原调，相叠的第二音节为轻声。轻声的实际调值为 21，统一记为 0。

五十八　五寨话声韵调

（一）声母 21 个

p 八兵把病　p^{h} 派片爬破　m 麦明眉猫　f 飞风副蜂　v 味问温王

t 多东躲毒　t^{h} 讨天甜土　n 脑南年泥　l 老蓝连路

ts 资早租张　ts^{h} 刺草寸祠　s 丝三酸祠　z 热软如绕

tɕ 酒九减夹　$tɕ^{h}$ 清全轻权　ɕ 想谢响县

k 高共歌果　k^{h} 开看课苦　ŋ 熬安爱饿　x 好灰活盒

ø 月云用药

声母说明：

① [v] 发音时摩擦较轻；

② [n] 与齐齿呼韵母相拼时，由于受前元音的影响，实际音值与 [ȵ] 相近；

③ [k、k^{h}、ŋ、x] 与开口呼韵母 [æ、ei、əu] 相拼时，带有摩擦成分，实际音值相当于 [kj、k^{h}j、ŋj、xj]。

（二）韵母 37 个

ɿ 师丝试制　i 米戏眉艺　u 苦五猪毛　y 雨女吕徐

a 茶瓦爬沙　ia 牙鸭假岩　ua 化瓜抓划

æ 南山半暗　iæ 写鞋便茄　uæ 短赚官乱　yæ 靴

iɪ 盐年减签　yɪ 权卷冤选

ɤ 歌饿河薄　uo 坐过躲所

ɒ 糖床王双　iɒ 响讲娘秧

ər 二儿耳			
ei 开赔飞白		uei 对快鬼最	
əu 豆走藕偷	iəu 油六桥旧		
ɑu 宝饱猫毛	iɑu 笑交桥学		
əɣ̃ 深根灯横	iəɣ̃ 心新硬病	uəɣ̃ 寸滚东横	yəɣ̃ 云兄用俊
aʔ 十辣八薄	iaʔ 甲接夹叶	uaʔ 活刮托郭	
	iɛʔ 接贴节白		yɛʔ 月缺绝学
əʔ 十直尺去	iəʔ 急七一北	uəʔ 骨出国谷	yəʔ 橘局律决

韵母说明：

① [y] 实际发音略有摩擦。

② [ər] 的卷舌动作不明显。

③ [ɒ] 实际发音时唇形略展。

④ [æ、uæ] 中的主要元音 [æ] 略带轻微鼻化。

⑤ [yɪ] 中的 [ɪ] 比 [iɪ] 中的 [ɪ] 实际发音舌位略低，开口度略大。

⑥ [iɑu] 中的主要元音 [ɑ] 受前后高元音的影响，实际发音时舌位比 [ɑu] 中的主要元音 [ɑ] 略高。

⑦ [uəɣ̃] 中的 [ə] 在降调中动程较短。

⑧ [uəɣ̃、yəɣ̃] 中 [ɣ] 的鼻化比较弱。

⑨ [iəʔ、yəʔ] 中的主要元音 [ə] 实际发音时舌位略靠前，[iɛʔ、yɛʔ] 中的主要元音 [ɛ] 实际发音时舌位略低。

（三）声调 4 个

13	阴平上	东该古手
44	阳平	门龙牛白
52	去声	罪近后六
4	入声	毒白盒罚

声调说明：

①阴平上总体是升调，起音有微降，但不明显。收尾略高，接近 4。

②去声时长较短，实际收尾比 2 略低一些。

（四）连读变调

本节包括 3 个表格：表 58-1 是非叠字非轻声两字组连读变调规律；表 58-2 是非叠字轻声两字组连读变调规律；表 58-3 是叠字两字组连读变调规律。

表 58-1 非叠字非轻声两字组连读变调规律

前字＼后字	阴平上 13	阳平 44	去声 52	入声 4
阴平上 13	11+33 公鸡、冬瓜 31+13 小葱、火车	11+44 中年、公民 31+44 口粮、党员	31+52 口试、韭菜	31+4 小雪、小麦
阳平 44	——	——	——	——
去声 52	——	——	——	——
入声 4	——	——	——	——

表 58-2 非叠字轻声两字组连读变调规律

前字＼后字	阴平上 13	阳平 44	去声 52	入声 4
阴平上 13	13+0 小米、早晚	——	——	13+0 生铁 31+0 冷子、小子
阳平 44	44+0 传统、成本	44+0 硫黄	——	——
去声 52	52+0 政府、对比	52+0 太平、后年	52+0 气话、挂面	52+0 用法、外国
入声 4	4+0 石板、侄女	——	——	——

说明：

①五寨方言中，非叠字两字组连读时，部分后字读轻声，轻声的实际音值为 21，这里统一标记为 0。

表 58-3 叠字两字组连读变调规律

前字＼后字	阴平上 13	阳平 44	去声 52	入声 4
阴平上 13	11+33 杯杯、刀刀 31+13 本本、嘴嘴 13+0 星星、穿穿	——	——	——
阳平 44	——	44+0 牌牌、尝尝	——	——

续表

前字＼后字	阴平上 13	阳平 44	去声 52	入声 4
去声 52	——	——	52+0 扣扣、架架	——
入声 4	——	——	——	4+0 叔叔、歇歇

说明：
①轻声的实际音值为 21，统一标记为 0。

五十九　宁武话声韵调

（一）声母 21 个

p 八兵病薄	pʰ 派片爬婆	m 麦明磨眉	f 飞风副蜂	v 味问温王
t 多东毒低	tʰ 讨拖台偷	n 脑南年泥		l 老蓝连路
ts 资早租字	tsʰ 刺草寸祠		s 丝三酸祠	z 热软如绕
tɕ 酒九钳接	tɕʰ 天甜清全		ɕ 想谢响县	
k 高共个果	kʰ 开去亏跪	ŋ 熬安饿爱	x 好灰活害	
ø 月云用药				

声母说明：

① [f] 与单元音 [u] 相拼时，上齿不碰下唇，接近双唇清擦音 [ɸ]，但双唇特征不突出。

② [v] 摩擦较弱。

（二）韵母 33 个

ɿ 师丝试制	i 米戏眉梯	u 苦五猪布	y 雨女许举
ɐ 二儿耳而			
ᴀ 把茶瓦下	iᴀ 牙假下哑	uᴀ 花瓜抓挂	
æ 南山半染	iɛ 写鞋盐年	uæ 短官赚乱	yɛ 靴权选卷
ɒ 歌糖王婆	iɒ 响讲娘两	uɒ 坐过床双	
ᴇe 开排赔飞		uᴇe 对快鬼雷	
ɔu 宝饱帽刀	iɔu 交笑票桥		
əu 豆走偷路	iəu 油旧修六		
ɤɯ 深根灯升	iɤɯ 心新硬病	uɤɯ 寸滚春东	yɤɯ 云兄用轮

ᴀʔ 盒塔法辣　　iᴀʔ 鸭接贴药　　uᴀʔ 活刮托郭　　yᴀʔ 月学绝缺
əʔ 十直尺侄　　iəʔ 急七一锡　　uəʔ 骨出谷六　　yəʔ 橘局律削

韵母说明：

① [ɿ] 是舌尖前元音，摩擦较重。

② [u] 作为单元音韵母时，在 [f] 后的读音近 [v]。

③ [ɒ] 在果摄开口一等字和假摄开口三等字中有时圆唇度减弱、舌位略高，在语流中有时读成 [ɤ]，如“河、个、车”。

④ [uᴀ] 受介音影响，主要元音 [ᴀ] 的舌位略靠后。

⑤ [uo] 中主要元音 [o] 的舌位略低。

⑥ [uᴇe] 受介音影响，[ᴇe] 的开口度略小，接近 [ei]。

⑦ [uo] 有零声母的情况，如“我”读为 [uo^{213}]。

（三）声调 5 个

23　　阴平　　东该灯风
33　　阳平　　门龙牛油
213　　上声　　懂古鬼九
52　　去声　　动罪近六
4　　入声　　谷百搭六

声调说明：

①阴平为中升调，起音略有降势，但时长极短，降幅不到 1 度，调值记为 23。

②阳平基本为平调，实际音值比 3 高，但不到 4 度；尾音略有降势，但不明显，调值记为 33。

③上声为明显的曲折调，与阴平相比，降、升两势分明，调值记为 213。

④去声为高降调，调值记为 52。个别字音降幅略小，近 53。

⑤入声调型趋平，读单字时有时促化不明显，但比阳平发音短促，调值记为 4。

（四）连读变调

本节包括 3 个表格：表 59-1 非叠字非轻声两字组连读变调规律；表 59-2 非叠字轻声两字组连读变调规律；表 59-3 叠字两字组连读变调规律。

表 59-1　非叠字非轻声两字组连读变调规律

前字 \ 后字	阴平 23	阳平 33	上声 213	去声 52	入声 4
阴平 23	——	21+33 棺材、芝麻	——	21+52 天气、冬至	——

续表

前字＼后字	阴平 23	阳平 33	上声 213	去声 52	入声 4
阳平 33	——	——	——	——	——
上声 213	32+23 火车、草鸡	32+33 火炉、党员	——	21+52 以后、考试	21+4 小麦、祖国
去声 52	——	——	——	——	——
入声 4	——	——	——	——	——

说明：

①“下来、耳朵”不符合以上变调规律，其实际读音为：“下来”，52+33 > 52+23；“耳朵”213+213>21+213。

表 59-2 非叠字轻声两字组连读变调规律

前字＼后字	阴平 23	阳平 33	上声 213	去声 52	入声 4
阴平 23	23+0 东风、花生	——	23+0 端午、山水	——	——
阳平 33	33+0 元宵、梅花	33+0 明年、回门	33+0 云彩、苹果	——	33+0 油漆、颜色
上声 213	——	213+0 早晨、暖和	213+0 冷水、滚水	——	——
去声 52	52+0 地方、外甥	52+0 后年、酱油	52+0 下水、屁股	52+0 看见、大豆	——
入声 4	4+0 北京、菊花	——	——	——	——

说明：

①轻声实际调值为 21。“葵花”一词不符合以上变调规律，实际读音为 33+23>23+0。

表 59-3 叠字两字组连读变调规律

前字＼后字	阴平 23	阳平 33	上声 213	去声 52	入声 4
阴平 23	23+0 公公、姑姑	——	——	——	——
阳平 33	——	33+0 婆婆、爷爷	——	——	——
上声 213	——	——	21+213 姐姐、嫂嫂	——	——

续表

前字＼后字	阴平 23	阳平 33	上声 213	去声 52	入声 4
去声 52	——	——	——	52+0 舅舅、弟弟	——
入声 4	——	——	——	——	4+0 叔叔、伯伯

说明：

①轻声的实际调值为 21。

六十　神池话声韵调

（一）声母 22 个

p 八把兵病　p^h 派片爬破　m 麦明磨米　f 飞风副蜂　v 味问温王

t 多东毒对　t^h 土讨拖偷　n 脑南暖嫩　l 老蓝连路

ts 资早租字　ts^h 刺草寸抽　s 丝三酸祠　z 热软闰让

tɕ 酒九姜角　$tɕ^h$ 天甜清全　ȵ 年泥女牛　ɕ 想谢响县

k 高共感鸽　k^h 开课苦块　ŋ 熬安藕恩　x 好灰活货

ø 月云用药

声母说明：

① [v] 是唇齿浊擦音，摩擦较轻，实际音值为 [ʋ]。

② [k、k^h、ŋ、x] 实际发音时舌面略靠前，和软腭的接触略松。

（二）韵母 38 个

ɿ 师丝试制　i 米戏艺眉　u 苦五猪土　y 雨女吕去

ə 二儿耳而

ᴀ 茶瓦马爬　iᴀ 牙假哑匣　uᴀ 瓜花化华

ɒ 糖王让尝　iɒ 响讲娘两　uɒ 床双装慌

ɔ 歌个破波　uɔ 坐过课货

ɤ 鹅饿河车　iɛ 写鞋叠姐　yɛ 靴瘸月

æ 南山半暖　ie 盐年减黏　uæ 短官赚乱　ye 权选卷圆

ɛe 开排赔飞　uɛe 对快鬼罪

əu 豆走偷粥　iəu 油六牛旧

ɔo 宝饱熬靠　iɔo 笑交桥学$_1$

ə̃ 深根争横	iə̃ 心新硬星	uə̃ 寸滚春横	yə̃ 云兄用军
ᴀʔ 盒塔壳色	iᴀʔ 鸭接药学$_2$	uᴀʔ 活刮托郭	yᴀʔ 月绝血学
əʔ 十直尺去	iəʔ 急七一北	uəʔ 骨出谷绿	yəʔ 橘局律削

韵母说明：

① [ɔ、uɔ] 和 [ɔo、iɔo] 中的 [ɔ] 唇形略展，实际音值介于 [ʌ] 和 [ɔ] 之间。

② [ə̃] 的鼻化色彩较弱，后面带有一个轻微的舌根浊擦音 [ɣ]。

③ [ᴀʔ、iᴀʔ、uᴀʔ、yᴀʔ] 中的 [ᴀ] 舌位略高，实际音值接近 [ɐ]。

（三）声调 5 个

24　阴平　东该灯风

32　阳平　门龙牛油

13　上声　懂古鬼九

52　去声　动罪近后

4　入声　谷百搭节

声调说明：

①上声起点略降，实际调值接近 213，但降幅不太明显，记作 13。

（四）连读变调

本节包括 3 个表格：表 60–1 非叠字非轻声两字组连读变调规律；表 60–2 非叠字轻声两字组连读变调规律；表 60–3 叠字两字组连读变调规律。

表 60–1　非叠字非轻声两字组连读变调规律

前字＼后字	阴平 24	阳平 32	上声 13	去声 52	入声 4
阴平 24	24+21 飞机、声音	21+32 开门、冰糖	24+21 浇水、烧火	21+52 天气、抽屉	21+4 煎药、钢笔
阳平 32	24+21 红砖、柴堆	24+21 咸盐、麻油	24+21 流水、皮袄	——	24+21 流血、名额
上声 13	21+24 奶妈、好心	21+32 请人、脸盆	13+21 举手、满酒	21+52 老汉、手气	21+4 小雪、眼力
去声 52	52+21 跳高、气粗	52+21 地图、拜年	52+21 送礼、下雨	——	52+21 教室、自学
入声 4	——	——	——	——	4+21 腊月、合作

说明：

①表中所列“阴平 + 入声”变调类型只辖部分词。还有读为原调的类型，因后者未变调，故未在表中标出。未发生变调的有“正月、山药”等词。

表 60-2 非叠字轻声两字组连读变调规律

前字＼后字	阴平 24	阳平 32	上声 13	去声 52	入声 4
阴平 24	24+0 花生、风筝	24+0 香油、猪油	24+0 闺女、应许	24+0 甘蔗	24+0 汤药、沙子
阳平 32	32+0 蘑菇、元宵	32+0 阳婆、男人	32+0 云彩、朋友	32+0 和尚、菩萨	32+0 这个、前日
上声 13	13+0 尾巴、远方	13+0 早晨、里头	13+0 雨伞、老虎	——	13+0 好活、李子
去声 52	52+0 地方、外甥	52+0 算盘、事情	52+0 屁股、翅膀	52+0 继父、大豆	52+0 那个、号脉
入声 4	——	4+0 石头、核桃	4+0 失火、竹竿	——	4+0 吃药、妯娌

说明：
①神池方言中有些非叠字两字组后字读轻声，实际调值多为 21，一律记为 0。

表 60-3 叠字两字组连读变调规律

前字＼后字	阴平 24	阳平 32	上声 13	去声 52	入声 4
阴平 24	24+0 摊摊、花花	——	——	——	——
阳平 32	——	33+0 绳绳、牛牛	——	——	——
上声 13	——	——	11+0 饼饼、姐姐	——	——
去声 52	——	——	——	52+0 褂褂、袋袋	——
入声 4	——	——	——	——	4+0 角角、叔叔

说明：
①神池方言中叠字两字组后字读轻声时，实际调值为 21 或 32。

六十一 繁峙话声韵调

（一）声母 22 个

P 八兵步病　　p^h 派片爬婆　　m 麦明马埋　　f 飞风副蜂　　v 味问温王

t 多东毒袋	tʰ 讨天甜拖	n 脑南嫩浓		l 老蓝连路
ts 资早刺张	tsʰ 刺草寸祠		s 丝三酸祠	ʐ 热软容褥
tɕ 酒九姐局	tɕʰ 清全轻权	ȵ 年泥女牛	ɕ 想谢响县	
k 高共歌规	kʰ 开跪亏靠	ŋ 熬安藕暗	x 好灰活祸	
ø 月云用容				

声母说明：

① [v] 为唇齿浊擦音，发音时唇齿摩擦较重。

② [ȵ] 为舌面前浊鼻音，发音部位与 [tɕ、tɕʰ、ɕ] 相同。由于舌面特征明显，未与舌尖中浊鼻音 [n] 合并。

③ [s] 声母由于受普通话的影响，大部分读 [s]，如“石、舌、使、试”等；小部分读 [ʂ]，如“蛇、设”等；个别字在语流中实际发音有时读 [s]，有时读 [ʂ]，如“书、双、式、室”等。因没有规律可循，不区别意义，这里将 [ʂ] 作为 [s] 的变体，统一记为 [s]。

④以 [ts、tsʰ] 为声母的个别字在语流中实际发音时略带卷舌。

（二）韵母 37 个

ɿ 师丝试紫	i 米戏泥鸡	u 苦五猪粗	y 雨许举区
a 茶瓦爬马	ia 牙下哑夏	ua 话瓜划花	
ɛ 南山半贪	iɛ 写鞋盐年	uɛ 短官乱酸	yɛ 靴权选院
ɔ 糖王帮党	iɔ 响讲娘两	uɔ 床双装狂	
ɤ 歌盒饿破		uɤ 坐所过活	
ər 二儿耳而			
ai 开排白该		uai 快怀拐乖	
ei 赔飞卫碑		uei 对岁鬼嘴	
ɑo 宝饱道逃	iɑo 笑桥学庙		
əu 豆走楼够	iəu 油六旧牛		
əŋ 深根灯升	iəŋ 心新硬病	uəŋ 寸滚春东	yəŋ 云兄用穷
aʔ 塔法辣八	iaʔ 鸭接贴节	uaʔ 活刮托国	yaʔ 月绝缺学
əʔ 十直尺个	iəʔ 急七一北	uəʔ 骨郭谷绿	yəʔ 橘绿局裕

韵母说明：

① [ɤ] 韵母的个别字实际发音时舌位略靠前，如“盒、可”等。

② [ai、uai] 中的 [a] 实际发音时舌位略高，[i] 实际发音时舌位略低。

③ [ɑo、iɑo] 中的 [ɑ] 实际发音时舌位略高。

④ [iəu] 中的主要元音 [ə] 实际发音时舌位略高，动程较短，近于 [iu]。

⑤ [ɛ、uɛ] 中的主要元音 [ɛ] 实际发音时舌位略低，近于 [æ、uæ]。

⑥ [əŋ、iəŋ、uəŋ、yəŋ] 中的主要元音 [ə] 实际发音时舌位靠后，近于 [ʌ]，韵尾的舌根没有完全抵住软腭，鼻音色彩较弱。

（三）声调 4 个

53　阴平上　东该古手
31　阳平　门龙牛油
24　去声　动罪近后
$\underline{13}$　入声　谷百搭节

声调说明：

①阴平上是高降调，个别人发音不稳定，有的调值为 53，有的调值为 42，但不区别意义，这里统一记为 53。

②从录音听，阳平个别字的实际发音接近 42。

③去声中多数字的调值 24 很明显，部分字如“后、怪、快、寸、硬、地”等升幅不明显，收尾有微降。

④入声单字调不太短促，连读时作为首字短促，作为后一音节不短促。“搭、急、塔、切、麦、叶、毒、拍”个别人发音紧促，实际音值为 3。部分字舒化，如“六”舒化后读去声，调值为 24；“白、盒、罚”舒化后读阳平，调值为 31。

（四）连读变调

本节包括 3 个表格：表 61-1 非叠字非轻声两字组连读变调规律；表 61-2 非叠字轻声两字组连读变调规律；表 61-3 叠字两字组连读变调规律。

表 61-1　非叠字非轻声两字组连读变调规律

前字＼后字	阴平上 53	阳平 31	去声 24	入声 $\underline{13}$
阴平上 53	——	——	——	——
阳平 31	——	——	——	——
去声 24	——	——	——	——
入声 $\underline{13}$	——	——	$\underline{31}$+24 百货、八路	$\underline{31}$+$\underline{13}$ 法国、八百

表 61-2 非叠字轻声两字组连读变调规律

后字 前字	阴平上 53	阳平 31	去声 24	入声 13
阴平上 53	53+0 阴天、开刀	53+0 里头、火房	53+0 山后、山路	53+0 山药、商业
阳平 31	24+0 来宾、门窗、床单 31+0 牛马、男女	24+0 回来 31+0 皮条、胡麻	31+0 蚕豆、白菜	24+0 来客、毛笔 31+0 杂割
去声 24	24+0 教师、战争	24+0 教员、壮年	24+0 破布、正气	24+0 教室、性别
入声 13	13+0 竹竿、作品	13+0 作文、国旗	13+0 咳嗽、刮背	13+0 角落、法国

说明：

①繁峙方言大量实词后字可轻读，如“山边、小气、山药、牛马、男女、回来”等。非叠字轻声两字组的后字（除入声外），词缀“子”及虚词“了、的、啦、咧”等轻化程度较重，其他轻化程度较轻。其中，当后字为入声时，调值较高，实际音值为 3，如“日食、月食”等；当后字为非入声时，调值较低，实际音值为 21，如“洋柿、豆浆、尿布”等，个别词后字调值较高，实际音值为 31，如“白酒、打颤”等。为统一计，本书将轻声一律标记为 0。另外，“云彩”的“彩”受轻声的影响，主要元音实际读音为 [ε]。

②非叠字轻声两字组连读时，“阴平上 + 阴平上”存在两种变调情况，分别为 53+0 和 24+0，其中 53+0 为主体变调，24+0 为非主体变调；首字为阳平时，也存在两种变调情况，分别为 31+0 和 24+0，但不区分主体变调和非主体变调。

表 61-3 叠字两字组连读变调规律

后字 前字	阴平上 53	阳平 31	去声 24	入声 13
阴平上 53	53+0 天天、听听	——	——	——
阳平 31	——	31+0 年年、挠挠	——	——
去声 24	——	——	24+0 坐坐、抱抱	——
入声 13	——	——	——	1+13 吃吃、喝喝

说明：

①繁峙方言叠字两字组连读变调规律：阴平上、阳平、去声调连读时前字均为原调，后字短而轻，记为 0；入声调连读时前字调值为 1，后字为原调，仍记作 13。个别例外现象，如“馍馍、哥哥”等词，前字“馍、哥”均发生舒声促化，不符合以上变调规律，故未在表中列出。

六十二　代县话声韵调

（一）声母 20 个

p 摆笨布鼻	p^h 坡骗菩拍	m 梅秒暮默	f 丰放符法	
t 到叠短德	t^h 腾探逃土	n 耐挪女聂		l 楼丽垒吕
ts 在瓷状桌	ts^h 财辞锄瓷		s 山宋所辞	z 锐任人热
tɕ 挤叫均绝	$tɕ^h$ 欠渠抢漆		ɕ 下羞瞎雪	
k 盖锅贵国	k^h 肯狂刻跪	ŋ 饿袄爱藕	x 虎含混霍	
ø 耳延雾远				

声母说明：

①代县有一个摩擦较轻的唇齿浊擦音声母 [v]，普通话零声母合口呼字如“雾、娃、文、王”等在代县话中读 [v] 声母。本书为保持韵母系统四呼的完整性，一律将这个唇齿浊擦音处理为介音 [u]，声母系统中就不再出现唇齿浊擦音声母。

②声母 [n] 和开口呼、合口呼韵母相拼时是 [n]，和齐齿呼、撮口呼韵母相拼时是 [ȵ]。

③代县大部分地方只有一套舌尖音声母 [ts、ts^h、s]，极个别地方有两套舌尖音声母，为 [ts、ts^h、s] 和 [tʂ、$tʂ^h$、ʂ]。

④声母 [ŋ] 只和开口呼韵母相拼。

（二）韵母 37 个

ɿ 持资斯柿	i 皮帝备米	u 杜夫徒如	y 雨絮驴去
ɯ 哥~哥			
a 巴大茶马	ia 霞榨家牙	ua 化瓜垮耍	
ɛ 扁篮胆端	ie 茄练边扁	uɛ 端团软惯	ye 靴元选练
ɤ 破鹅贺扯		uɤ 罗过左锅	
ər 儿二而耳			
ai 排概矮胎		uai 拐怀揣帅	
ei 水梅杯废		uei 水雷桂追	
au 劳高报少	iau 条教咬掉		
əu 投凑鲁舟	iəu 牛修又酒		
	iɔ 良样枪详	uɔ 庄黄逛嗓	
ɤŋ 盆邓增本	iɤŋ 辛紧命停	uɤŋ 尊魂翁龙	yɤŋ 龙兄穷训

əʔ 幅值去特　　iəʔ 笔得即立　　uəʔ 读物祝谷　　yəʔ 曲足域肃
aʔ 答哲渴客　　iaʔ 百跌客药　　uaʔ 夺说落扩　　yaʔ 缺月绝血

韵母说明：

①韵母 [y] 实际上有很小的动程，实际读音为 [yʉ]。

②代县话韵母的发音一般比普通话松。

③ [ɯ] 只作为“哥哥”前字的韵母。

（三）声调 4 个

213　阴平上　抽伤古手
44　阳平　穷陈唐平
53　去声　父正抗送
2　入声　织竹福锡

声调说明：

①中古清声母平声字与清声母上声字、次浊声母字今在代县话中声调相同，我们称之为阴平上。其中大部分字可根据连读变调的不同区分出阴平和上声。

②阳平调收尾时调值略有下降，实际调值是 442。

③中古全浊声母上声字和去声字今在代县话中读去声。

④入声收喉塞尾，不分阴阳，只有一个入声。

（四）连读变调

本节包括 4 个表格：表 62-1 非叠字非轻声两字组连读变调规律；表 62-2 名词叠字两字组连读变调规律；表 62-3 形容词叠字两字组连读变调规律；表 62-4 动词叠字两字组连读变调规律。

表 62-1　非叠字非轻声两字组连读变调规律

后字 前字	阴平上 213	阳平 44	去声 53	入声 2
阴平上 213	24+213 交通、彩礼 54+213 海军、简单	54+44 海绵、以前	54+53 相信、医院、草帽、马路	24+2 开业、金属 54+2 粉笔、主席
阳平 44	——	——	——	——
去声 53	534+213 上山、旱烟	534+44 酱油、算盘	——	534+2 正式、负责
入声 22	——	——	——	——

表 62-2　名词叠字两字组连读变调规律

前字＼后字	阴平上 213	阳平 44	去声 53	入声 2
阴平上 213	54+44 杯杯儿、刀刀儿 54+213 本本儿、锁锁儿	——	——	——
阳平 44	——	——	——	——
去声 53	——	——	534+44 妹妹、妗妗	——
入声 2	——	——	——	——

表 62-3　形容词叠字两字组连读变调规律

前字＼后字	阴平上 213	阳平 44	去声 53	入声 2
阴平上 213	24+213 宽宽儿、稀稀儿 54+213 满满儿、饱饱儿	——	——	——
阳平 44	——	——	——	——
去声 53	——	——	534+213 近近儿、大大儿	——
入声 2	——	——	——	——

表 62-4　动词叠字两字组连读变调规律

前字＼后字	阴平上 213	阳平 44	去声 53	入声 2
阴平上 213	24+4 揪揪、躺躺	——	——	——
阳平 44	——	——	——	——
去声 53	——	——	534+4 看看、坐坐	——
入声 2	——	——	——	24+4 歇歇、说说

六十三　河曲话声韵调

（一）声母 24 个

p 八兵病薄	p^h 派片爬排	m 麦明买米	f 飞风副肥	v 味问温王
t 多东毒袋	t^h 讨天甜拖	n 脑南年泥		l 老蓝连路
ts 资早租竹	ts^h 刺草寸祠		s 丝三酸祠	
tʂ 坐张装汁	$tʂ^h$ 抽床车船		ʂ 双手书十	ʐ 热软任入
tɕ 酒九吉筋	$tɕ^h$ 清全轻权		ɕ 想谢响县	
k 高共郭骨	k^h 开困狂壳	ŋ 熬安爱岸	x 好灰活汉	
ø 月云用药				

声母说明：

① [v] 为唇齿浊擦音，摩擦较轻，实际音值为 [ʋ]。

② [tʂ、$tʂ^h$、ʂ、ʐ] 实际发音时舌尖略靠后。

③ [m、n、ŋ] 伴有一定的同部位浊塞音成分，实际音值接近 [m^b、n^d、$ŋ^g$]。

（二）韵母 39 个

ɿ 师丝试制	i 米戏低梯	u 苦五猪薄	y 雨许女剧
ʅ 知吃食日			
ɐ 二儿耳而			
a 茶把瓦下	ia 牙吓假下	ua 瓜花画抓	
ɤ 歌鹅磨车	iɛ 写盐年鞋	uɤ 坐过罗拖	yɛ 靴权选卷
ɒ 糖床王双	iɒ 响讲亮样		
æ 南山半蚕		uæ 短官酸欢	
ɛe 开排鞋白		uɛe 快怪乖怀	
ei 赔飞墨埋		uei 对鬼最追	
ɔu 宝饱勺刀	iɔu 笑桥焦学		
ɤɯ 豆走抽路	iɤɯ 油休优六		
ɤŋ 深根争横	iŋ 心新硬寻	uŋ 寸滚春东	yŋ 云兄用寻
aʔ 盒八热薄	iaʔ 鸭甲瞎夹	uaʔ 活刮托缩	yaʔ 角雀
	iɛʔ 接贴药白		yɛʔ 月绝雪学
əʔ 十直色尺	iəʔ 急七一墨	uəʔ 宿国六绿	yəʔ 橘局律宿

韵母说明：

①舌尖后韵母 [ʅ] 实际发音时，舌尖略靠前。

② [a、ia、ua] 中，[a] 的实际音值为 [ᴀ]。[ua] 由于受介音影响，实际音值接近 [uɑ]。

③ [ɒ] 实际读音时舌位偏高。

④ [iɔu] 中的 [ɔ] 由于受前后高元音的影响，舌位偏高，近于 [o]。

⑤ [iɤɯ] 中的 [ɤ] 由于受介音和韵尾高元音的影响，舌位偏高。

⑥ [ɤŋ、iŋ、uŋ、yŋ] 中的 [ŋ]，实际发音时舌根与软腭未能完全接触。[iŋ、uŋ、yŋ] 的实际读音为 [i^{ɤ}ŋ、u^{ɤ}ŋ、y^{ɤ}ŋ]，其中的韵腹 [ɤ] 很弱。

⑦ [aʔ] 中的 [a] 实际读音时舌位略靠后。

（三）声调 4 个

213　阴平上　东该买老
44　阳平　门龙牛白
52　去声　动罪近路
4　入声　谷百刻白

声母说明：

①阴平上的调值记为 213，与普通话上声调型相比，曲折不明显。

②去声的下降度没有完全达到 52，要略高一点儿，也可记成 53。

③入声调为短调，不分急促，收尾略降，时长较短，在 3 度与 4 度之间，认字读音时，读成阳平调 44，因此记作 4。

（四）连读变调

本节包括 3 个表格：表 63-1 非叠字非轻声两字组连读变调规律；表 63-2 非叠字轻声两字组连读变调规律；表 63-3 叠字两字组连读变调规律。

表 63-1　非重叠非轻声两字组连读变调规律

前字＼后字	阴平上 213	阳平 44	去声 52	入声 4
阴平上 213	21+213 火星、火车 24+213 火把、举手	21+44 火炉、好人	21+52 火柱、柳树	21+4 火力、体育
阳平 44	——	——	——	——
去声 52	——	——	——	——
入声 4	——	——	——	——

表 63-2 非叠字轻声两字组连读调规律

后字 前字	阴平上 213	阳平 44	去声 52	入声 4
阴平上 213	213+0 冬天、先生	213+0 天才、喷壶	——	213+0 中国、工业
阳平 44	44+0 元宝、人口	44+0 阳婆	——	——
去声 52	52+0 后生、衬衣	52+0 爱人、地皮	52+0 豆面、记性	——
入声 4	——	4+0 洛阳、活人	——	4+0 学习、德国

说明：
① 河曲方言中有些非叠字两字组后字读轻声，一般不区分实际调值，一律记为 0。

表 63-3 叠字两字组连读变调规律

后字 前字	阴平上 213	阳平 44	去声 52	入声 4
阴平上 213	213+0 姑姑、冲冲	——	——	——
阳平 44	——	44+0 爷爷、停停	——	——
去声 52	——	——	52+0 爸爸、看看	——
入声 4	——	——	——	4+0 伯伯、月月

六十四 保德话声韵调

（一）声母 23 个

p 八兵把病　p^h 派片爬扑　m 麦明买磨　f 飞风肥饭　v 味问温王
t 多东毒都　t^h 讨天甜梯　n 脑南年泥　l 老蓝连路
ts 贼坐争纸　ts^h 刺草拆抄　s 丝三事山
tʂ 张柱装主　$tʂ^h$ 抽初船城　ʂ 双顺书十　ʐ 如燃热软
tɕ 酒九间急　$tɕ^h$ 清全轻权　ɕ 想谢响县
k 高共关骨　k^h 开阔康筐　x 好灰活河
ø 熬云用如

声母说明：

① [v] 唇齿摩擦较轻。

② [ts、ts^h、s] 实际发音时舌尖略靠前。

③中古“知、庄、章”三组声母及“日”母字在今合口呼韵母前读 [tʂ、tʂ^h、ʂ、ʐ]，实际发音时有时接近 [ts、ts^h、s、z]。

（二）韵母 38 个

ɿ 师丝试紫　　i 米戏泥鸡　　u 苦五猪胡　　y 雨许吕渠

ʅ 车池设制

ᴀ 茶瓦法辣　　iᴀ 牙鸭隔夹　　uᴀ 刮花抓刷　　yᴀ 角

ɔ 糖王党汤　　iɔ 响讲娘样　　uɔ 床双装窗

ɤ 歌盒热壳　　iɛ 写贴节学　　uɤ 坐过罗夺　　yɛ 靴月雪绝

ər 二儿耳而

ai 开排鞋白　　iai 街戒解秸　　uai 快拐怀怪

ei 赔飞背位　　　　　　　　uei 对鬼灰最

əu 宝饱刀帽　　iəu 笑桥交学

ʌu 豆走路头　　iʌu 油六酒修

ɑŋ 贪南山半　　iɑŋ 盐年减黏　　uɑŋ 短官酸宽　　yɑŋ 权选圈卷

əŋ 深根灯升　　iəŋ 心新硬病　　uəŋ 寸滚春东　　yəŋ 云兄用轮

əʔ 十直尺隔　　iəʔ 接急七白　　uəʔ 骨出托郭　　yəʔ 橘局律雀

韵母说明：

① [ʅ] 实际发音时舌尖略靠前。

② [i、u、y] 发音时口型都比较紧。

③果、假摄韵母为 [ɤ、uɤ] 的字，主要元音 [ɤ] 实际发音时舌位偏高，接近 [ɯ]。

④ [uɔ] 中介音 [u] 的音长较短。

⑤ [ai、iai 、uai] 中主要元音 [a] 实际发音时舌位略高。

⑥ [əu、iəu] 中的韵尾 [u] 实际发音时圆唇度略减。

⑦ [ʌu、iʌu] 实际发音时韵尾 [u] 舌位偏低，唇形偏展。

⑧ [ɑŋ、iɑŋ、uɑŋ、yɑŋ] 中主要元音 [ɑ] 实际发音时舌位偏高。

⑨ [ɑŋ] 与 [əŋ] 两组韵母中韵尾 [ŋ] 发音时舌根与软腭接触较松。

⑩大部分中古入声字单念时韵尾 [ʔ] 明显，如“谷、急、哭、毒”等；少部分中古入声字韵尾 [ʔ] 完全脱落，如“搭、节、塔、叶、盒”等。另有极少数中古入声字单字音无韵尾 [ʔ]，但在词汇环境里作为前字时其读音有时带有韵尾 [ʔ]（这时韵腹为 [ə]），如“学、麦、月”等。

（三）声调 4 个

213　阴平上　灯开草买
44　阳平　牛油月白
52　去声　通罪卖树
4　入声　尺急毒白

声调说明：

①阴平上为降升调，但降的成分少，升的成分多，调值记为 213；个别字实际调值近 24。

②阳平为平调，调值为 44。个别字实际读音调值偏低，近 33。

③大部分中古入声字在保德方言中的读音明显短促，如“谷、急、哭、毒”等，调值为 4；少部分中古入声字已完全舒化，如“六”，归入去声，“搭、节、塔、叶、盒”等，调值为 44，归入阳平。另有极少数中古入声字单字音已舒化，但在词汇环境里作为前字时读音有时仍短促，如“学、麦、月”等。

（四）连读变调

本节包括 3 个表格：表 64-1 非叠字非轻声两字组连读变调规律；表 64-2 非叠字轻声两字组连读变调规律；表 64-3 叠字两字组连读变调规律。

表 64-1　非叠字非轻声两字组连读变调规律

前字＼后字	阴平上 213	阳平 44	去声 52	入声 4
阴平上 213	24+44 高低、险些 21+213 火车、手枪 24+213 工厂、端午	24+44 今年、清明 21+44 水牛、表扬	24+52 星宿、反正 21+52 广告、草帽	24+4 筋骨、风俗 21+4 主席、五谷
阳平 44	——	——	——	——
去声 52	——	52+22 透明、教员	——	——
入声 4	——	2+44 石头、足球	——	2+4 叔伯、墨汁

说明：

①个别词的连读变调情况与表中规律不合，例如：“里头”实际变调为 21+213；“正月”实际变调为 24+213。

表 64-2 非叠字轻声两字组连读变调规律

前字＼后字	阴平上 213	阳平 44	去声 52	入声 4
阴平上 213	24+0 阴天、东风 雨伞、晌午	24+0 早晨、好人	——	24+0 钉子、扳子 21+0 李子、拐子
阳平 44	镰刀、棉花	44+0 绵羊 、茶壶	——	44+0 蝴蝶、锤子
去声 52	52+0 地方、大家	52+0 大人、掉毛	52+0 费用、炸弹	52+0 蔓子、叶子
入声 4	4+0 北京、菊花	——	——	4+0 日食、橘子

说明：

①非叠字两字组，后字为轻声时，实际调值一般为 21；个别词，如“起来”等，后字读轻声，实际调值约为 42。本表一律标记为 0。个别轻声词在语流中连调另有变化，如“晌午”，单说这个词时读为 24+0，在短语“吃晌午饭”里读为 21+0。

表 64-3 叠字两字组连读变调规律

前字＼后字	阴平上 213	阳平 44	去声 52	入声 4
阴平上 213	24+0 公公、哥哥 21+213 姐姐、嫂嫂	——	——	——
阳平 44	——	44+0 娘娘、爷爷	——	——
去声 52	——	——	52+0 舅舅、妗妗	——
入声 4	——	——	——	4+0 核核、个个

说明：

①叠字两字组后字读轻声时，实际调值一般为 21。

六十五　偏关话声韵调

（一）声母 25 个

p 八兵爬病　　p^h 派片匹爬　　m 麦明米马　　f 飞风副蜂　　v 味问温王

t 多东躲毒　　t^h 讨天甜图　　n 脑南年泥　　　　　　　　l 老蓝连路

ts 资早租争　tsʰ 刺草寸祠　nz 泥　s 丝三酸祠

tʂ 张竹柱装　tʂʰ 抽出床车　ʂ 双顺手书　ʐ 热软绕认

tɕ 酒九劲吉　tɕʰ 清全轻权　ɕ 想谢响县

k 高共光郭　kʰ 开七可苦　ŋ 熬安爱藕　x 好灰活盒

ø 月云药

声母说明：

① [v] 为唇齿浊擦音，摩擦较轻，实际音值接近 [ʋ]。

② [m、n] 与非阳声韵相拼时，带有不明显的同部位浊塞音 [b、d]。

③ [tʂ、tʂʰ、ʂ、ʐ] 实际发音时舌位略靠后。

④ [k、kʰ、ŋ、x] 实际发音时舌面略靠前，与软腭接触不明显。与齐齿呼相拼时，实际发音接近舌面中音 [c、cʰ、ɲ、ç]。

（二）韵母 39 个

ɿ 师丝试戏　i 开夜该爱　u 苦五猪骨

ʅ 李世制犁

ʮ 雨剧女许

ʯ 驴缕屡虑

a 茶瓦塔法　ia 牙鸭假虾　ua 刮花挂抓

ɒ 糖床王双　iɒ 响讲娘两

æ 南山半染　iæ 看感暗甘　uæ 短官软赚

ə 河破磨车　iᴇ 歌斜夜饿　uə 坐过躲拖　yᴇ 靴斜

iɪ 盐年减咸　yɪ 权选卷冤

ər 二儿耳而

ei 排鞋赔白　uei 对快鬼罪

ɔo 宝饱绕毛　iɔo 笑桥表学

ɤu 豆走偷凑　iɤu 油六狗口

ɤŋ 深根灯升　iɤŋ 心新硬病　uɤŋ 寸滚春东　yɤŋ 云兄用军

ᴀʔ 盒热壳色　iɛʔ 接贴学白　uᴀʔ 活托郭脱　yɛʔ 月绝雪缺

əʔ 十直尺个　iəʔ 急七一北　uəʔ 骨出国谷　yəʔ 橘局律曲

韵母说明：

① [uə] 中的主元音 [ə] 实际发音时舌位略靠后。

② [ei] 的舌位较低，开口度略大。

③ [iɔo] 中的韵尾 [o] 受介音影响，圆唇度略减。

④ [ɤu、iɤu] 中的 [ɤ] 实际发音时舌位略靠前。

⑤ [ɤŋ、iɤŋ、uɤŋ、yɤŋ] 的鼻音韵尾发音时舌根未与软腭完全接触。

（三）声调 5 个

24　　阴平　　该开天春
44　　阳平　　门龙皮塔
213　 上声　　懂古鬼草
52　　去声　　动罪近后
4　　 入声　　百节刻盒

声调说明：

①阴平为中升调，调值记为 24。部分阴平字调型略有曲折，实际调值接近上声调 213。

②上声为不明显曲折调，调值记为 213，实际落点略高于 3。

③入声调型趋平，读单字时有时促化不明显，但比阳平发音短促，调值记为 4，实际调值略低于 4。

（四）连读变调

本节包括 3 个表格：表 65-1 非叠字非轻声两字组连读变调规律；表 65-2 非叠字轻声两字组连读变调规律；表 65-3 叠字两字组连读变调规律。

表 65-1　非叠字非轻声两字组连读变调规律

前字＼后字	阴平 24	阳平 44	上声 213	去声 52	入声 4
阴平 24	24+44 高低、阴天	——	——	——	——
阳平 44	——	——	——	——	——
上声 213	21+44 火车、手枪	21+44 火炉、党员	24+213 水果、苦恼	21+52 广告、草帽	21+4 祖国、小麦
去声 52	——	——	——	——	——
入声 4	——	——	——	——	——

表 65-2　非叠字轻声两字组连读变调规律

前字＼后字	阴平 24	阳平 44	上声 213	去声 52	入声 4
阴平 24	24+0 东西、医生	——	24+0 端午、三两	24+0 夫妇、松树	24+0 舒服

续表

前字 \ 后字	阴平 24	阳平 44	上声 213	去声 52	入声 4
阳平 44	44+0 农村、良心	44+0 煤油、绵羊	44+0 泥土、民主	44+0 门面、能耐	44+0 萝卜、麻子
上声 213	213+0 祖宗、喜欢	213+0 口头、女人	213+0 准许、手表	213+0 奖励、打扮	213+0 板子、舍得
去声 52	52+0 背心、教师	52+0 少年、算盘	52+0 后悔、祸水	52+0 任务、错误	52+0 贵族、记录
入声 4	4+0 学生、木工	4+0 足球、吃糖	4+0 热水、月饼	4+0 铁锈、出路	4+0 畜牧、失业

说明：
①偏关方言中有些非叠字两字组后字读轻声，实际调值为 21，此处一律记为 0。

表 65-3　叠字两字组连读变调规律

前字 \ 后字	阴平 24	阳平 44	上声 213	去声 52	入声 4
阴平 24	23+44 姑姑、天天	——	——	——	——
阳平 44	——	23+44 娃娃、苗苗 44+0 瓶瓶、裙裙	——	——	——
上声 213	——	——	21+44 咀咀、本本	——	——
去声 52	——	——	——	52+0 缝缝、舅舅	——
入声 4	——	——	——	——	4+21 角角、叔叔

六十六　朔州朔城区话声韵调

（一）声母 23 个

p 本白布别　p^h 坡盘披拍　m 门麻亩密　f 飞扶副法　v 瓦闻外袜

t 多敌到夺　t^h 通唐兔特　n 女拿岸恶　l 吕零路力

ts 增砸治足　ts^h 仓虫醋族　s 三丝晒速

tʂ 者蔗值只　tʂʰ 车扯吃尺　ʂ 舍蛇社十　ʐ 软如日若

tɕ 经具夹及　tɕʰ 梯求气踢　ɕ 修旋县吸

k 哥跟贵国　kʰ 开葵跪哭　x 好胡贺黑

Ø 耳云五一

声母说明：

① [n] 与开口呼、合口呼韵母相拼时是 [n]，与齐齿呼、撮口呼韵母相拼时是 [ȵ]。

② [tʂ、tʂʰ、ʂ] 只与韵母 [ə] 和 [əʔ] 相拼。

③ [tɕ、tɕʰ、ɕ] 只拼细音，不拼洪音。中古定母平声字和透母字，今韵母是齐齿呼的，声母读 [tɕʰ]。

④发 [v] 音时上齿与下唇没有摩擦，与普通话合口呼零声母 [u] 相似。

⑤零声母 [Ø] 一般只出现于齐齿呼、合口呼、撮口呼韵母中，除 [ᴀ]（只有一个“啊”字）、[ər] 等少数韵母外，不出现于开口呼韵母中。

（二）韵母 38 个

ɿ 资芝池事　i 备雷体衣　u 母图凑五　y 女驴虑鱼

ʅ 日

ᴀ 拉爬瓦岔　iᴀ 家牙俩夏　uᴀ 瓜滑耍跨

æ 搬瞒暖汗　iɛ 边崖见夜　uæ 砖端疝换　yɛ 犬悬练怨

ə 车蛇者射　uə 波鹅颗错

ər 耳儿尔二

ɛi 开柴揣爱　uɛi 帅怀快怪

ei 杯埋飞位　uei 推回鬼对

ɔo 哥饶吵帽　iɔo 交苗小尿

əu 偷侯努瘦　iəu 丢油柳谬

ɑ̃ 王狼厂巷　iɑ̃ 仰凉虹羊　uɑ̃ 装床光矿

ə̃ 喷农肾瓮　iə̃ 冰林庆银　uə̃ 冻空顿昆　yə̃ 军穷训容

ᴀʔ 泼摸色喝　iᴀʔ 夹铁裂鸭　uᴀʔ 脱洛桌国　yᴀʔ 绝缺雪越

əʔ 不特石黑　iəʔ 笔吸德乙　uəʔ 秃做族忽　yəʔ 菊屈俗欲

韵母说明：

① [ɛi、uɛi] 中 [i] 的实际读音接近 [ɪ]。

② [u] 与声母 [m、n] 相拼时带有鼻化色彩。

③ [ə] 与声母 [tʂ、tʂʰ、ʂ] 相拼时，前面略带 [ʅ] 音。

④ [ʅ] 韵只有“日”一个字。

⑤ [ɑ̃] 实际发音时舌位略前。

（三）声调4个

312　阴平上　安猪口手
35　阳平　穷陈唐床
53　去声　射富厚六
$\underline{35}$　入声　鹤桌约菊

声调说明：

①中古清平、清上、次浊上和极少数清入声，调值均为312，今归为阴平上。

②入声与阳平调型相同，但比阳平发音短促。

③入声不分阴阳，读短调$\underline{35}$。

（四）连读变调

本节包括1个表格：表66-1 非叠字非轻声两字组连读变调规律。

表66-1　非叠字非轻声两字组连读变调规律

前字＼后字	阴平上312	阳平35	去声53	入声$\underline{35}$
阴平上312	31+321 高低、阴天	31+35 帮忙、三年	31+53 鸡蛋、山洞	——
阳平35	35+31 镰刀、牙膏	35+31 羊皮、银行	——	——
去声53	——	——	——	——
入声$\underline{35}$	——	——	——	——

六十七　朔州平鲁区话声韵调

（一）声母19个

p 布摆波别　p^h 怕疲朋平　m 门帽每木　f 富佛罚方
t 推到地夺　t^h 唐吐太特　n 哀热扭女　l 兰连笼律
ts 资直栽摘　ts^h 朝晨冲刺　s 散书顺叔　z 儒日蕊辱
tɕ 经交就节　$tɕ^h$ 天秋替艇　ɕ 西晓虚瞎
k 共高给搁　k^h 苛夸快咳　x 红河胡恨
ø 衣务耳鱼

声母说明：

① [n] 与开口呼、合口呼韵母相拼时是 [n]，与齐齿呼、撮口呼韵母相拼时接近 [ȵ]。

②平鲁方言只有一套舌尖前音 [ts、tsʰ、s]，也有人受其他区域的影响将其与舌尖后音 [tʂ、tʂʰ、ʂ] 混读，但不起辨义作用。

③ [x] 的发音部位较 [k、kʰ] 稍后。

④ [z] 浊化的程度较轻。

（二）韵母 35 个

ɿ 芝瓷施是	i 西剃笛利	u 姑努租户	y 局许女吕
ɑ 马砸岔拉	iɑ 霞牙加家	uɑ 要抓挂花	
ɤ 者蛇车社		uə 波河饿锅	
ɔ 刨扫高傲	iɔ 辽觉钥挑		
æ 班瞒毯旱	iᴇ 年别天裂	uæ 团软款蔓	yᴇ 捐选劝院
ɒ 朗谤慷畅	iɒ 粮江呛样	uɒ 狂双晃网	
ər 耳二儿而			
ɛi 杯败买碍		uɛi 追亏坏帅	
əu 头偷狗奏	iəu 牛柳救右		
əɯ 绷撑仁恨	iəɯ 民停醒映	uəɯ 同村公混	yəɯ 匀凶荣佣
ʌʔ 朴法恶鸽	iʌʔ 揭铁灭押	uʌʔ 掇索扩获	yʌʔ 决确血悦
əʔ 没蝠植黑	iəʔ 逼递力剔	uəʔ 竹淑入物	yəʔ 率菊俗育

韵母说明：

① [ɑ、iɑ] 里的 [ɑ] 舌位较前，近于 [ᴀ]。

② [ɒ、iɒ、uɒ] 里的 [ɒ] 舌位较高，近于 [ɔ]。

③ [əu、iəu] 里的 [ə] 舌位稍后、稍高，近于 [ɤ]。

④平鲁方言没有鼻音韵母。

⑤ “渴”字 [kʰʌʔ34] 中的 [ʌ] 口型稍圆，近于 [ɔ]。

⑥入声韵的喉塞韵尾有时比较明显，而拉长字音时喉塞韵尾 [ʔ] 便消失。

⑦普通话中的 [ai] 和 [ei] 在平鲁方言中区分不明显，统一记作 [ɛi]。

⑧入声韵 [əʔ] 读轻声时塞音韵尾脱落，变成 [ə˧]。

（三）声调 4 个

213	阴平上	诗高有纸
44	阳平	时穷寒娘
52	去声	事面岸兴

34 入声 识急拍合

声调说明：

①中古清平和古清上、次浊上调值均为 213，归为阴平上。

②中古全浊上、清去、浊去归入去声。

③入声不分阴阳，读短调 34。

（四）连读变调

本节包括 2 个表格：表 67–1 非叠字两字组连读变调规律；表 67–2 儿化的叠字形容词连读变调规律。

表 67–1 非叠字两字组连读变调规律

前字＼后字	阴平上 213	阳平 44	去声 52	入声 34
阴平上 213	43+43 阴天、高低 31+213 火车、简单 31+312 老马、整理	31+334 光荣、冰糖 31+213 表扬、嘴唇	31+12 花布、忠厚	31+23 钢笔、亲热
阳平 44	44+0 良心、镰刀	44+0 硫黄、绵阳	——	44+43 联合、传达
去声 52	——	——	52+0 世界、利用	52+21 样式、大学
入声 34	——	——	——	34+21 势力、确实

表 67–2 儿化的叠字形容词连读变调规律

前字＼后字	阴平上 213	阳平 44	去声 52	入声 34
阴平上 213	31+53 多多儿哩、松松儿哩 32+312 饱饱儿哩、紧紧儿哩	——	——	——
阳平 44	——	——	——	——
去声 52	——	——	——	——
入声 34	——	——	——	——

六十八　应县话声韵调

（一）声母 20 个

p 部波霸别	P^h 爬破普泼	m 门满棉末	f 肥浮范发	v 挖污卧胃
t 刀低堆带	t^h 太土他炭	n 年暖袄恩		l 亮练林立
ts 资止做织	ts^h 草刺锤擦		s 散素手十	z 闰肉绕柔
tɕ 酒九假姐	$tɕ^h$ 清全天铁		ɕ 修新想吸	
k 贵个恭挂	k^h 夸颗枯克		x 壶花混黑	
ø 应儿烟雨				

声母说明：

① [v] 声母摩擦较轻，实际读音介于半元音 [w] 与 [v] 之间。

② [n] 声母与齐齿呼、撮口呼韵母相拼时，实际读音为舌面前音 [ȵ]。

（二）声母 39 个

ɿ 资知痴事	i 鼻觅泥西	u 补夫苏乌	y 女驴局去
a 巴妈哥阿	ia 家卡虾雅	ua 瓜花要抓	
ɤ 歌可车惹	iɛ 别爹爷茄	uɤ 菠多拖河	yɛ 劣绝靴月
ər 二而尔儿			
ɛi 白买来腮		uɛi 快怀揣歪	
əi 贝埋飞悲		uəi 堆推亏催	
au 包刀劳烧	iau 标苗鸟妖		
əu 兜勾抠收	iəu 丢流秋优		
ɛ̃ 班帆贪叁	iɛ̃ 边眠天烟	uɛ̃ 端官欢弯	yɛ̃ 恋捐圈冤
aŋ 帮忙昂桑	iaŋ 娘梁枪羊	uaŋ 光黄双汪	
əŋ 奔门冷争	iəŋ 丙品清心	uəŋ 东昏中温	yəŋ 均穷云凶
aʔ 八朴没客	iaʔ 百迫灭铁	uaʔ 夺脱阔说	yaʔ 决缺学悦
əʔ 不扑福汁	iɛʔ 笔密的七	uəʔ 佛突谷促	yɛʔ 足屈削育

韵母说明：

① [ɛi] 中的 [i] 舌位较低，实际音值为 [ɪ]。

② [aŋ] 组、[əŋ] 组韵母中的鼻韵尾，有时发音不到位，舌根与软腭接触较松。

③入声韵的喉塞韵尾发音有时不明显，单念或在双音节的第二个音节时消失。

（三）声调 5 个

43　阴平　翻耽他西安班机丝呼
31　阳平　难池如停别凡湖盘河
54　上声　土古醒粉补给敏肯浅
24　去声　按算奋骂更问任地绊
$\underline{43}$　入声　不福塞急得黑忽合出

（四）连读变调

本节包括 3 个表格：表 68–1 非叠字非轻声两字组连读变调规律；表 68–2 非叠字轻声两字组连读变调规律；表 68–3 叠字两字组连读变调规律。

表 68–1　非叠字非轻声两字组连读变调规律

前字＼后字	阴平 43	阳平 31	上声 54	去声 24	入声 $\underline{43}$
阴平 43	——	——	——	——	——
阳平 31	——	——	——	——	——
上声 54	——	——	31+54 水果、保守	——	——
去声 24	——	——	——	——	——
入声 $\underline{43}$	——	——	——	——	——

表 68–2　非叠字轻声两字组连读变调规律

前字＼后字	阴平 43	阳平 31	上声 54	去声 24	入声 $\underline{43}$
阴平 43	43+31 鸳鸯、医生	——	——	——	——
阳平 31	——	31+31 眉毛	31+31 朋友	——	31+$\underline{31}$ 红的
上声 54	——	——	——	——	——
去声 24	——	——	——	——	——
入声 $\underline{43}$	——	——	——	——	——

表 68-3 叠字两字组连读变调规律

前字＼后字	阴平 43	阳平 31	上声 54	去声 24	入声 43
阴平 43	43+31 听听、妈妈 43+54 方方儿的	——	——	——	——
阳平 31	——	31+31 求求 31+54 圆圆儿的	——	——	——
上声 54	——	——	54+31 炒炒 54+31 扁扁儿的、冷冷儿的	——	——
去声 24	——	——	——	24+31 弟弟、看看 24+54 细细儿的	——
入声 43	——	——	——	——	43+31 刷刷、擦擦 4+54 湿湿儿的

六十九 灵丘话声韵调

（一）声母 20 个

p 把八兵病　p^h 派片爬破　m 麦明米煤　f 飞风副蜂　v 味问温王
t 多东躲毒　t^h 讨天甜拖　n 脑南年泥　l 老蓝连路
ts 资早租字　ts^h 刺草寸祠　s 丝三酸事　z 热软如绕
tɕ 酒九借举　$tɕ^h$ 清全轻权　ɕ 想谢响县
k 高共果瓜　k^h 开可苦块　x 好灰活河
ø 月云五用

声母说明：

① [k、k^h] 可拼细音，实际音值为舌面中音 [c、c^h]。

（二）韵母 37 个

ɿ 丝师试制　i 米戏梯急　u 苦五猪布　y 雨绿局举

ᴀ 茶瓦辣拉	iᴀ 牙下假娘	uᴀ 抓瓜花刮	
æ 南山半蚕		uæ 短官软酸	
ɤ 歌盒可喝			
ɒ 糖王当仓	iɒ 响讲抢秧		
e 热饿舌车	ie 写鞋盐年	ue 破床双活	ye 靴权月圆
ər 二儿耳而			
ɛe 开排赔白		uɛe 快乖怪怀	
ei 煤飞杯美		uei 对鬼会桂	
ɔo 宝饱绕朝	iɔo 笑桥药学		
eiu 豆走头藕	ieiu 油六狗口		
əŋ 深根灯升	iŋ 心新硬病	uŋ 寸滚春横	yŋ 云兄用军
ᴀʔ 塔法八拉	iᴀʔ 鸭接贴节	uᴀʔ 活刮托国	yᴀʔ 学雀绝削
əʔ 十直尺色	iəʔ 急七北锡	uəʔ 骨出谷郭	yəʔ 橘削宿畜

韵母说明：

① [ɤ] 实际发音时舌位略靠前。

② [e] 在与声母 [ts、tsʰ、s、z] 相拼时有轻微的过渡音 [ʅ]。

③ [ie、ye] 中的 [e] 实际音值为 [ɛ]。

④ [eiu、ieiu] 均为双韵尾韵母。

⑤ [ɒ、iɒ] 中的 [ɒ] 实际发音时舌位略高。

⑥ [ue] 中的 [e] 实际发音时有舌位略靠后的情况，只限中古宕、江摄字，如“装、床、双”。

⑦ [ᴀʔ、iᴀʔ、uᴀʔ、yᴀʔ] 中的 [ᴀ]，实际发音时舌位略高，音值近于 [ə]。

⑧ [iəʔ、yəʔ] 中的 [ə] 实际发音时舌位靠前，音值为 [ɛ]。

（三）声调 4 个

442	阴平上	东该灯风通开天春懂古鬼九统苦讨草买老五有拍
31	阳平	门龙牛油铜皮糖红毒白盒罚急
53	去声	动罪近后前~冻怪半四痛快寸去卖路硬乱洞地饭树六麦叶月
5	入声	谷百搭节急哭拍塔切刻

声调说明：

①阴平上调值 442，实际为 443。

②阳平调值 31，实际为 311。

③去声调值 53，为高降调，时长较短。

④入声短促，调值 5。

⑤“六、麦、叶、月、毒、白、盒、罚”这八个字舒化。中古次浊、全浊今读入声的还有许多字。

（四）连读变调

本节包括 3 个表格：表 69–1 非叠字非轻声两字组连读变调规律；表 69–2 非叠字轻声两字组连读变调规律；表 69–3 叠字两字组连读变调规律。

表 69–1　非叠字非轻声两字组连读变调规律

前字＼后字	阴平上 442	阳平 31	去声 53	入声 5
阴平上 442	24+442 火车、广州	——	24+53 草帽、板凳	442+32 猪血、听说 24+5 粉笔、小雪
阳平 31	24+442 床单、茶杯	24+31 着凉、来源	24+53 长寿、文字	24+32 毛笔、圆桌
去声 53	213+442 旱灾、罢工 31+442 对比、报纸	24+31 受凉、面条	213+53 受罪、快乐	24+5 动作、教室
入声 5	32+442 北方、浙江	——	32+53 铁路、一万	5+32 及格、直达

说明：

①阴平上根据来源不同有两类：第一类来自古中全清、次清平声字，“阴平上＋入声”，前字不变，后字变为32。第二类来自中古全清上、次清上、次浊上声字：“阴平上＋阴平上”，后字不变调，前字变为 24；“阴平上＋去声”，后字不变调，前字变 24；“阴平上＋入声”，前字变 24。

②入声变调为 32，仍为入声。

表 69–2　非叠字轻声两字组连读变调规律

前字＼后字	阴平上 442	阳平 31	去声 53	入声 5
阴平上 442	442+0 东西、敲打 24+0 手巾、滚水	442+0 工钱、灰尘 24+0 俺们、里头	442+0 鼾睡、天气 24+0 抿住、左面	442+0 舒服 24+0 手术、买的
阳平 31	31+0 莲花、云彩	31+0 盘缠、煤油	31+0 闲在、门限	31+0 王八
去声 53	53+0 嚏喷、后悔	53+0 砚台、过年	53+0 信奉、右面儿	53+0 教室、日食
入声 5	32+0 圪溜、黑眼	32+0 圪揉、圪塄	32+0 圪搐 =皱	32+0 这么、吸铁

说明：

①灵丘方言中有些非叠字两字组后字读轻声，一律记为 0。

表 69-3 叠字两字组连读变调规律

前字＼后字	阴平上 442	阳平 31	去声 53	入声 5
阴平上 442	442+0 天天、刀刀 24+0 走走、要要	——	——	——
阳平 31	——	31+24 苗苗、球球	——	——
去声 53	——	——	53+0 票票、扣扣	——
入声 5	——	——	——	32+0 七七、说说

七十 浑源话声韵调

（一）声母 20 个

p 不布八本　p^h 怕配跑碰　m 门母买马　f 冯飞放父　v 无问瓦卫

t 段多对大　t^h 他天太听　n 你年男暖　l 弄来李老

ts 资找站贼　ts^h 吃吹才层　s 是死三生　z 绕酿日人

tɕ 叫家借极　$tɕ^h$ 去亲前七　ɕ 下西先心

k 给过刚干　k^h 开看快空　x 好会话换

ø 牙用雨月

声母说明：

① [v] 为浊音声母，摩擦较轻，来源于中古的“微、疑、影、云、以”五母。

②浑源方言无卷舌声母，普通话中的 [tʂ、$tʂ^h$、ʂ、ʐ] 在浑源方言中相应地归并于 [ts、ts^h、s、z]。

③ [ts、ts^h、s、z] 四声母在大多数字中舌尖稍靠后。

④ [k、k^h] 两声母可以与齐齿呼相拼，如：“狗” [kiəu^{52}]、“口” [k^hiəu^{52}]。

⑤零声母主要以 [i] 或 [y] 起头，来自齐齿呼和撮口呼，有极个别的字来自开口呼，如“阿、昂”等。

（二）韵母 34 个

ɿ 资知丝次　i 你给西衣　u 鹿努午故　y 绿女语句

ᴀ 把茶洒拿　iᴀ 家吓亚洽　uᴀ 瓜花耍夸

æ 展看淡贪	iɛ 崖姐间盐	uæ 关钻欢软	yɛ 靴选月炼
ə 遮车蛇热		uo 波饿罗唾	
ər 二耳儿而			
ɛe 累被陪埋		uɛe 会块怪醉	
əiəu 斗头丑走	iəu 狗丢久休		
ʌu 毛闹高劳	iʌu 表要乔小		
oʌ 光防张庄	ioʌ 枪乡两娘		
ə̃ 问真邓冷	iə̃ 引秦京姓	uə̃ 混论红动	yə̃ 云军穷永
əʔ 不涩实质	iəʔ 立及习必	uəʔ 入突忽骨	yəʔ 桔屈菊足
ʌʔ 合答磕博	iʌʔ 夹鸭拍约	uʌʔ 夺脱阔托	yʌʔ 绝雪越缺

韵母说明：

① [ə] 只和声母 [ts、ts^h、s、z] 相拼，发音时 [ə] 前有较明显的 [ʅ]。

② [uo] 的韵尾唇形略扁。

③普通话的 [ian、yan] 和 [ie、ye] 两组韵母，在浑源方言中合并为 [iɛ、yɛ]。

④普通话的 [ei、uei] 和 [ai、uai] 两组韵母，在浑源方言中大多数人不分，有的人（主要为读书人）对某些字有 [ei、uei] 和 [ɛe、uɛe] 两读，但音类不固定，本质上是不分。

⑤ [iʌu] 的韵腹 [ʌ] 读音接近 [ɤ]。

⑥中古流摄一等字韵母今读 [əiəu]，部分字中的 [iə] 在语流中不明显。

⑦ [oʌ、ioʌ] 在个别人（主要为读书人）的发音中，韵尾 [ʌ] 不明显。

⑧ [ə̃、iə̃、uə̃、yə̃] 这组韵母，部分人的鼻音重一些，但没有完全摆脱鼻化。

⑨ [iəʔ、yəʔ] 在部分字的读音中，韵腹 [ə] 近于 [ɛ]。

（三）声调 4 个

52	阴平上	东该灯风通开天春懂古鬼九统苦讨草买老五有
22	阳平	门龙牛油铜皮糖红
13	去声	冻怪半四痛快寸去卖路硬乱洞地饭树动罪近后
4	入声	谷百搭节急哭拍塔切刻六麦叶月

声调说明：

①浑源方言阴平和上声调值相同，今并为一类，统称阴平上。部分读过书的人能感觉到阴平、上声之分，但大多数人不分。阴平和上声在连读变调中略显不同。

②去声在部分人的起首音中有顿的感觉，其实不是降。

（四）连读变调

本节包括 2 个表格：表 70-1 非叠字非轻声两字组连读变调规律；表 70-2 叠字两

字组连读变调规律。

表 70-1 非叠字非轻声两字组连读变调规律

前字 \ 后字	阴平上 52	阳平 22	去声 13	入声 4
阴平上 52	13+52 高低、交通 21+52 选举、苦恼 22+52 火车、手枪	13+22 花瓶、清茶 22+22 养鱼、软糖	22+13 吵闹、奖励 21+13 免罪、美事	22+4 眼福、冷热
阳平 22	——	——	——	——
去声 13	——	——	13+52 罪过	——
入声 4	——	——	——	——

表 70-2 叠字两字组连读变调规律

前字 \ 后字	阴平上 52	阳平 22	去声 13	入声 4
阴平上 52	22+0 小小、碗碗	——	——	——
阳平 22	——	——	——	——
去声 13	——	——	13+52 弟弟、妹妹	——
入声 4	——	——	——	——

说明：

①浑源方言中部分阴平上以及阳平、入声重叠，前字不变调，后字均变为轻声。表格中不再赘述，只列出两种例外情况。

七十一　大同云州区话声韵调

（一）声母 23 个

p 八兵贝步　p^h 派片爬屁　m 麦明马帽　f 飞风副饭　v 味问挖王

t 多东毒躲　t^h 讨天甜拖　n 脑南年泥　l 老蓝连路

ts 资早租争　ts^h 刺草寸床　s 丝三酸顺

tʂ 张竹抓装　$tʂ^h$ 抽车春城　ʂ 手书十射　ʐ 热软褥弱

tɕ 酒举假鸡　$tɕ^h$ 七全桥亲　ɕ 靴谢响西

k 高共歌贵　k^h 开靠阔哭　x 好灰活婚

Ø 月云牙药

声母说明：

①声母 [v] 的实际音值为半元音 [ʋ]。

（二）韵母 37 个

ɿ 丝紫死咨	i 米戏急锡	u 苦五猪富	y 雨绿局女
ʅ 师试迟日			
ɑ 茶瓦辣大	iɑ 牙嫁哑假	uɑ 刮花化瓜	
æ 南山半贪	iɛ 茄鞋盐年	uæ 短官软砖	yɛ 靴院权月
ɤ 歌盒热壳		uɤ 多坐过活	
o 破婆磨佛			
ɐr 二儿耳而			
ɛi 开排赔飞		uɛi 对快鬼罪	
ɑu 宝讨毛刀	iɑu 笑桥药学		
ɤu 豆走路叔	iɤu 油六口狗		
əɣ 深根灯横	iəɣ 心硬病寻	uəɣ 寸滚春东	yəɣ 云兄用均
ɔ 糖床王双	iɔ 响讲娘样	uɔ 装壮慌黄	
ɑʔ 塔法八色	iɑʔ 鸭接贴节	uɑʔ 活刮托郭	yɑʔ 月药学血
əʔ 十直尺物	iəʔ 急七一锡	uəʔ 骨出谷入	yəʔ 橘宿曲足

韵母说明：

① [o] 与唇音声母相拼时，前面有过渡音 [u]。

② [ɔ] 韵母有时有不明显的鼻化色彩。

③ [ɣ] 作韵尾时，发音较弱。[əɣ] 的主要元音有时会有不明显的鼻化色彩。

④ [ɑu] 的主要元音 [ɑ] 舌位稍前。

⑤ [ɤu、iɤu] 韵尾的唇形不够圆。

⑥ [æ] 的发音近似 [æɑ]，有不明显的动程。

⑦ [ɑʔ、iɑʔ、uɑʔ、yɑʔ] 的主要元音 [ɑ] 舌位靠前。

⑧ [iəʔ、yəʔ] 的主要元音 [ə] 舌位靠前。

（三）声调 5 个

21	阴平	东该开拍
312	阳平	门龙牛油
55	上声	懂古鬼九
24	去声	动罪近月
4	入声	谷拍哭月

（四）连读变调

本节包括 3 个表格：表 71–1 非叠字非轻声两字组连读变调规律；表 71–2 非叠字轻声两字组连读变调规律；表 71–3 叠字两字组连读变调规律。

表 71–1　非叠字非轻声两字组连读变调规律

前字＼后字	阴平 21	阳平 312	上声 55	去声 24	入声 4
阴平 21	——	——	——	——	——
阳平 312	——	312+31 农民、人民	31+55 牛奶、棉袄	31+24 模范、棉被	31+0 毛笔、毛竹
上声 55	——	55+31 党员、打雷	31+55 小暑、火腿	——	——
去声 24	——	24+31 受凉、化肥	——	——	——
入声 4	——	4+31 铁门、白纸	——	——	——

表 71–2　非叠字轻声两字组连读变调规律

前字＼后字	阴平 21	阳平 312	上声 55	去声 24	入声 4
阴平 21	21+0 东西、香菇	21+0 工钱、灰尘	21+0 敲打、端午	21+0 鼾睡、天气	21+0 正月、舒服
阳平 312	312+0 莲花、雷声	312+0 盘缠、煤油	312+0 云彩、牌子	312+0 闲在、门限	312+0 王八、红火
上声 55	55+0 手巾、雨天	55+0 俺们、里头	55+0 本子、滚水	55+0 抿住、左面儿	55+0 买的、手术
去声 24	24+0 嚏喷、后天	24+0 砚台、过年	24+0 后悔、露水	24+0 信奉、右面儿	24+0 日食、教室
入声 4	4+0 圪溜、杀猪	4+0 圪揉、圪塄	4+0 黑眼、十五	4+0 圪搐⁼皱	4+0 吸铁、这么

说明：

①大同方言中有些非叠字两字组后字读轻声，调值为 21，一般不区分实际调值，一律记为 0。

表 71–3　叠字两字组连读变调规律表

前字＼后字	阴平 21	阳平 312	上声 55	去声 24	入声 4
阴平 21	21+0 杯杯、刀刀	——	——	——	——

续表

前字＼后字	阴平 21	阳平 312	上声 55	去声 24	入声 4
阳平 312	——	312+24 苗苗、球球	——	——	——
上声 55	——	——	55+0 本本、纸纸	——	——
去声 24	——	——	——	21+0 票票、扣扣	——
入声 4	——	——	——	——	21+0 叔叔、七七

七十二　大同新荣区话声韵调

（一）声母 24 个

p 八白饼壁　　p^h 派片肥拍　　m 麦明猛墨　　f 飞风副饭　　v 味问温王
t 多东毒得　　t^h 讨天藤特　　n 脑南年泥　　l 老蓝连路
ts 资早租刺　　ts^h 刺草祠抄　　s 丝三酸祠
tʂ 张竹装贼　　$tʂ^h$ 抽拆出床　　ʂ 双顺手十　　ʐ 热褥肉弱
tɕ 酒九间杰　　$tɕ^h$ 清全轻权　　ɕ 想谢响县
k 高共黄各　　k^h 开糠困阔　　ŋ 熬安藕爱　　x 好灰活害
ø 月云衣药

声母说明：

① [v] 唇齿摩擦较轻。

② [n] 与齐齿呼韵母相拼时，受介音 [i] 的影响，有舌面化倾向，实际音值接近 [ȵ]。

③ [tʂ、$tʂ^h$、ʂ] 实际发音时舌尖略靠前。

④有些送气声母的送气部分有明显摩擦。

（二）韵母 37 个

ɿ 师丝试直　　i 米梨戏急　　u 苦步五物　　y 女雨绿局
ʅ 制治日实
ᴀ 茶瓦辣骂　　iᴀ 牙假虾嫁　　uᴀ 刮化花抓
ɤ 歌舌盒热
ɔ 糖床王双　　iɔ 浆抢响样　　uɔ 黄光筐慌

o 婆磨佛薄		uo 坐所过活	
ɐr 二耳儿而			
ɛe 开排赔飞		uɛe 对快鬼罪	
ɔu 宝毛刀桃	iɔu 笑桥学药		
əu 楼路兜漏	iəu 豆走油六		
æ 贪南山感	iᴇ 写鞋盐年	uæ 短官赚欢	yᴇ 靴权选月
ɤɣ 深根灯横	iɣ 心硬病品	uɤɣ 寸滚横东	yɣ 云兄问均
aʔ 塔法八热	iaʔ 鸭接贴业	uaʔ 活刮托郭	yaʔ 月药学绝
əʔ 十直尺物	iəʔ 急七一北	uəʔ 骨出六绿	yəʔ 宿足橘菊

韵母说明：

① [ɤ] 和 [o] 为互补关系，[o] 韵母与唇音声母相拼，[ɤ] 韵母与非唇音声母相拼，因此不合为一个音位。

② [ɛe、uɛe] 的韵尾 [e] 实际发音时舌位略高，接近 [ɪ]。

③ [iəu] 韵母与 [tɕ、tɕʰ、ɕ]、[t、n、l] 及零声母相拼时，实际读 [iəu]，与其他声母相拼时实际读 [ɪəu]。

④ [iəʔ、yəʔ] 的主要元音 [ə]，实际发音时舌位略靠前。

⑤ [əu] 的动程不大，韵尾达不到 [u]。

⑥ [uo] 中的主要元音 [o] 唇形不太圆，实际音值为 [uoᵊ]。

⑦ [iᴇ] 的主要元音 [ᴇ] 实际发音时舌位略低，接近 [ɛ]。

（三）声调 5 个

32	阴平	东该开拍
312	阳平	门皮糖红
54	上声	懂苦买有
24	去声	动四硬乱
4	入声	谷拍搭节

声调说明：

①阴平实际发音的落点比 2 略低，记为 32。

②上声实际发音的落点达不到 4，记为 54。

③去声发音时前面有拖长的情况，实际音值为 224，这里记为 24。

④入声平而短，是调值为 44 的短调，这里记为 4。

（四）连读变调

本节包括 3 个表格：表 72–1 非叠字非轻声两字组连读变调规律；表 72–2 非叠字

轻声两字组连读变调规律；表 72-3 叠字两字组连读变调规律。

表 72-1　非叠字非轻声两字组连读变调规律

前字＼后字	阴平 32	阳平 312	上声 54	去声 24	入声 4
阴平 32	——	32+311 猪皮、花瓶	——	——	——
阳平 312	12+32 毛巾、洋灰	12+311 文明、轮流	31+54 牛奶、门口	31+24 毛裤、麻袋	——
上声 54	——	54+311 小寒、以前	32+54 打水、主考	——	——
去声 24	——	24+311 上楼、拜年	——	——	——
入声 4	——	4+311 发明、力求	——	——	——

表 72-2　非叠字轻声两字组连读变调规律

前字＼后字	阴平 32	阳平 312	上声 54	去声 24	入声 4
阴平 32	——	——	——	——	32+0 钢笔、消灭
阳平 312	——	——	——	——	312+0 毛笔、民族
上声 54	——	——	——	——	54+0 小雪、粉笔
去声 24	——	——	——	——	24+0 动脉、教学
入声 4	——	——	——	——	4+0 节约、热学

说明：

①新荣方言中有些非叠字两字组后字读轻声，一般不区分实际调值，一律记为 0。

②后字为入声，不论前字如何，后字大部分变读为轻声，有时也不读轻声，如“蜂蜜、输血”等。

表 72-3　叠字两字组连读变调规律

前字＼后字	阴平 32	阳平 312	上声 54	去声 24	入声 4
阴平 32	32+0 箱箱儿、杯杯儿 32+54 光光的、香香的	——	——	——	——

续表

前字＼后字	阴平 32	阳平 312	上声 54	去声 24	入声 4
阳平 312	——	31+24 门门儿、虫虫儿 31+54 红红的、白白的	——	——	——
上声 54	——	——	54+32 本本儿、好好的 54+0 嫂嫂	——	——
去声 24	——	——	——	24+0 棒棒儿、棍棍儿 24+54 绿绿的、细细的	——
入声 4	——	——	——	——	4+0 格格儿、镊镊儿 4+54 黑黑的、白白的

说明：

新荣方言叠字两字组连读变调规律与词性有关：

①名词重叠，后字多数儿化。阴平字重叠，前字不变调，后字变读为轻声或 54；阳平字重叠，前字由 312 变读为 31，后字由 312 变读为 24 或 54；上声字重叠，前字一般不变调，后字由 54 变读为 32，亲属称谓词，后字变读为轻声；去声字和入声字重叠，前字不变调，后字变读为轻声或 54/54。

②动词重叠，后字多读轻声，有时候两个字之间可以加“一”字，构成“A 一 A”的形式。

③非上声形容词重叠，后字一律变读为 54 或 54，前字为阳平时，前字由 312 变读为 31。上声形容词重叠，前字不变调，后字变读为 32。

七十三 怀仁话声韵调

（一）声母 20 个

p 八兵扮本	pʰ 派片爬贫	m 麦明马面	f 飞风副肥	v 味问温王
t 多东毒袋	tʰ 讨天偷胎	n 脑年泥熬		l 老蓝连路
ts 资早租装	tsʰ 草寸祠抽		s 三酸祠事	z 热软染弱
tɕ 酒举鸡叫	tɕʰ 清全取气		ɕ 想谢下县	
k 高共歌瓜	kʰ 开靠看渴		x 好灰活厚	
∅ 月云药五				

声母说明：

① [v] 是唇齿浊擦音，实际发音时摩擦较轻。

（二）韵母 38 个

ɿ 师丝试制	i 米鸡戏急	u 苦父猪除	y 雨绿局女
a 茶瓦辣马	ia 牙哑夏假	ua 刮花抓话	
æ 南山半贪	iæ 盐年欠连	uæ 短官软算	yæ 权选院劝
ɤ 歌盒热壳	iɛ 写茄解叶	uɤ 多坐过活	yɛ 靴月穴瘸
ɒ 糖床王双	iɒ 响讲娘样		
ər 二儿耳而			
ɛe 开排赔白		uɛe 快坏怀块	
ei 飞埋煤杯		uei 对鬼亏水	
ɔu 歌宝饱脑	iɔu 笑药壳学		
ɤu 豆走路楼	iɤu 油六酒袖		
əŋ 深根灯争	iəŋ 心新硬病	uəŋ 寸滚春东	yəŋ 云兄裙俊
aʔ 塔法八热	iaʔ 鸭接贴节	uaʔ 活刮托郭	yaʔ 月药学绝
əʔ 十直尺个	iəʔ 急七一北	uəʔ 骨出谷做	yəʔ 橘曲足宿

韵母说明：

①韵母 [u] 与声母 [f] 相拼时，略带摩擦，与 [ʋ] 接近。

②“培”与“牌”韵母相同，为 [ɛe]；“怪”与“贵”韵母相同，为 [uei]。

③ [ɤu] 与声母 [k、kʰ、x] 相拼时，实际读音接近 [kiɤu、kʰiɤu、xiɤu]。

④ [ɒ] 组韵母实际发音时舌位偏高。

⑤发 [əŋ、iəŋ、uəŋ、yəŋ] 音时，口腔没有完全堵塞，鼻音较重。

（三）声调 5 个

42	阴平	东该风拍
312	阳平	门龙急毒
53	上声	懂古鬼九
24	去声	冻怪半四
4	入声	谷百拍急

声调说明：

①阴平调值为 42，实际发音短促。

②曲折调中起点与终点的高度差有时不大。

③上声的起点和终点要比阴平的高。

④去声的调值实际与 35 接近。

⑤部分入声字舒化，例如：“急、六、麦、叶、月、毒、白、盒、罚”。

（四）连读变调

本节包括 3 个表格：表 73–1 非叠字非轻声两字组连读变调规律；表 73–2 非叠字轻声两字组连读变调规律；表 73–3 叠字两字组连续变调规律。

表 73–1 非叠字非轻声两字组连读变调规律

前字 \ 后字	阴平 42	阳平 312	上声 53	去声 24	入声 4
阴平 42	——	——	——	——	——
阳平 312	——	312+53 人民、毛驴	——	——	——
上声 53	——	——	31+53 手表、养狗	——	——
去声 24	——	——	——	24+53 地震、卖菜	——
入声 4	——	4+24 核桃、铁门	——	——	4+2 立刻、克服

表 73–2 非叠字轻声两字组连读变调规律

前字 \ 后字	阴平 42	阳平 312	上声 53	去声 24	入声 4
阴平 42	42+0 夫妻、骚猪	42+0 工人、窗台	42+0 鸡眼、鲜奶	42+0 锅盖	42+0 汤药
阳平 312	312+0 铡刀、连襟	312+0 毛虫、头疼	312+0 朋友、柴草	312+0 窑道、蚊帐	—
上声 53	53+0 手巾、瓦刀	53+0 小肠、走廊	—	53+0 女婿、晚辈	53+0 好了
去声 24	24+0 弟兄、轿夫	24+0 夜壶、院墙	24+0 大腿、靠椅	24+0 木匠、大豆	24+0 烙铁、叫喝
入声 4	4+0 拉稀	4+0 甲鱼、客人	4+0 失火、拉草	—	4+0 壁虱

说明：

①怀仁方言中有些非叠字两字组后字读轻声，实际调值为 31，一般不区分实际调值，一律记为 0。

表 73-3 叠字两字组连读变调规律

前字＼后字	阴平 42	阳平 312	上声 53	去声 24	入声 4
阴平 42	42+0 天天、包包	—	—	—	—
阳平 312	—	312+0 牛牛、环环 312+24 爷爷、毛毛	—	—	—
上声 53	—	—	53+0 缓缓、洗洗	—	—
去声 24	—	—	—	24+0 看看、问问	—
入声 4	—	—	—	—	4+0 切切、说说

说明：
①怀仁方言中有些叠字两字组后字读轻声，实际调值为 31，一般不区分实际调值，一律记为 0。

七十四　左云话声韵调

（一）声母 23 个

p 八兵把布　p^h 派片爬炮　m 麦明马灭　f 飞风饭副　v 味问温王
t 多东毒大　t^h 讨天托胎　n 脑年熬安　l 老蓝连路
ts 资早张竹　ts^h 刺草寸祠　s 三祠山十
tʂ 遮者侄这　$tʂ^h$ 车扯　ʂ 蛇射舌少　ʐ 热软弱褥
tɕ 酒举鸡解　$tɕ^h$ 清全茄气　ɕ 想谢响县
k 高共歌拐　k^h 开块口宽　x 好灰活魂
Ø 月云用药

声母说明：

① [v] 是唇齿浊擦音，实际发音时摩擦较轻，音值接近 [ʋ]。

② [tʂ、$tʂ^h$、ʂ] 只与 [ə] 韵母相拼。

③ [tʂ] 辖字较少，只有“遮、者”等少数几个，或出现在“侄儿、这儿”中。

（二）韵母 36 个

ɿ 师丝试池　i 米币戏急　u 苦五猪初　y 雨局女举
ʅ 日

a 茶瓦辣大	ia 牙哑虾假	ua 刮瓜花抓	
æ 南山半产	iɛ 写姐盐年	uæ 短官换砖	yɛ 靴远权月
ɒ 糖党王双	iɒ 响讲亮浆	uɒ 床疮装双	
ə 歌可盒热		uo 坐破过活	
ər 二耳儿而			
ɛi 开排赔飞		uɛi 对快鬼碎	
ɔu 宝毛刀桃	iɔu 笑叫桥学		
əu 豆走头后	iəu 油六袖优		
əɣ 深根灯横	iəɣ 心新硬病	uəɣ 滚春横东	yəɣ 云兄用俊
aʔ 八热壳色	iaʔ 鸭接贴节	uaʔ 活刮托郭	yaʔ 月药绝学
əʔ 十直尺个	iəʔ 急七一北	uəʔ 骨出谷绿	yəʔ 橘曲削宿

韵母说明：

① [ua] 中主要元音发音靠后，实际音值接近 [uɑ]。

② [ə] 与声母 [k、k^h、x] 相拼时，声韵之间有过渡音 [ɯ]，实际音值为 [^{ɯ}ə]。

③ [ɛi、uɛi] 韵母的个别字，如"飞、鬼"，发音时主要元音舌位略高，实际音值为 [ei、uei]。

④ [ɔu] 动程不明显。

⑤ [iəu] 中，由于受介音和韵尾的影响，主要元音不明显，实际音值为 [i^{ə}u]。

⑥ [iəʔ、yəʔ] 由于受介音的影响，主要元音靠前，实际音值为 [ieʔ、yeʔ]。

（三）声调 5 个

31	阴平	东该灯风通开春拍
313	阳平	门龙牛油铜毒白急
54	上声	懂古鬼九统老五有
24	去声	冻怪半四痛近六月
4	入声	谷百搭节急哭拍月

声调说明：

①阳平起点略低。

②入声单字发音短促，在语词中发音更短。

（四）连读变调

本节包括 3 个表格：表 74–1 非叠字非轻声两字组连读变调规律；表 74–2 非叠字轻声两字组连读变调规律；表 74–3 叠字两字组连读变调规律。

表 74-1 非叠字非轻声两字组连读变调规律

前字＼后字	阴平 31	阳平 313	上声 54	去声 24	入声 4
阴平 31	32+31 交通、伤心	32+313 猪皮、穿鞋	32+54 公里、经理	32+24 公社、车票	32+4 中级、消灭
阳平 313	——	——	32+54 牛奶、门口	32+24 毛裤、麻袋	——
上声 54	——	——	32+54 打水、主考	——	——
去声 24	——	——	——	——	——
入声 4	——	——	——	——	——

表 74-2 非叠字轻声两字组连读变调规律

前字＼后字	阴平 31	阳平 313	上声 54	去声 24	入声 4
阴平 31	32+0 中间儿、香菇	32+0 冰凌、灰尘	32+0 沙子、端午	32+0 天气、香气	32+0 今儿个、正月
阳平 313	313+0 台风、雷声	313+0 河漕、煤油	313+0 牌子、城里	32+0 门限	313+0 明儿个、王八
上声 54	54+0 起啦	54+0 两年、里头	313+0 滚水、早起	54+0 礼拜、左面儿	54+0 五个、买的
去声 24	24+0 嚏喷、后天	24+0 日头、过年	24+0 弹子、露水	24+0 半夜、右面儿	24+0 日食、夜儿个
入声 4	4+0 北瓜	4+0 圪塄、鲫鱼	4+0 窟子、十五	——	4+0 月食、吸铁

说明：

①子尾词中的“子”轻读时一般调值为 2，有时轻读调值为 4，没有明显的规律，统一记为 0。有些字如“上、去、了、哩”等，在词或句子中因读轻声而变读为入声韵、轻声调。儿化的轻读随儿化前一字变化。

表 74-3 叠字两字组连读变调规律

前字＼后字	阴平 31	阳平 313	上声 54	去声 24	入声 4
阴平 31	32+0 箱箱、筐筐 31+54 光光的、香香的	——	——	——	——

续表

前字＼后字	阴平 31	阳平 313	上声 54	去声 24	入声 4
阳平 313	——	313+0 门门、虫虫 31+24 爷爷、婆婆 313+0 磨磨、弹弹 32+54 红红的、白白的	——	——	——
上声 54	——	——	54+0 本本、果果 54+31 老老的、好好的	——	——
去声 24	——	——	——	24+0 棒棒、棍棍 24+54 细细的	——
入声 4	——	——	——	——	4+0 格格、镊镊 4+$\underline{54}$ 黑黑的

说明：左云方言叠字两字组连读变调规律与词性有关。

①名词、动词重叠，后字一般读轻声。阴平字重叠，前字由 31 变读为 32；阳平、上声、去声、入声字重叠，前字不变调。个别阳平字重叠的亲属称谓词，如“爷爷、婆婆”等，前字变读为 31，后字变读为 24。

②非上声形容词重叠，后字一律变读为 54 或 $\underline{54}$。阳平字重叠，前字由 313 变读为 32。

③上声形容词重叠，前字不变调，后字变读为 31。

七十五　右玉话声韵调

（一）声母 24 个

p 布八鼻波	pʰ 怕偏坡排	m 门米妹毛	f 夫乏肥饭	v 舞娃危王
t 低肚朵呆	tʰ 题土台腿	n 怒女男硬		l 吕蓝脸良
ts 姿租左在	tsʰ 此粗猜仓		s 思锁腮散	
tʂ 知猪招粥	tʂʰ 痴除超丑		ʂ 世鼠烧手	ʐ 日儒饶肉
tɕ 酒监卷奖	tɕʰ 球千圈枪		ɕ 休咸悬香	
k 光跟公鸽	kʰ 筐坑恐渴	ŋ 安肮恩恶	x 荒很魂合	
ø 医鱼儿鸦				

声母说明：

① [v] 的摩擦较轻，实际音值为 [ʋ]。

② [n] 和开口呼、合口呼韵母相拼时是 [n]，和齐齿呼、撮口呼韵母相拼时是 [ȵ]。

③零声母 [Ø] 一般只和齐齿、撮口两呼的韵母相拼，并且齐齿呼、撮口呼零声母在 [i、y] 韵前带有明显的摩擦成分，实际音值是半元音 [j、ɥ]。开口呼零声母只有“而、二”等少数古日母字和“啊”等感叹词，没有合口呼零声母字。

④其他声母音值与北京话大致相同。

（二）韵母 37 个

ɿ 资止词是	i 鼻批迷尼	u 步夫徒醋	y 女吕举鱼
ʅ 知痴势日			
a 巴怕乏哈	ia 家掐虾牙	ua 瓜夸花划	
æ 贪南乱含	iɛ 鞭脸尖癣	uæ 短转酸换	yɛ 恋练瘸靴
ɒ 帮唐狼桑	iɒ 良娘讲羊	uɒ 装床光荒	
o 玻坡魔磨		uo 多骡坐科	
ɤ 遮车舌河			
ər 儿耳二而			
ɛe 杯陪埋呆		uɛe 堆桂快淮	
ɐo 包刀闹跑	iɐo 表票交桥		
əu 斗路走沟	iəu 牛流酒修		
əɣ 进分能征	iəɣ 冰今命心	uəɣ 东钟春红	yə̃ɣ 军穷雄云
aʔ 八答杀喝	iaʔ 百铁节瞎	uaʔ 夺脱刮说	yaʔ 脚缺药月
əʔ 直石克黑	iəʔ 北踢急吸	uəʔ 读绿速谷	yəʔ 菊足曲育

韵母说明：

① [uo] 中 [o] 的实际发音接近 [ə]。

② [ɛe] 在 [f] 声母后实际音值近于 [ɛi]。

③ [aʔ、iaʔ、uaʔ、yaʔ] 里的 [a] 舌位偏高、偏央，实际音值是 [ɐʔ、iɐʔ、uɐʔ、yɐʔ]。

④ [ɣ] 是舌根浊擦音，作韵尾时发音较弱。

（三）声调 5 个

31	阴平	诗梯衣知低灯方天
212	阳平	时题笛棉房田锄魂
53	上声	使体椅以等免碗九
24	去声	付到四试注间救汗

4　　入声　　八督失急麦绿月脚

（四）连读变调

本节包括 1 个表格：表 75-1 非叠字非轻声两字组连读变调规律。

表 75-1　非叠字非轻声两字组连读变调规律

前字＼后字	阴平 31	阳平 212	上声 53	去声 24	入声 4
阴平 31	——	——	——	——	——
阳平 212	31+31 牛筋、床单	31+212 来源、爬墙	31+53 淘米、骑马	31+24 粮站、还账	——
上声 53	——	——	31+53 早起、赶紧	——	31+4 眼力、起色
去声 24	——	——	——	——	——
入声 4	——	——	——	——	——

七十六　阳高话声韵调

（一）声母 21 个

p 把摆边宝　p^h 怕跑盘铺　m 妈米毛面　f 非罚反放　v 往稳瓦我
t 多肚大东　t^h 他土态疼　n 耐男年凝　l 来拦冷乱
ʦ 猪炸针抓　$ʦ^h$ 吃丑吹虫　s 洒时睡送　ʐ 如人扰日
tɕ 精姐叫近　$tɕ^h$ 去乔秋清　ɕ 西小修星
k 姑果贵广　k^h 哭夸开困　ŋ 熬恩安爱　x 胡坏还红
ø 一儿岩院

声母说明：

① [v] 为唇齿浊擦音，摩擦较轻。

② [ŋ] 为舌面后浊鼻音，发音部位与 [k、k^h、ŋ、x] 相同。

③ [ʐ] 为舌尖后浊擦音，没有与之相配的舌尖后塞擦音、擦音声母。

（二）韵母 35 个

ɿ 姿四制吃　i 皮米鸡其　u 姑普土雾　y 女许缕居
ʅ 日
ɑ 巴骂沙拉　iɑ 家下牙恰　uɑ 花垮挂抓
ɤ 波河磨我　uɤ 多罗左锅

ɛ 办蚕含碗	iɛ 爹间见缘	uɛ 乱酸管船	yɛ 靴院权恋
ɔ 帮床赏光	iɔ 亮匠抢想		
ɐr 儿二而耳			
ei 悲埋呆才		uei 对追贵回	
ɔu 少宝桃老	iɔu 条庙小腰		
ɤu 抖丑路手	iɤu 流牛勾厚		
əŋ 跟温横蚊	iəŋ 病品新音	uəŋ 东工润婚	yəŋ 均迅永胸
ɑʔ 八腊色合	iɑʔ 百列胁页	uɑʔ 脱刮说或	yɑʔ 决学缺月
əʔ 不物十黑	iəʔ 笔秘踢一	uəʔ 读陆所入	yəʔ 率屈肃欲

韵母说明：

①韵母 [ʅ] 只和声母 [ʐ] 相拼，只有“日” [ʐʅ²⁴] 一个字。

②韵母 [ɤ] 与声母 [ts、tsʰ、s] 相拼时，中间有一个过渡音 [ɿ]。

③ [əʔ] 组入声韵开合与齐撮的读音略有不同：开、合口呼读音相同，读本音；齐、撮呼的主要元音偏前，实际读音为 [ieʔ、yeʔ]。两组读音互补，统一记作 [əʔ、iəʔ、uəʔ、yəʔ]。

（三）声调 5 个

31	阴平	诗梯知开超婚高妻
312	阳平	题时才寒迟鹅神床
53	上声	古使展体粉草短口
24	去声	大父是近器唱抗盖
3	入声	笛曲出说纳学黑百

声调说明：

①阳平调收尾有时略高，由最低点 1 升至 3。

（四）连读变调

本节包括 1 个表格：表 76-1 非叠字非轻声两字组连读变调规律。至于叠字两字组连读变调，例子很少，目前只有阴平与阴平重叠，前字不变、后字读轻声：31+0，如“星星、天天”。

表 76-1　非叠字非轻声两字组连读变调规律

前字＼后字	阴平 31	阳平 312	上声 53	去声 24	入声 3
阴平 31	——	31+53 工人、军人	——	——	——

续表

前字＼后字	阴平 31	阳平 312	上声 53	去声 24	入声 3
阳平 312	31+31 强风、河滩	31+312 城墙、锄头	31+53 云彩	31+24 河畔、城市	31+3 除夕
上声 53	——	53+31 响雷、恶雷	——	——	——
去声 24	——	24+24 树头、木头	——	——	——
入声 3	——	——	——	——	——

七十七　山阴话声韵调

（一）声母 23 个

p 般饱步笔　　p^h 盘品怕撇　　m 妈秒木觅　　f 飞否饭福

t 刀堵吊夺　　t^h 掏土特秃　　n 南女嫩年　　l 劳里栏力

ts 脏组字族　　ts^h 仓采次促　　s 思所素肃　　z 子

tʂ 招长住只　　$tʂ^h$ 虫础厂吃　　ʂ 声数善属　　ʐ 柔忍闰日

tɕ 居姐进及　　$tɕ^h$ 秋巧去曲　　ɕ 想谢响县

k 高古更谷　　k^h 开考裤哭　　x 胡喊话忽

ø 五啊云荣

声母说明：

① [n] 和齐齿呼、撮口呼韵母相拼时为舌面音 [ȵ]。

② [z] 的例字只有作词尾的“子”字。

③ [tɕ、$tɕ^h$、ɕ] 只拼细音，不拼洪音。中古定、透母字，今韵母是齐齿呼的，声母读 [$tɕ^h$]。

④零声母 [ø] 一般只和齐齿呼、合口呼、撮口呼韵母相拼，除 [a]（只有一个“啊”字，不列入韵母表中）、[ər] 等少数韵母外，不跟开口呼韵母相拼。

⑤中古梗摄合口三等庚韵云母平声字，通摄合口三等东韵、四等钟韵以母平声字，其声母今为零声母。

（二）韵母 39 个

ɿ 资雌支事　　i 比眉鸡底　　u 母富图故　　y 女居虚取

ʅ 知制池逝			
		uə 多坐火磨	
æ 半单产安	iᴇ 边点姐介	uæ 官团钻捡	yᴇ 捐靴全悬
ᴀ 爬打沙娃	iᴀ 加假霞鸦	uᴀ 抓要花跨	
ɒ 旁挡丈昌	iɒ 粮强象羊	uɒ 庄双光慌	
ʌr 者蔗蛰惊			
ʅʌr 车舌遮惹			
ər 儿而耳二			
ei 背每飞配		uei 推虽灰贵	
ɛe 白买开台		uɛe 帅拐快坏	
ɔo 跑刀好告	iɔo 表胶小摇		
əu 斗狗后路	iəu 牛流羞有		
ə̃ 本疼层冷	iə̃ 话品定青	uə̃ 东总空春	yə̃ 军裙凶荣
ᴀʔ 八摘各法	iᴀʔ 拍夹切鸭	uᴀʔ 脱捉豁刷	yᴀʔ 决缺血月
əʔ 不特黑尺	iəʔ 北力吸密	uəʔ 秃竹哭禄	yəʔ 菊曲俗蓄

韵母说明：

① [u] 前没有辅音时常读成 [v]，自由变读，不区别意义。

② [ei、uei] 里的 [i] 舌位略低，近于 [ɪ]。

③ [ɒ、iɒ、uɒ] 里的 [ɒ] 有时有微弱的鼻化音，因人而异，时有时无。

④入声韵的喉塞韵尾较弱，若拉长字音，喉塞韵尾 [ʔ] 便消失。

（三）声调 4 个

313	平声	高开飞天时房云田
52	上声	古走短草好手老有
335	去声	近坐变柱大让树用
4	入声	接说铁百急笔尺黑

声调说明：

①平声不分阴阳，即中古清声母平声字和浊声母平声字今声调相同。

②部分中古入声字今读舒声，大部分是中古全浊、次浊声母入声字，清声母入声字占少数。

（四）连读变调

本节包括 2 个表格：表 77–1 非叠字非轻声两字组连读变调规律；表 77–2 叠字两字组连读变调规律。

表 77-1 非叠字非轻声两字组连读变调规律

前字＼后字	平声 313	上声 52	去声 335	入声 4
平声 313	13+31 年轻、伤心	31+52 皮软、丢脸	31+21 花布、忠厚	31+4 钢笔、风俗
上声 52	——	31+52 手表、比武	——	——
去声 335	35+313 看书、肚皮	35+52 报纸、动手	35+335 罪重、卖菜	35+4 四只、尽力
入声 4	——	——	——	——

表 77-2 叠字两字组连读变调规律

前字＼后字	平声 313	上声 52	去声 335	入声 4
平声 313	31+13 欢欢、篮篮 31+14 环环儿、锅锅儿 31+52 方方儿的、松松儿的	——	——	——
上声 52	——	52+312 碗碗儿、饱饱儿的	——	——
去声 335	——	——	35+335 穗穗、看看 35+52 穗穗儿、带带儿	——
入声 4	——	——	——	4+52 格格儿、黑黑儿的

七十八 天镇话声韵调

（一）声母 21 个

p 布班波巴　pʰ 怕坡谱皮　m 马暮媒秒　f 夫飞范分　v 王瓦外完

t 多杜弟对　tʰ 他图推唐　n 那泥奴女　l 罗旅来立

ʦ 左炸遮猪　ʦʰ 权车锄财　s 锁沙蛇竖　z 如锐认然

ʨ 九加姐具　ʨʰ 茄取齐奇　ɕ 霞邪喜消

k 歌谷公古　kʰ 苦开快哭　ŋ 饿爱熬岸　x 河火好喝

Ø 五牙鱼油

说明：

① [n] 在齐齿呼、撮口呼韵母前发音部位靠前，实际音值与舌面音 [ȵ] 接近。

② [x] 与开口呼韵母 [ɑ、æ、ɛe、ɔu] 相拼时，实际音值与 [h] 接近。

③零声母 [Ø] 跟齐齿呼、撮口呼韵母相拼时，有轻微摩擦，接近 [j]。

④ [m]、[n] 与入声韵相拼时，带有同部位塞音。

⑤ [pʰ、tʰ、kʰ] 与开口呼韵母相拼时，带有轻微的喉擦音 [h]。

⑥有部分人把个别舌尖前音声母读成舌尖后音声母，但没有区别意义的作用，本书一并处理成舌尖前音。

（二）韵母 34 个

ɿ 知赐师私	i 例际弟已	u 都图顾处	y 雨续剧去
ɑ 巴拿马洒	iɑ 家牙霞狭	uɑ 瓜花化垮	
æ 贪男含胆	iæ 茄姐咸尖	uæ 官欢宽酸	yæ 靴全宣元
ɤ 歌河波射		uɤ 多罗左锅	
ɒ 帮唐壮上	iɒ 娘良枪江		
ɐr 儿二而耳			
ɛe 胎来才煤		uɛe 怪回罪贵	
ɔu 毛刀遭老	iɔu 交敲效宵		
ɤu 炉路头勾	iɤu 流秋休牛		
ɤɣ 沉针跟门	iɤɣ 林心应兵	uɤɣ 墩春宋共	yɤɣ 循云凶容
ɑʔ 答塔割纳	iɑʔ 杰列切约	uɑʔ 脱夺说洛	yɑʔ 雪月确决
əʔ 汁十特刻	iəʔ 级立吸笔	uəʔ 突忽出读	yəʔ 裕屈菊足

说明：

① [ɤ] 与唇音声母相拼时，唇形稍圆，接近 [o]。

② [iɑ] 和 [ɑʔ、iɑʔ、uɑʔ、yɑʔ] 中的 [ɑ] 舌位偏央，实际音值是 [ᴀ]。

③ [ɛe] 的动程很小。

④ [ɔu、iɔu] 的动程不明显。

⑤ [ɤu] 实际发音时，有部分人读成 [əu]，不具有区别意义的作用。

⑥ [ɐr] 实际发音时开口度较小。

（三）声调 5 个

31	阴平	诗梯衣灯方天初昏
22	阳平	时题移棉房田锄魂

55　上声　使体椅以等免碗委

24　去声　矢是士弟试世替事

4　入声　识滴石食笛灭八拔

说明：

①阴平调调长较短，部分阴平调字实际发音时调长延长，接近阳平调。

②入声调总是跟随有塞音韵尾的入声韵一起出现，调程较短，语流中个别入声字读如轻声，入声韵保持不变。

（四）连读变调

本节包括 2 个表格：表 78–1 非叠字两字组连读变调规律；表 78–2 叠字两字组连读变调规律。

表 78–1　非叠字两字组连读变调规律

前字 \ 后字	阴平 31	阳平 22	上声 55	去声 24	入声 4
阴平 31	22+31 阴天、春天	——	22+55 酸枣、花草 22+0 端午、香米	——	31+0 中级、生铁
阳平 22	——	——	——	——	22+0 蓝色、游客
上声 55	——	——	22+55 主考、小姐	——	55+0 打猎、起立
去声 24	——	——	——	——	24+0 动作、下策
入声 4	——	——	——	——	4+0 出国、接合

表 78–2　叠字两字组连读变调规律

前字 \ 后字	阴平 31	阳平 22	上声 55	去声 24	入声 4
阴平 31	31+0 杯杯、敲敲 31+55 方方咧、高高咧	——	——	——	——
阳平 22	——	22+0 苗苗、尝尝 22+55 红红咧、圆圆咧	——	——	——

续表

前字 \ 后字	阴平 31	阳平 22	上声 55	去声 24	入声 4
上声 55	——	——	55+0 本本、走走 55+0 早早咧、饱饱咧	——	——
去声 24	——	——	——	24+0 票票、看看 24+55 快快咧、大大咧	——
入声 4	——	——	——	——	4+0 格格、捏捏 4+5 实实儿咧、 足足儿咧

七十九　平定话声韵调

（一）声母 25 个

p 卜簸杯把　p^h 爬普配漂　m 麻磨母庙　f 飞冯符费　v 微围往袜

t 到肚等夺　t^h 太糖听桃　n 难女年努　l 兰路吕拉

ʦ 主糟俊杂　ʦ^h 仓处全泉　s 税师宣选　z 闰软如入

tʂ 招整治知　tʂ^h 昌迟丑戳　ʂ 扇声手晌　ʐ 热扰柔日

ʨ 精结纪俊　ʨ^h 丘趣全泉　ɕ 修秀宣选

k 歌故寡跪　k^h 跪葵开可　ŋ 挨袄熬岸　x 灰红虎化

ø 严午硬妖

说明：

①鼻音声母 [m、n、ŋ] 的实际读音带有明显的同部位浊塞音成分，实际音值是 [m^b、n^d、ŋ^g]。

② [n] 与齐齿呼、撮口呼韵母相拼时，实际读音是 [ȵ]。

③舌面前音 [ʨ、ʨ^h、ɕ] 实际发音部位靠前。

④ [ø] 与齐齿呼、撮口呼韵母相拼时，实际读音带有明显的半元音 [j]。

（二）韵母 40 个

ɿ 资紫纸志　i 地披批明　u 徒路姑苦　y 驴雨拒虚

ʅ 知池耻世

ɑ 巴爬马炸　iɑ 夏加牙哑　uɑ 瓜跨华耍

ɔ 包袍早茂　iɔ 标条小要

ɤ 哥鹅扯社　iᴇ 野介街谐　uɤ 多挪左过　yᴇ 靴倔瘸蹷

ɛe 摆排歪甩　uɛe 怪帅甩怀

ei 杯陪每披　uei 堆腿桂随

ɤu 豆偷楼丑　iɤu 丢流酒舅

æ̃ 胆烦懒烂　iæ̃ 点尖连面　uæ̃ 短乱酸喘　yæ̃ 卷圈权悬

ɑŋ 帮忙党放　iɑŋ 秧良讲量　uɑŋ 光狂晃创

ɤŋ 根很朋梦　iɤŋ 紧心明定　uɤŋ 顿轮桶东　yɤŋ 群熏永用

aʔ 舌合搭博　iæʔ 百铁接夹　uaʔ 刮活酷夺　yæʔ 雪月确越

əʔ 直木湿物　iəʔ 北急踢七　uəʔ 绿国出缩　yəʔ 菊鞠曲俗

ɭ̩ 儿而二耳

说明：

①韵母 [ɤ] 和舌尖后音声母 [tʂ、tʂ^{h}、ʂ] 相拼时，带有 [ʅ] 介音。

（三）声调 6 个

31　阴平　边低高猪抽开婚伤

44　阳平　扶陈才唐平床寒鹅

53　上声　走纸展比武女买暖

24　去声　近是淡厚抗汉怒漏

4　阴入　织笔喝搭百杂和俗

23　阳入　沫月捏疟立绿入辣

说明：

①阴平字进入语流后有降升的趋势。

②阳入里只有来自中古次浊声母的入声字。

③个别来自中古次浊声母的入声字归入阴入，如“密、墨、默、觅”。

（四）连读变调

本节包括 2 个表格：表 79–1 非叠字非轻声两字组连读变调规律；表 79–2 叠字两字组连读变调规律。

表 79-1　非叠字非轻声两字组连读变调规律

前字＼后字	阴平 31	阳平 44	上声 53	去声 24	阴入 4	阳入 23
阴平 31	24+44 医生、飞机 24+31 伤心、开车	——	31+44 甘草、工厂	——	——	31+4 亲热、交纳
阳平 44	44+44 来宾、良心	——	——	44+44 元帅、咸菜	——	44+4 寒热、人物
上声 53	——	——	31+44 厂长、火腿 31+53 保守、打水	53+44 马路、老练	——	44+4 冷热、米粒
去声 24	24+44 半天、让开	——	24+44 自己、大小	24+44 半夜、世界	——	24+4 快乐、自立
阴入 4	53+31 竹竿、菊花	——	——	——	——	——
阳入 23	4+44 列车、木瓜 4+31 录音、灭灯	4+44 绿茶、热情	4+53 烈火、力小	4+24 绿化、立夏	4+4 蜡烛、立刻	4+4 猎物、日落

表 79-2　叠字两字组连读变调规律

前字＼后字	阴平 31	阳平 44	上声 53	去声 24	阴入 4	阳入 23
阴平 31	31+24 蛛蛛、公公 24+44 天天、偏偏	——	——	——	——	——
阳平 44	——	44+31 娘娘、爷爷	——	——	——	——
上声 53	——	——	44+31 奶奶、远远 53+44 姥姥	——	——	——
去声 24	——	——	——	24+44 坐坐、舅舅	——	——
阴入 4	——	——	——	——	——	——
阳入 23	——	——	——	——	——	——

八十　昔阳话声韵调

（一）声母 25 个

p 八兵背本	pʰ 派片爬蜂	m 麦明马门	f 飞风蜂肥	v 味问温王
t 多东毒大	tʰ 讨天图托	n 脑南年泥		l 老蓝连路
ts 资早租贼	tsʰ 刺草寸全		s 丝三酸书	z 软褥如入
tʂ 张制州正	tʂʰ 抽车城程		ʂ 手十蛇深	ʐ 热绕染任
tɕ 酒假解轿	tɕʰ 清权桥前		ɕ 肥想谢响	
k 高共歌拐	kʰ 开块亏渴	ŋ 熬安鹅恩	x 好灰活花	
ø 月云用药				

说明：

① [v] 发音时上齿与下唇轻微接触，摩擦较轻。

② [tʂ、tʂʰ、ʂ、ʐ] 实际发音时舌尖略靠后。

（二）韵母 36 个

ɿ 师丝试刺	i 米戏币泥	u 苦五猪绿	y 雨局女举
ʅ 直池寺日			
ɻ 二梨耳儿			
ɑ 茶瓦辣爬	iɑ 牙假哑虾	uɑ 刮花抓瓜	
ə 歌热可破	iᴇ 写野茄捏	uə 多坐过所	yᴇ 靴月越
ɛe 开排白来		uɛe 快怀块拐	
ei 赔飞杯胃		uei 对鬼嘴跪	
ɔo 宝闹毛桃	iɔo 笑桥药学		
əu 豆走头凑	iəu 油六袖球		
æ̃ 南山半善	iæ̃ 盐年线变	uæ̃ 短官软砖	yæ̃ 权圆卷圈
ɔ̃u 糖王帮钢	iɔ̃u 响讲娘两	uɔ̃ 床双张狂	
əŋ 深根争横	iəŋ 心新硬病	uəŋ 寸滚横东	yəŋ 云兄俊荣
ʌʔ 盒骨壳直	iʌʔ 鸭接贴急	uʌʔ 活刮骨出	yʌʔ 橘曲缩学

说明：

① [ɻ] 为舌尖后半元音，实际读音的开口度略大。

② [ɑ、iɑ、uɑ] 中的 [ɑ]，实际发音时唇形略圆。

③ [uə] 中的 [ə]，实际发音时舌位略靠后。

④ [ɛe、uɛe] 中的 [e] 音色偏弱。

⑤ [æ̃、iæ̃、uæ̃、yæ̃] 鼻化较轻。

⑥ [õu、iõu] 中的 [u] 韵尾偏弱。

⑦ [əŋ、iəŋ、uəŋ] 中的 [ŋ]，舌根未与软腭完全接触；[yəŋ] 中的 [ə] 读音不明显。

（三）声调 5 个

42　阴平　东该灯风通开天春拍

33　阳平　门龙牛油铜皮糖红白

55　上声　懂古鬼九统苦讨草买老五有

13　去声　动罪后近冻怪半四痛快寸去卖路硬乱洞地饭树六麦叶月

43　入声　谷百搭节急哭拍塔切刻毒盒罚

说明：

①阳平的实际音值比 33 略高。

②入声的调型与阴平相同，只是发音较为短促，故记为 43。

（四）连读变调

本节包括 3 个表格：表 80–1 非叠字非轻声两字组连读变调规律；表 80–2 非叠字轻声两字组连读变调规律；表 80–3 叠字两字组连读变调规律。

表 80–1　非叠字非轻声两字组连读变调规律

前字＼后字	阴平 42	阳平 33	上声 55	去声 13	入声 43
阴平 42	13+42 浇花、秋收 42+13 丝瓜、风筝 13+33 书包、新鲜 22+33 香菇、东风	——	——	42+33 甘蔗、书记 13+33 家具、开会	——
阳平 33	33+33 台风、横边	42+33 调皮、农民	35+22 牙狗、牛奶	33+33 油菜、白菜 42+13 难过 42+33 头辫、徒弟	——

续表

前字＼后字	阴平 42	阳平 33	上声 55	去声 13	入声 43
上声 55	55+13 牡丹、点心 13+55 俺爹、老婆 55+33 俺妈	13+33 枕头、草鞋	42+55 水果、举手 42+33 想起	——	——
去声 13	13+33 绣花、背心	——	——	13+33 运气、木匠 42+13 那样、饭店 13+55 入殓、路费	——
入声 43	——	43+31 忽雷、铁门 43+42 管篮、发财	——	——	——

表 80-2　非叠字轻声两字组连读变调规律

前字＼后字	阴平 42	阳平 33	上声 55	去声 13	入声 43
阴平 42	42+0 东西	——	——	33+0 插白、军队	——
阳平 33	33+0 农村、良心	33+0 回来 42+0 蚍蜉	33+0 围子 42+0 皮子	33+0 文化、毛线	——
上声 55	55+0 米汤、眼珠	55+0 手镯、暖和	55+0 早起、晌午	55+0 广告、打扮	——
去声 13	——	——	13+0 户口、进口	13+0 奋斗、劝告	——
入声 43	——	43+0 石头、出来	43+0 橘子、十五	43+0 黑夜、服气	——

说明：

①昔阳方言有些非叠字两字组后字读轻声，一般不区分实际调值，一律记为 0。

表 80-3 叠字两字组连续变调规律

前字＼后字	阴平 42	阳平 33	上声 55	去声 13	入声 43
阴平 42	42+13 姑姑、筛筛	——	——	——	——
阳平 33	——	42+13 馍馍、毛毛 42+33 爷爷、轮轮 33+0 姨姨、锤锤	——	——	——
上声 55	——	——	42+13 姥姥、果果 55+55 点点、板板 55+0 小小、婶婶	——	——
去声 13	——	——	——	13+33 汉汉、舅舅 13+0 罐罐、盖盖	——
入声 43	——	——	——	——	13+3 月月 43+13 摸摸、抹抹 43+0 握握、钵钵

八十一　左权话声韵调

（一）声母 25 个

p 爬别帮布　p^h 爬盘泡平　m 门麻某帽　f 反放夫发　v 闻汪委碗
t 多电丁得　t^h 图台谈跳　n 南能闹拿　l 兰漏吕略
ts 支走总杂　ts^h 诗杂残窗　s 诗窗生送
tʂ 制招祖只　$tʂ^h$ 车潮闪储　ʂ 少顺储失　ʐ 人闰入肉
tɕ 江见焦掘　$tɕ^h$ 全掘鹊浅　ȵ 娘崖硬牛　ɕ 休线项新
k 哥管古规　k^h 规款肯扩　ŋ 暗袄俄欧　x 河坏黑横
Ø 用缘易崖

声母说明：

① [ȵ] 是舌面前鼻音，发音部位与 [tɕ、tɕʰ、ɕ] 相同，由于特征明显，未与 [n] 合并。

② [ŋ] 是舌面后鼻音，发音部位与 [k、kʰ、x] 相同。

（二）韵母 33 个

ɿ 资支是私	i 礼精尾玉	u 抱朱苦部	y 虚靴绪玉
ʅ 知日耳世			
æ 三含暖端	iɛ 棉连减烟	uæ 泉选暖端	yɛ 泉选袁拳
ɑ 爬查拿拉	iɑ 架假哑下	uɑ 话瓜夸瓦	
ɔ 光床横帮	iɔ 讲良娘枪		
ɤ 蛇者社科		uɤ 过左多科	
ɛi 倍尾盖礼		uɛi 怪堆贵雷	
əu 保烧桃抱	iəu 交咬效乔		
ʌu 竹丑收偷	iʌu 流九牛秋		
əŋ 根温朋横	iəŋ 紧林景精	uəŋ 魂东公宋	yəŋ 云群穷熊
ɑʔ 辣特握剥	iɑʔ 夹确角学	uɑʔ 刷刮滑猾	
əʔ 色直各责	ieʔ 血百铁接	uəʔ 落国活竹	yeʔ 血月菊雪

韵母说明：

① [ɑ] 在 [ɑ、iɑ、ɑʔ、iɑʔ] 中发音舌位靠前，相当于 [ʌ]，因不区别意义，与 [uɑ、uɑʔ] 中的 [ɑ] 合并为一个音位，记作 [ɑ]。

② [iəu] 由于音节内部的协调作用，实际音值接近 [iu]。

③ [ɛi、uɛi] 中主要元音的实际音值比 [ɛ] 略高。

（三）声调 5 个

31	阴平	包归招纠今端斤江
11	阳平	陈才唐扶人麻文云
42	上声	鬼小短诊粉纺整勇
53	去声	够禁困浪向政笑费
1	入声	直笔各辣夹窄绿秃

声调说明：

①上声调收尾时略带曲折。

②去声的实际调值接近 54。

（四）连读变调

本节包括 1 个表格：表 81-1 非叠字非轻声两字组连读变调规律。

表 81-1 非叠字非轻声两字组连读变调规律

前字＼后字	阴平 31	阳平 11	上声 42	去声 53	入声 1
阴平 31	35+31 医生、新鲜	——	35+42 浇水 辛苦	——	——
阳平 11	——	33+11 农民、年龄	——	——	——
上声 42	——	——	13+42 火把、水土	——	——
去声 53	33+31 教师、上山	——	53+31 道理 报纸	53+42 世界、贵重	——
入声 1	——	——	1+31 密码、灭火	1+42 植树、活动	3+1 结束、发达

八十二　和顺话声韵调

（一）声母 26 个

p 爬比奔兵　p^h 爬盘泡平　m 门麻某木　f 反放夫发　v 乌问委芒

t 堆道冬堤　t^h 堤道谈铁　n 拿耐嫩农　l 兰漏吕略

ts 支堆总侧　ts^h 粗侧层出　ŋ 挨偶暗恩　s 宣苏生刷　z 如软闰入

tʂ 制就针直　tʂ^h 车丑厂涉　ʂ 世收闪涉　ʐ 惹柔然若

tɕ 菊见就耕　tɕ^h 拳去穷菊　ȵ 仪崖硬捏　ɕ 下显行宣

k 哥管耕骨　k^h 夸葵看况　x 河坏旱黑

ø 用元仪崖

说明：

① [ȵ] 是舌面前鼻音，发音部位与 [tɕ、tɕ^h、ɕ] 相同，由于特征明显，未与 [n] 合并。

② [ŋ] 是舌根鼻音，发音部位与 [ts、ts^h、s] 相同。

③ [x] 的发音部位比 [k、k^h] 略靠后。

④ 普通话零声母合口呼字在和顺方言中读 [v]，其中读 [u] 的字可以自由变读，读 [u] 或 [v]，我们统一记作 [v]。

（二）韵母 37 个

ɿ 资支此诗	i 皮举尾明	u 抱某猪苦	y 举靴女雨
ʅ 知世二耳			
ɑ 把拿打查	iɑ 俩家恰牙	uɑ 瓜抓要化	
ɤ 菠恰者科		uɤ 多挪科和	
æ 班暖占砍	iɛ 鞭脸见燕	uæ 暖选关软	yɛ 略选悬远
ɔ 帮放上逛	iɔ 良虹娘抢	uɔ 逛床庄晃	
ər 儿尔			
ai 摆来才改		uai 乖摔怀快	
ei 每离贼尾		uei 推驴嘴规	
ɤu 头走粥后	iɤu 丢牛酒右		
ɔu 抱到早袄	iɔu 表挑乔摇		
əŋ 朋根文扔	iəŋ 兵林景明	uəŋ 魂东共虹	yəŋ 军云融勇
aʔ 八法辣踏	iaʔ 夹掐压瞎	uaʔ 刷刮滑赂	
əʔ 热色各直	ieʔ 百麦力接	uəʔ 掇落粥入	yeʔ 雪律曲掘

说明：

① [ɑ] 的舌位略靠前，比 [ʌ] 略靠后。

② [ɤu、iɤu] 韵母中韵腹开口度较小，舌位靠后，我们记作 [ɤ]。

③ [ai、uai] 韵母中 [a] 的舌位略高，实际近于 [æ]。

④ [ɔ、iɔ、uɔ] 韵母中 [ɔ] 的实际音值介于 [ɒ] 与 [ɔ] 之间。

（三）声调 5 个

42	阴平	包高追军三桑飞端经空
22	阳平	陈穷才唐平人文云旁房
53	上声	古展走纸鬼小整勇五女
13	去声	盖近对是向浪笑冒用变
21	入声	直笔各急秃绿月舌辣窄

说明：

①阳平的实际调值是 322，但总的趋向是半低平，我们记作 22。

②去声的上升时长很短，听感上更接近 23，甚至趋平。为了显豁，我们记作 13。

（四）连读变调

本节包括 3 个表格：表 82–1 非叠字非轻声两字组连读变调规律；表 82–2 非叠字轻声两字组连读变调规律，表 82–3 叠字两字组连读变调规律。

表 82-1 非叠字非轻声两字组连读变调规律

后字 前字	阴平 42	阳平 22	上声 53	去声 13	入声 21
阴平 42	24+42 高低、阴天	——	——	——	42+2 筋骨、风俗
阳平 22	44+31 农村、镰刀	44+22 羊毛、黄连	——	——	44+21 油漆、同学
上声 53	44+42 火车、简单 24+31 雨衣、老师	44+42 海绵、火柴 24+31 有名、以前	53+42 水果、选举	53+33 主动、榜样 24+42 马路、礼貌	53+2 宝塔、小麦 24+21 礼物、眼药
去声 13	24+31 坐车、旱烟 13+31 背心、汽车	24+31 象棋、坐船	24+31 造反、道理 13+31 代表、大米	13+24 受罪、破坏	——
入声 21	——	——	21+42 月饼、合理	21+22 接受、杂技	——

表 82-2 非叠字轻声两字组连读变调规律

后字 前字	阴平 42	阳平 22	上声 53	去声 13	入声 21
阴平 42	42+0 胭脂	42+0 苍蝇	——	42+0 师傅、掂量	——
阳平 22	——	22+0 便宜	——	——	——
上声 53	53+0 尾巴	53+0 暖和	——	53+0 伙计	——
去声 13	——	——	——	——	——
入声 21	21+0 骨都发髻	——	——		——

表 82-3 叠字两字组连读变调规律

后字 前字	阴平 42	阳平 22	上声 53	去声 13	入声 21
阴平 42	42+22 窝窝、腰腰 33+31 梳梳梳头的动作、听听	——	——	——	——

续表

前字＼后字	阴平 42	阳平 22	上声 53	去声 13	入声 21
阳平 22	——	22+31 神神、馍馍	——	——	——
上声 53	——	——	24+42 手手、腿腿 33+31 等等、耍耍	——	——
去声 13	——	——	——	33+31 试试、柜柜	——
入声 21	——	——	——	——	21+2 盒盒、刷刷

八十三　临汾尧都区话声韵调

（一）声母 25 个

p 八兵北病　p^h 派片爬病　m 麦明骂门　f 床双书输　v 味软忘入

t 多东大毒　t^h 讨大甜毒　n 脑男闹浓　l 老蓝连路

ts 资字贼坐　ts^h 刺字坐祠　s 丝三酸祠

tʂ 张竹柱争　$tʂ^h$ 初床车柴　ʂ 双书柴输　ʐ 热软闰入

tɕ 酒鸡举姐　$tɕ^h$ 清全裙去　ȵ 年牙泥音　ɕ 想谢响县

k 高共歌过　k^h 开靠可快　ŋ 熬暗安袄　x 好灰活花

Ø 月忘药音

（二）韵母 41 个

ɿ 丝塞思私　i 米戏锡尾　u 出北谷族　y 六绿局醉

ʅ 师试十直

ɑ 茶塔发辣　iɑ 牙鸭茄假　uɑ 瓦刮花化　yɑ 瘸挩

ɤ 升者色白　iɛ 街硬病蟹　yɛ 靴兄月绝

o 床双破薄　uo 装过国长　yo 药学响养

ɯ 黑圪

ər 二耳尔而

ai 开白蟹塞　iai 芥街解介　uai 快拐坏块

ei 开赔飞北　uei 对鬼醉尾

ɑu 宝刀桃药　iɑu 笑桥角票
ou 豆走奴族　iou 油酒袖六
æ̃ 南山半贪　iæ̃ 盐年疥变　uæ̃ 短官晚砖　yæ̃ 权圆圈卷
ə̃ 深根灯脓　iə̃ 心新品近　uə̃ 寸滚春东　yə̃ 云军裙粽
ɑŋ 党糖忙长　iɑŋ 响项讲养　uɑŋ 床王装双
əŋ 升灯横吞　iəŋ 硬病停静　uəŋ 东脓重冲　yəŋ 兄用穷熊

韵母说明：

① [ɑ] 的实际音值为 [ʌ]，[iɑ、yɑ] 中 [ɑ] 的实际音值为 [a]。

②语气词“呢、嘞”的韵母 [ɤ] 的实际音值为 [ə]。

（三）声调 4 个

21　阴平　东该灯风通开天春谷百搭节哭拍塔切刻麦叶月
24　阳平　门龙牛油铜皮糖红急毒白盒罚
53　上声　懂古鬼九统苦讨草买老五有
44　去声　冻怪半四痛快寸去卖路硬乱洞地饭树动罪近后六

（四）连读变调

本节包括 2 个表格：表 83-1 非叠字轻声两字组连读变调规律；表 83-2 叠字轻声两字组连读变调规律。

表 83-1　非叠字轻声两字组连读变调规律

前字＼后字	阴平 21	阳平 24	上声 53	去声 44
阴平 21	——	——	——	——
阳平 24	——	21+0 男人、眉毛	21+0 苹果、朋友	——
上声 53	——	——	——	——
去声 44	——	53+0 算盘、味道	——	——

表 83-2　叠字轻声两字组连读变调规律

前字＼后字	阴平 21	阳平 24	上声 53	去声 44
阴平 21	——	——	——	——
阳平 24	——	24+0 尝尝、毛毛	——	——

续表

前字 \ 后字	阴平 21	阳平 24	上声 53	去声 44
上声 53	——	——	53+0 好好、板板	——
去声 44	——	——	——	44+0 慢慢、算算

说明：

①临汾方言中叠字两字组连读变调后字读轻声时记作 0，实际调值为 21。

八十四　洪洞话声韵调

（一）声母 26 个

p 步跛表病	p^h 病步怕胖	m 磨忙米马	f 飞符税双	v 万软文肉
t 到灯见家	t^h 道大疼土	n 南嫩怒能		l 蓝连路罗
ts 走增争做	ts^h 醋从初擦		s 晒生师丝	z □$_1$① □$_2$② □$_3$③
tʂ 招蒸张猪	$tʂ^h$ 除潮厂车		ʂ 声扇拾烧	ʐ 惹人染肉
tɕ 家将嘴挤	$tɕ^h$ 去渠就墙	ȵ 眼捏女娘	ɕ 修孝衔晨	
k 公干个脆	k^h 颗可苦脆	ŋ 熬恩爱我	x 花含孝瞎	
ø 云羊应儿				

声母说明：

① [ȵ] 是舌面前鼻音，发音部位与 [tɕ、$tɕ^h$、ɕ] 相同。由于特征明显，未与 [n] 合并。

② [ŋ] 是舌面后鼻音，发音部位与 [k、k^h、x] 相同。

③ [t、t^h] 与齐齿呼韵母相拼时，实际音值是 [ȶ、$ȶ^h$]。

④ [z] 声母是舌尖前浊擦音，只有拼开口呼韵母的几个字。

（二）韵母 43 个

ɿ 做次丝事	i 被费你今	u 北税睡五	y 足脆六鱼
ʅ 知吃识日			
ɯ 黑圪			

① □$_1$[za^{53}]：意为踩泥路。

② □$_2$[$zeŋ^{42}$]：形容头疼。

③ □$_3$[zen^{24}]：意为将颗粒状碾成粉末的动作。

ɑ 蛇爬惹车	iɑ 架姐写去	uɑ 刮话瓦抓	yɑ 瘸㔁□[1]
o 做床张帮	io 药确娘想	uo 活郭科王	
e 哲秤蛇热	ie 冰写姐星		ye 决缺靴月
ɛ 色百刻说		uɛ 国拙横说	
ər 二儿耳而			
ɑi 盖海街开	iɑi 阶介戒街	uɑi 怪快帅外	
ɑo 招包脏孝	iɑo 标孝巧腰		
ou 狗周努欧	iou 丢九秋由		
ei 税开倍费		uei 脆睡罪外	
ɑn 干软三咸	iɑn 咸店闲烟	uɑn 短关钻弯	yɑn 卷权玄园
ɑŋ 帮张钢当	iɑŋ 娘枪想阳	uɑŋ 光装床王	
en 本等真文	ien 殡紧拧今	uen 公东村温	yen 军穷熏云
eŋ 等秤正横	ieŋ 兵定冰星	ueŋ 供通钟东	yeŋ 穷凶用荣

韵母说明：

① [ɑ] 包括 [ᴀ]、[a]、[ɑ] 和 [ɐ] 四个音素。[ᴀ] 出现于 [ɑ、iɑ、uɑ、yɑ] 四个韵母中；[a] 出现于 [ɑi、iɑi、uɑi] 和 [ɑn、iɑn、uɑn、yɑn] 七个韵母中；[ɑ] 出现于 [ɑo、iɑo] 和 [ɑŋ、iɑŋ、uɑŋ] 五个韵母中；[ɐ] 出现于儿化韵母中。

② [o] 的实际发音介于 [o] 和 [ɤ] 之间。

③ [e] 单独作韵母时，实际音值是 [ə]。

④ [i、u、y] 单独作韵母时，稍有摩擦。

⑤带前鼻音韵尾 [n] 的字，单读时前鼻音韵尾较弱，与其他音节连读时，前鼻音韵尾明显。

⑥ [yɑ] 韵只有“瘸”等少数字。[ɯ] 韵字只有“黑、圪”两个字。

（三）声调 5 个

21	阴平	膘兜灯科摸车八落
24	阳平	平陈才穷急服爬咱
42	上声	比古纸寡等可码要
33	阴去	变盖正醉到错踏吓
53	阳去	帽汗大坐赵祝下骂

声调说明：

①洪洞方言没有入声，入声分别归入阴平、阳平、上声、阴去、阳去五个调类。

① □ [tɕyɑ^{0}]：“圪～”，意为纺线用的棉条儿。

（四）连读变调

本节包括 2 个表格：表 84-1 非动宾结构两字组连读变调规律；表 84-2 动宾结构两字组连读变调规律。

表 84-1 非动宾结构两字组连读变调规律

前字＼后字	阴平 21	阳平 24	上声 42	阴去 33	阳去 53
阴平 21	44+0 嘱咐、激烈	44+0 骆驼、木头	44+0 疟子	44+0 阔气、血泡	44+0 觉悟、柏树
阳平 24	22+0 能力、侵略	22+0 学习、柔和	22+0 皮袄	22+0 凉快、穷汉	22+0 形状
上声 42	33+0 纺织、补充	33+0 粉条、侮辱	33+0 隐蔽	33+0 估计	33+0 底下
阴去 33	42+0 货车	42+0 壮实、霸王	42+0 筷子	42+0 志气、照顾	42+0 智慧
阳去 53	44+0 畜生、夏天	44+0 步伐、磨房	44+0 面粉、队伍	44+0 大戏	44+0 利害、社会

表 84-2 动宾结构两字组连读变调规律

前字＼后字	阴平 21	阳平 24	上声 42	阴去 33	阳去 53
阴平 21	——	——	——	——	——
阳平 24	——	——	——	——	——
上声 42	——	——	——	——	——
阴去 33	42+21 逛街、晒麦	42+24 雇人、算钱	42+42 瞪眼、破产	42+33 算账	42+21 戴帽、骗饭
阳去 53	21+21 画鸭、上车	21+24 画猫、骂人	21+42 焖米、垫土	21+33 上炕、上菜	21+53 耙地、卖面

八十五 洪洞赵城镇话声韵调

（一）声母 25 个

p 八北兵病　p^h 派片爬病　m 麦明骂门　f 飞风副蜂　v 味问蚊物

t 多东大毒　t^h 讨天毒轻　n 脑南暖浓　l 老蓝连路

ts 字贼坐争　ts^h 字坐祠拆　s 丝三酸祠

ʈʂ 张竹柱装　ʈʂʰ 抽柱床船　ʂ 床双船顺　ʐ 热软弱闰
tɕ 酒举鸡姐　tɕʰ 清裙轻权　ȵ 年泥硬女　ɕ 飞想谢响
k 高共歌果　kʰ 开孔裤可　ŋ 熬安爱恩　x 好灰活花
ø 月云用问

声母说明：

① [v] 是唇齿浊擦音，摩擦较重。

② [ȵ] 是舌面前浊鼻音，发音部位与 [tɕ、tɕʰ、ɕ] 相同，由于舌面特征明显，未与舌尖中浊鼻音 [n] 合并。

（二）韵母 34 个

ɿ 师丝试做　i 米戏急七　u 苦五北谷　y 雨飞橘六
ʅ 十直尺射
ɑ 茶塔法八　iɑ 牙写鸭茄　uɑ 瓦刮花化　yɑ 瘸摆撅
o 歌摸多萝　io 响药学约
ɤ 升盒热壳　uɤ 做过床双
ɛ 色白百借　iɛ 写硬病药　uɛ 横国或虢　yɛ 星兄月学
ər 二耳儿而
ɑi 开排色白　uɑi 快坏歪拐
ei 开赔飞北　uei 对鬼碎回
ɑo 宝毛刀桃　iɑo 笑桥交条
ou 豆走路奴　iou 油流袖球
ɑ̃ 南山半糖　iɑ̃ 盐年响讲　uɑ̃ 短床王双　yɑ̃ 权圆圈选
eŋ 深升争横　ieŋ 心硬病星　ueŋ 寸滚春东　yeŋ 云兄用均

韵母说明：

① [ɑ、iɑ、uɑ、yɑ] 中的 [ɑ]，实际音值为 [ᴀ]；[ɑi、uɑi] 中的 [ɑ]，实际音值为 [a]；[ɑo、iɑo] 中的 [ɑ]，实际音值为 [ɑ]。统一记作 [ɑ]。

② [ɑ̃、iɑ̃、uɑ̃、yɑ̃] 中的 [ɑ̃]，实际音值为 [æ̃]。

③ [eŋ、ieŋ、ueŋ、yeŋ] 中的 [e]，实际音值为 [ə]。

（三）声调 4 个

21　阴平　东该灯风通开天春谷百搭节哭拍塔切刻六麦叶月
24　阳平　门龙牛油铜皮糖红冻怪半四痛快寸去急毒白盒罚
42　上声　懂古鬼九统苦讨草买老五有
53　去声　动罪近后卖路硬乱洞地饭树

声调说明：

①来自中古清声母的去声字与来自中古浊声母的平声字合流，清声母去声字升调的起点比浊声母平声字略高，但本地人已难以分别，故合并为一类。

（四）连读变调

本节包括3个表格：表85-1非叠字非轻声两字组连读变调规律；表85-2非叠字轻声两字组连读变调规律；表85-3叠字两字组连读变调规律。

表85-1 非叠字非轻声两字组连读变调规律

前字＼后字	阴平21	阳平24	上声42	去声53
阴平21	——	——	——	——
阳平24	——	42+24 放学、贵族	22+42 寻死、徒弟	42+53 过寿、排队
上声42	33+21 打针、宝塔	——	——	——
去声53	21+21 下车、上车	42+24 种菜、透明 21+24 化脓、上坟	21+42 下雨、大雨	21+53 下面、下蛋 21+24 画像、自动

表85-2 非叠字轻声两字组连读变调规律

前字＼后字	阴平21	阳平24	上声42	去声53
阴平21	21+0 生铁 44+0 激烈	21+0 清明、中年 44+0 笔名、发条	21+0 酸枣、精简 44+0 木耳、笔者	21+0 绿豆、公道
阳平24	22+0 重孙、蘑菇 42+0 货车、布匹 53+0 秤钩、节约 33+0 快乐、政策	22+0 羊毛、文明 42+0 壮实、布条 33+0 试验、胜利	22+0 凉水、油饼 33+0 屁眼、政府	22+0 前后、形式 33+0 正式、炮弹
上声42	33+0 简单、眼窝 44+0 老师、有关	33+0 暖壶、口粮	33+0 耳朵、小暑 42+0 老虎、小姐	33+0 买卖、手艺 42+0 水地、姊妹

续表

前字＼后字	阴平 21	阳平 24	上声 42	去声 53
去声 53	53+0 背心、教室 44+0 预先、路灯	33+0 运河、电池 44+0 后年、大戏	44+0 豆腐、雾水	44+0 地动、道路

注：
①赵城方言中部分非叠字两字组连读变调后字的读音又轻又短，记作轻声，调值为 0。

表 85-3　叠字两字组连读变调规律

前字＼后字	阴平 21	阳平 24	上声 42	去声 53
阴平 21	21+0 蛛蛛、爸爸 44+0 伯伯、叔叔	——	——	——
阳平 24	——	22+0 馍馍、娃娃 44+0 颤颤、毛毛	——	——
上声 42	——	——	33+0 嫂嫂、痒痒	——
去声 53	——	——	——	44+0 舅舅、弟弟

八十六　古县话声韵调

（一）声母 26 个

p 布别菠步　p^h 步布盆跑　m 麻帽魔奶　f 飞谁匪犯　v 儒肉软握
t 道夺街到　t^h 道夺太讨　n 难怒捱奶　l 兰路吕连
ʦ 祖皱增醉　$ʦ^h$ 仓巢楚柴　s 散丝锄柴　z □$_1$① □$_2$②
tʂ 主招纣蒸　$tʂ^h$ 昌处潮串　ʂ 蛇少肾升　ʐ 认绕若肉
tɕ 精经醉街　$tɕ^h$ 秋丘跳地　ȵ 硬眼雨约　ɕ 修休旋瞎
k 贵哥过跪　k^h 跪葵苦楷　ŋ 岸鹅袄欧　x 灰喊瞎红

① □$_1$ [zan53]：意为陷入泥潭里，例：~到泥里头。
② □$_2$ [zan35]：意为背地里说人的坏话，例：他经常 ~~ 别人。

ø 硬约缘握

声母说明：

① [ȵ] 是舌面前鼻音，发音部位与 [tɕ、tɕʰ、ɕ] 相同。由于特征明显，未与 [n] 合并。

② [ŋ] 是舌面后鼻音，发音部位与 [k、kʰ、x] 相同。

（二）韵母 42 个

ɿ 资支紫姊	i 地体离米	u 故木睡北	y 驴雨举泪
ʅ 知日持直			
ɑ 巴耙骂耍	iɑ 姐夹爷哑	uɑ 花滑寡挂	yɑ 瘸□$_1$[①] □$_2$[②] 拋
ɤ 河特盒者			
o 玻箧磨房		uo 说河行汤	yo 凉确羊娘
ɛ 魄说声德	iɛ 姐爷听明	uɛ 或掴横获	yɛ 略决靴确
ər 耳二而儿			
ɑi 牌猜改太	iɑi 介界芥皆	uɑi 快拐衰坏	
ei 倍陪美废		uei 桂盔腿睡	
ɑu 糟草到直	iɑu 标雕挑笑		
əu 走漏钩后	iəu 酒舅牛秋		
an 南展乱删	ian 镰剪健缘	uan 段唤关官	yan 卷全宣缘
en 本深嫩盆	in 林品亲民	uen 顿滚春虫	yn 损旬穷晕
ɑŋ 房访行汤	iɑŋ 蒋凉羊娘	uɑŋ 光狂壮晃	
əŋ 吞拢弄声	iŋ 冰令听明	uəŋ 翁弄孔虫	yŋ 兄荣永穷

韵母说明：

①带前鼻音韵尾 [n] 的字实际发音时，有的略带轻微鼻化。

②后鼻音韵尾 [ŋ] 的实际发音部位靠后。

（三）声调 4 个

21	阴平	高专黑桌月六纳麦
35	阳平	穷神平盖白读正菜
42	上声	古草好手有买网老
53	去声	共害岸漏坐淡是帽

声调说明：

①阳平调起点和落点比 35 低，实际读音接近 24，为醒目计，记为 35。

---

① □$_1$ [ȵyɑ^{42}]：意为你们。

② □$_2$ [yɑ^{42}]：意为断了，例：树枝儿～哂。

②来自中古清声母的去声字并入阳平。有时起点比阳平略高。

（四）连读变调

本节包括 2 个表格：表 86–1 非叠字非轻声两字组连读变调规律；表 86–2 叠字两字组连读变调规律。

表 86–1　非叠字非轻声两字组连读变调规律

后字 前字	阴平 21	阳平 35	上声 42	去声 53
阴平 21	——	——	——	——
阳平 35	53+21 教师、菜单	21+21 元帅、咸菜 53+21 教员、菜园	——	21+21 棉被、团聚
上声 42	35+21 火车、火锅	35+53 火箭	42+21 火把、小姐	42+21 火柱、小道
去声 53	21+21 夏天、让开	21+21 外行、自然	21+21 字典、洞口	21+21 厚道、社会

表 86–2　叠字两字组连读变调规律

后字 前字	阴平 21	阳平 35	上声 42	去声 53
阴平 21	21+35 哼哼、偏偏	——	——	——
阳平 35	——	21+21 爷爷、年年	——	——
上声 42	——	——	35+42 姐姐、嫂嫂 42+35 好好、紧紧	——
去声 53	——	——	——	53+21 舅舅、弟弟

八十七　襄汾话声韵调

（一）声母 25 个

p 布表本步　p^h 怕步胖盘　m 门磨米马　f 飞税窗恕　v 闰软文武

t 灯道见街　t^h 道土疼汤　n 南怒奶那　l 蓝连路罗

ts 走增争糟	tsʰ 仓曹巢醋		s 晒僧师锄	
tʂ 招主蒸遮	tʂʰ 潮窗虫迟		ʂ 恕社少税	ʐ 认日闰软
tɕ 加就见精	tɕʰ 去就墙轻	ȵ 眼娘镊鸟	ɕ 修孝飞杏	
k 公干跪姑	kʰ 课苦空跪	ŋ 爱我恩熬	x 杏下含花	
ø 云应儿眼				

声母说明：

①鼻音声母 [m、n、ŋ] 带有明显的同部位塞音成分 [b、d、g]。

② [ŋ] 为舌面后鼻音，发音部位与 [k、kʰ、x] 相同。

③声母 [n] 只拼洪音，不拼细音。[ȵ] 只拼细音，不拼洪音。

（二）韵母 40 个

ɿ 资此师做	i 衣宜尾去	u 胡裤肉没	y 女玉许嘴
ʅ 知迟十日			
ɯ 圪			
a 巴窄甥蛇	ia 牙麦去爷	ua 挂夸娃抓	ya 瘸□[1]
ɔ 糖梦说汤		uɔ 说做光黄	yɔ 墙羊岳学
ə 遮窄蛇鸽	ie 街爷平星		ye 靴缺决月
ər 儿二耳尔			
ai 太外麦街		uai 怪块坏乖	
ei 太没尾外		uei 堆腿追嘴	
ao 桃早宝老	iao 条漂苗交		
ou 后手路肉	iou 有酒修就		
an 板盘满山	ian 间钱先介	uan 换宽观钻	yan 卷全选园
en 真本喷陈	ien 晋亲新寻	uen 棍坤婚东	yen 云群均寻
eŋ 称梦烹甥	ieŋ 平精兵星	ueŋ 工空东同	yeŋ 用熊窘琼
aŋ 汤糖忙刚	iaŋ 良酿墙羊	uaŋ 光狂黄谎	

韵母说明：

① [ɔ] 在非唇音声母后读 [ɔ]，在唇音声母后实际读音为 [o]。

②韵母 [ao] 的韵腹实际读音为 [ᴀ]。

③部分字的 [an、an、uan、yan] 韵有鼻化倾向，读作 [ã、iã、uã、yã]，为行文方便，一律标为前鼻韵尾。

① □ [lya21]：意为用胳膊朝后推倒人的动作。

（三）声调 5 个

21	阴平	师高猪织得月麦
24	阳平	时题魂寒读局白
42	上声	古展走短女老暖
44	阴去	盖正罪变菜怕爱
53	阳去	近旧大阵贱路虑

声调说明：

①阴平实际调值因人而异，有时为 21，有时 22，这里记为 21。

（四）连读变调

襄汾方言非叠字非轻声两字组连读，前字、后字均不变调。非叠字轻声两字组连读，后字读轻声，前字不变调。如：“卒子”，前字读阳平 24，后字读轻声 0。由于变调简单，故未列表。

八十八　浮山话声韵调

（一）声母 26 个

p 布病本笔	pʰ 怕步盘笨	m 门木米民		
pf 主桌转中	pfʰ 出唇穿床		f 非冯爽蜀	
t 多到鸡教	tʰ 太通地道	n 怒难奶嫩		l 路罗老吕
ʦ 组糟指争	tsʰ 仓槽杂造		s 色扫苏师	
tʂ 真蒸照转	tʂʰ 丈成长赵		ʂ 石蛇尚叔	ʐ 日认然若
tɕ 今鸡急加	tɕʰ 起穷轻前	ȵ 牙虐雨眼	ɕ 写修虚瞎	
k 哥官贵刚	kʰ 空科葵脆	ŋ 岸我恩袄	x 灰花活瞎	
ø 耳外远言				

声母说明：

① [pf、pfʰ] 可以和开口呼和 [u] 韵母相拼，与普通话中其他合口呼韵母相拼时，合口呼变为开口呼，如“吹、锥”等字。

② [ʂ] 只拼开口呼、齐齿呼和少数合口呼韵母。与普通话中部分合口呼韵母相拼时，声母发 [f] 音，例如：“摔” [fai^{42}]、“税” [fei^{53}]、“栓” [fãĩ^{42}]、“刷” [fa^{42}] 等字。

③ [ŋ] 为舌根浊鼻音。

④ [n] 和 [ȵ] 互补：[n] 只拼开口呼和合口呼韵母，[ȵ] 只拼齐齿呼和撮口呼韵母。“女” [ny^{33}] 读音特殊。

（二）韵母 40 个

ɿ 资此史做	i 衣鸡戏尾	u 胡姑主裤	y 女欲许雨
ʅ 日吃尺正			
a 爸下车刷	ia 写茄架下	ua 花挂娃髽	ya 瘸
ɤ 河车菠房		uo 活光做桑	yo 确香娘枪
	iɛ 姐切平明		yɛ 月缺踅拙
æ 色摔麦生		uæ 冷横握	
ər 而二耳儿			
ai 拜奶开赛		uai 快外坏拐	
ao 早草老桃	iao 小鸟叫条		
ou 后手炉褥	iou 绿有酒旧		
ei 北煤倍开		uei 灰对贵尾	
ãĩ 赶竿胆含	iãĩ 间鞭检连	uãĩ 弯短官钻	yãĩ 圆权宣犬
aŋ 郎房党桑	iaŋ 良枪讲娘	uaŋ 王光黄逛	
ẽĩ 春虫蚊冯	iẽĩ 紧林心进	uẽĩ 魂温村东	yẽĩ 云穷群勋
eŋ 横成正生	ieŋ 灵平兵明	ueŋ 工翁同东	yeŋ 用胸熊琼

韵母说明：

① [yɑ] 韵只有单字“瘸”。

② [ɤ] 代表 [ɤ] 和 [o] 两个音素，受声母影响，在非唇音声母后读不圆唇的 [ɤ]，在唇音声母后读圆唇的 [o]。

③ [ãĩ、iãĩ、uãĩ、yãĩ] 和 [ẽĩ、iẽĩ、uẽĩ、yẽĩ] 都是鼻化音，且鼻化色彩明显。

（三）声调 5 个

42	阴平	高竹猪急月六得麦
13	阳平	时题田魂寒读白十
33	上声	古展纸走短五女老
44	阴去	盖帐正罪抗唱菜怕
53	阳去	近柱厚阵大病害在

声调说明：

①中古清平、清入和次浊入今归阴平，调值为 42。

②中古浊平、全浊入今归阳平，调值为 13。

③中古清上、次浊上今归上声，调值为 33。

④去声分阴阳：中古清去今归阴去，调值为 44；浊去和全浊上今归阳去，调值

为 53。

（四）连读变调

本节包括 1 个表格：表 88-1 非叠字非轻声两字组连读变调规律。

表 88-1 非叠字非轻声两字组连读变调规律

前字 \ 后字	阴平 42	阳平 13	上声 33	阴去 44	阳去 53
阴平 42	——	42+31 清明、今年	——	——	——
阳平 13	31+42 晴天、河滩	31+13 羊毛、男人	31+33 洋瓦、苹果	31+44 萝卜、鞋带	31+53 河岸、竹叶
上声 33	31+42 打胎、点灯	31+13 老姨、雨鞋	——	——	——
阴去 44	24+42 裤裆、再婚	——	——	——	——
阳去 53	——	53+33 大寒、柜台	——	53+24 运气、上吊	——

八十九　霍州话声韵调

（一）声母 25 个

p 步鼻般病　p^h 鼻盆病步　m 米目妈忙　f 富封发飞　v 文味万袜

t 到夺大毒　t^h 夺汤大毒　l 男能来兰

ʦ 再则走字　$ʦ^h$ 初参字擦　s 所桑师生　z 瑞儿瑞蕊

tʂ 知珍猪招　$tʂ^h$ 出车厂虫　ʂ 食叔扇声　ʐ 如然惹人

tɕ 九嘴加就　$tɕ^h$ 奇天就墙　ȵ 尿银女捏　ɕ 洗下闲选

k 古跪咳喉　k^h 可咳开跪　ŋ 爱暗熬我　x 喉下闲早

ø 儿文万袜

声母说明：

① [n] 与齐齿呼、撮口呼韵母相拼时实际读音是 [ȵ]。

② [ŋ] 是舌面后鼻音，发音部位与 [k、k^h、x] 相同。

③ [v] 是唇齿音，发音部位与 [f] 相同。

④ [ø] 与齐齿呼、撮口呼韵母相拼时带有明显的半元音 [j]。

（二）韵母 33 个

ɿ 耳字二儿	i 地乙你冰	u 助浮无睡	y 女曲鱼醉
ʅ 制吃绳日			
ɨ 圪咳胳蛤			
a 爸拉车惹	ia 家牙姐写	ua 花抓瓜瓦	ya 瘸㧟掘倔
ɤ 颗车惹咳	ie 协写姐铁	uɤ 说博速颗	ye 月缺瘸说
ɔ 张忙包桃			
ər 耳二儿而			
ai 埋开海爱	iai 皆介挨险	uai 快坏拽外	
ei 贝内开埋		uei 对睡外醉	
au 包桃朝赵	iau 交瞄调小		
əu 手蔬助欧	iəu 秋油九刘		
aŋ 张忙反严	iaŋ 片联良严	uaŋ 短算暖蒜	yaŋ 全联选院
əŋ 笨绳庚文	iŋ 民林冰金	uŋ 顿红忠龙	yŋ 永穷龙胸

韵母说明：

①韵母 [ɤ] 和舌尖后音 [tʂ、tʂʰ、ʂ] 相拼时，带有 [ʅ] 介音。

② [ŋ] 是舌面后鼻音，实际发音部位靠后。来源于中古宕摄一、三等，曾摄开口三等，梗摄开口二、四等的一些字，如“汤、香、蒸、镜”等，老派发音时韵母带有鼻化色彩，而新派发音无鼻化色彩。现在鼻化完全消失了。

③ [iŋ] 韵的实际音值接近 [iəŋ]。

（三）声调 5 个

212	阴平	诗关三识八出灯风
35	阳平	时黄红学一石门疼
33	上声	使九好口秒忍本粉
55	阴去	世试太爱要唱碰衬
53	阳去	是事坏病旧社笨认

（四）连读变调

本节包括 3 个表格：表 89–1 非叠字非轻声两字组连读变调规律；表 89–2 非叠字轻声两字组连读变调规律；表 89–3 叠字两字组连读变调规律。

表 89-1 非叠字非轻声两字组连读变调规律

前字＼后字	阴平 212	阳平 35	上声 33	阴去 55	阳去 53
阴平 212	212+33 东风、机关 53+212 出力、岳飞	212+33 关门、钢琴 53+212 月食、六十	——	212+33 木炭、尺寸	212+33 公道、轻重
阳平 35	35+55 颜色、石灰	35+55 和平、农民	35+55 行李、头脑	——	35+55 流利、邻居
上声 33	33+33 打发、美国 55+212 体操、点心	33+33 暖和、码头 55+212 老实、养活	——	33+33 仔细、武器	33+33 体面、马路
阴去 55	55+33 电灯、衬衣	55+33 课堂、教材	——	55+33 秩序、贡献	55+33 气象、背面
阳去 53	——	53+212 问题、自然	53+212 地理、大雨	53+212 害处、梦见	53+212 护士、便饭

表 89-2 非叠字轻声两字组连读变调规律

前字＼后字	阴平 212	阳平 35	上声 33	阴去 55	阳去 53
阴平 212	212+3 他的	——	212+3 疯子	——	——
阳平 35	35+5 红的	——	35+5 房子	——	——
上声 33	33+3 我的	——	33+3 领子 55+1 点子、胆子	——	——
阴去 55	55+3 笑的	——	55+3 裤子	——	——
阳去 53	53+1 住的	——	53+1 肚子	——	——

说明：

①霍州方言中，带“子”和“的”的两字组，“子”和“的”等往往是轻读的短调。短调的调值视其前字的调值而定。在阳平字后，“子”和“的”的调值为 5；在上声的部分字、阴平及阴去字后，其调值为 3；在上声的另一部分字和阳去字后，其调值为 1。

表 89-3 叠字两字组连读变调规律

前字＼后字	阴平 212	阳平 35	上声 33	阴去 55	阳去 53
阴平 212	212+33 爸爸 53+33 说说 212+355 黑黑	——	——	——	——
阳平 35	——	35+553 牌牌 35+55 尝尝 35+355 甜甜、兰兰	——	——	——
上声 33	——	——	33+355 早早、款款	——	——
阴去 55	——	——	——	55+355 细细、怪怪	——
阳去 53	——	——	——	——	53+33 妹妹 53+355 慢慢、静静

九十　翼城话声韵调

（一）声母 27 个

p 八兵病北　p^h 派片爬盆　m 麦明骂门

pf 装主种　pf^h 床春船树　f 飞风副书　v 味问软温

t 多东毒大　t^h 讨天桃疼　n 脑南奴浓　l 老蓝连路

ts 资早租贼　ts^h 刺草寸坐　s 丝三酸锁

tʂ 张装纸主　$tʂ^h$ 抽床船城　ʂ 事山书十　ʐ 热闰日弱

tɕ 酒举卷假　$tɕ^h$ 清全取亲　ȵ 年泥硬牙　ɕ 想谢响县

k 高共歌根　k^h 开可靠看　ŋ 熬安爱恩　x 好灰活化

ø 月王云用

声母说明：

①声母 [ø]、[v] 无音位对立。在 [u、uᴀ、uɔ、uɤ] 等中，u（发音前）无唇齿接触，

例如“吴、瓦、王”；在 [uᴇe、uei、uæ̃] 等中，u（发音前）有唇齿接触，例如“外、味、软”。

② [n] 与开口呼、合口呼韵母相拼，[ȵ] 与齐齿呼、撮口呼韵母相拼。由于 [ȵ] 的舌面特征明显，归纳为两个音位。

（二）韵母 35 个

ɿ 丝资刺紫	i 米戏一北	u 苦五猪谷	y 雨橘绿局
ʅ 师试十直			
ᴀ 茶盒塔法	iᴀ 牙鸭斜姐	uᴀ 瓦刮话挖	yᴀ 瘸
ɔ 糖床双争	iɔ 响讲痒项	uɔ 床王旺横	
	iɛɪ 盐年减岩		yɛɪ 权圆圈选
	iᴇ 写硬星接		
ɤ 歌盒色出		uɤ 坐过活国	yɤ 靴月药学
o 婆破磨末			
ɯ 胳圪			
ər 二儿耳而			
ᴇe 开排鞋台		uᴇe 快拐块怀	
ei 开北色白		uei 鬼雷灰国	
ɔo 宝毛桃刀	iɔo 笑桥表交		
ou 豆走图读	iou 油六袖绿		
æ̃ 南山半贪		uæ̃ 短官暖乱	
əŋ 深根争横	iŋ 新硬病星	uŋ 寸滚东孙	yŋ 云兄用容

韵母说明：

① [ɔ] 实际发音时舌位高于圆唇元音 [ɒ]，但略低于 [ɔ]，唇形略展，有轻微鼻化感，如“床”。记作 [ɔ]。

② [ɤ] 在 [tʂ、tʂʰ、ʂ] 声母后实际发音时舌位偏前，如“射”。

③声母 [f] 与 [ɤ] 相拼时，仍有介音 [u]，实际音值为 [fuɤ]，如“佛”。

④ [uɤ] 的主要元音 [ɤ] 实际音值近于 [ə]，如“多”。

⑤唇音声母 [p、pʰ、m] 与韵母 [o] 之间带有轻微的 [u] 介音。

⑥遇摄一等非、帮、见组字与流摄一等字的韵母均读为 [ou]，例如“杜 = 豆”、“图 = 头”。

⑦ [ou、iou] 的动程较短，[o] 有时不明显，读音像 [u] 和 [iu]，逢阳平时动程短的特征尤为明显。

⑧ [ɯ] 韵母例字较少，翼城话中只有“圪、胳”读此韵母。

⑨ [uei] 的主要元音较弱，实际发音接近 [ui]。

（三）声调 3 个

53　　阴平　　东开动寸地节刻月
12　　阳平　　门牛铜皮急毒盒
44　　上声　　懂鬼九苦草老五
声调说明：
①阳平调单念时调值升幅不大。
②上声调实际音值近于 55。

（四）连读变调

本节包括 3 个表格：表 90–1 非叠字非轻声两字组连读变调规律；表 90–2 非叠字轻声两字组连读变调规律；表 90–3 叠字两字组连读变调规律。

表 90–1　非叠字非轻声两字组连读变调规律

前字＼后字	阴平 53	阳平 12	上声 44
阴平 53	12+53 交通、安静	12+53 清明、风俗 44+44 天明、跳绳 53+44 下棋、放学 44+12 面前、大洋	12+44 亲嘴、大米 12+53 肩膀、跳舞 44+44 稻草、禁止
阳平 12	53+12 黄瓜、寒露 44+53 毛笔、头发 53+44 茶叶	53+12 年时、白糖 44+12 鱼鳞、划拳 12+44 围脖、围裙	44+44 洋火、骑马 12+53 涎水
上声 44	44+44 手枪、老汉 12+44 尾巴、立冬	44+44 粉红	12+44 纺袄、养老

表 90-2　非叠字轻声两字组连读变调规律

前字＼后字	阴平 53	阳平 12	上声 44
阴平 53	53+0 香菇、教师 44+0 公猪、道士	44+0 额头、二胡 53+0 臭虫、化学	53+0 天每、热水 44+0 玉米、后晌
阳平 12	53+0 葵花、行动	44+0 煤油、零钱 53+0 盘缠、皮鞋	44+0 熬水、白酒 53+0 行李、红薯
上声 44	44+0 母猪、韭菜 53+0 捣乱、午饭	44+0 羽毛、老实	44+0 冷水、母狗

说明：
①翼城方言中有些非叠字两字组后字读轻声，一般不区分实际调值，一律记为 0。

表 90-3　叠字两字组连读变调规律

前字＼后字	阴平 53	阳平 12	上声 44
阴平 53	53+0 天天、盖盖 12+23 星星、爸爸 44+0 缝缝、舅舅		
阳平 12		53+0 瘸瘸、婆婆 44+44 爷爷、常常 12+53 明明、毛毛 53+12 读读、嚼嚼	
上声 44			44+0 舔舔、养养

九十一　闻喜话声韵调

（一）声母 23 个

p 步摆遍败　　p^h 步败皮屁　　m 麻米母蜜

pf 猪专准中	pfʰ 树楚吹虫		f 树飞富水	v 味闰软忘
t 多刀豆肚	tʰ 皮屁肚豆			l 来奴米蜜
ts 猪制纸正	tsʰ 车字菜草		s 蛇所酸声	z 褥日认惹
tɕ 姐间江经	tɕʰ 去牵近起	ȵ 牙宜女牛	ɕ 飞序宣星	
k 哥广怪高	kʰ 苦靠看起	ŋ 熬岸严牛	x 河胡后红	
∅ 要尾弯严				

声母说明：

① [ts] 组声母实际发音部位靠后，接近舌叶位置，带有舌叶化色彩。

（二）韵母 39 个

ɿ 儿次耳塞	i 米妹飞开	u 水$_1$足毒毛	y 遇醉足虚
ɑ 车巴妈杂	iɑ 鸭架茄加	uɑ 花瓦化瓜	yɑ 瘸
æ 贪男三咸	iæ 尖偏棉咸	uæ 短关酸钻	yæ 圈权元卷
	iᴇ 名病车生	uᴇ 横	yᴇ 瘸靴缺王
ɤ 多色妈汤	iɤ 角学娘墙	uɤ 郭光坐黄	
ər 儿二尔耳			
ɛe 排买奶开		uɛe 块怪坏拐	
ei 贼则塞飞		ui 归水贵醉	
ɑo 毛早扫高	iɑo 角小苗表		
ɤu 数初手褥	iɤu 舅绿六修		
ẽi 深蒸针灯	iẽi 林亲近匀	uẽi 尊寸蹲昆	yẽi 群均云熏
ᴀŋ 帮放汤忙	iᴀŋ 娘墙讲相	uᴀŋ 王黄广筐	
əŋ 灯横蒸生	iəŋ 名病经情	uəŋ 光狂红荣	yəŋ 荣用胸
v̩ 吴雾水$_2$入			

韵母说明：

① [ɿ] 受声母影响，发音时往舌叶方向靠，带有舌叶浊擦化色彩。

（三）声调 3 个

53	阴平	高开初对菜急出麦
13	阳平	穷神才娘人近岸用
33	上声	古草好染暖五软展

声调说明：

①上声收尾时略有上扬，接近 4。

（四）连读变调

本节包括 3 个表格：表 91–1 非叠字非轻声两字组连读变调规律；表 91–2 非叠字轻声两字组连读变调规律；表 91–3 叠字两字组连读变调规律。

表 91–1　非叠字非轻声两字组连读变调规律

前字＼后字	阴平 53	阳平 13	上声 33
阴平 53	13+53 公鸡、春天 53+33 开花、收秋	33+53 中年、清明 33+13 证明、半年	——
阳平 13	33+53 毛巾、农村 13+33 同班、钱包	33+13 年画、犯罪 33+53 毛驴、和平 13+33 承认、动静	——
上声 33	——	——	13+33 口语、早晚

表 91–2　非叠字轻声两字组连读变调规律

前字＼后字	阴平 53	阳平 13	上声 33
阴平 53	53+0 鲜姜、关节	53+0 徒弟、学校	53+0 卷子
阳平 13	53+0 油菜、提出	53+0、 便宜、黄豆	53+0 行李、麻纸
上声 33	——	——	53+0 彩礼

表 91–3　叠字两字组连读变调规律

前字＼后字	阴平 53	阳平 13	上声 33
阴平 53	53+0 天天、家家 33+0 说说、敲敲 53+33 黑黑、偷偷	——	——

续表

前字＼后字	阴平 53	阳平 13	上声 33
阳平 13	——	13+0 年年、回回 13+33 平平、甜甜	——
上声 33	——	——	——

九十二　侯马话声韵调

（一）声母 25 个

p 八兵病背　p^h 派片爬棚　m 麦明骂门　f 飞风床双　v 味问软温
t 多东大毒　t^h 讨桃天毒　n 脑南暖嫩　l 老蓝连路
ts 资早租争　ts^h 刺祠拆初　s 丝酸祠事
tʂ 张柱装主　$tʂ^h$ 抽柱床城　ʂ 事双手城　ʐ 热弱闰软
tɕ 酒举假鸡　$tɕ^h$ 清全轻权　ȵ 年泥女硬　ɕ 飞想谢响
k 高共根歌　k^h 开靠可看　ŋ 熬安鹅恩　x 好灰活花
Ø 味问月温

声母说明：

① [v] 实际发音时唇齿摩擦强烈。

① [ŋ] 实际发音时略带有同部位塞音成分 [g]，接近 [$ŋ^g$]。

（二）韵母 37 个

ɿ 丝治试紫　i 米戏飞急　u 苦五猪主　y 雨橘局吕
ʅ 试直尺汁
ɑ 茶塔法辣　iɑ 牙鸭且茄　uɑ 瓦刮抓挂
iɛ 写升硬星　yɛ 靴王月出
ɤ 歌床双托　iɤ 响药学两　uɤ 坐横托国
ər 二耳儿而
ae 开排鞋袋　uae 快个外怀
ei 开赔飞北　uei 对鬼雷国
ɑu 宝刀桃炮　iɑu 笑桥交鸟
ou 豆走路初　iou 油六绿流

æ̃ 南山半贪	iæ̃ 盐年眼便	uæ̃ 短官暖换	yæ̃ 权圆圈选
eĩ 深根灯沉	ieĩ 心新贫民	ueĩ 寸滚春东	yeĩ 云军裙粽
ɑŋ 糖帮党浪	iɑŋ 响讲样亮	uɑŋ 床王双旺	
əŋ 升争灯猛	iəŋ 硬病冰星	uəŋ 横东懂通	yəŋ 兄用穷荣

韵母说明：

①单韵母 [i] 实际发音时舌位略后、略低。

② [uɤ] 的主要元音 [ɤ] 实际发音时唇形略圆。

③ [ae、uae] 中的主要元音 [a] 实际发音时舌位略高。

④ [ɑu、iɑu] 中的韵尾实际发音时舌位略低，接近 [o]。

⑤ [ou、iou] 中的韵尾实际发音时唇形略展。

⑥ [æ̃] 组、[eĩ] 组韵母鼻化较轻，且 [eĩ] 组韵母韵腹与韵尾之间动程小。

⑦ [ɑŋ] 组主要元音 [ɑ] 实际发音时舌位略高，近于 [ʌ]。

⑧ 20 世纪 90 年代，中古宕、江、曾、梗、通摄在侯马方言中合流（参见《山西方言调查研究报告》），读 [əŋ] 组韵母。本次调查发现，老男、青男绝大多数将中古宕、江摄字读为 [ɑŋ] 组韵母，将曾、梗、通摄字读为 [əŋ] 组韵母。但也存在部分 [əŋ] 组韵母可自由变读为 [ɑŋ] 组韵母的情况，这种现象在语流中比在单字和词语中明显。

⑨ [iəŋ、uəŋ、yəŋ] 发音时主要元音 [ə] 较短，实际音值为 [iᵊŋ、uᵊŋ、yᵊŋ]。

（三）声调 3 个

213	平声	东该灯风通开天春门龙牛油皮糖红节急毒白盒罚
44	上声	懂古鬼九统苦讨草买老五有
53	去声	动罪近后冻怪半四痛快寸去卖路硬乱洞地饭树谷百搭哭拍塔切刻六麦叶月

声调说明：

①少数平声字起点比 2 略高，接近 3，如“东、天”等。

②绝大多数上声字的实际音值比 44 略高，但达不到 55；少数字有时达到 55，如“主”等。

③去声 53 的落点实际上比 3 略低。

（四）连读变调

本节包括 3 个表格：表 92-1 非叠字非轻声两字组连读变调规律；表 92-2 非叠字轻声两字组连读变调规律；表 92-3 叠字两字组连读变调规律。

表 92-1 非叠字非轻声两字组连读变调规律

前字＼后字	平声 213	上声 44	去声 53
平声 213	24+213 高低、帮忙 44+213 生活、分别 24+53 春节、升级 21+22 咱家、他家	21+44 生火、真理 53+44 牌九、朋友	24+53 青菜、文化 53+53 夫妇、输液 44+53 司令、希望 53+213 馄饨、扑克 44+213 沙发、山药
上声 44	21+22 手巾、草鸡 44+53 简单、老师	21+44 晌午、老鼠	21+44 小麦、韭菜 21+53 挑担
去声 53	——	53+213 大伙、下雨	——

表 92-2 非叠字轻声两字组连读变调规律

前字＼后字	平声 213	上声 44	去声 53
平声 213	53+0 房间、荷花 44+0 飞虫、跟前	53+0 牙狗、棉袄 44+0 多少、端午	53+0 咸菜 、黄豆 44+0 冬至、星宿
上声 44	53+0 枕头、牡丹	——	——
去声 53	44+0 卫生、卫星 53+0 蜜蜂、日食	53+0 忘本、庙宇 44+0 领水、进口	53+0 政治、舅父

说明：

①侯马方言中部分非叠字两字组连读时后字读音又轻又短，记作轻声，调值为 0。

表 92-3 叠字两字组连读变调规律

前字＼后字	平声 213	上声 44	去声 53
平声 213	44+0 锅锅、叔叔 53+0 馍馍、伯伯 24+213 天天、刚刚	——	——

续表

前字＼后字	平声 213	上声 44	去声 53
上声 44	——	21+22 眼眼、婶婶	——
去声 53	——	——	53+0 爸爸、舅舅

九十三　新绛话声韵调

（一）声母 28 个

p 八笔兵病　p^h 派片爬病　m 麦明骂门

pf 装主砖肿　pf^h 柱床春船　f 飞风肥饭　v 味问软晚

t 多东大带　t^h 讨天毒甜　n 脑南奴浓　l 老蓝连力

ts 足早坐竹　ts^h 刺字坐拆　s 丝三酸祠　z 软

tʂ 张治追针　$tʂ^h$ 抽车城冲　ʂ 手十蛇射　ʐ 热染肉褥

tɕ 酒足经静　$tɕ^h$ 清静浅旧　ȵ 年泥牙女　ɕ 飞肥想谢

k 高根歌共　k^h 开靠可坑　ŋ 熬安鹅爱　x 好灰活红

ø 月温王云

声母说明：

① [v] 为唇齿浊擦音，摩擦较轻。

② [ȵ] 为舌面前浊鼻音，发音部位与 [tɕ、$tɕ^h$、ɕ] 相同。由于舌面特征明显，未与舌尖中浊鼻音 [n] 归并为一个音位。

③ [pf、pf^h] 为唇齿清塞擦音。

④声母 [tʂ、$tʂ^h$、ʂ] 与韵母 [ie] 相拼时，略带舌叶音色彩，阻塞部位前移，韵头近于 [ʅ]，统一记作 [i]。如“车”的实际读音接近 [$tʂ^h$ʅe]。

（二）韵母 35 个

ɿ 师丝试刺　i 米戏飞急　u 苦猪出谷　y 岁橘局嘴

ʅ 十直尺日

ɑ 茶塔法辣　iɑ 牙鸭茄夹　uɑ 瓦刮话瓜

ie 硬病星横　ye 靴王月却

ɤ 歌双盒托　iɤ 响药学娘　uɤ 坐过郭国

ər 二儿耳而

aɛ 排鞋南半		uaɛ 快个拐歪	
ei 开赔飞北		uei 对鬼岁国	
ɑo 宝刀桃闹	iɑo 笑桥叫鸟		
əu 豆走楼路	iəu 油六绿流		
ã 山贪蚕班	iã 盐年减店	uã 短官乱碗	yã 权圆圈选
ɛ̃ 深根春等	iɛ̃ 心新品林	uɛ̃ 寸滚东吞	yɛ̃ 云军笋裙
əŋ 糖床双横	iəŋ 娘硬病星	uəŋ 王浓龙粽	yəŋ 兄用容穷
v̩ 武雾如入			

韵母说明：

① [ɤ、iɤ、uɤ] 中的主要元音 [ɤ] 实际读音的舌位靠前，介于 [ə] 和 [ɤ] 之间，这里记作 [ɤ]。

② [əŋ、iəŋ、uəŋ] 中的主要元音 [ə] 实际读音的开口度较大。

③ [aɛ、uaɛ] 中的主要元音 [ɛ] 实际发音时舌位偏高。

④ [ɛ̃、iɛ̃、uɛ̃、yɛ̃] 中的主要元音 [ɛ] 鼻化不明显。

⑤在新绛方言中，中古宕、江摄韵母的实际音值应为 [ʌŋ、iʌŋ、uʌŋ]。又根据当地人的语感，韵母 [ʌŋ、iʌŋ、uʌŋ] 和 [əŋ、iəŋ、uəŋ] 并不区别音位，如"糖、香、王"的韵母 [ʌŋ、iʌŋ、uʌŋ] 已经并入 [əŋ、iəŋ、uəŋ]，中古宕、江摄和曾、梗、通摄已经合流，在音系中统一记作 [əŋ、iəŋ、uəŋ]。

⑥ [ɛ̃、iɛ̃、uɛ̃] 有个别字的鼻化程度较轻，近于 [aɛ、iaɛ、uaɛ]。由于数量较少，统一记为 [ɛ̃、iɛ̃、uɛ̃]。

（三）声调 3 个

53	阴平	该罪近痛树哭刻叶月
13	阳平	门牛油皮红毒盒罚急
44	上声	懂古九统苦讨草五有

声调说明：

①阴平最低点比 3 略低，不到 2。

②阳平最高点比 3 略低，不到 2。

③上声的实际读音偏低；极个别单字因发音时偶有拖音现象而稍有升幅，但不明显，且并不区别调位。

（四）连读变调

本节包括 3 个表格：表 93-1 非叠字非轻声两字组连读变调规律；表 93-2 非叠字轻声两字组连读变调规律；表 93-3 叠字两字组连读变调规律。

表 93-1 非叠字非轻声两字组连读变调规律

前字＼后字	阴平 53	阳平 13	上声 44
阴平 53	53+31 中国、飞机 44+31 家具、插秧 13+53 猪肝、输液 13+31 木匠、冬至	13+53 猪油、香油 53+31 酱油、大门 13+31 爹娘、工钱	53+31 大米、下水 44+31 肩膀、砚瓦 13+13 胳膊、疙瘩
阳平 13	13+44 油菜、裁缝 13+13 蚕豆、芹菜 13+31 蚊帐、熬煎	13+31 围裙、油条 13+53 着凉、流氓	44+44 门槛、洋碱 13+13 柴火、棉袄 13+53 洋火、没有
上声 44	44+44 扫地、反正 53+31 点心、满月 44+31 打算、喜欢	53+31 暖壶、纸钱 44+31 眼眉、嘴唇	44+31 雨伞、左手 53+31 耳朵、滚水

表 93-2 非叠字轻声两字组连读变调规律

前字＼后字	阴平 53	阳平 13	上声 44
阴平 53	53+0 青菜、车票 44+0 训练、旧货	53+0 报名、报仇 44+0 下来、冰糖	——
阳平 13	11+0 桃树、白菜	13+0 羊毛、羊皮	——
上声 44	53+0 眼药、马车 44+0 改造、小路	44+0 有毒、酒瓶	44+0 老马、小米

说明：

①新绛方言中有些非叠字两字组后字读轻声，一般不区分实际调值，一律记为 0。

②“阴平 + 阳平”的连调形式有“44+0”和“53+0”两种情况，其中“44+0”多为偏正结构，“53+0”多为动宾结构。

表 93-3　叠字两字组连读变调规律

前字＼后字	阴平 53	阳平 13	上声 44
阴平 53	53+0 缝缝、盖盖	——	——
阳平 13	——	13+0 棱棱、坛坛	——
上声 44	——	——	44+0 草草、打打

说明：

①新绛方言叠字两字组连读变调规律：阴平、阳平、上声调，前字均读原调，后字发音轻而短，统一记作 0。

九十四　绛县话声韵调

（一）声母 27 个

p 布别把霸　　p^h 步盘备被　　m 门模摹眉

pf 主抓锥猪　　pf^h 处虫除锤　　f 飞费书帅　　v 武闰软尾

t 都爹对道　　t^h 徒图道地　　n 脑难奴努　　l 兰路连鲁

ts 糟祖增租　　ts^h 醋从粗造　　s 散苏酥岁

tʂ 招争蒸脂　　$tʂ^h$ 昌巢潮初　　ʂ 生声师诗　　ʐ 绕日然若

tɕ 精经节举　　$tɕ^h$ 秋全旗趣　　ȵ 年女严疑　　ɕ 修休线岁

k 贵瓜蜗姑　　k^h 开葵跨苦　　ŋ 岸袄案恶　　x 灰红胡话

ø 延缘远尾

声母说明：

① [pf、pf^h、v] 是唇齿音，发音部位与 [f] 相同。

② [ȵ] 是舌面前鼻音，发音部位与 [tɕ、$tɕ^h$、ɕ] 相同。由于特征明显，未与 [n] 合并。

③ [tɕ、$tɕ^h$、ȵ、ɕ] 与细音字相拼时带有舌尖化倾向。

④ [ŋ] 是舌面后鼻音，发音部位与 [k、k^h、x] 相同。

（二）韵母 35 个

ɿ 资紫此四　　i 策地以急　　u 故木母路　　y 雨虚女居

ʅ 支知直时

æ 胆含衔船	iæ 间检连廉	uæ 短酸官关	yæ 权圆宣选
ɑ 爬蛇巴发	iɑ 姐架夹野	uɑ 花刮夸瓦	
ɤ 河各炕狼		uɤ 过郭桑黄	yɤ 确药羊养
	iɪ 接铁星杏		yɪ 靴瘸月缺
	iɛ 介界捏协		
ər 耳儿而饵			
ei 北百倍妹		uei 桂贵国亏	
ɑi 盖帅呆海		uɑi 怪坏外乖	
au 饱保桃烧	iau 条标交小		
əu 斗收鹿赌	iəu 流绿丢舅		
eĩ 根春灯针	ieĩ 林邻心新	ueĩ 温红东魂	yeĩ 云群勋穷
ʌŋ 桑庚炕狼	iʌŋ 讲杏羊星	uʌŋ 东翁床黄	yʌŋ 琼胸荣兄

说明：

①韵母 [yɤ] 的实际读音接近 [yə]。

②韵母 [æ、iæ、uæ、yæ] 略带鼻音色彩。

③ [eĩ、ieĩ、ueĩ、yeĩ] 的鼻化不明显。

（三）声调 4 个

53	阴平	专出桌村淡安边弟
24	阳平	题月合服寐时皮齐
33	上声	古草比好米使打礼
31	去声	爱放替说汉见误育

说明：

①绛县方言中来自中古浊上、浊去的字归入阴平，调值为 53。

②绛县方言中来自中古清去的字调值为 31，归为去声。

③绛县方言无入声，部分中古清入、次浊入归阴平，少部分归去声，中古全浊入归阳平。

（四）连读变调

本节包括 2 个表格，表 94–1 非叠字轻声两字组连读变调规律；表 94–2 叠字两字组连读变调规律。

表 94-1　非叠字轻声两字组连读变调规律

前字＼后字	阴平 53	阳平 24	上声 33	去声 31
阴平 53	——	24+0 今额、山羊	24+0 涎水	24+0 豇豆
阳平 24	51+0 调羹	——	——	51+0 回去
上声 33	51+0 点心、九斤	——	——	51+0 两个
去声 31	——	——	——	——

表 94-2　叠字两字组连读变调规律

前字＼后字	阴平 53	阳平 24	上声 33	去声 31
阴平 53	24+0 沟沟	——	——	——
阳平 24	——	51+0 棚棚、条条	——	——
上声 33	——	——	51+0 篓篓、里里	——
去声 31	——	——	——	——

九十五　垣曲话声韵调

（一）声母 26 个

p 八兵把北　p^h 派片爬病　m 麦明骂门　f 飞副蜂肥　v 问温歪蚊
t 多东大等　t^h 讨大甜毒　n 脑南奴浓　l 老蓝连路
ts 资早租竹　ts^h 刺草寸祠　s 丝三酸祠　z 肉褥辱
tʂ 张柱装主　$tʂ^h$ 抽柱床车　ʂ 床双十输　ʐ 热软输绕
tɕ 酒举假鸡　$tɕ^h$ 清全去桥　ȵ 年泥牙鸟　ɕ 飞肥想谢
k 高共根歌　k^h 开靠可阔　ŋ 熬安鹅爱　x 好灰活坏
∅ 味月王用

说明：

① [v] 是唇齿浊擦音，摩擦较轻。

② [l] 与细音相拼时，略带闪音色彩。

③ [z] 是舌尖前浊擦音，发音部位与 [ts、tsʰ、s] 相同，辖字较少。

④ [ȵ] 是舌面前浊鼻音，发音部位与 [tɕ、tɕʰ、ɕ] 相同。由于舌面特征明显，未与舌尖中浊鼻音 [n] 归并为一个音位。

（二）韵母 35 个

ɿ 师丝试刺	i 眉戏飞急	u 苦猪骨谷	y 雨橘局
ʅ 十直尺池			
a 茶塔法骂	ia 牙鸭茄斜	ua 瓦刮刷花	ya 瘸
ɤ 歌盒热色	iɛ 写病星热		yɛ 靴月骂绝
		uo 坐过床活	yo 响药学娘
ər 二耳儿而			
ai 开排鞋色		uai 快外坏怪	
ei 赔飞眉北		uei 对鬼类罪	
au 宝刀桃闹	iau 笑桥叫学		
ou 豆走土足	iou 雨油六绿		
æ̃ 南山半贪	iæ̃ 盐年棉片	uæ̃ 短官酸碗	yæ̃ 权圆圈选
ə̃ 根灯深针	iə̃ 心新品林	uə̃ 寸滚春准	yə̃ 云均裙熏
əŋ 糖升争横	iəŋ 娘庆病星	uəŋ 床王双东	yəŋ 兄用龙穷

说明：

① [ər] 的卷舌动作不明显。

② [ai、uai] 的韵尾 [i] 发音时舌位偏低。

③ [ə̃、iə̃、uə̃、yə̃] 的主要元音 [ə] 鼻化不明显，实际发音时鼻腔仅作为共鸣腔。

④发音人受普通话影响，有时会将个别字的韵母 [əŋ、iəŋ、uəŋ] 读成 [aŋ、iaŋ、uaŋ]，但 [əŋ、iəŋ、uəŋ] 和 [aŋ、iaŋ、uaŋ] 并无区别意义的作用。

（三）声调 3 个

22	平声	门龙牛油铜皮糖红毒白盒罚痛急
44	上声	懂古鬼九统苦讨草买老五有卖
53	去声	东该灯风通开天春动罪近后冻怪半四快寸去路硬乱洞地饭树谷百搭节哭拍塔切刻六麦叶月

说明：

①平声只包括中古浊声母平声字，中古清声母平声字今归去声。

②上声实际读音偏高。

（四）连读变调

本节包括 3 个表格：表 95–1 非叠字非轻声两字组连读变调规律；表 95–2 非叠字轻声两字组连读变调规律；表 95–3 叠字两字组连读变调规律。

表 95–1 非叠字非轻声两字组连读变调规律

前字＼后字	平声 22	上声 44	去声 53
平声 22	22+53 着凉、祠堂 35+22 池塘、年成	35+31 凉水、苹果 22+53 前晌	35+31 学校、黄瓜 53+31 聋汉、时候、明个、前个
上声 44	44+53 指头、小娃 53+22 老婆、本钱	44+31 左手、食指 35+31 老早、指甲	53+31 眼窝 44+31 满月、考试
去声 53	44+22 清明、开门 22+53 后门、犯人 53+22 过年、酱油 31+44 冻凌、飞虫 35+53 后头、下来	44+31 右手 22+53 大米、道理 31+44 鸡蛋	44+31 电灯、大路 22+53 旱地、输液 31+44 光棍、星宿 31+53 鞭炮、公鸡 53+53 旱烟、做饭

表 95–2 非叠字轻声两字组连读变调规律

前字＼后字	平声 22	上声 44	去声 53
平声 22	——	22+0 城里、门口	22+0 阳历、邻居
上声 44	44+0 起床、点心	——	——
去声 53	——	53+0 翅膀、地道	31+0 嫁妆、孝顺

说明：

①垣曲方言中有些非叠字两字组后字读轻声，一般不区分实际调值，一律记为 0。

表 95-3 叠字两字组连读变调规律

前字＼后字	平声 22	上声 44	去声 53
平声 22	35+31 渠渠	——	——
上声 44	——	44+31 爪爪、姥姥 53+31 婶婶、本本	——
去声 53	——	——	35+31 蔓蔓、看看 53+31 罐罐、盖盖 31+44 鸡鸡、公公 31+53 尿尿、舅舅

九十六 夏县话声韵调

（一）声母 26 个

p 布把霸兵　p^h 派片爬病　m 门模麦明

pf 装主抓锥　pf^h 柱床春船　f 飞副饭书　v 味温软微

t 多东毒道　t^h 天毒甜道　l 老蓝脑南

ts 资早租增　ts^h 刺草坐村　s 散苏酥穗

ʈʂ 装主锥柱　$ʈʂ^h$ 床春船车　ʂ 事山书十　ʐ 绕然若软

tɕ 酒九鸡钻　$tɕ^h$ 全轻权村　ȵ 年女娘阴　ɕ 修休鞋穗

k 高贵跪规　k^h 开哭规跪　ŋ 我袄安恶　x 灰红活鞋

ø 我阴袄微

声母说明：

① [pf、pf^h、v] 是唇齿清塞擦音，发音部位与 [f] 相同。发 [v] 声母时，摩擦较重。

② [ȵ] 是舌面前鼻音，发音部位与 [tɕ、$tɕ^h$、ɕ] 相同，只拼细音。凡普通话 [n] 拼洪音的字在夏县话中均与 [l] 声母合并。

③ [ŋ] 是舌面后鼻音，发音部位与 [k、k^h、x] 相同。

④发送气塞音时，气流较强。

（二）韵母 34 个

ɿ 资紫丝私　i 第地以急　u 故俗母水　y 雨虚女俗

ʅ 师十直尺

ɯ 黑圪

a 车爬蛇盒　ia 鸭架夹野　ua 花刮瓦娃

ɤ 蛇歌汤盒　iɤ 药学娘野　uɤ 活罗坐狼

ɛ 车色刻则　iɛ 星鞋病硬　yɛ 靴瘸学缺

æ 山南半篮　iæ 盐年片天　uæ 短砖转团　yæ 权援院卷

ər 二儿饵而

ɑu 宝饱老跑　iɑu 笑桥妙要

əu 楼豆走牛　iəu 有酒油牛

ei 根飞灯水　iei 新心因银　uei 村春鬼温　yei 云村运军

æe 开排鞋在　uæe 快坏外怪

əŋ 灯汤娘狼　iəŋ 病响星硬　uəŋ 王东红冬　yəŋ 兄用荣穷

韵母说明：

① [ɯ] 辖字很少。

② [a] 的实际音值接近 [ᴀ]。

③ [uɤ] 的主要元音 [ɤ] 实际发音时唇形偏圆，近于 [o]。

④ [ɛ] 的实际读音舌位偏高，近于 [ᴇ]。

⑤ [əŋ、iəŋ、uəŋ、yəŋ] 的主要元音 [ə]，有人读得偏后、偏低。

（三）声调 4 个

阴平　53　东灯通天拍搭切

阳平　42　门牛铜红急毒白

上声　24　懂古统丑老五饺

去声　31　动冻快卖洞木六

声调说明：

①阴平与阳平调值接近，二者呈合并的趋势。

②去声调的起点略低，近于 2。

（四）连读变调

本节包括两个表格：表 96-1 非叠字非轻声两字组连读变调规律；表 96-2 叠字两字组连读变调规律。

表 96-1　非叠字非轻声两字组连读变调规律

前字＼后字	阴平 53	阳平 42	上声 24	去声 31
阴平 53	24+53 飞机、心肝	44+42 光荣、新奇	53+24 工厂、中等	53+24 公路、车票
阳平 42	24+53 床单、门窗	44+42 羊毛、人民	——	42+24 凉快、咸菜
上声 24	——	——	——	——
去声 31	——	——	——	——

说明：

①单字调中阴平与阳平可以区分，但连调中阴平与阳平呈现出合并的趋势，本表处理为合流。当前字为阴平、阳平，后字为阴平时，前字变调为 24；后字为阳平时，前字变为 44；后字为去声时，前字不变，后字变为 24。前字为阳平，后字为上声时，不变调。前字为上声、去声时，后字无论何调，前后字都保持本调不变。

表 96-2　叠字两字组连读变调规律

前字＼后字	阴平 53	阳平 42	上声 24	去声 31
阴平 53	44+0 锅锅、刷刷	——	——	——
阳平 42	——	42+0 甜甜、棚棚	——	——
上声 24	——	——	——	——
去声 31	——	——	——	33+0 盖盖、袋袋

说明：

①阴平调的重叠式，前字变为 44，后字变为轻声；阳平调的重叠式，前字不变，后字变为轻声；上声调的重叠式，一般况下，前后字均不变；去声调的重叠式，前字变为 33，后字变为轻声。

九十七　万荣话声韵调

（一）声母 28 个

p 八背兵病　　p^{h} 派片爬病　　m 麦明骂门　　f 飞副肥饭　　v 味软蚊

pf 装主桌准　　pf^{h} 柱床春船

t 多东大低　　t^{h} 讨天甜毒　　n 脑南奴浓　　l 老蓝连路

ts 资早争纸　　ts^{h} 刺草祠拆　　s 丝酸祠事　　z 儿耳二扔

tʂ 张嫁争遮　　$tʂ^{h}$ 抽拆车城　　ʂ 手十蛇烧　　ʐ 热任弱褥

tɕ 根举绝假　　tɕʰ 清铅舅钱　　ȵ 年泥鸟念　　ç 飞肥想谢

k 高根共歌　　kʰ 开靠可块　　ŋ 熬安鹅爱　　x 谢好灰活

ø 月温王儿

声母说明：

① [n、l] 在个别字中相混，属于自由变读现象。例如："聋" [naŋ^{213}]，又 [luaŋ^{213}]；"农" [luaŋ^{213}]，又 [nuaŋ^{213}]。

② [tʂ、tʂʰ、ʂ、ʐ] 的实际发音部位略靠前。

③ [ŋ] 的实际发音部位略高、略前，实际音值近于舌面中音 [ɲ]。

（二）韵母 34 个

ɿ 师耳儿二　　i 戏飞急七　　u 苦五猪北　　y 雨橘绿局

ʅ 十直尺艺

a 茶争塔色　　ia 牙鸭茄白　　ua 瓦刮话化　　ya 瘸斜

æ 南暖贪半　　iæ 盐年奸甜　　uæ 短官乱暖　　yæ 权圆圈选

iɛ 斜硬病热　　yɛ 靴星月瘸

ɤ 歌床盒热　　iɤ 药学娘雀　　uɤ 坐过郭国

ɯ 后黑

ər 二耳儿而

ai 排鞋色白　　uai 快歪拐坏

ei 飞根黑北　　iei 心根品林　　uei 寸滚轮国　　yei 云军裙熏

au 宝刀桃闹　　iau 笑桥交鸟

əu 豆奴走后　　iəu 油袖六绿

aŋ 半床争梦　　iaŋ 响硬病星　　uaŋ 王粽东桶　　yaŋ 兄用荣穷

韵母说明：

① [i] 实际发音时舌位略靠前，有轻微擦化现象；发 [u、y] 时，唇形略扁。

② [a、ia、ua、ya] 韵母中的 [a] 近 [ᴀ]，其他韵母中的近 [ɑ]。

③ [æ、iæ、uæ、yæ] 中主要元音 [æ] 有轻微的鼻化，实际读音近于 [æ̃]。

④ [iɛ] 与声母 [tʂ、tʂʰ、ʂ、ʐ] 相拼时，实际音值为 [ʅɛ]。

⑤ [uɤ] 中的主要元音 [ɤ] 实际发音时舌位略靠前。

⑥ [ai、uai] 中 [i] 实际发音时舌位略低，近于 [e]。

⑦ [ei、iei、uei、yei] 的韵尾 [i] 发音时舌位略低，实际音值近于 [ɪ]。

⑧ [au、iau] 和 [əu、iəu] 的韵尾 [u] 舌位略低，实际音值近于 [o]。[əu、iəu] 中主要元音 [ə] 舌位略后，实际音值近于 [ou、iou]。

⑨ [aŋ、iaŋ、uaŋ、yaŋ] 有时自由变读为 [əŋ、iəŋ、uəŋ、yəŋ]。如："风"，有时读

[faŋ⁵¹]，有时读 [fəŋ⁵¹]。

（三）声调 4 个

51　阴平　东风春切叶月
213　阳平　门油皮毒盒罚
55　上声　鬼九苦老有刻
33　去声　后半四寸去饭

声调说明：

①阴平 51，个别字降幅不大，实际调值为 53。

②阳平 213，降幅较小，不到 1 度，有时不降。

③上声 55，末尾略降，实际调值近于 553。个别字音因录音需要高喊而发生音变，被读成升降调（以降为主），实际调值为 453。

④去声 33，末尾略降，实际调值近于 331。

（四）连读变调

本节包括 3 个表格：表 97-1 非叠字非轻声两字组连读变调规律；表 97-2 非叠字轻声两字组连读变调规律；表 97-3 叠字两字组连读变调规律。

表 97-1　非叠字非轻声两字组连读变调规律

前字＼后字	阴平 51	阳平 213	上声 55	去声 33
阴平 51	24+51 开车、天黑	53+213 开门、开学	53+55 抓紧、风雨	53+33 轻重、开店
阳平 213	24+51 床单、极端	24+213 爬墙、求学	21+55 寻死、羊奶	21+33 零件、咸菜
上声 55	——	——	——	——
去声 33	——	——	——	——

说明：
①阳平 213 作后字，升的部分往往不明显。

表 97-2　非叠字轻声两字组连读变调规律

前字＼后字	阴平 51	阳平 213	上声 55	去声 33
阴平 51	51+0 漆灰、黑间	51+0 芝麻、出来	51+0 滚水、端午	51+0 知道、出去
阳平 213	213+0 棉花、黄瓜	213+0 媒人、头前	213+0 行李、蚊子	213+0 螃蟹、蚊帐

续表

前字＼后字	阴平 51	阳平 213	上声 55	去声 33
上声 55	55+0 点心、尾巴	55+0 暖壶、母牛	55+0 果子、耳朵	55+0 扫地、土豆
去声 33	33+0 甑糕、蜜蜂	33+0 苦裙、棒槌	33+0 柿子、露水	33+0 做饭、运气

说明：

①万荣方言中非叠字两字组轻声分两种情况：后字为子尾词时，发音轻而短，调值为 0；后字为非子尾词时，发音较轻，调值为 31。本书皆记为 0。

表 97-3　叠字两字组连读变调规律

前字＼后字	阴平 51	阳平 213	上声 55	去声 33
阴平 51	24+51 天天、月月 51+0 尖尖、叶叶	——	——	——
阳平 213	——	24+51 年年、凉凉 213+0 馍馍、柴柴	——	——
上声 55	——	——	55+51 早早、苦苦 55+0 铲铲、锁锁	——
去声 33	——	——	——	33+51 细细、重重 33+0 烂烂、画画

说明：万荣方言重叠现象较多，名词、动词、形容词、量词、代词、副词等都可重叠。单音节量词重叠分两种情况：当后字变读为 51 时是量词，表示“每一”的意思；当后字变读为 0 时是名词，表示事物所指称的意义。二者具有区别词性和词义的作用。叠字两字组连读变调具体说明如下：

①“阴平＋阴平”有两种变调：“24+51”和“51+0”，其中“51+0”为主体变调。

②“阳平＋阳平”有两种变调：“24+51”和“213+0”，其中“213+0”为主体变调。

③“上声＋上声”有两种变调：“55+51”和“55+0”，其中“55+0”为主体变调。

④“去声＋去声”有两种变调：“33+51”和“33+0”，其中“33+0”为主体变调。

九十八　稷山话声韵调

（一）声母 27 个

p 八本兵病	pʰ 派片爬病	m 麦明骂门		
pf 柱抓砖主	pfʰ 柱初床春		f 飞副肥书	v 味问软如
t 多大东毒	tʰ 讨大甜毒	n 脑南奴暖		l 老连路蓝
ts 资早租足	tsʰ 刺草寸字		s 丝三酸锁	
tʂ 张争纸主	tʂʰ 抄初车城		ʂ 事山手书	ʐ 弱热软绕
tɕ 酒鸡假举	tɕʰ 清全裙茄	ȵ 年泥牙女	ɕ 飞肥想谢	
k 高共歌根	kʰ 开靠看可	ŋ 熬安鹅爱	x 好灰活华	
ø 月温鹅牙				

声母说明：

① [pf、pfʰ] 为唇齿塞擦音，发音时阻塞过程较长。

② [tʂ、tʂʰ、ʂ] 声母的被动发音部位在硬腭中部。

③在稷山方言中，唇齿音声母 [v] 与合口呼韵母前的零声母多数情况下有区别意义的作用，例如“软≠碗、味≠位、武≠五”等，因此记作两个音位。

（二）韵母 36 个

ɿ 丝字刺紫	i 戏飞北锡	u 奴路北谷	y 雨橘局女
ʅ 师试十直			
ɑ 茶盒塔法	iɑ 牙鸭茄假	uɑ 瓦刮话瓜	yɑ 靴
	iɛ 写鞋硬争		yɛ 靴月
ɤ 歌双盒鸽	iɤ 写响药学	uɤ 坐过活郭	
ər 二耳儿而			
ai 开排鞋袋		uai 快外拐坏	
ei 开飞背妹		uei 对鬼外罪	
ɑu 宝毛刀桃	iɑu 笑桥交庙		
əu 豆走奴路	iəu 油六绿袖		
ã 南山半贪	iã 盐年连尖	uã 短官完还	yã 权圆圈选
ə̃ 深根春灯	iə̃ 心新品近	uə̃ 弄吞滚东	yə̃ 云熏穷粽
ʌŋ 糖双灯争	iʌŋ 响硬停定	uʌŋ 王光慌狂	
		uŋ 东弄痛粽	yŋ 兄永用穷

韵母说明：

① [u] 逢声母 [pf] 时，实际读音为 [v]；

② [ɑu、iɑu] 中的主要元音 [ɑ] 实际发音时舌位略高，近于 [ɔ]；

③ [ã、iã、uã、yã] 实际发音时有轻微鼻化；

④ [iə̃、yə̃] 中的主要元音分别是 [i] 和 [y]；

⑤ [ɑ、iɑ、uɑ、yɑ] 中的主要元音 [ɑ] 实际发音时舌位偏高。

（三）声调 4 个

53　阴平　东该灯风通开天春谷百搭节哭拍塔切刻六麦叶月

13　阳平　门龙牛油铜皮糖红急毒白盒罚

44　上声　懂古鬼九统苦讨草买老五有

42　去声　动罪近后冻怪半四痛快寸去卖路硬乱洞地饭树

声调说明：

①阴平最低点比 3 略高，不到 4。

②去声最低点比 2 略高，不到 3。

（四）连读变调

本节包括 3 个表格：表 98–1 非叠字非轻声两字组连读变调规律；表 98–2 非叠字轻声两字组连读变调规律；表 98–3 叠字两字组连读变调规律。

表 98–1　非叠字非轻声两字组连读变调规律

前字＼后字	阴平 53	阳平 13	上声 44	去声 42
阴平 53	13+53 书包、花生	53+42 出国、猪蹄 13+53 工钱、灰尘	——	44+42 挑担、知道
阳平 13	44+53 熬煎	——	——	——
上声 44	13+53 打针、广州	44+53 打牌、每年 13+53 本钱、老婆	42+44 左手、把屎	13+42 女婿、野雀
去声 42	13+53 骗猪、顺利	42+53 跳绳、串门	——	——

表 98-2 非叠字轻声两字组连读变调规律

前字＼后字	阴平 53	阳平 13	上声 44	去声 42
阴平 53	53+0 山药、钢笔 13+0 东西、公鸡	53+0 黑糖、飞虫 13+0 中年、工程	53+0 屋里、桌子 13+0 车子、村子	53+0 医院、木料 13+0 天气、兄弟
阳平 13	53+0 棉花、茶叶	53+0 媒人、石头 13+0 煤油、明年	53+0 行李、蚊子	53+0 螃蟹、蚊帐
上声 44	13+0 尾巴、姐夫	44+0 起床、小学 13+0 奶头、暖壶	13+0 老鼠、檩子 44+0 小米、母狗	53+0 脊背、手艺
去声 42	42+0 教师、蜜蜂	42+0 后年、证明	42+0 柱子、被子	42+0 信号、运气

说明：

①稷山方言中有些非叠字两字组后字读轻声，一般不区分实际调值，一律记为 0。

表 98-3 叠字两字组连读变调规律

前字＼后字	阴平 53	阳平 13	上声 44	去声 42
阴平 53	13+0 星星、蛛蛛 53+0 憨憨、偷偷 13+53 天天、灯灯	——	——	——
阳平 13	——	53+0 盆盆、虫虫 13+0 尝尝、摇摇 13+53 毛毛	——	——
上声 44	——	——	44+0 本本、想想 13+42 婶婶、篓篓	——
去声 42	——	——	——	42+0 舅舅、妗妗 13+0 爸爸、粽粽

九十九　运城盐湖区话声韵调

（一）声母 27 个

p 把布别杯	p^h 爬铺排批	m 麻模幕埋		
pf 桌猪抓砖	pf^h 椿船床柱		f 霜飞父凡	v 闻蚊闰芮
t 多低都道	t^h 他拖徒道			l 罗拉南难
ts 资糟左最	ts^h 擦操惨仓		s 思苏赛丧	z 扔
tʂ 桌抓砖猪	$tʂ^h$ 船床朝柱		ʂ 诗厦烧霜	ʐ 日染任扔
tɕ 记交金精	$tɕ^h$ 期亲欠村	ȵ 你女年捏	ɕ 西酸飞下	
k 歌姑瓜跪	k^h 苦跪可跨	ŋ 我岸饿碍	x 话户害下	
ø 元羊儿应				

声母说明：

①普通话 [n、l] 声母的字，在盐湖话中与开口呼和合口呼韵母相拼时都读 [l]。

② [ȵ] 是舌面前浊鼻音，只拼齐齿呼和撮口呼韵母。

③ [ŋ] 是舌面后浊鼻音，发音部位和 [k、k^h、x] 相同。

④ [z] 是舌尖前浊擦音，盐湖区方言中只有“扔”字白读。

（二）韵母 40 个

ɿ 资思词姊	i 地尾及你	u 故毛吐屋	y 雨女吕醉
ʅ 知尺柿智			
a 爬麻蛇车	ia 架茄借冷	ua 蛙花跨话	ya 横瘸
ɤ 热哥蛇车	iɛ 茄借钉劣		yɛ 月缺说雪
o 拨坡馍捉		uo 活说捉汤	yo 脚却娘药
ɔ 保毛刀老	iɔ 要苗标药		
ɯ 黑			
ər 耳而儿二			
ɛi 盖赛百排		uɛi 歪筷怪坏	
ei 倍妹陪肥		uei 桂奎尾醉	
ou 斗透漏牛	iou 流牛酒球		
æ̃ 杆看三蓝	iæ̃ 衔脸尖谦	uæ̃ 弯官欢端	yæ̃ 酸权旋园
eĩ 根针深仁	ieĩ 心锦芹尽	ueĩ 魂顿论困	yeĩ 云村孙裙
əŋ 庚增横冷	iŋ 星应钉停	uəŋ 东同送共	yŋ 穷用窘凶

aŋ 党忙康汤　　iaŋ 讲良香娘　　uaŋ 光筐狂旺

韵母说明：

① [ya] 韵只有“瘸、横”两字，[ɯ] 韵只有“黑”字。

（三）声调 4 个

42　阴平　诗高飞匹黑缺月

13　阳平　时穷寒鹅云局白

53　上声　体古丑死有五老

44　去声　是近替帐菜共岸

（四）连读变调

本节包括 1 个表格：表 99–1 非叠字非轻声两字组连读变调规律。

表 99–1　非叠字非轻声两字组连读变调规律

前字＼后字	阴平 42	阳平 13	上声 53	去声 44
阴平 42	13+42 阴天、西风	——	——	13+44 知道
阳平 13	——	13+42 文明、和平	——	——
上声 53	——	——	42+53 主考、小米	——
去声 44	——	13+13 跳绳、大门	——	22+44 认字、面貌

一〇〇　临猗话声韵调

（一）声母 27 个

p 八笔兵病　p^h 派片爬病　m 麦明骂门

pf 装主砖肿　pf^h 柱床春吹　f 飞肥双顺　v 味问软褥

t 多大东毒　t^h 讨大甜毒　l 脑南老蓝

ts 嘴租字贼　ts^h 刺寸字贼　s 丝三酸事　z 儿二耳扔

tʂ 肿柱装主　$tʂ^h$ 抽床车春　ʂ 双顺手十　ʐ 热扔软褥

tɕ 酒茄鸡嘴　$tɕ^h$ 寸清全轻　ȵ 年泥女捏　ɕ 飞肥酸想

k 高共歌贵　kʰ 开口宽糠　ŋ 熬安鹅爱　x 好灰活话

ø 月儿二耳

声母说明：

① [pf、pfʰ] 为唇齿塞擦音，发音时阻塞过程较长。

② [ŋ] 是舌面后鼻音，发音部位与 [k、kʰ、x] 相同，实际读音的舌根略靠前。

（二）韵母 40 个

ɿ 师耳试二	i 米戏飞急	u 苦五北谷	y 雨橘绿局
ʅ 十直尺日			
a 茶争塔抓 2	ia 牙贴白 1 斜 1	ua 抓刮话化	ya 斜 2 抓 1
ɤ 歌盒热哥	iɛ 写鞋贴斜		yɛ 靴月学绝
ɯ 黑圪			
o 波破磨佛		uo 坐过盒国	yo 药娘痒脚
ər 二耳儿而			
ai 开排鞋白		uai 快个歪拐	
ei 开飞北白 2		uei 对雷鬼国	
ɑu 宝刀桃闹	iɑu 脚桥药壳		
əu 豆走路绿 1	iəu 油袖六绿 2		
æ̃ 南贪山半	iæ̃ 盐眼年剪	uæ̃ 短官完算	yæ̃ 权选原算
eĩ 深根人春	ieĩ 心新品林	ueĩ 寸滚魂春	yeĩ 寸云均匀
ɑŋ 半糖床双	iɑŋ 响讲娘痒	uɑŋ 床王狂双	
əŋ 灯升争横	iəŋ 冰鸣星顶	uəŋ 横东葱荣	yəŋ 兄用葱荣

韵母说明：

① [u] 与声母 [pf] 相拼时，实际读音为 [v]。

② [a、ia、ua、ya] 中的主要元音 [a]，实际舌位靠后，接近 [ᴀ]。

③ [ɯ] 发音部位略松。

④ [o、uo、yo] 中的主要元音 [o]，实际读音唇形略展，接近 [ɤ]。

⑤ [æ̃] 组和 [eĩ] 组韵母鼻化色彩较重，且 [æ̃] 组韵母主要元音末尾开口度变小。

（三）声调 4 个

42	阴平	东灯春拍切六叶月
13	阳平	门牛油铜糖红罚
53	上声	古鬼统讨草老有
44	去声	动近怪寸乱洞树

声调说明：

①阴平的起点较上声略低。

②阳平有时发音较高，实际调值接近 24。

③去声有时末尾略降，实际调值接近 443。

（四）连读变调

本节包括 3 个表格：表 100-1 非叠字非轻声两字组连读变调规律；表 100-2 非叠字轻声两字组连读变调规律；表 100-3 叠字两字组连读变调规律。

表 100-1　非叠字非轻声两字组连读变调规律

前字＼后字	阴平 42	阳平 13	上声 53	去声 44
阴平 42	13+42 月初、墨汁	——	——	13+44 知道 、立正
阳平 13	——	13+42 眉毛、媒人	——	——
上声 53	——	——	——	——
去声 44	——	13+13 跳绳、大门	——	——

表 100-2　非叠字轻声两字组连读变调规律

前字＼后字	阴平 42	阳平 13	上声 53	去声 44
阴平 42	42+0 公鸡、亲戚 13+0 一般、节约	42+0 跟前、高粱 芝麻 13+0 窟窿	42+0 沙眼、端午	42+0 公道、天气
阳平 13	13+0 良心、国家	13+0 前年、平房	13+0 行李、侄女	13+0 年下、时候
上声 53	53+0 小葱、简单	53+0 口粮、老实	53+0 晌午、李子	53+0 小气、柳树
去声 44	44+0 教师、汽车	44+0 后年、外人	44+0 露水、丈母	44+0 挂面、运气

说明：

①临猗方言中有些非叠字两字组后字读轻声，一般不区分实际调值，一律记为 0。

表 100-3　叠字两字组连读变调规律

前字＼后字	阴平 42	阳平 13	上声 53	去声 44
阴平 42	13+0 姑姑、哥哥 42+0 星星、憨憨	——	——	——
阳平 13	——	13+0 盆盆、婆婆 13+42 勤勤、毛毛	——	——
上声 53	——	——	53+0 本本、婶婶 53+53 姥姥、水水	——
去声 44	——	——	——	44+0 舅舅、盖盖

一〇一　河津话声韵调

（一）声母 28 个

p 簸爸鼻拔	p^h 怕波鼻拔	m 门马毛慢		
pf 猪追转中	pf^h 出除锤窗		f 夫肺妇水	v 武雾瑞软
t 多剁肚断	t^h 托掏肚断	n 内男闹暖		l 来离乱略
ts 嘴资站杂	ts^h 搓杂锄穷		s 沙岁师兄	z 耳肉扔褥
tʂ 知赵针家	$tʂ^h$ 耻赵敲轿		ʂ 水射手圣	ʐ 人热瓤染
tɕ 假家嘴轿	$tɕ^h$ 七敲浅穷	ȵ 牙年衣女	ɕ 徐兄险杏	
k 歌该鬼规	k^h 可开规矿	ŋ 爱我偶肮	x 海憨杏黑	
∅ 耳爷衣约				

声母说明：

① [t、t^h、n、l]、[ts、ts^h、s、z] 和 [tʂ、$tʂ^h$、ʂ、ʐ] 三组舌尖音的舌位均比普通话略靠后。

② [pf、pf^h、f、v] 这组唇齿音发音时上齿轻轻接触下唇，下唇保持不动，没有往回收的动作。

③ [ȵ] 是舌面前鼻音，与齐齿呼、撮口呼韵母相拼；另外，零声母中齐齿呼的部分字也读成 [ȵ] 声母。

④ [z] 是舌尖前浊擦音，在河津方言中只有日母的少数几个例字。

⑤零声母主要由齐齿呼、合口呼、撮口呼三部分组成，韵头发音有轻微的摩擦。

⑥ [ŋ] 是舌面后鼻音。普通话中读零声母的大部分开口呼和少数合口呼的字在河津话中读该声母。

（二）韵母 40 个

ɿ 纸雌儿二	i 你力地匹	u 铺猪五抱	y 女徐绿肃
ʅ 知持石直			
ɯ 黑圪克咳			
a 生查蛇窄	ia 假爷卸麦	ua 瓜瓦花滑	ya 瘸斜哕嘴
ɤ 歌蛇革长	iɤ 想岳学削	uɤ 搓黄桑落	
	iɛ 斜井爷卸		yɛ 镢缺瘸月
ər 儿二而饵			
ai 解麦排窄	iai 解蟹介阶	uai 块怪坏歪	
ei 笔黑非微		uei 嘴跪位鬼	
au 抱包贸叫	iau 叫飘要掉		
əu 偷租抽周	iəu 酒求修有		
æ̃ 男含蛋班	iæ̃ 天建先烟	uæ̃ 端团换关	yæ̃ 全犬园卷
ẽ 镇很灯等	iẽ 印贫近隐	uẽ 昏屯孙遵	yẽ 孙遵军云
aŋ 帮藏长桑	iaŋ 强央想杨	uaŋ 广况晃黄	
əŋ 灯等能生	iəŋ 应井兴英	uəŋ 横宏东凶	yəŋ 窘用容勇

韵母说明：

① [a] 在 [au、aŋ] 中发音舌位靠后，相当于 [ɑ] 的发音，在其他语音环境中舌位均较靠前，因不区别意义，合为一个音位。

② [ɤ] 与帮组字相拼时，发音略圆唇，介于 [ɤ] 和 [o] 之间；与其他声母相拼时，发音接近普通话的 [ɤ] 韵母，不圆唇。因不区别意义，合为一个音位。

③河津方言中没有前鼻音韵母，普通话的前鼻音韵母在当地都读成鼻化音；但后鼻音韵尾很明显。

④ [æ] 只用于鼻化韵中，因与 [a] 的音色区别明显，没有归入 [a] 音位。

⑤ [ə] 和 [e] 分别用于 [əu]、[əŋ] 组和 [ei]、[ẽ] 组等韵母中，因当地人感觉区别明显，没有合为一个音位。

⑥ [i、u、y] 三个元音在零声母中略有摩擦。

⑦ [u] 与声母 [pf、pfʰ、f、v] 相拼时，实际上是个唇齿音。唇齿音发出后，上齿仍然接触下唇，口腔没有圆唇的动程。因与其他韵母中的 [u] 不对立，所以合为一

个音位。

（三）声调 4 个

31　阴平　高猪天飞出六钟风
324　阳平　穷陈神人局服冰尝
53　上声　古口好五僻匿本肯
44　去声　近厚盖共岸剧嫩认

声调说明：

①阴平的实际调值比 31 略短。

②阳平调的曲折度很小，起音应不到 3，比 3 略低。但在北坡地区曲折度较大，起音应到 3。

③河津话入声没有独立的调类（北坡地区除外），入声分别与阴平、阳平、上声、去声合流，其中大多与阴平调值相同，归入阳平的次之，很少一部分归入上声和去声。

（四）连读变调

本节包括 2 个表格：表 101-1 非叠字非轻声两字组连读变调规律；表 101-2 叠字两字组连读变调规律。

表 101-1　非叠字非轻声两字组连读变调规律

前字 \ 后字	阴平 31	阳平 324	上声 53	去声 44
阴平 31	324+31 浇花、三斤	——	——	——
阳平 324	——	——		——
上声 53	——	——	31+53 理想、领导	——
去声 44	——	——		——

表 101-2　叠字两字组连读变调规律

前字 \ 后字	阴平 31	阳平 324	上声 53	去声 44
阴平 31	324+31 天天、月月 31+324 包包、尖尖	——	——	——

续表

前字＼后字	阴平 31	阳平 324	上声 53	去声 44
	31+53 粗粗、香香 31+0 浇浇	——	——	——
阳平 324	——	324+31 年年、停停、白白 324+0 牛牛、实实、寻寻	——	——
上声 53	——	——	53+31 本本、苦苦 53+0 板板、走走 53+324 整整、展展	——
去声 44	——	——	——	44+0 顿顿、旧旧、笑笑

一〇二　平陆话声韵调

（一）声母 28 个

p 播爸步帮　　pʰ 步怕平批　　m 门明米面

pf 桌转猪抓　　pfʰ 出床穿揣　　f 父税飞房　　v 文为如绒

t 大代低岛　　tʰ 太梯天土　　n 南内弄能　　l 兰路脸林

ts 祖宗增走　　tsʰ 错产窜擦　　s 山四是嫂　　z 扔

tʂ 真张照战　　tʂʰ 吃长车陈　　ʂ 蛇勺厦扇　　ʐ 惹人染让

tɕ 精鸡叫嘴　　tɕʰ 咱清钱起　　ȵ 妞你眼女　　ɕ 挟修飞星

k 改高工孔　　kʰ 开慷卡苦　　ŋ 藕安恩我　　x 红很话瞎

ø 耳延远要

声母说明：

①平陆方言中凡是不送气的声母发音时一般比普通话重，凡是送气的声母发音时都比普通话的送气音气流强。

② [m] 是双唇音，但发出的音要比普通话重浊。

③ [n] 在方言中只出现在齐齿呼韵母前面。在 50 岁以上平陆本地人中开口呼前没有 [n] 这个辅音，而年轻人受普通话影响读书时用这个音，例如："农" [nog13]。

④ [ŋ] 音值较含混，常带有喉音迹象。

⑤普通话中的 [n] 在平陆话中几乎全由 [l] 代替，发音时舌尖全抵住上齿背。例如：“那” [la^{31}]、“南” [lan^{13}]、“拿” [la^{13}]、“恼” [lau^{55}]。

⑥ [x] 能与齐齿呼韵母相拼，例如：“杏” [xiɛ^{33}]。

⑦ [z] 只有一个例字，为“扔” [zʅ^{55}]。

（二）韵母 36 个

ɿ 资扔瓷事	i 地去鸡被	u 故北水赌	y 雨虚局渠
ʅ 直日吃十			
a 爬蛇八骂	ia 伯₁ 架借夏	ua 刮瓦花夸	ya □①
ə 伯₂ 馍蛇波	iɛ 叶街灭烈	uə 窝郭阔货	yə 星倔瘸雪
ər 日二而耳			
ai 盖街海伯		uai 歪怪拽揣	
ei 水真被北	iei 因宾民心	uei 卫春滚困	yei 云勋军裙
au 桃保好高	iau 叫条小笑		
əu 丑够后周	iəu 绿酒牛九		
an 咸胆汉敢	ian 盐鲜见钱	uan 短关宽欢	yan 圈捐全院
aŋ 党钢帮旁	iaŋ 江强养想	uaŋ 光慌矿装	
eŋ 蹦猛正城	iŋ 领星精英	ueŋ 瓮嗡	
oŋ 总红工虫	ioŋ 用熊穷凶		

韵母说明：

① [a] 包括三个音素 [ᴀ]、[a]、[ɑ]。[ᴀ] 出现在 [a、ia、ua、ya] 四个韵母中；[a] 出现在 [ai、uai、an、ian、uan、yan] 六个韵母中；[ɑ] 出现在 [au、iau、aŋ、iaŋ、uaŋ] 五个韵母中。

②普通话中的圆唇元音 [o]，平陆人都读成 [ə]，唇形不圆。

③ [ər] 为卷舌元音，平陆人很少发此音，只有“二、耳”等几个字。

④ 平陆人在发普通话 [in] 这个韵母时，由于鼻尾韵脱落而读成了 [iei]。

⑤ [au] 为前响复元音韵母，平陆人发此音时舌位较高，是由前低元音 [a] 向后高元音 [u] 过渡。

⑥ [əu] 为前响复元音韵母，平陆人发此音时是由央元音 [ə] 向高元音 [u] 过渡，唇形不圆。

---

① □ [ya^{13}]：意为将东西握在手里。

⑦ [ei] 在平陆话中使用非常活跃，普通话中 [en] 韵母的字，在平陆话中几乎都被 [ei] 代替。

⑧ 前鼻尾韵 [n] 脱落是平陆话一个明显的特点。但在 [an] 组韵母中表现不太明显。

（三）声调 4 个

31　阴平　欢班包杯安烟帮双

13　阳平　别才蚕缠沉明床藏

55　上声　摆板宝比表海岗

33　去声　报扮备蹦唱庙送兴

声调说明：

①平陆方言没有入声，入声分别归入阴平、阳平、上声、去声四个调类。

（四）连读变调

本节包括 2 个表格：表 102–1 非叠字非轻声两字组连读变调规律；表 102–2 叠字两字组连读变调规律。

表 102–1　非叠字非轻声两字组连读变调规律

前字＼后字	阴平 31	阳平 13	上声 55	去声 33
阴平 31	13+31 花生、东山	——	——	——
阳平 13	——	——	——	——
上声 55	——	——	31+55 母狗、小米	——
去声 33	——	——	——	33+33 记住、大豆

表 102–2　叠字两字组连读变调规律

前字＼后字	阴平 31	阳平 13	上声 55	去声 33
阴平 31	31+0 天天、家家 33+0 说说、敲敲 31+13 方方、轻轻	——	——	——

续表

前字＼后字	阴平 31	阳平 13	上声 55	去声 33
阳平 13	——	13+31 年年、回回 13+0 学学、嚼嚼 13+31 平平、甜甜	——	——
上声 55	——	——	55+0 写写、走走 55+31 饱饱、早早	——
去声 33	——	——	——	33+31 快快、大大

一〇三　永济话声韵调

（一）声母 27 个

p 布笔白杯　pʰ 破铺白配　m 马买米妹
pf 猪追桌专　pfʰ 出锤串船　f 飞翻纷佛　v 闻碗软袜
t 多大呆斗　tʰ 他台大豆　n 挪乃难怒　l 骡来例兰
ts 糟左租灾　tsʰ 搓醋曹才　s 苏扫私穗
tʂ 召斋烛滞　tʂʰ 茶柴潮撤　ʂ 沙社耍士　ʐ 日饶肉人
tɕ 家巨皆忌　tɕʰ 茄渠乔忌　ȵ 你衣纽迎　ɕ 瞎飞穗项
k 歌瓜姑该　kʰ 可跨哭开　ŋ 我哀奥偶　x 瞎划灰项
∅ 吴衣鱼迎

声母说明：

① [ȵ] 是舌面前鼻音，发音部位与 [tɕ、tɕʰ、ɕ] 相同。

② [ŋ] 是舌面后鼻音，发音部位与 [k、kʰ、x] 相同。

③ [t] 和齐齿呼韵母相拼时，舌位靠后。

④ 普通话读合口呼的零声母字除 [u、uo] 韵外，在永济话中声母均为 [v]。

（二）韵母 40 个

ɿ 雌疵斯紫　i 蔽迷底替　u 布普徒古　y 女虑蛆围
ʅ 滞智迟二

ɯ 胳咯黑圪
ə 合割鹤责
a 巴杏马蛇　　ia 佳斜鸭茄　　ua 瓜瓦华跨　　ya 瘸
　　　　　　　　　　　　　　uo 合割鹤装　　yo 脚却娘养
ər 二尔而饵
ʅe 整染涉蛇　　ie 平斜接茄　　　　　　　　ye 绝雪悦瘸
ai 呆太耐来　　iai 县皆械谏　　uai 乱钻窜算　　yai 窜算乱钻
ei 被黑围来　　iei 陷品宾侵　　uei 崔最碎溃　　yei 尊寸损均
au 褒冒岛脑　　iau 交巧孝妖
əu 奴鲁祖苏　　iəu 流纽救求
æ̃ 耽探惨勘　　iæ̃ 廉尖钳淹　　uæ̃ 短官款缓　　yæ̃ 全选圆卷
aŋ 帮忙装仓　　iaŋ 娘两匠养　　uaŋ 光谎旷逛
əŋ 横朋整孟　　iŋ 平陵杏京　　uŋ 横东桶总　　yŋ 永兄穷用

韵母说明：

① [ya] 韵只有“瘸”字。[ɯ] 韵只有“黑、圪”等少数字。

② [æ̃、iæ̃、uæ̃、yæ̃] 为鼻化韵母，有的人发音不明显。

（三）声调 4 个

31　阴平　多他钗佳兜删宣春
24　阳平　挪鹅谁惟条颜纯娘
53　上声　我买水诡走鸟产简
44　去声　个贺败寨泪帅贸叫

声调说明：

①永济方言没有入声，中古清声母和次浊声母入声今归入阴平，中古全浊声母入声字归入阳平。

（四）连读变调

本节包括 2 个表格：表 103-1 非叠字非轻声两字组连读变调规律；表 103-2 叠字两字组连读变调规律。

表 103-1　非叠字非轻声两字组连读变调规律

前字＼后字	阴平 31	阳平 24	上声 53	去声 44
阴平 31	24+31 飞机、东风	——	——	——

续表

前字＼后字	阴平 31	阳平 24	上声 53	去声 44
阳平 24	——	——	——	——
上声 53	——	——	31+53 小米、雨伞	——
去声 44	——	——	——	——

表 103-2　叠字两字组连读变调规律

前字＼后字	阴平 31	阳平 24	上声 53	去声 44
阴平 31	31+24 妈妈、哥哥	——	——	——
阳平 24	——	24+0 皮皮、娘娘	——	——
上声 53	——	——	53+0 本本、碗碗	——
去声 44	——	——	——	44+0 面面、妹妹

一〇四　芮城话声韵调

（一）声母 27 个

p 八笔兵病　p^h 派片爬病　m 麦明骂门

pf 装主追砖　pf^h 柱床春船　f 飞风肥船　v 问软网晚

t 多东大带　t^h 讨大甜毒　l 脑南老蓝

ts 资早租竹　ts^h 刺拆抄祠　s 丝三酸祠　z 扔

tʂ 装正程窄　$tʂ^h$ 抽拆车城　ʂ 手十射蛇　ʐ 染让弱热

tɕ 酒鸡举姐　$tɕ^h$ 清全轿去　ȵ 年泥影牙　ɕ 想谢肥飞

k 高共歌怪　k^h 开困快口　ŋ 熬安鹅爱　x 好灰活花

ø 月温牙影

声母说明：

① [ȵ] 是舌面浊鼻音，发音部位与 [tɕ、$tɕ^h$、ɕ] 相同，只拼齐齿呼和撮口呼韵母。

② [v] 是唇齿浊擦音，摩擦较重。

③ [z] 是舌尖前浊擦音，发音部位与 [ts、tsʰ、s] 相同，辖字较少。

④ [x] 是舌根音，实际发音时舌位靠后，摩擦较重，并伴随小舌的轻微颤动。

（二）韵母 42 个

ɿ 师丝试紫	i 戏飞急七	u 苦五猪北	y 雨橘绿律
ʅ 十直吃日			
a 茶塔法辣	ia 牙鸭茄白	ua 瓦刮花化	ya 横
	iɛ 茄病姐写		yɛ 月绝缺靴
ɤ 歌盒热色			
ɯ 黑给			
o 破薄婆磨		uo 歌坐过盒	yo 药学角雀
ər 二耳儿日			
ai 街排解白	iai 戒解街械	uai 快歪拐坏	yai 院
ei 黑给飞北		uei 对鬼雷罪	
au 宝刀桃闹	iau 笑桥叫条		
əu 豆走奴路	iəu 油六绿袖		
æ̃ 南山半贪	iæ̃ 盐年减店	uæ̃ 短官完暖	yæ̃ 权圆圈院
eĩ 升根春灯	ieĩ 心新品林	ueĩ 寸滚温婚	yeĩ 云嫩俊笋
aŋ 糖床双帮	iaŋ 响讲亮抢	uaŋ 王光黄狂	
əŋ 升吞争灯	iəŋ 行病柄名	uəŋ 横东粽宋	yəŋ 兄用荣穷

韵母说明：

① [a] 在 [i] 前实际发音为 [a]，在 [u] 前为 [ɑ]，统一记作 [a]。

② [iai] 中主要元音 [a] 受介音 [i] 的影响，实际发音时舌位偏高。

③ [eĩ、ieĩ、ueĩ、yeĩ] 实际发音时鼻化色彩较弱。

（三）声调 4 个

42	阴平	东该灯风通开天春谷百搭节哭拍塔切刻六麦叶月
13	阳平	门龙牛油铜皮糖红急毒白盒罚
53	上声	懂古鬼九统苦讨草买老五有
44	去声	冻怪半四痛快寸去卖路硬乱洞地饭树动罪近后

声调说明：

①阴平的实际调值较低，接近 31。

②阳平的终点比阴平的起点略低。

③上声的起点比阴平的起点高。

④去声为半高平调，实际发音较低。

（四）连读变调

本节包括 3 个表格：表 104–1 非叠字非轻声两字组连读变调规律；表 104–2 非叠字轻声两字组连读变调规律；表 104–3 叠字两字组连读变调规律。

表 104–1 非叠字非轻声两字组连读变调规律

前字＼后字	阴平 42	阳平 13	上声 53	去声 44
阴平 42	13+42 香菇、插秧	42+42 书房、麦秸	13+53 吸铁、一百	13+44 三队、高树
阳平 13	——	13+42 明年、年时、 媒人、祠堂	——	——
上声 53	——	53+42 往年、女人	——	——
去声 44	44+13 教室、地方	44+42 后年、外前外面	13+53 送礼 44+13 中暑、大雨	——

表 104–2 非叠字轻声两字组连读变调规律

前字＼后字	阴平 42	阳平 13	上声 53	去声 44
阴平 42	42+0 正月、山药 44+0 玉谷、钥匙	42+0 冰凌、窟窿 44+0 木头、工人	42+0 端午、乡里 13+0 屋里、公里	42+0 干净、松树
阳平 13	13+0 头发、便宜	13+0 石头、前头	13+0 城里、茄子 44+0 胡子、门口	13+0 时候、馄饨
上声 53	53+0 尾巴、哑巴	53+0 里头、水池	53+0 老虎、老鼠	53+0 柳树、姊妹
去声 44	44+0 后天、弟兄	44+0 下头、下来	44+0 灶火、柜子	44+0 上去、道士

表 104-3　叠字两字组连读变调规律

前字＼后字	阴平 42	阳平 13	上声 53	去声 44
阴平 42	42+0 星星、花花 13+0 天天儿、灯灯	——	——	——
阳平 13	——	13+0 盆盆、绳绳	——	——
上声 53	——	——	13+53 奶奶、蚂蚂 53+0 本本、洗洗	——
去声 44	——	——	——	44+0 棍棍、看看

一〇五　吉县话声韵调

（一）声母 27 个

p 爸布背帮　　p^h 披拍普背　　m 麻门某梦

pf 煮捉追中　　pf^h 川虫窗锤　　f 反甩飞暑　　v 袜窝闻晚

t 多电得大　　t^h 毒台跳大　　n 南能挨衣　　l 兰漏吕龙

ʦ 指走炸争　　ts^h 抄从炸仓　　s 散苏丝生　　z 耳儿扔

tʂ 招指张周　　$tʂ^h$ 值潮陈城　　ʂ 生声十城　　ʐ 绕日然惹

tɕ 焦九静今　　$tɕ^h$ 群浅掐静　　ɕ 休下项飞

k 哥古够瓜　　k^h 可款肯扩　　ŋ 暗俄欧爱　　x 行黑横下

ø 用儿衣耳

韵母说明：

① [pf、pf^h、v] 是唇齿音，发音部位与 [f] 相同。

② [ŋ] 是舌面后鼻音，发音部位与 [k、k^h、x] 相同。

③ [n] 在与齐齿呼、撮口呼韵母相拼时，发音部位靠前，近于 [ȵ]。

④ [z] 是舌尖前浊擦音。

（二）韵母 34 个

ɿ 资紫儿耳　　i 眉起笔去　　u 故朱部毛　　y 雨虚局句

ʅ 知尺世食

a 爬车拉生　ia 野卸去白　ua 话夸瓦花　ya 瘸□[1]
ɛ 车额刻泽　iɛ 捏野额命　yɛ 靴决穴月
ə 波窝涨双　iə 羊脚略籴　uə 罗乐烙朵
ər 二而儿耳
ai 白呆灾筛　uai 怪快外乖
ei 本墨起德　iei 宾寻琴品　uei 国棍外雷　yei 军穷群训
au 烧桃闹毛　iau 表咬效乔
əu 丑所牛后　iəu 流牛秋有
æ̃ 含胆般安　iæ̃ 连前烟先　uæ̃ 酸短宽官　yæ̃ 卷选圆愿
əŋ 生张双能　iəŋ 香匠杨命　uəŋ 横矿公宋　yəŋ 用拥凶穷

韵母说明：

① [əŋ、iəŋ] 发音部位略微靠后，在与唇音声母相拼时，韵腹音值近于 [ʌ]。

② [uə] 实际发音时口型较圆，近于 [uo]。

③ [iei、yei] 中的 [e] 发音时舌位较高。

（三）声调 4 个

423　阴平　高粗天三出黑机书
13　阳平　时房魂床神麻则匣
53　上声　子等晚米九古草比
33　去声　够试菜爱放见汉救

声调说明：

①中古清入和次浊入今大都归入阴平，中古全浊入归入阳平。

（四）连读变调

本节包括 2 个表格：表 105-1 非叠字非轻声两字组连读变调规律；表 105-2 叠字两字组连读变调规律。

表 105-1　非叠字非轻声两字组连读变调规律表

前字＼后字	阴平 423	阳平 13	上声 53	去声 33
阴平 423	13+42 高低、伤心	42+13 青年、收成	42+53 担保、发抖	42+33 相信、揭露
阳平 13	13+42 农村、油漆	——	——	——

① □[ya^{423}]：意为用手抓东西。

续表

前字 \ 后字	阴平 423	阳平 13	上声 53	去声 33
上声 53	53+42 火车、小盆	——	——	——
去声 33	33+42 教室、样式	——	——	——

表 105-2　叠字两字组连读变调规律

前字 \ 后字	阴平 423	阳平 13	上声 53	去声 33
阴平 423	42+13 公公、叔叔 13+0 天天	——	——	——
阳平 13	——	13+0 爷爷、白白	——	——
上声 53	——	——	42+0 姐姐、早早	——
去声 33	——	——	——	53+0 妹妹、坐坐

一〇六　乡宁话声韵调

（一）声母 26 个

p 八背兵病	p^h 派片爬病	m 麦明骂门	f 飞风副肥	v 尾外
t 多东大带	t^h 讨天甜毒	n 脑南奴嫩		l 老连路类
ts 资字贼坐	ts^h 字贼坐祠		s 丝三酸祠	z 耳
tʂ 张柱争装	$tʂ^h$ 抽柱床船		ʂ 双船顺手	ʐ 热绕闰任
tɕ 酒争九举	$tɕ^h$ 清全轻权	ȵ 年泥牙女	ɕ 飞肥想谢	
k 高共歌光	k^h 开可看坑	ŋ 熬安鹅爱	x 好灰活话	
ø 味问尾耳				

声母说明：

① [v] 是唇齿浊擦音，摩擦较轻。

② [ȵ] 是舌面前浊鼻音，发音部位与 [tɕ、$tɕ^h$、ɕ] 相同。由于特征明显，未与舌尖

中音 [n] 归纳为一个音位。

③ [k、kʰ] 拼细音时，实际发音近于 [c、cʰ]。

（二）韵母 33 个

ɿ 师丝试刺	i 开米戏飞	u 苦猪五骨	y 雨橘绿局
ʅ 争十直尺			
a 茶塔法辣	ia 牙鸭色$_1$白	ua 瓦刮话刷	
	iᴇ 升硬病星$_1$		yᴇ 雀星$_2$月学
ɤ 歌盒热色	iɤ 响药学痒	uɤ 坐国床双	
æ 南山半贪	iæ 盐年尖店	uæ 短官换碗	yæ 权卷圆选
ər 二儿耳而			
ai 开排鞋白		uai 快拐坏歪	
ei 赔飞北色$_2$		uei 对鬼雷国	
au 宝刀桃闹	iau 笑叫桥药		
ou 豆走奴路	iou 油六袖丢		
aŋ 糖钢帮忙	iaŋ 响讲雀痒	uaŋ 床王狂双	
əŋ 深升争横	iəŋ 心硬病星	uəŋ 轮春横东	yəŋ 云兄用轮

韵母说明：

① [a] 作单韵母时，实际音值为 [ᴀ]，在介音 [i] 后为 [a]，在鼻音韵尾前为 [ɑ]。统一记作 [a]。

② [iᴇ、yᴇ] 的实际音值为 [iɛ、yɛ]。

③ [uɤ] 的实际音值为 [uo]。

④ [k、kʰ] 与韵母 [æ] 相拼时，中间有轻微过渡音 [i]，由于所辖字较少，韵母仍记作 [æ]。如：“赶” [kæ⁴⁴]。

（三）声调 4 个

53	阴平	东该灯风通开天春谷百搭节哭拍塔切刻六麦叶月
12	阳平	门龙牛油铜皮糖红急毒白盒罚
44	上声	懂古鬼九统苦讨草买老五有
22	去声	动罪近后冻怪半四痛快寸去卖路硬乱洞地饭树

声调说明：

①阴平调值为 53，实际发音较紧。

②少数阳平字单字的声调起点位置略有降幅，近于 212，但多数字降幅不明显，故将阳平调值记作 12。

（四）连读变调

本节包括 3 个表格：表 106–1 非叠字非轻声两字组连读变调规律；表 106–2 非叠字轻声两字组连读变调规律；表 106–3 叠字两字组连读变调规律。

表 106–1　非叠字非轻声两字组连读变调规律

前字＼后字	阴平 53	阳平 12	上声 44	去声 22
阴平 53	12+53 当中、结婚 21+22 公鸡、松木 21+53 巴结、夫妻	——	——	——
阳平 12	——	24+12 牛郎、勤劳	——	——
上声 44	——	——	——	——
去声 22	——	——	——	——

表 106–2　非叠字轻声两字组连读变调规律

前字＼后字	阴平 53	阳平 12	上声 44	去声 22
阴平 53	53+0 香菇	53+0 出来、抽匣	53+0 鸡腿、孙女	53+0 木炭、豇豆
阳平 12	12+0 荷花、蘑菇	12+0 眉毛、毛娃	12+0 前晌、苹果	12+0 芹菜、毛病
上声 44	44+0 手巾、点心	44+0 马勺、暖和	44+0 早起、老虎	44+0 韭菜、吵架
去声 22	22+0 妹夫	22+0 过年、后年	22+0 后晌、豆腐	22+0 下去、味道

表 106–3　叠字两字组连读变调规律

前字＼后字	阴平 53	阳平 12	上声 44	去声 22
阴平 53	53+0 包包、蛛蛛 12+53 纷纷、灯灯 21+0 哥哥、开开	——	——	——

续表

前字＼后字	阴平 53	阳平 12	上声 44	去声 22
阳平 12	——	12+0 婆婆、锤锤、瓶瓶	——	——
上声 44	——	——	44+0 婶婶、点点	——
去声 22	——	——	——	22+0 罐罐、妹妹 21+0 爸爸

一〇七　广灵话声韵调

（一）声母 21 个

p 八笔兵病　p^h 派片爬棚　m 麦明骂木　f 飞风副肥　v 味问温王
t 多东毒大　t^h 讨天甜托　n 脑南熬安　l 老蓝连路
ts 资早纸主　ts^h 刺草春城　s 丝三酸事　z 热软如任
tɕ 酒鸡举卷　$tɕ^h$ 清全轻权　ȵ 年泥女鸟　ɕ 想谢响县
k 高共歌拐　k^h 开可看口　x 好灰活话
Ø 月云用药

声母说明：

① [v] 的摩擦较轻，实际音值为 [ʋ]。

② [k、k^h、x] 的发音部位比北京音略靠后。

③零声母 [Ø] 一般只和齐齿、撮口两呼的韵母相拼，并且在 [i、y] 韵前带有明显的摩擦成分，实际音值是半元音 [j、ɥ]。

（二）韵母 32 个

ɿ 师丝直尺　i 米戏急七　u 苦五猪骨　y 雨橘绿局
ɑ 茶瓦塔法　iɑ 牙鸭假瞎　uɑ 刮抓刷花
æ 南山半贪　iæ 盐年减片　uæ 短官暖乱　yæ 权选转圈
ɤ 歌盒热壳　iɤ 写鞋接贴　yɤ 靴学绝缺
ɯ 给刻黑圪
ɔ 糖床王双　iɔ 响讲娘两

o 饿破末佛　　uo 坐过活托

ər 二耳儿而

ɛe 开排色白　　uɛe 快坏怪怀

ei 赔飞北危　　uei 对鬼雷罪

ʌu 宝刀桃闹　　iʌu 壳桥学药

ɤu 豆走偷头　　iɤu 油六丢休

əŋ 深根灯升　　iŋ 心新硬病　　uŋ 寸滚春龙　　yŋ 云兄龙均

韵母说明：

① [ɑ、iɑ、uɑ] 中的 [ɑ]，实际发音时开口度略小，唇形略圆。

② [ɯ] 实际发音时舌位略低。

③ [ɔ] 实际发音时舌位略低，接近后次低元音，且后面带有不太明显的韵尾 [u]。

④ [ʌu] 的主要元音舌位略高，近于后中元音。

（三）声调 4 个

53　阴平　东该灯风通开天春谷百搭节哭拍塔切刻

31　阳平　门龙牛油铜皮糖红毒白盒罚急

44　上声　懂古鬼九统苦讨草买老五有

213　去声　冻怪半四痛快寸去卖路硬乱洞地饭树动罪近后六麦叶月

（四）连读变调

本节包括 3 个表格：表 107–1 非叠字非轻声两字组连读变调规律；表 107–2 非叠字轻声两字组连读变调规律；表 107–3 叠字两字组连读变调规律。

表 107–1　非叠字非轻声两字组连读变调规律

前字＼后字	阴平 53	阳平 31	上声 44	去声 213
阴平 53	——	——	——	——
阳平 31	——	——	——	——
上声 44	——	——	53+44 早起、赶紧、胆小	——
去声 213	21+53 让开、跳高	21+31 地图、外行	21+44 送礼、下雨	21+213 半路、地震

说明：

①前字为去声时，后字无论属哪个调类，调值都不变。前字的调值在语速快时一般变为 21，只降不升；语速慢时，也可不变。

表 107-2 非叠字轻声两字组连读变调规律

前字＼后字	阴平 53	阳平 31	上声 44	去声 213
阴平 53	——	53+0 冰凌、思谋	53+0 家里、说给	53+0 摔下、天气
阳平 31	——	31+0 前头、阳婆	31+0 红火、勤谨	——
上声 44	44+0 女子、点心	44+0 俺们、码头	——	44+0 五个、受气
去声 213	213+0 卧室、背心 21+0 地方、大方	213+0 木头、后头	213+0 唱起、露水	213+0 味道、大豆 21+0 炕上、副业

说明：

①广灵方言中去声字在轻声字前一般不变调，语速快时变为 21。

②非叠字两字组后字读轻声时，一般不区分实际调值，一律记为 0。

表 107-3 叠字两字组连读变调规律

前字＼后字	阴平 53	阳平 31	上声 44	去声 213
阴平 53	53+0 听听、星星	——	——	——
阳平 31	——	31+0 姨姨、馍馍	——	——
上声 44	——	——	44+0 写写、姐姐	——
去声 213	——	——	——	213+0 看看、治治

山西方音字汇

（第二卷）

乔全生——著

SSAP
社会科学文献出版社
SOCIAL SCIENCES ACADEMIC PRESS (CHINA)

方音字汇表

字目	多	他	拖	驼	驮	罗	锣	箩
中古音 / 方言点	得何 果开一 平歌端	讬何 果开一 平歌透	讬何 果开一 平歌透	唐何 果开一 平歌定	唐何 果开一 平歌定	鲁何 果开一 平歌来	鲁何 果开一 平歌来	鲁何 果开一 平歌来
北京	tuo^{55}	t^{h}a^{55}	t^{h}uo^{55}	t^{h}uo^{35}	t^{h}uo^{35}	luo^{35}	luo^{35}	luo^{35}
小店	təɯ^{11}	t^{h}ɑ^{11}	t^{h}əɯ^{11}	təɯ^{11}	təɯ^{11}	ləɯ^{11}	ləɯ^{11}	ləɯ^{11}
尖草坪	tɤɯ^{33} 白 / tuɤɯ^{33} 文	t^{h}a^{33}	t^{h}ɤɯ^{33} 白 / t^{h}uɤɯ^{33} 文	t^{h}ɤɯ^{33} 白 / t^{h}uɤɯ^{33} 文	tɤɯ^{35} 白 / tuɤɯ^{35} 文	lɤɯ^{33} 白 / luɤɯ^{33} 文	lɤɯ^{33} 白 / luɤɯ^{33} 文	lɤɯ^{33} 白 / luɤɯ^{33} 文
晋源	tɤ^{11}	t^{h}a^{11}	t^{h}ɤ^{11}	tɤ^{11}	t^{h}uɤ^{11}	lɤ^{11}	lɤ^{11}	luɤ^{42}
阳曲	tɤ^{312}	t^{h}a^{312}	t^{h}ɤ^{312}	t^{h}ɤ^{43}	t^{h}ɤ^{43}/ t^{h}ɤ^{454}	lɤ^{43}	lɤ^{43}	lɤ^{43}
古交	tɯ^{44}	t^{h}ɑ^{44}	t^{h}ɯ^{44}	t^{h}ɯ^{44}	tɯ^{44}	lɯ^{44}	lɯ^{44}	lɯ^{44}
清徐	tɤɯ^{11}	t^{h}ɒ^{11}	t^{h}uɤɯ^{11}	t^{h}ɤɯ^{11}	t^{h}ɤɯ^{45}	luɤɯ^{11}	luɤɯ^{11}	luɤɯ^{11}
娄烦	tə^{33}	t^{h}ɑ̃^{33}	t^{h}ə^{33}	t^{h}ə^{33}	t^{h}ə^{33}	lə^{33}	lə^{33}	lə^{33}
榆次	tɯ^{11}	t^{h}ɒ^{11}	t^{h}ɯ^{11}	t^{h}ɯ^{11}	t^{h}ɯ^{11}	lɯ^{11}	lɯ^{11}	lɯ^{11}
交城	tɤɯ^{11}	t^{h}ɑ^{11}	t^{h}ɤɯ^{11}	tɤɯ^{11} 白 / t^{h}ɤɯ^{11} 文	t^{h}ɤɯ^{11}	lɤɯ^{11}	lɤɯ^{11}	lɤɯ^{11}
文水	tɪi^{22}	t^{h}a^{22}	t^{h}ɪi^{22}	tɪi^{22} 白 / t^{h}ɪi^{22} 文	t^{h}ɪi^{22}	lɪi^{22}	lɪi^{22}	ləʔ^{2}/ lɪi^{22}
祁县	tɯ^{31}	t^{h}a^{31}	t^{h}ɯ^{31}	t^{h}ɯ^{31}	t^{h}ɯ^{31}	lɯ^{31}	lɯ^{31}	lɯ^{31}
太谷	tuo^{33}	t^{h}ɒ^{33}	t^{h}ie^{33}/t^{h}uo^{33}	t^{h}uo^{33}	t^{h}uo^{33}	lie^{33}	lie^{33}	lie^{33}
平遥	tei^{213}	t^{h}ɑ^{213}	t^{h}ei^{213} 白 / t^{h}uə^{213} 文	t^{h}uə^{512}	tei^{213}	luə^{213}	lei^{213}	lei^{213} 白 / luə^{213} 文
孝义	tᴇ^{33}	t^{h}ᴇ^{33} 白 / t^{h}a^{33} 文	t^{h}ᴇ^{33}	tᴇ^{33}	tᴇ^{454}	lɒ^{33}	lᴇ^{33}	lᴇ^{33}
介休	tiᴇ^{13}	t^{h}a^{13}	t^{h}iᴇ^{13} 白 / t^{h}uɤ^{13} 文	tiᴇ^{13} 白 / t^{h}uɤ^{13} 文	tiᴇ^{13}	liᴇ^{13}	liᴇ^{13} 白 / luɤ^{13} 文	liᴇ^{13}
灵石	tei^{535}	——	t^{h}ei^{535}	tuɤ^{44}	tuɤ^{44}	luɤ^{44}	lei^{44}	lei^{535} 白 / luɤ^{535} 文
盂县	tɤo^{412}	t^{h}ɑ^{412}	t^{h}uo^{412}	t^{h}ʌʔ^{2} 白 / t^{h}ɤo^{22} 文	tɤo^{55}/t^{h}ɤo^{22}	lɤo^{22}	lɤo^{22}	lɤo^{22}
寿阳	təɯ^{31}	t^{h}ɑ^{31}	t^{h}əɯ^{31}	t^{h}əɯ^{22}	t^{h}əɯ^{22}	ləɯ^{22}	ləɯ^{22}	ləɯ^{22}
榆社	tɤ^{22}	t^{h}ɒ^{22}	tɤ^{22}	tɤ^{45}	tɤ^{22}	lɤ^{22}	lɤ^{22}	lɤ^{22}
离石	tɔ^{24}	t^{h}ɑ^{24}	t^{h}ɔ^{24}	t^{h}ɔ^{44}	t^{h}ɔ^{44}	lɔ^{44}	lɔ^{44}	lɔ^{44}
汾阳	tɯ^{324}	t^{h}a^{324}	t^{h}ɯ^{324}	t^{h}ɯ^{22}	t^{h}ɯ^{22}	lɯ^{22}	lɯ^{22}	lɯ^{22}
中阳	tɒ^{24}	t^{h}ɑ^{24}	t^{h}ɒ^{24}	t^{h}ɒ^{33}	t^{h}ɒ^{33}	lɒ^{33}	lɒ^{33}	lɒ^{33}
柳林	tɔ^{24}	t^{h}ɑ^{24}	t^{h}ɔ^{24}	t^{h}ɔ^{44}	t^{h}ɔ^{44}	lɔ^{44}	lɔ^{53}	lɔ^{44}
方山	tɔ^{24}	t^{h}a^{24}	t^{h}ɔ^{24}	t^{h}ɔ^{44}	t^{h}ɔ^{44}	luə^{44}	lɔ^{44}	lɔ^{44}

续表

字目	多	他	拖	驼	驮	罗	锣	箩
中古音 / 方言点	得何 果开一 平歌端	讬何 果开一 平歌透	讬何 果开一 平歌透	唐何 果开一 平歌定	唐何 果开一 平歌定	鲁何 果开一 平歌来	鲁何 果开一 平歌来	鲁何 果开一 平歌来
临县	tɒ^{24}	tʰa^{24}	tʰɒ^{24}	tʰɒ^{33}	tʰɒ^{24}	lɒ^{24}	lɒ^{24}	lɒ^{24}
兴县	tɤ^{324}	tʰᴀ^{324}	tʰɤ^{324}	tʰɤ^{55}	tʰɤ^{55}	lɤ^{55}	lɤ^{55}	lɤ^{55}
岚县	tɤ^{214}	tʰa^{214}	tʰɤ^{214}	tʰɤ^{214}	tʰɤ^{44}	lɤ^{44}	lɤ^{44}	lɤ^{44}
静乐	tɤɯ^{24}	tʰɑ̃^{24}	tʰɤɯ^{24}	tʰɤɯ^{33}	tʰɤɯ^{53}	lɤɯ^{33}	lɤɯ^{33}	lɤɯ^{33}
交口	tə^{323}	tʰa^{323}	tʰə^{323}	tʰə^{44}	tʰə^{44}	lə^{44}	lə^{44}	lə^{44}
石楼	tuə^{213}	tʰuə^{213}	tʰuə^{213}	tʰuə^{44}	tʰuə^{44}	luə^{44}	luə^{44}	luə^{44}
隰县	tɤ^{53}	tʰa^{53}	tʰɤ^{53}	tʰɤ^{24}	tʰɤ^{24}	lɤ^{24}	lɤ^{24}	lɤ^{24}
大宁	tuo^{31}	tʰɑ^{31}	tʰuo^{31}	tʰuo^{24}	tʰuo^{24}	luo^{24}	luo^{24}	luo^{24}
永和	tuɤ^{33}	tʰa^{33}	tʰuɤ^{33}	tʰuɤ^{35}	tʰuɤ^{35}	luɤ^{35}	luɤ^{35}	luɤ^{35}
汾西	tɯ^{11}	tʰɑ^{11} 白 / tʰyəʔ^{1}	tʰɯ^{11}	tɯ^{35}	tɯ^{35}	lɯ^{35}	lɯ^{35}	lɯ^{35}
蒲县	tuo^{52}	tʰa^{31}	tʰuo^{52}	tʰuo^{31}	tʰuo^{24}	luo^{24}	luo^{24}	luo^{24}
潞州	tuə^{312}	tʰa^{312}	tʰuə^{312}	tʰuəʔ$^{\underline{53}}$	tʰuə^{24}	luə^{24}	luə^{24}	luə^{24}
上党	tuo^{213}	tʰəʔ$^{\underline{21}}$	tʰuo^{213}	tʰuo^{44}	tʰuo^{44}	luo^{44}	luo^{44}	luo^{44}
长子	tuə^{312}	tʰa^{312}	tʰuə^{312}	tʰuə^{24}	tʰuə^{24}	luə^{24}	luə^{24}	luə^{24}
屯留	tuɤ^{31}	tʰa^{31}	tʰuɤ^{31}	tʰuɤ^{31}	tʰuɤ^{11}	luɤ^{11}	luɤ^{11}	luɤ^{11}
襄垣	tə^{33}	tʰa^{33}	tʰə^{33}	tʰə^{31}	tʰə^{31}	luə^{31}	luə^{31}	luə^{31}
黎城	tuɤ^{33}	tʰa^{33}	tʰuɤ^{33}	tʰuɤ^{53}	tʰuɤ^{53}	luɤ^{53}	luɤ^{53}	luɤ^{53}
平顺	tuɤ^{213}	tʰa^{213}	tʰuɤ^{213}	tʰuəʔ$^{\underline{212}}$	tʰuɤ^{13}	luɤ^{13}	luɤ^{13}	luɤ^{13}
壶关	tuə^{33}	ȵia^{13}	tʰuə^{33}	tʰuəʔ^{2}	tʰuə^{13}	luə^{13}	luə^{13}	luə^{13}
沁县	tuɤ^{224}	tʰa^{224}	tʰuɤ^{224}	tʰuɤ^{33}	tʰuɤ^{33}	luɤ^{33}	luɤ^{33}	luɤ^{33}
武乡	tuɤ^{113}	tʰa^{113}	tʰuɤ^{113}	tʰuɤ^{113}	tʰuɤ^{113}	luɤ^{33}	luɤ^{33}	luɤ^{33}
沁源	tɨᴇ^{324}	tʰɑ^{324}	tʰɨᴇ^{324}	tʰɨᴇ^{33}	tʰɨᴇ^{33}	lɨᴇ^{33}	lɨᴇ^{33}	lɨᴇ^{33}
安泽	tuo^{21}	tʰɑ^{21}	tʰuo^{21}	tʰuo^{35}	tʰuo^{35}	luo^{35}	luo^{35}	luo^{35}
沁水端氏	tuɤ^{21}	tʰa^{21} 白 / tʰɒ^{21} 文	tʰuɤ^{21}	tʰuɤ^{24}	tʰuɤ^{24}	luɤ^{24}	luɤ^{24}	luɤ^{24}
阳城	tuə^{224}	tʰɑ^{224}	tʰuə^{224}	tʰuə^{22}	tʰuə^{22}	luə^{22}	luə^{22}	luə^{22}
高平	tuɤ^{33}	tʰɑ^{212}	tʰuɤ^{33}	tʰuɤ^{33}	tuɤ^{33}	luɤ^{33}	luɤ^{33}	luɤ^{33}
陵川	tuɤ^{33}	tʰa^{33}	tʰuɤ^{33}	tʰuɤ^{53}	tʰuɤ^{53}	luɤ^{53}	luɤ^{53}	luɤ^{53}
晋城	tuə^{33}	tʰʌ^{324}	tʰuə^{33}	tʰuʌ^{33}/tʰuə^{324}	tuə^{53}	luə^{324}	luə^{324}	luə^{324}
忻府	tɛ^{313}	tʰɑ^{313}	tʰɛ^{313}	tʰɛ^{21}	tʰɛ^{21}	lɛ^{21}	lɛ^{21}	lɛ^{21}
原平	tɤ^{213}	tʰɑ^{213}	tʰɤ^{213}	tʰɤ^{33}	tʰɤ^{33}	lɤ^{33}	lɤ^{33}	lɤ^{33}

续表

字目	多	他	拖	驼	驮	罗	锣	箩
中古音 / 方言点	得何 果开一 平歌端	讬何 果开一 平歌透	讬何 果开一 平歌透	唐何 果开一 平歌定	唐何 果开一 平歌定	鲁何 果开一 平歌来	鲁何 果开一 平歌来	鲁何 果开一 平歌来
定襄	tɔ^{24}	tʰɔ^{24}	tʰuə^{24}	tʰuə^{11}	tʰuə^{11}	luə^{11}	luə^{11}	luə^{11}
五台	tɔ^{213}	tʰa^{213}	tʰɔ^{213}	tʰɔ^{33}	tʰɔ^{33}	lɔ^{33}	lɔ^{33}	lɔ^{33}
岢岚	tuɤ^{13}	tʰa^{13}	tʰuɤ^{13}	tʰuɤ^{44}	tʰuɤ^{44}	luɤ^{44}	luɤ^{44}	luɤ^{44}
五寨	tuo^{13}	tʰa^{13}	tʰuo^{13}	tʰuo^{44}	tʰuo^{44}	luo^{44}	luo^{44}	luo^{44}
宁武	tuo^{23}	tʰᴀ^{23}	tʰuo^{23}	tʰuo^{33}	tʰuo^{33}	luo^{33}	luo^{33}	luo^{33}
神池	tuɔ^{24}	tʰᴀ^{24}	tʰuɔ^{24}	tʰuɔ^{32}	tʰuɔ^{32}	luɔ^{32}	luɔ^{32}	luɔ^{32}
繁峙	tuɤ^{53}	tʰa^{53}	tʰuɤ^{53}	tʰuɤ^{31}	tʰuɤ^{31}	luɤ^{31}	luɤ^{31}	luɤ^{31}
代县	tuɤ^{213}	tʰa^{213}	tʰuɤ^{213}	tʰuɤ^{44}	tʰuɤ^{44}	luɤ^{44}	luɤ^{44}	luɤ^{44}
河曲	təʔ^{4}	tʰa^{213}	tʰuɤ^{213}	tʰuɤ^{44}	tʰuɤ^{44}	luɤ^{44}	luɤ^{44}	luɤ^{44}
保德	tɤ^{213}	tʰᴀ^{213}	tʰuɤ^{213}	tʰuɤ^{44}	tʰuɤ^{44}	luɤ^{44}	lɤ^{44}	lɤ^{44}
偏关	tuə^{24}	tʰa^{24}	tʰuə^{24}	tʰuə^{44}	tʰuə^{44}	luə^{44}	luə^{44}	luə^{44}
朔城	tuə^{312}	tᴀ^{312}	tuə^{312}	tuə^{35}	tuə^{35}	luə^{35}	luə^{35}	luə^{35}
平鲁	tuə^{213}	tʰɑ^{213}	tʰuə^{52}	tʰuə^{44}	tʰuə^{44}	luə^{44}	luə^{44}	luə^{44}
应县	tuɤ^{43}	tʰa^{43}	tʰuɤ^{43}	tʰuɤ^{31}	tʰuɤ^{31}	luɤ^{43}/luɤ^{31}/luaʔ$^{\underline{43}}$	luɤ^{31}	luɤ^{31}
灵丘	tue^{442}	tʰᴀ^{442}	tʰue^{442}	tʰue^{31}	tʰue^{31}	lue^{31}	lue^{31}	lue^{31}
浑源	tuo^{52}	tʰᴀ^{52}/tʰəʔ^{4}	tʰuo^{52}	tʰuo^{22}	tʰuo^{22}	luo^{22}	luo^{22}	luo^{22}
云州	tuɤ^{21}	tʰɑ^{21}	tʰuɤ^{21}	tʰuɑʔ^{4}	tʰuɤ^{312}	luɤ^{312}	luɤ^{312}	luɤ^{312}
新荣	tuo^{32}	tʰᴀ^{32}/tʰəʔ^{4}	tʰuo^{32}	tʰuo^{312}	tʰuo^{312}/tuo^{24}	luo^{312}	luo^{312}	luo^{312}
怀仁	tuɤ^{42}	tʰa^{42}	tʰuɤ^{42}	tʰuɤ^{312}	tʰuɤ^{312}	luɤ^{312}	luɤ^{312}	luɤ^{312}
左云	tuo^{31}	tʰa^{31}	tʰuo^{31}	tʰuo^{313}	tʰuo^{313}	luo^{313}	luo^{313}	luo^{313}
右玉	tuo^{31}	tʰa^{31}	tʰuo^{31}	tʰuo^{212}	tʰuo^{212}	luo^{212}	luo^{212}	luo^{212}
阳高	tuɤ^{31}	tʰɑ^{31}	tʰuɤ^{31}	tʰuɤ^{312}	tʰuɤ^{312}	luɤ^{312}/luɑʔ^{3}	luɤ^{312}	luɤ^{312}
山阴	tuə^{313}	tʰᴀ^{313}	tʰuə^{313}	tʰuə^{313}	tʰuə^{313}	luə^{313}	luə^{313}	luə^{313}
天镇	tuɤ^{31}	tʰɑ^{31}	tʰuɤ^{31}	tʰuɤ^{22}	tʰuɤ^{22}	luɤ^{22}	luɤ^{22}	luɤ^{22}
平定	tuɤ^{31}	tʰɑ^{31}	tʰuɤ^{31}	tʰuɤ^{44}	tʰuɤ^{44}	luɤ^{44}	luɤ^{44}	lɔ^{24} 白 / luɤ^{44} 文
昔阳	tuə^{42}	tʰɑ^{42}	tʰuə^{42}	tʰuə^{33}	tʰuə^{33}	luə^{33}	luə^{33}	luə^{33}
左权	tuɤ^{31}	tʰɑ^{31}	tʰuɤ^{31}	tʰuɤ^{11}	tʰuɤ^{11}	luɤ^{11}	luɤ^{11}	luɤ^{11}
和顺	tuɤ^{42}	tʰɑ^{42}	tʰuɤ^{42}	tʰuɤ^{22}	tʰuɤ^{22}	luɤ^{42}	luɤ^{42}	luɤ^{42}
尧都	tuo^{21}	tʰɑ^{21}	tʰuo^{21}	tʰuo^{24}	tʰuo^{24}	luo^{24}	luo^{24}	luo^{24}
洪洞	to^{21}	tʰɑ^{21}	tʰo^{21}	tʰo^{21}	tʰo^{24}	lo^{24}	lo^{24}	lo^{24}

续表

字目	多	他	拖	驼	驮	罗	锣	箩
中古音／方言点	得何 果开一 平歌端	讬何 果开一 平歌透	讬何 果开一 平歌透	唐何 果开一 平歌定	唐何 果开一 平歌定	鲁何 果开一 平歌来	鲁何 果开一 平歌来	鲁何 果开一 平歌来
洪洞赵城	to²¹	to⁵³	tʰo²¹	to²⁴	to²⁴	lo²⁴	lo²⁴	lo²⁴
古县	tuo²¹	tʰɑ²¹	tʰuo²¹	tʰuo³⁵	tʰuo³⁵	luo³⁵	luo³⁵	luo³⁵
襄汾	tɔ²¹	tʰa²¹	tʰɔ²¹	tʰɔ²⁴	tʰɔ²⁴	luɔ²⁴	luɔ²⁴	luɔ²⁴
浮山	tuo⁴²	tʰa⁴²	tʰuo⁴²	tʰuo¹³	tʰuo¹³	luo¹³	luo¹³	luo¹³
霍州	tuɤ²¹²	tʰa²¹²/ tʰɤ²¹²	tʰuɤ²¹²	tʰuɤ³⁵	tʰuɤ³⁵	luɤ³⁵	luɤ³⁵	luɤ³⁵
翼城	to⁵³	tʰA⁵³	tʰɤ⁵³	tʰuɤ¹²	tuɤ¹²	luɤ¹²	luɤ¹²	luɤ¹²
闻喜	tɤ⁵³	tʰɤ⁵³/ tʰɑ¹³	tʰɤ¹³	tʰɤ¹³/tɤ⁵³	tʰɤ¹³	——	luɤ¹³	luɤ¹³
侯马	tɤ²¹³	tɑ²¹³	tʰɤ²¹³	tʰɤ²¹³	tʰɤ²¹³	lɤ²¹³	lɤ²¹³	lɤ²¹³
新绛	tɤ⁵³	tʰɑ⁵³	tʰɤ⁵³	tʰɤ¹³	tʰɤ¹³	lɤ¹³	lɤ¹³ 白 / luɤ¹³ 文	lɤ¹³
绛县	tuɤ⁵³	tʰɑ⁵³	tʰuɤ⁵³	tʰuɤ²⁴	tʰuɤ²⁴	lɤ⁵³	lɤ⁵³	lɤ⁵³/luɤ²⁴
垣曲	tɤ²²	tʰa²²	tʰuo²²	tʰuo²²	tʰuo²²	luo²²	luo²²	luo²²
夏县	tuɤ⁵³	tʰa⁵³	tʰuɤ⁵³	tʰuɤ⁴²	tʰuɤ⁴²	luɤ⁴²	luɤ⁴²	luɤ⁴²
万荣	tɤ⁵¹	tʰa⁵⁵	tʰɤ⁵¹	tʰɤ²¹³	tʰɤ²¹³	luɤ²¹³	luɤ²¹³	luɤ²¹³
稷山	tɤ⁵³ 白 / tuɤ⁵³ 文	tʰɑ⁴²	tʰɤ⁵³ 白 / tʰuɤ⁵³ 文	tʰuɤ¹³	tʰuɤ¹³	luɤ¹³	lɤ¹³ 白 / luɤ¹³ 文	lɤ¹³ 白 / luɤ¹³ 文
盐湖	tuo⁴²	tʰa⁴²	tʰuo⁴²	tʰuo¹³	tʰuo¹³	luo¹³	luo¹³	luo¹³
临猗	tuo⁴²	tʰa⁴⁴	tʰuo⁴²	tʰuo¹³	tʰuo¹³	luo¹³	luo¹³	luo¹³
河津	tɤ³¹	tʰa⁵³	tʰɤ³¹	tʰɤ³²⁴	tʰɤ³²⁴	luɤ³²⁴	luɤ³²⁴	luɤ³²⁴
平陆	tuə³¹	tʰa⁵⁵	tʰuə³¹	tʰuə¹³	tʰuə¹³	luə¹³	luə¹³	luə¹³
永济	tuo³¹	tʰa³¹	tʰuo³¹	tʰuo²⁴	tʰuo²⁴/ tʰuo⁴⁴	luo²⁴	luo²⁴	luo²⁴
芮城	tuo⁴²	tʰa⁵³	tʰuo⁴²	tʰuo¹³	tʰuo¹³	zuo¹³ 白 / luo¹³ 文	zuo¹³ 白 / luo¹³ 文	luo¹³
吉县	tə⁴²³	tʰa⁴²³	tʰə⁴²³	tʰə¹³	tʰə¹³	luə¹³	luə¹³	luə¹³
乡宁	tɤ⁵³	tʰa⁵³	tʰɤ⁵³	tʰau¹²	tʰɤ²²	luɤ¹²	luɤ¹²	luɤ¹²
广灵	tuo⁵³	tʰɑ⁵³	tʰuo⁵³	tʰuo³¹	tuo²¹³ 白 / tʰuo³¹ 文	luo⁵³/luo³¹	luo³¹	luo³¹

字目	萝藤~	搓	歌	哥	鹅	蛾	俄	何
中古音 方言点	鲁何 果开一 平歌来	七何 果开一 平歌清	古俄 果开一 平歌见	古俄 果开一 平歌见	五何 果开一 平歌疑	五何 果开一 平歌疑	五何 果开一 平歌疑	胡歌 果开一 平歌匣
北京	luo^{35}	tsʰuo^{55}	kɤ^{55}	kɤ^{55}	ɤ^{35}	ɤ^{35}	ɤ^{35}	xɤ^{35}
小店	ləɯ^{11}	tsʰo^{11}	kəɯ^{11}	kəɯ^{11}	əɯ^{11}	əɯ^{11}	əɯ^{11}	xəɯ^{11}
尖草坪	lɤɯ^{33} 白 / luɤɯ^{33} 文	tsʰuɤɯ^{33}	kɤɯ^{33}	kɤɯ^{33}	ɣɤɯ^{33}	ɣɤɯ^{33}	ɣɤɯ^{33}	xɤɯ^{33}
晋源	lɤ^{11}	tsʰɤ^{11}	kɤ^{11}	kɤ^{11}	ɣɤ^{11}	ɣɤ^{11}	ɣɤ^{11}	xɤ^{11}
阳曲	lɤ^{43}	tsʰuɤ^{312}	kɤ^{312}	kɤ^{312}	ŋɤ^{43}	ŋɤ^{43}	ŋɤ^{43}	xɤ^{43}
古交	lɯ^{44}	tsʰɯ^{44}	kɯ^{44}	kɯ^{44}	ŋɯ^{44}	ŋɯ^{44}	ŋɯ^{44}	xɯ^{44}
清徐	luɤɯ^{11}	tsʰuɤɯ^{11}	kɤɯ^{11}	kɤɯ^{11}	ŋɤɯ^{11}	ŋɤɯ^{11}	ŋɤɯ^{11}	xɤɯ^{11}
娄烦	lə^{33}	tsʰə^{33}	kə^{33}	kə^{33}/ kã^{312}	ŋə^{33}	ŋə^{33}	ŋə^{33}	xə^{33}
榆次	lɯ^{11}	tsʰuɯ^{11}	kɯ^{11}	kɒ^{11}	ŋɯ^{11}	ŋɯ^{11}	ŋɯ^{11}	xɯ^{11}
交城	lɤɯ^{11}	tsʰɤɯ^{11} 白 / tsʰuɤɯ^{11} 文	kɤɯ^{11}	kɤ^{53} 白 / kɤɯ^{11} 文	ŋɤɯ^{11}	ŋɤɯ^{11}	ŋɤɯ^{11}	xɤɯ^{11}
文水	lɪi^{22}	tɕʰi^{22}/tɕʰiu^{423}/ tsʰɪi^{22}	ku^{22} 白 / kɪi^{22} 文	kɪi^{22}/ku^{22}/ kau	ŋɪi^{22}	ŋɪi^{22}	ŋɪi^{22}	xɪi^{22}
祁县	lɯ^{31}	tsʰɯ^{31}	kɯ^{31}	kɯ^{31}	ŋɯ^{31}	ŋɯ^{31}	ŋɯ^{31}	xɯ^{31}
太谷	luo^{33}	tɕʰie^{33} 白 / tsʰuo^{33} 文	kie^{33}	kie^{33}	ŋie^{33}	ŋie^{33}	ŋie^{33}	xie^{33}
平遥	lei^{213} 白 / luə^{213} 文	tɕʰyə^{512} 白 / tsʰuə^{213} 文	kɔ^{213}	kɔ^{213}	ŋɔ^{213}	ȵie^{213}	ŋɔ^{213}	xɔ^{213}
孝义	lᴇ^{33}	tsʰᴇ^{33}	kɒ^{33}	ka^{33}/ kᴇ^{33}	ŋᴇ^{33}	ŋᴇ^{33}	ŋɒ^{33}	xɒ^{33}
介休	liᴇ^{13}	tɕʰi^{13}/ tɕʰyɤ^{423}/ tsʰuɤ^{13}	kɤ^{13}	kɤ^{45}	ŋiᴇ^{13} 白 / ŋɤ^{13} 文	ŋiᴇ^{13}	ŋɤ^{13}	xɤ^{13}
灵石	lei^{44}	tsʰuɤ^{35}	kɤ^{535}	kəʔ^{4}/kaʔ^{4}	ŋɤ^{44}	ŋɤ^{44}	ŋɤ^{44}	xɤ^{44}
盂县	lɤo^{22}	tsʰuo^{412}	kɤo^{412}	kɤo^{412}	ŋɤo^{22}	ŋɤo^{22}	ŋɤo^{22}	xɤo^{22}
寿阳	ləɯ^{22}	tsʰuəɯ^{31}	kəɯ^{31}	kəɯ^{31}	ŋəɯ^{22}	ŋəɯ^{22}	ŋəɯ^{22}	xəɯ^{22}
榆社	lɤ^{22}	tsʰu^{22}	kɤ^{22}	kɤ^{312}	ŋɤ^{22}	ŋɤ^{22}	ŋɤ^{22}	xɤ^{22}
离石	lɔ^{44}	tsʰɔ^{24}	kɔ^{24}	kɔ^{44}	ŋɔ^{44}	ŋɔ^{44}	ŋɔ^{44}	xɔ^{44}
汾阳	lɯ^{22}	tsʰɯ^{324}	kɯ^{324}	kɔ^{324}/ki^{324}	ŋɯ^{22}	ŋɯ^{22}	ŋɯ^{22}	xɯ^{22}
中阳	lɒ^{33}	tsʰɒ^{24}	kɤ^{24}	kɤ^{33}	ŋɤ^{33}	ŋɤ^{33}	ŋɤ^{33}	xɤ^{33}
柳林	——	tsʰɔ^{24}	kɔ^{24}	kɔ^{24}	ŋɔ^{44}	ŋɔ^{44}	ŋɔ^{44}	xə^{44}
方山	luə^{44}	tsʰɔ^{24}	kɔ^{24}	kɔ^{44}	ŋɔ^{44}	ŋɔ^{44}	ŋɔ^{44}	xɔ^{44}
临县	lɒ^{24}	tsʰɒ^{24}	kɒ^{24}	kɒ^{33}	ŋɒ^{33}	ŋɒ^{33}	ŋɒ^{33}	xɒ^{33}

续表

字目	萝藤～	搓	歌	哥	鹅	蛾	俄	何
中古音／方言点	鲁何 果开一 平歌来	七何 果开一 平歌清	古俄 果开一 平歌见	古俄 果开一 平歌见	五何 果开一 平歌疑	五何 果开一 平歌疑	五何 果开一 平歌疑	胡歌 果开一 平歌匣
兴县	lɤ^{55}	tsʰɤ^{324}	kɤ^{324}	kɤ^{324}	ŋɤ^{55}	ŋɤ^{55}	ŋɤ^{55}	xɤ^{55}
岚县	lɤ^{44}	tsʰie^{214}	kie^{214}	kie^{214}	ŋie^{44}	ŋie^{44}	ŋie^{44}	xie^{44}
静乐	lɤɯ^{33}	tsʰɤɯ^{24} 白 / tsʰuɤ^{53}	lɤɯ^{24}	kɤɯ^{24}	ŋɤɯ^{33}	ŋɤɯ^{33}	ŋɤɯ^{33}	xɤɯ^{33}
交口	lə^{44}	tsʰuə^{323}	kiɛ^{323}	kiɛ^{323}	ŋiɛ^{44}	ŋiɛ^{44}	ə^{44}	xiɛ^{44}
石楼	luə^{44}	tʂʰuə^{213}	kuə^{213} 白 / kə^{213} 文	ka^{213}	ŋuə^{44}	ŋuə^{44}	ŋuə^{44}	xuə^{44} 白 / xə^{44} 文
隰县	lɤ^{24}	tsʰuo^{53}	kɤ^{53}	kɤ^{53}	ŋɤ^{24}	ŋɤ^{24}	ɤ^{24}	xɤ^{24}
大宁	——	tsʰuo^{31}	kuo^{31}	kuo^{31}/kuo^{24}	ŋuo^{24}	ŋuo^{24}	ŋuo^{24}	xuo^{24}
永和	luɤ^{35}	tsʰuɤ^{33}	kuɤ^{33}	ka^{33}	ŋuɤ^{35}	ŋuɤ^{35}	ŋuɤ^{35}	xuɤ^{35}
汾西	lɯ^{35}	tsʰu^{11}	kɯ^{11}	kɯ^{35}	ŋɯ^{35}	ŋɯ^{35}	ŋɯ^{35}	xɯ^{35}
蒲县	luo^{24}	tsʰuo^{52}	kɤ^{52}	kuo^{24} 白 / kɤ^{24} 文	ŋuo^{24}	ŋuo^{24}	ŋɤ^{24}	xɤ^{52}
潞州	luə^{24}	tsʰuə^{312}	kə^{312}	kə^{312}	ə^{24}	ə^{24}	ə^{24}	xə^{24}
上党	luo^{44}	tsʰuo^{213}	kə^{213}	kə^{213}	ə^{44}	ə^{44}	ə^{44}	xə^{44}
长子	luə^{24}	tsʰuə^{312}	kə^{312}	kə^{312}	ŋə^{24}	ŋə^{24}	ŋə^{24}	xə^{24}
屯留	luɤ^{11}	tsʰuɤ^{31}	kɤ^{31}	kɤ^{31}	ŋɤ^{11}	ŋɤ^{11}	ŋɤ^{11}	xɤ^{11}
襄垣	luə^{31}	tsʰuə^{33}	kə^{33}	kə^{33}	ŋə^{31}	ŋə^{31}	ŋə^{31}	xə^{31}
黎城	luɤ^{33}	tʰuɤ^{33}	kɤ^{33}	kɤ^{33}	ɤ^{53}	ɤ^{53}	ɤ^{53}	xɤ^{53}
平顺	luɤ^{13}	tsʰuɤ^{213}	kɤ^{213}	kɤ^{213}	ɤ^{13}	ɤ^{13}	ɤ^{13}	xɤ^{13}
壶关	luə^{13}	tʂʰuə^{33}	kə^{33}	kə^{33}	ɣə^{13}	ɣə^{13}	ɣə^{13}	xə^{13}
沁县	luɤ^{33}	tsʰuɤ^{224}	kɤ^{224}	kɤ^{224}	ŋɤ^{33}	ŋɤ^{33}	ŋɤ^{33}	xɤ^{33}
武乡	luɤ^{33}	tsʰuɤ^{113}	kɤ^{113}	kɤ^{213}	ŋɤ^{33}	ŋɤ^{33}	ŋɤ^{33}	xɤ^{33}
沁源	lɨᴇ^{33}	tsʰɨᴇ^{324}	kɨᴇ^{324}	kɨᴇ^{324}	ŋɨᴇ^{33}	ŋɨᴇ^{33}	ŋɨᴇ^{33}	xɨᴇ^{33}
安泽	luo^{21}	tsʰuo^{21}	kɤ^{21}	kɤ^{21}	ŋɤ^{35}	ŋɤ^{35}	ŋɤ^{35}	xɤ^{35}
沁水端氏	luɤ^{24}	tsʰuɤ^{21}	kɤ^{21}	kɒ^{21}	ɤ^{24}	ɤ^{24}	ɤ^{24}	xɤ^{24}
阳城	luə^{22}	tsʰuə^{224}	kə^{224}	kə^{224}	ɣə^{22}	ɣə^{22}	ɣə^{22}	xə^{22}
高平	luɤ^{33}	tʂʰuɤ^{33}	kɤ^{33}	kɑ^{212}	ɤ^{33}	ɤ^{33}	ɤ^{33}	xɤ^{53}
陵川	luɤ^{53}	tʂʰuɤ^{33}	kɤ^{33}	kɤ^{33}	xɤ^{24}	ɣɤ^{53}	ɣɤ^{53}	xɤ^{53}
晋城	luə^{324}	tʂʰuə^{33}	kɤ^{33}	kʌ^{213}	ɣɤ^{213}	ɣɤ^{213}	ɣɤ^{213}	xɤ^{324}
忻府	lɛ^{21}	tsʰuɛ^{313}	kɛ^{313}	kɛ^{313}	ŋɛ^{21}	ŋɛ^{21}	ŋɛ^{21}	xɛ^{21}
原平	lɤ^{33}	tsʰuɤ^{213}	kɤ^{213}	kɤ^{213}	ŋɤ^{33}	ŋɤ^{33}	ŋɤ^{33}	xɤ^{33}

续表

字目	萝藤~	搓	歌	哥	鹅	蛾	俄	何
中古音 方言点	鲁何 果开一 平歌来	七何 果开一 平歌清	古俄 果开一 平歌见	古俄 果开一 平歌见	五何 果开一 平歌疑	五何 果开一 平歌疑	五何 果开一 平歌疑	胡歌 果开一 平歌匣
定襄	luə^{11}	tsʰuə^{24}	kɔ^{24}	kɔ^{24}	ŋɔ^{11}	ŋɔ^{11}	ŋɔ^{11}	xɔ^{11}
五台	lɔ^{33}	tsʰuɔ^{213}	kɔ^{213}	kɔ^{213}	ŋɔ^{33}	ŋɔ^{33}	ŋɔ^{33}	xɔ^{33}
岢岚	luɤ^{44}	tsʰuɤ^{13}	kɤ^{13}	kɤ^{13}	ŋɤ^{44}	ŋɤ^{44}	ŋɤ^{44}	xɤ^{44}
五寨	luo^{44}	tsʰuo^{13}	kɤ^{13}	kɤ^{13}	ŋɤ^{44}	ŋɤ^{44}	ŋɤ^{44}	xɤ^{44}
宁武	luo^{33}	tsuo^{23}	kɒ^{23}	kɒ^{23}	ŋɒ^{33}	ŋɒ^{33}	ŋɒ^{33}	xɒ^{33}
神池	luɔ^{32}	tsʰuɔ^{24}	kɔ^{24}	kɤ^{24}	ŋɤ^{32}	ŋɤ^{32}	ŋɤ^{32}	xɤ^{32}
繁峙	luɤ^{31}	tsʰuɤ^{53}	kɤ^{53}	kɤ^{53}	ŋɤ^{31}	ŋɤ^{31}	ŋɤ^{31}	xɤ^{31}
代县	luɤ^{44}	tsʰuɤ^{213}	kɤ^{213}	kɯ^{213}	ŋɤ^{44}	ŋɤ^{44}	ŋɤ^{44}	xɤ^{44}
河曲	luɤ^{44}	tsʰuɤ^{213}	kɤ^{213}	kɤ^{213}	ŋɤ^{213}	ŋɤ^{213}	ŋɤ^{213}	xɤ^{213}
保德	lɤ^{44}	tsuɤ^{213}	kɤ^{213}	kɤ^{213}	ɤ^{44}	ɤ^{44}	ɤ^{44}	xɤ^{44}
偏关	luə^{44}	tsʰuə^{24}	kiᴇ^{24}	kiᴇ^{24}	ŋə^{44}	ŋə^{44}	ŋə^{44}	xə^{44}
朔城	——	tsʰuə^{312}	kɔo^{312}	kɔo^{312}	nuə^{35}	nuə^{35}	nuə^{35}	xuə^{35}
平鲁	luə^{44}	tsʰuə^{213}	kɔ^{213}	kɔ^{213}	nuə^{44}	nuə^{44}	nuə^{44}	xuə^{44}
应县	luɤ^{31}	tsʰuɤ^{43}/ tsʰuaʔ$^{\underline{43}}$	kɤ^{43}	ka^{43}/kaʔ$^{\underline{43}}$	nɤ^{31}	nɤ^{31}	nɤ^{31}	xɤ^{31}
灵丘	lue^{31}	tsʰue^{442}	kɤ^{442}	kɤ^{442}	nɤ^{31}	nɤ^{31}	nɤ^{31}	xɤ^{31}
浑源	luo^{22}	tsʰuo^{52}	koʌ^{52}	koʌ^{52}	nuo^{22}	nuo^{22}	nuo^{22}	xuo^{22}
云州	luɤ^{312}	tsʰuɤ^{24}	kɤ^{21}	kɤ^{21}	nɤ^{312}	nɤ^{312}	nɤ^{312}	xɤ^{312}
新荣	luo^{312}	tsʰuo^{32}	kɤ^{32}	kɤ^{32}/kɔ^{54}	ŋɤ^{312}	ŋɤ^{312}	ŋɤ^{312}	xɤ^{312}
怀仁	luɤ^{312}	tsʰuɤ^{42}	kɔu^{42} 白 / kɤ^{42} 文	kɒ^{42}	nuɤ^{312}	nuɤ^{312}	nuɤ^{312}	xɤ^{312}
左云	luo^{313}	tsʰuo^{31}	kə^{31}	kə^{31}	nə^{313}	nə^{313}	nə^{313}	xə^{313}
右玉	luo^{212}	tsʰuo^{31}	kɤ^{31}	kɒ^{53}	ŋɤ^{212}	ŋɤ^{212}	ŋɤ^{212}	xɤ^{212}
阳高	luɤ^{312}	tsʰuɤ^{31}/ tsʰuɑʔ^{3}	kɤ^{31}	kɤ^{31}/kɔ^{31}	ŋɑ^{312}	ŋɑ^{312}	ŋɑ^{312}	xɤ^{312}
山阴	luə^{313}	tsʰuə^{313}	kuə^{313}	kɔo^{313} 白 / kuə^{313} 文	nuə^{313}	nuə^{313}	nuə^{313}	xuə^{313}
天镇	luɤ^{22}	tsʰuɤ^{31}	kɤ^{31}	ko^{55} 白 / kɤ^{31} 文	ɤ^{22}	ɤ^{22}	ɤ^{22}	xɤ^{22}
平定	luɤ^{44}	tsʰuɤ^{31}	kɤ^{31}	kɤ^{31}/kəʔ^{4}	ŋɤ^{44}	ŋɤ^{44}	ŋɤ^{44}	xɤ^{44}
昔阳	luə^{33}	tsʰuə^{42}	kə^{42}	kə^{42}	ŋə^{33}	ŋə^{33}	ŋə^{33}	xə^{33}
左权	lu^{11}	tsʰuɤ^{31}	kɤ^{31}	kɤ^{31}	ŋɤ^{11}	ŋɤ^{11}	ŋɤ^{11}	xɤ^{11}
和顺	luɤ^{42}	tsʰuɤ^{42}	kɤ^{42}	kɤ^{42}	ŋɤ^{22}	ŋɤ^{22}	ŋɤ^{22}	xɤ^{22}

续表

字目	萝藤~	搓	歌	哥	鹅	蛾	俄	何
中古音 / 方言点	鲁何 果开一 平歌来	七何 果开一 平歌清	古俄 果开一 平歌见	古俄 果开一 平歌见	五何 果开一 平歌疑	五何 果开一 平歌疑	五何 果开一 平歌疑	胡歌 果开一 平歌匣
尧都	luo^{24}	tsʰuo^{21}	kɤ^{21}	kɤ^{21}	ɣ^{24}	ɣ^{24}	ɣ^{24}	xɤ^{24}
洪洞	lo^{24}	tsʰo^{21}	ko^{21}	ko^{24}	ŋo^{24}	ŋo^{24}	ŋo^{24}	xo^{24}/xo^{42}
洪洞赵城	lo^{24}	tsʰuo^{21}	ko^{21}	ko^{24}	ŋo^{24}	ŋo^{24}	ŋo^{24}	xo^{24}
古县	luo^{35}	tsʰuo^{221}	kuo^{21}	kuo^{35}	ŋuo^{35}	ŋuo^{35}	ŋuo^{35}	xuo^{35}
襄汾	luɔ^{24}	tsʰuɔ^{21}	kɔ^{21}	kɔ^{21}	ŋc^{24}	ŋc^{24}	ŋc^{24}	xɔ^{24}
浮山	luo^{13}	tsʰuo^{42}	kɤ^{42}	kɤ^{33}	ŋɤ^{13}	ŋɤ^{13}	ŋɤ^{13}	xɤ^{13}
霍州	luɤ^{35}	tsʰuɤ^{212}	kɤ^{212}	kɤ^{35}	ŋɤ^{35}	ŋɤ^{35}	ŋɤ^{35}	xɤ^{35}
翼城	luɤ^{12}	tsʰuɤ^{53}	kɤ^{53}	kɤ^{53}	ŋɤ^{12}	ŋA^{12} 白 / ŋɤ^{12} 文	ŋɤ^{12}	xɤ^{12}
闻喜	——	tsʰuɤ^{53}	kɤ^{53}	kɤ^{53}	ŋɤ^{13}	ŋɤ^{13}	ŋɤ^{13}	xɤ^{13}
侯马	lɤ^{213}	tsʰuɤ^{213}	kɤ^{213}	kɤ^{213}	ŋɤ^{213}	ŋɤ^{213}	ŋɤ^{213}	xɤ^{213}
新绛	lɤ^{13}	tsʰuɤ^{53}	kɤ^{53}	kɤ^{13}	ŋɤ^{13}	ŋɤ^{13}	ŋɤ^{13}	xɤ^{13}
绛县	lɤ^{24}	tsuɤ^{53}	kɤ^{53}	kɤ^{53}	ŋɤ^{24}	ŋɤ^{24}	ŋɤ^{24}	xɤ^{53}
垣曲	luo^{22}	tsʰuo^{22}	kɤ^{22}	kɤ^{22}	ŋɤ^{22}	ŋɤ^{22}	ŋɤ^{22}	xɤ^{53}
夏县	——	tsʰuɤ^{53}	kɤ^{53}	kɤ^{53}	ŋɤ^{42} 白 /ɤ^{42} 文	ŋɤ^{42} 白 /ɤ^{42} 文	ŋɤ^{42} 白 /ɤ^{42} 文	xɤ^{42}
万荣	luɤ^{213}	tsʰuɤ^{51}	kɤ^{51}	kɤ^{213}	ŋɤ^{213}	ŋɤ^{213}	ŋɤ^{213}	xɤ^{213}
稷山	luɤ^{13}	tsʰuɤ^{53}	kɤ^{53}	kɤ^{53}	ŋɤ^{13} 白 /ɤ^{13} 文	ŋɤ^{13}	ŋɤ^{13}	xɤ^{13}
盐湖	luo^{13}	tsʰuo^{42}	kɤ^{42}	kɤ^{13}	ŋɤ^{13}	ŋɤ^{13}	ŋɤ^{13}	xɤ^{13}
临猗	luo^{13}	tsʰuo^{42}	kɤ^{42}	kɤ^{42}	ŋɤ^{13}	ŋɤ^{13}	ŋɤ^{13}	xuo^{13} 白 / xɤ^{13} 文
河津	luɤ^{324}	tsʰuɤ^{31}	kɤ^{31}	kɤ^{324}	ŋɤ^{324}	ŋɤ^{324}	ŋɤ^{324}	xɤ^{324}
平陆	luə^{13}	tsʰuə^{31}	kə^{31}	kə^{13}	ŋuə^{13}	ŋuə^{13}	ŋuə^{13}	xuə^{13}
永济	luo^{24}	tsʰuo^{31}	kuo^{31} 白 / kə^{31} 文	kuo^{31}	ŋuo^{24}	ŋuo^{24}	ŋuo^{24}	xuo^{24}
芮城	luo^{13}	tsʰuo^{42}	kuo^{42} 白 / kɤ^{42} 文	kuo^{13}	ŋuo^{13}	ŋuo^{13}	ŋuo^{13}	xuo^{13}
吉县	luə^{13}	tsʰuə^{423}	kə^{423}	kə^{423}	ŋə^{13}	ŋə^{13}	ŋə^{13}	xə^{13}
乡宁	luɤ^{12}	tsʰuɤ^{53}	kɤ^{53}	kɤ^{53}	ŋɤ^{12}	ŋɤ^{12}	ŋɤ^{12}	xɤ^{12}
广灵	luo^{31}	tsʰuo^{53}	kɤ^{53}	kɤ^{53}	ŋɤ^{31}	vo^{31}	——	xɤ^{31}

字目	河	荷~花	阿	舵	左	可	我	大~小
中古音 / 方言点	胡歌 果开一 平歌匣	胡歌 果开一 平歌匣	乌何 果开一 平歌影	徒可 果开一 上哿定	臧可 果开一 上哿精	枯我 果开一 上哿溪	五可 果开一 上哿疑	唐佐 果开一 去箇定
北京	xɤ^{35}	xɤ^{35}	a^{55} 白 /ɤ^{55} 文	tuo^{51}	tsuo^{214}	kʰɤ^{214}	uo^{214}	ta^{51}
小店	xəɯ^{11}	xəɯ^{11}	ɑ^{11}/əɯ^{11}	to^{24}	tso^{53}	kʰəɯ^{11}/ kʰəɯ^{24}/ kʰəʔ^{1} 白 / kʰəɯ^{53} 文	əɯ^{53}	tɑ^{11}/tɑ^{24}
尖草坪	xɤɯ^{33}	xɤɯ^{33}	a^{22}	tuɤɯ^{35}	tsuɤɯ^{312}	kʰɤɯ^{312}	ɣɤɯ^{312}	ta^{35}
晋源	xɤ^{11}	xɤ^{11}	a^{11}	tuɤ^{35}	tsɤ^{42}	kʰɤ^{42}	ɣɤ^{42}	tɤ^{35} 白 /ta^{35} 文
阳曲	xɤ^{43}	xɤ^{43}	ɤ^{312}	tuɤ^{454}	tsuɤ^{312}	kʰɤ^{312} 白 / kʰəʔ^{4} 文	ŋɤ^{312}	tʰɤ^{454}
古交	xɯ^{44}	xɯ^{44}	ɯ^{44}	tuɯ^{53}	tsuɯ^{312}	kʰɯ^{312}	ŋɯ^{312}	tɑ^{53}
清徐	xɤɯ^{11}	xɤɯ^{11}	ɒ^{11}	tuɤɯ^{45}	tsuɤɯ^{11}	kʰɤɯ^{54}	ŋɤɯ^{54}	tɒ^{11} 白 /tɒ^{45} 文
娄烦	xə^{33}	xə^{33}	ə^{33}	tɷ^{54}	tsə^{33}	kʰə^{312}/kʰə^{54}	ŋə^{312}	tə^{54}
榆次	xɯ^{11}	xɯ^{11}	ɒ^{11}	tuɯ^{35}	tsuɯ^{53}	kʰaʔ^{1}/kʰɯ^{53}	ŋɯ^{53}	tɒ^{35}
交城	xɤɯ^{11}	xɤɯ^{11}	ɑ^{11}	tuɤɯ^{24}	tsɤɯ^{53}	kʰəʔ^{1} 白 / kʰɤɯ^{53} 文	ŋɤɯ^{53}	tɤɯ^{24} 白 / tɑ^{24} 文
文水	xɪi^{22}	xɪi^{22}	a^{22}/ŋɪi^{22}	tuɪi^{35}	tɕi^{35} 白 / tsu^{423} 文	kʰəʔ^{2}/ kʰɪi^{423}/kʰɪi^{35}	ŋɪi^{423}/ ŋəʔ$^{\underline{312}}$/kɔ̃^{423}	tɪi^{35}/tai^{35}/ta^{35}
祁县	xɯ^{31}	xɯ^{31}	ŋɯ^{31}	tɯ^{45}	tsɿ^{314} 白 / tsɯ^{314} 文	kɯ^{314}	ŋɯ^{314}	tɯ^{45}/ta^{45}
太谷	xie^{33}	xie^{33}	ŋie^{33}	tye^{53}	tɕie^{53} 白 / tsuo^{312} 文	kʰie^{312}	ŋie^{312}	tɒ^{53}
平遥	xei^{213}	xɔ^{213}	ɑ^{213}	tʰuə^{213}	tɕiɛ^{24} 白 / tsuə^{512} 文	kʰʌʔ$^{\underline{212}}$ 白 / kʌʔ$^{\underline{212}}$ 白 / kʰɔ^{512} 文	ŋiɛ^{512}	tei^{24} 白 /tɑ^{24} 文
孝义	xᴇ^{33}	xɒ^{33}/xᴇ^{33}	ɒ^{33} 老 /a^{33} 新	tᴇ^{454} 白 / tuə^{454} 文	tsᴇ^{454}	kʰəʔ^{3} 白 / kʰᴇ^{312} 白 / kʰɒ^{312} 文	ŋᴇ^{312}	tᴇ^{454} 白 / ta^{454} 文
介休	xiᴇ^{13} 白 / xɤ^{13} 文	xɤ^{13}	a^{13}	tuᴇ^{45}	tɕiᴇ^{45} 白 / tsuɤ^{423} 文	kʰiᴇ^{423}/ kʌʔ$^{\underline{12}}$	ŋiᴇ^{423}	ta^{45} 文 /tiᴇ^{45}/ tai^{45}
灵石	xɤ^{44}	xɤ^{44}	ŋɤ^{535}	tuɤ^{53}	tsuɤ^{212}	kʰəʔ^{4}	niɛ^{212}	tei^{53}
盂县	xɤo^{22}	xɤo^{22}	ŋɤo^{412} 白 / ɤo^{412} 文	tuo^{55}	tsuo^{53}	kʰɤo^{53}	ŋɤo^{53}	tɑ^{55}
寿阳	xəɯ^{22}	xəɯ^{22}	ɑ^{31}	təɯ^{45}	tsuəɯ^{53}	kʰaʔ^{2}/kʰəʔ^{2}/ kʰəɯ^{53}	ŋəɯ^{53}	təɯ^{45}/tɑ^{45}
榆社	xɤ^{22}	xɤ^{22}	ɒ^{22}	tɤ^{45}	tsu^{312}	kʰɤ^{312}	ŋɤ^{312}	tɒ^{45}
离石	xɔ^{44}	xɔ^{44}	ɔ^{24}	tuə^{53}	tsɔ^{53}	kʰɔ^{312}	ŋɑ^{312}	tɔ^{53}

续表

字目	河	荷~花	阿	舵	左	可	我	大~小
中古音／方言点	胡歌 果开一 平歌匣	胡歌 果开一 平歌匣	乌何 果开一 平歌影	徒可 果开一 上哿定	臧可 果开一 上哿精	枯我 果开一 上哿溪	五可 果开一 上哿疑	唐佐 果开一 去箇定
汾阳	çi^{22} 白 / xɯ^{22} 文	xɯ^{22}	a^{324}	tu^{55}	tsu^{312}	kʰɯ^{312}	ŋi^{312}	tɯ^{55} 白 /ta^{55} 文
中阳	xɤ^{33}	xɤ^{33}	ɤ^{24}	tuɤ^{53}	tsɒ^{53}	kʰɤ^{423}/kʰəʔ^{4}	ŋɔ^{423}	tɒ^{53}
柳林	xɔ^{44}	xɔ^{44}	ɔ^{24}	tʰɔ^{53}	tsɔ^{312}	kʰɔ^{312}/ kʰəʔ^{4}	ŋɔ^{312}	tɔ^{53}
方山	xɔ^{44}	xɔ^{44}	ə^{24}	tuə^{52}	tsɔ^{312}	kʰɔ^{312} 白 / kʰəʔ^{4} 文	ŋɔ^{312}	tɔ^{52}
临县	xɒ^{33}	xɒ^{33}	ɒ^{33}	tuɤ^{52}	tsɒ^{312}	kʰɒ^{312}	ŋɒ^{312}	tɒ^{52}
兴县	xɤ^{55}	xɤ^{324}/xɤ^{55}	——	tuɤ^{53}	tsɤ^{324}	kʰəʔ^{5}	ŋɤ^{324}	tɤ^{53} 白 /tᴀ^{53} 文
岚县	xie^{44}	xie^{44}	ŋa^{214}	tɤ^{53}	tsie^{312}	kʰie^{312}/kʰie^{53}	ŋie^{312}	tɤ^{53}
静乐	xɤɯ^{33}	xɤɯ^{33}	ɑ̃^{24}	tʰɤɯ^{24}	tsɤɯ^{314}	kʰəʔ^{4}	ŋɤɯ^{314}	tɑ̃^{53}
交口	xiɛ^{44}	xiɛ^{44}	ə^{44}	tuə^{53}	tsuə^{323}	kʰiɛ^{323}/kʰəʔ^{4}	ŋiɛ^{323}	tə^{53} /ta^{53}
石楼	xuə^{44}	xə^{44}	ə^{213}	tuə^{51}	tʂuə^{213}	kʰəʔ$^{\underline{213}}$ 白 / kʰuə^{213} 文	ŋuə^{213}	tuə^{51} 白 / ta^{51} 文
隰县	xɤ^{24}	xɤ^{24}	a^{53}	tuo^{44}	tsɤ^{21}	kʰɤ^{21}	ŋɤ^{21}	tʰɤ^{44} 白 / ta^{44} 文
大宁	xuo^{24}	xuo^{24}	uo^{31}	tʰuo^{24}	tsuo^{31}	kʰuo^{31}	ŋuo^{31}	tʰuo^{55} 白 / tɑ^{55} 文
永和	xuɤ^{35}	xuɤ^{35}	a^{33}	tʰuɤ^{35}	tsuɤ^{312}	kʰuɤ^{312}	ŋuɤ^{312}/ŋua^{312}	ta^{53}
汾西	xɯ^{35}	xɯ^{33}/xəʔ^{3}	ɑ^{33}	tɯ^{35}/tu^{53}	tsɯ^{55}	kʰɯ^{33}/kʰu^{11}/ kyəʔ^{1} 白	ŋɯ^{33}	tʰɯ^{35} 白 / tɑ^{53} 文
蒲县	xuo^{24} 白 / xɤ^{24} 文	xɤ^{24}	a^{31}	tʰuo^{24}	tsuo^{33}	kʰuo^{31} 白 / kʰɤ^{31} 文	ŋuo^{31}	tʰuo^{33} 白 / ta^{33} 文
潞州	xə^{24}	xə^{24}	a^{312}	tuə^{54}	tsuə^{535}	kə^{535}	uə^{535}	ta^{54}
上党	xə^{44}	xə^{44}	ə^{44}	tuo^{535}	tsuo^{535}	kʰə^{535}	nuo^{44}	tɑ^{42}
长子	xə^{24}	xə^{24}	a^{312}	tuə^{53}	tsuə^{434}	kʰə^{434}	uə^{434}/ŋə^{24}	ta^{53}
屯留	xɤ^{11}	xɤ^{11}	ŋa^{31}	tuɤ^{11}	tsuɤ^{43}	kʰɤ^{43}	uɤ^{43}	ta^{11}
襄垣	xə^{31}	xə^{31}/xə^{44}	ə^{33}	tʰə^{53}	tsuə^{42}	kʰə^{42}	ŋə^{42}	tʰə^{53} 白 /ta^{53} 文
黎城	xɤ^{53}	xɤ^{53}	ɤ^{33}	tuɤ^{53}	tsuɤ^{213}	kʰɤ^{213}/kʰʌʔ$^{\underline{31}}$	ua^{213}	ta^{53}
平顺	xɤ^{13}	xɤ^{13}	ɤ^{13}	tuɤ^{53}	tsuɤ^{434}	kʰəʔ$^{\underline{212}}$	uɤ^{434}	ta^{53}
壶关	xə^{13}	xə^{13}	ɣə^{13}	tuə^{353}	tʂuə^{535}	kʰəʔ^{2}/kʰə^{535}	na^{13}/uə^{535}	ta^{353}
沁县	xɤ^{33}	xɤ^{33}	ŋa^{224}/ŋɤ^{224}	tuɤ^{53}	tsuɤ^{214}	kʰəʔ$^{\underline{31}}$/kʰɤ^{214}	vɤ^{214}	ta^{53}
武乡	xɤ^{33}	xɤ^{33}	ŋa^{113}	tuɤ^{55}	tsuɤ^{213}	kʰɤ^{213}	uɤ^{213}	ta^{55}

续表

字目	河	荷~花	阿	舵	左	可	我	大~小
中古音 方言点	胡歌 果开一 平歌匣	胡歌 果开一 平歌匣	乌何 果开一 平歌影	徒可 果开一 上哿定	臧可 果开一 上哿精	枯我 果开一 上哿溪	五可 果开一 上哿疑	唐佐 果开一 去箇定
沁源	xɨᴇ^{33}	xɨᴇ^{33}	ɑ^{324}	tuə^{53}	tsɨᴇ^{324}	kʰɨᴇ^{324}	uə^{324}	tɑ^{53}
安泽	xɤ^{35}	xɤ^{35}	ɑ^{21}/ɤ^{21}	tʰuo^{35}	tsuo^{42}	kʰuo^{42}/kʰʌʔ$^{\underline{21}}$	ŋuo^{42}/ŋɤ^{42}	tɑ^{53}
沁水端氏	xɤ^{24}	xɤ^{24}	ɒ^{21}/ɤ^{21}	tuɤ^{53}	tsuɤ^{31}	kʰəʔ^{2} 白 / kʰɤ^{31} 文	vɒ^{31}/nɑŋ^{24}	tɒ^{21}/tɒ^{24}/ ta^{53} 文
阳城	xə^{22}	xə^{22}	ɣə^{224}	tuə^{51}	tsuə^{212}	kʰʌʔ^{2} 白 / kʰə^{212} 文	uə^{212}	tɑ^{51}
高平	xɤ^{33}	xɤ^{33}	ɑ^{33}	tuɤ^{53}	tʂuɤ^{212}	kʰɤ^{212}/kʰʌʔ^{2}	vɑ^{212}	tɑ^{53}
陵川	xɤ^{53}	xɤ^{53}	ɣa^{33}	tuɤ^{24}	tʂuɤ^{312}	kɤ^{312}	ua^{312}	ta^{24}
晋城	xɤ^{324}	xɤ^{324}	ɣɑ^{33}	tuə^{53}	tʂuə^{213}	kʰɤ^{213}	uʌ^{213}	tɑ^{53}
忻府	xɛ^{21}	xɛ^{21}	ɑ^{313}	tuɛ^{53}	tsuɛ^{313}	kʰɛ^{313}	ŋɛ^{313}	tɛ^{53}
原平	xɤ^{33}	xɤ^{33}	ɑ^{213}	tuɤ^{53}	tsuɤ^{213}	kʰɤ^{213}/ kʰɤ^{53}	ŋɤ^{213}	tɤ^{53}
定襄	xɔ^{11}	xɔ^{11}	a^{24}	tuə^{11}	tsua^{24}	kʰɔ^{24}	uə^{24}	tɔ^{53}
五台	xɔ^{33}	xɔ^{33}	ɑ^{33}	tuɔ^{52}	tsuɔ^{213}	kʰɔ^{213}/ kʰɔ^{52}	ŋɔ^{213}	tɔ^{52}
岢岚	xɤ^{44}	xɤ^{44}	a^{44}	tuɤ^{52}	tsuɤ^{13}	kʰəʔ^{4}/kʰɤ^{13}	vɤ^{13}	ta^{52}
五寨	xɤ^{44}	xɤ^{44}	a^{44}	tuo^{52}	tsuo^{13}	kʰəʔ^{4}/ kʰɤ^{13}	vɒ^{13}	ta^{52}
宁武	xɒ^{33}	xɒ^{33}	ᴀ^{23}	tuo^{52}	tsuo^{213}	kʰɒ^{33}	ŋɒ^{213}	tᴀ^{52}
神池	xɤ^{32}	xɤ^{32}	ɤ^{24}	tuɔ^{52}	tsuɔ^{13}	kʰɤ^{13}	vu^{13}	tᴀ^{52}
繁峙	xɤ^{31}	xɤ^{31}	a^{53}	tuɤ^{24}	tsuɤ^{53}	kʰəʔ$^{\underline{13}}$/kʰɤ^{53}	vɤ^{53}	ta^{24}
代县	xɤ^{44}	xɤ^{44}	a^{44}	tuɤ^{53}	tsuɤ^{213}	k^{h213}	uɤ^{213}	ta^{53}
河曲	xɤ^{213}	xɤ^{213}	ɤ^{44}	tuɤ^{52}	tsuɤ^{213}	kʰəʔ^{4}	uɤ^{213}	ta^{52}
保德	xɤ^{44}	xɤ^{44}	ᴀ^{44}	tuɤ^{52}	tsuɤ^{213}	kʰəʔ^{4}/ kʰɤ^{213}/kʰɤ^{52}	ɤ^{213}	tᴀ^{52}
偏关	xə^{44}	xə^{44}	a^{44}	tuə^{52}	tsuə^{213}	kʰiᴇ^{213}	va^{213}	ta^{52}
朔城	xuə^{35}	xuə^{35}	ᴀ^{312}	——	tsuə^{312}	kʰuə^{312}	və^{312}	tᴀ^{53}
平鲁	xuə^{44}	xuə^{44}	ɑ^{213}	tʰuə^{52}	tsuə^{213}	kʰuə^{213}/kʰəʔ$^{\underline{34}}$	vɤ^{213}	tɑ^{52}
应县	xɤ^{31}	xɤ^{31}	na^{43}	tuɤ^{24}	tsuɤ^{54}	kʰuɤ^{54}/kʰɤ^{43}/ kʰaʔ$^{\underline{43}}$	vuɤ^{31}	ta^{24}
灵丘	xɤ^{31}	xɤ^{31}	ᴀ^{442}	tue^{53}	tsue^{442}	kʰɤ^{442}	vue^{442}	tᴀ^{53}
浑源	xuo^{22}	xuo^{22}	ᴀ^{52}	tuo^{13}	tsuo^{52}	kʰuo^{52}/kʰʌʔ^{4}	vuo^{52}	tᴀ^{13}
云州	xɤ^{312}	xɤ^{312}	ɑ^{21}	tuɤ^{24}	tsuɤ^{55}	kʰɤ^{55}	vuɤ^{55}	tɑ^{24}

续表

字目	河	荷~花	阿	舵	左	可	我	大~小
中古音 / 方言点	胡歌 果开一 平歌匣	胡歌 果开一 平歌匣	乌何 果开一 平歌影	徒可 果开一 上哿定	臧可 果开一 上哿精	枯我 果开一 上哿溪	五可 果开一 上哿疑	唐佐 果开一 去箇定
新荣	xɤ^{312}	xɤ^{312}	ᴀ^{312}	tʰuo^{312}/tuo^{24}	tsuo^{54}	kʰaʔ^{4}/kʰɤ^{54}	vo^{54}/ŋɤ^{54}	tᴀ^{24}
怀仁	xɤ^{312}	xɤ^{312}	ɤ^{42}	tuɤ^{24}	tsuɤ^{53}	kʰaʔ^{4}/kʰɤ^{53}	vɤ^{53}	ta^{24}
左云	xə^{313}	xə^{313}	ə^{31}	tuo^{24}	tsuo^{54}	kʰaʔ^{4}/kʰə^{54}	vuo^{54}	ta^{24}
右玉	xɤ^{212}	xɤ^{212}	ɤ^{31}	tuo^{24}/tʰuo^{212}	tsuo^{53}	kʰɤ^{53}	vo^{53}	ta^{53}
阳高	xɤ^{312}/xɔ^{312}	xɤ^{312}	ɑ^{31}/ɤ^{31}	tʰuɤ^{312}	tsuɤ^{53}	kʰɑ^{312}/kʰɔ^{53}/ kʰɑʔ^{3}	vɤ^{53}/vəʔ^{3}	tɑ^{24}
山阴	xuə^{313}	xuə^{313}	ᴀ^{313}	——	tsuə^{52}	kʰuə^{52}	uə^{52}	tᴀ^{335}
天镇	xɤ^{22}	xɤ^{22}	ɤ^{22}/ɑ^{22}	tuɤ^{22}	tsuɤ^{55}	kʰɤ^{55}	vɤ^{55}	tɑ^{24}
平定	xɤ^{44}	xɤ^{44}	ŋɤ^{31}	——	tsuɤ^{53}	kʰuɤ^{53} 白 / kʰəʔ^{4} 白 / kʰɤ^{53} 新	uɤ^{53} 新	tɑ^{24}
昔阳	xə^{33}	xə^{33}	ɑ^{42}	tuə^{13}	tsuə^{55}	kʰʌʔ$^{\underline{43}}$/kʰə^{55}	və^{55}	tɑ^{13}
左权	xuɤ^{11} 白 / xɤ^{11} 文	xɤ^{11}	——	tuɤ^{53}	tsuɤ^{42}	kʰɤ^{42}/kʰɤ^{53}/ kʰəʔ^{1}	vɤ^{42}	tɑ^{53} 文
和顺	xɤ^{22}	xɤ^{22}	ɤ^{42}	tuɤ^{13}	tsuɤ^{53}	kʰɤ^{53}	vɤ^{53}	tɑ^{13}
尧都	xɤ^{24}	xɤ^{24}	ɤ^{21}	tuo^{44}	tsuo^{44}	kʰɤ^{53}	uo^{53}	tʰuo^{44} 白 / tɑ^{44} 文
洪洞	xo^{24}	xo^{42}	ɑ^{21}	to^{24}	tso^{33}	kʰo^{21}	ŋo^{33}	tɑ^{53} 文
洪洞赵城	xo^{24}	xo^{24}	ɑ^{21}	tʰo^{24}	tsuo^{44}	kʰo^{42}	ŋɤ^{24}	tʰo^{53} 白 / tʰɑ^{53} 文
古县	xuo^{35}/xɤ^{35} 文	xuo^{35}	ɑ^{21}	tʰuo^{53} 白 / tuo^{53} 文	tsuo^{42}	kʰuo^{42} 白 / kʰɤ^{42} 文	ŋe^{42}	tʰuo^{53} 白 / tɑ^{53} 文
襄汾	xɔ^{324}	xɔ^{324}	ə^{21}	tʰɔ^{53}	tsuɔ^{42}	kʰə^{42}	ŋɔ^{42}	tʰɔ^{53} 白 / ta^{45} 文
浮山	xɤ^{13}	xɤ^{13}	ɤ^{42}	tʰuo^{13}	tsuo^{33}	kʰɤ^{33} /kʰɤ^{44}	ŋɤ^{33}/ ŋɑ^{33}	tʰuo^{53} 白 / tɑ^{53} 文
霍州	xɤ^{35}	xɤ^{35}	a^{212}	tʰuɤ^{35}	tsuɤ^{33}	kʰei^{53} 白 / kʰɤ^{33} 文	ŋuɤ^{33}	tʰuɤ^{53} 白 / ta^{53} 文
翼城	xɤ^{12}	xɤ^{12}	ᴀ^{53}	tuɤ^{53}	tsuɤ^{44}	kʰɤ^{44}	ŋuɤ^{44}	tᴀ^{53}
闻喜	xɤ^{13}	xɤ^{13}	ɑ^{53}	tɤ^{13}	tsuɤ^{33}	kʰɤ^{33}	ŋɤ^{33}	tʰɤ^{13} 白 / tɑ^{53} 文
侯马	xɤ^{213}	xɤ^{213}	ɑ^{213}	tuɤ^{53}	tsuɤ^{44}	kʰɤ^{44}	ŋɤ^{44}	tɤ^{53}
新绛	xɤ^{13}	xɤ^{13}	ɑ^{44}	tʰɤ^{44}	tsuɤ^{53}	kʰɤ^{44}	ŋɤ^{44}	tɤ^{53}
绛县	xɤ^{53}	xɤ^{53}/xɤ^{24}	ŋɤ^{53}	tʰuɤ^{33}	tsuɤ^{33}	kʰɤ^{33}	ŋɤ^{33}	tʰuɤ^{31}

续表

字目	河	荷~花	阿	舵	左	可	我	大~小
中古音／方言点	胡歌 果开一 平歌匣	胡歌 果开一 平歌匣	乌何 果开一 平歌影	徒可 果开一 上哿定	臧可 果开一 上哿精	枯我 果开一 上哿溪	五可 果开一 上哿疑	唐佐 果开一 去箇定
垣曲	xɤ^{22}	xɤ^{22}	a^{22}	tuo^{53}	tsuo^{44}	kʰɤ^{44}	ŋɤ^{44}	tʰɤ^{53} 白 / ta^{53} 文
夏县	xɤ^{42}	xɤ^{42}	——	tʰuɤ^{31}	tsuɤ^{42}	kʰɤ^{24}	ŋɤ^{24} 白 / uɤ^{24} 文	tʰɤ^{31}
万荣	xɤ^{213}	xɤ^{213}	——	tʰuɤ^{213}	tsuɤ^{33}	kʰɤ^{51}	ŋɤ^{55}	tʰɤ^{33}
稷山	xɤ^{13}	xɤ^{53}	ɑ^{53}	tuɤ^{42}	tsuɤ^{42}	kʰɤ^{44}	ŋɤ^{13}	tʰɤ^{42} 白 / tɑ^{42} 文
盐湖	xɤ^{13}	xɤ^{13}	a^{42}	tʰuo^{53}	tsuo^{53}	kʰɤ^{53}	ŋuo^{53}	ta^{44}
临猗	xuo^{13} 白 / xɤ^{13} 文	xɤ^{13}	a^{42}/ŋɤ^{13}	tuo^{44}	tsuo^{53}	kʰɤ^{53}	ŋuo^{53}	tʰuo^{44} 白 / tʰɤ^{44} 白 / ta^{44} 文
河津	xɤ^{324}	xɤ^{324}	a^{324}	tʰɤ^{324} 白 / tɤ^{324} 文	tsuɤ^{44}	kʰɤ^{53}	ŋɤ^{53}	tʰɤ^{44} 白 / ta^{44} 文
平陆	xuə^{13}	xə^{13}	a^{31}	tuə^{33}	tsuə^{33}	kʰə^{55}	ŋuə^{55}	ta^{33}
永济	xuo^{24}	xuo^{24}	a^{31}/a^{44}	tʰuo^{24}	tsuo^{53}	kʰuo^{53}	ŋuo^{53}	tʰuo^{44} 白 / ta^{44} 文 / tai^{44}
芮城	xuo^{13} 白 / xɤ^{13} 文	xuo^{13}	a^{44}/ɤ^{13}	tʰuo^{13}	tsuo^{53}	kʰuo^{53} 白 / kʰɤ^{53} 文	ŋuo^{53}	tʰuo^{44} 白 / ta^{44} 文
吉县	xuə^{13}	xə^{13}	a^{13}	tʰə^{13}	tsuə^{33}	kʰə^{53}	ŋə^{53}	tʰə^{33} 白 /ta^{33} 文
乡宁	xɤ^{12}	xɤ^{12}	ɤ^{53}	tuɤ^{53}	tsuɤ^{44}	kʰɤ^{44}	ŋɤ^{44}	tʰɤ^{22}
广灵	xuo^{31} 白 / xɤ^{31} 文	xɤ^{31}	ɑ^{53}	tuo^{213}	tsuo^{44}	tsɤ^{213}/kʰɤ^{44}	vo^{44}	tɑ^{213}

字目	个~人	饿	贺	波	菠	播	坡	颇
中古音 方言点	古贺 果开一 去箇见	五个 果开一 去箇疑	胡个 果开一 去箇匣	博禾 果合一 平戈帮	逋禾 果合一 平戈帮	补过 果合一 去过帮	滂禾 果合一 平戈滂	滂禾 果合一 平戈滂
北京	kɤ^{51}	ɤ^{51}	xɤ^{51}	po^{55}	po^{55}	po^{55}	pʰo^{55}	pʰo^{55}
小店	——	əɯ^{24}	xəɯ^{24}	pəɯ^{11}	pəɯ^{11}	pəɯ^{11}	pʰəɯ^{11}	pʰəɯ^{11}
尖草坪	kɤɯ^{35}	ɣɤɯ^{35}	xɤɯ^{35}	pɤɯ^{33}	pɤɯ^{33}	pɤɯ^{33}	pʰɤɯ^{33}	pʰɤɯ^{33}
晋源	kɤ^{35}	ɣɤ^{35}	xɤ^{35}	pɤ^{11}	pɤ^{11}	pɤ^{11}	pʰɤ^{11}	pɤ^{11}
阳曲	kɤ^{454}	ŋɤ^{454}	xɤ^{454}	pɤ^{312}	pɤ^{312}	pɤ^{454}	pʰɤ^{312}	pʰɤ^{312}
古交	kɯ^{53}	ŋɯ^{53}	xɯ^{53}	pɯ^{44}	pɯ^{44}	pɯ^{44}	pʰɯ^{44}	pʰɯ^{44}
清徐	kɤɯ^{45}	ŋɤɯ^{45}	xɤɯ^{45}	pɤɯ^{11}	pɤɯ^{11}	pɤɯ^{11}	pʰɤɯ^{11}	pʰɤɯ^{11}
娄烦	kə^{54}	ŋə^{54}	xə^{54}	pə^{33}	pə^{33}	pə^{33}	pʰə^{33}	pʰə^{33}
榆次	kaʔ^{1}/kɯ^{35}	ŋɯ^{35}	xɯ^{35}	pɯ^{11}	pɯ^{11}	pɯ^{11}	pʰɯ^{11}	pʰɯ^{11}
交城	kuaʔ^{1}白/ kɤɯ^{24}文	ŋɤɯ^{24}	xɤɯ^{24}	pɤɯ^{11}	pɤɯ^{11}	pɤɯ^{11}	pɤɯ^{11}/ pʰɤɯ^{11}	pʰɤɯ^{11}
文水	xuai^{22}/ kɪi^{35}	ŋɪi^{35}	xɪi^{35}	pɪi^{22}	pɪi^{22}	pɪi^{22}	pʰɪi^{22}	pʰɪi^{22}
祁县	kɯ^{45}	ŋɯ^{45}	xɯ^{45}	pɯ^{31}	pɯ^{31}	pɯ^{31}	pʰɯ^{31}	pʰɯ^{31}
太谷	kie^{53}	ŋie^{53}	xie^{53}	pe^{33}	pe^{33}	pe^{33}	pʰe^{33}	pʰe^{33}
平遥	kɔ^{24}	ŋiɛ^{24}	xei^{24}	puə^{213}	puə^{213}	puə^{24}	pʰei^{213}	pʰuə^{213}
孝义	kɒ^{454}	ŋE^{454}	xE^{454}	puə^{33}	puə^{33}	puə^{33}	pʰE^{33}	pʰuə^{33}
介休	xuai^{423}/ kɤ^{45}	ŋiE^{45}	xɤ^{45}	puɤ^{13}	puɤ^{13}	puɤ^{13}	pʰiE^{45}	pʰuɤ^{13}
灵石	kɤ^{53}	nie^{53}	xɤ^{53}	pɤ^{535}	pɤ^{535}	pɤ^{535}	pʰei^{535}	pʰAʔ^{4}
盂县	kɤo^{55}	ŋɤo^{53}	xɤo^{55}	puo^{412}	puo^{412}	puo^{412}	pʰuo^{412}	pʰuo^{22}
寿阳	kuəɯ^{45}/ kəɯ^{45}	ŋəɯ^{45}	xəɯ^{45}	pəɯ^{31}	pəɯ^{31}	pəɯ^{31}	pʰəɯ^{31}	pʰaʔ^{2}
榆社	kɤ^{45}	ŋɤ^{45}	xɤ^{45}	pɤ^{22}	pɤ^{22}	pɤ^{45}	pʰɤ^{22}	pʰɤ^{22}
离石	kɔ^{53}	ŋɔ^{53}	xɔ^{53}	puə^{24}	puə^{24}	puə^{24}	pʰuə^{24}	pʰuə^{24}
汾阳	kɯ^{55}	ŋi^{55}	xɯ^{55}	pu^{324}	pu^{324}	pu^{324}	pʰu^{324}	pʰəʔ^{2}
中阳	kɤ^{53}	ŋɤ^{53}	xɤ^{53}	pɤ^{24}	pɤ^{24}	pɤ^{24}	pʰɤ^{24}	pʰɤ^{24}
柳林	kɔ^{53}	ŋɔ^{53}	xɔ^{53}	pʰo^{24}	po^{24}	po^{24}	pʰo^{24}	pʰo^{24}
方山	kɔ^{52}	ŋɔ^{52}	xɔ^{52}	puə^{24}	puə^{24}	puə^{24}	pʰuə^{24}	pʰuə^{24}
临县	kuɐʔ^{3}	ŋɒ^{52}	xɒ^{52}	pu^{24}	pu^{24}	puɤ^{24}	pʰu^{24}	——
兴县	kɤ^{53}	ŋɤ^{53}	xɤ^{53}	pɤ^{324}	pɤ^{324}	pɤ^{53}	pʰɤ^{324}	pʰɤ^{324}
岚县	kəʔ^{4}	ŋie^{53}	xie^{53}	pɤ^{214}	pɤ^{214}	pɤ^{214}	pʰɤ^{214}	pʰɤ^{214}
静乐	kɤɯ^{53}	ŋɤɯ^{53}	xɤɯ^{53}	pɤɯ^{24}	pɤɯ^{24}	pɤɯ^{24}	pʰɤɯ^{24}	pʰɤɯ^{24}

续表

字目	个$_{\sim人}$	饿	贺	波	菠	播	坡	颇
中古音 / 方言点	古贺 果开一 去箇见	五个 果开一 去箇疑	胡个 果开一 去箇匣	博禾 果合一 平戈帮	逋禾 果合一 平戈帮	补过 果合一 去过帮	滂禾 果合一 平戈滂	滂禾 果合一 平戈滂
交口	kiɛ^{53}	ŋiɛ^{53}	xiɛ^{53}	p^{h}ə^{323}	pə^{323}	pə^{323}	p^{h}ə^{323}	p^{h}ə^{323}
石楼	kuəʔ^{4} 白 / kuə^{51} 白 / kə^{51} 文	ŋuə^{44}	xuə^{51} 白 / xə^{51} 文	puə^{213}	puə^{213}	puə^{213}	p^{h}uə^{213}	p^{h}uə^{213}
隰县	kuae^{21} 白 / kɤ^{44} 文	ŋɤ^{44}	xɤ^{44}	p^{h}ɤ^{53}	pɤ^{53}	pɤ^{53}	p^{h}ɤ^{53}	——
大宁	kuo^{55}	ŋuo^{55}	xuo^{55}	p^{h}uo^{31}	puo^{31}	puo^{31}	p^{h}uo^{31}	p^{h}uo^{31}
永和	kuɤ^{53}	ŋuɤ^{53}	xuɤ^{53}	puɤ^{33}	puɤ^{33}	——	p^{h}uɤ^{33}	p^{h}uɤ^{33}
汾西	kɯ^{55}/kuɑi^{55}	ŋɯ^{53}	——	p^{h}ɯ^{11}	pɯ^{11}	pɯ^{11} 白 / pu^{11} 文	p^{h}ɯ^{11}	p^{h}ɯ^{11}
蒲县	uai^{33} 白 / kɤ^{33} 文	ŋuo^{33}	xuo^{33}	p^{h}o^{52}	po^{52}	po^{52}	p^{h}o^{52}	p^{h}o^{52}
潞州	kəʔ$^{\underline{53}}$	ə^{54}	xəʔ$^{\underline{53}}$	pə^{312}	pə^{312}	pə^{312}	p^{h}ə^{312}	p^{h}ə^{312}
上党	kə^{22}	ə^{42}	xə^{42}	po^{213}	po^{213}	po^{22}	p^{h}o^{213}	p^{h}o^{213}
长子	kəʔ^{4}	ŋə^{53}	xə^{53}	pə^{312}	pə^{312}	pə^{312}	p^{h}ə^{312}	p^{h}ə^{312}
屯留	kɤ^{53}	ŋɤ^{11}	xɤ^{53}	puɤ^{31}	puɤ^{31}	puɤ^{31}	p^{h}uɤ^{31}	p^{h}uɤ^{31}
襄垣	kʌʔ^{3}	ə^{45}	xə^{45}	p^{h}uə^{33}	puə^{33}	puə^{33}	p^{h}uə^{53}	p^{h}uə^{33}
黎城	kɤ^{53} 白 / kɤʔ^{2} 文	ɤ^{53}	xɤ^{53}	puɤ^{33}	puɤ^{33}	puɤ^{33}	p^{h}uɤ^{33}	p^{h}uɤ^{33}
平顺	kɤ^{53}	ɤ^{53}	xɤ^{53}	po^{213}	po^{213}	po^{213}	p^{h}o^{213}	p^{h}o^{213}
壶关	kəʔ$^{\underline{21}}$	ɣə^{353}	xə^{353}	pə^{33}	pə^{33}	pə^{33}	p^{h}ə^{33}	p^{h}ə^{33}
沁县	kɤ^{53}	ŋɤ^{53}	xɤ^{53}	pɤ^{224}	pɤ^{224}	pɤ^{224}	p^{h}ɤ^{224}	p^{h}ɤ^{224}
武乡	kɤ^{55}	ŋɤ^{55}	xɤ^{55}	pɤ^{113}	pɤ^{113}	pɤ^{113}	p^{h}ɤ^{113}	p^{h}ɤ^{113}
沁源	kəʔ$^{\underline{31}}$	ŋɨᴇ^{53}	xɨᴇ^{53}	pɨᴇ^{324}	pɨᴇ^{324}	pɨᴇ^{324}	p^{h}ɨᴇ^{324}	p^{h}ɨᴇ^{324}
安泽	kəʔ$^{\underline{21}}$	ŋɤ^{53}	xɤ^{53}	p^{h}o^{21} 白 / po^{21} 文	po^{21}	po^{21}	p^{h}o^{21}	p^{h}o^{21}
沁水端氏	kɤ^{53}/kəʔ^{2}	ɤ^{53}	xɤ^{53}	pɤ^{21}	pɤ^{21}	pɤ^{21}	p^{h}ɤ^{21}	——
阳城	kə^{51}	ɣə^{51}	xə^{51}	puə^{224}	puə^{224}	puə^{224}	p^{h}uə^{224}	p^{h}uə^{224}
高平	kɤ^{53}	ɤ^{53}	xɤ^{53}	pɤ^{33}	pɤ^{33}	pɤ^{33}	p^{h}ɤ^{33}	p^{h}ɤ^{33}
陵川	kɤ^{24}	ɣɤ^{24}	xɤ^{24}	po^{33}	po^{33}	po^{33}	p^{h}o^{33}	p^{h}o^{33}
晋城	kɤ^{53}	ɣɤ^{53}	xɤ^{53}	puə^{33}	puə^{33}	puə^{33}	p^{h}uə^{33}	p^{h}uə^{33}
忻府	kɛ^{53}	ŋɛ^{53}	xɛ^{53}	pɛ^{313}	pɛ^{313}	pɛ^{313}	p^{h}ɛ^{313}	p^{h}ɛ^{313}
原平	kɤ^{53}	ŋɤ^{53}	xɤ^{53}	pɤ^{24}	pɤ^{24}	pɤ^{24}	p^{h}ɤ^{24}	p^{h}ɤ^{24}

续表

字目	个~人	饿	贺	波	菠	播	坡	颇
中古音 / 方言点	古贺 果开一 去箇见	五个 果开一 去箇疑	胡个 果开一 去箇匣	博禾 果合一 平戈帮	逋禾 果合一 平戈帮	补过 果合一 去过帮	滂禾 果合一 平戈滂	滂禾 果合一 平戈滂
定襄	kuɛi^{53} 白 / kɔ^{53} 文	ŋɔ^{53}	xa^{53}	puə^{24}	puə^{24}	puə^{24}	pʰuə^{24}	pʰuə^{24}
五台	kɔ^{52}	ŋɔ^{52}	xɔ^{52}	puɔ^{213}	puɔ^{213}	puɔ^{213}	pʰuɔ^{213}	pʰuɔ^{213}
岢岚	kɤ^{52}	ŋɤ^{52}	xɤ^{52}	pɤ^{13}	pɤ^{13}	pɤ^{52}	pʰɤ^{13}	pʰɤ^{13}
五寨	kɤ^{52}	ŋɤ^{52}	xɤ^{52}	pɤ^{13}	pɤ^{13}	pɤ^{52}	pʰɤ^{13}	pʰɤ^{13}
宁武	kɒ^{52}	ŋɒ^{52}	xɒ^{52}	pɒ^{23}	pɒ^{23}	pɒ^{23}	pʰɒ^{23}	pʰɒ^{23}
神池	kɔ^{52}	ŋɤ^{52}	xɤ^{52}	pɔ^{24}	pɔ^{24}	pɔ^{13}	pʰɔ^{24}	pʰɔ^{24}
繁峙	kəʔ$^{\underline{13}}$/ kɤ^{24}	ŋɤ^{24}	xɤ^{24}	pɤ^{53}	pɤ^{53}	pɤ^{53}	pʰɤ^{53}	pʰɤ^{53}
代县	kɤ^{53}	ŋɤ^{53}	xɤ^{53}	pɤ^{213}	pɤ^{213}	pɤ^{213}	pʰɤ^{213}	pʰɤ^{213}
河曲	kəʔ^{4}	nɤ^{52}	xɤ^{52}	pɤ^{213}	pɤ^{213}	pɤ^{52}	pʰɤ^{213}	pʰɤ^{213}
保德	kuəʔ^{4} 白 / kɤ^{52} 文	ɤ^{52}	xɤ^{52}	pɤ^{213}	pɤ^{213}	pɤ^{213}	pʰɤ^{213}	pʰɤ^{213}
偏关	kiᴇ^{52}	ŋiᴇ^{52}	xə^{52}	pə^{24}	pə^{24}	pə^{24}	pʰa^{24}	pʰa^{24}
朔城	kɔo^{53}	nuə^{53}	xuə^{53}	puə^{312}	puə^{312}	——	pʰuə^{312}	pʰuə^{312}
平鲁	kɤ^{52}	nuə^{52}	xuə^{52}	puə^{213}	puə^{213}	puə^{52}	pʰuə^{213}	pʰuə^{213}
应县	kɤ^{31}	nɤ^{24}	xɤ^{24}	puɤ^{43}	puɤ^{43}	puɤ^{43}	pʰuɤ^{43}	pʰuɤ^{43}
灵丘	kɤ^{53}	nɤ^{53}	xɤ^{53}	pue^{442}	pue^{442}	pue^{442}	pʰue^{442}	pʰue^{442}
浑源	koʌ^{13}/kəʔ^{4}	vuo^{13}	xuo^{13}	puo^{52}	puo^{52}	puo^{52}	pʰuo^{52}	pʰuo^{52}
云州	kɤ^{24}	nɤ^{24}	xɤ^{24}	po^{21}	po^{21}	po^{21}	pʰo^{21}	pʰo^{21}
新荣	kəʔ^{4}/kɤ^{24}	ŋɤ^{24}	xɤ^{24}/xuo^{24}	po^{32}	po^{32}	po^{54}	pʰo^{32}	pʰo^{32}
怀仁	kəʔ^{4} 白 / kɤ^{24} 文	nuɤ^{24}	xɤ^{24}	puɤ^{42}	puɤ^{42}	puɤ^{42}	pʰuɤ^{42}	pʰuɤ^{42}
左云	kəʔ^{4}/kə^{24}	nə^{313}	xaʔ^{4} 白 / xə^{24} 文	puo^{31}	puo^{31}	puo^{31}	pʰuo^{31}	pʰuo^{31}
右玉	kɤ^{24}	ŋɤ^{24}	xɤ^{24}	po^{31}	po^{31}	po^{31}	pʰo^{31}	pʰo^{31}
阳高	kəʔ^{3}	ŋɤ^{24}	xɤ^{24}	pɤ^{31}	pɤ^{31}	——	pʰɤ^{31}	pʰɤ^{31}
山阴	kuə^{335}/kəʔ^{4}	nuə^{335}	xuə^{335}	puə^{313}	puə^{313}	puə^{313}	pʰuə^{313}	——
天镇	kɤ^{24}	ŋɤ^{24}	xɤ^{24}	pɤ^{31}	pɤ^{31}	——	pʰɤ^{31}	pʰɤ^{31}
平定	kɤ^{24}	ŋɤ^{24}	xɤ^{24}	pɤ^{31}	pɤ^{31}	pɤ^{31}	pʰɤ^{31}	pʰɤ^{44}
昔阳	kə^{13}	ŋə^{13}	xə^{13}	pə^{42}	pə^{42}	pə^{42}	pʰə^{42}	pʰə^{42}
左权	kɤ^{53}	ŋɔ^{52}	xɤ^{53}	pɤ^{31}	pɤ^{31}	——	pʰɤ^{31}	——

续表

字目	个~人	饿	贺	波	菠	播	坡	颇
中古音 / 方言点	古贺 果开一 去箇见	五个 果开一 去箇疑	胡个 果开一 去箇匣	博禾 果合一 平戈帮	逋禾 果合一 平戈帮	补过 果合一 去过帮	滂禾 果合一 平戈滂	滂禾 果合一 平戈滂
和顺	kɤ^{13}	ŋɤ^{13}	xɤ^{13}	pɤ^{42}	pɤ^{42}	pɤ^{42}	pʰɤ^{42}	pʰɤ^{42}
尧都	kɤ^{44}	ɤ^{53}	xɤ^{44}	po^{21}	po^{21}	po^{21}	pʰo^{21}	pʰo^{21}
洪洞	ko^{33}	ŋo^{53}	xo^{53}	pʰo^{21}	po^{21}	po^{21}	pʰo^{24}	pʰo^{21}
洪洞赵城	uɑi^{44} 白 / kɤ^{24} 文	ŋo^{53}	xo^{53}	pʰo^{21}	po^{21}	po^{21}	pʰo^{21}	pʰo^{21}
古县	kuo^{35}	ŋuo^{53}	xuo^{35}	pʰo^{21} 白 / po^{21} 文	po^{21}	po^{21}	pʰo^{21}	pʰo^{21}
襄汾	kʌʔ^{3}/kɔ^{44}	ŋɔ^{53}	xɔ^{53}	pʰɔ^{21}	pɔ^{21}	pɔ^{21}	pʰɔ^{21}	pʰɔ^{21}
浮山	kɤ^{44}	ŋɤ^{53}	xɤ^{53}	pʰɤ^{42}	pɤ^{42}	pɤ^{42}	pʰɤ^{42}	pʰɤ^{42}
霍州	uei^{55}	ŋɤ^{53}	xɤ^{53}	puɤ^{212}	puɤ^{212}	puɤ^{212}	pʰuɤ^{212}	pʰuɤ^{212}
翼城	kɤ^{53}	ŋɤ^{53}	xɤ^{53}	pɤ^{53}	pɤ^{53}	pɤ^{53}	pʰo^{53}	pʰo^{53}
闻喜	kɤ^{53}	ŋɤ^{13}	xɤ^{13}	pɤ^{53}	pɤ^{53}	——	pʰɤ^{53}	pʰɤ^{53}
侯马	uae^{53} 白 / kɤ^{53} 文	ŋɤ^{53}	xɤ^{53}	pɤ^{213}	pɤ^{213}	pɤ^{213}	pʰɤ^{213}	pʰɤ^{213}
新绛	uaɛ^{53}	ŋɤ^{53}	xɤ^{53}	pʰɤ^{53}	pɤ^{53}	pɤ^{53}	pʰɤ^{53}	pʰɤ^{53}
绛县	kɤ^{33}	ŋɤ^{31}	xɤ^{53}	pʰɤ^{53}	pɤ^{53}	pɤ^{31}	pʰɤ^{53}	pʰɤ^{53}
垣曲	uai^{53} 白 / kɤ^{53} 文	ŋɤ^{53}	xɤ^{53}	pɤ^{22}	pɤ^{22}	pɤ^{22}	pʰɤ^{22}	pʰɤ^{22}
夏县	——	ŋɤ^{31} 白 /ɤ^{31} 文	xɤ^{31}	pʰuɤ^{53} 白 / puɤ^{53} 文	puɤ^{53}	puɤ^{53}	pʰuɤ^{53}	——
万荣	uai^{33}	ŋɤ^{33}	xɤ^{33}	pʰɤ^{51}	pɤ^{51}	pɤ^{51}	pʰɤ^{51}	——
稷山	kɤ^{42}	ŋɤ^{42}	xɤ^{42}	pʰɤ^{53}	pɤ^{53}	pɤ^{53}	pʰɤ^{53}	pʰɤ^{53}
盐湖	kɤ^{44}	ŋɤ^{44}	xɤ^{44}	po^{42}	po^{42}	po^{42}	pʰo^{42}	pʰo^{42}
临猗	uai^{44} 白 / kɤ^{44} 文	ŋɤ^{44}	xuo^{44} 白 / xɤ^{44} 文	pʰo^{42} 白 / po^{42} 文	po^{42}	po^{42}	pʰo^{42}	pʰo^{42}
河津	kɤ^{44}	ŋɤ^{44}	xɤ^{44}	pʰɤ^{31}	pɤ^{31}	pɤ^{31}	pʰɤ^{31}	pʰɤ^{53}
平陆	kə^{33}	ŋuə^{33}	xə^{33}	pʰə^{31}	pə^{31}	pə^{31}	pʰə^{31}	pʰə^{31}
永济	kuo^{44} 白 / kə^{44} 文	ŋɔ^{52}	xuo^{44}	puo^{31}	puo^{31}	puo^{53}	pʰuo^{31}	pʰuo^{31}
芮城	kuo^{44} 白 / kɤ^{44} 文	ŋuo^{44}	xuo^{42} 白 / xɤ^{42} 文	pʰo^{42}	po^{42}	po^{42}	pʰo^{42}	pʰo^{42}
吉县	kə^{33}	ŋə^{33}	xə^{33}	pʰə^{423}	pʰə^{423}	——	pʰə^{423}	pʰə^{423}
乡宁	kɤ^{22}	ŋɤ^{22}	xɤ^{22}	pɤ^{53}	pɤ^{53}	pɤ^{53}	pʰɤ^{53}	pʰɤ^{53}
广灵	kɤ^{213}	vo^{213}	xɤ^{213}	po^{53}	po^{53}	po^{44}	pʰo^{53}	——

字目	玻	婆	摩	磨~刀	魔	螺	骡	蓑
中古音 方言点	滂禾 果合一 平戈滂	薄波 果合一 平戈並	莫婆 果合一 平戈明	莫婆 果合一 平戈明	莫婆 果合一 平戈明	落戈 果合一 平戈来	落戈 果合一 平戈来	苏禾 果合一 平戈心
北京	po^{55}	pʰo^{35}	mo^{35}	mo^{35}	mo^{35}	luo^{35}	luo^{35}	suo^{55}
小店	pəɯ^{11}	pəɯ^{11}	məɯ^{11}/maʔ^{1}	məɯ^{11}	məɯ^{11}	ləɯ^{11}	ləɯ^{11}	so^{11}
尖草坪	pɤɯ^{33}	pʰɤɯ^{33}	mɤɯ^{33}	mɤɯ^{33}	mɤɯ^{33}	luɤɯ^{33}	lɤɯ^{33} 白 / luɤɯ^{33} 文	suɤɯ^{33}
晋源	pɤ^{11}	pɤ^{42}	mɤ^{11}	mɤ^{11}	mɤ^{11}	lɤ^{11}	lɤ^{11}	sɔ^{11}
阳曲	pɤ^{312}	pʰɤ^{43}	mɤ^{43}	mɤ^{43}	mɤ^{43}	lɤ^{43}	lɤ^{43}	suɤ^{312}
古交	pɯ^{44}	pɯ^{44}	mɯ^{44}	mɯ^{44}	mɯ^{44}	lɯ^{44}	lɯ^{44}	suɯ^{44}
清徐	pɤɯ^{11}	pɤɯ^{11} 白 / pʰɤɯ^{11} 文	mɤɯ^{11}	mɤɯ^{11}	mɤɯ^{11}	luɤɯ^{11}	luɤɯ^{11}	suɤɯ^{11}
娄烦	pə^{33}	pʰə^{33}	mə^{33}	mə^{33}	mə^{33}	lə^{33}	lə^{33}	sɷ^{33}
榆次	pɯ^{11}	pɯ^{11}	mɯ^{11}	mɯ^{11}	mɯ^{11}	lɯ^{11}	lɯ^{11}	suɯ^{11}
交城	pɤɯ^{11}	pɤɯ^{11} 白 / pʰɤɯ^{11} 文	mɤɯ^{11}	mɤɯ^{11}	mɤɯ^{11}	lɤɯ^{11}	lɤɯ^{11}	saʔ^{1} 白 / suɤɯ^{11} 文
文水	pəɸ^{22}	pɪi^{22}	mɪi^{22}	mɪi^{22}	mɪi^{22}	lɪi^{22}	lɪi^{22}	suaʔ^{2}
祁县	pɯ^{31}	pɯ^{31} 白 / pʰɯ^{31} 文	mɯ^{31}	mɯ^{31}	mɯ^{31}	lɯ^{31}	lɯ^{31}	su^{31}
太谷	pe^{33}	pe^{33} 白 / pʰe^{33} 文	me^{33}	me^{33}	me^{33}	luo^{33}	lie^{33}	suo^{33}
平遥	puə^{213}	pei^{213}	muə^{213}	mei^{213}	mei^{213} 白 / muə^{213} 文	lei^{213}	lei^{213}	——
孝义	puə^{33}	pʰᴇ^{33}	muə^{33}	mᴇ^{33}	mᴇ^{33}	lᴇ^{33}	lᴇ^{33}	——
介休	puɤ^{13}	piᴇ^{13}	muɤ^{13}	miᴇ^{13}	miᴇ^{13} 白 / muɤ^{13} 文	luɤ^{13}	liᴇ^{13}	suʌʔ$^{\underline{12}}$
灵石	pɤ^{535}	pʰei^{44}	mɤ^{44}	mei^{44}	mɤ^{44}	——	luɤ^{535}	——
盂县	puo^{412}	pʰuo^{22}	mu^{22}/mu^{55}/ muo^{22}	muo^{22}	muo^{22}	lɤo^{22}	lɤo^{22}	suʌʔ^{2}
寿阳	pəɯ^{31}	pʰəɯ^{22}	məɯ^{22}	məɯ^{22}	məɯ^{22}	ləɯ^{22}	ləɯ^{22}	suaʔ^{2}
榆社	pɤ^{22}	pʰɤ^{22}	mɤ^{22}	mɤ^{22}	mɤ^{22}	lɤ^{22}	lɤ^{22}	su^{22}
离石	puə^{24}	pʰuə^{44}	muə^{44}	muə^{44}	muə^{44}	lɔ^{44}	luə^{44}	suə^{24}
汾阳	pu^{324}	pʰu^{22}	mu^{22}	mu^{22}	mu^{22}	lɯ^{22}	lɯ^{22}	ʂu^{324}
中阳	pɤ^{24}	pʰɤ^{33}	mɤ^{33}	mɤ^{33}	mɤ^{33}	lɒ^{33}	luɤ^{33}	——
柳林	po^{24}	pʰo^{44}	mo^{44}	mo^{44}	mo^{44}	lɔ^{44}	lɔ^{44}	suo^{24}
方山	puə^{24}	pʰuə^{44}	mou^{44}	muə^{44}	muə^{44}	lɔ^{44} 白 / luə^{44} 文	luə^{44}	——
临县	pu^{24}	pʰu^{24}	muɤ^{33}	mu^{24}	muɤ^{33}	lɒ^{24}	lu^{24}	suaʔ$^{\underline{24}}$

续表

字目	玻	婆	摩	磨~刀	魔	螺	骡	蓑
中古音 / 方言点	滂禾 果合一 平戈滂	薄波 果合一 平戈並	莫婆 果合一 平戈明	莫婆 果合一 平戈明	莫婆 果合一 平戈明	落戈 果合一 平戈来	落戈 果合一 平戈来	苏禾 果合一 平戈心
兴县	pɤ^{324}	pʰɤ^{55}	mɤ^{55}	mɤ^{55}	mɤ^{55}	lɤ^{55}	lɤ^{55}	suɤ^{324}
岚县	pɤ^{214}	pʰɤ^{44}	mɤ^{44}	mɤ^{44}	mɤ^{44}	lɤ^{44}	lɤ^{44}	sue^{214}
静乐	pɤɯ^{24}	pʰɤɯ^{33}	mɤɯ^{33}	mɤɯ^{33}	mɤɯ^{33}	lɤɯ^{33}	lɤɯ^{33}	suɤ^{314}
交口	pə^{323}	pʰə^{44}	mə^{44}	mə^{44}	mə^{44}	lə^{44}	lə^{44}	suə^{323}
石楼	puə^{213}	pʰuə^{44}	muə^{44}	muə^{44}	muə^{44}	luə^{44}	luə^{44}	——
隰县	pɤ^{53}	pʰɤ^{24}	mɤ^{24}	mɤ^{24}	mɤ^{24}	lɤ^{24}	lɤ^{24}	suo^{53}
大宁	puo^{31}	pʰuo^{24}	muo^{24}	muo^{24}	muo^{24}	luo^{24}	luo^{24}	suo^{31}
永和	puɤ^{33}	pʰuɤ^{35}	muɤ^{35}	muɤ^{35}	muɤ^{35}	luɤ^{35}	luɤ^{35}	suɤ^{33}
汾西	pɯ^{11}	pʰɯ^{35}	mɯ^{35}	mɯ^{35}	mɯ^{35}	lɯ^{35}	lɯ^{35}	suəʔ^{1}
蒲县	po^{52}	pʰo^{24}	mo^{24}	mo^{33}	mo^{24}	luo^{24}	luo^{24}	suəʔ$^{\underline{43}}$
潞州	pə^{312}	pʰə^{24}	mə^{24}	mə^{24}	mə^{24}	luə^{24}	luə^{24}	suə^{312}
上党	po^{213}	pʰo^{44}	mo^{44}	mo^{44}	mo^{44}	luo^{44}	luo^{44}	suo^{213}
长子	pə^{312}	pʰə^{24}	mə^{24}	mə^{24}	mə^{24}	luə^{24}	luə^{24}	suə^{312}
屯留	puɤ^{31}	pʰuɤ^{11}	muɤ^{11}	muɤ^{11}	muɤ^{11}	luɤ^{11}	luɤ^{11}	suɤ^{31}
襄垣	pə^{33}	pʰuə^{31}	muə^{31}	muə^{31}	muə^{31}	luə^{31}	luə^{31}	suə^{33}
黎城	puɤ^{33}	pʰuɤ^{53}	muɤ^{53}	muɤ^{53}	muɤ^{33}	luɤ^{53}	luɤ^{53}	suɤ^{33}
平顺	po^{213}	pʰo^{13}	mo^{13}	mo^{13}	mo^{13}	luɤ^{13}	luɤ^{13}	suɤ^{213}
壶关	pə^{33}	pʰə^{13}	mə^{13}	mə^{13}	mə^{13}	luə^{13}	luə^{13}	ʂuə^{33}
沁县	pɤ^{224}	pʰɤ^{33}	mɤ^{33}	mɤ^{33}	mɤ^{33}	luɤ^{33}	luɤ^{33}	suɤ^{224}
武乡	pɤ^{113}	pʰɤ^{33}	mɤ^{33}	mɤ^{33}	mɤ^{33}	luɤ^{33}	luɤ^{33}	——
沁源	pɨᴇ^{324}	pʰɨᴇ^{33}	mɨᴇ^{33}	mɨᴇ^{33}	mɨᴇ^{33}	lɨᴇ^{33}	lɨᴇ^{33}	suə^{324}
安泽	po^{21}	pʰo^{35}	mo^{35}	mo^{35}	mo^{35}	luo^{35}	luo^{35}	suo^{21}
沁水端氏	pɤ^{21}	pʰa^{24}白 / pʰɤ^{24}文	mɤ^{24}	mɤ^{24}	mɤ^{24}	——	luɤ^{24}	suɤ^{21}
阳城	puə^{224}	pʰuə^{22}婆婆 / pʰuə^{51}奶奶	muə^{22}	muə^{22}	muə^{22}	luə^{22}	luə^{22}	suə^{224}
高平	pɤ^{33}	pʰʌʔ^{2}白 / pʰɤ^{33}文	mɤ^{33}	mɤ^{33}	mɤ^{33}	luɤ^{33}	luɤ^{33}	ʂuɤ^{33}
陵川	po^{33}	pʰo^{53}	mo^{53}	mo^{53}	mo^{53}	luɤ^{53}	luɤ^{24}	ʂuɤ^{33}
晋城	puə^{33}	pʰʌ^{213}/pʰuə^{324}	muə^{324}	muə^{324}	muə^{324}	luə^{324}	luə^{324}	——
忻府	pɛ^{313}	pɛ^{313}白 / pʰɛ^{21}文	mɛ^{21}	mɛ^{21}	mɛ^{21}	lɛ^{21}	lɛ^{21}	suɛ^{313}
原平	pɤ^{213}	pʰɤ^{33}	məʔ$^{\underline{34}}$	mɤ^{33}	mɤ^{33}	lɤ^{33}	lɤ^{33}	suəʔ$^{\underline{34}}$

续表

字目	玻	婆	摩	磨~刀	魔	螺	骡	蓑
中古音 方言点	滂禾 果合一 平戈滂	薄波 果合一 平戈並	莫婆 果合一 平戈明	莫婆 果合一 平戈明	莫婆 果合一 平戈明	落戈 果合一 平戈来	落戈 果合一 平戈来	苏禾 果合一 平戈心
定襄	puə^{24}	pʰuə^{11}	muə^{11}	muə^{11}	muə^{11}	luə^{11}	luə^{11}	suə^{24}
五台	puɔ^{213}	pʰɔ^{33}	mɔ^{33}	mɔ^{33}	mɔ^{33}	lɔ^{33}	lɔ^{33}	suɔ^{213}
岢岚	pɤ^{13}	pʰɤ^{44}	mɤ^{44}	mɤ^{44}	mɤ^{44}	luɤ^{44}	luɤ^{44}	suɤ^{13}
五寨	pɤ^{13}	pʰɤ^{44}	mɤ^{44}	mɤ^{52}	mɤ^{44}	luo^{44}	luo^{44}	suo^{13}
宁武	pɒ^{23}	pʰɒ^{33}	——	mɒ^{33}	mɒ^{33}	luo^{33}	luo^{33}	suo^{23}
神池	pɔ^{24}	pʰɔ^{32}	mɔ^{32}	mɔ^{32}	mɔ^{32}	luɔ^{32}	luɔ^{32}	suɔ^{24}
繁峙	pɤ^{53}	pʰɤ^{31}	mɤ^{31}	mɤ^{31}	mɤ^{31}	luɤ^{31}	luɤ^{31}	suɤ^{53}
代县	pɤ^{213}	pʰɤ^{44}	mɤ^{44}	mɤ^{44}	mɤ^{44}	luɤ^{44}	luɤ^{44}	suɤ^{213}
河曲	pɤ^{213}	pʰɤ^{44}	mɤ^{44}	mɤ^{44}	mɤ^{44}	luɤ^{44}	luɤ^{44}	suɤ^{213}
保德	pɤ^{213}	pʰɤ^{44}	mɤ^{44}	mɤ^{44}	mɤ^{44}	lɤ^{44}	lɤ^{44}	suɤ^{213}
偏关	pə^{24}	pʰə^{44}	mə^{44}	mə^{44}/mə^{52}	mə^{44}	luə^{44}	luə^{44}	suə^{24}
朔城	——	pʰuə^{35}	muə^{35}	muə^{35}	muə^{35}	luə^{35}	luə^{35}	——
平鲁	puə^{213}	pʰuə^{44}	muə^{44}	muə^{44}	muə^{44}	luə^{44}	luə^{44}	suə^{213}
应县	puɤ^{43}	pʰuɤ^{31}/pʰaʔ$^{\underline{43}}$	muɤ^{31}	muɤ^{31}	muɤ^{31}	luɤ^{31}	luɤ^{31}	suɤ^{43}
灵丘	pue^{442}	pʰue^{31}	mue^{31}	mue^{31}	mue^{31}	lue^{31}	lue^{31}	suᴀʔ^{5}
浑源	puo^{52}	pʰuo^{22}/pʰəʔ^{4}	muo^{22}	muo^{23}	muo^{22}	luo^{22}	luo^{22}	suo^{52}
云州	po^{21}	pʰo^{312}	mo^{312}	mo^{312}	mo^{312}	luɤ^{312}	luɤ^{312}	suɤ^{24}
新荣	po^{32}	pʰo^{312}	mo^{312}	mo^{312}	mo^{312}	luo^{312}	luo^{312}	suo^{32}
怀仁	puɤ^{42}	pʰuɤ^{312}	muɤ^{312}	muɤ^{312}	muɤ^{312}	luɤ^{312}	luɤ^{312}	suɤ^{42}
左云	puo^{31}	pʰuo^{313}	muo^{313}	muo^{313}	muo^{313}	luo^{313}	luo^{313}	suo^{31}
右玉	po^{31}	pʰo^{212}	mo^{212}	mo^{212}	mo^{212}	luo^{212}	luo^{212}	suo^{31}
阳高	pɤ^{31}	pʰɤ^{312}/pʰɑʔ^{3}	mɤ^{31}	mɤ^{31}	mɤ^{312}	luɤ^{312}	luɤ^{312}	suɤ^{31}
山阴	puə^{313}	pʰuə^{313}	muə^{313}	muə^{313}	muə^{313}	luə^{313}	luə^{313}	suə^{313}
天镇	pɤ^{31}	pʰɤ^{22}	mɤ^{22}	mɤ^{22}	mɤ^{22}	luɤ^{22}	luɤ^{22}	suɤ^{31}
平定	pɤ^{31}	pʰɤ^{44}	mɤ^{44}/maʔ$^{\underline{23}}$	mɤ^{44}	mɤ^{44}	luɤ^{44}	luɤ^{44}	——
昔阳	pə^{42}	pʰə^{33}	mə^{33}	mə^{33}	mə^{33}	luə^{33}	luə^{33}	suə^{42}
左权	pɤ^{31}	pʰɤ^{11}	——	mɤ^{11}	mɤ^{11}	——	luɤ^{11}	——
和顺	pɤ^{42}	pʰɤ^{22}	mɤ^{22}	mɤ^{22}	mɤ^{22}	——	luɤ^{42}	——
尧都	po^{21}	pʰo^{24}	mo^{24}	mo^{24}	mo^{24}	luo^{24}	luo^{24}	suo^{21}
洪洞	po^{21}	pʰo^{24}	mo^{24}	mo^{24}	mo^{24}	lo^{24}	lo^{24}	so^{21}
洪洞赵城	po^{21}	pʰo^{24}	mo^{24}	mo^{24}	mo^{24}	lo^{24}	lo^{24}	——

续表

字目	玻	婆	摩	磨~刀	魔	螺	骡	蓑
中古音 / 方言点	滂禾 果合一 平戈滂	薄波 果合一 平戈並	莫婆 果合一 平戈明	莫婆 果合一 平戈明	莫婆 果合一 平戈明	落戈 果合一 平戈来	落戈 果合一 平戈来	苏禾 果合一 平戈心
古县	po²¹	pʰo³⁵	mo³⁵	mo³⁵	mo³⁵	luo³⁵	luo³⁵	suo²¹
襄汾	pɔ²¹	pʰɔ²⁴	mɔ²⁴	mɔ²⁴	mɔ²⁴	luɔ²⁴	luɔ²⁴	suɔ²¹
浮山	pɤ⁴²	pʰɤ¹³	mɤ¹³	mɤ¹³	mɤ¹³	luo¹³	luo¹³	suo⁴²
霍州	puɤ²¹²	pʰuɤ³⁵	muɤ³⁵	muɤ³⁵	muɤ³⁵	luɤ³⁵	luɤ³⁵	suɤ²¹²
翼城	pɤ⁵³	pʰo¹²	mo¹²	mo¹²	mo¹²	luɤ¹²	luɤ¹²	suɤ⁵³
闻喜	pɤ⁵³	pʰɤ¹³	mɤ¹³	mɤ¹³	mɤ¹³	luɤ¹³	luɤ¹³	suɤ⁵³
侯马	pɤ²¹³	pʰɤ²¹³	mɤ²¹³	mɤ²¹³	mɤ²¹³	lɤ²¹³	luɤ²¹³	suɤ²¹³
新绛	pɤ⁵³	pʰuɤ¹³	mɤ⁵³	muɤ¹³	mɤ¹³	lɤ¹³	lɤ⁵³	suɤ⁵³
绛县	pɤ⁵³	pʰɤ²⁴	mɤ²⁴	mɤ²⁴	mɤ²⁴	luɤ²⁴	luɤ²⁴	suɤ⁵³
垣曲	pɤ²²	pʰɤ²²	muo²²	mɤ⁵³	muo²²	luo²²	luo²¹³	suo²¹³
夏县	puɤ⁵³	pʰuɤ⁴²	mɤ⁴²	mɤ⁴²	mɤ⁴²	luɤ⁴²	luɤ⁴²	——
万荣	pɤ⁵¹	pʰɤ²¹³	mɤ²¹³	mɤ²¹³	mɤ²¹³	luɤ²¹³	luɤ²¹³	suɤ⁵⁵
稷山	pɤ⁵³	pʰɤ¹³	mɤ¹³	mɤ¹³	mɤ¹³	luɤ¹³	luɤ¹³	——
盐湖	po⁴²	pʰo¹³	mo¹³	mo¹³	mo¹³	luo¹³	luo¹³	suo⁴²
临猗	po⁴²	pʰo¹³	mo¹³	mo¹³	mo¹³	luo¹³	luo¹³	suo⁴²
河津	pɤ³¹	pʰɤ³²⁴	mɤ³²⁴	mɤ³²⁴	mɤ³²⁴	luɤ³²⁴	luɤ³²⁴	suɤ³¹
平陆	pə³¹	pʰə¹³	mə¹³	mə¹³	mə¹³	luə¹³	luə¹³	——
永济	puo³¹	pʰuo²⁴	muo²⁴	muo²⁴	muo²⁴	luo²⁴	luo²⁴	suo³¹
芮城	po⁴²	pʰo¹³	mɤ¹³	mo⁴⁴	mɤ¹³	luo¹³	zuo¹³白 / luo¹³文	suo⁴²
吉县	pə⁴²³	pʰə¹³	mə¹³	mə¹³	mə¹³	luə¹³	luə¹³	suə⁴²³
乡宁	pɤ⁵³	pʰɤ¹²	mɤ¹²	mɤ¹²	mɤ¹²	luɤ¹²	luɤ¹²	——
广灵	po⁵³	pʰo³¹	mo³¹	mo³¹	mo³¹	luo³¹	luo³¹	suo⁵³

字目	梭	锅	过~逾	科	棵	禾	和~气	窝
中古音 / 方言点	苏禾 果合一 平戈心	古禾 果合一 平戈见	古禾 果合一 平戈见	苦禾 果合一 平戈溪	苦禾 果合一 平戈溪	户戈 果合一 平戈匣	户戈 果合一 平戈匣	乌禾 果合一 平戈影
北京	suo^{55}	kuo^{55}	kuo^{51}	kʰɤ^{55}	kʰɤ^{55}	xɤ^{35}	xɤ^{35}	uo^{55}
小店	——	ko^{11}	ko^{24}	kʰəɯ^{11}	kʰəɯ^{11}	——	xəɯ^{11}/xo^{11}	vəɯ^{11}
尖草坪	suɤɯ^{33}	kuɤɯ^{33}	kuɤɯ^{33}	kʰuɤɯ^{33}	kʰuɤɯ^{33}	xɤɯ^{33}	xɤɯ^{33}	vɤɯ^{33}
晋源	sɔ^{11}	kɔ^{11}	ku^{35}	kʰɔ^{11}	pa^{42}	xɤ^{11}	xɔ^{11}	vɤ^{11}
阳曲	suɤ^{312}	kuɤ^{312}	kuɤ^{454}	kʰuɤ^{312}	kʰuɤ^{312}	xuɤ^{43}/ xɤ^{43}	xuɤ^{43}	uɤ^{312}
古交	suɯ^{44}	kuɯ^{44}	kuɯ^{53}	kʰuɯ^{44}	kʰuɯ^{44}	xuɯ^{44}	xuɯ^{44}	uɯ^{44}
清徐	suɤɯ^{11}	kuɤɯ^{11}	kuɤɯ^{11}	kʰuɤɯ^{11}	kʰuɤɯ^{11}	xuɤɯ^{11}	xuɤɯ^{11} 白 / xɔu^{11} 白 / xɤɯ^{11} 文	vɤɯ^{11}
娄烦	sɷ^{33}	kɷ^{33}	kɷ^{54}	kʰɷ^{33}	kʰɷ^{33}	xə^{33}	xə^{33}	və^{33}
榆次	suɯ^{11}	kuɯ^{11}	kuɯ^{53}	kʰuɯ^{11}	kʰuɯ^{11}	xɯ^{11}	xuɯ^{11}	vɯ^{11}
交城	suɤɯ^{11}	kuɤɯ^{11}	kuɤɯ^{11}	kʰuɤɯ^{11}	kʰuɤɯ^{11}	xuɤɯ^{11}	xuɤɯ^{11}	uɤɯ^{11}
文水	suaʔ^{2}/ ɕy^{423}	kuɪi^{22}	kuɪi^{35}	kʰuɪi^{22} 老 / kʰɪi^{22} 新	kʰuɪi^{22} 老 / kʰɪi^{22} 新	xɪi^{22}	xuɪi^{22} 老 / xɪi^{22} 新	uɪi^{22}
祁县	su^{31}	ku^{31}	ku^{45}	kʰɯ^{31}	kʰɯ^{31}	xɯ^{31}	xɯ^{31}/xu^{31}	u^{31}
太谷	suo^{33}	kue^{33}	kue^{53}	kʰue^{33}	kʰue^{33}	xie^{33}	xue^{33}	ve^{33}
平遥	suə^{213}	kuei^{213}	kuei^{24}	kʰuə^{213}	kʰuə^{213}	xuə^{213}	xuə^{213}	uei^{213} 白 / uə^{213} 文
孝义	suə^{33}	kuᴇ^{33}	kuᴇ^{454}	kʰuᴇ^{33} 白 / kʰɒ^{33} 文	kʰuᴇ^{33}	xɒ^{33}	xɒ^{33}	uᴇ^{33}
介休	suʌʔ$^{\underline{12}}$	kuᴇ^{13}	kuᴇ^{45}	kʰɤ^{13}	kʰuᴇ^{13}	xɤ^{13}	xɤ^{13}	uᴇ^{13}
灵石	suɤ^{44}	kuɤ^{535}	kuei^{53}	kʰɤ^{535}	kʰuei^{535}	xɤ^{44}	xɤ^{44}	uɤ^{535}
盂县	suo^{412}	kuo^{412}	kuo^{53}	kʰuo^{412}	kʰuo^{412}	xuo^{22}	xu^{22}/xɤo^{22}/ xuo^{22}	uo^{22}
寿阳	suaʔ^{2}	kuəɯ^{31}	kuəɯ^{45}	kʰuəɯ^{31}	kʰuəɯ^{31}	xəɯ^{22}	xuəɯ^{22}	vəɯ^{31}
榆社	su^{22}	ku^{22}	ku^{45}	kʰu^{22}	kʰu^{22}	xɤ^{22}	xu^{22}	vɤ^{22}
离石	suə^{24}	kuə^{24}	kuə^{53}	kʰuə^{24}	kʰuə^{24}	xuə^{44}	xuə^{44}	uə^{24}
汾阳	ʂu^{324}	ku^{324}	ku^{55}	kʰu^{324}	kʰu^{324}	xɯ^{22}	xu^{22}	u^{324}
中阳	ʂuɤ^{24}	kuɤ^{24}	kuɤ^{53}	kʰuɤ^{24}	kʰuɤ^{24}	xɤ^{33}	xuɤ^{33}	uɤ^{24}
柳林	suo^{24}	kuo^{24}	kuo^{53}	kʰuo^{24}	kʰuo^{24}	xuo^{44}	xuo^{44}	uo^{24}
方山	suɛe^{24}	kuə^{24}	kuə^{52}	kʰuə^{24}	kʰuə^{24}	xɔ^{44}	xɔ^{44}	uə^{24}
临县	suaʔ^{3}	ku^{24}	ku^{52}	kʰu^{24}	kʰu^{24}	xɒ^{33}	xu^{24}	u^{24}
兴县	suɤ^{324}	kuɤ^{324}	kuɤ^{53}	kʰuɤ^{324}	kʰuɤ^{324}	xuɤ^{53}	xuɤ^{55}	uɤ^{324}

续表

字目	梭	锅	过~逾	科	棵	禾	和~气	窝
中古音 / 方言点	苏禾 果合一 平戈心	古禾 果合一 平戈见	古禾 果合一 平戈见	苦禾 果合一 平戈溪	苦禾 果合一 平戈溪	户戈 果合一 平戈匣	户戈 果合一 平戈匣	乌禾 果合一 平戈影
岚县	sue^{214}	kue^{214}	kue^{53}	kʰue^{214}	kʰue^{214}	xue^{44}	xue^{44}	ue^{214}
静乐	suɤ^{314}	kuɤ^{24}	kuɤ^{53}	kʰuɤ^{24}	kʰuɤ^{24}	xuɤ^{33}	xuɤ^{33}	vɤɯ^{24}
交口	suə^{323}	kuə^{323}	kuə^{53}	kʰuə^{323}/kʰə^{323}	kʰuə^{323}	xə^{44}	xuə^{44}	uə^{323}
石楼	ʂuʌʔ^{4}	kuə^{213}	kuə^{51}	kʰuə^{213} 白 / kʰə^{213} 文	kʰuə^{213}	xuə^{44} 白 / xə^{44} 文	xuə^{44}	uə^{213}
隰县	suo^{53}	kuo^{53}	kuo^{44}	kʰɤ^{53}	kʰuo^{53} 白 / kʰɤ^{53} 文	xɤ^{24}	xuo^{24}	uo^{53}
大宁	tsʰuo^{31} 白 / suo^{31} 文	kuo^{31}	kuo^{31}	kʰuo^{31}	kʰuo^{31}	xuo^{24}	xuo^{24}	uo^{31}/uo^{24}
永和	suɤ^{312}	kuɤ^{33}	kuɤ^{53}	kʰuɤ^{33}	kʰuɤ^{33}	xuɤ^{53}	xuɤ^{35}	uɤ^{33}
汾西	suəʔ^{1}	ku^{11}	ku^{55}	kʰu^{11}	kʰu^{33}	xu^{35}	xu^{35}	u^{11}
蒲县	suəʔ^{43}	kuo^{52}	kuo^{33}	kʰuo^{52}	kʰɤ^{52}	xuo^{24}	xuo^{24}	uo^{52}
潞州	suə^{312}	kuə^{312}	kuə^{312}	kʰuə^{312}	kʰuə^{312}	xə^{24}	xuə^{24}	uə^{312}
上党	suo^{213}	kuo^{213}	kuo^{22}	kʰuo^{213}	kʰuo^{213}	xuo^{44}	xuo^{44}	uo^{213}
长子	suə^{312}	kuə^{312}	kuə^{312}	kʰuə^{312}	kʰuəʔ^{4}	xə^{24}	xuə^{24}	uə^{312}
屯留	suəʔ^{1}	kuɤ^{31}	kuɤ^{31}	kʰɤ^{31}	kʰɤ^{11}	xɤ^{11}	xuɤ^{11}	uɤ^{31}
襄垣	suə^{33}	kuə^{33}	kuə^{53}	kʰuə^{33}	kʰuə^{33}	xuə^{31}	xuə^{31}	uə^{33}
黎城	suɤ^{33}	kuɤ^{33}	kuɤ^{53}	kʰɤ^{33}	kʰɤ^{33}	xɤ^{53}	xɤ^{53}	uɤ^{33}
平顺	suɤ^{213}	kuɤ^{213}	kuɤ^{213}	kʰuɤ^{213}	kʰuɤ^{213}	xuɤ^{13}	xuɤ^{13}	uɤ^{213}
壶关	ʂuə^{33}	kuə^{33}	kuə^{42}	kʰuə^{33}	kʰuə^{33}	xuə^{13}	xuə^{13}	uə^{33}
沁县	suɤ^{224}	kuɤ^{224}	kuɤ^{224}	kʰuɤ^{224}	kʰuɤ^{224}	xɤ^{33}	xɤ^{33}	vɤ^{224}
武乡	suɤ^{113}	kuɤ^{113}	kʰuɤ^{55}	kʰuɤ^{113}	kuɤ^{113}	——	xɔ^{33} 白 / xuɤ^{33} 文	vɤ^{113}
沁源	suə^{324}	kuə^{324}	——	kʰuə^{324}	kʰuə^{324}	xuə^{324}	xuə^{324}	uə^{324}
安泽	suo^{21}	kuo^{21}	kuo^{53}	kʰuo^{21}	kʰuo^{42}	xuo^{35}	xuo^{35}	uo^{21}
沁水端氏	suɤ^{21}	kuɤ^{21}	kuɤ^{53}	kʰuɤ^{21}	kʰuɤ^{21} 老 / kʰɤ^{21} 新	xɤ^{24}	xɤ^{24}/xuɤ^{24}	vɤ^{21}
阳城	suə^{224}	kuə^{224}	kuə^{224}	kʰuə^{224}	kʰuə^{224}	xuə^{22}	xə^{22}	uə^{224}
高平	ʂuɤ^{33}	kuɤ^{33}	kuɤ^{33}	kʰuɤ^{33}	kʰuɤ^{33}	xuɤ^{33}	xuɤ^{33}	vʌʔ^{2} 白 / vɤ^{33} 文
陵川	ʂuɤ^{33}	kuɤ^{33}	kuɤ^{24}	kʰuɤ^{33}	kʰuɤ^{33}	xɤ^{53}	xɤ^{53}	uɤ^{33}
晋城	ʂuə^{33}	kuə^{33}	kuə^{33}	kʰɤ^{33} 白 / kʰuə^{33} 文	kʰɤ^{33} 白 / kʰuə^{33} 文	xɤ^{324} 白 / xuə^{33} 文	xuə^{324}	uə^{33}
忻府	suɛ^{313}	kuɛ^{313}	kuɛ^{53}	kʰuɛ^{313}	kʰuɛ^{313}	xuɛ^{21}	xuɛ^{21}	vɛ^{313}

续表

字目	梭	锅	过~渝	科	棵	禾	和~气	窝
中古音 / 方言点	苏禾 果合一 平戈心	古禾 果合一 平戈见	古禾 果合一 平戈见	苦禾 果合一 平戈溪	苦禾 果合一 平戈溪	户戈 果合一 平戈匣	户戈 果合一 平戈匣	乌禾 果合一 平戈影
原平	suɔʔ^{34}	kuɤ^{213}	kuɤ^{213}	k^{h}uɤ^{213}	k^{h}uɤ^{213}	xuɤ^{33}	xuɤ^{33}	vɤ^{213}
定襄	suə^{24}	kuə^{24}	kuə^{53}	k^{h}uə^{24}	k^{h}uə^{24}	xɔ^{11}	xuə^{11}	uə^{24}
五台	suɔ^{213}	kuɔ^{213}	kuɔ^{213}	k^{h}uɔ^{213}	k^{h}uɔ^{213}	xuɔ^{44}	xuɔ^{44}	uɔ^{213}
岢岚	suɤ^{13}	kuɤ^{13}	kuɤ^{13}	k^{h}ɤ^{13}	k^{h}ɤ^{13}	xɤ^{44}	xɤ^{44}	vɤ^{13}
五寨	suo^{13}	kuo^{13}	kuo^{13}	k^{h}uo^{13}	k^{h}uo^{13}	xuo^{44}	xuo^{44}	vɤ^{13}
宁武	suʌʔ^{4}	kuo^{23}	kuo^{23}	kuo^{23}	kuo^{23}	xuo^{33}	xuo^{33}	vɒ^{23}
神池	suɔ^{24}	kuɔ^{24}	kuɔ^{24}	k^{h}ɤ^{24}	k^{h}ɤ^{24}	xɤ^{32}	xɤ^{32}	vuɔ^{24}
繁峙	suɤ^{53}	kuɤ^{53}	kuɤ^{24}	k^{h}uɤ^{53}	k^{h}uɤ^{53}	xuɤ^{31}	xuɤ^{31}/xuɤ^{24}	vɤ^{53}
代县	suɤ^{213}	kuɤ^{213}	kuɤ^{213}	k^{h}uɤ^{213}	k^{h}uɤ^{213}	xuɤ^{44}	xuɤ^{44}	uɤ^{213}
河曲	suɤ^{213}	kuɤ^{213}	kuɤ^{52}	k^{h}uɤ^{213}	k^{h}uɤ^{213}	xuɤ^{44}	xuɤ^{44}	vɤ^{213}
保德	suəʔ^{4}	kuɤ^{213}	kuɤ^{52}	k^{h}uɤ^{213}	k^{h}uɤ^{213}	xɤ^{44}	xuɑŋ^{44}	vɤ^{213}
偏关	suə^{24}	kuə^{52}	kuə^{52}	k^{h}uə^{24}	k^{h}uə^{24}	xuə^{44}	xuə^{44}	uə^{24}
朔城	suə^{312}	kuə^{312}	——	k^{h}uə^{312}	k^{h}uə^{312}	xuə^{35}	xuə^{35}	və^{312}
平鲁	suə^{213}	kuə^{213}	kuə^{52}	k^{h}uə^{213}	k^{h}uə^{213}	xuə^{44}	xuə^{44}/xuə^{52}	uə^{213}
应县	suɤ^{43}	kuɤ^{43}	kuɤ^{43}	k^{h}uɤ^{43}/k^{h}ɤ^{43}	k^{h}uɤ^{43}	xɤ^{31}	xuɤ^{43}	vuɤ^{43}
灵丘	sue^{442}	kue^{442}	kue^{53}	k^{h}ue^{442} 老 / k^{h}ɤ^{442} 新	k^{h}ue^{442} 老 / k^{h}ɤ^{442} 新	xɤ^{31}	xɤ^{31}	vue^{442}
浑源	suo^{52}	kuo^{52}	kuo^{13}	k^{h}uo^{52}	k^{h}uo^{52}	xuo^{25}	xuo^{22}	vuo^{52}
云州	suɤ^{24}	kuɤ^{21}	kuɤ^{24}	k^{h}ɤ^{21}	k^{h}ɤ^{21}	xɤ^{312}	xɤ^{312}	vuɤ^{21}
新荣	suo^{32}	kuo^{32}	kuo^{24}	k^{h}ɤ^{32}/k^{h}uo^{32}	k^{h}ɤ^{32}/k^{h}uo^{32}	xɤ^{312}	xɤ^{312}/xuo^{312}/ xuo^{24}/xu^{312}	vo^{32}
怀仁	suɤ^{42}	kuɤ^{42}	kuɤ^{24}	k^{h}ɤ^{42}	k^{h}ɤ^{42}	xuɤ^{312}	xuɤ^{312}	vɤ^{42}
左云	suo^{31}	kuo^{31}	kuo^{24}	k^{h}ə^{31}	k^{h}ə^{31}	xə^{313}	xə^{313}	vuo^{31}
右玉	suo^{31}	kuo^{31}	kuo^{31}	k^{h}uo^{31}	k^{h}uo^{31}	xuo^{212}	xuo^{31}/xuo^{212}	vo^{31}
阳高	suɤ^{31}	kuɤ^{31}	kuɤ^{24}	k^{h}uɤ^{31} 老 / k^{h}ɤ^{31} 新	k^{h}uɤ^{31} 老 / k^{h}ɤ^{31} 新	xɤ^{31}	xɤ^{312}/xuɤ^{24}/ xəʔ^{3}/xuəʔ^{3}	vɤ^{31}
山阴	suə^{313}	kuə^{313}	——	k^{h}uə^{313}	k^{h}uə^{313}	xuə^{313}	xuə^{313}/xu^{313}	uə^{313}
天镇	suɤ^{31}	kuɤ^{31}	kuɤ^{24}	k^{h}uɤ^{31}	k^{h}uɤ^{31}	xuɤ^{22} 白 / xɤ^{22} 文	xɤ^{22}	uɤ^{31}
平定	suɤ^{44}	kuɤ^{31}	kuɤ^{24}	k^{h}uɤ^{31}	k^{h}uɤ^{31}	xuɤ^{44} 老 / xɤ^{44} 新	xuɤ^{44}	uɤ^{31}
昔阳	suə^{42}	kuə^{42}	kuə^{13}	k^{h}ə^{42}	k^{h}ə^{42}	xə^{33}	xuə^{33}	və^{42}
左权	suɤ^{31}	kuɤ^{31}	kuɤ^{53}	k^{h}uɤ^{31} 白	k^{h}uɤ^{31}	xuɤ^{11}	xuɤ^{11}	vɤ^{31}

续表

字目	梭	锅	过~逾	科	棵	禾	和~气	窝
中古音 方言点	苏禾 果合一 平戈心	古禾 果合一 平戈见	古禾 果合一 平戈见	苦禾 果合一 平戈溪	苦禾 果合一 平戈溪	户戈 果合一 平戈匣	户戈 果合一 平戈匣	乌禾 果合一 平戈影
和顺	suɤ^{42}	kuɤ^{42}	——	kʰuɤ^{42} 白 / kʰɤ^{42} 文	kʰuɤ^{42} 白 / kʰɤ^{42} 文	xuɤ^{22}	xuɤ^{22}/xu^{22}/ xu^{13}	vɤ^{42}
尧都	suo^{21}	kuo^{21}	kuo^{44}	kʰɤ^{21}	kʰɤ^{21}	xɤ^{24}	xɤ^{24}	uo^{21}
洪洞	tsʰo^{21}	kuo^{21}	kuo^{33}	kʰuo^{21}	kʰuo^{42}	xuo^{33}	xuo^{24}	uo^{21}
洪洞赵城	suo^{24}	kuo^{24}	kuɤ^{24}/ kʰɤ^{31} 文	kʰuɤ^{21}	kʰuo^{21}	——	xuɤ^{24}	uɤ^{53}
古县	suo^{21}	kuo^{21}	kuo^{35}	kʰuo^{21}	kʰuo^{21}	xuo^{35}	xuo^{35}	uo^{21}
襄汾	suɔ^{21}	kuɔ^{21}	kuɔ^{44}	kʰuɔ^{21}	kʰuɔ^{21}	xuɔ^{24}	xuɔ^{24}	uɔ^{21}
浮山	tsʰuo^{53}	kuo^{42}	kuo^{44}	kʰɤ^{42}	kʰɤ^{33}	xuo^{33}	xuo^{42} 白 / xɤ^{13} 文	uo^{42}
霍州	suɤ^{212}	kuɤ^{212}	kuɤ^{212}	kʰuɤ^{212}/ kʰɤ^{212}	kʰuɤ^{35}	xɤ^{35}	xɤ^{35}	uɤ^{212}
翼城	tsʰuɤ^{53}	kuɤ^{53}	kuɤ^{53}	kʰuɤ^{53}	kuɤ^{53}	xuɤ^{12}	xuɤ^{12}	uɤ^{53}
闻喜	tsʰuɤ^{53}	kuɤ^{53}	kuɤ^{53}	kʰɤ^{53}	kʰuɤ^{53}	xɤ^{13}/ xuɤ^{13}	xuɤ^{13}	——
侯马	suɤ^{213}/suɤ^{44}	kuɤ^{213}	kuɤ^{213}	kʰɤ^{213}	kʰuɤ^{213}	xuɤ^{213}	xɤ^{213}	uɤ^{213}
新绛	suɤ^{53}	kuɤ^{53}	kuɤ^{53}	kʰuɤ^{53}/kʰɤ^{53}	kʰuɤ^{44}	xɤ^{13}	xuɤ^{13}	uɤ^{53}
绛县	suɤ^{53}	kuɤ^{53}	kuɤ^{31}	kʰuɤ^{53}	kʰuɤ^{24}	xuɤ^{53}	xuɤ^{24}	uɤ^{53}
垣曲	suo^{22}	kuo^{22}	kuo^{53}	kʰɤ^{22}	kʰɤ^{22}	xuo^{22}	xɤ^{22}	uo^{22}
夏县	tsʰuɤ^{53}	kuɤ^{53}	kuɤ^{31}	kʰuɤ^{53} 白 / kʰɤ^{53} 文	kʰuɤ^{53} 白 / kʰɤ^{53} 文	xɤ^{42}	xɤ^{42}	uɤ^{53}
万荣	tʰuɤ^{51}	kuɤ^{51}	kuɤ^{33}	kʰɤ^{51}	kʰuɤ^{51}	xuɤ^{213}	xuɤ^{213}	uɤ^{51}
稷山	suɤ^{53}	kuɤ^{53}	kuɤ^{42}	kʰɤ^{53}	kʰuɤ^{53} 白 / kʰɤ^{53} 文	xuɤ^{13} 白 / xɤ^{13} 文	xuɤ^{13} 白 / xɤ^{13} 文	uɤ^{53}
盐湖	suo^{42}	kuo^{42}	kuo^{42}	kʰɤ^{42}	kʰuo^{42}	xɤ^{13}	xɤ^{13}	uo^{42}
临猗	suo^{42}	kuo^{42}	kuo^{44}	kʰuo^{42} 白 / kʰɤ^{42} 文	kʰuo^{42} 白 / kʰɤ^{42} 文	xɤ^{13}	xuo^{13} 白 / xɤ^{13} 文	uo^{42}
河津	tsʰuɤ^{31} 白 / suɤ^{31} 文	kuɤ^{31}	kuɤ^{44}	kʰuɤ^{31}	kʰuɤ^{31}	xuɤ^{324}	xuɤ^{324}	uɤ^{31}
平陆	suə^{31}	kuə^{31}	kuə^{33}	kʰuə^{31}	kʰuə^{31}	xuə^{13}	xuə^{13}	uə^{31}
永济	tsʰuo^{31}	kuo^{31}	kuo^{44}	kʰuo^{31}	kʰuo^{31}	xuo^{24}	xuo^{24}/ xuo^{44}	uo^{31}
芮城	suo^{42}	kuo^{42}	kuo^{44}	kʰuo^{42}	kʰuo^{53}	xuo^{42}	xuo^{13}	uo^{42}
吉县	tsʰuə^{423}	kuə^{423}	kuə^{33}	kʰuə^{423}	kʰuə^{423}	xuə^{13}	xuə^{13}	və^{423}
乡宁	suɤ^{53}	kuɤ^{53}	kuɤ^{22}	kʰuɤ^{53}	kʰuɤ^{53}	xɤ^{12}	xɤ^{12}	uɤ^{53}
广灵	suo^{53}	kuo^{53}	kuo^{213}	kʰɤ^{53}	kʰɤ^{53}	xɤ^{31}	xuo^{31}/xɤ^{31}	vo^{53}

字目	簸	朵	躲	妥	堕	惰	坐	锁
中古音 方言点	布火 果合一 上果帮	丁果 果合一 上果端	丁果 果合一 上果端	他果 果合一 上果透	徒果 果合一 上果定	徒卧 果合一 上果定	徂果 果合一 上果从	苏果 果合一 上果心
北京	po^{51}	tuo^{214}	tuo^{214}	tʰuo^{214}	tuo^{51}	tuo^{51}	tsuo^{51}	suo^{214}
小店	pəɯ^{53}/pəɯ^{24}	to^{53}	to^{53}	tʰo^{53}	to^{24}	to^{24}	tso^{24}	so^{53}
尖草坪	pɤɯ^{312}	tuɤɯ^{312}	tuɤɯ^{312}	tʰuɤɯ^{312}	tuɤɯ^{35}	tuɤɯ^{35}	tsuɤɯ^{35}	suɤɯ^{33}
晋源	pɤ^{42}	tuɤ^{11}	tuɤ^{42}	tʰuɤ^{42}	tuɤ^{35}	tuɤ^{35}	tsɔ^{35}	sɔ^{42}
阳曲	pɤ^{312}/ pɤ^{454}	tuɤ^{312}	tuɤ^{312}	tʰuɤ^{312}	tuɤ^{454}	tuɤ^{454}	tsuɤ^{454}	suɤ^{312}
古交	pɯ^{312}	tuɯ^{312}	tuɯ^{312}	tʰuɯ^{312}	tuɯ^{53}	tuɯ^{53}	tsuɯ^{53}	suɯ^{312}
清徐	pɤɯ^{45}	tuɤɯ^{54}	tuɤɯ^{54}	tʰuɤɯ^{54}	tuɤɯ^{45}	tuɤɯ^{45}	tsuɤɯ^{45}	suɤɯ^{54}
娄烦	pə^{312}	tɷ^{312}	tɷ^{312}	tʰɷ^{312}	tɷ^{54}	tɷ^{54}	tsɷ^{54}	sɷ^{312}
榆次	pɯ^{53}	tuɯ^{53}	tuɯ^{53}	tʰɯ^{53}	tuɯ^{35}	tuɯ^{35}	tsuɯ^{53}	suɯ^{53}
交城	pɤɯ^{53}/pɤɯ^{24}	tuɤɯ^{53}	tuɤɯ^{53}	tʰuɤɯ^{53}	tuɤɯ^{24}	tuɤɯ^{24}	tsuɤɯ^{24}	suɤɯ^{53}
文水	pɪi^{423}	tuɪi^{423}	tuɪi^{423}	tʰuɪi^{423}	tuɪi^{35}	tuɪi^{35}	tɕy^{35}	ɕy^{423}
祁县	pɯ^{314}	tu^{314}	tu^{314}	tʰu^{314}	tu^{45}	tu^{45}	tsu^{45}	su^{314}
太谷	pe^{312}	tye^{312}	tye^{312}	tʰuo^{312}	tye^{53}	tye^{53}	tsuɒ^{53}	ɕye^{312}
平遥	pei^{24}	tuei^{512} 白 / tuə^{512} 文	tuei^{512}	tʰuə^{512}	tuə^{512}	tuə^{24}	tɕye^{24}	ɕyɛ^{512}
孝义	pᴇ^{312}	tuᴇ^{312}	tuᴇ^{312}	tʰuᴇ^{312}	tuə^{454}	tuə^{454}	tsuᴇ^{454}	suᴇ^{312}
介休	piᴇ^{423}	tuᴇ^{423}	tuᴇ^{423}	tʰuɤ^{423}	tuᴇ^{45}	tuᴇ^{45}	tɕyᴇ^{45}	ɕyᴇ^{423}
灵石	pei^{212}	tuɤ^{212}	tuei^{212}	tuɤ^{212}	tuɤ^{53}	tuɤ^{53}	tɕyɛ^{53} 白 / tsuɤ^{53} 文	suɤ^{212}
盂县	puo^{53}/puo^{55}	tuo^{53}	tuo^{53}	tʰuo^{53}	tuo^{55}	tuo^{55}	tsuo^{55}	suo^{53}
寿阳	pəɯ^{53}	təɯ^{53}	təɯ^{53}	tʰuəɯ^{53}	təɯ^{45}	təɯ^{45}	tsuəɯ^{45}	suəɯ^{53}
榆社	pɤ^{45}	tu^{312}	tu^{312}	tʰu^{312}	tu^{45}	tu^{45}	tsu^{45}	su^{312}
离石	puə^{53}	tuə^{312}	tuə^{312}	tuə^{312}	tuə^{53}	tuə^{53}	tsuə^{53}	suə^{312}
汾阳	pu^{312}	tu^{312}	tu^{312}	tʰu^{312}	tu^{55}	tu^{55}	tsu^{55}	ʂu^{312}
中阳	pɤ^{53}	tuɤ^{423}	tuɤ^{423}	tuɤ^{423}	tuɤ^{53}	tuɤ^{53}	tʂuɤ^{53}	ʂuɤ^{423}
柳林	po^{312}	tuo^{312}	tuo^{312}	tʰuo^{312}	tuo^{53}	tuo^{53}	tsuo^{53}	suo^{312}
方山	puə^{52}	tuə^{312}	tuə^{312}	tʰuə^{312}	tuə^{52}	tuə^{52}	tsuə^{52}	suə^{312}
临县	pu^{52}	tu^{24}	tu^{312}	tʰuɤ^{312}	tuɤ^{52}	tuɤ^{52}	tsɥ^{52}	sɥ^{312}
兴县	——	tuɤ^{324}	tuɤ^{324}	tʰuɤ^{324}	tuɤ^{53}	tuɤ^{53}	tsuɤ^{53}	suɤ^{324}
岚县	pɤ^{312}/pɤ^{53}	tue^{312}	tue^{312}	tʰue^{312}	tue^{53}	tue^{53}	tsue^{53}	sue^{312}
静乐	pɤɯ^{314}	tuɤ^{314}	tuɤ^{314}	tʰuɤ^{314}	tuɤ^{53}	tuɤ^{53}	tsuɤ^{53}	suei^{314}
交口	pə^{323}	tuə^{323}	tuə^{323}	tʰə^{323}	tuə^{53}	tuə^{53}	tsuə^{53}	suə^{323}

续表

字目	簸	朵	躲	妥	堕	惰	坐	锁
中古音 / 方言点	布火 果合一 上果帮	丁果 果合一 上果端	丁果 果合一 上果端	他果 果合一 上果透	徒果 果合一 上果定	徒卧 果合一 上果定	徂果 果合一 上果从	苏果 果合一 上果心
石楼	puə^{51}	tuə^{213}	tuə^{213}	tʰuə^{213}	tuə^{51}	tuə^{51}	tʂuə^{51}	ʂuə^{51}
隰县	pɤ^{21}	tuo^{21}	tuo^{21}	tʰuo^{21}	tuo^{44}	tuo^{44}	tsʰuo^{44} 白 / tsuo^{44} 文	suo^{21}
大宁	puo^{31}	tuo^{31}	tuo^{31}	tʰuo^{31}	——	tuo^{55}	tsʰuo^{55}	suo^{31}
永和	puɤ^{312}	tuɤ^{312}	tuɤ^{312}	tʰuɤ^{312}	tuɤ^{53}	tuɤ^{53}	tsʰuɤ^{53} 白 / tsuɤ^{53} 文	suɤ^{312}
汾西	puɯ^{33}	tu^{11}	tu^{33}	tʰu^{33}	tu^{53}	——	tsʰu^{53}	su^{11}
蒲县	po^{24}	tuo^{31}	tuo^{31}	tʰuo^{31}	tuo^{52}	tuo^{52}	tsʰuo^{33} 白 / tsuo^{33} 文	suo^{31}
潞州	pə^{535}	tuə^{535}	tuə^{535}	tʰuə^{535}	tuə^{54}	tuə^{54}	tsuə^{54}	suə^{535}
上党	po^{535}/po^{22}	tuo^{535}	tuo^{535}	tʰuo^{535}	tuo^{42}	tuo^{42}	tsuo^{42}	suo^{535}
长子	pə^{434}	tuə^{434}	tuə^{434}	tʰuə^{434}	tuə^{53}	tuə^{53}	tsuə^{53}	suə^{434}
屯留	puɤ^{43}	tuɤ^{43}	tuɤ^{43}	tʰuɤ^{43}	tuɤ^{11}	tuɤ^{11}	tsuɤ^{11}	suɤ^{43}
襄垣	pə^{42}/pə^{44}	tə^{42}	tuə^{42}	tʰə^{42}	tə^{53}	tʰuə^{45}	tsʰuə^{53}	suə^{42}
黎城	puɤ^{53}	tuɤ^{213}	tuɤ^{213}	tʰuɤ^{213}	tuɤ^{53}	tuɤ^{53}	tsuɤ^{53}	suɤ^{213}
平顺	pə^{434}	tuɤ^{434}	tuɤ^{434}	tʰuɤ^{434}	tuɤ^{53}	tuɤ^{53}	tsuɤ^{53}	suɤ^{434}
壶关	pə^{535}/pə^{42}	tuə^{535}	tuə^{535}	tʰuə^{535}	tuə^{353}	tuə^{353}	tʂuə^{353}	ʂuə^{535}
沁县	pɤ^{214}	tuɤ^{214}	tuɤ^{214}	tʰuɤ^{214}	——	tuɤ^{53}	tsuɤ^{53}	suɤ^{214}
武乡	pɤ^{213}/pɤ^{55}	tuɤ^{213}	tuɤ^{213}	tʰuɤ^{213}	tuɤ^{55}	tuɤ^{213}	tsuɤ^{55}	suɤ^{213}
沁源	piᴇ^{324}	tuə^{324}	tuə^{324}	tʰuə^{324}	tuə^{53}	tuə^{53}	tsuə^{53}	suə^{324}
安泽	po^{35}	tuo^{42}	tuo^{42}	tʰuo^{42}	tuo^{53}	tuo^{53}	tsuo^{53}	suo^{42}
沁水端氏	pɤ^{31}	tuɤ^{31}	tuɤ^{31}	tʰuɤ^{31}	tuɤ^{53}	tuɤ^{53}	tsuɤ^{53}	suɤ^{31}
阳城	puə^{212}	tu^{224} 白 / tuə^{212} 文	tuə^{212}	tʰuə^{212}	tuə^{51}	tuə^{51}	tsuə^{51}	suə^{212}
高平	pɤ^{212}	tuɤ^{212}	tuɤ^{212}	tʰuɤ^{212}	tuɤ^{53}	tuɤ^{53}	tʂuɤ^{53}	ʂuɤ^{212}
陵川	po^{312}	tuɤ^{312}	tuɤ^{312}	tʰuɤ^{312}	tuɤ^{24}	tuɤ^{24}	tʂuɤ^{24}	ʂuɤ^{312}
晋城	puə^{213}/puə^{53}	tuə^{213}	tuə^{213}	tʰuə^{213}	——	tuə^{53}	tʂuə^{53}	ʂuə^{213}
忻府	pɛ^{313}	tuɛ^{313}	tuɛ^{313}	tʰuɛ^{313}	tuɛ^{53}	tuɛ^{53}	tsuɛ^{53}	suɛ^{313}
原平	pɤ^{213}	tuɤ^{213}	tuɤ^{213}	tʰuɤ^{213}	tuɤ^{53}	tuɤ^{53}	tsuɤ^{53}	suɤ^{213}
定襄	puə^{24}	tuə^{24}	tuə^{24}	tʰuə^{24}	tuə^{53}	tuə^{53}	tsuə^{53}	suə^{24}
五台	puɔ^{52}	tuɔ^{213}	tuɔ^{213}	tʰuɔ^{213}	tuɔ^{52}	tuɔ^{52}	tsuo^{52}	suɔ^{213}
岢岚	pɤ^{13}	tuɤ^{13}	tuɤ^{13}	tʰuɤ^{13}	tuɤ^{52}	tuɤ^{52}	tsuɤ^{52}	suɤ^{13}

续表

字目	簸	朵	躲	妥	堕	惰	坐	锁
中古音 / 方言点	布火 果合一 上果帮	丁果 果合一 上果端	丁果 果合一 上果端	他果 果合一 上果透	徒果 果合一 上果定	徒卧 果合一 上果定	徂果 果合一 上果从	苏果 果合一 上果心
五寨	pɤ^{13}	tuo^{13}	tuo^{13}	tʰuo^{13}	tuo^{52}	tuo^{52}	tsuo^{52}	suo^{13}
宁武	pɒ^{213}	tuo^{213}	tuo^{213}	tʰuo^{213}	tuo^{52}	tuo^{52}	tsuo^{52}	suo^{213}
神池	pɔ^{13}	tuɔ^{13}	tuɔ^{13}	tʰuɔ^{13}	tuɔ^{52}	tuɔ^{52}	tsuɔ^{52}	suɔ^{13}
繁峙	pɤ^{53}	tuɤ^{53}	tuɤ^{53}	tʰuɤ^{53}	tuɤ^{24}	tuɤ^{24}	tsuɤ^{24}	suɤ^{53}
代县	pɤ^{213}	tuɤ^{213}	tuɤ^{213}	tʰuɤ^{213}	tuɤ^{53}	tuɤ^{53}	tsuɤ^{53}	suɤ^{213}
河曲	puɤ^{52}	tuɤ^{213}	tuɤ^{213}	tʰuɤ^{213}	tuɤ^{52}	tuɤ^{52}	tʂuɤ^{52}	suɤ^{213}
保德	pɤ^{52}	tuɤ^{213}	tuɤ^{213}	tʰuɤ^{213}	tuɤ^{52}	tuɤ^{52}	tsuɤ^{52}	suɤ^{213}
偏关	pə^{52}	tuə^{213}	tuə^{213}	tʰuə^{213}	tuə^{52}	tuə^{52}	tsuə^{52}	suə^{213}
朔城	puə^{53}	——	tuə^{312}	tuə^{312}	——	tuə^{53}	tsuə^{53}	suə^{312}
平鲁	puə^{213}/puə^{52}	tuə^{213}	tuə^{213}	tʰuə^{213}	tʰuə^{52}	tʰuə^{52}	tsuə^{52}	suə^{213}
应县	puɤ^{54}/puɤ^{24}	tuɤ^{54}	tuɤ^{54}	tʰuɤ^{54}	tuɤ^{24}	tuɤ^{24}	tsuɤ^{24}	suɤ^{54}
灵丘	pue^{442}/pue^{53}	tue^{442}	tue^{442}	tʰue^{442}	tue^{53}	tue^{53}	tsue^{53}	sue^{442}
浑源	puo^{52}	tuo^{52}	tuo^{52}	tʰuo^{52}	tuo^{13}	tuo^{13}	tsuo^{13}	suo^{52}
云州	po^{24}	tuɤ^{55}	tuɤ^{55}	tʰuɤ^{55}	tuɤ^{24}	tuɤ^{24}	tsuɤ^{24}	suɤ^{55}
新荣	po^{24}	tuo^{54}	tuo^{54}	tʰuo^{54}	tuo^{24}	tuo^{24}	tsuo^{24}	suo^{54}
怀仁	puɤ^{53}	tuɤ^{53}	tuɤ^{53}	tʰuɤ^{53}	tuɤ^{24}	tuɤ^{24}	tsuɤ^{24}	suɤ^{53}
左云	puo^{54}	tuo^{54}	tuo^{54}	tʰuo^{54}	tuo^{24}	tuo^{24}	tsuo^{24}	suo^{54}
右玉	po^{53}	tuo^{53}	tuo^{53}	tuo^{24}	tuo^{24}	tuo^{24}	tsuo^{24}	suo^{53}
阳高	pɤ^{31}	tuɤ^{53}	tuɤ^{53}	tʰuɤ^{53}	tuɤ^{24}	tuɤ^{24}	tsuɤ^{24}	suɤ^{53}
山阴	puə^{52}/puə^{335}	tuə^{52}	tuə^{52}	tʰuə^{52}	tuə^{335}	tuə^{335}	tsuə^{335}	suə^{313}
天镇	pɤ^{55}/pɤ^{24}	tuɤ^{55}	tuɤ^{55}	tʰuɤ^{55}	——	tuɤ^{24}	tsuɤ^{24}	suɤ^{55}
平定	pɤ^{53}/pɤ^{24}	tuɤ^{53}	tuɤ^{53}	tʰuɤ^{53}	tuɤ^{24}	tuɤ^{24}	tsuɤ^{24}	suɤ^{53}
昔阳	pə^{55}	tuə^{55}	tuə^{55}	tʰuə^{55}	tuə^{13}	tuə^{13}	tsuə^{13}	suə^{55}
左权	pɤ^{42}/pɤ^{53}	tuɤ^{42}	tuɤ^{42}	——	——	tuɤ^{53}	tsuɤ^{53}	suɤ^{42}
和顺	pɤ^{53}/pɤ^{13}	tuɤ^{53}	tuɤ^{53}	tʰuɤ^{53}	tuɤ^{13}	tuɤ^{13}	tsuɤ^{13}	suɤ^{53}
尧都	po^{53}	tuo^{53}	tuo^{53}	tʰuo^{53}	tuo^{44}	tuo^{44}	tsʰou^{44} 白 / tsuo^{44} 文	suo^{53}
洪洞	po^{42}	to^{21}	to^{42}	tʰo^{21}	to^{42}	to^{42}	tsʰo^{53}/tso^{53} 文	so^{42}
洪洞赵城	po^{24}	tuɤ^{42}	tuɤ^{42}	tʰuo^{24}	tʰuo^{53}	——	tsʰuɤ^{53} 白 / tsuɤ^{53} 文	suɤ^{42}
古县	po^{42}/po^{53}	tuo^{42}	tuo^{42}	tʰuo^{42}	——	tuo^{53}	tsʰuo^{53} 白 / tsuo^{53} 文	suo^{42}

续表

字目	簸	朵	躲	妥	堕	惰	坐	锁
中古音 方言点	布火 果合一 上果帮	丁果 果合一 上果端	丁果 果合一 上果端	他果 果合一 上果透	徒果 果合一 上果定	徒卧 果合一 上果定	徂果 果合一 上果从	苏果 果合一 上果心
襄汾	puɔ^{42}/puɔ^{44}	tɔ^{42}	tɔ^{42}	tʰɔ^{42}	tuɔ^{45}	tʰuɔ^{44}	tsʰuɔ^{53}	suɔ^{42}
浮山	pɤ^{33}/ pɤ^{44}	tuo^{42}/ tuo^{33}	tuo^{33}	tʰuo^{33}	tuo^{44}	tʰuo^{44}	tsʰuo^{53}	suo^{33}
霍州	puɤ^{33}	tuɤ^{33}	tuɤ^{33}	tʰuɤ^{33}	tuɤ^{55}	tuɤ^{53}	tsʰuɤ^{53}	suɤ^{33}
翼城	po^{44}	tuɤ^{44}	tuɤ^{44}	tʰuɤ^{44}	tuɤ^{53}	tuɤ^{53}	tsʰuɤ^{53}	suɤ^{53}
闻喜	pɤ^{53}/pɤ^{33}	tuɤ^{33}/tɤ^{33}	tuɤ^{13}	tʰuɤ^{33}	tɤ^{13}	tɤ^{13}	tsʰuɤ^{13} 白 / tsuɤ^{13} 文	suɤ^{33}
侯马	pɤ^{53}	tuɤ^{44}	tuɤ^{44}	tʰuɤ^{44}	tuɤ^{53}	tuɤ^{53}	tsuɤ^{53}	suɤ^{44}
新绛	pɤ^{53}	tuɤ^{44}	tuɤ^{13}	tʰuɤ^{53}	tuɤ^{53}	tuɤ^{53}	tsʰuɤ^{53} 白 / tsuɤ^{53} 文	suɤ^{44}
绛县	pɤ^{33}/pɤ^{31}	tuɤ^{33}	tuɤ^{33}	tʰuɤ^{33}	tuɤ^{33}	tuɤ^{53}	tsuɤ^{53}	suɤ^{33}
垣曲	pɤ^{53}	tuo^{44}	tuo^{44}	tʰuo^{44}	tuo^{53}	tuo^{53}	tsʰuo^{53}	suo^{44}
夏县	puɤ^{31}	tuɤ^{24}	tuɤ^{24}	tʰuɤ^{24}	tuɤ^{31}	tuɤ^{31}	tsʰuɤ^{31}	suɤ^{24}
万荣	pɤ^{55}	tuɤ^{55}	tuɤ^{55}	tʰuɤ^{55}	tuɤ^{33}	tuɤ^{33}	tsʰuɤ^{33}	suɤ^{55}
稷山	pɤ^{44}	tuɤ^{44}	tuɤ^{44}	tʰuɤ^{44}	tuɤ^{42}	tuɤ^{42}	tsʰuɤ^{42}	suɤ^{44}
盐湖	po^{53}	tuo^{53}	tuo^{53}	tʰuo^{53}	tuo^{44}	tuo^{44}	tsʰuo^{44} 白 / tsuo^{44} 文	suo^{53}
临猗	po^{44}	tuo^{53}	tuo^{53}	tʰuo^{53}	tuo^{44}	tuo^{44}	tsʰuo^{44}	suo^{53}
河津	pɤ^{53}	tuɤ^{53}/tuɤ^{0}	tuɤ^{53}	tʰuɤ^{53}	tuɤ^{44}	tuɤ^{44}	tsʰuɤ^{44}	suɤ^{53}
平陆	pə^{55}/pə^{33}	tuə^{55}	tuə^{55}	tʰuə^{55}	tuə^{33}	tuə^{33}	tsʰuə^{33} 白 / tsuə^{33} 文	suə^{55}
永济	puo^{53}	tuo^{53}	tuo^{53}	tʰuo^{53}	tʰuo^{44}	tʰuo^{44}	tsʰuo^{44}	suo^{53}
芮城	po^{42}	tuo^{53}	tuo^{53}	tʰuo^{53}	tuo^{44}	tuo^{44}	tsʰuo^{44}	suo^{53}
吉县	pə^{53}/ pə^{33}	tuə^{53}	tuə^{53}	tʰuə^{53}	——	——	tsʰuə^{33}	suə^{53}
乡宁	pɤ^{44}	tuɤ^{44}	tuɤ^{44}	tʰuɤ^{44}	tuɤ^{22}	tuɤ^{22}	tsʰuɤ^{22} 白 / tsuɤ^{22} 文	suɤ^{44}
广灵	po^{44}	tuo^{44}	tuo^{44}	tʰuo^{44}	tuo^{213}	tuo^{213}	tsuo^{213}	suo^{44}

字目	琐	果	裹	颗	火	伙	祸	破
中古音 / 方言点	苏果 果合一 上果心	古火 果合一 上果见	古火 果合一 上果见	苦果 果合一 上果溪	呼果 果合一 上果晓	呼果 果合一 上果晓	胡果 果合一 上果匣	普过 果合一 去过滂
北京	suo^{214}	kuo^{214}	kuo^{214}	kʰɤ^{55}	xuo^{214}	xuo^{214}	xuo^{51}	pʰo^{51}
小店	so^{53}	ko^{53}	ko^{53}	kʰəɯ^{11}	xo^{53}	xo^{53}	xo^{24}	pʰəɯ^{24}
尖草坪	suɤɯ^{33}	kuɤɯ^{312}	kuɤɯ^{312}	kʰuɤɯ^{33}	xuɤɯ^{312}	xuɤɯ^{312}	xuɤɯ^{35}	pʰɤɯ^{35}
晋源	sɔ^{42}	kɔ^{42}	kɔ^{42}	kʰɔ^{11}	xɔ^{42}	xɔ^{42}	xɔ^{35}	pʰɤ^{35}
阳曲	suɤ^{312}	kuɤ^{312}	kuɤ^{312}	kʰuɤ^{312}	xuɤ^{312}	xuɤ^{312}	xuɤ^{454}	pʰɤ^{454}
古交	suɯ^{312}	kuɯ^{312}	kuɯ^{312}	kʰɯ^{44}	xuɯ^{312}	xuɯ^{312}	xuɯ^{53}	pʰɯ^{53}
清徐	suɤɯ^{54}	kuɤɯ^{54}	kuɤɯ^{54}	kʰuɤɯ^{54}	xuɤɯ^{54}	xuɤɯ^{54}	xuɤɯ^{45}	pʰɤɯ^{45}
娄烦	sɷ^{312}	kɷ^{312}	kɷ^{312}	kʰɷ^{312}	xɷ^{312}	xɷ^{312}	xɷ^{54}	pʰə^{54}
榆次	suɯ^{53}	kuɯ^{53}	kuɯ^{53}	kʰuɯ^{11}	xuɯ^{53}	xuɯ^{53}	xuɯ^{35}	pʰɯ^{35}
交城	suɤɯ^{53}	kuɤɯ^{53}	kuɤɯ^{53}	kʰuɤɯ^{11}	xuaʔ^{53} 白 / xuɤɯ^{53} 文	xuɤɯ^{53}	xuɤɯ^{24}	pʰɤɯ^{24}
文水	ɕy^{423}	kuɪi^{423}	kuɪi^{423}	kʰuɪi^{22} 老 / kʰɪi^{22} 新	xuɪi^{423}	xuɪi^{423}	xuɪi^{35}	pʰɪi^{35} 白
祁县	su^{314}	ku^{314}	ku^{314}	kʰɯ^{314}	xu^{314}	xu^{314}	xu^{45}	pʰɯ^{45}
太谷	ɕye^{312}	kue^{312}	kue^{312}	kʰue^{312}	xue^{312}	xue^{312}	xue^{53}	pʰe^{53}
平遥	suə^{512}	kuei^{512} 白 / kuə^{512} 文	kuei^{512}	kʰuə^{512}	xuei^{512}	xuei^{512}	xuei^{24} 白 / xuə^{24} 文	pʰei^{24}
孝义	suᴇ^{312}	kuᴇ^{312}	kuᴇ^{312}	kuᴇ^{33}/kʰuᴇ^{33}	xuᴇ^{312}	xuᴇ^{312}	xuᴇ^{454}	pʰᴇ^{454}
介休	ɕyᴇ^{423}	kuᴇ^{423}/ kuɤ^{423}	kuᴇ^{423}	kʰuᴇ^{13}	xuᴇ^{423}	xuᴇ^{423}	xuᴇ^{45}	pʰiᴇ^{45}
灵石	suɤ^{212}	kuɤ^{212}/ kuei^{212}	kuei^{212}	kʰuei^{535}	xuei^{212}	xuɤ^{212}	xuɤ^{53}	pʰei^{53}
盂县	suo^{53}	kuo^{53}	kuo^{53}	kʰuo^{412}	xuo^{53}	xuo^{53}	xuo^{55}	pʰuo^{55}
寿阳	suəɯ^{53}	kuəɯ^{53}	kuəɯ^{53}	kʰuəɯ^{31}	xuəɯ^{53}	xuəɯ^{53}	xuəɯ^{45}	pʰəɯ^{45}
榆社	su^{312}	ku^{312}	ku^{312}	kʰu^{22}	xu^{312}	xu^{312}	xu^{45}	pʰɤ^{45}
离石	suə^{312}	kuə^{312}	kuə^{312}	kʰuə^{24}	xuə^{312}	xuə^{312}	xuə^{53}	puə^{53}
汾阳	ʂu^{312}	ku^{312}	ku^{312}	kʰu^{324}	xu^{312}	xu^{312}	xu^{55}	pʰu^{55}
中阳	ʂuɤ^{423}	kuɤ^{423}	kuɤ^{423}	kʰuɤ^{24}	xuɤ^{423}	xuɤ^{423}	xuɤ^{53}	pɤ^{53}
柳林	suo^{312}	kuo^{312}	kuo^{312}	kʰuo^{24}	xuo^{312}	xuo^{312}	xuo^{53}	pʰo^{53}
方山	suə^{312}	kuə^{312}	kuə^{312}	kʰuə^{24}	xuə^{312}	xuə^{312}	xuə^{52}	pʰuə^{52}
临县	su^{312}	ku^{312}	kuɐʔ^{3}	kʰu^{24}	xu^{312}	xu^{312}	xu^{52}	pʰu^{52}
兴县	suɤ^{324}	kuɤ^{324}	kuɤ^{324}	kʰuɤ^{324}	xuɤ^{324}	xuɤ^{324}	xuɤ^{53}	pʰɤ^{53}
岚县	sue^{312}	kue^{312}	kue^{312}	kʰue^{214}/ kʰue^{312}	xue^{312}	xue^{312}	xue^{53}	pʰɤ^{53}

续表

字目	琐	果	裹	颗	火	伙	祸	破
中古音 方言点	苏果 果合一 上果心	古火 果合一 上果见	古火 果合一 上果见	苦果 果合一 上果溪	呼果 果合一 上果晓	呼果 果合一 上果晓	胡果 果合一 上果匣	普过 果合一 去过滂
静乐	suɤ^{314}	kuɤ^{314}	kuɤ^{314}	kʰuɤ^{24}	xuɤ^{314}	xuɤ^{314}	xuɤ^{53}	pʰɤɯ^{53}
交口	suə^{323}	kuə^{323}	kuə^{323}	kʰuə^{323}	xuə^{323}	xuə^{323}	xuə^{53}	pʰə^{53}
石楼	ʂuə^{213}	kuə^{213}	kuə^{213}	kʰuə^{213}	xuə^{213}	xuə^{213}	xuə^{51}	pʰuə^{51}
隰县	suo^{21}	kuo^{21}	kuo^{21}	kʰɤ^{53}	xuo^{21}	xuo^{21}	xuo^{44}	pʰɤ^{44}
大宁	suo^{31}	kuo^{31}	kuo^{31}	kʰuo^{31}	xuo^{31}	xuo^{31}	xuo^{55}	pʰuo^{55}
永和	suɤ^{312}	kuɤ^{312}	kuɤ^{312}	kʰuɤ^{33}	xuɤ^{312}	xuɤ^{312}	xuɤ^{53}	pʰuɤ^{53}
汾西	su^{11}	ku^{33}	ku^{33}	kʰu^{33}	xu^{33}	xu^{33}	xu^{53}	pʰɯ^{55}
蒲县	suo^{31}	kuo^{31}	kuo^{31}	kʰuo^{24}	xuo^{31}	xuo^{31}	xuo^{33}	pʰo^{33}
潞州	suə^{535}	kuə^{535}	kuə^{535}	kʰuə^{312}	xuə^{535}	xuə^{535}	xuə^{44}	pʰə^{44}
上党	suo^{535}	kuo^{535}	kuo^{535}	kʰuo^{213}	xuo^{535}	xuo^{535}	xuo^{42}	pʰo^{22}
长子	suə^{434}	kuə^{434}	kuə^{434}	kʰuəʔ^{4}	xuə^{434}	xuə^{434}	xuə^{53}	pʰə^{422}
屯留	suɤ^{43}	kuɤ^{43}	kuɤ^{43}	kʰɤ^{11}	xuɤ^{43}	xuɤ^{43}	xuɤ^{11}	pʰuɤ^{53}
襄垣	suə^{42}	kuə^{42}	kuə^{42}	kʰuə^{33}	xuə^{42}	xuə^{42}	xuə^{45}	pʰuə^{53}
黎城	suɤ^{213}	kuɤ^{213}	kuɤ^{213}	kʰɤ^{33}	xuɤ^{213}	xuɤ^{213}	xuɤ^{53}	pʰuɤ^{422}
平顺	suɤ^{434}	kuɤ^{434}	kuɤ^{434}	kʰuɤ^{213}	xuɤ^{434}	xuɤ^{434}	xuɤ^{53}	pʰo^{53}
壶关	ʂuə^{535}	kuə^{535}	kuə^{535}	kʰuə^{33}	xuəʔ$^{\underline{21}}$/xuə^{535}	xuə^{535}	xuə^{353}	pʰə^{42}
沁县	suɤ^{214}	kuɤ^{214}	kuɤ^{214}	kʰuɤ^{224}	xuɤ^{214}	xuɤ^{214}	xuɤ^{53}	pʰɤ^{53}
武乡	suɤ^{213}	kuɤ^{213}	kuɤ^{213}	kuɤ^{113}	xuɤ^{213}	xuɤ^{213}	xuɤ^{55}	pʰɤ^{55}
沁源	suə^{324}	kuə^{324}	kuə^{324}	kʰuə^{324}	xuə^{324}	xuə^{324}	xuə^{53}	pʰɨᴇ^{53}
安泽	suo^{42}	kuo^{42}	kuo^{42}	kʰuo^{42}	xuo^{42}	xuo^{42}	xuo^{53}	pʰo^{53}
沁水端氏	——	kuɤ^{31}	kuɤ^{31}	kʰuɤ^{21}	xuɤ^{31}	xuɤ^{31}	xuɤ^{53}	pʰɤ^{53}
阳城	suə^{212}	kuə^{212}	kuə^{212}	kʰuə^{224}	xuə^{212}	xuə^{212}	xuə^{51}	pʰuə^{51}
高平	ʂuɤ^{212}	kuɤ^{212}	kuɤ^{212}	kʰuɤ^{212}	xuɤ^{212}	xuɤ^{212}	xuɤ^{53}	pʰɤ^{53}
陵川	ʂuɤ^{312}	kuɤ^{312}	kuɤ^{312}	kʰuɤ^{33}	xuɤ^{312}	xuɤ^{312}	xuɤ^{24}	pʰo^{24}
晋城	ʂuə^{213}	kuə^{213}	kuə^{213}	kʰɤ^{33} 白 / kʰuə^{33} 文	xuə^{213}	xuə^{213}	xuə^{53}	pʰuə^{53}
忻府	suɛ^{313}	kuɛ^{313}	kuɛ^{313}	kʰuɛ^{313}	xuɛ^{313}	xuɛ^{313}	xuɛ^{53}	pʰɛ^{53}
原平	suɤ^{213}	kuɤ^{213}	kuɤ^{213}	kʰuɤ^{213}	xuɤ^{213}	xuɤ^{213}	xuɤ^{53}	pʰɤ^{53}
定襄	suə^{24}	kuə^{24}	kuə^{24}	kʰuə^{24}	xuəʔ^{1}	xuə^{24}	xuə^{53}	pʰuə^{53}
五台	suɔ^{213}	kuɔ^{213}	kuɔ^{213}	kʰuɔ^{213}	xuɔ^{213}	xuɔ^{213}	xuɔ^{52}	pʰɔ^{52}
岢岚	suɤ^{13}	kuɤ^{13}	kuɤ^{13}	kʰɤ^{13}	xuɤ^{13}	xuɤ^{13}	xuɤ^{52}	pʰɤ^{52}

续表

字目	琐	果	裹	颗	火	伙	祸	破
中古音 方言点	苏果 果合一 上果心	古火 果合一 上果见	古火 果合一 上果见	苦果 果合一 上果溪	呼果 果合一 上果晓	呼果 果合一 上果晓	胡果 果合一 上果匣	普过 果合一 去过滂
五寨	suo^{13}	kuo^{13}	kuo^{13}	kʰuo^{13}	xuo^{13}	xuo^{13}	xuo^{52}	pʰɤ^{52}
宁武	suo^{213}	kuo^{213}	kuo^{213}	kuo^{23}	xuo^{213}	xuo^{213}	xuo^{52}	pʰɒ^{52}
神池	suɔ^{13}	kuɔ^{13}	kuɔ^{13}	kʰɤ^{24}	xuɔ^{13}	xuɔ^{13}	xuɔ^{52}	pʰɔ^{52}
繁峙	suɤ^{53}	kuɤ^{53}	kuɤ^{53}	kʰuɤ^{53}	xuɤ^{53}	xuɤ^{53}	xuɤ^{24}	pʰɤ^{24}
代县	suɤ^{213}	kuɤ^{213}	kuɤ^{213}	kʰuɤ^{213}	xuɤ^{213}	xuɤ^{213}	xuɤ^{53}	pʰɤ^{53}
河曲	suɤ^{213}	kuɤ^{213}	kuɤ^{213}	kʰuɤ^{213}	xuɤ^{213}	xuɤ^{213}	xuɤ^{52}	pʰuɤ^{52}
保德	suɤ^{213}	kuɤ^{213}	kuɤ^{213}	kʰuɤ^{213}	xuɤ^{213}	xuɤ^{213}	xuɤ^{52}	pʰɤ^{52}
偏关	suə^{213}	kuə^{213}	kuə^{213}	kʰuə^{24}	xuə^{213}	xuə^{213}	xuə^{213}	pʰə^{52}
朔城	suə^{312}	kuə^{312}	kuə^{312}	kʰuə^{312}	xuə^{312}	——	xuə^{53}	pʰuə^{53}
平鲁	suə^{213}	kuə^{213}	kuə^{213}	kʰuə^{213}	xuə^{213}/xuəʔ$^{\underline{34}}$	xuə^{213}	xuə^{52}	pʰuə^{52}
应县	suɤ^{54}	kuɤ^{54}	kuɤ^{54}	kʰuɤ^{43}	xuɤ^{54}/xuəʔ$^{\underline{43}}$	xuɤ^{54}	xuɤ^{24}	pʰuɤ^{24}
灵丘	sue^{442}	kue^{442}	kue^{442}	kʰue^{442}老/ kʰɤ^{442}新	xue^{442}	xue^{442}	xue^{53}	pʰue^{53}
浑源	suo^{52}	kuo^{13}	kuo^{13}	kʰuo^{52}	xuo^{52}/xuʌʔ^{4}	xuo^{52}	xuo^{13}	pʰuo^{13}
云州	suɤ^{55}	kuɤ^{55}	kuɤ^{55}	kʰɤ^{21}	xuɤ^{55}	xuɤ^{55}	xuɤ^{24}	pʰo^{24}
新荣	suo^{54}	kuo^{54}	kuo^{54}	kʰɤ^{32}/kʰuo^{32}	xuo^{54}	xuo^{54}	xuo^{24}	pʰo^{24}
怀仁	suɤ^{53}	kuɤ^{53}	kuɤ^{53}	kʰɤ^{42}	xuɤ^{53}	xuɤ^{53}	xuɤ^{24}	pʰuɤ^{24}
左云	suo^{54}	kuo^{54}	kuo^{54}	kʰə^{31}	xuo^{54}	xuo^{54}	xuo^{24}	pʰuo^{24}
右玉	suo^{53}	kuo^{53}	li^{53}/kuo^{53}	kʰuo^{53}	xuo^{53}	——	xuo^{24}	pʰo^{24}
阳高	suɤ^{53}	kuɤ^{53}	kuɤ^{53}	kʰuɤ^{31}老/ kʰɤ^{31}新	xuɤ^{53}/xuɑʔ^{3}	xuɤ^{53}	xuɤ^{24}	pʰɤ^{24}
山阴	suə^{313}	kuə^{52}	kuə^{52}	kʰuə^{313}/ kʰuə^{52}	xuə^{52}	xuə^{52}	xuə^{335}	pʰuə^{52}/ pʰuə^{335}
天镇	suɤ^{55}	kuɤ^{55}	kuɤ^{55}	kʰuɤ^{31}/kʰuɤ^{55}	xuɤ^{55}	xuɤ^{55}	xuɤ^{24}	pʰɤ^{24}
平定	suɤ^{53}	kuɤ^{53}	kuɤ^{53}	kʰuɤ^{31}	xuɤ^{53}	xuɤ^{53}	xuɤ^{24}	pʰɤ^{24}
昔阳	suə^{55}	kuə^{55}	kuə^{55}	kʰuə^{42}	xuə^{55}	xuə^{55}	xuə^{13}	pʰə^{13}
左权	suɤ^{42}	kuɤ^{42}	kuɤ^{42}	kʰuɤ^{31}	xuɤ^{42}	xuɤ^{42}	xuɤ^{53}	pʰɤ^{53}
和顺	suɤ^{53}	kuɤ^{53}	kuɤ^{53}	kʰuɤ^{42}白/ kʰɤ^{42}文	xuɤ^{53}	xuɤ^{53}	xuɤ^{13}	pʰɤ^{13}
尧都	suo^{53}	kuo^{53}	kuo^{53}	kʰɤ^{21}	xuo^{53}	xuo^{53}	xuo^{44}	pʰo^{44}
洪洞	so^{42}	kuo^{42}	kuo^{42}	kʰuo^{42}	xuo^{42}	xuo^{42}	xuo^{53}	pʰo^{42}

续表

字目	琐	果	裹	颗	火	伙	祸	破
中古音 / 方言点	苏果 果合一 上果心	古火 果合一 上果见	古火 果合一 上果见	苦果 果合一 上果溪	呼果 果合一 上果晓	呼果 果合一 上果晓	胡果 果合一 上果匣	普过 果合一 去过滂
洪洞赵城	suɤ^{42}	kuɤ^{42}	kuɤ^{42}	kʰuɤ^{21}	xuɤ^{42}	xuɤ^{42}	xuɤ^{53}	pʰo^{24}
古县	suo^{42}	kuo^{42}	kuo^{42}	kʰuo^{42}	xuo^{42}	xuo^{42}	xuo^{53}	pʰo^{35}
襄汾	suə^{42}	kuə^{42}	kuə	kʰuə^{33}	xuə^{42}	xuə^{42}	xuə^{53}	pʰuə^{53}
浮山	suo^{44}	kuo^{44}	kuo^{42}	kʰuo^{42}白/ kʰɤ^{42}文	xuo^{33}	xuo^{33}	xuo^{53}	pʰɤ^{44}
霍州	suɤ^{33}	kuɤ^{33}	kuɤ^{33}	kʰuɤ^{35}白/ kʰɤ^{35}文	xuɤ^{33}	xuɤ^{33}	xuɤ^{55}	pʰuɤ^{55}
翼城	suɤ^{44}	kuɤ^{44}	kuɤ^{44}	kʰuɤ^{44}	xuɤ^{44}	xuɤ^{53}	xuɤ^{53}	pʰo^{53}
闻喜	suɤ^{33}	kuɤ^{33}	kuɤ^{33}	kʰuɤ^{33}	xuɤ^{33}	xuɤ^{33}	xuɤ^{53}	pʰɤ^{53}
侯马	suɤ^{44}	kuɤ^{44}	kuɤ^{44}	kʰuɤ^{53}	xuɤ^{44}	xuɤ^{44}	xuɤ^{53}	pʰɤ^{53}
新绛	suɤ^{44}	kuɤ^{44}	kuɤ^{44}	kʰɤ^{44}	xuɤ^{44}	xuɤ^{13}	xuɤ^{53}	pʰuɤ^{53}
绛县	suɤ^{33}	kuɤ^{33}	kuɤ^{33}	kʰuɤ^{24}	xuɤ^{33}	xuɤ^{33}	xuɤ^{31}	pʰɤ^{31}
垣曲	suo^{44}	kuo^{44}	kuo^{44}	kʰɤ^{53}	xuo^{44}	xuo^{44}	xuo^{53}	pʰɤ^{53}
夏县	suɤ^{24}	kuɤ^{42}	kuɤ^{24}	kʰuɤ^{53}白/ kʰɤ^{53}文	xuɤ^{42}	xuɤ^{42}	xuɤ^{31}	pʰuɤ^{31}
万荣	suɤ^{55}	kuɤ^{55}	kuɤ^{55}	kʰuɤ^{55}	xuɤ^{55}	xuɤ^{55}	xuɤ^{33}	pʰɤ^{33}
稷山	suɤ^{44}	kuɤ^{44}	kuɤ^{44}	kʰuɤ^{53}白/ kʰɤ^{53}文	xuɤ^{44}	xuɤ^{44}	xuɤ^{42}	pʰɤ^{42}
盐湖	suo^{53}	kuo^{53}	kuo^{53}	kʰuo^{42}	xuo^{53}	xuo^{53}	xuo^{44}	pʰo^{44}
临猗	suo^{53}	kuo^{53}	kuo^{53}	kʰuo^{53}白/ kʰɤ^{53}文	xuo^{53}	xuo^{53}	xuo^{44}	pʰo^{44}
河津	suɤ^{53}	kuɤ^{53}/ʂɤ^{31}	kuɤ^{53}	kʰuɤ^{53}	xuɤ^{53}	xuɤ^{53}	xuɤ^{44}	pʰɤ^{44}
平陆	suə^{55}	kuə^{55}	kuə^{55}	kʰuə^{33}	xuə^{55}	xuə^{55}	xuə^{33}	pʰə^{33}
永济	suo^{53}	kuo^{53}	kuo^{53}	kʰuo^{53}	xuo^{53}	xuo^{53}	xuo^{44}	pʰuo^{44}
芮城	suo^{53}	kuo^{53}	kuo^{53}	kʰuo^{53}	xuo^{53}	xuo^{53}	xuo^{44}	pʰo^{44}
吉县	suə^{53}	kuə^{53}	kuə^{53}	kʰuə^{33}	xuə^{53}	xuə^{53}	xuə^{33}	pʰə^{33}
乡宁	suɤ^{44}	kuɤ^{44}	kuɤ^{44}	kʰuɤ^{44}	xuɤ^{44}	xuɤ^{44}	xuɤ^{22}	pʰɤ^{22}
广灵	suo^{44}	kuo^{44}	kuo^{44}	kʰɤ^{53}	xuo^{44}	xuo^{44}	xuo^{213}	pʰo^{213}

字目	磨石～	糯	座	过～失	课	卧	货	茄～子
中古音 / 方言点	模卧 果合一 去过明	乃卧 果合一 去过泥	徂卧 果合一 去过从	古卧 果合一 去过见	苦卧 果合一 去过溪	吾货 果合一 去过疑	呼卧 果合一 去过晓	求迦 果开三 平戈群
北京	mo^{51}	nuo^{51}	tsuo^{51}	kuo^{51}	kʰɤ^{51}	uo^{51}	xuo^{51}	tɕʰie^{35}
小店	məɯ^{24}	no^{11}	tso^{24}	ko^{24}	kʰo^{24} 白 / kʰəɯ^{24} 文	vəɯ^{24}	xo^{24}	tɕie^{11}
尖草坪	mɤɯ^{35}	nuɤɯ^{35}	tsuɤɯ^{35}	kuɤɯ^{35}	kʰuɤɯ^{35}	vɤɯ^{35}	xuɤɯ^{35}/xu^{35}	tɕʰie^{33}
晋源	mɤ^{35}	nɔ^{35}	tsɔ^{35}	kɔ^{35}	kʰɔ^{42}	vɤ^{35}	xɔ^{35}	tɕie^{11}
阳曲	mɤ^{43}	nuɤ^{312}	tsuɤ^{454}	kuɤ^{454}	kʰɤ^{454}/ kʰuɤ^{312}	uɤ^{454}	xuɤ^{454}	tɕiɛ^{43}
古交	mɯ^{53}	nɯ^{53}	tsuɯ^{53}	kuɯ^{53}	kʰɯ^{53}	uəʔ^{4}	xuɯ^{53}	tɕʰiɪ^{44}
清徐	mɤɯ^{45}	nɤɯ^{45}	tsuɤɯ^{45}	kuɤɯ^{45}	kʰuɤɯ^{45}	vɤɯ^{45}	xuɤɯ^{45}	tɕiɛ^{11} 白 / tɕʰiɛ^{11} 文
娄烦	mə^{54}	——	tsɷ^{54}	kɷ^{54}	kʰɷ^{54}	və^{54}	xɷ^{54}	tɕiɪ^{33}
榆次	mɯ^{35}	nuɯ^{35}	tsuɯ^{35}	kuɯ^{35}	kʰɯ^{35}	vɯ^{35}	xuɯ^{35}	tɕʰie^{11}
交城	mɤɯ^{24}	nɤɯ^{24}	tsuɤɯ^{24}	kuɤɯ^{24}	kʰuɤɯ^{24}	uɤɯ^{24}	xuɤɯ^{24}	tɕiɛ^{11} 白 / tɕʰiɛ^{24} 文
文水	mɪi^{35}	nuəʔ^{2}	tɕy^{35}	kuɪi^{35}	kʰuɪi^{35} 老 / kʰɪi^{35} 新	uɪi^{35}	xuɪi^{35}	tɕi^{22}
祁县	mɯ^{45}	nu^{45}	tsu^{45}	ku^{45}	kʰɯ^{45}	u^{45}	xu^{45}	tɕiɪ^{31}
太谷	me^{53}	nuo^{53}	tsuo^{53}	kue^{53}	kʰue^{53}	ve^{53}	xue^{53}	tɕie^{33}
平遥	mei^{24}	——	tɕyə^{24}	kuei^{24}	kʰuə^{24}	uei^{24} 白 / uə^{24} 文	xuei^{24} 白 / xuə^{24} 文	tɕiɛ^{213}
孝义	mᴇ^{33}	nuə^{454}	tsuᴇ^{454}	kuᴇ^{454}	kʰɒ^{454}	uᴇ^{454}	xuᴇ^{454}	tɕʰia^{33}
介休	miᴇ^{45}	nuʌʔ$^{\underline{12}}$	tɕyᴇ^{45}	kuᴇ^{45}	kʰuɤ^{45} 白 / kʰɤ^{45} 文	uᴇ^{45}	xuᴇ^{45}	tɕiᴇ^{13}
灵石	mɤ^{535}	nuɤ^{53}	tɕyɛ^{53} 白 / tsuɤ^{53} 文	kuei^{53}	kʰuɤ^{53} 白 / kʰɤ^{53} 文	uɤ^{53}/uei^{53}	xuɤ^{53}	tɕʰiɛ^{44}
盂县	muo^{55}	nuo^{55}	tsuo^{55}	kuo^{55}	kʰuo^{55}	vʌʔ^{2}	xuo^{55}	tɕʰiɛ^{22}
寿阳	məɯ^{45}	nuəɯ^{45}	tsuəɯ^{45}	kuəɯ^{43}	kʰuəɯ^{45}/ kʰəɯ^{45}	vəɯ^{45}	xuəɯ^{45}	tɕʰiɪ^{22}
榆社	mɤ^{45}	——	tsu^{45}	ku^{45}	kʰu^{45}	vɤ^{45}	xu^{45}	tɕʰi^{22}
离石	muə^{53}	nuə^{53}	tsuə^{53}	kuə^{53}	kʰuə^{53}	uə^{53}	xuə^{53}	tɕiɛ^{44}
汾阳	mu^{55}	——	tsu^{55}	ku^{55}	kʰu^{55}	u^{55}	xu^{55}	tɕʰi^{22}
中阳	mɤ^{53}	nuɤ^{53}	tʂuɤ^{53}	kuɤ^{53}	kʰuɤ^{53}	uɤ^{53}	xuɤ^{53}	tɕiɑ^{33}
柳林	mo^{53}	nuo^{53}	tsuo^{53}	kuo^{53}	kʰuo^{53}	uo^{53}	xuo^{53}	tɕʰiɑ^{44}
方山	muə^{52}	nuə^{52}	tsuə^{52}	kuə^{52}	kʰuə^{52}	uə^{52}	xuə^{52}	tɕʰiɛ^{44}
临县	mu^{33}	nuɤ^{52}	tsu^{52}	ku^{52}	kʰu^{52}	u^{52}	xu^{52}	tɕʰiaʔ^{3}

续表

字目	磨石~	糯	座	过~失	课	卧	货	茄~子
中古音 / 方言点	模卧 果合一 去过明	乃卧 果合一 去过泥	徂卧 果合一 去过从	古卧 果合一 去过见	苦卧 果合一 去过溪	吾货 果合一 去过疑	呼卧 果合一 去过晓	求迦 果开三 平戈群
兴县	mɤ^{53}	——	tsuɤ^{53}	kuɤ^{53}	kʰuɤ^{324}	uɤ^{53}	xuɤ^{53}	tɕʰiɛ^{55}
岚县	mɤ^{53}	nɤ^{53}	tsue^{53}	kue^{53}	kʰue^{53}	ue^{53}	xue^{53}	tɕʰie^{44}
静乐	mɤɯ^{53}	nuɤ^{53}	tsuɤ^{53}	kuɤ^{53}	kʰuɤ^{53} 白	vɤɯ^{53}	xuɤ^{53}	tɕʰie^{33}
交口	mə^{53}	nuə^{53}	tsuə^{53}	kuə^{53}	kʰuə^{53}/kʰə^{53}/ kʰiɛ^{53}	uə^{53}	xuə^{53}	tɕʰia^{44}
石楼	muə^{51}	——	tʂuə^{51}	kuə^{51}	kʰuə^{51}	uə^{51}	xuə^{51}	tɕʰia^{44}
隰县	mɤ^{44}	——	tsʰuo^{44} 白 / tsuo^{44} 文	kuo^{44}	kʰuo^{44} 白 / kʰɤ^{44} 文	uo^{44}	xuo^{44}	tɕʰiɛ^{24}
大宁	muo^{55}	nuo^{55}	tsʰuo^{55}	kuo^{55}	kuo^{44}	uo^{55}	xuo^{55}	tɕiɑ^{24}
永和	muɤ^{53}	nuɤ^{53}	tsʰuɤ^{53}	kuɤ^{53}	kʰuɤ^{53}	uɤ^{53}	xuɤ^{53}	tɕia^{33}
汾西	mɯ^{53}	nɯ^{53}	tsʰu^{53}	ku^{55}	kʰu^{55}	u^{11}	xu^{55}	tɕiɑ^{35}
蒲县	mo^{24}	nuo^{52}	tsʰuo^{33}	kuo^{33}	kʰuo^{33} 白 / kʰɤ^{33} 文	uo^{33}	xuo^{33}	tɕʰya^{24} 白 / tɕʰiɛ^{24} 文
潞州	mə^{54}	nuə^{54}	tsuə^{54}	kuə^{44}	kʰuə^{44} 白 / kʰə^{44} 文	uə^{54}	xuə^{44}	tɕʰiɛ^{24}
上党	mo^{42}	nuo^{42}	tsuo^{42}	kuo^{22}	kʰuo^{22}	uo^{42}	xuo^{22}	tɕʰie^{44}
长子	mə^{53}	nuə^{53}	tsuə^{53}	kuə^{422}	kʰuə^{422}	uə^{53}	xuə^{422}	tɕʰiɛ^{24}
屯留	muɤ^{11}	nuɤ^{11}	tsuɤ^{11}	kuɤ^{53}	kʰuɤ^{53} 白 / kɤ^{53} 文	uɤ^{11}	xuɤ^{53}	tɕʰie^{11}
襄垣	muə^{45}	nuə^{45}	tsuə^{45}	kuə^{53}	kʰuə^{53}	uə^{45}	xuə^{53}	tɕʰie^{31}
黎城	muɤ^{53}	nuɤ^{53}	tsuɤ^{53}	kuɤ^{53}	kʰɤ^{53}	uɤ^{53}	xuɤ^{53}	cʰiɤ^{53}
平顺	mo^{53}	nuɤ^{434}	tsuɤ^{53}	kuɤ^{53}	kʰuɤ^{53}	uɤ^{53}	xuɤ^{53}	cʰiɛ^{53}
壶关	mə^{353}	nuə^{353}	tʂuə^{353}	kuə^{42}	kʰuə^{42}	uə^{353}	xuə^{42}	cʰiᴇ^{13}
沁县	mɤ^{53}	nuɤ^{53}	tsuɤ^{53}	kuɤ^{53}	kʰuɤ^{53}	vɤ^{53}	xuɤ^{53}	tsʰɤ^{33}
武乡	mɤ^{55}	——	——	kuɤ^{55}	kuɤ^{55}	vɤ^{55}	xuɤ^{55}	tɕʰiɛ^{33}
沁源	mɨᴇ^{53}	nuə^{53}	tsuə^{53}	kuə^{53}	kʰuə^{53}	uə^{53}	xuə^{53}	tɕʰɨᴇ^{33}
安泽	mo^{53}	nuo^{53}	tsuo^{53}	kuo^{53}	kʰuo^{53}	uo^{21}	xuo^{53}	tɕʰiɛ^{35}
沁水端氏	mɤ^{53}	nuɤ^{53}	tsuɤ^{53}	kuɤ^{53}	kʰuɤ^{21} 老 / kʰɤ^{21} 新	va^{53}	xuɤ^{53}	tɕʰiɛ^{24}
阳城	muə^{51}	nuə^{51}	tsuə^{51}	kuə^{51}	kʰuə^{51}	uə^{51}	xuə^{51}	tɕʰiɛ^{22}
高平	mɤ^{53}	nuɤ^{53}	tʂuɤ^{53}	kuɤ^{53}	kʰuɤ^{53}	uɤ^{53}	xuɤ^{53}	cʰiɛ^{33}
陵川	mo^{24}	nuɤ^{53}	tʂuɤ^{24}	kuɤ^{24}	kʰuɤ^{24}	uɤ^{24}	xuɤ^{24}	cʰie^{53}

续表

字目	磨石~	糯	座	过~失	课	卧	货	茄~子
中古音 / 方言点	模卧 果合一 去过明	乃卧 果合一 去过泥	徂卧 果合一 去过从	古卧 果合一 去过见	苦卧 果合一 去过溪	吾货 果合一 去过疑	呼卧 果合一 去过晓	求迦 果开三 平戈群
晋城	muə^{53}	ʐʮ^{213}	tʂuə^{53}	kuə^{53}	kʰɤ^{53} 白 / kʰuə^{53} 文	uə^{53}	xuə^{53}	tɕʰiɛ^{324}
忻府	mɛ^{53}	nuɛ^{53}	tsuɛ^{53}	kuɛ^{53}	kʰuɛ^{53}	vɛ^{53}	xuɛ^{53}	tɕʰiɛ^{21}
原平	mɤ^{53}	nuɤ^{53}	tsuɤ^{53}	kuɤ^{53}	kʰuɤ^{53}	vɤ^{53}	xuɤ^{53}	tɕʰiɤ^{33}
定襄	muə^{53}	nuə^{53}	tsuə^{53}	kuə^{53}	kʰuə^{53}	uə^{53}	xuə^{53}	tɕʰiɛi^{11}
五台	mɔ^{52}	nuɔ^{52}	tsuɔ^{52}	kuɔ^{52}	kʰuɔ^{52}	uɔ^{52}	xuɔ^{52}	tɕʰiɛ^{33}
岢岚	mɤ^{52}	nuɤ^{52}	tsuɤ^{52}	kuɤ^{52}	kʰuɤ^{52}	vɤ^{52}	xuɤ^{52}	tɕʰiɛ^{44}
五寨	mɤ^{52}	nuo^{52}	tsuo^{52}	kuo^{52}	kʰuo^{52}	vɤ^{52}	xuo^{52}	tɕʰiæ^{44}
宁武	mɒ^{52}	nuo^{52}	tsuo^{52}	kuo^{52}	kuo^{52}	vɒ^{52}	xuo^{52}	tɕʰiɛ^{33}
神池	mɔ^{52}	nuɔ^{52}	tsuɔ^{52}	kuɔ^{52}	kʰuɔ^{52}	vuɔ^{52}	xuɔ^{52}	tɕʰiɛ^{24}
繁峙	mɤ^{24}	nuɤ^{24}	tsuɤ^{24}	kuɤ^{24}	kʰuɤ^{24}/kʰɤ^{24}	vɤ^{24}	xuɤ^{24}	tɕʰiɛ^{31}
代县	mɤ^{53}	nuɤ^{53}	tsuɤ^{53}	kuɤ^{213}	kʰuɤ^{53}	uɤ^{53}	xuɤ^{53}	tɕʰie^{44}
河曲	mɤ^{52}	nuɤ^{52}	tsuɤ^{52}	kuɤ^{52}	kʰuɤ^{52}	uɤ^{52}	xuɤ	tɕʰiɛ^{44}
保德	mɤ^{52}	nuɤ^{52}	tsuɤ^{52}	kuɤ^{52}	kʰuɤ^{52}	vɤ^{52}	xuɤ^{52}	tɕʰie^{44}
偏关	mə^{52}	nuə^{52}	tsuə^{52}	kuə^{52}	kʰuə^{52}	uə^{52}	xuə^{52}	tɕʰiᴇ^{44}
朔城	muə^{53}	nuᴀʔ$^{\underline{35}}$	tsuə^{53}	kuə^{53}	kʰuə^{53}	və^{53}	xuə^{53}	tɕʰiɛ^{35}
平鲁	muə^{52}	nuə^{52}	tsuə^{52}	kuə^{52}	kʰuə^{52}	uə^{52}	xuə^{52}/xuəʔ$^{\underline{34}}$	tɕʰiᴇ^{44}
应县	muɤ^{24}	nuɤ^{24}	tsuɤ^{24}	kuɤ^{24}	kʰuɤ^{24}	vuɤ^{31}	xuɤ^{24}/xuəʔ$^{\underline{43}}$	tɕʰie^{43}
灵丘	mue^{53}	nue^{53}	tsue^{53}	kue^{53}	kʰue^{53} 老 / kʰɤ^{53} 新	vue^{53}	xue^{53}	tɕʰie^{31}
浑源	muo^{13}	nuo^{13}	tsuo^{13}	kuo^{13}	kʰuo^{13}	vuo^{13}	xuo^{13}	tɕʰiɛ^{22}
云州	mo^{24}	nuɤ^{24}	tsuɤ^{24}	kuɤ^{24}	kʰɤ^{24}	vuɤ^{24}	xuɤ^{24}	tɕie^{312}
新荣	mo^{24}	nuo^{24}	tsuo^{24}	kuo^{24}	kʰɤ^{24}/kʰuo^{24}	vo^{24}	xuo^{24}	tɕʰiᴇ^{312}/tɕiᴀ^{32}
怀仁	muɤ^{24}	nuaʔ^{4}	tsuɤ^{24}	kuɤ^{24}	kʰuɤ^{24}	vɤ^{24}	xuɤ^{24}	tɕʰie^{312}
左云	muo^{24}	nuo^{24}	tsuo^{24}	kuo^{24}	kʰə^{24}	vuo^{24}	xuo^{24}	tɕʰie^{313}
右玉	mo^{24}	nuo^{24}	tsuo^{24}	kuo^{24}	kʰuo^{24}	vo^{24}	xuo^{24}	tɕʰie^{31}
阳高	mɤ^{24}	nuɤ^{24}	tsuɤ^{24}	kuɤ^{24}	kʰuɤ^{24} 老 / kʰɤ^{24} 新	vɤ^{24}	xuɤ^{24}	tɕʰie^{312}
山阴	muə^{335}	——	tsuə^{335}	kuə^{335}	kʰuə^{335}	uə^{335}	xuə^{335}	tɕiᴇ^{313}
天镇	mɤ^{22}	nuɤ^{24}	tsuɤ^{24}	kuɤ^{24}	kʰuɤ^{24}	uɤ^{24}	xuɤ^{24}	tɕʰiæ^{22}
平定	mɤ^{24}	nuɤ^{24}	tsuɤ^{24}	kuɤ^{24}	kʰuɤ^{24}	uɤ^{24}	xuɤ^{24}/xuəʔ^{4}	tɕʰiᴇ^{44}
昔阳	mə^{13}	nuə^{33}	tsuə^{13}	kuə^{13}	kʰuə^{13}/kʰə^{13}	və^{13}	xuə^{13}	tɕʰiᴇ^{33}

续表

字目	磨石~	糯	座	过~失	课	卧	货	茄~子
中古音 / 方言点	模卧 果合一 去过明	乃卧 果合一 去过泥	徂卧 果合一 去过从	古卧 果合一 去过见	苦卧 果合一 去过溪	吾货 果合一 去过疑	呼卧 果合一 去过晓	求迦 果开三 平戈群
左权	mɤ^{53}	nuɤ^{53}	tsuɤ^{53}	kuɤ^{53}	kʰuɤ^{53}	vɤ^{53}	xuɤ^{53}	tɕʰi^{11}
和顺	mɤ^{13}	nuɤ^{13}	tsuɤ^{13}	kuɤ^{13}	kʰuɤ^{13} 白 / kʰɤ^{13} 文	vɤ^{13}	xuɤ^{13}	tɕʰi^{22}
尧都	mo^{44}	nuo^{44}	tsuo^{44}	kuo^{44}	kʰɤ^{44}	uo^{44}	xuo^{44}	tɕʰie^{24}
洪洞	mo^{53}	no^{53}	tsʰo^{53} 白 / tso^{53} 文	kuo^{33}	kʰuo^{33}	uo^{53}	xuo^{33}	tɕʰie^{24}
洪洞赵城	mo^{53}	nuo^{24}	tsʰuɤ^{53} 白 / tsuɤ^{53} 文	kuɤ^{24}	kʰuo^{53}	uo^{53}	xuɤ^{24}	tɕiɑ^{24}
古县	mo^{53}	nuo^{53}	tsʰuo^{53} 白 / tsuo^{53} 文	kuo^{35}	kʰuo^{35}	uo^{53}	xuo^{35}	tɕʰiɑ^{35} 白 / tɕiɛ^{35} 文
襄汾	mɔ^{24}	nuɔ^{44}	tsʰuɔ^{53}	kuɔ^{44}	kʰuɔ^{44}	uə^{45}	xuɔ^{44}	tɕʰia^{24}
浮山	mɤ^{53}	nuo^{44}	tsʰuo^{53}	kuo^{44}	kʰuo^{42} 白 / kʰɤ^{44} 文	uo^{44}	xuo^{44}	tɕʰia^{13}
霍州	muɤ^{35}	luɤ^{55}	tsʰuɤ^{53}	kuɤ^{55}	kʰɤ^{55}	uɤ^{212}	xuɤ^{55}	tɕʰia^{35}
翼城	mo^{12}	nuɤ^{53}	tsuɤ^{53}	kuɤ^{53}	kʰuɤ^{53}	uɤ^{53}	xuɤ^{53}	tɕʰiᴀ^{12}
闻喜	mɤ^{13}	luɤ^{13}	tsʰuɤ^{13}	kuɤ^{53}	kʰuɤ^{53} 白 / kʰɤ^{53} 文	uɤ^{33}/ yᴇ^{13}	xuɤ^{53}	tɕʰiɑ^{13}
侯马	mɤ^{53}	nɤ^{53}	tsʰuɤ^{53}	kuɤ^{53}	kʰuɤ^{53}	uɤ^{53}	xuɤ^{53}	tɕʰiɑ^{213}
新绛	muɤ^{53}	nɤ^{53}	tsʰuɤ^{53}	kuɤ^{53}	kʰuɤ^{53} 白 / kʰɤ^{53} 文	uɤ^{53}	xuɤ^{53}	tɕʰiɑ^{13} 白 / tɕʰie^{13} 文
绛县	mɤ^{31}	nuɤ^{24}	tsʰuɤ^{31}	kuɤ^{31}	kʰuɤ^{31}	uɤ^{31}	xuɤ^{31}	tɕʰiɑ^{53}
垣曲	mɤ^{53}	nuo^{53}	tsʰuo^{53}	kuo^{53}	kʰɤ^{53}	uo^{53}	xuo^{53}	tɕʰia^{22}
夏县	mɤ^{31}	luɤ^{31}	tsʰuɤ^{31}	kuɤ^{31}	kʰuɤ^{31} 白 / kʰɤ^{31} 文	uɤ^{31}	xuɤ^{31}	tɕʰia^{42} 白 / tɕʰie^{42} 文
万荣	mɤ^{33}	nɤ^{33}	tsʰuɤ^{33}	kuɤ^{33}	kʰuɤ^{33} 白 / kʰɤ^{33} 文	uɤ^{33}	xuɤ^{33}	tɕʰia^{213}
稷山	mɤ^{42}	nuɤ^{42}	tsʰuɤ^{42}	kuɤ^{42}	kʰuɤ^{42} 白 / kʰɤ^{42} 文	uɤ^{42}	xuɤ^{42}	tɕʰiɑ^{13}
盐湖	mo^{13}	luo^{44}	tsʰuo^{44} 白 / tsuo^{44} 文	kuo^{44}	kʰɤ^{44}	uo^{44}	xuo^{44}	tɕʰia^{13} 白 / tɕʰiɛ^{13} 文
临猗	mo^{44}	luo^{44}	tsʰuo^{44}	kuo^{44}	kʰuo^{44} 白 / kʰɤ^{44} 文	uo^{44}	xuo^{44}	tɕʰia^{13} 白 / tɕʰiɛ^{13} 文
河津	mɤ^{44}	nɤ^{44}	tsʰuɤ^{44}	kuɤ^{44}	kʰuɤ^{44}	uɤ^{44}	xuɤ^{44}	tɕʰia^{324} 白 / tɕʰiɛ^{324} 文
平陆	mə^{33}	luə^{55}	tsʰuə^{33} 白 / tsuə^{33} 文	kuə^{33}	kʰuə^{33}	uə^{33}	xuə^{33}	tɕʰia^{13}/tɕʰiɛ^{13}

续表

字目	磨石~	糯	座	过~失	课	卧	货	茄~子
中古音 / 方言点	模卧 果合一 去过明	乃卧 果合一 去过泥	徂卧 果合一 去过从	古卧 果合一 去过见	苦卧 果合一 去过溪	吾货 果合一 去过疑	呼卧 果合一 去过晓	求迦 果开三 平戈群
永济	muo⁴⁴	luo⁴⁴	tsʰuo⁴⁴	kuo⁴⁴	kʰuo⁴⁴	uo⁴⁴	xuo⁴⁴	tɕʰia²⁴ 白 / tɕʰie²⁴ 文
芮城	mo¹³	luo⁴⁴	tsʰuo⁴⁴	kuo⁴⁴	kʰuo⁴⁴ 白 / kʰɤ⁴⁴ 文	uo⁴⁴	xuo⁴⁴	tɕʰia¹³ 白 / tɕʰie¹³ 文
吉县	mə³³	nə³³	tsʰuə³³	kuə³³	kʰuə³³	uə³³	xuə³³	tɕʰia¹³
乡宁	mɤ²²	nɤ²²	tsʰuɤ²² 白 / tsuɤ²² 文	kuɤ²²	kʰuɤ²²	uɤ²²	xuɤ²²	tɕʰia¹²
广灵	mo²¹³	nuo²¹³	tsuo²¹³	kuo²¹³	kʰɤ²¹³	vo²¹³	xuo²¹³	tɕʰiɤ³¹

字目	靴	巴	疤	爬	麻	痲	妈	拿
中古音 / 方言点	许戈 果合三 平戈晓	伯加 假开二 平麻帮	伯加 假开二 平麻帮	蒲巴 假开二 平麻並	莫霞 假开二 平麻明	莫霞 假开二 平麻明	莫补 假开二 平麻明	女加 假开二 平麻泥
北京	ɕye^{55}	pa^{55}	pa^{55}	pʰa^{35}	ma^{35}	ma^{35}	ma^{55}	na^{35}
小店	ɕye^{11}	pɑ^{11}	pɑ^{11}	pɑ^{11} 白 / pʰɑ^{11} 文	mɑ^{11}	mɑ^{11}	mɑ^{11}	na^{11}
尖草坪	ɕye^{33}	pa^{33}	pa^{33}	pa^{33}	ma^{33}	ma^{33}	ma^{33}	na^{33}
晋源	ɕyæ^{11}	pa^{11}	pa^{11}	pa^{11}	ma^{11}	ma^{11}	ma^{11}/ma^{35}	na^{11}
阳曲	ɕyɛ^{312}	pa^{312}	pa^{312}	pa^{43}/pʰa^{43}	ma^{43}	ma^{43}	ma^{312}	na^{43}
古交	ɕyɪ^{44}	pɑ^{44}	pɑ^{44}	pɑ^{44}	mɑ^{44}	mɑ^{44}	mɑ^{44}	nɑ^{44}
清徐	ɕyɤɯ^{11}	pɒ^{11}	pɒ^{11}	pɒ^{11} 白 / pʰɒ^{11} 文	mɒ^{11}	mɒ^{11}	mɒ^{11}	nɒ^{11}
娄烦	suei^{33} 白 / ɕyɛ^{33} 文	pɑ̃^{33}	pɑ̃^{33}	pɑ̃^{33}	mɑ̃^{33}	mɑ̃^{33}	mɑ̃^{33}	nɑ̃^{33}
榆次	ɕye^{11}	pɒ^{11} 白 / pʰɒ^{11} 文	pɒ^{11}	pɒ^{11} 白 / pʰɒ^{11} 文	mɒ^{11}	mɒ^{11}	mɒ^{11}	nɒ^{11}
交城	ɕyɛ^{11}	pɑ^{11}	pɑ^{11}	pɑ^{11} 白 / pʰɑ^{11} 文	mɑ^{11}	mɑ^{11}	mɑ^{11}	nɑ^{11}
文水	ɕy^{22}	paʔ$^{\underline{312}}$/pa^{22}	pa^{22}	pa^{22} 白 / pʰa^{22} 文	ma^{22}	ma^{22}	ma^{22}	na^{22}
祁县	ɕyɪ^{31}	pa^{31}	pa^{31}	pa^{31} 白 / pʰa^{31} 文	ma^{31}	ma^{31}	ma^{31}	na^{31}
太谷	ɕye^{33}	pɒ^{33}	pɒ^{33}	pɒ^{33}	mɒ^{33}	mɒ^{33}	mɒ^{33}	nɒ^{33}
平遥	ɕyɛ^{213}	pɑ^{213}	pɑ^{213}	pɑ^{213}	mɑ^{213}	mɑ^{213}	mɑ^{213}	nɑ^{213}
孝义	ɕyᴇ^{33}	pa^{33}	pa^{33}	pʰa^{33}	ma^{33}	ma^{33}	ma^{33}	na^{33}
介休	ɕyᴇ^{13}	pʌʔ$^{\underline{12}}$/pa^{13}	pa^{13}	pa^{13} 白 / pʰa^{13} 文	ma^{13}	ma^{13}	mæ̃^{13}	na^{13}
灵石	ɕyɛ^{535}	pa^{535}	pa^{535}	pa^{535}	ma^{44}	ma^{44}	——	na^{44}
盂县	ɕyɛ^{412}	pɑ^{412}	pɑ^{412}	pʰɑ^{22}	mɑ^{22}	mɑ^{22}	mɑ^{412}	nɑ^{22}
寿阳	ɕyɪ^{31}	pɑ^{31}	pɑ^{31}	pʰɑ^{22}	mɑ^{22}	mɑ^{22}	mɑ^{31}	nɑ^{22}
榆社	ɕy^{22}	pɒ^{22}	pɒ^{22}	pɒ^{22}/pʰɒ^{22}	mɒ^{22}	mɒ^{22}	mɒ^{22}	nɒ^{22}
离石	ɕyɛ^{24}	pɑ^{24}	pɑ^{24}	pɑ^{24} 白 / pʰɑ^{44} 文	mɑ^{44}	mɑ^{44}	mɑ^{24}	nɑ^{44}
汾阳	ɕy^{324}	pa^{324}	pa^{324}	pʰa^{22}	ma^{22}	ma^{22}	ma^{55} 面称 / mã^{324} 背称	na^{22}
中阳	ɕyɑ^{24}	pɑ^{24}	pɑ^{24}	pʰɑ^{33} 白 / pɑ^{24} 文	mɑ^{33}	mɑ^{33}	mɑ^{24}	nɑ^{33}
柳林	ɕyɑ^{24}	pɑ^{24}	pɑ^{24}	pɑ^{44} 白 / pʰɑ^{44} 文	mɑ^{44}	mɑ^{44}	mɑ^{44}	nɑ^{44}

续表

字目	靴	巴	疤	爬	麻	痲	妈	拿
中古音 / 方言点	许戈 果合三 平戈晓	伯加 假开二 平麻帮	伯加 假开二 平麻帮	蒲巴 假开二 平麻並	莫霞 假开二 平麻明	莫霞 假开二 平麻明	莫补 假开二 平麻明	女加 假开二 平麻泥
方山	çya^{24}	pa^{24}	pa^{24}	pa^{24} 白 / pʰa^{44} 文	ma^{44}	ma^{44}	ma^{24}	na^{44}
临县	çya^{24}	pa^{24}	pa^{24}	pʰa^{33}	ma^{33}	ma^{24}	ma^{24}	na^{33}
兴县	çyɛ^{324}	pA^{324}	pA^{324}	pʰA^{55}	mA^{55}	mA^{55}	mA^{55}	nA^{55}
岚县	çye^{214}	pa^{214}	pa^{214}	pʰa^{44}	ma^{44}	ma^{44}	ma^{214}	na^{44}
静乐	suei^{24}	pɑ̃^{24}	——	pɑ̃^{24} 白 / pʰɑ̃^{33}	mɑ̃^{33}	mɑ̃^{33}	mɑ̃^{25}	nɑ̃^{33}
交口	çya^{323}	pa^{323}	pa^{323}	pa^{44} 白 / pʰa^{44} 文	ma^{44}	ma^{44}	mã^{44}	na^{44}
石楼	çyɛ^{213}	pa^{213}	pa^{213}	pa^{23} 白 / pʰa^{44} 文	ma^{44}	ma^{44}	mɛi^{51}	na^{44}
隰县	çyɛ^{53}	pa^{53}	pa^{53}	pʰa^{24}	ma^{24}	ma^{24}	ma^{53}	na^{24}
大宁	çyɑ^{31}/çye^{31}	pɑ^{31}	pɑ^{31}	pɑ^{31} 白 / pʰɑ^{31} 文	mɑ^{24}	mɑ^{24}	mɑ^{31}	nɑ^{24}
永和	çya^{33}	pa^{33}	pa^{33}	pʰa^{35}	ma^{35}	——	ma^{53}/ma^{35}/ ma^{312}	na^{35}
汾西	çyɪ^{11}	pɑ^{11}	pɑ^{11}	pʰɑ^{35}	mɑ^{35}	——	mɑ^{35}	nɑ^{35}
蒲县	çyɛ^{52}	pa^{52}	pa^{52}	pʰa^{24}	ma^{24}	ma^{24}	ma^{24}	na^{24}
潞州	çyɛ^{312}	pa^{312}	pa^{312}	pʰa^{24}	ma^{24}	ma^{24}	ma^{312}	na^{24}
上党	çye^{213}	pɑ^{213}	pɑ^{213}	pʰɑ^{44}	mɑ^{44}	mɑ^{44}	mɑ^{213}	nɑ^{44}
长子	çyɛ^{312}	pa^{312}	pa^{312}	pʰa^{24}	ma^{24}	ma^{24}	ma^{312}	na^{24}
屯留	çye^{31}	pa^{31}	pa^{31}	pʰa^{11}	ma^{11}	ma^{11}	ma^{31}	na^{11}
襄垣	çye^{33}	pa^{33}	pa^{33}	pʰa^{31}	ma^{31}	ma^{31}	ma^{33}	na^{31}
黎城	çyɤ^{33}	pa^{33}	pa^{33}	pʰa^{53}	ma^{53}	ma^{53}	ma^{33}	na^{53}
平顺	çyɛ^{213}	pa^{213}	pa^{213}	pʰa^{13}	ma^{13}	ma^{13}	ma^{213}	na^{13}
壶关	çyᴇ^{33}	pa^{33}	pa^{33}	pʰa^{13}	ma^{13}	ma^{13}	ma^{33}	na^{13}
沁县	çyɛ^{224}	pa^{224}	pa^{224}	pʰa^{33}	ma^{33}	ma^{33}	ma^{33}	na^{33}
武乡	çyɛ^{113}	pa^{113}	pa^{113}	pa^{113} 白 / pʰa^{33} 文	ma^{33}	ma^{33}	ma^{113}	na^{33}
沁源	çye^{324}	pɑ^{324}	pɑ^{324}	pʰɑ^{33}	mɑ^{33}	mɑ^{33}	mɑ^{324}	nɑ^{33}
安泽	çye^{21}	pɑ^{21}	pɑ^{21}	pʰɑ^{35}	mɑ^{35}	mɑ^{35}	mɑ^{21}	nɑ^{35}
沁水端氏	çye^{21}	pɒ^{21}	pɒ^{21}	pʰɒ^{21}	mɒ^{24}	mɒ^{24}	mɒ^{21}	nɒ^{24}
阳城	çyɛ^{224}	pɑ^{224}	pɑ^{224}	pʰɑ^{22}	mɑ^{22}	mɑ^{22}	mɑ^{212}	nɑ^{22}
高平	çie^{33}	pɑ^{33}	pɑ^{33}	pʰɑ^{33}	mɑ^{33}	mɑ^{33}	mɑ^{33}	nɑ^{33}

续表

字目	靴	巴	疤	爬	麻	痲	妈	拿
中古音 / 方言点	许戈 果合三 平戈晓	伯加 假开二 平麻帮	伯加 假开二 平麻帮	蒲巴 假开二 平麻並	莫霞 假开二 平麻明	莫霞 假开二 平麻明	莫补 假开二 平麻明	女加 假开二 平麻泥
陵川	çyẹ^{33}	pa^{33}	pa^{33}	p^{h}a^{53}	ma^{53}	ma^{53}	ma^{33}	na^{53}
晋城	çyɛ^{33}	pɑ^{33}	pɑ^{33}	p^{h}ɑ^{324}	mɑ^{324}	——	mɑ^{33}	nɑ^{324}
忻府	çyɛ^{313}	pɑ^{313}	pɑ^{313}	p^{h}ɑ^{21}	mɑ^{21}	mɑ^{21}	mɑ^{313}	nɑ^{21}
原平	çyɤ^{213}	pɑ^{213}	pɑ^{213}	p^{h}ɑ^{33}	mɑ^{33}	mɑ^{33}	mɑ^{213}	nɑ^{33}
定襄	çyɔ^{24}	pa^{24}	pa^{24}	p^{h}a^{11}	ma^{11}	ma^{11}	ma^{24}	na^{11}
五台	çyɛ^{213}	pɑ^{213}	pɑ^{213}	p^{h}ɑ^{33}	mɑ^{33}	mɑ^{33}	mɑ^{213}	nɑ^{33}
岢岚	çyɛ^{13}	pa^{13}	pa^{13}	p^{h}a^{44}	ma^{44}	ma^{44}	ma^{13}	na^{44}
五寨	çyæ^{13}	pa^{13}	pa^{13}	p^{h}a^{44}	ma^{44}	ma^{44}	ma^{13}	na^{44}
宁武	çyɛ^{23}	pᴀ^{23}	——	p^{h}ᴀ^{33}	mᴀ^{33}	——	mᴀ^{23}	nᴀ^{33}
神池	çyɛ^{24}	pᴀ^{24}	pᴀ^{213}	p^{h}ᴀ^{32}	mᴀ^{32}	mᴀ^{32}	mᴀ^{24}	nᴀ^{32}
繁峙	çyɛ^{53}	pa^{53}	pa^{213}	pa^{24} 白 / p^{h}a^{31} 文	ma^{31} 白 / ma^{24} 文 / ma^{53} 文	ma^{31}	ma^{53}	na^{31}
代县	ye^{213}	pa^{213}	pa^{213}	p^{h}a^{44}	ma^{44}	ma^{44}	ma^{213}	na^{44}
河曲	çyɛ^{213}	p^{h}a^{213}	p^{h}a^{213}	p^{h}a^{44}	ma^{44}	ma^{44}	ma^{213}	na^{44}
保德	çyɛ^{213}	pᴀ^{213}	pᴀ^{213}	p^{h}ᴀ^{44}	mᴀ^{44}	mᴀ^{44}	mᴀ^{213}	nᴀ^{44}
偏关	çyᴇ^{24}	pa^{24}	pa^{24}	pa^{44} 白 / p^{h}a^{44} 文	ma^{24}	ma^{24}	ma^{24}	na^{44}
朔城	çyɛ^{312}	pᴀ^{312}	pᴀ^{312}	p^{h}ᴀ^{312}	mᴀ^{35}	——	mᴀ^{313}	nᴀ^{35}
平鲁	çyᴇ^{213}	pɑ^{213}	pɑ^{213}	p^{h}ɑ^{44}	mɑ^{44}	mɑ^{44}	mɑ^{213}	nɑ^{44}
应县	çyɛ^{43}	pa^{43}	pa^{43}	p^{h}a^{31}	ma^{31}	ma^{31}	ma^{43}	na^{31}
灵丘	çyᴀʔ^{5}	pᴀ^{442}	pᴀ^{442}	p^{h}ᴀ^{31}	mᴀ^{31}	mᴀ^{31}	mᴀ^{442}	nᴀ^{31}
浑源	çyɛ^{52}	pᴀ^{52}	pᴀ^{52}	p^{h}ᴀ^{52}	mᴀ^{22}/mʌʔ^{4}	mᴀ^{22}/mʌʔ^{4}	mᴀ^{52}/niəʔ^{4}	nᴀ^{22}
云州	çyɛ^{21}	pɑ^{21}	pɑ^{21}	p^{h}ɑ^{312}	mɑ^{312}	mɑ^{312}	mɑ^{21}	nɑ^{55}
新荣	çyᴇ^{32}	pᴀ^{32}	pᴀ^{32}	p^{h}ᴀ^{312}/pᴀ^{32} 文	mᴀ^{312}	mᴀ^{312}	mᴀ^{32}	nᴀ^{312}
怀仁	çyɛ^{42}	pa^{42}	pa^{42}	p^{h}a^{312}	ma^{312}	ma^{312}	ma^{42}	na^{312}
左云	çyɛ^{31}	pa^{31}	pa^{31}	p^{h}a^{313}	ma^{313}	ma^{313}	ma^{31}	na^{313}
右玉	çyɛ^{31}	pa^{31}	pa^{31}	pa^{212}/p^{h}a^{212}	ma^{212}	ma^{212}	ma^{31}	na^{212}
阳高	çyɛ^{31}	pɑ^{31}	pɑ^{31}	p^{h}ɑ^{31}	mɑ^{312}	mɑ^{312}	mɑ^{31}/mɑ^{312}/ mɑʔ^{3}	nɑ^{312}
山阴	çyᴇ^{313}	pᴀ^{313}	pᴀ^{313}	p^{h}ᴀ^{313}	mᴀ^{313}	——	mᴀ^{313}	nᴀ^{313}
天镇	çyæ^{31}	pɑ^{31}	pɑ^{31}	p^{h}ɑ^{24}	mɑ^{22}	mɑ^{22}	mɑ^{31}	nɑ^{22}
平定	çyᴇ^{24}	pɑ^{44}	pɑ^{31}	p^{h}ɑ^{44}	mɑ^{44}	mɑ^{44}	mɑ^{31}	nɑ^{44}

续表

字目	靴	巴	疤	爬	麻	痲	妈	拿
中古音 / 方言点	许戈 果合三 平戈晓	伯加 假开二 平麻帮	伯加 假开二 平麻帮	蒲巴 假开二 平麻並	莫霞 假开二 平麻明	莫霞 假开二 平麻明	莫补 假开二 平麻明	女加 假开二 平麻泥
昔阳	ɕyᴇ^{42}	pɑ^{42}	pɑ^{42}	pʰɑ^{33}	mɑ^{33}	mɑ^{33}	mɑ^{42}	nɑ^{33}
左权	ɕy^{11}	pɑ^{31}	pɑ^{31}	pɑ^{31} 白 / pʰɑ^{11} 文	mɑ^{11}	mɑ^{11}	mɑ^{11}	nɑ^{11}
和顺	ɕy^{42}	pɑ^{42}	pɑ^{42}	pɑ^{42} 白 / pʰɑ^{42} 文	mɑ^{42}	mɑ^{42}	mɑ^{42}	nɑ^{22}
尧都	ɕyɛ^{21}	pɑ^{21}	pɑ^{21}	pʰɑ^{24}	mɑ^{24}	mɑ^{24}	mɑ^{21} 背称 / mɑ^{24} 面称	nɑ^{24}
洪洞	ɕye^{21}	pɑ^{21}	pɑ^{21}	pʰɑ^{24}	mɑ^{24}	mɑ^{24}	mɑ^{21}	nɑ^{24}
洪洞赵城	ɕiɛ^{21} 白 / ɕyɛ^{21} 文	pɑ^{21}	pɑ^{21}	pʰɑ^{24}	mɑ^{21}	mɑ^{21}	mɑ^{21}	nɑ^{24}
古县	ɕyɛ^{21}	pɑ^{21}	pɑ^{21}	pʰɑ^{35}	mɑ^{35}	mɑ^{35}	mɑ^{35}	nɑ^{35}
襄汾	ɕye^{21}	pa^{21}	pa^{21}	pʰa^{24}	ma^{24}	ma^{24}	ma^{21}	na^{24}
浮山	ɕyɛ^{42}	pa^{42}	pa^{42}	pʰa^{13}	ma^{13}	ma^{13}	ma^{42}	na^{13}
霍州	ɕye^{212}	pa^{212}	pa^{212}	pʰa^{35}	ma^{35}	ma^{35}	ma^{35}	la^{35}
翼城	ɕyɤ^{53}	pᴀ^{53}	pᴀ^{53}	pʰᴀ^{12}	mᴀ^{12}	mᴀ^{12}	mᴀ^{53}	nᴀ^{12}
闻喜	ɕyᴇ^{53}	pɑ^{53}/ pəŋ^{53}	pɑ^{53}	pʰɑ^{13}	mɑ^{13}	mɑ^{13}	mɤ^{13} 白 / mɑ^{13} 文	lɑ^{13}
侯马	ɕyɛ^{213}	pɑ^{213}	pɑ^{213}	pʰɑ^{213}	mɑ^{213}	mɑ^{213}	mɑ^{213}	nɑ^{213}
新绛	ɕye^{53}	pɑ^{53}	pɑ^{53}	pʰɑ^{53}	mɑ^{13}	mɑ^{13}	mɑ^{13}	nɑ^{13}
绛县	ɕyɪ^{53}	pɑ^{53}	pɑ^{53}	pʰɑ^{33}	mɑ^{24}	mɑ^{24}	mɑ^{24}	nɑ^{24}
垣曲	ɕyɛ^{22}	pa^{22}	pa^{22}	pʰa^{22}	ma^{22}	ma^{22}	ma^{22}	na^{22}
夏县	ɕyɛ^{31}	pa^{53}	pa^{53}	pʰa^{42}	ma^{42}	ma^{42}	ma^{53}	la^{42}
万荣	ɕyɛ^{51}	pa^{51}	pa^{51}	pʰa^{213}	ma^{213}	ma^{213}	ma^{213}	na^{213}
稷山	ɕyɑ^{53} 白 / ɕyɛ^{53} 文	pɑ^{53}	pɑ^{53}	pʰɑ^{13}	mɑ^{13}	mɑ^{13}	mɑ^{53}	nɑ^{13}
盐湖	ɕyɛ^{42}	pa^{42}	pa^{42}	pʰa^{13}	ma^{13}	ma^{13}	ma^{42}	na^{13}
临猗	ɕyɛ^{42}	pa^{42}	pa^{42}	pʰa^{13}	ma^{13}	ma^{13}	ma^{13}	la^{13}
河津	ɕyɛ^{31}	pa^{31}	pa^{31}	pʰa^{324}	ma^{324}	ma^{324}	ma^{324}	na^{324}
平陆	ɕyə^{31}	pa^{31}	pa^{31}	pʰa^{13}	ma^{13}	ma^{13}	ma^{13}	la^{13}
永济	ɕye^{31}	pa^{31}	pa^{31}	pʰa^{24}	ma^{24}	ma^{24}	ma^{24}	na^{24}
芮城	ɕyɛ^{42}	pa^{42}	pa^{42}	pʰa^{13}	ma^{13}	ma^{13}	ma^{13}	la^{13}
吉县	ɕyɛ^{423}	pa^{33}	pa^{423}	pʰa^{13}	ma^{13}	ma^{13}	ma^{13}	na^{13}
乡宁	ɕyᴇ^{53}	pa^{53}	pa^{53}	pʰa^{12}	ma^{12}	ma^{12}	ma^{53}	na^{12}
广灵	ɕyɤ^{53}	pɑ^{53}	pɑ^{53}	pʰɑ^{31}	mɑ^{31}	mɑ^{31}	mɑ^{53}	nɑ^{31}

字目	茶	渣	差~错	差~别	查调~	沙~石	纱	加
中古音 / 方言点	宅加 假开二 平麻澄	侧加 假开二 平麻庄	初牙 假开二 平麻初	楚嫁 假开二 去祃初	钼加 假开二 平麻崇	所加 假开二 平麻生	所加 假开二 平麻生	古牙 假开二 平麻见
北京	tʂʰa^{35}	tʂa^{55}	tʂʰa^{55}	tʂʰa^{51}	tʂʰa^{35}	ʂa^{55}	ʂa^{55}	tɕia^{55}
小店	tsʰɑ^{11}	tsɑ^{11}	tsʰɛ^{11}	tsʰɛ^{11}	tsʰɑ^{11}	sɑ^{11}	sɑ^{11}	tɕiɑ^{11}
尖草坪	tsʰa^{33}	tsa^{33}	tsʰa^{33}	tsʰa^{33}	tsʰa^{33}	sa^{33}	sa^{33}	tɕia^{33}
晋源	tsʰa^{11}	tsa^{11}/tsʰa^{11}	tsʰa^{11}	tsʰu^{35}白/ tsʰa^{11}文	tsa^{11}	sa^{11}	sa^{11}	tɕia^{11}
阳曲	tsʰa^{43}	tsʰa^{312}	tsʰa^{312}	tsʰa^{312}	tsʰa^{312}	sa^{312}	sa^{312}	tɕia^{312}
古交	tsʰɑ^{44}	tsɑ^{44}	tsʰɑ^{44}	tsʰɑ^{44}	tsʰɑ^{44}	sɑ^{44}	sɑ^{44}	tɕiɑ^{44}
清徐	tsʰɒ^{11}	tsɒ^{11}	tsʰɿ^{11}白/ tsʰɒ^{11}文	tsʰɒ^{11}	tsʰɒ^{11}	sɒ^{11}	sɒ^{11}	tɕiɒ^{11}
娄烦	tsʰɑ̃^{33}	tsɑ̃^{33}	tsʰɑ̃^{33}	tsʰɑ̃^{33}	tsʰɑ̃^{33}	sɑ̃^{33}	sɑ̃^{33}	tɕiɑ̃^{33}
榆次	tsʰɒ^{11}	tsɒ^{11}	tsʰɒ^{11}	tsʰɒ^{11}	tsʰɒ^{11}	sɒ^{11}	sɒ^{11}	tɕiɒ^{11}
交城	tsʰɑ^{11}	sɑ^{11}白/ tsɑ^{11}文	tsʰɑ^{11}	tsʰɑ^{11}	tsʰɑ^{11}	sɑ^{11}	sɑ^{11}	tɕiɑ^{11}
文水	tsʰa^{22}	tsa^{22}	tsʰɪi^{35}/ tsa^{35}	tsa^{22}	tsʰa^{22}	sa^{22}	sa^{22}	tɕia^{22}
祁县	tʂʰa^{31}	tʂa^{31}	tʂʰa^{31}	tʂʰa^{31}	tʂʰa^{31}	ʂa^{31}	ʂa^{31}	tɕia^{31}
太谷	tsʰɒ^{33}	tsɒ^{33}	tsʰɒ^{33}	tsʰɒ^{33}	tsʰɒ^{33}	sɒ^{33}	sɒ^{33}	tɕiɒ^{33}
平遥	tsʰɑ^{213}	tsɑ^{213}	tsʰɑ^{213}	tsʰɑ^{213}	tsʰɑ^{213}	sɑ^{213}	sɑ^{213}	tɕiɑ^{213}
孝义	tʰa^{33}	tsa^{33}	tsʰa^{454}	tsʰa^{454}	tsʰa^{312}	sa^{33}	sa^{33}	tɕia^{33}
介休	tsʰa^{13}	tsa^{13}	tsa^{45}	tsa^{13}	tsʰa^{13}	sa^{13}	sa^{13}	tɕia^{13}
灵石	tsʰa^{44}	tsa^{535}	tsʰa^{535}	tsʰa^{53}	tsʰa^{44}	sa^{535}	sa^{535}	tɕia^{535}
盂县	tsʰɑ^{22}	tsɑ^{412}	tsʰɑ^{412}	tsʰɑ^{412}	tsʰɑ^{22}	tsʰɑ^{412}/sɑ^{412}	sɑ^{412}	tɕiɑ^{412}
寿阳	tsʰɑ^{22}	tsɑ^{31}	tsʰɑ^{31}	tsʰɑ^{31}	tsʰɑ^{22}	sɑ^{31}	sɑ^{31}	tɕiɑ^{31}
榆社	tsʰɒ^{22}	tsɒ^{22}	tsʰɒ^{22}	tsʰɒ^{22}	tsʰaʔ^{2}	sɒ^{22}	sɒ^{22}	tɕiɒ^{22}
离石	tsʰɑ^{44}	tsɑ^{24}	tsʰɑ^{24}	tsʰɑ^{24}	tsʰɑ^{44}	sɑ^{24}	sɑ^{24}	tɕiɑ^{24}
汾阳	tsʰa^{22}	tsa^{324}	tsʰa^{324}	tsʰa^{55}	tsʰa^{22}	sa^{324}	sa^{324}	tɕia^{324}
中阳	tsʰɑ^{33}	tsɑ^{24}	tsʰɑ^{24}	tsʰɑ^{24}	tsʰɑ^{33}	sɑ^{24}	sɑ^{24}	tɕiɑ^{24}
柳林	tsʰɑ^{44}	tsɑ^{24}	tsʰɑ^{24}	tsʰɑ^{24}	tsʰɑ^{44}	sɑ^{24}	sɑ^{24}	tɕiɑ^{24}
方山	tsʰa^{44}	tsa^{24}	tsʰa^{24}	tsʰa^{24}	tsʰa^{44}	sa^{24}	sa^{24}	tɕia^{24}
临县	tsʰa^{33}	tsa^{24}	tsʰa^{24}	tsʰa^{24}	tsʰa^{33}	sa^{24}	sa^{24}	tɕia^{24}
兴县	tsʰᴀ^{55}	tsᴀ^{324}	tsʰᴀ^{53}	——	tsʰᴀ^{55}	sᴀ^{324}	sᴀ^{324}	tɕiᴀ^{324}
岚县	tsʰa^{44}	tsa^{214}	tsʰa^{214}	tsʰa^{214}	tsʰa^{44}	sa^{214}	sa^{214}	tɕia^{214}
静乐	tsʰɑ̃^{33}	tsɑ̃^{24}	tsʰɑ̃^{24}	tsʰɑ̃^{24}	tsʰɑ̃^{33}	sɑ̃^{24}	sɑ̃^{24}	tɕiɑ̃^{24}

续表

字目	茶	渣	差~错	差~别	查调~	沙~石	纱	加
中古音 方言点	宅加 假开二 平麻澄	侧加 假开二 平麻庄	初牙 假开二 平麻初	楚嫁 假开二 去祃初	钽加 假开二 平麻崇	所加 假开二 平麻生	所加 假开二 平麻生	古牙 假开二 平麻见
交口	tsʰa^{44}	tsa^{323}	tsʰa^{323}	tsʰa^{323}	tsʰa^{44}	sa^{323}	sa^{323}	tɕia^{323}
石楼	tsʰa^{44}	tsa^{213}	tsʰa^{51}	tsʰa^{51}	tsʰa^{44}	sa^{213}	sa^{213}	tɕia^{213}
隰县	tsʰa^{24}	tsa^{53}	tsʰa^{44}	tsʰa^{53}	tsʰa^{24}	sa^{53}	sa^{53}	tɕia^{53}
大宁	tsʰɑ^{24}	tsɑ^{31}	tsʰɑ^{31}	tsʰɑ^{31}	tsʰɑ^{24}	sɑ^{31}	sɑ^{31}	tɕiɑ^{31}
永和	tsʰa^{35}	tsa^{33}	tsʰa^{312}	tsʰa^{312}	tsʰa^{35}	sa^{33}	sa^{33}	tɕia^{33}
汾西	tsɑ^{35}	tsɑ^{11}	tsʰɑ^{11}	——	tsʰɑ^{35}	sɑ^{11}	sɑ^{11}	tɕiɑ^{11}
蒲县	tsʰa^{24}	tsa^{52}	tsʰa^{52}	tsʰa^{52}	tsʰa^{24}	sa^{52}	sa^{52}	tɕia^{52}
潞州	tsʰa^{24}	tsa^{312}	tsʰa^{312}	tsʰa^{312}	tsʰa^{24}	sa^{312}	sa^{312}	tɕia^{312}
上党	tsʰɑ^{44}	tsɑ^{213}	tsʰɑ^{213}/tsʰæ^{213}	tsʰɑ^{213}/tsʰæ^{213}	tsʰɑ^{44}	sɑ^{213}	sɑ^{213}	tɕiɑ^{213}
长子	tsʰa^{24}	tsa^{312}	tsʰa^{312}	tsʰa^{312}	tsʰa^{24}	sa^{312}	sa^{312}	tɕia^{312}
屯留	tsʰa^{11}	tsa^{31}	tsʰa^{31}	tsʰa^{31}	tsʰa^{11}	sa^{31}	sa^{31}	tɕia^{31}
襄垣	tsʰa^{31}	tsa^{33}	tsʰa^{33}	tsʰa^{33}	tsʰa^{31}	sa^{33}	sa^{33}	tɕia^{33}
黎城	tsʰa^{53}	tsa^{33}	tsʰɛi^{33}	tsʰa^{33}	tsʰa^{53}	sa^{33}	sa^{33}	cia^{33}
平顺	tsʰa^{13}	tsa^{33}	tsʰa^{213}	tsʰa^{213}	tsʰa^{13}	sa^{213}	sa^{213}	cia^{213}
壶关	tʂʰa^{13}	tʂa^{33}	tʂʰa^{33}	tʂʰa^{33}	tʂʰa^{13}	ʂa^{33}	ʂa^{33}	cia^{33}
沁县	tsʰa^{33}	tsa^{224}	tsʰa^{53}	tsʰa^{224}	tsʰa^{33}	sa^{224}	sa^{224}	tɕia^{224}
武乡	tsʰa^{33}	tsa^{113}	tsʰa^{55}	tsʰa^{113}	tsʰa^{33}	sa^{113}	sa^{113}	tɕia^{113}
沁源	tsʰɑ^{33}	tsɑ^{324}	tsʰɑ^{324}	tsʰɑ^{324}	tsʰɑ^{33}	sɑ^{324}	sɑ^{324}	tɕiɑ^{324}
安泽	tsʰɑ^{35}	tsɑ^{21}	tsʰɑ^{21}	tsʰɑ^{53}	tsʰɑ^{35}	sɑ^{21}	sɑ^{21}	tɕiɑ^{21}
沁水端氏	tsʰɒ^{24}	tsɒ^{21}	tsʰɒ^{21}	tsʰɒ^{21}	tsʰɒ^{21}	sɒ^{21}	sɒ^{21}	tɕiɒ^{21}
阳城	tʂʰɑ^{224}	tʂɑ^{224}	tʂʰɑ^{224}	tʂʰɑ^{224}	tʂʰɑ^{224}	ʂɑ^{224}	ʂɑ^{224}	ciɑ^{224}
高平	tʂʰɑ^{33}	tʂɑ^{33}	tʂʰɑ^{33}	tʂʰɑ^{33}	tʂʰɑ^{33}	ʂɑ^{33}	ʂɑ^{33}	ciɑ^{33}
陵川	tʂʰa^{53}	tʂa^{33}	tʂʰa^{33}	tʂʰa^{33}	tʂʰa^{53}	ʂa^{33}	ʂa^{33}	cia^{33}
晋城	tʂʰɑ^{324}	tʂɑ^{33}	tʂʰɑ^{33}	tʂʰɑ^{33}	tʂʰɑ^{324}	ʂɑ^{33}	ʂɑ^{33}	tɕiɑ^{33}
忻府	tsʰɑ^{21}	tsɑ^{313}	tsʰɑ^{313}	tsʰɑ^{313}	tsʰɑ^{31}	sɑ^{313}	sɑ^{313}	tɕiɑ^{313}
原平	tsʰɑ^{33}	tsɑ^{213}	tsʰɑ^{213}	tsʰɑ^{213}	tsʰɑ^{33}	sɑ^{213}	sɑ^{213}	tɕiɑ^{213}
定襄	tsʰa^{11}	tsa^{24}	tsʰa^{24}	tsʰa^{24}	tsʰa^{11}	sa^{24}	sa^{24}	tɕia^{24}
五台	tsʰɑ^{33}	tsɑ^{213}	tsʰɑ^{213}	tsʰɑ^{213}	tsʰɑ^{33}	sɑ^{213}	sɑ^{213}	tɕiɑ^{123}
岢岚	tsʰa^{44}	tsa^{13}	tsʰa^{13}	tsʰa^{52}	tsʰa^{44}	sa^{13}	sa^{13}	tɕia^{13}
五寨	tsʰa^{44}	tsa^{13}	tsʰa^{13}	tsʰa^{52}	tsʰa^{44}	sa^{13}	sa^{13}	tɕia^{13}
宁武	tsʰᴀ^{33}	tsᴀ^{23}	tsʰᴀ^{23}	tsʰᴀ^{23}	tsʰᴀ^{33}	sᴀ^{23}	sᴀ^{23}	tɕiᴀ^{23}

续表

字目	茶	渣	差~错	差~别	查调~	沙~石	纱	加
中古音 / 方言点	宅加 假开二 平麻澄	侧加 假开二 平麻庄	初牙 假开二 平麻初	楚嫁 假开二 去祃初	锄加 假开二 平麻崇	所加 假开二 平麻生	所加 假开二 平麻生	古牙 假开二 平麻见
神池	tsʰᴀ^{32}	ts^{24}	tsʰᴀ^{24}	tsʰᴀ^{24}	tsʰᴀ^{32}	sᴀ^{24}	sᴀ^{24}	tɕiᴀ^{24}
繁峙	tsʰa^{31}	tsa^{53}	tsʰa^{53}	tsʰa^{53}	tsʰa^{31}	sa^{53}	sa^{53}	tɕia^{53}
代县	tsʰa^{44}	tsa^{213}	tsʰa^{213}	tsʰa^{213}	tsʰa^{44}	sa^{213}	sa^{213}	tɕia^{213}
河曲	tsʰa^{44}	tsa^{213}	tsʰa^{213}	tsʰa^{52}	tsʰa^{44}	sa^{213}	sa^{213}	tɕia^{213}
保德	tsʰᴀ^{44}	tsᴀ^{213}	tsʰᴀ^{213}	tsʰᴀ^{213}	tsʰᴀ^{44}	sᴀ^{213}	sᴀ^{213}	tɕiᴀ^{213}
偏关	tsʰa^{44}	tsa^{44}	tsʰa^{24}	tsʰa^{52}	tsʰa^{44}	sa^{24}	sa^{24}	tɕia^{24}
朔城	tsʰᴀ^{35}	tsᴀ^{312}	tsʰᴀ^{312}	tsʰɿ^{312}	tsʰᴀ^{35}	sᴀ^{312}	sᴀ^{312}	tɕiᴀ^{312}
平鲁	tsʰɑ^{44}	tsɑ^{213}/tsʌʔ$^{\underline{34}}$	tsʰɑ^{213}	tsʰɑ^{52}	tsʰɑ^{44}	sɑ^{213}	sɑ^{213}	tɕiɑ^{213}
应县	ta^{31}	tsa^{43}	tsʰa^{24}	tsʰa^{24}	ta^{31}/tsʰaʔ$^{\underline{43}}$	sa^{43}	sa^{43}	tɕia^{43}
灵丘	tsʰᴀ^{31}	tsᴀ^{442}	tsʰᴀ^{442}	tsʰᴀ^{442}	tsʰᴀ^{31}	sᴀ^{31}	sᴀ^{31}	tɕiᴀ^{442}
浑源	tsʰᴀ^{22}	tsᴀ^{52}	tsʰᴀ^{13}	tsʰᴀ^{13}	tsʰᴀ^{22}	sᴀ^{52}	sᴀ^{52}	tɕiᴀ^{52}
云州	tsʰɑ^{312}	tsɑ^{21}	tsʰɑ^{24}	tsʰɑ^{24}	tsʰɑ^{312}	sɑ^{21}	sɑ^{21}	tɕiɑ^{21}
新荣	tsᴀ^{312}	tsᴀ^{32}	tsʰᴀ^{32}/tsʰᴀ^{24}	tsʰᴀ^{32}/tsʰᴀ^{24}	tsʰᴀ^{312}	sᴀ^{32}	sᴀ^{32}	tɕiᴀ^{32}
怀仁	tsʰa^{312}	tsa^{42}	tsʰa^{42}	tsʰa^{42}	tsʰa^{312}	sa^{42}	sa^{42}	tɕia^{42}
左云	tsʰa^{313}	tsa^{31}	tsʰa^{31}	tsʰa^{31}	tsʰa^{313}	sa^{31}	sa^{31}	tɕia^{31}
右玉	tʂʰa^{212}	tsa^{212}	tsʰa^{31}	tsʰa^{31}	tsʰa^{31}/tsʰaʔ^{4}	sa^{31}	sa^{31}	tɕia^{31}
阳高	tsʰɑ^{312}	tsɑ^{31}	tsʰɑ^{24}	tsʰɑ^{24}	tsʰɑ^{31}/tsʰɑʔ^{3}	sɑ^{31}	sɑ^{31}	tɕiɑ^{31}
山阴	tsʰᴀ^{313}	tsᴀ^{313}	tsʰᴀ^{335}	——	tsʰᴀ^{313}	sᴀ^{313}	sᴀ^{313}	tɕiᴀ^{313}
天镇	tsʰɑ^{22}	tsɑ^{31}	tsʰɑ^{31}	tsʰɑ^{31}	tsʰɑ^{22}	sɑ^{31}	sɑ^{31}	tɕiɑ^{31}
平定	tsʰɑ^{44}	tsɑ^{31}	tsʰɑ^{31}	tsʰɑ^{31}	tsʰɑ^{44}	sɑ^{31}	sɑ^{31}	tɕiɑ^{31}
昔阳	tsʰɑ^{33}	tsɑ^{42}	tsʰɑ^{42}	tsʰɑ^{42}	tsʰɑ^{33}	sɑ^{42}	sɑ^{42}	tɕiɑ^{42}
左权	tsʰɑ^{11}	——	tsʰɑ^{31}/tsʰεi^{31}	tsʰɑ^{31}	tsʰɑ^{11}	sɑ^{31}	sɑ^{31}	tɕiɑ^{31}/tɕiɑʔ^{1}
和顺	tsʰɑ^{22}	tsɑ^{42}	tsʰɑ^{42}	tsʰɑ^{42}	tsʰɑ^{22}	sɑ^{42}	sɑ^{42}	tɕiɑ^{42}
尧都	tʂʰɑ^{21}	tʂɑ^{21}	tʂʰɑ^{21}	tʂʰɑ^{24}	tʂʰɑ^{24}	ʂɑ^{21}	ʂɑ^{21}	tɕiɑ^{21}
洪洞	tsʰɑ^{24}	tsɑ^{21}	tsʰɑ^{21}	tsʰɑ^{21}	tsʰɑ^{24}	sɑ^{21}	sɑ^{21}	tɕiɑ^{21}
洪洞赵城	tsʰɑ^{24}	tsɑ^{21}	tsʰɑ^{21}	tsʰɑ^{21}	tsʰɑ^{21}	sɑ^{21}	sɑ^{21}	tɕiɑ^{21}
古县	tsʰɑ^{35}	tsɑ^{21}	tsʰɑ^{21}	tsʰɑ^{21}	tsʰɑ^{35}	sɑ^{21}	sɑ^{21}	tɕiɑ^{21}
襄汾	tsʰa^{24}	tsa^{21}	tsʰa^{21}	——	tsʰa^{24}	ʂa^{21}	ʂa^{21}	tɕia^{21}
浮山	tʂʰa^{13}	tʂa^{42}	tʂʰa^{42}	tʂʰa^{42}	tʂʰa^{13}/tʂa^{42}	sa^{42}	sa^{42}	tɕia^{42}
霍州	tsʰa^{35}	tsa^{212}	tsʰa^{212}	tsʰa^{212}	tsʰa^{35}	sa^{212}	sa^{212}	tɕia^{212}
翼城	tʂʰᴀ^{12}	tʂᴀ^{53}	tʂʰᴀ^{53}	tʂʰᴀ^{53}	tʂʰᴀ^{12}	ʂᴀ^{53}	ʂᴀ^{53}	tɕiᴀ^{53}

续表

字目	茶	渣	差~错	差~别	查调~	沙~石	纱	加
中古音 / 方言点	宅加 假开二 平麻澄	侧加 假开二 平麻庄	初牙 假开二 平麻初	楚嫁 假开二 去祃初	钼加 假开二 平麻崇	所加 假开二 平麻生	所加 假开二 平麻生	古牙 假开二 平麻见
闻喜	tsʰɑ^{13}	tsɑ^{53}	tsʰɑ^{53}	tsʰɑ^{53}	——	sɑ^{53}	sɑ^{53}	tɕiɑ^{53}
侯马	tsʰɑ^{213}	tsɑ^{213}	tsʰɑ^{53}	tsʰɑ^{213}	tsʰɑ^{213}	sɑ^{213}	sɑ^{213}	tɕiɑ^{213}
新绛	tsʰɑ^{13}	tsɑ^{53}	tsʰɑ^{53}	tsʰɑ^{53}	tsʰɑ^{13}	sɑ^{53}	sɑ^{53}	tɕiɑ^{53}
绛县	tʂʰɑ^{24}	tʂɑ^{53}	tʂʰɑ^{53}	tʂʰɑ^{53}	tʂʰɑ^{33}	ʂɑ^{53}	ʂɑ^{53}	tɕiɑ^{53}
垣曲	tsʰa^{22}	tsa^{22}	tsʰa^{22}	tsʰa^{22}	tsʰa^{22}	sa^{22}	sa^{22}	tɕia^{22}
夏县	tʂʰa^{42}	tʂa^{53}	tʂʰa^{53}	tʂʰa^{53}	tʂʰa^{42}	ʂa^{53}	ʂa^{53}	tɕia^{53}
万荣	tsʰa^{213}	tsa^{51}	tsʰa^{51}	tsʰa^{51}	tsʰa^{213}	sa^{51}	sa^{51}	tɕia^{51}
稷山	tʂʰɑ^{13}	tʂɑ^{53}	tʂʰɑ^{53}	tʂʰɑ^{53}	tʂʰɑ^{13}	ʂɑ^{53}	ʂɑ^{53}	tɕiɑ^{53}
盐湖	tsʰa^{13}	tsa^{42}	tsʰa^{42}	tsʰa^{42}	tsʰa^{13}	sa^{42}	sa^{42}	tɕia^{42}
临猗	tsʰa^{13}	tsa^{42}	tsʰa^{42}	tsʰa^{42}	tsʰa^{13}	sa^{42}	sa^{42}	tɕia^{42}
河津	tsʰa^{324}	tsa^{31}	tsʰa^{44}	tsʰa^{31}	tsʰa^{324}	sa^{31}	sa^{31}	tɕia^{31}
平陆	tsʰa^{13}	tsa^{31}	tsʰa^{31}	tsʰa^{31}	tsʰa^{13}	sa^{31}	sa^{31}	tɕia^{31}
永济	tʂʰa^{24}	tʂʰa^{24} 白 / tʂa^{31} 文	tʂʰa^{31}	tʂʰa^{31}	tʂʰa^{24}	ʂa^{31}	ʂa^{31}	tɕia^{31}
芮城	tsʰa^{13}	tsa^{42}	tsʰa^{44}	tsʰa^{42}	tsʰa^{13}	sa^{42}	sa^{42}	tɕia^{42}
吉县	tsʰa^{13}	tsa^{33}	tsʰa^{423}	tsʰa^{423}	tsʰa^{13}	sa^{423}	sa^{423}	tɕia^{423}
乡宁	tsʰa^{12}	tsa^{53}	tsʰa^{53}	tsʰa^{22}	tsʰa^{12}	sa^{53}	sa^{53}	tɕia^{53}
广灵	tsʰɑ^{31}	tsɑ^{53}	tsʰɿ^{53}/tsʰɑ^{53}	tsʰɿ^{53}	tsʰɑ^{31}	sɑ^{53}	sɑ^{53}	tɕiɑ^{53}

字目	嘉	家	牙	芽	虾鱼~	霞	鸦	丫
中古音 / 方言点	古牙 假开二 平麻见	古牙 假开二 平麻见	五加 假开二 平麻疑	五加 假开二 平麻疑	许加 假开二 平麻晓	胡加 假开二 平麻匣	於加 假开二 平麻影	於加 假开二 平麻影
北京	tɕia^{55}	tɕia^{55}	ia^{35}	ia^{35}	ɕia^{55}	ɕia^{35}	ia^{55}	ia^{55}
小店	tɕiɑ^{11}	tɕiɑ^{11}	iɑ^{11}	iɑ^{11}	ɕiɑ^{11}	ɕiɑ^{11}	iɑ^{11}	iɑ^{11}
尖草坪	tɕia^{33}	tɕia^{33}	nia^{33} 白 / ia^{33} 文	ia^{33}	ɕia^{33}	ɕia^{33}	ia^{33}	ia^{33}
晋源	tɕia^{11}	a^{11} 白 / tɕia^{11} 文	ia^{11}	ia^{11}	ɕia^{11}	ɕia^{11}	ia^{11}	ia^{11}
阳曲	tɕia^{312}	tɕia^{312}	ȵia^{43}	ȵia^{43}	ɕia^{312}	ɕia^{312}	ŋa^{312}/ia^{312}	ia^{312}
古交	tɕiɑ^{44}	tɕiɑ^{44}	ȵiɑ^{44}	iɑ^{44}	ɕiɑ^{44}	ɕiɑ^{44}	iɑ^{44}	iɑ^{44}
清徐	tɕiɒ^{11}	nɒ^{11} 白 /xɒ^{11} 白 tɕiɒ^{11} 文	niɒ^{11} 白 / iɒ^{11} 文	niɒ^{11} 白 / iɒ^{11} 文	ɕiɒ^{11}	ɕiɒ^{11}	ŋa^{11}白 /ŋɒ^{11} 白 / iɒ^{11} 文	ŋɒ^{11}
娄烦	tɕiã^{33}	tɕiã^{33}	ȵiã^{33}	ȵiã^{33}	ɕiã^{33}	ɕiã^{33}	ŋã^{54}	iã^{33}
榆次	tɕiɒ^{11}	tɕiɒ^{11}	niɒ^{11}	niɒ^{11}	ɕiɒ^{11}	ɕiɒ^{11}	ŋɒ^{11}	iɒ^{11}
交城	tɕiɑ^{11}	tɕiɑ^{11}	niɑ^{11} 白 / iɑ^{11} 文	niɑ^{11}	ɕiɑ^{11}	ɕiɑ^{11}	iɑ^{11}	iɑ^{11}
文水	tɕia^{22}	tɕia^{22}	ȵia^{22}	ȵia^{22}	ɕia^{22}	ɕia^{22}	ia^{22}	ia^{22}
祁县	tɕia^{31}	tɕia^{31}	ȵia^{31}	ȵia^{31}	ɕia^{31}	ɕia^{31}	ŋɑʔ$^{\underline{32}}$/ia^{31}	ia^{31}
太谷	tɕiɒ^{33}	tɕiɒ^{33}	ȵiɒ^{33}	ȵiɒ^{33}	ɕiɒ^{33}	ɕiɒ^{33}	ŋɒ^{33}	iɒ^{33}
平遥	tɕiɑ^{213}	tɕiɑ^{213}	ȵiɑ^{213}	ȵiɑ^{213}	ɕiɑ^{213}	ɕiɑ^{213}	iɑ^{213}	iɑ^{213}
孝义	tɕia^{33}	tɕia^{33}	ȵia^{33}	ȵia^{33}	ɕia^{33}	ɕia^{33}	ia^{33}	ia^{33}
介休	tɕia^{13}	tɕia^{13}	ȵia^{13}	ȵia^{13}	ɕia^{13}	ɕia^{13}	ia^{13}	ia^{13}
灵石	tɕia^{535}	tɕia^{535}	nia^{44}	nia^{44}	ɕʰia^{535}	ɕia^{44}	ia^{535}	ia^{535}
盂县	tɕiɑ^{412}	tɕiɑ^{412}	ȵiɑ^{22} 白 / iɑ^{22} 文	ȵiɑ^{22} 白 / iɑ^{22} 文	ɕiɑ^{412}	ɕiɑ^{22}	iɑ^{412}	iɑ^{412}
寿阳	tɕiɑ^{31}	tɕiɑ^{31}	ȵiɑ^{22}	ȵiɑ^{22}	ɕiɑ^{31}	ɕiɑ^{31}	iɑ^{31}	iɑ^{31}
榆社	tɕiɒ^{22}	tɕiɒ^{22}	niɒ^{22}	niɒ^{22}	ɕiɒ^{22}	ɕiɒ^{22}	iɒ^{22}	iɒ^{22}
离石	tɕiɑ^{24}	tɕiɑ^{24}	niɑ^{44}	niɑ^{44}	ɕiɑ^{24}	ɕiɑ^{44}	iɑʔ^{4}	iɑʔ^{4}
汾阳	tɕia^{324}	tɕia^{324}	ȵia^{22}	ȵia^{22}	ɕia^{324}	ɕia^{324}	——	ia^{324}
中阳	tɕiɑ^{24}	tɕiɑ^{24}	niɑ^{33}	niɑ^{33}	ɕiɑ^{24}	ɕiɑ^{33}	iɑʔ^{4}	iɑʔ^{4}
柳林	tɕiɑ^{24}	tɕiɑ^{24}	niɑ^{44}	niɑ^{44}	ɕiɑ^{24}	ɕiɑ^{44}	——	iɑ^{24}
方山	tɕia^{24}	tɕia^{24}	nia^{44}	nia^{44}	ɕia^{24}	ɕiɑʔ^{4}	iɑʔ^{4}	iɑʔ^{4}
临县	tɕia^{24}	tɕia^{24}	nia^{33}	nia^{33}	ɕia^{24}	ɕia^{33}	ia^{33}	ia^{33}
兴县	tɕiᴀ^{324}	tɕiᴀ^{324}	niᴀ^{55}	niᴀ^{55}	ɕiᴀ^{324}	ɕiᴀ^{324}	iᴀ^{324}	iᴀ^{324}
岚县	tɕia^{214}	tɕia^{214}	ȵia^{44}	ȵia^{44}	ɕia^{214}	ɕia^{44}	ia^{214}	ia^{214}
静乐	tɕiã^{24}	tɕiã^{24}	ȵiã^{33}	ȵiã^{33}	ɕiã^{24}	ɕiã^{24}	ŋã^{53}	iã^{53}

续表

字目	嘉	家	牙	芽	虾鱼~	霞	鸦	丫
中古音 方言点	古牙 假开二 平麻见	古牙 假开二 平麻见	五加 假开二 平麻疑	五加 假开二 平麻疑	许加 假开二 平麻晓	胡加 假开二 平麻匣	於加 假开二 平麻影	於加 假开二 平麻影
交口	tɕia^{323}	tɕia^{323}/tɕiɛ^{323}	ȵia^{44}	ȵia^{44}	ɕia^{323}	ɕia^{44}	ia^{44}	ia^{44}
石楼	tɕia^{213}	tɕia^{213}	ȵia^{44}	ȵia^{44}	ɕia^{44}	ɕia^{44}	ia^{44}	ia^{44}
隰县	tɕia^{53}	tɕia^{53}	ȵia^{24}	ȵia^{24}	ɕia^{53}	ɕia^{24}	ia^{53}	ia^{53}
大宁	tɕiɑ^{31}	tɕiɑ^{31}	niɑ^{24}	niɑ^{24}	xɑ^{31} 白 / ɕiɑ^{31} 文	ɕiɑ^{24}	niɑ^{31}	——
永和	tɕia^{33}	tɕia^{33}	nia^{35}	nia^{35}	ɕia^{35}	ɕia^{35}	ua^{33}	——
汾西	tɕiɑ^{11}	tɕiɑ^{11} 白 / tiɑ^{11} 文 /tyəŋ^{0}	niɑ^{35}	niɑ^{35}	ɕiɑ^{11}	sɑo^{35}/ɕiɑ^{11} 文	iɑ^{11}	iɑ^{11}
蒲县	tɕia^{52}	tɕia^{52}	ȵia^{24}	ȵia^{24}	ɕiʌʔ$^{\underline{43}}$	ɕia^{24}	ia^{52}	ia^{52}
潞州	tɕia^{312}	tɕia^{312}	ia^{24}	ia^{24}	ɕia^{312}	ɕia^{312}	ia^{312}	ia^{312}
上党	tɕiɑ^{213}	tɕiɑ^{213}	iɑ^{44}	iɑ^{44}	ɕiɑ^{213}	ɕiɑ^{44}	iɑ^{213}	iɑ^{213}
长子	tɕia^{312}	tɕiaʔ^{4} 白 / tɕia^{312} 文	ia^{24}	ia^{24}	ɕia^{312}	ɕia^{312}	iaʔ^{4}	ia^{312}
屯留	tɕia^{31}	tɕia^{31}	ia^{11}	ia^{11}	ɕia^{31}	ɕia^{31}	ia^{31}	ia^{31}
襄垣	tɕia^{33}	tia^{33} 白 / tɕia^{33} 文	ȵia^{31}	ȵia^{31}	ɕia^{33}	ɕia^{31}	ia^{33}	ia^{33}
黎城	cia^{33}	cia^{33}	ia^{53}	ia^{53}	çia^{33}	çia^{33}	ia^{33}	ia^{33}
平顺	cia^{213}	cia^{213}	ia^{13}	ia^{13}	ɕia^{213}	ɕia^{13}	ia^{213}	ia^{213}
壶关	cia^{33}	cia^{33}	ia^{13}	ia^{13}	çia^{33}	çia^{13}	ia^{33}	ia^{33}
沁县	tɕia^{224}	tɕia^{224}	ia^{33}	ia^{33}	ɕia^{224}	ɕia^{33}	ia^{224}	ia^{224}
武乡	tɕia^{113}	tɕia^{113}	ȵia^{33}	ȵia^{33}	ɕia^{113}	ɕia^{33}	ia^{113}	ia^{113}
沁源	tɕiɑ^{324}	tɕiɑ^{324}	ȵiɑ^{33}	ȵiɑ^{33}	ɕiɑ^{324}	ɕiɑ^{33}	iɑ^{324}	iɑ^{324}
安泽	tɕiɑ^{21}	tɕiɑ^{21}	ȵiɑ^{35}	ȵiɑ^{35}	ɕiɑ^{21}	ɕiɑ^{35}	iɑ^{21}	iɑ^{21}
沁水端氏	tɕiɒ^{21}	tɕiɒ^{21}	iɒ^{24}	iɒ^{24}	ɕiɒ^{21}	ɕiɒ^{24}	iɒ^{21}	iɒ^{21}
阳城	ciɑ^{224}	ciɑ^{224}	iɑ^{22}	iɑ^{22}	çiɑ^{224}	çiɑ^{22}	iɑ^{224}	iɑ^{224}
高平	ciɑ^{33}	ciɑ^{33}	iɑ^{33}	iɑ^{33}	ɕiɑ^{33}	ɕiɑ^{33}	iɑ^{33}	iɑ^{33}
陵川	cia^{33}	cia^{33}	ia^{53}	ia^{53}	ɕia^{33}	ɕia^{53}	ia^{33}	ia^{33}
晋城	tɕiɑ^{33}	tɕiɑ^{33}	iɑ^{324}	iɑ^{324}	ɕiɑ^{33}	ɕiɑ^{324}	iɑ^{33}	iɑ^{33}
忻府	tɕiɑ^{313}	tɕiɑ^{313}	ŋiɑ^{21}	iɑ^{21}	ɕiɑ^{313}	ɕiɑ^{21}	ŋɑ^{313} 白 / iɑ^{313} 文	iɑ^{313}
原平	tɕiɑ^{213}	tɕiɑ^{213}	iɑ^{33}	iɑ^{33}	ɕiɑ^{213}	ɕiɑ^{33}	iɑ^{213}	iɑ^{213}
定襄	tɕia^{24}	tɕia^{24}	ia^{11}	ia^{11}	ɕia^{24}	ɕia^{11}	ia^{24}	ia^{24}
五台	tɕiɑ^{213}	tɕiɑ^{213}	niɑ^{33}	niɑ^{33}	ɕiɑ^{33}	ɕiɑ^{33}	iɑ^{213}	iɑ^{213}

续表

字目	嘉	家	牙	芽	虾鱼~	霞	鸦	丫
中古音 / 方言点	古牙 假开二 平麻见	古牙 假开二 平麻见	五加 假开二 平麻疑	五加 假开二 平麻疑	许加 假开二 平麻晓	胡加 假开二 平麻匣	於加 假开二 平麻影	於加 假开二 平麻影
岢岚	tɕia^{13}	tɕia^{13}	ia^{44}	ia^{44}	ɕia^{13}	ɕia^{44}	ia^{44}	ia^{44}
五寨	tɕia^{13}	tɕia^{13}	ia^{44}	ia^{44}	ɕia^{13}	ɕia^{44}	ia^{44}	ia^{13}
宁武	tɕiᴀ^{23}	tɕiᴀ^{23}	iᴀ^{33}	iᴀ^{33}	ɕiᴀ^{23}	ɕiᴀ^{33}	——	iᴀʔ^{4}
神池	tɕiᴀ^{24}	tɕiᴀ^{24}	iᴀ^{32}	iᴀ^{32}	ɕiᴀ^{32}	ɕiᴀ^{32}	iᴀ^{24}	iᴀ^{24}
繁峙	tɕia^{53}	tɕia^{53}	ia^{31}	ia^{31}	ɕia^{53}	ɕia^{31}	ia^{53}	ia^{53}
代县	——	tɕia^{213}	ia^{44}	ia^{44}	ɕia^{213}	ɕia^{44}	ia^{213}	ia^{213}
河曲	tɕia^{213}	tɕia^{213}	ia^{44}	ia^{44}	ɕia^{213}	ɕia^{213}	ia^{44}	ia^{44}
保德	tɕiᴀ^{213}	tɕiᴀ^{213}	iᴀ^{44}	iᴀ^{44}	ɕiᴀ^{44}	ɕiᴀ^{44}	iᴀ^{44}	iᴀ^{213}
偏关	tɕia^{24}	tɕia^{24}	ia^{44}	ia^{44}	ia^{44}	ia^{44}	ia^{24}	ia^{24}
朔城	tɕiᴀ^{312}	tɕiᴀ^{312}	iᴀ^{35}	iᴀ^{35}	——	ɕiᴀ^{35}	iᴀ^{312}	iᴀ^{312}
平鲁	tɕiɑ^{213}	tɕiɑ^{213}/tɕiᴇ^{213}	iɑ^{44}	iɑ^{44}	ɕiɑ^{213}	ɕiɑ^{44}	iɑ^{213}	iɑ^{44}
应县	tɕia^{43}	tɕiaʔ$^{\underline{43}}$/tɕia^{43}/ tɕiɛ̃^{54} 白	ia^{31}	ia^{31}	ɕia^{43}	ɕia^{31}	ia^{43}	ia^{43}
灵丘	tɕiᴀ^{442}	tɕiᴀ^{442}	iᴀ^{31}	iᴀ^{31}	ɕiᴀ^{442}	ɕiᴀ^{31}	iᴀ^{442}	iᴀ^{442}
浑源	tɕiᴀ^{52}	tɕiᴀ^{52}/ tɕiəʔ^{4}/ tɕiʌʔ^{4}	iᴀ^{22}	iᴀ^{22}	ɕiᴀ^{52}	ɕiᴀ^{22}	iᴀ^{52}	iᴀ^{52}
云州	tɕiɑ^{21}	tɕiɑ^{21}	iɑ^{312}	iɑ^{312}	ɕiɑ^{21}	ɕiɑ^{312}	iɑ^{21}	iɑ^{21}
新荣	tɕiᴀ^{32}	tɕiᴀ^{32}/tɕia^{24}	iᴀ^{312}	iᴀ^{312}	ɕiᴀ^{32}	ɕiᴀ^{312}	iᴀ^{32}	iᴀ^{32}
怀仁	tɕia^{42}	tɕia^{42}	ia^{312}	ia^{312}	ɕia^{42}	ɕia^{312}	ia^{42}	ia^{42}
左云	tɕia^{31}	tɕia^{31}	ia^{313}	ia^{313}	ɕia^{31}	ɕia^{313}	ia^{31}	ia^{31}
右玉	tɕia^{31}	tɕia^{31}	ia^{212}	ia^{212}	ɕia^{212}	ɕia^{212}	ia^{31}	ia^{31}
阳高	tɕiɑ^{31}	tɕiɑ^{31}	iɑ^{31}	iɑ^{31}	ɕiɑ^{31}	ɕiɑ^{312}	iɑ^{31}	iɑ^{31}
山阴	tɕiᴀ^{313}	tɕiᴀ^{313}	iᴀ^{313}	iᴀ^{313}	ɕiᴀ^{313}	ɕiᴀ^{313}	iᴀ^{313}	iᴀ^{313}
天镇	tɕiɑ^{31}	tɕiɑ^{31}	iɑ^{22}	iɑ^{22}	ɕiɑ^{31}	ɕiɑ^{22}	iɑ^{22}	iɑ^{31}
平定	tɕiɑ^{31}	tɕiɑ^{31}	iɑ^{44}	iɑ^{44}	ɕiɑ^{31}	ɕiɑ^{44}	iɑ^{31}	iɑ^{31}
昔阳	tɕiɑ^{42}	tɕiɑ^{42}	iɑ^{33}	iɑ^{33}	ɕiɑ^{13}	ɕiɑ^{33}	iɑ^{42}	iɑ^{42}
左权	tɕiɑ^{31}	tɕiɑ^{31}/tɕiɑʔ^{1}	iɑ^{11}	iɑ^{11}	ɕiɑ^{31}	ɕiɑ^{11}	iɑ^{11}	iɑ^{31}
和顺	tɕiɑ^{42}	tɕiɑ^{42}	iɑ^{22}	iɑ^{22}	ɕiɑ^{42}	ɕiɑ^{22}	iɑ^{42}	iɑ^{42}
尧都	tɕiɑ^{21}	tɕiɑ^{21}	ȵiɑ^{24}	ȵiɑ^{24}	ɕiɑ^{21}	ɕiɑ^{24}	ȵiɑ^{21}	ȵiɑ^{21}
洪洞	tɕiɑ^{21}	tiɑ^{21} 白 / tɕiɑ^{21} 文	ŋiɑ^{24}	ŋiɑ^{24}	ɕʰiɑ^{21}	ɕʰiɑ^{24}	iɑ^{21}	iɑ^{21}

续表

字目	嘉	家	牙	芽	虾鱼~	霞	鸦	丫
中古音 / 方言点	古牙 假开二 平麻见	古牙 假开二 平麻见	五加 假开二 平麻疑	五加 假开二 平麻疑	许加 假开二 平麻晓	胡加 假开二 平麻匣	於加 假开二 平麻影	於加 假开二 平麻影
洪洞赵城	tɕiɑ^{21}	tɕiɑ^{21}	ȵiɑ^{24}	ȵiɑ^{24}	ɕiɑ^{21}	ɕiɑ^{21}	ȵiɑ^{21}	——
古县	tɕiɑ^{21}	tɕiɑ^{21}	ȵiɑ^{35}	ȵiɑ^{35}	ɕiɑ^{21}	ɕiɑ^{35}	iɑ^{21}	iɑ^{21}
襄汾	tɕia^{21}	tɕia^{21}	ia^{24}	ia^{24}	ɕia^{21}	ɕia^{24}	ia^{21}	ia^{21}
浮山	tɕia^{42}	tia^{42} 白 / tɕia^{42} 文	ȵia^{13}	ȵia^{13}	ɕia^{42}	ɕia^{13}	ia^{42}	ia^{42}
霍州	tɕia^{212}	tɕia^{212}	ȵia^{35}	ȵia^{35}	ɕia^{212}	ɕia^{35}	ȵia^{212}	ia^{212}
翼城	tɕiA^{53}	tɕiA^{53}	ȵiA^{12}	ȵiA^{12}	ɕiA^{53}	ɕiA^{12}	iA^{53}	iA^{53}
闻喜	tɕiɑ^{53}	tɕiɑ^{53}	ȵiɑ^{13}	ȵiɑ^{13}	——	ɕiɑ^{13}	iɑ^{53}	iɑ^{53}
侯马	tɕiɑ^{213}	tɕiɑ^{213}	ȵiɑ^{213}	ȵiɑ^{213}	ɕiɑ^{213}	ɕiɑ^{213}	iɑ^{53}	iɑ^{24}
新绛	tɕiɑ^{53}	tɕiɑ^{53}	ȵiɑ^{13} 白 / iɑ^{13} 文	ȵiɑ^{53}	ɕiɑ^{53}	ɕiɑ^{13}	iɑ^{53}	iɑ^{53}
绛县	tɕiɑ^{53}	tɕiɑ^{53}	ȵiɑ^{24}	ȵiɑ^{24}	ɕiɑ^{53}	ɕiɑ^{24}	iɑ^{53}	iɑ^{53}
垣曲	tɕia^{22}	tɕia^{22}	ȵia^{22} 白 / ia^{22} 文	ȵia^{22}	xa^{22} 白 / ɕia^{22} 文	ɕia^{22}	ȵia^{22}	ia^{22}
夏县	tɕia^{53}	tɕia^{53}	ȵia^{42} 白 / ia^{42} 文	ȵia^{42} 白 / ia^{42} 文	ɕia^{53}	ɕia^{42}	ȵia^{53} 白 / ia^{53} 文	ia^{53}
万荣	tɕia^{51}	tʂa^{51} 白 / tɕia^{51} 文	ȵia^{213}	ȵia^{213}	ɕia^{51}	ɕia^{213}	ia^{51}	ia^{51}
稷山	tɕiɑ^{53}	tɕiɑ^{53}	ȵiɑ^{13} 白 / iɑ^{13} 文	ȵiɑ^{13}	ɕiɑ^{53}	ɕiɑ^{13}	ȵiɑ^{53}	iɑ^{53}
盐湖	tɕia^{42}	tɕia^{42}	ȵia^{13} 白 / ia^{13} 文	ȵia^{13} 白 / ia^{13} 文	ɕia^{42}	ɕia^{13}	ȵia^{42} 白 / ia^{42} 文	ia^{42}
临猗	tɕia^{42}	tɕia^{42}	ȵia^{13} 白 / ia^{13} 文	ȵia^{13} 白 / ia^{13} 文	ɕia^{42}	ɕia^{13}	ȵia^{42} 白 / ia^{42} 文	ȵia^{42} 白 / ia^{42} 文
河津	tɕia^{31}	tʂa^{31} 白 / tɕia^{31} 文	ȵia^{324}	ȵia^{324}	ɕia^{31}	ɕia^{324}	ia^{31}	ia^{31}
平陆	tɕia^{31}	tɕia^{31}	ȵia^{13}	ȵia^{13}	ɕia^{31}	ɕia^{13}	ua^{31} 白 / ia^{33} 文	ia^{31}
永济	tɕia^{31}	tɕia^{31}	ȵia^{24}	ȵia^{24}	ɕia^{31}	ɕia^{24}	va^{31} 白 / ia^{31} 文	ia^{31}
芮城	tɕia^{42}	tɕia^{42}	ȵia^{13} 白 / ia^{13} 文	ȵia^{13}	ɕia^{42}	ɕia^{13}	ȵia^{42}	ia^{42}
吉县	tɕia^{423}	tɕia^{423}	nia^{423}	nia^{423}	ɕia^{423}	ɕia^{423}	ia^{423}	ia^{423}
乡宁	tɕia^{53}	tɕia^{53}	ȵia^{12}	ȵia^{12}	ɕia^{53}	ɕia^{12}	ȵia^{53}	ia^{53}
广灵	tɕiɑ^{53}	tɕiɑ^{53}	iɑ^{31}	iɑ^{31}	ɕiɑ^{53}	ɕiɑ^{31}	iɑ^{53}	iɑ^{53}

字目	把	马	洒	假真~	贾	雅	下底~	哑
中古音 / 方言点	博下 假开二 上马帮	莫下 假开二 上马明	砂下 假开二 上马生	古疋 假开二 上马见	古疋 假开二 上马见	五下 假开二 上马疑	胡雅 假开二 上马匣	乌下 假开二 上马影
北京	pa^{214}	ma^{214}	sa^{214}	tɕia^{214}	tɕia^{214}	ia^{214}	ɕia^{51}	ia^{214}
小店	pɑ^{53}	mɑ^{53}	sɑ^{53}	tɕiɑ^{53}	tɕiɑ^{53}	iɑ^{53}	xɑ^{24}	ɑ^{53}白/iɑ^{53}文
尖草坪	pa^{312}	ma^{312}	sa^{312}	tɕia^{312}	tɕia^{312}	ia^{312}	xa^{35}白/ɕia^{35}文	ia^{312}
晋源	pa^{42}	ma^{42}	sa^{42}	tɕia^{42}	tɕia^{42}	ia^{42}	xa^{35}白/tɕia^{35}文	a^{42}
阳曲	pa^{312}	ma^{312}	sa^{312}	tɕia^{312}	tɕia^{312}	ia^{312}	xa^{454}	ŋa^{312}
古交	pɑ^{312}	mɑ^{312}	sɑ^{312}	tɕiɑ^{312}	tɕiɑ^{312}	iɑ^{312}	ɕiɑ^{53}	ŋɑ^{312}/iɑ^{312}
清徐	pɒ^{54}	mɒ^{54}	sɒ^{54}	tɕiɒ^{54}	tɕiɒ^{54}	iɒ^{54}	xɒ^{45}白/ɕiɒ^{45}文	ŋɒ^{11}白/iɒ^{11}文
娄烦	pã^{312}	mã^{312}	sã^{312}	tɕiã^{312}	tɕiã^{312}	iã^{312}	xã^{54}白/ɕiã^{54}文	ŋã^{312}
榆次	pɒ^{53}	mɒ^{53}	sɒ^{53}	tɕiɒ^{53}	tɕiɒ^{53}	iɒ^{53}	xɒ^{35}	ŋɒ^{53}白/iɒ^{53}文
交城	pɑ^{53}	mɑ^{53}	sɑ^{53}	tɕiɑ^{53}	tɕiɑ^{53}	iɑ^{53}	xɑ^{24}白/ɕiɑ^{24}文	ŋɑ^{53}白/iɑ^{11}文
文水	pa^{423}	ma^{423}	sa^{423}	tɕia^{423}	tɕia^{423}	ia^{423}	xa^{35}	ŋa^{423}
祁县	pa^{314}	ma^{314}	ʂa^{314}	tɕia^{314}	tɕia^{314}	ia^{314}	xa^{45}	ŋa^{314}
太谷	pɒ^{312}	mɒ^{312}	sɒ^{312}	tɕiɒ^{312}	tɕiɒ^{312}	iɒ^{312}	xɒ^{53}	ŋɒ^{312}
平遥	pɑ^{512}	mɑ^{512}	sɑ^{512}	tɕiɑ^{512}	tɕiɑ^{512}	iɑ^{512}	xɑ^{24}	ŋɑ^{512}/iɑ^{512}
孝义	pa^{312}	ma^{312}	sa^{312}	tɕia^{454}	tɕia^{454}	ia^{312}	xa^{454}	ȵia^{312}
介休	pa^{423}	ma^{423}	sa^{423}	tɕia^{423}	tɕia^{423}	ia^{423}	xa^{45}	ȵia^{423}
灵石	pa^{212}	ma^{212}	sa^{212}	tɕia^{212}	tɕia^{212}	ia^{212}	xa^{53}白/ɕʰia^{53}文	ia^{212}
盂县	pɑ^{53}	mɑ^{53}	sɑ^{53}/suɑ^{53}	tɕiɑ^{53}	tɕiɑ^{53}	iɑ^{53}	xɑ^{55}白/ɕiɑ^{55}文	ȵiɑ^{53}
寿阳	pɑ^{53}	mɑ^{53}	sɑ^{53}	tɕiɑ^{53}	tɕiɑ^{53}	iɑ^{53}	ɕɑ^{45}	ȵiɑ^{53}/ŋɑ^{53}
榆社	pɒ^{22}	mɒ^{312}	sɒ^{312}	tɕiɒ^{312}	tɕiɒ^{22}	iɒ^{312}	ɕiɒ^{45}	nia^{312}
离石	pɑ^{312}	mɑ^{312}	sɑ^{312}	tɕiɑ^{312}	tɕiɑ^{312}	iɑ^{312}	xɑ^{53}	niɑ^{312}
汾阳	pa^{312}	ma^{312}	sa^{312}	tɕia^{312}	tɕia^{312}	ia^{312}	xa^{55}白/ɕia^{55}文	ŋa^{312}
中阳	pɑ^{423}	mɑ^{423}	sɑ^{423}	tɕiɑ^{423}	tɕiɑ^{423}	iɑ^{423}	xɑ^{53}	niɑ^{423}
柳林	pɑ^{312}	mɑ^{312}	sɑ^{312}	tɕiɑ^{312}	tɕiɑ^{312}	iɑ^{312}	xɑ^{53}	niɑ^{312}
方山	pa^{312}	ma^{312}	sa^{312}	tɕia^{52}	tɕia^{312}	ia^{312}	ɕia^{52}	nia^{312}
临县	pa^{312}	ma^{312}	sa^{312}	tɕia^{312}	tɕia^{24}	ia^{33}	xa^{52}	nia^{312}

续表

字目	把	马	洒	假真~	贾	雅	下底~	哑
中古音 方言点	博下 假开二 上马帮	莫下 假开二 上马明	砂下 假开二 上马生	古疋 假开二 上马见	古疋 假开二 上马见	五下 假开二 上马疑	胡雅 假开二 上马匣	乌下 假开二 上马影
兴县	pᴀ^{324}	mᴀ^{324}	sᴀ^{324}	tɕiᴀ^{324}	tɕiᴀ^{324}	iᴀ^{324}	xᴀ^{53}白 / ɕiᴀ^{53}文	niᴀ^{324}
岚县	pa^{312}	ma^{312}	sa^{312}	tɕia^{312}	tɕia^{312}	ȵiaŋ^{312}白 / ia^{312}文	ɕia^{53}	ȵia^{312}/ŋa^{312}
静乐	pã^{314}	mã^{314}	sã^{314}	tɕiã^{314}	tɕiã^{314}	iã^{314}	ɕiã^{53}	ŋã^{314}
交口	pa^{323}	ma^{323}	sa^{323}	tɕia^{323}	tɕia^{323}	ia^{323}	xa^{53}白 / ɕia^{53}文	ȵia^{323}
石楼	pa^{213}	ma^{213}	sa^{213}	tɕia^{213}	tɕia^{213}	ia^{213}	xa^{51}白 / ɕia^{51}文	ȵia^{213}
隰县	pa^{21}	ma^{21}	sa^{21}	tɕia^{21}	tɕia^{21}	ia^{44}	xa^{44}白 / ɕia^{44}文	ȵia^{21}
大宁	pɑ^{31}	mɑ^{31}	sɑ^{31}	tɕiɑ^{31}	tɕiɑ^{31}	iɑ^{31}	xɑ^{55}	niɑ^{31}
永和	pa^{312}	ma^{312}	sa^{312}	tɕia^{312}	tɕia^{312}	ia^{312}	xa^{35}	nia^{312}
汾西	pɑ^{55}	mɑ^{33}	sɑ^{33}	tiɑ^{11}白	tiɑ^{11}白 / tɕiɑ^{11}文	iɑ^{33}	xɑ^{11}白 / ɕiɑ^{53}文	niɑ^{33}
蒲县	pa^{31}	ma^{31}	sa^{31}	tɕia^{31}	tɕia^{31}	ia^{31}	xa^{31}	ȵia^{31}
潞州	pa^{535}	ma^{535}	sua^{535}白 / sa^{535}文	tɕia^{535}	tɕia^{535}	ia^{535}	ɕia^{54}	ia^{535}
上党	pɑ^{535}	mɑ^{535}	sɑ^{535}	tɕiɑ^{535}	tɕiɑ^{535}	iɑ^{535}	ɕiɑ^{535}	iɑ^{535}
长子	pa^{434}	ma^{434}	sua^{434}白 / sa^{434}文	tɕia^{434}	tɕia^{434}	ia^{434}	ɕia^{53}	ia^{434}
屯留	pa^{43}	ma^{43}	sa^{43}	tɕia^{43}	tɕia^{43}	ia^{43}	ɕia^{11}	ia^{43}
襄垣	pa^{42}	ma^{42}	sa^{42}	tɕia^{42}	tia^{42}白 / tɕia^{42}文	ia^{42}	xa^{53}白 / ɕia^{53}文	ȵia^{42}
黎城	pa^{213}	ma^{213}	sa^{213}	cia^{213}	cia^{213}	ia^{213}	ɕia^{53}	ia^{213}
平顺	pa^{434}	ma^{434}	sa^{434}	cia^{434}	cia^{434}	ia^{434}	ɕia^{434}	ia^{434}
壶关	pa^{535}	ma^{535}	ʂa^{535}	cia^{535}	cia^{535}	ia^{535}	çia^{535}	ia^{535}
沁县	pa^{214}	ma^{214}	sa^{214}	tɕia^{214}	tɕia^{214}	ia^{214}	ɕia^{53}	ia^{214}
武乡	pa^{213}	ma^{213}	sa^{213}	tɕia^{213}	tɕia^{213}	ia^{213}	ɕia^{55}	ȵia^{213}
沁源	pɑ^{324}	mɑ^{324}	sɑ^{324}	tɕiɑ^{324}	tɕiɑ^{324}	iɑ^{324}	xɑ^{53}	ȵiɑ^{324}
安泽	pɑ^{42}	mɑ^{42}	sɑ^{42}	tɕiɑ^{42}	tɕiɑ^{42}	iɑ^{42}	xɑ^{53}白 / ɕiɑ^{53}文	iɑ^{42}
沁水端氏	pɒ^{31}	mɒ^{31}	sɒ^{31}	tɕiɒ^{31}	tɕiɒ^{31}	iɒ^{31}	ɕiɒ^{21}	iɒ^{31}

续表

字目 中古音 / 方言点	把	马	洒	假真~	贾	雅	下底~	哑
	博下 假开二 上马帮	莫下 假开二 上马明	砂下 假开二 上马生	古疋 假开二 上马见	古疋 假开二 上马见	五下 假开二 上马疑	胡雅 假开二 上马匣	乌下 假开二 上马影
阳城	pɑ^{212}	mɑ^{212}	sɑ^{212}	ciɑ^{212}	ciɑ^{212}	iɑ^{212}	çiɑ^{51}	iɑ^{212}
高平	pɑ^{212}	mɑ^{212}	ʂɑ^{212}	ciɑ^{212}	ciɑ^{212}	iɑ^{212}	çiɑ^{53}	iɑ^{212}
陵川	pa^{312}	ma^{312}	ʂa^{312}	cia^{312} 白 / tçia^{312} 文	cia^{312}	ia^{312}	çia^{24}	ia^{312}
晋城	pɑ^{213}	mɑ^{213}	ʂɑ^{213}	tçiɑ^{213}	tçiɑ^{213}	iɑ^{213}	çiɑ^{53}	iɑ^{213}/çiɑ^{213}
忻府	pɑ^{313}	mɑ^{313}	sɑ^{313}	tçiɑ^{313}	tçiɑ^{313}	iɑ^{313}	xɑ^{53}	ŋɑ^{313}
原平	pɑ^{213}	mɑ^{213}	sɑ^{213}	tçiɑ^{213}	tçiɑ^{213}	iɑ^{213}	xɑ^{53} 白 / çiɑ^{53} 文	iɑ^{213}
定襄	pa^{24}	ma^{24}	sa^{24}	tçia^{24}	tçia^{24}	ia^{24}	xa^{53}	ŋa^{24}
五台	pɑ^{213}	mɑ^{213}	sɑ^{213}	tçiɑ^{213}	tçiɑ^{213}	iɑ^{213}	xɑ^{213}	ŋɑ^{213}
岢岚	pa^{13}	ma^{13}	sa^{13}	tçia^{13}	tçia^{13}	ia^{13}	çia^{52}	ia^{13}
五寨	pa^{13}	ma^{13}	sa^{13}	tçia^{13}	tçia^{13}	ia^{13}	çia^{52}	ia^{13}
宁武	pᴀ^{213}	mᴀ^{213}	sᴀ^{213}	tçiᴀ^{213}	tçiᴀ^{213}	iᴀ^{213}	xᴀ^{52}/çiᴀ^{52} 文	iᴀ^{213}
神池	pᴀ^{13}	mᴀ^{13}	sᴀ^{13}	tçiᴀ^{13}	tçiᴀ^{13}	iᴀ^{13}	çiᴀ^{52}	iᴀ^{13}
繁峙	pa^{53}	ma^{53}	sa^{53}	tçia^{53}	tçia^{53}	ia^{53}	çia^{31}	ia^{53}
代县	pa^{213}	ma^{213}	sa^{213}	tçia^{213}	tçia^{213}	ia^{213}	çia^{53}	ia^{213}
河曲	pa^{213}	ma^{213}	sa^{213}	tçia^{213}	tçia^{213}	ia^{213}	çia^{52}	ia^{213}
保德	pᴀ^{213}	mᴀ^{213}	sᴀ^{213}	tçiᴀ^{213}	tçiᴀ^{213}	iᴀ^{213}	xᴀ^{52} 白 / çiᴀ^{52} 文	iᴀ^{213}
偏关	pa^{213}	ma^{213}	sa^{213}	tçia^{213}	tçia^{213}	ia^{213}	çia^{52}	ia^{213}
朔城	pᴀ^{312}	mᴀ^{313}	sᴀ^{312}	tçiᴀ^{312}	tçiᴀ^{312}	iᴀ^{312}	çiᴀ^{53}	iᴀ^{312}
平鲁	pɑ^{213}	mɑ^{213}	sɑ^{213}	tçiɑ^{213}	tçiɑ^{213}	iɑ^{44}	çiɑ^{52}	iɑ^{213}
应县	pa^{54}	ma^{54}	sa^{54}	tçia^{54}	tçia^{54}	ia^{54}	çia^{24}	ia^{54}
灵丘	pᴀ^{442}	mᴀ^{442}	sᴀ^{442}	tçiᴀ^{442}	tçiᴀ^{442}	iᴀ^{442}	çiᴀ^{53}	iᴀ^{442}
浑源	pᴀ^{52}	mᴀ^{52}	sᴀ^{52}	tçiᴀ^{52}	tçiᴀ^{52}	iᴀ^{52}	çiʌʔ^{4}	iᴀ^{52}
云州	pɑ^{55}	mɑ^{55}	sɑ^{55}	tçiɑ^{55}	tçiɑ^{55}	iɑ^{55}	çiɑ^{24}	iɑ^{55}
新荣	pᴀ^{54}	mᴀ^{54}	sᴀ^{54}	tçiᴀ^{54}	tçiᴀ^{54}	iᴀ^{54}	çiᴀ^{24}	iᴀ^{54}
怀仁	pa^{53}	ma^{53}	sa^{53}	tçia^{53}	tçia^{53}	ia^{53}	çia^{24}	ia^{53}
左云	pa^{54}	ma^{54}	sa^{54}	tçia^{54}	tçia^{54}	ia^{54}	çia^{24}	ia^{54}
右玉	pa^{53}	ma^{53}	sa^{53}	tçia^{53}	tçia^{53}	ia^{53}	çia^{24}	ia^{53}
阳高	pɑ^{53}/pəʔ^{3}	mɑ^{53}	sɑ^{53}	tçiɑ^{53}	tçiɑ^{53}	iɑ^{53}	çiɑ^{24}	iɑ^{53}/iɑʔ^{3}
山阴	pᴀ^{52}	mᴀ^{52}	sᴀ^{52}	tçiᴀ^{52}	tçiᴀ^{52}	iᴀ^{52}	çiᴀ^{335}	iᴀ^{52}

续表

字目	把	马	洒	假真~	贾	雅	下底~	哑
中古音 / 方言点	博下 假开二 上马帮	莫下 假开二 上马明	砂下 假开二 上马生	古疋 假开二 上马见	古疋 假开二 上马见	五下 假开二 上马疑	胡雅 假开二 上马匣	乌下 假开二 上马影
天镇	pɑ^{55}	mɑ^{55}	sɑ^{55}	tɕiɑ^{55}	tɕiɑ^{55}	iɑ^{55}	ɕiɑ^{22}/ɕiɑ^{24}	iɑ^{55}
平定	pɑ^{53}	mɑ^{53}	sɑ^{53}	tɕiɑ^{53}	ku^{53}/tɕiɑ^{53}	iɑ^{53}	ɕiɑ^{24}	iɑ^{53}
昔阳	pɑ^{55}	mɑ^{55}	sɑ^{55}	tɕiɑ^{55}	tɕiɑ^{55}	iɑ^{55}	ɕiɑ^{13}	iɑ^{55}
左权	pɑ^{42}	mɑ^{42}	sɑ^{42}	tɕiɑ^{42}	tɕiɑ^{42}	iɑ^{42}	ɕiɑ^{53}	iɑ^{42}
和顺	pɑ^{53}	mɑ^{53}	sɑ^{53}	tɕiɑ^{53}	tɕiɑ^{53}	iɑ^{53}	ɕiɑ^{13}	iɑ^{53}
尧都	pɑ^{44}	mɑ^{53}	sɑ^{53}	tɕiɑ^{53}	tɕiɑ^{53}	ȵiɑ^{44}	xɑ^{44}白/ɕiɑ^{44}文	ȵiɑ^{44}
洪洞	pʰɑ^{21}白/pɑ^{21}文/pɑ^{42}	mɑ^{42}	sɑ^{42}/sɑ^{21}	tiɑ^{42}白/tɕiɑ^{42}文	tiɑ^{42}	iɑ^{24}	xɑ^{53}白/ɕiɑ^{53}文	ŋiɑ^{42}
洪洞赵城	pɑ^{42}	mɑ^{42}	sɑ^{44}	tiɑ^{42}白/tɕiɑ^{42}文	tiɑ^{42}	iɑ^{44}	xɑ^{53}白/ɕiɑ^{53}文	ȵiɑ^{42}
古县	pɑ^{42}	mɑ^{42}	sɑ^{42}	tɕiɑ^{42}	tɕiɑ^{42}	iɑ^{42}	xɑ^{53}白/ɕiɑ^{53}文	ȵiɑ^{42}
襄汾	pa^{42}	ma^{42}	sa^{42}	tɕia^{42}	tɕia^{42}	ia^{42}	ɕia^{44}	ia^{42}
浮山	pa^{33}	ma^{33}	ʂa^{33}	tɕia^{33}	tia^{33}	ia^{33}	xa^{53}白/ɕia^{53}文	ȵia^{33}
霍州	pa^{33}	ma^{33}	sa^{212}	tɕia^{33}	tɕia^{33}	ȵia^{33}	xa^{53}白/ɕia^{53}文	ȵia^{33}
翼城	pA^{44}	mA^{44}	sA^{44}	tɕiA^{44}	tɕiA^{12}	iA^{12}	ɕiA^{53}	ȵiA^{44}
闻喜	pɑ^{33}	mɑ^{33}	sɑ^{33}	tɕiɑ^{33}	tɕiɑ^{33}	iɑ^{33}	xɑ^{13}	ȵiɑ^{33}
侯马	pɑ^{44}	mɑ^{44}	sɑ^{44}	tɕiɑ^{44}	tɕiɑ^{44}	iɑ^{44}	xɑ^{53}	ȵiɑ^{44}
新绛	pɑ^{53}	mɑ^{44}	sɑ^{44}	tɕiɑ^{44}	tɕiɑ^{53}	iɑ^{13}	xɑ^{53}白/ɕiɑ^{53}文	ȵiɑ^{44}
绛县	pɑ^{33}	mɑ^{33}	sɑ^{33}	tɕiɑ^{33}	tɕiɑ^{33}	iɑ^{33}	xɑ^{53}	iɑ^{33}
垣曲	pa^{44}	ma^{44}	sa^{44}	tɕia^{44}	tɕia^{44}	ia^{44}	xa^{53}	ȵia^{44}
夏县	pa^{24}	ma^{24}	sa^{24}	tɕia^{24}	tɕia^{24}	ia^{24}	xa^{31}	ȵia^{24}
万荣	pa^{55}	ma^{55}	sa^{55}	tɕia^{55}	tɕia^{55}	ia^{55}	xa^{33}	ȵia^{55}
稷山	pɑ^{44}	mɑ^{44}	sɑ^{44}	tɕiɑ^{44}	tɕiɑ^{44}	iɑ^{44}	xɑ^{42}白/ɕiɑ^{42}文	ȵiɑ^{44}白/iɑ^{44}文
盐湖	pa^{44}	ma^{53}	sa^{53}	tɕia^{53}	tɕia^{53}	ia^{53}	xa^{44}白/ɕia^{53}文	ȵia^{53}
临猗	pa^{53}	ma^{53}	sa^{53}	tɕia^{53}	tɕia^{53}	ȵia^{53}白/ia^{53}文	xa^{44}白/ɕia^{44}文	ȵia^{53}白/ia^{53}文

续表

字目	把	马	洒	假真~	贾	雅	下底~	哑
中古音 / 方言点	博下 假开二 上马帮	莫下 假开二 上马明	砂下 假开二 上马生	古疋 假开二 上马见	古疋 假开二 上马见	五下 假开二 上马疑	胡雅 假开二 上马匣	乌下 假开二 上马影
河津	pa53	ma53	sa53	tʂa53 白 / tɕia53 文	tɕia53	ia53	xa44 白	ȵia53
平陆	pa13 白 / pa55 文	ma55	sa55	tɕia55	tɕia55	ia55	xa33	ȵia55
永济	pa31	ma53	sa53	tɕia53	tɕia53	ia53	xa44 白 / ɕia44 文	ȵia53 白 / ia53 文
芮城	pa53	ma53	sa53	tɕia53	tɕia53	ia53	xa44 白 / ɕia44 文	ȵia53 白 / ia53 文
吉县	pa53	ma53	sa53	tɕia53	tɕia53	ia53	xa33 白 / ɕia33 文	nia53
乡宁	pa44	ma44	sa44	tɕia44	tɕia44	ia44	xa22	ȵia44
广灵	pɑ44	mɑ44	sɑ44	tɕiɑ44	——	iɑ44	ɕiɑ213	iɑ44

字目	爸	坝	把刀~	霸	怕	骂	诈	榨
中古音 / 方言点	必驾 假开二 去祃帮	必驾 假开二 去祃帮	必驾 假开二 去祃帮	必驾 假开二 去祃帮	普驾 假开二 去祃滂	莫驾 假开二 去祃明	侧驾 假开二 去祃庄	侧驾 假开二 去祃庄
北京	pa^{51}	pa^{51}	pa^{51}	pa^{51}	pʰa^{51}	ma^{51}	tʂa^{51}	tʂa^{51}
小店	pɑ^{24}	pɑ^{24}	pɑ^{53}	pɑ^{24}	pʰɑ^{24}	mɑ^{24}	tsɑ^{24}	tsɑ^{24}
尖草坪	pa^{35}	pa^{35}	pa^{35}	pa^{35}	pʰa^{35}	ma^{35}	tsa^{35}	tsa^{35}
晋源	pa^{35}	pa^{35}	pa^{35}	pa^{35}	pʰa^{35}	ma^{35}	tsa^{35}	tsa^{35}
阳曲	pa^{454}	pa^{454}	pa^{312}	pa^{454}	pa^{454}	ma^{454}	tsa^{454}	tsa^{454}
古交	pɑ^{53}	pɑ^{53}	pɑ^{312}	pɑ^{53}	pʰɑ^{53}	mɑ^{53}	tsɑ^{53}	tsɑ^{53}
清徐	pɒ^{45}	pɒ^{45}	pɒ^{54}	pɒ^{45}	pʰɒ^{45}	mɒ^{45}	tsɒ^{45}	tsɒ^{45}
娄烦	pɑ̃^{54}	pɑ̃^{54}	pɑ̃^{54}	pɑ̃^{54}	pʰɑ̃^{33}	mɑ̃^{54}	tsɑ̃^{54}	tsɑ̃^{54}
榆次	pɒ^{35}	pɒ^{35}	pɒ^{35}	pɒ^{35}	pʰɒ^{35}	mɒ^{35}	tsɒ^{35}	tsɒ^{35}
交城	pɑ^{24}	pɑ^{24}	pɑ^{24}	pɑ^{24}	pʰɑ^{24}	mɑ^{24}	tsɑ^{24}	tsɑ^{24}
文水	pa^{35}	pa^{35}	pa^{35}	pa^{35}	pʰa^{35}	ma^{35}	tsa^{35}	tsa^{35}
祁县	pa^{45}	pa^{45}	pa^{45}	pa^{45}	pʰa^{45}	ma^{45}	tʂa^{45}	tʂa^{45}
太谷	pɒ^{53}	pɒ^{53}	pɒ^{53}	pɒ^{53}	pʰɒ^{53}	mɒ^{53}	tsɒ^{53}	tsɒ^{53}
平遥	pɑ^{24}	pɑ^{24}	pɑ^{512}	pɑ^{24}	pʰɑ^{24}	mɑ^{24}	tsɑ^{24}	tsɑ^{24}
孝义	pa^{454}	pa^{454}	pa^{312}	pa^{454}	pʰa^{454}	ma^{454}	tsa^{454}	tsa^{454}
介休	pa^{45}	pa^{45}	pa^{45}	pa^{45}	pʰa^{45}	ma^{45}	tsa^{45}	tsa^{45}
灵石	pa^{53}	pa^{53}	pa^{53}	pa^{53}	pʰa^{53}	ma^{53}	tsa^{53}	tsa^{53}
盂县	pɑ^{55}	pɑ^{55}	pɑ^{55}	pɑ^{55}	pʰɑ^{55}	mɑ^{55}	tsɑ^{55}	tsɑ^{55}
寿阳	pɑ^{45}	pɑ^{45}	pɑ^{45}	pɑ^{45}	pʰɑ^{45}	mɑ^{45}	tsɑ^{45}	tsɑ^{45}
榆社	pɒ^{22}	pɒ^{45}	pɒ^{45}	pɒ^{45}	pʰɒ^{45}	mɒ^{45}	tsɒ^{45}	tsɒ^{45}
离石	pɑ^{53}	pɑ^{53}	pɑ^{53}	pɑ^{53}	pʰɑ^{53}	mɑ^{53}	tsɑ^{53}	tsɑ^{53}
汾阳	pa^{55}	pa^{55}	pa^{55}	pa^{55}	pʰa^{55}	ma^{55}	tsa^{55}	tsa^{55}
中阳	pɑ^{53}	pɑ^{53}	pɑ^{53}	pɑ^{53}	pʰɑ^{52}	mɑ^{53}	tsɑ^{53}	tsɑ^{53}
柳林	pɑ^{53}	pɑ^{53}	pɑ^{53}	pɑ^{53}	pʰɑ^{53}	mɑ^{53}	tsɑ^{53}	tsɑ^{53}
方山	pa^{52}	pa^{52}	pa^{52}	pa^{52}	pʰa^{52}	ma^{52}	tsa^{52}	tsa^{52}
临县	pa^{52}	pa^{52}	pa^{52}	pa^{52}	pʰa^{52}	ma^{52}	tsa^{52}	tsa^{52}
兴县	pᴀ^{53}	pᴀ^{53}	pᴀ^{53}	pᴀ^{53}	pʰᴀ^{53}	mᴀ^{53}	tsᴀ^{53}	tsᴀ^{53}
岚县	pa^{53}	pa^{53}	pa^{53}	pa^{53}	pʰa^{53}	ma^{53}	tsa^{53}	tsa^{53}
静乐	pɑ̃^{53}	pɑ̃^{53}	pɑ̃^{53}	pɑ̃^{53}	pʰɑ̃^{53}	mɑ̃^{53}	tsɑ̃^{53}	tsɑ̃^{53}
交口	pa^{53}	pa^{53}	pa^{53}	pa^{53}	pʰa^{53}	ma^{53}	tsa^{53}	tsa^{53}
石楼	pa^{51}	pa^{51}	pa^{51}	pa^{51}	pʰa^{51}	ma^{51}	tsa^{51}	tsa^{51}
隰县	pa^{44}	pa^{44}	pa^{44}	pa^{44}	pʰa^{44}	ma^{44}	tsa^{44}	tsa^{44}

续表

字目	爸	坝	把刀~	霸	怕	骂	诈	榨
中古音／方言点	必驾 假开二 去祃帮	必驾 假开二 去祃帮	必驾 假开二 去祃帮	必驾 假开二 去祃帮	普驾 假开二 去祃滂	莫驾 假开二 去祃明	侧驾 假开二 去祃庄	侧驾 假开二 去祃庄
大宁	pɑ^{31}	pɑ^{55}	pɑ^{31}	pɑ^{55}	p^{h}ɑ^{55}	mɑ^{55}	tsɑ^{55}	tsɑ^{55}
永和	pa^{53}/pa^{35}	pa^{53}	pa^{53}	pa^{53}	p^{h}a^{53}	ma^{53}	tsa^{53}	tsa^{53}
汾西	pɑ^{11}	pɑ^{55}	pɑ^{33}	pɑ^{55}	p^{h}ɑ^{55}	mɑ^{53}	——	tsɑ^{55}
蒲县	pa^{33}	pa^{33}	pa^{52}	pa^{52}	p^{h}a^{33}	ma^{33}	tsa^{33}	tsa^{33}
潞州	pa^{312}	pa^{44}	pa^{44}	pa^{44}	p^{h}a^{44}	ma^{54}	tsa^{44}	tsʌʔ$^{\underline{53}}$
上党	pɑ^{535}	pɑ^{22}	pɑ^{22}	pɑ^{22}	p^{h}ɑ^{22}	mɑ^{42}	tsɑ^{22}	tsɑ^{22}/tsəʔ$^{\underline{21}}$
长子	pa^{422}	pa^{53}	pa^{422}	pa^{422}	p^{h}a^{422}	ma^{53}	tsa^{422}	tsaʔ^{4}
屯留	pa^{31}	pa^{53}	pa^{53}	pa^{53}	p^{h}a^{53}	ma^{11}	tsa^{53}	tsa^{53}
襄垣	pa^{45}	pa^{45}	pa^{45}	pa^{45}	p^{h}a^{45}	ma^{53}	tsa^{45}	tsa^{45}
黎城	pa^{53}	pa^{53}	pa^{53}	pa^{53}	p^{h}a^{53}	ma^{53}	tsa^{53}	tsa^{53}
平顺	pa^{53}	pa^{53}	pa^{53}	pa^{53}	p^{h}a^{53}	ma^{53}	tsa^{53}	tsa^{53}
壶关	pa^{42}	pa^{42}	pa^{535}/pa^{42}	pa^{42}	p^{h}a^{42}	ma^{353}	tʂa^{42}	tʂa^{42}
沁县	pa^{53}	pa^{53}	pa^{53}	pa^{53}	p^{h}a^{53}	ma^{53}	tsa^{53}	tsaʔ$^{\underline{31}}$
武乡	pa^{55}	pa^{55}	pa^{55}	pa^{55}	p^{h}a^{55}	ma^{55}	tsa^{55}	tsa^{55}
沁源	pɑ^{53}	pɑ^{53}	pɑ^{53}	pɑ^{53}	p^{h}ɑ^{53}	mɑ^{53}	tsɑ^{53}	tsɑ^{53}
安泽	pɑ^{21}	pɑ^{53}	pɑ^{53}	pɑ^{53}	p^{h}ɑ^{53}	mɑ^{53}	tsɑ^{53}	tsɑ^{53}
沁水端氏	pɒ^{21}/pɒ^{24}	pɒ^{53}	pɒ^{53}	pɒ^{53}	p^{h}ɒ^{53}	mɒ^{53}	tsɒ^{53}	tsɒ^{53}
阳城	pɑ^{51}	pɑ^{51}	pɑ^{51}	pɑ^{51}	p^{h}ɑ^{51}	mɑ^{51}	tʂɑ^{51}	tʂɑ^{51}
高平	pɑ^{53}	pɑ^{53}	pɑ^{53}	pɑ^{53}	p^{h}ɑ^{53}	mɑ^{53}	tʂɑ^{53}	tʂɑ^{53}
陵川	pa^{24}	pa^{24}	pa^{312}	pa^{24}	p^{h}a^{24}	ma^{24}	tʂa^{24}	tʂa^{24}
晋城	pʌ^{53}/pɑ^{53}	pɑ^{53}	pɑ^{53}	pɑ^{53}	p^{h}ɑ^{53}	mɑ^{53}	tʂɑ^{53}	tʂɑ^{53}
忻府	pɑ^{53}	pɑ^{53}	pɑ^{53}	pɑ^{53}	p^{h}ɑ^{53}	mɑ^{53}	tsɑ^{53}	tsɑ^{53}
原平	pɑ^{53}	pɑ^{53}	pɑ^{213}	pɑ^{53}	p^{h}ɑ^{53}	mɑ^{53}	tsɑ^{53}	tsɑ^{53}
定襄	pa^{53}	pa^{53}	pa^{53}	pa^{53}	p^{h}a^{53}	ma^{53}	tsa^{53}	tsa^{53}
五台	pɑ^{52}	pɑ^{52}	pɑ^{52}	pɑ^{52}	p^{h}ɑ^{52}	mɑ^{52}	tsɑ^{52}	tsɑ^{52}
岢岚	pa^{52}	pa^{52}	pa^{52}	pa^{52}	p^{h}a^{52}	ma^{52}	tsa^{52}	tsa^{52}
五寨	pa^{52}	pa^{52}	pa^{52}	pa^{52}	p^{h}a^{52}	ma^{52}	tsa^{52}	tsa^{52}
宁武	pᴀ^{52}	pᴀ^{52}	pᴀ^{52}	pᴀ^{52}	p^{h}ᴀ^{52}	mᴀ^{52}	tsᴀ^{52}	tsᴀ^{52}
神池	pᴀ^{52}	pᴀ^{52}	pᴀ^{52}	pᴀ^{52}	p^{h}ᴀ^{52}	mᴀ^{52}	tsᴀ^{52}	tsᴀ^{52}
繁峙	pa^{24}/pa^{53}文	pa^{24}	pa^{24}	pa^{24}	p^{h}a^{24}	ma^{24}	tsa^{24}	tsa^{24}
代县	pa^{53}	pa^{53}	pa^{53}	pa^{53}	p^{h}a^{53}	ma^{53}	tsa^{53}	tsa^{53}

续表

字目	爸	坝	把刀～	霸	怕	骂	诈	榨
中古音 / 方言点	必驾 假开二 去祃帮	必驾 假开二 去祃帮	必驾 假开二 去祃帮	必驾 假开二 去祃帮	普驾 假开二 去祃滂	莫驾 假开二 去祃明	侧驾 假开二 去祃庄	侧驾 假开二 去祃庄
河曲	pa^{52}	pa^{52}	pa^{213}	pa^{52}	pʰa^{52}	ma^{52}	tsa^{52}	tsa^{52}
保德	pᴀ^{52}	pᴀ^{52}	pᴀ^{213}	pᴀ^{52}	pʰᴀ^{52}	mᴀ^{52}	tsᴀ^{52}	tsᴀ^{52}
偏关	pa^{52}	pa^{52}	pa^{213}	pa^{52}	pʰa^{52}	ma^{52}	tsa^{52}	tsa^{52}
朔城	pᴀ^{53}	——	——	pᴀ^{53}	pʰᴀ^{53}	mᴀ^{53}	tsᴀ^{53}	tsᴀ^{53}
平鲁	pɑ^{52}	pɑ^{52}	pɑ^{52}	pɑ^{52}	pʰɑ^{52}	mɑ^{52}	tsɑ^{52}	tsɑ^{52}
应县	pa^{43}	pa^{24}	pa^{24}	pa^{24}	pʰa^{24}	ma^{24}	tsa^{24}	tsa^{24}
灵丘	pᴀ^{53}	pᴀ^{53}	pᴀ^{53}	pᴀ^{53}	pʰᴀ^{53}	mᴀ^{53}	tsᴀ^{53}	tsᴀ^{53}
浑源	pᴀ^{13}	pᴀ^{13}	pᴀ^{13}	pᴀ^{13}	pʰᴀ^{13}	mᴀ^{13}	tsᴀ^{13}	tsᴀ^{13}
云州	pɑ^{24}	pɑ^{24}	pɑ^{52}	pɑ^{24}	pʰɑ^{24}	mɑ^{24}	tsɑ^{24}	tsɑ^{24}
新荣	pᴀ^{24}	pᴀ^{24}	pᴀ^{24}	pᴀ^{24}	pʰᴀ^{24}	mᴀ^{24}	tsᴀ^{24}	tsᴀ^{24}
怀仁	pa^{24}	pa^{24}	pa^{24}	pa^{24}	pʰa^{24}	ma^{24}	tsa^{24}	tsa^{24}
左云	pa^{24}	pa^{24}	pa^{24}	pa^{24}	pʰa^{24}	ma^{24}	tsa^{24}	tsa^{24}
右玉	pa^{24}	pa^{24}	pa^{52}	pa^{24}	pʰa^{24}	ma^{24}	tsa^{24}	tsa^{24}
阳高	pɑ^{24}	pɑ^{24}	——	pɑ^{24}	pʰɑ^{24}	mɑ^{24}	tsɑ^{24}	tsɑ^{24}
山阴	pᴀ^{335}	pᴀ^{335}	pᴀ^{335}	pᴀ^{335}	pʰᴀ^{335}	mᴀ^{335}	tsᴀ^{335}	tsᴀ^{335}
天镇	pɑ^{24}	pɑ^{24}	——	pɑ^{24}	pʰɑ^{24}	mɑ^{24}	tsɑ^{24}	tsɑ^{24}
平定	pɑ^{31} 新	pɑ^{24}	pɑ^{24}	pɑ^{24}	pʰɑ^{24}	mɑ^{24}	tsɑ^{24}	tsɑ^{44}
昔阳	pɑ^{13}	pɑ^{13}	pɑ^{55}	pɑ^{13}	pʰɑ^{13}	mɑ^{13}	tsɑ^{13}	tsɑ^{13}
左权	pɑ^{53}	pɑ^{53}	pɑ^{42}/pɑ^{53}/ pɑʔ^{1}	pɑ^{53}	pʰɑ^{11}	mɑ^{53}	tsɑ^{53}	tsɑ^{53}
和顺	pɑ^{13}	pɑ^{13}	pɑ^{13}	pɑ^{13}	pʰɑ^{13}	mɑ^{13}	tsɑ^{13}	tsɑ^{13}
尧都	pɑ^{24}	pɑ^{53}	pɑ^{53}	pɑ^{53}	pʰɑ^{44}	mɑ^{44}	tʂɑ^{44}	tʂɑ^{44}
洪洞	pɑ^{21}	pɑ^{33}	pʰɑ^{21} 白 / pɑ^{21} 文	pɑ^{33}	pɑ^{33}	mɑ^{53}	ts^{33}	ts^{33}
洪洞赵城	pɑ^{21}	pɑ^{24}	——	pɑ^{53}	pʰɑ^{24}	mɑ^{24}	tsɑ^{24}	——
古县	pɑ^{21}	pɑ^{35}	pɑ^{53}	pɑ^{35}	pʰɑ^{35}	mɑ^{53}	tsɑ^{53}	tsɑ^{35}
襄汾	pa^{44}	pa^{53}	pa^{53}	pa^{53}	pʰa^{53}	ma^{44}	tsa^{44}	tsa^{44}
浮山	pa^{44}	pa^{44}	pa^{44}	pa^{44}	pʰa^{44}	ma^{53}	tʂa^{44}	tʂa^{13}
霍州	pa^{212}	pa^{55}	pa^{55}	pa^{55}	pʰa^{55}	ma^{53}	tsa^{55}	tsa^{53}
翼城	pᴀ^{53}	pᴀ^{53}	pᴀ^{53}	pᴀ^{53}	pʰᴀ^{53}	mᴀ^{53}	tʂᴀ^{53}	tʂᴀ^{53}
闻喜	pɑ^{53}	pɑ^{53}/ ti^{53}	——	pɑ^{53}	pʰɑ^{53}	mɑ^{13}	tsɑ^{53}	——
侯马	tɑ^{53}	pɑ^{53}	pɑ^{53}	pɑ^{53}	pʰɑ^{53}	mɑ^{53}	tʂɑ^{53}	tʂɑ^{53}

续表

字目	爸	坝	把刀~	霸	怕	骂	诈	榨
中古音 / 方言点	必驾 假开二 去祃帮	必驾 假开二 去祃帮	必驾 假开二 去祃帮	必驾 假开二 去祃帮	普驾 假开二 去祃滂	莫驾 假开二 去祃明	侧驾 假开二 去祃庄	侧驾 假开二 去祃庄
新绛	tiɑ^{53}	pɑ^{53}	pɑ^{53}	pɑ^{53}	pʰɑ^{53}	mɑ^{53}	tsɑ^{53}	tsɑ^{53}
绛县	pɑ^{31}	pɑ^{31}	pɑ^{31}	pɑ^{31}	pʰɑ^{31}	mɑ^{31}	tʂʰɑ^{31}	tʂʰɑ^{31}
垣曲	pa^{53}	pa^{53}	pa^{53}	pa^{53}	pʰa^{53}	tɕʰyɛ^{22} 白 / ma^{53} 文	tsa^{53}	tsa^{53}
夏县	pa^{31}	pa^{31}	pa^{31}	pa^{31}	pʰa^{31}	ma^{31}	tʂa^{31}	tʂa^{31}
万荣	pa^{213}	pa^{33}	pa^{33}	pa^{33}	pʰa^{33}	ma^{33}	tsa^{33}	tsa^{33}
稷山	pɑ^{53}	pɑ^{42}	pɑ^{42}	pɑ^{42}	pʰɑ^{42}	mɑ^{42}	tʂɑ^{42}	tʂɑ^{42}
盐湖	pa^{44}	pa^{44}	pa^{53}	pa^{44}	pʰa^{44}	ma^{44}	tsa^{44}	tsa^{44}
临猗	pa^{13}	pa^{44}	pa^{53}	pa^{44}	pʰa^{44}	ma^{44}	tsa^{44}	tsa^{44}
河津	pa^{324}	pa^{44}	pa^{44}	pa^{44}	pʰa^{44}	ma^{44}	tsa^{44}	tsa^{44}
平陆	pa^{13}	pa^{33}	pa^{33}	pa^{33}	pʰa^{33}	ma^{33}	tsa^{33}	tsa^{33}
永济	pa^{44}	pa^{44}	pa^{52}	pa^{44}	pʰa^{44}	ma^{44}	tʂa^{44}	tʂa^{44}
芮城	pa^{42}	pa^{44}	pa^{53}	pa^{44}	pʰa^{44}	ma^{44}	tsa^{44}	tsa^{44}
吉县	pa^{13}	pa^{33}	pa^{33}	pa^{33}	pʰa^{33}	ma^{33}	tsa^{33}	tsa^{33}
乡宁	pa^{22}	pa^{22}	pa^{22}	pa^{22}	pʰa^{22}	ma^{22}	tsa^{22}	tsa^{22}
广灵	pɑ^{53}	pɑ^{213}	pɑ^{213}	pɑ^{213}	pʰɑ^{213}	mɑ^{213}	tsɑ^{213}	tsɑ^{213}

字目	炸~弹	岔	假放~	稼	嫁	架	驾	价
中古音 / 方言点	侧驾 假开二 去祃庄	楚嫁 假开二 去祃初	古讶 假开二 去祃见	古讶 假开二 去祃见	古讶 假开二 去祃见	古讶 假开二 去祃见	古讶 假开二 去祃见	古讶 假开二 去祃见
北京	tʂa^{51}	tʂʰa^{51}	tɕia^{51}	tɕia^{51}	tɕia^{51}	tɕia^{51}	tɕia^{51}	tɕia^{51}
小店	tsɑ^{24}	tsʰɑ^{24}	tɕiɑ^{24}	tɕiɑ^{11}	tɕiɑ^{24}	tɕiɑ^{24}	tɕiɑ^{24}	tɕiɑ^{24}
尖草坪	tsa^{35}	tsʰa^{35}	tɕia^{35}	tɕia^{35}	tɕia^{35}	tɕia^{35}	tɕia^{35}	tɕia^{35}
晋源	tsa^{35}	tsʰa^{35}	tɕia^{35}	tɕia^{11}	tɕia^{35}	tɕia^{35}	tɕia^{35}	tɕia^{35}
阳曲	tsa^{454}	tsʰa^{454}	tɕia^{454}	tɕia^{312}	tɕia^{454}	tɕia^{454}	tɕia^{454}	tɕia^{454}
古交	tsɑ^{53}	tsʰɑ^{53}	tɕiɑ^{53}	tɕiɑ^{53}	tɕiɑ^{53}	tɕiɑ^{53}	tɕiɑ^{53}	tɕiɑ^{53}
清徐	tsɒ^{45}	tsʰɒ^{45}	tɕiɒ^{45}	tɕiɒ^{45}	tɕiɒ^{45}	tɕiɒ^{45}	tɕiɒ^{45}	tɕiɒ^{45}
娄烦	tsɑ̃^{54}	tsʰɑ̃^{54}	tɕiɑ̃^{54}	tɕiɑ̃^{33}	tɕiɑ̃^{54}	tɕiɑ̃^{54}	tɕiɑ̃^{54}	tɕiɑ̃^{54}
榆次	tsɒ^{35}	tsʰɒ^{35}	tɕiɒ^{35}	tɕiɒ^{35}	tɕiɒ^{35}	tɕiɒ^{35}	tɕiɒ^{35}	tɕiɒ^{35}
交城	tsɑ^{24}	tsʰɑ^{24}	tɕiɑ^{24}	tɕiɑ^{24}	tɕiɑ^{24}	tɕiɑ^{24}	tɕiɑ^{24}	tɕiɑ^{24}
文水	tsa^{35}	tsʰa^{35}	tɕia^{35}	tɕia^{35}	tɕia^{35}	tɕia^{35}	tɕia^{35}	tɕia^{35}
祁县	tʂa^{45}	tʂʰa^{45}	tɕia^{45}	tɕia^{45}	tɕia^{45}	tɕia^{45}	tɕia^{45}	tɕia^{45}
太谷	tsɒ^{53}	tsʰɒ^{53}	tɕiɒ^{53}	tɕiɒ^{53}	tɕiɒ^{53}	tɕiɒ^{53}	tɕiɒ^{53}	tɕiɒ^{53}
平遥	tsɑ^{24}	tsʰɑ^{24}	tɕiɑ^{24}	tɕiɑ^{24}	tɕiɑ^{24}	tɕiɑ^{24}	tɕiɑ^{24}	tɕiɑ^{24}
孝义	tsa^{454}	tsʰa^{454}	tɕia^{312}	tɕia^{454}	tɕia^{454}	tɕia^{454}	tɕia^{454}	tɕia^{454}
介休	tsa^{45}	tsʰa^{45}	tɕia^{45}	tɕia^{45}	tɕia^{45}	tɕia^{45}	tɕia^{45}	tɕia^{45}
灵石	tsa^{53}	tsʰa^{53}	tɕia^{53}	tɕia^{53}	tɕia^{53}	tɕia^{53}	tɕia^{53}	tɕia^{53}
盂县	tsɑ^{55}	tsʰɑ^{55}	tɕiɑ^{55}	tɕiɑ^{412}	tɕiɑ^{55}	tɕiɑ^{55}/tɕʰio^{55}	tɕiɑ^{55}	tɕiɑ^{55}
寿阳	tsɑ^{45}	tsʰɑ^{45}	tɕiɑ^{45}	tɕiɑ^{45}	tɕiɑ^{45}	tɕiɑ^{45}	tɕiɑ^{45}	tɕiɑ^{45}
榆社	tsɒ^{45}	tsʰɒ^{45}	tɕiɒ^{45}	tɕiɒ^{22}	tɕiɒ^{45}	tɕiɒ^{45}	tɕiɒ^{45}	tɕiɒ^{45}
离石	tsɑ^{53}	tsʰɑ^{53}	tɕiɑ^{53}	tɕiɑ^{53}	tɕiɑ^{53}	tɕiɑ^{53}	tɕiɑ^{53}	tɕiɑ^{53}
汾阳	tsa^{55}	tsa^{55}	tɕia^{312}	tɕia^{55}	tɕia^{55}	tɕia^{55}	tɕia^{55}	tɕia^{55}
中阳	tsɑ^{53}	tsʰɑ^{53}	tɕiɑ^{53}	tɕiɑ^{53}	tɕiɑ^{53}	tɕiɑ^{53}	tɕiɑ^{53}	tɕiɑ^{53}
柳林	tsɑ^{53}	tsʰɑ^{53}	tɕiɑ^{53}	tɕiɑ^{53}	tɕiɑ^{53}	tɕiɑ^{53}	tɕiɑ^{53}	tɕiɑ^{53}
方山	tsa^{52}	tsʰa^{52}	tɕia^{52}	tɕia^{52}	tɕia^{52}	tɕia^{52}	tɕia^{52}	tɕia^{52}
临县	tsa^{52}	tsʰa^{52}	tɕia^{52}	tɕia^{52}	tɕia^{52}	tɕia^{52}	tɕia^{52}	tɕia^{52}
兴县	tsA^{53}	tsʰA^{53}	tɕiA^{53}	tɕiA^{324}	tɕiA^{53}	tɕiA^{53}	tɕiA^{53}	tɕiA^{53}
岚县	tsa^{53}	tsʰa^{53}	tɕia^{53}	tɕia^{214}	tɕia^{53}	tɕia^{53}	tɕia^{53}	tɕia^{53}
静乐	tsɑ̃^{53}	tsʰɑ̃^{53}	tɕiɑ̃^{53}	tɕiɑ̃^{53}	tɕiɑ̃^{53}	tɕiɑ̃^{53}	tɕiɑ̃^{53}	tɕiɑ̃^{53}
交口	tsa^{53}	tsʰa^{53}	tɕia^{53}	tɕia^{53}	kai^{323}白/ tɕia^{53}文	tɕia^{53}	tɕia^{53}	tɕia^{53}
石楼	tsa^{51}	tsʰa^{51}	tɕia^{213}	tɕia^{51}白/ tɕia^{213}文	tɕia^{51}	tɕia^{51}	tɕia^{51}	tɕia^{51}

续表

字目	炸~弹	岔	假放~	稼	嫁	架	驾	价
中古音 / 方言点	侧驾 假开二 去祃庄	丑亚 假开二 去祃初	古讶 假开二 去祃见	古讶 假开二 去祃见	古讶 假开二 去祃见	古讶 假开二 去祃见	古讶 假开二 去祃见	古讶 假开二 去祃见
隰县	tsa^{44}	tsʰa^{44}	tɕia^{44}	tɕia^{44}	tɕia^{44}	tɕia^{44}	tɕia^{44}	tɕia^{44}
大宁	tsɑ^{55}	tsʰɑ^{55}	tɕiɑ^{55}	tɕiɐʔ^{31}	tɕiɑ^{55}	tɕiɑ^{55}	tɕiɑ^{55}	tɕiɑ^{55}
永和	tsa^{53}	tsʰa^{53}	tɕia^{53}	tɕia^{53}	tɕia^{53}	tɕia^{53}	tɕia^{53}	tɕia^{53}
汾西	sɑ^{11}	tsʰɑ^{55}	tɕiɑ^{55}	tyəŋ^{0}/ tɕiɑ^{11} 文	tɕiɑ^{55}	tiɑ^{55} 白 / tɕiɑ^{55} 文	tiɑ^{55} 白 / tɕiɑ^{55} 文	tɕiɑ^{55}
蒲县	tsa^{33}	tsʰa^{52}	tɕia^{33}	tɕia^{31}	tɕia^{33}	tɕia^{33}	tia^{33} 白 / tɕia^{33} 文	tɕia^{33}
潞州	tsʌʔ$^{\underline{53}}$	tsʰa^{44}	tɕia^{44}	tɕia^{44}	tɕia^{44}	tɕia^{44}	tɕia^{44}	tɕia^{44}
上党	tsɑ^{22}	tsʰɑ^{22}	tɕiɑ^{42}	tɕiɑ^{42}	tɕiɑ^{22}	tɕiɑ^{22}	tɕiɑ^{22}	tɕiɑ^{22}
长子	tsa^{422}	tsʰa^{422}	tɕia^{422}	tɕia^{422}	tɕia^{422}	tɕia^{422}	tɕia^{422}	tɕia^{422}
屯留	tsa^{53}	tsʰa^{53}	tɕia^{53}	tɕia^{53}	tɕia^{53}	tɕia^{53}	tɕia^{53}	tɕia^{53}
襄垣	tsa^{45}	tsʰa^{53}	tɕia^{53}	tɕia^{53}	tɕia^{53}	tɕia^{53}	tɕia^{53}	tɕia^{53}
黎城	tsa^{53}	tsʰa^{53}	cia^{53}	cia^{33}	cia^{422}	cia^{422}	cia^{422}	cia^{422}
平顺	tsa^{53}	tsʰa^{53}	cia^{53}	cia^{53}	cia^{53}	cia^{53}	cia^{53}	cia^{53}
壶关	tʂa^{42}	tʂʰa^{42}	cia^{42}	cia^{42}	cia^{42}	cia^{42}	cia^{42}	cia^{42}
沁县	tsa^{53}	tsʰa^{53}	tɕia^{53}	tɕia^{53}	tɕia^{53}	tɕia^{53}	tɕia^{53}	tɕia^{53}
武乡	tsa^{55}	tsʰa^{55}	tɕia^{55}	tɕia^{55}	tɕia^{55}	tɕia^{55}	tɕia^{55}	tɕia^{55}
沁源	tsʌʔ$^{\underline{31}}$	tsʰɑ^{53}	tɕiɑ^{53}	tɕiɑ^{53}	tɕiɑ^{53}	tɕiɑ^{53}	tɕiɑ^{53}	tɕiɑ^{53}
安泽	tsɑ^{53}	tsʰɑ^{53}	tɕiɑ^{53}	tɕiɑ^{53}	tɕiɑ^{53}	tɕiɑ^{53}	tɕiɑ^{53}	tɕiɑ^{21}
沁水端氏	tsɒ^{53}	tsʰɒ^{53}	tɕiɒ^{53}	tɕiɒ^{21}	tɕiɒ^{53}	tɕiɒ^{53}	tɕiɒ^{53}	tɕiɒ^{53}
阳城	tʂɑ^{51}	tʂʰɑ^{51}	ciɑ^{51}	ciɑ^{51}	ciɑ^{51}	ciɑ^{51}	ciɑ^{51}	ciɑ^{51}
高平	tʂɑ^{53}	tʂʰɑ^{53}	ciɑ^{53}	ciɑ^{53}	ciɑ^{53}	ciɑ^{53}	ciɑ^{53}	ciɑ^{53}
陵川	tʂa^{24}	tʂʰa^{24}	cia^{24} 白 / tɕia^{24} 文	tɕia^{24}	tɕia^{24}	tɕia^{24}	tɕia^{24}	tɕia^{24}
晋城	tʂɑ^{53}	tʂʰɑ^{53}	tɕiɑ^{53}	tɕiɑ^{53}	tɕiɑ^{53}	tɕiɑ^{53}	tɕiɑ^{53}	tɕiɑ^{53}
忻府	tsɑ^{53}	tsʰɑ^{53}	tɕiɑ^{53}	tɕiɑ^{53}	tɕiɑ^{53}	tɕiɑ^{53}	tɕiɑ^{53}	tɕiɑ^{53}
原平	tsɑ^{213}	tsʰɑ^{53}	tɕiɑ^{53}	tɕiɑ^{53}	tɕiɑ^{53}	tɕiɑ^{53}	tɕiɑ^{53}	tɕiɑ^{53}
定襄	tsa^{53}	tsʰa^{53}	tɕia^{53}	tɕia^{53}	tɕia^{53}	tɕia^{53}	tɕia^{53}	tɕia^{53}
五台	tsɑ^{52}	tsʰɑ^{52}	tɕiɑ^{52}	tɕiɑ^{52}	tɕiɑ^{52}	tɕiɑ^{52}	tɕiɑ^{52}	tɕiɑ^{52}
岢岚	tsa^{52}	tsʰa^{52}	tɕia^{52}	tɕia^{52}	tɕia^{52}	tɕia^{52}	tɕia^{52}	tɕia^{52}
五寨	tsa^{52}	tsʰa^{52}	tɕia^{52}	tɕia^{13}	tɕia^{52}	tɕia^{52}	tɕia^{52}	tɕia^{52}
宁武	tsᴀ^{52}	tsʰᴀ^{52}	tɕiᴀ^{52}	tɕiᴀ^{52}	tɕiᴀ^{52}	tɕiᴀ^{52}	tɕiᴀ^{52}	tɕiᴀ^{52}

续表

字目	炸~弹	岔	假放~	稼	嫁	架	驾	价
中古音 / 方言点	侧驾 假开二 去祃庄	丑亚 假开二 去祃初	古讶 假开二 去祃见	古讶 假开二 去祃见	古讶 假开二 去祃见	古讶 假开二 去祃见	古讶 假开二 去祃见	古讶 假开二 去祃见
神池	tsᴀ^{52}	tsʰᴀ^{52}	tɕiᴀ^{52}	tɕiᴀ^{52}	tɕiᴀ^{52}	tɕiᴀ^{52}	tɕiᴀ^{52}	tɕiᴀ^{52}
繁峙	tsa^{31}/tsa^{24}	tsʰa^{24}	tɕia^{24}	tɕia^{24}	tɕia^{24}	tɕia^{24}	tɕia^{24}	tɕia^{24}
代县	tsa^{53}	tsʰa^{53}	tɕia^{53}	tɕia^{213}	tɕia^{53}	tɕia^{53}	tɕia^{53}	tɕia^{53}
河曲	tsa^{52}	tsʰa^{52}	tɕia^{213}	tɕia^{52}	tɕia^{52}	tɕia^{52}	tɕia^{52}	tɕia^{52}
保德	tsᴀ^{52}	tsʰᴀ^{52}	tɕiᴀ^{52}	tɕiᴀ^{52}	tɕiᴀ^{52}	tɕiᴀ^{52}	tɕiᴀ^{52}	tɕiᴀ^{52}
偏关	tsa^{52}	tsʰa^{52}	tɕia^{52}	tɕia^{52}	tɕia^{52}	tɕia^{52}	tɕia^{52}	tɕia^{52}
朔城	tsᴀ^{35}	tsʰᴀ^{53}	tɕiᴀ^{53}	tɕiᴀ^{53}	tɕiᴀ^{53}	tɕiᴀ^{53}	tɕiᴀ^{53}	tɕiᴀ^{53}
平鲁	pɑ^{52}	tsʰɑ^{52}	tɕiɑ^{52}	tɕiɑ^{213}	tɕiɑ^{52}	tɕiɑ^{52}	tɕiɑ^{52}	tɕiɑ^{52}
应县	tsa^{31}	tsʰa^{24}	tɕia^{24}	tɕia^{24}/tɕiaʔ$^{\underline{43}}$	tɕia^{24}	tɕia^{24}	tɕia^{24}	tɕia^{24}
灵丘	tsᴀ^{31}	tsʰᴀ^{53}	tɕiᴀ^{53}	tɕiᴀ^{53}	tɕiᴀ^{53}	tɕiᴀ^{53}	tɕiᴀ^{53}	tɕiᴀ^{53}
浑源	tsᴀ^{13}	tsʰᴀ^{13}	tɕiᴀ^{13}	tɕiᴀ^{13}	tɕiᴀ^{13}	tɕiᴀ^{13}	tɕiᴀ^{13}	tɕiᴀ^{13}
云州	tsɑ^{24}	tsʰɑ^{312}	tɕiɑ^{55}	tɕiɑ^{24}	tɕiɑ^{24}	tɕiɑ^{24}	tɕiɑ^{24}	tɕiɑ^{24}
新荣	tsᴀ^{24}/tsᴀ^{312}	tsʰᴀ^{24}	tɕiᴀ^{24}	tɕiᴀ^{32}	tɕiᴀ^{24}	tɕiᴀ^{24}	tɕiᴀ^{24}	tɕiᴀ^{24}
怀仁	tsa^{24}	tsʰa^{24}	tɕia^{24}	tɕia^{24}	tɕia^{24}	tɕia^{24}	tɕia^{24}	tɕia^{24}
左云	tsa^{313}	tsʰa^{24}	tɕia^{24}	tɕia^{24}	tɕia^{24}	tɕia^{24}	tɕia^{24}	tɕia^{24}
右玉	tsa^{24}	tʂʰa^{24}	tɕia^{24}	tɕia^{24}	tɕia^{24}	tɕia^{24}	tɕia^{24}	tɕia^{24}
阳高	tsɑ^{312}	tsɑ^{31}	tɕiɑ^{24}	tɕiɑ^{24}	tɕiɑ^{24}	tɕiɑ^{24}	tɕiɑ^{24}	tɕiɑ^{24}
山阴	tsᴀ^{335}	tsʰᴀ^{335}	tɕiᴀ^{335}	tɕiᴀ^{313}	tɕiᴀ^{335}	tɕiᴀ^{335}	tɕiᴀ^{335}	tɕiᴀ^{335}
天镇	tsɑ^{24}	tsʰɑ^{24}	tɕiɑ^{24}	tɕiɑ^{24}	tɕiɑ^{24}	tɕiɑ^{24}	tɕiɑ^{24}	tɕiɑ^{24}
平定	tsɑ^{24}	tsʰɑ^{24}	tɕiɑ^{24}	tɕiɑ^{24}	tɕiɑ^{24}	tɕiɑ^{24}	tɕiɑ^{24}	tɕiɑ^{24}
昔阳	tsɑ^{13}	tsʰɑ^{13}	tɕiɑ^{55}	tɕiɑ^{13}	tɕiɑ^{13}	tɕiɑ^{13}	tɕiɑ^{13}	tɕiɑ^{13}
左权	tsɑ^{53}	tsʰɑ^{53}	tɕiɑ^{53}	——	tɕiɑ^{53}	tɕiɑ^{53}/tɕieʔ^{1}	tɕiɑ^{53}	tɕiɑ^{53}
和顺	tsɑ^{13}	tsʰɑ^{13}	tɕiɑ^{13}	tɕiɑ^{13}	tɕiɑ^{13}	tɕiɑ^{13}	tɕiɑ^{13}	tɕiɑ^{13}
尧都	tʂɑ^{44}	tʂʰɑ^{44}	tɕiɑ^{44}	tɕiɑ^{44}	tɕiɑ^{44}	tɕiɑ^{44}	tɕiɑ^{44}	tɕiɑ^{44}
洪洞	tsɑ^{42}/tsɑ^{33}	tsʰɑ^{33}	tɕiɑ^{33}	tiɑ^{0} 白 / tɕiɑ^{21} 文	tɕiɑ^{33}	tiɑ^{42} 白 / tɕiɑ^{33} 文	tiɑ^{33} 白 / tɕiɑ^{33} 文	tɕiɑ^{33}
洪洞赵城	tsɑ^{53}	tsʰɑ^{24}	tɕiɑ^{24}	tiɑ^{24}	tɕiɑ^{53}	tiɑ^{24} 白 / tɕiɑ^{24} 文	tiɑ^{24}	tɕiɑ^{24}
古县	tsɑ^{53}	tsʰɑ^{53}	tɕiɑ^{35}	tɕiɑ^{53}	tɕiɑ^{35}	tɕiɑ^{35}	tɕiɑ^{35}	tɕiɑ^{35}
襄汾	tsa^{45}	tsʰa^{53}	tɕia^{44}	tia^{44}	tɕia^{44}	tia^{44} 白 / tɕia^{44} 文	tɕia^{44}	tɕia^{44}

续表

字目	炸~弹	岔	假放~	稼	嫁	架	驾	价
中古音 / 方言点	侧驾 假开二 去祃庄	丑亚 假开二 去祃初	古讶 假开二 去祃见	古讶 假开二 去祃见	古讶 假开二 去祃见	古讶 假开二 去祃见	古讶 假开二 去祃见	古讶 假开二 去祃见
浮山	tʂa^{44}	tʂʰa^{53}	tɕia^{44}	tia^{44}	kai^{44} 白 / tɕia^{44} 文	tia^{44} 白 / tɕia^{44} 文	tɕia^{44}	tɕia^{44}
霍州	tsa^{55}	sa^{55}	ʨia^{55}	ʨie^{55}	ʨia^{55}	ʨia^{55}	ʨia^{55}	ʨia^{55}
翼城	tʂᴀ^{53}	tʂʰᴀ^{53}	tɕiᴀ^{53}	tɕiᴀ^{53}	tɕiᴀ^{53}	tɕiᴀ^{53}	tɕiᴀ^{53}	tɕiᴀ^{53}
闻喜	——	tsʰɑ^{53}	tɕiɑ^{53}	tɕiɑ^{53}	tɕiɑ^{53}	tɕiɑ^{53}	tɕiɑ^{53}	tɕiɑ^{53}
侯马	sɑ^{53} 白 / tsɑ^{53} 文	tsʰɑ^{53}	tɕiɑ^{53}	tɕiɑ^{53}	tɕiɑ^{53}	tɕiɑ^{53}	tɕiɑ^{53}	tɕiɑ^{53}
新绛	tsɑ^{53}	tsʰɑ^{13}	tɕiɑ^{53}	tɕiɑ^{53}	tɕiɑ^{53}	tɕiɑ^{53}	tɕiɑ^{53}	tɕiɑ^{53}
绛县	tʂɑ^{31}	tʂʰɑ^{31}	tɕiɑ^{31}	tɕiɑ^{31}	tɕiɑ^{31}	tɕiɑ^{31}	tɕiɑ^{31}	tɕiɑ^{31}
垣曲	tsa^{53}	tsʰa^{53}	tɕia^{53}	tɕia^{44}	tɕia^{53}	tɕia^{53}	tɕia^{53}	tɕia^{53}
夏县	tʂa^{31}	tʂʰa^{31}	ʨia^{31}	ʨia^{31}	ʨia^{31}	ʨia^{31}	ʨia^{31}	ʨia^{31}
万荣	tsa^{33}	tsʰa^{33}	tɕia^{33}	tɕia^{33}	tʂa^{33}	tɕia^{33}	tɕia^{33}	tɕia^{33}
稷山	tʂɑ^{42}	tʂʰɑ^{42}	tɕiɑ^{42}	tɕiɑ^{42}	tɕiɑ^{42}	tɕiɑ^{42}	tɕiɑ^{42}	tɕiɑ^{42}
盐湖	tsa^{44}	tsʰa^{44}	tɕia^{44}	tɕia^{44}	tɕia^{44}	tɕia^{44}	tɕia^{44}	tɕia^{44}
临猗	tsa^{44}	tsʰa^{44}	tɕia^{44}	tɕia^{44}	tɕia^{44}	tɕia^{44}	tɕia^{44}	tɕia^{44}
河津	tsa^{44}	tsʰa^{44}	tɕia^{44}	tɕia^{31}	tʂa^{44} 白 / tɕia^{44} 文	tʂa^{44} 白 / tɕia^{44} 文	tɕia^{44}	tɕia^{44}
平陆	tsa^{33}	tsʰa^{33}	tɕia^{55}	tɕia^{33}	tɕia^{33}	tɕia^{33}	tɕia^{33}	tɕia^{33}
永济	tʂa^{44}	tʂʰa^{44}	ʨia^{44}	ʨia^{44}	ʨia^{44}	ʨia^{44}	ʨia^{44}	ʨia^{44}
芮城	tsa^{44}	tsʰa^{44}	tɕia^{53}	tɕia^{44}	tɕia^{44}	tɕia^{44}	tɕia^{44}	tɕia^{44}
吉县	tsʰa^{33} 白 / tsa^{33} 文	tsʰa^{33}	tɕia^{423}	tɕia^{423}	tɕia^{423}	tɕia^{423}	tɕia^{423}	tɕia^{423}
乡宁	tsʰa^{12} 白 / tsa^{12} 文	tsʰa^{12}	tɕia^{44}	tɕia^{22}	tɕia^{22}	tɕia^{22}	tɕia^{22}	tɕia^{22}
广灵	tsɑ^{31}/tsɑ^{213}	tsʰɑ^{213}	tɕiɑ^{213}	tɕiɑ^{213}	tɕiɑ^{213}	tɕiɑ^{213}	tɕiɑ^{213}	tɕiɑ^{213}

字目	下~山	夏春~	亚	耍	傻	瓜	寡	蜗~牛
中古音 / 方言点	胡驾 假开二 去祃匣	胡驾 假开二 去祃匣	衣嫁 假开二 去祃影	沙瓦 假合二 上马生	沙瓦 假合二 上马生	古华 假合二 平麻见	古瓦 假合二 上马见	古华 假合二 平麻见
北京	ɕia^{51}	ɕia^{51}	ia^{51}	ʂua^{214}	ʂa^{214}	kua^{55}	kua^{214}	uo^{55}
小店	xɑ^{24}	xɑ^{24} 白 / ɕiɑ^{11} 文	iɑ^{24}	fɑ^{53}	sɑ^{53}	kuɑ^{11}	kuɑ^{53}	vəɯ^{11}
尖草坪	xa^{35} 白 / ɕia^{35} 文	xa^{35} 白 / ɕia^{35} 文	ia^{35}	sua^{312}	sa^{312}	kua^{33}	kua^{312}	vɤɯ^{33}
晋源	xa^{35} 白 / tɕia^{35} 文	xa^{35} 白 / tɕia^{35} 文	ia^{35}	fa^{42}	sa^{42}	kua^{11}	kua^{42}	vɤ^{11}
阳曲	ɕia^{454}	xa^{454} 白 / ɕia^{454} 文	ia^{454}	sua^{312}	sa^{312}	kua^{312}	kua^{312}	ua^{312}
古交	ɕiɑ^{53}	xɑ^{53} 白 / ɕiɑ^{53} 文	iɑ^{53}	suɑ^{312}	sɑ^{312}	kuɑ^{44}	kuɑ^{312}	vɯ^{44}
清徐	ɕy^{45}	xɒ^{45} 白 / ɕiɒ^{45} 文	iɒ^{45}	suɒ^{54}	sɒ^{54}	kuɒ^{11}	kuɒ^{54}	vɒ^{11}
娄烦	xɑ̃^{54} 白 / ɕiɑ̃^{54} 文	xɑ̃^{54}	iɑ̃^{54}	fɑ̃^{312}	sɑ̃^{33}	kuɑ̃^{33}	kuɑ̃^{312}	və^{33}
榆次	xɒ^{35} 白 / ɕiɒ^{35} 文	xɒ^{35}	iɒ^{35}	suɒ^{53}	sɒ^{53}	kuɒ^{11}	kuɒ^{53}	vɯ^{11}
交城	xɑ^{24} 白 / ɕiɑ^{24} 文	xɑ^{24} 白 / ɕiɑ^{24} 文	iɑ^{24}	suɑ^{53}	sɑ^{53}	kuɑ^{11}	kuɑ^{53}	uɤɯ^{11}
文水	xa^{35}	xa^{35} 白 / ɕia^{35} 文	ia^{35}	sua^{423}	sa^{423}	kua^{22}	kua^{423}	uɪi^{22}
祁县	xa^{45}	xa^{45}	ia^{45}	sua^{314}	ʂa^{314}	kua^{31}	kua^{314}	u^{31}
太谷	xɒ^{53}	xɒ^{53}	iɒ^{53}	fɒ^{312}	sɒ^{312}	kuɒ^{33}	kuɒ^{312}	ve^{33}
平遥	xɑ^{24}	xɑ^{24}	iɑ^{512}	suɑ^{12}	ʂɑ^{512}	kuɑ^{213}	kuɑ^{512}	uə^{213}
孝义	xa^{454}	xa^{454}	ia^{312}/ia^{454}	sua^{312}	ʂa^{312}	kua^{33}	kua^{312}	kuᴇ^{33}
介休	xa^{45}	xa^{45} 白 / ɕia^{45} 文	ia^{45}	sua^{423}	sa^{423}	kua^{13}	kua^{423}	uᴇ^{13}
灵石	xa^{53} 白 / ɕia^{53} 文	xa^{53} 白 / ɕia^{53} 文	ia^{53}	sua^{212}	sa^{212}	kua^{535}	kua^{212}	uɤ^{535}
盂县	——	ɕiɑ^{55}	iɑ^{55}	suɑ^{53}	sɑ^{53}	kuɑ^{412}	kuɑ^{53}	uo^{412}
寿阳	xɑ^{45}	ɕɑ^{45}	iɑ^{45}	suɑ^{53}	sɑ^{53}	kuɑ^{31}	kuɑ^{53}	vəɯ^{31}
榆社	ɕiɒ^{45}	ɕiɒ^{22}	iɒ^{45}	suɒ^{312}	sɒ^{312}	kuɒ^{22}	kuɒ^{312}	——
离石	xɑ^{53}	ɕiɑ^{53}	iɑ^{53}	suɑ^{312}	sɑ^{312}	kuɑ^{24}	kuɑ^{312}	uə^{24}
汾阳	xa^{55} 白 / ɕia^{55} 文	xa^{55} 白 / ɕia^{55} 文	ia^{55}	ʂua^{312}	ʂa^{312}	kua^{324}	kua^{312}	u^{324}

续表

字目	下~山	夏春~	亚	要	傻	瓜	寡	蜗~牛
中古音 / 方言点	胡驾 假开二 去祃匣	胡驾 假开二 去祃匣	衣嫁 假开二 去祃影	沙瓦 假合二 上马生	沙瓦 假合二 上马生	古华 假合二 平麻见	古瓦 假合二 上马见	古华 假合二 平麻见
中阳	xɑ^{53}	ɕiɑ^{53}	iɑ^{53}	ʂuɑ^{423}	sɑ^{423}	kuɑ^{24}	kuɑ^{423}	uɤ^{24}
柳林	ɕiɑ^{53}	xɑ^{53}白 / ɕiɑ^{53}文	iɑ^{53}	suɑ^{312}	sɑ^{312}	kuɑ^{24}	kuɑ^{312}	uo^{24}
方山	xa^{52}	ɕia^{52}	ia^{52}	sua^{312}	sa^{312}	kua^{24}	kua^{312}	uə^{24}
临县	xa^{52}白 / ɕia^{52}文	ɕia^{52}	ia^{52}	sua^{312}	ɕie^{24}	kua^{24}	kua^{312}	u^{24}
兴县	xᴀ^{53}白 / ɕiᴀ^{53}文	xᴀ^{53}白 / ɕiᴀ^{53}文	iᴀ^{53}	suᴀ^{324}	sᴀ^{324}	kuᴀ^{324}	kuᴀ^{324}	uɤ^{324}
岚县	xa^{53}	xa^{53}白 / ɕia^{53}文	ia^{53}	sua^{312}	sa^{312}	kua^{214}	kua^{312}	ue^{214}
静乐	ɕiã^{53}	ɕiã^{53}	iã^{53}	fã^{314}	sã^{314}	kuã^{24}	kuã^{314}	——
交口	xa^{53}白 / ɕia^{53}文	xa^{53}白 / ɕia^{53}文	ia^{53}	sua^{323}	sa^{323}	kua^{323}	kua^{323}	uə^{323}
石楼	xa^{51}白 / ɕia^{51}文	xa^{51}白 / cia^{51}文	ia^{51}	ʂua^{213}	ʂa^{213}	kua^{213}	kʰua^{213}	uə^{213}
隰县	xa^{44}	xa^{44}	ia^{44}	sua^{21}	sa^{21}	kua^{53}	kua^{21}	uo^{53}
大宁	xɑ^{55}	xɑ^{55}白 / ɕiɑ^{55}文	iɑ^{55}	ʂuɑ^{31}	ʂɑ^{31}	kuɑ^{31}	kuɑ^{31}	uo^{31}
永和	xa^{35}白 / ɕia^{53}文	ɕia^{53}	ia^{53}	ʂua^{312}	sa^{312}	kua^{33}	kua^{312}	uɤ^{33}
汾西	——	xɑ^{11}白 / ɕiɑ^{53}文	iɑ^{53}	suɑ^{33}	sɑ^{11}	kuɑ^{11}	kuɑ^{33}	uəʔ^{1}
蒲县	xa^{33}	ɕia^{33}	ia^{33}	sua^{52}	ʂa^{31}	kua^{52}	kua^{52}	uo^{52}
潞州	ɕia^{54}	ɕia^{54}	ia^{312}	sua^{535}	sa^{535}	kua^{312}文	kua^{535}	uə^{312}
上党	ɕiɑ^{42}	ɕiɑ^{42}	iɑ^{22}	suɑ^{535}	sɑ^{535}	kuɑ^{213}	kuɑ^{535}	uo^{213}
长子	ɕia^{53}	ɕia^{53}	ia^{422}	sua^{434}	sa^{434}	kua^{312}	kua^{434}	uə^{312}
屯留	ɕia^{11}	ɕia^{11}	ia^{53}	sua^{43}	sa^{43}	kua^{31}	kua^{43}	uɤ^{31}
襄垣	ɕia^{45}	ɕia^{45}	ia^{53}	——	sa^{42}	kua^{33}	kua^{42}	ua^{33}
黎城	ɕia^{53}	ɕia^{53}	ia^{213}	sua^{213}	ɕia^{213}	kua^{33}	kua^{213}	uɤ^{33}
平顺	ɕia^{53}	ɕia^{53}	ia^{53}	sua^{434}	sa^{434}	kua^{213}	kua^{434}	uɤ^{213}
壶关	çia^{535}	çia^{535}	ia^{353}	ʂua^{535}	ʂa^{535}	kua^{33}	kua^{535}	uə^{33}
沁县	ɕia^{53}	ɕia^{53}	ia^{53}	sua^{214}	sa^{214}	kua^{224}	kua^{214}	vɤ^{224}
武乡	ɕia^{55}	ɕia^{55}	ia^{55}	sua^{213}	sa^{213}	kua^{113}	kua^{213}	vɤ^{113}
沁源	xɑ^{53}	xɑ^{53}	iɑ^{53}	ʂuɑ^{324}	sɑ^{324}	kuɑ^{324}	kuɑ^{324}	uə^{324}

续表

字目	下~山	夏春~	亚	耍	傻	瓜	寡	蜗~牛
中古音 方言点	胡驾 假开二 去祃匣	胡驾 假开二 去祃匣	衣嫁 假开二 去祃影	沙瓦 假合二 上马生	沙瓦 假合二 上马生	古华 假合二 平麻见	古瓦 假合二 上马见	古华 假合二 平麻见
安泽	xɑ^{53}白/ ɕiɑ^{53}文	xɑ^{53}白/ ɕiɑ^{53}文	iɑ^{42}	suɑ^{42}	sɑ^{42}	kuɑ^{21}	kuɑ^{42}	uo^{21}
沁水端氏	ɕiɒ^{53}	ɕiɒ^{53}	iɒ^{53}	sɒ^{31}	sɒ^{31}	kɒ^{21}	kɒ^{31}	uɤ^{21}
阳城	ɕiɑ^{51}	ɕiɑ^{51}	iɑ^{51}	ʂuɑ^{212}	ʂɑ^{212}	kuɑ^{224}	kuɑ^{212}	və^{22}
高平	ɕiɑ^{53}	ɕiɑ^{53}	iɑ^{53}	ʂuɑ^{212}	ʂɑ^{212}	kuɑ^{33}	kuɑ^{212}	vɤ^{33}
陵川	ɕia^{24}	ɕia^{24}	ia^{24}	ʂua^{312}	ʂa^{312}	kua^{33}	kua^{312}	uɤ^{33}
晋城	ɕiɑ^{53}	ɕiɑ^{53}	iɑ^{53}	ʂuɑ^{213}	ʂɑ^{213}	kuɑ^{33}	kuɑ^{213}	uə^{213}
忻府	xɑ^{53}	xɑ^{53}白/ ɕiɑ^{53}文	iɑ^{53}	suɑ^{313}	ʂɑ^{313}	kuɑ^{313}	kuɑ^{313}	vɛ^{313}
原平	xɑ^{53}白/ ɕiɑ^{53}文	xɑ^{53}	iɑ^{53}	suɑ^{213}	ʂɑ^{213}	kuɑ^{213}	kuɑ^{213}	vɤ^{213}
定襄	xa^{53}白/ ɕia^{53}文	xa^{53}	ia^{24}	sua^{24}	sa^{24}	kua^{24}	kua^{24}	uə^{24}
五台	xɑ^{53}白/ ɕiɑ^{53}文	xɑ^{52}	iɑ^{52}	suɑ^{213}	sɑ^{213}	kuɑ^{213}	kuɑ^{213}	uɔ^{213}
岢岚	ɕia^{52}	ɕia^{52}	ia^{52}	sua^{13}	sa^{13}	kua^{13}	kua^{13}	vɤ^{13}
五寨	ɕia^{52}	ɕia^{52}	ia^{52}	sua^{13}	sa^{13}	kua^{13}	kua^{13}	vɤ^{13}
宁武	xA^{52}	xA^{52}	iA^{52}	suA^{213}	sA^{213}	kuA^{23}	kuA^{213}	vɒ^{23}
神池	ɕiA^{52}	ɕiA^{52}	iA^{52}	suA^{13}	sA^{13}	kuA^{24}	kuA^{13}	uɔ^{24}
繁峙	ɕia^{31}	ɕia^{24}	ia^{24}	sua^{53}	sa^{53}	kua^{53}	kua^{53}	vɤ^{53}
代县	ɕia^{53}	ɕia^{53}	ia^{53}	sua^{213}	sa^{213}	kua^{213}	kua^{213}	uɤ^{213}
河曲	xa^{52}白/ ɕia^{52}文	ɕia^{52}	ia^{52}	sua^{213}	sa^{213}	kua^{213}	kua^{213}	xɤ^{52}
保德	ɕiA^{52}	ɕiA^{52}	iA^{52}	suA^{213}	ʂA^{213}	kuA^{213}	kuA^{213}	vɤ^{213}
偏关	ɕia^{44}	ɕia^{44}	ia^{52}	ʂua^{213}	sa^{213}	kua^{24}	kua^{213}	uɤ^{24}
朔城	——	ɕiA^{53}	iA^{53}	suA^{312}	sA^{312}	kuA^{312}	kuA^{312}	və^{312}
平鲁	ɕiɑ^{52}	ɕiɑ^{52}/fəʔ$^{\underline{34}}$	iɑ^{52}	suɑ^{213}	sɑ^{213}	kuɑ^{213}/ kuʌʔ$^{\underline{34}}$	kuɑ^{213}	——
应县	ɕia^{24}	ɕia^{24}	ia^{24}	sua^{54}	sa^{54}	kua^{43}/kuaʔ$^{\underline{43}}$	kua^{54}	vuɤ^{43}
灵丘	tɕiA^{53}	ɕiA^{53}	iA^{53}	suA^{442}	sA^{442}	kuA^{442}	kuA^{442}	vue^{442}
浑源	ɕiA^{13}	ɕiA^{13}	iA^{13}	suA^{52}	sA^{52}	kuA^{52}	kuA^{52}	——
云州	ɕiɑ^{24}	ɕiɑ^{24}	iɑ^{24}	ʂuɑ^{55}	ʂɑ^{55}	kuɑ^{21}	kuɑ^{55}	vuɤ^{21}
新荣	ɕiA^{24}	ɕiA^{24}	iA^{24}	ʂuA^{54}	sA^{54}	kuA^{32}	kuA^{54}	vo^{32}

续表

字目	下~山	夏春~	亚	耍	傻	瓜	寡	蜗~牛
中古音 / 方言点	胡驾 假开二 去祃匣	胡驾 假开二 去祃匣	衣嫁 假开二 去祃影	沙瓦 假合二 上马生	沙瓦 假合二 上马生	古华 假合二 平麻见	古瓦 假合二 上马见	古华 假合二 平麻见
怀仁	çia^{24}	çia^{24}	ia^{24}	sua^{53}	sa^{53}	kua^{42}	kua^{53}	vɤ^{42}
左云	çia^{24}	çia^{24}	ia^{24}	sua^{54}	sa^{54}	kua^{31}	kua^{54}	vuo^{31}
右玉	çia^{24}	çia^{24}	ia^{24}	ʂua^{53}	ʂa^{53}	kua^{31}	kua^{53}	vo^{31}
阳高	çiɑ^{24}	çiɑ^{24}	iɑ^{24}	suɑ^{53}	sɑ^{53}	kuɑ^{31}	kuɑ^{53}	vɤ^{31}
山阴	çiA^{335}	çiA^{335}	iA^{335}	ʂuA^{52}	ʂA^{52}	kuA^{313}	kuA^{52}	uə^{313}
天镇	çiɑ^{22}/çiɑ^{24}	çiɑ^{24}	iɑ^{55}	suɑ^{55}	sɑ^{55}	kuɑ^{31}	kuɑ^{55}	uɤ^{31}
平定	çiɑ^{24}	çiɑ^{24}	iɑ^{24}	suɑ^{53}	ʂɑ^{53}	kuɑ^{31}	kuɑ^{53}	uɤ^{31}
昔阳	çiɑ^{13}	çiɑ^{13}	iɑ^{13}	suɑ^{55}	sɑ^{55}	kuɑ^{42}	kuɑ^{55}	və^{42}
左权	çiɑ^{53}	çiɑ^{53}	iɑ^{53}	suɑ^{42}	sɑ^{42}	kuɑ^{31}	kuɑ^{42}	vɤ^{31}
和顺	çiɑ^{13}	çiɑ^{13}	iɑ^{13}	suɑ^{53}	ʂɑ^{53}	kuɑ^{42}	kuɑ^{53}	vɤ^{42}
尧都	çiɑ^{44}	çiɑ^{44}	ȵiɑ^{53}	fa^{53}	ʂɑ^{53}	kuɑ^{21}	kuɑ^{53}	uo^{21}
洪洞	xɑ^{53} 白/ çiɑ^{53} 文	xɑ^{53} 白/ çiɑ^{53} 文	iɑ^{33}	fɑ^{42}	ʂɑ^{21}	kuɑ^{21}	kuɑ^{42}	uo^{21}
洪洞赵城	xɑ^{53} 白/ çiɑ^{53} 文	xɑ^{53} 白/ çiɑ^{53} 文	iɑ^{24}	ʂuɑ^{24}	ʂɑ^{24}	kuɑ^{21}	kʰuɑ^{42}	uɤ^{21}
古县	xɑ^{53} 白/ çiɑ^{53} 文	xɑ^{53} 白/ çiɑ^{53} 文	iɑ^{53}	fɑ^{42}	ʂɑ^{42}	kuɑ^{21}	kuɑ^{42}	uo^{21}
襄汾	xa^{53} 白/ çia^{53} 文	çia^{53}	ia^{44}	fa^{42} 白/ ʂua^{42} 文	ʂa^{42}	kua^{21}	kua^{42}	uɔ^{21}
浮山	xa^{53} 白/ çia^{53} 文	çia^{53}	ia^{44}	fa^{33}	sa^{53}	kua^{42}	kua^{33}	uo^{42}
霍州	xa^{53} 白/ çia^{53} 文	xa^{53}	ȵia^{53}	sua^{33}	ʂa^{212}	kua^{212}	kua^{33}	uɤ^{212}
翼城	xA^{53}	xA^{53} 白/ çiA^{53} 文	iA^{53}	fA^{44}	ʂA^{44}	kuA^{53}	kuA^{44}	——
闻喜	xɑ^{53}	çiɑ^{53}	iɑ^{53}	fɑ^{53}	sɑ^{33}	kuɑ^{53}	kuɑ^{13}	——
侯马	çiɑ^{53}	çiɑ^{53}	iɑ^{44}	fɑ^{44}	ʂɑ^{44}	kuɑ^{213}	kuɑ^{44}	uɤ^{44}
新绛	çiɑ^{53}	çiɑ^{53}	iɑ^{53}	fɑ^{53}	ʂɑ^{53}	kuɑ^{53}	kuɑ^{53}	uɤ^{53}
绛县	çiɑ^{53}	çiɑ^{53}	iɑ^{31}	fɑ^{33}	fɑ^{33}	kuɑ^{53}	kuɑ^{33}	kuɑ^{53}
垣曲	çia^{53}	çia^{53}	ia^{44}	ʂua^{44}	ʂa^{44}	kʰua^{53}	kua^{44}	uo^{53}
夏县	xa^{31}	çia^{31}	ia^{31}	fa^{24} 白/ ʂua^{24} 文	ʂa^{24}	kua^{53}	kua^{24}	kuæ^{53} 白/ uɤ^{53} 文
万荣	çia^{33}	çia^{33}	ia^{33}	fæ^{55}	ʂa^{55}	kua^{51}	kua^{55}	uɤ^{51}

续表

字目	下~山	夏春~	亚	耍	傻	瓜	寡	蜗~牛
中古音 方言点	胡驾 假开二 去祃匣	胡驾 假开二 去祃匣	衣嫁 假开二 去祃影	沙瓦 假合二 上马生	沙瓦 假合二 上马生	古华 假合二 平麻见	古瓦 假合二 上马见	古华 假合二 平麻见
稷山	xɑ^{42}白/ ɕiɑ^{42}文	ɕiɑ^{44}	iɑ^{42}	fɑ^{53}	ʂɑ^{44}	kuɑ^{53}	kuɑ^{44}	uɤ^{53}
盐湖	tɕy^{44}	ɕia^{44}/ɕia^{53}	ia^{44}	fa^{53}白/ ʂua^{53}文	ʂa^{53}	kua^{42}	kua^{53}	kuæ̃^{42}白/ uo^{42}文
临猗	xa^{44}白/ ɕia^{44}文	ɕia^{44}	ia^{44}	fa^{53}	ʂa^{53}	kua^{42}	kua^{53}	uo^{42}
河津	tɕy^{44}	xa^{44}白/ ɕia^{44}文	ia^{44}	fæ̃^{53}白/fa^{53}文	ʂa^{53}	kua^{31}	kua^{53}	uɤ^{31}
平陆	xa^{33}	ɕia^{33}	ia^{33}	fa^{55}	ʂa^{55}	kua^{31}	kua^{55}	kuan^{31}
永济	tɕy^{44}	xa^{44}白/ ɕia^{44}文	ia^{44}	fa^{53}白/ ʂua^{53}文	ʂa^{53}	kua^{31}	kua^{53}	kuæ̃^{31}
芮城	xa^{44}	ɕia^{44}	ia^{44}	fa^{53}	ʂa^{53}	kua^{42}	kua^{53}	kuæ̃^{42}白/ uo^{42}文
吉县	ɕia^{33}	ɕia^{33}	ia^{33}	fæ̃^{423}	ʂa^{423}	kua^{423}	kua^{53}	kuæ̃^{33}
乡宁	tɕy^{53}	ɕia^{22}	ia^{22}	ʂua^{53}	sa^{44}	kua^{53}	kua^{44}	kuæ^{53}
广灵	ɕiɑ^{213}	ɕiɑ^{213}	iɑ^{213}	suɑ^{44}	sɑ^{44}	kuɑ^{53}	kuɑ^{44}	vo^{53}

字目	夸	垮	跨	瓦	花	蛙	化	华
中古音 / 方言点	苦瓜 假合二 平麻溪	苦瓦 假合二 上马溪	苦化 假合二 去祃溪	五寡 假合二 上马疑	呼瓜 假合二 平麻晓	乌瓜 假合二 平麻影	呼霸 假合二 去祃晓	户花 假合二 平麻匣
北京	kʰua^{55}	kʰua^{214}	kʰua^{51}	ua^{214}	xua^{55}	ua^{55}	xua^{51}	xua^{35}
小店	kʰuɑ^{11}	kʰuɑ^{53}	kʰuɑ^{24}	vɑ^{53}	xuɑ^{11}	vɑ^{11}	xuɑ^{24}	xuɑ^{11}
尖草坪	kʰua^{33}	kʰua^{312}	kʰua^{35}	va^{312}	xua^{33}	va^{33}	xua^{35}	xua^{33}
晋源	kʰua^{11}	kʰua^{42}	kʰua^{35}	va^{42}	xua^{11}	va^{11}	xua^{35}	xua^{11}
阳曲	kʰua^{312}	kʰua^{312}	kʰua^{454}	va^{312}	xua^{312}	va^{312}	xua^{454}	xua^{43}
古交	kʰuɑ^{44}	kʰuɑ^{53}	kʰuɑ^{53}	vɑ^{312}	xuɑ^{44}	vɑ^{44}	xuɑ^{53}	xuɑ^{44}
清徐	kʰuɒ^{11}	kuɒ^{54}	kuɒ^{45}	vɒ^{54}	xuɒ^{11}	vɒ^{11}	xuɒ^{45}	xuɒ^{11}
娄烦	kʰuɑ̃^{33}	kʰuɑ̃^{33}	kʰuɑ̃^{54}	vɑ̃^{312}	xuɑ̃^{33}	vɑ̃^{33}	xuɑ̃^{54}	xuɑ̃^{33}
榆次	kʰuɒ^{11}	kʰuɒ^{53}	kʰuɒ^{35}	vɒ^{53}	xuɒ^{11}	vɒ^{11}	xuɒ^{35}	xuɒ^{11}
交城	kʰuɑ^{11}	kʰuɑ^{53}	kʰuɑ^{24}	uɑ^{53}	xuɑ^{11}	uɑ^{11}	xuɑ^{24}	xuɑ^{11}
文水	kʰua^{22}	kʰua^{423}	kʰua^{35}	ua^{423} 文	xua^{22}	ua^{22}	xua^{35}	xua^{22}
祁县	kʰua^{31}	kʰua^{314}	kʰua^{45}	ua^{314}	xua^{31}	ua^{31}	xua^{45}	xua^{31}
太谷	kʰuɒ^{33}	kʰuɒ^{312}	kʰuɒ^{53}	vɒ^{312}	xuɒ^{33}	vɒ^{33}	xuɒ^{53}	xuɒ^{33}
平遥	kʰɑ^{213}	kʰuɑ^{512}	kʰuɑ^{24}	uɑ^{512}	xuɑ^{213}	uɑ^{213}	xuɑ^{24}	xuɑ^{2131}
孝义	kʰua^{33}	kʰua^{312}	kʰua^{454}	ua^{312}	xua^{33}	ua^{33}	xua^{454}	xua^{33}
介休	kʰua^{13}	kʰua^{423}	kʰua^{45}	ua^{423}	xua^{13}	ua^{13}	xua^{45}	xua^{13}
灵石	kʰua^{535}	kʰua^{212}	kʰua^{53}	ua^{212}	xua^{535}	ua^{535}	xua^{53}	xua^{44}
盂县	kʰuɑ^{412}	kʰuɑ^{53}	kʰuɑ^{55}	vɑ^{53}/vɑ^{55}	xuɑ^{412}	vɑ^{412}	xuɑ^{55}	xuɑ^{22}
寿阳	kʰuɑ^{31}	kʰuɑ^{53}	kʰuɑ^{45}	vɑ^{53}	xuɑ^{31}	vɑ^{31}	xuɑ^{45}	xuɑ^{22}
榆社	kʰuɒ^{22}	kʰuɒ^{312}	kʰuɒ^{45}	vɒ^{312}/vɒ^{45}	xuɒ^{22}	vɒ^{22}	xuɒ^{22}	xuɒ^{22}
离石	kʰuɑ^{24}	kʰuɑ^{312}	kʰuɑ^{53}	uɑ^{312}	xuɑ^{24}	uɑ^{24}	xuɑ^{53}	xuɑ^{24}
汾阳	kʰua^{324}	kʰua^{312}	kʰua^{55}	ua^{312}	xua^{324}	ua^{324}	xua^{55}	xua^{324}
中阳	kʰuɑ^{24}	kʰuɑ^{423}	kʰuɑ^{53}	uɑ^{423}	xuɑ^{24}	uɑ^{24}	xuɑ^{53}	xuɑ^{24}
柳林	kʰuɑ^{24}	kʰuɑ^{312}	kʰuɑ^{53}	uɑ^{312}	xuɑ^{24}	uɑ^{24}	xuɑ^{53}	xuɑ^{24}
方山	kʰua^{24}	kʰua^{312}	kʰua^{52}	ua^{312}	xua^{24}	ua^{24}	xua^{52}	xua^{24}
临县	kʰua^{24}	kʰua^{312}	kʰua^{52}	ua^{312}	xua^{24}	ua^{24}	xua^{52}	xua^{24}
兴县	kʰuᴀ^{324}	kʰuᴀ^{324}	kʰuᴀ^{53}	uᴀ^{324}	xuᴀ^{324}	uᴀ^{324}	xuᴀ^{53}	xuᴀ^{324}
岚县	kʰua^{214}	kʰua^{312}	kʰua^{53}	ua^{312}/ua^{53}	xua^{214}	ua^{214}	xua^{53}	xua^{214}
静乐	kʰuɑ̃^{24}	kʰuɑ̃^{314}	kʰuɑ̃^{53}	vɑ̃^{53}	xuɑ̃^{24}	vɑ̃^{24}	xuɑ̃^{53}	xuɑ̃^{24}
交口	kʰua^{323}	kʰua^{323}	kʰua^{53}	ua^{323}	xua^{323}	ua^{323}	xua^{53}	xua^{323}
石楼	kʰua^{213}	kʰua^{213}	kʰua^{51}	ua^{213}	xua^{213}	ua^{44}	xua^{51}	xua^{213}
隰县	kʰua^{53}	kʰua^{21}	kʰua^{44}	ua^{21}	xua^{53}	ua^{53}	xua^{44}	xua^{24}

续表

字目	夸	垮	跨	瓦	花	蛙	化	华
中古音 方言点	苦瓜 假合二 平麻溪	苦瓦 假合二 上马溪	苦化 假合二 去祃溪	五寡 假合二 上马疑	呼瓜 假合二 平麻晓	乌瓜 假合二 平麻影	呼霸 假合二 去祃晓	户花 假合二 平麻匣
大宁	kʰuɑ^{31}	kʰuɑ^{31}	kʰuɑ^{55}	vɑ^{31}	xuɑ^{31}	vɑ^{24}	xuɑ^{55}	xuɑ^{24}
永和	kʰua^{33}	kʰua^{312}	kʰua^{53}	ua^{312}/ua^{53}	xua^{312}	ua^{35}	xua^{53}	xua^{312}
汾西	kʰuɑ^{11}	kʰuɑ^{55}	——	uɑ^{33}	xuɑ^{11}	uɑ^{11}	xuɑ^{55}	xuɑ^{35}
蒲县	kʰua^{52}	kʰua^{31}	kʰua^{33}	ua^{31}	xua^{52}	ua^{33}	xua^{33}	xua^{52}
潞州	kʰua^{312}	kʰua^{535}	kʰua^{44}	ua^{535}	xua^{312}	ua^{312}	xua^{44}	xua^{24}
上党	kʰuɑ^{213}	kʰuɑ^{535}	kʰuɑ^{22}	uɑ^{535}	xuɑ^{213}	uɑ^{213}	xuɑ^{22}	xuɑ^{213}
长子	kʰua^{312}	kʰua^{434}	kʰua^{422}	va^{434}	xua^{312}	va^{312}	xua^{422}	xua^{24}
屯留	kʰua^{31}	kʰua^{43}	kʰua^{53}	va^{43}	xua^{31}	va^{31}	xua^{53}	xua^{11}
襄垣	kʰua^{33}	kʰua^{42}	kʰua^{53}	va^{42}	xua^{33}	va^{33}	xua^{45}	xua^{31}
黎城	kʰua^{33}	kʰua^{213}	kʰa^{422}	ua^{213}	xua^{33}	ua^{33}	xua^{422}	xua^{33}
平顺	kʰua^{213}	kʰua^{434}	kʰua^{53}	ua^{434}	xua^{213}	ua^{213}	xua^{53}	xua^{213}
壶关	kʰua^{33}	kʰua^{535}	kʰua^{42}	ua^{535}/ua^{353}	xua^{33}/xua^{535}	ua^{33}	xua^{42}	xua^{33}
沁县	kʰua^{224}	kʰua^{214}	kʰua^{53}	va^{214}/va^{53}	xua^{224}	va^{224}	xua^{53}	xua^{33}
武乡	kʰua^{113}	kʰua^{213}	kʰua^{55}	va^{213}	xua^{113}	va^{113}	xua^{55}	xua^{33}
沁源	kʰuɑ^{324}	kʰuɑ^{324}	kʰuɑ^{53}	vɑ^{324}	xuɑ^{324}	uɑ^{324}	xuɑ^{53}	xuɑ^{33}
安泽	kʰuɑ^{21}	kʰuɑ^{42}	kʰuɑ^{53}	uɑ^{42}	xuɑ^{21}	vɑ^{21}	xuɑ^{53}	xuɑ^{21}
沁水端氏	kʰɒ^{21}	kʰɒ^{31}	kʰɒ^{53}	vɒ^{31}	xɒ^{21}	vɒ^{21}	xɒ^{53}	xɒ^{24}
阳城	kʰuɑ^{224}	kʰuɑ^{212}	kʰuɑ^{51}	vɑ^{212}	xuɑ^{224}	vɑ^{224}	xuɑ^{51}	xuɑ^{22}
高平	kʰuɑ^{33}	kʰuɑ^{212}	kʰuɑ^{53}	vɑ^{212}	xuɑ^{33}	vɑ^{33}	xuɑ^{53}	xuɑ^{33}
陵川	kʰua^{33}	kʰua^{312}	kʰua^{24}	ua^{312}	xua^{33}	ua^{33}	xua^{24}	xua^{53}
晋城	kʰuɑ^{33}	kʰuɑ^{213}	kʰuɑ^{53}	uɑ^{213}	xuɑ^{33}	uɑ^{33}	xuɑ^{53}	xuɑ^{324}
忻府	kʰuɑ^{313}	kʰuɑ^{313}	kʰuɑ^{53}	vɑ^{313}	xuɑ^{313}	vɑ^{313}	xuɑ^{53}	xuɑ^{313}
原平	kʰuɑ^{213}	kʰuɑ^{213}	kʰuɑ^{53}	vɑ^{213}	xuɑ^{213}	vɑ^{213}	xuɑ^{53}	xuɑ^{33}
定襄	kʰua^{24}	kʰua^{24}	kʰua^{53}	va^{24}	xua^{24}	ua^{24}	xua^{53}	xua^{11}
五台	kʰuɑ^{213}	kʰuɑ^{213}	kʰuɑ^{52}	uɑ^{213}	xuɑ^{213}	uɑ^{213}	xuɑ^{52}	xuɑ^{213}
岢岚	kʰua^{13}	kʰua^{13}	kʰua^{52}	va^{13}	xua^{13}	va^{13}	xua^{52}	xua^{13}
五寨	kʰua^{13}	kʰua^{13}	kʰua^{52}	va^{13}	xua^{13}	va^{13}	xua^{52}	xua^{52}
宁武	kʰuᴀ^{23}	kʰuᴀ^{213}	kʰuᴀ^{52}	vᴀ^{213}	xuᴀ^{23}	vᴀ^{23}	xuᴀ^{52}	xuᴀ^{33}
神池	kʰuᴀ^{24}	kʰuᴀ^{24}	kʰuᴀ^{13}	vᴀ^{13}	xuᴀ^{24}	uᴀ^{52}	xuᴀ^{52}	xuᴀ^{32}
繁峙	kʰua^{53}	kʰua^{53}	kʰua^{24}	va^{53}	xua^{53}	va^{53}	xua^{24}	xua^{31}
代县	kʰua^{213}	kʰua^{213}	kʰua^{53}	ua^{213}	xua^{213}	ua^{213}	xua^{53}	xua^{213}

续表

字目	夸	垮	跨	瓦	花	蛙	化	华
中古音 / 方言点	苦瓜 假合二 平麻溪	苦瓦 假合二 上马溪	苦化 假合二 去祃溪	五寡 假合二 上马疑	呼瓜 假合二 平麻晓	乌瓜 假合二 平麻影	呼霸 假合二 去祃晓	户花 假合二 平麻匣
河曲	xɤ^{52}	——	kua^{52}	va^{213}	xua^{213}	ua^{213}	xua^{52}	xua^{213}
保德	kʰuᴀ^{213}	kʰuᴀ^{213}	kʰuᴀ^{52}	vᴀ^{213}	xuᴀ^{213}	vᴀ^{213}	xuᴀ^{52}	xuᴀ^{213}
偏关	kʰua^{24}	kʰua^{213}	kʰua^{52}	va^{213}	xua^{24}	va^{52}	xua^{52}	xua^{213}
朔城	kʰuᴀ^{312}	kʰuᴀ^{312}	kʰuᴀ^{53}	vᴀ^{312}	xuᴀ^{312}	vᴀ^{312}	xuᴀ^{53}	xuᴀ^{35}
平鲁	kʰuɑ^{213}	kuɑ^{52}	kuɑ^{52}	uɑ^{52}	xuɑ^{213}/xuəʔ^{34}	uɑ^{213}	xuɑ^{52}	xuɑ^{213}
应县	kʰua^{43}	kʰua^{54}	kʰua^{24}	va^{24}	xua^{43}/xuaʔ^{43}	va^{31}	xua^{24}/xuaʔ^{43}	xua^{31}
灵丘	kʰuᴀ^{442}	kʰuᴀ^{442}	kʰuᴀ^{53}	vᴀ^{442}	xuᴀ^{442}	vᴀ^{442}	xuᴀ^{53}	xuᴀ^{31}
浑源	kʰuᴀ^{52}	kʰuᴀ^{52}	kʰuᴀ^{13}	vᴀ^{13}	xuᴀ^{52}/xiəʔ^{4}	vᴀ^{52}	xuᴀ^{13}	xuᴀ^{52}
云州	kʰuɑ^{24}	kʰuɑ^{55}	kʰuɑ^{24}	vɑ^{55}	xuɑ^{21}	vɑ^{21}	xuɑ^{24}	xuɑ^{312}
新荣	kʰuᴀ^{32}	kʰuᴀ^{54}	kʰuᴀ^{24}	vᴀ^{54}/vᴀ^{24}	xuᴀ^{32}	vᴀ^{32}	xuᴀ^{24}	xuᴀ^{32}/xuᴀ^{24}
怀仁	kʰua^{42}	kʰua^{53}	kʰua^{24}	va^{53}	xua^{42}	va^{42}	xua^{24}	xua^{42}
左云	kʰua^{31}	kʰua^{54}	kʰua^{24}	va^{54}	xua^{31}	va^{31}	xua^{24}	xua^{313}
右玉	kʰua^{31}	kʰua^{53}	kʰua^{31}	va^{53}	xua^{31}	va^{31}	xua^{24}	xua^{31}
阳高	kʰuɑ^{31}	kʰuɑ^{53}	kʰuɑ^{24}	vɑ^{53}	xuɑ^{31}/xuɑʔ^{3}	vɑ^{31}	xuɑ^{24}	xuɑ^{312}/xuɑ^{24}
山阴	kʰuᴀ^{313}	kʰuᴀ^{52}	kʰuᴀ^{335}	uᴀ^{52}	xuᴀ^{313}	uᴀ^{313}	xuᴀ^{335}	xuᴀ^{313}
天镇	kʰuɑ^{31}	kʰuɑ^{31}	kʰuɑ^{31}	vɑ^{55}	xuɑ^{31}	vɑ^{31}	xuɑ^{24}	xuɑ^{31}
平定	kʰuɑ^{31}	kʰuɑ^{53}	kʰuɑ^{24}	vɑ^{53}/vɑ^{24}	xuɑ^{31}	vɑ^{31}	xuɑ^{24}	xuɑ^{24}
昔阳	kʰuɑ^{42}	kʰuɑ^{55}	kʰuɑ^{13}	vɑ^{55}	xuɑ^{42}	vɑ^{42}	xuɑ^{13}	xuɑ^{33}
左权	kʰuɑ^{31}	kʰuɑ^{42}	kʰuɑ^{53}	vɑ^{42}	xuɑ^{31}	vɑ^{31}	xuɑ^{53}	xuɑ^{31}
和顺	kʰuɑ^{42}	kʰuɑ^{53}	kʰuɑ^{13}	vɑ^{53}	xuɑ^{42}	vɑ^{42}	xuɑ^{13}	xuɑ^{22}
尧都	kʰuɑ^{21}	kʰuɑ^{53}	kʰuɑ^{44}	uɑ^{53}	xuɑ^{21}	uɑ^{21}	xuɑ^{44}	xuɑ^{24}
洪洞	kʰuɑ^{21}	kʰuɑ^{33}	kʰuɑ^{33}	uɑ^{42}	xuɑ^{21}	uɑ^{21}	xuɑ^{33}	xuɑ^{21}
洪洞赵城	kʰuɑ^{21}	kʰuɑ^{42}	kʰuɑ^{24}	uɑ^{42}	xuɑ^{21}	uɑ^{21}	xuɑ^{53}	xuɑ^{24}
古县	kʰuɑ^{21}	kʰuɑ^{42}	kʰuɑ^{35}	uɑ^{42}	xuɑ^{21}	uɑ^{21}	xuɑ^{35}	xuɑ^{35}
襄汾	kʰua^{21}	kʰua^{42}	kʰua	ua^{42}/ua^{53}	xua^{21}	ua^{21}	xua^{21}	xua^{24}
浮山	kʰua^{13}	kʰua^{33}	kʰua^{44}	ua^{33}	xua^{42}	ua^{42}	xua^{42}	xua^{13}
霍州	kʰua^{212}	kʰua^{33}	kʰua^{55}	ua^{33}	xua^{212}	ua^{212}	xua^{55}	xua^{35}
翼城	kʰuᴀ^{53}	kʰuᴀ^{44}	kʰuᴀ^{53}	uᴀ^{44}	xuᴀ^{53}	uᴀ^{53}	xuᴀ^{53}	xuᴀ^{53}
闻喜	kʰuɑ^{53}	kʰuɑ^{53}	kʰuɑ^{53}	uɑ^{33}	xuɑ^{53}	vɑ^{33}	xuɑ^{53}	xuɑ^{13}
侯马	kʰuɑ^{213}	kʰuɑ^{44}	kʰuɑ^{53}	uɑ^{44}	xuɑ^{213}	uɑ^{53}	xuɑ^{53}	xuɑ^{213}
新绛	kʰuɑ^{53}	kʰuɑ^{53}	kʰuɑ^{53}	uɑ^{44}	xuɑ^{53}	uɑ^{53}	xuɑ^{53}	xuɑ^{13}

续表

字目	夸	垮	跨	瓦	花	蛙	化	华
中古音 方言点	苦瓜 假合二 平麻溪	苦瓦 假合二 上马溪	苦化 假合二 去祃溪	五寡 假合二 上马疑	呼瓜 假合二 平麻晓	乌瓜 假合二 平麻影	呼霸 假合二 去祃晓	户花 假合二 平麻匣
绛县	kʰuɑ^{53}	kʰuɑ^{33}	kʰuɑ^{31}	uɑ^{33}	xuɑ^{53}	uɑ^{53}	xuɑ^{31}	xuɑ^{24}
垣曲	kʰua^{22}	kʰua^{53}	kʰua^{53}	ua^{44}	xua^{22}	ua^{22}	xua^{53}	xua^{22}
夏县	kʰua^{53}	kʰua^{24}	kʰua^{31}	ua^{24}	xua^{53}	ua^{53}	xua^{31}	xua^{42}
万荣	kʰua^{51}	kʰua^{55}	kʰua^{33}	ua^{55}	xua^{51}	ua^{51}	xua^{33}	xua^{51}
稷山	kʰuɑ^{42}	kʰuɑ^{44}	kʰuɑ^{42}	uɑ^{44}	xuɑ^{53}	uɑ^{53}	xuɑ^{42}	xuɑ^{42}
盐湖	kʰua^{42}	kʰua^{53}	kʰua^{44}	ua^{53}/ua^{44}	xua^{42}	ua^{42}	xua^{44}	xua^{13}
临猗	kʰua^{42}	kʰua^{53}	kʰua^{44}	ua^{53}	xua^{42}	ua^{42}	xua^{44}	xua^{42}
河津	kʰua^{31}	kʰua^{53}	kʰua^{44}	ua^{53}	xua^{31}	ua^{324}	xua^{44}	xua^{31}
平陆	kʰua^{31}	kʰua^{55}	kʰua^{33}	ua^{55}	xua^{31}	ua^{31}	xua^{33}	xua^{31}
永济	kʰua^{31}	kʰua^{53}	kʰua^{44}	va^{53} 名词 / va^{44} 动词	xua^{31}	vai^{31}	xua^{44}	xua^{24}/ xua^{44}
芮城	kʰua^{42}	kʰua^{53}	kʰua^{44}	ua^{53}	xua^{42}	ua^{42}	xua^{44}	xua^{42}
吉县	kʰua^{423}	kʰua^{53}	kʰua^{423}	ua^{53}	xua^{423}	va^{13}	xua^{33}	xua^{423}
乡宁	kʰua^{53}	kʰua^{44}	kua^{22}	ua^{44}	xua^{53}	ua^{53}	xua^{22}	xua^{12}
广灵	kʰuɑ^{53}	kʰuɑ^{44}	kʰuɑ^{213}	vɑ^{44}	xuɑ^{53}	vɑ^{31}	xuɑ^{213}	xuɑ^{53}

字目	划~船	些	邪	斜	爹	遮	车~辆	蛇
中古音 / 方言点	户花 假合二 平麻匣	写邪 假开三 平麻心	似嗟 假开三 平麻邪	似嗟 假开三 平麻邪	陟邪 假开三 平麻知	正奢 假开三 平麻章	尺遮 假开三 平麻昌	食遮 假开三 平麻船
北京	xua^{35}	ɕie^{55}	ɕie^{35}	ɕie^{35}	tie^{55}	tʂɤ^{55}	tʂʰɤ^{55}	ʂɤ^{35}
小店	xuɑ^{11}	——	ɕie^{11}	ɕie^{11}	tie^{11}	tsəɯ^{11}	tsʰəɯ^{11}	səɯ^{11}
尖草坪	xua^{33}	ɕie^{33}	ɕie^{33}	ɕie^{33}	tie^{33}	tsɤɯ^{33}	tsʰɤɯ^{33}	tsʰɤɯ^{33} 白 / sɤɯ^{33} 文
晋源	xuaʔ^{2}	ɕiəʔ^{2}	ɕie^{11}	ɕie^{11}	tie^{11}	tsɤ^{11}	tsʰɤ^{11}	sɤ^{11}
阳曲	xua^{43}	ɕiɛ^{312}	ɕiɛ^{312}	ɕiɛ^{312}	tiɛ^{312}	tsɤ^{312}	tsʰɤ^{312}	tsʰɤ^{43} 白 / sɤ^{43} 文
古交	xuɑ^{44}	ɕiɪ^{44}	ɕiɪ^{44}	ɕiɪ^{44}	tɑ^{44}	tsɯ^{44}	tsʰɯ^{44}	sɯ^{44}
清徐	xuɒ^{11}	sɛ^{11} 白 / ɕiɛ^{11} 文	tiɛ^{11}	tiɛ^{11}	tiɛ^{11}	tsɤɯ^{11}	tɕy^{11} 白 / tsʰɤɯ^{11} 文	sɤɯ^{11}
娄烦	xuɑ̃^{33}	ɕiɪ^{33}	ɕiɪ^{33}	ɕiɪ^{33}	tɑ̃^{33}	tsə^{33}	tsʰə^{33}	tsʰə^{33}
榆次	xuɒ^{11}	ɕie^{11}	ɕie^{11}	ɕie^{11}	tie^{11}	tsaʔ^{1}	tsʰɯ^{11}	sɯ^{11}
交城	xuɑ^{11}	ɕiɑ^{53}/ɕiɛ^{53}	ɕiɛ^{11}	ɕiɛ^{11}	tiɛ^{11}	tsɤɯ^{11}	tsʰɤɯ^{11}	sɤɯ^{11}
文水	xuaʔ$^{\underline{312}}$/xua^{22}	seɪ^{22}/ɕi^{22}/ ɕiaʔ^{2}	ɕi^{22}	ɕi^{22}	ta^{22}	tsɪi^{22}	tsʰɪi^{22}	tsæĩ^{35} 白 / tsʰɪi^{22} 白 / sɪi^{22} 文
祁县	xua^{31}	ɕiɪ^{31}	ɕiɪ^{31}	ɕiɪ^{31}	tiɪ^{31}	tʂɯ^{31}	tʂʰɯ^{31}	tʂʰɯ^{31}
太谷	xuɒ^{33}	ɕie^{33}	ɕie^{33}	ɕie^{33}	tie^{33}	tse^{33}	tsʰe^{33}	tsʰe^{33}
平遥	xuɑ^{213}	ɕiɛ^{213}	ɕiɛ^{213}	ɕyɛ^{213} 白 / ɕiɛ^{213} 文	tiɛ^{213}	tʂɤ^{213}	tʂʰʅ^{213} 白 / tʂʰɤ^{213} 文	tʂʰɤ^{213}
孝义	xua^{33}	ɕiᴇ^{33}	ɕiᴇ^{33}	ɕiᴇ^{33}	ta^{33}	tʂᴇ^{33}	tʂʰᴇ^{33}	ʂᴇ^{33}
介休	xuʌʔ$^{\underline{312}}$/xua^{13}	ɕiᴇ^{13}	ɕiᴇ^{13}	ɕiᴇ^{13}	tiᴇ^{13}	tʂiᴇ^{13}/tʂʌʔ$^{\underline{12}}$	tʂʰiᴇ^{13}	tʂʰiᴇ^{13} 白 / ʂiᴇ^{13} 文 / tʂæ̃^{45}
灵石	xua^{44}	ɕiɛ^{535}	ɕiɛ^{44}	ɕiɛ^{44}	tiaʔ^{4}	tʂɤ^{535}	tʂʰɤ^{535}	ʂɤ^{44}
盂县	xuɑ^{22}	ɕiɛ^{412}	ɕiɛ^{22}	ɕiɛ^{22}	tiɛ^{412}	tsʅᴇ^{412}	tɕy^{412}/tsʰʅᴇ^{412}	tsʰʅᴇ^{22}
寿阳	xuɑ^{22}	ɕiɛʔ^{2}	ɕiɪ^{22}	ɕiɪ^{22}	tɑ^{31}	tsə^{31}	tsʰəɯ^{31}	səɯ^{22}
榆社	xuɒ^{22}	ɕi^{22}	ɕi^{22}	ɕi^{22}	ti^{22}	tsɤ^{22}	tsʰɤ^{22}	sɤ^{22}
离石	xuɑ^{44}	ɕie^{24}	ɕiɛ^{44}	ɕie^{44}	tiɛ^{24}	ȵiɛ^{24}	tɕʰiɛ^{24}	ɕiɛ^{44}
汾阳	xua^{22}	ɕi^{312}	ɕi^{22}	ɕi^{22}	ta^{324}	tɕi^{324} 白 / tʂəʔ^{2} 文	tɕʰi^{324} 白 / tʂʰɯ^{324} 文	ɕi^{22} 白 / ʂɯ^{22} 文 /tɕi^{55}
中阳	xuɑ^{33}	ɕiɑ^{24}	ɕiɑ^{33}	ɕiɑ^{33}	tiɑ^{24}	tsɑ^{24}	tsʰɑ^{24}	sɑ^{33}
柳林	xuɑ^{44}	ɕiɑ^{312}	ɕiɑ^{44}	ɕiɑ^{44}	tiɑ^{24}	tsɑ^{24}	tsʰɑ^{24}	sɑ^{44}
方山	xuɑʔ^{4}	ɕia^{24}	ɕia^{44}	ɕia^{44}	tia^{24}	tʂa^{24}	tʂʰa^{24}	ʂa^{44}
临县	xua^{24}	ɕia^{24}	ɕie^{33}	ɕiaʔ^{3}	tiaʔ^{3}	tʂa^{24}	tʂʅə^{24}	ʂa^{33}

续表

字目	划~船	些	邪	斜	爹	遮	车~辆	蛇
中古音 / 方言点	户花 假合二 平麻匣	写邪 假开三 平麻心	似嗟 假开三 平麻邪	似嗟 假开三 平麻邪	陟邪 假开三 平麻知	正奢 假开三 平麻章	尺遮 假开三 平麻昌	食遮 假开三 平麻船
兴县	xuA^{55}	ɕiɛ^{55}/ɕiəʔ^{5}	ɕiɛ^{55}	ɕyɛ^{55}	tiɛ^{324}	tʂɤ^{324}	tʂʰɤ^{324}	ʂɤ^{55}
岚县	xua^{44}	ɕie^{214}	ɕie^{44}	ɕie^{44}	tie^{214}	tsie^{214}	tsʰie^{214}	sie^{44}/tsʰie^{44}
静乐	xuɑ̃^{53}	ɕie^{33}	ɕie^{33}	ɕie^{33}	tɑ̃^{24}	tsɤɯ^{24}	tsʰɤɯ^{24}	tsʰɤɯ^{33}
交口	xua^{44}	ɕiɛ^{323}	ɕia^{44}	ɕia^{44}	tiɛ^{323}	tsa^{323}	tsʰə^{323}	sa^{44}
石楼	xua^{44}	sɛi^{213} 白 / ɕiɛ^{213} 文	sɛi^{44}	sɛi^{44}	tiɛ^{213}	tʂa^{213}	tʂʰə^{213}	ʂa^{44}
隰县	xua^{24}	ɕiɛ^{53}	ɕiɛ^{24}	ɕiɛ^{24}	tiɛ^{53}	tsɤ^{53}	tsʰɤ^{53}	sɤ^{24}
大宁	xuɑ^{24}	ɕie^{31}	ɕiɐʔ$^{\underline{24}}$	ɕiɐʔ$^{\underline{24}}$ 文	tie^{24}	tʂɑ^{31} 白 / tʂɤ^{31} 文	tʂʰɑ^{31} 白 / tʂʰɤ^{31} 文	ʂɑ^{24} 白 /ʂɤ^{24} 文
永和	xua^{35}	ɕia^{33} 白 / ɕie^{33} 文	ɕie^{35} 文	ɕia^{35} 白 / ɕie^{35} 文	tie^{33}	tʂa^{33} 白 / tʂʅə^{33} 文	tʂʰa^{33} 白 / tʂʰʅə^{33} 文	ʂa^{35} 白 / ʂʅə^{35} 文
汾西	xuɪ^{11} 白 / xuɑ^{53} 文	sɑ^{11} 白 / ɕiɪ^{11} 文	ɕiəʔ^{3}	ɕiɑ^{35}	——	tsɑ^{11} 白 /	tsʰɑ^{11} 白 / tsʰei^{11}/ tɕy^{11} 文	sɑ^{11} 白 /sei 文
蒲县	xua^{24}	ɕia^{24}	ɕia^{24} 白 / ɕiɛ^{24} 文	ɕia^{24}	tiɛ^{52}	tʂa^{52}	tʂʰɤ^{52}	ʂa^{24} 白 /ʂɤ^{24} 文
潞州	xua^{24}	ɕiɛ^{312}	ɕiɛ^{24}	ɕiɛ^{24}	tiə^{312}	tsəʔ$^{\underline{53}}$ 白 / tsə^{312} 文	tsʰə^{312}	sə^{24}
上党	xuɑ^{44}	ɕie^{213}	ɕie^{44}	ɕie^{44}	tiə^{213}	tɕie^{213}	tɕʰie^{213}	ɕie^{44}
长子	xua^{24}	ɕiɛ^{312}	ɕiɛ^{24}	ɕiɛ^{24}	tiɛ^{312}	tsə^{312}	tsʰə^{312}	sə^{24}
屯留	xua^{11}	ɕie^{53}	ɕie^{11}	ɕie^{11}	tie^{31}	tsɤ^{31}	tsʰɤ^{31}	sɤ^{11}
襄垣	xua^{45}	ɕiʌʔ^{3}	ɕie^{31}	ɕie^{31}	tie^{33}	tsə^{33}	tsʰə^{33}	sə^{31}
黎城	xua^{53}	ɕiɤ^{53}	ɕiɤ^{53}	ɕiɤ^{53}	tiɤ^{33}	tɕiɤ^{33}	tɕʰiɤ^{33}	ɕiɤ^{53}
平顺	xua^{13}	ɕiɛ^{213}	ɕiɛ^{13}	ɕiɛ^{13}	tiɛ^{213}	tɕiɛ^{213}	tɕʰiɛ^{213}	ɕiɛ^{13}
壶关	xua^{13}	siE^{33}	siE^{13}	siE^{13}	tiE^{33}	tʃiE^{33}	tʃʰiE^{33}	ʃiE^{13}
沁县	xua^{33}	ɕiɛ^{33}	ɕiɛ^{33}	ɕiɛ^{33}	tiɛ^{224}	tɕiɛ^{53}	tsɥ^{224}/tsʰɤ^{224}	sɤ^{33}
武乡	xua^{33}	ɕiɛ^{113}	ɕiɛ^{33}	ɕiɛ^{33}	——	——	tɕʰiɛ^{113}	ɕiɛ^{33}
沁源	xuɑ^{33}	ɕie^{324}	ɕie^{33}	ɕye^{33} 白 / ɕie^{33} 文	tie^{324}	tʂɨE^{324}	tʂʰɨE^{324}	ʂɨE^{33}
安泽	xuɑ^{35}	ɕiɛ^{21}	ɕiɛ^{35}	ɕiɛ^{35}	tiɛ^{21}	tsɤ^{21}	tsʰɤ^{21}	sɤ^{35}
沁水端氏	xɒ^{24}	ɕiɛ^{21}	ɕiɛ^{24}	ɕiɛ^{24}	tiɛ^{21}	tsaʔ^{2} 白 / tsɤ^{21} 文	tsʰɤ^{21}	sɤ^{24}
阳城	xuɑ^{22}	ɕiɛ^{224}	ɕiɛ^{22}	ɕiɛ^{22}	tiɛ^{224}	tʂʅə^{224}	tʂʰʅə^{224}	ʂʅə^{22}
高平	xuɑ^{33}	ɕiɛ^{53}	ɕiɛ^{33}	ɕiɛ^{33}	tiɛ^{33}	tʂʅɛ^{33}	tʂʰʅɛ^{33}	ʂʅɛ^{33}

续表

字目	划~船	些	邪	斜	爹	遮	车~辆	蛇
中古音 方言点	户花 假合二 平麻匣	写邪 假开三 平麻心	似嗟 假开三 平麻邪	似嗟 假开三 平麻邪	陟邪 假开三 平麻知	正奢 假开三 平麻章	尺遮 假开三 平麻昌	食遮 假开三 平麻船
陵川	xua^{53}	ɕie^{33}	ɕie^{53}	ɕie^{53}	tie^{33}	tɕie^{33}	tɕʰie^{33}	ɕie^{53}
晋城	xuɑ^{324}	ɕiɛ^{33}	ɕiɛ^{324}	ɕiɛ^{324}	tiɛ^{33}	tʂɤ^{33}	tʂʰɤ^{33}	ʂɤ^{324}
忻府	xuɑ^{21}	ɕiɛʔ$^{\underline{32}}$	ɕiɛ^{21}	ɕiɛ^{21}	tiɛ^{313}	tsɛ^{313}	tʂʰɛ^{313}	ʂɛ^{21}
原平	xuɑ^{33}	ɕiɤ^{213}	ɕiɤ^{33}	ɕiɤ^{33}	tiɤ^{213}	tʂɤ^{213}	tʂɤ^{213}	ʂɤ^{33}
定襄	xua^{11}	ɕie^{24}	ɕiaʔ^{1}	ɕʰie^{11}	tie^{24}	tsa^{24}	tʂʰə^{24}	ʂə^{11}
五台	xuɑ^{33}	ɕiɛ^{33}	ɕiɛ^{33}	ɕiɛ^{33}	tiɛ^{213}	tsɿɛ^{213}	tsʰɿɛ^{213}	sə^{33}
岢岚	xua^{44}	ɕiɛ^{13}	ɕiɛ^{44}	ɕiɛ^{44}	tiɛ^{13}	tʂɤ^{13}	tʂʰɤ^{13}	ʂɤ^{44}
五寨	xua^{44}	ɕiæ^{13}	ɕiæ^{44}	ɕiæ^{44}	tiæ^{13}	tsɤ^{13}	tsʰɤ^{13}	sɤ^{44}
宁武	xuA^{33}	ɕiɛ^{23}	ɕiɛ^{33}	ɕiɛ^{33}	tiɛ^{23}	tsɒ^{23}	tsʰɒ^{23}	sɒ^{33}
神池	xuAʔ^{4}	ɕiɛ^{24}	ɕiɛ^{32}	ɕiɛ^{32}	tiɛ^{24}	tiɛ^{24}	tsʰɤ^{24}	sɤ^{32}
繁峙	xua^{31}	ɕiɛ^{53}	ɕiɛ^{31}	ɕiɛ^{31}	tiɛ^{53}	tsɤ^{53}	tsʰɤ^{53}	sɤ^{31}
代县	xua^{44}	ɕie^{44}	ɕie^{44}	ɕie^{44}	tie^{213}	tsɤ^{213}	tsʰɤ^{213}	sɤ^{44}
河曲	xua^{44}	ɕiɛ^{213}	ɕiɛ^{44}	ɕiɛ^{44}	——	tʂɤ^{213}	tʂʰɤ^{213}	ʂɤ^{44}
保德	xuA^{44}	ɕiɛ^{213}	ɕiɛ^{44}	ɕiɛ^{44}	tiɛ^{213}	tʂɤ^{213}	tʂʰʅ^{213}	ʂʅ^{44}
偏关	xua^{44}	ɕiE^{24}	ɕiE^{44}	ɕyE^{44} 白 / ɕiE^{44} 文	tiE^{24}	tʂɤ^{24}	tʂʰə^{24}	ʂiE^{44}
朔城	xuA^{35}	ɕiɛ^{312}	ɕiɛ^{35}	ɕiɛ^{35}	tiɛ^{312}	tʂə^{312}	tʂʰə^{312}/tɕy^{312}	ʂə^{35}
平鲁	xuɑ^{44}	ɕiE^{213}	ɕiE^{44}	ɕiE^{44}	tiE^{213}	tsɤ^{213}	tɕy^{213}/tsʰɤ^{44}	sɤ^{44}
应县	xua^{31}	ɕiɛ^{43}	ɕiɛ^{31}	ɕiɛ^{31}	tie^{43}	tsɤ^{43}	tsʰɤ^{43}	sɤ^{31}
灵丘	xuA^{31}	ɕiAʔ^{5}	ɕie^{31}	ɕie^{31}	tie^{442}	tse^{442}	tsʰe^{442}	se^{31}
浑源	xuA^{22}	ɕiɛ^{52}	ɕiɛ^{22}	ɕiɛ^{22}	tiɛ^{52}	tsə^{52}	tsʰə^{52}	sə^{22}
云州	xuɑ^{24}	ɕiɑʔ^{4}	ɕiɛ^{312}	ɕiɛ^{312}	tiɛ^{21}	tʂɤ^{21}	tʂʰɤ^{21}	ʂɤ^{312}
新荣	xuA^{312}	ɕiE^{312}	ɕiE^{312}	ɕiE^{312}	tiE^{32}	tʂɤ^{32}	tʂʰɤ^{32}	ʂɤ^{312}
怀仁	xua^{312}	ɕiɛ^{42}	ɕiɛ^{312}	ɕiɛ^{312}	tiɛ^{42}	tsɤ^{42}	tsʰɤ^{42}	sɤ^{312}
左云	xua^{313}	ɕiɛ^{31}	ɕiɛ^{313}	ɕiɛ^{313}	tiɛ^{31}	tʂə^{31}	tsʰə^{31}	ʂə^{313}
右玉	xua^{212}	ɕiɛ^{31}	ɕiɛ^{212}	ɕiɛ^{212}	tiɛ^{31}	tʂɤ^{31}	tɕy^{31}/tʂʰɤ^{31}	ʂɤ^{212}
阳高	xuɑ^{312}	ɕiɛ^{31}/ɕiɑʔ^{3}	ɕiɛ^{24}	ɕiɛ^{24}	tiɛ^{31}	tsɤ^{31}	tsʰɤ^{31}	sɤ^{31}
山阴	xuA^{313}	ɕiE^{52}	ɕiE^{313}	tɕiAʔ^{4}	tiE^{313}	tʂʅʌr^{313}	tɕy^{313}/ tʂʰʅʌr^{313}	ʂʅʌr^{313}
天镇	xuɑ^{22}	ɕiæ^{55}/ɕiæ^{22}	ɕiæ^{22}	ɕiæ^{22}	tiæ^{31}	tsɤ^{31}	tsʰɤ^{31}	sɤ^{22}
平定	xuɑ^{44}	ɕiE^{31}	ɕiE^{44}	ɕiE^{44}	tiE^{31}	tʂɤ^{31}	tʂʰɤ^{31}	ʂɤ^{44}
昔阳	xuɑ^{33}	ɕiE^{42}	ɕiE^{33}	ɕiE^{33}	tiE^{42}	tʂə^{42}	tʂʰə^{42}	ʂə^{33}

续表

字目	划~船	些	邪	斜	爹	遮	车~辆	蛇
中古音 / 方言点	户花 假合二 平麻匣	写邪 假开三 平麻心	似嗟 假开三 平麻邪	似嗟 假开三 平麻邪	陟邪 假开三 平麻知	正奢 假开三 平麻章	尺遮 假开三 平麻昌	食遮 假开三 平麻船
左权	xuɑ^{11}	ʂʅ^{31}/ɕi^{31}	ɕi^{11}	ɕi^{11}	ti^{11}	tʂɤ^{31}	tʂʰɤ^{31}	ʂɤ^{11}
和顺	xuɑ^{22}	ʂʅ^{42}/ ɕi^{42}	ɕi^{22}	ɕi^{22}	ti^{42}	tʂɤ^{42}	tʂʰɤ^{42}	ʂɤ^{22}
尧都	xuɑ^{44}	ɕiɛ^{21}	ɕiɛ^{24}	ɕiɛ^{24}	tiɛ^{21}	tʂɤ^{21}	tʂʰɑ^{21} 白 / tʂʰɤ^{21} 文	ʂɑ^{21} 白 /ʂɤ^{21} 文
洪洞	xuɑ^{24}	ɕiɑ^{33} 白 / ɕie^{33} 文 /ɕi^{24}	ɕie^{24} 文	ciɑ^{24} 白 / ɕie^{24} 文	tie^{21}	tʂɑ^{21} 白 / tʂe^{21} 文	tʂʰɑ^{21} 白 / tʂʰe^{21} 文	ʂɑ^{24} 白 /ʂe^{24} 文
洪洞赵城	xuɑ^{24}	ɕiɑ^{24}	ɕiɑ^{24}	ɕiɑ^{24} 白 / ɕiɛ^{24} 文	——	tʂɤ^{24}	tʂʰɑ^{21} 白 / tʂʰɤ^{21} 文	ʂɑ^{24} 白 /ʂɤ^{24} 文
古县	xuɑ^{35}	ɕiɑ^{35} 白 / ɕiɛ^{21} 文	ɕiɛ^{35}	ɕiɑ^{35} 白 / ɕiɛ^{35} 文	tɕiɛ^{21}	tʂɑ^{21} 白 / tʂɛ^{21} 文	tʂʰɑ^{21} 白 / tʂʰɤ^{21} 文 / tʂʰɛ^{21} 文	ʂɑ^{35} 白 /ʂɤ^{35} 文
襄汾	xua^{21}	ɕia^{21} 白 / ɕie^{21} 文 /ɕia^{24}	ɕia^{24}	ɕia^{24}	tie^{21}	tʂa^{21}	tʂʰa 白 / tʂʰə^{21} 文 / tɕy^{21} 文	ʂa^{24} 白 /ʂə^{24} 文
浮山	xua^{42}	ɕiɛ^{42} 文 /ɕia^{13}	ɕia^{13}	ɕia^{13}	tiɛ^{42}	tʂa^{42}	tʂʰa^{42} 白 / tʂʰɤ^{42} 文	ʂa^{13}
霍州	xua^{35}	ɕie^{212}	ɕie^{35}	ɕia^{35}	tie^{212}	tʂɤ^{212}	tʂʰa^{212} 白 / tʂʰɤ^{212} 文	ʂa^{35}
翼城	xuA^{12}	ɕiE^{53}	ɕiE^{12}	ɕiA^{12}	tiA^{53}	tʂɤ^{53}	tʂʰA^{53} 白 / tʂʰɤ^{53} 文	ʂA^{12} 白 / ʂɤ^{12} 文
闻喜	xuɑ^{13}	ɕiɑ^{53} 白 / ɕiE^{53} 文	ɕiE^{13}	ɕiɑ^{13}	tiɑ^{53} 白 / tiE^{53} 文	tsiE^{53}	tsʰɑ^{53} 白 / tsʰiE^{53} 文 / tɕy^{53}	sɑ^{13} 白 / siE^{33} 文
侯马	xuɑ^{213}	ɕia^{213} 白 / ɕiɛ^{213} 文	ɕiɛ^{213}	ɕiɛ^{213}	tiɛ^{213}	tʂɑ^{213}	tʂʰɑ^{213} 白 / tʂʰiɛ^{213} 文	ʂɑ^{213}
新绛	xuɑ^{53}	ɕie^{53}	ɕie^{13}	ɕiɑ^{13}	tie^{53}	tʂie^{53}	tʂʰɑ^{53} 白 / tʂʰie^{53} 文	ʂɑ^{13}
绛县	xuɑ^{24}	ɕiɑ^{53} 白 / ɕiɛ^{53} 文	ɕiɑ^{24} 白 / ɕiɛ^{24} 文	ɕiɑ^{24}	tiɑ^{53}	tʂɑ^{53}	tʂʰiɪ^{53} 白 / tsʰɤ^{53} 文	ʂɑ^{33}
垣曲	xua^{22}	ɕiɛ^{22}	ɕiɛ^{22}	ɕia^{22}	tia^{22}	tsie^{22}	tʂʰa^{22} 白 / tʂʰiɛ^{22} 文	ʂa^{22}
夏县	xua^{42}	ɕiɛ^{31}/ɕia^{31}	ɕiɛ^{42}	ɕia^{42} 白 / ɕiɛ^{42} 文	tia^{53}	tʂɛ^{53}	tʂʰa^{53} 白 / tʂʰɛ^{53} 文	ʂa^{42} 白 / ʂɛ^{42} 文
万荣	xua^{213}	ɕiɛ^{33}	ɕiɛ^{213}	ɕya^{213} 白 / ɕia^{213} 文	tia^{213}	tʂa^{33} 白 / tʂiɛ^{51} 文	tʂʰa^{51}	ʂa^{213}

续表

字目	划~船	些	邪	斜	爹	遮	车~辆	蛇
中古音 / 方言点	户花 假合二 平麻匣	写邪 假开三 平麻心	似嗟 假开三 平麻邪	似嗟 假开三 平麻邪	陟邪 假开三 平麻知	正奢 假开三 平麻章	尺遮 假开三 平麻昌	食遮 假开三 平麻船
稷山	xuɑ^{13}	ciɑ^{53} 白 / ɕiɛ^{53} 文	ɕiɛ^{13}	ɕiɑ^{13} 白 / ɕiɛ^{13} 文	tiɑ^{13}	tɕiɑ^{53} 白 / tʂa^{42} 文	tʂʰɑ^{53} 白 / tʂʰiɛ^{53} 文	ʂɑ^{13} 白 / ʂiɛ^{13} 文
盐湖	xua^{13}	ɕiɛ^{42}	ɕiɛ^{13}	ɕiɛ^{13}	tia^{42} 白 / tiɛ^{13} 文	tʂɤ^{42}	tʂʰa^{42} 白 / tʂʰɤ^{42} 文	ʂa^{13} 白 /ʂɤ^{13} 文
临猗	xua^{13}	ɕiɛ^{44}	ɕiɛ^{13}	ɕya^{13} 白 / ɕia^{13} 白 / ɕiɛ^{13} 文	tɕia^{13} 白 / tia^{13} 文	tʂa^{44} 白 / tʂɤ^{42} 文	tʂʰɤ^{42}	ʂa^{13}
河津	xua^{324}	ɕiɛ^{44}	ɕiɛ^{324}	ɕya^{324} 白 / ɕiɛ^{324} 文	——	tʂa^{44} 白 / tʂɤ^{31} 文	tʂʰa^{31} 白 / tʂʰɤ^{31} 文	ʂa^{324} 白 / ʂɤ^{324} 文
平陆	xua^{13}	ɕia^{31} 白 / ɕiɛ^{31} 文	ɕiɛ^{13}	ɕia^{13} 白 / ɕiɛ^{13} 文	tiɛ^{55}	tʂa^{31} 白 / tʂə^{31} 文	tʂʰə^{31}	ʂa^{13} 白 / ʂə^{13} 文
永济	xua^{24}	ɕia^{31} 白 / ɕie^{31} 文	ɕie^{24}	ɕia^{24} 白 / ɕie^{24} 文	tia^{24} 白 / tie^{31} 文	tʂʅe^{31}	tʂʰa^{31} 白 / tʂʰʅe^{31} 文 / tɕy^{31}	ʂa^{24} 白 / ʂʅe^{24} 文
芮城	xua^{13}	ɕiɛ^{42}	ɕia^{13} 白 / ɕiɛ^{13} 文	ɕia^{13} 白 / ɕiɛ^{13} 文	——	tʂɤ^{42}	tʂʰa^{42} 白 / tʂʰɤ^{42} 文	ʂa^{13} 白 /ʂɤ^{13} 文
吉县	xua^{13}	ɕiɛ^{33}	ɕiɛ^{13}	ɕia^{13} 白 / ɕiɛ^{13} 文	tia^{13}	tʂa^{33}	tʂʰa^{33} 白 / tʂʰɛ^{423} 文	ʂa^{13} 白 / ʂɛ^{13} 文
乡宁	xua^{12}	ɕia^{53}	ɕiᴇ^{12}	ɕia^{12} 白 / ɕiᴇ^{12} 文	tiᴇ^{53}	tʂa^{53}	tʂʰa^{53} 白 / tʂʰiᴇ^{53} 白 / tʂʰɤ^{53} 文	ʂa^{12}
广灵	xuɑ^{53}	ɕiɤ^{53}	ɕiɤ^{31}	ɕiɤ^{31}	tiɤ^{53}	tsɤ^{53}	tsʰɤ^{53}	sɤ^{31}

字目	赊	爷	姐	且	写	舍~弃	社	惹
中古音 方言点	式车 假开三 平麻书	以遮 假开三 平麻以	兹野 假开三 上马精	七也 假开三 上马清	悉姐 假开三 上马心	书冶 假开三 上马书	常者 假开三 上马禅	人者 假开三 上马日
北京	ʂɤ^{55}	ie^{35}	tɕie^{214}	tɕʰie^{214}	ɕie^{55}	ʂɤ^{214}	ʂɤ^{51}	ʐɤ^{214}
小店	səɯ^{11}	ie^{11}	tɕie^{11}	tɕʰie^{53}	ɕie^{53}	səɯ^{53}	səɯ^{24}	zəɯ^{53}
尖草坪	sɤɯ^{33}	ie^{33}	tɕie^{312}	tɕʰie^{312}	ɕie^{312}	sɤɯ^{312}	sɤɯ^{35}	zaʔ^{2} 白 / zɤɯ^{312} 文
晋源	sɤ^{11}	ie^{11}	tɕie^{42}	tɕʰie^{42}	ɕie^{42}	sɤ^{42}	sɤ^{35}	zɤ^{42}
阳曲	sɤ^{312}	iɛ^{43}	tɕiɛ^{312}	tɕʰiɛ^{312}	ɕiɛ^{312}	sɤ^{454}	sɤ^{454}	zɤ^{312}
古交	sɯ^{44}	iɪ^{44}	tɕiɪ^{312}	tɕʰiɪ^{312}	ɕiɪ^{312}	sɯ^{312}	sɯ^{53}	zɯ^{312}
清徐	sɤɯ^{11}	iɛ^{11}	tɕiɛ^{54}	tɕiɛ^{54}	ɕiɛ^{54}	sɤɯ^{54}	sɤɯ^{45}	zɤɯ^{54}
娄烦	sə^{33}	iɪ^{33}	tɕiɪ^{312}	tɕʰiɪ^{312}	ɕiɪ^{312}	sə^{312}	sə^{54}	zə^{312}
榆次	sɯ^{11}	ie^{11}	tɕie^{53}	tɕʰie^{53}	ɕie^{53}	sɯ^{53}	sɯ^{35}	zɯ^{53}
交城	sɤɯ^{11}	iɛ^{11}	tɕiɛ^{53}	tɕʰiɛ^{53}	ɕiɛ^{53}	sɤɯ^{53}	sɤɯ^{24}	ʐɤɯ^{53}
文水	sɪi^{22}	i^{22}	tɕi^{423}	tɕʰi^{423}	ɕi^{423}	sɪi^{423}	sɪi^{35}	ʐɪi^{423}
祁县	ʂɯ^{31}	iɪ^{31}	tɕiɪ^{314}	tɕʰiɪ^{314}	ɕiɪ^{314}	ʂɯ^{314}	ʂɯ^{45}	ʐɯ^{314}
太谷	se^{33}	ie^{33}	tɕie^{312}	tɕʰie^{312}	ɕie^{312}	se^{312}	se^{53}	ze^{312}
平遥	ʂɤ^{213}	iɛ^{213}	tɕiɛ^{512}	tɕiɛ^{512}	ɕiɛ^{512}	ʂɤ^{512}	ʂɤ^{24}	ʐɤ^{512}
孝义	ʂᴇ^{33}	ia^{33} 白 /iᴇ^{33} 文	tɕiᴇ^{312}	tɕʰiᴇ^{312}	ɕiᴇ^{312}	ʂᴇ^{454}	ʂᴇ^{454}	ʐᴇ^{312}
介休	ʂiᴇ^{13}	iᴇ^{13}	tɕiᴇ^{423}	tɕʰiᴇ^{423}	ɕiᴇ^{423}	ʂiᴇ^{423}	ʂiᴇ^{45}	ʐiᴇ^{423}
灵石	ʂɤ^{535}	iɛ^{44}	tɕiɛ^{212}	tɕʰiɛ^{212}	ɕiɛ^{212}	ʂɤ^{212}	ʂɤ^{53}	ʐɤ^{212}
盂县	sɿᴇ^{412}	iʌʔ^{2} 白 / iɛ^{22} 文	tɕiɛ^{53}	tɕʰiɛ^{53}	ɕiɛ^{53}	sɿᴇ^{53}	sɿᴇ^{53}	zɿᴇ^{53}
寿阳	səɯ^{31}	iɪ^{22}	tɕiɪ^{53}	tɕʰiɪ^{53}	ɕiɪ^{53}	səɯ^{53}	səɯ^{45}	zəɯ^{53}
榆社	sɤ^{22}	i^{22}	tɕi^{312}	tɕʰi^{312}	ɕi^{312}	——	tsɤ^{45}	zɤ^{312}
离石	ɕiɛ^{24}	iɛ^{44}	tɕiɛ^{312}	tɕʰiɛ^{312}	ɕiɛ^{312}	ɕiɛ^{312}	ɕiɛ^{53}	iɛ^{312}
汾阳	ɕi^{324}	i^{22}	tɕi^{312}	tɕʰi^{312}	ɕi^{312}	ɕi^{312}	ɕi^{55} 白 / ʂɯ^{55} 文	i^{312} 白 / ʐɯ^{312} 文
中阳	sɑ^{24}	iɑ^{33}	tɕiɑ^{423}	tɕʰie^{423}	ɕiɑ^{423}	sɑ^{423}	sɤ^{53}	ʐɤ^{423}
柳林	sɑ^{24}	iɑ^{44}	tɕiɑ^{312}	tɕʰie^{312}	ɕiɑ^{312}	sɑ^{312}	sɑ^{53}	zɑ^{312}
方山	ʂa^{24}	ia^{44}	tɕiɛ^{312}	tɕʰiɛ^{312}	ɕia^{312}	ʂa^{312}	ʂa^{52}	ʐa^{312}
临县	ʂa^{24}	ia^{33}	tɕia^{312}	tɕie^{312}	ɕia^{312} 白 / ɕie^{312} 文	ʂa^{312}	ʂa^{52}	ʐa^{312}
兴县	ʂɤ^{324}	iɛ^{55}	tɕiɛ^{324}	tɕʰiɛ^{324}	——	sɤ^{324}	sɤ^{53}	ʐɤ^{324}
岚县	sie^{214}	ie^{44}	tɕie^{312}	tɕʰie^{312}	ɕie^{312}	sie^{312}/sie^{53}	sie^{53}	ʐɤ^{312}
静乐	sɤɯ^{24}	ie^{33}	tɕie^{314}	tɕʰie^{314}	ɕie^{314}	sɤɯ^{314}	sɤɯ^{53}	zɤɯ^{314}

续表

字目	赊	爷	姐	且	写	舍~弃	社	惹
中古音 / 方言点	式车 假开三 平麻书	以遮 假开三 平麻以	兹野 假开三 上马精	七也 假开三 上马清	悉姐 假开三 上马心	书冶 假开三 上马书	常者 假开三 上马禅	人者 假开三 上马日
交口	sa^{323}	ia^{44}	tɕia^{323}	tɕʰiɛ^{323}	ɕia^{323}	sa^{323}	sə^{53}	ʐa^{323}
石楼	ʂa^{213}	ia^{44}	tsɛi^{51} 白 / tɕiɛ^{213} 文	tɕʰiɛ^{213}	sɛi^{213} 白 / ɕiɛ^{213} 文	ʂa^{213} 白	ʂə^{51}	ʐa^{213}
隰县	sɤ^{53}	iɛ^{24}	tɕiɛ^{21}	tɕʰiɛ^{21}	ɕiɛ^{21}	sɤ^{21}	sɤ^{44}	ʐɤ^{21}
大宁	ʂɑ^{31} 白 /ʂɤ^{31} 文	iɑ^{24} 白 /ie^{24} 文	tɕiɑ^{31}	tɕʰie^{31}	ɕie^{31} 白	ʂɑ^{31} 白 /ʂɤ^{31} 文	ʂɑ^{55} 白 /ʂɤ^{55} 文	ʐɑ^{55} 白 / ʐɤ^{55} 文
永和	ʂa^{33} 白 / ʂʅə^{33} 文	ia^{35} 白 /ie^{35} 文	tɕia^{312} 白 / tɕie^{312} 文	tɕʰie^{312}	ɕia^{312} 白 / ɕie^{312} 文	——	sa^{53} 白 / ʂʅə^{53} 文	ʐa^{312} 白 / ʐʅə^{312} 文
汾西	sɑ^{11}	iɑ^{35} 白 /iɪ^{35} 文	tɕiɑ^{33} 白 / tɕi^{33} 文	——	ɕiɑ^{33} 白 / ɕi^{33} 文	sɑ^{33}	sei^{53} 文	zɑ^{33} 白
蒲县	ʂa^{52}	ia^{24} 白 /iɛ^{24} 文	tɕia^{24} 白 / tɕiɛ^{24} 文	tɕʰiɛ^{52}	ɕiɛ^{31}	ʂɤ^{31}	ʂɤ^{52}	ʐa^{31}
潞州	sə^{312}	iɛ^{54}	tɕiɛ^{535}	tɕʰiɛ^{535}	ɕiɛ^{535}	sə^{535}	sə^{54}	iɛ^{535}
上党	ɕie^{213}	ie^{44}	tɕie^{535}	tɕʰie^{535}	ɕie^{535}	ɕie^{535}	ɕie^{42}	ie^{535}
长子	sə^{312}	iəʔ^{212}	tɕiɛ^{434}	tɕʰiɛ^{434}	ɕiɛ^{434}	sə^{434}	sə^{53}	iɛ^{434}
屯留	sɤ^{31}	ie^{11}	tɕie^{43}	tɕʰie^{43}	ɕie^{43}	sɤ^{43}	sɤ^{11}	ie^{43}
襄垣	sə^{33}	ie^{31}	tɕie^{42}	tɕʰie^{42}	ɕie^{42}	sə^{42}	sə^{42}	ʐə^{42}
黎城	ɕiɤ^{33}	iɤ^{33}	tɕiɤ^{213}	tɕʰiɤ^{213}	ɕiɤ^{213}	ɕiɤ^{213}	ɕiɤ^{53}	iɤ^{213}
平顺	ɕiɛ^{213}	iɛ^{13}	tɕiɛ^{434}	tɕʰiɛ^{434}	ɕiɛ^{13}	ɕiɛ^{434}	ɕiɛ^{434}	iɛ^{434}
壶关	ʃiᴇ^{33}	iᴇ^{13}	tsiᴇ^{535}	tsʰiᴇ^{535}	siᴇ^{535}	ʃiᴇ^{535}	ʃiᴇ^{353}	iᴇ^{535}
沁县	sɤ^{224}	iɛ^{33}	tɕiɛ^{214}	tɕʰiəʔ$^{\underline{31}}$	ɕiɛ^{214}	sɤ^{214}	ɕiɛ^{53}	iɛ^{214}
武乡	——	iɛ^{33}	tɕiɛ^{213}	——	ɕiɛ^{213}	——	——	——
沁源	ʂɨᴇ^{324}	ie^{33}	tɕie^{324}	tɕʰie^{324}	ɕie^{324}	ʂɨᴇ^{53}	ʂɨᴇ^{53}	ʐɨᴇ^{324}
安泽	sɤ^{21}	iɛ^{35}	tɕiɛ^{42}	tɕʰiɛ^{42}	ɕiɛ^{42}	səʔ$^{\underline{21}}$	sɤ^{53}	zɤ^{42}
沁水端氏	sɤ^{21}	ia^{21} 白 /iɛ^{24} 文	tɕia^{21} 白 / tɕiɛ^{31} 文	tɕʰia^{21}	ɕiɛ^{31}	sɤ^{31}	sɤ^{53}	zɤ^{31}
阳城	ʂʅə^{224}	iɛ^{51}	tɕiɛ^{212}/tɕiɛ^{51}	tɕʰiɛ^{212}	ɕiɛ^{212}	ʂə^{212}	ʂʅə^{51}	ʐʅə^{212}
高平	ʂʅɛ^{33}	iɑ^{33} 老 /iɛ^{33} 新	tɕiɑ^{212} 老 / tɕiɛ^{212} 新	tɕʰiɛ^{212}	ɕiɛ^{212}	ʂʅɛ^{212}	ʂʅɛ^{53}	ʐʅɛ^{212}
陵川	ɕie^{33}	ie^{53}	cie^{312} 白 / tɕie^{312} 文	tɕʰie^{312} 文	ɕie^{312}	ɕie^{312}	ɕie^{312}	ie^{312}
晋城	ʂɤ^{33}	iɛ^{53} 白 /iʌ^{213} 文	tɕiɛ^{213} 白 / tɕiʌ^{213} 文	tɕʰiɛ^{213}	ɕiɛ^{213}	ʂɤ^{213}	ʂɤ^{53}	ʐɤ^{213}

续表

字目	赊	爷	姐	且	写	舍~弃	社	惹
中古音 / 方言点	式车 假开三 平麻书	以遮 假开三 平麻以	兹野 假开三 上马精	七也 假开三 上马清	悉姐 假开三 上马心	书冶 假开三 上马书	常者 假开三 上马禅	人者 假开三 上马日
忻府	ʂɛ^{313}	iɛ^{21}	tɕiɛ^{313}	tɕʰiɛ^{313}	tɕiɛ^{313}	ʂɛ^{313}	ʂɛ^{53}	ʐɛ^{313}
原平	ʂɤ^{213}	iɤ^{33}	tɕiɤ^{213}	tɕʰiɤ^{213}	ɕiɤ^{213}	ʂɤ^{213}	ʂɤ^{53}	ʐɤ^{213}
定襄	ʂəʔ^{1}	ie^{11}	tɕie^{24}	tɕʰie^{24}	ɕie^{24}	sə^{24}	ʂə^{53}	ʐəʔ^{1}
五台	sʅɛ^{213}	iɛ^{33}	tɕiɛ^{213}	tɕʰiɛ^{213}	ɕiɛ^{213}	sʅɛ^{213}	sʅɛ^{52}	zʅɛ^{213}
岢岚	ʂɤ^{13}	ie^{44}	tɕie^{13}	tɕʰieʔ^{4}	ɕie^{13}	ʂɤ^{13}	ʂɤ^{52}	ʐɤ^{13}
五寨	sɤ^{13}	iæ^{44}	tɕiæ^{13}	tɕʰiæ^{13}	ɕiæ^{13}	sɤ^{13}	sɤ^{52}	zɤ^{13}
宁武	sɒ^{23}	ie^{33}	tɕie^{213}	tɕʰie^{213}	ɕie^{213}	sɒ^{52}	sɒ^{52}	zɒ^{213}
神池	sɤ^{24}	ie^{32}	tɕiɛ^{13}	tɕʰiɛ^{13}	ɕiɛ^{13}	sɤ^{24}	sɤ^{52}	zɤ^{13}
繁峙	sɤ^{53}	ie^{31}	tɕie^{53}	tɕʰiɛ^{53}	ɕie^{53}	sɤ^{53}	sɤ^{24}	ʐɤ^{53}
代县	sɤ^{213}	ie^{44}	tɕie^{213}	tɕʰie^{213}	ɕie^{213}	sɤ^{213}	sɤ^{53}	zɤ^{213}
河曲	tʂɤ^{213}	iɛ^{44}	tɕie^{213}	tɕie^{213}	ɕiɛ^{213}	ʂɤ^{52}	ʂɤ^{52}	ʐɤ^{213}
保德	ʂʅ^{213}	iɛ^{44}	tɕie^{213}	tɕʰiɛ^{213}	ɕiɛ^{213}	ʂʅ^{213}	ʂʅ^{52}	ʐɤ^{213}
偏关	ʂə^{24}	iᴇ^{44}	tɕiᴇ^{213}	tɕʰiᴇ^{213}	ɕiᴇ^{213}	ʂə^{213}	ʂə^{52}	ʐə^{213}
朔城	ʂə^{312}	ie^{35}	tɕie^{312}	tɕʰie^{312}	ɕie^{312}	ʂə^{312}	ʂə^{53}	ʐə^{312}
平鲁	sɤ^{44}	iᴇ^{44}	tɕiᴇ^{213}	tɕʰiᴇ^{213}	ɕiᴇ^{213}	sɤ^{213}	sɤ^{52}	zɤ^{213}
应县	sɤ^{43}	ie^{31}	tɕie^{54}	tɕʰie^{31}	ɕie^{54}	sɤ^{54}	sɤ^{24}	zɤ^{54}
灵丘	se^{442}	ie^{31}	tɕie^{442}	tɕʰie^{442}	ɕie^{442}	se^{442}	se^{53}	ze^{442}
浑源	sə^{22}	iɛ^{52}	tɕie^{52}	tɕʰie^{52}	ɕie^{52}	sə^{52}	sə^{13}	zə^{52}
云州	ʂɤ^{21}	iɛ^{312}	tɕie^{55}	tɕʰie^{55}	ɕie^{55}	ʂɤ^{55}	ʂɤ^{24}	ʐɤ^{24}
新荣	ʂɤ^{32}	iᴇ^{312}	tɕiᴇ^{54}	tɕʰiᴇ^{54}	ɕiᴇ^{54}	ʂɤ^{54}	ʂɤ^{24}	ʐɤ^{54}
怀仁	sɤ^{42}	iɛ^{312}	tɕie^{53}	tɕʰie^{53}	ɕie^{53}	sɤ^{53}	sɤ^{24}	zɤ^{53}
左云	sə^{31}	iɛ^{313}	tɕie^{54}	tɕʰie^{54}	ɕie^{54}	sə^{54}	sə^{24}	ʐə^{54}
右玉	ʂɤ^{31}	iɛ^{31}	tɕie^{53}	tɕʰie^{53}	ɕie^{53}	ʂɤ^{53}	ʂɤ^{53}	ʐɤ^{53}
阳高	sɤ^{31}	iɛ^{31}	tɕie^{53}	tɕʰie^{53}	ɕie^{53}	sɤ^{53}	sɤ^{24}	ʐɤ^{53}
山阴	ʂʅʌr^{313}	iᴇ^{313}	tɕiᴇ^{52}	tɕiᴇ^{52}	ɕiᴇ^{52}	ʂʅʌr^{52}	ʂʅʌr^{335}	ʐʅʌr^{52}
天镇	sɤ^{31}	iæ^{22}	tɕiæ^{55}	tɕʰiæ^{55}	ɕiɑʔ^{4}	sɤ^{55}	sɤ^{24}	zɤ^{55}
平定	ʂɤ^{31}	iᴇ^{44}/iəʔ^{4}	tɕiᴇ^{53}/tɕiəʔ^{4}	tɕʰiᴇ^{53}	ɕiᴇ^{53}	ʂɤ^{53}	ʂɤ^{24}	ʐɤ^{53}
昔阳	ʂə^{42}	iᴇ^{33}	tɕiᴇ^{55}	tɕʰiᴇ^{55}	ɕiᴇ^{55}	ʂə^{55}	ʂə^{13}	ʐə^{55}
左权	ʂɤ^{31}	i^{11}	tɕi^{42}	tɕʰi^{42}	ɕi^{42}	ʂɤ^{42}	ʂɤ^{53}	ʐəʔ^{1}
和顺	ʂɤ^{42}	i^{22}	tɕi^{53}	tɕʰi^{53}	ɕi^{53}	ʂɤ^{53}	ʂɤ^{13}	ʐɤ^{53}

续表

字目	赊	爷	姐	且	写	舍$_{\text{~弃}}$	社	惹
中古音 / 方言点	式车 假开三 平麻书	以遮 假开三 平麻以	兹野 假开三 上马精	七也 假开三 上马清	悉姐 假开三 上马心	书冶 假开三 上马书	常者 假开三 上马禅	人者 假开三 上马日
尧都	ʂɑ^{21} 白 /ʂɤ^{21} 文	iɑ^{24} 白 /iɛ^{24} 文	tɕiɑ^{53} 白 / tɕiɛ^{53} 文	tɕʰiɛ^{53}	ɕiɛ^{53}	ʂɤ^{21}	ʂɤ^{44}	ʐɤ^{21}
洪洞	ʂɑ^{21}	iɑ^{24} 白 /ie^{24} 文	tɕiɑ^{33} 白 / tɕie^{33} 文	tɕʰie^{21}	ɕiɑ^{42} 白 / ɕie^{42} 文	ʂɑ^{33}	ʂe^{53}	ʐɑ^{42} 白 /ʐe^{42} 文
洪洞$_{\text{赵城}}$	ʂɑ^{21}	iɑ^{24} 白 /iɛ^{24} 文	tɕiɑ^{42} 白 / tɕiɛ^{42} 文	tɕʰiɛ^{42}	ɕiɑ^{42} 白 / ɕiɛ^{42} 文	ʂɑ^{24}	ʂɑ^{24} 白 /ʂɤ^{53} 文	ʐɑ^{42}
古县	ʂɑ^{21}	iɑ^{35} 白 /iɛ^{35} 文	tɕiɑ^{42} 白 / tɕiɛ^{42} 文	tɕʰiɛ^{42}	ɕiɑ^{42} 白 / ɕiɛ^{42} 文	ʂɤ^{42}	ʂɑ^{53} 白 / ʂɤ^{53} 文 /ʂɛ^{53} 文	ʐɑ^{42} 白 /ʐɛ^{42} 文
襄汾	ʂa^{21}	ia^{24} 白 /ie^{24} 文	tɕie^{42}	tɕʰie^{53}	ɕia^{42} 白 / ɕie^{42} 文	ʂa^{42} 白 /ʂə^{42} 文	ʂa^{53} 白 /ʂə^{53} 文	ʐa^{42} 白 /ʐə^{42} 文
浮山	ʂa^{42}	ia^{13} 白 /iɛ^{13} 文	tɕia^{13}/ tɕiɛ^{33}	tɕʰiɛ^{53}	ɕia^{33}	ʂɤ^{33}	ʂɤ^{53}	ʐa^{33}
霍州	ʂa^{212}	ia^{35}	tɕia^{33} 白 / tɕie^{33} 文	tɕʰie^{33}	ɕia^{33} 白 / ɕie^{33} 文	ʂɤ^{33}	ʂɤ^{53}	ʐa^{33} 白
翼城	ʂᴀ^{53}	iᴇ^{12}	tɕiᴇ^{44}	tɕʰiᴇ^{44}	ɕiᴇ^{44}	ʂɤ^{44}	ʂɤ^{53}	ʐᴀ^{44}
闻喜	sɑ^{53}	iᴇ^{53}/iɑ^{13}	tɕiᴇ^{33}	tɕʰiᴇ^{33}	ɕiᴇ^{33}	siᴇ^{33}	siᴇ^{13}	zɑ^{33}
侯马	ʂɑ^{213}	iɑ^{213}	tɕiɛ^{44}	tɕʰiɛ^{44}	ɕiɛ^{44}	ʂɑ^{44} 白 / ʂiɛ^{44} 文	ʂiɛ^{53}	ʂɑ^{44}
新绛	ʂɑ^{44}	iɑ^{13}	tɕiɑ^{44}	tɕʰie^{53}	ɕie^{44}	ʂie^{44}	ʂie^{44}	ʐɑ^{53}
绛县	ʂɑ^{53}	iɑ^{24}	tɕiɑ^{33}	tɕiɑ^{31}	ɕiɛ^{33}	ʂɑ^{33}	ʂiɪ^{31} 白 / ʂɤ^{31} 文	ʐɑ^{33}
垣曲	ʂiɛ^{22}	ia^{22}	tɕia^{44}	tɕʰiɛ^{53}	ɕiɛ^{44}	ʂiɛ^{53}	ʂiɛ^{53}	ʐa^{44} 白 / ʐiɛ^{44} 文
夏县	ʂa^{53} 白	ia^{42} 白 /iɛ^{42} 文	tɕiɛ^{42}	tɕʰiɛ^{24}	ɕiɛ^{24}	ʂa^{24} 白 / ʂiɛ^{24} 文	ʂi^{31}	ʐa^{24} 白 / ʐiɛ^{24} 文
万荣	ʂiɛ^{51}	ia^{213}	tɕia^{55}	tɕʰiɛ^{55}	ɕiɛ^{55}	ʂɤ^{55}	ʂiɛ^{33}	ʐa^{55}
稷山	ʂɑ^{53}	iɑ^{13} 白 /iɛ^{13} 文	tɕiɑ^{44} 白 / tɕiɛ^{44} 文	tɕʰiɛ^{44}	ɕiɤ^{44} 白 / ɕiɛ^{44} 文	ʂɑ^{44}	ʂɤ^{44}	ʐɑ^{44}
盐湖	ʂa^{42} 白 /ʂɤ^{42} 文	ia^{13} 白 /iɛ^{13} 文	tɕiɛ^{53}	tɕʰiɛ^{53}	ɕiɛ^{53}	ʂa^{53} 白 / ʂɤ^{53} 文	ʂɤ^{44}	ʐa^{53} 白 / ʐɤ^{53} 文
临猗	ʂa^{42}	ia^{13} 白 /iɛ^{13} 文	tɕia^{53} 白 / tɕiɛ^{53} 文	tɕʰiɛ^{53}	ɕiɛ^{53}	ʂa^{53} 白 /sɤ^{53} 文	ʂɤ^{44}	ʐa^{53}
河津	ʂa^{31} 白 /ʂɤ^{31} 文	ia^{324} 白 /iɛ^{324} 文	tɕiɛ^{53}	tɕʰiɛ^{53}	ɕiɛ^{53}	ʂa^{53} 白 /ʂɤ^{53}	ʂɤ^{44}	ʐa^{53} 白 / ʐɤ^{53} 文
平陆	ʂa^{31}	ia^{13} 白 /iɛ^{13} 文	tɕiɛ^{55}	tɕʰiɛ^{33}	ɕiɛ^{55}	ʂa^{55}	ʂə^{33}	ʐa^{55} 白 /ʐə^{55} 文
永济	ʂʅe^{31}	ia^{24} 白 /ie^{24} 文	tɕie^{24}/ tɕie^{53}	tɕʰie^{53}	ɕie^{53}	ʂa^{53} 白 / ʂʅe^{53} 文 /ʂʅe^{44}	ʂa^{44} 白 / ʂʅe^{44} 文	ʐa^{53} 白 / ʐʅe^{53} 文

续表

字目	赊	爷	姐	且	写	舍~弃	社	惹
中古音 / 方言点	式车 假开三 平麻书	以遮 假开三 平麻以	兹野 假开三 上马精	七也 假开三 上马清	悉姐 假开三 上马心	书冶 假开三 上马书	常者 假开三 上马禅	人者 假开三 上马日
芮城	ʂa⁴²	ia¹³ 白 /iɛ¹³ 文	tɕiɛ⁵³	tɕʰiɛ⁵³	ɕiɛ⁵³	ʂa⁵³	ʂɤ⁴²	ʐa⁵³
吉县	ʂa⁵³	ia¹³ 白 / iɛ¹³ 文	tɕia⁵³ 白 / tɕiɛ⁵³ 文	tɕʰiɛ⁵³	ɕiɛ⁵³	ʂa³³	ʂɛ³³	ʐa⁵³
乡宁	ʂa⁵³	ia¹²	tɕia⁴⁴ 白 / tɕiᴇ⁴⁴ 文	tɕʰiᴇ⁴⁴	ɕiᴇ⁴⁴	ʂa²²	ʂɤ²²	ʐa⁴⁴
广灵	sɤ⁵³	iɤ³¹	tɕiɤ⁴⁴	tɕʰiɤ⁴⁴	ɕiɤ⁴⁴	sɤ⁴⁴	sɤ²¹³	zɤ⁴⁴

字目	也	野	借	泻	卸	谢	者	蔗
中古音 方言点	羊者 假开三 上马以	羊者 假开三 上马以	子夜 假开三 去祃精	司夜 假开三 去祃心	司夜 假开三 去祃心	辞夜 假开三 去祃邪	章也 假开三 上马章	之夜 假开三 去祃章
北京	ie^{214}	ie^{214}	tɕie^{51}	ɕie^{51}	ɕie^{51}	ɕie^{51}	tʂɤ^{214}	tʂɤ^{51}
小店	ie^{53}	ie^{53}	tɕie^{24}	ɕie^{24}	ɕie^{24}	ɕie^{24}	tsəɯ^{53}	tsaʔ$^{\underline{54}}$
尖草坪	ie^{312}	ie^{312}	tɕie^{35}	ɕie^{35}	ɕie^{35}	ɕie^{35}	tsɤɯ^{312}	tsɤɯ^{33}
晋源	ie^{42}	ie^{42}	tɕie^{35}	ɕie^{35}	ɕie^{35}	ɕie^{35}	tsɤ^{42}	tsɤ^{35}
阳曲	iɛ^{312}	iɛ^{312}	tɕiɛ^{454}	ɕiɛ^{454}	ɕiɛ^{454}	ɕiɛ^{454}	tsɤ^{312}	tsɤ^{454}
古交	iɪ^{312}	iɪ^{312}	tɕiɪ^{53}	ɕiɪ^{53}	ɕiɪ^{53}	ɕiɪ^{53}	tsɯ^{312}	tsɯ^{53}
清徐	iɛ^{54}	iɛ^{54}	tɕiɛ^{45}	ɕiɛ^{45}	ɕiɛ^{45}	ɕiɛ^{45}	tsɤɯ^{54}	tsɤɯ^{45}
娄烦	iɪ^{312}	iɪ^{312}	tɕiɪ^{54}	ɕiɪ^{54}	ɕiɪ^{54}	ɕiɪ^{54}	tsə^{312}	tsə^{54}
榆次	ie^{11}	ie^{53}	tɕie^{35}	ɕie^{35}	ɕie^{35}	ɕie^{35}	tsɯ^{53}	tsɯ^{11}
交城	iɛ^{53}	iɛ^{53}	tɕiɛ^{24}	ɕiɛ^{24}	ɕiɛ^{24}	ɕiɛ^{24}	tsɤɯ^{53}	tsəʔ^{1}
文水	i^{423}	i^{423}	tɕi^{35}	ɕi^{35}	ɕia^{35} 白 / ɕi^{35} 文	ɕi^{35}	tsɪi^{423}	tsəʔ^{2}
祁县	iɪ^{314}	iɪ^{314}	tɕiɪ^{45}	ɕiɪ^{45}	ɕiɪ^{45}	ɕiɪ^{45}	tʂɯ^{314}	tʂɯ^{45}
太谷	ie^{312}	ie^{312}	tɕie^{53}	ɕie^{53}	ɕie^{53}	ɕie^{53}	tse^{312}	tse^{53}
平遥	ie^{512}	ie^{512}	tɕie^{24}	ɕie^{512}	ɕie^{24}	ɕie^{24}	tʂei^{512}	tʂʌʔ$^{\underline{212}}$
孝义	ia^{312} 白 / iE^{312} 文	iE^{312}	tɕiE^{454}	ɕiE^{454}	ɕiE^{454}	ɕiE^{454}	tʂE^{312}	tʂE^{33}
介休	ia^{423} 白 / iE^{423} 文	iE^{423}	tɕiE^{45}	ɕiE^{45}	ɕiE^{45}	ɕiE^{45}	tʂiE^{423}	tʂʌʔ$^{\underline{12}}$
灵石	ie^{212}	ie^{212}	tɕiɛ^{53}	ɕiɛ^{53}	ɕiɛ^{53}	ɕiɛ^{53}	tʂɤ^{212}	tʂɤ^{53}
盂县	iɑ^{53}/iɛ^{22}	iɛ^{53}	tɕiɛ^{55}	ɕiɛ^{55}	ɕiɛ^{55}	ɕiɛ^{55}	tsʅE^{53}	tsʌʔ^{2}
寿阳	iɪ^{53}	iɪ^{53}	tɕiɪ^{45}	ɕiɪ^{45}	ɕiɪ^{45}	ɕiɪ^{45}	tsəɯ^{53}	tsəɯ^{45}
榆社	i^{312}	i^{312}	tɕi^{45}	ɕi^{45}	ɕi^{45}	ɕi^{45}	tsɤ^{312}	tsɤ^{22}
离石	ie^{312}	ie^{312}	tɕie^{53}	ɕie^{53}	ɕie^{53}	ɕie^{53}	tɕie^{312}	tsəʔ^{4}
汾阳	i^{312}	i^{312}	tɕi^{55}	ɕi^{55}	ɕi^{55}	ɕi^{55}	tʂəʔ$^{\underline{312}}$	tʂəʔ^{2}
中阳	iɑ^{423}	iɑ^{423}	tɕiɑ^{53}	ɕie^{53}	ɕie^{53}	ɕie^{53}	tsɤ^{423}	tsəʔ^{4}
柳林	iɑ^{312}	iɑ^{312}	tɕiɑ^{53}	ɕiɑ^{53}	ɕiɑ^{53}	ɕie^{53}	tsə^{312}	tsə^{312}
方山	ia^{312}	ia^{312}	tɕia^{52}	ɕiɛ^{52}	ɕia^{52}	ɕiɛ^{52}	tʂə^{312}	tʂəʔ^{4}
临县	ia^{312}	ia^{312}	tɕia^{52}	ɕie^{52}	ɕie^{52}	ɕie^{52}	tʂʅə^{312}	tʂɐʔ^{3}
兴县	iɛ^{324}	iɛ^{324}	tɕiɛ^{53}	ɕiɛ^{53}	ɕiɛ^{53}	ɕiɛ^{53}	tʂɤ^{324}	tʂɤ^{53}
岚县	ie^{312}	ie^{312}	tɕia^{53} 白 / tɕie^{53} 文	ɕie^{53}	ɕie^{53}	ɕie^{53}	tsie^{312}	tsie^{53}
静乐	ie^{314}	ie^{314}	tɕie^{53}	ɕie^{53}	ɕie^{53}	ɕie^{33}	tsɤɯ^{314}	tsɤɯ^{53}

续表

字目	也	野	借	泻	卸	谢	者	蔗
中古音 方言点	羊者 假开三 上马以	羊者 假开三 上马以	子夜 假开三 去祃精	司夜 假开三 去祃心	司夜 假开三 去祃心	辞夜 假开三 去祃邪	章也 假开三 上马章	之夜 假开三 去祃章
交口	ia^{323}	ia^{323}	tɕia^{53}	ɕiɛ^{53}	ɕia^{53}	ɕiɛ^{53}	tsə^{323}	tsə^{323}
石楼	ia^{213} 白 / iɛ^{213} 文	ia^{213} 白 / iɛ^{213} 文	tsɛi^{51} 白 / tɕiɛ^{51} 文	ɕiɛ^{51}	ɕiɛ^{51}	ɕiɛ^{51}	tʂə^{213}	tʂə^{213}
隰县	ia^{21} 白 /iɛ^{21} 文	iɛ^{21}	tɕiɛ^{44}	ɕiɛ^{44}	ɕiɛ^{44}	ɕiɛ^{44}	tsɤ^{21}	tsɤ^{44}
大宁	iɑ^{31} 白	iɑ^{31} 白 /ie^{31} 文	tɕiɑ^{55} 白 / tɕie^{55} 文	ɕie^{55}	ɕiɑ^{55} 白 / ɕie^{55} 文	ɕie^{55}	tʂɤ^{31} 文	tʂɤ^{31}
永和	ia^{312} 白 / ie^{312} 文	ia^{312} 白 / ie^{312} 文	tɕia^{53} 白 / tɕie^{53} 文	——	ɕia^{53} 白	ɕie^{53} 文	tʂʅə^{312} 文	tʂʅə^{35} 文
汾西	iɑ^{33} 白 /iɪ^{35} 文	iɑ^{33}	tɕiɑ^{55} 白 / tɕi^{55} 文	——	ɕiɑ^{55} 白 / ɕi^{53} 文	ɕiɑ^{53} 白 / ɕi^{53} 文 /ɕiɪ^{53} 文	tsɪ^{33}	tsɪ^{11}
蒲县	ia^{31}	ia^{33} 白 /iɛ^{31} 文	tɕia^{33}	ɕiɛ^{33}	ɕia^{33}	ɕiɛ^{33}	tʂɤ^{31}	tʂɤ^{52}
潞州	iɛ^{535}	iɛ^{535}	tɕiɛ^{44}	ɕiɛ^{44}	ɕiɛ^{44}	ɕiɛ^{54}	tsə^{535}	tsəʔ$^{\underline{53}}$
上党	ie^{535}	ie^{535}	tɕie^{22}	ɕie^{22}	ɕie^{22}	ɕie^{42}	tɕie^{535}	tɕie^{22}
长子	iɛ^{434}	iɛ^{434}	tɕiɛ^{422}	ɕiɛ^{53}	ɕiɛ^{422}	ɕiɛ^{53}	tsə^{434}	tsəʔ^{4}
屯留	ie^{43}	ie^{43}	tɕie^{53}	ɕie^{53}	ɕie^{53}	ɕie^{11}	tsəʔ^{1}	tsəʔ^{1}
襄垣	ie^{42}	ie^{42}	tɕie^{53}	ɕie^{53}	ɕie^{53}	ɕie^{45}	tsʌʔ^{3}	tsʌʔ^{3}
黎城	ia^{213}	iɤ^{213}	tɕiɤ^{53}	ɕiɤ^{53}	ɕiɤ^{53}	ɕiɤ^{53}	tɕia^{33}	tɕiɤ^{33}
平顺	iɛ^{434}	iɛ^{434}	tɕiɛ^{53}	ɕiɛ^{53}	ɕiɛ^{53}	ɕiɛ^{53}	tɕiɛ^{434}	tɕiɛ^{434}
壶关	iᴇ^{535}	iᴇ^{535}	tsiᴇ^{42}	siᴇ^{42}	siᴇ^{42}	siᴇ^{353}	tʃiᴇ^{535}	tʃiᴇ^{535}
沁县	iɛ^{214}	iɛ^{214}	tɕiɛ^{53}	ɕiɛ^{53}	ɕiɛ^{53}	ɕiɛ^{53}	tsəʔ$^{\underline{212}}$	tɕiɛ^{53}
武乡	iɛ^{213}	iɛ^{213}	tɕiɛ^{55}	ɕiɛ^{55}	ɕiɛ^{55}	ɕiɛ^{55}	——	——
沁源	ie^{324}	ie^{324}	tɕie^{53}	ɕie^{53}	ɕie^{53}	ɕie^{53}	tʂɨᴇ^{324}	tʂɨᴇ^{324}
安泽	iɛ^{42}	iɛ^{42}	tɕiɛ^{35}	ɕiɛ^{53}	ɕiɛ^{53}	ɕiɛ^{53}	tsɤ^{42}	tsəʔ$^{\underline{21}}$
沁水端氏	ia^{31} 白 /iɛ^{31} 文	iɛ^{21}	tɕiɛ^{53}	ɕiɛ^{53}	ɕiɛ^{53}	ɕiɛ^{53}	tsɤ^{31}	tsɤ^{21}
阳城	iɛ^{212}	iɛ^{212}	tɕiɛ^{51}	ɕiɛ^{51}	ɕiɛ^{51}	ɕiɛ^{51}	tʂʅə^{212}	tʂʅə^{212}
高平	iɑ^{212}	iɛ^{212}	tɕiɛ^{53}	ɕiɛ^{53}	ɕiɛ^{53}	ɕiɛ^{53}	tʂɛʔ^{2}	tʂɛʔ^{2}
陵川	ie^{312}	ie^{312}	tɕie^{24}	ɕie^{24}	ɕie^{24}	ɕie^{24}	tɕie^{312}	tɕie^{312}
晋城	iʌ^{213}	iʌ^{213}	tɕiɛ^{53}	ɕiɛ^{53}	ɕiɛ^{53}	ɕiɛ^{53}	tʂɤ^{213}	tʂɤ^{33}
忻府	iɛ^{313}	iɛ^{313}	tɕiɛ^{53}	ɕiɛ^{53}	ɕiɛ^{53}	ɕiɛ^{53}	tʂɛ^{313}	tʂɛ^{53}
原平	iɤ^{213}	iɤ^{213}	tɕiɤ^{53}	ɕiɤ^{53}	ɕiɤ^{53}	ɕiɤ^{53}	tʂɤ^{213}	——
定襄	ie^{24}	ie^{24}	tɕie^{53}	ɕie^{53}	ɕie^{53}	ɕie^{53}	tsa^{24}	tsa^{53}
五台	ia^{213}	iɛ^{213}	tɕiɛ^{52}	ɕiɛ^{52}	ɕiɛ^{52}	ɕiɛ^{52}	tʂʅɛ^{213}	tʂʅɛ^{52}
岢岚	iɛ^{13}	iɛ^{13}	tɕiɛ^{52}	ɕiɛ^{52}	ɕiɛ^{52}	ɕiɛ^{52}	tʂɤ^{13}	tʂɤ^{52}

续表

字目	也	野	借	泻	卸	谢	者	蔗
中古音 方言点	羊者 假开三 上马以	羊者 假开三 上马以	子夜 假开三 去祃精	司夜 假开三 去祃心	司夜 假开三 去祃心	辞夜 假开三 去祃邪	章也 假开三 上马章	之夜 假开三 去祃章
五寨	iæ^{13}	iæ^{13}	tɕiæ^{52}	ɕiæ^{52}	ɕiæ^{52}	ɕiæ^{52}	tsɤ^{13}	tsɤ^{52}
宁武	iɛ^{213}	iɛ^{213}	tɕiɛ^{52}	ɕiɛ^{52}	ɕiɛ^{52}	ɕiɛ^{52}	tsɒ^{213}	——
神池	iɛ^{13}	iɛ^{13}	tɕiɛ^{52}	ɕiɛ^{52}	ɕiɛ^{52}	ɕiɛ^{52}	tsɤ^{13}	tsɤ^{52}
繁峙	iɛ^{53}	iɛ^{53}	tɕiɛ^{24}	ɕiɛ^{24}	ɕiɛ^{24}	ɕiɛ^{24}	tsɤ^{53}	tsɤ^{24}
代县	ie^{213}	ie^{213}	tɕie^{53}	ɕie^{53}	ɕie^{53}	ɕie^{53}	tsɤ^{213}	tsɤ^{53}
河曲	iɛ^{213}	iɛ^{213}	tɕiɛ^{52}	ɕiɛ^{52}	ɕiɛ^{52}	ɕiɛ^{52}	——	tʂaʔ^{4}
保德	iɛ^{213}	iɛ^{213}	tɕiɛ^{52}	ɕiɛ^{52}	ɕiɛ^{52}	ɕiɛ^{52}	tʂɤ^{213}	tʂɤ^{44}
偏关	ia^{213}	iᴇ^{213}	tɕiᴇ^{52}	ɕiᴇ^{52}	ɕiᴇ^{52}	ɕiᴇ^{52}	tʂɤ^{213}	tʂɤ^{52}
朔城	iɛ^{312}	iɛ^{312}	tɕiɛ^{53}	ɕiɛ^{53}	ɕiɛ^{53}	ɕiɛ^{53}	tʂə^{312}	tʂə^{312}
平鲁	iᴇ^{213}	iᴇ^{213}	tɕiᴇ^{52}	ɕ^{h}iᴇ^{52}	ɕ^{h}iᴇ^{52}	ɕ^{h}iᴇ^{52}	tsɤ^{213}	tsɤ^{213}
应县	iɛ^{54}/iaʔ$^{\underline{43}}$	iɛ^{54}	tɕiɛ^{24}	ɕiɛ^{24}	ɕiɛ^{24}	ɕiɛ^{24}	tsɤ^{54}	tsaʔ$^{\underline{43}}$
灵丘	ie^{442}	ie^{442}	tɕie^{53}	ɕie^{53}	ɕie^{53}	ɕie^{53}	tse^{442}	tsᴀʔ^{5}
浑源	iᴀ^{52}	iɛ^{52}	tɕiɛ^{13}	ɕiɛ^{13}	ɕiɛ^{13}	ɕiɛ^{13}	tsə^{52}/tsəʔ^{4}	tsʌʔ^{4}
云州	iɛ^{55}	iɛ^{55}	tɕiɛ^{24}	ɕiɛ^{24}	ɕiɛ^{24}	ɕiɛ^{24}	tʂɤ^{55}	tʂɑʔ^{4}
新荣	iᴇ^{54}	iᴇ^{54}	tɕiᴇ^{24}	ɕiᴇ^{24}	ɕiᴇ^{24}	ɕiᴇ^{24}	tʂɤ^{312}	tʂaʔ^{4}/tʂɤ^{54}
怀仁	iɛ^{53}	iɛ^{53}	tɕiɛ^{24}	ɕiɛ^{24}	ɕiɛ^{24}	ɕiɛ^{24}	tsɤ^{53}	tsaʔ^{4}
左云	iɛ^{54}	iɛ^{54}	tɕiɛ^{24}	ɕiɛ^{24}	ɕiɛ^{24}	ɕiɛ^{24}	tsə^{54}	tsə^{31}
右玉	iɛ^{53}	iɛ^{53}	tɕiɛ^{24}	ɕiɛ^{24}	ɕiɛ^{24}	ɕiɛ^{24}	tʂɤ^{31}	tʂɤ^{31}
阳高	iɛ^{53}	iɛ^{53}	tɕiɛ^{24}	ɕiɛ^{24}	ɕiɛ^{24}	ɕiɛ^{53}/ɕiɛ^{24}	tsɤ^{31}	tsɑʔ^{3}
山阴	iᴇ^{52}	iᴇ^{52}	tɕiᴇ^{335}	ɕiᴇ^{335}	ɕiᴇ^{335}	ɕiᴇ^{335}	tʂʌr^{313}	tʂʌr^{313}
天镇	iæ^{55}	iæ^{55}	tɕiæ^{24}	ɕiɑʔ^{4}	ɕiɑʔ^{4}	ɕiɑʔ^{4}	tsɤ^{31}	tsɤ^{31}
平定	iᴇ^{53}	iᴇ^{53}	tɕiᴇ^{24}	ɕiᴇ^{24}	ɕiᴇ^{24}	ɕiᴇ^{24}	tʂɤ^{53}	tʂɤ^{24}
昔阳	iᴇ^{55}	iᴇ^{55}	tɕiᴇ^{13}	ɕiᴇ^{13}	ɕiᴇ^{13}	ɕiᴇ^{13}	tʂə^{55}	tʂə^{13}
左权	y^{42} 白 /i^{42} 文	i^{42}	tɕi^{53}	ɕi^{53}	ɕi^{53}	ɕi^{53}	tʂɤ^{42}	tʂɤ^{53}
和顺	iɑ^{53} 白 /i^{53} 文	i^{53}	tɕi^{13}	ɕi^{13}	ɕi^{13}	ɕi^{13}	tʂɤ^{53}	tʂɤ^{42}
尧都	iɑ^{53}	iɛ^{53}	tɕiɛ^{44}	ɕiɛ^{44}	ɕiɑ^{44}	ɕiɛ^{44}	tʂɤ^{53}	tʂɤ^{44}
洪洞	iɑ^{21} 白 /ie^{42} 文	iɑ 白 /ie^{42} 文	tɕiɑ^{33} 白 / tɕie^{33} 文	ɕie^{33}	ɕiɑ^{33} 白 / ɕie^{33} 文	ɕiɑ^{53} 白 / ɕie^{53} 文	tʂe^{21}	tʂe^{21}
洪洞赵城	iɑ^{42} 白 /iɛ^{42} 文	iɑ^{42} 白 /iɛ^{42} 文	tɕiɑ^{24} 白 / tɕiɛ^{24} 文	ɕiɑ^{24}	ɕiɑ^{24}	ɕiɑ^{24}	tʂɤ^{42}	tʂɤ^{21}
古县	iɑ^{42} 白 /iɛ^{42} 文	iɑ^{42} 白 /iɛ^{42} 文	tɕiɛ^{35}	ɕiɑ^{35}	ɕiɑ^{35} 白 / ɕiɛ^{53} 文	ɕiɑ^{53} 白 / ɕiɛ^{53} 文	tʂɤ^{42}	tʂɤ^{53}

续表

字目	也	野	借	泻	卸	谢	者	蔗
中古音 / 方言点	羊者 假开三 上马以	羊者 假开三 上马以	子夜 假开三 去祃精	司夜 假开三 去祃心	司夜 假开三 去祃心	辞夜 假开三 去祃邪	章也 假开三 上马章	之夜 假开三 去祃章
襄汾	ia^{42}白/ie^{42}文	ia^{42}白/ie^{42}文	tɕia^{44}白/ tɕie^{44}文	ɕie^{44}	ɕia^{44}	ɕie^{53}	tsə^{42}	tʂə^{21}
浮山	ia^{33}	ia^{33}	tɕia^{44}	ɕiɛ^{44}	ɕia^{44}	ɕiɛ^{53}	tʂɤ^{33}	tʂɤ^{44}
霍州	ia^{33}	ia^{33}	tɕia^{55}	ɕia^{55}	ɕia^{55}	ɕia^{55}	tʂɤ^{33}	tʂɤ^{33}
翼城	iA^{44}	iA^{44}白/iE^{44}文	tɕiA^{53}白/ tɕiE^{53}文	ɕiE^{53}	ɕiE^{53}	ɕiA^{53}	tʂɤ^{44}	tʂɤ^{53}
闻喜	iɑ^{33}白/iE^{33}文	iE^{33}	tɕiɑ^{53}白/ tɕiE^{53}文	ɕiE^{53}	ɕiɑ^{53}白/ ɕiE^{53}文	ɕiE^{13}	tsiE^{33}	——
侯马	iɑ^{44}	ȵiɑ^{44}白/ iɑ^{44}文	tɕiɛ^{53}	ɕiɛ^{53}	ɕiɛ^{53}	ɕiɛ^{53}	tʂiɛ^{44}白/ tʂɤ^{44}文	tʂiɛ^{53}
新绛	ie^{53}	iɑ^{13}	tɕiɑ^{53}	ɕie^{53}	ɕie^{53}	ɕie^{53}	tʂie^{53}	tʂie^{53}
绛县	iɑ^{31}	iɑ^{31}白	tɕiɑ^{31}白/ tɕiɛ^{31}文	ɕiɑ^{31}	ɕiɑ^{31}	ɕiɛ^{31}	tʂɤ^{33}	tʂɤ^{31}
垣曲	iɛ^{44}	ia^{44}	tɕiɛ^{53}	ɕiɛ^{53}	ɕiɛ^{53}	ɕiɛ^{53}	tʂɤ^{44}	tʂiɛ^{53}
夏县	ia^{42}白/iɛ^{42}文	ia^{24}白/iɛ^{42}文	tɕia^{31}白/ tɕiɛ^{31}文	ɕiɛ^{31}	ɕiɛ^{31}	ɕiɛ^{31}	tʂiɛ^{24}	tʂiɛ^{31}
万荣	ia^{55}	ia^{55}白/iɛ^{55}文	tɕia^{33}	ɕiɛ^{33}	ɕia^{33}	ɕiɛ^{33}/xa^{33}	tʂiɛ^{55}	tʂiɛ^{51}
稷山	iɑ^{44}	iɑ^{44}	tɕiɑ^{42}白/ tɕiɛ^{42}文	ɕiɛ^{42}	ɕiɑ^{42}白/ ɕiɛ^{42}文	ɕiɛ^{42}	tʂɤ^{53}	tʂɤ^{44}
盐湖	ia^{53}白/iɛ^{53}文	ia^{53}白/iɛ^{53}文	tɕia^{44}白/ tɕiɛ^{44}文	ɕiɛ^{44}	ɕia^{44}白/ ɕiɛ^{44}文	ɕiɛ^{44}	tʂɤ^{53}	tʂɤ^{44}
临猗	ia^{53}白/iɛ^{53}文	ia^{53}白/iɛ^{53}文	tɕia^{44}白/ tɕiɛ^{44}文	ɕiɛ^{44}	ɕia^{44}白/ ɕiɛ^{44}文	ɕiɛ^{44}	tʂɤ^{53}	tʂɤ^{44}
河津	ia^{53}白/iɛ^{53}文	ia^{53}白/iɛ^{53}文	tɕia^{44}白/ tɕiɛ^{44}文	ɕiɛ^{44}	ɕia^{44}白/ ɕiɛ^{44}文	ɕiɛ^{44}	tʂɤ^{53}	tʂɤ^{31}
平陆	ia^{55}白/iɛ^{55}文	ia^{55}白/iɛ^{55}文	tɕia^{33}	ɕiɛ^{33}	ɕia^{33}	ɕiɛ^{33}	tʂə^{55}	tʂə^{33}
永济	ia^{53}白/ie^{53}文	ia^{53}白/ie^{53}文	tɕia^{44}白/ tɕie^{44}文	ɕie^{44}	ɕie^{44}	ɕie^{44}	tʂʅe^{53}	tʂʅe^{44}
芮城	ia^{53}白/iɛ^{53}文	ia^{53}白/iɛ^{53}文	tɕia^{44}白/ tɕiɛ^{44}文	ɕiɛ^{42}	ɕia^{44}白/ ɕiɛ^{44}文	ɕiɛ^{44}	tʂɤ^{53}	tʂɤ^{42}
吉县	iɛ^{53}	ia^{53}白/iɛ^{53}文	tɕia^{33}白/ tɕiɛ^{33}文	ɕiɛ^{33}	ɕia^{33}	ɕiɛ^{33}	tsɛ^{53}	tsɛ^{13}
乡宁	ia^{44}	ia^{44}白/iE^{22}文	tɕia^{22}白/ tɕiE^{22}文	ɕia^{22}	ɕia^{22}	ɕiE^{22}	tʂɤ^{44}	tʂɤ^{53}
广灵	iɤ^{44}	iɤ^{44}	tɕiɤ^{213}	ɕiɤ^{213}	ɕiɤ^{213}	ɕiɤ^{213}	tsɤ^{213}	tsɤ^{44}

字目	扯	射	赦	舍宿~	夜	铺~设	蒲	脯胸~
中古音 / 方言点	昌者 假开三 上马昌	神夜 假开三 去祃船	始夜 假开三 去祃书	始夜 假开三 去祃书	羊谢 假开三 去祃以	普胡 遇合一 平模滂	薄胡 遇合一 平模並	薄胡 遇合一 平模並
北京	tʂʰɤ^{51}	ʂɤ^{51}	ʂɤ^{51}	ʂɤ^{51}	ie^{51}	pʰu^{55}	pʰu^{35}	pʰu^{35}
小店	tsʰəɯ^{53}/tsʰaʔ^{1}	saʔ^{1}	səɯ^{24}	səɯ^{24}	ie^{24}	pʰu^{11}	pʰu^{11}	pʰu^{11}
尖草坪	tsʰɤɯ^{312}	sɤɯ^{35}	sɤɯ^{35}	sɤɯ^{35}	ie^{35}	pʰu^{33}	pʰu^{33}	pʰu^{33}
晋源	tsʰɤ^{42}	sɤ^{35}	sɤ^{35}	sɤ^{35}	ie^{35}	pʰu^{11}	pu^{11}	pu^{11}
阳曲	tsʰɤ^{312}	sɤ^{454}	sɤ^{454}	sɤ^{454}	iɛ^{454}	pʰu^{312}	pʰu^{43}	pʰu^{43}
古交	tsʰɯ^{312}	sɯ^{53}	sɯ^{53}	sɯ^{53}	iɪ^{53}	pʰu^{44}	pʰu^{44}	pu^{44} 白 / pʰu^{44} 文
清徐	tsʰɤɯ^{54}	səʔ$^{\underline{54}}$ 白 / sɤɯ^{45} 文	sɤɯ^{45}	sɤɯ^{45}	ie^{45}	pʰu^{11}	pʰu^{11}	pu^{11} 白 / pʰu^{11} 文
娄烦	tsʰə^{312}	sə^{54}	sə^{54}	sə^{54}	iɪ^{54}	pʰu^{33}	pʰu^{33}	pʰu^{33}
榆次	tsʰɯ^{53}	sɯ^{35}	sɯ^{35}	sɯ^{35}	ie^{35}	pʰu^{11}	pʰu^{11}	pu^{11}
交城	tsʰɤɯ^{53}	səʔ^{53} 白 / sɤɯ^{24} 文	sɤɯ^{24}	sɤɯ^{24}	iɛ^{24}	pʰu^{11}	pu^{11}/pʰu^{11} 白	pu^{11} 白 / pʰu^{53} 文
文水	tsʰɪi^{423}	sɪi^{35}	sɪi^{35}	sɪi^{35}	i^{35}	pʰəɸ^{22}	pʰəɸ^{22}	pəɸ^{22} 白 / pʰəɸ^{22} 文
祁县	tʂʰɯ^{314}	ʂɯ^{45}	ʂɯ^{45}	ʂɯ^{45}	iɪ^{45}	puβ^{31}	puβ^{31}	puβ^{31} 白 / pʰuβ^{31} 文
太谷	tsʰe^{312}	se^{53}	se^{53}	se^{53}	ie^{53}	pʰu^{33}	pʰu^{33}	pu^{33} 白 / pʰu^{33} 文
平遥	tʂʅ^{512}	ʂɤ^{24}	ʂɤ^{512}	ʂɤ^{24}	iɛ^{24}	pʰu^{213}	pʰu^{512}	pʰu^{213}
孝义	tʂʰᴇ^{312}	ʂᴇ^{454}	ʂᴇ^{454}	ʂᴇ^{454}	iᴇ^{454}	pʰu^{33}	pʰu^{33}	pu^{33}
介休	tʂʰiᴇ^{423}	ʂiᴇ^{45}	ʂiᴇ^{45}	ʂiᴇ^{45}	iᴇ^{45}	pʰu^{13}	pʰu^{13}	pu^{13} 白 / pʰu^{13} 文
灵石	tʂʰɤ^{212}	ʂɤ^{53}	ʂɤ^{53}	ʂɤ^{53}	ie^{53}	pʰu^{535}	pʰu^{44}	pʰu^{44}
盂县	tsʰʅᴇ^{53}	sʅᴇ^{53}/səʔ$^{\underline{53}}$	sə^{53}	sʅᴇ^{53}	ie^{55}	pʰu^{412}	pʰu^{22}	pʰu^{22}
寿阳	tsʰəɯ^{53}	səɯ^{45}	saʔ^{2}	səɯ^{53}	iɛʔ^{2}	pʰu^{31}	pʰu^{22}	pʰu^{22}
榆社	tsɤ^{312}	tsɤ^{45}	tsɤ^{45}	tsɤ^{45}	i^{45}	pʰɣ̩^{22}	pʰɣ̩^{22}	pʰɣ̩^{22}
离石	tɕʰiɛ^{312}	ɕiɛ^{53}	səʔ^{4}	ɕiɛ^{312}	iɛ^{53}	pʰu^{24}	pʰu^{44}	pʰu^{44}
汾阳	tɕʰi^{312} 白 / tʂʰɯ^{312} 文	ɕi^{55} 白 / ʂɯ^{55} 文	ʂəʔ^{2}	ɕi^{55} 白 / ʂɯ^{55} 文	i^{55}	pʰəʊ^{324}	pʰəʊ^{22}	pʰəʊ^{22}
中阳	tsʰɑ^{423}	ʂɤ^{53}	səʔ^{4}	sɑ^{423}	iɑ^{53}	pʰu^{24}	pʰu^{33}	pʰu^{33}
柳林	tsʰɑ^{312}	sei^{53}	sɑ^{53}	sɤ^{312}	iɑ^{53}/ i^{53}	pʰu^{24}	pʰu^{44}	pʰu^{44}
方山	tʂʰa^{312}	ʂə^{52}	ʂə^{52}	ʂa^{52}	ia^{52}	pʰu^{24}	pʰu^{44}	pʰu^{44}
临县	tʂʰa^{312}	ʂʅə^{52}	ʂɐʔ^{3}	ʂa^{312}	ia^{52}	pʰu^{52}	pʰu^{33}	pʰu^{33}

续表

字目	扯	射	赦	舍宿～	夜	铺～设	蒲	脯胸～
中古音 / 方言点	昌者 假开三 上马昌	神夜 假开三 去祃船	始夜 假开三 去祃书	始夜 假开三 去祃书	羊谢 假开三 去祃以	普胡 遇合一 平模滂	薄胡 遇合一 平模並	薄胡 遇合一 平模並
兴县	——	sɤ^{53}/ʂəʔ^{5}	ʂəʔ^{5}	——	iɛ^{53}	pʰu^{324}	——	——
岚县	tsʰie^{312}/ tsʰie^{53}	sie^{53}	sie^{53}	sie^{312}	iɛ^{53}	pʰu^{214}	pʰu^{44}	pʰu^{44}
静乐	tsʰɤɯ^{314}	sɤɯ^{53}	sɤɯ^{53}	sɤɯ^{53}	ie^{53}	pʰu^{24}	pʰu^{33}	pʰu^{33}
交口	tsʰa^{323}	sə^{53}/səʔ$^{\underline{212}}$	——	səʔ^{4}	ia^{53}/ iɛ^{53}	pʰu^{323}	pʰu^{44}	pʰu^{44}
石楼	tʂʰa^{213} 白 / tʂʰə^{213} 文	ʂə^{51}	ʂəʔ^{4}	ʂəʔ^{4} 白 / ʂə^{213} 文	ia^{51}	pʰu^{213}	pʰu^{44}	pʰu^{213}
隰县	tsʰɤ^{21}	sɤ^{44}	sɤ^{44}	sɤ^{44}	iɛ^{44}	pʰu^{53}	pʰu^{24}	pʰu^{24}
大宁	tʂʰɑ^{31} 白 / tʂʰɤ^{31} 文	ʂəʔ^{4} 白 / ʂɤ^{55} 文	ʂɤ^{31}	ʂɑ^{31} 白 /ʂɤ^{31} 文	iɑ^{55} 白 /ie^{55} 文	pʰu^{55}	pʰu^{24}	pʰu^{24}
永和	tʂʰa^{312} 白 / tʂʰʅə^{312} 文	ʂʅə^{53} 文	ʂʅə^{53} 文	ʂa^{53} 白 / ʂʅə^{53} 文	ia^{53} 白 /ie^{53} 文	pʰu^{33}	pʰu^{33}	pʰu^{35}
汾西	tsʰɑ^{11} 白 / tsei^{33} 文 / tsʰəʔ^{3}	sei^{53} 白	sei^{33}	——	iɑ^{53} 白 /iɪ^{53} 文	pʰβ̍^{11}	pʰβ̍^{35}	pʰβ̍^{33}
蒲县	tʂʰa^{52} 白 / tʂʰɤ^{31} 文	ʂəʔ^{43}	ʂɤ^{52}	ʂɤ^{52}	ia^{33}	pʰu^{31}	pʰu^{31}	pʰu^{31}
潞州	tsʰə^{535}	sə^{54}	sə^{44}	sə^{44}	iɛ^{54}	pʰu^{312}	pʰu^{24}	pʰu^{24}
上党	tɕie^{535}	ɕie^{42}/ɕiəʔ$^{\underline{21}}$	ɕie^{22}	ɕie^{22}	ie^{42}	pʰu^{22}	pʰu^{44}	pʰu^{44}
长子	tsʰə^{434}	sə^{53}	sə^{53}	sə^{53}	iɛ^{53}	pʰu^{312}	pʰu^{24}	pʰu^{24}
屯留	tsʰɤ^{43}	sɤ^{11}	sɤ^{11}	sɤ^{11}	ie^{11}	pʰu^{31}	pʰu^{11}	pʰu^{11}
襄垣	tsʰə^{42}	sə^{45}	sə^{45}	sʌʔ$^{\underline{43}}$	ie^{45}	pʰu^{33}	pʰu^{31}	pʰu^{31}
黎城	tɕʰiɤ^{213}	ɕiɤ^{53}	ɕiʌʔ^{2}	ɕiɤ^{53}	iɤ^{53}	pʰu^{33}	pʰu^{33}	pʰu^{33}
平顺	tɕʰiɛ^{434}	ɕiɛ^{53}	ɕiɛ^{53}	ɕiɛ^{53}	iɛ^{53}	pʰu^{213}	pʰu^{434}	pʰu^{13}
壶关	tʃʰiᴇ^{535}	ʃiᴇ^{353}/ʃiəʔ$^{\underline{21}}$	ʃiᴇ^{42}	ʃiᴇ^{535}	iᴇ^{353}	pʰu^{33}	pʰu^{535}	pʰu^{13}
沁县	tsʰɤ^{214}	ɕie^{53}	sɤ^{53}	sɤ^{53}	iɛ^{53}	pʰu^{224}	pʰu^{33}	pʰu^{33}
武乡	tɕʰiɛ^{213}	ʂiɛ^{55}	——	——	iɛ^{55}	pʰu^{113}	——	pʰu^{33}
沁源	tʂʰiᴇ^{324}	ʂiᴇ^{53}	ʂiᴇ^{53}	ʂiᴇ^{53}	ie^{53}	pʰu^{324}	pʰu^{33}	pʰu^{33}
安泽	tsʰɤ^{42}	sɤ^{53}	sɤ^{53}	səʔ$^{\underline{21}}$	iɛ^{53}	pʰu^{21}	pʰu^{21}	pʰu^{42}
沁水端氏	tsʰɤ^{31}	sɤ^{53}	sɤ^{53}	sɤ^{53}	iɛ^{53}	pʰu^{21}	pʰu^{21}	pʰu^{24}
阳城	tʂʰʅə^{212}	ʂʅə^{51}	ʂəʔ^{2}	ʂə^{212}	iɛ^{51}	pʰu^{224}	pʰu^{22}	pʰu^{22}
高平	tʂʰʅɛ^{212}	ʂʅɛ^{53}	ʂʅɛ^{212}	ʂʅɛ^{53}	iɛ^{53}	pʰu^{33}	pʰu^{33}	pʰu^{33}
陵川	tɕʰie^{312}	ɕie^{24}	ɕie^{24}	ɕie^{24}	ie^{24}	pʰu^{33}	pʰu^{33}	pʰu^{53}

续表

字目	扯	射	赦	舍宿~	夜	铺~设	蒲	脯胸~
中古音 方言点	昌者 假开三 上马昌	神夜 假开三 去祃船	始夜 假开三 去祃书	始夜 假开三 去祃书	羊谢 假开三 去祃以	普胡 遇合一 平模滂	薄胡 遇合一 平模並	薄胡 遇合一 平模並
晋城	tʂʰɤ^{213}	ʂɤ^{53}	ʂəʔ^{2}	ʂɤ^{53}	iɛ^{53}	pʰu^{33}	pʰu^{324}	pʰu^{324}
忻府	tʂʰɛ^{313}	ʂɛ^{53}	ʂɛ^{53}	ʂɛ^{53}	iɛ^{53}	pʰu^{313}	pʰu^{21}	pʰu^{21}
原平	tʂʰɤ^{213}	ʂɤ^{53}	ʂɤ^{53}	ʂɤ^{213}	iɤ^{53}	pʰu^{213}	pʰu^{213}	pʰu^{33}
定襄	tʂʰə^{24}	ʂə^{53}	ʂəʔ^{1}	ʂəʔ^{1}	ie^{53}	pʰu^{24}	pʰu^{11}	pʰu^{11}
五台	tsʰɛ^{213}	sɿɛ^{52}	sɿɛ^{52}	sɿɛ^{52}	iɛ^{52}	pʰu^{213}	pʰu^{33}	pʰu^{33}
岢岚	tʂʰɤ^{13}	sɤ^{52}	sɤ^{52}	sɤ^{52}	iɛ^{52}	pʰu^{13}	pʰu^{44}	pʰu^{13}
五寨	tsʰɤ^{13}	sɤ^{52}	sɤ^{52}	sɤ^{13}	iæ^{52}	pʰu^{13}	pʰu^{13}	pʰu^{44}
宁武	tsʰɒ^{213}	sɒ^{52}	sᴀʔ^{4}	sᴀʔ^{4}	iɛ^{52}	pʰu^{23}	pʰu^{33}	pʰu^{33}
神池	tsʰɤ^{13}	sɤ^{52}	sɤ^{13}	sɤ^{52}	iɛ^{52}	pʰu^{24}	pʰu^{32}	pʰu^{32}
繁峙	tsʰɤ^{53}	sɤ^{24}	sɤ^{24}	sɤ^{24}	iɛ^{24}	pʰu^{53}	pʰu^{31}	pʰu^{31}
代县	tsʰɤ^{213}	sɤ^{53}	sɤ^{53}	sɤ^{53}	ie^{53}	pʰu^{213}	pʰu^{44}	pʰu^{44}
河曲	tʂɤ^{213}	ʂɤ^{52}	ʂɤ^{52}	ʂɤ^{52}	iɛ^{52}	pʰu^{213}	pʰu^{44}	pʰu^{44}
保德	tʂʰʅ^{213}	ʂʅ^{52}	ʂʅ^{52}	ʂɤ^{52}	iɛ^{52}	pʰu^{213}	pʰu^{44}	pʰu^{213}
偏关	tʂʰɤ^{213}	ʂɤ^{52}	ʂɤ^{52}	ʂɤ^{52}	i^{52} 白 /iᴇ^{52} 文	pʰu^{24}	pʰu^{44}	pʰu^{44}
朔城	tʂʰə^{312}	ʂə^{53}	ʂə^{53}	——	iɛ^{53}	pʰu^{312}	pʰu^{35}	pʰu^{312}/pʰu^{35}
平鲁	tsʰɤ^{44}	sɤ^{52}	sɤ^{52}	sɤ^{44}	iᴇ^{52}	pʰu^{213}	pʰu^{44}	pʰu^{44}
应县	tsʰɤ^{54}/tsʰaʔ$^{\underline{43}}$	sɤ^{24}	sɤ^{24}	sɤ^{24}	iɛ^{24}	pʰu^{43}	pʰu^{31}	pʰu^{31}
灵丘	tsʰe^{442}	se^{53}	se^{53}	se^{442}	ie^{53}	pʰu^{442}	pʰu^{31}	pʰu^{31}
浑源	tsʰə^{52}	sə^{13}	sə^{13}	sə^{52}	iɛ^{13}	pʰu^{52}	pʰu^{22}/pʰəʔ^{4}	pʰu^{22}
云州	tʂʰɤ^{55}	ʂɤ^{24}	ʂɤ^{24}	ʂɤ^{55}	iɛ^{24}	pʰu^{213}	pʰu^{312}	pʰu^{55}
新荣	tʂʰɤ^{54}	ʂɤ^{24}	ʂɤ^{24}	ʂɤ^{54}	iᴇ^{24}	pʰu^{32}	pʰu^{312}/ pʰu^{54}	pʰu^{312}
怀仁	tsʰɤ^{53}	sɤ^{24}	sɤ^{24}	sɤ^{53}	iɛ^{24}	pʰu^{42}	pʰu^{312}	pʰu^{312}
左云	tsʰə^{54}	ʂə^{24}	sə^{24}	sə^{24}	iɛ^{24}	pʰu^{31}	pʰu^{313}	pʰu^{313}
右玉	tʂʰɤ^{53}	ʂɤ^{24}	ʂɤ^{53}	ʂɤ^{53}	iɛ^{24}	pʰu^{31}	pʰu^{212}	pʰu^{212}/ fu^{53}
阳高	tsʰɤ^{53}/tsʰɑʔ^{3}	sɤ^{24}	sɤ^{24}	sɤ^{24}	iɛ^{24}	pʰu^{31}	pʰu^{24}	pʰu^{31}
山阴	tʂʰʅʌr^{52}	ʂʅʌr^{335}	ʂʅʌr^{335}	——	iᴇ^{335}	pʰu^{313}	pʰu^{313}	pʰu^{313}
天镇	tsʰɤ^{55}	sɤ^{24}	sɤ^{24}	sɤ^{55}	iæ^{24}	pʰu^{31}	pʰu^{22}	pʰu^{22}
平定	tʂʰɤ^{53}	ʂɤ^{24}	ʂaʔ^{4}	ʂɤ^{24}	iᴇ^{24}	pʰu^{31}	pʰu^{44}	pʰu^{44}
昔阳	tʂʰə^{55}	ʂə^{13}	ʂə^{13}	ʂə^{13}	iᴇ^{13}	pʰu^{42}	pʰu^{33}	pʰu^{33}
左权	tʂʰɤ^{42}	——	ʂɤ^{53}	ʂɤ^{53}	i^{53}	pʰu^{31}	pʰu^{11}	pʰu^{11}
和顺	tʂʰɤ^{53}	ʂɤ^{13}/ ʂəʔ$^{\underline{21}}$	ʂɤ^{13}	ʂɤ^{13}	i^{13}	pʰu^{42}	pʰu^{22}	pʰu^{22} /pʰu^{53}

续表

字目	扯	射	赦	舍宿~	夜	铺~设	蒲	脯胸~
中古音 / 方言点	昌者 假开三 上马昌	神夜 假开三 去祃船	始夜 假开三 去祃书	始夜 假开三 去祃书	羊谢 假开三 去祃以	普胡 遇合一 平模滂	薄胡 遇合一 平模並	薄胡 遇合一 平模並
尧都	tʂ^{h}ɑ^{53} 白 / tʂ^{h}ɤ^{53} 文	ʂɤ^{53}	ʂɤ^{44}	ʂɤ^{44}	iε^{44}	pu^{21}/pu^{44}	p^{h}u^{24}	p^{h}u^{21}
洪洞	tʂ^{h}e^{42} 文	ʂe^{42}	ʂe^{42}	ʂɑ^{42} 白 /ʂe^{42} 文	iɑ^{53} 白 /ie^{53} 文	p^{h}u^{21}	p^{h}u^{24}	p^{h}u^{42}
洪洞赵城	tʂ^{h}ɑ^{42}	ʂʅ^{24}	ʂɤ^{24}	——	iɑ^{53} 白 /iε^{53} 文	p^{h}u^{21}	p^{h}u^{4}	p^{h}u^{24}
古县	tʂ^{h}ɑ^{42} 白 / tʂ^{h}ɤ^{42} 文	ʂɤ^{53}	ʂε^{53}	ʂɑ^{35} 白 /ʂɤ^{42} 文	iɑ^{53} 白 /iε^{53} 文	p^{h}u^{21}	p^{h}u^{35}	p^{h}u^{35}/p^{h}u^{42}
襄汾	tʂ^{h}ə^{42}	ʂə^{44}	ʂə^{44}	ʂə^{44}	ia^{53} 白 /ie^{53} 文	p^{h}u^{21}	p^{h}u^{24}	p^{h}u^{24}/ p^{h}u^{42}
浮山	tʂ^{h}ɤ^{33}	ʂæ^{44} 白 / ʂɤ^{44} 文	ʂɤ^{53}	ʂɤ^{53}	ia^{53}	p^{h}u^{42}	p^{h}u^{13}	p^{h}u^{13}
霍州	tʂ^{h}a^{33}	ʂɤ^{53}	ʂɤ^{53}	ʂɤ^{55}	ia^{53}	p^{h}u^{212}	p^{h}u^{212}	p^{h}u^{212}
翼城	tʂ^{h}ɤ^{44}	sɤ^{53}	sɤ^{53}	sɤ^{53}	iᴇ^{53}	p^{h}u^{53}	p^{h}u^{12}	p^{h}u^{12}
闻喜	ts^{h}iᴇ^{33}	siᴇ^{53}	——	siᴇ^{53}	iᴇ^{53}/iɑ^{13}	p^{h}u^{53}	p^{h}u^{53}	p^{h}u^{13}
侯马	tʂ^{h}ɑ^{44} 白 / tʂ^{h}iε^{44} 文	ʂiε^{53}	ʂiε^{53}	ʂiε^{44}	iɑ^{53}	p^{h}u^{213}	p^{h}u^{213}	p^{h}u^{213}
新绛	tʂ^{h}ɑ^{13}	ʂie^{53}	ʂɤ^{44}	ʂɤ^{44}	iɑ^{53} 白 /ie^{53} 文	p^{h}u^{53}	p^{h}u^{13}	p^{h}u^{13}
绛县	tʂ^{h}ɑ^{33}	ʂei^{31}	ʂiɪ^{31}	ʂiɪ^{31} 白 / ʂɤ^{31} 文	iɑ^{31}	p^{h}u^{53}	p^{h}u^{24}	p^{h}u^{53}
垣曲	tʂ^{h}iε^{44}	ʂiε^{53}	ʂiε^{53}	ʂiε^{44}	ia^{53} 白 /iε^{53} 文	p^{h}u^{53}	p^{h}u^{22}	p^{h}u^{22}
夏县	tʂ^{h}a^{24} 白 / tʂ^{h}iε^{24} 文	ʂʅε^{31}	ʂʅε^{31}	ʂʅε^{31}	ia^{31} 白 /iε^{31} 文	p^{h}u^{53}	p^{h}u^{42}	p^{h}u^{42}
万荣	tʂ^{h}a^{55} 白 / tʂ^{h}iε^{55} 文	ʂiε^{55}	ʂiε^{51}	ʂiε^{55}	ia^{33}	p^{h}u^{51}	p^{h}u^{213}	p^{h}u^{213}
稷山	tʂ^{h}a^{44} 白 / tʂ^{h}ɤ^{44} 文	ʂiε^{42} 白 / ʂɤ^{42} 文	ʂɤ^{42}	ʂɤ^{42}	ia^{42} 白 /iε^{42} 文	p^{h}u^{53}	p^{h}u^{13}	p^{h}u^{13}
盐湖	tʂ^{h}a^{53} 白 / tʂ^{h}ɤ^{53} 文	ʂɤ^{44}	ʂɤ^{44}	ʂa^{53} 白 /ʂɤ^{44} 文	ia^{53} 白 /iε^{44} 文	p^{h}u^{42}	p^{h}u^{13}	p^{h}u^{13}
临猗	tʂ^{h}a^{53} 白 / tʂ^{h}ɤ^{53} 文	ʂɤ^{42}	ʂɤ^{42}	ʂɤ^{42}	ia^{44} 白 /iε^{44} 文	p^{h}u^{42}	p^{h}u^{13}	p^{h}u^{13}
河津	tʂ^{h}a^{53} 白 / tʂ^{h}ɤ^{53} 文	ʂɤ^{53}	ʂa^{53} 白 /ʂɤ^{53} 文	ʂɤ^{53}	ia^{44} 白 /iε^{44} 文	p^{h}u^{31}	p^{h}u^{324}	p^{h}u^{44}
平陆	tʂ^{h}a^{55}/tʂ^{h}ə^{55}	ʂə^{33}	ʂə^{33}	ʂə^{31}	ia^{33} 白 /iε^{33} 文	p^{h}u^{31}	p^{h}u^{13}	p^{h}u^{13}
永济	tʂ^{h}a^{53} 白 / tʂ^{h}ʅe^{53} 文	ʂʅə^{31} 白 / ʂʅe^{44} 文	ʂʅe^{44}	ʂa^{53} 白 / ʂʅe^{53} 文 /ʂʅe^{44}	ia^{44} 白 /ie^{44} 文	p^{h}u^{31}	p^{h}u^{31}	fu^{53} 白 / p^{h}u^{31} 文

续表

字目	扯	射	赦	舍宿~	夜	铺~设	蒲	脯胸~
中古音 / 方言点	昌者 假开三 上马昌	神夜 假开三 去祃船	始夜 假开三 去祃书	始夜 假开三 去祃书	羊谢 假开三 去祃以	普胡 遇合一 平模滂	薄胡 遇合一 平模並	薄胡 遇合一 平模並
芮城	tʂʰɤ⁵³	ʂɤ⁴²	——	ʂɤ⁴²	ia⁴⁴ 白 /iɛ⁴⁴ 文	pʰu⁴⁴/pʰu⁴²	pʰu¹³	pʰu¹³
吉县	tʂʰa⁵³ 白 / tsʰɐ⁵³ 文	ʂe³³	ʂe⁵³	ʂe³³	ia³³	pʰu⁴²³	pʰu¹³	pʰu⁵³
乡宁	tʂʰa⁴⁴ 白 / tʂʰɤ⁴⁴ 文	ʂɤ²²	ʂɤ²²	ʂa⁴⁴	ia²² 白 /iᴇ²² 文	pʰu⁵³	pʰu¹²	pʰu¹²
广灵	tsʰɤ⁴⁴	sɤ²¹³	sɤ²¹³	sɤ⁴⁴	iɤ²¹³	pʰu⁵³	pʰu³¹	pʰu³¹/fu⁴⁴

字目	匍	模	都	徒	途	涂~炭	图	屠
中古音 / 方言点	薄胡 遇合一 平模並	莫胡 遇合一 平模明	当孤 遇合一 平模端	同都 遇合一 平模定	同都 遇合一 平模定	同都 遇合一 平模定	同都 遇合一 平模定	同都 遇合一 平模定
北京	pʰu^{35}	mo^{35}mu^{35}	tu^{55}tou^{55}	tʰu^{35}	tʰu^{35}	tʰu^{35}	tʰu^{35}	tʰu^{35}
小店	pu^{11} 白 / tɔo^{11} 文	məɯ^{11}	tu^{11} 白 / təɯ^{11} 文	ɕi^{53}	tʰu^{11}	tʰu^{11}	tʰu^{11}	tʰu^{11}
尖草坪	pʰu^{33}	mu^{33}	tu^{33}	tʰu^{33}	tʰu^{33}	tʰu^{33}	tʰu^{33}	tʰu^{33}
晋源	pu^{11}	mu^{11}	tu^{11}	tʰu^{11}	tʰu^{11}	tʰu^{11}	tʰu^{11}	tʰu^{11}
阳曲	pʰu^{43}	mu^{43}	tu^{312}	tʰu^{43}	tʰu^{43}	tʰu^{43}	tʰu^{43}	tʰu^{43}
古交	pʰu^{44}	mu^{44}	tu^{44}	tʰu^{44}	tʰu^{44}	tʰu^{44}	tʰu^{44}	tʰu^{44}
清徐	pu^{11} 白 / pʰu^{11} 文	mu^{11}	tu^{11}	tʰu^{11}	tʰu^{11}	tʰu^{11}	tʰu^{11}	tʰu^{11}
娄烦	pʰu^{33}	mu^{33}	tu^{33}	tʰu^{33}	tʰu^{33}	tʰu^{33}	tʰu^{33}	tʰu^{33}
榆次	pu^{11}	mɯ^{11}	tu^{11}	tʰu^{11}	tʰu^{11}	tʰu^{11}	tʰu^{11}	tʰu^{11}
交城	pu^{11} 白 / pʰu^{11} 文	mu^{11}	tu^{11}	tʰu^{11}	tʰu^{11}	tʰu^{11}	tʰu^{11}	tʰu^{11}
文水	pəɸ^{22}	məɸ^{22}	təɸ^{22}/təɯ^{22}	tʰəɸ^{22}	tʰəɸ^{22}	tʰəɸ^{22}	tʰəɸ^{22}	tʰəɸ^{22}
祁县	puβ^{31} 白 / pʰuβ^{31} 文	muβ^{31}	tuβ^{31}	tʰuβ^{31}	tʰuβ^{31}	tʰuβ^{31}	tʰuβ^{31}	tʰuβ^{31}
太谷	pu^{33} 白 / pʰu^{33} 文	mu^{33}	tuo^{33}	tʰuo^{33}	tʰuo^{33}	tʰuo^{33}	tʰuo^{33}	tʰuo^{33}
平遥	pʰu^{213}	mu^{512}	tu^{213}/tei^{213}	tʰu^{213}	tʰu^{213}	tʰu^{213}	tʰu^{213}	tʰu^{213}
孝义	pu^{33}	mu^{33}	tu^{33}/tou^{33}	tʰu^{33}	tʰu^{33}	tʰu^{33}	tʰu^{33}	tʰu^{33}
介休	pu^{13}	mu^{13}	təu^{13}	tʰu^{13}	tʰu^{13}	tʰu^{13}	tʰu^{13}	tʰu^{13}
灵石	pʰu^{44}	mu^{44}	tu^{535}	tʰu^{44}	tʰu^{44}	tʰu^{44}	tʰu^{44}	tʰu^{44}
盂县	pʰu^{22}	mu^{22}	tu^{412}	tʰu^{22}	tʰu^{22}	tʰu^{22}	tʰu^{22}	tʰu^{22}
寿阳	pʰu^{22}	mu^{22}	tu^{31}	tʰu^{22}	tʰu^{22}	tʰu^{22}	tʰu^{22}	tʰu^{22}
榆社	pʰɣ^{22}	maʔ^{2}	tɣ^{22}	tʰu^{22}	tʰu^{22}	tʰu^{22}	tʰu^{22}	tʰu^{22}
离石	pʰu^{44}	mu^{44}	tu^{24}	tʰu^{44}	tʰu^{44}	tʰu^{44}	tʰu^{44}	tʰu^{44}
汾阳	pʰəʊ^{22}	məʊ^{22}	təʊ^{324}	tʰəʊ^{22}	tʰəʊ^{22}	tʰəʊ^{22}	tʰəʊ^{22}	tʰəʊ^{22}
中阳	pʰu^{33}	mu^{33}	tu^{24}	tʰu^{33}	tʰu^{33}	tʰu^{33}	tʰu^{33}	tʰu^{33}
柳林	pʰu^{44}	mu^{44}	tu^{24}	tʰu^{44}	tʰu^{44}	tʰu^{44}	tʰu^{44}	tʰu^{44}
方山	pʰu^{44}	mu^{44}	tu^{24}	tʰu^{44}	tʰu^{44}	tʰu^{44}	tʰu^{44}	tʰu^{44}
临县	pʰu^{33}	mu^{33}	tu^{24}	tʰu^{24}	tʰu^{24}	tʰu^{24}	tʰu^{24}	tʰu^{24}
兴县	pʰu^{33}	——	tu^{324}/tʰu^{324}	tʰu^{55}	tʰu^{55}	tʰu^{55}	tʰu^{55}	tʰu^{55}
岚县	pʰu^{44}	mu^{44}	tu^{214}	tʰu^{44}	tʰu^{44}	tʰu^{44}	tʰu^{44}	tʰu^{44}

续表

字目	匍	模	都	徒	途	涂~炭	图	屠
中古音 / 方言点	薄胡 遇合一 平模並	莫胡 遇合一 平模明	当孤 遇合一 平模端	同都 遇合一 平模定	同都 遇合一 平模定	同都 遇合一 平模定	同都 遇合一 平模定	同都 遇合一 平模定
静乐	p^{h}u^{33}	mu^{4}	tu^{24}	t^{h}u^{33}	t^{h}u^{33}	t^{h}u^{33}	t^{h}u^{33}	t^{h}u^{33}
交口	p^{h}u^{44}	mə^{44}	tu^{323}	t^{h}u^{44}	t^{h}u^{44}	t^{h}u^{44}	t^{h}u^{44}	t^{h}u^{44}
石楼	p^{h}u^{44}	mu^{44}	tu^{213}白 / tou^{213}文	t^{h}u^{44}	t^{h}u^{44}	t^{h}u^{44}	t^{h}u^{44}	t^{h}u^{44}
隰县	p^{h}u^{24}	mɤ^{24}	tou^{53}	t^{h}u^{24}	t^{h}u^{24}	t^{h}u^{24}	t^{h}u^{24}	t^{h}u^{24}
大宁	p^{h}u^{24}	muo^{24}	tu^{31}	t^{h}u^{24}	t^{h}u^{24}	t^{h}u^{24}	t^{h}u^{24}	t^{h}u^{24}
永和	p^{h}u^{35}	muɤ^{35}	tu^{33}/tu^{312}	t^{h}u^{35}	t^{h}u^{35}	t^{h}u^{35}	t^{h}u^{35}	t^{h}u^{35}
汾西	p^{h}β̍^{35}	mu^{35}/mβ̍^{35}	tβ̍^{11}/tou^{11}	t^{h}β̍^{35}	t^{h}β̍^{35}	t^{h}β̍^{35}	t^{h}β̍^{35}	t^{h}β̍^{35}
蒲县	p^{h}u^{33}	mo^{24}	tu^{52}	t^{h}u^{24}	t^{h}u^{24}	t^{h}u^{24}	t^{h}u^{24}	t^{h}u^{24}
潞州	p^{h}u^{24}	m^{24}白 / mə^{24}文	tu^{312}/təu^{312}	t^{h}u^{24}	t^{h}u^{24}	t^{h}u^{24}	t^{h}u^{24}	t^{h}u^{24}
上党	p^{h}u^{44}	mu^{44}	tu^{213}	t^{h}u^{44}	t^{h}u^{44}	t^{h}u^{44}	t^{h}u^{44}	t^{h}u^{44}
长子	p^{h}u^{24}	mə^{24}	tu^{312}/təu^{312}	t^{h}u^{24}	t^{h}u^{24}	t^{h}u^{24}	t^{h}u^{24}	t^{h}u^{24}
屯留	p^{h}u^{33}	muɤ^{11}	tu^{31}	t^{h}u^{11}	t^{h}u^{11}	t^{h}u^{31}	t^{h}u^{11}	t^{h}u^{11}
襄垣	——	m^{31}	təu^{33}/tu^{33}	t^{h}u^{31}	t^{h}u^{31}	t^{h}u^{31}	t^{h}u^{31}	t^{h}u^{31}
黎城	p^{h}u^{33}	muɤʔ$^{\underline{31}}$	tu^{33}/təu^{33}	t^{h}u^{53}	t^{h}u^{53}	t^{h}u^{53}	t^{h}u^{53}	t^{h}u^{53}
平顺	p^{h}u^{213}	mu^{13}	tu^{213}	t^{h}u^{213}	t^{h}u^{213}	t^{h}u^{213}	t^{h}u^{213}	t^{h}u^{213}
壶关	p^{h}u^{13}	mu^{13}	tu^{33}	t^{h}u^{13}	t^{h}u^{13}	t^{h}u^{13}	t^{h}u^{13}	t^{h}u^{13}
沁县	p^{h}u^{33}	mu^{33}	tu^{224}/təu^{224}	t^{h}u^{33}	t^{h}u^{33}	t^{h}u^{33}	t^{h}u^{33}	t^{h}u^{33}
武乡	p^{h}u^{33}	mu^{33}	tu^{113}/təu^{113}	t^{h}u^{33}	t^{h}u^{33}	t^{h}u^{33}	t^{h}u^{33}	t^{h}u^{33}
沁源	p^{h}u^{33}	mu^{33}	tu^{324}	t^{h}u^{33}	t^{h}u^{33}	t^{h}u^{33}	t^{h}u^{33}	t^{h}u^{33}
安泽	p^{h}u^{35}	mo^{35}	tu^{21}	t^{h}u^{35}	t^{h}u^{35}	t^{h}u^{35}/t^{h}uəʔ$^{\underline{21}}$	t^{h}u^{35}	t^{h}u^{35}
沁水端氏	p^{h}u^{24}	moŋ^{24}	tu^{21}/təu^{21}	t^{h}u^{24}	t^{h}u^{24}	t^{h}u^{24}	t^{h}u^{24}	t^{h}u^{24}
阳城	p^{h}u^{22}	muoŋ^{22}	tu^{224}	t^{h}u^{22}	t^{h}u^{22}	t^{h}u^{22}	t^{h}u^{22}	t^{h}u^{22}
高平	p^{h}u^{33}	m̩^{33}	tu^{33}/tʌu^{33}	t^{h}u^{33}	t^{h}u^{33}	t^{h}u^{33}	t^{h}u^{33}	t^{h}u^{33}
陵川	p^{h}u^{53}	mo^{53}	tu^{33}	t^{h}u^{53}	t^{h}u^{53}	t^{h}u^{53}	t^{h}u^{53}	t^{h}u^{53}
晋城	p^{h}u^{324}	muə^{324}	tu^{33}/tuəʔ^{2}	t^{h}u^{324}	t^{h}u^{324}	t^{h}u^{213}	t^{h}u^{324}	t^{h}u^{213}
忻府	p^{h}u^{21}	mu^{21}	tu^{313}	t^{h}u^{21}	t^{h}u^{31}	t^{h}u^{21}	t^{h}u^{21}	t^{h}u^{21}
原平	p^{h}u^{33}	mu^{33}	tu^{213}	t^{h}u^{33}	t^{h}u^{33}	t^{h}u^{33}	t^{h}u^{33}	t^{h}u^{33}
定襄	p^{h}u^{24}	muə^{24}	tu^{24}	t^{h}uəʔ^{3}	t^{h}u^{11}	t^{h}u^{11}	t^{h}u^{11}	t^{h}u^{11}
五台	p^{h}u^{33}	mu^{33}	tu^{213}	t^{h}u^{33}	t^{h}u^{33}	t^{h}u^{33}	t^{h}u^{33}	t^{h}u^{33}
岢岚	p^{h}u^{44}	mu^{44}	tu^{13}	t^{h}u^{44}	t^{h}u^{44}	t^{h}u^{44}	t^{h}u^{44}	t^{h}u^{44}

续表

字目	匍	模	都	徒	途	涂～炭	图	屠
中古音 / 方言点	薄胡 遇合一 平模並	莫胡 遇合一 平模明	当孤 遇合一 平模端	同都 遇合一 平模定	同都 遇合一 平模定	同都 遇合一 平模定	同都 遇合一 平模定	同都 遇合一 平模定
五寨	p^{h}u^{44}	mu^{44}	tu^{13}	t^{h}u^{44}	t^{h}u^{44}	t^{h}u^{44}	t^{h}u^{44}	t^{h}u^{44}
宁武	——	mu^{33}	tu^{23}	t^{h}u^{33}	t^{h}u^{33}	t^{h}u^{33}	t^{h}u^{33}	t^{h}u^{33}
神池	p^{h}u^{32}	mɔ^{32}	tu^{13}	t^{h}u^{32}	t^{h}u^{32}	t^{h}u^{32}	t^{h}u^{32}	t^{h}u^{32}
繁峙	p^{h}u^{31}	mɤ^{31}	təu^{53}/ tu^{53}	t^{h}u^{31}	t^{h}u^{31}	t^{h}u^{31}	t^{h}u^{31}	t^{h}u^{31}
代县	p^{h}u^{44}	mu^{44}	tu^{213}	t^{h}u^{44}	t^{h}u^{44}	t^{h}u^{44}	t^{h}u^{44}	t^{h}u^{44}
河曲	pu^{44}	mu^{44}	tu^{213}	t^{h}u^{213}	t^{h}u^{213}	t^{h}u^{213}	t^{h}u^{213}	t^{h}u^{213}
保德	p^{h}u^{44}	mu^{44}	tu^{213}	t^{h}u^{44}	t^{h}u^{44}	t^{h}u^{44}	t^{h}u^{44}	t^{h}u^{44}
偏关	p^{h}u^{44}	p^{h}u^{44}	tu^{24}	t^{h}u^{44}	t^{h}u^{44}	t^{h}u^{44}	t^{h}u^{44}	t^{h}u^{44}
朔城	——	muə^{35}/mu^{35}	tu^{312}	t^{h}u^{35}	t^{h}u^{35}	t^{h}u^{35}	t^{h}u^{35}	t^{h}u^{35}
平鲁	p^{h}u^{44}	mu^{44}/mʌʔ$^{\underline{34}}$	tu^{213}	t^{h}u^{44}	t^{h}u^{44}	t^{h}u^{44}/tuəʔ$^{\underline{34}}$	t^{h}u^{44}	t^{h}u^{44}
应县	p^{h}u^{31}	mu^{31}	tu^{43}	t^{h}u^{31}	t^{h}u^{31}	t^{h}u^{31}	t^{h}u^{31}	t^{h}u^{31}
灵丘	p^{h}u^{31}	mu^{31}	tu^{442}	t^{h}u^{31}	t^{h}u^{31}	t^{h}u^{31}	t^{h}u^{31}	t^{h}u^{31}
浑源	p^{h}u^{22}	mu^{22}	tu^{52}	t^{h}u^{22}	t^{h}u^{22}	t^{h}u^{22}	t^{h}u^{22}	t^{h}u^{22}
云州	p^{h}u^{312}	mo^{312}	tɤu^{21} 白/ tu^{21} 文	t^{h}u^{312}	t^{h}u^{312}	t^{h}u^{312}	t^{h}u^{312}	t^{h}u^{312}
新荣	p^{h}u^{312}	mu^{312}	tu^{32}	t^{h}u^{312}	t^{h}u^{312}	t^{h}u^{312}	t^{h}u^{312}	t^{h}u^{312}
怀仁	p^{h}u^{312}	mu^{312}	tu^{42}	t^{h}u^{312}	t^{h}u^{312}	t^{h}u^{312}	t^{h}u^{312}	t^{h}u^{312}
左云	p^{h}u^{313}	mu^{313}	təu^{31}/tu^{31}	t^{h}u^{313}	t^{h}u^{313}	t^{h}u^{313}	t^{h}u^{313}	t^{h}u^{313}
右玉	p^{h}u^{33}	mu^{212}	tu^{31}	t^{h}u^{212}	t^{h}u^{212}	t^{h}u^{212}	t^{h}u^{212}	t^{h}u^{212}
阳高	p^{h}u^{312}	mɤ^{31}	tu^{31}/tɤu^{31}	t^{h}u^{312}	t^{h}u^{312}	t^{h}u^{312}/tuəʔ^{3}	t^{h}u^{312}	t^{h}u^{312}
山阴	p^{h}u^{313}	mʌʔ^{4}/mu^{313}	tu^{313}	t^{h}u^{313}	t^{h}u^{313}	t^{h}u^{313}	t^{h}u^{313}	t^{h}u^{313}
天镇	——	mu^{22}	tu^{31}	t^{h}u^{22}	t^{h}u^{22}	t^{h}u^{22}	t^{h}u^{22}	t^{h}u^{22}
平定	p^{h}u^{44}	mu^{44}/mɤ^{44}	tu^{31}/tɤu^{31}	t^{h}u^{44}	t^{h}u^{44}	t^{h}u^{44}/tuəʔ^{4}	t^{h}u^{44}	t^{h}u^{44}
昔阳	p^{h}u^{33}	mu^{33}	tu^{42}	t^{h}u^{33}	t^{h}u^{33}	t^{h}u^{33}	t^{h}u^{33}	t^{h}u^{33}
左权	——	mu^{11}	tʌu^{31}/tu^{31}	t^{h}u^{11}	t^{h}u^{11}	t^{h}u^{11}	t^{h}u^{11}	t^{h}u^{11}
和顺	p^{h}u^{22}	mu^{22}	tu^{42}	t^{h}u^{22}	t^{h}u^{22}	t^{h}u^{22}	t^{h}u^{22}	t^{h}u^{22}
尧都	p^{h}u^{21}	mo^{24}	tou^{21}	t^{h}u^{24}	t^{h}u^{24}	t^{h}u^{24}	t^{h}u^{24}	t^{h}u^{24}
洪洞	pu^{21}	mo^{24}/mu^{24}	tu^{21}	t^{h}u^{24}	t^{h}u^{24}	t^{h}u^{24}	t^{h}u^{24}	t^{h}u^{24}
洪洞赵城	pu^{24}	mu^{24}	tou^{21}/ tu^{21}	t^{h}u^{24}	t^{h}u^{24}	ko^{24}	t^{h}u^{24}	t^{h}u^{24}
古县	pu^{35}	mu^{35}/mo^{35}	tu^{21}/tou^{21}	t^{h}u^{35}	t^{h}u^{35}	t^{h}u^{35}	t^{h}u^{35}	t^{h}u^{35}

续表

字目	匍	模	都	徒	途	涂~炭	图	屠
中古音 方言点	薄胡 遇合一 平模並	莫胡 遇合一 平模明	当孤 遇合一 平模端	同都 遇合一 平模定	同都 遇合一 平模定	同都 遇合一 平模定	同都 遇合一 平模定	同都 遇合一 平模定
襄汾	p^hu^{24}	mu^{24}	tu^{21}/ tou^{21}	t^hu^{24}	t^hu^{24}	t^hu^{24}	t^hu^{24}	t^hu^{24}
浮山	p^hu^{13}	mu^{13}	tu^{42}	t^hu^{13}	t^hu^{13}	t^hu^{13}	t^hu^{13}	t^hu^{13}
霍州	p^hu^{35}	$mu\text{ɤ}^{35}$	tu^{212}	t^hu^{35}	t^hu^{35}	t^hu^{35}	t^hu^{35}	t^hu^{35}
翼城	p^hu^{12}	mo^{12}	tu^{53}	t^hou^{12}	t^hou^{12}	t^hou^{12}	t^hou^{12}	t^hou^{12}
闻喜	p^hu^{13}	$m\text{ɤ}^{13}$/ mu^{53}	tu^{53}/$t\text{ɤ}u^{53}$	t^hu^{13}	t^hu^{13}	t^hu^{13}	t^hu^{13}	t^hu^{13}
侯马	p^hu^{213}	$m\text{ɤ}^{213}$	t^hu^{213} 白 / tu^{213} 文	t^hu^{213}	t^hu^{213}	t^hu^{213}	t^hu^{213}	t^hu^{213}
新绛	p^hu^{13}	mu^{53}/$m\text{ɤ}^{13}$	$t\text{ə}u^{53}$/tu^{53}	t^hu^{13}	t^hu^{13}	t^hu^{13}	t^hu^{13}	t^hu^{13}
绛县	p^hu^{24}	$m\text{ɤ}^{24}$/mu^{24}	tu^{53}	t^hu^{24}	t^hu^{24}	t^hu^{24}	t^hu^{24}/$t^h\text{ə}u^{24}$	t^hu^{24}
垣曲	pu^{22}	muo^{22}	tou^{22}	t^hou^{22}	t^hou^{22}	t^hou^{22}	t^hou^{22}	t^hou^{22}
夏县	pu^{42}/ 白 / p^hu^{42} 文	$m\text{ɤ}^{42}$	$t\text{ə}u^{53}$/tu^{53}	t^hu^{42}	t^hu^{42}	t^hu^{42}	t^hu^{42}	t^hu^{42}
万荣	p^hu^{33}	mu^{55}/$m\text{ɤ}^{213}$	tu^{51}/$t\text{ə}u^{51}$	t^hu^{213}	t^hu^{213}	t^hu^{213}	t^hu^{213}	t^hu^{213}
稷山	p^hu^{13}	$m\text{ɤ}^{13}$	$t\text{ə}u^{53}$	t^hu^{13}	t^hu^{13}	t^hu^{13}	t^hu^{13}	t^hu^{13}
盐湖	p^hu^{13}	mu^{13}/mu^{53}/ mo^{13} 新	tu^{42}/tou^{42}	t^hu^{13}	t^hu^{13}	t^hu^{13}	t^hu^{13}	t^hu^{13}
临猗	p^hu^{13}	mo^{13}	$t\text{ə}u^{42}$	t^hu^{13}	t^hu^{13}	t^hu^{13}	t^hu^{13}	t^hu^{13}
河津	p^hu^{324}	$m\text{ɤ}^{324}$/mu^{53}	tu^{31}/$t\text{ə}u^{324}$	t^hu^{324}	t^hu^{324}	t^hu^{324}	t^hu^{324}	t^hu^{324}
平陆	p^hu^{13}	$m\text{ə}^{13}$	$t\text{ə}u^{31}$	t^hu^{13}	t^hu^{13}	t^hu^{13}	t^hu^{13}	t^hu^{13}
永济	p^hu^{24}	muo^{31}/ muo^{24}	tu^{31}/ $t\text{ə}u^{31}$	t^hu^{24}	t^hu^{24}	t^hu^{31}	t^hu^{24}	t^hu^{24}
芮城	p^hu^{13}	$m\text{ɤ}^{13}$	$t\text{ə}u^{42}$	t^hu^{13}	t^hu^{13}	t^hu^{13}	t^hu^{13}	t^hu^{13}
吉县	p^hu^{13}	$m\text{ə}^{13}$ /mu^{33}	tu^{33}/$t\text{ə}u^{423}$	t^hu^{13}	t^hu^{13}	——	t^hu^{13}	t^hu^{13}
乡宁	p^hu^{12}	mu^{12}	tou^{53}	t^hu^{12}	t^hu^{12}	t^hu^{12}	t^hu^{12}	t^hu^{12}
广灵	p^hu^{31}	mu^{31}/mo^{31}	tu^{53}	t^hu^{31}	t^hu^{31}	t^hu^{31}	t^hu^{31}	t^hu^{31}

字目	奴	萝~卜	卢	炉	芦	租	粗	苏
中古音 / 方言点	乃都 遇合一 平模泥	鲁何 遇合一 平模来	落胡 遇合一 平模来	落胡 遇合一 平模来	落胡 遇合一 平模来	则吾 遇合一 平模精	仓胡 遇合一 平模清	素姑 遇合一 平模心
北京	nu^{35}	luo^{35}	lu^{35}	lu^{35}	lu^{35}	tsu^{55}	tsʰu^{55}	su^{55}
小店	nəɯ^{11}	ləɯ^{11}	ləɯ^{11}	ləɯ^{11}	ləɯ^{11}	tsu^{11}	tsʰu^{11}	su^{11}
尖草坪	nei^{33}	lɤɯ^{33} 白 / luɤɯ^{33} 文	lei^{33}	lei^{33}	lei^{33}	tsu^{33}	tsʰu^{33}	su^{33}
晋源	nɤu^{11}	lɤ^{11}	lɤu^{11}	lɤu^{11}	lɤu^{11}	tsu^{11}	tsʰu^{11}	su^{11}
阳曲	nei^{43}	lɤ^{43}	lei^{43}	lei^{43}	lei^{43}	tsu^{312}	tsʰu^{312}	su^{312}
古交	nu^{44} 白 / nei^{44} 文	lɯ^{44}	lei^{44}	lei^{44}	lei^{44}	tsu^{44}	tsʰu^{44}	su^{44}
清徐	nɐu^{11}	luɤɯ^{11}	lɐu^{11}	lɐu^{11}	lɐu^{11}	tsu^{11}	tsʰu^{11}	su^{11}
娄烦	nə^{33}	lə^{33}	lə^{33}	lə^{33}	lə^{33}	tsə^{33}	tsʰə^{33}	sə^{33}
榆次	nɯ^{11}	lɯ^{11}	lɯ^{11}	lɯ^{11}	lɯ^{11}	tsu^{11} 白	tsu^{53}/tsʰɯ^{11}	su^{11}
交城	nʌɯ^{11}	lɤɯ^{11}	lʌɯ^{11}	lʌɯ^{11}	lʌɯ^{11}	tsu^{11}/tsʌɯ^{11}	tsʰʌɯ^{11} 白 / tsʰu^{11} 文	sʌɯ^{11} 白 / su^{11} 文
文水	nəɯ^{22}	lɪi^{22}	ləɯ^{22}	ləɯ^{22}	ləɯ^{22}	tsəɸ^{22}	tsʰəɯ^{22} 白 / tsʰəɸ^{22} 文	səɸ^{22}
祁县	nɤu^{31}	lɯ^{31}	lɤu^{31}	lɤu^{31}	lɤu^{31}	tsuβ^{31}	tsʰuβ^{31}	suβ^{31}
太谷	nuo^{33}	lie^{33}	luo^{33}	luo^{33}	luo^{33}	tsuo^{33}	tsʰuo^{33}	suo^{33}
平遥	nəu^{213}	lei^{213} 白 / luə^{213} 文	ləu^{213}	ləu^{213}	ləu^{213}	tsəu^{213}	tsʰəu^{213}	səu^{213}
孝义	nou^{33}	lᴇ^{33}	lou^{33}	lou^{33}	lou^{33}	tsou^{33}	tsou^{33}	sou^{33}
介休	nəu^{13}	liᴇ^{13}	ləu^{13}	ləu^{13}	ləu^{13}	tsəu^{13}	tsʰəu^{13}	səu^{13}
灵石	nu^{44}	lei^{44}	lu^{44}	lu^{44}	lu^{44}	tsu^{535}	tsʰu^{535}	su^{535}
盂县	nəu^{22}	lɤo^{22}	ləu^{22}	ləu^{22}	ləu^{22}	tsu^{412}	tsʰu^{412}	su^{22}
寿阳	nəɯ^{22}	ləɯ^{22}	ləɯ^{22}	ləɯ^{22}	ləɯ^{22}	tsu^{31}	tsʰu^{31}	su^{31}
榆社	ny̩^{22}	——	ləu^{22}	ləu^{22}	ləu^{22}	tsy̩^{22}	tsʰy̩^{22}	sy̩^{22}
离石	nʌu^{44}	lɔ^{44}	lʌu^{44}	lʌu^{44}	lʌu^{44}	tsʌu^{24}	tsʰʌu^{24}	sʌu^{24}
汾阳	nou^{22}	lɯ^{22}	lou^{22}	lou^{22}	lou^{22}	tsou^{324}	tsʰou^{324}	sou^{324}
中阳	nʌ^{33}	lɒ^{33}	lʌ^{33}	lʌ^{33}	lʌ^{33}	tsʌ^{24}	tsʰʌ^{24}	sʌ^{24}
柳林	nə^{44}	lɔ^{44}	lə^{44}	lə^{44}	lə^{44}	tsə^{24}	tsʰə^{24}	sə^{24}
方山	nəɯ^{44}	luə^{44}	ləɯ^{44}	ləɯ^{44}	ləɯ^{44}	tsəɯ^{24}	tsʰəɯ^{24}	səɯ^{24}
临县	nu^{24}	lɒ^{24}	ləɯ^{33}	ləɯ^{33}	ləɯ^{33}	tsəɯ^{24}	tsʰəɯ^{24}	səɯ^{24}
兴县	nou^{55}	lɤ^{55}	——	lou^{55}	lou^{55}	tsou^{324}	tsʰou^{324}	sou^{324}
岚县	nɐu^{44}	lɤ^{44}	lɐu^{44}	lɐu^{44}	tsɐu^{214}	tsɐu^{214}	tsʰɐu^{214}	sɐu^{214}

续表

字目	奴	萝~卜	卢	炉	芦	租	粗	苏
中古音 / 方言点	乃都 遇合一 平模泥	鲁何 遇合一 平模来	落胡 遇合一 平模来	落胡 遇合一 平模来	落胡 遇合一 平模来	则吾 遇合一 平模精	仓胡 遇合一 平模清	素姑 遇合一 平模心
静乐	nɤɯ^{33}	lɤɯ^{33}	lɤɯ^{33}	lɤɯ^{33}	lɤɯ^{33}	tsɤɯ^{24}	ts^{h}ɤɯ^{24}	sɤɯ^{24}
交口	nou^{44}	lə^{44}	lou^{44}	lou^{44}	lou^{44}	tsou^{323}	ts^{h}ou^{323}	sou^{323}
石楼	nou^{44}	luə^{44}	lou^{44}	lou^{44}	lou^{44}	tsou^{213}	ts^{h}ou^{213}	sou^{213}
隰县	nou^{24}	luo^{24}	lou^{24}	lou^{24}	lou^{24}	tsou^{53}	ts^{h}ou^{53}	sou^{53}
大宁	nəu^{24}	luo^{24}	ləu^{24}	ləu^{24}	ləu^{24}	tsəu^{31}	ts^{h}əu^{31}	səu^{31}
永和	nɤu^{35} 白 / nu^{35} 文	luɤ^{35}	——	lɤu^{35} 白 / lu^{35} 文	lɤu^{35} 白 / lu^{35} 文	tsɤu^{33} 白 / tsu^{33} 文	ts^{h}ɤu^{33} 白 / ts^{h}u^{33} 文	sɤu^{33} 白 / su^{33} 文
汾西	nou^{35}	——	lou^{35}	lou^{35}	lou^{35}	tsou^{11}	ts^{h}ou^{11}	sou^{11}
蒲县	nou^{24} 白 / nu^{24} 文	luo^{24}	lou^{24}	lou^{24}	lou^{24}	tsou^{52}	ts^{h}ou^{52}	su^{52}
潞州	nu^{24}	luə^{24}	lu^{24}	lu^{24}	lu^{24}	tsu^{312}	ts^{h}u^{312}	su^{312}
上党	nu^{44}	luo^{44}	lu^{44}	lu^{44}	lu^{44}	tsu^{213}	ts^{h}u^{213}	su^{213}
长子	nu^{24}	luə^{24}	lu^{24}	lu^{24}	lu^{24}	tsu^{312}	ts^{h}u^{312}	su^{312}
屯留	nu^{11}	luɤ^{11}	lu^{11}	lu^{11}	lu^{11}	tsu^{31}	ts^{h}u^{31}	su^{31}
襄垣	nu^{31}	——	lu^{31}	lu^{31}	lu^{31}	tsu^{33}	ts^{h}u^{33}	su^{33}
黎城	nuəŋ^{53}	luɤ^{33}	lu^{53}	lu^{53}	lu^{53}	tsu^{33}	ts^{h}u^{33}	su^{33}
平顺	nu^{13}	luɤ^{13}	lu^{13}	lu^{13}	lu^{13}	tsu^{213}	tsu^{213}	su^{213}
壶关	nu^{13}	luə^{13}	lu^{13}	lu^{13}	lu^{13}	tʂu^{33}	tʂ^{h}uə^{33}	ʂu^{33}
沁县	nəu^{33}	luɤ^{33}	ləu^{33}	ləu^{33}	ləu^{33}/lu^{33}	tsu^{224}	ts^{h}u^{224}	su^{224}
武乡	nəu^{33}	luɤ^{33}	ləu^{33}	ləu^{33}	ləu^{33}	tsu^{113}	ts^{h}u^{113}	su^{113}
沁源	nei^{33}	lɨᴇ^{33}	lei^{33}	lei^{33}	lei^{33}	tsei^{324}	ts^{h}ei^{324}	sei^{324}
安泽	nəu^{35} 白 / nu^{35} 文	luo^{21}	ləu^{35} 白 / lu^{35} 文	ləu^{35} 白 / lu^{35} 文	ləu^{35} 白 / lu^{35} 文	tsəu^{21}/tsu^{21}	ts^{h}u^{21} 白	səu^{21} 白 / su^{21} 文
沁水端氏	noŋ^{24}	luɤ^{24}	lu^{24}	lu^{24}	lu^{24}	tsu^{21}	ts^{h}u^{21}	su^{21}
阳城	nuoŋ^{22}	luə^{22}	lu^{22}	lu^{22}	lu^{22}	tsu^{224}	ts^{h}u^{224}	su^{224}
高平	nuə̃ŋ^{33}	luɤ^{33}	lu^{33}	luəʔ^{2} 白 / lu^{33} 文	lu^{33}	tʂu^{33}	tʂ^{h}u^{33}	ʂu^{33}
陵川	nu^{53}	luɤ^{53}	lu^{53}	lu^{53}	lu^{53}	tʂu^{33}	tʂ^{h}u^{33}	ʂu^{33}
晋城	nũ^{324}	luə^{324}	lu^{324}	lu^{324}	lu^{324}	tʂu^{33}	tʂ^{h}u^{33}	ʂu^{33}
忻府	nəu^{21}	lɛ^{21}	ləu^{21}	ləu^{21}	ləu^{21}	tsu^{313}	ts^{h}u^{313}	su^{313}
原平	nɤɯ^{33}	lɤ^{33}	lɤɯ^{33}	lɤɯ^{33}	lɤɯ^{33}	tsu^{213}	ts^{h}u^{213}	su^{213}
定襄	nəu^{11}	luə^{11}	nəu^{11}	ləu^{11}	ləu^{11}	tsu^{24}	ts^{h}u^{24}	su^{24}

续表

字目	奴	萝~卜	卢	炉	芦	租	粗	苏
中古音 方言点	乃都 遇合一 平模泥	鲁何 遇合一 平模来	落胡 遇合一 平模来	落胡 遇合一 平模来	落胡 遇合一 平模来	则吾 遇合一 平模精	仓胡 遇合一 平模清	素姑 遇合一 平模心
五台	nei^{33}	lɔ^{33}	lei^{33}	lei^{33}	lei^{33}	tsu^{213}	tsʰu^{213}	su^{213}
岢岚	nəu^{44}	luɤ^{44}	ləu^{44}	ləu^{44}	ləu^{44}	tʂu^{13}	tsʰu^{13}	su^{13}
五寨	nəu^{44}	luo^{44}	ləu^{44}	ləu^{44}	ləu^{44}	tsu^{13}	tsʰu^{13}	su^{13}
宁武	nəu^{33}	luo^{33}	ləu^{33}	ləu^{33}	ləu^{33}/lu^{33}	tsu^{23}	tsʰu^{23}	su^{23}
神池	nu^{32}	luɔ^{32}	lu^{32}	lu^{32}	lu^{32}	tsu^{24}	tsu^{24}	su^{24}
繁峙	nu^{31}	luɤ^{31}	lu^{31}	lu^{31}	lu^{31}	tsu^{53}	tsʰu^{53}	su^{53}
代县	nu^{44}	luɤ^{44}	ləu^{44}	ləu^{44}	lu^{44}	tsu^{213}	tsʰu^{213}	su^{213}
河曲	nɤɯ^{44}	——	lɤɯ^{44}	lɤɯ^{44}	lɤɯ^{44}	tsu^{213}	tsʰu^{213}	su^{213}
保德	nʌu^{44}	lɤ^{44}	lʌu^{44}	lʌu^{44}	lʌu^{44}	tsu^{213}	tsʰu^{213}	su^{213}
偏关	nu^{44}	luə^{44}	lɤu^{44}	lɤu^{44}	lɤu^{44}	tsu^{24}	tsʰu^{24}	su^{24}
朔城	nu^{35}	——	ləu^{35}	ləu^{35}	ləu^{35}	tsu^{312}	tsʰu^{312}	su^{312}
平鲁	nu^{44}	luɤ^{44}	ləu^{44}	ləu^{44}	ləu^{44}	tsu^{213}	tsu^{213}	su^{213}
应县	nu^{31}	luɤ^{31}	ləu^{31}	ləu^{31}	lu^{31}/ləu^{31}	tsu^{43}	tsʰu^{43}	su^{43}
灵丘	nu^{31}	lue^{31}	lu^{31}	lu^{31}	lu^{31}	tsu^{442}	tsʰu^{442}	su^{442}
浑源	nu^{22}	luo^{22}	lu^{22}	liəu^{22}	lu^{22}	tsu^{52}	tsʰu^{52}	su^{52}
云州	nu^{312}	luɤ^{312}	lɤu^{312}	lɤu^{312}	lɤu^{312}	tsu^{21}	tsʰu^{21}	su^{21}
新荣	nu^{312}	luo^{312}	ləu^{312}	ləu^{312}	ləu^{312}	tsu^{32}	tsʰu^{32}	su^{32}
怀仁	nu^{312}	luɤ^{312}	lɤu^{312}	lɤu^{312}	lɤu^{312}	tsu^{42}	tsʰu^{42}	su^{42}
左云	nu^{313}	luo^{313}	ləu^{313}	ləu^{313}	lu^{313}	tsu^{31}	tsʰu^{31}	su^{31}
右玉	nu^{212}	luo^{212}	ləu^{212}	ləu^{212}	ləu^{212}	tsu^{212}	tsʰu^{31}	su^{31}
阳高	nu^{312}	luɤ^{312}	lɤu^{312}	lɤu^{312}	lɤu^{312}	tsu^{31}	tsʰu^{31}	su^{31}
山阴	nu^{313}	——	ləu^{313}	ləu^{313}	ləu^{313}	tsu^{313}	tsʰu^{313}	su^{313}
天镇	nu^{22}	luɤ^{22}	lɤu^{22}	lɤu^{22}	lɤu^{22}	tsu^{31}	tsʰu^{31}	su^{31}
平定	nu^{44}	——	lu^{44}	lɤu^{44}	lu^{44}	tsu^{31}	tsʰu^{31}	su^{31}
昔阳	nu^{33}	luə^{33}	lu^{33}	lu^{33}	lu^{33}	tsu^{42}	tsʰu^{42}	su^{42}
左权	nu^{11}	lu^{11}	lu^{11}	lu^{11}	lu^{11}	tʂu^{31}	tsʰu^{31}	su^{31}
和顺	nu^{22}	luɤ^{42}	lu^{22}	lu^{22}	lu^{22}	tsu^{42}	tsʰu^{42}	su^{42}
尧都	nou^{24}	luo^{24}	lou^{24}	lou^{24}	lou^{24}	tsou^{21}	tsʰou^{21}	sou^{21}
洪洞	nou^{24}	lo^{24}	lou^{24}	lou^{24}	lou^{24}	tsou^{21}	tsʰou^{21}	sou^{21}
洪洞赵城	nou^{21}	lo^{24}	lou^{24}	lou^{24}	lou^{24}	tsou^{21}	tsʰou^{42}	sou^{21}
古县	nəu^{35}	luo^{35}	ləu^{35}	ləu^{35}	ləu^{35}	tsəu^{21}	tsʰəu^{21}	səu^{21}

续表

字目	奴	萝~卜	卢	炉	芦	租	粗	苏
中古音／方言点	乃都 遇合一 平模泥	鲁何 遇合一 平模来	落胡 遇合一 平模来	落胡 遇合一 平模来	落胡 遇合一 平模来	则吾 遇合一 平模精	仓胡 遇合一 平模清	素姑 遇合一 平模心
襄汾	nou^{24}	luɔ^{24}	lou^{24}	lou^{24}	lou^{24}	tsou^{21}	ts^{h}ou^{21}	sou^{21}
浮山	nou^{13}	luo^{13}	lou^{13}	lou^{13}	lou^{13}	tsou^{42}	ts^{h}u^{42}	sou^{42}
霍州	ləu^{35} 老 / lu^{35} 新	luɤ^{35}	ləu^{35} 老 / lu^{35} 新	ləu^{35}	lu^{212}	tsəu^{212} 老 / tsu^{212} 新	ts^{h}əu^{212} 老 / ts^{h}u^{212} 新	səu^{212} 老 / su^{212} 新
翼城	nou^{12}	luɤ^{12}	lou^{12}	lou^{12}	lou^{12}	tsou^{53}	ts^{h}ou^{53}	sou^{53}
闻喜	lɤu^{13}	——	lɤu^{13}	lɤu^{13}	——	tsɤu^{53}	ts^{h}ɤu^{53}	sɤu^{53}
侯马	nu^{213}	luɤ^{213}	lou^{213}	lou^{213}	lou^{213}	tsou^{213}	tsou^{213}	sou^{213}
新绛	nəu^{13}	lɤ^{13}	ləu^{13}	ləu^{13}	ləu^{13}	tsəu^{53}	ts^{h}əu^{53}	səu^{53}
绛县	nəu^{24}	lɤ^{24}	ləu^{24}	ləu^{24}	ləu^{24}	tsəu^{53}	tsu^{24}/ts^{h}əu^{53}	su^{53}
垣曲	nou^{22}	lɤ^{22}	lou^{22}	lou^{22}	lou^{22}	tsou^{53}	ts^{h}ou^{53}	sou^{53}
夏县	ləu^{42}	luɤ^{42}	ləu^{42}	ləu^{42}	ləu^{42}	tsəu^{53}	ts^{h}əu^{53}	səu^{53}
万荣	nəu^{213}	luɤ^{213}	ləu^{213}	ləu^{213}	ləu^{213}	tsəu^{51}	ts^{h}əu^{51}	səu^{51}
稷山	nəu^{13} 白 / nu^{13} 文	luɤ^{13}	ləu^{13} 白 / lu^{13} 文	ləu^{13} 白 / lu^{13} 文	ləu^{13} 白 / lu^{13} 文	tsəu^{53} 白 / tsu^{53} 文	ts^{h}əu^{53}	səu^{53}
盐湖	lou^{13}	luo^{13}	lou^{13}	lou^{13}	lou^{13}	tsou^{42}	ts^{h}ou^{42}	sou^{42}
临猗	ləu^{13}	luo^{13}	ləu^{13}	ləu^{13}	ləu^{13}	tsəu^{42}	ts^{h}əu^{42}	səu^{42}
河津	nəu^{324}	luɤ^{324}	ləu^{324}	ləu^{324}	ləu^{324}	tsəu^{31}	ts^{h}əu^{31}	səu^{31}
平陆	ləu^{13}	luə^{13}	ləu^{13}	ləu^{13}	ləu^{13}	tsəu^{31}	ts^{h}əu^{31}	səu^{31}
永济	nəu^{24}	luo^{24}	ləu^{24}	ləu^{24}	ləu^{24}	tsəu^{31}	ts^{h}əu^{31}	səu^{31}
芮城	ləu^{13}	luo^{13}	ləu^{13}	ləu^{13}	ləu^{13}	tsəu^{42}	ts^{h}əu^{42}	səu^{42}
吉县	nəu^{13}	luə^{13}	ləu^{13}	ləu^{13}	lu^{13}	tsəu^{423}	ts^{h}əu^{423}	səu^{423}
乡宁	nou^{12}	luɤ^{12}	lou^{12}	lou^{12}	lou^{12}	tsou^{53}	ts^{h}ou^{53}	sou^{53}
广灵	nu^{31}	luo^{31}	lu^{31}	lɤu^{31}	lu^{31}	tsu^{53}	ts^{h}u^{53}	su^{53}

字目	酥	姑	孤	箍	辜	枯	吴	梧
中古音／方言点	素姑 遇合一 平模心	古胡 遇合一 平模见	古胡 遇合一 平模见	古胡 遇合一 平模见	古胡 遇合一 平模见	苦胡 遇合一 平模溪	五乎 遇合一 平模疑	五乎 遇合一 平模疑
北京	su^{55}	ku^{55}	ku^{55}	ku^{55}	ku^{55}	kʰu^{55}	u^{35}	u^{35}
小店	su^{11}	ku^{11}	ku^{11}	ku^{11}	ku^{11}	kʰu^{11}	vu^{11}	vu^{11}
尖草坪	su^{33}	ku^{33}	ku^{33}	ku^{33}	ku^{33}	kʰu^{33}	u^{33}	u^{33}
晋源	fu^{11} 白 /su^{11} 文	ku^{11}	ku^{11}	ku^{11}	ku^{11}	kʰu^{11}	vu^{11}	vu^{11}
阳曲	su^{312}	ku^{312}	ku^{312}	ku^{312}	ku^{312}	kʰu^{312}	u^{43}	u^{43}
古交	su^{44}	ku^{44}	ku^{44}	ku^{44}	ku^{44}	kʰu^{44}	u^{44}	u^{44}
清徐	su^{11}	ku^{11}	ku^{11}	ku^{11}	ku^{11}	kʰu^{11}	vu^{11}	vu^{11}
娄烦	sə^{33}	ku^{33}	ku^{33}	ku^{33}	ku^{33}	kʰu^{33}	vu^{33}	vu^{33}
榆次	su^{11}	ku^{11}	ku^{11}	ku^{11}	ku^{11}	kʰu^{11}	vu^{11}	vu^{11}
交城	su^{11}/sʌɯ^{11}	ku^{11}	ku^{11}	kuəʔ^{1}	ku^{11}	kʰu^{11}	u^{11}	u^{11}
文水	səɯ^{22} 白 / səɸ^{22} 文	kəɸ^{22}	kəɸ^{22}	kəɸ^{22}	kəɸ^{22}	kʰəɸ^{22}	əɸ^{22}	əɸ^{22}
祁县	suβ^{31}	kuβ^{31}	kuβ^{31}	kuβ^{31}	kuβ^{31}	kʰuβ^{31}	uβ^{31}	uβ^{31}
太谷	suo^{33}	ku^{33}	ku^{33}	ku^{33}	ku^{33}	kʰu^{33}	vu^{33}	vu^{33}
平遥	səu^{213}	ku^{213}	ku^{213}	ku^{512}	ku^{512}	kʰu^{213}	u^{213}	u^{213}
孝义	sou^{33}	ku^{33}	ku^{33}	ku^{33}	ku^{33}	kʰu^{33}	u^{33}	u^{33}
介休	səu^{13}	ku^{13}	ku^{13}	ku^{13}	ku^{13}	kʰu^{13}	u^{13}	u^{13}
灵石	su^{535}	ku^{535}	ku^{535}	ku^{535}	ku^{535}	kʰu^{535}	u^{44}	u^{44}
盂县	su^{22}	ku^{412}	ku^{412}	kuəʔ^{2}	ku^{412}	kʰu^{412}	u^{22}	u^{22}
寿阳	su^{31}	ku^{31}	ku^{31}	ku^{31}	ku^{31}	kʰu^{31}	u^{22}	u^{22}
榆社	sy̩^{22}	ky̩^{22}	ky̩^{22}	ky̩^{22}	ky̩^{22}	kʰy̩^{22}	y̩^{22}	y̩^{22}
离石	sʌu^{24}	ku^{24}	ku^{24}	ku^{24}	ku^{24}	kʰu^{24}	u^{44}	u^{24}
汾阳	sou^{324}	kəʊ^{324}	kəʊ^{324}	kəʊ^{324}	kəʊ^{324}	kʰəʊ^{324}	əʊ^{22}	əʊ^{22}
中阳	sʌ^{24}	ku^{24}	ku^{24}	ku^{24}	ku^{24}	kʰu^{24}	u^{33}	u^{24}
柳林	sə^{24}	ku^{24}	ku^{24}	ku^{24}	ku^{24}	kʰu^{24}	u^{44}	u^{44}
方山	səɯ^{24}	ku^{44}	ku^{24}	ku^{24}	ku^{24}	kʰu^{24}	u^{44}	u^{44}
临县	səɯ^{24}	ku^{33}	ku^{24}	ku^{24}	ku^{24}	kʰuɐʔ^{3}	u^{33}	u^{33}
兴县	sou^{324}	ku^{324}	ku^{324}	ku^{324}	——	kʰu^{324}	u^{55}	u^{55}
岚县	sɐu^{214}	ku^{214}	ku^{214}	ku^{214}	ku^{214}	kʰu^{214}	u^{44}	u^{44}
静乐	sɤɯ^{24}	ku^{24}	ku^{24}	ku^{24}	ku^{24}	kʰu^{24}	vu^{24}	vu^{24}
交口	sou^{323}	ku^{323}	ku^{323}	ku^{323}	ku^{323}	kʰu^{323}	u^{44}	u^{44}
石楼	sou^{213}	ku^{213}	ku^{213}	ku^{213}	ku^{213}	kʰu^{213}	u^{44}	u^{44}

续表

字目	酥	姑	孤	箍	辜	枯	吴	梧
中古音 方言点	素姑 遇合一 平模心	古胡 遇合一 平模见	古胡 遇合一 平模见	古胡 遇合一 平模见	古胡 遇合一 平模见	苦胡 遇合一 平模溪	五乎 遇合一 平模疑	五乎 遇合一 平模疑
隰县	sou^{53}	ku^{53}	ku^{53}	ku^{53}	ku^{53}	kʰu^{53}	u^{24}	u^{24}
大宁	səu^{31}	ku^{31}	ku^{31}	ku^{31}	ku^{31}	kʰu^{31}	u^{24}	u^{24}
永和	sɤu^{33}白 / su^{33}文	ku^{33}	ku^{33}	ku^{33}	ku^{33}	ku^{35}/kʰu^{33}	u^{35}	u^{35}
汾西	sou^{11}	kβ̍^{11}	kβ̍^{11}	kβ̍^{11}	kβ̍^{11}	kʰβ̍^{11}	β̍^{35}	β̍^{35}
蒲县	sou^{52}	ku^{52}	ku^{52}	ku^{33}	ku^{52}	kʰu^{52}	u^{24}	u^{24}
潞州	su^{312}	ku^{312}	ku^{312}	ku^{312}	ku^{312}	kʰu^{24}	u^{24}	u^{24}
上党	su^{213}	ku^{213}	ku^{213}	ku^{213}	ku^{213}	kʰu^{213}	u^{44}	u^{44}
长子	su^{312}	ku^{312}	ku^{312}	ku^{312}	ku^{312}	kʰu^{312}	u^{24}	u^{24}
屯留	su^{31}	ku^{31}	ku^{31}	ku^{31}	ku^{31}	kʰu^{31}	u^{11}	u^{11}
襄垣	su^{33}	ku^{33}	ku^{33}	ku^{33}	——	kʰu^{33}	u^{33}	u^{31}
黎城	su^{33}	ku^{33}	ku^{33}	ku^{33}	ku^{33}	kʰu^{33}	u^{53}	u^{53}
平顺	su^{213}	ku^{213}	ku^{213}	ku^{213}	ku^{213}	kʰu^{213}	u^{13}	u^{13}
壶关	ʂu^{33}	ku^{33}	ku^{33}	ku^{33}	ku^{33}	kʰu^{33}	u^{13}	u^{13}
沁县	su^{224}	ku^{224}	ku^{224}	ku^{224}	ku^{224}	kʰu^{224}	u^{33}	vu^{33}
武乡	su^{113}	ku^{113}	ku^{113}	ku^{113}	ku^{113}	kʰu^{113}	u^{33}	u^{33}
沁源	sei^{324}	ku^{324}	ku^{324}	ku^{324}	ku^{324}	kʰu^{324}	u^{33}	u^{33}
安泽	səu^{21}白 / su^{21}文	ku^{21}	ku^{21}	ku^{21}	——	kʰu^{21}	u^{35}	u^{21}
沁水端氏	su^{21}	ku^{21}	ku^{21}	ku^{21}/kuəʔ^{2}	ku^{21}	ku^{21}/kʰu^{21}	u^{24}	u^{24}
阳城	su^{224}	ku^{224}	ku^{224}	ku^{224}	ku^{224}	kʰu^{224}	u^{22}	u^{22}
高平	ʂu^{33}	ku^{33}	ku^{33}	ku^{33}	ku^{33}	kʰu^{33}	u^{33}	u^{33}
陵川	ʂu^{33}	ku^{33}	ku^{33}	ku^{33}	ku^{33}	kʰu^{33}	u^{53}	u^{53}
晋城	ʂu^{33}	ku^{33}	ku^{33}	ku^{33}	ku^{33}	kʰu^{33}	u^{324}	u^{324}
忻府	su^{313}	ku^{313}	ku^{313}	ku^{313}	ku^{313}	kʰu^{313}	u^{21}	u^{21}
原平	su^{213}	ku^{213}	ku^{213}	ku^{213}	ku^{213}	kʰu^{213}	u^{33}	u^{33}
定襄	su^{24}	ku^{24}	ku^{24}	ku^{24}	ku^{24}	kʰu^{24}	u^{11}	u^{11}
五台	su^{213}	ku^{213}	ku^{213}	ku^{213}	ku^{213}	kʰu^{213}	u^{33}	u^{33}
岢岚	su^{13}	ku^{13}	ku^{13}	ku^{13}	ku^{13}	kʰu^{13}	u^{44}	u^{13}
五寨	su^{13}	ku^{13}	ku^{13}	ku^{13}	ku^{13}	kʰu^{13}	vu^{44}	vu^{44}
宁武	su^{23}	ku^{23}	ku^{23}	ku^{23}	——	kʰu^{23}	u^{33}	u^{33}

续表

字目	酥	姑	孤	箍	辜	枯	吴	梧
中古音 / 方言点	素姑 遇合一 平模心	古胡 遇合一 平模见	古胡 遇合一 平模见	古胡 遇合一 平模见	古胡 遇合一 平模见	苦胡 遇合一 平模溪	五乎 遇合一 平模疑	五乎 遇合一 平模疑
神池	su^{24}	ku^{24}	ku^{24}	ku^{24}	ku^{24}	k^{h}u^{52}	vu^{32}	vu^{32}
繁峙	su^{53}	ku^{53}	ku^{53}	ku^{53}	ku^{53}	k^{h}u^{53}	vu^{31}	vu^{31}
代县	su^{213}	ku^{213}	ku^{213}	ku^{213}	ku^{213}	k^{h}u^{213}	u^{44}	u^{44}
河曲	su^{213}	ku^{213}	ku^{213}	ku^{213}	ku^{44}	k^{h}u^{213}	u^{44}	u^{44}
保德	su^{213}	ku^{213}	ku^{213}	ku^{213}	ku^{213}	k^{h}u^{213}	vu^{44}	vu^{44}
偏关	su^{24}	ku^{24}	ku^{24}	ku^{24}	ku^{24}	k^{h}u^{24}	u^{44}	u^{44}
朔城	su^{312}	ku^{312}	ku^{312}	ku^{312}	——	k^{h}u^{312}	u^{35}	u^{35}
平鲁	su^{213}	ku^{213}	ku^{213}	ku^{213}	ku^{213}	k^{h}u^{213}	u^{44}	u^{44}
应县	su^{43}	ku^{43}/kuəʔ$^{\underline{43}}$	ku^{43}	ku^{43}	ku^{43}	k^{h}u^{43}	vu^{31}	vu^{31}
灵丘	su^{442}	ku^{442}	ku^{442}	ku^{442}	ku^{442}	k^{h}u^{442}	vu^{31}	vu^{31}
浑源	su^{52}	ku^{52}	ku^{52}	ku^{52}	ku^{52}	k^{h}u^{52}	vu^{22}	vu^{22}
云州	su^{213}	ku^{213}	ku^{213}	ku^{213}	ku^{213}	k^{h}u^{213}	vu^{312}	vu^{312}
新荣	su^{32}	ku^{32}	ku^{32}	ku^{32}	ku^{32}	k^{h}u^{32}	u^{312}	u^{32}
怀仁	su^{42}	ku^{42}	ku^{42}	ku^{42}	ku^{42}	k^{h}u^{42}	u^{42}	u^{312}
左云	su^{31}	ku^{31}	ku^{31}	ku^{31}	ku^{31}	k^{h}u^{31}	vu^{313}	vu^{313}
右玉	su^{31}	ku^{31}	ku^{31}	ku^{31}	ku^{31}	k^{h}u^{31}	vu^{212}	vu^{212}
阳高	su^{31}	ku^{31}	ku^{31}	ku^{31}/kuəʔ^{3}	——	k^{h}u^{31}	u^{31}	u^{312}
山阴	su^{313}	ku^{313}	ku^{313}	ku^{313}	ku^{313}	k^{h}u^{313}	u^{313}	u^{313}
天镇	su^{31}	ku^{31}	ku^{31}	ku^{31}	——	k^{h}u^{31}	u^{22}	u^{22}
平定	su^{31}	ku^{31}	ku^{31}	ku^{31}	ku^{31}	k^{h}u^{31}	u^{44}	u^{44}
昔阳	su^{42}	ku^{42}	ku^{42}	ku^{42}	ku^{42}	k^{h}u^{42}	u^{33}	u^{33}
左权	su^{31}	ku^{31}	ku^{31}	ku^{31}	——	ku^{31} 白 / k^{h}u^{31} 文	u^{11}	u^{11}
和顺	su^{42}	ku^{42}	ku^{42}	ku^{42}	ku^{42}	k^{h}u^{42}	u^{22}	u^{22}
尧都	sou^{21}	ku^{21}	ku^{21}	ku^{21}	ku^{21}	k^{h}u^{21}	u^{24}	u^{24}
洪洞	sou^{21}	ku^{21}	ku^{21}	ku^{21}	ku^{21}	k^{h}u^{21}	u^{24}	u^{24}
洪洞赵城	sou^{21}	ku^{21}	ku^{21}	ku^{21}	ku^{21}	k^{h}u^{21}	u^{24}	u^{24}
古县	səu^{21}	ku^{21}	ku^{21}	ku^{21}	——	k^{h}u^{21}	u^{35}	u^{35}
襄汾	sou^{21}	ku^{21}	ku^{21}	ku^{21}	ku^{21}	k^{h}u^{21}	u^{24}	u^{24}
浮山	sou^{42}	ku^{42}	ku^{42}	ku^{42}	ku^{42}	k^{h}u^{42}	u^{13}	u^{13}
霍州	səu^{212}	ku^{212}	ku^{212}	ku^{212}	ku^{212}	k^{h}u^{212}	u^{35}	u^{35}

续表

字目	酥	姑	孤	箍	辜	枯	吴	梧
中古音 / 方言点	素姑 遇合一 平模心	古胡 遇合一 平模见	古胡 遇合一 平模见	古胡 遇合一 平模见	古胡 遇合一 平模见	苦胡 遇合一 平模溪	五乎 遇合一 平模疑	五乎 遇合一 平模疑
翼城	sou53	ku53	ku53	ku53	ku53	kʰu53	u12	u12
闻喜	sɤu53	ku53	ku53	ku53	ku53	kʰu53	ɣ13	u13
侯马	sou213	ku213	ku213	ku213	ku213	kʰu213	u213	u213
新绛	səu53	ku44	ku44	ku53	ku53	kʰu53/ku53	u13	u13
绛县	su53	ku53	ku53	ku53	ku53	kʰu53	u24	u24
垣曲	sou22	ku22	ku22	ku22	ku22	kʰu22	u22	u22
夏县	səu53	ku53	ku53	ku53	ku53	kʰu53	u42	u42
万荣	səu51	ku55	ku51	ku51	ku51	kʰu51	u213	u213
稷山	səu53	ku53	ku53	ku53	ku42	kʰu53	u13	u13
盐湖	sou42	ku42	ku42	ku42	ku42	kʰu42	u13	u13
临猗	səu42	ku42	ku42	ku44	ku42	kʰu42	u13	u13
河津	səu31	ku31	ku31 文	ku31	ku31	kʰu31	u324	u324
平陆	səu31	ku13	ku31	ku31	ku13	kʰu31	u13	u31
永济	səu31	ku31	ku31	ku31	ku31	kʰu31	u24	u24
芮城	səu42	ku13	ku42	ku53	ku42	kʰu42	u13	u13
吉县	səu423	ku423	ku423	ku423	——	kʰu423	u13	——
乡宁	sou53	ku53	ku53	ku53	ku53	kʰu53	u12	u12
广灵	su53	ku53	ku53	ku53	ku53	kʰu53	vu31	vu31

字目	呼	胡~箶	湖	糊	葫	胡~须	狐	壶
中古音 / 方言点	荒乌 遇合一 平模晓	户吴 遇合一 平模匣	户吴 遇合一 平模匣	户吴 遇合一 平模匣	户吴 遇合一 平模匣	户吴 遇合一 平模匣	户吴 遇合一 平模匣	户吴 遇合一 平模匣
北京	xu^{55}	xu^{35}	xu^{35}	xu^{35}	xu^{35}	xu^{35}	xu^{35}	xu^{35}
小店	xu^{11}	xu^{11}	xu^{11}	xu^{11}/xu^{24}/xuəʔ^{1}	xuəʔ^{1}	xu^{11}	xu^{11}	xu^{11}
尖草坪	xu^{33}	xu^{33}	xu^{33}	xu^{33}	xu^{33}	xu^{33}	xu^{33}	xu^{33}
晋源	xu^{11}	xu^{11}	xu^{11}	xu^{11}	xuəʔ^{2}	xu^{11}	xu^{11}	xu^{11}
阳曲	xu^{312}	xu^{43}	xu^{312}	xu^{43}	xu^{43}	xu^{43}	xu^{312}	xu^{43}
古交	xu^{44}	xu^{44}	xu^{44}	xu^{44}	xuəʔ^{4}	xu^{44}	xu^{44}	xu^{44}
清徐	xu^{11}	xu^{11}	xu^{11}	xu^{11}	xuəʔ$^{\underline{54}}$	xu^{11}	xu^{11}	xu^{11}
娄烦	xu^{33}	xu^{33}	xu^{33}	xu^{33}	xu^{33}	xu^{33}	xu^{33}	xu^{33}
榆次	xu^{11}	xu^{11}	xu^{11}	xu^{11}	xuəʔ$^{\underline{53}}$	xu^{11}	xu^{11}	xu^{11}
交城	xu^{11}	xu^{11}	xu^{11}	xu^{11}/xu^{24}	xuəʔ$^{\underline{53}}$	xu^{11}	xu^{11}	xu^{11}
文水	xəɸ^{22}	xəɸ^{22}	xəɸ^{22}	xəɸ^{22}	xuəʔ$^{\underline{312}}$	xəɸ^{22}	xəɸ^{22}	xəɸ^{22}
祁县	xuβ^{31}	xuβ^{31}	xuβ^{31}	xuβ^{31}	xuəʔ$^{\underline{324}}$	xuβ^{31}	xuβ^{31}	xuβ^{31}
太谷	xu^{33}	xu^{33}	xu^{33}	xu^{33}	xuəʔ^{3}	xu^{33}	xu^{33}	xu^{33}
平遥	xu^{213}	xu^{213}	xu^{213}	xuʌʔ$^{\underline{212}}$ 白 / xu^{213} 文	xu^{213}	xu^{213}	xu^{213}	xu^{213}
孝义	xu^{33}	xu^{33}	xu^{33}	xuəʔ^{3} 白 / xu^{33} 文	xu^{33}	xu^{33}	xu^{33}	xu^{33}
介休	xu^{13}	xu^{13}	xu^{13}	xu^{13}	xuʌʔ$^{\underline{312}}$	xu^{13}	xu^{13}	xu^{13}
灵石	xu^{535}	xu^{44}	xu^{44}	xu^{44}	kuəʔ^{4}	xu^{44}	xu^{44}	xu^{44}
盂县	xu^{412}	xu^{22}	xu^{22}	xu^{22}/xu^{55}	xuəʔ^{2}	xu^{22}	xu^{22}	xu^{22}
寿阳	xu^{31}	xu^{22}	xu^{22}	xu^{22}	xu^{22}	xu^{22}	xu^{22}	xu^{22}
榆社	xɣ̩^{22}	xɣ̩^{22}	xɣ̩^{22}	xɣ̩^{22}	——	xɣ̩^{22}	xɣ̩^{22}	xɣ̩^{22}
离石	xu^{24}	xu^{44}	xu^{44}	xu^{44}	xu^{44}	xu^{44}	xu^{44}	xu^{44}
汾阳	fəʊ^{22}	fəʊ^{22}	fəʊ^{22}	fəʊ^{324}	fəʊ^{22}	fəʊ^{22}	fəʊ^{22}	fəʊ^{22}
中阳	xu^{24}	xu^{33}	xu^{33}	xu^{33}	xu^{33}	xu^{33}	xu^{33}	xu^{33}
柳林	xu^{24}	xu^{44}	xu^{44}	xu^{44}	xu^{44}	xu^{44}	xu^{44}	xu^{44}
方山	xu^{44}	xu^{44}	xu^{44}	xu^{44}	xu^{44}	xu^{44}	xu^{44}	xu^{44}
临县	xu^{24}	xu^{33}	xu^{33}	xu^{33}	xu^{33}	xu^{33}	xu^{33}	xu^{33}
兴县	xu^{324}	xu^{55}	xu^{55}	xu^{324}	xu^{55}	xu^{55}	xu^{55}	xu^{55}
岚县	xu^{214}	xu^{44}	xu^{44}	xu^{44}	xuəʔ^{4}	xu^{44}	xu^{44}	xu^{44}
静乐	xu^{24}	xu^{33}	xu^{33}	xu^{33}	xuəʔ$^{\underline{212}}$	xu^{33}	xu^{33}	xu^{33}
交口	xu^{323}	xu^{44}	xu^{44}	xu^{44}	xu^{44}	xu^{44}	xu^{44}	xu^{44}

续表

字目	呼	胡~箍	湖	糊	葫	胡~须	狐	壶
中古音 / 方言点	荒乌 遇合一 平模晓	户吴 遇合一 平模匣	户吴 遇合一 平模匣	户吴 遇合一 平模匣	户吴 遇合一 平模匣	户吴 遇合一 平模匣	户吴 遇合一 平模匣	户吴 遇合一 平模匣
石楼	xu^{44}	xu^{44}	xu^{44}	xu^{44}	xu^{44}	xu^{44}	xu^{44}	xu^{44}
隰县	xu^{53}	xu^{24}	xu^{24}	xu^{24}	xu^{24}	xu^{24}	xu^{24}	xu^{24}
大宁	xu^{31}	xu^{24}	xu^{24}	xu^{24}	kəʔ$^{\underline{31}}$	xu^{24}	xu^{24}	xu^{24}
永和	xu^{33}	xu^{35}	xu^{35}	xu^{35}	xu^{35}	xu^{35}	xu^{35}	xu^{35}
汾西	xβ̍^{11}	xβ̍^{35}	xβ̍^{35}	xβ̍^{35}	——	——	xβ̍^{35}	xβ̍^{35}
蒲县	xu^{31}	xu^{24}	xu^{24}	xu^{24}	xu^{24}	xu^{24}	xu^{24}	xu^{24}
潞州	xu^{312}	xu^{24}	xu^{24}	xuəʔ$^{\underline{53}}$ 白 / xu^{24} 文	xuəʔ$^{\underline{53}}$	xu^{24}	xu^{24}	xu^{24}
上党	xu^{213}	xu^{44}	xu^{44}	xu^{44}	xu^{44}	xu^{44}	xu^{44}	xu^{44}
长子	xu^{312}	xu^{24}	xu^{24}	xuəʔ^{4} 白 / xu^{24} 文	xuəʔ^{4}	xu^{24}	xu^{24}	xu^{24}
屯留	xu^{31}	xu^{11}	xu^{11}	xu^{11}	xu^{11}	xu^{11}	xu^{11}	xu^{11}
襄垣	xu^{33}	xu^{31}	xu^{31}	xu^{31}	——	xu^{31}	xu^{31}	xu^{31}
黎城	xu^{33}	xu^{53}	xu^{53}	xu^{33}	xuɤʔ^{2}	xu^{33}	xu^{33}	xu^{33}
平顺	xu^{213}	xu^{13}	xu^{13}	xu^{13}	xu^{13}	xu^{13}	xu^{13}	xu^{13}
壶关	xu^{33}	xu^{13}	xu^{13}	xu^{13}/xuəʔ^{2}	xuəʔ$^{\underline{21}}$	xu^{13}	xu^{13}	xu^{13}
沁县	xu^{224}	xu^{33}	xu^{33}	xu^{33}	xu^{33}	xu^{33}	xu^{33}	xu^{33}
武乡	xu^{113}	xu^{33}	xu^{33}	xu^{33}	xu^{33}	xu^{33}	xu^{33}	xu^{33}
沁源	xu^{324}	xu^{33}	xu^{33}	xu^{33}	xu^{33}	xu^{33}	xu^{33}	xu^{33}
安泽	xu^{21}	xu^{35}	xu^{35}	xuəʔ$^{\underline{21}}$	xu^{35}	xu^{35}	xu^{35}	xu^{35}
沁水端氏	xu^{21}	xu^{24}	xu^{24}	xuəʔ$^{\underline{54}}$ 白 / xu^{24} 文	xu^{24}	xu^{24}	xu^{24}	xu^{24}
阳城	xu^{224}	xu^{22}	xu^{22}	xuəʔ^{2} 白 / xu^{51} 文	xu^{22}	xu^{22}	xu^{22}	xu^{22}
高平	xu^{33}	xu^{33}	xu^{33}	xuəʔ^{2}	xu^{33}	xu^{33}	xu^{33}	xuəʔ^{2} 白 / xu^{33} 文
陵川	xu^{33}	xu^{53}	xu^{53}	xu^{53}	xu^{53}	xu^{53}	xu^{53}	xu^{53}
晋城	xu^{33}	xu^{324}	xu^{324}	xuəʔ^{2}	xu^{324}	xu^{324}	xu^{324}/xu^{213}	xuə^{324}
忻府	xu^{313}	xu^{21}	xu^{21}	xu^{21}	xu^{21}	xu^{21}	xu^{21}	xu^{21}
原平	xu^{213}	xu^{33}	xu^{33}	xu^{33}	xuəʔ$^{\underline{34}}$	xu^{33}	xu^{33}	xu^{33}
定襄	xu^{24}	xu^{11}	xu^{11}	xu^{11}	xu^{11}	xu^{11}	xu^{11}	xu^{11}
五台	xu^{213}	xu^{33}	xu^{33}	xu^{33}	xuəʔ^{3}	xu^{33}	xu^{33}	xu^{33}

续表

字目	呼	胡~笳	湖	糊	葫	胡~须	狐	壶
中古音 / 方言点	荒乌 遇合一 平模晓	户吴 遇合一 平模匣	户吴 遇合一 平模匣	户吴 遇合一 平模匣	户吴 遇合一 平模匣	户吴 遇合一 平模匣	户吴 遇合一 平模匣	户吴 遇合一 平模匣
岢岚	xu^{13}	xu^{44}	xu^{44}	xu^{44}	xu^{44}	xu^{44}	xu^{44}	xu^{44}
五寨	xu^{13}	xu^{44}	xu^{44}	xu^{44}	xu^{44}	xu^{44}	xu^{44}	xu^{44}
宁武	xu^{23}	xu^{33}	xu^{33}	xu^{33}	xuəʔ^{4}	xu^{33}	xu^{33}	xu^{33}
神池	xu^{13}	xu^{32}	xu^{32}	xu^{32}	xu^{32}	xu^{32}	xu^{32}	xu^{32}
繁峙	xu^{53}	xu^{31}	xu^{31}	xu^{31}	xu^{31}	xu^{31}	xu^{31}	xu^{31}
代县	xu^{213}	xu^{44}	xu^{44}	xu^{44}	xuəʔ^{2}	xu^{44}	xu^{44}	xu^{44}
河曲	xu^{213}	xu^{44}	xu^{44}	xu^{44}	xuəʔ^{4}	xu^{44}	xu^{44}	xu^{44}
保德	xu^{213}	xu^{44}	xu^{44}	xu^{44}	xuəʔ^{4}	xu^{44}	xu^{44}	xu^{44}
偏关	xu^{24}	xu^{44}	xu^{44}	xu^{44}	xu^{44}	xu^{44}	xu^{44}	xu^{44}
朔城	xu^{312}	xu^{35}	xu^{35}	——	——	——	xu^{35}	xu^{35}
平鲁	xu^{213}	xu^{44}	xu^{44}	xu^{44}/xuəʔ$^{\underline{34}}$	xuəʔ$^{\underline{34}}$	xu^{44}	xu^{44}/xuəʔ$^{\underline{34}}$	xu^{44}
应县	xu^{43}	xu^{31}	xu^{31}	xu^{31}/xu^{24}	xuəʔ$^{\underline{43}}$	xu^{31}	xu^{31}/xuəʔ$^{\underline{43}}$	xu^{31}
灵丘	xu^{442}	xu^{31}	xu^{31}	xu^{31}	xuəʔ^{5}	xu^{31}	xu^{31}	xu^{31}
浑源	xu^{52}	xu^{22}	xu^{22}	xu^{22}	xu^{22}/xiəʔ^{4}	xu^{22}	xu^{22}	xu^{22}/xiəʔ^{4}
云州	xu^{213}	xu^{312}	xu^{312}	xuəʔ^{4}	xuəʔ^{4}	xu^{312}	xuəʔ^{4} 白 / xu^{312} 文	xu^{312}
新荣	xu^{32}	xu^{312}	xu^{312}	xu^{312}	xuəʔ^{4}	xu^{312}	xu^{312}/xuəʔ^{4}	xu^{312}
怀仁	xu^{42}	xu^{312}	xu^{312}	xu^{312}	xu^{312}	xu^{312}	xu^{312}	xu^{312}
左云	xu^{31}	xu^{313}	xu^{313}	xu^{313}	xu^{313}	xu^{313}	xu^{313}	xu^{313}
右玉	xu^{31}	xu^{212}	xu^{212}	xu^{212}	xu^{212}	xu^{212}	xu^{212}	xu^{212}
阳高	xu^{31}	xu^{31}	xu^{31}	xu^{31}	xuəʔ^{3}	xu^{31}	xu^{31}/xuəʔ^{3}	xu^{31}
山阴	xu^{313}	xu^{313}	xu^{313}	xu^{313}	xuəʔ^{4}	xu^{313}	xu^{313}	xu^{313}
天镇	xu^{31}	xu^{22}	xu^{22}	——	——	xu^{22}	xu^{22}	xu^{22}
平定	xu^{31}	xu^{44}	xu^{44}	xu^{44}/xuəʔ^{4}	xuəʔ^{4}	xu^{44}	xu^{44}	xu^{44}
昔阳	xu^{42}	xu^{33}	xu^{33}	xu^{33}	xu^{33}	xu^{33}	xu^{33}	xu^{33}
左权	xu^{31}/xəʔ^{1}	xu^{11}	xu^{11}	——	——	xu^{11}	xu^{11}	xu^{11}
和顺	xu^{42}	xu^{22}	xu^{22}	xu^{22}	xu^{22}	xu^{22}	xu^{22}	xu^{22}
尧都	xu^{21}	xu^{24}	xu^{24}	——	xu^{24}	xu^{24}	xu^{24}	xu^{24}
洪洞	xu^{21}	xu^{24}	xu^{24}	xu^{24}	xu^{24}	xu^{24}	xu^{24}	xu^{24}
洪洞赵城	xu^{24}	xu^{24}	xu^{24}	xu^{24}	xu^{24}	xu^{24}	xu^{24}	xu^{24}
古县	xu^{21}	xu^{35}	xu^{35}	xu^{35}	xu^{35}	xu^{35}	xu^{35}	xu^{35}

续表

字目	呼	胡~笳	湖	糊	葫	胡~须	狐	壶
中古音 / 方言点	荒乌 遇合一 平模晓	户吴 遇合一 平模匣	户吴 遇合一 平模匣	户吴 遇合一 平模匣	户吴 遇合一 平模匣	户吴 遇合一 平模匣	户吴 遇合一 平模匣	户吴 遇合一 平模匣
襄汾	xu^{21}	xu^{24}	xu^{24}	xu^{24}	xu^{24}	xu^{24}	xu^{24}	xu^{24}
浮山	xu^{42}	xu^{13}	xu^{13}	xu^{13}	xu^{13}/ku^{33}	xu^{13}	xu^{13}	xu^{13}
霍州	xu^{212}	xu^{35}	xu^{35}	xu^{35}	xu^{35}	xu^{35}	xu^{35}	xu^{35}
翼城	xu^{53}	xu^{12}	xu^{12}	xu^{12}	xu^{12}	xu^{12}	xu^{12}	xu^{12}
闻喜	xu^{53}	xu^{13}	xu^{13}	xu^{13}	xu^{13}	xu^{13}	xu^{13}	xu^{13}
侯马	xu^{213}	xu^{213}	xu^{213}	xu^{213}	xu^{213}	xu^{213}	xu^{213}	xu^{213}
新绛	xu^{53}	xu^{13}	xu^{13}	xu^{13}	xu^{13}	xu^{13}	xu^{13}	xu^{13}
绛县	xu^{53}	xu^{24}	xu^{24}	xu^{24}	xuɤ^{24}	xu^{24}	xu^{24}	xu^{24}
垣曲	xu^{22}	xu^{22}	xu^{22}	xu^{22}	ku^{22}	xu^{22}	xu^{53}	xu^{22}
夏县	xu^{53}	xu^{42}	xu^{42}	xu^{42}	xu^{42}	xu^{42}	xu^{42}	xu^{42}
万荣	xu^{51}	xu^{213}	xu^{213}	xu^{213}	xu^{213}	xu^{213}	xu^{213}	xu^{213}
稷山	xu^{53}	xu^{13}	xu^{13}	xu^{13}	xu^{13}	xu^{13}	xu^{13}	xu^{13}
盐湖	xu^{42}	xu^{13}	xu^{13}	xu^{13}	xu^{13}	xu^{13}	xu^{13}	xu^{13}
临猗	xu^{42}	xu^{13}	xu^{13}	xu^{13}	xu^{13}	xu^{13}	xu^{13}	xu^{13}
河津	xu^{53}	xu^{324}	xu^{324}	xu^{324}	xu^{324}	xu^{324}	xu^{324}	xu^{324}
平陆	xu^{31}	xu^{13}	xu^{13}	xu^{13}	xu^{13}	xu^{13}	xu^{13}	xu^{13}
永济	xu^{31}/xu^{44}	xu^{24}	xu^{24}	xu^{24}	xu^{24}	xu^{24}	xu^{24}	xu^{24}
芮城	xu^{42}	xu^{13}	xu^{13}	xu^{13}	xu^{13}	xu^{13}	xu^{13}	xu^{13}
吉县	xu^{423}	xu^{423}	xu^{423}	——	xu^{13}	xu^{13}	xu^{423}	xu^{423}
乡宁	xu^{53}	xu^{12}	xu^{12}	xu^{12}	xu^{12}	xu^{12}	xu^{12}	xu^{12}
广灵	xu^{53}	xu^{31}	xu^{31}	xu^{31}	xu^{31}	xu^{31}	xu^{31}	xu^{31}

字目	乌	补	谱	普	浦	部	簿	赌
中古音 / 方言点	哀都 遇合一 平模影	博古 遇合一 上姥帮	博古 遇合一 上姥帮	滂古 遇合一 上姥滂	滂古 遇合一 上姥滂	裴古 遇合一 上姥並	裴古 遇合一 上姥並	当古 遇合一 上姥端
北京	u^{55}	pu^{214}	p^hu^{214}	p^hu^{214}	p^hu^{214}	pu^{51}	pu^{51}	tu^{214}
小店	vu^{11}	pu^{53}	p^hu^{53}	p^hu^{53}	p^hu^{53}	pu^{24}	pəɯ^{24}/$\text{paʔ}^{\underline{54}}$	tu^{53}
尖草坪	u^{33}	pu^{312}	p^hu^{312}	p^hu^{312}	p^hu^{312}	pu^{35}	pu^{35}	tu^{312}
晋源	vu^{11}	pu^{42}	p^hu^{42}	p^hu^{42}	p^hu^{42}	pu^{35}	pu^{35}	tu^{42}
阳曲	u^{312}	pu^{312}	p^hu^{312}	p^hu^{312}	p^hu^{312}	pu^{454}	pu^{454}	tu^{312}
古交	u^{44}	pu^{312}	p^hu^{312}	p^hu^{312}	p^hu^{312}	pu^{53}	pu^{53}	tu^{312}
清徐	vu^{11}	pu^{54}	p^hu^{54}	p^hu^{54}	p^hu^{54}	pu^{45}	pu^{45}	tu^{54}
娄烦	vu^{33}	pu^{312}	p^hu^{312}	p^hu^{312}	p^hu^{312}	pu^{54}	pu^{54}	tu^{312}
榆次	vu^{11}	pu^{53}	p^hu^{53}	p^hu^{53}	p^hu^{53}	pu^{35}	pəʔ^{1}	tu^{53}
交城	u^{11}	pu^{53}	p^hu^{53}	p^hu^{53}	p^hu^{53}	pu^{24}	pu^{24}	tu^{53}
文水	əɸ^{22}	pəɸ^{35}	$\text{p}^h\text{əɸ}^{423}$	$\text{p}^h\text{əɸ}^{423}$	$\text{p}^h\text{əɸ}^{423}$	pəɸ^{35}	$\text{pəʔ}^{\underline{312}}$	təɸ^{423}
祁县	uβ^{31}	puβ^{314}	$\text{p}^h\text{uβ}^{314}$	$\text{p}^h\text{uβ}^{314}$	$\text{p}^h\text{uβ}^{314}$	puβ^{45}	puβ^{45}	tuβ^{314}
太谷	vu^{33}	pu^{312}	p^hu^{312}	p^hu^{312}	p^hu^{312}	pu^{53}	pu^{53}	tuo^{312}
平遥	u^{213}	pu^{512}	p^hu^{512}	p^hu^{512}	p^hu^{512}	pu^{24}	pu^{24}	tu^{512}
孝义	u^{33}	pu^{312}	p^hu^{312}	p^hu^{312}	p^hu^{312}	pu^{454}	pu^{454}	tu^{312}
介休	u^{13}	pu^{423}	p^hu^{423}	p^hu^{423}	p^hu^{423}	pu^{45}	$\text{pʌʔ}^{\underline{312}}$	tu^{423}
灵石	u^{535}	pu^{535}	p^hu^{212}	p^hu^{212}	p^hu^{212}	pu^{53}	pu^{53}	tu^{212}
盂县	u^{412}	pu^{53}	p^hu^{53}	p^hu^{53}	p^hu^{53}	pu^{55}	pu^{55}	tu^{53}
寿阳	u^{31}	pu^{53}	p^hu^{53}	p^hu^{53}	p^hu^{53}	pu^{45}	pu^{45}	tu^{53}
榆社	ɣ̩^{22}	pɣ̩^{312}	$\text{p}^h\text{ɣ̩}^{312}$	$\text{p}^h\text{ɣ̩}^{312}$	$\text{p}^h\text{ɣ̩}^{312}$	pɣ̩^{45}	pɣ̩^{45}	tɣ̩^{312}
离石	u^{24}	pu^{312}	p^hu^{312}	p^hu^{312}	p^hu^{312}	pu^{53}	pu^{53}	tu^{312}
汾阳	əʊ^{324}	pu^{312}	$\text{p}^h\text{əʊ}^{312}$	$\text{p}^h\text{əʊ}^{312}$	$\text{p}^h\text{əʊ}^{312}$	pu^{55}	pu^{55}	təʊ^{312}
中阳	u^{24}	pu^{423}	p^hu^{423}	p^hu^{423}	p^hu^{423}	pu^{53}	pu^{53}	tu^{423}
柳林	u^{24}	pu^{312}	p^hu^{312}	p^hu^{312}	p^hu^{312}	pu^{53}	p^hu^{53}	tu^{312}
方山	u^{24}	pu^{312}	p^hu^{312}	p^hu^{312}	p^hu^{312}	pu^{52}	pu^{52}	tu^{312}
临县	u^{24}	pu^{312}	p^hu^{312}	p^hu^{312}	p^hu^{312}	pu^{52}	pu^{52}	tu^{312}
兴县	u^{324}	pu^{324}	p^hu^{324}	p^hu^{324}	p^hu^{324}	pu^{53}	pu^{53}	tu^{324}
岚县	u^{214}	pu^{312}	p^hu^{312}	p^hu^{312}	p^hu^{312}	pu^{53}	pie^{53}	tu^{312}
静乐	vu^{24}	pu^{314}	p^hu^{314}	p^hu^{314}	p^hu^{314}	pu^{53}	pu^{53}	tu^{314}
交口	u^{323}	pu^{323}	p^hu^{323}	p^hu^{323}	p^hu^{323}	p^hu^{53}白 / pu^{53}文	p^hu^{53}	tu^{323}
石楼	u^{44}	pu^{213}	p^hu^{213}	p^hu^{213}	p^hu^{213}	pu^{51}	p^hu^{51}	tu^{213}

续表

字目	乌	补	谱	普	浦	部	簿	赌
中古音 方言点	哀都 遇合一 平模影	博古 遇合一 上姥帮	博古 遇合一 上姥帮	滂古 遇合一 上姥滂	滂古 遇合一 上姥滂	裴古 遇合一 上姥並	裴古 遇合一 上姥並	当古 遇合一 上姥端
隰县	uəʔ^{3} 白 /u^{53} 文	pu^{21}	p^{h}u^{21}	p^{h}u^{21}	p^{h}u^{21}	p^{h}u^{44} 白 / pu^{44} 文	p^{h}u^{44}	tu^{21}
大宁	u^{31}	pu^{31}	p^{h}u^{55}	p^{h}u^{55}	p^{h}u^{55}	p^{h}u^{55}	p^{h}u^{55}	tu^{31}
永和	u^{33}	pu^{312}	p^{h}u^{312}	p^{h}u^{312}	p^{h}u^{312}	p^{h}u^{53} 白 / pu^{53} 文	p^{h}u^{53} 白 / pu^{53} 文	tu^{33}
汾西	β̍^{11}	pβ̍^{33}	p^{h}β̍^{33}	p^{h}β̍^{55}	——	p^{h}β̍^{53}	p^{h}β̍^{35}	tβ̍^{33}
蒲县	u^{52}	p^{h}u^{31}	p^{h}u^{52}	p^{h}u^{31}	p^{h}u^{31}	pu^{33}	p^{h}u^{31}	tu^{31}
潞州	u^{312}	pu^{535}	p^{h}u^{535}	p^{h}u^{535}	p^{h}u^{535}	pu^{54}	pu^{54}	tu^{535}
上党	u^{213}	pu^{213}	p^{h}u^{535}	p^{h}u^{535}	p^{h}u^{535}	pu^{42}	pu^{42}	tu^{535}
长子	u^{312}	pu^{434}	p^{h}u^{434}	p^{h}u^{434}	p^{h}u^{434}	pu^{53}	pu^{53}	tu^{434}
屯留	u^{31}	pu^{43}	p^{h}u^{43}	p^{h}u^{43}	p^{h}u^{43}	pu^{11}	pu^{11}	tu^{43}
襄垣	u^{33}	pu^{42}	p^{h}u^{42}	p^{h}u^{42}	p^{h}u^{42}	pu^{45}	pu^{45}	tu^{42}
黎城	u^{33}	pu^{33}	p^{h}u^{213}	p^{h}u^{213}	p^{h}u^{213}	pu^{53}	pu^{53}	tu^{213}
平顺	u^{213}	pu^{434}	p^{h}u^{434}	p^{h}u^{434}	p^{h}u^{434}	pu^{53}	pu^{53}	tu^{434}
壶关	u^{33}	pu^{535}	p^{h}u^{535}	p^{h}u^{535}	p^{h}u^{535}	pu^{353}	pu^{353}	tu^{535}
沁县	vu^{224}	pu^{214}	p^{h}u^{214}	p^{h}u^{214}	p^{h}u^{214}	pu^{53}	pu^{53}	tu^{214}
武乡	u^{113}	pu^{213}	p^{h}u^{213}	p^{h}u^{213}	——	pu^{55}	——	tu^{213}
沁源	u^{324}	pu^{324}	p^{h}u^{324}	p^{h}u^{324}	p^{h}u^{324}	pu^{53}	pʌʔ$^{\underline{31}}$	tu^{324}
安泽	u^{21}	pu^{42}	p^{h}u^{42}	p^{h}u^{42}	p^{h}u^{42}	pu^{53}	p^{h}u^{53}	tu^{42}
沁水端氏	u^{21}	pu^{31}	p^{h}u^{31}	p^{h}u^{31}	p^{h}u^{31}	pu^{53}	pu^{53}	tu^{31}
阳城	u^{224}	pu^{212}	p^{h}u^{212}	p^{h}u^{212}	p^{h}u^{212}	pu^{51}	pu^{51}	tu^{212}
高平	u^{33}	pu^{212}	p^{h}u^{212}	p^{h}u^{212}	p^{h}u^{212}	pu^{53}	pu^{53}	tu^{212}
陵川	u^{33}	pu^{312}	p^{h}u^{312}	p^{h}u^{312}	p^{h}u^{312}	pu^{24}	pu^{24}	tu^{312}
晋城	u^{33}	pu^{213}	p^{h}u^{213}	p^{h}u^{213}	p^{h}u^{213}	pu^{53}	pu^{213}	tu^{213}
忻府	u^{313}	pu^{313}	p^{h}u^{313}	p^{h}u^{313}	p^{h}u^{313}	pu^{53}	pu^{53}	tu^{313}
原平	u^{213}	pu^{213}	p^{h}u^{213}	p^{h}u^{213}	p^{h}u^{213}	pu^{53}	pu^{53}	tu^{213}
定襄	u^{24}	pu^{24}	p^{h}u^{24}	p^{h}u^{24}	p^{h}u^{24}	pu^{53}	pu^{53}	tu^{24}
五台	u^{213}	pu^{213}	p^{h}u^{213}	p^{h}u^{213}	p^{h}u^{213}	pu^{52}	pu^{52}	tu^{213}
岢岚	u^{13}	pu^{13}	p^{h}u^{13}	p^{h}u^{13}	p^{h}u^{13}	pu^{52}	pu^{52}	tu^{13}
五寨	vu^{13}	pu^{13}	p^{h}u^{13}	p^{h}u^{13}	p^{h}u^{13}	pu^{52}	pu^{52}	tu^{13}
宁武	u^{23}	pu^{213}	p^{h}u^{213}	p^{h}u^{213}	p^{h}u^{213}	pu^{52}	pu^{52}	tu^{213}
神池	vu^{24}	puᴀ^{24}	p^{h}u^{13}	p^{h}u^{13}	p^{h}u^{13}	p^{h}u^{52}	pu^{52}	tu^{13}

续表

字目	乌	补	谱	普	浦	部	簿	赌
中古音 / 方言点	哀都 遇合一 平模影	博古 遇合一 上姥帮	博古 遇合一 上姥帮	滂古 遇合一 上姥滂	滂古 遇合一 上姥滂	裴古 遇合一 上姥並	裴古 遇合一 上姥並	当古 遇合一 上姥端
繁峙	vu^{53}	pu^{53}	p^{h}u^{53}	p^{h}u^{53}	p^{h}u^{53}	pu^{24}	pu^{24}	tu^{53}
代县	u^{213}	pu^{213}	p^{h}u^{213}	p^{h}u^{213}	p^{h}u^{213}	pu^{53}	pu^{53}	tu^{213}
河曲	u^{213}	pu^{213}	p^{h}u^{213}	p^{h}u^{213}	p^{h}u^{213}	pu^{52}	pu^{52}	tu^{213}
保德	vu^{213}	pu^{213}	p^{h}u^{213}	p^{h}u^{213}	p^{h}u^{213}	pu^{52}	pu^{52}	tu^{213}
偏关	u^{24}	pu^{213}	p^{h}u^{213}	p^{h}u^{213}	p^{h}u^{213}	pu^{52}	pu^{52}	tu^{213}
朔城	u^{312}	——	p^{h}u^{312}	p^{h}u^{312}	p^{h}u^{35}	pu^{53}	puə^{35}	tu^{312}
平鲁	u^{213}	pu^{213}	p^{h}u^{213}	p^{h}u^{213}	——	pu^{52}	pu^{52}	tu^{213}
应县	vu^{43}	pu^{54}	p^{h}u^{54}	p^{h}u^{54}	p^{h}u^{54}	pu^{24}	pu^{24}	tu^{54}
灵丘	vu^{442}	pu^{442}	p^{h}u^{442}	p^{h}u^{442}	p^{h}u^{442}	pu^{53}	pu^{53}	tu^{442}
浑源	vu^{52}	pu^{52}	p^{h}u^{52}	p^{h}u^{52}	p^{h}u^{52}	pu^{13}	pu^{13}	tu^{52}
云州	vu^{21}	pu^{55}	p^{h}u^{55}	p^{h}u^{55}	p^{h}u^{55}	pu^{24}	pu^{24}	tu^{55}
新荣	u^{32}	pu^{54}	p^{h}u^{54}	p^{h}u^{54}	p^{h}u^{54}	pu^{24}	pu^{24}	tu^{54}
怀仁	u^{42}	pu^{53}	p^{h}u^{53}	p^{h}u^{53}	p^{h}u^{53}	pu^{24}	pu^{24}	tu^{53}
左云	vu^{31}	pu^{54}	p^{h}u^{54}	p^{h}u^{54}	p^{h}u^{54}	pu^{24}	pu^{24}	tu^{54}
右玉	vu^{31}	pu^{53}	p^{h}u^{53}	p^{h}u^{53}	p^{h}u^{53}	pu^{24}	pu^{24}	tu^{53}
阳高	u^{31}	pu^{53}	p^{h}u^{53}	p^{h}u^{53}	p^{h}u^{53}	pu^{24}	pɤ^{31}	tu^{53}
山阴	u^{313}	pu^{313}	pu^{52}	pu^{52}	pu^{52}	pu^{335}	pu^{335}	tu^{52}
天镇	u^{31}	pu^{55}	p^{h}u^{55}	p^{h}u^{55}	p^{h}u^{55}	pu^{24}	pu^{24}	tu^{55}
平定	u^{31}	pu^{53}	p^{h}u^{53}	p^{h}u^{53}	p^{h}u^{53}	pu^{24}	pu^{24}	tu^{53}
昔阳	u^{42}	pu^{55}	p^{h}u^{55}	p^{h}u^{55}	p^{h}u^{55}	pu^{13}	pu^{13}	tu^{55}
左权	u^{31}/vəʔ^{1}	pu^{42}	p^{h}u^{42}	p^{h}u^{42}	p^{h}u^{42}	pu^{53}	pu^{53}	tu^{42}
和顺	vu^{42}	pu^{53}	p^{h}u^{53}	p^{h}u^{53}	p^{h}u^{53}	pu^{13}	paʔ$^{\underline{21}}$	tu^{53}
尧都	u^{21}	pu^{53}	p^{h}u^{53}	p^{h}u^{53}	p^{h}u^{53}	pu^{44}	p^{h}u^{53}	tu^{53}
洪洞	u^{21}	pu^{42}	p^{h}u^{21}/p^{h}u^{33}	p^{h}u^{42}	p^{h}u^{53}	p^{h}u^{53}白/ pu^{53}文	p^{h}u^{53}	tu^{42}
洪洞赵城	u^{21}	pu^{42}	p^{h}u^{42}	p^{h}u^{42}	p^{h}u^{42}	pu^{53}	pu^{53}	tu^{24}
古县	u^{21}	pu^{42}	p^{h}u^{42}	p^{h}u^{42}	p^{h}u^{42}	p^{h}u^{53}白/ pu^{53}文	p^{h}u^{53}白/ pu^{53}文	tu^{42}
襄汾	u^{21}	pu^{42}	p^{h}u^{42}	p^{h}u^{42}	p^{h}u^{42}	pu^{53}白/ p^{h}u^{53}文	p^{h}u^{53}	tu^{42}
浮山	u^{42}	pu^{33}	p^{h}u^{33}	p^{h}u^{33}	p^{h}u^{33}	p^{h}u^{44}	p^{h}u^{53}	tu^{33}
霍州	u^{212}	pu^{33}	p^{h}u^{33}	p^{h}u^{33}	p^{h}u^{33}	p^{h}u^{53}白/ pu^{53}文	p^{h}u^{53}白/ pu^{53}文	tu^{33}

续表

字目	乌	补	谱	普	浦	部	簿	赌
中古音 / 方言点	哀都 遇合一 平模影	博古 遇合一 上姥帮	博古 遇合一 上姥帮	滂古 遇合一 上姥滂	滂古 遇合一 上姥滂	裴古 遇合一 上姥並	裴古 遇合一 上姥並	当古 遇合一 上姥端
翼城	u^{53}	pu^{44}	p^hu^{44}	p^hu^{44}	p^hu^{44}	pu^{53}	pu^{53}	tu^{44}
闻喜	u^{13}	pu^{33}	p^hu^{33}	p^hu^{33}	p^hu^{33}	p^hu^{13} 白 / pu^{13} 文	p^hu^{13}	tu^{33}
侯马	u^{213}	pu^{44}	p^hu^{44}	p^hu^{44}	p^hu^{44}	pu^{53}	pu^{53}	tu^{44}
新绛	u^{53}	pu^{13}	p^hu^{44}	p^hu^{13}	p^hu^{13}	pu^{53}	p^hu^{53}	tu^{44}
绛县	u^{53}	pu^{33}	p^hu^{33}	p^hu^{33}	p^hu^{33}	pu^{31}	pu^{31}	tu^{33}/$təu^{33}$
垣曲	u^{53}	pu^{44}	p^hu^{44}	p^hu^{44}	p^hu^{53}	p^hu^{53}	p^hu^{53}	tu^{44}
夏县	u^{53}	pu^{24}	p^hu^{24}	p^hu^{24}	p^hu^{24}	p^hu^{31} 白 / pu^{31} 文	p^hu^{31} 白 / pu^{31} 文	tu^{24}
万荣	u^{213}	pu^{55}	p^hu^{55}	p^hu^{55}	p^hu^{55}	p^hu^{33}	p^hu^{33}	tu^{55}
稷山	u^{53}	pu^{44}	p^hu^{44}	p^hu^{44}	p^hu^{44}	p^hu^{42} 白 / pu^{42} 文	p^hu^{53}	tu^{44}
盐湖	u^{42}	pu^{53}	p^hu^{53}	p^hu^{53}	p^hu^{53}	pu^{44}	pu^{44}	tu^{53}
临猗	u^{13}	pu^{53}	p^hu^{53}	p^hu^{53}	p^hu^{53}	p^hu^{44} 白 / pu^{44} 文	p^hu^{42} 白 / po^{42} 文	tu^{53}
河津	u^{324}	pu^{53}	p^hu^{53}	p^hu^{53}	p^hu^{53}	p^hu^{44} 白 / pu^{44} 文	p^hu^{44} 白 / pu^{44} 文	tu^{53}
平陆	u^{13}	pu^{55}	p^hu^{55}	p^hu^{55}	p^hu^{55}	p^hu^{33} 白 / pu^{33} 文	$kəu^{31}$	tu^{55}
永济	u^{24}	pu^{53}	p^hu^{53}	p^hu^{53}	p^hu^{53}	p^hu^{44}	p^hu^{44}	tu^{53}
芮城	u^{13}	pu^{53}	p^hu^{53}	p^hu^{53}	p^hu^{53}	p^hu^{44}	p^hu^{44}	tu^{53}
吉县	u^{423}	pu^{53}	p^hu^{53}	p^hu^{53}	p^hu^{53}	p^hu^{33}	p^hu^{33}	tu^{53}
乡宁	u^{53}	pu^{44}	p^hu^{44}	p^hu^{44}	p^hu^{44}	p^hu^{22} 白 / pu^{22} 文	p^hu^{22}	tu^{44}
广灵	vu^{53}	pu^{44}	p^hu^{44}	p^hu^{44}	p^hu^{44}	pu^{213}	pu^{213}	tu^{44}

字目	堵	肚猪~	土	吐~痰	杜	肚腹~	努	鲁
中古音 方言点	当古 遇合一 上姥端	当古 遇合一 上姥端	他鲁 遇合一 上姥透	他鲁 遇合一 上姥透	徒古 遇合一 上姥定	徒古 遇合一 上姥定	奴古 遇合一 上姥泥	郎古 遇合一 上姥来
北京	tu^{214}	tu^{214}	tʰu^{214}	tʰu^{214}	tu^{51}	tu^{51}	nu^{214}	lu^{214}
小店	tu^{53}	tu^{53}	tʰu^{53}	tʰu^{53}	tu^{24}	tu^{24}	nəɯ^{53}	ləɯ^{53}
尖草坪	tu^{312}	tu^{312}	tʰu^{312}	tʰu^{312}	tu^{35}	tu^{35}	nei^{312}	lei^{312}
晋源	tu^{42}	tu^{42}	tʰu^{42}	tʰu^{42}	tu^{42}	tu^{35}	nɤu^{42}	lɤu^{42}
阳曲	tu^{312}	tu^{312}	tʰu^{312}	tʰu^{312}	tu^{454}	tu^{454}	nei^{43}	lei^{312}
古交	tu^{312}	tu^{53}	tʰu^{312}	tʰu^{312}	tu^{53}	tu^{53}	nei^{312}	lei^{312} 白 / lu^{312} 文
清徐	tu^{54}	tu^{54}	tʰu^{54}	tʰu^{54}	tu^{45}	tu^{45}	nɐu^{54}	lɐu^{54}
娄烦	tu^{312}	tu^{312}	tʰu^{312}	tʰu^{312}	tu^{54}	tu^{54}	nə^{312}	lə^{312} 白 / lu^{312} 文
榆次	tu^{53}	tu^{35}	tʰu^{53}	tʰu^{53}	tu^{35}	tu^{35}	nɯ^{53}	lɯ^{53}
交城	tu^{53}	tu^{53}	tʰu^{53}	tʰu^{53}	tu^{24}	tu^{24}	nʌɯ^{53}	lʌɯ^{53}
文水	təɸ^{423}	təɸ^{423}	tʰəɸ^{423}	tʰəɸ^{423}	təɸ^{35}	təɸ^{35}	nəɯ^{423}	ləɯ^{423}
祁县	tuβ^{314}	tuβ^{314}	tʰuβ^{314}	tʰuβ^{314}	tuβ^{45}	tuβ^{45}	nɤu^{314}	lɤu^{314}
太谷	tuo^{312}	tuo^{312}	tʰuo^{312}	tʰuo^{312}	tuo^{53}	tuo^{53}	nuo^{312}	luo^{312}
平遥	tu^{512}	tu^{512}	tʰu^{512}	tʰu^{512}	tu^{24}	tu^{24}	nəu^{512}	ləu^{512}
孝义	tu^{312}	tu^{454}	tʰu^{312}	tʰu^{312}	tu^{454}	tu^{454}	nou^{312}	lou^{312}
介休	tu^{423}	tu^{423}	tʰu^{423}	tʰu^{423}	tu^{45}	tu^{45}	nəu^{423}	ləu^{423}
灵石	tu^{212}	tu^{212}	tʰu^{212}	tʰu^{212}	tu^{53}	tu^{53}	nu^{212}	lu^{212}
盂县	tu^{53}	tu^{53}	tʰu^{53}	tʰu^{53}	tu^{55}	tu^{53}	nəu^{53}	ləu^{53}
寿阳	tu^{53}	tu^{53}	tʰu^{53}	tʰu^{53}	tu^{45}	tu^{45}	nəɯ^{53}	ləɯ^{53}/lu^{53}
榆社	tʏ^{312}	tʏ^{312}	tʰu^{312}	tʰu^{312}	tʏ^{45}	tʏ^{45}	nʏ^{312}	ləu^{312}
离石	tu^{312}	tu^{312}	tʰu^{312}	tʰu^{312}	tu^{53}	tu^{53}	nʌu^{312}	lʌu^{312}
汾阳	təʊ^{312}	təʊ^{312}	tʰəʊ^{312}	tʰəʊ^{312}	təʊ^{55}	təʊ^{55}	nou^{312}	lou^{312}
中阳	tu^{423}	tu^{423}	tʰu^{423}	tʰu^{423}	tu^{53}	tu^{53}	nʌ^{423}	lʌ^{423}
柳林	tu^{312}	tu^{312}	tʰu^{312}	tʰu^{312}	tu^{53}	tu^{53}	nə^{312}	lə^{312}
方山	tu^{312}	tu^{312}	tʰu^{312}	tʰu^{312}	tu^{52}	tu^{52}	nəɯ^{312}	ləɯ^{312}
临县	tu^{312}	tu^{52}	tʰu^{312}	tʰu^{312}	tu^{52}	tu^{52}	nu^{312}	ləɯ^{312}
兴县	tu^{324}	tu^{324}	tʰu^{324}	tʰu^{324}	tu^{53}	tu^{53}	nou^{312}	lou^{312}
岚县	tu^{312}	tu^{312}	tʰu^{312}	tʰu^{312}	tu^{53}	tu^{53}	nɐu^{312}	lɐu^{312}
静乐	tu^{314}	tu^{314}	tʰu^{314}	tʰu^{314}	tu^{53}	tu^{53}	nɤɯ^{314}	lɤɯ^{314}
交口	tu^{323}	tu^{323}	tʰu^{323}	tʰu^{323}	tu^{53}	tu^{53}	nou^{323}	lou^{323}

续表

字目	堵	肚猪~	土	吐~痰	杜	肚腹~	努	鲁
中古音 方言点	当古 遇合一 上姥端	当古 遇合一 上姥端	他鲁 遇合一 上姥透	他鲁 遇合一 上姥透	徒古 遇合一 上姥定	徒古 遇合一 上姥定	奴古 遇合一 上姥泥	郎古 遇合一 上姥来
石楼	tu^{213}	tu^{213}	tʰu^{213}	tʰu^{213}	tu^{51}	tu^{51}	nou^{213}	lou^{213}
隰县	tu^{21}	tu^{21}	tʰu^{21}	tʰu^{21}	tʰu^{44}	tʰu^{21}	nou^{21}	lou^{21}
大宁	tu^{24}	tʰu^{55}	tʰu^{31}	tʰu^{31}	tu^{55}	tʰu^{55}	nəu^{55}	ləu^{31}
永和	tu^{33}	tʰu^{53} 白 / tu^{53} 文	tʰu^{312}	tʰu^{312}	tʰu^{53} 白 / tu^{53} 文	tʰu^{53} 白 / tu^{53} 文	nɤu^{35} 白 / nu^{35} 文	lɤu^{35} 白 / lu^{312} 文
汾西	tβ̍^{33}	tʰβ̍^{53}	tʰβ̍^{33}	tʰβ̍^{33}	——	tʰβ̍^{53}	nou^{33}	lou^{33}
蒲县	tu^{31}	tʰu^{33}	tʰu^{31}	tʰu^{31}	tʰu^{33} 白 / tu^{33} 文	tʰu^{33}	nou^{31}	lou^{24}
潞州	tu^{535}	tu^{535}	tʰu^{535}	tʰu^{535}	tu^{54}	tu^{54}	nu^{535}	lu^{535}
上党	tu^{535}	tu^{535}	tʰu^{535}	tʰu^{535}	tu^{42}	tu^{535}	nu^{535}	lu^{535}
长子	tu^{434}	tu^{434}	tʰu^{434}	tʰu^{434}	tu^{53}	tu^{53}	nu^{434}	lu^{434}
屯留	tu^{43}	tu^{43}	tʰu^{43}	tʰu^{43}	tu^{11}	tu^{11}	nu^{43}	lu^{43}
襄垣	tu^{42}	tu^{42}	tʰu^{42}	t^{h42}	tu^{42}	tu^{42}	nu^{42}	lu^{42}
黎城	tu^{213}	tu^{213}	tʰu^{213}	tʰu^{213}	tu^{53}	tu^{53}	nu^{213}	lu^{213}
平顺	tu^{434}	tu^{434}	tʰu^{434}	tʰu^{434}	tu^{53}	tu^{53}	nu^{434}	lu^{434}
壶关	tu^{535}	tu^{42}	tʰu^{535}	tʰu^{535}	tu^{353}	tu^{353}	nu^{535}	lu^{535}
沁县	tu^{214}	tu^{214}	tʰu^{214}	tʰu^{214}	tu^{53}	tu^{53}	nəu^{214}	ləu^{214}
武乡	tu^{213}	tu^{213}	tʰu^{213}	tʰu^{213}	tu^{55}	tu^{55}	nəu^{213}	ləu^{213}
沁源	tu^{324}	tu^{324}	tʰu^{324}	tʰu^{324}	tu^{53}	tu^{53}	nei^{324}	lei^{324}
安泽	tu^{42}	tu^{53}	tʰu^{42}	tʰu^{42}	tu^{53}	tu^{53}	nəu^{42} 白 / nu^{42} 文	ləu^{35} 白 / lu^{42} 文
沁水端氏	tu^{31}	tu^{31}	tʰu^{31}	tʰu^{31}	tu^{53}	tu^{53}	noŋ^{31}	lu^{31}
阳城	tu^{212}	tu^{212}	tʰu^{212}	tʰu^{212}	tu^{51}	tu^{51} 文	nuoŋ^{212}	lu^{212}
高平	tu^{212}	tu^{212}	tʰu^{212}	tʰu^{212}	tu^{53}	tu^{212}	nuə̃ŋ^{212}	lu^{212}
陵川	tu^{312}	tu^{24}	tʰu^{312}	tʰu^{312}	tu^{24}	tu^{24}	nu^{312}	lu^{312}
晋城	tu^{213}	tu^{213}	tʰu^{213}	tʰu^{213}	tu^{53}	tu^{53}	nũ^{213}	lu^{213}
忻府	tu^{313}	tu^{313}	tʰu^{313}	tʰu^{313}	tu^{53}	tu^{53}	nəu^{313}	ləu^{313}
原平	tu^{213}	tu^{213}	tʰu^{213}	tʰu^{213}	tu^{53}	tu^{53}	nɤɯ^{213}	lɤɯ^{213}
定襄	tu^{24}	tu^{53}	tʰu^{24}	tʰu^{24}	tu^{53}	tu^{53}	nəu^{24}	ləu^{24}
五台	tu^{213}	tu^{213}	tʰu^{213}	tʰu^{213}	tu^{52}	tu^{52}	nei^{213}	lei^{213}
岢岚	tu^{13}	tu^{13}	tʰu^{13}	tʰu^{13}	tu^{52}	tu^{52}	nəu^{13}	ləu^{13}
五寨	tu^{13}	tu^{13}	tʰu^{13}	tʰu^{13}	tu^{52}	tu^{52}	nəu^{13}	ləu^{13}

续表

字目	堵	肚猪~	土	吐~痰	杜	肚腹~	努	鲁
中古音 / 方言点	当古 遇合一 上姥端	当古 遇合一 上姥端	他鲁 遇合一 上姥透	他鲁 遇合一 上姥透	徒古 遇合一 上姥定	徒古 遇合一 上姥定	奴古 遇合一 上姥泥	郎古 遇合一 上姥来
宁武	tu^{213}	tu^{213}	tʰu^{213}	tʰu^{213}	tu^{52}	tu^{52}	nəu^{213}	ləu^{213}
神池	tu^{13}	tu^{13}	tʰu^{13}	tʰu^{13}	tu^{52}	tu^{52}	nu^{13}	lu^{13}
繁峙	tu^{53}	tu^{53}	tʰu^{53}	tʰu^{53}	tu^{24}	tu^{24}	nu^{53}	lu^{53}
代县	tu^{213}	tu^{213}	tʰu^{213}	tʰu^{213}	tu^{53}	tu^{53}	nu^{213}	ləu^{213}
河曲	tu^{213}	tu^{213}	tʰu^{213}	tʰu^{213}	tu^{52}	tu^{52}	nɤɯ^{213}	lɤɯ^{213}
保德	tu^{213}	tu^{52}	tʰu^{213}	tʰu^{213}	tu^{52}	tu^{52}	nʌu^{213}	lu^{213}
偏关	tu^{213}	tu^{213}	tʰu^{213}	tʰu^{213}	tu^{52}	tu^{52}	nu^{213}	lɤu^{213}
朔城	tu^{312}	tu^{53}	tʰu^{312}	tʰu^{312}	tu^{53}	tu^{53}	nəu^{312}	ləu^{312}
平鲁	tu^{213}	tu^{213}	tʰu^{213}	tʰu^{213}	tu^{52}	tu^{52}	nu^{213}	ləu^{213}
应县	tu^{54}	tu^{54}	tʰu^{54}/tʰuəʔ$^{\underline{43}}$	tʰu^{54}	tu^{24}	tu^{24}	nu^{54}	——
灵丘	tu^{442}	tu^{53}	tʰu^{442}	tʰu^{442}	tu^{53}	tu^{53}	nu^{442}	lu^{442}
浑源	tu^{52}	tu^{52}	tʰu^{52}	tʰu^{52}	tu^{13}	tu^{13}	nu^{52}	lu^{52}
云州	tu^{55}	tu^{55}	tʰu^{55}	tʰu^{55}	tu^{24}	tu^{24}	nu^{55}	lɤu^{55}
新荣	tu^{54}	tu^{54}	tʰu^{54}	tʰu^{54}	tu^{24}	tu^{24}	nu^{54}	ləu^{54}
怀仁	tu^{53}	tu^{53}	tʰu^{53}	tʰu^{53}	tu^{24}	tu^{24}	nu^{53}	lɤu^{53}
左云	tu^{54}	tu^{54}	tʰu^{54}	tʰu^{54}	tu^{24}	tu^{24}	nu^{54}	lu^{54}
右玉	tu^{53}	tu^{53}	tʰu^{53}	tʰu^{53}	tu^{24}	tu^{24}	nu^{53}	ləu^{53}
阳高	tu^{53}	tu^{53}	tʰu^{53}/tʰuəʔ^{3}	tʰu^{53}	tu^{24}	tu^{24}	nu^{53}	lɤu^{53}
山阴	tu^{313}	tu^{52}	tʰu^{52}	tʰu^{52}	tu^{335}	tu^{335}	nu^{52}	ləu^{52}
天镇	tu^{55}	tu^{55}	tʰu^{55}	tʰu^{55}	tu^{24}	tu^{24}	nu^{55}	lɤu^{55}
平定	tu^{53}	tu^{53}	tʰu^{53}	tʰu^{53}	tu^{24}	tu^{24}	nu^{53}	lu^{53}
昔阳	tu^{55}	tu^{55}	tʰu^{55}	tʰu^{55}	tu^{13}	tu^{13}	nu^{55}	lu^{55}
左权	tu^{42}/tuəʔ^{1}	tu^{42}	tʰu^{42}	tʰu^{42}	tu^{53}	tu^{53}	nu^{42}	lu^{42}
和顺	tu^{53}	tu^{53}	tʰu^{53}	tʰu^{53}	tu^{13}	tʰu^{13} 白 / tu^{13} 文	nu^{53}	lu^{53}
尧都	tu^{53}	tu^{53}	tʰu^{53}	tʰu^{53}	tʰu^{44} 白 / tu^{44} 文	tʰu^{44}	nou^{53}	lou^{53}
洪洞	tu^{33}	tʰu^{53} 文	tʰu^{42}	tʰu^{33}	tʰu^{53}	tʰu^{53} 白	nou^{53}	lou^{21}
洪洞赵城	tu^{24}	tu^{24}	tʰu^{42}	tʰu^{42}	tu^{53}/ tʰu^{53}	tu^{53}/ tʰu^{53}	nou^{24}	lou^{24}
古县	tu^{42}	tu^{42}	tʰu^{42}	tʰu^{42}	tu^{53}	tʰu^{53} 白 / tu^{53} 文	nəu^{42}	ləu^{42}

续表

字目	堵	肚猪~	土	吐~痰	杜	肚腹~	努	鲁
中古音 / 方言点	当古 遇合一 上姥端	当古 遇合一 上姥端	他鲁 遇合一 上姥透	他鲁 遇合一 上姥透	徒古 遇合一 上姥定	徒古 遇合一 上姥定	奴古 遇合一 上姥泥	郎古 遇合一 上姥来
襄汾	tu^{42}	tʰu^{53} 白 / tu^{53} 文 /tu^{42}	tʰu^{42}	tʰu^{42}	tʰu^{53}	tʰu^{53} 白 / tu^{53} 文 /tu^{42}	nou^{42}	lou^{42}
浮山	tu^{33}	tʰu^{53}	tʰu^{44}	tʰu^{44}	tʰu^{53}	tu^{33}	nou^{33}	lou^{33}
霍州	tu^{33}	tʰu^{53} 白 / tu^{53} 文	tʰu^{33}	tʰu^{33}	tʰu^{53} 白 / tu^{53} 文	tʰu^{53} 白 / tu^{53} 文	ləu^{33} 老 / lu^{33} 新	lu^{33}
翼城	tou^{44}	tou^{44}	tʰou^{44}	tʰou^{44}	tou^{53}	tou^{53}	nou^{44}	lou^{44}
闻喜	tu^{33}	tʰu^{13} 白 / tu^{33} 文	tʰu^{33}	tʰu^{33}	tʰu^{33}	tʰu^{33} 白 / tu^{33} 文	lɤu^{33}	lɤu^{33}
侯马	tu^{44}	tu^{53}	tʰu^{44}	tʰu^{53}	tu^{53}	tu^{53}	——	lou^{44}
新绛	tu^{13}	tʰu^{53}	tʰu^{44}	tʰu^{13}	tʰu^{53}	tʰu^{53}	nəu^{13}	ləu^{13}
绛县	tu^{33}	tu^{33}	tʰu^{33}	tʰu^{33}	tu^{31}	tu^{31}	nəu^{24}	ləu^{33}
垣曲	tou^{44}	tʰou^{53}	tʰou^{44}	tʰou^{44}	tʰou^{53}	tʰou^{53}	nou^{44}	lou^{44}
夏县	tu^{24}	tʰu^{31} 白 / tu^{31} 文	tʰu^{24}	tʰu^{24}	tʰu^{31} 白 / tu^{31} 文	tʰu^{31} 白 / tu^{31} 文	ləu^{24}	ləu^{24}
万荣	tu^{55}	tʰu^{33}	tʰu^{55}	tʰu^{55}	tʰu^{33}	tʰu^{33}	nəu^{55}	ləu^{55}
稷山	tu^{44}	tʰu^{42} 白 / tu^{42} 文	tʰu^{44}	tʰu^{44}	tʰu^{42} 白 / tu^{42} 文	tʰu^{42} 白 / tu^{42} 文	nəu^{44} 白 / nu^{44} 文	ləu^{44} 白 / lu^{44} 文
盐湖	tu^{53}	tʰu^{53}	tʰu^{53}	tʰu^{53}	tʰu^{44}	tʰu^{44}	lou^{53}	lou^{53}
临猗	tu^{53}	tʰu^{44} 白 / tu^{44} 文	tʰu^{53}	tʰu^{53}	tʰu^{44} 白 / tu^{44} 文	tʰu^{44} 白 / tu^{44} 文	ləu^{53}	ləu^{53}
河津	tu^{53}	tu^{53}	tʰu^{53}	tʰu^{53}	tʰu^{44} 白 / tu^{44} 文	tʰu^{44} 白 / tu^{44} 文	nəu^{53}	ləu^{53}
平陆	tu^{55}	tʰu^{33} 白 / tu^{33} 文	tʰu^{55}	tʰu^{55}	tʰu^{33}	tʰu^{33} 白 / tu^{33} 文	ləu^{55}	ləu^{55}
永济	tu^{53}	tu^{53}	tʰu^{53}	tʰu^{53}	tʰu^{44}	tʰu^{44}	nəu^{53}	ləu^{53}
芮城	tu^{53}	tʰu^{44} 白 / tu^{44} 文	tʰu^{53}	tʰu^{53}	tʰu^{44}	tʰu^{44}	ləu^{53}	ləu^{53}
吉县	tʰu^{33} 白 / tu^{53} 文	tʰu^{33}	tʰu^{53}	tʰu^{53}	tʰu^{33}	tʰu^{33}	nəu^{53}	ləu^{53}
乡宁	tu^{44}	tu^{44}	tʰu^{44}	tʰu^{44}	tʰu^{22}	tʰu^{22}	nou^{44}	lou^{44}
广灵	tu^{44}	tu^{44}	tʰu^{44}	tʰu^{44}	tu^{213}	tu^{44}	nu^{44}	lu^{44}

字目	橹	虏	卤盐~	祖	组	估~计	古	股
中古音 / 方言点	郎古 遇合一 上姥来	郎古 遇合一 上姥来	郎古 遇合一 上姥来	则古 遇合一 上姥精	则古 遇合一 上姥精	公户 遇合一 上姥见	公户 遇合一 上姥见	公户 遇合一 上姥见
北京	lu^{214}	lu^{214}	lu^{214}	tsu^{214}	tsu^{214}	ku^{55}	ku^{214}	ku^{214}
小店	——	——	ləɯ^{53}	tsu^{53}	tsu^{53}	ku^{11}	ku^{53}/ku^{24}	ku^{53}
尖草坪	lei^{312}	lei^{312}	lei^{312}	tsu^{312}	tsu^{312}	ku^{312}	ku^{312}	ku^{312}
晋源	lɤu^{42}	lɤu^{42}	lɤu^{42}	tsu^{42}	tsu^{42}	ku^{11}	ku^{42}	ku^{42}
阳曲	lei^{312}	lei^{312}	lei^{312}	tsu^{312}	tsu^{312}	ku^{312}	ku^{312}	ku^{312}
古交	lei^{312}	lei^{312}	lei^{312}	tsu^{312}	tsu^{312}	ku^{312}	ku^{53}	ku^{312}
清徐	lɐu^{54}	lɐu^{54}	lɐu^{54}	tsu^{54}	tsu^{54}	ku^{54}	ku^{54}	ku^{54}
娄烦	lə^{33}	lə^{312}	lə^{312} 白 / lu^{312} 文	tsə^{312}	tsə^{312}	ku^{312}	ku^{312}	ku^{312}
榆次	lɯ^{53}	lɯ^{53}	lɯ^{53}	tsɯ^{53}	tsu^{53}	ku^{11}	ku^{53}	ku^{53}
交城	lʌɯ^{53}	lʌɯ^{53}	lʌɯ^{53}	tsʌɯ^{53} 白 / tsu^{53} 文	tsu^{53}	ku^{53}	ku^{53}	ku^{53}
文水	ləɯ^{423}	ləɯ^{423}	ləɯ^{423}	tsəɯ^{423} 白 / tsəɸ^{423} 文	tsəɸ^{423}	kəɸ^{423}	kəɸ^{423}	kəɸ^{423}
祁县	lɤu^{314}	lɤu^{314}	lɤu^{314}	tsuβ^{314}	tsuβ^{314}	kuβ^{31}	kuβ^{314}	kuβ^{314}
太谷	luo^{312}	luo^{312}	luo^{312}	tsuo^{312}	tsuo^{312}	ku^{33}	ku^{312}	ku^{312}
平遥	——	ləu^{512}	ləu^{512}	tsəu^{512}	tsəu^{512}	ku^{512}	ku^{512}	ku^{512}
孝义	lou^{312}	lou^{3121}	lou^{454}	tsou^{312}	tsou^{312}	ku^{312}	ku^{312}	ku^{312}
介休	ləu^{423}	ləu^{423}	ləu^{423}	tsəu^{423}	tsəu^{423}	ku^{423}	ku^{423}	ku^{423}
灵石	lu^{212}	lu^{212}	lu^{212}	tsu^{212}	tsu^{212}	ku^{212}	ku^{212}	ku^{212}
盂县	ləu^{55}	ləu^{55}	ləu^{55}	tsu^{53}	tsu^{53}	ku^{53}	ku^{53}	ku^{53}
寿阳	ləɯ^{53}	ləɯ^{53}	ləɯ^{53}	tsu^{53}	tsu^{53}	ku^{31}	ku^{53}	ku^{53}
榆社	——	ləu^{312}	ləu^{312}	tsʏ^{312}	tsʏ^{312}	kʏ^{312}	kʏ^{312}	kʏ^{312}
离石	lʌu^{312}	lʌu^{44}	lʌu^{312}	tsʌu^{312}	tsu^{312}	ku^{312}	ku^{312}	ku^{312}
汾阳	lou^{312}	lou^{312}	lou^{312}	tsou^{312}	tsəʋ^{312}	kəʋ^{324}	kəʋ^{312}	kəʋ^{312}
中阳	lʌ^{423}	lʌ^{33}	lʌ^{423}	tsʌ^{423}	tʂu^{423}	ku^{423}	ku^{423}	ku^{423}
柳林	——	lə^{312}	lə^{312}	tsə^{312}	tsu^{24}	ku^{24}	ku^{312}	ku^{312}
方山	ləɯ^{312}	ləɯ^{44}	ləɯ^{312}	tsəɯ^{312}	tsəɯ^{24}	ku^{24}	ku^{312}	ku^{312}
临县	ləɯ^{312}	ləɯ^{312}	ləɯ^{312}	tsəɯ^{312}	tsəɯ^{24}	ku^{24}	ku^{312}	ku^{312}
兴县	lou^{312}	lou^{312}	lou^{312}	tsou^{324}	tsou^{324}	ku^{324}	ku^{324}	ku^{324}
岚县	lɐu^{312}	lɐu^{312}	lɐu^{312}	tsɐu^{312}	tsɐu^{312}	ku^{312}	ku^{312}	ku^{312}
静乐	lɤɯ^{314}	lɤɯ^{314}	lɤɯ^{314}	tsɤɯ^{314}	tsɤɯ^{314}	ku^{314}	ku^{314}	ku^{314}
交口	——	lou^{323}	——	tsou^{323}	tsou^{323}	ku^{323}	ku^{323}	ku^{323}

续表

字目	橹	虏	卤盐~	祖	组	估~计	古	股
中古音 方言点	郎古 遇合一 上姥来	郎古 遇合一 上姥来	郎古 遇合一 上姥来	则古 遇合一 上姥精	则古 遇合一 上姥精	公户 遇合一 上姥见	公户 遇合一 上姥见	公户 遇合一 上姥见
石楼	lou^{213}	lou^{213}	lou^{213}	tsou^{213}	tsou^{213}	ku^{213}	ku^{213}	ku^{213}
隰县	——	lu^{21}	lou^{21}	tsou^{21}	tsu^{21}	ku^{21}	ku^{21}	ku^{21}
大宁	ləu^{31}	ləu^{24}	ləu^{31}	tsəu^{31}	tsəu^{31}	ku^{31}	ku^{31}	——
永和	lɤu^{35} 白 / lu^{312} 文	lɤu^{35} 白 / lu^{312} 文	lɤu^{35} 白 / lu^{312} 文	tsɤu^{33} 白 / tsu^{33} 文	tsɤu^{33} 白 / tsu^{33} 文	ku^{33}	ku^{312}	ku^{53}
汾西	——	lou^{33}/lu^{33}	lou^{33}	tsou^{11}	tsou^{11}	kβ̍^{33}	kβ̍^{33}	kβ̍^{33}
蒲县	lou^{24}	lu^{31}	lou^{31}	tsou^{52}	tsou^{52}	ku^{52}	ku^{31}	ku^{31}
潞州	lu^{535}	lu^{535}	lu^{535}	tsu^{535}	tsu^{535}	ku^{535}	ku^{535}	ku^{535}
上党	lu^{535}	lu^{535}	lu^{535}	tsu^{213}	tsu^{213}	ku^{213}	ku^{535}	ku^{535}/kuəʔ$^{\underline{21}}$
长子	lu^{434}	lu^{434}	lu^{434}	tsu^{434}	tsu^{434}	ku^{434}	ku^{434}	ku^{434}
屯留	lu^{43}	lu^{43}	lu^{43}	tsu^{43}	tsu^{43}	ku^{43}	ku^{43}	ku^{43}
襄垣	lu^{42}	lu^{42}	lu^{42}	tsu^{42}	tsu^{42}	ku^{42}	ku^{42}	ku^{42}
黎城	lu^{213}	lu^{213}	lu^{213}	tsu^{213}	tsu^{213}	ku^{33}	ku^{213}	ku^{33}
平顺	lu^{434}	lu^{434}	lu^{434}	tsu^{535}	tsu^{535}	ku^{213}	ku^{434}	kuəʔ$^{\underline{423}}$
壶关	lu^{535}	lu^{535}	lu^{535}	tʂu^{535}	tʂu^{535}	ku^{33}	ku^{535}	kuəʔ$^{\underline{21}}$
沁县	ləu^{214}	ləu^{214}	ləu^{214}	tsu^{214}	tsu^{214}	ku^{224}	ku^{214}	ku^{214}
武乡	ləu^{213}	ləu^{213}	ləu^{213}	tsu^{213}	tsu^{213}	ku^{113}	ku^{213}	kuəʔ^{3} 白 / ku^{213}
沁源	lei^{324}	lei^{324}	lei^{324}	tsei^{324}	tsei^{324}	ku^{324}	ku^{324}	ku^{324}
安泽	ləu^{35} 白 / lu^{42} 文	lu^{42}	ləu^{35} 白 / lu^{42} 文	tsəu^{42} 白 / tsu^{42} 文	tsəu^{42} 白 / tsu^{42} 文	ku^{42}	ku^{42}	ku^{42}
沁水端氏	lu^{31}	lu^{31}	lu^{24}	tsu^{31}	tsu^{31}	ku^{21}	ku^{31}	ku^{31}
阳城	——	lu^{212}	lu^{212}	tsu^{212}	tsu^{212}	ku^{212}	ku^{212}	ku^{212}
高平	lu^{212}	lʌu^{53}	lu^{212}	tʂu^{212}	tʂu^{212}	ku^{212}	ku^{212}	ku^{212}
陵川	lu^{312}	lu^{312}	lu^{312}	tʂu^{312}	tʂu^{312}	ku^{312}	ku^{312}	ku^{312}
晋城	lu^{213}	lu^{213}	lu^{213}	tʂu^{213}	tʂu^{213}	ku^{213}	ku^{213}	ku^{213}
忻府	ləu^{313}	ləu^{313}	ləu^{313}	tsu^{313}	tsu^{313}	ku^{313}	ku^{313}	ku^{313}
原平	lu^{213}	lɤɯ^{213}	lɤɯ^{213}	tsu^{213}	tsu^{213}	ku^{213}	ku^{213}	ku^{213}
定襄	ləu^{24}	ləu^{24}	ləu^{24}	tsu^{24}	tsu^{24}	ku^{24}	ku^{24}	ku^{24}
五台	lei^{213}	lei^{213}	lei^{213}	tsu^{213}	tsu^{213}	ku^{213}	ku^{213}	ku^{213}
岢岚	ləu^{13}	ləu^{13}	ləu^{13}	tʂu^{13}	tʂu^{13}	ku^{13}	ku^{13}	ku^{13}
五寨	ləu^{13}	ləu^{13}	ləu^{13}	tsu^{13}	tsu^{13}	ku^{13}	ku^{13}	ku^{13}

续表

字目	橹	虏	卤盐~	祖	组	估~计	古	股
中古音 / 方言点	郎古 遇合一 上姥来	郎古 遇合一 上姥来	郎古 遇合一 上姥来	则古 遇合一 上姥精	则古 遇合一 上姥精	公户 遇合一 上姥见	公户 遇合一 上姥见	公户 遇合一 上姥见
宁武	ləu^{213}	ləu^{213}	ləu^{213}	tsu^{213}	tsu^{213}	ku^{23}	ku^{213}	ku^{213}
神池	lu^{13}	lu^{13}	lu^{13}	tsu^{13}	tsu^{13}	ku^{24}	ku^{13}	ku^{13}
繁峙	lu^{53}	lu^{53}	lu^{53}	tsu^{53}	tsu^{53}	ku^{53}	ku^{53}	ku^{53}
代县	ləu^{213}	ləu^{44}	ləu^{213}	tsu^{213}	tsu^{213}	ku^{213}	ku^{213}	ku^{213}
河曲	lɤɯ^{213}	lɤɯ^{213}	lɤɯ^{213}	tsu^{213}	tsu^{213}	ku^{213}	ku^{213}	ku^{213}
保德	lu^{213}	lu^{213}	lʌu^{213}	tsu^{213}	tsu^{213}	ku^{213}	ku^{213}	ku^{213}
偏关	——	lɤu^{213}	lɤu^{213}	tu^{213}	tu^{213}	ku^{213}	ku^{213}	ku^{213}
朔城	ləu^{312}	ləu^{312}	ləu^{312}	tsu^{312}	tsu^{312}	ku^{312}	ku^{312}	ku^{312}
平鲁	ləu^{213}	ləu^{44}	ləu^{213}	tsu^{213}	tsu^{213}	ku^{213}	ku^{213}	ku^{213}
应县	——	——	——	tsu^{54}	tsu^{54}	ku^{54}	ku^{54}	ku^{54}/kuəʔ$^{\underline{43}}$
灵丘	lu^{442}	lu^{442}	lu^{442}	tsu^{442}	tsu^{442}	ku^{442}	ku^{442}	ku^{442}
浑源	lu^{52}	lu^{52}	lu^{52}	tsu^{22}	tsu^{22}	ku^{52}	ku^{52}	ku^{52}
云州	lɤu^{55}	lɤu^{55}	lɤu^{55}	tsu^{312}	tsu^{312}	ku^{55}	ku^{55}	ku^{55}
新荣	ləu^{54}	ləu^{54}	ləu^{54}	tsu^{54}	tsu^{54}	ku^{54}	ku^{54}	ku^{54}
怀仁	lɤu^{53}	lɤu^{53}	lɤu^{53}	tsu^{53}	tsu^{53}	ku^{53}	ku^{53}	ku^{53}
左云	lu^{54}	lu^{54}	lu^{54}	tsu^{54}	tsu^{54}	ku^{31}	ku^{54}	ku^{54}
右玉	ləu^{53}	ləu^{53}	ləu^{53}	tsu^{212}	tsu^{212}	ku^{53}	ku^{53}	ku^{53}
阳高	lɤu^{53}	lɤu^{53}	lɤu^{53}	tsu^{53}	tsu^{53}	ku^{53}	ku^{53}	ku^{53}
山阴	——	ləu^{52}	ləu^{313}	tsu^{52}	tsu^{52}	ku^{52}	ku^{52}	ku^{52}
天镇	lɤu^{55}	lɤu^{55}	lɤu^{55}	tsu^{55}	tsu^{55}	ku^{55}	ku^{55}	ku^{55}
平定	lu^{53}	lu^{53}	lu^{53}	tsu^{53}	tsu^{53}	ku^{53}	ku^{53}	ku^{53}
昔阳	lu^{55}	lu^{55}	lu^{55}	tsu^{55}	tsu^{55}	ku^{42}	ku^{55}	ku^{55}
左权	lu^{42}	lu^{42}	lu^{42}	tʂu^{42}	tʂu^{42}	ku^{42}	ku^{42}	ku^{42}
和顺	lu^{53}	lu^{53}	lu^{53}	tsu^{53}	tsu^{53}	ku^{53}	ku^{53}	ku^{53}
尧都	——	lou^{53}	lou^{53}	tsou^{53}	tsou^{53}	ku^{53}	ku^{53}	ku^{21}
洪洞	——	lou^{42}	lou^{42}	tsou^{42}	tsou^{21}	ku^{42}	ku^{42}	ku^{42}
洪洞赵城	lou^{24}	lou^{24}	lou^{24}	tsou^{42}	tsou^{42}	ku^{42}	ku^{42}	ku^{42}
古县	——	ləu^{42}	ləu^{42}	tsəu^{42}	tsəu^{42}	ku^{42}	ku^{42}	ku^{42}
襄汾	lou^{42}	lou^{42}	lou^{42}	tsou^{42}	tsou^{42}	ku^{42}	ku^{42}	ku^{42}
浮山	lou^{33}	lou^{33}	lou^{33}	tsou^{33}	tsou^{33}	ku^{33}	ku^{33}	ku^{33}
霍州	lu^{33}	lu^{33}	ləu^{33}老/lu^{33}新	tsəu^{212}老/tsu^{212}新	tsəu^{212}老/tsu^{212}新	ku^{33}	ku^{33}	ku^{33}

续表

字目	橹	虏	卤盐~	祖	组	估~计	古	股
中古音 / 方言点	郎古 遇合一 上姥来	郎古 遇合一 上姥来	郎古 遇合一 上姥来	则古 遇合一 上姥精	则古 遇合一 上姥精	公户 遇合一 上姥见	公户 遇合一 上姥见	公户 遇合一 上姥见
翼城	lou44	lou44	lou44	tsou44	tsou44	ku44	ku44	ku44
闻喜	——	lu33/lɤu33	——	tsuɤ33	tsɤu33	ku33	ku33	ku33
侯马	lou44	lou44	lou44	tsou44	tsou44	ku213	ku44	ku44
新绛	ləu13	ləu13	ləu13	tsəu13	tsəu53	ku53	ku44	ku53
绛县	——	ləu33	ləu33	tsəu33	tsəu33	ku33	ku33	ku33
垣曲	lou44	lou44	lou44	tsou44	tsou44	ku22	ku44	ku44
夏县	——	ləu24	ləu24	tsəu24	tsəu24	ku53	ku24	ku24
万荣	ləu55	ləu55	ləu55	tsəu55	tsəu55	ku55	ku55	ku55
稷山	——	ləu44 白 / lu44 文	ləu44 白 / lu44 文	tsəu44	tsəu44	ku42	ku44	ku44
盐湖	lou53	lou53	lou53	tsou53	tsou53	ku53	ku53	ku53
临猗	ləu53	ləu53	ləu53	tsəu53	tsəu53	ku42	ku53	ku53
河津	ləu53	ləu53	ləu53	tsəu53	tsəu53	ku53	ku53	ku53
平陆	ləu55	ləu55	ləu55	tsəu55	tsəu55	ku55/ku33	ku55	ku55
永济	ləu53	ləu53	ləu53	tsəu53	tsəu53	ku53	ku53	ku53
芮城	——	ləu42	ləu53	tsəu53	tsəu53	kʰu42 白 / ku42 文	ku53	ku53
吉县	ləu53	ləu423	ləu53	tsəu53	tsəu53	ku53	ku53	ku53
乡宁	lou44	lou44	lou44	tsou44	tsou44	ku44	ku44	ku44
广灵	lu44	lu44	lu44	tsu44	tsu44	ku44	ku44	ku44

字目	鼓	苦	午	伍	五	虎	户	布~匹
中古音 / 方言点	公户 遇合一 上姥见	康杜 遇合一 上姥溪	疑古 遇合一 上姥疑	疑古 遇合一 上姥疑	疑古 遇合一 上姥疑	呼古 遇合一 上姥晓	侯古 遇合一 上姥匣	博故 遇合一 去暮帮
北京	ku^{214}	kʰu^{214}	u^{214}	u^{214}	u^{214}	xu^{214}	xu^{51}	pu^{51}
小店	ku^{53}	kʰu^{11}/kʰu^{53}	vu^{53}	vu^{53}	vu^{53}	xu^{53}	xu^{24}	pu^{24}
尖草坪	ku^{312}	kʰu^{312}	u^{312}	u^{312}	vu^{312}	xu^{312}	xu^{35}	pu^{35}
晋源	ku^{42}	ku^{42}	vu^{42}	vu^{42}	vu^{42}	xu^{42}	xu^{35}	pu^{35}
阳曲	ku^{312}	kʰu^{312}	u^{312}	u^{312}	u^{312}	xu^{312}	xu^{454}	pu^{454}
古交	ku^{312}	kʰu^{312}	u^{312}	u^{312}	u^{312}	xu^{312}	xu^{53}	pu^{53}
清徐	ku^{54}	kʰu^{54}	vu^{54}	vu^{54}	vu^{54}	xu^{54}	xu^{45}	pu^{45}
娄烦	ku^{312}	kʰu^{312}	vu^{312}	vu^{312}	vu^{312}	xu^{312}	xu^{54}	pu^{54}
榆次	ku^{53}	kʰu^{53}	vu^{53}	vu^{53}	vu^{53}	xu^{53}	xu^{35}	pu^{35}
交城	ku^{53}	kʰu^{53}	u^{53}	u^{53}	u^{53}	xu^{53}	xu^{24}	pu^{24}
文水	kəɸ^{423}	kʰəɸ^{423}	əɸ^{423}	əɸ^{423}	əɸ^{423}	xəɸ^{423}	xəɸ^{35}	pəɸ^{35}
祁县	kuβ^{314}	kʰuβ^{314}	uβ^{314}	uβ^{314}	uβ^{314}	xuβ^{314}	xuβ^{45}	puβ^{45}
太谷	ku^{312}	kʰuo^{312}	vu^{312}	vu^{312}	vu^{312}	xu^{312}	xu^{53}	pu^{53}
平遥	ku^{512}	kʰu^{512}	u^{512}	u^{512}	u^{512}	xu^{512}	xu^{24}	pu^{24}
孝义	ku^{312}	kʰu^{312}	u^{312}	u^{312}	uəʔ^{3}	xu^{312}	xu^{454}	pu^{454}
介休	ku^{423}	kʰu^{423}	u^{423}	uʌʔ$^{\underline{312}}$	uʌʔ$^{\underline{312}}$	xu^{423}	xu^{45}	pu^{45}
灵石	ku^{212}	kʰu^{212}	u^{212}	u^{212}	u^{212}	xu^{212}	xu^{212}	pu^{53}
盂县	ku^{53}	kʰu^{53}	u^{53}	u^{53}	u^{53}	xu^{53}	xu^{55}	pu^{55}
寿阳	ku^{53}	kʰu^{53}	u^{53}	u^{53}	u^{53}	xu^{53}	xu^{45}	pu^{45}
榆社	kʏ̩^{312}	kʰʏ̩^{312}	ʏ̩^{312}	ʏ̩^{312}	ʏ̩^{312}	xʏ̩^{312}	xʏ̩^{45}	pʏ̩^{45}
离石	ku^{312}	kʰu^{312}	u^{312}	uəʔ$^{\underline{23}}$	uəʔ$^{\underline{23}}$	xu^{312}	xu^{53}	pu^{53}
汾阳	kəʋ^{312}	kʰəʋ^{312}	u^{312} 白 / əʋ^{312} 文	əʋ^{312}	uəʔ$^{\underline{312}}$	fəʋ^{312}	fəʋ^{55}	pu^{55}
中阳	ku^{423}	kʰu^{423}	u^{423}	uəʔ$^{\underline{312}}$	u^{423}	xu^{423}	xu^{53}	pu^{53}
柳林	ku^{312}	kʰu^{312}	u^{312}	u^{312}	uəʔ$^{\underline{312}}$ 白 /u^{312}	xu^{312}	xu^{53}	pu^{53}
方山	ku^{312}	kʰu^{312}	u^{312}	u^{312}	uəʔ$^{\underline{23}}$	xu^{312}	xu^{52}	pu^{52}
临县	ku^{312}	kʰu^{312}	uɐʔ^{3}	uɐʔ^{3}	uɐʔ^{3}	xu^{312}	xu^{52}	pu^{52}
兴县	ku^{324}	kʰu^{324}	u^{324}	u^{324}	uəʔ$^{\underline{312}}$	xu^{324}	xu^{53}	pu^{53}
岚县	ku^{312}	kʰu^{312}	u^{312}	u^{312}	u^{312}	xu^{312}	xu^{53}	pu^{53}
静乐	ku^{314}	kʰu^{314}	vu^{314}	vu^{314}	vu^{314}	xu^{314}	xu^{53}	pu^{53}
交口	ku^{323}	kʰu^{323}	u^{323}	u^{323}	u^{323}	xu^{323}	xu^{53}	pu^{53}
石楼	ku^{213}	kʰu^{213}	u^{213}	u^{213}	u^{213}	xu^{213}	xu^{51}	pu^{51}

续表

字目	鼓	苦	午	伍	五	虎	户	布~匹
中古音 / 方言点	公户 遇合一 上姥见	康杜 遇合一 上姥溪	疑古 遇合一 上姥疑	疑古 遇合一 上姥疑	疑古 遇合一 上姥疑	呼古 遇合一 上姥晓	侯古 遇合一 上姥匣	博故 遇合一 去暮帮
隰县	ku^{21}	kʰu^{21}	u^{21}	u^{21}	u^{21}	xu^{21}	xu^{44}	pʰu^{44} 白 / pu^{44} 文
大宁	ku^{31}	kʰu^{31}	u^{31} 文	u^{31}	u^{31}	xu^{31}	xu^{55}	pu^{31}
永和	ku^{33}	kʰu^{312}	u^{35}	u^{312}	u^{312}	xu^{312}/xu^{53}	xu^{53}	pu^{53}
汾西	kβ̍^{53}	kʰβ̍^{33}	β̍^{11}	β̍^{33}	β̍^{33}	xβ̍^{33}	xβ̍^{53}	pβ̍^{55}
蒲县	ku^{33}	kʰu^{31}	u^{31}	u^{31}	u^{31}	xu^{31}	xu^{33}	pu^{33}
潞州	ku^{535}	kʰu^{535}	u^{535}	u^{535}	u^{535}	xu^{535}	xu^{54}	pu^{44}
上党	ku^{535}	kʰu^{535}	u^{535}	u^{535}	u^{535}/uəʔ$^{\underline{21}}$	xu^{535}	xu^{42}	pu^{22}
长子	ku^{434}	kʰu^{434}	u^{434}	u^{434}	u^{434}	xu^{434}	xu^{53}	pu^{53}
屯留	ku^{43}	kʰu^{43}	u^{43}	u^{43}	u^{43}	xu^{43}	xu^{11}	pu^{53}
襄垣	ku^{42}	kʰu^{42}	u^{42}	u^{42}	u^{42}	xu^{42}	xu^{45}	pu^{53}
黎城	ku^{213}	kʰu^{213}	u^{213}	u^{213}	u^{213}	xu^{213}	xu^{53}	pu^{422}
平顺	ku^{434}	kʰu^{434}	u^{434}	u^{434}	u^{434}	xu^{434}	xu^{53}	pu^{53}
壶关	ku^{535}	kʰu^{535}	u^{535}	u^{535}	u^{535}	xu^{535}	xu^{353}	pu^{42}
沁县	ku^{214}	kʰu^{214}	vu^{214}	vu^{214}	vu^{214}	xu^{214}	xu^{53}	pu^{53}
武乡	ku^{213}	kʰu^{213}	u^{213}	u^{213}	u^{213}	xu^{213}	xu^{55}	pu^{55}
沁源	ku^{324}	kʰu^{324}	u^{324}	u^{324}	u^{324}	xu^{324}	xu^{53}	pu^{53}
安泽	ku^{42}	kʰu^{42}	u^{42}	u^{42}	u^{42}	xu^{42}	xu^{53}	pu^{53}
沁水端氏	ku^{31}	kʰu^{31}	u^{31}	u^{31}	u^{31}	xu^{31}	xu^{31}	pu^{53}
阳城	ku^{212}	kʰu^{212}	u^{212}	u^{212}	u^{212}	xu^{212}	xu^{51}	pu^{51}
高平	ku^{212}	kʰu^{212}	u^{212}	u^{212}	u^{212}	xu^{212}	xu^{53}	pu^{53}
陵川	ku^{312}	kʰu^{312}	u^{312}	u^{312}	u^{312}	xu^{312}	xu^{24}	pu^{24}
晋城	ku^{213}	kʰu^{213}	u^{213} 白 / uə^{213} 文	uə^{213}	uə^{213}	xu^{213}	xu^{53}	pu^{53}
忻府	ku^{313}	kʰu^{313}	u^{313}	u^{313}	u^{313}	xu^{313}	xu^{53}	pu^{53}
原平	ku^{213}	kʰu^{213}	u^{213}	u^{213}	u^{213}	xu^{213}	xu^{53}	pu^{53}
定襄	ku^{24}	kʰu^{24}	u^{24}	u^{24}	u^{24}	xu^{24}	xu^{53}	pu^{53}
五台	ku^{213}	kʰu^{213}	u^{213}	u^{213}	u^{213}	xu^{213}	xu^{52}	pu^{52}
岢岚	ku^{13}	kʰu^{13}	u^{13}	u^{13}	u^{13}	xu^{13}	xu^{52}	pu^{52}
五寨	ku^{13}	kʰu^{13}	vu^{13}	vu^{13}	vu^{13}	xu^{13}	xu^{52}	pu^{52}
宁武	ku^{213}	kʰu^{23}	u^{213}	u^{213}	u^{213}	xu^{213}	xu^{52}	pu^{52}
神池	ku^{13}	kʰu^{52}	vu^{13}	vu^{13}	vu^{13}	xu^{13}	xu^{52}	pu^{52}

续表

字目	鼓	苦	午	伍	五	虎	户	布~匹
中古音 / 方言点	公户 遇合一 上姥见	康杜 遇合一 上姥溪	疑古 遇合一 上姥疑	疑古 遇合一 上姥疑	疑古 遇合一 上姥疑	呼古 遇合一 上姥晓	侯古 遇合一 上姥匣	博故 遇合一 去暮帮
繁峙	ku^{53}	k^{h}u^{53}	vu^{53}	vu^{53}	vu^{53}	xu^{53}	xu^{24}	pu^{24}
代县	ku^{213}	k^{h}u^{213}	u^{213}	u^{213}	u^{213}	xu^{213}	xu^{53}	pu^{53}
河曲	ku^{213}	k^{h}u^{213}	u^{213}	u^{213}	u^{213}	xu^{213}	xu^{52}	pu^{52}
保德	ku^{213}	k^{h}u^{213}	vu^{213}	vu^{213}	vu^{213}	xu^{213}	xu^{52}	pu^{52}
偏关	ku^{213}	k^{h}u^{213}	u^{213}	u^{213}	u^{213}	xu^{213}	xu^{52}	pu^{52}
朔城	ku^{312}	k^{h}u^{312}	u^{312}	u^{312}	u^{312}	xu^{312}	xu^{53}	pu^{53}
平鲁	ku^{213}	k^{h}u^{213}	u^{213}/uəʔ$^{\underline{34}}$	u^{213}	u^{213}	xu^{213}	xu^{52}	pu^{52}
应县	ku^{54}	k^{h}u^{54}	vu^{54}	vu^{54}	vu^{54}	xu^{54}/xuəʔ$^{\underline{43}}$	xu^{24}	pu^{24}
灵丘	ku^{442}	k^{h}u^{442}	vu^{442}	vu^{442}	u^{442}	xu^{442}	xu^{53}	pu^{53}
浑源	ku^{52}	k^{h}u^{52}	vu^{52}/vəʔ^{4}	vu^{52}	vu^{52}	xu^{52}	xu^{13}	pəʔ^{4}
云州	ku^{55}	k^{h}u^{55}	vu^{55}	vu^{55}	vu^{55}	xu^{55}	xu^{24}	pu^{24}
新荣	ku^{54}	k^{h}u^{54}	u^{54}	u^{54}	u^{54}	xu^{54}	xu^{24}	pu^{24}
怀仁	ku^{53}	k^{h}u^{53}	u^{53}	u^{53}	u^{53}	xu^{53}	xu^{24}	pu^{24}
左云	ku^{54}	k^{h}u^{54}	vu^{54}	vu^{54}	vu^{54}	xu^{54}	xu^{24}	pu^{24}
右玉	ku^{53}	k^{h}u^{53}	vu^{53}	vu^{53}	vu^{53}	xu^{53}	xu^{24}	pu^{24}
阳高	ku^{53}	k^{h}u^{53}	u^{53}	u^{53}	u^{53}	xu^{53}/xuɑʔ^{3}	xu^{24}	pu^{53}/pəʔ^{3}
山阴	ku^{52}	k^{h}u^{52}	u^{52}	u^{52}	u^{52}	xu^{52}	xu^{335}	pu^{335}
天镇	ku^{55}	k^{h}u^{55}	u^{55}	u^{55}	u^{55}	xu^{55}	xu^{24}	pu^{24}
平定	ku^{53}	k^{h}u^{53}	u^{53}	u^{53}	u^{53}	xu^{53}	xu^{24}	pu^{24}
昔阳	ku^{55}	ku^{55}	u^{55}	u^{55}	u^{55}	xu^{55}	xu^{13}	pu^{13}
左权	ku^{42}	k^{h}u^{42}	u^{42}	u^{42}	u^{42}	xu^{42}	xu^{53}	pu^{53}
和顺	ku^{53}	k^{h}u^{53}	u^{53}	u^{53}	u^{53}	xu^{53}	xu^{53}	pu^{13}
尧都	ku^{53}	k^{h}u^{53}	u^{53}	u^{53}	u^{53}	xu^{53}	xu^{44}	pu^{44}
洪洞	ku^{42}	k^{h}u^{42}	u^{21}	u^{42}	u^{42}	xu^{42}	xu^{53}	p^{h}u^{33}
洪洞赵城	ku^{42}	k^{h}u^{42}	u^{42}	u^{42}	u^{42}	xu^{42}	xu^{53}	pu^{53}
古县	ku^{42}	k^{h}u^{42}	u^{42}	u^{42}	u^{42}	xu^{42}	xu^{53}	p^{h}u^{53}白 / pu^{53}文
襄汾	ku^{42}	k^{h}u^{42}	vu^{24}	u^{42}	u^{42}	xu^{42}	xu^{53}	pu^{44}
浮山	ku^{33}	k^{h}u^{33}	u^{53}	u^{53}	u^{53}	xu^{33}	xu^{53}	pu^{44}
霍州	ku^{33}	k^{h}u^{33}	u^{33}	u^{33}	u^{33}	xu^{33}	xu^{53}	pu^{55}
翼城	ku^{44}	k^{h}u^{44}	u^{44}	u^{44}	u^{44}	xu^{44}	xu^{53}	pu^{53}

续表

字目	鼓	苦	午	伍	五	虎	户	布~匹
中古音 方言点	公户 遇合一 上姥见	康杜 遇合一 上姥溪	疑古 遇合一 上姥疑	疑古 遇合一 上姥疑	疑古 遇合一 上姥疑	呼古 遇合一 上姥晓	侯古 遇合一 上姥匣	博故 遇合一 去暮帮
闻喜	ku^{33}	k^hu^{33}	u^{33}	u^{33}	u^{33}	xu^{33}	xu^{13}	pu^{53}
侯马	ku^{44}	k^hu^{44}	u^{44}	u^{44}	u^{44} 白	u^{44}	u^{53}	pu^{53}
新绛	ku^{53}	k^hu^{44}	u^{13}	u^{53}	u^{44}	xu^{44}	xu^{53}	pu^{53}
绛县	ku^{33}	k^hu^{33}	u^{33}	u^{33}	u^{33}	xu^{33}	xu^{31}	pu^{31}
垣曲	ku^{44}	k^hu^{44}	u^{44}	u^{44}	u^{44}	xu^{44}	xu^{53}	pu^{53}
夏县	ku^{24}	k^hu^{24}	u^{24}	u^{24}	u^{24}	xu^{24}	xu^{31}	pu^{31}
万荣	ku^{55}	k^hu^{55}	u^{55}	u^{55}	u^{55}	xu^{55}	xu^{33}	pu^{33}
稷山	ku^{44}	k^hu^{44}	u^{44}	u^{44}	u^{44}	xu^{44}	xu^{42}	pu^{42}
盐湖	ku^{53}	k^hu^{53}	u^{53}	u^{53}	u^{53}	xu^{53}	xu^{44}	pu^{44}
临猗	ku^{53}	k^hu^{53}	u^{53}	u^{53}	u^{53}	xu^{53}	xu^{44}	pu^{44}
河津	ku^{53}	k^hu^{53}	u^{53}	u^{53}	u^{53}	xu^{53}	xu^{44}	p^hu^{44} 白 / pu^{44} 文
平陆	ku^{55}	k^hu^{55}	ka^{55}/u^{55}	u^{55}	u^{55}	xu^{55}	xu^{33}	pu^{33}
永济	ku^{53}	k^hu^{53}	u^{53}	u^{53}	u^{53}	xu^{53}	$ləu^{24}$ 白 / xu^{44} 文	pu^{44}
芮城	ku^{53}	k^hu^{53}	u^{53}	u^{53}	u^{53}	xu^{53}	xu^{44}	pu^{44}
吉县	ku^{53}	k^hu^{53}	u^{33}	u^{53}	u^{53}	xu^{53}	xu^{33}	pu^{33}
乡宁	ku^{44}	k^hu^{44}	u^{44}	u^{44}	u^{44}	xu^{44}	xu^{22}	pu^{22}
广灵	ku^{44}	k^hu^{44}	vu^{44}	vu^{44}	vu^{44}	xu^{44}	xu^{213}	pu^{213}

字目	布~置	怖	铺店~	捕	步	埠商~	暮	慕
中古音／方言点	博故 遇合一 去暮帮	普故 遇合一 去暮滂	普故 遇合一 去暮滂	薄故 遇合一 去暮並	薄故 遇合一 去暮並	薄故 遇合一 去暮並	莫故 遇合一 去暮明	莫故 遇合一 去暮明
北京	pu^{51}	pu^{51}	p^{h}u^{51}	pu^{214}	pu^{51}	pu^{51}	mu^{51}	mu^{51}
小店	pu^{24}	pu^{24}	p^{h}u^{24}	pu^{53}	pu^{24}	pu^{24}	mu^{24}	mu^{24}
尖草坪	pu^{35}	pu^{35}	p^{h}u^{35}	pu^{312}	pu^{35}	pu^{35}	mu^{35}	mu^{35}
晋源	pu^{35}	pu^{35}	p^{h}u^{35}	pu^{42}	pu^{35}	pu^{35}	mu^{35}	mu^{35}
阳曲	pu^{454}	pu^{454}	p^{h}u^{454}	pu^{312}	pu^{454}	pu^{454}	mu^{454}	mu^{454}
古交	pu^{53}	pu^{53}	p^{h}u^{53}	pu^{312}	pu^{53}	p^{h}u^{53}	mu^{53}	mu^{53}
清徐	pu^{45}	pu^{45}	p^{h}u^{45}	pu^{54}	pu^{45}	fu^{54}	mu^{45}	mu^{45}
娄烦	pu^{54}	pu^{54}	p^{h}u^{54}	pu^{312}	pu^{54}	pu^{54}	mu^{54}	mu^{54}
榆次	pu^{35}	pu^{35}	p^{h}u^{35}	pu^{53}	pu^{35}	pu^{35}	mu^{35}	mu^{35}
交城	pu^{24}	pu^{24}	p^{h}u^{24}	pu^{53}	pu^{24}	pu^{24}	mu^{24}	mu^{24}
文水	pəɸ^{35}	pəɸ^{35}	p^{h}əɸ^{35}	pəɸ^{423}	pəɸ^{35}	pəɸ^{35}	məɸ^{35}	məɸ^{35}
祁县	puβ^{45}	puβ^{45}	p^{h}uβ^{45}	puβ^{314}	puβ^{45}	puβ^{45}	muβ^{45}	muβ^{45}
太谷	pu^{53}	pu^{53}	p^{h}u^{53}	pu^{312}	pu^{53}	——	mu^{53}	mu^{53}
平遥	pu^{24}	pu^{24}	p^{h}u^{24}	pu^{512}	pu^{24}	xu^{512}	mu^{24}	mu^{24}
孝义	pu^{454}	pu^{454}	p^{h}u^{454}	pu^{312}	pu^{454}	xu^{454}	mu^{454}	mu^{454}
介休	pu^{45}	pu^{45}	p^{h}u^{45}	pu^{423}	pu^{45}	pu^{45}	mu^{45}	mu^{45}
灵石	pu^{53}	pu^{53}	p^{h53}	pu^{535}	pu^{53}	——	mu^{53}	mu^{53}
盂县	pu^{55}	pu^{55}	p^{h}u^{55}	pu^{53}	pu^{55}	pu^{55}	mu^{55}	mu^{55}
寿阳	pu^{45}	pu^{45}	p^{h}u^{45}	pu^{53}	pu^{45}	pu^{45}	mu^{45}	mu^{45}
榆社	pɣ^{45}	pɣ^{45}	p^{h}ɣ^{45}	pɣ^{312}	pɣ^{45}	pɣ^{45}	mɣ^{45}	mɣ^{45}
离石	pu^{53}	pu^{53}	p^{h}u^{53}	pu^{312}	pu^{53}	——	mu^{53}	mu^{53}
汾阳	pu^{55}	pu^{55}	p^{h}əʋ^{55}	pu^{312}	pu^{55}	pu^{55}	məʋ^{55}	məʋ^{55}
中阳	pu^{53}	pu^{53}	p^{h}u^{53}	pu^{423}	pu^{53}	——	mu^{53}	mu^{53}
柳林	pu^{53}	pu^{53}	p^{h}u^{53}	pu^{312}	pu^{53}	pu^{53}	mu^{53}	mu^{53}
方山	pu^{52}	pu^{52}	p^{h}u^{52}	pu^{312}	pu^{52}	pu^{52}	mu^{52}	mu^{52}
临县	pu^{52}	pu^{52}	p^{h}u^{52}	pu^{312}	pu^{52}	pu^{52}	mu^{52}	mu^{52}
兴县	pu^{53}	pu^{53}	p^{h}u^{53}	pu^{324}	pu^{53}	pu^{53}	mu^{53}	mu^{53}
岚县	pu^{53}	pu^{53}	p^{h}u^{53}	pu^{312}	pu^{53}	pu^{53}	mu^{53}	mu^{53}
静乐	pu^{53}	pu^{53}	p^{h}u^{53}	pu^{314}	pu^{53}	pu^{53}	mu^{53}	mu^{53}
交口	pu^{53}	pu^{53}	p^{h}u^{53}	p^{h}u^{323}	pu^{53}	pu^{53}	mu^{53}	mu^{53}
石楼	pu^{51}	pu^{51}	p^{h}u^{51}	pu^{213}	pu^{51}	pu^{51}	mu^{51}	mu^{51}
隰县	p^{h}u^{44}白／ pu^{44}文	pu^{44}	p^{h}u^{44}	p^{h}u^{21}	p^{h}u^{44}白／ pu^{44}文	xu^{44}	mu^{53}	mu^{53}

续表

字目	布~置	怖	铺店~	捕	步	埠商~	暮	慕
中古音 / 方言点	博故 遇合一 去暮帮	普故 遇合一 去暮滂	普故 遇合一 去暮滂	薄故 遇合一 去暮並	薄故 遇合一 去暮並	薄故 遇合一 去暮並	莫故 遇合一 去暮明	莫故 遇合一 去暮明
大宁	pu^{55}	pu^{55}	pʰu^{55}	pu^{24}	pʰu^{55}	——	mu^{55}	mu^{55}
永和	pu^{53}	pu^{53}	pʰu^{53}	pʰu^{33} 白 / pu^{33} 文	pʰu^{53} 白 / pu^{53} 文	——	mu^{53}	mu^{53}
汾西	——	pβ̍^{55}	pʰβ̍^{55}	pβ̍^{33}	pʰβ̍^{53} 白 / pβ̍^{53} 文	——	mβ̍^{53}	mβ̍^{53}
蒲县	——	pu^{33}	pʰu^{33}	pʰu^{31}	pʰu^{33} 白 / pu^{31} 文	pʰu^{31}	mu^{33}	mu^{33}
潞州	pu^{44}	pu^{54}	pʰu^{44}	pu^{535}	pu^{54}	pu^{54}	mu^{54}	mu^{54}
上党	pu^{22}	pu^{42}	pʰu^{213}/	pu^{213}	pu^{42}	pu^{42}	mu^{42}	mu^{42}
长子	pu^{422}	pu^{53}	pʰu^{422}	pu^{434}	pu^{53}	pu^{53}	mu^{53}	m̩^{53} 白 / mu^{53} 文
屯留	pu^{53}	pu^{11}	pʰu^{53}	pu^{43}	pu^{11}	pu^{11}	mu^{11}	mu^{11}
襄垣	pu^{53}	pu^{53}	pʰu^{53}	pu^{45}	pu^{45}	pu^{45}	m^{45}	m^{45}
黎城	pu^{422}	pu^{422}	pʰu^{53}	pu^{213}	pu^{53}	pu^{53}	mu^{53}	mu^{53}
平顺	pu^{53}	pu^{53}	pʰu^{53}	pu^{434}	pu^{53}	pu^{53}	mu^{53}	mu^{53}
壶关	pu^{42}	pu^{42}	pʰu^{42}	pu^{535}	pu^{353}	pu^{353}	mu^{353}	mu^{353}
沁县	pu^{53}	pu^{53}	pʰu^{53}	pu^{214}	——	pu^{53}	mu^{53}	mu^{53}
武乡	pu^{55}	pu^{55}	pʰu^{55}	pu^{213}	pu^{55}	——	mu^{55}	mu^{55}
沁源	pu^{53}	pu^{53}	pʰu^{53}	pu^{324}	pu^{53}	pu^{53}	mu^{53}	mu^{53}
安泽	pu^{53}	pu^{53}	pʰu^{53}	pu^{42}	pu^{53}	——	mu^{53}	mu^{53}
沁水端氏	pu^{53}	pu^{53}	pʰu^{53}	pu^{31}	pu^{53}	——	mu^{53}	mɤ^{21}
阳城	pu^{51}	pu^{51}	pu^{51} 白 / pʰu^{51} 文	pu^{212}	pu^{51}	pu^{51}	mu^{51}	muoŋ^{51}
高平	pu^{53}	pu^{53}	pʰu^{53}	pu^{212}	pu^{53}	fu^{53}	m̩^{53}	m̩^{53}
陵川	pu^{24}	pu^{24}	pʰu^{24}	pu^{312}	pu^{24}	pu^{24}	mu^{24}	mu^{24}
晋城	pu^{53}	pu^{53}	pʰu^{53}	pu^{213}	pu^{53}	pu^{53}	mu^{53}	mu^{53}
忻府	pu^{53}	pu^{53}	pʰu^{53}	pu^{313}	pu^{53}	pu^{53}	mu^{53}	mu^{53}
原平	pu^{53}	pu^{53}	pʰu^{53}	pu^{213}	pu^{53}	pu^{53}	mu^{53}	mu^{53}
定襄	pu^{53}	pu^{53}	pʰu^{53}	pu^{53}	pu^{53}	pu^{53}	mu^{53}	mu^{53}
五台	pu^{52}	pu^{52}	pʰu^{52}	pu^{213}	pu^{52}	pu^{52}	mu^{52}	mu^{52}
岢岚	pu^{52}	pu^{52}	pʰu^{52}	pu^{13}	pu^{52}	pu^{52}	mu^{52}	mu^{52}
五寨	pu^{52}	pu^{52}	pʰu^{52}	pu^{13}	pu^{52}	pu^{52}	mu^{52}	mu^{52}

续表

字目	布~置	怖	铺店~	捕	步	埠商~	暮	慕
中古音 / 方言点	博故 遇合一 去暮帮	普故 遇合一 去暮滂	普故 遇合一 去暮滂	薄故 遇合一 去暮並	薄故 遇合一 去暮並	薄故 遇合一 去暮並	莫故 遇合一 去暮明	莫故 遇合一 去暮明
宁武	pu^{52}	pu^{52}	p^{h}u^{52}	pu^{213}	pu^{52}	——	məʔ^{4}	məʔ^{4}
神池	pu^{52}	pu^{52}	p^{h}u^{52}	pu^{13}	pu^{52}	pu^{52}	mu^{52}	mu^{52}
繁峙	pu^{24}	pu^{24}	p^{h}u^{53}	pu^{53}	pu^{24}	pu^{24}	mu^{24}	mu^{24}
代县	pu^{53}	pu^{53}	p^{h}u^{53}	pu^{213}	pu^{53}	——	mu^{53}	mu^{53}
河曲	pu^{52}	pu^{52}	p^{h}u^{52}	pu^{213}	pu^{52}	pu^{52}	mu^{52}	mu^{52}
保德	pu^{52}	pu^{52}	p^{h}u^{52}	pu^{213}	pu^{52}	pu^{52}	mu^{52}	mu^{52}
偏关	pu^{52}	pu^{52}	p^{h}u^{52}	pu^{213}	pu^{52}	pu^{52}	mu^{52}	mu^{52}
朔城	pu^{53}	pu^{53}	p^{h}u^{53}	pu^{312}	pu^{53}	fu^{35}	mu^{53}	mu^{53}
平鲁	pu^{52}	pu^{52}	p^{h}u^{52}	pu^{213}	pu^{52}	——	mu^{52}	mu^{52}
应县	pəʔ$^{\underline{43}}$	pu^{24}	p^{h}u^{24}	pu^{54}	pu^{24}	pu^{24}	mu^{24}	mu^{24}
灵丘	pu^{53}	pu^{53}	p^{h}u^{442}	pu^{442}	pu^{53}	pəʔ^{5}	mu^{53}	mu^{53}
浑源	pu^{13}	pu^{13}	p^{h}u^{13}	pu^{52}	pu^{13}	pu^{13}	mu^{13}	mu^{13}
云州	pu^{24}	pu^{24}	p^{h}u^{24}	pu^{55}	pu^{24}	puəʔ^{4}	mu^{24}	mu^{24}
新荣	pu^{24}	pu^{24}	p^{h}u^{24}	pu^{54}	pu^{24}	pu^{24}	mu^{24}	mu^{24}
怀仁	pu^{24}	pu^{24}	p^{h}u^{24}	pu^{53}	pu^{24}	fu^{53}	mu^{24}	mu^{24}
左云	pu^{24}	pu^{24}	p^{h}u^{24}	pu^{54}	pu^{24}	pu^{24}	mu^{24}	mu^{24}
右玉	pu^{24}	pu^{24}	p^{h}u^{24}	pu^{53}	pu^{24}	pu^{53}	mu^{24}	mu^{24}
阳高	pu^{24}/pəʔ^{3}	pu^{24}	p^{h}u^{24}	pu^{53}	pu^{24}	pu^{312}/fu^{53}	mu^{24}	mu^{24}
山阴	——	pu^{335}	pu^{335}	pu^{313}	pu^{335}	——	mu^{335}	mu^{335}
天镇	pu^{24}	pu^{24}	p^{h}u^{31}	pu^{55}	pu^{24}	pu^{24}	mu^{24}	mu^{24}
平定	pu^{24}	pu^{24}	p^{h}u^{24}	pu^{53}	pu^{24}	——	mu^{24}	mu^{24}
昔阳	pu^{13}	pu^{13}	p^{h}u^{13}	pu^{55}	pu^{13}	pu^{13}	mu^{13}	mu^{13}
左权	pu^{53}	pu^{53}	p^{h}u^{53}	pu^{42}	pu^{53}	fu^{42}	mu^{53}	mu^{53}
和顺	pu^{13}	pu^{13}	p^{h}u^{13}	pu^{53}	pu^{13}	pu^{13}	mu^{13}	mu^{13}
尧都	p^{h}u^{21}	pu^{44}	p^{h}u^{21}	p^{h}u^{44}	p^{h}u^{44}白 / pu^{44}文	fu^{44}	mu^{44}	mu^{44}
洪洞	pu^{33}	p^{h}u^{33}	p^{h}u^{33}	p^{h}u^{21}	p^{h}u^{53}白 / pu^{53}文	——	mu^{53}	mu^{53}
洪洞赵城	pu^{53}	——	p^{h}u^{53}	——	pu^{53}	pu^{53}	mu^{53}	mu^{53}
古县	p^{h}u^{53}白 / pu^{53}文	pu^{53}	p^{h}u^{35}	p^{h}u^{53}	p^{h}u^{53}白 / pu^{53}文	pu^{35}	mu^{53}	mu^{53}

续表

字目	布~置	怖	铺店~	捕	步	埠商~	暮	慕
中古音 / 方言点	博故 遇合一 去暮帮	普故 遇合一 去暮滂	普故 遇合一 去暮滂	薄故 遇合一 去暮並	薄故 遇合一 去暮並	薄故 遇合一 去暮並	莫故 遇合一 去暮明	莫故 遇合一 去暮明
襄汾	pu44	pu44	pʰu44	pʰu42/pʰu53	pu53 白 / pʰu53 文	pʰu53	mu53	mu53
浮山	pu44	pu44	pʰu44	pʰu33	pʰu53	fu44	mu53	mu53
霍州	pu55	pu55	pʰu55	pu33	pʰu53 白 / pu53 文	pu53	mu53	mu53
翼城	pu53	pu53	pʰu53	pʰu53	pʰu53	pu53	mu53	mu53
闻喜	pu53	pu53	——	pʰu13	pʰu13 白 / pu13 文	pʰu13	mu13	mu13
侯马	pu53	pu53	pʰu53	pu44	pu53	pu53	mu53	mu53
新绛	pu53	pu53	pʰu13	pʰu13	pʰu53	pu53	mu53	mu53
绛县	pu31	pu31	pʰu31	pu53/pʰu33	pʰu31	——	mu31	mu31
垣曲	pu53	pu53	pʰu53	pʰu44	pʰu53	pʰu53	mu53	mu53
夏县	pu31	pu31	pʰu31	pʰu24 白 / pu24 文	pʰu31 白 / pu31 文	——	——	——
万荣	pu33	pu33	pʰu33	pʰu55	pʰu33	pʰu33	mu33	mu33
稷山	pu42	pu42	pʰu42	pʰu44 白 / pu44 文	pʰu42 白 / pu42 文	——	mu42	mu42
盐湖	pu44	pu44	pʰu44	pʰu44	pʰu44	pu44	mu44	mu44
临猗	pu44	pʰu44 白 / pu44 文	pʰu44	pʰu53	pʰu44 白 / pu44 文	——	mu44	mu44
河津	pu44	pʰu44 白 / pu44 文	pʰu44	pu53	pʰu44 白 / pu44 文	——	mu44	mu44
平陆	pu33	pu33	pʰu33/pu33	pʰu55	pʰu33 白 / pu33 文	fu33	mu33	mu33
永济	pu44	pu44	pʰu44	pʰu53	pʰu44	fu44	mu44	mu44
芮城	pʰu44	pu44	pʰu44	pʰu53	pʰu44	fu42	mu44	mu44
吉县	pu33	pu33	pʰu33	pʰu53	pʰu33	——	mu33	mu33
乡宁	pu22	pu22	pʰu22	pu44	pʰu22 白 / pu22 文	——	mu22	mu22
广灵	pu213	pu213	pʰu213	pu44	pu213	——	mu44	mu44

字目	墓	妒	吐呕~	兔	度	渡	镀	怒
中古音 / 方言点	莫故 遇合一 去暮明	当故 遇合一 去暮端	汤故 遇合一 去暮透	汤故 遇合一 去暮透	徒故 遇合一 去暮定	徒故 遇合一 去暮定	徒故 遇合一 去暮定	乃故 遇合一 去暮泥
北京	mu^{51}	tu^{51}	tʰu^{51}	tʰu^{51}	tu^{51}	tu^{51}	tu^{51}	nu^{51}
小店	mu^{24}	tu^{24}	tʰu^{24}	tʰu^{24}	tu^{24}	tu^{24}	tu^{24}	nəɯ^{24}
尖草坪	mu^{35}	tu^{35}	tʰu^{35}	tʰu^{35}	tu^{35}	tu^{35}	tu^{35}	nei^{35}
晋源	mu^{35}	tu^{42}	tʰu^{42}	tʰu^{35}	tu^{35}	tu^{35}	tu^{35}	nɤu^{42}
阳曲	mu^{454}	tu^{454}	tʰu^{312}	tʰu^{454}	tu^{454}	tu^{454}	tu^{454}	nei^{43}
古交	mu^{53}	tu^{53}	tʰu^{53}	tʰu^{53}	tu^{53}	tu^{53}	tu^{53}	nei^{53}
清徐	mu^{45}	tu^{45}	tʰu^{45}	tʰu^{45}	tu^{45}	tu^{45}	tu^{45}	nɐu^{45}
娄烦	mu^{54}	tu^{54}	tʰu^{54}	tʰu^{54}	tu^{54}	tu^{54}	tu^{54}	nə^{54}
榆次	mu^{35}	tu^{35}	tʰu^{53}	tʰu^{35}	tu^{35}	tu^{35}	tu^{35}	nɯ^{35}
交城	mu^{24}	tu^{24}	tʰu^{53}	tʰu^{24}	tu^{24}	tu^{24}	tu^{24}	nʌɯ^{24}
文水	məɸ^{35}	təɸ^{35}	tʰəɸ^{423}	tʰəɸ^{35}	təɸ^{35}	təɸ^{35}	təɸ^{35}	nəɯ^{35}
祁县	muβ^{45}	tuβ^{45}	tʰuβ^{45}	tʰuβ^{45}	tuβ^{45}	tuβ^{45}	tuβ^{45}	nɤu^{45}
太谷	mu^{53}	tuo^{53}	tʰuo^{53}	tʰuo^{53}	tuo^{53}	tuo^{53}	tuo^{53}	nuo^{53}
平遥	mu^{24}	tu^{24}	tʰu^{512}	tʰu^{24}	tu^{24}	tu^{24}	tu^{24}	nəu^{24}
孝义	mu^{454}	tu^{454}	tʰu^{312}	tʰu^{454}	tu^{454}	tu^{454}	tu^{454}	nou^{454}
介休	mu^{45}	tu^{45}	tʰu^{423}	tʰu^{45}	tu^{45}	tu^{45}	tu^{45}	nəu^{45}
灵石	mu^{53}	tu^{53}	tʰu^{53}	tʰu^{53}	tu^{53}	tu^{53}	tu^{53}	nu^{53}
盂县	mu^{55}	tu^{55}	tʰu^{53}	tʰu^{55}	tu^{55}	tu^{55}	tu^{55}	nəu^{55}
寿阳	mu^{45}	tu^{45}	tʰuəɯ^{45}	tʰu^{45}	tu^{45}	tu^{45}	tu^{45}	nəɯ^{45}
榆社	mʏ^{45}	tʏ^{45}	tʰʏ^{312}	tʰu^{45}	tʏ^{45}	tʏ^{45}	tʏ^{45}	nʏ^{45}
离石	mu^{53}	tu^{53}	tʰu^{312}	tʰu^{53}	tu^{53}	tu^{53}	tu^{53}	nu^{53}
汾阳	məʊ^{55}	təʊ^{55}	tʰəʊ^{312}	tʰəʊ^{55}	təʊ^{55}	təʊ^{55}	təʊ^{55}	nəʊ^{55}
中阳	mu^{53}	tu^{53}	tʰu^{423}	tʰu^{53}	tu^{53}	tu^{53}	tu^{53}	nu^{53}
柳林	mu^{53}	tu^{53}	tʰu^{53}	tʰu^{53}	tu^{53}	tu^{53}	tu^{53}	nu^{53}
方山	mu^{52}	tu^{52}	tʰu^{52}	tʰu^{52}	tu^{52}	tu^{52}	tu^{52}	nu^{52}
临县	mu^{52}	tu^{52}	tʰu^{52}	tʰu^{52}	tu^{52}	tu^{52}	tu^{52}	nu^{52}
兴县	mu^{53}	tu^{53}	tʰu^{53}	tʰu^{53}	tu^{53}	tu^{53}	tu^{53}	nou^{52}
岚县	mu^{53}	tu^{53}	tʰu^{53}	tʰu^{53}	tu^{53}	tʰu^{53} 白 / tu^{53} 文	tu^{53}	nɐu^{53}
静乐	mu^{53}	tu^{53}	tʰu^{314}	tʰu^{53}	tu^{53}	tu^{53}	tu^{53}	nɤɯ^{53}
交口	mu^{53}	tu^{53}	tʰu^{53}	tʰu^{53}	tu^{53}	tu^{53}	tu^{53}	nou^{53}
石楼	mu^{51}	tu^{51}	tʰu^{213}	tʰu^{51}	tu^{51}	tu^{51}	tu^{51}	nou^{51}

续表

字目	墓	妒	吐呕~	兔	度	渡	镀	怒
中古音 / 方言点	莫故 遇合一 去暮明	当故 遇合一 去暮端	汤故 遇合一 去暮透	汤故 遇合一 去暮透	徒故 遇合一 去暮定	徒故 遇合一 去暮定	徒故 遇合一 去暮定	乃故 遇合一 去暮泥
隰县	mu^{53}	tu^{44}	tʰu^{44}	tʰu^{44}	tu^{44}	tu^{44}	tu^{44}	nou^{44}
大宁	mu^{55}	tu^{55}	tʰu^{55}	tʰu^{55}	tu^{55}	tʰu^{55}	tu^{55}	nəu^{55}
永和	mu^{53}	tu^{53}	tʰu^{312}	tʰu^{53}	tu^{53}	tu^{53}	tu^{53}	nu^{53} 文
汾西	mβ̩^{53}	tβ̩^{55}	——	tʰβ̩^{55}	tʰβ̩^{53}	tʰβ̩^{53}	tʰβ̩^{53}	nou^{53}
蒲县	mu^{33}	tu^{33}	tʰu^{31}	tʰu^{52}	tu^{33}	tu^{33}	tu^{33}	nou^{33}
潞州	m̩^{535} 白 / mu^{535} 文	tu^{44}	tʰu^{535}	tʰu^{44}	tu^{54}	tu^{54}	tu^{54}	nu^{54}
上党	mu^{42}	tu^{22}	tʰu^{22}	tʰu^{22}	tu^{535}	tu^{535}	tu^{535}	nu^{42}
长子	m̩^{53} 白 / mu^{53} 文	tu^{53}	tʰu^{434}	tʰu^{422}	tu^{53}	tu^{53}	tu^{53}	nu^{53}
屯留	mu^{11}	tu^{53}	tʰu^{43}	tʰu^{53}	tu^{11}	tu^{11}	tu^{11}	nu^{11}
襄垣	m̩^{45}	tu^{53}	tʰu^{53}	tʰu^{53}	tu^{45}	tu^{45}	tu^{45}	nu^{45}
黎城	mu^{53}	tu^{53}	tʰu^{53}	tʰu^{53}	tu^{53}	tu^{53}	tu^{53}	nuəŋ^{53}
平顺	mu^{53}	tu^{53}	tʰu^{53}	tʰu^{53}	tu^{53}	tu^{53}	tu^{53}	nu^{53}
壶关	mu^{353}	tu^{42}	tʰu^{535}	tʰu^{22}	tu^{353}	tu^{353}	tu^{353}	nu^{353}
沁县	mu^{53}	tu^{53}	tʰu^{214}	tʰu^{53}	tu^{53}	tu^{53}	tu^{53}	nəu^{53}
武乡	mu^{55}	tu^{55}	tʰu^{213}	tʰu^{55}	tu^{55}	tu^{55}	tu^{55}	nəu^{55}
沁源	mu^{53}	tu^{53}	tʰu^{53}	tʰu^{53}	tu^{53}	tu^{53}	tu^{53}	nei^{53}
安泽	mu^{53}	tu^{53}	tʰu^{53}	tʰu^{53}	tu^{53}	tu^{53}	tu^{53}	nəu^{53} 白 / nu^{53} 文
沁水端氏	moŋ^{53}	tu^{53}	tʰu^{31}	tʰu^{53}	tu^{53}	tu^{53}	tu^{53}	noŋ^{53}
阳城	muoŋ^{51}	tu^{51}	tʰu^{212}	tʰu^{51}	tu^{51}	tu^{51}	tu^{51}	nuoŋ^{51}
高平	m̩^{53}	tuəʔ^{2}	tu^{53}	tʰu^{53}	tu^{53}	tu^{53}	tu^{53}	nuə̃ŋ^{53}
陵川	mu^{24}	tu^{24}	tʰu^{24}	tʰu^{24}	tu^{24}	tu^{24}	tu^{24}	nu^{24}
晋城	mũ^{53}	tuəʔ^{2}	tʰu^{53}	tʰu^{53}	tu^{53}	tu^{53}	tu^{53}	nũ^{53}/nuoŋ^{53}
忻府	mu^{53}	tu^{53}	tʰu^{313}	tʰu^{53}	tu^{53}	tu^{53}	tu^{53}	nəu^{53}
原平	mu^{53}	tu^{53}	tʰu^{213}	tʰu^{53}	tu^{53}	tu^{53}	tu^{53}	nɤu^{53}
定襄	mu^{53}	tu^{53}	tʰu^{53}	tʰu^{53}	tu^{53}	tu^{53}	tu^{53}	nəu^{53}
五台	mu^{52}	tu^{52}	tʰu^{213}	tʰu^{52}	tu^{52}	tu^{52}	tu^{52}	nei^{52}
岢岚	mu^{52}	tu^{52}	tʰu^{13}	tʰu^{52}	tu^{52}	tu^{52}	tu^{52}	nəu^{52}
五寨	mu^{52}	tu^{52}	tʰu^{13}	tʰu^{52}	tu^{52}	tu^{52}	tu^{52}	nu^{52}
宁武	mu^{52}	tu^{52}	tʰu^{52}	tʰu^{52}	tu^{52}	tu^{52}	tu^{52}	nəu^{52}

续表

字目	墓	妒	吐呕~	兔	度	渡	镀	怒
中古音 / 方言点	莫故 遇合一 去暮明	当故 遇合一 去暮端	汤故 遇合一 去暮透	汤故 遇合一 去暮透	徒故 遇合一 去暮定	徒故 遇合一 去暮定	徒故 遇合一 去暮定	乃故 遇合一 去暮泥
神池	mu^{52}	tu^{52}	tʰu^{52}	tʰu^{52}	tu^{52}	tu^{52}	tu^{52}	nu^{52}
繁峙	mu^{24}	tu^{24}	tʰu^{24}	tʰu^{24}	tu^{24}	tu^{24}	tu^{24}	nu^{24}
代县	mu^{53}	——	tʰu^{213}	tʰu^{53}	tu^{53}	tu^{53}	tu^{53}	nu^{53}
河曲	mu^{52}	tu^{52}	tʰu^{213}	tʰu^{52}	tu^{52}	tu^{52}	tu^{52}	nɤɯ^{52}
保德	mu^{52}	tu^{52}	tʰu^{52}	tʰu^{52}	tu^{52}	tu^{52}	tu^{52}	nʌu^{52}
偏关	mu^{52}	tu^{52}	tʰu^{52}	tʰu^{52}	tu^{52}	tu^{52}	tu^{52}	nu^{52}
朔城	mu^{53}	tuəʔ$^{\underline{35}}$	——	tʰu^{53}	tu^{53}	tu^{53}	tu^{53}	nu^{53}
平鲁	mu^{52}	tu^{52}	tʰu^{213}	tʰu^{52}	tu^{52}/tuʌʔ$^{\underline{34}}$	tu^{52}	tu^{52}	nu^{52}
应县	mu^{24}	tu^{24}	——	tʰu^{24}	tu^{24}	tu^{24}	tu^{24}	nu^{24}
灵丘	mu^{53}	tu^{53}	tʰu^{442}	tʰu^{53}	tu^{53}	tu^{53}	tu^{53}	nu^{53}
浑源	mu^{13}	tu^{13}	tʰu^{52}	tʰu^{52}	tu^{13}	tu^{13}	tu^{13}	nu^{13}
云州	mu^{24}	tuəʔ^{4}	tʰu^{24}	tʰu^{24}	tu^{24}	tu^{24}	tu^{24}	nu^{44}
新荣	mu^{24}	tu^{24}	tʰu^{54}	tʰu^{24}	tu^{24}	tu^{24}	tu^{24}	nu^{24}
怀仁	mu^{24}	tu^{24}	tʰu^{53}	tʰu^{24}	tu^{24}	tu^{24}	tu^{24}	nu^{24}
左云	mu^{24}	ləu^{313}	tʰu^{24}	tʰu^{24}	tu^{24}	tu^{24}	tu^{24}	nu^{24}
右玉	mu^{24}	tu^{53}	tu^{53}	tʰu^{24}	tu^{24}	tu^{24}	tu^{24}	nu^{24}
阳高	mu^{24}	tu^{24}	tʰuei^{24}	tʰu^{24}	tu^{24}	tu^{24}	tu^{24}	nu^{312}
山阴	mu^{335}	tuəʔ^{4}	——	tʰu^{335}	tu^{335}/tuᴀʔ^{4}	tu^{335}	tu^{335}	nu^{335}
天镇	mu^{24}	——	tʰu^{55}	tʰu^{24}	tu^{24}	tu^{24}	tu^{24}	nu^{24}
平定	mu^{24}	tu^{24}	tʰu^{24}	tʰu^{24}	tu^{24}	tu^{24}	tu^{24}	nu^{24}
昔阳	mu^{13}	tu^{13}	tʰu^{13}	tʰu^{13}	tu^{13}	tu^{13}	tu^{13}	nu^{13}
左权	mu^{53}	——	tʰu^{42}	tʰu^{53}	tu^{53}	tu^{53}	tu^{53}	nu^{53}
和顺	mu^{13}	tu^{13}	tʰu^{13}	tʰu^{13}	tʰu^{13}	tʰu^{13}	tʰu^{13}	nu^{13}
尧都	mu^{44}	——	tʰu^{44}	tʰu^{44}	tu^{44}	tu^{44}	tu^{44}	nou^{44}
洪洞	mu^{53}	tu^{42}	tʰu^{42}	tʰu^{42}	tu^{42}	tu^{42}	tu^{42}	nou^{53}
洪洞赵城	mu^{53}	tu^{53}	tʰu^{53}	tʰu^{53}	tu^{53}	tu^{53}	tu^{53}	nou^{24}
古县	mu^{53}	tu^{53}	tʰu^{53}	tʰu^{53}	tu^{53}	tu^{53}	tu^{53}	nəu^{53}
襄汾	mu^{53}	tu^{44}	tʰu^{42}	tʰu^{44}	tu^{53}	tu^{53}	tu^{53}	nou^{53}
浮山	mu^{53}	tu^{44}	tʰu^{44}	tʰu^{44}	tu^{53}	tu^{53}	tu^{53}	nou^{53}
霍州	mu^{53}	tu^{212}	tʰu^{33}	tʰu^{55}	tu^{53}	tu^{53}	tu^{53}	ləu^{53}老/ lu^{53}新

续表

字目	墓	妒	吐呕~	兔	度	渡	镀	怒
中古音 / 方言点	莫故 遇合一 去暮明	当故 遇合一 去暮端	汤故 遇合一 去暮透	汤故 遇合一 去暮透	徒故 遇合一 去暮定	徒故 遇合一 去暮定	徒故 遇合一 去暮定	乃故 遇合一 去暮泥
翼城	mu⁵³	tou⁵³	tʰou⁵³	tʰou⁵³	tou⁵³	tou⁵³	tou⁵³	nou⁵³
闻喜	mu¹³	tu⁵³	——	tʰu³³	tu⁵³	tu⁵³	tu⁵³	lɤu¹³
侯马	mu⁵³	tu⁵³	tʰu⁵³	tʰu⁵³	tu⁵³	tu⁵³	tu⁵³	nu⁵³
新绛	mu⁵³	tu⁵³	tʰu¹³	tʰu⁵³	tu⁵³	tu⁵³	tu⁵³	nəu⁵³
绛县	mu³¹	tu³¹	tʰu³¹	tʰu³¹	tu³¹	tu³¹	tu³¹	nu³¹
垣曲	mu⁵³	tou⁵³	tʰou⁵³	tʰou⁵³	tou⁵³	tou⁵³	tou⁵³	nou⁵³
夏县	mu³¹	——	tʰu³¹	tʰu³¹	tu³¹	tu³¹	tu³¹	ləu³¹
万荣	mu³³	tu⁵⁵	tʰu⁵⁵	tʰu³³	tu³³	tu³³	tu³³	nəu³³
稷山	mu⁴²	tu⁴²	tʰu⁴⁴	tʰu⁴²	tu⁴²	tu⁴²	tu⁴²	nəu⁴² 白 / nu⁴² 文
盐湖	mu⁴⁴	tu⁴⁴	tʰu⁴⁴	tʰu⁴⁴	tu⁴⁴	tu⁴⁴	tu⁴⁴	lou⁴⁴
临猗	mu⁴⁴	tu⁴⁴	tʰu⁵³	tʰu⁴⁴	tu⁴⁴	tu⁴⁴	tu⁴⁴	ləu⁴⁴
河津	mu⁴⁴	tu⁵³	tu⁵³	tʰu⁴⁴	tu⁴⁴	tu⁴⁴	tu⁴⁴	nəu⁴⁴
平陆	mu³³	tu⁵⁵	tʰu⁵⁵	tʰu³³	tu³³	tu³³	tu³³	ləu³³
永济	mu⁴⁴	tu⁵³	tʰu⁵³	tʰu⁴⁴	tu⁴⁴	tu⁴⁴	tu⁴⁴	nəu⁴⁴
芮城	mu⁴⁴	tʰu⁴⁴ 白 / tu⁴⁴ 文	tʰu⁵³	tʰu⁴⁴	tu⁴⁴	tu⁴⁴	tu⁴⁴	ləu⁴⁴
吉县	mu³³	tu³³	tʰu⁵³	tʰu³³	tu³³	tu³³	tu³³	nəu³³
乡宁	mu²²	tu²²	tʰu²²	tʰu²²	tu²²	tu²²	tu²²	nou²²
广灵	mu⁴⁴	tu²¹³	tʰu⁴⁴	tʰu²¹³	tu²¹³/tuo⁵³	tu²¹³	tu²¹³	nu²¹³

字目	露	路	做	醋	素	诉	塑	故
中古音 / 方言点	洛故 遇合一 去暮来	洛故 遇合一 去暮来	臧祚 遇合一 去暮精	仓故 遇合一 去暮清	桑故 遇合一 去暮心	桑故 遇合一 去暮心	桑故 遇合一 去暮心	古暮 遇合一 去暮见
北京	lu^{51}lou^{51}	lu^{51}	tsuo^{51}	ts^{h}u^{51}	su^{51}	su^{51}	su^{51}	ku^{51}
小店	ləɯ^{24}	ləɯ^{24}	tsuəʔ^{1}	ts^{h}u^{24}	su^{24}	su^{24}	suəʔ^{1}	ku^{24}
尖草坪	lei^{35}	lei^{35}	tsuɤɯ^{35}	ts^{h}u^{35}	su^{35}	su^{35}	su^{35}	ku^{35}
晋源	lɤu^{35}	lɤu^{35}	tsuəʔ^{2}	ts^{h}u^{11}	su^{35}	su^{35}	fu^{11}/fu^{35}	ku^{35}
阳曲	lei^{454}	lei^{454}	tsuəʔ^{4}	ts^{h}u^{454}	su^{454}	su^{454}	su^{454}	ku^{454}
古交	lei^{53}	lei^{53} 白 / lu^{53} 文	tsuɯ^{53}	ts^{h}ei^{53}	sei^{53}	su^{53}	su^{53}	ku^{53}
清徐	lɐu^{45}	lɐu^{45}	tsuəʔ^{1}	ts^{h}u^{45}	su^{45}	su^{45} 文	su^{45}	ku^{45}
娄烦	lə^{54}	lə^{54}	tsuəʔ^{3}	ts^{h}ə^{33}	sə^{54}	sə^{54}	sə^{54}	ku^{54}
榆次	lɯ^{35}	lɯ^{35}	tsuaʔ^{1}	ts^{h}ɯ^{35}	sɯ^{11}	su^{35}	su^{35}	ku^{35}
交城	lʌɯ^{24}	lʌɯ^{24}	tsuəʔ^{1}	ts^{h}ʌɯ^{24}	sʌɯ^{24} 白 / su^{24} 文	su^{24}	su^{24}	ku^{24}
文水	ləɯ^{35}	ləɯ^{35}	tsuəʔ^{2}	ts^{h}əɯ^{35}	səɸ^{35}	suəʔ^{2}	suəʔ^{2}/səɸ^{35}	kəɸ^{35}
祁县	lɤu^{45}	lɤu^{45}	tsuɑʔ$^{\underline{32}}$	ts^{h}uβ^{45}	suβ^{45}	suβ^{45}	suβ^{45}	kuβ^{45}
太谷	luo^{53}	luo^{53}	tsuəʔ^{3}	ts^{h}uo^{53}	suo^{53}	suo^{53}	suo^{53}	ku^{53}
平遥	ləu^{24}	ləu^{24}	tsuʌʔ$^{\underline{212}}$	ts^{h}əu^{24}	səu^{24}	səu^{24}	suʌʔ$^{\underline{212}}$	ku^{24}
孝义	lou^{454}	lou^{454}	tsaʔ^{3}/ tsuəʔ$^{\underline{423}}$	ts^{h}ou^{454}	sou^{454}	sou^{454}	sou^{454}	ku^{454}
介休	ləu^{45}	ləu^{45}	tsuʌʔ$^{\underline{12}}$	ts^{h}əu^{45}	səu^{45}	səu^{45}	səu^{45}	ku^{45}
灵石	lu^{53}	lu^{53}	tsuəʔ^{4}	ts^{h}u^{53}	su^{53}	su^{53}	——	ku^{53}
盂县	ləu^{55}	ly^{53}/ləu^{55}	tsuəʔ^{2}	ts^{h}u^{55}	su^{55}	suəʔ^{2}	suʌʔ^{2} 白 / su^{55} 文	ku^{55}
寿阳	ləɯ^{45}	ləɯ^{45}	tsuəʔ^{2}	ts^{h}u^{45}	su^{45}	su^{45}	su^{45}	ku^{45}
榆社	ləu^{45}	ləu^{45}	tsuəʔ^{2}	ts^{h}ɣ^{45}	sɣ^{45}	sɣ^{45}	sɣ^{45}	kɣ^{45}
离石	lʌu^{53}	lʌu^{53}	tsuəʔ^{4}	ts^{h}ʌu^{53}	sʌu^{53}	sʌu^{53}	suɑʔ^{4}	ku^{53}
汾阳	lou^{55}	lou^{55}	tsuəʔ^{2}	ts^{h}ou^{55}	sou^{55}	sou^{55}	sou^{55}	kəʊ^{55}
中阳	lʌ^{53}	lʌ^{53}	tʂuəʔ^{4}	ts^{h}ʌ^{53}	sʌ^{53}	sʌ^{53}	ʂuɑʔ^{4}	ku^{53}
柳林	lə^{53}	lə^{53}	tsuəʔ^{4}	ts^{h}ə^{53}	sə^{53}	sə^{53}	sə^{53}	ku^{53}
方山	ləɯ^{52}	ləɯ^{52}	tsuəʔ^{4}	ts^{h}əɯ^{52}	səɯ^{52}	səɯ^{52}	səɯ^{52}	ku^{52}
临县	ləɯ^{52}	ləɯ^{52}	tsuɐʔ^{3}	ts^{h}əɯ^{52}	səɯ^{52}	səɯ^{52}	səɯ^{52}	ku^{52}
兴县	lou^{52}	lou^{52}	tsuəʔ^{5}	ts^{h}ou^{53}	sou^{53}	sou^{53}	sou^{53}	ku^{53}
岚县	lɐu^{53}	lɐu^{53}	tsɐu^{53}	ts^{h}ɐu^{53}	sɐu^{53}	sɐu^{53}	sɐu^{53}	ku^{53}
静乐	lɤɯ^{53}	lɤɯ^{53}	tsuəʔ^{4}	ts^{h}ɤɯ^{53}	sɤɯ^{53}	sɤɯ^{53}	sɤɯ^{53}	ku^{53}

续表

字目	露	路	做	醋	素	诉	塑	故
中古音 / 方言点	洛故 遇合一 去暮来	洛故 遇合一 去暮来	臧祚 遇合一 去暮精	仓故 遇合一 去暮清	桑故 遇合一 去暮心	桑故 遇合一 去暮心	桑故 遇合一 去暮心	古暮 遇合一 去暮见
交口	lou^{53}	lou^{53}	tsuəʔ^{4}	tsʰou^{53}	sou^{53}	sou^{53}	sou^{53}	ku^{53}
石楼	lou^{51}	lou^{51}	tʂuəʔ^{4}	tsʰou^{51}	sou^{51}	sou^{51}	sou^{51}	ku^{51}
隰县	lou^{44}	lou^{44}	tsuəʔ^{3}	tsʰou^{44}	sou^{44}	su^{44}	su^{44}	ku^{44}
大宁	ləu^{55}	ləu^{55}	tsəu^{55}/tsɐʔ$^{\underline{31}}$	tsʰəu^{55}	səu^{55}	səu^{55}	səu^{55}	ku^{55}
永和	lɤu^{53} 白 / lu^{53} 文	lɤu^{53} 白 / lu^{53} 文	tsuəʔ$^{\underline{35}}$	tsʰɤu^{53} 白 / tsʰu^{53} 文	sɤu^{53} 白 / su^{53} 文	sɤu^{53} 白 / su^{53} 文	sɤu^{53} 白 / su^{53} 文	ku^{53}
汾西	lou^{53}	lou^{53}	tsou^{55}/tsu^{11} 白	tsʰou^{55}	sou^{55}	sou^{55}	sou^{55}	kβ^{55}
蒲县	lou^{33}	lu^{33}	tsou^{33} 白 / tsuo^{33} 文	tsʰou^{33}	sou^{33}	suŋ^{33} 白 / su^{33} 文	su^{33}	ku^{33}
潞州	lu^{54}	lu^{54}	tsuə^{535}	tsʰu^{44}	su^{44}	su^{44}	su^{44}	ku^{44}
上党	ləu^{42}	lu^{42}	tsuəʔ$^{\underline{21}}$	tsʰu^{22}	su^{22}	su^{42}/suəʔ$^{\underline{21}}$	su^{42}	ku^{42}
长子	lu^{53}	lu^{53}	tsəʔ$^{\underline{212}}$/ tsuəʔ$^{\underline{212}}$	tsʰu^{422}	su^{422}	su^{422}	su^{422}	ku^{422}
屯留	lu^{11}	lu^{11}	tsəʔ$^{\underline{54}}$	tsʰu^{53}	su^{53}	su^{53}	su^{53}	ku^{53}
襄垣	ləu^{45}	ləu^{45} 白 / lu^{45} 文	tsʌʔ^{3}/tsuʌʔ^{3}	tsʰu^{53}	su^{53}	su^{53}	su^{53}	ku^{45}
黎城	lu^{53}/ləu^{53}	lu^{53}	tsuɤʔ^{2}	tsʰu^{53}	su^{53}	su^{53}	suɤʔ^{2}	ku^{53}
平顺	lu^{53}	lu^{53}	tsəʔ$^{\underline{212}}$	tsu^{53}	su^{53}	su^{53}	su^{53}	kʰu^{53}
壶关	lu^{353}	lu^{353}	tʂəʔ^{2}	tʂʰuə^{42}	ʂu^{42}	ʂu^{42}	ʂu^{42}	ku^{42}
沁县	ləu^{53}	ləu^{53}	tsəʔ$^{\underline{31}}$	tsʰu^{53}	su^{53}	su^{53}	su^{53}	ku^{53}
武乡	ləu^{55}	ləu^{55}	——	tsʰu^{55}	su^{55}	su^{55}	su^{55}	ku^{55}
沁源	lei^{53}	lei^{53}	tsəʔ$^{\underline{31}}$	tsʰei^{53}	sei^{53}	sei^{53}	sei^{53}	ku^{53}
安泽	ləu^{53}	ləu^{53} 白 / lu^{53} 文	tsuəʔ$^{\underline{21}}$	tsʰəu^{53} 白 / tsʰu^{53} 文	səu^{21} 白 / su^{53} 文	səu^{21} 白 / su^{21} 文	səu^{21} 白 / su^{53} 文	ku^{53}
沁水端氏	lu^{53}	lu^{53}	tsəʔ$^{\underline{54}}$ 白 / tsuɤ^{53} 文	tsʰu^{53}	su^{53}	suəʔ^{2}	su^{53}	ku^{53}
阳城	lu^{51}	lu^{51}	tsuəʔ^{2}	tsʰu^{51}	su^{51}	su^{51}	su^{51}	ku^{51}
高平	lu^{53}	lu^{53}	tʂəʔ^{2} 白 / tʂuəʔ^{2} 文	tʂʰu^{53}	ʂu^{53}	ʂu^{53}	ʂu^{53}	ku^{53}
陵川	lu^{24}	lu^{24}	tʂuɤ^{24}	tʂʰu^{24}	ʂu^{24}	ʂu^{24}	ʂu^{24}	ku^{24}
晋城	lu^{53}	lu^{53}	tʂuʌʔ^{2}	tʂʰu^{53}	ʂu^{53}	ʂu^{53}	ʂu^{53}	ku^{53}
忻府	ləu^{53}	ləu^{53}	tsuəʔ$^{\underline{32}}$	tsʰu^{53}	su^{53}	su^{53}	su^{53}	ku^{53}
原平	lɤɯ^{53}	lɤɯ^{53}	tsuəʔ$^{\underline{34}}$	tsʰu^{53}	su^{53}	su^{53}	su^{53}	ku^{53}

续表

字目	露	路	做	醋	素	诉	塑	故
中古音 / 方言点	洛故 遇合一 去暮来	洛故 遇合一 去暮来	臧祚 遇合一 去暮精	仓故 遇合一 去暮清	桑故 遇合一 去暮心	桑故 遇合一 去暮心	桑故 遇合一 去暮心	古暮 遇合一 去暮见
定襄	ləu^{53}	ləu^{53}	tsuə^{53}	tsʰu^{53}	su^{53}	su^{53}	su^{53}	ku^{53}
五台	lei^{52}	lei^{52}	tsuəʔ^{3}	tsʰu^{52}	su^{52}	su^{52}	su^{52}	ku^{52}
岢岚	ləu^{52}	ləu^{52}	tsuəʔ^{4}	tsʰu^{52}	su^{52}	su^{52}	su^{52}	ku^{52}
五寨	ləu^{52}	ləu^{52}	tsuəʔ^{4}	tsʰu^{52}	su^{52}	su^{52}	su^{52}	ku^{52}
宁武	ləu^{52}	ləu^{52}	tsuəʔ^{4}	tsʰu^{52}	su^{52}	su^{52}	su^{52}	ku^{52}
神池	lu^{52}	ləu^{52}	tsuəʔ^{4}	tsʰu^{52}	su^{52}	su^{52}	su^{52}	ku^{52}
繁峙	lu^{24}	lu^{24}	tsuəʔ$^{\underline{13}}$	tsʰu^{24}	su^{24}	su^{24}	su^{24}	ku^{24}
代县	ləu^{53}	ləu^{53}	tsuəʔ^{2}	tsʰu^{53}	su^{53}	su^{53}	su^{53}	ku^{53}
河曲	lɤɯ^{52}	lɤɯ^{52}	tsuəʔ^{4}	tsʰu^{52}	su^{52}	su^{52}	su^{52}	ku^{52}
保德	lʌu^{52}	lʌu^{52}	tsuəʔ^{4}	tsʰu^{52}	su^{52}	su^{52}	su^{52}	ku^{52}
偏关	lɤu^{52}	lɤu^{52}	tsuəʔ^{4}	tsʰu^{52}	su^{52}	su^{52}	su^{52}	ku^{52}
朔城	ləu^{53}	ləu^{53}	tsuəʔ$^{\underline{35}}$	tsʰu^{53}	su^{53}	su^{53}	su^{53}	——
平鲁	ləu^{52}	ləu^{52}	tsuəʔ$^{\underline{34}}$	tsʰu^{52}	su^{52}	su^{52}	su^{53}	ku^{52}
应县	ləu^{24}	ləu^{24}	tsu^{24}/tsuəʔ$^{\underline{43}}$	tsʰu^{54}	su^{54}	su^{24}	su^{24}	ku^{24}/kuəʔ$^{\underline{43}}$
灵丘	lu^{53}	lu^{53}	tsu^{53}	tsʰu^{53}	su^{53}	su^{53}	su^{53}	ku^{53}
浑源	ləiəu^{13}	lu^{13}	tsu^{13}/tsiəʔ^{4}/ tsʌʔ^{4}	tsʰu^{13}	su^{13}	su^{13}	su^{13}/suʌʔ^{4}	ku^{13}
云州	lɤu^{24}	lɤu^{24}	tsuəʔ^{4}	tsʰu^{2}	su^{24}	su^{24}	suɑʔ^{4} 白 / su^{24} 文	ku^{24}
新荣	ləu^{24}	ləu^{24}	tsuəʔ^{4}/tsu^{24}	tsʰu^{24}	su^{24}	su^{24}	su^{24}/suaʔ^{4}	ku^{24}
怀仁	lɤu^{24}	lɤu^{24}	tsuəʔ^{4}	tsʰu^{24}	su^{24}	su^{24}	su^{24}	ku^{24}
左云	ləu^{24}	ləu^{24}	tsuəʔ^{4}	tsʰu^{24}	su^{24}	su^{24}	su^{24}	ku^{24}
右玉	ləu^{24}	ləu^{24}	tsu^{24}	tsʰu^{24}	su^{24}	su^{24}	su^{24}	ku^{24}
阳高	lɤu^{24}	lɤu^{24}	tsuɑ^{24}/tsɤu^{24}/ tsuəʔ^{3}	——	su^{24}	su^{24}	su^{24}	ku^{24}
山阴	ləu^{313}	ləu^{313}	tsʰu^{335}	tsʰu^{335}	su^{335}	su^{335}	——	ku^{335}
天镇	lɤu^{24}	lɤu^{24}	tsuɑʔ^{4}/tsuəʔ^{4}	tsʰu^{24}	su^{24}	su^{24}	su^{24}/suɑʔ^{4}	ku^{24}
平定	lu^{44}/lɤu^{24}	lu^{24}	tsuəʔ^{4}	tsʰu^{24}	su^{24}	su^{24}	suəʔ^{4}	ku^{24}
昔阳	lu^{13}	lu^{13}	tsuʌʔ$^{\underline{43}}$	tsʰu^{13}	su^{13}	su^{13}	su^{13}	ku^{13}
左权	lu^{53}	lu^{53}	tsɑʔ^{1}/tsuəʔ^{1}	tsʰu^{53}	su^{53}	su^{53}	suəʔ^{1}	ku^{53}
和顺	lu^{13}	lu^{13}	tsuəʔ$^{\underline{21}}$	tsʰu^{13}	su^{13}	su^{13}	su^{13}	ku^{13}

续表

字目	露	路	做	醋	素	诉	塑	故
中古音／方言点	洛故 遇合一 去暮来	洛故 遇合一 去暮来	臧祚 遇合一 去暮精	仓故 遇合一 去暮清	桑故 遇合一 去暮心	桑故 遇合一 去暮心	桑故 遇合一 去暮心	古暮 遇合一 去暮见
尧都	lou^{44}	lou^{44}	tsɿ 白 / tsuo^{44} 文	tsʰou^{44}	sou^{44}	sou^{44}	sou^{44}	ku^{44}
洪洞	lou^{53}	lou^{53}	tsɿ^{33} 白 / tso^{21} 文	tsʰou^{33}	sou^{33}	sou^{33}	sou^{21}	ku^{42}
洪洞赵城	lou^{24}	lou^{24}	tsɿ^{24} 白 / tsuɤ^{21} 文	tsʰou^{24}	sou^{53}	sou^{53}	suɤ^{53}	ku^{53}
古县	ləu^{53}	ləu^{53}	tsɿ^{35} 白 / tsuo^{35} 文	tsʰəu^{35}	səu^{35}	səu^{35}	səu^{35}	ku^{53}
襄汾	lou^{53}	lou^{53}	tsɿ^{24} 白 / tsuɔ^{53} 文	tsʰou^{44}	sou^{44}	sou^{44}	sou^{53}	ku^{44}
浮山	lou^{53}	lou^{53}	tsɿ^{13} 白 / tsuo^{42} 文	tsʰou^{44}	sou^{44}	sou^{44}	sou^{53}	ku^{53}
霍州	ləu^{53} 老 / lu^{53} 新	ləu^{53} 老 / lu^{53} 新	tsəu^{55}	tsʰəu^{55}	səu^{55}	səu^{55} 老 / su^{55} 新	səu^{55} 老 / su^{55} 新	ku^{55}
翼城	lou^{53}	lou^{53}	tsuɤ^{53}	tsʰou^{53}	sou^{53}	sou^{53}	sou^{53}	ku^{53}
闻喜	lɤu^{13}	lɤu^{13}	tsuɤ^{53}	tsʰɤu^{53}	sɤu^{53}	sɤu^{53}	——	ku^{53}
侯马	lou^{53}	lou^{53}	tsou^{53}	tsʰou^{53}	sou^{53}	sou^{53}	su^{53}	ku^{53}
新绛	ləu^{53}	ləu^{53}	tsəu 白 / tsuɤ^{53} 文	tsʰəu^{53}	səu^{53}	səu^{53}	səu^{53}	ku^{53}
绛县	lu^{53}	lu^{53}	tsəu^{31}	tsʰəu^{31}	səu^{31}	səu^{31}	səu^{31}	ku^{33}
垣曲	lou^{53}	lou^{53}	tsou^{22} 白 / tsuo^{53} 文	tsʰou^{53}	sou^{53}	sou^{53}	sou^{53}	ku^{53}
夏县	ləu^{31}	ləu^{31}	tsuɤ^{31}	tsʰəu^{31}	səu^{31}	səu^{31}	səu^{31}	ku^{31}
万荣	ləu^{33}	ləu^{33}	tsəu^{33}	tʰəu^{33}	səu^{33}	səu^{33}	səu^{33}	ku^{33}
稷山	ləu^{42} 白 / lu^{42} 文	ləu^{42} 白 / lu^{42} 文	tsəu^{42} 白 / tsuɤ^{42} 文	tsʰəu^{42}	səu^{42}	səu^{42}	səu^{44}	ku^{42}
盐湖	lou^{44}	lou^{44}	tsuo^{42}	tsʰou^{44}	sou^{44}	sou^{44}	sou^{44}	ku^{44}
临猗	ləu^{44}	ləu^{44}	tsəu^{44} 白 / tsuo^{42} 文	tsʰəu^{44}	səu^{44} 白 / su^{44} 文	səu^{44}	səu^{44}	ku^{44}
河津	ləu^{44}	ləu^{44}	tsəu^{44} 白 / tsuɤ^{31} 文	tsʰəu^{44}	səu^{44}	səu^{44}	səu^{44}	ku^{44}
平陆	ləu^{33}	ləu^{33}	tsuə^{31}	tsʰəu^{33}	səu^{33}	səu^{33}	səu^{33}	ku^{33}
永济	ləu^{44}	ləu^{44}	tsəu^{44}	tsʰəu^{44}	səu^{44}	səu^{44}	səu^{44}	ku^{44}
芮城	ləu^{44}	ləu^{44}	tsəu^{44} 白 / tsuo^{42} 文	tsʰəu^{44}	səu^{44}	səu^{44}	səu^{44}	ku^{44}

续表

字目	露	路	做	醋	素	诉	塑	故
中古音 / 方言点	洛故 遇合一 去暮来	洛故 遇合一 去暮来	臧祚 遇合一 去暮精	仓故 遇合一 去暮清	桑故 遇合一 去暮心	桑故 遇合一 去暮心	桑故 遇合一 去暮心	古暮 遇合一 去暮见
吉县	ləu³³	ləu³³	tsəu³³	tsəu³³	səu³³	səu³³	səu³³	ku³³
乡宁	lou²²	lou²²	tsou²² 白 / tsuɤ²² 文	tsʰou²²	sou²²	sou²²	sou²²	ku²²
广灵	lu²¹³	lu²¹³	tsu²¹³	tsʰu²¹³	su²¹³	su²¹³	su²¹³	ku²¹³

字目	固	顾	雇	库	裤	误	悟	护
中古音 / 方言点	古暮 遇合一 去暮见	古暮 遇合一 去暮见	古暮 遇合一 去暮见	苦故 遇合一 去暮溪	苦故 遇合一 去暮溪	五故 遇合一 去暮疑	五故 遇合一 去暮疑	胡误 遇合一 去暮匣
北京	ku^{51}	ku^{51}	ku^{51}	k^{h}u^{51}	k^{h}u^{51}	u^{51}	u^{51}	xu^{51}
小店	ku^{24}	ku^{24}	ku^{24}	k^{h}u^{24}	k^{h}u^{24}	vu^{24}	vu^{24}	xu^{24}
尖草坪	ku^{35}	ku^{35}	ku^{35}	k^{h}u^{35}	k^{h}u^{35}	u^{35}	u^{35}	xu^{35}
晋源	ku^{35}	ku^{35}	ku^{35}	ku^{42}	k^{h}u^{42}	vu^{35}	vu^{35}	xu^{35}
阳曲	ku^{454}	ku^{454}	ku^{454}	k^{h}u^{454}	k^{h}u^{454}	u^{454}	u^{454}	xu^{454}
古交	ku^{53}	ku^{53}	ku^{53}	k^{h}u^{53}	k^{h}u^{53}	u^{53}	u^{53}	xu^{53}
清徐	ku^{45}	ku^{45}	ku^{45}	k^{h}u^{45}	k^{h}u^{45}	vu^{45}	vu^{45}	xu^{45}
娄烦	ku^{54}	ku^{54}	ku^{54}	k^{h}u^{54}	k^{h}u^{54}	vu^{54}	vu^{54}	xu^{54}
榆次	ku^{35}	ku^{35}	ku^{35}	k^{h}u^{35}	k^{h}u^{35}	vu^{35}	vu^{35}	xu^{35}
交城	ku^{24}	ku^{24}	ku^{24}	k^{h}u^{24}	k^{h}u^{24}	u^{24}	u^{24}	xu^{24}
文水	kəɸ^{35}	kəɸ^{35}	kəɸ^{35}	k^{h}əɸ^{35}	k^{h}əɸ^{35}	əɸ^{35}	əɸ^{35}	xəɸ^{35}
祁县	kuβ^{45}	kuβ^{45}	kuβ^{45}	k^{h}uβ^{45}	k^{h}uβ^{45}	uβ^{45}	uβ^{45}	xuβ^{45}
太谷	ku^{53}	ku^{53}	ku^{53}	k^{h}u^{53}	k^{h}u^{53}	vu^{53}	vu^{53}	xu^{53}
平遥	ku^{24}	ku^{24}	ku^{24}	k^{h}u^{24}	k^{h}u^{24}	u^{24}	u^{24}	xu^{24}
孝义	ku^{454}	ku^{454}	ku^{454}	k^{h}u^{454}	k^{h}u^{454}	u^{454}	u^{454}	xu^{454}
介休	ku^{45}	ku^{45}	ku^{45}	k^{h}u^{45}	k^{h}u^{45}	u^{45}	u^{45}	xu^{45}
灵石	ku^{53}	ku^{53}	ku^{53}	k^{h}u^{53}	k^{h}u^{53}	u^{53}	u^{53}	xu^{53}
盂县	ku^{55}	ku^{55}	ku^{55}	k^{h}u^{55}	k^{h}u^{55}	u^{55}	u^{55}	xu^{55}
寿阳	ku^{45}	ku^{45}	ku^{45}	ku^{45}	ku^{45}	u^{45}	u^{45}	xu^{45}
榆社	kv̩^{45}	kv̩^{45}	kv̩^{45}	k^{h}v̩^{45}	k^{h}v̩^{45}	v̩^{45}	v̩^{45}	xv̩^{45}
离石	ku^{53}	ku^{53}	ku^{53}	k^{h}u^{53}	k^{h}u^{53}	u^{53}	u^{53}	xu^{53}
汾阳	kəʊ^{55}	kəʊ^{55}	kəʊ^{55}	k^{h}əʊ^{55}	k^{h}əʊ^{55}	əʊ^{55}	əʊ^{55}	fəʊ^{55}
中阳	ku^{53}	ku^{53}	ku^{53}	k^{h}u^{53}	k^{h}u^{53}	u^{53}	u^{53}	xu^{53}
柳林	ku^{53}	ku^{53}	ku^{53}	k^{h}u^{53}	k^{h}u^{53}	u^{53}	u^{53}	xu^{53}
方山	ku^{52}	ku^{52}	ku^{52}	k^{h}u^{52}	k^{h}u^{52}	u^{52}	u^{52}	xu^{52}
临县	ku^{52}	ku^{52}	ku^{52}	k^{h}u^{52}	k^{h}u^{52}	u^{52}	u^{52}	xu^{52}
兴县	ku^{53}	ku^{53}	ku^{53}	k^{h}u^{53}	k^{h}u^{53}	u^{53}	u^{53}	xu^{53}
岚县	ku^{53}	ku^{53}	ku^{53}	k^{h}u^{53}	k^{h}u^{53}	u^{53}	u^{53}	xu^{53}
静乐	ku^{53}	ku^{53}	ku^{53}	k^{h}u^{53}	k^{h}u^{53}	vu^{53}	vu^{53}	xu^{53}
交口	ku^{53}	ku^{53}	ku^{53}	k^{h}u^{53}	k^{h}u^{53}	u^{53}	u^{53}	xu^{53}
石楼	ku^{51}	ku^{51}	ku^{51}	k^{h}u^{51}	k^{h}u^{51}	u^{51}	u^{51}	xu^{51}
隰县	ku^{44}	ku^{44}	ku^{44}	k^{h}u^{44}	k^{h}u^{44}	u^{44}	u^{44}	xu^{44}

续表

字目	固	顾	雇	库	裤	误	悟	护
中古音 / 方言点	古暮 遇合一 去暮见	古暮 遇合一 去暮见	古暮 遇合一 去暮见	苦故 遇合一 去暮溪	苦故 遇合一 去暮溪	五故 遇合一 去暮疑	五故 遇合一 去暮疑	胡误 遇合一 去暮匣
大宁	ku^{55}	ku^{55}	ku^{55}	k^hu^{55}	k^hu^{55}	u^{55}	u^{55}	xu^{55}
永和	ku^{53}	ku^{53}	ku^{53}	k^hu^{53}	k^hu^{53}	u^{53}	u^{53}	xu^{53}
汾西	$k\dot{\beta}^{55}$	——	$k\dot{\beta}^{55}$	$k^h\dot{\beta}^{55}$	$k^h\dot{\beta}^{55}$	$\dot{\beta}^{53}$	$\dot{\beta}^{53}$	$x\dot{\beta}^{53}$
蒲县	ku^{33}	ku^{33}	ku^{33}	k^hu^{33}	k^hu^{33}	u^{33}	u^{33}	xu^{33}
潞州	ku^{44}	ku^{44}	ku^{44}	k^hu^{44}	k^hu^{44}	u^{54}	u^{54}	xu^{54}
上党	ku^{42}	ku^{22}	ku^{22}	k^hu^{22}	k^hu^{22}	u^{42}	u^{42}	xu^{42}
长子	ku^{422}	ku^{422}	ku^{422}	k^hu^{422}	k^hu^{422}	u^{53}	u^{53}	xu^{53}
屯留	ku^{53}	ku^{53}	ku^{53}	k^hu^{53}	k^hu^{53}	u^{11}	u^{11}	xu^{11}
襄垣	ku^{45}	ku^{53}	ku^{53}	k^hu^{53}	k^hu^{53}	u^{45}	u^{45}	xu^{53}
黎城	ku^{53}	ku^{53}	ku^{53}	k^hu^{53}	k^hu^{53}	u^{53}	u^{53}	xu^{53}
平顺	ku^{53}	ku^{53}	ku^{53}	k^hu^{53}	k^hu^{53}	u^{53}	u^{53}	xu^{53}
壶关	ku^{42}	ku^{42}	ku^{42}	k^hu^{42}	k^hu^{42}	u^{353}	u^{353}	xu^{353}
沁县	ku^{53}	ku^{53}	ku^{53}	k^hu^{53}	k^hu^{53}	vu^{53}	vu^{53}	xu^{53}
武乡	ku^{55}	ku^{55}	ku^{55}	k^hu^{55}	k^hu^{55}	u^{55}	u^{55}	xu^{55}
沁源	ku^{53}	ku^{53}	ku^{53}	k^hu^{53}	k^hu^{53}	u^{53}	u^{53}	xu^{53}
安泽	ku^{53}	ku^{53}	ku^{53}	k^hu^{53}	k^hu^{53}	u^{53}	u^{53}	xu^{53}
沁水端氏	ku^{53}	ku^{53}	ku^{53}	k^hu^{53}	k^hu^{53}	u^{53}	u^{53}	xu^{31}
阳城	ku^{51}	ku^{51}	ku^{51}	k^hu^{51}	k^hu^{51}	u^{51}	u^{51}	xu^{51}
高平	ku^{53}	ku^{53}	ku^{53}	k^hu^{53}	k^hu^{53}	u^{53}	u^{53}	xu^{53}
陵川	ku^{24}	ku^{24}	ku^{24}	k^hu^{24}	k^hu^{24}	u^{24}	u^{24}	xu^{24}
晋城	ku^{53}	ku^{53}	ku^{53}	k^hu^{53}	k^hu^{53}	u^{53}	u^{53}	xu^{53}
忻府	ku^{53}	ku^{53}	ku^{53}	k^hu^{53}	k^hu^{53}	u^{53}	u^{53}	xu^{53}
原平	ku^{53}	ku^{53}	ku^{53}	k^hu^{53}	k^hu^{53}	u^{53}	u^{53}	xu^{53}
定襄	ku^{53}	ku^{53}	ku^{53}	k^hu^{53}	k^hu^{53}	u^{53}	u^{53}	xu^{53}
五台	ku^{52}	ku^{52}	ku^{52}	k^hu^{213}	k^hu^{213}	u^{52}	u^{52}	xu^{52}
岢岚	ku^{52}	ku^{52}	ku^{52}	k^hu^{52}	k^hu^{52}	u^{52}	u^{52}	xu^{52}
五寨	ku^{52}	ku^{52}	ku^{52}	k^hu^{52}	k^hu^{52}	vu^{52}	vu^{52}	xu^{52}
宁武	ku^{52}	ku^{52}	ku^{52}	k^hu^{52}	k^hu^{52}	u^{52}	u^{52}	xu^{52}
神池	ku^{52}	ku^{52}	ku^{52}	k^hu^{52}	k^hu^{52}	vu^{52}	vu^{52}	xu^{52}
繁峙	ku^{24}	ku^{24}	ku^{24}	k^hu^{24}	k^hu^{24}	vu^{24}	vu^{24}	xu^{24}
代县	ku^{53}	ku^{53}	ku^{53}	k^hu^{53}	k^hu^{53}	u^{53}	u^{53}	xu^{53}

续表

字目	固	顾	雇	库	裤	误	悟	护
中古音 / 方言点	古暮 遇合一 去暮见	古暮 遇合一 去暮见	古暮 遇合一 去暮见	苦故 遇合一 去暮溪	苦故 遇合一 去暮溪	五故 遇合一 去暮疑	五故 遇合一 去暮疑	胡误 遇合一 去暮匣
河曲	ku52	ku52	ku52	tu52	kʰu52	u52	u52	xu52
保德	ku52	ku52	ku52	kʰu52	kʰu52	vu52	vu52	xu52
偏关	ku52	ku52	ku52	kʰu52	kʰu52	u52	u52	xu52
朔城	ku53	ku53	ku53	kʰu53	kʰu53	u53	u53	xu53
平鲁	ku52	ku52	ku52	kʰu52	kʰu213	u52	u52	xu213
应县	ku24	ku24	ku24	kʰu24	kʰu24	vu24	vu24	xu24
灵丘	ku53	ku53	ku53	kʰu53	kʰu53	vu53	vu53	xu53
浑源	ku13	ku13	ku13	kʰu13	kʰu13	vu13	vu13	xu13
云州	ku24	ku24	ku24	kʰu55	kʰu24	vu24	vu24	xu24
新荣	ku24	ku24	ku24	kʰu24	kʰu24	u24	u24	xu24
怀仁	ku24	ku24	ku24	kʰu24	kʰu24	u24	u24	xu24
左云	ku24	ku24	ku24	kʰu24	kʰu24	vu24	vu24	xu24
右玉	ku24	ku24	ku24	kʰu24	kʰu24	vu24	vu24	xu24
阳高	ku24	ku24	ku24	kʰu24	kʰu24	u24	u24	xu24
山阴	ku335	ku335	ku335	kʰu335	kʰu335	u335	u335	xu335
天镇	ku24	ku24	ku24	kʰu24	kʰu24	u24	u24	xu24
平定	ku24	ku24	ku24	kʰu24	kʰu24	u24	u24	xu24
昔阳	ku13	ku13	ku13	kʰu13	kʰu13	u13	u13	xu13
左权	ku53	ku53	ku53	kʰu53	kʰu53	u53	u53	xu42
和顺	ku13	ku13	ku13	kʰu13	kʰu13	u13	u13	xu13
尧都	ku53	ku44	ku44	kʰu44	kʰu44	u44	u44	——
洪洞	ku42	ku33	ku33	kʰu33	kʰu33	u53	u53	xu53
洪洞赵城	ku53	ku53	ku53	kʰu53	kʰu53	u53	u53	xu53
古县	ku53	ku53	ku53	kʰu35	kʰu35	u53	u53	xu53
襄汾	ku44	ku44	ku44	kʰu44	kʰu44	u53	u53	xu53
浮山	ku53	ku44	ku44	kʰu44	kʰu44	u53	u53	xu53
霍州	ku55	ku55	ku55	kʰu55	kʰu55	u53	u53	xu53
翼城	ku53	ku53	ku53	kʰu53	kʰu53	u53	u53	xu53
闻喜	ku53	ku53	ku53	kʰu53	——	u13	——	——
侯马	ku53	ku53	ku53	kʰu53	kʰu53	u53	u53	xu53
新绛	ku53	ku53	ku53	kʰu53	kʰu53	u53	u53	xu53

续表

字目	固	顾	雇	库	裤	误	悟	护
中古音 / 方言点	古暮 遇合一 去暮见	古暮 遇合一 去暮见	古暮 遇合一 去暮见	苦故 遇合一 去暮溪	苦故 遇合一 去暮溪	五故 遇合一 去暮疑	五故 遇合一 去暮疑	胡误 遇合一 去暮匣
绛县	ku^{33}	ku^{31}	ku^{31}	k^hu^{31}	k^hu^{31}	u^{31}	u^{31}	xu^{31}
垣曲	ku^{53}	ku^{53}	ku^{53}	k^hu^{53}	k^hu^{53}	u^{53}	u^{53}	xu^{53}
夏县	ku^{31}	ku^{31}	ku^{31}	k^hu^{31}	k^hu^{31}	u^{31}	u^{31}	xu^{31}
万荣	ku^{33}	ku^{33}	ku^{33}	k^hu^{33}	k^hu^{33}	u^{33}	u^{33}	xu^{33}
稷山	ku^{42}	ku^{42}	ku^{42}	k^hu^{42}	k^hu^{42}	u^{42}	u^{42}	xu^{42}
盐湖	ku^{44}	ku^{44}	ku^{44}	k^hu^{44}	k^hu^{44}	u^{44}	u^{44}	xu^{44}
临猗	ku^{44}	ku^{44}	ku^{44}	k^hu^{44}	k^hu^{44}	u^{44}	u^{44}	xu^{44}
河津	ku^{44}	ku^{44}	ku^{44}	k^hu^{44}	k^hu^{44}	u^{44}	u^{44}	xu^{44}
平陆	ku^{33}	ku^{33}	ku^{33}	k^hu^{33}	k^hu^{33}	u^{33}	u^{33}	xu^{33}
永济	ku^{44}	ku^{44}	ku^{44}	k^hu^{44}	k^hu^{44}	u^{44}	u^{44}	xu^{44}
芮城	ku^{44}	ku^{44}	ku^{44}	k^hu^{44}	k^hu^{44}	u^{44}	u^{44}	xu^{44}
吉县	ku^{53}	ku^{53}	ku^{53}	k^hu^{33}	k^hu^{33}	u^{33}	——	xu^{33}
乡宁	ku^{22}	ku^{22}	ku^{22}	k^hu^{22}	k^hu^{22}	u^{22}	u^{22}	xu^{22}
广灵	ku^{213}	ku^{213}	ku^{213}	k^hu^{213}	k^hu^{213}	vu^{213}	vu^{213}	xu^{213}

字目	互	恶厌~	驴	蛆	徐	猪	除	储
中古音 / 方言点	胡误 遇合一 去暮匣	乌路 遇合一 去暮影	力居 遇合三 平鱼来	七余 遇合三 平鱼清	似鱼 遇合三 平鱼邪	陟鱼 遇合三 平鱼知	直鱼 遇合三 平鱼澄	直鱼 遇合三 平鱼澄
北京	xu^{51}	u^{51}	ly^{35}	tɕʰy^{55}	ɕy^{35}	tʂu^{55}	tʂʰu^{35}	tʂʰu^{214}
小店	xu^{24}	aʔ^{1}	ly^{11}	tɕʰy^{11}	ɕy^{11}	tsu^{11}	tsʰu^{11}	——
尖草坪	xu^{35}	u^{35}	ly^{33}	tɕʰy^{33}	ɕy^{33}	tsu^{33}	tsʰu^{33}	tsʰu^{312}
晋源	xu^{35}	vu^{35}	ly^{11}	tɕʰy^{11}	ɕy^{11}	tsu^{11}	tsʰu^{11}	tsʰu^{42}
阳曲	xu^{454}	u^{454}	ly^{43}	tɕʰy^{312}	ɕy^{43}	tsu^{312}	tsʰu^{43}	tsʰu^{312}
古交	xu^{53}	u^{53}	luei^{44}	tɕʰy^{44}	ɕy^{312}	tsu^{44}	tsʰu^{44}	tsʰu^{44}
清徐	xu^{45}	vu^{45}	ly^{11}	tɕʰy^{11}	ɕy^{11}	tsu^{11}	tsu^{11} 白 / tsʰu^{11} 文	tsʰu^{11}
娄烦	xu^{54}	vu^{54}	lu^{33}	tɕʰy^{33}	ɕy^{33}	pfu^{33}	pfʰu^{33}	pfʰu^{312}
榆次	xu^{35}	vu^{35}	ly^{11}	tɕʰy^{11}	ɕy^{11}	tsu^{11}	tsʰu^{11}	tsʰu^{53}
交城	xu^{24}	u^{24}	ly^{11}	tɕʰy^{11}	ɕy^{11}	tsu^{11}	tsu^{53} 白 / tsʰu^{11} 文	tsʰu^{53}
文水	xəɸ^{35}	əɸ^{35}	lɥ^{22}	tsʰɥ^{22}	sɥ^{423}	tsəɸ^{22}	tsʰəɸ^{22}	tsʰəɸ^{423}
祁县	xuβ^{45}	uβ^{45}	liəβ^{31}	tɕʰiəβ^{31}	ɕiəβ^{314}	tsuβ^{31}	tsuβ^{31} 白 / tsʰuβ^{31} 文	tsʰuβ^{314}
太谷	xu^{53}	vu^{53}	ly^{33}	tɕʰy^{33}	ɕy^{33}	tsu^{33}	tsu^{33} 白 / tsʰu^{33} 文	tsʰu^{312}
平遥	xu^{24}	u^{512}	luei^{213}	tɕʰy^{213}	ɕy^{512}	tsɥ^{213}	tsʰɥ^{24}	tsɥ^{213}/
孝义	xu^{454}	u^{454}	luei^{33}	tɕʰy^{33}	ɕy^{33}	tsu^{33}	tsʰu^{33}	tsʰu^{33}
介休	xu^{45}	u^{45}	luei^{13}	tɕʰy^{13}	ɕy^{423}	tsɥ^{13}	tsʰɥ^{13}	tsʰɥ^{423}
灵石	xu^{53}	u^{53}	ly^{44}	tɕʰy^{535}	ɕy^{44}	tsu^{535}	tsʰu^{44}	tsʰu^{212}
盂县	xu^{55}	u^{55}	luei^{22}	tɕʰy^{412}	ɕy^{22}	tsu^{412}	tsʰu^{22}	tsʰu^{22}
寿阳	xu^{45}	u^{45}	zɥ^{22}	tsʰu^{31}	sɥ^{22}	tsɥ^{31}	tsʰɥ^{22}	tsʰɥ^{53}
榆社	xy̩^{45}	y̩^{45}	luei^{22}	tsʰɥ^{22}	sɥ^{22}	tsy̩^{22}	tsʰy̩^{22}	tsʰy̩^{22}
离石	xu^{53}	u^{53}	lu^{44}	tsʰu^{24}	su^{44}	tsu^{24}	tsʰu^{44}	tsʰu^{44}
汾阳	fəʊ^{55}	əʊ^{55}	lɥ^{22}	tsʰəʊ^{324}	tsʰɥ^{22}	tʂəʊ^{324}	tʂʰəʊ^{22}	tʂʰəʊ^{312}
中阳	xu^{53}	u^{53}	ly^{33}	tɕʰy^{24}	ɕy^{33}	tʂu^{24}	tʂʰu^{33}	tʂʰu^{33}
柳林	xu^{53}	u^{53}	ly^{53}	tɕʰy^{44}	ɕy^{44}	tsu^{24}	tsʰu^{44}	tsʰu^{44}
方山	xu^{52}	u^{52}	ly^{44}	tsʰɥ^{24}	ɕy^{44}	tsɥ^{24}	tsʰɥ^{44}	tsʰɥ^{44}
临县	xu^{52}	u^{52}	luei^{33}	tɕʰy^{24}	ɕy^{33}	tsɥ^{24}	tsʰɥ^{33}	tsʰɥ^{33}
兴县	xu^{53}	——	ly^{324}	tɕʰu^{324}	tɕʰy^{55}	tsu^{324}	tsʰu^{55}	——
岚县	xu^{53}	u^{53}	ly^{44}	tɕʰy^{214}	ɕy^{44}	tsu^{214}	tsʰu^{44}	tsʰu^{312}
静乐	xu^{53}	ŋaʔ^{4}	ly^{33} 白	tɕʰy^{33}	ɕy^{33}	pfu^{24} 白 / tsu^{24} 文	tsʰu^{33}	tsʰu^{24}

续表

字目	互	恶厌~	驴	蛆	徐	猪	除	储
中古音 / 方言点	胡误 遇合一 去暮匣	乌路 遇合一 去暮影	力居 遇合三 平鱼来	七余 遇合三 平鱼清	似鱼 遇合三 平鱼邪	陟鱼 遇合三 平鱼知	直鱼 遇合三 平鱼澄	直鱼 遇合三 平鱼澄
交口	xu^{53}	u^{53}	lʮ^{53}	tsʰʮ^{323}	ɕy^{44}	tsʮ^{323}	tsʰʮ^{44}	tsʰʮ^{44}
石楼	xu^{51}	——	ly^{44}	tɕʰy^{213}	ɕy^{44}	tʂu^{213}	tʂʰu^{44}	tʂʰu^{44}
隰县	xu^{44}	u^{44}	ly^{24}	tɕʰy^{53}	ɕy^{53}	tsu^{53}	tsʰu^{24}	tsʰu^{21}
大宁	xu^{55}	u^{55}	ly^{24}	tɕʰy^{31}	ɕy^{24}	tʂu^{31}	tʂʰu^{24}	tʂʰu^{31}
永和	xu^{53}	u^{53}	ly^{35}	tɕʰy^{33}	ɕy^{35}	tʂu^{33}	tʂʰu^{35}	tʂʰu^{312}
汾西	xβ̍^{53}	——	ly^{35}	tɕʰy^{11}	ɕy^{35}	tsβ̍^{11}	tsʰβ̍^{35}	——
蒲县	xu^{33}	u^{33}	ly^{24}	tɕʰy^{52}	ɕy^{24}	tʂu^{52}	tʂʰu^{24}	tʂʰu^{33}
潞州	xu^{54}	u^{54}	ly^{24}	tɕʰy^{312}	ɕy^{24}	tsu^{312}	tsʰu^{24}	tsʰu^{535}
上党	xu^{42}	u^{22}	ly^{44}	tɕʰy^{213}	ɕy^{44}	tsu^{213}	tsʰu^{213}/tsʰu^{44}	tsʰu^{535}
长子	xu^{53}	u^{53}	ly^{24}	tɕʰy^{312}	ɕy^{24}	tsu^{312}	tsʰu^{24}	tsʰu^{434}
屯留	xu^{11}	u^{11}	ly^{11}	tɕʰy^{31}	ɕy^{11}	tsu^{31}	tsʰu^{11}	tsʰu^{43}
襄垣	xu^{53}	u^{45}	ly^{31}	tɕʰy^{33}	ɕy^{31}	tsu^{33}	tsʰu^{31}	tsʰu^{42}
黎城	xu^{422}	uɤ^{53}/uʌʔ^{2}	ly^{53}	tɕʰy^{33}	ɕy^{53}	tɕy^{33}	tɕʰy^{53}	tɕʰy^{213}
平顺	xu^{53}	u^{53}	ly^{13}	tɕy^{213}	ɕy^{13}	tsu^{213}	tsʰu^{13}	tsʰu^{434}
壶关	xu^{353}	u^{42}	ly^{13}	tsʰy^{33}	sy^{13}	tʂu^{33}	tʂʰu^{13}	tʂʰu^{535}
沁县	xu^{53}	vu^{53}	əɭ^{33}	tsʰʮ^{224}	sʮ^{33}	tsu^{224}	tsʰu^{33}	tsʰu^{214}
武乡	xu^{55}	——	luei^{33}	——	su^{33}	tsu^{113}	tsʰu^{33}	tsʰu^{213}
沁源	xu^{53}	u^{53}	luei^{33}	tɕʰy^{324}	ɕy^{33}	tʂu^{324}	tsʰu^{33}	tʂʰu^{324}
安泽	xu^{53}	u^{53}	ly^{35}	tɕʰy^{21}	ɕy^{35}	tsu^{21}	tsʰu^{35}	tsʰu^{42}
沁水端氏	xu^{31}	u^{21}	ly^{24}	tsʰai^{21}	ɕy^{24}	tsu^{21}	tsʰu^{24}	tsʰu^{31}
阳城	xu^{51}	u^{51}	ly^{22}	tʂʰuai^{224}	ɕy^{22}	tʂu^{224}	tʂʰu^{22}	tʂʰu^{22}
高平	xu^{53}	u^{33}	li^{33}	tʂʰuei^{33}	ɕi^{33}	tʂu^{33}	tʂʰu^{33}	tʂʰu^{33}
陵川	xu^{24}	u^{24}	ly^{53}	tɕʰy^{33}	ɕy^{53}	tʂu^{33}	tʂʰu^{53}	tʂʰu^{312}
晋城	xu^{53}	u^{53}	ly^{324}	tʂʰuɤɯ^{33} 白	ɕy^{324}	tʂu^{33}	tʂʰu^{324}	tʂʰu^{324}
忻府	xu^{53}	u^{53}	ly^{21}	tɕʰy^{313}	ɕy^{21}	tsu^{313}	tsʰu^{21}	tsʰu^{313}
原平	xu^{53}	u^{53}	lyʉ^{33}	tɕʰyʉ^{213}	ɕyʉ^{33}	tsu^{213}	tsʰu^{33}	tsʰu^{213}
定襄	xu^{53}	u^{53}	ly^{11}	tɕʰy^{24}	ɕy^{11}	tsu^{24}	tsʰu^{11}	tsʰu^{24}
五台	xu^{52}	u^{52}	ly^{33}	tɕʰy^{213}	ɕy^{33}	tsu^{213}	tsʰu^{33}	tsʰu^{213}
岢岚	xu^{52}	u^{52}	ly^{44}	tɕʰy^{13}	ɕy^{44}	tʂu^{13}	tsʰu^{44}	tsʰu^{44}
五寨	xu^{52}	vu^{52}	ly^{44}	tɕʰy^{13}	ɕy^{44}	tsu^{13}	tsʰu^{44}	tsʰu^{44}
宁武	xu^{52}	u^{52}	ly^{33}	tɕʰy^{23}	ɕy^{33}	tsu^{23}	tsʰu^{33}	tsʰu^{213}

续表

字目	互	恶厌~	驴	蛆	徐	猪	除	储
中古音 / 方言点	胡误 遇合一 去暮匣	乌路 遇合一 去暮影	力居 遇合三 平鱼来	七余 遇合三 平鱼清	似鱼 遇合三 平鱼邪	陟鱼 遇合三 平鱼知	直鱼 遇合三 平鱼澄	直鱼 遇合三 平鱼澄
神池	xu^{52}	vu^{52}	ly^{32}	ly^{13}	ɕy^{32}	tsu^{24}	tsʰu^{32}	tsʰu^{32}
繁峙	xu^{24}	vu^{24}	ly^{31}	tɕʰy^{53}	ɕy^{31}	tsu^{53}	tsʰu^{31}	tsʰu^{53}
代县	xu^{53}	u^{53}	ly^{44}	tɕʰy^{53}	ɕy^{44}	tsu^{213}	tsʰu^{44}	tsʰu^{213}
河曲	xu^{52}	u^{52}	ly^{44}	tɕʰy^{213}	ɕy^{44}	tʂu^{213}	tʂʰu^{44}	tʂʰu^{213}
保德	xu^{52}	vu^{52}	ly^{44}	tɕʰy^{213}	ɕy^{44}	tʂu^{213}	tʂʰu^{44}	tʂʰu^{213}
偏关	xu^{52}	u^{52}	lʮ^{44}	tsʰʮ^{24}	sʮ^{44}	tʂu^{24}	tʂʰu^{44}	tʂʰu^{213}
朔城	xu^{53}	u^{53}	ly^{35}	tɕʰy^{312}	ɕy^{35}	tsu^{312}	tsʰu^{35}	tsʰu^{35}
平鲁	xu^{213}	u^{52}	ly^{44}	tɕʰy^{213}	ɕy^{44}	tsu^{213}	tsʰu^{44}	tsʰu^{44}
应县	xu^{24}	vu^{24}	ly^{31}	tɕʰy^{43}	ɕy^{31}	tsu^{43}	tsʰu^{43}	tsʰu^{54}
灵丘	xu^{53}	vu^{53}	ly^{31}	tɕʰy^{442}	ɕy^{31}	tsu^{442}	tsʰu^{31}	tsʰu^{442}
浑源	xu^{13}	nʌʔ^{4}	ly^{22}	tɕʰy^{52}	ɕy^{22}	tsu^{52}	tsʰu^{22}	tsʰu^{22}
云州	xu^{24}	vu^{24}	ly^{312}	tɕʰy^{21}	ɕy^{55}	tʂu^{21}	tʂʰu^{312}	tʂʰu^{55}
新荣	xu^{24}	u^{24}	ly^{312}	tɕʰy^{32}	ɕy^{54}/ɕy^{312}	tʂu^{32}	tʂʰu^{312}	tʂʰu^{54}
怀仁	xu^{24}	u^{24}	ly^{312}	tɕʰy^{42}	ɕy^{312}	tsu^{42}	tsʰu^{312}	tsʰu^{53}
左云	xu^{24}	vu^{24}	ly^{313}	tɕʰy^{31}	ɕy^{313}	tsu^{31}	tsʰu^{313}	tsʰu^{54}
右玉	xu^{24}	vu^{24}	ly^{212}	tɕʰy^{31}	ɕy^{212}	tʂu^{31}	tʂʰu^{212}	tʂʰu^{212}
阳高	xu^{24}	ŋɑʔ^{33}	ly^{312}	tɕʰy^{31}	ɕy^{312}	tsu^{31}	tsʰu^{24}	tsʰu^{53}
山阴	xu^{335}	u^{335}	ly^{313}	tɕʰy^{313}	ɕy^{313}	tʂu^{313}	tʂʰu^{313}	tʂʰu^{313}
天镇	xu^{24}	u^{24}	ny^{22}	tɕʰy^{31}	ɕy^{22}	tsu^{31}	tsʰu^{22}	tsʰu^{55}
平定	xu^{24}	u^{24}	ly^{44}	tɕʰy^{31}	ɕy^{44}	tsu^{31}	tsʰu^{44}	tsʰu^{44}
昔阳	xu^{13}	u^{13}	luei^{33}	tɕʰy^{42}	ɕy^{33}	tsu^{42}	tsʰu^{33}	tsʰu^{55}
左权	xu^{42}	ŋəʔ^{1}	ly^{11}	tɕʰy^{31}	ɕy^{11}	tʂu^{31}	tʂʰu^{11}	ʂu^{42} 白 / tʂʰu^{42} 文
和顺	xu^{13}	u^{13}	luei^{22}	tɕʰy^{42}	ɕy^{22}	tsu^{42}	tsʰu^{22}	tsʰu^{22}
尧都	xu^{44}	u^{44}	ly^{24}	tɕʰy^{21}	ɕy^{53}	tʂu^{21}	tʂʰu^{24}	tʂu^{21}
洪洞	xu^{53}	ŋo^{21}	ly^{24}	tɕʰy^{21}	ɕy^{42}	tʂu^{21}	tʂʰu^{24}	——
洪洞赵城	xu^{53}	u^{53}	lou^{24}	tɕʰy^{21}	ɕy^{24}	tʂu^{21}	tʂʰu^{24}	tʂʰu^{24}
古县	xu^{53}	u^{53}	ly^{35}	tɕʰy^{21}	ɕy^{35}	tʂu^{21}	tʂʰu^{35}	tʂʰu^{42}
襄汾	xu^{53}	u^{24}	ly^{24}	tɕʰy^{21}	ɕy^{24}	tʂu^{21}	tʂʰu^{24}	tʂʰu^{42}
浮山	xu^{53}	u^{13}	ly^{13}	tɕʰy^{42}	ɕy^{33}	pfu^{42}	pfʰu^{13}	pfʰu^{13}
霍州	xu^{53}	u^{212}	ly^{35}	tɕʰy^{212}	ɕy^{35}	tʂu^{212}	tʂʰu^{35}	tʂʰu^{33}

续表

字目	互	恶厌～	驴	蛆	徐	猪	除	储
中古音 / 方言点	胡误 遇合一 去暮匣	乌路 遇合一 去暮影	力居 遇合三 平鱼来	七余 遇合三 平鱼清	似鱼 遇合三 平鱼邪	陟鱼 遇合三 平鱼知	直鱼 遇合三 平鱼澄	直鱼 遇合三 平鱼澄
翼城	xu^{53}	u^{53}	ly^{12}	tɕʰy^{53}	ɕy^{12}	tʂu^{53}	tsʰu^{12}	tsʰu^{12}
闻喜	xu^{13}	u^{13}	lui^{13}白/ly^{13}文	tɕʰy^{53}	ɕy^{13}	pfu^{53}白/ tsu^{53}文	pfʰu^{13}	pfʰu^{13}
侯马	xu^{53}	ȵi^{53}白/ ȵy^{53}文	ly^{213}	——	ɕy^{213}	tʂu^{213}	tsʰou^{213}	tsʰou^{44}
新绛	xu^{53}	u^{53}	ly^{13}	tɕʰy^{53}	ɕy^{13}	pfu^{53}	pfʰu^{13}	pfʰu^{13}
绛县	xu^{31}	ŋɤ^{31}	ly^{33}	tɕy^{24}	ɕy^{24}	pfu^{53}	fu^{31}	tʂʰu^{33}
垣曲	xu^{53}	u^{53}	ly^{22}	tɕʰy^{22}	ɕy^{22}	tʂu^{22}	tʂʰu^{22}	tʂʰu^{44}
夏县	xu^{31}	——	y^{42}	tɕʰy^{53}	ɕy^{42}	pfu^{53}白/ tʂu^{53}文	pfʰu^{42}白/ tʂʰu^{42}文	pfʰu^{42}白/ tʂʰu^{42}文
万荣	xu^{51}	u^{33}	ly^{213}	tɕʰy^{51}	ɕy^{55}	pfu^{51}	pfʰu^{213}	pfʰu^{55}
稷山	xu^{42}	u^{42}	luei^{13}	tɕʰy^{53}	ɕy^{13}	pfu^{53}白/ tʂu^{53}文	pfʰu^{13}白/ tʂʰu^{13}文	pfu^{53}
盐湖	xu^{44}	u^{44}	y^{13}	tɕʰy^{42}	ɕy^{13}	pfu^{42}白/ tʂu^{42}文	pfʰu^{13}白/ tʂʰu^{13}文	pfʰu^{44}白/ tʂʰu^{44}文
临猗	xu^{44}	u^{44}	y^{13}	tɕʰy^{42}	ɕy^{13}	pfu^{42}	pfʰu^{13}白/ tʂʰu^{13}文	pfʰu^{53}
河津	xu^{53}	u^{44}	y^{324}	tɕʰy^{31}	ɕy^{53}	pfu^{31}	pfʰu^{324}	pfʰu^{44}白/ pfu^{44}文
平陆	xu^{33}	u^{33}	y^{13}	tɕʰy^{31}	ɕy^{13}	pfu^{31}	pfʰu^{13}	pfʰu^{55}
永济	xu^{44}	ŋuo^{31}白/ ŋə^{31}文/ ŋuo^{53}文	y^{24}	tɕʰy^{31}	ɕy^{53}	pfu^{31}	pfʰu^{24}	pfʰu^{44}
芮城	xu^{44}	u^{42}/ŋuo^{42}	y^{13}	tɕʰy^{42}	ɕy^{53}	pfu^{42}白/ tʂu^{42}文	pfu^{13}	pfu^{44}
吉县	xu^{33}	u^{53}	y^{13}	tɕʰy^{423}	ɕy^{13}	pfu^{423}	——	——
乡宁	xu^{22}	——	ly^{12}	tɕy^{53}	ɕy^{12}	tʂu^{53}	tʂʰu^{12}	tʂu^{12}
广灵	xu^{213}	vu^{213}	ly^{31}	tɕʰy^{53}	ɕy^{31}	tsu^{53}	tsʰu^{31}	tsʰu^{31}

字目	初	锄	梳	疏稀~	诸	书	舒	如
中古音 / 方言点	楚居 遇合三 平鱼初	士鱼 遇合三 平鱼崇	所葅 遇合三 平鱼生	所葅 遇合三 平鱼生	章鱼 遇合三 平鱼章	伤鱼 遇合三 平鱼书	伤鱼 遇合三 平鱼书	人诸 遇合三 平鱼日
北京	tʂʰu^{55}	tʂʰu^{35}	ʂu^{55}	ʂu^{55}	tʂu^{55}	ʂu^{55}	ʂu^{55}	ʐu^{35}
小店	tsʰu^{11}	tsʰu^{11}	fu^{11}/su^{11}	su^{11}	tsu^{11}	fu^{11}/su^{11}	su^{11}	vu^{11} 白 / zu^{11} 文
尖草坪	tsʰu^{33}	tsʰu^{33}	su^{33}	su^{33}	tsu^{33}	su^{33}	su^{33}	zu^{33}
晋源	tsʰu^{11}	tsʰu^{11}	fu^{11} 白 /su^{11} 文	su^{11}	tsu^{11}	fu^{11} 白 /su^{11} 文	fu^{11}/su^{11}	vu^{11} 白 /zu^{11} 文
阳曲	tsʰu^{312}	tsʰu^{43}	su^{312}	su^{312}	tsu^{312}	su^{312}	su^{312}	zu^{43}
古交	tsʰu^{44}	su^{44}	su^{44}	su^{44}	tsu^{44}	su^{44}	su^{44}	zu^{44}
清徐	tsʰu^{11}	su^{11} 白 / tsʰu^{11} 文	su^{11}	su^{11}	tsu^{11}	su^{11}	su^{11}	zu^{11}
娄烦	pfʰu^{33}	pfʰu^{33}	fu^{33}	fu^{33}	pfu^{33}	fu^{33}	fu^{33}	vu^{33}
榆次	tsʰu^{11}	tsʰu^{11}	su^{11}	su^{11}	tsu^{11}	su^{11}	su^{11}	zu^{11}
交城	tsʰu^{11}	su^{11} 白 / tsʰu^{11} 文	su^{11}	su^{11}	tsu^{11}	su^{11}	su^{11}	ʐu^{11}
文水	tsʰəɸ^{22}	səɸ^{22} 白 / tsʰəɸ^{22} 文	səɸ^{22}	səɸ^{22}	tsəɸ^{22}	səɸ^{22}	səɸ^{22}	ʐəɸ^{22}
祁县	tsʰuβ^{31}	suβ^{31}	suβ^{31}	suβ^{31}	tsuβ^{31}	suβ^{31}	suβ^{31}	ʐuβ^{31}
太谷	tsʰuo^{33}	fuo^{33}	fuo^{33}	suo^{33}	tsu^{33}	fu^{33}	fu^{33}	vu^{33} 白 / zu^{33} 文
平遥	tsʰʮ^{213}	sʮ^{213}	sʮ^{213}	sʮ^{213}	tsʮ^{213}	sʮ^{213}	sʮ^{213}	zʮ^{213}
孝义	tsʰu^{33}	su^{33}	su^{33}	su^{33}	tsu^{33}	su^{33}	su^{33}	zu^{33}
介休	tsʰʮ^{13}	sʮ^{13} 白 / tsʰʮ^{13} 文	sʮ^{13}	sʮ^{13}	tsʮ^{13}	sʮ^{13}	sʮ^{13}	zʮ^{13}
灵石	tsʰu^{535}	tsʰu^{44}	su^{535}	su^{535}	tsu^{535}	su^{535}	su^{535}	ʐʮ^{535}
盂县	tsʰu^{412}	tsʰu^{22}	su^{55}	su^{412}	tsu^{22}	su^{412}	su^{412}	zu^{22}
寿阳	tsʰuəɯ^{31}/ tsʰu^{31}	tsʰʮ^{22}	səɯ^{31}	sʮ^{31}	tsʮ^{31}	sʮ^{31}	sʮ^{31}	zʮ^{22}
榆社	tsʰy̩^{45}	sy̩^{22}	sy̩^{22}	sy̩^{22}	tsy̩^{22}	fy̩^{22}	sy̩^{22}	zy̩^{22}
离石	tsʰu^{24}	tsʰu^{44}	su^{24}	su^{24}	tsu^{24}	su^{24}	su^{24}	zu^{44}
汾阳	tʂʰəʊ^{324}	tʂʰəʊ^{22}	ʂəʊ^{324}	ʂəʊ^{324}	tʂəʊ^{324}	ʂəʊ^{324}	ʂəʊ^{324}	ʐəʊ^{22}
中阳	tʂʰu^{24}	tʂʰu^{33}	ʂu^{24}	ʂu^{24}	tʂu^{24}	ʂu^{24}	ʂu^{24}	ʐu^{33}
柳林	tsʰu^{24}	tsʰu^{44}	su^{24}	su^{24}	tsu^{24}	su^{24}	su^{24}	zu^{44}
方山	tsʰʮ^{24}	tsʰʮ^{44}	sʮ^{24}	sʮ^{24}	tsʮ^{24}	sʮ^{24}	sʮ^{24}	zʮ^{44}
临县	tsʰʮ^{24}	tsʰʮ^{33}	sʮ^{24}	sʮ^{24}	tsʮ^{24}	sʮ^{24}	sʮ^{24}	zʮ^{33}

续表

字目	初	锄	梳	疏稀~	诸	书	舒	如
中古音 / 方言点	楚居 遇合三 平鱼初	士鱼 遇合三 平鱼崇	所菹 遇合三 平鱼生	所菹 遇合三 平鱼生	章鱼 遇合三 平鱼章	伤鱼 遇合三 平鱼书	伤鱼 遇合三 平鱼书	人诸 遇合三 平鱼日
兴县	tsʰu^{324}	tsʰu^{55}	su^{324}	su^{324}	tsu^{324}	su^{324}	su^{324}	zu^{55}
岚县	tsʰu^{214}	tsʰu^{44}	su^{214}	su^{214}	tsu^{214}	su^{214}	su^{214}	ʐu^{44}
静乐	tsʰu^{24}	tsʰu^{33}	su^{24}	su^{24}	pfu^{24} 白 /tsu^{24}	su^{24}	su^{24}	zu^{33}
交口	tsʰou^{323}	tsʰʮ^{44}	sʮ^{323}	sʮ^{323}	tsʮ^{323}	sʮ^{323}	sʮ^{323}	ʐʮ^{44}
石楼	tsʰou^{213}	tsʰou^{44}	sou^{213}	ʂu^{213}	tʂu^{213}	ʂu^{213}	ʂu^{213}	ʐu^{44}
隰县	tsʰou^{53}	tsʰou^{24}	sou^{53}	sou^{53}	tsu^{53}	su^{53}	su^{53}	zu^{24}
大宁	tsʰəu^{31}	tsʰəu^{24}	səu^{31}	sɑ^{55} 白 / səu^{31} 文	tʂu^{55}	ʂu^{31}	ʂu^{31}	ʐu^{24}
永和	tsʰɤu^{33} 白 / tsʰu^{33} 文	tsʰɤu^{35} 白 / tsʰu^{35} 文	sɤu^{33} 白 / su^{33} 文	sɤu^{33} 白	tʂu^{33}	ʂu^{33}	ʂu^{33}	ʐu^{35}
汾西	tsʰou^{11}	tsʰβ̍^{35}/sou^{35}	sou^{11}	——	——	fv̩^{11} 白 /sβ̍^{11} 文	fv̩^{11}/sβ̍^{11}	v̩^{35}
蒲县	tsʰou^{52}	tsʰou^{24}	sou^{52}	sou^{52}	tʂu^{33}	ʂu^{52}	ʂu^{52}	ʐu^{24}
潞州	tsʰuə^{312}	tsʰuə^{24}	suə^{312}	su^{24}	tsu^{312}	su^{312}	su^{312}	lu^{24}
上党	tsʰuo^{213}	tsʰuo^{44}	suo^{213}	suo^{213}	tsu^{213}	su^{213}	su^{213}	y^{44}
长子	tsʰuə^{312}	tsʰuə^{24}	suə^{312}	suə^{312}	tsu^{312}	su^{312}	su^{312}	lu^{24}
屯留	tsʰuɤ^{31}	tsʰuɤ^{11}	suɤ^{31}	suɤ^{31}	tsu^{31}	su^{31}	su^{31}	y^{11} 白 /zu^{11} 文
襄垣	tsʰuə^{33}	tsʰuə^{31}	suə^{33}	suə^{33}	tsu^{33}	su^{33}	su^{33}	ʐu^{31}
黎城	tsʰuo^{33}	tsʰuo^{53}	suo^{33}	suo^{33}	tɕy^{33}	ɕy^{33}	ɕy^{33}	yɤʔ^{2}
平顺	tsʰuɤ^{213}	tsʰuɤ^{13}	suɤ^{213}	suɤ^{213}	tsu^{213}	su^{213}	su^{213}	y^{13}
壶关	tʂʰuə^{33}	tʂʰuə^{13}	ʂuə^{33}	ʂuə^{33}	tʂu^{33}	ʂu^{33}	ʂu^{33}	y^{13}
沁县	tsʰuɤ^{224}	tsʰuɤ^{33}	suɤ^{224}	suɤ^{224}	tsu^{224}	su^{224}	su^{224}	zu^{33}
武乡	tsʰuɤ^{113}	tsʰuɤ^{33}	su^{113}/suɤ^{113}	su^{113}	tsu^{113}	su^{113}	su^{113}	zu^{33}
沁源	tsʰei^{324}	sei^{324}	sei^{324}	sei^{324}	tʂu^{324}	ʂu^{324}	ʂu^{324}	ʐu^{33}
安泽	tsʰəu^{21} 白 / tsʰu^{21} 文	səu^{35} 白	səu^{21} 白 / su^{21} 文	səu^{21} 白 / su^{21} 文	tsu^{21}	su^{21}	su^{21}	zu^{35}
沁水端氏	tsʰu^{21}	tsʰu^{24}	su^{21}	su^{21}	tsu^{53}	su^{21}	su^{21}	zu^{24}
阳城	tʂʰu^{22}	ʂu^{22}	ʂu^{22}	ʂu^{22}	tʂu^{224}	ʂu^{224}	ʂu^{224}	ʐu^{22}
高平	tʂʰu^{33}	tʂʰu^{33}	ʂu^{33}	ʂu^{33}	tʂu^{53}	ʂu^{33}	ʂu^{33}	ʐu^{33}
陵川	tʂʰu^{33}	tʂʰu^{53}	ʂu^{33}	ʂu^{33}	tʂu^{33}	ʂu^{33}	ʂu^{33}	u^{53}
晋城	tʂʰu^{33}	tʂʰu^{324}	ʂu^{33}	ʂu^{33}	tʂu^{33}	ʂu^{33}	ʂu^{33}	ʐu^{324}
忻府	tsʰu^{313}	tsʰu^{21}	su^{313}	su^{313}	tsu^{313}	su^{313}	su^{313}	zu^{21}
原平	tsʰu^{213}	tsʰu^{33}	su^{213}	su^{213}	tsu^{213}	su^{213}	su^{213}	zu^{33}

续表

字目	初	锄	梳	疏稀~	诸	书	舒	如
中古音／方言点	楚居 遇合三 平鱼初	士鱼 遇合三 平鱼崇	所葅 遇合三 平鱼生	所葅 遇合三 平鱼生	章鱼 遇合三 平鱼章	伤鱼 遇合三 平鱼书	伤鱼 遇合三 平鱼书	人诸 遇合三 平鱼日
定襄	tsʰu^{24}	tsʰu^{11}	su^{24}	su^{24}	tsu^{24}	su^{24}	su^{24}	ʐu^{11}
五台	tsʰu^{213}	tsʰu^{33}	su^{213}	su^{213}	tsu^{213}	su^{213}	su^{213}	zu^{33}
岢岚	tʂʰu^{13}	tsʰu^{44}	su^{13}	su^{13}	tʂu^{13}	su^{13}	su^{13}	ʐu^{44}
五寨	tsʰu^{13}	tsʰu^{44}	su^{13}	su^{13}	tsu^{13}	su^{13}	su^{13}	zu^{44}
宁武	tsʰu^{23}	tsʰu^{33}	su^{23}	su^{23}	tsu^{23}	su^{23}	su^{23}	zu^{33}
神池	tsʰu^{24}	tsʰu^{32}	su^{13}	su^{13}	tsu^{13}	su^{24}	su^{24}	zu^{32}
繁峙	tsʰu^{53}	tsʰu^{31}	su^{53}	su^{53}	tsu^{53}	su^{53}	su^{53}	ʐu^{31}
代县	tsʰu^{213}	tsʰu^{44}	su^{213}	su^{213}	tsu^{213}	su^{213}	su^{213}	zu^{44}
河曲	tʂʰu^{213}	tʂʰu^{44}	ʂu^{213}	ʂu^{213}	tʂu^{213}	ʂu^{213}	ʂu^{213}	ʐu^{44}
保德	tʂʰu^{213}	tʂʰu^{44}	ʂu^{213}	ʂu^{213}	tʂu^{213}	ʂu^{213}	ʂu^{213}	u^{44}白/ʐu^{44}文
偏关	tʂʰu^{44}/tʂʰu^{24}	tʂʰu^{44}	ʂu^{24}	ʂu^{24}	tʂu^{24}	ʂu^{24}	ʂu^{24}	ʐu^{44}
朔城	tsʰu^{312}	tsʰu^{35}	su^{312}	su^{312}	tsu^{312}	su^{312}	su^{312}	ʐu^{35}
平鲁	tsʰu^{213}	tsʰu^{44}	su^{213}	su^{213}	tsu^{213}	su^{213}	su^{213}	zu^{44}
应县	tsʰu^{43}	tsʰu^{43}	su^{43}	su^{43}	tsu^{43}	su^{43}	su^{43}	zu^{31}
灵丘	tsʰu^{442}	tsʰu^{31}	su^{442}	su^{442}	tsu^{442}	su^{442}	su^{442}	zu^{31}
浑源	tsʰu^{52}	tsʰu^{22}	su^{52}	su^{52}	tsu^{52}	su^{52}	su^{52}	zu^{22}
云州	tʂʰu^{21}	tʂʰu^{312}	ʂu^{21}	ʂu^{21}	tʂu^{21}	ʂu^{21}	ʂu^{21}	ʐu^{312}
新荣	tʂʰu^{32}	tʂʰu^{312}	ʂu^{32}	ʂu^{32}	tʂu^{32}	ʂu^{32}	ʂu^{32}	ʐu^{312}
怀仁	tsʰu^{42}	tsʰu^{312}	su^{42}	su^{42}	tsu^{42}	su^{42}	su^{42}	zu^{312}
左云	tsʰu^{31}	tsʰu^{313}	su^{31}	su^{31}	tsu^{31}	su^{31}	su^{31}	ʐu^{313}
右玉	tʂʰu^{31}	tʂʰu^{212}	ʂu^{31}	ʂu^{31}	tʂu^{31}	ʂu^{31}	ʂu^{31}	ʐu^{212}
阳高	tsʰu^{31}	tsʰu^{312}	su^{31}	su^{31}	tsu^{31}	su^{31}	su^{31}	ʐu^{312}
山阴	tʂʰu^{313}	tʂʰu^{313}	ʂu^{313}	ʂu^{313}	tʂu^{313}	ʂu^{313}	ʂu^{313}	ʐu^{313}
天镇	tsʰu^{31}	tsʰu^{22}	su^{31}	su^{31}	tsu^{31}	su^{31}	su^{31}	zu^{22}
平定	tsʰu^{31}	tsʰu^{44}	su^{31}	su^{31}	tsu^{31}	su^{31}	su^{31}	zu^{44}
昔阳	tsʰu^{42}	tsʰu^{33}	su^{42}	su^{42}	tsu^{42}	su^{42}	su^{42}	zu^{33}
左权	tsʰu^{31}	tsʰu^{11}	su^{31}	su^{31}	tʂu^{31}	ʂu^{31}	ʂu^{31}	lu^{11}
和顺	tsʰu^{42}	tsʰu^{22}	suəʔ$^{\underline{21}}$/su^{42}	su^{42}/su^{13}	tsu^{42}	su^{42}	su^{42}	zu^{22}
尧都	tʂʰou^{24}	tʂʰu^{24}	ʂou^{21}	ʂu^{21}	tʂu^{21}	fu^{21}白/ʂu^{21}文	ʂu^{21}	ʐu^{24}
洪洞	tsʰou^{21}	sou^{24}	sou^{21}	sou^{21}	tʂu^{21}	fu^{21}	fu^{21}/ʂu^{21}文	vu^{24}白/ʐu^{24}文

续表

字目	初	锄	梳	疏稀~	诸	书	舒	如
中古音 / 方言点	楚居 遇合三 平鱼初	士鱼 遇合三 平鱼崇	所菹 遇合三 平鱼生	所菹 遇合三 平鱼生	章鱼 遇合三 平鱼章	伤鱼 遇合三 平鱼书	伤鱼 遇合三 平鱼书	人诸 遇合三 平鱼日
洪洞赵城	tsʰou^{21}	sou^{24}	sou^{21}	sou^{21}	tʂu^{21}	ʂu^{21}	ʂu^{21}	ʐu^{24}
古县	tsʰəu^{21}	səu^{35}	səu^{21}	səu^{21}	tʂu^{21}	fu^{21}	fu^{21}	vu^{21}白/ ʐu^{35}文
襄汾	tsʰou^{21}	sou^{24}	sou^{21}	sou^{21}	tʂou^{21}	fu^{21}	fu^{21}白/ʂu^{21}文	vu^{24}白/ ʐu^{24}文
浮山	tʂʰou^{42}	ʂou^{13}	ʂou^{42}	ʂou^{42}	tʂu^{33}	fu^{42}	fu^{42}	u^{13}
霍州	tsʰəu^{212}	səu^{35}	səu^{212}	səu^{212}	tʂu^{212}	ʂu^{212}	ʂu^{212}	ʐu^{35}
翼城	pfʰu^{53}	pfʰu^{12}	ʂou^{53}	sou^{53}	tʂu^{53}	fu^{53}白/ ʂu^{53}文	fu^{53}白/ ʂu^{53}文	u^{12}白/ ʐu^{12}文
闻喜	tsʰɤu^{53}	tsʰɤu^{53}	sɤu^{53}	——	pfu^{53}	fu^{53}/su^{53}	fu^{53}	ɣ̩^{13}
侯马	tʂʰou^{213}	tʂʰu^{213}	fu^{213}白/ vu^{213}文	——	tsʰou^{213}	ʂou^{213}	ʂou^{213}	ʐu^{213}
新绛	tsʰəu^{53}	tsʰəu^{13}	səu^{53}	səu^{53}	pfu^{53}	fu^{53}	fu^{53}	ɣ̩^{13}
绛县	tʂʰəu^{53}	ʂəu^{33}	ʂəu^{53}	ʂəu^{53}	tʂu^{53}	pfu^{53}/fu^{53}	ʂu^{53}	vu^{24}
垣曲	tsʰou^{22}	sou^{22}	ʂu^{22}	su^{22}	tʂu^{22}	ʂu^{22}	ʂu^{22}	ʐu^{22}
夏县	tʂʰəu^{53}	tʂʰəu^{42}	ʂəu^{53}白/ tʂʰu^{53}文	——	pfu^{31}白/ tʂu^{31}文	fu^{53}白/ʂu^{53}文	fu^{53}白/ʂu^{53}文	vu^{42}白/ ʐu^{42}文
万荣	tsʰəu^{51}	tsʰəu^{213}	səu^{51}	səu^{51}	pfu^{33}	fu^{51}	fu^{51}	vu^{51}
稷山	pfʰu^{53}白/ tʂʰəu^{53}文	pfʰu^{13}白/ tʂʰəu^{13}文	ʂəu^{53}	ʂəu^{53}	pfu^{53}	fu^{53}白/ʂu^{53}文	ʂəu^{42}	vu^{44}白/ ʐu^{44}文
盐湖	tsʰou^{42}	tsʰou^{13}	sou^{42}	sou^{42}	tʂu^{42}	fu^{42}白/ʂu^{42}文	fu^{42}白/ʂu^{42}文	vu^{13}白/ ʐu^{13}文
临猗	tsʰəu^{42}	pfʰu^{13}白/ tsʰəu^{13}文	səu^{42}	səu^{42}	pfu^{42}	fu^{42}白/ʂu^{42}文	səu^{42}	vu^{13}白/ ʐu^{13}文
河津	tsʰəu^{31}	tsʰəu^{324}	səu^{31}	səu^{31}	pfu^{31}	fu^{31}	fu^{31}文	vu^{31}
平陆	tsʰəu^{31}	tsʰəu^{13}	səu^{31}	səu^{31}	tʂu^{31}	fu^{31}白/ʂu^{31}文	fu^{31}白/ʂu^{31}文	vu^{13}
永济	tʂʰəu^{31}	tʂʰəu^{24}	ʂəu^{31}	ʂəu^{31}	pfu^{44}	fu^{31}	fu^{31}	u^{24}
芮城	tsʰəu^{42}	tsʰəu^{13}	səu^{42}	səu^{42}	pfu^{44}	fu^{42}	fu^{13}	vu^{42}
吉县	pfʰu^{13}	tsʰəu^{13}	səu^{423}	səu^{423}	pfu^{423}	fu^{423}	fu^{423}	vu^{423}
乡宁	tsʰou^{53}	tsʰou^{12}	sou^{53}	——	tʂu^{53}	ʂu^{53}	ʂu^{53}	ʐu^{12}
广灵	tsʰu^{53}	tsʰu^{31}	su^{53}	su^{53}	——	su^{53}	su^{53}	——

字目	居	渠水~	鱼	虚	嘘	於	余姓	余多~
中古音 方言点	九鱼 遇合三 平鱼见	强鱼 遇合三 平鱼群	语居 遇合三 平鱼疑	朽居 遇合三 平鱼晓	朽居 遇合三 平鱼晓	央居 遇合三 平鱼影	以诸 遇合三 平鱼以	以诸 遇合三 平鱼以
北京	tɕy^{55}	tɕʰy^{35}	y^{35}	ɕy^{55}	ɕy^{55}	y^{35}	y^{35}	y^{35}
小店	tɕy^{11}	tɕy^{11}白	y^{11}	ɕy^{11}	ɕy^{11}	——	y^{11}	y^{11}
尖草坪	tɕy^{33}	tɕʰy^{33}	y^{33}	ɕy^{33}	ɕy^{33}	y^{33}	y^{33}	y^{33}
晋源	tɕy^{11}	tɕy^{11}白 / tɕʰy^{11}文	y^{11}	ɕy^{11}	ɕy^{11}	y^{11}	y^{11}	y^{11}
阳曲	tɕy^{312}	tɕʰy^{43}	y^{43}	ɕy^{312}	ɕy^{312}	y^{43}	y^{43}	y^{43}
古交	tɕy^{44}	tsʰy^{44}	y^{44}	ɕy^{44}	ɕy^{44}	y^{44}	y^{44}	y^{44}
清徐	tɕy^{11}	tɕy^{11}白 / tɕʰy^{11}文	y^{11}	ɕy^{11}	ɕy^{11}	y^{11}	y^{11}	y^{11}
娄烦	tɕy^{33}	tɕʰy^{33}	y^{33}	ɕy^{33}	ɕy^{33}	y^{33}	y^{33}	y^{33}
榆次	tɕy^{11}	tɕy^{11}	y^{11}	ɕy^{11}	ɕy^{11}	y^{11}	y^{11}	y^{11}
交城	tɕy^{11}	tɕy^{11}白 / tɕʰy^{11}文	y^{11}	ɕy^{11}	ɕy^{11}	y^{11}	y^{11}	y^{11}
文水	tsɥ^{22}	tsɥ^{22}白 / tsʰɥ^{22}文	nzɥ^{22}	sɥ^{22}	sɥ^{22}	ɥ^{22}	ɥ^{22}	ɥ^{22}
祁县	tɕiəβ^{31}	tɕiəβ^{31}白 / tɕʰiəβ^{31}文	iəβ^{31}	ɕiəβ^{31}	ɕiəβ^{31}	iəβ^{31}	iəβ^{31}	iəβ^{31}
太谷	tɕy^{33}	tɕy^{33}白 / tɕʰy^{33}文	y^{33}	ɕy^{33}	ɕy^{33}	y^{33}	y^{33}	y^{33}
平遥	tɕyɛ^{213}白 / tɕy^{213}文	tɕy^{213}	ȵy^{213}白 / y^{213}文	ɕy^{213}	ɕy^{213}	y^{213}	y^{213}	y^{213}
孝义	tɕy^{33}	tɕy^{33}	y^{33}	ɕy^{33}	ɕy^{33}	y^{33}	y^{33}	y^{33}
介休	tɕy^{13}	tɕy^{13}白 / tɕʰy^{13}文	ȵy^{13}	ɕy^{13}	ɕy^{13}	y^{13}	y^{13}	y^{13}
灵石	tɕy^{535}	tɕʰy^{44}	nu^{44}	ɕy^{535}	ɕy^{535}	y^{44}	y^{44}	y^{44}
盂县	tɕy^{412}	tɕʰy^{22}	y^{22}	ɕy^{412}	ɕy^{412}	y^{22}	y^{22}	y^{22}
寿阳	tsu^{31}	tsʰɥ^{22}	zɥ^{22}	sɥ^{31}	sɥ^{31}	zɥ^{22}	zɥ^{22}	zɥ^{22}
榆社	tsɥ^{22}	tsʰɥ^{22}	zɥ^{22}	sɥ^{22}	sɥ^{22}	zɥ^{22}	zɥ^{22}	zɥ^{22}
离石	tsu^{24}	tsʰu^{44}	zu^{44}	su^{24}	su^{24}	zu^{44}	zu^{44}	zu^{44}
汾阳	tsɥ^{324}	tsʰɥ^{22}	ɥ^{22}	tsʰɥ^{324}	tsʰɥ^{22}	ɥ^{22}	ɥ^{22}	ɥ^{22}
中阳	tʂu^{24}	tɕʰy^{33}	ny^{33}	ɕy^{24}	ɕy^{24}	y^{33}	y^{33}	y^{33}
柳林	tɕy^{24}	tɕʰy^{44}	ny^{44}/ y^{44}	ɕy^{24}	ɕy^{24}	y^{44}	y^{44}	y^{44}
方山	tɕy^{24}	tɕʰy^{44}	y^{44}	ɕy^{24}	ɕy^{24}	y^{44}	y^{44}	y^{44}
临县	tɕy^{24}	tɕʰy^{33}	y^{33}	ɕy^{24}	ɕy^{33}	y^{33}	y^{33}	y^{33}

续表

字目	居	渠水~	鱼	虚	嘘	於	余姓	余多~
中古音 / 方言点	九鱼 遇合三 平鱼见	强鱼 遇合三 平鱼群	语居 遇合三 平鱼疑	朽居 遇合三 平鱼晓	朽居 遇合三 平鱼晓	央居 遇合三 平鱼影	以诸 遇合三 平鱼以	以诸 遇合三 平鱼以
兴县	tɕy^{324}	tɕʰy^{55}	y^{55}	ɕy^{324}	——	y^{55}	y^{55}	y^{55}
岚县	tɕy^{214}/ tsu^{214}	tɕʰy^{44}	ȵy^{44}	ɕy^{214}	ɕy^{214}	y^{44}	y^{44}	y^{44}
静乐	tɕy^{24}	tɕʰy^{33}	y^{33}	ɕy^{24}	ɕy^{24}	y^{33}	y^{33}	y^{33}
交口	tsʮ^{323}	tɕʰy^{44}	ȵy^{44}/ y^{44}	ɕy^{323}	ɕy^{323}	y^{44}	y^{44}	y^{44}
石楼	tɕy^{213}	tɕʰy^{4}	ȵy^{44}白 /y^{44}文	ɕy^{213}	ɕy^{213}	y^{44}	y^{44}	y^{44}
隰县	tɕy^{53}	tɕʰy^{24}	ȵy^{24}白 /y^{24}文	ɕy^{53}	ɕy^{53}	y^{24}	y^{24}	y^{24}
大宁	tɕy^{55}	tɕʰy^{24}	y^{24}	ɕy^{31}	ɕy^{31}	y^{24}	y^{24}	y^{24}
永和	tɕy^{33}	tɕʰy^{35}	ny^{35}	ɕy^{33}	ɕy^{33}	y^{33}	y^{35}	y^{35}
汾西	tɕy^{11}	tɕʰy^{35}	ny^{35}	ɕy^{11}	ɕy^{11}	——	y^{35}	y^{35}
蒲县	tɕy^{52}	tɕʰy^{24}	y^{24}	ɕy^{52}	ɕy^{52}	y^{24}	y^{24}	y^{24}
潞州	tɕy^{312}	tɕʰy^{312}	y^{24}	ɕy^{312}	ɕy^{312}	y^{24}	y^{24}	y^{24}
上党	tɕy^{213}	tɕʰy^{44}	y^{44}	ɕy^{213}	ɕy^{213}	y^{44}	y^{44}	y^{44}
长子	tɕy^{312}	tɕʰy^{312}	y^{24}	ɕy^{312}	ɕy^{312}	y^{24}	y^{24}	y^{24}
屯留	tɕy^{31}	tɕʰy^{31}	y^{11}	ɕy^{31}	ɕy^{31}	y^{11}	y^{11}	y^{11}
襄垣	tɕy^{33}	tɕʰyʌʔ$^{\underline{43}}$白 / tɕʰy^{31}文	y^{31}	ɕy^{33}	ɕy^{33}	y^{31}	y^{31}	y^{31}
黎城	cy^{33}	cʰy^{33}	y^{53}	çy^{33}	çy^{33}	y^{33}	y^{53}	y^{53}
平顺	cu^{213}	cʰy^{13}	y^{13}	ɕy^{213}	ɕy^{213}	y^{13}	y^{13}	y^{13}
壶关	cy^{33}	cʰy^{13}	y^{33}	çy^{33}	çy^{33}	y^{33}	y^{33}	y^{33}
沁县	tsʮ^{224}	tsʰʮ^{33}	zʮ^{33}	sʮ^{224}	sʮ^{224}	zʮ^{33}	zʮ^{33}	zʮ^{33}
武乡	tsʮ^{113}	tsʰʮ^{33}	zʮ^{33}	sʮ^{113}	su^{113}	zʮ^{33}	zʮ^{33}	zʮ^{33}
沁源	tɕy^{324}	tɕʰy^{33}	y^{33}	ɕy^{324}	ɕy^{324}	y^{33}	y^{33}	y^{33}
安泽	tɕy^{21}	tɕʰy^{35}	y^{35}	ɕy^{21}	ɕy^{21}	——	y^{35}	y^{35}
沁水端氏	tɕy^{21}	tɕʰy^{24}	y^{24}	ɕy^{21}	ɕy^{21}	y^{21}	y^{24}	y^{24}
阳城	cy^{224}	cʰy^{22}	y^{22}	çy^{224}	çy^{224}	y^{22}	y^{22}	y^{22}
高平	ci^{33}	cʰi^{33}	i^{33}	çi^{33}	çi^{33}	i^{33}	i^{33}	i^{33}
陵川	cy^{33}	cʰy^{53}	y^{53}	çy^{33}	çy^{33}	y^{53}	y^{53}	y^{53}
晋城	tɕy^{33}	tɕʰy^{33}	y^{324}	ɕy^{33}	ɕy^{33}	——	y^{213}	y^{213}
忻府	tɕy^{313}	tɕʰy^{21}	y^{21}	ɕy^{313}	ɕy^{313}	y^{21}	y^{21}	y^{21}
原平	tɕyʉ^{213}	tɕʰyʉ^{33}	yʉ^{33}	ɕyʉ^{213}	ɕyʉ^{213}	yʉ^{33}	yʉ^{33}	yʉ^{33}

续表

字目	居	渠水～	鱼	虚	嘘	於	余姓	余多～
中古音 / 方言点	九鱼 遇合三 平鱼见	强鱼 遇合三 平鱼群	语居 遇合三 平鱼疑	朽居 遇合三 平鱼晓	朽居 遇合三 平鱼晓	央居 遇合三 平鱼影	以诸 遇合三 平鱼以	以诸 遇合三 平鱼以
定襄	tɕy^{24}	tɕʰy^{11}	y^{11}	ɕy^{24}	ɕy^{24}	y^{11}	y^{11}	y^{11}
五台	tɕy^{213}	tɕʰy^{33}	y^{33}	ɕy^{213}	ɕy^{213}	y^{33}	y^{33}	y^{33}
岢岚	tɕy^{13}	tɕʰy^{44}	y^{44}	ɕy^{13}	ɕy^{13}	y^{44}	y^{44}	y^{44}
五寨	tɕy^{13}	tɕʰy^{44}	y^{44}	ɕy^{13}	ɕy^{13}	y^{44}	y^{44}	y^{44}
宁武	tɕy^{23}	tɕʰy^{33}	y^{33}	ɕy^{23}	ɕy^{23}	——	y^{33}	y^{33}
神池	tɕy^{13}	tɕʰy^{32}	y^{32}	ɕy^{24}	ɕy^{24}	y^{32}	y^{32}	y^{32}
繁峙	tɕy^{53}	tɕʰy^{31}	y^{31}	ɕy^{53}	ɕy^{53}	y^{53}	y^{31}	y^{31}
代县	tɕy^{213}	tɕʰy^{44}	y^{44}	ɕy^{213}	ɕy^{213}	ɕyəʔ^{2}	y^{44}	y^{44}
河曲	tɕy^{213}	tɕʰy^{44}	y^{44}	ɕy^{213}	ɕy^{213}	y^{44}	y^{44}	y^{44}
保德	tɕy^{213}	tɕʰy^{44}	y^{44}	ɕy^{213}	ɕy^{213}	y^{44}	y^{44}	y^{44}
偏关	tsɥ^{24}	tsʰɥ^{44}	ɥ^{44}	sɥ^{24}	sɥ^{24}	ɥ^{44}	ɥ^{44}	ɥ^{44}
朔城	tɕy^{312}	tɕʰy^{35}	y^{35}	ɕy^{312}	ɕy^{312}	y^{35}	y^{35}	——
平鲁	tɕy^{213}	tɕʰy^{44}	y^{44}	ɕy^{213}	ɕy^{213}	y^{44}	y^{44}	y^{44}
应县	tɕy^{43}	tɕʰy^{31}	y^{31}	ɕy^{43}	ɕy^{43}	y^{31}	y^{31}	y^{31}
灵丘	tɕy^{442}	tɕʰy^{31}	y^{31}	ɕy^{442}	ɕy^{442}	y^{31}	y^{31}	y^{31}
浑源	tɕy^{52}	tɕʰy^{22}	y^{22}	ɕy^{52}	ɕy^{52}	y^{22}	y^{22}	y^{22}
云州	tɕy^{21}	tɕʰy^{312}	y^{312}	ɕy^{21}	ɕy^{21}	y^{312}	y^{312}	y^{312}
新荣	tɕy^{32}	tɕʰy^{312}	y^{312}	ɕy^{32}	ɕy^{32}	y^{54}	y^{312}	y^{312}
怀仁	tɕy^{42}	tɕʰy^{312}	y^{312}	ɕy^{42}	ɕy^{42}	y^{42}	y^{312}	y^{312}
左云	tɕy^{31}	tɕʰy^{313}	y^{313}	ɕy^{31}	ɕy^{31}	y^{31}	y^{313}	y^{313}
右玉	tɕy^{31}	tɕʰy^{212}	y^{212}	ɕy^{31}	ɕy^{31}	y^{31}	y^{212}	y^{212}
阳高	tɕy^{312}	tɕʰy^{31}	y^{31}	ɕy^{31}	ɕy^{31}	y^{31}	y^{312}	y^{312}
山阴	tɕy^{313}	tɕʰy^{313}	y^{313}	ɕy^{313}	ɕy^{313}	——	y^{313}	——
天镇	tɕy^{31}	tɕʰy^{22}	y^{22}	ɕy^{31}	ɕy^{31}	——	y^{22}	y^{22}
平定	tɕy^{31}	tɕʰy^{44}	y^{44}	ɕy^{31}	ɕy^{31}	y^{44}	y^{44}	y^{44}
昔阳	tɕyʌʔ$^{\underline{43}}$	tɕʰy^{33}	y^{33}	ɕy^{42}	ɕy^{42}	y^{33}	y^{33}	y^{33}
左权	tɕy^{31}	tɕʰy^{11}	y^{11}	ɕy^{31}	ɕy^{31}	——	y^{11}	y^{11}
和顺	tɕy^{42}	tɕʰy^{22}	y^{22}	ɕy^{42}	ɕy^{42}	y^{22}	y^{22}	y^{22}
尧都	tɕy^{21}	tɕʰy^{24}	y^{24}	ɕy^{21}	ɕy^{21}	y^{24}	y^{24}	y^{24}
洪洞	tɕy^{21}	tɕʰy^{24}	y^{24}	ɕy^{21}	ɕy^{21}	y^{24}	y^{24}	y^{24}
洪洞赵城	tɕy^{21}	tɕʰy^{24}	ȵy^{24}	ɕy^{21}	ɕy^{21}	y^{24}	y^{24}	y^{24}

续表

字目	居	渠水~	鱼	虚	嘘	於	余姓	余多~
中古音／方言点	九鱼 遇合三 平鱼见	强鱼 遇合三 平鱼群	语居 遇合三 平鱼疑	朽居 遇合三 平鱼晓	朽居 遇合三 平鱼晓	央居 遇合三 平鱼影	以诸 遇合三 平鱼以	以诸 遇合三 平鱼以
古县	tɕy^{21}	tɕʰy^{35}	y^{35}	ɕy^{21}	ɕy^{21}	y^{35}	y^{35}	y^{35}
襄汾	tɕy^{21}	tɕʰy^{24}	y^{24}	ɕy^{21}	ɕy^{21}	y^{21}	y^{24}	y^{24}
浮山	ku^{42}白 / tɕy^{42}文	tɕʰy^{13}	y^{13}	ɕy^{42}/ ku^{33}	ɕy^{42}	y^{13}	y^{13}	y^{13}
霍州	tɕy^{212}	tɕʰy^{35}	y^{35}	ɕy^{212}	ɕy^{212}	y^{35}	y^{35}	y^{35}
翼城	tɕy^{53}	tɕʰy^{12}	y^{12}	ɕy^{53}	ɕy^{53}	y^{12}	y^{12}	y^{12}
闻喜	tɕy^{53}	tɕʰy^{13}	y^{13}	ɕy^{53}	ɕy^{53}	y^{13}	y^{13}	y^{13}
侯马	tɕy^{213}	tɕʰy^{213}	y^{213}	ɕy^{213}	ɕy^{213}	y^{213}	y^{213}	y^{213}
新绛	tɕy^{53}	tɕʰy^{13}	y^{13}	ɕy^{53}	ɕy^{53}	y^{53}	y^{13}	y^{13}
绛县	tɕy^{53}	tɕʰy^{24}	y^{24}	ɕy^{53}	ɕy^{53}	y^{53}	y^{24}	y^{24}
垣曲	tɕy^{22}	tɕʰy^{22}	y^{22}	ɕy^{22}	ɕy^{22}	y^{22}	y^{22}	y^{22}
夏县	tɕy^{53}	tɕʰy^{42}	y^{42}	ɕy^{53}	ɕy^{53}	y^{42}	y^{42}	y^{42}
万荣	tɕy^{51}	tɕʰy^{213}	y^{213}	ɕy^{51}	ɕy^{51}	y^{213}	y^{213}	y^{213}
稷山	tɕy^{53}	tɕʰy^{13}	y^{13}	ɕy^{53}	ɕy^{53}	y^{42}	y^{13}	y^{13}
盐湖	tɕy^{42}	tɕʰy^{13}	y^{13}	ɕy^{42}	ɕy^{42}	y^{13}	y^{13}	y^{13}
临猗	tɕy^{42}	tɕʰy^{13}	y^{13}	ɕy^{42}	ɕy^{42}	y^{13}	y^{13}	y^{13}
河津	tɕy^{31}	tɕʰy^{324}	y^{324}	ɕy^{31}	ɕy^{31}	y^{324}	y^{324}	y^{324}
平陆	tɕy^{31}	tɕʰy^{13}	y^{13}	ɕy^{31}	ɕy^{31}	y^{13}	y^{13}	y^{13}
永济	tɕy^{31}	tɕʰy^{24}	y^{24}	ɕy^{31}	ɕy^{31}	y^{31}	y^{24}	y^{24}
芮城	tɕy^{44}	tɕʰy^{13}	y^{13}	ɕy^{42}	ɕy^{42}	y^{42}	y^{13}	y^{13}
吉县	tɕy^{423}	tɕʰy^{13}	y^{13}	ɕy^{423}	ɕy^{423}	——	y^{13}	——
乡宁	ku^{53}白 / tɕy^{53}文	tɕʰy^{12}	ɕy^{12}	ɕy^{53}	ɕy^{53}	y^{12}	y^{12}	y^{12}
广灵	tɕy^{53}	tɕʰy^{31}	y^{31}	ɕy^{53}	ɕy^{53}	——	y^{31}	y^{31}

字目	肤	夫~妻	敷	麸	符	扶	无	趋
中古音 / 方言点	甫无 遇合三 平虞非	甫无 遇合三 平虞非	芳无 遇合三 平虞敷	芳无 遇合三 平虞敷	防无 遇合三 平虞奉	防无 遇合三 平虞奉	武夫 遇合三 平虞微	七逾 遇合三 平虞清
北京	fu^{55}	fu^{55}	fu^{55}	fu^{55}	fu^{35}	fu^{35}	u^{35}	tɕʰy^{55}
小店	fu^{11}	fu^{11}	fu^{11}	fu^{11}	fu^{11}	fu^{11}	vu^{11}	tɕʰy^{11}
尖草坪	fu^{33}	fu^{33}	fu^{33}	fu^{33}	fu^{33}	fu^{33}	u^{33}	tɕʰy^{33}
晋源	fu^{11}	fu^{11}	fu^{11}	fu^{11}	fu^{11}	fu^{11}	vu^{11}	tɕʰy^{11}
阳曲	fu^{312}	fu^{312}	fu^{312}	fu^{312}	fu^{43}/fu^{454}	fu^{312}	u^{43}	tɕʰy^{312}
古交	fu^{44}	fu^{44}	fu^{44}	fu^{44}	fu^{53}	fu^{44}	vu^{44}	tsʰy^{44}
清徐	fu^{11}	fu^{11}	fu^{11}	fu^{11}	fu^{11}	fu^{11}	vu^{11}	tɕʰy^{11}
娄烦	fu^{33}	fu^{33}	fu^{33}	fu^{33}	fu^{54}	fu^{33}	vu^{33}	tɕʰy^{33}
榆次	fu^{11}	fu^{11}	fu^{11}	fu^{11}	fu^{11}	fu^{11}	vu^{11}	tɕʰy^{11}
交城	xu^{11}	xu^{11}	xu^{11}	xu^{11}	xu^{11}	xu^{11}	u^{11}	tɕʰy^{11}
文水	xəɸ^{22}	xəɸ^{22}	xəɸ^{22}	xəɸ^{22}	xəɸ^{22}	xəɸ^{22}	əɸ^{22}	tsʰɥ^{22}
祁县	xuβ^{31}	xuβ^{31}	xuβ^{31}	xuβ^{31}	xuβ^{31}	xuβ^{31}	uβ^{31}	tɕʰiəβ^{31}
太谷	fu^{33}	fu^{33}	fu^{33}	fu^{33}	fu^{33}	fu^{33}	vu^{33}	tɕʰy^{33}
平遥	xu^{213}	xu^{213}	xu^{213}	xu^{213}	xu^{213}	xu^{213}	u^{213}	tɕʰy^{213}
孝义	xu^{33}	xu^{33}	xu^{33}	xu^{33}	xu^{33}	xu^{33}	u^{33}	tɕʰy^{33}
介休	xu^{13}	xu^{13}	xu^{13}	xu^{13}	xu^{13}	xu^{13}	u^{13}	tɕʰy^{13}
灵石	xu^{535}	xu^{535}	xu^{53}	xu^{535}	xu^{53}	xu^{44}	u^{44}	tɕʰy^{535}
盂县	fu^{412}	fu^{412}	fu^{412}	fu^{412}	fu^{22}	fu^{22}	u^{22}	tɕʰy^{412}
寿阳	fu^{31}	fu^{31}	fu^{31}	fu^{31}	fu^{22}	fu^{22}	u^{22}	tsʰu^{31}
榆社	fy̩^{22}	fy̩^{22}	fy̩^{22}	fy̩^{22}	fy̩^{22}	fy̩^{22}	y̩^{22}	tsʰɥ^{22}
离石	xu^{44}	xu^{24}	xu^{44}	xu^{24}	xu^{44}	xu^{44}	u^{44}	tsʰu^{44}
汾阳	fəʊ^{324}	fəʊ^{324}	fəʊ^{324}	fəʊ^{324}	fəʊ^{55}	fəʊ^{22}	əʊ^{22}	tsʰɥ^{22}
中阳	xu^{33}	xu^{24}	xu^{33}	xu^{24}	xu^{33}	xu^{33}	u^{33}	tɕʰy^{24}
柳林	xu^{44}	xu^{24}	xu^{44}	xu^{24}	xu^{44}	xu^{44}	u^{44}	tɕʰy^{24}
方山	xu^{44}	xu^{24}	xu^{44}	xu^{24}	xu^{44}	xu^{44}	u^{44}	tɕʰy^{24}
临县	fu^{33}	fɐʔ^{3}	fu^{33}	fu^{24}	fu^{312}	fu^{33}	u^{33}	tɕʰy^{24}
兴县	xu^{324}	xu^{324}	xu^{324}	xu^{324}	xu^{55}	xu^{55}	u^{55}	tɕʰy^{324}
岚县	fu^{214}	fu^{214}	fu^{214}	fu^{214}	fu^{44}	fu^{44}	u^{44}	tɕʰy^{214}
静乐	fu^{314}	fu^{24}	fu^{33}	fu^{24}	fu^{53}	fu^{33}	vu^{33}	tɕʰy^{24}
交口	xu^{44}	xu^{323}	xu^{44}	xu^{44}	xu^{44}	xu^{44}	u^{44}	tɕʰy^{323}
石楼	xuə^{213}	xuə^{213}	xu^{44}	xu^{213}	xu^{44}	xu^{44}	u^{44}	tɕʰy^{44}
隰县	xu^{53}	xu^{53}	xu^{53}	xu^{53}	xu^{24}	xu^{24}	u^{24}	tɕʰy^{53}

续表

字目	肤	夫~妻	敷	麸	符	扶	无	趋
中古音 方言点	甫无 遇合三 平虞非	甫无 遇合三 平虞非	芳无 遇合三 平虞敷	芳无 遇合三 平虞敷	防无 遇合三 平虞奉	防无 遇合三 平虞奉	武夫 遇合三 平虞微	七逾 遇合三 平虞清
大宁	fu^{31}	fu^{31}	fu^{24}	fu^{31}	fu^{24}	fu^{24}	u^{24}	tɕʰy^{24}
永和	xu^{312}	xu^{312}	xu^{35}	xu^{312}	xu^{53}	xu^{35}	u^{35}	tɕʰy^{33}
汾西	fɣ̩^{11}	——	fyəʔ^{3}/fɣ̩^{35}/ pʰβ^{35} 白	fɣ̩^{11}	fɣ̩^{33}	fɣ̩^{35}	ɣ̩^{35}	——
蒲县	fu^{33}	fu^{33}	fu^{24}	fu^{52}	fu^{24}	fu^{24}	u^{24}	tɕʰy^{52}
潞州	fu^{312}	fu^{312}	pʰu^{312} 白 / fu^{312} 文	fu^{312}	fu^{24}	fu^{24}	u^{24}	tɕʰy^{312}
上党	fu^{213}	fu^{213}	fu^{213}	fu^{213}	fu^{44}	fu^{44}	u^{44}	tɕʰy^{213}
长子	fu^{312}	fu^{312}	pəʔ^{4} 白 / pʰəʔ^{4} 白 / fu^{312} 文	fu^{312}	fu^{312}	fu^{24}	u^{24}	tɕʰy^{312}
屯留	fu^{31}	fu^{31}	fu^{31}	fu^{31}	fu^{11}	fu^{11}	u^{11}	tɕʰy^{31}
襄垣	fu^{33}	fu^{33}	fʌʔ^{3} 白 /fu^{33} 文	fu^{31}	fu^{31}	fu^{31}	u^{33}	tɕʰy^{33}
黎城	fu^{33}	fu^{33}	fu^{33}	fu^{33}	fu^{213}	fu^{213}	ɤʔ^{2}	tɕʰy^{53}
平顺	fu^{213}	fu^{213}	fu^{213}	fu^{213}	fu^{434}	fu^{13}	u^{13}	tɕy^{213}
壶关	fu^{33}	fu^{33}	fu^{33}	fu^{33}	fu^{535}	fu^{13}	u^{13}	cʰy^{33}
沁县	fu^{224}	fu^{224}	paʔ$^{\underline{31}}$ 白 / fu^{33} 文	fu^{214}	fu^{53}	fu^{33}	vu^{33}	tsʰʮ^{224}
武乡	fu^{113}	fu^{113}	fu^{33}	fu^{113}	fu^{213}	fu^{33}	u^{33}	tsʰʮ^{113}
沁源	fu^{324}	fu^{324}	pʰəʔ$^{\underline{31}}$ 白 / fu^{324} 文	fu^{324}	fu^{33}	fu^{33}	u^{33}	tɕʰy^{324}
安泽	fu^{21}	fu^{21}	fu^{35}	——	fu^{35}	fu^{35}	u^{35}	tɕʰy^{21}
沁水端氏	fu^{21}	fu^{21}	fu^{24}	fu^{24}	fu^{24}	fu^{24}	u^{24}	tɕʰy^{21}
阳城	fu^{224}	fu^{224}	fu^{22}	fu^{22}	fu^{22}	fu^{22}	u^{22}	tɕʰy^{224}
高平	fu^{33}	fu^{33}	fu^{33}	fu^{33}	fu^{53}	fu^{33}	u^{33}	cʰi^{33}
陵川	fu^{33}	fu^{33}	fu^{33}	fu^{33}	fu^{53}	fu^{53}	u^{53}	tɕʰy^{33}
晋城	fu^{33}	fu^{33}	fu^{213}	fu^{33}	fu^{53} 白 /fəʔ^{2}	fu^{213}	u^{324}	tɕʰyə^{33}
忻府	fu^{313}	fu^{313}	fu^{313}	fu^{313}	fu^{21}	fu^{21}	u^{21}	tɕʰy^{313}
原平	fu^{33}	fu^{213}	fu^{213}	fu^{213}	fu^{33}	fu^{33}	u^{33}	tɕʰyʉ^{213}
定襄	fu^{24}	fu^{24}	fu^{24}	fu^{24}	fu^{24}	fu^{11}	u^{11}	tɕʰy^{24}
五台	fu^{33}	fu^{33}	fu^{33}	fu^{213}	fu^{213}	fu^{33}	u^{33}	tɕʰy^{213}
岢岚	fu^{44}	fu^{13}	fu^{44}	fu^{13}	fu^{44}	fu^{44}	u^{44}	tɕʰy^{13}
五寨	fu^{44}	fu^{13}	fu^{44}	fu^{13}	fu^{44}	fu^{44}	vu^{44}	tɕʰy^{13}

续表

字目	肤	夫~妻	敷	麸	符	扶	无	趋
中古音／方言点	甫无 遇合三 平虞非	甫无 遇合三 平虞非	芳无 遇合三 平虞敷	芳无 遇合三 平虞敷	防无 遇合三 平虞奉	防无 遇合三 平虞奉	武夫 遇合三 平虞微	七逾 遇合三 平虞清
宁武	fu^{33}	fu^{33}	fu^{33}	fu^{23}	fu^{33}	fu^{33}	u^{33}	tɕʰy^{23}
神池	fu^{13}	fu^{13}	fu^{24}	fu^{24}	fu^{32}	fu^{32}	vu^{32}	tɕʰy^{24}
繁峙	fu^{53}	fu^{53}	fu^{53}	fu^{53}	fu^{31}	fu^{31}	vu^{31}	tɕʰy^{53}
代县	fu^{44}	fu^{213}	fu^{44}	fu^{213}	fu^{44}	fu^{44}	u^{44}	tɕʰy^{53}
河曲	fu^{44}	fu^{213}	fu^{44}	fu^{213}	fu^{44}	fu^{44}	u^{44}	tɕʰy^{213}
保德	fu^{213}	fu^{213}	fu^{213}	fu^{213}	fu^{44}	fu^{44}	vu^{44}	tɕʰy^{213}
偏关	fu^{24}	fu^{24}	fu^{44}	fu^{24}	fu^{24}	fu^{24}	u^{44}	tsʰɥ^{24}
朔城区	fu^{312}	fu^{312}	fu^{312}	fu^{312}	fu^{35}	fu^{35}	u^{35}	tɕʰy^{35}
平鲁	fu^{44}	fu^{213}/fəʔ$^{\underline{34}}$	fu^{44}	fu^{213}	fu^{44}	fu^{44}	u^{44}	tɕʰy^{44}
应县	fu^{43}	fu^{43}	fu^{43}	fu^{43}	fu^{31}	fu^{31}	vu^{31}	tɕʰy^{43}
灵丘	fu^{442}	fu^{442}	fu^{442}	fu^{442}	fu^{31}	fu^{31}	vu^{31}	tɕʰy^{442}
浑源	fu^{52}	fu^{52}	fu^{52}	fu^{52}	fu^{22}	fu^{22}	vu^{22}	tɕʰy^{52}
云州	fu^{21}	fu^{21}	fu^{21}	fu^{21}	fu^{312}	fu^{312}	vu^{312}	tɕʰy^{21}
新荣	fu^{312}	fu^{24}/fu^{32}	fu^{312}	fu^{32}	fu^{312}	fu^{312}	u^{312}	tɕʰy^{32}
怀仁	fu^{42}	fu^{42}	fu^{312}	fu^{42}	fu^{312}	fu^{312}	u^{312}	tɕʰy^{42}
左云	fu^{31}	fu^{31}	fu^{31}	fu^{31}	fu^{313}	fu^{313}	vu^{313}	tɕʰy^{31}
右玉	fu^{31}	fu^{31}	fu^{31}	fu^{31}	fu^{212}	fu^{212}	vu^{212}	tɕʰy^{212}
阳高	fu^{31}	fu^{31}/fɑʔ^{3}	fu^{31}	fu^{31}	fu^{312}	fu^{312}	u^{31}	tɕʰy^{31}
山阴	fu^{313}	fu^{313}/fəʔ^{4}	fu^{313}	fu^{313}	fu^{313}	fu^{313}	u^{313}	tɕʰy^{313}
天镇	fu^{22}	fu^{24}	fu^{24}	fu^{31}	fu^{22}	fu^{22}	u^{22}	tɕʰy^{22}
平定	fu^{31}	fu^{31}	fu^{44}	fu^{31}	fu^{44}	fu^{44}	u^{44}	tɕʰy^{31}
昔阳	fu^{42}	fu^{42}	fu^{42}	fu^{42}	fu^{33}	fu^{33}	u^{33}	tɕʰy^{42}
左权	fu^{31}	fu^{31}	fu^{31}	fu^{31}	fu^{11}	fu^{11}	vu^{11}	tɕʰy^{31}
和顺	fu^{42}	fu^{42}	fu^{42}	fu^{42}	fu^{22}	fu^{22}	vu^{22}	tɕʰy^{42}
尧都	fu^{21}	fu^{21}	fu^{21}	fu^{21}	fu^{21}	fu^{24}	vu^{24}	tɕʰy^{21}
洪洞	fu^{21}	fu^{21}	pʰo 白 /fu^{24} 文	fu^{21}	fu^{24}	fu^{24}	vu^{24}	tɕʰy^{21}
洪洞赵城	fu^{21}	fu^{21}	ko^{24}	fu^{21}	fu^{24}	fu^{24}	vu^{24}	tɕʰy^{21}
古县	fu^{21}	fu^{21}	fu^{35}	fu^{21}	fu^{35}	fu^{35}	u^{35}	tɕʰy^{21}
襄汾	fu^{24}	fu^{21}	fu^{21}/pʰu^{21}	fu^{21}	fu^{24}	fu^{24}	u^{24}	tɕʰy^{21}
浮山	fu^{13}	fu^{42}	fu^{33}/ pʰu^{42}	fu^{42}	fu^{13}	fu^{13}	u^{13}	tɕʰy^{42}
霍州	fu^{212}	fu^{212}	fu^{212}	fu^{212}	fu^{212}	fu^{35}	mu^{35}/u^{35} 白	tɕʰy^{212}

续表

字目	肤	夫~妻	敷	麸	符	扶	无	趋
中古音 方言点	甫无 遇合三 平虞非	甫无 遇合三 平虞非	芳无 遇合三 平虞敷	芳无 遇合三 平虞敷	防无 遇合三 平虞奉	防无 遇合三 平虞奉	武夫 遇合三 平虞微	七逾 遇合三 平虞清
翼城	fu^{53}	fu^{53}	fu^{53}	fu^{53}	fu^{12}	fu^{12}	mu^{12}	tɕʰy^{53}
闻喜	fu^{53}	fu^{53}	fu^{53}	——	fu^{33}/fu^{13}	fu^{13}	u^{13}/ ɣ^{53}	tɕʰy^{53}
侯马	fu^{213}	fu^{213}	fu^{213}	fu^{213}	fu^{44}	fu^{213}	u^{213}	tɕʰy^{213}
新绛	fu^{13}	fu^{53}	fu^{13}	fu^{53}	fu^{13}	fu^{13}	vu^{13}	tɕʰy^{13}
绛县	fu^{53}	fu^{53}	fu^{53}	fu^{53}	fu^{24}	fu^{24}	vu^{24}	tɕʰy^{53}
垣曲	fu^{22}	fu^{22}	fu^{22}	fu^{44}	fu^{44}	fu^{22}	u^{22}	tɕy^{22}
夏县	fu^{53}	fu^{53}	fu^{53}	fu^{53}	fu^{24}	fu^{24}	vu^{42}	tɕʰy^{53}
万荣	fu^{55}	fu^{33}	fu^{51}	fu^{51}	fu^{55}	fu^{213}	u^{213}	tɕʰy^{51}
稷山	fu^{53}	fu^{53}	fu^{53}	fu^{53}	fu^{13}	fu^{13}	vu^{13}	tɕʰy^{53}
盐湖	fu^{42}	fu^{42}	fu^{42}	fu^{42}	fu^{13}	fu^{13}	vu^{42}	tɕʰy^{42}
临猗	fu^{42}	fu^{42}	fu^{13}	fu^{42}	fu^{53}	fu^{13}	u^{13}	tɕʰy^{42}
河津	fu^{53}	fu^{53}	fu^{324}	fu^{31}	fu^{53}	fu^{324}	vu^{324}	tɕʰy^{31}
平陆	fu^{31}	fu^{13}	fu^{13}	fu^{31}	fu^{13}	fu^{13}	u^{13}	tɕʰy^{31}
永济	fu^{31}	fu^{31}	fu^{31}	fu^{31}	fu^{31}	fu^{31}	u^{24}	tɕʰy^{31}
芮城	fu^{42}	fu^{42}	fu^{13}	fu^{42}	fu^{53}	fu^{13}	vu^{42}	tɕʰy^{42}
吉县	fu^{423}	fu^{423}	fu^{423}	fu^{423}	fu^{33}	fu^{423}	——	tɕʰy^{33}
乡宁	fu^{53}	fu^{53}	fu^{53}	fu^{53}	fu^{12}	fu^{12}	u^{12}	tɕy^{53}
广灵	fu^{53}	fu^{53}	fu^{53}	fu^{53}	fu^{31}	fu^{31}	vu^{31}	tɕʰy^{53}

字目	需	须必~	须胡~	蛛	株	厨	橱	朱
中古音 方言点	相俞 遇合三 平虞心	相俞 遇合三 平虞心	相俞 遇合三 平虞心	陟输 遇合三 平虞知	陟输 遇合三 平虞知	直诛 遇合三 平虞澄	直诛 遇合三 平虞澄	章俱 遇合三 平虞章
北京	ɕy^{55}	ɕy^{55}	ɕy^{55}	tʂu^{55}	tʂu^{55}	tʂʰu^{35}	tʂʰu^{35}	tʂu^{55}
小店	ɕy^{11}	ɕy^{11}	ɕy^{11}	tsu^{11}	tsu^{11}	tsʰu^{11}	tsʰu^{11}	tsu^{11}
尖草坪	ɕy^{33}	ɕy^{33}	ɕy^{33}	tsu^{33}	tsu^{33}	tsʰu^{33}	tsʰu^{33}	tsu^{33}
晋源	ɕy^{11}	ɕy^{11}	ɕy^{11}	tsu^{11}	tsu^{11}	tsu^{11}	tsu^{11} 白 / tsʰu^{11} 文	tsu^{11}
阳曲	ɕy^{312}	ɕy^{312}	ɕy^{312}	tsu^{312}	tsu^{312}	tsʰu^{43}	tsʰu^{43}	tsu^{312}
古交	ɕy^{44}	ɕy^{44}	ɕy^{44}	tsu^{44}	tsu^{44}	tsʰu^{44}	tsʰu^{44}	tsu^{44}
清徐	ɕy^{11}	ɕy^{11}	ɕy^{11}	tsu^{11}	tsu^{11}	tsu^{11} 白 / tsʰu^{11} 文	tsʰu^{11}	tsu^{11}
娄烦	ɕy^{33}	ɕy^{33}	ɕy^{33}	pfu^{33}	pfu^{33}	pfʰu^{33}	pfʰu^{33}	pfu^{33}
榆次	ɕy^{11}	ɕy^{11}	ɕy^{11}	tsu^{11}	tsu^{11}	tsʰu^{11}	tsʰu^{11}	tsu^{11}
交城	ɕy^{11}	ɕy^{11}	ɕy^{11}	tsu^{11}	tsu^{11}	tsu^{11} 白 / tsʰu^{11} 文	tsʰu^{11}	tsu^{11}
文水	sɥ^{22}	sɥ^{22}	sɥ^{22}	tsəɸ^{22}	tsəɸ^{22}	tsʰəɸ^{22}	tsʰəɸ^{22}	tsəɸ^{22}
祁县	ɕiəβ^{31}	ɕiəβ^{31}	ɕiəβ^{31}	tsuβ^{31}	tsuβ^{31}	tsuβ^{31} 白 / tsʰuβ^{31} 文	tsʰuβ^{31}	tsuβ^{31}
太谷	ɕy^{33}	ɕy^{33}	ɕy^{33}	tsu^{33}	tsu^{33}	tsu^{33} 白 / tsʰu^{33} 文	tsʰu^{33}	tsu^{33}
平遥	ɕy^{213}	ɕy^{213}	ɕy^{213}	tsɥ^{213}	tsɥ^{213}	tsʰɥ^{213}	tsʰɥ^{213}	tsɥ^{213}
孝义	ɕy^{33}	ɕy^{33}	ɕy^{33}	tsu^{33}	tsu^{33}	tsu^{33} 白 / tsʰu^{33} 文	tsʰu^{33}	tsu^{33}
介休	suei^{13}	suei^{13}	suei^{13}	tsɥ^{13}	tsɥ^{13}	tsɥ^{13} 白 / tsʰɥ^{13} 文	tsʰɥ^{13}	tsɥ^{13}
灵石	ɕy^{535}	ɕy^{535}	ɕy^{535}	tsu^{535}	tsu^{535}	tsʰu^{44}	tsʰu^{44}	tsu^{535}
盂县	ɕy^{412}	ɕy^{22}	ɕy^{22}	tsu^{412}	tsu^{55}	tsʰu^{22}	tsʰu^{22}	tsu^{412}
寿阳	sɥ^{31}	sɥ^{31}	sɥ^{31}	tsɥ^{31}	tsu^{31}	tsʰɥ^{22}	tsʰɥ^{22}	tsɥ^{31}
榆社	sɥ^{22}	sɥ^{22}	sɥ^{22}	tsʏ^{22}	tsʏ^{22}	tsʰʏ^{22}	tsʰʏ^{22}	tsʏ^{22}
离石	su^{44}	su^{44}	su^{24}	tsu^{24}	tsu^{24}	tsʰu^{44}	tsʰu^{44}	tsu^{24}
汾阳	tsʰɥ^{22}	tsʰɥ^{22}	tsʰɥ^{22}	tʂəʊ^{324}	tʂəʊ^{324}	tʂʰəʊ^{22}	tʂʰəʊ^{22}	tʂəʊ^{324}
中阳	ɕy^{44}	ɕy^{44}	ɕy^{44}	tʂu^{24}	tʂu^{24}	tʂʰu^{33}	tʂʰu^{33}	tʂu^{24}
柳林	ɕy^{24}	ɕy^{24}	ɕy^{24}	tsu^{24}	tsu^{24}	tsʰu^{44}	tsʰu^{44}	tsu^{24}
方山	ɕy^{24}	ɕy^{24}	ɕy^{24}	tsɥ^{24}	tsɥ^{24}	tsʰɥ^{44}	tsʰɥ^{44}	tsɥ^{24}
临县	ɕy^{33}	ɕy^{33}	ɕy^{33}	tsɥ^{24}	tsɥ^{24}	tsʰɥ^{33}	tsʰɥ^{33}	tsɥ^{24}
兴县	ɕy^{324}	ɕy^{55}	ɕy^{55}	tsu^{324}	tsu^{324}	tsʰu^{55}	——	tsu^{324}

续表

字目	需	须必~	须胡~	蛛	株	厨	橱	朱
中古音 / 方言点	相俞 遇合三 平虞心	相俞 遇合三 平虞心	相俞 遇合三 平虞心	陟输 遇合三 平虞知	陟输 遇合三 平虞知	直诛 遇合三 平虞澄	直诛 遇合三 平虞澄	章俱 遇合三 平虞章
岚县	ɕy^{44}	ɕy^{44}	ɕy^{44}	tsu^{214}	tsu^{214}	ts^{h}u^{44}	ts^{h}u^{44}	tsu^{214}
静乐	ɕy^{33}	ɕy^{33}	ɕy^{33}	pfu^{24} 白 /tsu^{24}	pfu^{24} 白 /tsu^{24}	tsu^{33}	ts^{h}u^{33}	pfu^{24} 白 /tsu^{24}
交口	ɕy^{44}	ɕy^{44}	ɕy^{44}	tsɥ^{323}	tsɥ^{323}	ts^{h}ɥ^{44}	ts^{h}ɥ^{44}	tsɥ^{323}
石楼	ɕy^{44}	ɕy^{44}	ɕy^{44}	tʂu^{213}	tʂu^{213}	tʂ^{h}u^{44}	tʂ^{h}u^{44}	tʂu^{213}
隰县	ɕy^{53}	ɕy^{53}	ɕy^{53}	tsu^{53}	tsu^{53}	ts^{h}ou^{24}	ts^{h}ou^{24}	tsu^{53}
大宁	ɕy^{31}	ɕy^{31}	ɕy^{31}	tʂu^{31}	tʂu^{31}	tʂ^{h}u^{24}	——	tʂu^{31}
永和	ɕy^{33}	ɕy^{33}	ɕy^{33}	tʂu^{33}	tʂu^{33}	tʂ^{h}u^{35}	——	tʂu^{33}
汾西	ɕy^{11}	ɕy^{11}	——	tsβ̍^{11}	tsβ̍^{11}	ts^{h}β̍^{35}	ts^{h}u^{33}	tsβ̍^{11}
蒲县	ɕy^{52}	ɕy^{52}	ɕy^{52}	tʂu^{52}	tʂu^{52}	tʂ^{h}u^{31}	ts^{h}u^{33}	tʂu^{52}
潞州	ɕy^{312}	ɕy^{312}	ɕy^{312}	tsu^{312}	tsu^{312}	ts^{h}u^{24}	ts^{h}u^{24}	tsu^{312}
上党	ɕy^{213}	ɕy^{213}	ɕy^{213}	tsu^{213}	tsu^{213}	ts^{h}u^{213}/ts^{h}u^{44}	ts^{h}u^{44}	tsu^{213}
长子	ɕy^{312}	ɕy^{312}	ɕy^{312}	tsu^{312}	tsu^{312}	ts^{h}u^{24}	ts^{h}u^{24}	tsu^{312}
屯留	ɕy^{31}	ɕy^{31}	ɕy^{31}	tsu^{31}	tsu^{31}	ts^{h}u^{11}	ts^{h}u^{33}	tsu^{31}
襄垣	ɕy^{33}	ɕy^{33}	ɕy^{33}	tsu^{33}	tsu^{33}	ts^{h}u^{31}	——	tsu^{33}
黎城	ɕy^{33}	ɕy^{33}	ɕy^{33}	tɕy^{33}	tɕy^{33}	tɕ^{h}y^{33}	tɕ^{h}y^{53}	tɕy^{33}
平顺	ɕy^{213}	ɕy^{213}	ɕy^{213}	tsu^{213}	tsu^{213}	ts^{h}u^{13}	ts^{h}u^{13}	tsu^{213}
壶关	sy^{33}	sy^{33}	sy^{33}	tʂu^{33}	tʂu^{33}	tʂ^{h}u^{13}	tʂ^{h}u^{13}	tʂu^{33}
沁县	sɥ^{224}	sɥ^{224}	sɥ^{224}	tsu^{224}	tsu^{224}	ts^{h}u^{33}	ts^{h}u^{33}	tsu^{224}
武乡	su^{113}	su^{113}	su^{113}	tsu^{113}	tsu^{113}	ts^{h}u^{33}	——	tsu^{113}
沁源	ɕy^{324}	ɕy^{324}	ɕy^{324}	tʂu^{324}	tʂu^{324}	ts^{h}u^{33}	ts^{h}u^{33}	tʂu^{324}
安泽	ɕy^{21}	ɕy^{21}	ɕy^{21}	tsu^{21}	tsu^{21}	ts^{h}u^{35}	——	tsu^{21}
沁水端氏	ɕy^{21}	ɕy^{21}	ɕy^{21}	tsu^{21}	tsu^{21}	ts^{h}u^{24}	ts^{h}u^{24}	tsu^{21}
阳城	ɕy^{224}	ɕy^{224}	ɕy^{224}	tʂu^{224}	tʂu^{224}	tʂ^{h}u^{22}	tʂ^{h}u^{22}	tʂu^{224}
高平	ɕi^{33}	ɕi^{33}	ɕi^{33}	tʂu^{33}	tʂu^{33}	tʂ^{h}u^{33}	tʂ^{h}u^{33}	tʂu^{33}
陵川	ɕy^{33}	ɕy^{33}	ɕy^{33}	tʂu^{33}	tʂu^{33}	tʂ^{h}u^{53}	tʂ^{h}u^{53}	tʂu^{33}
晋城	ɕy^{33}	ɕy^{33}	ɕy^{33}	tʂu^{33}	tʂu^{33}	tʂ^{h}u^{324}	tʂ^{h}u^{324}	tʂu^{33}
忻府	ɕy^{313}	ɕy^{313}	ɕy^{313}	tsu^{313}	tsu^{313}	ts^{h}u^{21}	ts^{h}u^{21}	tsu^{313}
原平	ɕyʉ^{213}	ɕyʉ^{213}	ɕyʉ^{213}	tsu^{213}	tsu^{213}	ts^{h}u^{33}	ts^{h}u^{33}	tsu^{213}
定襄	ɕy^{24}	ɕy^{24}	ɕy^{24}	tsu^{24}	tsu^{24}	ts^{h}u^{11}	ts^{h}u^{11}	tsu^{24}
五台	ɕy^{33}	ɕy^{213}	ɕy^{33}	tsu^{213}	tsu^{213}	ts^{h}u^{33}	ts^{h}u^{33}	tsu^{213}
岢岚	ɕy^{44}	ɕy^{44}	ɕy^{44}	tʂu^{13}	tʂu^{13}	ts^{h}u^{44}	ts^{h}u^{44}	tʂu^{13}

续表

字目	需	须必～	须胡～	蛛	株	厨	橱	朱
中古音 方言点	相俞 遇合三 平虞心	相俞 遇合三 平虞心	相俞 遇合三 平虞心	陟输 遇合三 平虞知	陟输 遇合三 平虞知	直诛 遇合三 平虞澄	直诛 遇合三 平虞澄	章俱 遇合三 平虞章
五寨	ɕy^{44}	ɕy^{44}	ɕy^{44}	tsu^{13}	tsu^{13}	tsʰu^{44}	tsʰu^{44}	tsu^{13}
宁武	ɕy^{23}	ɕy^{23}	ɕy^{23}	tsu^{23}	tsu^{23}	tsʰu^{33}	——	tsu^{23}
神池	ɕy^{24}	ɕy^{24}	ɕy^{24}	tsu^{24}	tsu^{24}	tsʰu^{32}	tsʰu^{32}	tsu^{13}
繁峙	ɕy^{53}	ɕy^{53}	ɕy^{53}	tsu^{53}	tsu^{53}	tsʰu^{31}	tsʰu^{31}	tsu^{53}
代县	ɕy^{213}	ɕy^{213}	ɕy^{213}	tsu^{213}	tsu^{213}	tsʰu^{44}	tsʰu^{44}	tsu^{213}
河曲	ɕy^{44}	ɕy^{44}	ɕy^{44}	tʂu^{213}	tʂu^{213}	tʂʰu^{44}	tsʰu^{44}	tʂu^{213}
保德	ɕy^{213}	ɕy^{213}	ɕy^{213}	tʂu^{213}	tʂu^{213}	tʂʰu^{44}	tʂʰu^{44}	tʂu^{213}
偏关	sʮ^{24}	sʮ^{24}	sʮ^{24}	tʂu^{24}	tʂu^{24}	tʂʰu^{44}	tʂu^{24}	tʂu^{24}
朔城	ɕy^{312}	ɕy^{312}	——	tsu^{312}	tsu^{312}	tsʰu^{35}	——	tsu^{312}
平鲁	ɕy^{44}	ɕy^{44}	ɕy^{44}	ɕy^{44}	tsu^{213}	tsʰu^{44}	tsʰu^{44}	tsu^{213}
应县	ɕy^{43}	ɕy^{43}	——	tsu^{43}	tsu^{43}	tsʰu^{43}	tsʰu^{43}	tsu^{43}
灵丘	ɕy^{442}	ɕy^{442}	ɕy^{442}	tsu^{442}	tsu^{442}	tsʰu^{31}	tsʰu^{31}	tsu^{442}
浑源	ɕy^{22}	ɕy^{22}	ɕy^{22}	tsu^{52}	tsu^{52}	tsʰu^{22}	tsʰu^{22}	tsu^{52}
云州	ɕy^{21}	ɕy^{21}	ɕy^{21}	tʂu^{21}	tʂu^{21}	tʂʰu^{312}	tsʰu^{312}	tʂu^{21}
新荣	ɕy^{312}	ɕy^{312}	ɕy^{312}	tʂu^{32}	tʂu^{32}	tʂʰu^{312}	tʂʰu^{312}	tʂu^{32}
怀仁	ɕy^{42}	ɕy^{42}	ɕy^{42}	tsu^{42}	tsu^{42}	tsʰu^{312}	tsʰu^{312}	tsu^{42}
左云	ɕy^{31}	ɕy^{31}	ɕy^{31}	tsu^{31}	tsu^{31}	tsʰu^{313}	tsʰu^{313}	tsu^{31}
右玉	ɕy^{212}	ɕy^{31}	ɕy^{31}	tʂu^{31}	tʂu^{31}	tʂʰu^{212}	tsʰu^{33}	tʂu^{31}
阳高	ɕy^{31}	ɕy^{31}	ɕy^{31}	tsu^{31}	tsu^{31}	tsʰu^{312}	——	tsu^{31}
山阴	ɕy^{313}	ɕy^{313}	——	tʂu^{313}	tʂu^{313}	tʂʰu^{313}	tʂʰu^{313}	tʂu^{313}
天镇	ɕy^{22}	ɕy^{22}	ɕy^{22}	tsu^{31}	tsu^{31}	tsʰu^{22}	——	tsu^{31}
平定	ɕy^{24}	ɕy^{31}	ɕy^{31}	tsu^{31}	tsu^{31}	tsʰu^{44}	tsʰu^{44}	tsu^{31}
昔阳	ɕy^{42}	ɕy^{42}	ɕy^{42}	tsu^{42}	tsu^{42}	tsʰu^{33}	tsʰu^{33}	tsu^{42}
左权	ɕy^{11}	ɕy^{11}	ɕy^{11}	tʂu^{31}	tʂu^{31}	tʂʰu^{11}	——	tʂu^{31}
和顺	ɕy^{42}	ɕy^{42}	ɕy^{42}	tsu^{42}	tsu^{42}	tsʰu^{22}	tsʰu^{22}	tsu^{42}
尧都	ɕy^{21}	ɕy^{21}	ɕy^{21}	tʂu^{21}	tʂu^{21}	tʂʰu^{24}	tʂʰu^{24}	tʂu^{21}
洪洞	ɕy^{21}	ɕy^{21}	ɕy^{21}	tʂu^{21}	tʂu^{21}	tʂʰu^{24}	tʂʰu^{24}	tʂu^{21}
洪洞赵城	ɕy^{21}	ɕy^{21}	ɕy^{21}	tʂu^{21}	tʂu^{21}	tʂʰu^{21}	tʂʰu^{21}	tʂu^{21}
古县	ɕy^{21}	ɕy^{21}	ɕy^{21}	tʂu^{21}	tʂu^{21}	tʂʰu^{35}	tʂʰu^{35}	tʂu^{21}
襄汾	ɕy^{21}	ɕy^{21}	ɕy^{21}	tʂu^{21}	tʂu^{21}	tʂʰu^{24}	tʂʰu^{24}	tʂu^{21}
浮山	ɕy^{42}	ɕy^{42}	ɕy^{42}	pfu^{42}	pfu^{42}	pfʰu^{13}	pfʰu^{13}	pfu^{42}

续表

字目	需	须必~	须胡~	蛛	株	厨	橱	朱
中古音 方言点	相俞 遇合三 平虞心	相俞 遇合三 平虞心	相俞 遇合三 平虞心	陟输 遇合三 平虞知	陟输 遇合三 平虞知	直诛 遇合三 平虞澄	直诛 遇合三 平虞澄	章俱 遇合三 平虞章
霍州	ɕy^{212}	ɕy^{212}	ɕy^{212}	tʂu^{212}	tʂu^{212}	tʂʰu^{35}	tʂʰu^{35}	tʂu^{212}
翼城	ɕy^{53}	ɕy^{53}	ɕy^{53}	pfu^{53}	tʂu^{53}	tʂʰu^{12}	pfu^{12}	pfu^{53}
闻喜	ɕy^{53}	ɕy^{53}	ɕy^{53}	pfu^{53}	pfu^{53}	pfʰu^{13}	pfʰu^{13}	pfu^{53}
侯马	ɕy^{213}	ɕy^{213}	ɕy^{213}	tʂu^{213}	tʂou^{213}	tʂʰu^{213}	tʂʰu^{213}	tʂu^{213}
新绛	ɕy^{53}	ɕy^{53}	ɕy^{53}	pfu^{53}	pfu^{53}	pfʰu^{13}	pfʰu^{13}	pfu^{53}
绛县	ɕy^{53}	ɕy^{53}	ɕy^{53}	pfu^{53}	tʂu^{53}	pfʰu^{53}	pfʰu^{24}	tʂu^{53}
垣曲	ɕy^{22}	ɕy^{22}	ɕy^{22}	tʂu^{22}	tʂʰu^{22}	tʂʰu^{22}	tʂʰu^{22}	tʂu^{22}
夏县	ɕy^{53}	ɕy^{53}	ɕy^{53}	pfu^{53} 白 / tʂu^{53} 文	pfu^{53} 白 / tʂu^{53} 文	pfʰu^{42} 白 / tʂʰu^{42} 文	pfʰu^{42} 白 / tʂʰu^{42} 文	pfu^{53} 白 / tʂu^{53} 文
万荣	ɕy^{51}	ɕy^{51}	ɕy^{51}	pʰu^{51}	pfu^{51}	pfʰu^{213}	pfʰu^{213}	pfu^{51}
稷山	ɕy^{53}	ɕy^{53}	ɕy^{53}	pfu^{53}	pfu^{53}	pfʰu^{13}	pfʰu^{13}	pfu^{53}
盐湖	ɕy^{42}	ɕy^{42}	ɕy^{42}	pfu^{42} 白 / tʂu^{42} 文	tʂu^{42}	pfʰu^{13} 白 / tʂʰu^{13} 文	pfʰu^{13} 白 / tʂʰu^{13} 文	pfu^{42} 白 / tʂu^{42} 文
临猗	ɕy^{42}	ɕy^{42}	ɕy^{42}	pfu^{42}	pfu^{42}	pfʰu^{13}	pfʰu^{13}	pfu^{42}
河津	ɕy^{31}	ɕy^{31}	ɕy^{31}	pfu^{31}	pfu^{31}	pfʰu^{324}	pfʰu^{324}	pfu^{31}
平陆	ɕy^{31}	ɕy^{31}	ɕy^{31}	pfu^{31}	pfu^{31}	pfʰu^{13}	pfʰu^{13}	pfu^{31}
永济	ɕy^{31}	ɕy^{31}	ɕy^{31}	pfu^{31}	pfu^{31}	pfʰu^{24}	pfʰu^{24}	pfu^{31}
芮城	ɕy^{42}	ɕy^{42}	ɕy^{42}	pfu^{42}	pfu^{42}	pfʰu^{13}	pfʰu^{13}	pfu^{42}
吉县	ɕy^{423}	ɕy^{423}	ɕy^{423}	pfu^{423}	pfu^{423}	pfʰu^{13}	pfʰu^{13}	pfu^{423}
乡宁	ɕy^{53}	ɕy^{53}	ɕy^{53}	tʂu^{53}	tʂu^{53}	tʂʰu^{12}	tʂʰu^{12}	tʂu^{53}
广灵	ɕy^{53}	ɕy^{53}	ɕy^{53}	tsu^{53}	tsu^{53}	tsʰu^{31}	tsʰu^{31}	tsu^{53}

字目	珠	输~赢	输运~	殊	儒	拘	驹	区~域
中古音 / 方言点	章俱 遇合三 平虞章	式朱 遇合三 平虞书	式朱 遇合三 平虞书	市朱 遇合三 平虞禅	人朱 遇合三 平虞日	举朱 遇合三 平虞见	举朱 遇合三 平虞见	岂俱 遇合三 平虞溪
北京	tʂu55	ʂu55	ʂu55	ʂu55	ʐu35	tɕy55	tɕy55	tɕʰy55
小店	tsu11	tsʰu11 白	su11 文	——	zu11	tɕy11	tɕy11	tɕʰy11
尖草坪	tsu33	su33	su33	tsu33 白 / su33 文	zu33	tɕy33	tɕy33	tɕʰy33
晋源	tsu11	fu11 白 /su11 文	fu11 白 /su11 文	su11	zu42	tɕy11	tɕy11	tɕʰy11
阳曲	tsu312	su312	su312	su312	zu312	tɕy312	tɕy312	tɕʰy312
古交	tsu44	su44	su44	su44	zu44	tɕy44	tɕy44	tɕʰy44
清徐	tsu11	su11	su11	su11	zu11	tɕy11	tɕy11	tɕʰy11
娄烦	pfu33	fu33	fu33	fu33	vu33	tɕy33	tɕy33	tɕʰy33
榆次	tsu11	su11	su11	su11	zu11	tɕy11	tɕy11	tɕʰy11
交城	tsu11	su11	su11	su11	ʐu53	tɕy11	tɕy11	tɕʰy11
文水	tsəɸ22	səɸ22	səɸ22	səɸ22	ʐəɸ423	tsʮ22	tsʮ22	tsʰʮ22
祁县	tsuβ31	suβ31	suβ31	suβ31	ʐuβ31	tɕiəβ31	tɕiəβ31	tɕʰiəβ31
太谷	tsu33	fu33	fu33	fu33	vu33	tɕy33	tɕy33	tɕʰy33
平遥	tsʮ213	sʮ213	sʮ213	sʮ213	zʮ512	tɕy213	tɕy213	tɕʰy213
孝义	tsu33	su33	su33	su33	zu312	tɕy22	tɕy22	tɕʰy33
介休	tsʮ13	sʮ13	sʮ13	sʮ13	ʐʮ423	tɕy13	tɕy13	tɕʰy13
灵石	tsu535	su535	su535	su535	——	tɕy535	tɕy535	tɕʰy535
盂县	tsu412	su412	su412	tsʰu412 白 / su412 文	zu53	tɕy412	tɕy412	tɕʰy412
寿阳	tsʮ31	sʮ31	sʮ31	sʮ31	zʮ22	tsu31	tsu31	tsʰu31
榆社	tsʏ22	sʏ22	sʏ22	sʏ22	zʏ312	tsʮ22	tsʮ22	tsʰʮ22
离石	tsu24	su24	su24	su24	zu44	tsu24	tsu24	tsʰu24
汾阳	tʂəʊ324	ʂəʊ324	ʂəʊ324	ʂəʊ324	ʐəʊ312	tsʮ324	tsʮ324	tsʰʮ22
中阳	tʂu24	ʂu24	ʂu24	ʂu24	ʐu33	tɕy24	tɕy24	tɕʰy24
柳林	tsu24	su24	su24	su24	zu44	tɕy24	tɕy24	tɕʰy24
方山	tsʮ24	sʮ24	sʮ24	sʮ24	zʮ44	tɕy24	tɕy24	tɕʰy24
临县	tsʮ24	sʮ24	sʮ24	sʮ24	zʮ312	tɕy24	tɕ24	tɕʰy24
兴县	tsu324	su324	su324	su324	zu324	tɕy324	tɕy324	tɕʰy324
岚县	tsu214	su214	su214	su214	ʐu44	tɕy214	tɕy214	tɕʰy214
静乐	pfu24 白 /tsu24	su24	su24	su24	zu24	tɕy24	tɕy24	tɕʰy24
交口	tsʮ323	sʮ323	sʮ323	sʮ323	ʐʮ44	tɕy53	tɕy323	tɕʰy323
石楼	tʂu213	ʂu213	ʂu213	ʂu213	ʐu213	tɕy213	tɕy213	tɕʰy213

续表

字目	珠	输~赢	输运~	殊	儒	拘	驹	区~域
中古音 / 方言点	章俱 遇合三 平虞章	式朱 遇合三 平虞书	式朱 遇合三 平虞书	市朱 遇合三 平虞禅	人朱 遇合三 平虞日	举朱 遇合三 平虞见	举朱 遇合三 平虞见	岂俱 遇合三 平虞溪
隰县	tsu^{53}	su^{53}	su^{53}	su^{53}	zu^{24}	tɕy^{53}	tɕy^{24}	tɕʰy^{53}
大宁	tʂu^{31}	ʂu^{31}	ʂu^{55}	ʂu^{31}	ʐu^{31}	tɕy^{55}	tɕy^{31}	tɕʰy^{24}
永和	tʂu^{33}	ʂu^{312}	ʂu^{33}	ʂu^{33}	ʐu^{35}	tɕy^{33}	tɕy^{33}	tɕʰy^{312}
汾西	tsβ̍^{11}	fv̩^{11}	——	tsʰβ̍^{35}	v̩^{35}	tɕy^{11}	tɕy^{11}	tɕʰy^{11}
蒲县	tʂu^{52}	ʂu^{52}	ʂu^{33}	ʂu^{33}	ʐu^{31}	tɕy^{52}	tɕy^{52}	tɕʰy^{52}
潞州	tsu^{312}	su^{312}	su^{312}	su^{312}	lu^{24}	tɕy^{312}	tɕy^{312}	tɕʰy^{312}
上党	tsu^{213}	su^{213}	su^{213}	su^{213}	y^{44}	tɕy^{213}	tɕy^{213}	tɕʰy^{213}
长子	tsu^{312}	su^{312}	su^{312}	tsʰu^{312} 白 / su^{312} 文	lu^{24}	tɕy^{312}	tɕy^{312}	tɕʰy^{312}
屯留	tsu^{31}	su^{31}	su^{31}	su^{31}	ʐu^{11}	tɕy^{31}	tɕy^{31}	tɕʰy^{31}
襄垣	tsu^{33}	su^{33}	su^{33}	su^{33}	ʐu^{31}	tɕy^{33}	tɕy^{33}	tɕʰy^{33}
黎城	tɕy^{33}	ɕy^{33}	ɕy^{33}	ɕy^{33}	lu^{33}	cyɤʔ^{2}	cy^{33}	cʰy^{33}
平顺	tsu^{213}	su^{213}	su^{213}	su^{213}	y^{13}	cyəʔ$^{\underline{423}}$	cu^{213}	cʰy^{33}
壶关	tʂu^{33}	ʂu^{33}	ʂu^{33}	ʂu^{33}	y^{44}	cyəʔ$^{\underline{21}}$	cy^{33}	cʰy^{33}
沁县	tsu^{224}	su^{224}	su^{224}	su^{224}	zu^{214}	tsʮ^{224}	tsʮ^{224}	tsʰʮ^{224}
武乡	tsu^{113}	su^{113}	su^{113}	su^{113}	zu^{33}	tsʮ^{113}	tsʮ^{113}	tsʰʮ^{113}
沁源	tʂu^{324}	ʂu^{324}	ʂu^{324}	ʂu^{324}	ʐu^{33}	tɕy^{324}	tɕy^{324}	tɕʰy^{324}
安泽	tsu^{21}	səu^{53} 白 / su^{21} 文	su^{21}	su^{21}	zu^{35}	tɕy^{21}	tɕy^{21}	tɕʰy^{21}
沁水端氏	tsu^{21}	zu^{24}	su^{21}	su^{21}	zu^{31}	tɕy^{21}	tɕy^{21}	tɕʰy^{21}
阳城	tʂu^{224}	ʂu^{224}	ʂu^{224}	ʂu^{224}	ʐu^{22}	cy^{224}	cy^{224}	cʰy^{224}
高平	tʂu^{33}	ʂu^{33}	ʂu^{33}	ʂu^{33}	ʐu^{212}	ci^{33}	ci^{33}	cʰi^{33}
陵川	tʂu^{33}	ʂu^{33}	ʂu^{33}	ʂu^{33}	u^{53}	cy^{33}	cy^{33}	cʰy^{33}
晋城	tʂu^{33}	ʂu^{33}	ʂu^{33}	ʂu^{33}	ʐu^{33}	tɕy^{33}	tɕy^{33}	tɕʰy^{33}
忻府	tsu^{313}	su^{313}	su^{313}	su^{313}	zu^{313}	tɕy^{313}	tɕy^{313}	tɕʰy^{313}
原平	tsu^{213}	su^{213}	su^{213}	tsʰu^{213} 白 / su^{213} 文	zu^{213}	tɕyʉ^{213}	tɕyʉ^{213}	tɕʰyʉ^{213}
定襄	tsu^{24}	su^{24}	su^{24}	su^{24}	ʐu^{11}	tɕy^{24}	tɕy^{24}	tɕʰy^{24}
五台	tsu^{213}	su^{213}	su^{213}	su^{213}	zu^{213}	tɕy^{213}	tɕy^{213}	tɕʰy^{213}
岢岚	tʂu^{13}	su^{13}	su^{13}	su^{13}	ʐu^{13}	tɕy^{13}	tɕy^{13}	tɕʰy^{44}
五寨	tsu^{13}	su^{13}	su^{13}	su^{13}	zu^{44}	tɕy^{13}	tɕy^{13}	tɕʰy^{44}
宁武	tsu^{23}	su^{23}	su^{23}	tsʰu^{23} 白 / su^{23} 文	zu^{33}	tɕy^{23}	tɕy^{23}	tɕʰy^{23}

续表

字目	珠	输~赢	输运~	殊	儒	拘	驹	区~城
中古音 / 方言点	章俱 遇合三 平虞章	式朱 遇合三 平虞书	式朱 遇合三 平虞书	市朱 遇合三 平虞禅	人朱 遇合三 平虞日	举朱 遇合三 平虞见	举朱 遇合三 平虞见	岂俱 遇合三 平虞溪
神池	tsu^{13}	su^{24}	su^{24}	su^{24}	zu^{13}	tɕy^{24}	tɕy^{24}	tɕʰy^{24}
繁峙	tsu^{53}	su^{53}	su^{53}	su^{53}	zʉ^{31}	tɕy^{53}	tɕy^{53}	tɕʰy^{53}
代县	tsu^{213}	su^{213}	su^{213}	su^{213}	zu^{213}	tɕy^{213}	tɕy^{213}	tɕʰy^{44}
河曲	tʂu^{213}	ʂu^{213}	ʂu^{213}	ʂu^{213}	ʐu^{213}	tɕy^{213}	tɕy^{213}	tɕʰy^{213}
保德	tʂu^{213}	ʂu^{213}	ʂu^{213}	ʂu^{213}	ʐu^{44}	tɕy^{213}	tɕy^{213}	tɕʰy^{213}
偏关	tʂu^{24}	ʂu^{24}	ʂu^{24}	ʂu^{24}	ʐu^{44}	tʂʮ^{24}	tʂʮ^{24}	tsʰʮ^{24}
朔城	tsu^{312}	su^{312}	——	su^{312}	ʐu^{35}	——	——	tɕʰy^{35}
平鲁	tsu^{213}	su^{213}	su^{213}	su^{213}	zu^{44}	tɕy^{213}	tɕy^{213}	tɕʰy^{44}
应县	tsu^{43}	su^{43}	su^{43}	su^{43}	zu^{43}	tɕy^{43}	tɕy^{43}	tɕʰy^{31}
灵丘	tsu^{442}	su^{442}	su^{442}	su^{442}	zu^{31}	tɕy^{442}	tɕy^{442}	tɕʰy^{442}
浑源	tsu^{52}	su^{52}	su^{52}	su^{52}	zu^{22}	tɕy^{52}	tɕy^{52}	tɕʰy^{22}
云州	tʂu^{21}	ʂu^{21}	ʂu^{21}	ʂu^{21}	ʐu^{312}	tɕy^{21}	tɕy^{21}	tɕʰy^{312}
新荣	tʂu^{32}	ʂu^{32}	ʂu^{32}	ʂu^{32}	ʐu^{312}	tɕy^{312}	tɕy^{32}	tɕʰy^{32}
怀仁	tsu^{42}	su^{42}	su^{42}	su^{42}	zu^{312}	tɕy^{42}	tɕy^{42}	tɕʰy^{42}
左云	tsu^{31}	su^{31}	su^{31}	su^{31}	ʐu^{313}	tɕy^{31}	tɕy^{31}	tɕʰy^{31}
右玉	tʂu^{31}	ʂu^{24}	ʂu^{24}	su^{31}/ʂu^{212}	ʐu^{212}	tɕy^{31}	tɕy^{31}	tɕʰy^{212}
阳高	tsu^{31}	su^{31}	su^{31}	su^{31}	ʐu^{312}	tɕy^{31}	tɕy^{31}	tɕʰy^{31}
山阴	tʂu^{313}	ʂu^{313}	——	ʂu^{313}	ʐu^{313}	tɕy^{313}	tɕy^{313}	tɕʰy^{313}
天镇	tsu^{31}	su^{31}	su^{31}	su^{31}	zu^{22}	tɕy^{31}	tɕy^{31}	tɕʰy^{22}
平定	tsu^{31}	su^{31}	su^{31}	tsʰu^{31}/suəʔ^{4}	zu^{44}	tɕy^{31}	tɕy^{31}	tɕʰy^{31}
昔阳	tsu^{42}	su^{42}	su^{42}	su^{42}	zu^{33}	tɕy^{42}	tɕy^{42}	tɕʰy^{42}
左权	tʂu^{31}	tʂʰu^{31} 白	ʂu^{31} 文	ʂu^{31}	lu^{11}	tɕy^{31}	tɕy^{31}	tɕʰy^{31}
和顺	tsu^{42}	su^{42}	su^{42}	tsʰu^{42}	zu^{22}	tɕy^{42}	tɕy^{42}	tɕʰy^{42}
尧都	tʂu^{21}	fu^{21} 白 / ʂu^{21} 文	fu^{21} 白 / ʂu^{21} 文	ʂu^{21}	ʐu^{21}	tɕy^{21}	tɕy^{21}	tɕʰy^{21}
洪洞	tʂu^{21}	fu^{21}	fu^{21}	fu^{24}	vu^{24} 白 / ʐu^{24} 文	tɕy^{21}/tɕy^{24}	tɕy^{21}	tɕʰy^{21}
洪洞赵城	tʂu^{21}	ʂu^{21}	ʂu^{21}	ʂu^{21}	ʐu^{24}	tɕy^{21}	tɕy^{21}	tɕʰy^{21}
古县	tʂu^{21}	fu^{21}	fu^{21}	fu^{21}	vu^{21}	tɕy^{21}	tɕy^{21}	tɕʰy^{21}
襄汾	tʂu^{21}	fu^{21}/ʂu^{21}	fu^{21}/ʂu^{21}	fu^{21}/ʂu^{21}	vu^{24}	tɕy^{21}	tɕy^{21}	tɕʰy^{24}
浮山	pfu^{42}	fu^{42}	fu^{42}	fu^{13}	u^{33}	tɕy^{42}	tɕy^{42}	tɕʰy^{13}

续表

字目	珠	输~赢	输运~	殊	儒	拘	驹	区~域
中古音 / 方言点	章俱 遇合三 平虞章	式朱 遇合三 平虞书	式朱 遇合三 平虞书	市朱 遇合三 平虞禅	人朱 遇合三 平虞日	举朱 遇合三 平虞见	举朱 遇合三 平虞见	岂俱 遇合三 平虞溪
霍州	tʂu^{212}	ʂu^{212}	ʂu^{212}	ʂu^{212}	ʐu^{35}	tɕy^{212}	tɕy^{212}	tɕʰy^{212}
翼城	pfu^{53}	fu^{53}	fu^{53}	fu^{12}	u^{12}	tɕy^{53}	tɕy^{53}	tɕʰy^{53}
闻喜	pfu^{53}	fu^{53}	fu^{53}	fu^{13}	——	tɕy^{53}	tɕy^{53}	tɕʰy^{53}
侯马	tʂu^{213}	ʂu^{213}	fu^{213}	fu^{213}	ʐu^{213}	tɕy^{213}	tɕy^{213}	tɕʰy^{213}
新绛	pfu^{53}	fu^{53}	fu^{13}	fu^{13}	vu^{13}	tɕy^{53}	tɕʰy^{13}	tɕʰy^{53}
绛县	tʂu^{53}	pfʰu^{53}	pfʰu^{31}	fu^{53}	ʐu^{53}	tɕy^{53}	tɕy^{53}	tɕʰy^{24}
垣曲	tʂu^{22}	ʐu^{22} 白 / ʂu^{22} 文	ʂu^{22}	ʂu^{22}	ʐu^{22}	tɕy^{22}	tɕy^{22}	tɕʰy^{22}
夏县	pfu^{53} 白 / tʂu^{53} 文	fu^{53} 白 / ʂu^{53} 文	fu^{53} 白 / ʂu^{53} 文	fu^{53} 白 / ʂu^{53} 文	vu^{42} 白 / ʐu^{42} 文	tɕy^{53}	tɕy^{53}	tɕʰy^{53}
万荣	pfu^{51}	fu^{51}	fu^{55}	fu^{55}	ʐu^{55}	tɕy^{51}	tɕy^{51}	tɕʰy^{213}
稷山	pfu^{53}	fu^{53}	fu^{53}	pfʰu^{53}	vu^{13}	tɕy^{53}	tɕy^{53}	tɕʰy^{53}
盐湖	pfu^{42} 白 / tʂu^{42} 文	fu^{42} 白 / ʂu^{42} 文	fu^{42} 白 / ʂu^{42} 文	fu^{42} 白 / ʂu^{42} 文	vu^{13}	tɕy^{42}	tɕy^{42}	tɕʰy^{42}
临猗	pfu^{42}	fu^{42} 白 / ʂu^{42} 文	fu^{42} 白 / ʂu^{42} 文	fu^{42} 白 / ʂu^{42} 文	vu^{13} 白 / ʐu^{13} 文	tɕy^{42}	tɕy^{42}	tɕʰy^{13}
河津	pfu^{31}	fu^{31}	fu^{31}	fu^{53}	vu^{53}	tɕy^{31}	tɕy^{31}	tɕʰy^{324}
平陆	pfu^{31}	fu^{31}	fu^{31}	pfʰu^{31}	vu^{13}	tɕy^{31}	tɕy^{31}	tɕʰy^{13}
永济	pfu^{31}	fu^{31}	fu^{53}	fu^{31}	vu^{24}	tɕy^{31}	tɕy^{31}	tɕʰy^{24}
芮城	pfu^{42}	vu^{42} 白 / fu^{42} 文	fu^{53}	pfʰu^{42} 白 / fu^{42} 文	vu^{13}	tɕy^{42}	tɕy^{42}	tɕʰy^{13}
吉县	pfu^{423}	fu^{423}	fu^{423}	fu^{423}	vu^{423}	tɕy^{423}	tɕy^{423}	tɕʰy^{13}
乡宁	tʂu^{53}	ʂu^{53}	ʂu^{53}	ʂu^{53}	zu^{12}	tɕy^{53}	tɕy^{53}	tɕy^{53}
广灵	tsu^{53}	su^{53}	su^{53}	su^{53}	zu^{31}	tɕy^{53}	tɕy^{53}	tɕʰy^{31}

字目	驱	瞿	愚	虞	娱	于	盂	榆
中古音／方言点	岂俱 遇合三 平虞溪	其俱 遇合三 平虞群	遇俱 遇合三 平虞疑	遇俱 遇合三 平虞疑	遇俱 遇合三 平虞疑	羽俱 遇合三 平虞云	羽俱 遇合三 平虞云	羊朱 遇合三 平虞以
北京	tɕʰy^{55}	tɕʰy^{35}	y^{35}	y^{35}	y^{35}	y^{35}	y^{35}	y^{35}
小店	tɕʰy^{11}	tɕʰyəʔ^{1}	y^{11}	y^{11}	y^{11}	y^{11}	y^{11}	y^{11}
尖草坪	tɕʰy^{33}	tɕʰy^{33}	y^{33}	y^{33}	y^{35}	y^{33}	y^{33}	y^{33}
晋源	tɕʰy^{11}	tɕʰy^{11}	y^{11}	y^{35}	y^{35}	y^{11}	y^{11}	y^{11}
阳曲	tɕʰy^{312}	tɕʰy^{43}	y^{43}	y^{43}	y^{43}	y^{43}	y^{43}	y^{43}
古交	tɕʰy^{44}	tɕʰy^{44}	y^{44}	y^{44}	y^{44}	y^{44}	y^{44}	y^{44}
清徐	tɕʰy^{11}	tɕy^{11} 白	y^{11}	y^{11}	y^{11}	y^{11}	y^{11}	y^{11}
娄烦	tɕʰy^{33}	tɕʰy^{33}	y^{33}	y^{33}	y^{54}	y^{33}	y^{33}	y^{33}
榆次	tɕʰy^{11}	tɕʰy^{11}	y^{11}	y^{11}	y^{11}	y^{11}	y^{11}	y^{11}
交城	tɕʰy^{11}	tɕy^{11}	y^{11}	y^{11}	y^{11}	y^{11}	y^{11}	y^{11}
文水	tsʰɥ^{22}	tsʰɥ^{22}	ɥ^{22}	ɥ^{22}	ɥ^{22}	ɥ^{22}	ɥ^{22}	ɥ^{22}
祁县	tɕʰiəβ^{31}	tɕiəβ^{31} 白 / tɕʰiəβ^{31} 文	iəβ^{31}	iəβ^{31}	iəβ^{31}	iəβ^{31}	iəβ^{31}	iəβ^{31}
太谷	tɕʰy^{33}	tɕy^{33} 白 / tɕʰy^{33} 文	y^{33}	y^{33}	y^{33}	y^{33}	y^{33}	y^{33}
平遥	tɕʰy^{213}	tɕy^{213}	y^{213}	——	y^{213}	y^{213}	y^{213}	y^{213}
孝义	tɕʰy^{33}	tɕy^{33}	y^{33}	y^{33}	y^{454}	y^{33}	y^{33}	y^{33}
介休	tɕʰy^{13}	tɕʰy^{13}	y^{13}	y^{13}	y^{13}	y^{13}	y^{13}	y^{13}
灵石	tɕʰy^{535}	tɕʰy^{44}	y^{44}	y^{44}	y^{44}	y^{44}	y^{44}	y^{44}
盂县	tɕʰy^{412}	tɕʰy^{22}	y^{22}	y^{22}	y^{55}	y^{22}	y^{22}	y^{22}
寿阳	tsʰu^{31}	tsʰɥ^{22}	zɥ^{22}	zɥ^{22}	zɥ^{22}	zɥ^{22}	zɥ^{22}	zɥ^{22}
榆社	tsʰɥ^{22}	tsʰɥ^{22}	zɥ^{22}	zɥ^{45}	zɥ^{45}	zɥ^{22}	zɥ^{22}	zɥ^{22}
离石	tsʰu^{24}	tsʰu^{44}	zu^{44}	zu^{44}	zu^{44}	zu^{44}	zu^{44}	zu^{44}
汾阳	tsʰɥ^{22}	tɕʰyeʔ^{2}	ɥ^{22}	ɥ^{22}	ɥ^{22}	ɥ^{22}	ɥ^{22}	ɥ^{22}
中阳	tɕʰy^{24}	tɕʰy^{33}	y^{33}	y^{33}	y^{33}	y^{33}	y^{33}	y^{33}
柳林	tɕʰy^{24}	tɕʰy^{44}	y^{44}	y^{44}	y^{44}	y^{44}	y^{44}	y^{44}
方山	tɕʰy^{24}	tɕʰy^{44}	y^{44}	y^{44}	y^{44}	y^{44}	y^{44}	y^{44}
临县	tɕʰy^{24}	tɕʰy^{33}	y^{33}	y^{33}	y^{33}	y^{33}	y^{33}	y^{33}
兴县	tɕʰy^{324}	tɕʰy^{55}	y^{55}	——	y^{55}	y^{55}	y^{55}	y^{55}
岚县	tɕʰy^{214}	tɕʰy^{214}	y^{44}	y^{44}	y^{53}	y^{44}	ny^{44} 白 / y^{44} 文	y^{44}
静乐	tɕʰy^{24}	tɕʰy^{24}	y^{33}	y^{33}	y^{33}	y^{24}	y^{314}	y^{33}
交口	tɕʰy^{323}	tɕʰy^{44}	y^{44}	y^{44}	y^{44}	y^{44}	y^{44}	i^{44}/ y^{44}

续表

字目	驱	瞿	愚	虞	娱	于	盂	榆
中古音 / 方言点	岂俱 遇合三 平虞溪	其俱 遇合三 平虞群	遇俱 遇合三 平虞疑	遇俱 遇合三 平虞疑	遇俱 遇合三 平虞疑	羽俱 遇合三 平虞云	羽俱 遇合三 平虞云	羊朱 遇合三 平虞以
石楼	tɕʰy^{213}	tɕʰy^{213}	y^{44}	y^{44}	y^{44}	y^{44}	y^{44}	y^{44}
隰县	tɕʰy^{53}	——	y^{24}	y^{24}	y^{24}	y^{24}	y^{24}	y^{24}
大宁	tɕʰy^{24}	tɕʰy^{24}	y^{24}	y^{24}	y^{24}	y^{24}	y^{24}	y^{24}
永和	tɕʰy^{312}	tɕy^{33}	y^{35}	y^{35}	y^{35}	y^{35}	y^{35}	y^{35}
汾西	tɕʰy^{11}	tɕʰy^{11}	——	y^{33}	y^{33}	y^{35}	y^{35}	y^{35}
蒲县	tɕʰy^{52}	tɕʰy^{52}	y^{24}	y^{24}	y^{24}	y^{24}	y^{24}	y^{24}
潞州	tɕʰy^{312}	tɕʰy^{312}	y^{24}	y^{24}	y^{24}	y^{24}	y^{24}	y^{24}
上党	tɕʰy^{213}	tɕʰy^{44}	y^{44}	y^{44}	y^{44}	y^{44}	y^{44}	y^{44}
长子	tɕʰy^{312}	tɕʰy^{24}	y^{24}	y^{24}	y^{24}	y^{24}	y^{24}	y^{24}
屯留	tɕʰy^{31}	tɕʰy^{11}	y^{11}	y^{11}	y^{11}	y^{11}	y^{11}	y^{11}
襄垣	tɕʰy^{33}	tɕy^{31}	y^{31}	y^{31}	y^{31}	y^{31}	y^{31}	y^{31}
黎城	cʰy^{33}	cʰy^{33}	y^{33}	y^{53}	y^{53}	yɤʔ^{2}	y^{53}	y^{33}
平顺	cʰy^{33}	cʰy^{33}	y^{13}	y^{13}	y^{13}	y^{13}	y^{13}	y^{13}
壶关	cʰy^{33}	cʰy^{33}	y^{33}	y^{33}	y^{33}	y^{33}	y^{33}	y^{33}
沁县	tsʰɥ^{224}	tsʰɥ^{33}	zɥ^{33}	zɥ^{33}	zɥ^{53}	zɥ^{33}	zɥ^{33}	zɥ^{33}
武乡	tsʰɥ^{113}	tsɥ^{55}/tsʰɥ^{33}	zɥ^{33}	zɥ^{33}	zɥ^{33}	zɥ^{33}	zɥ^{33}	zɥ^{33}
沁源	tɕʰy^{324}	tɕʰy^{33}	y^{33}	y^{33}	y^{33}	y^{33}	y^{33}	y^{33}
安泽	tɕʰy^{21}	——	y^{35}	y^{35}	y^{35}	y^{35}	y^{35}	y^{35}
沁水端氏	tɕʰy^{21}	tɕʰy^{24}	y^{24}	y^{24}	y^{24}	y^{24}	y^{24}	y^{24}
阳城	cʰy^{224}	cʰy^{22}	y^{22}	y^{22}	y^{22}	y^{22}	y^{22}	y^{22}
高平	cʰi^{33}	cʰi^{33}	i^{33}	i^{33}	i^{53}	i^{33}	i^{33}	i^{33}
陵川	cʰy^{33}	cʰy^{53}	y^{53}	y^{53}	y^{53}	y^{53}	y^{53}	y^{53}
晋城	tɕʰyəʔ^{2}	tɕʰy^{213}	y^{33}	y^{324}	y^{324}	y^{324}	y^{324}	y^{324}
忻府	tɕʰy^{313}	tɕʰy^{21}	y^{21}	y^{21}	y^{21}	y^{21}	y^{21}	y^{21}
原平	tɕʰyʉ^{213}	tɕʰyʉ^{33}	yʉ^{33}	yʉ^{33}	yʉ^{53}	yʉ^{33}	yʉ^{33}	yʉ^{33}
定襄	tɕʰy^{24}	tɕʰy^{11}	y^{11}	y^{11}	y^{11}	y^{11}	y^{11}	y^{11}
五台	tɕʰy^{213}	tɕʰy^{33}	y^{33}	y^{33}	y^{52}	y^{33}	y^{33}	y^{33}
岢岚	tɕʰy^{13}	tɕʰy^{44}	y^{44}	y^{44}	y^{52}	y^{44}	y^{44}	y^{44}
五寨	tɕʰy^{13}	tɕy^{52}	y^{52}	y^{44}	y^{44}	y^{44}	y^{44}	y^{44}
宁武	tɕʰy^{23}	tɕʰy^{33}	y^{33}	y^{33}	y^{52}	y^{33}	y^{33}	y^{33}
神池	tɕʰy^{24}	tɕʰy^{32}	y^{32}	y^{32}	y^{32}	y^{32}	y^{32}	y^{32}

续表

字目	驱	瞿	愚	虞	娱	于	盂	揄
中古音 / 方言点	岂俱 遇合三 平虞溪	其俱 遇合三 平虞群	遇俱 遇合三 平虞疑	遇俱 遇合三 平虞疑	遇俱 遇合三 平虞疑	羽俱 遇合三 平虞云	羽俱 遇合三 平虞云	羊朱 遇合三 平虞以
繁峙	tɕʰy^{53}	tɕʰy^{31}	y^{31}	y^{31}	y^{31}	y^{31}	y^{31}	y^{31}
代县	tɕʰy^{53}	tɕʰy^{44}	y^{44}	y^{213}	y^{53}	y^{44}	y^{44}	y^{44}
河曲	tɕʰy^{213}	tɕʰy^{44}	y^{44}	y^{44}	y^{52}	y^{44}	y^{44}	y^{44}
保德	tɕʰy^{213}	tɕʰy^{44}	y^{44}	y^{44}	y^{44}	y^{44}	y^{44}	y^{44}
偏关	tsʰɥ^{24}	tsʰɥ^{44}	ɥ^{44}	ɥ^{44}	ɥ^{44}	ɥ^{44}	ɥ^{44}	ɥ^{44}
朔城	tɕʰy^{312}	tɕʰy^{35}	y^{35}	y^{35}	y^{35}	y^{35}	y^{35}	y^{35}
平鲁	tɕʰy^{44}	tɕʰy^{44}	y^{44}	y^{44}	y^{213}	y^{44}	y^{44}	y^{44}
应县	tɕʰy^{43}	tɕʰy^{43}	y^{31}	y^{31}	y^{24}	y^{31}	y^{31}	y^{31}
灵丘	tɕʰy^{442}	tɕʰy^{442}	y^{31}	y^{31}	y^{31}	y^{31}	y^{31}	y^{31}
浑源	tɕʰy^{22}	tɕy^{22}	y^{22}	y^{22}	y^{22}	y^{22}	y^{22}	y^{22}
云州	tɕʰy^{21}	tɕʰyəʔ^{4}	y^{312}	y^{312}	y^{24}	y^{312}	y^{312}	y^{312}
新荣	tɕʰy^{32}	tɕʰy^{312}	y^{312}	y^{24}	y^{24}	y^{312}/y^{54}	y^{312}	y^{312}
怀仁	tɕʰy^{42}	tɕy^{24}	y^{312}	y^{312}	y^{312}	y^{312}	y^{312}	y^{312}
左云	tɕʰy^{31}	tɕʰy^{313}	y^{313}	y^{313}	y^{313}	y^{313}	y^{313}	y^{313}
右玉	tɕʰy^{212}	tɕʰy^{212}	y^{212}	y^{212}	y^{24}	y^{212}	y^{212}	y^{212}
阳高	tɕʰy^{31}	tɕʰy^{31}	y^{31}	y^{31}	y^{31}	y^{31}	y^{31}	y^{31}
山阴	tɕʰy^{313}	tɕʰyəʔ^{4}	y^{313}	——	y^{313}	y^{313}	y^{313}	y^{313}
天镇	tɕʰy^{22}	tɕʰy^{22}	y^{22}	y^{22}	y^{24}	y^{22}	y^{22}	y^{22}
平定	tɕʰy^{31}	tɕʰyəʔ^{4}	y^{44}	y^{24}	y^{24}	y^{44}	y^{44}	y^{44}
昔阳	tɕʰy^{42}	tɕʰy^{33}	y^{33}	y^{33}	y^{33}	y^{33}	y^{33}	y^{33}
左权	tɕʰy^{31}	tɕy^{11}	y^{11}	y^{11}	y^{11}	y^{11}	y^{11}	y^{11}
和顺	tɕʰy^{42}	tɕy^{22}	y^{22}	y^{22}	y^{22}	y^{22}	y^{22}	y^{22}
尧都	tɕʰy^{21}	tɕʰy^{24}	y^{24}	y^{24}	y^{21}	y^{21}	məŋ^{44}	y^{24}
洪洞	tɕʰy^{21}	tɕʰy^{21}	y^{24}	y^{24}	y^{24}	y^{24}	y^{24}	y^{24}
洪洞赵城	tɕʰy^{21}	tɕʰy^{24}	y^{24}	y^{24}	y^{24}	y^{24}	y^{24}	li^{24}
古县	tɕʰy^{21}	tɕʰy^{35}	y^{35}	y^{35}	y^{35}	y^{35}	y^{35}	i^{35}白/y^{35}文
襄汾	tɕʰy^{21}	tɕʰy^{24}	y^{24}	y^{21}	y^{21}	y^{24}	y^{24}	y^{24}
浮山	tɕʰy^{42}	tɕʰy^{13}	y^{13}	y^{42}	y^{42}	y^{13}	y^{13}	y^{13}
霍州	tɕʰy^{212}	tɕʰy^{35}	y^{35}	y^{35}	y^{35}	y^{35}	y^{35}	y^{35}
翼城	tɕʰy^{53}	tɕʰy^{53}	y^{12}	y^{12}	y^{12}	y^{12}	y^{12}	y^{12}
闻喜	tɕʰy^{53}	tɕʰy^{13}	y^{13}	——	y^{13}	y^{13}	y^{13}	y^{13}

续表

字目	驱	瞿	愚	虞	娱	于	盂	榆
中古音 / 方言点	岂俱 遇合三 平虞溪	其俱 遇合三 平虞群	遇俱 遇合三 平虞疑	遇俱 遇合三 平虞疑	遇俱 遇合三 平虞疑	羽俱 遇合三 平虞云	羽俱 遇合三 平虞云	羊朱 遇合三 平虞以
侯马	tɕʰy^{213}	tɕʰy^{213}	y^{213}	y^{213}	y^{213}	y^{213}	y^{213}	y^{213}
新绛	tɕʰy^{13}	tɕʰy^{13}	y^{53}	y^{53}	y^{53}	y^{53}	y^{13}	y^{13}
绛县	tɕʰy^{24}	tɕʰy^{53}	y^{53}	y^{53}	y^{53}	y^{24}	y^{24}	y^{53}
垣曲	tɕʰy^{22}	tɕʰy^{22}	y^{22}	y^{22}	y^{22}	y^{22}	y^{22}	y^{22}
夏县	tɕʰy	tɕʰy^{42}	y^{42}	y^{42}	y^{42}	y^{42}	y^{42}	y^{42}
万荣	tɕʰy^{51}	tɕʰy^{51}	y^{213}	y^{213}	y^{213}	y^{33}	y^{33}	y^{213}
稷山	tɕʰy^{53}	tɕʰy^{53}	y^{13}	y^{13}	y^{13}	y^{13}	y^{13}	y^{13}
盐湖	tɕʰy^{42}	tɕʰy^{13}	y^{13}	y^{13}	y^{13}	y^{13}	y^{13}	y^{13}
临猗	tɕʰy^{42}	tɕʰy^{13}	y^{13}	y^{13}	y^{13}	y^{13}	y^{13}	y^{13}
河津	tɕʰy^{31}	tɕʰy^{324}	y^{324}	y^{324}	y^{324}	y^{324}	y^{324}	y^{324}
平陆	tɕʰy^{31}	tɕʰy^{13}	y^{13}	y^{13}	y^{33}	y^{13}	y^{13}	y^{13}
永济	tɕʰy^{31}	tɕy^{31}	y^{24}	y^{24}	y^{24}	y^{31}	y^{24}	y^{24}
芮城	tɕʰy^{42}	tɕʰy^{42}	y^{13}	y^{13}	y^{42}	y^{13}	y^{13}	y^{13}
吉县	tɕʰy^{423}	tɕʰy^{53}	y^{13}	y^{13}	y^{13}	y^{13}	y^{423}	y^{13}
乡宁	tɕy^{53}	——	y^{12}	y^{12}	y^{12}	y^{12}	y^{12}	y^{12}
广灵	tɕʰy^{53}	——	y^{31}	y^{31}	vu^{31}	y^{31}	y^{31}	y^{31}

字目	愉	女	吕	旅	序	叙	绪	阻
中古音 方言点	羊朱 遇合三 平虞以	尼吕 遇合三 上语泥	力举 遇合三 上语来	力举 遇合三 上语来	徐吕 遇合三 上语邪	徐吕 遇合三 上语邪	徐吕 遇合三 上语邪	侧吕 遇合三 上语庄
北京	y^{35}	ny^{214}	ly^{214}	ly^{214}	ɕy^{51}	ɕy^{51}	ɕy^{51}	tsu^{214}
小店	y^{11}	ȵy^{53}	ly^{11}	ly^{11}	ɕy^{11}/ɕy^{24}	ɕy^{24}	ɕy^{24}	tsu^{53}
尖草坪	y^{33}	ny^{312}	ly^{312}	ly^{312}	ɕy^{35}	ɕy^{35}	ɕy^{35}	tsu^{312}
晋源	y^{11}	ȵy^{42}	ly^{42}	ly^{42}	ɕy^{35}	ɕy^{35}	ɕy^{35}	tsu^{42}
阳曲	y^{43}	ȵy^{312}	ly^{312}	ly^{312}	ɕy^{454}	ɕy^{454}	ɕy^{454}	tsu^{312}
古交	y^{44}	nzu^{312} 白 / ȵy^{312} 文	luei^{312}	luei^{312}	ɕy^{53}	ɕy^{53}	ɕy^{53}	tsu^{312}
清徐	y^{11}	ny^{54}	ly^{54}	ly^{54}	ɕy^{54}	ɕy^{54}	ɕy^{45}	tsu^{54}
娄烦	y^{33}	ȵy^{312}	lu^{312}	lu^{312}	ɕy^{54}	ɕy^{54}	ɕy^{54}	tsə^{312}
榆次	y^{11}	ny^{53}	ly^{53}	ly^{53}	ɕy^{35}	ɕy^{35}	ɕy^{35}	tsu^{53}
交城	y^{11}	nu^{53} 白 / ny^{53} 文	ly^{53}	ly^{53}	ɕy^{24}	ɕy^{24}	ɕy^{24}	tsu^{53}
文水	ʮ^{22}	nzəɸ^{423}/ nzʮ^{423}	lʮ^{423}	lʮ^{423}	sʮ^{35}	sʮ^{35}	sʮ^{35}	tsəɸ^{423}
祁县	iəβ^{31}	nɤu^{314}/ ȵiəβ^{314}	liəβ^{314}	liəβ^{314}	ɕiəβ^{45}	ɕiəβ^{45}	ɕiəβ^{45}	tsuβ^{314}
太谷	y^{33}	ȵy^{312}	ly^{312}	ly^{312}	ɕy^{53}	ɕy^{53}	ɕy^{53}	tsuo^{312}
平遥	y^{213}	mʮ^{512} 白 / ȵy^{512} 文	luei^{512}	luei^{512}	ɕy^{24}	ɕy^{24}	ɕy^{24}	tsʮ^{512}
孝义	y^{33}	nzu^{312}/ȵy^{312}	luei^{312}	luei^{312}	ɕy^{454}	ɕy^{454}	ɕy^{454}	tsu^{312}
介休	y^{13}	nzʮ^{423} 白 / ȵy^{423} 文	luei^{423}	luei^{423}	ɕy^{45}	ɕy^{45}	ɕy^{45}	tsʮ^{423}
灵石	y^{44}	ny^{212}	ly^{212}	ly^{212}	ɕy^{53}	ɕy^{53}	ɕy^{53}	tsu^{212}
盂县	y^{22}	ȵi^{53} 白 / ȵy^{53} 文	luei^{53} 白 / ly^{53} 文	ly^{53}	ɕy^{55}	ɕy^{55}	ɕy^{55}	tsu^{53}
寿阳	zʮ^{22}	nʮ^{53}	lʮ^{53}	lʮ^{53}	sʮ^{45}	sʮ^{45}	sʮ^{45}	tsu^{53}
榆社	zʮ^{22}	——	luei^{312}	luei^{312}	sʮ^{45}	sʮ^{45}	sʮ^{45}	tsy̩^{312}
离石	zu^{44}	nu^{312}	lu^{312}	lu^{312}	su^{53}	su^{53}	su^{53}	tsu^{312}
汾阳	ɥ^{22}	nzəʊ^{312} 白 / nrɥ^{312} 文	lɥ^{312}	lɥ^{312}	tsʰɥ^{55}	tsʰɥ^{55}	tsʰɥ^{55}	tsəʊ^{312}
中阳	y^{33}	ʐu^{423} 白 / ny^{423} 文	ly^{423}	ly^{423}	ɕy^{53}	ɕy^{53}	ɕy^{53}	tʂu^{423}
柳林	y^{44}	zu^{312}/ny^{312}	ly^{312}	ly^{312}	ɕy^{53}	ɕy^{53}	ɕy^{53}	tsu^{312}
方山	y^{44}	ny^{312}	ly^{312}	ly^{312}	ɕy^{52}	ɕy^{52}	ɕy^{52}	tsəɯ^{312}

续表

字目	愉	女	吕	旅	序	叙	绪	阻
中古音 方言点	羊朱 遇合三 平虞以	尼吕 遇合三 上语泥	力举 遇合三 上语来	力举 遇合三 上语来	徐吕 遇合三 上语邪	徐吕 遇合三 上语邪	徐吕 遇合三 上语邪	侧吕 遇合三 上语庄
临县	y^{33}	ny^{312}	luei^{312}	luei^{312}	ɕy^{52}	ɕy^{52}	ɕy^{52}	tsɥ^{24}
兴县	y^{55}	nu^{324}白/ ny^{324}文	ly^{324}	ly^{324}	ɕy^{53}	——	——	——
岚县	y^{44}	ȵy^{312}	ly^{312}	ly^{312}	ɕy^{53}	ɕy^{53}	ɕy^{53}	tsu^{312}
静乐	y^{53}	ȵy^{314}	ly^{314}白	ly^{314}白	ɕy^{53}	ɕy^{53}	ɕy^{53}	pfu^{314}白/ tsu^{314}
交口	y^{44}	ʮ^{323}/zʮ^{323}/ ȵy^{323}	ly^{323}	ly^{323}	ɕy^{53}	ɕy^{53}	ɕy^{53}	tsou^{323}
石楼	y^{44}	zʮ^{213}白/ ȵy^{213}文	ly^{213}	ly^{213}	ɕy^{51}	ɕy^{51}	ɕy^{51}	tsou^{213}
隰县	y^{24}	zou^{21}白/ ȵy^{21}文	ly^{21}	ly^{21}	ɕy^{44}	ɕy^{44}	ɕy^{44}	tsou^{21}
大宁	y^{55}	ny^{31}	ly^{31}	ly^{31}	ɕy^{55}	ɕy^{55}	ɕy^{55}	tsəu^{31}
永和	y^{35}	ny^{312}	ly^{312}	ly^{312}	ɕy^{53}	ɕy^{53}	ɕy^{53}	tsɤu^{53}白/ tsu^{53}文
汾西	——	ɣ^{33}白	ly^{33}	ly^{33}	ɕy^{53}	——	ɕy^{53}	tsou^{33}
蒲县	y^{24}	ȵy^{31}	ly^{31}	ly^{31}	ɕy^{33}	ɕy^{33}	ɕy^{33}	tsu^{31}
潞州	y^{24}	ȵy^{535}	ly^{535}	ly^{535}	ɕy^{54}	ɕy^{54}	ɕy^{54}	tsu^{535}
上党	y^{44}	ny^{535}	ly^{535}	ly^{535}	ɕy^{535}	ɕy^{535}	ɕy^{535}	tsuo^{535}
长子	y^{24}	n̩^{434}白/ ȵy^{434}文	ly^{434}	ly^{434}	ɕy^{53}	ɕy^{53}	ɕy^{53}	tsu^{434}
屯留	y^{11}	ȵi^{11}白/ ȵy^{11}文	ly^{43}	ly^{43}	ɕy^{11}	ɕy^{11}	ɕy^{11}	tsuɤ^{43}
襄垣	y^{31}	n^{42}白/ȵy^{42}文	ly^{42}	ly^{42}	ɕy^{45}	ɕy^{45}	ɕy^{45}	tsuə^{42}
黎城	y^{53}	ny^{213}	ly^{213}	ly^{213}	ɕy^{53}	ɕy^{53}	ɕy^{53}	tsu^{213}
平顺	y^{13}	ȵy^{434}	ly^{434}	ly^{434}	ɕy^{53}	ɕy^{53}	ɕy^{53}	tsuɤ^{434}
壶关	y^{33}	ȵy^{535}	ly^{535}	ly^{535}	sy^{353}	sy^{353}	sy^{353}	tʂuə^{535}
沁县	zɥ^{33}	mɿ^{214}白/ mɥ^{214}文	luei^{214}	luei^{214}	sɥ^{53}	sɥ^{53}	sɥ^{53}	tsu^{214}
武乡	zɥ^{33}	nzɿ^{55}/nzɥ文	luei^{213}	luei^{213}	su^{55}	su^{55}	su^{55}	tsu^{213}
沁源	y^{33}	ȵy^{324}	luei^{324}	luei^{324}	ɕy^{53}	ɕy^{53}	ɕy^{53}	tsei^{324}
安泽	y^{35}	ȵy^{42}	ly^{42}	ly^{42}	ɕy^{53}	ɕy^{53}	ɕy^{53}	tsəu^{42}白/ tsu^{42}文
沁水端氏	y^{24}	ȵy^{31}/n^{31}	ly^{31}	ly^{31}	ɕy^{53}	ɕy^{53}	ɕy^{53}	tsu^{31}

续表

字目	愉	女	吕	旅	序	叙	绪	阻
中古音 / 方言点	羊朱 遇合三 平虞以	尼吕 遇合三 上语泥	力举 遇合三 上语来	力举 遇合三 上语来	徐吕 遇合三 上语邪	徐吕 遇合三 上语邪	徐吕 遇合三 上语邪	侧吕 遇合三 上语庄
阳城	y^{22}	ny^{212}	ly^{212}	ly^{212}	ɕy^{51}	ɕy^{51}	ɕy^{51}	tsu^{212}
高平	i^{53}	niə̃ĩ^{212} 白 / ni^{212} 文	li^{212}	li^{212}	ɕi^{53}	ɕi^{53}	ɕi^{53}	tʂ̻u^{212}
陵川	y^{53}	ny^{312}	ly^{312}	ly^{312}	ɕy^{24}	ɕy^{24}	ɕy^{24}	tʂ̻u^{312}
晋城	y^{53}	nyə^{213}	lyə^{213}	lyə^{213}	ɕy^{53}	ɕy^{53}	ɕy^{53}	tʂ̻u^{213}
忻府	y^{21}	ny^{313}	ly^{313}	ly^{313}	ɕy^{53}	ɕy^{53}	ɕy^{53}	tsu^{313}
原平	yʉ^{33}	nyʉ^{213}	lyʉ^{213}	lyʉ^{213}	ɕyʉ^{53}	ɕyʉ^{53}	ɕyʉ^{53}	tsu^{213}
定襄	y^{11}	ny^{24}	ly^{24}	ly^{24}	ɕy^{53}	ɕy^{53}	ɕy^{53}	tsu^{24}
五台	y^{33}	ny^{213}	ly^{213}	ly^{213}	ɕy^{52}	ɕy^{52}	ɕy^{52}	tsu^{213}
岢岚	y^{52}	ny^{13}	ly^{13}	ly^{13}	ɕy^{52}	ɕy^{52}	ɕy^{52}	tʂ̻u^{13}
五寨	y^{52}	ny^{13}	ly^{13}	ly^{13}	ɕy^{52}	ɕy^{52}	ɕy^{52}	tsu^{13}
宁武	y^{33}	ny^{213}	ly^{213}	ly^{213}	ɕy^{52}	ɕy^{52}	ɕy^{52}	tsu^{213}
神池	y^{32}	ȵy^{13}	ly^{13}	ly^{13}	ɕy^{52}	ɕy^{52}	ɕy^{52}	tsu^{13}
繁峙	y^{31}	ȵy^{53}	ly^{53}	ly^{53}	ɕy^{24}	ɕy^{24}	ɕy^{24}	tsu^{53}
代县	y^{53}	ny^{213}	ly^{213}	ly^{213}	ɕy^{53}	ɕy^{53}	ɕy^{53}	tsu^{213}
河曲	y^{44}	ny^{213}	ly^{213}	ly^{213}	ɕy^{52}	ɕy^{52}	ɕy^{52}	ʦu^{213}
保德	y^{44}	ny^{213}	ly^{213}	ly^{213}	ɕy^{52}	ɕy^{52}	ɕy^{52}	tsu^{213}
偏关	ʮ^{44}	nʮ^{213}	lʮ^{213}	lʮ^{213}	sʮ^{52}	sʮ^{52}	sʮ^{52}	tsu^{213}
朔城	y^{53}	ny^{312}	ly^{312}	ly^{312}	ɕy^{53}	ɕy^{53}	ɕy^{53}	tsu^{312}
平鲁	y^{44}	ny^{213}	ly^{213}	ly^{213}	ɕy^{52}	ɕy^{52}	ɕy^{52}	tsu^{213}
应县	y^{24}	ny^{54}	ly^{54}	ly^{54}	ɕy^{24}	ɕy^{24}	ɕy^{24}	tsu^{54}
灵丘	y^{31}	ny^{442}	ly^{442}	ly^{442}	ɕy^{53}	ɕy^{53}	ɕy^{53}	tsu^{442}
浑源	y^{22}	ny^{52}	ly^{52}	ly^{52}	ɕy^{13}	ɕy^{13}	ɕy^{13}	tsu^{22}
云州	y^{24}	ny^{55}	ly^{55}	ly^{55}	ɕy^{24}	ɕy^{24}	ɕy^{24}	tsu^{312}
新荣	y^{24}	ny^{54}	ly^{54}	ly^{54}	ɕy^{24}	ɕy^{24}	ɕy^{24}	tsu^{54}
怀仁	y^{24}	ny^{53}	ly^{53}	ly^{53}	ɕy^{24}	ɕy^{24}	ɕy^{24}	tsu^{53}
左云	y^{313}	ny^{54}	ly^{54}	ly^{54}	ɕy^{24}	ɕy^{24}	ɕy^{24}	tsu^{54}
右玉	y^{24}	ny^{53}	ly^{53}	ly^{53}	ɕy^{24}	ɕy^{24}	ɕy^{24}	tʂ̻u^{53}
阳高	y^{31}	ny^{53}	ly^{53}	ly^{53}	ɕy^{24}	ɕy^{24}	ɕy^{24}	tsu^{53}
山阴	——	ny^{313}	ly^{52}	ly^{52}	ɕy^{335}	ɕy^{335}	ɕy^{335}	tsu^{52}
天镇	y^{24}	ny^{55}	ny^{55}	ny^{55}/ly^{55}	ɕy^{24}	ɕy^{24}	ɕy^{24}	tsu^{55}
平定	y^{24}	ny^{53}	luei^{53}	——	ɕy^{24}	ɕy^{24}	ɕy^{24}	tsu^{53}

续表

字目	**愉**	**女**	**吕**	**旅**	**序**	**叙**	**绪**	**阻**
中古音 方言点	羊朱 遇合三 平虞以	尼吕 遇合三 上语泥	力举 遇合三 上语来	力举 遇合三 上语来	徐吕 遇合三 上语邪	徐吕 遇合三 上语邪	徐吕 遇合三 上语邪	侧吕 遇合三 上语庄
昔阳	y^{33}	ny^{55}	luei^{55}	luei^{55}	ɕy^{13}	ɕy^{13}	ɕy^{13}	tsu^{55}
左权	y^{11}	ȵi^{42} 白 / ȵy^{42} 文	luɛi^{42}	luɛi^{42}	ɕy^{53}	ɕy^{53}	ɕy^{53}	tʂu^{42}
和顺	y^{22}	ȵy^{53}	luei^{53}	luei^{53}	ɕy^{13}	ɕy^{13}	ɕy^{13}	tsu^{53}
尧都	y^{24}	ȵy^{53}	ly^{53}	ly^{53}	ɕy^{53}	ɕy^{53}	ɕy^{53}	tsou^{53}
洪洞	y^{24}	ȵy^{42}	ly^{24}	ly^{24}	ɕy^{42}	ɕy^{33}	ɕy^{42}	tsou^{53}
洪洞赵城	y^{24}	ȵy^{42}	ly^{42}	ly^{42}	ɕy^{42}	ɕy^{42}	ɕy^{42}	tsou^{42}
古县	y^{35}	ȵy^{42}	ly^{42}	ly^{42}	ɕy^{53}	ɕy^{53}	ɕy^{53}	tsəu^{42}
襄汾	y^{24}	ȵy^{42}	ly^{42}	ly^{42}	ɕy^{53}	ɕy^{53}	ɕy^{53}	tsou^{21}
浮山	y^{13}	ny^{33}	ly^{33}	ly^{33}	ɕy^{53}	ɕy^{53}	ɕy^{53}	tʂou^{53}
霍州	y^{35}	ȵy^{33}	ly^{33}	ly^{33}	ɕy^{33}	ɕy^{33}	ɕy^{33}	tsəu^{212} 老 / tsu^{212} 新
翼城	y^{12}	ȵy^{44}	ly^{44}	ly^{44}	ɕy^{53}	ɕy^{53}	ɕy^{53}	tsou^{53}
闻喜	y^{13}	ȵy^{33}	lui^{13} 白 /ly^{33} 文	ly^{33}	ɕy^{13}	ɕy^{13}	ɕy^{13}	tsɤu^{33}
侯马	y^{213}	ȵy^{44}	ly^{44}	ly^{44}	ɕou^{53}	ɕy^{53}	ɕy^{53}	tsou^{44}
新绛	y^{53}	ȵy^{44}	ly^{44}	ly^{53}	ɕy^{53}	ɕy^{53}	ɕy^{53}	tsəu^{13}
绛县	y^{53}	ȵy^{24}	ly^{33}	ly^{33}	ɕy^{31}	ɕy^{31}	ɕy^{31}	tsu^{33}
垣曲	y^{22}	ȵy^{44}	ly^{44}	ly^{44}	ɕy^{53}	ɕy^{53}	ɕy^{53}	tsou^{44}
夏县	y^{42}	ȵy^{24}	y^{24}	y^{24}	ɕy^{31}	ɕy^{31}	ɕy^{31}	tsəu^{24}
万荣	y^{213}	ȵy^{55}	y^{55}	y^{55}	ɕy^{33}	ɕy^{33}	ɕy^{33}	tsəu^{55}
稷山	y^{13}	ȵy^{44}	ly^{44}	luei^{44}	ɕy^{42}	ɕy^{42}	ɕy^{42}	tsəu^{44}
盐湖	y^{13}	ȵy^{53}	y^{53}	ly^{53}	ɕy^{44}	ɕy^{44}	ɕy^{44}	tsou^{42}
临猗	y^{13}	ȵy^{53}	y^{53}	y^{53}	ɕy^{44}	ɕy^{44}	ɕy^{44}	tsəu^{53}
河津	y^{324}	ȵy^{53}	y^{53}	y^{53}	ɕy^{44}	ɕy^{44}	ɕy^{44}	tsəu^{53}
平陆	y^{13}	ȵy^{55}	y^{55}	y^{55}	ɕy^{33}	ɕy^{33}	ɕy^{33}	tsəu^{55}
永济	y^{24}	ȵy^{53}	y^{53}	y^{53}	ɕy^{44}	ɕy^{44}	ɕy^{44}	tʂəu^{53}
芮城	y^{44}	ȵy^{53}	y^{53}	y^{53}	ɕy^{44}	ɕy^{44}	ɕy^{44}	tsəu^{53}
吉县	y^{13}	ny^{53}	ly^{53}	y^{53}	ɕy^{33}	ɕy^{33}	ɕy^{33}	tsəu^{53}
乡宁	y^{12}	ȵy^{44}	ly^{44}	ly^{44}	ɕy^{22}	ɕy^{22}	ɕy^{22}	tsou^{44}
广灵	y^{31}	ȵy^{44}	ly^{44}	ly^{44}	ɕy^{213}	ɕy^{213}	ɕy^{213}	tsu^{44}

字目	楚	础	所	煮	处~理	黍	署	鼠
中古音 / 方言点	创举 遇合三 上语初	创举 遇合三 上语初	踈举 遇合三 上语生	章与 遇合三 上语章	昌与 遇合三 上语昌	舒吕 遇合三 上语书	舒吕 遇合三 上语书	舒吕 遇合三 上语书
北京	tʂʰu^{214}	tʂʰu^{214}	suo^{214}	tʂu^{214}	tʂʰu^{214}	ʂu^{214}	ʂu^{214}	ʂu^{214}
小店	tsʰu^{53}	tsʰu^{54}	so^{53}	tsu^{53}	tsʰu^{53}	su^{53}	su^{53}	su^{53}
尖草坪	tsʰu^{312}	tsʰu^{312}	suɤɯ^{33}	tsu^{312}	tsʰu^{312}	su^{312}	su^{312}	su^{312}
晋源	tsʰu^{42}	tsʰu^{42}	sɔ^{42}	tsu^{42}	tsʰu^{42}	su^{42}	fu^{42}/tsʰu^{42}	fu^{42} 白 /su^{42} 文
阳曲	tsʰu^{312}	tsʰu^{312}	suɤ^{312}	tsu^{312}	tsʰu^{312}	su^{312}	su^{312}	su^{312}
古交	tsʰu^{312}	tsʰuəʔ^{4}	suɯ^{312}	tsu^{312}	tsʰu^{312}	su^{312}	su^{312}	su^{312}
清徐	tsʰu^{54}	tsʰu^{54}	suɤɯ^{54}	tsu^{54}	tsʰu^{54}	su^{54}	su^{54}	su^{54}
娄烦	pfʰu^{312}	pfʰu^{312}	sɷ^{312} 白 / fɷ^{312} 文	pfu^{312}	pfʰu^{312}	fu^{312}	fu^{312}	fu^{312}
榆次	tsʰu^{53}	tsʰu^{53}	suɯ^{53}	tsu^{53}	tsʰu^{53}	su^{53}	su^{53}	su^{53}
交城	tsʰu^{53}	tsʰu^{53}	suɤɯ^{53}	tsu^{53}	tsʰu^{53}	su^{53}	su^{53}	su^{53}
文水	tsʰəɸ^{423}	tsʰəɸ^{423}	su^{423}	tsəɸ^{423}	tsʰəɸ^{423}	suəʔ$^{\underline{312}}$	səɸ^{423}	səɸ^{423}
祁县	tsʰuβ^{314}	tsʰuβ^{314}	suβ^{314}	tsuβ^{314}	tsʰuβ^{314}	suβ^{314}	suβ^{314}	suβ^{314}
太谷	tsʰu^{312}	tsʰu^{312}	suo^{312}	tsu^{312}	tsʰu^{312}	su^{312}	fu^{312}	fu^{53}
平遥	tsʰʮ^{514}	tsʰʮ^{514}	suə^{512}	tsʮ^{512}	tsʰʮ^{24}	——	sʮ^{512}	sʮ^{213}
孝义	tsʰu^{312}	tsʰu^{312}	suə^{312}	tsu^{312}	tsʰu^{312}	su^{312}	tsʰu^{312}	su^{312}
介休	tsʰʮ^{423}	tsʰʮ^{423}	ɕyᴇ^{423}/ suɤ^{423}	tsʮ^{423}	tsʰʮ^{423}	suʌʔ$^{\underline{312}}$	sʮ^{423}	sʮ^{423}
灵石	tsʰu^{212}	tsʰu^{212}	suɤ^{212}	tsu^{212}	tsʰu^{212}	su^{212}	su^{212}	su^{212}
盂县	tsʰu^{53}	tsʰu^{53}	su^{53} 白 / suo^{53} 文	tsu^{53}	tsʰu^{53}	su^{53}	tsʰu^{53} 白 / su^{53} 文	su^{53}
寿阳	tsʰʮ^{53}	tsʰʮ^{53}	suəɯ^{53}	tsʮ^{53}	tsʰʮ^{53}	sʮ^{53}	sʮ^{53}	sʮ^{22}
榆社	tsʰʏ^{312}	tsʰʏ^{312}	su^{312}	tsʏ^{312}	tsʰʏ^{312}	sʏ^{312}	fʏ^{312}	fʏ^{312}
离石	tsʰu^{312}	tsʰu^{312}	suə^{312}	tsu^{312}	tsʰu^{312}	su^{312}	tsʰu^{312}	su^{312}
汾阳	tʂʰəʊ^{312}	tʂʰəʊ^{312}	ʂu^{312}	tʂəʊ^{312}	tʂʰəʊ^{312}	ʂuəʔ$^{\underline{312}}$	ʂəʊ^{312}	ʂəʊ^{312}
中阳	tʂʰu^{423}	tʂʰu^{423}	ʂuɤ^{423}	tʂu^{423}	tʂʰu^{423}	ʂu^{423}	tʂʰu^{423}	ʂu^{423}
柳林	tsʰu^{312}	tsʰu^{312}	suo^{312}	tsu^{312}	tsʰu^{312}	su^{312}	su^{312}	su^{312}
方山	tsʰʮ^{312}	tsʰʮ^{312}	suə^{312}	tsʮ^{312}	tsʰʮ^{312}	sʮ^{312}	tsʰʮ^{312} 白 / sʮ^{312} 文	sʮ^{312}
临县	tsʰʮ^{312}	tsʰʮ^{312}	suɤ^{312}	tsʮ^{312}	tsʰʮ^{312}	sʮ^{312}	sʮ^{312}	sʮ^{312}
兴县	tsʰu^{324}	tsʰu^{324}	suɤ^{324}	tsu^{324}	tsʰu^{324}	su^{324}	su^{324}/tsʰu^{324}	su^{324}
岚县	tsʰu^{312}	tsʰu^{312}	suə^{312}	tsu^{312}	tsʰu^{312}	su^{312}	tsʰu^{312}	su^{312}
静乐	tsʰu^{314}	tsʰu^{314}	fɤɯ^{314} 白	pfu^{314} 白 / tsu^{314} 文	tsʰu^{314}	su^{314}	su^{314}	su^{314}

续表

字目	楚	础	所	煮	处~理	黍	暑	鼠
中古音 / 方言点	创举 遇合三 上语初	创举 遇合三 上语初	踈举 遇合三 上语生	章与 遇合三 上语章	昌与 遇合三 上语昌	舒吕 遇合三 上语书	舒吕 遇合三 上语书	舒吕 遇合三 上语书
交口	tsʰɥ^{323}	tsʰɥ^{323}	suə^{323}	tsɥ^{323}	tsʰɥ^{323}	sɥ^{323}	tsʰɥ^{323} 白 / sɥ^{323} 文	sɥ^{323}
石楼	tɕʰu^{213}	tɕʰu^{213}	ʂuə^{213}	tʂu^{213}	tɕʰu^{213}	ʂu^{213}	ʂu^{213}	ʂu^{213}
隰县	tsʰu^{21}	tsʰou^{21}	suo^{21}	tsu^{21}	tsʰu^{21}	su^{21}	su^{21}	su^{21}
大宁	tsʰəu^{55}	——	suo^{31}	tʂu^{31}	ʂu^{31} 白 / tʂʰu^{31} 文	ʂu^{31}	ʂu^{31}	ʂu^{31}
永和	tsʰɤu^{35} 白 / tsʰu^{33} 文	tsʰɤu^{35} 白 / tsʰu^{35} 文	suɤ^{312}	tʂu^{312}	tʂʰu^{312}	ʂu^{312}	ʂu^{312}	ʂu^{312}/ʂu^{53}
汾西	tsʰou^{33}	——	su^{11}	tsβ̩^{33}	tsʰβ̩^{11}	fy̩^{55}	fyəʔ^{3} 白	——
蒲县	tsʰu^{33}	tsʰu^{33}	suo^{31}	tʂu^{31}	tʂʰu^{31}	ʂu^{31}	ʂu^{31}	ʂu^{31}
潞州	tsʰu^{535}	tsʰuə^{535}	suə^{535}	tsu^{535}	tsʰu^{535}	su^{535}	su^{535}	su^{535}
上党	tsʰuo^{535}	tsʰuo^{535}	suo^{535}	tsu^{213}	tsʰu^{535}	su^{535}	su^{535}	su^{535}
长子	tsʰuə^{434}	tsʰuə^{434}	suə^{434}	tsu^{434}	tsʰu^{434}	su^{434}	su^{434}	su^{434}
屯留	tsʰuɤ^{43}	tsʰuɤ^{43}	suɤ^{43}	tsu^{43}	tsʰu^{43}	su^{43}	su^{43}	su^{43}
襄垣	tsʰuə^{42}	——	suə^{42}	tsuə^{42}	tsʰu^{42}	su^{42}	su^{42}	su^{42}
黎城	tsʰuo^{213}	tsʰuo^{213}	suɤ^{213}	tɕy^{213}	tɕʰy^{213}	ɕy^{213}	ɕy^{213}	ɕy^{213}
平顺	tsʰuɤ^{434}	tsʰuɤ^{434}	suɤ^{434}	tsu^{535}	tsʰu^{434}	su^{434}	su^{434}	su^{434}
壶关	tʂʰuə^{535}	tʂʰuə^{535}	ʂuə^{535}	tʂu^{535}	tʂʰu^{535}	ʂu^{535}	ʂu^{535}	ʂu^{535}
沁县	tsʰu^{214}	tsʰu^{214}	suɤ^{214}	tsu^{214}	tsʰu^{214}	su^{214}	su^{214}	su^{214}
武乡	tsʰuɤ^{213}	tsʰuɤ^{213}	——	tsu^{213}	tsʰu^{213}	su^{213}	su^{213}	su^{213}
沁源	tsʰei^{324}	tsʰei^{324}	sei^{324}	tʂu^{324}	tʂʰu^{324}	ʂu^{324}	ʂu^{324}	ʂu^{324}
安泽	——	——	suo^{42}	tsu^{42}	tsʰu^{42}	su^{42}	su^{42}	su^{42}
沁水端氏	tsʰu^{31}	tsʰu^{31}	suɤ^{31}	tsu^{31}	tsʰu^{31}	su^{31}	su^{31}	tsʰu^{31} 白 / su^{31} 文
阳城	tʂʰu^{212}	tʂʰu^{212}	suə^{212}	tʂu^{212}	tʂʰu^{212}	ʂu^{212}	ʂu^{212}	tʂʰuəʔ^{2} 白 / ʂu^{212} 文
高平	tʂʰu^{212}	tʂʰu^{212}	ʂuɤ^{212}	tʂu^{212}	tʂʰu^{212}	ʂu^{212}	ʂu^{212}	ʂu^{212}
陵川	tʂʰu^{312}	tʂʰu^{312}	ʂuɤ^{312}	tʂu^{312}	tʂʰu^{312}	ʂu^{312}	ʂu^{312}	ʂu^{312}
晋城	tʂʰu^{213}	tʂʰu^{213}	ʂuə^{213}	tʂu^{213}	tʂʰu^{213}	ʂu^{213}	ʂu^{213}	tʂʰuəʔ^{2}
忻府	tsʰu^{313}	tsʰu^{313}	suɛ^{313}	tsu^{313}	tsʰu^{313}	su^{313}	su^{313}	su^{313}
原平	tsʰu^{213}	tsʰu^{213}	suɤ^{213}	tsu^{213}	tsʰu^{213}	su^{213}	su^{213}	su^{213}
定襄	tsʰu^{24}	tsʰu^{24}	suə^{24}	tsu^{24}	tsʰu^{53}	su^{24}	su^{24}	su^{24}

续表

字目	楚	础	所	煮	处~理	黍	暑	鼠
中古音 / 方言点	创举 遇合三 上语初	创举 遇合三 上语初	踈举 遇合三 上语生	章与 遇合三 上语章	昌与 遇合三 上语昌	舒吕 遇合三 上语书	舒吕 遇合三 上语书	舒吕 遇合三 上语书
五台	tsʰu^{213}	tsʰu^{213}	suɔ^{213}	tsu^{213}	tsʰu^{213}	su^{213}	su^{213}	su^{213}
岢岚	tsʰu^{13}	tsʰu^{13}	suɤ^{13}	tʂu^{13}	tsʰu^{13}	ʂu^{13}	ʂu^{13}	ʂu^{13}
五寨	tsʰu^{13}	tsʰu^{13}	suo^{13}	tsu^{13}	tsʰu^{13}	su^{13}	su^{13}	su^{13}
宁武	tsʰu^{213}	tsʰu^{213}	suo^{213}	tsu^{213}	tsʰu^{213}	su^{213}	su^{213}	su^{213}
神池	tsʰu^{13}	tsʰu^{13}	suɔ^{13}	tsu^{13}	tsʰu^{13}	su^{13}	su^{13}	su^{13}
繁峙	tsʰu^{53}	tsʰu^{53}	suɤ^{53}	tsu^{53}	tsʰu^{53}	su^{53}	su^{53}	su^{53}
代县	tsʰu^{213}	tsʰu^{213}	suɤ^{213}	tsu^{213}	tsʰu^{213}	su^{213}	su^{213}	su^{213}
河曲	tʂʰu^{213}	tʂʰu^{213}	suɤ^{213}	tʂu^{213}	tʂʰu^{213}	ʂu^{213}	ʂu^{213}	ʂu^{213}
保德	tʂʰu^{213}	tʂʰu^{213}	suɤ^{213}	tʂu^{213}	tʂʰu^{213}	ʂu^{213}	ʂu^{213}	ʂu^{213}
偏关	tʂʰu^{213}	tʂʰu^{213}	suɤ^{213}	tʂu^{213}	tʂʰu^{213}	ʂu^{213}	ʂu^{213}	ʂu^{213}
朔城	tsʰu^{35}	——	suə^{312}	tsu^{312}	——	su^{312}	su^{312}	su^{312}
平鲁	tsʰu^{213}	tsʰu^{213}	suə^{213}	tsu^{213}	tsʰu^{213}	su^{213}	su^{213}	su^{213}
应县	tsʰu^{54}	tsʰu^{54}	suɤ^{54}	tsu^{54}	tsʰu^{54}	su^{54}	su^{54}	su^{54}
灵丘	tsʰu^{442}	tsʰu^{442}	sue^{442}	tsu^{442}	tsʰu^{442}	su^{442}	su^{442}	su^{442}
浑源	tsʰu^{52}	tsʰu^{52}	——	tsu^{52}	tsʰu^{52}	su^{52}	su^{52}	su^{52}
云州	tʂʰu^{55}	tʂʰu^{55}	suɤ^{55}	tʂu^{55}	tʂʰu^{55}	ʂu^{55}	ʂu^{55}	ʂu^{55}
新荣	tʂʰu^{54}	tʂʰu^{54}	suo^{54}	tʂu^{54}	tʂʰu^{54}	ʂu^{54}	ʂu^{54}	ʂu^{54}
怀仁	tsʰu^{53}	tsʰu^{53}	suɤ^{53}	tsu^{53}	tsʰu^{53}	su^{53}	su^{53}	su^{53}
左云	tsʰu^{54}	tsʰu^{54}	suo^{54}	tsu^{54}	tsʰu^{54}	su^{54}	su^{54}	su^{54}
右玉	tʂʰu^{53}	tʂʰu^{53}	suo^{53}	tʂu^{53}	tʂʰu^{53}	ʂu^{53}	ʂu^{53}	ʂu^{53}
阳高	tsʰu^{53}	tsʰu^{53}	suəʔ^{3}/suɤ^{53}	tsu^{53}	tsʰu^{53}	su^{53}	su^{53}	su^{53}
山阴	tʂʰu^{52}	tʂʰu^{52}	suə^{313}	tʂu^{52}	tʂʰu^{52}	ʂu^{52}	ʂu^{52}	ʂu^{52}
天镇	tsʰu^{55}	tsʰu^{55}	suɤ^{55}	tsu^{55}	tsʰu^{55}	su^{55}	su^{55}	su^{55}
平定	tsʰu^{53}	tsʰu^{53}	suɤ^{53}	tsu^{53}	tsʰu^{53}	su^{53}	su^{53}	su^{53}
昔阳	tsʰu^{55}	tsʰu^{55}	suə^{55}	tsu^{55}	tsʰu^{55}	su^{55}	su^{55}	su^{55}
左权	tʂʰu^{42}	tʂʰu^{42}	suɤ^{42}	tʂu^{42}	tʂʰu^{42}	ʂu^{42}	ʂu^{42}	ʂu^{42}
和顺	tsʰu^{53}	tsʰu^{53}	suɤ^{53}	tsu^{53}	tsʰu^{53}	su^{53}	su^{53}	su^{53}
尧都	tsʰu^{53}	tʂʰu^{24}	suo^{53}	tʂu^{53}	tʂʰu^{53}	fu^{53} 白 /ʂu^{53} 文	fu^{53} 白 /ʂu^{53} 文	fu^{53} 白 /ʂu^{53} 文
洪洞	tsʰou^{24}	tsʰou^{42}	fo^{42} 白 /so^{42} 文	tʂu^{42}	fu^{33}	fu^{33}	fu^{24}	fu^{42}
洪洞赵城	tsʰou^{42}	tsʰou^{42}	suɤ^{24}	tʂʰu^{42}	tʂʰu^{42}	ʂu^{42}	ʂu^{42}	ʂu^{42}
古县	tsʰəu^{42}	tsʰəu^{42}	suo^{42}	tʂu^{42}	tʂʰu^{42}	fu^{42}	fu^{35}	fu^{42}

续表

字目	楚	础	所	煮	处~理	黍	暑	鼠
中古音 / 方言点	创举 遇合三 上语初	创举 遇合三 上语初	踈举 遇合三 上语生	章与 遇合三 上语章	昌与 遇合三 上语昌	舒吕 遇合三 上语书	舒吕 遇合三 上语书	舒吕 遇合三 上语书
襄汾	tsʰou^{42}	tʂou^{42}	suɔ^{42}	tʂu^{42}	tʂʰu^{42}	fu^{42} 白 /ʂu^{42} 文	fu^{42} 白 /ʂu^{42} 文	fu^{42} 白 /ʂu^{42} 文
浮山	tʂʰou^{33}	tʂʰou^{33}	fɤ^{53}	pfu^{33}	pfʰu^{33}	fu^{33}	fu^{33}	fu^{33}
霍州	tʂʰu^{33}	tʂʰu^{33}	suɤ^{33}	tʂu^{33}	tʂʰu^{33}	ʂu^{33}	ʂu^{33}	ʂu^{33}
翼城	tʂʰou^{53}	tʂʰou^{53}	suɤ^{44}	tʂu^{44}	pfʰu^{44}	fu^{44}	fu^{44}	fu^{44} 白 /ʂu^{44} 文
闻喜	pfʰu^{33}	——	suɤ^{33}	pfu^{33}	pfʰu^{33}	fu^{33}	fu^{33}	fu^{33}/ pfʰu^{33}
侯马	tʂʰou^{44}	tʂʰou^{44}	suɤ^{44}	tʂu^{44}	tʂʰou^{44}	ʂou^{44}	ʂu^{44}	sou^{44}
新绛	tsʰəu^{53}	tsʰəu^{13}	suɤ^{44}	pfu^{13}	pfʰu^{53}	fu^{53}	fu^{13}	fu^{44}
绛县	tsʰəu^{33}	tʂʰəu^{33}	suɤ^{33}	pfu^{33}	pfʰu^{31}	fu^{31}	fu^{31}	fu^{31}
垣曲	tʂʰu^{44}	tʂʰu^{44}	suo^{44}	tʂu^{44}	tʂʰu^{53}	ʂu^{44}	ʂu^{44}	tʂʰu^{44}
夏县	tʂʰəu^{24}	tʂʰəu^{24}	suɤ^{24}	pfu^{24} 白 / tʂu^{24} 文	pfʰu^{24} 白 / tʂʰu^{24} 文	——	fu^{24} 白 /ʂu^{24} 文	fu^{24} 白 /ʂu^{24} 文
万荣	tsʰəu^{55}	tsʰəu^{55}	suɤ^{55}	pfu^{55}	pfʰu^{55}	fu^{55}	fu^{213}	fu^{55}
稷山	pfʰu^{44}	pfʰu^{44}	fɤ^{44} 白 / suɤ^{44} 文	pfu^{44}	pfʰu^{42}	fu^{44}	fu^{13}	fu^{44} 白 /ʂu^{44} 文
盐湖	tsʰou^{53}	tsʰou^{53}	suo^{53}	pfu^{53} 白 / tʂu^{53} 文	pfʰu^{53} 白 / tʂʰu^{53} 文	ʂu^{53}	fu^{53} 白 /ʂu^{53} 文	fu^{53} 白 /ʂu^{53} 文
临猗	pfʰu^{53} 白 / tsʰəu^{53} 文	tsʰəu^{53}	suo^{53}	pfu^{53}	pfʰu^{44}	fu^{53}	fu^{53}	fu^{53} 白 /ʂu^{53} 文
河津	tsʰəu^{53}	tsʰəu^{53}	səu^{53}/suɤ^{53} 文	pfu^{53}	pfʰu^{53}	fu^{53}	fu^{324}	fu^{53}
平陆	tsʰəu^{55}	tsʰəu^{55}	səu^{55}	pfu^{55}	pfʰu^{55}	fu^{55}	fu^{13}	fu^{13}
永济	tʂʰəu^{53}	tʂʰəu^{53}	səu^{53}	pfu^{53}	pfʰu^{53}	fu^{53}	fu^{24}	fu^{53}/fu^{31}
芮城	tsʰəu^{53}	tsʰəu^{53}	suo^{53}	pfu^{53}	pfʰu^{53}	fu^{53}	fu^{53}	fu^{53}
吉县	tsʰəu^{53}	——	səu^{53}	pfu^{423}	pfʰu^{53}	fu^{53}	fu^{13}	fu^{53}
乡宁	tsʰou^{53}	tsʰou^{53}	suɤ^{44}	tʂu^{44}	tʂʰu^{44}	ʂu^{44}	ʂu^{44}	ʂu^{44}
广灵	tsʰu^{44}	tsʰu^{44}	suo^{44}	tsu^{44}	tsʰu^{44}	su^{44}	su^{44}	su^{44}

字目	举	巨	拒	距	语	御防~	许	与给~
中古音 / 方言点	居许 遇合三 上语见	其吕 遇合三 上语群	其吕 遇合三 上语群	其吕 遇合三 上语群	鱼巨 遇合三 上语疑	鱼巨 遇合三 上语疑	虚吕 遇合三 上语晓	余吕 遇合三 上语以
北京	tɕy^{214}	tɕy^{51}	tɕy^{51}	tɕy^{51}	y^{214}	y^{51}	ɕy^{214}	y^{214}
小店	tɕy^{53}	tɕy^{24}	tɕy^{24}	tɕy^{24}	y^{53}	y^{24}	ɕy^{53}	y^{11}
尖草坪	tɕy^{312}	tɕy^{35}	tɕy^{35}	tɕy^{35}	y^{312}	y^{35}	ɕy^{312}	y^{312}
晋源	tɕy^{42}	tɕy^{35}	tɕy^{35}	tɕy^{35}	y^{42}	y^{35}	ɕy^{42}	y^{11}
阳曲	tɕy^{312}	tɕy^{454}	tɕy^{454}	tɕy^{454}	y^{312}	y^{454}	ɕy^{312}	y^{312}
古交	tɕy^{312}	tɕy^{53}	tɕy^{53}	tɕy^{53}	y^{312}	y^{53}	ɕy^{312}	y^{312}
清徐	tɕy^{54}	tɕy^{45}	tɕy^{45}	tɕy^{45}	y^{54}	y^{45}	ɕy^{54}	y^{54}
娄烦	tɕy^{312}	tɕy^{54}	tɕy^{54}	tɕy^{54}	y^{312}	y^{54}	ɕy^{312}	y^{312}
榆次	tɕy^{53}	tɕy^{35}	tɕy^{35}	tɕy^{35}	y^{53}	y^{35}	ɕy^{53}	y^{53}
交城	tɕy^{53}	tɕy^{24}	tɕy^{24}	tɕy^{24}	y^{53}	y^{24}	ɕy^{53}	y^{53}
文水	tsʮ^{423}	tsʮ^{35}	tsʮ^{35}	tsʮ^{35}	ʮ^{423}	ʮ^{35}	sʮ^{423}	ʮ^{423}
祁县	tɕiəβ^{314}	tɕiəβ^{45}	tɕiəβ^{45}	tɕiəβ^{45}	iəβ^{314}	iəβ^{45}	ɕiəβ^{314}	iəβ^{314}
太谷	tɕy^{312}	tɕy^{53}	tɕy^{53}	tɕy^{53}	y^{312}	y^{53}	ɕy^{312}	y^{312}
平遥	tsʮ^{512}白 / tɕy^{512}文	tɕy^{24}	tɕy^{24}	tɕy^{24}	y^{512}	y^{24}	ɕy^{512}	y^{512}
孝义	tɕy^{312}	tɕy^{454}	tɕy^{454}	tɕy^{454}	y^{312}	y^{454}	ɕy^{312}	y^{312}
介休	tɕy^{423}	tɕy^{45}	tɕy^{45}	tɕy^{45}	y^{423}	y^{45}	ɕy^{423}	y^{423}
灵石	tɕy^{212}	tɕy^{53}	tɕy^{53}	tɕy^{53}	y^{212}	y^{53}	ɕy^{212}	y^{212}
盂县	tɕy^{53}	tɕy^{55}	tɕy^{55}	tɕy^{55}	y^{53}	y^{55}	ɕy^{53}	y^{53}
寿阳	tsu^{53}	tsu^{45}	tsu^{45}	tsu^{45}	zʮ^{53}	zʮ^{45}	sʮ^{53}	zʮ^{53}
榆社	tsʮ^{312}	tsʮ^{45}	tsʮ^{45}	tsʮ^{45}	zʮ^{312}	zʮ^{45}	sʮ^{312}	zʮ^{312}
离石	tsu^{312}	tsu^{53}	tsu^{53}	tsu^{53}	zu^{312}	zu^{53}	su^{312}	zu^{312}
汾阳	tsɥ^{312}	tsɥ^{55}	tsɥ^{55}	tsɥ^{55}	ɥ^{312}	ɥ^{55}	tsʰɥ^{312}	ɥ^{312}
中阳	tɕy^{423}	tɕy^{53}	tɕy^{53}	tɕy^{53}	y^{423}	y^{53}	ɕy^{423}	y^{423}
柳林	tɕy^{312}	tɕy^{53}	tɕy^{53}	tɕy^{53}	y^{312}	y^{53}	ɕy^{312}	y^{312}
方山	tɕy^{312}	tɕy^{52}	tɕy^{52}	tɕy^{52}	y^{312}	y^{52}	ɕy^{312}	y^{312}
临县	tɕy^{312}	tɕy^{52}	tɕy^{52}	tɕy^{52}	y^{312}	y^{52}	ɕy^{312}	y^{312}
兴县	tɕy^{324}	tɕy^{53}	tɕy^{53}	tɕy^{53}	y^{324}	y^{53}	ɕy^{324}	y^{324}
岚县	tɕy^{312}	tɕy^{53}	tɕy^{53}	tɕy^{53}	y^{312}	y^{53}	ɕy^{312}	y^{312}
静乐	tɕy^{314}	tɕy^{53}	tɕy^{53}	tɕy^{53}	y^{314}	y^{53}	ɕy^{314}	y^{314}
交口	tɕy^{323}	tɕy^{53}	tɕy^{53}	tɕy^{53}	ȵy^{323}/ y^{323}	y^{53}	ɕy^{323}	y^{323}
石楼	tɕy^{213}	tɕy^{51}	tɕy^{51}	tɕy^{51}	y^{213}	y^{51}	ɕy^{213}	y^{213}

续表

字目	举	巨	拒	距	语	御防~	许	与给~
中古音 方言点	居许 遇合三 上语见	其吕 遇合三 上语群	其吕 遇合三 上语群	其吕 遇合三 上语群	鱼巨 遇合三 上语疑	鱼巨 遇合三 上语疑	虚吕 遇合三 上语晓	余吕 遇合三 上语以
隰县	tɕy^{21}	tɕy^{44}	tɕy^{44}	tɕy^{44}	y^{21}	y^{44}	ɕy^{24}	y^{21}
大宁	tɕy^{31}	tɕy^{55}	tɕy^{55}	tɕy^{55}	y^{31}	y^{55}	ɕy^{31}	y^{55}
永和	tɕy^{312}	tɕy^{53}	tɕy^{53}	tɕy^{53}	ny^{312}	y^{53}	ɕy^{312}	y^{312}
汾西	tɕy^{33}	tɕy^{55}	tɕy^{55}	tɕy^{55}	ny^{33}	——	ɕy^{33}	ny^{55}
蒲县	tɕy^{31}	tɕy^{33}	tɕy^{33}	tɕy^{33}	y^{31}	y^{33}	ɕy^{31}	y^{31}
潞州	tɕy^{535}	tɕy^{54}	tɕy^{54}	tɕy^{54}	y^{535}	y^{54}	ɕy^{535}	y^{535}
上党	tɕy^{535}	tɕy^{42}	tɕy^{42}	tɕy^{42}	y^{535}	y^{42}	ɕy^{535}	y^{535}
长子	tɕy^{434}	tɕy^{53}	tɕy^{53}	tɕy^{53}	y^{434}	y^{53}	ɕy^{434}	y^{434}
屯留	tɕy^{43}	tɕy^{53}	tɕy^{53}	tɕy^{11}	y^{43}	y^{11}	ɕy^{43}	y^{43}
襄垣	tɕy^{42}	tɕy^{45}	tɕy^{45}	tɕy^{45}	y^{42}	y^{45}	ɕy^{42}	y^{42}
黎城	cy^{213}	cy^{53}	cy^{53}	cy^{53}	y^{213}	y^{53}	çy^{213}	y^{213}
平顺	cy^{434}	cy^{53}	cy^{53}	cy^{53}	y^{434}	y^{53}	ɕy^{434}	y^{434}
壶关	cy^{535}	cy^{353}	cy^{353}	cy^{353}	y^{535}	y^{353}	ɕy^{535}	y^{535}
沁县	tsɥ^{214}	tsɥ^{53}	tsɥ^{53}	tsɥ^{53}	zɥ^{214}	zɥ^{53}	sɥ^{214}	zɥ^{214}
武乡	tsɥ^{213}	tsɥ^{55}	tsɥ^{55}	tsɥ^{55}	zɥ^{213}	zɥ^{55}	su^{213}	zɥ^{213}
沁源	tɕy^{324}	tɕy^{53}	tɕy^{53}	tɕy^{53}	y^{324}	y^{53}	ɕy^{324}	y^{324}
安泽	tɕy^{35}	tɕy^{53}	tɕy^{53}	tɕy^{53}	y^{42}	y^{53}	ɕy^{42}	y^{42}
沁水端氏	tɕy^{31}	tɕy^{53}	tɕy^{53}	tɕy^{53}	y^{31}	y^{53}	ɕy^{31}	y^{53}
阳城	cy^{212}	cy^{51}	cy^{51}	cy^{51}	y^{212}	y^{51}	çy^{212}	y^{212}
高平	ci^{212}	ci^{53}	ci^{53}	ci^{53}	i^{212}	i^{53}	çi^{212}	i^{212}
陵川	cy^{312}	cy^{24}	cy^{24}	cy^{24}	y^{312}	y^{24}	ɕy^{312}	y^{312}
晋城	tɕy^{213}	tɕy^{53}	tɕy^{53}	tɕy^{53}	y^{213}	y^{53}	ɕy^{213}	y^{213}
忻府	tɕy^{313}	tɕy^{53}	tɕy^{53}	tɕy^{53}	y^{313}	y^{53}	ɕy^{313}	y^{313}
原平	tɕyʉ^{213}	tɕyʉ^{53}	tɕyʉ^{53}	tɕyʉ^{53}	yʉ^{213}	yʉ^{53}	ɕyʉ^{213}	yʉ^{213}
定襄	tɕy^{24}	tɕy^{53}	tɕy^{53}	tɕy^{53}	y^{24}	y^{24}	ɕy^{24}	y^{24}
五台	tɕy^{213}	tɕy^{52}	tɕy^{52}	tɕy^{52}	y^{213}	y^{52}	ɕy^{213}	y^{213}
岢岚	tɕy^{13}	tɕy^{52}	tɕy^{52}	tɕy^{52}	y^{13}	y^{52}	ɕy^{13}	y^{13}
五寨	tɕy^{13}	tɕy^{52}	tɕy^{52}	tɕy^{52}	y^{13}	y^{52}	ɕy^{13}	y^{13}
宁武	tɕy^{213}	tɕy^{52}	tɕy^{52}	tɕy^{52}	y^{213}	y^{52}	ɕy^{213}	y^{213}
神池	tɕy^{13}	tɕy^{52}	tɕy^{52}	tɕy^{52}	y^{13}	y^{52}	ɕy^{13}	y^{13}
繁峙	tɕy^{53}	tɕy^{24}	tɕy^{24}	tɕy^{24}	y^{53}	y^{24}	ɕy^{53}	y^{53}

续表

字目	举	巨	拒	距	语	御防~	许	与给~
中古音 方言点	居许 遇合三 上语见	其吕 遇合三 上语群	其吕 遇合三 上语群	其吕 遇合三 上语群	鱼巨 遇合三 上语疑	鱼巨 遇合三 上语疑	虚吕 遇合三 上语晓	余吕 遇合三 上语以
代县	tɕy^{213}	tɕy^{53}	tɕy^{53}	tɕy^{53}	y^{213}	y^{53}	ɕy^{213}	y^{213}
河曲	tɕy^{213}	tɕy^{52}	tɕy^{52}	tɕy^{52}	y^{213}	y^{52}	ɕy^{213}	y^{213}
保德	tɕy^{213}	tɕy^{52}	tɕy^{52}	tɕy^{52}	y^{213}	y^{52}	ɕy^{213}	y^{213}
偏关	tsɥ^{213}	tsɥ^{52}	tsɥ^{52}	tsɥ^{52}	ɥ^{213}	ɥ^{52}	sɥ^{213}	ɥ^{213}
朔城	tɕy^{312}	tɕy^{53}	tɕy^{53}	tɕy^{53}	y^{312}	y^{53}	ɕy^{312}	y^{312}
平鲁	tɕy^{213}	tɕy^{52}	tɕy^{52}	tɕy^{52}	y^{213}	y^{52}	ɕy^{213}	y^{213}
应县	tɕy^{54}	tɕy^{24}	tɕy^{24}	tɕy^{24}	y^{54}	y^{24}	ɕy^{54}	y^{54}
灵丘	tɕy^{442}	tɕy^{53}	tɕy^{53}	tɕy^{53}	y^{442}	y^{53}	ɕy^{442}	y^{442}
浑源	tɕy^{52}	tɕy^{13}	tɕy^{13}	tɕy^{13}	y^{52}	y^{13}	ɕy^{52}	y^{52}
云州	tɕy^{55}	tɕy^{24}	tɕy^{24}	tɕy^{24}	y^{55}	y^{24}	ɕy^{55}	y^{55}
新荣	tɕy^{54}	tɕy^{24}	tɕy^{24}	tɕy^{24}	y^{54}	y^{24}	ɕy^{54}	y^{54}
怀仁	tɕy^{53}	tɕy^{24}	tɕy^{24}	tɕy^{24}	y^{53}	y^{24}	ɕy^{53}	y^{53}
左云	tɕy^{54}	tɕy^{24}	tɕy^{24}	tɕy^{24}	y^{54}	y^{24}	ɕy^{54}	y^{54}
右玉	tɕy^{53}	tɕy^{24}	tɕy^{24}	tɕy^{24}	y^{53}	y^{53}	ɕy^{53}	y^{53}
阳高	tɕy^{53}	tɕy^{24}	tɕy^{24}	tɕy^{24}	y^{53}	y^{24}	ɕy^{53}	y^{53}
山阴	tɕy^{52}	tɕy^{335}	tɕy^{335}	tɕy^{335}	y^{52}	y^{335}	ɕy^{52}	y^{52}
天镇	tɕy^{55}	tɕy^{24}	tɕy^{24}	tɕy^{24}	y^{55}	y^{24}	ɕy^{55}	y^{24}
平定	tʂɣu^{53} 白 / tɕy^{53} 文	tɕy^{24}	tɕy^{24}	tɕy^{24}	y^{53}	y^{24}	ɕy^{53}	y^{44}
昔阳	tɕy^{55}	tɕy^{13}	tɕy^{13}	tɕy^{13}	y^{55}	y^{13}	ɕy^{55}	y^{55}
左权	tɕy^{42}	tɕy^{53}	tɕy^{53}	tɕy^{53}	y^{42}	y^{53}	ɕy^{42}	y^{42}
和顺	tɕi^{42} 白 / tɕy^{53} 文	tɕy^{13}	tɕy^{13}	tɕy^{13}	y^{53}	y^{13}	ɕy^{53}	y^{53}
尧都	tɕy^{53}	tɕy^{44}	tɕy^{44}	tɕy^{44}	ȵiæ̃^{24}	y^{44}	ɕy^{53}	y^{21}
洪洞	tɕy^{42}	tɕy^{33}	tɕy^{33}	tɕy^{33}	ȵy^{42} 白 /y^{42} 文	y^{53}	ɕy^{42}	y^{33}/i^{42}
洪洞赵城	tɕy^{42}	tɕy^{53}	tɕy^{53}	tɕy^{53}	y^{42}	y^{53}	ɕy^{42}	y^{42}
古县	tɕy^{42}	tɕy^{53}	tɕy^{53}	tɕy^{53}	y^{42}	——	ɕy^{42}	y^{42}
襄汾	tɕy^{42}	tɕy^{44}	tɕy^{44}/tɕy^{53}	tɕy^{44}	ȵy^{42}	y^{53}	ɕy^{42}	y^{42}/i^{42}
浮山	tɕy^{33}	tɕy^{44}	tɕy^{53}	tɕy^{44}	y^{33}	y^{53}	ɕy^{33}	y^{33}
霍州	tɕy^{33}	tɕy^{53}	tɕy^{53}	tɕy^{53}	y^{33}	y^{53}	ɕy^{33}	y^{33}
翼城	tɕy^{44}	tɕy^{53}	tɕy^{53}	tɕy^{53}	y^{12}	y^{53}	ɕy^{44}	y^{44}

续表

字目	举	巨	拒	距	语	御防~	许	与给~
中古音 / 方言点	居许 遇合三 上语见	其吕 遇合三 上语群	其吕 遇合三 上语群	其吕 遇合三 上语群	鱼巨 遇合三 上语疑	鱼巨 遇合三 上语疑	虚吕 遇合三 上语晓	余吕 遇合三 上语以
闻喜	tɕy^{33}	tɕy^{13}	tɕy^{13}	tɕy^{13}	ȵy^{33} 白 / y^{33} 文	y^{33}	ɕy^{33}	y^{33}
侯马	tɕy^{44}	tɕy^{53}	tɕy^{53}	tɕy^{53}	y^{44}	y^{53}	ɕy^{44}	y^{44}
新绛	tɕy^{44}	tɕy^{53}	tɕy^{53}	tɕy^{53}	y^{13}	y^{53}	ɕy^{44}	y^{53}
绛县	tɕy^{33}	tɕy^{31}	tɕy^{31}	tɕy^{31}	y^{33}	y^{33}	ɕy^{33}	y^{31}
垣曲	tɕy^{44}	tɕy^{53}	tɕy^{53}	tɕy^{53}	y^{44}	y^{53}	ɕy^{44}	y^{44}
夏县	tɕy^{24}	tɕy^{31}	tɕy^{31}	tɕy^{31}	y^{24}	y^{31}	ɕy^{42}	y^{24}
万荣	tɕy^{55}	tɕy^{33}	tɕy^{33}	tɕy^{33}	ȵy^{33} 白 /y^{55} 文	y^{33}	ɕy^{55}	y^{33}
稷山	tɕy^{44}	tɕy^{42}	tɕy^{42}	tɕy^{42}	y^{44}	y^{42}	ɕy^{44}	y^{42}
盐湖	tɕy^{53}	tɕy^{44}	tɕy^{44}	tɕy^{44}	y^{53}	y^{44}	ɕy^{53}	y^{53}
临猗	tɕy^{53}	tɕy^{44}	tɕy^{44}	tɕy^{44}	y^{53}	y^{44}	ɕy^{53}	y^{44}
河津	tɕy^{53}	tɕy^{44}	tɕy^{44}	tɕy^{44}	y^{53}	y^{44}	ɕy^{53}	y^{44}
平陆	tɕy^{55}	tɕy^{33}	tɕy^{33}	tɕy^{33}	y^{55}	y^{33}	ɕy^{55}	y^{13}
永济	tɕy^{53}	tɕy^{44}	tɕy^{44}	tɕy^{44}	y^{53}	y^{44}	ɕy^{53}	y^{53}
芮城	tɕy^{53}	tɕy^{44}	tɕy^{44}	tɕy^{44}	y^{53}	y^{44}	ɕy^{53}	y^{42}
吉县	tɕy^{53}	tɕy^{33}	tɕy^{33}	tɕy^{33}	ny^{53} 白 / y^{53} 文	y^{33}	ɕy^{53}	y^{33}
乡宁	tɕy^{44}	tɕy^{22}	tɕy^{22}	tɕy^{22}	y^{44}	y^{22}	ɕy^{44}	y^{44}
广灵	tɕy^{44}	tɕy^{213}	tɕy^{213}	tɕy^{213}	y^{44}	y^{213}	ɕy^{44}	y^{44}

字目	府	俯	腑	斧	腐	辅	父	舞
中古音 / 方言点	方矩 遇合三 上麌非	方矩 遇合三 上麌非	方矩 遇合三 上麌非	方矩 遇合三 上麌非	扶雨 遇合三 上麌奉	扶雨 遇合三 上麌奉	扶雨 遇合三 上麌奉	文甫 遇合三 上麌微
北京	fu^{214}	fu^{214}	fu^{214}	fu^{214}	fu^{214}	fu^{214}	fu^{51}	u^{214}
小店	fu^{53}	fu^{53}	fu^{53}	fu^{53}	fu^{53}	fu^{53}	fu^{24}	vu^{53}
尖草坪	fu^{312}	fu^{312}	fu^{312}	fu^{312}	fu^{312}	fu^{312}	fu^{35}	u^{312}
晋源	fəʔ^{2} 白 /fu^{42} 文	fu^{42}	fu^{42}	fu^{42}	fu^{42}	fu^{42}	fu^{35}	vu^{42}
阳曲	fu^{312}	fu^{312}	fɤ^{312}	fu^{312}	fu^{312}	fu^{312}	fu^{454}	u^{312}
古交	fu^{312}	fu^{312}	fu^{312}	fu^{312}	fu^{312}	fu^{312}	fu^{53}	vu^{312}
清徐	fu^{54}	fu^{54}	fu^{54}	fu^{54}	fu^{54}	fu^{54}	fu^{45}	vu^{54}
娄烦	fu^{312}	fu^{312}	fu^{312}	fu^{312}	fu^{312}	fu^{312}	fu^{54}	vu^{312}
榆次	fu^{53}	fu^{53}	fu^{53}	fu^{53}	fu^{53}	fu^{53}	fu^{35}	vu^{53}
交城	xu^{53}	xu^{53}	xu^{53}	xu^{53}	xu^{53}	xu^{53}	xu^{24}	u^{53}
文水	xəɸ^{423}	xəɸ^{423}	xəɸ^{423}	xəɸ^{423}	xəɸ^{423}	xəɸ^{423}	xəɸ^{35}	əɸ^{423}
祁县	xuβ^{314}	xuβ^{314}	xuβ^{314}	xuβ^{314}	xuβ^{314}	xuβ^{314}	xuβ^{45}	uβ^{314}
太谷	fu^{312}	fu^{312}	fu^{312}	fu^{312}	fu^{312}	fu^{312}	fu^{53}	vu^{312}
平遥	xu^{512}	xu^{512}	xu^{512}	xu^{512}	xu^{512}	xu^{512}	xu^{24}	u^{512}
孝义	xu^{312}	xu^{312}	xu^{312}	xu^{312}	xu^{312}	xu^{312}	xu^{454}	u^{312}
介休	xu^{423}	xu^{423}	xu^{423}	xu^{423}	xu^{423}	xu^{423}	xu^{45}	u^{423}
灵石	xu^{212}	xu^{212}	xu^{212}	xu^{212}	xu^{212}	xu^{212}	xu^{53}	u^{212}
盂县	fu^{53}	fu^{53}	fu^{53}	fu^{53}	fu^{53}	fu^{53}	fu^{55}	u^{53}
寿阳	fu^{53}	fu^{53}	fu^{53}	fu^{53}	fu^{53}	fu^{53}	fu^{45}	u^{53}
榆社	fy̩^{312}	fy̩^{312}	fy̩^{312}	fy̩^{312}	fy̩^{312}	fy̩^{312}	fy̩^{45}	y̩^{312}
离石	xu^{312}	xu^{312}	xu^{312}	xu^{312}	xu^{312}	xu^{312}	xu^{53}	u^{312}
汾阳	fəʊ^{312}	fəʊ^{312}	fəʊ^{312}	fəʊ^{312}	fəʊ^{312}	fəʊ^{312}	fəʊ^{55}	əʊ^{312}
中阳	xu^{423}	xu^{423}	xu^{423}	xu^{423}	xu^{423}	xu^{423}	xu^{53}	u^{423}
柳林	xu^{312}	xu^{312}	xu^{312}	xu^{312}	xu^{312}	xu^{312}	xu^{53}	u^{312}
方山	xu^{312}	xu^{312}	xu^{312}	xu^{312}	xu^{312}	xu^{312}	xu^{52}	u^{312}
临县	fu^{312}	fu^{312}	fu^{52}	fu^{312}	fu^{312}	fu^{312}	fu^{52}	u^{312}
兴县	xu^{324}	xu^{312}	xu^{312}	xu^{312}	xu^{312}	xu^{312}	xu^{52}	u^{324}
岚县	fu^{312}	fu^{312}	fu^{312}	fu^{312}	fu^{312}	fu^{312}	fu^{53}	u^{312}
静乐	fu^{314}	fu^{314}	fu^{314}	fu^{314}	fu^{314}	fu^{24}	fu^{53}	vu^{314}
交口	xu^{323}	xu^{323}	xu^{323}	xu^{323}	xu^{323}	xu^{323}	xu^{53}	u^{323}
石楼	xu^{213}	xu^{213}	xu^{213}	xu^{213}	xu^{213}	xu^{213}	xu^{51}	u^{213}
隰县	xu^{21}	xu^{21}	xu^{21}	xu^{21}	xu^{21}	xu^{21}	xu^{44}	u^{21}

续表

字目	府	俯	腑	斧	腐	辅	父	舞
中古音／方言点	方矩 遇合三 上麌非	方矩 遇合三 上麌非	方矩 遇合三 上麌非	方矩 遇合三 上麌非	扶雨 遇合三 上麌奉	扶雨 遇合三 上麌奉	扶雨 遇合三 上麌奉	文甫 遇合三 上麌微
大宁	fu31	fu31	fu31	fu31	fu31	fu55	fu55	u31
永和	xu312	xu312	xu312	xu312	xu312	xu312	xu53	u312
汾西	fʯ33	fʯ55	——	fʯ33	fʯ33	fʯ33	fʯ53	——
蒲县	fu31	fu24	fu31	fu31	fu31	fu31	fu33	u31
潞州	fu535	fu535	fu535	fu535	fu535	fu535	fu54	u535
上党	fu535	fu535	fu535	fu535	fu535	fu535	fu42	u42
长子	fu434	fu434	fu434	fu434	fu434	fu434	fu53	u434
屯留	fu43	fu43	fu43	fu43	fu43	fu43	fəʔ54 白 / fu11 文	u11
襄垣	fu42	fu42	fu42	fu42	fu42	fu42	fʌʔ3 白 / fu45 文	u42
黎城	fu213	fu213	fu213	fu213	fu213	fu213	fu53	u213
平顺	fu434	fu434	fu434	fu434	fu434	fu434	fu53	u434
壶关	fu535	fu535	fu535	fu535	fu535	fu535	fu353	u535
沁县	fu214	fu214	fu214	fu214	fu214	fu214	fəʔ31 白 / fu53 文	vu214
武乡	fu213	fu213	fu213	fu213	fu213	fu213	fu55	u213
沁源	fu324	fu324	fu324	fu324	fu324	fu324	fəʔ31 白 / fu53 文	u324
安泽	fu42	fu42	fu42	fu42	fu42	fu42	fu53	u42
沁水端氏	fu31	fu31	fu31	fu31	fu31	fu31	fəʔ2 白 / fu24 文	u53
阳城	fu212	fu212	fu212	fu212	fəʔ2 白 / fu212 文	fu212	fəʔ2 白 / fu51 文	u212
高平	fu212	fu212	fu212	fu212	fəʔ2 白 / fu212 文	fu212	fu53	u212
陵川	fu312	fu312	fu312	fu312	fu312	fu312	fu24	u312
晋城	fu213	fu213	fu213	fu213	fu213	fu213	fu53	u213
忻府	fu313	fu313	fu313	fu313	fu313	fu313	fu53	u313
原平	fu213	fu213	fu213	fu213	fu213	fu213	fu53	u213
定襄	fu24	fu24	fu24	fu24	fu24	fu24	fu53	u24
五台	fu213	fu213	fu213	fu213	fu213	fu213	fu52	u213
岢岚	fu13	fu13	fu13	fu13	fu13	fu13	fu52	u13
五寨	fu13	fəʔ4	fu13	fu13	fu13	fu13	fu52	vu13

续表

字目	府	俯	腑	斧	腐	辅	父	舞
中古音 方言点	方矩 遇合三 上麌非	方矩 遇合三 上麌非	方矩 遇合三 上麌非	方矩 遇合三 上麌非	扶雨 遇合三 上麌奉	扶雨 遇合三 上麌奉	扶雨 遇合三 上麌奉	文甫 遇合三 上麌微
宁武	fu^{213}	fu^{213}	fu^{213}	fu^{213}	fu^{213}	fu^{213}	fu^{52}	u^{213}
神池	fu^{13}	fu^{13}	fu^{13}	fu^{13}	fu^{13}	fu^{13}	fu^{52}	vu^{13}
繁峙	fu^{53}	fu^{53}	fu^{53}	fu^{53}	fu^{53}	fu^{53}	fu^{24}	vu^{53}
代县	fu^{213}	fu^{213}	fu^{213}	fu^{213}	fu^{213}	fu^{213}	fu^{53}	u^{213}
河曲	fu^{213}	fu^{213}	fu^{213}	fu^{213}	fu^{213}	fu^{213}	fu^{52}	u^{213}
保德	fu^{213}	fu^{213}	fu^{213}	fu^{213}	fu^{213}	fu^{213}	fu^{52}	vu^{213}
偏关	fu^{213}	fu^{213}	fu^{213}	fu^{213}	fu^{213}	fu^{213}	fu^{213}	u^{213}
朔城	fu^{312}	fu^{312}	fu^{312}	fu^{312}	fu^{312}	fu^{312}	fu^{53}	u^{312}
平鲁	fu^{213}	fu^{213}	fu^{213}	fu^{213}	fu^{213}/fəʔ$^{\underline{34}}$	fu^{213}	fu^{52}/fəʔ$^{\underline{34}}$	u^{213}
应县	fu^{54}	fu^{54}	——	fu^{54}	fu^{54}/fəʔ$^{\underline{43}}$	fu^{54}	fu^{24}/fəʔ$^{\underline{43}}$	vu^{54}
灵丘	fu^{442}	fu^{442}	fu^{442}	fu^{442}	fu^{442}	fu^{442}	fu^{53}	vu^{442}
浑源	fu^{52}	fu^{52}/fəʔ^{4}	fu^{52}/fəʔ^{4}	fu^{52}	fu^{52}/fəʔ^{4}	fu^{52}	fu^{13}	vu^{52}
云州	fu^{55}	fu^{55}	fu^{55}	fu^{55}	fu^{55}	fu^{55}	fu^{24}	vu^{55}
新荣	fu^{54}	fu^{54}	fu^{54}	fu^{54}	fu^{54}	fu^{54}	fu^{24}	u^{54}
怀仁	fu^{53}	fu^{53}	fu^{53}	fu^{53}	fu^{53}	fu^{53}	fu^{24}	u^{53}
左云	fu^{54}	fu^{54}	fu^{54}	fu^{54}	fu^{54}	fu^{54}	fu^{24}	vu^{54}
右玉	fu^{53}	fu^{53}	fu^{53}	fu^{53}	fu^{53}	fu^{53}	fu^{24}	vu^{53}
阳高	fu^{53}	fu^{53}	fu^{53}	fu^{53}	fu^{312}/fɑʔ^{3}	fu^{53}	fu^{24}/fɑʔ^{3}	u^{53}
山阴	fu^{52}	fu^{52}	fu^{52}	fu^{52}	fu^{52}/fəʔ^{4}	fu^{52}	fu^{335}/fəʔ^{4}	u^{52}
天镇	fu^{55}	fu^{55}	fu^{55}	fu^{55}	fu^{55}	fu^{55}	fu^{24}	u^{55}
平定	fu^{53}	fu^{53}	fu^{53}	fu^{53}	fu^{53}	fu^{53}	fu^{24}	u^{53}
昔阳	fu^{55}	fu^{55}	fu^{55}	fu^{55}	fu^{55}	fu^{55}	fu^{13}	u^{55}
左权	fu^{42}	fu^{42}	fu^{42}	fu^{42}	fu^{42}	fu^{42}	fu^{53}	vu^{42}
和顺	fu^{53}	fu^{53}	fu^{53}	fu^{53}	fu^{53}	fu^{53}	fu^{13}	vu^{53}
尧都	fu^{53}	fu^{53}	fu^{53}	fu^{21}	fu^{53}	fu^{53}	fu^{44}	vu^{53}
洪洞	fu^{33}	fu^{33}	fu^{42}	fu^{42}	fu^{42}/fu^{33}	fu^{33}	fu^{33}	vu^{42}白/u^{42}文
洪洞赵城	fu^{42}	fu^{42}	fu^{42}	fu^{42}	fu^{53}	fu^{53}	fu^{53}	vu^{42}
古县	fu^{42}	fu^{35}	fu^{42}	fu^{42}	fu^{42}	fu^{42}	fu^{53}	u^{42}
襄汾	fu^{42}	fu^{42}	fu^{42}	fu^{42}	fu^{42}	fu^{42}	fu^{53}	vu^{42}
浮山	fu^{33}	fu^{33}	fu^{33}	fu^{33}	fu^{13}	fu^{13}	fu^{44}	u^{33}
霍州	fu^{33}	fu^{33}	fu^{33}	fu^{33}	fu^{33}	fu^{33}	fu^{53}	u^{33}

续表

字目	府	俯	腑	斧	腐	辅	父	舞
中古音 / 方言点	方矩 遇合三 上麌非	方矩 遇合三 上麌非	方矩 遇合三 上麌非	方矩 遇合三 上麌非	扶雨 遇合三 上麌奉	扶雨 遇合三 上麌奉	扶雨 遇合三 上麌奉	文甫 遇合三 上麌微
翼城	fu^{44}	fu^{44}	fu^{44}	fu^{44}	fu^{44}	fu^{44}	fu^{44}	u^{44}
闻喜	fu^{33}	——	fu^{33}	fu^{33}	fu^{13}	fu^{13}	fu^{13}	u^{33}/ v̩^{33}
侯马	fu^{44}	fu^{44}	fu^{44}	fu^{44}	fu^{44}	fu^{44}	fu^{53}	u^{44}
新绛	fu^{44}	fu^{13}	fu^{13}	fu^{13}	fu^{13}	fu^{13}	fu^{53}	vu^{13}
绛县	fu^{33}	fu^{33}	fu^{33}	fu^{33}	fu^{33}	fu^{33}	fu^{31}	vu^{31}
垣曲	fu^{44}	fu^{44}	fu^{44}	fu^{44}	fu^{44}	fu^{44}	fu^{53}	u^{44}
夏县	fu^{24}	fu^{24}	——	fu^{24}	fu^{24}	fu^{24}	fu^{31}	vu^{24}
万荣	fu^{55}	fu^{55}	fu^{55}	fu^{55}	fu^{55}	fu^{55}	fu^{33}	vu^{55}
稷山	fu^{44}	fu^{44}	fu^{44}	fu^{44}	fu^{44}	fu^{44}	fu^{42}	vu^{44}
盐湖	fu^{53}	fu^{53}	fu^{53}	fu^{53}	fu^{44}	fu^{44}	fu^{44}	vu^{53}
临猗	fu^{53}	fu^{53}	fu^{53}	fu^{53}	fu^{53}	fu^{53}	fu^{44}	vu^{53}
河津	fu^{53}	fu^{53}	fu^{53}	fu^{53}	fu^{53}	fu^{53}	fu^{44}	vu^{53}
平陆	fu^{55}	fu^{55}	fu^{55}	fu^{55}	fu^{55}	fu^{55}	fu^{33}	vu^{55}
永济	fu^{53}	fu^{53}	fu^{53}	fu^{53}	fu^{44}	fu^{44}	fu^{44}	u^{53}
芮城	fu^{53}	fu^{53}	fu^{53}	fu^{53}	fu^{53}	fu^{53}	fu^{44}	vu^{53}
吉县	fu^{53}	fu^{53}	fu^{53}	fu^{53}	fu^{53}	fu^{53}	fu^{33}	vu^{53}
乡宁	fu^{44}	fu^{44}	fu^{44}	fu^{44}	fu^{44}	fu^{44}	fu^{22}	u^{44}
广灵	fu^{44}	fu^{44}	fu^{44}	fu^{44}	fu^{44}	fu^{44}	fu^{213}	vu^{44}

字目	武	缕	取	聚	柱	数~一~	主	竖
中古音 / 方言点	文甫 遇合三 上麌微	力主 遇合三 上麌来	七庾 遇合三 上麌清	慈庾 遇合三 上麌从	直主 遇合三 上麌澄	所矩 遇合三 上麌生	之庾 遇合三 上麌章	臣庾 遇合三 上麌禅
北京	u^{214}	ly^{214}	tɕʰy^{214}	tɕy^{51}	tʂu^{51}	ʂu^{214}	tʂu^{214}	ʂu^{51}
小店	vu^{53}	ly^{11}	tɕʰy^{53}/ tɕʰyəʔ^{1}	tɕy^{24}	tsu^{24}	fu^{53}/su^{35}	tsu^{53}	su^{24}
尖草坪	u^{312}	ly^{312}	tɕʰy^{312}	tɕy^{35}	tsu^{35}	su^{312}	tsu^{312}	su^{35}
晋源	vu^{42}	ly^{42}	tɕʰy^{11}	tɕy^{35}	tsu^{35}	fu^{42}白/ su^{42}文	tsu^{42}	su^{35}
阳曲	u^{312}	ly^{312}	tɕʰy^{312}	tɕy^{454}	tsu^{454}	su^{312}	tsu^{312}	su^{454}
古交	u^{312}	lei^{312}	tɕʰy^{312}	tɕy^{53}	tsu^{53}	su^{312}	tsu^{312}	su^{53}
清徐	vu^{54}	ly^{54}	tɕʰy^{54}	tɕy^{45}	tsu^{45}	su^{54}	tsu^{54}	su^{54}
娄烦	vu^{312}	lu^{312}	tɕʰy^{312}	tɕy^{54}	pfu^{54}	fu^{312}	pfu^{312}	fu^{54}
榆次	vu^{53}	ly^{53}	tɕʰy^{53}	tɕy^{35}	tsu^{35}	su^{53}	tsu^{53}	su^{35}
交城	u^{53}	ly^{53}	tɕʰy^{53}	tɕy^{24}	tsu^{24}	su^{53}	tsu^{53}	su^{24}
文水	əɸ^{423}	lʮ^{423}	tsʰʮ^{423}	tsʮ^{35}	tsəɸ^{35}	səɸ^{423}	tsəɸ^{423}	səɸ^{35}
祁县	uβ^{314}	liəβ^{314}	tɕʰiəβ^{314}	tɕiəβ^{45}	tsuβ^{45}	suβ^{314}	tsuβ^{314}	suβ^{45}
太谷	vu^{312}	ly^{312}	tɕʰy^{312}	tɕy^{53}	tsu^{53}	fuo^{312}	tsu^{312}	fu^{53}
平遥	u^{512}	ly^{512}	tɕʰy^{512}	tɕy^{24}	tsʮ^{24}	sy^{512}	tsʮ^{512}	sʮ^{24}
孝义	u^{312}	luei^{312}	tɕʰy^{312}	tɕy^{454}	tsu^{454}	su^{312}	tsu^{312}	su^{454}
介休	u^{423}	luei^{423}	tsʰuei^{423}	tsuei^{45}	tsʮ^{45}	sʮ^{423}	tsʮ^{423}	sʮ^{45}
灵石	u^{212}	ly^{212}	tɕʰy^{212}	tɕy^{53}	tsu^{53}	su^{212}	tsu^{212}	ʂu^{53}
盂县	u^{53}	ly^{53}	tɕʰy^{53}	tɕy^{55}	tsu^{55}	su^{53}	tsu^{53}	su^{55}
寿阳	u^{53}	lʮ^{53}	tsʰʮ^{53}	tsu^{45}	tsʮ^{45}	səɯ^{53}	tsʮ^{53}	sʮ^{45}
榆社	y̩^{312}	——	tsʰɥ^{312}	tsʮ^{45}	tsy̩^{45}	sy̩^{45}	tsy̩^{312}	sy̩^{45}
离石	u^{312}	lu^{312}	tsʰu^{312}	tsu^{53}	tsu^{53}	su^{312}	tsu^{312}	su^{53}
汾阳	əʊ^{312}	lɥ^{312}	tsʰəʔ$^{\underline{312}}$白/ tsʰɥ^{312}文	tsɥ^{55}	tʂəʊ^{55}	ʂəʊ^{312}	tʂəʊ^{312}	ʂəʊ^{55}
中阳	u^{423}	ly^{423}	tɕʰy^{423}	tɕy^{53}	tʂu^{53}	ʂu^{423}	tʂu^{423}	ʂu^{53}
柳林	u^{312}	ly^{312}	tɕʰy^{312}	tɕy^{53}	tsu^{53}	su^{312}	tsu^{312}	su^{53}
方山	u^{312}	ly^{312}	tɕʰy^{312}	tɕy^{52}	tsʮ^{52}	sʮ^{312}	tsʮ^{312}	sʮ^{52}
临县	u^{312}	luei^{312}	tɕʰy^{312}	tɕy^{52}	tsʮ^{52}	sʮ^{312}	tsʮ^{312}	sʮ^{52}
兴县	u^{324}	ly^{324}	tsʰuəʔ^{5}白/ tɕʰy^{324}文	tɕy^{53}	tsu^{53}	su^{324}	tsu^{324}	su^{53}
岚县	u^{312}	ly^{312}	tɕʰy^{312}	tɕy^{53}	tsu^{53}	su^{312}	tsu^{312}	su^{53}
静乐	vu^{314}	ly^{314}白	tɕʰy^{314}	tɕy^{53}	tsu^{53}	fu^{314}	tsu^{314}	su^{53}

续表

字目	武	缕	取	聚	柱	数~一~	主	竖
中古音 / 方言点	文甫 遇合三 上麌微	力主 遇合三 上麌来	七庾 遇合三 上麌清	慈庾 遇合三 上麌从	直主 遇合三 上麌澄	所矩 遇合三 上麌生	之庾 遇合三 上麌章	臣庾 遇合三 上麌禅
交口	u^{323}	ly^{323}	tɕʰy^{323}/ tsʰuəʔ^{4}	tɕy^{53}	tsʮ^{53}	sou^{323}	tsʮ^{323}	sʮ^{53}
石楼	u^{213}	ly^{213}	tɕʰy^{213}	tɕy^{51}	tʂu^{51}	sou^{213}	tʂu^{213}	ʂu^{51}
隰县	u^{21}	ly^{21}	tɕʰy^{21}	tɕy^{44}	tsʰu^{44} 白 / tsu^{44} 文	sou^{21}	tsu^{21}	su^{44}
大宁	u^{31}	ly^{31}	tɕʰy^{31}	tɕy^{55}	tʂʰu^{55} 白 / tʂu^{55} 文	səu^{31}	tʂu^{31}	ʂu^{55}
永和	u^{312}	——	tɕʰy^{312}	tɕy^{53}	tʂʰu^{53} 白 / tʂu^{53} 文	sɤu^{312} 白 / su^{312} 文	tʂu^{312}	tʂu^{53}
汾西	v̩^{33}	ly^{33}	tɕʰy^{33}	tɕy^{53}	tsβ̍^{53}/ tsʰu^{53} 白	sou^{33}	tsβ̍^{33}	fv̩^{53} 白
蒲县	u^{31}	ly^{31}	tɕʰy^{31}	tɕy^{33}	tʂʰu^{33}	sou^{31}	tʂu^{31}	ʂu^{33}
潞州	u^{535}	ly^{535}	tɕʰy^{535}	tɕy^{54}	tsu^{54}	suə^{535}	tsu^{535}	su^{54}
上党	u^{535}	ly^{535}	tɕʰy^{535}	tɕy^{42}	tsu^{42}	suo^{535}	tsu^{213}	su^{42}
长子	u^{434}	ly^{434}	tɕʰy^{434}	tɕy^{53}	tsu^{53}	suə^{434}	tsu^{434}	su^{53}
屯留	u^{43}	ly^{43}	tɕʰy^{43}	tɕy^{11}	tsu^{11}	suɤ^{43}	tsu^{43}	su^{11}
襄垣	u^{42}	ly^{42}	tɕʰy^{42}	tɕy^{45}	tsu^{45}	suə^{42}	tsu^{42}	su^{45}
黎城	u^{213}	ly^{213}	tɕʰy^{213}/ tɕʰyɤʔ^{2}	tɕy^{3}	tɕy^{53}	suo^{53}	tɕy^{213}	ɕy^{53}
平顺	u^{434}	ly^{434}	tsyəʔ$^{\underline{212}}$	tɕy^{53}	tsu^{22}	suɤ^{434}	tsu^{535}	su^{53}
壶关	u^{535}	ly^{535}	tsʰyəʔ^{2}/ tsʰy^{535}	tsy^{353}	tʂu^{22}	ʂuə^{535}	tʂu^{535}	ʂu^{353}
沁县	vu^{214}	luei^{214}	tsʰʮ^{214}	tsʮ^{53}	tsu^{53}	suɤ^{214}	tsu^{214}	su^{53}
武乡	u^{213}	luei^{213}	tsʰʮ^{213}	tsʮ^{55}	tsu^{55}	suɤ^{213}	tsu^{213}	su^{55}
沁源	u^{324}	ly^{324}	tɕʰy^{324}	tɕy^{53}	tʂu^{53}	sei^{324}	tʂu^{324}	ʂu^{53}
安泽	u^{42}	ly^{42}	tɕʰy^{42}	tɕy^{53}	tsu^{53}	səu^{42} 白 / su^{42} 文	tsu^{42}	su^{21}
沁水端氏	u^{31}	ly^{31}	tɕʰy^{31}	tɕy^{53}	tsu^{53}	su^{31}	tsy^{31}	su^{53}
阳城	u^{212}	ly^{212}	tɕʰy^{212}	tɕy^{51}	tʂu^{51}	ʂu^{212}	tʂu^{212}	ʂu^{51}
高平	u^{212}	li^{212}	tɕʰi^{212}	tɕi^{53}	tʂu^{53}	ʂu^{212}	tʂu^{212}	ʂu^{53}
陵川	u^{312}	ly^{312}	tɕʰy^{312}	tɕy^{24}	tʂu^{24}	ʂu^{312}	tʂu^{312}	ʂu^{24}
晋城	uə^{213}	ly^{213}	tɕʰy^{213}	tɕy^{53}	tʂu^{53}	ʂu^{213}	tʂu^{213}	ʂu^{53}
忻府	u^{313}	ly^{313}	tɕʰy^{313}	tɕy^{53}	tsu^{53}	su^{313}	tsu^{313}	su^{53}

续表

字目	武	缕	取	聚	柱	数～一～	主	竖
中古音 / 方言点	文甫 遇合三 上麌微	力主 遇合三 上麌来	七庾 遇合三 上麌清	慈庾 遇合三 上麌从	直主 遇合三 上麌澄	所矩 遇合三 上麌生	之庾 遇合三 上麌章	臣庾 遇合三 上麌禅
原平	u^{213}	lyʉ^{213}	tɕʰyʉ^{213}	tɕyʉ^{53}	tsu^{53}	su^{213}	tsu^{213}	su^{53}
定襄	u^{24}	ly^{24}	tɕʰy^{24}	tɕy^{53}	tsu^{53}	su^{24}	tsu^{24}	su^{53}
五台	u^{213}	ly^{213}	tɕʰy^{213}	tɕy^{52}	tsu^{52}	su^{213}	tsu^{213}	su^{52}
岢岚	u^{13}	ly^{13}	tɕʰy^{13}	tɕy^{52}	tsu^{52}	ʂu^{13}	tʂu^{13}	su^{52}
五寨	vu^{13}	ly^{13}	tɕʰy^{13}	tɕy^{52}	tsu^{52}	su^{13}	tsu^{13}	su^{52}
宁武	u^{213}	ly^{213}	tɕʰy^{213}	tɕy^{52}	tsu^{52}	su^{213}	tsu^{213}	su^{52}
神池	vu^{13}	ly^{13}	tɕʰy^{13}	tɕy^{52}	tsu^{52}	su^{13}	tsu^{13}	su^{52}
繁峙	vu^{53}	ly^{53}	tɕʰy^{53}	tɕy^{24}	tsu^{24}	su^{53}	tsu^{53}	su^{24}
代县	u^{213}	ly^{213}	tɕʰy^{213}	tɕy^{53}	tsu^{53}	su^{213}	tsu^{213}	su^{53}
河曲	u^{213}	ly^{213}	tɕʰy^{213}	tɕy^{52}	tʂu^{52}	ʂu^{213}	tʂu^{213}	ʂu^{52}
保德	vu^{213}	ly^{213}	tɕʰy^{213}	tɕy^{52}	tʂu^{52}	ʂu^{213}	tʂu^{213}	ʂu^{52}
偏关	u^{213}	lʮ^{213}	tsʰʮ^{213}	tsʮ^{52}	tʂu^{52}	ʂu^{213}	tʂu^{213}	ʂu^{52}
朔城	u^{312}	ly^{312}	tɕʰy^{312}	tɕy^{53}	tsu^{53}	——	tsu^{312}	su^{53}
平鲁	u^{213}	ly^{213}	tɕʰy^{213}	tɕy^{52}	tsu^{52}	su^{213}	tsu^{213}	su^{52}
应县	vu^{54}	ly^{54}	tɕʰy^{54}	tɕy^{24}	tsu^{24}	su^{54}	tsu^{54}	su^{24}
灵丘	vu^{442}	ly^{442}	tɕʰy^{442}	tɕy^{53}	tsu^{53}	su^{442}	tsu^{442}	su^{53}
浑源	vu^{52}	ly^{52}	tɕʰy^{52}/ tɕʰyəʔ^{4}	tɕy^{13}	tsu^{13}	su^{52}	tsu^{52}	su^{13}
云州	vu^{55}	ly^{55}	tɕʰy^{55}	tɕy^{24}	tʂu^{24}	ʂu^{55}	tʂu^{55}	ʂu^{24}
新荣	u^{54}	ly^{54}	tɕʰy^{54}	tɕy^{24}	tʂu^{24}	ʂu^{54}	tʂu^{54}	ʂu^{24}
怀仁	u^{53}	ly^{53}	tɕʰy^{53}	tɕy^{24}	tsu^{24}	su^{53}	tsu^{53}	su^{24}
左云	vu^{54}	ly^{54}	tɕʰy^{54}	tɕy^{24}	tsu^{24}	su^{54}	tsu^{54}	su^{24}
右玉	vu^{53}	ly^{53}	tɕʰy^{53}	tɕy^{24}	tʂu^{24}	ʂu^{53}	tʂu^{53}	ʂu^{24}
阳高	u^{53}	ly^{53}	tɕʰy^{53}	tɕy^{24}	tsu^{24}	su^{53}	tsu^{53}	su^{24}
山阴	u^{52}	ly^{52}	tɕʰy^{52}	tɕy^{335}	tʂu^{335}	ʂu^{52}	tʂu^{52}	ʂu^{335}
天镇	u^{55}	ny^{55}	tɕʰy^{55}/ tɕʰyəʔ^{4}	tɕy^{24}	tsu^{24}	su^{55}	tsu^{55}	su^{24}
平定	u^{53}	luei^{53}	tɕʰy^{53}	tɕy^{24}	tsu^{24}	su^{53}	tsu^{53}	su^{24}
昔阳	u^{55}	luei^{55}	tɕʰy^{55}	tɕy^{13}	tsu^{13}	su^{55}	tsu^{55}	su^{13}
左权	vu^{42}	luɛi^{42}	tɕʰy^{42}	tɕy^{53}	tʂu^{53}	su^{42}	tʂu^{42}	ʂu^{53}
和顺	vu^{53}	luei^{53}	tɕʰyeʔ$^{\underline{21}}$/ tɕʰy^{53}	tɕy^{13}	tsu^{13}	su^{53}	tsu^{53}	su^{13}

续表

字目	武	缕	取	聚	柱	数~一~	主	竖
中古音 / 方言点	文甫 遇合三 上麌微	力主 遇合三 上麌来	七庾 遇合三 上麌清	慈庾 遇合三 上麌从	直主 遇合三 上麌澄	所矩 遇合三 上麌生	之庾 遇合三 上麌章	臣庾 遇合三 上麌禅
尧都	u^{53}	ly^{53}	tɕʰy^{53}	tɕy^{44}	tʂu^{44}	ʂou^{53}	tʂu^{53}	fu^{21} 白 /ʂu^{21} 文
洪洞	vu^{42} 白 /u^{42} 文	ly^{24}	tɕʰy^{42}	tɕy^{21}	tʂʰu^{53} 白 / tʂu^{53} 文 /fu^{53}	sou^{42}	tʂu^{42}	tʂʰu^{53}
洪洞赵城	vu^{42}	ly^{24}	tɕʰy^{42}	tɕy^{53}	tʂʰu^{53} 白 / tsu^{53} 文	sou^{42}	tʂu^{42}	ʂu^{53}
古县	u^{42}	ly^{42}	tɕʰy^{35}	tɕy^{53}	tʂʰu^{53} 白 / tʂu^{53} 文	səu^{42}	tʂu^{42}	fu^{53}
襄汾	vu^{42}	ly^{42}	tɕʰy^{42}	tɕy^{53}	tʂʰu^{53} 白 / tʂu^{53} 文	sou^{42}	tʂu^{42}	fu^{53}/ʂu^{53}
浮山	u^{33}	——	tɕʰy^{33}	tɕy^{53}	pfu^{53}	ʂou^{33}	pfu^{33}	fu^{53} 白 /su^{53} 文
霍州	u^{33}	ly^{33}	tɕʰy^{33}	tɕy^{53}	tʂʰu^{53}	səu^{33} 老 / ʂu^{33} 新	tʂu^{33}	ʂu^{53}
翼城	u^{44}	u^{44}	tɕʰy^{44}	tɕy^{53}	tʂou^{53}	fu^{53}	pfu^{53} 白 / tʂu^{53} 文	fu^{44}
闻喜	u^{33}/ ɣ^{33}	lui^{33}	tɕʰy^{33}	tɕy^{13}	pfʰu^{13}	suɤ^{13}	pfu^{33}	su^{53}
侯马	vu^{44}/u^{44}	ly^{44}	tɕʰy^{44}	tɕʰy^{53}	tʂʰou^{53} 白 / tʂou^{53} 文	tʂʰu^{44}	tʂu^{44}	ʂu^{53}
新绛	u^{44}	lu^{13}	tɕʰy^{13}	tɕy^{53}	pfʰu^{53}	səu^{44}	pfu^{44}	fu^{53}
绛县	vu^{31}	ly^{53}	tɕʰy^{33}	tɕy^{31}	pfu^{33}/pfʰu^{31}	ʂəu^{33}	pfu^{33}	pfu^{31}
垣曲	u^{44}	ly^{44}	tɕʰy^{44}	tɕy^{53}	tʂʰu^{53} 白 / tʂu^{53} 文	sou^{44}	tʂu^{44}	ʂu^{53}
夏县	vu^{24}	liəu^{24}	tɕʰy^{24}	tɕy^{31}	pfʰu^{31} 白 / tʂu^{31} 文	ʂəu^{24} 白 / ʂu^{24} 文	pfu^{24} 白 / tʂu^{24} 文	fu^{24} 白 /ʂu^{24} 文
万荣	vu^{55}	liəu^{55}	tsʰɿ^{55} 白 / tɕʰy^{55} 文	tɕy^{213}	pfʰu^{33}	səu^{55}	pfu^{55}	fu^{33}
稷山	vu^{44}	luei^{44}	tɕʰy^{44}	tɕy^{42}	pfʰu^{42} 白 / tʂu^{42} 文	ʂəu^{44}	pfu^{44} 白 / tʂu^{44} 文	fu^{42} 白 /ʂu^{42} 文
盐湖	vu^{53}	ly^{53}	tɕʰy^{53}	tɕy^{44}	pfʰu^{44} 白 / tʂʰu^{44} 文	sou^{53}	pfu^{53} 白 / tʂu^{53} 文	ʂu^{44}
临猗	vu^{53}	ly^{53}	tɕʰy^{53}	tɕy^{44}	pfʰu^{44} 白 / tʂu^{44} 文	səu^{53}	pfu^{53} 白 / tʂu^{53} 文	fu^{44} 白 /ʂu^{44} 文
河津	vu^{53}	y^{53}	tsʰɿ^{53} 白 / tɕʰy^{53} 文	tɕy^{53}	pfʰu^{44}/ pfu^{44} 文	səu^{53}	pfu^{53}	pfʰu^{44} 白 / fu^{44} 文
平陆	u^{55}	y^{55}/liəu^{55}	tɕʰy^{55}	tɕʰy^{55}/tɕy^{33}	pfʰu^{33} 白 / pfu^{33} 文	səu^{55}	pfu^{55}	fu^{33}

续表

字目	武	缕	取	聚	柱	数~一~	主	竖
中古音 / 方言点	文甫 遇合三 上麌微	力主 遇合三 上麌来	七庾 遇合三 上麌清	慈庾 遇合三 上麌从	直主 遇合三 上麌澄	所矩 遇合三 上麌生	之庾 遇合三 上麌章	臣庾 遇合三 上麌禅
永济	——	——	——	——	——	——	——	——
芮城	vu⁵³	liəu⁵³	tɕʰy⁵³	tɕʰy⁴² 白 / tɕy⁴² 文	pfʰu⁴⁴	səu⁵³	pfu⁵³	fu⁴⁴
吉县	vu⁵³	ly³³	tɕʰy⁵³	tɕy³³	pfʰu³³	səu⁵³	pfu⁵³	fu³³
乡宁	u⁴⁴	ly⁴⁴	tɕʰy⁴⁴	tɕy²²	tʂʰu²² 白 / tʂu²² 文	sou⁴⁴	tʂu⁴⁴	ʂu²²
广灵	vu⁴⁴	ly⁴⁴	tɕʰy⁴⁴	tɕy²⁴	tsu²¹³	su⁴⁴	tsu⁴⁴	su²¹³

字目	乳	雨	羽	付	傅	赴	附	树
中古音／方言点	而主 遇合三 上麌日	王矩 遇合三 上麌云	王矩 遇合三 上麌云	方遇 遇合三 去遇非	方遇 遇合三 去遇非	芳遇 遇合三 去遇敷	符遇 遇合三 去遇奉	常句 遇合三 去遇禅
北京	ʐu^{214}	y^{214}	y^{214}	fu^{51}	fu^{51}	fu^{51}	fu^{51}	ʂu^{51}
小店	zu^{53}	y^{53}	y^{53}	fu^{24}	fu^{24}	fu^{24}	fu^{24}	su^{24}
尖草坪	zu^{312}	y^{312}	y^{312}	fu^{35}	fu^{35}	fu^{35}	fu^{35}	su^{35}
晋源	zu^{42}	y^{42}	y^{42}	fu^{35}	fu^{35}	fu^{35}	fu^{35}	fu^{35}白/su^{35}文
阳曲	zu^{312}	y^{312}	y^{312}	fu^{454}	fu^{454}	fu^{454}	fu^{454}	su^{454}
古交	zu^{312}	y^{312}	y^{312}	fu^{53}	fu^{53}	fu^{53}	fu^{53}	su^{53}
清徐	zu^{54}	y^{54}	y^{54}	fu^{45}	fu^{45}	fu^{45}	fu^{45}	su^{45}
娄烦	vu^{33}	y^{312}	y^{312}	fu^{54}	fu^{54}	fu^{54}	fu^{54}	fu^{54}
榆次	zu^{53}	y^{53}	y^{53}	fu^{35}	fu^{35}	fu^{35}	fu^{35}	su^{35}
交城	ʐu^{53}	y^{53}	y^{53}	xu^{24}	xu^{24}	xu^{24}	xu^{24}	su^{24}
文水	ʐəɸ^{423}	ɥ^{423}	ɥ^{423}	xəɸ^{35}	xəɸ^{35}	pʰəʔ^{2}/xəɸ^{35}	xəɸ^{35}	səɸ^{35}
祁县	ʐuβ^{314}	iəβ^{314}	iəβ^{314}	xuβ^{45}	xuβ^{45}	xuβ^{45}	xuβ^{45}	suβ^{45}
太谷	vu^{312}	y^{312}	y^{312}	fu^{53}	fu^{53}	fu^{53}	fu^{53}	fu^{53}
平遥	zɥ^{512}	y^{512}	y^{512}	xu^{24}	xu^{24}	xu^{24}	xu^{24}	sɥ^{24}
孝义	zu^{312}	y^{312}	y^{312}	xu^{454}	xu^{454}	xu^{454}	xu^{454}	su^{454}
介休	ʐɥ^{423}	y^{423}	y^{423}	xu^{45}	xu^{45}	xu^{45}	xu^{45}	sɥ^{45}
灵石	——	y^{212}	y^{212}	xu^{53}	xu^{53}	xu^{53}	xu^{53}	ʂu^{53}
盂县	zu^{53}	y^{53}	y^{53}	fu^{55}	fu^{55}	fu^{55}	fu^{55}	su^{55}
寿阳	zɥ^{53}	zɥ^{53}	zɥ^{53}	fu^{45}	fu^{45}	fu^{45}	fu^{45}	sɥ^{45}
榆社	zʏ^{22}	zɥ^{312}	zɥ^{312}	fʏ^{45}	fʏ^{45}	fʏ^{45}	fʏ^{45}	fʏ^{45}
离石	zu^{312}	zu^{312}	zu^{312}	xu^{53}	xu^{44}	xu^{53}	xu^{53}	su^{53}
汾阳	ʐəʋ^{312}	ɥ^{312}	ɥ^{312}	fəʋ^{55}	fəʋ^{55}	fəʋ^{55}	fəʋ^{55}	ʂəʋ^{55}
中阳	ʐu^{423}	y^{423}	y^{423}	xu^{53}	xu^{33}	xu^{53}	xu^{53}	ʂu^{53}
柳林	zu^{312}	y^{312}	y^{312}	xu^{53}	xu^{53}	xu^{53}	xu^{53}	su^{53}
方山	zɥ^{312}	y^{312}	y^{312}	xu^{52}	xu^{44}	xu^{52}	xu^{52}	sɥ^{52}
临县	zɥ^{312}	y^{312}	y^{312}	fu^{52}	fu^{52}	fu^{52}	fu^{52}	sɥ^{52}
兴县	zu^{324}	y^{324}	y^{324}	xu^{53}	xu^{53}	xu^{53}	xu^{52}	su^{53}
岚县	ʐu^{312}	y^{312}	y^{312}	fu^{53}	fu^{44}/fu^{53}	fu^{53}	fu^{53}	su^{53}
静乐	zu^{24}	y^{314}	y^{314}	fu^{53}	fu^{53}	fu^{53}	fu^{53}	fu^{53}白/su^{53}文
交口	ʐɥ^{323}	y^{323}	y^{323}	xu^{53}	xu^{53}	xu^{53}	xu^{53}	sɥ^{53}
石楼	ʐu^{213}	y^{213}	y^{213}	xu^{51}	xu^{51}	xu^{51}	xu^{51}	ʂu^{51}

续表

字目	乳	雨	羽	付	傅	赴	附	树
中古音 / 方言点	而主 遇合三 上麌日	王矩 遇合三 上麌云	王矩 遇合三 上麌云	方遇 遇合三 去遇非	方遇 遇合三 去遇非	芳遇 遇合三 去遇敷	符遇 遇合三 去遇奉	常句 遇合三 去遇禅
隰县	zu^{21}	y^{21}	y^{21}	xu^{44}	xu^{44}	xu^{44}	xu^{44}	su^{44}
大宁	ʐ̩u^{31}	y^{31}	y^{55}	fu^{55}	fu^{55}	fu^{55}	fu^{55}	ʂ̩u^{31}
永和	ʐ̩u^{312}	y^{312}	y^{312}	xu^{53}	xu^{53}	xu^{53}	xu^{53}	ʂ̩u^{53}
汾西	ɣ̩^{53}	ny^{33}	ny^{33}	——	fəʔ^{1}	fəʔ^{1}/fɣ̩^{55}	——	——
蒲县	ʐ̩u^{31}	ȵy^{31} 白 / y^{52} 文	y^{31}	fu^{52}	fu^{31}	p^{h}u^{31} 白 / fu^{31} 文	fu^{52}	ʂ̩u^{33}
潞州	lu^{535}	y^{535}	y^{535}	fu^{44}	fu^{44}	fu^{44}	fu^{54}	su^{54}
上党	lu^{535}	y^{535}	y^{535}	fu^{22}	fu^{22}	fu^{22}	fu^{42}	su^{42}
长子	lu^{434}	y^{434}	y^{434}	fu^{422}	fu^{53}	fu^{422}	fu^{422}	su^{53}
屯留	lu^{43}	y^{43}	i^{11} 白 /y^{43} 文	fu^{53}	fu^{53}	fu^{53}	fu^{53}	su^{11}
襄垣	ʐ̩u^{42}	y^{42}	y^{45}	fu^{45}	fu^{53}	fu^{53}	fu^{53}	su^{45}
黎城	lu^{213}	y^{213}	y^{213}	fu^{53}	fu^{53}	fu^{213}	fu^{53}	çy^{53}
平顺	lu^{434}	y^{434}	y^{434}	fu^{53}	fu^{53}	fu^{53}	fu^{53}	——
壶关	lu^{535}	y^{535}	y^{535}	fu^{42}	fu^{42}	fu^{42}	fu^{353}	ʂ̩u^{353}
沁县	zu^{214}	zɥ^{214}	zɥ^{214}	fu^{53}	fu^{53}	fu^{53}	fu^{53}	su^{53}
武乡	——	zɥ^{213}	zɥ^{213}	fu^{55}	fu^{55}	fu^{55}	fu^{55}	su^{55}
沁源	ʐ̩u^{324}	y^{324}	y^{324}	fu^{53}	fu^{53}	fu^{53}	fu^{53}	ʂ̩u^{53}
安泽	zu^{42}	y^{42}	y^{42}	fu^{53}	fu^{53}	fu^{53}	fu^{53}	su^{53}
沁水端氏	zu^{31}	y^{31}	y^{31}	fu^{53}	fəʔ^{2}	fu^{53}	fu^{53}	su^{53}
阳城	ʐ̩u^{212}	y^{212}	y^{212}	fu^{51}	fu^{51}	fu^{51}	fu^{51}	ʂ̩u^{51}
高平	ʐ̩u^{212}	i^{212}	i^{212}	fu^{53}	fu^{53}	fu^{53}	fu^{53}	ʂ̩uəʔ^{2}
陵川	u^{312}	y^{312}	y^{312}	fu^{24}	fu^{24}	fu^{24}	fu^{24}	ʂ̩u^{24}
晋城	ʐ̩u^{213}	y^{213}	i^{213}	fu^{53}	fu^{53}	fu^{53}	fu^{53}	ʂ̩u^{53}
忻府	zu^{313}	y^{313}	y^{313}	fu^{53}	fu^{53}	fu^{53}	fu^{53}	su^{53}
原平	zu^{213}	yʉ^{213}	yʉ^{213}	fu^{53}	fu^{53}	fəʔ$^{\underline{34}}$	fu^{53}	su^{53}
定襄	ʐ̩u^{24}	y^{24}	y^{24}	fu^{53}	fu^{53}	fu^{53}	fu^{53}	su^{53}
五台	zu^{213}	y^{213}	y^{213}	fu^{52}	fu^{52}	fu^{52}	fu^{52}	su^{52}
岢岚	ʐ̩u^{13}	y^{13}	y^{13}	fu^{52}	fu^{52}	fu^{52}	fu^{52}	su^{52}
五寨	zu^{13}	y^{13}	y^{13}	fu^{52}	fu^{52}	fu^{52}	fu^{52}	su^{52}
宁武	zu^{213}	y^{213}	y^{213}	fu^{52}	fu^{52}	fəʔ^{4}	fu^{52}	su^{52}
神池	zu^{13}	y^{13}	y^{13}	fu^{52}	fu^{52}	fu^{52}	fu^{52}	suəʔ^{4}

续表

字目	乳	雨	羽	付	傅	赴	附	树
中古音／方言点	而主 遇合三 上麌日	王矩 遇合三 上麌云	王矩 遇合三 上麌云	方遇 遇合三 去遇非	方遇 遇合三 去遇非	芳遇 遇合三 去遇敷	符遇 遇合三 去遇奉	常句 遇合三 去遇禅
繁峙	ʐu^{53}	y^{53}	y^{53}	fu^{24}	fəʔ$^{\underline{13}}$	fu^{24}	fu^{24}	su^{24}
代县	zu^{213}	y^{213}	y^{213}	fu^{53}	fu^{53}	fu^{53}	fu^{53}	su^{53}
河曲	ʐu^{213}	y^{52}	y^{213}	fu^{52}	fu^{44}/fu^{52}	fu^{52}	fu^{213}	ʂu^{52}
保德	ʐu^{213}	y^{213}	y^{213}	fu^{52}	fu^{52}	fu^{52}	fu^{52}	ʂu^{52}
偏关	ʐu^{213}	ɥ^{213}	ɥ^{213}	fu^{52}	fu^{52}	fu^{52}	fu^{52}	ʂu^{52}
朔城	ʐu^{312}	y^{312}	y^{312}	fu^{53}	fu^{53}	fu^{53}	fu^{53}	su^{53}
平鲁	zu^{213}	y^{213}	y^{213}	fu^{52}	fu^{52}	fu^{52}	fu^{52}	su^{52}
应县	zu^{54}	y^{54}	y^{54}	fu^{24}	fu^{24}/fəʔ$^{\underline{43}}$	fu^{24}	fu^{24}	su^{24}
灵丘	zu^{442}	y^{442}	y^{442}	fu^{53}	fu^{53}	fu^{53}	fu^{53}	su^{53}
浑源	zu^{52}	y^{52}	y^{52}	fu^{13}	fu^{52}	fu^{13}	fu^{13}	su^{13}
云州	ʐu^{55}	y^{55}	y^{55}	fu^{24}	fu^{24}	fuəʔ^{4}	fu^{24}	ʂu^{24}
新荣	ʐu^{54}	y^{54}	y^{54}	fu^{24}	fu^{24}	fu^{24}/fəʔ^{4}	fu^{24}	ʂu^{24}
怀仁	zu^{53}	y^{53}	y^{53}	fu^{24}	fu^{24}	fu^{24}	fu^{24}	su^{24}
左云	ʐu^{54}	y^{54}	y^{54}	fu^{24}	fəʔ^{4}	fu^{24}	fu^{24}	su^{24}
右玉	ʐu^{53}	y^{53}	y^{53}	fu^{24}	fu^{24}	fu^{24}	fu^{24}	ʂu^{24}
阳高	ʐu^{53}	y^{53}	y^{53}	fu^{24}	fu^{31}/fɑʔ^{3}	fu^{24}	fu^{24}	su^{24}
山阴	ʐu^{52}	y^{52}	y^{52}	fu^{335}	fu^{335}	——	fu^{335}	ʂu^{335}
天镇	zu^{55}	y^{55}	y^{55}	fu^{24}	fu^{24}	fu^{24}	fu^{24}	su^{24}
平定	zu^{53}	y^{53}	y^{53}	fu^{24}	fu^{24}	fu^{24}	fu^{24}	su^{24}
昔阳	zu^{55}	y^{55}	y^{55}	fu^{13}	fu^{13}	fu^{13}	fu^{13}	su^{13}
左权	lu^{42}	y^{42}	i^{42}白/y^{42}文	fu^{53}	fu^{53}	fu^{53}	fu^{53}	ʂu^{53}
和顺	zu^{53}	y^{53}	y^{53}	fu^{13}	fu^{13}	fu^{13}	fu^{13}	su^{13}
尧都	ʐu^{53}	y^{53}	y^{53}	fu^{44}	fu^{44}	p^{h}u^{44}	fu^{44}	ʂu^{44}
洪洞	vu^{42}	ȵy^{42}白/ y^{42}文	y^{24}	fu^{42}	fu^{21}	fu^{33}	fu^{33}	ʂu^{53}
洪洞赵城	ʐou^{53}	ȵy^{42}	ȵy^{42}	fu^{53}	fu^{53}	fu^{53}	fu^{53}	ʂu^{53}
古县	vu^{35}	ȵy^{42}	y^{42}	fu^{35}	fu^{35}	fu^{35}	fu^{35}	fu^{53}
襄汾	vu^{424}	y^{42}	y^{42}	fu^{44}	fu^{53}	fu^{24}	fu^{53}	fu^{53}白/ tʂ^{h}u^{53}白/ ʂu^{53}文
浮山	u^{33}	ȵy^{33}	y^{53}	fu^{44}	fu^{53}	fu^{13}	fu^{44}	——
霍州	ʐu^{33}	ȵy^{33}	y^{33}	fu^{55}	fu^{55}	fu^{55}	fu^{55}	ʂu^{53}

续表

字目	乳	雨	羽	付	傅	赴	附	树
中古音 方言点	而主 遇合三 上麌日	王矩 遇合三 上麌云	王矩 遇合三 上麌云	方遇 遇合三 去遇非	方遇 遇合三 去遇非	芳遇 遇合三 去遇敷	符遇 遇合三 去遇奉	常句 遇合三 去遇禅
翼城	pfʰu^{44}	y^{44}	y^{44}	fu^{53}	fu^{53}	fu^{53}	fu^{53}	pfʰu^{53}
闻喜	——	y^{33}	y^{33}	fu^{53}	fu^{53}	fu^{53}	fu^{13}	pfʰu^{53} 白 / fu^{53} 文
侯马	ʐ̩u^{44}	y^{44}	y^{44}	fu^{53}	fu^{53}	fu^{53}	fu^{53}	vu^{53}
新绛	vu^{13}	y^{44}	y^{13}	fu^{53}	fu^{53}	fu^{13}	fu^{13}	fu^{53}
绛县	u^{33}	y^{33}	y^{33}	fu^{53}	fu^{53}	fu^{53}	fu^{33}	pfʰu^{31} 白 / fu^{31} 文
垣曲	ʐ̩u^{44}	iou^{44} 白 / y^{44} 文	y^{44}	fu^{53}	fu^{53}	fu^{53}	fu^{53}	ʂ̩u^{53}
夏县	vu^{42} 白 / ʐ̩u^{42} 文	y^{24}	y^{24}	fu^{24}	fu^{31}	——	fu^{31}	fu^{31} 白 / ʂ̩u^{31} 文
万荣	vu^{55}	y^{55}	y^{55}	fu^{33}	fu^{33}	fu^{33}	fu^{55}	fu^{33}
稷山	vu^{44}	y^{44}	y^{44}	fu^{42}	fu^{42}	fu^{42}	fu^{42}	pfʰu^{42}
盐湖	vu^{53}	y^{53}	y^{53}	fu^{44}	fu^{44}	fu^{44}	fu^{44}	ʂ̩u^{44}
临猗	vu^{53} 白 / ʐ̩u^{53} 文	y^{53}	y^{53}	fu^{44}	fu^{44}	fu^{44}	fu^{44}	fu^{44} 白 / ʂ̩u^{44} 文
河津	vu^{53}	y^{53}	y^{53}	fu^{53}	fu^{324}	fu^{53}	fu^{53}	fu^{44}
平陆	vu^{55}	y^{55}	y^{55}	fu^{33}	fu^{33}	fu^{33}	fu^{55}	fu^{33}
永济	vu^{53}	y^{53}	y^{53}	fu^{44}	fu^{44}	fu^{31}	fu^{53}	fu^{44}
芮城	vu^{53}	y^{53}	y^{53}	fu^{53}	fu^{44}	fu^{44}	fu^{44}	fu^{44}
吉县	vu^{53}	y^{53}	y^{33}	fu^{53}	fu^{53}	fu^{53}	fu^{33}	pə^{423}
乡宁	ʐ̩u^{44}	y^{44}	y^{44}	fu^{22}	fu^{22}	fu^{22}	fu^{22}	ʂ̩u^{22}
广灵	zu^{44}	y^{44}	y^{44}	fu^{213}	fu^{213}	fu^{213}	fu^{213}	su^{213}

字目	务	雾	屡	娶	趣	驻	注~解	住
中古音 / 方言点	亡遇 遇合三 去遇微	亡遇 遇合三 去遇微	良遇 遇合三 去遇来	七句 遇合三 上遇清	七句 遇合三 去遇清	中句 遇合三 去遇知	中句 遇合三 去遇知	持遇 遇合三 去遇澄
北京	u^{51}	u^{51}	ly^{214}	tɕʰy^{214}	tɕʰy^{51}	tʂu^{51}	tʂu^{51}	tʂu^{51}
小店	vu^{24}	vu^{24}	ly^{11}	tɕʰy^{53}	tɕʰy^{24}	tsu^{24}	tsu^{24}	tsu^{24}
尖草坪	u^{35}	u^{35}	ly^{312}	tɕʰy^{312}	tɕʰy^{35}	tsu^{35}	tsu^{35}	tsu^{35}
晋源	vu^{35}	vu^{35}	ly^{42}	tɕʰy^{42}	tɕʰy^{35}	tsu^{35}	tsu^{35}	tsu^{35}
阳曲	u^{454}	u^{454}	ly^{312}	tɕʰy^{312}	tɕʰy^{312}	tsu^{454}	tsu^{454}	tsei^{454} 白 / tsu^{454} 文
古交	u^{53}	u^{53}	luei^{312}	tɕʰy^{312}	tɕʰy^{53}	tsu^{53}	tsu^{53}	tsu^{53}
清徐	vu^{45}	vu^{45}	ly^{45}	tɕʰy^{54}	tɕʰy^{45}	tsu^{45}	tsu^{45}	tsu^{45}
娄烦	vu^{54}	vu^{54}	lu^{312}	tɕʰy^{312}	tɕʰy^{54}	pfu^{54}	pfu^{54}	pfu^{54}
榆次	vu^{35}	vu^{35}	ly^{53}	tɕʰy^{53}	tɕʰy^{35}	tsu^{35}	tsu^{35}	tsu^{35}
交城	u^{24}	u^{24}	ly^{53}	tɕʰy^{53}	tɕʰy^{53}	tsu^{24}	tsu^{24}	tsu^{24}
文水	əɸ^{35}	əɸ^{35}	luer^{423}/lʮ^{423}	tsʰəʔ^{2} 白 / tsʰʮ^{423} 文	tsʰʮ^{35}	tsəɸ^{35}	tsəɸ^{35}	tsəɸ^{35}
祁县	uβ^{45}	uβ^{45}	liəβ^{314}	tsʰəʔ$^{\underline{32}}$ 白 / tɕʰiəβ^{314} 文	tɕʰiəβ^{45}	tsuβ^{45}	tsuβ^{45}	tsuβ^{45}
太谷	vu^{53}	vu^{53}	ly^{312}	tsʰəʔ^{3} 白 / tɕʰy^{312} 文	tɕʰy^{53}	tsu^{53}	tsu^{53}	tsu^{53}
平遥	u^{24}	u^{24}	luei^{512}	tsʰʌʔ$^{\underline{212}}$ 白 / tɕʰy^{512} 文	tɕʰy^{24}	tsɥ^{24}	tsɥ^{24}	tsʮ^{24}
孝义	mu^{454} 白 / u^{454} 文	u^{454}	luei^{454}	tɕʰy^{312}	tɕy^{454}	tsu^{454}	tsu^{454}	tsu^{454}
介休	u^{45}	u^{45}	luei^{423}	tsʰʌʔ$^{\underline{12}}$ 白 / tɕʰy^{423} 文	tsʰuei^{45}	tsʮ^{45}	tsʮ^{45}	tsʮ^{45}
灵石	u^{53}	u^{53}	ly^{212}	——	tɕʰy^{53}	tsu^{53}	tsu^{53}	tsu^{53}
盂县	u^{55}	u^{55}	ly^{53}	tɕʰy^{53}	tɕʰy^{55}	tsu^{55}	tsu^{55}	tsəu^{55} 白 / tsu^{55} 文
寿阳	u^{45}	u^{45}	lʮ^{53}	tsʰʮ^{53}	tsʰʮ^{45}	tsʮ^{45}	tsʮ^{45}	tsʮ^{45}
榆社	ɣ^{45}	ɣ^{45}	luei^{312}	tsʰʮ^{312}	tsʰʮ^{312}	tsɣ^{45}	tsɣ^{45}	tsɣ^{45}
离石	u^{53}	u^{53}	lu^{312}	tsʰu^{312}	tsʰu^{53}	tsu^{53}	tsu^{53}	tsu^{53}
汾阳	əʊ^{55}	əʊ^{55}	lɥ^{312}	tsʰəʔ^{2} 白 / tsʰɥ^{312} 文	tsʰɥ^{55}	tʂəʊ^{55}	tʂəʊ^{55}	tʂəʊ^{55}
中阳	u^{53}	u^{53}	ly^{423}	tɕʰy^{423}	tɕʰy^{53}	tʂu^{53}	tʂu^{53}	tʂu^{53}
柳林	u^{53}	u^{53}	ly^{312}	tɕʰy^{312}	tɕʰy^{312}	tsu^{53}	tsu^{53}	tsu^{53}
方山	u^{52}	u^{52}	ly^{312}	ɕʰy^{312}	tɕʰy^{52}	tsʮ^{52}	tsʮ^{52}	tsʮ^{52}

续表

字目	务	雾	屡	娶	趣	驻	注~解	住
中古音 / 方言点	亡遇 遇合三 去遇微	亡遇 遇合三 去遇微	良遇 遇合三 去遇来	七句 遇合三 上遇清	七句 遇合三 去遇清	中句 遇合三 去遇知	中句 遇合三 去遇知	持遇 遇合三 去遇澄
临县	u^{52}	u^{52}	luei^{312}	tɕʰy^{312}	tɕʰy^{52}	tsɥ^{52}	tsɥ^{52}	tsɥ^{52}
兴县	u^{53}	u^{53}	ly^{324}	tɕʰy^{324}	tɕʰy^{324}	tsu^{53}	tsu^{53}	tsu^{53}
岚县	mu^{53} 白 / u^{53} 文	u^{53}	ly^{312}	tɕʰy^{312}	tɕʰy^{53}	tsu^{53}	tsu^{53}	tsu^{53}
静乐	vu^{53}	vu^{53}	ly^{314}	tɕʰy^{314}	tɕʰy^{314}	tsu^{53}	tsu^{53}	tsu^{53}
交口	u^{53}	u^{53}	ly^{323}	tɕʰy^{323}	tɕʰy^{53}	tsɥ^{53}	tsɥ^{53}	tsɥ^{53}
石楼	u^{51}	u^{51}	ly^{213}	tsʌʔ^{4}	tɕʰy^{51}	tʂu^{51}	tʂu^{51}	tʂu^{51}
隰县	u^{44}	u^{44}	ly^{21}	tɕʰy^{21}	tɕʰy^{44}	tsu^{44}	tsu^{44}	tsʰu^{44} 白 / tsu^{44} 文
大宁	u^{55}	u^{55}	ly^{31}	tɕʰy^{31}	tɕʰy^{31}	tʂu^{55}	tʂu^{55}	tʂu^{55}
永和	u^{53}	u^{53}	luei^{33}	tɕʰy^{312}	tɕy^{53}	tʂu^{53}	tʂu^{53}	tʂʰu^{53} 白 / tʂu^{53} 文
汾西	ɣ̩^{53}	ɣ̩^{53}/β̍^{53}	ly^{33}	tɕʰy^{33}	tɕʰy^{33}	tsβ̍^{53}	tsβ̍^{55}	tsβ̍^{53} 白 / tsβ̍^{53} 文
蒲县	u^{33}	u^{33}	ly^{31}	tɕʰy^{31}	tɕʰy^{33}	tʂu^{33}	tʂu^{33}	tʂu^{33}
潞州	u^{44}	u^{54}	ly^{535}	tɕʰy^{535}	tɕʰy^{44}	tsu^{44}	tsu^{44}	tsu^{54}
上党	u^{42}	u^{42}	ly^{535}	tɕʰy^{535}	tɕʰy^{22}	tsu^{42}	tsu^{42}	tsu^{42}
长子	u^{53}	u^{53}	ly^{434}	tɕʰy^{434}	tɕʰy^{422}	tsu^{422}	tsu^{422}	tsu^{53}
屯留	u^{11}	u^{11}	ly^{43}	tɕʰy^{43}	tɕʰy^{53}	tsu^{53}	tsu^{53}	tsu^{11}
襄垣	u^{53}	u^{45}	ly^{42}	tɕʰy^{42}	tɕʰy^{45}	tsu^{45}	tsu^{45}	tsu^{45}
黎城	u^{53}	u^{53}	ly^{213}	tɕʰy^{422}	tɕʰy^{53}	tɕy^{53}	tɕy^{53}	tɕy^{53}
平顺	u^{53}	u^{53}	ly^{434}	tɕʰy^{434}	tɕʰy^{53}	tsu^{22}	tsu^{22}	tsu^{22}
壶关	u^{353}	u^{353}	ly^{535}	tsʰy^{535}	tsʰy^{42}	tʂu^{22}	tʂu^{22}	tʂu^{353}
沁县	vu^{53}	vu^{53}	luei^{214}	tsʰɥ^{214}	tsʰɥ^{53}	tsu^{53}	tsu^{53}	tsu^{53}
武乡	u^{55}	u^{55}	luei^{213}	tsʰɥ^{213}	tsʰɥ^{55}	tsu^{55}	tsu^{55}	tsu^{55}
沁源	u^{53}	u^{53}	luei^{324}	tɕʰy^{324}	tɕʰy^{53}	tʂu^{53}	tʂu^{53}	tʂu^{53}
安泽	u^{53}	u^{53}	ly^{42}	tɕʰy^{42}	tɕʰy^{53}	tsu^{53}	tsu^{53}	tsu^{53}
沁水端氏	u^{53}	u^{53}	ly^{31}	tɕʰy^{31}	tɕʰy^{53}	tsu^{53}	tsu^{53}	tsu^{53}
阳城	u^{51}	u^{51}	ly^{212}	tsʰuai^{212} 白 / tɕʰy^{212} 文	tɕʰy^{51}	tʂu^{51}	tʂu^{51}	tʂu^{51}
高平	u^{53}	u^{53}	li^{212}	tɕʰi^{212}	tɕʰi^{53}	tʂu^{53}	tʂu^{53}	tʂu^{53}

续表

字目	务	雾	屡	娶	趣	驻	注~解	住
中古音 / 方言点	亡遇 遇合三 去遇微	亡遇 遇合三 去遇微	良遇 遇合三 去遇来	七句 遇合三 上遇清	七句 遇合三 去遇清	中句 遇合三 去遇知	中句 遇合三 去遇知	持遇 遇合三 去遇澄
陵川	u^{24}	u^{24}	ly^{312}	tɕʰy^{312}	tɕʰy^{24}	tʂu^{24}	tʂu^{24}	tʂu^{24}
晋城	u^{53}	u^{53}	ly^{213}	tɕʰy^{213}	tɕʰy^{53}	tʂu^{53}	tʂu^{53}	tʂu^{53}
忻府	u^{53}	u^{53}	ly^{313}	tɕʰy^{313}	tɕʰy^{53}	tsu^{53}	tsu^{53}	tsu^{53}
原平	u^{53}	u^{53}	lyʉ^{213}	tɕʰyʉ^{213}	tɕʰyəʔ$^{\underline{34}}$	tsu^{53}	tsu^{53}	tsu^{53}
定襄	u^{53}	u^{53}	ly^{24}	tɕʰy^{24}	tɕʰy^{53}	tsu^{53}	tsu^{53}	tsu^{53}
五台	u^{52}	u^{52}	ly^{213}	tɕʰy^{213}	tɕʰy^{52}	tsu^{52}	tsu^{52}	tsu^{52}
岢岚	u^{52}	u^{52}	ly^{13}	tɕʰy^{13}	tɕʰy^{52}	tʂu^{52}	tsu^{52}	tʂu^{52}
五寨	vu^{52}	vu^{52}	ly^{13}	tɕʰy^{13}	tɕʰy^{13}	tsu^{52}	tsu^{52}	tsu^{52}
宁武	u^{52}	u^{52}	ly^{213}	tɕʰy^{213}	tɕʰyəʔ^{4}	tsu^{52}	tsu^{52}	tsu^{52}
神池	vu^{52}	vu^{52}	ly^{13}	tɕʰy^{52}	tɕʰəʔ^{4}	tsu^{52}	tsu^{52}	tsu^{52}
繁峙	vu^{24}	vu^{24}	ly^{53}	tɕʰy^{53}	tɕʰy^{24}	tsu^{24}	tsu^{24}	tsu^{24}
代县	u^{53}	u^{53}	ly^{213}	tɕʰy^{213}	tɕʰy^{213}	tsu^{53}	tsu^{53}	tsu^{53}
河曲	u^{52}	u^{52}	ly^{213}	tɕʰy^{213}	tɕʰy^{52}	tʂu^{52}	tʂu^{52}	tʂu^{52}
保德	vu^{52}	vu^{52}	ly^{213}	tɕʰy^{213}	tɕʰy^{52}	tʂu^{52}	tʂu^{52}	tʂu^{52}
偏关	u^{52}	u^{52}	lʮ^{213}	tsʰʮ^{213}	tsʰʮ^{52}	tʂu^{52}	tʂu^{52}	tʂu^{52}
朔城	u^{53}	u^{53}	ly^{312}	tɕʰy^{312}	tɕʰy^{53}	tsu^{53}	tsu^{53}	tsu^{53}
平鲁	u^{52}	u^{52}	ly^{213}	tɕʰy^{213}	tɕʰy^{52}	tsu^{52}	tsu^{52}	tsu^{52}
应县	vu^{24}	vu^{24}	ly^{54}	tɕʰy^{54}	tɕʰy^{54}	tsu^{24}	tsu^{24}	tsu^{24}
灵丘	vu^{53}	vu^{53}	ly^{442}	tɕʰy^{442}	tɕʰy^{53}	tsu^{53}	tsu^{53}	tsu^{53}
浑源	vu^{13}	vu^{13}	ly^{52}	tɕʰy^{52}	tɕʰy^{13}	tsu^{13}	tsu^{13}	tsu^{13}/tsiəʔ^{4}
云州	vu^{24}	vu^{24}	ly^{55}	tɕʰy^{55}	tɕʰyəʔ^{4}	tʂu^{24}	tʂu^{24}	tʂu^{24}
新荣	u^{24}	u^{24}	ly^{54}	tɕʰy^{54}	tɕʰy^{54}	tʂu^{24}	tʂu^{24}	tʂu^{24}
怀仁	u^{24}	u^{24}	ly^{53}	tɕʰy^{53}	tɕʰy^{24}	tsu^{24}	tsu^{24}	tsu^{24}
左云	vu^{24}	vu^{24}	ly^{54}	tɕʰy^{54}	tɕʰy^{24}	tsu^{24}	tsu^{24}	tsu^{24}
右玉	vu^{24}	vu^{53}	ly^{53}	tɕʰy^{53}	tɕʰy^{53}	tʂu^{24}	tʂu^{24}	tʂu^{24}
阳高	u^{24}	u^{24}	ly^{24}	tɕʰy^{53}	tɕʰy^{24}	tsu^{24}	tsu^{24}	tsu^{24}
山阴	u^{335}	u^{335}	ly^{52}	tɕʰy^{52}	tɕʰy^{52}	tʂu^{335}	tʂu^{335}	tʂu^{335}
天镇	u^{24}	u^{24}	ny^{55}	tɕʰy^{55}	tɕʰy^{22}	tsu^{24}	tsu^{24}	tsu^{24}
平定	u^{24}	u^{24}	luei^{53}	tɕʰy^{53}	tɕʰy^{24}	tsu^{24}	tsu^{24}	tʂɤu^{44}白 / tsu^{24}文

续表

字目	务	雾	屡	娶	趣	驻	注~解	住
中古音 / 方言点	亡遇 遇合三 去遇微	亡遇 遇合三 去遇微	良遇 遇合三 去遇来	七句 遇合三 上遇清	七句 遇合三 去遇清	中句 遇合三 去遇知	中句 遇合三 去遇知	持遇 遇合三 去遇澄
昔阳	u^{13}	u^{13}	luei^{55}	tɕʰy^{55}	tɕʰy^{13}	tsu^{13}	tsu^{13}	tsu^{13}
左权	vu^{53}	vu^{53}	luɛi^{42}	tɕʰy^{42}	tɕʰy^{53}	tʂu^{53}	tʂu^{53}	tʂu^{53}
和顺	vu^{13}	vu^{13}	luei^{53}	tɕʰy^{53}	tɕʰy^{13}	tsu^{13}	tsu^{13}	tsu^{13}
尧都	u^{44}	vu^{44}	ly^{53}	tɕʰy^{53}	tɕʰy^{44}	tʂu^{44}	tʂu^{44}	tʂu^{44}
洪洞	vu^{53}	vu^{53}	ly^{24}	tɕʰy^{42}	tɕʰy^{21}	tʂu^{33}	tʂu^{42}	tʂu^{53}/fu^{53}
洪洞赵城	vu^{53}	vu^{53}	ly^{24}	tɕʰy^{42}	tɕʰy^{24}	tʂu^{53}	tʂu^{53}	tʂʰu^{53} 白 / tʂu^{53} 文
古县	u^{53}	u^{53}	ly^{42}	tɕʰy^{35}	tɕʰy^{53}	tʂu^{53}	tʂu^{35}	tʂʰu^{53} 白 / tʂu^{53} 文
襄汾	vu^{53}	vu^{53}	ly^{44}	tɕʰy^{42}	tɕʰy^{44}	tʂu^{44}	tʂu^{53}	tʂu^{53}
浮山	u^{53}	u^{53}	ly^{44}	tɕʰy^{33}	tɕʰy^{53}	pfu^{44}	pfu^{53}	pfu^{53}
霍州	u^{53}	u^{53}	ly^{33}	tɕʰy^{33}	tɕʰy^{55}	tʂu^{53}	tʂu^{53}	tʂʰu^{53}
翼城	u^{53}	u^{53}	u^{44}	tɕʰy^{44}	tɕʰy^{53}	tʂou^{53}	tʂou^{53}	pfu^{53}
闻喜	fu^{53}	v̩^{13}/ u^{13}	——	tɕʰy^{33}	tɕʰy^{53}	pfʰu^{53}	——	pfʰu^{13}
侯马	u^{53}	u^{53}	ly^{44}	tɕʰy^{44}	tɕʰy^{53}	tʂu^{53}	tʂu^{53}	tsou^{53}
新绛	u^{53}	v̩^{53}	ly^{44}	tɕʰy^{13}	tɕʰy^{53}	tʂu^{53}	tʂu^{53}	pfʰu^{53}
绛县	u^{31}	vu^{31}	ly^{31}	tɕʰy^{31}	tɕʰy^{31}	tʂu^{31}	pfu^{31}	pfu^{31}
垣曲	u^{53}	u^{53}	ly^{44}	tɕʰy^{44}	tɕʰy^{53}	tʂu^{53}	tʂu^{53}	tʂʰu^{53} 白 / tʂu^{53} 文
夏县	u^{31}	vu^{31}	y^{24}	tɕʰy^{24}	tɕʰy^{31}	pfu^{31} 白 / tʂu^{31} 文	pfu^{31} 白 / tʂu^{31} 文	pfu^{31} 白 / tʂu^{31} 文
万荣	vu^{33}	vu^{33}	y^{55}	tɕʰy^{55}	tɕʰy^{33}	pfu^{33}	pfu^{33}	pfʰu^{33}
稷山	vu^{42}	vu^{42}	luei^{42}	tɕʰy^{44}	tɕʰy^{42}	pfu^{42}	pfu^{42}	pfʰu^{42} 白 / tʂu^{42} 文
盐湖	vu^{44}	vu^{44}	——	tɕʰy^{53}	tɕʰy^{44}	pfu^{44} 白 / tʂu^{44} 文	pfu^{44} 白 / tʂu^{44} 文	pfu^{44} 白 / tʂu^{44} 文
临猗	u^{44}	vu^{44}	y^{53}	tɕʰy^{53}	tɕʰy^{44}	pfu^{44} 白 / tʂu^{44} 文	pfu^{44} 白 / tʂu^{44} 文	pfʰu^{44} 白 / tʂu^{44} 文
河津	vu^{44}	vu^{44}	y^{53}	tɕʰy^{53} 文	tɕʰy^{31}	pfʰu^{44}	pfu^{44}	pfʰu^{44}/ pfu^{44} 文
平陆	u^{33}	u^{33}	y^{55}	tɕʰy^{55}	tɕʰy^{33}	pfu^{33}	pfu^{33}	pfʰu^{33}
永济	u^{44}	u^{44}	y^{44}	tɕʰy^{53}	tɕʰy^{44}	pfʰu^{44}	pfu^{44}	pfʰu^{44}

续表

字目	务	雾	屡	娶	趣	驻	注~解	住
中古音 / 方言点	亡遇 遇合三 去遇微	亡遇 遇合三 去遇微	良遇 遇合三 去遇来	七句 遇合三 上遇清	七句 遇合三 去遇清	中句 遇合三 去遇知	中句 遇合三 去遇知	持遇 遇合三 去遇澄
芮城	vu42	vu44	y53	tɕʰy53	tɕʰy42	pfʰu44 白 / pfu44 文	pfu44	pʰu44
吉县	vu53	vu33	y53	tɕʰy53	tɕʰy423	pfu33	pfu33	pfu33
乡宁	u22	u22	ly22	tɕʰy44	tɕʰy22	tʂu22	tʂu22	tʂʰu22 白 / tʂu22 文
广灵	vu213	vu213	ly44	tɕʰy44	tɕʰy53	tsu213	tsu213	tsu213

字目	数~目	注~意	蛀	铸	句	具	惧
中古音 / 方言点	色句 遇合三 去遇生	之戍 遇合三 去遇章	之戍 遇合三 去遇章	之戍 遇合三 去遇章	九遇 遇合三 去遇见	其遇 遇合三 去遇群	其遇 遇合三 去遇群
北京	ʂu^{51}	tʂu^{51}	tʂu^{51}	tʂu^{51}	tɕy^{51}	tɕy^{51}	tɕy^{51}
小店	su^{24}	tsu^{24}	tsu^{24}	tsu^{24}	tɕy^{24}	tɕy^{24}	tɕy^{24}
尖草坪	su^{35}	tsu^{35}	tsu^{35}	tsu^{35}	tɕy^{35}	tɕy^{35}	tɕy^{35}
晋源	fu^{35}	tsu^{35}	tsu^{35}	tsu^{35}	tɕy^{35}	tɕy^{35}	tɕy^{35}
阳曲	su^{454}	tsu^{454}	tsu^{454}	tsu^{454}	tɕy^{454}	tɕy^{454}	tɕy^{454}
古交	su^{53}	tsu^{53}	tsu^{53}	tsu^{53}	tɕy^{53}	tɕy^{53}	tɕy^{53}
清徐	su^{45}	tsu^{45}	tsu^{45}	tsu^{45}	tɕy^{45}	tɕy^{45}	tɕy^{45}
娄烦	fu^{54}	pfu^{54}	pfu^{54}	pfu^{54}	tɕy^{54}	tɕy^{54}	tɕy^{54}
榆次	su^{35}	tsu^{35}	tsu^{35}	tsu^{35}	tɕy^{35}	tɕy^{35}	tɕy^{35}
交城	su^{24}	tsu^{24}	tsu^{24}	tsu^{24}	tɕy^{24}	tɕy^{24}	tɕy^{24}
文水	səɸ^{35}	tsəɸ^{35}	tsəɸ^{35}	tsəɸ^{35}	tsʮ^{35}	tsʮ^{35}	tsʮ^{35}
祁县	suβ^{45}	tsuβ^{45}	tsuβ^{45}	tsuβ^{45}	tɕiəβ^{45}	tɕiəβ^{45}	tɕiəβ^{45}
太谷	fuo^{53}	tsu^{53}	tsu^{53}	tɑɯ^{53} 白 / tsu^{53} 文	tɕy^{53}	tɕy^{53}	tɕy^{53}
平遥	sɥ^{24}	tsɥ^{24}	tsɥ^{24}	tsɥ^{24}	tɕy^{24}	tɕy^{24}	tɕy^{24}
孝义	su^{454}	tsu^{454}	tsu^{454}	tsu^{454}	tɕy^{454}	tɕy^{454}	tɕy^{454}
介休	sʮ^{45}	tsʮ^{45}	tsʮ^{45}	tsʮ^{45}	tɕy^{45}	tɕy^{45}	tɕy^{45}
灵石	su^{53}	tsu^{53}	tsu^{53}	tsu^{53}	tɕy^{53}	tɕy^{53}	tɕy^{53}
盂县	su^{55}	tsu^{55}	tsu^{55}	tsu^{55}	tɕy^{55}	tɕy^{55}	tɕy^{55}
寿阳	səɯ^{45}/su^{45}	tsʮ^{45}	tsʮ^{45}	tsʮ^{45}	tsu^{45}	tsu^{45}	tsu^{45}
榆社	sṿ^{45}	tsṿ^{45}	tsṿ^{45}	tsṿ^{45}	tsʮ^{45}	tsʮ^{45}	tsʮ^{45}
离石	su^{53}	tsu^{53}	tsu^{53}	tsu^{53}	tsu^{53}	tsu^{53}	tsu^{53}
汾阳	ʂəʋ^{55}	tʂəʋ^{55}	tʂəʋ^{55}	tʂəʋ^{55}	tsɥ^{55}	tsɥ^{55}	tsɥ^{55}
中阳	ʂu^{53}	tʂu^{53}	tʂu^{53}	tʂu^{53}	tɕy^{53}	tɕy^{53}	tɕy^{53}
柳林	su^{312}	tsu^{53}	tsu^{53}	tsu^{53}	tɕy^{53}	tɕy^{53}	tɕy^{53}
方山	sʮ^{52}	tsʮ^{52}	tsʮ^{52}	tsʮ^{52}	tɕy^{52}	tɕy^{52}	tɕy^{52}
临县	sʮ^{312}	tsʮ^{52}	tsʮ^{52}	tsʮ^{52}	tɕy^{52}	tɕy^{52}	tɕy^{52}
兴县	su^{53}	tsu^{53}	tsu^{53}	tsu^{53}	tɕy^{53}	tɕy^{53}	tɕy^{53}
岚县	su^{53}	tsu^{53}	tsu^{53}	tsu^{53}	tɕy^{53}	tɕy^{53}	tɕy^{53}
静乐	fu^{53}	tsu^{53}	tsu^{53}	tsu^{53}	tɕy^{53}	tɕy^{53}	tɕy^{53}
交口	sʮ^{53}	tsʮ^{53}	tsʮ^{53}	tsʮ^{53}	tɕy^{53}	tɕy^{53}	tɕy^{53}
石楼	sou^{51}	tʂu^{51}	tʂu^{51}	tʂu^{51}	tɕy^{51}	tɕy^{51}	tɕy^{51}

续表

字目	数~目	注~意	蛀	铸	句	具	惧
中古音 / 方言点	色句 遇合三 去遇生	之戍 遇合三 去遇章	之戍 遇合三 去遇章	之戍 遇合三 去遇章	九遇 遇合三 去遇见	其遇 遇合三 去遇群	其遇 遇合三 去遇群
隰县	sou^{44}	tsu^{44}	tsu^{44}	tsu^{44}	tɕy^{44}	tɕy^{44}	tɕy^{44}
大宁	səu^{55}	tʂu^{55}	tʂu^{55}	tʂu^{55}	tɕy^{55}	tɕy^{55}	tɕy^{55}
永和	sɤu^{53} 白 / su^{53} 文	tʂu^{53}	tʂu^{53}	tʂu^{53}	tɕy^{53}	tɕy^{53}	tɕy^{53}
汾西	——	——	——	tsβ̍^{55}	tɕy^{55}	tɕʰy^{53}	tɕʰy^{53}
蒲县	sou^{33}	tʂu^{33}	tʂu^{52}	tʂu^{33}	tɕy^{33}	tɕy^{33}	tɕy^{33}
潞州	suə^{44}	tsu^{44}	tsu^{44}	tsu^{44}	tɕy^{44}	tɕy^{54}	tɕy^{54}
上党	suo^{22}	tsu^{42}	tsu^{42}	tsu^{42}	tɕy^{42}	tɕy^{42}	tɕy^{42}
长子	suə^{422}	tsu^{422}	tsu^{422}	tsu^{422}	tɕy^{422}	tɕy^{53}	tɕy^{53}
屯留	suɤ^{53}	tsu^{53}	tsu^{53}	tsu^{53}	tɕy^{53}	tɕy^{11}	tɕy^{11}
襄垣	suə^{53}	tsu^{45}	tsu^{45}	tsu^{45}	tɕy^{45}	tɕy^{53}	tɕy^{45}
黎城	suo^{53}	tɕy^{53}	tɕy^{53}	tɕy^{53}	cy^{53}	cy^{53}	cy^{53}
平顺	suɤ^{53}	tsu^{22}	tsu^{22}	tsu^{22}	cy^{53}	cy^{53}	cy^{53}
壶关	ʂuə^{42}	tʂu^{22}	tʂu^{22}	tʂu^{22}	cy^{353}	cy^{353}	cy^{353}
沁县	suɤ^{53}	tsu^{53}	tsu^{53}	tsu^{53}	tsɥ^{53}	tsɥ^{53}	tsɥ^{53}
武乡	suɤ^{55}	tsu^{55}	tsu^{55}	tsu^{55}	tsɥ^{55}	tsɥ^{55}	tsɥ^{55}
沁源	sei^{53}	tʂu^{53}	tʂu^{53}	tʂu^{53}	tɕy^{53}	tɕy^{53}	tɕy^{53}
安泽	səu^{53} 白 / su^{53} 文	tsu^{53}	tsu^{53}	tsu^{53}	tɕy^{53}	tɕy^{53}	tɕy^{53}
沁水端氏	su^{53}	tsu^{53}	tsu^{53}	tsu^{53}	tɕy^{53}	tɕy^{53}	tɕy^{53}
阳城	ʂu^{51}	tʂu^{51}	tʂu^{51}	tʂu^{51}	cy^{51}	cy^{51}	cy^{51}
高平	ʂu^{53}	tʂu^{53}	tʂu^{53}	tʂu^{53}	ci^{53}	ci^{53}	ci^{53}
陵川	ʂu^{24}	tʂu^{24}	tʂu^{24}	tʂu^{24}	cy^{24}	cy^{24}	cy^{24}
晋城	ʂu^{53}	tʂu^{53}	tʂu^{53}	tʂuəʔ^{2}	tɕy^{53}	tɕy^{53}	tɕy^{53}
忻府	su^{53}	tsu^{53}	tsu^{53}	tsu^{53}	tɕy^{53}	tɕy^{53}	tɕy^{53}
原平	su^{53}	tsu^{53}	tsu^{53}	tsu^{53}	tɕyʉ^{53}	tɕyʉ^{53}	tɕyʉ^{53}
定襄	su^{53}	tsu^{53}	tsu^{53}	tsu^{53}	tɕy^{53}	tɕy^{53}	tɕy^{53}
五台	su^{52}	tsu^{52}	tsu^{52}	tsu^{52}	tɕy^{52}	tɕy^{52}	tɕy^{52}
岢岚	ʂu^{52}	tsu^{52}	tsu^{52}	tsu^{52}	tɕy^{52}	tɕy^{52}	tɕy^{52}
五寨	su^{52}	tsu^{52}	tsu^{52}	tsu^{52}	tɕy^{52}	tɕy^{52}	tɕy^{52}
宁武	su^{52}	tsu^{52}	tsu^{52}	tsu^{52}	tɕy^{52}	tɕy^{52}	tɕy^{52}
神池	su^{52}	tsu^{52}	tsu^{52}	tsu^{52}	tɕy^{52}	tɕy^{52}	tɕy^{52}

续表

字目	数~目	注~意	蛀	铸	句	具	惧
中古音 方言点	色句 遇合三 去遇生	之戍 遇合三 去遇章	之戍 遇合三 去遇章	之戍 遇合三 去遇章	九遇 遇合三 去遇见	其遇 遇合三 去遇群	其遇 遇合三 去遇群
繁峙	su^{24}	tsu^{24}	tsu^{24}	tsu^{24}	tɕy^{24}	tɕy^{24}	tɕy^{24}
代县	su^{53}	tsu^{53}	tsu^{53}	tsu^{53}	tɕy^{53}	tɕy^{53}	tɕy^{53}
河曲	ʂu^{213}	tʂu^{52}	tʂu^{52}	tʂu^{52}	tɕy^{52}	tɕy^{52}	tɕy^{52}
保德	ʂu^{52}	tʂu^{52}	tʂu^{52}	tʂu^{52}	tɕy^{52}	tɕy^{52}	tɕy^{52}
偏关	ʂu^{52}	tʂu^{52}	tʂu^{52}	tʂu^{52}	tsɥ^{52}	tsɥ^{52}	tsɥ^{52}
朔城	su^{53}	——	tsu^{53}	tsu^{53}	tɕy^{53}	tɕy^{53}	tɕy^{53}
平鲁	su^{52}	tsu^{52}	tsu^{52}	tsu^{52}	tɕy^{52}	tɕy^{52}	tɕy^{52}
应县	su^{24}	tsu^{24}	tsu^{24}	tsu^{24}	tɕy^{24}/kəu^{43}	tɕy^{24}	tɕy^{24}
灵丘	su^{53}	tsu^{53}	tsu^{53}	tsu^{53}	tɕy^{53}	tɕy^{53}	tɕy^{53}
浑源	su^{13}	tsu^{13}	tsu^{13}	tsu^{13}	tɕy^{13}	tɕy^{13}	tɕy^{13}
云州	ʂu^{24}	tʂu^{24}	tʂu^{24}	tʂu^{24}	tɕy^{24}	tɕy^{24}	tɕy^{24}
新荣	ʂu^{24}	tʂu^{24}	tʂu^{24}	tʂu^{24}/tɔu^{24}	tɕy^{24}	tɕy^{24}	tɕy^{24}
怀仁	su^{24}	tsu^{24}	tsu^{24}	tsu^{24}	tɕy^{24}	tɕy^{24}	tɕy^{24}
左云	su^{24}	tsu^{24}	tsu^{24}	tsu^{24}	tɕy^{24}	tɕy^{24}	tɕy^{24}
右玉	ʂu^{24}	tʂu^{24}	tʂu^{24}	tʂu^{24}	tɕy^{24}	tɕy^{24}	tɕy^{24}
阳高	su^{24}/suəʔ^{3}	tsu^{24}	tsu^{24}	tsu^{24}	tɕy^{24}	tɕy^{24}	tɕy^{24}
山阴	ʂu^{335}	——	tʂu^{335}	tʂu^{335}	tɕy^{335}	tɕy^{335}	tɕy^{335}
天镇	su^{24}	tsu^{24}	tsu^{24}	tɔu^{24} 白 / tsu^{24} 文	tɕy^{24}	tɕy^{24}	tɕy^{24}
平定	su^{24}	tsu^{24}	tsu^{24}	tsu^{24}	tɕy^{24}	tɕy^{24}	tɕy^{24}
昔阳	su^{13}	tsu^{13}	tsu^{13}	tsu^{13}	tɕy^{13}	tɕy^{13}	tɕy^{13}
左权	su^{53}	tʂu^{53}	tʂu^{53}	tʂu^{53}	tɕy^{53}	tɕy^{53}	tɕy^{53}
和顺	su^{13}	tsu^{13}	tsu^{13}	tsu^{13}	tɕy^{13}	tɕy^{13}	tɕy^{13}
尧都	ʂou^{44}	tʂu^{44}	tʂu^{44}	tʂu^{44}	tɕy^{44}	tɕy^{44}	tɕy^{44}
洪洞	sou^{42}	tʂu^{33}	tʂu^{53}	tʂu^{42}	tɕy^{33}	tɕy^{21}	tɕy^{21}
洪洞赵城	sou^{53}	tʂu^{24}	tʂu^{24}	tʂu^{24}	tɕy^{53}	tɕy^{53}	tɕy^{53}
古县	səu^{53}	tʂu^{35}	tʂu^{35}	tʂu^{35}	tɕy^{35}	tɕy^{53}	tɕʰy^{53}
襄汾	sou^{53}	tʂu^{53}	tʂu^{53}	tʂou^{24}	tɕy^{44}	tɕy^{53}	tɕy^{53}
浮山	ʂou^{53}	pfu^{53}	pfu^{53}	tʂou^{13}	tɕy^{53}	tɕy^{53}	tɕy^{53}
霍州	ʂu^{55}	tʂu^{53}	tʂu^{53}	tʂu^{53}	tɕy^{55}	tɕy^{53}	tɕy^{53}
翼城	ʂou^{53}	pfu^{53} 白 / tʂu^{53} 文	tʂou^{53}	pfu^{53}	tɕʰy^{53}	tɕy^{53}	tɕy^{53}

续表

字目	数~目	注~意	蛀	铸	句	具	惧
中古音 / 方言点	色句 遇合三 去遇生	之戍 遇合三 去遇章	之戍 遇合三 去遇章	之戍 遇合三 去遇章	九遇 遇合三 去遇见	其遇 遇合三 去遇群	其遇 遇合三 去遇群
闻喜	sɤu^{53}	——	pfu^{53}	tsu^{53}	tɕy^{53}	tɕy^{13}	tɕy^{13}
侯马	ʂu^{53}	ʂou^{53}	tʂu^{53}	tʂʰu^{53}	tɕy^{53}	tɕy^{53}	tɕy^{53}
新绛	səu^{53}	tʂu^{53}	pfu^{53}	pfu^{53}	tɕy^{53}	tɕy^{53}	tɕy^{53}
绛县	ʂəu^{31}	pfu^{31}	pfu^{31}	tʂu^{31}	tɕy^{31}	tɕy^{53}	tɕy^{53}
垣曲	sou^{53}	tʂu^{53}	tʂu^{53}	tʂu^{53}	tɕy^{53}	tɕy^{53}	tɕy^{53}
夏县	ʂəu^{31} 白 / ʂu^{31} 文	pfu^{31} 白 / tʂu^{31} 文	pfu^{31} 白 / tʂu^{31} 文	pfu^{31} 白 / tʂu^{31} 文	tɕy^{31}	tɕy^{31}	tɕy^{31}
万荣	səu^{33}	pfu^{33}	pfu^{33}	pfu^{33}	tɕy^{33}	tɕy^{33}	tɕy^{33}
稷山	ʂəu^{42}	pfu^{42}	pfu^{42}	pfu^{42}	tɕy^{42}	tɕy^{42}	tɕy^{42}
盐湖	sou^{44}	pfu^{44} 白 / tʂu^{44} 文	pfu^{44} 白 / tʂu^{44} 文	pfu^{44} 白 / tʂu^{44} 文	tɕy^{44}	tɕy^{44}	tɕy^{44}
临猗	səu^{44}	pfu^{44} 白 / tʂu^{44} 文	pfu^{44} 白 / tʂu^{44} 文	pfu^{44} 白 / tʂu^{44} 文	tɕy^{44}	tɕy^{44}	tɕy^{44}
河津	səu^{44}	pfu^{44}	pfu^{44}	pfu^{44}	tɕy^{44}	tɕy^{44}	tɕy^{44}
平陆	səu^{33}	pfu^{33}	pfu^{33}	tʂu^{33}	tɕy^{33}	tɕy^{33}	tɕy^{33}
永济	ʂəu^{44}	pfu^{44}	pfu^{44}	pfu^{44}	tɕy^{44}	tɕy^{44}	tɕy^{44}
芮城	səu^{53}	pfu^{44}	pfʰu^{44}	pfu^{44}	tɕy^{44}	tɕy^{44}	tɕy^{44}
吉县	səu^{33}	pfʰu^{33}	pfu^{33}/pfʰu^{33}	pfu^{33}/pfʰu^{33}	tɕy^{33}	tɕy^{33}	tɕy^{33}
乡宁	sou^{22}	tʂu^{22}	tʂu^{22}	tʂu^{22}	tɕy^{22}	tɕy^{22}	tɕy^{22}
广灵	su^{213}	tsu^{213}	tsu^{213}	tsu^{213}	tɕy^{213}	tɕy^{213}	tɕy^{213}

字目	遇	寓	裕	喻	虑	滤	絮	著显~
中古音 / 方言点	牛具 遇合三 去遇疑	牛具 遇合三 去遇疑	羊戍 遇合三 去遇以	羊戍 遇合三 去遇以	良倨 遇合三 去御来	良据 遇合三 去御来	息据 遇合三 去御心	陟虑 遇合三 去御知
北京	y^{51}	y^{51}	y^{51}	y^{51}	ly^{51}	ly^{51}	ɕy^{51}	tʂu^{51}
小店	y^{24}	y^{24}	y^{24}	y^{24}	ly^{24}/lyəʔ^{1}	ly^{24}	ɕy^{24}	tsu^{24}
尖草坪	y^{35}	y^{35}	y^{35}	y^{35}	ly^{35}	ly^{35}	ɕy^{35}	tsu^{35}
晋源	y^{35}	y^{35}	y^{11}	y^{35}	ly^{35}	ly^{35}	ɕy^{35}	tsu^{35}
阳曲	y^{454}	y^{454}	y^{454}	y^{454}	ly^{454}	ly^{454}	ɕy^{454}	tsu^{454}
古交	y^{53}	y^{53}	y^{53}	y^{53}	luei^{53}	luei^{53}	ɕy^{53}	tsu^{53}
清徐	y^{45}	y^{45}	y^{45}	y^{45}	ly^{45}	ly^{45}	ɕy^{45}	tsu^{45}
娄烦	y^{54}	y^{54}	yəʔ$^{\underline{21}}$	y^{54}	lu^{54}	lu^{54}	ɕy^{54}	pfu^{54}
榆次	y^{35}	y^{35}	yəʔ^{1}	y^{35}	ly^{35}	ly^{35}	ɕy^{35}	tsu^{35}
交城	y^{24}	y^{24}	y^{24}	y^{24}	ly^{24}	ly^{24}	ɕy^{24}	tsu^{24}
文水	ʮ^{35}	ʮ^{35}	yəʔ^{2}/ʮ^{35}	yəʔ^{2}/ʮ^{35}	lʮ^{35}	lyəʔ^{2}/lʮ^{35}	sʮ^{35}	tsəɸ^{35}
祁县	iəβ^{45}	iəβ^{45}	iəβ^{45}	iəβ^{45}	liəβ^{45}	liəβ^{45}	ɕiəβ^{45}	tsuβ^{45}
太谷	y^{53}	y^{53}	y^{53}	y^{53}	ly^{53}	ly^{53}	ɕy^{53}	tsu^{53}
平遥	y^{24}	y^{24}	y^{24}	y^{24}	luei^{24}	luei^{24}	ɕy^{24}	tsʮ^{24}
孝义	y^{454}	y^{454}	y^{454}	y^{454}	luei^{454}	luei^{454}	ɕy^{454}	tsu^{454}
介休	y^{45}	y^{45}	y^{45}	y^{45}	luei^{45}	luei^{45}	ɕy^{45}	tsʮ^{45}
灵石	y^{53}	y^{53}	y^{53}	y^{53}	ly^{53}	ly^{53}	ɕy^{53}	tsu^{53}
盂县	y^{55}	y^{55}	y^{55}	y^{55}	ly^{55}	ly^{55}	ɕy^{55}	tsu^{55}
寿阳	zʮ^{45}	yəʔ^{2}	zʮ^{22}	zʮ^{22}	lʮ^{45}	lʮ^{45}	sʮ^{45}	tsʮ^{45}
榆社	zʮ^{45}	zʮ^{45}	zʮ^{45}	zʮ^{45}	luei^{45}	luei^{45}	sʮ^{45}	tsv^{45}
离石	zu^{53}	zu^{53}	yeʔ^{4}	zu^{53}	lu^{53}	lu^{53}	su^{53}	tsu^{53}
汾阳	ɥ^{55}	ɥ^{55}	ɥ^{55}	ɥ^{55}	lɥ^{55}	lɥ^{55}	tsʰɥ^{55}	tʂəʋ^{55}
中阳	y^{53}	y^{53}	yeʔ^{4}	y^{53}	ly^{53}	ly^{53}	ɕy^{53}	tʂu^{53}
柳林	y^{53}	y^{53}	y^{53}	y^{53}	ly^{53}	ly^{53}	ɕy^{53}	tsu^{53}
方山	y^{52}	y^{52}	yɛʔ^{4}	y^{52}	ly^{52}	ly^{52}	ɕy^{52}	tsʮ^{52}
临县	y^{52}	y^{52}	yɐʔ^{3}	y^{52}	luei^{52}	luei^{52}/luɐʔ^{3}	ɕy^{52}	tsʮ^{52}
兴县	y^{53}	y^{53}	——	y^{53}	ly^{53}	ly^{53}	ɕy^{53}	tsu^{53}
岚县	y^{53}	y^{53}	yəʔ^{4}	y^{53}	ly^{53}	ly^{53}	ɕy^{53}	tsu^{53}
静乐	y^{53}	y^{53}	yəʔ^{4}	y^{53}	ly^{53} 白	ly^{53} 白	ɕy^{53}	tsu^{53}
交口	ȵy^{53}	y^{53}	yeʔ^{4}/y^{53}	y^{53}	ly^{53}	ly^{53}	ɕy^{53}	tsʮ^{53}
石楼	y^{51}	y^{51}	y^{51}	y^{51}	ly^{51}	ly^{51}	ɕy^{51}	tʂu^{51}
隰县	y^{44}	y^{44}	y^{44}	y^{44}	ly^{44}	ly^{44}	ɕy^{44}	tsu^{44}

续表

字目	遇	寓	裕	喻	虑	滤	絮	著显～
中古音 方言点	牛具 遇合三 去遇疑	牛具 遇合三 去遇疑	羊戍 遇合三 去遇以	羊戍 遇合三 去遇以	良倨 遇合三 去御来	良据 遇合三 去御来	息据 遇合三 去御心	陟虑 遇合三 去御知
大宁	y^{55}	y^{55}	y^{55}	y^{55}	ly^{55}	ly^{55}	ɕy^{55}	tʂu^{55}
永和	y^{53}	y^{53}	y^{35}	y^{35}	ly^{53}	ly^{53}	ɕy^{53}	tʂu^{53}
汾西	y^{53}	——	yəʔ^{1}	y^{35}	ly^{35}	ly^{35}	ɕy^{53}	——
蒲县	y^{33}	y^{33}	y^{33}	y^{24}	ly^{33}	ly^{33}	ɕy^{33}	tʂu^{33}
潞州	y^{54}	y^{54}	y^{24}	y^{54}	ly^{54}	ly^{54}	ɕy^{44}	tsu^{44}
上党	y^{42}	y^{42}	y^{42}	y^{42}	ly^{42}	ly^{42}	ɕy^{22}	tsu^{42}
长子	y^{53}	y^{53}	y^{53}	y^{53}	ly^{53}	ly^{53}	ɕy^{53}	tsu^{53}
屯留	y^{11}	y^{11}	y^{11}	y^{11}	ly^{11}	ly^{11}	ɕy^{11}	tsu^{53}
襄垣	y^{45}	y^{45}	y^{45}	y^{45}	ly^{42}	ly^{45}	ɕy^{45}	tsu^{45}
黎城	y^{53}	y^{53}	y^{53}	y^{53}	ly^{33}	ly^{53}	ɕy^{33}	tɕy^{53}
平顺	y^{53}	y^{53}	y^{53}	y^{53}	ly^{53}	ly^{53}	ɕy^{53}	tsu^{353}
壶关	y^{353}	y^{353}	y^{353}	y^{353}	ly^{353}	ly^{353}	sy^{42}	tʂu^{353}
沁县	zɥ^{53}	zɥ^{53}	zɥ^{33}	zɥ^{33}	luei^{53}	luei^{53}	sɥ^{53}	tsu^{53}
武乡	zɥ^{55}	zɥ^{55}	zɥ^{55}	zɥ^{55}	luei^{55}	luei^{55}	sɥ^{55}	tsu^{55}
沁源	y^{53}	y^{53}	yəʔ$^{\underline{31}}$	y^{53}	luei^{53}	luei^{53}	ɕy^{53}	tʂu^{53}
安泽	y^{53}	y^{53}	y^{53}	y^{53}	ly^{53}	ly^{53}	ɕy^{53}	tsu^{35}
沁水端氏	y^{53}	y^{53}	y^{53}	y^{53}	ly^{53}	ly^{53}	ɕy^{53}	tsu^{53}
阳城	y^{51}	y^{51}	y^{51}	y^{51}	ly^{51}	ly^{51}	ɕy^{51}	tʂu^{51}
高平	i^{53}	i^{53}	i^{53}	i^{53}	li^{53}	li^{53}	ɕi^{53}	tʂu^{53}
陵川	y^{24}	y^{24}	y^{24}	y^{24}	ly^{24}	ly^{24}	ɕy^{24}	tʂu^{24}
晋城	y^{53}	y^{53}	y^{53}	y^{53}	ly^{53}	ly^{53}	ɕy^{53}	tʂu^{53}
忻府	y^{53}	y^{53}	y^{53}	y^{53}	ly^{53}	ly^{53}	ɕy^{53}	tsu^{53}
原平	yʉ^{53}	yʉ^{53}	yəʔ$^{\underline{34}}$	yʉ^{53}	lyʉ^{53}	lyʉ^{53}	ɕyʉ^{53}	tsu^{53}
定襄	y^{53}	y^{53}	yəʔ^{1}	y^{53}	ly^{53}	ly^{53}	ɕy^{53}	tsu^{53}
五台	y^{52}	y^{33}	yəʔ^{3}	y^{33}	ly^{52}	ly^{52}	ɕy^{52}	tsu^{52}
岢岚	y^{52}	y^{44}	yɛʔ^{4}	y^{52}	ly^{52}	ly^{52}	ɕy^{52}	tʂu^{52}
五寨	y^{52}	y^{52}	yəʔ^{4}	y^{52}	ly^{52}	ly^{52}	ɕy^{52}	tsu^{52}
宁武	y^{52}	——	yəʔ^{4}	y^{52}	ly^{52}	ly^{52}	ɕy^{52}	tsu^{52}
神池	y^{52}	y^{52}	yəʔ^{4}	y^{52}	ly^{52}	ly^{52}	ɕy^{52}	tsu^{52}
繁峙	y^{24}	y^{24}	yəʔ$^{\underline{13}}$	y^{24}	ly^{24}	ly^{24}	ɕy^{24}	tsu^{24}
代县	y^{53}	y^{53}	yəʔ^{2}	y^{53}	ly^{53}	ly^{53}	ɕy^{53}	tsu^{53}

续表

字目	遇	寓	裕	喻	虑	滤	絮	著显~
中古音 / 方言点	牛具 遇合三 去遇疑	牛具 遇合三 去遇疑	羊戍 遇合三 去遇以	羊戍 遇合三 去遇以	良倨 遇合三 去御来	良据 遇合三 去御来	息据 遇合三 去御心	陟虑 遇合三 去御知
河曲	y^{52}	y^{52}	yəʔ^{4}	y^{52}	ly^{52}	ly^{52}	ɕy^{52}	tʂu^{52}
保德	y^{52}	y^{52}	yəʔ^{4}	y^{52}	lyəʔ^{4}	lyəʔ^{4}	ɕy^{52}	tʂu^{52}
偏关	ʮ^{52}	ʮ^{52}	yəʔ^{4}	ʮ^{52}	lʮ^{52}	lʮ^{52}	sʮ^{52}	tʂu^{52}
朔城	y^{53}	y^{53}	yəʔ$^{\underline{35}}$	y^{53}	ly^{53}	ly^{53}	ɕy^{53}	tsu^{53}
平鲁	y^{213}	y^{52}	y^{52}	y^{213}	ly^{52}	ly^{52}	ɕy^{52}	tsu^{52}
应县	y^{24}	y^{24}	y^{24}/yɛʔ$^{\underline{43}}$	y^{24}	ly^{24}	ly^{24}	ɕy^{24}	tsu^{24}
灵丘	y^{53}	y^{53}	——	y^{53}	ly^{53}	ly^{53}	ɕy^{53}	tsu^{53}
浑源	y^{13}	y^{13}	y^{13}	y^{13}	ly^{13}	ly^{13}	ɕy^{13}	tsu^{13}
云州	y^{24}	y^{24}	y^{24}	y^{24}	ly^{24}	ly^{24}	ɕy^{24}	tʂu^{24}
新荣	y^{24}	y^{24}	y^{24}	y^{24}	ly^{24}	ly^{24}	ɕy^{24}	tʂu^{24}
怀仁	y^{24}	y^{24}	y^{24}	y^{24}	ly^{24}	ly^{24}	ɕy^{24}	tsu^{24}
左云	y^{24}	y^{24}	y^{24}	y^{24}	ly^{24}	ly^{24}	ɕy^{24}	tsu^{24}
右玉	y^{24}	y^{24}	y^{24}	y^{24}	y^{24}	y^{24}	ɕy^{24}	tʂu^{24}
阳高	y^{24}	y^{24}	y^{24}	y^{24}	ly^{24}	ly^{24}	ɕy^{24}	tsu^{24}
山阴	y^{335}	——	tɕyəʔ^{4}	y^{335}	ly^{335}	ly^{335}	ɕy^{335}	tʂu^{335}
天镇	y^{24}	y^{24}	yəʔ^{4}	y^{22}	ny^{24}	ny^{24}	ɕy^{24}	tsu^{24}
平定	y^{24}	y^{24}	y^{24}	y^{24}	luei^{24}	luei^{24}	ɕy^{24}	tsu^{24}
昔阳	y^{13}	y^{13}	y^{13}	y^{13}	luei^{55}	luei^{55}	ɕy^{13}	tsu^{13}
左权	y^{53}	y^{53}	y^{53}	y^{53}	ly^{53}	ly^{53}	ɕy^{53}	tʂu^{53}
和顺	y^{13}	y^{13}	y^{13}	y^{13}	ly^{13}	ly^{13}	ɕy^{13}	tsu^{13}
尧都	y^{44}	y^{44}	y^{44}	y^{44}	ly^{44}	ly^{44}	ɕy^{44}	tʂu^{44}
洪洞	y^{53}	y^{53}	y^{21}	y^{53}	ly^{24}	ly^{53}	ɕy^{42}	tʂu^{53}
洪洞赵城	y^{53}	y^{53}	y^{53}	y^{53}	ly^{53}	ly^{53}	ɕy^{53}	tʂu^{24}
古县	y^{53}	y^{53}	y^{53}	y^{53}	ly^{53}	ly^{53}	ɕy^{53}	tʂu^{35}
襄汾	y^{53}	y^{53}	y^{53}	y^{53}	ly^{53}	ly^{44}	ɕy^{44}	tʂu^{44}
浮山	y^{53}	y^{53}	y^{53}	y^{44}	ly^{44}	ly^{44}	ɕy^{53}	pfu^{44}
霍州	y^{53}	y^{33}	y^{53}	y^{53}	ly^{53}	ly^{53}	ɕy^{33}	tʂu^{53}
翼城	y^{53}	y^{53}	y^{53}	y^{53}	u^{53}	u^{53}	tɕy^{53}	pfu^{53}
闻喜	y^{13}	y^{13}	y^{13}	y^{13}	ly^{13}	ly^{13}	ɕy^{53}	pfu^{53}
侯马	y^{53}	y^{53}	y^{53}	y^{53}	ly^{53}	ly^{53}	ɕy^{53}	tʂʰu^{53}白/ tʂu^{53}文

续表

字目	遇	寓	裕	喻	虑	滤	絮	著显~
中古音 方言点	牛具 遇合三 去遇疑	牛具 遇合三 去遇疑	羊戍 遇合三 去遇以	羊戍 遇合三 去遇以	良倨 遇合三 去御来	良据 遇合三 去御来	息据 遇合三 去御心	陟虑 遇合三 去御知
新绛	y^{53}	y^{53}	y^{53}	y^{53}	ly^{53}	ly^{53}	$ɕy^{53}$	$tʂu^{53}$
绛县	y^{31}	y^{31}	y^{31}	y^{31}	ly^{24}	ly^{31}	$ɕy^{31}$	$tʂu^{31}$
垣曲	y^{53}	y^{53}	y^{53}	y^{53}	ly^{53}	ly^{53}	$ɕy^{53}$	$tʂu^{53}$
夏县	y^{31}	y^{31}	y^{31}	y^{31}	y^{31}	y^{31}	$ɕy^{31}$	pfu^{31} 白 / $tʂu^{31}$ 文
万荣	y^{33}	y^{33}	y^{33}	y^{33}	ly^{33}	ly^{33}	$ɕy^{51}$	pfu^{33}
稷山	y^{42}	y^{42}	y^{42}	y^{42}	$luei^{42}$	$luei^{42}$	$ɕy^{42}$	pfu^{42} 白 / $tʂu^{42}$ 文
盐湖	y^{44}	y^{44}	y^{44}	y^{44}	y^{44}	y^{44}	$ɕy^{44}$	$tʂu^{44}$
临猗	y^{44}	y^{44}	y^{44}	y^{44}	y^{44}	y^{44}	$ɕy^{44}$	pfu^{44} 白 / $tʂu^{44}$ 文
河津	y^{324}	y^{44}	y^{324}	y^{44}	y^{44}	y^{44}	$ɕy^{31}$	pfu^{44}
平陆	y^{33}	y^{33}	y^{13}	y^{33}	y^{33}	ly^{33}	$ɕy^{31}$	pfu^{33}
永济	y^{44}	y^{44}	y^{44}	y^{44}	y^{44}	y^{44}	$ɕy^{44}$	pfu^{44}
芮城	y^{44}	y^{42}	y^{13}	y^{42}	y^{44}	y^{44}	$ɕy^{44}$	pfu^{44}
吉县	y^{33}	y^{33}	y^{13}	y^{33}	y^{33}	y^{33}	$ɕy^{33}$	pfu^{33}
乡宁	y^{22}	y^{22}	y^{22}	y^{22}	ly^{22}	ly^{22}	$ɕy^{22}$	$tʂu^{22}$
广灵	y^{213}	y^{213}	y^{213}	y^{213}	ly^{213}	ly^{213}	$ɕy^{213}$	tsu^{213}

字目	助	处~所	薯	据	锯	去	御~用	预
中古音 方言点	床据 遇合三 去御崇	昌据 遇合三 去御昌	常恕 遇合三 去御禅	居御 遇合三 去御见	居御 遇合三 去御见	丘倨 遇合三 去御溪	牛倨 遇合三 去御疑	羊洳 遇合三 去御以
北京	tʂu^{51}	tʂʰu^{51}	ʂu^{214}	tɕy^{51}	tɕy^{51}	tɕʰy^{51}	y^{51}	y^{51}
小店	tsu^{24}	tsʰu^{24}	su^{53}	tɕy^{24}	tɕy^{24}	kəʔ^{1} 白 / tɕʰy^{24} 文	y^{24}	y^{24}
尖草坪	tsu^{35}	tsʰu^{35}	su^{312}	tɕy^{33}	tɕy^{35}	tɕʰy^{35}	y^{35}	y^{35}
晋源	tsu^{35}	tsʰuəʔ^{2} 白 / tsʰu^{35} 文	fu^{42}	tɕy^{35}	tɕy^{35}	tɕʰy^{35}	y^{35}	y^{35}
阳曲	tsu^{454}	tsʰu^{454}	su^{312}	tɕy^{454}	tɕy^{454}	kəʔ^{4} 白 / tɕʰy^{454} 文	y^{454}	y^{454}
古交	tsu^{53}	tsʰu^{53}	su^{53}	tɕy^{53}	tɕy^{53}	tɕʰy^{53}	y^{53}	y^{53}
清徐	tsu^{45}	tsʰu^{45}	su^{54}	tɕy^{45}	tɕy^{45}	tɕʰy^{45}	y^{45}	y^{45}
娄烦	pfu^{54}	pfʰu^{54}	fu^{312}	tɕy^{54}	tɕy^{54}	kəʔ^{3} 白 / tɕʰy^{54} 文	y^{54}	y^{54}
榆次	tsu^{35}	tsʰu^{35}	su^{53}	tɕy^{35}	tɕy^{35}	kʰəʔ^{1} 白 / tɕʰy^{35} 文	y^{35}	y^{35}
交城	tsu^{24}	tsʰu^{24}	su^{53}	tɕy^{24}	tɕy^{24}	tɕʰy^{24}	y^{24}	y^{24}
文水	tsəɸ^{35}	tsʰəɸ^{35}	səɸ^{423}	tsʮ^{35}	tsʮ^{35}	tsʰʮ^{35}	ʮ^{35}	ʮ^{35}
祁县	tsuβ^{45}	tsʰuβ^{45}	suβ^{314}	tɕiəβ^{45}	tɕiəβ^{45}	tɕʰiəβ^{45}	iəβ^{45}	iəβ^{45}
太谷	tsu^{53}	tsʰu^{53}	fu^{312}	tɕy^{53}	tɕy^{53}	tɕʰy^{53}	y^{53}	y^{53}
平遥	tsɥ^{24}	tsʰɥ^{512}	sɥ^{512}	tɕy^{24}	tɕy^{24}	tɕʰy^{24}	y^{24}	y^{24}
孝义	tsu^{454}	tsʰu^{454}	su^{312}	tɕy^{454}	tɕy^{454}	tɕʰy^{454}	y^{454}	y^{454}
介休	tsʮ^{45}	tsʰʮ^{45}	sʮ^{423}	tɕy^{45}	tɕy^{45}	tɕʰy^{45}	y^{45}	y^{45}
灵石	tsu^{53}	tsʰu^{53}	su^{212}	tɕy^{53}	tɕy^{53}	tɕʰy^{53}	y^{53}	y^{53}
盂县	tsu^{55}	tɕʰy^{55} 白 / tsʰu^{55} 文	su^{53}	tɕy^{55}	tɕy^{55}	kʰəʔ^{2} 白 / tɕʰy^{55} 文	y^{55}	y^{55}
寿阳	tsʮ^{45}	tsʰʮ^{45}	sʮ^{53}	tsu^{45}	tsu^{45}	tsʰʮ^{45}	zʮ^{45}	zʮ^{45}
榆社	tsʏ̩^{45}	tsʰʏ̩^{45}	fʏ̩^{312}	tsʮ^{45}	tsʮ^{45}	tsʰʮ^{45}	zʮ^{45}	zʮ^{45}
离石	tsu^{53}	tsʰu^{53}	su^{312}	tsu^{53}	tsu^{53}	kʰəʔ$^{\underline{23}}$	zu^{53}	zu^{53}
汾阳	tʂəʊ^{55}	tʂʰəʊ^{55}	ʂəʊ^{312}	tsɥ^{55}	tsɥ^{55}	tsʰɥ^{55}	ɥ^{55}	ɥ^{55}
中阳	tʂu^{53}	tʂʰu^{53}	ʂu^{423}	tɕy^{53}	tɕy^{53}	kʰəʔ$^{\underline{312}}$	y^{53}	y^{53}
柳林	tsu^{53}	tsʰu^{53}	su^{312}	tɕy^{53}	tɕy^{53}	tɕʰy^{53}	y^{53}	y^{53}
方山	tsʮ^{52}	tsʰʮ^{52}	sʮ^{312}	tɕy^{52}	tɕy^{52}	tɕʰy^{52}	y^{52}	y^{52}
临县	tsʮ^{52}	tsʰʮ^{52}	sʮ^{312}	tɕy^{52}	tɕy^{52}	tɕʰy^{52}	y^{52}	y^{52}
兴县	tsu^{53}	tsʰu^{53}	su^{324}	tɕy^{53}	tɕy^{53}	kʰəʔ^{5} 白 / tɕʰy^{324} 文	y^{53}	y^{53}

续表

字目	助	处~所	薯	据	锯	去	御~用	预
中古音 / 方言点	床据 遇合三 去御崇	昌据 遇合三 去御昌	常恕 遇合三 去御禅	居御 遇合三 去御见	居御 遇合三 去御见	丘倨 遇合三 去御溪	牛倨 遇合三 去御疑	羊洳 遇合三 去御以
岚县	tsu^{53}	ts^{h}u^{53}	su^{312}	tɕy^{53}	tɕy^{53}	tɕ^{h}y^{53}	y^{53}	y^{53}
静乐	tsu^{53}	ts^{h}u^{53}	su^{314}	tɕy^{53}	tɕy^{53}	tɕ^{h}y^{53}	y^{53}	y^{53}
交口	tsʮ^{53}	ts^{h}ʮ^{53}	sʮ^{323}	tɕy^{53}	tɕy^{53}	tɕ^{h}y^{53}	y^{53}	y^{53}
石楼	tʂu^{51}	tʂ^{h}u^{51}	ʂu^{213}	tɕy^{51}	tɕy^{51}	kəʔ$^{\underline{213}}$ 白 / tɕ^{h}y^{51} 文	y^{51}	y^{51}
隰县	ts^{h}ou^{44}	ts^{h}u^{44}	su^{21}	tɕy^{44}	tɕy^{44}	kəʔ^{3} 白 / tɕ^{h}y^{44} 文	y^{44}	y^{44}
大宁	ts^{h}əu^{55}	tʂ^{h}u^{55}	ʂu^{55}	tɕy^{55}	tɕy^{55}	——	——	y^{55}
永和	ts^{h}ɤu^{53} 白 / tsu^{53} 文	tʂ^{h}u^{312}	ʂu^{312}	tɕy^{53}	tɕy^{53}	tɕy^{53}	y^{53}	y^{53}
汾西	ts^{h}ou^{53}	ts^{h}β̍^{53}	fy^{55}	——	tɕy^{55}	tɕ^{h}y^{55} 文	y^{53}	y^{53}
蒲县	tsu^{33}	tʂ^{h}u^{31}	ʂu^{33}	tɕy^{33}	tɕy^{33}	kɤ^{33} 白 / tɕia^{24} 白 / tɕ^{h}y^{33} 文	y^{33}	y^{52}
潞州	tsuə^{535} 白 / tsu^{54} 文	ts^{h}u^{44}	su^{535}	tɕy^{44}	tɕy^{44}	tɕ^{h}y^{44}	y^{54}	y^{54}
上党	tsuo^{535}	ts^{h}u^{22}	su^{535}	tɕy^{22}	tɕy^{22}	tɕ^{h}y^{22}	y^{42}	y^{42}
长子	tsuə^{434}	ts^{h}u^{53}	su^{434}	tɕy^{422}	tɕy^{422}	tɕ^{h}yəʔ$^{\underline{212}}$	y^{53}	y^{53}
屯留	tsuɤ^{53}	ts^{h}u^{53}	su^{43}	tɕy^{11}	tɕy^{53}	tɕ^{h}y^{53}	y^{11}	y^{11}
襄垣	tsuə^{31}	ts^{h}u^{42}	su^{42}	tɕy^{53}	tɕy^{53}	tɕ^{h}y^{45}	y^{42}	y^{45}
黎城	tsuo^{53}	tɕ^{h}y^{53}	ɕy^{213}	cy^{53}	cy^{422}	c^{h}yɤʔ$^{\underline{31}}$	y^{53}	y^{53}
平顺	tsuɤ^{434}	ts^{h}u^{53}	su^{434}	cy^{53}	cy^{53}	——	y^{53}	y^{53}
壶关	tʂuə^{535}	tʂ^{h}u^{22}	ʂu^{535}	cy^{42}	cy^{42}	k^{h}əʔ^{2}	y^{353}	y^{353}
沁县	tsu^{53}	ts^{h}u^{53}	su^{214}	tsʮ^{53}	tsʮ^{53}	k^{h}əʔ$^{\underline{212}}$ 白 / ts^{h}ʮ^{53} 文	zʮ^{53}	zʮ^{53}
武乡	tsu^{55}	ts^{h}u^{55}	su^{213}	tsʮ^{55}	tsʮ^{55}	ts^{h}ʮ^{55}	zʮ^{55}	zʮ^{55}
沁源	tsei^{53}	tʂ^{h}u^{53}	ʂu^{324}	tɕy^{53}	tɕy^{53}	tɕ^{h}y^{53}	y^{53}	y^{53}
安泽	tsəu^{53}	ts^{h}u^{53}	su^{42}	tɕy^{53}	tɕy^{53}	tɕ^{h}y^{53}	y^{53}	y^{53}
沁水端氏	tsu^{53}	ts^{h}u^{53}	su^{31}	tɕy^{53}	tɕy^{53}	tɕ^{h}y^{53}	y^{53}	y^{53}
阳城	tʂu^{51}	tʂ^{h}u^{51}	ʂu^{212}	cy^{51}	cy^{51}	kʌʔ^{2} 白 / c^{h}y^{51} 文	y^{51}	y^{51}
高平	tʂu^{53}	tʂ^{h}u^{53}	ʂu^{53}	ci^{53}	ci^{53}	kəʔ^{2}	i^{53}	i^{53}
陵川	tʂu^{24}	tʂ^{h}u^{24}	ʂu^{312}	cy^{24}	cy^{24}	c^{h}y^{24}	y^{24}	y^{24}

续表

字目	助	处~所	薯	据	锯	去	御~用	预
中古音 / 方言点	床据 遇合三 去御崇	昌据 遇合三 去御昌	常恕 遇合三 去御禅	居御 遇合三 去御见	居御 遇合三 去御见	丘倨 遇合三 去御溪	牛倨 遇合三 去御疑	羊洳 遇合三 去御以
晋城	tʂu^{53}	tʂʰu^{53}	ʂu^{213}	tɕy^{53}	tɕy^{53}	tɕʰy^{53}/kəʔ^{2}	y^{53}	y^{53}
忻府	tsu^{53}	tsʰu^{53}	su^{313}	tɕy^{53}	tɕy^{53}	kʰəʔ$^{\underline{32}}$白/ tɕʰy^{53}文	y^{53}	y^{53}
原平	tsu^{53}	tsʰu^{53}	su^{213}	tɕyʉ^{53}	tɕyʉ^{53}	tɕʰyʉ^{53}	yʉ^{53}	yʉ^{53}
定襄	tsu^{53}	tsʰu^{53}	su^{24}	tɕy^{53}	tɕy^{53}	tɕʰy^{53}	y^{53}	y^{53}
五台	tsu^{52}	tsʰu^{52}	su^{213}	tɕy^{52}	tɕy^{52}	tɕʰy^{52}	y^{52}	y^{52}
岢岚	tʂu^{52}	tsʰu^{52}	ʂu^{13}	tɕy^{52}	tɕy^{52}	tɕʰy^{52}	y^{52}	y^{52}
五寨	tsu^{52}	tsʰu^{52}	su^{13}	tɕy^{52}	tɕy^{52}	tɕʰy^{52}	y^{52}	y^{52}
宁武	tsu^{52}	tsʰu^{52}	su^{213}	tɕy^{52}	tɕy^{52}	kʰɤɯ^{52}/ tɕʰy^{52}文	y^{52}	y^{52}
神池	tsu^{52}	tsʰu^{52}	su^{13}	tɕy^{52}	tɕy^{52}	tɕʰəʔ^{4}白/ tɕʰy^{52}文	y^{52}	y^{52}
繁峙	tsu^{24}	tsʰu^{24}	su^{53}	tɕy^{24}	tɕy^{24}	kʰəʔ$^{\underline{13}}$白/ tɕʰy^{24}文	y^{24}	y^{24}
代县	tsu^{53}	tsʰu^{53}	su^{213}	tɕy^{53}	tɕy^{53}	tɕʰy^{53}	y^{53}	y^{53}
河曲	tʂu^{52}	tʂʰu^{213}	ʂu^{213}	tɕy^{52}	tɕy^{52}	tɕʰy^{52}文/ kʰəʔ^{4}白	y^{52}	y^{52}
保德	tʂu^{52}	tʂʰu^{52}	ʂu^{213}	tɕy^{52}	tɕy^{52}	kʰəʔ^{4}白/ tɕʰy^{52}文	y^{52}	y^{52}
偏关	tʂu^{52}	tʂʰu^{52}	ʂu^{213}	tsɥ^{52}	tsɥ^{52}	kʰəʔ^{4} /kəʔ^{4}/ tsʰɥ^{52}文	ɥ^{52}	ɥ^{52}
朔城	tsu^{53}	tsʰu^{53}	su^{312}	tɕy^{53}	tɕy^{53}	——	——	y^{53}
平鲁	tsu^{52}	tsʰu^{52}	su^{52}	tɕy^{52}	tɕy^{52}	tɕʰy^{52}	y^{52}	y^{213}
应县	tsu^{24}	tsʰu^{24}/ tsʰuəʔ$^{\underline{43}}$	——	tɕy^{24}	tɕy^{24}	tɕʰy^{24}	y^{24}	y^{24}
灵丘	tsu^{53}	tsʰu^{53}	su^{442}	tɕy^{53}	tɕy^{53}	tɕʰy^{53}	y^{53}	y^{53}
浑源	tsu^{13}	tsʰu^{13}	su^{52}	tɕy^{13}	tɕy^{13}	tɕʰy^{13}/kəʔ^{4}/ tɕʰiə^{53}	y^{13}	y^{13}
云州	tʂu^{24}	tʂʰu^{24}	ʂu^{55}	tɕy^{24}	tɕy^{24}	tɕʰy^{24}	y^{24}	y^{24}
新荣	tʂu^{24}	tʂʰu^{24}	ʂu^{54}	tɕy^{24}	tɕy^{24}	tɕʰiəʔ^{4}	y^{24}	y^{24}
怀仁	tsu^{24}	tsʰu^{24}	su^{53}	tɕy^{24}	tɕy^{24}	tɕʰy^{24}	y^{24}	y^{24}
左云	tsu^{24}	tsʰu^{24}	su^{54}	tɕy^{24}	tɕy^{24}	tɕʰy^{24}	y^{24}	y^{24}
右玉	tʂu^{24}	tʂʰu^{24}	ʂu^{24}	tɕy^{24}	tɕy^{24}	tɕʰy^{24}	y^{24}	y^{24}
阳高	tsu^{24}	tsʰu^{24}	su^{53}	tɕy^{24}	tɕy^{24}	tɕʰy^{24}/kɑʔ^{3}/ kəʔ^{3}	y^{24}	y^{24}

续表

字目	助	处~所	薯	据	锯	去	御~用	预
中古音 方言点	床据 遇合三 去御崇	昌据 遇合三 去御昌	常恕 遇合三 去御禅	居御 遇合三 去御见	居御 遇合三 去御见	丘据 遇合三 去御溪	牛倨 遇合三 去御疑	羊洳 遇合三 去御以
山阴	tʂu^{335}	tʂʰu^{335}	ʂu^{52}	tɕy^{335}	——	tɕʰy^{335}	——	y^{335}
天镇	tsu^{24}	tsʰu^{24}	su^{55}	tɕy^{24}	tɕy^{24}	tɕʰy^{24}	y^{24}	y^{24}
平定	tsu^{24}	tsʰu^{24}	su^{53}	tɕy^{24}	tɕy^{24}	kəʔ^{4} 白 / kʰəʔ^{4} 白 / tɕʰy^{24} 文	y^{24}	y^{24}
昔阳	tsu^{13}	tsʰu^{13}	su^{55}	tɕy^{13}	tɕy^{13}	tɕʰy^{13}	y^{13}	y^{13}
左权	tʂu^{53}	tʂʰu^{53}	ʂu^{42}	tɕy^{53}	tɕy^{53}	tɕʰy^{53}	y^{53}	y^{53}
和顺	tsu^{13}	tsʰu^{13}	su^{13}	tɕy^{13}	tɕy^{13}	tɕʰy^{13}	y^{13}	y^{13}
尧都	tʂou^{44}	tʂʰu^{44}	fu^{44} 白 / ʂu^{44} 文	tɕy^{44}	tɕy^{44}	tɕi^{44}	y^{44}	y^{44}
洪洞	tsou^{53}	tʂʰu^{42}	fu^{33}	tɕy^{33}	tɕy^{33}	tɕʰiɑ^{33}	y^{53}	y^{42}
洪洞赵城	tsou^{53}	tʂʰu^{53}	ʂu^{53}	tɕy^{53}	tɕy^{53}	tɕʰi^{24} 白 / tɕʰy^{24} 文	y^{53}	y^{53}
古县	tsəu^{53}	tʂʰu^{53}	fu^{35}	tɕy^{35}	tɕy^{35}	tɕi^{53} 白 / tɕʰy^{53} 文	y^{53}	y^{53}
襄汾	tsʰou^{53}	tʂʰu^{42}	fu^{42} 白 / ʂu^{42} 文	tɕy^{44}	tɕy^{44}	tɕʰia^{44} 白 / tɕʰi^{44} 文	ȵy^{42}	y^{53}
浮山	tʂou^{53}	pfʰu^{53}	fu^{33}	tɕy^{44}	tɕy^{44}	tɕʰi^{44}	y^{53}	y^{44}
霍州	tsəu^{53} 白 / tʂu^{55} 文	tʂʰu^{55}	ʂu^{33}	tɕy^{55}	tɕy^{55}	tɕʰy^{55}	y^{53}	y^{53}
翼城	pfu^{53}	pfʰu^{53}	——	liou^{53} 白 / ly^{53} 文	tɕy^{53}	tɕʰy^{53}	y^{53}	y^{53}
闻喜	tsʰɤu^{13}	pfʰu^{53}	——	tɕy^{53}	tɕy^{53}	tɕʰi^{13}/ tɕʰiɑ^{53} 白 / tɕʰy^{53} 文	y^{33}	y^{13}
侯马	tʂu^{53}	tʂʰu^{53}	ʂu^{44}	tɕy^{53}	tɕy^{53}	tɕʰy^{53}	y^{53}	y^{53}
新绛	tsʰəu^{53}	pfʰu^{53}	pfu^{53}	tɕy^{53}	tɕy^{53}	tɕʰi^{53} 白 / tɕʰy^{53} 文	y^{44}	y^{44}
绛县	tʂəu^{31}	pfʰu^{53}/pfʰu^{31}	pfu^{31}	tɕy^{31}	tɕy^{31}	tɕʰy^{31}	y^{31}	y^{31}
垣曲	tsou^{53}	tʂʰu^{53}	ʂuei^{22} 白 / ʂu^{22} 文	tɕy^{53}	tɕy^{53}	tɕʰi^{53} 白 / tɕʰy^{53} 文	y^{53}	y^{53}
夏县	tʂəu^{31}	pfʰu^{31} 白 / tʂʰu^{31} 文	fu^{24} 白 / ʂu^{24} 文	tɕy^{31}	tɕy^{31}	tɕʰi^{31}	y^{31}	y^{31}
万荣	tsʰəu^{33}	pfʰu^{33}	fu^{33}	tɕy^{33}	tɕy^{33}	tɕʰi^{33} 白 / tɕʰy^{33} 文	y^{33}	y^{33}

续表

字目 中古音 方言点	助	处~所	薯	据	锯	去	御~用	预
	床据 遇合三 去御崇	昌据 遇合三 去御昌	常恕 遇合三 去御禅	居御 遇合三 去御见	居御 遇合三 去御见	丘倨 遇合三 去御溪	牛倨 遇合三 去御疑	羊洳 遇合三 去御以
稷山	$ts^hәu^{42}$	pf^hu^{42}	fu^{44}	$tɕy^{42}$	$tɕy^{53}$	$tɕ^hi^{42}$ 白 / $tɕ^hy^{42}$ 文	y^{42}	y^{42}
盐湖	ts^hou^{44}	pf^hu^{44} 白 / $tʂ^hu^{44}$ 文	fu^{44} 白 / $ʂu^{44}$ 文	$tɕy^{44}$	$tɕy^{44}$	$tɕ^hi^{44}$ 白 / $tɕ^hy^{44}$ 文	y^{44}	y^{44}
临猗	$ts^hәu^{44}$ 白 / $tʂu^{44}$ 文	pf^hu^{44}	fu^{53} 白 / $ʂu^{53}$ 文	$tɕy^{44}$	$tɕy^{44}$	$tɕ^hi^{44}$ 白 / $tɕ^hy^{44}$ 文	y^{44}	y^{44}
河津	$ts^hәu^{44}$	pf^hu^{44}	fu^{44}	$tɕy^{44}$	$tɕy^{44}$	$tɕ^hi^{0}$/ $tɕ^hy^{44}$ 文	y^{44}	y^{324}
平陆	$ts^hәu^{33}$	pf^hu^{33}	fu^{33}	$tɕy^{33}$	$tɕy^{33}$	$tɕ^hi^{33}$ 白 / $tɕ^hy^{33}$ 文	y^{33}	y^{33}
永济	$ts^hәu^{44}$	pf^hu^{44}	fu^{31}	$tɕy^{44}$	$tɕy^{44}$	$tɕ^hy^{44}$	y^{44}	y^{44}
芮城	$ts^hәu^{44}$	pf^hu^{44}	fu^{53}	$tɕy^{44}$	$tɕy^{42}$	$tɕ^hi^{44}$ 白 / $tɕ^hy^{44}$ 文	y^{44}	y^{44}
吉县	$ts^hәu^{33}$	pf^hu^{33}	fu^{13}	$tɕy^{33}$	$tɕy^{33}$	$tɕ^hia$ 白 / $tɕ^hi^{33}$ 文	y^{33}	y^{33}
乡宁	ts^hou^{22} 白 / $tsou^{22}$ 文	$tʂ^hu^{22}$	$ʂu^{44}$	$tɕy^{22}$	$tɕy^{22}$	$tɕ^hy^{22}$	y^{22}	y^{22}
广灵	tsu^{213}	ts^hu^{213}	su^{44}	$tɕy^{213}$	$tɕy^{213}$	$tɕ^hy^{213}$	y^{213}	y^{213}

字目	誉	胎	台戏~	苔	抬	来	灾	栽
中古音 / 方言点	羊洳 遇合三 去御以	土来 蟹开一 平咍透	徒哀 蟹开一 平咍定	徒哀 蟹开一 平咍定	徒哀 蟹开一 平咍定	落哀 蟹开一 平咍来	祖才 蟹开一 平咍精	祖才 蟹开一 平咍精
北京	y^{51}	tʰai^{55}	tʰai^{35}	tʰai^{35}	tʰai^{35}	lai^{35}	tsai^{55}	tsai^{55}
小店	y^{24}	tɛ^{24}	tʰɛ^{11}	tʰɛ^{11}	tʰɛ^{11}	lɛ^{11}	tsɛ^{11}	tsɛ^{11}
尖草坪	y^{35}	tʰai^{33}	tʰai^{33}	tʰai^{33}	tʰai^{33}	lai^{33}	tsai^{33}	tsai^{33}
晋源	y^{35}	tʰai^{11}	tai^{35} 白 / tʰai^{11} 文	tʰai^{11}	tai^{11} 白 / tʰai^{11} 文	lai^{11}	tsai^{11}	tsai^{11}
阳曲	y^{454}	tʰai^{312}	tʰai^{43}	tʰai^{312}	tʰai^{43}	lai^{43}	tsai^{312}	tsai^{312}
古交	y^{53}	tʰai^{44}	tʰai^{44}	tʰai^{44}	tʰai^{44}	lai^{44}	tsai^{44}	tsai^{44}
清徐	y^{45}	tʰai^{11}	tai^{11} 白 / tʰai^{11} 文	tʰai^{11}	tai^{11} 白 / tʰai^{11} 文	lai^{11}	tsai^{11}	tsai^{11}
娄烦	y^{54}	tʰɛi^{33}	tʰɛi^{33}	tʰɛi^{33}	tʰɛi^{33}	lɛi^{33}	tsɛi^{33}	tsɛi^{33}
榆次	y^{35}	tɛe^{35}	tʰɛe^{11}	tʰɛe^{11}	tʰɛe^{11}	lɛe^{11}	tsɛe^{11}	tsɛe^{11}
交城	y^{24}	tʰɛ^{11}	tɛ^{11} 白 / tʰɛ^{11} 文	tʰɛ^{11}	tʰɛ^{11}	lɛ^{11}	tsɛ^{11}	tsɛ^{11}
文水	ɥ^{35}	teɪ^{35} 白 / tʰeɪ^{22} 白 / tʰai^{22} 文	tʰeɪ^{22} 白 / tʰai^{22} 文	tʰai^{22}	teɪ^{22} 白 / tʰai^{22} 文	lai^{22}	tseɪ^{22} 白 / tsai^{22} 文	tsəʔ^{2} 白 / tseɪ^{22} 白 / tsai^{22} 文
祁县	iəβ^{45}	təɨ^{45} 白 / tʰəɨ^{31} 白 / tʰæɛ^{31} 文	təɨ^{31} 白 / tʰəɨ^{31} 白 / tʰæɛ^{31} 文	tʰæɛ^{31}	tʰəɨ^{31}/tʰuəɨ^{31}	læɛ^{31}	tsəɨ^{31}	tsəɨ^{31}
太谷	y^{53}	tʰei^{33}	tei^{33} 白 / tʰei^{33} 文	tʰei^{33}	tʰei^{33}	lei^{33}	tsei^{33}	tsei^{33}
平遥	y^{24}	tʰæe^{213}	tæe^{213} 白 / tʰæe^{213} 文	tʰæe^{213}	tʰæe^{213}	læe^{213}	tsæe^{213}	tsæe^{213}
孝义	y^{454}	tʰei^{33}	tei^{33}	tai^{33}	tʰuei^{33}	lai^{33}	tsai^{33}	tsei^{33}
介休	y^{45}	tai^{13} 白 / tʰai^{13} 文	tai^{13} 白 / tʰai^{13} 文	tʰai^{13}	tʰai^{13}	lai^{13}/lei^{13}	tsai^{13}	tsai^{13}
灵石	y^{53}	tʰɛ^{535}	tʰɛ^{44}	tʰɛ^{535}	tʰɛ^{44}	lɛ^{44}	tsɛ^{535}	tsɛ^{535}
盂县	y^{55}	tʰɑɛ^{412}	tʰɑɛ^{22}	tʰɑɛ^{412}	tʰɑɛ^{22}	lɑɛ^{22}	tsɑɛ^{412}	tsɑɛ^{412}
寿阳	zɥ^{45}	tʰai^{31}	tʰai^{22}	tʰai^{22}	tʰai^{22}	lai^{22}	tsai^{31}	tsai^{31}
榆社	zɥ^{45}	tʰɛ^{22}	tʰɛ^{22}	tʰɛ^{22}	tʰɛ^{22}	lɛ^{22}	tsɛ^{22}	tsɛ^{22}
离石	zu^{53}	tʰɛe^{24}	tʰɛe^{44}	tʰɛe^{44}	tʰɛe^{44}	lɛe^{44}	tsɛe^{24}	tsɛe^{24}
汾阳	ɥ^{55}	tʰei^{324}	tʰei^{22} 白 / tʰai^{22} 文	tʰei^{22}	tʰei^{22}	lei^{22} 白 / lai^{22} 文	tsei^{324} 白 / tsai^{324} 文	tsei^{324} 白 / tsai^{324} 文
中阳	y^{53}	tʰɛe^{24}	tʰɛe^{33}	tʰɛe^{33}	tʰɛe^{33}	lɛe^{33}	tsɛe^{24}	tsɛe^{24}
柳林	y^{53}	tʰɛe^{44}	tʰɛe^{44}	tʰɛe^{44}	tʰɛe^{44}	lɛe^{44}	tsɛe^{24}	tsɛe^{24}
方山	y^{52}	tʰɛe^{24}	tʰɛe^{44}	tʰɛe^{44}	tʰɛe^{44}	lɛe^{44}	tsɛe^{24}	tsɛe^{24}

续表

字目	誉	胎	台戏~	苔	抬	来	灾	栽
中古音／方言点	羊洳 遇合三 去御以	土来 蟹开一 平咍透	徒哀 蟹开一 平咍定	徒哀 蟹开一 平咍定	徒哀 蟹开一 平咍定	落哀 蟹开一 平咍来	祖才 蟹开一 平咍精	祖才 蟹开一 平咍精
临县	y^{52}	tʰɛe^{24}	tʰɛe^{33}	tʰɛe^{33}	tʰɛe^{33}	lɛe^{312}	tsɛe^{24}	tsɛe^{24}
兴县	y^{53}	tʰei^{324}	tʰei^{55}	tʰei^{55}	tʰei^{55}	lei^{55}	tsei^{324}	tsei^{324}
岚县	y^{53}	tʰai^{214}/ tʰai^{44}	tʰei^{44} 白 / tʰai^{44} 文	tʰei^{44}	tʰei^{44}	lei^{44}	tsai^{214}	tsei^{214}
静乐	y^{53}	tʰae^{24}	tʰae^{33}	tʰae^{24}	tʰae^{33}	lae^{33}	tsae^{24}	tsae^{24}
交口	y^{53}	tʰai^{323}	tʰai^{44}	tʰai^{44}	tʰai^{44}	lai^{44}	tsai^{323}	tsai^{323}
石楼	y^{51}	tɛi^{51} 白 / tʰɛi^{213} 文	tʰei^{44}	tʰɛi^{44}	tʰei^{44} 白 / tʰɛi^{44} 文	lei^{44}	tsɛi^{213}	tsei^{213}
隰县	y^{44}	tʰɛe^{53}	tʰɛe^{24}	tʰɛe^{24}	tʰɛe^{24}	lɛe^{24}	tsɛe^{53}	tsɛe^{53}
大宁	y^{55}	tʰɛe^{31}	tʰɛe^{24}	tʰɛe^{24}	tʰɛe^{24}	lɛe^{24}	tsɛe^{31}	tsɛe^{31}
永和	y^{53}	tʰei^{33} 白 / tʰɛi^{33} 文	tei^{35} 白 / tʰɛi^{35} 文	tʰɛi^{35}	tʰei^{35} 白 / tʰɛi^{35} 文	lei^{33} 白 / lɛi^{33} 文	tsɛi^{33}	tsei^{33} 白 / tsɛi^{33} 文
汾西	ny^{53} 文 / y^{53}/yəʔ^{1}	tʰɑi^{11}/tɑi^{55}	tʰɑi^{35}	tʰɑi^{35}	tʰɑi^{35}	lei^{35} 白 / lɑi^{35} 文	tsɑi^{11}	tsɑi^{11}
蒲县	y^{52}	tʰai^{52}	tʰai^{24}	tʰai^{24}	tʰai^{24}	lei^{24} 白 / lai^{24} 文	tsai^{52}	tsai^{52}
潞州	y^{54}	tʰai^{312}	tʰai^{24}	tʰai^{312}	tʰai^{24}	lai^{24}	tsai^{312}	tsai^{312}
上党	y^{42}	tʰæ^{213}	tʰæ^{44}	tʰæ^{44}	tʰæ^{44}	læ^{44}	tsæ^{213}	tsæ^{213}
长子	y^{53}	tʰɛe^{312}	tʰɛe^{24}	tʰɛe^{312}	tʰɛe^{24}	lɛe^{24}	tsɛe^{312}	tsɛe^{312}
屯留	y^{11}	tʰɛe^{31}	tʰɛe^{11}	tʰɛe^{11}	tʰɛe^{11}	lɛe^{11}	tsɛe^{31}	tsɛe^{31}
襄垣	y^{53}	tʰᴇɪ^{33}	tʰᴇɪ^{31}	tʰᴇɪ^{31}	tʰᴇɪ^{31}	lᴇɪ^{31}	tsᴇɪ^{33}	tsᴇɪ^{33}
黎城	y^{53}	tʰɛi^{33}/tɛi^{53}	tʰɛi^{53}	tʰɛi^{33}	tʰɛi^{53}	lei^{53}	tsɛi^{33}	tsɛi^{33}
平顺	y^{53}	tʰɛe^{33}	tʰɛe^{13}	tʰɛe^{33}	tʰɛe^{13}	lɛe^{13}	tsɛe^{213}	tsɛe^{213}
壶关	y^{353}	tʰai^{33}	tʰai^{13}	tʰai^{33}	tʰai^{13}	lai^{13}/lai^{3}	tʂ̥ai^{33}	tʂ̥ai^{33}
沁县	zɥ^{53}	tʰɛe^{224}	tʰɛe^{224}/tʰɛe^{33}	tʰɛe^{33}	tʰɛe^{33}	lɛe^{33}	tsɛe^{224}	tsɛe^{224}
武乡	——	tʰɛ^{113}	tʰɛ^{33}	tʰɛ^{113}	tʰɛ^{33}	lɛ^{33}	tsɛ^{113}	tsɛ^{113}
沁源	y^{53}	tʰɛe^{324}	tʰɛe^{33}	tʰɛe^{324}	tʰɛe^{33}	lɛe^{33}	tsɛe^{324}	tsɛe^{324}
安泽	y^{53}	tʰai^{21}	tʰai^{35}	tʰai^{35}	tʰai^{35}	lai^{21}	tsai^{21}	tsai^{21}
沁水端氏	y^{53}	tʰɛe^{21}	tʰɛe^{24}	tʰɛe^{21}	tʰɛe^{24}	lɛe^{24}	tsɛe^{21}	tsɛe^{21}
阳城	y^{51}	tʰai^{224}	tʰai^{22}	tʰai^{22}	tʰai^{22}	lai^{22}	tsai^{224}	tsai^{224}
高平	i^{53}	tʰɛe^{33}	tʰɛe^{33}	tʰɛe^{33}	tʰɛe^{33}	lɛe^{33}	tʂ̥ɛe^{33}	tʂ̥ɛe^{33}
陵川	ỵ^{24}	tʰæe^{33}	tʰæe^{53}	tʰæe^{53}	tʰæe^{53}	læe^{53}	tʂ̥æe^{33}	tʂ̥æe^{33}
晋城	y^{53}	tʰᴇ^{33}	tʰᴇ^{324}	tʰᴇ^{33}	tʰᴇ^{324}	lᴇ^{324}	tʂ̥ᴇ^{33}	tʂ̥ᴇ^{33}

续表

字目	誉	胎	台戏~	苔	抬	来	灾	栽
中古音 / 方言点	羊洳 遇合三 去御以	土来 蟹开一 平咍透	徒哀 蟹开一 平咍定	徒哀 蟹开一 平咍定	徒哀 蟹开一 平咍定	落哀 蟹开一 平咍来	祖才 蟹开一 平咍精	祖才 蟹开一 平咍精
忻府	y^{53}	tʰæe^{313}	tʰæe^{21}	tʰæe^{21}	tʰæe^{21}	læe^{21}	tsæe^{313}	tsæe^{313}
原平	yʉ^{53}	tʰæɛ^{213}	tʰæɛ^{33}	tʰæɛ^{33}	tʰæɛ^{33}	læɛ^{33}	tsæɛ^{213}	tsæɛ^{213}
定襄	y^{53}	tʰɛi^{24}	tʰɛi^{11}	tʰɛi^{11}	tʰɛi^{11}	lɛi^{11}	tsɛi^{24}	tsɛi^{24}
五台	y^{52}	tʰɛ^{33}	tʰɛ^{33}	tʰɛ^{33}	tʰɛ^{33}	lɛ^{33}	tsɛ^{213}	tsɛ^{213}
岢岚	y^{52}	tʰɛi^{13}	tʰɛi^{44}	tʰɛi^{44}	tʰɛi^{44}	lɛi^{44}	tsɛi^{13}	tsɛi^{13}
五寨	y^{52}	tʰei^{44}	tʰei^{44}	tʰei^{44}	tʰei^{44}	lei^{44}	tsei^{13}	tsei^{13}
宁武	yəʔ^{4}	tʰᴇe^{23}	tʰᴇe^{33}	tʰᴇe^{33}	tʰᴇe^{33}	lᴇe^{33}	tsᴇe^{23}	tsᴇe^{23}
神池	y^{52}	tʰɛe^{24}	tʰɛe^{32}	tʰɛe^{32}	tʰɛe^{32}	lɛe^{32}	tsɛe^{24}	tsɛe^{24}
繁峙	y^{24}	tʰai^{53}	tʰai^{31}	tʰai^{31}	tʰai^{31}	lai^{31}	tsai^{53}	tsai^{53}
代县	y^{53}	tʰai^{213}	tʰai^{44}	tʰai^{44}	tʰai^{44}	lai^{44}	tsai^{213}	tsai^{213}
河曲	y^{52}	tʰɛe^{213}	tʰɛe^{44}	tʰɛe^{213}	tʰɛe^{44}	lɛe^{44}	tsɛe^{213}	tsɛe^{213}
保德	y^{52}	tʰai^{213}	tʰai^{44}	tʰai^{44}	tʰai^{44}	lai^{44}	tsai^{213}	tsai^{213}
偏关	ɥ^{52}	tʰei^{24}	tʰei^{24}	tʰei^{24}	tʰei^{24}	lei^{44}	tsei^{24}	tsei^{24}
朔城	y^{53}	tʰɛi^{35}	tʰɛi^{35}	tʰɛi^{35}	tʰɛi^{35}	lɛi^{35}	tsɛi^{312}	tsɛi^{312}
平鲁	y^{213}	tɛi^{213}	tʰɛi^{44}	tʰɛi^{44}	tʰɛi^{44}	kɛi^{44}	tsɛi^{213}	tsɛi^{213}
应县	y^{24}	tʰɛi^{31}	tʰɛi^{31}	tʰɛi^{43}/tʰɛi^{31}	tʰɛi^{31}	lɛi^{31}	tsɛi^{43}	tsəi^{43}
灵丘	y^{53}	tʰɛe^{442}	tʰɛe^{31}	tʰɛe^{31}	tʰɛe^{31}	lɛe^{31}	tsɛe^{442}	tsɛe^{442}
浑源	y^{13}	tʰɛe^{52}	tʰɛe^{22}	tʰɛe^{22}	tʰɛe^{22}	lɛe^{22}	tsɛe^{52}	tsɛe^{52}
云州	y^{24}	tʰɛi^{21}	tʰɛi^{312}	tʰɛi^{312}	tʰɛi^{312}	lɛi^{312}	tsʰɛi^{21}	tsʰɛi^{21}
新荣	y^{24}	tʰɛe^{32}/tɛe^{24}	tʰɛe^{312}	tʰɛe^{32}	tʰɛe^{312}	lɛe^{312}	tsɛe^{32}	tsɛe^{32}
怀仁	y^{24}	tʰɛe^{312}	tʰɛe^{312}	tʰɛe^{312}	tʰɛe^{312}	lɛe^{312}	tsɛe^{42}	tsɛe^{42}
左云	y^{24}	tʰɛi^{31}	tʰɛi^{313}	tʰɛi^{313}	tʰɛi^{313}	lɛi^{313}	tsɛi^{31}	tsɛi^{31}
右玉	y^{24}	tʰɛe^{31}	tʰɛe^{31}	tʰɛe^{31}	tʰɛe^{31}	lɛe^{212}	tsɛe^{31}	tsɛe^{31}
阳高	y^{24}	tʰei^{31}	tʰei^{312}	tʰei^{312}	tʰei^{312}	lei^{312}/lɛ^{312}	tsei^{31}	tsei^{31}
山阴	y^{335}	tʰɛe^{313}	tʰɛe^{313}	tʰɛe^{313}	tʰɛe^{313}	lɛe^{313}	tsɛe^{313}	tsɛe^{313}
天镇	y^{24}	tʰɛe^{31}	tʰɛe^{22}	tʰɛe^{31}	tʰɛe^{22}	lɛe^{22}	tsɛe^{31}	tsɛe^{31}
平定	y^{24}	tʰɛe^{31}	tʰɛe^{44}	tʰɛe^{31}	tʰɛe^{44}	lɛe^{44}	tsɛe^{31}	tsɛe^{31}
昔阳	y^{13}	tʰɛe^{42}	tʰɛe^{33}	tʰɛe^{33}	tʰɛe^{33}	lɛe^{33}	tsɛe^{42}	tsɛe^{42}
左权	y^{53}	tʰɛi^{11}	tʰɛi^{11}	tʰɛi^{11}	tʰɛi^{11}	lɛi^{11}	tsɛi^{31}	tsɛi^{31}
和顺	y^{13}	tʰai^{42}	tʰai^{22}	tʰai^{22}	tʰai^{22}	lai^{22}	tsai^{42}	tsai^{42}
尧都	y^{44}	tʰɑi^{21}	tʰɑi^{24}	tʰɑi^{24}	tʰɑi^{24}	lei^{24} 白 / lɑi^{24} 文	tsɑi^{21}	tsɑi^{21}

续表

字目	誉	胎	台戏~	苔	抬	来	灾	栽
中古音 / 方言点	羊洳 遇合三 去御以	土来 蟹开一 平咍透	徒哀 蟹开一 平咍定	徒哀 蟹开一 平咍定	徒哀 蟹开一 平咍定	落哀 蟹开一 平咍来	祖才 蟹开一 平咍精	祖才 蟹开一 平咍精
洪洞	y^{53}	tʰɑi^{21}/tɑi^{24}	tʰɑi^{24}	tʰɑi^{24}	tʰɑi^{24}	lɑi^{24}	tsɑi^{21}	tsɑi^{21}
洪洞赵城	y^{53}	tʰɑi^{21}白 / tɑi^{24}文	tʰɑi^{21}	tʰɑi^{21}	tʰɑi^{24}	lei^{24}白 / lɑi^{24}文	tsɑi^{21}	tsɑi^{21}
古县	y^{53}	tʰɑi^{21}	tɑi^{21}/tɑi^{35}	tʰɑi^{35}	tʰɑi^{35}	lei^{35}白 / lɑi^{35}文	tsɑi^{21}	tsɑi^{21}
襄汾	y^{53}	tʰai^{21}	tʰai^{24}	tʰai^{24}	tʰai^{24}	lei^{24}白 / lai^{24}文	tsai^{21}	tsʰai^{24}
浮山	y^{44}	tʰai^{42}	tʰai^{13}	tʰai^{13}	tʰai^{13}	lei^{13}/ lei^{13}	tsai^{42}	tsai^{42}
霍州	y^{53}	tʰai^{212}	tʰai^{35}	tʰai^{212}	tʰai^{35}	lei^{35}/lai^{35}	tsai^{212}	tsai^{212}
翼城	y^{53}	tᴇe^{53}	tᴇe^{12}	tᴇe^{12}	tᴇe^{12}	tʰᴇe^{12}	tʰᴇe^{53}	tʰᴇe^{53}
闻喜	y^{13}	tʰɛe^{53}	tʰɛe^{53}	tʰɛe^{13}	tʰɛe^{13}	li^{13}白 / lɛe^{13}文	tsɛe^{53}	tsɛe^{53}
侯马	y^{53}	tʰae^{213}	tʰae^{213}	tʰae^{213}	tʰae^{213}	lae^{213}	tsae^{213}	tsae^{213}
新绛	y^{53}	tʰae^{13}	tʰae^{13}	tʰae^{13}	tʰae^{13}	lei^{13}	tsae^{53}	tsae^{53}
绛县	y^{31}	tʰɑi^{53}	tʰɑi^{24}	tʰɑi^{24}	tʰɑi^{24}	lɑi^{24}	tsɑi^{53}	tsɑi^{53}
垣曲	y^{53}	tʰai^{22}	tʰai^{22}	tʰai^{22}	tʰai^{22}	lai^{22}	tsai^{22}	tsai^{22}
夏县	y^{31}	tʰæe^{53}	tʰæe^{42}	tʰæe^{42}	tʰæe^{42}	li^{24}	tsæe^{53}	tsæe^{53}
万荣	y^{33}	tʰai^{51}	tʰai^{213}	tʰai^{51}	tʰai^{213}	lai^{213}	tsai^{51}	tsai^{51}
稷山	y^{42}	tʰai^{53}	tʰai^{13}	tʰai^{42}	tʰai^{13}	li^{13}白 / lai^{13}文	tsai^{53}	tsai^{53}
盐湖	y^{44}	tʰɛi^{42}	tʰɛi^{13}	tʰɛi^{13}	tʰɛi^{13}	li^{13}白 / lɛi^{13}文	tsɛi^{42}	tsɛi^{42}
临猗	y^{44}	tʰai^{42}	tʰai^{13}	tʰai^{42}	tʰai^{13}	li^{13}白 / lei^{13}白 / lai^{13}文	tsai^{42}	tsai^{42}
河津	y^{44}	tʰai^{31}	tʰai^{324}	tʰai^{324}	tʰai^{324}	li^{324}白 / lai^{324}文	tsai^{31}	tsai^{31}
平陆	y^{33}	tʰai^{31}	tʰai^{13}	tʰai^{31}	tʰai^{13}	lai^{31}	tsai^{31}	tsai^{31}
永济	y^{44}	tʰai^{31}	tʰai^{31}/ tʰai^{24}	tʰai^{24}	tʰai^{24}	lei^{24}白 / lai^{24}文	tsai^{31}	tsai^{31}
芮城	y^{44}	tʰai^{42}	tʰai^{13}	tʰai^{13}	tʰai^{13}	lai^{13}	tsai^{42}	tsai^{42}
吉县	y^{33}	tʰai^{423}	tʰai^{13}	tʰai^{423}	tʰai^{13}	lai^{13}文	tsai^{423}	tsai^{423}
乡宁	y^{22}	tʰai^{12}	tʰai^{12}	tʰai^{12}	tʰai^{12}	li^{12}白 / lei^{12}白 / lai^{12}文	tsai^{53}	tsai^{53}
广灵	y^{213}	tʰɛe^{53}	tʰɛe^{31}	tʰɛe^{31}	tʰɛe^{31}	lɛe^{31}	tsɛe^{53}	tsɛe^{53}

字目	猜	才~华	财	材	裁	腮	该	开
中古音 / 方言点	仓才 蟹开一 平咍清	昨哉 蟹开一 平咍从	昨哉 蟹开一 平咍从	昨哉 蟹开一 平咍从	昨哉 蟹开一 平咍从	苏来 蟹开一 平咍心	古哀 蟹开一 平咍见	苦哀 蟹开一 平咍溪
北京	tsʰai^{55}	tsʰai^{35}	tsʰai^{35}	tsʰai^{35}	tsʰai^{35}	sai^{55}	kai^{55}	kʰai^{55}
小店	tsʰuɛ^{53} 白 / tsʰɛ^{11} 文	tsʰɛ^{11}	tsʰɛ^{11}	tsʰɛ^{11}	tsʰɛ^{11}	sɛ^{11}	kɛ^{11}	kʰɛ^{11}
尖草坪	tsʰai^{33}	tsʰai^{33}	tsʰai^{33}	tsʰai^{33}	tsʰai^{33}	sai^{33}	kai^{33}	kʰai^{33}
晋源	tsʰuai^{42} 白 / tsʰai^{11} 文	tsai^{11}	tsʰai^{11}	tsai^{11}	tsʰai^{11}	sai^{11}	kai^{11}	kʰai^{11}
阳曲	tsʰai^{43}	tsʰai^{43}	tsʰai^{43}	tsʰai^{43}	tsʰai^{43}	sai^{312}	kai^{312}	kʰai^{312}
古交	tsʰai^{44}	tsʰai^{44}	tsʰai^{44}	tsʰai^{44}	tsʰai^{44}	sai^{44}	kai^{44}	kʰai^{44}
清徐	tsʰai^{11}	tsai^{11} 白 / tsʰai^{11} 文	tsʰai^{11}	tsʰai^{11}	tsʰai^{11}	sɿ^{11} 白 / sai^{11} 文	kai^{11}	kʰai^{11}
娄烦	tsʰɛi^{33}	tsʰɛi^{33}	tsʰɛi^{33}	tsʰɛi^{33}	tsʰɛi^{33}	sɛi^{33}	kɛi^{33}	kʰɛi^{33}
榆次	tsʰɛe^{11}	tsʰɛe^{11}	tsʰɛe^{11}	tsʰɛe^{11}	tsʰɛe^{11}	sɛe^{11}	kɛe^{11}	kʰɛe^{11}
交城	tsʰɛ^{11}	tsʰɛ^{11}	tsʰɛ^{11}	tsʰɛ^{11}	tsʰɛ^{11}	sɛ^{11}	kɛ^{11}	kʰɛ^{11}
文水	tsʰueɪ^{22} 白 / tsʰeɪ^{22} 白 / tsʰai^{22} 文	tsʰeɪ^{22} 白 / tsʰai^{22} 文	tsʰai^{22}	tsʰeɪ^{22} 白 / tsʰai^{22} 文	tsʰeɪ^{22} 白 / tsʰai^{22} 文	seɪ^{22} 白 / sai^{22} 文	keɪ^{22}	kʰeɪ^{22} 白 / kʰai^{22} 文
祁县	tsʰəɨ^{31}	tsʰəɨ^{31}	tsʰæɛ^{31}	tsʰæɛ^{31}	tsʰæɛ^{31}	sæɛ^{31}	kəɨ^{31}	kʰəɨ^{31} 白 / kʰæɛ^{31} 文
太谷	tsʰei^{33}	tsʰei^{33}	tsʰei^{33}	tsʰei^{33}	tsʰei^{33}	sɑi^{33}	kei^{33}	kʰei^{33}
平遥	tsʰæe^{213}	tsʰæe^{213}	tsʰæe^{213}	tsʰæe^{213}	tsæe^{213}	sæe^{213}	kæe^{213}	kʰæe^{213}
孝义	tsʰuei^{33}	tsʰei^{33}	tsʰei^{33}	tsʰei^{33}	tsei^{33}	sei^{33}	kei^{33}	kʰei^{33}
介休	tsʰai^{13}	tsʰai^{13}	tsʰai^{13}	tsʰai^{13}	tsʰai^{13}	sai^{13}	kai^{13}	kʰai^{13}
灵石	tsʰɛ^{535}	tsʰɛ^{44}	tsʰɛ^{44}	tsʰɛ^{44}	tsʰɛ^{44}	sɛ^{535}	kɛ^{535}	kʰɛ^{535}
盂县	tsʰɑɛ^{53}	tsʰɑɛ^{22}	tsʰɑɛ^{22}	tsʰɑɛ^{22}	tsʰɑɛ^{22}	sɑɛ^{412}	kɑɛ^{412}	kʰɑɛ^{412}
寿阳	tsʰai^{45}	tsʰai^{22}	tsʰai^{22}	tsʰai^{22}	tsʰai^{22}	sai^{31}	kai^{31}	kʰai^{31}
榆社	tsʰɛ^{312}	tsʰɛ^{22}	tsʰɛ^{22}	tsʰɛ^{22}	tsʰɛ^{22}	sɛ^{22}	kɛ^{22}	kʰɛ^{22}
离石	tsʰuɛe^{24}	tsʰɛe^{44}	tsʰɛe^{44}	tsʰɛe^{44}	tsʰɛe^{44}	sɛe^{24}	kɛe^{24}	kʰɛe^{24}
汾阳	tsʰei^{324} 白 / tsʰai^{324} 文	tsʰei^{22} 白 / tsʰai^{22} 文	tsʰei^{22} 白 / tsʰai^{22} 文	tsʰei^{22} 白 / tsʰai^{22} 文	tsʰei^{22} 白 / tsʰai^{22} 文	sei^{324}	kei^{324} 白 / kai^{324} 文	kʰei^{324} 白 / kʰai^{324} 文
中阳	tʂʰuɛe^{24}	tsʰɛe^{33}	tsʰɛe^{33}	tsʰɛe^{33}	tsʰɛe^{33}	sɛe^{24}	kɛe^{24}	kʰɛe^{24}
柳林	tsʰuɛe^{24}	tsʰɛe^{44}	tsʰɛe^{44}	tsʰɛe^{44}	tsʰɛe^{44}	sɛe^{44}	kɛe^{24}	kʰɛe^{24}
方山	tsʰuɛe^{24}	tsʰɛe^{44}	tsʰɛe^{44}	tsʰɛe^{44}	tsʰɛe^{44}	sɛe^{24}	kɛe^{24}	kʰɛe^{24}
临县	tsʰɛe^{24}	tsʰɛe^{33}	tsʰɛe^{33}	tsʰɛe^{33}	tsʰɛe^{33}	sɛe^{24}	kɛe^{24}	kʰɛe^{24}
兴县	tsʰei^{324}	tsʰei^{55}	tsʰei^{55}	tsʰei^{55}	tsʰei^{55}	sei^{324}	kei^{324}	kʰei^{324}

续表

字目	猜	才~华	财	材	裁	腮	该	开
中古音 / 方言点	仓才 蟹开一 平咍清	昨哉 蟹开一 平咍从	昨哉 蟹开一 平咍从	昨哉 蟹开一 平咍从	昨哉 蟹开一 平咍从	苏来 蟹开一 平咍心	古哀 蟹开一 平咍见	苦哀 蟹开一 平咍溪
岚县	tsʰei^{214}白/ tsʰai^{214}文/ tsʰuei^{214}	tsʰai^{44}	tsʰai^{44}	tsʰei^{44}白/ tsʰai^{44}文	tsʰei^{44}	sei^{214}	kei^{214}	kʰei^{214}白/ kʰai^{214}文
静乐	tsʰae^{314}	tsʰae^{33}	tsʰae^{33}	tsʰae^{33}	tsʰae^{33}	sae^{33}	kae^{24}	kʰae^{24}
交口	tsʰuei^{323}	tsʰai^{44}	tsʰai^{44}	tsʰai^{44}	tsʰai^{44}	sai^{323}	kai^{323}	kʰai^{323}
石楼	tsʰɛi^{213}	tsʰɛi^{44}	tsʰɛi^{44}	tsʰɛi^{44}	tsʰei^{44}	sɛi^{213}	kei^{213}	kʰei^{213}白/ kʰɛi^{33}文
隰县	tsʰɛe^{53}	tsʰɛe^{24}	tsʰae^{24}	tsʰae^{24}	tsʰɛe^{24}	——	kɛe^{53}	kʰɛe^{53}
大宁	tsʰɛe^{31}	tsʰɛe^{24}	tsʰɛe^{24}	tsʰɛe^{24}	tsʰɛe^{24}	sɛe^{31}	kɛe^{31}	kʰɛe^{31}
永和	tsʰuei^{312}白	tsʰei^{35}白/ tsʰɛi^{35}文	tsʰɛi^{35}	tsʰei^{35}白/ tsʰɛi^{35}文	tsʰei^{35}白/ tsʰɛi^{35}文	sɛi^{33}	kei^{33}白/ kɛi^{33}文	kʰei^{33}白/ kʰɛi^{33}文
汾西	tsʰɑi^{11}	tsʰɑi^{35}	tsʰɑi^{35}	tsʰɑi^{35}	tsʰɑi^{35}	sɑi^{11}	kɑi^{11}	kʰei^{11}白/ kʰɑi^{11}文
蒲县	tsʰai^{52}	tsʰai^{52}	tsʰai^{24}	tsʰai^{24}	tsʰai^{24}	sai^{52}	kai^{52}	kʰei^{52}白/ kʰai^{52}文
潞州	tsʰai^{312}	tsʰai^{24}	tsʰai^{24}	tsʰai^{24}	tsʰai^{24}	sai^{312}	kai^{312}	kʰai^{312}
上党	tsʰæ^{213}	tsʰæ^{44}	tsʰæ^{44}	tsʰæ^{44}	tsʰæ^{44}	sæ^{213}	kæ^{213}	kʰæ^{213}
长子	tsʰɛe^{312}	tsʰɛe^{24}	tsʰɛe^{24}	tsʰɛe^{24}	tsʰɛe^{24}	sɛe^{312}	kɛe^{312}	kʰɛe^{312}
屯留	tsʰɛe^{31}	tsʰɛe^{11}	tsʰɛe^{11}	tsʰɛe^{11}	tsʰɛe^{11}	sɛe^{31}	kɛe^{31}	kʰɛe^{31}
襄垣	tsʰuᴇɪ^{33}	tsʰᴇɪ^{31}	tsʰᴇɪ^{31}	tsʰᴇɪ^{31}	tsʰᴇɪ^{31}	sᴇɪ^{33}	kᴇɪ^{33}	kʰᴇɪ^{33}
黎城	tsʰɛi^{33}/ tsʰuɛi^{33}	tsʰei^{53}	tsʰei^{53}	tsʰei^{53}	tsʰei^{53}	sɛi^{33}	kɛi^{33}	kʰɛi^{33}
平顺	tsʰɛe^{213}	tsʰɛe^{13}	tsʰɛe^{13}	tsʰɛe^{13}	tsʰɛe^{13}	sɛe^{213}	kɛe^{213}	kʰɛe^{213}
壶关	tʂʰai^{33}	tʂʰai^{13}	tʂʰai^{13}	tʂʰai^{13}	tʂʰai^{13}	ʂai^{33}	kai^{33}	kʰai^{33}
沁县	tsʰɛe^{224}	tsʰɛe^{33}	tsʰɛe^{33}	tsʰɛe^{33}	tsʰɛe^{33}	sɛe^{224}	kiɛ^{224}	kʰiɛ^{224}
武乡	tsʰɛ^{113}	tsʰɛ^{33}	tsʰɛ^{33}	tsʰɛ^{33}	tsʰɛ^{33}	sɛ^{113}	kɛ^{113}	kʰɛ^{113}
沁源	tsʰɛe^{324}	tsʰɛe^{33}	tsʰɛe^{33}	tsʰɛe^{33}	tsʰɛe^{33}	sɛe^{324}	kɛe^{324}	kʰɛe^{324}
安泽	tsʰai^{21}	tsʰai^{35}	tsʰai^{35}	tsʰai^{35}	tsʰai^{35}	sai^{21}	kai^{21}	kʰai^{21}
沁水端氏	tsʰɛe^{21}	tsʰɛe^{24}	tsʰɛe^{24}	tsʰɛe^{24}	tsʰɛe^{24}	sɛe^{21}	kɛe^{21}	kʰɛe^{21}
阳城	tsʰai^{224}	tsʰai^{22}	tsʰai^{22}	tsʰai^{22}	tsʰai^{22}	sai^{224}	kai^{224}	kʰai^{224}
高平	tʂʰɛe^{33}	tʂʰɛe^{33}	tʂʰɛe^{33}	tʂʰɛe^{33}	tʂʰɛe^{33}	ʂɛe^{33}	kɛe^{33}	kʰɛe^{33}
陵川	tʂʰæe^{33}	tʂʰæe^{53}	tʂʰæe^{53}	tʂʰæe^{53}	tʂʰæe^{53}	ʂʰæe^{33}	kæe^{33}	kʰæe^{33}
晋城	tʂʰᴇ^{33}	tʂʰᴇ^{324}	tʂʰᴇ^{324}	tʂʰᴇ^{324}	tʂʰᴇ^{324}	ʂᴇ^{33}	kᴇ^{33}	kʰᴇ^{33}

续表

字目	猜	才~华	财	材	裁	腮	该	开
中古音／方言点	仓才 蟹开一 平咍清	昨哉 蟹开一 平咍从	昨哉 蟹开一 平咍从	昨哉 蟹开一 平咍从	昨哉 蟹开一 平咍从	苏来 蟹开一 平咍心	古哀 蟹开一 平咍见	苦哀 蟹开一 平咍溪
忻府	tsʰæe^{313}	tsʰæe^{21}	tsʰæe^{21}	tsʰæe^{21}	tsʰæe^{21}	sæe^{313}	kæe^{313}	kʰæe^{313}
原平	tsʰæɛ^{213}	tsʰæɛ^{33}	tsʰæɛ^{33}	tsʰæɛ^{33}	tsʰæɛ^{33}	sæɛ^{213}	kæɛ^{213}	kʰæɛ^{213}
定襄	tsʰɛi^{24}	tsʰɛi^{11}	tsʰɛi^{11}	tsʰɛi^{11}	tsʰɛi^{24}	sɛi^{24}	kɛi^{24}	kʰɛi^{24}
五台	tsʰɛ^{213}	tsʰɛ^{33}	tsʰɛ^{33}	tsʰɛ^{33}	tsʰɛ^{33}	sɛ^{213}	kɛ^{213}	kʰɛ^{213}
岢岚	tsʰɛi^{13}	tsʰɛi^{44}	tsʰɛi^{44}	tsʰɛi^{44}	tsʰɛi^{44}	sɛi^{13}	kɛi^{13}	kʰɛi^{13}
五寨	tsʰei^{13}	tsʰei^{44}	tsʰei^{44}	tsʰei^{44}	tsʰei^{44}	sei^{13}	kei^{13}	kʰei^{13}
宁武	tsʰᴇe^{23}	tsʰᴇe^{33}	tsʰᴇe^{33}	tsʰᴇe^{33}	tsʰᴇe^{33}	sᴇe^{23}	kᴇe^{23}	kʰᴇe^{23}
神池	tsʰɛe^{24}	tsʰɛe^{32}	tsʰɛe^{32}	tsʰɛe^{32}	tsʰɛe^{32}	sɛe^{24}	kɛe^{24}	kʰɛe^{24}
繁峙	tsʰai^{53}	tsʰai^{31}	tsʰai^{31}	tsʰai^{31}	tsʰai^{31}	sai^{53}	kai^{53}	kʰai^{53}
代县	tsʰai^{213}	tsʰai^{44}	tsʰai^{44}	tsʰai^{44}	tsʰai^{44}	sai^{213}	kai^{213}	kʰai^{213}
河曲	tsʰɛe^{213}	tsʰɛe^{44}	tsʰɛe^{44}	tsʰɛe^{44}	tsʰɛe^{44}	sɛe^{213}	kɛe^{213}	kʰɛe^{213}
保德	tsʰai^{213}	tsʰai^{44}	tsʰai^{44}	tsʰai^{44}	tsʰai^{44}	sai^{213}	kai^{213}	kʰai^{213}
偏关	tsʰei^{24}	tsʰei^{44}	tsʰei^{44}	tsʰei^{44}	tsʰei^{44}	sei^{24}	ki^{24}	kʰi^{24}
朔城	tsʰɛi^{312}	tsʰɛi^{35}	tsʰɛi^{35}	tsʰɛi^{35}	tsʰɛi^{35}	sɛi^{312}	kɛi^{312}	kʰɛi^{312}
平鲁	tsʰɛi^{213}	tsʰɛi^{44}	tsʰɛi^{44}	tsʰɛi^{44}	tsʰɛi^{44}	sɛi^{213}	kɛi^{213}	kʰɛi^{213}
应县	tsʰəi^{43}	tsʰɛi^{31}	tsʰɛi^{31}	tsʰɛi^{31}	tsʰəi^{43}	sɛi^{43}	kəi^{43}	kʰəi^{43}
灵丘	tsʰɛe^{442}	tsʰɛe^{31}	tsʰɛe^{31}	tsʰɛe^{31}	tsʰɛe^{31}	sɛe^{31}	kɛe^{442}	kʰɛe^{442}
浑源	tsʰɛe^{52}	tsʰɛe^{22}	tsʰɛe^{22}	tsʰɛe^{22}	tsʰɛe^{22}	sɛe^{52}	kɛe^{52}	kʰɛe^{52}
云州	tsʰɛi^{21}	tsʰɛi^{312}	tsʰɛi^{312}	tsʰɛi^{312}	tsʰɛi^{312}	sɛi^{21}	kɛi^{21}	kʰɛi^{21}
新荣	tsʰɛe^{32}	tsʰɛe^{312}	tsʰɛe^{312}	tsʰɛe^{312}	tsʰɛe^{312}	sɛe^{32}	kɛe^{32}	kʰɛe^{32}
怀仁	tsʰɛe^{42}	tsʰɛe^{312}	tsʰɛe^{312}	tsʰɛe^{312}	tsʰɛe^{312}	sɛe^{42}	kɛe^{42}	kʰɛe^{42}
左云	tsʰɛi^{31}	tsʰɛi^{313}	tsʰɛi^{313}	tsʰɛi^{313}	tsʰɛi^{313}	sɛi^{31}	kɛi^{31}	kʰɛi^{31}
右玉	tsʰɛe^{31}	tsʰɛe^{212}	tsʰɛe^{212}	tsʰɛe^{212}	tsʰɛe^{212}	sɛe^{31}	kɛe^{31}	kʰɛe^{31}
阳高	tsʰei^{31}	tsʰei^{312}	tsʰei^{312}	tsʰei^{312}	tsʰei^{312}	sei^{31}	kei^{31}	kʰei^{31}
山阴	tsʰɛe^{52}	tsɛe^{313}	tsɛe^{313}	tsɛe^{313}	tsɛe^{313}	sɛe^{313}	kɛe^{313}	kʰɛe^{313}
天镇	tsʰɛe^{22}	tsʰɛe^{22}	tsʰɛe^{22}	tsʰɛe^{22}	tsʰɛe^{22}	sɛe^{22}	kɛe^{31}	kʰɛe^{31}
平定	tsʰuɛe^{53}	tsʰɛe^{44}	tsʰɛe^{44}	tsʰɛe^{44}	tsʰɛe^{44}	sɛe^{31}	kɛe^{31}	kʰɛe^{31}
昔阳	tsʰɛe^{42}	tsʰɛe^{33}	tsʰɛe^{33}	tsʰɛe^{33}	tsʰɛe^{33}	sɛe^{42}	kɛe^{42}	kʰɛe^{42}
左权	tsʰɛi^{31}	tsʰɛi^{11}	tsʰɛi^{11}	tsʰɛi^{11}	tsʰɛi^{11}	sɛi^{31}/tsʰɛi^{31}	kɛi^{31}	kʰɛi^{31}
和顺	tsʰai^{42}	tsʰai^{22}	tsʰai^{22}	tsʰai^{22}	tsʰai^{22}	tsʰai^{42} 白 / sai^{42} 文	kai^{42}	kʰai^{42}

续表

字目	猜	才~华	财	材	裁	腮	该	开
中古音 方言点	仓才 蟹开一 平咍清	昨哉 蟹开一 平咍从	昨哉 蟹开一 平咍从	昨哉 蟹开一 平咍从	昨哉 蟹开一 平咍从	苏来 蟹开一 平咍心	古哀 蟹开一 平咍见	苦哀 蟹开一 平咍溪
尧都	tsʰɑi^{21}	tsʰɑi^{24}	tsʰɑi^{24}	tsʰɑi^{24}	tsʰɑi^{24}	sɑi^{21}	kɑi^{21}	kʰei^{21} 白 / kʰɑi^{21} 文
洪洞	tsʰɑi^{21}	tsʰɑi^{24}	tsʰɑi^{24}	tsʰɑi^{24}	tsʰɑi^{24}	sɑi^{21}	kɑi^{21}	kʰei^{21} 白 / kʰɑi^{21} 文
洪洞赵城	tsʰɑi^{21}	tsʰɑi^{24}	tsʰɑi^{24}	tsʰɑi^{24}	tsʰɑi^{24}	sa^{21} 白 / sɑi^{21} 文	kɑi^{21}	kʰei^{21} 白 / kʰɑi^{21} 文
古县	tsʰɑi^{21}	tsʰɑi^{35}	tsʰɑi^{35}	tsʰɑi^{35}	tsʰɑi^{35}	sɑi^{21}	kɑi^{21}	kɑi^{21} 白 / kʰɑi^{21} 文
襄汾	tsʰuai^{21}	tsʰai^{24}	tsʰai^{24}	tsʰai^{24}	tsʰai^{24}	sai^{21}	kei^{21} 白 / kai^{21} 文	kʰei^{21} 白 / kʰai^{21} 文
浮山	tsʰai^{42}	tsʰai^{13}	tsʰai^{13}	tsʰai^{13}	tsʰai^{13}	sai^{42}	kai^{42}	kʰei^{42} 白 / kʰai^{42} 文
霍州	tsʰai^{212}	tsʰai^{35}	tsʰai^{35}	tsʰai^{35}	tsʰai^{35}	sai^{212}	kai^{212}	kʰei^{212} 白 / kʰai^{212} 文
翼城	tsʰᴇe^{53}	tsʰᴇe^{12}	tsʰᴇe^{12}	tsʰᴇe^{12}	tsʰᴇe^{12}	sᴇe^{53}	kᴇe^{53}	kʰei^{53} 白 / kʰᴇe^{53} 文
闻喜	tsʰɛe^{53}	tsʰɛe^{13}	tsʰɛe^{13}	tsʰɛe^{13}	tsʰɛe^{13}	sɛe^{53}	kiᴇ^{53}	kʰi^{53} 白 / kʰɛe^{53} 文
侯马	tsʰae^{213}	tsʰae^{213}	tsʰae^{213}	tsʰae^{213}	tsʰae^{213}	sae^{213}	kae^{213}	kʰei^{213} 白 / kʰae^{213} 文
新绛	tsʰaɛ^{53}	tsʰaɛ^{13}	tsʰaɛ^{13}	tsʰaɛ^{13}	tsʰaɛ^{13}	saɛ^{53}	kaɛ^{53}	kʰei^{53}
绛县	tsʰɑi^{24}	tsʰɑi^{24}	tsʰɑi^{24}	tsʰɑi^{24}	tsʰɑi^{24}	sɑi^{53}	kɑi^{53}	kʰɑi^{53}
垣曲	tsʰai^{22}	tsʰai^{22}	tsʰai^{22}	tsʰai^{22}	tsʰai^{22}	sai^{22}	kai^{22}	kʰai^{22}
夏县	tsʰæe^{53}	tsʰæe^{42}	tsʰæe^{42}	tsʰæe^{42}	tsʰæe^{42}	——	kæe^{53}	kʰei^{53} 白 / kʰæe^{53} 文
万荣	tsʰai^{51}	tsʰai^{213}	tsʰai^{213}	tsʰai^{213}	tsʰai^{213}	sai^{51}	kai^{51}	kʰei^{51} 白 / kʰai^{51} 文
稷山	tsʰai^{53}	tsʰai^{13}	tsʰai^{13}	tsʰai^{13}	tsʰai^{13}	sai^{53}	kai^{53}	kʰei^{53} 白 / kʰai^{53} 文
盐湖	tsʰɛi^{42}	tsʰɛi^{13}	tsʰɛi^{13}	tsʰɛi^{13}	tsʰɛi^{13}	sɛi^{42}	kɛi^{42}	kʰɛi^{42}
临猗	tsʰai^{42}	tsʰai^{13}	tsʰai^{13}	tsʰai^{13}	tsʰai^{13}	sai^{42}	kai^{42}	kʰei^{42} 白 / kʰai^{42} 文
河津	tsʰai^{31}	tsʰai^{31}	tsʰai^{324}	tsʰai^{324}	tsʰai^{324}	sai^{31}	kai^{31}	kʰai^{31}
平陆	tsʰai^{31}	tsʰai^{13}	tsʰai^{13}	tsʰai^{13}	tsʰai^{13}	sai^{31}	kai^{31}	kʰai^{31}
永济	tsʰai^{31}	tsʰai^{24}	tsʰai^{24}	tsʰai^{24}	tsʰai^{24}	sai^{31}	kai^{31}	kʰai^{31}

续表

字目	猜	才~华	财	材	裁	腮	该	开
中古音 / 方言点	仓才 蟹开一 平咍清	昨哉 蟹开一 平咍从	昨哉 蟹开一 平咍从	昨哉 蟹开一 平咍从	昨哉 蟹开一 平咍从	苏来 蟹开一 平咍心	古哀 蟹开一 平咍见	苦哀 蟹开一 平咍溪
芮城	tsʰai42	tsʰai13	tsʰai13	tsʰai13	tsʰai13	sai42	kai42	kʰei42 白 / kʰai42 文
吉县	tsʰai423	tsʰai13	tsʰai13	tsʰai13	tsʰai13	sai423	kai423	kʰei53 白 / kʰai423 文
乡宁	tsʰai53	tsʰai12	tsʰai12	tsʰai12	tsʰai12	sai53	kai53	kʰi53 白 / kʰai53 文
广灵	tsʰɛe53	tsʰɛe31	tsʰɛe31	tsʰɛe31	tsʰɛe31	sɛe53	kɛe53	kʰɛe53

字目	孩	哀	待	怠	乃	宰	载年~	彩
中古音 / 方言点	户来 蟹开一 平咍匣	乌开 蟹开一 平咍影	徒亥 蟹开一 上海定	徒亥 蟹开一 上海定	奴亥 蟹开一 上海泥	作亥 蟹开一 上海精	作亥 蟹开一 上海精	仓宰 蟹开一 上海清
北京	xai^{35}	ai^{55}	tai^{51}	tai^{51}	nai^{214}	tsai^{214}	tsai^{214}	tsʰai^{214}
小店	xɛ^{11}	ɛ^{11}	tɛ^{24}	tɛ^{24}	nɛ^{53}	tsɛ^{53}	tsɛ^{53}	tsʰɛ^{53}
尖草坪	xai^{33}	ɣai^{33}	tai^{35}	tai^{35}	nai^{312}	tsai^{312}	tsai^{312}	tsʰai^{312}
晋源	xai^{11}	ɣai^{11}	tai^{35}	tai^{35}	nai^{42}	tsai^{42}	tsai^{42}	tsʰai^{42}
阳曲	xai^{43}	ŋai^{312}	tai^{454}	tai^{454}	nai^{312}	tsai^{312}	tsai^{454}	tsʰai^{312}
古交	xai^{44}	ŋai^{44}	tai^{53}	tai^{53}	nai^{312}	tsai^{312}	tsai^{312}	tsʰai^{312}
清徐	xai^{11}	ŋai^{11}	tai^{45}	tai^{45}	nai^{54}	tsai^{54}	tsai^{54}	tsʰai^{54}
娄烦	xɛi^{33}	ŋɛi^{33}	tɛi^{54}	tɛi^{54}	nɛi^{312}	tsɛi^{312}	tsɛi^{312}	tsʰɛi^{312}
榆次	xɛe^{11}	ŋɛe^{11}	tɛe^{35}	tɛe^{35}	tʰɛe^{35}	tsɛe^{53}	tsɛe^{53}	tsʰɛe^{53}
交城	xɛ^{11}	ŋɛ^{11}	tɛ^{24}	tɛ^{24}	nɛ^{53}	tsɛ^{53}	tsɛ^{53}	tsʰɛ^{53}
文水	xər^{22}	ŋai^{22}	tai^{35}	tai^{35}	nai^{423}	tser^{423} 白 / tsai^{423} 文	tser^{423} 白 / tsai^{423} 文	tsʰer^{423} 白 / tsʰai^{423} 文
祁县	xæɛ^{31}	ŋæɛ^{31}	tæɛ^{45}	tæɛ^{45}	næɛ^{314}	tsæɛ^{314}	tsæɛ^{314}	tsʰəi^{314} 白 / tsʰæɛ^{314} 文
太谷	xɑi^{33}	ŋɑi^{33}	tɑi^{53}	tɑi^{53}	nɑi^{312}	tsei^{312}	tsei^{312}	tsʰɑi^{312}
平遥	xæe^{213}	ŋæe^{213}	tæe^{24}	tæe^{24}	næe^{512}	tsæe^{512}	tsæe^{512}	tsʰæe^{512}
孝义	xai^{33}	ŋai^{33}	tai^{454}	tai^{454}	nai^{312}	tsei^{312} 白 / tsai^{312} 文	tsai^{312}	tsʰai^{312}
介休	xai^{13}	ŋai^{13}	tai^{45}	tai^{45}	nai^{423}	tsai^{423}	tsai^{423}	tsʰai^{423}
灵石	xɛ^{44}	ŋɛ^{535}	tɛ^{53}	tɛ^{53}	nɛ^{212}	tsɛ^{212}	tsɛ^{212}	tsʰɛ^{212}
盂县	xɑɛ^{22}	ŋɑɛ^{412}	tɑɛ^{55}	tɑɛ^{55}	ŋɑɛ^{53}	tsɑɛ^{53}	tsɑɛ^{53}	tsʰɑɛ^{53}
寿阳	xai^{22}	ŋai^{31}	tai^{45}	tai^{45}	nai^{53}	tsai^{53}	tsai^{53}	tsʰai^{53}
榆社	xɛ^{22}	ŋɛ^{22}	tɛ^{45}	tɛ^{45}	nɛ^{312}	tsɛ^{312}	tsɛ^{312}	tsʰɛ^{312}
离石	xɛe^{44}	ŋɛe^{24}	tɛe^{53}	tɛe^{53}	nie^{312}	tsɛe^{312}	tsɛe^{312}	tsʰɛe^{312}
汾阳	xər^{22}	ŋai^{324}	tei^{55} 白 / tai^{55} 文	tei^{55}	nai^{312}	tsei^{312} 白 / tsai^{312} 文	tsei^{312}	tsʰei^{312} 白 / tsʰai^{312} 文
中阳	ɕie^{53}	ŋɛe^{24}	tɛe^{53}	tɛe^{53}	nɛe^{423}	tsɛe^{423}	tsɛe^{423}	tsʰɛe^{423}
柳林	ɕi^{53}/xɛe^{44}	ŋɛe^{24}	tɛe^{53}	tɛe^{53}	nɛe^{312}	tsɛe^{312}	——	tsʰɛe^{312}
方山	xɛe^{44}	ŋɛe^{24}	tɛe^{52}	tɛe^{52}	nɛe^{312}	tsɛe^{312}	tsɛe^{312}	tsʰɛe^{312}
临县	xɛe^{24}	ŋɛe^{24}	tɛe^{52}	tɛe^{52}	nɛe^{312}	tsɛe^{312}	tsɛe^{312}	tsʰɛe^{312}
兴县	xei^{55}	ŋai^{324}	tai^{53}	——	nai^{324}	tsei^{324}	tsei^{53}	tsʰei^{324}
岚县	xei^{44} 白 / xai^{44} 文	ŋai^{214}	tei^{53} 白 / tai^{53} 文	tai^{53}	nai^{312}	tsai^{312}	tsai^{312}	tsʰai^{312}

续表

字目	孩	哀	待	怠	乃	宰	载年~	彩
中古音／方言点	户来 蟹开一 平咍匣	乌开 蟹开一 平咍影	徒亥 蟹开一 上海定	徒亥 蟹开一 上海定	奴亥 蟹开一 上海泥	作亥 蟹开一 上海精	作亥 蟹开一 上海精	仓宰 蟹开一 上海清
静乐	xi^{33}	ŋae^{24}	tae^{53}	tae^{53}	nae^{314}	tsae^{314}	tsae^{314}	——
交口	ɕiɛ^{53}	ai^{323}	tai^{53}	tai^{53}	nai^{323}	tsai^{323}	tsai^{323}	tsʰai^{323}
石楼	xei^{51}	ŋei^{213}	tɛi^{51}	tɛi^{51}	nɛi^{213}	tsɛi^{213}	tsɛi^{213}	tsʰɛi^{213}
隰县	xae^{24}	ŋɛe^{53}	tɛe^{44}	tɛe^{44}	nɛe^{21}	tsɛe^{21}	tsɛe^{21}	tsʰɛe^{21}
大宁	xɛe^{24}	ŋɛe^{31}	tɛe^{55}	tɛe^{55}	nɛe^{31}	tsɛe^{31}	tsɛe^{31}	tsʰɛe^{31}
永和	xɛi^{35}	ŋei^{312}	tɛi^{53}	tɛi^{53}	nɛi^{312}	tsɛi^{312}	tsɛi^{312}	tsʰɛi^{312}
汾西	xɑi^{35}/xei^{35}	ŋɑi^{11}/ɑi^{11} 白	tɑi^{11}/tʰɑi^{53}	tʰɑi^{53}	nɑi^{33}	tsɑi^{33}	tsɑi^{33}	tsʰɑi^{33}
蒲县	xai^{24}	ŋai^{52}	tai^{33}	tai^{33}	nai^{31}	tsai^{31}	tsai^{31}	tsʰai^{31}
潞州	xai^{24}	ai^{24}	tai^{54}	tai^{54}	nai^{535}	tsai^{535}	tsai^{535}	tsʰai^{535}
上党	xæ^{44}	æ^{213}	tæ^{42}	tæ^{42}	næ^{213}	tsæ^{535}	tsæ^{535}	tsʰæ^{535}
长子	xɛe^{24}	ŋɛe^{312}	tɛe^{53}	tɛe^{53}	nɛe^{434}	tsɛe^{434}	tsɛe^{434}	tsʰɛe^{434}
屯留	xɛe^{11}	ŋɛe^{31}	tɛe^{31}	tɛe^{31}	nɛe^{43}	tsɛe^{43}	tsɛe^{43}	tsʰɛe^{43}
襄垣	xᴇɪ^{31}	ᴇɪ^{33}	tᴇɪ^{45}	tᴇɪ^{45}	nᴇɪ^{42}	tsᴇɪ^{42}	tsᴇɪ^{42}	tsʰᴇɪ^{42}
黎城	xei^{53}	ɛi^{33}	tɛi^{53}	tɛi^{33}	næ^{213}	tæ^{213}	tæ^{213}	tsʰæ^{213}
平顺	xɛe^{13}	ɛe^{213}	tɛe^{53}	tɛe^{53}	nɛe^{434}	tsɛe^{434}	tsɛe^{434}	tsʰɛe^{434}
壶关	xai^{13}	ɣai^{33}	tai^{353}	tai^{353}	nai^{535}	tʂai^{535}	tʂai^{535}	tʂʰai^{535}
沁县	xɛe^{33}	ŋiɛ^{224}	tɛe^{53}	tɛe^{53}	nɛe^{214}	tsɛe^{214}	tsɛe^{214}	tsʰɛe^{214}
武乡	xɛ^{33}	ŋɛ^{113}	tɛ^{55}	tɛ^{55}	nɛ^{113}	tsɛ^{213}	tsɛ^{213}	tsʰɛ^{213}
沁源	xɛe^{33}	ŋɛe^{324}	tɛe^{53}	tɛe^{53}	nɛe^{324}	tsɛe^{324}	tsɛe^{324}	tsʰɛe^{324}
安泽	xai^{35}	ŋai^{21}	tai^{53}	tai^{53}	nai^{42}	tsai^{42}	tsai^{42}	tsʰai^{42}
沁水端氏	xɛe^{24}	ɛe^{21}	tɛe^{53}	tɛe^{53}	nɛe^{31}	tsɛe^{31}	tsɛe^{31}	tsʰɛe^{31}
阳城	xai^{22}	ɣai^{224}	tai^{51}	tai^{51}	nai^{212}	tsai^{212}	tsai^{51}	tsʰai^{212}
高平	xɛe^{33}	ɛe^{33}	tɛe^{53}	tɛe^{53}	nɛe^{212}	tʂɛe^{212}	tʂɛe^{212}	tʂʰɛe^{212}
陵川	xe^{53}	ɣæe^{33}	tæe^{24}	tæe^{24}	næe^{312}	tʂæe^{312}	tʂæe^{312}	tʂʰæe^{312}
晋城	xᴇ^{324}	ɣᴇ^{33}	tᴇ^{33}	tᴇ^{53}	nᴇ^{213}	tʂᴇ^{213}	tʂᴇ^{213}	tʂʰᴇ^{213}
忻府	xæe^{21}	ŋæe^{313}	tæe^{53}	tæe^{53}	næe^{313}	tsæe^{313}	tsæe^{313}	tsʰæe^{313}
原平	xæɛ^{33}	ŋæɛ^{213}	tæɛ^{53}	tæɛ^{53}	næɛ^{213}	tsæɛ^{213}	tsæɛ^{213}	tsʰæɛ^{213}
定襄	xɛi^{11}	ɛi^{24}	tɛi^{53}	tɛi^{53}	nɛi^{24}	tsɛi^{24}	tsʰɛi^{24}	tsʰɛi^{24}
五台	xɛ^{33}	ŋɛ^{213}	tɛ^{52}	tɛ^{52}	nɛ^{213}	tsɛ^{213}	tsɛ^{213}	tsʰɛ^{213}
岢岚	xɛi^{44}	ŋɛi^{13}	tɛi^{52}	tɛi^{52}	nɛi^{13}	tsɛi^{13}	tsɛi^{52}	tsʰɛi^{13}
五寨	xei^{44}	ŋei^{13}	tei^{52}	tei^{52}	nei^{13}	tsei^{13}	tsei^{13}	tsʰei^{13}

续表

字目	孩	哀	待	怠	乃	宰	载年~	彩
中古音 / 方言点	户来 蟹开一 平咍匣	乌开 蟹开一 平咍影	徒亥 蟹开一 上海定	徒亥 蟹开一 上海定	奴亥 蟹开一 上海泥	作亥 蟹开一 上海精	作亥 蟹开一 上海精	仓宰 蟹开一 上海清
宁武	xᴇe^{33}	ᴇe^{23}	tᴇe^{52}	tᴇe^{52}	nᴇe^{213}	tsᴇe^{213}	tsᴇe^{213}	tsʰᴇe^{213}
神池	xɛe^{32}	ŋɛe^{24}	tɛe^{52}	tɛe^{52}	nɛe^{13}	tsɛe^{13}	tsɛe^{13}	tsʰɛe^{13}
繁峙	xai^{31}	ŋai^{53}	tai^{24}	tai^{24}	nai^{53}	tsai^{53}	tsai^{53}	tsʰai^{53}
代县	xai^{44}	ŋai^{213}	tai^{53}	tai^{53}	nai^{213}	tsai^{213}	tsai^{213}	tsʰai^{213}
河曲	xɛe^{44}	ŋɛe^{213}	tɛe^{52}	tɛe^{52}	nɛe^{213}	tsɛe^{213}	tsɛe^{213}	tsʰɛe^{213}
保德	xai^{44}	ai^{213}	tai^{52}	tai^{52}	nai^{213}	tsai^{213}	tsai^{213}	tsʰai^{213}
偏关	xei^{44}	ŋi^{24}	tei^{52}	tei^{52}	nei^{52}	tsei^{213}	tsei^{213}	tsʰei^{213}
朔城	xɛi^{35}	nɛi^{312}	tɛi^{53}	tɛi^{53}	nɛi^{312}	tsɛi^{312}	——	tsʰɛi^{312}
平鲁	xɛi^{44}	nɛi^{213}	tɛi^{213}	tɛi^{213}	nɛi^{213}	tsɛi^{213}	tsɛi^{213}	tsʰɛi^{213}
应县	xəi^{43}	nɛi^{43}	tɛi^{43}/tɛi^{24}	tɛi^{24}	nɛi^{54}	tsɛi^{54}	tsɛi^{54}	tsʰəi^{43}
灵丘	xɛe^{31}	nɛe^{442}	tɛe^{53}	tɛe^{53}	nɛe^{442}	tsɛe^{442}	tsɛe^{442}	tsʰɛe^{442}
浑源	xɛe^{22}	nɛe^{52}	tɛe^{13}	tɛe^{13}	nɛe^{52}	tsɛe^{52}	tsɛe^{52}	tsʰɛe^{52}
云州	xɛi^{312}	nɛi^{21}	tɛi^{24}	tɛi^{24}	nɛi^{55}	tsʰɛi^{55}	tsʰɛi^{55}	tsʰɛi^{55}
新荣	xɛe^{312}	ŋɛe^{32}	tɛe^{24}/tɛe^{312}	tɛe^{24}	nɛe^{54}	tsɛe^{54}	tsɛe^{54}	tsʰɛe^{54}
怀仁	xɛe^{312}	nɛe^{42}	tɛe^{24}	tɛe^{24}	nɛe^{53}	tsɛe^{53}	tsɛe^{53}	tsʰɛe^{53}
左云	xɛi^{313}	nɛi^{31}	tɛi^{24}	tɛi^{24}	nɛi^{54}	tsɛi^{54}	tsɛi^{54}	tsʰɛi^{54}
右玉	xɛe^{212}	ŋɛe^{31}	tɛe^{24}	tɛe^{24}	nɛe^{53}	tsɛe^{53}	tsɛe^{53}	tsʰɛe^{53}
阳高	xei^{31}	ŋei^{31}	tei^{24}	tei^{53}	nei^{53}	tsei^{53}	tsei^{53}	tsʰei^{53}
山阴	xɛe^{313}	nɛe^{313}	tɛe^{335}	tɛe^{335}	——	tsɛe^{52}	tsɛe^{52}	tsʰɛe^{52}
天镇	xɛe^{22}	ŋɛe^{31}	tɛe^{24}	tɛe^{24}	nɛe^{55}	tsɛe^{55}	tsɛe^{55}	tsʰɛe^{55}
平定	xɛe^{44}	ŋɛe^{53}	tiᴇ^{24} 白 / tɛe^{24} 文	tɛe^{24}	nɛe^{53}	tsɛe^{53}	tsɛe^{53}	tsʰɛe^{53}
昔阳	xɛe^{33}	ɛe^{42}	tɛe^{13}	tɛe^{13}	nɛe^{55}	tsɛe^{55}	tsɛe^{55}	tsʰɛe^{55}
左权	xɛi^{11}	ŋɛi^{31}	tɛi^{53}	tɛi^{53}	nɛi^{42}	tsɛi^{42}	tsɛi^{42}	tsʰɛi^{42}
和顺	xai^{22}	ŋai^{42}	tai^{13}	tai^{13}	nai^{53}	tsai^{53}	tsai^{53}	tsʰai^{53}
尧都	xɑi^{24}	ŋɑi^{21}	tɑi^{44}	tɑi^{44}	nɑi^{53}	tai^{53} 白 / tsɑi^{53} 文	tsɑi^{53}	tsʰɑi^{53}
洪洞	xɑi^{24}	ŋɑi^{21}	tɑi^{53}	tɑi^{53}	nɑi^{42}	tsɑi^{42}	tsɑi^{33}	tsʰɑi^{42}
洪洞赵城	uɑ^{24}	ŋɑi^{21}	tɑi^{53}	tɑi^{53}	nɑi^{24}	tsɑi^{42}	tsɑi^{42}	tsʰɑi^{42}
古县	xɑi^{35}	ŋɑi^{21}	tɑi^{53}	tɑi^{53}	nɑi^{42}	tsɑi^{42}	——	tsʰɑi^{42}
襄汾	xai^{24}	ŋai^{21}	tai^{53}	tai^{53}	nai^{53}	tsai^{42}	tsai^{42}	tsʰai^{42}

续表

字目	孩	哀	待	怠	乃	宰	载年~	彩
中古音 / 方言点	户来 蟹开一 平咍匣	乌开 蟹开一 平咍影	徒亥 蟹开一 上海定	徒亥 蟹开一 上海定	奴亥 蟹开一 上海泥	作亥 蟹开一 上海精	作亥 蟹开一 上海精	仓宰 蟹开一 上海清
浮山	xai^{13}	ai^{42}	tai^{53}	tai^{53}	nai^{53}	tsai^{33}	tsai^{33}	ts^{h}ai^{13}
霍州	xai^{35}	suai^{212}	tai^{212}	tai^{53}	lai^{33}	tsai^{33}	tsai^{33}	ts^{h}ai^{33}
翼城	xᴇe^{53}	ŋᴇe^{53}	tᴇe^{53}	tᴇe^{53}	nᴇe^{44}	tsᴇe^{44}	tsᴇe^{44}	ts^{h}ᴇe^{44}
闻喜	xɛe^{13}	ɛe^{53}/ŋiᴇ^{53}	t^{h}ɛe^{13}	tɛe^{13}	lɛe^{33}	tsɛe^{33}	tsɛe^{53}	ts^{h}ɛe^{33}
侯马	xae^{213}	ŋae^{213}	tae^{53}	tae^{53}	nae^{44}	tsae^{44}	tsae^{44}	ts^{h}ae^{44}
新绛	xaɛ^{44}	aɛ^{53}	taɛ^{53}	t^{h}aɛ^{53}	naɛ^{44}	tsaɛ^{44}	tsaɛ^{53}	ts^{h}aɛ^{13}
绛县	xɑi^{24}	ŋɑi^{53}	tɑi^{53}	tɑi^{53}	nɑi^{53}	tsɑi^{33}	tsɑi^{33}	ts^{h}ɑi^{33}
垣曲	xai^{22}	ŋai^{22}	tai^{53}	tai^{53}	nai^{44}	tsai^{44}	tsai^{44}	ts^{h}ai^{44}
夏县	——	ŋæe^{53}	t^{h}æe^{31} 白 / tæe^{31} 文	t^{h}æe^{31} 白 / tæe^{31} 文	læe^{24}	tsæe^{24}	tsæe^{24}	ts^{h}æe^{24}
万荣	xai^{213}	ŋai^{51}	tai^{33}	t^{h}ai^{33}	nai^{55}	tsai^{55}	tsai^{55}	ts^{h}ai^{55}
稷山	xai^{13}	ŋai^{53}	tai^{42}	tai^{42}	nai^{44}	tsai^{44}	tsai^{44}	ts^{h}ai^{44}
盐湖	xɛi^{13}	ŋɛi^{42}	tɛi^{44}	tɛi^{44}	lɛi^{53}	tsɛi^{53}	tsɛi^{53}	ts^{h}ɛi^{53}
临猗	xai^{13}	ŋai^{42}	t^{h}ai^{44}	tai^{44}	lai^{53}	tsai^{53}	tsai^{53}	ts^{h}ai^{53}
河津	xai^{324} 文	ŋai^{31}	t^{h}ai^{44}	tai^{44}	nai^{53}	tsai^{53}	tsai^{53}	ts^{h}ai^{53}
平陆	xai^{13}	ŋai^{31}	t^{h}ai^{33} 白 / tai^{33} 文	t^{h}ai^{33}/tai^{33}	lai^{55}	tsai^{55}	tsai^{55}	ts^{h}ai^{55}
永济	xai^{24}	ŋai^{31}	t^{h}ai^{44}	t^{h}ai^{44}	nai^{53}	tsai^{53}	tsai^{53}	ts^{h}ai^{53}
芮城	xai^{13}	ŋai^{42}	t^{h}ai^{44}	t^{h}ai^{44}	lai^{53}	tsai^{53}	tsai^{53}	ts^{h}ai^{53}
吉县	xai^{13}	ŋai^{423}	t^{h}ai^{33}	t^{h}ai^{33}	nai^{53}	tsai^{53}	tsai^{33}	ts^{h}ai^{53}
乡宁	xai^{12}	ŋai^{53}	tai^{22}	tai^{22}	nai^{44}	tsai^{44}	tsai^{44}	ts^{h}ai^{44}
广灵	xɛe^{53}	nɛe^{53}	tɛe^{213}	tɛe^{213}	nɛe^{44}	tsɛe^{44}	tsɛe^{44}	ts^{h}ɛe^{44}

字目	采~摘	睬	在	改	海	戴	贷	态
中古音 / 方言点	仓宰 蟹开一 上海清	仓宰 蟹开一 上海清	昨宰 蟹开一 上海从	古亥 蟹开一 上海见	呼改 蟹开一 上海晓	都代 蟹开一 去代端	他代 蟹开一 去代透	他代 蟹开一 去代透
北京	tsʰai^{214}	tsʰai^{214}	tsai^{51}	kai^{214}	xai^{214}	tai^{51}	tai^{51}	tʰai^{51}
小店	tsʰɛ^{53}	tsʰɛ^{53}	tsɛ^{24}	kɛ^{53}	xɛ^{53}	tɛ^{24}	tɛ^{24}	tʰɛ^{24}
尖草坪	tsʰai^{312}	tsʰai^{312}	tsai^{35}	kai^{312}	xai^{312}	tai^{35}	tai^{35}	tʰai^{35}
晋源	tsʰai^{42}	tsʰai^{42}	tsai^{35}	kai^{42}	xai^{42}	tai^{35}	tai^{35}	tʰai^{35}
阳曲	tsʰai^{312}	tsʰai^{312}	tsai^{454}	kai^{312}	xai^{312}	tai^{454}	tai^{454}	tʰai^{454}
古交	tsʰai^{312}	tsʰai^{312}	tsai^{53}	kai^{312}	xai^{312}	tai^{53}	tai^{53}	tʰai^{53}
清徐	tsʰai^{54}	tsʰai^{54}	tsai^{45}	kai^{54}	xai^{54}	tai^{45}	tai^{45}	tʰai^{45}
娄烦	tsʰɛi^{312}	tsʰɛi^{312}	tsɛi^{54}	kɛi^{312}	xɛi^{312}	tɛi^{54}	tɛi^{54}	tʰɛi^{54}
榆次	tsʰɛe^{53}	tsʰɛe^{53}	tsɛe^{35}	kɛe^{53}	xɛe^{53}	tɛe^{35}	tɛe^{35}	tʰɛe^{35}
交城	tsʰɛ^{53}	tsʰɛ^{53}	tsɛ^{24}	kɛ^{53}	xɛ^{53}	tɛ^{24}	tɛ^{24}	tʰɛ^{24}
文水	tsʰeɪ^{423} 白 / tsʰai^{423} 文	tsʰeɪ^{423} 白 / tsʰai^{423} 文	tseɪ^{35}	keɪ^{423} 白 / kai^{423} 文	xai^{423}	teɪ^{35} 白 / tai^{35} 文	tai^{35}	tʰai^{35}
祁县	tsʰəɨ^{314} 白 / tsʰæɛ^{314} 文	tsʰæɛ^{314}	tsəɨ^{31}	kəɨ^{314} 白 / kæɛ^{314} 文	xæɛ^{314}	təɨ^{45}/tæɛ^{45}	tæɛ^{45}	tʰæɛ^{45}
太谷	tsʰɑi^{312}	tsʰɑi^{312}	tsei^{53}	kei^{312}	xei^{312}	tɑi^{53}	tɑi^{53}	tʰɑi^{53}
平遥	tsʰæe^{512}	tsʰæe^{512}	tsæe^{24}	kæe^{512}	xæe^{512}	tæe^{24}	tæe^{24}	tʰæe^{24}
孝义	tsʰei^{312}	tsʰai^{312}	tsei^{454}	tei^{312}	xai^{312}	tei^{454}	tai^{454}	tʰai^{454}
介休	tsʰai^{423}	tsʰai^{423}	tsai^{45}	kai^{423}	xai^{423}	tai^{45}	tai^{45}	tʰai^{45}
灵石	tsʰɛ^{212}	tsʰɛ^{212}	tsɛ^{53}	kɛ^{212}	xɛ^{212}	tɛ^{53}	tɛ^{53}	tʰɛ^{53}
盂县	tsʰɑɛ^{53}	tsʰɑɛ^{53}	tsɑɛ^{55}	kɑɛ^{53}	xɑɛ^{53}	tɑɛ^{55}	tɑɛ^{55}	tʰɑɛ^{55}
寿阳	tsʰai^{53}	tsʰai^{53}	tsai^{45}	kai^{53}	xai^{53}	tai^{45}	tai^{45}	tʰai^{45}
榆社	tsʰɛ^{312}	tsʰɛ^{312}	tsɛ^{45}	kɛ^{312}	xɛ^{312}	tɛ^{45}	tɛ^{45}	tʰɛ^{45}
离石	tsʰɛe^{312}	tsʰɛe^{312}	tsɛe^{53}	kɛe^{312}	xɛe^{312}	tɛe^{53}	tɛe^{53}	tʰɛe^{53}
汾阳	tsʰai^{312}	tsʰai^{312}	tsei^{55} 白 / tsai^{55} 文	kei^{312} 白 / kai^{312} 文	xai^{312}	tei^{55} 白 / tai^{55} 文	tei^{55} 白 / tai^{55} 文	tʰai^{55}
中阳	tsʰɛe^{423}	tsʰɛe^{423}	tsɛe^{53}	kɛe^{423}	xɛe^{423}	tɛe^{53}	tɛe^{53}	tʰɛe^{53}
柳林	tsʰɛe^{312}	tsʰɛe^{312}	tsɛe^{53}	kɛe^{312}	xɛe^{312}	tɛe^{53}	tɛe^{53}	tʰɛe^{53}
方山	tsʰɛe^{312}	tsʰɛe^{312}	tsɛe^{52}	kɛe^{312}	xɛe^{312}	tɛe^{52}	tɛe^{52}	tʰɛe^{52}
临县	tsʰɛe^{312}	tsʰɛe^{312}	tsɛe^{52}	kɛe^{312}	xɛe^{312}	tɛe^{52}	tɛe^{52}	tʰɛe^{52}
兴县	tsʰei^{324}	——	tsei^{53}	kei^{324}	xei^{324}	tai^{53}	tai^{53}	tʰai^{53}
岚县	tsʰai^{312}	tsʰai^{312}	tsei^{53}	kei^{312}	xai^{312}	tei^{53} 白 / tai^{53} 文	tai^{53}	tʰai^{53}
静乐	tsʰae^{314}	tsʰae^{314}	tsae^{53}	kae^{314}	xae^{314}	tae^{53}	tae^{53}	tʰae^{53}

续表

字目	采~摘	睬	在	改	海	戴	贷	态
中古音 / 方言点	仓宰 蟹开一 上海清	仓宰 蟹开一 上海清	昨宰 蟹开一 上海从	古亥 蟹开一 上海见	呼改 蟹开一 上海晓	都代 蟹开一 去代端	他代 蟹开一 去代透	他代 蟹开一 去代透
交口	tsʰai^{323}	tsʰai^{323}	tsai^{53}	kai^{323}	xai^{323}	tai^{53}	tai^{53}	tʰai^{53}
石楼	tsʰɛi^{213}	tsʰɛi^{213}	tsei^{51}	kei^{213} 白 / kɛi^{213} 文	xɛi^{213}	tei^{51} 白 / tɛi^{51} 文	tɛi^{51}	tʰɛi^{51}
隰县	tsʰae^{21}	tsʰae^{21}	tsʰɛe^{44}	kɛe^{21}	xae^{21}	tɛe^{44}	tɛe^{44}	tʰɛe^{44}
大宁	tsʰɛe^{31}	tsʰɛe^{31}	tsʰɛe^{55}	kɛe^{31}	xɛe^{31}	tɛe^{55}	tɛe^{55}	tʰɛe^{31}
永和	tsʰɛi^{312}	tsʰɛi^{312}	tsei^{53} 白 / tsɛi^{53} 文	kei^{312} 白 / kɛi^{312} 文	xei^{312} 白 / xɛi^{312} 文	tɛi^{53}	tɛi^{53}	tʰɛi^{53}
汾西	tsʰɑi^{33}	——	tsʰɑi^{53} 白 / tsɑi^{53} 文	kɑi^{33}	xɑi^{33}	tɑi^{55}	tɑi^{53}	tʰɑi^{11}
蒲县	tsʰai^{31}	tsʰai^{33}	tsʰai^{33}	kai^{31}	xai^{31}	tai^{33}	tai^{33}	tʰai^{33}
潞州	tsʰai^{535}	tsʰai^{535}	tsai^{54}	kai^{535}	xai^{535}	tai^{44}	tai^{44}	tʰai^{44}
上党	tsʰæ^{535}	tsʰæ^{535}	tsæ^{42}	kæ^{535}	xæ^{535}	tæ^{22}	tæ^{22}	tʰæ^{22}
长子	tsʰɛe^{434}	tsʰɛe^{434}	tsɛe^{53}	kɛe^{434}	xɛe^{434}	tɛe^{422}	tɛe^{422}	tʰɛe^{422}
屯留	tsʰɛe^{43}	tsʰɛe^{43}	tsɛe^{11}	kɛe^{43}	xɛe^{43}	tɛe^{53}	tɛe^{11}	tʰɛe^{31}
襄垣	tsʰEɪ^{42}	tsʰEɪ^{42}	tsEɪ^{45}	kEɪ^{42}/kæ^{42}	xEɪ^{42}/xæ^{42}	tEɪ^{53}	tEɪ^{53}	tʰEɪ^{53}
黎城	tsʰæ^{213}	tsʰæ^{213}	tsei^{53}	kæ^{213}	xæ^{213}	tɛi^{422}	tɛi^{53}	tʰɛi^{422}
平顺	tsʰɛe^{434}	——	tsɛe^{53}	kɛe^{434}	xɛe^{434}	tɛe^{53}	tɛe^{53}	tʰɛe^{42}
壶关	tʂʰai^{535}	tʂʰai^{535}	tʂai^{353}	kai^{535}	xai^{535}	tai^{42}	tai^{42}	tʰai^{42}
沁县	tsʰɛe^{214}	tsʰɛe^{214}	tsɛe^{53}	kiɛ^{214}	xɛe^{214}	tɛe^{53}	tɛe^{53}	tʰɛe^{53}
武乡	tsʰɛ^{213}	tsʰɛ^{213}	tsɛ^{55}	kɛ^{213}	xɛ^{213}	tɛ^{55}	tɛ^{55}	tʰɛ^{55}
沁源	tsʰɛe^{324}	tsʰɛe^{324}	tsɛe^{53}	kɛe^{324}	xɛe^{324}	tɛe^{53}	tɛe^{53}	tʰɛe^{53}
安泽	tsʰai^{42}	tsʰai^{42}	tsai^{53}	kai^{42}	xai^{42}	tai^{53}	tai^{53}	tʰai^{53}
沁水端氏	tsʰɛe^{31}	tsʰɛe^{31}	tsɛe^{53}	kɛe^{31}	xɛe^{31}	tɛe^{53}	tɛe^{53}	tʰɛe^{21}
阳城	tsʰai^{212}	tsʰai^{212}	tsai^{51}	kai^{212}	xai^{212}	tai^{51}	tai^{51}	tʰai^{51}
高平	tʂʰɛe^{33}	tʂʰɛe^{212}	tʂɛe^{53}	kɛe^{212}	xɛe^{212}	tɛe^{53}	tɛe^{53}	tʰɛe^{212}
陵川	tʂʰæe^{312}	tʂʰæe^{312}	tʂæe^{24}	kæe^{312}	xæe^{312}	tæe^{24}	tæe^{24}	tʰæe^{24}
晋城	tʂʰE^{213}	tʂʰE^{213}	tʂE^{53}	kE^{213}	xE^{213}	tE^{53}	tE^{53}	tʰE^{53}
忻府	tsʰæe^{313}	tsʰæe^{313}	tsæe^{53}	kæe^{313}	xæe^{313}	tæe^{53}	tæe^{53}	tʰæe^{53}
原平	tsʰæɛ^{213}	tsʰæɛ^{213}	tsæɛ^{53}	kæɛ^{213}	xæɛ^{213}	tæɛ^{53}	tæɛ^{53}	tʰæɛ^{53}
定襄	tsʰɛi^{24}	tsʰɛi^{24}	tsɛi^{53}	kɛi^{24}	xɛi^{24}	tɛi^{53}	tɛi^{53}	tʰɛi^{53}
五台	tsʰɛ^{213}	tsʰɛ^{213}	tsɛ^{52}	kɛ^{213}	xɛ^{213}	tɛ^{52}	tɛ^{52}	tʰɛ^{52}
岢岚	tsʰɛi^{13}	tsʰɛi^{13}	tsɛi^{52}	kɛi^{13}	xɛi^{13}	tɛi^{52}	tɛi^{52}	tʰɛi^{52}

续表

字目	采~摘	睬	在	改	海	戴	贷	态
中古音 / 方言点	仓宰 蟹开一 上海清	仓宰 蟹开一 上海清	昨宰 蟹开一 上海从	古亥 蟹开一 上海见	呼改 蟹开一 上海晓	都代 蟹开一 去代端	他代 蟹开一 去代透	他代 蟹开一 去代透
五寨	tsʰei^{13}	tsʰei^{13}	tsei^{52}	kei^{13}	xei^{13}	tei^{52}	tei^{52}	tʰei^{52}
宁武	tsʰᴇe^{213}	tsʰᴇe^{213}	tsᴇe^{52}	kᴇe^{23}	xᴇe^{213}	tᴇe^{52}	tᴇe^{52}	tʰᴇe^{52}
神池	tsʰɛe^{13}	tsʰɛe^{13}	tsɛe^{52}	kɛe^{13}	xɛe^{13}	tɛe^{24}	tɛe^{52}	tʰɛe^{52}
繁峙	tsʰai^{53}	tsʰai^{53}	tsai^{24}	kai^{53}	xai^{53}	tai^{24}	tai^{24}	tʰai^{24}
代县	tsʰai^{213}	tsʰai^{213}	tsai^{53}	kai^{213}	xai^{213}	tai^{53}	tai^{53}	tʰai^{53}
河曲	tsʰɛe^{213}	tsʰɛe^{213}	tsɛe^{52}	kɛe^{213}	xɛe^{213}	tɛe^{52}	tɛe^{52}	tʰɛe^{52}
保德	tsʰai^{213}	tsʰai^{213}	tsai^{52}	kai^{213}	xai^{213}	tai^{52}	tai^{52}	tʰai^{52}
偏关	tsʰei^{213}	tsʰei^{213}	tsei^{52}	ki^{213}	xei^{213}	tei^{52}	tei^{52}	tei^{52}
朔城	——	tsʰɛi^{312}	tsɛi^{53}	kɛi^{312}	xɛi^{312}	tɛi^{53}	tɛi^{53}	tʰɛi^{53}
平鲁	tsʰɛi^{213}	tsʰɛi^{213}	tsɛi^{52}	kɛi^{213}	xɛi^{213}/ xuɛi^{213}	tɛi^{213}	tɛi^{213}	tʰɛi^{52}
应县	tsʰəi^{43}	tsʰɛi^{54}	tsɛi^{24}/tsəʔ$^{\underline{43}}$	kɛi^{54}	xəi^{43}	tɛi^{24}	tɛi^{24}/təi^{43}	tʰɛi^{54}
灵丘	tsʰɛe^{442}	tsʰɛe^{442}	tsɛe^{53}	kɛe^{442}	xɛe^{442}	tɛe^{53}	tɛe^{53}	tʰɛe^{53}
浑源	tsʰɛe^{52}	tsʰɛe^{52}	tsɛe^{13}	kɛe^{52}	xɛe^{52}	tɛe^{13}	tɛe^{13}	tʰɛe^{13}
云州	tsʰɛi^{55}	tsʰɛi^{55}	tsʰɛi^{24}	kɛi^{55}	xɛi^{55}	tɛi^{24}	tɛi^{24}	tʰɛi^{24}
新荣	tsʰɛe^{54}	tsʰɛe^{54}	tsɛe^{24}	kɛe^{54}	xɛe^{54}	tɛe^{24}	tɛe^{24}	tʰɛe^{54}/tʰɛe^{24}
怀仁	tsʰɛe^{53}	tsʰɛe^{53}	tsɛe^{24}	kɛe^{53}	xɛe^{53}	tɛe^{24}	tɛe^{24}	tʰɛe^{24}
左云	tsʰɛi^{54}	tsʰɛi^{54}	tsɛi^{24}	kɛi^{54}	xɛi^{54}	tɛi^{24}	tɛi^{24}	tʰɛi^{24}
右玉	tsʰɛe^{53}	tsʰɛe^{53}	tsɛe^{24}	kɛe^{53}	xɛe^{31}	tɛe^{24}	tɛe^{24}	tʰɛe^{24}
阳高	tsʰei^{53}	tsʰei^{53}	tsei^{24}	kei^{53}	xei^{53}	tei^{24}	tei^{24}	tʰei^{24}
山阴	tsʰɛe^{52}	tsʰɛe^{52}	tsɛe^{335}	kɛe^{52}	xɛe^{52}	tɛe^{335}	tɛe^{335}	tʰɛe^{335}
天镇	tsʰɛe^{55}	tsʰɛe^{55}	tsɛe^{24}	kɛe^{55}	xɛe^{55}	tɛe^{24}	tɛe^{24}	tʰɛe^{24}
平定	tsʰɛe^{53}	tsʰɛe^{53}	tsɛe^{24}	kɛe^{53}	xɛe^{53}	tɛe^{24}	tɛe^{24}	tʰɛe^{31}
昔阳	tsʰɛe^{55}	tsʰɛe^{55}	tsɛe^{13}	kɛe^{55}	xɛe^{55}	tɛe^{13}	tɛe^{13}	tʰɛe^{13}
左权	——	tsʰɛi^{42}	tsɛi^{53}	kɛi^{42}	xɛi^{42}	tɛi^{53}	tɛi^{53}	tʰɛi^{53}
和顺	tsʰai^{53}	——	tsai^{13}	kai^{53}	xai^{53}	tai^{13}	tai^{13}	tʰai^{13}
尧都	tsʰɑi^{53}	tsʰɑi^{53}	tsʰɑi^{44} 白 / tsɑi^{44} 文	kɑi^{53}	xɑi^{53}	tɑi^{44}	tɑi^{44}	tʰɑi^{44}
洪洞	tsʰɑi^{42}	tsʰɑi^{42}	tsʰɑi^{33} 白 / tsɑi^{53} 文	kɑi^{42}	xɑi^{42}	tɑi^{33}	tɑi^{53}	tʰɑi^{21}
洪洞赵城	tsʰɑi^{42}	tsʰɑi^{42}	tsʰɑi^{53} 白 / tsɑi^{53} 文	kɑi^{24}	xɑi^{42}	tɑi^{53}	tɑi^{53}	tɕɑi^{53}

续表

字目 中古音 / 方言点	采~摘	睬	在	改	海	戴	贷	态
中古音	仓宰 蟹开一 上海清	仓宰 蟹开一 上海清	昨宰 蟹开一 上海从	古亥 蟹开一 上海见	呼改 蟹开一 上海晓	都代 蟹开一 去代端	他代 蟹开一 去代透	他代 蟹开一 去代透
古县	tsʰɑi^{42}	tsʰɑi^{42}	tsʰɑi^{53} 白 / tsɑi^{53} 文	kɑi^{42}	xɑi^{42}	tɑi^{35}	tɑi^{35}	tʰɑi^{53}
襄汾	tsʰai^{42}	tsʰai^{42}	tsʰai^{53} 白 / tsai^{53} 文	kai^{42}	xai^{42}	tai^{44}	tai^{53}	tʰai^{44}
浮山	tsʰai^{13}	tsʰai^{13}	tsai^{53}	kai^{33}	xai^{33}	tai^{44}	tai^{53}	tʰai^{53}
霍州	tsai^{33}	tsʰai^{33}	tsʰai^{53}	kai^{33}	xai^{33}	tai^{55}	tai^{53}	tʰai^{53}
冀城	tsʰᴇe^{44}	tsʰᴇe^{44}	tsei^{53} 白 / tsᴇe^{53} 文	kᴇe^{44}	xᴇe^{44}	tᴇe^{53}	tᴇe^{53}	tʰᴇe^{53}
闻喜	tsʰɛe^{33}	——	tsʰɛe^{13}	kiᴇ^{33}	xɛe^{33}	tɛe^{53}	tɛe^{53}	tʰɛe^{53}
侯马	tsʰae^{44}	tsʰae^{44}	tsae^{53}	kae^{44}	xae^{44}	tae^{53}	tae^{53}	tʰae^{53}
新绛	tsʰaɛ^{13}	tsʰaɛ^{13}	tsaɛ^{53}	kaɛ^{44}	xaɛ^{44}	taɛ^{53}	taɛ^{53}	tʰaɛ^{53}
绛县	tsʰɑi^{33}	tsʰɑi^{33}	tsɑi^{31}	kɑi^{33}	xɑi^{33}	tɑi^{31}	tɑi^{31}	tʰɑi^{33}
垣曲	tsʰai^{44}	tsʰai^{44}	tsʰai^{53}	kai^{44}	xai^{44}	tai^{53}	tai^{53}	tʰai^{53}
夏县	tsʰæe^{24}	tsʰæe^{24}	tsʰæe^{31}	kæe^{24}	xæe^{24}	tæe^{31}	tæe^{31}	tʰæe^{31}
万荣	tsʰai^{55}	tsʰai^{55}	tsʰai^{33}	kai^{55}	xai^{55}	tai^{33}	tai^{33}	tʰai^{55}
稷山	tsʰai^{44}	tsʰai^{44}	tsai^{42}	kai^{44}	xai^{44}	tai^{42}	tai^{42}	tʰai^{42}
盐湖	tsʰɛi^{53}	tsʰɛi^{53}	tsʰɛi^{44} 白 / tsei^{44} 文	kɛi^{53}	xɛi^{53}	tɛi^{44}	tɛi^{44}	tʰɛi^{44}
临猗	tsʰai^{53}	tsʰai^{53}	tsai^{44}	kai^{53}	xai^{53}	tai^{44}	tai^{44}	tʰai^{44}
河津	tsʰai^{53}	tsʰai^{53}	tsʰai^{44}	kai^{53}	xai^{53}	tai^{44}	tai^{44}	tʰai^{53}
平陆	tsʰai^{55}	tsʰai^{55}	tsʰai^{33} 白 / tsai^{33} 文	kai^{55}	xai^{55}	tai^{33}	tai^{33}	tʰai^{55}
永济	tsʰai^{53}	tsʰai^{53}	tsʰai^{44}	kai^{53}	xai^{53}	tai^{44}	tai^{44}	tʰai^{44}
芮城	tsʰai^{53}	tsʰai^{53}	tsai^{44}	kai^{53}	xai^{53}	tai^{44}	tai^{44}	tʰai^{42}
吉县	tsʰai^{53}	tsʰai^{53}	tsʰai^{33}	kai^{53}	xai^{53}	tai^{33}	tai^{33}	tʰai^{423}
乡宁	tsʰai^{44}	tsʰai^{44}	tsʰai^{22} 白 / tsai^{22} 文	kai^{44}	xai^{44}	tai^{22}	tai^{22}	tʰai^{22}
广灵	tsʰɛe^{44}	tsʰɛe^{213}	tsɛe^{213}	kɛe^{44}	xɛe^{44}	tɛe^{213}	tɛe^{213}	tʰɛe^{53}

字目	代	袋	耐	再	载~重	菜	载满~	赛
中古音 方言点	徒耐 蟹开一 去代定	徒耐 蟹开一 去代定	奴代 蟹开一 去代泥	作代 蟹开一 去代精	作代 蟹开一 去代精	仓代 蟹开一 去代清	昨代 蟹开一 去代从	先代 蟹开一 去代心
北京	tai^{51}	tai^{51}	nai^{51}	tsai^{51}	tsai^{51}	ts^{h}ai^{51}	tsai^{51}	sai^{51}
小店	tɛ^{24}	tɛ^{24}	nɛ^{24}	tsɛ^{24}	tsɛ^{24}	ts^{h}ɛ^{24}	tsɛ^{24}	sɛ^{24}
尖草坪	tai^{35}	tai^{35}	nai^{35}	tsai^{35}	tsai^{312}	ts^{h}ai^{312}	tsai^{312}	sai^{35}
晋源	tai^{35}	tai^{35}	nai^{35}	tsai^{35}	tsai^{42}	ts^{h}ai^{35}	tsai^{35}	sai^{35}
阳曲	tai^{454}	tai^{454}	nai^{454}	tsai^{454}	tsai^{454}	ts^{h}ai^{454}	tsai^{454}	sai^{454}
古交	tai^{53}	tai^{53}	nai^{53}	tsai^{53}	tsai^{53}	ts^{h}ai^{53}	tsai^{53}	sai^{53}
清徐	tai^{45}	tai^{45}	nai^{45}	tsai^{45}	tsai^{45}	ts^{h}ai^{45}	tsai^{45}	sai^{45}
娄烦	tɛi^{54}	tɛi^{54}	nɛi^{54}	tsɛi^{54}	tsɛi^{312}	ts^{h}ɛi^{54}	tsɛi^{54}	sɛi^{54}
榆次	tɛe^{35}	tɛe^{35}	nɛe^{35}	tsɛe^{35}	tsɛe^{53}	ts^{h}ɛe^{35}	tsɛe^{11}	sɛe^{35}
交城	tɛ^{24}	tɛ^{24}	nɛ^{24}	tsɛ^{24}	tsɛ^{53}	ts^{h}ɛ^{24}	tsɛ^{53}	sɛ^{24}
文水	tai^{35}	teɪ^{35} 白 / tai^{35} 文	neɪ^{35} 白 / nai^{35} 文	tseɪ^{35} 白 / tsai^{35} 文	tseɪ^{423} 白 / tsai^{423} 文	ts^{h}eɪ^{35}	tseɪ^{423} 白 / tsai^{423} 文	sai^{35}
祁县	tæɛ^{45}	təɨ^{45}/tæɛ^{45}	nəɨ^{45} 白 / næɛ^{45} 文	tsəɨ^{45}	tsæɛ^{314}	ts^{h}əɨ^{45} 白 / ts^{h}æɛ^{45} 文	tsæɛ^{314}	sæɛ^{45}
太谷	tɑi^{53}	tɑi^{53}	nɑi^{53}	tsei^{53}	tsei^{53}	ts^{h}ɑi^{53}	tsei^{53}	sɑi^{53}
平遥	tæe^{24}	tæe^{24}	næe^{24}	tsæe^{24}	tsæe^{512}	ts^{h}æe^{24}	tsæe^{512}	sæe^{24}
孝义	tai^{454}	tei^{454} 白 / tai^{454} 文	nei^{454}	tsei^{4544}	tsai^{454}	ts^{h}ei^{454}	tsai^{312}	sai^{454}
介休	tai^{45}	tai^{45}	nai^{45}	tsai^{45}	tsai^{423}	ts^{h}ai^{45}	tsai^{423}	sai^{45}
灵石	tɛ^{53}	tɛ^{53}	nɛ^{53}	tsɛ^{53}	tsɛ^{53}	ts^{h}ɛ^{53}	tsɛ^{53}	sɛ^{53}
盂县	tɑɛ^{55}	tɑɛ^{55}	nɑɛ^{55}	tsɑɛ^{55}	——	ts^{h}ɑɛ^{55}	tsɑɛ^{22}	sɑɛ^{55}
寿阳	tai^{45}	tai^{45}	nai^{45}	tsai^{45}	tsai^{45}	ts^{h}ai^{45}	tsai^{45}	sai^{45}
榆社	tɛ^{45}	tɛ^{45}	nɛ^{45}	tsɛ^{45}	tsɛ^{45}	ts^{h}ɛ^{45}	tsɛ^{45}	sɛ^{45}
离石	tɛe^{53}	tɛe^{53}	nɛe^{53}	tsɛe^{53}	tsɛe^{312}	ts^{h}ɛe^{53}	tsɛe^{312}	sɛe^{53}
汾阳	tei^{55} 白 / tai^{55} 文	tei^{55}	nei^{55} 白 / nai^{55} 文	tsei^{55} 白 / tsai^{55} 文	tsai^{312}	ts^{h}ei^{55}	——	sai^{55}
中阳	tɛe^{53}	tɛe^{53}	nɛe^{53}	tsɛe^{53}	tsɛe^{423}	ts^{h}ɛe^{53}	tsɛe^{423}	sɛe^{53}
柳林	tɛe^{53}	tɛe^{53}	nɛe^{53}	tsɛe^{53}	tsɛe^{312}	ts^{h}ɛe^{53}	——	sɛe^{53}
方山	tɛe^{52}	tɛe^{52}	nɛe^{52}	tsɛe^{52}	tsɛe^{312}	ts^{h}ɛe^{52}	tsɛe^{312}	sɛe^{52}
临县	tɛe^{52}	tɛe^{52}	nɛe^{52}	tsɛe^{52}	tsɛe^{312}	ts^{h}ɛe^{52}	tsɛe^{312}	sɛe^{52}
兴县	tai^{53}	tai^{53}	nei^{53}	tsei^{53}	tsei^{53}	ts^{h}ei^{53}	tsei^{53}	sai^{53}
岚县	tai^{53}	tei^{53}	nei^{53} 白 / nai^{53} 文	tsai^{53}	tsai^{53}	ts^{h}ei^{53}	tsai^{53}	sai^{53}
静乐	tae^{53}	tae^{53}	nae^{53}	tsae^{53}	tsae^{53}	ts^{h}ae^{53}	tsae^{53}	sae^{53}

续表

字目	代	袋	耐	再	载~重	菜	载满~	赛
中古音 / 方言点	徒耐 蟹开一 去代定	徒耐 蟹开一 去代定	奴代 蟹开一 去代泥	作代 蟹开一 去代精	作代 蟹开一 去代精	仓代 蟹开一 去代清	昨代 蟹开一 去代从	先代 蟹开一 去代心
交口	tai^{53}	tai^{53}	nai^{53}	tsai^{53}	tsai^{53}	tsʰai^{53}	tsai^{53}	sai^{53}
石楼	tɛi^{51}	tʰei^{213} 白 / tɛi^{51} 文	nei^{51}	tsei^{51} 白 / tsɛi^{51} 文	tsɛi^{213}	tsʰei^{51}	tsɛi^{213}	sɛi^{51}
隰县	tɛe^{44}	tʰɛe^{44} 白 / tɛe^{44} 文	nɛe^{44}	tsɛe^{44}	tsɛe^{44}	tsʰɛe^{44}	tsɛe^{44}	sɛe^{44}
大宁	tɛe^{55}	tɛe^{55}	nɛe^{55}	tsɛe^{55}	tsɛe^{55}	tsʰɛe^{55}	——	sɛe^{55}
永和	tʰɛi^{53} 白	tɛi^{53}	nei^{53} 白 / nɛi^{53} 文	tsei^{53} 白 / tsɛi^{53} 文	tsɛi^{53}	tsʰei^{53} 白 / tsʰɛi^{53} 文	——	sɛi^{53}
汾西	tɑi^{53}	tʰɑi^{53} 白 / tɑi^{55} 文	nɑi^{53}	tsɑi^{55} 文	tsɑ^{33}	tsʰɑi^{55}	——	sɑi^{55}
蒲县	tai^{33}	tai^{33}	nai^{33}	tsai^{33}	tsai^{33}	tsʰai^{33}	tsai^{31}	sai^{33}
潞州	tai^{54}	tai^{54}	nai^{54}	tsai^{44}	tsai^{44}	tsʰai^{44}	tsai^{54}	sai^{44}
上党	tæ^{42}	tæ^{42}	næ^{42}	tsæ^{22}	tsæ^{22}	tsʰæ^{22}	tsæ^{42}	sæ^{22}
长子	tɛe^{53}	tɛe^{422}	nɛe^{53}	tsɛe^{53}	tsɛe^{422}	tsʰɛe^{422}	tsɛe^{422}	sɛe^{422}
屯留	tɛe^{11}	tɛe^{53}	nɛe^{11}	tsɛe^{53}	tsɛe^{53}	tsʰɛe^{53}	tsɛe^{53}	sɛe^{53}
襄垣	tᴇɪ^{45}	tᴇɪ^{45}	nᴇɪ^{45}	tsᴇɪ^{45}	tsᴇɪ^{42}	tsʰᴇɪ^{53}	tsᴇɪ^{42}	sᴇɪ^{53}
黎城	tɛi^{422}	tɛi^{53}	nɛi^{53}	tsɛi^{422}	tsei^{53}	tsʰei^{422}	tsɛi^{422}	sei^{53}
平顺	tɛe^{53}	tɛe^{53}	nɛe^{53}	tsɛe^{53}	tsɛe^{53}	tsʰɛe^{53}	tsɛe^{53}	sɛe^{53}
壶关	tai^{353}	tai^{353}	nai^{353}	tʂai^{42}	tʂai^{42}	tʂʰai^{42}	tʂai^{42}	ʂai^{42}
沁县	tɛe^{53}	tɛe^{53}	nɛe^{53}	tsɛe^{53}	tsɛe^{53}	tsʰɛe^{53}	tsɛe^{53}	sɛe^{53}
武乡	tɛ^{55}	tɛ^{55}	nɛ^{55}	tsɛ^{55}	tsɛ^{55}	tsʰɛ^{55}	tsɛ^{55}	sɛ^{55}
沁源	tɛe^{53}	tɛe^{53}	nɛe^{53}	tsɛe^{53}	tsɛe^{53}	tsʰɛe^{53}	tsɛe^{53}	sɛe^{53}
安泽	tai^{53}	tai^{53}	nai^{53}	tsai^{53}	tsai^{53}	tsʰai^{53}	tsai^{53}	sai^{53}
沁水端氏	tɛe^{53}	tɛe^{53}	nɛe^{53}	tsɛe^{53}	tsɛe^{31}	tsʰɛe^{53}	tsɛe^{31}	sɛe^{53}
阳城	tai^{51}	tai^{51}	nai^{51}	tsai^{51}	tsai^{51}	tsʰai^{51}	tsai^{51}	sai^{51}
高平	tɛe^{53}	tɛe^{53}	nɛe^{53}	tʂɛe^{53}	tʂɛe^{53}	tʂʰɛe^{53}	tʂɛe^{53}	ʂɛe^{53}
陵川	tæe^{24}	tæe^{24}	næe^{24}	tʂæe^{24}	tʂæe^{312}	tʂʰæe^{24}	tʂæe^{24}	ʂʰæe^{24}
晋城	tᴇ^{53}	tᴇ^{53}	nᴇ^{53}	tʂᴇ^{53}	tʂᴇ^{53}	tʂʰᴇ^{53}	tʂᴇ^{213}	ʂᴇ^{53}
忻府	tæe^{53}	tæe^{53}	næe^{53}	tsæe^{53}	tsæe^{313}	tsʰæe^{53}	tsæe^{53}	sæe^{53}
原平	tæɛ^{53}	tæɛ^{53}	næɛ^{53}	tsæɛ^{53}	tsæɛ^{53}	tsʰæɛ^{53}	tsæɛ^{53}	sæɛ^{53}
定襄	tɛi^{53}	tɛi^{53}	nɛi^{53}	tsɛi^{53}	tsɛi^{53}	tsʰɛi^{53}	tsɛi^{53}	sɛi^{53}
五台	tɛ^{52}	tɛ^{52}	nɛ^{52}	tsɛ^{52}	tsɛ^{52}	tsʰɛ^{52}	tsɛ^{52}	sɛ^{52}

续表

字目	代	袋	耐	再	载~重	菜	载满~	赛
中古音 / 方言点	徒耐 蟹开一 去代定	徒耐 蟹开一 去代定	奴代 蟹开一 去代泥	作代 蟹开一 去代精	作代 蟹开一 去代精	仓代 蟹开一 去代清	昨代 蟹开一 去代从	先代 蟹开一 去代心
岢岚	tɛi^{52}	tɛi^{52}	nɛi^{52}	tsɛi^{52}	tsɛi^{52}	tsʰɛi^{52}	tsɛi^{52}	sɛi^{52}
五寨	tei^{52}	tei^{52}	nei^{52}	tsei^{52}	tsei^{52}	tsʰei^{52}	tsei^{52}	sei^{52}
宁武	tᴇe^{52}	tᴇe^{52}	nᴇe^{52}	tsᴇe^{52}	tsᴇe^{52}	tsʰᴇe^{52}	tsᴇe^{52}	sᴇe^{52}
神池	tɛe^{52}	tɛe^{52}	nɛe^{52}	tsɛe^{52}	tsɛe^{52}	tsʰɛe^{52}	tsɛe^{52}	sɛe^{52}
繁峙	tai^{24}	tai^{24}	nai^{24}	tsai^{24}	tsai^{24}	tsʰai^{24}	tsai^{24}	sai^{24}
代县	tai^{53}	tai^{53}	nai^{53}	tsai^{53}	tsai^{53}	tsʰai^{53}	tsai^{53}	sai^{53}
河曲	tɛe^{52}	tɛe^{52}	nɛe^{52}	ʦɛe^{52}	ʦɛe^{52}	tsʰɛe^{52}	ʦɛe^{213}	sɛe^{52}
保德	tai^{52}	tai^{52}	nai^{52}	tsai^{52}	tsai^{52}	tsʰai^{52}	tsai^{52}	sai^{52}
偏关	tei^{52}	tei^{52}	nei^{52}	tsei^{52}	tsei^{52}	tsʰei^{52}	tsei^{52}	sei^{52}
朔城	tɛi^{53}	tɛi^{53}	nɛi^{53}	tsɛi^{53}	tsɛi^{312}	tsʰɛi^{53}	——	sɛi^{53}
平鲁	tɛi^{213}	tɛi^{213}	nɛi^{52}	tsɛi^{213}	tsɛi^{213}	tsʰɛi^{52}	tsɛi^{52}	sɛi^{52}
应县	mɛi^{54}	mɛi^{54}	nɛi^{24}	tsɛi^{24}	tsɛi^{24}	tsʰɛi^{24}	tsɛi^{24}	sɛi^{24}
灵丘	tɛe^{53}	tɛe^{53}	nɛe^{53}	tsɛe^{53}	tsɛe^{442}	tsʰɛe^{53}	tsɛe^{442}	sɛe^{53}
浑源	tɛe^{13}	tɛe^{13}	nɛe^{13}	tsɛe^{13}	tsɛe^{52}	tsʰɛe^{13}	tsɛe^{52}	sɛe^{13}
云州	tɛi^{24}	tɛi^{24}	nɛi^{24}	tsʰɛi^{24}	tsʰɛi^{55}	tsʰɛi^{24}	tsʰɛi^{55}	sɛi^{24}
新荣	tɛe^{24}	tɛe^{24}	nɛe^{24}	tsɛe^{24}	tsɛe^{54}	tsʰɛe^{24}	tsɛe^{54}	sɛe^{24}
怀仁	tɛe^{24}	tɛe^{24}	nɛe^{24}	tsɛe^{24}	tsɛe^{53}	tsʰɛe^{24}	tsɛe^{53}	sɛe^{24}
左云	tɛi^{24}	tɛi^{24}	nɛi^{24}	tsɛi^{24}	tsɛi^{24}	tsʰɛi^{24}	tsɛi^{24}	sɛi^{24}
右玉	tɛe^{24}	tɛe^{24}	nɛe^{24}	tsɛe^{24}	tsɛe^{24}	tsʰɛe^{24}	tsʰɛe^{24}	sɛe^{24}
阳高	tei^{24}	tei^{24}	nei^{24}	tsei^{24}	tsei^{24}	tsʰei^{24}	tsei^{24}	sei^{24}
山阴	tɛe^{335}	tɛe^{335}/tɛe^{52}	nɛe^{335}	tsɛe^{335}	——	tsʰɛe^{335}	——	sɛe^{335}
天镇	tɛe^{24}	tɛe^{24}	nɛe^{24}	tsɛe^{24}	tsɛe^{55}	tsʰɛe^{24}	tsɛe^{24}	sɛe^{24}
平定	tɛe^{24}	tɛe^{24}	nɛe^{24}	tsɛe^{24}	tsɛe^{53}	tsʰɛe^{24}	tsɛe^{53}	sɛe^{24}
昔阳	tɛe^{13}	tɛe^{13}	nɛe^{13}	tsɛe^{13}	tsɛe^{13}	tsʰɛe^{13}	tsɛe^{13}	sɛe^{42}
左权	tɛi^{53}	tɛi^{53}	nɛi^{53}	tsɛi^{53}	tsɛi^{42}	tsʰɛi^{53}	tsɛi^{42}	sɛi^{53}
和顺	tai^{13}	tai^{13}	nai^{13}	tsai^{13}	tsai^{13}	tsʰai^{13}	——	sai^{13}
尧都	tɑi^{44}	tɑi^{44}	nɑi^{44}	ʦɑi^{44}	ʦɑi^{44}	tsʰɑi^{44}	ʦɑi^{53}	sɑi^{44}
洪洞	tɑi^{33}/tɑi^{53}	tɑi^{33}	nɑi^{53}	tsɑi^{42}	tsɑi^{42}	tsʰɑi^{42}/ tsʰɑi^{33}	——	sɑi^{33}
洪洞赵城	tɑi^{53}	tʰɑi^{53} 白 / tɑi^{53} 文	nɑi^{24}	tsɑi^{53}	tsɑi^{53}	tsʰɑi^{24}	tsɑi^{53}	sɑi^{24}

续表

字目	代	袋	耐	再	载~重	菜	载满~	赛
中古音 / 方言点	徒耐 蟹开一 去代定	徒耐 蟹开一 去代定	奴代 蟹开一 去代泥	作代 蟹开一 去代精	作代 蟹开一 去代精	仓代 蟹开一 去代清	昨代 蟹开一 去代从	先代 蟹开一 去代心
古县	tɑi^{53}	tɑi^{53}	nɑi^{53}	tsɑi^{35}	tsɑi^{53}	tsʰɑi^{35}	——	sɑi^{53}
襄汾	tai^{44}	tʰai^{53}	nai^{53}	tsai^{44}	tsai^{53}	tsʰai^{44}	tsai^{53}	sai^{44}
浮山	tai^{44}	tai^{44}	nai^{53}	tsai^{44}	tsai^{44}	tsʰai^{53}	tsai^{44}	sai^{53}
霍州	tai^{53}	tai^{55}	lai^{53}	tsai^{55}	tsai^{55}	tsʰai^{55}	tsai^{55}	sai^{55}
翼城	tᴇe^{53}	tᴇe^{53}	nᴇe^{53}	tsᴇe^{53}	tsᴇe^{53}	tsʰᴇe^{53}	tsᴇe^{53}	sᴇe^{53}
闻喜	tɛe^{13}	tɛe^{13}	lɛe^{13}	tsɛe^{53}	tsɛe^{53}	tsʰɛe^{53}	tsɛe^{53}	sɛe^{53}
侯马	tae^{53}	tae^{53}	nae^{53}	tsae^{53}	tsae^{44}	tsʰei^{53}	tsae^{53}	sae^{53}
新绛	taɛ^{53}	taɛ^{53}	naɛ^{53}	tsaɛ^{53}	tsaɛ^{53}	tsʰaɛ^{53}	tsaɛ^{53}	saɛ^{53}
绛县	tɑi^{31}	tɑi^{31}	nɑi^{31}	tsɑi^{31}	tsɑi^{31}	tsʰɑi^{31}	tsɑi^{53}	sɑi^{31}
垣曲	tai^{53}	tai^{53}	nai^{53}	tsai^{53}	tsai^{53}	tsʰai^{53}	tsai^{53}	sai^{53}
夏县	tæe^{31}	tæe^{31}	læe^{31}	tsæe^{31}	tsæe^{31}	tsʰæe^{31}	tsæe^{31}	sæe^{31}
万荣	tai^{33}	tai^{33}	nai^{33}	tsai^{33}	tsai^{33}	tsʰai^{33}	tsʰai^{33}	sai^{33}
稷山	tai^{42}	tai^{42}	nai^{42}	tsai^{42}	tsai^{42}	tsʰai^{42}	tsai^{44}	sai^{42}
盐湖	tɛi^{44}	tɛi^{44}	lɛi^{44}	tsɛi^{44}	tsɛi^{44}	tsʰɛi^{44}	tsɛi^{44}	sɛi^{44}
临猗	tai^{44}	tai^{44}	lai^{44}	tsai^{44}	tsai^{44}	tsʰai^{44}	tsai^{44}	sai^{44}
河津	tai^{44}	tai^{44}	nai^{44}	tsai^{44}	tsai^{44}	tsʰai^{44}	tsai^{44}	sai^{44}
平陆	tai^{33}	tai^{33}	lai^{33}	tsai^{33}	tsʰai^{33} 白 / tsai^{33} 文	tsʰai^{33}	tsʰai^{33} 白 / tsai^{33} 文	sai^{33}
永济	tai^{44}	tai^{44}	nai^{44}	tsai^{44}	tsai^{44}	tsʰai^{44}	tsai^{44}	sai^{44}
芮城	tai^{44}	tai^{44}	lai^{44}	tsai^{44}	tsai^{44}	tsʰai^{44}	tsai^{44}	sai^{44}
吉县	tai^{33}	tʰai^{423} 白 / tai^{33} 文	nai^{33}	tsai^{33}	tsai^{33}	tsʰai^{33}	tsai^{33}	sai^{33}
乡宁	tai^{22}	tai^{22}	nai^{22}	tsai^{22}	——	tsʰai^{22}	——	sai^{22}
广灵	tɛe^{213}	tɛe^{213}	nɛe^{213}	tsɛe^{213}	——	tsʰɛe^{213}	——	sɛe^{213}

字目	概	慨慷~	碍	爱	贝	沛	带
中古音 / 方言点	古代 蟹开一 去代见	苦盖 蟹开一 去代溪	五溉 蟹开一 去代疑	乌代 蟹开一 去代影	博盖 蟹开一 去泰帮	普盖 蟹开一 去泰滂	当盖 蟹开一 去泰端
北京	kai^{51}	kʰai^{214}	ai^{51}	ai^{51}	pei^{51}	pʰei^{51}	tai^{51}
小店	kɛ^{53}	kʰɛ^{53}	ɛ^{24}	ɛ^{24}	pei^{24}	pʰei^{24}	tɛ^{24}
尖草坪	kai^{35}	kʰai^{312}	ɣai^{35}	ɣai^{35}	pai^{35}	pʰai^{35}	tai^{35}
晋源	kai^{35}	kʰai^{42}	ɣai^{42}	ɣai^{35}	pei^{35}	pʰai^{11}	tai^{35}
阳曲	kai^{454}	kʰai^{454}	ŋai^{454}	ŋai^{454}	pei^{454}	pʰei^{454}	tai^{454}
古交	kai^{53}	kai^{53}	ŋai^{53}	ŋai^{53}	pai^{53}	pʰai^{53}	tai^{53}
清徐	kai^{45}	kʰai^{54}	ŋai^{45}	ŋai^{45}	pai^{45}	pʰai^{45}	tai^{45}
娄烦	kɛi^{54}	kʰɛi^{54}	ŋɛi^{54}	ŋɛi^{54}	pei^{54}	pʰei^{54}	tɛi^{54}
榆次	kɛe^{35}	kʰɛe^{35}	ŋɛe^{35}	ŋɛe^{35}	pɛe^{35}	pʰɛe^{35}	tɛe^{35}
交城	kɛ^{24}	kʰɛ^{53}	ŋɛ^{53}	ŋɛ^{24}	pɛ^{24}	pʰɛ^{24}	tɛ^{24}
文水	kai^{35}	kʰai^{423}	ŋeɪ^{35} 白 / ŋai^{35} 文	ŋeɪ^{35} 白 / ŋai^{35} 文	peɪ^{35}	pʰeɪ^{35}	teɪ^{35} 白 / tai^{35} 文
祁县	kæɛ^{45}	kʰæɛ^{314}	ŋæɛ^{45}	ŋəɨ^{45} 白 / ŋæɛ^{45} 文	pəɨ^{45}	pʰəɨ^{45}	təɨ^{45}
太谷	kei^{53}	kʰɑi^{312}	ŋɑi^{53}	ŋei^{53}	pei^{53}	pʰei^{53}	tɑi^{53}
平遥	kæe^{24}	kʰæe^{512}	ŋæe^{512}	ŋæe^{24}	pei^{24}	pʰæe^{512}	tæe^{24}
孝义	kai^{454}	kʰai^{454}	ŋai^{454}	ŋei^{454}	pei^{454}	pʰei^{454}	tei^{454}
介休	kai^{45}	kʰai^{423}	ŋai^{45}	ŋai^{45}	pei^{13}	pʰai^{45}	tai^{45}
灵石	kɛ^{53}	kʰɛ^{212}	ŋɛ^{53}	ŋɛ^{53}	pɛ^{53}/pei^{53}	pʰɛ^{53}/pei^{53}	tɛ^{53}
盂县	kɑɛ^{53}	kʰɑɛ^{53}	ŋɑɛ^{53}	ŋɑɛ^{55}	pei^{55}	pʰei^{55}	tɑɛ^{55}
寿阳	kai^{45}	kʰai^{53}	ŋai^{45}	ŋai^{45}	pei^{45}	pʰei^{45}	tai^{45}
榆社	kɛ^{45}	kʰɛ^{312}	ŋɛ^{312}	ŋɛ^{45}	pei^{45}	pʰei^{45}	tɛ^{45}
离石	kɛe^{53}	kʰɛe^{312}	ŋɛe^{312}	ŋɛe^{53}	pɛe^{53}	pʰɛe^{53}	tɛe^{53}
汾阳	kai^{55}	kʰai^{312}	ŋei^{55}	ŋei^{55} 白 / ŋai^{55} 文	pei^{55}	pʰei^{55}	tei^{55} 白 / tai^{55} 文
中阳	kɛe^{53}	kʰɛe^{423}	ŋɛe^{423}	ŋɛe^{53}	pɛe^{53}	pʰɛe^{53}	tɛe^{53}
柳林	kɛe^{53}	kʰɛe^{312}	ŋɛe^{312}	ŋɛe^{53}	pɛe^{53}	pʰɛe^{53}	tɛe^{53}
方山	kɛe^{52}	kʰɛe^{312}	ŋɛe^{52}	ŋɛe^{52}	pɛe^{52}	pʰɛe^{52}	tɛe^{52}
临县	kɛe^{52}	kʰɛe^{312}	ŋɛe^{52}	ŋɛe^{52}	pɛe^{52}	pʰɛe^{52}	tɛe^{52}
兴县	kai^{53}	kʰai^{324}	ŋei^{53}	ŋei^{53}	pei^{53}	pʰei^{53}	tai^{53}
岚县	kai^{53}	kai^{53}	ŋai^{53}	ŋei^{53} 白 / ŋai^{53} 文	pei^{53}	pʰei^{53}	tei^{53} 白 / tai^{53} 文
静乐	kae^{53}	kʰae^{53}	ŋae^{53}	ŋae^{53}	pei^{53}	pʰei^{53}	tae^{53}

续表

字目	概	慨慷～	碍	爱	贝	沛	带
中古音 方言点	古代 蟹开一 去代见	苦盖 蟹开一 去代溪	五溉 蟹开一 去代疑	乌代 蟹开一 去代影	博盖 蟹开一 去泰帮	普盖 蟹开一 去泰滂	当盖 蟹开一 去泰端
交口	kai^{53}	kʰai^{323}	ŋai^{53}	ŋai^{53}	pei^{53}	pʰei^{53}	tai^{53}
石楼	kɛi^{51}	kʰɛi^{213}	ŋɛi^{51}	ŋɛi^{51}	pei^{51}	pʰei^{51}	tei^{51} 白 / tɛi^{51} 文
隰县	kɛe^{44}	kʰɛe^{21}	ŋɛe^{44}	ŋɛe^{44}	pei^{44}	pʰei^{44}	tɛe^{44}
大宁	kɛe^{55}	kʰɛe^{55}	ŋɛe^{55}	ŋɛe^{55}	pei^{31}	pʰei^{55}	tɛe^{55}
永和	kɛi^{53}	kʰɛi^{53}	ŋɛi^{53}	ŋɛi^{53}	pei^{53}	——	tɛi^{53}
汾西	kɑi^{55}	kʰɑi^{33}	ŋɑi^{53} 白 / ɑi^{53} 文	ŋɑi^{55}	pei^{53}	pʰei^{55}	tɪ^{55}/tɑi^{55}
蒲县	kai^{33}	kʰai^{31}	ŋai^{33}	ŋai^{33}	pei^{33}	pʰei^{33}	tai^{33}
潞州	kai^{44}	kʰai^{535}	ai^{54}	ai^{44}	pei^{44}	pʰei^{44}	tai^{44}
上党	kʰæ^{22}	kʰæ^{44}	æ^{42}	æ^{22}	pei^{42}	pʰei^{22}	tæ^{22}
长子	kɛe^{53}	kʰɛe^{434}	ŋɛe^{53}	ŋɛe^{422}	pei^{53}	pʰei^{53}	tɛe^{422}
屯留	kɛe^{53}	kʰɛe^{43}	ŋɛe^{53}	ŋɛe^{53}	pei^{11}	pʰei^{53}	tɛe^{53}
襄垣	kᴇɪ^{45}	kᴇɪ^{42}	ᴇɪ^{42}	ᴇɪ^{45}	pei^{45}	pʰei^{45}	tᴇɪ^{53}
黎城	kɛi^{53}	kɛi^{53}	ɛi^{53}	ɛi^{53}	pei^{53}	pʰei^{53}	tɛi^{422}
平顺	kɛe^{53}	kʰɛe^{434}	ɛe^{53}	ɣɛe^{53}	pei^{53}	pʰei^{53}	tɛe^{53}
壶关	kai^{42}	kʰai^{535}	ɣai^{353}	ɣai^{42}	pei^{353}	pʰei^{42}	tai^{42}
沁县	kiɛ^{53}	kʰiɛ^{33}	ŋiɛ^{214}	ŋiɛ^{53}	pei^{53}	pʰei^{53}	tɛe^{53}
武乡	kɛ^{55}	kʰɛ^{213}	ŋɛ^{213}	ŋɛ^{55}	pei^{55}	pʰei^{55}	tɛ^{55}
沁源	kɛe^{53}	kʰɛe^{324}	ŋɛe^{53}	ŋɛe^{53}	pei^{53}	pʰei^{53}	tɛe^{53}
安泽	kai^{53}	kʰai^{42}	ŋai^{53}	ŋai^{53}	——	pʰei^{53}	tai^{53}
沁水端氏	kɛe^{53}	kʰɛe^{31}	ɛe^{53}	ɛe^{53}	pai^{53}	pʰai^{53}	tɛe^{53}
阳城	kai^{51}	kʰai^{212}	ɣai^{51}	ɣai^{51}	pai^{51}	pʰai^{51}	tai^{51}
高平	kɛe^{53}	kʰɛe^{212}	ɛe^{53}	ɛe^{53}	pei^{53}	pʰei^{53}	tɛe^{53}
陵川	kæe^{24}	kʰæe^{312}	ɣæe^{24}	ɣæe^{24}	pei^{24}	pʰei^{24}	tæe^{24}
晋城	kᴇ^{53}	kʰᴇ^{213}	ɣᴇ^{53}	ɣᴇ^{53}	pɤɯ^{53}	pʰɤɯ^{53}	tᴇ^{53}
忻府	kæe^{53}	kʰæe^{313}	ŋæe^{53}	ŋæe^{53}	pei^{53}	pʰei^{53}	tæe^{53}
原平	kæɛ^{53}	kʰæɛ^{213}	ŋæɛ^{53}	ŋæɛ^{53}	pəi^{53}	pʰəi^{53}	tæɛ^{53}
定襄	kɛi^{53}	kɛi^{24}	ŋɛi^{53}	ŋɛi^{53}	pei^{53}	pʰei^{53}	tɛi^{53}
五台	kɛ^{52}	kʰɛ^{213}	ŋɛ^{52}	ŋɛ^{52}	pei^{52}	pʰei^{52}	tɛ^{52}
岢岚	kɛi^{52}	kʰɛi^{52}	ŋɛi^{52}	ŋɛi^{52}	pei^{52}	pʰei^{52}	tɛi^{52}

续表

字目	概	慨慷~	碍	爱	贝	沛	带
中古音 / 方言点	古代 蟹开一 去代见	苦盖 蟹开一 去代溪	五溉 蟹开一 去代疑	乌代 蟹开一 去代影	博盖 蟹开一 去泰帮	普盖 蟹开一 去泰滂	当盖 蟹开一 去泰端
五寨	kei^{52}	kʰei^{52}	ŋei^{52}	ŋei^{52}	pei^{52}	pʰei^{52}	tei^{52}
宁武	kᴇe^{52}	kʰᴇe^{52}	ᴇe^{52}	ŋᴇe^{52}	pᴇe^{52}	pʰᴇe^{52}	tᴇe^{52}
神池	kɛe^{52}	kʰɛe^{13}	ŋɛe^{52}	ŋɛe^{52}	pɛe^{52}	pʰɛe^{52}	tɛe^{52}
繁峙	kai^{24}	kʰai^{53}	ŋai^{24}	ŋai^{24}	pei^{24}	pʰei^{24}	tai^{24}
代县	kai^{53}	kʰai^{213}	ŋai^{53}	ŋai^{53}	pei^{53}	pʰei^{53}	tai^{53}
河曲	kɛe^{52}	kʰɛe^{213}	ŋɛe^{52}	ŋɛe^{52}	pei^{52}	pʰei^{52}	tɛe^{52}
保德	kai^{52}	kʰai^{213}	ai^{52}	ai^{52}	pei^{52}	pʰei^{52}	tai^{52}
偏关	ki^{52}	kʰi^{213}	kʰʌʔ^{4}	ŋi^{52}	pei^{52}	pʰei^{52}	tei^{52}
朔城	kɛi^{53}	kʰɛi^{53}	nɛi^{53}	nɛi^{53}	pei^{53}	pei^{53}	tɛi^{53}
平鲁	kɛi^{52}	kʰɛi^{52}	kʰɛi^{52}	nɛi^{52}	pɛi^{52}	pʰɛi^{52}	tɛi^{213}
应县	kəi^{43}	kʰɛi^{54}	nɛi^{54}/nɛi^{24}	nɛi^{24}	pəi^{24}	pʰəi^{24}	təi^{43}
灵丘	kɛe^{53}	kʰɛe^{442}	nɛe^{53}	nɛe^{53}	pei^{53}	pʰei^{53}	tɛe^{53}
浑源	kɛe^{13}	kʰɛe^{13}	nɛe^{13}	nɛe^{13}	pɛe^{13}	pʰɛe^{13}	tɛe^{13}
云州	kɛi^{24}	kʰɛi^{55}	nɛi^{55}	nɛi^{24}	pɛi^{24}	pʰɛi^{24}	tɛi^{24}
新荣	kɛe^{24}	kʰɛe^{24}	nɛe^{54}	ŋɛe^{24}	pɛe^{24}	pʰɛe^{24}	tɛe^{24}
怀仁	kɛe^{24}	kʰɛe^{53}	nɛe^{24}	nɛe^{24}	pɛe^{24}	pʰɛe^{24}	tɛe^{24}
左云	kɛi^{24}	kʰɛi^{54}	nɛi^{54}	nɛi^{24}	pɛi^{24}	pʰɛi^{24}	tɛi^{24}
右玉	kɛe^{24}	kʰɛe^{53}	ŋɛe^{53}	ŋɛe^{24}	pɛe^{24}	pʰɛe^{24}	tɛe^{24}
阳高	kei^{24}	kʰei^{24}	ŋei^{24}	ŋei^{24}	pei^{24}	pʰei^{24}	tei^{24}
山阴	kɛe^{335}	kʰɛe^{335}	nɛe^{52}	nɛe^{335}	pei^{335}	pʰei^{335}	tɛe^{335}
天镇	kɛe^{24}	kʰɛe^{24}	ŋɛe^{55}	ŋɛe^{24}	pɛe^{24}	pʰɛe^{24}	tɛe^{24}
平定	kɛe^{24}	kʰɛe^{53}	ŋɛe^{53}	ŋɛe^{24}	pei^{24}	pʰei^{24}	tɛe^{24}
昔阳	kɛe^{13}	kʰɛe^{55}	ɛe^{13}	ɛe^{13}	pei^{13}	pʰei^{13}	tɛe^{13}
左权	kɛi^{53}	——	ŋɛi^{53}	ŋɛi^{53}	pɛi^{53}	pʰɛi^{53}	tɛi^{53}
和顺	kai^{13}	kʰai^{53}	ŋai^{13}	ŋai^{13}	pei^{13}	pʰei^{13}	tai^{13}
尧都	kɑi^{44}	kʰɑi^{44}	ŋɑi^{44}	ŋɑi^{44}	pei^{44}	pʰei^{44}	tɑi^{44}
洪洞	kɑi^{33}	kʰɑi^{42}	ŋɑi^{53}	ŋɑi^{33}	pei^{0}	pʰei^{24}	tɑi^{33}
洪洞赵城	kɑi^{53}	——	ŋɑi^{53}	ŋɑi^{24}	pei^{21}	pʰei^{24}	tɑi^{24}
古县	kɑi^{42}	kʰɑi^{42}	ŋɑi^{53}	ŋɑi^{35}	pei^{35}	pʰei^{35}	tɑi^{35}
襄汾	kai^{44}	kʰai^{44}	ŋai^{44}	ŋai^{44}	pei^{44}	pʰei^{44}	tai^{44}
浮山	kai^{44}	kʰai^{44}	ŋai^{53}	ŋai^{44}	pei^{44}	pʰei^{44}	tai^{44}

续表

字目	概	慨慷~	碍	爱	贝	沛	带
中古音 / 方言点	古代 蟹开一 去代见	苦盖 蟹开一 去代溪	五溉 蟹开一 去代疑	乌代 蟹开一 去代影	博盖 蟹开一 去泰帮	普盖 蟹开一 去泰滂	当盖 蟹开一 去泰端
霍州	kai^{55}	kʰai^{53}	ŋai^{53}	ŋai^{55}	pei^{55}	pʰei^{53}	tai^{55}
翼城	kᴇe^{53}	kʰᴇe^{44}	ŋᴇe^{53}	ŋᴇe^{53}	pᴇe^{53}	pʰei^{53}	tᴇe^{53}
闻喜	kɛe^{52}	kʰɛe^{53}	ɛe^{53}/ŋiᴇ^{53}	ŋiᴇ^{53}	pi^{53}	pʰi^{53}	tɛe^{53}
侯马	kae^{53}	kʰae^{44}	ŋae^{53}	ŋae^{53}	pi^{53}	pʰei^{53}	tae^{53}
新绛	kaɛ^{53}	kʰaɛ^{53}	ŋaɛ^{44}	ŋaɛ^{53}	pei^{53}	pʰei^{13}	taɛ^{53}
绛县	kɑi^{31}	kʰɑi^{31}	ŋɑi^{31}	ŋɑi^{31}	pei^{31}	pʰei^{31}	tɑi^{31}
垣曲	kai^{53}	kʰai^{44}	ŋai^{53}	ŋai^{53}	pei^{53}	pʰei^{53}	tai^{53}
夏县	kæe^{31}	kʰæe^{24}	ŋæe^{31}	ŋæe^{31}	pei^{31}	pʰei^{31}	tæe^{31}
万荣	kai^{33}	kʰai^{55}	ŋai^{55}	ŋai^{33}	pei^{33}	pʰei^{55}	tai^{33}
稷山	kai^{42}	kʰai^{42}	ŋai^{42}	ŋai^{42}	pʰi^{42} 白 / pei^{42} 文	pʰi^{42}	tai^{42}
盐湖	kɛi^{44}	kʰɛi^{53}	ŋɛi^{44}	ŋɛi^{44}	pei^{44}	pʰei^{44}	tɛi^{44}
临猗	kai^{44}	kʰai^{53}	ŋai^{44}	ŋai^{44} 白 / ai^{44} 文	pei^{44}	pʰei^{44}	tai^{44}
河津	kai^{44}	kʰai^{53}	ŋai^{53}	ŋai^{44}	pei^{44}	pʰei^{53}	tai^{44}
平陆	kai^{33}	kʰai^{55}	ŋai^{55}	ŋai^{33}	pei^{33}	pʰei^{33}	tai^{33}
永济	kai^{44}	kʰai^{53}	ŋai^{44}	ŋai^{44}	pei^{44}	pʰei^{53}	tai^{44}
芮城	kai^{44}	kʰai^{53}	ŋai^{42}	ŋai^{44}	pʰei^{42} 白 / pei^{42} 文	pʰei^{42}	tai^{44}
吉县	kai^{33}	kʰai^{53}	ŋai^{53}	ŋai^{33}	pei^{33}	pʰei^{53}	tai^{33}
乡宁	kai^{22}	——	ŋai^{22}	ŋai^{22}	pei^{22}	pʰei^{22}	tai^{22}
广灵	kɛe^{213}	kʰɛe^{213}	nɛe^{44}/nei^{44}	nɛe^{213}	pei^{213}	pʰei^{213}	tɛe^{213}

字目	太	泰	大~夫	奈	赖	蔡	盖遮~	艾~草
中古音 / 方言点	他盖 蟹开一 去泰透	他盖 蟹开一 去泰透	徒盖 蟹开一 去泰定	奴带 蟹开一 去泰泥	落盖 蟹开一 去泰来	仓大 蟹开一 去泰清	古太 蟹开一 去泰见	五盖 蟹开一 去泰疑
北京	tʰai^{51}	tʰai^{51}	tai^{51}	nai^{51}	lai^{51}	tsʰai^{51}	kai^{51}	ai^{51}
小店	tʰɛ^{24}	tʰɛ^{24}	tɛ^{24}	nɛ^{24}	lɛ^{24}	tsʰɛ^{24}	kɛ^{53}	ɛ^{24}
尖草坪	tʰai^{35}	tʰai^{35}	tai^{35}	nai^{35}	lai^{35}	tsʰai^{35}	kai^{35}	ɣai^{33}
晋源	tʰai^{35}	tʰai^{35}	tai^{35}	nai^{35}	lai^{35}	tsʰai^{35}	kai^{35}	ɣai^{35}
阳曲	tʰai^{454}	tʰai^{454}	tai^{454}	nai^{454}	lai^{454}	tsʰai^{454}	kai^{454}	ŋai^{454}
古交	tʰai^{53}	tʰai^{53}	tai^{53}	nai^{53}	lai^{53}	tsʰai^{53}	kai^{53}	ŋai^{53}
清徐	tʰai^{45}	tʰai^{45}	tai^{45}	nai^{45}	lai^{45}	tsʰai^{45}	kai^{45}	ŋai^{45}
娄烦	tʰɛi^{54}	tʰɛi^{54}	tɛi^{54}	nɛi^{54}	lɛi^{54}	tsʰɛi^{54}	kɛi^{54}	ŋɛi^{54}
榆次	tʰɛe^{35}	tʰɛe^{35}	tɛe^{35}	nɛe^{35}	lɛe^{35}	tsʰɛe^{35}	kɛe^{35}	ŋɛe^{35}
交城	tʰɛ^{24}	tʰɛ^{24}	tɛ^{24}	nɛ^{24}	lɛ^{24}	tsʰɛ^{24}	kɛ^{24}	ŋɛ^{24}
文水	tʰai^{35}	tʰai^{35}	tai^{35}	nai^{35}	lai^{35}	tsʰeɪ^{35}	keɪ^{35}	ŋeɪ^{35}
祁县	tʰæɛ^{45}	tʰæɛ^{45}	tæɛ^{45}	næɛ^{45}	læɛ^{45}	tsʰæɛ^{45}	kəɨ^{45} 白 / kæɛ^{45} 文	ŋəɨ^{45}
太谷	tʰɑi^{53}	tʰɑi^{53}	tɒ^{53}	nɑi^{53}	lɑi^{53}	tsʰɑi^{53}	kei^{53}	ŋei^{53}
平遥	tʰæe^{24}	tʰæe^{24}	tæe^{24}	næe^{24}	læe^{24}	tsʰæe^{24}	kæe^{24}	ŋæe^{24}
孝义	tʰai^{454}	tʰai^{454}	tai^{454}	nei^{454}	lai^{454}	tsʰei^{454} 白 / tsʰai^{454} 文	kei^{454}	ŋei^{454}
介休	tʰai^{45}	tʰai^{45}	tai^{45}	nai^{45}	lai^{45}	tsʰai^{45}	kai^{45}	ŋai^{45}
灵石	tʰɛ^{53}	tʰɛ^{53}	tɛ^{53}	nɛ^{53}	lɛ^{53}	tsʰɛ^{53}	kɛ^{53}	ŋɛ^{53}
盂县	tʰɑɛ^{55}	tʰɑɛ^{55}	tɑɛ^{55}	ŋɑɛ^{55}	lɑɛ^{55}	tsʰɑɛ^{55}	kɑɛ^{53}	ŋɑɛ^{55}
寿阳	tʰai^{45}	tʰai^{45}	tai^{45}	nai^{45}	lai^{45}	tsʰai^{45}	kai^{45}	ŋai^{45}
榆社	tʰɛ^{45}	tʰɛ^{45}	tɛ^{45}	nɛ^{45}	lɛ^{45}	tsʰɛ^{45}	kɛ^{45}	ŋɛ^{45}
离石	tʰiɛ^{53} 白 / tʰɛe^{53} 文	tʰɛe^{53}	tɛe^{53}	nɛe^{53}	liɛ^{53} 白 / lɛe^{53} 文	tsʰɛe^{53}	kɛe^{53}	ŋɛe^{53}
汾阳	tʰai^{55}	tʰai^{55}	tai^{55}	nai^{55}	lai^{55}	tsʰei^{55} 白 / tsʰai^{55} 文	kei^{55}	ŋei^{55} 白 / ŋai^{55} 文
中阳	tʰɛe^{53}	tʰɛe^{53}	tɛe^{53}	nɛe^{53}	lɛe^{53}	tsʰɛe^{53}	kɛe^{53}	ŋɛe^{53}
柳林	tʰɛe^{53}	tʰɛe^{53}	tɛe^{53}	nɛe^{53}	lɛe^{53}	tsʰɛe^{53}	kɛe^{53}	ŋɛe^{53}
方山	tʰɛe^{52}	tʰɛe^{52}	tɛe^{52}	nɛe^{52}	lɛe^{52}	tsʰɛe^{52}	kɛe^{52}	ŋɛe^{52}
临县	tʰɛe^{52}	tʰɛe^{52}	tɒ^{52}	nɛe^{52}	lɛe^{52}	tsʰɛe^{52}	kɛe^{52}	ŋɛe^{52}
兴县	tʰai^{53}	tʰai^{53}	tai^{53}	nei^{53}	lai^{53}	tsʰei^{53}	kei^{53}	ŋei^{53}
岚县	tʰai^{53}	tʰai^{53}	tai^{53}	nei^{53}	lai^{53}	tsʰai^{53}	kei^{53}	ŋei^{53}
静乐	tʰae^{53}	tʰae^{53}	tae^{53}	nae^{53}	lae^{53}	tsʰae^{53}	kae^{53}	ŋae^{53}

续表

字目	太	泰	大~夫	奈	赖	蔡	盖遮~	艾~草
中古音 / 方言点	他盖 蟹开一 去泰透	他盖 蟹开一 去泰透	徒盖 蟹开一 去泰定	奴带 蟹开一 去泰泥	落盖 蟹开一 去泰来	仓大 蟹开一 去泰清	古太 蟹开一 去泰见	五盖 蟹开一 去泰疑
交口	tʰai^{53}	tʰai^{53}	tai^{53}	nai^{53}	lai^{53}	tsʰai^{53}	kai^{53}	ŋai^{53}
石楼	tʰɛi^{51}	tʰɛi^{51}	tɛi^{51}	nɛi^{51}	lɛi^{51}	tsɛi^{51}	kei^{51} 白 / kɛi^{51} 文	ŋei^{51}
隰县	tʰɛe^{44}	tʰɛe^{44}	tɛe^{44}	nɛe^{44}	lɛe^{44}	tsʰɛe^{53}	kɛe^{44}	ŋɛe^{53}
大宁	tʰɛe^{55}	tʰɛe^{55}	tɛe^{55}	nɛe^{55}	lɛe^{55}	tsʰɛe^{55}	kɛe^{31} 白 / kɛe^{55} 文	ŋɛe^{55}
永和	tʰɛi^{53}	tʰɛi^{53}	tɛi^{53}	nɛi^{53}	lɛi^{53}	tsʰɛi^{53}	kei^{53} 白 / kɛi^{53} 文	ŋei^{53} 白 / ŋɛi^{53} 文
汾西	tʰɑi^{55}	tʰɑi^{55}	tɑi^{53}	nɑi^{53}	lei^{53}	tsʰɑi^{55}	kɑi^{55}/kɪ^{11}	ŋɑi^{53}
蒲县	tʰai^{33}	tʰai^{33}	tai^{33}	nai^{33}	lai^{33}	tsʰai^{33}	kai^{33}	ŋai^{33}
潞州	tʰai^{44}	tʰai^{44}	tai^{54}	nai^{54}	lai^{54}	tsʰai^{44}	kai^{44}	ai^{54}
上党	tʰæ^{22}	tʰæ^{22}	tæ^{42}	næ^{42}	læ^{42}	tsʰæ^{22}	kæ^{22}	æ^{42}
长子	tʰɛe^{422}	tʰɛe^{422}	tɛe^{53}	nɛe^{53}	lɛe^{53}	tsʰɛe^{422}	kɛe^{422}	ŋɛe^{53}
屯留	tʰɛe^{53}	tʰɛe^{53}	tɛe^{11}	nɛe^{11}	lɛe^{11}	tsʰɛe^{53}	kɛe^{53}	ŋɛe^{11}
襄垣	tʰᴇɪ^{45}	tʰᴇɪ^{45}	tᴇɪ^{45}	nᴇɪ^{45}	lᴇɪ^{45}	tsʰᴇɪ^{53}	kᴇɪ^{53}	ᴇɪ^{45}
黎城	tʰɛi^{53}	tʰɛi^{53}	tɛi^{53}	nɛi^{53}	lei^{53}	tsʰei^{53}	kɛi^{53}	ɛi^{53}
平顺	tʰɛe^{42}	tʰɛe^{42}	tɛe^{53}	nɛe^{53}	lɛe^{53}	tsʰɛe^{53}	kɛe^{53}	ɛe^{53}
壶关	tʰai^{42}	tʰai^{42}	tai^{353}	nai^{353}	lai^{353}	tʂʰai^{42}	kai^{42}	ɣai^{353}
沁县	tʰɛe^{53}	tʰɛe^{53}	tɛe^{53}	nɛe^{53}	lɛe^{53}	tsʰɛe^{53}	kiɛ^{53}	ŋiɛ^{53}
武乡	tʰɛ^{55}	tʰɛ^{55}	tɛ^{55}	nɛ^{55}	lɛ^{55}	tsʰɛ^{55}	kɛ^{55}	ŋɛ^{55}
沁源	tʰɛe^{53}	tʰɛe^{53}	tɛe^{53}	nɛe^{53}	lɛe^{53}	tsʰɛe^{53}	kɛe^{53}	ŋɛe^{53}
安泽	tʰai^{53}	tʰai^{53}	tai^{53}	nai^{53}	lai^{53}	tsʰai^{53}	kai^{53}	ŋai^{53}
沁水端氏	tʰɛe^{53}	tʰɛe^{53}	tɛe^{53}	nɛe^{53}	lɛe^{53}	tsʰɛe^{53}	kɛe^{53}	ɛe^{53}
阳城	tʰai^{51}	tʰai^{51}	tai^{51}	nai^{51}	lai^{51}	tsʰai^{51}	kai^{51}	ɣai^{51}
高平	tʰɛe^{53}	tʰɛe^{53}	tɛe^{53}	nɛe^{53}	lɛe^{53}	tʂʰɛe^{53}	kɛe^{53}	ɛe^{53}
陵川	tʰæe^{24}	tʰæe^{24}	tæe^{24}	næe^{24}	læe^{24}	tʂʰæe^{24}	kæe^{24}	ɣæe^{24}
晋城	tʰᴇ^{53}	tʰᴇ^{53}	tᴇ^{53}	nᴇ^{53}	lᴇ^{53}	tʂʰᴇ^{53}	kᴇ^{53}	ɣᴇ^{53}
忻府	tʰæe^{53}	tʰæe^{53}	tæe^{53}	næe^{53}	læe^{53}	tsʰæe^{53}	kæe^{53}	ŋæe^{53}
原平	tʰæɛ^{53}	tʰæɛ^{53}	tæɛ^{53}	næɛ^{53}	læɛ^{53}	tsʰæɛ^{53}	kæɛ^{53}	ŋæɛ^{53}
定襄	tʰɛi^{53}	tʰɛi^{53}	tɛi^{53}	nɛi^{53}	lɛi^{53}	tsʰɛi^{53}	kɛi^{53}	ŋɛi^{53}
五台	tʰɛ^{52}	tʰɛ^{52}	tɛ^{52}	nɛ^{52}	lɛ^{52}	tsʰɛ^{52}	kɛ^{52}	ŋɛ^{52}
岢岚	tʰɛi^{52}	tʰɛi^{52}	tɛi^{52}	nɛi^{52}	lɛi^{52}	tsʰɛi^{52}	kɛi^{52}	ŋɛi^{52}

续表

字目	太	泰	大~夫	奈	赖	蔡	盖遮~	艾~草
中古音 / 方言点	他盖 蟹开一 去泰透	他盖 蟹开一 去泰透	徒盖 蟹开一 去泰定	奴带 蟹开一 去泰泥	落盖 蟹开一 去泰来	仓大 蟹开一 去泰清	古太 蟹开一 去泰见	五盖 蟹开一 去泰疑
五寨	tʰei^{52}	tʰei^{52}	tei^{52}	nei^{52}	lei^{52}	tsʰei^{52}	kei^{52}	ŋei^{52}
宁武	tʰᴇe^{52}	tʰᴇe^{52}	tᴇe^{52} 白	nᴇe^{52}	lᴇe^{52}	tsʰᴇe^{52}	kᴇe^{52}	ᴇe^{52}
神池	tʰɛe^{52}	tʰɛe^{52}	tɛe^{52}	nɛe^{52}	lɛe^{52}	tsʰɛe^{52}	kɛe^{52}	ŋɛe^{52}
繁峙	tʰai^{24}	tʰai^{24}	tai^{24}	nai^{24}	lai^{24}	tsʰai^{24}	kai^{24}	ŋai^{24}
代县	tʰai^{53}	tʰai^{53}	tai^{53}	nai^{53}	lai^{53}	tsʰai^{53}	kai^{53}	ŋai^{53}
河曲	tʰɛe^{52}	tʰɛe^{52}	tɛe^{52}	nɛe^{52}	lɛe^{52}	tsʰɛe^{52}	kɛe^{52}	ŋɛe^{52}
保德	tʰai^{52}	tʰai^{52}	——	nai^{52}	lai^{52}	tsʰai^{52}	kai^{52}	ai^{52}
偏关	tei^{52}	tei^{52}	tei^{52}	nei^{52}	lei^{52}	tsʰei^{52}	ki^{52}	ŋi^{52}
朔城	tʰɛi^{53}	tʰɛi^{53}	tɛi^{53}	nɛi^{53}	lɛi^{53}	tsʰɛi^{53}	kɛi^{53}	nɛi^{53}
平鲁	tʰɛi^{52}	tʰɛi^{52}	tɛi^{52}	nɛi^{52}	kɛi^{52}	tsʰɛi^{52}	kɛi^{52}	nɛi^{52}
应县	tʰɛi^{24}	tʰɛi^{24}	tɛi^{24}	nɛi^{24}	ləi^{24}	tsʰɛi^{24}	kəi^{43}	nɛi^{24}
灵丘	tʰɛe^{53}	tʰɛe^{53}	tɛe^{53}	nɛe^{53}	lɛe^{53}	tsʰɛe^{53}	kɛe^{53}	nɛe^{53}
浑源	tʰɛe^{13}	tʰɛe^{13}	tɛe^{13}	nɛe^{13}	lɛe^{13}	tsʰɛe^{13}	kɛe^{13}	nɛe^{13}
云州	tʰɛi^{24}	tʰɛi^{24}	tɛi^{24}	nɛi^{24}	lɛi^{24}	tsʰɛi^{24}	kɛi^{24}	nɛi^{24}
新荣	tʰɛe^{24}	tʰɛe^{24}	tɛe^{24}	nɛe^{24}	lɛe^{24}	tsʰɛe^{24}	kɛe^{24}	ŋɛe^{24}
怀仁	tʰɛe^{24}	tʰɛe^{24}	tɛe^{24}	nɛe^{24}	lɛe^{24}	tsʰɛe^{24}	kɛe^{24}	nɛe^{24}
左云	tʰɛi^{24}	tʰɛi^{24}	tɛi^{24}	nɛi^{24}	lɛi^{24}	tsʰɛi^{24}	kɛi^{24}	nɛi^{24}
右玉	tʰɛe^{24}	tʰɛe^{24}	tɛe^{24}	nɛe^{24}	lɛe^{24}	tsʰɛe^{24}	kɛe^{24}	ŋɛe^{24}
阳高	tʰei^{24}	tʰei^{24}	tei^{24}	nei^{24}	lei^{24}	tsʰei^{24}	kei^{24}	ŋei^{24}
山阴	tʰɛe^{335}	tʰɛe^{335}	tɛe^{335}	nɛe^{335}	lɛe^{335}	tsʰɛe^{335}	kɛe^{335}	nɛe^{335}
天镇	tʰɛe^{24}	tʰɛe^{24}	tɛe^{24}	nɛe^{24}	lɛe^{24}	tsʰɛe^{24}	kɛe^{24}	ŋɛe^{24}
平定	tʰɛe^{24}	tʰɛe^{24}	tɛe^{24}	nɛe^{24}	lɛe^{24}	tsʰɛe^{24}	kɛe^{24}	ŋɛe^{24}
昔阳	tʰɛe^{13}	tʰɛe^{13}	tɛe^{13}	nɛe^{13}	lɛe^{13}	tsʰɛe^{13}	kɛe^{13}	ɛe^{13}
左权	tʰɛi^{53}	tʰɛi^{53}	tɛi^{53}	nɛi^{53}	lɛi^{53}	tsʰɛi^{53}	kɛi^{53}	ŋɛi^{53}
和顺	tʰai^{13}	tʰai^{13}	tai^{13}	nai^{13}	lai^{13}	tsʰai^{13}	kai^{13}	ŋai^{13}
尧都	tʰei^{44} 白 / tʰɑi^{44} 文	tʰɑi^{44}	tɑi^{44}	nɑi^{44}	lɑi^{44}	tsʰɑi^{21}	kɑi^{44}	ŋɑi^{44}
洪洞	tʰɑi^{42}	tʰɑi^{42}	tɑi^{53}	nɑi^{53}	lɑi^{53}	tsʰɑi^{33}	kɑi^{33}	ŋɑi^{53}
洪洞赵城	tʰɑi^{53}	tʰɑi^{53}	tɑi^{24}	nɑi^{53}	lɑi^{53}	tsʰɑi^{24}	kɑi^{24}	ŋɑi^{53}
古县	tʰɑi^{35}	tʰɑi^{53}	tɑi^{53}	nɑi^{53}	lɑi^{53}	tsʰɑi^{35}	kɑi^{35}	ŋɑi^{53}
襄汾	tʰei^{24} 白 / tʰai^{53} 文	tʰai^{44}	tai^{44}	nai^{53}	lai^{53}	tsʰai^{44}	kai^{44}	ai^{44}

续表

字目	太	泰	大~夫	奈	赖	蔡	盖遮~	艾~草
中古音 / 方言点	他盖 蟹开一 去泰透	他盖 蟹开一 去泰透	徒盖 蟹开一 去泰定	奴带 蟹开一 去泰泥	落盖 蟹开一 去泰来	仓大 蟹开一 去泰清	古太 蟹开一 去泰见	五盖 蟹开一 去泰疑
浮山	tʰai^{53}	tʰai^{53}	tai^{53}	nai^{53}	lai^{42}	tsʰai^{13}	kai^{44}	ai^{44}
霍州	tʰai^{55}	tʰai^{55}	tai^{53}	lai^{53}	lai^{53}	tsʰai^{55}	kai^{55}	ŋai^{55}
翼城	tʰᴇe^{53}	tʰᴇe^{53}	tei^{53}	nᴇe^{53}	lᴇe^{53}	tsʰᴇe^{53}	kᴇe^{53}	ŋᴇe^{53}
闻喜	tʰɛe^{53}	tʰɛe^{53}	tɛe^{13}	lɛe^{13}	lɛe^{13}	tsʰɛe^{53}	kiᴇ^{53} 白 / kẽĩ^{53} 文	ŋiᴇ^{53}
侯马	tʰae^{53}	tʰei^{53} 白 / tʰae^{53} 文	tae^{53}	nae^{53}	lae^{53}	tsʰae^{53}	kae^{53}	ŋae^{53}
新绛	tʰaɛ^{53}	tʰaɛ^{53}	tʰɤ^{53}/tɑ^{53}	naɛ^{53}	laɛ^{53}	tsʰaɛ^{53}	kaɛ^{53}	ŋaɛ^{53}
绛县	tʰɑi^{31}	tʰɑi^{31}	tɑi^{53}	nɑi^{31}	lɑi^{31}	tsʰɑi^{31}	kɑi^{31}	ŋɑi^{31}
垣曲	tʰai^{53}	tʰai^{53}	tai^{53}	nai^{53}	lai^{53}	sai^{53}	kai^{53}	ŋai^{53}
夏县	tʰæe^{31}	tʰæe^{31}	tæe^{31}	læe^{31}	læe^{31}	tsʰæe^{31}	kæe^{31}	ŋæe^{31}
万荣	tʰai^{33}	tʰai^{33}	tʰai^{33} 白 / tai^{33} 文	nai^{33}	lai^{33}	tsʰai^{33}	kai^{33}	ŋai^{33}
稷山	tʰai^{42}	tʰai^{42}	tai^{42}	nai^{42}	lai^{42}	tsʰai^{42}	kai^{42}	ŋai^{42}
盐湖	tʰɛi^{44}	tʰɛi^{44}	tɛi^{44}	lɛi^{44}	lɛi^{44}	tsʰɛi^{44}	kɛi^{44}	ŋɛi^{44}
临猗	tʰai^{44}	tʰai^{44}	tai^{44}	lai^{44}	lai^{44}	tsʰai^{44}	kai^{44}	ŋai^{44}
河津	tʰai^{44}	tʰai^{44}	tai^{44}	nai^{44}	lai^{44}	tsʰai^{44}	kai^{44}	ŋai^{44}
平陆	tʰai^{33}	tʰai^{33}	tʰai^{33}	lai^{33}	lai^{33}	tsʰai^{33}	kai^{33}	ŋai^{33}
永济	tʰai^{44}	tʰai^{44}	tai^{44}	nai^{44}	lai^{44}	tsʰai^{44}	kai^{44}	ŋai^{44}
芮城	tʰai^{44}	tʰai^{44}	tʰai^{44} 白 / ta^{44} 文	lai^{44}	lai^{44}	tsʰai^{44}	kai^{44}	ŋai^{44}
吉县	tʰai^{33}	tʰai^{33}	tai^{33}	nai^{33}	lai^{33}	tsʰai^{33}	kai^{33}	ŋai^{33}
乡宁	tʰai^{22}	tʰai^{22}	tai^{22}	nai^{22}	lai^{22}	tsʰai^{53}	kai^{22}	ŋai^{53}
广灵	tʰɛe^{213}	tʰɛe^{213}	tɛe^{213}	nɛe^{213}	lɛe^{213}	tsʰɛe^{213}	kɛe^{213}	nɛe^{213}

字目	害	杯	坏土~	培	陪	赔	梅	枚
中古音 / 方言点	胡盖 蟹开一 去泰匣	布回 蟹合一 平灰帮	芳杯 蟹合一 平灰滂	薄回 蟹合一 平灰並	薄回 蟹合一 平灰並	薄回 蟹合一 平灰並	莫杯 蟹合一 平灰明	莫杯 蟹合一 平灰明
北京	xai^{51}	pei^{55}	pʰi^{55}	pʰei^{35}	pʰei^{35}	pʰei^{35}	mei^{35}	mei^{35}
小店	xɛ^{24}	pei^{11}	pʰi^{11}	pei^{24}	pɛ^{11} 白 / pʰei^{11} 文	pɛ^{11} 白 / pʰei^{11} 文	mei^{11}	mei^{11}
尖草坪	xai^{35}	pai^{33}	pʰi^{33}	pʰai^{33}	pʰai^{33}	pʰai^{33}	mai^{22}	mai^{22}
晋源	xai^{35}	pei^{11}	pʰi^{11}	pʰai^{11}	pʰai^{11}	pai^{11}	mei^{11}	mei^{11}
阳曲	xai^{454}	pei^{312}	pʰi^{312}	pʰei^{43}	pʰei^{43}	pʰei^{43}	mei^{43}	mei^{43}
古交	xai^{53}	pai^{44}	pʰai^{44}	pʰai^{44}	pʰai^{44}	pai^{44}	mai^{44}	mai^{44}
清徐	xai^{45}	pai^{11}	pʰai^{11}	pʰai^{11}	pʰai^{11}	pai^{11} 白 / pʰai^{11} 文	mai^{11}	mai^{11}
娄烦	xɛi^{54}	pei^{33}	pʰi^{33}	pʰei^{33}	pʰei^{33}	pʰei^{33}	mei^{33}	mei^{33}
榆次	xɛe^{35}	pɛe^{11}	pʰi^{11}	pʰɛe^{11}	pʰɛe^{11}	pʰɛe^{11}	mɛe^{35}	mɛe^{11}
交城	xɛ^{24}	pɛ^{11}	pʰɛ^{53}	pʰɛ^{11}	pɛ^{11} 白 / pʰɛ^{11} 文	pɛ^{11} 白 / pʰɛ^{11} 文	mɛ^{11}	mɛ^{11}
文水	xeɪ^{35}	peɪ^{22}	pʰɿ^{22}	pʰeɪ^{22}	peɪ^{22} 白 / pʰeɪ^{22} 文	peɪ^{22} 白 / pʰeɪ^{22} 文	meɪ^{22}	meɪ^{22}
祁县	xəɨ^{45}	pəɨ^{31}	pəɨ^{31}/pʰɿ^{31}	pʰəɨ^{31}	pəɨ^{31} 白 / pʰəɨ^{31} 文	pəɨ^{31} 白 / pʰəɨ^{31} 文	məɨ^{31}	məɨ^{31}
太谷	xei^{53}	pei^{33}	pʰei^{33}	pʰei^{33}	pei^{33} 白 / pʰei^{33} 文	pei^{33} 白 / pʰei^{33} 文	mei^{33}	mei^{33}
平遥	xæe^{24}	pei^{213}	pʰæe^{213}	pʰæe^{213}	pʰæe^{213}	pʰæe^{213}	mæe^{213}	mæe^{213}
孝义	xei^{454}	pei^{33}/pəʔ^{3}	pʰei^{33}	pʰei^{33}	pei^{33} 白 / pʰei^{33} 文	pei^{33}	mei^{33}	mei^{33}
介休	xai^{45}	pei^{13}	pʰi^{13}	pʰai^{13}	pai^{13} 白 / pʰai^{13} 文	pai^{13} 白 / pʰai^{13} 文	mai^{13}	mai^{13}
灵石	xɛ^{53}	pɛ^{535}/pei^{535}	pʰɛ^{535}	pʰɛ^{44}	pʰɛ^{44}	pʰɛ^{44}	mɛ^{44}	mɛ^{44}
盂县	xɑɛ^{55}	pei^{412}	pʰi^{412}	pʰei^{53}	pʰei^{22}	pʰei^{22}	mei^{22}	mei^{22}
寿阳	xai^{45}	pei^{31}	pʰɿ^{31}	pʰei^{22}	pʰei^{22}	pʰei^{22}	mei^{22}	mei^{22}
榆社	xɛ^{45}	pei^{22}	pʰɿ^{22}	pʰei^{22}	pʰei^{22}	pʰei^{22}	mei^{22}	mei^{22}
离石	xɛe^{53}	pɛe^{24}	pʰɿ^{24}	pʰɛe^{44}	pʰɛe^{44}	pʰɛe^{44}	mɛe^{44}	mɛe^{44}
汾阳	xei^{55} 白 / xai^{55} 文	pei^{324}	pʰɿ^{324}	pʰei^{22}	pʰei^{22}	pʰei^{22}	mei^{22}	mei^{22}
中阳	xɛe^{53}	pɛe^{24}	pʰi^{24}	pʰɛe^{33}	pʰɛe^{33}	pʰɛe^{33}	mɛe^{33}	mɛe^{33}
柳林	xɛe^{53}	pɛe^{24}	pʰɛe^{44}	pʰɛe^{44}	pʰɛe^{44}	pʰɛe^{44}	mɛe^{44}	mɛe^{44}
方山	xɛe^{52}	pɛe^{24}	pʰi^{24}	pʰɛe^{44}	pʰɛe^{44}	pʰɛe^{44}	mɛe^{44}	mɛe^{44}
临县	xɛe^{52}	pei^{24}	pʰi^{24}	pʰɛe^{33}	pʰɛe^{33}	pʰɛe^{33}	mɛe^{33}	mɛe^{33}

续表

字目	害	杯	坯土~	培	陪	赔	梅	枚
中古音 / 方言点	胡盖 蟹开一 去泰匣	布回 蟹合一 平灰帮	芳杯 蟹合一 平灰滂	薄回 蟹合一 平灰並	薄回 蟹合一 平灰並	薄回 蟹合一 平灰並	莫杯 蟹合一 平灰明	莫杯 蟹合一 平灰明
兴县	xei^{53}/xai^{53}	pei^{324}	p^{h}i^{324}	p^{h}ei^{55}	p^{h}ei^{55}	p^{h}ei^{55}	mei^{55}	mei^{55}
岚县	xei^{53}白 / xai^{53}文	pei^{214}	p^{h}ei^{214}	p^{h}ei^{44}	p^{h}ei^{44}	p^{h}ei^{44}	mei^{44}	mei^{44}
静乐	xae^{53}	pei^{24}	p^{h}i^{24}	p^{h}ei^{314}	p^{h}ei^{44}	p^{h}ei^{33}	mei^{33}	mei^{33}
交口	xai^{53}	pei^{323}	p^{h}ei^{44}	p^{h}ei^{44}	p^{h}ei^{44}	p^{h}ai^{44}	mei^{44}	mei^{44}
石楼	xei^{51}白 / xɛi^{51}文	pei^{213}	p^{h}ei^{213}	p^{h}ei^{44}	p^{h}ei^{44}	p^{h}ei^{44}	mei^{44}	mei^{44}
隰县	xɛe^{44}	pei^{53}	p^{h}i^{53}	p^{h}ei^{24}	p^{h}ei^{24}	p^{h}ei^{24}	mei^{24}	mei^{24}
大宁	xɛe^{55}	pei^{31}	p^{h}ei^{31}	p^{h}ei^{24}	p^{h}ei^{24}	p^{h}ei^{24}	mei^{24}	mei^{24}
永和	xei^{53}白 / xɛi^{53}文	pei^{33}	p^{h}ei^{33}	p^{h}ei^{35}	p^{h}ei^{35}	p^{h}ei^{35}	mei^{35}	mei^{35}
汾西	xɑi^{53}	pei^{11}	p^{h}ei^{11}	p^{h}ei^{35}	p^{h}ei^{35}	p^{h}ei^{35}	mei^{35}	mei^{35}
蒲县	xai^{33}	pei^{52}	p^{h}i^{52}	p^{h}ei^{24}	p^{h}ei^{24}	p^{h}ei^{24}	mei^{24}	mei^{24}
潞州	xai^{54}	pei^{312}	p^{h}i^{312}	p^{h}ei^{24}	p^{h}ei^{24}	p^{h}ei^{24}	mei^{24}	mei^{24}
上党	xæ^{42}	pei^{213}	p^{h}i^{213}	p^{h}ei^{44}	p^{h}ei^{44}	p^{h}ei^{44}	mei^{44}	mei^{44}
长子	xɛe^{53}	pei^{312}	p^{h}ei^{312}	p^{h}ei^{24}	p^{h}ei^{24}	p^{h}ei^{24}	mẼ^{24}	mẼ^{24}
屯留	xɛe^{11}	pei^{31}	p^{h}i^{31}	p^{h}ei^{11}	p^{h}ei^{11}	p^{h}ei^{11}	mei^{11}	mei^{11}
襄垣	xɛɪ^{45}	pei^{33}	p^{h}ei^{33}	p^{h}ei^{31}	p^{h}ei^{31}	p^{h}ei^{31}	mei^{31}	mei^{31}
黎城	xei^{53}	pei^{33}	p^{h}ei^{33}	p^{h}ei^{33}	p^{h}ei^{53}	p^{h}ei^{53}	mei^{53}	mei^{53}
平顺	xɛe^{53}	pei^{213}	p^{h}i^{213}	p^{h}ei^{13}	p^{h}ei^{13}	p^{h}ei^{13}	mei^{13}	mei^{13}
壶关	xai^{353}	pei^{33}	p^{h}i^{33}	p^{h}ei^{13}	p^{h}ei^{13}	p^{h}ei^{13}	mei^{13}	mei^{13}
沁县	xɛe^{53}	pei^{224}	p^{h}ei^{224}	p^{h}ei^{33}	p^{h}ei^{33}	p^{h}ei^{33}	mei^{33}	mei^{33}
武乡	xɛ^{55}	pei^{113}	p^{h}ei^{113}	p^{h}ei^{33}	p^{h}ei^{33}	p^{h}ei^{33}	mei^{33}	mei^{33}
沁源	xɛe^{53}	pei^{324}	p^{h}i^{324}	p^{h}ei^{33}	p^{h}ei^{33}	p^{h}ei^{33}	mei^{33}	mei^{33}
安泽	xai^{53}	pei^{21}	pei^{35}	p^{h}ei^{35}	p^{h}ei^{35}	p^{h}ei^{35}	mei^{35}	mei^{35}
沁水端氏	xɛe^{53}	pai^{21}	p^{h}ai^{21}	p^{h}ai^{24}	p^{h}ai^{24}	p^{h}ai^{24}	mai^{24}	mai^{24}
阳城	xai^{51}	pai^{224}	p^{h}ai^{224}	p^{h}ai^{22}	p^{h}ai^{22}	p^{h}ai^{22}	mai^{22}	mai^{22}
高平	xɛe^{53}	pei^{33}	p^{h}ei^{33}	p^{h}ei^{33}	p^{h}ei^{33}	p^{h}ei^{33}	mə̃ĩ^{33}	mə̃ĩ^{33}
陵川	xæe^{24}	pei^{33}	p^{h}ei^{33}	p^{h}e^{53}	p^{h}ei^{53}	p^{h}ei^{53}	mei^{53}	mei^{53}
晋城	xᴇ^{53}	pɤɯ^{33}	p^{h}i^{33}/p^{h}ɤɯ^{33}	p^{h}ɤɯ^{324}	p^{h}ɤɯ^{324}	p^{h}ɤɯ^{324}	mɤɯ^{324}	mɤɯ^{324}
忻府	xæe^{53}	pei^{313}	p^{h}ei^{313}	p^{h}ei^{21}	p^{h}ei^{21}	p^{h}ei^{21}	mei^{21}	mei^{21}
原平	xæe^{53}	pəi^{213}	p^{h}əi^{213}	p^{h}əi^{33}	p^{h}əi^{33}	p^{h}əi^{33}	məi^{33}	məi^{33}

续表

字目	害	杯	坏土～	培	陪	赔	梅	枚
中古音 / 方言点	胡盖 蟹开一 去泰匣	布回 蟹合一 平灰帮	芳杯 蟹合一 平灰滂	薄回 蟹合一 平灰並	薄回 蟹合一 平灰並	薄回 蟹合一 平灰並	莫杯 蟹合一 平灰明	莫杯 蟹合一 平灰明
定襄	xi^{53}	pei^{24}	——	pʰei^{11}	pʰei^{11}	pʰei^{11}	mei^{11}	mei^{11}
五台	xɛ^{52}	pei^{213}	pʰei^{213}	pʰei^{213}	pʰei^{33}	pʰei^{33}	mei^{33}	mei^{33}
岢岚	xɛi^{52}	pɛi^{13}	pʰɛi^{13}	pʰɛi^{44}	pʰɛi^{44}	pʰɛi^{44}	mɛi^{44}	mɛi^{44}
五寨	xei^{52}	pei^{13}	pʰei^{13}	pʰei^{44}	pʰei^{44}	pʰei^{44}	mei^{44}	mei^{44}
宁武	xᴇe^{52}	pᴇe^{23}	pʰᴇe^{23}	pʰᴇe^{33}	pʰᴇe^{33}	pʰᴇe^{33}	mᴇe^{33}	mᴇe^{33}
神池	xɛe^{52}	pɛe^{24}	pʰi^{24}	pʰɛe^{32}	pʰɛe^{32}	pʰɛe^{32}	mɛe^{32}	mɛe^{32}
繁峙	xai^{24}	pei^{53}	pʰi^{53}	pʰei^{31}	pʰei^{31}	pʰei^{31}	mei^{31}	mei^{31}
代县	xai^{53}	pei^{213}	——	pʰei^{213}	pʰei^{44}	pʰei^{44}	mei^{44}	mei^{44}
河曲	xɛe^{52}	pei^{213}	pʰi^{213}	pʰei^{213}	pʰei^{44}	pʰei^{44}	mei^{44}	mei^{44}
保德	xai^{52}	pei^{213}	pʰi^{213}	pʰei^{44}	pʰei^{44}	pʰei^{44}	mei^{44}	mei^{44}
偏关	xei^{52}	pei^{24}	pʰei^{24}	pʰei^{24}	pʰei^{44}	pʰei^{44}	mei^{44}	mei^{44}
朔城	xɛi^{53}	pei^{312}	pʰɛi^{312}	pʰɛi^{35}	pʰɛi^{35}	pʰɛi^{35}	mei^{35}	mei^{35}
平鲁	xɛi^{52}	pɛi^{213}	pʰɛi^{213}	pʰɛi^{44}	pʰɛi^{44}	pʰɛi^{44}	mɛi^{44}	mɛi^{44}
应县	xɛi^{24}	pəi^{43}	pʰi^{43}	pʰəi^{31}	pʰəi^{31}	pʰəi^{31}	məi^{31}	məi^{31}
灵丘	xɛe^{53}	pei^{442}	pʰi^{442}	pʰei^{31}	pʰei^{31}	pʰei^{31}	mei^{31}	mei^{31}
浑源	xɛe^{13}	pɛe^{52}	pʰɛe^{52}	pʰɛe^{22}	pʰɛe^{22}	pʰɛe^{22}	mɛe^{22}	mɛe^{22}
云州	xɛi^{24}	pɛi^{21}	pʰi^{21}	pʰɛi^{312}	pʰɛi^{312}	pʰɛi^{312}	mɛi^{312}	mɛi^{312}
新荣	xɛe^{24}	pɛe^{32}	pʰɛe^{32}	pʰɛe^{32}	pʰɛe^{312}	pʰɛe^{312}	mɛe^{312}	mɛe^{312}
怀仁	xɛe^{24}	pɛe^{42}	pʰɛe^{42}	pʰɛe^{312}	pʰɛe^{312}	pʰɛe^{312}	mɛe^{312}	mɛe^{312}
左云	xɛi^{24}	pɛi^{31}	pʰi^{31}	pʰɛi^{313}	pʰɛi^{313}	pʰɛi^{313}	mɛi^{313}	mɛi^{313}
右玉	xɛe^{24}	pɛe^{31}	pʰɛe^{31}	pɛe^{212}	pɛe^{212}	pɛe^{212}	mɛe^{212}	mɛe^{212}
阳高	xei^{24}	pei^{31}	pʰi^{31}	pʰei^{312}	pʰei^{312}	pʰei^{312}	mei^{31}	mei^{31}
山阴	xɛe^{335}	pei^{313}	pʰɛe^{313}	pʰɛe^{313}	pʰɛe^{313}	pʰɛe^{313}	mei^{313}	mei^{313}
天镇	xɛe^{24}	pɛe^{31}	pʰi^{22}	pʰɛe^{22}	pʰɛe^{22}	pʰɛe^{22}	mɛe^{22}	mɛe^{22}
平定	xɛe^{24}	pei^{31}	pʰi^{31}	pʰei^{44}	pʰei^{44}	pʰei^{44}	mei^{44}	mei^{44}
昔阳	xɛe^{13}	pei^{42}	pʰi^{42}	pʰei^{33}	pʰei^{33}	pʰei^{33}	mei^{33}	mei^{33}
左权	xɛi^{53}	pɛi^{31}	pʰɛi^{31}	pʰɛi^{11}	pʰɛi^{11}	pʰɛi^{11}	mɛi^{11}	mɛi^{11}
和顺	xai^{13}	pei^{42}	pʰi^{42}	pʰei^{22}	pʰei^{22}	pʰei^{22}	mi^{22}	mi^{22}
尧都	xɑi^{44}	pei^{21}	pʰei^{21}	pʰei^{24}	pʰei^{24}	pʰei^{24}	mei^{24}	mei^{24}
洪洞	xɑi^{53}/xɑ^{53}	pei^{21}	pʰi^{21} 白 / pʰei^{21} 文	pʰei^{21}	pʰei^{24}	pʰei^{24}	mei^{24}	mei^{24}

续表

字目	害	杯	坏土~	培	陪	赔	梅	枚
中古音 / 方言点	胡盖 蟹开一 去泰匣	布回 蟹合一 平灰帮	芳杯 蟹合一 平灰滂	薄回 蟹合一 平灰並	薄回 蟹合一 平灰並	薄回 蟹合一 平灰並	莫杯 蟹合一 平灰明	莫杯 蟹合一 平灰明
洪洞赵城	xɑi^{53}	pei^{21}	pʰei^{21}	pʰei^{24}	pʰei^{24}	pʰei^{24}	mei^{24}	mei^{24}
古县	xɑi^{53}	pei^{21}	pʰei^{21}	pʰei^{35}	pʰei^{35}	pʰei^{35}	mei^{35}	mei^{35}
襄汾	xa^{42}/xai^{53}	pei^{21}	pʰi^{21}	pʰei^{24}	pʰei^{24}	pʰei^{24}	mei^{24}	mei^{24}
浮山	xai^{53}	pei^{42}	pʰi^{42}	pʰei^{13}	pʰei^{13}	pʰei^{13}	mei^{13}	mei^{13}
霍州	xai^{53}	pei^{212}	pʰi^{212}	pʰei^{35}	pʰei^{35}	pʰei^{35}	mei^{35}	mei^{35}
翼城	xᴇe^{53}	pᴇe^{53}	pʰei^{53}	pʰei^{12}	pʰei^{12}	pʰei^{12}	mei^{12}	mei^{12}
闻喜	xɛe^{13}	pi^{53} 白 / pɛe^{53} 文	pʰi^{53}	pʰi^{13}	pʰi^{13}	pʰi^{13}	mi^{13}	mi^{13}
侯马	xae^{53}	pei^{213}	pʰi^{213}	pʰei^{213}	pʰei^{213}	pʰei^{213}	mei^{213}	mei^{213}
新绛	xaɛ^{53}	pei^{53}	pʰei^{53}	pʰei^{53}	pʰei^{13}	pʰei^{13}	mei^{13}	mei^{13}
绛县	xɑi^{31}	pei^{53}	pʰei^{53}	pʰi^{24}	pʰi^{24}	pʰi^{24}	mei^{24}	mei^{24}
垣曲	xa^{53} 白 / xai^{53} 文	pei^{22}	pʰei^{22}	pʰei^{22}	pʰei^{22}	pʰei^{22}	mei^{22}	mei^{22}
夏县	xæe^{31}	pei^{53}	pʰei^{53}	pʰei^{42}	pʰei^{42}	pʰei^{42}	mei^{42}	mei^{42}
万荣	xia^{33}	pei^{51}	pʰei^{51}	pʰei^{213}	pʰei^{213}	pʰei^{213}	mei^{213}	mei^{213}
稷山	xai^{42}	pi^{53}	pʰi^{53}	pʰi^{13}	pʰi^{53}	pʰi^{13}	mi^{13}	mi^{13}
盐湖	xɛi^{44}	pei^{42}	pʰei^{42}	pʰei^{13}	pʰei^{13}	pʰei^{13}	mei^{13}	mei^{13}
临猗	xai^{44}	pʰei^{42} 白 / pei^{42} 文	pʰei^{42} 白 / pʰi^{42} 文	pʰei^{13}	pʰei^{13}	pʰei^{13}	mei^{13}	mei^{13}
河津	xai^{44}	pʰei^{31}	pʰei^{31}	pʰei^{31}	pʰei^{324}	pʰei^{324}	mei^{324}	mei^{324}
平陆	xai^{33}	pei^{31}	pʰi^{31}	pʰei^{33}	pʰei^{13}	pʰei^{13}	mei^{13}	mei^{13}
永济	xai^{44}	pei^{31}	pʰei^{31}	pʰei^{24}	pʰei^{24}	pʰei^{24}	mei^{24}	mei^{24}
芮城	xai^{44}	pʰei^{42} 白 / pei^{42} 文	pʰei^{42} 白 / pʰi^{42} 文	pʰei^{13}	pʰei^{13}	pʰei^{13}	mei^{13}	mei^{13}
吉县	xai^{33}	pei^{423}	pʰei^{33}	pʰei^{13}	pʰei^{13}	pʰei^{13}	mei^{13}	mei^{13}
乡宁	xai^{22}	pei^{53}	pʰei^{22}	pʰei^{12}	pʰei^{12}	pʰei^{12}	mei^{12}	mei^{12}
广灵	xee^{213}	pei^{53}	pʰei^{53}	pʰei^{31}	pʰei^{31}	pʰei^{31}	mei^{31}	mei^{31}

字目	媒	煤	堆	推	颓	雷	催	崔
中古音 / 方言点	莫杯 蟹合一 平灰明	莫杯 蟹合一 平灰明	都回 蟹合一 平灰端	他回 蟹合一 平灰透	杜回 蟹合一 平灰定	鲁回 蟹合一 平灰来	仓回 蟹合一 平灰清	仓回 蟹合一 平灰清
北京	mei^{35}	mei^{35}	tuei^{55}	tʰuei^{55}	tʰuei^{35}	lei^{35}	tsʰuei^{55}	tsʰuei^{55}
小店	mei^{11}	mɛ^{53} 白 / mei^{11} 文	tuei^{11}	tʰuei^{11}	tʰuei^{11}	luei^{11} 白 / lei^{11} 文	tsʰuei^{11}	tsʰuei^{11}
尖草坪	mai^{22}	mai^{312}	tuei^{33}	tʰuei^{33}	tʰuei^{33}	luei^{33}	tsʰuei^{33}	tsʰuei^{33}
晋源	mai^{11}	mai^{42}	tuai^{11}	tʰuai^{11}	tʰuei^{11}	luei^{11}	tsʰuai^{11}	tsʰuai^{11}
阳曲	mei^{43}	mei^{43}	tuei^{312}	tʰuei^{312}	tʰuei^{43}	luei^{43}	tsʰuei^{312}	tsʰuei^{312}
古交	mai^{44}	mai^{44}	tuai^{44}	tʰuai^{44}	tʰuai^{44}	luai^{44}	tsʰuai^{44}	tsʰuai^{44}
清徐	mai^{11}	mai^{11}	tai^{11} 白 / tuai^{11} 文	tuai^{11}	tuai^{11}	luai^{11}	tsʰuei^{11}	tsʰuei^{11}
娄烦	mei^{33}	mei^{312}	tui^{33}	tʰui^{33}	tʰui^{33}	lui^{33}	tsʰui^{33}	tsʰui^{33}
榆次	mɛe^{11}	mɛe^{11}	tuɛe^{11}	tʰuɛe^{11}	tʰuɛe^{11}	luɛe^{11}	tsʰuɛe^{11}	tsʰuɛe^{11}
交城	mɛ^{11}	mɛ^{11}	tuɛ^{11}	tʰuɛ^{11}	tʰuɛ^{11}	luɛ^{11}	tsʰuɛ^{11}	tsʰuɛ^{11}
文水	meɪ^{22}	meɪ^{423}	tueɪ^{22}	tʰueɪ^{22}	tʰueɪ^{22}	lueɪ^{22} 老 / leɪ^{22} 新	tsʰueɪ^{22}	tsʰueɪ^{22}
祁县	məɨ^{31}	məɨ^{31}	tuəɨ^{31}	tʰuəɨ^{31}	tʰuəɨ^{31}	luəɨ^{31}	tsʰuəɨ^{31}	tsʰuəɨ^{31}
太谷	mei^{33}	mei^{312}	tuei^{33}	tʰuei^{33}	tʰuei^{33}	luei^{33}	tsʰuei^{33}	tsʰuei^{33}
平遥	mæe^{213}	mæe^{213}	tsuei^{213} 白 / tuæe^{213} 文	tʰuæe^{213}	——	luæe^{213}	tsʰuæe^{213}	tsʰuæe^{213}
孝义	mei^{33}	mei^{33}	tuei^{33}	tʰuei^{33}	——	luei^{33}	tsʰuei^{33}	tsʰuei^{33}
介休	mai^{13}	mai^{13}	tuai^{13}	tʰuai^{13}	tʰuai^{13}	luai^{13}	tsʰuai^{13}	tsʰuai^{13}
灵石	mɛ^{44}	mɛ^{44}	tuɛ^{535}	tʰuɛ^{535}	tʰuɛ^{44}	luɛ^{44}	tsʰuei^{535}	tsʰuei^{535}
盂县	mei^{22}	mei^{22}	tuei^{412}	tʰuei^{412}	tʰuei^{22}	luei^{22}	tsʰuei^{412}	tsʰuei^{412}
寿阳	mai^{22}/mei^{22}	mei^{22}	tsuei^{31}	tʰuai^{31}	tʰuei^{22}	luei^{22}/lei^{22}	tsʰuei^{31}	tsʰuei^{31}
榆社	mei^{22}	mei^{22}	tuei^{22}	tʰuei^{22}	——	luei^{22}	tsʰuei^{22}	tsʰuei^{22}
离石	mɛe^{44}	mɛe^{44}	tuɛe^{24}	tʰuɛe^{24}	tʰuɛe^{44}	luɛe^{44}	tsʰuɛe^{24}	tʰuɛe^{24}
汾阳	mei^{22}	mei^{22}	tuei^{324}	tʰuei^{324}	tʰuei^{324}	luei^{22}	tsʰuei^{324}	tsʰuei^{324}
中阳	mɛe^{33}	mɛe^{33}	tuɛe^{24}	tʰuɛe^{24}	tʰuɛe^{33}	luɛe^{33}	tʂʰuɛe^{24}	tʰuɛe^{24}
柳林	mɛe^{44}	mɛe^{44}	tuɛe^{24}	tʰuɛe^{24}	tʰuɛe^{44}	luɛe^{44}	tsʰuɛe^{24}	tsʰuɛe^{24}
方山	mɛe^{44}	mɛe^{44}	tuɛe^{24}	tʰuɛe^{24}	tʰuə^{44}	luɛe^{44}	tʰuɛe^{24}	tʰuɛe^{24}
临县	mɛe^{33}	mɛe^{33}	tuɛe^{24}	tʰuɛe^{24}	——	luɛe^{33}	tsʰuɛe^{24}	tsʰuɛe^{24}
兴县	mei^{55}	mei^{55}	tuei^{324}	tʰuei^{324}	tʰuei^{324}	luei^{324}	tsʰuei^{324}	tsʰuei^{324}
岚县	mei^{44}	mei^{44}	tuei^{214}	tʰuei^{214}	——	luei^{44}	tsʰuei^{214}	tsʰuei^{214}
静乐	mei^{33}	mei^{314}	tuei^{24}	tʰuei^{24}	tʰuei^{33}	luei^{33} 白	tsʰuei^{24}	tsʰuei^{24}

续表

字目	媒	煤	堆	推	颓	雷	催	崔
中古音 方言点	莫杯 蟹合一 平灰明	莫杯 蟹合一 平灰明	都回 蟹合一 平灰端	他回 蟹合一 平灰透	杜回 蟹合一 平灰定	鲁回 蟹合一 平灰来	仓回 蟹合一 平灰清	仓回 蟹合一 平灰清
交口	mai^{44}	mai^{44}	tuai^{323}	t^{h}uai^{323}	t^{h}uai^{44}	luai^{44}	ts^{h}uei^{323}	ts^{h}uei^{323}
石楼	mei^{44}	mei^{44}	tuei^{213}	t^{h}uei^{213}	t^{h}uei^{44}	luei^{44} 白 / lei^{44} 文	ts^{h}uei^{213}	ts^{h}uei^{213}
隰县	mei^{24}	mei^{24}	tuei^{53}	t^{h}uei^{53}	t^{h}uei^{24}	luei^{24}	ts^{h}uei^{53}	ts^{h}uei^{53}
大宁	mei^{24}	mei^{24}	tuei^{31}	t^{h}uei^{31}	t^{h}uei^{24}	luei^{24}	ts^{h}uei^{31}	ts^{h}uei^{31}
永和	mei^{35}	mei^{35}	tuei^{33}	t^{h}uei^{33}	——	luei^{35} 白	ts^{h}uei^{33}	ts^{h}uei^{33}
汾西	mei^{35}	mei^{35}	tuei^{11}	t^{h}uei^{11}	t^{h}uei^{55}	lei^{35}	ts^{h}uei^{11}	ts^{h}uei^{11}
蒲县	mei^{24}	mei^{24}	tuei^{52}	t^{h}uei^{52}	t^{h}uei^{24}	lei^{24}	ts^{h}uei^{52}	ts^{h}uei^{52}
潞州	mei^{24}	mei^{24}	tuei^{312}	t^{h}uei^{312}	t^{h}uei^{24}	luei^{24}	ts^{h}uei^{312}	ts^{h}uei^{312}
上党	mei^{44}	mei^{44}	tei^{213}	t^{h}ei^{213}	t^{h}ei^{213}	lei^{44}	ts^{h}ei^{213}	ts^{h}ei^{213}
长子	mᴇ̃^{24}	mᴇ̃^{24}	tuei^{312}	t^{h}uei^{312}	t^{h}uei^{24}	luei^{24}	ts^{h}uei^{312}	ts^{h}uei^{312}
屯留	mei^{11}	mei^{11}	tuei^{31}	t^{h}uei^{31}	t^{h}uei^{11}	luei^{11}	ts^{h}uei^{31}	ts^{h}uei^{31}
襄垣	mei^{31}	mei^{31}	tuei^{33}	t^{h}uei^{33}	——	luei^{31}	ts^{h}uei^{33}	ts^{h}uei^{33}
黎城	mei^{53}	mei^{53}	tuei^{33}	t^{h}uei^{33}	t^{h}uei^{53}	luei^{53}	ts^{h}uei^{33}	ts^{h}uei^{33}
平顺	mei^{13}	mei^{13}	tuei^{213}	t^{h}uei^{213}	t^{h}uei^{13}	luei^{13}	ts^{h}uei^{213}	ts^{h}uei^{213}
壶关	mei^{13}	mei^{13}	tuei^{33}	t^{h}uei^{33}	t^{h}uei^{13}	luei^{13}	tʂ̻^{h}uei^{33}	tʂ̻^{h}uei^{33}
沁县	mei^{33}	mei^{33}	tuei^{224}	t^{h}uei^{224}	t^{h}uei^{33}	luei^{33}	ts^{h}uei^{224}	ts^{h}uei^{224}
武乡	mei^{33}	mei^{33}	tuei^{113}	t^{h}uei^{113}	t^{h}uei^{213}	luei^{33}	ts^{h}uei^{113}	ts^{h}uei^{113}
沁源	mei^{33}	mei^{33}	tuei^{324}	t^{h}uei^{324}	t^{h}uei^{33}	luei^{33}	ts^{h}uei^{324}	ts^{h}uei^{324}
安泽	mei^{35}	mei^{35}	tuei^{21}	t^{h}uei^{21}	——	luei^{35}	ts^{h}uei^{21}	ts^{h}uei^{21}
沁水端氏	mai^{24}	mai^{24}	tai^{21}	t^{h}ai^{21}	——	lai^{24}/luai^{24}	ts^{h}ai^{21}	ts^{h}ai^{21}
阳城	mai^{22}	mai^{22}	tuai^{224}	t^{h}uai^{224}	——	luai^{22}	ts^{h}uai^{224}	ts^{h}uai^{224}
高平	mə̃ĩ^{33}	mə̃ĩ^{33}	tuei^{33}	t^{h}uei^{33}	tuei^{33}	luei^{33}	tʂ̻^{h}uei^{33}	tʂ̻^{h}uei^{33}
陵川	mei^{53}	mei^{53}	tuei^{33}	t^{h}uei^{33}	t^{h}uei^{53}	luei^{53}	tʂ̻^{h}uei^{33}	tʂ̻^{h}uei^{33}
晋城	mɤɯ^{324}	mɤɯ^{324}	tuɤɯ^{33}	t^{h}uɤɯ^{33}	——	luɤɯ^{324}	tʂ̻^{h}uɤɯ^{33}	tʂ̻^{h}uɤɯ^{33}
忻府	mei^{21}	mei^{21}	tuei^{313}	t^{h}uei^{313}	t^{h}uei^{21}	luei^{21}	ts^{h}uei^{313}	ts^{h}uei^{313}
原平	məi^{33}	məi^{33}	tuəi^{213}	t^{h}uəi^{213}	t^{h}uəi^{33}	luəi^{33}	ts^{h}uəi^{213}	ts^{h}uəi^{213}
定襄	mei^{11}	mei^{11}	tuei^{24}	t^{h}uei^{24}	t^{h}uei^{11}	luei^{11}	ts^{h}uei^{24}	ts^{h}uei^{24}
五台	mei^{33}	mei^{33}	tuei^{213}	t^{h}uei^{213}	t^{h}uei^{213}	luei^{33}	ts^{h}uei^{213}	ts^{h}uei^{213}
岢岚	mɛi^{44}	mɛi^{44}	tuɛi^{13}	t^{h}uɛi^{13}	t^{h}uɛi^{13}	luɛi^{44}	ts^{h}uɛi^{13}	ts^{h}uɛi^{13}
五寨	mei^{44}	mei^{44}	tuei^{13}	t^{h}uei^{13}	t^{h}uei^{13}	luei^{44}	ts^{h}uei^{13}	ts^{h}uei^{13}

续表

字目	媒	煤	堆	推	颓	雷	催	崔
中古音 / 方言点	莫杯 蟹合一 平灰明	莫杯 蟹合一 平灰明	都回 蟹合一 平灰端	他回 蟹合一 平灰透	杜回 蟹合一 平灰定	鲁回 蟹合一 平灰来	仓回 蟹合一 平灰清	仓回 蟹合一 平灰清
宁武	mᴇe^{33}	mᴇe^{33}	tuᴇe^{23}	tʰuᴇe^{23}	tʰuᴇe^{33}	luᴇe^{33}	tsʰuᴇe^{23}	tsʰuᴇe^{23}
神池	mɛe^{32}	mɛe^{32}	tuɛe^{24}	tʰuɛe^{24}	tʰuɛe^{24}	luɛe^{32}	tsʰuɛe^{24}	tsʰuɛe^{24}
繁峙	mei^{31}	mei^{31}	tuei^{53}	tʰuei^{53}	tʰuei^{31}	luei^{31}	tsʰuei^{53}	tsʰuei^{53}
代县	mei^{44}	mei^{44}	tuei^{213}	tʰuei^{213}	——	luei^{44}	tsʰuei^{213}	tsʰuei^{213}
河曲	mei^{44}	mei^{44}	tuei^{213}	tʰuei^{213}	——	luei^{44}	tsʰuei^{213}	tsʰuei^{213}
保德	mei^{44}	mei^{44}	tuei^{213}	tʰuei^{213}	tʰuei^{44}	luei^{44}	tsʰuei^{213}	tsʰuei^{213}
偏关	mei^{44}	mei^{44}	tuei^{24}	tʰuei^{24}	tʰuei^{44}	luei^{44}	tsʰuei^{24}	tsʰuei^{24}
朔城	mei^{35}	mei^{35}	tuei^{312}	tʰuei^{312}	——	li^{35}	tsʰuei^{312}	tsʰuei^{312}
平鲁	mɛi^{44}	mɛi^{44}	tuɛi^{213}	tʰuɛi^{213}	tʰuɛi^{44}	kɛi^{44}	tsʰuɛi^{213}	tsʰuɛi^{213}
应县	məi^{31}	məi^{31}	tuəi^{43}	tʰuəi^{43}	——	ləi^{31}	tsʰuəi^{43}	tsʰuəi^{43}
灵丘	mei^{31}	mei^{31}	tuei^{442}	tʰuei^{442}	tʰuei^{31}	lei^{31}	tsʰuei^{442}	tsʰuei^{442}
浑源	mɛe^{22}	mɛe^{22}	tuɛe^{52}	tʰuɛe^{52}	tʰuɛe^{22}	lɛe^{22}	tsʰuɛe^{52}	tsʰuɛe^{52}
云州	mɛi^{312}	mɛi^{312}	tuɛi^{21}	tʰuɛi^{21}	tʰuɛi^{312}	lɛi^{312}	tsʰuɛi^{21}	tsʰuɛi^{21}
新荣	mɛe^{312}	mɛe^{312}	tuɛe^{32}	tʰuɛe^{32}	tʰuɛe^{24}	lɛe^{312}	tsʰuɛe^{32}	tsʰuɛe^{32}
怀仁	mɛe^{312}	mɛe^{312}	tuɛe^{42}	tʰuɛe^{42}	tʰuɛe^{24}	lɛe^{312}	tsʰuɛe^{42}	tsʰuɛe^{42}
左云	mɛi^{313}	mɛi^{313}	tuɛi^{31}	tʰuɛi^{31}	tʰuɛi^{313}	lɛi^{313}	tsʰuɛi^{31}	tsʰuɛi^{31}
右玉	mɛe^{212}	mɛe^{212}	tuɛe^{31}	tʰuɛe^{31}	tʰuɛe^{31}	lɛe^{212}	tsʰuɛe^{31}	tsʰuɛe^{31}
阳高	mei^{31}	mei^{31}	tuei^{31}	tʰuei^{31}	——	lei^{31}	tsʰuei^{31}	tsʰuei^{31}
山阴	mei^{313}	mei^{313} 文	tuei^{313}	tʰuei^{313}	tʰuei^{313}	lɛe^{313}	tsʰuei^{313}	tsʰuei^{313}
天镇	mɛe^{22}	mɛe^{22}	tuɛe^{31}	tʰuɛe^{31}	——	luɛe^{22} 白 / lɛe^{22} 文	tsʰuɛe^{31}	tsʰuɛe^{31}
平定	mei^{44}	mei^{44}	tsuei^{31}	tʰuei^{31}	tʰuei^{44}	luei^{44}	tsʰuei^{31}	tsʰuei^{31}
昔阳	mei^{33}	mei^{33}	tuei^{13}	tʰuei^{42}	tʰuei^{33}	luei^{33}	tsʰuei^{42}	tsʰuei^{42}
左权	mɛi^{11}	mɛi^{11}	tsuɛi^{31} 白 / tuɛi^{31} 文	tʰuɛi^{31}	——	luɛi^{11}	tsʰuɛi^{31}	tsʰuɛi^{31}
和顺	mi^{22}	mi^{22}	tsuei^{42} 白 / tuei^{42} 文	tʰuei^{42}	tʰuei^{42}	luei^{22}	tsʰuei^{42}	tsʰuei^{42}
尧都	mei^{24}	mei^{24}	tuei^{21}	tʰuei^{21}	——	lei^{24}	tsʰuei^{21}	tsʰuei^{21}
洪洞	mei^{24}	mei^{24}	tuei^{21}	tʰuei^{21}	tʰuei^{33}	lei^{24}	tsʰuei^{21}	tsʰuei^{21}
洪洞赵城	mei^{24}	mei^{24}	tuei^{21}	tʰuei^{21}	——	lei^{24}	tsʰuei^{21}	tsʰuei^{21}
古县	mei^{35}	mei^{35}	tuei^{21}	tʰuei^{21}	tʰuei^{35}	lei^{35}	tsʰuei^{21}	tsʰuei^{21}
襄汾	mei^{24}	mei^{24}	tuei^{21}	tʰuei^{21}	tʰuei^{24}	lei^{24}	tsʰuei^{21}	tsʰuei^{21}

续表

字目	媒	煤	堆	推	颓	雷	催	崔
中古音 / 方言点	莫杯 蟹合一 平灰明	莫杯 蟹合一 平灰明	都回 蟹合一 平灰端	他回 蟹合一 平灰透	杜回 蟹合一 平灰定	鲁回 蟹合一 平灰来	仓回 蟹合一 平灰清	仓回 蟹合一 平灰清
浮山	mei^{13}	mei^{13}	tuei^{42}	tʰuei^{42}	tʰuei^{13}	lei^{13}	tsʰuei^{42}	tsʰuei^{42}
霍州	mei^{35}	mei^{35}	tuei^{212}	tʰuei^{212}	tʰuei^{35}	lei^{35}	tsʰuei^{212}	tsʰuei^{212}
翼城	mei^{12}	mei^{12}	tuei^{53}	tʰei^{53}	tʰei^{12}	luei^{12}	tsʰuei^{53}	tsʰuei^{53}
闻喜	mi^{13}	mi^{13}	tui^{53}	tʰui^{53}	tʰui^{13}	lui^{13}	tsʰui^{53}	tsʰui^{53}
侯马	mei^{213}	mei^{213}	uei^{213}	tʰuei^{213}	tʰuei^{213}	luei^{213}	çy^{213}/tsʰuei^{213}/suei^{213}	tsʰuei^{213}
新绛	mei^{13}	mei^{13}	tuei^{53}	tʰuei^{53}	tʰuei^{53}	luei^{13}	tsʰuei^{53}	tsʰuei^{53}
绛县	mei^{24}	mei^{24}	tuei^{53}	tʰuei^{53}	tʰuei^{53}	luei^{24}	tsʰuei^{53}	tsʰuei^{53}
垣曲	mei^{22}	mei^{22}	tuei^{22}	tʰuei^{22}	tʰuei^{22}	luei^{22}	tsʰuei^{22}	tsʰuei^{22}
夏县	mei^{42}	mei^{42}	tuei^{53}	tʰuei^{53}	——	luei^{42}	tsʰuei^{53}	tsʰuei^{31}
万荣	mei^{213}	mei^{213}	tuei^{51}	tʰuei^{51}	tʰuei^{213}	luei^{213}	tsʰuei^{51}	tsʰuei^{51}
稷山	mi^{13}	mi^{13}	tuei^{53}	tʰuei^{53}	tʰuei^{53}	luei^{13}白/lei^{13}文	tsʰuei^{53}	tsʰuei^{53}
盐湖	mei^{13}	mei^{13}	tuei^{42}	tʰuei^{42}	tʰuei^{13}	luei^{13}	tsʰuei^{42}	tsʰuei^{42}
临猗	mei^{13}	mei^{13}	tuei^{42}	tʰuei^{42}	tʰuei^{13}	luei^{13}	tsʰuei^{42}	tsʰuei^{42}
河津	mei^{324}	mei^{324}	tuei^{31}	tʰuei^{31}	——	luei^{324}	tsʰuei^{31}	tsʰuei^{31}
平陆	mei^{13}	mei^{13}	tuei^{31}	tʰuei^{31}	tʰuei^{13}	luei^{13}	tsʰuei^{31}	tsʰuei^{31}
永济	mei^{24}	mei^{24}	tuei^{31}	tʰuei^{31}	tʰuei^{24}	lei^{24}	tsʰuei^{31}	tsʰuei^{31}
芮城	mei^{13}	mei^{13}	tuei^{42}	tʰuei^{42}	tʰu^{42}	luei^{13}	tsʰuei^{42}	tsʰuei^{42}
吉县	mei^{13}	mei^{13}	tuei^{423}	tʰuei^{423}	——	luei^{13}	tsʰuei^{423}	tsʰuei^{423}
乡宁	mei^{12}	mei^{12}	tuei^{53}	tʰuei^{22}	tʰuei^{12}	luei^{12}	tsʰuei^{53}	tsʰuei^{53}
广灵	mei^{31}	mei^{31}	tuei^{53}/tsuei^{53}	tʰuei^{53}	——	lei^{31}	tsʰuei^{53}	tsʰuei^{53}

字目	魁	恢	桅	灰	回	倍	每	腿
中古音 / 方言点	苦回 蟹合一 平灰溪	苦回 蟹合一 平灰溪	五灰 蟹合一 平灰疑	呼恢 蟹合一 平灰晓	户恢 蟹合一 平灰匣	部浼 蟹合一 上贿並	武罪 蟹合一 上贿明	吐猥 蟹合一 上贿透
北京	kʰuei^{35}	xuei^{55}	uei^{35}	xuei^{55}	xuei^{35}	pei^{51}	mei^{214}	tʰuei^{214}
小店	kʰuei^{11}	xuei^{11}	vei^{11}	xuei^{11}	xuei^{11}	pei^{24}	mei^{53}	tʰuei^{53}
尖草坪	kʰuei^{33}	xuei^{33}	vei^{33}	xuei^{33}	xuei^{33}	pai^{35}	mai^{312}	tʰuei^{312}
晋源	kʰuei^{11}	xuai^{11}	vei^{11}	xuai^{11}	xuai^{11}	pei^{35}	mei^{42}	tʰuai^{42}
阳曲	kʰuei^{312}	xuei^{312}	vei^{43}	xuei^{312}	xuei^{43}	pei^{454}	mei^{312}	tʰuei^{312}
古交	kʰuei^{44}	xuai^{44}	vei^{312}	xuai^{44}	xuai^{44}	pai^{53}	mai^{312}	tʰuai^{312}
清徐	kʰuei^{11}	xuai^{11}	vi^{11}	xuai^{11}	xuai^{11}	pai^{45}	mi^{54}	tuai^{54}
娄烦	kʰui^{33}	xui^{33}	vei^{33}	xui^{33}	xui^{33}	pei^{54}	mei^{312}	tʰui^{312}
榆次	kʰuɯ^{35}	xuɯ^{11}	vɯ^{11}	xuɯ^{11}	xuɯ^{11}	pɛe^{35}	mɯ^{53}	tʰuɛe^{53}
交城	kʰui^{11}	xuɛ^{11}	ui^{11}	xuɛ^{11}	xuɛ^{11}	pɛ^{24}	mi^{53}	tʰuɛ^{53}
文水	kʰueɪ^{22}	xueɪ^{22}	ueɪ^{22}	xueɪ^{22}	xueɪ^{22}	peɪ^{35}	meɪ^{423}	tʰueɪ^{423}
祁县	kʰuəɨ^{31}	xuəɨ^{31}	uəɨ^{31}	xuəɨ^{31}	xuəɨ^{31}	pəɨ^{45}	məɨ^{314}	tʰuəɨ^{314}
太谷	kʰuei^{33}	xuei^{33}	vei^{33}	xuei^{33}	xuei^{33}	pei^{53}	mei^{312}	tʰuei^{312}
平遥	kʰuæe^{213}	xuæe^{213}	uei^{213}	xuæe^{213}	xuæe^{213}	pæe^{24}	mæe^{512}	tʰuæe^{512}
孝义	kʰuei^{33}	xuei^{3}	uei^{33}	xuei^{33}	xuei^{33}	pei^{454}	mei^{454}	tʰuei^{312}
介休	kʰuei^{13}	xuai^{13}	uei^{13}	xuai^{13}	xuai^{13}	pai^{45}	mai^{13}	tʰuai^{423}
灵石	kʰuei^{44}	xuɛ^{535}	uei^{44}	xuɛ^{535}	xuɛ^{44}	pɛ^{53}	mei^{212}	tʰuɛ^{212}
盂县	kʰuei^{22}	xuei^{412}	vei^{22}	xuei^{412}	xuei^{22}	pei^{55}	mei^{53}	tʰuei^{53}
寿阳	kʰuei^{22}	xuai^{31}	vei^{22}	xuai^{31}	xuai^{22}	pei^{45}	mei^{53}	tʰuai^{53}
榆社	kʰuei^{22}	xuei^{22}	——	xuei^{22}	xuei^{22}	pei^{45}	mei^{312}	tʰuei^{312}
离石	kʰuɛe^{24}	xuɛe^{24}	uɛe^{44}	xuɛe^{24}	xuɛe^{44}	pɛe^{53}	mɛe^{312}	tʰuɛe^{312}
汾阳	kʰuei^{324}	xuei^{324}	uei^{22}	xuei^{324}	xuei^{22}	pei^{55}	mei^{312}	tʰuei^{312}
中阳	kʰuɛe^{24}	xuɛe^{24}	uɛe^{33}	xuɛe^{24}	xuɛe^{33}	pɛe^{53}	mɛe^{423}	tʰuɛe^{423}
柳林	kʰuɛe^{24}	xuɛe^{24}	uɛe^{24}	xuɛe^{24}	xuɛe^{44}	pɛe^{53}	mɛe^{312}	tʰuɛe^{312}
方山	kʰuɛe^{44}	xuɛe^{24}	uei^{44}	xuɛe^{24}	xuɛe^{44}	pɛe^{52}	mɛe^{312}	tʰuɛe^{312}
临县	kʰuei^{24}	xuɛe^{24}	uei^{33}	xuɛe^{24}	xuɛe^{33}	pɛe^{52}	mɛe^{312}	tʰuɛe^{312}
兴县	kʰuei^{324}	xuei^{324}	——	xuei^{324}	xuei^{55}	pei^{53}	mei^{324}	tʰuei^{324}
岚县	kʰuei^{214}	xuei^{214}	uei^{214}	xuei^{214}	xuei^{44}	pei^{53}	mei^{312}	tʰuei^{312}
静乐	kʰuei^{24}	xuei^{314}	vei^{33}	xuei^{24}	xuei^{33}	pei^{53}	mei^{314}	tʰuei^{314}
交口	kʰuei^{323}	xuei^{323}	uei^{323}	xuai^{323}	xuai^{44}	pei^{53}	mei^{323}	tʰuai^{323}
石楼	kʰuei^{44}	xuei^{213}	——	xuei^{213}	xuei^{44}	pei^{51}	mei^{213}	tʰuei^{213}
隰县	kʰuei^{24}	xuei^{53}	uei^{24}	xuei^{53}	xuei^{24}	pʰei^{44}	mei^{21}	tʰuei^{21}

续表

字目	魁	恢	桅	灰	回	倍	每	腿
中古音 / 方言点	苦回 蟹合一 平灰溪	苦回 蟹合一 平灰溪	五灰 蟹合一 平灰疑	呼恢 蟹合一 平灰晓	户恢 蟹合一 平灰匣	部浼 蟹合一 上贿並	武罪 蟹合一 上贿明	吐猥 蟹合一 上贿透
大宁	kʰuei^{24}	xuei^{31}	vei^{24}	xuei^{31}	xuei^{24}	pʰei^{55}	mei^{31}	tʰuei^{31}
永和	kʰuei^{35}	xuei^{33}	uei^{35}	xuei^{33}	xuei^{35}	pʰei^{53} 白 / pei^{53} 文	mei^{35}	tʰuei^{312}
汾西	kʰuei^{35}	xuei^{11}	uei^{35}	xuei^{11}	xuei^{35}	pʰei^{53}	mei^{33}	tʰuei^{33}
蒲县	kʰuei^{24}	xuei^{31}	uei^{24}	xuei^{52}	xuei^{24}	pei^{33}	mei^{31}	tʰuei^{31}
潞州	kʰuei^{24}	xuei^{312}	vei^{24}	xuei^{312}	xuei^{24}	pei^{54}	mei^{535}	tʰuei^{535}
上党	kʰuei^{44}	xuei^{213}	uei^{44}	xuei^{213}	xuei^{44}	pei^{42}	mei^{535}	tʰei^{535}
长子	kʰuei^{24}	xuei^{312}	vei^{312}	xuei^{312}	xuei^{24}	pei^{53}	mᴇ̃^{434}	tʰuei^{434}
屯留	kʰuei^{31}	xuei^{31}	vei^{31}	xuei^{31}	xuei^{11}	pei^{11}	mei^{43}	tʰuei^{43}
襄垣	kʰuei^{31}	xuei^{33}	vei^{31}	xuei^{33}	xuei^{31}	pei^{45}	mei^{42}	tʰuei^{42}
黎城	kʰuei^{53}	xuei^{33}	uei^{213}	xuei^{33}	xuei^{53}	pei^{53}	mei^{213}	tʰuei^{213}
平顺	kʰuei^{13}	xuei^{213}	uei^{213}	xuei^{213}	xuei^{13}	pei^{53}	mei^{434}	tʰuei^{434}
壶关	kʰuei^{13}	xuei^{33}	uei^{13}	xuei^{33}	xuei^{13}	pei^{353}	mei^{535}	tʰuei^{535}
沁县	kʰuei^{224}	xuei^{224}	vei^{33}	xuei^{224}	xuei^{33}	pei^{53}	mei^{214}	tʰuei^{214}
武乡	kʰuei^{113}	xuei^{113}	——	xuei^{113}	xuei^{33}	pei^{55}	mei^{213}	tʰuei^{213}
沁源	kʰuei^{33}	xuei^{324}	vei^{33}	xuei^{324}	xuei^{33}	pei^{53}	mei^{324}	tʰuei^{324}
安泽	kʰuei^{35}	xuei^{21}	uei^{35}	xuei^{21}	xuei^{35}	pei^{53}	mei^{42}	tʰuei^{42}
沁水端氏	kʰuai^{24}	xuai^{21}	——	xuai^{21}	xuai^{24}	pai^{53}	mai^{31}	tʰai^{31}
阳城	kʰuai^{22}	xuai^{224}	——	xuai^{224}	xuai^{22}	pai^{51}	mai^{212}	tʰuai^{212}
高平	kʰuei^{33}	xuei^{33}	vei^{212}	xuei^{33}	xuei^{33}	pei^{53}	mə̃ĩ^{212}	tʰuei^{212}
陵川	kʰuei^{53}	xuei^{33}	uei^{53}	xuei^{33}	xuei^{53}	pei^{24}	mei^{312}	tʰuei^{312}
晋城	kʰuɤɯ^{324}	xuɤɯ^{33}	uɤɯ^{324}	xuɤɯ^{33}	xuɤɯ^{324}	pɤɯ^{53}	mɤɯ^{213}	tʰuɤɯ^{213}
忻府	kʰuei^{21}	xuei^{313}	vei^{21}	xuei^{313}	xuei^{21}	pei^{53}	mei^{313}	tʰuei^{313}
原平	kʰuəi^{33}	xuəi^{213}	vəi^{33}	xuəi^{213}	xuəi^{33}	pəi^{53}	məi^{213}	tʰuəi^{213}
定襄	kʰuei^{11}	xuei^{24}	vei^{11}	xuei^{24}	xuei^{11}	pei^{53}	mei^{24}	tʰuei^{24}
五台	kʰuei^{213}	xuei^{213}	uei^{213}	xuei^{213}	xuei^{33}	pei^{52}	mei^{213}	tʰuei^{213}
岢岚	kʰuɛi^{13}	xuɛi^{13}	vɛi^{13}	xuɛi^{13}	xuɛi^{44}	pɛi^{52}	mɛi^{13}	tʰuɛi^{13}
五寨	kʰuei^{13}	xuei^{13}	vei^{13}	xuei^{13}	xuei^{44}	pei^{52}	mei^{13}	tʰuei^{13}
宁武	kʰuᴇe^{23}	xuᴇe^{23}	——	xuᴇe^{23}	xuᴇe^{33}	pᴇe^{52}	mᴇe^{213}	tʰuᴇe^{213}
神池	kʰuɛe^{32}	xuɛe^{24}	vɛe^{24}	xuɛe^{24}	xuɛe^{32}	pʰɛe^{52}	mɛe^{13}	tʰuɛe^{13}
繁峙	kʰuei^{31}	xuei^{53}	vei^{31}	xuei^{53}	xuei^{31}	pei^{24}	mei^{53}	tʰuei^{53}

续表

字目	魁	恢	桅	灰	回	倍	每	腿
中古音 / 方言点	苦回 蟹合一 平灰溪	苦回 蟹合一 平灰溪	五灰 蟹合一 平灰疑	呼恢 蟹合一 平灰晓	户恢 蟹合一 平灰匣	部浼 蟹合一 上贿並	武罪 蟹合一 上贿明	吐猥 蟹合一 上贿透
代县	k^{h}uei^{213}	xuei^{213}	——	xuei^{213}	xuei^{44}	pei^{53}	mei^{213}	t^{h}uei^{213}
河曲	k^{h}uei^{213}	xuei^{213}	vei^{213}	xuei^{213}	xuei^{44}	pei^{52}	mei^{213}	t^{h}uei^{213}
保德	k^{h}uei^{44}	xuei^{213}	vei^{44}	xuei^{213}	xuei^{44}	pei^{52}	mei^{213}	t^{h}uei^{213}
偏关	k^{h}uei^{24}	xuei^{24}	——	xuei^{24}	xuei^{44}	pei^{52}	mei^{213}	t^{h}uei^{213}
朔城	k^{h}uei^{35}	xuei^{312}	vei^{35}	xuei^{312}	xuei^{35}	pei^{53}	mei^{312}	t^{h}uei^{312}
平鲁	k^{h}uɛi^{213}	xuɛi^{213}	——	xuɛi^{213}	xuɛi^{44}	pɛi^{52}	mɛi^{213}	t^{h}uɛi^{213}
应县	——	xuəi^{43}	——	xuəi^{43}	xuəi^{31}	pəi^{43}	məi^{54}	t^{h}uəi^{54}
灵丘	k^{h}uei^{31}	xuei^{442}	vɛe^{31}	xuei^{442}	xuei^{31}	pei^{53}	mei^{442}	t^{h}uei^{442}
浑源	k^{h}uɛe^{22}	xuɛe^{52}	vɛe^{22}	xuɛe^{52}	xuɛe^{22}	pɛe^{13}	mɛe^{52}	t^{h}uɛe^{52}
云州	k^{h}uɛi^{312}	xuɛi^{21}	vɛi^{21}	xuɛi^{21}	xuɛi^{312}	pɛi^{21}	mɛi^{55}	t^{h}uɛi^{55}
新荣	k^{h}uɛe^{32}	xuɛe^{54}/ xuɛe^{32}	vɛe^{32}	xuɛe^{32}	xuɛe^{312}	pɛe^{24}	mɛe^{54}	t^{h}uɛe^{54}
怀仁	k^{h}uɛe^{312}	xuɛe^{53}	vɛe^{312}	xuɛe^{42}	xuɛe^{312}	pɛe^{24}	mɛe^{53}	t^{h}uɛe^{53}
左云	k^{h}uɛi^{313}	xuɛi^{31}	vɛi^{313}	xuɛi^{31}	xuɛi^{313}	pɛi^{24}	mɛi^{54}	t^{h}uɛi^{54}
右玉	k^{h}uɛe^{31}	xuɛe^{212}	vɛe^{53}	xuɛe^{31}	xuɛe^{212}	pɛe^{24}	mɛe^{53}	t^{h}uɛe^{53}
阳高	k^{h}uei^{31}	xuei^{31}	——	xuei^{31}	xuei^{31}	pei^{24}	mei^{53}	t^{h}uei^{53}
山阴	k^{h}uei^{313}	xuei^{52}	uei^{313}	xuei^{313}	xuɛe^{313}/ xuei^{313}	pei^{335}	mei^{52}	t^{h}uei^{52}
天镇	k^{h}uɛe^{31}	xuɛe^{22}	vɛe^{22}	xuɛe^{31}	xuɛe^{22}	pɛe^{24}	mɛe^{55}	t^{h}uɛe^{55}
平定	k^{h}uei^{44}	xuei^{31}	vei^{44}	xuei^{31}	xuei^{44}	pei^{24}	mei^{53}	t^{h}uei^{53}
昔阳	k^{h}uei^{33}	xuei^{42}	vei^{33}	xuei^{42}	xuei^{33}	pei^{13}	mei^{55}	t^{h}uei^{55}
左权	——	xuɛi^{31}	——	xuɛi^{31}	xuɛi^{11}	pɛi^{53}	mɛi^{42}	t^{h}uɛi^{42}
和顺	k^{h}uei^{42}	xuei^{42}	vei^{22}	xuei^{42}	xuei^{22}	pei^{13}	mei^{53}	t^{h}uei^{53}
尧都	k^{h}uei^{21}	xuei^{21}	uei^{24}	xuei^{21}	xuei^{24}	pei^{44}	mei^{53}	t^{h}uei^{53}
洪洞	k^{h}uei^{24}	xuei^{21}	uei^{24}	xuei^{21}	xuei^{24}	p^{h}ei^{53}	mei^{42}	t^{h}uei^{42}
洪洞赵城	k^{h}uei^{24}	xuei^{21}	uei^{24}	xuei^{21}	xuei^{24}	pei^{53}	mei^{24}	t^{h}uei^{42}
古县	kuei^{35}	xuei^{21}	uei^{35}	xuei^{21}	xuei^{35}	p^{h}ei^{53} 白/ pei^{53} 文	mei^{42}	t^{h}uei^{42}
襄汾	k^{h}uei^{24}	xuei^{21}	uei^{24}	xuei^{21}	xuei^{24}	p^{h}ei^{53}	mei^{42}	t^{h}uei^{42}
浮山	k^{h}uei^{13}	xuei^{42}	uei^{13}	xuei^{42}	xuei^{13}	p^{h}ei^{53}	mei^{33}	t^{h}uei^{33}
霍州	k^{h}uei^{35}	xuei^{212}	uei^{212}	xuei^{212}	xuei^{35}	p^{h}ei^{53} 老/ pei^{53} 新	mei^{33}	t^{h}uei^{33}

续表

字目	魁	恢	桅	灰	回	倍	每	腿
中古音 / 方言点	苦回 蟹合一 平灰溪	苦回 蟹合一 平灰溪	五灰 蟹合一 平灰疑	呼恢 蟹合一 平灰晓	户恢 蟹合一 平灰匣	部浼 蟹合一 上贿並	武罪 蟹合一 上贿明	吐猥 蟹合一 上贿透
翼城	k^huei^{12}	$xuei^{53}$	——	$xuei^{53}$	$xuei^{12}$	pei^{53}	mei^{44}	t^hei^{44}
闻喜	k^hui^{53}	xui^{53}	ui^{13}	xui^{53}	xui^{13}	p^hi^{13}	mi^{33}	t^hui^{33}
侯马	k^huei^{213}	$xuei^{213}$	vei^{213}	$xuei^{213}$	$xuei^{213}$	pei^{53}	mei^{44}	t^huei^{44}
新绛	k^huei^{13}	$xuei^{13}$	uei^{53}	$xuei^{53}$	$xuei^{13}$	p^hei^{53}	mei^{44}	t^huei^{44}
绛县	k^huei^{53}	$xuei^{53}$	uei^{31}	$xuei^{53}$	$xuei^{24}$	p^hei^{53}	mei^{33}	t^huei^{33}
垣曲	k^huei^{22}	$xuei^{22}$	uei^{53}	$xuei^{22}$	$xuei^{22}$	p^hei^{53}	mei^{44}	t^huei^{44}
夏县	k^huei^{42}	$xuei^{53}$	——	$xuei^{53}$	$xuei^{42}$	p^hei^{31} 白 / pei^{31} 文	mei^{24}	t^huei^{24}
万荣	k^huei^{213}	$xuei^{51}$	——	$xuei^{51}$	$xuei^{213}$	p^hei^{33}	mei^{55}	t^huei^{55}
稷山	k^huei^{13}	$xuei^{42}$	——	$xuei^{53}$	$xuei^{13}$	p^hi^{42}	mi^{44}	t^huei^{44}
盐湖	k^huei^{13}	$xuei^{42}$	uei^{13}	$xuei^{42}$	$xuei^{13}$	pei^{44}	mei^{53}	t^huei^{53}
临猗	k^huei^{13}	$xuei^{42}$	——	$xuei^{42}$	$xuei^{13}$	p^hei^{44} 白 / pei^{44} 文	mei^{53}	t^huei^{53}
河津	k^huei^{324}	$xuei^{31}$	——	$xuei^{31}$	$xuei^{324}$	p^hei^{44}	mei^{53}	t^huei^{53}
平陆	k^huei^{13}	$xuei^{31}$	uei^{13}	$xuei^{31}$	$xuei^{13}$	p^hei^{33}	mei^{55}	t^huei^{55}
永济	k^huei^{24}	$xuei^{31}$	vei^{31}	$xuei^{31}$	$xuei^{24}$	p^hei^{44}	mei^{53}	t^huei^{53}
芮城	k^huei^{13}	$xuei^{42}$	uei^{13}	$xuei^{42}$	$xuei^{13}$	p^hei^{44}	mei^{53}	t^huei^{53}
吉县	k^huei^{13}	$xuei^{13}$	uei^{13}	$xuei^{423}$	$xuei^{13}$	p^hei^{33}	mei^{53}	t^huei^{53}
乡宁	k^huei^{12}	$xuei^{22}$	——	$xuei^{53}$	$xuei^{12}$	p^hei^{22}	mei^{44}	t^huei^{44}
广灵	k^huei^{31}	$xuei^{53}$	vei^{31}	$xuei^{53}$	$xuei^{31}$	pei^{213}	mei^{44}	t^huei^{44}

字目	罪	悔	贿	汇~合	背~负	辈	背~脊	配
中古音 方言点	徂贿 蟹合一 上贿从	呼罪 蟹合一 上贿晓	呼罪 蟹合一 上贿晓	胡罪 蟹合一 上贿匣	布回 蟹合一 去队帮	补妹 蟹合一 去队帮	补妹 蟹合一 去队帮	滂佩 蟹合一 去队滂
北京	tsuei^{51}	xuei^{214}	xuei^{51}	xuei^{51}	pei^{55}	pei^{51}	pei^{51}	pʰei^{51}
小店	tsuei^{24}	xuei^{53}	xuei^{24}	xuei^{24}	pei^{11}	pei^{24}	pei^{24}	pʰei^{24}
尖草坪	tsʰuei^{35}	xuei^{312}	xuei^{35}	xuei^{35}	pei^{33}	pai^{35}	pei^{35}	pʰai^{35}
晋源	tsuei^{35}	xuai^{42}	xuei^{35}	xuei^{35}	pei^{11}	pai^{35}	pei^{35}	pʰai^{11}
阳曲	tsuei^{454}	xuei^{312}	xuei^{454}	xuei^{454}	pei^{454}	pei^{454}	pei^{454}	pʰei^{454}
古交	tsuai^{53}	xuai^{312}	xuei^{53}	xuei^{53}	pai^{44}	pai^{53}	pai^{53}	pʰai^{53}
清徐	tɕy^{45} 白 / tsuei^{54} 文	xuai^{54}	xuai^{45}	xuai^{45}	pai^{45}	pai^{45}	pai^{45}	pʰai^{45}
娄烦	tsui^{54}	xui^{312}	xui^{54}	xui^{54}	pei^{33}	pei^{54}	pei^{33}	pʰei^{54}
榆次	tɕy^{35}	xuɯ^{53}	xuɯ^{35}	xuɯ^{35}	pɛe^{35}	pɛe^{35}	pɛe^{35}	pʰɛe^{35}
交城	tɕy^{24} 白 / tsuɛ^{24} 文	xuɛ^{53}	xui^{24}	xuɛ^{24}	pɛ^{24}	pɛ^{24}	pɛ^{24}	pʰɛ^{24}
文水	tsueɪ^{35}	xueɪ^{423}	xueɪ^{35}	xueɪ^{35}	peɪ^{22}	peɪ^{35}	peɪ^{35}	pʰeɪ^{35}
祁县	tsuəɨ^{45}	xuəɨ^{314}	xuəɨ^{45}	xuəɨ^{45}	pəɨ^{31}	pəɨ^{45}	pəɨ^{45}	pʰəɨ^{45}
太谷	tsuei^{53}	xuei^{312}	xuei^{53}	xuei^{53}	pei^{33}	pei^{53}	pei^{53}	pʰei^{53}
平遥	tsuæe^{24}	xuæe^{512}	xuæe^{24}	xuæe^{24}	pæe^{24}	pæe^{24}	pæe^{24}	pʰæe^{24}
孝义	tsuei^{454}	xuei^{33}	xuei^{454}	xuei^{454}	pei^{454}	pei^{454}	pei^{454}	pʰei^{454}
介休	tsuai^{45}	xuai^{423}	xuei^{45}	xuei^{45}	pai^{45}	pai^{45}	pai^{45}	pʰai^{45}
灵石	tsuɛ^{53}	xuei^{212}	xuei^{53}	xuei^{53}	pɛ^{535}	pɛ^{53}	pɛ^{53}	pʰɛ^{53}
盂县	tsuei^{55}	xuei^{53}	xuei^{55}	xuei^{55}	pei^{55}	pei^{55}	pei^{55}	pʰei^{55}
寿阳	tsuei^{45}	xuai^{53}	xuei^{45}	xuei^{45}	pai^{31}	pai^{45}	pai^{45}	pʰei^{45}
榆社	tsuei^{45}	xuei^{312}	xuei^{45}	xuei^{45}	pei^{45}	pei^{22}	pei^{45}	pʰei^{45}
离石	tsuɛe^{53}	xuɛe^{312}	xuɛe^{53}	xuɛe^{53}	pɛe^{53}	pɛe^{53}	pɛe^{53}	pʰɛe^{53}
汾阳	tsuei^{55}	xuei^{312}	xuei^{55}	xuei^{55}	pei^{324}	pei^{55}	pei^{55}	pʰei^{55}
中阳	tʂuɛe^{53}	xuɛe^{423}	xuɛe^{53}	xuɛe^{53}	pɛe^{24}	pɛe^{53}	pɛe^{53}	pʰɛe^{53}
柳林	tsuɛe^{53}	xuɛe^{312}	xuɛe^{53}	xuɛe^{53}	pɛe^{53}	pɛe^{53}	pɛe^{53}	pʰɛe^{53}
方山	tʰuɛe^{52}	xuɛe^{312}	xuɛe^{52}	xuɛe^{52}	pɛe^{24}	pɛe^{52}	pɛe^{52}	pʰɛe^{52}
临县	tsuɛe^{52}	xuɛe^{312}	xuɛe^{52}	xuɛe^{52}	pɛe^{52}	pɛe^{52}	pɛe^{52}	pʰɛe^{52}
兴县	tsuei^{53}	xuei^{324}	xuei^{53}	xuei^{53}	pei^{324}	pei^{53}	pei^{324}	pʰei^{53}
岚县	tsuei^{53}	xuei^{312}	xuei^{53}	xuei^{53}	pei^{214}	pei^{53}	pei^{53}	pʰei^{53}
静乐	tsuei^{53}	xuei^{314}	xuei^{53}	xuei^{53}	pei^{53}	pei^{53}	pei^{53}	pʰei^{53}
交口	tsuai^{53}	xuai^{323}	xuei^{53}	xuei^{53}	pai^{53}	pei^{53}	pai^{53}	pʰei^{53}
石楼	tʂuei^{51}	xuei^{213}	xuei^{51}	xuei^{51}	pei^{51}	pei^{51}	pei^{51}	pʰei^{51}

续表

字目	罪	悔	贿	汇~合	背~负	辈	背~脊	配
中古音 / 方言点	徂贿 蟹合一 上贿从	呼罪 蟹合一 上贿晓	呼罪 蟹合一 上贿晓	胡罪 蟹合一 上贿匣	布回 蟹合一 去队帮	补妹 蟹合一 去队帮	补妹 蟹合一 去队帮	滂佩 蟹合一 去队滂
隰县	tsʰuei^{44}	xuei^{21}	xuei^{44}	xuei^{44}	pei^{53}	pei^{44}	pei^{44}	pʰei^{44}
大宁	tsʰuei^{55}	xuei^{31}	xuei^{55}	xuei^{55}	pei^{31}	pei^{55}	pei^{55}	pʰei^{55}
永和	tsʰuei^{53} 白 / tsuei^{53} 文	xuei^{312}	xuei^{53}	xuei^{53}	pei^{53}	pei^{53}	pei^{53}	pʰei^{53}
汾西	tsʰuei^{53} 白	——	xuei^{53}	xuei^{53}	pei^{11}	pei^{55}	pei^{55}	pʰei^{55}
蒲县	tsʰuei^{33} 白 / tsuei^{33} 文	kʰuei^{52} 白 / xuei^{31} 文	xuei^{33}	xuei^{33}	pei^{52}	pei^{33}	pei^{33}	pʰei^{33}
潞州	tsuei^{54}	xuei^{535}	xuei^{44}	xuei^{54}	pei^{44}	pei^{44}	pei^{44}	pʰei^{44}
上党	tsei^{535}	xuei^{535}	xuei^{22}	xuei^{42}	pei^{213}	pei^{42}	pei^{22}	pʰei^{22}
长子	tsuei^{53}	xuei^{434}	xuei^{53}	xuei^{53}	pei^{53}	pei^{53}	pei^{53}	pʰei^{422}
屯留	tsuei^{11}	xuei^{43}	xuei^{53}	xuei^{53}	pei^{31}	pei^{11}	pei^{11}	pʰei^{53}
襄垣	tsuei^{45}	xuei^{42}	xuei^{45}	xuei^{45}	pei^{45}	pei^{45}	pei^{45}	pʰei^{53}
黎城	tsuei^{53}	xuei^{33}	xuei^{53}	xuei^{53}	pei^{53}	pei^{53}	pei^{53}	pʰei^{53}
平顺	tsuei^{53}	xuei^{434}	xuei^{53}	xuei^{53}	pei^{213}	pei^{53}	pei^{53}	pʰei^{53}
壶关	tʂuei^{42}	xuei^{535}	xuei^{42}	xuei^{353}	pei^{33}	pei^{42}	pei^{42}	pʰei^{42}
沁县	tsuei^{53}	xuei^{214}	xuei^{53}	xuei^{53}	pei^{224}	pei^{53}	pei^{53}	pʰei^{53}
武乡	tsuei^{55}	xuei^{213}	xuei^{55}	xuei^{55}	pei^{113}	pei^{55}	pei^{55}	pʰei^{55}
沁源	tsuei^{53}	xuei^{324}	xuei^{53}	xuei^{53}	pei^{53}	pei^{53}	pei^{53}	pʰei^{53}
安泽	tsuei^{53}	xuei^{42}	xuei^{53}	xuei^{53}	pei^{53}	pei^{53}	pei^{53}	pʰei^{53}
沁水端氏	tsai^{53}	xuai^{31}	xuai^{53}	xuai^{53}	pai^{21}	pai^{53}	pai^{53}	pʰai^{53}
阳城	tsuai^{51}	xuai^{212}	xuai^{51}	xuai^{51}	pai^{224}	pai^{51}	pai^{51}	pai^{51}
高平	tʂuei^{53}	xuei^{53}	xuei^{53}	xuei^{53}	pei^{53}	pei^{53}	pei^{53}	pʰei^{53}
陵川	tʂuei^{24}	xuei^{312}	xuei^{24}	xuei^{24}	pei^{33}	pe^{24}/pei^{24}	pei^{24}	pʰei^{24}
晋城	tʂuɤɯ^{53}	xuɤɯ^{213}	xuɤɯ^{53}	xuɤɯ^{53}	pɤɯ^{33}	pɤɯ^{53}	pɤɯ^{53}	pʰɤɯ^{53}
忻府	tsuei^{53}	xuei^{313}	xuei^{53}	xuei^{53}	pei^{313}	pei^{53}	pei^{313}	pʰei^{53}
原平	tsuəi^{53}	xuəi^{213}	xuəi^{53}	xuəi^{53}	pəi^{213}	pəi^{53}	pəi^{53}	pʰəi^{53}
定襄	tsuei^{53}	xuei^{24}	xuei^{53}	xuei^{53}	pei^{53}	pei^{53}	pei^{53}	pʰei^{53}
五台	tsuei^{52}	xuei^{213}	xuei^{52}	xuei^{52}	pei^{52}	pei^{52}	pei^{52}	pʰei^{52}
岢岚	tsuɛi^{52}	xuɛi^{13}	xuɛi^{52}	xuɛi^{52}	pɛi^{13}	pɛi^{52}	pɛi^{52}	pʰɛi^{52}
五寨	tsuei^{52}	xuei^{13}	xuei^{52}	xuei^{52}	pei^{52}	pei^{52}	pei^{52}	pʰei^{52}
宁武	tsuᴇe^{52}	xuᴇe^{213}	xuᴇe^{52}	xuᴇe^{52}	pᴇe^{52}	pᴇe^{52}	——	pʰᴇe^{52}
神池	tsuɛe^{52}	xuɛe^{13}	xuɛe^{52}	xuɛe^{52}	pɛe^{52}	pɛe^{52}	pɛe^{52}	pʰɛe^{52}

续表

字目	罪	悔	贿	汇~合	背~负	辈	背~脊	配
中古音 / 方言点	徂贿 蟹合一 上贿从	呼罪 蟹合一 上贿晓	呼罪 蟹合一 上贿晓	胡罪 蟹合一 上贿匣	布回 蟹合一 去队帮	补妹 蟹合一 去队帮	补妹 蟹合一 去队帮	滂佩 蟹合一 去队滂
繁峙	tsuei^{24}	xuei^{53}	xuei^{24}	xuei^{24}	pei^{24}	pei^{24}	pei^{24}	pʰei^{24}
代县	tsuei^{53}	xuei^{213}	xuei^{53}	xuei^{53}	pei^{213}	pei^{53}	pei^{53}	pʰei^{53}
河曲	tsuei^{52}	xuei^{213}	xuei^{52}	xuei^{52}	pei^{52}	pei^{52}	pei^{52}	pʰei^{52}
保德	tsuei^{52}	xuei^{213}	xuei^{52}	xuei^{52}	pei^{52}	pei^{52}	pei^{52}	pʰei^{52}
偏关	tsuei^{52}	xuei^{213}	xuei^{213}	xuei^{52}	pei^{52}	pei^{52}	pei^{52}	pʰei^{52}
朔城	tsuei^{53}	xuei^{312}	xuei^{53}	——	pei^{312}	pei^{53}	pei^{53}	pei^{53}
平鲁	tsuɛi^{52}	xuɛi^{213}	xuɛi^{52}	xuɛi^{52}	pɛi^{213}	pɛi^{52}	pɛi^{52}	pʰɛi^{52}
应县	tsuəi^{24}	xuəi^{54}	xuəi^{24}	xuəi^{24}	pəi^{43}	pəi^{43}	pəi^{24}	pʰəi^{24}
灵丘	tsuei^{53}	xuei^{442}	xuei^{53}	xuei^{53}	pei^{442}	pei^{53}	pei^{53}	pʰei^{53}
浑源	tsuɛe^{13}	xuɛe^{52}	xuɛe^{13}	xuɛe^{13}	pɛe^{52}	pɛe^{13}	pɛe^{13}	pʰɛe^{13}
云州	tsuɛi^{24}	xuɛi^{55}	xuɛi^{24}	xuɛi^{24}	pɛi^{24}	pɛi^{24}	pɛi^{24}	pʰɛi^{24}
新荣	tsuɛe^{24}	xuɛe^{54}	xuɛe^{24}	xuɛe^{24}	pɛe^{32}	pɛe^{24}	pɛe^{24}	pʰɛe^{24}
怀仁	tsuɛe^{24}	xuɛe^{53}	xuɛe^{24}	xuɛe^{24}	pɛe^{42}	pɛe^{24}	pɛe^{24}	pʰɛe^{24}
左云	tsuɛi^{24}	xuɛi^{54}	xuɛi^{24}	xuɛi^{24}	pɛi^{24}	pɛi^{24}	pɛi^{24}	pʰɛi^{24}
右玉	tsuɛe^{24}	xuɛe^{53}	xuɛe^{24}	xuɛe^{24}	pɛe^{24}	pɛe^{24}	pɛe^{24}	pɛe^{24}
阳高	tsuei^{53}	xuei^{53}	xuei^{53}	xuei^{24}	pei^{24}	pei^{24}	pei^{24}	pʰei^{24}
山阴	tsuei^{335}	xuei^{52}	xuei^{335}	——	pei^{313}	pei^{335}	pei^{335}	pʰei^{335}
天镇	tsuɛe^{24}	xuɛe^{55}	xuɛe^{24}	xuɛe^{24}	pɛe^{24}	pɛe^{24}	pɛe^{24}	pʰɛe^{24}
平定	tsuei^{24}	xuei^{53}	xuei^{24}	xuei^{24}	pei^{31}	pei^{24}	pei^{24}	pʰei^{24}
昔阳	tsuei^{13}	xuei^{55}	xuei^{13}	xuei^{13}	pei^{13}	pei^{13}	pei^{13}	pʰei^{13}
左权	tsuɛi^{53}	xuei^{42}	xuɛi^{53}	xuɛi^{53}	pɛi^{53}	pɛi^{53}	pɛi^{53}	pʰɛi^{53}
和顺	tsuei^{13}	xuei^{53}	xuei^{13}	xuei^{13}	pei^{13}	pei^{13}	pei^{13}	pʰei^{13}
尧都	tsʰuei^{44} 白 / tsuei^{44} 文	xuei^{53}	xuei^{53}	xuei^{44}	pei^{44}	pei^{44}	pei^{44}	pʰei^{44}
洪洞	tsʰuei^{53} 白 / tsuei^{42} 文	xuei^{42}	xuei^{42}	xuei^{53}	pʰei^{53} 白 / pei^{21} 文	pei^{33}	pʰi^{33} 白	pʰei^{33}
洪洞赵城	tsuei^{53}	kuei^{42}	xuei^{42}	xuei^{53}	pei^{53}	pei^{53}	pei^{53}	pʰei^{53}
古县	tsʰuei^{53} 白 / tsuei^{42} 文	xuei^{42}	xuei^{42}	xuei^{53}	——	pei^{35}	pei^{35}	pʰei^{35}
襄汾	tsʰuei^{44} 白 / tsuei^{44} 文	xuei^{42}	xuei^{21}	xuei^{53}	pei^{44}	pei^{44}	pei^{44}	pʰei^{44}
浮山	tsʰuei^{44} 白 / tsuei^{44} 文	xuei^{33}	xuei^{42}	xuei^{53}	pei^{44}	pei^{44}	pʰei^{53}	pʰei^{44}

续表

字目 中古音 / 方言点	罪	悔	贿	汇~合	背~负	辈	背~脊	配
中古音	徂贿 蟹合一 上贿从	呼罪 蟹合一 上贿晓	呼罪 蟹合一 上贿晓	胡罪 蟹合一 上贿匣	布回 蟹合一 去队帮	补妹 蟹合一 去队帮	补妹 蟹合一 去队帮	滂佩 蟹合一 去队滂
霍州	tsuei^{55}	xuei^{33}	xuei^{55}	xuei^{53}	pei^{55}	pei^{55}	pei^{55}	pʰei^{55}
翼城	tsei^{53}	xuei^{44}	xuei^{53}	xuei^{53}	puᴇ^{53}	pᴇ^{53}	pei^{53}	pei^{53}
闻喜	tsʰui^{13}	xui^{33}	xui^{33}	——	pi^{53} 白 / pẽĩ^{53} 文	pi^{53}	pi^{53} 白 / pẽĩ^{53} 文	pʰi^{53}
侯马	tsuei^{53}	xuei^{44}	xuei^{53}	xuei^{53}	pei^{213}	pei^{53}	pei^{53}	pʰei^{53}
新绛	tsʰuei^{53}	xuei^{44}	xuei^{53}	xuei^{53}	pei^{53}	pei^{53}	pei^{53}	pʰei^{53}
绛县	tsʰuei^{53}	xuei^{33}	xuei^{33}	xuei^{31}	pei^{31}	pi^{53}	pei^{31}	pʰi^{31}
垣曲	tsuei^{53}	xuei^{44}	xuei^{53}	xuei^{53}	pei^{53}	pei^{53}	pei^{53}	pʰei^{53}
夏县	tsʰuei^{31} 白 / tsuei^{31} 文	xuei^{24}	xuei^{31}	xuei^{31}	pei^{31}	pei^{31}	pei^{53}	pʰei^{31}
万荣	tsʰuei^{33}	xuei^{55}	xuei^{33}	xuei^{33}	pei^{33}	pei^{33}	pei^{33}	pʰei^{33}
稷山	tsʰuei^{42} 白 / tsuei^{42} 文	xuei^{44}	xuei^{42}	xuei^{42}	pei^{42}	pi^{42}	pi^{42} 白 /pei^{42} 文	pʰi^{42}
盐湖	tsuei^{44}	xuei^{53}	xuei^{53}	xuei^{44}	pʰei^{44} 白 / pei^{44} 文	pei^{44}	pʰei^{44} 白 / pei^{44} 文	pʰei^{44}
临猗	tsʰuei^{44} 白 / tsuei^{44} 文	xuei^{53}	xuei^{44}	xuei^{44}	pei^{42}	pei^{44}	pei^{44}	pʰei^{44}
河津	tsʰuei^{44}	xuei^{53}	xuei^{44}	xuei^{44}	pei^{31}	pei^{44}	pei^{44}	pʰei^{44}
平陆	tsʰuei^{33} 白 / tsuei^{33} 文	xuei^{55}	xuei^{33}	xuei^{33}	pei^{33}	pei^{33}	pei^{33}	pʰei^{33}
永济	tsʰuei^{44}	u^{53} 白 / xuei^{53} 文	xuei^{44}	xuei^{44}	pei^{31}	pei^{44}	pʰei^{44}	pʰei^{44}
芮城	tsʰuei^{44}	xuei^{53}	xuei^{44}	xuei^{44}	pei^{44}	pei^{44}	pei^{44}	pʰei^{44}
吉县	tsuei^{33}	xuei^{53}	xuei^{33}	xuei^{33}	pʰei^{33} 白 / pei^{33} 文	pei^{33}	pʰei^{33} 白 / pei^{33} 文	pʰei^{33}
乡宁	tsʰuei^{22} 白 / tsuei^{22} 文	xuei^{44}	xuei^{22}	xuei^{22}	pʰei^{53}	pei^{22}	pei^{22}	pʰei^{22}
广灵	tsuei^{213}	xuei^{44}	xuei^{213}	xuei^{213}	pei^{53}	pei^{213}	pei^{213}	pʰei^{213}

字目	背~诵	佩	妹	对	退	队	内	累劳~
中古音／方言点	蒲昧 蟹合一 去队並	蒲昧 蟹合一 去队並	莫佩 蟹合一 去队明	都队 蟹合一 去队端	他内 蟹合一 去队透	徒对 蟹合一 去队定	奴对 蟹合一 去队泥	卢对 蟹合一 去队来
北京	pei^{51}	pʰei^{51}	mei^{51}	tuei^{51}	tʰuei^{51}	tuei^{51}	nei^{51}	lei^{51}
小店	pei^{24}	pʰei^{24}	mei^{24}	tuei^{24}	tʰuei^{24}	tuei^{24}	nɛ^{24} 白 / nei^{24} 文	lei^{24} 文
尖草坪	pai^{35}	pʰai^{35}	mai^{35}	tuei^{35}	tʰuei^{35}	tuei^{35}	nai^{35}	luei^{35}
晋源	pei^{11}	pʰai^{11}	mai^{35}	tuai^{35}	tʰuai^{11}	tuai^{35}	nei^{35}	ly^{35}
阳曲	pei^{454}	pʰei^{454}	mei^{454}	tuei^{454}	tʰuei^{454}	tuei^{454}	nuei^{454} 白 / nei^{454} 文	luei^{454}
古交	pai^{53}	pʰai^{44}	mai^{53}	tuai^{53}	tʰuai^{53}	tuai^{53}	nai^{53}	luei^{53}
清徐	pai^{45}	pʰai^{45}	mai^{45}	tuai^{45}	tuai^{45}	tuai^{45}	nai^{45}	ly^{45} 白 / lai^{45} 文
娄烦	pei^{54}	pʰei^{54}	mei^{54}	tui^{54}	tʰui^{54}	tui^{54}	nɛi^{54}	lui^{54}
榆次	pɛe^{35}	pʰɛe^{35}	mɯ^{35}	tuɛe^{35}	tʰuɛe^{35}	tuɛe^{35}	nuɛe^{35}	luɛe^{35}
交城	pɛ^{24}	pʰɛ^{24}	mɛ^{24}	tuɛ^{24}	tʰuɛ^{24}	tuɛ^{24}	nɛ^{24}	ly^{24}
文水	peɪ^{35}	pʰeɪ^{35}	meɪ^{35}	tueɪ^{35}	tʰueɪ^{35}	tueɪ^{35}	neɪ^{35}	lueɪ^{35} 老 / leɪ^{35} 新
祁县	pəɨ^{45}	pʰəɨ^{45}	məɨ^{45}	tuəɨ^{45}	tʰuəɨ^{45}	tuəɨ^{45}	nəɨ^{45}	luəɨ^{45}
太谷	pei^{53}	pʰei^{53}	mei^{53}	tuei^{53}	tʰuei^{53}	tuei^{53}	nei^{53}	luei^{53}
平遥	pæe^{24}	pʰæe^{512}	mæe^{24}	tuæe^{24}	tʰuæe^{24}	tʰuæe^{24}	næe^{24}	luæe^{24}
孝义	pei^{454}	pʰei^{454}	mei^{454}	tuei^{454}	tʰuei^{454}	tuei^{454}	nai^{454}	luei^{454}
介休	pai^{45}	pʰai^{45}	mai^{45}	tuai^{45}	tʰuai^{45}	tuai^{45}	nei^{45}	luei^{45}
灵石	pɛ^{53}	pʰɛ^{53}/pei^{53}	mɛ^{53}	tuɛ^{53}	tʰuɛ^{53}	tuɛ^{53}	nei^{53}	——
盂县	pei^{55}	pʰei^{55}	mei^{55}	tuei^{55}	tʰuei^{55}	tuei^{55}	nei^{55}	luei^{55}
寿阳	pai^{45}	pʰei^{45}	mei^{45}	tuei^{45}	tʰuei^{45}	tuei^{45}	nuei^{45}/nei^{45}	luei^{45}
榆社	pei^{45}	pʰei^{45}	mei^{45}	tuei^{45}	tʰuei^{45}	tuei^{45}	nuei^{45}	luei^{45}
离石	pɛe^{53}	pʰɛe^{53}	mɛe^{53}	tuɛe^{53}	tʰuɛe^{53}	tuɛe^{53}	nuɛe^{53}	luɛe^{53}
汾阳	pei^{55}	pʰei^{55}	mei^{55}	tuei^{55}	tʰuei^{55}	tuei^{55}	nei^{55}	luei^{55}
中阳	pɛe^{53}	pʰɛe^{53}	mɛe^{53}	tuɛe^{53}	tʰuɛe^{53}	tuɛe^{53}	nuɛe^{53}	luɛe^{53}
柳林	pɛe^{53}	pʰɛe^{53}	mɛe^{53}	tuɛe^{53}	tʰuɛe^{53}	tuɛe^{53}	nuɛe^{53}	luɛe^{53}
方山	pɛe^{52}	pʰɛe^{52}	mɛe^{52}	tuɛe^{52}	tʰuɛe^{52}	tuɛe^{52}	nuɛe^{52}	luei^{52}
临县	pɛe^{52}	pʰɛe^{52}	mɛe^{52}	tuɛe^{52}	tʰuɛe^{52}	tuɛe^{52}	nuɛe^{52}	lei^{52}
兴县	pei^{53}	pʰei^{53}	mei^{53}	tuei^{53}	tʰuei^{53}	tuei^{53}	nuei^{53}	ly^{53}
岚县	pei^{53}	pʰei^{53}	mei^{53}	tuei^{53}	tʰuei^{53}	tuei^{53}	nuei^{53}	luei^{53}
静乐	pei^{53}	pʰei^{53}	mei^{53}	tuei^{53}	tʰuei^{53}	tuei^{53}	nae^{53}	luei^{53} 白

续表

字目	背~诵	佩	妹	对	退	队	内	累劳~
中古音 / 方言点	蒲昧 蟹合一 去队並	蒲昧 蟹合一 去队並	莫佩 蟹合一 去队明	都队 蟹合一 去队端	他内 蟹合一 去队透	徒对 蟹合一 去队定	奴对 蟹合一 去队泥	卢对 蟹合一 去队来
交口	pai^{53}	p^{h}ei^{53}	mai^{53}	tuai^{53}	t^{h}uai^{53}	tuai^{53}	nei^{53}	luei^{53}
石楼	pei^{51}	pei^{51}	mei^{51}	tuei^{51}	t^{h}uei^{51}	tuei^{51}	nɛi^{51} 白 / nei^{51} 文	ly^{51} 白 / lei^{51} 文
隰县	p^{h}ei^{44}	p^{h}ei^{44}	mei^{44}	tuɛi^{44} 白 / tuei^{44} 文	t^{h}uei^{44}	tuei^{44}	lei^{44} 白 / nei^{44} 文	luei^{44}
大宁	p^{h}ei^{55}	p^{h}ei^{55}	mei^{55}	tuei^{55}	t^{h}uei^{55}	tuei^{55}	nuei^{55} 白 / nei^{55} 文	ly^{55} 白 / luei^{55} 文
永和	p^{h}ei^{53} 白 / pei^{53} 文	p^{h}ei^{53}	mei^{53}	tuei^{53}	t^{h}uei^{53}	tuei^{53}	nuei^{53}	——
汾西	p^{h}ei^{53} 白	p^{h}ei^{55}	mei^{53}	tuei^{55}	t^{h}uei^{55}	tuei^{53}	nei^{53}	lei^{53}
蒲县	p^{h}ei^{33} 白 / pei^{33} 文	p^{h}ei^{33}	mei^{33}	tuei^{33}	t^{h}uei^{33}	tuei^{33}	nuei^{33}	lei^{33}
潞州	pei^{54}	p^{h}ei^{54}	mei^{44}	tuei^{44}	t^{h}uei^{44}	tuei^{54}	nei^{54}	luei^{54}
上党	pei^{22}	p^{h}ei^{42}	mei^{42}	tei^{22}	t^{h}ei^{22}	tei^{42}	nei^{42}	lei^{42}
长子	pei^{53}	p^{h}ei^{422}	mẼ^{53}	tuei^{422}	t^{h}uei^{422}	tuei^{53}	nẼ^{53}	luei^{53}
屯留	pei^{11}	p^{h}ei^{53}	mei^{11}	tuei^{53}	t^{h}uei^{53}	tuei^{11}	nuei^{11} 白 / nei^{11} 文	luei^{11}
襄垣	pei^{45}	p^{h}ei^{53}	mei^{45}	tuei^{53}	t^{h}uei^{53}	tuei^{45}	nuei^{45}	luei^{45}
黎城	pei^{53}	p^{h}ei^{422}	mei^{53}	tuei^{422}	t^{h}uei^{422}	tuei^{53}	nuei^{53}	luei^{53}
平顺	pei^{53}	p^{h}ei^{53}	mei^{53}	tuei^{53}	t^{h}uei^{53}	tuei^{53}	nuei^{53}	luei^{13}
壶关	pei^{42}	p^{h}ei^{353}	mei^{353}	tuei^{42}	t^{h}uei^{42}	tuei^{353}	nuei^{353}	luei^{353}
沁县	pei^{53}	p^{h}ei^{53}	mei^{53}	tuei^{53}	t^{h}uei^{53}	tuei^{53}	nuei^{53}	——
武乡	pei^{55}	p^{h}ei^{55}	mei^{55}	tuei^{55}	t^{h}uei^{55}	tuei^{55}	nzei^{55}	luei^{55}
沁源	pei^{53}	p^{h}ei^{53}	mei^{53}	tuei^{53}	t^{h}uei^{53}	tuei^{53}	nei^{53}	luei^{53}
安泽	pei^{53}	p^{h}ei^{53}	mei^{53}	tuei^{53}	t^{h}uei^{53}	tuei^{53}	nuei^{53}	luei^{53}
沁水端氏	pai^{53}	p^{h}ai^{53}	mai^{53}	tai^{53}	tuai^{53}	tuai^{53}	nai^{53}	lai^{53}
阳城	pai^{51}	p^{h}ai^{51}	mai^{51}	tuai^{212}	t^{h}uɑ̃ŋ^{51} 白 / t^{h}uai^{51} 文	tuai^{212}	nai^{51}	luai^{51}
高平	pei^{53}	p^{h}ei^{53}	mə̃ĩ^{53}	tuei^{53}	t^{h}uei^{53}	tuei^{53}	nuə̃ĩ^{53}	luei^{53}
陵川	pei^{24}	p^{h}ei^{24}	mei^{24}	tuei^{24}	t^{h}uei^{24}	tuei^{24}	nuei^{24}	luei^{24}
晋城	pɤɯ^{53}	p^{h}ɤɯ^{53}	mɤɯ^{53}	tuɤɯ^{53}	t^{h}uɤɯ^{53}	tuɤɯ^{53}	nɤɯ^{53}	luɤɯ^{53}
忻府	pei^{53}	p^{h}ei^{53}	mei^{53}	tuei^{53}	t^{h}uei^{53}	tuei^{53}	nei^{53}	luei^{53}
原平	pəi^{53}	p^{h}əi^{53}	məi^{53}	tuəi^{53}	t^{h}uəi^{53}	tuəi^{53}	nuəi^{53}	luəi^{53}
定襄	pei^{53}	p^{h}ei^{53}	mei^{53}	tuei^{53}	t^{h}uei^{53}	tuei^{53}	nei^{53}	luei^{53}

续表

字目	背~诵	佩	妹	对	退	队	内	累劳~
中古音 / 方言点	蒲昧 蟹合一 去队並	蒲昧 蟹合一 去队並	莫佩 蟹合一 去队明	都队 蟹合一 去队端	他内 蟹合一 去队透	徒对 蟹合一 去队定	奴对 蟹合一 去队泥	卢对 蟹合一 去队来
五台	pei^{52}	p^{h}ei^{52}	mei^{52}	tuei^{52}	t^{h}uei^{52}	tuei^{52}	nei^{52}	luei^{52}
岢岚	pɛi^{52}	p^{h}ɛi^{52}	mɛi^{52}	tuɛi^{52}	t^{h}uɛi^{52}	tuɛi^{52}	nuɛi^{52}	luɛi^{52}
五寨	pei^{52}	p^{h}ei^{52}	mei^{52}	tuei^{52}	t^{h}uei^{52}	tuei^{52}	nuei^{52}	luei^{52}
宁武	——	p^{h}ᴇe^{52}	mᴇe^{52}	tuᴇe^{52}	t^{h}uᴇe^{52}	tuᴇe^{52}	nuᴇe^{52}	luᴇe^{52}
神池	pɛe^{52}	p^{h}ɛe^{52}	mɛe^{52}	tuɛe^{52}	t^{h}uɛe^{52}	tuɛe^{52}	nuɛe^{52}	lɛe^{52}
繁峙	pei^{24}	p^{h}ei^{24}	mei^{24}	tuei^{24}	t^{h}uei^{24}	tuei^{24}	nei^{24}	luei^{24}
代县	pei^{53}	p^{h}ei^{53}	mei^{53}	tuei^{53}	t^{h}uei^{53}	tuei^{53}	nai^{213}	luei^{53}
河曲	pei^{52}	p^{h}ei^{52}	mei^{52}	tuei^{52}	t^{h}uei^{52}	tuei^{52}	nɛe^{52}	luei^{52}
保德	pei^{52}	p^{h}ei^{52}	mei^{52}	tuei^{52}	t^{h}uei^{52}	tuei^{52}	nuei^{52}	luei^{52}
偏关	pei^{52}	p^{h}ei^{52}	mei^{52}	tuei^{52}	t^{h}uei^{52}	tuei^{52}	nei^{52}	luei^{52}
朔城	——	pei^{53}	mei^{53}	tuei^{53}	t^{h}uei^{53}	tuei^{53}	ni^{53}	——
平鲁	pɛi^{52}	p^{h}ɛi^{52}	mɛi^{52}	tuɛi^{52}	t^{h}uɛi^{52}	tuɛi^{52}	nɛi^{52}	——
应县	pəi^{24}	p^{h}əi^{24}	mẽi^{24}	tuəi^{24}	t^{h}uəi^{24}	tuəi^{24}	nɛi^{24}	ləi^{24}
灵丘	pei^{53}	p^{h}ei^{53}	mei^{53}	tuei^{53}	t^{h}uei^{53}	tuei^{53}	nei^{53}	lei^{53}
浑源	pɛe^{13}	p^{h}ɛe^{13}	mɛe^{13}	tuɛe^{13}	t^{h}uɛe^{13}	tuɛe^{13}	nɛe^{13}	lɛe^{13}
云州	pɛi^{24}	p^{h}ɛi^{24}	mɛi^{24}	tuɛi^{24}	t^{h}uɛi^{24}	tuɛi^{24}	nɛi^{24}	lɛi^{24}
新荣	pɛe^{24}	p^{h}ɛe^{24}	mɛe^{24}	tuɛe^{24}	t^{h}uɛe^{24}	tuɛe^{24}	nɛe^{24}	lɛe^{24}
怀仁	pɛe^{24}	p^{h}ɛe^{24}	mɛe^{24}	tuɛe^{24}	t^{h}uɛe^{24}	tuɛe^{24}	nɛe^{24}	lɛe^{24}
左云	pɛi^{24}	p^{h}ɛi^{24}	mɛi^{24}	tuɛi^{24}	t^{h}uɛi^{24}	tuɛi^{24}	nɛi^{24}	lɛi^{24}
右玉	pɛe^{24}	pɛe^{24}	mɛe^{24}	tuɛe^{24}	t^{h}uɛe^{24}	tuɛe^{24}	——	lɛe^{24}
阳高	pei^{24}	p^{h}ei^{24}	mei^{24}	tuei^{31}	t^{h}uei^{24}	tuei^{24}	nei^{24}	lei^{24}
山阴	pei^{335}	p^{h}ei^{335}	mei^{335}	tuei^{335}/ tsuei^{313}	t^{h}uei^{335}	tuei^{335}	nɛe^{335}	——
天镇	pɛe^{24}	p^{h}ɛe^{55}	mɛe^{24}	tuɛe^{24}	t^{h}uɛe^{24}	tuɛe^{24}	nuɛe^{24}	luɛe^{24}白/ lɛe^{24}文
平定	pei^{24}	p^{h}ei^{24}	mei^{24}	tuei^{24}	t^{h}uei^{24}	tuei^{24}	nuei^{24}	luei^{24}
昔阳	pei^{13}	p^{h}ei^{13}	mei^{13}	tuei^{13}	t^{h}uei^{13}	tuei^{13}	nuei^{13}	luei^{13}
左权	pɛi^{53}	p^{h}ɛi^{53}	mɛi^{42}	tuɛi^{53}	t^{h}uɛi^{53}	tuɛi^{53}	nuɛi^{53}	luɛi^{53}
和顺	pei^{13}	p^{h}ei^{13}	mi^{13}	tuei^{13}	t^{h}uei^{13}	tuei^{13}	nuei^{13}	luei^{13}
尧都	p^{h}ei^{44}	p^{h}ei^{44}	mei^{44}	tuei^{44}	t^{h}uei^{44}	tei^{44}	nei^{44}	lei^{44}
洪洞	pei^{53}	p^{h}ei^{33}	mei^{53}	tuei^{33}	t^{h}uei^{33}	tuei^{53}	nei^{53}	lei^{53}
洪洞赵城	p^{h}ei^{53}白/ pei^{53}文	p^{h}ei^{24}	mei^{53}	tuei^{24}	t^{h}uei^{24}	tuei^{53}	nei^{53}	lei^{53}

续表

字目 中古音 / 方言点	背~诵	佩	妹	对	退	队	内	累劳~
中古音	蒲昧 蟹合一 去队並	蒲昧 蟹合一 去队並	莫佩 蟹合一 去队明	都队 蟹合一 去队端	他内 蟹合一 去队透	徒对 蟹合一 去队定	奴对 蟹合一 去队泥	卢对 蟹合一 去队来
古县	p^{h}ei^{53} 白 / pei^{53} 文	p^{h}ei^{35}	mei^{53}	tuei^{35}	t^{h}uei^{35}	tuei^{53}	nei^{53}	——
襄汾	p^{h}ei^{53}	p^{h}ei^{53}	mei^{53}	tuei^{44}	t^{h}uei^{44}	tuei^{44}	nei^{53}	——
浮山	p^{h}ei^{44}	p^{h}ei^{53}	mei^{53}	tuei^{44}	t^{h}uei^{44}	tuei^{44}	nei^{53}	——
霍州	p^{h}ei^{53} 老 / pei^{53} 新	p^{h}ei^{55}	mei^{53}	tuei^{55}	t^{h}uei^{55}	tuei^{53}	lei^{53}	ly^{53}
翼城	pei^{53}	p^{h}ei^{53}	mei^{53}	tei^{53}	t^{h}uei^{53}	tuei^{53}	nei^{53}	lei^{53}
闻喜	pi^{53} 白 / pẽĩ^{53} 文	——	mi^{13}	tui^{53}/tui^{13}	——	——	li^{13}	ui^{13}
侯马	pei^{213}	p^{h}i^{213} 白 / p^{h}ei^{213} 文	mei^{53}	tuei^{53}	t^{h}uei^{53}	tuei^{53}	nei^{53}	lei^{53}
新绛	p^{h}ei^{53}	p^{h}ei^{53}	mei^{53}	tuei^{53}	t^{h}uei^{53}	tuei^{53}	nei^{53}	luei^{53}
绛县	pei^{53}	p^{h}i^{53}	mei^{31}	tuei^{31}	t^{h}uei^{31}	tuei^{53}	nuei^{31}	luei^{31}
垣曲	p^{h}ei^{53}	p^{h}ei^{53}	mei^{53}	tuei^{53}	t^{h}uei^{53}	tuei^{53}	nei^{53}	luei^{53}
夏县	p^{h}ei^{31} 白 / pei^{31} 文	p^{h}ei^{31}	mei^{31}	tuei^{31}	t^{h}uei^{31}	tuei^{31}	luei^{31}	luei^{31}
万荣	p^{h}ei^{33}	p^{h}ei^{51}	mei^{33}	tuei^{33}	t^{h}uei^{33}	tuei^{33}	nei^{33}	luei^{33}
稷山	p^{h}i^{42} 白 / pei^{42} 文	p^{h}i^{42}	mi^{42} 白 / mei^{42} 文	tuei^{42}	t^{h}uei^{42}	tuei^{42}	luei^{42}	luei^{42}
盐湖	p^{h}ei^{44} 白 / pei^{44} 文	p^{h}ei^{44}	mei^{44}	tuei^{44}	t^{h}uei^{44}	tuei^{44}	——	luei^{44}
临猗	p^{h}ei^{44} 白 / pei^{44} 文	p^{h}ei^{44}	mei^{44}	tuei^{44}	t^{h}uei^{44}	tuei^{44}	luei^{44}	luei^{44}
河津	p^{h}ei^{44}	p^{h}ei^{31}	mei^{44}	tuei^{44}	t^{h}uei^{44}	tuei^{44}	nei^{44}	luei^{53}
平陆	p^{h}ei^{33} 白 / pei^{33} 文	p^{h}ei^{33}	mei^{33}	tuei^{33}	t^{h}uei^{33}	tuei^{33}	luei^{33}	luei^{33}
永济	p^{h}ei^{44}	p^{h}ei^{53}	mei^{44}	tuei^{44}	t^{h}uei^{44}	tuei^{44}	nei^{44}	lei^{44}
芮城	p^{h}ei^{44} 白 / pei^{44} 文	p^{h}ei^{42}	mei^{44}	tuei^{44}	t^{h}uei^{44}	tuei^{42}	luei^{44}	luei^{44}
吉县	p^{h}ei^{33} 白	p^{h}ei^{53}	mei^{33}	tuei^{33}	t^{h}uei^{33}	tuei^{33}	nei^{33}	luei^{33}
乡宁	p^{h}ei^{22} 白 / pei^{22} 文	p^{h}ei^{22}	mei^{22}	tuei^{22}	t^{h}uei^{22}	tuei^{22}	nei^{22}	luei^{22}
广灵	pei^{53}	p^{h}ei^{213}	mei^{213}	tuei^{213}	t^{h}uei^{213}	tuei^{213}	nei^{44}	lei^{213}

字目	碎	溃崩~	溃~脓	蜕	兑	最	会~计	外
中古音 方言点	苏内 蟹合一 去队心	胡对 蟹合一 去队匣	胡对 蟹合一 去队匣	他外 蟹合一 去泰透	杜外 蟹合一 去泰定	祖外 蟹合一 去泰精	古外 蟹合一 去泰见	五会 蟹合一 去泰疑
北京	suei^{51}	kʰuei^{51}	kʰuei^{51}	tʰuei^{51}	tuei^{51}	tsuei^{51}	kʰuai^{51}	uai^{51}
小店	suɛ^{24} 白 / suei^{24} 文	kʰuei^{24}	kʰuei^{24}	tʰuei^{24}	tuei^{24}	tsuei^{24}	kʰuɛ^{24}	vɛ^{24}
尖草坪	suei^{35}	kʰuei^{35}	kʰuei^{35}	tʰuei^{35}	tuei^{35}	tsʰuei^{35}	kʰuei^{35}	vai^{35}
晋源	suei^{35}	kʰuei^{35}	kʰuei^{35}	tʰuai^{11}	tuai^{35}	tsuei^{35}	kʰuai^{35}	vai^{11}
阳曲	suei^{454}	kʰuei^{454}	kʰuei^{454}	tʰuei^{454}	tuei^{454}	tsuei^{454}	kʰuai^{454}	vai^{454}
古交	suai^{53}	kʰuai^{53}	kʰuai^{53}	tʰuai^{53}	tuai^{53}	tsuei^{53}	kʰuai^{53}	vai^{53}
清徐	suai^{45}	kʰuei^{45}	kʰuei^{45}	tuai^{45}	tuai^{45}	tɕy^{45} 白 / tsuei^{54} 文	kʰuai^{45}	vai^{45}
娄烦	sui^{54}	xui^{54}	xui^{54}	tʰui^{54}	tui^{54}	tsui^{54}	kʰuɛi^{54}	vɛi^{54}
榆次	suɛe^{35}	kʰuɯ^{35}	kuɯ^{35}	tʰuɛe^{35}	tuɛe^{35}	tɕy^{35}	kʰuɛe^{35}	vɛe^{35}
交城	suɛ^{24}	kʰui^{24}	kʰui^{24}	tʰuɛ^{24}	tuɛ^{24}	tɕy^{24}	kʰuɛ^{24}	uɛ^{24}
文水	sɥ^{35} 白 / sueɪ^{35} 文	kʰueɪ^{35}	kʰueɪ^{35}	tʰuaʔ^{2}/ tʰueɪ^{35}	tueɪ^{35}	tsueɪ^{35}	kʰuai^{35}	ueɪ^{35} 白 / uai^{35} 文
祁县	suəɨ^{45}	kʰuəɨ^{45}	kʰuəɨ^{45}	tʰuəɨ^{45}	tuəɨ^{45}	tsuəɨ^{45}	kʰuæɛ^{45}	uæɛ^{45}/uəɨ^{45}
太谷	suei^{53}	kʰuei^{53}	kʰuei^{53}	tʰuei^{53}	tuei^{53}	tsuei^{53}	kʰuɑi^{53}	vei^{53}
平遥	suæe^{24}	kʰuei^{24}	kʰuei^{24}	tʰuæe^{24}	tuæe^{24}	tsuæe^{24}	kʰuæe^{24}	uæe^{24}
孝义	suei^{454}	xuei^{454}	xuei^{454}	tʰuei^{454}	tuei^{454}	tsuei^{454}	kʰuai^{454}	uei^{454}
介休	suei^{45}	kʰuei^{45}	kʰuei^{45}	tʰuʌʔ$^{\underline{12}}$/ tʰuai^{45}	tuai^{45}	tsuai^{45}	kʰuai^{45}	uai^{45}
灵石	suei^{53}	kʰuei^{53}	kʰuei^{53}	tʰuɛ^{53}	tuɛ^{53}	tsuei^{53}	kuɛ^{53}	uɛ^{53}
盂县	suei^{55}	kʰuei^{55}	kʰuei^{55}	tʰuei^{55}	tuei^{55}	tsuei^{55}	kuɑɛ^{55}	vɑɛ^{55}
寿阳	suai^{45}	kʰuei^{45}	kʰuei^{45}	tʰuei^{45}	tuei^{45}	tsuei^{45}	xuai^{45}	vai^{45}
榆社	suei^{45}	kʰuei^{45}	kʰuei^{45}	tʰuei^{45}	tuei^{45}	tsuei^{45}	kʰuɛ^{45}	vɛ^{45}
离石	suɛe^{53}	kʰuɛe^{53}	kʰuɛe^{53}	tʰuɛe^{53}	tuɛe^{53}	tsuɛe^{312}	kʰyɛ^{53}	uɛe^{53}
汾阳	suei^{55}	kʰuei^{55}	xuei^{55}	tʰuei^{55}	tuei^{55}	tsuei^{55}	kʰuai^{55}	uei^{55} 白 / uai^{55} 文
中阳	ʂuɛe^{53}	kʰuɛe^{53}	kʰuɛe^{53}	tʰuɛe^{53}	tuɛe^{53}	tʂuɛe^{423}	kʰuɛe^{53}	uɛe^{53}
柳林	suɛe^{53}	kʰuɛe^{53}	kʰuɛe^{53}	tʰuɛe^{53}	tuɛe^{53}	tsuɛe^{312}	kʰuɛe^{53}	uɛe^{53}
方山	suei^{52}	kʰuɛe^{52}	xuɛe^{52}	tʰuɛe^{52}	tuɛe^{52}	tʰuɛe^{312}	kuɛe^{52}	uɛe^{52}
临县	suɛe^{52}	kʰuei^{52}	kuei^{52}	tʰuɛe^{52}	tuɛe^{52}	tsuɛe^{312}	kʰuɛe^{52}	uɛe^{52}
兴县	suei^{53}	kʰuei^{53}	xuei^{53}	tʰuei^{53}	tuei^{53}	tsuei^{53}	kʰuai^{53}	uei^{53}
岚县	suei^{53}	kʰuei^{53}	xuei^{53}	tʰuei^{53}	tuei^{53}	tsuei^{53}	kʰuai^{53}	uei^{53} 白 / uai^{53} 文

续表

字目	碎	溃崩~	溃~脓	蜕	兑	最	会~计	外
中古音 / 方言点	苏内 蟹合一 去队心	胡对 蟹合一 去队匣	胡对 蟹合一 去队匣	他外 蟹合一 去泰透	杜外 蟹合一 去泰定	祖外 蟹合一 去泰精	古外 蟹合一 去泰见	五会 蟹合一 去泰疑
静乐	suei^{53}	kʰuei^{53}	kʰuei^{53}	tʰuei^{53}	tuei^{53}	tsuei^{53}	kʰuae^{53}	vae^{53}
交口	suai^{53}	kʰuei^{53}	kʰuei^{53}	tʰuai^{53}	tuai^{53}	tsuei^{53}	xuai^{53}	uai^{53}
石楼	ʂuei^{51}	kʰuei^{51}	kʰuei^{51}	tʰuei^{51}	tuei^{51}	tʂuei^{51}	xuei^{51}	uei^{51} 白 / uɛi^{51} 文
隰县	suei^{44}	kʰuei^{44}	kʰuei^{44}	tʰuei^{44}	tuei^{44}	tsuei^{44}	kʰuae^{44}	uɛe^{44}
大宁	suei^{55}	kʰuei^{55}	kʰuei^{55}	tʰuei^{55}	tuei^{55}	tsuei^{55}	kʰuɛe^{55}	vɛe^{55}
永和	suei^{53}	kʰuei^{53}	——	tʰuei^{53}	tuei^{53}	tsuei^{53}	kʰuɛi^{312}	uɛi^{53}
汾西	suei^{55}	——	——	tʰuei^{55}	tʰuei^{53}	tsuei^{55}	kʰuɑi^{33}	uɑi^{53}
蒲县	suei^{33}	kʰuei^{33}	kʰuei^{33}	tʰuei^{33}	tuei^{33}	tsuei^{33}	kʰuai^{31}	uei^{33} 白 / uai^{33} 文
潞州	suei^{44}	kʰuei^{54}	xuei^{54}	tʰuei^{44}	tuei^{54}	tsuei^{44}	kʰuai^{44}	uai^{54}
上党	sei^{22}	kʰuei^{42}	xuei^{42}	tʰei^{22}	tei^{42}	tsei^{42}	kʰuæ^{22}	uæ^{42}
长子	suei^{422}	kʰuei^{422}	xuei^{53}	tʰuei^{422}	tuei^{53}	tsuei^{53}	kʰuɛe^{422}	vei^{24} 白 / vɛe^{53} 文
屯留	suei^{53}	kʰuei^{53}	xuei^{53}	tʰuei^{53}	tuei^{11}	tsuei^{53}	kʰuɛe^{53}	vei^{11} 白 / vɛe^{11} 文
襄垣	suei^{53}	——	——	tʰuei^{53}	tuei^{45}	tsuei^{45}	xuei^{45}	vᴇɪ^{45}
黎城	suei^{422}	kʰuei^{422}	kʰuei^{53}	tʰuei^{53}	tuei^{53}	tsuei^{53}	xuei^{53}/ kʰuɛi^{422}	uɛi^{53}
平顺	suei^{53}	kʰuei^{53}	kʰuei^{53}	tʰuei^{53}	tuei^{53}	tsuei^{53}	kʰuɛe^{53}	uɛe^{353}
壶关	ʂuei^{42}	kʰuei^{353}	kʰuei^{353}	tʰuei^{42}	tuei^{353}	tʂuei^{42}	kʰuai^{42}	uai^{353}
沁县	suei^{53}	kʰuei^{53}	kʰuei^{53}	tʰuei^{53}	tuei^{53}	tsuei^{53}	kʰuɛe^{53}	vei^{53} 白 / vɛe^{53} 文
武乡	suei^{55}	kʰuei^{55}	kʰuei^{55}	tʰuei^{55}	tuei^{55}	tsuei^{55}	kʰuɛ^{55}	vɛ^{55}
沁源	suei^{53}	kʰuei^{53}	xuei^{53}	tʰuei^{53}	tuei^{53}	tsuei^{53}	kʰuɛe^{53}	vei^{53} 白 / vɛe^{53} 文
安泽	suei^{53}	——	——	tʰuei^{53}	tuei^{53}	tsuei^{53}	kʰuai^{53}	vai^{53}
沁水端氏	sai^{53}	kʰuai^{24}	kʰuai^{24}	tuai^{53}	tai^{53}	tsai^{53}/tsuai^{53}	kʰuɛe^{53}	vɛe^{53}
阳城	suai^{51}	kʰuai^{51}	kʰuai^{51}	tʰuai^{51}	tuai^{51}	tsuai^{51}	kʰuai^{51}	vai^{51}
高平	ʂuei^{53}	kʰuei^{53}	kʰuei^{53}	tʰuei^{53}	tuei^{53}	tʂuei^{53}	kʰuɛe^{53}	vɛe^{53}
陵川	ʂuei^{24}	kʰuei^{24}	xuei^{24}	tʰuei^{24}	tuei^{24}	tʂuei^{24}	kʰuæe^{24}	uæe^{24}
晋城	ʂuɤɯ^{53}	kʰuɤɯ^{53}	xuɤɯ^{53}	tʰuɤɯ^{53}	tuɤɯ^{53}	tʂuɤɯ^{53}	kʰuᴇ^{53}	uᴇ^{53}
忻府	suei^{53}	kʰuei^{53}	xuei^{53}	tʰuei^{53}	tuei^{53}	tsuei^{53}	kʰuæe^{53}	væe^{53}

续表

字目	碎	溃崩~	溃~脓	蜕	兑	最	会~计	外
中古音 方言点	苏内 蟹合一 去队心	胡对 蟹合一 去队匣	胡对 蟹合一 去队匣	他外 蟹合一 去泰透	杜外 蟹合一 去泰定	祖外 蟹合一 去泰精	古外 蟹合一 去泰见	五会 蟹合一 去泰疑
原平	suəi^{53}	kʰuəi^{53}	xuəi^{53}	tʰuəi^{53}	tuəi^{53}	tsuəi^{53}	kʰuæɛ^{53}	væɛ^{53}
定襄	suei^{53}	kʰuei^{53}	kʰuei^{53}	tʰuei^{53}	tuei^{53}	tsuei^{53}	kʰuɛe^{53}	uɛe^{53}
五台	suei^{52}	kʰuei^{52}	kʰuei^{52}	tʰuei^{52}	tuei^{52}	tsuei^{52}	xuei^{52}	uɛ^{52}
岢岚	suɛi^{52}	kʰuɛi^{52}	kʰuɛi^{52}	tʰuɛi^{52}	tuɛi^{52}	tsuɛi^{52}	kʰuɛi^{52}	vɛi^{52}
五寨	suei^{52}	kʰuei^{52}	kʰuei^{52}	tʰuei^{52}	tuei^{52}	tsuei^{52}	xuei^{52}	vei^{52}
宁武	suᴇe^{52}	kʰuᴇe^{52}	xuᴇe^{52}	tʰuᴇe^{52}	tuᴇe^{52}	tsuᴇe^{52}	kʰuᴇe^{52}	vᴇe^{52}
神池	suɛe^{52}	kʰuɛe^{52}	xuɛe^{52}	tʰuɛe^{52}	tuɛe^{52}	tsuɛe^{52}	kʰuɛe^{52}	vɛe^{52}
繁峙	suei^{24}	kʰuei^{24}	kʰuei^{24}	tʰuei^{24}	tuei^{24}	tsuei^{24}	kʰuai^{24}	vai^{24}
代县	suei^{53}	kʰuei^{53}	xuei^{53}	tʰuei^{53}	tuei^{53}	tsuei^{53}	kʰuai^{53}	uai^{53}
河曲	suei^{52}	xuei^{52}	xuei^{52}	tʰuei^{52}	tuei^{52}	tsuei^{52}	kʰuɛe^{52}	vɛe^{52}
保德	suei^{52}	kʰuei^{52}	kʰuei^{52}	tʰuei^{52}	tuei^{52}	tsuei^{52}	kʰuai^{52}	vai^{52}
偏关	suei^{52}	kʰuei^{52}	kuei^{52}	tʰuei^{52}	tuei^{52}	tsuei^{52}	kuei^{52}	vei^{52}
朔城	suei^{53}	kʰuei^{53}	——	tʰuei^{53}	tuei^{53}	tsuei^{53}	kʰuɛi^{53}	vɛi^{53}
平鲁	suɛi^{52}	kʰuɛi^{52}	kʰuɛi^{52}	tʰuɛi^{52}	tuɛi^{52}	tsuɛi^{52}	kʰuɛi^{52}	xuɛi^{52}
应县	suəi^{24}	kʰuəi^{43}	——	tʰuəi^{24}	tuəi^{24}	tsuəi^{24}	xuəi^{24}	vəi^{43}
灵丘	suei^{53}	kʰuei^{53}	kʰuei^{53}	tʰuei^{53}	tuei^{53}	tsuei^{53}	kʰuɛe^{53}	vɛe^{53}
浑源	suɛe^{13}	kʰuɛe^{13}	kʰuɛe^{13}	tʰuʌʔ^{4}	tuɛe^{13}	tsuɛe^{13}	kʰuɛe^{13}	vɛe^{13}
云州	suɛi^{24}	kʰuɛi^{24}	kʰuɛi^{24}	tʰuɛi^{24}	tuɛi^{24}	tsuɛi^{24}	xuɛi^{24}	vɛi^{24}
新荣	suɛe^{24}	kʰuɛe^{24}	xuɛe^{24}	tʰuɛe^{24}	tuɛe^{24}	tsuɛe^{24}	kʰuɛe^{24}	vɛe^{24}
怀仁	suɛe^{24}	kʰuɛe^{24}	kʰuɛe^{24}	tʰuɛe^{24}	tuɛe^{24}	tsuɛe^{24}	kʰuɛe^{24}	vɛe^{24}
左云	suɛi^{24}	kʰuɛi^{24}	kʰuɛi^{24}	tʰuɛi^{24}	tuɛi^{24}	tsuɛi^{24}	kʰuɛi^{24}	vɛi^{24}
右玉	suɛe^{24}	kʰuɛe^{31}	——	tʰuɛe^{24}	tuɛe^{24}	tsuɛe^{24}	kʰuɛe^{24}	vɛe^{24}
阳高	suei^{24}	kʰuei^{24}	kʰuei^{24}	tʰuei^{24}	tuei^{24}	tsuei^{53}	——	vei^{24}
山阴	suei^{52}/ suei^{335}	kʰuei^{335}	——	tʰuei^{335}	tuei^{335}	tsuei^{335}	kʰuɛe^{335}	uɛe^{335}
天镇	suɛe^{24}	xuɛe^{24}/ kʰuɛe^{24}	xuɛe^{24}/ kʰuɛe^{24}	tʰuɛe^{24}	tuɛe^{24}	tsuɛe^{24}	xuɛe^{24}	vɛe^{24}
平定	suei^{24}	kʰuei^{53}	kʰuei^{53}	tʰuei^{24}	——	tsuei^{24}	kʰuɛe^{24}	vɛe^{24}
昔阳	suei^{13}	kʰuei^{13}	xuei^{13}	tʰuei^{13}	tuei^{13}	tsuei^{13}	kuɛe^{13}	vɛe^{13}
左权	suɛi^{53}	——	——	tʰuɛi^{53}	tuɛi^{53}	tsuɛi^{53}	kʰuɛi^{53}	vɛi^{53}
和顺	suei^{13}	kʰuei^{13}	kʰuei^{13}	tʰuei^{13}	tuei^{13}	tsuei^{13}	xuai^{13}	vai^{13}

续表

字目	碎	溃崩~	溃~脓	蜕	兑	最	会~计	外
中古音／方言点	苏内 蟹合一 去队心	胡对 蟹合一 去队匣	胡对 蟹合一 去队匣	他外 蟹合一 去泰透	杜外 蟹合一 去泰定	祖外 蟹合一 去泰精	古外 蟹合一 去泰见	五会 蟹合一 去泰疑
尧都	suei^{44}	k^{h}uei^{44}	k^{h}uei^{44}	t^{h}uei^{44}	tuei^{44}	tsuei^{44}	k^{h}uɑi^{44}	ei^{44} 白 / uɑi^{44} 文
洪洞	suei^{33}	k^{h}uei^{33}	k^{h}uei^{53}	t^{h}uei^{42}	tuei^{33}/tuei^{53}	tsuei^{42}	k^{h}uɑi^{33}	uei^{53} 白 / uɑi^{53} 文
洪洞赵城	suei^{24}	k^{h}uei^{24}	k^{h}uei^{24}	t^{h}uei^{24}	tuei^{24}	tsuei^{24}	k^{h}uɑi^{24}	uei^{53} 白 / uɑi^{53} 文
古县	suei^{35}	——	xuei^{53}	t^{h}uei^{35}	tuei^{53}	tsuei^{53}	k^{h}uɑi^{53}	uei^{53} 白 / uɑi^{53} 文
襄汾	suei	k^{h}uei^{53}	k^{h}uei^{53}	t^{h}uei^{53}	tuei^{53}	tsuei^{44}	k^{h}uai^{44}	vei^{44} 白 / uai^{53} 文
浮山	suei^{53}	k^{h}uei^{53}	k^{h}uei^{53}	t^{h}uei^{53}	tuei^{44}	tsuei^{44}	k^{h}uai^{44}	uai^{53}/ uei^{53}/ uẽĩ^{53}
霍州	suei^{55}	k^{h}uei^{55}	k^{h}uei^{53}	t^{h}uei^{55}	tuei^{55}	tsuei^{55}	k^{h}uai^{55}	uei^{53} 白 / uai^{53} 文
翼城	suei^{53}	k^{h}uei^{53}	k^{h}uei^{53}	tuei^{53}	tuei^{53}	tsuei^{53}	k^{h}uᴇe^{53}	uᴇe^{53}
闻喜	sui^{53}	k^{h}ui^{13}	k^{h}ui^{13}	t^{h}u^{53}	tui^{13}	tsui^{53}	k^{h}uɛe^{53}	uɛe^{13}
侯马	suei^{53}	k^{h}uei^{53}	k^{h}uei^{53}	t^{h}uei^{53}	tuei^{53}	tsuei^{53}	k^{h}uae^{53}	uae^{53}/vei^{53}
新绛	suei^{53}	k^{h}uei^{53}	xuei^{53}	t^{h}uɤ^{53}	tuei^{53}	tsuei^{44}	k^{h}uaɛ^{53}	uei^{53} 白 / uaɛ^{53} 文
绛县	suei^{31}	k^{h}uei^{31}	k^{h}uei^{53}	t^{h}uei^{31}	tuei^{53}	tsuei^{53}	k^{h}uɑi^{31}	uei^{53}/uɑi^{31}
垣曲	suei^{53}	k^{h}uei^{53}	xuei^{53}	t^{h}uei^{53}	tuei^{53}	tsuei^{53}	k^{h}uai^{53}	uai^{53}
夏县	suei^{31}	k^{h}uei^{31}	k^{h}uei	t^{h}uei^{31}	——	tsuei^{31}	k^{h}uæe^{31}	uæe^{31}
万荣	suei^{33}	k^{h}uei^{55}	k^{h}uei^{55}	t^{h}uei^{33}	tuei^{33}	tsuei^{33}	xuei^{33}	uei^{33}
稷山	suei^{42}	k^{h}uei^{42}	k^{h}uei^{42}	t^{h}uei^{42}	tuei^{42}	tsuei^{42}	k^{h}uai^{42}	uei^{42} 白 / uai^{42} 文
盐湖	suei^{44}	xuei^{44}	xuei^{44}	t^{h}uei^{44}	tuei^{44}	tsuei^{44}	k^{h}uɛi^{44}	uɛi^{44}
临猗	suei^{44}	k^{h}uei^{44}	k^{h}uei^{44}	t^{h}uei^{44}	tuei^{44}	tsuei^{44}	k^{h}uai^{44}	uei^{44} 白 / uai^{44} 文
河津	suei^{44}	k^{h}uei^{53}	——	t^{h}uei^{44}	tuei^{44}	tsuei^{44}	k^{h}uai^{53}	uei^{44} 白 / uai^{44} 文
平陆	suei^{33}	k^{h}uei^{31}	k^{h}uei^{31}	t^{h}uei^{33}	tuei^{33}	tsuei^{33}	k^{h}uai^{55}	uai^{33}
永济	suei^{44}	k^{h}uei^{44}	k^{h}uei^{44}	t^{h}uei^{44}	tuei^{44}	tsuei^{44}	k^{h}uai^{44}	vai^{44}
芮城	suei^{44}	k^{h}uei^{44}	k^{h}uei^{44}	t^{h}uei^{44}	tsuei^{44}	tsuei^{44}	k^{h}uai^{42}	uai^{44}

续表

字目	碎	溃崩~	溃~脓	蜕	兑	最	会~计	外
中古音 / 方言点	苏内 蟹合一 去队心	胡对 蟹合一 去队匣	胡对 蟹合一 去队匣	他外 蟹合一 去泰透	杜外 蟹合一 去泰定	祖外 蟹合一 去泰精	古外 蟹合一 去泰见	五会 蟹合一 去泰疑
吉县	$suei^{33}$	——	$xuei^{33}$	t^huei^{33}	$tuei^{33}$	$tsuei^{33}$	k^huai^{53}	uei^{33} 白 / uai^{33} 文
乡宁	$suei^{22}$	k^huei^{22}	k^huei^{22}	t^huei^{22}	$tuei^{22}$	$tsuei^{22}$	k^huai^{22}	vei^{22} 白 / uai^{22} 文
广灵	$suei^{213}$	k^huei^{213}	——	t^huei^{213}	$tuei^{213}$	$tsuei^{213}$	$k^hu\varepsilon e^{213}$	$v\varepsilon e^{213}$

字目	会开~	绘	牌	差出~	钗	柴	筛
中古音 / 方言点	黄外 蟹合一 去泰匣	黄外 蟹合一 去泰匣	薄佳 蟹开二 平佳並	楚佳 蟹开二 平佳初	楚佳 蟹开二 平佳初	士佳 蟹开二 平佳崇	山佳 蟹开二 平佳生
北京	xuei^{51}	xuei^{51}	pʰai^{35}	tʂʰai^{55}	tʂʰai^{55}	tʂʰai^{35}	ʂai^{55}
小店	xuei^{24}	xuei^{24}	pʰɛ^{11}	tsʰɛ^{11}	tsʰɛ^{11}	sɛ^{11} 白 / tsʰɛ^{11} 文	sɛ^{11}
尖草坪	xuei^{35}	xuei^{35}	pʰai^{33}	tsʰai^{33}	tsʰai^{33}	tsʰai^{33}	sai^{33}
晋源	xuai^{35} 白 / xuei^{35} 文	xuei^{35}	pʰai^{11}	tsʰai^{11}	tsʰai^{11}	sai^{11}	sai^{11}
阳曲	xuei^{454}	xuei^{454}	pʰai^{43}	tsʰai^{312}	tsʰai^{312}	tsʰai^{43}	sai^{312}/sɿ^{312}
古交	xuai^{53}	xuai^{53}	pʰai^{44}	tsʰai^{44}	tsʰai^{44}	tsʰai^{44}	sai^{44}
清徐	xuai^{45}	xuei^{45}	pʰai^{11}	tsʰai^{11}	tsʰai^{11}	sai^{11} 白 / tsʰai^{11} 文	sai^{11}
娄烦	xui^{54}	xui^{54}	pɛi^{33}	tsʰɛi^{33}	tsʰɛi^{33}	tsʰɛi^{33}	sɛi^{33}
榆次	xuɯ^{35}	xuɯ^{35}	pʰɛe^{11}	tsʰɛe^{11}	tsʰɛe^{11}	tsʰɛe^{11} 白	sɛe^{11}
交城	xuɛ^{24}	xui^{24}	pʰɛ^{11}	tsʰɛ^{11}	tsʰɛ^{11}	sɛ^{11} 白 / tsʰɛ^{11} 文	sɛ^{11}
文水	xueɪ^{35}	xueɪ^{35}	pʰai^{22}	tsʰai^{22}	tsʰai^{22}	sai^{22} 白 / tsʰai^{22} 文	sai^{22}
祁县	xuəɨ^{45}	xuəɨ^{45}	pʰæɛ^{31}	tsʰæɛ^{31}	tsʰæɛ^{31}	sæɛ^{31} 白 / tsʰæɛ^{31} 文	sæɛ^{31}
太谷	xuei^{53}	xuei^{53}	pʰɑi^{33}	tsʰɑi^{33}	tsʰɑi^{33}	sɑi^{33} 白 / tsʰɑi^{33} 文	sɑi^{33}
平遥	xuæe^{24}	xuæe^{24}	pʰæe^{2131}	tsʰæe^{213}	tsʰæe^{213}	sæe^{213} 白 / tsʰæe^{213} 文	sæe^{213}
孝义	xuei^{454}	xuei^{454}	pʰai^{33}	tsʰai^{33}	tsʰai^{33}	sai^{33}	sai^{33}
介休	xuei^{45}	xuai^{45}	pʰai^{13}	tsʰai^{13}	tsʰai^{13}	sai^{13} 白 / tsʰai^{13} 文	sai^{13}
灵石	xuɛ^{535}	xuei^{53}	pɛ^{44}	tsʰɛ^{535}	tsʰɛ^{535}	tsʰɛ^{44}	sɛ^{535}
盂县	xuei^{55}	xuei^{55}	pʰɑɛ^{22}	tsʰɑɛ^{412}	tsʰɑɛ^{412}	tsʰɑɛ^{22}	sɑɛ^{412}
寿阳	xuei^{45}	xuei^{45}	pʰai^{22}	tsʰai^{31}	tsʰai^{31}	sai^{22}/tsʰai^{22}	sai^{31}
榆社	xuei^{45}	xuei^{45}	pʰɛ^{22}	tsʰɛ^{22}	tsʰɛ^{22}	sɛ^{22}	sɛ^{22}
离石	xuɛe^{53}	xuɛe^{53}	pʰiɛ^{44}	tsʰɛe^{24}	tsʰɛe^{24}	tɕʰiɛ^{44}	ɕiɛ^{24}
汾阳	xuei^{55}	xuei^{55}	pʰai^{22}	tsʰai^{324}	tsʰai^{324}	tsʰai^{22}	sai^{324}
中阳	xuɛe^{53}	xuɛe^{53}	pʰɛe^{33}	tsʰɛe^{24}	tsʰɛe^{24}	tsʰɛe^{33}	sɛe^{24}
柳林	xuɛe^{53}	xuɛe^{53}	pʰæ^{44}	——	tsʰɑ^{24}	tsʰɛe^{44}	sɛe^{24}
方山	xuɛe^{52}	xuɛe^{52}	pʰɛe^{44}	tsʰɛe^{24}	tsʰɛe^{24}	tsʰɛe^{44}	sɛe^{24}

续表

字目	会开~	绘	牌	差出~	钗	柴	筛
中古音 / 方言点	黄外 蟹合一 去泰匣	黄外 蟹合一 去泰匣	薄佳 蟹开二 平佳並	楚佳 蟹开二 平佳初	楚佳 蟹开二 平佳初	士佳 蟹开二 平佳崇	山佳 蟹开二 平佳生
临县	xuɛe^{52}	xuɛe^{52}	pʰɛe^{24}	tsʰɛe^{24}	tsʰɛe^{24}	tsʰɛe^{33}	sɛe^{24}
兴县	kʰuai^{53}	xuei^{53}	pʰai^{55}	tsʰai^{324}	——	tsʰai^{55}	sai^{324}
岚县	xuei^{53}	xuei^{53}	pʰai^{44}	tsʰai^{214}	tsʰa^{214}	tsʰai^{44}	sai^{214}
静乐	xuei^{53}	xuei^{53}	pʰae^{33}	tsʰae^{24}	tsʰae^{24}	tsʰae^{33}	sae^{24}
交口	xuai^{53}	xuai^{53}	pʰai^{44}	tsʰai^{323}	tsʰai^{323}	tsʰai^{44}	sai^{323}
石楼	xuei^{51}	xuei^{51}	pʰɛi^{44}	tsʰɛi^{213}	tsʰɑŋ^{44} 白 / tʂʰɛi^{44} 文	tsʰɛi^{44}	sɛi^{213}
隰县	xuei^{44}	xuei^{44}	pʰae^{24}	tsʰɛe^{53}	tsʰɛe^{53}	tsʰae^{24}	sae^{53}
大宁	xuei^{55}	xuei^{55}	pʰɛe^{24}	tsʰɛe^{31}	tsʰɛe^{31}	tsʰɛe^{24}	sɛe^{31}
永和	xuei^{53}	xuei^{53}	pʰɛi^{35}	tsʰɛi^{33}	tsʰa^{33}	tsʰɛi^{35}	sɛi^{312}
汾西	xuei^{53}	xuei^{53}	pʰɑi^{35}	tsʰɑi^{11}	——	sɑi^{35}	sɑi^{33}
蒲县	xuei^{33}	xuei^{33}	pʰai^{24}	tsʰai^{52}	tsʰai^{52}	tsʰai^{24}	sai^{52}
潞州	xuei^{54}	xuei^{54}	pʰai^{24}	tsʰai^{312}	tsʰai^{312}	tsʰai^{24}	sai^{312}
上党	xuei^{42}	xuei^{42}	pʰæ^{44}	tsʰæ^{213}	tsʰæ^{213}	tsʰæ^{44}	sæ^{213}
长子	xuei^{53}	xuei^{422}	pʰeᴇ^{24}	tsʰeᴇ^{312}	tsʰeᴇ^{312}	tsʰeᴇ^{24}	seᴇ^{312}
屯留	xuei^{11}	xuei^{11}	pʰɛe^{11}	tsʰɛe^{31}	tsʰɛe^{31}	tsʰɛe^{11}	sɛe^{31}
襄垣	xuei^{45}	xuei^{45}	pʰᴇɪ^{31}	tsʰᴇɪ^{33}	tsʰᴇɪ^{33}	tsʰᴇɪ^{31}	sᴇɪ^{33}
黎城	xuei^{53}	xuei^{53}	pʰɛi^{53}	tsʰɛi^{33}	tsʰɛi^{33}	tsʰei^{53}	sɛi^{33}
平顺	xuei^{53}	xuei^{53}	pʰɛe^{13}	tsʰɛe^{213}	tsʰɛe^{213}	tsʰɛe^{13}	sɛe^{213}
壶关	xuei^{353}	xuei^{353}	pʰai^{13}	tʂʰai^{33}	tʂʰai^{33}	tʂʰai^{13}	ʂai^{33}
沁县	xuei^{53}	xuei^{53}	pʰɛe^{33}	tsʰɛe^{224}	tsʰɛe^{224}	tsʰɛe^{33}	sɛe^{224}
武乡	xuei^{55}	xuei^{55}	pʰɛ^{33}	tsʰɛ^{113}	——	tsʰɛ^{33}	sɛ^{113}
沁源	xuei^{53}	xuei^{53}	pʰɛe^{33}	tsʰɛe^{324}	tsʰɛe^{324}	sɛe^{33} 白 / tsʰɛe^{33} 文	sɛe^{324}
安泽	xuei^{53}	xuei^{53}	pʰai^{35}	tsʰai^{21}	tsʰai^{21}	tsʰai^{35}	sai^{21}
沁水端氏	xuai^{53}	xuai^{53}	pʰɛe^{24}	tsʰɛe^{21}	tsʰɛe^{21}	tsʰɛe^{24}	sɛe^{21}
阳城	xuai^{51}	xuai^{51}	pʰai^{22}	tʂʰai^{224}	tʂʰai^{224}	tʂʰai^{22}	ʂai^{224}
高平	xuei^{53}	xuei^{53}	pʰɛe^{33}	tʂʰɛe^{33}	tʂʰɛe^{33}	tʂʰɛe^{33}	ʂɛe^{33}
陵川	xuei^{24}	xuei^{24}	pʰæe^{53}	tʂʰæe^{33}	tʂʰæe^{33}	tʂʰæe^{53}	ʂæe^{33}
晋城	xuɤɯ^{53}	xuɤɯ^{53}	pʰᴇ^{324}	tʂʰᴇ^{33}	tʂʰᴇ^{33}	tʂʰᴇ^{324}	ʂᴇ^{33}
忻府	xuei^{53}	xuei^{53}	pʰæe^{21}	tsʰæe^{313}	tsʰæe^{313}	tsʰæe^{21}	sæe^{313}

续表

字目	会开~	绘	牌	差出~	钗	柴	筛
中古音 / 方言点	黄外 蟹合一 去泰匣	黄外 蟹合一 去泰匣	薄佳 蟹开二 平佳並	楚佳 蟹开二 平佳初	楚佳 蟹开二 平佳初	士佳 蟹开二 平佳崇	山佳 蟹开二 平佳生
原平	xuəi^{53}	xuəi^{53}	pʰæɛ^{33}	tsʰæɛ^{213}	tsʰæɛ^{213}	tsʰæɛ^{33}	sæɛ^{213}
定襄	xuei^{53}	xuei^{53}	pʰɛe^{11}	tsʰa^{24}	tsʰɛe^{24}	tsʰɛe^{11}	sɛe^{24}
五台	xuei^{52}	xuei^{52}	pʰɛ^{33}	tsʰɛ^{213}	tsʰɛ^{213}	tsʰɛ^{33}	sɛ^{213}
岢岚	xuɛi^{52}	xuɛi^{52}	pʰɛi^{44}	tsʰɛi^{13}	tsʰɛi^{13}	tsʰɛi^{44}	sɛi^{13}
五寨	xuei^{52}	xuei^{52}	pʰei^{44}	tsʰei^{13}	tsʰei^{13}	tsʰei^{44}	sei^{13}
宁武	xuᴇe^{52}	xuᴇe^{52}	pʰᴇe^{33}	tsʰᴇe^{23}	tsʰᴇe^{213}	tsʰᴇe^{33}	sᴇe^{23}
神池	xuɛe^{52}	xuɛe^{52}	pʰɛe^{32}	tsʰɛe^{24}	tsʰɛe^{24}	tsʰɛe^{32}	tsʰɛe^{24}
繁峙	xuei^{24}	xuei^{24}	pʰai^{31}	tsʰai^{53}	tsʰai^{53}	tsʰai^{31}	sai^{53}
代县	xuei^{53}	xuei^{53}	pʰai^{44}	tsʰai^{213}	tsʰai^{213}	tsʰai^{44}	sai^{213}
河曲	xuei^{52}	xuei^{52}	pʰɛe^{44}	tsʰɛe^{213}	tsʰɛe^{213}	tsʰɛe^{44}	sɛe^{213}
保德	xuei^{52}	xuei^{52}	pʰai^{44}	tsʰai^{213}	tsʰai^{213}	tsai^{44}	sai^{213}
偏关	xuei^{52}	xuei^{52}	pʰei^{44}	tsʰei^{24}	tsʰei^{24}	tsʰei^{44}	sei^{24}
朔城	xuei^{53}	——	pʰɛi^{35}	tsʰɛi^{312}	——	tsɛi^{312}	sɛi^{312}
平鲁	xuɛi^{52}	xuɛi^{52}	pʰɛi^{44}	tsʰɛi^{213}	tsʰɛi^{213}	tsʰɛi^{44}	sɛi^{213}
应县	xuəi^{24}	xuəi^{24}	pʰəi^{31}	tsʰɛi^{43}	tsʰɛi^{43}	tsʰɛi^{31}	sɛi^{43}
灵丘	xuei^{53}	xuei^{53}	pʰɛe^{31}	tsʰɛe^{442}	tsʰɛe^{442}	tsʰɛe^{31}	sɛe^{31}
浑源	xuɛe^{13}	xuɛe^{13}	pʰɛe^{22}	tsʰɛe^{52}	——	tsʰɛe^{22}	sɛe^{52}
云州	xuɛi^{24}	xuɛi^{24}	pʰɛi^{312}	tsʰɛi^{21}	tsʰɛi^{21}	tsʰɛi^{312}	sɛi^{21}
新荣	xuɛe^{24}	xuɛe^{24}	pʰɛe^{312}	tsʰɛe^{32}/tsʰʅ^{32}	tsʰɛe^{32}	tsʰɛe^{312}	sɛe^{32}
怀仁	xuɛe^{24}	xuɛe^{24}	pʰɛe^{312}	tsʰɛe^{42}	tsʰa^{42}	tsʰɛe^{312}	sɛe^{42}
左云	xuɛi^{24}	xuɛi^{24}	pʰɛi^{313}	tsʰɛi^{31}	tsʰɛi^{31}	tsʰɛi^{313}	sɛi^{31}
右玉	xuɛe^{24}	xuɛe^{24}	pɛe^{212}	tsʰɛe^{31}	tsʰɛe^{31}	tsʰɛe^{212}	sɛe^{31}
阳高	xuei^{24}	xuei^{24}	pʰei^{31}	tsʰei^{31}	tsʰei^{31}	tsʰei^{31}	sei^{31}
山阴	xuei^{335}	xuei^{335}	pʰɛe^{313}	tsʰɛe^{313}	tsʰɛe^{313}	tsʰɛe^{313}	sɛe^{313}
天镇	xuɛe^{24}	xuɛe^{24}	pʰɛe^{22}	tsʰɛe^{31}	tsʰɛe^{31}	tsʰɛe^{22}	sɛe^{31}
平定	xuei^{24}	xuei^{24}	pʰɛe^{44}	tsʰɛe^{31}	tsʰɛe^{31}	tsʰɛe^{44}	sɛe^{31}
昔阳	xuei^{13}	xuei^{13}	pʰɛe^{33}	tsʰɛe^{42}	tsʰɛe^{42}	tsʰɛe^{33}	sɛe^{42}
左权	xuɛi^{53}	xuɛi^{53}	pʰɛi^{11}	tsʰɛi^{31}	——	sɛi^{11} 白 / tsʰɛi^{11} 文	sɛi^{31}
和顺	xuei^{13}	xuei^{13}	pʰai^{22}	tsʰai^{42}	tsʰai^{42}	tsʰai^{22}	sai^{42}
尧都	kʰuɑi^{44}	xuei^{44}	pʰɑi^{24}	tʂʰɑi^{21}	tʂʰɑi^{21}	ʂɑi^{24} 白 / tʂʰɑi^{24} 文	ʂɑi^{21}

续表

字目	会开~	绘	牌	差出~	钗	柴	筛
中古音 / 方言点	黄外 蟹合一 去泰匣	黄外 蟹合一 去泰匣	薄佳 蟹开二 平佳並	楚佳 蟹开二 平佳初	楚佳 蟹开二 平佳初	士佳 蟹开二 平佳崇	山佳 蟹开二 平佳生
洪洞	xuei^{53}	xuei^{53}	p^{h}ɑi^{24}	ts^{h}ɑi^{21}	ts^{h}ɑi^{21}	sɑi^{24}	sɑi^{21}/sɑi^{42}
洪洞赵城	xuei^{53}	xuei^{53}	p^{h}ɑi^{24}	ts^{h}ɑi^{21}	ts^{h}ɑ^{21}	sɑi^{24}	sɑi^{21}
古县	xuei^{53}	xuei^{53}	p^{h}ɑi^{35}	ts^{h}ɑi^{21}	ts^{h}ɑi^{21}	sɑi^{35}白 / ts^{h}ɑi^{35}文	sɑi^{21}
襄汾	xuei^{53}	xuei^{53}	p^{h}ai^{24}	ts^{h}ai^{21}	ts^{h}ai^{21}	sai^{24}	sai^{21}
浮山	xuei^{53}	xuei^{53}	p^{h}ai^{13}	tʂ^{h}ai^{42}	tʂ^{h}a^{42}	ʂai^{13}	ʂai^{42}
霍州	xuei^{53}	xuei^{53}	p^{h}ai^{35}	ts^{h}ai^{212}	ts^{h}ai^{212}	sai^{35}	sai^{212}
翼城	xuei^{53}	xuei^{53}	p^{h}ᴇe^{12}	tʂ^{h}ᴇe^{53}	tʂ^{h}ᴇe^{53}	tʂᴇe^{12}	ʂᴇe^{53}
闻喜	xui^{13}	xui^{13}	p^{h}ɛe^{13}	ts^{h}ɛe^{53}	ts^{h}ɛe^{53}	ts^{h}ɛe^{13}	sɛe^{53}
侯马	xuei^{53}	xuei^{53}	p^{h}ae^{213}	tʂ^{h}ae^{213}	tʂ^{h}ae^{213}	tʂ^{h}ae^{213}	ʂae^{213}
新绛	xuei^{53}	xuei^{53}	p^{h}aɛ^{13}	ts^{h}aɛ^{53}	ts^{h}aɛ^{53}	ts^{h}aɛ^{53}	saɛ^{44}
绛县	xuei^{53}	xuei^{53}	p^{h}ɑi^{53}	tʂ^{h}ɑi^{53}	tʂ^{h}ɑi^{53}	ʂɑi^{24}	ʂɑi^{24}
垣曲	xuei^{53}	xuei^{53}	p^{h}ai^{22}	tʂ^{h}ai^{22}	tʂ^{h}ai^{22}	tʂ^{h}ai^{22}	ʂai^{53}
夏县	xuei^{31}	xuei^{31}	p^{h}æe^{42}	ts^{h}æe^{53}	ts^{h}æe^{53}	tʂ^{h}æe^{42}	ʂæe^{24}
万荣	xuei^{33}	xuei^{33}	p^{h}ai^{213}	ts^{h}ai^{51}	ts^{h}ai^{51}	ts^{h}ai^{213}	sai^{55}
稷山	xuei^{42}	xuei^{42}	p^{h}ai^{13}	ts^{h}ai^{53}	ts^{h}ai^{53}	tʂ^{h}ai^{13}	ʂai^{44}
盐湖	xuei^{44}	xuei^{44}	p^{h}ɛi^{13}	ts^{h}ɛi^{42}	ts^{h}ɛi^{42}	ts^{h}ɛi^{13}	sɛi^{42}
临猗	xuei^{44}	xuei^{44}	p^{h}ai^{13}	ts^{h}ai^{42}	ts^{h}ai^{42}	ts^{h}ai^{13}	sai^{42}
河津	xuei^{44}	xuei^{44}	p^{h}ai^{324}	ts^{h}ai^{31}	ts^{h}ai^{31}	ts^{h}ai^{324}	sai^{31}/sai^{53}
平陆	xuei^{33}	xuei^{33}	p^{h}ai^{13}	ts^{h}ai^{31}	ts^{h}ai^{31}	ts^{h}ai^{13}	sai^{31}
永济	k^{h}uai^{44}	xuei^{44}	p^{h}ai^{53}	tʂ^{h}a^{31}/tʂ^{h}a^{44}	tʂ^{h}ai^{31}	tʂ^{h}ai^{31}	ʂai^{31}
芮城	xuei^{44}	xuei^{44}	p^{h}ai^{13}	ts^{h}ai^{42}	ts^{h}ai^{42}	ts^{h}ai^{13}	sai^{53}
吉县	xuei^{33}	xuei^{33}	p^{h}ai^{13}	ts^{h}ai^{423}	ts^{h}a^{423}	ts^{h}ai^{13}	sai^{423}
乡宁	xuei^{22}	xuei^{22}	p^{h}ai^{12}	ts^{h}ai^{53}	ts^{h}ai^{53}	ts^{h}ai^{12}	sai^{53}
广灵	xuei^{213}	xuei^{213}	p^{h}ɛe^{31}	ts^{h}ɛe^{53}	ts^{h}ɛe^{53}	ts^{h}ɛe^{31}	sɛe^{53}

字目	佳	街	涯	崖	挨～打	鞋	排	埋
中古音 方言点	古膎 蟹开二 平佳见	古膎 蟹开二 平佳见	五佳 蟹开二 平佳疑	五佳 蟹开二 平佳疑	五佳 蟹开二 平佳疑	户佳 蟹开二 平佳匣	步皆 蟹开二 平皆並	莫皆 蟹开二 平皆明
北京	tɕia^{55}	tɕie^{55}	ia^{35}	ia^{35}	ai^{35}	ɕie^{35}	pʰai^{35}	mai^{35}
小店	tɕiɑ^{11}	tɕie^{11}	iɑ^{11}	iɑ^{11}	nɛ^{11}	xɛ^{11}	pʰɛ^{11}	mɛ^{11}
尖草坪	tɕia^{33}	tɕie^{33}	ia^{33}	nai^{33} 白 / ia^{33} 文	nai^{33}	ɕie^{33}/xai^{33} 白	pʰai^{33}	mai^{33}
晋源	tɕia^{11}	tɕie^{11}	ia^{11}	ia^{11}	ɣai^{11}	xai^{11}	pai^{11} 白 / pʰai^{11} 文	mai^{11}
阳曲	tɕia^{312}	tɕiɛ^{312}	ia^{43}	nai^{454}	ŋai^{312}	xai^{43}	pʰai^{43}	mei^{43}
古交	tɕiɑ^{44}	tɕiɪ^{44}	iɑ^{44}	nai^{44}	nai^{44}	xai^{44} 白 / ɕiɪ^{44} 文	pʰai^{44}	mai^{44}
清徐	tɕiɒ^{11}	tɕiɛ^{11}	nai^{11}	nai^{11}	ŋai^{11} 白 / ai^{11} 文	xai^{11} 白 / ɕiɛ^{11} 文	pai^{11} 白 / pʰai^{11} 文	mai^{11}
娄烦	tɕiɑ̃^{33}	tɕiɪ^{33}	iɑ̃^{33}	nɛi^{33}	ŋɛi^{33}	xɛi^{33}	pɛi^{33}	mɛi^{33}
榆次	tɕiɒ^{11}	tɕie^{11}	nɛe^{11}	nɛe^{11}	ŋɛe^{11}	xɛe^{11} 白	pʰɛe^{11}	mɛe^{11}
交城	tɕiɑ^{11}	tɕiɛ^{11}	niɛ^{11} 白 / iɑ^{11} 文	niɛ^{11} 白 / iɑ^{11} 文	niɛ^{11} 老 / ŋɛ^{11} 新	xɛ^{11} 白 / ɕiɛ^{11} 文	pʰɛ^{11}	mɛ^{11}
文水	tɕia^{22}	tɕiai^{22}	ia^{22}	ȵiai^{22} 白 / ia^{22} 文	ȵiai^{22} 白 / ŋai^{22} 文	xai^{22}	pʰai^{22}	peɪ^{22} 白 / meɪ^{22} 文
祁县	tɕia^{31}	tɕiei^{31}	ia^{31}	ȵiei^{31}	ŋiei^{31}	xæɛ^{31}	pʰæɛ^{31}	məɨ^{31}
太谷	tɕiɒ^{33}	tɕiɑi^{33}	iɒ^{33}	ȵiɑi^{33}	ŋɑi^{33}	xɑi^{33}	pʰɑi^{33}	mei^{33}
平遥	tɕiɑ^{213}	tɕiɛ^{213}	iɑ^{213}	iɛ^{213}	næe^{213}	xæe^{213}	pʰæe^{213}	pæe^{213} 白 / mæe^{213} 文
孝义	tɕia^{33}	tɕiai^{33}	ȵia^{33}	ȵia^{33}	ȵiai^{33}	xai^{33}	pʰai^{33}	mei^{33}
介休	tɕia^{13}	tɕiᴇ^{13}	ia^{13}	ia^{13}	ŋai^{13}	xai^{13}	pʰai^{13}	mai^{13}
灵石	tɕia^{535}	tɕiɛ^{535}	ia^{44}	——	ŋɛ^{535}	xɛ^{44}	pɛ^{44}	mɛ^{44}
盂县	tɕiɑ^{412}	tɕiɛ^{412}	iɑ^{22}	ŋɑɛ^{22} 白 / iɑ^{22} 文	ŋɑɛ^{412} 白 / ɑɛ^{412} 文	xɑɛ^{22} 白 / ɕiɛ^{22} 文	pʰɑɛ^{22}	mei^{22} 白 / mæ̃^{22} 文
寿阳	tɕiɑ^{31}	tɕiɪ^{31}	iɑ^{22}	nai^{22}/iɑ^{22}	nai^{22}	ɕai^{22}	pʰai^{22}	mai^{22}
榆社	tɕiɒ^{22}	tɕi^{22}	iɒ^{22}	ni^{22}	ŋɛ^{22}	ɕi^{22}	pʰɛ^{22}	mei^{22}
离石	tɕiɑ^{24}	tɕiɛ^{24}	iɑ^{44}	niɛ^{44}	niɛ^{44}	xiɛ^{44}	pʰiɛ^{44} 白 / pʰɛe^{44} 文	miɛ^{44}
汾阳	tɕia^{324}	tɕiæi^{324}	ia^{22}	ȵiæi^{22}	ȵiæi^{22}	xai^{22}	pʰai^{22}	mei^{55} 白 / mai^{55} 文
中阳	tɕiɑ^{24}	tɕie^{24}	iɑ^{33}	nie^{33}	nɛe^{33}	xæ^{33}	pʰæ^{33}	mɛe^{33}
柳林	tɕiɑ^{24}	tɕie^{24}	iɑ^{44}	nie^{44}	——	xɛe^{44}	pʰɛe^{44}	mɛe^{44}
方山	tɕia^{24}	tɕiɛʔ$^{\underline{23}}$	ia^{44}	niɛ^{44}	ŋɛe^{24}	xɛe^{44}	pʰɛe^{44}	mɛe^{44}

续表

字目	佳	街	涯	崖	挨~打	鞋	排	埋
中古音 / 方言点	古膎 蟹开二 平佳见	古膎 蟹开二 平佳见	五佳 蟹开二 平佳疑	五佳 蟹开二 平佳疑	五佳 蟹开二 平佳疑	户佳 蟹开二 平佳匣	步皆 蟹开二 平皆並	莫皆 蟹开二 平皆明
临县	tɕia^{24}	tɕie^{24}	nia^{33}	nie^{33}	ŋɛe^{24}	xɛe^{33}	pʰɛe^{24}	mɛe^{33}
兴县	tɕiA^{324}	tɕiai^{324}	iA^{55}	iA^{55}	ŋai^{324}	xai^{55}	pʰai^{55}	mai^{55}
岚县	tɕia^{214}	tɕiai^{214}	ia^{44}	ȵiai^{44}	ŋaɪ^{214}	xai^{44}	pʰai^{44}	mai^{44}
静乐	tɕiɑ̃^{24}	tɕie^{24}	iɑ̃^{33}	nae^{33}	ŋæ^{24}	ɕie^{33}	pʰae^{33}	mae^{33}
交口	tɕia^{323}	tɕiɛ^{323}	ia^{44}	ȵiɛ^{44}	——	xai^{44}	pʰai^{44}	mai^{44}
石楼	tɕia^{213}	tsɛi^{213} 白 / tɕiɛ^{213} 文	ia^{44}	nɛi^{44} 白 / ia^{44} 文	nɛi^{44}	xɛi^{44}	pʰɛi^{44}	mɛi^{44}
隰县	tɕia^{53}	tɕiɛ^{53}	ia^{24}	nae^{24}	nae^{24}	xae^{24}	pʰae^{24}	mae^{24}
大宁	tɕiɑ^{31}	tɕie^{31}	iɑ^{24}	nɛe^{24}	nɛe^{24}	xɛe^{24} 白 / ɕiɐʔ^{4} 文	pʰɛe^{24}	mɛe^{24}
永和	tɕia^{33}	tɕiɪ^{33}	ia^{35}	nɛi^{35}	nɛi^{35}	xɛi^{35}	pʰɛi^{35}	mɛi^{35}
汾西	tɕiɑ^{11}	ti^{11} 白	——	ŋɑi^{35} 白 / nɑi^{35}	——	xɑi^{35} 白 / ɕiɪ^{35} 文	pʰɑi^{35}	mɑi^{53}
蒲县	tɕia^{52}	tɕiɛ^{52}	ia^{24}	ia^{24}	nai^{24}	xai^{24}	pʰai^{24}	mei^{24} 白 / mai^{24} 文
潞州	tɕia^{312}	tɕiɛ^{312}	ia^{24}	ia^{24}	ai^{312}	ɕiɛ^{24}	pʰai^{24}	mei^{24}
上党	tɕiɑ^{213}	tɕie^{213}	iɑ^{44}	iɑ^{44}	æ^{213}	ɕie^{44}	pʰæ^{44}	mei^{44}/mɑŋ^{44}
长子	tɕia^{312}	tɕiɛ^{312}	ia^{24}	ia^{24}	nɛe^{24}	ɕiɛ^{24}	pʰɛe^{24}	mẼ^{24}
屯留	tɕia^{31}	tɕie^{31}	ia^{11}	ia^{11}	ŋɛe^{31}	ɕie^{11}	pʰɛe^{11}	mei^{11}
襄垣	tɕia^{33}	tɕie^{33}	ia^{31}	ia^{31}	——	ɕie^{31}	pʰEɪ^{31}	mei^{31}
黎城	cia^{33}	tɕiɤ^{33}	ia^{33}	ia^{33}	ɛi^{53}	ɕiɤ^{53}	pʰɛi^{53}	mei^{53}
平顺	tɕia^{213}	ciɛ^{213}	ia^{213}	ia^{213}	ɛe^{213}	ɕiɛ^{13}	pʰɛe^{13}	mei^{13}
壶关	cia^{33}	ciE^{33}	ia^{13}	ia^{13}	ɣai^{33}	çiE^{13}	pʰai^{13}	mei^{13}/maŋ^{13}
沁县	tɕia^{224}	tɕiɛ^{224}	ia^{33}	iɛ^{33}	ŋiɛ^{224}	ɕiɛ^{33}	pʰɛe^{33}	mei^{33}
武乡	tɕia^{113}	tɕiɛ^{113}	——	——	ŋɛ^{33}	ɕiɛ^{33}	pʰɛ^{33}	mei^{33}
沁源	tɕiɑ^{324}	tɕie^{324}	iɑ^{33}	iɑ^{33}	ŋɛe^{324}	xɛe^{33}	pʰɛe^{33}	mei^{33}
安泽	tɕiɑ^{21}	tɕiɛ^{21}	iɑ^{35}	iɑ^{35}	ŋai^{21}	xai^{35} 白 / ɕiɛ^{35} 文	pʰai^{35}	mai^{35}
沁水端氏	tɕiɒ^{21}	tɕiɛ^{21}	iɒ^{24}	iɛ^{24}	ɛe^{21}	ɕiɛ^{24}	pʰɛe^{24}	mɛe^{24}
阳城	ciɑ^{224}	ciɛ^{224}	iɑ^{22}	iɛ^{22}	ɣai^{224}	xai^{22}	pʰai^{22}	mai^{22}
高平	ciɑ^{33}	tɕiɛ^{33}	iɑ^{33}	iɑ^{53}	ɛe^{33}	ɕiɛ^{33}	pʰɛe^{33}	mə̃ĩ^{33}
陵川	cia^{33}	tɕie^{33}	ia^{53}	ia^{53}	ɣæe^{53}	ɕie^{53}	pʰæe^{53}	mæe^{53}
晋城	tɕiɑ^{33}	tɕiɛ^{33}	iɑ^{324}	iɑ^{324}	ɣE^{324}	ɕiɛ^{324}	pʰE^{324}	mE^{324}

续表

字目	佳	街	涯	崖	挨~打	鞋	排	埋
中古音 / 方言点	古膎 蟹开二 平佳见	古膎 蟹开二 平佳见	五佳 蟹开二 平佳疑	五佳 蟹开二 平佳疑	五佳 蟹开二 平佳疑	户佳 蟹开二 平佳匣	步皆 蟹开二 平皆並	莫皆 蟹开二 平皆明
忻府	tɕiɑ^{313}	tɕiɛ^{313}	iɑ^{21}	iɑ^{21}	ŋæe^{21}	xæe^{21}	p^{h}æe^{21}	mei^{21}
原平	tɕiɑ^{213}	tɕiɤ^{213}	iɑ^{33}	næɛ^{33} 白 / iɑ^{33} 文	næɛ^{33}	xæɛ^{33} 白 / ɕiɤ^{33} 文	p^{h}æɛ^{33}	məi^{33}
定襄	tɕia^{24}	tɕiɛi^{24}	ia^{11}	ia^{11}/ŋɛi^{11}	ŋɛe^{11}	xɛi^{11}	p^{h}ɛi^{11}	mɛe^{11}
五台	tɕiɑ^{123}	tɕiɛ^{213}	iɑ^{33}	iɑ^{33}/nɛ^{33}	ŋɛ^{213}	xɛ^{33}	p^{h}ɛ^{33}	mei^{33}
岢岚	tɕia^{13}	tɕiɛ^{13}	ia^{44}	nɛi^{44}	ŋɛi^{44}	ɕiɛ^{44}	p^{h}ɛi^{44}	mɛi^{44}
五寨	tɕia^{13}	tɕiɪ^{13}	ia^{44}	nei^{44}	nei^{44}	ɕiɪ^{44}	p^{h}ei^{44}	mei^{44}
宁武	tɕiᴀ^{23}	tɕiɛ^{23}	iᴀ^{33}	nᴇe^{33} 白 / iᴀ^{33} 文	nᴇe^{33}	ɕiɛ^{33}	p^{h}ᴇe^{33}	mᴇe^{33}
神池	tɕiᴀ^{24}	tɕiɛ^{24}	iᴀ^{32}	iᴀ^{32}	ŋɛe^{24}	ɕiɛ^{32}	p^{h}ɛe^{32}	mɛe^{32}
繁峙	tɕia^{53}	tɕiɛ^{53}	ia^{31}	ia^{31}	ŋai^{53}	ɕiɛ^{31}	p^{h}ai^{31}	mai^{31}
代县	tɕia^{213}	tɕie^{213}	ia^{44}	ia^{44}	ŋai^{213}	ɕie^{44}	p^{h}ai^{44}	mei^{44}
河曲	tɕia^{213}	tɕiɛ^{213}	ia^{44}	nɛe^{44} 白 / ia^{44} 文	ɛe^{213}	ɕɛe^{213} 白 / ɕiɛ^{44} 文	p^{h}ɛe^{44}	mei^{44}
保德	tɕiᴀ^{213}	tɕiai^{213}	iᴀ^{44}	nai^{44} 白 / iᴀ^{44} 文	ai^{213}	xai^{44}	p^{h}ai^{44}	mai^{44}
偏关	tɕia^{24}	tɕiᴇ^{24}	ia^{44}	nei^{44}	ŋei^{44}	xei^{44}	p^{h}ei^{44}	mei^{44}
朔城	tɕiᴀ^{312}	tɕiɛ^{312}	iᴀ^{35}	niɛ^{35}	——	ɕiɛ^{35}	p^{h}ɛi^{35}	mei^{35}
平鲁	tɕiɑ^{213}	tɕiᴇ^{213}	iɑ^{44}	iɑ^{44}/niᴇ^{44}	nɛi^{44}	ɕ^{h}iᴇiᴇ^{44}	p^{h}ɛi^{44}	mɛi^{44}
应县	tɕia^{43}	tɕiɛ^{43}	ia^{31}	ia^{31}	nɛi^{31}	ɕiɛ^{43}	p^{h}əi^{31}	məi^{31}
灵丘	tɕiᴀ^{442}	tɕie^{442}	iᴀ^{31}	iᴀ^{31}	nɛe^{442}	ɕie^{31}	p^{h}ɛe^{31}	mei^{442}
浑源	tɕiᴀ^{52}	tɕiɛ^{52}	——	niɛ^{22}	nɛe^{22}	ɕiɛ^{22}	p^{h}ɛe^{22}	mɛe^{22}
云州	tɕiɑ^{21}	tɕiɛ^{21}	iɑ^{312}	iɑ^{312}	nɛi^{312}	ɕiɛ^{312}	p^{h}ɛi^{312}	mɛi^{312}
新荣	tɕiᴀ^{32}	tɕiᴇ^{32}	iᴀ^{312}	iᴀ^{312}/nɛe^{312}	ŋɛe^{312}	ɕiᴇ^{312}	p^{h}ɛe^{312}	mɛe^{312}/ mæ^{312}
怀仁	tɕia^{42}	tɕiɛ^{42}	ia^{312}	nɛe^{312}	nɛe^{312}	ɕiɛ^{312}	p^{h}ɛe^{312}	mɛe^{312}
左云	tɕia^{31}	tɕiɛ^{31}	ia^{313}	ia^{313}	nɛi^{31}	ɕiɛ^{313}	p^{h}ɛi^{313}	mɛi^{313}
右玉	tɕia^{31}	tɕiɛ^{31}	ia^{212}	ia^{212}	ŋɛe^{31}	ɕiɛ^{212}	p^{h}ɛe^{212}	mɛe^{212}
阳高	tɕiɑ^{31}	tɕiɛ^{31}	iɑ^{31}	iɑ^{31}/nei^{24}	ŋei^{31}	ɕiɛ^{31}	p^{h}ei^{31}	mei^{31}
山阴	tɕiᴀ^{313}	tɕiᴇ^{313}	iᴀ^{313}	nɛe^{313}	——	tɕiᴀʔ^{4}	p^{h}ɛe^{313}	——
天镇	tɕiɑ^{31}	——	iɑ^{22}	iɑ^{22}	nɛe^{31}	ɕi^{22} 白 / ɕiæ^{22} 文	p^{h}ɛe^{22}	mɛe^{22}
平定	tɕiɑ^{31}	tɕiᴇ^{31}	iɑ^{44}	——	ŋɛe^{31}	ɕiᴇ^{44}	p^{h}ɛe^{44}	mei^{44}

续表

字目	佳	街	涯	崖	挨~打	鞋	排	埋
中古音 / 方言点	古膎 蟹开二 平佳见	古膎 蟹开二 平佳见	五佳 蟹开二 平佳疑	五佳 蟹开二 平佳疑	五佳 蟹开二 平佳疑	户佳 蟹开二 平佳匣	步皆 蟹开二 平皆並	莫皆 蟹开二 平皆明
昔阳	tɕiɑ^{42}	tɕiᴇ^{42}	iɑ^{33}	iɑ^{33}	ɛe^{33}	ɕiᴇ^{33}	p^{h}ɛe^{33}	mi^{33}/mei^{33}
左权	tɕiɑ^{31}	tɕi^{31}	iɑ^{11}	iɑ^{11}	ŋɛi^{31}	ɕi^{11}	p^{h}ɛi^{11}	mɛi^{11}
和顺	tɕiɑ^{42}	tɕi^{42}	iɑ^{22}	ȵi^{22} 白 /iɑ^{22} 文	ŋal^{42}	ɕi^{22}	p^{h}ai^{22}	mi^{22}
尧都	tɕiɑ^{21}	tɕiɑi^{21} 白 / tɕiɛ^{21} 文	ȵiɑ^{24}	ȵiɑ^{24}	nɑi^{24}	xɑi^{24}	p^{h}ɑi^{24}	mɑi^{24}
洪洞	tɕiɑ^{42}	tɑi^{21} 白 / tɕiɑi^{21} 文	iɑ^{24}/iɑi^{24}	nɑi^{24} 白 / iɑ^{24} 文	nɑi^{24}	xɑi^{24} 白 / ɕie^{24} 文	p^{h}ɑi^{24}	mɑi^{24}/mɑn^{24}
洪洞赵城	tɕiɑ^{21}	tɑi^{21} 白 / tiɛ^{21} 白 / tɕiɑ̃^{21} 文	iɑ^{24}	nɑi^{24}	nɑi^{24}	xɑi^{24}	p^{h}ɑi^{24}	mɑi^{24}
古县	tɕiɑ^{21}	tɑi^{21} 白 / tɕiɛ^{21} 文	iɑ^{35}	nɑi^{35}	nɑi^{35}	xɑi^{35} 白 / ɕiɛ^{35} 文	p^{h}ɑi^{35}	mɑi^{35}
襄汾	tɕia^{21}	tai^{21} 白 / tɕie^{21} 文	ia^{24}	nai^{24}	nai^{24}	xai^{24}	p^{h}ai^{24}	mai^{24}
浮山	tɕia^{42}	tai^{42} 白	ia^{13}	ŋai^{13}	ŋai^{13}	xai^{13}	p^{h}ai^{13}	mai^{42}
霍州	tɕia^{212}	tɕiai^{212} 老 / tɕie^{212} 新	ȵia^{35}	ȵia^{35}/ȵiai^{35}	ȵiai^{35}	xai^{35}	p^{h}ai^{35}	mei^{35}
翼城	tɕiᴀ^{53}	tɕiᴇ^{53}	ȵiᴀ^{12}	ȵiᴀ^{12}	ŋᴇe^{12}	xᴇe^{12}	pᴇei^{12}	pᴇei^{12}
闻喜	tɕiɑ^{53}	tɕiᴇ^{53}	iɑ^{13}	iɑ^{13}	ɛe^{13}/ŋiᴇ^{13}	xɛe^{13}	p^{h}ɛe^{13}	mɛe^{13}/ mæ^{13}
侯马	tɕiɑ^{213}	tɕiɛ^{213}	iɑ^{213}	ȵiɛ^{213}	ŋae^{213}	xae^{213}	p^{h}ae^{213}	mae^{213}
新绛	tɕiɑ^{53}	tɕie^{53}	iɑ^{13}	ȵie^{13}	ŋaɛ^{53}	xaɛ^{13}	p^{h}aɛ^{13}	maɛ^{13}
绛县	tɕiɑ^{53}	tɕiɛ^{53}	ɑi^{24}	ŋɑi^{24}	ŋɑi^{24}	xɑi^{24}/ɕiɛ^{24}	p^{h}ɑi^{24}	mɑi^{24}
垣曲	tɕia^{22}	tsai^{22} 白 / tɕiɛ^{22} 文	ȵia^{22}	nai^{22}	ŋai^{22}	xai^{22}	p^{h}ai^{22}	mai^{22}
夏县	tɕia^{53}	tɕiɛ^{53}	——	læe^{42} 白 / ia^{42} 文	læe^{42}	xæe^{42} 白 / ɕiɛ^{42} 文	p^{h}æe^{42}	mæe^{42}
万荣	tɕia^{51}	tɕiɛ^{51}	ia^{213}	nai^{213}	nai^{213}	xai^{213}	p^{h}ai^{213}	mai^{213}
稷山	tɕiɑ^{53}	tɕiɛ^{53}	iɑ^{13}	nai^{13} 白 / ȵiɛ^{13} 白 / iɑ^{13} 文	ŋai^{53}	xai^{13} 白 / ɕiɛ^{13} 文	p^{h}ai^{13}	mai^{13}
盐湖	tɕia^{42}	kɛi^{42} 白 / tɕiɛ^{42} 文	ia^{13}	ia^{13}	lɛi^{13}	xɛi^{13} 白 / ɕiɛ^{13} 文	p^{h}ɛi^{13}	mɛi^{13}
临猗	tɕia^{42}	kai^{42} 白 / tɕiɛ^{42} 文	ia^{13}	lai^{13}	lai^{13}	xai^{13} 白 / ɕiɛ^{13} 文	p^{h}ai^{13}	mai^{13}
河津	tɕia^{31}	tʂai^{31} 白	nai^{324} 白	nai^{324}	nai^{31} 白	xai^{324} 白 / ɕiɛ^{324} 文	p^{h}ai^{324}	mai^{324}

续表

字目	佳	街	涯	崖	挨~打	鞋	排	埋
中古音 / 方言点	古膎 蟹开二 平佳见	古膎 蟹开二 平佳见	五佳 蟹开二 平佳疑	五佳 蟹开二 平佳疑	五佳 蟹开二 平佳疑	户佳 蟹开二 平佳匣	步皆 蟹开二 平皆並	莫皆 蟹开二 平皆明
平陆	tɕia³¹	kai³¹ 白 / tɕie³¹ 文	ia¹³	lai¹³	lai¹³ 白 / ŋai³¹ 文	xai¹³ 白 / ɕiɛ¹³ 文	pʰai¹³	mai¹³
永济	tɕia³¹	tɕiai³¹	ȵia²⁴ 白 / iai²⁴ 文	nai²⁴ 白 / ȵia²⁴ 文	nai²⁴	xai²⁴	pʰai⁵³	mai²⁴
芮城	tɕia⁴²	kai⁴² 白 / tɕiai⁴² 文	ia¹³	lai¹³	lai¹³	xai¹³ 白 / ɕiɛ¹³ 文	pʰai¹³	mai¹³
吉县	tɕia⁴²³	kai³³ 白 / tɕiei 文	ia¹³	nai¹³	nai¹³	xai¹³	pʰai¹³	mai¹³
乡宁	tɕia⁵³	kai⁵³ 白 / tɕiᴇ⁵³ 文	ia¹²	nai¹²	nai¹²	xai¹²	pʰai¹²	mai¹²
广灵	tɕiɑ⁵³	tɕiɤ⁵³	iɑ³¹	niɤ³¹	nɛe⁵³	ɕiɤ³¹	pʰɛe³¹	mɛe³¹

字目	斋	豺	皆	阶	挨~近	摆	罢	买
中古音 / 方言点	侧皆 蟹开二 平皆庄	士皆 蟹开二 平皆崇	古谐 蟹开二 平皆见	古谐 蟹开二 平皆见	乙谐 蟹开二 平皆影	北买 蟹开二 上蟹帮	薄蟹 蟹开二 上蟹並	莫蟹 蟹开二 上蟹明
北京	tʂai^{55}	tʂ^{h}ai^{35}	tɕie^{55}	tɕie^{55}	ai^{55}	pai^{214}	pa^{51}	mai^{214}
小店	tsɛ^{11}	ts^{h}ɛ^{11}	——	——	nɛ^{11}	pɛ^{53}	pɑ^{24}	mɛ^{53}
尖草坪	tsai^{33}	ts^{h}ai^{33}	tɕie^{33}	tɕie^{33}	ɣai^{33}	pai^{33}	pa^{35}	mai^{312}
晋源	tsai^{11}	ts^{h}ai^{11}	tɕie^{11}	tɕiaʔ^{2}/tɕie^{11}	ɣai^{11}	pai^{42}	pa^{35}	mai^{42}
阳曲	tsai^{312}	ts^{h}ai^{43}	tɕiɛ^{312}	tɕiɛ^{312}	ŋai^{312}	pai^{312}	pa^{454}	mai^{312}
古交	tsai^{44}	ts^{h}ai^{44}	tɕiɪ^{44}	tɕiɪ^{44}	ŋai^{44}	pai^{312}	pɑ^{53}	mai^{312}
清徐	tsai^{11}	ts^{h}ai^{11}	tɕiɛ^{11}	tɕiɛ^{11}	nai^{11} 白 / ai^{11} 文	pai^{54}	pɒ^{45}	mai^{54}
娄烦	tsɛi^{33}	ts^{h}ɛi^{33}	tɕiɪ^{33}	tɕiɪ^{33}	ŋɛi^{33}	pɛi^{312}	pɑ̃^{54}	mɛi^{312}
榆次	tsɛe^{11}	ts^{h}ɛe^{11}	tɕie^{11}	tɕie^{11}	ŋɛe^{11}	pɛe^{53}	pɒ^{35}	mɛe^{53}
交城	tsɛ^{11}	ts^{h}ɛ^{11}	tɕiɛ^{11}	tɕiɛ^{11}	niɛ^{11} 老 / ŋɛ^{11} 新	pɛ^{53}	pɑ^{24}	mɛ^{53}
文水	tsai^{22}	ts^{h}ai^{22}	tɕiai^{22}/tɕiaʔ^{2}	tɕiai^{22}/tɕiaʔ^{2}	ŋai^{22}	pai^{423}	pa^{35}	mai^{423}
祁县	tsæɛ^{31}	ts^{h}æɛ^{31}	tɕiei^{31}	tɕiei^{31}	ŋiei^{31}	pæɛ^{314}	pa^{45}	mæɛ^{314}
太谷	tsɑi^{33}	ts^{h}ɑi^{33}	tɕiɑi^{33}	tɕiɑi^{33}	ŋɑi^{33}	pɑi^{312}	pɒ^{53}	mɑi^{312}
平遥	tsæe^{213}	ts^{h}æe^{213}	tɕiɛ^{213}	tɕiɛ^{213}	ŋæe^{213}	pæe^{512}	pɑ^{24}	mæe^{512}
孝义	tsai^{33}	tsai^{33}	tɕiai^{33}	tɕiai^{33}	ŋai^{33}	pai^{312}	pa^{454}	mai^{312}
介休	tsai^{13}	ts^{h}ai^{13}	tɕiᴇ^{13}	tɕiᴇ^{13}	ŋai^{13}	pai^{423}	pa^{45}	mai^{423}
灵石	tsɛ^{535}	ts^{h}ɛ^{535}	tɕiɛ^{535}	tɕiɛ^{535}	ŋɛ^{535}	pɛ^{212}	pa^{53}	mɛ^{212}
盂县	tsɑɛ^{412}	ts^{h}ɑɛ^{22}	tɕiɑɛ^{412}	tɕiɑɛ^{412}	ŋɑɛ^{412} 白 / ɑɛ^{412} 文	pɑɛ^{53}	pɑ^{55}	mɑɛ^{53}
寿阳	tsai^{31}	ts^{h}ai^{22}	tɕiɛʔ^{2}	tɕiɪ^{31}	ŋai^{31}	pai^{53}	pɑ^{45}	mai^{53}
榆社	tsɛ^{22}	ts^{h}ɛ^{22}	tɕi^{22}	——	ŋɛ^{22}	pɛ^{312}	pɒ^{45}	mɛ^{312}
离石	tsɛe^{24}	ts^{h}ɛe^{44}	tɕiɛ^{24}	tɕiɛ^{24}	ŋiɛ^{24}	piɛ^{312}	pɑ^{53}	miɛ^{312}
汾阳	tsai^{324}	ts^{h}ai^{22}	tɕieʔ^{2}	tɕiæi^{324}	ŋai^{324}	pai^{312}	pa^{55}	mai^{312}
中阳	tsɛe^{24}	ts^{h}ɛe^{33}	tɕie^{24}	tɕie^{24}	ŋɛe^{24}	pɛe^{423}	pɑ^{53}	mɛe^{423}
柳林	tsɛe^{24}	ts^{h}ɛe^{44}	tɕie^{24}	tɕie^{24}	ŋɛe^{24}	pæ^{312}	pɑ^{53}	mɛe^{312}
方山	tsɛe^{24}	ts^{h}ɛe^{44}	tɕieʔ^{4}	tɕieʔ$^{\underline{23}}$	ŋɛe^{24}	pɛe^{312}	pa^{52}	mɛe^{312}
临县	tsɛe^{24}	ts^{h}ɛe^{33}	tɕiɐʔ^{3}	tɕiɐʔ^{3}	ŋɛe^{24}	pɛe^{312}	pa^{52}	mɛe^{312}
兴县	——	ts^{h}ai^{55}	tɕiai^{324}	tɕiai^{324}	ŋai^{324}	pai^{324}	pᴀ^{53}	mai^{324}
岚县	tsai^{214}	ts^{h}ai^{44}	tɕiai^{214}	tɕiai^{214}	ŋai^{214}	pai^{312}	pa^{53}	mai^{312}
静乐	tsae^{24}	ts^{h}ae^{33}	tɕie^{24}	tɕie^{24}	ŋae^{24}	pae^{314}	pã^{53}	mae^{314}
交口	tsai^{323}	ts^{h}ai^{44}	tɕiɛ^{323}	tɕiɛ^{323}	ŋai^{323}	pai^{323}	pɑ̃^{53}	mai^{323}

续表

字目	斋	豺	皆	阶	挨~近	摆	罢	买
中古音 方言点	侧皆 蟹开二 平皆庄	士皆 蟹开二 平皆崇	古谐 蟹开二 平皆见	古谐 蟹开二 平皆见	乙谐 蟹开二 平皆影	北买 蟹开二 上蟹帮	薄蟹 蟹开二 上蟹並	莫蟹 蟹开二 上蟹明
石楼	tsɛi^{213}	tsʰɛi^{44}	——	tɕiəʔ^{4}	ŋɛi^{213}	pɛi^{213}	pa^{51}	mɛi^{213}
隰县	tsae^{53}	tsʰae^{24}	——	tɕiɛ^{53}	nae^{24}	pae^{21}	pa^{44}	mae^{21}
大宁	tsɛe^{31}	tsʰɛe^{24}	tɕie^{31}	tɕie^{31}	ŋɛe^{31} 文	pɛe^{31}	pɑ^{55}	mɛe^{55}
永和	tsɛi^{33}	tsʰɛi^{35}	tɕiɪ^{33}	tɕiɪ^{33}	ŋɛi^{33}	pɛi^{312}	pa^{53}/pʰa^{53}	mɛi^{312}
汾西	tsɑi^{11}	——	tɕi^{11}	tɕi^{11}	nɑi^{11}/nɑi^{35}/ lɑi^{33}	pɑi^{33}	pʰɑ^{53} 白 / pɑ^{53} 文	mɑi^{33}
蒲县	tʂai^{52}	tsʰai^{24}	tɕiɛ^{52}	tɕiɛ^{52}	ŋai^{52}	pai^{31}	pa^{33}	mai^{31}
潞州	tsai^{312}	tsʰai^{24}	tɕiɛ^{312}	tɕiɛ^{312}	ai^{312}	pai^{535}	pa^{53}	mai^{535}
上党	tsæ^{213}	tsʰæ^{44}	tɕie^{213}	tɕie^{213}	æ^{213}	pæ^{535}	pɑ^{42}	mæ^{535}
长子	tsɛe^{312}	tsʰɛe^{24}	tɕiəʔ^{4}	tɕiɛ^{312}	ŋɛe^{312}	pɛe^{434}	pa^{422}	mɛe^{434}
屯留	tsɛe^{31}	tsʰɛe^{11}	tɕie^{31}	tɕie^{31}	ŋɛe^{31}	pɛe^{43}	pa^{11}	mɛe^{43}
襄垣	tsᴇɪ^{33}	tsʰᴇɪ^{31}	tɕie^{33}	tɕie^{33}	ᴇɪ^{33}	pᴇɪ^{42}	pa^{45}	mᴇɪ^{42}/mæ^{42}
黎城	tsei^{33}	tsʰɛi^{33}	ciɤ^{53}	ciɤ^{33}	ɛi^{53}	pæ^{213}	pa^{53}	mæ^{213}
平顺	tsɛe^{213}	tsʰɛe^{13}	ciɛ^{213}	ciɛ^{213}	ɛe^{213}	pɛe^{434}	pa^{53}	mɛe^{434}
壶关	tʂai^{33}	tʂʰai^{13}	ciᴇ^{33}	ciᴇ^{33}	ɣai^{33}	pai^{535}	pa^{353}	mai^{535}
沁县	tsɛe^{224}	tsʰɛe^{33}	tɕiɛ^{224}	tɕiɛ^{224}	ŋiɛ^{224}	pɛe^{214}	pa^{53}	mɛe^{214}
武乡	tsɛ^{113}	tsʰɛ^{33}	tɕiɛ^{113}	tɕiɛ^{113}	ŋɛ^{113}	pɛ^{213}	pa^{55}	mɛ^{213}
沁源	tsɛe^{324}	tsʰɛe^{33}	tɕie^{324}	tɕie^{324}	ŋɛe^{324}	pɛe^{324}	pɑ^{53}	mɛe^{324}
安泽	tsai^{21}	tsʰai^{35}	tɕiɛ^{21}	tɕiɛ^{21}	ŋai^{21}	pai^{42}	pɑ^{53}	mai^{42}
沁水端氏	tsɛe^{21}	tsʰɛe^{24}	tɕiɛ^{21}	tɕiəʔ^{2} 白 / tɕiɛ^{21} 文	ɛe^{21}	pɛe^{31}	pɒ^{53}	mɛe^{31}
阳城	tʂai^{224}	tʂʰai^{22}	ciɛ^{224}	ciɛ^{224}	ɣai^{224}	pai^{212}	pɑ^{51}	mai^{212}
高平	tʂɛe^{33}	tʂʰɛe^{33}	ciɛ^{33}	ciɛ^{33}	ɛe^{33}	pɛe^{212}	pɑ^{53}	mɛe^{212}
陵川	tʂæe^{33}	tʂʰæe^{53}	cie^{33}	cie^{33}	ɣæe^{33}	pæe^{312}	pa^{24}	mæe^{312}
晋城	tʂᴇ^{33}	tʂʰᴇ^{324}	tɕie^{33}	tɕiɛ^{33}	ɣᴇ^{33}	pᴇ^{213}	pɑ^{53}	mᴇ^{213}
忻府	tsæe^{313}	tsʰæe^{21}	tɕiɛ^{313}	tɕiɛ^{313}	ŋæe^{313}	pæe^{313}	pɑ^{53}	mæe^{313}
原平	tsæɛ^{213}	tsʰæɛ^{33}	tɕiəʔ$^{\underline{34}}$	tɕiɤ^{213}	ŋæɛ^{213}	pæɛ^{213}	pɑ^{53}	mæɛ^{213}
定襄	tsɛi^{24}	tsʰɛi^{11}	——	tɕiɛi^{24}	ŋɛi^{24}	pɛi^{24}	pa^{53}	mɛi^{24}
五台	tsɛ^{213}	tsʰɛ^{33}	——	tɕiɛ^{213}	ŋɛ^{213}	pɛ^{213}	pa^{52}	mɛ^{213}
岢岚	tsɛi^{13}	tsʰɛi^{44}	tɕie^{13}	tɕie^{13}	ŋɛi^{13}	pɛi^{13}	pa^{52}	mɛi^{13}
五寨	tsei^{13}	tsʰei^{44}	tɕiɪ^{13}	tɕiɪ^{13}	nei^{44}	pei^{13}	pa^{52}	mei^{13}

续表

字目	斋	豺	皆	阶	挨~近	摆	罢	买
中古音 / 方言点	侧皆 蟹开二 平皆庄	士皆 蟹开二 平皆崇	古谐 蟹开二 平皆见	古谐 蟹开二 平皆见	乙谐 蟹开二 平皆影	北买 蟹开二 上蟹帮	薄蟹 蟹开二 上蟹並	莫蟹 蟹开二 上蟹明
宁武	tsEe²³	tsʰEe³³	——	——	Ee²³	pEe²¹³	pA⁵²	mEe²¹³
神池	tsɛe²⁴	tsʰɛe³²	tɕɛe²⁴	tɕɛe²⁴	ŋɛe²⁴	pɛe¹³	pA⁵²	mɛe¹³
繁峙	tsai⁵³	tsʰai³¹	tɕiɛ⁵³	tɕiɛ⁵³	ŋai⁵³	pai⁵³	pa²⁴	mai⁵³
代县	tsʰai²¹³	tsʰai⁴⁴	tɕie²¹³	tɕie²¹³	ŋai²¹³	pai²¹³	pa⁵³	mai²¹³
河曲	tsɛe²¹³	tsʰɛe⁴⁴	tɕiɛ²¹³	tɕiɛ²¹³	ɛe²¹³	pɛe²¹³	pa⁵²	mɛe²¹³
保德	tsai²¹³	tsʰai⁴⁴	tɕiɛ²¹³	tɕiɛ²¹³	ai²¹³	pai²¹³	pA⁵²	mai²¹³
偏关	tsei²⁴	tsʰei⁴⁴	tɕi²⁴	tɕi²⁴	ŋi²⁴	pei²¹³	pa⁵²	mei²¹³
朔城	tsɛi³¹²	tsɛi³¹²	tɕiɛ³¹²	tɕiɛ³¹²	nɛi³⁵	pɛi³¹²	pA⁵³	mɛi³¹²
平鲁	tsɛi⁴⁴	tsʰɛi⁴⁴	tɕiE²¹³	tɕiE²¹³	nɛi²¹³	pɛi²¹³	pɑ⁵²	mɛi²¹³
应县	tsəi⁴³	tsʰɛi³¹	tɕiɛ⁴³	tɕiɛ⁴³	nei⁴³	pei⁵⁴	pa²⁴	məi³¹
灵丘	tsɛe⁴⁴²	tsʰɛe³¹	tɕie⁴⁴²	tɕie⁴⁴²	nɛe⁴⁴²	pɛe⁴⁴²	pA⁵³	mɛe⁴⁴²
浑源	tsɛe⁵²	tsʰɛe²²	tɕiɛ⁵²	tɕiɛ⁵²	nɛe⁵²	pɛe⁵²	pA¹³	mɛe⁵²
云州	tsɛi²¹	tsʰɛi³¹²	tɕiɛ²¹	tɕiɛ²¹	nɛi²¹	pei⁵⁵	pɑ²⁴	mɛi⁵⁵
新荣	tsɛe³²	tsʰɛe³¹²	tɕiE³²	tɕiE³²	ŋɛe³²	pɛe⁵⁴	pA²⁴	mɛe⁵⁴
怀仁	tsɛe⁴²	tsʰɛe³¹²	tɕiɛ⁴²	tɕiɛ⁴²	nɛe³¹²	pɛe⁵³	pa²⁴	mɛe⁵³
左云	tsɛi³¹	tsʰɛi³¹³	tɕiɛ³¹	tɕiɛ³¹	nɛi³¹	pei⁵⁴	pa²⁴	mɛi⁵⁴
右玉	tsɛe³¹	tsʰɛe²¹²	tɕiɛ³¹	tɕiɛ³¹	ŋɛe³¹	pɛe⁵³	pa²⁴	mɛe⁵³
阳高	tsei³¹	tsʰei³¹	tɕiɛ³¹	tɕiɛ³¹	ŋei³¹	pei⁵³	pɑ²⁴	mei⁵³
山阴	tsɛe³¹³	tsʰɛe³¹³	tɕiE³¹³	tɕiE³¹³	nɛe³¹³	pɛe⁵²	pA³³⁵	mɛe³¹³
天镇	tsɛe²²	tsʰɛe²²	tɕiæ³¹	tɕiæ²²	nɛe³¹	pɛe⁵⁵	pɑ²⁴	mɛe⁵⁵
平定	tsɛe³¹	tsʰɛe⁴⁴	tɕiE²⁴	tɕiE³¹	ŋɛe³¹	pɛe⁵³	pɑ²⁴	mɛe⁵³
昔阳	tsɛe⁴²	tsʰɛe³³	tɕiE⁴²	tɕiE⁴²	ɛe⁴²	pɛe⁵⁵	pɑ¹³	mɛe⁵⁵
左权	tsɛi³¹	tsʰɛi¹¹	tɕi³¹	tɕi³¹	ŋɛi³¹	pei⁴²	pɑ⁵³	mɛi⁴²
和顺	tsai⁴²	tsʰai²²	tɕi⁴²	tɕi⁴²	ai⁴²	pai⁵³	pɑ¹³	mai⁵³
尧都	tsɑi²⁴	tsʰɑi²⁴	tɕiɛ²¹	tɕiɛ²¹	nɑi²⁴	pɑi⁵³	pɑ⁴⁴	mɑi⁵³
洪洞	tsɑi³³	tsʰɑi²⁴	tɕiɑi²¹	tɕiɑi²¹	nɑi²¹	pɑi⁴²	pɑ³³	mɑi⁴²
洪洞赵城	tsɑi⁵³	tsʰɑi⁵³	tɕiɛ²¹	tɕiɑ̃²¹	nɑi²⁴	pɑi⁴²	——	mɑi⁴²
古县	tsɑi²¹	tsʰɑi³⁵	tɕiɑi²¹	tɕiɑi²¹	nɑi²¹	pɑi⁴²	pɑ⁵³	mɑi⁴²
襄汾	tsai²¹	tsʰai²⁴	tɕian²¹	tɕian²¹	nai²⁴	pai⁵³	pa⁴⁴	mai⁴²
浮山	tʂai¹³	tsai¹³	tɕiɛ⁴²	tɕiɛ⁴²	nai⁴²	pai⁵³	pa⁴⁴	mai³³
霍州	tsai²¹²	tsʰai³⁵	tɕiai²¹² 老 / tɕie²¹² 新	tɕiai²¹² 老 / tɕie²¹² 新	ŋai³⁵	pai³³	pa⁵³	mai³³

续表

字目	斋	豺	皆	阶	挨~近	摆	罢	买
中古音 / 方言点	【侧皆】蟹开二平皆庄	【士皆】蟹开二平皆崇	【古谐】蟹开二平皆见	【古谐】蟹开二平皆见	【乙谐】蟹开二平皆影	【北买】蟹开二上蟹帮	【薄蟹】蟹开二上蟹並	【莫蟹】蟹开二上蟹明
翼城	tʂʰᴇe53	tsʰᴇe12	tɕiᴇ53	tɕiᴇ53	ŋᴇe53	pᴇe44	pᴀ53	mᴇe44
闻喜	tsɛe53	tsʰɛe13	tɕiᴇ53	tɕiᴇ53	lɛe13	pɛe33	pɑ13	mɛe33
侯马	tsae213	tʂʰae213	tɕiɛ213	tɕiɛ213	ŋae213	pae44	pɑ53	mae44
新绛	tsaɛ53	tsʰaɛ53	tɕie53	tɕie53	ŋaɛ53	paɛ44	pɑ53/pʰɑ53	maɛ44
绛县	tʂɑi53	tʂʰɑi24	tɕie53	tɕie53	ŋɑi53	pɑi33	pɑ31	mɑi33
垣曲	tʂai22	tsai22	tɕiɛ22	tɕiɛ22	ŋai22	pai44	pa44	mai44
夏县	tʂæe53	tʂʰæe42	tɕiɛ53	tɕiɛ53	ŋæe53	pæe24	pa31	mæe24
万荣	tsai51/tsai213	tsʰai213	tɕie33	tɕie51	nai51	pai55	pa33	mai55
稷山	tʂai42	tsʰai13	tɕie53	tɕie53	ŋai53	pai44	pɑ42	mai44
盐湖	tsɛi42	tsʰɛi13	tɕie42	tɕie42	ŋɛi42	pei53	pa44	mɛi53
临猗	tsai42	tsʰai13	tɕiɛ42	tɕiɛ42	ŋai42	pai53	pʰa44 白 / pa44 文	mai53
河津	tsai31	tsʰai324	tɕiɛ324 白 / tɕiai31	tɕiai31	nai31 白	pai53	pʰa44 白 / pa44 文	mai53
平陆	tsai31	tsʰai13	tɕiɛ13	tɕiɛ31	lai31 白 / ŋai31 文	pai55	pa33	mai55
永济	tʂai31	tsʰai24	tɕiai31	tɕiai31	nai31	pai53	pʰ44	mai53
芮城	tsai42	tsʰai13	tɕie42	tɕie42	ŋai42	pai53	pa44	mai53
吉县	tsai33	tsʰai13	tɕiei423	tɕiei423	nai423	pai53	pa33	mai53
乡宁	tsai53	tsʰai12	tɕiᴇ53	tɕiᴇ53	nai12	pai44	pa22	mai44
广灵	tsɛe53	tsʰɛe31	tɕiɤ53	tɕiɤ53	nɛe53	pɛe44	pɑ213	mɛe44

字目	奶	解~开	楷	蟹	矮	派	稗	卖
中古音 / 方言点	奴蟹 蟹开二 上蟹泥	佳买 蟹开二 上蟹见	苦骇 蟹开二 上骇溪	胡买 蟹开二 上蟹匣	乌蟹 蟹开二 上蟹影	匹卦 蟹开二 去卦滂	傍卦 蟹开二 去卦並	莫懈 蟹开二 去卦明
北京	nai^{214}	tɕie^{214}	k^{h}ai^{214}	ɕie^{51}	ai^{214}	p^{h}ai^{51}	pai^{51}	mai^{51}
小店	nɛ^{53}	tɕie^{53}	k^{h}ɛ^{53}	ɕie^{24}	ɛ^{53}	p^{h}ɛ^{24}	pɛ^{24}	mɛ^{24}
尖草坪	nai^{312}	tɕie^{312}	k^{h}ai^{312}	ɕie^{35}	ɣai^{312}	p^{h}ai^{35}	pai^{35}	mai^{35}
晋源	nai^{42}	tɕie^{42}	k^{h}ai^{42}	ɕie^{35}	ɣai^{42}	p^{h}ai^{35}	pai^{35}	mai^{35}
阳曲	nai^{312}	tɕiɛ^{312}	k^{h}ai^{312}	ɕie^{454}	ŋai^{312}	p^{h}ei^{454}	pei^{454}	mai^{312}
古交	nai^{312}	tɕiɪ^{312}	k^{h}ai^{312}	ɕiɪ^{53}	ŋai^{312}	p^{h}ai^{312}	pai^{312}	mai^{53}
清徐	nai^{54}	tɕiɛ^{54}	k^{h}ai^{54}	ɕiɛ^{54}	ŋai^{54}	p^{h}ai^{45}	pai^{45}	mai^{45}
娄烦	nɛi^{312}	tɕiɪ^{312}	k^{h}ɛi^{312}	ɕiɪ^{54}	ŋɛi^{312}	p^{h}ɛi^{54}	pɛi^{54}	mɛi^{54}
榆次	nɛe^{53}	tɕie^{53}	k^{h}ɛe^{53}	ɕie^{35}	ŋɛe^{53}	p^{h}ɛe^{35}	pɛe^{35}	mɛe^{35}
交城	nɛ^{53}	tɕiɛ^{53}	k^{h}ɛ^{53}	ɕie^{24}	ŋɛ^{53}	p^{h}ɛ^{24}	pɛ^{24}	mɛ^{24}
文水	nai^{423}	xai^{35} 白 / tɕiai^{423} 文	k^{h}ai^{423}	ɕiai^{35}	ŋai^{423}	p^{h}eɪ^{35} 白 / p^{h}ai^{35} 文	pai^{35}	mai^{35}
祁县	næɛ^{314}	tɕiei^{314}	k^{h}æɛ^{314}	ɕiei^{45}	ŋæɛ^{314}	p^{h}əɨ^{45}	pæɛ^{45}	mæɛ^{45}
太谷	nɑi^{312}	tɕiɑi^{312}	k^{h}ɑi^{312}	ɕiɑi^{53}	ŋɑi^{312}	p^{h}ei^{53}	pɑi^{53}	mɑi^{53}
平遥	næe^{512}	tɕiɛ^{512}	k^{h}æe^{512}	ɕie^{24}	ŋæe^{512}	p^{h}æe^{24}	——	mæe^{24}
孝义	nai^{312}	tɕiai^{312}	k^{h}ai^{312}	ɕiai^{454}	ŋai^{454}	p^{h}ai^{454}	pai^{454}	mai^{454}
介休	nai^{423}	xai^{45} 白 / tɕiᴇ^{423} 文	k^{h}ai^{423}	ɕiᴇ^{45}	ŋai^{423}	p^{h}ai^{45}	pai^{45}	mai^{45}
灵石	nɛ^{212}	tɕiɛ^{212}	k^{h}ɛ^{212}	ɕiɛ^{53}	ŋɛ^{212}	pɛ^{53}	pɛ^{212}	mɛ^{53}
盂县	ŋɑɛ^{53}	tɕiɛ^{53}/ɕiɛ^{55}	k^{h}ɑɛ^{53}	ɕiɛ^{55}	ŋɛ^{213}	p^{h}ɑɛ^{55}	pɑɛ^{53}	mɑɛ^{55}
寿阳	nai^{53}	tɕiɪ^{53}	k^{h}ai^{53}	ɕiɪ^{45}	ŋai^{53}	p^{h}ai^{45}	pai^{45}	mai^{45}
榆社	nɛ^{312}	tɕi^{312}	k^{h}ɛ^{312}	tɕi^{45}	ŋɛ^{312}	p^{h}ɛ^{45}/p^{h}ɛ^{312}	pɛ^{45}	mɛ^{45}
离石	niɛ^{44} 白 / nɛe^{312} 文	tɕiɛ^{312}	k^{h}ɛe^{312}	ɕieʔ^{4}	ŋɛe^{312}	p^{h}ɛe^{312}	——	miɛ^{53}
汾阳	nai^{312}	tɕiæi^{312}	k^{h}ai^{312}	ɕiæi^{55}	ŋai^{312}	p^{h}ai^{55}	pai^{55}	mai^{55}
中阳	nɛe^{423}	tɕie^{423}	k^{h}ɛe^{423}	ɕieʔ^{4}	ŋɛe^{423}	p^{h}ɛe^{423}	——	mɛe^{53}
柳林	nɛe^{312}	tɕie^{312}	k^{h}ɛe^{312}	ɕieʔ^{4}	ŋɛe^{312}	p^{h}ɛe^{53}	pi^{312}	mɛe^{53}
方山	nɛe^{312}	tɕie^{312}	k^{h}ɛe^{312}	ɕieʔ^{4}	ŋɛe^{312}	p^{h}ɛe^{52}	pɛe^{52}	mɛe^{52}
临县	nɛe^{33}	tɕie^{312}	k^{h}ɛe^{312}	ɕie^{52}	ŋɛe^{312}	p^{h}ɛe^{312}	——	mɛe^{52}
兴县	nai^{324}	tɕiai^{324}	k^{h}ai^{324}	ɕiai^{53}	ai^{324}	p^{h}ei^{53}	pai^{53}	mai^{53}
岚县	nai^{312}	tɕiai^{312}	k^{h}ai^{312}	ɕiai^{53}	nai^{312}/ŋai^{312}	p^{h}ai^{53}	pai^{53}	mai^{53}
静乐	nae^{314}	tɕie^{314}	k^{h}ae^{314}	ɕie^{33}	ŋae^{314}	p^{h}ae^{53}	pae^{53}	mae^{53}
交口	nai^{323}	tɕiɛ^{323}	k^{h}ai^{323}	ɕiɛ^{53}	ai^{323}	p^{h}ai^{53}	p^{h}ei^{44}	mai^{53}

续表

字目	奶	解~开	楷	蟹	矮	派	稗	卖
中古音 / 方言点	奴蟹 蟹开二 上蟹泥	佳买 蟹开二 上蟹见	苦骇 蟹开二 上骇溪	胡买 蟹开二 上蟹匣	乌蟹 蟹开二 上蟹影	匹卦 蟹开二 去卦滂	傍卦 蟹开二 去卦並	莫懈 蟹开二 去卦明
石楼	nei^{213}	tsɛi^{13}/tɕiɛ^{213}	kɛi^{213}	ɕia^{44} 白 / ɕiəʔ^{4} 文	ŋɛi^{213}	pʰɛi^{51}	——	mɛi^{51}
隰县	nae^{21}	tsae^{21}	kʰae^{21}	ɕiɛ^{44}	nae^{21}	pʰɛe^{44}	pae^{44}	mɛe^{44}
大宁	nɛe^{31}	tɕie^{31}	kʰɛe^{31}	ɕie^{55}	ŋee^{24}	pʰɛe^{55}	pɛe^{55}	mɛe^{55}
永和	nɛi^{312}	ɕiɪ^{53}	kʰɛi^{312}	ɕiɪ^{35}/ɕiɪ^{53}	ŋɛi^{312}	pʰɛi^{53}	——	mɛi^{53}
汾西	zɑi^{33} 白 / nɑi^{33}	tɕi^{33}	kʰɑi^{33}	——	——	pʰɑi^{53}	——	mɑi^{53}
蒲县	nai^{31}	tai^{52}	kʰai^{31}	ɕiɛ^{33}	ŋai^{31}	pʰai^{33}	pai^{33}	mai^{33}
潞州	nai^{535}	tɕiɛ^{535}	kʰai^{535}	ɕiɛ^{54}	ai^{535}	pʰai^{44}	pai^{54}	mai^{54}
上党	næ^{213}	tɕie^{535}/ɕie^{42}	kʰæ^{535}	ɕie^{42}	æ^{535}	pʰæ^{22}	pæ^{42}	mæ^{42}
长子	nɛe^{434}	tɕiɛ^{434}	kʰɛe^{434}	ɕiɛ^{53}	ŋɛe^{434}	pʰɛe^{422}	pɛe^{53}	mɛe^{53}
屯留	nɛe^{43}	tɕie^{43}	kʰɛe^{43}	ɕie^{11}	ŋɛe^{43}	pʰɛe^{53}	pɛe^{11}	mɛe^{11}
襄垣	nᴇɪ^{42}	tɕie^{42}	kʰᴇɪ^{42}	ɕie^{45}	ᴇɪ^{42}	pʰᴇɪ^{45}	pᴇɪ^{45}	mᴇɪ^{45}
黎城	nɛi^{213}	ciɤ^{213}/ɕiɤ^{53}	kæ^{213}	çiɤ^{53}	ɛi^{33}	pʰɛi^{53}	pɛi^{53}	mɛi^{53}
平顺	nɛe^{434}	ciɛ^{434}	kʰɛe^{434}	ɕiɛ^{53}	ɛe^{434}	pʰɛe^{53}	pɛe^{53}	mɛe^{53}
壶关	nai^{535}	ciᴇ^{535}	kʰai^{535}	çiᴇ^{353}	ɣai^{535}	pʰai^{42}	pai^{353}	mai^{353}
沁县	nɛe^{214}	tɕiɛ^{214}	kʰiɛ^{214}	ɕiɛ^{53}	ŋiɛ^{214}	pʰɛe^{53}	——	mɛe^{53}
武乡	nɛ^{113}	tɕiɛ^{213}	——	——	——	pʰɛ^{55}	——	mɛ^{55}
沁源	nɛe^{324}	tɕiɛ^{224}	kʰɛe^{324}	ɕiɛ^{53}	ŋɛe^{324}	pʰɛe^{53}	pɛe^{53}	mɛe^{53}
安泽	nai^{42}	tɕiɛ^{42}	kʰai^{42}	ɕiɛ^{53}	ŋai^{42}	pʰai^{35}	pai^{53}	mai^{53}
沁水端氏	nɛe^{31}	tɕiɛ^{53}/tɕiɛ^{31}	kʰɛe^{31}	ɕiəʔ^{2}	ɛe^{31}	pʰɛe^{53}	——	mɛe^{53}
阳城	nai^{212}	tɕiɛ^{212}	kʰai^{212}	çiʌʔ^{2}	ɣai^{212}	pʰai^{51}	——	mai^{51}
高平	nɛe^{212}	ciɛ^{212}	kʰɛe^{212}	ɕiɛ^{53}	ɛe^{212}	pʰɛe^{53}	——	mɛe^{53}
陵川	næe^{312}	tɕie^{312}	kʰæe^{312}	ɕie^{24}	ɣæe^{312}	pʰæe^{24}	pæe^{24}	mæe^{24}
晋城	nᴇ^{213}	tɕiɛ^{213}	kʰᴇ^{213}	ɕiɛ^{53}	ɣᴇ^{213}	pʰᴇ^{53}	——	mᴇ^{53}
忻府	næe^{313}	tɕiɛ^{313}	kʰæe^{313}	ɕiɛ^{53}	ŋæe^{313}	pʰæe^{53}	pæe^{53}	mæe^{53}
原平	næɛ^{213}	tɕiɤ^{213}	kʰæɛ^{213}	ɕiɤ^{53}	ŋæɛ^{213}	pʰæɛ^{53}	pæɛ^{53}	mæɛ^{53}
定襄	nɛi^{24}	ɕiɛi^{24}	kʰɛi^{24}	ɕiɛi^{53}	ŋɛi^{24}	pʰɛi^{53}	pɛi^{53}	mɛi^{53}
五台	nɛ^{213}	tɕiɛ^{213}	kʰɛ^{213}	ɕiɛ^{52}	nɛ^{213}	pʰɛ^{52}	pɛ^{52}	mɛ^{52}
岢岚	nɛi^{13}	tɕiɛ^{13}	kʰɛi^{13}	ɕiɛ^{52}	ŋɛi^{13}	pʰɛi^{52}	pɛi^{52}	mɛi^{52}
五寨	nei^{13}	tɕiɪ^{13}	kʰei^{13}	ɕiɪ^{52}	ŋei^{13}	pʰei^{52}	pei^{52}	mei^{52}
宁武	nᴇe^{213}	tɕiɛ^{213}	kʰᴇe^{213}	ɕiɛ^{52}	ᴇe^{213}	pʰᴇe^{52}	pᴇe^{52}	mᴇe^{52}

续表

字目	奶	解~开	楷	蟹	矮	派	稗	卖
中古音 / 方言点	奴蟹 蟹开二 上蟹泥	佳买 蟹开二 上蟹见	苦骇 蟹开二 上骇溪	胡买 蟹开二 上蟹匣	乌蟹 蟹开二 上蟹影	匹卦 蟹开二 去卦滂	傍卦 蟹开二 去卦並	莫懈 蟹开二 去卦明
神池	nεe^{13}	tɕiε^{13}	kʰεe^{13}	ɕiε^{52}	ŋεe^{13}	pʰεe^{52}	pεe^{52}	mεe^{52}
繁峙	nai^{53}	tɕiε^{53}	kʰai^{53}	ɕiε^{24}	ŋai^{53}	pʰai^{24}	pai^{24}	mai^{24}
代县	nai^{213}	tɕie^{213}	kʰai^{213}	ɕie^{53}	ŋai^{213}	pʰai^{53}	pai^{53}	mai^{53}
河曲	nεe^{213}	tɕiε^{213}	kʰεe^{213}	ɕiε^{52}	ŋεe^{213}	pʰεe^{52}	pεe^{52}	mεe^{52}
保德	nai^{213}	tɕiai^{213}	kʰai^{213}	ɕiε^{52}	ai^{213}	pʰai^{52}	pai^{52}	mai^{52}
偏关	nei^{213}	tɕiᴇ^{213}	kʰi^{213}	ɕiᴇ^{52}	ŋi^{213}	pʰei^{52}	pei^{52}	mei^{52}
朔城	nεi^{312}	tɕiε^{312}	kʰεi^{312}	ɕiε^{53}	——	pʰεi^{53}	pεi^{53}	mεi^{53}
平鲁	nεi^{213}	tɕiᴇ^{213}	kʰεi^{213}	ɕiᴇ^{52}	nεi^{213}	pʰεi^{52}	pεi^{52}	mεi^{52}
应县	nəi^{43}	tɕiε^{54}	kʰεi^{54}	ɕiε^{24}	nεi^{54}	pʰεi^{24}	pεi^{24}	mεi^{24}
灵丘	nεe^{442}	tɕie^{442}	kʰεe^{442}	ɕie^{53}	nεe^{442}	pʰεe^{53}	pεe^{53}	mεe^{53}
浑源	nεe^{52}	tɕiε^{52}	kʰεe^{52}	——	nεe^{52}	pʰεe^{13}	——	mεe^{13}
云州	nεi^{55}	tɕiε^{55}	kʰεi^{55}	ɕiε^{24}	nεi^{55}	pʰεi^{24}	pεi^{24}	mεi^{24}
新荣	nεe^{54}	tɕiᴇ^{54}	kʰεe^{54}	ɕiᴇ^{24}	nεe^{54}	pʰεe^{24}	pi^{54}	mεe^{24}
怀仁	nεe^{53}	tɕiε^{53}	kʰεe^{53}	ɕiε^{24}	nεe^{53}	pʰεe^{24}	pεe^{24}	mεe^{24}
左云	nεi^{54}	tɕiε^{54}	kʰεi^{54}	ɕiε^{24}	εi^{54}	pʰεi^{24}	pεi^{24}	mεi^{24}
右玉	nεe^{53}	tɕiε^{53}	kʰεe^{53}	ɕiε^{24}	ŋεe^{53}	pεe^{24}	pεe^{24}	mεe^{24}
阳高	nei^{53}	tɕiε^{53}	kʰei^{53}	ɕiε^{53}	ŋei^{53}	pʰei^{24}	pei^{24}	mei^{24}
山阴	nεe^{313}/nεe^{52}	ɕiᴇ^{52}	kʰεe^{52}	——	nεe^{52}	pʰei^{313}	pεe^{335}	mεe^{335}
天镇	nεe^{55}	tɕiæ^{55}	kʰεe^{55}	ɕiæ^{24}	ŋεe^{55}	pʰεe^{24}	pεe^{31}	mεe^{24}
平定	nεe^{53}	tɕiᴇ^{53}	kʰεe^{53}	ɕiᴇ^{24}	ŋεe^{53}	pʰεe^{24}	pεe^{53}	mεe^{24}
昔阳	nεe^{55}	tɕiᴇ^{55}	kʰεe^{55}	ɕiᴇ^{13}	εe^{55}	pʰεe^{13}	pεe^{13}	mεe^{13}
左权	nεi^{42}	tɕi^{42}	kʰεi^{42}	ɕi^{53}	ŋεi^{42}	pʰεi^{53}	pʰi^{53}	mεi^{53}
和顺	nai^{53}	tɕi^{53}	kʰai^{53}	ɕi^{13}	ŋai^{53}	pʰai^{13}	pai^{13}	mai^{13}
尧都	nɑi^{53}	tɕiɑi^{53}	kʰɑi^{44}	xɑi^{44} 白 / ɕiε^{44} 文	ŋɑi^{53}	pʰɑi^{44}	pʰɑi^{44}	mɑi^{44}
洪洞	nɑi^{42}	tɑi^{42} 白 / tɕiɑi^{42} 文	——	xɑi^{53} 白 / ɕiɑi^{53} 文	ŋɑi^{21}	pɑi^{53}	pi^{42}	mɑi^{53}
洪洞赵城	mɑi^{42}	tiε^{42} 白 / tɕiɑ̃^{42} 文	kʰɑi^{42}	ɕiε^{53}	ŋɑi^{21}	pʰɑi^{53}	pʰɑi^{53}	mɑi^{53}
古县	mɑi^{42} 白 / nai^{42} 文	tɑi^{42} 白 / tsɑi^{42} 白 / tɕiε^{42} 文	kʰɑi^{42}	ɕiε^{53}	ŋɑi^{42}	pʰɑi^{53}	pʰɑi^{53}	mɑi^{53}

续表

字目	奶	解~开	楷	蟹	矮	派	稗	卖
中古音 方言点	奴蟹 蟹开二 上蟹泥	佳买 蟹开二 上蟹见	苦骇 蟹开二 上骇溪	胡买 蟹开二 上蟹匣	乌蟹 蟹开二 上蟹影	匹卦 蟹开二 去卦滂	傍卦 蟹开二 去卦並	莫懈 蟹开二 去卦明
襄汾	nai^{42}	tɕian^{42}白/ tɕie^{53}文	kʰai^{42}	xai^{53}白/ ɕie^{53}文	ŋai^{42}	pʰai^{53}	pai^{53}	mai^{53}
浮山	nai^{33}	tɕie^{53}	kʰai^{33}	ɕiɛ^{53}	ai^{53}	pʰai^{53}	pai^{53}	mai^{53}
霍州	lai^{33}	tɕie^{33}	kai^{33}	ɕie^{53}	ŋai^{33}	pʰai^{53}	pai^{55}	mai^{53}
翼城	nᴇe^{44}	tɕiᴇ^{44}	kʰᴇe^{44}	ɕiᴇ^{53}	ŋᴇe^{44}	pʰei^{53}	pᴇe^{53}	mᴇe^{53}
闻喜	lɛe^{33}	tɕiᴇ^{33}	——	ɕiᴇ^{13}	ɛe^{33}/ŋiᴇ^{33}	pʰɛe^{53}	pɛe^{13}	mɛe^{13}
侯马	nae^{44}	tsae^{44}白/ tɕiɛ^{44}文	kʰae^{44}	xae^{53}白/ ɕie^{53}文	ŋae^{44}	pʰei^{53}/pʰae^{53}	pae^{53}	mae^{53}
新绛	naɛ^{44}	tɕie^{53}/ɕie^{53}	kʰaɛ^{44}	ɕie^{53}	ŋaɛ^{44}	pʰaɛ^{53}	pi^{53}	maɛ^{53}
绛县	nɑi^{33}	tɕie^{33}	kʰɑi^{33}	xɑi^{33}	ɑi^{33}	pʰɑi^{31}	pɑi^{53}	mɑi^{31}
垣曲	nai^{44}	tɕie^{44}	kʰai^{44}	ɕie^{53}	ŋai^{44}	pʰai^{53}	pai^{53}	mai^{53}
夏县	læe^{24}	tɕie^{24}	kʰæe^{24}	xæe^{31}白/ ɕie^{31}文	ŋæe^{53}	pʰæe^{31}	pʰæe^{31}	mæe^{31}
万荣	nai^{55}	tɕie^{55}/tsai^{55}	kʰai^{55}	ɕie^{33}	ŋai^{55}	pʰai^{55}	pai^{33}	mai^{33}
稷山	nai^{44}	tɕie^{44}	kʰai^{44}	xai^{42}白/ ɕie^{42}文	ŋai^{44}	pʰai^{42}	pai^{42}	mai^{42}
盐湖	lɛi^{53}	tɕie^{53}	kʰɛi^{53}	ɕie^{44}	ŋɛi^{53}	pʰɛi^{44}	pɛi^{44}	mɛi^{44}
临猗	lai^{53}	kai^{53}白/ tɕie^{53}文	kʰai^{53}	xai^{42}白/ ɕie^{42}文	ŋai^{53}	pʰai^{44}	pai^{44}	mai^{44}
河津	nai^{53}	tʂai^{53}白/ tɕiai^{53}文	kʰai^{53}	ɕiai^{44}	ŋai^{53}	pʰai^{53}	——	mai^{44}
平陆	lai^{55}	tɕie^{55}	kʰai^{55}	xai^{33}	ŋai^{55}	pʰai^{55}	——	mai^{33}
永济	nai^{24}/nai^{53}	tɕiai^{53}/xai^{44}	kʰai^{53}	xai^{44}	vei^{53}	pai^{44}	pi^{53}	mai^{44}
芮城	lai^{53}	kai^{53}白/ tɕiai^{53}文	xai^{53}	xai^{44}白/ ɕie^{44}文	ŋai^{53}	pʰai^{53}	——	mai^{44}
吉县	nai^{53}	xai^{33}/kai^{53}白	kʰai^{53}	ɕiɛ^{33}	ŋai^{53}	pʰai^{33}	——	mai^{33}
乡宁	nai^{44}	kai^{44}白/ tɕiᴇ^{44}文	kʰai^{44}	ɕiᴇ^{22}	ŋai^{44}	pʰai^{22}	pai^{22}	mai^{22}
广灵	nɛe^{44}	tɕiɤ^{44}	kʰɛe^{44}	ɕiɤ^{213}	——	pʰɛe^{213}	pɛe^{213}	mɛe^{213}

字目	债	晒	败	迈	拜	介	界	疥
中古音 / 方言点	侧卖 蟹开二 去卦庄	所卖 蟹开二 去卦生	薄迈 蟹开二 去夬並	莫话 蟹开二 去夬明	博怪 蟹开二 去怪帮	古拜 蟹开二 去怪见	古拜 蟹开二 去怪见	古拜 蟹开二 去怪见
北京	tʂai^{51}	ʂai^{51}	pai^{51}	mai^{51}	pai^{51}	tɕie^{51}	tɕie^{51}	tɕie^{51}
小店	tsɛ^{24}	sɛ^{24}	pɛ^{24}	mɛ^{24}	pɛ^{24}	tɕie^{24}	tɕie^{24}	tɕie^{24}
尖草坪	tsai^{35}	sai^{35}	pai^{35}	mai^{35}	pai^{35}	tɕie^{35}	tɕie^{35}	tɕie^{35}
晋源	tsai^{35}	sa^{35}	pai^{35}	mai^{35}	pai^{35}	tɕie^{35}	tɕie^{35}	tɕie^{35}
阳曲	tsai^{454}	sai^{454}	pai^{454}	mai^{454}	pai^{454}	ʨiɛ^{454}	ʨiɛ^{454}	ʨiɛ^{454}
古交	tsai^{53}	sai^{53}	pai^{53}	mai^{53}	pai^{53}	tɕiɪ^{53}	tɕiɪ^{53}	tɕiɪ^{53}
清徐	tsai^{45}	sai^{45}	pai^{45}	mai^{45}	pai^{45}	tɕiɛ^{45}	tɕiɛ^{45}	tɕiɛ^{45}
娄烦	tsɛi^{54}	sɛi^{54}	pɛi^{54}	mɛi^{54}	pɛi^{54}	tɕiɪ^{54}	tɕiɪ^{54}	tɕiɪ^{54}
榆次	tsɛe^{35}	sɛe^{35}	pɛe^{35}	mɛe^{35}	pɛe^{35}	tɕie^{35}	tɕie^{35}	tɕie^{35}
交城	tsɛ^{24}	sɛ^{24}	pɛ^{24}	mɛ^{24}	pɛ^{24}	tɕiɛ^{24}	tɕiɛ^{24}	tɕiɛ^{24}
文水	tsai^{35}	sai^{35}	pai^{35}	mai^{35}	pai^{35}	tɕiai^{35}	tɕiai^{35}	tɕiai^{35}
祁县	tsæɛ^{45}	sæɛ^{45}	pæɛ^{45}	mæɛ^{45}	pæɛ^{45}	tɕiei^{45}	tɕiei^{45}	tɕiei^{45}
太谷	tsɑi^{53}	sɑi^{53}	pɑi^{53}	mɑi^{53}	pɑi^{53}	tɕiɑi^{53}	tɕiɑi^{53}	tɕiɑi^{53}
平遥	tsæe^{24}	sæe^{24}	pæe^{24}	mæe^{24}	pæe^{24}	tɕiɛ^{24}	tɕiɛ^{24}	tɕiɛ^{24}
孝义	tsai^{454}	sai^{454}	pai^{454}	mai^{454}	pai^{454}	tɕiai^{454}	tɕiai^{454}	tɕiai^{454}
介休	tsai^{45}	sai^{45}	pai^{45}	mai^{45}	pai^{45}	tɕiᴇ^{45}	tɕiᴇ^{45}	tɕiᴇ^{45}
灵石	tsɛ^{53}	sɛ^{53}	pɛ^{53}	mɛ^{53}	pɛ^{53}	ʨiɛ^{53}	ʨiɛ^{53}	ʨiɛ^{53}
盂县	tsɑɛ^{55}	sɑɛ^{55}	pɑɛ^{53}	mɑɛ^{55}	pɑɛ^{53}	tɕiɛ^{55}	tɕiɛ^{55}	tɕiɛ^{55}
寿阳	tsai^{45}	sai^{45}	pai^{45}	mai^{45}	pai^{45}	tɕiɪ^{45}	tɕiɪ^{45}	tɕiɪ^{45}
榆社	tsɛ^{45}	sɛ^{45}	pɛ^{45}	mɛ^{45}	pɛ^{45}	tɕi^{45}	tɕi^{45}	tɕi^{45}
离石	tsɛe^{53}	ɕiɛ^{53}	piɛ^{53} 白 / pɛe^{53} 文	miɛ^{53}	piɛ^{53}	tɕiɛ^{53}	tɕiɛ^{53}	tɕiɛ^{53}
汾阳	ʦai^{55}	sai^{55}	pai^{55}	mai^{55}	pai^{55}	ʨiæi^{55}	ʨiæi^{55}	ʨiæi^{55}
中阳	tsɛe^{53}	sɛe^{53}	pɛe^{53}	mɛe^{53}	pɛe^{53}	tɕie^{53}	tɕie^{53}	tɕie^{53}
柳林	tsɛe^{53}	sɛe^{53}	pɛe^{53}	mɛe^{53}	pɛe^{53}	tɕie^{53}	tɕie^{53}	tɕie^{53}
方山	tsɛe^{52}	sɛe^{52}	pɛe^{52}	mɛe^{52}	pɛe^{52}	tɕiɛ^{52}	tɕiɛ^{52}	tɕiɛ^{52}
临县	tsɛe^{52}	sɛe^{52}	pɛe^{52}	mɛe^{52}	pɛe^{52}	tɕie^{52}	tɕie^{52}	——
兴县	tsai^{53}	sai^{53}	pʰai^{53} 白 / pai^{53} 文	mai^{53}	pai^{53}	tɕiai^{53}	tɕiai^{53}	tɕiai^{53}
岚县	tsai^{53}	sai^{53}	pʰai^{53}	mai^{53}	pai^{53}	tɕiai^{53}	tɕiai^{53}	tɕiai^{53}
静乐	tsae^{53}	sae^{53}	pae^{53}	mae^{53}	pae^{53}	tɕie^{53}	tɕie^{53}	tɕie^{53}
交口	tsai^{53}	sai^{53}	pai^{53}	mai^{53}	pai^{53}	tɕiɛ^{53}	tɕiɛ^{53}	tɕiɛ^{53}
石楼	tsɛi^{51}	sɛi^{51}	pʰɛi^{51}	mɛi^{51}	pɛi^{51}	tɕiɛ^{51}	tɕiɛ^{51}	tɕiɛ^{51}

续表

字目	债	晒	败	迈	拜	介	界	疥
中古音 方言点	侧卖 蟹开二 去卦庄	所卖 蟹开二 去卦生	薄迈 蟹开二 去夬並	莫话 蟹开二 去夬明	博怪 蟹开二 去怪帮	古拜 蟹开二 去怪见	古拜 蟹开二 去怪见	古拜 蟹开二 去怪见
隰县	tsɛe^{44}	sɛe^{44}	p^{h}ɛe^{44}	mae^{44}	pɛe^{44}	tɕiɛ^{44}	tɕiɛ^{44}	tɕiɛ^{44}
大宁	tsɛe^{55}	sɛe^{55}	p^{h}ɛe^{55}	mɛe^{55}	pɛe^{55} 白	tɕie^{55} 白	tɕie^{55}	tɕie^{55}
永和	tsɛi^{53}	sɛi^{53}	p^{h}ɛi^{53} 白 / pɛi^{53} 文	mɛi^{53}	pɛi^{53}	tɕiɪ^{53}	tɕiɪ^{53}	tɕiɪ^{53}
汾西	tsɑi^{55}	sɑi^{55}	p^{h}ɑi^{53}	mɑi^{53}	pɑi^{55}	tɕi^{55}	ti^{55} 白 / tɕi^{55} 文	——
蒲县	tʂai^{33}	sai^{33}	p^{h}ai^{33} 白 / pai^{33} 文	mai^{33}	pai^{33}	tɕiɛ^{33}	tɕiɛ^{33}	tɕiɛ^{33}
潞州	tsai^{44}	sai^{44}	pai^{44}	mai^{54}	pai^{44}	tɕiɛ^{44}	tɕiɛ^{44}	tɕiɛ^{44}
上党	tsæ^{22}	sæ^{22}	pæ^{42}	mæ^{42}	pæ^{22}	tɕie^{22}	tɕie^{22}/tɕiəʔ$^{\underline{21}}$	tɕie^{22}
长子	tsɛe^{53}	sɛe^{422}	pɛe^{53}	mɛe^{53}	pɛe^{422}	tɕiɛ^{53}	tɕiɛ^{53}	tɕiɛ^{53}
屯留	tsɛe^{53}	sɛe^{53}	pɛe^{11}	mɛe^{11}	pɛe^{53}	tɕie^{53}	tɕie^{53}	tɕie^{53}
襄垣	tsᴇɪ^{53}	sᴇɪ^{53}	pᴇɪ^{45}	mᴇɪ^{45}	pᴇɪ^{45}	tɕie^{45}	tɕie^{45}	tɕie^{45}
黎城	tsɛi^{422}	sɛi^{422}	pɛi^{53}	mei^{53}	pɛi^{422}	ciɤ^{53}	ciɤ^{53}	tɕiɤ^{53}
平顺	tsɛe^{53}	sɛe^{53}	pɛe^{53}	mɛe^{53}	pɛe^{53}	ciɛ^{53}	ciɛ^{53}	ciɛ^{53}
壶关	tʂai^{42}	ʂai^{42}	pai^{353}	mai^{353}	pai^{42}	ciᴇ^{42}	ciᴇ^{42}	ciᴇ^{42}
沁县	tsɛe^{53}	sɛe^{53}	pɛe^{53}	mɛe^{53}	pɛe^{53}	tɕiɛ^{53}	tɕiɛ^{53}	tɕiɛ^{53}
武乡	tsɛ^{55}	sɛ^{55}	pɛ^{55}	mɛ^{55}	pɛ^{55}	tɕia^{55}/tɕiɛ^{55}	tɕiɛ^{55}	tɕiɛ^{55}
沁源	tsɛe^{53}	sɛe^{53}	pɛe^{53}	mɛe^{53}	pɛe^{53}	tɕiɛ^{53}	tɕiɛ^{53}	tɕiɛ^{53}
安泽	tsai^{53}	sai^{53}	pai^{53}	mai^{53}	pai^{53}	tɕiɛ^{42}	tɕiɛ^{42}	tɕiɛ^{42}
沁水端氏	tsɛe^{53}	sɛe^{53}	pɛe^{53}	mɛe^{53}	pɛe^{53}	tɕiɛ^{53}	tɕiɛ^{53}	tɕiɛ^{53}
阳城	tʂai^{51}	ʂai^{51}	pai^{51}	mai^{51}	pai^{51}	ciɛ^{51}	ciɛ^{51}	ciɛ^{51}
高平	tʂɛe^{53}	ʂɛe^{53}	pɛe^{53}	mɛe^{53}	pɛe^{53}	ciɛ^{53}	ciɛ^{53}	ciɛ^{53}
陵川	tʂæe^{24}	ʂæe^{24}	pæe^{24}	mæe^{24}	pæe^{24}	cie^{24}	cie^{24}	cie^{24}
晋城	tʂᴇ^{53}	ʂᴇ^{53}	pᴇ^{53}	mᴇ^{53}	pᴇ^{53}	tɕiɛ^{53}	tɕiɛ^{53}	tɕiɛ^{53}
忻府	tsæe^{53}	ʂæe^{53}	pæe^{53}	mæe^{53}	pæe^{53}	tɕiɛ^{53}	tɕiɛ^{53}	tɕiɛ^{53}
原平	tsæɛ^{53}	sæɛ^{53}	pæɛ^{53}	mæɛ^{53}	pæɛ^{53}	tɕiɤ^{53}	tɕiɤ^{53}	tɕiɤ^{53}
定襄	tsɛi^{53}	sɛi^{53}	pɛi^{53}	mɛi^{53}	pɛi^{53}	tɕiɛi^{53}	tɕiɛi^{53}	tɕiɛi^{53}
五台	tsɛ^{52}	sɛ^{52}	pɛ^{52}	mɛ^{52}	pɛ^{52}	tɕiɛ^{52}	tɕiɛ^{52}	tɕiɛ^{52}
岢岚	tsɛi^{52}	sɛi^{52}	pɛi^{52}	mɛi^{52}	pɛi^{52}	tɕiɛ^{52}	tɕiɛ^{52}	tɕiɛ^{52}
五寨	tsei^{52}	sei^{52}	pei^{52}	mei^{52}	pei^{52}	tɕiɪ^{52}	tɕiɪ^{52}	tɕiɪ^{52}
宁武	tsᴇe^{52}	sᴇe^{52}	pᴇe^{52}	mᴇe^{52}	pᴇe^{52}	tɕiɛ^{52}	tɕiɛ^{52}	——

续表

字目	债	晒	败	迈	拜	介	界	疥
中古音 / 方言点	侧卖 蟹开二 去卦庄	所卖 蟹开二 去卦生	薄迈 蟹开二 去夬並	莫话 蟹开二 去夬明	博怪 蟹开二 去怪帮	古拜 蟹开二 去怪见	古拜 蟹开二 去怪见	古拜 蟹开二 去怪见
神池	tsɛe^{52}	sɛe^{52}	pɛe^{52}	mɛe^{52}	pɛe^{52}	tɕɛe^{52}	tɕɛe^{52}	tɕɛe^{52}
繁峙	tsai^{24}	sai^{24}	pai^{24}	mai^{24}	pai^{24}	tɕiɛ^{24}	tɕiɛ^{24}	tɕiɛ^{24}
代县	tsai^{53}	sai^{53}	pai^{53}	mai^{53}	pai^{53}	tɕie^{53}	tɕie^{53}	tɕie^{53}
河曲	tsɛe^{52}	sɛe^{52}	pɛe^{52}	mɛe^{52}	pɛe^{52}	tɕiɛ^{52}	tɕiɛ^{52}	tɕiɛ^{52}
保德	tsai^{213}	sai^{52}	pai^{52}	mai^{52}	pai^{52}	tɕiɛ^{52}	tɕiɛ^{52}	tɕiɛ^{44}
偏关	tsei^{52}	sei^{52}	pei^{52}	mei^{52}	pei^{52}	tɕi^{52}	tɕi^{52}	tɕi^{52}
朔城	tsɛi^{53}	sɛi^{53}	pɛi^{53}	mɛi^{53}	pɛi^{53}	tɕiɛ^{53}	tɕiɛ^{53}	tɕ^{h}iɛ^{53}
平鲁	tsɛi^{52}	sɛi^{52}	pɛi^{52}	mɛi^{52}	pɛi^{52}	tɕiE^{52}	tɕiE^{52}	tɕiE^{52}
应县	tsɛi^{24}	sɛi^{24}	pɛi^{24}	mɛi^{24}	pəi^{43}	tɕiɛ^{24}	tɕiɛ^{24}	tɕiɛ^{24}
灵丘	tsɛe^{53}	sɛe^{53}	pɛe^{53}	mɛe^{53}	pɛe^{53}	tɕie^{53}	tɕie^{53}	tɕie^{53}
浑源	tsɛe^{13}	sɛe^{13}	pɛe^{13}	mɛe^{13}	pɛe^{13}	tɕiɛ^{13}	tɕiɛ^{13}	tɕiɛ^{13}
云州	tsɛi^{24}	sɛi^{24}	pɛi^{24}	mɛi^{24}	pɛi^{24}	tɕiɛ^{24}	tɕiɛ^{24}	tɕiɛ^{24}
新荣	tsɛe^{24}	sɛe^{24}	pɛe^{24}	mɛe^{24}	pɛe^{24}	tɕiE^{24}	tɕiE^{24}	tɕiE^{24}
怀仁	tsɛe^{24}	sɛe^{24}	pɛe^{24}	mɛe^{24}	pɛe^{24}	tɕiɛ^{24}	tɕiɛ^{24}	tɕiɛ^{24}
左云	tsɛi^{24}	sɛi^{24}	pɛi^{24}	mɛi^{24}	pɛi^{24}	tɕiɛ^{24}	tɕiɛ^{24}	tɕiɛ^{24}
右玉	tsɛe^{24}	sɛe^{24}	pɛe^{24}	mɛe^{24}	pɛe^{24}	tɕiɛ^{24}	tɕiɛ^{24}	tɕiɛ^{24}
阳高	tsei^{35}	sei^{24}	pei^{24}	mei^{24}	pei^{24}	tɕiɛ^{24}	tɕiɛ^{24}	tɕiɛ^{24}
山阴	tsɛe^{335}	sɛe^{335}	pɛe^{335}/pei^{335}	mɛe^{335}	pɛe^{335}	tɕiE^{335}	tɕiE^{335}	tɕiE^{335}
天镇	tsɛe^{24}	sɛe^{24}	pɛe^{24}	mɛe^{24}	pɛe^{24}	tɕiæ^{24}	tɕiæ^{24}	tɕiæ^{24}
平定	tsɛe^{24}	sɛe^{24}	pɛe^{24}	mɛe^{24}	pɛe^{24}	tɕiE^{24}	tɕiE^{24}	tɕiE^{24}
昔阳	tsɛe^{13}	sɛe^{13}	pɛe^{13}	mɛe^{13}	pɛe^{13}	tɕiE^{13}	tɕiE^{13}	tɕiE^{13}
左权	tsɛi^{53}	sɛi^{53}	pɛi^{53}	mɛi^{53}	pɛi^{53}	tɕi^{53}	tɕi^{53}	——
和顺	tsai^{13}	sai^{13}	pai^{13}	mai^{13}	pai^{13}	tɕi^{13}	tɕi^{13}	tɕi^{13}
尧都	tʂɑi^{44}	ʂɑi^{44}	pɑi^{44} 白 / p^{h}ɑi 文	mɑi^{44}	pɑi^{44}	tɕiɑi^{44}	tɕiɛ^{44}	tɕiɑi^{44}
洪洞	tsɑi^{33}	sɑi^{33}	p^{h}ɑi^{53} 白 / pɑi^{53} 文	mɑi^{53}/ mɑn^{53}	pɑi^{33}	tɕiɑi^{33}	tɑi^{33} 白 / tɕiɑi^{33} 文	tɕiɑi^{33}
洪洞赵城	tsɑi^{24}	sɑi^{24}	p^{h}ɑi^{53} 白 / pɑi^{53}	mɑi^{53}	pɑi^{53}	tɕiɛ^{53} 白 / tɕiɑ̃^{53} 文	tɕiɑ̃^{53}	tiɛ^{53}
古县	tsɑi^{35}	sɑi^{53}	p^{h}ɑi^{53} 白 / pɑi^{53} 文	mɑi^{53}	pɑi^{35}	tɕiɑi^{35}	tɕiɑi^{35}	tɕiɑi^{53}
襄汾	tsai^{44}	sai^{44}	pai^{53}	mai^{53}	pai^{44}	tɕian^{44}	tɕian^{44}	tɕie^{53}

续表

字目	债	晒	败	迈	拜	介	界	疥
中古音 / 方言点	侧卖 蟹开二 去卦庄	所卖 蟹开二 去卦生	薄迈 蟹开二 去夬並	莫话 蟹开二 去夬明	博怪 蟹开二 去怪帮	古拜 蟹开二 去怪见	古拜 蟹开二 去怪见	古拜 蟹开二 去怪见
浮山	tʂai^{44}	ʂai^{44}	pʰai^{53}	mai^{53}	pai^{44}	tɕiɛ^{44}	tɕiɛ^{44}	tɕiɛ^{44}
霍州	tsai^{55}	sai^{55}	pai^{53}	mai^{53}	pai^{55}	tɕiai^{55} 老 / tɕie^{55} 新	tɕiai^{55} 老 / tɕie^{55} 新	tɕie^{55}
翼城	tʂᴇe^{53}	ʂei^{53}	pᴇe^{53}	mᴇe^{53}	pᴇe^{53}	tɕiᴇ^{53}	tɕiᴇ^{53}	tɕiᴇ^{53}
闻喜	tsɛe^{53}	sɛe^{53}	pʰɛe^{13} 白 / pɛe^{13} 文	mɛe^{13}	pɛe^{53}	tɕiᴇ^{53}	tɕiᴇ^{53}	tɕiᴇ^{53}
侯马	tʂae^{53}	ʂei^{53} 白 / ʂae^{53} 文	pae^{53}	mae^{53}	pae^{53}	tɕiɛ^{53}	tɕiɛ^{53}	tɕiɛ^{53}
新绛	tsaɛ^{53}	saɛ^{53}	pʰaɛ^{53}	maɛ^{53}	paɛ^{53}	tɕie^{44}	tɕie^{53}	tɕie^{53}
绛县	tʂɑi^{31}	ʂɑi^{31}	pʰɑi^{53}	mɑi^{31}	pɑi^{31}	tɕiɛ^{31}	tɕiɛ^{31}	tɕiɛ^{31}
垣曲	tʂai^{53}	ʂai^{53}	pai^{53}	mai^{53}	pai^{53}	tɕiɛ^{53}	tsai^{53} 白 / tɕiɛ^{53} 文	tɕiɛ^{53}
夏县	tsæe^{31}	ʂæe^{31}	pʰæe^{31} 白 / pæe^{31} 文	mæe^{31}	pæe^{31}	tɕiɛ^{31}	tɕiɛ^{31}	——
万荣	tsai^{33}	sai^{33}	pʰai^{33}	mai^{33}	pai^{33}	tɕiɛ^{33}	tɕiɛ^{33}	tɕiɛ^{33}
稷山	tsai^{42}	ʂai^{42}	pʰai^{42} 白 / pai^{42} 文	mai^{44}	pai^{42}	tɕiɛ^{42}	tɕiɛ^{42}	tɕiɛ^{42}
盐湖	tsɛi^{44}	sɛi^{44}	pɛi^{44}	mɛi^{44}	pɛi^{44}	tɕiɛ^{44}	tɕiɛ^{44}	tɕiɛ^{44}
临猗	tsai^{44}	sai^{44}	pʰai^{44} 白 / pai^{44} 文	mai^{44}	pai^{44}	tɕiɛ^{44}	tɕiɛ^{44}	tɕiɛ^{44}
河津	tsai^{44}	sai^{44}	pʰai^{44} 白 / pai^{44} 文	mai^{44}	pai^{44}	tɕiai^{44}	tɕiai^{44}	tɕiai^{44}
平陆	tsai^{33}	sai^{33}	pʰai^{33} 白 / pai^{33} 文	mai^{33}	pai^{33}	tɕiɛ^{33}	tɕiɛ^{33}	tɕiɛ^{33}
永济	tʂai^{44}	ʂai^{44}	pʰai^{44}	mai^{44}	pai^{44}	tɕiai^{44}	tɕiai^{44}	tɕiai^{44}
芮城	tsai^{44}	sai^{44}	pʰai^{44}	mai^{42}	pai^{44}	tɕiai^{44}	tɕiai^{44}	tɕiai^{44}
吉县	tsai^{33}	sai^{33}	pʰai^{33}	mai^{53}	pai^{33}	tɕiei^{33}	tɕiei^{33}	——
乡宁	tsai^{22}	sai^{22}	pʰai^{22} 白 / pai^{22} 文	mai^{22}	pai^{22}	tɕiᴇ^{22}	tɕiᴇ^{22}	tɕiᴇ^{22}
广灵	tsɛe^{213}	sɛe^{213}	pɛe^{213}	mɛe^{213}	pɛe^{213}	tɕiɤ^{213}	tɕiɤ^{213}	tɕiɤ^{213}

字目	芥	戒	械	歪	乖	怀	槐	淮
中古音 / 方言点	古拜 蟹开二 去怪见	古拜 蟹开二 去怪见	胡介 蟹开二 去怪匣	火娲 蟹合二 平佳晓	古怀 蟹合二 平皆见	户乖 蟹合二 平皆匣	户乖 蟹合二 平皆匣	户乖 蟹合二 平皆匣
北京	tɕie^{51}	tɕie^{51}	ɕie^{51}	uai^{55}	kuai^{55}	xuai^{35}	xuai^{35}	xuai^{35}
小店	tɕie^{24}	tɕie^{24}	ɕie^{24}	vε^{11}	kuε^{11}	xuε^{11}	xuε^{11}	xuε^{11}
尖草坪	tɕie^{35}	tɕie^{35}	ɕiei^{35}	vai^{33}	kuei^{33}	xuai^{33}	xuai^{33}	xuai^{33}
晋源	tɕie^{35}	tɕie^{35}	tɕie^{35}	vai^{11}	kuai^{11}	xuai^{11}	xuai^{11}	xuai^{11}
阳曲	tɕiε^{454}	tɕiε^{454}	ɕiε^{454}	vai^{312}	kuai^{312}	xuai^{43}	xuai^{43}	xuai^{43}
古交	tɕiɪ^{53}	tɕiɪ^{53}	tɕiɪ^{53}	vai^{44}	kuai^{44}	xuai^{44}	xuai^{44}	xuai^{44}
清徐	tɕiε^{45}	tɕiε^{45}	tɕiε^{45}	vai^{11}	kuai^{11}	xuai^{11}	xuai^{11}	xuai^{11}
娄烦	tɕiɪ^{54}	tɕiɪ^{54}	tɕiɪ^{54}	vεi^{33}	kuεi^{33}	xuεi^{33}	xuεi^{33}	xuεi^{33}
榆次	tɕie^{35}	tɕie^{35}	ɕie^{35}	vεe^{11}	kuεe^{11}	xuεe^{11}	xuεe^{11}	xuεe^{11}
交城	tɕiε^{24}	tɕiε^{24}	tɕiε^{24}	uε^{11}	kuε^{11}	xuε^{11}	xuε^{11}	xuε^{11}
文水	tɕiai^{35}	tɕiai^{35}	tɕiai^{35}	uai^{22}	kuai^{22}	xuai^{22}	xuai^{22}	xuai^{22}
祁县	tɕiei^{45}	tɕiei^{45}	tɕiei^{45}	uæε^{31}	kuæε^{31}	xuæε^{31}	xuæε^{31}	xuæε^{31}
太谷	tɕiɑi^{53}	tɕiɑi^{53}	tɕiɑi^{53}	vɑi^{33}	kuɑi^{33}	xuɑi^{33}	xuɑi^{33}	xuɑi^{33}
平遥	tɕiε^{24}	tɕi^{24} 白 / tɕiε^{24} 文	tɕiε^{24}	uæe^{213}	kuæe^{213}	xuæe^{213}	xuæe^{213}	xuæe^{213}
孝义	tɕiai^{454}	tɕiai^{454}	tɕiai^{454}	uai^{33}	kuai^{33}	xuai^{33}	xuai^{33}	xuai^{33}
介休	tɕiᴇ^{45}	tɕiᴇ^{45}	ɕiᴇ^{45}	uai^{13}	kuai^{13}	xuai^{13}	xuai^{13}	xuai^{13}
灵石	tɕiε^{53}	tɕiε^{53}	ɕiε^{53}	uε^{535}	kuε^{535}	kuε^{44}	xuε^{44}	xuε^{44}
盂县	tɕiε^{55}	tɕiε^{55}	ɕiε^{55}	vɑε^{412}	kuɑε^{412}	xuɑε^{22}	xuɑε^{22}	xuɑε^{22}
寿阳	tɕiɪ^{45}	tɕiɪ^{45}	ɕiɪ^{45}	vai^{31}	kuai^{31}	xuai^{22}	xuai^{22}	xuai^{22}
榆社	tɕi^{45}	tɕi^{45}	tɕi^{45}	vε^{22}	kuε^{22}	xuε^{22}	xuε^{22}	xuε^{22}
离石	tɕiε^{53}	tɕiε^{53}	tɕiε^{53}	uεe^{24}	kuεe^{24}	xyε^{44}	xuεe^{44}	xuεe^{44}
汾阳	tɕiæi^{55}	tɕiæi^{55}	tɕiæi^{55}	uai^{324}	kuai^{324}	xuai^{22}	xuai^{22}	xuai^{22}
中阳	tɕie^{53}	tɕie^{53}	tɕie^{53}	uεe^{24}	kuεe^{24}	xuεe^{33}	xuεe^{33}	xuεe^{33}
柳林	tɕie^{53}	tɕie^{53}	tɕie^{53}	uεe^{24}	kuεe^{24}	xuεe^{44}	xuεe^{44}	xuεe^{44}
方山	tɕiε^{52}	tɕiε^{52}	ɕiε^{52}	uεe^{24}	kuεe^{24}	xuεe^{44}	xuεe^{44}	xuεe^{44}
临县	tɕie^{52}	tɕie^{52}	tɕie^{52}	uεe^{24}	kuεe^{24}	xuεe^{33}	xuεe^{33}	xuεe^{33}
兴县	tɕiai^{53}	tɕiai^{53}	tɕiai^{53}	uai^{324}	kuai^{324}	xuai^{55}	xuai^{55}	xuai^{55}
岚县	tɕiai^{53}	tɕiai^{53}	tɕiai^{53}	uai^{214}	kuai^{214}	xuai^{44}	xuai^{44}	xuai^{44}
静乐	tɕie^{53}	tɕie^{53}	tɕie^{53}	vae^{24}	kuae^{24}	xuae^{33}	xuae^{33}	xuae^{33}
交口	tɕiε^{53}	tɕiε^{53}	ɕiε^{53}	uai^{323}	kuai^{323}	xuai^{44}	xuai^{44}	xuai^{44}
石楼	tɕiε^{51}	tɕiε^{51}	tɕiε^{51} 白 / ɕiε^{51} 文	uεi^{213}	——	xuεi^{44}	xuεi^{44}	xuεi^{44}

续表

字目	芥	戒	械	歪	乖	怀	槐	淮
中古音 方言点	古拜 蟹开二 去怪见	古拜 蟹开二 去怪见	胡介 蟹开二 去怪匣	火娲 蟹合二 平佳晓	古怀 蟹合二 平皆见	户乖 蟹合二 平皆匣	户乖 蟹合二 平皆匣	户乖 蟹合二 平皆匣
隰县	tɕiɛ^{44}	tɕiɛ^{44}	tɕiɛ^{44}	uae^{53}	kuae^{53}	xuae^{24}	xuae^{24}	xuae^{24}
大宁	tɕie^{55}	tɕie^{55}	ɕie^{55}	vɛe^{31}	kuɛe^{31}	xuɛe^{24}	xuɛe^{24}	xuɛe^{24}
永和	tɕiɪ^{53}	tɕiɪ^{53}	tɕiɪ^{53}	uɛi^{33}	kuɛi^{33}	xuɛi^{35}	xuɛi^{35}	xuɛi^{35}
汾西	tɕiəʔ^{1}/ pʰiəʔ^{3} 白 / ti^{55} 白 /tɕi^{55} 文	ti^{55} 白 / tɕi^{55} 文	tɕi^{55}	uɑi^{11}	kuɑi^{11}	——	——	——
蒲县	tɕiɛ^{33}	tɕiɛ^{33}	tɕiɛ^{33}	uai^{52}	kuai^{52}	xuai^{24}	xuai^{24}	xuai^{24}
潞州	tɕiɛ^{44}	tɕiəʔ$^{\underline{53}}$ 白 / tɕiɛ^{44} 文	ɕiɛ^{54}	uai^{312}	kuai^{312}	xuai^{24}	xuai^{24}	xuai^{24}
上党	tɕie^{22}	tɕie^{22}/tɕiəʔ$^{\underline{21}}$	ɕie^{42}	uæ^{213}	kuæ^{213}	xuæ^{44}	xuæ^{44}	xuæ^{44}
长子	tɕiɛ^{53}	tɕiəʔ^{4} 白 / tɕiɛ^{53} 文	tɕiɛ^{53}	vɛe^{312}	kuɛe^{312}	xuɛe^{24}	xuɛe^{24}	xuɛe^{24}
屯留	tɕie^{53}	tɕie^{53}	tɕie^{53} 白 / ɕie^{11} 文	vɛe^{31} 白 / vɛe^{43} 文	kuɛe^{31}	xuɛe^{11}	xuɛe^{11}	xuɛe^{11}
襄垣	tɕie^{45}	tɕie^{45}	tɕie^{45}	vᴇɪ^{42}	kuᴇɪ^{33}	xuᴇɪ^{31}	xuᴇɪ^{31}	xuᴇɪ^{31}
黎城	tɕiɤ^{53}	ciɤ^{53}	ciɤ^{53}	uɛi^{33}	kuɛi^{33}	xuɛi^{53}	xuɛi^{53}	xuɛi^{53}
平顺	ciɛ^{53}	ciɛ^{53}	ɕiɛ^{53}	uɛe^{33}	kuɛe^{213}	xuɛe^{13}	xuɛe^{13}	xuɛe^{13}
壶关	ciᴇ^{42}	ciᴇ^{42}	çiᴇ^{353}	uai^{33}	kuai^{33}	xuai^{13}	xuai^{13}	xuai^{13}
沁县	tɕiɛ^{53}	tɕiɛ^{53}	tɕiɛ^{53}	vɛe^{224}	kuɛe^{224}	xuɛe^{33}	xuɛe^{33}	xuɛe^{33}
武乡	tɕiɛ^{55}	tɕiɛ^{55}	ɕiɛ^{55}	vɛ^{113}	kuɛ^{113}	xuɛ^{33}	xuɛ^{33}	xuɛ^{33}
沁源	tɕie^{53}	tɕie^{53}	ɕie^{53}	vɛe^{324}	kuɛe^{324}	xuɛe^{33}	xuɛe^{33}	xuɛe^{33}
安泽	tɕiɛ^{42}	tɕiɛ^{42}	tɕiɛ^{53}	vai^{21}	kuai^{21}	xuai^{35}	xuai^{35}	xuai^{35}
沁水端氏	tɕiɛ^{53}	tɕiɛ^{53}	tɕiɛ^{53}	vɛe^{21}	kuɛe^{21}	xuɛe^{24}	xuɛe^{24}	xuɛe^{24}
阳城	ciɛ^{51}	ciɛ^{51}	çiɛ^{51}	vai^{224}	kuai^{224}	xuai^{22}	xuai^{22}	xuai^{22}
高平	ciɛ^{53}	ciɛ^{53}	ciɛ^{53}	vɛe^{212}	kuɛe^{33}	xuɛe^{33}	xuɛe^{33}	xuɛe^{33}
陵川	cie^{24}	cie^{24}	ɕie^{24}	uæe^{33}	kuæe^{33}	xuæe^{53}	xuæe^{53}	xuæe^{53}
晋城	tɕiɛ^{53}	tɕiɛ^{53}	tɕiɛ^{53}	uᴇ^{33}	kuᴇ^{33}	xuᴇ^{324}	xuᴇ^{324}	xuᴇ^{324}
忻府	tɕiɛ^{53}	tɕiɛ^{53}	tɕiɛ^{53}/ɕiɛ^{53}	væe^{313}	kuæe^{313}	xuæe^{21}	xuæe^{21}	xuæe^{21}
原平	tɕiɤ^{53}	tɕiɤ^{53}	tɕiɤ^{53}	væɛ^{213}	kuæɛ^{213}	xuæɛ^{33}	xuæɛ^{33}	xuæɛ^{33}
定襄	tɕiɛi^{53}	tɕiɛi^{53}	ɕiɛi^{53}	uɛi^{24}	kuɛi^{24}	xuɛi^{11}	xuɛi^{11}	xuɛi^{11}
五台	tɕiɛ^{52}	tɕiɛ^{52}	tɕiɛ^{52}	uɛ^{213}	kuɛ^{213}	xuɛ^{33}	xuɛ^{33}	xuɛ^{33}
岢岚	tɕiɛ^{52}	tɕiɛ^{52}	tɕiɛ^{52}	vɛi^{13}	kuɛi^{13}	xuɛi^{44}	xuɛi^{44}	xuɛi^{44}
五寨	tɕiɪ^{52}	tɕiɪ^{52}	tɕiɪ^{52}	vei^{13}	kuei^{13}	xuei^{44}	xuei^{44}	xuei^{44}

续表

字目	芥	戒	械	歪	乖	怀	槐	淮
中古音 方言点	古拜 蟹开二 去怪见	古拜 蟹开二 去怪见	胡介 蟹开二 去怪匣	火娲 蟹合二 平佳晓	古怀 蟹合二 平皆见	户乖 蟹合二 平皆匣	户乖 蟹合二 平皆匣	户乖 蟹合二 平皆匣
宁武	tɕiɛ^{52}	tɕiɛ^{52}	tɕiɛ^{52}	vᴇe^{23}	kuᴇe^{23}	xuᴇe^{33}	xuᴇe^{33}	xuᴇe^{33}
神池	tɕee^{52}	tɕiɛ^{52}	ɕiɛ^{52}	vɛe^{24}	kuɛe^{24}	xuɛe^{52}	xuɛe^{32}	xuɛe^{32}
繁峙	tɕiɛ^{24}	tɕiɛ^{24}	ɕiɛ^{24}	vai^{53}	kuai^{53}	xuai^{31}	xuai^{31}	xuai^{31}
代县	tɕie^{53}	tɕie^{53}	tɕie^{53}	uai^{213}	kuai^{213}	xuai^{44}	xuai^{44}	xuai^{44}
河曲	tɕiɛ^{52}	tɕiɛ^{52}	ɕiɛ^{52}	vɛe^{213}	kuɛe^{213}	xuɛe^{44}	xuɛe^{44}	xuɛe^{44}
保德	tɕiɛ^{52}	tɕiai^{52}	ɕiɛ^{52}	vai^{213}	kuai^{213}	xuai^{44}	xuai^{44}	xuai^{44}
偏关	tɕi^{52}	tɕi^{52}	ɕi^{52}	vei^{24}	kuei^{24}	xuei^{44}	xuei^{44}	xuei^{44}
朔城	tɕiɛ^{53}	tɕiɛ^{53}	tɕiɛ^{53}	vɛi^{312}	kuɛi^{312}	xuɛi^{35}	xuɛi^{35}	xuɛi^{35}
平鲁	tɕiᴇ^{52}	tɕiᴇ^{52}	ɕʰiᴇ^{52}	uɛi^{213}	kuɛi^{213}	xuɛi^{44}	xuɛi^{44}	xuɛi^{44}
应县	tɕiɛ^{24}	tɕiɛ^{24}	tɕiɛ^{24}	vɛi^{43}	——	xuɛi^{31}	xuɛi^{31}	xuɛi^{31}
灵丘	tɕie^{53}	tɕie^{53}	ɕie^{53}	vɛe^{442}	kuɛe^{442}	xuɛe^{31}	xuɛe^{31}	xuɛe^{31}
浑源	tɕiɛ^{13}	tɕiɛ^{13}	tɕiɛ^{13}	uɛe^{52}	kuɛe^{52}	xuɛe^{22}	xuɛe^{22}	xuɛe^{22}
云州	tɕiɛ^{24}	tɕiɛ^{24}	ɕiɛ^{24}	vɛi^{21}	kuɛi^{21}	xuɛi^{312}	xuɛi^{312}	xuɛi^{312}
新荣	tɕiᴇ^{24}	tɕiᴇ^{24}/tɕi^{24}	tɕiᴇ^{24}	vɛe^{32}	kuɛe^{32}	xuɛe^{312}	xuɛe^{312}	xuɛe^{312}
怀仁	tɕiɛ^{24}	tɕiɛ^{24}	tɕiɛ^{24}	vɛe^{42}	kuɛe^{42}	xuɛe^{312}	xuɛe^{312}	xuɛe^{312}
左云	tɕiɛ^{24}	tɕiɛ^{24}	ɕiɛ^{24}	vei^{31}	kuei^{31}	xuei^{313}	xuei^{313}	xuei^{313}
右玉	tɕiɛ^{24}	tɕiɛ^{24}	tɕiɛ^{24}	vɛe^{31}	kuɛe^{31}	xuɛe^{212}	xuɛe^{212}	xuɛe^{212}
阳高	tɕiɛ^{24}	tɕiɛ^{24}	tɕiɛ^{24}/ɕiɛ^{24}	vei^{31}	kuei^{31}	xuei^{31}	xuei^{31}	xuei^{31}
山阴	tɕiᴇ^{335}	tɕiᴇ^{335}	tɕiᴇ^{335}	uɛe^{313}	kuɛe^{313}	xuɛe^{313}	xuɛe^{313}	xuɛe^{313}
天镇	tɕiæ^{24}	tɕi^{24} 白 / tɕiæ^{24} 文	tɕiæ^{24}	vɛe^{31}	kuɛe^{31}	xuɛe^{22}	xuɛe^{22}	xuɛe^{22}
平定	tɕiᴇ^{24}	tɕiᴇ^{24}	tɕiᴇ^{24}	vɛe^{31}	kuɛe^{31}	xuɛe^{44}	xuɛe^{44}	xuɛe^{44}
昔阳	tɕiᴇ^{13}	tɕiᴇ^{13}	ɕiᴇ^{13}	vɛe^{42}	kuɛe^{42}	xuɛe^{33}	xuɛe^{33}	xuɛe^{33}
左权	tɕi^{53}	tɕi^{53}	ɕi^{53}	vɛi^{31}	kuɛi^{31}	xuɛi^{11}	xuɛi^{11}	xuɛi^{11}
和顺	tɕi^{13}	tɕi^{13}	ɕi^{13}	vai^{42}	kuai^{42}	xuai^{22}	xuai^{22}	xuai^{22}
尧都	tɕiɑi^{44}	tɕiɛ^{44}	tɕiɛ^{44}	uɑi^{53}	kuɑi^{21}	xuɑi^{24}	xuɑi^{24}	xuɑi^{24}
洪洞	tɑi^{33}	tɕiɑi^{33}	tɕiɑi^{33}	uɑi^{21}	kuɑi^{21}	xuɑi^{24}	xuɑi^{24}	xuɑi^{24}
洪洞赵城	tiɛ^{53} 白 / tɕiɑ̃^{53} 文	tɕiɑ̃^{53}	tɕiɑ̃^{53}	uɑi^{21}	kuɑi^{21}	xuɑi^{24}	xuɑi^{24}	xuɑi^{24}
古县	tiɑi^{53}	tɕiɑi^{35}	tɕiɑi^{53}	uɑi^{21}	kuɑi^{21}	xuɑi^{35}	xuɑi^{35}	xuɑi^{35}
襄汾	tɕian^{44}	tɕian^{44}	tɕie^{44}	uai^{21}	kuai^{21}	xuai^{24}	xuai^{24}	xuai^{24}
浮山	tai^{44}	tɕiãĩ^{44}	tɕiãĩ^{44}	ai^{42}	kuai^{42}	xuai^{13}	xuai^{13}	xuai^{13}

续表

字目	芥	戒	械	歪	乖	怀	槐	淮
中古音 / 方言点	古拜 蟹开二 去怪见	古拜 蟹开二 去怪见	胡介 蟹开二 去怪匣	火娲 蟹合二 平佳晓	古怀 蟹合二 平皆见	户乖 蟹合二 平皆匣	户乖 蟹合二 平皆匣	户乖 蟹合二 平皆匣
霍州	tɕie^{55}	tɕie^{55}	tɕiai^{55} 老 / ɕie^{55} 新	uai^{212}	kuai^{212}	xuai^{35}	xuai^{35}	xuai^{35}
冀城	tɕiᴇ^{53}	tɕiᴀ^{53}	tɕᴇe^{53}	uᴇe^{53}	kuᴇe^{53}	xuᴇe^{12}	xuᴇe^{12}	xuᴇe^{12}
闻喜	tɕiᴇ^{53}	tɕiᴇ^{53}	ɕiᴇ^{13}	uɛe^{53}	kuɛe^{53}	xuɛe^{13}	xuɛe^{13}	xuɛe^{13}
侯马	tɕiɛ^{53}	tɕiɛ^{53}	ɕiɛ^{53}	uae^{213}	kʰuae^{213}	vei^{213} 白 / uae^{213} 文	xuae^{213}	xuae^{213}
新绛	tɕie^{53}	tɕi^{53} 白 / tɕie^{53} 文	tɕie^{53}	uaɛ^{53}	kuaɛ^{53}	xuaɛ^{13}	xuaɛ^{13}	xuaɛ^{13}
绛县	tɕiɛ^{31}	tɕiɛ^{31}	tɕiɛ^{31}	uɑi^{53}	kuɑi^{53}	xuɑi^{24}	xuɑi^{24}	xuɑi^{24}
垣曲	tɕiɛ^{53}	tɕiɛ^{53}	tɕiɛ^{53}	vai^{22} 白 / uai^{22} 文	kuai^{22}	xuai^{22}	kʰuai^{22}	xuai^{22}
夏县	kæe^{31} 白 / tɕiɛ^{31} 文	kæe^{31}	tɕiɛ^{31} 白 / ɕiɛ^{31} 文	uæe^{53}	kuæe^{53}	xuæe^{42}	xuæe^{42}	xuæe^{42}
万荣	tɕiɛ^{33}	tciɛ^{33}	tɕiɛ^{33}	uai^{51}	kuai^{51}	xuai^{213}	xuai^{213}	xuai^{213}
稷山	tɕiɛ^{42}	tɕiɛ^{42}	ɕiɛ^{42}	uai^{53}	kuai^{13}	xuai^{13}	xuai^{13}	xuai^{13}
盐湖	tɕiɛ^{44}	tɕiɛ^{44}	ɕiɛ^{44}	uɛi^{42}	kuɛi^{42}	xuɛi^{13}	xuɛi^{13}	xuɛi^{13}
临猗	tɕiɛ^{44}	tɕiɛ^{44}	tɕiɛ^{44} 白 / ɕiɛ^{44} 文	uai^{42}	kuai^{42}	xuai^{13}	xuai^{13}	xuai^{13}
河津	tɕiai^{44}	tɕiai^{44}	tɕiai^{44}	uai^{31}	kuai^{31}	xuai^{324}	xuai^{324}	xuai^{324}
平陆	tɕiɛ^{33}/tɕʰiɛ^{33}	tɕiɛ^{33}	ɕiɛ^{33}	uai^{31}	kuai^{31}/ kuai^{55}	xuai^{13}	xuai^{13}	xuai^{13}
永济	tɕiai^{44}	tɕiai^{44}	tɕiai^{44}	vai^{31}	kuai^{31}	xuai^{24}	xuai^{24}	xuai^{24}
芮城	kai^{42} 白 / tɕiai^{42} 文	tɕiai^{44}	tɕiai^{44}	uai^{42}	kuai^{42}	xuai^{13}	xuai^{13}	xuai^{13}
吉县	tɕiei^{33}	tɕiei^{33}	tɕiei^{33}	uai^{423}	kuai^{423}	xuai^{13}	xuai^{13}	xuai^{13}
乡宁	tɕiᴇ^{22}	tɕiᴇ^{22}	ɕiᴇ^{22}	uai^{53}	kuai^{53}	xuai^{12}	xuai^{12}	xuai^{12}
广灵	tɕiɤ^{213}	tɕiɤ^{213}	ɕiɤ^{213}	vɛe^{53}	kuɛe^{53}	xuɛe^{31}	xuɛe^{31}	xuɛe^{31}

字目	拐~杖	挂	卦	画	筷	快	话	怪
中古音 / 方言点	乖买 蟹合二 上蟹见	古卖 蟹合二 去卦见	古卖 蟹合二 去卦见	胡卦 蟹合二 去卦匣	苦夬 蟹合二 去夬溪	苦夬 蟹合二 去夬溪	下快 蟹合二 去夬匣	古坏 蟹合二 去怪见
北京	kuai^{214}	kua^{51}	kua^{51}	xua^{51}	kʰuai^{51}	kʰuai^{51}	xua^{51}	kuai^{51}
小店	kuɛ^{53}	kuɑ^{24}	kuɑ^{24}	xuɑ^{24}	kʰuɛ^{24}	kʰuɛ^{24}	xuɑ^{24}	kuɛ^{24}
尖草坪	kuei^{33}	kua^{35}	kua^{35}	xua^{35}	kʰuei^{35}	kʰuei^{35}	xua^{35}	kuei^{35}
晋源	kuai^{42}	kua^{35}	kua^{35}	xua^{35}	kʰuai^{35}	kʰuai^{35}	xua^{35}	kuai^{35}
阳曲	kuai^{312}	kua^{454}	kua^{454}	xua^{454}	kʰuai^{454}	kʰuai^{454}	xua^{454}	kuai^{454}
古交	kuai^{312}	kuɑ^{53}	kuɑ^{53}	xuɑ^{53}	kʰuai^{53}	kʰuai^{53}	xuɑ^{53}	kuai^{53}
清徐	kuai^{54}	kuɒ^{45}	kuɒ^{45}	xuɒ^{45}	kʰuai^{45}	kʰuai^{45}	xuɒ^{45}	kuai^{45}
娄烦	kuɛi^{312}	kuã^{54}	kuã^{54}	xuã^{54}	kʰuɛi^{54}	kʰuɛi^{54}	xuã^{54}	kuɛi^{54}
榆次	kuɛe^{53}	kuɒ^{35}	kuɒ^{35}	xuɒ^{35}	kʰuɛe^{35}	kʰuɛe^{35}	xuɒ^{35}	kuɛe^{35}
交城	kue^{53}	kuɑ^{24}	kuɑ^{24}	xuɑ^{24}	kʰue^{24}	kʰue^{24}	xuɑ^{24}	kue^{24}
文水	kuai^{423}	kua^{35}	kua^{35}	xua^{35}	kʰuai^{35}	kʰuai^{35}	xua^{35}	kuai^{35}
祁县	kuæɛ^{314}	kʰua^{45}/kua^{45}	kua^{45}	xua^{45}	kʰuæɛ^{45}	kʰuæɛ^{45}	xua^{45}	kuæɛ^{45}
太谷	kuɑi^{312}	kuɒ^{53}	kuɒ^{53}	xuɒ^{53}	kʰuɑi^{53}	kʰuɑi^{53}	xuɒ^{53}	kuɑi^{53}
平遥	kuæe^{512}	kua^{24}	kua^{24}	xua^{24}	kʰuæe^{24}	kʰæe^{24}	xua^{24}	kuæe^{24}
孝义	kuɛe^{312}	kuɑ^{454}	kuɑ^{454}	xuɑ^{454}	kʰuɛe^{454}	kuɛe^{454}	xuɑ^{454}	kuɛe^{454}
介休	kuai^{423}	kua^{45}	kua^{45}	xua^{45}	kʰuai^{45}	kʰuai^{45}	xua^{45}	kuai^{45}
灵石	kuɛ^{212}	kua^{53}	kua^{53}	xua^{53}	kuɛ^{53}	kuɛ^{53}	xua^{53}	kuɛ^{53}
盂县	kuɑɛ^{53}	kuɑ^{55}	kuɑ^{55}	xuɑ^{55}	kuɑɛ^{55}	kuɑɛ^{55}	xuɑ^{55}	kuɑɛ^{55}
寿阳	kuai^{53}	kuɑ^{45}	kuɑ^{45}	xuɑ^{45}	kʰuai^{45}	kʰuai^{45}	xuɑ^{45}	kuai^{45}
榆社	kuɛ^{312}	kuɒ^{45}	kuɒ^{45}	xuɒ^{45}	kʰuɛ^{45}	kʰuɛ^{45}	xuɒ^{45}	kuɛ^{45}
离石	kyɛ^{312}	kuɑ^{53}	kuɑ^{53}	xuɑ^{53}	kʰyɛ^{53}	kʰyɛ^{53}	xuɑ^{53}	kyɛ^{53}
汾阳	kuai^{312}	kua^{55}/kʰua^{55}	kua^{55}	xua^{55}	kʰuai^{55}	kʰuai^{55}	xua^{55}	kuai^{55}
中阳	kuɛe^{423}	kuɑ^{53}	kuɑ^{53}	xuɑ^{53}	kʰuɛe^{53}	kʰuæ^{53}	xuɑ^{53}	kyɛ^{53}
柳林	kuɛe^{312}	kuɑ^{53}	kuɑ^{53}	xuɑ^{53}	kʰuɛe^{53}	kʰuɛe^{53}	xuɑ^{53}	kuɛe^{53}
方山	kuɛe^{312}	kua^{52}	kua^{52}	xua^{52}	kʰuɛe^{52}	kʰuɛe^{52}	xua^{52}	kuɛe^{52}
临县	kuɛe^{312}	kua^{52}	kua^{52}	xua^{52}	kʰuɛe^{52}	kʰuɛe^{52}	xua^{52}	guɛe^{52}
兴县	kuai^{324}	kuᴀ^{53}	kuᴀ^{53}	xuᴀ^{53}	kʰuai^{53}	kʰuai^{53}	xuᴀ^{53}	kuai^{53}
岚县	kuai^{312}	kua^{53}	kua^{53}	xua^{53}	kʰuai^{53}	kʰuai^{53}	xua^{53}	kuai^{53}
静乐	kuae^{314}	kuã^{53}	kuã^{53}	xuã^{53}	kʰuae^{53}	kʰuae^{53}	xuã^{53}	kuae^{53}
交口	kuai^{323}	kua^{53}	kua^{53}	xua^{53}	kʰuai^{53}	kʰuai^{53}	xua^{53}	kuai^{53}
石楼	kuɛi^{213}	kua^{51}	kua^{51}	xua^{51}	kʰuɛi^{51}	kʰuɛi^{51}	xua^{51}	kuɛi^{51}
隰县	kuae^{44}	kua^{44}	kua^{44}	xua^{44}	kʰuae^{44}	kʰuɛe^{44}	xua^{44}	kʰuɛe^{44}

续表

字目	拐~杖	挂	卦	画	筷	快	话	怪
中古音 / 方言点	乖买 蟹合二 上蟹见	古卖 蟹合二 去卦见	古卖 蟹合二 去卦见	胡卦 蟹合二 去卦匣	苦夬 蟹合二 去夬溪	苦夬 蟹合二 去夬溪	下快 蟹合二 去夬匣	古坏 蟹合二 去怪见
大宁	kuɛe^{24} 白 / kuɛe^{31} 文	kuɑ^{55}	kuɑ^{55}	xuɑ^{55}	kʰuɛe^{55}	kʰuɛe^{55}	xuɑ^{55}	kuɛe^{55}
永和	kuɛi^{312}	kua^{53}	kua^{53}	xua^{53}	kʰuɛi^{53}	kʰuɛi^{53}	xua^{53}	kuɛi^{53}
汾西	kuɑi^{33}	kuɑ^{55}	kuɑ^{55}	xuɑ^{53}	kʰuɑi^{55}	kʰuɑi^{55}	xuɑ^{53}	kuɑi^{55}
蒲县	kuai^{31}	kua^{33}	kua^{33}	xua^{33}	kʰuai^{33}	kʰuai^{33}	xua^{33}	kuai^{33}
潞州	kuai^{535}	kua^{44}	kua^{44}	xua^{54}	kuai^{44}	kuai^{44}	xua^{54}	kuai^{44}
上党	kuæ^{535}	kuɑ^{22}	kuɑ^{22}	xuɑ^{42}	kʰuæ^{22}	kʰuæ^{22}	xuɑ^{42}	kuæ^{22}
长子	kuɛe^{434}	kua^{422}	kua^{422}	xua^{53}	kʰɛe^{422}	kʰɛe^{422}	xua^{53}	kɛe^{422}
屯留	kuɛe^{43}	kua^{53}	kua^{53}	xua^{11}	kʰuɛe^{53}	kʰuɛe^{53}	xua^{11}	kuɛe^{53}
襄垣	kuᴇɪ^{42}	kua^{53}	kua^{53}	xua^{45}	kʰuᴇɪ^{53}	kʰuᴇɪ^{53}	xua^{45}	kuᴇɪ^{53}
黎城	kuæ^{213}	kua^{53}	kua^{53}	xua^{53}	kʰuɛi^{53}	kʰuɛi^{422}	xua^{53}	kuɛi^{422}
平顺	kuɛe^{434}	kua^{53}	kua^{53}	xua^{53}	kʰuɛe^{53}	kʰuɛe^{53}	xua^{53}	kuɛe^{53}
壶关	kuai^{535}	kua^{42}	kua^{42}	xua^{353}	kʰuai^{42}	kʰuai^{42}	xua^{353}	kuai^{42}
沁县	kuɛe^{214}	kua^{53}	kua^{53}	xua^{53}	kʰuɛe^{53}	kʰuɛe^{53}	xua^{53}	kuɛe^{53}
武乡	kuɛ^{213}	kua^{55}	kua^{55}	xua^{55}	kʰuɛ^{55}	kʰuɛ^{55}	xua^{55}	kuɛ^{55}
沁源	kuɛe^{324}	kuɑ^{53}	kuɑ^{53}	xuɑ^{53}	kʰuɛe^{53}	kʰuɛe^{53}	xuɑ^{53}	kuɛe^{53}
安泽	kuai^{42}	kuɑ^{53}	kuɑ^{53}	xuɑ^{53}	kuai^{53}	kʰuai^{53}	xuɑ^{53}	kuai^{53}
沁水端氏	kuɛe^{31}	kɒ^{53}	kɒ^{53}	xɒ^{53}	kʰuɛe^{53}	kʰuɛe^{53}	xɒ^{53}	kuɛe^{53}
阳城	kuai^{212}	kuɑ^{51}	kuɑ^{51}	xuɑ^{51}	kʰuai^{51}	kʰuai^{51}	xuɑ^{51}	kuai^{51}
高平	kuɛe^{212}	kuɑ^{53}	kuɑ^{53}	xuɑ^{53}	kʰuɛe^{53}	kʰuɛe^{53}	xuɑ^{53}	kuɛe^{53}
陵川	kuæe^{312}	kua^{24}	kua^{24}	xua^{24}	kʰuæe^{24}	kʰuæe^{24}	xua^{24}	kuæe^{24}
晋城	kuᴇ^{213}	kuɑ^{53}	kuɑ^{53}	xuɑ^{53}	kʰuᴇ^{53}	kʰuᴇ^{53}	xuɑ^{53}	kuᴇ^{53}
忻府	kuæe^{313}	kuɑ^{53}	kuɑ^{53}	xuɑ^{53}	kʰuæe^{53}	kʰuæe^{53}	xuɑ^{53}	kuæe^{53}
原平	kuæɛ^{213}	kuɑ^{53}	kuɑ^{53}	xuɑ^{53}	kʰuæɛ^{53}	kʰuæɛ^{53}	xuɑ^{53}	kuæɛ^{53}
定襄	kuɛi^{24}	kua^{53}	kua^{53}	xua^{53}	kʰuɛi^{53}	kʰuɛi^{53}	xua^{53}	kuɛi^{53}
五台	kuɛ^{213}	kuɑ^{52}	kuɑ^{52}	xuɑ^{52}	kʰuɛ^{52}	kʰuɛ^{52}	xuɑ^{52}	kuɛ^{52}
岢岚	kuɛi^{13}	kua^{52}	kua^{52}	xua^{52}	kʰuɛi^{52}	kʰuɛi^{52}	xua^{52}	kuɛi^{52}
五寨	kuei^{13}	kua^{52}	kua^{52}	xua^{52}	kʰuei^{52}	kʰuei^{52}	xua^{52}	kuei^{52}
宁武	kuᴇe^{213}	kuᴀ^{52}	kuᴀ^{52}	xuᴀ^{52}	kʰuᴇe^{52}	kʰuᴇe^{52}	xuᴀ^{52}	kuᴇe^{52}
神池	kuɛe^{13}	kua^{52}	kua^{52}	xua^{52}	kʰuɛe^{52}	kʰuɛe^{52}	xua^{52}	kuɛe^{52}
繁峙	kuai^{53}	kua^{24}	kua^{24}	xua^{24}	kʰuai^{24}	kʰuai^{24}	xua^{24}	kuai^{24}

续表

字目	拐~杖	挂	卦	画	筷	快	话	怪
中古音 / 方言点	乖买 蟹合二 上蟹见	古卖 蟹合二 去卦见	古卖 蟹合二 去卦见	胡卦 蟹合二 去卦匣	苦夬 蟹合二 去夬溪	苦夬 蟹合二 去夬溪	下快 蟹合二 去夬匣	古坏 蟹合二 去怪见
代县	kuai^{213}	kua^{53}	kua^{53}	xua^{53}	kʰuai^{53}	kʰuai^{53}	xua^{53}	kuai^{53}
河曲	kuɛe^{213}	kua^{52}	kua^{52}	xua^{52}	kʰuɛe^{52}	kʰuɛe^{52}	xua^{52}	kuɛe^{52}
保德	kuai^{213}	kuᴀ^{52}	kuᴀ^{52}	xuᴀ^{52}	kʰuai^{52}	kʰuai^{52}	xuᴀ^{52}	kuai^{52}
偏关	kuei^{213}	kua^{52}	kua^{52}	xua^{52}	kʰuei^{52}	kʰuei^{52}	xua^{52}	kuei^{52}
朔城	kuɛi^{312}	kuᴀ^{53}	kuᴀ^{53}	xuᴀ^{53}	kʰuɛi^{53}	kʰuɛi^{53}	xuᴀ^{53}	kuɛi^{53}
平鲁	kuɛi^{213}	kuɑ^{52}	kuɑ^{52}	xuɑ^{52}	kʰuɛi^{52}	kʰuɛi^{52}	xuɑ^{52}/uəʔ$^{\underline{34}}$	kuɛi^{52}
应县	——	kua^{24}	kua^{24}	xua^{24}	kʰuɛi^{24}	kʰuɛi^{24}	xua^{24}/uaʔ$^{\underline{43}}$	kuəi^{24}
灵丘	kuɛe^{442}	kuᴀ^{53}	kuᴀ^{53}	xuᴀ^{53}	kʰuɛe^{53}	kʰuɛe^{53}	xuᴀ^{53}	kuɛe^{53}
浑源	kuɛe^{52}	kuᴀ^{13}	kuᴀ^{13}	xuᴀ^{13}	kʰuɛe^{13}	kʰuɛe^{13}	xuᴀ^{22}	kuɛe^{13}
云州	kuɛi^{55}	kuɑ^{24}	kuɑ^{24}	xuɑ^{24}	kʰuɛi^{24}	kʰuɛi^{24}	xuɑ^{24}	kuɛi^{24}
新荣	kuɛe^{54}	kuᴀ^{24}	kuᴀ^{24}	xuᴀ^{24}	kʰuɛe^{24}	kʰuɛe^{24}	xuᴀ^{24}	kuɛe^{24}
怀仁	kuɛe^{53}	kua^{24}	kua^{24}	xua^{24}	kʰuɛe^{24}	kʰuɛe^{24}	xua^{24}	kuɛe^{24}
左云	kuɛi^{54}	kua^{24}	kua^{24}	xua^{24}	kʰuɛi^{24}	kʰuɛi^{24}	xua^{24}	kuɛi^{24}
右玉	kuɛe^{53}	kua^{24}	kua^{24}	xua^{24}	kʰuɛe^{24}	kʰuɛe^{24}	xua^{24}	kuɛe^{24}
阳高	kuei^{53}	kuɑ^{24}	kuɑ^{24}	xuɑ^{24}	kʰuei^{24}	kʰuei^{24}	xuɑ^{24}/uɑʔ^{3}	kuei^{24}
山阴	kuɛe^{52}	kuᴀ^{335}	kuᴀ^{335}	xuᴀ^{335}	kʰuɛe^{335}	kʰuɛe^{335}	xiuᴀ^{335}	kuɛe^{335}
天镇	kuɛe^{55}	kuɑ^{24}	kuɑ^{24}	xuɑ^{24}	kʰuɛe^{24}	kʰuɛe^{24}	xuɑ^{24}	kuɛe^{24}
平定	kuɛe^{53}	kuɑ^{24}	kuɑ^{24}	xuɑ^{24}	kʰuɛe^{24}	kʰuɛe^{24}	xuɑ^{24}	kuɛe^{24}
昔阳	kuɛe^{55}	kuɑ^{13}	kuɑ^{13}	xuɑ^{13}	kuɛe^{13}	kuɛe^{13}	xuɑ^{13}	kuɛe^{13}
左权	kuɛi^{42}	kuɑ^{53}	kuɑ^{53}	xuɑ^{53}	kʰuɛi^{53}	kʰuɛi^{53}	xuɑ^{53}	kuɛi^{53}
和顺	kuai^{53}	kuɑ^{13}	kuɑ^{13}	xuɑ^{13}	kʰuai^{13}	kʰuai^{13}	xuɑ^{13}	kuai^{13}
尧都	kuɑi^{21}	kuɑ^{44}	kuɑ^{44}	xuɑ^{44}	kʰuɑi^{44}	kʰuɑi^{44}	xuɑ^{44}	kuɑi^{44}
洪洞	kuɑi^{42}	kʰuɑ^{33}白 / kuɑ^{33}文	kuɑ^{33}	xuɑ^{53}	kʰuɑi^{33}	kʰuɑi^{33}	xuɑ^{53}	kuɑi^{33}
洪洞赵城	kuɑi^{42}	kuɑ^{24}	kuɑ^{24}	xuɑ^{53}	kʰuɑi^{24}	kʰuɑi^{24}	xuɑ^{53}	kuɑi^{24}
古县	kuɑi^{42}	kuɑ^{35}	kuɑ^{35}	xuɑ^{53}	kʰuɑi^{35}	kʰuɑi^{35}	xuɑ^{53}	kuɑi^{35}
襄汾	kuai^{42}	kua^{44}	kua^{44}	xua^{53}	kʰuai^{44}	kʰuai^{44}	xua^{53}	kuai^{44}
浮山	kuai^{33}	kua^{44}	kua^{44}	xua^{53}	kʰuai^{53}	kʰuai^{53}	xua^{53}	kuai^{44}
霍州	kuai^{33}	kua^{55}	kua^{55}	xua^{53}	kʰuai^{55}	kʰuai^{55}	xua^{53}	kuai^{55}
翼城	kuᴇe^{44}	kuᴀ^{53}	kuᴀ^{53}	xuᴀ^{53}	kʰuᴇe^{53}	kʰuᴇe^{53}	xuᴀ^{53}	kᴇe^{53}
闻喜	kuɛe^{33}	kuɑ^{53}	kuɑ^{53}	xuɑ^{13}	——	kʰuɛe^{53}	xuɑ^{13}	kuɛe^{53}

续表

字目	拐~杖	挂	卦	画	筷	快	话	怪
中古音 / 方言点	乖买 蟹合二 上蟹见	古卖 蟹合二 去卦见	古卖 蟹合二 去卦见	胡卦 蟹合二 去卦匣	苦夬 蟹合二 去夬溪	苦夬 蟹合二 去夬溪	下快 蟹合二 去夬匣	古坏 蟹合二 去怪见
侯马	kʰuae^{44}	kuɑ^{53}	kuɑ^{53}	xuɑ^{53}	vae^{53} 白 / uae^{53} 文	xuae^{53}	xuɑ^{53}	xuae^{53}
新绛	kuaɛ^{44}	kuɑ^{53}	kuɑ^{53}	xuɑ^{53}	kʰuaɛ^{53}	kʰuaɛ^{53}	xuɑ^{53}	kuaɛ^{53}
绛县	kuɑi^{33}	kuɑ^{31}	kuɑ^{31}	xuɑ^{53}	kʰuɑi^{31}	kʰuɑi^{31}	xuɑ^{53}	kuɑi^{31}
垣曲	kuai^{44}	kua^{53}	kua^{53}	xua^{22} 名词 / xua^{53} 动词	kʰuai^{53}	kʰuai^{53}	xua^{53}	kuai^{53}
夏县	kuæe^{24}	kua^{31}	kua^{31}	xua^{31}	kʰuæe^{31}	kʰuæe^{31}	xua^{31}	kuæe^{31}
万荣	kuai^{55}	kua^{33}	kua^{33}	xua^{33}	kʰuai^{33}	kʰuai^{33}	xua^{33}	kuai^{33}
稷山	kuai^{44}	kuɑ^{42}	kuɑ^{42}	xuɑ^{42}	kʰuai^{42}	kʰuai^{42}	xuɑ^{42}	kuai^{42}
盐湖	kuɛi^{53}	kua^{44}	kua^{44}	xua^{44}	kʰuɛi^{44}	kʰuɛi^{44}	xua^{44}	kuɛi^{44}
临猗	kuai^{53}	kua^{44}	kua^{44}	xua^{44}	kʰuai^{44}	kʰuai^{44}	xua^{44}	kuai^{44}
河津	kuai^{53}	kua^{44}	kua^{44}	xua^{44}	kʰuai^{44}	kʰuai^{44}	xua^{44}	kuai^{44}
平陆	kuai^{55}	kua^{33}	kua^{33}	xua^{33}	kʰuai^{33}	kʰuai^{33}	xua^{33}	kuai^{33}
永济	kuai^{53}	kua^{44}	kua^{44}	xua^{44}	kʰuai^{44}	kʰuai^{44}	xua^{44}	kuai^{44}
芮城	kuai^{53}	kua^{44}	kua^{44}	xua^{44}	kʰuai^{44}	kʰuai^{44}	xua^{44}	kuai^{44}
吉县	kuai^{53}	kua^{33}	kua^{33}	xua^{33}	kʰuai^{33}	kʰuai^{33}	xua^{33}	kuai^{33}
乡宁	kuai^{44}	kua^{22}	kua^{22}	xua^{22}	kʰuai^{22}	kʰuai^{22}	xua^{22}	kuai^{22}
广灵	kuɛe^{44}	kuɑ^{213}	kuɑ^{213}	xuɑ^{213}	kʰuɛe^{213}	kʰuɛe^{213}	xuɑ^{213}	kuɛe^{213}

字目	块	坏	蔽	敝	弊	币	毙	例
中古音 方言点	苦怪 蟹合二 去怪溪	胡怪 蟹合二 去怪匣	必袂 蟹开三 去祭帮	毗祭 蟹开三 去祭並	毗祭 蟹开三 去祭並	毗祭 蟹开三 去祭並	毗祭 蟹开三 去祭並	力制 蟹开三 去祭来
北京	k^{h}uai^{51}	xuai^{51}	pi^{51}	pi^{51}	pi^{51}	pi^{51}	pi^{51}	li^{51}
小店	kuɛ^{24}/ k^{h}uɛ^{24}	xuɛ^{24}	pi^{24}	pi^{24}	pi^{24}	pi^{24}	pi^{24}	li^{24}
尖草坪	k^{h}uei^{35}	xuei^{35}	pi^{35}	pi^{35}	pi^{35}	pi^{35}	pi^{35}	li^{35}
晋源	k^{h}uai^{35}	xuai^{35}	pi^{35}	pi^{35}	pi^{35}	pi^{35}	pi^{35}	li^{35}
阳曲	k^{h}uai^{312}/ k^{h}uai^{454}	xuai^{454}	pi^{454}	pi^{454}	pi^{454}	pi^{454}	pi^{454}	li^{454}
古交	k^{h}uai^{53}	xuai^{53}	pi^{53}	pi^{53}	pi^{53}	pi^{53}	pi^{53}	lei^{53}
清徐	k^{h}uai^{45}	xuai^{45}	pi^{45}	pi^{45}	pi^{45}	pi^{45}	pi^{45}	li^{45}
娄烦	k^{h}uɛi^{54}	xuɛi^{54}	pi^{54}	pi^{54}	pi^{54}	pi^{54}	pi^{54}	li^{54}
榆次	k^{h}uɛe^{35}	xuɛe^{35}	pi^{35}	pi^{35}	pi^{35}	pi^{35}	pi^{35}	li^{35}
交城	k^{h}uɛ^{24}	xuɛ^{24}	pi^{24}	pi^{24}	pi^{24}	pi^{24}	pi^{24}	li^{24}
文水	k^{h}uai^{35}	xuai^{35}	pɿ^{35}	pɿ^{35}	pɿ^{35}	pɿ^{35}	pɿ^{35}	lɿ^{35}
祁县	k^{h}uæɛ^{45}	xuæɛ^{45}	pɿ^{45}	pɿ^{45}	pɿ^{45}	pɿ^{45}	pɿ^{45}	lɿ^{45}
太谷	k^{h}uɑi^{53}	xuɑi^{53}	pi^{53}	pi^{53}	pi^{53}	pi^{53}	pi^{53}	li^{53}
平遥	k^{h}æe^{512}	uæe^{24}	pi^{24}	pi^{24}	pi^{24}	pi^{24}	pi^{24}	li^{24}
孝义	k^{h}uai^{454}	xuai^{454}	pi^{454}	pi^{454}	pi^{454}	pi^{454}	pi^{454}	lei^{454}
介休	k^{h}uai^{45}	xuai^{45}	pi^{45}	pi^{45}	pi^{45}	pi^{45}	piʌʔ$^{\underline{12}}$/ pi^{45}	lei^{45}
灵石	kuɛ^{53}	xuɛ^{53}	pi^{53}	pi^{53}	pi^{53}	pi^{53}	pi^{53}	li^{53}
盂县	kuɑɛ^{55}	xuɑɛ^{55}	pi^{55}	pi^{55}	pi^{55}	pi^{55}	pi^{55}	lei^{55}
寿阳	k^{h}uai^{45}	xuai^{45}	pɿ^{45}	pɿ^{45}	pɿ^{45}	pɿ^{45}	pɿ^{45}	lei^{45}
榆社	k^{h}uɛ^{45}	xuɛ^{45}	pɿ^{45}	pɿ^{45}	pɿ^{45}	pɿ^{45}	pɿ^{45}	lei^{45}
离石	k^{h}yɛ^{312}	xyɛ^{53}	pɿ^{53}	pɿ^{53}	pɿ^{53}	pɿ^{53}	pɿ^{53}	li^{53}
汾阳	k^{h}uai^{55}	xuai^{55}	pɿ^{55}	pɿ^{55}	pɿ^{55}	pɿ^{55}	pɿ^{55}	lɿ^{55}
中阳	k^{h}uɛe^{423}	xuɛe^{53}	pi^{53}	pi^{53}	pi^{53}	pi^{53}	pi^{53}	li^{53}
柳林	k^{h}uɛe^{312}	xuɛe^{53}	pi^{53}	pi^{53}	pi^{53}	pi^{53}	pi^{53}	li^{53}
方山	k^{h}uɛe^{312}	xuɛe^{52}	pi^{52}	pi^{52}	pi^{52}	pi^{52}	pi^{52}	li^{52}
临县	k^{h}uɛe^{312}	xuɛe^{52}	pi^{52}	pi^{52}	pi^{52}	pi^{52}	pi^{52}	lei^{52}
兴县	k^{h}uai^{324}/ k^{h}uai^{53}	xuai^{53}	——	——	pi^{53}	pi^{53}	pi^{53}	li^{53}
岚县	k^{h}uai^{312}	xuai^{53}	pi^{53}	pi^{53}	pi^{53}	pi^{53}	pi^{53}	li^{53}
静乐	k^{h}uae^{53}	xuae^{53}	pi^{53}	pi^{53}	pi^{53}	pi^{53}	pi^{53}	li^{53}

续表

字目	块	坏	蔽	敝	弊	币	毙	例
中古音 / 方言点	苦怪 蟹合二 去怪溪	胡怪 蟹合二 去怪匣	必袂 蟹开三 去祭帮	毗祭 蟹开三 去祭並	毗祭 蟹开三 去祭並	毗祭 蟹开三 去祭並	毗祭 蟹开三 去祭並	力制 蟹开三 去祭来
交口	kʰuai^{53}	xuai^{53}	pi^{53}	pi^{53}	pi^{53}	pi^{53}	pi^{53}	li^{53}
石楼	kʰuɛi^{213}	xuɛi^{51}	pi^{51}	pi^{51}	pi^{51}	pi^{51}	pi^{51}	li^{51}
隰县	kʰuae^{44}	xuɛe^{44}	pi^{44}	pi^{44}	pi^{44}	pi^{44}	pi^{44}	li^{44}
大宁	kʰuɛe^{31}	xuɛe^{55}	pi^{55}	pi^{55}	pi^{55}	pi^{55}	pi^{55}	li^{55}
永和	kʰuɛi^{312}	xuɛi^{53}	pi^{53}	pi^{53}	pi^{53}	pi^{53}	pi^{53}	li^{53}
汾西	kʰuɑi^{53}	——	pʰʑ̍^{53}	——	pʰʑ̍^{53}	pʰʑ̍^{53}	pʰʑ̍^{53}	lʑ̍^{53}
蒲县	kʰuai^{33}	xuai^{33}	pi^{33}	pi^{33}	pi^{33}	pi^{33}	pi^{33}	li^{33}
潞州	kuai^{44}	xuai^{54}	pi^{54}	pi^{54}	pi^{54}	pi^{54}	pi^{54}	li^{54}
上党	kʰuæ^{22}	xuæ^{22}	pi^{42}	pi^{42}	pi^{42}	pi^{42}	pi^{42}	li^{42}
长子	kʰuɛe^{422}	xuɛe^{53}	pi^{53}	pi^{53}	pi^{53}	pi^{53}	pi^{53}	li^{53}
屯留	kʰuɛe^{53}	xuɛe^{11}	pi^{53}	pi^{53}	pi^{53}	pi^{53}	pi^{53}	li^{11}
襄垣	kʰuᴇɪ^{53}	xuᴇɪ^{45}	pi^{53}	pi^{53}	pi^{53}	pi^{45}	pi^{53}	li^{53}
黎城	kʰuei^{53}	xuɛi^{53}	piɤʔ^{2}	piɤʔ^{2}	piɤʔ^{2}	piɤʔ^{2}	pi^{53}	li^{53}
平顺	kʰuɛe^{53}	xuɛe^{53}	pi^{434}	pi^{53}	pi^{53}	pi^{53}	pi^{53}	li^{53}
壶关	kʰuai^{42}	xuai^{42}	pi^{42}	pi^{353}	pi^{353}	pi^{353}	pi^{353}	li^{353}
沁县	kʰuɛe^{53}	xuɛe^{53}	pɿ^{53}	pɿ^{53}	pɿ^{53}	pɿ^{53}	pɿ^{53}	əʅ^{53}
武乡	kʰuɛ^{55}	xuɛ^{55}	pɿ^{55}	——	pɿ^{55}	pɿ^{55}	pɿ^{55}	lɿ^{55}
沁源	kʰuɛe^{53}	xuɛe^{53}	pi^{53}	pi^{53}	pi^{53}	pi^{53}	pi^{53}	li^{53}
安泽	kʰuai^{53}	xuai^{53}	pi^{53}	pi^{53}	pi^{53}	pi^{53}	pi^{53}	li^{53}
沁水端氏	kʰuɛe^{53}	xuɛe^{53}	pi^{53}	pi^{53}	pi^{53}	pi^{53}	pi^{53}	li^{53}
阳城	kʰuai^{51}	xuai^{51}	pi^{51}	pi^{51}	pi^{51}	pi^{51}	pi^{51}	li^{51}
高平	kʰuɛe^{53}	xuɛe^{53}	pi^{33}	pi^{33}	pi^{33}	pi^{53}	pi^{33}	li^{53}
陵川	kʰuæe^{24}	xuæe^{24}	pi^{24}	pi^{24}	pi^{24}	pi^{24}	pi^{24}	li^{24}
晋城	kʰuᴇ^{53}	xuᴇ^{53}	pi^{53}	pi^{53}	pi^{53}	pi^{53}	pi^{53}	li^{53}
忻府	kʰuæe^{53}	xuæe^{53}	pi^{53}	pi^{53}	pi^{53}	pi^{53}	pi^{53}	li^{53}
原平	kʰuæɛ^{53}	xuæɛ^{53}	pi^{53}	pi^{53}	pi^{53}	pi^{53}	pi^{53}	li^{53}
定襄	kʰuɛi^{53}	xuɛi^{53}	pi^{53}	pi^{53}	pi^{53}	pi^{53}	pi^{53}	li^{53}
五台	kʰuɛ^{52}	xuɛ^{52}	pi^{52}	pi^{52}	pi^{52}	pi^{52}	pi^{52}	li^{52}
岢岚	kʰuɛi^{52}	xuɛi^{52}	pi^{52}	pi^{52}	pi^{52}	pi^{52}	pi^{52}	li^{52}
五寨	kʰuei^{52}	xuei^{52}	pi^{52}	pi^{52}	pi^{52}	pi^{52}	pi^{52}	li^{52}
宁武	kʰuᴇe^{52}	xuᴇe^{52}	pi^{52}	pi^{52}	pi^{52}	pi^{52}	pi^{52}	li^{52}

续表

字目	块	坏	蔽	敝	弊	币	毙	例
中古音 / 方言点	苦怪 蟹合二 去怪溪	胡怪 蟹合二 去怪匣	必袂 蟹开三 去祭帮	毗祭 蟹开三 去祭並	毗祭 蟹开三 去祭並	毗祭 蟹开三 去祭並	毗祭 蟹开三 去祭並	力制 蟹开三 去祭来
神池	kʰuɛe^{52}	xuɛe^{52}	pi^{52}	pi^{52}	pi^{52}	pi^{52}	pi^{52}	li^{52}
繁峙	kʰuai^{24}	xuai^{24}	pi^{24}	pi^{24}	pi^{24}	pi^{24}	pi^{24}	li^{24}
代县	kʰuai^{53}	xuai^{53}	pi^{53}	pi^{53}	pi^{53}	pi^{53}	pi^{53}	li^{53}
河曲	kʰuɛe^{52}	xuɛe^{52}	pi^{52}	pi^{52}	pi^{52}	pi^{52}	pi^{52}	li^{52}
保德	kʰuai^{213}/ kʰuai^{52}	xuai^{52}	pi^{52}	pi^{52}	pi^{52}	piəʔ^{4}	pi^{52}	li^{52}
偏关	kʰuei^{52}	xuei^{52}	pʅ^{52}	pʅ^{52}	pʅ^{52}	pʅ^{52}	pʅ^{52}	lʅ^{52}
朔城	kʰuɛi^{53}	xuɛi^{53}	pi^{53}	——	pi^{53}	pi^{53}	pi^{53}	li^{53}
平鲁	kʰuɛi^{52}	xuɛi^{52}	pi^{52}	pi^{52}	pi^{52}	pi^{52}	pi^{52}	li^{52}
应县	kʰuəi^{24}	xuɛi^{24}	pi^{24}	pi^{24}	pi^{24}	pi^{24}	pi^{24}	li^{24}
灵丘	kʰuɛe^{53}	xuɛe^{53}	pi^{53}	pi^{53}	pi^{53}	pi^{53}	pi^{53}	li^{53}
浑源	kʰuɛe^{13}	xuɛe^{13}	pi^{13}	pi^{13}	pi^{13}	pi^{13}	pi^{13}	li^{13}
云州	kʰuɛi^{55}	xuɛi^{24}	pi^{24}	pi^{24}	pi^{24}	pi^{24}	pi^{24}	li^{24}
新荣	kʰuɛe^{54}	xuɛe^{24}	pi^{24}	pi^{24}	pi^{24}	pi^{24}	pi^{24}	li^{24}
怀仁	kʰuɛe^{24}	xuɛe^{24}	pi^{24}	pi^{24}	pi^{24}	pi^{24}	pi^{24}	li^{24}
左云	kʰuɛi^{24}	xuɛi^{24}	pi^{24}	pi^{24}	pi^{24}	pi^{24}	pi^{24}	li^{24}
右玉	kʰuɛe^{53}	xuɛe^{24}	pi^{24}	pi^{24}	pi^{24}	pi^{24}	pi^{24}	li^{24}
阳高	kʰuei^{24}	xuei^{24}	pi^{24}	pi^{24}	pi^{24}	pi^{24}	pi^{24}	li^{24}
山阴	kʰuɛe^{335}	xuɛe^{335}	pi^{335}	——	——	pi^{335}	pi^{335}	li^{335}
天镇	kʰuɛe^{55}	xuɛe^{24}	pi^{24}	pi^{24}	pi^{24}	pi^{24}	pi^{24}	li^{24}
平定	kʰuɛe^{24}	xuɛe^{24}	pi^{24}	pi^{24}	pi^{24}	pi^{24}	pi^{24}	lei^{24}
昔阳	kʰuɛe^{13}	xuɛe^{13}	pi^{13}	pi^{13}	pi^{13}	pi^{13}	pi^{13}	lei^{13}
左权	kʰuɛi^{53}	xuɛi^{53}	pi^{53}	pi^{53}	pi^{53}	pi^{53}	pi^{53}	li^{53}
和顺	kʰuai^{13}	xuai^{13}	pi^{13}	pi^{13}	pi^{13}	pi^{13}	pi^{13}	lei^{13}
尧都	kʰuɑi^{44}	xuɑi^{44}	pʰiɛ^{44}	pi^{53}	pi^{44}	pʰi^{44}	pʰi^{44}	li^{44}
洪洞	kʰuɑi^{33}	xuɑi^{53}	pi^{42}	pi^{42}	pi^{42}	pi^{33}	pi^{33}	li^{53}
洪洞赵城	kʰuɑi^{24}	xuɑi^{53}	pi^{53}	pi^{53}	pi^{53}	pi^{53}	pi^{53}	liɛ^{53}
古县	kʰuɑi^{53}	xuɑi^{53}	pʰi^{53}	pi^{53}	pi^{53}	pi^{53}	pi^{53}	liɛ^{53}白/ li^{42}文
襄汾	kʰuai^{44}	xuai^{53}	pʰi^{53}	pi^{53}	pi^{53}	pi^{53}	pi^{53}	li^{53}
浮山	kʰuai^{44}	xuai^{53}	pʰi^{53}	pi^{53}	pi^{53}	pi^{53}	pi^{53}	li^{53}
霍州	kʰuai^{55}	xuai^{53}	pi^{55}	pi^{55}	pi^{53}	pi^{53}	pi^{53}	li^{53}

续表

字目	块	坏	蔽	敝	弊	币	毙	例
中古音 方言点	苦怪 蟹合二 去怪溪	胡怪 蟹合二 去怪匣	必袂 蟹开三 去祭帮	毗祭 蟹开三 去祭並	毗祭 蟹开三 去祭並	毗祭 蟹开三 去祭並	毗祭 蟹开三 去祭並	力制 蟹开三 去祭来
翼城	kʰᴇe^{53}	xuᴇe^{53}	pi^{53}	pi^{53}	pi^{53}	pi^{53}	pei^{53}白/ pi^{53}文	li^{53}
闻喜	kʰuɛe^{53}	xuɛe^{13}	——	pi^{13}	——	——	pi^{13}	li^{13}/liᴇ^{53}
侯马	kʰuae^{53}	xuae^{53}	pi^{53}	pi^{53}	pi^{53}	pi^{53}	pi^{53}	li^{53}
新绛	kʰuaɛ^{53}	xuaɛ^{53}	pi^{53}	pi^{53}	pi^{53}	pi^{53}	pi^{53}	lie^{53}
绛县	kʰuei^{31}/ kʰuɑi^{31}	xuɑi^{53}	pi^{31}	pi^{53}	pi^{53}	pi^{53}	pi^{53}	li^{31}
垣曲	uai^{53}白/ kʰuai^{53}文	xuai^{53}	pi^{53}	pi^{53}	pi^{53}	pi^{53}	pʰiɛ^{53}	liɛ^{53}
夏县	kʰuæe^{31}	xuæe^{31}	——	——	pi^{31}	pi^{31}	pi^{31}	li^{31}
万荣	kʰuai^{55}	xuai^{33}	pei^{33}	pei^{33}	pei^{33}	pei^{33}	pei^{33}	li^{33}
稷山	kʰuai^{42}	xuai^{42}	pi^{42}	pi^{42}	pi^{42}	pi^{42}	pi^{42}	li^{42}
盐湖	kʰuɛi^{44}	xuɛi^{44}	pi^{44}	pi^{44}	pi^{44}	pi^{44}	pi^{44}	li^{44}
临猗	kʰuai^{44}	xa^{42}白/ xuai^{44}文	pi^{44}	pi^{44}	pi^{44}	pi^{44}	pi^{44}	li^{44}
河津	kʰuai^{53}	xuai^{44}	pei^{53}	pei^{44}	pei^{44}	pi^{44}	pei^{44}	li^{44}
平陆	kʰuai^{55}	xuai^{33}	pi^{33}	pi^{33}	pi^{33}	pi^{33}	pi^{33}	li^{33}
永济	kʰuai^{44}	xuai^{44}	pi^{44}	pi^{44}	pi^{44}	pi^{44}	pi^{44}	li^{44}
芮城	kʰuai^{42}	xuai^{44}	pi^{42}	pi^{42}	pʰi^{42}	pei^{44}	pi^{42}	lie^{44}白/ li^{44}文
吉县	kʰuai^{53}	xuai^{33}	——	pi^{33}	pi^{33}	pi^{33}	pi^{33}	li^{33}
乡宁	kʰuai^{22}	xuai^{22}	pi^{22}	pi^{22}	pi^{22}	pi^{22}	pi^{22}	li^{22}
广灵	kʰuɛe^{213}	xuɛe^{213}	pi^{213}	pi^{213}	pi^{213}	pi^{213}	pi^{213}	li^{213}

字目	厉	励	祭	际	滞	制~度	世	势
中古音 / 方言点	力制 蟹开三 去祭来	力制 蟹开三 去祭来	子例 蟹开三 去祭精	子例 蟹开三 去祭精	直例 蟹开三 去祭澄	征例 蟹开三 去祭章	舒制 蟹开三 去祭书	舒制 蟹开三 去祭书
北京	li^{51}	li^{51}	tɕi^{51}	tɕi^{51}	tʂʅ^{51}	tʂʅ^{51}	ʂʅ^{51}	ʂʅ^{51}
小店	li^{24}	li^{24}	tɕi^{24}	tɕi^{24}	tsɿ^{24}	tsɿ^{24}	sɿ^{24}	sɿ^{24}
尖草坪	li^{35}	li^{35}	tɕi^{35}	tɕi^{35}	tsɿ^{35}	tsɿ^{35}	sɿ^{35}	sɿ^{35}
晋源	li^{35}	li^{35}	tɕi^{35}	tɕi^{35}	tsɿ^{35}	tsɿ^{11}	sɿ^{35}	sɿ^{35}
阳曲	li^{454}	li^{454}	tɕi^{454}	tɕi^{454}	tsɿ^{454}	tsɿ^{454}	sɿ^{454}	sɿ^{454}
古交	li^{53}	li^{53}	tɕi^{53}	tɕi^{53}	tsɿ^{53}	tsɿ^{53}	sɿ^{53}	sɿ^{53}
清徐	li^{45}	li^{45}	tɕi^{45}	tɕi^{45}	tsɿ^{45}	tsɿ^{45}	sɿ^{45}	sɿ^{45}
娄烦	li^{54}	li^{54}	tɕi^{54}	tɕi^{54}	tsɿ^{54}	tsɿ^{54}	sɿ^{54}	sɿ^{54}
榆次	li^{35}	li^{35}	tɕi^{35}	tɕi^{35}	tsɿ^{35}	tsɿ^{35}	sɿ^{35}	sɿ^{35}
交城	li^{24}	li^{24}	tɕi^{24}	tɕi^{24}	tsɿ^{24}	tsɤɯ^{24}白 / tsɿ^{24}文	sɤɯ^{24}白 / sɿ^{24}文	sɤɯ^{24}
文水	lɿ^{35}	liəʔ^{2}/lɿ^{35}	tsɿ^{35}	tsɿ^{35}	tsɿ^{35}	tsɿ^{35}	sɿ^{35}	sɿ^{35}
祁县	lɿ^{45}	lɿ^{45}	tsɿ^{45}	tsɿ^{45}	tʂʅ^{45}	tʂʅ^{45}	ʂʅ^{45}	ʂʅ^{45}
太谷	li^{53}	li^{53}	tɕi^{53}	tɕi^{53}	tsɿ^{53}	tsɿ^{53}	sɿ^{53}	sɿ^{53}
平遥	li^{24}	li^{24}	tsei^{24}	tɕi^{24}	tʂʅ^{24}	tʂʅ^{24}	ʂʅ^{24}	ʂʅ^{24}
孝义	lei^{454}	lei^{454}	tɕi^{454}	tɕi^{454}	tʂʅ^{454}	tʂʅ^{454}	ʂʅ^{454}	ʂʅ^{454}
介休	lei^{45}	lei^{45}	tsei^{45}	tsei^{45}	tʂei^{45}	tʂei^{45}	ʂei^{45}	ʂei^{45}
灵石	li^{53}	li^{53}	tɕi^{53}	tɕi^{53}	tʂʅ^{53}	tʂʅ^{53}	ʂʅ^{553}	ʂʅ^{53}
盂县	lei^{55}	lei^{55}	tɕi^{55}	tɕi^{55}	tsɿ^{55}	tsɿ^{55}	sɿ^{55}	sɿ^{55}
寿阳	lei^{45}	lei^{45}	tsɿ^{45}	tsɿ^{45}	tsɿ^{45}	tsɿ^{45}	sɿ^{45}	sɿ^{45}
榆社	lei^{45}	lei^{45}	tsɿ^{45}	tsɿ^{45}	tsɿ^{45}	tsɿ^{45}	sɿ^{45}	sɿ^{45}
离石	li^{53}	li^{53}	tsɿ^{53}	tsɿ^{53}	tʂʅr^{53}	tʂʅr^{53}	ʂʅr^{53}	ʂʅr^{53}
汾阳	lɿ^{55}	lɿ^{55}	tsɿ^{55}	tsɿ^{55}	tʂʅ^{55}	tʂʅ^{55}	ʂʅ^{55}	ʂʅ^{55}
中阳	li^{53}	li^{53}	tɕi^{53}	tɕi^{53}	tʂɤ^{53}	tʂɤ^{53}	ʂɤ^{53}	ʂɤ^{53}
柳林	li^{53}	li^{53}	tɕi^{53}	tɕi^{53}	tsɿ^{53}	tsɛe^{53}	sɿ^{53}	sɿ^{53}
方山	li^{52}	li^{52}	tɕi^{52}	tɕi^{52}	tʂʅ^{52}	tʂʅ^{52}	ʂʅ^{52}	ʂʅ^{52}
临县	lei^{52}	lei^{52}	tsei^{52}	tsei^{52}	——	tʂei^{52}	ʂei^{52}	ʂei^{52}
兴县	li^{53}	li^{53}	tɕi^{53}	tɕi^{53}	tʂʅ^{53}	tʂʅ^{53}	ʂʅ^{53}	ʂʅ^{53}
岚县	li^{53}	li^{53}	tɕi^{53}	tɕi^{53}	tsɿ^{53}	tsɿ^{53}	sɿ^{53}	sɿ^{53}
静乐	li^{53}	li^{53}	tɕi^{53}	tɕi^{53}	tsɿ^{314}	tsɿ^{314}	sɿ^{53}	sɿ^{53}
交口	li^{53}	li^{53}	tɕi^{53}	tɕi^{53}	tsɿ^{53}	tsɿ^{53}	sɿ^{53}	sɿ^{53}
石楼	li^{51}	li^{51}	tɕi^{51}	tɕi^{51}	tʂʅ^{51}	tʂʅ^{51}	ʂʅ^{51}	ʂʅ^{51}

续表

字目	厉	励	祭	际	滞	制~度	世	势
中古音 / 方言点	力制 蟹开三 去祭来	力制 蟹开三 去祭来	子例 蟹开三 去祭精	子例 蟹开三 去祭精	直例 蟹开三 去祭澄	征例 蟹开三 去祭章	舒制 蟹开三 去祭书	舒制 蟹开三 去祭书
隰县	li^{44}	li^{44}	tɕi^{44}	tɕi^{44}	tsɿ^{44}	tsɿ^{44}	sɿ^{44}	sɿ^{44}
大宁	liəʔ$^{\underline{31}}$ 白 / li^{55} 文	li^{55}	tɕi^{55}	tɕi^{55}	tʂʅ^{55}	tʂʅ^{55}	ʂʅ^{55}	ʂʅ^{55}
永和	li^{53}	li^{53}	tɕi^{53}	tɕi^{53}	tʂʅ^{53}	tʂʅ^{53}	ʂʅ^{53}	ʂʅ^{53}
汾西	lʑ̍^{53}	lʑ̍^{53}	tɕʑ̍^{55}	tɕʑ̍^{55}	tsɿ^{55}	tɕʑ̍^{55}	sɿ^{55}	sɿ^{55}
蒲县	li^{33}	li^{33}	tɕi^{33}	tɕi^{33}	tʂʅ^{33}	tʂʅ^{33}	sɿ^{33}	sɿ^{33}
潞州	li^{54}	li^{54}	tɕi^{44}	tɕi^{44}	tsɿ^{54}	tsɿ^{44}	sɿ^{44}	sɿ^{44}
上党	li^{42}	li^{42}	tɕi^{22}	tɕi^{22}	tsɿ^{42}	tsɿ^{22}	sɿ^{22}	sɿ^{22}
长子	li^{53}	li^{53}	tɕi^{422}	tɕi^{422}	tsɿ^{53}	tsɿ^{422}	sɿ^{422}	sɿ^{53}
屯留	li^{11}	li^{11}	tɕi^{53}	tɕi^{53}	tsɿ^{53}	tsɿ^{53}	sɿ^{53}	sɿ^{53}
襄垣	li^{53}	li^{53}	tɕi^{45}	tɕi^{45}	tsɿ^{45}	tsɿ^{53}	sɿ^{53}	sɿ^{53}
黎城	li^{53}	li^{53}	tɕi^{53}	tɕi^{53}	tɕi^{53}	tɕi^{53}	ɕi^{53}	sɿ^{422}
平顺	li^{53}	li^{53}	tɕi^{53}	tɕi^{53}	tɕi^{53}	tɕi^{53}	ɕi^{53}	ɕi^{53}
壶关	li^{353}	li^{353}	tsi^{42}	tsi^{42}	tʃi^{353}	tʃi^{42}	ʂʅ^{42}	ʂʅ^{42}
沁县	liəʔ$^{\underline{31}}$	əl^{53}	tsɿ^{53}	tsɿ^{53}	tsɿ^{53}	tsɿ^{53}	sɿ^{53}	sɿ^{53}
武乡	lɿ^{55}	lɿ^{55}	tsɿ^{55}	tsɿ^{55}	tsɿ^{55}	tsɿ^{55}	sɿ^{55}	sɿ^{55}
沁源	li^{53}	li^{53}	tɕi^{53}	tɕi^{53}	tʂʅ^{53}	tʂʅ^{53}	sɿ^{53}	ʂʅ^{53}
安泽	liəʔ$^{\underline{21}}$	li^{53}	tɕi^{53}	tɕi^{53}	tsɿ^{53}	tsɿ^{53}	sɿ^{53}	sɿ^{53}
沁水端氏	li^{53}	li^{53}	tɕi^{53}	tɕi^{53}	tsɿ^{53}	tsɿ^{53}	sɿ^{53}	sɿ^{53}
阳城	li^{51}	li^{51}	tɕi^{51}	tɕi^{51}	tʂʅ^{51}	tʂʅ^{51}	ʂʅ^{51}	ʂʅ^{51}
高平	li^{53}	li^{53}	tɕi^{53}	tɕi^{53}	tʂʅ^{53}	tʂʅ^{53}	ʂʅ^{53}	ʂʅ^{53}
陵川	li^{24}	li^{24}	ɕi^{24}	tɕi^{24}	tʂʅ^{24}	tʂʅ^{24}	ʂʅ^{24}	ʂʅ^{24}
晋城	li^{53}	li^{53}	tɕi^{53}	tɕi^{53}	tʂʅ^{53}	tʂʅ^{53}	ʂʅ^{53}	ʂʅ^{53}
忻府	li^{53}	li^{53}	tɕi^{53}	tɕi^{53}	tʂʅ^{53}	tʂʅ^{53}	ʂʅ^{53}	ʂʅ^{53}
原平	li^{53}	li^{53}	tɕi^{53}	tɕi^{53}	tʂʅ^{53}	tʂʅ^{53}	ʂʅ^{53}	ʂʅ^{53}
定襄	li^{53}	li^{53}	tɕi^{53}	tɕi^{53}	tʂʅ^{53}	tʂʅ^{53}	sɿ^{53}	sɿ^{53}
五台	li^{52}	li^{52}	tɕi^{52}	tɕi^{52}	tsɿ^{52}	tsɿ^{52}	sɿ^{52}	sɿ^{52}
岢岚	li^{52}	li^{52}	tɕi^{52}	tɕi^{52}	tsɿ^{52}	tsɿ^{52}	ʂʅ^{52}	ʂʅ^{52}
五寨	li^{52}	liəʔ^{4}	tɕi^{52}	tɕi^{52}	tsɿ^{52}	tsɿ^{52}	sɿ^{52}	sɿ^{52}
宁武	li^{52}	li^{52}	tɕi^{52}	tɕi^{52}	tsɿ^{52}	tsɿ^{52}	sɿ^{52}	sɿ^{52}
神池	li^{52}	li^{52}	tɕi^{52}	tɕi^{52}	tsɿ^{52}	tsɿ^{52}	sɿ^{52}	sɿ^{52}

续表

字目	厉	励	祭	际	滞	制~度	世	势
中古音 / 方言点	力制 蟹开三 去祭来	力制 蟹开三 去祭来	子例 蟹开三 去祭精	子例 蟹开三 去祭精	直例 蟹开三 去祭澄	征例 蟹开三 去祭章	舒制 蟹开三 去祭书	舒制 蟹开三 去祭书
繁峙	li^{24}	li^{24}	tɕi^{24}	tɕi^{24}	tsɿ^{24}	tsɿ^{24}	sɿ^{24}	sɿ^{24}
代县	li^{53}	li^{53}	tɕi^{53}	tɕi^{53}	tsɿ^{53}	tsɿ^{53}	sɿ^{53}	sɿ^{53}
河曲	li^{52}	li^{52}	tɕi^{52}	tɕi^{52}	tʂʅ^{52}	tsɿ^{52}	ʂʅ^{52}	ʂʅ^{52}
保德	li^{52}	li^{52}	tɕi^{52}	tɕi^{52}	tʂʅ^{52}	tʂʅ^{52}	ʂʅ^{52}	ʂʅ^{52}
偏关	lɿ^{52}	lɿ^{52}	tsɿ^{52}	tsɿ^{52}	tʂʅ^{52}	tʂʅ^{52}	ʂʅ^{52}	ʂʅ^{52}
朔城	li^{53}	li^{53}	tɕi^{53}	tɕi^{53}	tsɿ^{53}	tsɿ^{53}	sɿ^{53}	sɿ^{53}
平鲁	li^{52}	li^{52}	tɕi^{213}	pi^{52}	tɕi^{213}	tsɿ^{52}	sɿ^{52}	səʔ^{34}
应县	li^{24}	li^{24}	tɕi^{24}	tɕi^{24}	tsɿ^{24}	tsɿ^{24}	sɿ^{24}	sɿ^{24}
灵丘	li^{53}	li^{53}	tɕi^{53}	tɕi^{53}	tsɿ^{53}	tsɿ^{53}	sɿ^{53}	sɿ^{53}
浑源	li^{13}	li^{13}	tɕi^{13}	tɕi^{13}	tsɿ^{13}	tsɿ^{13}	sɿ^{13}	sɿ^{13}
云州	li^{24}	li^{24}	tɕi^{24}	tɕi^{24}	tsɿ^{24}	tʂʅ^{24}	ʂʅ^{24}	ʂʅ^{24}
新荣	li^{24}	li^{24}	tɕi^{24}	tɕi^{24}	tʂʅ^{24}	tʂʅ^{24}	ʂʅ^{24}	ʂʅ^{24}
怀仁	li^{24}	li^{24}	tɕi^{24}	tɕi^{24}	tsɿ^{24}	tsɿ^{24}	sɿ^{24}	sɿ^{24}
左云	li^{24}	li^{24}	tɕi^{24}	tɕi^{24}	tsɿ^{24}	tsɿ^{24}	sɿ^{24}	sɿ^{24}
右玉	li^{24}	li^{24}	tɕi^{31}	tɕi^{31}	tʂʅ^{24}	tʂʅ^{24}	ʂʅ^{24}	ʂʅ^{24}
阳高	li^{24}	li^{24}	tɕiəʔ^{3}	tɕiəʔ^{3}	tsɿ^{24}	tsɿ^{24}	sɿ^{24}	sɿ^{24}
山阴	li^{335}	li^{335}	tɕi^{335}	tɕi^{335}	tʂʅ^{335}	tʂʅ^{335}	ʂʅ^{335}	ʂʅ^{335}
天镇	li^{24}	li^{24}	tɕi^{24}	tɕi^{24}	tsɿ^{24}	tsɿ^{24}	sɿ^{24}	sɿ^{24}
平定	lei^{24}	lei^{24}	tɕi^{24}	tɕi^{24}	tʂʅ^{24}	tʂʅ^{24}	ʂʅ^{24}	ʂʅ^{24}
昔阳	lei^{13}	lei^{13}	tɕi^{13}	tɕi^{13}	tsɿ^{13}	tʂʅ^{13}	sɿ^{13}	sɿ^{13}
左权	li^{53}	li^{53}	tɕi^{53}	tɕi^{53}	tʂʅ^{53}	tʂʅ^{53}	ʂʅ^{53}	ʂʅ^{53}
和顺	lei^{13}	lei^{13}	tɕi^{13}	tɕi^{13}	tʂʅ^{13}	tʂʅ^{13}	ʂʅ^{13}	ʂʅ^{13}
尧都	li^{44}	li^{44}	tɕi^{44}	tɕi^{44}	tʂʅ^{53}	tʂʅ^{44}	ʂʅ^{44}	ʂʅ^{44}
洪洞	li^{53}	li^{53}	tɕi^{33}	tɕi^{21}	tʂʅ^{33}	tʂʅ^{33}	ʂʅ^{33}	ʂʅ^{33}
洪洞赵城	li^{53}	li^{53}	tɕi^{53}	tɕi^{53}	tʂʅ^{24}	tʂʅ^{24}	ʂʅ^{24}	ʂʅ^{24}
古县	li^{53}	li^{53}	tɕi^{35}	tɕi^{35}	tʂʅ^{53}	tʂʅ^{35}	ʂʅ^{35}	ʂʅ^{35}
襄汾	li^{53}	li^{44}	tɕi^{53}	tɕi^{53}	tsɿ^{44}	tʂʅ^{44}	ʂʅ^{44}	ʂʅ^{44}
浮山	li^{53}	li^{44}	tɕi^{53}	tɕi^{53}	tsɿ^{44}	tʂʅ^{44}	ʂʅ^{44}	ʂʅ^{44}
霍州	li^{53}	li^{53}	tɕi^{55}	tɕi^{55}	tʂʅ^{55}	tʂʅ^{55}	ʂʅ^{55}	ʂʅ^{55}
翼城	li^{53}	li^{53}	tɕi^{53}	tɕi^{53}	tʂʅ^{53}	tʂʅ^{53}	ʂʅ^{53}	ʂʅ^{53}
闻喜	li^{13}	li^{13}	tɕi^{53}	——	tsʰɿ^{13}	tsɿ^{53}	sɿ^{53}	sɿ^{53}

续表

字目	厉	励	祭	际	滞	制~度	世	势
中古音 方言点	力制 蟹开三 去祭来	力制 蟹开三 去祭来	子例 蟹开三 去祭精	子例 蟹开三 去祭精	直例 蟹开三 去祭澄	征例 蟹开三 去祭章	舒制 蟹开三 去祭书	舒制 蟹开三 去祭书
侯马	li^{53}	li^{53}	tɕi^{53}	tɕi^{53}	tʂʅ^{53}	tʂʅ^{53}	ʂʅ^{53}	ʂʅ^{53}
新绛	li^{53}	li^{53}	tɕi^{53}	tɕi^{53}	tʂʅ^{53}	tʂʅ^{53}	ʂʅ^{53}	ʂʅ^{53}
绛县	li^{31}	li^{31}	tɕi^{31}	tɕi^{31}	tʂʅ^{53}	tʂʅ^{31}	ʂʅ^{31}	ʂʅ^{31}
垣曲	li^{53}	li^{53}	tɕi^{53}	tɕi^{53}	tʂʅ^{53}	tʂʅ^{53}	ʂʅ^{53}	ʂʅ^{53}
夏县	li^{31}	li^{31}	tɕi^{31}	tɕi^{31}	tʂʅ^{31}	tʂʅ^{31}	ʂʅ^{31}	ʂʅ^{31}
万荣	li^{33}	li^{33}	tɕi^{33}	tɕi^{51}	——	tʂʅ^{33}	ʂʅ^{33}	ʂʅ^{33}
稷山	li^{42}	li^{42}	tɕi^{42}	tɕi^{42}	tʂʅ^{42}	tʂʅ^{42}	ʂʅ^{42}	ʂʅ^{42}
盐湖	li^{44}	li^{44}	tɕi^{42}	tɕi^{42}	tʂʅ^{44}	tʂʅ^{44}	ʂʅ^{44}	ʂʅ^{44}
临猗	li^{44}	li^{44}	tɕi^{44}	tɕi^{44}	tʂʅ^{44}	tʂʅ^{44}	ʂʅ^{44}	ʂʅ^{44}
河津	li^{44}	li^{44}	tɕi^{44}	tɕi^{44}	tʂʅ^{44}	tʂʅ^{44}	ʂʅ^{44}	ʂʅ^{44}
平陆	li^{33}	li^{33}	tɕi^{33}	tɕi^{31}/tɕi^{33}	tʂʅ^{33}	tʂʅ^{33}	ʂʅ^{33}	ʂʅ^{33}
永济	li^{44}	li^{44}	tɕi^{44}	tɕi^{44}	tʂʅ^{44}	tʂʅ^{44}	ʂʅ^{44}	ʂʅ^{44}
芮城	li^{44}	li^{44}	tɕi^{42}	tɕi^{42}	tʂʅ^{44}	tʂʅ^{44}	ʂʅ^{44}	ʂʅ^{44}
吉县	li^{33}	li^{33}	tɕi^{33}	tɕi^{33}	tʂʅ^{33}	tʂʅ^{33}	ʂʅ^{33}	ʂʅ^{33}
乡宁	li^{22}	li^{22}	tɕi^{22}	tɕi^{22}	——	tʂʅ^{22}	ʂʅ^{22}	ʂʅ^{22}
广灵	li^{213}	li^{213}	tɕi^{213}	tɕi^{213}	tsɿ^{213}	tsɿ^{213}	sɿ^{213}	sɿ^{213}

字目	誓	艺	废	肺	脆	岁	赘	税
中古音 / 方言点	时制 蟹开三 去祭禅	鱼祭 蟹开三 去祭疑	方肺 蟹合三 去废非	芳废 蟹合三 去废敷	此芮 蟹合三 去祭清	相锐 蟹合三 去祭心	之芮 蟹合三 去祭章	舒锐 蟹合三 去祭书
北京	ʂʅ^{51}	i^{51}	fei^{51}	fei^{51}	tsʰuei^{51}	suei^{51}	tʂuei^{51}	ʂuei^{51}
小店	sɿ^{24}	i^{24}	fei^{24}	fei^{24}	tsʰuei^{24}	ɕy^{24} 白 / suei^{24} 文	tsuei^{24}	suei^{24}
尖草坪	sɿ^{35}	i^{35}	fei^{35}	fei^{35}	tsʰuei^{35}	suei^{35}	tsuei^{35}	suei^{35}
晋源	sɿ^{35}	i^{35}	fei^{35}	fei^{35}	tsʰuei^{35}	ɕy^{35}	tsuei^{35}	fu^{35}
阳曲	sɿ^{454}	i^{454}	fei^{454}	fei^{454}	tsʰuei^{454}	suei^{454}	tsuei^{454}	suei^{454}
古交	sɿ^{53}	i^{53}	fei^{53}	fei^{53}	tsʰuei^{53}	ɕy^{53}	tsuei^{53}	ɕy^{53}
清徐	sɿ^{45}	i^{45}	fi^{45}	fi^{45}	tɕʰy^{45} 白 / tsʰuai^{11} 文	ɕy^{45}	tɕy^{45} 白 / tsuei^{45} 文	ɕy^{45} 白 / suei^{45} 文
娄烦	sɿ^{54}	i^{54}	fei^{54}	fei^{54}	tsʰui^{54}	ɕy^{54} 白 / sui^{54} 文	tsui^{54}	fei^{54}
榆次	sɿ^{35}	i^{35}	fɯ^{35}	fɯ^{35}	tsʰuɛe^{35}	ɕy^{35}	tsuɛe^{35}	ɕy^{35}
交城	sɤɯ^{24}	i^{24}	xui^{24}	xui^{24}	tɕʰy^{24}	ɕy^{24}	tɕy^{24}	ɕy^{24}
文水	sɿ^{35}	ɿ^{35}	xueɪ^{35}	xueɪ^{35}	tsʰueɪ^{35}	sɥ^{35} 白 / sueɪ^{35} 文	tsueɪ^{35}	sueɪ^{35}
祁县	ʂʅ^{45}	ɿ^{45}	xuəɨ^{45}	xuəɨ^{45}	tsʰuəɨ^{45}	ɕiəβ^{45}	tsuəɨ^{45}	suəɨ^{45}
太谷	sɿ^{53}	i^{53}	fei^{53}	fei^{53}	tsʰuei^{53}	ɕy^{53}	tsuei^{53}	fu^{53}
平遥	ʂʅ^{213}	i^{24}	xei^{24}	xei^{24}	tsʰuei^{24}	suei^{24}	tsuei^{24}	suei^{24}
孝义	ʂʅ^{454}	i^{454}	xuei^{454}	xuei^{454}	tsuei^{454}	ɕy^{454} 白 / suei^{454} 文	tsuei^{454}	suei^{454}
介休	ʂei^{45}	i^{45}	xuei^{45}	xuei^{45}	tsʰuei^{45}	ɕy^{45} 白 / suei^{45} 文	tsuei^{45}	suei^{45}
灵石	ʂʅ^{53}	i^{53}	——	——	tsʰuei^{53}	ɕy^{53} 白 / suei^{53} 文	tsuei^{53}	suei^{53}
盂县	sɿ^{55}	i^{55}	fei^{55}	fei^{55}	tsʰuei^{55}	suei^{55}	tsuei^{55}	suei^{55}
寿阳	sɿ^{45}	zɿ^{45}	fei^{45}	fei^{45}	tsʰuei^{45}	suei^{45}	tsuei^{45}	suei^{45}
榆社	sɿ^{45}	zɿ^{45}	fei^{45}	fei^{45}	tsʰuei^{45}	suei^{45}	tsuei^{45}	suei^{45}
离石	ʂʅr^{53}	zɿ^{53}	xuɛe^{53}	xuɛe^{53}	tsʰu^{53}	su^{53}	tsuɛe^{53}	suɛe^{53}
汾阳	ʂʅ^{55}	zɿ^{55}	fei^{55}	fei^{55}	tsʰuei^{55}	sɥ^{55}	tʂuei^{55}	ʂuei^{55}
中阳	sɿ^{53}	i^{53}	xuɛe^{53}	xuɛe^{53}	tʂʰuɛe^{53}	ɕy^{53}	tʂuɛe^{53}	ʂuɛe^{53}
柳林	——	i^{53}	xuɛe^{53}	xuɛe^{53}	tɕʰy^{53}	ɕy^{53}	tsuɛe^{53}	ɕy^{53}
方山	ʂʅ^{52}	i^{52}	xuei^{52}	xuei^{52}	tʰy^{52}	ɕy^{52}	tsuɛe^{52}	ɕy^{52}
临县	ʂei^{52}	i^{52}	fei^{52}	fei^{52}	tɕy^{52}	sy^{52}	tʂuei^{52}	suei^{52}
兴县	sɿ^{53}	i^{53}	xuei^{53}	xuei^{53}	tɕʰy^{53}	ɕy^{53}	tsuai^{53}	ɕy^{53}

续表

字目	誓	艺	废	肺	脆	岁	赘	税
中古音 / 方言点	时制 蟹开三 去祭禅	鱼祭 蟹开三 去祭疑	方肺 蟹合三 去废非	芳废 蟹合三 去废敷	此芮 蟹合三 去祭清	相锐 蟹合三 去祭心	之芮 蟹合三 去祭章	舒锐 蟹合三 去祭书
岚县	sɿ^{53}	i^{53}	fei^{53}	fei^{53}	tɕʰy^{53} 白 / tsʰuei^{53} 文	ɕy^{53}	tsuei^{53}	suei^{53}
静乐	sɿ^{53}	i^{53}	fei^{53}	fei^{53}	tsʰuei^{53}	ɕy^{53} 白 / suei^{53} 文	tsuei^{53}	suei^{53}
交口	——	i^{53}	xuei^{53}	xuei^{53}	tsʰuei^{53}	ɕy^{53} 白 / suei^{53} 文	tsuei^{53}	suei^{53}
石楼	ʂʅ^{51}	i^{51}	xuei^{51}	xuei^{51}	tɕy^{51} 白 / tʂuei^{51} 文	ɕy^{51} 白 / ʂuei^{51} 文	tʂuei^{51}	ʂuei^{51}
隰县	sɿ^{44}	i^{44}	ɕi^{44} 白 / xuei^{44} 文	xuei^{44}	tsʰuei^{44}	ɕy^{44} 白 / suei^{44} 文	tsuei^{44}	suei^{44}
大宁	ʂʅ^{55}	i^{55}	fei^{55}	fei^{55}	tɕʰy^{55} 白 / tsʰuei^{55} 文	suei^{55} 文	tʂuei^{55}	ʂuei^{55}
永和	ʂʅ^{53}	i^{53}	xuei^{53}	xuei^{53}	tsʰuei^{53}	suei^{53}	tʂuei^{53}	ʂuei^{53}
汾西	sɿ^{55}	ʑ̍^{53}	fei^{55}	fei^{55}	tsʰuei^{55}/ tɕy^{55}	ɕy^{55} 白 / suei^{55} 文	tsuei^{55}	suei^{55} 文
蒲县	sʅ^{33}	i^{33}	fei^{33}	fei^{33}	tsʰuei^{33}	ɕy^{33} 白 / suei^{33} 文	tʂuei^{33}	suei^{33}
潞州	sɿ^{54}	i^{54}	fei^{44}	fei^{44}	tsʰuei^{44}	suei^{44}	tsuei^{44}	suei^{44}
上党	sɿ^{22}	i^{42}	fei^{22}	fei^{42}	tsʰei^{22}	sei^{22}	tsuei^{22}	suei^{22}
长子	sɿ^{53}	i^{53}	fei^{422}	fei^{422}	tsʰuei^{422}	suei^{53}	tsuei^{53}	suei^{422}
屯留	sɿ^{53}	i^{11}	fei^{53}	fei^{53}	tsʰuei^{53}	suei^{53}	tsuei^{11}	suei^{53}
襄垣	sɿ^{45}	i^{45}	fei^{53}	fei^{53}	tsʰuei^{53}	suei^{53}	tsuei^{45}	suei^{53}
黎城	sɿ^{53}	i^{53}	fei^{422}	fei^{422}	tsʰuei^{422}	suei^{422}	tsuei^{53}	suei^{422}
平顺	——	i^{53}	fei^{53}	fei^{53}	tsʰuei^{53}	suei^{53}	tsuei^{53}	suei^{53}
壶关	ʂʅ^{353}	i^{353}	fei^{42}	fei^{42}	tʂʰuei^{42}	ʂuei^{42}	tʂuei^{353}	ʂuei^{42}
沁县	sɿ^{53}	zɿ^{53}	fei^{53}	fei^{53}	tsʰuei^{53}	suei^{53}	tsuei^{53}	suei^{53}
武乡	sɿ^{55}	zɿ^{55}	fei^{55}	fei^{55}	tsʰuei^{55}	suei^{55}	tsuei^{55}	suei^{55}
沁源	sɿ^{53}	i^{53}	fei^{53}	fei^{53}	tsʰuei^{53}	suei^{53}	tʂuei^{53}	suei^{53}
安泽	sɿ^{53}	i^{53}	fei^{53}	fei^{53}	tsʰuei^{53}	suei^{53}	tsuei^{53}	suei^{53}
沁水端氏	sɿ^{53}	i^{53}	fai^{53}	fai^{53}	tsʰai^{53}	sai^{53}	tsai^{53}	sai^{53}
阳城	ʂʅ^{51}	i^{51}	fi^{51}	fi^{51}	tsʰuai^{51}	suai^{51}	tʂuai^{51}	ʂuai^{51}
高平	ʂʅ^{53}	i^{53}	fei^{53}	fei^{53}	tʂʰuei^{53}	ʂuei^{53}	tʂuei^{53}	ʂuei^{53}
陵川	ʂʅ^{24}	i^{24}	fei^{24}	fei^{24}	tʂʰuei^{24}	ʂuei^{24}	tʂuei^{24}	ʂuei^{24}

续表

字目	誓	艺	废	肺	脆	岁	赘	税
中古音 / 方言点	时制 蟹开三 去祭禅	鱼祭 蟹开三 去祭疑	方肺 蟹合三 去废非	芳废 蟹合三 去废敷	此芮 蟹合三 去祭清	相锐 蟹合三 去祭心	之芮 蟹合三 去祭章	舒锐 蟹合三 去祭书
晋城	ʂʅ53	i53	fɤɯ53	fɤɯ53	tʂʰuɤɯ53	ʂuɤɯ53	tʂuɤɯ53	ʂuɤɯ53
忻府	ʂʅ53	i53	fei53	fei53	tsʰuei53	suei53	tsuei53	suei53
原平	ʂʅ53	i53	fəi53	fəi53	tsʰuəi53	suəi53	tsuəi53	suəi53
定襄	——	i53	fei53	fei53	tsʰuei53	suei53	tsuei53	suei53
五台	sɿ52	i52	fei52	fei52	tsʰuei52	suei52	tsuei52	suei52
岢岚	ʂʅ52	i52	fɛi52	fɛi52	tsʰuɛi52	suɛi52	tsuɛi52	suɛi52
五寨	sɿ52	i52	fei52	fei52	tsʰuei52	suei52	tsuei52	suei52
宁武	sɿ52	i52	fᴇe52	fᴇe52	tsʰuᴇe52	suᴇe52	tsuᴇe52	suᴇe52
神池	——	i52	fɛe52	fɛe52	tsʰuɛe52	suɛe52	tsuɛe52	suɛe52
繁峙	sɿ24	i24	fei24	fei24	tsʰuei24	suei24	tsuei24	suei24
代县	——	i53	fei53	fei53	tsʰuei53	suei53	tsuei53	suei53
河曲	ʂʅ52	i52	fei52	fei52	tsʰuei52	suei52	tʂuei52	ʂuei52
保德	ʂʅ52	i52	fei52	fei52	tsʰuei52	suei52	tʂuei52	ʂuei52
偏关	ʂʅ52	ɿ52	fei52	fei52	tsʰuei52	suei52	tʂuei52	suei52
朔城	sɿ53	i53	fei53	fei53	tsʰuei53	suei53	tsuei52	suei53
平鲁	sɿ52	i213	fɛi52	fɛi52	tsʰuɛi213	suɛi52	tsuɛi52	suɛi52
应县	sɿ24	i24	fəi24	fəi24	tsʰuəi24	suəi24	tsuəi24	suəi24
灵丘	sɿ53	i53	fei53	fei53	tsʰuei53	suei53	tsuei53	suei53
浑源	sɿ13	i13	fɛe13	fɛe13	tsʰuɛe13	suɛe13	tsuɛe13	suɛe13
云州	ʂʅ24	i24	fɛi24	fɛi24	tsʰuɛi24	suɛi24	tʂuei24	ʂuɛi24
新荣	ʂʅ24	i24	fɛe24	fɛe24	tsʰuɛe24	suɛe24	tʂuɛe24	ʂuɛe24
怀仁	sɿ24	i24	fɛe24	fɛe24	tsʰuɛe24	suɛe24	tsuɛe24	suɛe24
左云	sɿ24	i24	fɛi24	fɛi24	tsʰuɛi24	suɛi24	tsuɛi24	suɛi24
右玉	ʂʅ24	i24	fɛe24	fɛe24	tsʰuɛe24	suɛe24	tʂuɛe24	ʂuɛe24
阳高	sɿ24	i24	fei24	fei24	tsʰuei24	suei24	tsuei24	suei24
山阴	ʂʅ335	i335	fei335	fei335	tsʰuei335	suei335	tʂuei335	ʂuei335
天镇	sɿ24	i24	fɛe24	fɛe24	tsʰuɛe24	suɛe24	tsuɛe24	suɛe24
平定	ʂʅ24	i24	fei24	fei24	tsʰuei24	suei24	tsuei24	suei24
昔阳	sɿ13	i13	fei13	fei13	tsʰuei13	suei13	tsuei13	suei13
左权	——	i53	fɛi53	fɛi53	tsʰuɛi53	suɛi53	——	suɛi53
和顺	——	i13	fei13	fei13	tsʰuei13	suei13	tsuei13	suei13

续表

字目	誓	艺	废	肺	脆	岁	赘	税
中古音 / 方言点	时制 蟹开三 去祭禅	鱼祭 蟹开三 去祭疑	方肺 蟹合三 去废非	芳废 蟹合三 去废敷	此芮 蟹合三 去祭清	相锐 蟹合三 去祭心	之芮 蟹合三 去祭章	舒锐 蟹合三 去祭书
尧都	——	i⁴⁴	fei⁴⁴	fei⁴⁴	tsʰuei⁴⁴	suei⁴⁴	tʂuei⁴⁴	ʂuei⁴⁴
洪洞	ʂʅ³³	i⁵³	fei³³	fei³³	tɕʰy³³ 白 / tsʰuei³³ 文	ɕy³³ 白 / suei³³ 文	——	fu³³ 白 / fei³³ 文
洪洞赵城	ʂʅ²⁴	i⁵³	ɕi²⁴ 白 /fei²⁴	fei²⁴	tsʰuei²⁴	ɕy²⁴ 白 / suei²⁴ 文	tʂuei²⁴	ʂu²⁴ 白 / ʂuei²⁴ 文
古县	ʂʅ⁵³	i⁵³	fei³⁵	fei³⁵	tsʰuei³⁵	ɕy³⁵ 白 / suei⁵³ 文	tsuei⁵³	suei³⁵
襄汾	ʂʅ⁴⁴	i⁵³	fei⁴⁴	fei⁴⁴	tsʰuei⁵³	ɕy⁴⁴ 白 / suei⁴⁴ 文	tsuei⁵³	fei⁴⁴ 白 / ʂuei⁴⁴ 文
浮山	ʂʅ⁴⁴	i⁵³	fei⁵³	fei⁵³	tsʰuei⁵³	ɕy⁴⁴ 白 / suei⁴⁴ 文	tʂuei⁵³	fei⁵³
霍州	ʂʅ⁵³	i⁵³	fei⁵⁵	fei⁵⁵	tsʰuei⁵⁵	ɕy⁵⁵ 白 / suei⁵⁵ 文	tsuei⁵³	ʂu⁵⁵
翼城	ʂʅ⁵³	i⁵³	fei⁵³	fei⁵³	tsʰei⁵³	suei⁵³	——	ʂuei⁵³
闻喜	sʅ¹³	i¹³	fi⁵³	fi⁵³	tsʰui⁵³	sui⁵³	tsui⁵³	fi 白 /sui⁵³ 文
侯马	ʂʅ⁵³	i⁵³	fei⁵³	fei⁵³	tsʰuei⁵³	suei⁵³	tʂuei⁵³	ʂuei⁵³
新绛	ʂʅ⁵³	i⁵³	fei⁵³	fei⁵³	tsʰuei⁵³	ɕy⁵³ 白 / suei⁵³ 文	tʂuei⁵³	fei⁵³
绛县	ʂʅ³¹	i³¹	fei³¹	fei³¹	tsʰuei³¹	ɕy³¹ 白 / suei³¹ 文	tʂuei³¹	fei³¹
垣曲	ʂʅ⁵³	i⁵³	fei⁵³	fei⁵³	tsʰuei⁵³	ɕy⁵³ 白 / suei⁵³ 文	tʂuei⁵³	ʂuei⁵³
夏县	ʂʅ³¹	i³¹	fei³¹	fei³¹	tsʰuei³¹	suei³¹	pfei⁵³ 白 / tʂuei⁵³ 文	fei³¹
万荣	ʂʅ⁵⁵	i³³	fei³³	fei³³	tsʰuei³³	suei³³	pfei⁵¹	fei³³
稷山	ʂʅ⁴²	i⁴²	fei⁴²	fei⁴²	tsʰuei⁴²	suei⁴²	tsuei⁴²	fei⁴²
盐湖	ʂʅ⁴⁴	i⁴⁴	fei⁴⁴	fei⁴⁴	tsʰuei⁴⁴	suei⁴⁴	tʂuei⁴⁴ 新	fei⁴²
临猗	ʂʅ⁴⁴	i⁴⁴	fei⁴⁴	fei⁴⁴	tsʰuei⁴⁴	suei⁴⁴	pfei⁴² 白 / tʂuei⁴² 文	fei⁴⁴ 白 / ʂuei⁴⁴ 文
河津	ʂʅ⁵³	i⁴⁴	fei⁴⁴	fei⁴⁴	tsʰuei⁴⁴	suei⁴⁴	tsuei⁴⁴	fei⁴⁴
平陆	ʂʅ³³	i³³	fei³³	fei³³	tsʰuei³³	ɕy³³ 白 / suei³³ 文	pfei³³	fei³³
永济	ʂʅ⁴⁴	i⁴⁴	fei⁴⁴	fei⁴⁴	tsʰuei⁴⁴	suei⁴⁴	tʂuei⁴⁴	fei⁴⁴

续表

字目	誓	艺	废	肺	脆	岁	赘	税
中古音 / 方言点	时制 蟹开三 去祭禅	鱼祭 蟹开三 去祭疑	方肺 蟹合三 去废非	芳废 蟹合三 去废敷	此芮 蟹合三 去祭清	相锐 蟹合三 去祭心	之芮 蟹合三 去祭章	舒锐 蟹合三 去祭书
芮城	ʂʅ⁴⁴	i⁴⁴	fei⁴⁴	fei⁴⁴	tsʰuei⁴⁴	suei⁴⁴	pfʰei⁴⁴	fei⁴⁴
吉县	ʂʅ³³	i³³	fei³³	fei³³	tsʰuei³³	çy³³ 白 / suei³³ 文	pfai³³	fei³³
乡宁	ʂʅ²²	i²²	fei²²	fei²²	tsʰuei²²	çy²² 白 / suei²² 文	tʂuei²²	ʂuei²²
广灵	sʅ²¹³	i⁴⁴	fei²¹³	fei²¹³	tsʰuei²¹³	suei²¹³	tsuei²¹³	suei²¹³

字目	彗~星	卫	锐	批	迷	低	堤	梯
中古音 方言点	胡桂 蟹合三 去祭云	于岁 蟹合三 去祭云	以芮 蟹合三 去祭以	匹迷 蟹开四 平齐滂	莫兮 蟹开四 平齐明	都奚 蟹开四 平齐端	都奚 蟹开四 平齐端	土鸡 蟹开四 平齐透
北京	xuei^{51}	uei^{51}	ʐuei^{51}	pʰi^{55}	mi^{35}	ti^{55}	ti^{55}	tʰi^{55}
小店	xuei^{24}	vei^{24}	zuei^{24}	pʰi^{11}	mi^{11}	ti^{11}	ti^{11}	tʰi^{11}
尖草坪	xuei^{35}	vei^{35}	zuei^{35}	pʰi^{33}	mi^{35}	ti^{33}	ti^{33}	tʰi^{33}
晋源	xuei^{35}	vei^{35}	zuei^{35}	pʰi^{11}	mi^{11}	ti^{42}	tʰi^{11}	tʰi^{11}
阳曲	xuei^{454}	vei^{454}	zuei^{454}	pʰi^{312}	mi^{43}	ti^{312}	ti^{312}	tʰi^{312}
古交	xuei^{53}	vei^{53}	zuei^{53}	pʰi^{44}	mi^{44}	ti^{312}	ti^{44}	tʰi^{44}
清徐	xuai^{45}	vi^{45}	zuai^{45}	pʰi^{11}	mi^{11}	ti^{11}	tʰi^{11} 白 / ti^{11} 文	tʰi^{11}
娄烦	xui^{54}	vei^{54}	vei^{54}	pʰi^{33}	mi^{33}	ti^{33}	ti^{33}	tɕʰi^{33}
榆次	xuɯ^{35}	vɯ^{35}	zuɯ^{35}	pʰi^{11}	mi^{11}	ti^{11}	ti^{11}	tʰi^{11}
交城	xui^{24}	uui^{24}	ʐuɛ^{24}	pʰi^{11}	mi^{11}	ti^{11}	ti^{11}	tʰi^{11}
文水	xueɪ^{35}	ueɪ^{35}	ʐueɪ^{35}	pʰɿ^{22}	mɿ^{22}	tɿ^{22}	tɿ^{22}	tʰɿ^{22}
祁县	xuəɨ^{45}	uəɨ^{45}	ʐuəɨ^{45}	pʰɿ^{31}	mɿ^{31}	tɿ^{31}	tɿ^{31}	tʰɿ^{31}
太谷	xuei^{53}	vei^{53}	zuei^{53}	pʰi^{33}	mi^{33}	tie^{312}/ti^{312}	ti^{33}	tʰi^{33}
平遥	xuæe^{24}	uei^{24}	zuei^{24}	pʰi^{512}	mi^{213}	ti^{213}	tʰi^{213}	tʰi^{213}
孝义	xuei^{454}	uei^{454}	zuei^{454}	pʰi^{33}	mi^{33}	ti^{33}	ti^{33}	tʰi^{33}
介休	xuei^{45}	uei^{45}	zuei^{45}	pʰi^{13}	mi^{13}	tei^{13}	tei^{13}	tʰei^{13}
灵石	xuei^{53}	uei^{53}	zuei^{53}	pʰi^{535}	mi^{44}	ti^{535}	tiəʔ^{4}	tʰi^{535}
盂县	xuei^{55}	vei^{55}	zuei^{55}	pʰi^{412}	mi^{22}	ti^{412}	tʰi^{412}	tʰi^{412}
寿阳	xuei^{45}	vei^{45}	zuei^{45}	pʰɿ^{31}	mɿ^{22}	tɿ^{31}	tɿ^{31}	tsʰɿ^{31}
榆社	xuei^{45}	vei^{45}	zuei^{45}	pʰɿ^{22}	mɿ^{22}	ti^{22}	ti^{22}	tʰi^{22}
离石	xuɛe^{53}	uɛe^{53}	zuɛe^{53}	pʰɿ^{24}	mɿ^{44}	tɿ^{24}	tʰɿ^{44}	tʰɿ^{24}
汾阳	xuei^{55}	uei^{55}	ʐuei^{55}	pʰɿ^{324}	mɿ^{22}	tɿ^{324}	tɿ^{22}	tʰɿ^{324}
中阳	xuɛe^{53}	uɛe^{53}	ʐuɛe^{53}	pʰi^{24}	mi^{33}	ti^{24}	tʰi^{33}	tʰi^{24}
柳林	xuɛe^{53}	uɛe^{53}	zuɛe^{53}	pʰi^{24}	mi^{44}	ti^{24}	tʰi^{44}	tʰi^{24}
方山	xuɛe^{52}	uei^{52}	zuei^{52}	pʰi^{24}	mi^{44}	ti^{24}	ti^{24}	tʰi^{24}
临县	xuɛe^{52}	uei^{52}	ʐuei^{52}	pʰi^{24}	mi^{24}	ti^{24}	ti^{24}	tʰi^{24}
兴县	xuei^{53}	uei^{53}	zuei^{53}	pʰi^{324}	mei^{55} 白 / mi^{55} 文	ti^{324}	tʰi^{324}	——
岚县	xuei^{53}	uei^{53}	ʐuei^{53}	pʰi^{214}	mi^{44}	ti^{214}	tɕʰi^{214}	tɕʰi^{214}
静乐	xuei^{53}	vei^{53}	zuei^{53}	pʰi^{24}	mi^{33}	ti^{24}	ti^{24}	tɕʰi^{33} 白
交口	xuei^{53}	y^{53} 白 /uei^{53} 文	ʐuei^{53}	pʰi^{323}	mi^{44}	ti^{323}	ti^{323}	tʰi^{323}
石楼	xuei^{51}	uei^{44}	ʐuei^{51}	pʰi^{213}	mi^{44}	ti^{213}	tʰi^{44}	tʰi^{213}

续表

字目	彗~星	卫	锐	批	迷	低	堤	梯
中古音 / 方言点	胡桂 蟹合三 去祭云	于岁 蟹合三 去祭云	以芮 蟹合三 去祭以	匹迷 蟹开四 平齐滂	莫兮 蟹开四 平齐明	都奚 蟹开四 平齐端	都奚 蟹开四 平齐端	土鸡 蟹开四 平齐透
隰县	xuei^{44}	uei^{21}	zuei^{44}	p^{h}i^{53}	mi^{24}	ti^{53}	——	t^{h}i^{44}
大宁	——	vei^{55}	ʐuei^{55}	p^{h}i^{31}	mi^{24}	ti^{31}	t^{h}i^{31}	t^{h}i^{31}
永和	——	uei^{53}	ʐuei^{53}	p^{h}i^{33}	mi^{35}	ti^{33}	t^{h}i^{33}	t^{h}i^{33}
汾西	xuei^{53}	uei^{53}	——	p^{h}ʑ̍^{11}	mʑ̍^{35}/mʑ̍^{53}	——	——	t^{h}i^{11}/t^{h}ʑ̍^{11}
蒲县	xuei^{33}	uei^{33}	ʐuei^{33}	p^{h}i^{52}	mi^{24}	ti^{52}	ti^{52}	t^{h}i^{52}
潞州	xuei^{54}	vei^{54}	luei^{54}	p^{h}i^{312}	mi^{24}	ti^{312}	ti^{312}	t^{h}i^{312}
上党	xuei^{42}	uei^{42}	uei^{42}	p^{h}i^{213}	mi^{24}	ti^{213}	ti^{213}	t^{h}i^{213}
长子	xuei^{53}	vei^{53}	luei^{53}	p^{h}i^{312}	mi^{24}	ti^{312}	ti^{312}	t^{h}i^{312}
屯留	xuei^{53}	vei^{11}	luei^{53}	p^{h}i^{31}	mi^{11}	ti^{31}	ti^{31}	t^{h}i^{31}
襄垣	——	vei^{45}	ʐuei^{45}	p^{h}i^{33}	mi^{31}	ti^{33}	ti^{33}	t^{h}i^{33}
黎城	xuei^{53}	uei^{53}	luei^{53}	p^{h}i^{33}	mi^{33}	ti^{33}	t^{h}i^{53}	t^{h}i^{33}
平顺	xuei^{53}	uei^{53}	luei^{53}	p^{h}i^{213}	mi^{13}	ti^{213}	ti^{213}	t^{h}i^{213}
壶关	xuei^{353}	uei^{353}	luei^{353}	p^{h}i^{33}	mi^{13}	ti^{33}	ti^{33}	t^{h}i^{33}
沁县	xuei^{53}	vei^{53}	zuei^{53}	p^{h}ʅ^{224}	mʅ^{33}	tsʅ^{224}	ts^{h}ʅ^{224}	ts^{h}ʅ^{224}
武乡	xuei^{55}	uei^{55}	zuei^{55}	p^{h}ʅ^{113}	mʅ^{33}	tsʅ^{113}	tsʅ^{113}	ts^{h}ʅ^{33}
沁源	xuei^{53}	vei^{53}	ʐuei^{53}	p^{h}i^{324}	mi^{33}	ti^{324}	ti^{324}	t^{h}i^{324}
安泽	——	vei^{35}	zuei^{53}	p^{h}i^{21}	mi^{35}	ti^{21}	t^{h}i^{21}	t^{h}i^{21}
沁水端氏	xuai^{53}	vai^{53}	zuai^{53}	p^{h}i^{21}	mi^{24}	ti^{21}	ti^{21}	t^{h}i^{21}
阳城	xuai^{51}	vai^{51}	ʐuai^{51}	p^{h}i^{224}	mi^{22}	ti^{224}	t^{h}i^{22}	t^{h}i^{224}
高平	xuei^{53}	vei^{53}	ʐuei^{53}	p^{h}i^{33}	miə̃ĩ^{33}	ti^{33}	t^{h}i^{33}	t^{h}i^{33}
陵川	xuei^{24}	uei^{24}	luei^{24}	p^{h}i^{33}	mi^{53}	ti^{33}	ti^{33}	t^{h}i^{33}
晋城	xuɤɯ^{53}	uɤɯ^{53}	ʐuɤɯ^{53}	p^{h}i^{33}	mi^{324}	ti^{213}	ti^{213}	t^{h}i^{33}
忻府	xuei^{53}	vei^{53}	zuei^{53}	p^{h}i^{313}	mi^{21}	ti^{313}	ti^{313}	t^{h}i^{313}
原平	xuəi^{53}	vəi^{53}	zuəi^{53}	p^{h}i^{213}	mi^{33}	ti^{213}	tiəʔ$^{\underline{34}}$	t^{h}i^{213}
定襄	xuei^{53}	vei^{53}	ʐuei^{53}	p^{h}i^{24}	p^{h}i^{11}	ti^{24}	ti^{24}	t^{h}i^{24}
五台	xuei^{52}	uei^{52}	zuei^{52}	p^{h}i^{213}	mi^{33}	ti^{213}	tɕ^{h}i^{33}	tɕ^{h}i^{213}
岢岚	xuɛi^{52}	vɛi^{52}	ʐuɛi^{52}	p^{h}i^{13}	mi^{44}	ti^{13}	t^{h}i^{44}	t^{h}i^{13}
五寨	xuei^{52}	vei^{52}	zuei^{52}	p^{h}i^{13}	mi^{44}	ti^{13}	t^{h}i^{44}	t^{h}i^{13}
宁武	xuᴇe^{52}	vᴇe^{52}	zuᴇe^{52}	p^{h}i^{23}	mi^{33}	ti^{23}	tiəʔ^{4}	tɕ^{h}i^{23}
神池	xuɛe^{52}	vuɛe^{52}	zuɛe^{52}	p^{h}i^{24}	mi^{32}	ti^{24}	ti^{24}	t^{h}i^{24}
繁峙	xuei^{24}	vei^{24}	ʐuei^{24}	p^{h}i^{53}	mi^{31}	ti^{53}	ti^{53}	t^{h}i^{53}

续表

字目	彗~星	卫	锐	批	迷	低	堤	梯
中古音 / 方言点	胡桂 蟹合三 去祭云	于岁 蟹合三 去祭云	以芮 蟹合三 去祭以	匹迷 蟹开四 平齐滂	莫兮 蟹开四 平齐明	都奚 蟹开四 平齐端	都奚 蟹开四 平齐端	土鸡 蟹开四 平齐透
代县	xuei^{53}	uei^{53}	zuei^{53}	pʰi^{213}	mi^{44}	ti^{213}	tʰi^{44}	tʰi^{213}
河曲	——	vei^{52}	ʐuei^{52}	pʰi^{213}	mi^{44}	ti^{213}	tʰi^{213}	tʰi^{213}
保德	xuei^{52}	vei^{52}	ʐuei^{52}	pʰi^{213}	mi^{44}	ti^{213}	ti^{213}	tʰi^{213}
偏关	xuei^{52}	vei^{52}	ʐuei^{52}	pʰɿ^{24}	mɿ^{44}	tsɿ^{24}	tsɿ^{24}	tsʰɿ^{24}
朔城	——	vei^{53}	ʐuei^{53}	pʰi^{312}	mi^{35}	ti^{312}	tɕʰi^{312}	tɕʰi^{312}
平鲁	xuɛi^{52}	xuɛi^{52}	zuɛi^{52}	pʰi^{213}	mi^{44}	ti^{213}	tiəʔ^{34}	tɕʰi^{213}
应县	xuəi^{24}	——	zuəi^{43}/zuəi^{24}	pʰi^{43}	mi^{31}	ti^{43}	ti^{43}	tɕʰi^{43}
灵丘	xuei^{53}	vɛe^{53}	zuei^{53}	pʰi^{442}	mi^{31}	ti^{442}	ti^{442}	tʰi^{442}
浑源	xuɛe^{13}	vɛe^{13}	zuɛe^{13}	pʰi^{52}	mi^{22}	ti^{52}	ti^{52}	tʰi^{52}
云州	xuɛi^{24}	vɛi^{21}	ʐuɛi^{24}	pʰi^{21}	mi^{312}	ti^{21}	tʰi^{312}	tʰi^{21}
新荣	xuɛe^{24}	vɛe^{312}	ʐuɛe^{54}/ ʐuɛe^{24}	pʰi^{32}	mi^{312}	ti^{32}	tʰi^{312}	tʰi^{32}
怀仁	xuɛe^{24}	vɛe^{24}	zuɛe^{53}	pʰi^{42}	mi^{312}	ti^{42}	ti^{42}	tʰi^{42}
左云	xuɛi^{24}	vɛi^{24}	ʐuɛi^{54}	pʰi^{31}	mi^{313}	ti^{31}	ti^{31}	tʰi^{31}
右玉	xuɛe^{24}	vɛe^{24}	ʐuɛe^{24}	pʰi^{31}	mi^{212}	ti^{31}	ti^{31}	tʰi^{31}
阳高	——	vei^{24}	ʐuei^{24}	pʰi^{31}	mi^{31}/i^{24}	ti^{31}	tʰi^{31}	tʰi^{31}
山阴	xuei^{335}	uei^{335}	——	pʰi^{313}	mi^{313}	ti^{313}	ti^{313}	tɕʰi^{313}
天镇	xuɛe^{24}	vɛe^{22}	zuɛe^{55}	pʰi^{31}	mi^{22}	ti^{31}	tʰi^{22}	tʰi^{22}
平定	xuei^{24}	vei^{44}	zuei^{24}	pʰi^{31}	mi^{44}	ti^{31}	tʰi^{44}	tʰi^{31}
昔阳	xuei^{13}	vei^{13}	zuei^{13}	pʰi^{42}	mi^{33}	ti^{42}	ti^{42}	tʰi^{42}
左权	——	vɛi^{53}	ʐuɛi^{53}	pʰi^{31}	mi^{11}	ti^{31}	ti^{31}	tʰi^{31}
和顺	xuei^{13}	vei^{13}	zuei^{13}	pʰi^{42}	mi^{22}	ti^{42}	tʰi^{42} 白 / ti^{42} 文	tʰi^{42}
尧都	xuei^{44}	uei^{44}	ʐuei^{44}	pʰi^{21}	mi^{24}	ti^{21}	tʰi^{24}	tʰi^{21}
洪洞	xuei^{53}	uei^{53}	vei^{53}	pʰi^{21}	mi^{24}	ti^{21}	tʰi^{24}	tʰi^{21}
洪洞赵城	xuei^{53}	uei^{53}	ʐuei^{53}	pʰi^{21}	mi^{24}	ti^{42}	tʰi^{24}	tʰi^{21}
古县	xuei^{53}	uei^{53}	ʐuei^{53}	pʰi^{21}	mi^{35}	tɕi^{21}	tɕʰi^{35}	tɕʰi^{21}
襄汾	xuei^{53}	uei^{53}	vei^{53}	pʰi^{21}	mi^{24}	ti^{21}	tʰi^{24}	tʰi^{21}
浮山	——	uei^{53}	ʐuei^{53}	pʰi^{42}	mi^{13}	tʰi^{42}	ti^{42}	tʰi^{13}
霍州	xuei^{53}	uei^{53}	zuei^{53}	pʰi^{212}	mi^{35}	ti^{212}	tʰi^{212}	tɕʰi^{212} 白 / tʰi^{212} 文
翼城	xuei^{53}	uei^{53}	ʐuei^{53}	pi^{53}	mi^{12}	ti^{12}	ti^{53}	tʰi^{53}

续表

字目	彗~星	卫	锐	批	迷	低	堤	梯
中古音 / 方言点	胡桂 蟹合三 去祭云	于岁 蟹合三 去祭云	以芮 蟹合三 去祭以	匹迷 蟹开四 平齐滂	莫兮 蟹开四 平齐明	都奚 蟹开四 平齐端	都奚 蟹开四 平齐端	土鸡 蟹开四 平齐透
闻喜	xui^{13}	ui^{13}	vi^{13}	p^hi^{53}	mi^{13}	ti^{53}	——	t^hi^{53}
侯马	$xuei^{53}$	vei^{53} 白 / uei^{53} 文	$ẓuei^{53}$	p^hi^{213}	mi^{213}	ti^{213}	ti^{213}	t^hi^{213}
新绛	$xuei^{53}$	uei^{53}	vei^{53}	p^hi^{53}	mi^{13}	ti^{53}	t^hi^{13}	t^hi^{53}
绛县	$xuei^{31}$	uei^{31}	$ẓuei^{31}$	p^hi^{31}	mi^{31}	ti^{53}	ti^{24}	ti^{31}
垣曲	$xuei^{53}$	uei^{53}	$ẓuei^{53}$	p^hi^{53}	mi^{22}	ti^{22}	t^hi^{22}	t^hi^{22}
夏县	$xuei^{31}$	uei^{31}	vei^{31} 白 / $ẓuei^{31}$ 文	p^hi^{53}	mi^{42}	ti^{53}	——	t^hi^{53}
万荣	$xuei^{33}$	uei^{33}	vei^{55}	p^hi^{51}	mi^{213}	ti^{51}	t^hi^{213}	t^hi^{51}
稷山	$xuei^{42}$	uei^{42}	vei^{42}	p^hi^{53}	mi^{13}	ti^{53}	ti^{53}	t^hi^{53}
盐湖	$xuei^{44}$	vei^{44}	vei^{44}	p^hi^{42}	mi^{42}	ti^{42}	t^hi^{42}	t^hi^{42}
临猗	$xuei^{44}$	uei^{44}	vei^{44}	p^hi^{42}	mi^{13}	ti^{42}	t^hi^{42}	t^hi^{42}
河津	$xuei^{44}$	y^{44} 白 / uei^{44} 文	vei^{53}	p^hei^{31}	mei^{324}	ti^{31}	t^hi^{324}	t^hi^{31}
平陆	$xuei^{33}$	uei^{33}	vei^{33}	p^hi^{31}	mi^{13}	ti^{31}	t^hi^{13}	t^hi^{31}
永济	$xuei^{44}$	vei^{44}	vei^{44}	p^hi^{31}	mi^{24}	ti^{31}	ti^{24}	t^hi^{31}
芮城	$xuei^{44}$	uei^{44}	vei^{44}	p^hi^{42}	mei^{13} 白 / mi^{13} 文	ti^{42}	t^hi^{42}	t^hi^{42}
吉县	——	uei^{33}	vei^{33}	p^hi^{423}	mi^{13}	ti^{423}	t^hi^{13}	t^hi^{423}
乡宁	$xuei^{22}$	uei^{22}	$ẓuei^{22}$	p^hi^{53}	mi^{12}	ti^{53}	ti^{53}	t^hi^{53}
广灵	$xuei^{213}$	vei^{213}	$zuei^{213}$	p^hi^{53}	mi^{31}	ti^{53}	ti^{53}	t^hi^{53}

字目	题	提~起	啼	蹄	泥~土	犁	黎	妻
中古音 / 方言点	杜奚 蟹开四 平齐定	杜奚 蟹开四 平齐定	杜奚 蟹开四 平齐定	杜奚 蟹开四 平齐定	奴低 蟹开四 平齐泥	郎奚 蟹开四 平齐来	郎奚 蟹开四 平齐来	七稽 蟹开四 平齐清
北京	tʰi^{35}	tʰi^{35}	tʰi^{35}	tʰi^{35}	ni^{35}	li^{35}	li^{35}	tɕʰi^{55}
小店	tʰi^{11}	ti^{11} 白 /tʰi^{11} 文	tʰi^{11}	ti^{11} 白 /tʰi^{11} 文	ȵi^{11}	li^{11}	li^{11}	tɕʰi^{11}
尖草坪	tʰi^{33}	ti^{33}	tʰi^{33}	tʰi^{33}	ni^{33}	li^{33}	li^{33}	tɕʰi^{33}
晋源	tʰi^{11}	ti^{11}	tʰi^{11}	ti^{11}	ȵi^{11}	li^{11}	li^{11}	tɕʰi^{11}
阳曲	tʰi^{43}	tʰi^{43}	tʰi^{43}	tʰi^{43}	ȵi^{43}	li^{43}	li^{43}	tɕʰi^{312}
古交	tʰi^{44}	ti^{44}	tʰi^{44}	tʰi^{44}	ȵi^{44}	li^{44}	li^{44}	tɕʰi^{44}
清徐	tʰi^{11}	ti^{11} 白 /tʰi^{11} 文	tʰi^{11}	ti^{11} 白 /tʰi^{11} 文	ni^{11}	li^{11}	li^{11}	tɕʰi^{11}
娄烦	tɕʰi^{33}	ti^{33}	tɕʰi^{33}	tɕʰi^{33}	ȵi^{33}	li^{33}	li^{33}	tɕʰi^{33}
榆次	tʰi^{11}	ti^{11}	tʰi^{11}	tʰi^{11}	ni^{11}	li^{11}	li^{11}	tɕʰi^{11}
交城	tʰi^{11}	ti^{11} 白 /tʰi^{11} 文	tʰi^{11}	ti^{11}	ni^{11}	li^{11}	li^{11}	tɕʰi^{11}
文水	tʰɿ^{22}	tɿ^{22} 白 /tʰɿ^{22} 文 / tiəʔ^{312}	tʰɿ^{22}	tɿ^{22} 白 /tʰɿ^{22} 文	nzɿ^{22}	lɿ^{22}	lɿ^{22}	tsʰɿ^{22}
祁县	tʰɿ^{31}	tɿ^{31} 白 /tʰɿ^{31} 文	tʰɿ^{31}	tɿ^{31} 白 /tʰɿ^{31} 文	ȵɿ^{31}	lɿ^{31}	lɿ^{31}	tsʰɿ^{31}
太谷	tʰi^{33}	ti^{33} 白 /tʰi^{33} 文	tʰi^{33}	ti^{33}	ȵi^{33}	li^{33}	li^{33}	tɕʰi^{33}
平遥	tʰi^{512}	tʰi^{213}	tʰi^{213}	ti^{213}	ȵi^{213}	li^{213}	li^{213}	tɕʰi^{213}
孝义	tʰi^{33}	tʰi^{33}	tʰi^{33}	ti^{33}	ȵi^{33}	lei^{33}	lei^{33}	tɕʰi^{33}
介休	tʰei^{13}	tʰei^{13}/tiʌʔ$^{\underline{312}}$	tʰei^{13}	tei^{13} 白 / tʰei^{13} 文	ȵi^{13}	lei^{13}	lei^{13}	tsʰei^{13}
灵石	tʰi^{44}	tʰi^{44}	tʰi^{44}	tʰi^{44}	ni^{44}	li^{44}	li^{44}	tɕʰi^{535}
盂县	tʰi^{22}	ti^{412}/tʰi^{22}	tʰi^{22}	tʰi^{22}	ȵi^{22}/ȵi^{55}	lei^{22}	lei^{22}	tɕʰi^{412}
寿阳	tsʰɿ^{22}	tsʰɿ^{22}	tsʰɿ^{22}	tsʰɿ^{22}	mɿ^{22}	lei^{22}	lei^{22}	tsʰɿ^{31}
榆社	tʰi^{22}	tʰi^{22}	tʰi^{22}	tʰi^{22}	mɿ^{22}	lei^{22}	lei^{22}	tsʰɿ^{22}
离石	tʰɿ^{44}	tʰɿ^{44}	tʰɿ^{44}	tʰɿ^{44}	mɿ^{44}	li^{44}	li^{44}	tsʰɿ^{24}
汾阳	tʰɿ^{22}	tʰɿ^{22}	tʰɿ^{22}	tʰɿ^{22}	nzɿ^{22}	lɿ^{22}	lɿ^{22}	tsʰɿ^{324}
中阳	tʰi^{33}	tʰi^{33}	tʰi^{33}	tʰi^{33}	ni^{33}	li^{33}	li^{33}	tɕʰi^{24}
柳林	tʰi^{44}	tʰi^{44}	tʰi^{53}	tʰi^{44}	ni^{44}	li^{44}	li^{44}	tɕʰi^{24}
方山	tʰi^{44}	tʰi^{44}	tʰi^{44}	tʰi^{44}	ni^{44}	li^{44}	li^{44}	tɕʰi^{24}
临县	tʰi^{33}	tʰiəɯ^{33}	tʰi^{33}	tʰi^{33}	ni^{24}	lei^{33}	lei^{33}	tsʰei^{24}
兴县	tʰi^{55}	ti^{324} 白 / tʰi^{55} 文	tʰi^{55}	tʰi^{55}	ni^{55}	li^{55}	li^{55}	tɕʰi^{324}
岚县	tɕʰi^{44}	tɕʰi^{44}	tɕʰi^{44}	tɕʰi^{44}	ȵi^{44}	li^{44}	li^{44}	tɕʰi^{214}
静乐	tɕʰi^{33} 白	tɕʰi^{33} 白	tɕʰi^{33} 白	tɕʰi^{33} 白	ȵi^{33}	li^{33}	li^{33}	tɕʰi^{33}
交口	tʰi^{44}	tʰi^{44}	tʰi^{44}	tʰi^{44}	ȵi^{44}	li^{44}	li^{44}	tɕʰi^{323}

续表

字目	题	提~起	啼	蹄	泥~土	犁	黎	妻
中古音 / 方言点	杜奚 蟹开四 平齐定	杜奚 蟹开四 平齐定	杜奚 蟹开四 平齐定	杜奚 蟹开四 平齐定	奴低 蟹开四 平齐泥	郎奚 蟹开四 平齐来	郎奚 蟹开四 平齐来	七稽 蟹开四 平齐清
石楼	tʰi^{44}	tʰi^{44}	tʰi^{44}	tʰi^{44}	ȵi^{44}	li^{44}	li^{44}	tɕʰi^{213}
隰县	tʰi^{24}	tʰi^{24}	tʰi^{24}	tʰi^{24}	ȵi^{24}	li^{24}	li^{24}	tɕʰi^{53}
大宁	tʰi^{24}	tʰiəu^{24} 白 / tʰi^{24} 文	tʰi^{24}	tʰi^{24}	ni^{24}	li^{24}	li^{24}	tɕiəʔ$\underline{^{31}}$
永和	tʰi^{35}	tʰi^{35}	tʰi^{35}	tʰi^{35}	ni^{35}	li^{35}	li^{35}	tɕʰi^{33}
汾西	tʰʐ̩^{35}	tyəŋ^{35}/tʰʐ̩^{35}	tʰʐ̩^{35}	tʰʐ̩^{35}	nʐ̩^{35}	lʐ̩^{35}	lʐ̩^{35}	tɕʰʐ̩^{11}
蒲县	tʰi^{24}	tʰi^{24}	tʰi^{24}	tʰi^{24}	ȵi^{24}	li^{24}	li^{24}	tɕʰi^{52}
潞州	tʰi^{24}	tʰi^{24}	tʰi^{24}	tʰi^{24}	mi^{24} 白 / ȵi^{24} 文	li^{24}	li^{24}	tɕʰi^{312}
上党	tʰi^{44}	tʰi^{44}	tʰi^{44}	tʰi^{44}	mi^{24}	li^{44}	li^{44}	tɕʰi^{213}
长子	tʰi^{24}	tʰi^{24}	tʰi^{24}	tʰi^{24}	mi^{24} 白 / ȵi^{24} 文	li^{24}	li^{24}	tɕʰi^{312}
屯留	tʰi^{11}	tʰi^{11}	tʰi^{11}	tʰi^{11}	mi^{11} 白 / ȵi^{11} 文	li^{11}	li^{11}	tɕʰi^{31}
襄垣	tʰi^{31}	tʰi^{31}	tʰi^{31}	tʰi^{31}	mi^{31} 白 / ȵi^{31} 文	li^{31}	li^{31}	tɕʰi^{33}
黎城	tʰi^{53}	tʰi^{53}	tʰi^{53}	tʰi^{53}	ni^{53}	li^{53}	li^{33}	tɕʰi^{33}
平顺	ti^{13}	ti^{13}	ti^{13}	ti^{13}	mi^{13}/ni^{13}	li^{13}	li^{13}	tɕʰi^{213}
壶关	ti^{13}	ti^{13}	ti^{13}	ti^{13}	mi^{13} 白 / ȵi^{13} 文	li^{13}	li^{13}	cʰi^{33}/tsʰi^{33}
沁县	tsʰɿ^{33}	tsʰɿ^{33}	tsʰɿ^{33}	tsʰɿ^{33}	mɿ^{33} 白 / mɿ^{33} 文	əɭ^{33}	əɭ^{33}	tsʰɿ^{224}
武乡	tsʰɿ^{33}	tei^{55} 白 / tsʰɿ^{33} 文	tsʰɿ^{33}	tsʰɿ^{33}	mɿ^{33} 白 / nzɿ^{33} 文	l̩^{33}	l̩^{33}	tsʰɿ^{113}
沁源	tʰi^{33}	tʰi^{33}	tʰi^{33}	tʰi^{33}	ȵi^{33}	li^{33}	li^{33}	tɕʰi^{324}
安泽	tʰi^{35}	tʰi^{35}	tʰi^{35}	tʰi^{35}	ȵi^{35}	li^{35}	li^{35}	tɕʰi^{21}
沁水端氏	tʰi^{24}	tʰi^{24}	tʰi^{24}	tʰi^{24}	ȵi^{24}	li^{24}	li^{24}	tɕʰi^{21}
阳城	tʰi^{22}	tʰi^{22}	tʰi^{22}	tʰi^{22}	ni^{22}	li^{22}	li^{22}	tɕʰi^{224}
高平	tʰi^{33}	tʰi^{33}	tʰi^{33}	tʰi^{33}	niə̃i^{33}	li^{33}	li^{33}	tɕʰi^{33}
陵川	tʰi^{53}	tʰi^{53}	tʰi^{53}	tʰi^{53}	mi^{53}	li^{53}	li^{53}	cʰi^{33}
晋城	tʰi^{213}	ti^{33}/tʰi^{324}	tʰi^{324}	tʰi^{324}	ni^{324}	li^{324}	li^{324}	tɕʰi^{33}
忻府	tʰi^{21}	tʰi^{21}	tʰi^{21}	tʰi^{21}	ni^{21}	li^{21}	li^{21}	tɕʰi^{313}
原平	tʰi^{33}	tʰi^{33}	tʰi^{33}	tʰi^{33}	ni^{33}	li^{33}	li^{33}	tɕʰi^{213}

续表

字目	题	提~起	啼	蹄	泥~土	犁	黎	妻
中古音 方言点	杜奚 蟹开四 平齐定	杜奚 蟹开四 平齐定	杜奚 蟹开四 平齐定	杜奚 蟹开四 平齐定	奴低 蟹开四 平齐泥	郎奚 蟹开四 平齐来	郎奚 蟹开四 平齐来	七稽 蟹开四 平齐清
定襄	tʰi^{11}	tʰi^{11}	tʰi^{11}	tʰi^{11}	ni^{11}	li^{11}	li^{11}	tɕʰi^{24}
五台	tɕʰi^{33}	tɕʰi^{33}	tɕʰi^{33}	tɕʰi^{33}	ȵi^{33}	li^{33}	li^{33}	tɕʰi^{33}
岢岚	tʰi^{44}	tʰi^{44}	tʰi^{44}	tʰi^{44}	ni^{44}	li^{44}	li^{44}	tɕʰi^{13}
五寨	tʰi^{44}	tʰi^{44}	tʰi^{44}	tʰi^{44}	ni^{44}	li^{44}	li^{44}	tɕʰi^{13}
宁武	tɕʰi^{33}	tiəʔ^{4} 白 / tɕʰi^{33} 文	tɕʰi^{33}	tɕʰi^{33}	ni^{33}	li^{33}	li^{33}	tɕʰi^{23}
神池	tʰi^{32}	tʰi^{32}	tʰi^{32}	tʰi^{32}	ȵi^{32}	li^{32}	li^{32}	tɕʰi^{24}
繁峙	tʰi^{31}	tʰi^{31}	tʰi^{31}	tʰi^{31}	ȵi^{31}	li^{31}	li^{31}	tɕʰi^{53}
代县	tʰi^{44}	tʰi^{44}	tʰi^{44}	tʰi^{44}	ni^{44}	li^{44}	li^{44}	tɕʰi^{213}
河曲	tʰi^{44}	tʰi^{44}	tʰi^{44}	tʰi^{44}	ni^{44}	li^{44}	li^{44}	tɕʰi^{213}
保德	tʰi^{44}	tʰi^{44}	tʰi^{44}	tʰi^{44}	ni^{44}	li^{44}	li^{44}	tɕʰi^{213}
偏关	tsʰɿ^{44}	tsʰɿ^{44}	tsʰɿ^{44}	tsʰɿ^{44}	nzɿ^{44} 白 / ni^{44} 文	lʅ^{44}	lʅ^{44}	tsʰɿ^{24}
朔城	tɕʰi^{35}	tɕʰi^{35}	tɕʰi^{35}	tɕʰi^{35}	ni^{35}	li^{35}	li^{35}	tɕʰi^{312}
平鲁	tɕʰi^{44}	tɕʰi^{44}	tɕʰi^{44}	tɕʰi^{44}	ni^{44}/ni^{52}	li^{44}	li^{44}	tɕʰi^{44}
应县	tɕʰi^{31}	tɕʰi^{31}	tɕʰi^{43}	tɕʰi^{31}	ni^{31}	li^{31}	li^{31}	tɕʰi^{43}
灵丘	tʰi^{31}	tʰi^{31}	tʰi^{31}	tʰi^{31}	ni^{31}	li^{31}	li^{31}	tɕʰi^{442}
浑源	tʰi^{22}	tʰi^{22}	tʰi^{22}	tʰi^{22}	ni^{22}	li^{22}	li^{22}	tɕʰi^{52}
云州	tʰi^{312}	tʰi^{312}	tʰi^{312}	tʰi^{312}	ni^{312}	li^{312}	li^{312}	tɕʰi^{21}
新荣	tʰi^{312}	tʰi^{312}/tʰiəʔ^{4}	tʰi^{312}	tʰi^{312}	ni^{312}/ni^{24}	li^{312}	li^{312}	tɕʰi^{32}
怀仁	tʰi^{312}	tʰiəʔ^{4}	tʰi^{312}	tʰi^{312}	ni^{312}	li^{312}	li^{312}	tɕʰi^{42}
左云	tʰi^{313}	tʰi^{313}	tʰi^{313}	tʰi^{313}	ni^{313}	li^{313}	li^{313}	tɕʰi^{31}
右玉	tʰi^{53}	tʰi^{212}	tʰi^{212}	tʰi^{212}	ni^{212}	li^{212}	li^{212}	tɕʰi^{31}
阳高	tʰi^{31}	tʰi^{31}	tʰi^{31}	tʰi^{31}	ni^{31}	li^{312}	li^{312}	tɕʰi^{31}
山阴	tɕʰi^{313}	ti^{313}/tɕʰi^{313}	tɕʰi^{313}	tɕʰi^{313}	ni^{313}/ni^{335}	li^{313}	li^{313}	tɕʰi^{313}
天镇	tʰi^{22}	tʰi^{22}	tʰi^{22}	tʰi^{22}	ni^{22}	li^{22}	li^{22}	tɕʰi^{31}
平定	tʰi^{44}	tʰi^{44}/tiəʔ^{4}	tʰi^{44}	tʰi^{44}	ni^{44}	lei^{44}	lei^{44}	tɕʰi^{31}
昔阳	tʰi^{33}	tʰi^{33}	tʰi^{33}	tʰi^{33}	ni^{33}	lei^{33}	lei^{33}	tɕʰi^{42}
左权	tʰi^{11}	tʰi^{11}/tie^{11}	tʰi^{11}	tʰi^{11}	ȵi^{11}	li^{11}	li^{11}	tɕʰi^{31}
和顺	tʰi^{22}	tʰi^{22}	tʰi^{22}	tʰi^{22}	ȵi^{22}	lei^{22}	lei^{22}	tɕʰi^{42}
尧都	tʰi^{24}	tʰi^{24}	tʰi^{24}	tʰi^{24}	ȵi^{24}	li^{24}	li^{24}	tɕʰi^{21}

续表

字目	题	提~起	啼	蹄	泥~土	犁	黎	妻
中古音 / 方言点	杜奚 蟹开四 平齐定	杜奚 蟹开四 平齐定	杜奚 蟹开四 平齐定	杜奚 蟹开四 平齐定	奴低 蟹开四 平齐泥	郎奚 蟹开四 平齐来	郎奚 蟹开四 平齐来	七稽 蟹开四 平齐清
洪洞	tʰi^{24}	tʰi^{24}	tʰi^{24}	tʰi^{24}	ȵi^{24}	li^{24}	li^{24}	tɕʰi^{21}
洪洞赵城	tʰi^{24}	tʰi^{24}	tʰi^{24}	tʰi^{24}	ȵi^{24}	li^{24}	li^{24}	tɕʰi^{21}
古县	tɕʰi^{35}	tɕʰi^{35}	tɕʰi^{35}	tɕʰi^{35}	ȵi^{35}	li^{35}	li^{35}	tɕʰi^{21}
襄汾	tʰi^{24}	tʰi^{24}	tʰi^{24}	tʰi^{24}	ȵi^{24}/ȵi^{53}	li^{24}	li^{24}	tɕʰi^{21}
浮山	tʰi^{13}	tʰi^{13}	tʰi^{13}	tʰi^{13}	ȵi^{13}	li^{13}	li^{13}	tɕʰi^{42}
霍州	tɕʰi^{35}白/tʰi^{35}文	tʰi^{35}	tʰi^{35}	tɕʰi^{35}白/tʰi^{35}文	ȵi^{35}	li^{35}	li^{35}	tɕʰi^{212}
翼城	tʰi^{12}	tʰi^{12}	tʰi^{12}	tʰi^{12}白/ti^{12}文	ȵi^{12}	li^{12}	li^{12}	tɕi^{53}
闻喜	tʰi^{13}	tʰi^{13}	tʰi^{13}	tʰi^{13}	ȵi^{53}/ li^{13}	——	li^{13}	tɕʰi^{13}
侯马	tʰi^{213}	tʰi^{213}	tʰi^{213}	tʰi^{213}	ȵi^{213}	li^{213}	li^{213}	tɕʰi^{213}
新绛	tʰi^{13}	ti^{13}	tʰi^{13}	tʰi^{13}	ȵi^{13}	li^{13}	li^{13}	tɕʰi^{53}
绛县	ti^{24}	ti^{24}	ti^{24}	ti^{24}	ȵi^{24}	li^{24}	li^{24}	tɕʰi^{53}
垣曲	tʰi^{22}	tʰi^{22}	tʰi^{22}	tʰi^{22}	ȵi^{22}	li^{22}	li^{22}	tɕʰi^{22}
夏县	tʰi^{42}	tʰi^{42}	tʰi^{42}	tʰi^{42}	ȵi^{42}	li^{42}	li^{42}	tɕʰi^{53}
万荣	tʰi^{213}	tʰi^{213}	tʰi^{213}	tʰi^{213}	ȵi^{213}	li^{213}	li^{213}	tɕʰi^{51}
稷山	tʰi^{13}	tʰi^{13}	tʰi^{13}	tʰi^{13}	ȵi^{13}	li^{13}	li^{13}	tɕʰi^{53}
盐湖	tʰi^{13}	tʰi^{13}	tʰi^{13}	tʰi^{13}	ȵi^{13}	li^{13}	li^{13}	tɕʰi^{42}
临猗	tʰi^{13}	tʰi^{13}	tʰi^{13}	tʰi^{13}	ȵi^{13}	li^{13}	li^{13}	tɕʰi^{42}
河津	tʰi^{324}	tʰi^{324}	tʰi^{324}	tʰi^{324}	ȵi^{324}	li^{324}	li^{324}	tɕʰi^{31}
平陆	tʰi^{13}	tʰi^{13}	tʰi^{13}	tʰi^{13}	ȵi^{13}	li^{13}	li^{13}	tɕʰi^{31}
永济	tʰi^{24}	ti^{24}白/tʰi^{24}文	tʰi^{24}	tʰi^{24}	ȵi^{24}/ȵi^{44}	li^{24}	li^{24}	tɕʰi^{31}
芮城	tʰi^{13}	tʰi^{13}	tʰi^{13}	tʰi^{13}	ȵi^{13}	li^{13}	li^{13}	tɕʰi^{42}
吉县	tʰi^{13}	tʰiəu^{13}	tʰi^{13}	tʰi^{13}	ni^{13}	li^{13}	li^{13}	tɕʰi^{13}
乡宁	tʰi^{12}	tʰi^{12}	tʰi^{12}	tʰi^{12}	ȵi^{12}	li^{12}	li^{12}	tɕʰi^{53}
广灵	tʰi^{31}	tʰi^{31}	tʰi^{31}	tʰi^{31}	ni^{31}	li^{31}	li^{31}	tɕʰi^{53}

字目	凄	齐	脐	西	犀	稽~查	鸡	溪
中古音 方言点	七稽 蟹开四 平齐清	徂奚 蟹开四 平齐从	徂奚 蟹开四 平齐从	先稽 蟹开四 平齐心	先稽 蟹开四 平齐心	古奚 蟹开四 平齐见	古奚 蟹开四 平齐见	苦奚 蟹开四 平齐溪
北京	tɕʰi^{55}	tɕʰi^{35}	tɕʰi^{35}	ɕi^{55}	ɕi^{55}	tɕi^{55}	tɕi^{55}	ɕi^{55}
小店	tɕʰi^{11}	tɕʰi^{11}	tɕi^{11} 白 / tɕʰi^{11} 文	ɕi^{11}	ɕi^{11}	tɕi^{11}	tɕi^{11}	ɕi^{11}
尖草坪	tɕʰi^{33}	tɕʰi^{33}	tɕʰi^{33}	ɕi^{33}	ɕi^{33}	tɕi^{33}	tɕi^{33}	ɕi^{33}
晋源	tɕʰi^{11}	tɕʰi^{11}	tɕi^{11}	ɕi^{11}	ɕi^{11}	tɕi^{35}	tɕi^{11}	ɕi^{11}
阳曲	tɕʰi^{312}	tɕʰi^{43}	tɕʰi^{43}	ɕi^{312}	ɕi^{312}	tɕieʔ^{4}/tɕi^{312}	tɕi^{312}	ɕi^{312}
古交	tɕʰi^{44}	tɕʰi^{44}	tɕʰi^{44}	ɕi^{44}	ɕi^{44}	tɕi^{44}	tɕi^{44}	ɕi^{44}
清徐	tɕʰi^{11}	tɕʰi^{11}	tɕi^{11} 白 / tɕʰi^{11} 文	ɕi^{11}	ɕi^{11}	tɕi^{11}	tɕi^{11}	ɕi^{11}
娄烦	tɕʰi^{33}	tɕʰi^{33}	tɕʰi^{33}	ɕi^{33}	ɕi^{33}	tɕi^{33}	tɕi^{33}	ɕi^{33}
榆次	tɕʰi^{11}	tɕʰiəʔ^{1}	tɕi^{11}	ɕi^{11}	ɕi^{11}	tɕiəʔ^{1}	tɕi^{11}	ɕi^{11}
交城	tɕʰi^{11}	tʰi^{11} 白 / tɕʰi^{11} 文	tɕi^{11} 白 / tɕʰi^{11} 文	ɕi^{11}	ɕi^{11}	tɕi^{11}/tɕiəʔ^{1}	tɕi^{11}	ɕi^{11}
文水	tɕʰiəʔ^{2}	tsʰɿ^{22}	tsɿ^{22} 白 / tsʰɿ^{22} 文	sɿ^{22}	sɿ^{22}	tɕiəʔ^{2}	tsɿ^{22}	sɿ^{22}
祁县	tsʰɿ^{31}	tsɿ^{31} 白 / tsʰɿ^{31} 文	tsɿ^{31}	sɿ^{31}	sɿ^{31}	tsɿ^{31}	tsɿ^{31}	sɿ^{31}
太谷	tɕʰi^{33}	tɕi^{33} 白 / tɕʰi^{33} 文	tɕi^{33} 白 / tɕʰi^{33} 文	ɕi^{33}	ɕi^{33}	tɕi^{33}	tɕi^{33}	ɕi^{33}
平遥	tɕʰi^{213}	tɕi^{213}	tsei^{213} 白 / tɕi^{213} 文	sei^{213}	ɕi^{213}	tɕi^{213}	tɕi^{213}	ɕi^{213}
孝义	tɕʰi^{33}	tɕi^{33}	tɕi^{33}	ɕi^{33}	ɕi^{33}	tɕi^{33}	tji^{33}	ɕi^{33}
介休	tɕʰiʌʔ$^{\underline{12}}$	tsʰei^{13}	tsei^{13}	sei^{13}	ɕi^{13}	tɕiʌʔ$^{\underline{12}}$	tɕi^{13}	ɕi^{13}
灵石	tɕʰi^{535}	tɕʰi^{44}	tɕʰi^{44}	ɕi^{535}	ɕi^{535}	tɕi^{535}	tɕi^{535}	ɕi^{535}
盂县	tɕʰi^{412}	tɕʰi^{22}	tɕʰi^{22}	ɕi^{412}	ɕi^{412}	——	tɕi^{412}	ɕi^{412}
寿阳	tsʰɿ^{31}	tsʰɿ^{22}	tsʰɿ^{22}	sɿ^{31}	ɕiəʔ^{2}	tɕiəʔ^{2}	tsɿ^{31}	sɿ^{31}
榆社	tsʰɿ^{22}	tsʰɿ^{22}	tsʰɿ^{22}	sɿ^{22}	sɿ^{22}	tsɿ^{22}	tsɿ^{22}	sɿ^{22}
离石	tsʰɿ^{24}	tsʰɿ^{44}	tsʰɿ^{44}	sɿ^{24}	sɿ^{24}	tɕɿ^{24}	tɕɿ^{24}	sɿ^{24}
汾阳	tsʰɿ^{324}	tsʰɿ^{22}	tsʰɿ^{22}	sɿ^{324}	sɿ^{324}	tsɿ^{324}	tsɿ^{324}	sɿ^{324}
中阳	tɕʰi^{24}	tɕʰi^{33}	tɕʰi^{33}	ɕi^{24}	ɕi^{24}	tɕi^{24}	tɕi^{24}	ɕi^{24}
柳林	tɕʰi^{24}	tɕʰi^{44}	tɕʰi^{44}	ɕi^{24}	ɕi^{24}	tɕi^{24}	tɕi^{24}	ɕi^{24}
方山	tɕʰi^{24}	tɕʰi^{44}	tɕʰi^{44}	ɕi^{24}	ɕi^{24}	tɕi^{24}	tɕi^{24}	ɕi^{24}
临县	tsʰei^{24}	tɕʰei^{24}	tɕʰei^{24}	sei^{24}	ɕi^{24}	tɕiɐʔ^{3}	tɕi^{24}	ɕi^{24}

续表

字目	凄	齐	脐	西	犀	稽~查	鸡	溪
中古音 / 方言点	七稽 蟹开四 平齐清	徂奚 蟹开四 平齐从	徂奚 蟹开四 平齐从	先稽 蟹开四 平齐心	先稽 蟹开四 平齐心	古奚 蟹开四 平齐见	古奚 蟹开四 平齐见	苦奚 蟹开四 平齐溪
兴县	tɕʰi^{324}	tʰi^{55} 白 / tɕʰi^{55} 文	tɕʰi^{55}	ɕi^{324}	ɕi^{213}	tɕi^{324}	tɕi^{324}	ɕi^{324}
岚县	ɕi^{214}	tɕʰi^{44}	tɕʰi^{44}	ɕi^{214}	ɕi^{44}	tɕi^{214}	tɕi^{214}	ɕi^{44}
静乐	tɕʰi^{33}	tɕʰi^{33}	tɕʰi^{33}	ɕi^{24}	ɕi^{24}	tɕi^{24}	tɕi^{24}	ɕi^{33}
交口	tɕʰi^{323}	tɕʰi^{44}	tɕʰi^{44}	ɕi^{323}	ɕi^{323}	——	tɕi^{323}	ɕi^{323}
石楼	tɕʰi^{213}	tɕʰi^{44}	tɕʰi^{44}	ɕi^{213}	ɕi^{44}	tɕi^{213}	tɕi^{213}	ɕi^{213}
隰县	tɕʰi^{53}	tɕʰi^{24}	tɕi^{24}	ɕi^{53}	ɕi^{53}	tɕi^{53}	tɕi^{53}	ɕi^{53}
大宁	tɕiəʔ$^{\underline{31}}$	tɕi^{24}	tɕi^{24}	ɕi^{31}	ɕi^{31}	tɕi^{31}	tɕi^{31}	ɕi^{31}
永和	tɕʰi^{33}	tɕʰi^{35}	tɕʰi^{35}	ɕi^{33}	ɕi^{33}	tɕi^{33}	tɕi^{33}	ɕi^{33}
汾西	ɕʑ̍^{11}	tɕʰʑ̍^{35}	tɕʰʑ̍^{35}	ɕʑ̍^{11}	ɕiəʔ^{3}	tɕʑ̍^{11}	tʑ̍^{11} 白 / tɕʰʑ̍^{11} 文	ɕʑ^{33}
蒲县	tɕʰi^{52}	tɕʰi^{24}	tɕʰi^{24}	ɕi^{52}	ɕi^{52}	tɕi^{52}	tɕi^{52}	ɕi^{52}
潞州	tɕʰi^{312}	tɕʰi^{24}	tɕʰi^{24}	ɕi^{312}	ɕi^{312}	tɕi^{312}	tɕi^{312}	ɕi^{312}
上党	tɕʰi^{213}	tɕʰi^{44}	tɕi^{213}	ɕi^{213}	ɕi^{213}	tɕi^{213}	tɕi^{213}	ɕi^{213}
长子	tɕʰi^{312}	tɕʰi^{24}	tɕʰi^{24}	ɕi^{312}	ɕi^{312}	tɕiəʔ^{4}	tɕi^{312}	ɕi^{312}
屯留	tɕʰi^{31}	tɕʰi^{11}	tɕʰi^{11}	ɕi^{31}	ɕi^{31}	tɕi^{31}	tɕi^{31}	ɕi^{31}
襄垣	tɕʰi	tɕʰi^{31}	tɕʰi^{31}	ɕi^{33}	ɕi^{33}	tɕi^{33}	tɕi^{33}	ɕi^{33}
黎城	tɕʰi^{33}	tɕʰi^{53}	tɕʰi^{53}	ɕi^{33}	ɕi^{33}	tɕi^{33}	ci^{33}	ɕi^{33}
平顺	tɕʰi^{213}	tɕʰi^{13}	tɕʰi^{13}	ɕi^{213}	ɕi^{213}	ci^{213}	ci^{213}	ɕi^{213}
壶关	cʰi^{33}	tsʰi^{13}	tsi^{33}	si^{33}	si^{33}	ci^{33}	ci^{33}	çi^{33}
沁县	tsʰɿ^{224}	tsʰɿ^{33}	tsʰɿ^{33}	sɿ^{224}	sɿ^{224}	tɕiəʔ$^{\underline{31}}$	tsɿ^{224}	sɿ^{224}
武乡	tsʰɿ^{113}	tsʰɿ^{33}	tsʰɿ^{33}	sɿ^{113}	tsʰɿ^{33}	tsɿ^{113}	tsɿ^{113}	sɿ^{113}
沁源	tɕʰi^{324}	tɕʰi^{33}	tɕʰi^{33}	ɕi^{324}	ɕi^{324}	tɕi^{324}	tɕi^{324}	ɕi^{324}
安泽	tɕʰi^{21}	tɕʰi^{35}	tɕʰi^{35}	ɕi^{21}	ɕi^{21}	tɕi^{21}	tɕi^{21}	ɕi^{21}
沁水端氏	——	tɕʰi^{24}	tɕʰi^{24}	ɕi^{21}	ɕi^{21}	tɕi^{53}	tɕi^{21}	ɕi^{21}
阳城	cʰi^{224}	tɕʰi^{22}	tɕʰi^{22}	ɕi^{224}	ɕi^{224}	ciəʔ^{2}	ci^{224}	cʰi^{224}
高平	tɕiɛʔ^{2}	tɕʰi^{33}	tɕʰi^{33}	ɕi^{33}	ɕi^{33}	tɕiɛʔ^{2}	ci^{33}	ɕi^{33}
陵川	cʰi^{33}	tɕʰi^{53}	tɕʰiəʔ^{3}	ɕi^{33}	ɕi^{33}	ci^{33}	ci^{33}	ɕi^{33}
晋城	tɕʰi^{33}	tɕʰi^{324}	tɕʰi^{324}	ɕi^{33}	ɕi^{33}	tɕiəʔ^{2}	tɕi^{33}	ɕi^{33}
忻府	tɕʰi^{313}	tɕʰi^{21}	tɕʰi^{21}	ɕi^{313}	ɕi^{313}	tɕi^{313}	tɕi^{313}	ɕi^{313}
原平	tɕʰiəʔ$^{\underline{34}}$	tɕʰi^{33}	tɕʰi^{33}	ɕi^{213}	ɕi^{213}	tɕi^{213}	tɕi^{213}	ɕiəʔ$^{\underline{34}}$
定襄	tɕiəʔ^{1}	tɕʰi^{11}	tɕʰi^{11}	ɕi^{24}	ɕi^{24}	tɕiəʔ^{1}	tɕi^{24}	ɕi^{24}

续表

字目	凄	齐	脐	西	犀	稽~查	鸡	溪
中古音 / 方言点	七稽 蟹开四 平齐清	徂奚 蟹开四 平齐从	徂奚 蟹开四 平齐从	先稽 蟹开四 平齐心	先稽 蟹开四 平齐心	古奚 蟹开四 平齐见	古奚 蟹开四 平齐见	苦奚 蟹开四 平齐溪
五台	tɕʰi^{33}	tɕʰi^{33}	tɕʰi^{33}	ɕi^{213}	ɕi^{213}	tɕi^{213}	tɕi^{213}	ɕi^{213}
岢岚	tɕʰi^{13}	tɕʰi^{44}	tɕʰi^{44}	ɕi^{13}	ɕi^{44}	tɕi^{13}	tɕi^{13}	ɕi^{44}
五寨	tɕʰi^{13}	tɕʰi^{44}	tɕʰi^{44}	ɕi^{13}	ɕi^{13}	tɕi^{13}	tɕi^{13}	ɕi^{13}
宁武	——	tɕʰi^{33}	tɕʰi^{33}	ɕi^{23}	——	——	tɕi^{23}	——
神池	tɕʰi^{24}	tɕʰi^{32}	tɕʰi^{32}	ɕi^{24}	ɕi^{24}	tɕi^{24}	tɕi^{24}	ɕi^{24}
繁峙	tɕʰi^{53}	tɕʰi^{31}	tɕʰi^{31}	ɕi^{53}	ɕi^{53}	tɕi^{53}	tɕi^{53}	ɕi^{53}
代县	tɕʰi^{213}	tɕʰi^{44}	tɕʰi^{44}	ɕi^{213}	ɕi^{213}	tɕi^{213}	tɕi^{213}	ɕi^{213}
河曲	tɕʰi^{213}	tɕʰi^{44}	tɕʰi^{44}	ɕi^{213}	ɕi^{213}	tɕi^{213}	tɕi^{213}	ɕi^{213}
保德	tɕʰi^{213}	tɕʰi^{44}	tɕʰi^{44}	ɕi^{213}	ɕi^{213}	tɕi^{213}	tɕi^{213}	ɕi^{213}
偏关	tsʰɿ^{24}	tsʰɿ^{44}	tsʰɿ^{44}	sɿ^{24}	sɿ^{24}	tsɿ^{24}	tsɿ^{24}	sɿ^{24}
朔城	——	tɕʰi^{35}	tɕʰi^{35}	ɕi^{312}	ɕi^{312}	tɕi^{312}	tɕi^{312}	ɕi^{312}
平鲁	tɕʰi^{44}	tɕʰi^{44}	tɕʰi^{44}	ɕi^{213}	ɕi^{44}	tɕi^{44}	tɕi^{213}	——
应县	tɕʰi^{43}	tɕʰi^{31}	tɕʰi^{31}	ɕi^{43}	ɕi^{43}	tɕi^{43}	tɕi^{43}	ɕi^{43}
灵丘	tɕʰi^{442}	tɕʰi^{31}	tɕʰi^{31}	ɕi^{442}	ɕi^{442}	tɕi^{442}	tɕi^{442}	ɕiəʔ^{5}
浑源	tɕʰi^{52}	tɕʰi^{22}	tɕʰi^{22}	ɕi^{52}	ɕi^{52}	tɕiəʔ^{4}	tɕi^{52}	ɕi^{52}
云州	tɕʰi^{21}	tɕʰi^{21}	tɕʰi^{312}	ɕi^{21}	ɕi^{21}	tɕiəʔ^{4}	tɕi^{21}	ɕi^{21}
新荣	tɕʰiəʔ^{4}	tɕʰi^{312}	tɕʰi^{312}	ɕi^{32}	ɕi^{32}	tɕiəʔ^{4}	tɕi^{32}	ɕi^{32}
怀仁	tɕʰi^{42}	tɕʰi^{312}	tɕʰi^{312}	ɕi^{42}	ɕi^{42}	tɕi^{42}	tɕi^{42}	ɕi^{42}
左云	tɕʰi^{31}	tɕʰi^{313}	tɕʰi^{313}	ɕi^{31}	ɕi^{31}	tɕi^{31}	tɕi^{31}	ɕi^{31}
右玉	tɕʰi^{31}	tɕʰi^{212}	tɕʰi^{212}	ɕi^{31}	ɕi^{31}	tɕi^{31}	tɕi^{31}	ɕi^{31}
阳高	tɕʰi^{31}	tɕʰi^{312}	tɕʰi^{312}	ɕi^{31}	ɕi^{31}	tɕi^{31}	tɕi^{31}	ɕi^{31}
山阴	tɕʰi^{313}	tɕʰi^{313}	——	ɕi^{313}	ɕi^{313}	tɕiəʔ^{4}	tɕi^{313}	ɕi^{313}
天镇	——	tɕʰi^{22}	tɕʰi^{22}	ɕi^{22}	ɕi^{31}	tɕi^{31}	tɕi^{31}	ɕi^{24}
平定	tɕʰi^{31}	tɕʰi^{44}	tɕʰi^{44}	ɕi^{31}	ɕi^{31}	tɕi^{31}	tɕi^{31}	ɕi^{31}
昔阳	tɕʰi^{42}	tɕʰi^{33}	tɕʰi^{33}	ɕi^{42}	ɕi^{42}	tɕi^{42}	tɕi^{42}	ɕi^{42}
左权	——	tɕʰi^{11}	tɕʰi^{11}	ɕi^{31}	ɕi^{31}	tɕi^{31}	tɕi^{31}	ɕi^{31}
和顺	——	tɕʰi^{22}	tɕʰi^{22}	ɕi^{42}	——	tɕi^{42}	tɕi^{42}	ɕi^{42}
尧都	tɕʰi^{21}	tɕʰi^{24}	tɕi^{21}	ɕi^{21}	ɕi^{21}	tɕi^{21}	tɕi^{21}	ɕi^{21}
洪洞	tɕʰi^{21}	tɕʰi^{24}	tɕʰi^{24}	ɕi^{21}	ɕi^{24}	tɕi^{21}	ti 白 /tɕi^{21} 文	ɕi^{53}
洪洞赵城	tɕʰi^{21}	tɕʰi^{24}	tɕʰi^{24}	ɕi^{21}	ɕi^{21}	tɕi^{21}	ti^{21} 白 /tɕi^{21} 文	ɕi^{21}
古县	tɕʰi^{21}	tɕʰi^{35}	tɕʰi^{35}	ɕi^{21}	ɕi^{21}	tɕi^{21}	tɕi^{21}	ɕi^{21}

续表

字目 / 中古音 / 方言点	凄	齐	脐	西	犀	稽~查	鸡	溪
中古音	七稽 蟹开四 平齐清	徂奚 蟹开四 平齐从	徂奚 蟹开四 平齐从	先稽 蟹开四 平齐心	先稽 蟹开四 平齐心	古奚 蟹开四 平齐见	古奚 蟹开四 平齐见	苦奚 蟹开四 平齐溪
襄汾	tɕ^{h}i^{21}	tɕ^{h}i^{24}	tɕ^{h}i^{24}	ɕi^{21}	ɕi^{21}	tɕi^{21}	ti^{21} 白 / tɕi^{21} 文	ɕi^{21}
浮山	ɕi^{42}	tɕ^{h}i^{13}	tɕ^{h}i^{13}	ɕi^{42}	ɕi^{42}	tɕi^{42}	ti^{42} 白 /tɕi^{42} 文	ɕi^{13}
霍州	tɕ^{h}i^{212}	tɕ^{h}i^{35}	tɕ^{h}i^{35}	ɕi^{212}	ɕi^{212}	tɕi^{212}	tɕi^{212}	ɕi^{212}
翼城	tɕi^{53}	tɕiᴇ^{12}	tɕ^{h}i^{12}	tɕ^{h}i^{53}	tɕ^{h}i^{53}	li^{53}	liᴇ^{53}	tɕ^{h}i^{53}
闻喜	tɕ^{h}i^{13}	tɕ^{h}i^{33}	——	ɕi^{53}	ɕi^{53}	tɕi^{53}	tɕi^{53}	ɕi^{53}/ɕi^{13}
侯马	tɕ^{h}i^{213}	tɕ^{h}i^{213}	tɕ^{h}i^{213}	ɕi^{213}	ɕi^{213}	tɕi^{213}	tɕi^{213}	ɕi^{213}
新绛	tɕ^{h}i^{13}	tɕ^{h}i^{13}	tɕ^{h}i^{13}	ɕi^{53}	ɕi^{44}	tɕi^{53}	tɕi^{53}	ɕi^{53}
绛县	tɕ^{h}i^{53}	tɕ^{h}i^{24}	tɕ^{h}i^{53}	ɕi^{53}	ɕi^{53}	tɕi^{53}	tɕi^{53}	ɕi^{53}
垣曲	tɕ^{h}i^{53}	tɕ^{h}i^{22}	tɕ^{h}i^{22}	ɕi^{22}	ɕi^{22}	tɕi^{22}	tɕi^{22}	ɕi^{22}
夏县	——	tɕ^{h}i^{42}	tɕ^{h}i^{42}	ɕi^{53}	——	tɕi^{31}	tɕi^{53}	——
万荣	tɕ^{h}i^{51}	tɕ^{h}i^{213}	tɕ^{h}i^{213}	ɕi^{51}	ɕi^{51}	tɕi^{51}	tɕi^{51}	ɕi^{51}
稷山	tɕ^{h}i^{53}	tɕ^{h}i^{13}	tɕ^{h}i^{13}	ɕi^{53}	ɕi^{53}	tɕi^{53}	tɕi^{53}	ɕi^{53}
盐湖	tɕ^{h}i^{42}	tɕ^{h}i^{13}	tɕ^{h}i^{13}	ɕi^{42}	ɕi^{42}	tɕi^{42}	tɕi^{42}	ɕi^{42}
临猗	tɕ^{h}i^{42}	tɕ^{h}i^{13}	tɕ^{h}i^{13}	ɕi^{42}	ɕi^{42}	tɕi^{42}	tɕi^{42}	ɕi^{42}
河津	tɕ^{h}i^{31}	tɕ^{h}i^{324}	tɕ^{h}i^{324}	ɕi^{31}	——	tɕi^{31}	tʂʅ^{31} 白	ɕi^{31}
平陆	tɕ^{h}i^{31}	tɕ^{h}i^{13}	tɕ^{h}i^{13}	ɕi^{31}	ɕi^{31}	tɕi^{13}	tɕi^{31}	ɕi^{31}
永济	tɕ^{h}i^{31}	tɕ^{h}i^{24}	tɕ^{h}i^{24}	ɕi^{31}	ɕi^{31}	tɕi^{31}	tɕi^{31}	ɕi^{31}
芮城	tɕ^{h}i^{42}	tɕ^{h}i^{13}	tɕ^{h}i^{13}	ɕi^{42}	ɕi^{42}	tɕi^{42}	tɕi^{42}	ɕi^{42}
吉县	——	tɕ^{h}i^{13}	tɕ^{h}i^{13}	ɕi^{423}	ɕi^{423}	tɕi^{423}	tɕi^{423}	ɕi^{423}
乡宁	tɕ^{h}i^{53}	tɕ^{h}i^{12}	tɕ^{h}i^{12}	ɕi^{53}	ɕi^{53}	——	tɕi^{53}	ɕi^{53}
广灵	tɕ^{h}i^{53}	tɕ^{h}i^{31}/ tɕ^{h}iʌu^{31}	tɕ^{h}i^{31}	ɕi^{53}	ɕi^{53}	——	tɕi^{53}	ɕi^{53}

字目	米	底	抵	体	弟	礼	挤	洗
中古音 / 方言点	莫礼 蟹开四 上荠明	都礼 蟹开四 上荠端	都礼 蟹开四 上荠端	他礼 蟹开四 上荠透	徒礼 蟹开四 上荠定	卢启 蟹开四 上荠来	子礼 蟹开四 上荠精	先礼 蟹开四 上荠心
北京	mi^{214}	ti^{214}	ti^{214}	tʰi^{214}	ti^{51}	li^{214}	tɕi^{214}	ɕi^{214}
小店	mi^{53}	ti^{53}	ti^{53}	tʰi^{53}	ti^{24}	li^{53}	tɕi^{53}	ɕi^{53}
尖草坪	mi^{312}	ti^{33}	ti^{33}	tʰi^{312}	ti^{35}	li^{312}	tɕi^{312}	ɕi^{312}
晋源	mi^{42}	ti^{42}	ti^{42}	ti^{42}	ti^{35}	li^{42}	tɕi^{42}	ɕi^{42}
阳曲	mi^{312}	ti^{312}	ti^{312}	tʰi^{312}	ti^{454}	li^{312}	tɕi^{312}	ɕi^{312}
古交	mi^{312}	ti^{312}	ti^{312}	tʰi^{312}	ti^{53}	li^{312}	tɕi^{312}	ɕi^{312}
清徐	mi^{54}	ti^{54}	ti^{54}	tʰi^{54}	ti^{45}	li^{54}	tɕi^{54}	ɕi^{54}
娄烦	mi^{312}	ti^{312}	ti^{312}	tɕʰi^{312}	ti^{54}	li^{312}	tɕi^{312}	ɕi^{312}
榆次	mi^{53}	ti^{53}	ti^{53}	tʰi^{53}	ti^{35}	li^{53}	tɕi^{53}	ɕi^{53}
交城	mi^{53}	ti^{53}	ti^{53}	tʰi^{53}	ti^{24}	li^{53}	tɕi^{53}	ɕi^{53}
文水	mɿ^{423}	tɿ^{423}	tɿ^{423}	tʰɿ^{423}	tɿ^{35}	lɿ^{423}	tsɿ^{423}	sɿ^{423}
祁县	mɿ^{314}	tɿ^{314}	tɿ^{314}	tʰɿ^{314}	tɿ^{45}	lɿ^{314}	tsɿ^{314}	sɿ^{314}
太谷	mi^{312}	ti^{312}	ti^{312}	tʰi^{312}	ti^{53}	li^{312}	tɕi^{312}	ɕi^{312}
平遥	mi^{512}	ti^{512}	ti^{512}	tʰi^{512}	ti^{24}	li^{512}	tsei^{512}	sei^{512}
孝义	mi^{312}	ti^{3121}	ti^{312}	tʰi^{312}	ti^{454}	lei^{312}	tɕi^{312}	ɕi^{312}
介休	mi^{423}	tei^{423}	tei^{423}	tʰei^{423}	tei^{45}	lei^{423}	tsei^{423}	sei^{423}
灵石	mi^{212}	ti^{212}	ti^{212}	tʰi^{212}	ti^{53}	li^{212}	tɕi^{212}	ɕi^{212}
盂县	mi^{53}	ti^{53}	ti^{53}	tʰi^{53}	ti^{55}	lei^{53}	tɕi^{53}	ɕi^{53}
寿阳	mɿ^{53}	tsɿ^{53}	tsɿ^{53}	tsʰɿ^{53}	tsɿ^{45}	lei^{53}	tsɿ^{53}	sɿ^{53}
榆社	mɿ^{22}	tei^{312}	tei^{312}	tʰi^{312}	tei^{45}	lei^{312}	tsɿ^{312}	sɿ^{312}
离石	mɿ^{312}	tɿ^{312}	tɿ^{312}	tʰɿ^{312}	tɿ^{53}	li^{312}	tsɿ^{312}	sɿ^{312}
汾阳	mɿ^{22}	tɿ^{312}	tɿ^{312}	tʰɿ^{312}	tɿ^{55}	lɿ^{312}	tsɿ^{312}	sɿ^{312}
中阳	mi^{423}	ti^{423}	ti^{423}	tʰi^{423}	ti^{53}	li^{423}	tɕi^{423}	ɕi^{423}
柳林	mi^{312}	ti^{312}	ti^{312}	tʰi^{312}	ti^{53}	li^{312}	tɕi^{312}	ɕi^{312}
方山	mi^{312}	ti^{312}	ti^{312}	tʰi^{312}	ti^{52}	li^{312}	tɕi^{312}	ɕi^{312}
临县	mi^{312}	ti^{312}	ti^{312}	tʰi^{312}	ti^{52}	lei^{312}	tɕei^{312}	ɕei^{312}
兴县	mi^{324}	ti^{324}	——	tʰi^{324}	ti^{53}	li^{324}	tɕi^{324}	ɕi^{324}
岚县	mi^{312}	ti^{312}	ti^{312}	tɕʰi^{312}	ti^{53}	li^{312}	tɕi^{312}	ɕi^{312}
静乐	mi^{314}	ti^{314}	ti^{314}	tɕʰi^{314} 白	ti^{53}	li^{314}	tɕi^{314}	ɕi^{314}
交口	mi^{323}	ti^{323}	ti^{323}	tʰi^{323}	ti^{53}	li^{323}	tɕi^{323}	ɕi^{323}
石楼	mi^{213}	ti^{213}	ti^{213}	tʰi^{213}	ti^{51}	li^{213}	tɕi^{213}	ɕi^{213}
隰县	mi^{21}	ti^{21}	ti^{21}	tʰi^{21}	tʰi^{44} 白 /ti^{44} 文	li^{21}	tɕi^{21}	ɕi^{21}

续表

字目	米	底	抵	体	弟	礼	挤	洗
中古音 / 方言点	莫礼 蟹开四 上荠明	都礼 蟹开四 上荠端	都礼 蟹开四 上荠端	他礼 蟹开四 上荠透	徒礼 蟹开四 上荠定	卢启 蟹开四 上荠来	子礼 蟹开四 上荠精	先礼 蟹开四 上荠心
大宁	mi^{31}	ti^{31}	ti^{31}	tʰi^{31}	tʰi^{55} 白 /ti^{55} 文	li^{31}	tɕi^{31}	ɕi^{31}
永和	mi^{312}	ti^{312}	ti^{312}	tʰi^{35}	tʰi^{53} 白 /ti^{53} 文	li^{312}	tɕi^{312}	ɕi^{312}
汾西	mʑ̍^{33}	tʑ̍^{33}	tʑ̍^{33}	tʰʑ̍^{33}	tʰʑ̍^{53}	lʑ̍^{33}	tɕʑ̍^{33}	ɕʑ̍^{33}
蒲县	mi^{31}	ti^{31}	ti^{31}	tʰi^{31}	tʰi^{33} 白 /ti^{33} 文	li^{31}	tɕi^{31}	ɕi^{52}
潞州	mi^{535}	ti^{535}	ti^{535}	tʰi^{535}	ti^{54}	li^{24}	tɕi^{535}	ɕi^{535}
上党	mi^{535}	ti^{535}	ti^{535}	tʰi^{535}	ti^{42}	li^{535}	tɕi^{535}	ɕi^{535}
长子	mi^{434}	ti^{434}	ti^{434}	tʰi^{434}	ti^{53}	li^{434}	tɕi^{434}	ɕi^{434}
屯留	mi^{43}	ti^{43}	ti^{43}	tʰi^{43}	ti^{11}	li^{43}	tɕi^{43}	ɕi^{43}
襄垣	li^{42}	ti^{42}	ti^{42}	tʰi^{42}	ti^{45}	li^{42}	tɕi^{42}	ɕi^{42}
黎城	mi^{213}	ti^{213}	ti^{213}	tʰi^{213}	ti^{53}	li^{213}	tɕi^{213}	ɕi^{213}
平顺	mi^{434}	ti^{434}	ti^{434}	ti^{434}	ti^{53}	li^{434}	tɕi^{434}	ɕi^{434}
壶关	mi^{535}	ti^{535}	ti^{535}	ti^{535}	ti^{353}	li^{535}	tsi^{535}	çi^{535}/si^{535}
沁县	mɿ^{214}	tsɿ^{214}	tsɿ^{214}	tsʰɿ^{214}	tsɿ^{53}	əɭ^{214}	tsɿ^{214}	sɿ^{214}
武乡	mɿ^{213}	tsɿ^{213}	tsɿ^{213}	tsʰɿ^{213}	tsɿ^{55}	l̩^{213}	tsɿ^{213}	sɿ^{213}
沁源	mi^{324}	ti^{324}	ti^{324}	tʰi^{324}	ti^{53}	li^{324}	tɕi^{324}	ɕi^{324}
安泽	mi^{42}	ti^{42}	ti^{42}	tʰi^{42}	ti^{53}	li^{42}	tɕi^{42}	ɕi^{42}
沁水端氏	mi^{31}	ti^{31}	ti^{31}	tʰi^{31}	ti^{53}	li^{31}	tɕi^{31}	ɕi^{31}
阳城	mi^{212}	ti^{212}	ti^{212}	tʰi^{212}	tiəʔ^{2} 白 / ti^{51} 文	li^{212}	tɕi^{212}	ɕi^{212}
高平	miə̃ĩ^{212}	ti^{212}	ti^{212}	tʰi^{53}	ti^{53}	li^{212}	tɕi^{212}	ɕi^{212}
陵川	mi^{312}	ti^{312}	ti^{312}	tʰi^{312}	ti^{24}	li^{312}	tɕi^{312}	cʰiəʔ^{3}
晋城	mi^{324}	ti^{213}	ti^{213}	tʰi^{213}	ti^{53}	li^{324}	tɕi^{213}	ɕi^{213}
忻府	mi^{313}	ti^{313}	ti^{313}	tʰi^{313}	ti^{53}	li^{313}	tɕi^{313}	ɕi^{313}
原平	mi^{213}	ti^{213}	ti^{213}	tʰi^{213}	ti^{53}	li^{213}	tɕi^{213}	ɕi^{213}
定襄	mi^{24}	tiəʔ^{1}	tiəʔ^{1}	tʰi^{24}	ti^{53}	li^{24}	tɕi^{24}	ɕi^{24}
五台	mi^{213}	ti^{213}	ti^{213}	tɕʰi^{213}	ti^{52}	li^{213}	tɕi^{213}	ɕi^{213}
岢岚	mi^{13}	ti^{13}	ti^{13}	tʰi^{13}	ti^{52}	li^{13}	tɕi^{13}	ɕi^{13}
五寨	mi^{13}	ti^{13}	ti^{13}	tʰi^{13}	ti^{52}	li^{13}	tɕi^{13}	ɕi^{13}
宁武	mi^{213}	ti^{213}	ti^{213}	tɕʰi^{213}	ti^{52}	li^{213}	tɕi^{213}	ɕi^{213}
神池	mi^{13}	ti^{13}	ti^{13}	tʰi^{13}	ti^{52}	li^{13}	tɕi^{13}	ɕi^{13}
繁峙	mi^{53}	ti^{53}	ti^{53}	tʰi^{53}	ti^{24}	li^{53}	tɕi^{53}	ɕi^{53}

续表

字目	米	底	抵	体	弟	礼	挤	洗
中古音 / 方言点	莫礼 蟹开四 上荠明	都礼 蟹开四 上荠端	都礼 蟹开四 上荠端	他礼 蟹开四 上荠透	徒礼 蟹开四 上荠定	卢启 蟹开四 上荠来	子礼 蟹开四 上荠精	先礼 蟹开四 上荠心
代县	mi^{213}	ti^{213}	ti^{213}	t^{h}i^{213}	ti^{53}	li^{213}	tɕi^{213}	ɕi^{213}
河曲	mi^{213}	ti^{213}	ti^{213}	t^{h}i^{213}	ti^{52}	li^{213}	tɕ^{213}	ɕi^{213}
保德	mi^{213}	ti^{213}	ti^{213}	t^{h}i^{213}	ti^{52}	li^{213}	tɕi^{213}	ɕi^{213}
偏关	mɿ^{44}	tsɿ^{24}	tsɿ^{24}	ts^{h}ɿ^{213}	tsɿ^{52}	lʅ^{213}	tsɿ^{213}	sɿ^{213}
朔城	mi^{312}	ti^{312}	ti^{312}	tɕ^{h}i^{312}	ti^{53}	li^{312}	tɕi^{312}	ɕi^{312}
平鲁	mi^{213}	ti^{213}	ti^{213}	tɕ^{h}i^{213}	ti^{52}	li^{213}	tɕi^{213}	ɕi^{213}
应县	mi^{54}	ti^{54}	ti^{54}	tɕ^{h}i^{54}	ti^{24}	li^{54}	tɕi^{54}	ɕi^{54}
灵丘	mi^{442}	ti^{442}	ti^{442}	t^{h}i^{442}	ti^{53}	li^{442}	tɕi^{442}	ɕi^{442}
浑源	mi^{52}	ti^{52}	ti^{52}	t^{h}i^{52}	ti^{13}	li^{52}	tɕi^{52}	ɕi^{52}
云州	mi^{55}	ti^{55}	ti^{55}	t^{h}i^{55}	ti^{24}	li^{55}	tɕi^{55}	ɕi^{55}
新荣	mi^{54}	ti^{54}	ti^{54}	t^{h}i^{54}	ti^{24}	li^{54}	tɕi^{54}	ɕi^{54}
怀仁	mi^{53}	ti^{53}	ti^{53}	t^{h}i^{53}	ti^{24}	li^{53}	tɕi^{53}	ɕi^{53}
左云	mi^{54}	ti^{54}	ti^{54}	t^{h}i^{54}	ti^{24}	li^{54}	tɕi^{54}	ɕi^{54}
右玉	mi^{53}	ti^{53}	ti^{53}	t^{h}i^{53}	ti^{24}	li^{53}	tɕi^{53}	ɕi^{53}
阳高	mi^{53}	ti^{53}	ti^{53}	t^{h}i^{53}	ti^{24}	li^{53}	tɕiəʔ^{3}	ɕi^{53}
山阴	mi^{52}	ti^{52}	ti^{313}	tɕi^{52}	ti^{335}	li^{52}	tɕi^{52}	ɕi^{52}
天镇	mi^{55}	ti^{55}	ti^{55}	t^{h}i^{55}	ti^{24}	li^{55}	tɕi^{55}	ɕi^{55}
平定	mi^{53}	ti^{53}	ti^{53}	t^{h}i^{53}	ti^{24}	lei^{53}	tɕi^{53}	ɕi^{53}
昔阳	mi^{55}	ti^{55}	ti^{55}	t^{h}i^{55}	ti^{13}	lei^{55}	tɕi^{55}	ɕi^{55}
左权	mi^{42}	ti^{42}	ti^{42}	t^{h}i^{42}	ti^{53}	lɛi^{42} 白 / li^{42} 文	tɕi^{42}	ɕi^{42}
和顺	mi^{53}	ti^{53}	ti^{53}	t^{h}i^{53}	ti^{13}	lei^{53}	tɕi^{53}	ɕi^{53}
尧都	mi^{53}	ti^{53}	ti^{53}	t^{h}i^{44}	t^{h}i^{44}	li^{53}	tɕi^{53}	ɕi^{53}
洪洞	mi^{42}	ti^{42}	ti^{33}	t^{h}i^{42}	t^{h}i^{53} 白 /ti^{53} 文	li^{42}	tɕi^{42}	ɕi^{42}
洪洞赵城	mi^{42}	ti^{42}	ti^{42}	t^{h}i^{42}	t^{h}i^{53} 白 /ti^{53} 文	li^{42}	tɕi^{42}	ɕi^{42}
古县	mi^{42}	tɕi^{42}	tɕi^{42}	tɕ^{h}i^{42}	tɕ^{h}i^{53}	li^{42}	tɕi^{42}	ɕi^{42}
襄汾	mi^{42}	ti^{42}	ti^{42}	t^{h}i^{42}	t^{h}i^{53} 白 /ti^{44} 文	li^{42}	tɕi^{53}	ɕi^{42}
浮山	mi^{33}	ti^{33}	ti^{33}	t^{h}i^{33}	t^{h}i^{53} 白 /ti^{44} 文	li^{33}	tɕi^{53}	ɕi^{33}
霍州	mi^{33}	tɕi^{33} 白 / ti^{33} 文	tɕi^{33} 白 / ti^{33} 文	tɕ^{h}i^{33} 白 / t^{h}i^{33} 文	tɕ^{h}i^{53} 白 / t^{h}i^{53} 文	li^{33}	tɕi^{33}	ɕi^{33}
翼城	mi^{44}	ti^{44}	ti^{44}	ti^{44}	ti^{53}	li^{44}	tɕi^{44}	ɕi^{44}

续表

字目	米	底	抵	体	弟	礼	挤	洗
中古音 / 方言点	莫礼 蟹开四 上荠明	都礼 蟹开四 上荠端	都礼 蟹开四 上荠端	他礼 蟹开四 上荠透	徒礼 蟹开四 上荠定	卢启 蟹开四 上荠来	子礼 蟹开四 上荠精	先礼 蟹开四 上荠心
闻喜	li^{33} 白 / mi^{33} 文	ti^{33}	ti^{33}	t^hi^{33}	t^hi^{13}	li^{33}	$tɕi^{33}$	$ɕi^{33}$
侯马	mi^{44}	ti^{44}	ti^{44}	t^hi^{44}	ti^{53}	li^{44}	$tɕi^{44}$	$ɕi^{44}$
新绛	mi^{44}	ti^{44}	ti^{44}	t^hi^{53}	t^hi^{53}	li^{44}	$tɕi^{53}$	$ɕi^{44}$
绛县	mi^{31}	t^hi^{33}	t^hi^{33}	t^hi^{31}	t^hi^{53}	li^{33}	$tɕi^{33}$	$ɕi^{33}$
垣曲	mi^{44}	ti^{44}	ti^{44}	t^hi^{44}	ti^{44}	li^{44}	$tɕi^{44}$	$ɕi^{44}$
夏县	mi^{24}	ti^{24}	ti^{24}	t^hi^{42}	t^hi^{31} 白 / ti^{31} 文	li^{24}	$tɕi^{24}$	$ɕi^{24}$
万荣	mei^{55}	ti^{55}	ti^{55}	t^hi^{55}	t^hi^{33}	li^{55}	$tɕi^{55}$	$ɕi^{55}$
稷山	mi^{44}	ti^{44}	ti^{44}	t^hi^{44}	t^hi^{42} 白 / ti^{42} 文	li^{44}	$tɕi^{44}$	$ɕi^{44}$
盐湖	mi^{53}	ti^{53}	ti^{53}	t^hi^{53}	ti^{44}	li^{53}	$tɕi^{53}$	$ɕi^{53}$
临猗	mi^{53}	ti^{53}	ti^{53}	t^hi^{13}	t^hi^{44} 白 / ti^{44} 文	li^{53}	$tɕi^{53}$	$ɕi^{53}$
河津	mei^{53}	ti^{53}	ti^{53}	t^hi^{53}	t^hi^{44} 白 / ti^{44} 文	li^{53}	$tɕi^{53}$	$ɕi^{53}$
平陆	p^hi^{55}/mi^{55}	ti^{55}	ti^{55}	t^hi^{55}	t^hi^{33} 白 / ti^{33} 文	li^{55}	$tɕi^{55}$	$ɕi^{55}$
永济	mi^{53}	ti^{53}	ti^{53}	t^hi^{53}	t^hi^{44} 白 / ti^{44} 文	li^{53}	$tɕi^{53}$	$ɕi^{53}$
芮城	mei^{53} 白 / mi^{53} 文	ti^{53}	ti^{53}	t^hi^{13}	t^hi^{44} 白 / ti^{44} 文	li^{53}	$tɕi^{53}$	$ɕi^{53}$
吉县	mi^{53}	ti^{33}	ti^{53}	t^hi^{53}	t^hi^{33} 白 / ti^{33} 文	li^{53}	$tɕi^{53}$	$ɕi^{53}$
乡宁	mi^{44}	ti^{44}	ti^{44}	t^hi^{44}	t^hi^{22} 白 / ti^{22} 文	li^{44}	$tɕi^{44}$	$ɕi^{44}$
广灵	mi^{44}	ti^{44}	ti^{44}	t^hi^{53}	ti^{213}	li^{44}	$tɕi^{44}$	$ɕi^{44}$

字目	启	闭	谜	帝	替	涕	剃
中古音 / 方言点	康礼 蟹开四 上荠溪	博计 蟹开四 去霁帮	莫计 蟹开四 去霁明	都计 蟹开四 去霁端	他计 蟹开四 去霁透	他计 蟹开四 去霁透	他计 蟹开四 去霁透
北京	tɕʰi^{214}	pi^{51}	mi^{35}	ti^{51}	tʰi^{51}	tʰi^{51}	tʰi^{51}
小店	tɕʰi^{53}	pi^{24}	mi^{11}	ti^{24}	tʰi^{24}	tʰi^{24}	tʰi^{24}
尖草坪	tɕʰi^{312}	pi^{35}	mi^{33}	ti^{35}	tʰi^{35}	tʰi^{35}	tʰi^{35}
晋源	tɕʰi^{42}	pi^{35}	mi^{35}	ti^{35}	ti^{35}	ti^{35}	ti^{35}
阳曲	tɕʰi^{312}	pi^{454}	mi^{43}	ti^{454}	tʰi^{454}	tʰi^{454}	tʰi^{454}
古交	tɕʰi^{312}	pi^{53}	mi^{44}	ti^{53}	tʰi^{53}	tʰi^{53}	tʰi^{53}
清徐	tɕʰi^{54}	pi^{45}	mi^{45}	ti^{45}	tʰi^{45}	tʰi^{45}	tʰi^{45}
娄烦	tɕʰi^{312}	pi^{54}	mi^{33}	ti^{54}	tɕʰi^{54}	tɕʰi^{54}	tɕʰi^{54}
榆次	tɕʰi^{53}	pi^{35}	mi^{11}	ti^{35}	tʰi^{35}	tʰi^{35}	tʰi^{35}
交城	tɕʰi^{53}	pi^{24}	mi^{11}	ti^{24}	tʰi^{24}	tʰi^{24}	tʰi^{24}
文水	tsʰɿ^{423}	pɿ^{35}	mɿ^{22}/meɪ^{22}	tɿ^{35}	tʰɿ^{35}	tʰɿ^{35}	tʰɿ^{35}
祁县	tsʰɿ^{314}	pɿ^{45}	mɿ^{45}	tɿ^{45}	tʰɿ^{45}	tʰɿ^{45}	tʰɿ^{45}
太谷	tɕʰi^{312}	pi^{53}	mi^{53}	ti^{53}	tʰi^{53}	tʰi^{53}	tʰi^{53}
平遥	tɕʰi^{512}	pi^{24}	mi^{24}	ti^{24}	tʰi^{24}	tʰi^{24}	tʰi^{24}
孝义	tɕʰi^{312}	pi^{454}	mi^{33}	ti^{454}	tʰi^{454}	tʰi^{454}	tʰi^{454}
介休	tɕʰi^{423}	pi^{45}	mi^{13}	tei^{45}	tʰei^{45}	tei^{45}	tʰei^{45}
灵石	tɕʰi^{212}	pi^{53}	mi^{44}	ti^{53}	tʰi^{53}	tʰi^{53}	tʰi^{53}
盂县	tɕʰi^{53}	pi^{55}	mi^{22}	ti^{55}	tʰi^{55}	tʰi^{55}	tʰi^{55}
寿阳	tsʰɿ^{53}	pɿ^{45}	mɿ^{22}	tsɿ^{45}	tsʰɿ^{45}	tsʰɿ^{45}	tsʰɿ^{45}
榆社	tsʰɿ^{312}	pɿ^{45}	mɿ^{22}	tei^{45}	tʰi^{45}	tʰi^{45}	tʰi^{45}
离石	tsʰɿ^{312}	pɿ^{53}	mɿ^{44}	tɿ^{53}	tʰɿ^{53}	tʰɿ^{53}	tʰɿ^{53}
汾阳	tsʰɿ^{312}	pɿ^{55}	mɿ^{22}	tɿ^{55}	tʰɿ^{55}	tʰɿ^{55}	tʰɿ^{55}
中阳	tɕʰi^{423}	pi^{53}	mi^{33}	ti^{53}	tʰi^{53}	tʰi^{53}	tʰi^{53}
柳林	tɕʰi^{312}	pi^{53}	mi^{44}	ti^{53}	tʰi^{53}	tʰi^{53}	tʰi^{53}
方山	tɕʰi^{312}	pi^{52}	mi^{44}	ti^{52}	tʰi^{52}	tʰi^{52}	tʰi^{52}
临县	tɕʰi^{312}	pi^{52}	mi^{24}	ti^{52}	tʰi^{52}	tʰi^{52}	tʰi^{52}
兴县	tɕʰi^{324}	pi^{53}	mi^{55}	ti^{53}	tʰi^{53}	tʰi^{53}	tʰi^{53}
岚县	tɕʰi^{312}	pi^{53}	mi^{44}	ti^{53}	tɕʰi^{53}	tɕʰi^{53}	tɕʰi^{53}
静乐	tɕʰi^{314}	pi^{53}	mi^{33}	ti^{53}	tɕʰi^{314} 白	tɕʰi^{314} 白	tɕʰi^{314} 白
交口	tɕʰi^{323}	pi^{53}	mi^{44}/mei^{44}	ti^{53}	tʰi^{53}	tʰi^{53}	tʰi^{53}
石楼	tɕʰi^{213}	pi^{51}	mi^{44}	ti^{51}	tʰi^{51}	tʰi^{51}	tʰi^{51}
隰县	tɕʰi^{21}	pi^{44}	mi^{24}	ti^{44}	tʰi^{44}	tʰi^{44}	tʰi^{44}

续表

字目	启	闭	谜	帝	替	涕	剃
中古音 / 方言点	康礼 蟹开四 上荠溪	博计 蟹开四 去霁帮	莫计 蟹开四 去霁明	都计 蟹开四 去霁端	他计 蟹开四 去霁透	他计 蟹开四 去霁透	他计 蟹开四 去霁透
大宁	tɕi^{31}	pi^{55}	mei^{24}白 / mi^{24}文	ti^{55}	tʰi^{55}	tʰi^{55}	tʰi^{55}
永和	tɕʰi^{312}	pi^{53}	mi^{35}	ti^{53}	tʰi^{53}	tʰi^{53}	tʰi^{53}
汾西	tɕʰʑ̍^{33}文	pʑ̍^{55}	mʑ̍^{35}	tʑ̍^{55}	tʰʑ̍^{55}	tʰʑ̍^{35}	tʰʑ̍^{55}
蒲县	tɕʰi^{31}	pi^{33}	mi^{24}	ti^{33}	tʰi^{33}	tʰi^{33}	tʰi^{33}
潞州	tɕʰi^{535}	pi^{54}	mi^{24}	ti^{44}	tʰi^{44}	tʰi^{44}	tʰi^{44}
上党	tɕʰi^{535}	pi^{22}	mi^{24}	ti^{42}	tʰi^{22}	tʰi^{22}	tʰi^{22}
长子	tɕʰi^{434}	pi^{422}	mi^{24}	ti^{53}	tʰi^{422}	tʰi^{422}	tʰi^{422}
屯留	tɕʰi^{43}	pi^{53}	mi^{11}	ti^{11}	tʰi^{53}	tʰi^{53}	tʰi^{53}
襄垣	tɕʰi^{42}	pi^{45}	mi^{45}	ti^{45}	tʰi^{53}	ti^{45}	tʰi^{53}
黎城	cʰi^{213}	pi^{53}	mi^{33}	ti^{53}	tʰi^{53}	tʰi^{53}	tʰi^{53}
平顺	cʰi^{434}	pi^{53}	mi^{13}	ti^{53}	ti^{53}	ti^{53}	ti^{53}
壶关	cʰi^{535}	pi^{42}	mi^{13}	ti^{42}	ti^{42}	ti^{42}	ti^{42}
沁县	tsʰɿ^{214}	pɿ^{53}	mɿ^{33}	tsɿ^{53}	tsʰɿ^{53}	tsʰɿ^{214}	tsʰɿ^{53}
武乡	tsʰɿ^{213}	pɿ^{55}	mɿ^{33}	tsɿ^{55}	tsʰɿ^{55}	tsʰɿ^{55}	tsʰɿ^{55}
沁源	tɕʰi^{324}	pi^{53}	mi^{33}	ti^{53}	tʰi^{53}	tʰi^{53}	tʰi^{53}
安泽	tɕʰi^{42}	pi^{53}	mi^{35}	ti^{53}	tʰi^{53}	tʰi^{53}	tʰi^{53}
沁水端氏	tɕʰi^{31}	pi^{53}	mi^{24}	ti^{53}	tʰi^{53}	tʰi^{53}	tʰi^{53}
阳城	cʰi^{212}	pi^{51}	mi^{22}	ti^{51}	tʰi^{51}	tʰi^{51}	tʰi^{51}
高平	cʰi^{212}	pi^{53}	miə̃ĩ^{53}	ti^{53}	tʰi^{53}	tʰi^{53}	tʰi^{53}
陵川	cʰi^{312}	pi^{24}	mi^{53}	ti^{24}	tʰi^{24}	tʰi^{24}	tʰi^{24}
晋城	tɕʰi^{213}	pi^{53}	mi^{324}	ti^{53}	tʰi^{53}	tʰi^{53}	tʰi^{53}
忻府	tɕʰi^{313}	pi^{53}	mi^{21}	ti^{53}	tʰi^{53}	tʰi^{53}	tʰi^{53}
原平	tɕʰi^{213}	pi^{53}	mi^{33}	ti^{53}	tʰi^{53}	tʰi^{53}	tʰi^{53}
定襄	tɕʰi^{24}	pi^{53}	mi^{11}	ti^{53}	tʰi^{53}	tʰi^{53}	tʰi^{53}
五台	tɕʰi^{213}	pi^{52}	mi^{33}	ti^{52}	tɕʰi^{52}	tɕʰi^{52}	tɕʰi^{52}
岢岚	tɕʰi^{13}	pi^{52}	mi^{44}	ti^{52}	tʰi^{52}	tʰi^{52}	tʰi^{52}
五寨	tɕʰi^{13}	pi^{52}	mi^{44}	ti^{52}	tʰi^{52}	tʰi^{52}	tʰi^{52}
宁武	tɕʰi^{213}	pᴇe^{52}	mi^{33}	ti^{52}	tɕʰi^{213}	tɕʰi^{213}	tɕʰi^{213}
神池	tɕʰi^{13}	pi^{52}	mi^{32}	ti^{52}	tʰi^{52}	tʰi^{52}	tʰi^{52}
繁峙	tɕʰi^{53}	pi^{24}	mi^{31}	ti^{24}	tʰi^{24}	tʰi^{24}	tʰi^{24}

续表

字目	启	闭	谜	帝	替	涕	剃
中古音 / 方言点	康礼 蟹开四 上荠溪	博计 蟹开四 去霁帮	莫计 蟹开四 去霁明	都计 蟹开四 去霁端	他计 蟹开四 去霁透	他计 蟹开四 去霁透	他计 蟹开四 去霁透
代县	tɕʰi^{213}	pi^{53}	mi^{44}	ti^{53}	tʰi^{53}	tʰi^{53}	tʰi^{53}
河曲	tɕʰi^{213}	pi^{52}	tɕi^{52}	ti^{52}	tʰi^{52}	tʰi^{52}	tʰi^{52}
保德	tɕʰi^{213}	pi^{52}	mi^{44}	ti^{52}	tʰi^{52}	tʰi^{52}	tʰi^{52}
偏关	tsʰɿ^{213}	pɿ^{52}	mɿ^{44}	tsɿ^{52}	tsʰɿ^{52}	tsʰɿ^{52}	tsʰɿ^{52}
朔城	tɕʰi^{312}	pi^{53}	mi^{35}	ti^{53}	tɕʰi^{53}	tɕʰi^{53}	tɕʰi^{53}
平鲁	tɕʰi^{213}	pi^{52}	mi^{44}	ti^{52}	tɕʰi^{52}	tɕʰi^{52}	tɕʰi^{52}
应县	tɕʰi^{54}	pi^{24}	mieʔ$^{\underline{43}}$	ti^{24}	tɕʰi^{24}	tɕʰi^{31}	tɕʰi^{24}
灵丘	tɕʰi^{442}	pi^{53}	mi^{31}	ti^{53}	tʰi^{53}	tʰi^{53}	tʰi^{53}
浑源	tɕʰi^{22}	pi^{13}	mi^{22}	ti^{13}	tʰi^{13}	tʰi^{13}	tʰi^{13}
云州	tɕʰi^{55}	pi^{24}	mi^{24}	ti^{24}	tʰi^{24}	tʰi^{24}	tʰi^{24}
新荣	tɕʰi^{54}	pi^{24}	mi^{312}	ti^{24}	tʰi^{24}	tʰi^{312}	tʰi^{24}
怀仁	tɕʰi^{53}	pi^{24}	mi^{312}	ti^{24}	tʰi^{24}	tʰi^{42}	tʰi^{24}
左云	tɕʰi^{54}	pi^{24}	mi^{313}	ti^{24}	tʰi^{24}	tʰi^{24}	tʰi^{24}
右玉	tɕʰi^{53}	pi^{24}	mi^{212}	ti^{24}	tʰi^{24}	tʰi^{24}	tʰi^{24}
阳高	tɕʰi^{53}	pi^{24}	mi^{312}	ti^{24}	tʰi^{24}	tʰi^{24}	tʰi^{24}
山阴	tɕʰi^{52}	pi^{335}	mi^{313}	ti^{335}	——	——	tɕʰi^{335}
天镇	tɕʰi^{55}	pi^{24}	mi^{22}	ti^{24}	tʰi^{24}	tʰi^{22}	tʰi^{24}
平定	tɕʰi^{53}	pi^{24}	mei^{44}/miəʔ$^{\underline{23}}$	ti^{24}	tʰi^{24}	tʰi^{24}	tʰi^{24}
昔阳	tɕʰi^{55}	pi^{13}	mi^{33}	ti^{13}	tʰi^{13}	tʰi^{13}	tʰi^{13}
左权	tɕʰi^{42}	pi^{53}	mi^{11} 文	ti^{53}	tʰi^{53}	tʰi^{53}	tʰi^{53}
和顺	tɕʰi^{53}	pei^{13} 白 / pi^{13} 文	mi^{22}	ti^{13}	tʰi^{13}	tʰi^{13}	tʰi^{13}
尧都	tɕʰi^{53}	pi^{44}	mi^{24}	ti^{44}	tʰi^{44}	tʰi^{44}	tʰi^{44}
洪洞	tɕʰi^{42}	pi^{33}	mi^{21}	tʰi^{53} 白 /ti^{53} 文	tʰi^{33}	tʰi^{33}	tʰi^{33}
洪洞赵城	tɕʰi^{42}	pi^{24}	mi^{24}	ti^{24}	tʰi^{24}	tʰi^{24}	tʰi^{24}
古县	tɕʰi^{42}	pi^{35}	mi^{35}	tɕi^{53}	tɕʰi^{35}	tɕʰi^{35}	tɕʰi^{35}
襄汾	tɕʰi^{42}	pi^{44}	mi^{44}	ti^{44}	tʰi^{53}	tʰi^{44}	tʰi^{44}
浮山	tɕʰi^{33}	pi^{44}	mi^{44}	ti^{44}	tʰi^{53}	tʰi^{44}	tʰi^{44}
霍州	tɕʰi^{33}	pi^{55}	mi^{35}	tɕi^{33} 白 /ti^{33} 文	tɕʰi^{55} 白 /tʰi^{55} 文	tɕʰi^{55} 白 /tʰi^{55} 文	tʰi^{55}
翼城	tɕʰi^{44}	pi^{53}	mi^{12}	ti^{53}	tʰi^{53}	tʰi^{53}	tʰi^{53}
闻喜	tɕʰi^{53}	ti^{53} 白 /pi^{53} 文	mi^{13}	ti^{53}	tʰi^{53}	tʰi^{53}	tʰi^{53}

续表

字目	启	闭	谜	帝	替	涕	剃
中古音 方言点	康礼 蟹开四 上荠溪	博计 蟹开四 去霁帮	莫计 蟹开四 去霁明	都计 蟹开四 去霁端	他计 蟹开四 去霁透	他计 蟹开四 去霁透	他计 蟹开四 去霁透
侯马	$tɕ^{h}i^{44}$	pi^{53}	mi^{213}	$t^{h}i^{53}$	$t^{h}i^{53}$	——	$t^{h}i^{53}$
新绛	$tɕ^{h}i^{13}$	pi^{53}	mi^{53}	ti^{53}	$t^{h}i^{53}$	$t^{h}i^{13}$	$t^{h}i^{53}$
绛县	$ɕi^{33}$	pi^{31}	mi^{31}	ti^{31}	$t^{h}i^{33}$	$t^{h}i^{33}$	$t^{h}i^{33}$
垣曲	$tɕ^{h}i^{44}$	pi^{44}	mi^{22}	ti^{53}	$t^{h}i^{53}$	$t^{h}i^{53}$	$t^{h}i^{53}$
夏县	$tɕ^{h}i^{24}$	pei^{31} 白 / pi^{31} 文	mi^{42}	ti^{31}	$t^{h}i^{53}$	ti^{31} 白 / $t^{h}i^{31}$ 文	$t^{h}i^{31}$
万荣	$tɕ^{h}i^{55}$	pei^{33}	mei^{213}	ti^{33}	$t^{h}i^{33}$	$t^{h}i^{33}$	$t^{h}i^{33}$
稷山	$tɕ^{h}i^{44}$	pi^{42}	mi^{13}	ti^{42}	$t^{h}i^{42}$	$t^{h}i^{42}$	$t^{h}i^{42}$
盐湖	$tɕ^{h}i^{53}$	pi^{44}	mi^{44}	ti^{44}	$t^{h}i^{44}$	$t^{h}i^{44}$	$t^{h}i^{44}$
临猗	$tɕ^{h}i^{53}$	pi^{44}	mi^{13}	ti^{44}	$t^{h}i^{44}$	$t^{h}i^{44}$	$t^{h}i^{44}$
河津	$tɕ^{h}i^{53}$	pei^{44}	mei^{324}	ti^{44}	$t^{h}i^{44}$	$t^{h}i^{44}$	$t^{h}i^{44}$
平陆	$tɕ^{h}i^{55}$	pi^{33}	mei^{13} 白 / mi^{13} 文	$t^{h}i^{33}$ 白 / ti^{33} 文	$t^{h}i^{33}$	$t^{h}i^{33}$	$t^{h}i^{31}$/$t^{h}i^{33}$
永济	$tɕ^{h}i^{53}$	pi^{44}	mi^{24}	ti^{44}	$t^{h}i^{44}$	$t^{h}i^{0}$	$t^{h}i^{44}$
芮城	$tɕ^{h}i^{53}$	pei^{42}	mei^{13} 白 / mi^{13} 文	ti^{44}	$t^{h}i^{44}$	ti^{44} 白 / $t^{h}i^{44}$ 文	$t^{h}i^{44}$
吉县	$tɕ^{h}i^{53}$	pi^{33}	mi^{13}	ti^{33}	$t^{h}i^{33}$	——	$t^{h}i^{33}$
乡宁	$tɕ^{h}i^{44}$	pi^{22}	mi^{12}	ti^{22}	$t^{h}i^{22}$	$t^{h}i^{22}$	$t^{h}i^{22}$
广灵	$tɕ^{h}i^{44}$	pi^{213}	mi^{31}	ti^{213}	$t^{h}i^{213}$	$t^{h}i^{213}$	$t^{h}i^{213}$

字目	第	递	丽美~	隶	济救~	剂	细	婿
中古音／方言点	特计 蟹开四 去霁定	特计 蟹开四 去霁定	郎计 蟹开四 去霁来	郎计 蟹开四 去霁来	子计 蟹开四 去霁精	在诣 蟹开四 去霁从	苏计 蟹开四 去霁心	苏计 蟹开四 去霁心
北京	ti^{51}	ti^{51}	li^{51}	li^{51}	tɕi^{51}	tɕi^{51}	ɕi^{51}	ɕy^{51}
小店	ti^{24}	ti^{24}	li^{24}	li^{24}	tɕi^{24}	tɕi^{24}	ɕi^{24}	ɕy^{11}
尖草坪	ti^{35}	ti^{35}	li^{35}	li^{35}	tɕi^{35}	tɕi^{35}	ɕi^{35}	ɕy^{35}
晋源	ti^{35}	ti^{35}	li^{35}	li^{35}	tɕi^{35}	tɕi^{35}	ɕi^{35}	ɕy^{35}
阳曲	ti^{454}	ti^{454}	li^{454}	li^{454}	tɕi^{454}	tɕi^{454}	ɕi^{454}	ɕy^{454}
古交	ti^{53}	ti^{53}	li^{53}	li^{53}	tɕi^{53}	tɕi^{53}	ɕi^{53}	ɕy^{53}
清徐	ti^{45}	ti^{45}	li^{45}	li^{11}	tɕi^{45}	tɕi^{45}	ɕi^{45}	ɕy^{45}
娄烦	ti^{54}	ti^{54}	li^{54}	li^{54}	tɕi^{54}	tɕi^{54}	ɕi^{54}	ɕy^{54}
榆次	ti^{35}	ti^{35}	li^{35}	li^{35}	tɕi^{35}	tɕi^{35}	ɕi^{35}	ɕy^{35}
交城	ti^{24}	ti^{24}	li^{24}	li^{24}	tɕi^{24}	tɕi^{24}	ɕi^{24}	ɕi^{24} 白 / ɕy^{24} 文
文水	tɿ^{35}	tɿ^{35}	lɿ^{35}	liəʔ^{2}/lɿ^{35}	tsɿ^{35}/tsɿ^{423}	tsɿ^{35}	sɿ^{35}	sɿ^{35} 白 / sʮ^{35} 文
祁县	tɿ^{45}	tɿ^{45}	lɿ^{45}	lɿ^{45}	tsɿ^{45}	tsɿ^{45}	sɿ^{45}	sɿ^{45}
太谷	ti^{53}	ti^{53}	li^{53}	li^{53}	tɕi^{53}	tɕi^{53}	ɕi^{53}	ɕy^{53}
平遥	ti^{24}	ti^{24}	li^{24}	li^{24}	tɕi^{512}	tɕi^{24}	sei^{24} 白 / ɕi^{24} 文	sei^{213} 白 / ɕi^{24} 文
孝义	ti^{454}	ti^{454}	lei^{454}	lei^{454}	tɕi^{454}	tɕi^{454}	ɕi^{33}	ɕi^{33}
介休	tei^{45}	tei^{45}	lei^{45}	lei^{45}	tsei^{45}	tsei^{45}	sei^{45}	sei^{45}
灵石	ti^{53}	ti^{53}	li^{53}	li^{53}	tɕi^{53}	tɕi^{53}	ɕi^{53}	ɕy^{53}
盂县	ti^{55}	ti^{55}	lei^{55}	lei^{55}	tɕi^{55}	tɕi^{55}	ɕi^{55}	ɕy^{55}
寿阳	tsɿ^{45}	tsɿ^{45}	lei^{45}	lei^{45}/liəʔ^{2}	tsɿ^{45}	tsɿ^{45}	sɿ^{45}	sʮ^{45}
榆社	tei^{45}	tei^{45}	lei^{45}	lei^{45}	tsɿ^{45}	tsɿ^{45}	sɿ^{45}	sʮ^{45}
离石	tɿ^{53}	tɿ^{53}	li^{53}	li^{53}	tsɿ^{53}	tsɿ^{53}	sɿ^{53}	sɿ^{53}
汾阳	tɿ^{55}	tɿ^{55}	lɿ^{55}	lɿ^{55}	tsɿ^{312}	tsɿ^{55}	sɿ^{55}	sɿ^{55}
中阳	ti^{53}	ti^{53}	li^{53}	li^{53}	tɕi^{53}	tɕi^{53}	ɕi^{53}	ɕi^{53}
柳林	ti^{53}	ti^{53}	li^{53}	li^{53}	tɕi^{53}	tɕi^{53}	ɕi^{53}	ɕi^{53}
方山	ti^{52}	ti^{52}	li^{52}	li^{52}	tɕi^{52}	tɕi^{52}	ɕi^{52}	ɕi^{52}
临县	ti^{52}	ti^{52}	lei^{52}	lei^{52}	tsei^{52}	tsei^{52}	ɕei^{52}	sei^{52}
兴县	ti^{53}	ti^{53}	li^{53}	li^{53}	tɕi^{53}	tɕi^{53}	ɕi^{53}	——
岚县	ti^{53}	ti^{53}	li^{53}	li^{53}	tɕi^{53}	tɕi^{53}	ɕi^{53}	ɕi^{53}
静乐	ti^{53}	ti^{53}	li^{53}	li^{53}	tɕi^{53}	tɕi^{53}	ɕi^{53}	ɕy^{53}
交口	ti^{53}	ti^{53}	li^{53}	li^{53}	tɕi^{53}	tɕi^{53}	ɕi^{53}	ɕi^{53}

续表

字目	第	递	丽美~	隶	济救~	剂	细	婿
中古音 方言点	特计 蟹开四 去霁定	特计 蟹开四 去霁定	郎计 蟹开四 去霁来	郎计 蟹开四 去霁来	子计 蟹开四 去霁精	在诣 蟹开四 去霁从	苏计 蟹开四 去霁心	苏计 蟹开四 去霁心
石楼	ti^{51}	tʰi^{51} 白 /ti^{51} 文	li^{51}	li^{51}	tɕi^{51}	tɕi^{51}	ɕi^{51}	ɕi^{51}
隰县	tʰi^{44} 白 /ti^{44} 文	tʰi^{44} 白 /ti^{44} 文	li^{44}	li^{44}	tɕi^{44}	tɕi^{44}	ɕi^{44}	ɕi^{44}
大宁	tʰi^{55} 白 /ti^{55} 文	tʰi^{55} 白 /ti^{55} 文	li^{55}	li^{55}	tɕi^{55}	tɕi^{55}	ɕi^{55}	ɕi^{31}
永和	tʰi^{53} 白 /ti^{53} 文	tʰi^{53} 白 /ti^{53} 文	li^{53}	li^{53}	tɕi^{53}	tɕʰi^{53} 白 / tɕi^{53} 文	ɕi^{53}	ɕi^{53} 白 / ɕy^{53} 文
汾西	tʰʑ̍^{53}	tʰʑ̍^{53}	lʑ̍^{35}	lʑ̍^{53}	tɕʑ̍^{55}	tɕʑ̍^{55}	ɕʑ̍^{55}	ɕʑ̍^{11}
蒲县	ti^{33}	tʰi^{33} 白 /ti^{33} 文	li^{33}	li^{33}	tɕi^{33}	tɕi^{33}	ɕi^{33}	ɕy^{31}
潞州	ti^{54}	ti^{54}	li^{54}	li^{54}	tɕi^{44}	tɕi^{54}	ɕi^{44}	suei^{44}
上党	ti^{42}	ti^{42}	li^{42}	li^{42}	tɕi^{42}	tɕi^{42}	ɕi^{22}	sei^{22}
长子	ti^{53}	ti^{53}	li^{53}	li^{53}	tɕi^{53}	tɕi^{53}	ɕi^{422}	suei^{53}
屯留	ti^{11}	ti^{53}	li^{11}	li^{11}	tɕi^{53}	tɕi^{53}	ɕi^{53}	suei^{53}/ɕy^{53}
襄垣	ti^{45}	ti^{45}	li^{45}	li^{45}	tɕi^{53}	tɕi^{45}	ɕi^{53}	suei^{45}
黎城	ti^{53}	ti^{53}	li^{53}	li^{53}	tɕi^{53}	tɕi^{53}	ɕi^{53}	ɕyɤʔ^{2}
平顺	ti^{53}	ti^{53}	li^{53}	li^{53}	tɕi^{53}	tɕi^{53}	ɕi^{53}	ɕy^{53}
壶关	ti^{353}	ti^{353}	li^{353}	li^{353}	tsi^{42}	ci^{353}/tsi^{353}	si^{42}	ʂuei^{42}/sy^{353}
沁县	tsɿ^{53}	tsɿ^{53} 白 / ti^{53} 文	əɭ^{53}	əɭ^{53}	tsɿ^{53}	tsɿ^{53}	sɿ^{53}	sʮ^{53}
武乡	tsɿ^{55}	tsɿ^{55}	ɭ^{55}	ɭ^{55}	tsɿ^{55}	tsɿ^{55}	sɿ^{55}	su^{55}
沁源	ti^{53}	ti^{53}	li^{53}	li^{53}	tɕi^{53}	tɕi^{53}	ɕi^{53}	ɕy^{53}
安泽	ti^{53}	ti^{53}	li^{53}	li^{53}	tɕi^{53}	tɕi^{53}	ɕi^{53}	ɕy^{53}
沁水端氏	ti^{53}	ti^{53}	li^{53}	li^{53}	tɕi^{53}	tɕi^{53}	ɕi^{53}	ɕy^{53}
阳城	ti^{51}	ti^{51}	li^{51}	li^{51}	tɕi^{51}	tɕi^{51}	ɕi^{51}	ʂuai^{51} 白 / ɕy^{51} 文
高平	ti^{53}	ti^{53}	li^{53}	li^{53}	tɕiɛʔ^{2} 白 / tɕi^{53} 文	tɕi^{53}	ɕi^{53}	ɕiəʔ^{2}
陵川	ti^{24}	ti^{24}	li^{24}	li^{24}	ci^{24}	ci^{24}	ɕi^{24}	ɕy^{24}
晋城	ti^{53}	ti^{53}	li^{53}	li^{53}	tɕi^{53}	tɕi^{53}	ɕi^{53}	ʂuɤɯ^{53}
忻府	ti^{53}	ti^{53}	li^{53}	li^{53}	tɕi^{53}	tɕi^{53}	ɕi^{53}	ɕy^{53}
原平	ti^{53}	ti^{53}	li^{53}	liəʔ$^{\underline{34}}$	tɕi^{53}	tɕi^{53}	ɕi^{53}	ɕyʉ^{53}
定襄	ti^{53}	ti^{53}	li^{53}	li^{53}	tɕi^{53}	tɕi^{53}	ɕi^{53}	ɕy^{53}
五台	ti^{52}	ti^{52}	li^{52}	li^{52}	tɕi^{52}	tɕi^{52}	ɕi^{52}	ɕy^{52}
岢岚	ti^{52}	ti^{52}	li^{52}	li^{52}	tɕi^{52}	tɕi^{52}	ɕi^{52}	ɕy^{52}

续表

字目	第	递	丽美~	隶	济救~	剂	细	婿
中古音 / 方言点	特计 蟹开四 去霁定	特计 蟹开四 去霁定	郎计 蟹开四 去霁来	郎计 蟹开四 去霁来	子计 蟹开四 去霁精	在诣 蟹开四 去霁从	苏计 蟹开四 去霁心	苏计 蟹开四 去霁心
五寨	ti^{52}	ti^{52}	li^{52}	li^{52}	tɕi^{52}	tɕi^{52}	ɕi^{52}	ɕy^{52}
宁武	ti^{52}	ti^{52}	li^{52}	liəʔ^{4}	tɕi^{52}	tɕi^{52}	ɕi^{52}	ɕy^{52}
神池	ti^{52}	ti^{52}	li^{52}	li^{52}	tɕi^{52}	tɕ^{h52}	ɕi^{52}	ɕy^{52}
繁峙	ti^{24}	ti^{24}	li^{24}	li^{24}	tɕi^{53}	tɕi^{24}	ɕi^{24}	ɕy^{24}
代县	ti^{53}	ti^{53}	li^{53}	li^{53}	tɕi^{53}	tɕi^{53}	ɕi^{53}	ɕy^{53}
河曲	ti^{52}	ti^{52}	li^{52}	li^{52}	tɕi^{52}	tɕi^{52}	ɕi^{52}	——
保德	ti^{52}	ti^{52}	li^{52}	li^{52}	tɕi^{52}	tɕi^{52}	ɕi^{52}	ɕi^{52}
偏关	tsɿ^{52}	tsɿ^{52}	lʅ^{52}	lʅ^{52}	tsɿ^{52}	tsɿ^{52}	sɿ^{52}	sʮ^{52}
朔城	ti^{53}	ti^{53}	li^{53}	li^{53}	tɕi^{53}	tɕi^{53}	ɕi^{53}	ɕy^{53}
平鲁	ti^{52}	ti^{52}	li^{52}	li^{52}	tɕi^{213}	tɕi^{213}	ɕi^{52}	ɕy^{52}
应县	ti^{24}	ti^{24}	li^{24}	li^{24}	tɕi^{24}	tɕi^{24}	ɕi^{24}	ɕy^{24}
灵丘	ti^{53}	ti^{53}	li^{53}	li^{53}	tɕi^{53}	tɕi^{53}	ɕi^{53}	ɕy^{53}
浑源	ti^{13}	ti^{13}	li^{13}	li^{13}	tɕi^{13}	tɕi^{13}	ɕi^{13}	——
云州	ti^{24}	ti^{24}	li^{24}	li^{24}	tɕi^{24}	tɕi^{24}	ɕi^{52}	ɕy^{24}
新荣	ti^{24}	ti^{24}	li^{24}	li^{24}	tɕi^{24}	tɕi^{24}	ɕi^{24}	ɕy^{24}
怀仁	ti^{24}	ti^{24}	li^{24}	li^{24}	tɕi^{24}	tɕi^{24}	ɕi^{24}	ɕy^{24}
左云	ti^{24}	ti^{24}	li^{24}	li^{24}	tɕi^{54}	tɕi^{24}	ɕi^{24}	ɕyəʔ^{4}
右玉	ti^{24}	ti^{24}	li^{24}	li^{24}	tɕi^{24}	tɕi^{24}	ɕi^{24}	ɕy^{24}
阳高	ti^{24}	ti^{24}	li^{24}	li^{24}	tɕi^{53}	tɕi^{24}	ɕi^{24}	ɕi^{24}/ɕy^{31}
山阴	ti^{335}	ti^{335}	li^{335}	li^{335}	tɕi^{335}	——	ɕi^{335}	ɕy^{335}
天镇	ti^{24}	ti^{24}	li^{24}	li^{24}	tɕi^{24}	tɕi^{24}	ɕi^{24}	——
平定	ti^{24}	ti^{24}	lei^{24}	lei^{24}	tɕi^{24}	tɕi^{24}	ɕi^{24}	ɕy^{24}
昔阳	ti^{13}	ti^{13}	lei^{13}	lei^{13}	tɕi^{13}	tɕi^{13}	ɕi^{13}	ɕy^{13}
左权	ti^{53}	ti^{53}	li^{53}	li^{53}	tɕi^{53}	tɕi^{53}	ɕi^{53}	ɕy^{53}
和顺	ti^{13}	ti^{13}	lei^{13}	lei^{13}	tɕi^{13}	tɕi^{13}	ɕi^{13}	ɕy^{13}
尧都	ti^{44}	t^{h}i^{44}	li^{44}	li^{44}	tɕi^{53}	tɕi^{44}	ɕi^{44}	ɕy^{44}
洪洞	t^{h}i^{53} 白 /ti^{53} 文	t^{h}i^{53} 白 /ti^{53} 文	li^{24}	li^{33}	tɕi^{42}	tɕ^{h}i^{53} 白 /tɕi^{53} 文	ɕi^{33}	ɕy^{0}
洪洞赵城	ti^{53}	t^{h}i^{53}	li^{24}	li^{24}	tɕi^{21}	tɕi^{53}	ɕi^{24}	ɕy^{53}
古县	tɕi^{53}	tɕ^{h}i^{53}	li^{53}	li^{53}	tɕi^{35}	tɕi^{35}	ɕi^{35}	ɕy^{53}
襄汾	t^{h}i^{53} 白 /ti^{53} 文	t^{h}i^{53} 白 /ti^{53} 文	li^{44}	li^{21}	tɕi^{42}	tɕi^{44}	ɕi^{44}	ɕy^{44}
浮山	t^{h}i^{53} 白 /ti^{53} 文	t^{h}i^{53}	li^{44}	li^{44}	tɕi^{44}	tɕi^{44}	ɕi^{44}	ɕy^{44}

续表

字目	第	递	丽美~	隶	济救~	剂	细	婿
中古音 方言点	特计 蟹开四 去霁定	特计 蟹开四 去霁定	郎计 蟹开四 去霁来	郎计 蟹开四 去霁来	子计 蟹开四 去霁精	在诣 蟹开四 去霁从	苏计 蟹开四 去霁心	苏计 蟹开四 去霁心
霍州	tɕ^{h}i^{53} 白/ t^{h}i^{53} 文	tɕ^{h}i^{53} 白/ t^{h}i^{53} 文	li^{53}	li^{53}	tɕi^{55}	tɕi^{55}	ɕi^{55}	ɕy^{55}
翼城	ti^{53}	ti^{53}	li^{53}	li^{53}	tɕi^{53}	tɕi^{53}	ɕi^{53}	ɕy^{53}
闻喜	t^{h}i^{13}	t^{h}i^{13}	li^{13}	——	tɕi^{53}	tɕi^{13}	ɕi^{53}	ɕy^{53}
侯马	ti^{53}	ti^{53}	li^{53}	li^{53}	tɕi^{53}	tɕi^{53}	ɕi^{53}	ɕy^{53}
新绛	ti^{53}	t^{h}i^{53}	li^{13}	li^{13}	tɕi^{53}	tɕi^{53}	ɕi^{53}	ɕy^{53}
绛县	t^{h}i^{53}	t^{h}i^{53}	li^{31}	li^{31}	tɕi^{31}	tɕi^{53}	ɕi^{31}	ɕi^{31}
垣曲	t^{h}i^{53}	t^{h}i^{53}	li^{53}	li^{53}	tɕi^{53}	tɕi^{53}	ɕi^{53}	ɕy^{53}
夏县	ti^{31}	t^{h}i^{31} 白/ti^{31} 文	li^{31}	li^{31}	tɕi^{31}	——	ɕi^{31}	ɕy^{31}
万荣	t^{h}i^{33}	t^{h}i^{33}	li^{33}	li^{33}	tɕi^{33}	tɕi^{33}/tɕ^{h}i^{213}	ɕi^{33}	ɕi^{33}
稷山	ti^{42}	t^{h}i^{42} 白/ti^{42} 文	li^{42}	li^{42}	tɕi^{42}	tɕi^{42}	ɕi^{42}	ɕy^{42}
盐湖	ti^{44}	ti^{44}	li^{44}	li^{44}	tɕi^{44}	tɕi^{44}	ɕi^{44}	ɕi^{44} 白/ ɕy^{44} 文
临猗	ti^{44}	t^{h}i^{44} 白/ti^{44} 文	li^{44}	li^{44}	tɕi^{44}	tɕi^{44}	ɕi^{44}	ɕy^{44}
河津	t^{h}i^{44} 白/ti^{44} 文	t^{h}i^{44} 白/ti^{44} 文	li^{44}	li^{44}	tɕi^{44}	tɕ^{h}i^{44} 白/ tɕi^{44} 文	ɕi^{44}	ɕi^{31}
平陆	ti^{33}	t^{h}i^{33}	li^{33}	li^{33}	tɕi^{33}	tɕi^{33}	ɕi^{33}	ɕi^{33}
永济	ti^{44}	t^{h}i^{44}	li^{44}	li^{44}	tɕi^{44}	tɕi^{44}	ɕi^{44}	ɕi^{44}
芮城	t^{h}i^{44}	t^{h}i^{44}	li^{44}	li^{44}	tɕi^{42}	tɕi^{42}	ɕi^{44}	ɕieĩ^{42} 白/ ɕi^{42} 文
吉县	ti^{33}	t^{h}i^{33}	li^{33}	li^{33}	tɕi^{33}	tɕi^{33}	ɕi^{33}	ɕy^{423}
乡宁	t^{h}i^{22}	t^{h}i^{22} 白/ti^{22} 文	li^{22}	li^{22}	tɕi^{22}	tɕi^{22}	ɕi^{22}	ɕy^{22}
广灵	ti^{213}	ti^{213}	li^{213}	li^{213}	tɕi^{213}	tɕi^{213}	ɕi^{213}	ɕy^{213}

字目	计	继	契~约	系~统	奎	桂	惠	慧
中古音 / 方言点	古诣 蟹开四 去霁见	古诣 蟹开四 去霁见	苦计 蟹开四 去霁溪	胡计 蟹开四 去霁匣	苦圭 蟹合四 平齐溪	古惠 蟹合四 去霁见	胡桂 蟹合四 去霁匣	胡桂 蟹合四 去霁匣
北京	tɕi^{51}	tɕi^{51}	tɕʰi^{51}	ɕi^{51}	kʰuei^{35}	kuei^{51}	xuei^{51}	xuei^{51}
小店	tɕi^{24}	tɕi^{24}	tɕʰi^{24} 文	ɕi^{24}	kʰuei^{11}	kuei^{24}	xuei^{24}	xuei^{24}
尖草坪	tɕi^{35}	tɕi^{35}	tɕʰi^{35}	ɕi^{35}	kʰuei^{33}	kuei^{35}	xuei^{35}	xuei^{35}
晋源	tɕi^{35}	tɕi^{35}	tɕʰi^{35}	ɕi^{35}	kʰuei^{11}	kuei^{35}	xuei^{35}	xuei^{35}
阳曲	tɕi^{454}	tɕi^{454}	tɕʰi^{454}	ɕi^{454}	kʰuei^{43}	kuei^{454}	xuei^{454}	xuei^{454}
古交	tɕi^{53}	tɕi^{53}	tɕʰi^{53}	ɕi^{53}	kʰuei^{44}	kuei^{53}	xuei^{53}	xuei^{53}
清徐	tɕi^{45}	tɕi^{45}	tɕʰi^{45}	ɕi^{45}	kʰuei^{11}	kuei^{45}	xuai^{45}	xuai^{45}
娄烦	tɕi^{54}	tɕi^{54}	tɕʰi^{54}	ɕi^{54}	kʰui^{33}	kui^{54}	xui^{54}	xui^{54}
榆次	tɕi^{35}	tɕi^{35}	tɕʰi^{35}	tɕi^{35}	kʰuɯ^{11}	kuɯ^{35}	xuɯ^{35}	xuɯ^{35}
交城	tɕi^{24}	tɕi^{24}	tɕʰi^{24}	ɕi^{24}	kʰui^{11}	kui^{24}	xui^{24}	xui^{24}
文水	tsɿ^{35}	tsɿ^{35}	tɕʰiəʔ^{2}/tsʰɿ^{35}	sɿ^{35}	kʰueɪ^{22}	kueɪ^{35}	xueɪ^{35}	xueɪ^{35}
祁县	tsɿ^{45}	tsɿ^{45}	tsʰɿ^{45}	sɿ^{45}	kʰuəɨ^{31}	kuəɨ^{45}	xuəɨ^{45}	xuəɨ^{45}
太谷	tɕi^{53}	tɕi^{53}	tɕʰi^{53}	ɕi^{53}	kʰuei^{33}	kuei^{53}	xuei^{53}	xuei^{53}
平遥	tɕi^{24}	tɕi^{213}	tɕʰi^{24}	ɕi^{24}	kʰuæe^{213}	kuei^{24}	xuæe^{24}	xuæe^{24}
孝义	tɕi^{454}	tɕi^{454}	tɕʰi^{454}	tɕiə̃^{33}	kʰuei^{33}	kuei^{454}	xuei^{454}	xuei^{454}
介休	tɕi^{45}	tɕi^{45}	tɕʰi^{45}	ɕi^{45}	kʰuei^{13}	kuei^{45}	xuai^{45}	xuai^{45}
灵石	tɕi^{53}	tɕi^{53}	tɕʰi^{53}	ɕi^{53}	kʰuei^{44}	kuei^{53}	xuei^{53}	xuei^{53}
盂县	tɕi^{55}	tɕi^{55}	tɕʰi^{55}	ɕi^{55}	kʰuei^{22}	kuei^{55}	xuei^{55}	xuei^{55}
寿阳	tsɿ^{45}	tsɿ^{45}	tsʰɿ^{45}	sɿ^{45}	kʰuei^{22}	kuei^{45}	xuei^{45}	xuei^{45}
榆社	tsɿ^{45}	tsɿ^{45}	tsʰɿ^{45}	sɿ^{45}	kʰuei^{22}	kuei^{45}	xuei^{45}	xuei^{45}
离石	tsɿ^{53}	tsɿ^{53}	tsʰɿ^{53}	sɿ^{53}	kʰuee^{24}	kuɛe^{53}	xuɛe^{53}	xuɛe^{53}
汾阳	tsɿ^{55}	tsɿ^{55}	tsʰɿ^{55}	sɿ^{55}	kʰuei^{324}	kuei^{55}	xuei^{55}	xuei^{55}
中阳	tɕi^{53}	tɕi^{53}	tɕʰi^{53}	ɕi^{53}	kʰuɛe^{24}	kuɛe^{53}	xuɛe^{53}	xuɛe^{53}
柳林	tɕi^{53}	tɕi^{53}	tɕʰi^{53}	ɕi^{53}	kʰuɛe^{24}	kuɛe^{53}	xuɛe^{53}	xuɛe^{53}
方山	tɕi^{52}	tɕi^{52}	tɕʰi^{52}	ɕi^{52}	kʰuɛe^{44}	kuei^{52}	xuɛe^{52}	xuɛe^{52}
临县	tɕi^{52}	tɕi^{52}	tɕʰi^{52}	ɕi^{52}	kʰuei^{24}	kuei^{52}	xuɛe^{52}	xuɛe^{52}
兴县	tɕi^{53}	tɕi^{53}	tɕʰi^{53}	ɕi^{53}	kʰuei^{324}	kuei^{53}	xuei^{53}	xuei^{53}
岚县	tɕi^{53}	tɕi^{53}	tɕʰi^{53}	ɕi^{53}	kʰuei^{214}	kuei^{53}	xuei^{53}	xuei^{53}
静乐	tɕi^{53}	tɕi^{53}	tɕʰi^{53}	ɕi^{53}	kʰuei^{24}	kuei^{53}	xuei^{53}	xuei^{53}
交口	tɕi^{53}	tɕi^{53}	tɕʰi^{53}	ɕi^{53}	kʰuei^{323}	kuei^{53}	xuei^{53}	xuei^{53}
石楼	tɕi^{51}	tɕi^{51}	tɕʰi^{51}	ɕi^{51}	kʰuei^{44}	kuei^{51}	xuei^{51}	xuei^{51}
隰县	tɕi^{44}	tɕi^{44}	tɕʰi^{44}	ɕi^{44}	kʰuei^{24}	kuei^{44}	xuei^{44}	xuei^{44}

续表

字目	计	继	契~约	系~统	奎	桂	惠	慧
中古音 方言点	古诣 蟹开四 去霁见	古诣 蟹开四 去霁见	苦计 蟹开四 去霁溪	胡计 蟹开四 去霁匣	苦圭 蟹合四 平齐溪	古惠 蟹合四 去霁见	胡桂 蟹合四 去霁匣	胡桂 蟹合四 去霁匣
大宁	tɕʰi^{31}	tɕi^{55}	tɕi^{55}	ɕi^{55}	kʰuei^{24}	kuei^{55}	xuei^{55}	xuei^{55}
永和	tɕi^{53}	tɕi^{53}	tɕʰi^{53}	ɕi^{53}	kʰuei^{35}	kuei^{53}	xuei^{53}	xuei^{53}
汾西	tɕʐ̩^{55}	tʐ̩^{55}白/ tɕʐ̩^{55}文	——	ɕʐ̩^{53}	——	kuei^{55}	xuei^{53}	xuei^{53}
蒲县	tɕi^{33}	tɕi^{33}	tɕʰi^{33}	ɕi^{52}	kʰuei^{24}	kuei^{33}	xuei^{33}	xuei^{33}
潞州	tɕi^{44}	tɕi^{44}	tɕʰi^{44}	ɕi^{54}	kʰuei^{24}	kuei^{44}	xuei^{54}	xuei^{54}
上党	tɕi^{22}	tɕi^{22}	tɕʰi^{22}	ɕi^{42}	kʰuei^{44}	kuei^{22}	xuei^{42}	xuei^{42}
长子	tɕi^{422}	tɕi^{422}	tɕʰi^{53}	ɕi^{53}	kʰuei^{24}	kuei^{53}	xuei^{53}	xuei^{53}
屯留	tɕi^{53}	tɕi^{53}	tɕʰi^{53}	ɕi^{53}	kʰuei^{31}	kuei^{53}	xuei^{53}	xuei^{53}
襄垣	tɕi^{45}	tɕi^{45}	tɕʰi^{53}	ɕi^{45}	kʰuei^{31}	kuei^{53}	xuei^{45}	xuei^{45}
黎城	ci^{53}	ci^{53}	cʰi^{53}	çi^{53}	kʰuei^{53}	kuei^{53}	xuei^{53}	xuei^{53}
平顺	ci^{53}	ci^{53}	cʰi^{53}	çi^{53}	kʰuei^{13}	kuei^{53}	xuei^{53}	xuei^{53}
壶关	ci^{42}	ci^{42}	cʰi^{42}	çi^{42}	kʰuei^{13}	kuei^{42}	xuei^{353}	xuei^{353}
沁县	tsɿ^{53}	tsɿ^{53}	tsʰɿ^{53}	sɿ^{53}	kʰuei^{214}	kuei^{53}	xuei^{53}	xuei^{53}
武乡	tsɿ^{55}	tsɿ^{55}	tsʰɿ^{55}	sɿ^{55}	kʰuei^{113}	kuei^{55}	xuei^{55}	xuei^{55}
沁源	tɕi^{53}	tɕi^{53}	tɕʰi^{53}	ɕi^{53}	kʰuei^{33}	kuei^{53}	xuei^{53}	xuei^{53}
安泽	tɕi^{53}	tɕi^{53}	tɕʰi^{53}	tɕi^{53}/ ɕi^{53}	kʰuei^{35}	kuei^{53}	xuei^{53}	xuei^{53}
沁水端氏	tɕi^{53}	tɕy^{53}	tɕʰi^{53}	ɕi^{53}	kʰuai^{24}	kuai^{53}	xuai^{53}	xuai^{53}
阳城	ci^{51}	ci^{51}	tɕʰi^{51}	çi^{51}	kʰuai^{22}	kuai^{51}	xuai^{51}	xuai^{51}
高平	ci^{53}	ci^{53}	tɕʰi^{53}	ɕi^{53}	kʰuei^{33}	kuei^{53}	xuei^{53}	xuei^{53}
陵川	ci^{24}	ci^{24}	cʰi^{24}	çi^{24}	kʰuei^{53}	kuei^{24}	xuei^{24}	xuei^{24}
晋城	tɕi^{53}	tɕy^{53}	tɕʰi^{53}	ɕi^{53}	kʰuɤɯ^{324}	kuɤɯ^{53}	xuɤɯ^{53}	xuɤɯ^{53}
忻府	tɕi^{53}	tɕi^{53}	tɕʰi^{53}	ɕi^{53}	kʰuei^{21}	kuei^{53}	xuei^{53}	xuei^{53}
原平	tɕi^{53}	tɕi^{53}	tɕʰi^{53}	ɕi^{53}	kʰuəi^{33}	kuəi^{53}	xuəi^{53}	xuəi^{53}
定襄	tɕi^{53}	tɕi^{53}	tɕʰi^{53}	ɕi^{53}	kʰuei^{11}	kuei^{53}	xuei^{53}	xuei^{53}
五台	tɕi^{52}	tɕi^{52}	tɕʰi^{52}	ɕi^{52}	kʰuei^{213}	kuei^{52}	xuei^{52}	xuei^{52}
岢岚	tɕi^{52}	tɕi^{52}	tɕʰi^{52}	ɕi^{52}	kʰuɛi^{13}	kuɛi^{52}	xuɛi^{52}	xuɛi^{52}
五寨	tɕi^{52}	tɕi^{52}	tɕʰi^{52}	ɕi^{52}	kʰuei^{13}	kuei^{52}	xuei^{52}	xuei^{52}
宁武	tɕi^{52}	tɕi^{52}	tɕi^{52}	ɕi^{52}	kʰuᴇe^{23}	kuᴇe^{52}	xuᴇe^{52}	xuᴇe^{52}
神池	tɕi^{52}	tɕi^{52}	tɕʰi^{52}	ɕi^{52}	kʰuɛe^{32}	kuɛe^{52}	xuɛe^{52}	xuɛe^{52}
繁峙	tɕi^{24}	tɕi^{24}	tɕʰi^{24}	ɕi^{52}	kʰuei^{31}	kuei^{24}	xuei^{24}	xuei^{24}

续表

字目	计	继	契~约	系~统	奎	桂	惠	慧
中古音 / 方言点	古诣 蟹开四 去霁见	古诣 蟹开四 去霁见	苦计 蟹开四 去霁溪	胡计 蟹开四 去霁匣	苦圭 蟹合四 平齐溪	古惠 蟹合四 去霁见	胡桂 蟹合四 去霁匣	胡桂 蟹合四 去霁匣
代县	tɕi^{53}	tɕi^{53}	tɕʰi^{53}	ɕi^{53}	kʰuei^{213}	kuei^{53}	xuei^{53}	xuei^{53}
河曲	tɕi^{52}	tɕi^{52}	tɕʰi^{52}	ɕi^{52}	kʰuei^{213}	kuei^{52}	xuei^{52}	xuei^{52}
保德	tɕi^{52}	tɕi^{52}	tɕʰi^{52}	ɕi^{52}	kʰuei^{44}	kuei^{52}	xuei^{52}	xuei^{52}
偏关	tsɿ^{52}	tsɿ^{52}	tsʰɿ^{52}	sɿ^{52}	kʰuei^{24}	kuei^{52}	xuei^{52}	xuei^{52}
朔城	tɕi^{53}	tɕi^{53}	tɕʰi^{53}	ɕi^{53}	kʰuei^{312}	kuei^{53}	xuei^{53}	xuei^{53}
平鲁	tɕi^{213}	tɕi^{213}	tɕʰi^{52}	ɕi^{52}	kʰuɛi^{213}	kuɛi^{52}	xuɛi^{52}	xuɛi^{52}
应县	tɕi^{24}	tɕi^{24}	tɕʰi^{24}	ɕi^{24}/tɕiəŋ^{43}	kʰuəi^{24}	kuəi^{24}	xuəi^{24}	xuəi^{24}
灵丘	tɕi^{53}	tɕi^{53}	tɕʰi^{53}	ɕi^{53}	kʰuei^{31}	kuei^{53}	xuei^{53}	xuei^{53}
浑源	tɕi^{13}	tɕi^{13}	tɕʰi^{13}	ɕi^{13}	kʰuɛe^{22}	kuɛe^{13}	xuɛe^{22}	xuɛe^{22}
云州	tɕi^{24}	tɕi^{24}	tɕʰi^{24}	ɕi^{24}	kʰuɛi^{312}	kuɛi^{24}	xuɛi^{24}	xuɛi^{24}
新荣	tɕi^{24}	tɕi^{24}	tɕʰiəʔ^{4}/ tɕʰi^{24}	ɕi^{24}	kʰuɛe^{32}	kuɛe^{24}	xuɛe^{24}	xuɛe^{24}
怀仁	tɕi^{24}	tɕi^{24}	tɕʰi^{24}	ɕi^{24}	kʰuɛe^{42}	kuɛe^{24}	xuɛe^{24}	xuɛe^{24}
左云	tɕi^{24}	tɕi^{24}	tɕʰi^{24}	ɕi^{24}	kʰuɛi^{313}	kuɛi^{24}	xuɛi^{24}	xuɛi^{24}
右玉	tɕi^{24}	tɕi^{24}	tɕʰi^{24}	ɕi^{24}	kʰuɛe^{31}	kuɛe^{24}	xuɛe^{24}	xuɛe^{53}
阳高	tɕi^{24}	tɕi^{24}	tɕʰi^{24}	ɕi^{24}	kʰuei^{31}	kuei^{24}	xuei^{24}	xuei^{24}
山阴	——	tɕi^{335}	tɕʰi^{335}	ɕi^{335}	kʰuei^{313}	kuei^{335}	xuei^{335}	xuei^{335}
天镇	tɕi^{24}	tɕi^{24}	tɕʰi^{24}	ɕi^{24}	kʰuɛe^{31}	kuɛe^{24}	xuɛe^{24}	xuɛe^{24}
平定	tɕi^{24}	tɕi^{24}	tɕʰi^{24}	ɕi^{24}	kʰuei^{31}	kuei^{24}	xuei^{24}	xuei^{24}
昔阳	tɕi^{13}	tɕi^{13}	tɕʰi^{13}	ɕi^{13}	kʰuei^{33}	kuei^{13}	xuei^{13}	xuei^{13}
左权	tɕi^{53}	tɕi^{53}	tɕʰi^{53}	ɕi^{53}/tɕiəŋ^{31}	kʰuɛi^{31}	kuɛi^{53}	xuɛi^{53}	xuɛi^{53}
和顺	tɕi^{13}	tɕi^{13}	tɕʰi^{13}	ɕi^{13}/tɕi^{13}	kʰuei^{22}	kuei^{13}	xuei^{13}	xuei^{13}
尧都	tɕi^{44}	tɕi^{44}	tɕʰi^{44}	ɕi^{44}	kʰuei^{21}	kuei^{44}	xuei^{44}	xuei^{44}
洪洞	tɕi^{33}	tɕi^{33}	tɕʰi^{42}	ɕi^{53}	kʰuei^{24}	kuei^{33}	xuei^{53}	xuei^{53}
洪洞赵城	tɕi^{24}	tɕi^{24}	tɕʰiɛ^{53}	ɕi^{53}	kʰuei^{24}	kuei^{24}	xuei^{53}	xuei^{53}
古县	tɕi^{35}	tɕi^{35}	tɕʰi^{53}	ɕi^{53}	kuei^{35}	kuei^{35}	xuei^{53}	xuei^{53}
襄汾	tɕi^{44}	tɕi^{53}	tɕʰi^{53}	ɕi^{53}	kʰuei^{24}	kuei^{53}	xuei^{53}	xuei^{53}
浮山	tɕi^{44}	tɕi^{53}	tɕʰi^{53}	ɕi^{53}	kʰuei^{13}	kuei^{53}	xuei^{53}	xuei^{53}
霍州	tɕi^{55}	tɕi^{55}	tɕʰi^{55}	ɕi^{53}	kʰuei^{35}	kuei^{55}	xuei^{53}	xuei^{53}
翼城	tɕi^{53}	tɕi^{53}	tɕʰi^{53}	ɕi^{53}	kʰuei^{12}	kuei^{53}	xuei^{53}	xuei^{53}
闻喜	tɕi^{53}	tɕi^{53}	tɕʰi^{13}	ɕi^{13}	kʰui^{53}	kui^{53}	xui^{13}	xui^{13}

续表

字目	计	继	契~约	系~统	奎	桂	惠	慧
中古音 / 方言点	古诣 蟹开四 去霁见	古诣 蟹开四 去霁见	苦计 蟹开四 去霁溪	胡计 蟹开四 去霁匣	苦圭 蟹合四 平齐溪	古惠 蟹合四 去霁见	胡桂 蟹合四 去霁匣	胡桂 蟹合四 去霁匣
侯马	tɕi53	tɕi53	tɕʰi53	ɕi53	kʰuei53	kuei53	xei53	xei53
新绛	tɕi53	tɕi53	tɕʰi53	ɕi53	kʰuei13	kuei53	xuei53	xuei53
绛县	tɕi31	tɕi31	tɕʰi31	ɕi53	kʰuei24	kuei31	xuei53	xuei53
垣曲	tɕi53	tɕi53	tɕʰi53	ɕi53	kʰuei22	kuei53	xuei53	xuei53
夏县	tɕi31	tɕi31	tɕʰi31	ɕi31	kʰuei42	kuei31	xuei31	xuei31
万荣	tɕi33	tɕi33	tɕʰi33	ɕi33	kʰuei213	kuei33	xuei33	xuei33
稷山	tɕi42	tɕi42	tɕʰi42	ɕi42	kʰuei13	kuei42	xuei42	xuei42
盐湖	tɕi44	tɕi44	tɕʰi44	tɕi44/ɕi44	kʰuei13	kuei44	xuei44	xuei44
临猗	tɕi44	tɕi44	tɕʰi44	ɕi44	kʰuei13	kuei44	xuei44	xuei44
河津	tɕʰi44/tɕi44	tɕi44	tɕʰi44	ɕi44/tɕi31	kʰuei324	kuei44	xuei44	xuei44
平陆	tɕi33	tɕi33	tɕʰi33	ɕi33	kʰuei13	kuei33	xuei33	xuei33
永济	tɕi44	tɕi44	tɕʰi44	tɕiei31 白 / tɕi44 文 / ɕi44 文	kʰuei24	kuei44	xuei44	xuei44
芮城	tɕi42	tɕi42	tɕʰiɛ44 白 / tɕʰi44 文	ɕi44	kʰuei13	kuei44	xuei44	xuei44
吉县	tɕi33	tɕi33	tɕʰi33	ɕi33	kʰuei13	kuei33	xuei33	xuei33
乡宁	tɕi22	tɕi22	tɕʰi22	ɕi22	kʰuei22	kuei22	xuei22	xuei22
广灵	tɕi213	tɕi213	tɕʰi213	ɕi213	kʰuei31	kuei213	xuei213	xuei213

字目 中古音 方言点	几~平	机	讥	祈	希	稀	衣	依
	居依 止开三 平微见	居依 止开三 平微见	居依 止开三 平微见	渠希 止开三 平微群	香衣 止开三 平微晓	香衣 止开三 平微晓	於希 止开三 平微影	於希 止开三 平微影
北京	tɕi^{55}	tɕi^{55}	tɕi^{55}	tɕʰi^{214}	ɕi^{55}	ɕi^{55}	i^{55}	i^{55}
小店	tɕi^{11}	tɕi^{11}	tɕi^{11}	tɕʰi^{11}	ɕi^{11}	ɕi^{11}	i^{11}	i^{11}
尖草坪	tɕi^{33}	tɕi^{33}	tɕi^{33}	tɕʰi^{33}	ɕi^{33}	ɕi^{33}	i^{33}	i^{33}
晋源	tɕi^{11}	tɕi^{11}	tɕi^{11}	tɕʰi^{11}	ɕi^{11}	ɕi^{11}	i^{11}	i^{11}
阳曲	tɕi^{312}	tɕi^{312}	tɕi^{312}	tɕʰi^{43}	ɕi^{312}	ɕi^{312}	i^{312}	i^{312}
古交	tɕi^{44}	tɕi^{44}	tɕi^{44}	tɕʰi^{312}	ɕi^{44}	ɕi^{44}	i^{44}	i^{44}
清徐	tɕi^{11}	tɕi^{11}	tɕi^{11}	tɕʰi^{11}	ɕi^{11}	ɕi^{11}	i^{11}	i^{11}
娄烦	tɕi^{33}	tɕi^{33}	tɕi^{33}	tɕʰi^{33}	ɕi^{33}	ɕi^{33}	i^{33}	i^{33}
榆次	tɕi^{53}	tɕi^{11}	tɕi^{11}	tɕʰi^{53}	ɕi^{11}	ɕi^{11}	i^{11}	i^{11}
交城	tɕi^{11}	tɕi^{11}	tɕi^{11}	tɕʰiəʔ^{1}	ɕi^{11}	tɕʰi^{11} 白 / ɕi^{11} 文	i^{11}	i^{11}
文水	tsɿ^{22}	tsɿ^{22}	tsɿ^{22}	tɕʰiəʔ^{2}	sɿ^{22}	sɿ^{22}	ɿ^{22}	ɿ^{22}
祁县	tsɿ^{31}	tsɿ^{31}	tsɿ^{31}	tsʰɿ^{31}	sɿ^{31}	sɿ^{31}	ɿ^{31}	ɿ^{31}
太谷	tɕi^{33}	tɕi^{33}	tɕi^{33}	tɕʰi^{33}	ɕi^{33}	ɕi^{33}	i^{33}	i^{33}
平遥	tɕi^{512}	tɕi^{213}	tɕi^{213}	tɕʰi^{512}	ɕi^{213}	ɕi^{213}	i^{213}	i^{213}
孝义	tɕi^{33}	tɕi^{33}	tɕi^{33}	tɕʰi^{33}	ɕi^{33}	ɕi^{33}	i^{33}	i^{33}
介休	tɕi^{13}	tɕi^{13}	tɕi^{13}	tɕʰiʌʔ$^{\underline{12}}$	ɕi^{13}	ɕi^{13}	i^{13}	i^{13}
灵石	tɕi^{535}	tɕi^{535}	tɕi^{535}	——	ɕi^{535}	ɕi^{535}	i^{535}	i^{535}
盂县	tɕi^{412}	tɕi^{412}	tɕi^{412}	tɕʰiəʔ^{2}	ɕi^{412}	ɕi^{412}	i^{412}	i^{412}
寿阳	tsɿ^{31}	tsɿ^{31}	tsɿ^{31}	tsʰɿ^{53}	sɿ^{31}	ɕiəʔ$^{\underline{54}}$	zɿ^{31}	zɿ^{31}
榆社	tsɿ^{22}	tsɿ^{22}	tsɿ^{22}	——	sɿ^{22}	sɿ^{22}	zɿ^{22}	zɿ^{22}
离石	tɕɿ^{24}	tɕɿ^{24}	tɕɿ^{24}	tsʰɿ^{44}	sɿ^{24}	sɿ^{24}	zɿ^{24}	zɿ^{24}
汾阳	tsɿ^{324}	tsɿ^{324}	tsɿ^{324}	tsʰɿ^{312}	sɿ^{324}	sɿ^{324}	zɿ^{324}	zɿ^{324}
中阳	tɕi^{24}	tɕi^{24}	tɕi^{24}	tɕʰi^{33}	ɕi^{24}	ɕi^{24}	i^{24}	i^{24}
柳林	——	tɕi^{24}	tɕi^{24}	tɕʰi^{312}	ɕi^{24}	ɕi^{24}	i^{24}	i^{24}
方山	tɕi^{312}	tɕi^{24}	tɕi^{24}	tɕʰi^{312}	ɕi^{24}	ɕi^{24}	i^{24}	i^{24}
临县	tɕi^{312}	tɕi^{24}	tɕi^{24}	tɕʰi^{312}	ɕi^{24}	ɕi^{24}	i^{24}	i^{24}
兴县	tɕi^{324}	tɕi^{324}	tɕi^{324}	tɕʰi^{55}	ɕi^{324}	ɕi^{324}	i^{324}	i^{324}
岚县	tɕi^{214}	tɕi^{214}	tɕi^{214}	tɕʰiəʔ$^{\underline{312}}$	ɕi^{214}	ɕi^{214}	i^{214}	i^{214}
静乐	tɕi^{314}	tɕi^{24}	tɕi^{24}	tɕʰi^{33}	ɕi^{314}	ɕi^{24}	i^{24}	i^{24}
交口	tɕi^{323}	tɕi^{323}	tɕi^{323}	tɕʰi^{323}	ɕi^{323}	ɕi^{323}	i^{323}	i^{323}
石楼	tɕi^{213}	tɕi^{213}	tɕi^{213}	tɕʰi^{213}	ɕi^{213}	ɕi^{213}	i^{213}	i^{213}

续表

字目	儿~乎	机	讥	祈	希	稀	衣	依
中古音 / 方言点	居依 止开三 平微见	居依 止开三 平微见	居依 止开三 平微见	渠希 止开三 平微群	香衣 止开三 平微晓	香衣 止开三 平微晓	於希 止开三 平微影	於希 止开三 平微影
隰县	tɕi^{53}	tɕi^{53}	tɕi^{53}	tɕʰi^{24}	ɕi^{53}	ɕi^{53}	ȵi^{53}白/i^{53}文	i^{53}
大宁	tɕi^{31}	tɕi^{31}	tɕi^{31}	tɕiəʔ^{4}	ɕi^{31}	ɕi^{31}	ni^{31}白/i^{31}文	i^{31}
永和	tɕi^{33}	tɕi^{33}	tɕi^{33}	——	ɕi^{35}	ɕi^{312}	ni^{33}白/i^{33}文	i^{33}
汾西	——	tɕʑ̍^{11}	tɕʰʑ̍^{11}	tɕʑ̍^{33}	ɕʑ̍^{11}	ɕʑ̍^{11}	nʑ̍^{11}白/ʑ̍^{11}文	nʑ̍^{11}白/ʑ̍^{11}文
蒲县	tɕi^{31}	tɕi^{52}	tɕi^{52}	tɕʰi^{31}	ɕi^{52}	ɕi^{52}	ȵi^{52}白/i^{52}文	i^{33}
潞州	tɕi^{312}	tɕi^{312}	tɕi^{312}	tɕʰi^{312}	ɕi^{312}	ɕi^{312}	i^{312}	i^{312}
上党	tɕi^{213}	tɕi^{213}	tɕi^{213}	tɕʰi^{44}	ɕi^{213}	ɕi^{213}	i^{213}	i^{213}
长子	tɕi^{312}	tɕi^{312}	tɕi^{312}	tɕʰi^{24}	ɕi^{312}	ɕi^{312}	i^{312}	i^{312}
屯留	tɕi^{31}	tɕi^{31}	tɕi^{31}	tɕʰi^{11}	ɕi^{31}	ɕi^{31}	i^{31}	i^{31}
襄垣	tɕi^{33}	tɕi^{33}	tɕi^{33}	tɕʰi^{31}	ɕi^{33}	i^{33}	i^{33}	i^{33}
黎城	ci^{33}	ci^{33}	ci^{33}	tɕʰi^{33}	çi^{33}	çi^{33}	i^{33}	i^{33}
平顺	ci^{213}	ci^{213}	ci^{213}	cʰi^{434}	çi^{213}	çi^{213}	i^{213}	i^{213}
壶关	ci^{33}	ci^{33}	ci^{33}	cʰi^{535}	çi^{33}	çi^{33}	i^{33}	i^{33}
沁县	tsɿ^{224}	tsɿ^{224}	tsɿ^{224}	tɕʰiəʔ$^{\underline{31}}$	sɿ^{224}	sɿ^{224}	zɿ^{224}	zɿ^{224}
武乡	tsɿ^{113}	tsɿ^{113}	tsɿ^{113}	tsʰɿ^{113}	sɿ^{113}	sɿ^{113}	zɿ^{113}	zɿ^{113}
沁源	tɕi^{324}	tɕi^{324}	tɕi^{324}	tɕʰi^{324}	ɕi^{324}	ɕi^{324}	i^{324}	i^{324}
安泽	tɕi^{21}	tɕi^{21}	tɕi^{21}	tɕʰi^{35}	ɕi^{21}	ɕi^{21}	i^{21}	i^{21}
沁水端氏	tɕi^{21}	tɕi^{21}	tɕi^{21}	tɕʰi^{21}	ɕi^{21}	ɕi^{21}	i^{21}	i^{21}
阳城	ci^{224}	ci^{224}	ci^{224}	cʰi^{212}	çi^{22}	çi^{22}	i^{224}	i^{224}
高平	ci^{33}	ci^{33}	ci^{33}	cʰi^{212}	çi^{33}	çi^{33}	i^{33}	i^{33}
陵川	ci^{312}	ci^{33}	ci^{33}	cʰi^{53}	çi^{33}	çi^{33}	i^{33}	i^{33}
晋城	tɕi^{33}	tɕi^{33}	tɕi^{33}	tɕʰi^{213}	ɕi^{33}	ɕi^{33}	i^{33}	i^{33}
忻府	tɕi^{313}	tɕi^{313}	tɕi^{313}	tɕʰi^{21}	ɕi^{313}	ɕi^{313}	i^{313}	i^{313}
原平	tɕi^{213}	tɕi^{213}	tɕi^{213}	tɕʰi^{213}	ɕi^{213}	ɕi^{213}	i^{213}	i^{213}
定襄	tɕi^{24}	tɕi^{24}	tɕi^{24}	tɕʰi^{24}	ɕi^{24}	ɕi^{24}	i^{24}	i^{24}
五台	tɕi^{213}	tɕi^{213}	tɕi^{213}	tɕʰiəʔ^{3}	ɕi^{213}	ɕi^{213}	i^{213}	i^{213}
岢岚	tɕi^{13}	tɕi^{13}	tɕi^{13}	tɕʰiɛʔ^{4}	ɕi^{13}	ɕi^{13}	i^{13}	i^{13}
五寨	tɕi^{13}	tɕi^{13}	tɕi^{13}	tɕʰiəʔ^{4}	ɕi^{13}	ɕi^{13}	i^{13}	i^{13}
宁武	tɕi^{23}	tɕi^{23}	tɕi^{213}	tɕʰiəʔ^{4}	ɕi^{23}	ɕi^{23}	i^{23}	i^{23}
神池	tɕi^{24}	tɕi^{24}	tɕi^{24}	tɕʰi^{32}	ɕi^{24}	ɕi^{24}	i^{24}	i^{24}
繁峙	tɕi^{53}	tɕi^{53}	tɕi^{53}	tɕʰi^{31}	ɕi^{53}	ɕi^{53}	i^{53}	i^{53}

续表

字目	几~乎	机	讥	祈	希	稀	衣	依
中古音 / 方言点	居依 止开三 平微见	居依 止开三 平微见	居依 止开三 平微见	渠希 止开三 平微群	香衣 止开三 平微晓	香衣 止开三 平微晓	於希 止开三 平微影	於希 止开三 平微影
代县	tɕi^{213}	tɕi^{213}	tɕi^{213}	tɕiəʔ^{2}	ɕi^{213}	ɕi^{213}	i^{213}	i^{213}
河曲	tɕi^{213}	tɕi^{213}	tɕi^{213}	tɕʰi^{44}	ɕi^{213}	ɕi^{213}	i^{213}	i^{213}
保德	tɕi^{213}	tɕi^{213}	tɕi^{213}	tɕʰi^{213}	ɕi^{213}	ɕi^{213}	i^{213}	i^{213}
偏关	tsɿ^{24}	tsɿ^{24}	tsɿ^{24}	tɕʰi^{24}	sɿ^{24}	sɿ^{24}	ɿ^{24}	ɿ^{24}
朔城	tɕi^{312}	tɕi^{312}	tɕi^{312}	tɕʰi^{312}	ɕi^{312}	ɕi^{312}	i^{312}	i^{312}
平鲁	tɕi^{213}	tɕi^{213}	tɕi^{213}	tɕʰi^{213}	ɕi^{213}	ɕi^{213}	i^{52}	i^{52}
应县	tɕi^{43}	tɕi^{43}	tɕi^{43}	tɕʰi^{31}	ɕi^{43}	ɕi^{43}	i^{43}	i^{43}
灵丘	tɕi^{442}	tɕi^{442}	tɕi^{442}	tɕʰi^{31}	ɕi^{442}	ɕi^{442}	i^{442}	i^{442}
浑源	tɕi^{52}	tɕi^{52}	tɕi^{52}	tɕʰiəʔ^{4}	ɕi^{52}	ɕi^{52}	i^{52}	i^{52}
云州	tɕi^{21}	tɕi^{21}	tɕi^{21}	tɕʰi^{312}	ɕi^{21}	ɕi^{21}	i^{21}	i^{21}
新荣	tɕi^{32}	tɕi^{32}	tɕi^{32}	tɕʰiəʔ^{4}	ɕi^{32}	ɕi^{32}	i^{32}	i^{32}
怀仁	tɕi^{42}	tɕi^{42}	tɕi^{42}	tɕʰi^{53}	ɕi^{42}	ɕi^{42}	i^{42}	i^{42}
左云	tɕi^{31}	tɕi^{31}	tɕi^{31}	tɕʰi^{313}	ɕi^{31}	ɕi^{31}	i^{31}	i^{31}
右玉	tɕi^{31}/tɕi^{212}	tɕi^{31}	tɕi^{31}	tɕʰi^{212}	ɕi^{31}	ɕi^{31}	i^{31}	i^{31}
阳高	tɕi^{31}/tɕi^{53}	tɕi^{31}	tɕi^{31}	——	ɕi^{31}	ɕi^{31}	i^{31}	i^{31}
山阴	tɕi^{313}	tɕi^{313}	tɕi^{313}	——	ɕi^{313}	ɕi^{313}	i^{313}	i^{313}
天镇	tɕi^{31}	tɕi^{31}	tɕi^{31}	tɕʰiəʔ^{4}	ɕi^{31}	ɕi^{31}	i^{22}	i^{22}
平定	tɕi^{31}	tɕi^{31}	tɕi^{31}	tɕʰiəʔ^{4}	ɕi^{31}	ɕi^{31}	i^{31}	i^{31}
昔阳	tɕi^{42}	tɕi^{42}	tɕi^{42}	tɕʰi^{55}	ɕi^{42}	ɕi^{42}	i^{42}	i^{42}
左权	tɕi^{31}	tɕi^{31}	tɕi^{31}	tɕʰi^{42}	ɕi^{31}	ɕi^{31}	i^{31}	i^{31}
和顺	tɕi^{42}	tɕi^{42}	tɕi^{42}	tɕʰi^{53}	ɕi^{42}	ɕi^{42}	i^{42}	i^{42}
尧都	tɕi^{21}	tɕi^{21}	tɕi^{21}	tɕʰi^{21}	ɕi^{21}	ɕi^{21}	i^{21}	i^{21}
洪洞	tɕi^{21}	tɕi^{21}	tɕi^{21}	tɕʰi^{24}	ɕi^{21}	ɕi^{21}	ȵi^{21} 白 /i^{21} 文	i^{21}
洪洞赵城	tɕi^{42}	tɕi^{21}	tɕi^{21}	tɕʰi^{24}	ɕi^{21}	ɕi^{21}	ȵi^{21} 白 /i^{21} 文	i^{21}
古县	tɕi^{21}	tɕi^{21}	tɕi^{21}	tɕʰi^{35}	ɕi^{21}	ɕi^{21}	ȵi^{21} 白 /i^{21} 文	i^{21}
襄汾	tɕi^{21}	tɕi^{21}	tɕi^{21}	tɕʰi^{24}	ɕi^{21}	ɕi^{21}	i^{21}	i^{21}
浮山	tɕi^{42}	tɕi^{42}	tɕi^{42}	tɕʰi^{13}	ɕi^{42}	ɕi^{42}	i^{42}	i^{42}
霍州	tɕi^{212}	tɕi^{212}	tɕi^{212}	tɕʰi^{33}	ɕi^{212}	ɕi^{212}	ȵi^{212}	ȵi^{212}
翼城	tɕi^{53}	tɕi^{53}	tɕi^{53}	tɕʰi^{44}	ɕi^{53}	ɕi^{53}	i^{53}	i^{53}
闻喜	tɕi^{33}	tɕi^{33}/tɕi^{53}	tɕi^{53}	——	ɕi^{53}	ɕi^{53}	ȵi^{13} 白 /i^{53} 文	ȵi^{13} 白 /i^{53} 文
侯马	tɕi^{213}	tɕiɛ^{213}	tɕi^{213}	tɕʰi^{44}	ɕi^{213}	ɕi^{213}	i^{213}	i^{213}

续表

字目	儿~乎	机	讥	祈	希	稀	衣	依
中古音 / 方言点	居依 止开三 平微见	居依 止开三 平微见	居依 止开三 平微见	渠希 止开三 平微群	香衣 止开三 平微晓	香衣 止开三 平微晓	於希 止开三 平微影	於希 止开三 平微影
新绛	tɕi53	tɕi53	tɕi53	tɕʰi13	ɕi53	ɕi44	ȵi53 白 /i 文	i53
绛县	tɕi53	tɕi53	tɕi53	tɕʰi24	ɕi53	ɕi53	i53	i53
垣曲	tɕi22	tɕi22	tɕi22	tɕʰi44	ɕi22	ɕi22	ȵi22 白 /i22 文	i22
夏县	tɕi53	tɕi53	tɕi24	tɕʰi42	ɕi53	ɕi53	i53	i53
万荣	tɕi55	tɕi51	tɕi55	tɕʰi213	ɕi51	ɕi51	i51	i51
稷山	tɕi53	tɕi53	tɕi53	tɕʰi13	ɕi53	ɕi53	ȵi53 白 /i53 文	i53
盐湖	tɕi42	tɕi42	tɕi42	tɕʰi13	ɕi42	ɕi42	i42	i42
临猗	tɕi44	tɕi42	tɕi42	tɕʰi13	ɕi42	ɕi42	ȵi42 白 /i42 文	i42
河津	tɕi31	tɕi31	tɕi31	tɕʰi324	ɕi31	ɕi31	ȵi31 白 /i31 文	ȵi31 白
平陆	tɕi31	tɕi31	tɕi31	tɕʰi13	ɕi31	ɕi31	ȵi31 白 /i31 文	i31
永济	tɕi31	tɕi31	tɕi53	tɕʰi24	ɕi31	ɕi31	ȵi31/i31	i31
芮城	tɕi44	tɕi42	tɕi42	tɕʰi13	ɕi42	ɕi42	ȵi42 白 /i42 文	i42
吉县	tɕi423	tɕi423	tɕi423	tɕʰi13	ɕi423	ɕi423	ni33 白 /i33 文	i53
乡宁	tɕi53	tɕi53	tɕi53	tɕʰi12	ɕi53	ɕi53	ȵi53 白 /i53 文	i53
广灵	tɕi53	tɕi53	tɕi53	tɕʰi53	ɕi53	ɕi53	i53	i53

字目	厘	狸	兹	滋	慈	磁~石	司	丝
中古音 / 方言点	里之 止开三 平之来	里之 止开三 平之来	子之 止开三 平之精	子之 止开三 平之精	疾之 止开三 平之从	疾之 止开三 平之从	息兹 止开三 平之心	息兹 止开三 平之心
北京	li^{35}	li^{35}	tsɿ^{55}	tsɿ^{55}	tsʰɿ^{35}	tsʰɿ^{35}	sɿ^{55}	sɿ^{55}
小店	li^{11}	li^{11}	tsɿ^{11}	tsɿ^{11}	tsʰɿ^{11}	tsʰɿ^{11}	sɿ^{11}	sɿ^{11}
尖草坪	li^{33}	li^{33}	tsɿ^{33}	tsɿ^{33}	tsʰɿ^{33}	tsʰɿ^{33}	sɿ^{33}	sɿ^{33}
晋源	li^{11}	li^{11}	tsɿ^{11}	tsɿ^{11}	tsʰɿ^{11}	tsʰɿ^{11}	sɿ^{11}	sɿ^{11}
阳曲	li^{43}	li^{43}	tsɿ^{312}	tsɿ^{312}	tsʰɿ^{43}	tsʰɿ^{43}	sɿ^{312}	sɿ^{312}
古交	li^{44}	li^{44}	tsɿ^{44}	tsɿ^{44}	tsʰɿ^{44}	tsʰɿ^{44}	sɿ^{44}	sɿ^{44}
清徐	li^{11}	li^{11}	tsɿ^{11}	tsɿ^{11}	tsʰɿ^{11}	tsɿ^{11} 白 / tsʰɿ^{11} 文	sɿ^{11}	sɿ^{11}
娄烦	li^{33}	li^{33}	tsɿ^{33}	tsɿ^{33}	tsʰɿ^{33}	tsʰɿ^{33}	sɿ^{33}	sɿ^{33}
榆次	li^{53}	li^{11}	tsɿ^{11}	tsɿ^{11}	tsʰɿ^{11}	tsʰɿ^{11}	sɿ^{11}	sɿ^{11}
交城	li^{11}	li^{11}	tsɿ^{11}	tsɿ^{11}	tsɿ^{11} 白 / tsʰɿ^{11} 文	tsɿ^{11} 白 / tsʰɿ^{11} 文	sɿ^{11}	sɿ^{11}
文水	lɿ^{22}	lɿ^{22}	tsɿ^{22}	tsɿ^{22}	tsʰɿ^{22}	tsʰɿ^{22}	sɿ^{22}	sɿ^{22}
祁县	lɿ^{31}	lɿ^{31}	tsɿ^{31}	tsɿ^{31}	tsɿ^{31} 白 / tsʰɿ^{31} 文	tsʰɿ^{31}	sɿ^{31}	sɿ^{31}
太谷	li^{33}	li^{33}	tsɿ^{33}	tsɿ^{33}	tsɿ^{33} 白 / tsʰɿ^{33} 文	tsʰɿ^{33}	sɿ^{33}	sɿ^{33}
平遥	li^{24}	li^{213}	tsɿ^{213}	tsɿ^{213}	tsʰɿ^{213}	tsɿ^{213}	sɿ^{213}	sɿ^{213}
孝义	lei^{33}	lei^{33}	tsɿ^{33}	tsɿ^{33}	tsɿ^{33}	tsʰɿ^{33}	sɿ^{33}	sɿ^{33}
介休	lei^{13}	lei^{13}	tsɿ^{13}	tsɿ^{13}	tsʰɿ^{13}	tsʰɿ^{13}	sɿ^{13}	sɿ^{13}
灵石	li^{44}	li^{44}	tsɿ^{535}	tsɿ^{535}	tsʰɿ^{44}	tsʰɿ^{44}	sɿ^{535}	sɿ^{535}
盂县	lei^{22}	lei^{22}	tsɿ^{412}	tsɿ^{412}	tsʰɿ^{22}	tsʰɿ^{22}	sɿ^{412}	sɿ^{412}
寿阳	lei^{22}	lei^{22}	tsɿ^{31}	tsɿ^{31}	tsʰɿ^{22}	tsʰɿ^{22}	sɿ^{31}	sɿ^{31}
榆社	lei^{22}	lei^{22}	tsɿ^{22}	tsɿ^{22}	tsʰɿ^{22}	tsʰɿ^{22}	sɿ^{22}	sɿ^{22}
离石	li^{44}	li^{44}	tsɿ^{24}	tsɿ^{24}	tsʰɿ^{44}	tsʰɿ^{44}	sɿ^{24}	sɿ^{24}
汾阳	lɿ^{22}	lɿ^{22}	tsɿ^{324}	tsɿ^{324}	tsʰɿ^{22}	tsʰɿ^{22}	sɿ^{324}	sɿ^{324}
中阳	li^{33}	li^{33}	tsɿ^{24}	tsɿ^{24}	tsʰɿ^{33}	tsʰɿ^{33}	sɿ^{24}	sɿ^{24}
柳林	li^{44}	li^{44}	tsɿ^{24}	tsɿ^{24}	tsʰɿ^{44}	tsʰɿ^{44}	sɿ^{24}	sɿ^{24}
方山	li^{44}	li^{44}	tsɿ^{24}	tsɿ^{24}	tsʰɿ^{44}	tsʰɿ^{44}	sɿ^{24}	sɿ^{24}
临县	lei^{33}	lei^{312}	tsɿ^{24}	tsɿ^{24}	tsʰɿ^{33}	tsʰɿ^{33}	sɿ^{24}	sɿ^{24}
兴县	li^{55}	li^{324}	——	tsɿ^{324}	tsʰɿ^{55}	tsʰɿ^{55}	sɿ^{324}	sɿ^{324}
岚县	li^{44}	li^{44}	tsɿ^{214}	tsɿ^{214}	tsʰɿ^{44}	tsʰɿ^{44}	sɿ^{214}	sɿ^{214}
静乐	li^{33}	li^{33}	tsɿ^{24}	tsɿ^{24}	tsʰɿ^{33}	tsʰɿ^{33}	sɿ^{24}	sɿ^{24}

续表

字目	厘	狸	兹	滋	慈	磁~石	司	丝
中古音 / 方言点	里之 止开三 平之来	里之 止开三 平之来	子之 止开三 平之精	子之 止开三 平之精	疾之 止开三 平之从	疾之 止开三 平之从	息兹 止开三 平之心	息兹 止开三 平之心
交口	li^{44}	li^{44}	tsɿ^{323}	tsɿ^{323}	tsʰɿ^{44}	tsʰɿ^{44}	sɿ^{323}	sɿ^{323}
石楼	li^{44}	li^{44}	tsɿ^{213}	tsɿ^{213}	tsʰɿ^{44}	tsʰɿ^{44}	sɿ^{213}	sɿ^{213}
隰县	li^{24}	li^{24}	tsɿ^{53}	tsɿ^{53}	tsʰɿ^{24}	tsʰɿ^{24}	sɿ^{53}	sɿ^{53}
大宁	li^{24}	li^{24}	tsʰɿ^{24}	tsɿ^{31}/tsʰɿ^{31}	tsʰɿ^{24}	tsʰɿ^{24}	sɿ^{31}	sɿ^{31}
永和	li^{312}	li^{312}	tsɿ^{33}	tsɿ^{33}	tsʰɿ^{35}	tsʰɿ^{35}	sɿ^{33}	sɿ^{33}
汾西	lʐ̩^{35}	——	tsɿ^{11}	tsɿ^{11}	tsʰɿ^{35}	tsʰɿ^{35}	sɿ^{11}	sɿ^{11}
蒲县	li^{24}	li^{24}	tsɿ^{52}	tsɿ^{52}	tsʰɿ^{24}	tsʰɿ^{24}	sɿ^{52}	sɿ^{52}
潞州	li^{24}	li^{24}	tsɿ^{312}	tsɿ^{312}	tsʰɿ^{24}	tsʰɿ^{24}	sɿ^{312}	sɿ^{312}
上党	li^{44}	li^{44}	tsɿ^{213}	tsɿ^{213}	tsʰɿ^{44}	tsʰɿ^{44}	sɿ^{213}	sɿ^{213}
长子	li^{24}	li^{24}	tsɿ^{312}	tsɿ^{312}	tsʰɿ^{24}	tsʰɿ^{24}	sɿ^{312}	sɿ^{312}
屯留	li^{11}	li^{11}	tsɿ^{31}	tsɿ^{31}	tsʰɿ^{11}	tsʰɿ^{11}	sɿ^{31}	sɿ^{31}
襄垣	li^{31}	li^{31}	tsɿ^{33}	tsɿ^{33}	tsʰɿ^{31}	tsʰɿ^{31}	sɿ^{33}	sɿ^{33}
黎城	li^{213}	li^{33}	tsʰɿ^{53}	tsɿ^{33}	tsʰɿ^{53}	tsʰɿ^{53}	sɿ^{33}	sɿ^{33}
平顺	li^{13}	li^{13}	tsɿ^{213}	tsɿ^{213}	tsʰɿ^{13}	tsʰɿ^{13}	sɿ^{213}	sɿ^{213}
壶关	li^{13}	li^{13}	tʂʅ^{33}	tʂʅ^{33}	tʂʰʅ^{13}	tʂʰʅ^{13}	ʂʅ^{33}	ʂʅ^{33}
沁县	əʅ^{33}	əʅ^{33}	tsɿ^{224}	tsɿ^{224}	tsʰɿ^{33}	tsʰɿ^{33}	sɿ^{224}	sɿ^{224}
武乡	lɿ^{33}	lɿ^{33}	tsɿ^{113}	tsɿ^{113}	tsɿ^{33}	tsʰɿ^{33}	sɿ^{113}	sɿ^{113}
沁源	li^{33}	li^{33}	tsɿ^{324}	tsɿ^{324}	tsʰɿ^{33}	tsʰɿ^{33}	sɿ^{324}	sɿ^{324}
安泽	li^{35}	li^{35}	tsʰɿ^{21}	tsɿ^{21}	tsʰɿ^{35}	tsʰɿ^{35}	sɿ^{21}	sɿ^{21}
沁水端氏	li^{24}	li^{24}	tsɿ^{21}	tsɿ^{21}	tsʰɿ^{24}	tsʰɿ^{24}	sɿ^{21}	sɿ^{21}
阳城	li^{212}	li^{212}	tsɿ^{224}	tsɿ^{224}	tsʰɿ^{22}	tsʰɿ^{22}	sɿ^{224}	sɿ^{224}
高平	li^{33}	li^{33}	tʂʰʅ^{33}	tʂʅ^{33}	tʂʰʅ^{33}	tʂʰʅ^{33}	ʂʅ^{33}	ʂʅ^{33}
陵川	li^{53}	li^{53}	tʂʅ^{33}	tʂʅ^{33}	tʂʰʅ^{53}	tʂʰʅ^{53}	ʂʅ^{33}	ʂʅ^{33}
晋城	li^{324}	li^{324}	tʂʅ^{33}	tʂʅ^{33}	tʂʰʅ^{324}	tʂʰʅ^{324}	ʂʅ^{33}	ʂʅ^{33}
忻府	li^{21}	li^{21}	tsɿ^{313}	tsɿ^{313}	tsʰɿ^{21}	tsʰɿ^{21}	sɿ^{313}	sɿ^{313}
原平	li^{33}	li^{33}	tsɿ^{213}	tsɿ^{213}	tsʰɿ^{33}	tsʰɿ^{33}	sɿ^{213}	sɿ^{213}
定襄	li^{24}	li^{24}	tsɿ^{24}	tsɿ^{24}	tsʰɿ^{24}	tsʰɿ^{24}	sɿ^{24}	sɿ^{24}
五台	li^{33}	li^{33}	tsɿ^{213}	tsɿ^{213}	tsʰɿ^{33}	tsʰɿ^{33}	sɿ^{213}	sɿ^{213}
岢岚	li^{44}	li^{13}	tsɿ^{13}	tsɿ^{13}	tsʰɿ^{44}	tsʰɿ^{44}	sɿ^{13}	sɿ^{13}
五寨	li^{44}	li^{13}	tsɿ^{13}	tsɿ^{13}	tsʰɿ^{44}	tsʰɿ^{44}	sɿ^{13}	sɿ^{13}
宁武	li^{33}	——	tsɿ^{23}	tsɿ^{23}	tsʰɿ^{33}	tsʰɿ^{33}	sɿ^{23}	sɿ^{23}

续表

字目	厘	狸	兹	滋	慈	磁~石	司	丝
中古音 方言点	里之 止开三 平之来	里之 止开三 平之来	子之 止开三 平之精	子之 止开三 平之精	疾之 止开三 平之从	疾之 止开三 平之从	息兹 止开三 平之心	息兹 止开三 平之心
神池	li^{32}	li^{32}	tsɿ^{24}	tsɿ^{24}	tsʰɿ^{32}	tsʰɿ^{32}	sɿ^{24}	sɿ^{24}
繁峙	li^{31}	li^{31}	tsɿ^{53}	tsɿ^{53}	tsʰɿ^{31}	tsʰɿ^{31}	sɿ^{53}	sɿ^{53}
代县	li^{44}	li^{44}	tsɿ^{213}	tsɿ^{213}	tsɿ^{44}	tsɿ^{44} 白 / tsʰɿ^{44} 文	sɿ^{213}	sɿ^{213}
河曲	li^{44}	li^{44}	tsɿ^{213}	tsɿ^{213}	tsʰɿ^{44}	tsʰɿ^{44}	sɿ^{213}	sɿ^{213}
保德	li^{44}	li^{44}	tsɿ^{213}	tsɿ^{213}	tsʰɿ^{44}	tsʰɿ^{44}	sɿ^{213}	sɿ^{213}
偏关	lʅ^{24}	lʅ^{24}	tsɿ^{24}	tsɿ^{24}	tsʰɿ^{44}	tsʰɿ^{44}	sɿ^{24}	sɿ^{24}
朔城	li^{35}	li^{35}	tsɿ^{312}	tsɿ^{312}	tsʰɿ^{35}	tsʰɿ^{35}	sɿ^{312}	sɿ^{312}
平鲁	li^{44}	li^{213}	tsɿ^{213}	tsɿ^{213}	tsʰɿ^{44}	tsʰɿ^{44}	sɿ^{213}	sɿ^{213}
应县	li^{31}	li^{31}	tsɿ^{43}	tsɿ^{43}	tsɿ^{31}	tsɿ^{31}	sɿ^{43}	sɿ^{43}
灵丘	li^{31}	li^{31}	tsɿ^{442}	tsɿ^{442}	tsʰɿ^{31}	tsʰɿ^{31}	sɿ^{442}	sɿ^{442}
浑源	li^{52}	li^{52}	tsɿ^{52}	tsɿ^{52}	tsʰɿ^{22}	tsʰɿ^{22}	sɿ^{52}	sɿ^{52}
云州	li^{312}	li^{21}	tsɿ^{21}	tsɿ^{21}	tsɿ^{312}	tsɿ^{312}	sɿ^{21}	sɿ^{21}
新荣	li^{312}	li^{312}/li^{54}	tsʰɿ^{312}	tsɿ^{32}	tsʰɿ^{312}	tsʰɿ^{312}	sɿ^{32}	sɿ^{32}
怀仁	li^{312}	li^{312}	tsɿ^{42}	tsɿ^{42}	tsʰɿ^{312}	tsʰɿ^{312}	sɿ^{42}	sɿ^{42}
左云	li^{313}	li^{313}	tsɿ^{31}	tsɿ^{31}	tsʰɿ^{313}	tsʰɿ^{313}	sɿ^{31}	sɿ^{31}
右玉	li^{212}	li^{212}	tsɿ^{31}	tsɿ^{31}	tsʰɿ^{212}	tsʰɿ^{212}	sɿ^{31}	sɿ^{31}
阳高	li^{31}	li^{31}	tsɿ^{31}	tsɿ^{31}	tsʰɿ^{312}	tsʰɿ^{312}	sɿ^{31}	sɿ^{31}
山阴	li^{313}	li^{313}	tsɿ^{313}	tsɿ^{313}	tsɿ^{313}	tsɿ^{313}	sɿ^{313}	sɿ^{313}
天镇	li^{22}	li^{22}	tsɿ^{33}	tsɿ^{31}	tsʰɿ^{22}	tsʰɿ^{22}	sɿ^{31}	sɿ^{31}
平定	lei^{44}	lei^{44}	tsɿ^{31}	tsɿ^{31}	tsʰɿ^{44}	tsʰɿ^{44}	sɿ^{31}	sɿ^{31}
昔阳	lei^{33}	lei^{33}	tsɿ^{42}	tsɿ^{42}	tsʰɿ^{33}	tsʰɿ^{33}	sɿ^{42}	sɿ^{42}
左权	li^{11}	li^{11}	tsɿ^{31}	tsɿ^{31}	tsʰɿ^{11}	tsʰɿ^{11}	sɿ^{31}	sɿ^{31}
和顺	lei^{22}	lei^{22}	tsɿ^{42}	tsɿ^{42}	tsʰɿ^{22}	tsʰɿ^{22}	sɿ^{42}	sɿ^{42}
尧都	li^{21}	li^{21}	tsɿ^{21}	tsɿ^{21}	tsʰɿ^{24}	tsʰɿ^{24}	sɿ^{21}	sɿ^{21}
洪洞	li^{24}	li^{24}	tsɿ^{21}	tsɿ^{21}	tsʰɿ^{24}	tsʰɿ^{24}	sɿ^{21}	sɿ^{21}
洪洞赵城	li^{24}	li^{24}	tsʰɿ^{24}	tsʰɿ^{24}	tsʰɿ^{24}	tsʰɿ^{24}	sɿ^{21}	sɿ^{21}
古县	li^{35}	li^{35}	tsɿ^{21}	tsɿ^{21}	tsʰɿ^{35}	tsʰɿ^{35}	sɿ^{21}	sɿ^{21}
襄汾	li^{24}	li^{24}	tsɿ^{21}	tsɿ^{21}	tsʰɿ^{24}	tsʰɿ^{24}	sɿ^{21}	sɿ^{21}
浮山	li^{13}	li^{13}	tsɿ^{42}	tsɿ^{42}	tsʰɿ^{13}	tsʰɿ^{13}	sɿ^{42}	sɿ^{42}
霍州	li^{35}	li^{212}	tsɿ^{212}	tsɿ^{212}	tsʰɿ^{35}	tsʰɿ^{35}	sɿ^{212}	sɿ^{212}

续表

字目	厘	狸	兹	滋	慈	磁~石	司	丝
中古音 / 方言点	里之 止开三 平之来	里之 止开三 平之来	子之 止开三 平之精	子之 止开三 平之精	疾之 止开三 平之从	疾之 止开三 平之从	息兹 止开三 平之心	息兹 止开三 平之心
翼城	li^{12}	li^{12}	tsɿ^{53}	tsɿ^{53}	tsʰɿ^{12}	tsʰɿ^{12}	sɿ^{53}	sɿ^{53}
闻喜	——	——	——	tsʰɿ^{33}	tsʰɿ^{13}	tsʰɿ^{13}	sɿ^{53}	sɿ^{53}
侯马	li^{213}	li^{213}	tsɿ^{213}	tsɿ^{213}	tsʰɿ^{213}	tsʰɿ^{213}	sɿ^{213}	sɿ^{213}
新绛	li^{13}	li^{13}	tsɿ^{53}	tsɿ^{44}	tsʰɿ^{13}	tsʰɿ^{13}	sɿ^{13}	sɿ^{53}
绛县	li^{24}	li^{24}	tsɿ^{53}	tsɿ^{53}	tsʰɿ^{24}	tsʰɿ^{24}	sɿ^{53}	sɿ^{53}
垣曲	li^{22}	li^{22}	tsɿ^{22}	tsɿ^{22}	tsʰɿ^{22}	tsʰɿ^{22}	sɿ^{22}	sɿ^{22}
夏县	li^{42}	li^{42}	tsɿ^{42}	tsɿ^{53}	tsʰɿ^{42}	tsʰɿ^{42}	sɿ^{53}	sɿ^{53}
万荣	li^{213}	li^{213}	tsɿ^{51}	tsɿ^{51}	tsʰɿ^{213}	tsʰɿ^{213}	sɿ^{51}	sɿ^{51}
稷山	li^{13}	li^{13}	tsɿ^{53}	tsɿ^{53}	tsʰɿ^{13}	tsʰɿ^{13}	sɿ^{53}	sɿ^{53}
盐湖	li^{13}	li^{13}	tsɿ^{42}	tsɿ^{42}	tsʰɿ^{13}	tsʰɿ^{13}	sɿ^{42}	sɿ^{42}
临猗	li^{13}	li^{53}	tsɿ^{42}	tsɿ^{42}	tsʰɿ^{13}	tsʰɿ^{13}	sɿ^{42}	sɿ^{42}
河津	li^{324}	li^{324}	tsɿ^{324}	tsɿ^{324}	tsʰɿ^{324}	tsʰɿ^{324}	sɿ^{324}	sɿ^{31}
平陆	li^{13}	li^{55}	tsʰɿ^{13}	tsɿ^{31}	tsʰɿ^{13}	tsʰɿ^{13}	sɿ^{13}	sɿ^{31}
永济	li^{24}	li^{24}	tsɿ^{31}	tsɿ^{31}	tsʰɿ^{24}	tsʰɿ^{24}	sɿ^{31}	sɿ^{31}
芮城	li^{13}	li^{53}	tsʰɿ^{42}	tsʰɿ^{42}	tsʰɿ^{13}	tsʰɿ^{13}	sɿ^{42}	sɿ^{42}
吉县	li^{13}	——	tsɿ^{423}	tsɿ^{423}	tsʰɿ^{423}	tsʰɿ^{423}	sɿ^{33}	sɿ^{423}
乡宁	li^{12}	li^{12}	tsɿ^{53}	tsɿ^{53}	tsʰɿ^{12}	tsʰɿ^{12}	sɿ^{53}	sɿ^{53}
广灵	li^{31}	li^{31}	tsɿ^{53}	tsɿ^{53}	tsʰɿ^{31}	tsʰɿ^{31}	sɿ^{53}	sɿ^{53}

字目	思	辞	词	祠	痴	持	之	芝
中古音 / 方言点	息兹 止开三 平之心	似兹 止开三 平之邪	似兹 止开三 平之邪	似兹 止开三 平之邪	丑之 止开三 平之彻	直之 止开三 平之澄	止而 止开三 平之章	止而 止开三 平之章
北京	sɿ^{55}	tsʰɿ^{35}	tsʰɿ^{35}	tsʰɿ^{35}	tʂʰʅ^{55}	tʂʰʅ^{35}	tʂʅ^{55}	tʂʅ^{55}
小店	sɿ^{11}	tsʰɿ^{11}	tsʰɿ^{11}	tsʰɿ^{11}	tsʰɿ^{11}	tsʰɿ^{11}	tsɿ^{11}	tsɿ^{11}
尖草坪	sɿ^{33}	sɿ^{33} 白 / tsʰɿ^{33} 文	sɿ^{33} 白 / tsʰɿ^{33} 文	sɿ^{33} 白 / tsʰɿ^{33} 文	tsʰɿ^{33}	tsʰɿ^{33}	tsɿ^{33}	tsɿ^{33}
晋源	sɿ^{11}	tsʰɿ^{11}	tsʰɿ^{11}	tsʰɿ^{11}	tsʰɿ^{11}	tsʰɿ^{11}	tsɿ^{11}	tsɿ^{11}
阳曲	sɿ^{312}	tsʰɿ^{43}	tsʰɿ^{43}	sɿ^{43} 白 / tsʰɿ^{43} 文	tsʰɿ^{312}	tsʰɿ^{43}	tsɿ^{312}	tsɿ^{312}
古交	sɿ^{44}	tsʰɿ^{44}	tsʰɿ^{44}	tsʰɿ^{44}	tsʰɿ^{44}	tsʰɿ^{44}	tsɿ^{44}	tsɿ^{44}
清徐	sɿ^{11}	sɿ^{11} 白 / tsʰɿ^{11} 文	liəʔ^{1}	sɿ^{11} 白 / tsʰɿ^{11} 文	tsʰɿ^{11}	tsʰɿ^{11}	tsɿ^{11}	tsɿ^{11}
娄烦	sɿ^{33}	tsʰɿ^{33}	sɿ^{33}	sɿ^{33}	tsʰɿ^{33}	tsʰɿ^{33}	tsɿ^{33}	tsɿ^{33}
榆次	sɿ^{11}	tsʰɿ^{11}	liəʔ^{1}	sɿ^{11} 白 / tsʰɿ^{11} 文	tsʰɿ^{11}	tsʰɿ^{11}	tsɿ^{11}	tsɿ^{11}
交城	sɿ^{11}	tsʰɿ^{11}	tsʰɿ^{11}	sɿ^{11} 白 / tsʰɿ^{11} 文	tsʰɿ^{11}	tsʰɤɯ^{11}	tsɿ^{11}	tsɿ^{11}
文水	sɿ^{22}	tsʰɿ^{22}	tsʰɿ^{22}	sɿ^{22} 白 / tsʰɿ^{22} 文	tsʰɿ^{22}	tsʰɿ^{22}	tsɿ^{22}	tsɿ^{22}
祁县	sɿ^{31}	tsʰɿ^{31}	tsʰɿ^{31}	sɿ^{31} 白 / tsʰɿ^{31} 文	tʂʰʅ^{31}	tʂʰʅ^{31}	tsɿ^{31}	tsɿ^{31}
太谷	sɿ^{33}	sɿ^{33} 白 / tsʰɿ^{33} 文	tsʰɿ^{33}	sɿ^{33} 白 / tsʰɿ^{33} 文	tsʰɿ^{33}	tsʰɿ^{33}	tsɿ^{33}	tsɿ^{33}
平遥	sɿ^{213}	sɿ^{213}	liʌʔ$^{\underline{523}}$	tsʰɿ^{213}	tʂʰʅ^{213}	tʂʰʅ^{512}	tsɿ^{213}	tsɿ^{213}
孝义	sɿ^{33}	tsʰɿ^{33}	tsʰɿ^{33}	tsʰɿ^{33}	tʂʰʅ^{33}	tʂʰʅ^{33}	tsɿ^{33}	tsɿ^{33}
介休	sɿ^{13}	tsʰɿ^{13}	tsʰɿ^{13}	sɿ^{13} 白 / tsʰɿ^{13} 文	tʂʰei^{13}	tʂʰei^{13}	tsɿ^{13}	tsɿ^{13}
灵石	sɿ^{535}	tsʰɿ^{44}	tsʰɿ^{44}	tsʰɿ^{44}	tʂʰʅ^{535}	tʂʰʅ^{44}	tsɿ^{535}	tʂʅ^{535}
盂县	sɿ^{412}	tsʰɿ^{22}	tsʰɿ^{22}	tsʰɿ^{22}	tsʰɿ^{412}	tsʰɿ^{22}	tsɿ^{412}	tsɿ^{412}
寿阳	sɿ^{31}	tsʰɿ^{22}	liəʔ^{2}	tsʰɿ^{22}	tsʰɿ^{31}	tsʰɿ^{22}	tsɿ^{31}	tsɿ^{31}
榆社	sɿ^{22}	sɿ^{22}	sɿ^{22}	sɿ^{22}	tsʰɿ^{22}	tsʰɿ^{22}	tsɿ^{22}	tsɿ^{22}
离石	sɿ^{24}	tsʰɿ^{44}	tsʰɿ^{44}	tsʰɿ^{44}	tʂʰʅr^{24}	tʂʰʅr^{44}	tsɿ^{24}	tsɿ^{24}
汾阳	sɿ^{324}	tsʰɿ^{22}	tsʰɿ^{22}	tsʰɿ^{22}	tʂʰʅ^{324}	tʂʰʅ^{22}	tsɿ^{324}	tsɿ^{324}
中阳	sɿ^{24}	tsʰɿ^{33}	lieʔ$^{\underline{312}}$	tsʰɿ^{33}	tʂʰɤ^{24}	tʂʰɤ^{33}	tsɿ^{24}	tsɿ^{24}
柳林	sɿ^{24}	tsʰɿ^{44}	tsʰɿ^{44}	tsʰɿ^{44}	tsʰɛe^{24}	tsʰɛe^{44}	tsɿ^{312}	tsɿ^{24}
方山	sɿ^{24}	tsʰɿ^{44}	liɛʔ$^{\underline{23}}$	tsʰɿ^{44}	tʂʰʅ^{24}	tʂʅ^{44}	tsɿ^{24}	tsɿ^{24}

续表

字目	思	辞	词	祠	痴	持	之	芝
中古音 方言点	息兹 止开三 平之心	似兹 止开三 平之邪	似兹 止开三 平之邪	似兹 止开三 平之邪	丑之 止开三 平之彻	直之 止开三 平之澄	止而 止开三 平之章	止而 止开三 平之章
临县	sɿ^{24}	tsʰɿ^{33}	liɐʔ$^{\underline{24}}$	tsʰɿ^{33}	tʂʰei^{24}	tʂʰei^{33}	tsɿ^{24}	tsɿ^{24}
兴县	sɿ^{324}	tsʰɿ^{55}	tsʰɿ^{55}	tsʰɿ^{55}	tʂʰʅ^{55}	tʂʰʅ^{55}	tsɿ^{324}	tsɿ^{324}
岚县	sɿ^{214}	sɿ^{44}	sɿ^{44}	sɿ^{44}	tsʰɿ^{214}	tsʰɿ^{44}	tsɿ^{214}	tsɿ^{214}
静乐	sɿ^{33}	tsʰɿ^{24}	liəʔ^{4}	tsʰɿ^{24}	tsʰɿ^{33}	tsʰɿ^{24}	tsɿ^{314}	tsɿ^{314}
交口	sɿ^{323}	tsʰɿ^{44}	tsʰɿ^{44}	sɿ^{44}	tsʰɿ^{323}	tsʰɿ^{44}	tsɿ^{323}	tsɿ^{323}
石楼	sɿ^{213}	tsʰɿ^{44}	liəʔ^{4}	sɿ^{213} 白 / tsʰɿ^{213} 文	tʂʰʅ^{213}	tʂʰʅ^{44}	tsɿ^{213}	tsɿ^{213}
隰县	sɿ^{53}	tsʰɿ^{24}	liəʔ^{3}	sɿ^{24} 白 / tsʰɿ^{24} 文	tsʰɿ^{53}	tsʰɿ^{24}	tsɿ^{53}	tsɿ^{53}
大宁	sɿ^{31}	sɿ^{24} 白 / tsʰɿ^{24} 文	tsʰɿ^{24}	tsʰɿ^{24}	tʂʰʅ^{31}	tʂʅ^{24}	tsɿ^{31}	tsɿ^{31}
永和	sɿ^{33}	tsʰɿ^{35}	tsʰɿ^{35}	tsʰɿ^{35}	tsʰɿ^{33}	tʂʅ^{35}	tsɿ^{33}	tsɿ^{33}
汾西	sɿ^{11}	tsʰɿ^{35}	——	tsʰɿ^{35}	tsʰɿ^{11}	tsʰɿ^{35}	tsɿ^{11}	tsɿ^{11}
蒲县	sɿ^{52}	tsʰɿ^{24}	tsʰɿ^{24}	tsʰɿ^{24}	tʂʰʅ^{33}	tʂʰʅ^{24}	tsɿ^{52}	tsɿ^{52}
潞州	sɿ^{312}	tsʰɿ^{24}	tsʰɿ^{24}	sɿ^{24} 白 / tsʰɿ^{24} 文	tsʰɿ^{312}	tsʰɿ^{24}	tsɿ^{312}	tsɿ^{312}
上党	sɿ^{213}	tsʰɿ^{44}	liəʔ$^{\underline{21}}$	tsʰɿ^{44}	tsʰɿ^{44}	tsʰɿ^{44}	tsɿ^{213}	tsɿ^{213}
长子	sɿ^{312}	tsʰɿ^{24}	tsʰɿ^{24}	sɿ^{24} 白 / tsʰɿ^{24} 文	tsʰɿ^{312}	tsʰɿ^{24}	tsɿ^{312}	tsɿ^{312}
屯留	sɿ^{31}	tsʰɿ^{11}	tsʰɿ^{11}	sɿ^{11} 白 / tsʰɿ^{11} 文	tsʰɿ^{31}	tsʰɿ^{11}	tsɿ^{31}	tsɿ^{31}
襄垣	sɿ^{33}	tsʰɿ^{31}	liʌʔ^{3}	sɿ^{31} 白 / tsʰɿ^{31} 文	tsʰɿ^{33}	tsʰɿ^{31}	tsɿ^{33}	tsɿ^{33}
黎城	sɿ^{33}	sɿ^{33}	tsʰɿ^{33}	sɿ^{33} 白 / tsʰɿ^{53} 文	tɕʰi^{33}	tɕʰi^{53}	tsɤʔ^{2}	tsɤ^{33}
平顺	sɿ^{213}	tsʰɿ^{13}	tsʰɿ^{13}	tsʰɿ^{13}	tsʰɿ^{213}	tɕʰi^{13}	tsɿ^{213}	tsɿ^{213}
壶关	ʂʅ^{33}	tʂʰʅ^{13}	tʂʰʅ^{13}	tʂʰʅ^{13}	tʂʰʅ^{33}/tʂʰʅ^{13}	tʃʰi^{13}	tʂʅ^{33}	tʂʅ^{33}
沁县	sɿ^{224}	tsʰɿ^{33}	liəʔ$^{\underline{31}}$	sɿ^{33}	tsʰɿ^{224}	tsʰɿ^{33}	tsɿ^{224}	tsɿ^{224}
武乡	sɿ^{113}	tsʰɿ^{33}	liəʔ^{3}	tsʰɿ^{33}	tsʰɿ^{113}	tsʰɿ^{33}	tsɿ^{113}	tsɿ^{113}
沁源	sɿ^{324}	tsʰɿ^{33}	tsʰɿ^{33}	sɿ^{33} 白 / tsʰɿ^{33} 文	tsʰɿ^{324}	tʂʰʅ^{33}	tsɿ^{324}	tsɿ^{324}
安泽	sɿ^{21}	tsʰɿ^{35}	liəʔ$^{\underline{21}}$	tsʰɿ^{35}	tsʰɿ^{21}	tsʰɿ^{35}	tsɿ^{21}	tsɿ^{21}
沁水端氏	sɿ^{21}	tsʰɿ^{24}	liəʔ^{2}	tsʰɿ^{24}	tsʰɿ^{21}	tsʰɿ^{24}	tsɿ^{21}	tsɿ^{21}

续表

字目	思	辞	词	祠	痴	持	之	芝
中古音／方言点	息兹 止开三 平之心	似兹 止开三 平之邪	似兹 止开三 平之邪	似兹 止开三 平之邪	丑之 止开三 平之彻	直之 止开三 平之澄	止而 止开三 平之章	止而 止开三 平之章
阳城	sɿ^{224}	tsʰɿ^{22}	tsʰɿ^{22}	sɿ^{53} 白 / tsʰɿ^{22} 文	tʂʰʅ^{224}	tʂʰʅ^{22}	tʂʅ^{224}	tʂʅ^{224}
高平	ʂʅ^{33}	tʂʰʅ^{33}	tʂʰʅ^{33}	tʂʰʅ^{33}	tʂʰʅ^{33}	tʂʰʅ^{33}	tʂʅ^{33}	tʂʅ^{33}
陵川	ʂʅ^{33}	tʂʰʅ^{53}	li^{24}	tʂʰʅ^{53}	tʂʰʅ^{33}	tʂʰʅ^{53}	tʂʅ^{33}	tʂʅ^{33}
晋城	ʂʅ^{33}	ʂʅ^{213}	tʂʰʅ^{324}	tʂʰʅ^{324}	tʂʰʅ^{33}	tʂʰʅ^{324}	tʂʅ^{33}	tʂʅ^{33}
忻府	sɿ^{313}	tsʰɿ^{21}	tsʰɿ^{21}	tsʰɿ^{21}	tʂʰʅ^{313}	tʂʰʅ^{21}	tsɿ^{313}	tsɿ^{313}
原平	sɿ^{213}	tsʰɿ^{33}	tsʰɿ^{33}	tsɿ^{33} 白 / tsʰɿ^{33} 文	tʂʰʅ^{213}	tʂʰʅ^{33}	tsɿ^{213}	tsɿ^{213}
定襄	sɿ^{24}	tsʰɿ^{11}	liəʔ^{1}	sɿ^{24} 白 / tsʰɿ^{11} 文	tʂʰɿ^{24}	tʂʰʅ^{11}	tsɿ^{24}	tsɿ^{24}
五台	sɿ^{213}	tsʰɿ^{33}	liəʔ^{3}	tsʰɿ^{33}	tsʰɿ^{33}	tsʰɿ^{33}	tsɿ^{213}	tsɿ^{213}
岢岚	sɿ^{13}	tsʰɿ^{44}	tsʰɿ^{44}	sɿ^{52} 白 / tsʰɿ^{44} 文	tʂʰʅ^{13}	tsʰɿ^{44}	tsɿ^{13}	tsɿ^{13}
五寨	sɿ^{13}	tsʰɿ^{44}	liəʔ^{4}	sɿ^{44} 白 / tsʰɿ^{44} 文	tsʰəʔ^{4}	tsʰɿ^{44}	tsɿ^{13}	tsɿ^{13}
宁武	sɿ^{23}	tsʰɿ^{33}	liəʔ^{4}	sɿ^{33} 白 / tsʰɿ^{33}	tsʰɿ^{213}	tsʰɿ^{33}	tsɿ^{23}	tsɿ^{23}
神池	sɿ^{24}	tsʰɿ^{32}	li^{52}	sɿ^{32}	tsʰɿ^{24}	tsʰɿ^{32}	tsɿ^{24}	tsɿ^{24}
繁峙	sɿ^{53}	tsʰɿ^{31}	tsʰɿ^{31}	sɿ^{31} 白 / tsʰɿ^{31} 文	tsʰɿ^{53}	tsʰɿ^{31}	tsɿ^{53}	tsɿ^{53}
代县	sɿ^{44}	sɿ^{44} 白 / tsʰɿ^{44} 文	liəʔ^{2}	sɿ^{44} 白 / tsʰɿ^{213} 文	tsɿ^{44}	tsʰɿ^{44}	tsɿ^{213}	tsɿ^{213}
河曲	sɿ^{213}	tsʰɿ^{44}	liəʔ^{4}	sɿ^{44} 白 / tsʰɿ^{44} 文	tʂʰʅ^{213}	sɿ^{213}	tsɿ^{213}	tsɿ^{213}
保德	sɿ^{213}	tsʰɿ^{44}	liəʔ^{4}	tsʰɿ^{44}	tʂʰʅ^{213}	tʂʰʅ^{44}	tsɿ^{213}	tsɿ^{213}
偏关	sɿ^{24}	tsʰɿ^{44}	liəʔ^{4}	sɿ^{44} 白 / tsʰɿ^{44} 文	tʂʰʅ^{24}	tʂʰʅ^{44}	tsɿ^{24}	tsɿ^{24}
朔城	sɿ^{312}	tsʰɿ^{35}	liəʔ$^{\underline{35}}$	tsʰɿ^{35}	tsʰɿ^{53}	tsʰɿ^{35}	tsɿ^{312}	tsɿ^{312}
平鲁	sɿ^{44}/sɿ^{213}	tsʰɿ^{44}	liəʔ$^{\underline{34}}$	tsʰɿ^{44}	tsʰɿ^{213}	tsʰɿ^{44}	tsɿ^{213}	tsɿ^{213}
应县	sɿ^{43}	tsɿ^{31}	tsʰɿ^{31}	tsɿ^{31}	tsʰɿ^{43}	tsʰɿ^{31}	tsɿ^{43}	tsɿ^{43}
灵丘	sɿ^{442}	tsʰɿ^{31}	tsʰɿ^{31}	tsʰɿ^{31}	tsʰɿ^{442}	tsʰɿ^{31}	tsɿ^{442}	tsɿ^{442}
浑源	sɿ^{52}	tsʰɿ^{22}	tsʰɿ^{22}	tsʰɿ^{22}	tsʰɿ^{22}	tsʰɿ^{22}	tsɿ^{52}	tsɿ^{52}
云州	sɿ^{21}	tsɿ^{312}	liəʔ^{4}	tsʰɿ^{312}	tʂʰəʔ^{4}	tʂʰʅ^{312}	tʂʅ^{21}	tʂʅ^{21}
新荣	sɿ^{32}	tsʰɿ^{312}	liəʔ^{4}	sɿ^{312} 白 / tsʰɿ^{312} 文	tʂʰʅ^{32}	tʂʰʅ^{312}	tsɿ^{32}	tsɿ^{32}

续表

字目	思	辞	词	祠	痴	持	之	芝
中古音 / 方言点	息兹 止开三 平之心	似兹 止开三 平之邪	似兹 止开三 平之邪	似兹 止开三 平之邪	丑之 止开三 平之彻	直之 止开三 平之澄	止而 止开三 平之章	止而 止开三 平之章
怀仁	sɿ^{42}	sɿ^{312}	tsʰɿ^{312}	sɿ^{312} 白 / tsʰɿ^{312} 文	tsʰɿ^{42}	tsʰɿ^{312}	tsɿ^{42}	tsɿ^{42}
左云	sɿ^{31}	tsʰɿ^{313}	tsʰɿ^{313}	sɿ^{313} 白 / tsʰɿ^{313} 文	tsʰɿ^{31}	tsʰɿ^{313}	tsɿ^{31}	tsɿ^{31}
右玉	sɿ^{212}	tsʰɿ^{212}	tsʰɿ^{212}	tsʰɿ^{212}	tʂʰʅ^{31}	tʂʰʅ^{31}	tsɿ^{31}	tsɿ^{31}
阳高	sɿ^{31}	tsʰɿ^{312}	liəʔ^{3}	tsʰɿ^{312}	tsʰɿ^{31}	tsʰɿ^{31}	tsɿ^{31}	tsɿ^{31}
山阴	sɿ^{313}	sɿ^{313}	——	sɿ^{313}	tsɿ^{313}	tsʰʅ^{313}	——	tsɿ^{313}
天镇	sɿ^{31}	tsʰɿ^{22}	liəʔ^{4}	tsʰɿ^{22}	——	tsʰɿ^{22}	tsɿ^{31}	tsɿ^{31}
平定	sɿ^{31}	tsʰɿ^{44}	lyəʔ$^{\underline{23}}$ 老 / liəʔ$^{\underline{23}}$ 新	sɿ^{44} 白 / tsʰɿ^{44} 文	tʂʰʅ^{31}	tʂʰʅ^{44}	tsɿ^{31}	tsɿ^{31}
昔阳	sɿ^{42}	tsʰɿ^{33}	lei^{13}	tsʰɿ^{33}	tʂʰʅ^{42}	tʂʰʅ^{33}	tʂʅ^{42}	tʂʅ^{42}
左权	sɿ^{31}	sɿ^{11}	lieʔ^{1}	sɿ^{11}	tʂʰʅ^{31}	tʂʰʅ^{11}	tsɿ^{31}	tsɿ^{31}
和顺	sɿ^{42}	tsʰɿ^{22}	tsʰɿ^{22}	tsʰɿ^{22}	tʂʰʅ^{42}	tʂʰʅ^{22}	tsɿ^{42}	tsɿ^{42}
尧都	sɿ^{21}	tsʰɿ^{24}	li^{21}	sɿ^{24} 白 / tsʰɿ^{24} 文	tʂʰʅ^{21}	tʂʰʅ^{24}	tʂʅ^{21}	tʂʅ^{21}
洪洞	sɿ^{21}	sɿ^{24} 白 / tsʰɿ^{24} 文	li^{21}	sɿ^{24} 白 / tsʰɿ^{24} 文	tsʰɿ^{21}	tsʰɿ^{24}	tsɿ^{21}	tsɿ^{21}
洪洞赵城	sɿ^{21}	tsʰɿ^{24}	li^{21}	sɿ^{24} 白 / tsʰɿ^{24} 文	tʂʰʅ^{21}	tʂʰʅ^{21}	tsɿ^{21}	tsɿ^{21}
古县	sɿ^{21}	tsʰɿ^{35}	tsʰɿ^{35}	tsʰɿ^{35}	tʂʰʅ^{21}	tʂʰʅ^{35}	tsɿ^{21}	tsɿ^{21}
襄汾	sɿ^{21}	tsʰɿ^{24}	li^{21}	tsʰɿ^{24}	tʂʰʅ^{24}	tʂʰʅ^{24}	tsɿ^{21}	tsɿ^{21}
浮山	sɿ^{42}	tsʰɿ^{13}	tsʰɿ^{13}	tsʰɿ^{13}	tʂʰʅ^{13}	tʂʰʅ^{13}	tsɿ^{42}	tsɿ^{42}
霍州	sɿ^{212}	tsʰɿ^{35}	tsʰɿ^{35}	tsʰɿ^{35}	tʂʰʅ^{212}	tʂʰʅ^{35}	tsɿ^{212}	tsɿ^{212}
翼城	sɿ^{53}	tsʰɿ^{12}	tsʰɿ^{12}	tsʰɿ^{12}	tʂʰʅ^{53}	tʂʰʅ^{12}	tʂʅ^{53}	tʂʅ^{53}
闻喜	sɿ^{53}	tsʰɿ^{13}	tsʰɿ^{13}	tsʰɿ^{13}	tsʰɿ^{13}	tsʰɿ^{13}	tsɿ^{53}	tsɿ^{53}
侯马	sɿ^{213}	tsʰɿ^{213}	tsʰɿ^{213}	tsʰɿ^{213} 白 / tsʰɿ^{213} 文	tʂʰʅ^{213}	tʂʰʅ^{213}	tʂʅ^{213}	tʂiɛ^{213}
新绛	sɿ^{53}	sɿ^{13}	li^{53}	sɿ^{13}	tʂʅ^{53}	tʂʰʅ^{13}	tsɿ^{44}	tsɿ^{13}
绛县	sɿ^{53}/sɿ^{31}	tsʰɿ^{24}	tsʰɿ^{24}	tsʰɿ^{24}	tʂʰʅ^{53}	tʂʰʅ^{24}	tʂʅ^{53}	tʂʅ^{53}
垣曲	sɿ^{22}	tsʰɿ^{22}	li^{22}	sɿ^{22} 白 / tsʰɿ^{22} 文	tʂʰʅ^{22}	tʂʰʅ^{22}	tsɿ^{44}	tsɿ^{22}
夏县	sɿ^{53}	tsʰɿ^{42}	tsʰɿ^{42}	tsʰɿ^{42}	tʂʰʅ^{53}	tʂʰʅ^{42}	tʂʅ^{53}	tʂʅ^{53}
万荣	sɿ^{213}	tsʰɿ^{213}	tsʰɿ^{213}	sɿ^{213} 白 / tsʰɿ^{213} 文	tsʰɿ^{51}	tʂʰʅ^{213}	tsɿ^{51}	tsɿ^{51}

续表

字目	思	辞	词	祠	痴	持	之	芝
中古音 / 方言点	息兹 止开三 平之心	似兹 止开三 平之邪	似兹 止开三 平之邪	似兹 止开三 平之邪	丑之 止开三 平之彻	直之 止开三 平之澄	止而 止开三 平之章	止而 止开三 平之章
稷山	sɿ^{53}	tsʰɿ^{13}	tsʰɿ^{13}	tsʰɿ^{13}	tʂʰʅ^{53}	tʂʰʅ^{13}	tʂʅ^{53}	tʂʅ^{53}
盐湖	sɿ^{42}	tsʰɿ^{13}	tsʰɿ^{13}	tsʰɿ^{13}	tʂʰʅ^{42}	tʂʰʅ^{13}	tsɿ^{42}	tsɿ^{42}
临猗	sɿ^{42}	tsʰɿ^{13}	tsʰɿ^{13}	tsʰɿ^{13}	tsʰɿ^{42} 白 / tʂʰʅ^{42} 文	tʂʰʅ^{13}	tsɿ^{42}	tsɿ^{42}
河津	sɿ^{324}	sɿ^{324}	li^{31}	sɿ^{324}	tsʰɿ^{31}	tʂʰʅ^{324}	tsɿ^{31}	tsɿ^{31}
平陆	sɿ^{31}/sɿ^{13}	tsʰɿ^{13}	tsʰɿ^{13}	tsʰɿ^{13}	tʂʰʅ^{31}	tʂʰʅ^{13}	tsɿ^{31}	tsɿ^{31}
永济	sɿ^{31}	sɿ^{24}	li^{31}/lei^{31}	sɿ^{24}	tʂʰʅ^{31}	tʂʰʅ^{24}	tʂʅ^{31}	tʂʅ^{31}
芮城	sɿ^{42}	sɿ^{13} 白 / tsʰɿ^{13} 文	lei^{42} 白 / li^{42} 文	sɿ^{13} 白 / tsʰɿ^{13} 文	tsʰɿ^{42} 白 / tʂʰʅ^{42} 文	tʂʰʅ^{13}	tsɿ^{42}	tsɿ^{42}
吉县	sɿ^{13}	sɿ^{423}	li^{423}	sɿ^{423}	tsʰɿ^{423}	tʂʰʅ^{13}	tsɿ^{423}	tsɿ^{423}
乡宁	sɿ^{53}	tsʰɿ^{12}	li^{53}	sɿ^{12} 白 / tsʰɿ^{12} 文	tʂʰʅ^{53}	tʂʰʅ^{12}	tsɿ^{53}	tsɿ^{53}
广灵	sɿ^{53}	tsʰɿ^{31}	li^{213}	tsʰɿ^{31}	tsʰɿ^{53}	tsʰɿ^{53}	tsɿ^{53}	tsɿ^{53}

字目	诗	时	而	基	欺	期时~	其	旗
中古音 / 方言点	书之 止开三 平之书	市之 止开三 平之禅	如之 止开三 平之日	居之 止开三 平之见	去基 止开三 平之溪	渠之 止开三 平之群	渠之 止开三 平之群	渠之 止开三 平之群
北京	ʂʅ^{55}	ʂʅ^{35}	ər^{35}	tɕi^{55}	tɕʰi^{55}	tɕʰi^{55}	tɕʰi^{35}	tɕʰi^{35}
小店	sɿ^{11}	sɿ^{11}	æ^{11}	tɕi^{11}	tɕʰi^{11}	——	tɕʰi^{11}	tɕʰi^{11}
尖草坪	sɿ^{33}	sɿ^{33}	æ^{33}	tɕi^{33}	tɕʰi^{33}	tɕʰi^{33}	tɕʰi^{33}	tɕʰi^{33}
晋源	sɿ^{11}	sɿ^{11}	æ^{11}	tɕi^{11}	tɕʰi^{11}	tɕʰi^{11}	tɕʰi^{11}	tɕʰi^{11}
阳曲	sɿ^{312}	sɿ^{43}	ai^{43}	tɕi^{312}	tɕʰi^{312}	tɕʰi^{312}	tɕʰi^{43}	tɕʰi^{43}
古交	sɿ^{44}	sɿ^{44}	ai^{44}	tɕi^{44}	tɕʰi^{44}	tɕʰi^{44}	tɕʰi^{44}	tɕʰi^{53}
清徐	sɿ^{11}	sɿ^{11}	ai^{11}	tɕi^{11}	tɕʰi^{11}	tɕʰi^{11}	tɕʰi^{11}	tɕʰi^{11}
娄烦	sɿ^{33}	sɿ^{33}	ə^{312}	tɕi^{33}	tɕʰi^{33}	tɕʰi^{33}	tɕʰi^{33}	tɕʰi^{33}
榆次	sɿ^{11}	sɿ^{11}	ər^{11}	tɕi^{11}	tɕʰi^{11}	tɕʰi^{11}	tɕʰi^{11}	tɕʰi^{11}
交城	sɿ^{11}	sɿ^{11}	ər^{11}	tɕi^{11}	tɕʰi^{11}	tɕʰi^{11}	tɕʰi^{11}	tɕʰi^{11}
文水	sɿ^{22}	sɿ^{22}	ər^{22}	tsɿ^{22}	tsʰɿ^{22}	tsʰɿ^{22}	tsʰɿ^{22}	tsʰɿ^{22}
祁县	sɿ^{31}	sɿ^{31}	əɭ^{31}	tsɿ^{31}	tsʰɿ^{31}	tsʰɿ^{31}	tsʰɿ^{31}	tsʰɿ^{31}
太谷	sɿ^{33}	sɿ^{33}	ər^{33}	tɕi^{33}	tɕʰi^{33}	tɕi^{33} 白 / tɕʰi^{33} 文	tɕʰi^{33}	tɕʰi^{33}
平遥	sɿ^{213}	sɿ^{213}	ər^{213}	tɕi^{213}	tɕʰi^{213}	tɕʰi^{213}	tɕʰi^{213}	tɕʰi^{213}
孝义	sɿ^{33}	sɿ^{33}	ər^{33}	tɕi^{33}	tɕʰi^{33}	tɕʰi^{33}	tɕʰi^{33}	tɕʰi^{33}
介休	sɿ^{13}	sɿ^{13}	ər^{13}	tɕi^{13}	tɕʰi^{13}	tɕʰi^{13}	tɕʰi^{13}	tɕʰi^{13}
灵石	sɿ^{535}	sɿ^{44}	ər^{53}	tɕi^{535}	tɕʰi^{535}	tɕʰi^{44}	tɕʰi^{44}	tɕʰi^{44}
盂县	sɿ^{412}	sɿ^{22}	ər^{22}	tɕi^{412}	tɕʰi^{412}	tɕʰi^{412}	tɕʰi^{22}	tɕʰi^{22}
寿阳	sɿ^{31}	sɿ^{22}	ɐr^{22}	tsɿ^{31}	tsʰɿ^{31}	tsʰɿ^{31}	tsʰɿ^{22}	tsʰɿ^{22}
榆社	sɿ^{22}	sɿ^{22}	ɚ^{22}	tsɿ^{22}	tsʰɿ^{22}	tsʰɿ^{22}	tsʰɿ^{22}	tsʰɿ^{22}
离石	ʂɿ^{24}	sɿ^{44}	ər^{44}	tɕɿ^{24}	tsʰɿ^{24}	tsʰɿ^{24}	tsʰɿ^{44}	tsʰɿ^{44}
汾阳	sɿ^{324}	sɿ^{22}	ər^{22}	tsɿ^{324}	tsʰɿ^{324}	tsʰɿ^{324}	tsʰɿ^{22}	tsʰɿ^{22}
中阳	sɿ^{24}	sɿ^{33}	ər^{33}	tɕi^{24}	tɕʰi^{24}	tɕʰi^{24}	tɕʰi^{33}	tɕʰi^{33}
柳林	sɿ^{24}	sɿ^{44}	ə^{44}	tɕi^{24}	tɕʰi^{24}	tɕʰi^{24}	tɕʰi^{44}	tɕʰi^{44}
方山	sɿ^{24}	sɿ^{44}	ər^{44}	tɕi^{24}	tɕʰi^{24}	tɕʰi^{24}	tɕʰi^{44}	tɕʰi^{44}
临县	sɿ^{24}	sɿ^{33}	ər^{24}	tɕi^{24}	tɕi^{24}	tɕi^{24}	tɕʰi^{33}	tɕʰi^{33}
兴县	sɿ^{324}	sɿ^{55}	ai^{55}	tɕi^{324}	tɕʰi^{324}	tɕʰi^{324}	tɕʰi^{55}	tɕʰi^{55}
岚县	sɿ^{214}	sɿ^{44}	ər^{44}	tɕi^{214}	tɕʰi^{214}	tɕʰi^{214}	tɕʰi^{44}	tɕʰi^{44}
静乐	sɿ^{24}	sɿ^{33}	ɤɯ^{314}	tɕi^{24}	tɕʰi^{33}	tɕʰi^{33}	tɕʰi^{33}	tɕʰi^{33}
交口	sɿ^{323}	sɿ^{44}	ər^{44}	tɕi^{323}	tɕʰi^{323}	tɕʰi^{323}	tɕʰi^{44}	tɕʰi^{44}
石楼	sɿ^{213}	sɿ^{44}	ər^{213}	tɕi^{213}	tɕʰi^{213}	tɕʰi^{44}	tɕʰi^{44}	tɕʰi^{44}

续表

字目	诗	时	而	基	欺	期时~	其	旗
中古音 方言点	书之 止开三 平之书	市之 止开三 平之禅	如之 止开三 平之日	居之 止开三 平之见	去基 止开三 平之溪	渠之 止开三 平之群	渠之 止开三 平之群	渠之 止开三 平之群
隰县	sɿ^{53}	sɿ^{24}	ər^{24}	tɕi^{53}	tɕʰi^{53}	tɕʰi^{53}	tɕʰi^{24}	tɕʰi^{24}
大宁	sɿ^{31}	sɿ^{24}	zɿ^{24}白 / ər^{24}文	tɕi^{31}	tɕiəʔ$\underline{31}$	tɕiəʔ$\underline{31}$	tɕi^{24}	tɕi^{24}
永和	sɿ^{312}	sɿ^{35}	ɣr^{35}	tɕi^{33}	tɕʰi^{33}	tɕʰi^{35}	tɕʰi^{35}	tɕʰi^{35}
汾西	sɿ^{11}	sɿ^{35}	ər^{35}	tɕʰʑ̍^{11}	tɕʰʑ̍^{11}	tɕʰʑ̍^{11}	tɕʰʑ̍^{35}	tɕʰʑ̍^{35}
蒲县	sɿ^{52}	sɿ^{24}	ər^{31}	tɕi^{52}	tɕʰi^{52}	tɕʰi^{24}	tɕʰi^{24}	tɕʰi^{24}
潞州	sɿ^{312}	sɿ^{24}	ər^{24}	tɕi^{312}	tɕʰi^{312}	tɕʰi^{312}	tɕʰi^{24}	tɕʰi^{24}
上党	sɿ^{213}	sɿ^{44}	ər^{213}	tɕi^{213}	tɕʰi^{213}	tɕʰi^{213}	tɕʰi^{213}	tɕʰi^{213}
长子	sɿ^{312}	sɿ^{24}	ɭ̩^{24}	tɕi^{312}	tɕʰi^{312}	tɕʰi^{312}	tɕʰi^{24}	tɕʰi^{24}
屯留	sɿ^{31}	sɿ^{11}	l̩^{11}白 /ər^{11}文	tɕi^{31}	tɕʰi^{31}	tɕʰi^{31}	tɕʰi^{11}	tɕʰi^{11}
襄垣	sɿ^{33}	sɿ^{31}	ər^{42}	tɕi^{33}	tɕʰi^{33}	tɕʰi^{33}	tɕʰi^{31}	tɕʰi^{31}
黎城	sɿ^{33}	sɿ^{33}	ər^{33}	ci^{33}	ɕʰi^{33}	ɕʰi^{33}	cʰi^{53}	cʰi^{53}
平顺	sɿ^{213}	sɿ^{13}	l̩^{13}	ci^{213}	cʰi^{213}	tɕʰi^{213}	cʰi^{13}	cʰi^{13}
壶关	ʂʅ^{33}	ʂʅ^{13}	l̩^{42}	ci^{33}	cʰi^{33}	tsʰi^{33}	cʰi^{13}	cʰi^{13}
沁县	sɿ^{224}	sɿ^{33}	əɭ^{214}	tsɿ^{224}	tsʰɿ^{224}	tsʰɿ^{224}	tsʰɿ^{33}	tsʰɿ^{33}
武乡	sɿ^{113}	sɿ^{33}	l̩^{33}	tsɿ^{113}	tsʰɿ^{113}	tsʰɿ^{113}	tsʰɿ^{33}	tsʰɿ^{33}
沁源	sɿ^{324}	sɿ^{33}	ər^{33}	tɕi^{324}	tɕʰi^{324}	tɕʰi^{324}	tɕʰi^{33}	tɕʰi^{33}
安泽	sɿ^{21}	sɿ^{35}	ər^{42}	tɕi^{21}	tɕʰi^{21}	tɕʰi^{21}	tɕʰi^{35}	tɕʰi^{35}
沁水端氏	sɿ^{21}	sɿ^{24}	ər^{24}	tɕi^{21}	tɕʰi^{21}	tɕʰi^{21}	tɕʰi^{24}	tɕʰi^{24}
阳城	ʂʅ^{224}	ʂʅ^{22}	ər^{22}	ci^{224}	cʰi^{224}	cʰi^{224}	cʰi^{22}	cʰi^{22}
高平	ʂʅ^{33}	ʂʅ^{33}	əʅ^{33}	ci^{33}	cʰi^{33}	cʰi^{33}	cʰi^{33}	cʰi^{33}
陵川	ʂʅ^{33}	ʂʅ^{53}	l̩^{53}	ci^{33}	cʰi^{33}	cʰi^{33}	cʰi^{53}	cʰi^{53}
晋城	ʂʅ^{33}	ʂʅ^{324}	ɭ^{213}	tɕi^{33}	tɕʰi^{33}	tɕʰi^{33}	tɕʰi^{324}	tɕʰi^{324}
忻府	sɿ^{313}	sɿ^{21}	ər^{21}	tɕi^{313}	tɕʰi^{313}	tɕʰi^{313}	tɕʰi^{21}	tɕʰi^{21}
原平	sɿ^{213}	sɿ^{33}	ər^{33}	tɕi^{213}	tɕʰi^{213}	tɕʰi^{213}	tɕʰi^{33}	tɕʰi^{33}
定襄	ʂʅ^{24}	ʂʅ^{11}	ər^{11}	tɕi^{24}	tɕʰi^{24}	tɕʰi^{24}	tɕʰi^{11}	tɕʰi^{11}
五台	sɿ^{213}	sɿ^{33}	ər^{33}	tɕi^{213}	tɕʰi^{213}	tɕʰi^{213}	tɕʰi^{33}	tɕʰi^{33}
岢岚	sɿ^{13}	sɿ^{44}	ər^{44}	tɕi^{13}	tɕʰi^{13}	tɕʰi^{13}	tɕʰi^{44}	tɕʰi^{44}
五寨	sɿ^{13}	sɿ^{44}	ər^{44}	tɕi^{13}	tɕʰi^{13}	tɕʰi^{13}	tɕʰi^{44}	tɕʰi^{44}
宁武	sɿ^{23}	sɿ^{33}	ɐ^{33}	tɕi^{23}	tɕʰi^{23}	tɕʰi^{23}	tɕʰi^{33}	tɕʰi^{33}
神池	sɿ^{24}	sɿ^{32}	ə^{32}	tɕi^{24}	tɕʰi^{24}	tɕʰi^{24}	tɕʰi^{32}	tɕʰi^{32}

续表

字目	诗	时	而	基	欺	期时~	其	旗
中古音 / 方言点	书之 止开三 平之书	市之 止开三 平之禅	如之 止开三 平之日	居之 止开三 平之见	去基 止开三 平之溪	渠之 止开三 平之群	渠之 止开三 平之群	渠之 止开三 平之群
繁峙	sɿ^{53}	səʔ$^{\underline{13}}$ 白 / sɿ^{31} 文	ər^{31}	tɕi^{53}	tɕʰi^{53}	tɕʰi^{53}	tɕʰi^{31}	tɕʰi^{31}
代县	sɿ^{213}	sɿ^{44}	ər^{44}	tɕi^{213}	tɕʰi^{44}	tɕʰi^{44}	tɕʰi^{44}	tɕʰi^{44}
河曲	tʂʰəʔ^{4}	tʂʰəʔ^{4}	ɐ^{44}	tɕi^{213}	tɕʰi^{213}	tɕʰi^{213}	tɕʰi^{44}	tɕʰi^{44}
保德	sɿ^{213}	sɿ^{44}	ər^{44}	tɕi^{213}	tɕʰi^{213}	tɕʰi^{213}	tɕʰi^{44}	tɕʰi^{44}
偏关	sɿ^{24}	sɿ^{44}	ər^{44}	tsɿ^{24}	tsʰɿ^{24}	tsʰɿ^{24}	tsʰɿ^{44}	tsʰɿ^{44}
朔城	sɿ^{312}	sɿ^{35}	ər^{35}	tɕi^{312}	tɕʰi^{312}	tɕʰi^{312}	tɕʰi^{35}	tɕʰi^{35}
平鲁	sɿ^{213}	sɿ^{44}	ər^{44}	tɕi^{213}	tɕʰi^{44}	tɕʰi^{44}	tɕʰi^{44}	tɕʰi^{44}
应县	sɿ^{43}	sɿ^{31}	ər^{31}	tɕi^{43}	tɕʰi^{43}	tɕʰi^{43}	tɕʰi^{31}	tɕʰi^{31}
灵丘	sɿ^{442}	sɿ^{31}	ər^{31}	tɕi^{442}	tɕʰi^{442}	tɕʰi^{442}	tɕʰi^{31}	tɕʰi^{31}
浑源	sɿ^{52}	sɿ^{22}	ər^{52}	tɕi^{52}	tɕʰi^{52}	tɕʰi^{52}	tɕʰi^{22}	tɕʰi^{22}
云州	sɿ^{21}	sɿ^{312}	ɐr^{312}	tɕi^{21}	tɕʰi^{21}	tɕʰi^{21}	tɕʰi^{312}	tɕʰi^{312}
新荣	sɿ^{32}	sɿ^{312}	ɐr^{312}	tɕi^{32}	tɕʰi^{32}	tɕʰi^{32}	tɕʰi^{312}	tɕʰi^{312}
怀仁	sɿ^{42}	sɿ^{312}	ər^{312}	tɕi^{42}	tɕʰi^{42}	tɕʰi^{42}	tɕʰi^{312}	tɕʰi^{312}
左云	sɿ^{31}	sɿ^{313}	ər^{313}	tɕi^{31}	tɕʰi^{31}	tɕʰi^{31}	tɕʰi^{313}	tɕʰi^{313}
右玉	sɿ^{31}	sɿ^{212}	ər^{212}	tɕi^{31}	tɕʰi^{31}	tɕʰi^{31}	tɕʰi^{212}	tɕʰi^{212}
阳高	sɿ^{31}	sɿ^{312}/səʔ^{3}	ɐr^{312}	tɕi^{31}	tɕʰi^{31}	tɕʰi^{312}	tɕʰi^{312}	tɕʰi^{312}
山阴	sɿ^{313}	sɿ^{313}	ər^{313}	——	tɕʰi^{313}	tɕʰi^{313}	tɕʰi^{313}	tɕʰi^{313}
天镇	sɿ^{31}	sɿ^{22}	ɐr^{22}	tɕi^{31}	tɕʰi^{31}	tɕʰi^{22}	tɕʰi^{22}	tɕʰi^{22}
平定	sɿ^{31}	sɿ^{44}	ɭ̩^{53}	tɕi^{31}	tɕʰi^{31}	tɕʰi^{44}	tɕʰi^{44}	tɕʰi^{44}
昔阳	sɿ^{42}	sɿ^{33}	ɻ^{33}	tɕi^{42}	tɕʰi^{42}	tɕʰi^{42}	tɕʰi^{33}	tɕʰi^{33}
左权	tsʰɿ^{31} 白 / sɿ^{31} 文	sɿ^{11}	ʅ^{11}	tɕi^{31}/tɕieʔ^{1}	tɕʰi^{31}	tɕʰi^{31}	tɕʰi^{11}	tɕʰi^{11}
和顺	sɿ^{42}	sɿ^{22}	zʅ^{22}	tɕi^{42}	tɕʰi^{42}	tɕʰi^{42}	tɕʰi^{22}	tɕʰi^{42}
尧都	ʂʅ^{21}	ʂʅ^{24}	ər^{24}	tɕi^{21}	tɕʰi^{21}	tɕʰi^{21}	tɕʰi^{24}	tɕʰi^{24}
洪洞	sɿ^{21}	sɿ^{24}	ər^{24}	tɕi^{21}	tɕʰi^{21}	tɕʰi^{21}	tɕʰi^{24}	tɕʰi^{24}
洪洞赵城	sɿ^{21}	sɿ^{24}	ər^{24}	tɕiɛ^{21} 白 / tɕi^{21} 文	tɕʰi^{21}	tɕʰi^{24}	tɕʰi^{24}	tɕʰi^{24}
古县	sɿ^{21}	sɿ^{35}	ər^{35}	tɕi^{21}	tɕʰi^{21}	tɕʰi^{21}	tɕʰi^{35}	tɕʰi^{35}
襄汾	sɿ^{21}	sɿ^{24}	ər^{24}	tɕi^{21}	tɕʰi^{21}	tɕʰi^{21}	tɕʰi^{24}	tɕʰi^{24}
浮山	sɿ^{42}	sɿ^{13}	ər^{13}	tɕi^{42}	tɕʰi^{42}	tɕʰi^{42}	tɕʰi^{13}	tɕʰi^{13}
霍州	sɿ^{212}	sɿ^{35}	ər^{35} 文	tɕi^{212}	tɕʰi^{212}	tɕʰi^{212}	tɕʰi^{35}	tɕʰi^{35}

续表

字目	诗	时	而	基	欺	期时~	其	旗
中古音 / 方言点	书之 止开三 平之书	市之 止开三 平之禅	如之 止开三 平之日	居之 止开三 平之见	去基 止开三 平之溪	渠之 止开三 平之群	渠之 止开三 平之群	渠之 止开三 平之群
翼城	ʂʅ^{53}	ʂʅ^{12}	ər^{12}	tɕi^{53}	tɕʰi^{53}	tɕʰi^{53}	tɕʰi^{12}	tɕʰi^{12}
闻喜	sɿ^{53}	sɿ^{13}	ər^{13}	tɕi^{53}	tɕʰi^{13}	tɕʰi^{33}	tɕʰi^{33}	——
侯马	ʂʅ^{213}	ʂʅ^{213}	ər^{213}	tɕi^{213}	tɕʰi^{213}	tɕʰi^{213}	tɕʰi^{213}	tɕʰi^{213}
新绛	sɿ^{53}	sɿ^{13}	ər^{13}	tɕi^{53}	tɕʰi^{53}	tɕʰi^{53}	tɕʰi^{13}	tɕʰi^{13}
绛县	ʂʅ^{53}	ʂʅ^{24}	ər^{24}/ər^{33}	tɕi^{53}	tɕʰi^{53}	tɕʰi^{24}	tɕʰi^{24}	tɕʰi^{24}
垣曲	sɿ^{22}	sɿ^{22}	ər^{22}	tɕi^{22}	tɕʰi^{22}	tɕʰi^{22}	tɕʰi^{22}	tɕʰi^{22}
夏县	ʂʅ^{53}	ʂʅ^{42}	ər^{42}	tɕi^{53}	tɕʰi^{53}	tɕʰi^{53}	tɕʰi^{42}	tɕʰi^{42}
万荣	sɿ^{51}	sɿ^{213}	ər^{213}	tɕi^{51}	tɕʰi^{51}	tɕʰi^{51}	tɕʰi^{213}	tɕʰi^{213}
稷山	ʂʅ^{53}	ʂʅ^{13}	ər^{13}	tɕi^{53}	tɕʰi^{53}	tɕʰi^{53}	tɕʰi^{13}	tɕʰi^{13}
盐湖	ʂʅ^{42}	sɿ^{13}	ər^{53}	tɕi^{42}	tɕʰi^{42}	tɕʰi^{42}	tɕʰi^{13}	tɕʰi^{13}
临猗	sɿ^{42}	sɿ^{13}	ər^{13}	tɕi^{42}	tɕʰi^{42}	tɕʰi^{42}	tɕʰi^{13}	tɕʰi^{13}
河津	sɿ^{31}	sɿ^{324}	ər^{324}	tɕi^{31}	tɕʰi^{31}	tɕʰi^{324}	tɕʰi^{324}	tɕʰi^{324}
平陆	sɿ^{31}	sɿ^{13}白/ʂʅ^{13}文	ər^{13}	tɕi^{31}	tɕʰi^{31}	tɕʰi^{31}	tɕʰi^{13}	tɕʰi^{13}
永济	ʂʅ^{31}	ʂʅ^{24}	ər^{24}	tɕi^{31}	tɕʰi^{31}	tɕʰi^{31}	tɕʰi^{24}	tɕʰi^{24}
芮城	sɿ^{42}	sɿ^{13}	ər^{13}	tɕi^{42}	tɕʰi^{42}	tɕʰi^{42}	tɕʰi^{13}	tɕʰi^{13}
吉县	sɿ^{423}	sɿ^{13}	ər^{13}	tɕi^{423}	tɕʰi^{13}	tɕʰi^{13}	tɕʰi^{13}	tɕʰi^{13}
乡宁	sɿ^{53}	sɿ^{12}	ər^{12}	tɕi^{53}	tɕʰi^{53}	tɕʰi^{53}	tɕʰi^{12}	tɕʰi^{12}
广灵	sɿ^{53}	sɿ^{31}	ər^{31}	tɕi^{53}	tɕʰi^{53}	tɕʰi^{53}	tɕʰi^{31}	tɕʰi^{31}

字目	棋	麒	疑	医	碑	卑	披	皮
中古音 / 方言点	渠之 止开三 平之群	渠之 止开三 平之群	语其 止开三 平之疑	於其 止开三 平之影	彼为 止开三 平支帮	彼为 止开三 平支帮	敷羁 止开三 平支滂	符羁 止开三 平支並
北京	tɕʰi^{35}	tɕʰi^{35}	i^{35}	i^{55}	pei^{55}	pei^{55}	pʰi^{55}	pʰi^{35}
小店	tɕʰi^{11}	tɕʰi^{11}	i^{11}	i^{11}	pei^{11}	pei^{11}	pʰi^{11}	pʰi^{11}
尖草坪	tɕʰi^{33}	tɕʰi^{33}	i^{33}	i^{33}	pai^{33}	pai^{33}	pʰi^{33}	pʰi^{33}
晋源	tɕʰi^{11}	tɕʰi^{11}	i^{11}	i^{11}	pei^{11}	pei^{11}	pʰi^{11}	pʰi^{11}
阳曲	tɕʰi^{43}	tɕʰi^{43}	i^{43}	i^{312}	pei^{312}	pei^{312}	pʰi^{312}	pʰi^{43}
古交	tɕʰi^{44}	tɕʰi^{44}	i^{44}	i^{44}	pai^{44}	pi^{44}	pʰi^{44}	pʰi^{44}
清徐	tɕʰi^{11}	tɕʰi^{11}	i^{11}	i^{11}	pai^{11}	pai^{11}	pʰi^{11}	pʰi^{11}
娄烦	tɕʰi^{33}	tɕʰi^{33}	i^{33}	i^{33}	pei^{33}	pei^{33}	pʰi^{33}	pʰi^{33}
榆次	tɕʰi^{11}	tɕʰi^{11}	i^{11}	i^{11}	pɛe^{11}	pɛe^{11}	pʰi^{11}	pʰi^{11}
交城	tɕʰi^{11}	tɕʰi^{11}	i^{11}	i^{11}	pɛ^{11}	pɛ^{11}	pʰi^{11}	pʰi^{11}
文水	tsʰɿ^{22}	tsʰɿ^{22}	ɿ^{22}	ɿ^{22}	peɪ^{22}	peɪ^{22}	pʰɿ^{22}	pʰɿ^{22}
祁县	tsʰɿ^{31}	tsʰɿ^{31}	ȵɿ^{31}	ɿ^{31}	pəɨ^{31}	pəɨ^{31}	pʰɿ^{31}	pʰɿ^{31}
太谷	tɕʰi^{33}	tɕʰi^{33}	i^{33}	i^{33}	pei^{33}	pei^{33}	pʰi^{33}	pʰi^{33}
平遥	tɕʰi^{213}	tɕʰi^{213}	ȵi^{213}	i^{213}	pei^{213}	pei^{213}	pʰi^{213}	pʰi^{213}
孝义	tɕʰi^{33}	tɕʰi^{33}	ȵi^{33}	i^{33}	pei^{33}	pei^{33}	pi^{312}	pʰi^{33}
介休	tɕʰi^{13}	tɕʰi^{13}	i^{13}	i^{13}	pei^{13}	pei^{13}	pʰi^{13}	pʰi^{13}
灵石	tɕʰi^{44}	tɕʰi^{44}	i^{44}	i^{53}	pɛ^{535}/pei^{535}	pɛ^{535}/pei^{535}	pʰi^{535}	pʰi^{44}
盂县	tɕʰi^{22}	tɕʰi^{22}	i^{22}	i^{412}	pei^{412}	pei^{412}	pʰi^{412}	pʰi^{22}
寿阳	tsʰɿ^{22}	tsʰɿ^{22}	zɿ^{22}	zɿ^{31}	pei^{31}	pei^{31}	pʰɿ^{31}	pʰɿ^{22}
榆社	tsʰɿ^{22}	tsʰɿ^{22}	ŋɿ^{22}	zɿ^{22}	pei^{22}	pei^{22}	pʰɿ^{22}	pʰɿ^{22}
离石	tsʰɿ^{44}	tsʰɿ^{44}	ŋɿ^{44}	zɿ^{24}	pɛe^{24}	pɛe^{24}	pʰɿ^{24}	pʰɿ^{44}
汾阳	tsʰɿ^{22}	tsʰɿ^{22}	zɿ^{22}	zɿ^{324}	pei^{324}	pei^{324}	pʰɿ^{324}	pʰɿ^{22}
中阳	tɕʰi^{33}	tɕʰi^{33}	ni^{33}	i^{24}	pɛe^{24}	pɛe^{24}	pʰi^{24}	pʰi^{33}
柳林	tɕʰi^{44}	tɕʰi^{44}	ni^{44}	i^{24}	pɛe^{24}	pɛe^{24}	pʰi^{24}	pʰi^{44}
方山	tɕʰi^{44}	tɕʰi^{44}	ni^{44}	i^{24}	pɛe^{24}	pɛe^{24}	pʰi^{24}	pʰi^{44}
临县	tɕʰi^{33}	tɕʰi^{33}	ni^{33}	i^{24}	pei^{24}	pei^{24}	pʰi^{24}	pʰi^{33}
兴县	tɕʰi^{55}	tɕʰi^{55}	i^{55}	i^{324}	pei^{324}	pei^{324}	pʰi^{324}	pʰi^{55}
岚县	tɕʰi^{44}	tɕʰi^{44}	i^{44}	i^{214}	pei^{214}	pei^{214}	pʰi^{214}	pʰi^{44}
静乐	tɕʰi^{33}	tɕʰi^{33}	i^{24}	i^{24}	pei^{24}	pei^{24}	pʰi^{33}	pʰi^{33}
交口	tɕʰi^{44}	tɕʰi^{44}	ȵi^{44}	i^{323}	pei^{323}	pei^{323}	pʰi^{323}	pʰi^{44}
石楼	tɕʰi^{44}	tɕʰi^{44}	ȵi^{44}	i^{213}	pei^{213}	pei^{213}	pʰi^{213}	pʰi^{44}
隰县	tɕʰi^{24}	tɕʰi^{24}	i^{24}	i^{53}	pei^{53}	pei^{53}	pʰi^{53}	pʰi^{24}

续表

字目	棋	麒	疑	医	碑	卑	披	皮
中古音 方言点	渠之 止开三 平之群	渠之 止开三 平之群	语其 止开三 平之疑	於其 止开三 平之影	彼为 止开三 平支帮	彼为 止开三 平支帮	敷羁 止开三 平支滂	符羁 止开三 平支並
大宁	tɕi^{24}	——	ni^{24}	i^{31}	pei^{31}	pei^{31}	pʰi^{31}	pʰi^{24}
永和	tɕʰi^{35}	——	ni^{35}	i^{33}	pei^{33}	pei^{33}	pʰi^{33}	pʰi^{35}
汾西	tɕʰʑ̍^{35}	——	nʑ̍^{35}	nʑ̍^{11} 白 /ʑ̍^{11} 文	pei^{11}	pei^{11}	pʰʑ̍^{11}	pʰʑ̍^{35}
蒲县	tɕʰi^{24}	tɕʰi^{24}	ȵi^{24}	ȵi^{52}	pei^{52}	pei^{52}	pʰi^{52}	pʰi^{24}
潞州	tɕʰi^{24}	tɕʰi^{24}	i^{24}	i^{312}	pei^{312}	pei^{312}	pʰi^{312}	pʰi^{24}
上党	tɕʰi^{44}	tɕʰi^{213}	i^{44}	i^{213}	pei^{213}	pei^{213}	pʰi^{213}	pʰi^{44}
长子	tɕʰi^{24}	tɕʰi^{24}	i^{24}	i^{312}	pei^{312}	pei^{312}	pʰi^{312}	pʰi^{24}
屯留	tɕʰi^{11}	tɕʰi^{11}	i^{11}	i^{31}	pei^{31}	pei^{31}	pʰi^{31}	pʰi^{11}
襄垣	tɕʰi^{31}	——	i^{33}	i^{33}	pei^{33}	pei^{33}	pʰi^{33}	pʰi^{31}
黎城	cʰi^{53}	cʰi^{33}	i^{53}	i^{33}	pei^{33}	pei^{33}	pʰi^{33}	pʰi^{53}
平顺	cʰi^{13}	cʰi^{13}	i^{13}	i^{213}	pei^{213}	pei^{213}	pʰi^{213}	pʰi^{13}
壶关	cʰi^{13}	cʰi^{13}	i^{13}	i^{33}	pei^{33}	pei^{33}	pʰi^{33}	pʰi^{13}
沁县	tsʰʅ^{33}	tɕʰi^{44}	zʅ^{33}	zʅ^{224}	pei^{224}	pei^{224}	pʰʅ^{224}	pʰʅ^{33}
武乡	tsʰʅ^{33}	tsʰʅ^{33}	zʅ^{33}	zʅ^{113}	pei^{113}	pei^{113}	pʰʅ^{113}	pʰʅ^{33}
沁源	tɕʰi^{33}	tɕʰi^{33}	i^{33}	i^{324}	pei^{324}	pei^{324}	pʰi^{324}	pʰi^{33}
安泽	tɕʰi^{35}	tɕʰi^{35}	i^{35}	i^{21}	pei^{21}	pei^{21}	pʰi^{21}	pʰi^{35}
沁水端氏	tɕʰi^{24}	tɕʰi^{24}	i^{24}	i^{21}	pai^{21}	pai^{21}	pʰi^{21}	pʰi^{24}
阳城	cʰi^{22}	cʰi^{22}	i^{22}	i^{224}	pai^{224}	pai^{224}	pʰi^{224}	pʰi^{22}
高平	cʰi^{33}	tɕʰi^{33}	i^{33}	i^{33}	pei^{33}	pei^{33}	pʰi^{33}	pʰi^{33}
陵川	cʰi^{53}	cʰi^{53}	i^{53}	i^{33}	pei^{33}	pei^{33}	pʰi^{33}	pʰi^{53}
晋城	tɕʰi^{324}	tɕʰi^{324}	i^{324}	i^{33}	pɤɯ^{33}	pɤɯ^{33}	pʰi^{33}	pʰi^{324}
忻府	tɕʰi^{21}	tɕʰi^{21}	i^{21}	i^{313}	pei^{313}	pei^{313}	pʰi^{313}	pʰi^{21}
原平	tɕʰi^{33}	tɕʰi^{33}	i^{33}	i^{213}	pəi^{213}	pəi^{213}	pʰi^{213}	pi^{33}
定襄	tɕʰi^{11}	tɕʰi^{11}	i^{11}	i^{24}	pei^{24}	pei^{24}	pʰi^{24}	pʰi^{11}
五台	tɕʰi^{33}	tɕʰi^{33}	i^{33}	i^{213}	pei^{213}	pei^{213}	pʰi^{213}	pʰi^{213}
岢岚	tɕʰi^{44}	tɕʰi^{44}	i^{44}	i^{13}	pɛi^{13}	pɛi^{13}	pʰi^{13}	pʰi^{44}
五寨	tɕʰi^{44}	tɕʰi^{44}	i^{44}	i^{13}	pei^{13}	pei^{13}	pʰi^{13}	pʰi^{44}
宁武	tɕʰi^{33}	tɕʰi^{33}	i^{33}	i^{23}	pᴇe^{23}	pᴇe^{23}	pʰi^{23}	pʰi^{33}
神池	tɕʰi^{32}	tɕʰi^{32}	i^{32}	i^{24}	pɛe^{24}	pɛe^{24}	pʰi^{24}	pʰi^{32}
繁峙	tɕʰi^{31}	tɕʰi^{31}	i^{31}	i^{53}	pei^{53}	pei^{53}	pʰi^{53}	pʰi^{31}
代县	tɕʰi^{44}	tɕʰi^{44}	i^{44}	i^{213}	pei^{213}	pei^{213}	pʰi^{213}	pʰi^{44}

续表

字目	棋	麒	疑	医	碑	卑	披	皮
中古音／方言点	渠之 止开三 平之群	渠之 止开三 平之群	语其 止开三 平之疑	於其 止开三 平之影	彼为 止开三 平支帮	彼为 止开三 平支帮	敷羁 止开三 平支滂	符羁 止开三 平支並
河曲	tɕʰi^{44}	——	i^{44}	i^{213}	pei^{213}	pei^{213}	pʰi^{213}	pʰi^{44}
保德	tɕʰi^{44}	tɕʰi^{44}	i^{44}	i^{213}	pei^{213}	pei^{213}	pʰi^{213}	pʰi^{44}
偏关	tsʰɿ^{44}	tsʰɿ^{44}	ɿ^{44}	ɿ^{24}	pei^{24}	pei^{24}	pʰɿ^{24}	pʰɿ^{44}
朔城	tɕʰi^{35}	——	i^{35}	i^{312}	pei^{312}	pei^{312}	pʰi^{312}	pʰi^{35}
平鲁	tɕʰi^{44}	tɕʰi^{44}	i^{44}	i^{52}	pɛi^{213}	pɛi^{213}	pʰi^{213}	pʰi^{44}
应县	tɕʰi^{31}	tɕʰi^{31}	i^{31}	i^{43}	pəi^{43}	pəi^{43}	pʰi^{43}	pʰi^{31}
灵丘	tɕʰi^{31}	tɕʰi^{31}	i^{31}	i^{442}	pei^{442}	pei^{442}	pʰi^{442}	pʰi^{31}
浑源	tɕʰi^{22}	tɕʰi^{22}	i^{22}	i^{52}	pɛe^{52}	pɛe^{52}	pʰi^{52}	pʰi^{22}
云州	tɕʰi^{312}	tɕʰi^{312}	i^{312}	i^{21}	pɛi^{21}	pɛi^{21}	pʰi^{21}	pʰi^{312}
新荣	tɕʰi^{312}	tɕʰi^{312}	i^{312}	i^{32}	pɛe^{32}	pɛe^{32}	pʰi^{32}	pʰi^{312}
怀仁	tɕʰi^{312}	tɕʰi^{312}	i^{312}	i^{42}	pɛe^{42}	pɛe^{42}	pʰi^{42}	pʰi^{312}
左云	tɕʰi^{313}	tɕʰi^{313}	i^{313}	i^{31}	pɛi^{31}	pɛi^{31}	pʰi^{31}	pʰi^{313}
右玉	tɕʰi^{212}	tɕʰi^{212}	i^{212}	i^{31}	pɛe^{31}	pɛe^{31}	pʰi^{31}	pʰi^{212}
阳高	tɕʰi^{312}	tɕʰi^{312}	i^{312}	i^{31}	pei^{31}	pei^{31}	pʰi^{31}	pʰi^{31}
山阴	tɕʰi^{313}	——	i^{313}	i^{313}	pei^{313}	pei^{313}	pʰi^{313}	pʰi^{313}
天镇	tɕʰi^{22}	——	i^{22}	i^{22}	pɛe^{31}	pɛe^{31}	pʰi^{31}	pʰi^{22}
平定	tɕʰi^{44}	tɕʰi^{44}	i^{44}	i^{24}	pei^{31}	pei^{53}	pʰei^{31} 白 / pʰi^{31} 文	pʰi^{44}
昔阳	tɕʰi^{33}	tɕʰi^{33}	i^{33}	i^{42}	pei^{42}	pei^{42}	pʰi^{42}	pʰi^{33}
左权	tɕʰi^{11}	——	i^{11}	i^{31}	pɛi^{31}	pɛi^{31}	pʰi^{31}	pʰi^{11}
和顺	tɕʰi^{42}	tɕʰi^{22}	ȵi^{22}	i^{42}	pei^{42}	pei^{42}	pʰi^{42}	pʰi^{22}
尧都	tɕʰi^{24}	tɕʰi^{24}	ȵi^{24}	i^{24}	pi^{21}	pei^{21}	pʰi^{21}	pʰi^{24}
洪洞	tɕʰi^{24}	tɕʰi^{24}	ȵi^{24} 白 /i^{24} 文	i^{21}	pi^{21} 白 / pei^{21} 文	pi^{21}	pʰi^{21}	pʰi^{24}
洪洞赵城	tɕʰi^{24}	tɕʰi^{24}	i^{24}	i^{21}	pei^{21}	pei^{21}	pʰi^{21}	pʰi^{24}
古县	tɕʰi^{35}	tɕʰi^{35}	ȵi^{35}	i^{21}	pei^{21}	pei^{21}	pʰi^{21}	pʰi^{35}
襄汾	tɕʰi^{24}	tɕʰi^{24}	ȵi^{24}	i^{21}	pi^{21}	pi^{21}	pʰi^{21}	pʰi^{24}
浮山	tɕʰi^{13}	tɕʰi^{13}	ȵi^{13}	i^{42}	pi^{42}	pi^{42}	pʰi^{42}	pʰi^{13}
霍州	tɕʰi^{35}	tɕʰi^{35}	i^{35}	i^{212}	pei^{212}	pei^{212}	pʰi^{212}	pʰi^{35}
翼城	tɕʰi^{12}	tɕʰi^{12}	ȵi^{53} 白 /i^{53} 文	i^{53}	pei^{53}	pei^{53}	pʰi^{53}	pʰi^{12}
闻喜	——	tɕʰi^{33}	i^{13}	i^{53}	pi^{53}	pi^{53}	pʰi^{53}	tʰi^{13} 白 / pʰi^{13} 文

续表

字目	棋	麒	疑	医	碑	卑	披	皮
中古音 / 方言点	渠之 止开三 平之群	渠之 止开三 平之群	语其 止开三 平之疑	於其 止开三 平之影	彼为 止开三 平支帮	彼为 止开三 平支帮	敷羁 止开三 平支滂	符羁 止开三 平支並
侯马	tɕʰi²¹³	tɕʰi²¹³	i²¹³	i²¹³	pei²¹³	pei²¹³	pʰi²¹³	pʰi²¹³
新绛	tɕʰi¹³	tɕʰi¹³	i¹³	i⁵³	pi⁵³ 白 / pei⁵³ 文	pei⁴⁴	pʰi⁵³	pʰi¹³
绛县	tɕʰi²⁴	tɕʰi²⁴	ȵi²⁴	i⁵³	pei⁵³	pi⁵³	pʰi⁵³	pʰi²⁴
垣曲	tɕʰi²²	tɕʰi²²	ȵi²²	i²²	pei²²	pei²²	pʰi²²	pʰi²²
夏县	tɕʰi⁴²	tɕʰi⁴²	ȵi⁴² 白 / i⁴² 文	i⁵³	pi⁵³ 白 / pei⁵³ 文	pei⁵³	pʰi⁵³	pʰi⁴²
万荣	tɕʰi²¹³	tɕʰi²¹³	ȵi²¹³	i³³	pei⁵¹	pei⁵¹	pʰei⁵¹	pʰei²¹³
稷山	tɕʰi¹³	tɕʰi¹³	i¹³	ȵi⁵³	pi⁵³	pi⁵³	pʰi⁵³	pʰi¹³
盐湖	tɕʰi¹³	tɕʰi¹³	ȵi¹³	i⁴²	pi⁴²	pi⁴²	pʰi⁴²	pʰi¹³
临猗	tɕʰi¹³	tɕʰi¹³	ȵi¹³ 白 / i¹³ 文	i⁴²	pi⁴² 白 / pei⁴² 文	pei⁴²	pʰi⁴²	pʰi¹³
河津	tɕʰi³²⁴	——	ȵi³²⁴	i⁴⁴	pei³¹	pei³¹	pʰei³¹	pʰei³²⁴
平陆	tɕʰi¹³	tɕʰi¹³	ȵi¹³	i¹³	pei³¹	pei³¹	pʰi³¹	pʰi¹³
永济	tɕʰi²⁴	tɕʰi²⁴	i²⁴	i⁴⁴	pi³¹	pi³¹	pʰi³¹	pʰi²⁴
芮城	tɕʰi¹³	tɕʰi¹³	ȵi¹³	i⁴²	pei⁴²	pei⁴²	pʰei⁴² 白 / pʰi⁴² 文	pʰi¹³
吉县	tɕʰi¹³	——	ni¹³	i⁴²³	pi³³	pi³³	pʰi⁴²³	pʰi¹³
乡宁	tɕʰi¹²	tɕʰi¹²	ȵi¹²	i⁵³	pi⁵³ 白 / pei⁵³ 文	pei⁵³	pʰi⁵³	pʰi¹²
广灵	tɕʰi³¹	tɕʰi³¹	i³¹	i⁵³	pei⁵³	pei⁵³	pʰi⁵³	pʰi³¹

字目	疲	脾	弥	离~别	篱	雌	斯	撕
中古音 / 方言点	符羁 止开三 平支並	符支 止开三 平支並	武移 止开三 平支明	吕支 止开三 平支来	吕支 止开三 平支来	此移 止开三 平支清	息移 止开三 平支心	息移 止开三 平支心
北京	pʰi^{35}	pʰi^{35}	mi^{35}	li^{35}	li^{35}	tsʰɿ^{35}	sɿ^{55}	sɿ^{55}
小店	pʰi^{11}	pʰi^{53}	mi^{11}	li^{11}	li^{11}	tsʰɿ^{11}	sɿ^{11}	sɿ^{11}
尖草坪	pʰi^{33}	pʰi^{312}	mi^{33}	li^{33}	li^{33}	tsʰɿ^{33}	sɿ^{33}	sɿ^{33}
晋源	pʰi^{11}	pʰi^{42}	mi^{11}	li^{11}	li^{11}	tsʰɿ^{11}	sɿ^{11}	sɿ^{11}
阳曲	pʰi^{43}	pʰi^{43}	mi^{43}	li^{43}	li^{43}	tsʰɿ^{43}	sɿ^{312}	sɿ^{312}
古交	pʰi^{44}	pʰi^{44}	mi^{44}	li^{44}	li^{44}	tsʰɿ^{44}	sɿ^{44}	sɿ^{44}
清徐	pʰi^{11}	pʰi^{11}	mi^{11}	li^{11}	li^{11}	tsʰɿ^{11}	sɿ^{11}	sɿ^{11}
娄烦	pʰi^{312}	pʰi^{312}	mi^{33}	li^{33}	li^{33}	tsʰɿ^{33}	sɿ^{33}	sɿ^{33}
榆次	pʰi^{11}	pʰi^{53}	mi^{11}	li^{11}	li^{11}	tsʰɿ^{11}	sɿ^{11}	sɿ^{11}
交城	pʰi^{53}	pʰi^{53}	mi^{11}	li^{11}	li^{11}	tsɿ^{11} 白 / tsʰɿ^{11} 文	sɿ^{11}	sɿ^{11}
文水	pʰɿ^{22}	pʰɿ^{22}	mɿ^{22}	lɿ^{22}	lɿ^{22}	tsʰɿ^{22}	sɿ^{22}	sɿ^{22}
祁县	pʰɿ^{31}	pʰɿ^{31}	mɿ^{31}	lɿ^{31}	lɿ^{31}	tsʰɿ^{31}	sɿ^{31}	sɿ^{31}
太谷	pʰi^{33}	pʰi^{33}	mi^{33}	li^{33}	li^{33}	tsʰɿ^{33}	sɿ^{33}	sɿ^{33}
平遥	pʰi^{213}	pʰi^{512}	mi^{213}	li^{213}	li^{213}	tsɿ^{213}	sɿ^{213}	sɿ^{213}
孝义	pʰi^{33}	pʰi^{312}	mi^{33}	lei^{33}	lei^{33}	tsʰɿ^{33}	sɿ^{33}	sɿ^{33}
介休	pʰi^{13}	pʰi^{423}	mi^{13}	lei^{13}	lei^{13}	tsʰɿ^{13}	sɿ^{13}	sɿ^{13}
灵石	pʰi^{44}	pʰi^{44}	mi^{44}	li^{44}	li^{44}	tsʰɿ^{44}	sɿ^{535}	sɿ^{535}
盂县	pi^{53}	pi^{53}	mi^{22}	lei^{22}	lei^{22}	tsʰɿ^{53}	sɿ^{412}	sɿ^{412}
寿阳	pʰɿ^{22}	pʰɿ^{53}	mɿ^{22}	lei^{22}	lei^{22}	tsʰɿ^{22}	sɿ^{31}	sɿ^{31}
榆社	pʰɿ^{22}	pʰɿ^{22}	mɿ^{22}	lei^{22}	lei^{22}	tsʰɿ^{22}	sɿ^{22}	sɿ^{22}
离石	pʰɿ^{44}	pʰɿ^{24}	mɿ^{44}	li^{44}	li^{44}	tsʰɿ^{44}	sɿ^{24}	sɿ^{24}
汾阳	pʰɿ^{22}	pʰɿ^{324}	mɿ^{22}	lɿ^{22}	lɿ^{22}	tsʰɿ^{22}	sɿ^{324}	sɿ^{324}
中阳	pʰi^{33}	pʰi^{24}	mi^{33}	li^{33}	li^{33}	tsʰɿ^{33}	sɿ^{24}	sɿ^{24}
柳林	pʰi^{44}	pʰi^{312}	mi^{44}	li^{44}	li^{44}	tsʰɿ^{44}	sɿ^{24}	sɿ^{24}
方山	pʰi^{44}	pʰi^{24}	mi^{44}	li^{44}	li^{44}	tsʰɿ^{44}	sɿ^{24}	sɿ^{24}
临县	pʰi^{33}	pʰi^{312}	mi^{24}	lei^{33}	lei^{33}	tsʰɿ^{33}	sɿ^{24}	sɿ^{24}
兴县	pʰi^{324}	——	mi^{55}	li^{55}	li^{55}	——	sɿ^{324}	sɿ^{324}
岚县	pʰi^{44}	pʰi^{312}	mi^{44}	li^{44}	li^{44}	tsʰɿ^{44}	sɿ^{214}	sɿ^{214}
静乐	pʰi^{33}	pʰi^{314}	mi^{33}	li^{33}	li^{33}	tsʰɿ^{314}	sɿ^{24}	sɿ^{24}
交口	pʰi^{44}	pʰi^{323}/ pʰi^{44}	mi^{44}	li^{44}	li^{44}	tsʰɿ^{323}	sɿ^{323}	sɿ^{323}
石楼	pʰi^{44}	pʰi^{44}	mi^{44}	li^{44}	li^{44}	tsʰɿ^{44}	sɿ^{213}	sɿ^{213}

续表

字目	疲	脾	弥	离~别	篱	雌	斯	撕
中古音 / 方言点	符羁 止开三 平支並	符支 止开三 平支並	武移 止开三 平支明	吕支 止开三 平支来	吕支 止开三 平支来	此移 止开三 平支清	息移 止开三 平支心	息移 止开三 平支心
隰县	pʰi^{24}	pʰi^{24}	mi^{24}	li^{24}	li^{24}	tsʰɿ^{24}	sɿ^{53}	sɿ^{53}
大宁	pʰi^{24}	pʰi^{24}	mi^{24}	li^{24}	li^{24}	tsʰɿ^{24}	sɿ^{31}	sɿ^{31}
永和	pʰi^{35}	pʰi^{35}	mi^{35}	li^{35}	li^{35}	tsʰɿ^{33}	sɿ^{33}	sɿ^{33}
汾西	pʰz̩^{35}	pʰz̩^{35}	mz̩^{35}	lz̩^{35}	lz̩^{35}	tsʰɿ^{35}	sɿ^{11}	sɿ^{11}
蒲县	pʰi^{24}	pʰi^{24}	mi^{24}	li^{24}	li^{24}	tsʰɿ^{24}	sɿ^{52}	sɿ^{52}
潞州	pʰi^{24}	pʰi^{312}	mi^{24}	li^{24}	li^{24}	tsʰɿ^{24}	sɿ^{312}	sɿ^{312}
上党	pʰi^{44}	pʰi^{44}	mi^{24}	li^{44}	li^{44}	tsʰɿ^{44}	sɿ^{213}	sɿ^{213}
长子	pʰi^{24}	pʰi^{312}	mi^{24}	li^{24}	li^{24}	tsʰɿ^{24}	sɿ^{312}	sɿ^{312}
屯留	pʰi^{11}	pʰi^{43}	mi^{11}	li^{11}	li^{11}	tsʰɿ^{11}	sɿ^{31}	sɿ^{31}
襄垣	pʰi^{31}	pʰi^{31}	mi^{31}	li^{31}	li^{31}	tsʰɿ^{31}	sɿ^{33}	sɿ^{33}
黎城	pʰi^{213}	pʰi^{213}	mi^{33}	li^{53}	li^{53}	tsʰɿ^{53}	sɿ^{33}	sɿ^{33}
平顺	pʰi^{13}	pʰi^{13}	mi^{13}	li^{13}	li^{13}	tsʰɿ^{13}	sɿ^{213}	sɿ^{213}
壶关	pʰi^{13}	pʰi^{13}	mi^{13}	li^{13}	li^{13}	tʂʰʅ^{13}	ʂʅ^{33}	ʂʅ^{33}
沁县	pʰɿ^{33}	pʰɿ^{214}	mɿ^{33}	əɭ^{33}	əɭ^{33}	tsʰɿ^{33}	sɿ^{224}	sɿ^{224}
武乡	pʰɿ^{33}	pʰɿ^{213}	mɿ^{33}	l̩^{33}	l̩^{33}	tsʰɿ^{33}	sɿ^{113}	sɿ^{113}
沁源	pʰi^{33}	pʰi^{33}	mi^{33}	li^{33}	li^{33}	tsʰɿ^{33}	sɿ^{324}	sɿ^{324}
安泽	pʰi^{35}	pʰi^{35}	mi^{35}	li^{35}	li^{35}	tsʰɿ^{21}	sɿ^{21}	sɿ^{21}
沁水端氏	pʰi^{24}	pʰi^{24}	mi^{24}	li^{24}	li^{24}	tsʰɿ^{24}	sɿ^{21}	sɿ^{21}
阳城	pʰi^{22}	pʰi^{212}	mi^{22}	li^{22}	li^{22}	tsʰɿ^{22}	sɿ^{224}	sɿ^{224}
高平	pʰi^{33}	pʰi^{212}	miə̃ĩ^{212}	li^{33}	li^{33}	tʂʰʅ^{33}	ʂʅ^{33}	ʂʅ^{33}
陵川	pʰi^{53}	pʰi^{53}	mi^{53}	li^{53}	li^{53}	tʂʰʅ^{53}	ʂʅ^{33}	ʂʅ^{33}
晋城	pʰi^{324}	pʰi^{324}	mi^{324}	li^{324}	li^{324}	tʂʰʅ^{324}	ʂʅ^{33}	ʂʅ^{33}
忻府	pʰi^{21}	pʰi^{313}	mi^{21}	li^{21}	li^{21}	tsʰɿ^{21}	sɿ^{313}	sɿ^{313}
原平	pi^{33}	pi^{33}	mi^{33}	li^{33}	li^{33}	tsʰɿ^{33}	sɿ^{213}	sɿ^{213}
定襄	pʰi^{11}	pʰi^{11}	mi^{11}	li^{11}	li^{11}	tsʰɿ^{11}	sɿ^{24}	sɿ^{24}
五台	pʰi^{213}	pʰi^{213}	mi^{33}	li^{33}	li^{33}	tsʰɿ^{213}	sɿ^{213}	sɿ^{213}
岢岚	pʰi^{13}	pʰi^{13}	mi^{44}	li^{44}	li^{44}	tsʰɿ^{13}	sɿ^{13}	sɿ^{13}
五寨	pʰi^{13}	pʰi^{13}	mi^{44}	li^{44}	li^{44}	tsʰɿ^{13}	sɿ^{13}	sɿ^{13}
宁武	pʰi^{33}	pʰi^{33}	mi^{33}	li^{33}	li^{33}	tsʰɿ^{33}	sɿ^{23}	sɿ^{23}
神池	pʰi^{32}	pʰi^{32}	mi^{32}	li^{32}	li^{32}	tsʰɿ^{32}	sɿ^{24}	sɿ^{24}
繁峙	pʰi^{31}	pʰi^{53}	mi^{31}	li^{31}	li^{31}	tsʰɿ^{31}	sɿ^{53}	sɿ^{53}

续表

字目	疲	脾	弥	离~别	篱	雌	斯	撕
中古音 / 方言点	符羁 止开三 平支並	符支 止开三 平支並	武移 止开三 平支明	吕支 止开三 平支来	吕支 止开三 平支来	此移 止开三 平支清	息移 止开三 平支心	息移 止开三 平支心
代县	pʰi^{213}	pʰi^{213}	mi^{44}	li^{44}	li^{44}	tsɿ^{213}	sɿ^{213}	sɿ^{213}
河曲	pʰi^{213}	pʰi^{213}	mi^{44}	li^{44}	li^{44}	tsʰɿ^{213}	sɿ^{213}	sɿ^{213}
保德	pʰi^{44}	pʰi^{44}	mi^{44}	li^{44}	li^{44}	tsʰɿ^{44}	sɿ^{213}	sɿ^{213}
偏关	pʰɿ^{24}	pʰɿ^{24}	——	lʅ^{44}	lʅ^{44}	tsʰɿ^{44}	sɿ^{24}	sɿ^{24}
朔城	pʰi^{35}	pʰi^{312}	mi^{35}	li^{35}	li^{35}	tsʰɿ^{35}	sɿ^{312}	sɿ^{312}
平鲁	pʰi^{44}	pʰi^{213}	mi^{44}	li^{44}	li^{44}	tsʰɿ^{213}	sɿ^{213}	sɿ^{213}
应县	pʰi^{31}	pʰi^{54}	mi^{31}	li^{31}	li^{31}	tsɿ^{31}	sɿ^{43}	sɿ^{43}
灵丘	pʰi^{31}	pʰi^{31}	mi^{31}	li^{31}	li^{31}	tsʰɿ^{31}	sɿ^{442}	sɿ^{442}
浑源	pʰi^{22}	pʰi^{52}	mi^{22}	li^{22}	li^{22}	tsʰɿ^{22}	sɿ^{52}	sɿ^{52}
云州	pʰi^{312}	pʰi^{55}	mi^{312}	li^{312}	li^{312}	tsɿ^{24}	sɿ^{21}	sɿ^{21}
新荣	pʰi^{312}	pʰi^{54}	mi^{312}	li^{312}	li^{312}	tsʰɿ^{312}	sɿ^{32}	sɿ^{32}
怀仁	pʰi^{312}	pʰi^{53}	mi^{312}	li^{312}	li^{312}	tsʰɿ^{312}	sɿ^{42}	sɿ^{42}
左云	pʰi^{313}	pʰi^{54}	mi^{313}	li^{313}	li^{313}	tsʰɿ^{313}	sɿ^{31}	sɿ^{31}
右玉	pʰi^{212}	pʰi^{53}	mi^{212}	li^{212}	li^{212}	tsʰɿ^{212}	sɿ^{31}	sɿ^{31}
阳高	pʰi^{31}	pʰi^{31}	mi^{31}	li^{31}	li^{31}	tsʰɿ^{312}	sɿ^{31}	sɿ^{31}
山阴	pʰi^{313}	pʰi^{52}	mi^{313}	li^{313}	li^{313}	tsɿ^{313}	sɿ^{313}	sɿ^{313}
天镇	pʰi^{22}	pʰi^{55}	mi^{22}	li^{22}	li^{22}	tsʰɿ^{22}	sɿ^{22}	sɿ^{22}
平定	pʰi^{31}	pʰi^{53}	mi^{44}	lei^{44}	lei^{44}	tsʰɿ^{44}	sɿ^{31}	sɿ^{31}
昔阳	pʰi^{33}	pʰi^{55}	mi^{33}	lei^{33}	lei^{33}	tsʰɿ^{33}	sɿ^{42}	sɿ^{42}
左权	——	pʰi^{11}	——	li^{11}	li^{11}	tsʰɿ^{11}	sɿ^{31}	sɿ^{31}
和顺	pʰi^{22}	pʰi^{22}	mi^{22}	lei^{22}	lei^{22}	tsʰɿ^{22}	sɿ^{42}	sɿ^{42}
尧都	pʰi^{24}	pʰi^{24}	mi^{24}	li^{24}	li^{24}	tsʰɿ^{24}	sɿ^{21}	sɿ^{21}
洪洞	pʰi^{24}	pʰi^{24}	mi^{24}	li^{24}	li^{24}/li^{24}	tsʰɿ^{24}	sɿ^{21}	sɿ^{21}
洪洞赵城	pʰi^{24}	pʰi^{24}	mi^{24}	li^{24}	li^{24}	tsʰɿ^{24}	sɿ^{21}	sɿ^{21}
古县	pʰi^{35}	pʰi^{35}	mi^{35}	li^{35}	li^{35}	tsʰɿ^{35}	sɿ^{21}	sɿ^{21}
襄汾	pʰi^{24}	pʰi^{24}	mi^{24}	li^{24}	li^{24}	tsʰɿ^{24}	sɿ^{21}	sɿ^{21}
浮山	pʰi^{13}	pʰi^{13}	mi^{13}	li^{13}	li^{13}	tsʰɿ^{13}	sɿ^{42}	sɿ^{42}
霍州	pʰi^{35}	pʰi^{35}	mi^{35}	li^{35}	li^{35}	tsʰɿ^{35}	sɿ^{212}	sɿ^{212}
翼城	pʰi^{12}	pʰi^{12}	pʰi^{12}	li^{12}	——	tsʰɿ^{12}	sɿ^{53}	sɿ^{53}
闻喜	pʰi^{13}	——	mi^{13}/mi^{33}	li^{13}	li^{13}/liᴇ^{53}	tsʰɿ^{53}	sɿ^{53}	——
侯马	pʰi^{213}	pʰi^{213}	mi^{213}	li^{213}	li^{213}	liɛ^{213}	sɿ^{213}	sɿ^{213}

续表

字目 中古音 方言点	疲 符羁 止开三 平支並	脾 符支 止开三 平支並	弥 武移 止开三 平支明	离~别 吕支 止开三 平支来	篱 吕支 止开三 平支来	雌 此移 止开三 平支清	斯 息移 止开三 平支心	撕 息移 止开三 平支心
新绛	pʰi^{13}	pʰi^{13}	mi^{13}	li^{13}	li^{13}	tsʰɿ^{13}	sɿ^{44}	sɿ^{53}
绛县	pʰi^{24}	pʰi^{24}	mi^{24}	li^{24}	li^{24}	tsʰɿ^{53}	sɿ^{53}	sɿ^{53}
垣曲	pʰi^{22}	pʰi^{22}	mi^{22}	li^{22}	li^{22}	tsʰɿ^{22}	sɿ^{22}	sɿ^{22}
夏县	——	pʰi^{42}	mi^{42}	li^{42}	li^{42}	tsʰɿ^{42}	sɿ^{53}	sɿ^{53}
万荣	pʰei^{213}	pʰei^{213}	mei^{213}	li^{33}	li^{213}	tsʰɿ^{213}	sɿ^{51}	sɿ^{51}
稷山	pʰi^{13}	pʰi^{13}	mi^{13}	li^{13}	li^{13}	tsʰɿ^{13}	sɿ^{53}	sɿ^{53}
盐湖	pʰi^{13}	pʰi^{13}	mi^{13}	li^{13}	li^{13}	tsʰɿ^{42}	sɿ^{42}	sɿ^{42}
临猗	pʰi^{13}	pʰi^{13}	mi^{13}	li^{13}	li^{13}	tsʰɿ^{13}	sɿ^{42}	sɿ^{42}
河津	pʰei^{324}	pʰei^{324}	mi^{324}	li^{44}	li^{324}	tsʰɿ^{324}	sɿ^{31}	sɿ^{31}
平陆	pʰi^{13}	pʰi^{13}	mi^{13}	li^{33}	li^{13}	tsʰɿ^{13}	sɿ^{31}	sɿ^{31}
永济	pʰi^{24}	pʰi^{24}	mi^{24}	li^{44}	li^{44}	tsʰɿ^{24}	sɿ^{31}	sɿ^{31}
芮城	pʰi^{13}	——	mei^{13} 白 / mi^{13} 文	li^{13}	li^{13}	tsʰɿ^{13}	sɿ^{42}	sɿ^{42}
吉县	pʰi^{13}	pʰi^{13}	mi^{13}	li^{33}	li^{13}	tsʰɿ^{13}	sɿ^{33}	sɿ^{33}
乡宁	pʰi^{12}	pʰi^{12}	mi^{12}	li^{12}	li^{12}	tsʰɿ^{53}	sɿ^{53}	sɿ^{53}
广灵	pʰi^{31}	pʰi^{44}	mi^{31}	li^{31}	li^{31}	tsʰɿ^{53}	sɿ^{53}	sɿ^{53}

字目	知~道	蜘	池	驰	支	枝	肢	施
中古音 / 方言点	陟离 止开三 平支知	陟离 止开三 平支知	直离 止开三 平支澄	直离 止开三 平支澄	章移 止开三 平支章	章移 止开三 平支章	章移 止开三 平支章	式支 止开三 平支书
北京	tʂʅ^{55}	tʂʅ^{55}	tʂʰʅ^{35}	tʂʰʅ^{35}	tʂʅ^{55}	tʂʅ^{55}	tʂʅ^{55}	ʂʅ^{55}
小店	tsɿ^{11}	tsɿ^{11}	tsʰɿ^{11}	tsʰɿ^{11}	tsɿ^{11}	tsɿ^{11}	tsɿ^{11}	sɿ^{11}
尖草坪	tsɿ^{33}	tsɿ^{33}	tsʰɿ^{33}	tsʰɿ^{33}	tsɿ^{33}	tsɿ^{33}	tsɿ^{33}	sɿ^{33}
晋源	tsɿ^{11}	tsɿ^{11}	tsʰɿ^{11}	tsʰɿ^{11}	tsɿ^{11}	tsɿ^{11}	tsɿ^{11}	sɿ^{11}
阳曲	tsɿ^{312}	tsɿ^{312}	tsʰɿ^{43}	tsʰɿ^{43}	tsɿ^{312}	tsɿ^{312}	tsɿ^{312}	sɿ^{312}
古交	tsɿ^{44}	tsɿ^{44}	tsʰɿ^{44}	tsʰɿ^{44}	tsɿ^{44}	tsɿ^{44}	tsɿ^{44}	sɿ^{44}
清徐	tsɿ^{11}	tsɿ^{11}	sɿ^{11} 白 / tsʰɿ^{11} 文	tsʰɿ^{11}	tsɿ^{11}	tsɿ^{11}	tsɿ^{11}	sɿ^{11}
娄烦	tsɿ^{33}	tsɿ^{33}	tsʰɿ^{33}	tsʰɿ^{33}	tsɿ^{33}	tsɿ^{33}	tsɿ^{33}	sɿ^{33}
榆次	tsɿ^{11}	tsɿ^{11}	tsʰɿ^{11}	tsʰɿ^{11}	tsɿ^{11}	tsɿ^{11}	tsɿ^{11}	sɿ^{11}
交城	tsɤɯ^{11} 白 / tsɿ^{11} 文	tsɿ^{11}	tsʰɤɯ^{11}	sɿ^{53} 白 / tsʰɿ^{11} 文	tsɿ^{11}	tsɿ^{11}	tsɿ^{11}	sɿ^{11}
文水	tsɿ^{22}	tsɿ^{22}	tsʰɿ^{22}	tsʰɿ^{22}	tsɿ^{22}	tsɿ^{22}	tsɿ^{22}	sɿ^{22}
祁县	tʂʅ^{31}	tʂʅ^{31}	tʂʰʅ^{31}	tʂʰʅ^{31}	tsɿ^{31}	tsɿ^{31}	tsɿ^{31}	sɿ^{31}
太谷	tsɿ^{33}	tsɿ^{33}	tsʰɿ^{33}	tsʰɿ^{33}	tsɿ^{33}	tsɿ^{33}	tsɿ^{33}	sɿ^{33}
平遥	tʂʅ^{213}	tʂʅ^{213}	tʂʰʅ^{213}	tʂʰʅ^{213}	tsɿ^{213}	tsɿ^{213}	tsɿ^{213}	sɿ^{213}
孝义	tʂʅ^{33}	tʂʅ^{33}	tʂʰʅ^{33}	tʂʰʅ^{33}	tsɿ^{33}	tsɿ^{3}	tsɿ^{33}	sɿ^{33}
介休	tʂei^{13}	tʂei^{13}	tʂʰʅ^{13} 白	tʂʰei^{13}	tsɿ^{13}	tsɿ^{13}	tsɿ^{13}	sɿ^{13}
灵石	tʂʅ^{535}	tʂʅ^{535}	tʂʰʅ^{44}	tʂʰʅ^{44}	tsɿ^{535}	tʂʅ^{535}	tsɿ^{535}	sɿ^{535}
盂县	tsɿ^{412}	tsɿ^{412}	tsʰɿ^{22}	tsʰɿ^{22}	tsɿ^{412}	tsɿ^{412}	tsɿ^{412}	sɿ^{412}
寿阳	tsɿ^{31}	tsɿ^{31}	tsʰɿ^{22}	tsʰɿ^{22}	tsɿ^{31}	tsɿ^{31}	tsɿ^{31}	sɿ^{31}
榆社	tsɿ^{22}	tsɿ^{22}	tsʰɿ^{22}	tsʰɿ^{22}	tsɿ^{22}	tsɿ^{22}	tsɿ^{22}	sɿ^{22}
离石	tʂʅr^{24}	tʂʅr^{24}	tʂʰʅr^{44}	tʂʰʅr^{44}	tsɿ^{24}	tsɿ^{24}	tsɿ^{24}	sɿ^{24}
汾阳	tʂʅ^{324}	tʂʅ^{324}	tʂʰʅ^{22}	tʂʰʅ^{22}	tsɿ^{324}	tsɿ^{324}	tsɿ^{324}	sɿ^{324}
中阳	tʂɤ^{24}	tsɿ^{24}	tʂʰɤ^{33}	tʂʰɤ^{33}	tsɿ^{24}	tsɿ^{24}	tsɿ^{24}	sɿ^{24}
柳林	tsɛe^{24}	tsɛe^{24}	tsʰɛe^{44}	tsʰɛe^{44}	tsɿ^{24}	tsɿ^{24}	tsɿ^{24}	sɿ^{24}
方山	tʂʅ^{24}	tʂʅ^{24}	tʂʅ^{44}	tʂʅ^{44}	tsɿ^{24}	tsɿ^{24}	tsɿ^{24}	sɿ^{24}
临县	tʂei^{24}	——	tʂʰei^{24}	tʂʰei^{33}	tsɿ^{24}	tsɿ^{24}	tsɿ^{24}	sɿ^{24}
兴县	tʂʅ^{324}	——	tʂʰʅ^{55}	tʂʰʅ^{55}	tsɿ^{324}	tsɿ^{324}	tsɿ^{324}	——
岚县	tsɿ^{214}	tsɿ^{214}	tsʰɿ^{44}	tsʰɿ^{44}	tsɿ^{214}	tsɿ^{214}	tsɿ^{214}	sɿ^{214}
静乐	tsɿ^{24}	tsɿ^{24}	tsʰɿ^{33}	tsʰɿ^{33}	tsɿ^{24}	tsɿ^{24}	tsɿ^{24}	sɿ^{24}
交口	tsɿ^{323}	tsɿ^{323}	tsʰɿ^{44}	tsʰɿ^{44}	tsɿ^{323}	tsɿ^{323}	tsɿ^{323}	sɿ^{323}
石楼	tʂʅ^{213}	tʂʅ^{213}	tʂʰʅ^{44}	tʂʰʅ^{44}	tsɿ^{213}	tʂəʔ^{4}	tsɿ^{213}	sɿ^{213}

续表

字目	知~道	蜘	池	驰	支	枝	肢	施
中古音 / 方言点	陟离 止开三 平支知	陟离 止开三 平支知	直离 止开三 平支澄	直离 止开三 平支澄	章移 止开三 平支章	章移 止开三 平支章	章移 止开三 平支章	式支 止开三 平支书
隰县	tsɿ^{53}	tsɿ^{53}	tsʰɿ^{24}	tsʰɿ^{24}	tsɿ^{53}	tsɿ^{53}	tsɿ^{53}	sɿ^{53}
大宁	tʂʅ^{31}	tʂʅ^{31}	tʂʅ^{24}	tʂʅ^{24}	tsɿ^{31}	tsɿ^{31}	tsɿ^{31}	sɿ^{31}
永和	tʂʅ^{33}	tʂʅ^{33}	tʂʅ^{35}	tʂʅ^{35}	tsɿ^{33}	tsɿ^{33}	tsɿ^{33}	sɿ^{33}
汾西	tsɿ^{11}	tsɿ^{11}	tsʰɿ^{35}	tsʰɿ^{35}	tsɿ^{11}	tsɿ^{11}	tsɿ^{11}	sɿ^{11}
蒲县	tʂʅ^{52}	tʂʅ^{52}	tʂʰʅ^{24}	tʂʰʅ^{24}	tsɿ^{52}	tsɿ^{52}	tsɿ^{52}	sɿ^{52}
潞州	tsɿ^{312}	tsɿ^{312}	tsʰɿ^{24}	tsʰɿ^{24}	tsɿ^{312}	tsɿ^{312}	tsɿ^{312}	sɿ^{312}
上党	tsɿ^{213}	tsɿ^{213}	tsʰɿ^{44}	tsʰɿ^{44}	tsɿ^{213}	tsɿ^{213}	tsɿ^{213}	sɿ^{213}
长子	tsɿ^{312}	tsɿ^{312}	tsʰɿ^{24}	tsʰɿ^{24}	tsɿ^{312}	tsʰɿ^{312} 白 / tsɿ^{312} 文	tsɿ^{312}	sɿ^{312}
屯留	tsɿ^{31}	tsɿ^{31}	tsʰɿ^{11}	tsʰɿ^{11}	tsɿ^{31}	tsɿ^{31}	tsɿ^{31}	sɿ^{31}
襄垣	tsɿ^{33}	tsɿ^{33}	tsʰɿ^{31}	tsʰɿ^{31}	tsɿ^{33}	tsɿ^{33}	tsɿ^{33}	sɿ^{33}
黎城	tɕi^{33}	tsɿ^{33}	tɕʰi^{53}	tɕʰi^{53}	tsɿ^{33}	tsɿ^{33}	tsɿ^{33}	sɿ^{33}
平顺	tɕi^{213}	tɕi^{213}	tɕʰi^{13}	tɕʰi^{13}	tsɿ^{213}	tsɿ^{213}	tsɿ^{213}	sɿ^{213}
壶关	tʃi^{33}	tʃi^{33}	tʃʰi^{13}	tʃʰi^{13}	tʂʅ^{33}	tʂʅ^{33}	tʂʅ^{33}	ʂʅ^{33}
沁县	tsɿ^{224}	tsɿ^{224}	tsʰɿ^{33}	tsʰɿ^{33}	tsɿ^{224}	tsɿ^{224}	tsɿ^{224}	sɿ^{224}
武乡	tsɿ^{113}	tsɿ^{113}	tsʰɿ^{33}	tsʰɿ^{33}	tsɿ^{113}	tsɿ^{113}/tsɿ^{55}	tsɿ^{113}	sɿ^{113}
沁源	tʂʅ^{324}	tʂʅ^{324}	tʂʰʅ^{33}	tʂʰʅ^{33}	tsɿ^{324}	tsɿ^{324}	tsɿ^{324}	sɿ^{324}
安泽	tsɿ^{21}	tsɿ^{21}	tsʰɿ^{35}	tsʰɿ^{35}	tsɿ^{21}	tsɿ^{21}	tsɿ^{21}	sɿ^{21}
沁水端氏	tsɿ^{21}	tsɿ^{21}	tsʰɿ^{24}	tsʰɿ^{24}	tsɿ^{21}	tsɿ^{21}	tsɿ^{21}	tsʰɿ^{21}
阳城	tʂʅ^{224}	tʂʅ^{224}	tʂʰʅ^{22}	tʂʰʅ^{22}	tʂʅ^{224}	tʂʅ^{224}	tʂʅ^{224}	ʂʅ^{224}
高平	tʂʅ^{33}	tʂʅ^{33}	tʂʰʅ^{33}	tʂʰʅ^{33}	tʂʅ^{33}	tʂʅ^{33}	tʂʅ^{33}	ʂʅ^{33}
陵川	tɕi^{33}	tʂʅ^{33}	tʂʰʅ^{53}	tʂʰʅ^{53}	tʂʅ^{33}	tʂʅ^{33}	tʂʅ^{33}	ʂʅ^{33}
晋城	tʂʅ^{33}	tʂʅ^{33}	tʂʰʅ^{324}	tʂʰʅ^{324}	tʂʅ^{33}	tʂʅ^{33}	tʂʅ^{33}	ʂʅ^{33}
忻府	tʂʅ^{313}	tʂʅ^{313}	tʂʰʅ^{21}	tʂʰʅ^{21}	tsɿ^{313}	tsɿ^{313}	tsɿ^{313}	sɿ^{313}
原平	tʂʅ^{213}	tʂʅ^{213}	tʂʰʅ^{33}	tʂʰʅ^{33}	tsɿ^{213}	tsɿ^{213}	tsɿ^{213}	sɿ^{213}
定襄	tʂɿ^{24}	tʂɿ^{24}	tʂʰʅ^{11}	tʂʰʅ^{24}	tsɿ^{24}	tsɿ^{24}	tsɿ^{24}	ʂɿ^{24}
五台	tsɿ^{213}	tsɿ^{213}	tsʰɿ^{33}	tsʰɿ^{33}	tsɿ^{213}	tsɿ^{213}	tsɿ^{213}	sɿ^{213}
岢岚	tʂʅ^{13}	tʂʅ^{13}	tʂʰʅ^{44}	tʂʰʅ^{44}	tsɿ^{13}	tsɿ^{13}	tsɿ^{13}	sɿ^{13}
五寨	tsɿ^{13}	tsɿ^{13}	tsʰɿ^{44}	tsʰɿ^{44}	tsɿ^{13}	tsɿ^{13}	tsɿ^{13}	sɿ^{13}
宁武	tsɿ^{23}	tsɿ^{23}	tsʰɿ^{33}	tsʰɿ^{33}	tsɿ^{23}	tsɿ^{23}	tsɿ^{23}	sɿ^{23}
神池	tsɿ^{24}	tsɿ^{24}	tsʰɿ^{32}	tsʰɿ^{32}	tsɿ^{24}	tsɿ^{24}	tsɿ^{24}	sɿ^{24}

续表

字目	知~道	蜘	池	驰	支	枝	肢	施
中古音／方言点	陟离 止开三 平支知	陟离 止开三 平支知	直离 止开三 平支澄	直离 止开三 平支澄	章移 止开三 平支章	章移 止开三 平支章	章移 止开三 平支章	式支 止开三 平支书
繁峙	tsɿ^{53}	tsɿ^{53}	tsʰɿ^{31}	tsʰɿ^{31}	tsɿ^{53}	tsɿ^{53}	tsɿ^{53}	səʔ$^{\underline{13}}$白／ sɿ^{53}文
代县	tsɿ^{213}	tsɿ^{213}	tsʰɿ^{44}	tsʰɿ^{44}	tsɿ^{213}	tsɿ^{213}	tsɿ^{213}	sɿ^{213}
河曲	tʂʅ^{213}	tʂʅ^{213}	tʂʰʅ^{44}	sɿ^{213}	tsɿ^{213}	tsɿ^{213}	tsɿ^{213}	tsɿ^{213}
保德	tʂʅ^{213}	tʂʅ^{213}	tʂʰʅ^{44}	tʂʰʅ^{44}	tsɿ^{213}	tsɿ^{213}	tsɿ^{213}	sɿ^{213}
偏关	tʂʅ^{24}	tʂʅ^{24}	tʂʰʅ^{44}	tʂʰʅ^{44}	tsɿ^{24}	tsɿ^{24}	tsɿ^{24}	sɿ^{24}
朔城	tsɿ^{312}	tsɿ^{312}	tsʰɿ^{35}	tsʰɿ^{35}	tsɿ^{312}	tsɿ^{312}	tsɿ^{312}	sɿ^{312}
平鲁	tsɿ^{213}	tsɿ^{213}	tsʰɿ^{44}	tsʰɿ^{44}	tsɿ^{213}	tsɿ^{213}	tsɿ^{213}	sɿ^{213}
应县	tsɿ^{43}	tsɿ^{43}	tsʰɿ^{31}	tsʰɿ^{31}	tsɿ^{43}	tsɿ^{43}	tsɿ^{43}	sɿ^{43}
灵丘	tsɿ^{442}	tsɿ^{442}	tsʰɿ^{31}	tsʰɿ^{31}	tsɿ^{442}	tsɿ^{442}	tsɿ^{442}	sɿ^{442}
浑源	tsɿ^{52}	tsɿ^{52}	tsʰɿ^{22}	tsʰɿ^{22}	tsɿ^{52}	tsɿ^{52}	tsɿ^{52}	sɿ^{52}
云州	tʂʅ^{21}	tʂʅ^{21}	tʂʅ^{312}	tʂʰʅ^{312}	tʂʅ^{21}	tʂʅ^{21}	tʂʅ^{21}	sɿ^{21}
新荣	tʂʅ^{32}	tʂʅ^{24}	tʂʰʅ^{312}	tʂʰʅ^{312}	tsɿ^{32}	tsɿ^{32}	tsɿ^{32}	sɿ^{32}
怀仁	tsɿ^{42}	tsɿ^{42}	tsʰɿ^{312}	tsʰɿ^{312}	tsɿ^{42}	tsɿ^{42}	tsɿ^{42}	sɿ^{42}
左云	tsɿ^{31}	tsɿ^{31}	tsʰɿ^{313}	tsʰɿ^{313}	tsɿ^{31}	tsɿ^{31}	tsɿ^{31}	sɿ^{31}
右玉	tʂʅ^{31}	tʂʅ^{31}	tʂʰʅ^{212}	tʂʰʅ^{212}	tsɿ^{31}	tsɿ^{31}	tsɿ^{31}	sɿ^{53}
阳高	tsɿ^{31}	tsɿ^{31}	tsʰɿ^{312}	tsʰɿ^{312}	tsɿ^{31}	tsɿ^{31}	tsɿ^{31}	sɿ^{31}
山阴	tʂʅ^{313}	tʂʅ^{313}	tsʰɿ^{313}	tsʰɿ^{313}	tsɿ^{313}	tsɿ^{313}	tsɿ^{313}	——
天镇	tsɿ^{22}	tsɿ^{22}	tsʰɿ^{22}	tsʰɿ^{22}	tsɿ^{31}	tsɿ^{31}	tsɿ^{31}	sɿ^{55}
平定	tʂʅ^{31}	tʂʅ^{31}	tʂʰʅ^{44}	tʂʰʅ^{31}	tsɿ^{31}	tsɿ^{31}	tsɿ^{31}	sɿ^{31}
昔阳	tʂʅ^{42}	tʂʅ^{42}	tʂʰʅ^{33}	tʂʰʅ^{33}	tʂʅ^{42}	tʂʅ^{42}	tʂʅ^{42}	sɿ^{42}
左权	tʂʅ^{31}	tsɿ^{31}	tʂʰʅ^{11}	tʂʰʅ^{11}	tsɿ^{31}	tsɿ^{31}	tsɿ^{31}	sɿ^{31}
和顺	tʂʅ^{42}	tsɿ^{42}	tʂʰʅ^{22}	tʂʰʅ^{22}	tsɿ^{42}	tsɿ^{42}	tsɿ^{42}	sɿ^{42}
尧都	tʂʅ^{21}	tʂʅ^{21}	tʂʰʅ^{24}	tʂʰʅ^{24}	tʂʅ^{21}	tʂʅ^{21}	tʂʅ^{21}	ʂʅ^{21}
洪洞	tʂʅ^{21}	tʂʅ^{21}	tʂʰʅ^{24}	tʂʰʅ^{24}	tsɿ^{21}	tsɿ^{21}	tsɿ^{21}	sɿ^{21}
洪洞赵城	tʂʅ^{21}	tʂʅ^{21}	tʂʰʅ^{24}	tʂʰʅ^{24}	tsɿ^{21}	tsɿ^{21}	tsɿ^{21}	sɿ^{21}
古县	tʂʅ^{21}	tʂʅ^{21}	tʂʰʅ^{35}	tʂʰʅ^{35}	tsɿ^{21}	tʂʅ^{21}	tʂʅ^{21}	tsʰɿ^{21}白／ sɿ^{21}文
襄汾	tʂʅ^{21}	tʂʅ^{21}	tʂʰʅ^{24}	tʂʰʅ^{24}	tsɿ^{21}	tsɿ^{21}	tsɿ^{21}	sɿ^{21}
浮山	tʂʅ^{42}	tʂʅ^{42}	tʂʰʅ^{13}	tʂʅ^{13}	tsɿ^{42}	tsɿ^{42}	tsɿ^{42}	sɿ^{42}
霍州	tʂʅ^{212}	tʂʅ^{212}	tʂʰʅ^{35}	tʂʰʅ^{35}	tsɿ^{212}	tsɿ^{212}	tsɿ^{212}	ʂʅ^{212}
翼城	tʂʅ^{53}	tʂʅ^{53}	tʂʰʅ^{12}	tʂʰʅ^{12}	tʂʅ^{53}	tʂʅ^{53}	tʂʅ^{53}	ʂʅ^{53}

续表

字目	知~道	蜘	池	驰	支	枝	肢	施
中古音 / 方言点	陟离 止开三 平支知	陟离 止开三 平支知	直离 止开三 平支澄	直离 止开三 平支澄	章移 止开三 平支章	章移 止开三 平支章	章移 止开三 平支章	式支 止开三 平支书
闻喜	tsɿ^{53}	tsɿ^{53}	tsʰɿ^{13}	tsʰɿ^{13}	tsɿ^{53}	tsɿ^{53}	tsɿ^{53}	sɿ^{53}
侯马	tʂʅ^{213}	tʂʅ^{213}	tʂʰʅ^{213}	tsʰʅ^{213}	tʂʅ^{213}	tʂʅ^{213}	tʂʅ^{213}	ʂʅ^{213}
新绛	tʂʅ^{53}	tʂʅ^{44}	tʂʰʅ^{13}	tʂʰʅ^{13}	tsɿ^{53}	tsɿ^{44}	tsɿ^{13}	sɿ^{13}
绛县	tʂʅ^{53}	tʂʅ^{53}	tʂʰʅ^{24}	tʂʰʅ^{24}	tʂʅ^{53}	tʂʅ^{53}	tʂʅ^{53}	ʂʅ^{53}
垣曲	tʂʅ^{22}	tʂʅ^{22}	tʂʰʅ^{22}	tʂʰʅ^{22}	tsɿ^{22}	tsɿ^{22}	tsɿ^{22}	sɿ^{22}
夏县	tʂʅ^{53}	tʂʅ^{53}	tʂʰʅ^{42}	tʂʰʅ^{42}	tʂʅ^{53}	tʂʅ^{53}	tʂʅ^{53}	ʂʅ^{53}
万荣	tʂʅ^{51}	tʂʅ^{213}	tsʰɿ^{213}	tʂʰʅ^{213}	tsɿ^{55}	tsɿ^{51}	tsɿ^{55}	sɿ^{213}
稷山	tʂʅ^{53}	tʂʅ^{53}	tʂʰʅ^{13}	tʂʰʅ^{13}	tʂʅ^{53}	tʂʅ^{53}	tʂʅ^{53}	ʂʅ^{53}
盐湖	tʂʅ^{42}	tʂʅ^{42}	tsʰɿ^{13}	tʂʰʅ^{13}	tʂʅ^{42}	tʂʅ^{42}	tʂʅ^{42}	ʂʅ^{42}
临猗	tsɿ^{42} 白 / tʂʅ^{42} 文	tʂʅ^{42}	tsʰɿ^{13} 白 / tʂʰʅ^{13} 文	tʂʰʅ^{13}	tsɿ^{42}	tsɿ^{42}	tsɿ^{42}	sɿ^{42}
河津	tʂʅ^{31}	——	tsʰɿ^{324}	tʂʰʅ^{324}	tsɿ^{31}	tsɿ^{31}	tsɿ^{31}	sɿ^{324}
平陆	tʂʅ^{31}	tʂʅ^{31}	tʂʰʅ^{13}	tʂʰʅ^{31}	tsɿ^{31}	tsɿ^{13}	tsɿ^{31}	ʂʅ^{31}
永济	tʂʅ^{31}	tʂʅ^{31}	tʂʰʅ^{24}	tʂʰʅ^{24}	tʂʅ^{31}	tʂʅ^{31}	tʂʅ^{31}	ʂʅ^{31}
芮城	tʂʅ^{42}	tʂʅ^{42}	tʂʰʅ^{13}	tʂʰʅ^{13}	tsɿ^{42}	tsɿ^{42}	tsɿ^{42}	sɿ^{42}
吉县	tʂʅ^{423}	pfu^{423}	tʂʰʅ^{13}	tʂʰʅ^{13}	tsɿ^{423}	tsɿ^{423}	tsɿ^{53}	sɿ^{33}
乡宁	tʂʅ^{53}	tʂʅ^{53}	tʂʰʅ^{12}	tʂʰʅ^{12}	tsɿ^{53}	tsɿ^{53}	tsɿ^{53}	sɿ^{53}
广灵	tsɿ^{53}	tsɿ^{53}	tsʰɿ^{31}	tsʰɿ^{31}	tsɿ^{53}	tsɿ^{53}	tsɿ^{53}	sɿ^{53}

字目	匙钥~	儿	奇~怪	骑~马	宜	仪	牺	移
中古音 / 方言点	是支 止开三 平支禅	汝移 止开三 平支日	渠羁 止开三 平支群	渠羁 止开三 平支群	鱼羁 止开三 平支疑	鱼羁 止开三 平支疑	许羁 止开三 平支晓	弋支 止开三 平支以
北京	ʂʅ^{51}	ɚ^{35}	tɕʰi^{35}	tɕʰi^{35}	i^{35}	i^{35}	ɕi^{55}	i^{35}
小店	——	æ^{11}	tɕʰi^{11}	tɕi^{11} 白	i^{11}	i^{11}	ɕiəʔ^{1}	i^{11}
尖草坪	sɿ^{33}	æ^{33}	tɕʰi^{33}	tɕʰi^{33}	i^{33}	i^{33}	ɕi^{33}	i^{33}
晋源	sɿ^{35}	a^{11}/æ^{11}	tɕʰi^{11}	tɕi^{11}	i^{11}	i^{35}	ɕi^{11}	i^{11}
阳曲	sɿ^{43}	ai^{43}	tɕʰi^{43}	tɕʰi^{43}	i^{43}	i^{43}	ɕi^{312}	i^{43}
古交	sɿ^{44}	ai^{44}	tɕʰi^{44}	tɕi^{44} 白 / tɕʰi^{44} 文	ȵi^{44}	ȵi^{44} 白 /i^{53} 文	ɕi^{44}	i^{44}
清徐	sɿ^{11}	ai^{11}	tɕʰi^{11}	tɕi^{11} 白 / tɕʰi^{11} 文	ni^{11} 白 /i^{11} 文	i^{11}	ɕi^{11}	i^{11}
娄烦	sɿ^{54}	ə^{33}	tɕʰi^{33}	tɕʰi^{33}	ȵi^{33}	i^{33}	ɕi^{33}	i^{33}
榆次	sɿ^{53}	ər^{11}	tɕʰi^{11}	tɕʰi^{11}	i^{11}	i^{11}	ɕi^{11}	i^{11}
交城	sɿ^{11}	ər^{11}	tɕʰi^{11}	tɕi^{11} 白 / tɕʰi^{11} 文	i^{11}	i^{11}	ɕi^{11}	i^{11}
文水	sɿ^{22}	ər^{22}	tsʰɿ^{22}	tsɿ^{22} 白 / tsʰɿ^{22} 文	ɿ^{22}/ iæ̃i^{22}	ɿ^{22}	ɕiəʔ^{2}	ɿ^{22}
祁县	ʂʅ^{31}	əɭ^{31}	tsʰɿ^{31}	tsɿ^{31} 白 / tsʰɿ^{31} 文	ɿ^{31}	ɿ^{31}	sɿ^{31}	ɿ^{31}
太谷	sɿ^{33}	ər^{33}	tɕʰi^{33}	tɕi^{33} 白 / tɕʰi^{33} 文	i^{33}	i^{53}	ɕi^{33}	i^{33}
平遥	sɿ^{213}	ər^{213}	tɕʰi^{213}	tɕi^{213} 白 / tɕʰi^{213} 文	ȵi^{213} 白 / i^{213} 文	i^{24}	ɕi^{213}	i^{213}
孝义	sɿ^{33}	ər^{33}	tɕʰi^{33}	tɕi^{33}	ȵi^{33}	i^{454}	ɕi^{33}	i^{33}
介休	sɿ^{13}	ər^{13}	tɕʰi^{13}	tɕi^{13} 白 / tɕʰi^{13} 文	i^{13}	i^{13}	ɕiʌʔ$^{\underline{12}}$	i^{13}
灵石	sɿ^{44}	ər^{44}	tɕʰi^{44}	tɕʰi^{44}	i^{44}	i^{53}	ɕi^{53}	i^{44}
盂县	tsʰɿ^{22}/sɿ^{22}/ sɿ^{55}	ər^{22}	tɕi^{22}	tɕʰi^{22}	i^{22}	i^{22}	ɕi^{412}	i^{22}
寿阳	sɿ^{53}	ɐr^{22}	tsʰɿ^{22}	tsʰɿ^{22}	zɿ^{45}	zɿ^{45}	sɿ^{31}	zɿ^{22}
榆社	sɿ^{22}	ər^{45}	tsʰɿ^{22}	tsʰɿ^{22}	mɿ^{22}	mɿ^{45}	——	zɿ^{22}
离石	sɿ^{44}	ər^{44}	tsʰɿ^{44}	tsʰɿ^{44}	mɿ^{44}	zɿ^{44}	sɿ^{24}	zɿ^{44}
汾阳	sɿ^{22}	ər^{22}	tsʰɿ^{22}	tsʰɿ^{22}	zɿ^{22}	zɿ^{22}	sɿ^{324}	zɿ^{22}
中阳	sɿ^{33}	ər^{33}	tɕʰi^{33}	tɕʰi^{33}	ni^{33}	i^{33}	ɕi^{24}	i^{33}
柳林	sɿ^{44}	ə^{44}	tɕʰi^{44}	tɕʰi^{44}	i^{44}	i^{44}	ɕi^{24}	i^{44}
方山	sɿ^{44}	ər^{44}	tɕʰi^{44}	tɕʰi^{44}	i^{44}	i^{44}	ɕi^{24}	i^{44}
临县	sɿ^{33}	ər^{24}	tɕʰi^{33}	tɕʰi^{33}	i^{33}	i^{33}	sei^{24}	i^{33}

续表

字目	匙钥~	儿	奇~怪	骑~马	宜	仪	牺	移
中古音 / 方言点	是支 止开三 平支禅	汝移 止开三 平支日	渠羁 止开三 平支群	渠羁 止开三 平支群	鱼羁 止开三 平支疑	鱼羁 止开三 平支疑	许羁 止开三 平支晓	弋支 止开三 平支以
兴县	sɿ^{55}	zɿ^{55} 白 / ai^{55} 文	tɕʰi^{55}	tɕʰi^{55}	i^{55}	i^{55}	ɕi^{324}	i^{55}
岚县	sɿ^{44}	ər^{44}	tsʰi^{44}	tsʰi^{44}	i^{44}	i^{44}	ɕi^{214}	i^{44}
静乐	sɿ^{33}	ɣɯ^{33}	tɕʰi^{33}	tɕʰi^{33}	i^{24}	i^{53}	ɕi^{24}	i^{24}
交口	sɿ^{44}	ər^{44}	tɕʰi^{44}	tɕʰi^{44}	i^{44}	i^{44}	ɕi^{323}	i^{44}
石楼	sɿ^{44}	ər^{44}	tɕʰi^{44}	tɕʰi^{44}	ȵi^{44}	i^{44}	ɕi^{213}	i^{44}
隰县	sɿ^{53}	zɿ^{24} 白 / ər^{24} 文	tɕʰi^{24}	tɕʰi^{24}	ȵi^{24}	i^{24}	ɕi^{53}	i^{24}
大宁	sɿ^{24}	zɿ^{31} 白 / ər^{24} 文	tɕi^{24}	tɕi^{24}	ni^{24}	i^{55}	ɕi^{31}	i^{24}
永和	sɿ^{35}	ɣr^{35}	tɕʰi^{33}	tɕʰi^{33}	ni^{35}	ni^{53}	ɕi^{33}	i^{35}
汾西	sɿ^{35}	ər^{35}	tɕʰʑ̍^{35}	tɕʰʑ̍^{35}	ʑ̍^{35}	ʑ̍^{55} 文	ɕʑ̍^{11}	nʑ̍^{35} 白 /ʑ̍^{35} 文
蒲县	sɿ^{24}	ər^{24}	tɕʰi^{24}	tɕʰi^{24}	i^{24}	i^{24}	ɕi^{52}	i^{24}
潞州	sɿ^{24}	ər^{24}	tɕʰi^{24}	tɕʰi^{24}	i^{24}	i^{24}	ɕi^{312}	i^{24}
上党	sɿ^{44}	ər^{213}	tɕʰi^{44}	tɕʰi^{44}	i^{42}	i^{42}	ɕi^{213}	i^{44}
长子	sɿ^{24}	ɭ^{24}	tɕʰi^{24}	tɕʰi^{24}	i^{24}	i^{24}	ɕi^{312}	y^{24} 白 /i^{24} 文
屯留	sɿ^{11}	l̩^{11} 白 /ər^{11} 文	tɕʰi^{11}	tɕʰi^{11}	i^{11}	i^{11}	ɕi^{31}	i^{11}
襄垣	sɿ^{33}	ɭ^{31}	tɕʰi^{31}	tɕʰi^{31}	i^{31}	i^{31}	ɕi^{33}	i^{31}
黎城	sɿ^{33}	ər^{33}	cʰi^{53}	cʰi^{53}	i^{53}	i^{53}	ɕi^{33}	i^{53}
平顺	sɿ^{13}	l̩^{13}	cʰi^{13}	cʰi^{13}	i^{13}	i^{13}	ɕi^{213}	i^{13}
壶关	ʂʅ^{13}	l̩^{44}	cʰi^{13}	cʰi^{13}	i^{13}	i^{13}	çi^{33}	i^{13}
沁县	sɿ^{53}	əɭ^{33}	tsʰɿ^{33}	tsʰɿ^{33}	zɿ^{33}	zɿ^{33}	sɿ^{224}	zɿ^{33}
武乡	sɿ^{113}	l̩^{33}	tsʰɿ^{33}	tsʰɿ^{33}	zɿ^{33}	zɿ^{33}	sɿ^{113}	zɿ^{33}
沁源	sɿ^{33}	ər^{33}	tɕʰi^{33}	tɕʰi^{33}	i^{33}	i^{33}	ɕi^{324}	i^{33}
安泽	sɿ^{21}	ər^{35}	tɕʰi^{35}	tɕʰi^{35}	ȵi^{35}	——	ɕi^{21}	i^{35}
沁水端氏	sɿ^{21}	ər^{24}	tɕʰi^{24}	tɕʰi^{24}	i^{53}	i^{24}	ɕi^{21}	i^{24}
阳城	ʂʅ^{22}	ər^{22}	cʰi^{22}	cʰi^{22}	i^{22}	i^{22}	çi^{22}	i^{22}
高平	ɕi^{33} 白 / ʂʅ^{33} 文	əɭ^{33}	cʰi^{33}	cʰi^{33}	i^{53}	i^{33}	ɕi^{33}	i^{33}
陵川	tʂʰʅ^{53}	l̩^{53}	tɕʰiəʔ^{3}	tɕʰi^{53}	i^{53}	i^{53}	ɕi^{33}	i^{53}
晋城	ʂʅ^{33}	ɭ^{213}	tɕʰi^{324}	tɕʰi^{324}	i^{324}	i^{53}	ɕiəʔ^{2}	i^{324}
忻府	sɿ^{53}	ər^{21}	tɕʰi^{21}	tɕʰi^{21}	i^{21}	i^{21}	ɕi^{313}	i^{21}

续表

字目	匙钥~	儿	奇~怪	骑~马	宜	仪	牺	移
中古音 / 方言点	是支 止开三 平支禅	汝移 止开三 平支日	渠羁 止开三 平支群	渠羁 止开三 平支群	鱼羁 止开三 平支疑	鱼羁 止开三 平支疑	许羁 止开三 平支晓	弋支 止开三 平支以
原平	sɿ^{33}	ər^{33}	tɕʰi^{33}	tɕʰi^{33}	i^{33}	i^{33}	ɕi^{213}	i^{33}
定襄	ʂʅ^{24}	ər^{24}	tɕʰi^{11}	tɕʰi^{11}	i^{24}	i^{11}	ɕi^{24}	i^{11}
五台	sɿ^{52}	ər^{33}	tɕʰi^{33}	tɕʰi^{33}	i^{33}	i^{33}	ɕi^{213}	i^{33}
岢岚	sɿ^{44}	ər^{44}	tɕʰi^{44}	tɕʰi^{44}	iɛʔ^{4}/i^{52}	i^{44}	ɕi^{13}	i^{44}
五寨	sɿ^{44}	ər^{44}	tɕʰi^{44}	tɕʰi^{44}	i^{13}	i^{44}	ɕi^{13}	i^{44}
宁武	sɿ^{52}	ɐ^{33}	tɕʰi^{33}	tɕʰi^{33}	i^{33}	i^{33}	ɕi^{23}	i^{33}
神池	tsʰɿ^{32}	ə^{32}	tɕʰi^{32}	tɕʰi^{32}	i^{32}	i^{32}	ɕi^{24}	i^{32}
繁峙	səʔ$^{\underline{13}}$	ər^{31}	tɕʰi^{31}	tɕʰi^{31}	i^{31}	i^{31}	ɕi^{53}	i^{31}
代县	sɿ^{53}	ər^{44}	tɕʰi^{44}	tɕʰi^{44}	i^{44}	i^{44}	ɕi^{213}	i^{44}
河曲	tʂʰʅ^{44}	ɐ^{44}	tɕʰi^{44}	tɕʰi^{44}	i^{44}	i^{44}	ɕi^{213}	i^{44}
保德	sɿ^{44}	ər^{44}	tɕʰi^{44}	tɕʰi^{44}	i^{44}	i^{44}	ɕi^{213}	i^{44}
偏关	sɿ^{44}	ər^{44}	tsʰɿ^{44}	tsʰɿ^{44}	ɿ^{44}	ɿ^{44}	sɿ^{24}	ɿ^{44}
朔城	sɿ^{35}	ər^{35}	tɕʰi^{35}	tɕʰi^{35}	i^{35}	i^{35}	ɕi^{312}	i^{35}
平鲁	sɿ^{44}	ər^{44}	tɕʰi^{44}	tɕʰi^{44}	i^{44}	i^{44}	ɕi^{213}	i^{44}
应县	səʔ$^{\underline{43}}$	ər^{31}	tɕʰi^{31}	tɕʰi^{31}	i^{31}	i^{31}	ɕi^{43}	i^{31}
灵丘	səʔ^{5}	ər^{31}	tɕʰi^{31}	tɕʰi^{31}	i^{31}	i^{442}	ɕi^{442}	i^{31}
浑源	sɿ^{52}	ər^{22}	tɕʰi^{22}	tɕʰi^{22}	i^{13}/iəʔ^{4}	i^{22}	ɕi^{52}	i^{22}
云州	tʂʰʅ^{312}	ɐr^{24}	tɕʰi^{312}	tɕʰi^{312}	i^{312}	i^{312}	ɕi^{21}	i^{312}
新荣	sɿ^{24}	ɐr^{312}	tɕʰi^{312}	tɕʰi^{312}	i^{24}	i^{312}	ɕi^{32}	i^{312}
怀仁	sɿ^{312}	ər^{312}	tɕʰi^{312}	tɕʰi^{312}	i^{24}	i^{312}	ɕi^{42}	i^{312}
左云	səʔ^{4}	ər^{313}	tɕʰi^{313}	tɕʰi^{313}	i^{313}	i^{313}	ɕi^{31}	i^{313}
右玉	sɿ^{212}	ər^{212}	tɕʰi^{212}	tɕʰi^{212}	i^{24}	i^{212}	ɕi^{31}	i^{212}
阳高	——	ɐr^{312}	tɕʰi^{31}	tɕʰi^{312}	i^{312}	i^{312}	ɕi^{31}	i^{312}
山阴	sɿ^{313}	ər^{313}	tɕʰi^{313}	tɕʰi^{313}	i^{313}	i^{313}	ɕi^{313}	i^{313}
天镇	sɿ^{22}	ɐr^{22}	tɕʰi^{22}	tɕʰi^{22}	i^{24}	i^{24}	ɕi^{31}	i^{22}
平定	sɿ^{44}	ɭ^{44}	tɕʰi^{44}	tɕʰi^{44}	i^{44}	i^{24}	ɕi^{24}	i^{44}
昔阳	tʂʰʅ^{33}	ɻ^{33}	tɕʰi^{33}	tɕʰi^{33}	i^{33}	i^{33}	ɕi^{42}	i^{33}
左权	tsʰɿ^{11} 白/sɿ^{11} 文	ʅ^{11}	tɕʰi^{11}	tɕʰi^{11}	i^{11}	i^{11}	——	i^{11}
和顺	sɿ^{22}	ər^{22}	tɕʰi^{42}/tɕʰi^{22}/tɕieʔ$^{\underline{21}}$	tɕʰi^{22}	i^{22}	ȵi^{22} 白/i^{22} 文	ɕi^{42}	i^{22}

续表

字目	匙钥~	儿	奇~怪	骑~马	宜	仪	牺	移
中古音 / 方言点	是支 止开三 平支禅	汝移 止开三 平支日	渠羁 止开三 平支群	渠羁 止开三 平支群	鱼羁 止开三 平支疑	鱼羁 止开三 平支疑	许羁 止开三 平支晓	弋支 止开三 平支以
尧都	ʂʅ^{21}	ər^{24}	tɕʰi^{24}	tɕʰi^{24}	ȵi^{24}	i^{21}	ɕi^{21}	i^{24}
洪洞	sɿ^{24}	ər^{24}	tɕʰi^{24}	tɕʰi^{24}	ȵi^{24}	i^{42}/i^{21}	ɕi^{21}	i^{24}
洪洞赵城	sɿ^{21}	ər^{24}	tɕʰi^{24}	tɕʰi^{24}	i^{24}	i^{24}	ɕi^{21}	i^{24}
古县	sɿ^{21}	ər^{35}	tɕʰi^{35}	tɕʰi^{35}	ȵi^{35}	i^{35}	ɕi^{21}	i^{35}
襄汾	sɿ^{21}	ər^{24}	tɕʰi^{24}	tɕʰi^{24}	i^{24}	i^{24}	ɕi^{21}	i^{24}
浮山	sɿ^{42}	ər^{13}	tɕʰi^{13}	tɕʰi^{13}	i^{13}	i^{42}	ɕi^{42}	i^{13}
霍州	sɿ^{35}	zɿ^{35} 白 / ər^{35} 文	tɕʰi^{35}	tɕʰi^{35}	i^{212}	i^{35}	ɕi^{212}	i^{35}
翼城	ʂʅ^{53}	ər^{12}	tɕʰi^{12}	tɕʰi^{12}	i^{12}	i^{12}	i^{53}	i^{12}
闻喜	tsʰɿ^{13}	zɿ^{13} 白 / ər^{13} 文	tɕʰi^{33}	tɕʰi^{33}	i^{13}/ȵi^{53}	i^{13}/ȵi^{53}	ɕi^{53}	i^{13}
侯马	ʂʅ^{53}	ər^{213}	tɕʰi^{213}	tɕʰi^{213}	i^{213}	i^{213}	ɕi^{213}	i^{213}
新绛	tʂʰʅ^{13}	ər^{13}	tɕʰi^{13}	tɕʰi^{13}	ȵi^{13}/i^{13}	i^{53}	ɕi^{44}	i^{13}
绛县	ʂʅ^{53}	ər^{24}	tɕʰi^{24}	tɕʰi^{24}	ȵi^{31} 白 / i^{31} 文	i^{24}	ɕi^{53}	i^{24}
垣曲	sɿ^{44}	ər^{22}	tɕʰi^{22}	tɕʰi^{22}	i^{22}	i^{22}	ɕi^{22}	i^{22}
夏县	ʂʅ^{42}	ər^{42}	tɕʰi^{42}	tɕʰi^{42}	ȵi^{42}/ȵiɛ^{42}	i^{42}	ɕi^{53}	i^{42}
万荣	sɿ^{213}	zɿ^{213} 白 / ər^{213} 文	tɕʰi^{213}	tɕʰi^{213}	ȵi^{213}	i^{213}	ɕi^{55}	i^{213}
稷山	ʂʅ^{53}	ər^{13}	tɕʰi^{13}	tɕʰi^{13}	ȵi^{13}	i^{13}	ɕi^{53}	i^{13}
盐湖	ʂʅ^{13}	ər^{13}	tɕʰi^{13}	tɕʰi^{13}	i^{13}	i^{13}	ɕi^{42}	i^{13}
临猗	sɿ^{42}	zɿ^{13} 白 / ər^{13} 文	tɕʰi^{13}	tɕʰi^{13}	ȵi^{13} 白 / i^{13} 文	i^{13}	ɕi^{42}	i^{13}
河津	sɿ^{324}	zɿ^{324} 白 / ər^{324} 文	tɕʰi^{324}	tɕʰi^{324}	i^{324}	i^{44}	ɕi^{53}	i^{31}
平陆	sɿ^{33}	ər^{31}	tɕʰi^{13}	tɕʰi^{13}	ȵi^{13}	i^{13}	ɕi^{13}	i^{13}
永济	ʂʅ^{31}	ʐʅ^{24} 白 / ər^{24} 文	tɕʰi^{24}	tɕʰi^{24}	ȵi^{24}	i^{44}	ɕi^{31}	i^{24}
芮城	sɿ^{42}	ər^{13}	tɕʰi^{13}	tɕʰi^{13}	ȵi^{13}	i^{42}	ɕi^{42}	i^{13}
吉县	sɿ^{33}	zɿ^{13} 白 / ər^{13} 文	tɕʰi^{13}	tɕʰi^{13}	ni^{13}	i^{33}	ɕi^{423}	i^{423}
乡宁	sɿ^{53}	ər^{12}	tɕʰi^{12}	tɕʰi^{12}	ȵi^{12}	i^{12}	ɕi^{53}	i^{12}
广灵	sɿ^{53}	ər^{31}	tɕʰi^{31}	tɕʰi^{31}	i^{53}	i^{31}	ɕi^{53}	i^{31}

字目	悲	眉	霉	尼	梨	资	姿	瓷
中古音 方言点	府眉 止开三 平脂帮	武悲 止开三 平脂明	武悲 止开三 平脂明	女夷 止开三 平脂泥	力脂 止开三 平脂来	即夷 止开三 平脂精	即夷 止开三 平脂精	疾资 止开三 平脂从
北京	pei^{55}	mei^{35}	mei^{35}	ni^{35}	li^{35}	tsɿ^{55}	tsɿ^{55}	tsʰɿ^{35}
小店	pei^{11}	mi^{11} 白 / mei^{11} 文	mei^{11}	ȵi^{11}	li^{11}	tsɿ^{11}	tsɿ^{11}	tsɿ^{11} 白 / tsʰɿ^{11} 文
尖草坪	pai^{33}	mi^{33} 白 / mei^{33} 文	mai^{33}	ni^{33}	li^{33}	tsɿ^{33}	tsɿ^{33}	tsʰɿ^{33}
晋源	pei^{11}	mi^{11}	mai^{11}	ȵi^{11}	li^{11}	tsɿ^{11}	tsɿ^{11}	tsɿ^{11}
阳曲	pei^{312}	mi^{43}	mei^{43}	ȵi^{43}	li^{43}	tsɿ^{312}	tsɿ^{312}	tsʰɿ^{43}
古交	pai^{44}	mi^{44}	mai^{44}	ȵi^{44}	li^{44}	tsɿ^{44}	tsɿ^{44}	tsʰɿ^{44}
清徐	pai^{11}	mi^{11} 白	mai^{11}	ni^{11}	li^{11}	tsɿ^{11}	tsɿ^{11}	tsɿ^{11} 白 / tsʰɿ^{11} 文
娄烦	pei^{33}	mi^{33}	mei^{33}	ȵi^{33}	li^{33}	tsɿ^{33}	tsɿ^{33}	tsʰɿ^{33}
榆次	pεe^{11}	mi^{11}	mεe^{11}	ni^{11}	li^{11}	tsɿ^{11}	tsɿ^{11}	tsʰɿ^{11}
交城	pε^{11}	mi^{11} 白 / mε^{11} 文	mε^{11}	ni^{11}	li^{11}	tsɿ^{11}	tsɿ^{11}	tsɿ^{11} 白 / tsʰɿ^{11} 文
文水	peɪ^{22}	mɿ^{22}	meɪ^{22}	nzɿ^{22}	lɿ^{22}	tsɿ^{22}	tsɿ^{22}	tsɿ^{22} 白 / tsʰɿ^{22} 文
祁县	pəɨ^{31}	mɿ^{31}	məɨ^{31}	ȵɿ^{31}	lɿ^{31}	tsɿ^{31}	tsɿ^{31}	tsɿ^{31} 白 / tsʰɿ^{31} 文
太谷	pei^{33}	mi^{33} 白 / mei^{33} 文	mei^{33}	ȵi^{33}	li^{33}	tsɿ^{33}	tsɿ^{33}	tsɿ^{33} 白 / tsʰɿ^{33} 文
平遥	pei^{213}	mi^{213} 白 / mei^{213} 文	mæe^{24}	ȵi^{24}	li^{213}	tsɿ^{213}	tsɿ^{213}	tsɿ^{213}
孝义	pei^{33}	mi^{33}	mei^{33}	ȵi^{33}	lei^{33}	tsɿ^{33}	tsɿ^{33}	tsɿ^{33}
介休	pai^{13}	mi^{13}	mai^{13}	ȵi^{13}	lei^{13}	tsɿ^{13}	tsɿ^{13}	tsɿ^{13} 白 / tsʰɿ^{13} 文
灵石	pε^{535}	mi^{44}	mε^{44}/mei^{44}	ni^{44}	li^{44}	tsɿ^{535}	tsɿ^{535}	tsʰɿ^{44}
盂县	pei^{412}	mi^{22} 白 / mei^{22} 文	mei^{22}	ȵi^{22}	lei^{22}	tsɿ^{412}	tsɿ^{412}	tsʰɿ^{22}
寿阳	pei^{31}	mɿ^{22}/mei^{22}	mei^{22}	mɿ^{22}	lei^{22}	tsɿ^{31}	tsɿ^{31}	tsʰɿ^{22}
榆社	pei^{22}	mɿ^{22}	——	mɿ^{22}	lei^{22}	tsɿ^{22}	tsɿ^{22}	tsʰɿ^{22}
离石	pεe^{24}	mɿ^{44}	mεe^{44}	mɿ^{44}	li^{44}	tsɿ^{24}	tsɿ^{24}	tsʰɿ^{44}
汾阳	pei^{324}	mɿ^{22} 白 / mei^{22} 文	mei^{22}	nzɿ^{22}	lɿ^{22}	tsɿ^{324}	tsɿ^{324}	tsʰɿ^{22}
中阳	pεe^{24}	mi^{33}	mεe^{33}	ni^{33}	li^{33}	tsɿ^{24}	tsɿ^{24}	tsʰɿ^{33}
柳林	pεe^{24}	mi^{44}	mεe^{44}	ni^{44}	li^{44}	tsɿ^{24}	tsɿ^{24}	tsʰɿ^{44}

续表

字目	悲	眉	霉	尼	梨	资	姿	瓷
中古音 / 方言点	府眉 止开三 平脂帮	武悲 止开三 平脂明	武悲 止开三 平脂明	女夷 止开三 平脂泥	力脂 止开三 平脂来	即夷 止开三 平脂精	即夷 止开三 平脂精	疾资 止开三 平脂从
方山	pɛe^{24}	mi^{44}	mɛe^{44}	ni^{44}	li^{44}	tsɿ^{24}	tsɿ^{24}	tsʰɿ^{44}
临县	pei^{24}	mɛe^{33}	mɛe^{33}	ni^{24}	lei^{52}	tsɿ^{312}	tsɿ^{24}	tsʰɿ^{33}
兴县	pei^{324}	mi^{55}	mei^{55}	ni^{55}	li^{55}	tsɿ^{324}	tsɿ^{324}	tsʰɿ^{55}
岚县	pei^{214}	mi^{44}	mei^{44}	ȵi^{44}	li^{44}	tsɿ^{214}	tsɿ^{214}	tsʰɿ^{44}
静乐	pei^{24}	mi^{33} 白 / mei^{33} 文	mei^{33}	ȵi^{33}	li^{33}	tsɿ^{24}	tsɿ^{24}	tsʰɿ^{33}
交口	pei^{323}	mi^{44}	mai^{44}	ȵi^{44}	li^{44}	tsɿ^{323}	tsɿ^{323}	tsʰɿ^{44}
石楼	pei^{213}	mi^{44}	mei^{44}	ȵi^{44}	li^{51}	tsɿ^{213}	tsɿ^{213}	tsʰɿ^{44}
隰县	pei^{53}	mi^{24} 白 / mei^{24} 文	mei^{24}	ȵi^{24}	li^{24}	tsɿ^{53}	tsɿ^{53}	tsʰɿ^{24}
大宁	pei^{31}	mi^{24}	mei^{24}	ni^{24}	li^{24}	tsɿ^{31}	tsɿ^{31}	tsʰɿ^{24}
永和	pei^{33}	mi^{35}	——	ni^{35}	li^{35}	tsɿ^{33}	tsɿ^{33}	tsʰɿ^{35}
汾西	pei^{11}	——	mei^{35}	nʑ̍^{35}	lʑ̍^{35}	tsɿ^{11}	tsɿ^{11}	tsʰɿ^{35}
蒲县	pei^{52}	mi^{24} 白 / mei^{24} 文	mei^{24}	ȵi^{24}	li^{24}	tsɿ^{52}	tsɿ^{52}	tsʰɿ^{24}
潞州	pei^{312}	mi^{24} 白 / mei^{24} 文	mei^{24}	ȵi^{24}	li^{24}	tsɿ^{312}	tsɿ^{312}	tsʰɿ^{24}
上党	pei^{213}	mi^{24}	mi^{24}	ni^{44}	li^{44}	tsɿ^{213}	tsɿ^{213}	tsʰɿ^{44}
长子	pei^{312}	mẽ^{24}	mẽ^{24}	ȵi^{24}	li^{24}	tsɿ^{312}	tsɿ^{312}	tsʰɿ^{24}
屯留	pei^{31}	mi^{11} 白 / mei^{11} 文	mei^{11}	ȵi^{11}	li^{11}	tsɿ^{31}	tsɿ^{31}	tsʰɿ^{11}
襄垣	pei^{33}	mi^{31}	mei^{31}	ȵi^{31}	li^{31}	tsɿ^{33}	tsɿ^{33}	tsʰɿ^{31}
黎城	pei^{33}	mi^{53}	mei^{53}	ni^{53}	li^{53}	tsɿ^{33}	tsɿ^{33}	tsʰɿ^{53}
平顺	pei^{213}	mi^{13}	mi^{13}	ni^{13}	li^{13}	tsɿ^{213}	tsɿ^{213}	tsʰɿ^{13}
壶关	pei^{33}	mi^{13}	mei^{13}	ȵi^{13}	li^{13}	tʂʅ^{33}	tʂʅ^{33}	tʂʰʅ^{13}
沁县	pei^{224}	mɿ^{33} 白 / mei^{33} 文	mei^{33}	nɿ^{33}	əʅ^{33}	tsɿ^{224}	tsɿ^{224}	tsʰɿ^{33}
武乡	pei^{113}	mɿ^{33}	mei^{33}	nzɿ^{33}	l̩^{33}	tsɿ^{113}	tsɿ^{113}	tsʰɿ^{33}
沁源	pei^{324}	mi^{33}	mei^{33}	ȵi^{33}	li^{33}	tsɿ^{324}	tsɿ^{324}	tsʰɿ^{33}
安泽	pei^{21}	mi^{35} 白 / mei^{35} 文	mei^{35}	ȵi^{35}	li^{35}	tsɿ^{21}	tsɿ^{21}	tsʰɿ^{35}
沁水端氏	pai^{21}	mi^{24}	mai^{31}	ȵi^{24}	li^{24}	tsɿ^{21}	tsɿ^{21}	tsʰɿ^{24}
阳城	pai^{224}	mi^{22}	mai^{51}	ni^{22}	li^{22}	tsɿ^{224}	tsɿ^{224}	tsʰɿ^{22}

续表

字目	悲	眉	霉	尼	梨	资	姿	瓷
中古音 方言点	府眉 止开三 平脂帮	武悲 止开三 平脂明	武悲 止开三 平脂明	女夷 止开三 平脂泥	力脂 止开三 平脂来	即夷 止开三 平脂精	即夷 止开三 平脂精	疾资 止开三 平脂从
高平	pei^{33}	miə̃ĩ^{33}	mə̃ĩ^{33}	niə̃ĩ^{33} 白 / ni^{33} 文	li^{33}	tʂʅ^{33}	tʂʅ^{33}	tʂʰʅ^{33}
陵川	pei^{33}	mei^{53}	mei^{53}	ni^{53}	li^{53}	tʂʅ^{33}	tʂʅ^{33}	tʂʰʅ^{53}
晋城	pɤɯ^{33}	mi^{324}	mɤɯ^{324}	ni^{324}	li^{324}	tʂʅ^{33}	tʂʅ^{33}	tʂʰʅ^{324}
忻府	pei^{313}	mi^{21}	mei^{21}	ni^{21}	li^{21}	tsɿ^{313}	tsɿ^{313}	tsʰɿ^{21}
原平	pəi^{213}	mi^{33}	məi^{33}	ni^{33}	li^{33}	tsɿ^{213}	tsɿ^{213}	tsʰɿ^{33}
定襄	pei^{24}	mei^{11}	mei^{11}	ni^{11}	li^{11}	tsɿ^{24}	tsɿ^{24}	tsʰɿ^{24}
五台	pei^{213}	mi^{33}	mei^{33}	ȵi^{33}	li^{33}	tsɿ^{213}	tsɿ^{213}	tsʰɿ^{33}
岢岚	pɛi^{13}	mi^{44}	mɛi^{44}	ni^{44}	li^{44}	tsɿ^{13}	tsɿ^{13}	tsʰɿ^{44}
五寨	pei^{13}	mi^{44}	mei^{44}	ni^{44}	li^{44}	tsɿ^{13}	tsɿ^{13}	tsʰɿ^{44}
宁武	pᴇe^{23}	mi^{33}	mᴇe^{33}	ni^{33}	li^{33}	tsɿ^{23}	tsɿ^{23}	tsʰɿ^{33}
神池	pɛe^{24}	mi^{32}	mɛe^{32}	ȵi^{32}	li^{32}	tsɿ^{24}	tsɿ^{24}	tsʰɿ^{32}
繁峙	pei^{53}	mi^{31}	mei^{31}	ȵi^{31}	li^{31}	tsɿ^{53}	tsɿ^{53}	tsʰɿ^{31}
代县	pei^{213}	mi^{44}	mi^{44}	ni^{44}	li^{44}	tsɿ^{213}	tsɿ^{213}	tsɿ^{44} 白 / tsʰɿ^{44} 文
河曲	pei^{213}	mi^{44}	mei^{44}	ni^{44}	li^{44}	tsɿ^{213}	tsɿ^{213}	tsʰɿ^{44}
保德	pei^{213}	mi^{44}	mei^{44}	ni^{44}	li^{44}	tsɿ^{213}	tsɿ^{213}	tsʰɿ^{44}
偏关	pei^{24}	mɿ^{44}	mei^{44}	nɿ^{44}	lʅ^{44}	tsɿ^{24}	tsɿ^{24}	tsʰɿ^{44}
朔城	pei^{312}	mi^{35}	mei^{35}	ni^{35}	li^{35}	tsɿ^{312}	tsɿ^{312}	tsʰɿ^{35}
平鲁	pɛi^{213}	mi^{44}	mɛi^{44}	ni^{44}	li^{44}	tsɿ^{213}	tsɿ^{213}	tsʰɿ^{44}
应县	pəi^{43}	mi^{31}	məi^{31}	ni^{31}	li^{31}	tsɿ^{43}	tsɿ^{43}	tsɿ^{31}
灵丘	pei^{442}	mi^{31}	mei^{31}	ni^{31}	li^{31}	tsɿ^{442}	tsɿ^{442}	tsʰɿ^{31}
浑源	pɛe^{52}	mi^{22}	mei^{22}	ni^{22}	li^{22}	tsɿ^{52}	tsɿ^{52}	tsʰɿ^{22}
云州	pɛi^{21}	mi^{312} 白 / mɛi^{312} 文	mɛi^{312}	ni^{312}	li^{312}	tsɿ^{21}	tsɿ^{21}	tsɿ^{312}
新荣	pɛe^{32}	mi^{312}	mɛe^{312}	ni^{312}	li^{312}	tsɿ^{32}	tsɿ^{32}	tsʰɿ^{312}
怀仁	pɛe^{42}	mi^{312}	mɛe^{312}	ni^{312}	li^{312}	tsɿ^{42}	tsɿ^{42}	tsɿ^{312}
左云	pɛi^{31}	mi^{313}	mɛi^{313}	ni^{313}	li^{313}	tsɿ^{31}	tsɿ^{31}	tsʰɿ^{313}
右玉	pɛe^{31}	mi^{212}	mɛe^{212}	ni^{212}	li^{212}	tsɿ^{31}	tsɿ^{31}	tsʰɿ^{212}
阳高	pei^{31}	mi^{31}	mei^{31}	ni^{31}	li^{31}	tsɿ^{31}	tsɿ^{31}	tsɿ^{31}/tsʰɿ^{31}
山阴	pei^{313}	mi^{313}	mei^{313}	ni^{313}	li^{313}	tsɿ^{313}	tsɿ^{313}	tsɿ^{313}
天镇	pɛe^{31}	mi^{22}	mɛe^{22}	ni^{22}	li^{22}	tsɿ^{31}	tsɿ^{31}	——

续表

字目	悲	眉	霉	尼	梨	资	姿	瓷
中古音 / 方言点	府眉 止开三 平脂帮	武悲 止开三 平脂明	武悲 止开三 平脂明	女夷 止开三 平脂泥	力脂 止开三 平脂来	即夷 止开三 平脂精	即夷 止开三 平脂精	疾资 止开三 平脂从
平定	pei^{53}	mei^{44}	mei^{44}	ni^{44}	lei^{44}	tsɿ^{31}	tsɿ^{31}	tsʰɿ^{44}
昔阳	pei^{42}	mi^{33} 白 / mei^{33} 文	mei^{33}	ni^{33}	li^{33}	tsɿ^{42}	tsɿ^{42}	tsʰɿ^{33}
左权	pɛi^{31}	mi^{11}	mɛi^{11}	ȵi^{11}	li^{11}	tsɿ^{31}	tsɿ^{31}	tsʰɿ^{11}
和顺	pei^{42}	mi^{22}	——	ȵi^{22}	lei^{22}	tsɿ^{42}	tsɿ^{42}	tsʰɿ^{22}
尧都	pei^{21}	mi^{24}	——	ȵi^{24}	li^{24}	tsɿ^{21}	tsɿ^{21}	tsʰɿ^{24}
洪洞	pei^{21}	mi^{21} 白 / mei^{24} 文	mei^{24}	ȵi^{24}	li^{24}	tsɿ^{21}	tsɿ^{21}	tsʰɿ^{24}
洪洞赵城	pei^{53}	mi^{24} 白 / mei^{24} 文	mei^{24}	ȵi^{24}	li^{24}	tsɿ^{21}	tsɿ^{21}	tsʰɿ^{24}
古县	pei^{21}	mi^{35} 白 / mei^{35} 文	mei^{35}	ȵi^{35}	li^{35}	tsɿ^{21}	tsɿ^{21}	tsʰɿ^{35}
襄汾	pei^{21}	mi^{24}	mei^{24}	ȵi^{24}	li^{24}	tsɿ^{21}	tsɿ^{21}	tsʰɿ^{24}
浮山	pei^{42}	mi^{13}	mei^{13}	ni^{13}	li^{13}	tsɿ^{42}	tsɿ^{42}	tsʰɿ^{13}
霍州	pei^{212}	mi^{35}	mei^{35}	ȵi^{35}	li^{35}	tsɿ^{212}	tsɿ^{212}	tsʰɿ^{35}
翼城	pei^{53}	mei^{12}	mei^{12}	ȵi^{12}	li^{12}	tsɿ^{53}	tsɿ^{53}	tsʰɿ^{12}
闻喜	pi^{53}	——	mi^{13}	ȵi^{53}/ li^{13}	li^{13}	tsɿ^{33}	tsɿ^{33}	tsʰɿ^{13}
侯马	pei^{213}	mei^{213}	mei^{213}	ȵi^{213}	li^{213}	tsɿ^{213}	tsɿ^{213}	tsʰɿ^{213}
新绛	pei^{44}	mi^{13} 白 / mei^{13} 文	mei^{13}	ȵi^{13}	li^{13}	tsɿ^{53}	tsɿ^{53}	tsʰɿ^{13}
绛县	pei^{53}	mi^{24}	mi^{24}	ȵi^{24}	li^{24}	tsɿ^{53}	tsɿ^{53}	tsʰɿ^{24}
垣曲	pei^{22}	mi^{22} 白 / mei^{22} 文	mei^{22}	ȵi^{22}	li^{22}	tsɿ^{53}	tsɿ^{53}	tsʰɿ^{22}
夏县	pei^{53}	mi^{42} 白 / mei^{42} 文	mei^{42}	ȵi^{42}	li^{42}	tsɿ^{53}	tsɿ^{53}	tsʰɿ^{42}
万荣	pei^{51}	mei^{213}	mei^{213}	ȵi^{213}	li^{213}	tsɿ^{51}	tsɿ^{51}	tsʰɿ^{213}
稷山	pi^{53}	mi^{13}	mi^{13}	ȵi^{13}	li^{13}	tsɿ^{53}	tsɿ^{53}	tsʰɿ^{13}
盐湖	pei^{42}	mi^{13} 白 / mei^{13} 文	mei^{13}	ȵi^{13}	li^{13}	tsɿ^{42}	tsɿ^{42}	tsʰɿ^{13}
临猗	pei^{42}	mi^{13} 白 / mei^{13} 文	mei^{13}	ȵi^{13}	li^{13}	tsɿ^{42}	tsɿ^{42}	tsʰɿ^{13}
河津	pei^{31}	mei^{324}	mei^{324}	ȵi^{324}	li^{324}	tsɿ^{31} 白 / tsɿ^{324} 文	tsɿ^{31}	tsʰɿ^{324}

续表

字目	悲	眉	霉	尼	梨	资	姿	瓷
中古音 方言点	府眉 止开三 平脂帮	武悲 止开三 平脂明	武悲 止开三 平脂明	女夷 止开三 平脂泥	力脂 止开三 平脂来	即夷 止开三 平脂精	即夷 止开三 平脂精	疾资 止开三 平脂从
平陆	pei^{31}	mi^{13}/mei^{13}	mei^{13}	ȵi^{13}	li^{13}	tsɿ^{31}	tsɿ^{31}	tsʰɿ^{13}
永济	pei^{31}	mi^{24}	mei^{24}	ȵi^{24}	li^{24}	tsɿ^{24}	tsɿ^{24}	tsʰɿ^{24}
芮城	pei^{42}	mei^{13}	mei^{13}	ȵi^{13}	li^{13}	tsɿ^{42}	tsɿ^{42}	tsʰɿ^{13}
吉县	pei^{423}	mi^{13}	mei^{13}	ni^{13}	li^{13}	tsɿ^{423}	tsɿ^{423}	tsʰɿ^{13}
乡宁	pei^{53}	mi^{12} 白 / mei^{12} 文	mei^{12}	ȵi^{12}	li^{12}	tsɿ^{53}	tsɿ^{53}	tsʰɿ^{12}
广灵	pei^{53}	mi^{31}	mei^{31}	ni^{31}	li^{31}	tsɿ^{53}	tsɿ^{53}	tsʰɿ^{31}

字目	私	迟	师	狮	脂	尸	饥~饿	祁
中古音 / 方言点	息夷 止开三 平脂心	直尼 止开三 平脂澄	疏夷 止开三 平脂生	疏夷 止开三 平脂生	旨夷 止开三 平脂章	式脂 止开三 平脂书	居依 止开三 平脂见	渠脂 止开三 平脂群
北京	sɿ^{55}	tʂʰʅ^{35}	ʂʅ^{55}	ʂʅ^{55}	tʂʅ^{55}	ʂʅ^{55}	tɕi^{55}	tɕʰi^{35}
小店	sɿ^{11}	tsɿ^{11} 白 / tsʰɿ^{11} 文	sɿ^{11}	sɿ^{11}	tsɿ^{11}	sɿ^{11}	tɕi^{11}	tɕʰi^{11}
尖草坪	sɿ^{33}	tsʰɿ^{33}	sɿ^{33}	sɿ^{33}	tsɿ^{33}	sɿ^{33}	tɕi^{33}	tɕʰi^{33}
晋源	sɿ^{11}	tsɿ^{11} 白 / tsʰɿ^{11} 文	sɿ^{11}	sɿ^{11}	tsɿ^{42}	sɿ^{11}	tɕi^{11}	tɕʰi^{11}
阳曲	sɿ^{312}	tsʰɿ^{43}	sɿ^{312}	sɿ^{312}	tsɿ^{454}	sɿ^{312}	tɕi^{312}	tɕʰi^{43}
古交	sɿ^{44}	tsʰɿ^{44}	sɿ^{44}	sɿ^{44}	tsɿ^{44}	sɿ^{44}	tɕi^{44}	tɕʰi^{44}
清徐	sɿ^{11}	tsɿ^{11} 白 / tsʰɿ^{11} 文	sɿ^{11}	sɿ^{11}	tsɿ^{11}	sɿ^{11}	tɕi^{11}	tɕʰi^{11}
娄烦	sɿ^{33}	tsʰɿ^{33}	sɿ^{33}	sɿ^{33}	tsɿ^{33}	sɿ^{33}	tɕi^{33}	tɕʰi^{33}
榆次	sɿ^{11}	tsʰɿ^{11}	sɿ^{11}	sɿ^{11}	tsɿ^{11}	sɿ^{11}	tɕi^{11}	tɕʰi^{11}
交城	sɿ^{11}	tsɤɯ^{11} 白 / tsʰɤɯ^{11} 文	sɿ^{11}	sɿ^{11}	tsɿ^{53}	sɿ^{11}	tɕi^{11}	tɕʰi^{11}
文水	sɿ^{22}	tsɿ^{22} 白 / tsʰɿ^{22} 文	sɿ^{22}	sɿ^{22}	tsɿ^{423}	sɿ^{22}	tsɿ^{22}	tsʰɿ^{22}
祁县	sɿ^{31}	tʂʅ^{31} 白 / tʂʰʅ^{31} 文	sɿ^{31}	sɿ^{31}	tsɿ^{31}	sɿ^{31}	tsɿ^{31}	tsʰɿ^{31}
太谷	sɿ^{33}	tsɿ^{33} 白 / tsʰɿ^{33} 文	sɿ^{33}	sɿ^{33}	tsɿ^{33}	sɿ^{33}	tɕi^{33}	tɕʰi^{33}
平遥	sɿ^{213}	tʂʰʅ^{213}	sɿ^{213}	sɿ^{213}	tsɿ^{512}	sɿ^{512}	tɕi^{213}	tɕi^{213}
孝义	sɿ^{33}	tʂʅ^{33}	sɿ^{33}	sɿ^{33}	tsɿ^{33}	sɿ^{33}	tɕi^{33}	tɕʰi^{33}
介休	sɿ^{13}	tʂʰei^{13}	sɿ^{13}	sɿ^{13}	tsɿ^{423}	sɿ^{13}	tɕi^{13}	tɕʰi^{13}
灵石	sɿ^{535}	tʂʰʅ^{44}	sɿ^{535}	sɿ^{535}	tsɿ^{535}	sɿ^{535}	tɕi^{535}	tɕʰi^{44}
盂县	sɿ^{412}	tsʰɿ^{22}	sɿ^{412}	sɿ^{412}	tsɿ^{412}	sɿ^{412}	tɕi^{412}	tɕʰi^{22}
寿阳	sɿ^{31}	tsʰɿ^{22}	sɿ^{31}	sɿ^{31}	tsɿ^{53}	sɿ^{31}	tsɿ^{31}	tsʰɿ^{22}
榆社	sɿ^{22}	tsʰɿ^{22}	sɿ^{22}	sɿ^{22}	tsɿ^{312}	sɿ^{312}	tsɿ^{22}	tsʰɿ^{22}
离石	sɿ^{24}	tʂʰʅr^{44}	sɿ^{24}	sɿ^{24}	tsɿ^{312}	sɿ^{24}	tɕɿ^{24}	tsʰɿ^{44}
汾阳	sɿ^{324}	tʂʰʅ^{22}	sɿ^{324}	sɿ^{324}	tsɿ^{312}	sɿ^{324}	tsɿ^{324}	tsʰɿ^{22}
中阳	sɿ^{24}	tʂʰɤ^{33}	sɿ^{24}	sɿ^{24}	tsɿ^{423}	sɿ^{24}	tɕi^{24}	tɕʰi^{33}
柳林	sɿ^{24}	tsʰɛe^{44}	sɿ^{24}	sɿ^{24}	tsɿ^{312}	sɿ^{24}	tɕi^{24}	tɕʰi^{44}
方山	sɿ^{24}	tʂʅ^{44}	sɿ^{24}	sɿ^{24}	tsɿ^{312}	sɿ^{24}	tɕi^{24}	tɕʰi^{44}
临县	sɿ^{24}	tʂʰei^{33}	sɿ^{24}	sɿ^{24}	tsɿ^{312}	sɿ^{24}	tɕi^{24}	tɕʰi^{33}
兴县	sɿ^{324}	tʂʰʅ^{55}	sɿ^{324}	sɿ^{324}	tsɿ^{324}	sɿ^{324}	tɕi^{324}	tɕʰi^{55}

续表

字目	私	迟	师	狮	脂	尸	饥~饿	祁
中古音 / 方言点	息夷 止开三 平脂心	直尼 止开三 平脂澄	疏夷 止开三 平脂生	疏夷 止开三 平脂生	旨夷 止开三 平脂章	式脂 止开三 平脂书	居依 止开三 平脂见	渠脂 止开三 平脂群
岚县	sɿ^{214}	tsʰɿ^{44}	sɿ^{214}	sɿ^{214}	tsɿ^{312}	sɿ^{214}	tɕi^{214}	tɕʰi^{44}
静乐	sɿ^{24}	tsʰɿ^{33}	sɿ^{24}	sɿ^{24}	tsɿ^{24}	sɿ^{24}	tɕi^{24}	tɕʰi^{33}
交口	sɿ^{323}	tsʰɿ^{44}	sɿ^{323}	sɿ^{323}	tsɿ^{323}	sɿ^{323}	tɕi^{323}	tɕʰi^{44}
石楼	sɿ^{44}	tʂʰɿ^{44}	sɿ^{44}	sɿ^{44}	tsɿ^{213}	sɿ^{44}	tɕi^{213}	tɕʰi^{44}
隰县	sɿ^{53}	tsʰɿ^{24}	sɿ^{53}	sɿ^{53}	tsɿ^{53}	sɿ^{53}	tɕi^{53}	tɕʰi^{24}
大宁	sɿ^{31}	tʂʅ^{24}	sɿ^{31}	sɿ^{31}	tsɿ^{31}	sɿ^{31}	tɕi^{31}	tɕi^{24}
永和	sɿ^{33}	tʂʅ^{35}	sɿ^{33}	sɿ^{33}	tsɿ^{312}	sɿ^{312}	tɕi^{33}	tɕʰi^{35}
汾西	sɿ^{11}	tsʰɿ^{35}	sɿ^{11}	sɿ^{11}	tsɿ^{11}	sɿ^{11}	tɕʰʑ̍^{11}	tɕʰʑ̍^{35}
蒲县	sɿ^{52}	tʂʰʅ^{24}	sɿ^{52}	sʅ^{52}	tsɿ^{52}	sɿ^{31}	tɕi^{52}	tɕʰi^{24}
潞州	sɿ^{312}	tsʰɿ^{24}	sɿ^{312}	sɿ^{312}	tsɿ^{312}	sɿ^{312}	tɕi^{312}	tɕʰi^{24}
上党	sɿ^{213}	tsʰɿ^{44}	sɿ^{213}	sɿ^{213}	tsɿ^{535}	sɿ^{213}	tɕi^{213}	tɕʰi^{44}
长子	sɿ^{312}	tsʰɿ^{24}	sɿ^{312}	sɿ^{312}	tsɿ^{434}	sɿ^{312}	tɕi^{312}	tɕʰi^{24}
屯留	sɿ^{31}	tsʰɿ^{11}	sɿ^{31}	sɿ^{31}	tsɿ^{31}	sɿ^{31}	tɕi^{31}	tɕʰi^{11}
襄垣	sɿ^{33}	tsʰɿ^{31}	sɿ^{33}	sɿ^{33}	tsɿ^{33}	sɿ^{33}	tɕi^{33}	tɕʰi^{31}
黎城	sɿ^{33}	tɕʰi^{53}	sɿ^{33}	sɿ^{33}	tsɿ^{213}	sɿ^{33}	ci^{33}	cʰi^{53}
平顺	sɿ^{213}	tɕʰi^{13}	sɿ^{213}	sɿ^{213}	tsɿ^{434}	sɿ^{213}	ci^{213}	cʰi^{13}
壶关	ʂʅ^{33}	tʃʰi^{13}	ʂʅ^{33}	ʂʅ^{33}	tʂʅ^{535}	ʂʅ^{33}	ci^{33}	cʰi^{13}
沁县	sɿ^{224}	tsʰɿ^{33}	sɿ^{224}	sɿ^{214}	tsɿ^{214}	sɿ^{224}	tsɿ^{224}	tsʰɿ^{33}
武乡	sɿ^{113}	tsʰɿ^{33}	sɿ^{113}	sɿ^{113}	tsɿ^{113}	sɿ^{113}	tsɿ^{113}	tsʰɿ^{33}
沁源	sɿ^{324}	tʂʰʅ^{33}	sɿ^{324}	sɿ^{324}	tsɿ^{324}	sɿ^{324}	tɕi^{324}	tɕʰi^{33}
安泽	sɿ^{21}	tsʰɿ^{35}	sɿ^{21}	sɿ^{21}	tsɿ^{21}	sɿ^{21}	tɕi^{21}	tɕʰi^{35}
沁水端氏	sɿ^{21}	tsʰɿ^{24}	sɿ^{21}	sɿ^{21}	tsɿ^{21}	sɿ^{21}	tɕi^{21}	tɕʰi^{24}
阳城	sɿ^{224}	tʂʰʅ^{22}	ʂʅ^{224} 白 / ʂʅe^{224} 文	ʂʅ^{224}	tʂʅ^{212}	ʂʅ^{224}	ci^{224}	cʰi^{22}
高平	ʂʅ^{33}	tʂʰʅ^{33}	ʂʅ^{33}	ʂʅ^{33}	tʂʅ^{212}	ʂʅ^{33}	ci^{33}	cʰi^{33}
陵川	ʂʅ^{33}	tʂʰʅ^{53}	ʂʅ^{33}	ʂʅ^{33}	tʂʅ^{312}	ʂʅ^{33}	ci^{33}	cʰi^{53}
晋城	ʂʅ^{33}	tʂʰʅ^{324}	ʂʅ^{33}	ʂʅ^{33}	tʂʅ^{33}	ʂʅ^{33}	tɕi^{33}	tɕʰi^{324}
忻府	sɿ^{313}	tʂʰʅ^{21}	sɿ^{313}	sɿ^{313}	tsɿ^{313}	sɿ^{313}	tɕi^{313}	tɕʰi^{21}
原平	sɿ^{213}	tʂʰʅ^{33}	sɿ^{213}	sɿ^{213}	tsɿ^{213}	sɿ^{213}	tɕi^{213}	tɕʰi^{33}
定襄	sɿ^{24}	tʂʰʅ^{11}	ʂʅ^{24}	ʂʅ^{24}	tsɿ^{24}	ʂʅ^{24}	tɕi^{24}	tɕʰi^{11}
五台	sɿ^{213}	tsʰɿ^{33}	sɿ^{213}	sɿ^{213}	tsɿ^{213}	sɿ^{213}	tɕi^{213}	tɕʰi^{33}

续表

字目	私	迟	师	狮	脂	尸	饥~饿	祁
中古音 / 方言点	息夷 止开三 平脂心	直尼 止开三 平脂澄	疏夷 止开三 平脂生	疏夷 止开三 平脂生	旨夷 止开三 平脂章	式脂 止开三 平脂书	居依 止开三 平脂见	渠脂 止开三 平脂群
岢岚	sɿ^{13}	tʂʰʅ^{44}	ʂɿ^{13}	sɿ^{13}	tsɿ^{13}	sɿ^{13}	tɕi^{13}	tɕʰi^{44}
五寨	sɿ^{13}	tsʰɿ^{44}	sɿ^{13}	sɿ^{13}	tsɿ^{13}	sɿ^{13}	tɕi^{13}	tɕʰi^{44}
宁武	sɿ^{23}	tsʰɿ^{33}	sɿ^{23}	sɿ^{23}	——	sɿ^{23}	tɕi^{23}	tɕʰi^{33}
神池	sɿ^{24}	tsʰɿ^{32}	sɿ^{24}	sɿ^{24}	tsɿ^{24}	sɿ^{24}	tɕi^{24}	tɕʰi^{32}
繁峙	sɿ^{53}	tsʰɿ^{31}	sɿ^{53}	sɿ^{53}	tsɿ^{53}	sɿ^{53}	tɕi^{53}	tɕʰi^{31}
代县	sɿ^{213}	tsʰɿ^{44}	sɿ^{213}	sɿ^{213}	tsɿ^{213}	sɿ^{213}	tɕi^{213}	tɕʰi^{44}
河曲	sɿ^{213}	sɿ^{213}	ʂɿ^{213}	tsʰɿ^{213}	tsɿ^{213}	ʂəʔ^{4}	tɕi^{213}	tɕʰi^{213}
保德	sɿ^{213}	tʂʰʅ^{44}	sɿ^{213}	sɿ^{213}	tsɿ^{213}	sɿ^{213}	tɕi^{213}	tɕʰi^{44}
偏关	sɿ^{24}	tʂʰʅ^{44}	sɿ^{24}	sɿ^{24}	tsɿ^{24}	sɿ^{24}	tsɿ^{24}	tsʰɿ^{44}
朔城	sɿ^{312}	tsʰɿ^{35}	sɿ^{312}	sɿ^{312}	tsɿ^{312}	sɿ^{312}	tɕi^{312}	tɕʰi^{35}
平鲁	sɿ^{213}	tsʰɿ^{44}	sɿ^{213}	sɿ^{213}	tsɿ^{213}	sɿ^{213}	tɕi^{213}	tɕʰi^{44}
应县	sɿ^{43}	tsʰɿ^{31}	sɿ^{43}	sɿ^{43}	tsɿ^{43}	sɿ^{43}	tɕi^{43}	tɕʰi^{31}
灵丘	sɿ^{442}	tsʰɿ^{31}	sɿ^{442}	sɿ^{442}	tsɿ^{442}	sɿ^{442}	tɕi^{442}	tɕʰi^{31}
浑源	sɿ^{52}	tsʰɿ^{22}	sɿ^{52}	sɿ^{52}	tsɿ^{52}	sɿ^{52}	tɕi^{52}	tɕʰi^{22}
云州	sɿ^{21}	tʂʰʅ^{312}	ʂʅ^{21}	sɿ^{21}	tʂʅ^{55}	sɿ^{21}	tɕi^{21}	tɕʰi^{312}
新荣	sɿ^{32}	tʂʰʅ^{312}	sɿ^{32}	sɿ^{32}	tsɿ^{54}	sɿ^{32}	tɕi^{32}	tɕʰi^{312}
怀仁	sɿ^{42}	tsʰɿ^{312}	sɿ^{42}	sɿ^{42}	tsɿ^{42}	sɿ^{42}	tɕi^{42}	tɕʰi^{312}
左云	sɿ^{31}	tsʰɿ^{313}	sɿ^{31}	sɿ^{31}	tsɿ^{54}	sɿ^{31}	tɕi^{31}	tɕʰi^{313}
右玉	sɿ^{212}	tʂʰʅ^{212}	sɿ^{31}	sɿ^{31}	tsɿ^{31}	sɿ^{212}	tɕi^{31}	tɕʰi^{212}
阳高	sɿ^{31}	tsʰɿ^{312}	sɿ^{31}	sɿ^{31}	tsɿ^{31}	sɿ^{31}	tɕi^{31}	tɕʰi^{31}
山阴	sɿ^{313}	tsʰʅ^{313}	sɿ^{313}	sɿ^{313}	tsɿ^{313}	sɿ^{313}	tɕi^{313}	tɕʰi^{313}
天镇	sɿ^{31}	tsʰɿ^{22}	sɿ^{31}	sɿ^{31}	tsɿ^{55}	sɿ^{22}	tɕi^{31}	tɕʰi^{22}
平定	sɿ^{31}	tʂʰʅ^{44}	sɿ^{31}	sɿ^{31}	tsɿ^{31}	sɿ^{31}	tɕi^{31}	tɕʰi^{44}
昔阳	sɿ^{42}	tʂʰʅ^{33}	sɿ^{42}	sɿ^{42}	tʂʅ^{42}	sɿ^{42}	tɕi^{42}	tɕʰi^{33}
左权	sɿ^{31}	tʂʰʅ^{11}	sɿ^{31}	sɿ^{31}	tsɿ^{31}	sɿ^{31}	tɕi^{31}	tɕʰi^{11}
和顺	sɿ^{42}	tʂʰʅ^{22}	sɿ^{42}	sɿ^{42}	tsɿ^{42}	sɿ^{42}	tɕi^{42}	tɕʰi^{22}
尧都	sɿ^{21}	tʂʰʅ^{24}	ʂʅ^{21}	ʂʅ^{21}	tʂʅ^{21}	ʂʅ^{21}	tɕi^{21}	tɕʰi^{24}
洪洞	sɿ^{21}	tʂʰʅ^{24}	sɿ^{21}	sɿ^{21}	tsɿ^{21}	sɿ^{21}	tɕi^{21}	tɕʰi^{24}
洪洞赵城	sɿ^{21}	tʂʰʅ^{24}	sɿ^{21}	sɿ^{21}	tsɿ^{21}	sɿ^{21}	tɕi^{21}	tɕʰi^{24}
古县	sɿ^{21}	tʂʰʅ^{35}	sɿ^{21}	tsʰʅ^{21}	tsɿ^{21}	sɿ^{21}	tɕi^{21}	tɕʰi^{35}
襄汾	sɿ^{21}	tʂʰʅ^{24}	sɿ^{21}	sɿ^{21}	tʂʅ^{21}	sɿ^{21}	tɕi^{21}	tɕʰi^{24}

续表

字目	私	迟	师	狮	脂	尸	饥~饿	祁
中古音 方言点	息夷 止开三 平脂心	直尼 止开三 平脂澄	疏夷 止开三 平脂生	疏夷 止开三 平脂生	旨夷 止开三 平脂章	式脂 止开三 平脂书	居依 止开三 平脂见	渠脂 止开三 平脂群
浮山	sɿ^{42}	tʂʰʅ^{13}	sɿ^{42}	sɿ^{42}	tʂʅ^{42}	sɿ^{42}	tɕi^{42}	tɕʰi^{13}
霍州	sɿ^{212}	tʂʰʅ^{35}	sɿ^{212}	sɿ^{212}	tsɿ^{212}	ʂʅ^{212}	tɕi^{212}	tɕʰi^{35}
翼城	sɿ^{53}	tʂʰʅ^{12}	ʂʅ^{53}	ʂʅ^{53}	tʂʅ^{44}	ʂʅ^{53}	tɕi^{53}	tɕʰi^{12}
闻喜	sɿ^{53}	——	sɿ^{53}	sɿ^{53}	tsɿ^{53}	sɿ^{53}	tɕi^{53}	tɕʰi^{33}
侯马	sɿ^{213}	tʂʰʅ^{213}	ʂʅ^{213}	ʂʅ^{213}	tʂʅ^{44}	ʂʅ^{213}	tɕi^{213}	tɕʰi^{213}
新绛	sɿ^{44}	tʂʰʅ^{13}	sɿ^{53}	sɿ^{53}	tsɿ^{13}	sɿ^{13}	tɕi^{53}	tɕʰi^{13}
绛县	sɿ^{53}	tʂʰʅ^{24}	ʂʅ^{53}	ʂʅ^{53}	tʂʅ^{53}	ʂʅ^{53}	tɕi^{53}	tɕʰi^{24}
垣曲	sɿ^{22}	tʂʰʅ^{22}	sɿ^{53}	sɿ^{53}	tsɿ^{53}	sɿ^{53}	tɕi^{53}	tɕʰi^{22}
夏县	sɿ^{53}	tʂʰʅ^{42}	ʂʅ^{53}	ʂʅ^{53}	tʂʅ^{24}	ʂʅ^{53}	tɕi^{53}	tɕʰi^{42}
万荣	sɿ^{51}	tsʰɿ^{213}	sɿ^{51}	sɿ^{51}	tsɿ^{55}	sɿ^{51}	tɕi^{51}	tɕʰi^{213}
稷山	sɿ^{53}	tʂʰʅ^{13}	ʂʅ^{53}	ʂʅ^{53}	tʂʅ^{53}	ʂʅ^{53}	tɕi^{53}	tɕʰi^{13}
盐湖	sɿ^{53}	tʂʰʅ^{13}	sɿ^{53}	sɿ^{53}	tsɿ^{42}	sɿ^{42}	tɕi^{42}	tɕʰi^{13}
临猗	sɿ^{42}	tsʰɿ^{13} 白 / tʂʰʅ^{13} 文	sɿ^{42}	sɿ^{42}	tsɿ^{53}	sɿ^{42}	tɕi^{42}	tɕʰi^{13}
河津	sɿ^{31}	tsʰɿ^{324}	sɿ^{31}	sɿ^{31}	tsɿ^{53}	sɿ^{31}	tɕi^{31}	tɕʰi^{324}
平陆	sɿ^{31}	tʂʰʅ^{13}	sɿ^{31}	sɿ^{31}	tsɿ^{33}	ʂʅ^{31}	tɕi^{31}	tɕʰi^{13}
永济	sɿ^{31} 白	tʂʰʅ^{24}	ʂʅ^{31}	ʂʅ^{31}	tʂʅ^{31}	ʂʅ^{31}	tɕi^{31}	tɕʰi^{24}
芮城	sɿ^{42}	tsʰɿ^{13} 白 / tʂʰʅ^{13} 文	sɿ^{42}	sɿ^{42}	tsɿ^{53}	sɿ^{42}	tɕi^{42}	tɕʰi^{13}
吉县	sɿ^{423}	tʂʰʅ^{13}	sɿ^{423}	sɿ^{423}	tsɿ^{53}	sɿ^{423}	tɕi^{423}	tɕʰi^{13}
乡宁	sɿ^{53}	tʂʰʅ^{12}	sɿ^{53}	sɿ^{53}	tsɿ^{53}	sɿ^{53}	tɕi^{53}	tɕʰi^{12}
广灵	sɿ^{53}	tsʰɿ^{31}	sɿ^{53}	sɿ^{53}	tsɿ^{53}	sɿ^{53}	tɕi^{53}	tɕʰi^{31}

字目	夷	姨	几~个	岂	你	李	里~程	理
中古音 / 方言点	以脂 止开三 平脂以	以脂 止开三 平脂以	居履 止开三 上尾见	祛狶 止开三 上尾溪	乃里 止开三 上止泥	良士 止开三 上止来	良士 止开三 上止来	良士 止开三 上止来
北京	i^{35}	i^{35}	tɕi^{214}	tɕʰi^{214}	ni^{214}	li^{214}	li^{214}	li^{214}
小店	i^{11}	i^{11}	tɕi^{53}	tɕʰi^{53}	ni^{53}	li^{53}	li^{53}	li^{53}
尖草坪	i^{33}	i^{33}	tɕi^{312}	tɕʰi^{312}	ni^{312}	li^{312}	li^{312}	li^{312}
晋源	i^{11}	i^{11}	tɕi^{42}	tɕʰi^{42}	ȵi^{42}/ni^{42}	li^{42}	li^{42}	li^{42}
阳曲	i^{43}	i^{43}	tɕi^{312}	tɕʰi^{312}	ȵi^{312}	li^{312}	li^{312}	li^{312}
古交	i^{44}	i^{44}	tɕi^{312}	tɕʰi^{312}	ȵi^{44}	li^{312}	li^{312}	li^{312}
清徐	i^{11}	i^{11}	tɕi^{11}	tɕʰi^{54}	ni^{54}	li^{54}	li^{54}	li^{54}
娄烦	i^{33}	i^{33}	tɕi^{312}	tɕʰi^{312}	ȵi^{312}	li^{312}	li^{312}	li^{312}
榆次	i^{11}	i^{11}	tɕi^{53}	tɕʰi^{53}	ni^{53}	li^{53}	li^{53}	li^{53}
交城	i^{11}	i^{11}	tɕi^{53}	tɕʰi^{53}	ni^{53}	li^{53}	li^{53}	li^{53}
文水	ɿ^{22}	ɿ^{22}	tsɿ^{423}	tsʰɿ^{423}	n̩^{423}	lɿ^{423}	lɿ^{423}	lɿ^{423}
祁县	ɿ^{31}	ɿ^{31}	tsɿ^{314}	tsʰɿ^{314}	n̩^{314}	lɿ^{314}	lɿ^{314}	lɿ^{314}
太谷	i^{33}	i^{33}	tɕi^{312}	tɕʰi^{312}	n̩^{312}	li^{312}	li^{312}	li^{312}
平遥	i^{213}	i^{213}	tɕi^{512}	tɕʰi^{512}	n̩^{512}	li^{512}	li^{512}	li^{512}
孝义	i^{33}	i^{33}	tɕi^{312}	tɕʰi^{312}	ȵi^{312}	lei^{312}	lei^{312}	lei^{312}
介休	i^{13}	i^{13}	tɕi^{423}	tɕʰi^{423}	n̩^{423}	lei^{423}	lei^{423}	lei^{423}
灵石	i^{44}	i^{44}	tɕi^{212}	tɕʰi^{212}	nəʔ$^{\underline{212}}$	li^{212}	li^{212}	li^{212}
盂县	i^{22}	i^{22}	tɕi^{53}	tɕʰi^{53}	ȵi^{53}	lei^{53}	lei^{53}	lei^{53}
寿阳	zɿ^{22}	zɿ^{22}	tsɿ^{53}	tsʰɿ^{53}	nɿ^{53}	lei^{53}	lei^{53}	lei^{53}
榆社	zɿ^{22}	zɿ^{22}	tsɿ^{312}	tsʰɿ^{312}	nɿ^{312}	lei^{312}	lei^{312}	lei^{312}
离石	zɿ^{44}	zɿ^{44}	tsɿ^{312}	tsʰɿ^{312}	nɿ^{312}	li^{312}	li^{312}	li^{312}
汾阳	zɿ^{22}	zɿ^{22}	tsɿ^{312}	tsʰɿ^{312}	n̩^{312}	lɿ^{312}	lɿ^{312}	lɿ^{312}
中阳	i^{33}	i^{33}	tɕi^{423}	tɕʰi^{423}	ni^{423}	li^{423}	li^{423}	li^{423}
柳林	i^{44}	i^{44}	tɕi^{312}	tɕʰi^{312}	ni^{312}	li^{312}	li^{312}	li^{312}
方山	i^{44}	i^{44}	tɕi^{312}	tɕʰi^{312}	ni^{312}	li^{312}	li^{312}	li^{312}
临县	i^{33}	i^{33}	tɕi^{312}	tɕʰi^{312}	ni^{312}	lei^{312}	lei^{312}	lei^{312}
兴县	i^{55}	i^{55}	tɕi^{324}	tɕʰi^{324}	ni^{324}	li^{324}	li^{324}	li^{324}
岚县	i^{44}	i^{44}	tɕi^{312}	tɕʰi^{312}	ȵi^{312}	li^{312}	li^{312}	li^{312}
静乐	i^{24}	i^{33}	tɕi^{314}	tɕi^{314}	ȵi^{314}	li^{314}	li^{314}	li^{314}
交口	i^{44}	i^{44}	tɕi^{323}	tɕʰi^{323}	ȵi^{323}	li^{323}	li^{323}	li^{323}
石楼	i^{44}	i^{51}	tɕi^{213}	tɕʰi^{213}	ȵi^{213}	li^{213}	li^{213}	li^{213}
隰县	i^{24}	i^{24}	tɕi^{21}	tɕʰi^{21}	ȵi^{21}	li^{21}	li^{21}	li^{21}

续表

字目	夷	姨	几~个	岂	你	李	里~程	理
中古音 / 方言点	以脂 止开三 平脂以	以脂 止开三 平脂以	居履 止开三 上尾见	祛狶 止开三 上尾溪	乃里 止开三 上止泥	良士 止开三 上止来	良士 止开三 上止来	良士 止开三 上止来
大宁	i^{24}	i^{24}	tɕi^{31}	tɕi^{24}	ni^{31}	li^{31}	li^{31}	li^{31}
永和	i^{312}	i^{53}	tɕi^{312}	tɕʰi^{312}	ni^{312}	li^{312}	li^{312}	li^{312}
汾西	——	ʑ̩^{35}	tɕʑ̩^{33}	tɕʑ̩^{33}	nʑ̩^{33}	lʑ̩^{33}	lʑ̩^{33}	lʑ̩^{33}
蒲县	i^{24}	i^{24}	tɕi^{31}	tɕʰi^{24}	ȵi^{31}	li^{31}	li^{31}	li^{31}
潞州	i^{24}	i^{54}	tɕi^{535}	tɕʰi^{535}	n̩^{535} 白 / ȵi^{535} 文	li^{535}	li^{535}	li^{535}
上党	i^{44}	i^{44}	tɕi^{535}	tɕʰi^{535}	ni^{535}/nie^{44}	li^{535}	li^{535}	li^{535}
长子	i^{24}	i^{53}	tɕi^{434}	tɕʰi^{434}	n̩^{434} 白 / ȵi^{434} 文	li^{434}	li^{434}	li^{434}
屯留	i^{11}	i^{11}	tɕi^{43}	tɕʰi^{43}	ȵi^{43}	li^{43}	li^{43}	li^{43}
襄垣	i^{31}	i^{31}	tɕi^{42}	tɕʰi^{42}	n̩^{42}	li^{42}	li^{42}	li^{42}
黎城	i^{53}	i^{53}	ci^{213}	cʰi^{213}	ni^{213}	li^{213}	li^{213}	li^{213}
平顺	i^{13}	i^{13}	ci^{434}	cʰi^{434}	ni^{434}	li^{434}	li^{434}	li^{434}
壶关	i^{13}	i^{13}	ci^{535}	cʰi^{535}	ȵi^{535}	li^{535}	li^{535}	li^{535}
沁县	zɿ^{33}	zɿ^{33}	tsɿ^{214}	tsʰɿ^{214}	mɿ^{214}	əɭ̩^{214}	əɭ̩^{214}	əɭ̩^{214}
武乡	zɿ^{33}	zɿ^{33}	tsɿ^{213}	tsʰɿ^{213}	nzɿ^{213}	l̩^{213}	l̩^{213}	l̩^{213}
沁源	i^{33}	i^{33}	tɕi^{324}	tɕʰi^{324}	n̩^{324} 白 / ȵi^{324} 文	li^{324}	li^{324}	li^{324}
安泽	i^{35}	i^{35}	tɕi^{42}	tɕʰi^{35}	ȵiɛ^{42}/ȵi^{42}	li^{42}	li^{42}	li^{42}
沁水端氏	i^{21}	i^{24}	tɕi^{31}	tɕʰi^{24}	ȵi^{31}/ȵiɛ^{24}/n^{31}	li^{31}	ɭ̩^{31}	li^{31}
阳城	i^{22}	i^{224}/i^{51}	ci^{212}	cʰi^{212}	ni^{212}	li^{212}	li^{212}	li^{212}
高平	i^{33}	i^{33}	ci^{212}	cʰi^{212}	niə̃ĩ^{212}	li^{212}	li^{212}	li^{212}
陵川	i^{53}	i^{53}	ci^{312}	cʰi^{312}	ni^{312}	li^{312}	li^{312}	li^{312}
晋城	i^{33}	i^{324}/iəʔ^{2} 文	tɕi^{213}	tɕʰi^{213}	niə^{213}	li^{213}	li^{213}	li^{213}
忻府	i^{21}	i^{21}	tɕi^{313}	tɕʰi^{313}	ni^{313}	li^{313}	li^{313}	li^{313}
原平	i^{33}	i^{33}	tɕi^{213}	tɕʰi^{213}	ni^{213}	li^{213}	li^{213}	li^{213}
定襄	i^{11}	i^{11}	tɕi^{24}	tɕʰi^{24}	ni^{24}	li^{24}	li^{24}	li^{24}
五台	i^{33}	i^{33}	tɕi^{213}	tɕʰi^{213}	ni^{213}	li^{213}	li^{213}	li^{213}
岢岚	i^{44}	i^{44}	tɕi^{13}	tɕʰi^{13}	ni^{13}	li^{13}	li^{13}	li^{13}
五寨	i^{44}	i^{44}	tɕi^{13}	tɕʰi^{13}	ni^{13}	li^{13}	li^{13}	li^{13}
宁武	i^{33}	i^{33}	tɕi^{213}	tɕʰi^{213}	ni^{213}	li^{213}	li^{213}	li^{213}
神池	i^{32}	i^{32}	tɕi^{13}	tɕʰi^{13}	ȵi^{13}	li^{13}	li^{13}	li^{13}

续表

字目	夷	姨	几~个	岂	你	李	里~程	理
中古音／方言点	以脂 止开三 平脂以	以脂 止开三 平脂以	居履 止开三 上尾见	祛豨 止开三 上尾溪	乃里 止开三 上止泥	良士 止开三 上止来	良士 止开三 上止来	良士 止开三 上止来
繁峙	i^{31}	i^{31}	tɕi^{53}	tɕʰi^{53}	ȵi^{53}	li^{53}	li^{53}	li^{53}
代县	i^{44}	i^{44}	tɕi^{213}	tɕʰi^{44}	ni^{213}	li^{213}	li^{213}	li^{213}
河曲	i^{44}	i^{44}	tɕi^{213}	tɕʰi^{213}	ni^{312}	li^{213}	li^{213}	li^{213}
保德	i^{44}	i^{44}	tɕi^{213}	tɕʰi^{213}	ni^{213}	li^{213}	li^{213}	li^{213}
偏关	ɿ^{44}	ɿ^{44}	tsɿ^{213}	tsʰɿ^{213}	ni^{213}	lʅ^{213}	lʅ^{213}	lʅ^{213}
朔城	i^{35}	i^{35}	——	tɕʰi^{312}	ni^{312}	li^{312}	li^{312}	li^{312}
平鲁	i^{44}	i^{44}	tɕi^{213}	tɕʰi^{44}	ni^{213}/niəu^{213}	li^{213}	li^{213}	li^{213}
应县	i^{31}	i^{31}	tɕi^{54}	tɕʰi^{54}	ni^{54}	li^{54}	li^{54}	li^{54}/ɕiɛʔ$^{\underline{43}}$
灵丘	i^{31}	i^{31}	tɕi^{442}	tɕʰi^{442}	ni^{442}	li^{442}	li^{442}	li^{442}
浑源	i^{22}	i^{22}	tɕi^{52}	tɕʰi^{52}	ni^{52}/niəʔ^{4}	li^{52}	li^{52}	li^{52}
云州	i^{312}	i^{312}	tɕi^{55}	tɕʰi^{55}	ni^{55}	li^{55}	li^{55}	li^{55}
新荣	i^{312}	i^{312}	tɕi^{54}	tɕʰi^{54}	ni^{54}	li^{54}	li^{54}	li^{54}
怀仁	i^{312}	i^{312}	tɕi^{53}	tɕʰi^{53}	ni^{53}	li^{53}	li^{53}	li^{53}
左云	i^{313}	i^{313}	tɕi^{54}	tɕʰi^{54}	ni^{54}	li^{54}	li^{54}	li^{54}
右玉	i^{212}	i^{212}	tɕi^{53}	tɕʰi^{212}	ni^{53}	li^{53}	li^{53}	li^{53}
阳高	i^{312}	i^{312}	tɕiəʔ^{3}	tɕʰi^{53}	ni^{53}	li^{53}	li^{53}/lɛ^{31}	li^{53}
山阴	i^{313}	i^{313}	tɕi^{52}	——	ni^{52}	li^{52}	li^{52}	li^{52}
天镇	i^{22}	i^{22}	tɕi^{55}	tɕʰi^{22}	ni^{55}	li^{55}	li^{55}	li^{55}
平定	i^{44}	i^{44}	tɕi^{53}	tɕʰi^{53}	ni^{53}	lei^{53}	lei^{53}	lei^{53}
昔阳	i^{33}	i^{33}	tɕi^{55}	tɕʰi^{55}	ni^{55}	lei^{55}	lei^{55}	lei^{55}
左权	i^{11}	i^{11}	tɕi^{42}	tɕʰi^{42}	ȵi^{42}	li^{42}	li^{42}	li^{42}
和顺	i^{22}	i^{22}	tɕi^{53}	tɕʰi^{53}	ȵi^{53}	lei^{53}	lei^{53}	lei^{53}
尧都	i^{24}	i^{24}	tɕi^{53}	tɕʰi^{53}	ȵi^{53}	li^{53}	li^{53}	li^{53}
洪洞	i^{24}	i^{24}	tɕi^{42}	tɕʰi^{42}	ȵi^{33}	li^{42}	li^{42}	li^{42}
洪洞赵城	i^{24}	i^{24}	tɕi^{42}	tɕʰi^{24}	ȵi^{24}	li^{42}	li^{42}	li^{42}
古县	i^{35}	i^{35}	tɕi^{42}	tɕʰi^{35}	ȵi^{42}	li^{42}	li^{42}	li^{42}
襄汾	i^{24}	i^{24}	tɕi^{42}	tɕʰi^{42}	ȵi^{42}	li^{42}	li^{42}	li^{42}
浮山	——	i^{13}	tɕi^{33}	tɕʰi^{33}	ȵi^{33}	li^{33}	li^{33}	li^{33}
霍州	i^{35}	i^{35}	tɕi^{33}	tɕʰi^{33}	ȵi^{33}	li^{33}	li^{33}	li^{33}
翼城	i^{12}	i^{12}	tɕi^{44}	tɕʰi^{44}	ȵi^{44}	li^{44}	li^{44}	li^{44}
闻喜	i^{13}	i^{13}	tɕi^{33}	tɕʰi^{53}	ȵi^{33}/ li^{33}	li^{33}	li^{33}	li^{33}

续表

字目	夷	姨	几~个	岂	你	李	里~程	理
中古音 / 方言点	以脂 止开三 平脂以	以脂 止开三 平脂以	居履 止开三 上尾见	祛狶 止开三 上尾溪	乃里 止开三 上止泥	良士 止开三 上止来	良士 止开三 上止来	良士 止开三 上止来
侯马	i^{213}	i^{213}	$tɕi^{44}$	$tɕ^hi^{44}$	$ȵi^{44}$	$liɛ^{44}$/li^{44}	li^{44}	li^{44}
新绛	i^{13}	i^{13}	$tɕi^{44}$	$tɕ^hi^{13}$	$ȵi^{53}$	li^{44}	li^{44}	li^{44}
绛县	i^{24}	i^{24}	$tɕi^{33}$	$tɕ^hi^{33}$	$ȵi^{53}$	li^{33}	li^{53}	li^{53}
垣曲	i^{22}	i^{22}	$tɕi^{44}$	$tɕ^hi^{44}$	$ȵi^{44}$	li^{44}	li^{44}	li^{44}
夏县	——	i^{42}	$tɕi^{24}$	——	$ȵi^{24}$	li^{24}	li^{24}	li^{24}
万荣	i^{213}	i^{213}	$tɕi^{51}$	$tɕ^hi^{213}$	$ȵi^{55}$	li^{55}	li^{55}	li^{55}
稷山	i^{13}	i^{13}	$tɕi^{44}$	$tɕ^hi^{44}$	$ȵi^{44}$	li^{44}	li^{44}	li^{44}
盐湖	i^{13}	i^{13}	$tɕi^{53}$	$tɕ^hi^{53}$	$ȵi^{13}$/$ȵi^{53}$	li^{53}	li^{53}	li^{53}
临猗	i^{13}	i^{13}	$tɕi^{53}$	$tɕ^hi^{53}$	$ȵi^{53}$	li^{53}	li^{53}	li^{53}
河津	i^{31}	i^{324}	$tɕi^{53}$	$tɕ^hi^{324}$	$ȵi^{53}$	li^{53}	li^{53}	li^{53}
平陆	i^{13}	i^{13}	$tɕi^{55}$	$tɕ^hi^{13}$	$ȵi^{55}$	li^{55}	li^{55}	li^{55}
永济	i^{24}	i^{24}	$tɕi^{53}$	$tɕ^hi^{31}$	$ȵi^{53}$	li^{53}	li^{53}	li^{53}
芮城	i^{13}	i^{13}	$tɕi^{53}$	$tɕ^hi^{53}$	$ȵi^{53}$	li^{53}	li^{53}	li^{53}
吉县	i^{13}	i^{13}	$tɕi^{33}$	$tɕ^hi^{423}$	ni^{53}	li^{53}	li^{53}	li^{53}
乡宁	i^{12}	i^{12}	$tɕi^{44}$	$tɕ^hi^{44}$	$ȵi^{44}$	li^{44}	li^{44}	li^{44}
广灵	i^{31}	i^{31}	$tɕi^{44}$	$tɕ^hi^{44}$	ni^{44}	li^{44}	li^{44}	li^{44}

字目	鲤	里~外	子	似	祀	耻	士	柿
中古音 / 方言点	良士 止开三 上止来	良士 止开三 上止来	即里 止开三 上止精	详里 止开三 上止邪	详里 止开三 上止邪	敕里 止开三 上止彻	鉏里 止开三 上止崇	鉏里 止开三 上止崇
北京	li^{214}	li^{214}	tsɿ^{214}	sɿ^{51}/ʂʅ^{51}	sɿ^{51}	tʂʰʅ^{214}	ʂʅ^{51}	ʂʅ^{51}
小店	li^{53}	li^{53}	tsɿ^{53}/tsəʔ^{1}	sɿ^{24}	sɿ^{24}	tsʰɿ^{53}	sɿ^{24}	sɿ^{24}
尖草坪	li^{312}	li^{312}	tsɿ^{312}	sɿ^{35}	sɿ^{35}	tsʰɿ^{312}	sɿ^{35}	sɿ^{35}
晋源	li^{42}	li^{42}	tsɿ^{42}	sɿ^{35}	sɿ^{35}	tsʰɿ^{42}	sɿ^{35}	sɿ^{35}
阳曲	li^{312}	li^{312}	tsəʔ^{4} 白 / tsɿ^{312} 文	sɿ^{454}	sɿ^{454}	tsʰɿ^{312}	sɿ^{454}	sɿ^{454}
古交	li^{312}	li^{312}	tsɿ^{312}	sɿ^{53}	sɿ^{53}	tsʰɿ^{312}	sɿ^{53}	sɿ^{53}
清徐	li^{54}	li^{54}	tsɿ^{54}	sɿ^{45}	sɿ^{45}	tsʰɿ^{54}	sɿ^{54}	sɿ^{54}
娄烦	li^{312}	li^{312}	tsɿ^{312}	sɿ^{54}	sɿ^{54}	tsʰɿ^{312}	sɿ^{54}	sɿ^{54}
榆次	li^{53}	li^{53}	tsɿ^{53}	sɿ^{35}	sɿ^{35}	tsʰɿ^{53}	sɿ^{35}	sɿ^{35}
交城	li^{53}	li^{53}	tsəʔ^{1} 白 / tsɿ^{53} 文	sɿ^{24}	sɿ^{24}	tsʰɤɯ^{53} 白 / tsʰɿ^{53} 文	sɿ^{24}	sɿ^{24}
文水	lɿ^{423}	lɿ^{423}/ ler^{423}	tsɿ^{423}/ tsəʔ^{2}	sɿ^{35}	sɿ^{35}	tsʰɿ^{423}	sɿ^{35}	sɿ^{35}
祁县	lɿ^{314}	lɿ^{314}	tsɿ^{314}	sɿ^{45}	sɿ^{45}	tʂʰʅ^{314}	sɿ^{45}	sɿ^{45}
太谷	li^{312}	li^{312}	tsɿ^{312}	sɿ^{53}	sɿ^{53}	tsʰɿ^{312}	sɿ^{53}	sɿ^{53}
平遥	li^{512}	li^{512}	tsɿ^{512}	sɿ^{213}	sɿ^{213}	tʂʅ^{512}	sɿ^{512}	sɿ^{24}
孝义	lei^{312}	lei^{312}	tsɿ^{312}	sɿ^{312}	sɿ^{312}	tʂʰʅ^{312}	sɿ^{312}	sɿ^{312}
介休	lei^{423}	lei^{423}	tsɿ^{423}/ tsʌʔ$^{\underline{12}}$	sɿ^{45}	sɿ^{45}	tʂʰei^{423}	sɿ^{45}	sɿ^{45}
灵石	li^{212}	li^{212}	tsɿ^{212}	sɿ^{53}	sɿ^{53}	tʂʰʅ^{212}	sɿ^{53}	sɿ^{53}
盂县	lei^{53}	lei^{53}	tsɿ^{53}	sɿ^{55}	sɿ^{55}	tsʰɿ^{53}	sɿ^{55}	sɿ^{55}
寿阳	lei^{53}	lei^{53}	tsɿ^{53}	sɿ^{45}	sɿ^{45}	tsʰɿ^{53}	sɿ^{45}	sɿ^{45}
榆社	lei^{312}	lei^{312}	tsɿ^{312}	sɿ^{45}	sɿ^{45}	tsʰɿ^{312}	sɿ^{45}	sɿ^{45}
离石	li^{312}	li^{312}	tsɿ^{312}	sɿ^{53}	sɿ^{53}	tʂʰʅr^{312}	sɿ^{53}	sɿ^{53}
汾阳	lɿ^{312}	lɿ^{312}	tsɿ^{312}	sɿ^{55}	sɿ^{55}	tʂʰʅ^{312}	sɿ^{55}	sɿ^{55}
中阳	li^{423}	li^{423}	tsɿ^{423}	sɿ^{53}	sɿ^{53}	tʂʰɤ^{423}	sɿ^{53}	sɿ^{53}
柳林	li^{312}	li^{312}	tsɿ^{312}	sɿ^{53}	sɿ^{53}	tsʰɛe^{312}	sɿ^{53}	sɿ^{53}
方山	li^{312}	li^{312}	tsəʔ^{4} 白 / tsɿ^{312} 文	sɿ^{52}	sɿ^{52}	tʂʅ^{44}	sɿ^{52}	sɿ^{52}
临县	lei^{312}	lei^{312}	tsɿ^{312}	sɿ^{52}	sɿ^{52}	tsʰɿ^{312}	sɿ^{52}	sɿ^{52}
兴县	li^{324}	li^{324}	tsɿ^{324}/tsʰɿ^{324}/ tsəʔ^{5}	sɿ^{53}	sɿ^{53}	tʂʰʅ^{324}	sɿ^{53}	sɿ^{53}
岚县	li^{312}	li^{312}	tsɿ^{312}	sɿ^{53}	sɿ^{53}	tsʰɿ^{312}	sɿ^{53}	sɿ^{53}

续表

字目	鲤	里~外	子	似	祀	耻	士	柿
中古音 / 方言点	良士 止开三 上止来	良士 止开三 上止来	即里 止开三 上止精	详里 止开三 上止邪	详里 止开三 上止邪	敕里 止开三 上止彻	钽里 止开三 上止崇	钽里 止开三 上止崇
静乐	li^{314}	li^{314}	tsɿ^{314}	sɿ^{53}	sɿ^{53}	tsʰɿ^{314}	sɿ^{53}	sɿ^{53}
交口	li^{323}	li^{323}	tsɿ^{323}/tsəʔ^{4}	sɿ^{53}	sɿ^{53}	tsʰɿ^{323}	sɿ^{53}	sɿ^{53}
石楼	li^{213}	li^{213}	tsɿ^{213}	sɿ^{51}	sɿ^{51}	tʂʰʅ^{213}	sɿ^{51}	sɿ^{51}
隰县	li^{21}	li^{21}	tsəʔ^{3} 白 / tsɿ^{21} 文	sɿ^{44}	sɿ^{44}	tsʰɿ^{21}	sɿ^{44}	sɿ^{44}
大宁	li^{24}	li^{31}	tsɤ^{21}	sɿ^{55}	sɿ^{55}	tʂʅ^{31}	sɿ^{55}	sɿ^{55}
永和	li^{312}	li^{312}	tsəʔ$^{\underline{312}}$	sɿ^{53}	sɿ^{53}	tʂʅ^{312}	sɿ^{53}	sɿ^{53}
汾西	——	——	——	sɿ^{53}	sɿ^{53}	tsʰɿ^{11}	——	——
蒲县	li^{31}	li^{31}	tsɿ^{31}	sɿ^{52}	sɿ^{52}	tʂʰʅ^{52}	sɿ^{33}	sɿ^{33}
潞州	li^{535}	li^{535}	tsɿ^{535}	sɿ^{54}	sɿ^{54}	tsʰɿ^{535}	sɿ^{54}	sɿ^{54}
上党	li^{535}	li^{535}	tsɿ^{535}	sɿ^{535}	sɿ^{535}	tsʰɿ^{535}	sɿ^{22}	sɿ^{22}
长子	li^{434}	li^{434}	tsɿ^{434}	sɿ^{53}	sɿ^{53}	tsʰɿ^{434}	sɿ^{53}	sɿ^{53}
屯留	li^{43}	li^{43}	tsɿ^{43}	sɿ^{11}	sɿ^{11}	tsʰɿ^{43}	sɿ^{11}	sɿ^{11}
襄垣	li^{42}	li^{42}	tsɿ^{42}	sɿ^{45}	sɿ^{45}	tsʰɿ^{42}	sɿ^{42}	sɿ^{45}
黎城	li^{213}	li^{213}	tsɿ^{213}	sɿ^{53}	sɿ^{53}	tsʰɿ^{213}	sɿ^{53}	sɿ^{53}
平顺	li^{434}	li^{434}	tsɿ^{434}	sɿ^{434}	sɿ^{434}	tɕʰi^{434}	sɿ^{53}	sɿ^{53}
壶关	li^{535}	li^{535}	tʂʅ^{535}/təʔ^{3}	ʂʅ^{42}	ʂʅ^{42}	tʃʰi^{535}	ʂʅ^{353}	ʂʅ^{353}
沁县	əɭ^{214}	əɭ^{214}	tsɿ^{214}	sɿ^{53}	sɿ^{53}	tsʰɿ^{214}	sɿ^{53}	sɿ^{53}
武乡	l̩^{213}	li^{31}/l̩^{313}	tsɿ^{213}	sɿ^{55}	sɿ^{55}	tsʰɿ^{213}	sɿ^{55}	sɿ^{55}
沁源	li^{324}	li^{324}	tsɿ^{324}	sɿ^{53}	sɿ^{53}	tʂʰʅ^{324}	sɿ^{53}	sɿ^{53}
安泽	li^{42}	li^{42}	tsɿ^{42}	sɿ^{53}	sɿ^{53}	tsʰɿ^{35}	sɿ^{53}	sɿ^{53}
沁水端氏	li^{31}	ɭ̩^{31}	tsɿ^{31}	sɿ^{53}	sɿ^{53}	tsʰɿ^{31}	sɿ^{53}	sɿ^{53}
阳城	li^{212}	li^{212}	tsəʔ^{2}	sɿ^{51}	sɿ^{51}	tʂʰʅ^{212}	ʂʅ^{51}	ʂʅ^{51}
高平	li^{212}	li^{212}	tʂəʔ^{2} 白 / tʂʅ^{212} 文	ʂʅ^{53}	ʂʅ^{53}	tʂʰʅ^{212}	ʂʅ^{53}	ʂʅ^{53}
陵川	li^{312}	li^{312}	tʂʅ^{312}	ʂʅ^{24}	ʂʅ^{24}	tʂʰʅ^{53}	ʂʅ^{24}	ʂʅ^{24}
晋城	li^{213}	li^{213}	tʂʅ^{213}	ʂʅ^{53}	ʂʅ^{53}	tʂʰʅ^{213}	ʂʅ^{53}	ʂʅ^{53} 白 / ʂɤ^{53} 文
忻府	li^{313}	li^{313}	tsɿ^{313}	sɿ^{53}	sɿ^{53}	tʂʰʅ^{21}	sɿ^{53}	sɿ^{53}
原平	li^{213}	li^{213}	tsɿ^{213}	sɿ^{53}	sɿ^{53}	tʂʰʅ^{213}	sɿ^{53}	sɿ^{53}
定襄	li^{24}	li^{24}	tsɿ^{24}	sɿ^{53}	sɿ^{53}	tʂʰʅ^{24}	sɿ^{53}	sɿ^{53}
五台	li^{213}	li^{213}	tsəʔ^{3}	sɿ^{52}	sɿ^{52}	tsʰɿ^{213}	sɿ^{52}	sɿ^{52}

续表

字目	鲤	里~外	子	似	祀	耻	士	柿
中古音 / 方言点	良士 止开三 上止来	良士 止开三 上止来	即里 止开三 上止精	详里 止开三 上止邪	详里 止开三 上止邪	敕里 止开三 上止彻	钽里 止开三 上止崇	钽里 止开三 上止崇
岢岚	li^{13}	li^{13}	tsəʔ^{4}	sɿ^{52}	sɿ^{52}	ts^{h}ɿ^{13}	sɿ^{52}	sɿ^{52}
五寨	li^{13}	li^{13}	tsəʔ^{4}	sɿ^{52}	sɿ^{52}	ts^{h}ɿ^{13}	sɿ^{52}	sɿ^{52}
宁武	li^{213}	——	tsɿ^{213}	sɿ^{52}	sɿ^{52}	ts^{h}ɿ^{213}	sɿ^{52}	sɿ^{52}
神池	li^{13}	li^{13}	tsəʔ^{4}	sɿ^{52}	sɿ^{52}	ts^{h}ɿ^{13}	sɿ^{52}	sɿ^{52}
繁峙	li^{53}	li^{53}	tsɿ^{53}	sɿ^{24}	sɿ^{24}	ts^{h}ɿ^{53}	sɿ^{24}	sɿ^{24}
代县	li^{213}	li^{213}	tsɿ^{213}	sɿ^{53}	sɿ^{53}	ts^{h}ɿ^{213}	sɿ^{53}	sɿ^{53}
河曲	li^{213}	li^{213}	tsɿ^{213}	s̥ɿ^{52}	s̥ɿ^{52}	ts^{h}ɿ^{44}/sɿ^{44}	sɿ^{52}	sɿ^{52}
保德	li^{213}	li^{213}	tsəʔ^{4}	sɿ^{52}	sɿ^{52}	tʂ^{h}ʅ^{213}	sɿ^{52}	sɿ^{52}
偏关	lʅ^{213}	lʅ^{213}	tsəʔ^{4}白 / tsɿ^{213}文	sɿ^{52}	sɿ^{52}	tʂ^{h}ʅ^{213}	sɿ^{52}	sɿ^{52}
朔城	li^{312}	——	tsɿ^{312}	sɿ^{53}	sɿ^{53}	ts^{h}ɿ^{53}	sɿ^{53}	sɿ^{53}
平鲁	li^{213}	li^{213}	tsəʔ$^{\underline{34}}$	sɿ^{52}	sɿ^{52}	ts^{h}ɿ^{213}	sɿ^{52}	sɿ^{52}
应县	li^{54}	ləʔ$^{\underline{43}}$	tsɿ^{54}/tsəʔ$^{\underline{43}}$	sɿ^{24}	sɿ^{24}	ts^{h}ɿ^{54}	sɿ^{24}	sɿ^{24}
灵丘	li^{442}	li^{442}	tsɿ^{442}	sɿ^{53}	sɿ^{53}	ts^{h}ɿ^{442}	sɿ^{53}	sɿ^{53}
浑源	li^{52}	li^{52}	tsɿ^{52}	sɿ^{13}	sɿ^{13}	ts^{h}ɿ^{52}	sɿ^{13}	sɿ^{13}
云州	li^{55}	li^{55}	tsɿ^{55}	sɿ^{24}	sɿ^{24}	tʂ^{h}ʅ^{55}	ʂʅ^{24}	ʂʅ^{24}
新荣	li^{54}	li^{54}	tsɿ^{54}	sɿ^{24}	sɿ^{24}	tʂ^{h}ʅ^{54}	sɿ^{24}	sɿ^{24}
怀仁	li^{53}	li^{53}	tsɿ^{53}	sɿ^{24}	sɿ^{24}	ts^{h}ɿ^{53}	sɿ^{24}	sɿ^{24}
左云	li^{54}	li^{54}	tsɿ^{54}	sɿ^{24}	sɿ^{24}	ts^{h}ɿ^{54}	sɿ^{24}	sɿ^{24}
右玉	li^{53}	li^{53}	tsɿ^{53}	sɿ^{24}	sɿ^{24}	tʂ^{h}ʅ^{53}	sɿ^{24}	sɿ^{24}
阳高	li^{53}	li^{53}/lɛ^{31}	tsɿ^{53}	sɿ^{24}	sɿ^{24}	ts^{h}ɿ^{53}	sɿ^{24}	sɿ^{24}
山阴	li^{52}	li^{52}	tsɿ^{52}	sɿ^{335}	sɿ^{335}	ts^{h}ʅ^{52}	səʔ^{4}	sɿ^{335}
天镇	li^{55}	li^{55}	tsɿ^{55}	sɿ^{24}	sɿ^{24}	ts^{h}ɿ^{55}	sɿ^{24}	sɿ^{24}
平定	lei^{53}	lei^{53}	tsɿ^{53}	sɿ^{24}	sɿ^{24}	tʂ^{h}ʅ^{53}	sɿ^{24}	sɿ^{24}
昔阳	lei^{55}	lei^{55}	tsɿ^{55}	sɿ^{13}	sɿ^{13}	tʂ^{h}ʅ^{55}	sɿ^{13}	sɿ^{13}
左权	li^{42}	li^{42}	tsɿ^{42}/tsəʔ^{1}	sɿ^{53}	——	tʂ^{h}ʅ^{42}	sɿ^{53}	sɿ^{53}
和顺	lei^{53}	lei^{53}	tsɿ^{53}	sɿ^{13}	sɿ^{13}	tʂ^{h}ʅ^{53}	sɿ^{13}	sɿ^{13}
尧都	li^{53}	li^{53}	tsɿ^{53}	sɿ^{44}	sɿ^{44}	tʂ^{h}ʅ^{53}	ʂʅ^{44}	ʂʅ^{44}
洪洞	li^{24}	li^{42}	tsɿ^{0}/tsɿ^{42}	sɿ^{21}	sɿ^{21}	tsɿ^{33}	sɿ^{53}	sɿ^{53}
洪洞赵城	li^{42}	li^{42}	tsɿ^{42}	sɿ^{53}	sɿ^{53}	tʂ^{h}ʅ^{42}	sɿ^{53}	sɿ^{53}
古县	li^{42}	li^{42}	tsɿ^{42}	sɿ^{53}	sɿ^{53}	tʂ^{h}ʅ^{42}	sɿ^{53}	sɿ^{53}

续表

字目	鲤	里~外	子	似	祀	耻	士	柿
中古音 方言点	良士 止开三 上止来	良士 止开三 上止来	即里 止开三 上止精	详里 止开三 上止邪	详里 止开三 上止邪	敕里 止开三 上止彻	锄里 止开三 上止崇	锄里 止开三 上止崇
襄汾	li^{42}	li^{42}	tsɿ^{42}	sɿ^{53}	sɿ^{53}	tʂʰʅ^{24}	sɿ^{53}	sɿ^{53}
浮山	li^{13}	li^{33}	tsɿ^{33}	sɿ^{53}	sɿ^{53}	tʂʰʅ^{13}	sɿ^{53}	sɿ^{53}
霍州	li^{33}	li^{33}	zɿ^{35} 白 / tsɿ^{33} 文	sɿ^{53}	sɿ^{53}	tʂʰʅ^{33}	sɿ^{53}	sɿ^{53}
翼城	li^{44}	li^{44}	tsɿ^{44}	sɿ^{53}	sɿ^{53}	tʂɤ^{44}	ʂʅ^{53}	ʂʅ^{53}
闻喜	——	li^{33}	tsɿ^{33}	sɿ^{13}	——	——	sɿ^{13}	sɿ^{13}
侯马	li^{44}	li^{44}	tsɿ^{44}	ʂʅ^{53}	sɿ^{53}	tʂʰʅ^{44}	ʂʅ^{53}	ʂʅ^{53}
新绛	li^{13}	li^{13}	tsɿ^{44}	sɿ^{13}	sɿ^{13}	tʂʰʅ^{13}	sɿ^{53}	sɿ^{53}
绛县	li^{33}	li^{53}	tsɿ^{33}	sɿ^{31}	sɿ^{31}	tʂʰʅ^{31}	ʂʅ^{53}	ʂʅ^{53}
垣曲	li^{44}	li^{44}	tsɿ^{44}	sɿ^{53}	sɿ^{53}	tʂʰʅ^{44}	sɿ^{53}	sɿ^{53}
夏县	li^{42}	li^{24}	tsɿ^{24}	sɿ^{31}	sɿ^{31}	tʂʰʅ^{24}	ʂʅ^{31}	ʂʅ^{31}
万荣	li^{55}	li^{55}	tsɿ^{55}	sɿ^{33}	sɿ^{33}	tʂʰʅ^{55}	sɿ^{33}	sɿ^{33}
稷山	li^{44}	li^{44}	tsɿ^{44}	sɿ^{42}	sɿ^{42}	tʂʰʅ^{44}	ʂʅ^{42}	ʂʅ^{42}
盐湖	li^{53}	li^{53}	tsɿ^{53}	sɿ^{44}	sɿ^{44}	tʂʰʅ^{53}	ʂʅ^{44}	ʂʅ^{44}
临猗	li^{53}	li^{53}	tsɿ^{53}	sɿ^{44}	sɿ^{44}	tʂʰʅ^{53}	sɿ^{44}	sɿ^{44}
河津	li^{53}	li^{53}	tsɿ^{53}	sɿ^{324}	sɿ^{324}	tʂʰʅ^{53}	sɿ^{44}	sɿ^{31}
平陆	li^{55}	li^{55}	tsɿ^{55}	sɿ^{33}	sɿ^{31}	tʂʰʅ^{55}	sɿ^{33}	sɿ^{33}
永济	li^{53}	li^{53}	tsɿ^{53}	sɿ^{24}	sɿ^{44}	tʂʰʅ^{53}	ʂʅ^{53}	ʂʅ^{44}
芮城	li^{53}	li^{53}	tsɿ^{53}	sɿ^{44}	sɿ^{44}	tʂʰʅ^{53}	sɿ^{44}	sɿ^{44}
吉县	li^{53}	li^{53}	tsʰɿ^{33} 白 / tsɿ^{53} 文	sɿ^{33}	sɿ^{33}	tʂʰʅ^{53}	sɿ^{33}	sɿ^{33}
乡宁	li^{44}	li^{44}	tsɿ^{44}	sɿ^{22}	sɿ^{22}	tʂʰʅ^{12}	sɿ^{22}	sɿ^{22}
广灵	li^{44}	li^{44}	tsɿ^{44}	sɿ^{213}	sɿ^{213}	tsʰɿ^{44}	sɿ^{213}	sɿ^{213}

字目	史	使大~	使~用	驶	止	址	齿	始
中古音 / 方言点	踈士 止开三 上止生	踈士 止开三 上止生	踈士 止开三 上止生	踈士 止开三 上止生	诸市 止开三 上止章	诸市 止开三 上止章	昌里 止开三 上止昌	诗止 止开三 上止书
北京	ʂʅ^{214}	ʂʅ^{214}	ʂʅ^{214}	ʂʅ^{214}	tʂʅ^{214}	tʂʅ^{214}	tʂʰʅ^{214}	ʂʅ^{214}
小店	sɿ^{53}	sɿ^{53}	sɿ^{53}	sɿ^{53}	tsɿ^{53}	tsɿ^{53}	tsʰɿ^{53}	sɿ^{53}
尖草坪	sɿ^{312}	sɿ^{312}	sɿ^{312}	sɿ^{312}	tsɿ^{312}	tsɿ^{312}	tsʰɿ^{312}	sɿ^{312}
晋源	sɿ^{42}	sɿ^{11}	fu^{11} 白 / sɿ^{42} 文	sɿ^{42}	tsɿ^{42}	tsɿ^{42}	tsʰɿ^{42}	sɿ^{42}
阳曲	sɿ^{312}	sɿ^{312}	sɿ^{312}	sɿ^{312}	tsɿ^{312}	tsɿ^{312}	tsʰɿ^{312}	sɿ^{312}
古交	sɿ^{312}	sɿ^{312}	sɿ^{312}	sɿ^{312}	tsɿ^{312}	tsɿ^{312}	tsʰɿ^{312}	sɿ^{44}
清徐	sɿ^{54}	sɿ^{54}	sɿ^{54}	sɿ^{54}	tsɿ^{54}	tsɿ^{54}	tsʰɿ^{54}	sɿ^{54}
娄烦	sɿ^{312}	sɿ^{312}	sɿ^{312}	sɿ^{312}	tsɿ^{312}	tsɿ^{312}	tsʰɿ^{312}	sɿ^{312}
榆次	sɿ^{53}	sɿ^{53}	sɿ^{53}	sɿ^{53}	tsɿ^{53}	tsɿ^{53}	tsʰɿ^{53}	sɿ^{53}
交城	sɿ^{53}	sɿ^{53}	sɿ^{53}	sɿ^{53}	tsɿ^{53}	tsɿ^{53}	tsɿ^{11} 白 / tsʰɿ^{53} 文	sɿ^{53}
文水	sɿ^{423}	sɿ^{423}	sɿ^{423}	sɿ^{423}	tsɿ^{423}	tsɿ^{423}	tsʰɿ^{423}	sɿ^{423}
祁县	sɿ^{314}	sɿ^{314}	sɿ^{314}	sɿ^{314}	tsɿ^{314}	tsɿ^{314}	tsʰɿ^{314}	sɿ^{314}
太谷	sɿ^{312}	sɿ^{312}	sɿ^{312}	sɿ^{312}	tsɿ^{312}	tsɿ^{312}	tsʰɿ^{312}	sɿ^{312}
平遥	sɿ^{512}	sɿ^{512}	sɿ^{512}	sɿ^{512}	tsɿ^{512}	tsɿ^{512}	tsɿ^{512}	sɿ^{512}
孝义	sɿ^{312}	sɿ^{312}	sɿ^{312}	sɿ^{312}	tsɿ^{312}	tsɿ^{312}	sɿ^{312} 白 / tsʰɿ^{312} 文	sɿ^{312}
介休	sɿ^{423}	sɿ^{423}	sɿ^{423}	sɿ^{423}	tsɿ^{423}	tsɿ^{423}	tsɿ^{423}	sɿ^{423}
灵石	sɿ^{212}	sɿ^{212}	sɿ^{212}	sɿ^{212}	tsɿ^{212}	tsɿ^{212}	tʂʰʅ^{44}	sɿ^{212}
盂县	sɿ^{53}	——	sɿ^{53}	sɿ^{53}	tsɿ^{53}	tsɿ^{53}	tsʰɿ^{53}	sɿ^{53}
寿阳	sɿ^{53}	sɿ^{53}	sɿ^{53}	sɿ^{53}	tsɿ^{53}	tsɿ^{53}	tsʰɿ^{53}	sɿ^{53}
榆社	sɿ^{312}	sɿ^{312}	sɿ^{312}	sɿ^{22}	tsɿ^{312}	tsɿ^{312}	tsʰɿ^{312}	sɿ^{22}
离石	sɿ^{312}	sɿ^{312}	sɿ^{312}	sɿ^{312}	tsɿ^{312}	tsɿ^{312}	tsʰɿ^{312}	sɿ^{312}
汾阳	sɿ^{312}	sɿ^{312}	sɿ^{312}	sɿ^{312}	tsɿ^{312}	tsɿ^{312}	tsɿ^{312}	sɿ^{312}
中阳	sɿ^{423}	sɿ^{423}	sɿ^{423}	sɿ^{423}	tsɿ^{423}	tsɿ^{423}	tsʰɿ^{423}	sɿ^{423}
柳林	sɿ^{312}	sɿ^{312}	sɿ^{312}	sɿ^{312}	tsɿ^{312}	tsɿ^{312}	tsʰɿ^{312}	sɿ^{312}
方山	sɿ^{312}	sɿ^{312}	sɿ^{312}	sɿ^{312}	tsɿ^{312}	tsɿ^{312}	tsɿ^{44}	sɿ^{312}
临县	sɿ^{312}	sɿ^{312}	sɿ^{312}	sɿ^{312}	tsɿ^{312}	tsɿ^{312}	tsʰɿ^{312}	sɿ^{312}
兴县	sɿ^{324}	sɿ^{324}	sɿ^{324}	sɿ^{324}	tsɿ^{324}	tsɿ^{324}	tsʰɿ^{324}	sɿ^{55}
岚县	sɿ^{312}	sɿ^{312}	sɿ^{312}	sɿ^{312}	tsɿ^{312}	tsɿ^{312}	tsʰɿ^{312}	sɿ^{312}
静乐	sɿ^{314}	sɿ^{314}	sɿ^{314}	sɿ^{314}	tsɿ^{314}	tsɿ^{314}	tsʰɿ^{314}	sɿ^{33}
交口	sɿ^{323}	sɿ^{323}	sɿ^{323}	sɿ^{323}	tsɿ^{323}	tsɿ^{323}	tsʰɿ^{323}	sɿ^{323}

续表

字目	史	使大~	使~用	驶	止	址	齿	始
中古音 / 方言点	踈士 止开三 上止生	踈士 止开三 上止生	踈士 止开三 上止生	踈士 止开三 上止生	诸市 止开三 上止章	诸市 止开三 上止章	昌里 止开三 上止昌	诗止 止开三 上止书
石楼	sɿ^{213}	sɿ^{213}	sɿ^{213}	sɿ^{213}	tsɿ^{213}	tsɿ^{213}	tsʰɿ^{213}	sɿ^{213}
隰县	sɿ^{21}	sɿ^{21}	sɿ^{21}	sɿ^{21}	tsɿ^{21}	tsɿ^{21}	tsʰɿ^{21}	sɿ^{21}
大宁	sɿ^{31}	——	sɿ^{31}	sɿ^{31}	tsɿ^{55}	tsɿ^{55}	tsʰɿ^{31}	sɿ^{55}
永和	sɿ^{312}	——	sɿ^{312}	sɿ^{312}	tsɿ^{312}	tsɿ^{312}	tsʰɿ^{312}	sɿ^{312}
汾西	sɿ^{33}	——	sɿ^{33}	sɿ^{11}	tsɿ^{55}	tsɿ^{55}	tsʰɿ^{33}	sɿ^{11}
蒲县	sɿ^{31}	sɿ^{31}	sɿ^{31}	sɿ^{31}	tsɿ^{31}	tsɿ^{31}	tsʰɿ^{31}	sɿ^{33}
潞州	sɿ^{535}	sɿ^{535}	sɿ^{535}	sɿ^{535}	tsɿ^{535}	tsɿ^{535}	tsʰɿ^{535}	sɿ^{535}
上党	sɿ^{535}	sɿ^{535}	sɿ^{535}	sɿ^{535}	tsɿ^{535}	tsɿ^{535}	tsʰɿ^{535}	sɿ^{535}
长子	sɿ^{434}	sɿ^{434}	sɿ^{434}	sɿ^{434}	tsɿ^{434}	tsɿ^{434}	tsʰɿ^{434}	sɿ^{434}
屯留	sɿ^{43}	sɿ^{43}	sɿ^{43}	sɿ^{43}	tsɿ^{43}	tsɿ^{43}	tsʰɿ^{43}	sɿ^{43}
襄垣	sɿ^{42}	sɿ^{42}	sɿ^{42}	sɿ^{42}	tsɿ^{42}	tsɿ^{42}	tsʰɿ^{42}	sɿ^{42}
黎城	sɿ^{213}	sɿ^{213}	sɿ^{213}	sɿ^{213}	tsɿ^{213}	tsɿ^{213}	tsʰɿ^{213}	sɿ^{213}
平顺	sɿ^{434}	sɿ^{434}	sɿ^{434}	sɿ^{434}	tsɿ^{434}	tsɿ^{434}	tsʰɿ^{434}	sɿ^{434}
壶关	ʂʅ^{535}	ʂʅ^{535}	ʂʅ^{535}	ʂʅ^{535}	tʂʅ^{535}	tʂʅ^{535}	tʂʰʅ^{535}	ʂʅ^{535}
沁县	sɿ^{214}	sɿ^{214}	sɿ^{214}	sɿ^{214}	tsɿ^{214}	tsɿ^{214}	tsʰɿ^{214}	sɿ^{214}
武乡	sɿ^{213}	sɿ^{55}	sɿ^{213}	sɿ^{213}	tsɿ^{213}	tsɿ^{213}	tsʰɿ^{213}	sɿ^{213}
沁源	sɿ^{324}	sɿ^{324}	sɿ^{324}	sɿ^{324}	tsɿ^{324}	tsɿ^{324}	tʂʰʅ^{324}	sɿ^{324}
安泽	sɿ^{42}	sɿ^{42}	sɿ^{42}	sɿ^{42}	tsɿ^{42}	tsɿ^{42}	tsʰɿ^{42}	sɿ^{42}
沁水端氏	sɿ^{31}	sɿ^{31}	sɿ^{31}	sɿ^{31}	tsɿ^{31}	tsɿ^{31}	tsʰɿ^{31}	sɿ^{31}
阳城	ʂʅ^{212}	ʂʅ^{212}	ʂʅ^{212}	ʂʅ^{212}	tʂʅ^{212}	tʂʅ^{212}	tʂʰʅ^{212}	ʂʅ^{212}
高平	ʂʅ^{212}	ʂʅ^{212}	ʂʅ^{212}	ʂʅ^{212}	tʂʅ^{212}	tʂʅ^{212}	tʂʰʅ^{212}	ʂʅ^{212}
陵川	ʂʅ^{312}	ʂʅ^{312}	ʂʅ^{312}	ʂʅ^{312}	tʂʅ^{312}	tʂʅ^{312}	tʂʰʅ^{312}	ʂʅ^{312}
晋城	ʂʅ^{213}	ʂʅ^{213}	ʂʅ^{213}	ʂʅ^{213}	tʂʅ^{213}	tʂʅ^{213}	tʂʰʅ^{213}	ʂʅ^{213}
忻府	sɿ^{313}	sɿ^{313}	sɿ^{313}	sɿ^{313}	tsɿ^{313}	tsɿ^{313}	tsʰɿ^{313}	sɿ^{313}
原平	sɿ^{213}	sɿ^{213}	sɿ^{213}	sɿ^{213}	tsɿ^{213}	tsɿ^{213}	tsʰɿ^{213}	sɿ^{213}
定襄	sɿ^{24}	sɿ^{24}	sɿ^{24}	sɿ^{24}	tsɿ^{24}	tsɿ^{24}	tʂʰʅ^{24}	sɿ^{24}
五台	sɿ^{213}	sɿ^{213}	sɿ^{213}	sɿ^{213}	tsɿ^{213}	tsɿ^{213}	tsʰɿ^{213}	sɿ^{213}
岢岚	sɿ^{13}	sɿ^{13}	sɿ^{13}	sɿ^{13}	tsɿ^{13}	tsɿ^{13}	tsʰɿ^{13}	sɿ^{13}
五寨	sɿ^{13}	sɿ^{13}	sɿ^{13}	sɿ^{13}	tsɿ^{13}	tsɿ^{13}	tsʰɿ^{13}	sɿ^{13}
宁武	sɿ^{213}	sɿ^{213}	sɿ^{213}	sɿ^{213}	tsɿ^{213}	tsɿ^{213}	tsʰɿ^{213}	sɿ^{213}
神池	sɿ^{13}	sɿ^{13}	sɿ^{13}	sɿ^{13}	tsɿ^{13}	tsɿ^{13}	tsʰɿ^{13}	sɿ^{13}

续表

字目	史	使大~	使~用	驶	止	址	齿	始
中古音 方言点	踈士 止开三 上止生	踈士 止开三 上止生	踈士 止开三 上止生	踈士 止开三 上止生	诸市 止开三 上止章	诸市 止开三 上止章	昌里 止开三 上止昌	诗止 止开三 上止书
繁峙	sɿ^{53}	sɿ^{53}	sɿ^{53}	sɿ^{53}	tsɿ^{53}	tsɿ^{53}	tsʰɿ^{53}	sɿ^{53}
代县	sɿ^{213}	sɿ^{213}	sɿ^{213}	sɿ^{213}	tsɿ^{213}	tsɿ^{213}	tsɿ^{213} 白 / tsʰɿ^{213} 文	sɿ^{213}
河曲	sɿ^{213}	sɿ^{213}	sɿ^{213}	sɿ^{213}	tsɿ^{213}	tsɿ^{213}	tʂʰʅ^{44}	sɿ^{213}
保德	sɿ^{213}	sɿ^{213}	sɿ^{213}	sɿ^{213}	tsɿ^{213}	tsɿ^{213}	tsʰɿ^{213}	sɿ^{213}
偏关	sɿ^{213}	tsɿ^{52}	sɿ^{213}	sɿ^{213}	tsɿ^{213}	tsɿ^{213}	tʂʰʅ^{213}	sɿ^{213}
朔城	sɿ^{312}	——	sɿ^{312}	sɿ^{312}	tsɿ^{312}	tsɿ^{312}	tsʰɿ^{53}	sɿ^{312}
平鲁	sɿ^{213}	sɿ^{213}	sɿ^{213}	sɿ^{213}	tsɿ^{213}	tsɿ^{213}	tsʰɿ^{213}	sɿ^{213}
应县	sɿ^{54}	sɿ^{54}	sɿ^{54}	sɿ^{54}	tsɿ^{54}	tsɿ^{54}	tsʰɿ^{54}	sɿ^{54}
灵丘	sɿ^{442}	sɿ^{442}	sɿ^{442}	sɿ^{442}	tsɿ^{442}	tsɿ^{442}	tsʰɿ^{442}	sɿ^{442}
浑源	sɿ^{52}	sɿ^{52}	sɿ^{52}	sɿ^{52}	tsɿ^{52}	tsɿ^{52}	tsʰɿ^{52}	sɿ^{52}
云州	sɿ^{55}	sɿ^{55}	sɿ^{55}	sɿ^{55}	tsɿ^{55}	tsɿ^{55}	tʂʰʅ^{55}	sɿ^{55}
新荣	sɿ^{54}	sɿ^{54}	sɿ^{54}	sɿ^{54}	tsɿ^{54}	tsɿ^{54}	tsʰɿ^{54}	sɿ^{54}
怀仁	sɿ^{53}	sɿ^{53}	sɿ^{53}	sɿ^{53}	tsɿ^{53}	tsɿ^{53}	tsʰɿ^{53}	sɿ^{53}
左云	sɿ^{54}	sɿ^{54}	sɿ^{54}	sɿ^{54}	tsɿ^{54}	tsɿ^{54}	tsʰɿ^{54}	sɿ^{54}
右玉	sɿ^{53}	sɿ^{53}	sɿ^{53}	sɿ^{53}	tsɿ^{53}	tsɿ^{53}	tsʰɿ^{53}	sɿ^{53}
阳高	sɿ^{53}	sɿ^{53}	sɿ^{53}	sɿ^{53}	tsɿ^{53}	sɿ^{53}	tsʰɿ^{53}	sɿ^{53}
山阴	sɿ^{52}	——	sɿ^{52}	sɿ^{52}	tsɿ^{52}	tsɿ^{52}	tsɿ^{52}	sɿ^{52}
天镇	sɿ^{55}	sɿ^{55}	sɿ^{55}	sɿ^{55}	tsɿ^{55}	tsɿ^{55}	tsɿ^{55} 白 / tsʰɿ^{31} 文	sɿ^{55}
平定	sɿ^{53}	sɿ^{53}	sɿ^{53}	sɿ^{53}	tsɿ^{53}	tsɿ^{53}	tsʰɿ^{53}	sɿ^{53}
昔阳	sɿ^{55}	sɿ^{55}	sɿ^{55}	sɿ^{55}	tsɿ^{55}	tsɿ^{55}	tʂʰʅ^{55}	sɿ^{55}
左权	sɿ^{42}	sɿ^{42}	sɿ^{42}	sɿ^{42}	tsɿ^{42}	tsɿ^{42}	tsʰɿ^{42}	sɿ^{42}
和顺	sɿ^{53}	——	sɿ^{53}	sɿ^{53}	tsɿ^{53}	tsɿ^{53}	tsʰɿ^{53}	sɿ^{53}
尧都	ʂʅ^{53}	ʂʅ^{53}	ʂʅ^{53}	ʂʅ^{53}	tʂʅ^{53}	tʂʅ^{53}	tʂʰʅ^{53}	ʂʅ^{53}
洪洞	sɿ^{33}	——	sɿ^{42}	sɿ^{21}	tsɿ^{33}	tsɿ^{33}	tsʰɿ^{24}	sɿ^{21}
洪洞赵城	ʂʅ^{42}	sɿ^{21}	sɿ^{21}	sɿ^{53}	tsɿ^{42}	tsɿ^{42}	tsʰɿ^{42}	sɿ^{42}
古县	sɿ^{42}	sɿ^{53}	sɿ^{42}	sɿ^{42}	tsɿ^{42}	tsɿ^{42}	tsʰɿ^{42}	sɿ^{42}
襄汾	sɿ^{42}	sɿ^{42}	sɿ^{42}	sɿ^{42}	tsɿ^{42}	tʂʅ^{42}	tsʰɿ^{42}	sɿ^{42}
浮山	sɿ^{33}	sɿ^{33}	sɿ^{33}	sɿ^{33}	tsɿ^{33}	tʂʅ^{33}	tsʰɿ^{33}	sɿ^{33}
霍州	sɿ^{33}	sɿ^{33}	sɿ^{33}	sɿ^{33}	tsɿ^{33}	tsɿ^{33}	tsʰɿ^{33}	sɿ^{33}
翼城	ʂʅ^{44}	ʂʅ^{12}	ʂʅ^{44}	ʂʅ^{44}	tʂʅ^{44}	tʂʅ^{44}	tʂʰʅ^{44}	ʂʅ^{44}

续表

字目	史	使大~	使~用	驶	止	址	齿	始
中古音 / 方言点	踈士 止开三 上止生	踈士 止开三 上止生	踈士 止开三 上止生	踈士 止开三 上止生	诸市 止开三 上止章	诸市 止开三 上止章	昌里 止开三 上止昌	诗止 止开三 上止书
闻喜	sɿ^{13}	——	sɿ^{13}	sɿ^{13}	tsɿ^{33}	tsɿ^{33}	tsʰɿ^{33}	sɿ^{33}
侯马	ʂʅ^{44}	sɿ^{53}	ʂʅ^{44}	ʂʅ^{44}	tʂʅ^{44}	tʂʅ^{44}	tʂʰʅ^{44}	sʅ^{44}
新绛	sɿ^{13}	sɿ^{44}	sɿ^{44}	sɿ^{13}	tsɿ^{44}	tsɿ^{13}	tʂʰʅ^{13}	ʂʅ^{53}
绛县	ʂʅ^{31}	ʂʅ^{33}	ʂʅ^{33}	ʂʅ^{31}	tʂʅ^{33}	tʂʅ^{33}	tʂʰʅ^{33}	ʂʅ^{31}
垣曲	sɿ^{44}	sɿ^{44}	sɿ^{44}	sɿ^{44}	tsɿ^{44}	tsɿ^{44}	tsʰɿ^{22}	sɿ^{44}
夏县	ʂʅ^{24}	ʂʅ^{24}	ʂʅ^{24}	ʂʅ^{24}	tʂʅ^{24}	tʂʅ^{24}	tʂʰʅ^{24}	ʂʅ^{24}
万荣	sɿ^{55}	sɿ^{55}	sɿ^{55}	sɿ^{55}	tsɿ^{55}	tsɿ^{55}	tsʰɿ^{55}	sɿ^{55}
稷山	ʂʅ^{44}	ʂʅ^{44}	ʂʅ^{44}	ʂʅ^{44}	tʂʅ^{44}	tʂʅ^{44}	tʂʰʅ^{44}	ʂʅ^{44}
盐湖	sɿ^{53}	sɿ^{53}	sɿ^{53}	sɿ^{53}	tsɿ^{53}	tsɿ^{53}	tsʰɿ^{53}	sɿ^{53}
临猗	sɿ^{53}	sɿ^{53}	sɿ^{53}	ʂʅ^{53}	tsɿ^{53}	tsɿ^{53}	tsʰɿ^{53}白 / tʂʰʅ^{53}文	sɿ^{53}
河津	sɿ^{53}	sɿ^{53}	sɿ^{53}	sɿ^{53}	tsɿ^{53}	tsɿ^{53}	tsʰɿ^{53}	sɿ^{53}
平陆	sɿ^{55}白 /ʂʅ^{55}文	sɿ^{55}	sɿ^{55}白 /ʂʅ^{55}文	sɿ^{55}	tsɿ^{55}	tsɿ^{55}	tsʰɿ^{55}	sɿ^{55}
永济	ʂʅ^{31}/ʂʅ^{53}	ʂʅ^{53}	ʂʅ^{53}	ʂʅ^{53}	tʂʅ^{53}	tʂʅ^{53}	tʂʰʅ^{53}	ʂʅ^{53}
芮城	sɿ^{53}	sɿ^{53}	sɿ^{53}	sɿ^{53}	tsɿ^{53}	tsɿ^{53}	tsʰɿ^{53}	sɿ^{53}
吉县	sɿ^{53}	sɿ^{53}	sɿ^{53}	sɿ^{53}	tsɿ^{33}	tsɿ^{33}	——	sɿ^{33}
乡宁	sɿ^{44}	sɿ^{44}	sɿ^{44}	sɿ^{44}	tsɿ^{44}	tsɿ^{44}	tsʰɿ^{44}	sɿ^{44}
广灵	sɿ^{44}	sɿ^{213}	sɿ^{44}	sɿ^{44}	tsɿ^{44}	tsɿ^{44}	tsʰɿ^{44}	sɿ^{44}

字目	市	耳	己	纪	起	喜	已	以
中古音 / 方言点	时止 止开三 上止禅	而止 止开三 上止日	而止 止开三 上止见	而止 止开三 上止见	墟里 止开三 上止溪	虚里 止开三 上止晓	羊己 止开三 上止以	羊己 止开三 上止以
北京	ʂʅ^{51}	ər^{214}	tɕi^{214}	tɕi^{51}	tɕʰi^{214}	ɕi^{214}	i^{214}	i^{214}
小店	sɿ^{24}	æ^{53}	tɕi^{53}	tɕi^{24}	tɕʰi^{53}	ɕi^{53}	i^{53}	i^{53}
尖草坪	sɿ^{35}	æ^{312}	tɕi^{312}	tɕi^{35}	tɕʰi^{312}	ɕi^{312}	i^{312}	i^{312}
晋源	sɿ^{35}	a^{42}	tɕi^{42}	tɕi^{35}	tɕʰi^{42}	ɕi^{42}	i^{42}	i^{42}
阳曲	sɿ^{454}	ai^{312}	tɕi^{312}	tɕi^{312}	tɕʰi^{312}	ɕi^{312}	i^{312}	i^{312}
古交	sɿ^{53}	ai^{53}	tɕi^{312}	tɕi^{312}	tɕʰi^{312}	ɕi^{312}	i^{312}	i^{312}
清徐	sɿ^{45}	ai^{54}	tɕi^{11}	tɕi^{45}	tɕʰi^{54}	ɕi^{54}	i^{54}	i^{54}
娄烦	sɿ^{54}	ə^{312}	tɕi^{312}	tɕi^{54}	tɕʰi^{312}	ɕi^{312}	i^{312}	i^{312}
榆次	sɿ^{35}	ər^{53}	tɕi^{53}	tɕi^{35}	tɕʰi^{53}	ɕi^{53}	i^{53}	i^{53}
交城	sɿ^{24}	ər^{53}	tɕi^{53}	tɕi^{24}	tɕʰi^{53}	ɕi^{53}	i^{53}	i^{53}
文水	sɿ^{35}	ər^{423}	tsɿ^{423}	tsɿ^{35}	tsʰɿ^{423}	sɿ^{423}	ɿ^{423}	ɿ^{423}
祁县	sɿ^{45}	əɭ^{314}	tsɿ^{314}	tsɿ^{45}	tsʰɿ^{314}	sɿ^{314}	ɿ^{314}	ɿ^{314}
太谷	sɿ^{53}	ər^{312}	tɕi^{312}	tɕi^{53}	tɕʰi^{312}	ɕi^{312}	i^{312}	i^{312}
平遥	sɿ^{24}	ər^{512}	tɕi^{512}	tɕi^{24}	tɕʰi^{512}	ɕi^{512}	i^{512}	i^{512}
孝义	sɿ^{454}	ər^{312}	tɕi^{312}	tɕi^{454}	tɕʰi^{312}	ɕi^{312}	i^{312}	i^{312}
介休	sɿ^{45}	ər^{423}	tɕi^{423}	tɕi^{45}	tɕʰi^{423}	ɕi^{423}	i^{423}	i^{423}
灵石	sɿ^{53}	ər^{53}	tɕi^{212}	tɕi^{53}	tɕʰi^{212}	ɕi^{212}	i^{212}	i^{212}
盂县	sɿ^{55}	ər^{53}	tɕi^{53}	tɕi^{55}	tɕʰi^{53}	ɕi^{53}	i^{53}	i^{53}
寿阳	sɿ^{45}	ɐr^{53}	tsɿ^{53}	tsɿ^{45}	tsʰɿ^{53}	sɿ^{53}	zɿ^{53}	zɿ^{53}
榆社	sɿ^{45}	ər^{312}	tsɿ^{312}	tsɿ^{45}	tsʰɿ^{312}	sɿ^{312}	zɿ^{312}	zɿ^{312}
离石	sɿ^{53}	ər^{312}	tsɿ^{312}	tsɿ^{53}	tsʰɿ^{312}	sɿ^{312}	tsɿ^{312}	zɿ^{312}
汾阳	sɿ^{55}	ər^{22}	tsɿ^{312}	tsɿ^{55}	tsʰɿ^{312}	sɿ^{312}	zɿ^{312}	zɿ^{312}
中阳	sɿ^{53}	ər^{423}	tɕi^{423}	tɕi^{53}	tɕʰi^{423}	ɕi^{423}	tɕi^{423}	i^{423}
柳林	sɿ^{53}	ə^{312}	tɕi^{312}	tɕi^{53}	tɕʰi^{312}	ɕi^{312}	i^{312}	i^{312}
方山	sɿ^{52}	ər^{312}	tɕi^{312}	tɕi^{52}	tɕʰi^{312}	ɕi^{312}	i^{312}	i^{312}
临县	sɿ^{52}	ər^{312}	tɕi^{312}	tɕi^{52}	tɕʰi^{312}	ɕi^{312}	i^{312}	i^{312}
兴县	sɿ^{53}	zɿ^{324}	tɕi^{324}	tɕi^{53}	tɕʰi^{324}	ɕi^{324}	i^{324}	i^{324}
岚县	sɿ^{53}	ər^{312}	tɕi^{312}	tɕi^{53}	tɕʰi^{312}	ɕi^{312}	i^{312}	i^{312}
静乐	sɿ^{53}	ɤɯ^{314}	tɕi^{314}	tɕi^{53}	tɕʰi^{314}	ɕi^{314}	i^{314}	i^{314}
交口	sɿ^{53}	ər^{323}	tɕi^{323}	tɕi^{53}	tɕʰi^{323}/ tɕʰieʔ^{4}	ɕi^{323}	i^{323}	i^{323}
石楼	sɿ^{51}	ər^{213}	tɕi^{213}	tɕi^{51}	tɕʰi^{213}	ɕi^{213}	i^{213}	i^{213}

续表

字目	市	耳	己	纪	起	喜	已	以
中古音 / 方言点	时止 止开三 上止禅	而止 止开三 上止日	而止 止开三 上止见	而止 止开三 上止见	墟里 止开三 上止溪	虚里 止开三 上止晓	羊己 止开三 上止以	羊己 止开三 上止以
隰县	sɿ^{44}	zɿ^{21} 白 / ər^{21} 文	tɕi^{21}	tɕi^{44}	tɕʰi^{21}	ɕi^{21}	i^{21}	i^{21}
大宁	sɿ^{55}	zɿ^{31} 白 / ər^{31} 文	tɕi^{31}	tɕi^{55}	tɕi^{31}	ɕi^{31}	i^{31}	i^{31}
永和	sɿ^{53}	ɣr^{35}	tɕi^{33}	tɕi^{53}	tɕʰi^{312}	ɕi^{33}	i^{35}	i^{35}
汾西	sɿ^{53}	ər^{33}	tɕʑ̍^{11}	tɕʑ̍^{55}	tɕʰʑ̍^{11}/tɕʑ̍^{33}/ tsʰɿ^{33} 白	ɕʑ̍^{33}	ʑ̍^{11}	ʑ̍^{33}
蒲县	sɿ^{33}	ər^{33}	tɕi^{31}	tɕi^{24}	tɕʰi^{31}	ɕi^{31}	i^{52}	i^{52}
潞州	sɿ^{54}	ər^{535}	tɕi^{535}	tɕi^{44}	tɕʰi^{535}	ɕi^{535}	i^{535}	i^{535}
上党	sɿ^{22}	ər^{213}	tɕi^{535}	tɕi^{535}	tɕʰi^{535}	ɕi^{535}	i^{535}	i^{535}
长子	sɿ^{53}	ɭ̩^{434}	tɕi^{434}	tɕi^{422}	tɕʰi^{434}	ɕi^{434}	i^{434}	i^{434}
屯留	sɿ^{11}	l̩^{11} 白 /ər^{11} 文	tɕi^{43}	tɕi^{53}	tɕʰi^{43}	ɕi^{43}	i^{43}	i^{43}
襄垣	sɿ^{45}	ər^{42}	tɕi^{42}	tɕi^{42}	tɕʰi^{42}	ɕi^{42}	i^{42}	i^{42}
黎城	sɿ^{53}	ər^{213}	ci^{213}	ci^{53}	cʰi^{213}	çi^{213}	i^{33}	i^{33}
平顺	sɿ^{53}	l̩^{434}	ci^{434}	ci^{53}	cʰi^{434}	ɕi^{434}	i^{434}	i^{434}
壶关	ʂʅ^{353}	l̩^{535}	ci^{535}	ci^{42}	cʰi^{535}	çi^{535}	i^{535}	i^{535}
沁县	sɿ^{53}	əɭ^{214}	tsɿ^{214}	tsɿ^{53}	tsʰɿ^{214}	sɿ^{214}	zɿ^{214}	zɿ^{214}
武乡	sɿ^{55}	l̩^{213}	tɕiʌʔ$^{\underline{423}}$	tsɿ^{55}	tsʰɿ^{213}	sɿ^{213}	zɿ^{213}	zɿ^{213}
沁源	sɿ^{53}	ər^{324}	tɕi^{324}	tɕi^{53}	tɕʰi^{324}	ɕi^{324}	i^{324}	i^{324}
安泽	sɿ^{53}	ər^{42}	tɕi^{42}	tɕi^{53}	tɕʰi^{35}	ɕi^{42}	i^{42}	i^{42}
沁水端氏	sɿ^{53}	ər^{31}	tɕi^{31}	tɕi^{53}	tɕʰi^{31}	ɕi^{31}	i^{31}	i^{31}
阳城	ʂʅ^{51}	ər^{212}	ci^{212}	ci^{51}	cʰi^{212}	ɕi^{212}	i^{212}	i^{212}
高平	ʂʅ^{53}	əʅ^{212}	cʰi^{212}	ci^{53}	cʰi^{212}	ɕi^{212}	i^{212}	i^{212}
陵川	ʂʅ^{24}	l̩^{312}	ci^{312}	ci^{24}	cʰi^{312}	cʰiəʔ^{3}	i^{312}	i^{312}
晋城	ʂʅ^{53}	ɭ^{213}	tɕi^{213}	tɕiəʔ^{2}	tɕʰi^{213}	ɕi^{213}	i^{213}	i^{213}
忻府	sɿ^{53}	ər^{313}	tɕi^{313}	tɕi^{53}	tɕʰi^{313}	ɕi^{313}	i^{313}	i^{313}
原平	sɿ^{53}	ər^{213}	tɕi^{213}	tɕi^{53}	tɕʰi^{213}	ɕi^{213}	i^{213}	i^{213}
定襄	sɿ^{53}	ər^{24}	tɕi^{24}	tɕi^{53}	tɕʰi^{24}	ɕi^{24}	tɕi^{24}	i^{24}
五台	sɿ^{52}	ər^{213}	tɕi^{213}	tɕi^{52}	tɕʰi^{213}	ɕi^{213}	i^{213}	i^{213}
岢岚	sɿ^{52}	ər^{13}	tɕi^{13}	tɕi^{52}	tɕʰi^{13}	ɕi^{13}	i^{13}	i^{13}
五寨	sɿ^{52}	ər^{13}	tɕi^{13}	tɕi^{52}	tɕʰi^{13}	ɕi^{13}	i^{13}	i^{13}
宁武	sɿ^{52}	ɐ^{213}	tɕi^{213}	tɕi^{52}	tɕʰi^{213}	ɕi^{213}	i^{213}	i^{213}

续表

字目	市	耳	己	纪	起	喜	已	以
中古音 / 方言点	时止 止开三 上止禅	而止 止开三 上止日	而止 止开三 上止见	而止 止开三 上止见	墟里 止开三 上止溪	虚里 止开三 上止晓	羊己 止开三 上止以	羊己 止开三 上止以
神池	sɿ^{52}	ə^{13}	tɕi^{13}	tɕi^{52}	tɕʰi^{13}	ɕi^{13}	i^{13}	i^{13}
繁峙	sɿ^{24}	ər^{53}	tɕi^{53}	tɕi^{24}	tɕʰi^{53}	ɕi^{53}	i^{53}	i^{53}
代县	sɿ^{53}	ər^{213}	tɕi^{213}	tɕi^{53}	tɕʰi^{213}	ɕi^{213}	i^{213}	i^{213}
河曲	sɿ^{52}	ɐ^{213}	tɕi^{213}	tɕi^{52}	tɕʰi^{213}	ɕi^{213}	i^{213}	i^{213}
保德	sɿ^{52}	ər^{213}	tɕi^{213}	tɕi^{52}	tɕʰi^{213}	ɕi^{213}	i^{213}	i^{213}
偏关	sɿ^{52}	ər^{213}	tsɿ^{213}	tsɿ^{52}	tsʰɿ^{213}	ɕi^{213}	sɿ^{52}	ɿ^{213}
朔城	sɿ^{53}	ər^{312}	tɕi^{312}	tɕi^{53}	tɕʰi^{312}	ɕi^{312}	i^{312}	i^{312}
平鲁	sɿ^{52}	ər^{213}	tɕi^{213}	tɕi^{213}	tɕʰi^{213}	ɕi^{213}	i^{52}	i^{52}
应县	sɿ^{24}	ər^{54}	tɕi^{54}	tɕi^{24}	tɕʰi^{54}	ɕi^{54}	i^{54}	i^{54}
灵丘	sɿ^{53}	ər^{442}	tɕi^{442}	tɕi^{53}	tɕʰi^{442}	ɕi^{442}	i^{442}	i^{442}
浑源	sɿ^{13}	ər^{52}	tɕi^{52}	tɕi^{13}	tɕʰi^{52}	ɕi^{52}	i^{52}	i^{52}
云州	sɿ^{24}	ɐr^{55}	tɕi^{55}	tɕi^{24}	tɕʰi^{55}	ɕi^{55}	i^{55}	i^{55}
新荣	sɿ^{24}	ɐr^{54}	tɕi^{54}	tɕi^{24}	tɕʰi^{54}	ɕi^{54}	i^{54}	i^{54}
怀仁	sɿ^{24}	ər^{53}	tɕi^{53}	tɕi^{24}	tɕʰi^{53}	ɕi^{53}	i^{53}	i^{53}
左云	sɿ^{24}	ər^{54}	tɕi^{54}	tɕi^{24}	tɕʰi^{54}	ɕi^{54}	i^{54}	i^{54}
右玉	sɿ^{24}	ər^{53}	tɕi^{53}	tɕi^{24}	tɕʰi^{53}	ɕi^{53}	i^{53}	i^{53}
阳高	sɿ^{24}	ɐr^{53}	tɕiəʔ^{3}	tɕi^{53}	tɕʰi^{53}	ɕi^{53}	i^{53}	i^{53}
山阴	sɿ^{335}	ər^{52}	tɕi^{52}	tɕi^{335}	tɕʰi^{52}	ɕi^{52}	i^{52}	i^{52}
天镇	sɿ^{24}	ɐr^{55}	tɕi^{55}	tɕi^{24}	tɕʰi^{55}	ɕi^{55}	i^{55}	i^{55}
平定	sɿ^{24}	ɭ̩^{53}	tɕi^{53}	tɕi^{24}	tɕʰi^{53}	ɕi^{53}	i^{53}	i^{53}
昔阳	sɿ^{13}	ɻ̩^{55}	tɕi^{55}	tɕi^{13}	tɕʰi^{55}	ɕi^{55}	i^{55}	i^{55}
左权	sɿ^{53}	ʅ^{42}	tɕi^{42}	tɕi^{53}	tɕi^{42} 白 / tɕʰi^{42} 文	ɕi^{42}	i^{42}	i^{42}
和顺	sɿ^{13}	zʅ^{53}	tɕi^{53}	tɕi^{13}	tɕi^{42} 白 / tɕʰi^{53} 文	ɕi^{53}	i^{53}	i^{53}
尧都	ʂʅ^{44}	ər^{53}	tɕi^{53}	tɕi^{53}	tɕʰi^{53}	ɕi^{53}	i^{53}	i^{53}
洪洞	sɿ^{53}	ər^{42}	tɕi^{21}	tɕi^{33}	tɕʰi^{42}	ɕi^{42}	i^{21}	i^{21}
洪洞赵城	sɿ^{53}	ər^{42}	tɕi^{42}	tɕi^{42}	tɕʰi^{42}	ɕi^{42}	i^{42}	i^{42}
古县	sɿ^{53}	ər^{42}	tɕi^{42}	tɕi^{42}	tɕʰi^{42}	ɕi^{42}	i^{42}	i^{42}
襄汾	sɿ^{53}	ər^{24}	tɕi^{42}	tɕi^{44}	tɕʰi^{42}	ɕi^{42}	i^{53}	i^{42}
浮山	sɿ^{53}	ər^{33}	tɕi^{33}	tɕi^{44}	tɕʰi^{33}	ɕi^{33}	i^{53}	i^{33}

续表

字目	市	耳	己	纪	起	喜	已	以
中古音 / 方言点	时止 止开三 上止禅	而止 止开三 上止日	而止 止开三 上止见	而止 止开三 上止见	墟里 止开三 上止溪	虚里 止开三 上止晓	羊已 止开三 上止以	羊已 止开三 上止以
霍州	sɿ^{53}	zɿ^{35}白 / ər^{35}文	tɕi^{33}	tɕi^{33}	tɕʰi^{33}	ɕi^{33}	i^{33}	i^{33}
翼城	ʂʅ^{53}	ər^{44}	tɕi^{44}	tɕi^{53}	tɕʰi^{44}	ɕi^{44}	i^{44}	i^{44}
闻喜	sɿ^{13}	zɿ^{33}白 / ər^{33}文	tɕi^{33}	tɕi^{33}	kʰi^{33}白 / tɕʰi^{53}文	ɕi^{33}	i^{33}	i^{33}
侯马	ʂʅ^{53}	ər^{44}	tɕi^{44}	tɕi^{53}	tɕʰi^{44}	ɕi^{44}	i^{44}	i^{44}
新绛	sɿ^{53}	ər^{44}	tɕi^{44}	tɕi^{53}	tɕʰi^{44}	ɕi^{44}	i^{44}	i^{44}
绛县	ʂʅ^{31}	ər^{33}	tɕi^{33}	tɕi^{33}	tɕʰi^{33}	ɕi^{33}	i^{53}	i^{53}
垣曲	sɿ^{53}	ər^{44}	tɕi^{44}	tɕi^{53}	tɕʰi^{44}	ɕi^{44}	i^{44}	i^{44}
夏县	ʂʅ^{31}	ər^{24}	tɕi^{24}	tɕi^{31}	tɕʰi^{24}	ɕi^{24}	——	i^{24}
万荣	sɿ^{33}	zɿ^{55}白 / ər^{55}文	tɕi^{33}	tɕi^{33}	tɕʰi^{55}	ɕi^{55}	i^{55}	i^{213}
稷山	ʂʅ^{42}	ər^{44}	tɕi^{44}	tɕi^{42}	kʰei^{44}白 / tɕʰi^{44}文	ɕi^{44}	i^{44}	i^{44}
盐湖	sɿ^{44}	ər^{53}	tɕi^{53}	tɕi^{44}	tɕʰi^{13}	ɕi^{53}	i^{53}	i^{53}
临猗	sɿ^{44}	zɿ^{53}白 / ər^{53}文	tɕi^{53}	tɕi^{44}	kʰei^{53}白 / tɕʰi^{53}文	ɕi^{53}	i^{53}	i^{53}
河津	sɿ^{44}	zɿ^{53}白 / ər^{53}文	tɕi^{53}	tɕi^{44}	kʰei^{53}白 / tɕʰi^{53}文	ɕi^{53}	i^{53}	i^{324}
平陆	sɿ^{33}	ər^{55}	tɕi^{55}	tɕi^{33}	tɕʰi^{55}	ɕi^{55}	i^{55}	i^{55}
永济	ʂʅ^{44}	ʐʅ^{53}白 / ər^{53}文	tɕi^{53}	tɕi^{44}	tɕʰie^{53}白 / tɕʰi^{53}文	ɕi^{53}	i^{53}	i^{53}
芮城	sɿ^{44}	ər^{53}	tɕʰi^{53}白 / tɕi^{53}文	tɕi^{42}	tɕʰi^{53}	ɕi^{53}	i^{53}	i^{53}
吉县	sɿ^{33}	zɿ^{53}白 / ər^{53}文	tɕi^{53}	tɕi^{33}	kʰei^{423}白 / tɕʰi^{423}文	ɕi^{53}	i^{33}	i^{13}
乡宁	sɿ^{22}	zɿ^{44}白 / ər^{44}文	tɕi^{44}	tɕi^{22}	tɕʰi^{44}	ɕi^{44}	i^{44}	i^{44}
广灵	sɿ^{213}	ər^{44}	tɕi^{44}	tɕi^{213}	tɕʰi^{44}	ɕi^{44}	i^{44}	i^{44}

字目	鄙	比	美	姊	死	旨	指	彼
方言点 / 中古音	方美 止开三 上旨帮	卑履 止开三 上旨帮	无鄙 止开三 上旨明	将几 止开三 上旨精	息姊 止开三 上旨心	职雉 止开三 上旨章	职雉 止开三 上旨章	甫委 止开三 上纸帮
北京	pi^{214}	pi^{214}	mei^{214}	tsɿ^{214}	sɿ^{214}	tʂʅ^{214}	tʂʅ^{214}	pi^{214}
小店	pi^{53}	pi^{53}	mei^{53}	tsɿ^{53}	sɿ^{53}	tsɿ^{53}	tsɿ^{53}/tsəʔ^{1}	pi^{53}
尖草坪	pi^{312}	pi^{312}	mai^{312}	tsɿ^{312}	sɿ^{312}	tsɿ^{312}	tsɿ^{312}	pi^{312}
晋源	pi^{42}	pi^{42}	mei^{42}	tsɿ^{42}	sɿ^{42}	tsɿ^{42}	tsəʔ^{2}/ tsɿ^{42}	pi^{42}
阳曲	pi^{312}	pi^{312}	mei^{312}	tsɿ^{312}	sɿ^{312}	tsɿ^{312}	tsɿ^{312} 白 / tsʰɿ^{312} 文	pi^{312}
古交	pi^{312}	pi^{312}	mai^{44}	tsɿ^{312}	sɿ^{53}	tsɿ^{53}	tsɿ^{53}	pi^{312}
清徐	pi^{54}	pi^{54}	mi^{54} 白 / mai^{54} 文	tsɿ^{54}	sɿ^{54}	tsɿ^{54}	tsɿ^{54}	pi^{54}
娄烦	pi^{312}	pi^{312}	mei^{312}	tsɿ^{312}	sɿ^{312}	tsɿ^{312}	tsɿ^{312}	pi^{312}
榆次	pi^{53}	pi^{53}	mɯ^{53}	tsɿ^{53}	sɿ^{53}	tsɿ^{53}	tsəʔ^{1} 白 / tsɿ^{53} 文	pi^{53}
交城	pi^{53}	pi^{53}	mi^{53}	tsɿ^{53}	sɿ^{53}	tsɿ^{53}	tsəʔ^{1} 白 / tsɿ^{53} 文	pi^{53}
文水	pɿ^{35}	pɿ^{423}	meɪ^{423}	tsɿ^{423}	sɿ^{423}	tsɿ^{423}	tsɿ^{423}/ tsʌʔ^{2}	pɿ^{423}
祁县	pɿ^{314}	pɿ^{314}	məɨ^{314}	tsɿ^{314}	sɿ^{314}	tsɿ^{314}	tsɿ^{314}	pɿ^{314}
太谷	pi^{312}	pi^{312}	mei^{312}	tsɿ^{312}	sɿ^{312}	tsɿ^{312}	tsɿ^{312}	pi^{312}
平遥	pi^{512}	pi^{512}	mei^{512}	tsɿ^{512}	sɿ^{512}	tsɿ^{512}	tʂʌʔ$^{\underline{212}}$ 白 / tsɿ^{512} 文	pi^{512}
孝义	pi^{312}	pi^{312}	mei^{312}	tsɿ^{312}	sɿ^{312}	tsɿ^{312}	tʂaʔ^{3} 白 / tsɿ^{312} 文	pi^{312}
介休	piʌʔ$^{\underline{12}}$	pi^{423}	mai^{13}	tsɿ^{423}	sɿ^{423}	tsɿ^{423}	tsɿ^{423}/tʂʌʔ$^{\underline{12}}$	pi^{423}
灵石	pi^{212}	pi^{212}	mei^{212}	tsɿ^{212}	sɿ^{212}	tsɿ^{212}	tsɿ^{212}	pi^{212}
盂县	pi^{55} 白 /pi^{53} 文	pi^{53}	mei^{53}	tsɿ^{53}	sɿ^{53}	tsɿ^{53}	tsəʔ$^{\underline{53}}$ 白 / tsɿ^{53} 文	pi^{53}
寿阳	pɿ^{53}	pɿ^{53}	mei^{53}	tsɿ^{53}	sɿ^{53}	tsɿ^{53}	tsəʔ^{2}	pɿ^{53}
榆社	pɿ^{312}	pɿ^{312}	mei^{312}	tsɿ^{312}	sɿ^{312}	tsɿ^{312}	tsəʔ^{2}	pɿ^{312}
离石	pɿ^{53}	pɿ^{312}	mɛe^{312}	tsɿ^{312}	sɿ^{312}	tsɿ^{312}	tsɿ^{312}	pɿ^{312}
汾阳	pɿ^{312}	pɿ^{312}	mei^{312}	tsɿ^{312}	sɿ^{312}	tsɿ^{312}	tsɿ^{312}	pɿ^{312}
中阳	pi^{53}	pi^{423}	mɛe^{423}	tsɿ^{423}	sɿ^{423}	tsɿ^{423}	tsɿ^{423}	pi^{423}
柳林	pi^{312}	pi^{312}	mɛe^{312}	tsɿ^{312}	sɿ^{312}	tsɿ^{312}	tsɿ^{312}	pi^{312}
方山	pi^{312}	pi^{312}	mɛe^{312}	tsɿ^{312}	sɿ^{312}	tsɿ^{312}	tsɿ^{312}	pi^{312}
临县	pi^{312}	pi^{312}	mei^{312}	tsɿ^{312}	sɿ^{312}	tsɿ^{312}	tsɿ^{312}	piɐʔ^{3}

续表

字目	鄙	比	美	姊	死	旨	指	彼
方言点 中古音	方美 止开三 上旨帮	卑履 止开三 上旨帮	无鄙 止开三 上旨明	将几 止开三 上旨精	息姊 止开三 上旨心	职雉 止开三 上旨章	职雉 止开三 上旨章	甫委 止开三 上纸帮
兴县	pi^{324}	pi^{324}	mei^{324}	tsɿ^{324}	sɿ^{324}	tsɿ^{324}	tsɿ^{324}	pi^{324}
岚县	pi^{214}	pi^{312}	mei^{312}	tsɿ^{312}	sɿ^{312}	tsɿ^{312}	tsɿ^{312}	pi^{312}
静乐	pi^{24}	pi^{314}	mei^{314}	tsɿ^{314}	sɿ^{314}	tsɿ^{314}	tsɿ^{314}	pi^{24}
交口	pʰi^{323}	pi^{323}	mei^{323}	tsɿ^{323}	sɿ^{323}	tsɿ^{323}	tsʰɿ^{323}/tsɿ^{323}/ tsaʔ^{4}	pi^{323}
石楼	pi^{213}	pi^{213}	mei^{213}	tsɿ^{213}	sɿ^{213}	tsɿ^{213}	tsʌʔ^{4} 白 / tsɿ^{213} 文	pi^{213}
隰县	pi^{21}	pi^{21}	mei^{21}	tsɿ^{21}	sɿ^{21}	tsɿ^{21}	tsaʔ^{3} 白 / tsɿ^{21} 文	——
大宁	pi^{31}	pi^{31}	mei^{31}	tsɿ^{31}	sɿ^{31}	tsɿ^{55}	tsɐʔ$^{\underline{31}}$ 白 / tsɿ^{31} 文	pi^{31}
永和	pi^{35}	pi^{312}	mei^{35}	tsɿ^{312}	sɿ^{312}	tsɿ^{312}	tsɿ^{312}	pʰi^{312}
汾西	——	pʑ̍^{33}	mei^{33}	tsɿ^{33}	sɿ^{33}	tsɿ^{55}	tsɿ^{35}/tsyəʔ^{3}	pʰʑ̍^{11}
蒲县	pi^{31}	pi^{52}	mei^{31}	tsɿ^{21}	sɿ^{31}	tsʅ^{31}	tsɿ^{31}	pi^{31}
潞州	pi^{535}	pi^{535}	mei^{535}	tsɿ^{535}	sɿ^{535}	tsɿ^{535}	tsəʔ$^{\underline{53}}$ 白 / tsɿ^{535} 文	pi^{535}
上党	pi^{535}	pi^{535}	mei^{535}	tsɿ^{535}	sɿ^{535}	tsɿ^{535}	tsɿ^{535}	pi^{535}
长子	pi^{434}	pi^{434}	mɛ̃^{434}	tsɿ^{434}	sɿ^{434}	tsɿ^{434}	tsəʔ^{4} 白 / tsɿ^{434} 文	pi^{434}
屯留	pi^{43}	pi^{43}	mei^{43}	tsɿ^{43}	sɿ^{43}	tsɿ^{43}	tsɿ^{43}	pi^{43}
襄垣	pi^{42}	pi^{42}	mei^{42}	tsɿ^{42}	sɿ^{42}	tsɿ^{42}	tsʌʔ^{3} 白 / tsɿ^{42} 文	pi^{42}
黎城	pi^{213}	pi^{213}	mei^{213}	tsɿ^{213}	sɿ^{213}	tsɿ^{213}	tsɿ^{213}/tsɤʔ$^{\underline{31}}$	pi^{213}
平顺	pi^{434}	pi^{434}	mei^{434}	tsɿ^{434}	sɿ^{434}	tsɿ^{434}	tsɿ^{434}	pi^{434}
壶关	pi^{535}	pi^{535}	mei^{535}	tʂ̻ʅ^{535}	ʂ̻ʅ^{535}	tʂ̻ʅ^{535}	tʂ̻ʅ^{535}/tʂ̻əʔ$^{\underline{21}}$	pi^{535}
沁县	pɿ^{214}	pɿ^{214}	mei^{214}	tsɿ^{214}	sɿ^{214}	tsɿ^{214}	tsəʔ$^{\underline{31}}$ 白 / tsɿ^{214} 文	pɿ^{214}
武乡	pɿ^{213}	pɿ^{213}	mei^{213}	tsɿ^{213}	sʌʔ^{3} 白 / sɿ^{213} 文	tsɿ^{213}	tsəʔ^{3} 白 / tsɿ^{423} 文	pɿ^{213}
沁源	pi^{324}	pi^{324}	mei^{324}	tsɿ^{324}	sɿ^{324}	tsɿ^{324}	tsəʔ$^{\underline{31}}$ 白 / tsɿ^{324} 文	pi^{324}
安泽	pi^{42}	pi^{42}	mei^{42}	tsɿ^{42}	sɿ^{42}	tsɿ^{42}	tsɿ^{42}	pi^{42}
沁水端氏	pi^{31}	pi^{31}	mai^{31}	tsɿ^{31}	sɿ^{31}	tsɿ^{31}	tsɿ^{31}	pi^{31}
阳城	pi^{212}	pi^{212}	mai^{212}	tsɿ^{212}	sɿ^{212}	tʂ̻ʅ^{212}	tʂ̻əʔ^{2} 白 / tʂ̻ʅ^{212} 文	pi^{212}

续表

字目	鄙	比	美	姊	死	旨	指	彼
方言点 / 中古音	方美 止开三 上旨帮	卑履 止开三 上旨帮	无鄙 止开三 上旨明	将几 止开三 上旨精	息姊 止开三 上旨心	职雉 止开三 上旨章	职雉 止开三 上旨章	甫委 止开三 上纸帮
高平	pi^{212}	pi^{212}	mə̃ĩ^{212}	tʂʅ^{212}	ʂʅ^{212}	tʂʅ^{212}	tʂəʔ^{2} 白 / tʂʅ^{212} 文	pi^{212}
陵川	pi^{312}	pi^{312}	mei^{312}	tʂʅ^{312}	ʂʅ^{312}	tʂʅ^{312}	tʂəʔ^{3} 白 / tʂʅ^{312} 文	pi^{312}
晋城	pi^{213}	pi^{213}	mɤɯ^{213}	tʂʅ^{213}	ʂɤ^{213}	tʂʅ^{213}	tʂʅ^{213} 白 / tʂəʔ^{2} 文	pi^{213}
忻府	pi^{313}	pi^{313}	mei^{313}	tsɿ^{313}	sɿ^{313}	tsɿ^{313}	tsəʔ$^{\underline{32}}$ 白 / tsɿ^{313} 文	pi^{313}
原平	pi^{213}	pi^{213}	məi^{213}	tsɿ^{213}	sɿ^{213}	tsɿ^{213}	tsəʔ$^{\underline{34}}$ 白 / tsɿ^{213} 文	pi^{213}
定襄	pi^{24}	pi^{24}	mei^{24}	tsɿ^{24}	sɿ^{24}	tsɿ^{24}	tsɿ^{24}	pi^{24}
五台	pi^{213}	pi^{213}	mei^{213}	tsɿ^{213}	sɿ^{213}	tsɿ^{213}	tsɿ^{213}	pi^{213}
岢岚	pi^{13}	pi^{13}	mɛi^{13}	tsɿ^{13}	sɿ^{13}	tsɿ^{13}	tʂəʔ^{4}/tsɿ^{13}	pi^{13}
五寨	pi^{13}	pi^{13}	mei^{13}	tsɿ^{13}	sɿ^{13}	tsɿ^{13}	tsɿ^{13}/tsəʔ^{4}	pi^{13}
宁武	pi^{213}	pi^{213}	mᴇe^{213}	tsɿ^{213}	sɿ^{213}	tsɿ^{213}	tɕiəʔ^{4} 白 / tsəʔ^{4} 白 / tsɿ^{213} 文	pi^{213}
神池	pi^{13}	pi^{13}	mɛe^{13}	tsɿ^{13}	sɿ^{13}	tsɿ^{13}	tsɿ^{13}	pi^{13}
繁峙	pi^{53}	pi^{53}	mei^{53}	tsɿ^{53}	sɿ^{53}	tsɿ^{53}	tsəʔ$^{\underline{13}}$ 白 / tsɿ^{53} 文	pi^{53}
代县	pi^{213}	pi^{213}	mei^{213}	tsɿ^{213}	sɿ^{213}	tsɿ^{213}	tsɿ^{213}	pi^{213}
河曲	pi^{52}	pi^{213}	mei^{213}	tsɿ^{213}	sɿ^{213}	tsɿ^{213}	tsɿ^{213}	pi^{213}
保德	pi^{213}	pi^{213}	mei^{213}	tsɿ^{213}	sɿ^{213}	tsɿ^{213}	tsɿ^{213}	pi^{213}
偏关	pɿ^{213}	pɿ^{213}	mei^{213}	tsɿ^{213}	sɿ^{213}	tsɿ^{213}	tsəʔ^{4} 白 / tsɿ^{213} 文 / tsʰɿ^{213}	pɿ^{213}
朔城	pi^{312}	pi^{312}	mei^{312}	tsɿ^{312}	sɿ^{312}	tsɿ^{312}	tsɿ^{312}	pi^{312}
平鲁	pi^{213}	pi^{213}	mei^{213}	tsɿ^{213}	sɿ^{213}	tsɿ^{213}	tsəʔ$^{\underline{34}}$	pi^{213}
应县	pi^{54}	pi^{54}	məi^{54}	tsɿ^{54}	sɿ^{54}/səʔ$^{\underline{43}}$	tsɿ^{54}	tsɿ^{54}/tsəʔ$^{\underline{43}}$	pi^{54}
灵丘	pi^{442}	pi^{442}	mei^{442}	tsɿ^{442}	sɿ^{442}	tsɿ^{442}	tsɿ^{442}	pi^{442}
浑源	pi^{52}	pi^{52}/piəʔ^{4}	mɛe^{52}	tsɿ^{52}	sɿ^{52}/səʔ^{4}	tsɿ^{52}	tsɿ^{52}/tsəʔ^{4}	pi^{52}
云州	pi^{55}	pi^{55}	mɛi^{55}	tsɿ^{55}	sɿ^{55}	tsɿ^{55}	tʂəʔ^{4} 白 / tsɿ^{55} 文	pi^{55}
新荣	pi^{54}	pi^{54}	mɛe^{54}	tsɿ^{54}	sɿ^{54}	tsɿ^{54}	tsɿ^{54}/tsəʔ^{4}	pi^{54}

续表

字目	鄙	比	美	姊	死	旨	指	彼
方言点 / 中古音	方美 止开三 上旨帮	卑履 止开三 上旨帮	无鄙 止开三 上旨明	将几 止开三 上旨精	息姊 止开三 上旨心	职雉 止开三 上旨章	职雉 止开三 上旨章	甫委 止开三 上纸帮
怀仁	pi^{53}	pi^{53}	mɛe^{53}	tsɿ^{53}	sɿ^{53}	tsɿ^{53}	tsɿ^{53}	pi^{53}
左云	pi^{54}	pi^{54}	mɛi^{54}	tsɿ^{54}	sɿ^{54}	tsɿ^{54}	tsəʔ^{4} 白 / tsɿ^{54} 文	pi^{54}
右玉	pi^{53}	pi^{53}	mɛe^{53}	tsɿ^{53}	sɿ^{53}	tsɿ^{53}	tsɿ^{53}	pi^{53}
阳高	pi^{53}	pi^{53}/p^{h}i^{53}	mei^{53}	tsɿ^{53}	sɿ^{53}/səʔ^{3}	tsɿ^{53}	tsɿ^{53}/tsəʔ^{3}	pi^{53}
山阴	pi^{52}	pi^{52}	mei^{52}	tsɿ^{52}	sɿ^{52}	tsɿ^{52}	tsɿ^{52}	pi^{52}
天镇	pi^{55}	pi^{55}	mɛe^{55}	tsɿ^{55}	sɿ^{55}	tsɿ^{55}	tsəʔ^{4}/tsɑʔ^{4}	pi^{55}
平定	pei^{53}	pi^{53}	mei^{53}	tsɿ^{53}	sɿ^{53}	tsɿ^{53}	tsɿ^{53}	pei^{53}
昔阳	pi^{55}	pi^{55}	mei^{55}	tsɿ^{55}	sɿ^{55}	tʂʅ^{55}	tɕiʌʔ$^{\underline{43}}$ 白 / tsɿ^{55} 文	pi^{55}
左权	——	pi^{42}	mɛi^{42}	tsɿ^{42}	sɿ^{42}	tsɿ^{42}	tsəʔ^{1}/tsɿ^{42}	pi^{42}
和顺	p^{h}i^{22} 白 / pi^{53} 文	pi^{53}	mi^{53}	tsɿ^{53}	sɿ^{53}	tsɿ^{53}	tsɿ^{53}/ tʂəʔ$^{\underline{21}}$	pi^{53}
尧都	pi^{53}	pi^{53}	mei^{53}	tsɿ^{53}	sɿ^{53}	tʂʅ^{53}	tʂʅ^{53}	pi^{53}
洪洞	pi^{42}	pi^{42}	mei^{42}	tsɿ^{42}	sɿ^{42}	tsɿ^{33}	tsɿ^{24}/ tsɿ^{42} 动词	p^{h}i^{42}
洪洞赵城	pi^{42}	pi^{42}	mei^{42}	tsɿ^{42}	sɿ^{42}	tsɿ^{42}	tsɛ^{42} 白 / tsɿ^{42} 文	pi^{42}
古县	pi^{42}	pi^{42}	mei^{42}	tsɿ^{42}	sɿ^{42}	tsɿ^{42}	tsɛ^{21} 白 / tsɿ^{42} 文	p^{h}i^{42}
襄汾	pi^{53}	pi^{42}	mei^{42}	tsɿ^{42}	sɿ^{21}	tʂʅ^{42}	tsɿ^{42}	p^{h}i^{42}
浮山	pi^{53}	pi^{33}	mei^{33}	tsɿ^{33}	sɿ^{33}	tʂʅ^{33}	tsɿ^{33}	p^{h}i^{33}
霍州	pi^{53}	pi^{33}	mei^{33}	tsɿ^{33}	sɿ^{33}	tsɿ^{33}	tsɿ^{33}	pi^{33}
翼城	pi^{44}	pi^{44}	mei^{44}	tsɿ^{44}	sɿ^{44}	tʂʅ^{44}	tʂʅ^{44}	pi^{44}
闻喜	pi^{33}	ti^{33} 白 /pi^{33} 文	mi^{33}	tsɿ^{33}	sɿ^{33}	tsɿ^{33}	tsɿ^{33}	p^{h}i^{33}
侯马	pi^{44}	pi^{44}	mei^{44}	tsɿ^{44}	sɿ^{44}	tʂʅ^{44}	tʂʅ^{44}	pi^{44}
新绛	pi^{44}	pi^{44}	mei^{44}	tsɿ^{44}	sɿ^{44}	tsɿ^{44}	tsɿ^{44}	pei^{13}
绛县	pi^{31}	pi^{33}	mei^{33}	tsɿ^{33}	sɿ^{33}	tʂʅ^{33}	tʂʅ^{33}	pi^{33}
垣曲	p^{h}i^{44}	pi^{44}	mei^{44}	tsɿ^{44}	sɿ^{44}	tsɿ^{44}	tsɿ^{44}	p^{h}i^{44}
夏县	——	pi^{24}	mei^{24}	tsɿ^{31}	sɿ^{24}	tʂʅ^{24}	tʂʅ^{24}	p^{h}i^{24} 白 / pi^{24} 文
万荣	pei^{55}	pei^{55}	mei^{55}	tsɿ^{33}	sɿ^{55}	tsɿ^{55}	tsɿ^{55}	pei^{51}
稷山	pi^{44}	pi^{44}	mi^{44}	tsɿ^{44}	sɿ^{44}	tʂʅ^{44}	tʂʅ^{53}	pi^{44}

续表

字目	鄙	比	美	姊	死	旨	指	彼
方言点 / 中古音	方美 止开三 上旨帮	卑履 止开三 上旨帮	无鄙 止开三 上旨明	将几 止开三 上旨精	息姊 止开三 上旨心	职雉 止开三 上旨章	职雉 止开三 上旨章	甫委 止开三 上纸帮
盐湖	pi⁵³	pi⁵³	mei⁵³	tsɿ⁵³	sɿ⁵³	tsɿ⁵³	tsɿ⁵³	pi⁵³
临猗	pi⁵³	pi⁵³	mei⁵³	tsɿ⁵³	sɿ⁵³	tsɿ⁵³	tsɿ⁵³	pi⁵³
河津	pi⁵³ 文	pei⁵³	mei⁵³	tsɿ⁵³	sɿ⁵³	tsɿ⁵³	tsɿ⁵³	pei⁵³
平陆	pi³¹	pi⁵⁵	mei⁵⁵	tsɿ⁵⁵	sɿ⁵⁵	tsɿ⁵⁵	tsɿ⁵⁵	pʰi¹³
永济	pʰi⁵³	pi⁵³	mei⁵³	tsɿ⁵³	sɿ⁵³	tʂʅ⁵³	tʂʅ⁵³	pʰi⁵³
芮城	pʰi⁵³	pei⁵³	mei⁵³	tsɿ⁵³	sɿ⁵³	tsɿ⁵³	tsɿ⁵³	pʰi⁵³
吉县	pʰi⁵³	pi⁵³	mei⁵³	tsɿ⁵³	sɿ⁵³	tsɿ⁵³	tʂa⁴²³ 白 / tsʰɿ¹³ 白 / tsɿ⁵³ 文	pʰi⁵³
乡宁	pʰi⁴⁴	pʰi⁴⁴	mei⁴⁴	tsɿ⁴⁴	sɿ⁴⁴	tsɿ⁴⁴	tɕia⁴⁴ 白 / tsʰɿ⁴⁴ 白 / tsɿ⁴⁴ 文	pʰi⁴⁴
广灵	pi⁴⁴	pi⁴⁴	mei⁴⁴	tsɿ⁴⁴	sɿ⁴⁴	tsɿ⁴⁴	tsɿ⁴⁴	pi⁴⁴

字目	被~子	紫	此	只~有	纸	是	企	技
中古音 / 方言点	皮彼 止开三 上纸並	将此 止开三 上纸精	雌氏 止开三 上纸清	诸氏 止开三 上纸章	诸氏 止开三 上纸章	承纸 止开三 上纸禅	丘弭 止开三 上纸溪	渠绮 止开三 上纸群
北京	pei^{51}	tsɿ^{214}	tsʰɿ^{214}	tʂʅ^{214}	tʂʅ^{214}	ʂʅ^{51}	tɕʰi^{214}	tɕi^{51}
小店	pi^{24} 白	tsɿ^{53}	tsʰɿ^{53}	tsɿ^{53}	tsɿ^{53}	sɿ^{24}	tɕʰi^{53}	tɕi^{24}
尖草坪	pei^{35}	tsɿ^{312}	tsʰɿ^{312}	tsɿ^{312}	tsɿ^{312}	sɿ^{35}	tɕʰi^{312}	tɕi^{35}
晋源	pi^{35}	tsɿ^{42}	tsʰɿ^{42}	tsɿ^{42}	tsɿ^{42}	sɿ^{35}	tɕʰi^{42}	tɕi^{35}
阳曲	pei^{454}	tsɿ^{312}	tsʰɿ^{312}	tsɿ^{312}	tsɿ^{312}	sɿ^{454}	tɕʰi^{312}	tɕi^{454}
古交	pi^{53}	tsɿ^{312}	tsʰɿ^{312}	tsɿ^{312}	tsɿ^{312}	tsɿ^{312}	tɕʰi^{312}	tɕi^{53}
清徐	pi^{45}	tsɿ^{54}	tsʰɿ^{54}	tsɿ^{54}	tsɿ^{54}	sɿ^{45}	tɕʰi^{54}	tɕi^{45}
娄烦	pi^{54}	tsɿ^{312}	tsʰɿ^{312}	tsəʔ$^{\underline{21}}$	tsɿ^{312}	sɿ^{54}	tɕʰi^{312}	tɕi^{54}
榆次	pi^{35}	tsɿ^{53}	tsʰɿ^{53}	tsəʔ^{1}	tsɿ^{53}	sɿ^{35}	tɕʰi^{53}	tɕi^{35}
交城	pi^{24}	tsɿ^{53}	tsɿ^{53}	tsɿ^{53}	tsɿ^{53}	sɿ^{24}	tɕʰi^{53}	tɕi^{24}
文水	pɿ^{35}	tsɿ^{423}	tsʰɿ^{423}	tsɿ^{423}	tsɿ^{423}	sɿ^{35}	tsʰɿ^{423}	tsɿ^{35}
祁县	pɿ^{45}	tsɿ^{314}	tsʰɿ^{314}	tsɿ^{314}	tsɿ^{314}	sɿ^{45}	tsʰɿ^{314}	tsɿ^{45}
太谷	pi^{53}	tsɿ^{312}	tsʰɿ^{312}	tsɿ^{312}	tsɿ^{312}	sɿ^{53}	tɕʰi^{312}	tɕi^{53}
平遥	pi^{24}	tsɿ^{512}	tsʰɿ^{512}	tsɿ^{512}	tsɿ^{512}	sɿ^{24}	tɕʰi^{24}	tɕi^{24}
孝义	pi^{454}	tsɿ^{312}	tsʰɿ^{312}	tsɿ^{312}	tsɿ^{312}	sɿ^{454}	tɕʰi^{312}	tɕi^{454}
介休	pi^{45}	tsɿ^{423}	tsʰɿ^{423}	tsɿ^{423}	tsɿ^{423}	sɿ^{45}	tɕʰi^{423}	tɕi^{45}
灵石	pi^{53}/pei^{53}	tsɿ^{212}	tsʰɿ^{212}	tsəʔ^{4}	tsɿ^{212}	sɿ^{53}	tɕʰi^{212}	tɕi^{53}
盂县	pei^{55}	tsɿ^{53}	tsʰɿ^{53}	tsɿ^{53}	tsɿ^{53}	sɿ^{55}	tɕʰi^{53}	tɕi^{55}
寿阳	pɿ^{45}	tsɿ^{53}	tsʰɿ^{53}	tsɿ^{53}	tsɿ^{53}	sɿ^{45}	tsʰɿ^{53}	tsɿ^{45}
榆社	pɿ^{45}	tsɿ^{312}	tsʰɿ^{312}	tsəʔ^{2}	tsɿ^{312}	sɿ^{45}	tsʰɿ^{22}	tsɿ^{45}
离石	pɿ^{53}	tsɿ^{312}	tsʰɿ^{312}	tsɿ^{312}	tsɿ^{312}	sɿ^{53}	tsʰɿ^{312}	tsɿ^{53}
汾阳	pɿ^{55}	tsɿ^{312}	tsʰɿ^{312}	tsɿ^{312}	tsɿ^{312}	sɿ^{55}	tsʰɿ^{312}	tsɿ^{55}
中阳	pi^{53}	tsɿ^{423}	tsʰɿ^{423}	tsɿ^{423}	tsɿ^{423}	sɿ^{53}	tɕʰi^{423}	tɕi^{53}
柳林	pi^{53}	tsɿ^{312}	tsʰɿ^{312}	tsəʔ^{4}	tsɿ^{312}	sɿ^{53}	tɕʰi^{312}	tɕi^{53}
方山	pi^{52}	tsɿ^{312}	tsʰɿ^{312}	tsɿ^{312}	tsɿ^{312}	sɿ^{52}	tɕʰi^{312}	tɕi^{52}
临县	pi^{52}	tsɿ^{312}	tsʰɿ^{312}	tʂɐʔ^{3}	tsɿ^{312}	sɿ^{52}	tɕʰi^{312}	tɕi^{52}
兴县	pi^{53}	tsɿ^{324}	tsʰɿ^{324}	——	tsɿ^{324}	sɿ^{53}	tɕʰi^{324}	tɕi^{53}
岚县	pi^{53}	tsɿ^{312}	tsʰɿ^{312}	tsɿ^{312}	tsɿ^{312}	sɿ^{53}	tɕʰi^{312}	tɕi^{53}
静乐	pi^{53}	tsɿ^{314}	tsʰɿ^{314}	tsəʔ$^{\underline{212}}$	tsɿ^{314}	sɿ^{53}	tɕʰi^{33}	tɕi^{53}
交口	pi^{53}	tsɿ^{323}	tsʰɿ^{323}	tsɿ^{323}	tsɿ^{323}	sɿ^{53}	tɕʰi^{323}	tɕi^{53}
石楼	pi^{51}	tsɿ^{213}	tsʰɿ^{213}	tʂəʔ^{4}	tsʅ^{213}	sɿ^{51}	tɕʰi^{213}	tɕi^{51}

续表

字目	被~子	紫	此	只~有	纸	是	企	技
中古音 / 方言点	皮彼 止开三 上纸並	将此 止开三 上纸精	雌氏 止开三 上纸清	诸氏 止开三 上纸章	诸氏 止开三 上纸章	承纸 止开三 上纸禅	丘弭 止开三 上纸溪	渠绮 止开三 上纸群
隰县	pʰi^{4} 白 / pei^{44} 文	tsɿ^{21}	tsʰɿ^{21}	tsɿ^{21}	tsɿ^{21}	sɿ^{44}	tɕʰi^{21}	tɕi^{44}
大宁	pʰi^{55} 白 / pei^{55} 文	tsɿ^{31}	tsʰɿ^{55}	tsɿ^{55}	tsɿ^{31}	sɿ^{55}	tɕi^{24}	tɕi^{55}
永和	pʰi^{53} 白 / pi^{53} 文	tsɿ^{312}	tsʰɿ^{312}	tsəʔ$^{\underline{35}}$	tsɿ^{312}	sɿ^{53}	tɕʰi^{35}	tɕi^{53}
汾西	——	tsɿ^{33}	tsʰɿ^{33}	——	tsɿ^{33}	sɿ^{53}	tɕʰʑ̩^{53}	tɕʑ̩^{53}
蒲县	pʰi^{33}	tsɿ^{31}	tsʰɿ^{31}	tsɿ^{31}	tsɿ^{31}	sɿ^{33}	tɕʰi^{33}	tɕi^{33}
潞州	pi^{54}	tsɿ^{535}	tsʰɿ^{535}	tsəʔ$^{\underline{53}}$	tsɿ^{535}	sɿ^{54}	tɕʰi^{535}	tɕi^{54}
上党	pi^{42}	tsɿ^{535}	tsʰɿ^{535}	tsɿ^{535}	tsɿ^{535}	sɿ^{22}	tɕʰi^{535}	tɕi^{535}
长子	pi^{53}	tsɿ^{434}	tsʰɿ^{434}	tsəʔ^{4}	tsɿ^{434}	sɿ^{53}	tɕʰi^{434}	tɕi^{422}
屯留	pi^{11} 白 / pei^{11} 文	tsɿ^{43}	tsʰɿ^{43}	tsəʔ^{1}	tsɿ^{43}	sɿ^{11}	tɕʰi^{43}	tɕi^{11}
襄垣	pi^{45}	tsɿ^{42}	tsʰɿ^{42}	tsʌʔ^{3}	tsɿ^{42}	sɿ^{45}	tɕʰi^{42}	tɕi^{45}
黎城	pi^{53}	tsɿ^{213}	tsʰɿ^{213}	tsɿ^{33}/tɕiɤʔ$^{\underline{31}}$	tsɿ^{213}	sɿ^{53}	cʰi^{213}	ci^{53}
平顺	pi^{434}	tsɿ^{434}	tsʰɿ^{434}	tɕiəʔ$^{\underline{212}}$	tsɿ^{434}	sɿ^{53}	cʰi^{434}	ci^{53}
壶关	pi^{353}	tʂʅ^{535}	tʂʰʅ^{535}	tʃiəʔ$^{\underline{21}}$	tʂʅ^{535}	ʂʅ^{353}	cʰi^{535}	ci^{353}
沁县	pɿ^{53}	tsɿ^{214}	tsʰɿ^{214}	tsɿ^{214}	tsɿ^{214}	sɿ^{53}	tsʰɿ^{214}	tsɿ^{53}
武乡	pɿ^{55}	tsɿ^{213}	tsʰɿ^{213}	tsɿ^{213}	tsɿ^{213}	sɿ^{55}	tsʰɿ^{213}	tsɿ^{55}
沁源	pi^{53}	tsɿ^{324}	tsʰɿ^{324}	tsɿ^{324}	tsɿ^{324}	sɿ^{53}	tɕʰi^{324}	tɕi^{53}
安泽	pei^{53}	tsɿ^{42}	tsʰɿ^{42}	tsəʔ$^{\underline{21}}$	tsɿ^{42}	sɿ^{53}	tɕʰi^{35}	tɕi^{53}
沁水端氏	pai^{53}	tsɿ^{31}	tsʰɿ^{31}	tsəʔ^{2}	tsɿ^{31}	sɿ^{53}	tɕʰi^{53}	tɕi^{53}
阳城	pi^{51}	tsɿ^{212}	tsʰɿ^{212}	tʂəʔ^{2}	tʂʅ^{212}	ʂʅ^{51}	cʰi^{22}	ci^{51}
高平	pi^{53}	tʂʅ^{212}	tʂʰʅ^{212}	tʂəʔ^{2}	tʂʅ^{212}	ʂʅ^{53}	cʰi^{33}	ci^{53}
陵川	pei^{24}	tʂʅ^{312}	tʂʰʅ^{312}	tʂʅ^{312}	tʂʅ^{312}	ʂʅ^{24}	cʰi^{312}	ci^{24}
晋城	pɤɯ^{53}	tʂʅ^{213}	tʂʰʅ^{213}	tʂʅ^{213}	tʂʅ^{213}	ʂʅ^{53}	tɕʰi^{213}	tɕi^{53}
忻府	pi^{53}	tsɿ^{313}	tsʰɿ^{313}	tsɿ^{313}	tsɿ^{313}	sɿ^{53}	tɕʰi^{313}	tɕi^{53}
原平	pi^{53}	tsɿ^{213}	tsʰɿ^{213}	tsɿ^{213}	tsɿ^{213}	sɿ^{53}	tɕʰi^{213}	tɕi^{53}
定襄	pei^{53}	tsɿ^{24}	tsʰɿ^{24}	tʂəʔ^{1}/ tsʰəʔ^{1}	tsɿ^{24}	sɿ^{53}	tɕʰi^{24}	tɕi^{53}
五台	pi^{52}	tsɿ^{213}	tsʰɿ^{213}	tsəʔ^{3}	tsɿ^{213}	sɿ^{52}	tɕʰi^{213}	tɕi^{52}
岢岚	pi^{52}	tsɿ^{13}	tsʰɿ^{13}	tsɿ^{13}	tsɿ^{13}	sɿ^{52}	tɕʰi^{13}	tɕi^{52}

续表

字目	被~子	紫	此	只~有	纸	是	企	技
中古音 / 方言点	皮彼 止开三 上纸並	将此 止开三 上纸精	雌氏 止开三 上纸清	诸氏 止开三 上纸章	诸氏 止开三 上纸章	承纸 止开三 上纸禅	丘弭 止开三 上纸溪	渠绮 止开三 上纸群
五寨	pi^{52}	tsɿ^{13}	tsʰɿ^{13}	tsɿ^{13}	tsɿ^{13}	sɿ^{52}	tɕʰi^{13}	tɕi^{52}
宁武	——	tsɿ^{213}	tsʰɿ^{213}	——	tsɿ^{213}	sɿ^{52}	tɕʰi^{213}	tɕi^{52}
神池	pi^{52}	tsɿ^{13}	tsʰɿ^{13}	tsɿ^{13}	tsɿ^{13}	sɿ^{52}	tɕʰi^{13}	tɕi^{52}
繁峙	pei^{24}	tsɿ^{53}	tsʰɿ^{53}	tsɿ^{53}	tsɿ^{53}	sɿ^{24}	tɕʰi^{53}	tɕi^{24}
代县	pi^{53}	tsɿ^{213}	tsɿ^{213} 白 / tsʰɿ^{213} 文	tsɿ^{213}	tsɿ^{213}	sɿ^{53}	tɕʰi^{213}	tɕi^{53}
河曲	——	tsɿ^{213}	tsʰɿ^{213}	tsɿ^{213}	tsɿ^{213}	sɿ^{52}	tɕʰi^{213}	tɕi^{52}
保德	pei^{52}	tsɿ^{213}	tsʰɿ^{213}	tʂʰəʔ^{4}	tsɿ^{213}	sɿ^{52}	tɕʰi^{213}	tɕi^{52}
偏关	pɿ^{52}	tsɿ^{213}	tsʰɿ^{213}	tsɿ^{213}	tsɿ^{213}	ʂʅ^{52}	tsʰɿ^{213}	tsɿ^{52}
朔城	——	tsɿ^{312}	tsʰɿ^{53}	tsɿ^{312}	tsɿ^{312}	sɿ^{53}	tɕʰi^{53}	tɕi^{53}
平鲁	pi^{52}	tsɿ^{213}	tsʰɿ^{213}	tsəʔ$^{\underline{34}}$	tsɿ^{213}	sɿ^{52}	tɕʰi^{52}	tɕi^{213}
应县	——	tsɿ^{54}	tsɿ^{54}	tsɿ^{54}	tsɿ^{54}	sɿ^{24}	tɕʰi^{54}	tɕi^{24}
灵丘	pei^{53}	tsɿ^{442}	tsʰɿ^{442}	tsɿ^{442}	tsɿ^{442}	sɿ^{53}	tɕʰi^{442}	tɕi^{53}
浑源	pi^{13}	tsɿ^{52}	tsʰɿ^{52}	tsɿ^{52}	tsɿ^{52}	sɿ^{13}	tɕʰi^{52}	tɕi^{13}
云州	pi^{24}	tsɿ^{55}	tsɿ^{55}	tʂəʔ^{4} 白 / tsɿ^{55} 文	tsɿ^{55}	ʂʅ^{24}	tɕʰi^{55}	tɕi^{24}
新荣	pi^{24}	tsɿ^{54}	tsʰɿ^{54}/tsɿ^{54}	tsɿ^{54}	tsɿ^{54}	sɿ^{24}	tɕʰi^{32}/tɕʰi^{54}	tɕi^{24}
怀仁	pi^{24}	tsɿ^{53}	tsʰɿ^{53}	tsəʔ^{4}	tsɿ^{53}	səʔ^{4}	tɕʰi^{53}	tɕi^{24}
左云	pi^{24} 白 / pei^{24} 文	tsɿ^{54}	tsʰɿ^{54}	tsəʔ^{4}	tsɿ^{54}	sɿ^{24}	tɕʰi^{54}	tɕi^{24}
右玉	——	tsɿ^{53}	tsʰɿ^{53}	tsɿ^{53}	tsɿ^{53}	sɿ^{24}	tɕʰi^{31}	tɕi^{24}
阳高	pi^{24}	tsɿ^{53}	tsɿ^{53}/tsʰɿ^{53}	tsəʔ^{3}	tsɿ^{53}	sɿ^{24}	——	tɕi^{24}
山阴	pi^{335}	tsɿ^{52}	tsʰɿ^{52}	tʂʅ^{52}	tʂʅ^{52}	səʔ^{4}/sɿ^{335}	tɕʰi^{313}	tɕi^{335}
天镇	pi^{24}	tsɿ^{55}	tsʰɿ^{55}	tsɿ^{55}	tsɿ^{55}	sɿ^{24}	tɕʰi^{22}	tɕi^{24}
平定	pei^{24}	tsɿ^{53}	tsʰɿ^{53}	tʂəʔ^{4}	tsɿ^{53}	sɿ^{24}	tɕʰi^{53}	tɕi^{24}
昔阳	pei^{13}	tsɿ^{55}	tsʰɿ^{55}	tʂʅ^{55}	tʂʅ^{55}	sɿ^{13}	tɕʰi^{55}	tɕi^{13}
左权	pi^{53}	tsɿ^{42}	tsʰɿ^{42}	tʂʅ^{42}	tsɿ^{42}	sɿ^{53}	tɕʰi^{42}	tɕi^{53}
和顺	pei^{13}	tsɿ^{53}	tsʰɿ^{53}	tʂəʔ$^{\underline{21}}$	tsɿ^{53}	sɿ^{13}	tɕʰi^{53}	tɕi^{13}
尧都	pʰi^{44}	tsɿ^{53}	tsʰɿ^{53}	tʂʅ^{53}	tʂʅ^{53}	ʂʅ^{44}	tɕʰi^{53}	tɕi^{44}
洪洞	pʰi^{53} 白 / pei^{53} 文	tsɿ^{42}	tsʰɿ^{33}	tsɿ^{21}	tsɿ^{42}	sɿ^{53}	tɕʰi^{42}/ tɕʰi^{33}	tɕʰi^{53} 白 / tɕi^{53} 文
洪洞赵城	pʰi^{53} 白 / pei^{53} 文	tsɿ^{21}	tsʰɿ^{24}	tsɿ^{42}	tsɿ^{42}	sɿ^{53}	tɕʰi^{42}	tɕʰi^{24}

续表

字目	被~子	紫	此	只~有	纸	是	企	技
中古音／方言点	皮彼 止开三 上纸並	将此 止开三 上纸精	雌氏 止开三 上纸清	诸氏 止开三 上纸章	诸氏 止开三 上纸章	承纸 止开三 上纸禅	丘弭 止开三 上纸溪	渠绮 止开三 上纸群
古县	pʰi^{53} 白 / pei^{53} 文	tsɿ^{42}	tsʰɿ^{42}	tsɿ^{42}	tsɿ^{42}	sɿ^{53}	tɕʰi^{42}	tɕi^{53}
襄汾	pʰi^{53}	tsɿ^{42}	tsʰɿ^{42}	tsɿ^{24}/tʂʅ^{42}	tsɿ^{42}	sɿ^{53}	tɕʰi^{42}	tɕi^{53}
浮山	pʰi^{53}	tsɿ^{33}	tsʰɿ^{33}	tʂʅ^{33}	tsɿ^{33}	sɿ^{44}	tɕʰi^{42}	tɕi^{53}
霍州	pʰi^{53}	tsɿ^{33}	tsʰɿ^{33}	tʂʅ^{212}	tsɿ^{33}	sɿ^{53}	tɕʰi^{33}	tɕi^{53}
翼城	pi^{53}	tsɿ^{44}	tsʰɿ^{44}	tʂʅ^{44}	tʂʅ^{44}	ʂʅ^{53}	tɕʰi^{44}	tɕi^{53}
闻喜	tʰi^{13}/pʰi^{13}	tsɿ^{33}	tsʰɿ^{33}	tsɿ^{53}	tsɿ^{33}	sɿ^{13}	tɕʰi^{53}	tɕi^{13}
侯马	pei^{53}	tsɿ^{44}	tsʰɿ^{44}	tʂʅ^{44}	tʂʅ^{44}	ʂʅ^{53}	tɕʰi^{44}	tɕi^{53}
新绛	pʰi^{53}	tsɿ^{44}	tsʰɿ^{53}	tsɿ^{44}	tsɿ^{44}	sɿ^{53}	tɕʰi^{13}	tɕi^{53}
绛县	pʰi^{53}	tsɿ^{33}	tsʰɿ^{31}	tʂʅ^{33}	tʂʅ^{33}	ʂʅ^{33}	tɕʰi^{33}	tɕi^{31}
垣曲	pʰi^{53}	tsɿ^{44}	tsʰɿ^{44}	tʂʅ^{44}	tsɿ^{44}	sɿ^{53}	tɕʰi^{44}	tɕi^{53}
夏县	pʰi^{31} 白 / pei^{31} 文	tsɿ^{24}	tsʰɿ^{42}	tʂʅ^{42}	tʂʅ^{24}	ʂʅ^{31}	tɕʰi^{24}	tɕʰi^{31} 白 / tɕi^{31} 文
万荣	pʰei^{33}	tsɿ^{55}	tsʰɿ^{33}	tsɿ^{213}	tsɿ^{55}	sɿ^{33}	tɕʰi^{213}	tɕʰi^{213}
稷山	pʰi^{42}	tsɿ^{44}	tsʰɿ^{44}	tʂʅ^{44}	tʂʅ^{44}	ʂʅ^{42}	tɕʰi^{44}	tɕi^{42}
盐湖	pʰi^{44} 白 / pei^{44} 文	tsɿ^{53}	tsʰɿ^{53}	tsɿ^{53}	tsɿ^{53}	ʂʅ^{44}	tɕʰi^{53}	tɕi^{53}
临猗	pʰi^{44} 白 / pei^{44} 文	tsɿ^{53}	tsʰɿ^{53}	tsɿ^{53}	tsɿ^{53}	sɿ^{44}	tɕʰi^{53}	tɕi^{44}
河津	pʰei^{44}	tsɿ^{53}	tsʰɿ^{44}	tsɿ^{324}	tsɿ^{53}	sɿ^{44}	tɕʰi^{324}	tɕʰi^{324}
平陆	pʰi^{33} 白 / pei^{33} 文	tsɿ^{55}	tsʰɿ^{55}	tsɿ^{55}	tsɿ^{55}	sɿ^{33}	tɕʰi^{55}	tɕʰi^{33}/tɕi^{33}
永济	pʰi^{44}	tsɿ^{53}	tsʰɿ^{53}	tsʰɿ^{53} 白 / tʂʅ^{31} 文	tʂʅ^{53}	ʂʅ^{44}	tɕʰi^{53}	tɕʰi^{31} 白 / tɕi^{44} 文
芮城	pʰi^{44} 白 / pʰei^{44} 文	tsɿ^{53}	tsʰɿ^{53}	tsɿ^{53}	tsɿ^{53}	sɿ^{44}	tɕʰi^{53}	tɕʰi^{44} 白 / tɕi^{44} 文
吉县	pi^{33}	tsɿ^{53}	tsʰɿ^{33}	tsɿ^{53}	tsɿ^{53}	sɿ^{33}	tɕʰi^{13}	tɕi^{33}
乡宁	pʰi^{22} 白 / pei^{22} 文	tsɿ^{44}	tsʰɿ^{44}	tsɿ^{44}	tsɿ^{44}	sɿ^{22}	tɕʰi^{44}	tɕi^{22}
广灵	pi^{213}	tsɿ^{44}	tsʰɿ^{44}	tsɿ^{44}	tsɿ^{44}	sɿ^{213}	tɕʰi^{44}	tɕi^{213}

字目	妓	蚁	倚	椅	既	气	汽	秘
中古音 / 方言点	渠绮 止开三 上纸群	鱼倚 止开三 上纸疑	於绮 止开三 上纸影	於绮 止开三 上纸影	居豙 止开三 去未见	去既 止开三 去未溪	丘既 止开三 去未溪	兵媚 止开三 去至帮
北京	tɕi^{51}	i^{214}	i^{214}	i^{214}	tɕi^{51}	tɕʰi^{51}	tɕʰi^{51}	mi^{51}
小店	tɕi^{24}	i^{53}	i^{53}	i^{53}	——	tɕʰi^{24}	tɕʰi^{24}	——
尖草坪	tɕi^{35}	i^{312}	i^{312}	i^{312}	tɕi^{35}	tɕi^{35}	tɕʰi^{35}	mi^{35}
晋源	tɕi^{35}	i^{11}	i^{42}	i^{42}	tɕi^{35}	tɕʰi^{35}	tɕʰi^{35}	miəʔ^{2}
阳曲	tɕi^{454}	i^{312}	i^{312}	i^{312}	tɕi^{454}	tɕʰi^{454}	tɕʰi^{454}	pi^{454}
古交	tɕi^{53}	i^{312}	i^{312}	i^{312}	tɕi^{53}	tɕʰi^{53}	tɕʰi^{53}	miəʔ^{4}
清徐	tɕi^{45}	i^{54}	i^{54}	i^{54}	tɕi^{45}	tɕʰi^{45}	tɕʰi^{45}	mi^{45}
娄烦	tɕi^{54}	i^{312}	i^{312}	i^{312}	tɕi^{54}	tɕʰi^{54}	tɕʰi^{54}	mi^{54}
榆次	tɕi^{35}	i^{11}	i^{53}	i^{53}	tɕi^{35}	tɕʰi^{35}	tɕʰi^{35}	mi^{35}
交城	tɕi^{24}	i^{24}	i^{11}	i^{53}	tɕi^{24}	tɕʰi^{24}	tɕʰi^{24}	miəʔ^{1}
文水	tsɿ^{35}	ɿ^{423}	ɿ^{423}	ɿ^{423}	tsɿ^{35}	tsʰɿ^{35}	tsʰɿ^{35}	miəʔ^{2}
祁县	tsɿ^{45}	ɿ^{45}	ɿ^{314}	ɿ^{314}	tsɿ^{45}	tsʰɿ^{45}	tsʰɿ^{45}	miəʔ$^{\underline{32}}$
太谷	tɕi^{53}	i^{53}	i^{312}	i^{312}	tɕi^{53}	tɕʰi^{53}	tɕʰi^{53}	mi^{53}
平遥	tɕi^{24}	i^{24}	——	i^{512}	tɕi^{24}	tɕʰi^{24}	tɕʰi^{24}	miʌʔ$^{\underline{523}}$
孝义	tɕi^{454}	i^{454}	i^{312}	i^{312}	tɕi^{454}	tɕʰi^{454}	tɕʰi^{454}	miəʔ^{3}
介休	tɕi^{45}	i^{423}	i^{423}	iʌʔ$^{\underline{312}}$ 白 / i^{423} 文	tɕi^{45}	tɕʰi^{45}	tɕʰi^{45}	miʌʔ$^{\underline{312}}$
灵石	tɕi^{53}	i^{212}	i^{212}	i^{212}	tɕi^{53}	tɕʰi^{53}	tɕʰi^{53}	miəʔ^{4}
盂县	tɕi^{55}	i^{53}	i^{53}	i^{53}	tɕi^{55}	tɕʰi^{55}	tɕʰi^{55}	miəʔ^{2}
寿阳	tsɿ^{45}	zɿ^{53}	zɿ^{53}	zɿ^{53}	tsɿ^{45}	tsʰɿ^{45}	tsʰɿ^{45}	miəʔ^{2}
榆社	tsɿ^{45}	zɿ^{312}	zɿ^{22}	zɿ^{312}	tsɿ^{45}	tsʰɿ^{45}	tsʰɿ^{45}	mɿ^{45}
离石	tsɿ^{53}	zɿ^{312}	zɿ^{312}	zɿ^{312}	tsɿ^{53}	tsʰɿ^{53}	tsʰɿ^{53}	mieʔ$^{\underline{23}}$
汾阳	tsɿ^{55}	zɿ^{312}	zɿ^{312}	zɿ^{312}	tsɿ^{55}	tsʰɿ^{55}	tsʰɿ^{55}	mieʔ$^{\underline{312}}$
中阳	tɕi^{53}	i^{423}	i^{423}	i^{423}	tɕi^{53}	tɕʰi^{53}	tɕʰi^{53}	mieʔ$^{\underline{312}}$
柳林	tɕi^{53}	i^{312}	i^{312}	i^{312}	tɕi^{53}	tɕʰi^{53}	tɕʰi^{53}	miɛʔ$^{\underline{423}}$
方山	tɕi^{52}	i^{312}	i^{312}	i^{312}	tɕi^{52}	tɕʰi^{52}	tɕʰi^{52}	miɛʔ$^{\underline{23}}$
临县	tɕi^{52}	i^{33}	i^{312}	i^{312}	tɕi^{52}	tɕʰi^{52}	tɕʰi^{52}	mi^{52}
兴县	tɕi^{53}	i^{324}	i^{324}	i^{324}	tɕi^{53}	tɕʰi^{53}	tɕʰi^{53}	miəʔ^{5}
岚县	tɕi^{53}	i^{312}	i^{312}	i^{312}	tɕi^{53}	tɕʰi^{53}	tɕʰi^{53}	miəʔ^{4}
静乐	tɕi^{53}	i^{314}	i^{314}	i^{314}	tɕi^{53}	tɕʰi^{53}	tɕʰi^{53}	miəʔ$^{\underline{212}}$
交口	tɕi^{53}	i^{323}	i^{323}	i^{323}	tɕi^{53}	tɕʰi^{53}	tɕʰi^{53}	mieʔ^{4}
石楼	tɕi^{51}	i^{213}	——	i^{213}	tɕi^{51}	tɕʰi^{51}	tɕʰi^{51}	miəʔ^{4}

续表

字目	妓	蚁	倚	椅	既	气	汽	秘
中古音 方言点	渠绮 止开三 上纸群	鱼倚 止开三 上纸疑	於绮 止开三 上纸影	於绮 止开三 上纸影	居豙 止开三 去未见	去既 止开三 去未溪	丘既 止开三 去未溪	兵媚 止开三 去至帮
隰县	tɕi^{44}	i^{21}	i^{21}	ȵi^{21}	tɕi^{44}	tɕʰi^{44}	tɕʰi^{44}	mi^{44}
大宁	tɕi^{55}	i^{31}	i^{31}	ni^{31} 白 /i^{31} 文	tɕi^{55}	tɕi^{55}	tɕi^{55}	——
永和	tɕi^{53}	i^{53}	i^{35}	i^{35}	tɕi^{53}	tɕʰi^{53}	tɕʰi^{53}	miəʔ$^{\underline{312}}$
汾西	tɕʑ̍^{55}/tɕʑ̍^{53} 白	ʑ̍^{55}	——	nʑ̍^{33}	tɕʑ̍^{55}	tɕʰʑ̍^{55}	tɕʰʑ̍^{55}	miəʔ^{1}
蒲县	tɕi^{33}	i^{31}	i^{31}	i^{31}	tɕi^{52}	tɕʰi^{33}	tɕʰi^{33}	mi^{52}
潞州	tɕi^{54}	i^{535}	i^{535}	i^{535}	tɕi^{44}	tɕʰi^{44}	tɕʰi^{44}	miəʔ$^{\underline{53}}$
上党	tɕi^{535}	i^{535}	i^{535}	i^{535}	tɕi^{42}	tɕʰi^{22}	tɕʰi^{22}	mi^{22}
长子	tɕi^{422}	i^{434}	i^{434}	i^{434}	tɕi^{422}	tɕʰi^{422}	tɕʰi^{422}	miəʔ^{4}
屯留	tɕi^{11}	i^{11}	i^{31}	i^{43}	tɕi^{53}	tɕʰi^{53}	tɕʰi^{53}	miəʔ^{1}
襄垣	tɕi^{45}	i^{33}	——	i^{42}	tɕi^{45}	tɕʰi^{53}	tɕʰi^{53}	mi^{53}
黎城	ci^{53}	i^{33}	i^{33}	i^{33}	ci^{53}/tɕiɤʔ^{2}	cʰi^{53}	cʰi^{422}	miɤʔ^{2}
平顺	ci^{53}	i^{434}	i^{434}	i^{434}	ci^{53}	cʰi^{53}	cʰi^{53}	mi^{53}
壶关	ci^{353}	i^{535}	i^{535}	i^{535}	ci^{42}	cʰi^{42}	cʰi^{42}	mi^{42}
沁县	tsɿ^{53}	zɿ^{33}	zɿ^{214}	zɿ^{214}	tsɿ^{53}	tsʰɿ^{53}	tsʰɿ^{53}	miəʔ$^{\underline{31}}$
武乡	tsɿ^{55}	zɿ^{213}	zɿ^{213}	zɿ^{213}	tsɿ^{55}	tsʰɿ^{55}	tsʰɿ^{55}	miəʔ^{3}
沁源	tɕi^{53}	i^{324}	i^{324}	i^{324}	tɕi^{53}	tɕʰi^{53}	tɕʰi^{53}	miəʔ^{31}
安泽	tɕi^{53}	i^{42}	——	i^{42}	tɕi^{53}	tɕʰi^{53}	tɕʰi^{53}	mi^{53}
沁水端氏	tɕi^{53}	i^{31}	i^{21}	i^{31}	tɕi^{53}	tɕʰi^{53}	tɕʰi^{53}	miəʔ^{2}
阳城	ci^{51}	i^{224}	i^{212}	i^{212}	ci^{51}	cʰi^{51}	cʰi^{51}	mi^{51}
高平	ci^{53}	i^{53}	i^{33}	i^{212}	ci^{53}	cʰi^{53}	cʰi^{53}	miəʔ^{2}
陵川	ci^{24}	i^{312}	i^{312}	i^{312}	ci^{24}	cʰi^{24}	cʰi^{24}	mi^{24}
晋城	tɕi^{53}	i^{213}	i^{213}	iə^{213}	tɕi^{53}	tɕʰi^{53}	tɕʰi^{53}	miəʔ^{2}
忻府	tɕi^{53}	i^{313}	i^{313}	i^{313}	tɕi^{53}	tɕʰi^{53}	tɕʰi^{53}	miəʔ$^{\underline{32}}$
原平	tɕi^{53}	i^{213}	i^{213}	i^{213}	tɕi^{53}	tɕʰi^{53}	tɕʰi^{53}	miəʔ$^{\underline{34}}$
定襄	tɕi^{53}	i^{24}	i^{24}	i^{24}	tɕi^{53}	tɕʰi^{53}	tɕʰi^{53}	mi^{53}
五台	tɕi^{52}	i^{52}	i^{213}	i^{213}	tɕi^{52}	tɕʰi^{52}	tɕʰi^{52}	miəʔ^{3}
岢岚	tɕi^{52}	i^{13}	i^{13}	i^{13}	tɕi^{52}	tɕʰi^{52}	tɕʰi^{52}	miɛʔ^{4}
五寨	tɕi^{52}	i^{13}	i^{13}	i^{13}	tɕi^{52}	tɕʰi^{52}	tɕʰi^{52}	miəʔ^{4}
宁武	tɕi^{52}	——	i^{213}	i^{213}	tɕi^{52}	tɕi^{52}	tɕi^{52}	miəʔ^{4}
神池	tɕi^{52}	i^{13}	i^{13}	i^{13}	tɕi^{52}	tɕʰi^{52}	tɕʰi^{52}	miəʔ^{4}

续表

字目	妓	蚁	倚	椅	既	气	汽	秘
中古音 方言点	渠绮 止开三 上纸群	鱼倚 止开三 上纸疑	於绮 止开三 上纸影	於绮 止开三 上纸影	居豖 止开三 去未见	去既 止开三 去未溪	丘既 止开三 去未溪	兵媚 止开三 去至帮
繁峙	tɕi^{24}	i^{53}	i^{53}	i^{53}	tɕi^{24}	tɕʰi^{24}	tɕʰi^{24}	miəʔ$^{\underline{13}}$ 白 / mi^{31} 文
代县	tɕi^{53}	i^{213}	i^{213}	i^{213}	tɕi^{53}	tɕʰi^{53}	tɕʰi^{53}	miəʔ^{2}
河曲	tɕi^{52}	i^{213}	i^{213}	i^{213}	tɕi^{52}	tɕʰi^{52}	tɕʰi^{52}	miəʔ^{4}
保德	tɕi^{52}	i^{213}	i^{213}	i^{213}	tɕi^{52}	tɕʰi^{52}	tɕʰi^{52}	mi^{52}
偏关	tsɿ^{52}	ɿ^{213}	ɿ^{213}	ɿ^{213}	tsɿ^{52}	tsʰɿ^{52}	tsʰɿ^{52}	mɿ^{44}
朔城	tɕi^{53}	i^{312}	i^{312}	i^{312}	tɕi^{53}	tɕʰi^{53}	tɕʰi^{53}	miəʔ$^{\underline{35}}$
平鲁	tɕi^{52}	i^{52}	i^{52}	i^{52}	tɕi^{213}	tɕʰi^{52}	tɕʰi^{52}	miəʔ$^{\underline{34}}$
应县	tɕi^{24}	i^{54}	i^{54}	i^{54}	tɕi^{24}	tɕʰi^{24}	tɕʰi^{24}	mieʔ$^{\underline{43}}$
灵丘	tɕi^{53}	i^{442}	i^{442}	i^{442}	tɕi^{53}	tɕʰi^{53}	tɕʰi^{53}	mi^{53}
浑源	tɕi^{13}	i^{52}	i^{52}	i^{52}	tɕi^{13}	tɕʰi^{13}	tɕʰi^{13}	miəʔ^{4}
云州	tɕi^{24}	i^{55}	i^{55}	i^{55}	tɕi^{24}	tɕʰi^{24}	tɕʰi^{24}	miəʔ^{4}
新荣	tɕi^{24}	i^{54}	i^{32}	i^{54}	tɕi^{24}	tɕʰi^{24}	tɕʰi^{24}	miəʔ^{4}
怀仁	tɕi^{24}	i^{53}	i^{53}	i^{53}	tɕi^{24}	tɕʰi^{24}	tɕʰi^{24}	miəʔ^{4}
左云	tɕi^{24}	i^{54}	i^{54}	i^{54}	tɕi^{24}	tɕʰi^{24}	tɕʰi^{24}	mi^{24}
右玉	tɕi^{24}	i^{212}	i^{212}	i^{53}	tɕi^{24}	tɕʰi^{24}	tɕʰi^{24}	miəʔ^{4}
阳高	tɕi^{24}	i^{53}	i^{53}	i^{53}	tɕi^{24}	tɕʰi^{24}	tɕʰi^{24}	miəʔ^{3}
山阴	——	i^{313}	i^{52}	i^{52}	tɕi^{335}	tɕʰi^{335}	tɕʰi^{335}	mi^{335}
天镇	tɕi^{24}	i^{24}	i^{31}	i^{55}	tɕi^{24}	tɕʰi^{24}	tɕʰi^{24}	miəʔ^{4}
平定	tɕi^{24}	i^{53}	i^{53}	i^{53}	tɕi^{24}	tɕʰi^{24}	tɕʰi^{24}	miəʔ$^{\underline{23}}$
昔阳	tɕi^{13}	i^{55}	i^{55}	i^{55}	tɕi^{13}	tɕʰi^{13}	tɕʰi^{13}	mi^{13}
左权	tɕi^{53}	i^{42}	——	i^{42}	tɕi^{53}	tɕʰi^{53}	tɕʰi^{53}	mieʔ^{1}
和顺	tɕi^{13}	i^{53}	i^{53}	i^{53}	tɕi^{13}	tɕʰi^{13}	tɕʰi^{13}	mieʔ$^{\underline{21}}$
尧都	tɕi^{44}	i^{53}	i^{53}	ȵi^{53}	tɕi^{44}	tɕʰi^{44}	tɕʰi^{44}	mi^{44}
洪洞	tɕi^{33}	i^{42}	i^{21}	ȵi^{42} 白 / i^{42} 文	tɕi^{33}	tɕʰi^{33}	tɕʰi^{33}	mi^{21}
洪洞赵城	tɕʰi^{24}	i^{42}	——	ȵi^{42}	tɕi^{53}	tɕʰi^{24}	tɕʰi^{24}	mi^{21}
古县	tɕi^{53}	i^{42}	i^{42}	ȵi^{42}	tɕi^{53}	tɕʰi^{35}	tɕʰi^{35}	mi^{53}
襄汾	tɕi^{53}	i^{42}	i^{42}	i^{42}	tɕi^{44}	tɕʰi^{44}	tɕʰi^{44}	mi^{53}
浮山	tɕi^{53}	i^{33}	i^{33}	i^{33}	tɕi^{44}	tɕʰi^{44}	tɕʰi^{44}	mi^{53}
霍州	tɕi^{53}	i^{33}	i^{33}	i^{33}	tɕi^{55}	tɕʰi^{55}	tɕʰi^{55}	mi^{55}
翼城	tɕi^{53}	i^{44}	i^{44}	i^{44}	tɕi^{53}	tɕʰi^{53}	tɕʰi^{53}	pʰi^{53}

续表

字目	妓	蚁	倚	椅	既	气	汽	秘
中古音 / 方言点	渠绮 止开三 上纸群	鱼倚 止开三 上纸疑	於绮 止开三 上纸影	於绮 止开三 上纸影	居豙 止开三 去未见	去既 止开三 去未溪	丘既 止开三 去未溪	兵媚 止开三 去至帮
闻喜	tɕi^{13}	i^{33}	i^{33}	ȵi^{33}	——	tɕʰi^{13}	——	——
侯马	tɕi^{53}	i^{44}	i^{44}	i^{44}	tɕi^{53}	tɕʰi^{53}	tɕʰi^{53}	mi^{53}
新绛	tɕi^{53}	i^{44}	ȵi^{53}	i^{53}	tɕi^{53}	tɕʰi^{53}	tɕʰi^{53}	mi^{53}
绛县	tɕi^{31}	i^{33}	i^{33}	i^{33}	tɕi^{31}	tɕʰi^{31}	tɕʰi^{31}	mi^{31}
垣曲	tɕi^{53}	i^{44}	i^{44}	ȵi^{44}	tɕi^{53}	tɕʰi^{53}	tɕʰi^{53}	mi^{53}
夏县	tɕi^{31}	i^{24}	——	ȵi^{24} 白 /i^{42} 文	tɕi^{31}	tɕʰi^{31}	tɕʰi^{31}	mi^{31}
万荣	tɕi^{51}	i^{55}	i^{51}	ȵi^{55}	tɕi^{33}	tɕʰi^{33}	tɕʰi^{33}	mei^{51}
稷山	tɕi^{42}	i^{42}	ȵi^{44}	ȵi^{44}	tɕi^{42}	tɕʰi^{42}	tɕʰi^{42}	mi^{42}
盐湖	tɕi^{53}	i^{53}	ȵi^{53}	ȵi^{53}	tɕi^{44}	tɕʰi^{44}	tɕʰi^{44}	——
临猗	tɕi^{44}	i^{53}	ȵi^{53}	ȵi^{53}	tɕi^{44}	tɕʰi^{44}	tɕʰi^{44}	mi^{44}
河津	tɕʰi^{324}	i^{53}	i^{53}	i^{53}	tɕi^{324}	tɕʰi^{44}	tɕʰi^{44}	mi^{44}
平陆	tɕi^{33}	i^{55}	i^{55}	ȵi^{55}	tɕi^{33}	tɕʰi^{33}	tɕʰi^{33}	pi^{33}/pʰi^{33}/mi^{33}
永济	tɕʰi^{44} 白 /tɕi^{44} 文	i^{53}	i^{53}	i^{53}	tɕi^{44}	tɕʰi^{44}	tɕʰi^{44}	mi^{31}
芮城	tɕʰi^{44} 白 /tɕi^{44} 文	i^{53}	i^{42}	ȵieĩ^{53} 白 /ȵi^{53} 文	tɕi^{44}	tɕʰi^{44}	tɕʰi^{44}	mei^{42} 白 /mi^{42} 文
吉县	tɕʰi^{13}	i^{33}	ni^{33}	ni^{53}	tɕi^{423}	tɕʰi^{33}	tɕʰi^{33}	mi^{423}
乡宁	tɕi^{22}	i^{44}	i^{44}	ȵi^{44}	tɕi^{22}	tɕʰi^{22}	tɕʰi^{22}	mi^{22}
广灵	tɕi^{213}	i^{44}	i^{44}	i^{44}	tɕi^{213}	tɕʰi^{213}	tɕʰi^{213}	mi^{213}

山西方音字汇

（第三卷）

乔全生 著

SSAP
社会科学文献出版社
SOCIAL SCIENCES ACADEMIC PRESS (CHINA)

字目	屁	鼻	篦	备	地	腻	利	痢
中古音／方言点	匹寐 止开三 去至滂	毗至 止开三 去至並	毗至 止开三 去至並	平秘 止开三 去至並	徒四 止开三 去至定	女利 止开三 去至泥	力至 止开三 去至来	力至 止开三 去至来
北京	pʰi^{51}	pi^{35}	pi^{51}	pei^{51}	ti^{51}	ni^{51}	li^{51}	li^{51}
小店	pʰi^{24}	piəʔ$^{\underline{54}}$	pi^{24}	pei^{24}	ti^{24}	ȵi^{24}	li^{24}	li^{24}
尖草坪	pʰi^{35}	piəʔ$^{\underline{43}}$	pi^{35}	pi^{35}	ti^{35}	ni^{35}	li^{35}	li^{35}
晋源	pʰi^{35}	pəʔ$^{\underline{43}}$/ piəʔ$^{\underline{43}}$	pin^{11}	pi^{35}	ti^{35}	ȵi^{35}	li^{35}	li^{35}
阳曲	pʰi^{454}	piɛʔ$^{\underline{212}}$	pi^{454}	pi^{454}	ti^{454}	ȵi^{454}	li^{454}	li^{454}
古交	pʰi^{53}	piəʔ^{4}	piəʔ^{4} 白 / pi^{53} 文	pi^{53}	ti^{53}	ȵi^{53}	li^{53}	li^{53}
清徐	pʰi^{45}	piəʔ$^{\underline{54}}$	pi^{45}	pi^{45}	ti^{45}	ni^{45}	li^{45}	li^{45}
娄烦	pʰi^{54}	pi^{33}	pi^{54}	pi^{54} 白 / pei^{54} 文	ti^{54}	ȵi^{54}	li^{54}	li^{54}
榆次	pʰi^{35}	piəʔ$^{\underline{53}}$	pi^{35}	pɛe^{35}	ti^{35}	ni^{35}	li^{35}	li^{35}
交城	pʰi^{24}	pəʔ$^{\underline{53}}$/piəʔ$^{\underline{53}}$	pi^{24}	pi^{24}	ti^{24}	niəʔ^{1}	li^{24}	li^{24}
文水	pʰʅ^{35}	piəʔ$^{\underline{312}}$	pʅ^{35}	pʅ^{35} 白 / peɪ^{35} 文	tʅ^{35}	nzʅ^{35} 老 / ȵiəʔ^{2} 新	lʅ^{35}	liəʔ^{2}/lʅ^{35}
祁县	pʰʅ^{45}	piəʔ$^{\underline{324}}$	pʅ^{45}	pʅ^{45}	tʅ^{45}	ȵʅ^{45}	lʅ^{45}	lʅ^{45}
太谷	pʰi^{53}	piəʔ$^{\underline{423}}$	pi^{53}	pi^{53}	ti^{53}	ȵi^{53}	li^{53}	li^{53}
平遥	pʰi^{24}	piʌʔ$^{\underline{523}}$	pi^{24}	pi^{24}	ti^{24}	ȵi^{24}	li^{24}	li^{24}
孝义	pʰi^{454}	piəʔ^{3}	pi^{454}	pi^{454}	ti^{454}	nzʅ^{454}	lei^{454}	lei^{454}
介休	pʰi^{45}	piʌʔ$^{\underline{312}}$/ pʌʔ$^{\underline{312}}$	pi^{45}	pi^{45} 白 / pai^{45} 文	tei^{45}	ȵi^{45}	lei^{45}	lei^{45}
灵石	pʰi^{53}	pʰiəʔ$^{\underline{212}}$	——	pi^{53}/pei^{53}	ti^{53}	ni^{53}	li^{53}	li^{53}
盂县	pi^{55}	piəʔ$^{\underline{53}}$	pi^{55}	pi^{55}	ti^{55}	ȵi^{55}	lei^{55}	lei^{55}
寿阳	pʰʅ^{45}	piəʔ$^{\underline{54}}$	pʅ^{45}	pʅ^{45}	tsʅ^{45}	mʅ^{45}	lei^{45}	lei^{45}
榆社	pʰʅ^{45}	——	——	——	tei^{45}	mʅ^{45}	lei^{45}	lei^{45}
离石	pʰʅ^{53}	pʰieʔ$^{\underline{23}}$	pʅ^{53}	pʅ^{53}	tʅ^{53}	mʅ^{53}	li^{53}	li^{53}
汾阳	pʰʅ^{55}	pieʔ$^{\underline{312}}$	pʅ^{55}	pei^{55}	tʅ^{55}	nzʅ^{55}	lʅ^{55}	lʅ^{55}
中阳	pʰi^{53}	pʰieʔ$^{\underline{312}}$	pi^{53}	pi^{53}	ti^{53}	ni^{53}	li^{53}	li^{53}
柳林	pʰi^{53}	pʰiɛʔ$^{\underline{423}}$	pi^{53}	pi^{53}	ti^{53}	ni^{53}	li^{53}	li^{53}
方山	pʰi^{52}	pʰiɛʔ$^{\underline{23}}$	pi^{52}	pi^{52}	ti^{52}	ni^{52}	li^{52}	li^{52}
临县	pʰi^{52}	pʰiɐʔ$^{\underline{24}}$	pi^{52}	pi^{52}	ti^{52}	ni^{52}	lei^{52}	lei^{52}
兴县	pʰi^{53}	pʰiəʔ$^{\underline{312}}$ 白 / pi^{324} 文	pi^{53}	pi^{53}	ti^{53}	ni^{53}	li^{53}	——
岚县	pʰi^{53}	pəʔ^{4}/pʰiəʔ$^{\underline{312}}$	pi^{53}	pi^{53}	ti^{53}	ȵi^{53}	li^{53}	li^{53}

续表

字目 中古音 / 方言点	屁	鼻	篦	备	地	腻	利	痢
中古音	匹寐 止开三 去至滂	毗至 止开三 去至並	毗至 止开三 去至並	平秘 止开三 去至並	徒四 止开三 去至定	女利 止开三 去至泥	力至 止开三 去至来	力至 止开三 去至来
静乐	pʰi^{53}	piəʔ$^{\underline{212}}$	pi^{53}	pi^{53} 白	ti^{53}	ȵi^{53}	li^{53}	li^{53}
交口	pʰi^{53}	pʰieʔ$^{\underline{212}}$	pi^{53}	pei^{53}	ti^{53}	ȵieʔ^{4}	li^{53}	li^{53}
石楼	pʰi^{51}	pʰiəʔ$^{\underline{213}}$	pi^{51}	pi^{51}	ti^{51}	zɿ^{51} 白 / ȵi^{51} 文	li^{51}	li^{51}
隰县	pʰi^{44}	pʰi^{24}	pi^{44}	pei^{44}	tʰi^{44} 白 /ti^{44} 文	ȵi^{44}	li^{44}	li^{44}
大宁	pʰi^{55}	pʰiəʔ^{4}	pi^{55}	——	tʰi^{55} 白 /ti^{55} 文	ni^{55}	li^{55}	li^{55}
永和	pʰi^{53}	piəʔ$^{\underline{312}}$	pi^{53}	pi^{53}	tʰi^{53} 白 /ti^{53} 文	ni^{53}	li^{53}	li^{53}
汾西	pʰʑ̍^{55}	pʰiəʔ^{3}	pʑ̍^{53}	pei^{53}/pʰʑ̍^{53} 白 / pʑ̍^{53} 文	tʰʑ̍^{53}	niə^{3}	lʑ̍^{53}	lʑ̍^{53}
蒲县	pʰi^{33}	pʰi^{33}	pi^{33}	pei^{33}	tʰi^{33}	ȵi^{33}	li^{33}	li^{33}
潞州	pʰi^{44}	piəʔ$^{\underline{53}}$	pi^{54}	pi^{54} 白 / pei^{54} 文	ti^{54}	ȵi^{54}	li^{54}	li^{54}
上党	pʰi^{22}	piəʔ$^{\underline{21}}$	pi^{42}/piəʔ$^{\underline{21}}$	pi^{42}	ti^{42}	ni^{42}	li^{42}	li^{42}
长子	pʰi^{422}	piəʔ$^{\underline{212}}$	pi^{53}	pi^{53} 白 / pei^{53} 文	ti^{53}	ȵi^{53}	li^{53}	li^{53}
屯留	pʰi^{53}	piəʔ$^{\underline{54}}$	pi^{11}	pi^{11} 白 / pei^{11} 文	ti^{11}	ȵi^{11}/i^{11}	li^{11}	li^{11}
襄垣	pʰi^{53}	piʌʔ$^{\underline{43}}$	pʰi^{42}	pi^{53}	ti^{45}	ȵi^{45}	li^{45}	li^{45}
黎城	pʰi^{53}	piɤʔ$^{\underline{31}}$	pi^{53}	pi^{53}	ti^{53}	ni^{53}	li^{53}	li^{53}
平顺	pʰi^{53}	piəʔ$^{\underline{423}}$	pi^{53}	pi^{53}	ti^{53}	ni^{53}	li^{53}	li^{53}
壶关	pʰi^{42}	pi^{13}	pi^{353}	pi^{42}	ti^{353}	ȵi^{353}	li^{353}	li^{353}
沁县	pʰɿ^{53}	piæʔ$^{\underline{31}}$	pɿ^{53}	pɿ^{53}	tsɿ^{53}	nɿ^{53}	əɭ^{53}	əɭ^{53}
武乡	pʰɿ^{55}	piəʔ$^{\underline{423}}$	pɿ^{55}	pɿ^{55}	tsɿ^{55}	nzɿ^{55}	l̩^{55}	l̩^{55}
沁源	pʰi^{53}	piəʔ$^{\underline{31}}$	pi^{53}	pi^{53}	ti^{53}	ȵi^{53}	li^{53}	li^{53}
安泽	pʰi^{53}	pi^{35}	pi^{53}	pei^{53}	tʰi^{53} 白 /ti^{53} 文	ȵi^{53}	li^{53}	li^{53}
沁水端氏	pʰi^{53}	piəʔ$^{\underline{54}}$	pi^{53}	pi^{53}	ti^{53}	ȵi^{53}	li^{53}	li^{53}
阳城	pʰi^{51}	pəʔ^{2} 白 / pio^{22} 文	pi^{51}	pai^{51}	ti^{51}	ni^{51}	li^{51}	li^{51}
高平	pʰi^{53}	piəʔ^{2}	pi^{53}	pi^{53}	ti^{53}	niə̃ĩ^{53}	li^{53}	li^{53}
陵川	pʰi^{24}	pi^{53}	pi^{24}	pei^{24}	ti^{24}	ni^{24}	li^{24}	li^{24}
晋城	pʰi^{53}	piəʔ^{2}	piəʔ^{2}	pi^{53}	ti^{53}	ni^{53}	li^{53}	li^{53}
忻府	pʰi^{53}	pʰiəʔ$^{\underline{32}}$	pi^{53}	pei^{53}	ti^{53}	ni^{53}	li^{53}	li^{53}
原平	pi^{53}	pʰiəʔ$^{\underline{34}}$	pi^{53}	pi^{53}	ti^{53}	ni^{53}	li^{53}	li^{53}

续表

字目	屁	鼻	篦	备	地	腻	利	痢
中古音 / 方言点	匹寐 止开三 去至滂	毗至 止开三 去至並	毗至 止开三 去至並	平秘 止开三 去至並	徒四 止开三 去至定	女利 止开三 去至泥	力至 止开三 去至来	力至 止开三 去至来
定襄	pʰi^{53}	pʰiaʔ^{1}	pi^{53}	pei^{53}	ti^{53}	ni^{53}	li^{53}	li^{53}
五台	pʰi^{52}	pʰiəʔ^{3}	pi^{52}	pi^{52}	ti^{52}	ni^{52}	li^{52}	li^{52}
岢岚	pʰi^{52}	piɛʔ^{4}	pi^{52}	pi^{52}	ti^{52}	ni^{52}	li^{52}	li^{52}
五寨	pʰi^{52}	piəʔ^{4}	pi^{52}	pi^{52}	ti^{52}	ni^{52}	li^{52}	li^{52}
宁武	pʰi^{52}	pʰiəʔ^{4}	pi^{52}	pi^{52}	ti^{52}	ni^{52}	li^{52}	li^{52}
神池	pʰi^{52}	piəʔ^{4}	pi^{52}	pɛe^{52}	ti^{52}	ȵi^{52}	li^{52}	li^{52}
繁峙	pʰi^{24}	pi^{53}	pi^{24}	pei^{24}	ti^{24}	ȵi^{24}	li^{24}	li^{24}
代县	pʰi^{53}	pi^{44}	pi^{53}	pi^{53}	ti^{53}	ni^{53}	li^{53}	li^{53}
河曲	pʰi^{52}	piəʔ^{4}	pi^{52}	pi^{52}	ti^{52}	ni^{52}	li^{52}	li^{52}
保德	pʰi^{52}	piəʔ^{4}	pi^{52}	pei^{52}	ti^{52}	ni^{52}	li^{52}	li^{52}
偏关	pʰʅ^{52}	pʅ^{52}	pʅ^{52}	pʅ^{52}	tsʅ^{52}	mʅ^{52}	lʅ^{52}	lʅ^{52}
朔城	pʰi^{53}	pi^{35}	——	pi^{53}	ti^{53}	ni^{53}	li^{53}	li^{53}
平鲁	pʰi^{52}	pi^{44}	pi^{52}	pi^{52}	ti^{52}	ni^{52}	li^{52}	li^{52}
应县	pʰi^{24}	pi^{31}	pi^{24}	pi^{24}	ti^{24}	ni^{24}	li^{24}	li^{24}
灵丘	pʰi^{53}	pi^{31}	pi^{53}	pei^{53}	ti^{53}	ni^{53}	li^{53}	li^{53}
浑源	pʰi^{13}	pi^{22}	——	pi^{13}	ti^{13}	ni^{13}	li^{13}	li^{13}
云州	pʰi^{24}	pi^{312}	piəʔ^{4}	pɛi^{24}	ti^{24}	ni^{24}	li^{24}	li^{24}
新荣	pʰi^{24}	pi^{312}	pi^{24}	pi^{24}	ti^{24}	ni^{24}	li^{24}	li^{24}
怀仁	pʰi^{24}	pi^{312}	piaʔ^{4}	pi^{24}	ti^{24}	ni^{24}	li^{24}	li^{24}
左云	pʰi^{24}	pi^{313}	pi^{24}	pi^{24} 白 / pɛi^{24} 文	ti^{24}	ni^{24}	li^{24}	li^{24}
右玉	pʰi^{24}	pi^{212}	——	pi^{24}	ti^{24}	ni^{24}	li^{24}	li^{24}
阳高	pʰi^{24}	pi^{24}	pi^{24}	pi^{24}	ti^{24}	ni^{24}	li^{24}	li^{24}
山阴	pʰi^{335}	piəʔ^{4}	——	pi^{335}	ti^{335}	ni^{335}	li^{335}	li^{335}
天镇	pʰi^{24}	piəʔ^{4}	——	pi^{24}	ti^{24}	ni^{24}	li^{24}	li^{24}
平定	pʰi^{24}	pəʔ^{4}/piəʔ^{4}	pi^{24}	pei^{24}	ti^{24}	ni^{24}	lei^{24}	lei^{24}
昔阳	pʰi^{13}	piʌʔ$^{\underline{43}}$	pi^{13}	pi^{13}	ti^{13}	ni^{13}	lei^{13}	lei^{13}
左权	pʰi^{53}	pəʔ^{1}/pieʔ^{1}	pi^{53}	pi^{53}	ti^{53}	ȵi^{53}	li^{53}	li^{53}
和顺	pʰi^{13}	pieʔ$^{\underline{21}}$	pi^{13}	pi^{13}	ti^{13}	ȵi^{13}	lei^{13}	lei^{13}
尧都	pʰi^{44}	pʰi^{24}	pi^{21}	pi^{44}	tʰi^{44}	ȵi^{44}	li^{44}	li^{44}
洪洞	pʰi^{33}	pʰi^{24}	pi^{53}	mi^{33} 白 / pei^{33} 文	ti^{53}	ȵi^{53}	li^{53}	li^{53}

续表

字目 / 中古音 / 方言点	屁	鼻	篦	备	地	腻	利	痢
中古音	匹寐 止开三 去至滂	毗至 止开三 去至並	毗至 止开三 去至並	平秘 止开三 去至並	徒四 止开三 去至定	女利 止开三 去至泥	力至 止开三 去至来	力至 止开三 去至来
洪洞赵城	p^{h}i^{24}	p^{h}i^{24}	pi^{53}	pi^{24}	t^{h}i^{53} 白 /ti^{53} 文	ȵi^{24}	li^{53}	li^{53}
古县	p^{h}i^{53}	p^{h}i^{42}	pi^{21}	pi^{53} 白 / pei^{53} 文	tɕ^{h}i^{53}	ȵi^{53}	li^{53}	li^{53}
襄汾	p^{h}i^{44}	p^{h}i^{24}	pi^{21}	pi^{44}	t^{h}i^{53} 白 /ti^{53} 文	ȵi^{53}	li^{53}	li^{53}
浮山	p^{h}i^{44}	p^{h}i^{44}	pi^{44}	pi^{44}	t^{h}i^{53}	ni^{53}	li^{53}	li^{53}
霍州	p^{h}i^{55}	p^{h}i^{35} 白 / pi^{35} 文	pi^{53}	pi^{55}	tɕ^{h}i^{53} 白 / t^{h}i^{53} 文	ȵi^{53}	li^{53}	li^{53}
翼城	p^{h}ei^{53}	pi^{12}	pi^{53}	pi^{53} 白 / pei^{53} 文	ti^{53}	t^{h}i^{53}	li^{53}	li^{53}
闻喜	t^{h}i^{53} 白 / p^{h}i^{53} 文	t^{h}i^{53} 白 / pi^{13} 文	p^{h}i^{53}	pi^{13}	t^{h}i^{13}	ȵi^{53}/ li^{13}	——	——
侯马	p^{h}i^{53}	pi^{213}	pei^{53} 白 / pi^{53} 文	pei^{53}	ti^{53}	ȵi^{53}	li^{53}	li^{53}
新绛	p^{h}i^{53}	p^{h}i^{13}	pi^{53}	pei^{53}	t^{h}i^{53}	ȵi^{13}	li^{53}	li^{53}
绛县	p^{h}i^{33}	p^{h}i^{53}/p^{h}i^{24}	pi^{31}	p^{h}i^{53}	t^{h}i^{53}	ȵi^{53}	li^{53}	li^{53}
垣曲	p^{h}i^{53}	p^{h}i^{22}	pi^{53}	pei^{53}	t^{h}i^{53} 白 /ti^{53} 文	ȵi^{53}	li^{53}	li^{53}
夏县	p^{h}i^{31}	p^{h}i^{42} 白 / pi^{42} 文	——	pi^{31} 白 / pei^{31} 文	t^{h}i^{31} 白 /ti^{31} 文	ȵi^{31}	li^{31}	li^{31}
万荣	p^{h}ei^{33}	p^{h}ei^{213}	pei^{51}	p^{h}ei^{33}	t^{h}i^{33}	ȵi^{33}	li^{33}	li^{33}
稷山	p^{h}i^{42}	p^{h}i^{13}	pi^{42}	pi^{42}	t^{h}i^{42}	ȵi^{42}	li^{53}	li^{42}
盐湖	p^{h}i^{44}	p^{h}i^{13}/p^{h}u^{13}	——	pei^{44}	ti^{44}	ȵi^{44}	li^{44}	li^{44}
临猗	p^{h}i^{44}	p^{h}u^{13} 白 / p^{h}i^{13} 文	pi^{44}	pi^{44} 白 / pei^{44} 文	t^{h}i^{44} 白 /ti^{44} 文	ȵi^{44}	li^{44}	li^{44}
河津	p^{h}ei^{44}	p^{h}ei^{324} 白 / pei^{324} 文	pei^{31}	pei^{44}	t^{h}i^{44} 白 /ti^{44} 文	ȵi^{44}	li^{44}	li^{44}
平陆	p^{h}i^{33}	p^{h}i^{13}	pei^{31}	pei^{33}	t^{h}i^{33}	ȵi^{33}	li^{33}	li^{33}
永济	p^{h}i^{44}	p^{h}i^{24}	pi^{31}	pi^{44}	t^{h}i^{44}	ȵi^{44}	li^{44}	li^{44}
芮城	p^{h}i^{44}	p^{h}u^{13} 白 / p^{h}i^{13} 文	pei^{42}	pei^{44}	t^{h}i^{44} 白 /ti^{44} 文	ȵi^{44}	li^{44}	li^{44}
吉县	p^{h}i^{33}	p^{h}i^{13}	——	pi^{33}	t^{h}i^{33} 白 /ti^{33} 文	ni^{33}	li^{33}	li^{33}
乡宁	p^{h}i^{22}	p^{h}i^{12}	pi^{22}	pi^{22}	t^{h}i^{22} 白 /ti^{22} 文	ȵi^{22}	li^{22}	li^{22}
广灵	p^{h}i^{213}	pi^{31}	pi^{213}	pi^{213}	ti^{213}	ni^{213}	li^{213}	li^{213}

字目	次	自	四	肆放~	致	质人~	稚	至
中古音 / 方言点	七四 止开三 去至清	疾二 止开三 去至从	息利 止开三 去至心	息利 止开三 去至心	陟利 止开三 去至知	陟利 止开三 去至知	直利 止开三 去至澄	脂利 止开三 去至章
北京	tsʰɿ^{51}	tsɿ^{51}	sɿ^{51}	sɿ^{51}	tʂʅ^{51}	tʂʅ^{51}	tʂʅ^{51}	tʂʅ^{51}
小店	tsʰɿ^{24}	tsɿ^{24}	sɿ^{24}	sɿ^{24}	tsɿ^{24}	tsəʔ^{1}	tsɿ^{24}	tsɿ^{24}
尖草坪	tsʰɿ^{35}	tsɿ^{35}	sɿ^{35}	sɿ^{35}	tsɿ^{35}	tsəʔ^{2}	tsɿ^{35}	tsɿ^{35}
晋源	tsʰɿ^{35}	tsɿ^{35}	sɿ^{35}	sɿ^{35}	tsɿ^{35}	tsəʔ^{2}	tsɿ^{35}	tsɿ^{35}
阳曲	tsʰɿ^{454}	tsɿ^{454}	sɿ^{454}	sɿ^{454}	tsɿ^{454}	tsəʔ^{4}	tsɿ^{454}	tsɿ^{454}
古交	tsʰɿ^{53}	tsɿ^{53}	sɿ^{53}	sɿ^{53}	tsɿ^{53}	tsɿ^{53}	tsɿ^{53}	tsɿ^{53}
清徐	tsʰɿ^{45}	tsɿ^{45}	sɿ^{45}	sɿ^{45}	tsɿ^{45}	tsəʔ^{1}	tsɿ^{45}	tsɿ^{45}
娄烦	tsʰɿ^{54}	tsɿ^{54}	sɿ^{54}	sɿ^{54}	tsɿ^{54}	tsɿ^{54}	tsɿ^{54}	tsɿ^{54}
榆次	tsʰɿ^{35}	tsɿ^{35}	sɿ^{35}	sɿ^{35}	tsɿ^{35}	tsɿ^{35}	tsɿ^{35}	tsɿ^{35}
交城	tsʰɿ^{24}	tsɿ^{24}	sɿ^{24}	sɿ^{24}	tsɿ^{24}	tsəʔ^{1} 白 / tsɿ^{24} 文	tsɿ^{24}	tsɿ^{24}
文水	tsʰɿ^{35}	tsɿ^{35}	sɿ^{35}	sɿ^{35}	tsɿ^{35}	tsɿ^{35}	tsɿ^{35}	tsɿ^{35}
祁县	tsʰɿ^{45}	tsɿ^{45}	sɿ^{45}	sɿ^{45}	tʂʅ^{45}	tʂəʔ$^{\underline{32}}$	tʂʅ^{45}	tsɿ^{45}
太谷	tsʰɿ^{53}	tsɿ^{53}	sɿ^{53}	sɿ^{53}	tsɿ^{53}	tsəʔ^{3}	tsɿ^{53}	tsɿ^{53}
平遥	tsʰɿ^{24}	tsɿ^{24}	sɿ^{24}	si^{24}	tʂʅ^{213}	tʂʌʔ$^{\underline{212}}$	tʂʅ^{24}	tsɿ^{24}
孝义	tsʰɿ^{454}	tsɿ^{454}	sɿ^{454}	sɿ^{454}	tʂʅ^{454}	tʂəʔ^{3}	tʂʅ^{454}	tsɿ^{454}
介休	tsʰɿ^{45}	tsɿ^{45}	sɿ^{45}	sɿ^{45}	tʂei^{45}	tʂʌʔ$^{\underline{12}}$	tʂei^{45}	tsɿ^{45}
灵石	tsʰɿ^{53}	tsɿ^{53}	sɿ^{53}	sɿ^{53}	tʂʅ^{53}	tʂʅ^{53}	tʂʅ^{53}	tsɿ^{53}
盂县	tsʰɿ^{55}	tsɿ^{55}	sɿ^{55}	sɿ^{55}	tsɿ^{55}	tsɿ^{55}	tsɿ^{55}	tsɿ^{55}
寿阳	tsʰɿ^{45}	tsɿ^{45}	sɿ^{45}	sɿ^{45}	tsɿ^{45}	tsəʔ^{2}	tsəʔ^{2}	tsɿ^{45}
榆社	tsʰɿ^{45}	tsɿ^{45}	sɿ^{45}	sɿ^{45}	tsɿ^{45}	tsɿ^{45}	tsɿ^{45}	tsɿ^{45}
离石	tsʰɿ^{53}	tsɿ^{53}	sɿ^{53}	sɿ^{53}	tʂʅr^{53}	tsəʔ^{4}	tʂʅr^{53}	tsɿ^{53}
汾阳	tsʰɿ^{55}	tsɿ^{55}	sɿ^{55}	sɿ^{55}	tʂʅ^{55}	tʂəʔ^{2}	tʂʅ^{55}	tʂʅ^{55}
中阳	tsʰɿ^{53}	tsɿ^{53}	sɿ^{53}	sɿ^{53}	tʂɤ^{53}	tsəʔ^{4}	tsɿ^{53}	tsɿ^{53}
柳林	tsʰɿ^{53}	tsɿ^{53}	sɿ^{53}	sɿ^{53}	tsɛe^{53}	tsəʔ^{4}	tsɛe^{53}	tsɿ^{53}
方山	tsʰɿ^{52}	tsɿ^{52}	sɿ^{52}	sɿ^{52}	tʂʅ^{52}	tʂəʔ^{4}	tʂʅ^{52}	tʂʅ^{52}
临县	tsʰɿ^{52}	tsɿ^{52}	sɿ^{52}	sɿ^{52}	tʂei^{52}	tʂiɐʔ^{3}	tʂei^{52}	tsɿ^{52}
兴县	tsʰɿ^{53}	tsɿ^{53}	sɿ^{53}	sɿ^{53}	tʂʅ^{53}	tʂəʔ^{5}	tʂʅ^{53}	tsɿ^{53}
岚县	tsʰɿ^{53}	tsɿ^{53}	sɿ^{53}	sɿ^{53}	tsɿ^{53}	tsəʔ^{4}	tsɿ^{53}	tsɿ^{53}
静乐	tsʰɿ^{53}	tsɿ^{53}	sɿ^{53}	sɿ^{53}	tsɿ^{314}	tsɿ^{24}	tsɿ^{53}	tsɿ^{53}
交口	tsʰɿ^{53}	tsɿ^{53}	sɿ^{53}	sɿ^{53}	tsɿ^{53}	——	tsɿ^{53}	tsɿ^{53}
石楼	tsʰɿ^{51}	tsi^{51}	sɿ^{51}	sɿ^{51}	tʂʅ^{51}	tʂəʔ^{4}	tʂʅ^{51}	tʂʅ^{51}

续表

字目	次	自	四	肆放~	致	质人~	稚	至
中古音 / 方言点	七四 止开三 去至清	疾二 止开三 去至从	息利 止开三 去至心	息利 止开三 去至心	陟利 止开三 去至知	陟利 止开三 去至知	直利 止开三 去至澄	脂利 止开三 去至章
隰县	tsʰɿ^{44}	tsʰɿ^{44}白 / tsɿ^{44}文	sɿ^{44}	sɿ^{44}	tsɿ^{44}	tsɿ^{44}	tsɿ^{44}	tsɿ^{44}
大宁	tsʰɿ^{55}	tsʰɿ^{55}	sɿ^{55}	sɿ^{55}	tʂʅ^{55}	——	tʂʅ^{55}	tsɿ^{55}
永和	tsʰɿ^{53}	tsʰɿ^{53}白 / tsɿ^{53}文	sɿ^{53}	sɿ^{53}	tʂʅ^{53}	tʂəʔ$^{\underline{35}}$	tʂʅ^{53}	tsɿ^{53}
汾西	tsʰɿ^{55}	tsʰɿ^{53}	sɿ^{55}	sɿ^{53}	——	——	tsɿ^{55}	tsɿ^{55}
蒲县	tsʰɿ^{31}	tsɿ^{33}	sɿ^{33}	sɿ^{33}	tʂʅ^{33}	tʂʅ^{33}	tʂʅ^{33}	tsɿ^{33}
潞州	tsʰɿ^{44}	tsɿ^{54}	sɿ^{44}	sɿ^{44}	tsɿ^{44}	tsɿ^{44}	tsɿ^{54}	tsɿ^{44}
上党	tsʰɿ^{22}	tsɿ^{42}	sɿ^{22}	sɿ^{22}	tsɿ^{22}	tɕiəʔ$^{\underline{21}}$	tsɿ^{42}	tsɿ^{22}
长子	tsʰɿ^{53}	tsɿ^{53}	sɿ^{422}	sɿ^{422}	tsɿ^{53}	tsɿ^{53}	tsɿ^{53}	tsɿ^{53}
屯留	tsʰɿ^{53}	tsɿ^{11}	sɿ^{53}	sɿ^{53}	tsɿ^{53}	tsɿ^{53}	tsɿ^{53}	tsɿ^{53}
襄垣	tsʰɿ^{53}	tsɿ^{45}	sɿ^{53}	sɿ^{53}	tsɿ^{45}	tsʌʔ^{3}	tsɿ^{45}	tsɿ^{45}
黎城	tsʰɿ^{53}	tsɿ^{53}	sɿ^{422}	sɿ^{422}	tɕi^{53}	tɕiɤʔ$^{\underline{31}}$	tsɿ^{53}	tsɿ^{53}
平顺	tsʰɿ^{13}	tsɿ^{53}	sɿ^{53}	sɿ^{53}	tɕi^{53}	tɕi^{53}	tɕi^{53}	tsɿ^{53}
壶关	tʂʰʅ^{42}	tʂʅ^{353}	ʂʅ^{42}	ʂʅ^{42}	tʃi^{42}	tʃiəʔ^{2}	tʃi^{353}	tʂʅ^{42}
沁县	tsʰɿ^{53}	tsɿ^{53}	sɿ^{53}	sɿ^{53}	tsɿ^{53}	tsəʔ^{31}	tsɿ^{53}	tsɿ^{53}
武乡	tsʰɿ^{55}	tsɿ^{55}	sɿ^{55}	sɿ^{55}	tsɿ^{55}	tsɿ^{55}	tsɿ^{55}	tsɿ^{55}
沁源	tsʰɿ^{53}	tsɿ^{53}	sɿ^{53}	sɿ^{53}	tʂʅ^{53}	tʂʅ^{53}	tʂʅ^{53}	tʂʅ^{53}
安泽	tsʰɿ^{51}	tsɿ^{53}	sɿ^{53}	sɿ^{53}	tsɿ^{53}	tsɿ^{21}	tsɿ^{53}	tsɿ^{53}
沁水端氏	tsʰɿ^{53}	tsɿ^{53}	sɿ^{53}	sɿ^{53}	tsɿ^{53}	tsəʔ^{2}	tsɿ^{53}	tsɿ^{53}
阳城	tsʰɿ^{51}	tsɿ^{51}	sɿ^{51}	sɿ^{51}	tʂʅ^{51}	tʂəʔ^{2}	tʂʅ^{51}	tʂʅ^{51}
高平	tʂʰʅ^{53}	tʂʅ^{53}	sɿ^{53}	——	tʂʅ^{53}	tʂʅ^{53}	tʂʅ^{53}	tʂʅ^{53}
陵川	tʂʰʅ^{24}	tʂʅ^{24}	ʂʅ^{24}	ʂʅ^{24}	tʂʅ^{24}	tʂʅ^{24}	tʂʅ^{24}	tʂʅ^{24}
晋城	tʂʰʅ^{53}	tʂʅ^{53}	ʂʅ^{53}	ʂʅ^{53}	tʂʅ^{53}	tʂəʔ^{2}	tʂʅ^{53}	tʂʅ^{53}
忻府	tsʰɿ^{53}	tsɿ^{53}	sɿ^{53}	sɿ^{53}	tʂʅ^{53}	tʂʅ^{53}	tʂʅ^{53}	tsɿ^{53}
原平	tsʰɿ^{53}	tsɿ^{53}	sɿ^{53}	sɿ^{53}	tsɿ^{53}	tʂəʔ$^{\underline{34}}$	tʂəʔ$^{\underline{34}}$	tsɿ^{53}
定襄	tsʰɿ^{53}	tsɿ^{53}	sɿ^{53}	sɿ^{53}	tʂʅ^{53}	tʂʅ^{53}	tʂʅ^{53}	tʂʅ^{53}
五台	tsʰɿ^{52}	tsɿ^{52}	sɿ^{52}	sɿ^{52}	tsɿ^{52}	tsəʔ^{3}	tsɿ^{52}	tsɿ^{52}
岢岚	tsʰɿ^{52}	tsɿ^{52}	sɿ^{52}	sɿ^{52}	tsɿ^{52}	tʂəʔ^{4}	tʂʅ^{52}	tsɿ^{52}
五寨	tsʰɿ^{52}	tsɿ^{52}	sɿ^{52}	sɿ^{52}	tsɿ^{52}	tsəʔ^{4}	tsɿ^{52}	tsɿ^{52}
宁武	tsʰɿ^{52}	tsɿ^{52}	sɿ^{52}	——	tsɿ^{52}	——	tsɿ^{52}	tsɿ^{52}
神池	tsɿ^{52}	tsɿ^{52}	sɿ^{52}	sɿ^{52}	tsɿ^{52}	tsɿ^{52}	tsɿ^{52}	tsɿ^{52}

续表

字目	次	自	四	肆放~	致	质人~	稚	至
中古音 / 方言点	七四 止开三 去至清	疾二 止开三 去至从	息利 止开三 去至心	息利 止开三 去至心	陟利 止开三 去至知	陟利 止开三 去至知	直利 止开三 去至澄	脂利 止开三 去至章
繁峙	tsʰɿ^{24}	tsɿ^{24}	sɿ^{24}	sɿ^{24}	tsɿ^{24}	tsəʔ$^{\underline{13}}$	tsɿ^{24}	tsɿ^{24}
代县	tsɿ^{53} 白 / tsʰɿ^{53} 文	tsɿ^{53}	sɿ^{53}	sɿ^{53}	tsɿ^{53}	tsəʔ^{2}	tsɿ^{53}	tsɿ^{53}
河曲	tsʰɿ^{52}	tsɿ^{52}	sɿ^{52}	sɿ^{52}	tsɿ^{52}	tsɿ^{52}	tʂʅ^{52}	tsɿ^{52}
保德	tsʰɿ^{52}	tsɿ^{52}	sɿ^{52}	sɿ^{52}	tʂʅ^{52}	tʂʅ^{52}	tʂʅ^{52}	tʂʅ^{52}
偏关	tsʰɿ^{52}	tsɿ^{52}	sɿ^{52}	sɿ^{52}	tʂʅ^{52}	tʂəʔ^{4}	tʂʅ^{52}	tsɿ^{52}
朔城	tsʰɿ^{53}	tsɿ^{53}	sɿ^{53}	sɿ^{53}	tsɿ^{53}	——	tsɿ^{53}	tsɿ^{53}
平鲁	tsʰɿ^{52}	tsɿ^{52}	sɿ^{52}	sɿ^{52}	tsɿ^{52}	tsəʔ$^{\underline{34}}$	tsɿ^{52}	tsɿ^{52}
应县	tsɿ^{24} 白	tsɿ^{24}	sɿ^{24}	sɿ^{24}	tsɿ^{24}	tsɿ^{24}	tsɿ^{24}	tsɿ^{24}
灵丘	tsʰɿ^{53}	tsɿ^{53}	sɿ^{53}	sɿ^{53}	tsɿ^{53}	tsəʔ^{5}	tsɿ^{53}	tsɿ^{53}
浑源	tsʰɿ^{13}	tsɿ^{13}	sɿ^{13}	sɿ^{13}	tsɿ^{13}	tsɿ^{13}/tsəʔ^{4}	tsɿ^{13}	tsɿ^{13}
云州	tsʰɿ^{24}	tsɿ^{24}	sɿ^{24}	sɿ^{24}	tʂʅ^{24}	tʂəʔ^{4}	tʂʅ^{24}	tʂʅ^{24}
新荣	tsʰɿ^{24}	tsɿ^{24}	sɿ^{24}	sɿ^{24}	tʂʅ^{24}	tʂəʔ^{4}	tʂʅ^{24}	tsɿ^{24}
怀仁	tsɿ^{24}	tsɿ^{24}	sɿ^{24}	sɿ^{24}	tsɿ^{24}	tsəʔ^{4}	tsɿ^{24}	tsɿ^{24}
左云	tsʰɿ^{24}	tsɿ^{24}	sɿ^{24}	sɿ^{24}	tsɿ^{24}	tsəʔ^{4}	tsɿ^{24}	tsɿ^{24}
右玉	tsʰɿ^{24}	tsɿ^{24}	sɿ^{24}	sɿ^{24}	tʂʅ^{24}	tʂʅ^{24}	tʂʅ^{24}	tsɿ^{24}
阳高	tsʰɿ^{24}	tsɿ^{24}	sɿ^{24}	sɿ^{24}	tsɿ^{24}	tsəʔ^{3}	tsɿ^{24}	tsɿ^{24}
山阴	tsɿ^{335}	tsɿ^{335}	sɿ^{335}	sɿ^{335}	tʂʅ^{335}	——	tʂʅ^{335}	tsɿ^{335}/tʂʅ^{335}
天镇	tsɿ^{24}	tsɿ^{24}	sɿ^{24}	sɿ^{24}	tsɿ^{24}	tsəʔ^{4}	tsɿ^{24}	tsɿ^{24}
平定	tsʰɿ^{24}	tsɿ^{24}	sɿ^{24}	sɿ^{24}	tʂʅ^{24}	tʂəʔ^{4}	tʂʅ^{24}	tsɿ^{24}
昔阳	tsʰɿ^{13}	tsɿ^{13}	sɿ^{13}	sɿ^{13}	tʂʅ^{13}	tʂʌʔ$^{\underline{43}}$	tʂʅ^{13}	tʂʅ^{13}
左权	tsʰɿ^{53}	tsɿ^{53}	sɿ^{53}	sɿ^{53}	tʂʅ^{53}	tʂəʔ^{1}	tʂʅ^{53}	tsɿ^{53}
和顺	tsʰɿ^{13}	tsɿ^{13}	sɿ^{13}	sɿ^{13}	tʂʅ^{13}	——	tʂʅ^{13}	tsɿ^{13}
尧都	tsʰɿ^{24}	tsɿ^{44}	sɿ^{44}	sɿ^{44}	tʂʅ^{44}	tʂʅ^{21}	tʂʅ^{44}	tʂʅ^{44}
洪洞	tsʰɿ^{33}	tsʰɿ^{42}/tsʰɿ^{53}/ tsʰɿ^{53} 白 / tsɿ^{53} 文	sɿ^{33}	sɿ^{33}	tʂʅ^{33}	tʂʅ^{21}	tʂʅ^{33}	tsɿ^{33}
洪洞赵城	tsʰɿ^{24}	tsʰɿ^{53} 白 / tsɿ^{53} 文	sɿ^{24}	sɿ^{24}	tʂʅ^{24}	tʂʅ^{24}	tʂʅ^{24}	tsɿ^{24}
古县	tsʰɿ^{35}	tsʰɿ^{53} 白 / tsɿ^{53} 文	sɿ^{35}	sɿ^{35}	tʂʅ^{35}	tʂʅ^{21}	tʂʅ^{35}	tsɿ^{35}
襄汾	tsʰɿ^{44}	tsʰɿ^{44}	sɿ^{53}	sɿ^{53}	tʂʅ^{44}	tʂʅ^{21}	tʂʅ^{44}	tsɿ^{44}

续表

字目	次	自	四	肆放~	致	质人~	稚	至
中古音 / 方言点	七四 止开三 去至清	疾二 止开三 去至从	息利 止开三 去至心	息利 止开三 去至心	陟利 止开三 去至知	陟利 止开三 去至知	直利 止开三 去至澄	脂利 止开三 去至章
浮山	tsʰɿ^{44}	tsʰɿ^{44}	sɿ^{53}	sɿ^{53}	tʂʅ^{44}	tʂʅ^{42}	tʂʅ^{44}	tsɿ^{44}
霍州	tsʰɿ^{55}	tsʰɿ^{53}	sɿ^{55}	sɿ^{55}	tʂʅ^{55}	tʂʅ^{55}	tʂʅ^{53}	tsɿ^{55}
翼城	tsʰɿ^{53}	tsɿ^{53}	sɿ^{53}	sɿ^{53}	tʂʅ^{53}	tʂʅ^{53}	tʂʅ^{53}	tʂʅ^{53}
闻喜	tsʰɿ^{53}	tsʰɿ^{13}	sɿ^{53}	sɿ^{53}	tsɿ^{53}	——	tsʰɿ^{13}	tsɿ^{53}
侯马	tsʰɿ^{53}	tsɿ^{53}	sɿ^{53}	sɿ^{53}	tʂʅ^{53}	tʂʅ^{53}	tʂʅ^{53}	tʂʅ^{53}
新绛	tsʰɿ^{53}	tsʰɿ^{53}	sɿ^{53}	sɿ^{53}	tʂʅ^{44}	tʂʅ^{53}	tʂʅ^{53}	tsɿ^{53}
绛县	tsʰɿ^{31}	tsɿ^{53}	sɿ^{31}	sɿ^{31}	tʂʅ^{31}	tʂʅ^{31}	tʂʅ^{53}	tʂʅ^{31}
垣曲	tsʰɿ^{53}	tsɿ^{53}	sɿ^{53}	sɿ^{53}	tʂʅ^{53}	tʂʅ^{53}	tʂʅ^{53}	tsɿ^{44}
夏县	tsʰɿ^{31}	tsʰɿ^{31}白/ tsɿ^{31}文	sɿ^{31}	sɿ^{31}	tʂʅ^{31}	tʂʅ^{31}	tʂʅ^{31}	tʂʅ^{31}
万荣	tsʰɿ^{33}	tsʰɿ^{33}	sɿ^{33}	sɿ^{33}	tʂʅ^{33}	tʂʅ^{33}	tʂʅ^{33}	tʂʅ^{55}
稷山	tsʰɿ^{42}	tsʰɿ^{42}	sɿ^{42}	sɿ^{42}	tʂʅ^{42}	tʂʅ^{42}	tʂʅ^{42}	tʂʅ^{42}
盐湖	tsʰɿ^{44}	tsɿ^{44}	sɿ^{44}	sɿ^{44}	tʂʅ^{44}	tʂʅ^{42}	tʂʅ^{44}	tsɿ^{44}
临猗	tsʰɿ^{44}	tsʰɿ^{44}白/ tsɿ^{44}文	sɿ^{44}	sɿ^{44}	tʂʅ^{44}	tʂʅ^{44}	tʂʅ^{44}	tsɿ^{44}
河津	tsʰɿ^{44}	tsʰɿ^{44}白/ tsɿ^{44}文	sɿ^{44}	sɿ^{44}	tʂʅ^{44}	tʂʅ^{31}	tʂʅ^{31}	tsɿ^{53}/tʂʅ^{31}
平陆	tsʰɿ^{33}	tsʰɿ^{33}白/ tsɿ^{33}文	sɿ^{33}	sɿ^{33}	tʂʅ^{33}	tʂʅ^{33}	tʂʅ^{33}	tsɿ^{33}
永济	tsʰɿ^{44}	tsʰɿ^{53}	sɿ^{44}	sɿ^{44}	tʂʅ^{44}	tʂʅ^{44}	tʂʅ^{44}	tʂʅ^{53}
芮城	tsʰɿ^{44}	tsʰɿ^{44}	sɿ^{44}	sɿ^{44}	tʂʅ^{44}	tʂʅ^{42}	tʂʅ^{42}	tsɿ^{44}
吉县	tsʰɿ^{33}	tsʰɿ^{33}	sɿ^{33}	sɿ^{33}	tʂʅ^{33}	tʂʅ^{423}	tʂʅ^{33}	tsɿ^{33}
乡宁	tsʰɿ^{22}	tsʰɿ^{22}白/ tsɿ^{22}文	sɿ^{22}	sɿ^{22}	tʂʅ^{22}	tʂʅ^{22}	tʂʅ^{22}	tʂʅ^{22}
广灵	tsʰɿ^{213}	tsɿ^{213}	sɿ^{213}	sɿ^{213}	tsɿ^{213}	tsɿ^{213}	tsɿ^{213}	tsɿ^{213}

字目	示	视	二	器	弃	吏	置	治
中古音 / 方言点	神至 止开三 去至船	常利 止开三 去至禅	而至 止开三 去至日	去冀 止开三 去至溪	诘利 止开三 去至溪	力置 止开三 去志来	陟吏 止开三 去志知	直吏 止开三 去志澄
北京	ʂʅ^{51}	ʂʅ^{51}	ər^{51}	tɕʰi^{51}	tɕʰi^{51}	li^{51}	tʂʅ^{51}	tʂʅ^{51}
小店	sɿ^{24}	sɿ^{24}	æ^{24}	tɕʰi^{24}	tɕʰi^{24}	li^{24}	tsɿ^{24}	tsɿ^{24}
尖草坪	sɿ^{35}	sɿ^{35}	æ^{35}	tɕʰi^{35}	tɕʰi^{35}	li^{35}	tsɿ^{35}	tsɿ^{35}
晋源	sɿ^{35}	sɿ^{11}	a^{35}	tɕʰi^{35}	tɕʰi^{35}	li^{35}	tsɿ^{35}	tsɿ^{35}
阳曲	sɿ^{454}	sɿ^{454}	ai^{454}	tɕʰi^{454}	tɕʰi^{454}	li^{454}	tsɿ^{454}	tsɿ^{454}
古交	sɿ^{53}	sɿ^{53}	ai^{53}	tɕʰi^{53}	tɕʰi^{53}	li^{53}	tsɿ^{53}	tsɿ^{53}
清徐	sɿ^{45}	sɿ^{11}	ai^{45}	tɕʰi^{45}	tɕʰi^{45}	li^{45}	tsɿ^{45}	tsɿ^{45}
娄烦	sɿ^{54}	sɿ^{54}	ə^{54}	tɕʰi^{54}	tɕʰi^{54}	li^{54}	tsɿ^{54}	tsɿ^{54}
榆次	sɿ^{35}	sɿ^{35}	ər^{35}	tɕʰi^{35}	tɕʰi^{35}	li^{35}	tsɿ^{35}	tsɿ^{35}
交城	sɿ^{24}	sɿ^{24}	ər^{24}	tɕʰi^{24}	tɕʰi^{24}	li^{24}	tsɤɯ^{24} 白 / tsɿ^{24} 文	tsɤɯ^{24} 白 / tsɿ^{24} 文
文水	sɿ^{35}	sɿ^{35}	ər^{35}	tsʰɿ^{35}	tsʰɿ^{35}	liəʔ^{2}/lɿ^{35}	tsɿ^{35}	tsɿ^{35}
祁县	sɿ^{45}	sɿ^{45}	əɭ^{45}	tsʰɿ^{45}	tsʰɿ^{45}	lɿ^{45}	tʂʅ^{45}	tʂʅ^{45}
太谷	sɿ^{53}	sɿ^{53}	ər^{53}	tɕʰi^{53}	tɕʰi^{53}	li^{53}	tsɿ^{53}	tsɿ^{53}
平遥	sɿ^{24}	sɿ^{24}	ər^{24}	tɕʰi^{24}	tɕʰi^{24}	li^{24}	tʂʅ^{213}	tʂʅ^{24}
孝义	sɿ^{454}	sɿ^{454}	ər^{454}	tɕʰi^{454}	tɕʰi^{454}	lei^{454}	tʂʅ^{454}	tʂʅ^{454}
介休	sɿ^{45}	sɿ^{45}	ər^{45}	tɕʰi^{45}	tɕʰi^{45}	lei^{45}	tʂei^{45}	tʂei^{45}
灵石	sɿ^{53}	sɿ^{53}	ər^{24}	tɕʰi^{53}	tɕʰi^{53}	li^{53}	tʂʅ^{53}	tʂʅ^{53}
盂县	sɿ^{55}	sɿ^{55}	ər^{55}	tɕʰi^{55}	tɕʰi^{55}	lei^{55}	tsɿ^{55}	tsɿ^{55}
寿阳	sɿ^{45}	sɿ^{45}	ɐr^{45}	tsʰɿ^{45}	tsʰɿ^{45}	liəʔ^{2}	tsɿ^{45}	tsɿ^{45}
榆社	sɿ^{45}	sɿ^{45}	ər^{45}	tsʰɿ^{45}	tsʰɿ^{45}	lei^{45}	tsɿ^{45}	tsɿ^{45}
离石	sɿ^{53}	sɿ^{53}	ər^{53}	tsʰɿ^{53}	tsʰɿ^{53}	li^{53}	tʂʅr^{53}	tʂʅr^{53}
汾阳	sɿ^{55}	sɿ^{55}	ər^{55}	tsʰɿ^{55}	tsʰɿ^{55}	lɿ^{55}	tʂʅ^{55}	tʂʅ^{55}
中阳	sɿ^{53}	sɿ^{53}	ər^{53}	tɕʰi^{53}	tɕʰi^{53}	li^{53}	tʂɤ^{53}	tʂɤ^{53}
柳林	sɿ^{53}	sɿ^{53}	ə^{53}	tɕʰi^{53}	tɕʰi^{53}	li^{53}	tsɛe^{53}	tsɛe^{53}
方山	sɿ^{52}	sɿ^{52}	ər^{52}	tɕʰi^{52}	tɕʰi^{52}	li^{52}	tʂʅ^{52}	tʂʅ^{52}
临县	sɿ^{52}	ʂei^{52}	ər^{52}	tɕʰi^{52}	tɕʰi^{52}	lei^{52}	tʂei^{52}	tʂei^{52}
兴县	sɿ^{53}	sɿ^{53}	zɿ^{53}	tɕʰi^{53}	tɕʰi^{53}	li^{53}	tʂʅ^{53}	tʂʅ^{53}
岚县	sɿ^{53}	sɿ^{53}	ər^{53}	tɕʰi^{53}	tɕʰi^{53}	li^{53}	tsɿ^{53}	tsɿ^{53}
静乐	sɿ^{53}	sɿ^{53}	ɤɯ^{53}	tɕʰi^{53}	tɕʰi^{53}	li^{53}	tsɿ^{53}	tsɿ^{53}
交口	sɿ^{53}	sɿ^{53}	ər^{53}	tɕʰi^{53}	tɕʰi^{53}	li^{53}	tsəʔ^{4}	tsɿ^{53}
石楼	sɿ^{51}	sɿ^{51}	ər^{51}	tɕʰi^{51}	tɕʰi^{51}	li^{51}	tʂʅ^{51}	tʂʅ^{51}

续表

字目	示	视	二	器	弃	吏	置	治
中古音 / 方言点	神至 止开三 去至船	常利 止开三 去至禅	而至 止开三 去至日	去冀 止开三 去至溪	诘利 止开三 去至溪	力置 止开三 去志来	陟吏 止开三 去志知	直吏 止开三 去志澄
隰县	sɿ^{44}	sɿ^{44}	ər^{44}	tɕʰi^{44}	tɕʰi^{44}	li^{44}	tsɿ^{44}	tsɿ^{44}
大宁	sɿ^{55}	sɿ^{55}	ər^{55}	tɕi^{55}	tɕi^{31}	li^{55}	tʂʅ^{55}	tʂʅ^{55}
永和	sɿ^{53}	sɿ^{53}	ɤr^{53}	tɕʰi^{53}	tɕʰi^{53}	li^{53}	tʂʅ^{53}	tsɿ^{53}
汾西	sɿ^{11}	sɿ^{11}	ər^{53}	tɕʰʑ̍^{55}	tɕʑ̍^{33} 文	liəʔ^{1}	——	——
蒲县	sʅ^{33}	sʅ^{33}	ər^{33}	tɕʰi^{33}	tɕʰi^{33}	li^{33}	tsɿ^{31}	tʂʅ^{33}
潞州	sɿ^{54}	sɿ^{54}	ər^{54}	tɕʰi^{44}	tɕʰi^{44}	li^{54}	tsəʔ$^{\underline{53}}$	tsɿ^{54}
上党	sɿ^{22}	sɿ^{22}	ər^{42}	tɕʰi^{22}	tɕʰi^{42}	li^{42}	tɕiəʔ$^{\underline{21}}$	tsɿ^{42}
长子	sɿ^{53}	sɿ^{422}	ɭ̩^{53}	tɕʰi^{422}	tɕʰi^{422}	li^{53}	tsəʔ^{4}	tsɿ^{53}
屯留	sɿ^{53}	sɿ^{53}	l̩^{11} 白 /ər^{11} 文	tɕʰi^{53}	tɕʰi^{53}	li^{11}	tsɿ^{53}	tsɿ^{53}
襄垣	sɿ^{45}	sɿ^{45}	ɭ̩^{45} 白 /ər^{45} 文	tɕʰi^{45}	tɕʰi^{45}	li^{45}	tsɿ^{45}	tsɿ^{45}
黎城	sɿ^{53}	sɿ^{53}	ər^{53}	cʰi^{53}	cʰi^{33}	li^{53}	tɕiɤʔ$^{\underline{31}}$	tɕi^{53}
平顺	sɿ^{53}	sɿ^{53}	l̩^{53}	cʰi^{53}	cʰi^{53}	li^{53}	tɕi^{53}	tɕi^{53}
壶关	ʂʅ^{353}	ʂʅ^{353}	l̩^{42}	cʰi^{42}	cʰi^{42}	li^{353}	tʃiəʔ^{2}	tʃi^{353}
沁县	sɿ^{53}	sɿ^{53}	əɭ^{53}	tsʰɿ^{53}	tsʰɿ^{53}	əɭ^{53}	tsɿ^{53}/tsəʔ$^{\underline{31}}$	tsɿ^{53}
武乡	sɿ^{55}	sɿ^{55}	l̩^{55}	tsʰɿ^{55}	tsʰɿ^{55}	——	tsɿ^{55}	tsɿ^{55}
沁源	sɿ^{53}	sɿ^{53}	ər^{53}	tɕʰi^{53}	tɕʰi^{53}	li^{53}	tʂʅ^{53}	tʂʅ^{53}
安泽	sɿ^{53}	sɿ^{53}	ər^{53}	tɕʰi^{53}	tɕʰi^{53}	li^{53}	tsɿ^{53}	tsɿ^{53}
沁水端氏	sɿ^{53}	sɿ^{53}	ər^{53}	tɕʰi^{53}	tɕʰi^{53}	li^{53}	tsəʔ^{2}	tsɿ^{53}
阳城	ʂʅ^{51}	ʂʅ^{51}	ər^{51}	cʰi^{51}	cʰi^{51}	li^{51}	tʂʅ^{51}	tʂʅ^{51}
高平	ʂʅ^{53}	ʂʅ^{53}	əʅ^{53}	cʰi^{53}	cʰi^{53}	li^{53}	tʂəʔ^{2}	tʂʅ^{53}
陵川	ʂʅ^{24}	ʂʅ^{24}	l̩^{24}	cʰi^{24}	cʰi^{24}	li^{24}	tʂʅ^{24}	tʂʅ^{24}
晋城	ʂʅ^{53}	ʂʅ^{53}	ɭ^{53}	tɕʰi^{53}	tɕʰi^{53}	li^{53}	tʂʅ^{53}	tʂʅ^{53}
忻府	sɿ^{53}	sɿ^{53}	ər^{53}	tɕʰi^{53}	tɕʰi^{53}	li^{53}	tʂʅ^{53}	tʂʅ^{53}
原平	sɿ^{53}	sɿ^{53}	ər^{53}	tɕʰi^{53}	tɕʰi^{53}	li^{53}	tʂʅ^{53}	tʂʅ^{53}
定襄	ʂʅ^{53}	sɿ^{53}	ər^{24}	tɕʰi^{53}	tɕʰi^{53}	li^{53}	tʂʅ^{53}	tʂʅ^{53}
五台	sɿ^{52}	sɿ^{52}	ər^{52}	tɕʰi^{52}	tɕʰi^{52}	li^{52}	tsɿ^{52}	tsɿ^{52}
岢岚	sɿ^{52}	sɿ^{52}	ər^{52}	tɕʰi^{52}	tɕʰi^{52}	li^{52}	tʂʅ^{52}	tʂʅ^{52}
五寨	sɿ^{52}	sɿ^{52}	ər^{52}	tɕʰi^{52}	tɕʰi^{52}	li^{52}	tsɿ^{52}	tsɿ^{52}
宁武	sɿ^{52}	sɿ^{52}	ɐ^{52}	tɕi^{52}	tɕi^{52}	li^{52}	tsɿ^{52}	tsɿ^{52}
神池	sɿ^{52}	sɿ^{52}	ə^{52}	tɕʰi^{52}	tɕʰi^{52}	li^{52}	tsɿ^{52}	tsɿ^{52}
繁峙	sɿ^{24}	sɿ^{24}	ər^{24}	tɕʰi^{24}	tɕʰi^{24}	li^{24}	tsɿ^{24}	tsɿ^{24}

续表

字目	示	视	二	器	弃	吏	置	治
中古音 方言点	神至 止开三 去至船	常利 止开三 去至禅	而至 止开三 去至日	去冀 止开三 去至溪	诘利 止开三 去至溪	力置 止开三 去志来	陟吏 止开三 去志知	直吏 止开三 去志澄
代县	sɿ^{53}	sɿ^{53}	ər^{53}	tɕʰi^{53}	tɕʰi^{53}	li^{53}	tsɿ^{53}	tsɿ^{53}
河曲	sɿ^{52}	sɿ^{52}	ɐ^{52}	tɕʰi^{52}	tɕʰi^{52}	li^{52}	tsɿ^{52}	tsɿ^{52}
保德	sɿ^{52}	sɿ^{52}	ər^{52}	tɕʰi^{52}	tɕʰi^{52}	li^{52}	tʂʅ^{52}	tʂʅ^{52}
偏关	sɿ^{52}	sɿ^{52}	ər^{52}	tsʰɿ^{52}	tsʰɿ^{52}	lʅ^{52}	tʂʅ^{52}	tʂʅ^{52}
朔城	sɿ^{53}	sɿ^{53}	ər^{53}	tɕʰi^{53}	tɕʰi^{53}	li^{53}	tʂəʔ$^{\underline{35}}$	tsɿ^{53}
平鲁	sɿ^{52}	sɿ^{52}	ər^{52}	tɕʰi^{52}	tɕʰi^{52}	li^{52}	tsəʔ$^{\underline{34}}$	tsɿ^{52}
应县	sɿ^{24}	sɿ^{24}	ər^{24}	tɕʰi^{24}	tɕʰi^{24}	li^{24}	tsɿ^{24}	tsɿ^{24}
灵丘	sɿ^{53}	sɿ^{53}	ər^{53}	tɕʰi^{53}	tɕʰi^{53}	li^{53}	tsɿ^{53}	tsɿ^{53}
浑源	sɿ^{13}	sɿ^{13}	ər^{13}	tɕʰi^{13}	tɕʰi^{13}	li^{13}	tsɿ^{13}	tsɿ^{13}
云州	ʂʅ^{24}	ʂʅ^{24}	ɐr^{24}	tɕʰi^{24}	tɕʰi^{24}	li^{24}	tʂəʔ^{4}	tʂʅ^{24}
新荣	sɿ^{24}	sɿ^{24}	ɐr^{24}	tɕʰi^{24}	tɕʰi^{24}	li^{24}	tʂəʔ^{4}	tʂʅ^{24}
怀仁	sɿ^{24}	sɿ^{24}	ər^{24}	tɕʰi^{24}	tɕʰi^{24}	li^{24}	tsəʔ^{4}	tsɿ^{24}
左云	sɿ^{24}	sɿ^{24}	ər^{24}	tɕʰi^{24}	tɕʰi^{24}	li^{24}	tsɿ^{24}	tsɿ^{24}
右玉	sɿ^{24}	sɿ^{24}	ər^{24}	tɕʰi^{24}	tɕʰi^{24}	li^{24}	tʂəʔ^{4}	tʂʅ^{24}
阳高	sɿ^{24}	sɿ^{24}	ɐr^{24}	tɕʰi^{24}	tɕʰi^{24}	li^{24}	tsɿ^{24}	tsɿ^{24}
山阴	sɿ^{335}	sɿ^{335}	ər^{335}	tɕʰi^{335}	tɕʰi^{335}	li^{335}	tʂəʔ^{4}	tʂʅ^{335}
天镇	sɿ^{24}	sɿ^{24}	ɐr^{24}	tɕʰi^{24}	tɕʰi^{22}	li^{24}	tsəʔ^{4}	tsɿ^{24}
平定	sɿ^{53}	sɿ^{24}	ɭ̩^{24}	tɕʰi^{24}	tɕʰi^{53}	lei^{24}	tʂʅ^{24}	tʂʅ^{24}
昔阳	sɿ^{13}	sɿ^{13}	ɻ^{13}	tɕʰi^{13}	tɕʰi^{13}	lei^{13}	tʂʅ^{13}	tʂʅ^{13}
左权	sɿ^{53}	sɿ^{53}	ʅ^{53}	tɕʰi^{53}	tɕʰi^{53}	li^{53}	tʂʅ^{53}/tʂəʔ^{1}	tʂʅ^{53}
和顺	sɿ^{13}	sɿ^{13}	ʐʅ^{13}	tɕʰi^{13}	tɕʰi^{13}	lei^{13}	tʂʅ^{13}	tʂʅ^{13}
尧都	ʂʅ^{44}	ʂʅ^{44}	ər^{44}	tɕʰi^{44}	tɕʰi^{44}	li^{44}	tʂʅ^{44}	tʂʅ^{44}
洪洞	sɿ^{21}	sɿ^{21}	ər^{53}	tɕʰi^{33}	tɕʰi^{42}	li^{33}	——	——
洪洞赵城	sɿ^{24}	sɿ^{24}	ər^{53}	tɕʰi^{53}	tɕʰi^{53}	li^{24}	tʂʅ^{24}	tʂʅ^{24}
古县	sɿ^{53}	sɿ^{53}	ər^{53}	tɕʰi^{35}	tɕʰi^{35}	li^{53}	tʂʅ^{35}	tʂʅ^{35}
襄汾	sɿ^{44}	sɿ^{53}	ər^{24}	tɕʰi^{53}	tɕʰi^{53}	li^{21}	tʂʅ^{44}	tʂʅ^{44}
浮山	sɿ^{44}	sɿ^{53}	ər^{53}	tɕʰi^{53}	tɕʰi^{53}	li^{13}	tʂʅ^{44}	tʂʅ^{44}
霍州	sɿ^{53}	sɿ^{53}	zɿ^{53} 白 / ər^{53} 文	tɕʰi^{55}	tɕʰi^{55}	li^{53}	tʂʅ^{53}	tʂʅ^{55}
翼城	ʂʅ^{53}	ʂʅ^{53}	ər^{53}	tɕi^{53}	tɕʰi^{53}	li^{53}	tʂʅ^{53}	tʂʅ^{53}
闻喜	sɿ^{53}	sɿ^{13}	ər^{13}	tɕʰi^{13}	tɕʰi^{13}	——	tsɿ^{53}	tsʰɿ^{13}

续表

字目	示	视	二	器	弃	吏	置	治
中古音 / 方言点	神至 止开三 去至船	常利 止开三 去至禅	而至 止开三 去至日	去冀 止开三 去至溪	诘利 止开三 去至溪	力置 止开三 去志来	陟吏 止开三 去志知	直吏 止开三 去志澄
侯马	ʂʅ^{53}	ʂʅ^{53}	ər^{53}	tɕʰi^{53}	tɕʰi^{53}	li^{53}	tʂʅ^{53}	tsɿ^{53}
新绛	sɿ^{13}	sɿ^{13}	ər^{53}	tɕʰi^{53}	tɕʰi^{53}	li^{53}	tʂʅ^{53}	tʂʅ^{53}
绛县	ʂʅ^{53}	ʂʅ^{31}	ər^{53}	tɕʰi^{31}	tɕʰi^{31}	li^{53}	tʂʅ^{31}	tʂʅ^{53}
垣曲	sɿ^{53}	sɿ^{53}	ər^{53}	tɕʰi^{53}	tɕʰi^{53}	li^{53}	tsɿ^{53}	tʂʅ^{53}
夏县	ʂʅ^{31}	ʂʅ^{31}	ər^{31}	tɕʰi^{31}	tɕʰi^{31}	li^{31}	tʂʅ^{31}	tʂʅ^{31}
万荣	sɿ^{213}	sɿ^{213}	zɿ^{33} 白 / ər^{33} 文	tɕʰi^{33}	tɕʰi^{33}	li^{33}	tʂʅ^{33}	tʂʅ^{33}
稷山	ʂʅ^{42}	ʂʅ^{42}	ər^{42}	tɕʰi^{42}	tɕʰi^{42}	li^{42}	tʂʅ^{42}	tʂʅ^{42}
盐湖	sɿ^{44}	sɿ^{44}	ər^{44}	tɕʰi^{44}	tɕʰi^{44}	li^{44}	tʂʅ^{44}	tʂʅ^{44}
临猗	sɿ^{44}	sɿ^{44}	zɿ^{44} 白 / ər^{44} 文	tɕʰi^{44}	tɕʰi^{44}	li^{44}	tʂʅ^{44}	tʂʅ^{44}
河津	sɿ^{44}	sɿ^{44}	zɿ^{44} 白 / ər^{44} 文	tɕʰi^{44}	tɕʰi^{44}	li^{44}	tʂʅ^{44}	tʂʅ^{44}
平陆	sɿ^{33}	sɿ^{33}	ər^{33}	tɕʰi^{33}	tɕʰi^{33}	li^{33}	tʂʅ^{33}	tʂʅ^{33}
永济	ʂʅ^{31}	ʂʅ^{31}	ʐʅ^{44} 白 / ər^{44} 文	tɕʰi^{44}	tɕʰi^{44}	li^{53}/li^{44}	tʂʅ^{44}	tʂʅ^{44}
芮城	sɿ^{44}	sɿ^{44}	ər^{44}	tɕʰi^{44}	tɕʰi^{44}	li^{44}	tʂʅ^{44}	tʂʅ^{44}
吉县	sɿ^{33}	sɿ^{33}	ər^{33}	tɕʰi^{33}	tɕʰi^{53}	li^{33}	tʂʅ^{33}	tʂʅ^{33}
乡宁	sɿ^{22}	sɿ^{22}	ər^{22}	tɕʰi^{22}	tɕʰi^{22}	li^{22}	tʂʅ^{22}	tʂʅ^{22}
广灵	sɿ^{213}	sɿ^{213}	ər^{213}	tɕʰi^{213}	tɕʰi^{213}	li^{213}	tsɿ^{31}	tsɿ^{213}

字目	字	寺	饲	厕~所	事	志~向	志杂~	痣
中古音 / 方言点	疾置 止开三 去志从	祥吏 止开三 去志邪	祥吏 止开三 去志邪	察色 止开三 去志初	钮吏 止开三 去志崇	职吏 止开三 去志章	职吏 止开三 去志章	职吏 止开三 去志章
北京	tsɿ^{51}	sɿ^{51}	sɿ^{51}	tsʰɤ^{51}	ʂʅ^{51}	tʂʅ^{51}	tʂʅ^{51}	tʂʅ^{51}
小店	tsɿ^{24}	sɿ^{24}	sɿ^{24}	tsʰaʔ^{1} 白 / tsʰəɯ^{24} 文	sɿ^{24}	tsɿ^{24}	tsɿ^{24}	tsɿ^{24}
尖草坪	tsɿ^{35}	sɿ^{35}	sɿ^{35}	tsʰəʔ^{2}	sɿ^{35}	tsɿ^{35}	tsɿ^{35}	tsɿ^{35}
晋源	tsɿ^{35}	sɿ^{35}	sɿ^{11}	tsʰaʔ^{2}	sɿ^{35}	tsɿ^{11}	tsɿ^{35}	tsɿ^{35}
阳曲	tsɿ^{454}	sɿ^{454}	sɿ^{454}	tsʰɔʔ^{4}	sɿ^{454}	tsɿ^{454}	tsɿ^{454}	tsɿ^{454}
古交	tsɿ^{53}	sɿ^{53}	sɿ^{53}	tsʰaʔ^{4}	sɿ^{53}	tsɿ^{53}	tsɿ^{53}	tsɿ^{53}
清徐	tsɿ^{45}	sɿ^{45}	sɿ^{45}	tsʰɿ^{45}	sɿ^{45}	tsɿ^{45}	tsɿ^{45}	tsɿ^{45}
娄烦	tsɿ^{54}	sɿ^{54}	sɿ^{54}	tsʰaʔ^{3}	sɿ^{54}	tsɿ^{54}	tsɿ^{54}	tsɿ^{54}
榆次	tsɿ^{35}	sɿ^{35}	sɿ^{35}	tsʰaʔ^{1}	sɿ^{35}	tsɿ^{35}	tsɿ^{35}	tsɿ^{35}
交城	tsɿ^{24}	sɿ^{24}	sɿ^{24}	tɕʰiɤ^{11} 白 / tsʰaʔ^{1} 文	sɿ^{24}	tsɿ^{24}	tsɿ^{24}	tsɿ^{24}
文水	tsɿ^{35}	sɿ^{35}	sɿ^{22}	tsʰaʔ^{2}	sɿ^{35}	tsɿ^{35}	tsɿ^{35}	tsɿ^{35}
祁县	tsɿ^{45}	sɿ^{45}	sɿ^{45}	tsʰɑʔ$^{\underline{32}}$	sɿ^{45}	tsɿ^{45}	tsɿ^{45}	tsɿ^{45}
太谷	tsɿ^{53}	sɿ^{53}	sɿ^{33}	tsʰəʔ^{3}	sɿ^{53}	tsɿ^{53}	tsɿ^{53}	tsɿ^{53}
平遥	tsɿ^{24}	sɿ^{24}	sɿ^{213}	tsʰʌʔ$^{\underline{212}}$	sɿ^{24}	tsɿ^{24}	tsɿ^{24}	tsɿ^{24}
孝义	tsɿ^{454}	sɿ^{454}	sɿ^{33}	tsʰəʔ^{3}	sɿ^{454}	tsɿ^{454}	tsɿ^{454}	tsɿ^{454}
介休	tsɿ^{45}	sɿ^{45}	sɿ^{13}	tsʰʌʔ$^{\underline{12}}$	sɿ^{45}	tsɿ^{45}	tsɿ^{45}	tɕi^{45}
灵石	tsɿ^{53}	sɿ^{53}	sɿ^{212}	tsʰaʔ^{4}	sɿ^{53}	tʂʅ^{53}	tsɿ^{53}	tsɿ^{53}/tʂʅ^{53}
盂县	tsɿ^{55}	sɿ^{55}	sɿ^{55}	tsʰʌʔ^{2}	sɿ^{55}	tsɿ^{55}	tsɿ^{55}	tɕi^{55} 白 / tsɿ^{55} 文
寿阳	tsɿ^{45}	sɿ^{45}	sɿ^{45}	tsʰaʔ^{2}	sɿ^{45}	tsɿ^{45}	tsɿ^{45}	tsɿ^{45}
榆社	tsɿ^{45}	sɿ^{45}	sɿ^{45}	——	sɿ^{45}	tsɿ^{45}	tsɿ^{45}	tsɿ^{45}
离石	tsɿ^{53}	sɿ^{53}	sɿ^{53}	tsʰɑʔ^{4}	sɿ^{53}	tsɿ^{53}	tsɿ^{53}	tsɿ^{53}
汾阳	tsɿ^{55}	sɿ^{55}	sɿ^{55}	tsʰaʔ^{2}	sɿ^{55}	tsɿ^{55}	tsɿ^{55}	tsɿ^{55}
中阳	tsɿ^{53}	sɿ^{53}	sɿ^{53}	tsʰɑʔ^{4}	sɿ^{53}	tsɿ^{53}	tsɿ^{53}	tsɿ^{53}
柳林	tsɿ^{53}	sɿ^{53}	sɿ^{53}	tsʰɑʔ^{4}	sɿ^{53}	tsɿ^{53}	tsɿ^{53}	tsɿ^{53}
方山	tsɿ^{52}	sɿ^{52}	sɿ^{52}	tsʰɑʔ^{4}	sɿ^{52}	tsɿ^{52}	tsɿ^{52}	tʂʅ^{52}
临县	tsɿ^{52}	sɿ^{52}	sɿ^{52}	tsʰaʔ^{3}	sɿ^{52}	tʂei^{52}	tʂei^{52}	tsɿ^{52}
兴县	tsɿ^{53}	sɿ^{53}	sɿ^{324}	tsʰəʔ^{5}	sɿ^{53}	tsɿ^{53}	tsɿ^{53}	tsɿ^{53}
岚县	tsɿ^{53}	sɿ^{53}	sɿ^{53}	tsʰieʔ^{4}	sɿ^{53}	tsɿ^{53}	tsɿ^{53}	tsɿ^{53}
静乐	tsɿ^{53}	sɿ^{53}	sɿ^{53}	tsʰaʔ^{4}	sɿ^{53}	tsɿ^{53}	tsɿ^{53}	tsɿ^{53}
交口	tsɿ^{53}	sɿ^{53}	sɿ^{53}	tsʰaʔ^{4}	sɿ^{53}	tsɿ^{53}	tsɿ^{53}	tsɿ^{53}

续表

字目	字	寺	饲	厕~所	事	志~向	志杂~	痣
中古音 / 方言点	疾置 止开三 去志从	祥吏 止开三 去志邪	祥吏 止开三 去志邪	察色 止开三 去志初	钼吏 止开三 去志崇	职吏 止开三 去志章	职吏 止开三 去志章	职吏 止开三 去志章
石楼	tsɿ^{51}	sɿ^{51}	sɿ^{51}	tsʰʌʔ^{4}	sɿ^{51}	tʂʅ^{51}	tʂʅ^{51}	tʂʅ^{51}
隰县	tsʰɿ^{44} 白 / tsɿ^{44} 文	sɿ^{44}	sɿ^{44}	tsʰəʔ^{3}	sɿ^{44}	tsɿ^{44}	tsɿ^{44}	tsɿ^{44}
大宁	tsʰɿ^{55}	sɿ^{55}	sɿ^{55}	tsʰɐʔ^{4}	sɿ^{55}	tsɿ^{55}	tsɿ^{55}	tsɿ^{55}
永和	tsʰɿ^{53} 白 / tsɿ^{53} 文	sɿ^{53}	sɿ^{35}	tsʰɐʔ$^{\underline{312}}$	sɿ^{53}	tsɿ^{53}	tsɿ^{53}	tsɿ^{53}
汾西	tsʰɿ^{53} 白	sɿ^{53}	sɿ^{11}	tsʰɪ^{11}	sɿ^{53}	tsɿ^{55}	——	——
蒲县	tsʰɿ^{33} 白 / tsɿ^{33} 文	sɿ^{52}	sɿ^{52}	tsʰɤ^{52}	sɿ^{33}	tsɿ^{33}	tʂʅ^{33}	tʂʅ^{33}
潞州	tsɿ^{54}	sɿ^{54}	sɿ^{54}	tsʰəʔ$^{\underline{53}}$	sɿ^{54}	tsɿ^{44}	tsɿ^{44}	tsɿ^{44}
上党	tsɿ^{42}	sɿ^{42}	sɿ^{42}	tsʰə	sɿ^{22}	tsɿ^{42}	tsɿ^{42}	tsɿ^{42}
长子	tsɿ^{53}	sɿ^{53}	sɿ^{312}	tsʰəʔ^{4}	sɿ^{53}	tsɿ^{53}	tsɿ^{53}	tsɿ^{53}
屯留	tsɿ^{11}	sɿ^{11}	sɿ^{31}	tsʰəʔ^{1}	sɿ^{11}	tsɿ^{53}	tsɿ^{53}	tsɿ^{11}
襄垣	tsɿ^{45}	sɿ^{45}	sɿ^{31}	tsʰʌʔ$^{\underline{43}}$	sɿ^{45}	tsɿ^{45}	tsɿ^{45}	tsɿ^{45}
黎城	tsɿ^{53}	sɿ^{53}	sɿ^{33}	tsʰɤʔ^{2}	ɕi^{53}	tsɿ^{53}	tsɿ^{53}	tsɿ^{53}
平顺	tsɿ^{53}	sɿ^{53}	sɿ^{53}	ciɛ^{53}	sɿ^{53}	tɕi^{53}	tɕi^{53}	tɕi^{53}
壶关	tʂʅ^{353}	ʂʅ^{42}	ʂʅ^{42}	tʂʰəʔ^{2}	ʂʅ^{353}	tʂʅ^{42}/tʃi^{42}	tʂʅ^{42}/tʃi^{42}	tʂʅ^{42}/tʃi^{42}
沁县	tsɿ^{53}	sɿ^{53}	sɿ^{214}	tsʰəʔ$^{\underline{31}}$	sɿ^{53}	tsɿ^{53}	tsɿ^{53}	tsɿ^{53}
武乡	tsɿ^{55}	tsɿ^{55}	tsɿ^{55}	tsʰʌʔ^{3}	tsɿ^{55}	tsɿ^{55}	tsɿ^{55}	tsɿ^{55}
沁源	tsɿ^{53}	sɿ^{53}	sɿ^{53}	tsʰʌʔ$^{\underline{31}}$	sɿ^{53}	tsɿ^{53}	tsɿ^{53}	tʂʅ^{53}
安泽	tsɿ^{53}	sɿ^{53}	sɿ^{53}	tsʰɤ^{53}	sɿ^{53}	tsɿ^{53}	tsɿ^{53}	tsɿ^{53}
沁水端氏	tsɿ^{53}	sɿ^{53}	sɿ^{21}	tsʰaʔ^{2}	sɿ^{53}	tsɿ^{53}	tsɿ^{53}	tsɿ^{53}
阳城	tsɿ^{51}	sɿ^{51}	sɿ^{224}	tsʰʌʔ^{2}	ʂʅ^{51}	tʂʅ^{51}	tʂʅ^{51}	tʂʅ^{51}
高平	tʂʅ^{53}	ʂʅ^{53}	ʂʅ^{33}	tʂʰəʔ^{2}	ʂʅ^{53}	tʂʅ^{53}	tʂʅ^{53}	tʂʅ^{53}
陵川	tʂʅ^{24}	ʂʅ^{24}	ʂʅ^{24}	——	ʂʅ^{24}	tʂʅ^{24}	tʂʅ^{24}	tʂʅ^{24}
晋城	tʂʅ^{53}	ʂʅ^{53}	ʂʅ^{33}	tʂʰəʔ^{2}	ʂʅ^{53}	tʂʅ^{53}	tʂʅ^{53}	tʂʅ^{53}
忻府	tsɿ^{53}	sɿ^{53}	sɿ^{53}	tsʰəʔ$^{\underline{32}}$	sɿ^{53}	tsɿ^{53}	tsɿ^{53}	tsɿ^{53}
原平	tsɿ^{53}	sɿ^{53}	sɿ^{53}	tsʰɔʔ$^{\underline{34}}$	sɿ^{53}	tsɿ^{53}	tsɿ^{53}	tʂʅ^{53}
定襄	tsɿ^{53}	ʂʅ^{53}	sɿ^{53}	tsʰaʔ^{1}	sɿ^{53}	tʂʅ^{53}	tʂʅ^{53}	tʂʅ^{53}
五台	tsɿ^{52}	sɿ^{52}	sɿ^{52}	tsʰəʔ^{3}	sɿ^{52}	tsɿ^{52}	tsɿ^{52}	tsɿ^{52}
岢岚	tsɿ^{52}	sɿ^{52}	sɿ^{52}	tsʰaʔ^{4}	sɿ^{52}	tsɿ^{52}	tsɿ^{52}	tsɿ^{52}
五寨	tsɿ^{52}	sɿ^{52}	sɿ^{52}	tsʰaʔ^{4}	sɿ^{52}	tsɿ^{52}	tsɿ^{52}	tsɿ^{52}

续表

字目	字	寺	饲	厕~所	事	志~向	志杂~	痣
中古音 / 方言点	疾置 止开三 去志从	祥吏 止开三 去志邪	祥吏 止开三 去志邪	察色 止开三 去志初	钼吏 止开三 去志崇	职吏 止开三 去志章	职吏 止开三 去志章	职吏 止开三 去志章
宁武	tsɿ^{52}	sɿ^{52}	sɿ^{52}	tsʰəʔ^{4}	sɿ^{52}	tsɿ^{52}	tsɿ^{52}	tsɿ^{52}
神池	tsɿ^{52}	sɿ^{52}	sɿ^{52}	tsɤ^{52}	sɿ^{52}	tsɿ^{52}	tsɿ^{52}	tsɿ^{52}
繁峙	tsɿ^{24}	sɿ^{24}	sɿ^{24}	tsʰaʔ$^{\underline{13}}$	sɿ^{24}	tsɿ^{24}	tsɿ^{24}	tsɿ^{24}
代县	tsɿ^{53}	sɿ^{53}	sɿ^{53}	tsʰaʔ^{2}	sɿ^{53}	tsɿ^{53}	tsɿ^{53}	tsɿ^{53}
河曲	tsɿ^{52}	sɿ^{52}	——	tsʰɿ^{3}	sɿ^{52}	tsɿ^{52}	tsɿ^{52}	tsɿ^{52}
保德	tsɿ^{52}	sɿ^{52}	sɿ^{52}	tsʰəʔ^{4}	sɿ^{52}	tʂʅ^{52}	tʂʅ^{52}	tʂʅ^{52}
偏关	tsɿ^{52}	sɿ^{52}	sɿ^{52}	tsʰə^{52}	sɿ^{52}	tsɿ^{52}	tsɿ^{52}	tsɿ^{52}
朔城	tsɿ^{53}	sɿ^{53}	sɿ^{53}	tsʰAʔ$^{\underline{35}}$	sɿ^{53}	tsɿ^{53}	——	tsɿ^{53}
平鲁	tsɿ^{52}	sɿ^{52}	sɿ^{44}/sɿ^{52}	tsʰʌʔ$^{\underline{34}}$	sɿ^{52}	tsɿ^{52}	tsɿ^{52}	tɕi^{213}
应县	tsɿ^{24}	sɿ^{24}	sɿ^{24}	səʔ$^{\underline{43}}$	sɿ^{24}	tsɿ^{24}	tsɿ^{24}	tsɿ^{24}
灵丘	tsɿ^{53}	sɿ^{53}	sɿ^{53}	tsʰAʔ^{5}	sɿ^{53}	tsɿ^{53}	tsɿ^{53}	tsɿ^{53}
浑源	tsɿ^{13}	sɿ^{13}	sɿ^{13}	tsʰɿ^{13}/tsʰʌʔ^{4}	sɿ^{13}	tsɿ^{13}	tsɿ^{13}	tsɿ^{13}
云州	tsɿ^{24}	sɿ^{24}	sɿ^{24}	tsʰɑʔ^{4}	sɿ^{24}	tʂʅ^{24}	tʂʅ^{24}	tʂʅ^{24}
新荣	tsɿ^{24}	sɿ^{24}	sɿ^{32}	tsʰaʔ^{4}/sɿ^{312}	sɿ^{24}	tsɿ^{24}	tsɿ^{24}	tʂʅ^{24}
怀仁	tsɿ^{24}	sɿ^{24}	sɿ^{42}	tsʰaʔ^{4}	sɿ^{24}	tsɿ^{24}	tsɿ^{24}	tsɿ^{24}
左云	tsɿ^{24}	sɿ^{24}	sɿ^{24}	tsaʔ^{4}	sɿ^{24}	tsɿ^{24}	tsɿ^{24}	tsɿ^{24}
右玉	tsɿ^{24}	sɿ^{31}	sɿ^{212}	tsʰaʔ^{4}	sɿ^{24}	tsɿ^{24}	tsɿ^{24}	tsɿ^{24}/tɕi^{24}
阳高	tsɿ^{24}	sɿ^{24}	sɿ^{31}	——	sɿ^{24}	tsɿ^{24}	tsɿ^{24}	tsɿ^{24}
山阴	tsɿ^{335}	sɿ^{335}	sɿ^{313}	tsʰAʔ^{4}	sɿ^{335}	tʂʅ^{335}	——	tɕi^{335} 白 / tsɿ^{335} 文
天镇	tsɿ^{24}	sɿ^{31}	sɿ^{31}	tsʰɑʔ^{4}	sɿ^{24}	tsɿ^{24}	ts^{24}	tsəʔ^{4}
平定	tsɿ^{24}	sɿ^{24}	sɿ^{53}	tsʰaʔ^{4}	sɿ^{24}	tsɿ^{24}	tsɿ^{24}	tsɿ^{24}
昔阳	tsɿ^{13}	ʂʅ^{13}	sɿ^{13}	tsʰʌʔ$^{\underline{43}}$	sɿ^{13}	tʂʅ^{13}	tʂʅ^{13}	tʂʅ^{13}
左权	tsɿ^{53}	sɿ^{53}	sɿ^{53}	tsʰəʔ^{1}	sɿ^{53}	tsɿ^{53}	tsɿ^{53}	tʂʅ^{53}
和顺	tsɿ^{13}	sɿ^{13}	sɿ^{13}	tsʰəʔ$^{\underline{21}}$	sɿ^{13}	tsɿ^{13}	tsɿ^{13}	tʂʅ^{13}
尧都	tsɿ^{53} 白 / tsɿ^{53} 文	sɿ^{44}	sɿ^{44}	tʂʰɤ^{21}	ʂʅ^{44}	tʂʅ^{44}	tʂʅ^{44}	tʂʅ^{44}
洪洞	tsʰɿ^{53} 白 / tsɿ^{53} 文	sɿ^{53}	sɿ^{21}	——	sɿ^{53}	tsɿ^{33}	——	tʂʅ^{33}
洪洞赵城	tsʰɿ^{53} 白 / tsɿ^{53} 文	sɿ^{53}	sɿ^{53}	tsʰɛ^{21}	sɿ^{53}	tsɿ^{53}	tsɿ^{53}	tsɿ^{24}
古县	tsʰɿ^{53} 白 / tsɿ^{53} 文	sɿ^{53}	sɿ^{53}	tsʰɛ^{35} 白 / tsʰɤ^{35} 文	sɿ^{53}	tsɿ^{53}	tsɿ^{53}	tʂʅ^{35}

续表

字目	字	寺	饲	厕~所	事	志~向	志杂~	痣
中古音 / 方言点	疾置 止开三 去志从	祥吏 止开三 去志邪	祥吏 止开三 去志邪	察色 止开三 去志初	鉏吏 止开三 去志崇	职吏 止开三 去志章	职吏 止开三 去志章	职吏 止开三 去志章
襄汾	tsʰɿ^{53}	sɿ^{53}	sɿ^{44}	tʂʰə^{44}	sɿ^{53}	tsɿ^{44}	tsɿ^{44}	tsɿ^{44}
浮山	tsʰɿ^{53}	sɿ^{53}	sɿ^{44}	tʂʰɤ^{44}	sɿ^{53}	tsɿ^{53}	tsɿ^{53}	tsɿ^{53}
霍州	tsʰɿ^{53} 白 / tsɿ^{53} 文	sɿ^{53}	sɿ^{53}	tsʰɤ^{212}	sɿ^{53}	tsɿ^{55}	tsɿ^{55}	tsɿ^{55}
翼城	tsɿ^{53}	sɿ^{53}	sɿ^{53}	tsʰɤ^{53}	ʂʅ^{53}	tʂʅ^{53}	tʂʅ^{53}	tʂʅ^{53}
闻喜	tsʰɿ^{13}	sɿ^{13}	sɿ^{13}	tsʰɤ^{53}	sɿ^{13}	tsɿ^{53}	tsɿ^{53}	——
侯马	tsʰɿ^{53}	sɿ^{53}	sɿ^{53}	tsʰɤ^{53}	sɿ^{53} 白 / ʂʅ^{53} 文	tʂʰʅ^{53}	tʂʰʅ^{53}	tʂʰʅ^{53}
新绛	tsʰɿ^{53}	sɿ^{53}	sɿ^{13}	tsʰɤ^{53}	sɿ^{53}	tsɿ^{53}	tsɿ^{53}	tsɿ^{53}
绛县	tsɿ^{53}	sɿ^{31}	sɿ^{31}	tsʰei^{33}	sɿ^{53}	tʂʅ^{31}	tʂʅ^{31}	tʂʅ^{31}
垣曲	tsʰɿ^{53}	sɿ^{53}	sɿ^{53}	tʰai^{53} 白 / tʰɤ^{53} 文	sɿ^{53}	tsɿ^{53}	tsɿ^{53}	tsɿ^{53}
夏县	tsʰɿ^{31} 白 / tsɿ^{31} 文	sɿ^{31}	sɿ^{53}	tsʰɛ^{31}	ʂʅ^{31}	tʂʅ^{31}	tʂʅ^{31}	tʂʅ^{31}
万荣	tsʰɿ^{33}	sɿ^{33}	sɿ^{213}	tsʰai^{51} 白 / tsʰɤ^{51} 文	sɿ^{33}	tʂʅ^{33}	tʂʅ^{33}	tʂʅ^{33}
稷山	tsʰɿ^{42}	sɿ^{42}	sɿ^{42}	tsʰɤ^{42}	ʂʅ^{42}	tʂʅ^{42}	tʂʅ^{42}	tʂʅ^{42}
盐湖	tsʰɿ^{44} 白 / tsɿ^{44} 文	sɿ^{44}	sɿ^{44}	tsʰɤ^{44}	ʂʅ^{44}	tʂʅ^{44}	tʂʅ^{44}	tʂʅ^{44}
临猗	tsʰɿ^{44} 白 / tsɿ^{44} 文	sɿ^{44}	sɿ^{44}	tsʰɤ^{42}	sɿ^{44}	tsɿ^{44}	tsɿ^{44}	tʂʅ^{44}
河津	tsʰɿ^{44} 白 / tsɿ^{44} 文	sɿ^{44}	sɿ^{44}	tsʰɤ^{31} 文	sɿ^{44}	tsɿ^{44}	tsɿ^{44}	tsɿ^{53}
平陆	tsʰɿ^{33} 白 / tsɿ^{33} 文	sɿ^{33}	sɿ^{13}	tsai^{13}	sɿ^{33}	tsɿ^{33}/tʂʅ^{33}	tsɿ^{33}/tʂʅ^{33}	tʂʅ^{33}
永济	tsʰɿ^{44}	sɿ^{44}	sɿ^{31}/sɿ^{44}	tsʰei^{31}	ʂʅ^{44}	tʂʅ^{44}	tʂʅ^{44}	tʂʅ^{44}
芮城	tsʰɿ^{44}	sɿ^{44}	sɿ^{42}	tsʰɤ^{42}	sɿ^{44}	tsɿ^{44}	tsɿ^{44}	tsɿ^{44}
吉县	tsʰɿ^{33}	sɿ^{33}	sɿ^{13}	tsʰɛ^{13}	sɿ^{33}	tsɿ^{33}	tsɿ^{33}	tsɿ^{33}
乡宁	tsʰɿ^{22} 白 / tsɿ^{22} 文	sɿ^{22}	sɿ^{22}	tsʰɤ^{22}	sɿ^{22}	tsɿ^{22}	tsɿ^{22}	tsɿ^{22}
广灵	tsɿ^{213}	sɿ^{213}	sɿ^{213}	tsʰɤ^{53}	sɿ^{213}	tsɿ^{213}	tsɿ^{213}	tsɿ^{213}

字目	试	记	忌	意	异	臂	譬	避
中古音 / 方言点	式吏 止开三 去志书	居吏 止开三 去志见	渠记 止开三 去志群	於记 止开三 去志影	羊吏 止开三 去志以	卑义 止开三 去寘帮	匹赐 止开三 去寘滂	毗义 止开三 去寘並
北京	ʂʅ^{51}	tɕi^{51}	tɕi^{51}	i^{51}	i^{51}	pi^{51}	pʰi^{51}	pi^{51}
小店	sɿ^{24}	tɕi^{24}	tɕi^{24}	i^{24}	i^{24}	pʰi^{24}	pʰi^{24}	pi^{24}
尖草坪	sɿ^{35}	tɕi^{35}	tɕi^{35}	i^{35}	i^{35}	pi^{35}	pʰi^{312}	pi^{35}
晋源	sɿ^{35}	tɕi^{35}	tɕi^{35}	i^{35}	i^{35}	pi^{35}	pʰi^{35}	pi^{35}
阳曲	sɿ^{454}	tɕi^{454}	tɕi^{454}	i^{454}	i^{454}	pi^{454}	pʰi^{454}	pi^{454}
古交	sɿ^{53}	tɕi^{53}	tɕi^{53}	i^{53}	i^{53}	pai^{53}	pʰi^{53}	pi^{53}
清徐	sɿ^{45}	tɕi^{45}	tɕi^{45}	i^{45}	i^{45}	pai^{45}	pʰi^{45}	pi^{45}
娄烦	sɿ^{54}	tɕi^{54}	tɕi^{54}	i^{54}	i^{54}	pei^{54}	pʰi^{54}	pi^{54}
榆次	sɿ^{35}	tɕi^{35}	tɕi^{35}	i^{35}	i^{35}	pi^{35}	pʰi^{35}	pi^{35}
交城	sɿ^{24}	tɕi^{24}	tɕi^{24}	i^{24}	i^{24}	pɛ^{24}	——	pi^{24}
文水	sɿ^{35}	tsɿ^{35}	tsɿ^{35}	ɿ^{35}	ɿ^{35}	peɪ^{35}	pʰiəʔ^{2}	pɿ^{35}
祁县	sɿ^{45}	tsɿ^{45}	tsɿ^{45}	ɿ^{45}	ɿ^{45}	pɿ^{45}	pʰɿ^{45}	pɿ^{45}
太谷	sɿ^{53}	tɕi^{53}	tɕi^{53}	i^{53}	i^{53}	pi^{53}	pʰi^{53}	pi^{53}
平遥	sɿ^{24}	tɕi^{24}	tɕi^{24}	i^{24}	i^{24}	pæe^{24}	——	pi^{24}
孝义	sɿ^{454}	tɕi^{454}	tɕi^{454}	i^{454}	i^{454}	pei^{454}	——	pi^{454}
介休	sɿ^{45}	tɕi^{45}	tɕi^{45}	i^{45}	i^{45}	pai^{45}	pʰiʌʔ$^{\underline{12}}$	pi^{45}
灵石	sɿ^{53}	tɕi^{53}	tɕi^{53}	i^{53}	i^{53}	pi^{53}	pʰi^{53}	pi^{53}
盂县	sɿ^{55}	tɕi^{55}	tɕi^{55}	i^{55}	i^{55}	pei^{55}	pʰiəʔ^{2}	pi^{55}
寿阳	sɿ^{45}	tsɿ^{45}	tsɿ^{45}	zɿ^{45}	zɿ^{45}	pɿ^{45}	pʰɿ^{45}	pɿ^{45}
榆社	sɿ^{45}	tsɿ^{45}	tsɿ^{45}	zɿ^{45}	zɿ^{45}	——	——	pɿ^{45}
离石	sɿ^{53}	tsɿ^{53}	tsɿ^{53}	zɿ^{53}	zɿ^{53}	pieʔ^{4}	pʰieʔ^{4}	pieʔ^{4}
汾阳	sɿ^{55}	tsɿ^{55}	tsɿ^{55}	zɿ^{55}	zɿ^{55}	pɿ^{55}	pʰieʔ^{2}	pɿ^{55}
中阳	sɿ^{53}	tɕi^{53}	tɕi^{53}	i^{53}	i^{53}	pieʔ^{4}	pʰieʔ^{4}	pieʔ^{4}
柳林	sɿ^{53}	tɕi^{53}	tɕi^{53}	i^{53}	i^{53}	pi^{53}	pʰi^{53}	pʰi^{312}
方山	sɿ^{52}	tɕi^{52}	tɕi^{52}	i^{52}	i^{52}	pi^{52}	——	pi^{52}
临县	sɿ^{52}	tɕi^{52}	tɕi^{52}	i^{52}	i^{52}	pi^{52}	pʰi^{52}	pi^{52}
兴县	sɿ^{53}	tɕi^{53}	tɕi^{53}	i^{53}	i^{53}	pi^{53}	——	pʰi^{324}
岚县	sɿ^{53}	tɕi^{53}	tɕi^{53}	i^{53}	i^{53}	pi^{53}	pʰi^{53}	pi^{53}
静乐	sɿ^{53}	tɕi^{53}	tɕi^{53}	i^{53}	i^{53}	pi^{53}	pʰi^{53}	pi^{53}
交口	sɿ^{53}	tɕi^{53}	tɕi^{53}	i^{53}	i^{53}	pi^{53}	pʰi^{53}	pi^{53}
石楼	sɿ^{51}	tɕi^{51}	tɕi^{51}	i^{51}	i^{51}	pi^{51}	pʰi^{51}	pi^{51}
隰县	sɿ^{44}	tɕi^{44}	tɕʰi^{44}	ȵi^{44} 白 / i^{44} 文	i^{44}	pi^{44}	pʰi^{44}	pi^{44}

续表

字目	试	记	忌	意	异	臂	譬	避
中古音 方言点	式吏 止开三 去志书	居吏 止开三 去志见	渠记 止开三 去志群	於记 止开三 去志影	羊吏 止开三 去志以	卑义 止开三 去寘帮	匹赐 止开三 去寘滂	毗义 止开三 去寘並
大宁	sɿ^{55}	tɕi^{55}	tɕi^{55}	i^{55}	i^{55}	pei^{55}	pʰi^{31}	pʰi^{55}
永和	sɿ^{53}	tɕi^{53}	tɕi^{53}	i^{53}	i^{53}	pei^{53}	pʰi^{53}	pʰi^{53} 白 / pi^{53} 文
汾西	sɿ^{11}	tɕʑ̍^{55}	tɕʑ̍^{55}/tɕʑ̍^{53}	nʑ̍^{55} 白 /ʑ̍^{55} 文	ʑ̍^{53}	pei^{11}	——	pʰʑ̍^{53}
蒲县	sɿ^{33}	tɕi^{33}	tɕi^{52}	i^{33}	i^{52}	pi^{33}	pi^{52}	pʰi^{33}
潞州	sɿ^{44}	tɕi^{44}	tɕi^{54}	i^{44}	i^{54}	pi^{54}	pʰi^{44}	pi^{54}
上党	sɿ^{22}	tɕi^{22}	tɕi^{42}	i^{42}	i^{42}	pi^{22}	pʰi^{22}	pi^{42}
长子	sɿ^{422}	tɕi^{422}	tɕi^{53}	i^{53}	i^{53}	pei^{422}	pʰi^{53}	pi^{53}
屯留	sɿ^{53}	tɕi^{53}	tɕi^{53}	i^{11}	i^{11}	pi^{53}	pʰi^{53}	pi^{11}
襄垣	sɿ^{53}	tɕi^{45}	tɕi^{53}	i^{53}	i^{45}	pi^{45}	——	pi^{45}
黎城	sɿ^{422}	ci^{53}	ci^{53}	i^{53}	i^{53}	pi^{53}	pʰi^{53}	pi^{53}
平顺	sɿ^{53}	ci^{53}	ci^{53}	i^{53}	i^{53}	pi^{53}	pʰi^{53}	pi^{53}
壶关	ʂʅ^{42}	ci^{42}	ci^{353}	i^{42}	i^{353}	pi^{42}	pʰi^{42}	pi^{353}
沁县	sɿ^{53}	tsɿ^{53}	tsɿ^{53}	zɿ^{53}	zɿ^{53}	pei^{53}	——	pɿ^{53}
武乡	sɿ^{55}	tsɿ^{55}	tsɿ^{55}	zɿ^{55}	zɿ^{55}	——	——	pɿ^{55}
沁源	sɿ^{53}	tɕi^{53}	tɕi^{53}	i^{53}	i^{53}	pei^{53}	pʰi^{53}	pi^{53}
安泽	sɿ^{53}	tɕi^{53}	tɕi^{53}	i^{53}	i^{53}	pei^{53}	pʰi^{53}	pi^{53}
沁水端氏	sɿ^{53}	tɕi^{53}	tɕi^{53}	i^{53}	i^{53}	pai^{53}	——	pi^{53}
阳城	ʂʅ^{51}	ci^{51}	ci^{51}	i^{51}	i^{51}	pi^{51}	pʰi^{51}	pi^{51}
高平	ʂʅ^{53}	ci^{53}	ci^{53}	i^{53}	i^{53}	pei^{53}	pʰi^{53}	pi^{53}
陵川	ʂʅ^{24}	ci^{24}	ci^{24}	i^{24}	i^{24}	pi^{24}	pʰi^{24}	pi^{24}
晋城	ʂʅ^{53}	tɕi^{53}	tɕi^{53}	i^{53}	i^{53}	pɤɯ^{53}	pʰi^{53}	pi^{53}
忻府	sɿ^{53}	tɕi^{53}	tɕi^{53}	i^{53}	i^{53}	pei^{53}	pʰi^{53}	pi^{53}
原平	sɿ^{53}	tɕi^{53}	tɕi^{53}	i^{53}	i^{53}	pi^{53}	pʰiəʔ$^{\underline{34}}$	pi^{53}
定襄	sɿ^{53}	tɕi^{53}	tɕi^{53}	i^{53}	i^{53}	pi^{53}	pi^{53}	pi^{53}
五台	sɿ^{52}	tɕi^{52}	tɕi^{52}	i^{52}	i^{52}	pi^{52}	pʰiəʔ^{3}	pi^{52}
岢岚	sɿ^{52}	tɕi^{52}	tɕi^{52}	i^{52}	i^{52}	pɛi^{52}	pʰi^{52}	pi^{52}
五寨	sɿ^{52}	tɕi^{52}	tɕi^{52}	i^{52}	i^{52}	pi^{52}	pʰi^{52}	pi^{52}
宁武	sɿ^{52}	tɕi^{52}	tɕi^{52}	——	i^{52}	pi^{52}	pʰiəʔ^{4}	pi^{52}
神池	sɿ^{52}	tɕi^{52}	tɕi^{52}	i^{52}	i^{52}	pi^{52}	pʰi^{52}	pi^{52}
繁峙	sɿ^{24}	tɕi^{24}	tɕi^{24}	i^{24}	i^{24}	pi^{24}	pʰi^{24}	pi^{24}

续表

字目	试	记	忌	意	异	臂	譬	避
中古音 / 方言点	式吏 止开三 去志书	居吏 止开三 去志见	渠记 止开三 去志群	於记 止开三 去志影	羊吏 止开三 去志以	卑义 止开三 去寘帮	匹赐 止开三 去寘滂	毗义 止开三 去寘並
代县	sɿ^{53}	tɕi^{53}	tɕi^{53}	i^{53}	i^{53}	pi^{53}	pʰiəʔ^{2}	pi^{53}
河曲	sɿ^{52}	tɕi^{52}	tɕi^{52}	i^{52}	i^{52}	pi^{52}	pʰi^{213}	pi^{52}
保德	sɿ^{52}	tɕi^{52}	tɕi^{52}	i^{52}	i^{52}	pi^{52}	pʰi^{52}	pi^{52}
偏关	sɿ^{52}	tsɿ^{52}	tsɿ^{52}	ɿ^{52}	ɿ^{52}	pɿ^{52}	pʰɿ^{52}	pɿ^{52}
朔城	sɿ^{53}	tɕi^{53}	tɕi^{53}	i^{53}	i^{53}	piəʔ$^{\underline{35}}$	pʰi^{53}	pi^{53}
平鲁	sɿ^{52}	tɕi^{213}	tɕi^{213}	i^{213}	i^{213}	pɛi^{52}	——	pi^{52}
应县	sɿ^{24}	tɕi^{24}	tɕi^{24}	i^{24}	i^{24}	piɛʔ$^{\underline{43}}$	pʰiɛʔ$^{\underline{43}}$	pi^{24}
灵丘	sɿ^{53}	tɕi^{53}	tɕi^{53}	i^{53}	i^{53}	piəʔ^{5}	pʰi^{53}	pi^{53}
浑源	sɿ^{13}	tɕi^{13}	tɕi^{13}	i^{13}	i^{13}	pi^{13}	pi^{13}	pi^{13}
云州	ʂʅ^{24}	tɕi^{24}	tɕi^{24}	i^{24}	i^{24}	pi^{24}	pʰi^{24}	pi^{24}
新荣	sɿ^{24}	tɕi^{24}	tɕi^{24}	i^{24}	i^{24}	piəʔ^{4}	pʰiəʔ^{4}	pi^{24}
怀仁	sɿ^{24}	tɕi^{24}	tɕi^{24}	i^{24}	i^{24}	piəʔ^{4}	pʰi^{24}	pi^{24}
左云	sɿ^{24}	tɕi^{24}	tɕi^{24}	i^{24}	i^{24}	pi^{24}	pʰi^{24}	pi^{24}
右玉	sɿ^{24}	tɕi^{24}	tɕi^{24}	i^{24}	i^{24}	piəʔ^{4}	pʰi^{53}	pi^{24}
阳高	sɿ^{24}	tɕi^{24}	tɕi^{24}	i^{24}	i^{24}	piəʔ^{3}	pʰiəʔ^{3}	pi^{24}
山阴	sɿ^{335}	tɕi^{335}	tɕi^{335}	i^{335}	i^{335}	piəʔ^{4} 文	pʰiəʔ^{4}	pi^{335}
天镇	sɿ^{24}	tɕi^{24}	tɕi^{24}	i^{24}	i^{24}	pɛe^{24}	pʰiəʔ^{4}	pi^{24}
平定	sɿ^{24}	tɕi^{24}	tɕi^{24}	i^{24}	i^{24}	pei^{24}/piəʔ^{4}	——	pi^{24}
昔阳	sɿ^{13}	tɕi^{13}	tɕi^{13}	i^{13}	i^{13}	pi^{13}	pʰi^{13}	pi^{13}
左权	sɿ^{53}	tɕi^{53}	tɕi^{53}	i^{53}	i^{53}	pɛi^{53}	——	pi^{53}
和顺	sɿ^{13}	tɕi^{13}	tɕi^{13}	i^{13}	i^{13}	pi^{13}	pʰi^{13}	pi^{13}
尧都	ʂʅ^{44}	tɕi^{44}	tɕi^{44}	i^{44}	i^{44}	pei^{44}	pʰi^{44}	pʰi^{44}
洪洞	sɿ^{33}	tɕi^{33}	tɕi^{33}/tɕʰi^{53} 白 / tɕi^{21} 文	i^{33}	i^{53}	pei^{33}	——	pʰi^{42}
洪洞赵城	sɿ^{53}	tɕi^{24}	tɕi^{53}	i^{24}	i^{53}	pei^{53}	——	pʰi^{53}
古县	sɿ^{21}	tɕi^{35}	tɕi^{35}	i^{35}	i^{53}	pei^{35} 白 / pi^{53} 文	pi^{53}	pi^{53}
襄汾	sɿ^{44}	tɕi^{44}	tɕi^{53}	i^{44}	i^{44}	pi^{21}	pi^{44}	pi^{21}
浮山	sɿ^{44}	tɕi^{44}	tɕi^{53}	i^{53}	i^{53}	pi^{42}	pi^{44}	pi^{42}
霍州	sɿ^{55}	tɕi^{55}	tɕi^{53}	i^{55}	i^{53}	pei^{55}	pʰi^{53}	pi^{53}
翼城	ʂʅ^{53}	tɕi^{53}	tɕi^{53}	i^{53}	i^{53}	pi^{53}	pʰi^{53}	pei^{53}
闻喜	sɿ^{53}	tɕi^{53}	tɕi^{13}	i^{13}	i^{13}	pi^{53}	pʰi^{53}	pʰi^{13}

续表

字目	试	记	忌	意	异	臂	譬	避
中古音 / 方言点	式吏 止开三 去志书	居吏 止开三 去志见	渠记 止开三 去志群	於记 止开三 去志影	羊吏 止开三 去志以	卑义 止开三 去寘帮	匹赐 止开三 去寘滂	毗义 止开三 去寘並
侯马	ʂɿ^{53}白/ʂʅ^{53}白/ ʂiɛ^{53}文	tɕi^{53}	tɕi^{53}	i^{53}	i^{53}	pi^{53}	pi^{53}	pi^{53}
新绛	sɿ^{53}	tɕi^{53}	tɕi^{53}	ȵi^{53}白/i文	i^{53}	pei^{53}	p^{h}i^{13}	p^{h}i^{13}
绛县	ʂʅ^{31}	tɕi^{31}	tɕi^{53}	i^{31}	i^{53}	pi^{31}	pi^{31}	pi^{53}
垣曲	sɿ^{53}	tɕi^{53}	tɕi^{53}	ȵi^{22}白/i^{53}文	i^{53}	pi^{53}	p^{h}i^{53}	pi^{53}
夏县	ʂʅ^{31}	tɕi^{31}	tɕi^{31}	i^{31}	i^{31}	pi^{31}	p^{h}i^{31}白/ pi^{31}文	p^{h}i^{31}白/ pi^{31}文
万荣	sɿ^{33}	tɕi^{33}	tɕi^{33}	i^{33}	i^{51}	pei^{33}	p^{h}ei^{55}	p^{h}ei^{55}
稷山	ʂʅ^{42}	tɕi^{42}	tɕi^{42}	i^{42}	i^{42}	pi^{42}	p^{h}i^{42}	p^{h}i^{42}
盐湖	sɿ^{44}	tɕi^{44}	tɕ^{h}i^{44}	i^{44}	i^{44}	pi^{44}	p^{h}i^{44}	p^{h}i^{44}
临猗	sɿ^{44}	tɕi^{44}	tɕi^{44}	i^{44}	i^{44}	pi^{44}	p^{h}i^{44}	p^{h}i^{44}白/ pi^{44}文
河津	sɿ^{44}	tɕi^{44}	tɕi^{44}	i^{44}	i^{31}	pei^{44}	——	——
平陆	sɿ^{33}	tɕi^{33}	tɕ^{h}i^{33}/tɕi^{33}	i^{33}	i^{33}	pi^{33}	p^{h}i^{33}	p^{h}i^{33}
永济	ʂʅ^{44}	tɕi^{44}	tɕ^{h}i^{44}白/ tɕi^{44}文	i^{44}	i^{44}	pi^{44}	pi^{44}	p^{h}i^{53}
芮城	sɿ^{44}	tɕ^{h}i^{44}白/ tɕi^{44}文	tɕ^{h}i^{44}白/ tɕi^{44}文	ȵi^{44}白/i^{44}文	i^{44}	pei^{44}	pei^{42}白/ p^{h}i^{42}文	p^{h}i^{42}
吉县	sɿ^{33}	tɕi^{33}	t^{h}ɕi^{33}	i^{33}	i^{33}	pei^{423}	——	p^{h}i^{53}
乡宁	sɿ^{22}	tɕi^{22}	tɕi^{22}	ȵi^{22}白/i^{22}文	i^{22}	pi^{22}	——	pi^{22}
广灵	sɿ^{213}	tɕi^{213}	tɕi^{213}	i^{44}	i^{44}	pei^{213}	——	pi^{213}

字目	被~迫	离~开	荔	刺	赐	智	翅	寄
中古音 / 方言点	平义 止开三 去寘並	力智 止开三 去寘来	力智 止开三 去寘来	七赐 止开三 去寘清	斯义 止开三 去寘心	知义 止开三 去寘知	施智 止开三 去寘书	居义 止开三 去寘见
北京	pei^{51}	li^{35}	li^{51}	tsʰɿ^{51}	tsʰɿ^{51}	tʂʅ^{51}	tʂʰʅ^{51}	tɕi^{51}
小店	pei^{24} 文	li^{11}	li^{24}	tsʰɿ^{24}	tsʰɿ^{24}	tsɿ^{24}	tsʰɿ^{24}	tɕi^{24}
尖草坪	pei^{35}	li^{33}	li^{35}	tsʰɿ^{35}	tsʰɿ^{35}	tsɿ^{35}	tsʰɿ^{35}	tɕi^{35}
晋源	pi^{35}	li^{11}	li^{35}	tsʰɿ^{35}	tsʰɿ^{35}	tsɿ^{35}	tsʰɿ^{35}	tɕi^{35}
阳曲	pi^{454}	li^{454}	li^{454}	tsʰɿ^{454}	tsʰɿ^{454}	tsɿ^{454}	tsʰɿ^{454}	tɕi^{454}
古交	pi^{53}	li^{44}	li^{53}	tsʰɿ^{53}	tsʰɿ^{53}	tsɿ^{53}	tsʰɿ^{53}	tɕi^{53}
清徐	pi^{45}	li^{45}	li^{45}	tsʰɿ^{45}	sɿ^{45}	tsɿ^{45}	tsʰɿ^{45}	tɕi^{45}
娄烦	pi^{54}	li^{33}	li^{54}	tsʰɿ^{54}	tsʰɿ^{54}	tsɿ^{54}	tsʰɿ^{54}	tɕi^{54}
榆次	pɛe^{35}	li^{11}	li^{35}	tsʰɿ^{35}	tsʰɿ^{35}	tsɿ^{35}	tsʰɿ^{35}	tɕi^{35}
交城	pi^{24}	——	li^{24}	tsɿ^{24}	sɿ^{11}	tsɤɯ^{24} 白 / tsɿ^{24} 文	tsɿ^{24} 白 / tsʰɿ^{53} 文	tɕi^{24}
文水	pɿ^{35} 白 / peɪ^{35} 文	lɿ^{22}	liəʔ^{2}	tsʰɿ^{35}	tsʰɿ^{35}	tsɿ^{35}	tsʰɿ^{35}	tsɿ^{35}
祁县	pɿ^{45}	lɿ^{31}	lɿ^{45}	tsʰɿ^{45}	tsʰɿ^{45}	tʂʅ^{45}	tsʰɿ^{45}	tsɿ^{45}
太谷	pi^{53}	li^{33}	li^{53}	tsʰɿ^{53}	tsʰɿ^{53}	tsɿ^{53}	tsʰɿ^{53}	tɕi^{53}
平遥	pi^{24}	li^{213}	li^{24}	tsʰɿ^{24}	tsʰɿ^{24}	tʂʅ^{24}	tsʰɿ^{24}	tɕi^{24}
孝义	pi^{454}	lei^{33}	liəʔ^{3}	tsʰɿ^{454}	tsʰɿ^{454}	tʂʅ^{454}	tsʰɿ^{454}	tɕi^{454}
介休	pi^{45}	lei^{13}	lei^{45}	tsʰɿ^{45}	tsʰɿ^{45}	tʂei^{45}	tsʰɿ^{45}	tɕi^{45}
灵石	pi^{53}/pei^{53}	li^{44}	li^{53}	tsʰɿ^{53}	tsʰɿ^{53}	tʂʅ^{53}	tsʰɿ^{53}	tɕi^{53}
盂县	pei^{55}	lei^{22}	lei^{55}	tsʰɿ^{55}	sɿ^{55} 白 / tsʰɿ^{55} 文	tsɿ^{55}	tsʰɿ^{55}	tɕi^{55}
寿阳	pɿ^{45}	lei^{22}	liəʔ^{2}	tsʰɿ^{45}	tsʰɿ^{45}	tsɿ^{45}	tsʰɿ^{45}	tsɿ^{45}
榆社	pɿ^{45}	lei^{22}	lei^{22}	tsʰɿ^{45}	tsʰɿ^{45}	tsɿ^{45}	tsʰɿ^{45}	tsɿ^{45}
离石	pɿ^{53}	li^{44}	li^{53}	tsʰɿ^{53}	tsʰɿ^{53}	tʂʅr^{53}	tsʰɿ^{53}	tsɿ^{53}
汾阳	pei^{55}	lɿ^{55}	lieʔ$^{\underline{312}}$	tsʰɿ^{55}	tsʰɿ^{55}	tʂʅ^{55}	tsʰɿ^{55}	tsɿ^{55}
中阳	pi^{53}	li^{33}	li^{53}	tsʰɿ^{53}	tsʰɿ^{53}	tʂɤ^{53}	tsʰɿ^{53}	tɕi^{53}
柳林	pi^{53}	li^{44}	li^{53}	tsʰɿ^{53}	tsʰɿ^{53}	tsɛe^{53}	tsʰɿ^{53}	tɕi^{53}
方山	pi^{52}	li^{44}	li^{52}	tsʰɿ^{52}	tsʰɿ^{52}	tʂʅ^{52}	tsɿ^{52}	tɕi^{52}
临县	pi^{52}	lei^{33}	lei^{52}	tsʰɿ^{52}	tsʰɿ^{52}	tʂei^{52}	tsʰɿ^{52}	tɕi^{52}
兴县	pei^{53}	li^{55}	liəʔ^{5}	tsʰɿ^{53}	tsʰɿ^{53}	tʂʅ^{53}	tsʰɿ^{53}	tɕi^{53}
岚县	pei^{53}	li^{44}	li^{53}	tsʰɿ^{53}	tsʰɿ^{53}	tsɿ^{53}	tsʰɿ^{53}	tɕi^{53}
静乐	pi^{53}	li^{33}	li^{53}	tsʰɿ^{53}	tsʰɿ^{53}	tsɿ^{314}	tsʰɿ^{53}	tɕi^{53}
交口	pi^{53}/pai^{53}	li^{44}	li^{53}	tsʰɿ^{53}	tsʰɿ^{53}	tsɿ^{53}	tsʰɿ^{53}	tɕi^{53}

续表

字目	被~迫	离~开	荔	刺	赐	智	翅	寄
中古音 方言点	平义 止开三 去寘並	力智 止开三 去寘来	力智 止开三 去寘来	七赐 止开三 去寘清	斯义 止开三 去寘心	知义 止开三 去寘知	施智 止开三 去寘书	居义 止开三 去寘见
石楼	pi^{51}	li^{44}	li^{51}	tsʰɿ^{51}	tsʰɿ^{51}	tʂʅ^{51}	tsʰɿ^{51}	tɕi^{51}
隰县	pʰi^{44}	li^{24}	li^{44}	tsʰɿ^{44}	tsʰɿ^{44}	tsɿ^{44}	tsʰɿ^{44}	tɕi^{44}
大宁	pʰi^{55} 白 / pei^{55} 文	li^{24}	liəʔ$^{\underline{31}}$	tsʰɿ^{55}	sɿ^{31}	tʂʅ^{55}	tsʰɿ^{55}	tɕi^{55}
永和	pʰi^{53} 白 / pi^{53} 文	li^{53}	——	tsʰɿ^{53}	sɿ^{53} 白 / tsʰɿ^{53} 文	tʂʅ^{53}	tsʰɿ^{53}	tɕi^{53}
汾西	pʰᵻ^{53} 白	——	lᵻ^{53}	tsɿ^{55} 白 /tsʰɿ^{55}	tsʰɿ^{55}	tsɿ^{55}	tsʰɿ^{55}	tɕᵻ^{55}
蒲县	pei^{33}	li^{24}	li^{33}	tsʰɿ^{33}	tsʰɿ^{33}	tʂʅ^{52}	tsʰɿ^{33}	tɕi^{33}
潞州	pei^{54}	li^{24}	li^{54}	tsʰɿ^{44}	tsʰɿ^{44}	tsɿ^{44}	tsʰɿ^{44}	tɕi^{44}
上党	pi^{42}	li^{44}	li^{42}	tsʰɿ^{22}	tsʰɿ^{22}	tsɿ^{22}	tsʰɿ^{22}	tɕi^{22}
长子	pei^{53}	li^{24}	li^{53}	tsʰɿ^{422}	tsʰɿ^{422}	tsɿ^{422}	tsʰɿ^{422}	tɕi^{422}
屯留	pei^{11}	li^{11}	li^{11}	tsʰɿ^{53}	tsʰɿ^{53}	tsɿ^{53}	tsʰɿ^{53}	tɕi^{53}
襄垣	pi^{53}	li^{31}	li^{45}	tsʰɿ^{53}	tsʰɿ^{53}	tsɿ^{53}	tsʰɿ^{53}	tɕi^{45}
黎城	pi^{53}	li^{53}	li^{53}	tsʰɿ^{422}	tsʰɿ^{53}	tɕi^{53}	tsʰɿ^{53}	ci^{53}/cʰi^{53}
平顺	pi^{53}	li^{53}	li^{53}	tsʰɿ^{53}	tsʰɿ^{13}	tɕi^{53}	tsʰɿ^{53}	ci^{53}
壶关	pi^{353}	li^{13}	li^{353}	tʂʰʅ^{42}	tʂʰʅ^{42}	tʃi^{42}	tʂʰʅ^{42}	ci^{353}
沁县	——	əʅ^{33}	liəʔ$^{\underline{31}}$	tsʰɿ^{53}	tsʰɿ^{53}	tsɿ^{53}	tsʰɿ^{53}	tsɿ^{53}
武乡	pɿ^{55}	l̩^{33}	l̩^{33}	tsʰɿ^{55}	tsʰɿ^{55}	tsɿ^{55}	tsʰɿ^{55}	tsɿ^{55}
沁源	pei^{53}	li^{33}	li^{53}	tsʰɿ^{53}	tsʰɿ^{53}	tʂʅ^{53}	tsʰɿ^{53}	tɕi^{53}
安泽	pei^{53}	li^{35}	li^{53}	tsʰɿ^{51}	tsʰɿ^{51}	tsɿ^{53}	tsʰɿ^{53}	tɕi^{53}
沁水端氏	pi^{53}	li^{53}	li^{53}	tsʰɿ^{53}	tsʰɿ^{53}	tsɿ^{53}	tsʰɿ^{53}	tɕi^{53}
阳城	pi^{51}	li^{51}	li^{51}	tsʰɿ^{51}	tsʰɿ^{51}	tʂʅ^{51}	tʂʰʅ^{51}	ci^{51}
高平	pi^{53}	li^{33}	li^{53}	tʂʰʅ^{53}	tʂʰʅ^{53}	tʂʅ^{33}	tʂʰʅ^{53}	ci^{53}
陵川	pei^{24}	li^{53}	li^{24}	tʂʰʅ^{24}	tʂʰʅ^{24}	tʂʅ^{24}	tʂʰʅ^{24}	ci^{24}
晋城	pɤɯ^{53}	li^{53}	li^{53}	tʂʰʅ^{53}	tʂʰʅ^{53}	tʂʅ^{33}	tʂʰʅ^{53}	tɕi^{53}
忻府	pi^{53}	li^{21}	li^{53}	tsʰɿ^{53}	tsʰɿ^{53}	tʂʅ^{53}	tsʰɿ^{53}	tɕi^{53}
原平	pi^{53}	li^{33}	li^{53}	tsʰɿ^{53}	tsʰɿ^{53}	tʂʅ^{53}	tsʰɿ^{53}	tɕi^{53}
定襄	pei^{53}	li^{11}	li^{53}	tsʰɿ^{53}	tsʰɿ^{53}	tʂʅ^{53}	tʂʰʅ^{53}	tɕi^{53}
五台	pi^{52}	li^{33}	li^{52}	tsʰɿ^{52}	tsʰɿ^{52}	tsɿ^{52}	tsʰɿ^{52}	tɕi^{52}
岢岚	pi^{52}	li^{44}	li^{52}	tsʰɿ^{52}	tsʰɿ^{52}	tʂʅ^{52}	tsʰɿ^{52}	tɕi^{52}
五寨	pi^{52}	li^{44}	liəʔ^{4}	tsʰɿ^{52}	tsʰɿ^{52}	tsɿ^{52}	tsʰɿ^{52}	tɕi^{52}

续表

字目	被~追	离~开	荔	刺	赐	智	翅	寄
中古音 方言点	平义 止开三 去寘並	力智 止开三 去寘来	力智 止开三 去寘来	七赐 止开三 去寘清	斯义 止开三 去寘心	知义 止开三 去寘知	施智 止开三 去寘书	居义 止开三 去寘见
宁武	pi^{52}	——	——	tsʰɿ^{52}	tsʰɿ^{52}	tsɿ^{52}	tsʰɿ^{52}	tɕi^{52}
神池	pɛe^{52}	li^{32}	li^{52}	tsʰɿ^{52}	tsʰɿ^{52}	tsɿ^{52}	tsʰɿ^{52}	tɕi^{52}
繁峙	pei^{24}	li^{31}	li^{24}	tsɿ^{24} 白 / tsʰɿ^{24} 文	tsʰɿ^{24}	tsɿ^{24}	tsʰɿ^{24}	tɕi^{24}
代县	pi^{53}	li^{44}	liəʔ^{2}	tsɿ^{53} 白 / tsʰɿ^{53} 文	sɿ^{53}	tsɿ^{53}	tsɿ^{53} 白 / tsʰɿ^{53} 文	tɕi^{53}
河曲	pi^{52}	li^{44}	li^{52}	tsʰɿ^{52}	tsʰɿ^{52}	tsɿ^{52}	tʂʰʅ^{44}	tɕi^{52}
保德	pei^{52}	li^{44}	li^{52}	tsʰɿ^{52}	tsʰɿ^{52}	tʂʅ^{52}	tsɿ^{52}	tɕi^{52}
偏关	pɿ^{52}	lʅ^{44}	lɿ^{52}	tsʰɿ^{52}	sɿ^{52}	tʂʅ^{52}	tsʰɿ^{52}	tsɿ^{52}
朔城	pi^{53}	——	li^{53}	tsʰɿ^{53}	tsʰɿ^{53}	tsɿ^{53}	tsɿ^{53}	tɕi^{53}
平鲁	——	li^{52}	li^{52}	tsʰɿ^{52}	tsʰɿ^{52}	tsɿ^{52}	tsʰɿ^{52}	tɕi^{213}
应县	pi^{24}	li^{24}	li^{24}	tsɿ^{24}	tsɿ^{24} 白	tsɿ^{24}	tsɿ^{24}	tɕi^{24}
灵丘	pei^{53}	li^{31}	li^{53}	tsʰɿ^{53}	tsʰɿ^{53}	tsɿ^{53}	tsʰɿ^{53}	tɕi^{53}
浑源	pi^{13}	li^{22}	li^{13}	tsʰɿ^{13}	tsʰɿ^{13}	tsɿ^{13}	tsʰɿ^{13}	tɕi^{13}
云州	pi^{24}	li^{312}	li^{24}	tsɿ^{24}	tsɿ^{24}	tʂʅ^{24}	tʂʰʅ^{24}	tɕi^{24}
新荣	pi^{24}	li^{312}	li^{24}	tsɿ^{24} 白 / tsʰɿ^{24} 文	tsʰɿ^{24}/sɿ^{24}	tʂʅ^{24}	tsʰɿ^{24}	tɕi^{24}
怀仁	pi^{24}	li^{312}	li^{24}	tsɿ^{24}	sɿ^{24}	tsɿ^{24}	tsɿ^{24}	tɕi^{24}
左云	pi^{24} 白 / pɛi^{24} 文	li^{313}	li^{24}	tsʰɿ^{24}	tsʰɿ^{24}	tsɿ^{24}	tsʰɿ^{24}	tɕi^{24}
右玉	pi^{24}	——	li^{24}	tsʰɿ^{24}	tsʰɿ^{24}	tʂʅ^{24}	tsʰɿ^{24}	tɕi^{24}
阳高	pi^{24}	li^{24}	li^{24}	tsɿ^{24}	tsʰɿ^{24}	tsɿ^{24}	tsɿ^{24}/tsʰɿ^{24}	tɕi^{24}
山阴	pi^{335}	——	li^{335}	tsɿ^{335}	——	tʂʅ^{335}	tsɿ^{335}	tɕi^{335}
天镇	pi^{24}	li^{22}	li^{24}	tsɿ^{24} 白 / tsʰɿ^{24} 文	tsʰɿ^{24}	tsɿ^{24}	tsɿ^{24}	tɕi^{24}
平定	pei^{24}	lei^{44}	liəʔ$^{\underline{23}}$	tsʰɿ^{24}	tsʰɿ^{24}	tʂʅ^{31}	tsʰɿ^{24}	tɕi^{24}
昔阳	pei^{13}	lei^{33}	lei^{13}	tsʰɿ^{13}	tsʰɿ^{13}	tʂʅ^{13}	tʂʰʅ^{13}	tɕi^{13}
左权	pi^{53}	li^{53}	lieʔ^{1}	tsʰɿ^{53}	tsʰɿ^{53}	tʂʅ^{53}	tsʰɿ^{53}	tɕi^{53}
和顺	pei^{13}	lei^{22}	lei^{13}	ʦʰɿ^{13}	ʦʰɿ^{13}	tʂʅ^{13}	ʦʰɿ^{13}	tɕi^{13}
尧都	pei^{44}	li^{24}	li^{44}	tsʰɿ^{44}	tsʰɿ^{24}	tʂʅ^{44}	tʂʰʅ^{44}	tɕi^{44}
洪洞	——	——	li^{53}	tsʰɿ^{33}	sɿ^{33}	tʂʅ^{33}	tsʰɿ^{33}	tɕi^{33}
洪洞赵城	pʰi^{53}	li^{21}	li^{21}	tsʰɿ^{24}	tsʰɿ^{24}	tʂʰʅ^{24}	tsʰɿ^{24}	tɕi^{24}

续表

字目	被~迫	离~开	荔	刺	赐	智	翅	寄
中古音 方言点	平义 止开三 去寘並	力智 止开三 去寘来	力智 止开三 去寘来	七赐 止开三 去寘清	斯义 止开三 去寘心	知义 止开三 去寘知	施智 止开三 去寘书	居义 止开三 去寘见
古县	pʰi^{53} 白 / pei^{53} 文	li^{35}	li^{53}	tsʰɿ^{35}	tsʰɿ^{35}	tʂʅ^{35}	tsʰɿ^{35}	tɕʰi^{35}
襄汾	pʰei^{53}/pei^{21}	li^{24}	li^{53}	tsʰɿ^{44}	tsʰɿ^{53}	tʂʅ^{44}	tsʰɿ^{53}	tɕi^{44}
浮山	pʰei^{53}	li^{13}	li^{53}	tsʰɿ^{44}	tsʰɿ^{53}	tʂʅ^{44}	tsʰɿ^{33}	tɕʰi^{53}
霍州	pʰei^{53}	li^{35}	li^{53}	tsʰɿ^{55}	tsʰɿ^{55}	tʂʅ^{55}	tsʰɿ^{55}	tɕi^{55}
翼城	pei^{53}	li^{12}	li^{53}	tsʰɿ^{53}	tsʰɿ^{53}	tʂʅ^{53}	tʂʰɿ^{53}	tɕi^{53}
闻喜	tʰi^{13}/ pʰi^{13}	li^{13}	——	tsʰɿ^{53}	tsʰɿ^{53}	tsɿ^{53}	tsʰɿ^{53}	tɕʰi^{13}
侯马	pei^{53}	li^{213}	li^{53}	tsʰɿ^{53}	tsʰɿ^{53}	tʂʅ^{53}	tʂʰɿ^{53}	tɕi^{53}
新绛	pei^{53}	li^{13}	li^{53}	tsʰɿ^{53}	sɿ^{13}	tʂʅ^{53}	tʂʰʅ^{53}	tɕi^{53}
绛县	pi^{53}	li^{53}	li^{53}	tsʰɿ^{31}	tsʰɿ^{31}	tʂʅ^{31}	tʂʰʅ^{31}	tɕi^{31}
垣曲	pei^{53}	li^{22}	li^{53}	tsʰɿ^{53}	tsʰɿ^{53}	tʂʅ^{53}	tsʰɿ^{53}	tɕi^{53}
夏县	pʰi^{31} 白 / pei^{31} 文	li^{42}	li^{31}	tsʰɿ^{31}	tsʰɿ^{31}	tʂʅ^{31}	tʂʰʅ^{31}	tɕi^{31}
万荣	pʰei^{51}	li^{33}	li^{33}	tsʰɿ^{33}	tsʰɿ^{33}	tʂʅ^{33}	tsʰɿ^{55}	tɕʰi^{213}
稷山	pʰi^{42}	li^{13}	li^{42}	tsʰɿ^{42}	tsʰɿ^{42}	tʂʅ^{42}	tʂʰʅ^{42}	tɕi^{42}
盐湖	pʰi^{44} 白 / pei^{44} 文	li^{13}	li^{44}	tsʰɿ^{44}	tsʰɿ^{44}	tʂʅ^{44}	tsʰɿ^{44}	tɕi^{44}
临猗	pei^{44}	li^{13}	li^{44}	tsʰɿ^{44}	tsʰɿ^{44}	tʂʅ^{44}	tsʰɿ^{44}	tɕi^{44}
河津	pʰei^{31}	li^{44}	li^{44}	tsʰɿ^{44}/tsʰɿ^{31}	tsʰɿ^{53}	tʂʅ^{31}	tsʰɿ^{53}	tɕi^{44}
平陆	pi^{33} 白 / pei^{33} 文	li^{33}	li^{33}	tsʰɿ^{33}	tsʰɿ^{31}	tʂʅ^{33}	tsʰɿ^{33}	tɕi^{33}
永济	pʰi^{44}	li^{44}	li^{44}	tsʰɿ^{44}	tsʰɿ^{44}	tʂʅ^{44}	tʂʰʅ^{44}	tɕi^{44}
芮城	pʰi^{44} 白 / pʰei^{44} 文	li^{13}	li^{44}	tsʰɿ^{44}/tsʰɿ^{42}	sɿ^{44} 白 / tsʰɿ^{44} 文	tʂʅ^{44}	tsʰɿ^{44}	tɕʰi^{42} 白 / tɕi^{42} 文
吉县	pi^{33}	li^{33}	li^{33}	tsʰɿ^{33}	sɿ^{33}	tʂʅ^{33}	tsʰɿ^{33}	tɕi^{33}
乡宁	pʰi^{22}	li^{12}	li^{22}	tsʰɿ^{22}	tsʰɿ^{22}	tʂʅ^{22}	tsʰɿ^{22}	tɕi^{22}
广灵	pi^{213}	li^{213}	li^{213}	tsʰɿ^{213}	tsʰɿ^{213}	tsɿ^{213}	tsʰɿ^{213}	tɕi^{213}

字目	义	议	戏	易容～	飞	非	妃	肥
中古音 / 方言点	宜寄 止开三 去寘疑	宜寄 止开三 去寘疑	香义 止开三 去寘晓	以豉 止开三 去寘以	甫微 止合三 平微非	甫微 止合三 平微非	芳非 止合三 平微敷	符非 止合三 平微奉
北京	i^{51}	i^{51}	ɕi^{51}	i^{51}	fei^{55}	fei^{55}	fei^{55}	fei^{35}
小店	i^{24}	i^{24}	ɕi^{24}	i^{24}	fei^{11}	fei^{11}	fei^{11}	fei^{11}
尖草坪	i^{35}	i^{35}	ɕi^{35}	i^{35}	fei^{33}	fei^{33}	fei^{33}	fei^{33}
晋源	ȵi^{35} 白 /i^{35} 文	i^{35}	ɕi^{35}	i^{35}	fei^{11}	fei^{11}	fei^{11}	fei^{11}
阳曲	i^{454}	i^{454}	ɕi^{454}	i^{454}	fei^{312}	fei^{312}	fei^{312}	fei^{43}
古交	i^{53}	i^{53}	ɕi^{53}	i^{53}	fei^{44}	fei^{44}	fei^{44}	fei^{44}
清徐	ni^{45} 白 /i^{45} 文	i^{45}	ɕi^{45}	i^{45}	fi^{11}	fi^{11}	fi^{11}	ɕi^{11} 白 /fi^{11} 文
娄烦	i^{54}	i^{54}	ɕi^{54}	i^{54}	fei^{33}	fei^{33}	fei^{33}	fei^{33}
榆次	i^{35}	i^{35}	ɕi^{35}	i^{35}	fɯ^{11}	fɯ^{11}	fɯ^{11}	fɯ^{11}/ɕi^{11}
交城	ni^{24} 白 /i^{24} 文	i^{24}	ɕi^{24}	i^{24}	xui^{11}	xui^{11}	xui^{11}	ɕi^{11} 白 / xui^{11} 文
文水	ʅ^{35}	ʅ^{35}	sʅ^{35}	ʅ^{35}	xueɪ^{22}	xueɪ^{22}	xueɪ^{22}	sʅ^{22} 白 / xueɪ^{22} 文
祁县	ʅ^{45}	ʅ^{45}	sʅ^{45}	ʅ^{45}	xuəɨ^{31}	xuəɨ^{31}	xuəɨ^{31}	sʅ^{31} 白 / xuəɨ^{31} 文
太谷	i^{53}	i^{53}	ɕi^{53}	i^{53}	fei^{33}	fei^{33}	fei^{33}	ɕi^{33} 白 / fei^{33} 文
平遥	i^{24}	i^{24}	ɕi^{24}	i^{24}	xuei^{213}	xuei^{213}	xuei^{213}	xuei^{213}
孝义	i^{454}	i^{454}	ɕi^{33}	i^{454}	xuei^{33}	xuei^{33}	xuei^{33}	ɕi^{33} 白 / xuei^{33} 文
介休	i^{45}	i^{45}	ɕi^{45}	i^{45}	xuei^{13}	xuei^{13}	xuei^{13}	ɕi^{13} 白 / xuei^{13} 文
灵石	i^{53}	i^{53}	ɕi^{53}	i^{53}	xuei^{535}	xuei^{535}	xuei^{535}	ɕi^{44} 白 / xuei^{44} 文
盂县	i^{55}	i^{55}	ɕi^{55}	i^{55}	ɕi^{412} 白 / fei^{412} 文	fei^{412}	fei^{412}	ȵi^{22}/ɕi^{22} 白 / fei^{22} 文
寿阳	zʅ^{45}	zʅ^{45}	sʅ^{45}	zʅ^{45}	fei^{31}	fei^{31}	fei^{31}	ɕi^{22} 白 / fei^{22} 文
榆社	nʅ^{45}	nʅ^{45}	sʅ^{45}	zʅ^{45}	fei^{22}	fei^{22}	fei^{22}	fei^{22}
离石	zʅ^{53}	zʅ^{53}	ɕi^{53}	zʅ^{53}	xuɛe^{24}	xuɛe^{24}	xuɛe^{24}	ɕi^{44} 白 / xɛe^{44} 文
汾阳	zʅ^{55}	zʅ^{55}	sʅ^{55}	zʅ^{55}	fei^{324}	fei^{324}	fei^{312}	sʅ^{22} 老 / fei^{22} 新
中阳	i^{53}	i^{53}	ɕi^{53}	i^{53}	xuɛe^{24}	xuɛe^{24}	xuɛe^{24}	ɕi^{33} 白 / xuɛe^{33} 文

续表

字目	义	议	戏	易容~	飞	非	妃	肥
中古音 / 方言点	宜寄 止开三 去寘疑	宜寄 止开三 去寘疑	香义 止开三 去寘晓	以豉 止开三 去寘以	甫微 止合三 平微非	甫微 止合三 平微非	芳非 止合三 平微敷	符非 止合三 平微奉
柳林	i^{53}	i^{53}	ɕi^{53}	i^{53}	xuɐe^{24}	xuɐe^{24}	xuɐe^{24}	ɕi^{44} 白 / xuɐe^{44} 文
方山	i^{52}	i^{52}	ɕi^{52}	i^{52}	xuei^{24}	xuei^{24}	xuei^{24}	ɕi^{44} 白 / xuei^{44} 文
临县	i^{52}	i^{52}	ɕi^{52}	i^{52}	fei^{24}	fei^{24}	fei^{24}	ɕi^{33} 白 / fei^{33} 文
兴县	i^{53}	i^{53}	ɕi^{53}	i^{53}	ɕi^{324} 白 / xuei^{324} 文	xuei^{324}	xuei^{324}	ɕi^{55} 白 / xuei^{55} 文
岚县	i^{53}	i^{53}	ɕi^{53}	i^{53}	ɕi^{214} 白 / fei^{214} 文	fei^{214}	fei^{214}	ɕi^{44} 白 / fei^{44} 文
静乐	i^{53}	i^{53}	ɕi^{53}	i^{53}	fei^{24}	fei^{24}	fei^{24}	fei^{33}
交口	i^{53}	i^{53}	ɕi^{53}	i^{53}	xuei^{323}	xuei^{323}	xuei^{323}	ɕi^{44} 白 / xuei^{44} 文
石楼	i^{51}	i^{51}	ɕi^{51}	i^{51}	xuei^{213}	xuei^{213}	xuei^{213}	ɕi^{44} 白 / xuei^{44} 文
隰县	i^{44}	i^{44}	ɕi^{44}	i^{44}	xuei^{53}	xuei^{53}	xuei^{53}	ɕi^{24} 白 / xuei^{24} 文
大宁	i^{55}	i^{55}	ɕi^{55}	i^{55}	ɕi^{31} 白 / fei^{31} 文	fei^{31}	fei^{31}	ɕi^{24} 白 / fei^{24} 文
永和	ni^{53}	ni^{53}	ɕi^{53}	i^{53}	xuei^{33}	xuei^{33}	xuei^{33}	ɕi^{35} 白 / xuei^{35} 文
汾西	ʑ̍^{55} 文	——	ɕʑ̍^{53}	ʑ̍^{55}	fei^{11}	——	fei^{11}	ɕʑ̍$^{3-5}$ 白 / fei^{35} 文
蒲县	i^{33}	i^{33}	ɕi^{33}	i^{33}	fei^{52}	fei^{52}	fei^{52}	ɕi^{24} 白 / fei^{24} 文
潞州	i^{54}	i^{54}	ɕi^{44}	i^{54}	fei^{312}	fei^{312}	fei^{312}	fei^{24}
上党	i^{42}	i^{42}	ɕi^{22}	i^{42}	fei^{213}	fei^{213}	fei^{213}	fei^{44}
长子	i^{53}	i^{53}	ɕi^{422}	i^{53}	fei^{312}	fei^{312}	fei^{312}	fei^{24}
屯留	i^{11}	i^{11}	ɕi^{53}	i^{11}	fei^{31}	fei^{31}	fei^{31}	fei^{11}
襄垣	i^{53}	i^{53}	ɕi^{45}	i^{45}	fei^{33}	fei^{33}	fei^{33}	fei^{31}
黎城	i^{53}	i^{53}	çi^{53}	i^{53}	fei^{33}	fei^{33}	fei^{33}	fei^{53}
平顺	i^{53}	i^{53}	ɕi^{53}	i^{53}	fei^{213}	fei^{213}	fei^{213}	fei^{13}
壶关	i^{353}	i^{353}	çi^{42}	i^{353}	fei^{33}	fei^{33}	fei^{33}	fei^{13}
沁县	zɿ^{53}	zɿ^{53}	sɿ^{53}	zɿ^{53}	fei^{224}	fei^{224}	fei^{224}	fei^{33}
武乡	zɿ^{55}	zɿ^{55}	sɿ^{55}	zɿ^{55}	fei^{113}	fei^{113}	fei^{113}	fei^{33}

续表

字目	义	议	戏	易容～	飞	非	妃	肥
中古音／方言点	宜寄 止开三 去寘疑	宜寄 止开三 去寘疑	香义 止开三 去寘晓	以豉 止开三 去寘以	甫微 止合三 平微非	甫微 止合三 平微非	芳非 止合三 平微敷	符非 止合三 平微奉
沁源	i^{53}	i^{53}	ɕi^{53}	i^{53}	fei^{324}	fei^{324}	fei^{324}	fei^{33}
安泽	i^{53}	i^{53}	ɕi^{53}	i^{53}	fei^{21}	fei^{21}	fei^{21}	fei^{35}
沁水端氏	i^{53}	i^{53}	ɕi^{53}	i^{53}	fai^{21}	fai^{21}	fai^{21}	fai^{24}
阳城	i^{51}	i^{51}	ɕi^{51}	i^{51}	fi^{224}	fi^{224}	fai^{224}	fi^{22}
高平	i^{53}	i^{53}	ɕi^{53}	i^{53}	fei^{33}	fei^{33}	fei^{33}	fei^{33}
陵川	i^{24}	i^{24}	ɕi^{24}	i^{24}	fei^{33}	fei^{33}	fei^{33}	fei^{53}
晋城	i^{53}	i^{53}	ɕi^{53}	i^{53}	fɤɯ^{33}	fɤɯ^{33}	fɤɯ^{33}	fɤɯ^{324}
忻府	i^{53}	i^{53}	ɕi^{53}	i^{53}	fei^{313}	fei^{313}	fei^{313}	fei^{21}
原平	i^{53}	i^{53}	ɕi^{53}	i^{53}	fəi^{213}	fəi^{213}	fəi^{213}	ɕi^{33}白／ fəi^{33}文
定襄	i^{53}	i^{53}	ɕi^{53}	i^{53}	fei^{24}	fei^{24}	fei^{24}	fei^{11}
五台	i^{52}	i^{52}	ɕi^{52}	i^{52}	fei^{213}	fei^{213}	fei^{213}	fei^{33}
岢岚	i^{52}	i^{52}	ɕi^{52}	i^{52}	fɛi^{13}	fɛi^{13}	fɛi^{13}	fɛi^{44}
五寨	i^{52}	i^{52}	ɕi^{52}	i^{52}	fei^{13}	fei^{13}	fei^{13}	fei^{44}
宁武	i^{52}	i^{52}	ɕi^{52}	i^{52}	fᴇe^{23}	fᴇe^{23}	fᴇe^{23}	fᴇe^{33}
神池	i^{52}	i^{52}	ɕi^{24}	i^{52}	fɛe^{24}	fɛe^{24}	fɛe^{24}	fɛe^{32}
繁峙	i^{24}	i^{24}	ɕi^{52}	i^{24}	fei^{53}	fei^{53}	fei^{53}	fei^{31}
代县	i^{44}	i^{44}	ɕi^{53}	i^{53}	fei^{213}	fei^{213}	fei^{213}	fei^{44}
河曲	i^{52}	i^{52}	ɕi^{52}	i^{52}	fei^{213}	fei^{213}	fei^{213}	fei^{44}
保德	i^{52}	i^{52}	ɕi^{52}	i^{52}	fei^{213}	fei^{213}	fei^{213}	fei^{44}
偏关	ʅ^{52}	ʅ^{52}	sʅ^{52}	ʅ^{52}	fei^{24}	fei^{24}	fei^{24}	fei^{44}
朔城	i^{53}	i^{53}	ɕi^{53}	i^{53}	fei^{312}	fei^{312}	fei^{312}	fei^{35}
平鲁	i^{213}	i^{213}	ɕi^{52}	i^{52}	fɛi^{213}	fɛi^{213}	fɛi^{213}	fɛi^{44}
应县	i^{24}	i^{24}	ɕi^{24}	i^{24}	fəi^{43}	fəi^{43}/fəʔ$^{\underline{43}}$	fəi^{43}	fəi^{43}/fəi^{31}
灵丘	i^{53}	i^{53}	ɕi^{53}	i^{53}	fei^{442}	fei^{442}	fei^{442}	fei^{31}
浑源	i^{13}	i^{13}	ɕi^{13}	i^{13}	fɛe^{52}	fɛe^{52}	fɛe^{52}	fɛe^{22}
云州	i^{24}	i^{24}	ɕi^{24}	i^{24}	fɛi^{21}	fɛi^{21}	fɛi^{21}	fɛi^{312}
新荣	i^{24}	i^{24}	ɕi^{24}	i^{24}	fɛe^{32}	fɛe^{32}	fɛe^{32}	fɛe^{312}
怀仁	i^{24}	i^{24}	ɕi^{24}	i^{24}	fei^{42}	fei^{42}	fei^{42}	fei^{312}
左云	i^{24}	i^{24}	ɕi^{24}	i^{24}	fɛi^{31}	fɛi^{31}	fɛi^{31}	fɛi^{313}
右玉	i^{24}	i^{24}	ɕi^{24}	i^{24}	fɛe^{31}	fɛe^{31}	fɛe^{31}	fɛe^{212}

续表

字目	义	议	戏	易容~	飞	非	妃	肥
中古音 方言点	宜寄 止开三 去寘疑	宜寄 止开三 去寘疑	香义 止开三 去寘晓	以豉 止开三 去寘以	甫微 止合三 平微非	甫微 止合三 平微非	芳非 止合三 平微敷	符非 止合三 平微奉
阳高	i^{24}	i^{24}	ɕi^{24}	i^{24}	fei^{31}	fei^{31}	fei^{31}	fei^{31}
山阴	i^{335}	i^{335}	ɕi^{52}	i^{335}	fei^{313}	fei^{313}	fei^{313}	fei^{313}
天镇	i^{24}	i^{24}	ɕi^{24}	i^{24}	fɛe^{31}	fɛe^{31}	fɛe^{31}	fɛe^{22}
平定	i^{24}	i^{24}	ɕi^{24}	i^{24}	fei^{31}	fei^{31}	fei^{31}	ɕi^{44} 白 / fei^{44} 文
昔阳	i^{13}	i^{13}	ɕi^{13}	i^{13}	fei^{42}	fei^{42}	fei^{42}	ɕi^{33} 白 / fei^{33} 文
左权	y^{53} 白 /i^{53} 文	i^{53}	ɕi^{53}	i^{53}	fɛi^{31}	fɛi^{31}	fɛi^{31}	fɛi^{11}
和顺	i^{13}	i^{13}	ɕi^{13}	i^{13}	fei^{42}	fei^{42}	fei^{42}	fei^{22}
尧都	i^{44}	i^{44}	ɕi^{44}	i^{44}	fei^{21}	fei^{21}	fei^{21}	fei^{24}
洪洞	i^{42}	i^{42}/i^{53}	ɕi^{33}	i^{33}	ɕi^{21} 白 /fei^{21} 文 / ɕy^{21}	fei^{21}	fei^{21}	ɕi^{24} 白 / fei^{24} 文
洪洞赵城	i^{53}	i^{53}	ɕi^{24}	i^{24}	ɕy^{21} 白 / fei^{21} 文	fei^{21}	fei^{21}	fei^{24}
古县	i^{53}	i^{53}	ɕi^{35}	i^{53}	fei^{21}	fei^{21}	fei^{21}	fei^{35}
襄汾	i^{44}	i^{53}	ɕi^{44}	i^{44}	ɕy^{21} 白 / fei^{21} 文	fei^{21}	fei^{21}	fei^{24}
浮山	i^{44}	i^{53}	ɕi^{44}	i^{53}	fei^{42}/ ɕy^{42}	fei^{42}	fei^{13}	fei^{13}
霍州	i^{53}	i^{53}	ɕi^{55}	i^{55}	fei^{212}	fei^{212}	fei^{212}	fei^{35}
翼城	i^{53}	i^{53}	ɕi^{53}	i^{53}	fei^{53}	mi^{53}	mi^{53} 白 / mei^{53} 文	fei^{12}
闻喜	i^{13}	i^{13}	ɕi^{53}	i^{13}	ɕi^{53} 白 / fẽĩ^{53} 文	fi^{53}	fi^{53}	ɕi^{53} 白 / fẽĩ^{13} 文
侯马	i^{53}	i^{53}	ɕi^{53}	i^{53}	ɕi^{213} 白 / fei^{213} 文	fei^{213}	fei^{213}	fei^{213}
新绛	i^{53}	i^{53}	ɕi^{53}	i^{53}	ɕi^{53} 白 / fei^{53} 文	fei^{53}	fei^{53}	ɕi^{13} 白 / fei^{13} 文
绛县	i^{31}	i^{31}	ɕi^{31}	i^{31}	ɕi^{53}/fei^{53}	fei^{53}	fei^{53}	fei^{24}
垣曲	i^{53}	i^{53}	ɕi^{53}	i^{53}	ɕi^{213} 白 / fei^{213} 文	fei^{213}	fei^{213}	ɕi^{22} 白 / fei^{22} 文
夏县	i^{31}	i^{31}	ɕi^{31}	i^{31}	fei^{53}	fei^{53}	fei^{53}	fei^{42}
万荣	i^{33}	i^{33}	ɕi^{33}	i^{33}	ɕi^{51} 白 / fei^{51} 文	fei^{51}	fei^{51}	ɕi^{213} 白 / fei^{213} 文
稷山	i^{42}	i^{42}	ɕi^{42}	i^{42}	ɕi^{53} 白 / fei^{53} 文	fei^{53}	fei^{53}	ɕi^{13} 白 / fei^{13} 文

续表

字目	义	议	戏	易容~	飞	非	妃	肥
中古音／方言点	宜寄 止开三 去寘疑	宜寄 止开三 去寘疑	香义 止开三 去寘晓	以豉 止开三 去寘以	甫微 止合三 平微非	甫微 止合三 平微非	芳非 止合三 平微敷	符非 止合三 平微奉
盐湖	i^{44}	i^{44}	$ɕi^{44}$	i^{44}	$ɕi^{42}$白／ fei^{42}文	fei^{42}	fei^{42}	$ɕi^{13}$白／ fei^{13}文
临猗	i^{44}	i^{44}	$ɕi^{44}$	i^{44}	$ɕi^{42}$白／ fei^{42}文	fei^{42}	fei^{42}	$ɕi^{13}$白／ fei^{13}文
河津	i^{44}	i^{44}	$ɕi^{44}$	i^{44}	fei^{31}	fei^{31}	fei^{31}	$ɕi^{324}$白／ fei^{324}文
平陆	i^{33}	i^{33}	$ɕi^{33}$	i^{33}	$ɕi^{31}$白／ fei^{31}文	fei^{31}	fei^{31}	$ɕi^{13}$白／ fei^{13}文
永济	i^{44}	i^{44}	$ɕi^{44}$	i^{44}	$ɕi^{31}$白／ fei^{31}文	fei^{31}	fei^{31}	fei^{24}
芮城	i^{44}	i^{44}	$ɕi^{44}$	i^{44}	$ɕi^{42}$白／ fei^{42}文	fei^{42}	fei^{42}	$ɕi^{13}$白／ fei^{13}文
吉县	i^{33}	i^{33}	$ɕi^{33}$	i^{33}	$ɕi^{423}$白／ fei^{423}文	fei^{423}	fei^{13}	$ɕi^{13}$白／ fei^{13}文
乡宁	i^{22}	i^{22}	$ɕi^{22}$	i^{22}	$ɕi^{53}$白／ fei^{53}文	fei^{53}	fei^{53}	$ɕi^{12}$白／ fei^{12}文
广灵	i^{44}	i^{44}	$ɕi^{213}$	i^{44}	fei^{53}	fei^{53}	fei^{53}	fei^{31}

字目	微	归	挥	辉	徽	威	违	围
中古音 方言点	无非 止合三 平微微	举韦 止合三 平微见	许归 止合三 平微晓	许归 止合三 平微晓	许归 止合三 平微晓	於非 止合三 平微影	雨非 止合三 平微云	雨非 止合三 平微云
北京	uei^{55}	kuei^{55}	xuei^{55}	xuei^{55}	xuei^{55}	uei^{55}	uei^{35}	uei^{35}
小店	vei^{11}	kuei^{11}	xuei^{11}	xuei^{11}	xuei^{11}	vei^{11}	vei^{11}	vei^{11}
尖草坪	vei^{33}	kuei^{33}	xuei^{33}	xuei^{33}	xuei^{33}	vei^{33}	vei^{33}	vei^{33}
晋源	vei^{11}	fei^{11}	xuei^{11}	xuei^{11}	xuai^{11}	vei^{11}	vei^{11}	vei^{11}
阳曲	vei^{312}	kuei^{312}	xuei^{312}	xuei^{312}	xuei^{312}	vei^{312}	vei^{43}	vei^{43}
古交	vei^{44}	kuei^{44}	xuei^{44}	xuei^{44}	xuei^{44}	vei^{44}	vei^{44}	vei^{44}
清徐	vi^{11}	kuei^{11}	xuai^{11}	xuai^{11}	xuai^{11}	vi^{11}	vi^{11}	vi^{11}
娄烦	vei^{33}	kui^{33}	xui^{33}	xui^{33}	xui^{33}	vei^{33}	vei^{33}	vei^{33}
榆次	vɯ^{11}	kuɯ^{11}	xuɯ^{11}	xuɯ^{11}	xuɯ^{11}	vɯ^{11}	vɯ^{53}	vɯ^{53}
交城	ui^{11}	kui^{11}	xui^{11}	xui^{11}	xuɛ^{11}	ui^{11}	ui^{53}	ui^{11}
文水	ueɪ^{22}	kueɪ^{22}	xueɪ^{22}	xueɪ^{22}	xueɪ^{22}	ueɪ^{22}	ueɪ^{22}	ueɪ^{22}
祁县	uəɨ^{31}	kuəɨ^{31}	xuəɨ^{31}	xuəɨ^{31}	xuəɨ^{31}	uəɨ^{31}	uəɨ^{314}	uəɨ^{31}
太谷	vei^{33}	kuei^{33}	xuei^{33}	xuei^{33}	xuei^{33}	vei^{33}	vei^{33}	vei^{33}
平遥	uei^{213}	kuei^{213}	xuæe^{213}	xuæe^{213}	xuæe^{213}	uei^{213}	uei^{512}	uei^{213}
孝义	uei^{33}	kuei^{33}	xuei^{33}	xuei^{33}	xuei^{33}	uei^{33}	uei^{33}	uei^{33}
介休	uei^{13}	kuei^{13}	xuei^{13}	xuei^{13}	xuai^{13}	uei^{13}	uei^{13}	uei^{13}
灵石	uei^{535}	kuei^{535}	xuɛ^{535}	xuei^{535}	xuei^{535}	uei^{535}	uei^{44}	uei^{44}
盂县	vei^{412}	k^{h}uei^{412} 白 / kuei^{412} 文	xuei^{412}	xuei^{412}	xuei^{412}	vei^{412}	vei^{22}	vei^{22}
寿阳	vei^{31}	kuei^{31}	xuei^{31}	xuei^{31}	xuei^{31}	vei^{31}	vei^{53}	vei^{22}
榆社	vei^{22}	kuei^{22}	xuei^{22}	xuei^{22}	xuei^{22}	vei^{22}	vei^{22}	vei^{22}
离石	uɛe^{24}	kuɛe^{24}	xuɛe^{24}	xuɛe^{24}	xuɛe^{24}	uɛe^{24}	uɛe^{44}	uɛe^{44}
汾阳	uei^{324}	kuei^{324}	xuei^{324}	xuei^{324}	xuei^{324}	uei^{324}	uei^{22}	uei^{22}
中阳	uɛe^{24}	kuɛe^{24}	xuɛe^{24}	xuɛe^{24}	xuɛe^{24}	uɛe^{24}	uɛe^{33}	uɛe^{33}
柳林	uɛe^{24}	kuɛe^{24}	xuɛe^{24}	xuɛe^{24}	xuɛe^{24}	uɛe^{24}	uɛe^{44}	uɛe^{44}
方山	uei^{24}	kuei^{24}	xuɛe^{24}	xuɛe^{24}	xuɛe^{24}	uei^{24}	uei^{44}	uei^{44}
临县	uei^{24}	kuei^{24}	xuɛe^{24}	xuɛe^{24}	xuɛe^{24}	uei^{24}	uei^{33}	uei^{33}
兴县	uei^{324}	kuei^{324}	xuei^{324}	xuei^{324}	xuei^{324}	uei^{324}	uei^{55}	y^{55} 白 / uei^{55} 文
岚县	uei^{44}	kuei^{214}	xuei^{214}	xuei^{214}	xuei^{214}	uei^{214}	uei^{44}	uei^{44}
静乐	vei^{24}	kuei^{24}	xuei^{33}	xuei^{314}	xuei^{24}	vei^{24}	vei^{314}	vei^{33}
交口	uei^{44}	kuei^{323}	xuei^{323}	xuei^{323}	xuei^{323}	uei^{323}	uei^{44}	y^{44} 白 / uei^{44} 文

续表

字目	微	归	挥	辉	徽	威	违	围
中古音 / 方言点	无非 止合三 平微微	举韦 止合三 平微见	许归 止合三 平微晓	许归 止合三 平微晓	许归 止合三 平微晓	於非 止合三 平微影	雨非 止合三 平微云	雨非 止合三 平微云
石楼	uei^{213}	$kuei^{213}$	$xuei^{213}$	$xuei^{213}$	$xuei^{213}$	uei^{213}	uei^{213}	y^{44} 白 / uei^{44} 文
隰县	uei^{53}	$kuei^{53}$	$xuei^{53}$	$xuei^{53}$	$xuei^{53}$	uei^{53}	uei^{24}	y^{24} 白 / uei^{24} 文
大宁	vei^{24}	$kuei^{31}$	$xuei^{31}$	$xuei^{31}$	$xuei^{31}$	vei^{31}	vei^{24}	y^{24} 白 / vei^{24} 文
永和	uei^{35}	$kuei^{33}$	$xuei^{33}$	$xuei^{33}$	$xuei^{33}$	uei^{33}	uei^{33}	y^{35} 白 / uei^{35} 文
汾西	vei^{11} 白 / uei^{11}	$kuei^{11}$	$xuei^{11}$	$xuei^{11}$	$xuei^{11}$	uei^{11}	uei^{11}	uei^{35}
蒲县	uei^{52}	$kuei^{52}$	$xuei^{52}$	$xuei^{52}$	$xuei^{52}$	uei^{52}	uei^{31}	uei^{24}
潞州	vei^{312}	$kuei^{312}$	$xuei^{312}$	$xuei^{312}$	$xuei^{312}$	vei^{312}	vei^{24}	vei^{24}
上党	uei^{213}	$kuei^{213}$	$xuei^{213}$	$xuei^{213}$	$xuei^{213}$	uei^{213}	uei^{44}	uei^{44}
长子	vei^{312}	$kuei^{312}$	$xuei^{312}$	$xuei^{312}$	$xuei^{312}$	vei^{312}	vei^{24}	vei^{24}
屯留	vei^{31}	$kuei^{31}$	$xuei^{31}$	$xuei^{31}$	$xuei^{31}$	vei^{31}	vei^{11}	vei^{11}
襄垣	vei^{33}	$kuei^{33}$	$xuei^{33}$	$xuei^{33}$	$xuei^{33}$	vei^{33}	vei^{31}	vei^{31}
黎城	uei^{33}	$kuei^{33}$	$xuei^{33}$	$xuei^{33}$	$xuei^{33}$	uei^{33}	uei^{213}	uei^{53}
平顺	uei^{213}	$kuei^{213}$	$xuei^{213}$	$xuei^{213}$	$xuei^{213}$	uei^{213}	uei^{13}	uei^{13}
壶关	uei^{33}	$kuei^{33}$	$xuei^{33}$	$xuei^{33}$	$xuei^{33}$	uei^{33}	uei^{13}	uei^{13}
沁县	vei^{224}	$kuei^{224}$	$xuei^{224}$	$xuei^{224}$	$xuei^{224}$	vei^{224}	vei^{33}	vei^{33}
武乡	vei^{113}	$kuei^{113}$	$xuei^{113}$	$xuei^{113}$	$xuei^{113}$	vei^{113}	vei^{33}	vei^{33}
沁源	vei^{324}	$kuei^{324}$	$xuei^{324}$	$xuei^{324}$	$xuei^{324}$	vei^{324}	vei^{33}	vei^{33}
安泽	vei^{35}	$kuei^{21}$	$xuei^{21}$	$xuei^{21}$	$xuei^{21}$	vei^{21}	vei^{35}	vei^{35}
沁水端氏	vai^{21}	$kuai^{21}$	$xuai^{21}$	$xuai^{21}$	$xuai^{21}$	vai^{21}	vai^{21}	vai^{24}
阳城	vai^{224}	$kuai^{224}$	$xuai^{224}$	$xuai^{224}$	$xuai^{224}$	vai^{224}	vai^{22}	vai^{22}
高平	vei^{33}	$kuei^{33}$	$xuei^{33}$	$xuei^{33}$	$xuei^{33}$	vei^{33}	vei^{212}	vei^{33}
陵川	uei^{33}	$kuei^{33}$	$xuei^{33}$	$xuei^{33}$	$xuei^{33}$	uei^{33}	uei^{53}	uei^{53}
晋城	$uɤɯ^{33}$	$kuɤɯ^{33}$	$xuɤɯ^{33}$	$xuɤɯ^{33}$	$xuɤɯ^{33}$	$uɤɯ^{33}$	$uɤɯ^{33}$	$uɤɯ^{324}$
忻府	vei^{313}	$kuei^{313}$	$xuei^{313}$	$xuei^{313}$	$xuei^{313}$	vei^{313}	vei^{21}	vei^{21}
原平	$vəi^{213}$	$kuəi^{213}$	$xuəi^{213}$	$xuəi^{213}$	$xuəi^{213}$	$vəi^{213}$	$vəi^{33}$	$vəi^{33}$
定襄	vei^{24}	$kuei^{24}$	$xuei^{24}$	$xuei^{24}$	$xuei^{24}$	vei^{24}	vei^{24}	vei^{11}
五台	uei^{213}	$kuei^{213}$	$xuei^{213}$	$xuei^{213}$	$xuei^{213}$	uei^{213}	uei^{33}	uei^{213}
岢岚	$vɛi^{44}$	$kuɛi^{13}$	$xuɛi^{13}$	$xuɛi^{13}$	$xuɛi^{13}$	$vɛi^{13}$	$vɛi^{13}$	$vɛi^{44}$

续表

字目	微	归	挥	辉	徽	威	违	围
中古音 / 方言点	无非 止合三 平微微	举韦 止合三 平微见	许归 止合三 平微晓	许归 止合三 平微晓	许归 止合三 平微晓	於非 止合三 平微影	雨非 止合三 平微云	雨非 止合三 平微云
五寨	vei^{13}	kuei^{13}	xuei^{13}	xuei^{13}	xuei^{13}	vei^{13}	vei^{13}	vei^{44}
宁武	vᴇe^{23}	kuᴇe^{23}	xuᴇe^{23}	xuᴇe^{23}	xuᴇe^{23}	vᴇe^{213}	vᴇe^{33}	vᴇe^{33}
神池	vɛe^{24}	kuɛe^{24}	xuɛe^{24}	xuɛe^{24}	xuɛe^{24}	vɛe^{24}	vɛe^{32}	vɛe^{32}
繁峙	vei^{53}	kuei^{53}	xuei^{53}	xuei^{53}	xuei^{53}	vei^{53}	vei^{31}	vei^{31}
代县	uei^{213}	kuei^{213}	xuei^{213}	xuei^{213}	xuei^{213}	uei^{213}	uei^{44}	uei^{213}
河曲	vei^{21}	kuei^{213}	xuei^{213}	xuei^{213}	xuei^{213}	vei^{213}	vei^{213}	vei^{44}
保德	vei^{213}	kuei^{213}	xuei^{213}	xuei^{213}	xuei^{213}	vei^{213}	vei^{44}	vei^{44}
偏关	vei^{24}	kuei^{24}	xuei^{24}	xuei^{24}	xuei^{24}	vei^{24}	vei^{24}	vei^{44}
朔城	vei^{312}	kuei^{312}	xuei^{312}	xuei^{312}	xuei^{312}	vei^{312}	vei^{35}	vei^{35}
平鲁	uɛi^{213}	kuɛi^{213}	xuɛi^{213}	xuɛi^{213}	xuɛi^{213}	xuɛi^{213}	xuɛi^{213}	xuɛi^{44}
应县	uəi^{43}	kuəi^{43}	xuəi^{43}	xuəi^{43}	xuəi^{43}	uəi^{43}	uəi^{43}	uəi^{43}
灵丘	vɛe^{442}	kuei^{442}	xuei^{442}	xuei^{442}	xuei^{442}	vɛe^{442}	vɛe^{442}	vɛe^{31}
浑源	vɛe^{52}	kuɛe^{52}	xuɛe^{52}	xuɛe^{52}	xuɛe^{52}	vɛe^{52}	vɛe^{52}	vɛe^{22}
云州	vɛi^{21}	kuɛi^{21}	xuɛi^{21}	xuɛi^{24}	xuɛi^{21}	vɛi^{21}	vɛi^{312}	vɛi^{312}
新荣	vɛe^{32}	kuɛe^{32}	xuɛe^{54}/ xuɛe^{32}	xuɛe^{54}	xuɛe^{32}	vɛe^{32}	vɛe^{32}	vɛe^{312}
怀仁	vɛe^{42}	kuɛe^{42}	xuɛe^{42}	xuɛe^{42}	xuɛe^{312}	vɛe^{42}	vɛe^{312}	vɛe^{312}
左云	vɛi^{31}	kuɛi^{31}	xuɛi^{31}	xuɛi^{31}	xuɛi^{31}	vɛi^{31}	vɛi^{313}	vɛi^{313}
右玉	vɛe^{212}	kuɛe^{31}	xuɛe^{53}	xuɛe^{53}	xuɛe^{53}	vɛe^{31}	vɛe^{212}	vɛe^{212}
阳高	vei^{31}	kuei^{31}	xuei^{31}	xuei^{31}	xuei^{31}	vei^{31}	vei^{312}	vei^{312}
山阴	uei^{313}	kuei^{313}	xuei^{52}	xuei^{52}	xuɛe^{313}	uei^{313}	uei^{313}	uei^{313}
天镇	vɛe^{31}	kuɛe^{31}	xuɛe^{55}	xuɛe^{55}	xuɛe^{22}	vɛe^{31}	vɛe^{31}	vɛe^{22}
平定	vei^{31}	kuei^{31}	xuei^{31}	xuei^{31}	xuei^{31}	vei^{31}	vei^{44}	vei^{44}
昔阳	vei^{42}	kuei^{42}	xuei^{42}	xuei^{42}	xuei^{42}	vei^{42}	vei^{33}	vei^{33}
左权	vɛi^{31}	kuɛi^{31}	xuɛi^{31}	xuɛi^{31}	xuɛi^{31}	vɛi^{31}	vɛi^{11}	vɛi^{11}
和顺	vei^{42}	kuei^{42}	xuei^{42}	xuei^{42}	xuei^{42}	vei^{42}	vei^{22}	vei^{22}
尧都	uei^{24}	kuei^{21}	xuei^{21}	xuei^{21}	xuei^{21}	uei^{21}	uei^{24}	uei^{24}
洪洞	vei^{24}	kuei^{21}	xuei^{42}	xuei^{21}	xuei^{21}	uei^{21}	uei^{21}	y^{24}白 / uei^{24}文
洪洞赵城	vei^{24}	kuei^{21}	xuei^{21}	xuei^{21}	xuei^{21}	uei^{21}	uei^{24}	y^{24}白 / uei^{24}文
古县	uei^{35}	kuei^{21}	xuei^{21}	xuei^{21}	xuei^{21}	uei^{21}	uei^{35}	uei^{35}

续表

字目	微	归	挥	辉	徽	威	违	围
中古音 / 方言点	无非 止合三 平微微	举韦 止合三 平微见	许归 止合三 平微晓	许归 止合三 平微晓	许归 止合三 平微晓	於非 止合三 平微影	雨非 止合三 平微云	雨非 止合三 平微云
襄汾	vei^{21} 白 / uei^{21} 文	$kuei^{21}$	$xuei^{21}$	$xuei^{21}$	xuei	uei^{21}	uei^{21}	uei^{24}
浮山	uei^{42}	$kuei^{42}$	$xuei^{42}$	$xuei^{42}$	$xuei^{42}$	uei^{42}	uei^{42}	uei^{13}
霍州	uei^{212}	$kuei^{212}$	$xuei^{212}$	$xuei^{212}$	$xuei^{212}$	uei^{212}	uei^{35}	uei^{35}
翼城	uei^{53}	$kuei^{53}$	$xuei^{53}$	$xuei^{53}$	$xuei^{53}$	uei^{53}	uei^{12}	y^{12} 白 / vei^{12} 文
闻喜	ui^{13}	kui^{53}	xui^{53}	xui^{53}	xui^{53}	ui^{53}	ui^{13}	——
侯马	uei^{213}	$kuei^{213}$	$xuei^{213}$	$xuei^{213}$	$xuei^{213}$	vei^{213}	uei^{213}	uei^{213}
新绛	vei^{13}	$kuei^{53}$	$xuei^{53}$	$xuei^{53}$	$xuei^{53}$	uei^{53}	uei^{53}	uei^{13}
绛县	$xuei^{53}$	$kuei^{53}$	$xuei^{53}$	$xuei^{53}$	$xuei^{53}$	uei^{53}	uei^{24}	uei^{24}
垣曲	uei^{22}	$kuei^{22}$	$xuei^{22}$	$xuei^{22}$	$xuei^{22}$	uei^{22}	uei^{22}	uei^{22}
夏县	vei^{53} 白 / uei^{53} 文	$kuei^{53}$	$xuei^{53}$	$xuei^{53}$	$xuei^{53}$	uei^{53}	uei^{42}	uei^{42}
万荣	vei^{213}	$kuei^{51}$	$xuei^{51}$	$xuei^{51}$	$xuei^{51}$	uei^{51}	uei^{51}	y^{213} 白 / uei^{213} 文
稷山	vei^{53}	$kuei^{53}$	$xuei^{53}$	$xuei^{53}$	$xuei^{53}$	uei^{53}	uei^{53}	uei^{13}
盐湖	uei^{42}	$kuei^{42}$	$xuei^{42}$	$xuei^{42}$	$xuei^{42}$	uei^{42}	uei^{13}	uei^{13}
临猗	uei^{42}	$kuei^{42}$	$xuei^{42}$	$xuei^{42}$	$xuei^{42}$	uei^{42}	uei^{13}	uei^{13}
河津	vei^{324}	$kuei^{31}$	$xuẽ^{31}$	$xuẽ^{31}$	$xuei^{31}$	uei^{31}	uei^{324}	uei^{324}
平陆	uei^{31}	$kuei^{31}$	$xuei^{31}$	$xuei^{31}$	$xuei^{31}$	uei^{31}	uei^{13}	uei^{13}
永济	vei^{24}	$kuei^{31}$	$xuei^{31}$	$xuei^{31}$	$xuei^{31}$	vei^{31}	vei^{31}	y^{24} 白 / vei^{24} 文
芮城	vei^{42}	$kuei^{42}$	$xueĩ^{42}$	$xuei^{42}$	$xuei^{42}$	uei^{42}	uei^{13}	uei^{13}
吉县	vei^{13}	$kuei^{423}$	$xuei^{423}$	$xuei^{423}$	$xuei^{423}$	uei^{423}	uei^{423}	uei^{13}
乡宁	uei^{53}	$kuei^{53}$	$xuei^{53}$	$xuei^{53}$	$xuei^{53}$	uei^{53}	uei^{12}	uei^{12}
广灵	vei^{53}	$kuei^{53}$	$xuei^{53}$	$xuei^{53}$	$xuei^{53}$	vei^{53}	vei^{53}	vei^{31}

字目	随	隋	吹	炊	垂	规	亏	危
中古音 方言点	旬为 止合三 平支邪	旬为 止合三 平支邪	昌垂 止合三 平支昌	昌垂 止合三 平支昌	是为 止合三 平支禅	居隋 止合三 平支见	去为 止合三 平支溪	鱼为 止合三 平支疑
北京	suei^{35}	suei^{35}	tʂʰuei^{55}	tʂʰuei^{55}	tʂʰuei^{35}	kuei^{55}	kʰuei^{55}	uei^{55}
小店	ɕy^{11} 白 / suei^{11} 文	suei^{11}	tsʰuei^{11}	tsʰuei^{11}	tsʰuei^{11}	——	kʰuei^{11}	vei^{11}
尖草坪	suei^{33}	suei^{33}	tsʰuei^{33}	tsʰuei^{33}	tsʰuei^{33}	kuei^{33}	kʰuei^{33}	vei^{33}
晋源	ɕy^{11}	suei^{11}	tsʰu^{11} 白 / tsʰuei^{11} 文	tsʰuai^{11}	tsʰuei^{11}	kuei^{11}	kʰuei^{11}	vei^{11}
阳曲	suei^{43}	suei^{43}	tsʰuei^{312}	tsʰuei^{312}	tsʰuei^{43}	kuei^{312}	kʰuei^{312}	vei^{312}
古交	ɕy^{44}	ɕy^{44}	tɕʰy^{44}	tɕʰy^{44}	tsʰuei^{44}	kuei^{44}	kʰuei^{44}	vei^{44}
清徐	ɕy^{11}	ɕy^{11}	ɕy^{11} 白 / tsʰuei^{11} 文	tsʰuei^{11}	tsʰuei^{11}	kuei^{11}	kʰuei^{11}	vi^{11}
娄烦	sui^{33}	sui^{33}	pfʰu^{33} 白 / tsʰui^{33} 文	tsʰui^{33}	pfʰu^{312} 白 / tsʰui^{312} 文	kui^{33}	kʰui^{33}	vei^{33}
榆次	ɕy^{11}	ɕy^{11}	tsʰuɛe^{11}	tsʰuɛe^{11}	tsʰuɛe^{11}	kuɯ^{11}	vu^{11}	vɯ^{11}
交城	ɕy^{11}	ɕy^{11}	tɕʰy^{11}	tɕʰy^{11}	tɕʰy^{11}	kui^{11}	kʰui^{11}	ui^{11}
文水	sʮ^{22} 白 / sueɪ^{22} 文	sueɪ^{22}	tsʰueɪ^{22}	tsʰueɪ^{22}	tsʰueɪ^{22}	kueɪ^{22}	kʰueɪ^{22}	ueɪ^{22}
祁县	ɕiəβ^{31} 白 / suəɨ^{31} 文	suəɨ^{31}	tsʰuəɨ^{31}	tsʰuəɨ^{31}	tsʰuəɨ^{31}	kuəɨ^{31}	kʰuəɨ^{31}	uəɨ^{31}
太谷	ɕy^{33}	suei^{33}	fu^{33} 白 / tsʰuei^{33} 文	tsʰuei^{33}	tsʰuei^{33}	kuei^{33}	kʰuei^{33}	vei^{33}
平遥	suei^{213}	suei^{213}	tsʰuei^{213}	tsʰuei^{213}	tsʰuei^{213}	kuei^{213}	kʰuei^{213}	uei^{213}
孝义	ɕy^{33} 白 / suei^{33} 文	suei^{33}	tsʰuei^{33}	tsʰuei^{33}	tsʰuei^{33}	kuei^{33}	kʰuei^{33}	uei^{33}
介休	ɕy^{13} 白 / suei^{13} 文	suei^{13}	tsʰuei^{13}	tsʰuei^{13}	tsʰuei^{13}	kuei^{13}	kʰuei^{13}	uei^{13}
灵石	suei^{44}	suei^{44}	tʂʰu^{535}	tsʰuei^{535}	tsʰuei^{44}	kuei^{535}	kʰuei^{535}	uei^{535}
盂县	suei^{22}	suei^{22}	tsʰuei^{412}	tsʰuei^{412}	tsʰuei^{22}	kuei^{412}	kʰuei^{412}	vei^{412}
寿阳	suei^{22}	suei^{22}	tsʰuei^{31}	tsʰuei^{31}	tsʰuei^{22}	kuei^{31}	kʰuei^{31}	vei^{31}
榆社	suei^{22}	suei^{22}	tsʰuei^{22}	tsʰuei^{22}	tsʰuei^{22}	kuei^{22}	kʰuei^{22}	vei^{22}
离石	su^{44}	suɛe^{44}	tsʰu^{24}	tsʰuɛe^{24}	tsʰuɛe^{44}	kuɛe^{24}	kʰuɛe^{24}	uɛe^{24}
汾阳	suei^{22}	suei^{22}	tʂʰuei^{324}	tʂʰuei^{324}	tʂʰuei^{22}	kuei^{324}	kʰuei^{324}	uei^{324}
中阳	ɕy^{33}	ʂuɛe^{33}	tʂʰu^{24}	tʂʰuɛe^{24}	tʂʰuɛe^{33}	kuɛe^{24}	kʰuɛe^{24}	uɛe^{24}
柳林	ɕy^{44}	suɛe^{44}	tɕʰy^{24}	tɕʰy^{24}	tɕʰy^{44}	kuɛe^{24}	kʰuɛe^{24}	uɛe^{24}
方山	ɕy^{44}	ɕy^{44}	tɕʰy^{24}	tsʰuɛe^{24}	tsʰuɛe^{44}	kuei^{24}	kʰuei^{24}	uei^{24}
临县	ɕy^{33}	suei^{33}	tʂʰuei^{24}	tʂʰuei^{24}	tʂʰuei^{33}	kuei^{24}	kʰuei^{24}	uei^{24}

续表

字目	随	隋	吹	炊	垂	规	亏	危
中古音 / 方言点	旬为 止合三 平支邪	旬为 止合三 平支邪	昌垂 止合三 平支昌	昌垂 止合三 平支昌	是为 止合三 平支禅	居隋 止合三 平支见	去为 止合三 平支溪	鱼为 止合三 平支疑
兴县	çy^{55}	çy^{55}	tɕʰy^{324}	——	tɕʰy^{324}	kuei^{324}	kʰuei^{324}	uei^{324}
岚县	çy^{44}	suei^{44}	tsʰu^{214} 白 / tsʰuei^{214} 文	tsʰuei^{214}	tsʰuei^{44}	kuei^{214}	kʰuei^{214}	uei^{214}
静乐	suei^{33}	suei^{33}	pfʰuei^{24} 白 / tsʰuei^{24} 文	tsʰuei^{24}	tsʰuei^{33}	kuei^{24}	kʰuei^{24}	vei^{24}
交口	çy^{44}/ 白 suei^{44} 文	suei^{44}	tsʰʮ^{323} 白 / tsʰuei^{323} 文	tsʰuei^{323}	tsʰuei^{44}	kuei^{323}	kʰuei^{323}	uei^{323}
石楼	çy^{44} 白 / ʂuei^{44} 文	ʂuei^{44}	tʂʰu^{213} 白 / tʂʰuei^{213} 文	tʂʰueʅ^{13}	tʂʰuei^{44}	kuei^{213}	kʰuei^{213}	uei^{213}
隰县	çy^{24} 白 / suei^{24} 文	suei^{24}	tsʰu^{53} 白 / tsʰuei^{53} 文	tsʰuei^{53}	tsʰuei^{24}	kuei^{53}	kʰuei^{53}	uei^{53}
大宁	çy^{24} 白 / suei^{24} 文	suei^{24}	tʂʰu^{31} 白 / tʂʰuei^{31} 文	tʂʰuei^{31}	tʂʰuei^{24}	kuei^{31}	kʰuei^{31}	vei^{31}
永和	çy^{35} 白 / suei^{35} 文	——	tʂʰu^{33} 白 / tʂʰuei^{33} 文	tʂʰuei^{312}	tʂʰuei^{35}	kuei^{33}	kʰuei^{33}	uei^{33}
汾西	suei^{35}	suei^{35}	tsʰβ̍^{11}/ tsʰuei^{11} 文	tsʰuei^{11}	tsʰuei^{35}	kuei^{11}	kʰuei^{11}	uei^{11}
蒲县	suei^{24}	suei^{24}	tʂʰu^{52}	tsʰuei^{52}	tsʰuei^{24}	kuei^{52}	kʰuei^{52}	uei^{52}
潞州	suei^{24}	suei^{24}	tsʰuei^{312}	tsʰuei^{312}	tsʰuei^{24}	kuei^{312}	kʰuei^{312}	vei^{312}
上党	sei^{44}	sei^{44}	tsʰuei^{213}	tsʰuei^{213}	tsʰuei^{44}	kuei^{213}	kʰuei^{213}	uei^{213}
长子	suei^{24}	suei^{24}	tsʰuei^{312}	tsʰuei^{312}	tsʰuei^{24}	kuei^{312}	kʰuei^{312}	vei^{312}
屯留	suei^{11}	suei^{11}	tsʰuei^{31}	tsʰuei^{31}	tsʰuei^{11}	kuei^{31}	kʰuei^{31}	vei^{31}
襄垣	suei^{31}	——	tsʰuei^{33}	tsʰuei^{33}	tsʰuei^{31}	kuei^{33}	kʰuei^{33}	vei^{42}
黎城	suei^{53}	suei^{53}	tsʰuei^{33}	tsʰuei^{33}	tsʰuei^{53}	kuei^{33}	kʰuei^{33}	uei^{33}
平顺	suei^{13}	suei^{13}	tsʰuei^{213}	tsʰuei^{213}	tsʰuei^{13}	kuei^{213}	kʰuei^{213}	uei^{213}
壶关	ʂuei^{13}	ʂuei^{13}	tʂʰuei^{33}	tʂʰuei^{33}	tʂʰuei^{13}	kuei^{33}	kʰuei^{33}	uei^{33}
沁县	suei^{33}	suei^{33}	tsʰuei^{224}	tsʰuei^{224}	tsʰuei^{33}	kuei^{224}	kʰuei^{53}	vei^{224}
武乡	suei^{33}	suei^{33}	tsʰuei^{113}	tsʰuei^{113}	tsʰuei^{33}	kuei^{113}	kʰuei^{113}	vei^{113}
沁源	suei^{33}	suei^{33}	tʂʰu^{324} 白 / tʂʰuei^{324} 文	tʂʰuei^{324}	tsʰuei^{33}	kuei^{324}	kʰuei^{324}	vei^{324}
安泽	suei^{35}	——	tsʰuei^{21}	tsʰuei^{21}	tsʰuei^{35}	kuei^{21}	kʰuei^{21}	vei^{21}
沁水端氏	sai^{24}	suai^{24}	tsʰai^{21}	tsʰai^{21}	tsʰai^{24}	kuai^{21}	kʰuai^{21}	vai^{21}
阳城	suai^{22}	suai^{22}	tʂʰuai^{224}	tʂʰuai^{224}	tʂʰuai^{22}	kuai^{224}	kʰuai^{224}	vai^{224}

续表

字目	随	隋	吹	炊	垂	规	亏	危
中古音 方言点	旬为 止合三 平支邪	旬为 止合三 平支邪	昌垂 止合三 平支昌	昌垂 止合三 平支昌	是为 止合三 平支禅	居隋 止合三 平支见	去为 止合三 平支溪	鱼为 止合三 平支疑
高平	ʂuei^{33}	ʂuei^{33}	tʂ^{h}uei^{33}	tʂ^{h}uei^{33}	tʂ^{h}uei^{33}	kuei^{33}	k^{h}uei^{33}	vei^{33}
陵川	ʂuei^{53}	ʂuei^{53}	tʂ^{h}uei^{33}	tʂ^{h}uei^{33}	tʂ^{h}uei^{53}	kuei^{33}	k^{h}uei^{33}	uei^{33}
晋城	ʂuɤɯ^{324}	ʂuɤɯ^{324}	tʂ^{h}uɤɯ^{33}	tʂ^{h}uɤɯ^{33}	tʂ^{h}uɤɯ^{324}	kuɤɯ^{33}	k^{h}uɤɯ^{33}	uɤɯ^{33}
忻府	suei^{21}	suei^{21}	ts^{h}uei^{313}	ts^{h}uei^{313}	ts^{h}uei^{21}	kuei^{313}	k^{h}uei^{313}	vei^{313}
原平	suəi^{33}	suəi^{33}	ts^{h}uəi^{213}	ts^{h}uəi^{213}	ts^{h}uəi^{33}	kuəi^{213}	k^{h}uəi^{213}	vəi^{213}
定襄	suei^{33}	suei^{33}	ts^{h}uei^{213}	ts^{h}uei^{213}	ts^{h}uei^{33}	kuei^{213}	k^{h}uei^{213}	vei^{213}
五台	suei^{213}	suei^{33}	ts^{h}uei^{213}	ts^{h}uei^{213}	ts^{h}uei^{33}	kuei^{213}	k^{h}uei^{213}	uei^{213}
岢岚	suɛi^{44}	suɛi^{44}	ts^{h}uɛi^{13}	ts^{h}uɛi^{13}	ts^{h}uɛi^{44}	kuɛi^{13}	k^{h}uɛi^{13}	vɛi^{13}
五寨	suei^{44}	suei^{44}	ts^{h}uei^{13}	ts^{h}uei^{13}	ts^{h}uei^{44}	kuei^{13}	k^{h}uei^{13}	vei^{13}
宁武	suᴇe^{33}	suᴇe^{33}	ts^{h}uᴇe^{23}	ts^{h}uᴇe^{23}	ts^{h}uᴇe^{33}	kuᴇe^{23}	k^{h}uᴇe^{23}	vᴇe^{23}
神池	suɛe^{32}	suɛe^{32}	ts^{h}uɛe^{24}	ts^{h}uɛe^{24}	ts^{h}uɛe^{32}	kuɛe^{24}	k^{h}uɛe^{23}	vɛe^{24}
繁峙	suei^{31}	suei^{31}	ts^{h}uei^{53}	ts^{h}uei^{53}	ts^{h}uei^{31}	kuei^{53}	k^{h}uei^{53}	vei^{53}
代县	suei^{44}	suei^{44}	ts^{h}uei^{213}	ts^{h}uei^{213}	ts^{h}uei^{44}	kuei^{213}	k^{h}uei^{213}	uei^{213}
河曲	ɕy^{44} 白 / suei^{44} 文	suei^{44}	tʂ^{h}uei^{213}	tʂ^{h}uei^{213}	tʂ^{h}uei^{44}	kuei^{213}	k^{h}uei^{213}	vei^{213}
保德	suei^{44}	suei^{44}	tʂ^{h}uei^{213}	tʂ^{h}uei^{213}	tʂ^{h}uei^{44}	kuei^{213}	k^{h}uei^{213}	vei^{213}
偏关	suei^{44}	suei^{44}	ts^{h}uei^{24}	ts^{h}uei^{24}	ts^{h}uei^{44}	kuei^{24}	k^{h}uei^{24}	vei^{24}
朔城	suei^{35}	——	ts^{h}uei^{312}	ts^{h}uei^{312}	ts^{h}uei^{35}	kuei^{312}	k^{h}uei^{312}	vei^{312}
平鲁	suɛi^{44}	suɛi^{44}	ts^{h}uɛi^{213}	ts^{h}uɛi^{213}	ts^{h}uɛi^{44}	kuɛi^{213}	k^{h}uɛi^{213}	xuɛi^{213}
应县	suəi^{31}	suəi^{31}	ts^{h}uəi^{43}	ts^{h}uəi^{43}	ts^{h}uəi^{31}	kuəi^{43}	k^{h}uəi^{43}	uəi^{43}
灵丘	suei^{31}	suei^{31}	ts^{h}uei^{442}	ts^{h}uei^{442}	ts^{h}uei^{31}	kuei^{442}	k^{h}uei^{442}	vɛe^{442}
浑源	suɛe^{22}	suɛe^{22}	ts^{h}uɛe^{52}	ts^{h}uɛe^{52}	ts^{h}uɛe^{22}	kuɛe^{52}	k^{h}uɛe^{52}	vɛe^{52}
云州	suɛi^{312}	suɛi^{312}	tʂ^{h}uɛi^{21}	tʂ^{h}uɛi^{21}	tʂ^{h}uɛi^{312}	kuɛi^{21}	k^{h}uɛi^{21}	vɛi^{21}
新荣	suɛe^{312}	suɛe^{312}	tʂ^{h}uɛe^{32}	tʂ^{h}uɛe^{32}	tʂ^{h}uɛe^{32}	kuɛe^{32}	k^{h}uɛe^{32}	vɛe^{32}
怀仁	suɛe^{312}	suɛe^{312}	ts^{h}uɛe^{42}	ts^{h}uɛe^{42}	ts^{h}uɛe^{312}	kuɛe^{42}	k^{h}uei^{42}	vɛe^{42}
左云	suɛi^{313}	suɛi^{313}	ts^{h}uɛi^{31}	ts^{h}uɛi^{31}	ts^{h}uɛi^{313}	kuɛi^{31}	k^{h}uɛi^{31}	vɛi^{31}
右玉	suɛe^{212}	suɛe^{212}	tʂ^{h}uɛe^{31}	ts^{h}uɛe^{31}	tʂ^{h}uɛe^{212}	kuɛe^{31}	k^{h}uɛe^{31}	vɛe^{31}
阳高	suei^{31}	——	ts^{h}uei^{31}	ts^{h}uei^{31}	ts^{h}uei^{312}	kuei^{24}	k^{h}uei^{31}	vei^{31}
山阴	suei^{313}	suei^{313}	tʂ^{h}uei^{313}	tʂ^{h}uei^{313}	tʂ^{h}uei^{313}	kuei^{313}	k^{h}uei^{313}	uei^{313}
天镇	suɛe^{22}	——	ts^{h}uɛe^{31}	ts^{h}uɛe^{31}	ts^{h}uɛe^{31}	kuɛe^{31}	k^{h}uɛe^{31}	vɛe^{31}
平定	suei^{44}	suei^{44}	ts^{h}uei^{31}	ts^{h}uei^{31}	ts^{h}uei^{44}	kuei^{31}	k^{h}uei^{31}	vei^{31}

续表

字目	随	隋	吹	炊	垂	规	亏	危
中古音 方言点	旬为 止合三 平支邪	旬为 止合三 平支邪	昌垂 止合三 平支昌	昌垂 止合三 平支昌	是为 止合三 平支禅	居隋 止合三 平支见	去为 止合三 平支溪	鱼为 止合三 平支疑
昔阳	suei^{33}	suei^{33}	tsʰuei^{42}	tsʰuei^{42}	tsʰuei^{33}	kuei^{42}	kʰuei^{42}	vei^{42}
左权	suɛi^{11}	——	tsʰuɛi^{31}	tsʰuɛi^{31}	tsʰuɛi^{11}	kʰuɛi^{31} 白 / kuɛi^{31} 文	kʰuɛi^{31}	vɛi^{31}
和顺	suei^{22}	suei^{22}	tsʰuei^{42}	tsʰuei^{42}	tsʰuei^{22}	kuei^{42}	kʰuei^{42}	vei^{42}
尧都	ɕy^{24} 白 / suei^{24} 文	suei^{24}	tʂʰuei^{21}	tʂʰuei^{21}	tʂʰuei^{24}	kuei^{21}	kʰuei^{21}	uei^{21}
洪洞	ɕy^{24} 白 / suei^{24} 文	——	tʂʰu^{21} 白 / tʂʰuei^{21} 文 / tʂʰuen^{21} 文	tʂʰuei^{24}	——	kuei^{21}	kʰuei^{21}	uei^{21}
洪洞赵城	suei^{24}	suei^{24}	tʂʰu^{21} 白 / tʂʰuei^{21} 文	tʂʰuei^{21}	tʂʰuei^{24}	kuei^{21}	kʰuei^{21}	uei^{21}
古县	suei^{35}	suei^{35}	tʂʰu^{21} 白 / tsʰuei^{21} 文	tsʰuei^{21}	tsʰuei^{35}	kuei^{21}	kuei^{21}	uei^{21}
襄汾	ɕy^{21} 白 / suei^{24} 文	suei^{24}	tsʰuei^{21}	tsʰuei^{21}	tsʰuei^{24}	kuei^{21}	kʰuei^{21}	uei^{21}
浮山	suei^{13}/ɕy^{42}	——	pfʰu^{42}	tsʰuei^{42}	tsʰuei^{13}	kuei^{42}	kʰuei^{42}	uei^{42}
霍州	ɕy^{35} 白 / suei^{35} 文	suei^{35}	tʂʰu^{212}	tsuei^{212}	tsuei^{35}	kuei^{212}	kʰuei^{212}	uei^{212}
翼城	suei^{12}	suei^{12}	tsʰuei^{53}	ɕy^{53} 白 / tsʰuei^{53} 文	tsʰuei^{53}	kuei^{53}	kʰuei^{53}	uei^{53}
闻喜	ɕy^{13} 白 /sui^{13} 文	——	pfʰu^{53}	tsʰui^{53}	tsʰui^{13}	kui^{53}	——	ui^{13}
侯马	suei^{213}	suei^{213}	fu^{44} 白 / tsʰuei^{213} 文	tʂʰuei^{213}	tʂʰuei^{213}	kuei^{213}	kʰuei^{213}	uei^{213}
新绛	ɕy^{44} 白 / suei^{44} 文	suei^{44}	pfʰu^{53}	tʂʰuei^{44}	tʂʰuei^{13}	kuei^{53}	kʰuei^{53}	uei^{53}
绛县	suei^{24}	suei^{24}	pfʰu^{53}	tʂʰuei^{53}	pfʰei^{24}	kuei^{53}	kʰuei^{53}	uei^{53}
垣曲	ɕy^{22} 白 / suei^{22} 文	suei^{22}	tʂʰu^{22} 白 / tʂʰuei^{22} 文	tʂʰuei^{22}	tʂʰuei^{22}	kuei^{22}	kʰuei^{22}	uei^{22}
夏县	suei^{42}	suei^{42}	pfʰei^{53} 白 / pfʰu^{53}	pfʰei^{53} 白 / tʂʰuei^{53} 文	pfʰei^{42} 白 / tʂʰuei^{42} 文	kʰuei^{53} 白 / kuei^{53} 文	kʰuei^{53}	uei^{53}
万荣	ɕy^{213} 白 / suei^{213} 文	suei^{213}	pfʰu^{51} 白 / pfʰei^{51} 文	pfʰei^{51}	pfʰei^{213}	kʰuei^{51}	kʰuei^{51}	uei^{51}
稷山	ɕy^{13} 白 / suei^{13} 文	suei^{13}	pfʰu^{53} 白 / pfʰei^{53} 文	tsʰuei^{53}	tʂʰuei^{13}	kuei^{53}	kʰuei^{53}	uei^{53}

续表

字目	随	隋	吹	炊	垂	规	亏	危
中古音 / 方言点	旬为 止合三 平支邪	旬为 止合三 平支邪	昌垂 止合三 平支昌	昌垂 止合三 平支昌	是为 止合三 平支禅	居隋 止合三 平支见	去为 止合三 平支溪	鱼为 止合三 平支疑
盐湖	çy^{13} 白 / suei^{13} 文	suei^{13}	pfʰu^{42} 白 / pfʰei^{42} 文	pfʰei^{42} 白 / tʂʰuei^{42} 文	pfʰei^{13} 白 / tʂʰuei^{13} 文	kuei^{42}	kʰuei^{42}	uei^{42}
临猗	suei^{13}	suei^{13}	pfʰu^{42} 白 / pfʰei^{42} 白 / tʂʰuei^{42} 文	pfʰei^{42} 白 / tʂʰuei^{42} 文	pfʰei^{13} 白 / tʂʰuei^{13} 文	kʰuei^{42} 白 / kuei^{42} 文	kʰuei^{42}	uei^{42}
河津	suei^{324}	suei^{324}	pfʰu^{31} 白 / pfʰei^{31} 文 / tsʰuei^{31} 文	pfʰei^{31}	pfʰei^{324} 文	kʰuei^{31} 白 / kuei^{31} 文	kʰuei^{31}	uei^{31}
平陆	suei^{13}	suei^{13}	pfʰei^{31}	pfʰei^{31}	pfʰei^{13}	kʰuei^{31}	kʰuei^{31}	uei^{31}
永济	suei^{24}	suei^{24}	pfʰu^{31} 白 / pfʰei^{31} 文	pfʰei^{31}	pfʰei^{24}	kʰuei^{31}	kʰuei^{31}	vei^{31}
芮城	suei^{13}	suei^{13}	pfu^{42} 白 / pfʰei^{42} 文	pfʰei^{42}	pfei^{42}	kʰuei^{42}	kʰuei^{42}	uei^{42}
吉县	suei^{13}	——	pfʰu 白 / pfʰei^{423} 文	pfʰei^{423}	pfʰei^{33}	kʰuei^{13}	kʰuei^{423}	uei^{42}
乡宁	çy^{12} 白 / suei^{12} 文	suei^{12}	tʂʰu^{53} 白 / tʂʰuei^{53} 文	tʂʰuei^{53}	tʂʰuei^{12}	kuei^{53}	kʰuei^{53}	uei^{53}
广灵	suei^{31}	suei^{31}	tsʰuei^{53}	tsʰuei^{53}	tsʰuei^{31}	kuei^{53}	kʰuei^{53}	vei^{53}

字目	为作~	虽	追	锤	衰	锥	谁	龟
中古音 / 方言点	薳支 止合三 平支云	息遗 止合三 平脂心	陟隹 止合三 平脂知	直追 止合三 平脂澄	所追 止合三 平脂生	职追 止合三 平脂章	视隹 止合三 平脂禅	居追 止合三 平脂见
北京	uei^{35}	suei^{55}	tʂuei^{55}	tʂʰuei^{35}	ʂuai^{55}	tʂuei^{55}	ʂuei^{35}	kuei^{55}
小店	vei^{11}	suei^{11}	tsuei^{11}	tsʰuei^{11}	suɛ^{11}	tsuei^{11}	fu^{11}/sei^{11} 白 / suei^{11} 文	kuei^{11}
尖草坪	vei^{33}	suei^{33}	tsuei^{33}	tsʰuei^{33}	suai^{33}	tsuei^{33}	suei^{33}	kuei^{33}
晋源	vei^{11}	ɕy^{11}	tsuei^{11}	tsʰuei^{11}	ɣai^{11}	tsuei^{11}	fu^{11}	kuei^{11}
阳曲	vei^{43}	suei^{43}	tsuei^{312}	tsʰuei^{43}	suai^{312}	tsuei^{312}	suei^{43}	kuei^{312}
古交	vei^{44}	ɕy^{44}	tɕy^{44}	tɕʰy^{44}	suai^{33}	tɕy^{44}	ɕy^{44}	kuei^{44}
清徐	vi^{11}	ɕy^{11} 白	tɕy^{11} 白 / tsuei^{11} 文	tɕy^{11} 白 / tsʰuei^{11} 文	suai^{11}	tɕy^{11}	ɕy^{11}	kuei^{11}
娄烦	vei^{33}	sui^{33}	tsui^{33}	tsʰui^{33}	fɛi^{33}	tsui^{33}	fu^{33} 白 / sui^{33} 文	kui^{33}
榆次	vɯ^{35}	ɕy^{11}	tsuɛe^{35}	tsʰuɛe^{11}	ŋɛe^{11}	tɕy^{11}	ɕy^{11}	kuɯ^{11}
交城	ui^{24}	ɕy^{11}	tɕy^{11}	tɕy^{11} 白 / tɕʰy^{11} 文	suɛ^{11}	tɕy^{11}	ɕy^{11}	kui^{11}
文水	ueɪ^{22}	sueɪ^{22}	tsueɪ^{22}	tsueɪ^{22}	ŋai^{22}	tsueɪ^{22}	sueɪ^{22}	kueɪ^{22}
祁县	uəɨ^{31}	suəɨ^{31}	tsuəɨ^{31}	tsʰuəɨ^{31}	suæɛ^{31}	tsuəɨ^{31}	suəɨ^{31}	kuəɨ^{31}
太谷	vei^{53}	suei^{33}	tsuei^{33}	tsʰuei^{33}	suɑi^{33}	tsuei^{33}	fu^{33}	kuei^{33}
平遥	uei^{24}	suei^{213}	tsuei^{213}	tsʰuei^{213}	ʂuæe^{213}	tsuei^{213}	suei^{213}	kuei^{213}
孝义	uei^{33}	suei^{33}	tsuei^{33}	tsuei^{33}	suai^{33}	tsuei^{33}	suei^{33}	kuei^{33}
介休	uei^{13}	suei^{13}	tsuei^{13}	tsuei^{13} 白 / tsʰuei^{13} 文	ŋai^{13}	tsuei^{13}	suei^{13}	kuei^{13}
灵石	uei^{44}	suei^{535}	tsuei^{535}	tʂʰu^{44}	suɛ^{535}	tsuei^{535}	ʂu^{44}	kuei^{535}
盂县	vei^{22}	suei^{412}	tsuei^{412}	tsʰuei^{22}	suɑɛ^{412}	tsuei^{412}	suei^{22}	kuei^{412}
寿阳	vei^{22}	suei^{31}	tsuei^{31}	tsʰuei^{22}	suai^{31}	tsuei^{31}	suei^{22}	kuei^{31}
榆社	vei^{22}	suei^{22}	tsuei^{22}	tsʰuei^{22}	suɛ^{22}	tsuei^{22}	suei^{22}	kuei^{22}
离石	uɛe^{44}	su^{35}	tsuɛe^{24}	tsʰu^{44}	suɛe^{24}	tsu^{24}	su^{44}	kuɛe^{24}
汾阳	uei^{22}	suei^{324}	tʂuei^{324}	tʂʰuei^{22}	ʂuai^{324}	tʂuei^{324}	ʂuei^{22}	kuei^{324}
中阳	uɛe^{33}	ʂuɛe^{35}	tʂuɛe^{24}	tʂʰu^{33}	ʂuɛe^{24}	tʂu^{24}	ʂu^{33}	kuɛe^{24}
柳林	uɛe^{44}	ɕy^{24}	tɕy^{24}	tɕʰy^{44}	suɛe^{24}	tɕy^{24}	ɕy^{44}	kuɛe^{24}
方山	uei^{24}	ɕy^{24}	tɕy^{24}	tɕʰy^{44}	suɛe^{24}	tɕy^{24}	ɕy^{44}	kuei^{24}
临县	uei^{33}	suei^{24}	tsuei^{24}	tʂʰuei^{33}	suɛe^{24}	tʂuei^{24}	suei^{33}	kuei^{24}
兴县	uei^{55}	——	tɕy^{324}	tɕʰy^{324}	suai^{324}	tɕyɛ^{324}	ɕy^{55}	kuei^{324}
岚县	uei^{44}	suei^{44}	tsuei^{214}	tsʰuei^{44}	suai^{214}	tsu^{214}	su^{44}	kuei^{214}

续表

字目	为作~	虽	追	锤	衰	锥	谁	龟
中古音 方言点	薳支 止合三 平支云	息遗 止合三 平脂心	陟隹 止合三 平脂知	直追 止合三 平脂澄	所追 止合三 平脂生	职追 止合三 平脂章	视隹 止合三 平脂禅	居追 止合三 平脂见
静乐	vei^{53}	suei^{24}	tsuei^{24}	pfʰei^{33} 白 / tsʰuei^{33} 文	fae^{24}	pfu^{33}	fu^{33} 白	kuei^{24}
交口	uei^{44}	suei^{323}	tsuei^{323}	tsʰɥ^{44} 白 / tsʰuei^{44} 文	suai^{323}	tsuei^{323}/ tsʰuei^{44}	sɥ^{44}	kuei^{323}
石楼	uei^{213}	ʂuei^{213}	tʂuei^{213}	tʂʰu^{44} 白 / tʂʰuei^{44} 文	ʂuɛi^{213}	tʂu^{213}	ʂu^{44}	kuei^{213}
隰县	uei^{44}	suei^{53}	tsuei^{53}	tsʰu^{24} 白 / tsʰuei^{24} 文	suae^{53}	tsu^{53} 白 / tsuei^{53} 文	su^{24} 白 / suei^{24} 文	kuei^{53}
大宁	vei^{24}	suei^{31}	tʂuei^{31}	tʂʰu^{24} 白 / tʂʰuei^{24} 文	ʂuɛe^{31}	tʂu^{31} 白 / tʂuei^{31} 文	ʂuo^{24} 白 / ʂu^{24} 白	kuei^{31}
永和	uei^{35}	suei^{35}	tʂuei^{33}	tʂʰuei^{312}	suɛi^{33}	tʂuei^{33}	ʂu^{35} 白 / ʂuei^{35} 文	kuei^{35}
汾西	uei^{35}	suei^{11}	tsuei^{11}	tsʰuei^{35}	suɑi^{11}	tsʰβ̍^{11}/tsuei^{11}	fʯ^{35} 白 / suei^{35} 文	kuei^{11}
蒲县	uei^{24}	suei^{52}	tsuei^{52}	tʂʰu^{24} 白 / tʂʰuei^{24} 文	suai^{52}	tsuei^{52}	ʂu^{24}	kuei^{52}
潞州	vei^{24}	suei^{312}	tsuei^{312}	tsʰuei^{24}	suai^{24}	tsuei^{24}	sei^{24}	kuei^{312}
上党	uei^{44}	sei^{213}	tsuei^{213}	tsuei^{213}/ tsʰuei^{213}	suæ^{213}	tsuei^{213}	suei^{44}	kuei^{213}
长子	vei^{24}	suei^{312}	tsuei^{312}	tsʰuei^{24}	suɛe^{312}	tsuei^{312}	suei^{24}	kuei^{312}
屯留	vei^{11}	suei^{31}	tsuei^{31}	tsʰuei^{11}	suɛe^{31}	tsuei^{31}	suei^{11}	kuei^{31}
襄垣	vei^{31}	suei^{33}	tsuei^{33}	tsʰuei^{31}	suᴇɪ^{33}	tsuei^{33}	sei^{31}	kuei^{33}
黎城	uei^{53}	suei^{33}	tsuei^{33}	tsʰuei^{53}	suɛi^{33}	tsuei^{33}	suei^{53}	kuei^{33}
平顺	uei^{53}	suei^{213}	tsuei^{213}	tsʰuei^{13}	suɛe^{213}	tsuei^{213}	suei^{13}	kuei^{213}
壶关	uei^{13}	ʂuei^{33}	tʂuei^{33}	tʂʰuei^{13}	ʂuai^{33}	tʂuei^{33}	tʂʰuei^{13}	kuei^{33}
沁县	vei^{33}	suei^{224}	tsuei^{224}	tsʰuei^{33}	suɛe^{224}	tsuei^{224}	suei^{33}	kuei^{224}
武乡	vei^{33}	suei^{113}	tsuei^{113}	tsʰuei^{33}	sue^{113}	tsuei^{113}	suei^{33}	kuei^{113}
沁源	vei^{33}	suei^{324}	tsuei^{324}	tsʰuei^{33}	ʂuɛe^{33}	tsuei^{324}	ʂu^{33}	kuei^{324}
安泽	vei^{35}	suei^{21}	tsuei^{21}	tsʰuei^{35}	suai^{21}	tsuei^{21}	suei^{35}	kuei^{21}
沁水端氏	vai^{24}	suai^{21}	tsuai^{21}	tsʰai^{24}	suɛe^{21}	tsai^{21}	sai^{24}	kuai^{21}
阳城	vai^{22}	suai^{224}	tʂuai^{224}	tʂʰuai^{22}	ʂuai^{224}	tʂuai^{224}	ʂuai^{22}	kuai^{224}
高平	vei^{33}	ʂuei^{33}	tʂuei^{33}	tʂʰuei^{33}	ʂuɛe^{33}	tʂuei^{33}	ʂuei^{33}	kuei^{33}
陵川	uei^{53}	ʂuei^{33}	tʂuei^{33}	tʂʰuei^{53}	ʂuæe^{33}	tʂuei^{33}	ʂuei^{53}	kuei^{33}

续表

字目	为作~	虽	追	锤	衰	锥	谁	龟
中古音 方言点	薳支 止合三 平支云	息遗 止合三 平脂心	陟隹 止合三 平脂知	直追 止合三 平脂澄	所追 止合三 平脂生	职追 止合三 平脂章	视隹 止合三 平脂禅	居追 止合三 平脂见
晋城	uɤɯ^{33}	ʂuɤɯ^{33}	tʂuɤɯ^{33}	tʂʰuɤɯ^{324}	ʂuᴇ^{33}	tʂuɤɯ^{33}	ʂuɤɯ^{324}	kuɤɯ^{33}
忻府	vei^{21}	suei^{313}	tsuei^{313}	tsʰuei^{21}	suæe^{313}	tsuei^{313}	suei^{21}	kuei^{313}
原平	vəi^{33}	suəi^{213}	tsuəi^{213}	tsʰuəi^{33}	suæɛ^{213}	tsuəi^{213}	suəi^{33}	kuəi^{213}
定襄	vei^{33}	suei^{24}	tsuei^{24}	tsʰuei^{33}	ŋɛe^{24}	tsuei^{24}	suei^{33}	kuei^{24}
五台	uei^{33}	suei^{213}	tsuei^{213}	tsʰuei^{33}	suɛ^{213}	tsuei^{213}	suei^{33}	kuei^{213}
岢岚	vɛi^{44}	suɛi^{13}	tsuɛi^{13}	tsʰuɛi^{44}	suɛi^{13}	tsuɛi^{13}	suɛi^{44}	kuɛi^{13}
五寨	vei^{44}	suei^{13}	tsuei^{13}	tsʰuei^{44}	suei^{13}	tsuei^{13}	suei^{44}	kuei^{13}
宁武	vᴇe^{33}	suᴇe^{213}	tsuᴇe^{23}	tsʰuᴇe^{33}	suᴇe^{23}	tsuᴇe^{23}	suᴇe^{33}	kuᴇe^{23}
神池	vɛe^{32}	suɛe^{24}	tsuɛe^{24}	tsʰuɛe^{32}	suɛe^{24}	tsuɛe^{24}	suɛe^{32}	kuɛe^{24}
繁峙	vei^{31}	suei^{53}	tsuei^{53}	tsʰuei^{31}	suai^{53}	tsuei^{53}	suei^{31}	kuei^{53}
代县	uei^{53}	suei^{213}	tsuei^{213}	tsʰuei^{44}	suai^{213}	tsuei^{53}	suei^{44}	kuei^{213}
河曲	vei^{44}	suei^{213}	tʂuei^{213}	tʂʰuei^{44}	ʂuɛe^{213}	tʂuei^{213}	ʂuei^{44}	kuei^{213}
保德	vei^{44}	suei^{213}	tʂuei^{213}	tʂʰuei^{44}	ʂuai^{213}	tʂuei^{213}	ʂuei^{44}	kuei^{213}
偏关	vei^{44}	suei^{24}	tsuei^{24}	tsʰuei^{44}	suei^{24}	tʂuei^{24}	ʂuei^{44}	kuei^{24}
朔城	vei^{35}	suei^{312}	tsuei^{312}	tsʰuei^{35}	suɛi^{312}	tsuei^{312}	suei^{35}	kuei^{312}
平鲁	xuɛi^{44}	suɛi^{213}	tsuɛi^{44}	tsʰuɛi^{44}	suɛi^{213}	tsuɛi^{213}	suɛi^{44}	kuɛi^{213}
应县	uəi^{43}	suəi^{31}	tsuəi^{43}	tsʰuəi^{31}	suɛi^{43}	tsuəi^{43}	——	kuəi^{43}
灵丘	vɛe^{31}	suei^{442}	tsuei^{442}	tsʰuei^{31}	suɛe^{31}	tsuei^{442}	suei^{31}	kuei^{442}
浑源	vɛe^{22}	suɛe^{22}	tsuɛe^{52}	tsʰuɛe^{22}	suɛe^{52}	tsuɛe^{52}	suɛe^{22}	kuɛe^{52}
云州	vɛi^{24}	suɛi^{21}	tʂuɛi^{21}	tʂʰuɛi^{312}	suɛi^{21}	tʂuɛi^{21}	ʂuɛi^{312}	kuɛi^{21}
新荣	vɛe^{312}	suɛe^{32}	tʂuɛe^{32}	tʂʰuɛe^{312}	ʂuɛe^{32}	tʂuɛe^{32}	ʂuɛe^{312}	kuɛe^{32}
怀仁	vɛe^{312}	suɛe^{42}	tsuɛe^{42}	tsʰuɛe^{312}	suɛe^{42}	tsuɛe^{42}	suɛe^{312}	kuɛe^{42}
左云	vɛi^{313}	suɛi^{31}	tsuɛi^{31}	tsʰuɛi^{313}	suɛi^{31}	tsuɛi^{31}	suɛi^{313}	kuɛi^{31}
右玉	vɛe^{212}	suɛe^{212}	tʂuɛe^{31}	tʂʰuɛe^{212}	ʂuɛe^{31}	tʂuɛe^{31}	ʂuɛe^{212}	kuɛe^{31}
阳高	vei^{31}	suei^{31}	tsuei^{31}	tsʰuei^{31}	suei^{31}	tsuei^{31}	suei^{31}	kuei^{31}
山阴	uei^{313}	suei^{313}	tʂuei^{313}	tʂʰuei^{313}	ʂuɛe^{313}	tʂuei^{313}	ʂuei^{313}	kuei^{313}
天镇	vɛe^{22}	suɛe^{22}	tsuɛe^{31}	tsʰuɛe^{22}	suɛe^{31}	tsuɛe^{31}	suɛe^{22}	kuɛe^{31}
平定	vei^{44}	suei^{31}	tsuei^{31}	tsʰuei^{44}	suɛe^{31}	tsuei^{31}	suei^{44}	kuei^{31}
昔阳	vei^{33}	suei^{42}	tsuei^{42}	tsʰuei^{33}	suɛe^{42}	tsuei^{42}	suei^{33}	kuei^{42}
左权	vɛi^{11}	suɛi^{31}	tsuɛi^{31}	tsʰuɛi^{11}	suɛi^{31}	tsuɛi^{31}	suɛi^{11}	kuɛi^{31}
和顺	vei^{22}	suei^{42}	tsuei^{42}	tsʰuei^{22}	suai^{42}	tsuei^{22}	suei^{22}	kuei^{42}

续表

字目	为作～	虽	追	锤	衰	锥	谁	龟
中古音／方言点	薳支 止合三 平支云	息遗 止合三 平脂心	陟隹 止合三 平脂知	直追 止合三 平脂澄	所追 止合三 平脂生	职追 止合三 平脂章	视隹 止合三 平脂禅	居追 止合三 平脂见
尧都	uei^{21}	suei^{24}	tʂuei^{21}	tʂʰuei^{24}	ʂuɑi^{21}	tʂuei^{21}	ʂuei^{24}文 / fu^{24}	kuei^{21}
洪洞	uei^{24}	suei^{21}	tʂuei^{21}	——	fɑi^{21}	tʂu^{21}白 / tʂuei^{21}文	fu^{24}白 / fei^{24}文	kuei^{21}
洪洞赵城	uei^{21}	suei^{24}	tʂʰuei^{21}	tʂʰuei^{24}	ʂuɑi^{21}	tʂu^{21}白 / tʂuei^{21}文	ʂu^{24}	kuei^{21}
古县	uei^{35}	suei^{21}	tsuei^{21}	tʂʰu^{35}白 / tsʰuei^{35}文	suɑi^{21}	tsuei^{21}	fu^{35}	kuei^{21}
襄汾	uei^{24}	suei^{21}	tsuei^{21}	tʂʰu^{24}/ tsʰuei^{24}	suai^{21}	tʂuei^{21}白 / tʂu^{21}文	fu^{21}	kuei^{21}
浮山	uei^{13}	suei^{42}	tʂuei^{42}	tsʰuei^{13}	fai^{42}	pfu^{42}	fu^{42}	kuei^{42}
霍州	uei^{35}	suei^{212}	tsuei^{212}	tsuei^{35}	suai^{212}	tsʰuei^{35}	ʂu^{35}	kuei^{212}
翼城	vei^{12}	suei^{53}	tʂuei^{53}	tʂʰuei^{12}	ʂuᴇ^{53}	tʂuei^{53}	sei^{12}	kuei^{53}
闻喜	ui^{13}	sui^{53}	tsui^{53}	pfʰẽĩ^{13}白 / tsʰui^{13}文	——	——	fu^{53}白 /sui^{13}文	kui^{53}
侯马	uei^{213}	suei^{213}	tʂuei^{213}	tʂʰuei^{213}	ʂuae^{213}	tʂuei^{213}	ʂuei^{213}	kuei^{213}
新绛	uei^{53}	suei^{44}	tʂuei^{53}	pfʰu^{13}	ʂuaɛ^{53}	tʂuei^{53}	fu^{13}	kuei^{53}
绛县	uei^{24}	suei^{53}	pfei^{53}	pfʰu^{24}	fɑi^{53}	pfei^{53}	fu^{24}	kuei^{53}
垣曲	uei^{22}	suei^{22}	tʂuei^{22}	tʂʰu^{22}白 / tʂʰuei^{22}文	suai^{22}	tʂuei^{22}	ʂu^{22}	kuei^{22}
夏县	uei^{42}	suei^{53}	pfei^{53}白 / tʂuei^{53}文	pfʰei^{42}白 / tʂʰuei^{42}文	fæe^{53}	pfei^{53}白 / tʂuei^{53}文	ʂei^{42}白 / ʂuei^{42}文	kuei^{53}
万荣	uei^{33}	suei^{51}	pfei^{51}	pfʰei^{213}	suei^{51}	pfu^{51}白 / pfei^{51}文	ʂuei^{213}	kuei^{51}
稷山	uei^{13}	suei^{53}	tʂuei^{42}	pfʰei^{13}白 / tʂʰuei^{13}文	fai^{53}	pfu^{53}	fu^{13}	kuei^{53}
盐湖	uei^{13}	suei^{42}	pfei^{42}白 / tʂuei^{42}文	pfʰei^{13}白 / tʂʰuei^{13}文	fɐi^{42}	pfei^{42}白 / tʂuei^{42}文	sei^{13}白 / ʂuei^{42}文	kuei^{42}
临猗	uei^{13}	suei^{42}	pfei^{42}白 / tʂuei^{42}文	pfʰu^{13}白 / pfʰei^{13}白 / tʂʰuei^{13}文	fai^{42}	pfei^{42}白 / tʂuei^{42}文	sei^{13}	kuei^{42}
河津	uei^{324}	suei^{31}	pfei^{324}	pfʰu^{324}/ pfʰei^{324}文	fai^{31}	pfei^{42}白 / pfu^{31}文	fei^{324}文	kuei^{31}
平陆	uei^{13}	suei^{31}	pfei^{13}	pfʰu^{13}/ pfʰei^{13}	fai^{31}	pfu^{31}白 / pfei^{13}文	sei^{13}	kuei^{31}

续表

字目	为作~	虽	追	锤	衰	锥	谁	龟
中古音 / 方言点	薳支 止合三 平支云	息遗 止合三 平脂心	陟隹 止合三 平脂知	直追 止合三 平脂澄	所追 止合三 平脂生	职追 止合三 平脂章	视隹 止合三 平脂禅	居追 止合三 平脂见
永济	vei²⁴	çyei³¹	pfei³¹	pfʰei³¹/ pfʰei²⁴	fai³¹	pfʰu³¹ 白/ pfei³¹ 文	ʂei²⁴	kuei³¹
芮城	uei¹³/uei⁴⁴	suei⁴²	pfei⁴²	pfei¹³	fai⁴²	pfu⁴² 白/ pfei⁴² 文	sei¹³	kuei⁴²
吉县	uei¹³	suei⁴²³	pfei⁴²³	pfʰei¹³	fai⁴²³	pfu⁴²³ 白/ pfei⁴²³ 文	——	kuei⁴²³
乡宁	uei²²	suei⁵³	tʂʰuei⁵³	tʂʰu¹²	ʂuai⁵³	tʂuei⁵³	ʂu¹²	kuei⁵³
广灵	vei³¹	suei³¹	tsuei⁵³	tsʰuei³¹	suɛe⁵³	tsuei⁵³	suei³¹	kuei⁵³

字目	葵	遗~失	维	唯	匪	尾	鬼	伟
中古音 / 方言点	渠隹 止合三 平脂群	以追 止合三 平脂以	以追 止合三 平脂以	以追 止合三 平脂以	府尾 止合三 上尾非	无匪 止合三 上尾微	居伟 止合三 上尾见	于鬼 止合三 上尾云
北京	k^{h}uei^{35}	i^{35}	uei^{35}	uei^{35}	fei^{214}	uei^{214}	kuei^{214}	uei^{214}
小店	k^{h}uei^{11}	i^{11}	vei^{11}	vei^{11}	fei^{53}	i^{53}/vei^{53}	kuei^{53}	vei^{53}
尖草坪	k^{h}ai^{33} 白 / k^{h}uei^{33} 文	i^{33}	vei^{33}	vei^{33}	fei^{312}	vei^{312}	kuei^{312}	vei^{312}
晋源	k^{h}uei^{11}	i^{11}	vei^{11}	vei^{11}	fei^{11}	i^{42}	kuei^{42}	vei^{42}
阳曲	k^{h}uei^{43}	i^{43}	vei^{312}	vei^{43}	fei^{312}	vei^{312}	kuei^{312}	vei^{312}
古交	k^{h}uei^{44}	i^{44}	vei^{44}	vei^{44}	fei^{312}	i^{312} 白 /vi^{312} 文	kuei^{412}	vei^{312}
清徐	k^{h}uei^{11}	i^{11}	vi^{11}	vi^{11}	fi^{11}fi^{45}	i^{54} 白 /vi^{54} 文	kuei^{54}	vi^{54}
娄烦	k^{h}ui^{33}	i^{33}	vei^{33}	vei^{33}	fei^{33}	i^{312}	kui^{312}	vei^{312}
榆次	k^{h}uɯ^{11}	i^{11}	vɯ^{11}	vɯ^{11}	fɯ^{53}	i^{53}	kuɯ^{53}	vɯ^{53}
交城	k^{h}ui^{11}	i^{11}	ui^{11}	ui^{11}	xui^{53}	i^{53} 白 /ui^{53} 文	kui^{53}	ui^{53}
文水	k^{h}ueɪ^{22}	i^{423}/ɿ^{22}	ueɪ^{22}	ueɪ^{22}	xueɪ^{423}	ɿ^{423} 白 / ueɪ^{423} 文	kueɪ^{423}	ueɪ^{423}
祁县	k^{h}uəɨ^{31}	ɿ^{31}	uəɨ^{31}	uəɨ^{31}	xuəɨ^{314}	ɿ^{314} 白 / uəɨ^{314} 文	kuəɨ^{314}	uəɨ^{314}
太谷	k^{h}uei^{33}	i^{33}	vei^{33}	vei^{33}	fei^{312}	i^{312} 白 / vei^{312} 文	kuei^{312}	vei^{312}
平遥	k^{h}uei^{24}	i^{213}	uei^{213}	uei^{213}	xuei^{512}	i^{512} 白 / uei^{512} 文	kuei^{512}	uei^{512}
孝义	k^{h}uei^{33}	i^{33}	uei^{33}	uei^{33}	xuei^{312}	i^{312}	kuei^{312}	uei^{312}
介休	k^{h}uei^{13}	i^{13}	uei^{13}	uei^{13}	xuei^{423}	i^{423} 白 / uei^{423} 文	kuei^{423}	uei^{423}
灵石	k^{h}uei^{44}	i^{44}	uei^{44}	uei^{44}	xuei^{212}	uei^{212}	kuei^{212}	uei^{212}
盂县	k^{h}uei^{22}	i^{22}	vei^{22}	vei^{22}	fei^{53}	i^{53} 白 / vei^{53} 文	kuei^{53}	vei^{53}
寿阳	k^{h}uei^{22}	zɿ^{22}	vei^{22}	vei^{22}	fei^{53}	zɿ^{53}/vei^{53}	kuei^{53}	vei^{53}
榆社	k^{h}uei^{22}	zɿ^{22}	vei^{22}	vei^{22}	fei^{22}	zɿ^{312}	kuei^{312}	vei^{312}
离石	k^{h}uɛe^{24}	zɿ^{44}	uɛe^{44}	uɛe^{44}	xuɛe^{312}	zɿ^{312} 白 / uɛe^{312} 文	kuɛe^{312}	uɛe^{312}
汾阳	k^{h}uei^{324}	zɿ^{22}	uei^{22}	uei^{22}	fei^{312}	vɿ^{312} 白 / uei^{312} 文	kuei^{312}	uei^{312}
中阳	k^{h}uɛe^{24}	i^{33}	uɛe^{33}	uɛe^{33}	xuɛe^{423}	i^{423} 白 / uɛe^{423} 文	kuɛe^{423}	uɛe^{423}
柳林	k^{h}uɛe^{24}	i^{44}	uɛe^{44}	uɛe^{44}	xuɛe^{24}	i^{312} 白 / uɛe^{312} 文	kuɛe^{312}	uɛe^{312}

续表

字目 \ 中古音 \ 方言点	葵	遗~失	维	唯	匪	尾	鬼	伟
	渠隹 止合三 平脂群	以追 止合三 平脂以	以追 止合三 平脂以	以追 止合三 平脂以	府尾 止合三 上尾非	无匪 止合三 上尾微	居伟 止合三 上尾见	于鬼 止合三 上尾云
方山	kʰuɛe^{44}	i^{44}	uei^{44}	uei^{44}	xuei^{24}	i^{312} 白/ uei^{312} 文	kuei^{312}	uei^{312}
临县	kʰuei^{24}	i^{33}	uei^{33}	uei^{33}	fei^{312}	i^{312} 白/ uei^{312} 文/	kuei^{312}	uei^{312}
兴县	kʰuei^{324}	i^{55}	uei^{55}	uei^{55}	xuei^{324}	i^{324} 白/ uei^{324} 文	kuei^{324}	uei^{324}
岚县	kʰuei^{44}	i^{44}/ie^{44}	uei^{44}	uei^{44}	fei^{44}	i^{312} 白/ uei^{312} 文	kuei^{312}	uei^{312}
静乐	kʰuei^{24}	i^{33}	vei^{33}	vei^{33}	fei^{24}	vei^{314}	kuei^{314}	vei^{314}
交口	kʰuei^{44}	i^{44}	uei^{44}	uei^{44}	xuei^{323}	i^{323} 白/ uei^{323} 文	kuei^{323}	uei^{323}
石楼	kʰuei^{44}	i^{44}	uei^{44}	uei^{44}	xuei^{213}	y^{213}/i^{213}	kuei^{213}	uei^{213}
隰县	kʰuei^{24}	i^{24}	uei^{24}	uei^{24}	xuei^{21}	y^{21} 白/i^{21} 白/ uei^{21} 文	kuei^{21}	uei^{21}
大宁	kʰuei^{24}	i^{24}	vei^{24}	vei^{24}	fei^{31}	i^{31} 白/ vei^{31} 文	kuei^{31}	vei^{31}
永和	kʰuei^{35}	——	uei^{35}	uei^{35}	xuei^{33}	i^{312} 白/ uei^{312} 文	kuei^{312}	uei^{312}
汾西	kʰuei^{35}	ʑ̵^{35}	vei^{35}/uei^{35}	vei^{35}	fei^{55}	vei^{33}/ʑ̵^{33}	kuei^{33}	uei^{33}
蒲县	kʰuei^{24}	i^{24}	uei^{24}	uei^{24}	fei^{31}	i^{33} 白/ uei^{31} 文	kuei^{31}	uei^{31}
潞州	kʰuei^{24}	i^{24}	vei^{24}	vei^{24}	fei^{535}	i^{535} 白/ vei^{535} 文	kuei^{535}	vei^{535}
上党	kʰuei^{44}	i^{44}	uei^{44}	uei^{44}	fei^{535}	i^{535}/uei^{535}	kuei^{535}	uei^{535}
长子	kʰuei^{24}	i^{24}	vei^{24}	vei^{24}	fei^{434}	i^{434} 白/ vei^{434} 文	kuei^{434}	vei^{434}
屯留	kʰuei^{31}	i^{11}	vei^{11}	vei^{11}	fei^{43}	i^{43} 白/ vei^{43} 文	kuei^{43}	vei^{43}
襄垣	kʰuei^{31}	——	vei^{31}	vei^{31}	fei^{42}	i^{42} 白/ vei^{42} 文	kuei^{42}	vei^{42}
黎城	kʰuei^{53}	i^{53}	uei^{33}	uei^{213}	fei^{213}	i^{213}/uei^{213}	kuei^{213}	uei^{213}
平顺	kʰuei^{13}	i^{13}	uei^{13}	uei^{13}	fei^{434}	uei^{434}	kuei^{434}	uei^{434}
壶关	kʰuei^{13}	i^{13}	uei^{13}	uei^{13}	fei^{535}	uei^{535} 白/ i^{535} 文	kuei^{535}	uei^{535}
沁县	kʰuei^{33}	vei^{53}	vei^{33}	vei^{33}	fei^{214}	zʅ^{214} 白/ vei^{214} 文	kuei^{214}	vei^{214}

续表

字目	葵	遗~失	维	唯	匪	尾	鬼	伟
中古音 / 方言点	渠隹 止合三 平脂群	以追 止合三 平脂以	以追 止合三 平脂以	以追 止合三 平脂以	府尾 止合三 上尾非	无匪 止合三 上尾微	居伟 止合三 上尾见	于鬼 止合三 上尾云
武乡	kʰuei^{113}	zɿ^{33}	vei^{33}	vei^{33}	fei^{213}	zɿ^{213}白 / vei^{213}文	kuei^{213}	vei^{213}
沁源	kʰuei^{33}	i^{33}	vei^{33}	vei^{33}	fei^{324}	i^{324}白 / vei^{324}文	kuei^{324}	vei^{324}
安泽	kʰuei^{35}	——	vei^{35}	vei^{35}	fei^{42}	i^{42}/ uei^{42}	kuei^{42}	vei^{42}
沁水端氏	kʰuai^{24}	i^{24}	vai^{24}	vai^{24}	fai^{31}	i^{31}白 / vai^{31}文	kuai^{31}	vai^{31}
阳城	kʰuai^{22}	i^{22}	vi^{22}	vi^{22}	fi^{212}	i^{212}白 / vai^{212}文	kuai^{212}	vai^{212}
高平	kʰuei^{33}	i^{33}	vei^{33}	vei^{33}	fei^{212}	vei^{212}	kuei^{212}	vei^{212}
陵川	kʰuei^{53}	i^{53}	uei^{53}	uei^{53}	fei^{312}	uei^{312}	kuei^{312}	uei^{312}
晋城	kʰuɤɯ^{324}	i^{324}	uɤɯ^{324}	uɤɯ^{324}	fɤɯ^{213}	uɤɯ^{213}白 / i^{213}文	kuɤɯ^{213}	uɤɯ^{213}
忻府	kʰuei^{21}	i^{21}	vei^{21}	vei^{21}	fei^{313}	i^{313}白 / vei^{313}文	kuei^{313}	vei^{313}
原平	kʰuəi^{213}	i^{33}	vəi^{33}	vəi^{33}	fəi^{213}	i^{213}白 / vəi^{213}文	kuəi^{213}	vəi^{213}
定襄	kʰuei^{11}	i^{11}	vei^{11}	vei^{11}	fei^{24}	vei^{24}/i^{24}	kuei^{24}	vei^{24}
五台	kʰuei^{213}	i^{33}	uei^{33}	uei^{33}	fei^{213}	uei^{213}/i^{213}	kuei^{213}	uei^{213}
岢岚	kʰuɛi^{13}	i^{44}	vɛi^{44}	vɛi^{44}	fɛi^{13}	i^{13}老 /vɛi^{13}新	kuɛi^{13}	vɛi^{13}
五寨	kʰuei^{13}	i^{44}	vei^{44}	vei^{44}	fei^{13}	vei^{13}/i^{13}	kuei^{13}	vei^{13}
宁武	kʰuᴇe^{23}	i^{33}	vᴇe^{33}	vᴇe^{33}	fᴇe^{213}	i^{213}白 / vᴇe^{213}文	kuᴇe^{213}	vᴇe^{213}
神池	kʰuɛe^{32}	i^{32}	vɛe^{32}	vɛe^{32}	fɛe^{13}	vɛe^{13}	kuɛe^{13}	vɛe^{13}
繁峙	kʰuei^{31}	i^{31}	vei^{31}	vei^{31}	fei^{53}	vei^{53}/i^{53}	kuei^{53}	vei^{53}
代县	kʰuei^{213}	i^{44}	uei^{44}	uei^{44}	fei^{213}	i^{213}白 / uei^{213}文	kuei^{213}	uei^{213}
河曲	kʰuei^{213}	vei^{52}	vei^{44}	vei^{44}	fei^{213}	i^{213}白 / vei^{213}文	kuei^{213}	vei^{213}
保德	kʰuei^{44}	i^{44}	vei^{44}	vei^{44}	fei^{213}	i^{213}白 / vei^{213}文	kuei^{213}	vei^{213}
偏关	kʰuei^{44}	vei^{52}/ɿ^{44}	vei^{44}	vei^{44}	fei^{213}	ɿ^{213}白 / vei^{213}文	kuei^{213}	vei^{213}
朔城	kʰuei^{312}	i^{35}	vei^{35}	vei^{35}	fei^{312}	vei^{312}	kuei^{312}	vei^{312}

续表

字目	葵	遗~失	维	唯	匪	尾	鬼	伟
中古音 方言点	渠隹 止合三 平脂群	以追 止合三 平脂以	以追 止合三 平脂以	以追 止合三 平脂以	府尾 止合三 上尾非	无匪 止合三 上尾微	居伟 止合三 上尾见	于鬼 止合三 上尾云
平鲁	kʰuɛi^{213}	i^{44}	xuɛi^{44}	xuɛi^{44}	fɛi^{213}	i^{52}	kuɛi^{213}	xuɛi^{213}
应县	kʰuəi^{43}	i^{31}	uəi^{43}	uəi^{43}	fəi^{54}	i^{54}	kuəi^{31}	uəi^{31}
灵丘	kʰuei^{31}	i^{31}	vɛe^{31}	vɛe^{31}	fei^{442}	i^{442}	kuei^{442}	vɛe^{442}
浑源	kʰuɛe^{22}	i^{22}	vɛe^{22}	vɛe^{22}	fɛe^{52}	vɛe^{52}	kuɛe^{52}	vɛe^{52}
云州	kʰuɛi^{312}	i^{312}	vɛi^{312}	vɛi^{312}	fɛi^{55}	i^{55}/vɛi^{55}	kuɛi^{55}	vɛi^{55}
新荣	kʰuɛe^{32}	i^{312}	vɛe^{312}	vɛe^{312}	fɛe^{54}	vɛe^{54}/i^{54}	kuɛe^{54}	vɛe^{54}
怀仁	kʰuɛe^{312}	i^{312}	vɛe^{312}	vɛe^{312}	fɛe^{53}	i^{53}老/ vɛe^{53}新	kuei^{53}	vɛe^{53}
左云	kʰuɛi^{313}	i^{313}	vɛi^{313}	vɛi^{313}	fɛi^{54}	vei^{54}/i^{54}	kuɛi^{54}	vɛi^{54}
右玉	kʰuɛe^{31}	——	vɛe^{212}	vɛe^{212}	fɛe^{53}	vɛe^{53}	kuɛe^{53}	vɛe^{53}
阳高	kʰuei^{31}/ kʰei^{31}	i^{312}	vei^{31}	vei^{31}	fei^{53}	i^{53}/vei^{53}	kuei^{53}	vei^{53}
山阴	kʰuei^{313}	i^{313}	uei^{313}	uei^{313}	fei^{52}	i^{52}/uei^{52}	kuei^{52}	uei^{52}
天镇	kʰuɛe^{31}	i^{22}	vɛe^{22}	vɛe^{22}	fɛe^{55}	i^{55}白/ vɛe^{55}文	kuɛe^{55}	vɛe^{55}
平定	kʰuei^{44}	iᴇ^{53}	vei^{44}	vei^{44}	fei^{53}	i^{53}白/ vei^{53}文	kuei^{53}	vei^{53}
昔阳	kʰuei^{33}	i^{33}	vei^{33}	vei^{33}	fei^{55}	i^{55}白/ vei^{55}文	kuei^{55}	vei^{55}
左权	kʰuɛi^{31}	——	vɛi^{11}	vɛi^{11}	fɛi^{42}	i^{42}白/ vɛi^{42}文	kuɛi^{42}	vɛi^{42}
和顺	kʰuei^{22}	i^{22}	vei^{22}	vei^{22}	fei^{53}	i^{53}白/ vei^{53}文	kuei^{53}	vei^{53}
尧都	kʰuei^{24}	i^{24}	uei^{24}	vei^{24}	fei^{53}	i^{53}白/ vei^{53}文	kuei^{53}	uei^{53}
洪洞	kʰuei^{24}	iɑ^{42}	vei^{24}	vei^{24}	fei^{21}	i^{42}白/ vei^{42}文	kuei^{42}	uei^{21}
洪洞赵城	kʰuei^{24}	i^{53}	vei^{24}	vei^{24}	fei^{24}	i^{42}白/ vei^{42}文	kuei^{42}	uei^{53}
古县	kʰuei^{35}	——	uei^{35}	uei^{35}	fei^{42}	i^{42}白/ uei^{42}文	kuei^{42}	uei^{42}
襄汾	kʰuei^{24}	ia^{24}白/i^{24}文	vei^{24}白/ uei^{24}文	vei^{24}白/ uei^{24}文	fei^{21}	i^{42}白/ vei^{53}文	kuei^{42}	uei^{42}
浮山	kʰuei^{13}	ia^{13}白/i^{13}文	uei^{13}	uei^{13}	fei^{42}	i^{33}白/ uei^{33}文	kuei^{33}	uei^{33}

续表

字目	葵	遗~失	维	唯	匪	尾	鬼	伟
中古音 方言点	渠隹 止合三 平脂群	以追 止合三 平脂以	以追 止合三 平脂以	以追 止合三 平脂以	府尾 止合三 上尾非	无匪 止合三 上尾微	居伟 止合三 上尾见	于鬼 止合三 上尾云
霍州	k^{h}uei^{35}	i^{35}	uei^{35}	uei^{35}	fei^{33}	uei^{33}/i^{33}	kuei^{33}	uei^{33}
翼城	k^{h}uei^{12}	i^{12}	vei^{12}	vei^{12}	fei^{44}	vei^{44}	kuei^{44}	vei^{44}
闻喜	k^{h}ui^{13}	i^{13}	vi^{53}/ui^{13}	vi^{53}/ui^{13}	fi^{33}	i^{33}	kui^{33}	——
侯马	k^{h}uei^{213}	i^{213}	uei^{213}	i^{213} 白 / uei^{213} 文	fei^{44}	uei^{44}	kuei^{44}	uei^{44}
新绛	k^{h}uei^{13}	i^{53}	vei^{53}	vei^{53}	fei^{53}	i^{44}	kuei^{44}	uei^{53}
绛县	k^{h}uei^{24}	i^{24}	uei^{24}	uei^{24}	fei^{33}	i^{33} 白 / vei^{33} 文	kuei^{33}	uei^{33}
垣曲	k^{h}uei^{22}	i^{22}	uei^{22}	vei^{22}	fei^{44}	i^{44} 白 / uei^{44} 文	kuei^{44}	uei^{44}
夏县	k^{h}uei^{42}	ia^{42}	uei^{42}	uei^{42}	fei^{42}	i^{24}	kuei^{24}	uei^{24}
万荣	k^{h}uei^{213}	i^{51}	uei^{213}	uei^{213}	fei^{213}	i^{55} 白 / uei^{55} 文	kuei^{55}	uei^{55}
稷山	k^{h}uei^{13}	i^{13}	vei^{13}	vei^{13}	fei^{44}	ȵi^{44} 白 / uei^{44} 文	kuei^{44}	uei^{44}
盐湖	k^{h}uei^{13}	i^{13}	uei^{13}	uei^{53}	fei^{53}	i^{53} 白 / uei^{53} 文	kuei^{53}	uei^{53}
临猗	k^{h}uei^{13}	ȵi^{13} 白 /i^{13} 文	uei^{13}	uei^{13}	fei^{53}	i^{53} 白 / vei^{53} 文	kuei^{53}	uei^{53}
河津	k^{h}uei^{324}	i^{324}	vei^{324}	vei^{324}	fei^{31}	i^{53} 白 / vei^{53} 文	kuei^{53}	uei^{53}
平陆	k^{h}uei^{13}	i^{13}	uei^{13}	uei^{13}	fei^{31}	i^{55} 白 / uei^{55} 文	kuei^{55}	uei^{55}
永济	k^{h}uei^{24}	i^{24}	vei^{24}	vei^{24}	fei^{31}	i^{53} 白 / vei^{44} 文	kuei^{53}	vei^{53}
芮城	k^{h}uei^{13}	i^{13}	vei^{13}	vei^{13}	fei^{42}	i^{53} 白 / vei^{53} 文	kuei^{53}	uei^{53}
吉县	k^{h}uei^{13}	i^{423}	vei^{13}	vei^{13}	fei^{423}	i^{13} 白 / vei^{13} 文	kuei^{53}	uei^{33}
乡宁	k^{h}uei^{12}	i^{12}	uei^{12}	uei^{12}	fei^{44}	i^{44} 白 / vei^{44} 文	kuei^{44}	uei^{44}
广灵	k^{h}uei^{31}	i^{31}	vei^{31}	vei^{31}	fei^{44}	i^{44}	kuei^{44}	vei^{44}

字目	苇	垒	水	轨	累积~	嘴	髓	蕊
中古音 方言点	于鬼 止合三 上尾云	力轨 止合三 上旨来	式轨 止合三 上旨书	居洧 止合三 上旨见	力委 止合三 上纸来	即委 止合三 上纸精	息委 止合三 上纸心	如累 止合三 上纸日
北京	uei^{214}	lei^{214}	ʂuei^{214}	kuei^{214}	lei^{214}	tsuei^{214}	suei^{35}	ʐuei^{214}
小店	vei^{53}	luei^{53} 白 / ly^{53} 文	fu^{53}/suei^{53}	kuei^{53}	luei^{53} 白	tɕy^{53} 白 / tsuei^{53} 文	ɕy^{53} 白 / suei^{53} 文	zuei^{53}
尖草坪	vei^{312}	luei^{312}	suei^{312}	kuei^{312}	luei^{312}	tsʰuei^{312}	suei^{33}	zuei^{312}
晋源	vei^{42}	ly^{42}	fu^{42} 白 / suei^{42} 文	kuei^{42}	ly^{42}	tɕy^{42}	ɕy^{42}	zuei^{42}
阳曲	vei^{312}	luei^{312}	suei^{312}	kuei^{312}	luei^{312}	tsuei^{312}	suei^{43}	zuei^{454}
古交	vei^{312}	ly^{312}	ɕy^{312}/ su^{312} 文	kuei^{312}	ly^{312}	tɕy^{53}	ɕy^{53}	zuei^{53}
清徐	vi^{54}	ly^{54} 白 / lai^{54} 文	ɕy^{54}	kuei^{54}	ly^{54}/ luei^{54} 文	tɕy^{54} 白 / tsuei^{54} 文	ɕy^{54}	zuai^{54}
娄烦	vei^{312}	lu^{312}	fu^{312} 白 / sui^{312} 文	kui^{33}	lui^{312}	tɕy^{312}	ɕy^{312} 白 / sui^{312} 文	zui^{312}
榆次	vɯ^{53}	luɛe^{53}	ɕu^{53} 白 / su^{53} 文	kuɯ^{53}	luɛe^{35}	tɕy^{53}	ɕy^{53}	zuɯ^{53}
交城	y^{53} 白 /ui^{53} 文	ly^{53}	ɕy^{53}	kui^{53}	ly^{53}	tɕy^{53}	ɕy^{11}	ʐuɛ^{24}
文水	ueɪ^{423}	lueɪ^{423} 老 / leɪ^{423} 新	sueɪ^{423}	kueɪ^{423}	lueɪ^{423} 老 / leɪ^{423} 新	tsɥ^{423} 白 / tsueɪ^{423} 文	sɥ^{423} 白 / sueɪ^{423} 文	ʐueɪ^{423}
祁县	uəɨ^{314}	luəɨ^{314}	suəɨ^{314}	kuəɨ^{314}	luəɨ^{314}	tɕiəβ^{314}	ɕiəβ^{314}	ʐuəɨ^{314}
太谷	vei^{312}	li^{312}/luei^{312}	fu^{312}	kuei^{312}	lei^{312}	tɕy^{312}	ɕy^{312}	zuei^{312}
平遥	uei^{512}	luei^{512}	suei^{512}	kuei^{213}	luei^{512}	tsuei^{512}	ɕy^{512} 白 / suei^{512} 文	zuei^{24}
孝义	uei^{312}	luei^{312}	suei^{312}	kuei^{312}	luei^{312}	tɕy^{312}	ɕy^{312}	zuei^{454}
介休	uei^{423}	luei^{423}	suei^{423}	kuei^{423}	luei^{423}	tsuei^{423}	ɕy^{423} 白 / suei^{423} 文	zuei^{423}
灵石	uei^{212}	ly^{212}	ʂu^{212}	kuei^{212}	lei^{212}	tɕy^{212}	suei^{44}	zuei^{212}
盂县	vei^{53}	lei^{53}	suei^{53}	kuei^{22}	luei^{53}	tsuei^{53}	suei^{22}	zuei^{53}
寿阳	vei^{53}	luei^{53}	suei^{53}	kuei^{53}	luei^{53}	tsuei^{53}	suei^{22}	zuei^{53}
榆社	vei^{312}	luei^{312}	suei^{312}	kuei^{312}	luei^{312}	tsɥ^{312}	suei^{312}	zuei^{45}
离石	zu^{312} 白 / uɛe^{312} 文	luɛe^{312}	su^{312}	kuɛe^{312}	luɛe^{312}	tsu^{312}	su^{312}	zuɛe^{312}
汾阳	uei^{312}	luei^{312}	ʂuei^{312}	kuei^{312}	luei^{312}	tsɥ^{312}	suei^{22}	ʐuei^{312}
中阳	y^{423} 白 / uɛe^{423} 文	luɛe^{423}	ʂu^{423}	kuɛe^{423}	luɛe^{423}	tɕy^{423}	ʂuɛe^{423}	ʐuɛe^{423}
柳林	uɛe^{312}	ly^{312}	ɕy^{312}	kuɛe^{312}	ly^{312}	tɕy^{312}	ɕy^{312}	zuɛe^{53}

续表

字目	苇	垒	水	轨	累积~	嘴	髓	蕊
中古音 / 方言点	于鬼 止合三 上尾云	力轨 止合三 上旨来	式轨 止合三 上旨书	居洧 止合三 上旨见	力委 止合三 上纸来	即委 止合三 上纸精	息委 止合三 上纸心	如累 止合三 上纸日
方山	uei^{312}	luei^{312}	ɕy^{312}	kuɛe^{312}	luei^{312}	tɕy^{312}	ɕy^{312}	zuei^{52}
临县	uei^{312}	lei^{312}	suei^{312}	kuei^{312}	lei^{312}	tɕy^{312}	ɕyɐʔ^{3}	ʐuei^{312}
兴县	y^{324} 白 / uei^{324} 文	——	ɕy^{324}	kuei^{324}	——	tɕy^{324}	ɕy^{324}	luei^{324}
岚县	y^{312} 白 / uei^{312} 文	ly^{312}	ɕy^{312} 白 / su^{312} 白 / suei^{312} 文	kuei^{312}	luei^{312}	tɕy^{312}	ɕyəʔ^{4}	ʐuei^{312}
静乐	vei^{314}	luei^{314} 白	suei^{314}	kuei^{24}	luei^{53} 白	tsuei^{314}	suei^{33}	zuei^{53}
交口	y^{323} 白 / uei^{323} 文	ly^{323}	sʮ^{323} 白 / suei^{323} 文	kuei^{323}	ly^{323} 白 / luei^{323} 文	tɕy^{323} 白 / tsuei^{323} 文	ɕyeʔ^{4}	ʐuei^{323}
石楼	uei^{213}	lei^{213}	ʂu^{213} 白 / ʂuei^{213} 文	kuei^{213}	lei^{44}	tɕy^{213} 白 / tʂuei^{213} 文	ʂuei^{44}	ʐuei^{213}
隰县	uei^{21}	ly^{44}	su^{21} 白 / suei^{21} 文	kuei^{21}	luei^{21}	tɕy^{21} 白 / tsuei^{21} 文	——	zuei^{44}
大宁	y^{31} 白 / vei^{31} 文	ly^{31} 白 / luei^{24} 文	ʂu^{31} 白 / ʂuei^{31} 文	kuei^{31}	ly^{55} 白 / luei^{55} 文	tɕy^{31} 白 / tsuei^{31} 文	ɕy^{31} 白 / suei^{24} 文	ʐuei^{55}
永和	y^{312} 白 / uei^{312} 文	ly^{35} 白 / luei^{35} 文	ʂu^{312} 白 / ʂuei^{312} 文	kuei^{312}	luei^{312}	tɕy^{312} 白 / tsuei^{312} 文	suei^{35}	ʐuei^{53}
汾西	uei^{35}	ly^{33} 白	fʮ^{11} 白 / suei^{33} 文	kuei^{11}	——	tsuei^{33}	suei^{35}	zuei^{11}
蒲县	uei^{31}	ly^{31}	ʂu^{31}	kuei^{52}	lei^{31}	tɕy^{31} 白 / tsuei^{52} 文	suei^{24}	ʐuei^{31}
潞州	vei^{535}	luei^{535}	suei^{535}	kuei^{535}	luei^{535}	tsuei^{535}	suei^{24}	luei^{535}
上党	uei^{535}	lei^{535}	suei^{535}	kuei^{535}	lei^{535}	tsei^{535}	sei^{44}	uei^{535}
长子	vei^{434}	luei^{434}	suei^{434}	kuei^{434}	luei^{434}	tsuei^{434}	suei^{24}	luei^{434}
屯留	vei^{43}	luei^{43}	suei^{43}	kuei^{43}	luei^{43}	tsuei^{43}	suei^{11}	luei^{43}
襄垣	vei^{42}	luei^{42}	suei^{42}	kuei^{42}	luei^{42}	tsuei^{42}	suei^{42}	ʐuei^{42}
黎城	uei^{213}	luei^{213}	suei^{213}	kuei^{33}	luei^{213}	tsuei^{213}	suei^{53}	luei^{213}
平顺	uei^{434}	luei^{434}	suei^{434}	kuei^{434}	luei^{434}	tsuei^{434}	suei^{13}	luei^{53}
壶关	uei^{535}	luei^{535}	ʂuei^{535}	kuei^{535}	luei^{353}	tʂuei^{535}	ʂuei^{13}	luei^{535}
沁县	vei^{214}	luei^{214}	suei^{214}	kuei^{214}	luei^{214}	tsuei^{214}	suei^{33}	zuei^{214}
武乡	vei^{213}	luei^{213}	suei^{213}	kuei^{113}	luei^{213}	tsuei^{213}	suei^{113}	——
沁源	vei^{324}	luei^{324}	ʂu^{324}	kuei^{324}	luei^{324}	tsuei^{324}	suei^{33}	ʐuei^{324}
安泽	vei^{42}	luei^{42}	suei^{42}	kuei^{42}	luei^{42}	tsuei^{42}	suei^{35}	——

续表

字目	苇	垒	水	轨	累积~	嘴	髓	蕊
中古音 / 方言点	于鬼 止合三 上尾云	力轨 止合三 上旨来	式轨 止合三 上旨书	居洧 止合三 上旨见	力委 止合三 上纸来	即委 止合三 上纸精	息委 止合三 上纸心	如累 止合三 上纸日
沁水端氏	vai^{31}	lai^{31}	sai^{31}	kuai^{31}	lai^{31}	tsai^{31}	suai^{24}	zai^{31}
阳城	vai^{212}	luai^{212}	ʂuai^{212}	kuai^{212}	luai^{212}	tsuai^{212}	suai^{22}	ʐuai^{212}
高平	vei^{212}	luei^{212}	ʂuei^{212}	kuei^{33}	luei^{212}	tʂuei^{212}	ʂuei^{53}	ʐuei^{53}
陵川	uei^{312}	luei^{312}	ʂuei^{312}	kuei^{312}	luei^{312}	tʂuei^{312}	ʂuei^{312}	luei^{312}
晋城	uɤɯ^{213}	luɤɯ^{213}	ʂuɤɯ^{213}	kuɤɯ^{33}	luɤɯ^{213}	tʂuɤɯ^{213}	ʂuɤɯ^{213}	ʐuɤɯ^{53}
忻府	vei^{313}	luei^{313}	suei^{313}	kuei^{313}	luei^{313}	tsuei^{313}	suei^{313}	zuei^{313}
原平	vəi^{213}	luəi^{213}	suəi^{213}	kuəi^{213}	luəi^{213}	tsuəi^{213}	suəi^{213}	zuəi^{213}
定襄	vei^{24}	luei^{24}	suei^{24}	kuei^{24}	luei^{53}	tsuei^{24}	suei^{33}	ʐuei^{53}
五台	uei^{213}	luei^{213}	suei^{213}	kuei^{213}	luei^{213}	tsuei^{213}	suei^{213}	zuei^{213}
岢岚	vɛi^{13}	luɛi^{13}	suɛi^{13}	kuɛi^{13}	luɛi^{13}	tsuɛi^{13}	suɛi^{44}	ʐuɛi^{13}
五寨	vei^{13}	luei^{13}	suei^{13}	kuei^{13}	luei^{13}	tsuei^{13}	suei^{44}	zuei^{13}
宁武	vᴇe^{213}	luᴇe^{213}	suᴇe^{213}	kuᴇe^{213}	luᴇe^{213}	tsuᴇe^{213}	suᴇe^{213}	zuᴇe^{213}
神池	vɛe^{13}	luɛe^{13}	suɛe^{13}	kuɛe^{13}	lɛe^{13}	tsuɛe^{13}	suɛe^{13}	zuɛe^{13}
繁峙	vei^{53}	luei^{53}	suei^{53}	kuei^{53}	luei^{53}	tsuei^{53}	suei^{53}	ʐuei^{53}
代县	uei^{213}	luei^{213}	sei^{213} 白 / suei^{213} 文	kuei^{213}	luei^{53}	tsuei^{213}	suei^{213}	zuei^{213}
河曲	vei^{213}	luei^{213}	ʂuei^{213}	kuei^{213}	luei^{52}	tsuei^{213}	suei^{213}	——
保德	vei^{213}	luei^{213}	ʂuei^{213}	kuei^{213}	luei^{213}	tsuei^{213}	suei^{213}	ʐuei^{213}
偏关	vei^{213}	luei^{213}	ʂuei^{213}	kuei^{213}	luei^{213}	tsuei^{213}	suei^{213}	ʐuei^{213}
朔城	vei^{312}	li^{312}	suei^{312}	kuei^{312}	li^{312}	tsuei^{312}	suei^{35}	ʐuei^{312}
平鲁	xuɛi^{213}	kɛi^{44}	suɛi^{213}	kuɛi^{213}	kɛi^{213}	tsuɛi^{213}	suɛi^{213}	zuɛi^{213}
应县	uəi^{31}	ləi^{54}	suəi^{31}	kuəi^{31}	ləi^{54}	tsuəi^{54}	suəi^{43}	zuəi^{43}
灵丘	vɛe^{442}	lei^{53}	suei^{442}	kuei^{442}	lei^{31}	tsuei^{442}	suei^{31}	zuei^{442}
浑源	vɛe^{52}	lɛe^{52}	suɛe^{52}	kuɛe^{52}	lɛe^{52}	tsuɛe^{52}	suɛe^{52}	zuɛe^{52}
云州	vɛi^{55}	lɛi^{55}	ʂuɛi^{55}	kuɛi^{55}	lɛi^{24}	tsuɛi^{55}	suɛi^{312}	ʐuɛi^{55}
新荣	vɛe^{54}	lɛe^{54}	ʂuɛe^{54}	kuɛe^{54}	lɛe^{54}	tsuɛe^{54}	suɛe^{312}	ʐuɛe^{54}
怀仁	vɛe^{53}	lɛe^{53}	suei^{53}	kuɛe^{53}	lɛe^{53}	tsuɛe^{53}	suɛe^{312}	zuɛe^{53}
左云	vɛi^{54}	lɛi^{54}	suɛi^{54}	kuɛi^{54}	lɛi^{54}	tsuɛi^{54}	suɛi^{313}	ʐuɛi^{54}
右玉	vɛe^{53}	——	ʂuɛe^{53}	kuɛe^{53}	lɛe^{53}	tsuɛe^{53}	suɛe^{212}	ʐuɛe^{53}
阳高	vei^{53}	lei^{53}	suei^{53}	kuei^{31}	lei^{53}	tsuei^{53}	suei^{53}	ʐuei^{24}
山阴	uei^{52}	lɛe^{52}	ʂuei^{52}	kuei^{313}	lɛe^{52}	tsuei^{52}	suei^{313}	——

续表

字目	苇	垒	水	轨	累积~	嘴	髓	蕊
中古音 / 方言点	于鬼 止合三 上尾云	力轨 止合三 上旨来	式轨 止合三 上旨书	居洧 止合三 上旨见	力委 止合三 上纸来	即委 止合三 上纸精	息委 止合三 上纸心	如累 止合三 上纸日
天镇	vɛe^{55}	luɛe^{55}白/ lɛe^{55}文	suɛe^{55}	kuɛe^{31}	luɛe^{24}白/ lɛe^{55}文	tsuɛe^{55}	suɛe^{22}	zuɛe^{55}
平定	vei^{53}	luei^{53}	suei^{53}	kuei^{53}	luei^{53}	tsuei^{53}	suei^{44}	zuei^{24}
昔阳	vei^{55}	luei^{55}	suei^{55}	kuei^{55}	luei^{55}	tsuei^{55}	suei^{55}	zuei^{55}
左权	vɛi^{42}	luɛi^{42}	suɛi^{42}	kuɛi^{42}	luɛi^{42}	tsuɛi^{42}	suɛi^{11}	——
和顺	vei^{53}	luei^{53}	suei^{53}	kuei^{53}	luei^{53}	tsuei^{53}	suei^{53}	zuei^{53}
尧都	uei^{53}	lei^{53}	ʂuei^{53}/fu^{53}	kuei^{53}	lei^{53}	tsuei^{53}	suei^{24}	vei^{44}
洪洞	uei^{24}	ly^{42}白/ lei^{42}文	fu^{42}白/ fei^{42}文/ ʂuei^{42}文	kuei^{21}	luei^{44}	tɕy^{42}白/ tsuei^{42}文	ɕy白/ suei^{24}文	vei^{44}
洪洞赵城	uei^{24}	ly^{42}	ʂu^{42}白/ ʂuei^{42}文	kuei^{21}	lei^{42}	tɕy^{42}	ɕy^{42}	ʐuei^{53}
古县	uei^{42}	ly^{42}白/ lei^{42}文	fu^{42}白/ suei^{42}文	kuei^{42}	luei^{42}	tɕy^{42}白/ tsuei^{42}文	suei^{42}	ʐuei^{42}
襄汾	uei^{42}	lei^{42}	fu^{42}白/ ʂuei^{42}文	kuei^{21}	lei^{42}	tɕy^{24}白/ tsuei^{42}文	suei^{24}	ʐuei^{53}白/ vei^{42}文
浮山	uei^{33}	lei^{33}	fu^{33}白/ fei^{33}文	kuei^{42}	lei^{33}	tɕy^{33}白/ tsuei^{33}文	suei^{13}	ʐuei^{33}
霍州	uei^{33}	ly^{212}	ʂu^{33}	kuei^{33}	lei^{33}	tɕy^{33}	ɕy^{35}白/ suei^{35}文	zuei^{33}
翼城	vei^{44}	lei^{44}	pfʰu^{53}/ tʂuei^{53}	kuei^{44}	luei^{44}	tei^{44}	suei	pfʰu^{44}白/ pfʰei^{44}文
闻喜	y^{33}	——	fu^{33}白/ fʮ^{53}白/ sui^{33}文	kʰui^{33}	lui^{13}	tɕy^{33}/tsui^{33}	sui^{33}	zui^{33}
侯马	uei^{44}	lei^{44}	ʐuei^{44}	kuei^{44}	luei^{44}	tsuei^{44}	suei^{44}	ʐuei^{44}
新绛	uei^{44}	luei^{44}	fu^{44}	kuei^{53}	luei^{53}	tɕy^{44}	suei^{44}	luei^{13}
绛县	uei^{33}	ly^{33}	fu^{33}白/ ʂuei^{33}文	kuei^{33}	ly^{53}	tɕy^{33}	suei^{33}	vei^{53}
垣曲	uei^{44}	ly^{44}白/ luei^{44}文	ʂu^{44}白/ ʂuei^{44}文	kuei^{44}	luei^{44}白/ lei^{44}文	tɕy^{44}	suei^{44}	ʐuei^{44}
夏县	uei^{24}	luei^{24}	fu^{24}白/ fei文^{24}	kuei^{24}	luei^{24}	tɕy^{24}白/ tsuei^{24}文	suei^{24}	vei^{24}白/ ʐuei^{24}文
万荣	uei^{51}	y^{55}	fu^{55}	kuei^{55}	luei^{55}	tɕy^{55}白/ tsuei^{55}文	ɕy^{55}	vei^{55}

续表

字目	苇	垒	水	轨	累积~	嘴	髓	蕊
中古音 / 方言点	于鬼 止合三 上尾云	力轨 止合三 上旨来	式轨 止合三 上旨书	居洧 止合三 上旨见	力委 止合三 上纸来	即委 止合三 上纸精	息委 止合三 上纸心	如累 止合三 上纸日
稷山	uei^{44}	luei^{44}	fu^{44} 白 / fei^{44} 白 / ʂuei^{44} 文	kuei^{44}	luei^{42}	tɕy^{44}	suei^{13}	luei^{44}
盐湖	uei^{53}	y^{53} 白 / luei^{53} 文	fu^{53} 白 / ʂuei^{53} 文	kʰuei^{53} 白 / kuei^{53} 文	luei^{53}	tɕy^{53} 白 / tsuei^{53} 文	suei^{53}	vei^{53}
临猗	uei^{53}	luei^{53}	fu^{53} 白 /fei^{53} 白 / ʂuei^{53} 文	kuei^{53}	luei^{53}	tɕy^{53} 白 / tsuei^{53} 文	suei^{53}	vei^{53}
河津	uei^{44}/y^{53}/ uei^{53} 文	luei^{53}	fei^{53} 白 / ʂuei^{53} 文	kuei^{53}	luei^{53}	tɕya^{53} 白 / tɕy^{53} 白 / tsuei^{53} 文	ɕyẽ^{53} 白	vei^{53}
平陆	uei^{55}	luei^{55}	fu^{55} 白 / fei^{55} 文	kuei^{55}	luei^{55}	tɕy^{55} 白 / tsuei^{55} 文	ɕyei^{55}	vei^{55}
永济	y^{53} 白 / vei^{53} 文	lei^{53}	fu^{53} 白 / fei^{53} 文	kuei^{53}	lei^{53}	tsuei^{53}	suei^{53}	fei^{53}
芮城	uei^{13}	luei^{53}	fu^{53} 白 / fei^{53} 文	kuei^{53}	luei^{53}	tɕy^{53} 白 / tsuei^{53} 文	suei^{13}	vei^{53}
吉县	y^{53}	y^{53}	fu^{53} 白 / fei^{423} 文	kuei^{423}	luei^{33}	tɕy^{33}	ɕyei^{13}	——
乡宁	uei^{44}	luei^{44}	ʂu^{44} 白 / ʂuei^{44} 文	kuei^{44}	luei^{44}	tɕy^{44}	ɕyəŋ^{12}	ʐuei^{22}
广灵	vei^{44}	lei^{44}	suei^{44}	kuei^{44}	lei^{44}	tsuei^{53}	suei^{31}	zuei^{44}

字目	诡	跪	毁	委	费花~	未	味	贵
中古音 / 方言点	过委 止合三 上纸见	渠委 止合三 上纸群	许委 止合三 上纸晓	於诡 止合三 上纸影	芳未 止合三 去未敷	无沸 止合三 去未微	无沸 止合三 去未微	居胃 止合三 去未见
北京	kuei^{214}	kuei^{51}	xuei^{214}	uei^{214}	fei^{51}	uei^{51}	uei^{51}	kuei^{51}
小店	kuei^{53}	kuei^{24}	xuei^{53}	vei^{53}	fei^{24}	vei^{24}	vei^{24}	kuei^{24}
尖草坪	kuei^{312}	kʰuei^{35}白/ kuei^{35}文	xuei^{312}	vei^{312}	fei^{35}	vei^{35}	vei^{35}	kuei^{35}
晋源	kuei^{42}	kʰuei^{35}	xuei^{42}	vei^{42}	fei^{35}	vei^{35}	vei^{35}	kuei^{35}
阳曲	kuei^{312}	kuei^{312}	xuei^{312}	vei^{312}	fei^{454}	vei^{454}	vei^{454}	kuei^{454}
古交	kuei^{312}	kuei^{53}	xuei^{312}	vei^{312}	xuei^{53}白/ fei^{53}文	vei^{53}	vei^{53}	kuei^{53}
清徐	kuei^{54}	kuei^{45}	xuai^{54}	vi^{54}	ɕi^{45}白/fi^{45}文	vi^{45}	vi^{45}	kuei^{45}
娄烦	kui^{312}	kʰui^{54}	xui^{312}	vei^{312}	fei^{54}	vei^{54}	vei^{54}	kui^{54}
榆次	kuɯ^{53}	kʰuɯ^{35}白/ kuɯ^{53}文	xuɯ^{53}	vɯ^{53}	fɯ^{35}	vɯ^{35}	vɯ^{35}	kuɯ^{35}
交城	kui^{53}	kʰui^{24}	xui^{53}	ui^{53}	ɕi^{24}白/ xui^{24}文	ui^{24}	ui^{24}	kui^{24}
文水	kueɪ^{423}	kʰueɪ^{35}	xueɪ^{423}	ueɪ^{423}	xueɪ^{35}	ueɪ^{35}	ueɪ^{35}	kueɪ^{35}
祁县	kuəɨ^{314}	kʰuəɨ^{45}	xuəɨ^{314}	uəɨ^{314}	sɿ^{45}白/ xuəɨ^{45}文	uəɨ^{45}	uəɨ^{45}	kuəɨ^{45}
太谷	kuei^{312}	kuei^{53}	xuei^{312}	vei^{312}	fei^{53}	vei^{53}	vei^{53}	kuei^{53}
平遥	kuei^{512}	kʰuei^{24}	xuei^{512}	uei^{512}	xuei^{24}	uei^{24}	uei^{24}	kuei^{24}
孝义	kuei^{312}	kʰuei^{454}	xuei^{312}	uei^{312}	xuei^{454}	uei^{454}	uei^{454}	kuei^{454}
介休	kuei^{423}	kʰuei^{45}	xuei^{423}	uei^{423}	ɕi^{45}白/ xuei^{45}文	uei^{45}	uei^{45}	kuei^{45}
灵石	kuei^{212}	kʰuei^{53}白/ kuei^{53}文	xuei^{212}	uei^{212}	ɕi^{53}	uei^{53}	uei^{53}	kuei^{53}
盂县	kuei^{53}	kʰuei^{55}白/ kuei^{55}文	xuei^{53}	vei^{53}	fei^{55}	vei^{55}	vei^{55}	kuei^{55}
寿阳	kuei^{53}	kʰuei^{45}	xuei^{53}	vei^{53}	fei^{45}	vei^{45}	vei^{45}	kuei^{45}
榆社	kuei^{312}	kʰuei^{45}	xuei^{312}	vei^{312}	fei^{45}	vei^{45}	vei^{45}	kuei^{45}
离石	kuɛe^{312}	kʰuɛe^{53}	xuɛe^{312}	uɛe^{312}	xuɛe^{53}	uɛe^{53}	uɛe^{53}	kuɛe^{53}
汾阳	kuei^{312}	kʰuei^{55}	xuei^{312}	uei^{312}	fei^{55}	uei^{55}	vei^{55}	kuei^{55}
中阳	kuɛe^{423}	kʰuɛe^{53}	xuɛe^{423}	uɛe^{423}	xuɛe^{53}	uɛe^{53}	uɛe^{53}	kuɛe^{53}
柳林	kuɛe^{312}	kuɛe^{53}	xuɛe^{312}	uɛe^{312}	xuɛe^{53}	uɛe^{53}	uɛe^{53}	kuɛe^{53}
方山	kuei^{312}	kʰuei^{52}	xuɛe^{312}	uei^{312}	xuei^{52}	uei^{52}	uei^{52}	kuei^{52}
临县	kuei^{312}	kʰuei^{52}	xuɛe^{312}	uei^{312}	fei^{52}	uei^{52}	uei^{52}	kuei^{52}
兴县	kuei^{324}	kʰuei^{53}	xuei^{324}	uei^{324}	xuei^{53}	uei^{53}	uei^{53}	kuei^{53}

续表

字目	诡	跪	毁	委	费花~	未	味	贵
中古音 方言点	过委 止合三 上纸见	渠委 止合三 上纸群	许委 止合三 上纸晓	於诡 止合三 上纸影	芳未 止合三 去未敷	无沸 止合三 去未微	无沸 止合三 去未微	居胃 止合三 去未见
岚县	kuei^{312}	kʰuei^{53}	xuei^{312}	uei^{312}	ɕi^{53} 白 / fei^{53} 文	uei^{53}	uei^{53}	kuei^{53}
静乐	kuei^{314}	kʰuei^{53} 白 / kuei^{53} 文	xuei^{314}	vei^{314}	fei^{53}	vei^{53}	vei^{53}	kuei^{51}
交口	kuei^{323}	kʰuei^{53}	xuei^{323}	i^{323} 白 / uei^{323} 文	xuei^{53}	uei^{53}	uei^{53}	kʰuei^{53}
石楼	kuei^{213}	kʰuei^{51}	xuei^{213}	uei^{213}	xuei^{51}	uei^{51}	uei^{51}	kuei^{51}
隰县	kuei^{21}	kʰuei^{44}	xuei^{21}	uei^{21}	ɕi^{44} 白 / xuei^{44} 文	uei^{44}	uei^{44}	kuei^{44}
大宁	kuei^{31}	kʰuei^{55} 白 / kuei^{55} 文	xuei^{31}	vei^{31}	ɕi^{55} 白 / fei^{55} 文	vei^{55}	vei^{55}	kuei^{55}
永和	kuei^{312}	kʰuei^{53}	xuei^{312}	uei^{312}	xuei^{53}	uei^{53}	uei^{53}	kuei^{53}
汾西	kʰuei^{11} 白 / kuei^{33}	kʰuei^{53} 白 / kuei^{53} 文	xuei^{33}	uei^{33}	fei^{55}/ɕʑ̍^{55}	vei^{53}/uei^{53}	vei^{53}	kuei^{55}
蒲县	kuei^{52}	kʰuei^{33}	xuei^{31}	uei^{31}	fei^{33}	uei^{33}	uei^{33}	kuei^{33}
潞州	kuei^{535}	kuei^{54}	xuei^{535}	vei^{535}	fei^{44}	vei^{44}	vei^{44}	kuei^{44}
上党	kuei^{535}	kuei^{42}	xuei^{535}	uei^{535}	fei^{22}	uei^{42}	uei^{42}	kuei^{42}
长子	kuei^{434}	kuei^{53}	xuei^{434}	vei^{434}	fei^{422}	vei^{53}	vei^{53}	kuei^{422}
屯留	kuei^{43}	kuei^{11}	xuei^{43}	vei^{43}	fei^{53}	vei^{11}	vei^{11}	kuei^{53}
襄垣	kuei^{42}	kuei^{45}	xuei^{42}	vei^{42}	fei^{53}	vei^{45}	vei^{45}	kuei^{53}
黎城	kuei^{213}	kuei^{53}	xuei^{213}	uei^{213}	fei^{53}	uei^{53}	uei^{53}	kuei^{422}
平顺	kuei^{434}	kuei^{53}	xuei^{434}	uei^{434}	fei^{53}	uei^{53}	uei^{53}	kuei^{53}
壶关	kuei^{535}	kuei^{353}	xuei^{535}	uei^{535}	fei^{42}	uei^{353}	uei^{353}	kuei^{353}
沁县	kuei^{214}	kʰuei^{53}	xuei^{214}	vei^{214}	fei^{53}	vei^{53}	vei^{53}	kuei^{53}
武乡	kuei^{213}	kʰuei^{55} 白 / kuei^{55} 文	xuei^{213}	vei^{213}	fei^{55}	vei^{55}	vei^{55}	kuei^{55}
沁源	kuei^{324}	kʰuei^{53}	xuei^{324}	vei^{324}	fei^{53}	vei^{53}	vei^{53}	kuei^{53}
安泽	kuei^{42}	kʰuei^{53} 白 / kuei^{53} 文	xuei^{42}	vei^{42}	fei^{53}	vei^{53}	vei^{53}	kuei^{53}
沁水端氏	kuai^{31}	kuai^{53}	xuai^{31}	vai^{31}	fai^{53}	vai^{53}	vai^{53}	kuai^{53}
阳城	kuai^{212}	kuai^{51}	xuai^{212}	vai^{212}	fi^{51}	vai^{51}	vi^{51}	kuai^{51}
高平	kuei^{212}	kuei^{53}	xuei^{212}	vei^{212}	fei^{53}	vei^{53}	vei^{53}	kuei^{53}
陵川	kuei^{312}	kuei^{24}	xuei^{312}	uei^{312}	fei^{24}	uei^{24}	uei^{24}	kuei^{24}

续表

字目	诡	跪	毁	委	费花~	未	味	贵
中古音 / 方言点	过委 止合三 上纸见	渠委 止合三 上纸群	许委 止合三 上纸晓	於诡 止合三 上纸影	芳未 止合三 去未敷	无沸 止合三 去未微	无沸 止合三 去未微	居胃 止合三 去未见
晋城	kuɤɯ^{213}	kuɤɯ^{53}	xuɤɯ^{213}	uɤɯ^{213}	fɤɯ^{53}	uɤɯ^{53}	uɤɯ^{53}	kuɤɯ^{53}
忻府	kuei^{313}	k^{h}uei^{53}	xuei^{313}	vei^{313}	fei^{53}	vei^{53}	vei^{53}	kuei^{53}
原平	kuəi^{213}	k^{h}uəi^{53}	xuəi^{213}	vəi^{213}	fəi^{53}	vəi^{53}	vəi^{53}	kuəi^{53}
定襄	kuei^{24}	k^{h}uei^{53}	xuei^{24}	vei^{24}	fei^{53}	vei^{53}	vei^{53}	kuei^{53}
五台	kuei^{213}	k^{h}uei^{52}	xuei^{213}	uei^{213}	fei^{52}	uei^{52}	uei^{52}	kuei^{52}
岢岚	kuɛi^{13}	k^{h}uɛi^{52}	xuɛi^{13}	vɛi^{13}	fɛi^{52}	vɛi^{52}	vɛi^{52}	kuɛi^{52}
五寨	kuei^{13}	k^{h}uei^{52}	xuei^{13}	vei^{13}	fei^{52}	vei^{52}	vei^{52}	kuei^{52}
宁武	kuᴇe^{213}	k^{h}uᴇe^{52}	xuᴇe^{213}	vᴇe^{213}	fᴇe^{52}	vᴇe^{52}	vᴇe^{52}	kuᴇe^{52}
神池	kuɛe^{13}	kuɛe^{52}	xuɛe^{13}	vɛe^{13}	fɛe^{52}	vɛe^{52}	vɛe^{52}	kuɛe^{52}
繁峙	kuei^{53}	k^{h}uei^{24}	xuei^{53}	vei^{53}	fei^{24}	vei^{24}	vei^{24}	kuei^{24}
代县	kuei^{213}	k^{h}uei^{53}	xuei^{213}	uei^{213}	fei^{53}	uei^{53}	uei^{53}	kuei^{53}
河曲	kuei^{213}	k^{h}uei^{52}	xuei^{213}	vei^{213}	fei^{52}	vei^{52}	vei^{52}	kuei^{52}
保德	kuei^{213}	k^{h}uei^{52}	xuei^{213}	vei^{213}	fei^{52}	vei^{52}	vei^{52}	kuei^{52}
偏关	kuei^{213}	kuei^{52}	xuei^{213}	vei^{213}	fei^{52}	vei^{52}	vei^{52}	kuei^{52}
朔城	kuei^{312}	k^{h}uei^{53}	xuei^{312}	vei^{312}	fei^{53}	vei^{53}	vei^{53}	kuei^{53}
平鲁	kuɛi^{213}	k^{h}uɛi^{52}	xuɛi^{213}	xuɛi^{213}	fɛi^{52}	xuɛi^{52}	xuɛi^{52}	kuɛi^{52}
应县	kuəi^{31}	k^{h}uəi^{43}	xuəi^{54}	uəi^{31}	fəi^{24}	uəi^{24}	uəi^{24}	kuəi^{24}
灵丘	kuei^{442}	kuei^{53}	xuei^{442}	vɛe^{442}	fei^{53}	vɛe^{53}	vɛe^{53}	kuei^{53}
浑源	kuɛe^{52}	k^{h}uɛe^{13}	xuɛe^{52}	vɛe^{52}	fɛe^{13}	vɛe^{13}	vɛe^{13}	kuɛe^{13}
云州	kuɛi^{55}	k^{h}uɛi^{24}	xuɛi^{55}	vɛi^{55}	fɛi^{24}	vɛi^{24}	vɛi^{24}	kuɛi^{24}
新荣	kuɛe^{54}	k^{h}uɛe^{24}	xuɛe^{54}	vɛe^{54}	fɛe^{24}	vɛe^{24}	vɛe^{24}	kuɛe^{24}
怀仁	kuɛe^{53}	k^{h}uɛe^{24}	xuɛe^{53}	vɛe^{53}	fɛe^{24}	vɛe^{24}	vɛe^{24}	kuei^{24}
左云	kuɛi^{54}	kuɛi^{24}	xuɛi^{54}	vɛi^{54}	fɛi^{24}	vɛi^{24}	vɛi^{24}	kuɛi^{24}
右玉	kuɛe^{53}	k^{h}uɛe^{24}	xuɛe^{53}	vɛe^{53}	fɛe^{24}	vɛe^{24}	vɛe^{24}	kuɛe^{24}
阳高	kuei^{53}	kuei^{53}/ k^{h}uei^{53}	xuei^{53}	vei^{53}	fei^{24}	——	vei^{24}	kuei^{24}
山阴	kuei^{52}	k^{h}uei^{335}	xuei^{52}	uei^{52}	fei^{335}	uei^{335}	uei^{335}	kuei^{335}
天镇	kuɛe^{55}	k^{h}uɛe^{24}	xuɛe^{55}	vɛe^{55}	fɛe^{24}	vɛe^{24}	vɛe^{24}	kuɛe^{24}
平定	kuei^{53}	k^{h}uei^{24} 白 / kuei^{24} 文	xuei^{53}	vei^{53}	fei^{24}	vei^{24}	vei^{24}	kuei^{24}
昔阳	kuei^{55}	k^{h}uei^{13}	xuei^{55}	vei^{55}	fei^{13}	vei^{13}	vei^{13}	kuei^{13}

续表

字目	诡	跪	毁	委	费花~	未	味	贵
中古音 / 方言点	过委 止合三 上纸见	渠委 止合三 上纸群	许委 止合三 上纸晓	於诡 止合三 上纸影	芳未 止合三 去未敷	无沸 止合三 去未微	无沸 止合三 去未微	居胃 止合三 去未见
左权	kuɛi^{42}	kʰuɛi^{53}	xuɛi^{42}	vɛi^{42}	fɛi^{53}	vɛi^{53}	vɛi^{53}	kuɛi^{53}
和顺	kuei^{53}	kʰuei^{13}	xuei^{53}	vei^{53}	fei^{13}	vei^{13}	vei^{13}	kuei^{13}
尧都	kuei^{53}	kʰuei^{44}	xuei^{53}	uei^{53}	——	uei^{44}	vei^{44}	kuei^{44}
洪洞	kʰuei^{21}	kʰuei^{53} 白 / kuei^{53} 文	xuei^{42}	uei^{42}	çi^{33} 白 / fei^{33} 文	vei^{53}	vei^{53}	kuei^{33}
洪洞赵城	kuei^{42}	kuei^{24}	xuei^{42}	uei^{42}	fei^{24}	vei^{24}	vei^{53}	kuei^{24}
古县	kuei^{42}	kʰuei^{53} 白 / kuei^{53} 文	xuei^{42}	uei^{42}	fei^{35}	uei^{53}	uei^{53}	kuei^{35}
襄汾	kuei^{42}	kʰuei^{53} 白 / kuei^{53} 文	xuei^{42}	uei^{42}	fei^{44}	vei^{53}	vei^{53} 白 / uei^{53} 文	kuei^{44}
浮山	kuei^{33}	kʰuei^{53}	xuei^{33}	uei^{33}	fei^{44}	uei^{53}	uei^{53}	kuei^{44}
霍州	kuei^{33}	kʰuei^{53} 白 / kuei^{53} 文	xuei^{33}	uei^{33}	fei^{55}	uei^{53}	uei^{53}	kuei^{55}
翼城	kuei^{44}	kuei^{53}	xuei^{44}	uei^{44}	fei^{53}	i^{53} 白 / vei^{53} 文	vei^{53}	kuei^{53}
闻喜	kui^{33}	kui^{13}	xui^{33}	ui^{33}	fi^{53}	ui^{13}	vi^{53}/ ui^{13}	kui^{53}
侯马	tɕʰy^{44} 白 / kʰuei^{44} 文	kuei^{53}	xuei^{44}	uei^{44}	fy^{53} 白 / fei^{53} 文	uei^{53}	vei^{53} 白 / uei^{53} 文	kuei^{53}
新绛	kuei^{53}	kʰuei^{53}	xuei^{44}	uei^{53}	çi^{53} 白 / fei^{53} 文	vei^{53}	vei^{53}	kuei^{53}
绛县	kuei^{33}	kʰuei^{53}	xuei^{33}	uei^{33}	fei^{31}	uei^{31}	uei^{31}	kuei^{31}
垣曲	kuei^{44}	kʰuei^{53}	xuei^{44}	uei^{44}	çi^{53} 白 / fei^{53} 文	uei^{53}	vei^{53}	kuei^{53}
夏县	kuei^{24}	kʰuei^{31} 白 / kuei^{31} 文	xuei^{24}	uei^{24}	fei^{31}	vei^{31} 白 / uei^{31} 文	vei^{31} 白 / uei^{31} 文	kuei^{31}
万荣	kuei^{55}	kʰuei^{33}	xuei^{55}	uei^{55}	çi^{33} 白 / fei^{33} 文	vei^{33}	vei^{33}	kuei^{33}
稷山	kuei^{44}	kʰuei^{42} 白 / kuei^{42} 文	xuei^{44}	uei^{44}	fei^{42}	vei^{42}	vei^{44}	kuei^{42}
盐湖	kuei^{53}	kʰuei^{44} 白 / kuei^{44} 文	xuei^{53}	uei^{53}	çi^{44} 白 / fei^{44} 文	vei^{44}	vei^{44}	kuei^{44}
临猗	kuei^{53}	kʰuei^{44} 白 / kuei^{44} 文	xuei^{53}	uei^{53}	çi^{44} 白 / fei^{44} 文	uei^{44}	vei^{44}	kuei^{44}
河津	kuei^{53}	kʰuei^{44} 白 / kuei^{44} 文	xuei^{53}	uei^{53}	fei^{44}	vei^{44}	vei^{44}	kuei^{44}

续表

字目	诡	跪	毁	委	费花~	未	味	贵
中古音 / 方言点	过委 止合三 上纸见	渠委 止合三 上纸群	许委 止合三 上纸晓	於诡 止合三 上纸影	芳未 止合三 去未敷	无沸 止合三 去未微	无沸 止合三 去未微	居胃 止合三 去未见
平陆	kuei^{55}	kʰuei^{33}	xuei^{55}	uei^{55}	ɕi^{33} 白 / fei^{33} 文	vei^{33}	uei^{33}	kuei^{33}
永济	kuei^{53}	kʰuei^{44}	xuei^{53}	vei^{53}	ɕi^{44} 白 / fei^{44} 文	vei^{44}	vei^{31}	kuei^{44}
芮城	kuei^{53}	tɕuei^{44}	xuei^{53}	uei^{53}	fei^{44}	vei^{42}	vei^{44}	kuei^{44}
吉县	kuei^{53}	kʰuei^{33}	xuei^{53}	uei^{53}	ɕi^{33} 白 / fei^{33} 文	vei^{33}	——	kuei^{33}
乡宁	kuei^{44}	kʰuei^{22}	xuei^{44}	uei^{44}	fei^{22}	uei^{22}	uei^{22}	kuei^{22}
广灵	kuei^{44}	kʰuei^{213}	xuei^{44}	vei^{44}	fei^{213}	vei^{213}	vei^{213}	kuei^{213}

字目	魏	讳	畏	慰	汇~集	纬	胃	谓
中古音 / 方言点	鱼贵 止合三 去未疑	许贵 止合三 去未晓	於胃 止合三 去未影	於胃 止合三 去未影	于贵 止合三 去未云	于贵 止合三 去未云	于贵 止合三 去未云	于贵 止合三 去未云
北京	uei^{51}	xuei^{51}	uei^{51}	uei^{51}	xuei^{51}	uei^{214}	uei^{51}	uei^{51}
小店	vei^{24}	xuei^{24}	vei^{24}	vei^{24}	xuei^{24}	vei^{53}	vei^{24}	vei^{24}
尖草坪	vei^{35}	xuei^{35}	vei^{35}	vei^{35}	xuei^{35}	vei^{312}	vei^{35}	vei^{35}
晋源	vei^{35}	xuei^{35}	vei^{35}	vei^{35}	xuei^{35}	vei^{42}	vei^{35}	vei^{35}
阳曲	vei^{454}	xuei^{454}	vei^{454}	vei^{454}	xuei^{454}	vei^{454}	vei^{454}	vei^{454}
古交	vei^{53}	xuei^{53}	vei^{53}	vei^{53}	xuei^{53}	vei^{53}	vei^{53}	vei^{53}
清徐	vi^{45}	xuai^{45}	vi^{45}	vi^{45}	xuai^{45}	vi^{45}	vi^{45}	vi^{45}
娄烦	vei^{54}	xui^{54}	vei^{54}	vei^{54}	xui^{54}	vei^{312}	vei^{54}	vei^{54}
榆次	vɯ^{35}	xuɯ^{35}	vɯ^{35}	y^{35}	xuɯ^{35}	vɯ^{53}	vɯ^{35}	vɯ^{35}
交城	y^{24} 白 / uei^{24} 文	xui^{53}	ui^{24}	y^{24} 白 / ui^{24} 文	xuɛ^{24}	ui^{53}	ui^{24}	ui^{24}
文水	ueɪ^{35}	xueɪ^{35}	ueɪ^{35}	ueɪ^{35}	xueɪ^{35}	ueɪ^{423}	ueɪ^{35}	ueɪ^{35}
祁县	uəɨ^{45}	xuəɨ^{45}	uəɨ^{45}	uəɨ^{45}	xuəɨ^{45}	uəɨ^{314}	uəɨ^{45}	uəɨ^{45}
太谷	vei^{53}	xuei^{53}	vei^{53}	vei^{53}	xuei^{53}	vei^{312}	vei^{53}	vei^{53}
平遥	uei^{213}	xuei^{24}	uei^{213}	uei^{213}	xuæe^{24}	uei^{213}	uei^{24}	uei^{213}
孝义	uei^{454}	xuei^{454}	uei^{454}	y^{454} 白 / uei^{454} 文	xuei^{454}	uei^{312}	uei^{454}	uei^{454}
介休	uei^{45}	xuai^{45}	uei^{45}	uei^{45}	xuai^{45}	uei^{423}	uei^{45}	uei^{45}
灵石	uei^{53}	xuei^{53}	uei^{53}	uei^{53}	xuei^{53}	uei^{212}	uei^{53}	uei^{53}
盂县	vei^{55}	xuei^{55}	vei^{55}	vei^{55}	xuei^{55}	vei^{53}	vei^{55}	vei^{55}
寿阳	vei^{45}	xuei^{45}	vei^{45}	vei^{45}	xuei^{45}	vei^{53}	vei^{45}	vei^{45}
榆社	vei^{45}	xuei^{45}	vei^{45}	vei^{45}	xuei^{45}	vei^{45}	vei^{45}	vei^{45}
离石	uɛe^{53}	xuɛe^{53}	uɛe^{53}	uɛe^{53}	xuɛe^{53}	uɛe^{312}	uɛe^{53}	uɛe^{53}
汾阳	uei^{55}	xuei^{55}	uei^{55}	uei^{55}	xuei^{55}	uei^{312}	uei^{55}	uei^{55}
中阳	uɛe^{53}	xuɛe^{53}	uɛe^{53}	uɛe^{53}	xuɛe^{53}	uɛe^{423}	uɛe^{53}	uɛe^{53}
柳林	uɛe^{53}	xuɛe^{53}	uɛe^{53}	uɛe^{53}	xuɛe^{53}	uɛe^{312}	uɛe^{53}	uɛe^{53}
方山	uei^{52}	xuɛe^{52}	uei^{52}	uei^{52}	xuɛe^{52}	uei^{312}	uei^{52}	uei^{52}
临县	uei^{52}	xuɛe^{52}	uei^{52}	uei^{52}	xuɛe^{52}	uei^{312}	uei^{52}	uei^{52}
兴县	y^{53} 白 / uei^{53} 文	xuei^{53}	uei^{53}	uei^{53}	xuei^{53}	uei^{324}	uei^{53}	uei^{53}
岚县	uei^{53}	ɕy^{53} 白 / xuei^{53} 文	uei^{53}	y^{53}	xuei^{53}	uei^{312}	uei^{53}	uei^{53}
静乐	vei^{53}	xuei^{53}	vei^{53}	vei^{53}	xuei^{53}	vei^{314}	vei^{53}	vei^{53}

续表

字目	魏	讳	畏	慰	汇~集	纬	胃	谓
中古音 / 方言点	鱼贵 止合三 去未疑	许贵 止合三 去未晓	於胃 止合三 去未影	於胃 止合三 去未影	于贵 止合三 去未云	于贵 止合三 去未云	于贵 止合三 去未云	于贵 止合三 去未云
交口	uei^{53}	xuai^{53}	uei^{53}	uei^{53}	xuei^{53}	uei^{323}	uei^{53}	uei^{53}
石楼	uei^{51}	xuei^{51}	uei^{51}	uei^{51}	xuei^{51}	uei^{213}	uei^{51}	uei^{51}
隰县	uei^{44}	xuei^{44}	uei^{44}	uei^{44}	xuei^{44}	uei^{21}	uei^{44}	uei^{44}
大宁	vei^{55}	xuei^{55}	vei^{31}	y^{55}白 / vei^{55}文	xuei^{55}	vei^{24}	vei^{55}	vei^{55}
永和	uei^{53}	xuei^{53}	uei^{35}	uei^{53}	xuei^{53}	——	uei^{53}	uei^{53}
汾西	uei^{53}	xuei^{53}	uei^{53}	y^{53}白	——	y^{33}白 /uei^{11}文	uei^{53}	uei^{53}
蒲县	uei^{33}	xuei^{33}	uei^{33}	uei^{33}	xuei^{33}	uei^{31}	uei^{33}	uei^{33}
潞州	vei^{54}	xuei^{44}	vei^{44}	vei^{44}	xuei^{54}	vei^{535}	vei^{54}	vei^{54}
上党	uei^{42}	xuei^{42}	uei^{213}	uei^{22}	xuei^{42}	uei^{535}	uei^{42}	uei^{42}
长子	vei^{53}	xuei^{53}	vei^{53}	vei^{53}	xuei^{53}	vei^{434}	vei^{53}	vei^{53}
屯留	vei^{11}	xuei^{53}	vei^{11}	vei^{11}	xuei^{53}	vei^{43}	vei^{11}	vei^{11}
襄垣	vei^{53}	xuei^{45}	vei^{45}	vei^{45}	xuei^{53}	vei^{42}	vei^{45}	vei^{45}
黎城	uei^{422}	xuei^{53}	uei^{53}	uei^{422}	xuei^{53}	uei^{213}	uei^{53}	uei^{53}
平顺	uei^{53}	xuei^{53}	uei^{53}	uei^{53}	xuei^{53}	uei^{434}	uei^{53}	uei^{53}
壶关	uei^{353}	xuei^{353}	uei^{42}	uei^{42}	xuei^{353}	uei^{535}	uei^{353}	uei^{353}
沁县	vei^{53}	xuei^{53}	vei^{53}	vei^{53}	xuei^{53}	vei^{214}	vei^{53}	vei^{53}
武乡	vei^{55}	xuei^{55}	vei^{55}	vei^{55}	xuei^{55}	vei^{213}	vei^{553}	vei^{55}
沁源	vei^{53}	xuei^{53}	vei^{53}	vei^{53}	xuei^{53}	vei^{324}	vei^{53}	vei^{53}
安泽	vei^{53}	——	vei^{53}	vei^{53}	xuei^{53}	vei^{35}	vei^{53}	vei^{53}
沁水端氏	vai^{53}	xuai^{53}	vai^{53}	vai^{53}	xuai^{53}	vai^{31}	vai^{53}	vai^{53}
阳城	vai^{51}	xuai^{51}	vai^{51}	vai^{51}	xuai^{51}	vai^{212}	vai^{51}	vai^{51}
高平	vei^{53}	xuei^{53}	vei^{53}	vei^{53}	xuei^{53}	vei^{53}	vei^{53}	vei^{53}
陵川	uei^{24}	xuei^{24}	uei^{24}	uei^{24}	xuei^{24}	uei^{312}	uei^{24}	uei^{24}
晋城	uɤɯ^{53}	xuɤɯ^{53}	uɤɯ^{53}	uɤɯ^{53}	xuɤɯ^{53}	uɤɯ^{213}	uɤɯ^{53}	uɤɯ^{53}
忻府	vei^{53}	xuei^{53}	vei^{53}	vei^{53}	xuei^{53}	vei^{313}	vei^{53}	vei^{53}
原平	vəi^{53}	xuəi^{53}	vəi^{53}	vəi^{53}	xuəi^{53}	vəi^{213}	vəi^{53}	vəi^{53}
定襄	vei^{53}	xuei^{53}	vei^{53}	vei^{53}	xuei^{53}	vei^{53}	vei^{53}	vei^{53}
五台	uei^{52}	xuei^{52}	uei^{52}	uei^{52}	xuei^{52}	uei^{213}	uei^{52}	uei^{52}
岢岚	vɛi^{52}	xuɛi^{52}	vɛi^{52}	vɛi^{52}	xuɛi^{52}	vɛi^{13}	vɛi^{52}	vɛi^{52}
五寨	vei^{52}	xuei^{52}	vei^{52}	vei^{52}	xuei^{52}	vei^{13}	vei^{52}	vei^{52}

续表

字目	魏	讳	畏	慰	汇~集	纬	胃	谓
中古音 / 方言点	鱼贵 止合三 去未疑	许贵 止合三 去未晓	於胃 止合三 去未影	於胃 止合三 去未影	于贵 止合三 去未云	于贵 止合三 去未云	于贵 止合三 去未云	于贵 止合三 去未云
宁武	vᴇe^{52}	xuᴇe^{52}	——	vᴇe^{52}	xuᴇe^{52}	vᴇe^{213}	vᴇe^{52}	vᴇe^{52}
神池	vɛe^{52}	xuɛe^{52}	vɛe^{52}	vɛe^{52}	xuɛe^{52}	vɛe^{13}	vɛe^{52}	vɛe^{52}
繁峙	vei^{24}	xuei^{24}	vei^{24}	vei^{24}	xuei^{24}	vei^{53}	vei^{24}	vei^{24}
代县	uei^{53}	xuei^{53}	uei^{213}	uei^{53}	xuei^{53}	uei^{213}	uei^{53}	uei^{53}
河曲	vei^{52}	xuei^{213}	vei^{52}	vei^{52}	xuei^{52}	vei^{213}	vei^{52}	vei^{52}
保德	vei^{52}	xuei^{52}	vei^{52}	vei^{52}	xuei^{52}	vei^{213}	vei^{52}	vei^{52}
偏关	vei^{52}	xuei^{52}	vei^{52}	vei^{52}	xuei^{52}	vei^{213}	vei^{52}	vei^{52}
朔城	vei^{53}	xuei^{53}	vei^{53}	vei^{53}	xuei^{53}	vei^{312}	vei^{53}	vei^{53}
平鲁	xuɛi^{52}	xuɛi^{52}	uɛi^{213}	uɛi^{52}	xuɛi^{52}	uɛi^{213}	xuɛi^{52}	xuɛi^{52}
应县	uəi^{24}	xuəi^{24}	uəi^{24}	uəi^{24}	xuəi^{24}	uəi^{54}	uəi^{24}	uəi^{24}
灵丘	vɛe^{53}	xuei^{53}	vɛe^{53}	vɛe^{53}	xuei^{53}	vɛe^{442}	vɛe^{53}	vɛe^{53}
浑源	vɛe^{13}	xuɛe^{13}	vɛe^{13}	vɛe^{13}	xuɛe^{13}	vɛe^{52}	vɛe^{13}	vɛe^{13}
云州	vɛi^{24}	xuɛi^{24}	vɛi^{24}	vɛi^{24}	xuɛi^{24}	vɛi^{55}	vɛi^{24}	vɛi^{24}
新荣	vɛe^{24}	xuɛe^{54}	vɛe^{24}	vɛe^{24}	xuɛe^{24}	vɛe^{54}	vɛe^{24}	vɛe^{24}
怀仁	vɛe^{24}	xuɛe^{24}	vɛe^{24}	vɛe^{24}	xuɛe^{24}	vɛe^{53}	vɛe^{24}	vɛe^{24}
左云	vɛi^{24}	xuɛi^{24}	vɛi^{24}	vɛi^{24}	xuɛi^{24}	vɛi^{54}	vɛi^{24}	vɛi^{24}
右玉	vɛe^{24}	xuɛe^{24}	vɛe^{53}	vɛe^{24}	xuɛe^{24}	vɛe^{53}	vɛe^{24}	vɛe^{53}
阳高	vei^{24}	xuei^{24}	vei^{24}	vei^{24}	xuei^{24}	vei^{53}	vei^{24}	vei^{24}
山阴	uei^{335}	xuei^{335}	uei^{335}	uei^{335}	xuei^{335}	uei^{52}	uei^{335}	uei^{335}
天镇	vɛe^{24}	xuɛe^{55}	vɛe^{24}	vɛe^{24}	xuɛe^{24}	vɛe^{55}	vɛe^{24}	vɛe^{24}
平定	vei^{24}	xuei^{24}	vei^{53}	vei^{24}	xuei^{24}	vei^{53}	vei^{24}	vei^{24}
昔阳	vei^{13}	xuei^{13}	vei^{13}	vei^{13}	xuei^{13}	vei^{55}	vei^{13}	vei^{13}
左权	vɛi^{53}	——	vɛi^{53}	y^{53}白/vɛi^{53}文	xuɛi^{53}	vɛi^{53}	vɛi^{53}	vɛi^{53}
和顺	vei^{13}	xuei^{13}	vei^{13}	vei^{13}	xuei^{13}	vei^{53}	vei^{13}	vei^{13}
尧都	uei^{44}	uei^{44}	uei^{44}	uei^{44}	xuei^{44}	uei^{44}	uei^{44}	uei^{44}
洪洞	uei^{53}	xuei^{42}	uei^{21}	y^{53}白/ uei^{53}文	xuei^{53}	y^{53}白/ uei^{21}文	uei^{33}	uei^{42}
洪洞赵城	uei^{53}	xuei^{53}	uei^{53}	uei^{53}	xuei^{24}	uei^{53}	uei^{53}	uei^{53}
古县	uei^{53}	xuei^{53}	uei^{53}	uei^{53}	xuei^{53}	uei^{53}	uei^{53}	uei^{53}
襄汾	uei^{53}	xuei^{53}	uei^{53}	uei^{53}	xuei^{53}	uei^{42}	uei^{44}	vei^{53}
浮山	uei^{53}	xuei^{53}	uei^{53}	uei^{53}	——	uei^{33}	uei^{44}	uei^{53}

续表

字目	魏	讳	畏	慰	汇~集	纬	胃	谓
中古音 / 方言点	鱼贵 止合三 去未疑	许贵 止合三 去未晓	於胃 止合三 去未影	於胃 止合三 去未影	于贵 止合三 去未云	于贵 止合三 去未云	于贵 止合三 去未云	于贵 止合三 去未云
霍州	uei53	xuei53	uei53	uei53	xuei53	uei33	uei53	uei53
翼城	uei53	xuei53	uei53	vei53	xuei53	vei44	uei53	vei53
闻喜	——	xui53	ui53	y53 白 / ui53 文	——	——	ui13	ui13
侯马	uei53	uei53	uei53	uei53	xuei53	uei44	uei53	uei53
新绛	uei53	xuei53	uei53	uei53	xuei53	uei53	uei53	uei53
绛县	uei31	xuei31	uei31	uei31	xuei31	uei33	uei31	uei31
垣曲	uei53	xuei53	uei53	uei53	xuei53	uei44	uei53	uei53
夏县	uei31	——	uei31	y31 白 / uei31 文	xuei31	uei24	uei31	uei31
万荣	uei33	xuei33	uei55	vei33	xuei33	y33 白 / uei55 文	uei33	uei33
稷山	uei42	xuei42	uei42	y42 白 / uei42 文	xuei42	uei44	uei42	uei42
盐湖	vei44	xuei44	uei44	uei44	xuei44	uei53	uei44	uei44
临猗	uei44	xuei44	uei44	uei44	xuei44	uei53	uei44	uei44
河津	y44 白 / uei44 文	xuei44	uei53	uei44	xuei44	y44/uei44/ uei53 文	uei44	uei44
平陆	uei33	xuei33	uei33	uei33	xuei33	uei55	uei33	uei33
永济	vei44	xuei44	vei44	y44 白 / vei44 文	xuei44	y44 白 / vei53 文	vei44	vei44
芮城	uei44	xuei44	uei44	uei44	xuei44	uei53	uei44	uei44
吉县	uei33	xuei33	uei33	uei33	xuei33	uei33	uei33	uei33
乡宁	uei22	xuei22	uei53	uei22	xuei22	uei44	uei22	uei22
广灵	vei213	xuei213	vei213	y213	xuei213	vei44	vei213	vei213

字目	猬	类	泪	醉	翠	穗	遂	坠
中古音 / 方言点	于贵 止合三 去未云	力遂 止合三 去至来	力遂 止合三 去至来	将遂 止合三 去至精	七醉 止合三 去至清	徐醉 止合三 去至邪	徐醉 止合三 去至邪	直类 止合三 去至澄
北京	uei^{51}	lei^{51}	lei^{51}	tsuei^{51}	tsʰuei^{51}	suei^{51}	suei^{51}	tʂuei^{51}
小店	vei^{24}	luei^{53} 白 / lei^{24} 文	ly^{24} 白 / lei^{24} 文	tɕy^{24} 白 / tsuei^{24} 文	tsʰuei^{24}	ɕy^{24} 白 / suei^{24} 文	suei^{11}	tsuei^{24}
尖草坪	vei^{312}	luei^{35}	luei^{35}	tsʰuei^{35}	tsʰuei^{35}	suei^{35}	suei^{35}	tsuei^{35}
晋源	vei^{42}	luei^{35}	ly^{35}	tɕy^{35}	tsʰuei^{35}	ɕy^{35}	ɕy^{11}	tsuei^{35}
阳曲	vei^{454}	luei^{454}	luei^{454}	tsuei^{454}	tsʰuei^{454}	suei^{454}	suei^{454}	tsuei^{454}
古交	vei^{53}	ly^{53}	ly^{53}	tɕy^{53} 白 / tsuei^{53} 文	tsʰuei^{53}	ɕy^{53}	ɕy^{53}	tɕy^{44}
清徐	vi^{45}	ly^{45} 白 / lai^{45} 文	ly^{45} 白 / lai^{45} 文	tɕy^{45} 白 / tsuei^{54} 文	tɕʰy^{45} 白 / tsʰuai^{11} 文	ɕy^{45}	ɕy^{11}	tɕy^{45} 白 / tsuei^{45} 文
娄烦	vei^{54}	lui^{54}	lui^{54}	tɕy^{54} 白 / tsui^{54} 文	tsʰui^{54}	ɕy^{54} 白 / sui^{54} 文	ɕy^{54} 白 / sui^{54} 文	tsui^{54}
榆次	vɯ^{35}	luɛe^{35}	luɯ^{35}	tɕy^{35}	tsʰuɛe^{35}	ɕy^{35} 白	ɕy^{35}	tsuɛe^{35}
交城	ui^{24}	ly^{24}	ly^{24}	tɕy^{24}	tɕʰy^{24}	ɕy^{24}	ɕy^{11}	tɕy^{24}
文水	ueɪ^{423}	lueɪ^{35} 老 / leɪ^{35} 新	lɥ^{35} 白 / lueɪ^{35} 老 / leɪ^{35} 新	tsɥ^{22} 白 / tsueɪ^{35} 文	tsʰueɪ^{35}	sɥ^{35} 白 / sueɪ^{35} 文	sueɪ^{35}	tsueɪ^{35}
祁县	uəɨ^{314}	luəɨ^{45}	liəβ^{45} 白 / luəɨ^{45} 文	tɕiəβ^{45}	tsʰuəɨ^{45}	ɕiəβ^{45}	suəɨ^{45}	tsuəɨ^{45}
太谷	vei^{312}	luei^{53}	ly^{53}	tɕy^{53}	tsʰuei^{53}	ɕy^{53}	suei^{53}	tsuei^{53}
平遥	uei^{213}	luei^{24}	luei^{24}	tsuei^{24}	tsʰuei^{24}	ɕy^{24} 老 / uei^{24} 新	suei^{24}	tsuei^{24}
孝义	uei^{312}	luei^{454}	luei^{454}	tɕy^{454}	tsʰuei^{454}	ɕy^{454} 白 / suei^{454} 文	ɕy^{33} 白 / suei^{33} 文	tsuei^{454}
介休	uei^{423}	luei^{45}	luei^{45}	tsuai^{45}	tsʰuei^{45}	ɕy^{45} 白 / suei^{45} 文	suei^{45}	tsuei^{45}
灵石	uei^{53}	lei^{44}	ly^{53}	tɕy^{53}	tsʰuei^{53}	ɕy^{53}	suei^{44}	tsuei^{53}
盂县	uei^{52}	luei^{55}	luei^{55}	tsuei^{55}	tsʰuei^{55}	tɕʰy^{22}/ suei^{55} 文	suei^{22}	tsuei^{55}
寿阳	vei^{45}	luei^{45}	luei^{45}	tsuei^{45}	tsʰuei^{45}	suei^{45}	suei^{45}	tsuei^{45}
榆社	——	luei^{45}	luei^{45}	tsuei^{45}	tsʰuei^{45}	suei^{45}	suei^{45}	tsuei^{45}
离石	uɛe^{312}	luɛe^{53}	lu^{53}	tsu^{53}	tsʰuɛe^{53}	su^{53}	su^{53}	tsuɛe^{53}
汾阳	vei^{55}	luei^{55}	luei^{55}	tsɥ^{55}	tsʰuei^{55}	sɥ^{55}	suei^{22}	tʂuei^{55}
中阳	uɛe^{423}	luɛe^{53}	ly^{53}	tʂuɛe^{53}	tʂʰuɛe^{53}	ɕy^{53}	ɕy^{53}	tʂuɛe^{53}
柳林	uɛe^{53}	ly^{53}	ly^{53}	tɕy^{53}	tsʰuɛe^{53}	ɕy^{53}	ɕy^{53}	tsuɛe^{53}
方山	uei^{52}	ly^{52}	luei^{52}	tɕy^{52}	tʰy^{52}	ɕy^{52}	suɛe^{52}	tsuɛe^{52}

续表

字目	猬	类	泪	醉	翠	穗	遂	坠
中古音 方言点	于贵 止合三 去未云	力遂 止合三 去至来	力遂 止合三 去至来	将遂 止合三 去至精	七醉 止合三 去至清	徐醉 止合三 去至邪	徐醉 止合三 去至邪	直类 止合三 去至澄
临县	uei^{33}	lei^{52}	lei^{52}	tɕy^{52}	tɕy^{52}	sy^{52}	sy^{33}	tʂuei^{52}
兴县	——	ly^{53}	ly^{53}	tɕy^{53}	tɕ^{h}y^{53}	ɕy^{53}	ɕy^{53}	tsuai^{53}
岚县	uei^{53}	luei^{53}	ly^{53}	tɕy^{53}	ts^{h}uei^{53}	ɕy^{53}	ɕy^{53}	tsu^{53}
静乐	vei^{314}	luei^{53} 白	lu^{53} 白 / luei^{53} 文	tɕuei^{53} 白	ts^{h}uei^{53}	ɕy^{53} 白 / suei^{53} 文	suei^{53}	tsuei^{53}
交口	uei^{323}	ly^{53} 白 / luei^{53} 文	ly^{53}	tɕy^{53} 白 / tsuei^{53} 文	ts^{h}uei^{53}	ɕy^{53}	ɕy^{53}	tsʮ^{53} 白 / tsuai^{53} 文
石楼	uei^{213}	luei^{51} 白 / lei^{51} 文	ly^{51} 白 / lei^{51} 文	tɕy^{51} 白 / tʂuei^{51} 文	tʂ^{h}uei^{51}	ɕy^{51} 白 / ʂuei^{51} 文	ʂuei^{51}	tʂuei^{51}
隰县	uei^{44}	ly^{44} 白 / lei^{44} 文	ly^{44}	tɕy^{44}	ts^{h}uei^{44}	ɕy^{44} 白 / suei^{44} 文	——	tsuei^{44}
大宁	vei^{55}	luei^{55}	ly^{55} 白 / luei^{55} 文	tɕy^{55} 白 / tsuei^{55} 文	ts^{h}uei^{55}	ɕy^{55} 白 / suei^{55} 文	ɕy^{24} 白	tʂuei^{55}
永和	——	luei^{53}	ly^{53} 白 / luei^{53} 文	tɕy^{53} 白 / tsuei^{53} 文	ts^{h}uei^{53}	ɕy^{53} 白 / suei^{53} 文	ɕy^{35} 白 / suei^{35} 文	tʂuei^{53}
汾西	——	——	lei^{53}/ly^{53} 白	tɕy^{55} 白 / tsuei^{55} 文	ts^{h}uei^{55}	ɕy^{53} 白 / suei^{53} 文	suei^{35}	tsuei^{55}
蒲县	uei^{33}	lei^{33}	ly^{31} 白 / lei^{33} 文	tɕy^{33} 白 / tsuei^{33} 文	ts^{h}uei^{33}	suei^{33}	suei^{33}	tʂuei^{33}
潞州	vei^{535}	luei^{54}	luei^{54}	tsuei^{44}	ts^{h}uei^{44}	suei^{54}	suei^{54}	tsuei^{54}
上党	uei^{42}	lei^{42}	lei^{42}	tsei^{22}	ts^{h}ei^{22}	sei^{42}	sei^{42}	tsuei^{42}
长子	vei^{434}	luei^{53}	luei^{53}	tsuei^{422}	ts^{h}uei^{422}	suei^{53}	suei^{53}	tsuei^{53}
屯留	vei^{11}	luei^{11}	luei^{11}	tsuei^{53}	ts^{h}uei^{53}	suei^{11}	suei^{11}	tsuei^{11}
襄垣	vei^{42}	luei^{45}	luei^{45}	tsuei^{45}	ts^{h}uei^{53}	suei^{45}	suei^{42}	tsuei^{45}
黎城	uei^{53}	luei^{53}	lei^{53}	tsuei^{53}	ts^{h}uei^{422}	suei^{53}	suei^{53}	tsuei^{53}
平顺	uei^{53}	luei^{13}	luei^{13}	tsuei^{53}	ts^{h}uei^{53}	suei^{53}	suei^{53}	tsuei^{53}
壶关	uei^{42}	luei^{353}	luei^{353}	tʂuei^{42}	tʂ^{h}uei^{42}	ʂuei^{353}	ʂuei^{353}	tʂuei^{353}
沁县	vei^{53}	luei^{53}	luei^{53}	tsuei^{53}	ts^{h}uei^{53}	suei^{53}	suei^{224}	tsuei^{53}
武乡	vei^{55}	luei^{55}	luei^{55}	tsuei^{55}	ts^{h}uei^{55}	suei^{55}	suei^{33}	tsuei^{55}
沁源	vei^{53}	luei^{53}	luei^{53}	tsuei^{53}	ts^{h}uei^{53}	suei^{53}	suei^{53}	tʂuei^{53}
安泽	vei^{53}	luei^{53}	luei^{53}	tsuei^{53}	ts^{h}uei^{53}	suei^{53}	suei^{53}	tsuei^{53}
沁水端氏	vai^{31}	lai^{53}	lai^{53}	tsai^{53}	ts^{h}ai^{53}	səʔ^{2} 老 / suai^{53} 新	suai^{53}	——
阳城	vai^{51}	luai^{51}	luai^{51}	tsuai^{51}	ts^{h}uai^{51}	suai^{51}	suai^{51}	tʂuai^{51}

续表

字目	猬	类	泪	醉	翠	穗	遂	坠
中古音 / 方言点	[于贵] 止合三 去未云	[力遂] 止合三 去至来	[力遂] 止合三 去至来	[将遂] 止合三 去至精	[七醉] 止合三 去至清	[徐醉] 止合三 去至邪	[徐醉] 止合三 去至邪	[直类] 止合三 去至澄
高平	vei^{212}	luei^{53}	luei^{53}	tʂuei^{53}	tʂ^{h}uei^{53}	ʂuei^{53}	ʂuei^{53}	tʂuei^{53}
陵川	uei^{24}	luei^{24}	luei^{24}	tʂuei^{24}	tʂ^{h}uei^{24}	ʂuei^{24}	ʂuei^{24}	tʂuei^{24}
晋城	uɤɯ^{33}	luɤɯ^{53}	luɤɯ^{53}	tʂuɤɯ^{53}	tʂ^{h}uɤɯ^{53}	ʂuɤɯ^{53}	ʂuɤɯ^{53}	tʂuɤɯ^{53}
忻府	vei^{313}	luei^{53}	luei^{53}	tsuei^{53}	ts^{h}uei^{53}	suei^{53}	suei^{53}	tsuei^{53}
原平	vəi^{53}	luəi^{53}	luəi^{53}	tsuəi^{53}	ts^{h}uəi^{53}	suəi^{53}	suəi^{33}	tsuəi^{53}
定襄	vei^{33}	luei^{53}	luei^{53}	tsuei^{53}	ts^{h}uei^{53}	suei^{53}	suei^{53}	tsuei^{53}
五台	uei^{52}	luei^{52}	luei^{52}	tsuei^{52}	ts^{h}uei^{52}	suei^{52}	suei^{33}	tsuei^{52}
岢岚	vɛi^{13}	luei^{52}	luei^{52}	tsuɛi^{52}	ts^{h}uɛi^{52}	suɛi^{52}	suei^{52}	tsuei^{52}
五寨	vei^{13}	luei^{52}	luei^{52}	tsuei^{52}	ts^{h}uei^{52}	suei^{52}	suei^{52}	tsuei^{52}
宁武	——	luᴇ^{52}	luᴇ^{52}	tsuᴇ^{52}	ts^{h}uᴇ^{52}	suᴇ^{52}	suᴇ^{33}	tsuᴇ^{52}
神池	vɛe^{52}	luɛe^{52}	luɛe^{52}	tsuɛe^{52}	ts^{h}uɛe^{52}	suɛe^{52}	suɛe^{52}	tsuɛe^{52}
繁峙	vei^{53}	luei^{24}	luei^{24}	tsuei^{24}	ts^{h}uei^{24}	suei^{24}	suei^{24}	tsuei^{24}
代县	uei^{53}	luei^{53}	luei^{53}	tsuei^{53}	ts^{h}uei^{53}	suei^{53}	suei^{44}	tsuei^{53}
河曲	vei^{52}	luei^{52}	luei^{52}	tsuei^{52}	ts^{h}uei^{52}	suei^{52}	suei^{52}	tʂuei^{52}
保德	vei^{213}	luei^{52}	luei^{52}	tsuei^{52}	ts^{h}uei^{52}	suei^{52}	suei^{52}	tʂuei^{52}
偏关	vei^{52}	luei^{52}	luei^{52}	tsuei^{52}	ts^{h}uei^{52}	suei^{52}	suei^{52}	tsuei^{52}
朔城	——	li^{53}	li^{53}	tsuei^{53}	ts^{h}uei^{53}	suei^{53}	suei^{53}	tsuei^{52}
平鲁	uɛi^{213}	kɛi^{52}	kɛi^{52}	tsuɛi^{52}	ts^{h}uɛi^{213}	suɛi^{52}	suɛi^{52}	tsuɛi^{52}
应县	uəi^{54}	ləi^{24}	ləi^{24}	tsuəi^{24}	ts^{h}uəi^{24}	suəi^{24}	suəi^{31}	tsuəi^{31}
灵丘	vɛe^{53}	lei^{53}	lei^{53}	tsuei^{53}	ts^{h}uei^{53}	suei^{53}	suei^{53}	tsuei^{53}
浑源	vɛe^{13}	lɛe^{13}	lɛe^{13}	tsuɛe^{52}	ts^{h}uɛe^{13}	suɛe^{13}	suɛe^{13}	tsuɛe^{13}
云州	vɛi^{24}	lɛi^{24}	lɛi^{24}	tsuɛi^{24}	ts^{h}uɛi^{24}	suɛi^{24}	suɛi^{312}	tʂuɛi^{24}
新荣	vɛe^{24}	lɛe^{24}	lɛe^{24}	suɛe^{24}	ts^{h}uɛe^{24}	suɛe^{24}	suɛe^{24}	tʂuɛe^{24}
怀仁	vɛe^{24}	lɛe^{24}	lɛe^{24}	tsuɛe^{24}	ts^{h}uɛe^{24}	suɛe^{24}	suɛe^{24}	tsuɛe^{24}
左云	vɛi^{24}	lɛi^{24}	lɛi^{24}	tsuɛi^{24}	ts^{h}uɛi^{24}	suɛi^{24}	suɛi^{24}	tsuɛi^{24}
右玉	vɛe^{31}	lɛe^{24}	lɛe^{24}	tsuɛe^{24}	ts^{h}uɛe^{24}	suɛe^{24}	suɛe^{24}	tʂuɛe^{24}
阳高	——	lei^{24}	lei^{24}	tsuei^{24}	ts^{h}uei^{24}	suei^{31}	suei^{31}	tsuei^{24}
山阴	uei^{52}	lɛe^{335}	lɛe^{335}	tsuei^{335}	ts^{h}uei^{335}	suei^{335}	suei^{313}	tʂuei^{335}
天镇	vɛe^{24}	luɛe^{24}白 / lɛe^{24}文	luɛe^{24}白 / lɛe^{24}文	tsuɛe^{24}	ts^{h}uɛe^{24}	suɛe^{24}	suɛe^{22}	tsuɛe^{24}
平定	vei^{24}	luei^{24}	luei^{24}	tsuei^{24}	ts^{h}uei^{24}	suei^{24}	suei^{44}	tsuei^{24}

续表

字目	猬	类	泪	醉	翠	穗	遂	坠
中古音 / 方言点	于贵 止合三 去未云	力遂 止合三 去至来	力遂 止合三 去至来	将遂 止合三 去至精	七醉 止合三 去至清	徐醉 止合三 去至邪	徐醉 止合三 去至邪	直类 止合三 去至澄
昔阳	vei^{13}	luei^{13}	luei^{13}	tsuei^{13}	ts^{h}uei^{13}	suei^{13}	suei^{13}	tsuei^{13}
左权	——	luɛi^{53}	luɛi^{53}	tsuɛi^{53}	ts^{h}uɛi^{53}	ɕy^{53}	suɛi^{11}	tsuɛi^{53}
和顺	vei^{13}	luei^{13}	luei^{13}	tsuei^{13}	ts^{h}uei^{13}	suei^{13}	suei^{13}	tsuei^{13}
尧都	uei^{44}	lei^{44}	lei^{44}	tɕy^{44} 白 / tsuei^{44} 文	ts^{h}uei^{44}	ɕy^{44}	suei^{24}	tʂuei^{44}
洪洞	uei	lei^{53}	ly^{53} 白 / lei^{53} 文	tɕy^{33} 白 / tsuei^{33} 文 / tsuen^{24} 文	ts^{h}uei^{33}	ɕy^{53} 白 / suei^{53} 文	suei^{33}	tsuei^{33}
洪洞赵城	uei^{53}	lei^{53}	ly^{53}	tɕy^{24}	ts^{h}uei^{24}	ɕy^{53}	suei^{24}	tʂuei^{53}
古县	uei^{53}	luei^{53}	ly^{53} 白 / luei^{53} 文	tɕy^{35} 白 / tsuei^{35} 文	ts^{h}uei^{35}	ɕy^{53} 白 / suei^{53} 文	ɕy^{35} 白 / suei^{53} 文	tsuei^{53}
襄汾	uei^{53}	lei^{53}	ly^{53} 白 / lei^{53} 文	tɕy^{44} 白 / tsuei^{44} 文	ts^{h}uei^{44}	ɕy^{53} 白 / suei^{53} 文	suei^{44}	tsuei^{53}
浮山	uei^{53}	lei^{53}	ly^{53}	tɕy^{44} 白 / tsuei^{44} 文	ts^{h}uei^{44}	ɕy^{53}	suei^{44}	tʂuei^{53}
霍州	uei^{53}	lei^{53}	ly^{53}	tɕy^{55} 白 / tsuei^{55} 文	ts^{h}uei^{55}	ɕy^{53} 白 / suei^{53} 文	suei^{53}	tsuei^{53}
翼城	vei^{53}	luei^{53}	luei^{53}	tsuei^{53}	ts^{h}uei^{53}	suei^{53}	suei^{53}	tʂuei^{44}
闻喜	——	lui^{13}	lui^{13}	tɕy^{53} 白 / tsui^{53} 文	ts^{h}ui^{53}	sui^{13}	——	pfi^{53} 白 / tsui^{53} 文
侯马	vei^{44}	luei^{53}	luei^{53}	tsuei^{53}	ts^{h}uei^{53}	suei^{53}	tʂuei^{53}	tʂuei^{53}
新绛	uei^{44}	luei^{53}	luei^{53}	tɕy^{44}	ts^{h}uei^{53}	ɕy^{53}	suei^{53}	tʂuei^{53}
绛县	uei^{31}	luei^{31}	ly^{31}	ts^{h}uei^{31}	ts^{h}uei^{31}	ɕy^{31}	suei^{31}	pfei^{31}
垣曲	uei^{53}	luei^{53}	ly^{53} 白 / luei^{53} 文	tɕy^{53}	ts^{h}uei^{53}	ɕy^{44}	suei^{53}	tʂuei^{53}
夏县	uei^{31}	luei^{31}	luei^{31}	tɕy^{31} 白 / tsuei^{31} 文	ts^{h}uei^{31}	ɕy^{31} 白 / suei^{31} 文	suei^{31}	pfei^{31} 白 / tʂuei^{31} 文
万荣	——	luei^{55}	y^{213} 白 / luei^{33} 文	tɕy^{33} 白 / tsuei^{33} 文	ts^{h}uei^{33}	ɕy^{33}	suei^{213}	pfei^{33}
稷山	uei^{42}	lei^{42}	luei^{42}	tɕy^{42} 白 / tsuei^{42} 文	ts^{h}uei^{42}	ɕy^{42}	suei^{42}	tsuei^{42}
盐湖	uei^{44}	luei^{44}	y^{44} 白 / luei^{44} 文	tɕy^{44} 白 / tsuei^{44} 文	ts^{h}uei^{44}	ɕy^{44} 白 / suei^{44} 文	suei^{13}	pfei^{44} 白 / tʂuei^{44} 文
临猗	uei^{44}	luei^{44}	y^{44} 白 / luei^{44} 文	tɕy^{44} 白 / tsuei^{44} 文	ts^{h}uei^{44}	suei^{44}	suei^{44}	pfei^{44} 白 / tʂuei^{44} 文

续表

字目	猬	类	泪	醉	翠	穗	遂	坠
中古音 / 方言点	于贵 止合三 去未云	力遂 止合三 去至来	力遂 止合三 去至来	将遂 止合三 去至精	七醉 止合三 去至清	徐醉 止合三 去至邪	徐醉 止合三 去至邪	直类 止合三 去至澄
河津	uei^{44}	lei^{44}	y^{44} 白 / $luei^{44}$ 文	$tɕy^{44}$ 白	ts^huei^{44}	$suei^{44}$	$suei^{324}$	$pfei^{44}$
平陆	uei^{33}	$luei^{33}$	y^{33}	$tɕy^{33}$ 白 / $tsuei^{33}$ 文	ts^huei^{33}	$ɕy^{33}$ 白 / $suei^{33}$ 文	$suei^{13}$	$pfei^{33}$
永济	vei^{31}	lei^{44}	y^{44} 白 / $luei^{44}$ 文	$tsuei^{44}$	ts^huei^{44}	$ɕy^{44}$ 白 / $suei^{44}$ 文	$suei^{44}$	$pfei^{44}$
芮城	uei^{42}	$luei^{42}$	$luei^{44}$	$tɕy^{44}$ 白 / $tsuei^{44}$ 文	ts^huei^{44}	$ɕy^{42}$	$suei^{13}$	pf^hei^{44}
吉县	uei^{33}	$luei^{53}$	y^{33}	$tɕy^{33}$ 白 / $tsuei^{33}$ 文	ts^huei^{33}	$ɕy^{33}$	——	——
乡宁	uei^{44}	$luei^{22}$	ly^{22}	$tɕy^{22}$	$tsuei^{22}$	$ɕy^{22}$	$ɕy^{12}$ 白 / $suei^{12}$ 文	$tʂuei^{22}$
广灵	vei^{213}	lei^{213}	lei^{213}	$tsuei^{213}$	ts^huei^{213}	$suei^{213}$	$suei^{213}$	$tsuei^{213}$

字目	帅	率~领	季	愧	柜	位	累连~	睡
中古音 方言点	所类 止合三 去至生	所类 止合三 去至生	俱位 止合三 去至见	俱位 止合三 去至见	求位 止合三 去至群	于愧 止合三 去至云	良伪 止合三 去寘来	是伪 止合三 去寘禅
北京	ʂuai^{51}	ʂuai^{51}	tɕi^{51}	kʰuei^{51}	kuei^{51}	uei^{51}	lei^{51}	ʂuei^{51}
小店	suɛ^{24}	suɛ^{24}	tɕi^{24}	kʰuei^{24}	kuei^{24}	vei^{24}	luei^{24}	suei^{24}
尖草坪	suei^{35}	suei^{35}	tɕi^{35}	kʰuei^{35}	kuei^{35}	vei^{35}	luei^{35}	suei^{35}
晋源	suai^{35}	suai^{35}	tɕi^{35}	kʰuei^{35}	kuei^{35}	vei^{35}	ly^{35}	fu^{35}
阳曲	suai^{454}	suai^{454}	tɕi^{454}	kʰuei^{454}	kuei^{454}	vei^{454}	lei^{454}	suei^{454}
古交	suai^{53}	suai^{53}	tɕi^{53}	kʰuei^{53}	kuei^{53}	vei^{53}	luei^{53}	ɕy^{53}
清徐	suai^{45}	suai^{45}	tɕi^{45}	kʰuei^{45}	kuei^{45}	vi^{45}	ly^{45} 白 / lai^{45} 文	ɕy^{45} 白 / suei^{45} 文
娄烦	fɛi^{54}	fɛi^{54}	tɕi^{54}	kʰui^{54}	kui^{54}	vei^{54}	lui^{54}	fu^{54} 白 / sui^{54} 文
榆次	suɛe^{35}	suɛe^{35}	tɕi^{35}	kʰuɯ^{35}	kuɯ^{35}	vɯ^{35}	luɛe^{35}	ɕy^{35}
交城	suɛ^{24}	suɛ^{24}	tɕi^{24}	kʰui^{24}	kui^{24}	ui^{24}	ly^{24}	ɕy^{24}
文水	suai^{35}	suai^{35}	tsɿ^{35}	kʰueɪ^{35}	tsʮ^{35} 白 / kueɪ^{35} 文	ueɪ^{35}	lueɪ^{35} 老 / leɪ^{35} 新	sueɪ^{35}
祁县	suæɛ^{45}	suæɛ^{45}	tsɿ^{45}	kʰuəɨ^{45}	kuəɨ^{45}	uəɨ^{45}	luəɨ^{45}	suəɨ^{45}
太谷	suɑi^{53}	suɑi^{53}	tɕi^{53}	kʰuei^{53}	kuei^{53}	vei^{53}	ly^{53}	fu^{53}
平遥	suæe^{24}	suæe^{24}	tɕi^{24}	kʰuei^{24}	uei^{24} 白 / kuei^{24} 文	uei^{24}	luei^{24}	suei^{24}
孝义	suai^{454}	suai^{454}	tɕi^{454}	kʰuei^{454}	kuei^{454}	uei^{454}	luri^{454}	suei^{454}
介休	suai^{45}	suai^{45}	tɕi^{45}	kʰuei^{45}	tɕy^{45} 白 / kuei^{45} 文	uei^{45}	luei^{45}	suei^{45}
灵石	suɛ^{53}	suɛ^{53}	tɕi^{53}	kʰuei^{53}	kuei^{53}	uei^{53}	——	ʂu^{53} 白
盂县	suɑɛ^{55}	suɑɛ^{55}	tɕi^{55}	kʰuei^{55}	kuei^{55}	vei^{55}	luei^{55}	suei^{55}
寿阳	suai^{45}	suai^{45}	tsɿ^{45}	kʰuei^{45}	kuei^{45}	vei^{45}	luei^{45}	suei^{45}
榆社	suɛ^{45}	suɛ^{45}	tsɿ^{45}	kʰuei^{45}	kuei^{45}	vei^{45}	luei^{45}	fy̩^{45} 白 / suei^{45} 文
离石	suɛe^{53}	suɛe^{53}	tsɿ^{53}	kʰuɛe^{53}	kuɛe^{53}	uɛe^{53}	luɛe^{53}	su^{53}
汾阳	ʂuai^{55}	ʂuai^{55}	tsɿ^{55}	kʰuei^{55}	kuei^{55}	uei^{55}	luei^{55}	ʂuei^{55}
中阳	ʂuɛe^{53}	ʂuɛe^{53}	tɕi^{53}	kʰuɛe^{53}	kuɛe^{53}	uɛe^{53}	luɛe^{53}	ʂu^{53}
柳林	suɛe^{53}	suɛe^{53}	tɕi^{53}	kʰuɛe^{53}	kuɛe^{53}	uɛe^{53}	ly^{53}	ɕy^{53}
方山	suɛe^{52}	suɛe^{52}	tɕi^{52}	kʰuɛe^{52}	kuei^{52}	uei^{52}	luei^{52}	ɕy^{52}
临县	suɛe^{24}	suɛe^{24}	tɕi^{52}	kʰuei^{52}	kuei^{52}	uei^{52}	lei^{52}	suei^{52}
兴县	suai^{53}	suai^{53}	tɕi^{53}	kʰuei^{53}	kuei^{53}	uei^{53}	——	ɕy^{53}
岚县	suai^{53}	suai^{53}	tɕi^{53}	kʰuei^{53}	tɕy^{53} 白 / kuei^{53} 文	uei^{53}	luei^{53}	su^{53}

续表

字目	帅	率~领	季	愧	柜	位	累连~	睡
中古音 / 方言点	所类 止合三 去至生	所类 止合三 去至生	居悸 止合三 去至见	俱位 止合三 去至见	求位 止合三 去至群	于愧 止合三 去至云	良伪 止合三 去寘来	是伪 止合三 去寘禅
静乐	fae^{53}	fae^{24} 白	tɕi^{53}	kʰuei^{53}	kuei^{53}	vei^{53}	luei^{53} 白	fu^{53} 白 / suei^{53} 文
交口	suai^{53}	suai^{53}	tɕi^{53}	kʰuei^{53}	tɕy^{53} 白 / kuei^{53} 文	uei^{53}	ly^{53} 白 / luei^{53} 文	sʮ^{53}
石楼	tʂʰei^{51}	tʂʰei^{51}	tɕi^{51}	kʰuei^{51}	tɕy^{51} 白 / kuei^{51} 文	uei^{51}	luei^{51} 白 / lei^{51} 文	su^{51}
隰县	suae^{44}	suae^{44}	tɕi^{44}	kʰuei^{44}	tɕʰy^{44} 白 / kʰuei^{44} 文	uei^{44}	luei^{44}	su^{44} 白 / suei^{44} 文
大宁	ʂuɛe^{55}	ʂuɛe^{55}	tɕi^{55}	kʰuei^{55}	kʰuei^{55} 白 / kuei^{55} 文	vei^{55}	ly^{55} 白 / luei^{55} 文	ʂu^{55} 白 / ʂuei^{55} 文
永和	ʂuɛi^{53}	ʂuei^{53}	tɕi^{53}	kʰuei^{53}	kuei^{53} 白 / kʰuei^{53} 文	uei^{53}	ly^{53} 白 / luei^{53} 文	ʂu^{53} 白 / ʂuei^{53} 文
汾西	suɑi^{55}	suɑi^{55}	tɕʑ̩^{55}	kʰuei^{35}/ kʰuei^{55}	tɕy^{55} 白 / kʰuei^{53} 白 / kuei^{55} 文	——	——	fʏ̩^{53} 白 / suei^{53} 文
蒲县	suai^{33}	suai^{33}	tɕi^{33}	kʰuei^{33}	kʰuei^{33} 白 / kuei^{33} 文	uei^{33}	luei^{33}	ʂu^{33}
潞州	suai^{44}	suai^{44}	tɕi^{44}	kʰuei^{44}	kuei^{54}	vei^{54}	luei^{54}	suei^{54}
上党	suæ^{42}	suæ^{22}	tɕi^{22}	kʰuei^{42}	kuei^{42}	uei^{42}	lei^{42}	suei^{42}
长子	suɛe^{53}	suɛe^{422}	tɕi^{422}	kʰuei^{53}	kuei^{53}	vei^{53}	luei^{53}	suei^{53}
屯留	suɛe^{53}	suɛe^{53}	tɕi^{53}	kʰuei^{53}	kuei^{11}	vei^{11}	luei^{11}	suei^{11}
襄垣	suᴇɪ^{53}	suᴇɪ^{42}	tɕi^{45}	kʰuei^{53}	kuei^{45}	vei^{45}	luei^{45}	suei^{45}
黎城	suɛi^{53}	suɛi^{33}	ci^{53}	kʰuei^{53}	kuei^{53}	uei^{53}	luei^{53}	suei^{53}
平顺	suɛe^{53}	suɛe^{53}	ci^{53}	kʰuei^{53}	kuei^{53}	uei^{53}	luei^{13}	suei^{53}
壶关	ʂuai^{353}	ʂuai^{42}	tsi^{42}	kʰuei^{353}	kuei^{353}	uei^{353}	luei^{353}	ʂuei^{353}
沁县	suɛe^{53}	suɛe^{53}	tsɿ^{53}	kʰuei^{53}	kuei^{53}	vei^{53}	luei^{53}	suei^{53}
武乡	suɛ^{55}	suɛ^{55}	tsɿ^{55}	kʰuei^{55}	kuei^{55}	vei^{55}	luei^{55}	suei^{55}
沁源	ʂuɛe^{53}	ʂuɛe^{53}	tɕi^{53}	kʰuei^{53}	kuei^{53}	vei^{53}	luei^{53}	ʂu^{53}
安泽	suai^{53}	suai^{53}	tɕi^{53}	kʰuei^{53}	kuei^{53}	vei^{53}	luei^{53}	suei^{53}
沁水端氏	suɛe^{53}	suɛe^{53}	tɕi^{53}	kʰuai^{53}	kuai^{53}	vai^{53}	lai^{24}	sai^{53}
阳城	ʂuai^{51}	ʂuai^{51}	ci^{51}	kʰuai^{51}	kuai^{51}	vi^{51}	luai^{51}	ʂuai^{51}
高平	ʂuɛe^{53}	ʂuɛe^{53}	tɕi^{53}	kʰuei^{53}	kuei^{53}	vei^{53}	luei^{53}	ʂuei^{53}
陵川	ʂuæe^{24}	ʂuæe^{24}	ci^{24}	kʰuei^{24}	kuei^{24}	ue^{24} 白 / uei^{24} 文	luei^{24}	ʂuei^{24}

续表

字目	帅	率~领	季	愧	柜	位	累连~	睡
中古音 / 方言点	所类 止合三 去至生	所类 止合三 去至生	居悸 止合三 去至见	俱位 止合三 去至见	求位 止合三 去至群	于愧 止合三 去至云	良伪 止合三 去寘来	是伪 止合三 去寘禅
晋城	ʂuᴇ^{53}	ʂuᴇ^{53}	tɕiəʔ^{2}	kʰuɤɯ^{53}	kuɤɯ^{53}	uɤɯ^{53}	luɤɯ^{53}	ʂuɤɯ^{53}
忻府	suæe^{53}	suæe^{53}	tɕi^{53}	kʰuei^{53}	kuei^{53}	vei^{53}	luei^{53}	suei^{53}
原平	suæɛ^{53}	suæɛ^{53}	tɕi^{53}	kʰuəi^{53}	kuəi^{53}	vəi^{53}	luəi^{53}	suəi^{53}
定襄	sɛe^{53}	sɛe^{53}	tɕi^{53}	kʰuei^{53}	kuei^{53}	vei^{53}	luei^{53}	suei^{53}
五台	suɛ^{213}	suɛ^{52}	tɕi^{52}	kʰuei^{52}	kuei^{52}	uei^{52}	luei^{52}	suei^{52}
岢岚	suɛi^{52}	suɛi^{52}	tɕi^{52}	kʰuɛi^{52}	kuɛi^{52}	vɛi^{52}	luɛi^{52}	suɛi^{52}
五寨	suei^{52}	suei^{52}	tɕi^{52}	kʰuei^{52}	kuei^{52}	vei^{52}	luei^{52}	suei^{52}
宁武	suᴇe^{52}	suᴇe^{52}	tɕi^{52}	kʰuᴇe^{52}	kuᴇe^{52}	vᴇe^{52}	luᴇe^{52}	suᴇe^{52}
神池	suɛe^{52}	suɛe^{52}	tɕi^{52}	kʰuɛe^{52}	kuɛe^{52}	vɛe^{52}	luɛe^{52}	suɛe^{52}
繁峙	suai^{24}	suai^{24}	tɕi^{24}	kʰuei^{24}	kuei^{24}	vei^{24}	luei^{24}	suei^{24}
代县	suai^{53}	suai^{53}	tɕi^{53}	kʰuei^{53}	kuei^{53}	uei^{53}	luei^{213}	suei^{53}
河曲	ʂuɛe^{52}	lyəʔ^{4}	tɕi^{52}	kʰuei^{52}	kuei^{52}	vei^{52}	luei^{52}	tɕiɔu^{52}
保德	ʂuai^{52}	ʂuai^{52}	tɕi^{52}	kʰuei^{52}	kuei^{52}	vei^{52}	luei^{52}	ʂuei^{52}
偏关	ʂuei^{52}	suei^{52}	tsɿ^{52}	kʰuei^{52}	kʰuei^{52}	vei^{52}	luei^{52}	ʂuei^{52}
朔城	suɛi^{53}	suɛi^{53}	tɕi^{53}	kʰuei^{53}	kuei^{53}	vei^{53}	li^{53}	suei^{53}
平鲁	suɛi^{52}	suɛi^{52}	tɕi^{213}	kʰuɛi^{52}	kuɛi^{52}	xuɛi^{52}	kɛi^{52}	suɛi^{52}
应县	suɛi^{24}	suɛi^{24}	tɕi^{24}	kʰuəi^{24}	kuəi^{24}	uəi^{24}	ləi^{31}	suəi^{24}
灵丘	suɛe^{53}	suɛe^{53}	tɕi^{53}	kʰuei^{53}	kuei^{53}	vɛe^{53}	lei^{31}	suei^{53}
浑源	suɛe^{13}	suɛe^{13}	tɕi^{13}	kʰuɛe^{13}	kuɛe^{13}	vɛe^{13}	lɛe^{13}	suɛe^{13}
云州	suɛi^{24}	suɛi^{24}	tɕi^{24}	kʰuɛi^{24}	kuɛi^{24}	vɛi^{24}	lɛi^{24}	ʂuɛi^{24}
新荣	ʂuɛe^{24}	ʂuɛe^{24}	tɕi^{24}	kʰuɛe^{24}	kuɛe^{24}	vɛe^{24}	lɛe^{24}	ʂuɛe^{24}
怀仁	suɛe^{24}	suɛe^{24}	tɕi^{24}	kʰuɛe^{24}	kuɛe^{24}	vɛe^{24}	lɛe^{24}	suɛe^{24}
左云	suɛi^{24}	suɛi^{24}	tɕi^{24}	kʰuɛi^{24}	kuɛi^{24}	vɛi^{24}	lɛi^{24}	suɛi^{24}
右玉	ʂuɛe^{24}	ʂuɛe^{24}	tɕi^{24}	kʰuɛe^{24}	kuɛe^{24}	vɛe^{24}	lɛe^{24}	ʂuɛe^{24}
阳高	suei^{24}	suei^{24}	tɕi^{24}	kʰuei^{24}	kuei^{24}	vei^{24}	lei^{24}	suei^{53}
山阴	ʂuɛe^{335}	ʂuɛe^{335}	tɕi^{335}	kʰuei^{335}	kuei^{335}	uei^{335}	lɛe^{335}	ʂuei^{335}
天镇	suɛe^{24}	suɛe^{24}	tɕi^{24}	kʰuɛe^{24}	kuɛe^{24}	vɛe^{24}	luɛe^{24} 白 / lɛe^{24} 文	suɛe^{24}
平定	suɛe^{24}	suɛe^{24}	tɕi^{24}	kʰuei^{53}	kuei^{24}	vei^{24}	luei^{24}	suei^{24}
昔阳	suɛe^{13}	suɛe^{13}	tɕi^{13}	kʰuei^{13}	kuei^{13}	vei^{13}	luei^{13}	suei^{13}

续表

字目	帅	率~领	季	愧	柜	位	累连~	睡
中古音 / 方言点	所类 止合三 去至生	所类 止合三 去至生	居悸 止合三 去至见	俱位 止合三 去至见	求位 止合三 去至群	于愧 止合三 去至云	良伪 止合三 去寘来	是伪 止合三 去寘禅
左权	suɛi^{53}	suɛi^{53}/luəʔ^{1}/suəʔ^{1}	tɕi^{53}	——	kuɛi^{53}	vɛi^{53}	luɛi^{53}	suɛi^{53}
和顺	suai^{13}	suai^{13}	tɕi^{13}	kʰuei^{13}	kuei^{13}	vei^{13}	luei^{13}	suei^{13}
尧都	fɑi^{44}白/ʂuɑi^{44}文	ʂuɑi^{44}	tɕi^{44}	kʰuei^{44}	kʰuei^{44}白/kuei^{44}文	uei^{44}	lei^{44}	fu^{44}白/ʂuei^{44}文
洪洞	fɑi^{42}	fɑi^{42}	tɕi^{33}	kʰuei^{33}	tɕʰy^{53}白/kuei^{53}文	uei^{53}	luei^{53}	fu^{53}白/suei^{53}文
洪洞赵城	ʂuɑi^{24}	ʂuɑi^{24}	tɕi^{24}	kʰuei^{24}	tɕʰy^{53}白/kuei^{53}文	uei^{53}	lei^{53}	ʂu^{53}白/ʂuei^{53}文
古县	suɑi^{53}	suɑi^{21}	tɕi^{35}	kuei^{35}	kʰuei^{53}白/kuei^{53}文	uei^{53}	luei^{53}	fu^{53}白/suei^{53}文
襄汾	fai^{53}白/suai^{53}文	fai^{44}	tɕi^{44}	kʰuei^{44}	kʰuei^{53}白/kuei^{53}文	vei^{53}	——	fu^{53}
浮山	fai^{53}	fai^{42}	tɕi^{44}	kʰuei^{44}	tɕʰy^{53}/kʰuei^{53}	uei^{53}	lei^{13}	fu^{53}
霍州	suai^{55}	suai^{55}	tɕi^{55}	kʰuei^{55}	tɕʰy^{53}白/kuei^{53}文	uei^{53}	lei^{53}	ʂu^{53}白/ʂuei^{53}文
翼城	ʂuᴇe^{53}	ʂuᴇe^{53}	tɕi^{53}	kʰuei^{53}	kuei^{53}	vei^{53}	luei^{53}	ʂuei^{53}
闻喜	fɛe^{53}	——	——	kʰui^{53}	kʰui^{13}	ui^{13}	lui^{13}	fu^{13}白/sui^{13}文
侯马	ʂuae^{53}	ʂuae^{53}	tɕʰi^{53}	kʰuei^{53}	kuei^{53}	uei^{53}	lei^{53}	ʂuei^{53}
新绛	faɛ^{44}	ʂuaɛ^{44}	tɕi^{53}	kʰuei^{13}	kʰuei^{53}	uei^{53}	luei^{53}	fu^{53}
绛县	fɑi^{31}	ʂuɑi^{31}	tɕi^{31}	kʰuei^{31}	kuei^{31}	uei^{31}	luei^{53}	fu^{31}
垣曲	ʂuai^{53}	ʂuai^{53}	tɕi^{53}	kʰuei^{53}	kʰuei^{53}	vei^{53}白/uei^{53}文	luei^{53}白/lei^{53}文	ʂuei^{53}
夏县	fæe^{31}	fæe^{31}	tɕi^{31}	kʰuei^{31}	kʰuei^{31}白/kuei^{31}文	uei^{31}	luei^{31}	fu^{31}白/fei^{31}文
万荣	fai^{33}	ly^{33}	tɕi^{33}	kʰuei^{55}	tɕʰy^{33}白/kʰuei^{33}文	uei^{33}	luei^{33}	fu^{33}白/fei^{33}文
稷山	fai^{42}	fai^{42}	tɕi^{42}	kʰuei^{42}	kʰuei^{42}白/kuei^{42}文	uei^{42}	luei^{42}	fu^{42}
盐湖	fɛi^{44}	fɛi^{42}	tɕi^{44}	kʰuei^{44}	kʰuei^{44}白/kuei^{44}文	vei^{44}	luei^{44}	fu^{44}白/ʂuei^{44}文
临猗	fai^{44}	fai^{44}	tɕi^{44}	kʰuei^{44}	kʰuei^{44}白/kuei^{44}文	uei^{44}	luei^{44}	fu^{44}白/fei^{44}白/ʂuei^{44}文

续表

字目 / 中古音 / 方言点	帅	率~领	季	愧	柜	位	累连~	睡
中古音	所类 止合三 去至生	所类 止合三 去至生	居悸 止合三 去至见	俱位 止合三 去至见	求位 止合三 去至群	于愧 止合三 去至云	良伪 止合三 去寘来	是伪 止合三 去寘禅
河津	fai⁴⁴	fai⁴⁴	tɕi⁴⁴	kʰuei⁴⁴	kʰuei⁴⁴	uei⁴⁴	luei⁴⁴	fei⁴⁴
平陆	fai³³	fai³³	tɕi³³	kʰuei⁵⁵	kʰuei³³	uei³³	luei³³	fu³³
永济	fai⁴⁴ 白 / ʂuai⁴⁴ 文	ʂuai⁴⁴	tɕi⁴⁴	kʰuei⁴⁴	tɕʰy⁴⁴ 白 / kʰuei⁴⁴ 文	vei⁴⁴	lei⁴⁴	fu⁴⁴ 白 / fei⁴⁴ 文
芮城	fai⁴⁴	fai⁴⁴	tɕi⁴⁴	kʰuei⁴⁴	kʰuei⁴⁴	uei⁴⁴	luei⁵³	fu⁴⁴ 白 / fei⁴⁴ 文
吉县	fai³³	fai³³	tɕi³³	kʰuei³³	kʰuei³³	uei³³	luei³³	fu³³
乡宁	ʂuai²²	ʂuai²²	tɕi²²	kʰuei²²	kʰuei²²	uei²²	luei²²	ʂu²² 白 / ʂuei²² 文
广灵	suɛe²¹³	suɛe²¹³	tɕi²¹³	kʰuei²¹³	kuei²¹³	vei²¹³	lei²¹³	suei²¹³

字目	瑞	伪	喂~养	为因~	褒	袍	毛	刀
中古音 / 方言点	是伪 止合三 去寘禅	危睡 止合三 去寘疑	於伪 止合三 去寘影	於伪 止合三 去寘云	博毛 效开一 平豪帮	薄褒 效开一 平豪並	莫袍 效开一 平豪明	都牢 效开一 平豪端
北京	ʐuei^{51}	uei^{214}	uei^{51}	uei^{51}	pau^{55}	pʰau^{35}	mau^{35}	tau^{55}
小店	zuei^{24}	vei^{53}	vei^{24}	vei^{24}	pɔo^{11}	pʰɔo^{11}	mɔo^{11}/ mɔo^{53}	tɔo^{11}
尖草坪	suei^{35} 白 / zuei^{35} 文	vei^{312}	vei^{35}	vei^{35}	pau^{33}	pʰau^{33}	mau^{33}	tau^{33}
晋源	zuei^{35}	vei^{42}	vei^{35}	vei^{35}	pau^{42}	pʰau^{11}	mau^{11}	tau^{11}
阳曲	zuei^{454}	vei^{312}	vei^{454}	vei^{312}	pɔo^{312}	pʰɔo^{43}	mɔo^{43}	tɔo^{312}
古交	zuei^{53}	vei^{53}	vei^{53}	vei^{53}	pau^{44}	pʰau^{44}	mau^{44}	tau^{44}
清徐	ɕy^{45} 白 / zuai^{45} 文	vi^{54}	vi^{45}	vi^{45}	pɔu^{11}	pɔu^{11}	mɔu^{11}	tɔu^{11}
娄烦	zui^{54}	vei^{312}	vei^{54}	vei^{54}	pɔu^{33}	pʰɔu^{33}	mɔu^{33}	tɔu^{33}
榆次	zuɯ^{35}	vɯ^{53}	vɯ^{35}	vɯ^{35}	pɔu^{53}	pʰɔu^{11}	mɔu^{11}/mu^{11}	tɔu^{11}
交城	ɕy^{24} 白 / ʐuɛ^{24} 文	ui^{53}	ui^{24}	ui^{24}	pɔu^{53}	pʰɔu^{11}	mu^{11} 白 / mɔu^{11} 文	tɔu^{11}
文水	ʐueɪ^{35}	ueɪ^{423}	ueɪ^{35}	ueɪ^{35}	pau^{22}	pʰau^{22}	məɸ^{22} 白 / mau^{22} 文	tau^{22}
祁县	ʐuəɨ^{45}	uəɨ^{314}	uəɨ^{45}	uəɨ^{45}	pɒɔ^{314}	pʰɒɔ^{31}	mɒɔ^{31}	tɒɔ^{31}
太谷	fu^{53} 白 / zuei^{53} 文	vei^{312}	vei^{53}	vei^{53}	pɑɯ^{33}	pʰɑɯ^{33}	mɑɯ^{33}	tɑɯ^{33}
平遥	zuei^{24}	uei^{512}	y^{24} 老 / uei^{24} 新	uei^{24}	pɔ^{512}	pʰɔ^{213}	mu^{213} 白 / mɔ^{213} 文	tɔ^{213}
孝义	zuei^{454}	uei^{312}	y^{454}	uei^{454}	pao^{312}	pʰao^{33}	mu^{33} 白 / mao^{33} 文	tao^{33}
介休	zuei^{45}	uei^{423}	uei^{45}	uei^{45}	pɔo^{13}	pʰɔo^{13}	mu^{13} 白 / mɔo^{13} 文	tɔo^{13}
灵石	zuei^{53}	uei^{212}	uei^{53}	uei^{53}	pɔ^{535}	pʰɔ^{44}	mɔ^{44}	tɔ^{535}
盂县	zuei^{55}	vei^{53}	vei^{55}	vei^{55}	——	pʰɑu^{22}	mɑu^{22}	tɑu^{412}
寿阳	zuei^{45}	vei^{53}	vei^{45}	vei^{45}	pɔo^{53}	pʰɔo^{22}	mɔo^{22}	tɔo^{31}
榆社	zuei^{45}	vei^{312}	vei^{45}	vei^{45}	pou^{312}	pʰou^{22}	mou^{22}	tou^{22}
离石	zuɛe^{53}	uɛe^{312}	zu^{53}	uɛe^{53}	pou^{312}	pʰou^{44}	mu^{44} 白 / mou^{44} 文	tou^{24}
汾阳	ʐuei^{55}	uei^{312}	uei^{55}	uei^{55}	pau^{324}	pʰau^{22}	məʋ^{22} 白 / mau^{22} 文	tau^{324}
中阳	ʐuɛe^{53}	uɛe^{423}	y^{53}	uɛe^{53}	pɔo^{423}	pʰɔo^{33}	mu^{33} 白 / mɔo^{33} 文	tɔo^{24}

续表

字目	瑞	伪	喂~养	为因~	褒	袍	毛	刀
中古音 / 方言点	是伪 止合三 去寘禅	危睡 止合三 去寘疑	於伪 止合三 去寘影	於伪 止合三 去寘云	博毛 效开一 平豪帮	薄褒 效开一 平豪並	莫袍 效开一 平豪明	都牢 效开一 平豪端
柳林	zuɛe^{53}	uɛe^{312}	y^{53} 白 / uɛe^{53} 文	uɛe^{53}	pou^{312}	pʰou^{44}	mu^{44} 白 / mou^{44} 文	tou^{24}
方山	zuei^{52}	uei^{312}	uei^{52}	uei^{52}	pou^{312}	pʰou^{44}	mou^{44}	tou^{24}
临县	ʐuei^{52}	uei^{312}	y^{52} 白 / uei^{52} 文	uei^{52}	puɤ^{312}	pʰuɤ^{33}	muɤ^{33}	tɔu^{24}
兴县	zuei^{53}	uei^{324}	y^{53} 白 / uei^{53} 文	uei^{53}	pɔu^{324}	pʰɔu^{55}	mɔu^{55}	tɔu^{324}
岚县	suei^{53}/ʐuei^{53}	uei^{312}	uei^{53}	uei^{53}	pau^{214}	pʰau^{44}	mau^{44}	tau^{214}
静乐	zuei^{53}	vei^{314}	y^{53} 白	vei^{53}	pɑo^{24}	pʰɑo^{33}	mɑo^{33}	tɑo^{24}
交口	ʐuei^{53}	uei^{323}	y^{53}	uei^{53}	pɑo^{323}	pʰɑo^{44}	mu^{44} 白 / mɑo^{44} 文	tɑo^{323}
石楼	ʐuei^{51}	uei^{213}	uei^{51}	uei^{51}	pɔo^{213}	pʰiɔo^{44}	mu^{44} 白 / mɔo^{44} 文	tɔo^{213}
隰县	zuei^{44}	uei^{21}	y^{44}	uei^{44}	pɑo^{21}	pʰɑo^{24}	mu^{24} 白 / mɑo^{24} 文	tɑo^{53}
大宁	ʂuei^{55} 白 / ʐuei^{55} 文	vei^{24}	y^{55} 白 / vei^{55} 文	vei^{55}	pɐu^{31}	pʰɐu^{24}	mu^{24} 白 / mɐu^{24} 文	tɐu^{31}
永和	ʐuei^{53}	uei^{35}	——	uei^{53}	pɑo^{33}	pʰɑo^{35}	mɑo^{33}	tɑo^{33}
汾西	zuei^{53}	uei^{33}	y^{33} 白 /uei^{55}	uei^{53}	pɑo^{33}	pʰɑo^{35}	mɑo^{35}/mu^{35}	tɑo^{11}
蒲县	ʐuei^{33}	uei^{31}	uei^{33}	uei^{24}	pɑu^{52}	pʰɑu^{24}	mɑu^{24}	tɑu^{52}
潞州	luei^{54}	vei^{535}	vei^{44}	vei^{54}	pɑo^{312}	pʰɑo^{24}	mɑo^{24}	tɑo^{312}
上党	lei^{42}	uei^{42}	uei^{22}	uei^{42}	pɔ^{213}	pʰɔ^{44}	mɔ^{44}	tɔ^{213}
长子	luei^{53}	vei^{312}	vei^{422}	vei^{53}	pɔ^{434}	pʰɔ^{24}	mɔ^{24}	tɔ^{312}
屯留	luei^{53}	vei^{43}	vei^{53}	vei^{11}	pɔo^{31}	pʰɔo^{11}	mɔo^{11}	tɔo^{31}
襄垣	ʐuei^{45}	vei^{42}	vei^{53}	uei^{45}	pɔo^{42}	pɔo^{31}	mɔo^{31}	tɔo^{33}
黎城	luei^{53}	uei^{213}	uei^{422}	uei^{422}	pɔo^{213}	pʰɔo^{53}	mɔo^{53}	tɔo^{33}
平顺	luei^{53}	uei^{53}	uei^{53}	uei^{53}	pɔ^{213}	pʰɔ^{13}	mɔ^{13}	tɔ^{213}
壶关	luei^{353}	uei^{535}	uei^{42}	uei^{42}	pɔ^{33}	pʰɔ^{13}	mɔ^{13}	tɔ^{33}
沁县	zuei^{53}	vei^{214}	vei^{53}	vei^{53}	pɔo^{224}	pʰɔo^{33}	mɔo^{33}	tɔo^{224}
武乡	suei^{55}	vei^{213}	vei^{55}	vei^{55}	pɔ^{113}	pʰɔ^{33}	mɔ^{33}	tɔ^{113}
沁源	ʐuei^{53}	vei^{324}	vei^{53}	vei^{53}	pɔo^{324}	pʰɔo^{33}	mɔo^{33}	tɔo^{324}
安泽	zuei^{53}	vei^{35}	vei^{53}	vei^{53}	pau^{21}	pʰau^{35}	mau^{35}	tau^{21}
沁水端氏	zuai^{53}	vai^{31}	vai^{53}	vai^{53}	——	pʰɔ^{24}	mɔ^{24}	tɔ^{21}

续表

字目	瑞	伪	喂~养	为因~	褒	袍	毛	刀
中古音 方言点	是伪 止合三 去寘禅	危睡 止合三 去寘疑	於伪 止合三 去寘影	於伪 止合三 去寘云	博毛 效开一 平豪帮	薄褒 效开一 平豪並	莫袍 效开一 平豪明	都牢 效开一 平豪端
阳城	ʐuai^{51}	vai^{212}	vi^{51} 白 / vai^{51} 文	vai^{51}	po^{212}	p^{h}o^{22}	mo^{22}	to^{224}
高平	ʐuə̃ĩ^{53}	vei^{212}	vei^{53}	vei^{53}	pɔo^{212}	p^{h}ɔo^{33}	mɔo^{33}	tɔo^{33}
陵川	luei^{24}	uei^{312}	uei^{24}	uei^{24}	pɔo^{33}	p^{h}ɔo^{53}	mɔo^{53}	tɔo^{33}
晋城	ʐuɤɯ^{53}	uɤɯ^{213}	uɤɯ^{53}	uɤɯ^{53}	po^{33}	p^{h}o^{324}	mo^{324}	to^{33}
忻府	zuei^{53}	vei^{313}	vei^{53}	vei^{53}	pɔo^{313}	p^{h}ɔo^{21}	mɔo^{21}	tɔo^{313}
原平	zuəi^{53}	vəi^{213}	vəi^{53}	vəi^{53}	pɔo^{213}	p^{h}ɔo^{33}	mɔo^{33}	tɔo^{213}
定襄	ʐuei^{53}	vei^{24}	vei^{53}	vei^{53}	pɔu^{24}	p^{h}ɔu^{11}	mɔu^{11}	tɔu^{24}
五台	zuei^{52}	uei^{213}	uei^{52}	uei^{52}	pɑɔ^{213}	p^{h}ɑɔ^{33}	mɑɔ^{33}	tɑɔ^{213}
岢岚	ʐuɛi^{52}	vɛi^{13}	vɛi^{52}	vɛi^{52}	pɑu^{13}	p^{h}ɑu^{44}	mɑu^{44} 白 / mu^{44} 文	tɑu^{13}
五寨	zuei^{52}	vei^{44}	vei^{52}	vei^{52}	pɑu^{13}	p^{h}ɑu^{44}	mu^{44} 白 / mɑu^{44} 文	tɑu^{13}
宁武	zuᴇe^{52}	vᴇe^{213}	vᴇe^{52}	vᴇe^{52}	pɔu^{23}	p^{h}ɔu^{33}	mɔu^{33}	tɔu^{23}
神池	zuɛe^{52}	vɛe^{13}	vɛe^{52}	vɛe^{52}	pɔo^{24}	p^{h}ɔo^{32}	mɔo^{32}	tɔo^{24}
繁峙	ʐuei^{24}	vei^{53}	vei^{24}	vei^{24}	pɑo^{53}	p^{h}ɑo^{31}	mɑo^{31}	tɑo^{53}
代县	zuei^{53}	uei^{213}	uei^{53}	uei^{53}	pau^{213}	p^{h}au^{44}	mau^{44}	tau^{213}
河曲	ʐuei^{52}	vei^{213}	vei^{52}	vei^{44}	pɔu^{213}	p^{h}ɔu^{44}	mɔu^{44}	tɔu^{213}
保德	ʐuei^{52}	vei^{213}	vei^{52}	vei^{52}	pəu^{213}	p^{h}əu^{44}	məu^{44}	təu^{213}
偏关	ʐuei^{52}	vei^{213}	vei^{52}	vei^{52}	pɔo^{24}	p^{h}ɔo^{44}	mɔo^{44}	tɔo^{24}
朔城	ʐuei^{53}	vei^{312}	vei^{53}	vei^{53}	pɔo^{312}	p^{h}ɔo^{35}	mɔo^{35}	tɔo^{312}
平鲁	zuɛi^{52}	xuɛi^{52}	xuɛi^{52}	xuɛi^{52}	pɔ^{213}	p^{h}ɔ^{44}	mɔ^{44}	tɔ^{213}
应县	zuəi^{24}	uəi^{54}	uəi^{24}	uəi^{24}	pau^{43}	p^{h}au^{31}	mau^{31}	tau^{43}
灵丘	zuei^{53}	vɛe^{442}	vɛe^{53}	vɛe^{53}	pɔo^{442}	p^{h}ɔo^{53}	mɔo^{31}	tɔo^{442}
浑源	zuɛe^{13}	uei^{52}	vɛe^{13}	vɛe^{13}	pʌu^{52}	p^{h}ʌu^{22}	mʌu^{22}	tʌu^{52}
云州	ʐuɛi^{24}	vɛi^{55}	vɛi^{24}	vɛi^{24}	pɑu^{21}	p^{h}ɑu^{312}	mɑu^{312}	tɑu^{21}
新荣	ʐuɛe^{24}	vɛe^{54}	vɛe^{24}	vɛe^{24}	pɔu^{32}	p^{h}ɔu^{312}	mɔu^{312}	tɔu^{32}
怀仁	zuɛe^{24}	vɛe^{53}	vɛe^{24}	vɛe^{24}	pɔu^{53}	p^{h}ɔu^{312}	mɔu^{312}	tɔu^{42}
左云	ʐuɛi^{24}	vɛi^{54}	vɛi^{24}	vɛi^{24}	pɔu^{31}	p^{h}ɔu^{313}	mɔu^{313}	tɔu^{31}
右玉	ʐuɛe^{24}	vɛe^{53}	vɛe^{24}	vɛe^{24}	pɐo^{53}	p^{h}ɐo^{212}	mɐo^{212}	tɐo^{31}
阳高	ʐuei^{24}	vei^{53}	——	vei^{24}	pɔu^{31}	p^{h}ɔu^{312}	mɔu^{312}	tɔu^{31}
山阴	——	uei^{52}	uei^{335}	uei^{335}	pɔo^{52}	pɔo^{313}	mɔo^{313}	tɔo^{313}

续表

字目	瑞	伪	喂~养	为因~	褒	袍	毛	刀
中古音 / 方言点	是伪 止合三 去寘禅	危睡 止合三 去寘疑	於伪 止合三 去寘影	於伪 止合三 去寘云	博毛 效开一 平豪帮	薄褒 效开一 平豪並	莫袍 效开一 平豪明	都牢 效开一 平豪端
天镇	zuɛe^{24}	vɛe^{55}	——	vɛe^{24}	pɔu^{55}	pʰɔu^{22}	mɔu^{22}	tɔu^{31}
平定	zuei^{24}	vei^{53}	vei^{24}	vei^{24}	pɔ^{31}	pʰɔ^{44}	mɔ^{44}	tɔ^{31}
昔阳	zuei^{13}	vei^{55}	vei^{13}	vei^{13}	pɔo^{42}	pʰɔo^{33}	mɔo^{33}	tɔo^{42}
左权	ʐuɛi^{53}	vɛi^{42}	——	vɛi^{11}	——	pʰəu^{11}	məu^{11}	təu^{31}
和顺	zuei^{13}	vei^{53}	y^{13} 白 / vei^{13} 文	vei^{13}	——	pʰɔu^{22}	mɔu^{22}	tɔu^{42}
尧都	ʐuei^{44}	uei^{53}	uei^{44}	uei^{44}	pɑu^{21}	pʰɑu^{24}	mɑu^{24}	tɑu^{21}
洪洞	vei^{53}	uei^{53}	uei^{33}	uei^{53}	pɑo^{42}	pʰɑo^{24}	mɑo^{24}	tɑo^{21}
洪洞赵城	ʐuei^{53} 白 / ʂuei^{53} 文	uei^{53}	uei^{53}	uei^{53}	pɑo^{53}	pʰɑo^{24}	mɑo^{24}	tɑo^{21}
古县	ʐuei^{53}	uei^{53}	uei^{53}	uei^{53}	pɑu^{21}	pʰɑu^{35}	mɑu^{35}	tɑu^{21}
襄汾	fei^{53} 白 / ʐuei^{44} 文	uei^{42}	uei^{53}	uei^{53}	pao^{21}	pʰao^{24}	mao^{24}	tao^{21}
浮山	ʐuei^{44}	uei^{33}	u^{53}	uei^{53}	pao^{42}	pʰao^{13}	mao^{13}	tao^{42}
霍州	zuei^{53}	uei^{33}	uei^{53}	uei^{53}	pau^{212}	pʰau^{35}	mau^{35}	tau^{212} 文
翼城	ʐuei^{53}	vei^{53}	y^{53} 白 / vei^{53} 文	vei^{44}	pɔo^{53}	pʰɔo^{12}	mɔo^{12}	tɔo^{53}
闻喜	vi^{13}	ui^{13}	y^{53} 白 / ui^{53} 文	ui^{13}	pɑo^{53}	pʰɑo^{13}	mu^{13} 白 / mɑo^{13} 文	tɑo^{53}
侯马	uei^{53}	uei^{44}	uei^{53}	uei^{53}	pɑu^{44}	mɑu^{213}	mɑu^{213}	tɑu^{213}
新绛	vei^{53}	uei^{44}	uei^{53}	uei^{53}	pɑo^{53}	pʰɑo^{13}	mu^{13} 白 / mɑo^{13} 文	tɑo^{53}
绛县	ʐuei^{31}	uei^{53}	y^{31}	uei^{31}	pau^{53}	pʰau^{24}	mau^{24}	tau^{53}
垣曲	ʐuei^{53}	uei^{44}	uei^{53}	uei^{53}	pau^{22}	pʰau^{22}	mau^{22}	tau^{22}
夏县	vei^{31} 白 / ʐuei^{31} 文	uei^{24}	y^{31} 白 / uei^{31} 文	uei^{31}	pɑu^{53}	pʰɑu^{42}	mɑu^{42}	tɑu^{53}
万荣	vei^{33}	uei^{55}	y^{33}	uei^{33}	pau^{51}	pʰau^{213}	mu^{213} 白 / mau^{213} 文	tau^{51}
稷山	vei^{42}	uei^{44}	y^{42} 白 / uei^{42} 文	uei^{42}	pɑu^{53}	pʰɑu^{53}	mɑu^{13}	tɑu^{53}
盐湖	vei^{44} 白 / ʐuei^{44} 文	uei^{53}	y^{44} 白 / uei^{44} 文	uei^{44}	pɔ^{42}	pʰɔ^{13}	mu^{13} 白 / mɔ^{13} 文	tɔ^{42}
临猗	vei^{44}	uei^{53}	y^{44} 白 / uei^{44} 文	uei^{44}	pɑu^{53}	pʰɑu^{13}	mu^{13} 白 / mɑu^{13} 文	tɑu^{42}

续表

字目	瑞	伪	喂~养	为因~	褒	袍	毛	刀
中古音 / 方言点	是伪 止合三 去寘禅	危睡 止合三 去寘疑	於伪 止合三 去寘影	於伪 止合三 去寘云	博毛 效开一 平豪帮	薄褒 效开一 平豪並	莫袍 效开一 平豪明	都牢 效开一 平豪端
河津	vei^{53}	uei^{53}	y^{44}	uei^{44}	pau^{31} 文	pʰau^{324}	mau^{324} 文	tau^{31}
平陆	vei^{33}	uei^{55}	uei^{33}	uei^{33}	pau^{31}	pʰau^{13}	mu^{13} 白 / mau^{13} 文	tau^{31}
永济	fei^{44} 白 / vei^{44} 文	vei^{53}	vei^{44}	vei^{44}	pau^{31}	pʰau^{24}	mau^{24}	tau^{31}
芮城	vei^{44}	uei^{53}	uei^{42}/y^{42}	uei^{44}	pau^{53}	pʰau^{13}	mu^{13} 白 / mau^{13} 文	tau^{42}
吉县	vei^{33}	uei^{53}	y^{33} 白 / uei^{33} 文	uei^{33}	pau^{423}	pʰau^{13}	mu^{13} 白 / mau^{13} 文	tau^{423}
乡宁	zʮei^{22}	uei^{44}	uei^{22}	uei^{22}	pau^{53}	pʰau^{12}	mau^{12}	tau^{53}
广灵	zuei^{213}	vei^{44}	vei^{213}	vei^{213}	pʌu^{53}	pʰʌu^{31}	mʌu^{31}	tʌu^{53}

字目	滔	涛	桃	逃	陶	淘	捞	劳~动
中古音 / 方言点	土刀 效开一 平豪透	徒刀 效开一 平豪定	徒刀 效开一 平豪定	徒刀 效开一 平豪定	徒刀 效开一 平豪定	徒刀 效开一 平豪定	鲁刀 效开一 平豪来	鲁刀 效开一 平豪来
北京	tʰau^{55}	tʰau^{55}	tʰau^{35}	tʰau^{35}	tʰau^{35}	tʰau^{35}	lau^{55}	lau^{35}
小店	tʰɔo^{11}	tʰɔo^{11}	tɔo^{11}	tʰɔo^{11}	tʰɔo^{11}	tʰɔo^{11}	lɔo^{11}	lɔo^{11}
尖草坪	tʰau^{33}	tʰau^{33}	tʰau^{33}	tʰau^{33}	tʰau^{33}	tʰau^{33}	lau^{33}	lau^{33}
晋源	tʰau^{11}	tʰau^{11}	tau^{11} 白 / tʰau^{11} 文	tʰau^{11}	tʰau^{11}	tau^{11} 白 / tʰau^{11} 文	lau^{11}	lau^{11}
阳曲	tʰɔo^{312}	tʰɔo^{43}	tʰɔo^{43}	tʰɔo^{43}	tʰɔo^{43}	tʰɔo^{43}	lɔo^{312}	lɔo^{312}
古交	tʰau^{44}	tʰau^{44}	tau^{44}	tʰau^{44}	tau^{44}	tau^{44}	lau^{44}	lau^{44}
清徐	tʰɔu^{11}	tʰɔu^{11}	tɔu^{11} 白 / tʰɔu^{11} 文	tʰɔu^{11}	tʰɔu^{11}	tɔu^{11} 白 / tʰɔu^{11} 文	lɔu^{11}	lɔu^{11}
娄烦	tʰɔu^{33}	tʰɔu^{33}	tʰɔu^{33}	tʰɔu^{33}	tʰɔu^{33}	tʰɔu^{33}	lɔu^{33}	lɔu^{33}
榆次	tʰɔu^{11}	tʰɔu^{11}	tɔu^{11}	tʰɔu^{11}	tʰɔu^{11}	tʰɔu^{11}	lɔu^{11}	lɔu^{11}
交城	tʰɔu^{11}	tʰɔu^{11}	tɔu^{11} 白 / tʰɔu^{11} 文	tʰɔu^{11}	tʰɔu^{11}	tɔu^{11} 白 / tʰɔu^{11} 文	lɔu^{11}	lɔu^{11}
文水	tʰau^{22}	tʰau^{22}	tau^{22} 白 / tʰau^{22} 文	tʰau^{22}	tʰau^{22}	tʰau^{22}	lau^{22}	lau^{22}
祁县	tʰɒɔ^{31}	tʰɒɔ^{31}	tɒɔ^{31} 白 / tʰɒɔ^{31} 文	tʰɒɔ^{31}	tʰɒɔ^{31}	tɒɔ^{31} 白 / tʰɒɔ^{31} 文	lɒɔ^{31}	lɒɔ^{31}
太谷	tʰɑɯ^{33}	tʰɑɯ^{33}	tɑɯ^{33} 白 / tʰɑɯ^{33} 文	tʰɑɯ^{33}	tʰɑɯ^{33}	tɑɯ^{33} 白 / tʰɑɯ^{33} 文	lɑɯ^{33}	lɑɯ^{33}
平遥	tʰɔ^{213}	tʰɔ^{213}	tɔ^{213}	tʰɔ^{213}	tʰɔ^{213}	tʰɔ^{213}	lɔ^{213}	lɔ^{213}
孝义	tʰao^{33}	tʰao^{33}	tao^{33}	tʰao^{33}	tʰao^{33}	tʰao^{33}	lao^{33}	lao^{33}
介休	tʰɔo^{13}	tʰɔo^{13}	tɔo^{13} 白 / tʰɔo^{13} 文	tʰɔo^{13}	tʰɔo^{13}	tʰɔo^{13}	lɔo^{13}	lɔo^{13}
灵石	tɔ^{535}	tɔ^{535}	tɔ^{44}	tɔ^{44}	tɔ^{44}	tɔ^{44}	lɔ^{535}	lɔ^{44}
盂县	tʰɑu^{412}	tʰɑu^{412}	tʰɑu^{22}	tʰɑu^{22}	tʰɑu^{22}	tʰɑu^{22}	lɑu^{412}	lɑu^{22}
寿阳	tʰɔo^{31}	tʰɔo^{31}	tʰɔo^{22}	tʰɔo^{22}	tʰɔo^{22}	tʰɔo^{22}	lɔo^{31}	lɔo^{22}
榆社	tʰou^{22}	tʰou^{22}	tʰou^{22}	tʰou^{22}	tʰou^{22}	tʰou^{22}	lou^{22}	lou^{22}
离石	tʰou^{44}	tʰou^{44}	tʰou^{44}	tʰou^{44}	tʰou^{44}	tʰou^{44}	lou^{44}	lou^{44}
汾阳	tʰau^{22}	tʰau^{22}	tʰau^{22}	tʰau^{22}	tʰau^{22}	tʰau^{22}	lau^{22}	lau^{22}
中阳	tʰɔo^{33}	tʰɔo^{33}	tʰɔo^{33}	tʰɔo^{33}	tʰɔo^{33}	tʰɔo^{33}	lɔo^{33}	lɔo^{33}
柳林	tʰou^{44}	tʰou^{44}	tʰou^{44}	tʰou^{44}	tʰou^{44}	tʰou^{44}	lou^{44}	lou^{44}
方山	tʰou^{24}	tʰou^{44}	tʰou^{44}	tʰou^{44}	tʰou^{44}	tʰou^{44}	lou^{44}	lou^{44}
临县	tʰɔu^{33}	tʰɔu^{33}	tʰɔu^{33}	tʰɔu^{33}	tʰɔu^{33}	tʰɔu^{33}	lɔu^{33}	lɔu^{33}
兴县	tʰɔu^{55}	tʰɔu^{55}	tʰɔu^{55}	tʰɔu^{55}	tʰɔu^{55}	tʰɔu^{55}	lɔu^{55}	lɔu^{55}

续表

字目	滔	涛	桃	逃	陶	淘	捞	劳~动
中古音 / 方言点	土刀 效开一 平豪透	徒刀 效开一 平豪定	徒刀 效开一 平豪定	徒刀 效开一 平豪定	徒刀 效开一 平豪定	徒刀 效开一 平豪定	鲁刀 效开一 平豪来	鲁刀 效开一 平豪来
岚县	tʰau^{214}	tʰau^{44}	tʰau^{44}	tʰau^{44}	tʰau^{44}	tʰau^{44}	lau^{44}	lau^{44}
静乐	tʰɑo^{33}	tʰɑo^{33}	tʰɑo^{33}	tʰɑo^{33}	tʰɑo^{33}	tʰɑo^{33}	lɑo^{33}	lɑo^{33}
交口	tʰɑo^{323}	tʰɑo^{323}	tʰɑo^{44}	tʰɑo^{44}	tʰɑo^{44}	tʰɑo^{44}	lɑo^{44}	lɑo^{44}
石楼	tʰɔo^{44}	tʰɔo^{44}	tʰɔo^{51}	tʰɔo^{44}	tʰɔo^{44}	tʰɔo^{44}	lɔo^{44}	lɔo^{44}
隰县	tʰɑo^{53}	tʰɑo^{53}	tʰɑo^{24}	tʰɑo^{24}	tʰɑo^{24}	tʰɑo^{24}	lɑo^{53}	lɑo^{24}
大宁	tʰɐu^{31}	tʰɐu^{31}	tʰɐu^{24}	tʰɐu^{24}	tʰɐu^{24}	tʰɐu^{24}	lɐu^{24}	lɐu^{24}
永和	tʰɑo^{35}	tʰɑo^{35}	tʰɑo^{35}	tʰɑo^{35}	tʰɑo^{35}	tʰɑo^{35}	lɑo^{35}	lɑo^{35}
汾西	tʰɑo^{11}	tʰɑo^{11}	tʰɑo^{35}	tʰɑo^{35}	tʰɑo^{35}	——	lɯ^{11}白/ lou^{11}白/ lɑo^{35}文	lɑo^{35}文
蒲县	tʰɑu^{52}	tʰɑu^{52}	tʰɑu^{24}	tʰɑu^{24}	tʰɑu^{24}	tʰɑu^{24}	lɑu^{24}	lɑu^{24}
潞州	tʰɑo^{312}	tʰɑo^{312}	tʰɑo^{24}	tʰɑo^{24}	tʰɑo^{24}	tʰɑo^{24}	lɑo^{24}	lɑo^{24}
上党	tʰɔ^{213}	tʰɔ^{213}	tʰɔ^{44}	tʰɔ^{44}	tʰɔ^{44}	tʰɔ^{44}	lɔ^{213}	lɔ^{44}
长子	tʰɔ^{312}	tʰɔ^{312}	tʰɔ^{24}	tʰɔ^{24}	tʰɔ^{24}	tʰɔ^{24}	lɔ^{24}	lɔ^{24}
屯留	tʰɔo^{31}	tʰɔo^{31}	tʰɔo^{11}	tʰɔo^{11}	tʰɔo^{11}	tʰɔo^{11}	lɔo^{11}	lɔo^{11}
襄垣	tʰɔo^{31}	tʰɔo^{33}	tʰɔo^{31}	tʰɔo^{31}	tʰɔo^{31}	tʰɔo^{31}	lɔo^{33}	lɔo^{31}
黎城	tʰɔo^{33}	tʰɔo^{33}	tʰɔo^{53}	tʰɔo^{53}	tʰɔo^{33}	tʰɔo^{33}	lɔo^{53}	lɔo^{53}
平顺	tʰɔ^{213}	tʰɔ^{213}	tʰɔ^{13}	tʰɔ^{13}	tʰɔ^{13}	tʰɔ^{13}	lɔ^{13}	lɔ^{13}
壶关	tʰɔ^{33}	tʰɔ^{33}	tʰɔ^{13}	tʰɔ^{13}	tʰɔ^{13}	tʰɔ^{13}	lɔ^{13}	lɔ^{13}
沁县	tʰɔo^{224}	tʰɔo^{224}	tʰɔo^{33}	tʰɔo^{33}	tʰɔo^{33}	tʰɔo^{33}	lɔo^{33}	lɔo^{33}
武乡	tʰɔ^{113}	tʰɔ^{113}	tʰɔ^{33}	tʰɔ^{33}	tʰɔ^{33}	tʰɔ^{33}	lɔ^{33}	lɔ^{33}
沁源	tʰɔo^{324}	tʰɔo^{324}	tʰɔo^{33}	tʰɔo^{33}	tʰɔo^{33}	tʰɔo^{33}	lɔo^{324}	lɔo^{33}
安泽	tʰau^{21}	tʰau^{21}	tʰau^{35}	tʰau^{35}	tʰau^{35}	tʰau^{35}	lau^{21}	lau^{35}
沁水端氏	tʰɔ^{21}	tʰɔ^{21}	tʰɔ^{24}	tʰɔ^{24}	tʰɔ^{24}	tʰɔ^{24}	lɔ^{24}	lɔ^{24}
阳城	tʰo^{224}	tʰo^{22}	tʰo^{22}	tʰo^{22}	tʰo^{22}	tʰo^{22}	lo^{22}	lo^{22}
高平	tʰɔo^{33}	tʰɔo^{33}	tʰɔo^{33}	tʰɔo^{33}	tʰɔo^{33}	tʰɔo^{33}	lɔo^{33}	lɔo^{33}
陵川	tʰɔo^{33}	tʰɔo^{33}	tʰɔo^{53}	tʰɔo^{53}	tʰɔo^{53}	tʰɔo^{53}	lɔo^{33}	lɔo^{53}
晋城	tʰo^{33}	tʰo^{33}	tʰo^{324}	tʰo^{324}	tʰo^{324}	tʰo^{324}	lo^{33}/lo^{324}	lo^{324}
忻府	tʰɔo^{313}	tʰɔo^{313}	tʰɔo^{21}	tʰɔo^{21}	tʰɔo^{21}	tʰɔo^{21}	lɔo^{313}	lɔo^{21}
原平	tʰɔo^{213}	tʰɔo^{213}	tʰɔo^{33}	tʰɔo^{33}	tʰɔo^{33}	tʰɔo^{33}	lɔo^{33}	lɔo^{33}
定襄	tʰɔu^{24}	tʰɔu^{24}	tʰɔu^{11}	tʰɔu^{11}	tʰɔu^{11}	tʰɔu^{11}	lɔu^{24}	lɔu^{11}

续表

字目	滔	涛	桃	逃	陶	淘	捞	劳~动
中古音 / 方言点	土刀 效开一 平豪透	徒刀 效开一 平豪定	徒刀 效开一 平豪定	徒刀 效开一 平豪定	徒刀 效开一 平豪定	徒刀 效开一 平豪定	鲁刀 效开一 平豪来	鲁刀 效开一 平豪来
五台	tʰɑɔ^{33}	tʰɑɔ^{33}	tʰɑɔ^{33}	tʰɑɔ^{33}	tʰɑɔ^{33}	tʰɑɔ^{33}	lɑɔ^{33}	lɑɔ^{33}
岢岚	tʰɑu^{44}	tʰɑu^{44}	tʰɑu^{44}	tʰɑu^{44}	tʰɑu^{44}	tʰɑu^{44}	lɑu^{44}	lɑu^{44}
五寨	tʰɑu^{44}	tʰɑu^{44}	tʰɑu^{44}	tʰɑu^{44}	tʰɑu^{44}	tʰɑu^{44}	lɑu^{44}	lɑu^{44}
宁武	tʰɔu^{23}	tʰɔu^{23}	tʰɔu^{33}	tʰɔu^{33}	tʰɔu^{33}	tʰɔu^{33}	lɔu^{23}	lɔu^{33}
神池	tʰɔo^{24}	tʰɔo^{24}	tʰɔo^{32}	tʰɔo^{32}	tʰɔo^{32}	tʰɔo^{32}	lɔo^{24}	lɔo^{32}
繁峙	tʰɑo^{53}	tʰɑo^{53}	tʰɑo^{31}	tʰɑo^{31}	tʰɑo^{31}	tʰɑo^{31}	lɑo^{53}	lɑo^{31}
代县	tʰau^{44}	tʰau^{44}	tʰau^{44}	tʰau^{44}	tʰau^{44}	tʰau^{44}	lau^{44}	lau^{44}
河曲	tʰɔu^{44}	tʰɔu^{44}	tʰɔu^{44}	tʰɔu^{44}	tʰɔu^{44}	tʰɔu^{44}	lɔu^{44}	lɔu^{44}
保德	tʰəu^{213}	tʰəu^{213}	tʰəu^{44}	tʰəu^{44}	tʰəu^{44}	tʰəu^{44}	ləu^{44}	ləu^{44}
偏关	tʰɔo^{24}	tʰɔo^{44}	tʰɔo^{44}	tʰɔo^{44}	tʰɔo^{44}	tʰɔo^{44}	lɔo^{44}	lɔo^{24}
朔城	tʰɔo^{312}	tʰɔo^{312}	tʰɔo^{35}	tʰɔo^{35}	tʰɔo^{35}	tʰɔo^{35}	lɔo^{312}	lɔo^{35}
平鲁	tʰɔ^{44}	tʰɔ^{44}	tʰɔ^{44}	tʰɔ^{44}	tʰɔ^{44}	tʰɔ^{44}	lɔ^{44}	lɔ^{44}
应县	tʰau^{43}	tʰau^{43}	tʰau^{31}	tʰau^{31}	tʰau^{31}	tʰau^{31}	lau^{31}	lau^{31}
灵丘	tʰɔo^{442}	tʰɔo^{442}	tʰɔo^{31}	tʰɔo^{31}	tʰɔo^{31}	tʰɔo^{31}	lɔo^{442}	lɔo^{31}
浑源	tʰʌu^{22}	tʰʌu^{22}	tʰʌu^{22}	tʰʌu^{22}	tʰʌu^{22}	tʰʌu^{22}	lʌu^{22}	lʌu^{22}
云州	tʰɑu^{21}	tʰɑu^{21}	tʰɑu^{312}	tʰɑu^{312}	tʰɑu^{312}	tʰɑu^{312}	lɑu^{21}	lɑu^{312}
新荣	tʰɔu^{312}	tʰɔu^{312}	tʰɔu^{312}	tʰɔu^{312}	tʰɔu^{312}	tʰɔu^{312}	lɔu^{312}	lɔu^{312}
怀仁	tʰɔu^{42}	tʰɔu^{42}	tʰɔu^{312}	tʰɔu^{312}	tʰɔu^{312}	tʰɔu^{312}	lɔu^{312}	lɔu^{312}
左云	tʰɔu^{31}	tʰɔu^{31}	tʰɔu^{313}	tʰɔu^{313}	tʰɔu^{313}	tʰɔu^{313}	lɔu^{31}	lɔu^{313}
右玉	tʰɐo^{31}	tʰɐo^{212}	tʰɐo^{212}	tʰɐo^{212}	tʰɐo^{212}	tʰɐo^{212}	lɐo^{212}	lɐo^{212}
阳高	tʰɔu^{31}	tʰɔu^{31}	tʰɔu^{31}	tʰɔu^{31}	tʰɔu^{31}	tʰɔu^{31}	lɔu^{31}	lɔu^{312}
山阴	tʰɔo^{313}	tʰɔo^{313}	tʰɔo^{313}	tʰɔo^{313}	tʰɔo^{313}	tʰɔo^{313}	lɔo^{313}	lɔo^{313}/lɔo^{335}
天镇	tʰɔu^{22}	tʰɔu^{22}	tʰɔu^{22}	tʰɔu^{22}	tʰɔu^{22}	tʰɔu^{22}	lɔu^{22}	lɔu^{22}
平定	tʰɔ^{44}	tʰɔ^{44}	tʰɔ^{44}	tʰɔ^{44}	tʰɔ^{44}	tʰɔ^{44}	lɔ^{44}	lɔ^{44}
昔阳	tʰɔo^{42}	tʰɔo^{42}	tʰɔo^{33}	tʰɔo^{33}	tʰɔo^{33}	tʰɔo^{33}	lɔo^{42}	lɔo^{33}
左权	tʰəu^{11}	tʰəu^{11}	tʰəu^{11}	tʰəu^{11}	tʰəu^{11}	tʰəu^{11}	ləu^{11}	ləu^{11}
和顺	tʰɔu^{42}	tʰɔu^{22}	tʰɔu^{22}	tʰɔu^{22}	tʰɔu^{22}	tʰɔu^{22}	lɔu^{42}	lɔu^{22}
尧都	tʰɑu^{21}	tʰɑu^{21}	tʰɑu^{24}	tʰɑu^{24}	tʰɑu^{24}	tʰɑu^{24}	lɑu^{21}	lɑu^{24}
洪洞	tɑo^{24}	tɑo^{24}	tɑo^{24}	tɑo^{24}	tɑo^{24}	tɑo^{24}	lɑo^{21}/lou^{21}	lɑo^{24}

续表

字目	滔	涛	桃	逃	陶	淘	捞	劳~动
中古音／方言点	土刀 效开一 平豪透	徒刀 效开一 平豪定	徒刀 效开一 平豪定	徒刀 效开一 平豪定	徒刀 效开一 平豪定	徒刀 效开一 平豪定	鲁刀 效开一 平豪来	鲁刀 效开一 平豪来
洪洞赵城	tʰɑo^{24}	tʰɑo^{24}	tʰɑo^{24}	tʰɑo^{24}	tʰɑo^{24}	tʰɑo^{24}	lou^{21} 白 / lɑo^{21} 文	lɑo^{24}
古县	tʰɑu^{35}	tʰɑu^{21}	tʰɑu^{35}	tʰɑu^{35}	tʰɑu^{35}	tʰɑu^{35}	lɑu^{35}	lɑu^{35}
襄汾	tʰao^{21}	tʰao^{21}	tʰao^{24}	tʰao^{24}	tʰao^{24}	tʰao^{24}	lao^{21}	lao^{24}
浮山	tʰao^{42}	tʰao^{13}	tʰao^{13}	tʰao^{13}	tʰao^{13}	tʰao^{13}	lao^{42}	lao^{13}
霍州	tʰau^{212}	tʰau^{212}	tʰɔ^{35} 白 / tʰau^{35} 文	tʰau^{35}	tʰau^{35}	tʰau^{35}	lau^{212}	lau^{35}
翼城	tʰɔo^{53}	tʰɔo^{53}	tʰɔo^{12}	tʰɔo^{12}	tʰɔo^{12}	tʰɔo^{12}	lɔo^{53}	lɔo^{12}
闻喜	tʰɑo^{53}	——	tʰɑo^{13}	tʰɑo^{13}	tʰɑo^{13}	tʰɑo^{13}	lɑo^{13}	lɑo^{13}
侯马	tʰɑu^{213}	tʰɑu^{213}	tʰɑu^{213}	tʰɑu^{213}	tʰɑu^{213}	tʰɑu^{213}	lɑu^{213} 白 / lou^{213} 文	lɑu^{213}
新绛	tʰɑo^{13}	tʰɑo^{13}	tʰɑo^{13}	tʰɑo^{13}	tʰɑo^{13}	tʰɑo^{13}	lɑo^{13}	lɑo^{13}
绛县	tʰau^{53}	tʰau^{24}	tʰau^{24}	tʰau^{24}	tʰau^{24}	tʰau^{24}	lau^{24}	lau^{24}
垣曲	tʰau^{22}	tʰau^{22}	tʰau^{22}	tau^{22}	tʰau^{22}	tʰau^{22}	lau^{22}	lau^{22}
夏县	tʰɑu^{53}	tʰɑu^{53}	tʰɑu^{42}	tʰɑu^{42}	tʰɑu^{42}	tʰɑu^{42}	lɑu^{42}	lɑu^{42}
万荣	tʰau^{213}	tʰau^{213}	tʰau^{213}	tʰau^{213}	tʰau^{213}	tʰau^{213}	lau^{213}	lau^{213}
稷山	tʰɑu^{13}	tʰɑu^{13}	tʰɑu^{13}	tʰɑu^{13}	tʰɑu^{13}	tʰɑu^{13}	lɑu^{13}	lɑu^{13}
盐湖	tʰɔ^{42}	tʰɔ^{13}	tʰɔ^{13}	tʰɔ^{13}	tʰɔ^{13}	tʰɔ^{13}	lɔ^{13}	lɔ^{13}
临猗	tʰɑu^{42}	tʰɑu^{42}	tʰɑu^{13}	tʰɑu^{13}	tʰɑu^{13}	tʰɑu^{13}	lɑu^{42}	lɑu^{13}
河津	tʰau^{324}	tʰau^{324}	tʰau^{324}	tʰau^{324}	tʰau^{324}	tʰau^{324}	lau^{324}	lau^{324}
平陆	tʰau^{13}	tʰau^{13}	tʰau^{13}	tʰau^{13}	tʰau^{13}	tʰau^{13}	lau^{31}	lau^{31}
永济	tʰau^{24}	tʰau^{31}	tʰau^{24}	tʰau^{24}	tʰau^{24}	tʰau^{24}	lau^{24}	lau^{24}
芮城	tʰau^{13}	tʰau^{13}	tʰau^{13}	tʰau^{13}	tʰau^{13}	tʰau^{13}	lau^{13}	lau^{13}
吉县	tʰau^{13}	tʰau^{13}	tʰau^{13}	tʰau^{13}	tʰau^{13}	tʰau^{13}	lau^{13}	lau^{13}
乡宁	tʰau^{53}	tʰau^{53}	tʰau^{12}	tʰau^{12}	tʰau^{12}	tʰau^{12}	lau^{53}	lau^{12}
广灵	tʰʌu^{53}	tʰʌu^{53}	tʰʌu^{31}	tʰʌu^{31}	tʰʌu^{31}	tʰʌu^{31}	lʌu^{31}	lʌu^{31}

字目	牢	遭	糟	操~作	曹	槽	骚	臊
中古音 / 方言点	鲁刀 效开一 平豪来	作曹 效开一 平豪精	作曹 效开一 平豪精	七刀 效开一 平豪清	昨劳 效开一 平豪从	昨劳 效开一 平豪从	苏遭 效开一 平豪心	苏遭 效开一 平豪心
北京	lau^{35}	tsau^{55}	tsau^{55}	ts^{h}au^{55}	ts^{h}au^{35}	ts^{h}au^{35}	sau^{55}	sau^{55}/sau^{51}
小店	lɔo^{11}	tsɔo^{11}	tsɔo^{11}	ts^{h}ɔo^{11}	ts^{h}ɔo^{11}	tsɔo^{11}/ ts^{h}ɔo^{11}	sɔo^{11}	sɔo^{11}/sɔo^{24}
尖草坪	lau^{33}	tsau^{33}	tsau^{33}	ts^{h}au^{33}	ts^{h}au^{33}	ts^{h}au^{33}	sau^{33}	sau^{35}
晋源	lau^{11}	tsau^{11}	tsau^{11}	ts^{h}au^{11}	ts^{h}au^{11}	tsau^{11}	sau^{11}	sau^{11}/sau^{35}
阳曲	lɔo^{312}	tsɔo^{312}	tsɔo^{312}	ts^{h}ɔo^{312}	ts^{h}ɔo^{43}	ts^{h}ɔo^{43}	sɔo^{312}	sɔo^{454}
古交	lau^{44}	tsau^{44}	tsau^{44}	ts^{h}au^{44}	ts^{h}au^{44}	ts^{h}au^{44}	sau^{44}	sau^{44}
清徐	lɔu^{11}	tsɔu^{11}	tsɔu^{11}	ts^{h}ɔu^{11}	ts^{h}ɔu^{11}	tsɔu^{11} 白 / ts^{h}ɔu^{11} 文	sɔu^{11}	sɔu^{11}
娄烦	lɔu^{33}	tsɔu^{33}	tsɔu^{33}	ts^{h}ɔu^{33}	ts^{h}ɔu^{33}	ts^{h}ɔu^{33}	sɔu^{33}	sɔu^{33}
榆次	lɔu^{11}	tsɔu^{11}	tsɔu^{11}	ts^{h}ɔu^{11}	ts^{h}ɔu^{11}	tsɔu^{11}	sɔu^{11}	sɔu^{35}
交城	lɔu^{11}	tsɔu^{11}	tsɔu^{11}	ts^{h}ɔu^{11}	ts^{h}ɔu^{11}	tsɔu^{11} 白 / ts^{h}ɔu^{53} 文	tsɔu^{11} 白 / sɔu^{11} 文	sɔu^{24}
文水	lau^{22}	tsau^{22}	tsau^{22}	ts^{h}au^{22}	ts^{h}au^{22}	tsau^{22} 白 / ts^{h}au^{22} 文	sau^{22}	sau^{35}
祁县	lɒɔ^{31}	tsɒɔ^{31}	tsɒɔ^{31}	ts^{h}ɒɔ^{31}	tsɒɔ^{31} 白 / ts^{h}ɒɔ^{31} 文	tsɒɔ^{31} 白 / ts^{h}ɒɔ^{31} 文	sɒɔ^{31}	sɒɔ^{31}
太谷	lɑɯ^{33}	tsɑɯ^{33}	tsɑɯ^{33}	ts^{h}ɑɯ^{33}	tsɑɯ^{33} 白 / ts^{h}ɑɯ^{33} 文	tsɑɯ^{33} 白 / ts^{h}ɑɯ^{33} 文	sɑɯ^{33}	sɑɯ^{33}
平遥	lɔ^{213}	tsɔ^{213}	tsɔ^{213}	ts^{h}ɔ^{213}	ts^{h}ɔ^{213}	tsɔ^{213}	suə^{213}	ts^{h}ɔ^{24}
孝义	lao^{33}	tsao^{33}	tsao^{33}	ts^{h}ao^{33}	ts^{h}ao^{33}	tsao^{33}	tsao^{33} 白 / sao^{33} 文	sao^{33}
介休	lɔo^{13}	tsɔo^{13}	tsɔo^{13}	ts^{h}ɔo^{13}	ts^{h}ɔo^{13}	tsɔo^{13}/ 白 ts^{h}ɔo^{13} 文	sɔo^{13}	sɔo^{45}
灵石	lɔ^{44}	tsɔ^{535}	tsɔ^{535}	ts^{h}ɔ^{535}	ts^{h}ɔ^{44}	ts^{h}ɔ^{44}	sɔ^{535}	sɔ^{53}
盂县	lɑu^{22}	tsɑu^{412}	tsɑu^{412}	ts^{h}ɑu^{412}	ts^{h}ɑu^{22}	ts^{h}ɑu^{22}	sɑu^{412}	sɑu^{412}/sɑu^{55}
寿阳	lɔo^{22}	tsɔo^{31}	tsɔo^{31}	ts^{h}ɔo^{31}	ts^{h}ɔo^{22}	ts^{h}ɔo^{22}	sɔo^{31}	sɔo^{31}
榆社	lou^{22}	tsou^{22}	tsou^{22}	ts^{h}ou^{22}	ts^{h}ou^{22}	ts^{h}ou^{22}	sou^{22}	sou^{22}
离石	lou^{44}	tsou^{24}	tsou^{24}	ts^{h}ou^{24}	ts^{h}ou^{44}	ts^{h}ou^{44}	sou^{24}	sou^{53}
汾阳	lau^{22}	tsau^{324}	tsau^{324}	ts^{h}au^{324}	ts^{h}au^{22}	ts^{h}au^{22}	sau^{324}	sau^{55}
中阳	lɔo^{33}	tsɔo^{24}	tsɔo^{24}	ts^{h}ɔo^{24}	ts^{h}ɔo^{33}	ts^{h}ɔo^{33}	sɔo^{24}	sɔo^{53}
柳林	lou^{44}	tsou^{24}	tsou^{24}	ts^{h}ou^{24}	ts^{h}ou^{44}	ts^{h}ou^{44}	sou^{24}	sou^{53}
方山	lou^{44}	tsou^{24}	tsou^{24}	ts^{h}ou^{24}	ts^{h}ou^{44}	ts^{h}ou^{44}	sou^{24}	sou^{24}
临县	lɔu^{33}	tsɔu^{24}	tsɔu^{33}	ts^{h}ɔu^{33}	ts^{h}ɔu^{24}	ts^{h}ɔu^{33}	sɔu^{24}	sɔu^{52}

续表

字目	牢	遭	糟	操~作	曹	槽	骚	臊
中古音 方言点	鲁刀 效开一 平豪来	作曹 效开一 平豪精	作曹 效开一 平豪精	七刀 效开一 平豪清	昨劳 效开一 平豪从	昨劳 效开一 平豪从	苏遭 效开一 平豪心	苏遭 效开一 平豪心
兴县	lɔu^{55}	tsɔu^{324}	tsɔu^{324}	tsʰɔu^{324}	tsʰɔu^{55}	tsʰɔu^{55}	sɔu^{324}	sɔu^{53}
岚县	lau^{44}	tsau^{214}	tsau^{214}	tsʰau^{214}	tsʰau^{44}	tsʰau^{44}	sau^{214}	sau^{214}
静乐	lɑo^{33}	tsɑo^{24}	tsɑo^{24}	tsʰɑo^{24}	tsʰɑo^{33}	tsʰɑo^{33}	sɑo^{24}	sɑo^{24}
交口	lɑo^{44}	tsɑo^{323}	tsɑo^{323}	tsʰɑo^{323}	tsʰɑo^{44}	tsʰɑo^{44}	sɑo^{323}	sɑo^{53}
石楼	lɔo^{44}	tsɔo^{213}	tsɔo^{213}	tsʰɔo^{213}	tsʰɔo^{44}	tsʰɔo^{44}	sɔo^{213}	sɔo^{51}
隰县	lɑo^{24}	tsɑo^{53}	tsɑo^{53}	tsʰɑo^{53}	tsʰɑo^{24}	tsʰɑo^{24}	sɑo^{53}	sɑo^{44}
大宁	lɐu^{24}	tsɐu^{31}	tsɐu^{31}	tsʰɐu^{31}	tsʰɐu^{24}	tsʰɐu^{24}	sɐu^{31}	sɐu^{31}
永和	lɑo^{35}	tsɑo^{33}	tsɑo^{33}	tsʰɑo^{33}	tsʰɑo^{33}	tsʰɑo^{33}	sɑo^{33}	sɑo^{33}
汾西	lɑo^{35}	tsɑo^{11}	tsɑo^{11}	tsʰɑo^{11}	tsʰɑo^{35}	tsʰɑo^{35}	sɑo^{11}	sɑo^{11}
蒲县	lɑu^{24}	tsɑu^{52}	tsɑu^{52}	tsʰɑu^{52}	tsʰɑu^{24}	tsʰɑu^{24}	sɑu^{52}	sɑu^{52}
潞州	lɑo^{24}	tsɑo^{312}	tsɑo^{312}	tsʰɑo^{312}	tsʰɑo^{24}	tsʰɑo^{24}	sɑo^{312}	sɑo^{312}
上党	lɔ^{44}	tsɔ^{213}	tsɔ^{213}	tsʰɔ^{213}	tsʰɔ^{44}	tsʰɔ^{44}	sɔ^{213}	sɔ^{42}
长子	lɔ^{24}	tsɔ^{312}	tsɔ^{312}	tsʰɔ^{312}	tsʰɔ^{24}	tsʰɔ^{24}	sɔ^{312}	sɔ^{312}
屯留	lɔo^{11}	tsɔo^{31}	tsɔo^{31}	tsʰɔo^{31}	tsʰɔo^{11}	tsʰɔo^{11}	sɔo^{31}	sɔo^{53}
襄垣	lɔo^{31}	tsɔo^{33}	tsɔo^{33}	tsʰɔo^{33}	tsʰ^{31}	tsʰɔo^{31}	sɔo^{33}	sɔo^{33}
黎城	lɔo^{53}	tsɔo^{33}	tsɔo^{33}	tsʰɔo^{33}	tsʰɔo^{53}	tsʰɔo^{53}	sɔo^{33}	sɔo^{33}
平顺	lɔ^{13}	tsɔ^{213}	tsɔ^{213}	tsʰɔ^{13}	tsʰɔ^{13}	tsʰɔ^{13}	sɔ^{213}	sɔ^{53}
壶关	lɔ^{13}	tʂɔ^{33}	tʂɔ^{33}	tʂʰɔ^{33}	tʂʰɔ^{13}	tʂʰɔ^{13}	ʂɔ^{33}	ʂɔ^{42}
沁县	lɔo^{33}	tsɔo^{224}	tsɔo^{224}	tsʰɔo^{224}	tsʰɔo^{33}	tsʰɔo^{33}	sɔo^{224}	sɔo^{224}
武乡	lɔ^{33}	tsɔ^{113}	tsɔ^{113}	tsʰɔ^{113}	tsʰɔ^{33}	tsʰɔ^{33}	sɔ^{113}	sɔ^{113}
沁源	lɔo^{33}	tsɔo^{324}	tsɔo^{324}	tsʰɔo^{324}	tsʰɔo^{33}	tsʰɔo^{33}	sɔo^{324}	sɔo^{324}
安泽	lau^{35}	tsau^{21}	tsau^{21}	tsʰau^{21}	tsʰau^{35}	tsʰau^{35}	sau^{21}	sau^{21}
沁水端氏	lɔ^{24}	tsɔ^{21}	tsɔ^{21}	tsʰɔ^{21}	tsʰɔ^{24}	tsʰɔ^{24}	sɔ^{21}	tsʰɔ^{53}
阳城	lo^{22}	tso^{224}	tso^{224}	tsʰo^{22}	tsʰo^{22}	tsʰo^{22}	so^{224}	so^{224}
高平	lɔo^{33}	tʂɔo^{33}	tʂɔo^{33}	tʂʰɔo^{33}	tʂʰɔo^{33}	tʂʰɔo^{33}	ʂɔo^{33}	ʂɔo^{33}
陵川	lɔo^{53}	tʂɔo^{33}	tʂɔo^{33}	tʂʰɔo^{33}	tʂʰɔo^{53}	tʂʰɔo^{53}	ʂɔo^{33}	ʂɔo^{33}
晋城	lo^{324}	tʂo^{33}	tʂo^{33}	tʂʰo^{33}	tʂʰo^{324}	tʂʰo^{33}	ʂo^{33}	ʂo^{33}
忻府	lɔo^{21}	tsɔo^{313}	tsɔo^{313}	tsʰɔo^{313}	tsʰɔo^{21}	tsʰɔo^{21}	sɔo^{313}	sɔo^{313}
原平	lɔo^{33}	tsɔo^{213}	tsɔo^{213}	tsʰɔo^{213}	tsʰɔo^{33}	tsʰɔo^{33}	sɔo^{213}	sɔo^{213}
定襄	lɔu^{33}	tsɔu^{24}	tsɔu^{24}	tsɔu^{53}	tsʰɔu^{53}	tsʰɔu^{33}	tsʰɔu^{24}	tsʰɔu^{53}
五台	lɑɔ^{33}	tsɑɔ^{213}	tsɑɔ^{213}	tsʰɑɔ^{213}	tsʰɑɔ^{33}	tsʰɑɔ^{33}	sɑɔ^{33}	sɑɔ^{33}

续表

字目	牢	遭	糟	操~作	曹	槽	骚	臊
中古音 / 方言点	鲁刀 效开一 平豪来	作曹 效开一 平豪精	作曹 效开一 平豪精	七刀 效开一 平豪清	昨劳 效开一 平豪从	昨劳 效开一 平豪从	苏遭 效开一 平豪心	苏遭 效开一 平豪心
岢岚	lɑu^{44}	tsɑu^{13}	tsɑu^{13}	tsʰɑu^{13}	tsʰɑu^{44}	tsʰɑu^{44}	sɑu^{13}	sɑu^{52}
五寨	lɑu^{44}	tsɑu^{13}	tsɑu^{13}	tsʰɑu^{13}	tsʰɑu^{44}	tsʰɑu^{44}	sɑu^{13}	sɑu^{52}
宁武	lɔu^{33}	tsɔu^{23}	tsɔu^{23}	tsʰɔu^{23}	tsʰɔu^{33}	tsʰɔu^{33}	sɔu^{23}	sɔu^{23}
神池	lɔo^{32}	tsɔo^{24}	tsɔo^{24}	tsʰɔo^{24}	tsʰɔo^{32}	tsʰɔo^{32}	sɔo^{24}	sɔo^{24}
繁峙	lɑo^{31}	tsɑo^{53}	tsɑo^{53}	tsʰɑo^{53}	tsʰɑo^{31}	tsʰɑo^{31}	sɑo^{53}	sɑo^{53}
代县	lau^{44}	tsau^{213}	tsau^{213}	tsʰau^{53}	tsʰau^{44}	tsʰau^{44}	sau^{213}	sau^{53}
河曲	lɔu^{44}	tsɔu^{213}	tsɔu^{213}	tsʰɔu^{213}	tsʰɔu^{44}	tsʰɔu^{44}	sɔu^{213}	sɔu^{213}
保德	ləu^{44}	tsəu^{213}	tsəu^{213}	tsʰəu^{213}	tsʰəu^{44}	tsʰəu^{44}	səu^{213}	səu^{213}
偏关	lɔo^{44}	tsɔo^{24}	tsɔo^{24}	tsʰɔo^{24}	tsʰɔo^{44}	tsʰɔo^{44}	sɔo^{24}	sɔo^{24}
朔城	lɔo^{35}	tsɔo^{312}	tsɔo^{312}	tsʰɔo^{312}	tsʰɔo^{35}	tsʰɔo^{35}	tsɔo^{312}	sɔo^{312}
平鲁	lɔ^{44}	tsɔ^{213}	tsɔ^{213}	tsʰɔ^{213}	tsʰɔ^{44}	tsʰɔ^{44}	sɔ^{213}	sɔ^{213}/sɔ^{52}
应县	lau^{31}	tsau^{43}	tsau^{43}	tsʰuau^{43}	tsʰuau^{31}	tsʰuau^{31}	sau^{43}	sau^{43}
灵丘	lɔo^{31}	tsɔo^{442}	tsɔo^{442}	tsʰɔo^{442}	tsʰɔo^{31}	tsʰɔo^{31}	sɔo^{442}	sɔo^{442}
浑源	lʌu^{22}	tsʌu^{52}	tsʌu^{52}	tsʰʌu^{52}	tsʰʌu^{22}	tsʰʌu^{22}	sʌu^{52}	sʌu^{52}
云州	lɑu^{312}	tsɑu^{21}	tsɑu^{21}	tsʰɑu^{21}	tsʰɑu^{312}	tsʰɑu^{312}	sɑu^{21}	sɑu^{24}
新荣	lɔu^{312}	tsɔu^{32}	tsɔu^{32}	tsʰɔu^{32}	tsʰɔu^{312}	tsʰɔu^{312}	sɔu^{32}	sɔu^{24}
怀仁	lɔu^{312}	tsɔu^{42}	tsɔu^{42}	tsʰɔu^{42}	tsʰɔu^{312}	tsʰɔu^{312}	sɔu^{42}	sɔu^{24}
左云	lɔu^{313}	tsɔu^{31}	tsʰɔu^{313}	tsʰɔu^{31}	tsʰɔu^{313}	tsʰɔu^{313}	sɔu^{31}	sɔu^{31}
右玉	lɐo^{212}	tsɐo^{31}	tsɐo^{31}	tsʰɐo^{31}	tsʰɐo^{212}	tsʰɐo^{212}	sɐo^{31}	sɐo^{31}
阳高	lɔu^{312}	tsɔu^{31}	tsɔu^{31}	tsʰɔu^{31}	tsʰɔu^{31}	tsʰɔu^{31}	sɔu^{31}	sɔu^{31}
山阴	lɔo^{313}	tsɔo^{313}	tsɔo^{313}	tsʰɔo^{313}	tsʰɔo^{313}	tsʰɔo^{313}	sɔo^{313}	sɔo^{313}/sɔo^{335}
天镇	lɔu^{22}	tsɔu^{31}	tsɔu^{31}	tsʰɔu^{24}	tsʰɔu^{31}	tsʰɔu^{22}	sɔu^{31}	sɔu^{31}
平定	lɔ^{44}	tsɔ^{31}	tsɔ^{31}	tsʰɔ^{31}	tsʰɔ^{44}	tsʰɔ^{44}	sɔ^{31}	sɔ^{31}
昔阳	lɔo^{33}	tsɔo^{42}	tsɔo^{42}	tsʰɔo^{42}	tsʰɔo^{33}	tsʰɔo^{33}	sɔo^{42}	sɔo^{42}
左权	ləu^{11}	tsəu^{31}	tsəu^{31}	tsʰəu^{31}	tsʰəu^{11}	tsʰəu^{11}	səu^{31}	səu^{31}
和顺	lɔu^{22}	tsɔu^{42}	tsɔu^{42}	tsʰɔu^{42}	tsʰɔu^{22}	tsʰɔu^{22}	sɔu^{42}	——
尧都	lɑu^{24}	tsɑu^{21}	tsɑu^{21}	tsʰɑu^{21}	tsʰɑu^{24}	tsʰɑu^{24}	sɑu^{21}	sɑu^{21}
洪洞	lɑo^{24}	tsɑo^{21}	tsɑo^{21}	tsʰɑo^{21}	tsʰɑo^{24}	tsʰɑo^{24}	sɑo^{42}	sɑo^{21}
洪洞赵城	lɑo^{24}	tsɑo^{21}	tsɑo^{21}	tsʰɑo^{21}	tsʰɑo^{24}	tsʰɑo^{24}	sɑo^{21}	tsʰɑo^{21}
古县	lɑu^{35}	tsɑu^{21}	tsɑu^{21}	tsʰɑu^{21}	tsʰɑu^{35}	tsʰɑu^{35}	sɑu^{21}	sɑu^{21}/sɑu^{53}
襄汾	lao^{24}	tsao^{21}	tsao^{21}	tsʰao^{21}	tsʰao^{24}	tsʰao^{24}	sao^{21}	sao^{21}

续表

字目	牢	遭	糟	操~作	曹	槽	骚	臊
中古音 / 方言点	鲁刀 效开一 平豪来	作曹 效开一 平豪精	作曹 效开一 平豪精	七刀 效开一 平豪清	昨劳 效开一 平豪从	昨劳 效开一 平豪从	苏遭 效开一 平豪心	苏遭 效开一 平豪心
浮山	lao^{13}	tsao^{42}	tsao^{42}	tsʰao^{42}	tsʰao^{13}	tsʰao^{13}	sao^{42}	sao^{42}
霍州	lau^{35}	tsau^{212}	tsau^{212}	tsʰau^{212}	tsʰau^{35}	tsʰau^{35}	sau^{212}	sau^{212}
翼城	lɔo^{12}	tsɔo^{53}	tsɔo^{53}	tsʰɔo^{53}	tsʰɔo^{12}	tsʰɔo^{12}	sɔo^{53}	sɔo^{53}
闻喜	lɑo^{13}	tsɑo^{53}	tsɑo^{53}	tsʰɑo^{53}	tsʰɑo^{13}	tsʰɑo^{13}	sɑo^{53}	——
侯马	lɑu^{213}	tsɑu^{213}	tsɑu^{213}	tsʰɑu^{213}	tsʰɑu^{213}	tsʰɑu^{213}	sɑu^{213}	sɑu^{53}
新绛	lɑo^{13}	tsɑo^{53}	tsɑo^{53}	tsʰɑo^{44}	tsʰɑo^{13}	tsʰɑo^{13}	sɑo^{53}	sɑo^{53}
绛县	lau^{24}	tsau^{53}	tsau^{53}	tsʰau^{53}	tsʰau^{24}	tsʰau^{24}	sau^{53}	sau^{53}
垣曲	lau^{22}	tsau^{22}	tsʰau^{22}	tsʰau^{22}	tsau^{22}	tsʰau^{22}	sau^{22}	sau^{53}
夏县	lɑu^{42}	tsɑu^{53}	tsɑu^{53}	tsʰɑu^{53}	tsʰɑu^{42}	tsʰɑu^{42}	sɑu^{53}	sɑu^{53}
万荣	lau^{213}	tsau^{51}	tsau^{51}	tsʰau^{51}	tsʰau^{213}	tsʰau^{213}	sau^{33}	sau^{33}
稷山	lɑu^{13}	tsɑu^{53}	tsɑu^{53}	tsʰɑu^{53}	tsʰɑu^{13}	tsʰɑu^{13}	sɑu^{53}	sɑu^{53}
盐湖	lɔ^{13}	tsɔ^{42}	tsɔ^{42}	tsʰɔ^{42}	tsʰɔ^{13}	tsʰɔ^{13}	sɔ^{42}	sɔ^{42}
临猗	lɑu^{13}	tsɑu^{42}	tsɑu^{42}	tsʰɑu^{42}	tsʰɑu^{13}	tsʰɑu^{13}	sɑu^{42}	sɑu^{44}
河津	lau^{324}	tsau^{31}	tsau^{31}	tsʰau^{31}	tsʰau^{324}	tsʰau^{324}	sau^{31}	sau^{44}
平陆	lau^{31}	tsau^{31}	tsau^{31}	tsʰau^{31}	tsʰau^{13}	tsʰau^{13}	sau^{31}	sau^{33}
永济	lau^{24}	tsau^{31}	tsau^{31}	tsʰau^{31}	tsʰau^{24}	tsʰau^{24}	tsau^{31} 白 / sau^{31} 文	sau^{31}/sau^{44}
芮城	lau^{13}	tsau^{42}	tsau^{42}	tsʰau^{42}	tsʰau^{13}	tsʰau^{13}	sau^{42}	sau^{44}
吉县	lau^{13}	tsau^{423}	tsau^{423}	tsʰau^{13}	tsʰau^{13}	tsʰau^{13}	sau^{33}	sau^{33}
乡宁	lau^{12}	tsau^{53}	tsau^{53}	tsʰau^{53}	tsʰau^{12}	tsʰau^{12}	sau^{53}	sau^{22}
广灵	lʌu^{31}	tsʌu^{53}	tsʌu^{53}/ tsʰʌu^{31}	tsʰʌu^{53}	tsʰʌu^{31}	tsʰʌu^{31}	sʌu^{53}	sʌu^{213}

字目	高	膏牙~	糕	羔	熬	豪	毫	宝
中古音 / 方言点	古劳 效开一 平豪见	古劳 效开一 平豪见	古劳 效开一 平豪见	古劳 效开一 平豪见	五劳 效开一 平豪疑	胡刀 效开一 平豪匣	胡刀 效开一 平豪匣	博抱 效开一 上皓帮
北京	kau^{55}	kau^{55}	kau^{55}	kau^{55}	au^{35}	xau^{35}	xau^{35}	pau^{214}
小店	kɔo^{11}	kɔo^{11}/kɔo^{24}	kɔo^{11}	kɔo^{11}	ɔo^{11}	xɔo^{11}	xɔo^{11}	pɔo^{53}
尖草坪	kau^{33}	kau^{33}	kau^{33}	kau^{33}	ɣau^{33}	xau^{33}	xau^{33}	pau^{312}
晋源	kau^{11}	kau^{11}	kau^{11}	kau^{11}	ɣau^{11}	xau^{11}	xau^{11}	pau^{42}
阳曲	kɔo^{312}	kɔo^{312}/ kɔo^{454}	kɔo^{312}	kɔo^{312}	ŋɔo^{43}	xɔo^{43}	xɔo^{43}	pɔo^{312}
古交	kau^{44}	kau^{44}	kau^{44}	kau^{44}	ŋau^{44}	xau^{44}	xau^{44}	pau^{312}
清徐	kɔu^{11}	kɔu^{11}	kɔu^{11}	kɔu^{11}	ŋɔu^{11}	xɔu^{11}	xɔu^{11}	pɔu^{54}
娄烦	kɔu^{33}	kɔu^{33}	kɔu^{33}	kɔu^{33}	ŋɔu^{33}	xɔu^{33}	xɔu^{33}	pɔu^{312}
榆次	kɔu^{11}	kɔu^{11}	kɔu^{11}	kɔu^{11}	ŋɔu^{11}	xɔu^{11}	xɔu^{11}	pɔu^{53}
交城	kɔu^{11}	kɔu^{11}	kɔu^{11}	kɔu^{11}	ŋɔu^{11}	xɔu^{11}	xɔu^{11}	pɔu^{53}
文水	kɪi^{22} 白 / kau^{22} 文	kɪi^{22} 白 / kau^{22} 文	kɪi^{22} 白 / kau^{22} 文	ku^{22} 白 / kau^{22} 文	ŋɪi^{22} 白 / ŋau^{22} 文	xau^{22}	xau^{22}	pau^{423}
祁县	ku^{31}	ku^{31}	ku^{31}	ku^{31}	ŋu^{31}	xɒɔ^{31}	xɒɔ^{31}	pɒɔ^{314}
太谷	kuo^{33}	kuo^{33}	kuo^{33}	kuo^{33}	ŋuo^{33}	xɑɯ^{33}	xuo^{33}/xɑɯ^{33}	pɑɯ^{312}
平遥	kɔ^{213}	kɔ^{213}	kɔ^{213}	kɔ^{213}	ŋɔ^{213}	xɔ^{213}	xɔ^{213}	pɔ^{512}
孝义	kɒ^{33}	kɒ^{33}	kɒ^{33}	kɒ^{33}	ŋɒ^{33}	xao^{33}	xao^{33}	pao^{312}
介休	kɔo^{13}	kɔo^{13}	kɔo^{13}	kɔo^{13}	ŋɔo^{13}	xɔo^{13}	xɔo^{13}	pɔo^{423}
灵石	kɔ^{535}	kɔ^{535}	kɔ^{535}	kɔ^{535}	ŋɔ^{44}	xɔ^{44}	xɔ^{44}	pɔ^{212}
盂县	kɑu^{412}	kɑu^{412}	kɑu^{412}	kɑu^{412}	ŋɑu^{412}	xɑu^{22}	xɑu^{22}	pɑu^{53}
寿阳	kɔo^{31}	kɔo^{31}	kɔo^{31}	kɔo^{31}	ŋɔo^{22}	xɔo^{22}	xɔo^{22}	pɔo^{53}
榆社	kou^{22}	kou^{22}/kou^{45}	kou^{22}	kou^{22}	ŋou^{22}	xou^{22}	xou^{22}	pou^{312}
离石	kou^{24}	kou^{24}	kou^{24}	kou^{24}	ŋou^{44}	xou^{44}	xou^{44}	pou^{312}
汾阳	kɯ^{324} 白 / kau^{324} 文	kɯ^{324} 白 / kau^{324} 文	kɯ^{324} 白 / kau^{324} 文	kər^{324}	ŋɯ^{22}	xau^{22}	xau^{22}	pau^{312}
中阳	kɔo^{24}	kɔo^{24}	kɔo^{24}	kɔo^{24}	ŋɔo^{33}	xɔo^{33}	xɔo^{33}	pɔo^{423}
柳林	kou^{24}	kou^{24}	kou^{24}	kou^{24}	ŋou^{44}	xou^{44}	xou^{44}	pou^{312}
方山	kou^{24}	kou^{24}	kou^{24}	kou^{24}	ŋou^{44}	xou^{44}	xou^{44}	pou^{312}
临县	kɔu^{24}	kɔu^{24}	kɔu^{24}	kɔu^{24}	ŋɔu^{33}	xɔu^{33}	xɔu^{33}	puɤ^{312}
兴县	kɯu^{324}	kɯu^{324}	kɯu^{324}	kɯu^{324}	ŋɯu^{55}	xɔu^{55}	xɔu^{55}	pɔu^{324}
岚县	kau^{214}	kau^{214}	kau^{214}	kau^{214}	ŋau^{44}	xau^{44}	xau^{44}	pau^{312}
静乐	kɑo^{24}	kɑo^{24}	kɑo^{24}	kɑo^{24}	ŋɑo^{33}	xɑo^{33}	xɑo^{33}	pɑo^{314}
交口	kɑo^{323}	kɑo^{323}	kɑo^{323}	kɑo^{323}	ŋɑo^{44}	xɑo^{44}	xɑo^{44}	pɑo^{323}

续表

字目	高	膏牙~	糕	羔	熬	豪	毫	宝
中古音 / 方言点	古劳 效开一 平豪见	古劳 效开一 平豪见	古劳 效开一 平豪见	古劳 效开一 平豪见	五劳 效开一 平豪疑	胡刀 效开一 平豪匣	胡刀 效开一 平豪匣	博抱 效开一 上皓帮
石楼	kɔo^{213}	kɔo^{213}	kɔo^{213}	kɔo^{213}	ŋɔo^{44}	xɔo^{44}	xɔo^{44}	pɔo^{213}
隰县	kɑo^{53}	kɑo^{53}	kɑo^{53}	kɑo^{53}	ŋɑo^{24}	xɑo^{24}	xɑo^{24}	pɑo^{21}
大宁	kɐu^{31}	kɐu^{31}	kɐu^{31}	kɐu^{31}	ŋɐu^{31}	xɐu^{24}	xɐu^{24}	pɐu^{31}
永和	kɑo^{33}	kɑo^{33}	kɑo^{33}	kɑo^{33}	ŋɑo^{35}	xɑo^{35}	xɑo^{35}	pɑo^{312}
汾西	kɑo^{11}	kɑo^{11}/kɑo^{55}	kɑo^{11}/ku^{11} 白	kɑo^{11}/ku^{11}	ŋɑo^{11}	xɑo^{35}	xɑo^{35}	pɑo^{33}
蒲县	kɑu^{52}	kɑu^{52}	kɑu^{52}	kɑu^{52}	ŋɑu^{24}	xɑu^{24}	xɑu^{24}	pɑu^{31}
潞州	kɑo^{312}	kɑo^{312}	kɑo^{312}	kɑo^{312}	ɑo^{24}	xɑo^{24}	xɑo^{24}	pɑo^{535}
上党	kɔ^{213}	kɔ^{22}	kɔ^{213}	kɔ^{213}	ɔ^{44}	xɔ^{44}	xɔ^{44}	pɔ^{535}
长子	kɔ^{312}	kɔ^{312}	kɔ^{312}	kɔ^{312}	ŋɔ^{24}	xɔ^{24}	xɔ^{24}	pɔ^{434}
屯留	kɔo^{31}	kɔo^{31}	kɔo^{31}	kɔo^{31}	ŋɔo^{11}	xɔo^{11}	xɔo^{11}	pɔo^{43}
襄垣	kɔo^{33}	kɔo^{33}	kɔo^{33}	kɔo^{33}	ɔo^{31}	xɔo^{31}	xɔo^{31}	pɔo^{42}
黎城	kɔo^{33}	kɔo^{33}	kɔo^{33}	kɔo^{33}	ɔo^{53}	xɔo^{33}	xɔo^{33}	pɔo^{213}
平顺	kɔ^{213}	kɔ^{213}	kɔ^{213}	kɔ^{213}	ɔ^{13}	xɔ^{13}	xɔ^{13}	pɔ^{434}
壶关	kɔ^{33}	kɔ^{33}	kɔ^{33}	kɔ^{33}	ɣɔ^{13}	xɔ^{13}	xɔ^{13}	pɔ^{535}
沁县	kɔo^{224}	kɔo^{224}	kɔo^{224}	kɔo^{224}	ŋɔo^{33}	xɔo^{33}	xɔo^{33}	pɔo^{214}
武乡	kɔ^{113}	kɔ^{113}	kɔ^{113}	kɔ^{113}	ŋɔ^{113}	xɔ^{33}	xɔ^{33}	pɔ^{213}
沁源	kɔo^{324}	kɔo^{324}	kɔo^{324}	kɔo^{324}	ŋɔo^{33}	xɔo^{33}	xɔo^{33}	pɔo^{324}
安泽	kau^{21}	kau^{21}/ kau^{53}	kau^{21}	kau^{21}	ŋau^{35}	xau^{35}	xau^{35}	pau^{42}
沁水端氏	kɔ^{21}	kɔ^{21}	kɔ^{21}	kɔ^{21}	ɔ^{24}	xɔ^{24}	xɔ^{24}	pɔ^{31}
阳城	ko^{224}	ko^{224}	ko^{224}	ko^{224}	ɣo^{22}	xo^{22}	xo^{22}	po^{212}
高平	kɔo^{33}	kɔo^{33}	kɔo^{33}	kɔo^{33}	ɔo^{33}	xɔo^{33}	xɔo^{33}	pɔo^{212}
陵川	kɔo^{33}	kɔo^{33}	kɔo^{33}	kɔo^{33}	ɣɔo^{53}	xɔo^{53}	xɔo^{53}	pɔo^{312}
晋城	ko^{33}	ko^{33}	ko^{33}	ko^{33}	ɣo^{324}	xo^{324}	xo^{324}	po^{324}/po^{213}
忻府	kɔo^{313}	kɔo^{313}	kɔo^{313}	kɔo^{313}	ŋɔo^{21}	xɔo^{21}	xɔo^{21}	pɔo^{313}
原平	kɔo^{213}	kɔo^{213}	kɔo^{213}	kɔo^{213}	ŋɔo^{33}	xɔo^{33}	xɔo^{33}	pɔo^{213}
定襄	kɔu^{24}	kɔu^{24}	kɔu^{24}	kɔu^{24}	ŋɔu^{11}	xɔu^{11}	xɔu^{11}	pɔu^{24}
五台	kɑɔ^{213}	kɑɔ^{213}	kɑɔ^{213}	kɑɔ^{213}	ŋɑɔ^{33}	xɑɔ^{33}	xɑɔ^{33}	pɑɔ^{213}
岢岚	kɑu^{13}	kɑu^{13}	kɑu^{13}	kɑu^{13}	ŋɑu^{44}	xɑu^{44}	xɑu^{44}	pɑu^{13}
五寨	kɑu^{13}	kɑu^{13}	kɑu^{13}	kɑu^{13}	ŋɑu^{44}	xɑu^{44}	xɑu^{44}	pɑu^{13}
宁武	kɔu^{23}	kɔu^{23}	kɔu^{23}	kɔu^{23}	ŋɔu^{33}	xɔu^{33}	xɔu^{33}	pɔu^{213}
神池	kɔo^{24}	kɔo^{24}	kɔo^{24}	kɔo^{24}	ŋɔo^{32}	xɔo^{32}	xɔo^{32}	pɔo^{13}

续表

字目	高	膏牙~	糕	羔	熬	豪	毫	宝
中古音 / 方言点	古劳 效开一 平豪见	古劳 效开一 平豪见	古劳 效开一 平豪见	古劳 效开一 平豪见	五劳 效开一 平豪疑	胡刀 效开一 平豪匣	胡刀 效开一 平豪匣	博抱 效开一 上皓帮
繁峙	kɑo^{53}	kɑo^{53}	kɑo^{53}	kɑo^{53}	ŋɑo^{31}	xɑo^{31}	xɑo^{31}	pɑo^{53}
代县	kau^{213}	kau^{213}	kau^{213}	kau^{213}	ŋau^{44}	xau^{44}	xau^{44}	pau^{213}
河曲	kɔu^{213}	kɔu^{213}	kɔu^{213}	kɔu^{213}	ŋɔu^{44}	xɔu^{44}	xɔu^{44}	pɔu^{213}
保德	kəu^{213}	kəu^{213}	kəu^{213}	kəu^{213}	u^{44}	xəu^{44}	xəu^{44}	pəu^{213}
偏关	kɔo^{24}	kɔo^{24}	kɔo^{24}	kɔo^{24}	ŋɔo^{44}	xɔo^{44}	xɔo^{44}	pɔo^{24}
朔城	kɔo^{312}	kɔo^{312}	kɔo^{312}	kɔo^{312}	nɔo^{35}	xɔo^{35}	xɔo^{35}	pɔo^{312}
平鲁	kɔ^{213}	kɔ^{213}	kɔ^{213}	kɔ^{213}	nɔ^{44}	xɔ^{44}	xɔ^{44}	pɔ^{213}
应县	kau^{43}	kau^{43}	kau^{43}	kau^{43}	tʰau^{24}	xau^{31}	xau^{31}	pau^{54}
灵丘	kɔo^{442}	kɔo^{442}	kɔo^{442}	kɔo^{442}	nɔo^{31}	xɔo^{31}	xɔo^{31}	pɔo^{442}
浑源	kʌu^{52}	kʌu^{52}	kʌu^{52}	kʌu^{52}	nʌu^{22}	xʌu^{22}	xʌu^{22}	pʌu^{52}
云州	kɑu^{21}	kɑu^{21}	kɑu^{21}	kɑu^{21}	nɑu^{312}	xɑu^{312}	xɑu^{312}	pɑu^{55}
新荣	kɔu^{32}	kɔu^{32}/ kɔu^{54}	kɔu^{32}	kɔu^{32}	ŋɔu^{312}	xɔu^{312}	xɔu^{312}	pɔu^{54}
怀仁	kɔu^{42}	kɔu^{42}	kɔu^{42}	kɔu^{42}	nɔu^{312}	xɔu^{312}	xɔu^{312}	pɔu^{53}
左云	kɔu^{31}	kɔu^{54}	kɔu^{31}	kɔu^{31}	nɔu^{313}	xɔu^{313}	xɔu^{313}	pɔu^{54}
右玉	kɐo^{31}	kɐo^{31}	kɐo^{31}	kɐo^{31}	ŋɐo^{212}	xɐo^{212}	xɐo^{212}	pɐo^{53}
阳高	kɔu^{31}	kɔu^{31}	kɔu^{31}	kɔu^{31}	ŋɔu^{31}	xɔu^{312}	xɔu^{312}	pɔu^{53}
山阴	kɔo^{313}	kɔo^{313}/ kɔo^{52}/kɔo^{335}	kɔo^{313}	kɔo^{313}	nɔo^{313}	xɔo^{313}	xɔo^{313}	pɔo^{52}
天镇	kɔu^{31}	kɔu^{24}	kɔu^{31}	kɔu^{31}	ŋɔu^{22}	xɔu^{22}	xɔu^{22}	pɔu^{55}
平定	kɔ^{31}	kɔ^{31}	kɔ^{31}	kɔ^{31}	ŋɔ^{44}	xɔ^{44}	xɔ^{44}	pɔ^{53}
昔阳	kɔo^{42}	kɔo^{42}	kɔo^{42}	kɔo^{42}	ŋɔo^{33}	xɔo^{33}	xɔo^{33}	pɔo^{55}
左权	kəu^{31}	kəu^{31}	kəu^{31}	kəu^{31}	ŋəu^{11}	xəu^{11}	xəu^{11}	pəu^{42}
和顺	kɔu^{42}	kɔu^{42}	kɔu^{42}	kɔu^{42}	ŋɔu^{22}	xɔu^{22}	xɔu^{22}	pɔu^{53}
尧都	kɑu^{21}	kɑu^{21}	kɑu^{21}	kɑu^{21}	ŋɑu^{24}	xɑu^{24}	xɑu^{24}	pɑu^{53}
洪洞	kɑo^{21}	kɑo^{21}	kɑo^{21}	kɑo^{21}	ŋɑo^{21}	xɑo^{24}	xɑo^{24}	pɑo^{42}
洪洞赵城	kɑo^{21}	kɑo^{21}	kɑo^{21}	kɑo^{24}	ŋɑo^{24}	xɑo^{24}	xɑo^{24}	pɑo^{42}
古县	kɑu^{21}	kɑu^{21}	kɑu^{21}	kɑu^{21}	ŋɑu^{35}	xɑu^{35}	xɑu^{35}	pɑu^{42}
襄汾	kao^{21}	kao^{21}/kao^{44}	kao^{21}	kao^{21}	ŋao^{24}	xao^{24}	xao^{24}	pao^{42}
浮山	kao^{42}	kao^{42}/ kao^{44}	kao^{42}	kao^{42}	ŋao^{13}	xao^{13}	xao^{13}	pao^{33}
霍州	kau^{212}	kau^{212}	kau^{212}	kau^{212}	ŋau^{35}	xau^{35}	xau^{35}	pau^{33}

续表

字目	高	膏牙～	糕	羔	熬	豪	毫	宝
中古音 / 方言点	古劳 效开一 平豪见	古劳 效开一 平豪见	古劳 效开一 平豪见	古劳 效开一 平豪见	五劳 效开一 平豪疑	胡刀 效开一 平豪匣	胡刀 效开一 平豪匣	博抱 效开一 上皓帮
翼城	kɔo^{53}	kɔo^{53}	kɔo^{53}	kɔo^{53}	ŋɔo^{12}	xɔo^{12}	xɔo^{12}	pɔo^{44}
闻喜	kɑo^{53}	kɑo^{53}	kɑo^{53}	kɑo^{53}	ŋɑo^{53}	xɑo^{13}	xɑo^{13}	pɑo^{33}
侯马	kɑu^{213}	kɑu^{213}	kɑu^{213}	kɑu^{213}	ŋiɑu^{213}	xɑu^{213}	ŋɑu^{213}	pɑu^{44}
新绛	kɑo^{53}	kʰɑo^{53}	kɑo^{53}	kɑo^{53}	ŋɑo^{13}	xɑo^{44}	xɑo^{44}	pɑo^{44}
绛县	kau^{53}	kau^{53}	kau^{53}	kau^{53}	ŋau^{24}	xau^{24}	xau^{24}	pau^{33}
垣曲	kau^{22}	kau^{22}	kau^{22}	kau^{22}	ŋau^{22}	xau^{22}	xau^{22}	pau^{44}
夏县	kɑu^{53}	kɑu^{53}	kɑu^{53}	kɑu^{53}	ŋɑu^{42}白 / ɑu^{42}文	xɑu^{42}	xɑu^{42}	pɑu^{24}
万荣	kau^{51}	kau^{51}	kau^{51}	kau^{51}	ŋau^{51}	xau^{213}	xau^{213}	pau^{55}
稷山	kɑu^{53}	kɑu^{53}	kɑu^{53}	kɑu^{53}	ŋɑu^{13}	xɑu^{13}	xɑu^{13}	pɑu^{44}
盐湖	kɔ^{42}	kɔ^{42}	kɔ^{42}	kɔ^{42}	ŋɔ^{13}	xɔ^{13}	xɔ^{13}	pɔ^{53}
临猗	kɑu^{42}	kɑu^{42}	kɑu^{42}	kɑu^{42}	ŋɑu^{13}	xɑu^{13}	xɑu^{13}	pɑu^{53}
河津	kau^{31}/ kau^{324}白	kau^{31}	kau^{31}	kau^{31}	ŋau^{31}/ŋau^{324}	xau^{324}	xau^{324}	pau^{53}
平陆	kau^{31}	kau^{31}/kau^{33}	kau^{31}	kau^{31}	ŋau^{13}	xau^{13}	xau^{13}	pau^{55}
永济	kau^{31}	kau^{31}/kau^{44}	kau^{31}	kau^{31}	ŋau^{24}	xau^{24}	xau^{24}	pau^{53}
芮城	kau^{42}	kau^{53}	kau^{42}	kau^{42}	ŋau^{13}	xau^{13}	xau^{13}	pau^{53}
吉县	kau^{423}	kau^{423}/kau^{33}	kau^{423}	kau^{423}	ŋau^{13}	xau^{13}	xau^{13}	pau^{53}
乡宁	kau^{53}	kau^{53}	kau^{53}	kau^{53}	ŋau^{12}	xau^{12}	xau^{12}	pau^{44}
广灵	kʌu^{53}	kʌu^{53}	kʌu^{53}	kʌu^{53}	nʌu^{53}	xʌu^{31}	xʌu^{31}	pʌu^{44}

字目	保	堡	抱	岛	捣	祷	倒~塌	讨
中古音 方言点	博抱 效开一 上皓帮	博抱 效开一 上皓帮	薄浩 效开一 上皓並	都皓 效开一 上皓端	都皓 效开一 上皓端	都皓 效开一 上皓端	都皓 效开一 上皓端	他浩 效开一 上皓透
北京	pau^{214}	pau^{214}	pau^{51}	tau^{214}	tau^{214}	tau^{214}	tau^{214}	t^{h}au^{214}
小店	pɔo^{53}	pɔo^{53}	pu^{24}	tɔo^{53}	tɔo^{53}	tɔo^{53}	tɔo^{53}	t^{h}ɔo^{53}
尖草坪	pau^{312}	pu^{312} 白 / pau^{312} 文	pu^{35} 白 / pau^{35} 文	tau^{312}	tau^{312}	tau^{312}	tau^{312}	t^{h}au^{312}
晋源	pau^{42}	pu^{42} 白 / pau^{42} 文	pu^{35} 白 / pau^{35} 文	tau^{42}	tau^{42}	tau^{42}	tau^{42}	t^{h}au^{42}
阳曲	pɔo^{312}	pɔo^{312}	pu^{454} 白 / pɔo^{454} 文	tɔo^{312}	tɔo^{312}	tɔo^{312}	tɔo^{312}	t^{h}ɔo^{312}
古交	pau^{312}	pau^{312}	pu^{53}	tau^{312}	tau^{312}	tau^{312}	tau^{312}	t^{h}au^{312}
清徐	pɔu^{54}	pu^{54} 白 / pɔu^{54} 文	pu^{45} 白 / pɔu^{45} 文	tɔu^{54}	tɔu^{54}	tɔu^{54}	tɔu^{54}	t^{h}ɔu^{54}
娄烦	pɔu^{312}	pu^{312}	pɔu^{54}	tɔu^{312}	tɔu^{312}	tɔu^{312}	tɔu^{312}	t^{h}ɔu^{312}
榆次	pɔu^{53}	pu^{53} 白	pɔu^{35}	tɔu^{53}	tɔu^{53}	tɔu^{53}	tɔu^{35}	t^{h}ɔu^{53}
交城	pɔu^{53}	pu^{53} 白 / pɔu^{53} 文	pu^{24} 白 / pɔu^{24} 文	tɔu^{53}	tɔu^{53}	tɔu^{53}	tɔu^{53}	t^{h}ɔu^{53}
文水	pau^{423}	pəɸ^{423} 白 / pau^{423} 文	pəɸ^{35} 白 / pau^{35} 文	tau^{423}	tau^{423}	tau^{423}	tau^{423}	t^{h}au^{423}
祁县	pɒɔ^{314}	puβ^{314} 白 / pɒɔ^{314} 文	puβ^{45} 白 / pɒɔ^{45} 文	tɒɔ^{314}	tɒɔ^{314}	tɒɔ^{314}	tɒɔ^{314}	t^{h}ɒɔ^{314}
太谷	pɑɯ^{312}	pu^{312}/pɑɯ^{312}	pu^{53}	tɑɯ^{312}	tɑɯ^{312}	tɑɯ^{312}	tɑɯ^{312}	t^{h}ɑɯ^{312}
平遥	pɔ^{512}	pu^{512}	pu^{24} 白 / pɔ^{213} 文	tɔ^{512}	tɔ^{512}	tɔ^{512}	tɔ^{512}	t^{h}ɔ^{512}
孝义	pao^{312}	pu^{312}	pu^{454}	tao^{312}	tao^{312}	tao^{312}	tao^{312}	t^{h}ao^{312}
介休	pɔo^{423}	pu^{423} 白 / pɔo^{423} 文	pu^{45} 白 / pɔo^{45} 文	tɔo^{423}	tɔo^{423}	tɔo^{423}	tɔo^{423}	t^{h}ɔo^{423}
灵石	pɔ^{212}	pɔ^{212}	pɔ^{53}	tɔ^{212}	tɔ^{212}	tɔ^{212}	tɔ^{212}	tɔ^{212}
盂县	pɑu^{53}	p^{h}u^{53} 白 / pɑu^{53} 文	pu^{55} 白 / pɑu^{55} 文	tɑu^{53}	tɑu^{53}	tɑu^{53}	tɑu^{53}	t^{h}ɑu^{53}
寿阳	pɔo^{53}	pɔo^{53}	pu^{45}	tɔo^{53}	tɔo^{53}	tɔo^{53}	tɔo^{53}	t^{h}ɔo^{53}
榆社	pou^{312}	pou^{312}	pɣ̩^{55} 白 / pou^{45} 文	tou^{312}	tou^{312}	tou^{312}	tou^{312}	t^{h}ou^{312}
离石	pou^{312}	pu^{312} 白 / pou^{312} 文	pu^{53} 白 / pou^{53} 文	tou^{312}	tou^{312}	tou^{312}	tou^{312}	t^{h}ou^{312}
汾阳	pau^{312}	pɔʊ^{312} 白 / pau^{312} 文	pɔʊ^{55}	tau^{312}	tau^{312}	tau^{312}	tau^{312}	t^{h}au^{312}

续表

字目	保	堡	抱	岛	捣	祷	倒~塌	讨
中古音 / 方言点	博抱 效开一 上皓帮	博抱 效开一 上皓帮	薄浩 效开一 上皓並	都皓 效开一 上皓端	都皓 效开一 上皓端	都皓 效开一 上皓端	都皓 效开一 上皓端	他浩 效开一 上皓透
中阳	pɔo^{423}	pu^{423}白 / pɔo^{423}文	pu^{53}白 / pɔo^{53}文	tɔo^{423}	tɔo^{423}	tɔo^{423}	tɔo^{423}	tʰɔo^{423}
柳林	pou^{312}	pu^{312}	pu^{53}白 / pou^{53}文	tou^{312}	tou^{312}	tou^{312}	tou^{312}	tʰou^{312}
方山	pou^{312}	pu^{312}白 / pou^{312}文	pu^{52}白 / pou^{312}文	tou^{312}	tou^{312}	tou^{312}	tou^{312}	tʰou^{312}
临县	puɤ^{312}	puɤ^{312}	pu^{52}	tɔu^{312}	tɔu^{312}	tɔu^{312}	tɔu^{312}	tʰɔu^{312}
兴县	pɔu^{324}	pɔu^{324}	pu^{53}白 / pɔu^{53}文	tɔu^{324}	tɔu^{324}	tɔu^{324}	tɔu^{324}	tʰɔu^{324}
岚县	pau^{312}	pu^{312}/pʰu^{312}/pau^{312}	pu^{53}	tau^{312}	tau^{312}	tau^{312}	tau^{312}	tʰau^{312}
静乐	pɑo^{314}	pɑo^{314}	pɑo^{53}	tɑo^{314}	tɑo^{314}	tɑo^{314}	tɑo^{314}	tʰɑo^{314}
交口	pɑo^{323}	pʰu^{53}/pɑo^{323}	pu^{53}白 / pɑo^{53}文	tɑo^{323}	tɑo^{323}	tɑo^{323}	tɑo^{323}	tʰɑo^{323}
石楼	pɔo^{213}	pɔo^{213}	pu^{51}白 / pɔo^{51}文	tɔo^{213}	tɔo^{213}	tɔo^{213}	tɔo^{213}	tʰɔo^{213}
隰县	pɑo^{21}	pu^{21}白 / pɑo^{21}文	pʰu^{44}白 / pɑo^{53}文	tɑo^{21}	tɑo^{21}	tɑo^{21}	tɑo^{21}	tʰɑo^{21}
大宁	pɐu^{31}	pɐu^{31}文	pʰu^{55}白 / pɐu^{31}文	tɐu^{31}	tɐu^{31}	tɐu^{31}	tɐu^{31}	tʰɐu^{31}
永和	pɑo^{312}	pu^{312}白 / pɑo^{312}文	pɑo^{312}	tɑo^{312}	tɑo^{312}	tɑo^{312}	tɑo^{312}	tʰɑo^{312}
汾西	pɑo^{33}	pɑo^{33}/pβ̩^{33}	pɑo^{11}	tɑo^{33}	tɑo^{33}	tɑo^{33}	——	tʰɑo^{33}
蒲县	pau^{31}	pʰu^{31}白 / pau^{31}文	pau^{33}	tau^{31}	tau^{31}	tau^{31}	tau^{31}	tʰau^{31}
潞州	pɑo^{535}	pu^{535}白 / pɑo^{535}文	pu^{54}白 / pɑo^{312}文	tɑo^{535}	tɑo^{535}	tɑo^{535}	tɑo^{535}	tʰɑo^{535}
上党	pɔ^{535}	pu^{535}	pu^{42}白 / pɔ^{42}文	tɔ^{535}	tɔ^{535}	tɔ^{535}	tɔ^{535}	tʰɔ^{535}
长子	pɔ^{434}	pu^{434}白 / pɔ^{434}文	pu^{53}白 / pɔ^{312}文	tɔ^{434}	tɔ^{434}	tɔ^{434}	tɔ^{434}	tʰɔ^{434}
屯留	pɔo^{43}	pu^{43}白 / pɔo^{43}文	pu^{11}白 / pɔo^{11}文	tɔo^{43}	tɔo^{43}	tɔo^{43}	tɔo^{43}	tʰɔo^{43}
襄垣	pɔo^{42}	pu^{42}	pu^{45}白 / pɔo^{45}文	tɔo^{42}	——	tɔo^{42}	tɔo^{42}	tʰɔo^{42}
黎城	pɔo^{213}	pɔo^{213}/pu^{213}	pɔo^{53}	tɔo^{213}	tɔo^{213}	tɔo^{213}	tɔo^{213}	tʰɔo^{213}

续表

字目	保	堡	抱	岛	捣	祷	倒~塌	讨
中古音 / 方言点	博抱 效开一 上皓帮	博抱 效开一 上皓帮	薄浩 效开一 上皓並	都皓 效开一 上皓端	都皓 效开一 上皓端	都皓 效开一 上皓端	都皓 效开一 上皓端	他浩 效开一 上皓透
平顺	pɔ^{434}	pɔ^{434}	pɔ^{53}	tɔ^{434}	tɔ^{434}	tɔ^{434}	tɔ^{434}	t^{h}ɔ^{434}
壶关	pɔ^{535}	pɔ^{535}	pu^{353}白 / pɔ^{353}文	tɔ^{535}	tɔ^{535}	tɔ^{535}	tɔ^{535}	t^{h}ɔ^{535}
沁县	pɔo^{214}	pu^{214}	pu^{53}白 / pɔo^{224}文	tɔo^{214}	tɔo^{214}	tɔo^{214}	tɔo^{214}	t^{h}ɔo^{214}
武乡	pɔ^{213}	——	pɔ^{113}	tɔ^{213}	tɔ^{213}	tɔ^{213}	tɔ^{213}	t^{h}ɔ^{213}
沁源	pɔo^{324}	pɔo^{324}	pu^{53}白 / pɔo^{53}文	tɔo^{324}	tɔo^{324}	tɔo^{324}	tɔo^{324}	t^{h}ɔo^{324}
安泽	pau^{42}	pau^{42}	pau^{53}	tau^{42}	——	tau^{42}	tau^{42}	t^{h}au^{42}
沁水端氏	pɔ^{31}	pɔ^{31}	pɔ^{21}	tɔ^{31}	tɔ^{31}	tɔ^{31}	tɔ^{31}	t^{h}ɔ^{31}
阳城	po^{212}	po^{212}	pu^{51}	to^{212}	to^{212}	to^{212}	to^{212}	t^{h}o^{212}
高平	pɔo^{212}	pɔo^{212}	pu^{53}	tɔo^{212}	tɔo^{212}	tɔo^{212}	tɔo^{212}	t^{h}ɔo^{212}
陵川	pɔo^{312}	pɔo^{312}	pɔo^{24}	tɔo^{312}	tɔo^{312}	tɔo^{312}	tɔo^{312}	t^{h}ɔo^{312}
晋城	po^{213}	po^{213}	pu^{53}	to^{213}	to^{213}	to^{213}	to^{213}	t^{h}o^{213}
忻府	pɔo^{313}	pɔo^{313}/pu^{313}	pu^{53}白 / pɔo^{53}文	tɔo^{313}	tɔo^{313}	tɔo^{313}	tɔo^{313}	t^{h}ɔo^{313}
原平	pɔo^{213}	pu^{213}白 / pɔo^{213}文	pu^{53}白 / pɔo^{53}文	tɔo^{213}	tɔo^{213}	tɔo^{213}	tɔo^{213}	t^{h}ɔo^{213}
定襄	pɔu^{24}	pɔu^{24}	pɔu^{53}	tɔu^{24}	tɔu^{24}	tɔu^{24}	tɔu^{53}	t^{h}ɔu^{24}
五台	pɑɔ^{213}	pɑɔ^{213}/pu^{213}	pɑɔ^{52}	tɑɔ^{213}	tɑɔ^{213}	tɑɔ^{213}	tɑɔ^{213}	t^{h}ɑɔ^{213}
岢岚	pɑu^{13}	pu^{13}/pɑu^{13}又	pɑu^{52}	tɑu^{13}	tɑu^{13}	tɑu^{13}	tɑu^{13}	t^{h}ɑu^{13}
五寨	pɑu^{13}	pu^{13}/pɑu^{13}	pɑu^{52}	tɑu^{13}	tɑu^{13}	t^{h}ɑu^{13}	tɑu^{13}	t^{h}ɑu^{13}
宁武	pɔu^{213}	pu^{213}白 / pɔu^{213}	pɔu^{52}文	tɔu^{213}	tɔu^{213}	tɔu^{213}	tɔu^{213}	t^{h}ɔu^{213}
神池	pɔo^{13}	pɔo^{13}	pɔo^{52}	tɔo^{13}	tɔo^{13}	tɔo^{13}	tɔo^{13}	t^{h}ɔo^{13}
繁峙	pɑo^{53}	pɑo^{53}/pu^{53}	pɑo^{24}	tɑo^{53}	tɑo^{53}	tɑo^{53}	tɑo^{53}	t^{h}ɑo^{53}
代县	pau^{213}	pau^{213}	pau^{53}	tau^{213}	tau^{213}	tau^{213}	tau^{53}	t^{h}au^{213}
河曲	pɔu^{213}	pu^{213}	pɔu^{52}	tɔu^{213}	t^{h}ɔu^{213}	tɔu^{213}	tɔu^{213}	t^{h}ɔu^{213}
保德	pəu^{213}	pəu^{213}	pəu^{52}	təu^{213}	təu^{213}	təu^{213}	təu^{213}	t^{h}əu^{213}
偏关	pɔo^{213}	pɔo^{213}	pɔo^{52}	tɔo^{213}	tɔo^{213}	tɔo^{213}	tɔo^{213}	t^{h}ɔo^{213}
朔城	pɔo^{312}	pu^{312}	pɔo^{53}	tɔo^{312}	——	tɔo^{312}	tɔo^{312}	t^{h}ɔo^{312}
平鲁	pɔ^{213}	pɔ^{213}	pɔ^{52}	tɔ^{213}	tɔ^{213}	tɔ^{213}	tɔ^{213}	t^{h}ɔ^{213}
应县	pau^{54}	pu^{54}/p^{h}u^{24}	pau^{24}	tau^{54}	tau^{54}	tau^{54}	tau^{54}	t^{h}au^{54}

续表

字目	保	堡	抱	岛	捣	祷	倒~塌	讨
中古音 / 方言点	博抱 效开一 上皓帮	博抱 效开一 上皓帮	薄浩 效开一 上皓並	都皓 效开一 上皓端	都皓 效开一 上皓端	都皓 效开一 上皓端	都皓 效开一 上皓端	他浩 效开一 上皓透
灵丘	pɔo^{442}	pu^{442}/pɔo^{442}	pɔo^{53}	tɔo^{442}	tɔo^{442}	tɔo^{442}	tɔo^{442}	tʰɔo^{442}
浑源	pʌu^{52}	pʌu^{52}	pʌu^{13}	tʌu^{52}	tʌu^{52}	tʌu^{52}	tʌu^{52}	tʰʌu^{52}
云州	pɑu^{55}	pɑu^{55}	pɑu^{24}	tɑu^{55}	tɑu^{55}	tɑu^{55}	tɑu^{55}	tʰɑu^{55}
新荣	pɔu^{54}	pu^{54}	pɔu^{24}	tɔu^{54}	tɔu^{54}	tɔu^{54}	tɔu^{54}	tʰɔu^{54}
怀仁	pɔu^{53}	pu^{53}	pɔu^{24}	tɔu^{53}	tɔu^{53}	tɔu^{53}	tɔu^{53}	tʰɔu^{53}
左云	pɔu^{54}	pu^{54}	pɔu^{24}	tɔu^{313}	tɔu^{313}	tɔu^{313}	tɔu^{313}	tʰɔu^{54}
右玉	pɐo^{53}	pu^{53}	pɐo^{24}	tɐo^{53}	tɐo^{53}	tɐo^{53}	tɐo^{53}	tʰɐo^{53}
阳高	pɔu^{53}	pɔu^{53}	pɔu^{24}	tɔu^{53}	tɔu^{53}	tɔu^{53}	tɔu^{53}	tʰɔu^{53}
山阴	pɔo^{52}	pu^{52}/pɔo^{52}	pɔo^{335}	tɔo^{52}	tɔo^{52}	tɔo^{52}	tɔo^{52}	tʰɔo^{52}
天镇	pɔu^{55}	pɔu^{55}	pɔu^{24}	tɔu^{55}	——	tɔu^{55}	tɔu^{55}	tʰɔu^{55}
平定	pɔ^{53}	pɔ^{53}	pu^{24} 白	tɔ^{53}	——	tɔ^{53}	tɔ^{53}	tʰɔ^{53}
昔阳	pɔo^{55}	pɔo^{55}	pɔo^{13}	tɔo^{55}	tɔo^{55}	tɔo^{55}	tɔo^{55}	tʰɔo^{55}
左权	pəu^{42}	pu^{42} 白 / pʰu^{42} 白 / pəu^{42} 文	pu^{53} 白 / pəu^{53} 文	təu^{42}	——	təu^{42}	təu^{42}	tʰəu^{42}
和顺	pɔu^{53}	pɔu^{53}	pu^{13} 白 / pɔu^{13} 文	tɔu^{53}	tɔu^{53}	tɔu^{53}	tɔu^{53}	tʰɔu^{53}
尧都	pɑu^{53}	pu^{53}	pɑu^{44}	tɑu^{53}	tɑu^{53}	tɑu^{53}	tɑu^{53}	tʰɑu^{53}
洪洞	pɑo^{42}	pu^{42}	pɑo^{21}	tɑo^{53}	tɑo^{53}	tɑo^{42}	tɑo^{42}	tɑo^{42}
洪洞赵城	pɑo^{42}	pu^{42}	pɑo^{53}	tɑo^{24}	tɑo^{42}	tɑo^{42}	tɑo^{42}	tʰɑo^{42}
古县	pɑu^{42}	pu^{21}	pɑu^{53}	tɑu^{42}	tɑu^{42}	tɑu^{42}	tɑu^{42}	tʰɑu^{42}
襄汾	pao^{42}	pu^{42}	pao^{53}	tao^{42}	tao^{42}	tao^{42}	tao^{42}	tʰao^{42}
浮山	pao^{33}	pu^{33}	pao^{53}	tao^{33}	tao^{33}	tao^{33}	tao^{33}	tʰao^{13}
霍州	pau^{33}	pʰu^{33} 白 / pau^{33} 文	pau^{55}	tau^{33}	tau^{33}	tau^{33}	tau^{55}	tʰau^{33}
翼城	pɔo^{44}	pɔo^{44}	tɔo^{44}	tɔo^{44}	tɔo^{44}	tɔo^{44}	tɔo^{44}	tʰɔo^{44}
闻喜	pɑo^{33}	pɑo^{33}	pɑo^{13}	tɑo^{33}	tɑo^{33}	tɑo^{33}	tɑo^{53}	tʰɑo^{33}
侯马	pɑu^{44}	pɑu^{44}	pɑu^{44}	tɑu^{44}	tɑu^{44}	tɑu^{44}	tɑu^{44}	tʰɑu^{44}
新绛	pɑo^{44}	pɑo^{44}	pɑo^{53}	tɑo^{44}	tɑo^{44}	tɑo^{13}	tɑo^{53}	tʰɑo^{44}
绛县	pau^{33}	pu^{33}	pau^{53}	tau^{33}	tau^{33}	tau^{33}	tau^{33}	tʰau^{33}
垣曲	pau^{44}	pau^{44}	pau^{53}	tau^{44}	tau^{44}	tau^{44}	tau^{44}	tʰau^{44}
夏县	pɑu^{24}	pu^{24}	pɑu^{53}	tɑu^{24}	tɑu^{24}	tɑu^{24}	tɑu^{24}	tʰɑu^{24}

续表

字目	保	堡	抱	岛	捣	祷	倒~塌	讨
中古音 / 方言点	博抱 效开一 上皓帮	博抱 效开一 上皓帮	薄浩 效开一 上皓並	都皓 效开一 上皓端	都皓 效开一 上皓端	都皓 效开一 上皓端	都皓 效开一 上皓端	他浩 效开一 上皓透
万荣	pau⁵⁵	pu⁵⁵ 白 / pau⁵⁵ 文	pʰu⁵⁵ 白 / pau³³ 文	tau⁵⁵	tau⁵⁵	tau⁵⁵	tau⁵⁵	tʰau⁵⁵
稷山	pɑu⁴⁴	pu⁴⁴ 白 / pɑu⁴⁴ 文	pɑu⁴²	tɑu⁴⁴	tɑu⁴⁴	tɑu⁴⁴	tɑu⁴⁴	tʰɑu⁴⁴
盐湖	pɔ⁵³	pu⁵³	pʰu⁴⁴ 白 / pɔ⁴⁴ 文	tɔ⁵³	tɔ⁵³	tɔ⁵³	tɔ⁵³	tʰɔ⁵³
临猗	pɑu⁵³	pɑu⁵³	pʰu⁴⁴ 白 / pɑu⁴⁴ 文	tɑu⁵³	tɑu⁵³	tɑu⁵³	tɑu⁵³	tʰɑu⁵³
河津	pau⁵³	pau⁵³	pʰu⁴⁴ 白 / pau⁴⁴ 文	tau⁵³	tau⁵³	tau⁵³	tau⁵³	tʰau⁵³
平陆	pau⁵⁵	pu⁵⁵ 白 / pau⁵⁵ 文	pau³³	tau⁵⁵	tau⁵⁵	tau⁵⁵	tau⁵⁵	tʰau⁵⁵
永济	pau⁵³	pu⁵³	pʰu⁴⁴ 白 / pau⁴⁴ 文	tau⁵³	tau⁵³	tau⁵³	tau⁵³	tʰau⁵³
芮城	pau⁵³	pu⁵³ 白 / pau⁵³ 文	pʰu⁴⁴ 白 / pau⁴⁴ 文	tau⁵³	tau⁵³	tau⁵³	tau⁵³	tʰau⁵³
吉县	pau⁵³	pu⁵³	pʰu³³	tau⁵³	——	tʰau⁵³	tau⁵³	tʰau⁵³
乡宁	pau⁴⁴	pu⁴⁴	pau⁵³	tau⁴⁴	tau⁴⁴	tau⁴⁴	tau²²	tʰau⁴⁴
广灵	pʌu⁴⁴	pu⁴⁴	pʌu²¹³	tʌu⁴⁴	tʌu⁴⁴	tʌu⁴⁴	tʌu⁴⁴	tʰʌu⁴⁴

字目	道	稻	脑	恼	老	早	枣	草
中古音 / 方言点	徒晧 效开一 上晧定	徒晧 效开一 上晧定	奴晧 效开一 上晧泥	奴晧 效开一 上晧泥	卢晧 效开一 上晧来	子晧 效开一 上晧精	子晧 效开一 上晧精	采老 效开一 上晧清
北京	tau^{51}	tau^{51}	nau^{214}	nau^{214}	lau^{214}	tsau^{214}	tsau^{214}	ts^{h}au^{214}
小店	tɔo^{24}	t^{h}ɔo^{24} 白 / tɔo^{24} 文	nɔo^{53}	nɔo^{53}	lɔo^{53}	tsɔo^{53}	tsɔo^{53}	ts^{h}ɔo^{53}
尖草坪	tau^{35}	t^{h}au^{35} 白 / tau^{35} 文	nau^{312}	nau^{312}	lau^{312}	tsau^{312}	tsau^{312}	ts^{h}au^{312}
晋源	tau^{35}	t^{h}au^{42} 白 / tau^{35} 文	nau^{42}	nau^{42}	lau^{42}	tsau^{42}	tsau^{42}	ts^{h}au^{42}
阳曲	tɔo^{454}	tɔo^{454}	nɔo^{312}	nɔo^{312}	lɔo^{312}	tsɔo^{312}	tsɔo^{312}	ts^{h}ɔo^{312}
古交	tau^{53}	tau^{53}	nau^{312}	nau^{312}	lau^{312}	tsau^{312}	tsau^{312}	ts^{h}au^{312}
清徐	tɔu^{45}	tɔu^{45}	nɔu^{54}	nɔu^{54}	lɔu^{54}	tsɔu^{54}	tsɔu^{54}	ts^{h}ɔu^{54}
娄烦	tɔu^{54}	t^{h}ɔu^{54}	nɔu^{33}	nɔu^{312}	lɔu^{312}	tsɔu^{312}	tsɔu^{312}	ts^{h}ɔu^{312}
榆次	tɔu^{35}	tɔu^{35}	nɔu^{53}	nɔu^{53}	lɔu^{53}	tsɔu^{53}	tsɔu^{53}	tsɔu^{53}
交城	tɔu^{24}	t^{h}ɔu^{24} 白 / tɔu^{24} 文	nɔu^{53}	nɔu^{53}	lɔu^{53}	tsɔu^{53}	tsɔu^{53}	ts^{h}ɔu^{53}
文水	tau^{35}	tau^{35}	nau^{423}	nau^{423}	lau^{423}	tsau^{423}	tsau^{423}	ts^{h}au^{423}
祁县	tɒɔ^{45}	tɒɔ^{45}	nɒɔ^{314}	nɒɔ^{314}	lɒɔ^{314}	tsɒɔ^{314}	tsɒɔ^{314}	ts^{h}ɒɔ^{314}
太谷	tɑɯ^{53}	tɑɯ^{53}	nɑɯ^{312}	nɑɯ^{312}	lɑɯ^{312}	tsɑɯ^{312}	tsɑɯ^{312}	ts^{h}ɑɯ^{312}
平遥	tɔ^{24}	tɔ^{512}	nɔ^{512}	nɔ^{512}	lɔ^{512}	tsɔ^{512}	tsɔ^{512}	ts^{h}ɔ^{512}
孝义	tao^{454}	tao^{312}	nao^{312}	nao^{312}	lao^{312}	tsao^{312}	tsao^{312}	ts^{h}ao^{312}
介休	tɔo^{45}	tɔo^{45}	nɔo^{423}	nɔo^{423}	lɔo^{423}	tsɔo^{423}	tsɔo^{423}	ts^{h}ɔo^{423}
灵石	tɔ^{53}	tɔ^{53}	nɔ^{212}	nɔ^{212}	lɔ^{212}	tsɔ^{212}	tsɔ^{212}	ts^{h}ɔ^{212}
盂县	tɑu^{55}	tɑu^{55}	nɑu^{53}	nɑu^{53}	lɑu^{53}	tsɑu^{53}	tsɑu^{53}	ts^{h}ɑu^{53}
寿阳	tɔo^{45}	tɔo^{45}	nɔo^{53}	nɔo^{53}	lɔo^{53}	tsɔo^{53}	tsɔo^{53}	ts^{h}ɔo^{53}
榆社	tou^{45}	tou^{45}	nou^{312}	nou^{312}	lou^{312}	tsou^{312}	tsou^{312}	ts^{h}ou^{312}
离石	tou^{53}	tou^{312}	nou^{312}	nou^{312}	lou^{312}	tsou^{312}	tsou^{312}	ts^{h}ou^{312}
汾阳	tau^{55}	tau^{55}	nau^{312}	nau^{312}	lau^{312}	tsau^{312}	tsau^{312}	ts^{h}au^{312}
中阳	tɔo^{53}	tɔo^{423}	nɔo^{423}	nɔo^{423}	lɔo^{423}	tsɔo^{423}	tsɔo^{423}	ts^{h}ɔo^{423}
柳林	tou^{53}	t^{h}ou^{53}	nou^{312}	nou^{312}	lou^{312}	tsou^{312}	tsou^{312}	ts^{h}ou^{312}
方山	tou^{52}	tou^{52}	nou^{312}	nou^{312}	lou^{312}	tsou^{312}	tsou^{312}	ts^{h}ou^{312}
临县	tɔu^{52}	tɔu^{52}	nɔu^{312}	nɔu^{312}	lɔu^{312}	tsɔu^{312}	tsɔu^{312}	ts^{h}ɔu^{312}
兴县	tɔu^{53}	tɔu^{53}	nɔu^{324}	nɔu^{324}	lɔu^{324}	tsɔu^{324}	tsɔu^{324}	ts^{h}ɔu^{324}
岚县	tau^{53}	t^{h}au^{53}	nau^{44}/nau^{312}	nau^{312}	lau^{312}	tsau^{312}	tsau^{312}	ts^{h}au^{312}
静乐	tɑo^{53}	tɑo^{53}	nɑo^{314}	nɑo^{314}	lɑo^{314}	tsɑo^{314}	tsɑo^{314}	ts^{h}ɑo^{314}

续表

字目	道	稻	脑	恼	老	早	枣	草
中古音 方言点	徒晧 效开一 上晧定	徒晧 效开一 上晧定	奴晧 效开一 上晧泥	奴晧 效开一 上晧泥	卢晧 效开一 上晧来	子晧 效开一 上晧精	子晧 效开一 上晧精	采老 效开一 上晧清
交口	tɑo^{53}	t^{h}ɑo^{53}白/ tɑo^{53}文	nɑo^{44}/nɑo^{323}	nɑo^{323}	lɑo^{323}	tsɑo^{323}	tsɑo^{323}	ts^{h}ɑo^{323}
石楼	tɔo^{51}	tɔo^{51}	nɔo^{44}/nɔo^{213}	nɔo^{213}	lɔo^{213}	tsɔo^{213}	tsɔo^{213}	ts^{h}ɔo^{213}
隰县	t^{h}ɑo^{44}白/ tɑo^{44}文	——	nɑo^{21}	nɑo^{21}	lɑo^{21}	tsɑo^{21}	tsɑo^{21}	ts^{h}ɑo^{21}
大宁	t^{h}ɐu^{55}白/ tɐu^{55}文	t^{h}ɐu^{55}白/ tɐu^{55}文	nɐu^{24}	nɐu^{31}	lɐu^{31}	tsɐu^{31}	tsɐu^{31}	ts^{h}ɐu^{31}
永和	t^{h}ɑo^{53}白/ tɑo^{53}文	t^{h}ɑo^{53}白/ tɑo^{53}文	nɑo^{35}/nɑo^{312}	nɑo^{35}	lɑo^{312}	tsɑo^{312}	tsɑo^{312}	ts^{h}ɑo^{312}
汾西	t^{h}u^{53}白/ t^{h}ɑo^{53}白/ t^{h}ɑo^{53}白/ tɑo^{53}文	t^{h}ɑo^{53}/t^{h}ɑo^{55}	nɑo^{35}	nɑo^{33}	lɑo^{33}	tsɑo^{33}	tsɑo^{33}	ts^{h}ɑo^{33}
蒲县	tɑu^{33}	tɑu^{33}	nɑu^{33}	nɑu^{31}	lɑu^{31}	tsɑu^{52}	tsɑu^{31}	ts^{h}ɑu^{31}
潞州	tɑo^{54}	tɑo^{54}	nɑo^{535}	nɑo^{535}	lɑo^{535}	tsɑo^{535}	tsɑo^{535}	ts^{h}ɑo^{535}
上党	tɔ^{42}	tɔ^{42}	nɔ^{535}	nɔ^{535}	lɔ^{535}	tsɔ^{535}	tsɔ^{535}	ts^{h}ɔ^{535}
长子	tɔ^{53}	tɔ^{53}	nɔ^{434}	nɔ^{434}	lɔ^{434}	tsɔ^{434}	tsɔ^{434}	ts^{h}ɔ^{434}
屯留	tɔo^{11}	tɔo^{11}	nɔo^{43}	nɔo^{43}	lɔo^{43}	tsɔo^{43}	tsɔo^{43}	ts^{h}ɔo^{43}
襄垣	tɔo^{45}	tɔo^{45}	nɔo^{42}	nɔo^{42}	lɔo^{42}	tsɔo^{42}	tsɔo^{42}	ts^{h}ɔo^{42}
黎城	tɔo^{53}	tɔo^{53}	nɔo^{213}	nɔo^{213}	lɔo^{213}	tsɔo^{213}	tsɔo^{213}	ts^{h}ɔo^{213}
平顺	tɔ^{53}	tɔ^{53}	nɔ^{434}	nɔ^{434}	lɔ^{434}	tsɔ^{434}	tsɔ^{434}	ts^{h}ɔ^{434}
壶关	tɔ^{353}	tɔ^{353}	nɔ^{535}	nɔ^{535}	lɔ^{535}	tʂɔ^{535}	tʂɔ^{535}	tʂ^{h}ɔ^{535}
沁县	tɔo^{53}	tɔo^{53}	nɔo^{214}	nɔo^{214}	lɔo^{214}	tsɔo^{214}	tsɔo^{214}	ts^{h}ɔo^{214}
武乡	tɔ^{55}	tɔ^{55}	nɔ^{213}	nɔ^{213}	lɔ^{213}	tsɔ^{213}	tsɔ^{213}	ts^{h213}
沁源	tɔo^{53}	tɔo^{53}	nɔo^{324}	nɔo^{324}	lɔo^{324}	tsɔo^{324}	tsɔo^{324}	ts^{h}ɔo^{324}
安泽	tau^{53}	tau^{53}	nau^{42}	nau^{42}	lau^{42}	tsau^{42}	tsau^{42}	ts^{h}au^{42}
沁水端氏	tɔ^{53}	tɔ^{53}	nɔ^{31}	nɔ^{31}	lɔ^{31}	tsɔ^{31}	tsɔ^{31}	ts^{h}ɔ^{31}
阳城	to^{51}	to^{51}	no^{212}	no^{212}	lo^{212}	tso^{212}	tso^{212}	ts^{h}o^{212}
高平	tɔo^{53}	tɔo^{53}	nɔo^{212}	nɔo^{212}	lɔo^{212}	tʂɔo^{212}	tʂɔo^{212}	tʂ^{h}ɔo^{212}
陵川	tɔo^{24}	tɔo^{24}	nɔo^{312}	nɔo^{312}	lɔo^{312}	tʂɔo^{312}	tʂɔo^{312}	tʂ^{h}ɔo^{312}
晋城	to^{53}	to^{53}	no^{213}	no^{213}	lo^{213}	tʂo^{213}	tʂo^{213}	tʂ^{h}o^{213}
忻府	tɔo^{53}	tɔo^{53}	nɔo^{313}	nɔo^{313}	lɔo^{313}	tsɔo^{313}	tsɔo^{313}	ts^{h}ɔo^{313}

续表

字目	道	稻	脑	恼	老	早	枣	草
中古音 / 方言点	徒晧 效开一 上晧定	徒晧 效开一 上晧定	奴晧 效开一 上晧泥	奴晧 效开一 上晧泥	卢晧 效开一 上晧来	子晧 效开一 上晧精	子晧 效开一 上晧精	采老 效开一 上晧清
原平	tɔo^{53}	tɔo^{53}	nɔo^{213}	nɔo^{213}	lɔo^{213}	tsɔo^{213}	tsɔo^{213}	ts^{h}ɔo^{213}
定襄	tɔu^{53}	tɔu^{53}	nɔu^{24}	nɔu^{24}	lɔu^{24}	tsɔu^{24}	tsɔu^{24}	ts^{h}ɔu^{24}
五台	tɑɔ^{52}	tɑɔ^{52}	nɑɔ^{213}	nɑɔ^{213}	lɑɔ^{213}	tsɑɔ^{213}	tsɑɔ^{213}	ts^{h}ɑɔ^{213}
岢岚	tɑu^{52}	tɑu^{52}	nɑu^{13}	nɑu^{13}	lɑu^{13}	tsɑu^{13}	tsɑu^{13}	ts^{h}ɑu^{13}
五寨	tɑu^{52}	tɑu^{52}	nɑu^{13}	nɑu^{13}	lɑu^{13}	tsɑu^{13}	tsɑu^{13}	ts^{h}ɑu^{13}
宁武	tɔu^{52}	tɔu^{52}	nɔu^{213}	nɔu^{213}	lɔu^{213}	tsɔu^{23}	tsɔu^{213}	ts^{h}ɔu^{213}
神池	tɔo^{52}	tɔo^{52}	nɔo^{13}	nɔo^{13}	lɔo^{13}	tsɔo^{13}	tsɔo^{13}	ts^{h}ɔo^{13}
繁峙	tɑo^{24}	tɑo^{24}	nɑo^{53}	nɑo^{53}	lɑo^{53}	tsɑo^{53}	tsɑo^{53}	ts^{h}ɑo^{53}
代县	tau^{53}	tau^{53}	nau^{213}	nau^{213}	lau^{213}	tsau^{213}	tsau^{213}	ts^{h}au^{213}
河曲	tɔu^{213}	tɔu^{213}	nɔu^{213}	nɔu^{213}	lɔu^{213}	tsɔu^{213}	tsɔu^{213}	ts^{h}ɔu^{213}
保德	təu^{52}	təu^{52}	nəu^{213}	nəu^{213}	ləu^{213}	tsəu^{213}	tsəu^{213}	ts^{h}əu^{213}
偏关	tɔo^{52}	tɔo^{52}	nɔo^{213}	nɔo^{213}	lɔo^{213}	tsɔo^{213}	tsɔo^{213}	ts^{h}ɔo^{213}
朔城	tɔo^{53}	tɔo^{53}	nɔo^{312}	nɔo^{312}	lɔo^{312}	tsɔo^{312}	tsɔo^{312}	ts^{h}ɔo^{312}
平鲁	tɔ^{52}	tɔ^{52}	nɔ^{213}	nɔ^{213}	lɔ^{213}	tsɔ^{213}	tsɔ^{213}	ts^{h}ɔ^{213}
应县	tau^{24}	tau^{24}	nau^{54}	nau^{54}	lau^{54}	tsau^{54}	tsau^{54}	ts^{h}uau^{54}
灵丘	tɔo^{53}	tɔo^{53}	nɔo^{442}	nɔo^{442}	lɔo^{442}	tsɔo^{442}	tsɔo^{442}	ts^{h}ɔo^{442}
浑源	tʌu^{13}	tʌu^{13}	nʌu^{52}	nʌu^{52}	lʌu^{52}	tsʌu^{52}	tsʌu^{52}	ts^{h}ʌu^{52}
云州	tɑu^{24}	tɑu^{24}	nɑu^{55}	nɑu^{55}	lɑu^{55}	tsɑu^{55}	tsɑu^{55}	ts^{h}ɑu^{55}
新荣	tɔu^{24}	tɔu^{24}	nɔu^{54}	nɔu^{54}	lɔu^{54}	tsɔu^{54}	tsɔu^{54}	ts^{h}ɔu^{54}
怀仁	tɔu^{24}	tɔu^{24}	nɔu^{53}	nɔu^{53}	lɔu^{53}	tsɔu^{53}	tsɔu^{53}	ts^{h}ɔu^{53}
左云	tɔu^{24}	tɔu^{24}	nɔu^{54}	nɔu^{54}	lɔu^{54}	tsɔu^{54}	tsɔu^{54}	ts^{h}ɔu^{54}
右玉	tɐo^{24}	tɐo^{24}	nɐo^{53}	nɐo^{53}	lɐo^{53}	tsɐo^{53}	tsɐo^{53}	ts^{h}ɐo^{53}
阳高	tɔu^{24}	tɔu^{24}	nɔu^{53}	nɔu^{53}	lɔu^{53}/lɑʔ^{3}	tsɔu^{53}	tsɔu^{53}	ts^{h}ɔu^{53}
山阴	tɔo^{335}	tɔo^{335}	nɔo^{313}	nɔo^{52}	lɔo^{52}	tsɔo^{52}	tsɔo^{52}	ts^{h}ɔo^{52}
天镇	tɔu^{24}	tɔu^{24}	nɔu^{55}	nɔu^{55}	lɔu^{55}	tsɔu^{55}	tsɔu^{55}	ts^{h}ɔu^{55}
平定	tɔ^{24}	tɔ^{24}	nɔ^{53}	nɔ^{53}	lɔ^{53}	tsɔ^{53}	tsɔ^{53}	ts^{h}ɔ^{53}
昔阳	tɔo^{13}	tɔo^{13}	nɔo^{55}	nɔo^{55}	lɔo^{55}	tsɔo^{55}	tsɔo^{55}	ts^{h}ɔo^{55}
左权	t^{h}əu^{53} 白 / təu^{53} 文	təu^{53}	nəu^{42}	nəu^{42}	ləu^{42}	tsəu^{42}	tsəu^{42}	ts^{h}əu^{42}
和顺	t^{h}ɔu^{13} 白 / tɔu^{13} 文	tɔu^{13}	nɔu^{53}	nɔu^{53}	lɔu^{53}	tsɔu^{53}	tsɔu^{53}	ts^{h}ɔu^{53}
尧都	tɑu^{44}	t^{h}ɑu^{53}	nɑu^{53}	nɑu^{53}	lɑu^{53}	tsɑu^{53}	tsɑu^{53}	ts^{h}ɑu^{53}

续表

字目	道	稻	脑	恼	老	早	枣	草
中古音 / 方言点	徒晧 效开一 上晧定	徒晧 效开一 上晧定	奴晧 效开一 上晧泥	奴晧 效开一 上晧泥	卢晧 效开一 上晧来	子晧 效开一 上晧精	子晧 效开一 上晧精	采老 效开一 上晧清
洪洞	tʰɑo53 白 / tɑo53 文	tʰɑo42 白 / tɑo53 文	nɑo42	nɑo42	lɑo42	tsɑo42	tsɑo42	tsʰɑo42
洪洞赵城	tʰɑo53 白 / tɑo53 文	tʰɑo53 白 / tɑo53 文	nɑo42	nɑo42	lɑo42	tsɑo42	tsɑo42	tsʰɑo42
古县	tʰɑu53 白 / tɑu53 文	tʰɑu53 白 / tɑu53 文	nɑu42	nɑu42	lɑu42	tsɑu42	tsɑu35	tsʰɑu42
襄汾	tʰao53/ tao53 文	tʰao53	nao42	nao42	lao42	tsao42	tsao42	tsʰao42
浮山	tʰao33	tao53	nao33	nao33	lao33	tsao33	tsao33	tsʰao33
霍州	tʰau53	tau53	lau33	lau33	lau33	xau33	tsɔ53	tsʰau33
翼城	tɔo53	tɔo53	nɔo44	nɔo44	lɔo44	tsɔo44	lɔo44	tsʰɔo44
闻喜	tɑo13	tʰɑo13 白 / tɑo13 文	ləŋ33 白 / lɑo33 文	lɑo33	lɑo33	tsɑo33	——	tsʰɑo33
侯马	tɑu53	tɑu53	nɑu44	nɑu44	lɑu44	tsʰɑu44 白 / tsɑu44 文	tsɑu44	tsʰɑu44
新绛	tʰɑo53 白 / tɑo53 文	tʰɑo13	nɑo44	nɑo44	lɑo44	tsɑo44	tsɑo44	tsʰɑo44
绛县	tʰau53 白 / tau53 文	tʰau53	nau33	nau33	lau33	tsau33	tsau33	tsʰau33
垣曲	tʰau53 白 / tau53 文	tau53	nau44	nau44	lau44	tsau44	tsau44	tsʰau44
夏县	tʰɑu31 白 / tɑu31 文	tʰɑu31 白 / tɑu31 文	lɑu24	lɑu24	lɑu24	tsɑu24	tsɑu24	tsʰɑu24
万荣	tʰau33 白 / tau33 文	tʰau51 白 / tau55 文	nau55	nau55	lau55	tsau55	tsau55	tsʰau55
稷山	tɑu42	tʰɑu42	nɑu44	nɑu44	lɑu44	tsɑu44	tsɑu44	tsʰɑu44
盐湖	tʰɔ44 白 / tɔ44 文	tʰɔ44	lɔ53	lɔ53	lɔ53	tsɔ53	tsɔ53	tsʰɔ53
临猗	tʰɑu44 白 / tɑu44 文	tɑu44	lɑu53	lɑu53	lɑu53	tsɑu53	tsɑu53	tsʰɑu53
河津	tʰau44 白 / tau44 文	tʰau53/tau44 文	nau53	nau53	lau53	tsau53	tsau53	tsʰau53
平陆	tʰau33 白 / tau33 文	tʰau55 白 / tʰau31 白 / tau33 文	lau55	lau55	lau55	tsau55	tsau55	tsʰau55

续表

字目	道	稻	脑	恼	老	早	枣	草
中古音 / 方言点	徒晧 效开一上皓定	徒晧 效开一上皓定	奴晧 效开一上皓泥	奴晧 效开一上皓泥	卢皓 效开一上皓来	子晧 效开一上皓精	子晧 效开一上皓精	采老 效开一上皓清
永济	t^hau^{44} 白 / tau^{44} 文	tau^{44}	lau^{44} 白 / nau^{53} 文	nau^{53}	lau^{53}	$tsau^{53}$	$tsau^{53}$	ts^hau^{53}
芮城	t^hau^{44} 白 / tau^{44} 文	t^hau^{44}	lau^{53}	lau^{53}	lau^{53}	$tsau^{53}$	$tsau^{53}$	ts^hau^{53}
吉县	tau^{33}	t^hau^{33}	nau^{53}	nau^{53}	lau^{53}	$tsau^{53}$	$tsau^{53}$	ts^hau^{53}
乡宁	t^hau^{22} 白 / tau^{22} 文	t^hau^{22}	nau^{44}	nau^{44}	lau^{44}	$tsau^{44}$	$tsau^{44}$	ts^hau^{44}
广灵	$tʌu^{213}$	$tʌu^{213}$	$nʌu^{44}$	$ŋʌu^{44}$	$lʌu^{44}$	$tsʌu^{44}$	$tsʌu^{44}$	$ts^hʌu^{44}$

字目	皂	造建~	扫	嫂	稿	考	烤	好~坏
中古音 / 方言点	昨早 效开一 上皓从	昨早 效开一 上皓从	苏老 效开一 上皓心	苏老 效开一 上皓心	古老 效开一 上皓见	苦浩 效开一 上皓溪	苦浩 效开一 上皓溪	呼皓 效开一 上皓晓
北京	tsau^{51}	tsau^{51}	sau^{214}/sau^{51}	sau^{214}	kau^{214}	kʰau^{214}	kʰau^{214}	xau^{214}
小店	tsɔo^{24}	tsɔo^{24}	sɔo^{53}	sɔo^{53}	kɔo^{53}	kʰɔo^{11}	kʰɔo^{11}	xɔo^{53}
尖草坪	tsau^{35}	tsau^{35}	sau^{312}	sau^{312}	kau^{312}	kʰau^{312}	kʰau^{312}	xau^{312}
晋源	tsau^{35}	tsau^{35}	sau^{42}	sau^{42}	kau^{42}	kʰau^{42}	kʰau^{42}	xau^{42}
阳曲	tsɔo^{454}	tsʰɔo^{454} 白 / tsɔo^{454} 文	sɔo^{312}	sɔo^{312}	kɔo^{312}	kʰɔo^{312}	kʰɔo^{312}	xɔo^{312}
古交	tsau^{53}	tsau^{53}	sau^{312}	sau^{312}	kau^{312}	kʰau^{312}	kʰau^{312}	xau^{312}
清徐	tsɔu^{45}	tsɔu^{45}	sɔu^{54}	sɔu^{54}	kɔu^{54}	kʰɔu^{54}	kʰɔu^{54}	xɔu^{54}
娄烦	tsɔu^{54}	tsʰɔu^{54}	sɔu^{312}	sɔu^{312}	kɔu^{312}	kʰɔu^{312}	kʰɔu^{312}	xɔu^{312}
榆次	tsɔu^{35}	tsʰɔu^{35}	sɔu^{53}	sɔu^{53}	kɔu^{53}	kʰɔu^{53}	kʰɔu^{53}	xɔu^{53}
交城	tsɔu^{24}	tsʰɔu^{24} 白 / tsɔu^{24} 文	sɔu^{53}	sɤ^{53}	kɔu^{53}	kʰɔu^{53}	kʰɔu^{53}	xɔu^{53}
文水	tsau^{35}	tsau^{35}	sau^{423}	sau^{423}	kau^{423}	kʰau^{423}	kʰau^{423}	xau^{423}
祁县	tsɒɔ^{45}	tsɒɔ^{45}	sɒɔ^{314}	sɒɔ^{314}	kɒɔ^{314}	kʰɒɔ^{314}	kʰu^{314}	xɒɔ^{314}
太谷	tsɑɯ^{53}	tsɑɯ^{53}	sɑɯ^{312}	sɑɯ^{312}	kuo^{312}	kʰuo^{312}	kʰuo^{312}	xɑɯ^{312}
平遥	tsɔ^{24}	tsʰɔ^{24} 白 / tsɔ^{24} 文	sɔ^{512}	sɔ^{512}	kɔ^{512}	kʰɔ^{512}	kʰɔ^{512}	xɔ^{512}
孝义	tsao^{454}	tsʰao^{454}	sao^{312}	sao^{312}	kao^{312}	kʰao^{312}	kʰao^{312}	xao^{312}
介休	tsɔo^{45}	tsɔo^{45}	sɔo^{423}	sɔo^{423}	kɔo^{423}	kʰɔo^{423}	kʰɔo^{423}	xɔo^{423}
灵石	tsɔ^{53}	tsɔ^{53}	sɔ^{53}	sɔ^{212}	kɔ^{212}	kʰɔ^{212}	kʰɔ^{212}	xɔ^{212}
盂县	tsɑu^{55}	tsɑu^{55}	sɑu^{53}/sɑu^{55}	sɑu^{53}	kɑu^{53}	kʰɑu^{53}	kʰɑu^{53}	xɑu^{53}
寿阳	tsɔo^{45}	tsɔo^{45}	sɔo^{53}	sɔo^{53}	kɔo^{53}	kʰɔo^{53}	kʰɔo^{53}	xɔo^{53}
榆社	tsou^{45}	tsou^{45}	sou^{312}	sou^{312}	kou^{312}	kou^{312}	kou^{312}	xou^{312}
离石	tsou^{53}	tsʰou^{53}	sou^{312}	sou^{312}	kou^{312}	kʰou^{312}	kʰou^{312}	xou^{312}
汾阳	tsau^{55}	tsau^{55}	sau^{312}	sau^{312}	kau^{312}	kʰau^{312}	kʰau^{312}	xau^{312}
中阳	tsɔo^{53}	tsʰɔo^{53}	sɔo^{423}	sɔo^{423}	kɔo^{423}	kʰɔo^{423}	kʰɔo^{423}	xɔo^{423}
柳林	tsou^{53}	tsʰou^{53}	sou^{312}	sou^{312}	kou^{312}	kʰou^{312}	kʰou^{312}	xou^{312}
方山	tsou^{52}	tsʰou^{52} 白 / tsou^{52} 文	sou^{312}	sou^{312}	kou^{312}	kʰou^{312}	kʰou^{312}	xou^{312}
临县	tsɔu^{52}	tsɔu^{52}	sɔu^{312}	sɔu^{312}	kɔu^{312}	kʰɔu^{312}	kʰɔu^{312}	xɔu^{33}
兴县	tsɔu^{53}	tsʰɔu^{53}	sɔu^{324}/sɔu^{53}	sɔu^{55}	kɯu^{324}	kʰɔu^{324}	kʰɔu^{324}	xɔu^{324}
岚县	tsau^{53}	tsʰau^{53}	sau^{312}	sau^{312}	kau^{312}	kʰau^{312}	kʰau^{312}	xau^{312}
静乐	tsɑo^{53}	tsʰɑo^{533} 白	sɑo^{314}	sɑo^{314}	kɑo^{314}	kʰɑo^{314}	kʰɑo^{314}	xɑo^{314}

续表

字目	皂	造建~	扫	嫂	稿	考	烤	好~坏
中古音 方言点	昨早 效开一 上皓从	昨早 效开一 上皓从	苏老 效开一 上皓心	苏老 效开一 上皓心	古老 效开一 上皓见	苦浩 效开一 上皓溪	苦浩 效开一 上皓溪	呼晧 效开一 上皓晓
交口	tsɑo^{53}	tsʰɑo^{53} 白 / tsɑo^{53} 文	sɑo^{323}	sɑo^{323}	kɑo^{323}	kʰɑo^{323}	kʰɑo^{323}	xɑo^{323}
石楼	tsɔo^{51}	tsʰɔo^{51} 白 / tsɔo^{51} 文	sɔo^{213}	sɔo^{213}	kɔo^{213}	kʰɔo^{213}	kʰɔo^{213}	xɔo^{213}
隰县	tsɑo^{44}	tsʰɑo^{44} 白 / tsɑo^{44} 文	sɑo^{21}	sɑo^{21}	kɑo^{21}	kʰɑo^{21}	kʰɑo^{21}	xɑo^{21}
大宁	tsɐu^{55}	tsʰɐu^{55} 白 / tsɐu^{55} 文	sɐu^{31}	sɐu^{31}	kɐu^{31}	kʰɐu^{31}	kʰɐu^{31}	xɐu^{31}
永和	tsɑo^{53}	tsʰɑo^{53} 白 / tsɑo^{53} 文	sɑo^{312}	sɑo^{312}	kɑo^{312}	kʰɑo^{312}	kʰɑo^{312}	xɑo^{312}
汾西	tsɑo^{55} 文 / tsʰɑo^{55}	tsʰɑo^{53}	sɑo^{33}	su^{35}	kɑo^{33}	kʰɑo^{33}	kʰɯ^{55} 白 / kʰɑo^{33}	xɑo^{33}
蒲县	tsɑu^{33}	tsɑu^{33}	sɑu^{31}	sɑu^{31}	kɑu^{31}	kʰɑu^{31}	kʰɑu^{31}	xɑu^{52}
潞州	tsɑo^{54}	tsɑo^{54}	sɑo^{535}	sɑo^{535}	kɑo^{535}	kʰɑo^{535}	kʰɑo^{535}	xɑo^{535}
上党	tsɔ^{42}	tsɔ^{42}	sɔ^{535}/sɔ^{22}	sɔ^{535}	kɔ^{535}	kʰɔ^{535}	kʰɔ^{535}	xɔ^{535}
长子	tsʰɔ^{53}	tsɔ^{422}	sɔ^{434}	sɔ^{434}	kɔ^{434}	kʰɔ^{434}	kʰɔ^{434}	xɔ^{434}
屯留	tsɔo^{11}	tsɔo^{11}	sɔo^{43}	sɔo^{43}	kɔo^{43}	kʰɔo^{43}	kʰɔo^{43}	xɔo^{43}
襄垣	tsɔo^{45}	tsʰɔo^{45} 白 / tsɔo^{45} 文	sɔo^{42}	sɔo^{42}	kɔo^{42}	kʰɔo^{42}	kʰɔo^{42}	xɔo^{42}
黎城	tsɔo^{53}	tsɔo^{53}	sɔo^{213}	sɔo^{213}	kɔo^{213}	kʰɔo^{213}	kʰɔo^{213}	xɔo^{213}
平顺	tsɔ^{53}	tsɔ^{53}	sɔ^{434}	sɔ^{434}	kɔ^{434}	kʰɔ^{434}	kɔ^{434}	xɔ^{434}
壶关	tʂɔ^{353}	tʂɔ^{353}	ʂɔ^{535}/ʂɔ^{42}	ʂɔ^{535}	kɔ^{535}	kʰɔ^{535}	kʰɔ^{535}	xɔ^{535}
沁县	tsɔo^{53}	tsɔo^{53}	sɔo^{214}	sɔo^{214}	kɔo^{214}	kʰɔo^{214}	kʰɔo^{214}	xɔo^{214}
武乡	tsɔ^{55}	tsʰɔ^{55} 白 / tsɔ^{55} 文	sɔ^{213}	sɔ^{213}	kɔ^{213}	kʰɔ^{213}	kʰɔ^{213}	xɔ^{213}
沁源	tsɔo^{53}	tsʰɔo^{53} 白 / tsɔo^{53} 文	sɔo^{324}	sɔo^{324}	kɔo^{324}	kʰɔo^{324}	kʰɔo^{324}	xɔo^{324}
安泽	tsau^{53}	tsau^{53}	sau^{42}/ sau^{53}	sau^{42}	kau^{42}	kʰau^{42}	kʰau^{42}	xau^{42}
沁水端氏	tsɔ^{53}	tsɔ^{53}	sɔ^{31}	sɔ^{31}	kɔ^{31}	kʰɔ^{31}	kʰɔ^{31}	xɔ^{31}
阳城	tso^{51}	tso^{51}	so^{212}	so^{51}	ko^{212}	kʰo^{212}	kʰo^{212}	xo^{212}
高平	tʂɔo^{53}	tʂɔo^{53}	ʂɔo^{212}	ʂɔo^{212}	kɔo^{212}	kʰɔo^{212}	kʰɔo^{212}	xɔo^{212}
陵川	tʂɔo^{24}	tʂɔo^{24}	ʂɔo^{312}	ʂɔo^{312}	kɔo^{312}	kʰɔo^{312}	kʰɔo^{312}	xɔo^{312}
晋城	tʂo^{53}	tʂo^{53}	ʂo^{213}	ʂo^{213}	ko^{213}	kʰo^{213}	kʰo^{213}	xo^{213}
忻府	tsɔo^{53}	tsʰɔo^{53}	sɔo^{313}	sɔo^{313}	kɔo^{313}	kʰɔo^{313}	kʰɔo^{313}	xɔo^{313}

续表

字目	皂	造建~	扫	嫂	稿	考	烤	好~坏
中古音 / 方言点	昨早 效开一 上皓从	昨早 效开一 上皓从	苏老 效开一 上皓心	苏老 效开一 上皓心	古老 效开一 上皓见	苦浩 效开一 上皓溪	苦浩 效开一 上皓溪	呼晧 效开一 上皓晓
原平	tsɔo^{53}	tsʰɔo^{53} 白 / tsɔo^{53} 文	sɔo^{213}	sɔo^{213}	kɔo^{213}	kʰɔo^{213}	kʰɔo^{213}	xɔo^{213}
定襄	tsɔu^{53}	tsʰɔu^{53}	sɔu^{24}	sɔu^{24}	kɔu^{24}	kʰɔu^{24}	kʰɔu^{24}	xɔu^{24}
五台	tsɑɔ^{52}	tsɑɔ^{52}	sɑɔ^{213}	sɑɔ^{213}	kɑɔ^{213}	kʰɑɔ^{213}	kʰɑɔ^{213}	xɑɔ^{213}
岢岚	tsɑu^{52}	tsʰɑu^{52} 老 / tsɑu^{52} 新	sɑu^{13}	sɑu^{13}	kɑu^{13}	kʰɑu^{13}	kʰɑu^{13}	xɑu^{13}
五寨	tsɑu^{52}	tsʰɑu^{52} 老 / tsɑu^{52} 新	sɑu^{13}	sɑu^{13}	kɑu^{13}	kʰɑu^{13}	kʰɑu^{13}	xɑu^{13}
宁武	tsɔu^{52}	tsʰɔu^{52}	sɔu^{213}	sɔo^{213}	kɔu^{213}	kʰɔo^{213}	kʰɔu^{213}	xɔu^{213}
神池	tsɔo^{52}	tsɔo^{52}	sɔo^{13}	sɔo^{13}	kɔo^{13}	kʰɔo^{13}	kʰɔo^{13}	xɔo^{13}
繁峙	tsɑo^{24}	tsɑo^{24}	sɑo^{53}	sɑo^{53}	kɑo^{53}	kʰɑo^{53}	kʰɑo^{53}	xɑo^{53}
代县	tsau^{53}	tsau^{53}	sau^{53}	sau^{213}	kau^{213}	kʰau^{213}	kʰau^{213}	xau^{213}
河曲	tsɔu^{52}	tsɔu^{52}	sɔu^{213}	sɔu^{213}	kɔu^{213}	kʰɔu^{213}	kʰɔu^{213}	xɔu^{213}
保德	tsəu^{52}	tsəu^{52}	səu^{213}	səu^{213}	kəu^{213}	kʰəu^{213}	kʰəu^{213}	xəu^{213}
偏关	tsɔo^{52}	tsɔo^{52}	sɔo^{213}	sɔo^{213}	kɔo^{213}	kʰɔo^{213}	kʰɔo^{213}	xɔo^{213}
朔城	tsɔo^{53}	tsɔo^{53}	sɔo^{312}	sɔo^{312}	kɔo^{312}	kʰɔo^{312}	kʰɔo^{312}	xɔo^{312}
平鲁	tsɔ^{52}	tsʰɔ^{52}	sɔ^{213}	sɔ^{213}	kɔ^{213}	kʰɔ^{213}	kʰɔ^{213}	xɔ^{213}
应县	tsau^{24}	tsau^{24}	sau^{54}	sau^{54}	kau^{54}	kʰau^{54}	kʰau^{54}	xau^{54}
灵丘	tsɔo^{53}	tsɔo^{53}	sɔo^{442}	sɔo^{442}	kɔo^{442}	kʰɔo^{442}	kʰɔo^{442}	xɔo^{442}
浑源	tsʌu^{13}	tsʌu^{13}	sʌu^{52}	sʌu^{52}	kʌu^{52}	kʰʌu^{52}	kʰʌu^{52}	xʌu^{52}
云州	tsɑu^{24}	tsɑu^{24}	sɑu^{55}	sɑu^{55}	kɑu^{55}	kʰɑu^{55}	kʰɑu^{55}	xɑu^{55}
新荣	tsɔu^{24}	tsɔu^{24}/ tsʰɔu^{24}	sɔu^{54}/sɔu^{24}	sɔu^{54}	kɔu^{54}	kʰɔu^{54}	kʰɔu^{54}	xɔu^{54}
怀仁	tsɔu^{24}	tsɔu^{24}	sɔu^{53}	sɔu^{53}	kɔu^{53}	kʰɔu^{53}	kʰɔu^{53}	xɔu^{53}
左云	tsɔu^{24}	tsɔu^{24}	sɔu^{54}	sɔu^{54}	kɔu^{54}	kʰɔu^{54}	kʰɔu^{54}	xɔu^{54}
右玉	tsɐo^{24}	tsɐo^{24}	sɐo^{53}	sɐo^{53}	kɐo^{53}	kʰɐo^{53}	kʰɐo^{53}	xɐo^{53}
阳高	tsɔu^{24}	tsɔu^{24}	sɔu^{53}	sɔu^{53}	kɔu^{53}	kʰɔu^{53}	kʰɔu^{53}	xɔu^{53}
山阴	tsɔo^{335}	tsɔo^{335}	sɔo^{52}/sɔo^{335}	sɔo^{52}	kɔo^{52}	kʰɔo^{313}	kʰɔo^{313}	xɔo^{52}
天镇	tsɔu^{24}	tsɔu^{24}	sɔu^{55}	sɔu^{55}	kɔu^{55}	kʰɔu^{55}	kʰɔu^{55}	xɔu^{55}
平定	tsɔ^{24}	tsɔ^{24}	sɔ^{53}/sɔ^{24}	sɔ^{53}	kɔ^{53}	kʰɔ^{53}	kʰɔ^{53}	xɔ^{53}
昔阳	tsɔo^{13}	tsɔo^{13}	sɔo^{55}	sɔo^{55}	kɔo^{55}	kʰɔo^{55}	kʰɔo^{55}	xɔo^{55}
左权	tsəu^{53}	tsʰəu^{53}	səu^{42}/səu^{53}	səu^{42}	kəu^{42}	kʰəu^{42}	kʰəu^{42}	xəu^{42}
和顺	tsɔu^{13}	——	sɔu^{53}/sɔu^{13}	sɔu^{53}	kɔu^{53}	kʰɔu^{53}	kʰɔu^{53}	xɔu^{53}

续表

字目	皂	造建~	扫	嫂	稿	考	烤	好~坏
中古音 / 方言点	昨早 效开一 上皓从	昨早 效开一 上皓从	苏老 效开一 上皓心	苏老 效开一 上皓心	古老 效开一 上皓见	苦浩 效开一 上皓溪	苦浩 效开一 上皓溪	呼晧 效开一 上皓晓
尧都	tsɑu^{44}	tsɑu^{44}	sɑu^{53}	sɑu^{53}	kɑu^{53}	kʰɑu^{53}	kʰɑu^{53}	xɑu^{53}
洪洞	tsɑo^{42}/tsɑo^{53}	tsʰɑo^{53} 白 / tsɑo^{53} 文	sɑo^{42}	sɑo^{33}	kɑo^{42}	kʰɑo^{42}	kʰo 白 / kʰɑo^{42} 文	xɑo^{42}
洪洞赵城	tsʰɑo^{53} 白 / tsɑo^{53} 文	tsɑo^{53}	sɑo^{42}	sɑo^{42}	kɑo^{42}	kʰɑo^{42}	kʰɑo^{42}	xɑo^{42}
古县	tsɑu^{53}	tsʰɑu^{53} 白 / tsɑu^{53} 文	sɑu^{35}/sɑu^{42}	sɑu^{42}	kɑu^{42}	kʰɑu^{42}	kʰɑu^{42}	xɑu^{42}
襄汾	tsao^{53}	tsʰao^{53}	sao^{42}	sao^{42}	kao^{42}	kʰao^{42}	kʰao^{42}	xao^{42}
浮山	tsao^{53}	——	sao^{33}/sao^{53}	sao^{53}	kao^{33}	kʰao^{33}	kʰao^{33}	xao^{33}
霍州	tsau^{55}	tsau^{53}	sau^{33}	sɔ^{33}	kau^{33}	kʰau^{33}	kʰau^{33}	xau^{33}
翼城	tsɔo^{53}	tsɔo^{53}	sɔo^{44}	sɔo^{44}	kɔo^{44}	kʰɔo^{44}	kʰɔo^{44}	kɔo^{44}
闻喜	tsʰɑo^{13}	tsʰɑo^{13}	sɑo^{33}/sɑo^{53}	sɑo^{33}	kɑo^{33}	kʰɑo^{33}	kʰɑo^{33}	xɑo^{33}
侯马	tsɑu^{53}	tsɑu^{53}	sɑu^{44}	sɑu^{44}	kɑu^{44}	kʰɑu^{44}	kʰɑu^{44}	xɑu^{44}
新绛	tsʰɑo^{53}	tsʰɑo^{53}	sɑo^{44}	sɑo^{44}	kɑo^{53}	kʰɑo^{44}	kʰɑo^{13}	xɑo^{44}
绛县	tsau^{31}/ tsʰau^{53}	tsʰau^{53}	sau^{33}	sau^{33}	kau^{33}	kʰau^{33}	kʰau^{33}	xau^{33}
垣曲	tsʰau^{53}	tsʰau^{53}	sau^{44}	sau^{44}	kau^{44}	kʰau^{44}	kʰau^{44}	xau^{44}
夏县	tsʰɑu^{31} 白 / tsɑu^{31} 文	tsʰɑu^{31} 白 / tsɑu^{31} 文	sɑu^{24}	sɑu^{24}	kɑu^{24}	kʰɑu^{24}	kʰɑu^{24}	xɑu^{24}
万荣	tsau^{33}	tsʰau^{33}	sau^{55}	sau^{55}	kau^{55}	kʰau^{55}	kʰau^{55}	xau^{55}
稷山	tsʰɑu^{42}	tsɑu^{42}	sɑu^{44}	sɑu^{44}	kɑu^{44}	kʰɑu^{44}	kʰɑu^{44}	xɑu^{44}
盐湖	tsɔ^{44}	tsɔ^{44}	sɔ^{53}	sɔ^{53}	kɔ^{53}	kʰɔ^{53}	kʰɔ^{53}	xɔ^{53}
临猗	tsɑu^{44}	tsʰɑu^{44} 白 / tsɑu^{44} 文	sɑu^{53}	sɑu^{53}	kɑu^{53}	kʰɑu^{53}	kʰɑu^{53}	xɑu^{53}
河津	tsʰau^{44}	tsʰau^{44}	sau^{53}	sau^{53}	kau^{53}	kʰau^{53}	kʰau^{53}	xau^{53}
平陆	tsʰau^{33}	tsʰau^{33} 白 / tsau^{33} 文	sau^{55}	sau^{55}	kau^{55}	kʰau^{55}	kʰau^{55}	xau^{55}
永济	tsʰau^{44}	tsʰau^{44}	sau^{44} 白	sau^{53}	kau^{53}	kʰau^{53}	kʰau^{53}	xau^{53}
芮城	tsʰau^{44}	tsʰau^{44}	sau^{53}	sau^{53}	kau^{53}	kʰau^{53}	kʰau^{53}	xau^{53}
吉县	tsʰau^{33}	tsʰau^{33}	sau^{53}/ sau^{33}	sau^{53}	kau^{53}	kʰau^{53}	kʰau^{53}	xau^{53}
乡宁	tsʰau^{22} 白 / tsau^{22} 文	tsʰau^{22} 白 / tsau^{22} 文	sau^{44}	sau^{44}	kau^{44}	kʰau^{44}	kʰau^{44}	xau^{44}
广灵	tsʌu^{213}	tsʌu^{213}	tsʰʌu^{44}	sʌu^{44}	kʌu^{44}	kʰʌu^{44}	kʰʌu^{44}	xʌu^{44}

字目	袄	报	暴粗～	冒	帽	倒～水	到	套
中古音 / 方言点	乌皓 效开一 上皓影	博耗 效开一 去号帮	薄报 效开一 去号並	莫报 效开一 去号明	莫报 效开一 去号明	都导 效开一 去号端	都导 效开一 去号端	叨号 效开一 去号透
北京	au^{214}	pau^{51}	pau^{51}	mau^{51}	mau^{51}	tau^{51}	tau^{51}	tʰau^{51}
小店	ɔo^{53}	pɔo^{24}	pɔo^{24}	mɔo^{24}	mɔo^{24}	tɔo^{53}/tɔo^{24}	tɔo^{24}	tʰɔo^{24}
尖草坪	vu^{312}	pau^{35}	pau^{35}	mau^{35}	mau^{35}	tau^{35}	tau^{35}	tʰau^{35}
晋源	ɣau^{42}	pau^{35}	pau^{35}	mau^{35}	mau^{35}	tau^{35}	tau^{35}	tʰau^{35}
阳曲	ŋɔo^{312}	pɔo^{454}	pɔo^{454}	mɔo^{454}	mɔo^{454}	tɔo^{454}	tɔo^{454}	tʰɔo^{454}
古交	ŋau^{312}	pau^{53}	pau^{53}	mau^{53}	mau^{53}	tau^{53}	tau^{53}	tʰau^{53}
清徐	ŋɔu^{54}	pɔu^{45}	pɔu^{45}	mɔu^{45}	mɔu^{45}	tɔu^{45}	tɔu^{45}	tʰɔu^{45}
娄烦	ŋɔu^{312}	pɔu^{54}	pɔu^{54}	mɔu^{54}	mɔu^{54}	tɔu^{54}	tɔu^{54}	tʰɔu^{54}
榆次	ŋɔu^{53}	pɔu^{35}	pɔu^{35}	mɔu^{35}	mɔu^{35}	tɔu^{35}	tɔu^{35}	tʰɔu^{35}
交城	ŋɔu^{53}	pɔu^{24}	pɔu^{24}	mɔu^{24}	mɔu^{24}	tɔu^{24}	tɔu^{24}	tʰɔu^{24}
文水	ŋau^{423}	pau^{35}	pau^{35}	mau^{35}	mau^{35}	tau^{35}	tau^{35}	tʰau^{35}
祁县	ŋɒɔ^{314}	pɒɔ^{45}	pɒɔ^{45}	mɒɔ^{45}	mɒɔ^{45}	tɒɔ^{45}	tɒɔ^{45}	tʰɒɔ^{45}
太谷	ŋɑɯ^{312}	pɑɯ^{53}	pɑɯ^{53}	mɑɯ^{53}	mɑɯ^{53}	tɑɯ^{53}	tɑɯ^{53}	tʰɑɯ^{53}
平遥	ŋɔ^{512}	pɔ^{213}	pɔ^{24}	mɔ^{24}	mɔ^{24}	tɔ^{24}	tɔ^{24}	tʰɔ^{24}
孝义	ŋao^{312}	pao^{454}	pao^{454}	mao^{454}	mao^{454}	tao^{454}	tao^{454}	tʰao^{454}
介休	ŋɔo^{423}	pɔo^{45}	pɔo^{45}	mɔo^{45}	mɔo^{45}	tɔo^{45}	tɔo^{45}	tʰɔo^{45}
灵石	ŋɔ^{212}	pɔ^{53}	pɔ^{53}	mɔ^{53}	mɔ^{53}	tɔ^{53}	tɔ^{53}	tɔ^{53}
盂县	ŋɑu^{53}	pɑu^{55}	pɑu^{55}	mɑu^{55}	mɑu^{55}	tɑu^{55}	tɑu^{55}	tʰɑu^{55}
寿阳	ŋɔo^{53}	pɔo^{53}	pɔo^{45}	mɔo^{45}	mɔo^{45}	tɔo^{45}	tɔo^{45}	tʰɔo^{45}
榆社	ŋou^{312}	pou^{45}	pou^{45}	mou^{45}	mou^{45}	tou^{45}	tou^{45}	tʰou^{45}
离石	ŋou^{312}	pou^{53}	pou^{53}	mou^{53}	mou^{53}	tou^{53}	tou^{53}	tʰou^{53}
汾阳	ŋau^{312}	pau^{55}	pau^{55}	mau^{55}	mau^{55}	tau^{55}	tau^{55}	tʰau^{55}
中阳	ŋɔo^{423}	pɔo^{53}	pɔo^{53}	mɔo^{53}	mɔo^{53}	tɔo^{53}	tɔo^{53}	tʰɔo^{53}
柳林	ŋou^{312}	pou^{53}	pou^{53}	mou^{53}	mou^{53}	tou^{53}	tou^{53}	tʰou^{53}
方山	ŋou^{312}	pou^{52}	pou^{52}	mou^{51}	mou^{52}	tou^{52}	tou^{52}	tʰou^{52}
临县	ŋɔu^{312}	puɤ^{52}	puɤ^{52}	muɤ^{52}	muɤ^{52}	tɔu^{52}	tɔu^{52}	tʰɔu^{52}
兴县	ŋɯu^{324}	pɔu^{53}	pɔu^{53}	mɔu^{53}	mɔu^{53}	tɔu^{53}	tɔu^{53}	tʰɔu^{53}
岚县	ŋau^{312}	pau^{53}	pau^{53}	mau^{53}	mau^{53}	tau^{53}	tau^{53}	tʰau^{53}
静乐	ŋɑo^{314}	pɑo^{53}	pɑo^{53}	mɑo^{53}	mɑo^{53}	tɑo^{53}	tɑo^{53}	tʰɑo^{53}
交口	ŋɑo^{323}	pɑo^{53}	pɑo^{53}	mɑo^{53}	mɑo^{53}	tɑo^{53}	tɑo^{53}	tʰɑo^{53}
石楼	ŋɔo^{213}	pɔo^{51}	pɔo^{51}	mɔo^{51}	mɔo^{51}	tɔo^{51}	tɔo^{51}	tʰɔo^{51}
隰县	ŋɑo^{21}	pɑo^{44}	pɑo^{44}	mɑo^{44}	mɑo^{44}	tɑo^{44}	tɑo^{44}	tʰɑo^{44}

续表

字目	祆	报	暴粗~	冒	帽	倒~水	到	套
中古音 方言点	乌皓 效开一 上皓影	博耗 效开一 去号帮	薄报 效开一 去号並	莫报 效开一 去号明	莫报 效开一 去号明	都导 效开一 去号端	都导 效开一 去号端	叨号 效开一 去号透
大宁	ŋɐu^{24}	pɐu^{55}	pɐu^{55}	mɐu^{55}	mɐu^{55}	tɐu^{55}	tɐu^{55}	tʰɐu^{55}
永和	ŋɑo^{312}	pɑo^{53}	pɑo^{53}	mɑo^{53}	mɑo^{53}	tɑo^{53}	tɑo^{53}	tʰɑo^{53}
汾西	ŋɑo^{33}	pɑo^{55}	pɑo^{53}	mɑo^{53}	mɑo^{53}	tɑo^{55}	tɑo^{55}	tʰɑo^{55}
蒲县	ŋɑu^{31}	pɑu^{33}	pɑu^{33}	mɑu^{33}	mɑu^{33}	tɑu^{33}	tɑu^{33}	tʰɑu^{33}
潞州	ɑo^{535}	pɑo^{44}	pɑo^{54}	mɑo^{54}	mɑo^{54}	tɑo^{44}	tɑo^{44}	tʰɑo^{44}
上党	ɔ^{535}	pɔ^{22}	pu^{42}/pɔ^{42}	mɔ^{42}	mɔ^{42}	tɔ^{22}	tɔ^{22}	tʰɔ^{22}
长子	ŋɔ^{434}	pɔ^{422}	pɔ^{422}	mɔ^{53}	mɔ^{53}	tɔ^{422}	tɔ^{422}	tʰɔ^{422}
屯留	ŋɔo^{43}	pɔo^{53}	pɔo^{11}	mɔo^{11}	mɔo^{11}	tɔo^{53}	tɔo^{53}	tʰɔo^{53}
襄垣	ɔo^{42}	pɔo^{53}	pɔo^{53}	mɔo^{45}	mɔo^{45}	tɔo^{53}	tɔo^{53}	tʰɔo^{53}
黎城	ɔo^{213}	pɔo^{422}	pɔo^{53}	mɔo^{53}	mɔo^{53}	tɔo^{53}	tɔo^{422}	tʰɔo^{53}
平顺	ɔ^{13}	pɔ^{53}	pɔ^{53}	mɔ^{53}	mɔ^{53}	tɔ^{53}	tɔ^{53}	tʰɔ^{53}
壶关	ɣɔ^{535}	pɔ^{42}	pɔ^{353}	mɔ^{353}	mɔ^{353}	tɔ^{42}	tɔ^{42}	tʰɔ^{42}
沁县	ŋɔo^{214}	pɔo^{53}	pɔo^{53}	mɔo^{53}	mɔo^{53}	tɔo^{53}	tɔo^{53}	tʰɔo^{53}
武乡	ŋɔ^{213}	pɔ^{55}	pɔ^{55}	mɔ^{55}	mɔ^{55}	tɔ^{55}	tɔ^{55}	tʰɔ^{55}
沁源	ŋɔo^{324}	pɔo^{53}	pɔo^{53}	mɔo^{53}	mɔo^{53}	tɔo^{53}	tɔo^{53}	tʰɔo^{53}
安泽	ŋau^{42}	pau^{53}	pau^{53}	mau^{53}	mau^{53}	tau^{53}	tau^{53}	tʰau^{53}
沁水端氏	iɔ^{21}	pɔ^{53}	pɔ^{53}	mɔ^{53}	mɔ^{53}	tɔ^{53}	tɔ^{53}	tʰɔ^{53}
阳城	ɣo^{212}	po^{51}	po^{51}	mo^{51}	mo^{51}	to^{51}	to^{51}	tʰo^{51}
高平	ɔo^{212}	pɔo^{53}	pɔo^{53}	mɔo^{53}	mɔo^{53}	tɔo^{53}	tɔo^{53}	tʰɔo^{53}
陵川	ɣɔo^{312}	pɔo^{24}	pɔo^{24}	mɔo^{24}	mo^{24}	tɔo^{24}	tɔo^{24}	tʰɔo^{24}
晋城	ɣo^{213}	po^{53}	po^{53}	mo^{53}	mo^{53}	to^{53}	to^{53}	tʰo^{53}
忻府	ŋɔo^{313}	pɔo^{53}	pɔo^{53}	mɔo^{53}	mɔo^{53}	tɔo^{53}	tɔo^{53}	tʰɔo^{53}
原平	ŋɔo^{213}	pɔo^{53}	pɔo^{53}	mɔo^{53}	mɔo^{53}	tɔo^{53}	tɔo^{53}	tʰɔo^{53}
定襄	ŋɔu^{24}	pɔu^{53}	pɔu^{53}	mɔu^{53}	mɔu^{53}	tɔu^{53}	tɔu^{53}	tʰɔu^{53}
五台	ŋɑɔ^{213}	pɑɔ^{52}	pɑɔ^{52}	mɑɔ^{52}	mɑɔ^{52}	tɑɔ^{52}	tɑɔ^{52}	tʰɑɔ^{52}
岢岚	ŋɑu^{13}	pɑu^{52}	pɑu^{52}	mɑu^{52}	mɑu^{52}	tɑu^{52}	tɑu^{52}	tʰɑu^{52}
五寨	ŋɑu^{13}	pɑu^{52}	pɑu^{52}	mɑu^{52}	mɑu^{52}	tɑu^{52}	tɑu^{52}	tʰɑu^{52}
宁武	ŋɔu^{213}	pɔu^{52}	pɔu^{52}	mɔu^{52}	mɔo^{52}	tɔu^{52}	tɔu^{52}	tʰɔu^{52}
神池	ŋɔo^{13}	pɔo^{52}	pɔo^{52}	mɔo^{52}	mɔo^{52}	tɔo^{52}	tɔo^{52}	tʰɔo^{52}
繁峙	ŋɑo^{53}	pɑo^{24}	pɑo^{24}	mɑo^{24}	mɑo^{24}	tɑo^{24}	tɑo^{24}	tʰɑo^{24}
代县	ŋau^{213}	pau^{53}	pau^{53}	mau^{53}	mau^{53}	tau^{53}	tau^{53}	tʰau^{53}

续表

字目	袄	报	暴粗~	冒	帽	倒~水	到	套
中古音 方言点	乌皓 效开一 上皓影	博秏 效开一 去号帮	薄报 效开一 去号並	莫报 效开一 去号明	莫报 效开一 去号明	都导 效开一 去号端	都导 效开一 去号端	叨号 效开一 去号透
河曲	ŋɔu^{213}	pɔu^{52}	pɔu^{52}	mɔu^{52}	mɔu^{52}	tɔu^{213}	tɔu^{213}	tʰɔu^{52}
保德	u^{213}	pəu^{52}	pəu^{52}	məu^{52}	məu^{52}	təu^{52}	təu^{52}	tʰəu^{52}
偏关	ŋɔo^{213}	pɔo^{52}	pɔo^{52}	mɔo^{52}	mɔo^{52}	tɔo^{52}	tɔo^{52}	tʰɔo^{52}
朔城	——	pɔo^{53}	pɔo^{53}	mɔo^{53}	mɔo^{53}	tɔo^{53}	tɔo^{53}	tʰɔo^{53}
平鲁	ŋɔ^{213}	pɔ^{52}	pɔ^{52}	mɔ^{52}	mɔ^{52}	tɔ^{52}	tɔ^{52}	tʰɔ^{52}
应县	nau^{54}	pau^{24}	pau^{24}	mau^{24}	mau^{31}	tau^{24}	tau^{24}	tʰau^{24}
灵丘	nɔo^{442}	pɔo^{53}	pɔo^{53}	mɔo^{53}	mɔo^{53}	tɔo^{53}	tɔo^{53}	tʰɔo^{53}
浑源	nʌu^{52}	pʌu^{13}	pʌu^{13}	mʌu^{13}	mʌu^{13}	tʌu^{13}	tʌu^{13}	tʰʌu^{13}
云州	nɑu^{55}	pɑu^{24}	pɑu^{24}	mɑu^{24}	mɑu^{24}	tɑu^{24}	tɑu^{24}	tʰɑu^{24}
新荣	ŋɔu^{54}	pɔu^{24}	pɔu^{24}	mɔu^{24}	mɔu^{24}	tɔu^{24}	tɔu^{24}	tʰɔu^{24}
怀仁	nɔu^{53}	pɔu^{24}	pɔu^{24}	mɔu^{24}	mɔu^{24}	tɔu^{24}	tɔu^{24}	tʰɔu^{24}
左云	nɔu^{54}	pɔu^{24}	pɔu^{24}	mɔu^{24}	mɔu^{24}	tɔu^{24}	tɔu^{24}	tʰɔu^{24}
右玉	ŋɐo^{53}	pɐo^{24}	pɐo^{24}	mɐo^{24}	mɐo^{24}	tɐo^{24}	tɐo^{24}	tʰɐo^{212}
阳高	——	pɔu^{24}	pɔu^{24}	mɔu^{24}	mɔu^{24}	tɔu^{24}	tɔu^{24}	tʰɔu^{24}
山阴	——	pɔo^{335}	pɔo^{335}	mɔo^{335}	mɔo^{335}	tɔo^{335}	tɔo^{335}	tʰɔo^{335}
天镇	ɔu^{55}	pɔu^{24}	pɔu^{24}	mɔu^{24}	mɔu^{24}	tɔu^{24}	tɔu^{24}	tʰɔu^{24}
平定	ŋɔ^{53}	pɔ^{24}	pɔ^{24}	mɔ^{24}	mɔ^{24}	tɔ^{24}	tɔ^{24}	tʰɔ^{24}
昔阳	ŋɔo^{55}	pɔo^{13}	pɔo^{13}	mɔo^{13}	mɔo^{13}	tɔo^{13}	tɔo^{13}	tʰɔo^{13}
左权	ŋəu^{42}	pəu^{53}	pəu^{53}	məu^{53}	məu^{53}	təu^{53}	təu^{53}	tʰəu^{53}
和顺	ŋɔu^{53}	pɔu^{13}	pɔu^{13}	mɔu^{13}	mɔu^{13}	tɔu^{13}	tɔu^{13}	tʰɔu^{13}
尧都	ŋɑu^{53}	pɑu^{44}	pɑu^{44}	mɑu^{44}	mɑu^{44}	tɑu^{44}	tɑu^{44}	tʰɑu^{44}
洪洞	ŋɑo^{42}	pɑo^{33}	pɑo^{33}	mɑo^{53}	mɑo^{53}	tɑo^{53}	tɑo^{33}	tɑo^{33}
洪洞赵城	ŋɑo^{42}	pɑo^{53}	pɑo^{53}	mɑo^{53}	mɑo^{53}	tɑo^{53}	tɑo^{24}	tʰɑo^{24}
古县	ŋɑu^{42}	pɑu^{35}	pɑu^{53}	mɑu^{53}	mɑu^{53}	tɑu^{35}	tɑu^{35}	tʰɑu^{35}
襄汾	ŋao^{53}	pao^{44}	pao^{53}	mao^{53}	mao^{53}	tao^{44}	tao^{44}	tʰao^{44}
浮山	ŋao^{53}	pao^{44}	pao^{44}	mao^{53}	mao^{53}	tao^{44}	tao^{44}	tʰao^{44}
霍州	ŋau^{33}	pau^{55}	pau^{55}	mau^{53}	mau^{53}	tau^{55}	tau^{55}	tʰau^{55}
翼城	ŋɔo^{44}	pɔo^{53}	pɔo^{53}	mɔo^{53}	mɔo^{53}	tɔo^{53}	tɔo^{53}	tʰɔo^{53}
闻喜	ŋɑo^{33}	pɑo^{53}	pɑo^{13}	mɑo^{13}	mɑo^{13}	tɑo^{53}	tɑo^{53}	tʰɑo^{33}
侯马	ŋɑu^{44}	pɑu^{53}	pɑu^{53}	mɑu^{53}	mɑu^{53}	tɑu^{53}	tɑu^{53}	tʰɑu^{53}
新绛	ŋɑo^{44}	pɑo^{53}	pɑo^{53}	mɑo^{53}	mɑo^{53}	tɑo^{53}	tɑo^{53}	tʰɑo^{53}

续表

字目	袄	报	暴粗~	冒	帽	倒~水	到	套
中古音 / 方言点	乌皓 效开一 上皓影	博秏 效开一 去号帮	薄报 效开一 去号並	莫报 效开一 去号明	莫报 效开一 去号明	都导 效开一 去号端	都导 效开一 去号端	叨号 效开一 去号透
绛县	ŋau³³	pau³¹	pau⁵³	mau³¹	mau³¹	tau³¹	tau³¹	tʰau³¹
垣曲	ŋau⁴⁴	pau⁵³	pau⁵³	mau⁵³	mau⁵³	tau⁵³	tau⁵³	tʰau⁵³
夏县	ŋɑu²⁴ 白 / ɑu⁴² 文	pɑu³¹	pɑu³¹	mɑu³¹	mɑu³¹	tɑu³¹	tɑu³¹	tʰɑu³¹
万荣	ŋau⁵⁵	pau³³	pau³³	mau³³	mau³³	tau³³	tau³³	tʰau³³
稷山	ŋɑu⁴⁴	pɑu⁴²	pɑu⁴²	mɑu⁴²	mɑu⁴²	tɑu⁴²	tɑu⁴²	tʰɑu⁴²
盐湖	ŋɔ⁵³	pɔ⁴⁴	pɔ⁴⁴	mɔ⁴⁴	mɔ⁴⁴	tɔ⁴⁴	tɔ⁴⁴	tʰɔ⁴⁴
临猗	ŋɑu⁵³	pɑu⁴⁴	pɑu⁴⁴	mɑu⁴⁴	mɑu⁴⁴	tɑu⁴⁴	tɑu⁴⁴	tʰɑu⁴⁴
河津	ŋau⁵³	pau⁴⁴	pau⁴⁴	mau⁴⁴	mau⁴⁴	tau⁴⁴	tau⁴⁴	tʰau⁴⁴
平陆	ŋau⁵⁵	pau³³	pau³³	mau³³	mau³³	tau³³	tau³³	tʰau³³
永济	ŋau⁵³	pau⁴⁴	pau⁴⁴	mau⁴⁴	mau⁴⁴	tau⁴⁴	tau⁴⁴	tʰau⁴⁴
芮城	ŋau⁵³	pau⁴⁴	pau⁴⁴	mau⁴⁴	mau⁴⁴	tau⁴⁴	tau⁴⁴	tʰau⁴⁴
吉县	ŋau⁵³	pau³³	pau³³	mau³³	mau³³	tau³³	tʰau³³ 白 / tau³³ 文	tʰau³³
乡宁	ŋau⁴⁴	pau²²	pau²²	mau²²	mau²²	tau²²	tau²²	tʰau²²
广灵	ŋʌu⁴⁴	pʌu²¹³	pʌu²¹³	mʌu²¹³	mʌu²¹³	tʌu²¹³	tʌu²¹³	tʰʌu²¹³

字目	导	盗	涝	躁	灶	操节~	糙	燥
中古音 / 方言点	徒到 效开一 去号定	徒到 效开一 去号定	郎到 效开一 去号来	则到 效开一 去号精	则到 效开一 去号精	七到 效开一 去号清	七到 效开一 去号清	苏老 效开一 去号心
北京	tau^{214}	tau^{51}	lau^{55}	tsau^{51}	tsau^{51}	ts^{h}au^{55}	ts^{h}au^{55}	tsau^{51}
小店	tɔo^{53}	tɔo^{24}	lɔo^{24}	tsɔo^{24}	tsɔo^{24}	ts^{h}ɔo^{11}	tsɔo^{11}	tsɔo^{24}
尖草坪	tau^{312}	tau^{35}	lau^{35}	tsau^{35}	tsau^{35}	ts^{h}au^{33}	ts^{h}au^{33}	tsau^{35}
晋源	tau^{35}	tau^{35}	lau^{35}	tsau^{35}	tsau^{35}	ts^{h}au^{11}	ts^{h}au^{11}	tsau^{35}
阳曲	tɔo^{454}	tɔo^{454}	lɔo^{454}	tsɔo^{454}	tsɔo^{454}	ts^{h}ɔo^{312}	ts^{h}ɔo^{454}	tsɔo^{454}
古交	tau^{312}	tau^{53}	lau^{53}	tsau^{53}	tsau^{53}	ts^{h}au^{44}	ts^{h}au^{44}/ tsau^{44}	tsau^{53}
清徐	tɔu^{45}	tɔu^{45}	lɔu^{45}	tsɔu^{45}	tsɔu^{45}	ts^{h}ɔu^{11}	ts^{h}ɔu^{45}	tsɔu^{45}
娄烦	tɔu^{312}	tɔu^{54}	lɔu^{54}	tsɔu^{54}白/ ts^{h}ɔu^{54}文	tsɔu^{54}	ts^{h}ɔu^{33}	ts^{h}ɔu^{54}	tsɔu^{54}
榆次	tɔu^{53}	tɔu^{35}	lɔu^{11}	tsɔu^{35}	tsɔu^{35}	ts^{h}ɔu^{11}	ts^{h}ɔu^{35}	tsɔu^{35}
交城	tɔu^{53}	tɔu^{24}	lɔu^{24}	ts^{h}ɔu^{24}白/ tsɔu^{24}文	tsɔu^{24}	ts^{h}ɔu^{11}	ts^{h}ɔu^{11}	ts^{h}ɔu^{24}白/ tsɔu^{24}文
文水	tau^{423}	tau^{35}	lau^{35}	tsau^{35}	tsau^{35}	ts^{h}au^{22}	ts^{h}au^{22}	tsau^{35}
祁县	tɒɔ^{314}	tɒɔ^{45}	lɒɔ^{45}	ts^{h}ɒɔ^{45}/ tsɒɔ^{45}	tsɒɔ^{45}	ts^{h}ɒɔ^{31}	tsɒɔ^{45}白/ ts^{h}ɒɔ^{45}文	tsɒɔ^{45}
太谷	tɑɯ^{312}	tɑɯ^{53}	lɑɯ^{53}	tsɑɯ^{53}	tsɑɯ^{53}	ts^{h}ɑɯ^{33}	ts^{h}ɑɯ^{53}	tsɑɯ^{53}
平遥	tɔ^{512}	tɔ^{24}	lɔ^{24}	tsɔ^{24}	tsɔ^{24}	ts^{h}ɔ^{213}	ts^{h}ɔ^{24}	ts^{h}ɔ^{24}
孝义	tao^{454}	tao^{454}	lao^{454}	tsao^{454}	tsao^{454}	ts^{h}ao^{33}	ts^{h}ao^{454}	tsao^{454}
介休	tɔo^{423}	tɔo^{45}	lɔo^{45}	tsɔo^{45}	tsɔo^{45}	ts^{h}ɔo^{13}	tsɔo^{45}白/ ts^{h}ɔo^{13}文	tsɔo^{45}
灵石	tɔ^{212}	tɔ^{53}	lɔ^{53}	tsɔ^{53}	tsɔ^{53}	ts^{h}ɔ^{535}	ts^{h}ɔ^{535}	tsɔ^{53}
盂县	tɑu^{55}	tɑu^{55}	lɑu^{55}	tsɑu^{55}	tsɑu^{55}	ts^{h}ɑu^{55}	tsɑu^{55}	sɑu^{55}白/ tsɑu^{55}文
寿阳	tɔo^{45}/tɔo^{53}	tɔo^{45}	lɔo^{45}	ts^{h}ɔo^{45}	tsɔo^{45}	ts^{h}ɔo^{45}	tsɔo^{45}	ts^{h}ɔo^{45}
榆社	tou^{312}	tou^{45}	lou^{22}	ts^{h}ou^{45}	tsou^{45}	ts^{h}ou^{45}	ts^{h}ou^{45}	tsou^{45}
离石	tou^{312}	tou^{53}	lou^{53}	ts^{h}ou^{53}	tsou^{53}	ts^{h}ou^{53}	ts^{h}ou^{53}	ts^{h}ou^{53}
汾阳	tau^{312}	tau^{55}	lau^{55}	tsau^{55}	tsau^{55}	ts^{h}au^{324}	ts^{h}au^{55}	tsau^{55}
中阳	tɔo^{423}	tɔo^{423}	lɔo^{53}	ts^{h}ɔo^{53}	tsɔo^{53}	ts^{h}ɔo^{53}	ts^{h}ɔo^{53}	ts^{h}ɔo^{53}
柳林	tou^{312}	tou^{53}	lou^{53}	ts^{h}ou^{53}	tsou^{53}	ts^{h}ou^{24}	ts^{h}ou^{53}	——
方山	tou^{312}	tou^{52}	lou^{52}	tsou^{52}	tsou^{52}	ts^{h}ou^{24}	ts^{h}ou^{52}	tsou^{52}
临县	tɔu^{312}	tɔu^{52}	lɔu^{33}	tsɔu^{52}	tsɔu^{52}	ts^{h}ɔu^{52}	ts^{h}ɔu^{52}	tsɔu^{52}
兴县	tɔu^{324}	tɔu^{53}	lɔu^{53}	ts^{h}ɔu^{53}	tsɔu^{53}	ts^{h}ɔu^{324}	ts^{h}ɔu^{53}	——
岚县	tau^{53}	tau^{53}	lau^{53}	ts^{h}au^{53}	tsau^{53}	ts^{h}au^{214}	ts^{h}au^{53}	ts^{h}au^{53}

续表

字目	导	盗	涝	躁	灶	操节~	糙	燥
中古音 / 方言点	徒到 效开一 去号定	徒到 效开一 去号定	郎到 效开一 去号来	则到 效开一 去号精	则到 效开一 去号精	七到 效开一 去号清	七到 效开一 去号清	苏老 效开一 去号心
静乐	tɑo^{314}	tɑo^{53}	lɑo^{53}	tsɑo^{53}	tsɑo^{53}	tsʰɑo^{24}	tsʰɑo^{53}	tsɑo^{53}
交口	tɑo^{323}	tɑo^{53}	lɑo^{53}	tsɑo^{53}	tsɑo^{53}	——	tsʰɑo^{53}	tsɑo^{53}
石楼	tɔo^{44}	tɔo^{51}	lɔo^{51}	tsɔo^{51}	tsɔo^{51}	tsʰɔo^{51}	tsʰɔo^{51}	tsɔo^{51}
隰县	tɑo^{21}	tɑo^{44}	lɑo^{44}	tsɑo^{44}	tsɑo^{44}	tsʰɑo^{53}	tsʰɑo^{53}	tsɑo^{44}
大宁	tɐu^{55}	tɐu^{55}	lɐu^{55}	tsʰɐu^{55} 白 / tsɐu^{55} 文	tsɐu^{55}	——	tsʰɐu^{55}	tsʰɐu^{55} 白 / tsɐu^{55} 文
永和	tɑo^{53}	tɑo^{53}	lɑo^{312}	tsʰɑo^{53} 白 / tsɑo^{53} 文	tsɑo^{53}	——	tsʰɑo^{53}	——
汾西	tɑo^{33}	tɑo^{55}	lɑo^{35}	tsɑo^{55}/ tsʰɑo^{55}	sɑo^{11}	——	tsʰɑo^{55}	——
蒲县	tɑu^{33}	tɑu^{33}	lɑu^{33}	tsɑu^{33}	tsɑu^{33}	tsʰɑu^{52}	tsʰɑu^{33}	tsɑu^{33}
潞州	tɑo^{535}	tɑo^{54}	lɑo^{54}	tsɑo^{44}	tsɑo^{44}	tsʰɑo^{312}	tsʰɑo^{54}	tsɑo^{54}
上党	tɔ^{22}	tɔ^{42}	lɔ^{42}	tsɔ^{42}	tsɔ^{22}	tsʰɔ^{42}	tsʰɔ^{42}	tsɔ^{22}
长子	tɔ^{434}	tɔ^{422}	lɔ^{53}	tsʰɔ^{53}	tsɔ^{422}	tsʰɔ^{312}	tsʰɔ^{53}	tsɔ^{53}
屯留	tɔo^{11} 白 / tɔo^{43} 文	tɔo^{11}	lɔo^{11}	tsɔo^{53}	tsɔo^{53}	tsʰɔo^{53}	tsʰɔo^{53}	tsɔo^{11}
襄垣	tɔo^{45}	tɔo^{45}	lɔo^{45}	tsɔo^{45}	tsɔo^{45}	——	tsʰɔo^{45}	——
黎城	tɔo^{213}	tɔo^{53}	lɔo^{53}	tsʰɔo^{53}	tsɔo^{53}	tsʰɔo^{53}	tsʰɔo^{53}	tsɔo^{53}
平顺	tɔ^{53}	tɔ^{53}	lɔ^{53}	tsɔ^{53}	tsɔ^{53}	tsʰɔ^{53}	tsʰɔ^{53}	tsɔ^{53}
壶关	tɔ^{42}	tɔ^{353}	lɔ^{353}	tʂɔ^{42}	tʂɔ^{42}	tʂʰɔ^{33}	tʂʰɔ^{42}	tʂɔ^{353}
沁县	tɔo^{214}	tɔo^{53}	lɔo^{53}	tsʰɔo^{53}	tsɔo^{53}	tsʰɔo^{224}	tsɔo^{53}	tsɔo^{53}
武乡	tɔ^{55}	tɔ^{55}	lɔ^{55}	tsɔ^{55}	tsɔ^{55}	tsʰɔ^{113}	tsʰ^{55}	tsʰ^{55} 白 / tsɔ^{55} 文
沁源	tɔo^{324}	tɔo^{53}	lɔo^{53}	tsʰɔo^{53}	tsɔo^{53}	tsʰɔo^{324}	tsʰɔo^{53}	tsɔo^{53}
安泽	tau^{42}	tau^{53}	lau^{53}	tsʰau^{53}	tsau^{53}	tsʰau^{21}	tsʰau^{53}	——
沁水端氏	tɔ^{31}	tɔ^{53}	lɔ^{53}	tsɔ^{53}	tsɔ^{53}	tsʰɔ^{21}	tsʰɔ^{53}	tsɔ^{53}
阳城	to^{212}	to^{51}	lo^{51}	tso^{51}	tso^{51}	tsʰo^{22}	tsʰo^{51}	tsʰo^{51}
高平	tɔo^{53}	tɔo^{53}	lɔo^{53}	tʂɔo^{53}	tʂɔo^{53}	tʂʰɔo^{33}	tʂʰɔo^{33}	tʂʰɔo^{53}
陵川	tɔo^{312}	tɔo^{24}	lɔo^{24}	tʂɔo^{24}	tʂɔo^{24}	tʂʰɔo^{24}	tʂʰɔo^{33}	tʂɔo^{24}
晋城	to^{213}	to^{53}	lo^{53}	tʂo^{53}	tʂo^{53}	tʂʰo^{33}	tʂʰo^{53}	tʂo^{53}
忻府	tɔo^{313}	tɔo^{53}	lɔo^{53}	tsɔo^{53}	tsɔo^{53}	tsʰɔo^{313}	tsʰɔo^{53}	tsʰɔo^{53}
原平	tɔo^{213}	tɔo^{53}	lɔo^{53}	tsʰɔo^{53}	tsɔo^{53}	tsʰɔo^{53}	tsʰɔo^{53}	tsʰɔo^{53}
定襄	tɔu^{24}	tɔu^{53}	lɔu^{53}	tsɔu^{53}	tsɔu^{53}	tsʰɔu^{53}	tsʰɔu^{53}	tsɔu^{53}

续表

字目	导	盗	涝	躁	灶	操节~	糙	燥
中古音 / 方言点	徒到 效开一 去号定	徒到 效开一 去号定	郎到 效开一 去号来	则到 效开一 去号精	则到 效开一 去号精	七到 效开一 去号清	七到 效开一 去号清	苏老 效开一 去号心
五台	tɑɔ^{213}	tɑɔ^{52}	lɑɔ^{52}	tsʰɑɔ^{52}	tsɑɔ^{52}	tsʰɑɔ^{52}	tsʰɑɔ^{52}	tsʰɑɔ^{52}
岢岚	tɑu^{13}	tɑu^{52}	lɑu^{52}	tsɑu^{52}	tsɑu^{52}	tsʰɑu^{13}	tsʰɑu^{52}	tsʰɑu^{52}
五寨	tɑu^{52}	tɑu^{52}	lɑu^{52}	tsɑu^{52}	tsɑu^{52}	tsʰɑu^{52}	tsɑu^{52}	tsʰɑu^{52}
宁武	tɔu^{213}	tɔu^{52}	lɔu^{52}	tsʰɔu^{52}	tsɔu^{52}	tsʰɔu^{52}	tsʰɔu^{52}	tsʰɔu^{52}
神池	tɔo^{13}	tɔo^{52}	lɔo^{52}	tsɔo^{52}	tsɔo^{52}	tsʰɔo^{24}	tsʰɔo^{24}	tsɔo^{52}
繁峙	tɑo^{53}	tɑo^{24}	lɑo^{24}	tsɑo^{24}	tsɑo^{24}	tsʰɑo^{53}	tsʰɑo^{53}	tsɑo^{24}
代县	tau^{53}	tau^{53}	lau^{53}	tsʰau^{53}	tsau^{53}	tsʰau^{53}	tsʰau^{53}	tsʰau^{53}
河曲	tɔu^{52}	tɔu^{52}	lɔu^{52}	tsɔu^{52}	tsɔu^{52}	tsʰɔu^{213}	tsʰɔu^{52}	tsʰɔu^{52}
保德	təu^{213}	təu^{52}	ləu^{52}	tsəu^{52}	tsəu^{52}	tsʰəu^{213}	tsʰəu^{213}	tsəu^{52}
偏关	tɔo^{52}	tɔo^{52}	lɔo^{52}	tsɔo^{52}	tsɔo^{52}	tsʰɔo^{24}	tsʰɔo^{52}	tsɔo^{52}
朔城	tɔo^{312}	tɔo^{53}	lɔo^{53}	tsʰɔo^{53}	tsɔo^{53}	——	tsʰɔo^{53}	——
平鲁	tɔ^{52}	tɔ^{52}	lɔ^{52}	tsɔ^{52}	tsɔ^{52}	tsʰɔ^{52}	tsʰɔ^{52}	tsɔ^{52}
应县	tau^{24}	tau^{24}	lau^{24}	tsau^{24}	tsau^{24}	tsʰau^{43}	tsau^{24}	tsau^{24}
灵丘	tɔo^{442}	tɔo^{53}	lɔo^{53}	tsɔo^{53}	tsɔo^{53}	tsʰɔo^{442}	——	tsɔo^{53}
浑源	tʌu^{13}	tʌu^{13}	lʌu^{13}	tsʌu^{13}	tsʌu^{13}	tsʰʌu^{52}	tsʰʌu^{13}	tsʌu^{13}
云州	tɑu^{55}	tɑu^{24}	lɑu^{24}	tsɑu^{24}	tsɑu^{24}	tsʰɑu^{24}	tsʰɑu^{213}	tsɑu^{24}
新荣	tɔu^{54}/tɔu^{24}	tɔu^{24}	lɔu^{312}	tsɔu^{24}	tsɔu^{24}	tsʰɔu^{32}	tsʰɔu^{24}/ tsɔu^{24}	tsɔu^{24}/sɔu^{24}
怀仁	tɔu^{53}	tɔu^{24}	lɔu^{24}	tsɔu^{24}	tsɔu^{24}	tsʰɔu^{42}	tsɔu^{24}	tsɔu^{24}
左云	tɔu^{313}	tɔu^{24}	lɔu^{24}	tsɔu^{24}	tsɔu^{24}	tsʰɔu^{31}	tsʰɔu^{31}	tsɔu^{24}
右玉	tɐo^{24}	tɐo^{24}	lɐo^{212}	tsɐo^{24}	tsɐo^{24}	tsɐo^{24}	tsʰɐo^{24}	kɐo^{24}
阳高	tɔu^{24}	tɔu^{24}	lɔu^{24}	tsɔu^{24}	tsɔu^{24}	——	tsʰɔu^{24}	tsɔu^{24}
山阴	tɔo^{335}	tɔo^{335}	lɔo^{335}	tsɔo^{335}	tsɔo^{335}	tsʰɔo^{335}	tsʰɔo^{335}	tsɔo^{335}
天镇	tɔu^{24}	tɔu^{24}	lɔu^{22}	tsɔu^{24}	tsɔu^{24}	——	tsʰɔu^{24}	——
平定	tɔ^{53}	tɔ^{24}	lɔ^{24}	tsɔ^{24}	tsɔ^{24}	tsʰɔ^{31}	tsɔ^{31}	——
昔阳	tɔo^{55}	tɔo^{13}	lɔo^{13}	tsɔo^{13}	tsɔo^{13}	tsʰɔo^{13}	tsɔo^{13}	tsɔo^{13}
左权	təu^{42}	təu^{53}	ləu^{53}	tsəu^{53}	tsəu^{53}	tsʰəu^{31}	tsʰəu^{53}	——
和顺	tɔu^{53}	tɔu^{13}	lɔu^{13}	tsɔu^{13}	tsɔu^{13}	——	tsɔu^{13}	——
尧都	tɑu^{44}	tɑu^{44}	lɑu^{44}	tsʰɑu^{44}	tsɑu^{44}	tsʰɑu^{44}	tsɑu^{44}	tsʰɑu^{44}
洪洞	tɑo^{42}	tɑo^{42}	lɑo^{33}	tsɑo^{33}	tsɑo^{33}	tsʰɑo^{21}	tsʰɑo^{21}	tsʰɑo^{33}
洪洞赵城	tɑo^{53}	tɑo^{53}	lɑo^{53}	tsʰɑo^{53}	tsɑo^{42}	tsʰɑo^{53}	tsʰɑo^{53}	tsɑo^{53}

续表

字目	导	盗	涝	躁	灶	操节~	糙	燥
中古音 / 方言点	徒到 效开一 去号定	徒到 效开一 去号定	郎到 效开一 去号来	则到 效开一 去号精	则到 效开一 去号精	七到 效开一 去号清	七到 效开一 去号清	苏老 效开一 去号心
古县	tɑu⁵³	tɑu⁵³	lɑu⁵³	tsʰɑu³⁵	tsɑu³⁵	——	tsʰɑu²¹	——
襄汾	tao⁴²	tao⁴⁴	lao⁵³	tsao⁴⁴	tsao⁴⁴	tsʰao²¹	tsʰao⁴⁴	tsʰao⁴⁴
浮山	tao³³	tʰao⁴⁴	lao⁵³	tsao⁴⁴	tsao⁴⁴	tsʰao⁴²	tsʰao⁵³	tsʰao⁴⁴
霍州	tau²¹²	tau⁵³	lau⁵³	tsau⁵⁵	tsau⁵⁵	tsʰau⁵⁵	tsʰau²¹²	tsʰau⁵⁵
翼城	tɔo⁴⁴	tɔo⁵³	lɔo⁵³	tsɔo⁵³	tsɔo⁵³	tsʰɔo⁵³	tsʰɔo⁵³	tsɔo⁵³
闻喜	tɑo¹³	tʰɑo¹³	lɑo¹³	tsʰɑo⁵³	——	tsʰɑo⁵³	tsʰɑo⁵³	tsɑo³³
侯马	tɑu⁴⁴	tɑu⁵³	lɑu⁵³	tsɑu⁵³	tsɑu⁵³	tsʰɑu⁵³	tsʰɑu²¹³	tsɑu⁵³
新绛	tɑo⁴⁴	tɑo⁴⁴	lɑo¹³	tsʰɑo⁵³	tsɑo⁵³	tsʰɑo⁴⁴	tsʰɑo⁵³	tsʰɑo⁵³
绛县	tau⁵³	tau⁵³	lau³¹	tsʰau³¹	tsau³¹	tsʰau⁵³	tsʰau³¹	tsʰau³¹
垣曲	tau⁴⁴	tau⁴⁴	lau⁵³	tsʰau⁵³	tsau⁵³	tsʰau⁵³	tsʰau⁵³	tsau⁵³
夏县	tɑu²⁴	tʰɑu³¹ 白 / tɑu³¹ 文	lɑu⁴²	tsɑu³¹	tsɑu³¹	tsʰɑu⁵³	tsʰɑu⁵³	sʰɑu³¹ 白 / tsɑu³¹ 文
万荣	tau⁵⁵	tʰau²¹³	lau³³	tsʰau³³	tsau³³	tsʰau⁵¹	tsʰau⁵¹	tsʰau³³
稷山	tɑu⁴⁴	tɑu⁴²	lɑu⁴²	tsʰɑu⁴²	tsɑu⁴²	tsʰɑu⁵³	tsʰɑu⁵³	tsʰɑu⁴²
盐湖	tɔ⁵³	tʰɔ⁴⁴	lɔ⁴⁴	tsɔ⁴⁴	——	tsʰɔ⁴²	tsʰɔ⁴⁴	tsɔ⁴⁴
临猗	tɑu⁵³	tɑu⁴⁴	lɑu⁴⁴	tsɑu⁴⁴	tsɑu⁴⁴	tsʰɑu⁴²	tsʰɑu⁴⁴	tsʰɑu⁴⁴ 白 / tsɑu⁴⁴ 文
河津	tau⁵³	tau⁴⁴	lau⁴⁴	tsʰau⁴⁴ 白 / tsau⁴⁴ 文	tsau⁴⁴	tsʰau³¹	tsʰau⁴⁴	tsau⁴⁴
平陆	tau⁵⁵	tʰau⁵⁵ 白 / tau¹³ 文	lau³³	tsʰau³³ 白 / tsau³³ 文	tsau³³	tsʰau³¹	tsʰau³³	tsʰau³³
永济	tau³¹	tʰau⁴⁴	lau⁴⁴	tsau⁴⁴	tsau⁴⁴	tsʰau³¹	tsʰau³¹	tsʰau⁴⁴
芮城	tau⁵³	tʰau⁵³	lau⁴⁴	sau⁴⁴	tsau⁴⁴	tsʰau⁴²	tsʰau⁴⁴	tsʰau⁴⁴
吉县	tʰau⁵³	tʰau⁵³	lau³³	tsʰau³³	tsau³³	tsʰau¹³	tsʰau³³	——
乡宁	tau⁴⁴	tau²²	lau²²	tsau²²	tsau²²	tsʰau⁵³	tsʰau⁵³	tsʰau²²
广灵	tʌu⁴⁴	tʌu²¹³	lʌu²¹³	tsʌu²¹³	tsʌu²¹³	tsʰʌu²¹³	tsʌu²¹³	tsʌu²¹³

字目	告	靠	傲	懊	奥	好喜~	耗	号~码
中古音 / 方言点	古到 效开一 去号见	苦到 效开一 去号溪	五到 效开一 去号疑	乌到 效开一 去号影	乌到 效开一 去号影	呼到 效开一 去号晓	呼到 效开一 去号晓	胡到 效开一 去号匣
北京	kau^{51}	kʰau^{51}	au^{51}	au^{51}	au^{51}	xau^{51}	xau^{51}	xau^{51}
小店	kɔo^{24}	kʰɔo^{24}	ɔo^{24}	ɔo^{24}	ɔo^{24}	xɔo^{24}	xɔo^{24}	xɔo^{24}
尖草坪	kau^{35}	kʰau^{35}	ɣau^{35}	ɣau^{35}	ɣau^{35}	xau^{35}	xau^{35}	xau^{35}
晋源	kau^{35}	kʰau^{35}	ɣau^{35}	ɣau^{35}	ɣau^{35}	xau^{35}	xau^{35}	xau^{35}
阳曲	kɔo^{454}	kʰɔo^{454}	ŋɔo^{454}	ŋɔo^{454}	ŋɔo^{454}	xɔo^{454}	xɔo^{454}	xɔo^{454}
古交	kau^{53}	kʰau^{53}	ŋau^{53}	ŋau^{53}	ŋau^{53}	xau^{53}	xau^{53}	xau^{53}
清徐	kɔu^{45}	kʰɔu^{45}	ŋɔu^{45}	ŋɔu^{45}	ŋɔu^{45}	xɔu^{45}	xɔu^{45}	xɔu^{45}
娄烦	kɔu^{54}	kʰɔu^{54}	ŋɔu^{54}	ŋɔu^{54}	ŋɔu^{54}	xɔu^{54}	xɔu^{54}	xɔu^{54}
榆次	kɔu^{35}	kʰɔu^{35}	tsuəʔ^{1}	ŋɔu^{35}	ŋɔu^{35}	xɔu^{35}	xɔu^{35}	xɔu^{35}
交城	kɔu^{24}	kʰɔu^{24}	ŋɔu^{24}	ŋɔu^{24}	ŋɔu^{24}	xɔu^{24}	xɔu^{24}	xɔu^{24}
文水	kɪi^{35} 白 / kau^{35} 文	kʰɪi^{35} 白 / kʰau^{35} 文	ŋau^{35}	ŋau^{35}	ŋau^{35}	xau^{35}	xau^{35}	xau^{35}
祁县	ku^{45}	ku^{45}	ŋɒɔ^{45}	ŋɒɔ^{45}	ŋɒɔ^{45}	xu^{45}	xɒɔ^{45}	xɒɔ^{45}
太谷	kuo^{53}	kʰuo^{53}	ŋɑɯ^{53}	ŋɑɯ^{53}	ŋɑɯ^{53}	xuo^{53}	xuo^{53}	xuo^{53}
平遥	kɔ^{24}	kʰɔ^{24}	ŋɔ^{24}	ŋɔ^{24}	ŋɔ^{24}	xɔ^{24}	xɔ^{24}	xɔ^{24}
孝义	kɒ^{454}	kʰɒ^{454}	ŋao^{454}	ŋao^{454}	ŋao^{454}	xao^{454}	xao^{454}	xao^{454}
介休	kɔo^{45}	kʰɔo^{45}	ŋɔo^{45}	ŋɔo^{45}	ŋɔo^{45}	xɔo^{45}	xɔo^{45}	xɔo^{45}
灵石	kɔ^{53}	kʰɔ^{53}	ŋɔ^{53}	ŋɔ^{53}	ŋɔ^{53}	xɔ^{53}	xɔ^{53}	xɔ^{53}
盂县	kɑu^{55}	kʰɑu^{55}	ŋɑu^{55}	ŋɑu^{55}	ŋɑu^{55}	xɑu^{53}	xɑu^{55}	xɑu^{55}
寿阳	kɔo^{45}	kʰɔo^{45}	ŋɔo^{45}	ŋɔo^{45}	ŋɔo^{45}	xɔo^{45}	xɔo^{45}	xɔo^{45}
榆社	kou^{45}	kou^{45}	ŋou^{45}	ŋou^{45}	ŋou^{45}	xou^{45}	xou^{45}	xou^{45}
离石	kou^{53}	kʰou^{53}	ŋou^{53}	ŋou^{53}	ŋou^{53}	xou^{53}	xou^{53}	xou^{53}
汾阳	kɯ^{55} 白 / kau^{55} 文	kʰɯ^{55} 白 / kʰau^{55} 文	ŋau^{55}	ŋau^{55}	ŋau^{55}	xɯ^{55} 白 / xau^{55} 文	xau^{55}	xau^{55}
中阳	kɔo^{53}	kʰɔo^{53}	ŋɔo^{53}	ŋɔo^{53}	ŋɔo^{53}	xɔo^{53}	xɔo^{53}	xɔo^{53}
柳林	kou^{53}	kʰou^{53}	ŋou^{53}	ŋou^{53}	ŋou^{53}	xou^{53}	xou^{53}	xou^{53}
方山	kou^{52}	kʰou^{52}	ŋou^{52}	ŋou^{52}	ŋou^{52}	xou^{52}	xou^{52}	xou^{52}
临县	kɔu^{52}	kʰɔu^{52}	ŋɔu^{52}	ŋɔu^{52}	ŋɔu^{52}	xɔu^{52}	xɔu^{52}	xɔu^{52}
兴县	kʰɔu^{53}	kʰɯu^{53}	ŋɯu^{53}	ŋɯu^{53}	ŋɯu^{53}	xɔu^{53}	xɔu^{53}	xɔu^{53}
岚县	kau^{53}	kʰau^{53}	ŋau^{53}	ŋau^{53}	ŋau^{53}	xau^{53}	xau^{53}	xau^{53}
静乐	kɑo^{24}	kʰɑo^{53}	ŋɑo^{53}	ŋɑo^{53}	ŋɑo^{53}	xɑo^{53}	xɑo^{53}	xɑo^{53}
交口	kɑo^{53}	kʰɑo^{53}	ŋɑo^{53}	ŋɑo^{53}	ŋɑo^{53}	xɑo^{53}	xɑo^{53}	xɑo^{53}
石楼	kɔo^{51}	kʰɔo^{51}	ŋɔo^{51}	ŋɔo^{51}	ɔo^{51}	xɔo^{51}	xɔo^{51}	xɔo^{51}

续表

字目	告	靠	傲	懊	奥	好喜~	耗	号~码
中古音 / 方言点	古到 效开一 去号见	苦到 效开一 去号溪	五到 效开一 去号疑	乌到 效开一 去号影	乌到 效开一 去号影	呼到 效开一 去号晓	呼到 效开一 去号晓	胡到 效开一 去号匣
隰县	kɑo^{44}	kʰɑo^{44}	ŋɑo^{44}	ŋɑo^{44}	ŋɑo^{44}	xɑo^{44}	xɑo^{44}	xɑo^{44}
大宁	kɐu^{55}	kʰɐu^{55}	ŋɐu^{55}	ŋɐu^{55}	ŋɐu^{55}	xɐu^{55}	xɐu^{24}	xɐu^{55}
永和	kɑo^{53}	kʰɑo^{53}	ŋɑo^{53}	ŋɑo^{53}	ŋɑo^{53}	xɑo^{53}	xɑo^{53}	xɑo^{53}
汾西	kɑo^{55}	kʰɑo^{55}	ŋɑo^{11}	ŋɑo^{11}	ŋɑo^{11}	——	xɑo^{35}	xɑo^{53}
蒲县	kɑu^{33}	kʰɑu^{33}	ŋɑu^{33}	ŋɑu^{33}	ɑu^{52}	xɑu^{33}	xɑu^{33}	xɑu^{52}
潞州	kɑo^{44}	kʰɑo^{44}	ɑo^{54}	ɑo^{44}	ɑo^{44}	xɑo^{44}	xɑo^{44}	xɑo^{54}
上党	kɔ^{22}	kʰɔ^{22}	ɔ^{42}	ɔ^{42}	ɔ^{42}	xɔ^{22}	xɔ^{22}	xɔ^{42}
长子	kɔ^{422}	kʰɔ^{422}	ŋɔ^{53}	ŋɔ^{53}	ŋɔ^{53}	xɔ^{53}	xɔ^{53}	xɔ^{53}
屯留	kɔo^{53}	kʰɔo^{53}	ŋɔo^{11}	ŋɔo^{11}	ŋɔo^{11}	xɔo^{53}	xɔo^{11}	xɔo^{11}
襄垣	kɔo^{53}	kʰɔo^{53}	ɔo^{45}	ɔo^{45}	ɔo^{45}	xɔo^{53}	xɔo^{53}	xɔo^{45}
黎城	kɔo^{53}	kʰɔo^{422}	ɔo^{53}	ɔo^{53}	ɔo^{53}	xɔo^{53}	xɔo^{53}	xɔo^{53}
平顺	kɔ^{53}	kʰɔ^{53}	ɔ^{53}	ɔ^{53}	ɔ^{53}	xɔ^{53}	xɔ^{53}	xɔ^{53}
壶关	kɔ^{42}	kʰɔ^{42}	ɣɔ^{353}	ɣɔ^{353}	ɣɔ^{353}	xɔ^{42}	xɔ^{42}	xɔ^{535}
沁县	kɔo^{53}	kʰɔo^{53}	ŋɔo^{53}	ŋɔo^{53}	ŋɔo^{53}	xɔo^{53}	xɔo^{53}	xɔo^{53}
武乡	kɔ^{55}	kʰɔ^{55}	ŋɔ^{55}	ŋɔ^{55}	ŋɔ^{55}	xɔ^{55}	xɔ^{55}	xɔ^{55}
沁源	kɔo^{53}	kʰɔo^{53}	ŋɔo^{53}	ŋɔo^{53}	ŋɔo^{53}	xɔo^{53}	xɔo^{53}	xɔo^{53}
安泽	kau^{53}	kʰau^{53}	ŋau^{53}	ŋau^{53}	ŋau^{53}	xau^{53}	xau^{53}	xau^{53}
沁水端氏	kɔ^{53}	kʰɔ^{53}	ɔ^{53}	ɔ^{53}	ɔ^{53}	xɔ^{53}	xɔ^{53}	xɔ^{24}
阳城	ko^{51}	kʰo^{51}	ɣo^{51}	ɣo^{224}/ɣo^{51}	ɣo^{51}	xo^{51}	xo^{51}	xo^{51}
高平	kɔo^{53}	kʰɔo^{53}	ɔo^{53}	ɔo^{53}	ɔo^{53}	xɔo^{53}	xɔo^{53}	xɔo^{53}
陵川	kɔo^{24}	kʰɔo^{24}	ɣɔo^{24}	ɣɔo^{24}	ɣɔo^{24}	xɔo^{24}	xɔo^{24}	xɔo^{24}
晋城	ko^{53}	kʰo^{53}	ɣo^{53}	ɣo^{53}	ɣo^{53}	xo^{53}	xo^{53}	xo^{53}
忻府	kɔo^{53}	kʰɔo^{53}	ŋɔo^{53}	ŋɔo^{53}	ŋɔo^{53}	xɔo^{53}	xɔo^{53}	xɔo^{53}
原平	kɔo^{53}	kʰɔo^{53}	ŋɔo^{53}	ŋɔo^{53}	ŋɔo^{53}	xɔo^{53}	xɔo^{53}	xɔo^{53}
定襄	kɔu^{53}	kʰɔu^{53}	ŋɔu^{53}	ŋɔu^{53}	ŋɔu^{53}	xɔu^{53}	xɔu^{53}	xɔu^{53}
五台	kɑɔ^{52}	kʰɑɔ^{52}	ŋɑɔ^{52}	ŋɑɔ^{52}	ŋɑɔ^{52}	xɑɔ^{52}	xɑɔ^{52}	xɑɔ^{52}
岢岚	kɑu^{52}	kʰɑu^{52}	ŋɑu^{52}	ŋɑu^{52}	ŋɑu^{52}	xɑu^{52}	xɑu^{44}	xɑu^{52}
五寨	kɑu^{52}	kʰɑu^{52}	ŋɑu^{52}	ŋɑu^{52}	ŋɑu^{52}	xɑu^{52}	xɑu^{52}	xɑu^{52}
宁武	kɔu^{52}	kʰɔu^{52}	ŋɔu^{52}	ŋɔu^{52}	ŋɔu^{52}	xɔu^{52}	xɔu^{52}	xɔu^{52}
神池	kɔo^{52}	kʰɔo^{52}	ŋɔo^{52}	ŋɔo^{52}	ŋɔo^{52}	xɔo^{52}	xɔo^{52}	xɔo^{52}
繁峙	kɑo^{24}	kʰɑo^{24}	ŋɑo^{24}	ŋɑo^{24}	ŋɑo^{24}	xɑo^{24}	xɑo^{24}	xɑo^{24}

续表

字目	告	靠	傲	懊	奥	好喜~	耗	号~码
中古音 / 方言点	古到 效开一 去号见	苦到 效开一 去号溪	五到 效开一 去号疑	乌到 效开一 去号影	乌到 效开一 去号影	呼到 效开一 去号晓	呼到 效开一 去号晓	胡到 效开一 去号匣
代县	kau^{53}	kʰau^{53}	ŋau^{53}	ŋau^{53}	ŋau^{53}	xau^{53}	xau^{53}	xau^{53}
河曲	kɔu^{52}	kʰɔu^{52}	pʰiɔu^{44}	ŋɔu^{52}	pʰiɔu^{213}	xɔu^{52}	xɔu^{52}	xɔu^{52}
保德	kəu^{52}	kʰəu^{52}	əu^{52}	əu^{52}	əu^{52}	xəu^{52}	xəu^{52}	xəu^{52}
偏关	kɔo^{52}	kʰɔo^{52}	ŋɔo^{52}	ŋɔo^{52}	ŋɔo^{52}	xɔo^{52}	xɔo^{52}	xɔo^{52}
朔城	kɔo^{53}	kʰɔo^{53}	nɔo^{53}	nɔo^{53}	nɔo^{53}	xɔo^{53}	xɔo^{53}	xɔo^{53}
平鲁	kɔ^{52}	kʰɔ^{52}	nɔ^{52}	nɔ^{213}	nɔ^{52}	xɔ^{52}	xɔ^{52}	xɔ^{52}
应县	kau^{24}	kʰau^{24}	nau^{24}	nau^{24}	nau^{24}	xau^{24}	xau^{24}	xau^{24}
灵丘	kɔo^{53}	kʰɔo^{53}	ɔo^{53}	ɔo^{53}	ɔo^{53}	xɔo^{53}	xɔo^{53}	xɔo^{53}
浑源	kʌu^{13}	kʰʌu^{13}	nʌu^{13}	nʌu^{13}	nʌu^{13}	xʌu^{13}	xʌu^{13}	xʌu^{13}
云州	kɑu^{24}	kʰɑu^{24}	nɑu^{24}	nɑu^{24}	nɑu^{24}	xɑu^{55}	xɑu^{24}	xɑu^{24}
新荣	kɔu^{24}	kʰɔu^{24}	ŋɔu^{24}	ŋɔu^{24}	ŋɔu^{24}	xɔu^{24}	xɔu^{312}	xɔu^{24}/xɔu^{312}
怀仁	kɔu^{24}	kʰɔu^{24}	nɔu^{24}	nɔu^{24}	nɔu^{24}	xɔu^{24}	xɔu^{24}	xɔu^{24}
左云	kɔu^{24}	kʰɔu^{24}	nɔu^{24}	ɔu^{24}	ɔu^{24}	xɔu^{24}	xɔu^{24}	xɔu^{24}
右玉	kɐo^{24}	kʰɐo^{24}	ŋɐo^{24}	ŋɐo^{24}	ŋɐo^{24}	xɐo^{24}	xɐo^{24}	xɐo^{212}
阳高	kɔu^{24}	kʰɔu^{24}	ŋɔu^{24}	ɔu^{53}	ɔu^{24}	——	xɔu^{53}	xɔu^{24}
山阴	kɔo^{335}	kʰɔo^{335}	nɔo^{335}	——	nɔo^{335}	xɔo^{335}	xɔo^{335}	xɔo^{335}
天镇	kɔu^{24}	kʰɔu^{24}	ɔu^{24}	ɔu^{24}	ɔu^{24}	xɔu^{24}	xɔu^{22}/xɔu^{24}	xɔu^{24}
平定	kɔ^{24}	kʰɔ^{24}	ŋɔ^{24}	ɔ^{24}	ɔ^{24}	xɔ^{24}	xɔ^{24}	xɔ^{24}
昔阳	kɔo^{13}	kʰɔo^{13}	ŋɔo^{13}	ŋɔo^{13}	ŋɔo^{13}	xɔo^{13}	xɔo^{13}	xɔo^{13}
左权	kəu^{53}	kʰəu^{53}	ŋəu^{53}	——	ŋəu^{53}	xəu^{53}	xəu^{53}	xəu^{53}
和顺	kɔu^{13}	kʰɔu^{13}	ŋɔu^{13}	ŋɔu^{13}	ŋɔu^{13}	xɔu^{13}	xɔu^{13}	xɔu^{13}
尧都	kɑu^{44}	kʰɑu^{44}	ŋɑu^{44}	ŋɑu^{44}	ŋɑu^{44}	xɑu^{44}	xɑu^{44}	xɑu^{21}
洪洞	kɑo^{42}	kʰɑo^{33}	ŋɑo^{33}/ŋɑo^{53}	ŋɑo^{42}	ŋɑo^{53}	xɑo^{53}	xɑo^{24}	xɑo^{53}
洪洞赵城	kɑo^{24}	kʰɑo^{24}	ŋɑo^{53}	ɑo^{53}	ɑo^{53}	xɑo^{53}	xɑo^{24}	xɑo^{53}
古县	kɑu^{35}	kʰɑu^{35}	ŋɑu^{53}	ɑu^{53}	ɑu^{53}	xɑu^{53}	xɑu^{35}	xɑu^{53}
襄汾	kao^{44}	kʰao^{44}	ŋao^{53}	ŋao^{53}	ŋao^{53}	xao^{53}	xao^{44}	xao^{53}
浮山	kao^{44}	kʰao^{44}	ŋao^{53}	ŋao^{53}	ŋao^{53}	xao^{53}	xao^{44}	xao^{53}
霍州	kau^{55}	kʰau^{55}	ŋau^{55}	ŋau^{53}	ŋau^{53}	xau^{55}	xau^{53}	xau^{53}
翼城	kɔo^{53}	kʰɔo^{53}	ŋɔo^{53}	ŋɔo^{53}	ŋɔo^{53}	xɔo^{53}	xɔo^{53}	xɔo^{53}
闻喜	kɑo^{53}	kʰɑo^{53}	ŋɑo^{13}	ŋɑo^{53}	ŋɑo^{53}	xɑo^{53}	xɑo^{53}	xɑo^{13}
侯马	kɑu^{53}	kʰɑu^{53}	ŋɑu^{53}	ŋɑu^{53}	ŋɑu^{53}	xɑu^{53}	xɑu^{53}	xɑu^{53}

续表

字目	告	靠	傲	懊	奥	好喜~	耗	号~码
中古音 方言点	古到 效开一 去号见	苦到 效开一 去号溪	五到 效开一 去号疑	乌到 效开一 去号影	乌到 效开一 去号影	呼到 效开一 去号晓	呼到 效开一 去号晓	胡到 效开一 去号匣
新绛	kɑo^{53}	kʰɑo^{53}	ŋɑo^{53}	ɑo^{53}	ɑo^{53}	xɑo^{44}	xɑo^{53}	xɑo^{53}
绛县	kau^{31}	kʰau^{31}	ŋau^{31}	ŋau^{33}/ŋau^{31}	ŋau^{31}	xau^{31}	xau^{31}	xau^{53}
垣曲	kau^{53}	kʰau^{53}	ŋau^{53}	ŋau^{53}	ŋau^{53}	xau^{53}	xau^{22}	xau^{53}
夏县	kɑu^{31}	kʰɑu^{31}	ŋɑu^{31} 白 / ɑu^{42} 文	ŋɑu^{31} 白 / ɑu^{42} 文	ŋɑu^{31} 白 / ɑu^{42} 文	xɑu^{31}	xɑu^{31}	xɑu^{31}
万荣	kau^{33}	kʰau^{33}	ŋau^{33}	ŋau^{33}	ŋau^{33}	xau^{33}	xau^{33}	xau^{33}
稷山	kɑu^{42}	kʰɑu^{42}	ŋɑu^{42}	ŋɑu^{42}	ŋɑu^{42}	xɑu^{42}	xɑu^{42}	xɑu^{42}
盐湖	kɔ^{44}	kʰɔ^{44}	ŋɔ^{44}	ŋɔ^{44}	ŋɔ^{44}	xɔ^{44}	xɔ^{44}	xɔ^{44}
临猗	kɑu^{44}	kʰɑu^{44}	ŋɑu^{44}	ŋɑu^{44}	ŋɑu^{44}	xɑu^{44}	xɑu^{44}	xɑu^{44}
河津	kau^{44}	kʰau^{44}	ŋau^{44}	ŋau^{44}	ŋau^{44}	xau^{44}	xau^{44}	xau^{44}
平陆	kau^{33}	kʰau^{33}	ŋau^{33}	ŋau^{33}	ŋau^{33}	xau^{33}	xau^{33}	xau^{13}/xau^{33}
永济	kau^{44}	kʰau^{44}	ŋau^{44}	ŋau^{44}	ŋau^{44}	xau^{44}	xau^{44}	xau^{44}
芮城	kau^{44}	kʰau^{44}	ŋau^{44}	ŋau^{44}	ŋau^{44}	xau^{44}	xau^{13}	xau^{44}
吉县	kau^{33}	kʰau^{33}	ŋau^{33}	ŋau^{33}	ŋau^{33}	xau^{33}	xau^{33}	xau^{33}
乡宁	kau^{22}	kʰau^{22}	ŋau^{22}	——	ŋau^{22}	xau^{22}	xau^{22}	xau^{22}
广灵	kʌu^{213}	kʰʌu^{213}	ŋʌu^{213}	ŋʌu^{213}	ŋʌu^{213}	xʌu^{213}	xʌu^{31}	xʌu^{213}

字目	包	抛	泡水~	跑	猫	茅	锚	挠阻~
中古音 / 方言点	布交 效开二 平肴帮	匹交 效开二 平肴滂	匹交 效开二 平肴滂	薄交 效开二 平肴並	莫交 效开二 平肴明	莫交 效开二 平肴明	莫交 效开二 平肴明	尼交 效开二 平肴泥
北京	pau^{55}	pʰau^{55}	pʰau^{51}	pʰau^{214}	mau^{55}	mau^{35}	mau^{35}	nau^{35}
小店	pɔo^{11}	pʰɔo^{11}	pʰɔo^{11}	pʰɔo^{53}	mɔo^{11}	mɔo^{11}	mɔo^{11}	nɔo^{11}
尖草坪	pau^{33}	pʰau^{33}	pʰau^{33}	pʰau^{312}	mau^{33}	mau^{33}	mau^{33}	nau^{33}
晋源	pau^{11}	pʰau^{11}	pʰau^{11}	pʰau^{42}	mau^{11}	mau^{11}	mau^{11}	nau^{11}
阳曲	pɔo^{312}	pʰɔo^{312}	pʰɔo^{312}	pʰɔo^{312}	mɔo^{312}	mɔo^{43}	mɔo^{43}	nɔo^{43}
古交	pau^{44}	pʰau^{44}	pʰau^{44}	pʰau^{312}	mau^{44}	mau^{44}	mau^{44}	nau^{44}
清徐	pɔu^{11}	pɔu^{11}	pʰɔu^{11}	pɔu^{54}	mɔu^{11}	mɔu^{11}	mɔu^{11}	nɔu^{11}
娄烦	pɔu^{33}	pʰɔu^{33}	pʰɔu^{33}	pʰɔu^{312}	mɔu^{33}	mɔu^{33}	mɔu^{33}	nɔu^{33}
榆次	pɔu^{11}	pʰɔu^{11}	pʰɔu^{35}	pʰɔu^{11}	mɔu^{11}	mɔu^{11}	mɔu^{11}	nɔu^{11}
交城	pɔu^{11}	pʰɔu^{11}	pʰɔu^{11}	pʰɔu^{53}	mɔu^{11}	mɔu^{11}	mɔu^{11}	nɔu^{11}
文水	pau^{22}	pʰau^{22}	pʰau^{35}	pʰau^{423}	mau^{22}	mau^{22}	mau^{22}	nzau^{22}
祁县	pɒɔ^{31}	pʰɒɔ^{31}	pʰɒɔ^{45}	pʰɒɔ^{314}	mɒɔ^{31}	mɒɔ^{31}	mɒɔ^{31}	nɒɔ^{31}
太谷	pɑɯ^{33}	pʰɑɯ^{33}	pʰɑɯ^{53}	pʰɑɯ^{312}	mɑɯ^{33}	mɑɯ^{33}	mɑɯ^{33}	nɑɯ^{33}
平遥	pɔ^{213}	ʐɔ^{24} 白 / pʰɔ^{213} 文	pʰɔ^{213}	pʰɔ^{512}	mɔ^{213}	mɔ^{213}	mɔ^{213}	nɔ^{213}
孝义	pao^{33}	pʰao^{33}	pʰao^{454}	pʰao^{312}	mao^{33}	mao^{33}	mao^{312}	nao^{33}
介休	pɔo^{13}	pʰɔo^{13}	pʰɔo^{45}	pʰɔo^{423}	mɔo^{13}	mɔo^{13}	mɔo^{13}	nzɔo^{13}
灵石	pɔ^{535}	pʰɔ^{535}	pʰɔ^{53}	pʰɔ^{212}	mɔ^{535}	mɔ^{44}	mɔ^{44}	nɔ^{44}
盂县	pɑu^{412}	pʰɑu^{412}	——	pʰɑu^{53}	mɑu^{412}	mɑu^{22}	mɑu^{22}	nɑu^{22}
寿阳	pɔo^{31}	pʰɔo^{31}	pʰɔo^{31}	pʰɔo^{53}	mɔo^{31}	mɔo^{22}	mɔo^{22}	nɔo^{22}
榆社	pou^{22}	pʰou^{22}	pʰou^{45}	pʰou^{312}	mou^{22}	mou^{22}	mou^{22}	nou^{22}
离石	pou^{24}	pʰou^{24}	pʰou^{53}	pʰou^{312}	mou^{44}	mou^{44}	mou^{44}	nou^{44}
汾阳	pau^{324}	pʰau^{324}	pʰau^{55}	pʰau^{312}	mau^{324}	mau^{22}	mau^{22}	nzau^{324}
中阳	pɔo^{24}	pʰɔo^{24}	pʰɔo^{53}	pʰɔo^{423}	mɔo^{33}	mɔo^{33}	mɔo^{33}	nɔo^{33}
柳林	pou^{24}	pʰou^{24}	pʰou^{53}	pʰou^{312}	mou^{44}	mou^{44}	mou^{44}	nou^{44}
方山	pou^{24}	pʰou^{24}	pʰou^{52}	pʰou^{312}	mou^{44}	mou^{44}	mou^{44}	nou^{44}
临县	puɤ^{24}	pʰuɤ^{24}	pʰuɤ^{52}	pʰuɤ^{312}	muɤ^{52}	muɤ^{33}	muɤ^{33}	nɔu^{24}
兴县	pɔu^{324}	pʰɔu^{324}	pʰɔu^{53}	pʰɔu^{324}/ pʰɔu^{53}	mɔu^{55}	mɔu^{55}	——	nɔu^{55}
岚县	pau^{214}	pʰau^{214}	pʰau^{53}	pʰau^{312}	mau^{44}	mau^{44}	mau^{44}	nau^{44}
静乐	pɑo^{24}	pʰɑo^{33}	pʰɑo^{33}	pʰɑo^{314}	mɑo^{33}	mɑo^{33}	mɑo^{33}	nɑo^{33}
交口	pɑo^{323}	pʰɑo^{323}	pʰɑo^{323}	pʰɑo^{44}	mɑo^{53}	mɑo^{44}	mɑo^{44}	nɑo^{44}

续表

字目	包	抛	泡水～	跑	猫	茅	锚	挠阻～
中古音 / 方言点	布交 效开二 平肴帮	匹交 效开二 平肴滂	匹交 效开二 平肴滂	薄交 效开二 平肴並	莫交 效开二 平肴明	莫交 效开二 平肴明	莫交 效开二 平肴明	尼交 效开二 平肴泥
石楼	pɔo^{213}	pʰɔo^{213}	pʰɔo^{51}	pʰɔo^{44}	mɔo^{51} 白 / mɔo^{44} 文	mɔo^{44}	mɔo^{44}	zɔo^{44} 白 / nɔo^{44} 文
隰县	pɑo^{53}	pʰɑo^{53}	pʰɑo^{44}	pʰɑo^{24}	mɑo^{24}	mɑo^{24}	mɑo^{24}	nɑo^{24}
大宁	pɐu^{31}	pʰɐu^{31}	pʰɐu^{31}	pʰɐu^{24}	mɐu^{24}	mɐu^{24}	mɐu^{24}	nɐu^{24}
永和	pɑo^{33}	pʰɑo^{33}	pʰɑo^{53}	pʰɑo^{35}	mɑo^{33}	mɑo^{33}	mɑo^{33}	nɑo^{35}
汾西	pɑo^{11}	pʰɑo^{11}	——	pʰɑo^{35}	mɑo^{35}/ mu^{35} 白	mɑo^{35}	mɑo^{35}	nɑo^{35}
蒲县	pɑu^{52}	pʰɑu^{52}	pʰɑu^{33}	pʰɑu^{24}	mɑu^{24}	mɑu^{24}	mɑu^{24}	nɑu^{24}
潞州	pɑo^{312}	pʰɑo^{312}	pʰɑo^{312}	pʰɑo^{535}	mɑo^{24}	mɑo^{24}	mɑo^{24}	nɑo^{24}
上党	pɔ^{213}	pʰɔ^{213}	pʰɔ^{22}	pʰɔ^{535}	mɔ^{213}	mɔ^{44}	mɔ^{44}	nɔ^{44}
长子	pɔ^{312}	pʰɔ^{312}	pʰɔ^{312}	pʰɔ^{434}	mɔ^{24}	mɔ^{24}	mɔ^{24}	nɔ^{24}
屯留	pɔo^{31}	pʰɔo^{31}	pʰɔo^{53}	pʰɔo^{43}	mɔo^{11}	mɔo^{11}	mɔo^{11}	nɔo^{11}
襄垣	pɔo^{33}	pʰɔo^{33}	pʰɔo^{33}	pʰɔo^{42}	mɔo^{31}	mɔo^{31}	——	tsʰɔo^{33}
黎城	pɔo^{33}	pʰɔo^{33}	pʰɔo^{53}	pɔo^{213}	mɔo^{53}	mɔo^{53}	mɔo^{53}	nɔo^{33}
平顺	pɔ^{213}	pʰɔ^{213}	pʰɔ^{212}	pʰɔ^{434}	mɔ^{213}	mɔ^{13}	mɔ^{13}	nɔ^{13}
壶关	pɔ^{33}	pʰɔ^{33}	pʰiəʔ^{2}	pʰɔ^{535}	mɔ^{33}	mɔ^{13}	mɔ^{13}	nɔ^{13}
沁县	pɔo^{224}	pʰɔo^{224}	pɔo^{53}	pʰɔo^{214}	mɔo^{33}	mɔo^{33}	mɔo^{33}	nɔo^{33}
武乡	pɔ^{113}	pʰɔ^{113}	pʰɔ^{55}	pʰɔ^{213}	mɔ^{33}	mɔ^{33}	mɔ^{33}	nɔ^{33}
沁源	pɔo^{324}	pʰɔo^{324}	pʰɔo^{324}	pʰɔo^{324}	mɔo^{33}	mɔo^{33}	mɔo^{33}	nɔo^{33}
安泽	pau^{21}	pʰau^{21}	pʰau^{21}	pʰau^{35}	mau^{35}	mau^{35}	mau^{35}	nau^{35}
沁水端氏	pɔ^{21}	pʰɔ^{21}	pʰɔ^{21}	pʰɔ^{24}	mɔ^{24}	mɔ^{24}	mɔ^{24}	nɔ^{24}
阳城	po^{224}	pʰo^{224}	pʰo^{224}	pʰo^{224}	mo^{22}	mo^{22}	mo^{22}	no^{22}
高平	pɔo^{33}	pʰɔo^{33}	pʰɔo^{33}	pʰɔo^{212}	mɔo^{33}	mɔo^{33}	mɔo^{33}	——
陵川	pɔo^{33}	pʰɔo^{33}	pʰɔo^{24}	pʰɔo^{312}	mɔo^{33}	mɔo^{53}	mɔo^{53}	nɔo^{53}
晋城	po^{33}	pʰo^{33}	pʰo^{33}	pʰo^{213}	mo^{33}	mo^{324}	mo^{324}	no^{324}
忻府	pɔo^{313}	pʰɔo^{313}	pʰɔo^{313}	pʰɔo^{313}	mɔo^{21}	mɔo^{21}	mɔo^{21}	nɔo^{21}
原平	pɔo^{213}	pʰɔo^{213}	pʰɔo^{213}	pʰɔo^{213}	mɔo^{33}	mɔo^{33}	mɔo^{33}	nɔo^{33}
定襄	pɔu^{24}	pɔu^{53}	pʰɔu^{53}	pʰɔu^{24}	mɔu^{24}	mɔu^{33}	mɔu^{33}	nɔu^{33}
五台	pɑɔ^{213}	pʰɑɔ^{213}	pʰɑɔ^{213}	pʰɑɔ^{213}	mɑɔ^{33}	mɑɔ^{33}	mɑɔ^{33}	nɑɔ^{213}
岢岚	pɑu^{13}	pʰɑu^{13}	pʰɑu^{52}	pʰɑu^{13}	mɑu^{44}	mɑu^{44}	mɑu^{44}	nɑu^{44}
五寨	pɑu^{13}	pʰɑu^{13}	pʰɑu^{13}	pʰɑu^{13}	miɑu^{44}	mɑu^{44}	miɑu^{44}	nɑu^{44}
宁武	pɔu^{23}	pʰɔu^{23}	pʰɔu^{52}	pʰɔu^{213}	mɔu^{33}	mɔu^{33}	mɔu^{33}	nɔu^{213}

续表

字目	包	抛	泡水~	跑	猫	茅	锚	挠阻~
中古音 / 方言点	布交 效开二 平肴帮	匹交 效开二 平肴滂	匹交 效开二 平肴滂	薄交 效开二 平肴並	莫交 效开二 平肴明	莫交 效开二 平肴明	莫交 效开二 平肴明	尼交 效开二 平肴泥
神池	pɔo^{24}	p^{h}ɔo^{24}	p^{h}ɔo^{24}	p^{h}ɔo^{32}	mɔo^{32}	mɔo^{32}	mɔo^{32}	nɔo^{52}
繁峙	pɑo^{53}	p^{h}ɑo^{53}	p^{h}ɑo^{24}	p^{h}ɑo^{53}	mɑo^{53}	mɑo^{31}	mɑo^{31}	nɑo^{31}
代县	pau^{213}	p^{h}au^{44}	p^{h}au^{53}	p^{h}au^{213}	mau^{44}	mau^{44}	mau^{44}	nau^{44}
河曲	pɔu^{213}	p^{h}ɔu^{213}	p^{h}ɔu^{52}	p^{h}ɔu^{213}	mu^{44}白 / mɔu^{44}文	mɔu^{44}	mɔu^{44}	nɔu^{44}
保德	pəu^{213}	p^{h}əu^{213}	p^{h}əu^{44}	p^{h}əu^{213}	məu^{44}	məu^{44}	məu^{44}	nəu^{44}
偏关	pɔo^{24}	p^{h}ɔo^{24}	p^{h}ɔo^{52}	p^{h}ɔo^{213}	mɔo^{44}	mɔo^{44}	mɔo^{44}	nɔo^{44}
朔城	pɔo^{312}	p^{h}ɔo^{312}	——	p^{h}ɔo^{312}	——	mɔo^{35}	mɔo^{35}	nɔo^{35}
平鲁	pɔ^{213}	p^{h}ɔ^{44}	p^{h}ɔ^{213}	p^{h}ɔ^{44}/p^{h}ɔ^{213}	mɔ^{44}	mɔ^{44}	mɔ^{44}	nɔ^{44}
应县	pau^{43}	p^{h}au^{43}	p^{h}au^{43}	p^{h}au^{54}	mau^{43}	mau^{31}	mau^{31}	nau^{31}
灵丘	pɔo^{442}	p^{h}ɔo^{442}	p^{h}ɔo^{442}	p^{h}ɔo^{442}	mɔo^{442}	mɔo^{31}	mɔo^{31}	nɔo^{31}
浑源	pʌu^{52}	p^{h}ʌu^{52}	p^{h}ʌu^{13}	p^{h}ʌu^{52}	mʌu^{52}	mʌu^{22}	mʌu^{52}	nʌu^{22}
云州	pɑu^{21}	p^{h}ɑu^{21}	p^{h}ɑu^{24}	p^{h}ɑu^{55}	mɑu^{312}	mɑu^{312}	mɑu^{312}	nɑu^{312}
新荣	pɔu^{32}	p^{h}ɔu^{32}	p^{h}ɔu^{24}	p^{h}ɔu^{54}	mɔu^{312}	mɔu^{312}	mɔu^{312}	nɔu^{312}
怀仁	pɔu^{42}	p^{h}ɔu^{42}	p^{h}ɔu^{24}	p^{h}ɔu^{53}	mɔu^{312}	mɔu^{312}	mɔu^{312}	nɔu^{312}
左云	pɔu^{31}	p^{h}ɔu^{31}	p^{h}ɔu^{24}	p^{h}ɔu^{54}	mɔu^{31}	mɔu^{313}	mɔu^{313}	nɔu^{313}
右玉	pɐo^{31}	p^{h}ɐo^{212}	p^{h}ɐo^{31}	p^{h}ɐo^{53}	mɐo^{212}	mɐo^{212}	mɐo^{212}	nɐo^{212}
阳高	pɔu^{31}	p^{h}ɔu^{31}	p^{h}ɔu^{312}	p^{h}ɔu^{312}	mɔu^{31}	mɔu^{31}	mɔu^{31}	nɔu^{31}
山阴	pɔo^{313}	pɔo^{313}	p^{h}ɔo^{313}	p^{h}ɔo^{52}	mɔo^{313}	mɔo^{313}	——	nɔo^{313}
天镇	pɔu^{31}	p^{h}ɔu^{22}	p^{h}ɔu^{24}	p^{h}ɔu^{55}	mɔu^{22}	mɔu^{22}	mɔu^{22}	nɔu^{22}
平定	pɔ^{31}	p^{h}ɔ^{31}/p^{h}ɔ^{24}	p^{h}ɔ^{24}	p^{h}ɔ^{53}	mɔ^{44}	mɔ^{44}	mɔ^{44}	nɔ^{44}
昔阳	pɔo^{42}	p^{h}ɔo^{42}	p^{h}ɔo^{13}	p^{h}ɔo^{55}	mɔo^{42}	mɔo^{33}	mɔo^{33}	nɔo^{33}
左权	pəu^{31}	p^{h}əu^{31}	p^{h}əu^{53}	p^{h}əu^{42}	məu^{11}	məu^{11}	——	nəu^{11}
和顺	pɔu^{42}	p^{h}ɔu^{42}	p^{h}ɔu^{13}	p^{h}ɔu^{53}	mɔu^{42}	mɔu^{22}	mɔu^{22}	nɔu^{22}
尧都	pɑu^{21}	p^{h}ɑu^{21}	p^{h}ɑu^{24}	p^{h}ɑu^{24}	mɑu^{24}	mɑu^{24}	mɑu^{24}	nɑu^{24}
洪洞	pɑo^{21}	p^{h}ɑo^{21}/ p^{h}ɑo^{53}	p^{h}ɑo^{53}	p^{h}ɑo^{24}	mɑo^{24}	mɑo^{24}	mɑo^{24}	nɑo^{24}
洪洞赵城	pɑo^{21}	p^{h}ɑo^{21}	p^{h}ɑo^{24}	p^{h}ɑo^{42}	mɑo^{24}	mɑo^{24}	mɑo^{24}	nɑo^{24}
古县	pɑu^{21}	p^{h}ɑu^{21}	p^{h}ɑu^{35}	p^{h}ɑu^{35}	mɑu^{35}	mɑu^{35}	mɑu^{35}	nɑu^{35}
襄汾	pao^{21}	p^{h}ao^{21}	p^{h}ao^{21}	p^{h}ao^{44}	mao^{24}	mao^{24}	mao^{24}	nao^{24}
浮山	pao^{42}	p^{h}ao^{42}	p^{h}ɤ^{53}白 / p^{h}ao^{42}文	p^{h}æ^{33}白 / p^{h}ao^{13}文	mao^{13}	mao^{13}	mao^{13}	nao^{42}

续表

字目	包	抛	泡水~	跑	猫	茅	锚	挠阻~
中古音 / 方言点	布交 效开二 平肴帮	匹交 效开二 平肴滂	匹交 效开二 平肴滂	薄交 效开二 平肴並	莫交 效开二 平肴明	莫交 效开二 平肴明	莫交 效开二 平肴明	尼交 效开二 平肴泥
霍州	pɔ^{212} 白 / pau^{212} 文	p^{h}au^{212}	p^{h}au^{212}	p^{h}au^{35}	mau^{35}	mau^{35}	mau^{35}	zau^{35}
翼城	pɔo^{53}	p^{h}ɔo^{53}	p^{h}ɔo^{53}	p^{h}ɔo^{44}	mɔo^{53}	mɔo^{12}	mɔo^{12}	nɔo^{12}
闻喜	pɑo^{53}	p^{h}ɑo^{53}	p^{h}ɑo^{53}/ p^{h}ɤ^{53}	piᴇ^{13} 白 / p^{h}ɑo^{13} 文	mɑo^{13}	mɑo^{13}	——	lɑo^{13}
侯马	pɑu^{213}	p^{h}ɑu^{213}	p^{h}ɑu^{53}	p^{h}ɑu^{44}	mɑu^{213}	mɑu^{213}	mɑu^{213}	lɑu^{213}
新绛	pɑo^{53}	p^{h}ɑo^{53}	p^{h}ɑo^{13}	p^{h}ɑo^{13}	mɑo^{53}	mɑo^{13}	mɑo^{13}	nɑo^{44}
绛县	pau^{53}	p^{h}au^{53}	p^{h}au^{53}	p^{h}au^{24}	mau^{24}	mau^{24}	mau^{24}	nau^{24}
垣曲	pau^{22}	p^{h}au^{22}	p^{h}au^{53}	p^{h}au^{44}	mau^{22}	mau^{22}	mau^{22}	nau^{22}
夏县	pɑu^{53}	p^{h}ɑu^{53}	p^{h}ɑu^{53}	p^{h}ɑu^{24}	mɑu^{53}	mɑu^{42}	——	lɑu^{42}
万荣	pau^{51}	p^{h}au^{51}	p^{h}au^{33}	p^{h}au^{213}	mau^{213}	mau^{213}	mau^{213}	nau^{213}
稷山	pɑu^{53}	p^{h}ɑu^{53}	p^{h}ɑu^{53}	p^{h}ɑu^{13}	mɑu^{13}	mɑu^{13}	mɑu^{13}	nɑu^{13}
盐湖	pɔ^{42}	p^{h}ɔ^{42}	p^{h}ɔ^{42}	p^{h}ɔ^{13}	mɔ^{13}	mɔ^{13}	mɔ^{13}	lɔ^{13}
临猗	pɑu^{42}	p^{h}ɑu^{42}	p^{h}ɑu^{44}	p^{h}ɑu^{13}	mɑu^{13}	mɑu^{13}	mɑu^{13}	lɑu^{13}
河津	pau^{31}	p^{h}au^{31}	——	p^{h}au^{324}	mau^{324}	mau^{324}	mau^{324}	nau^{324}
平陆	pau^{31}	p^{h}au^{31}	p^{h}au^{33}	p^{h}au^{13}	mau^{13}	mau^{13}	mau^{13}	lau^{13}
永济	pau^{31}	p^{h}au^{31}	p^{h}au^{44}	p^{h}au^{24}	mau^{24}	mau^{24}	mau^{24}	nau^{24}
芮城	pau^{42}	p^{h}au^{42}	p^{h}au^{44}	p^{h}au^{53}	mau^{13}	mau^{13}	mau^{13}	lau^{13}
吉县	pau^{423}	p^{h}au^{423}	p^{h}au^{33}	p^{h}au^{13}	mau^{13}	mau^{13}	——	nau^{13}
乡宁	pau^{53}	p^{h}au^{53}	p^{h}au^{22}	p^{h}au^{44}	mau^{12}	mau^{12}	mau^{12}	nau^{12}
广灵	pʌu^{53}	p^{h}ʌu^{53}	p^{h}ʌu^{53}	p^{h}ʌu^{44}	mʌu^{31}	mʌu^{31}	mʌu^{31}	ŋʌu^{31}

字目	抓	抄	巢	梢	交	郊	胶	教~书
中古音 / 方言点	侧交 效开二 平肴庄	楚交 效开二 平肴初	锄交 效开二 平肴崇	所交 效开二 平肴生	古肴 效开二 平肴见	古肴 效开二 平肴见	古肴 效开二 平肴见	古肴 效开二 平肴见
北京	tʂua^{55}	tʂʰau^{55}	tʂʰau^{35}	ʂau^{55}	tɕiau^{55}	tɕiau^{55}	tɕiau^{55}	tɕiau^{55}
小店	tsuɑ^{11}	tsʰɔo^{11}	tsʰɔo^{11}	sɔo^{11}	tɕiɔo^{11}	tɕiɔo^{11}	tɕiɔo^{11}	tɕiɔo^{11}
尖草坪	tsua^{33}	tsʰau^{33}	tsʰau^{33}	sau^{33}	tɕiau^{33}	tɕiau^{33}	tɕiau^{33}	tɕiau^{33}
晋源	tsuaʔ^{2}	tsʰau^{11}	tsʰau^{11}	sau^{11}	tɕiau^{11}	tɕiau^{11}	tɕiau^{11}	tɕiau^{11}
阳曲	tsua^{312}	tsʰɔo^{312}	tsʰɔo^{43}	sɔo^{312}	tɕiɔo^{312}	tɕiɔo^{312}	tɕiɔo^{312}	tɕiɔo^{312}
古交	tsuɑ^{44}	tsʰau^{44}	tsʰau^{44}	sau^{44}	tɕiau^{44}	tɕiau^{44}	tɕiau^{44}	tɕiau^{44}
清徐	tsuɒ^{11}	tsʰɔu^{11}	tsʰɔu^{11}	sɔu^{11}	tɕiɔu^{11}	tɕiɔu^{11}	tɕiɔu^{11}	tɕiɔu^{11}
娄烦	pfɑ̃^{33}	tsʰɔu^{33}	tsʰɔu^{33}	sɔu^{33}	tɕiɔu^{33}	tɕiɔu^{33}	tɕiɔu^{33}	tɕiɔu^{33}
榆次	tsuɒ^{11}	tsʰɔu^{11}	tsʰɔu^{11}	sɔu^{11}	tɕiɔu^{11}	tɕiɔu^{11}	tɕiɔu^{11}	tɕiɔu^{35}
交城	tsuɑ^{11}	tsʰɔu^{11}	tsʰɔu^{11}	sɔu^{11}	tɕiɔu^{11}	tɕiɔu^{11}	tɕiɔu^{11}	tɕiɔu^{11}
文水	tsua^{22}	tsʰau^{22}	tsʰau^{22}	sau^{22}	tɕiau^{22}	tɕiau^{22}	tɕiau^{22}	tɕiau^{22}
祁县	tsua^{31}	tsʰɒɔ^{31}	tsʰɒɔ^{31}	sɒɔ^{31}	tɕiɒɔ^{31}	tɕiɒɔ^{31}	tɕiɒɔ^{31}	tɕiɒɔ^{31}
太谷	tsuɒ^{33}	tsʰɑɯ^{33}	tsʰɑɯ^{33}	sɑɯ^{33}	tɕiɑɯ^{33}	tɕiɑɯ^{33}	tɕiɑɯ^{33}	tɕiɑɯ^{33}
平遥	tsuɑ^{213}	tsʰɔ^{213}	tsʰɔ^{213}	sɔ^{213}	tɕiɔ^{213}	tɕiɔ^{213}	tɕiɔ^{213}	tɕiɔ^{213}
孝义	tsua^{33}	tsʰao^{33}	tsʰao^{33}	sao^{33}	tɕiao^{33}	tɕiao^{33}	tɕiao^{33}	tɕiao^{33}
介休	tsua^{13}	tsʰɔo^{13}	tsʰɔo^{13}	sɔo^{13}	tɕiɔo^{13}	tɕiɔo^{13}	tɕiɔo^{13}	tɕiɔo^{13}
灵石	tsua^{535}	tsʰɔ^{535}	tsʰɔ^{44}	sɔ^{535}	tɕiɔ^{535}	tɕiɔ^{535}	tɕiɔ^{535}	tɕiɔ^{535}
盂县	tsuɑ^{412}	tsʰɑu^{412}	tsʰɑu^{22}	sɑu^{412}	tɕiɑu^{412}	tɕiɑu^{412}	tɕiɑu^{412}	tɕiɑu^{412}
寿阳	tsuɑ^{31}	tsʰɔo^{31}	tsʰɔo^{22}	sɔo^{31}	tɕiɔo^{31}	tɕiɔo^{31}	tɕiɔo^{31}	tɕiɔo^{31}
榆社	tsuɒ^{22}	tsʰou^{22}	tsʰou^{22}	sou^{22}	tɕiou^{22}	tɕiou^{22}	tɕiou^{22}	tɕiou^{22}
离石	tsuɑ^{24}	tsʰou^{24}	tsʰou^{44}	sou^{24}	tɕiou^{24}	tɕiou^{24}	tɕiou^{24}	tɕiou^{24}
汾阳	tʂua^{324}	tʂʰau^{324}	tʂʰau^{22}	ʂau^{324}	tɕiau^{324}	tɕiau^{324}	tɕiau^{324}	tɕiau^{324}
中阳	tʂuɑ^{24}	tsʰɔo^{24}	tsʰɔo^{33}	sɔo^{24}	tɕiɔo^{24}	tɕiɔo^{24}	tɕiɔo^{24}	tɕiɔo^{24}
柳林	tsuɑ^{24}	tsʰou^{24}	tsʰou^{44}	sou^{24}	tɕiou^{24}	tɕiou^{24}	tɕiou^{24}	tɕiou^{53}
方山	tsua^{24}	tsʰou^{24}	tʂʰou^{44}	sou^{24}	tɕiou^{24}	tɕiou^{24}	tɕiou^{24}	ɕiou^{24}
临县	tsua^{24}	tsʰɔu^{24}	tsʰɔu^{33}	sɔu^{24}	tɕiɔu^{24}	tɕiɔu^{24}	tɕiɔu^{24}	ɕiɔu^{33} 白 / tɕiɔu^{52} 文
兴县	tsuᴀ^{324}	tsʰɔu^{324}	tsʰɔu^{55}	sɔu^{324}	tɕiɔu^{324}	tɕiɔu^{324}	tɕiɔu^{324}	tɕiɔu^{324}
岚县	tsua^{214}	tsʰau^{214}	tsʰau^{44}	sau^{214}	tɕiau^{214}	tɕiau^{214}	tɕiau^{214}	tɕiau^{214}
静乐	tsuɑ̃^{24}	tsʰɑo^{24}	tsʰɑo^{33}	sɑo^{24}	tɕiɑo^{24}	tɕiɑo^{24}	tɕiɑo^{24}	tɕiɑo^{24}
交口	tsua^{323}	tsʰɑo^{323}	tsʰɑo^{44}	sɑo^{323}	tɕiɑo^{323}	tɕiɑo^{323}	tɕiɑo^{323}	tɕiɑo^{53}
石楼	tʂuʌʔ^{4} 白 / tʂua^{213} 文	tsʰɔo^{213}	tsɔo^{44}	sɔo^{213}	tɕiɔo^{213}	tɕiɔo^{213}	tɕiɔo^{213}	tɕiɔo^{51}

续表

字目	抓	抄	巢	梢	交	郊	胶	教~书
中古音 / 方言点	侧交 效开二 平肴庄	楚交 效开二 平肴初	锄交 效开二 平肴崇	所交 效开二 平肴生	古肴 效开二 平肴见	古肴 效开二 平肴见	古肴 效开二 平肴见	古肴 效开二 平肴见
隰县	tsua^{53}	tsʰɑo^{53}	tsʰɑo^{24}	sɑo^{53}	tɕiɑo^{53}	tɕiɑo^{53}	tɕiɑo^{53}	tɕiɑo^{53}
大宁	tʂuɑ^{31}	tsʰɐu^{31}	tsʰɐu^{31}	sɐu^{31}	tɕiɐu^{31}	tɕiɐu^{31}	tɕiɐu^{31}	tɕiɐu^{31}
永和	tʂua^{33}	tsʰɑo^{33}	tsʰɑo^{35}	sɑo^{33}	tɕiɑo^{33}	tɕiɑo^{33}	tɕiɑo^{33}	tɕiɑo^{33}
汾西	tsuɑ^{11}	tsʰɑo^{11}	tsʰɑo^{11}/ tsʰɑo^{35}	sɑo^{11}	tiɑo^{11} 白 / tɕiɑo^{11} 文	tɕiɑo^{11}	tiɑo^{11} 白 / tɕiɑo^{11} 文	tiɑo^{11} 白
蒲县	tsua^{52}	tsʰɑu^{52}	tʂʰɑu^{24}	sɑu^{52}	tiɑu^{52} 白 / tɕiɑu^{52} 文	tɕiɑu^{31}	tɕiɑu^{52}	tiɑu^{52} 白 / tɕiɑu^{52} 文
潞州	tsua^{312}	tsʰɑo^{312}	tsʰɑo^{24}	sɑo^{312}	tɕiɑo^{312}	tɕiɑo^{312}	tɕiɑo^{312}	tɕiɑo^{312}
上党	tsuɑ^{213}	tsʰɔ^{213}	tsʰɔ^{44}	sɔ^{213}	tɕiɔ^{213}	tɕiɔ^{213}	tɕiɔ^{213}	tɕiɔ^{213}
长子	tsua^{312}	tsʰɔ^{312}	tsʰɔ^{24}	sɔ^{312}	tɕiɔ^{312}	tɕiɔ^{312}	tɕiɔ^{312}	tɕiɔ^{312}
屯留	tsua^{31}	tsʰɔo^{31}	tsʰɔo^{11}	sɔo^{31}	tɕiɔo^{31}	tɕiɔo^{31}	tɕiɔo^{31}	tɕiɔo^{31}
襄垣	tsua^{33}	tsʰɔo^{33}	tsʰɔo^{31}	sɔo^{33}	tɕiɔo^{33}	tɕiɔo^{31}	tɕiɔo^{33}	tɕiɔo^{33}
黎城	tsua^{33}	tsʰɔo^{33}	tsʰɔo^{53}	sɔo^{33}	ciɔo^{33}	ciɔo^{33}	tɕiɔo^{33}	tɕiɔo^{33}
平顺	tsua^{213}	tsʰɔ^{213}	tsʰɔ^{13}	sɔ^{213}	ciɔ^{213}	ciɔ^{213}	ciɔ^{213}	ciɔ^{213}
壶关	tʂua^{33}	tʂʰɔ^{33}	tʂʰɔ^{13}	ʂɔ^{33}	ciɔ^{33}	ciɔ^{33}	ciɔ^{33}	ciɔ^{33}
沁县	tsua^{224}	tsʰɔo^{224}	tsʰɔo^{33}	sɔo^{224}	tɕio^{224}	tɕio^{224}	tɕio^{224}	tɕio^{224}
武乡	tsua^{113}	tsʰɔ^{113}	tsʰɔ^{33}	sɔ^{113}	tɕiɔ^{113}	tɕiɔ^{113}	tɕiɔ^{113}	tɕiɔ^{113}
沁源	tʂuɑ^{324}	tsʰɔo^{324}	tsʰɔo^{33}	sɔo^{324}	tɕiɔo^{324}	tɕiɔo^{324}	tɕiɔo^{324}	tɕiɔo^{324}
安泽	tsuɑ^{21}	tsʰau^{21}	tsʰau^{21}	sau^{21}	tɕiau^{21}	tɕiau^{21}	tɕiau^{21}	tɕiau^{21}
沁水端氏	tsa^{21}	tsʰɔ^{21}	tsʰɔ^{21}	sɔ^{21}	tɕiɔ^{21}	tɕiɔ^{21}	tɕiɔ^{21}	tɕiɔ^{21}
阳城	tʂuɑ^{224}	tʂʰo^{224}	tʂʰo^{224}	ʂo^{224}	cio^{224}	cio^{224}	cio^{224}	cio^{224}
高平	tʂuɑ^{33}	tʂʰɔo^{33}	tʂʰɔo^{33}	ʂɔo^{33}	ciɔo^{33}	ciɔo^{33}	ciɔo^{33}	tɕiɔo^{33}
陵川	tʂua^{33}	tʂʰɔo^{33}	tʂʰɔo^{53}	ʂɔo^{33}	ciɔo^{33}	ciɔo^{33}	ciɔo^{33}	ciɔo^{33}
晋城	tʂuɑ^{33}	tʂʰo^{33}	tʂʰo^{324}	ʂo^{33}	tɕio^{33}	tɕio^{33}	tɕio^{33}	tɕio^{33}
忻府	tsuɑ^{313}	tsʰɔo^{313}	tsʰɔo^{21}	sɔo^{313}	tɕiɔo^{313}	tɕiɔo^{313}	tɕiɔo^{313}	tɕiɔo^{313}
原平	tsuɑ^{213}	tsʰɔo^{213}	tʂʰɔo^{33}	sɔo^{213}	tɕiɔo^{213}	tɕiɔo^{213}	tɕiɔo^{213}	tɕiɔo^{213}
定襄	tsua^{24}	tʂɔu^{24}	tʂʰɔu^{33}	sɔu^{24}	tɕiɔu^{24}	tɕiɔu^{24}	tɕiɔu^{24}	tɕiɔu^{24}
五台	tsuɑ^{213}	tsʰɑɔ^{213}	tsʰɑɔ^{33}	sɑɔ^{213}	tɕiɑɔ^{213}	tɕiɑɔ^{213}	tɕiɑɔ^{213}	tɕiɑɔ^{213}
岢岚	tsua^{13}	tsʰɑu^{13}	tʂʰɑu^{44}	sɑu^{13}	tɕiɑu^{13}	tɕiɑu^{13}	tɕiɑu^{13}	tɕiɑu^{13}
五寨	tsua^{13}	tsʰɑu^{13}	tsʰɑu^{44}	sɑu^{13}	tɕiɑu^{13}	tɕiɑu^{13}	tɕiɑu^{13}	tɕiɑu^{13}
宁武	tsuᴀ^{23}	tsʰɔu^{23}	tsʰɔu^{33}	sɔu^{23}	tɕiɔu^{23}	tɕiɔu^{23}	tɕiɔu^{23}	tɕiɔu^{23}
神池	tsuᴀ^{24}	tsʰɔo^{24}	tsʰɔo^{32}	sɔo^{24}	tɕiɔo^{24}	tɕiɔo^{24}	tɕiɔo^{24}	tɕiɔo^{24}

续表

字目	抓	抄	巢	梢	交	郊	胶	教~书
中古音 方言点	侧交 效开二 平肴庄	楚交 效开二 平肴初	钼交 效开二 平肴崇	所交 效开二 平肴生	古肴 效开二 平肴见	古肴 效开二 平肴见	古肴 效开二 平肴见	古肴 效开二 平肴见
繁峙	tsua^{53}	tsʰɑo^{53}	tsʰɑo^{31}	sɑo^{53}	tɕiɑo^{53}	tɕiɑo^{53}	tɕiɑo^{53}	tɕiɑo^{53}
代县	tsua^{213}	tsʰau^{213}	tsʰau^{44}	sau^{213}	tɕiau^{213}	tɕiau^{213}	tɕiau^{213}	tɕiau^{213}
河曲	tsua^{213}	tsʰɔu^{213}	tsʰɔu^{44}	sɔu^{213}	tɕiɔu^{213}	tɕiɔu^{213}	tɕiɔu^{213}	tɕiɔu^{213}
保德	tsuᴀ^{213}	tsʰəu^{213}	tʂʰəu^{44}	səu^{213}	tɕiəu^{213}	tɕiəu^{213}	tɕiəu^{213}	tɕiəu^{213}
偏关	tʂua^{24}	tsʰɔo^{24}	tsʰɔo^{24}	sɔo^{24}	tɕiɔo^{24}	tɕiɔo^{24}	tɕiɔo^{24}	tɕiɔo^{24}
朔城	tsuᴀ^{312}	tsʰɔo^{312}	tsʰɔo^{35}	sɔo^{312}	tɕiɔo^{312}	tɕiɔo^{312}	tɕiɔo^{312}	tɕiɔo^{312}
平鲁	tsuɑ^{213}	tsʰɔ^{213}	tsʰɔ^{44}	sɔ^{213}	tɕiɔ^{213}	tɕiɔ^{213}	tɕiɔ^{213}	tɕiɔ^{213}
应县	tsua^{43}	tsʰuau^{43}	tsʰuau^{31}	sau^{43}	tɕiau^{43}	tɕiau^{43}	tɕiau^{43}	tɕiau^{43}
灵丘	tsuᴀ^{442}	tsʰɔo^{442}	tsʰɔo^{31}	sɔo^{442}	tɕiɔo^{442}	tɕiɔo^{442}	tɕiɔo^{442}	tɕiɔo^{442}
浑源	tsuᴀ^{52}	tsʰʌu^{52}	tsʰʌu^{22}	sʌu^{52}	tɕiʌu^{52}	tɕiʌu^{52}	tɕiʌu^{52}	tɕiʌu^{13}
云州	tʂuɑ^{21}	tsʰɑu^{21}	tʂʰɑu^{312}	ʂɑu^{21}	tɕiɑu^{21}	tɕiɑu^{21}	tɕiɑu^{21}	tɕiɑu^{21}
新荣	tʂuᴀ^{32}	tsʰɔu^{32}	tsʰɔu^{32}	sɔu^{32}	tɕiɔu^{32}	tɕiɔu^{32}	tɕiɔu^{32}	tɕiɔu^{32}
怀仁	tsua^{42}	tsʰɔu^{42}	tsʰɔu^{312}	sɔu^{42}	tɕiɔu^{42}	tɕiɔu^{42}	tɕiɔu^{42}	tɕiɔu^{42}
左云	tsua^{31}	tsʰɔu^{31}	tsʰɔu^{313}	sɔu^{31}	tɕiɔu^{31}	tɕiɔu^{31}	tɕiɔu^{31}	tɕiɔu^{31}
右玉	tʂua^{31}	tsʰɐo^{31}	tsʰɐo^{212}	sɐo^{31}	tɕiɐo^{31}	tɕiɐo^{31}	tɕiɐo^{31}	tɕiɐo^{31}
阳高	tsuɑ^{31}	tsʰɔu^{31}	tsʰɔu^{31}	sɔu^{31}	tɕiɔu^{31}	tɕiɔu^{31}	tɕiɔu^{31}	tɕiɔu^{31}
山阴	tʂuᴀ^{313}	tsʰɔo^{313}	tsʰɔo^{313}	sɔo^{313}	tɕiɔo^{313}	tɕiɔo^{313}	tɕiɔo^{313}	tɕiɔo^{313}
天镇	tsuɑ^{31}	tsʰɔu^{31}	tsʰɔu^{22}	sɔu^{31}	tɕiɔu^{31}	tɕiɔu^{31}	tɕiɔu^{31}	tɕiɔu^{31}
平定	tsuɑ^{31}	tsʰɔ^{31}	tsʰɔ^{44}	sɔ^{31}	tɕiɔ^{31}	tɕiɔ^{31}	tɕiɔ^{31}	tɕiɔ^{31}
昔阳	tsuɑ^{42}	tsʰɔo^{42}	tʂʰɔo^{33}	ʂɔo^{42}	tɕiɔo^{42}	tɕiɔo^{42}	tɕiɔo^{42}	tɕiɔo^{42}
左权	tsuɑ^{31}	tʂʰəu^{31}	tsʰəu^{11}	səu^{31}	tɕiəu^{31}	tɕiəu^{31}	tɕiəu^{31}	tɕiəu^{31} 文
和顺	tsuɑ^{42}	sɔu^{42} 白 / tsʰɔu^{42} 文	tsʰɔu^{22}	sɔu^{42}	tɕiɔu^{42}	tɕiɔu^{42}	tɕiɔu^{42}	tʂɔu^{42} 白 / tɕiɔu^{42} 文
尧都	tʂuɑ^{21}	tʂʰɑu^{21}	tʂʰɑu^{24}	ʂɑu^{21}	tɕiɑu^{21}	tɕiɑu^{21}	tɕiɑu^{21}	tɕiɑu^{21}
洪洞	tʂuɑ^{21}	tsʰɑo^{21}	tsʰɑo^{21}	sɑo^{21}	tiɑo^{21} 白 / tɕiɑo^{21} 文	tɕiɑo^{21}	tiɑo^{21} 白 / tɕiɑo^{21} 文	tiɑo^{21} 白 / tɕiɑo^{21} 文
洪洞赵城	tʂuɑ^{21}	tsʰɑo^{21}	tsʰɑo^{21}	sɑo^{21}	tiɑo^{21} 白 / tɕiɑo^{21} 文	tɕiɑo^{21}	tiɑo^{21} 白 / tɕiɑo^{21} 文	tiɑo^{21} 白 / tɕiɑo^{21} 文
古县	tʂuɑ^{21}	tsɑu^{21}	tsʰɑu^{35}	sɑu^{21}	tɕiɑu^{21}	tɕiɑu^{21}	tɕiɑu^{21}	tɕiɑu^{21}
襄汾	tsua^{21}	tsʰao^{21}	tsʰao^{24}	sao^{21}	tiao^{21} 白 / tɕiao^{21} 文	tɕiao^{21}	tiao^{21} 白 / tɕiao^{21} 文	tiao^{21} 白 / tɕiao^{21} 文
浮山	pfa^{42}	tʂʰao^{42}	tʂao^{13}	ʂao^{42}	tɕiao^{42}	tɕiao^{42}	tɕiao^{42}	tɕiao^{42}

续表

字目	抓	抄	巢	梢	交	郊	胶	教~书
中古音 / 方言点	侧交 效开二 平肴庄	楚交 效开二 平肴初	钮交 效开二 平肴崇	所交 效开二 平肴生	古肴 效开二 平肴见	古肴 效开二 平肴见	古肴 效开二 平肴见	古肴 效开二 平肴见
霍州	tsua^{212}	ts^{h}au^{212}	tʂ^{h}au^{35}	sau^{212}	tɕiau^{212}	tɕiau^{212}	tɕiau^{212}	tɕiau^{212}
翼城	ȵiᴀ^{53}	tʂ^{h}ɤ^{12}	tʂ^{h}ɔo^{12}	tʂɔo^{53}	tɕiɔo^{53}	ȵiɔo^{53}	liɔo^{12}	liɔo^{12}
闻喜	pfɑ^{53}	ts^{h}ɑo^{53}	ts^{h}ɑo^{13}	sɑo^{53}	tɕiɑo^{53}	tɕiɑo^{53}	tɕiɑo^{53}	tɕiɑo^{53}
侯马	tʂuɑ^{213}	tʂ^{h}ɑu^{213}	tʂ^{h}ɑu^{213}	ʂɑu^{213}	tɕiɑu^{213}	tɕiɑu^{213}	tɕiɑu^{213}	tɕiɑu^{213}
新绛	pfɑ^{53}	ts^{h}ɑo^{53}	ts^{h}ɑo^{13}	sɑo^{44}	tɕiɑo^{53}	tɕiɑo^{53}	tɕiɑo^{53}	tɕiɑo^{53}
绛县	pfɑ^{53}	tʂ^{h}au^{53}	tʂ^{h}au^{53}	ʂau^{53}	tɕiau^{53}	tɕiau^{53}	tɕiau^{53}	tɕiau^{53}
垣曲	tʂua^{22}	ts^{h}au^{22}	ts^{h}au^{22}	sau^{22}	tɕiau^{22}	tɕiau^{22}	tɕiau^{22}	tɕiau^{22}
夏县	pfa^{53}	tʂ^{h}ɑu^{53}	tʂ^{h}ɑu^{42}	ʂɑu^{53}	tɕiɑu^{53}	tɕiɑu^{53}	tɕiɑu^{53}	tɕiɑu^{53}
万荣	pfɤ^{51} 白 / pfa^{51} 文	ts^{h}au^{51}	ts^{h}au^{213}	sau^{51}	tɕiau^{51}	tɕiau^{51}	tʂau^{51}	tʂau^{51}
稷山	pfɑ^{53}	tʂ^{h}ɑu^{53}	ts^{h}ɑu^{13}	ʂɑu^{53}	tɕiɑu^{53}	tɕiɑu^{53}	tɕiɑu^{53}	tɕiɑu^{53}
盐湖	pfa^{42} 白 / tʂua^{42} 文	ts^{h}ɔ^{42}	tʂ^{h}ɔ^{13}	sɔ^{42}	tɕiɔ^{42}	tɕiɔ^{42}	tɕiɔ^{42}	tɕiɔ^{42}
临猗	ya^{42} 白 / pfa^{42} 白 / tʂua^{42} 文	ts^{h}ɑu^{42} 白 / tʂ^{h}ɑu^{42} 文	ts^{h}ɑu^{13}	sɑu^{42}	tɕiɑu^{42}	tɕiɑu^{42}	tɕiɑu^{42}	tɕiɑu^{42}
河津	pfa^{31}	ts^{h}au^{31}	ts^{h}au^{324}	sau^{31}	tɕiau^{31}	tɕiau^{31}	tʂau^{31} 白 / tɕiau^{31} 文	tɕiau^{31} 文
平陆	pfa^{31}	ts^{h}au^{31}	ts^{h}au^{31}	sau^{31}	tɕiau^{31}	tɕiau^{31}	tɕiau^{31}	tɕiau^{31}
永济	pfa^{31}	tʂ^{h}au^{31}	tʂ^{h}au^{24}	ʂau^{31}	tɕiau^{31}	tɕiau^{31}	tɕiau^{31}	tɕiau^{31}
芮城	pfa^{42}	ts^{h}au^{42}	tʂ^{h}au^{13}	sau^{42}	tɕiau^{42}	tɕiau^{42}	tɕiau^{42}	tɕiau^{42}
吉县	pfa^{423}	ts^{h}au^{423}	ts^{h}au^{13}	sau^{423}	tɕiau^{423}	tɕiau^{423}	tɕiau^{423}	tɕiau^{423}
乡宁	tʂua^{53}	ts^{h}au^{53}	ts^{h}au^{12}	sau^{53}	tɕiau^{53}	tɕiau^{53}	tɕiau^{53}	tɕiau^{53}
广灵	tsuɑ^{53}	ts^{h}ʌu^{53}	ts^{h}ʌu^{31}	sʌu^{53}	tɕiʌu^{53}	tɕiʌu^{53}	tɕiʌu^{53}	tɕiʌu^{53}

字目	敲	淆	饱	鲍	卯	爪	找	炒
中古音 / 方言点	口交 效开二 平肴溪	胡茅 效开二 平肴匣	博巧 效开二 上巧帮	薄巧 效开二 上巧並	莫饱 效开二 上巧明	侧绞 效开二 上巧庄	侧绞 效开二 上巧庄	初爪 效开二 上巧初
北京	tɕʰiau^{55}	ɕiau^{35}	pau^{214}	pau^{51}	mau^{214}	tʂua^{214}/ tʂau^{214}	tʂau^{214}	tʂʰau^{214}
小店	tɕʰiɔo^{11}	iɔo^{11}	pɔo^{53}	pɔo^{24}	mɔo^{53}	tsuɑ^{53}	tsɔo^{53}	tsʰɔo^{53}
尖草坪	tɕʰiau^{33}	iau^{33}	pau^{312}	pau^{35}	mau^{312}	tsua^{312}/ tsau^{312}	tsau^{312}	tsʰau^{312}
晋源	tɕʰiau^{11}	iau^{11}	pau^{42}	pau^{35}	mau^{42}	tsua^{42}	tsau^{42}	tsʰau^{42}
阳曲	tɕʰiɔo^{312}	iɔo^{43}	pɔo^{312}	pɔo^{454}	mɔo^{312}	ʦɔo^{312}	ʦɔo^{312}	ʦʰɔo^{312}
古交	tɕʰiau^{44}	ɕiau^{44}	pau^{312}	pau^{53}	mau^{312}	tsuɑ^{312}/ tsau^{44}	tsau^{312}	tsʰau^{312}
清徐	tɕʰiɔu^{11}	iɔu^{11} 白 / ɕiɔu^{11} 文	pɔu^{54}	pɔu^{45}	mɔu^{54}	tsɔu^{54}	tsɔu^{54}	sɔu^{54} 白 / tsʰɔu^{54} 文
娄烦	tɕʰiɔu^{33}	ɕiɔu^{33}	pɔu^{312}	pɔu^{54}	mɔu^{312}	tsɔu^{312}/ pfɑ̃^{312}	tsɔu^{312}	tsʰɔu^{312}
榆次	tɕʰiɔu^{11}	ɕiɔu^{11}	pɔu^{53}	pɔu^{35}	mɔu^{11}	tsua^{53}	tsɔu^{53}	tsʰɔu^{53}
交城	tɕʰiɔu^{11}	iɔu^{11}	pɔu^{53}	pɔu^{24}	mɔu^{53}	tsuɑ^{53}	tsɔu^{53}	sɔu^{53} 白 / tsʰɔu^{53} 文
文水	tɕʰiau^{22}	iau^{423}	pau^{423}	pau^{35}	mau^{423}	tsua^{423}	tsau^{423}	sau^{423} 白 / tsʰau^{423} 文
祁县	tɕʰiɒɔ^{31}	ɕiu^{31}	pɒɔ^{314}	pɒɔ^{45}	mɒɔ^{314}	tsua^{314}	tʂɒɔ^{314}	sɒɔ^{314} 白 / tsʰɒɔ^{314} 文
太谷	tɕʰiɑɯ^{33}	ɕio^{33}	pɑɯ^{312}	pɑɯ^{53}	mɑɯ^{312}	tsɑɯ^{312}	tsɑɯ^{312}	sɑɯ^{312} 白 / tsʰɑɯ^{312} 文
平遥	tɕʰiɔ^{213}	ȵiɔ^{512}	pɔ^{512}	pɔ^{24}	mɔ^{512}	tsuɑ^{512}	tsɔ^{512}	tsʰɔ^{512}
孝义	tɕʰiao^{33}	ɕiao^{312}	pao^{312}	pao^{33}/pao^{454}	mao^{312}	tsua^{312}/ tsao^{312}	tsao^{312}	sao^{312}
介休	tɕʰiɔo^{13}	ɕiɔo^{13}	pɔo^{423}	pɔo^{45}	mɔo^{423}	tsua^{423}	tʂɔo^{423}	tsʰɔo^{423}
灵石	tɕʰiɔ^{535}	ɕiɔ^{44}	pɔ^{212}	pɔ^{53}	mɔ^{212}	tsua^{212}	tsɔ^{212}	tsʰɔ^{212}
盂县	tɕʰiɑu^{412}	ɕiɑu^{22}	pɑu^{53}	pɑu^{55}	mɑu^{53}	tsuɑ^{53}	tsɑu^{53}	tsʰɑu^{53}
寿阳	tɕʰiɔo^{31}	iɔo^{22}	pɔo^{53}	pɔo^{45}	mɔo^{53}	tsua^{53}	tsɔo^{53}	tsʰɔo^{53}
榆社	tɕʰiou^{22}	——	pou^{312}	pou^{45}	mou^{312}	tsuɒ^{312}	tsou^{312}	tsʰou^{312}
离石	tɕʰiou^{24}	niou^{312}	pou^{312}	pou^{53}	mou^{312}	tsuɑ^{312}	tsou^{312}	tsʰou^{312}
汾阳	tɕʰiau^{324}	ɕiau^{324}	pau^{312}	pau^{55}	mau^{312}	tʂua^{324}	tʂau^{312}	tʂʰau^{312}
中阳	tɕʰiɔo^{24}	niɔo^{423}	pɔo^{423}	pɔo^{53}	mɔo^{423}	tʂuɑ^{423}	tsɔo^{423}	tsʰɔo^{423}
柳林	tɕʰiou^{24}	ɕiou^{24}	pou^{312}	pou^{53}	mou^{44}	tsou^{312}	tsou^{312}	tsʰou^{312}
方山	tɕʰiou^{24}	ɕiou^{312}	pou^{312}	pou^{52}	mou^{312}	tsua^{312}	tsou^{312}	tsʰou^{312}

续表

字目	敲	淆	饱	鲍	卯	爪	找	炒
中古音 / 方言点	口交 效开二 平肴溪	胡茅 效开二 平肴匣	博巧 效开二 上巧帮	薄巧 效开二 上巧並	莫饱 效开二 上巧明	侧绞 效开二 上巧庄	侧绞 效开二 上巧庄	初爪 效开二 上巧初
临县	tɕʰiɔu^{24}	ɕiɔu^{24}	puɤ^{312}	puɤ^{52}	muɤ^{312}	tsua^{312}	tsɔu^{312}	tsʰɔu^{312}
兴县	tɕʰiɔu^{324}	ɕiɯu^{324}	pɔu^{324}	pɔu^{53}	mɔu^{324}	tsuᴀ^{324}	tsɔu^{324}	tsʰɔu^{324}
岚县	tɕʰiau^{214}	ɕiau^{44}/iɤu^{44}	pau^{312}	pau^{53}	mau^{312}	tsua^{312}	tsau^{312}	tsʰau^{312}
静乐	tɕʰiɑo^{24}	ɕiɑo^{24}	pɑo^{314}	pɑo^{53}	mɑo^{314}	pfɑ̃^{314}	tsɑo^{314}	tsʰɑo^{314}
交口	tɕʰiɑo^{323}	ɕiɑo^{323}	pɑo^{323}	pɑo^{53}	mɑo^{323}	tsua^{323}	tsɑo^{323}	tsʰɑo^{323}
石楼	tɕʰiɔo^{13}	ɕiɔo^{213}	pɔo^{213}	pɔ^{51}	mɔo^{213}	tʂua^{213}	tsɔo^{213}/ tʂɔo^{213}	tsɔo^{213}
隰县	tɕʰiɑo^{53}	——	pɑo^{21}	pɑo^{44}	mɑo^{24}	tsua^{21}	tsɑo^{21}	tsʰɑo^{21}
大宁	tɕʰiɐu^{31}	ȵiɐu^{24} 白 / ɕiɐu^{24} 文	pɐu^{31}	pɐu^{31}	mɐu^{31}	tsɐu^{31}	tsɐu^{31}	tsʰɐu^{31}
永和	tɕʰiɑo^{33}	niɑo^{35}	pɑo^{312}	pɑo^{53}	mɑo^{312}	tʂua^{312}	tsɑo^{312}	tsʰɑo^{312}
汾西	tʰiɑo^{11} 白 / tɕʰiɑo^{11} 文	——	pɑo^{33}	pɑo^{53}	mɑo^{33}	tsɑo^{33}	tsɑo^{33}	tsʰɑo^{33}
蒲县	tʰiɑu^{52}	ɕiɑu^{24}	pɑu^{31}	pɑu^{52}	mɑu^{31}	tsua^{31}	tʂɑu^{31}	tsʰɑu^{31}
潞州	tɕʰiɑo^{312}	iɑo^{24}	pɑo^{535}	pɑo^{54}	mɑo^{535}	tsua^{312}	tsɑo^{535}	tsʰɑo^{535}
上党	tɕʰiɔ^{213}	ɕiɔ^{44}	pɔ^{535}	pɔ^{535}	mɔ^{535}	tsuɑ^{535}	tsɔ^{535}	tsʰɔ^{535}
长子	tɕʰiɔ^{312}	ɕiɔ^{24}	pɔ^{434}	pɔ^{53}	mɔ^{434}	tsɔ^{434}	tsɔ^{434}	tsʰɔ^{434}
屯留	tɕʰiɔo^{31}	ɕiɔo^{11}	pɔo^{43}	pɔo^{11}	mɔo^{43}	tsɔo^{43} 白 / tsua^{43} 文	tsɔo^{43}	tsʰɔo^{43}
襄垣	tɕʰiɔo^{33}	iɔo^{31}	pɔo^{42}	pɔo^{45}	mɔo^{42}	tsua^{42}	tsɔo^{42}	tsʰɔo^{42}
黎城	tɕʰiɔo^{33}	iɔo^{33}	pɔo^{213}	pɔo^{53}	mɔo^{213}	tsua^{213}/ tsɔo^{213}	tsɔo^{213}	tsʰɔo^{213}
平顺	cʰiɔ^{213}	ɕiɔ^{13}	pɔ^{434}	pɔ^{434}	mɔ^{434}	tsua^{434}	tsɔ^{434}	tsʰɔ^{434}
壶关	cʰiɔ^{33}	siɔ^{13}	pɔ^{535}	pɔ^{353}	mɔ^{535}	tʂua^{535}	tʂɔ^{535}	tʂʰɔ^{535}
沁县	tɕio^{224}	ɕio^{33}	pɔo^{214}	pɔo^{53}	mɔo^{214}	tsua^{214}	tsɔo^{214}	tsʰɔo^{214}
武乡	tɕʰiɔ^{113}	——	pɔ^{213}	——	mɔ^{213}	tsua^{213}	tsɔ^{213}	tsʰ^{213}
沁源	tɕʰiɔo^{324}	ȵiɔo^{33}	pɔo^{324}	pɔo^{53}	mɔo^{324}	tsuɑ^{324}	tsɔo^{324}	tsʰɔo^{324}
安泽	tɕʰiau^{21}	ȵiau^{42}	pau^{42}	pau^{53}	mau^{42}	tsuɑ^{42}	tsau^{42}	tsʰau^{42}
沁水端氏	tɕʰiɔ^{21}	——	pɔ^{31}	pɔ^{53}	mɔ^{31}	tsɒ^{21}	tsɔ^{31}	tsʰɔ^{31}
阳城	tɕʰio^{224}	çio^{224}	po^{212}	po^{51}	mo^{212}	tʂo^{212}	tʂo^{212}	tʂʰo^{212}
高平	tɕʰiɔo^{33}	iɔo^{33}	pɔo^{212}	pɔo^{53}	mɔo^{212}	tʂɔo^{212}	tʂɔo^{212}	tʂʰɔo^{212}
陵川	tɕʰiɔo^{33}	ɕiɔo^{53}	pɔo^{312}	pɔo^{24}	mɔo^{312}	tʂɔo^{312}	tʂɔo^{312}	tʂʰɔo^{312}
晋城	tɕʰio^{33}	ɕio^{324}	po^{213}	po^{53}	mo^{213}	tʂo^{213}	tʂo^{213}	tʂʰo^{213}

续表

字目	敲	淆	饱	鲍	卯	爪	找	炒
中古音 方言点	口交 效开二 平肴溪	胡茅 效开二 平肴匣	博巧 效开二 上巧帮	薄巧 效开二 上巧並	莫饱 效开二 上巧明	侧绞 效开二 上巧庄	侧绞 效开二 上巧庄	初爪 效开二 上巧初
忻府	tɕʰiɔo^{313}	ɕiɔo^{21}	pɔo^{313}	pɔo^{53}	mɔo^{313}	tsuɑ^{313}	tsɔo^{313}	tsʰɔo^{313}
原平	tɕʰiɔo^{213}	ɕiɔo^{213}	pɔo^{213}	pɔo^{53}	mɔo^{213}	tsuɑ^{213}	tsɔo^{213}	tsʰɔo^{213}
定襄	tɕʰiɔu^{24}	ɕiɔu^{24}	pɔu^{24}	pɔu^{53}	mɔu^{24}	tsua^{24}	tsɔu^{24}	tsʰɔu^{24}
五台	tɕʰiɑɔ^{213}	iɑɔ^{33}	pɑɔ^{213}	pɑɔ^{52}	mɑɔ^{213}	tsua^{213}	tsɑɔ^{213}	tsʰɑɔ^{213}
岢岚	tɕʰiɑu^{13}	iɑu^{44}	pɑu^{13}	pɑu^{52}	mɑu^{13}	tsɑu^{13}/tʂua^{13}	tsɑu^{13}	tsʰɑu^{13}
五寨	tʰiɑu^{13}	iɑu^{44}	pɑu^{13}	pɑu^{52}	mɑu^{13}	tsɑu^{13}/tsua^{13}	tsɑu^{13}	tsʰɑu^{13}
宁武	tɕʰiɔu^{23}	iɔu^{33}	pɔu^{213}	pɔu^{52}	mɔu^{213}	tsuᴀ^{23}	tsɔu^{213}	tsʰɔu^{213}
神池	tɕʰiɔo^{24}	ɕiɔo^{32}	pɔo^{13}	pɔo^{52}	mɔo^{13}	tsɔo^{13}	tsɔo^{13}	tsʰɔo^{13}
繁峙	tɕʰiɑo^{53}	ɕiɑo^{31}	pɑo^{53}	pɑo^{24}	mɑo^{53}	tsɑo^{53}	tsɑo^{53}	tsʰɑo^{53}
代县	tɕʰiau^{213}	iau^{44}	pau^{213}	pau^{53}	mau^{213}	tsau^{213}	tsau^{213}	tsʰau^{213}
河曲	tɕʰiɔu^{213}	ɕiɔu^{213}	pɔu^{213}	pɔu^{44}	mɔu^{213}	tsɔu^{213}	tsɔu^{213}	tsʰɔu^{213}
保德	tɕʰiəu^{213}	ɕiəu^{213}	pəu^{213}	pəu^{52}	məu^{213}	tʂuᴀ^{213}	tʂəu^{213}	tsʰəu^{213}
偏关	tɕʰiɔo^{24}	ɕiɔo^{213}	pɔo^{213}	pɔo^{52}	mɔo^{213}	tsɔo^{213}	tsɔo^{213}	tsʰɔo^{213}
朔城	tɕʰiɔo^{312}	ɕiɔo^{35}	pɔo^{312}	pɔo^{53}	mɔo^{312}	tsɔo^{312}/ tsuᴀ^{312}	tsɔo^{312}	tsʰɔo^{312}
平鲁	tɕʰiɔ^{213}	iɔ^{44}	pɔ^{213}	pɔ^{52}	mɔ^{213}	tsuɑ^{213}/tsɔ^{213}	tsɔ^{213}	tsʰɔ^{213}
应县	tɕʰiau^{43}	ɕiau^{31}	pau^{54}	pau^{24}	mau^{54}	tsua^{54}/tsau^{54}	tsau^{54}	tsʰau^{54}
灵丘	tɕʰiɔo^{442}	ɕiɔo^{31}	pɔo^{442}	pɔo^{53}	mɔo^{442}	tsɔo^{442}	tsɔo^{442}	tsʰɔo^{442}
浑源	tɕʰiʌu^{52}	——	pʌu^{52}	pʌu^{13}	mʌu^{52}	tsʌu^{52}	tsʌu^{52}	tsʰʌu^{52}
云州	tɕʰiɑu^{21}	ɕiɑu^{213}	pɑu^{55}	pɑu^{24}	mɑu^{55}	tsɑu^{55}	tsɑu^{55}	tʂʰɑu^{55}
新荣	tɕʰiɔu^{32}	ɕiɔu^{312}	pɔu^{54}	pɔu^{24}	mɔu^{54}	tsɔu^{54}/tʂuᴀ^{54}	tsɔu^{54}	tsʰɔu^{54}
怀仁	tɕʰiɔu^{42}	iɔu^{312}	pɔu^{53}	pɔu^{24}	mɔu^{53}	tsuɑ^{53}	tsɔu^{53}	tsʰɔu^{53}
左云	tɕʰiɔu^{31}	ɕiɔu^{313}	pɔu^{54}	pɔu^{24}	mɔu^{54}	tsua^{54}	tsɔu^{54}	tsʰɔu^{54}
右玉	tɕʰiɐo^{31}	ɕiɐo^{31}	pɐo^{53}	pɐo^{24}	mɐo^{53}	tsua^{53}	tsɐo^{53}	tsʰɐo^{53}
阳高	tɕʰiɔu^{31}	iɔu^{31}	pɔu^{53}	pɔu^{24}	mɔu^{53}	tsuɑ^{53}	tsɔu^{53}	tsʰɔu^{53}
山阴	tɕʰiɔo^{313}	iɔo^{313}	pɔo^{52}	——	mɔo^{52}	tʂuᴀ^{52}	tsɔo^{313}	tsʰɔo^{52}
天镇	tɕʰiɔu^{31}	iɔu^{22}	pɔu^{55}	pɔu^{24}	mɔu^{55}	tsɔu^{55}	tsɔu^{55}	tsʰɔu^{55}
平定	——	iɔ^{44}	pɔ^{53}	pɔ^{31}	mɔ^{53}	tsɔ^{53}	tsɔ^{53}	tsʰɔ^{53}
昔阳	tɕʰiɔo^{42}	ɕiɔo^{33}	pɔo^{55}	pɔo^{13}	mɔo^{55}	tsuɑ^{55}	tsɔo^{55}	tʂʰɔo^{55}
左权	tɕʰiəu^{31}	——	pəu^{42}	——	məu^{42}	tsuɑ^{42}	tʂəu^{42}	səu^{43}白/ tsʰəu^{42}文
和顺	tɕʰiɔu^{42}	ɕiɔu^{42}	pɔu^{53}	pɔu^{13}	mɔu^{53}	tsuɑ^{53}	tsɔu^{53}	tsʰɔu^{53}
尧都	tɕʰiɑu^{21}	——	pɑu^{53}	pɑu^{53}	mɑu^{53}	tʂuɑ^{53}	tʂɑu^{53}	tʂʰɑu^{53}

续表

字目	敲	淆	饱	鲍	卯	爪	找	炒
中古音 / 方言点	口交 效开二 平肴溪	胡茅 效开二 平肴匣	博巧 效开二 上巧帮	薄巧 效开二 上巧並	莫饱 效开二 上巧明	侧绞 效开二 上巧庄	侧绞 效开二 上巧庄	初爪 效开二 上巧初
洪洞	tʰiɑo^{21} 白 / tɕʰiɑo^{21} 文	ɕiɑo^{21}	pɑo^{42}	pɑo^{21}	mɑo^{42}	tsɑo^{42}/tʂuɑ^{42}	tsɑo^{33}/tsɑo^{42}	tsʰɑo^{42}
洪洞赵城	tʰiɑo^{21} 白 / tɕʰiɑo^{21} 文	ȵiɑo^{24}	pɑo^{42}	pɑo^{53}	mɑo^{42}	tʂɑo^{24} 白 / tʂuɑ^{24} 文	tsɑo^{42}	tsʰɑo^{42}
古县	tɕʰiɑu^{21}	ɕiɑu^{35}	pɑu^{42}	pɑu^{53}	mɑu^{42}	tsuɑ^{42}	tsɑu^{42}	tsʰɑu^{42}
襄汾	tʰiao^{21} 白 / tɕʰiao^{21} 文	ɕiao^{24}	pao^{42}	pao^{53}	mao^{42}	tsua^{42}/tʂao^{42}	tʂao^{42}	tsʰao^{42}
浮山	tʰiao^{42}	ȵiao^{13}	pao^{33}	pao^{53}	mao^{33}	tʂao^{33}	tʂao^{33}	tʂʰao^{33}
霍州	tɕʰiau^{212}	ɕiau^{35}	pau^{33}	pau^{53}	mau^{35}	tsua^{212}/ tʂau^{33}	tʂau^{33}	tsʰau^{212}
翼城	tɕʰiɔo^{53}	iɔo^{12}	pɔo^{44}	pɔo^{53}	mɔo^{44}	tʂɔo^{44}	tʂɔo^{44}	tʂʰɔo^{44}
闻喜	tɕʰiɑo^{53}	ɕiɑo^{13}	pɑo^{33}	——	mɑo^{13}	pfɑ^{33} 白 / tsɑo^{33} 文	tsɑo^{33}	tsʰɑo^{33}
侯马	tɕʰiɑu^{213}	ɕiɑu^{213}	pɑu^{44}	pɑu^{53}	mɑu^{44}	tʂɑu^{44}	tsɑu^{44}	tʂʰɑu^{44}
新绛	tɕʰiɑo^{53}	ȵiɑo^{53}	pɑo^{44}	pɑo^{53}	mɑo^{13}	tsɑo^{44}	tsɑo^{44}	tsʰɑo^{44}
绛县	tɕʰiau^{53}	ɕiau^{24}	pau^{33}	pau^{53}	mau^{33}	tʂau^{33}	tʂau^{33}	tʂʰau^{33}
垣曲	tɕʰiau^{22}	ɕiau^{22}	pau^{44}	pau^{53}	mau^{44}	tʂua^{44}	tsau^{44}	tsʰau^{44}
夏县	tɕʰiɑu^{53}	ɕiɑu^{42}	pɑu^{31}	——	mɑu^{24}	pfa^{24} 白 / tʂua^{24} 文	tʂɑu^{24}	tʂʰɑu^{24}
万荣	tʂʰau^{51} 白 / tɕʰiau^{51} 文	ɕiau^{51}	pau^{55}	pau^{55}	mau^{55}	pfa^{55}	tsau^{55}	tsʰau^{55}
稷山	tɕʰiɑu^{53}	ɕiɑu^{13}	pɑu^{44}	pʰɑu^{42}	mɑu^{44}	pfɑ^{44}	tʂɑu^{44}	tʂʰɑu^{44}
盐湖	tɕʰiɔ^{42}	ɕiɔ^{13}	pɔ^{53}	pɔ^{44}	mɔ^{53}	pfa^{53} 白 / tʂua^{53} 文	——	tsʰɔ^{53}
临猗	tɕʰiɑu^{42}	ɕiɑu^{42}	pɑu^{53}	pɑu^{44}	mɑu^{53}	pfa^{53}	tsɑu^{53} 白 / tʂɑu^{53} 文	tsʰɑu^{53}
河津	tʂʰau^{31} 白 / tɕʰiau^{31} 文	ȵiau^{324} 白 / ɕiau^{324} 文	pau^{53}	pau^{53}	mau^{53}	pfa^{53}/tsau^{53}	tsau^{53}	tsʰau^{53}
平陆	tɕʰiau^{31}	ȵiau^{31}	pau^{55}	pau^{31}	mau^{55}	pfa^{55}/tsau^{55}	tsau^{55}/tʂau^{55}	tsʰau^{55}
永济	tɕʰiau^{31}	ȵiau^{31}	pau^{53}	pau^{53}	mau^{53}	pfa^{53} 白 / tʂau^{53} 文	tʂau^{53}	tʂʰau^{53}
芮城	tɕʰiau^{42}	ȵiau^{42}	pau^{53}	pʰau^{44}	mau^{53}	pfa^{53} 白 / tsau^{53} 文	tsau^{53}	tʂʰau^{53}
吉县	tɕʰiau^{423}	niau^{13}	pau^{53}	pau^{33}	mau^{53}	tsau^{53}	tsau^{53}	tsʰau^{53}
乡宁	tɕʰiau^{53}	——	pau^{44}	pau^{22}	mau^{44}	tʂau^{44}	tʂau^{44}	tsʰau^{44}
广灵	tɕʰiʌu^{53}	iʌu^{53}	pʌu^{44}	pʌu^{53}	mʌu^{44}	tsuɑ^{44}/tsʌu^{44}	tsʌu^{44}	tsʰʌu^{44}

字目	吵	搞	绞	狡	搅	巧	咬	豹
中古音 / 方言点	初爪 效开二 上巧初	古巧 效开二 上巧见	古巧 效开二 上巧见	古巧 效开二 上巧见	古巧 效开二 上巧见	苦绞 效开二 上巧溪	五巧 效开二 上巧疑	北教 效开二 去效帮
北京	tʂʰau^{214}	kau^{214}	tɕiau^{214}	tɕiau^{214}	tɕiau^{214}	tɕʰiau^{214}	iau^{214}	pau^{51}
小店	tsʰɔo^{53}	kɔo^{53}	tɕiɔo^{53}	tɕiɔo^{53}	tɕiɔo^{53}	tɕʰiɔo^{53}	niɔo^{53}	pɔo^{24}
尖草坪	tsʰau^{312}	kau^{312}	tɕiau^{312}	tɕiau^{312}	tɕiau^{312}	tɕʰiau^{312}	niau^{312} 白 / iau^{312} 文	pau^{35}
晋源	tsʰau^{42}	kau^{42}	tɕiau^{42}	tɕiau^{42}	tɕiau^{42}	tɕʰiau^{42}	iau^{42}	pau^{35}
阳曲	tsʰɔo^{312}	kɔo^{312}	tɕiɔo^{312}	tɕiɔo^{312}	tɕiɔo^{312}	tɕʰiɔo^{312}	ȵiɔo^{312}	pɔo^{454}
古交	tsʰau^{312}	kau^{312}	tɕiau^{312}	tɕiau^{312}	tɕiau^{312}	tɕʰiau^{312}	ȵiau^{312}	pau^{53}
清徐	tsʰɔu^{54}	kɔu^{54}	tɕiɔu^{54}	tɕiɔu^{54}	tɕiɔu^{54}	tɕʰiɔu^{54}	niɔu^{54} 白 / iɔu^{54} 文	pɔu^{45}
娄烦	tsʰɔu^{312}	kɔu^{312}	tɕiɔu^{312}	tɕiɔu^{312}	tɕiɔu^{312}	tɕʰiɔu^{312}	niɔu^{312}	pɔu^{54}
榆次	tsʰɔu^{53}	kɔu^{53}	tɕiɔu^{53}	tɕiɔu^{53}	tɕiɔu^{53}	tɕʰiɔu^{53}	niɔu^{53}	pɔu^{35}
交城	tsʰɔu^{53}	kɔu^{53}	tɕiɔu^{53}	tɕiɔu^{11}	tɕiɔu^{53}	tɕʰiɔu^{53}	niɔu^{53}	pɔu^{24}
文水	tsʰau^{423}	kau^{423}	tɕi^{423} 白 / tɕiau^{423} 文	tɕiau^{423}	tɕiau^{423}	tɕʰiau^{423}	ȵiau^{423}	pau^{35}
祁县	tsʰɒɔ^{314}	kɒɔ^{314}	tɕiu^{314} 白 / tɕiɒɔ^{314} 文	tɕiɒɔ^{314}	tɕiɒɔ^{314}	tɕʰiɒɔ^{314}	ȵiɒɔ^{314}	pɒɔ^{45}
太谷	tsʰɑɯ^{312}	kuo^{312}	tɕio^{312}	tɕiɑɯ^{312}	tɕiɑɯ^{312}	tɕiɑɯ^{312}	ȵiɑɯ^{312}	pɑɯ^{53}
平遥	tsʰɔ^{512}	kɔ^{512}	tɕiɔ^{512}	tɕiɔ^{512}	tɕiɔ^{512}	tɕʰiɔ^{512}	ȵiɔ^{512}	pɔ^{24}
孝义	tsʰao^{312}	kao^{312}	tɕiao^{312}	tɕiao^{312}	tɕiao^{312}	tɕiao^{312}	ȵiao^{312}	pao^{454}
介休	tsʰɔo^{423}	kɔo^{423}	tɕiɔo^{423}	tɕiɔo^{423}	tɕiɔo^{423}	tɕʰiɔo^{423}	ȵiɔo^{423}	pɔo^{45}
灵石	tsʰɔ^{212}	kɔ^{212}	tɕiɔ^{212}	tɕiɔ^{212}	tɕiɔ^{212}	tɕʰiɔ^{212}	iɔ^{212}	pɔ^{53}
盂县	tsʰɑu^{53}	kɑu^{53}	tɕiɑu^{53}	tɕiɑu^{53}	tɕiɑu^{53}	tɕʰiɑu^{53}	iɑu^{53}	pɑu^{55}
寿阳	tsʰɔo^{53}	kɔo^{53}	tɕiɔo^{53}	tɕiɔo^{53}	tɕiɔo^{53}	tɕʰiɔo^{53}	ȵiɔo^{53}	pɔo^{45}
榆社	tsʰou^{312}	kou^{312}	tɕi^{312} 白 / tɕiou^{312} 文	tɕiou^{312}	tɕiou^{312}	tɕʰiou^{312}	iou^{312}	pou^{45}
离石	tsʰou^{312}	kou^{312}	tɕiou^{312}	tɕiou^{312}	tɕiou^{312}	tɕʰiou^{312}	niou^{312}	pou^{53}
汾阳	tʂʰau^{312}	kau^{312}	tɕiɯ^{312} 白 / tɕiau^{312} 文	tɕiau^{312}	tɕiau^{312}	tɕʰiau^{312}	ȵiau^{312}	pau^{55}
中阳	tsʰɔo^{423}	kɔo^{423}	tɕiɔo^{423}	tɕiɔo^{423}	tɕiɔo^{423}	tɕʰiɔo^{423}	niɔo^{423}	pɔo^{53}
柳林	tsʰou^{312}	kou^{312}	tɕiou^{312}	tɕiou^{312}	tɕiou^{312}	tɕʰiou^{312}	niou^{312}	pou^{53}
方山	tsʰou^{312}	kou^{312}	tɕiou^{312}	tɕiou^{312}	tɕiou^{312}	tɕʰiou^{312}	niou^{312}	pou^{52}
临县	tsʰɔu^{312}	kɔu^{312}	tɕiɔu^{312}	tɕiɔu^{312}	tɕiɔu^{312}	tɕʰiɔu^{312}	niɔu^{312}	puɤ^{52}
兴县	tsʰɔu^{324}	kʰɔu^{324}	tɕiɯu^{324}	tɕiɔu^{324}	tɕiɔu^{324}	tɕʰiɔu^{324}	niɔu^{324}	pɔu^{53}
岚县	tsʰau^{312}	kau^{312}	tɕiɤu^{312}	tɕiau^{312}	tɕiau^{312}	tɕʰiau^{312}	ȵiau^{312}	pau^{53}

续表

字目	吵	搞	绞	狡	搅	巧	咬	豹
中古音 / 方言点	初爪 效开二 上巧初	古巧 效开二 上巧见	古巧 效开二 上巧见	古巧 效开二 上巧见	古巧 效开二 上巧见	苦绞 效开二 上巧溪	五巧 效开二 上巧疑	北教 效开二 去效帮
静乐	tsʰao^{314}	ŋao^{24}	tɕiao^{314}	tɕiao^{314}	tɕiao^{314}	tɕʰiao^{314}	ȵiao^{314}	pao^{53}
交口	tsʰao^{323}	kao^{323}	tɕiao^{323}	tɕiao^{323}	tɕiao^{323}	tɕʰiao^{323}	ȵiao^{323}	pao^{53}
石楼	tsɔo^{213}	kɔo^{213}	tɕiɔo^{213}	tɕiɔo^{213}	tɕiɔo^{213}	tɕʰiɔo^{213}	ȵiɔo^{213}	pɔo^{51}
隰县	tsʰao^{21}	kao^{21}	tɕiao^{21}	tɕiao^{21}	tɕiao^{21}	tɕʰiao^{21}	ȵiao^{21}	pao^{44}
大宁	tsʰɐu^{31}	kɐu^{31}	tɕiɐu^{31}	tɕiɐu^{31}	tɕiɐu^{31}	tɕʰiɐu^{31}	niɐu^{31}	pɐu^{55}
永和	tsʰao^{312}	kao^{312}	tɕiao^{312}	tɕiao^{312}	tɕiao^{312}	tɕʰiao^{312}	niao^{312}	pao^{53}
汾西	tsʰao^{33}	kao^{33}	tɕiao^{33}	tɕiao^{33}	tɕiao^{33}	tʰiao^{33} 白 / tɕʰiao^{33} 文	niao^{33}	pao^{55}
蒲县	tsʰau^{31}	kau^{31}	tɕiau^{31}	tɕiau^{31}	tɕiau^{31}	tɕʰiau^{31}	ȵiau^{31} 白 / iau^{31} 文	pau^{33}
潞州	tsʰao^{535}	kao^{535}	tɕiao^{535}	tɕiao^{535}	tɕiao^{535}	tɕʰiao^{535}	iao^{535}	pao^{44}
上党	tsʰɔ^{535}	kɔ^{535}	tɕiɔ^{535}	tɕiɔ^{535}	tɕiɔ^{535}	tɕʰiɔ^{535}	iɔ^{535}	pɔ^{22}
长子	tsʰɔ^{434}	kɔ^{434}	tɕiɔ^{434}	tɕiɔ^{434}	tɕiɔ^{434}	tɕʰiɔ^{434}	iɔ^{434}	pɔ^{422}
屯留	tsʰɔo^{43}	kɔo^{43}	tɕiɔo^{43}	tɕiɔo^{43}	tɕiɔo^{43}	tɕʰiɔo^{43}	iɔo^{43}	pɔo^{53}
襄垣	tsʰɔo^{42}	kɔo^{42}	tɕiɔo^{42}	tɕiɔo^{42}	tɕiɔo^{42}	tɕʰiɔo^{42}	iɔo^{42}	pɔo^{45}
黎城	tsʰɔo^{213}	kɔo^{213}	tɕiɔo^{213}	ciɔo^{213}	tɕiɔo^{213}	cʰiɔo^{213}	iɔo^{213}	pɔo^{53}
平顺	tsʰɔ^{434}	kɔ^{434}	ciɔ^{434}	ciɔ^{434}	ciɔ^{434}	cʰiɔ^{434}	iɔ^{535}	pɔ^{53}
壶关	tʂʰɔ^{535}	kɔ^{535}	ciɔ^{535}	ciɔ^{535}	ciɔ^{535}	cʰiɔ^{535}	iɔ^{535}	pɔ^{42}
沁县	tsʰɔo^{214}	kɔo^{214}	tɕio^{214}	tɕio^{214}	tɕio^{214}	tɕʰio^{214}	ȵio^{214}	pɔo^{53}
武乡	tsʰ^{213}	kɔ^{213}	tɕiɔ^{213}/ tɕiɔ̃^{213}	tɕiɔ^{213}/ tɕiɔ̃^{213}	tɕiɔ^{213}	tɕʰiɔ^{213}	ȵiɔ^{213}	pɔ^{55}
沁源	tsʰɔo^{324}	kɔo^{324}	tɕiɔo^{324}	tɕiɔo^{324}	tɕiɔo^{324}	tɕʰiɔo^{324}	ȵiɔo^{324}	pɔo^{53}
安泽	tsʰau^{42}	kau^{42}	tɕiau^{42}	tɕiau^{42}	tɕiau^{42}	tɕʰiau^{42}	ȵiau^{42}	pau^{53}
沁水端氏	tsʰɔ^{31}	kɔ^{31}	tɕiɔ^{31}	tɕiɔ^{31}	tɕiɔ^{31}	tɕʰiɔ^{31}	iɔ^{31}	pɔ^{53}
阳城	tʂʰo^{212}	ko^{212}	cio^{212}	cio^{212}	cio^{212}	cʰio^{212}	io^{212}	po^{51}
高平	tʂʰɔo^{212}	kɔo^{212}	ciɔo^{212}	ciɔo^{212}	tɕiɔo^{212}	cʰiɔo^{212}	iɔo^{212}	pɔo^{53}
陵川	tʂʰɔo^{312}	kɔo^{312}	ciɔo^{312}	ciɔo^{312}	ciɔo^{312}	cʰiɔo^{312}	iɔo^{312}	pɔo^{24}
晋城	tʂʰo^{213}	ko^{213}	tɕio^{213}	tɕio^{213}	tɕio^{213}	tɕʰio^{213}	io^{213}	po^{53}
忻府	tsʰɔo^{313}	kɔo^{313}	tɕiɔo^{313}	tɕiɔo^{313}	tɕiɔo^{313}	tɕʰiɔo^{313}	niɔo^{313}	pɔo^{53}
原平	tsʰɔo^{213}	kɔo^{213}	tɕiɔo^{213}	tɕiɔo^{213}	tɕiɔo^{213}	tɕʰiɔo^{213}	niɔo^{213}	pɔo^{53}
定襄	tsʰɔu^{24}	kɔu^{24}	tɕiɔu^{24}	tɕiɔu^{24}	tɕiɔu^{24}	tɕʰiɔu^{24}	iɔu^{24}	pɔu^{53}
五台	tsʰɑɔ^{213}	kɑɔ^{213}	tɕiɑɔ^{213}	tɕiɑɔ^{213}	tɕiɑɔ^{213}	tɕʰiɑɔ^{213}	iɑɔ^{213}	pɑɔ^{52}

续表

字目	吵	搞	绞	狡	搅	巧	咬	豹
中古音 / 方言点	初爪 效开二 上巧初	古巧 效开二 上巧见	古巧 效开二 上巧见	古巧 效开二 上巧见	古巧 效开二 上巧见	苦绞 效开二 上巧溪	五巧 效开二 上巧疑	北教 效开二 去效帮
岢岚	tsʰɑu^{13}	kɑu^{13}	tɕiɑu^{13}	tɕiɑu^{13}	tɕiɑu^{13}	tɕʰiɑu^{13}	iɑu^{13}	pɑu^{52}
五寨	tsʰɑu^{13}	kɑu^{13}	tɕiɑu^{13}	tɕiɑu^{13}	tɕiɑu^{13}	tɕʰiɑu^{13}	iɑu^{13}	pɑu^{52}
宁武	tsʰɔu^{213}	kɔu^{213}	tɕiɔu^{213}	tɕiɔu^{213}	tɕiɔu^{213}	tɕʰiɔu^{213}	iɔu^{213}	pɔu^{52}
神池	tsʰɔo^{13}	kɔo^{13}	tɕiɔo^{13}	tɕiɔo^{13}	tɕiɔo^{13}	tɕʰiɔo^{13}	iɔo^{13}	pɔo^{52}
繁峙	tsʰɑo^{53}	kɑo^{53}	tɕiɑo^{53}	tɕiɑo^{53}	tɕiɑo^{53}	tɕʰiɑo^{53}	iɑo^{31}	pɑo^{24}
代县	tsʰau^{213}	kau^{213}	tɕiau^{213}	tɕiau^{213}	tɕiau^{213}	tɕʰiau^{44}	iau^{213}	pau^{53}
河曲	tsʰɔu^{213}	kɔu^{213}	tɕiɔu^{213}	tɕiɔu^{213}	tɕiɔu^{213}	tɕʰiɔu^{213}	niɔu^{213}	pɔu^{52}
保德	tsʰəu^{213}	kəu^{213}	tɕiəu^{213}	tɕiəu^{213}	tɕiəu^{213}	tɕʰiəu^{213}	iəu^{213}	pəu^{52}
偏关	tsʰɔo^{213}	ŋɔo^{213}	tɕiɔo^{213}	tɕiɔo^{213}	tɕiɔo^{213}	tɕʰiɔo^{213}	iɔo^{213}	pɔo^{52}
朔城	tsʰɔo^{312}	kɔo^{312}	tɕiɔo^{312}	tɕiɔo^{312}	tɕiɔo^{312}	tɕʰiɔo^{312}	iɔo^{312}	pɔo^{53}
平鲁	tsʰɔ^{213}	kɔ^{213}	tɕiɔ^{213}	tɕiɔ^{213}	tɕiɔ^{213}	tɕʰiɔ^{213}	niɔ^{44}/iɔ^{213}	pɔ^{52}
应县	tsʰuau^{54}	kau^{54}	tɕiau^{54}	tɕiau^{54}	tɕiau^{54}	tɕʰiau^{54}	iau^{54}	pau^{24}
灵丘	tsʰɔo^{442}	kɔo^{442}	tɕiɔo^{442}	tɕiɔo^{442}	tɕiɔo^{442}	tɕʰiɔo^{442}	iɔo^{442}	pɔo^{53}
浑源	tsʰʌu^{52}	kʌu^{52}	tɕiʌu^{52}	tɕiʌu^{52}	tɕiʌu^{52}	tɕʰiʌu^{52}	iʌu^{52}	pʌu^{13}
云州	tʂʰɑu^{55}	kɑu^{55}	tɕiɑu^{55}	tɕiɑu^{55}	tɕiɑu^{55}	tɕʰiɑu^{55}	iɑu^{55}	pɑu^{24}
新荣	tsʰɔu^{54}	kɔu^{54}	tɕiɔu^{54}	tɕiɔu^{54}	tɕiɔu^{54}	tɕʰiɔu^{54}	iɔu^{54}	pɔu^{24}
怀仁	tsʰɔu^{53}	kɔu^{53}	tɕiɔu^{53}	tɕiɔu^{53}	tɕiɔu^{53}	tɕʰiɔu^{53}	iɔu^{53}	pɔu^{24}
左云	tsʰɔu^{54}	kɔu^{54}	tɕiɔu^{54}	tɕiɔu^{54}	tɕiɔu^{54}	tɕʰiɔu^{54}	iɔu^{54}	pɔu^{24}
右玉	tsʰɐo^{53}	kɐo^{53}	tɕiɐo^{53}	tɕiɐo^{53}	tɕiɐo^{53}	tɕʰiɐo^{53}	iɐo^{53}	pɐo^{24}
阳高	tsʰɔu^{53}	kɔu^{53}	tɕiɔu^{53}	tɕiɔu^{53}	tɕiɔu^{53}	tɕʰiɔu^{53}	iɔu^{53}	pɔu^{24}
山阴	tsʰɔo^{52}	kɔo^{52}	tɕiɔo^{52}	tɕiɔo^{313}	tɕiɔo^{52}	tɕʰiɔo^{52}	iɔo^{52}	pɔo^{335}
天镇	tsʰɔu^{55}	kɔu^{55}	tɕiɔu^{55}	tɕiɔu^{31}	tɕiɔu^{55}	tɕʰiɔu^{55}	iɔu^{55}	pɔu^{24}
平定	tsʰɔ^{53}	kɔ^{53}	tɕiɔ^{53}	tɕiɔ^{53}	tɕiɔ^{53}	——	iɔ^{53}	pɔ^{24}
昔阳	tʂʰɔo^{55}	kɔo^{55}	tɕiɔo^{55}	tɕiɔo^{55}	tɕiɔo^{55}	tɕʰiɔo^{55}	iɔo^{55}	pɔo^{13}
左权	tsʰəu^{42}	kəu^{42}	tɕiəu^{42}	tɕiəu^{42}	tɕiəu^{42}	tɕʰiəu^{42}	iəu^{42}	pəu^{53}
和顺	tsʰɔu^{53}	kɔu^{53}	tɕiɔu^{53}	tɕiɔu^{53}	tɕiɔu^{53}	tɕʰiɔu^{53}	ȵiɔu^{53}	pɔu^{13}
尧都	tʂʰɑu^{53}	kɑu^{53}	tɕiɑu^{53}	tɕiɑu^{53}	tɕiɑu^{53}	tɕʰiɑu^{53}	ȵiɑu^{53}	pɑu^{44}
洪洞	tsʰɑo^{42}	kɑo^{42}	tʂɑo^{42} 白 / tɕiɑo^{21} 文	tɕiɑo^{21}	tiɑo^{42} 白 / tɕiɑo^{42} 文 tɕiɑo^{33} 文	tʰiɑo^{42} 白 / tɕʰiɑo^{42} 文	ȵiɑo^{42}	pɑo^{33}
洪洞赵城	tsʰɑo^{42}	kɑo^{24}	tɕiɑo^{42}	tɕiɑo^{42}	tiɑo^{42}	tɕʰiɑo^{42}	ȵiɑo^{42}	pɑo^{24}
古县	tsʰɑu^{42}	kɑu^{42}	tɕiɑu^{42}	tɕiɑu^{42}	tɕiɑu^{42}	tɕʰiɑu^{42}	ȵiɑu^{42}	pɑu^{35}

续表

字目	吵	搞	绞	狡	搅	巧	咬	豹
中古音／方言点	初爪 效开二 上巧初	古巧 效开二 上巧见	古巧 效开二 上巧见	古巧 效开二 上巧见	古巧 效开二 上巧见	苦绞 效开二 上巧溪	五巧 效开二 上巧疑	北教 效开二 去效帮
襄汾	tsʰao^{42}	kao^{42}	tɕiao^{42}	tɕiao^{42}	tiao^{42} 白 / tɕiao^{42} 文	tɕʰiao^{42}	ȵiao^{42}	pao^{44}
浮山	tʂʰao^{33}	kao^{33}	tɕiao^{33}	tɕiao^{33}	tɕiao^{33}	tɕʰiao^{33}	ȵiao^{33}	pao^{44}
霍州	tsʰau^{212}	kau^{33}	tɕiau^{33}	tɕiau^{33}	tɕiau^{33}	tɕʰiau^{33}	ȵiau^{33}	pau^{55}
翼城	tʂʰɔo^{44}	kɔo^{44}	tɕiɔo^{44}	tɕiɔo^{44}	tɕiɔo^{44}	tɕʰiɔo^{44}	iɔo^{44}	pɔo^{53}
闻喜	tsʰɑo^{33}	kɑo^{33}	tɕiɑo^{33}	tɕiɑo^{33}	tɕiɑo^{33}	tɕʰiɑo^{33}	iɑo^{33}/ ȵiɑo^{33}	pɑo^{53}
侯马	tʂʰɑu^{44}	kɑu^{44}	tɕiɑu^{44}	tɕiɑu^{44}	tɕiɑu^{44}	tɕʰiɑu^{44}	iɑu^{44}	pɑu^{53}
新绛	tsʰɑo^{44}	kɑo^{44}	tɕiɑo^{44}	tɕiɑo^{53}	tɕiɑo^{53}	tɕʰiɑo^{44}	ȵiɑo^{44}	pɑo^{53}
绛县	tʂʰau^{33}	kau^{33}	tɕiau^{33}	tɕiau^{33}	tɕiau^{33}	tɕʰiau^{33}	ȵiau^{53}	pau^{31}
垣曲	tsʰau^{44}	kau^{44}	tɕiau^{44}	tɕiau^{44}	tɕiau^{44}	tɕʰiau^{44}	ȵiau^{44}	pau^{53}
夏县	tʂʰɑu^{24}	kɑu^{24}	tɕiɑu^{24}	tɕiɑu^{24}	tɕiɑu^{24}	tɕʰiɑu^{24}	ȵiɑu^{24} 白 / iɑu^{24} 文	pɑu^{31}
万荣	tsʰau^{55}	kau^{55}	tɕiau^{55}	tɕiau^{55}	tʂau^{55}	tʂʰau^{55}	ȵiau^{55}	pau^{33}
稷山	tʂʰɑu^{44}	kɑu^{44}	tɕiɑu^{44}	tɕiɑu^{44}	tɕiɑu^{44}	tɕʰiɑu^{44}	ȵiɑu^{44}	pɑu^{42}
盐湖	tsʰɔ^{53}	kɔ^{53}	tɕiɔ^{53}	tɕiɔ^{53}	tɕiɔ^{53}	tɕʰiɔ^{53}	ȵiɔ^{53}	pɔ^{44}
临猗	tsʰɑu^{53}	kɑu^{53}	tɕiɑu^{53}	tɕiɑu^{53}	tɕiɑu^{53}	tɕʰiɑu^{53}	ȵiɑu^{53}	pɑu^{44}
河津	tsʰau^{53}	kau^{53}	tɕiau^{53}	tɕiau^{53}	tʂau^{53} 白 / tɕiau^{53} 文	tɕʰiau^{53}	ȵiau^{53}	pau^{44}
平陆	tsʰau^{55}	kau^{55}	tɕiau^{55}	tɕiau^{55}	tɕiau^{55}	tɕʰiau^{55}	ȵiau^{55}	pau^{33}
永济	tʂʰau^{53}	kau^{53}	tɕiau^{53}	tɕiau^{53}	tɕiau^{53}	tɕʰiau^{53}	ȵiau^{53}	pau^{44}
芮城	tʂʰau^{53}	kau^{53}	tɕiau^{53}	tɕiau^{53}	tɕiau^{53}	tɕʰiau^{53}	ȵiau^{53}	pau^{44}
吉县	tsʰau^{53}	kau^{53}	——	——	——	——	niau^{53}	pau^{33}
乡宁	tsʰau^{44}	kau^{44}	tɕiau^{44}	tɕiau^{44}	tɕiau^{44}	tɕʰiau^{44}	ȵiau^{44}	pau^{22}
广灵	tsʰʌu^{53}	kʌu^{44}	tɕiʌu^{44}	tɕiʌu^{44}	tɕiʌu^{44}	tɕʰiʌu^{44}	iʌu^{44}	pʌu^{213}

字目	爆	泡浸～	炮枪～	刨～子	貌	闹	罩	稍
中古音 / 方言点	北教 效开二 去效帮	匹儿 效开二 去效滂	匹交 效开二 去效滂	防教 效开二 去效並	莫教 效开二 去效明	奴教 效开二 去效泥	陟教 效开二 去效知	所教 效开二 去效生
北京	pau^{51}	p^{h}au^{51}	p^{h}au^{51}	pau^{51}	mau^{51}	nau^{51}	tʂau^{51}	ʂau^{55}
小店	pɔo^{24}	p^{h}ɔo^{24}	p^{h}ɔo^{24}	p^{h}ɔo^{24}/ pɔo^{11} 白 / p^{h}ɔo^{11} 文	mɔo^{24}	nɔo^{24}	tsɔo^{24}	sɔo^{11}/sɔo^{24}
尖草坪	pau^{35}	p^{h}au^{35}	p^{h}au^{35}	pau^{35}	mau^{35}	nau^{35}	tsau^{35}	sau^{33}
晋源	pau^{35}	p^{h}au^{35}	p^{h}au^{35}	pau^{35}	mau^{35}	nau^{35}	tsau^{35}	sau^{11}
阳曲	pɔo^{454}	p^{h}ɔo^{454}	p^{h}ɔo^{454}	pɔo^{312}	mɔo^{454}	nɔo^{454}	tsɔo^{454}	sɔo^{454}
古交	pau^{53}	p^{h}au^{53}	p^{h}au^{53}	pau^{53}	mau^{53}	nau^{53}	tsau^{53}	sau^{44}
清徐	pɔu^{45}	pɔu^{45}	p^{h}ɔu^{45}	pɔu^{11} 白 / p^{h}ɔu^{11} 文	mɔu^{45}	nɔu^{45}	tsɔu^{45}	sɔu^{11}
娄烦	pɔu^{54}	p^{h}ɔu^{54}	p^{h}ɔu^{54}	pɔu^{54}	mɔu^{54}	nɔu^{54}	tsɔu^{54}	sɔu^{33}
榆次	pɔu^{35}	p^{h}ɔu^{35}	p^{h}ɔu^{35}	p^{h}ɔu^{11}	mɔu^{35}	nɔu^{35}	tsɔu^{35}	sɔu^{11}
交城	pɔu^{24}	p^{h}ɔu^{24}	p^{h}ɔu^{24}	pɔu^{11} 白 / p^{h}ɔu^{24} 文	mɔu^{24}	nɔu^{24}	tsɔu^{24}	sɔu^{11}
文水	p^{h}ia^{35} 白 / pau^{35} 文	p^{h}au^{35}	p^{h}au^{35}	pau^{22}	mau^{35}	nau^{35}	tsɪi^{35} 白 / tsau^{35} 文	sau^{22}
祁县	pɒɔ^{45}	p^{h}ɒɔ^{45}	p^{h}ɒɔ^{45}	pɒɔ^{45}	mɒɔ^{45}	nɒɔ^{45}	tʂɒɔ^{45}	sɒɔ^{31}
太谷	pɑɯ^{53}	p^{h}ɑɯ^{53}	p^{h}ɑɯ^{53}	pɑɯ^{53}	mɑɯ^{53}	nɑɯ^{53}	tsɑɯ^{53}	sɑɯ^{33}
平遥	pɔ^{24}	p^{h}ɔ^{24}	p^{h}ɔ^{24}	pɔ^{24}	mɔ^{24}	nɔ^{24}	tsɔ^{24}	sɔ^{512}
孝义	pao^{454}	p^{h}ao^{454}	p^{h}ao^{454}	pao^{33}	mao^{454}	nao^{454}	tsao^{454}	sao^{33}
介休	p^{h}ia^{45} 白 / pɔo^{45} 文	p^{h}ɔo^{45}	p^{h}ɔo^{45}	pɔo^{13}	mɔo^{45}	nɔo^{45}	tsɔo^{45}	sɔo^{13}
灵石	pɔ^{53}	p^{h}ɔ^{53}	p^{h}ɔ^{53}	pɔ^{53}	mɔ^{53}	nɔ^{53}	tsɔ^{53}	sɔ^{535}
盂县	pɑu^{55}	p^{h}ɑu^{55}	p^{h}ɑu^{55}	pɑu^{22} 白 / p^{h}ɑu^{22} 文	mɑu^{55}	nɑu^{55}	tsɑu^{55}	sɑu^{412}/sɑu^{55}
寿阳	pɔo^{53}	p^{h}ɔo^{45}	p^{h}ɔo^{45}	pɔo^{45}	mɔo^{45}	nɔo^{45}	tsɔo^{45}	sɔo^{31}
榆社	pou^{45}	p^{h}ou^{45}	p^{h}ou^{45}	pou^{45}	mou^{45}	nou^{45}	tsou^{45}	sou^{22}
离石	pou^{53}	p^{h}ou^{53}	p^{h}ou^{53}	pou^{53}	mou^{53}	nou^{53}	tsou^{53}	sou^{24}
汾阳	pau^{55}	p^{h}au^{55}	p^{h}au^{55}	pau^{55}	mau^{55}	nau^{55}	tʂau^{55}	ʂau^{324}
中阳	pɔo^{53}	p^{h}ɔo^{53}	p^{h}ɔo^{53}	pɔo^{53}	mɔo^{53}	nɔo^{53}	tsɔo^{53}	sɔo^{24}
柳林	pou^{53}	p^{h}ou^{53}	p^{h}ou^{53}	p^{h}ou^{24}/pou^{24}	mou^{53}	nou^{53}	tsou^{53}	sou^{24}
方山	pou^{52}	p^{h}ou^{52}	p^{h}ou^{52}	pou^{52}	mou^{52}	nou^{52}	tsou^{52}	sou^{24}
临县	puɤ^{52}	p^{h}uɤ^{52}	p^{h}uɤ^{52}	puɤ^{24}	muɤ^{52}	nɔu^{52}	tsɔu^{52}	sɔu^{24}
兴县	pɔu^{53}	p^{h}ɔu^{53}	p^{h}ɔu^{53}	p^{h}ɔu^{55}	mɔu^{53}	nɔu^{53}	tsɔu^{53}	sɔu^{324}

续表

字目	爆	泡浸~	炮枪~	刨~子	貌	闹	罩	稍
中古音 方言点	北教 效开二 去效帮	匹儿 效开二 去效滂	匹交 效开二 去效滂	防教 效开二 去效並	莫教 效开二 去效明	奴教 效开二 去效泥	陟教 效开二 去效知	所教 效开二 去效生
岚县	pau^{53}	p^{h}au^{53}	p^{h}au^{53}	p^{h}au^{44}	mau^{53}	nau^{53}	tsau^{53}	sau^{214}
静乐	pɑo^{53}	p^{h}ɑo^{53}	p^{h}ɑo^{53}	pɑo^{24}	mɑo^{53}	nɑo^{53}	tsɑo^{53}	sɑo^{24}
交口	pɑo^{53}	p^{h}ɑo^{53}	p^{h}ɑo^{53}	pɑo^{323}	mɑo^{53}	nɑo^{53}	tsɑo^{53}	sɑo^{323}
石楼	pɔo^{51}	p^{h}ɔo^{51}	p^{h}ɔo^{51}	pɔo^{51}	mɔo^{51}	nɔo^{51}	tsɔo^{51}	sɔo^{213}
隰县	pɑo^{44}	p^{h}ɑo^{44}	p^{h}ɑo^{44}	p^{h}ɑo^{24}	mɑo^{44}	nɑo^{44}	tsɑo^{44}	sɑo^{53}
大宁	pɐu^{55}	p^{h}ɐu^{55}	p^{h}ɐu^{55}	pɐu^{31}	mɐu^{55}	nɐu^{55}	tsɐu^{55}	sɐu^{31}
永和	pɑo^{53}	p^{h}ɑo^{53}	p^{h}ɑo^{53}	pɑo^{312}	mɑo^{35}	nɑo^{53}	tsɑo^{53}	sɑo^{33}
汾西	pɑo^{53}	p^{h}ɑo^{55}	p^{h}u^{53} 白 / p^{h}ɑo^{55} 文	p^{h}ɑo^{11}	mɑo^{53}	nɑo^{53}	tsɑo^{55}	sɑo^{11}
蒲县	pɑu^{33}	p^{h}ɑu^{33}	p^{h}ɑu^{33}	p^{h}ɑu^{52}	mɑu^{33}	nɑu^{33}	ʈʂɑu^{33}	sɑu^{52}
潞州	pɑo^{44}	p^{h}ɑo^{44}	p^{h}ɑo^{44}	pɑo^{54}	mɑo^{54}	nɑo^{54}	tsɑo^{54}	sɑo^{312}
上党	pɔ^{42}	p^{h}ɔ^{22}	p^{h}ɔ^{22}	pɔ^{22}	mɔ^{42}	nɔ^{42}	tsɔ^{22}	sɔ^{213}
长子	pɔ^{422}	p^{h}ɔ^{422}	p^{h}ɔ^{422}	pɔ^{53}	mɔ^{53}	nɔ^{53}	tsɔ^{53}	sɔ^{312}
屯留	pɔo^{11}	p^{h}ɔo^{53}	p^{h}ɔo^{53}	pɔo^{11}	mɔo^{11}	nɔo^{11}	tsɔo^{11}	sɔo^{31}
襄垣	pɔo^{45}	p^{h}ɔo^{53}	p^{h}ɔo^{53}	pɔo^{45}	mɔo^{45}	nɔo^{45}	tsɔo^{45}	sɔo^{33}
黎城	pɔo^{53}	p^{h}ɔo^{53}	p^{h}ɔo^{53}	p^{h}ɔo^{53}/pɔo^{53}	mɔo^{53}	nɔo^{53}	tsɔo^{53}	sɔo^{33}
平顺	pɔ^{53}	p^{h}ɔ^{53}	p^{h}ɔ^{53}	p^{h}ɔ^{53}	mɔ^{53}	nɔ^{53}	tsɔ^{53}	sɔ^{213}
壶关	pɔ^{42}	p^{h}ɔ^{42}	p^{h}ɔ^{42}	pɔ^{353}	mɔ^{353}	nɔ^{353}	ʈʂɔ^{42}	ʂɔ^{33}
沁县	pɔo^{53}	p^{h}ɔo^{53}	p^{h}ɔo^{53}	pɔo^{224}	mɔo^{53}	nɔo^{53}	tsɔo^{53}	sɔo^{224}
武乡	pɔ^{55}	p^{h}ɔ^{55}	p^{h}ɔ^{55}	pɔ^{113} 白 / p^{h}ɔ^{33} 文	mɔ^{55}	nɔ^{55}	tsɔ^{55}	sɔ^{113}
沁源	pɔo^{53}	p^{h}ɔo^{53}	p^{h}ɔo^{53}	pɔo^{53}	mɔo^{53}	nɔo^{53}	tsɔo^{53}	sɔo^{324}
安泽	pau^{53}	p^{h}au^{53}	p^{h}au^{53}	p^{h}au^{21}	mau^{53}	nau^{53}	tsau^{53}	sau^{21}
沁水端氏	pɔ^{53}	p^{h}ɔ^{53}	p^{h}ɔ^{53}	pɔ^{21}	mɔ^{53}	nɔ^{53}	tsɔ^{53}	sɔ^{21}
阳城	po^{51}	p^{h}o^{51}	p^{h}o^{51}	po^{51}	mo^{51}	no^{51}	ʈʂo^{51}	ʂo^{224}
高平	pɔo^{53}	p^{h}ɔo^{53}	p^{h}ɔo^{53}	pɔo^{53}	mɔo^{53}	nɔo^{53}	ʈʂɔo^{53}	ʂɔo^{33}
陵川	pɔo^{24}	p^{h}ɔo^{24}	p^{h}ɔo^{24}	pɔo^{24}	mɔo^{24}	nɔo^{24}	ʈʂɔo^{24}	ʂɔo^{33}
晋城	po^{53}	p^{h}o^{53}	p^{h}o^{53}	po^{53}	mo^{53}	no^{53}	ʈʂo^{53}	ʂo^{33}
忻府	pɔo^{53}	p^{h}ɔo^{53}	p^{h}ɔo^{53}	pɔo^{53}	mɔo^{53}	nɔo^{53}	tsɔo^{53}	sɔo^{313}
原平	pɔo^{53}	p^{h}ɔo^{53}	p^{h}ɔo^{53}	pɔo^{53}	mɔo^{53}	nɔo^{53}	tsɔo^{213}	sɔo^{213}
定襄	pɔu^{53}	p^{h}ɔu^{53}	p^{h}ɔu^{53}	pɔu^{53}	mɔu^{53}	nɔu^{53}	ʈʂɔu^{53}	sɔu^{24}
五台	pɑɔ^{52}	p^{h}ɑɔ^{52}	p^{h}ɑɔ^{52}	pɑɔ^{52}	mɑɔ^{52}	nɑɔ^{52}	tsɑɔ^{52}	sɑɔ^{213}

续表

字目	爆	泡浸~	炮枪~	刨~子	貌	闹	罩	稍
中古音 / 方言点	北教 效开二 去效帮	匹儿 效开二 去效滂	匹交 效开二 去效滂	防教 效开二 去效並	莫教 效开二 去效明	奴教 效开二 去效泥	陟教 效开二 去效知	所教 效开二 去效生
岢岚	pɑu⁵²	pʰɑu⁵²	pʰɑu⁵²	pɑu⁵²	mɑu⁵²	nɑu⁵²	tsɑu⁵²	sɑu¹³
五寨	pɑu⁵²	pʰɑu⁵²	pʰɑu⁵²	pɑu⁵²	mɑu⁵²	nɑu⁵²	tsɑu⁵²	sɑu¹³
宁武	pɔu⁵²	pʰɔu⁵²	pʰɔu⁵²	pɔu⁵²	mɔu⁵²	nɔu⁵²	tsɔu⁵²	sɔu²³
神池	pɔo⁵²	pʰɔo⁵²	pʰɔo⁵²	pʰɔo³²	mɔo⁵²	nɔo⁵²	tsɔo⁵²	sɔo²⁴
繁峙	pɑo²⁴	pʰɑo²⁴	pʰɑo²⁴	pʰɑo⁵³	mɑo²⁴	nɑo²⁴	tsɑo²⁴	sɑo⁵³
代县	pau⁵³	pʰau⁵³	pʰau⁵³	pau⁵³	mau⁵³	nau⁵³	tsau⁵³	sau²¹³
河曲	pɔu⁵²	pʰɔu⁵²	pʰɔu⁵²	pʰɔu⁴⁴	mɔu⁵²	nɔu⁵²	tsɔu⁵²	sɔu²¹³
保德	pəu⁵²	pʰəu⁵²	pʰəu⁵²	pəu⁵²	məu⁵²	nəu⁵²	tʂəu⁵²	səu²¹³
偏关	pɔo⁵²	pʰɔo⁵²	pʰɔo⁵²	pʰɔo⁴⁴	mɔo⁵²	nɔo⁵²	tsɔo⁵²	sɔo²⁴
朔城	pɔo⁵³	pʰɔo⁵³	pʰɔo⁵³	pʰɔo³⁵	mɔo⁵³	nɔo⁵³	tsɔo⁵³	sɔo³¹²
平鲁	pɔ⁵²	pʰɔ⁵²	pʰɔ⁵²	pɔ⁵²/pʰɔ⁴⁴	mɔ⁵²	nɔ⁵²	tsɔ⁵²	sɔ²¹³
应县	pau²⁴	pʰau²⁴	pʰau³¹/ pʰau²⁴	pau²⁴	mau²⁴	nau²⁴	tsau²⁴	sau⁴³
灵丘	pɔo⁵³	pʰɔo⁵³	pʰɔo⁵³	pɔo⁵³	mɔo⁵³	nɔo⁵³	tsɔo⁵³	sɔo⁴⁴²
浑源	pʌu¹³	pʰʌu¹³	pʰʌu¹³	pʰʌu²²	mʌu¹³	nʌu¹³	tsʌu¹³	sʌu⁵²
云州	pɑu²⁴	pʰɑu²⁴	pʰɑu²⁴	pʰɑu³¹²	mɑu²⁴	nɑu²⁴	tsɑu²⁴	ʂɑu²¹
新荣	pɔu²⁴	pʰɔu²⁴	pʰɔu³¹²/ pʰɔu²⁴	pʰɔu³¹²/ pɔu²⁴	mɔu²⁴	nɔu²⁴	tsɔu²⁴	sɔu³²
怀仁	pɔu²⁴	pʰɔu²⁴	pʰɔu²⁴	pɔu²⁴	mɔu²⁴	nɔu²⁴	tsɔu²⁴	sɔu⁴²
左云	pɔu²⁴	pʰɔu²⁴	pʰɔu²⁴	pʰɔu³¹³	mɔu²⁴	nɔu²⁴	tsɔu²⁴	sɔu³¹
右玉	pɐo²⁴	pʰɐo²⁴	pʰɐo²⁴	pʰɐo²¹²	mɐo²⁴	nɐo²⁴	tsɐo²⁴	sɐo²⁴
阳高	pɔu²⁴	pʰɔu²⁴	pʰɔu²⁴	pʰɔu³¹	mɔu²⁴	nɔu²⁴	tsɔu²⁴	sɔu³¹
山阴	pɔo³³⁵	pʰɔo³³⁵	pʰɔo³³⁵	pɔo³³⁵	mɔo³³⁵	nɔo³³⁵	tsɔo³³⁵	sɔo³¹³
天镇	pɔu²⁴	pʰɔu²⁴	pʰɔu²⁴	pɔu²²/pʰɔu²²	mɔu²⁴	nɔu²⁴	tsɔu²⁴	sɔu³¹
平定	pɔ²⁴	pʰɔ²⁴	pʰɔ²⁴	pʰɔ⁴⁴/pʰɔ²⁴	mɔ²⁴	nɔ²⁴	tsɔ²⁴	sɔ³¹
昔阳	pɔo¹³	pʰɔo¹³	pʰɔo¹³	pɔo¹³	mɔo¹³	nɔo¹³	tsɔo¹³	ʂɔo⁴²
左权	pəu⁵³	pʰəu⁵³	pʰəu⁵³	pəu³¹ 白/ pʰəu³¹ 文	məu⁵³	nəu⁵³	tsəu⁵³	səu³¹
和顺	pɔu¹³	pʰɔu¹³	pʰɔu¹³	pɔu⁴² 白/ pʰɔu⁴² 文	mɔu¹³	nɔu¹³	tsɔu¹³	sɔu⁴²
尧都	pɑu⁴⁴	pʰɑu⁴⁴	pʰɑu⁴⁴	pɑu²¹	mɑu⁴⁴	nɑu⁴⁴	tʂɑu⁴⁴	ʂɑu²¹
洪洞	pɑo³³	pʰɑo³³	pʰɑo³³	pʰɑo²¹	mɑo⁵³	nɑo⁵³	tsɑo³³	sɑo²¹

续表

字目	爆	泡浸~	炮枪~	刨~子	貌	闹	罩	稍
中古音 方言点	北教 效开二 去效帮	匹儿 效开二 去效滂	匹交 效开二 去效滂	防教 效开二 去效並	莫教 效开二 去效明	奴教 效开二 去效泥	陟教 效开二 去效知	所教 效开二 去效生
洪洞赵城	pɑo²⁴	pʰɑo⁵³	pʰɑo²⁴	pɑo²¹ 白 / pʰɑo²⁴ 文	mɑo²⁴	nɑo⁵³	tsɑo²⁴	sɑo²¹
古县	pɑu³⁵	pʰɑu³⁵	pʰɑu³⁵	pɑu²¹/pɑu⁵³/ pʰɑu³⁵	mɑu⁵³	nɑu⁵³	tsɑu³⁵	sɑu⁵³
襄汾	pao⁴⁴	pʰao⁵³	pʰao⁴⁴	pʰao²¹	mao⁵³	nao⁵³	tsao⁴⁴	sao²¹
浮山	pao⁴⁴	pʰao⁵³	pʰao⁴⁴	pʰao⁴²	mao⁵³	nao⁴⁴	tʂao⁴⁴	ʂao⁵³
霍州	pau⁵⁵	pʰau⁵⁵	pʰau⁵⁵	pʰau³⁵	mau⁵³	lau⁵³	tʂau⁵⁵	sau²¹²
翼城	pɔo⁵³	pʰɔo⁵³	pʰɔo⁵³	pu⁵³/pɔo⁵³	mɔo⁵³	nɔo⁵³	tʂɔo⁵³	ʂɔo⁵³
闻喜	pɑo⁵³	pʰɑo⁵³/ pʰɤ⁵³	pʰɑo⁵³	pʰɑo¹³	mɑo¹³	lɑo¹³	tsɑo⁵³	sɑo⁵³
侯马	pɑu⁵³	mɑu⁵³	mɑu⁵³	pʰɑu²¹³	mɑu⁵³	nɑu⁵³	tʂʰɑu⁵³	ʂɑu²¹³
新绛	pɑo⁵³	pʰɑo¹³	pʰɑo⁵³	pɑo⁵³	mɑo⁵³	nɑo⁵³	tsɑo⁵³	sɑo⁴⁴
绛县	pau³¹	pʰau³¹	pʰau³¹	pau²⁴	mau³¹	nau³¹	tʂau³¹	ʂau³³
垣曲	pau⁵³	pʰau⁵³	pʰau⁵³	pʰau⁵³	mau⁵³	nau⁵³	tsau⁵³	sau⁵³
夏县	pɑu³¹	pʰɑu³¹	pʰɑu³¹	pʰɑu³¹	mɑu³¹	lɑu³¹	tʂɑu³¹	ʂɑu⁵³
万荣	pau³³	pʰau³³	pʰau³³	pʰau²¹³	mau³³	nau³³	tsau³³	sau⁵⁵
稷山	pɑu⁴²	pʰɑu⁴²	pʰɑu⁴²	pʰɑu⁴²	mɑu⁴²	nɑu⁴²	tʂɑu⁴²	ʂɑu⁵³
盐湖	pɔ⁴⁴	pʰɔ⁴⁴	pʰɔ⁴⁴	pʰɔ¹³	mɔ⁴⁴	lɔ⁴⁴	tʂɔ⁴⁴	sɔ⁴⁴
临猗	pɑu⁴⁴	pʰɑu⁴⁴	pʰɑu⁴⁴	pʰɑu⁴⁴	mɑu⁴⁴	lɑu⁴⁴	tsɑu⁴⁴	sɑu⁴²
河津	pau⁴⁴	pʰau⁴⁴	pʰau⁴⁴	pʰau⁴⁴	mau⁴⁴	nau⁴⁴	tsau⁴⁴	sau³¹
平陆	pʰau³³ 白 / pau³³ 文	pʰau³³	pʰau³³	pʰau¹³ 白 / pau³¹ 文	mau³³	lau³³	tsau³³	sau⁵⁵
永济	pau⁴⁴	pʰau⁴⁴	pʰau⁴⁴	pau²⁴/ pʰau⁴⁴	mau⁴⁴	nau⁴⁴	tʂau⁴⁴	ʂau³¹
芮城	pau⁴⁴	pʰau⁴⁴	pʰau⁴⁴	pʰau¹³	mau⁴⁴	lau⁴⁴	tsau⁴⁴	sau⁴²
吉县	pau³³	pʰau³³	pʰau³³	pʰau⁴²³	mau³³	nau³³	tsau³³	sau³³
乡宁	pau²²	pʰau²²	pʰau²²	pau¹²	mau²²	nau²²	tʂau²²	sau⁵³
广灵	pʌu²¹³	pʰʌu²¹³	pʰʌu²¹³	pʌu²¹³/ pʰʌu³¹	mʌu²¹³	ŋʌu²¹³	tsʌu²¹³	sʌu²¹³

字目	教~育	酵	校~对	较	觉睡~	孝	效	校学~
中古音 方言点	古孝 效开二 去效见	古孝 效开二 去效见	古孝 效开二 去效见	古孝 效开二 去效见	古孝 效开二 去效见	呼教 效开二 去效晓	胡教 效开二 去效匣	胡教 效开二 去效匣
北京	tɕiau^{51}	tɕiau^{51}	tɕiau^{51}	tɕiau^{51}	tɕiau^{51}	ɕiau^{51}	ɕiau^{51}	ɕiau^{51}
小店	tɕiɔo^{24}	ɕiɔo^{24}	tɕiɔo^{24}	tɕiɔo^{24}	tɕiɔo^{24}	ɕiɔo^{24}	ɕiɔo^{24}	ɕiɔo^{24}
尖草坪	tɕiau^{35}	tɕiau^{35}	tɕiau^{35}	tɕiau^{35}	tɕiau^{35}	ɕiau^{35}	ɕiau^{35}	ɕiau^{35}
晋源	tɕiau^{35}	tɕiau^{35}	tɕiau^{35}	tɕiau^{35}	tɕiau^{35}	ɕiau^{35}	ɕiau^{35}	ɕiau^{35}
阳曲	tɕiɔo^{454}	tɕiɔo^{454}	tɕiɔo^{454}	tɕiɔo^{454}	tɕiɔo^{454}	ɕiɔo^{454}	ɕiɔo^{454}	ɕiɔo^{454}
古交	tɕiau^{53}	tɕiau^{53}	tɕiau^{53}	tɕiau^{53}	tɕiau^{53}	ɕiau^{53}	ɕiau^{53}	ɕiau^{53}
清徐	tɕiɔu^{45}	tɕiɔu^{45}	tɕiɔu^{45}	tɕiɔu^{45}	tɕiɔu^{45}	ɕiɔu^{45}	ɕiɔu^{45}	ɕiɔu^{45}
娄烦	tɕiɔu^{54}	tɕiɔu^{54}	tɕiɔu^{54}	tɕiɔu^{54}	tɕiɔu^{54}	ɕiɔu^{54}	ɕiɔu^{54}	ɕiɔu^{54}
榆次	tɕiɔu^{35}	tɕiɔu^{35}	ɕiɔu^{35}	tɕiɔu^{35}	tɕyaʔ^{1}	xɔu^{35} 白 / ɕiɔu^{35} 文	ɕiɔu^{35}	ɕiɔu^{35}
交城	tɕiɔu^{24}	ɕiɔu^{24}	tɕiɔu^{53}	tɕiɔu^{24}	tɕiɔu^{24}	xɔu^{24} 白 / ɕiɔu^{24} 文	ɕiɔu^{24}	ɕiɔu^{24}
文水	tɕiau^{35}	tɕiau^{35}	ɕiau^{35}	tɕiau^{35}	tɕiau^{35}	xau^{35} 白 / ɕiau^{35} 文	ɕiau^{35}	ɕiau^{35}
祁县	tɕiɒɔ^{45}	tɕiɒɔ^{45}	tɕiɒɔ^{45}	tɕiɒɔ^{45}	tɕiɒɔ^{45}	xɒɔ^{45} 白 / ɕiɒɔ^{45} 文	ɕiɒɔ^{45}	ɕiɒɔ^{45}
太谷	tɕiaɯ^{53}	ɕiaɯ^{53}	tɕiaɯ^{53}	tɕiaɯ^{53}	tɕiaɯ^{53}	xaɯ^{53} 白 / ɕiaɯ^{53} 文	ɕiaɯ^{53}	ɕiaɯ^{53}
平遥	tɕiɔ^{24}	ɕiɔ^{24}	ɕiɔ^{24}	tɕiɔ^{24}	tɕiɔ^{24}	ɕiɔ^{24}	ɕiɔ^{24}	ɕiɔ^{24}
孝义	tɕiao^{33}	ɕiao^{454} 白 / tɕiao^{454} 文	ɕiao^{454} 白 / tɕiao^{454} 文	tɕiao^{454}	tɕiao^{454}	xao^{454} 白 / ɕiao^{454} 文	ɕiao^{454}	ɕiao^{454}
介休	tɕiɔo^{45}	tɕiɔo^{45}	ɕiɔo^{45}	tɕiɔo^{45}	tɕiɔo^{45}	xɔo^{45} 白 / ɕiɔo^{45} 文	ɕiɔo^{45}	ɕiɔo^{45}
灵石	tɕiɔ^{53}	ɕiɔ^{53}	tɕiɔ^{53}	tɕiɔ^{53}	tɕiɔ^{53}	ɕiɔ^{53}	ɕiɔ^{53}	ɕiɔ^{53}
盂县	tɕiɑu^{55}	tɕiɑu^{55}	tɕiɑu^{55}	tɕiɑu^{55}	tɕiɑu^{55}	ɕiɑu^{55}	ɕiɑu^{55}	ɕiɑu^{55}
寿阳	tɕiɔo^{45}	ɕiɔo^{45}	tɕiɔo^{45}	tɕiɔo^{45}	tɕiɔo^{45}	ɕiɔo^{45}	ɕiɔo^{45}	ɕiɔo^{45}
榆社	tɕiou^{22}	tɕiou^{45}	ɕiou^{45}	tɕiou^{45}	tɕiou^{45}	ɕiou^{45}	ɕiou^{45}	ɕiou^{45}
离石	tɕiou^{53}	ɕiou^{53}	ɕiou^{53}	tɕiou^{53}	tɕiou^{53}	ɕiou^{53}	ɕiou^{53}	ɕiou^{53}
汾阳	tɕiau^{55}	tɕiau^{55}	tɕiau^{55}	tɕiau^{55}	tɕiau^{55}	ɕiau^{55}	ɕiau^{55}	ɕiau^{55}
中阳	tɕiɔo^{53}	ɕiɔo^{53}	ɕiɔo^{53}	tɕiɔo^{53}	tɕiɔo^{53}	ɕiɔo^{53}	ɕiɔo^{53}	ɕiɔo^{53}
柳林	tɕiou^{53}	tɕiou^{53}	tɕiou^{53}	tɕiou^{53}	tɕiou^{53}	ɕiou^{53}	ɕiou^{53}	ɕiou^{53}
方山	tɕiou^{52}	ɕiou^{52}	tɕiou^{52}	tɕiou^{52}	tɕiou^{52}	ɕiou^{52}	ɕiou^{52}	ɕiou^{52}
临县	tɕiɔu^{52}	tɕiɔu^{52}	ɕiɔu^{52}	ɕiɔu^{52}	ɕiɔu^{52}	ɕiɔu^{52}	ɕiɔu^{52}	ɕiɔu^{52}
兴县	tɕiɔu^{53}	——	tɕiɔu^{53}	tɕiɔu^{53}	tɕiɔu^{53}	xɔu^{53} 白 / ɕiɔu^{53} 文	ɕiɔu^{53}	ɕiɔu^{53}

续表

字目	教~育	酵	校~对	较	觉睡~	孝	效	校学~
中古音 / 方言点	古孝 效开二 去效见	古孝 效开二 去效见	古孝 效开二 去效见	古孝 效开二 去效见	古孝 效开二 去效见	呼教 效开二 去效晓	胡教 效开二 去效匣	胡教 效开二 去效匣
岚县	tɕiau^{53}	tɕiau^{53}/ ɕiau^{53}	tɕiau^{53}	tɕiau^{53}	tɕiau^{53}	ɕiau^{53}	ɕiau^{53}	ɕiau^{53}
静乐	tɕiɑo^{24}	tɕiɑo^{53}	tɕiɑo^{53}	tɕiɑo^{53}	tɕiɑo^{53}	ɕiɑo^{53}	ɕiɑo^{53}	ɕiɑo^{53}
交口	tɕiɑo^{53}	tɕiɑo^{53}	tɕiɑo^{53}	tɕiɑo^{53}	tɕiɑo^{53}	xɑo^{53} 白 / ɕiɑo^{53} 文	ɕiɑo^{53}	ɕiɑo^{53}
石楼	tɕiɔo^{51}	tɕiɔo^{51}	tɕiɔo^{51}	tɕiɔo^{51}	tɕiɔo^{51}	xɔo^{51} 白 / ɕiɔo^{51} 文	xɔo^{51}	ɕiɔo^{51}
隰县	tɕiɑo^{44}	tɕiɑo^{44}	tɕiɑo^{44}	tɕiɑo^{44}	tɕiɑo^{44}	ɕiɑo^{44}	ɕiɑo^{44}	ɕiɑo^{44}
大宁	tɕiɐu^{55}	tɕiɐu^{55}	tɕiɐu^{55}	tɕiɐu^{31}	tɕiɐu^{55}	xɐu^{55} 白 / ɕiɐu^{55} 文	ɕiɐu^{55}	ɕiɐu^{55}
永和	tɕiɑo^{53}	tɕiɑo^{53}	tɕiɑo^{53}	tɕiɑo^{53}	tɕiɑo^{53}	ɕiɑo^{53}/xɑo^{53}	ɕiɑo^{53}	ɕiɑo^{53}
汾西	tɕiɑo^{55} 文	tɕiɑo^{55}	tɕiɑo^{55}	tɕiɑo^{11}	tiu^{11} 白 / tiɑo^{55} 白 /tɕiu^{11} 文	ɕiɑo^{33} 文	ɕiɑo^{53}	ɕiɑo^{53}
蒲县	tɕiɑu^{33}	tɕiɑu^{33}	tɕiɑu^{33}	tɕiɑu^{33}	tiɑu^{33} 白 / tɕiɑu^{33} 文	ɕiɑu^{33}	tɕiɑu^{33}	tɕiɑu^{33}
潞州	tɕiɑo^{44}	tɕiɑo^{44}	tɕiɑo^{44}	tɕiɑo^{44}	tɕiɑo^{44}	ɕiɑo^{44}	ɕiɑo^{54}	ɕiɑo^{54}
上党	tɕiɔ^{22}	tɕiɔ^{22}	tɕiɔ^{22}	tɕiɔ^{22}	tɕiɔ^{22}	ɕiɔ^{22}	ɕiɔ^{42}	ɕiɔ^{42}
长子	tɕiɔ^{422}	ɕiɔ^{422}/tɕiɔ^{422}	tɕiɔ^{422}	tɕiɔ^{422}	tɕiɔ^{422}	ɕiɔ^{422}	ɕiɔ^{53}	ɕiɔ^{53}
屯留	tɕiɔo^{53}	ciɔo^{11}	ciɔo^{11} 老 / tɕiɔo^{53} 新	tɕiɔo^{53}	tɕiɔo^{53}	ɕiɔo^{53}	ɕiɔo^{11}	ɕiɔo^{11}
襄垣	tɕiɔo^{45}	ɕiɔo^{45}	tɕiɔo^{53}	tɕiɔo^{42}	tɕiɔo^{53}	ɕiɔo^{53}	ɕiɔo^{45}	ɕiɔo^{45}
黎城	ciɔo^{53}	ɕiɔo^{53}	ɕiɔo^{53}	ciɔo^{422}	ciɔo^{422}	çiɔo^{53}	çiɔo^{53}	çiɔo^{53}
平顺	ciɔ^{53}	ciɔ^{53}	ciɔ^{53}	ciɔ^{53}	ciɔ^{53}	ɕiɔ^{53}	ɕiɔ^{434}	ɕiɔ^{434}
壶关	ciɔ^{42}	ciɔ^{42}	ciɔ^{42}	ciɔ^{42}	ciɔ^{42}	çiɔ^{42}	çiɔ^{353}	çiɔ^{353}
沁县	tɕio^{53}	tɕio^{53}	tɕio^{53}	tɕio^{53}	tɕio^{53}	ɕio^{53}	ɕio^{53}	ɕio^{53}
武乡	tɕiɔ^{55}	tɕiɔ^{55}	tɕiɔ^{55}	tɕiɔ^{55}	tɕiɔ^{55}	ɕiɔ^{55}	ɕiɔ^{55}	ɕiɔ^{55}
沁源	tɕiɔo^{53}	tɕiɔo^{53}	tɕiɔo^{53}	tɕiɔo^{53}	tɕiɔo^{53}	ɕiɔo^{53}	ɕiɔo^{53}	ɕiɔo^{53}
安泽	tɕiau^{53}	tɕiau^{53}	tɕiau^{53}	tɕiau^{53}	tɕiau^{53}	ɕiau^{53}	ɕiau^{53}	ɕiau^{53}
沁水端氏	tɕiɔ^{53}	ɕiɔ^{53}	ɕiɔ^{53}	tɕiɔ^{53}	tɕiɔ^{53}	ɕiɔ^{53}	ɕiɔ^{53}	ɕiɔ^{53}
阳城	cio^{51}	çio^{51}	ɕio^{53}	cio^{22}	cio^{51}	çio^{51}	çio^{51}	çio^{51}
高平	tɕiɔo^{53}	tɕiɔo^{53}	ciɔo^{53}	ciɔo^{53}	tɕiɔo^{53}	ɕiɔo^{53}	ɕiɔo^{53}	ɕiɔo^{53}
陵川	ciɔo^{24}	ciɔo^{24}	ciɔo^{24}	ciɔo^{24}	ciɔo^{24}	ɕiɔo^{24}	ɕiɔo^{24}	ɕiɔo^{24}
晋城	tɕio^{53}	tɕio^{53}	tɕio^{53}	tɕio^{53}	tɕio^{53}	ɕio^{53}	ɕio^{53}	ɕio^{53}

续表

字目	教~育	酵	校~对	较	觉睡~	孝	效	校学~
中古音 方言点	古孝 效开二 去效见	古孝 效开二 去效见	古孝 效开二 去效见	古孝 效开二 去效见	古孝 效开二 去效见	呼教 效开二 去效晓	胡教 效开二 去效匣	胡教 效开二 去效匣
忻府	tɕiɔo^{53}	tɕiɔo^{53}/ ɕiɔo^{53}	tɕiɔo^{53}	ɕiɔo^{53}	tɕiɔo^{53}	ɕiɔo^{53}	ɕiɔo^{53}	ɕiɔo^{53}
原平	tɕiɔo^{53}	ɕiɔo^{53}	tɕiɔo^{53}	tɕiɔo^{53}	tɕiɔo^{53}	ɕiɔo^{53}	ɕiɔo^{53}	ɕiɔo^{53}
定襄	tɕiɔu^{53}	tɕiɔu^{53}	ɕiɔu^{53}	tɕiɔu^{53}	tɕiɔu^{53}	ɕiɔu^{53}	ɕiɔu^{53}	ɕiɔu^{53}
五台	tɕiɑɔ^{52}	ɕiɑɔ^{52}	ɕiɑɔ^{52}	tɕiɑɔ^{52}	tɕiɑɔ^{52}	ɕiɑɔ^{52}	ɕiɑɔ^{52}	ɕiɑɔ^{52}
岢岚	tɕiɑu^{52}	ɕiɑu^{52}	tɕiɑu^{52}	tɕiɑu^{52}	tɕiɑu^{52}	ɕiɑu^{52}	ɕiɑu^{52}	ɕiɑu^{52}
五寨	tɕiɑu^{52}	tɕiɑu^{52}	tɕiɑu^{52}	tɕiɑu^{52}	tɕiɑu^{52}	ɕiɑu^{52}	ɕiɑu^{52}	ɕiɑu^{52}
宁武	tɕiɔu^{52}	ɕiɔu^{52}	tɕiɔu^{52}	tɕiɔu^{52}	tɕiɔu^{52}	ɕiɔu^{52}	ɕiɔu^{52}	ɕiɔu^{52}
神池	tɕiɔo^{52}	tɕiɔo^{52}	tɕiɔo^{52}	tɕiɔo^{52}	tɕiɔo^{52}	ɕiɔo^{52}	ɕiɔo^{52}	ɕiɔo^{52}
繁峙	tɕiɑo^{24}	tɕiɑo^{24}	tɕiɑo^{24}	tɕiɑo^{24}	tɕiɑo^{24}	ɕiɑo^{24}	ɕiɑo^{24}	ɕiɑo^{24}
代县	tɕiau^{53}	tɕiau^{53}	tɕiau^{53}	tɕiau^{53}	tɕiau^{53}	ɕiau^{53}	ɕiau^{53}	ɕiau^{53}
河曲	tɕiɔu^{213}	tɕiɔu^{52}/ ɕiɔu^{52}	tɕiɔu^{52}	tɕiɔu^{52}	tɕiɔu^{52}	ɕiɔu^{52}	ɕiɔu^{52}	ɕiɔu^{52}
保德	tɕiəu^{52}	tɕiəu^{52}	tɕiəu^{52}	tɕiəu^{52}	tɕiəu^{52}	ɕiəu^{52}	ɕiəu^{52}	ɕiəu^{52}
偏关	tɕiɔo^{52}	tɕiɔo^{52}	ɕiɔo^{52}	tɕiɔo^{52}	tɕiɔo^{52}	ɕiɔo^{52}	ɕiɔo^{52}	ɕiɔo^{52}
朔城	tɕiɔo^{53}	ɕiɔo^{53}	tɕiɔo^{53}	tɕiɔo^{53}	tɕiɔo^{53}	ɕiɔo^{53}	ɕiɔo^{53}	ɕiɔo^{53}
平鲁	tɕiɔ^{52}	tɕiɔ^{52}	tɕiɔ^{52}	tɕiɔ^{52}	tɕiɔ^{52}	ɕiɔ^{52}	ɕiɔ^{52}	ɕiɔ^{52}
应县	tɕiau^{24}	tɕiau^{24}	tɕiau^{24}	tɕiau^{24}	tɕiau^{24}	ɕiau^{24}	ɕiau^{24}	ɕiau^{24}
灵丘	tɕiɔo^{53}	tɕiɔo^{53}	tɕiɔo^{53}	tɕiɔo^{53}	tɕiɔo^{53}	ɕiɔo^{53}	ɕiɔo^{53}	ɕiɔo^{53}
浑源	tɕiʌu^{13}	ɕiʌu^{13}	ɕiʌu^{13}	tɕiʌu^{52}	tɕiʌu^{13}	ɕiʌu^{13}	ɕiʌu^{13}	ɕiʌu^{13}
云州	tɕiɑu^{24}	tɕiɑu^{24}	tɕiɑu^{24}	tɕiɑu^{24}	tɕiɑu^{24}	ɕiɑu^{24}	ɕiɑu^{24}	ɕiɑu^{24}
新荣	tɕiɔu^{24}	ɕiɔu^{24}	tɕiɔu^{24}	tɕiɔu^{24}	tɕyaʔ^{4}/ tɕiɔu^{24}	ɕiɔu^{24}	ɕiɔu^{24}	ɕiɔu^{24}
怀仁	tɕiɔu^{24}	tɕiɔu^{24}	tɕiɔu^{24}	tɕiɔu^{24}	tɕiɔu^{24}	ɕiɔu^{24}	ɕiɔu^{24}	ɕiɔu^{24}
左云	tɕiɔu^{24}	tɕiɔu^{24}	tɕiɔu^{24}	tɕiɔu^{24}	tɕiɔu^{24}	ɕiɔu^{24}	ɕiɔu^{24}	ɕiɔu^{24}
右玉	tɕiɐo^{24}	ɕiɐo^{24}	tɕiɐo^{24}	tɕiɐo^{24}	tɕiɐo^{24}	ɕiɐo^{24}	ɕiɐo^{24}	ɕiɐo^{24}
阳高	tɕiɔu^{24}	tɕiɔu^{24}	tɕiɔu^{24}	tɕiɔu^{24}	tɕiɔu^{24}	ɕiɔu^{24}	ɕiɔu^{24}	ɕiɔu^{24}
山阴	tɕiɔo^{335}	tɕiɔo^{335}	tɕiɔo^{335}	tɕiɔo^{335}	tɕiɔo^{335}	ɕiɔo^{335}	ɕiɔo^{335}	ɕiɔo^{335}
天镇	tɕiɔu^{24}	ɕiɔu^{24}	tɕiɔu^{24}	tɕiɔu^{31}	tɕiɔu^{24}	ɕiɔu^{24}	ɕiɔu^{24}	ɕiɔu^{22} 白 / ɕiɔu^{24} 文
平定	tɕiɔ^{24}	ɕiɔ^{24}	ɕiɔ^{24}	tɕiɔ^{24}	tɕiɔ^{24}	ɕiɔ^{24}	ɕiɔ^{24}	ɕiɔ^{24}

续表

字目	教~育	酵	校~对	较	觉睡~	孝	效	校学~
中古音/方言点	古孝 效开二 去效见	古孝 效开二 去效见	古孝 效开二 去效见	古孝 效开二 去效见	古孝 效开二 去效见	呼教 效开二 去效晓	胡教 效开二 去效匣	胡教 效开二 去效匣
昔阳	tɕiɔo^{13}	tɕiɔo^{13}	tɕiɔo^{13}	tɕiɔo^{13}	tɕiɔo^{13}	ɕiɔo^{13}	ɕiɔo^{13}	ɕiɔo^{13}
左权	tɕiəu^{53} 文	tɕiəu^{53}/ ɕiəu^{53}	ɕiəu^{53}	tɕiəu^{53}	tɕiəu^{53}	ɕiəu^{53}	ɕiəu^{53}	ɕiəu^{53}
和顺	tɕiɔu^{13}	tɕiɔu^{13}	tɕiɔu^{42}	tɕiɔu^{13}	tɕiɔu^{13}	ɕiɔu^{13}	ɕiɔu^{13}	ɕiɔu^{13}
尧都	tɕiɑu^{44}	ɕiɑu^{44}	tɕiɑu^{44}	tɕiɑu^{44}	tɕiɑu^{44}	ɕiɑu^{44}	ɕiɑu^{44}	ɕiɑu^{44}
洪洞	tɕiɑo 文	ɕiɑo^{53}	tɕiɑo^{42}	tɕiɑo^{42}/ tɕiɑo^{21}	tiɑo^{33}/tɕiɑo^{33}	xɑo^{33} 白 / ɕiɑo^{33} 文	ɕiɑo^{53}	ɕiɑo^{53}
洪洞赵城	tiɑo^{53} 白 / tɕiɑo^{53} 文	ɕiɑo^{53}	tɕiɑo^{53}	tɕiɑo^{53}	tiɑo^{24}	ɕiɑo^{53}	ɕiɑo^{53}	ɕiɑo^{24}
古县	tɕiɑu^{53}	ɕiɑu^{53}	ɕiɑu^{53}	tɕiɑu^{53}	tɕiɑu^{35}	ɕiɑu^{35}	ɕiɑu^{53}	ɕiɑu^{53}
襄汾	tɕiao^{44}	ɕiao^{44}	tɕiao^{53}	tɕiao^{53}	tiao^{44} 白 / tɕia^{21} 文	ɕiao^{44}	ɕiao^{44}	ɕiao^{44}
浮山	tɕiao^{44}	ɕiao^{44}	tɕiao^{53}	tɕiao^{44}	tiao^{44}	ɕiao^{44}	ɕiao^{44}	ɕiao^{44}
霍州	tɕiau^{55}	ɕiau^{55}	tɕiau^{55}	tɕiau^{55}	tɕiau^{55}	ɕiau^{55}	ɕiau^{53}	ɕiau^{53}
翼城	tɕiɔo^{53}	tɕiɔo^{53}	tɕiɔo^{53}	tɕiɔo^{53}	tɕiɔo^{53}	ɕiɔo^{53}	ɕiɔo^{53}	ɕiɔo^{53}
闻喜	——	tɕiɑo^{53}	——	——	——	ɕiɑo^{53}	ɕiɑo^{13}	ɕiɑo^{13}
侯马	tɕʰiɑu^{53} 白 / tɕiɑu^{53} 文	tɕiɑu^{53}	tɕiɑu^{53}	tɕiɑu^{53}	tɕiɑu^{53}	ɕiɑu^{53}	ɕiɑu^{53}	ɕiɑu^{53}
新绛	tɕiɑo^{53}	ɕiɑo^{53}	ɕiɑo^{53}	tɕiɑo^{13}	tɕiɑo^{53}	ɕiɑo^{53}	ɕiɑo^{53}	ɕiɑo^{53}
绛县	tɕiau^{31}	tɕiau^{31}	tɕiau^{31}	tɕiau^{31}	tɕiau^{31}	ɕiau^{31}	ɕiau^{53}	ɕiau^{53}
垣曲	tɕiau^{53}	ɕiau^{53}	ɕiau^{53}	tɕiau^{53}	tɕiau^{53}	ɕiau^{53}	ɕiau^{53}	ɕiau^{53}
夏县	tɕiɑu^{31}	tɕiɑu^{31}	——	tɕiɑu^{31}	tɕiɑu^{31}	ɕiɑu^{31}	ɕiɑu^{31}	ɕiɑu^{31}
万荣	tʂau^{33}	ɕiau^{33}	tɕiau^{55}	tɕiau^{55}	tʂau^{33}	xau^{33} 白 / ɕiau^{33} 文	ɕiau^{33}	ɕiau^{33}
稷山	tɕiau^{42}	ɕiau^{42}	ɕiau^{42}	tɕiau^{42}	tɕiau^{42}	ɕiau^{42}	ɕiau^{42}	ɕiau^{42}
盐湖	tɕiɔ^{44}	tɕiɔ^{44}	tɕiɔ^{44}	tɕiɔ^{44}	tɕiɔ^{44}	ɕiɔ^{44}	ɕiɔ^{44}	ɕiɔ^{44}
临猗	tɕiɑu^{44}	tɕiɑu^{44}	ɕiɑu^{44}	tɕiɑu^{44}	tɕiɑu^{44}	xɑu^{44} 白 / ɕiɑu^{44} 文	ɕiɑu^{44}	ɕiɑu^{44}
河津	tɕiau^{44} 文	tʂau^{44} 白 / tɕiau^{44} 文	tɕiau^{44}	tɕiau^{44}	tʂau^{44} 白	ɕiau^{44}	ɕiau^{44}	ɕiau^{44}
平陆	tɕiau^{33}	ɕiau^{33} 白 / tɕiau^{33} 文	ɕiau^{33}	tɕiau^{55}	tɕiau^{33}	xau^{33} 白 / ɕiau^{33} 文	ɕiau^{33}	ɕiau^{33}

续表

字目	教~育	酵	校~对	较	觉睡~	孝	效	校学~
中古音 / 方言点	古孝 效开二 去效见	古孝 效开二 去效见	古孝 效开二 去效见	古孝 效开二 去效见	古孝 效开二 去效见	呼教 效开二 去效晓	胡教 效开二 去效匣	胡教 效开二 去效匣
永济	tɕiau44	ɕiau44 白 / tɕiau 文	ɕiau44	tɕiau44	tɕiau44/ tɕye24	ɕiau44	ɕiau44	ɕiau44
芮城	tɕiau44	ɕiau44	ɕiau44	tɕiau53	tɕiau44	ɕiau44	ɕiau44	ɕiau44
吉县	tɕiau33	ɕiau33	tɕiau33	tɕiau53	tɕiau53	ɕiau33	ɕiau33	ɕiau33
乡宁	tɕiau22	tɕiau22	tɕiau22	tɕiau22	tɕiau22	ɕiau22	ɕiau22	ɕiau22
广灵	tɕiʌu213	tɕiʌu213/ ɕiʌu213	tɕiʌu213	tɕiʌu213	tɕiʌu213	ɕiʌu213	ɕiʌu213	ɕiʌu213

字目	标	飘	漂~浮	瓢	嫖	苗	描	燎
中古音／方言点	甫遥 效开三 平宵帮	抚招 效开三 平宵滂	抚招 效开三 平宵滂	符霄 效开三 平宵並	符霄 效开三 平宵並	武瀌 效开三 平宵明	武瀌 效开三 平宵明	力昭 效开三 平宵来
北京	piau^{55}	pʰiau^{55}	pʰiau^{55}	pʰiau^{35}	pʰiau^{35}	miau^{35}	miau^{35}	liau^{35}
小店	piɔo^{11}	piɔo^{11}	pʰiɔo^{11}	piɔo^{11}	piɔo^{11}	miɔo^{11}	miɔo^{11}	liɔo^{53}
尖草坪	piau^{33}	pʰiau^{33}	pʰiau^{33}	pʰiau^{33}	pʰiau^{33}	miau^{33}	miau^{33}	liau^{33}
晋源	piau^{11}	pʰiau^{11}	pʰiau^{11}	pʰiau^{11}	pʰiau^{11}	miau^{11}	miau^{11}	liau^{42}
阳曲	piɔo^{312}	pʰiɔo^{312}	pʰiɔo^{312}	pʰiɔo^{43}	pʰiɔo^{43}	miɔo^{43}	miɔo^{43}	liɔo^{312}/liɔo^{43}
古交	piau^{44}	pʰiau^{44}	pʰiau^{44}	pʰiau^{44}	pʰiau^{44}	miau^{44}	miau^{44}	liau^{44}
清徐	piɔu^{11}	pʰiɔu^{11}	pʰiɔu^{11}	pʰiɔu^{11}	pʰiɔu^{11}	miɔu^{11}	miɔu^{11}	liɔu^{11}
娄烦	piɔu^{33}	pʰiɔu^{33}	pʰiɔu^{33}	pʰiɔu^{33}	pʰiɔu^{33}	miɔu^{33}	miɔu^{33}	liɔu^{33}
榆次	piɔu^{11}	pʰiɔu^{11}	pʰiɔu^{11}	pʰiɔu^{11}	pʰiɔu^{11}	miɔu^{11}	miɔu^{11}	iɔu^{11}
交城	piɔu^{11}	pʰiɔu^{11}	pʰiɔu^{11}	pʰiɔu^{11}	pʰiɔu^{11}	miɔu^{11}	miɔu^{11}	liɔu^{53}
文水	piau^{22}	pʰi^{22} 白 / pʰiau^{22} 文	pʰi^{22} 白 / pʰiau^{22} 文	pʰi^{22} 白 / pʰiau^{22} 文	pʰi^{22} 白 / pʰiau^{22} 文	mi^{22} 白 / miau^{22} 文	mi^{22} 白 / miau^{22} 文	li^{22} 白 / liau^{22} 文
祁县	piɒɔ^{31}	pʰiu^{31}	pʰiu^{31}	pʰiu^{31}	pʰiu^{31}	miu^{31}	miu^{31}	liu^{31}
太谷	pio^{33}	pʰio^{33}	pʰio^{33}	pʰio^{33}	pʰio^{33}	mio^{33}	mio^{33}	lio^{33}
平遥	piɔ^{213}	pʰiɔ^{213}	pʰiɔ^{213}	pʰiɔ^{213}	pʰiɔ^{213}	miɔ^{213}	miɔ^{213}	liɔ^{213}
孝义	piao^{33}	pʰiɒ^{33}	pʰiɒ^{312}	pʰiɒ^{33}	pʰiɒ^{33}	miɒ^{33}	miɒ^{33}	liɒ^{33}
介休	piɔo^{13}	pʰiɔo^{13}	pʰiɔo^{13}	pʰiɔo^{13}	pʰiɔo^{13}	miɔo^{13}	miɔo^{13}	liɔo^{423}
灵石	piɔ^{535}	pʰiɔ^{535}	pʰiɔ^{535}	pʰiɔ^{44}	pʰiɔ^{44}	miɔ^{44}	miɔ^{44}	liɔ^{212}
盂县	piɑu^{412}	pʰiɑu^{412}	pʰiɑu^{412}	pʰiɑu^{22}	pʰiɑu^{22}	miɑu^{22}	miɑu^{22}	liɑu^{53}
寿阳	piɔo^{31}	pʰiɔo^{31}	pʰiɔo^{31}	pʰiɔo^{22}	pʰiɔo^{22}	miɔo^{22}	miɔo^{22}	liɔo^{22}
榆社	piou^{22}	pʰi^{22} 白 / pʰiou^{22} 文	pʰi^{22} 白 / pʰiou^{22} 文	pʰiou^{22}	pʰiou^{22}	mi^{22} 白 / miou^{22} 文	miou^{22}	li^{22} 白 / liou^{22} 文
离石	piou^{24}	pʰiou^{24}	pʰiou^{24}	pʰiou^{44}	pʰiou^{44}	miou^{44}	miou^{44}	liou^{44}
汾阳	piau^{324}	pʰiɯ^{324}	pʰiɯ^{324}	pʰiɯ^{324}	pʰiau^{22}	miɯ^{22} 白 / miau^{22} 文	miɯ^{22} 白 / miau^{22} 文	liɯ^{22}
中阳	piɔo^{24}	pʰiɔo^{24}	pʰiɔo^{24}	pʰiɔo^{33}	pʰiɔo^{33}	miɔo^{33}	miɔo^{33}	liɔo^{33}
柳林	piou^{24}	pʰiou^{24}	pʰiou^{24}	pʰiou^{44}	pʰiou^{312}	miou^{44}	miou^{44}	liou^{44}
方山	piou^{24}	pʰiou^{24}	pʰiou^{24}	pʰiou^{44}	pʰiou^{44}	miou^{44}	miou^{44}	liou^{44}
临县	piɔu^{24}	pʰiɔu^{24}	pʰiɔu^{312}	pʰiɔu^{24}/ pʰiɔu^{52}	pʰiɔu^{312}	miɔu^{33}	miɔu^{33}	liɔu^{312}
兴县	piɯu^{324}	pʰiɯu^{324}	pʰiɯu^{324}	pʰiɯu^{55}	pʰiɯu^{324}	miɯu^{55}	miɯu^{55}	liɯu^{324}
岚县	piɤu^{214}	pʰiɤu^{214}	pʰiɤu^{214}	pʰiɤu^{44}	pʰiɤu^{44}	miɤu^{44}	miɤu^{44}	liɤu^{44}
静乐	piɑo^{24}	pʰiɑo^{24}	pʰiɑo^{24}	pʰiɑo^{33}	pʰiɑo^{24}	miɑo^{33}	miɑo^{33}	liɑo^{314}

续表

字目	标	飘	漂~浮	瓢	嫖	苗	描	燎
中古音 / 方言点	甫遥 效开三 平宵帮	抚招 效开三 平宵滂	抚招 效开三 平宵滂	符霄 效开三 平宵並	符霄 效开三 平宵並	武瀌 效开三 平宵明	武瀌 效开三 平宵明	力昭 效开三 平宵来
交口	piɑo^{323}	p^{h}iɑo^{323}	p^{h}iɑo^{53}	p^{h}iɑo^{44}	p^{h}iɑo^{44}	miɑo^{44}	miɑo^{44}	liɑo^{323}
石楼	piɔo^{213}	p^{h}iɔo^{213}	p^{h}iɔo^{213}	p^{h}iɔo^{44}	p^{h}iɔo^{44}	miɔo^{44}	miɔo^{44}	liɔo^{213}
隰县	piɑo^{53}	p^{h}iɑo^{53}	p^{h}iɑo^{53}	p^{h}iɑo^{24}	p^{h}iɑo^{24}	miɑo^{24}	miɑo^{24}	liɑo^{24}
大宁	piɐu^{31}	p^{h}iɐu^{31}	p^{h}iɐu^{31}	p^{h}iɐu^{24}	p^{h}iɐu^{24}	miɐu^{24}	miɐu^{24}	liɐu^{31}
永和	piɑo^{33}	p^{h}iɑo^{33}	p^{h}iɑo^{312}	piɑo^{35}	piɑo^{35}	miɑo^{35}	miɑo^{35}	liɑo^{35}
汾西	piɑo^{11}	p^{h}iɑo^{11}	p^{h}iɑo^{11}	p^{h}iɑo^{35}	p^{h}iɑo^{35}	miɑo^{35}	miɑo^{35}	liɑo^{35}
蒲县	piɑu^{52}	p^{h}iɑu^{52}	p^{h}iɑu^{52}	p^{h}iɑu^{24}	p^{h}iɑu^{24}	miɑu^{24}	miɑu^{24}	liɑu^{31}
潞州	piɑo^{312}	p^{h}iɑo^{312}	p^{h}iɑo^{312}	p^{h}iɑo^{24}	p^{h}iɑo^{24}	miɑo^{24}	miɑo^{24}	liɑo^{24}
上党	piɔ^{213}	p^{h}iɔ^{213}	p^{h}iɔ^{213}	p^{h}iɔ^{44}	p^{h}iɔ^{44}	miɔ^{44}	miɔ^{44}	liɔ^{44}
长子	piɔ^{312}	p^{h}iɔ^{312}	p^{h}iɔ^{312}	p^{h}iɔ^{24}	p^{h}iɔ^{24}	miɔ^{24}	miɔ^{24}	liɔ^{24}
屯留	piɔo^{31}	p^{h}iɔo^{31}	p^{h}iɔo^{53}	p^{h}iɔo^{11}	p^{h}iɔo^{11}	miɔo^{11}	miɔo^{11}	liɔo^{11}
襄垣	piɔo^{33}	p^{h}iɔo^{33}	——	p^{h}iɔo^{31}	p^{h}iɔo^{31}	miɔo^{31}	miɔo^{31}	liɔo^{31}
黎城	piɔo^{33}	p^{h}iɔo^{33}	p^{h}iɔo^{33}/ p^{h}iɔo^{213}	p^{h}iɔo^{33}	p^{h}iɔo^{33}	miɔo^{53}	miɔo^{53}	liɔo^{213}
平顺	piɔ^{213}	p^{h}iɔ^{213}	p^{h}iɔ^{213}	p^{h}iɔ^{13}	p^{h}iɔ^{13}	miɔ^{13}	miɔ^{13}	liɔ^{13}
壶关	piɔ^{33}	p^{h}iɔ^{33}	p^{h}iɔ^{33}	p^{h}iɔ^{13}	p^{h}iɔ^{13}	miɔ^{13}	miɔ^{13}	liɔ^{13}
沁县	pio^{224}	p^{h}io^{224}	p^{h}io^{224}	p^{h}io^{33}	p^{h}io^{33}	mio^{33}	mio^{33}	lio^{33}
武乡	piɔ^{113}	p^{h}iɔ^{113}	p^{h}iɔ^{113}	p^{h}iɔ^{33}	p^{h}iɔ^{33}	miɔ^{33}	miɔ^{33}	liɔ^{33}
沁源	piɔo^{324}	p^{h}iɔo^{324}	p^{h}iɔo^{324}	p^{h}iɔo^{33}	p^{h}iɔo^{33}	miɔo^{33}	miɔo^{33}	liɔo^{324}
安泽	piau^{21}	p^{h}iau^{21}	p^{h}iau^{21}	p^{h}iau^{35}	p^{h}iau^{35}	miau^{35}	miau^{35}	liau^{35}
沁水端氏	piɔ^{21}	p^{h}iɔ^{21}	p^{h}iɔ^{21}	p^{h}iɔ^{24}	p^{h}iɔ^{24}	miɔ^{21}	miɔ^{21}	liɔ^{24}
阳城	pio^{224}	p^{h}io^{224}	p^{h}io^{224}	p^{h}io^{22}	p^{h}io^{22}	mio^{22}	mio^{22}	lio^{212}
高平	piɔo^{33}	p^{h}iɔo^{33}	p^{h}iɔo^{33}	p^{h}iɔo^{33}	p^{h}iɔo^{33}	miɔo^{33}	miɔo^{33}	liɔo^{33}
陵川	piɔo^{33}	p^{h}iɔo^{33}	p^{h}iɔo^{33}	p^{h}iɔo^{53}	p^{h}iɔo^{53}	miɔo^{53}	miɔo^{53}	liɔo^{53}
晋城	pio^{33}	p^{h}io^{33}	p^{h}io^{33}	p^{h}io^{324}	p^{h}io^{324}	mio^{324}	mio^{324}	lio^{33}/lio^{213}
忻府	piɔo^{313}	p^{h}iɔo^{313}	p^{h}iɔo^{313}	p^{h}iɔo^{21}	p^{h}iɔo^{21}	miɔo^{21}	miɔo^{21}	liɔo^{21}
原平	piɔo^{213}	p^{h}iɔo^{213}	p^{h}iɔo^{213}	p^{h}iɔo^{33}	p^{h}iɔo^{213}	miɔo^{33}	miɔo^{33}	liɔo^{33}
定襄	piɔu^{24}	p^{h}iɔu^{24}	p^{h}iɔu^{53}	p^{h}iɔu^{33}	p^{h}iɔu^{24}	miɔu^{53}	miɔu^{53}	liɔu^{53}
五台	piɑɔ^{213}	p^{h}iɑɔ^{213}	p^{h}iɑɔ^{213}	p^{h}iɑɔ^{33}	p^{h}iɑɔ^{33}	miɑɔ^{33}	miɑɔ^{33}	liɑɔ^{33}
岢岚	piɑu^{13}	p^{h}iɑu^{13}	p^{h}iɑu^{13}	p^{h}iɑu^{44}	p^{h}iɑu^{44}	miɑu^{44}	miɑu^{44}	liɑu^{44}
五寨	piɑu^{13}	p^{h}iɑu^{13}	p^{h}iɑu^{13}	p^{h}iɑu^{44}	p^{h}iɑu^{44}	miɑu^{44}	miɑu^{44} / mɑu^{44}	liɑu^{44}

续表

字目	标	飘	漂~浮	瓢	嫖	苗	描	燎
中古音 方言点	甫遥 效开三 平宵帮	抚招 效开三 平宵滂	抚招 效开三 平宵滂	符霄 效开三 平宵並	符霄 效开三 平宵並	武瀌 效开三 平宵明	武瀌 效开三 平宵明	力昭 效开三 平宵来
宁武	piɔu^{23}	p^{h}iɔu^{23}	p^{h}iɔu^{213}	p^{h}iɔu^{33}	p^{h}iɔu^{33}	miɔu^{33}	miɔu^{33}	liɔu^{33}
神池	piɔo^{24}	p^{h}iɔo^{24}	p^{h}iɔo^{24}	p^{h}iɔo^{32}	p^{h}iɔo^{32}	miɔo^{32}	miɔo^{32}	liɔo^{32}
繁峙	piɑo^{53}	p^{h}iɑo^{53}	p^{h}iɑo^{53}	p^{h}iɑo^{31}	p^{h}iɑo^{31}	miɑo^{31}	miɑo^{31}	liɑo^{31}
代县	piau^{213}	p^{h}iau^{213}	p^{h}iau^{213}	p^{h}iau^{44}	p^{h}iau^{44}	miau^{44}	miau^{44}	liau^{213}
河曲	ŋɔu^{52}	p^{h}iɔu^{213}	piɔu^{213}	miɔu^{44}	piɔu^{213}	miɔu^{52}	p^{h}iɔu^{213}	liɔu^{44}
保德	piəu^{213}	p^{h}iəu^{213}	p^{h}iəu^{213}	p^{h}iəu^{44}	p^{h}iəu^{44}	miəu^{44}	miəu^{44}	liəu^{213}
偏关	piɔo^{24}	p^{h}iɔo^{24}	p^{h}iɔo^{24}	p^{h}iɔo^{44}	p^{h}iɔo^{44}	miɔo^{44}	miɔo^{44}	liɔo^{24}
朔城	piɔo^{312}	p^{h}iɔo^{312}	p^{h}iɔo^{312}	p^{h}iɔo^{35}	p^{h}iɔo^{35}	miɔo^{35}	miɔo^{35}	liɔo^{312}/liɔo^{35}
平鲁	piɔ^{213}	piɔ^{213}	p^{h}iɔ^{213}	p^{h}iɔ^{44}	p^{h}iɔ^{44}	miɔ^{44}	miɔ^{44}	liɔ^{44}
应县	piau^{43}	p^{h}iau^{43}	p^{h}iau^{43}	p^{h}iau^{31}	p^{h}iau^{31}	miau^{31}	miau^{31}	liau^{31}
灵丘	piɔo^{442}	p^{h}iɔo^{442}	p^{h}iɔo^{442}	p^{h}iɔo^{31}	p^{h}iɔo^{31}	miɔo^{31}	miɔo^{31}	liɔo^{31}
浑源	piʌu^{52}	p^{h}iʌu^{52}	p^{h}iʌu^{52}	p^{h}iʌu^{22}	p^{h}iʌu^{22}	miʌu^{22}	miʌu^{22}	liʌu^{52}
云州	piɑu^{21}	p^{h}iɑu^{21}	p^{h}iɑu^{21}	p^{h}iɑu^{312}	p^{h}iɑu^{312}	miɑu^{312}	miɑu^{312}	liɑu^{312}
新荣	piɔu^{32}	p^{h}iɔu^{32}	p^{h}iɔu^{32}	p^{h}iɔu^{312}	p^{h}iɔu^{32}	miɔu^{312}	miɔu^{312}	liɔu^{312}
怀仁	piɔu^{42}	p^{h}iɔu^{42}	p^{h}iɔu^{42}	p^{h}iɔu^{312}	p^{h}iɔu^{312}	miɔu^{312}	miɔu^{312}	liɔu^{53}
左云	piɔu^{31}	p^{h}iɔu^{31}	p^{h}iɔu^{31}	p^{h}iɔu^{313}	p^{h}iɔu^{313}	miɔu^{313}	miɔu^{313}	liɔu^{313}
右玉	piɐo^{31}	p^{h}iɐo^{31}	——	p^{h}iɐo^{212}	p^{h}iɐo^{212}	miɐo^{212}	miɐo^{212}	liɐo^{212}
阳高	piɔu^{31}	p^{h}iɔu^{31}	p^{h}iɔu^{53}	p^{h}iɔu^{312}	p^{h}iɔu^{31}	miɔu^{312}	miɔu^{312}	liɔu^{53}
山阴	piɔo^{313}	p^{h}iɔo^{313}	p^{h}iɔo^{313}	p^{h}iɔo^{313}	p^{h}iɔo^{313}	miɔo^{313}	miɔo^{313}	liɔo^{313}/liɔo^{52}
天镇	piɔu^{31}	p^{h}iɔu^{31}	p^{h}iɔu^{31}	p^{h}iɔu^{22}	p^{h}iɔu^{31}	miɔu^{22}	miɔu^{22}	liɔu^{22}/lyɤɣ^{55}
平定	piɔ^{31}	p^{h}iɔ^{31}	p^{h}iɔ^{31}	p^{h}iɔ^{44}	p^{h}iɔ^{44}	miɔ^{44}	miɔ^{44}	liɔ^{53}
昔阳	piɔo^{42}	p^{h}iɔo^{42}	p^{h}iɔo^{42}	p^{h}iɔo^{33}	p^{h}iɔo^{33}	miɔo^{33}	miɔo^{33}	liɔo^{33}
左权	piəu^{31}	p^{h}iəu^{31}	p^{h}iəu^{53}/ p^{h}iəu^{42}	p^{h}iəu^{31}	p^{h}iəu^{31}	miəu^{11}	miəu^{11}	liəu^{42}
和顺	piɔu^{42}	p^{h}iɔu^{42}	p^{h}iɔu^{53}	p^{h}iɔu^{42}	——	miɔu^{22}	miɔu^{22}	liɔu^{53}
尧都	piɑu^{21}	p^{h}iɑu^{21}	p^{h}iɑu^{53}	p^{h}iɑu^{24}	p^{h}iɑu^{24}	miɑu^{24}	miɑu^{24}	liɑu^{24}
洪洞	piɑo^{21}	p^{h}iɑo^{21}	p^{h}iɑo^{33}	p^{h}iɑo^{24}	p^{h}iɑo^{24}	miɑo^{24}	miɑo^{24}	liɑo^{24}/liɑo^{42}
洪洞赵城	piɑo^{21}	p^{h}iɑo^{21}	p^{h}iɑo^{21}	p^{h}iɑo^{24}	p^{h}iɑo^{24}	miɑo^{24}	miɑo^{24}	liɑo^{24}
古县	piɑu^{21}	p^{h}iɑu^{21}	p^{h}iɑu^{21}	p^{h}iɑu^{35}	p^{h}iɑu^{35}	miɑu^{21}	miɑu^{21}	liɑu^{35}
襄汾	piao^{21}	p^{h}iao^{24}	p^{h}iao^{21}	p^{h}iao^{24}	p^{h}iao^{24}	miao^{24}	miao^{24}	liao^{24}
浮山	piao^{42}	p^{h}iao^{44}	p^{h}iao^{42}	p^{h}iao^{13}	p^{h}iao^{13}	miao^{13}	miao^{13}	liao^{13}

续表

字目	标	飘	漂~浮	瓢	嫖	苗	描	燎
中古音 方言点	甫遥 效开三 平宵帮	抚招 效开三 平宵滂	抚招 效开三 平宵滂	符霄 效开三 平宵並	符霄 效开三 平宵並	武瀌 效开三 平宵明	武瀌 效开三 平宵明	力昭 效开三 平宵来
霍州	piau^{212}	p^{h}iau^{212}	p^{h}iau^{212}	p^{h}iau^{35}	p^{h}iau^{35}	miau^{35}	miau^{35}	liau^{35}
翼城	piɔo^{53}	p^{h}iɔo^{53}	p^{h}iɔo^{53}	p^{h}iɔo^{12}	p^{h}iɔo^{12}	miɔo^{12}	miɔo^{12}	liɔo^{44}
闻喜	piɑo^{53}	p^{h}iɑo^{53}	t^{h}iɑo^{53}	p^{h}iɑo^{53}	p^{h}iɑo^{53}	miɑo^{13}	miɑo^{13}	liɑo^{33}
侯马	piɑu^{213}	p^{h}iɑu^{213}	p^{h}iɑu^{213}	p^{h}iɑu^{213}	p^{h}iɑu^{213}	miɑu^{213}	miɑu^{213}	liɑu^{44}
新绛	piɑo^{53}	p^{h}iɑo^{53}	p^{h}iɑo^{53}	p^{h}iɑo^{13}	p^{h}iɑo^{53}	miɑo^{13}	miɑo^{13}	liɑo^{13}
绛县	piau^{53}	p^{h}iau^{53}	p^{h}iau^{53}	p^{h}iau^{24}	p^{h}iau^{53}	miau^{24}	miau^{24}	liau^{24}/liau^{33}
垣曲	piau^{22}	p^{h}iau^{22}	p^{h}iau^{22}	p^{h}iau^{22}	p^{h}iau^{22}	miau^{22}	miau^{22}	liau^{44}
夏县	piɑu^{53}	p^{h}iɑu^{53}	p^{h}iɑu^{53}	p^{h}iɑu^{42}	p^{h}iɑu^{42}	miɑu^{42}	miɑu^{42}	liɑu^{42}
万荣	piau^{51}	p^{h}iau^{51}	p^{h}iau^{33}	p^{h}iau^{213}	p^{h}iau^{213}	miau^{213}	miau^{213}	liau^{213}
稷山	piɑu^{53}	p^{h}iɑu^{53}	p^{h}iɑu^{53}	p^{h}iɑu^{13}	p^{h}iɑu^{13}	miɑu^{53}	miɑu^{13}	liɑu^{13}
盐湖	piɔ^{42}	p^{h}iɔ^{42}	p^{h}iɔ^{42}	p^{h}iɔ^{13}	p^{h}iɔ^{13}	miɔ^{13}	miɔ^{13}	liɔ^{53}
临猗	piɑu^{42}	p^{h}iɑu^{42}	p^{h}iɑu^{42}	p^{h}iɑu^{13}	p^{h}iɑu^{13}	miɑu^{13}	miɑu^{13}	liɑu^{13}
河津	piau^{31}	p^{h}iau^{31}	p^{h}iau^{31}	p^{h}iau^{324}	p^{h}iau^{324}	miau^{324}	miau^{324}	liau^{324}
平陆	piau^{31}	p^{h}iau^{31}	p^{h}iau^{31}	p^{h}iau^{13}	p^{h}iau^{13}	miau^{13}	miau^{13}	liau^{13}/liau^{55}
永济	piau^{31}	p^{h}iau^{31}	p^{h}iau^{44}	p^{h}iau^{24}	p^{h}iau^{24}	miau^{24}	miau^{24}	liau^{31}/liau^{53}
芮城	piau^{42}	p^{h}iau^{42}	p^{h}iau^{42}	p^{h}iau^{13}	p^{h}iau^{13}	miau^{13}	miau^{13}	liau^{13}
吉县	piau^{423}	p^{h}iau^{423}	p^{h}iau^{33}	p^{h}iau^{13}	p^{h}iau^{13}	miau^{13}	miau^{13}	liau^{53}
乡宁	piau^{53}	p^{h}iau^{53}	p^{h}iau^{53}	p^{h}iau^{12}	p^{h}iau^{12}	miau^{12}	miau^{12}	liau^{12}
广灵	piʌu^{53}	p^{h}iʌu^{53}	p^{h}iʌu^{53}	p^{h}iʌu^{31}	p^{h}iʌu^{31}	miʌu^{31}	miʌu^{31}	liʌu^{31}

字目	焦	蕉	椒	锹	樵	消	宵	霄
中古音 方言点	即消 效开三 平宵精	即消 效开三 平宵精	即消 效开三 平宵精	七遥 效开三 平宵清	昨焦 效开三 平宵从	相邀 效开三 平宵心	相邀 效开三 平宵心	相邀 效开三 平宵心
北京	tɕiau^{55}	tɕiau^{55}	tɕiau^{55}	tɕʰiau^{55}	tɕʰiau^{35}	ɕiau^{55}	ɕiau^{55}	ɕiau^{55}
小店	tɕiɔo^{11}	tɕiɔo^{11}	tɕiɔo^{11}/ tɕyəʔ^{1}	tɕʰiɔo^{11}	tɕʰiɔo^{11}	ɕiɔo^{11}	ɕiɔo^{11}	ɕiɔo^{11}
尖草坪	tɕiau^{33}	tɕiau^{33}	tɕiau^{33}	tɕʰiau^{33}	tɕʰiau^{33}	ɕiau^{33}	ɕiau^{312}	ɕiau^{33}
晋源	tɕiau^{11}	tɕiau^{11}	tɕiau^{11}	tɕʰiæ^{11}	tɕʰiau^{11}	ɕiau^{11}	ɕiau^{11}	ɕiau^{11}
阳曲	tɕiɔo^{312}	tɕiɔo^{312}	tɕiɔo^{312}	tɕʰiɔo^{312}/ tɕʰiɛ^{312}	tɕʰiɔo^{43}	ɕiɔo^{312}	ɕiɔo^{312}	ɕiɔo^{312}
古交	tɕiau^{44}	tɕiau^{44}	tɕiau^{44}	tɕʰiau^{44}	tɕʰiau^{44}	ɕiau^{44}	ɕiau^{44}	ɕiau^{44}
清徐	tɕiɔu^{11}	tɕiɔu^{11}	tɕiɔu^{11}	tɕʰiɔu^{11}	tɕʰiɔu^{11}	ɕiɔu^{11}	ɕiɔu^{11}	ɕiɔu^{11}
娄烦	tɕiɔu^{33}	tɕiɔu^{33}	tɕiɔu^{33}	tɕʰiɔu^{33}	tɕʰiɔu^{33}	ɕiɔu^{33}	ɕiɔu^{33}	ɕiɔu^{33}
榆次	tɕiɔu^{11}	tɕiɔu^{11}	tɕiɔu^{11}	tɕʰiɔu^{11}	tɕʰiɔu^{11}	ɕiɔu^{11}	ɕiɔu^{11}	ɕiɔu^{11}
交城	tɕiɔu^{11}	tɕiɔu^{11}	tɕiɔu^{11}	——	tɕʰiɔu^{11}	ɕiɔu^{11}	ɕiɔu^{11}	ɕiɔu^{11}
文水	tɕi^{22} 白 / tɕiau^{22} 文	tɕiau^{22}	tɕyaʔ^{2}/tɕi^{22}/ tɕiau^{22} 文	tɕʰiæ̃ĩ^{22}	tɕʰiau^{22}	ɕi^{22} 白 / ɕiau^{22} 文	ɕiau^{22}	ɕiau^{22}
祁县	tɕiɒɔ^{31}	tɕiɒɔ^{31}	tɕiu^{31}	tɕiu^{31}	tɕʰiɒɔ^{31}	ɕiu^{31}	ɕiu^{31}	ɕiu^{31}
太谷	tɕio^{33}	tɕio^{33}	tɕio^{33}	tɕʰio^{33}	tɕio^{33}	ɕio^{33}	ɕio^{33}	ɕio^{33}
平遥	tɕiɔ^{213}	tɕiɔ^{213}	tɕiɔ^{213}	——	tɕiɔ^{213}	ɕiɔ^{213}	ɕiɔ^{213}	ɕiɔ^{213}
孝义	tɕiao^{33}	tɕiao^{33}	tɕiao^{33}	——	tɕiao^{33}	ɕiao^{33}	ɕiao^{33}	ɕiao^{33}
介休	tɕiɔo^{13}	tɕiɔo^{13}	tɕyʌʔ$^{\underline{12}}$/ tɕiɔo^{13}	tɕʰiɔo^{13}	tɕʰiɔo^{13}	ɕiɔo^{13}	ɕiɔo^{13}	ɕiɔo^{13}
灵石	tɕiɔ^{535}	tɕiɔ^{535}	tɕiɔ^{535}	tɕʰiɔ^{535}	tɕʰiɔ^{44}	ɕiɔ^{535}	ɕiɔ^{535}	ɕiɔ^{535}
盂县	tɕiɑu^{412}	tɕiɑu^{412}	tɕiɑu^{412}/ tɕyʌʔ$^{\underline{53}}$	tɕiəu^{412}	tɕʰiɑu^{22}	ɕiɑu^{412}	ɕiɑu^{412}	ɕiɑu^{412}
寿阳	tɕiɔo^{31}	tɕiɔo^{31}	tɕyɛʔ$^{\underline{54}}$	tɕʰiɪ^{31}	tɕʰiɔo^{22}	ɕiɔo^{31}	ɕiɔo^{31}	ɕiɔo^{31}
榆社	tɕiou^{22}	tɕiou^{22}	tɕi^{22} 白 / tɕiou^{22} 文	tɕʰiou^{22}	tɕʰiou^{22}	ɕi^{22} 白 / ɕiou^{22} 文	ɕiou^{22}	ɕiou^{22}
离石	tɕiou^{24}	tɕiou^{24}	tɕiou^{24}	tɕʰiou^{24}	tɕʰiou^{44}	ɕiou^{24}	ɕiou^{24}	ɕiou^{24}
汾阳	tɕiɯ^{324} 白 / tɕiau^{324} 文	tɕiau^{324}	tɕiɯ^{324} 白 / tɕiau^{324} 文	——	tɕʰiau^{22}	ɕiɯ^{324} 白 / ɕiau^{324} 文	ɕiau^{324}	ɕiau^{324}
中阳	tɕiɔo^{24}	tɕiɔo^{24}	tɕiɔo^{24}	tɕʰiɔo^{24}	tɕʰiɔo^{33}	ɕiɔo^{24}	ɕiɔo^{24}	ɕiɔo^{24}
柳林	tɕiou^{24}	tɕiou^{24}	tɕiou^{24}	tɕʰie^{24}	tɕʰiou^{44}	ɕiou^{24}	ɕiou^{24}	ɕiou^{24}
方山	tɕiou^{24}	tɕiou^{24}	tɕiou^{24}	tɕʰiou^{24}	tɕʰiou^{44}	ɕiou^{24}	ɕiou^{24}	ɕiou^{24}
临县	tɕiɔu^{24}	tɕiɔu^{24}	tɕiɔu^{24}	tɕʰiɔu^{24}	tɕʰiɔu^{24}	ɕiɔu^{24}	ɕiɔu^{24}	ɕiɔu^{24}
兴县	tɕiɯu^{324}	tɕiɯu^{324}	tɕiɯu^{324}	tɕʰiɯu^{324}	tɕʰiɯu^{55}	ɕiɯu^{324}	ɕiɯu^{324}	ɕiɯu^{324}

续表

字目	焦	蕉	椒	锹	樵	消	宵	霄
中古音／方言点	即消 效开三 平宵精	即消 效开三 平宵精	即消 效开三 平宵精	七遥 效开三 平宵清	昨焦 效开三 平宵从	相邀 效开三 平宵心	相邀 效开三 平宵心	相邀 效开三 平宵心
岚县	tɕiɤu^{214}	tɕiɤu^{214}	tɕiɤu^{214}	tɕʰiɤu^{214}	tɕʰiɤu^{44}	ɕiɤu^{214}	ɕiɤu^{214}	ɕiɤu^{214}
静乐	tɕiɑo^{24}	tɕiɑo^{24}	tɕiɑo^{24}	——	tɕʰiɑo^{24}	ɕiɑo^{24}	ɕiɑo^{24}	ɕiɑo^{24}
交口	tɕiɑo^{323}	tɕiɑo^{323}	tɕiɑo^{323}	——	tɕʰiɑo^{44}	ɕiɑo^{323}	ɕiɑo^{323}	ɕiɑo^{323}
石楼	tɕiɔo^{213}	tɕiɔo^{213}	tɕiɔo^{213}	——	tɕʰiɔo^{44}	ɕiɔo^{213}	ɕiɔo^{213}	ɕiɔo^{213}
隰县	tɕiɑo^{53}	tɕiɑo^{53}	tɕiɑo^{53}	——	tɕʰiɑo^{24}	ɕiɑo^{53}	ɕiɑo^{53}	ɕiɑo^{53}
大宁	tɕiɐu^{31}	tɕiɐu^{31}	tɕiɐu^{31}	——	tɕʰiɐu^{24}	ɕiɐu^{31}	ɕiɐu^{31}	ɕiɐu^{31}
永和	tɕiɑo^{33}	tɕiɑo^{33}	tɕiɑo^{33}	——	tɕiɑo^{35}	ɕiɑo^{33}	ɕiɑo^{33}	ɕiɑo^{33}
汾西	tɕiɑo^{11}	tɕiɑo^{11}	tiu^{11} 白 / tɕiɑo^{11}	——	tɕʰiɑo^{35}	ɕiɑo^{11}	ɕiɑo^{11}	ɕi^{11} 白
蒲县	tɕiɑu^{52}	tɕiɑu^{52}	tɕiɑu^{31}	tɕʰiɑu^{52}	tɕʰiɑu^{24}	ɕiɑu^{52}	ɕiɑu^{52}	ɕiɑu^{52}
潞州	tɕiɑo^{312}	tɕiɑo^{312}	tɕiɑo^{312}	tɕʰiɑo^{312}	tɕʰiɑo^{24}	ɕiɑo^{312}	ɕiɑo^{312}	ɕiɑo^{312}
上党	tɕiɔ^{213}	tɕiɔ^{213}	tɕiɔ^{213}	tɕʰiɔ^{213}	tɕʰiɔ^{44}	ɕiɔ^{213}	ɕiɔ^{213}	ɕiɔ^{213}
长子	tɕiɔ^{312}	tɕiɔ^{312}	tɕiɔ^{312}	tɕʰiɔ^{312}	tɕʰiɔ^{24}	ɕiɔ^{312}	ɕiɔ^{312}	ɕiɔ^{312}
屯留	tɕiɔo^{31}	tɕiɔo^{31}	tɕiɔo^{31}	tɕʰiɔo^{31}	tɕʰiɔo^{11}	ɕiɔo^{31}	ɕiɔo^{31}	ɕiɔo^{31}
襄垣	tɕiɔo^{33}	tɕiɔo^{33}	tɕiɔo^{33}	tɕʰiɔo^{33}	tɕʰiɔo^{31}	ɕiɔo^{33}	ɕiɔo^{33}	ɕiɔo^{33}
黎城	tɕiɔo^{33}	tɕiɔo^{33}	tɕiɔo^{33}	tɕʰiɔo^{33}	tɕʰiɔo^{33}	ɕiɔo^{33}	ɕiɔo^{33}	ɕiɔo^{33}
平顺	tɕiɔ^{213}	tɕiɔ^{213}	tɕiɔ^{213}	cʰiɔ^{213}	cʰiɔ^{13}	ɕiɔ^{213}	ɕiɔ^{213}	ɕiɔ^{213}
壶关	tsiɔ^{33}	tsiɔ^{33}	tsiɔ^{33}	cʰiɔ^{33}	cʰiɔ^{13}	siɔ^{33}	siɔ^{33}	siɔ^{33}
沁县	tɕio^{224}	tɕio^{224}	tɕio^{224}	tɕʰio^{224}	tɕʰio^{33}	ɕio^{224}	ɕio^{224}	ɕio^{224}
武乡	tɕiɔ^{113}	tɕiɔ^{113}	tɕiɔ^{113}	——	tɕʰiɔ^{33}	ɕiɔ^{113}	ɕiɔ^{113}	ɕiɔ^{113}
沁源	tɕiɔo^{324}	tɕiɔo^{324}	tɕiɔo^{324}	tɕʰiɔo^{324}	tɕʰiɔo^{33}	ɕiɔo^{324}	ɕiɔo^{324}	ɕiɔo^{324}
安泽	tɕiau^{21}	tɕiau^{21}	tɕiau^{21}	——	——	ɕiau^{21}	ɕiau^{21}	ɕiau^{21}
沁水端氏	tɕiɔ^{21}	tɕiɔ^{21}	tɕiɔ^{21}	tɕʰiɔ^{21}	——	ɕiɔ^{21}	ɕiɔ^{21}	ɕiɔ^{21}
阳城	tɕio^{224}	tɕio^{224}	tɕio^{224}	tɕʰio^{224}	tɕio^{224}	ɕio^{224}	ɕio^{224}	ɕio^{224}
高平	tɕiɔo^{33}	tɕiɔo^{33}	tɕiɔo^{33}	——	tɕʰiɔo^{33}	ɕiɔo^{33}	ɕiɔo^{33}	ɕiɔo^{33}
陵川	tɕiɔo^{33}	tɕiɔo^{33}	tɕiɔo^{33}	tɕʰiɔo^{33}	cʰiɔo^{53}	ɕiɔo^{33}	ɕiɔo^{33}	ɕiɔo^{33}
晋城	tɕio^{33}	tɕio^{33}	tɕio^{33}	tɕʰiɛ^{33}	tɕʰio^{324}	ɕio^{33}	ɕio^{33}	ɕio^{33}
忻府	tɕiɔo^{313}	tɕiɔo^{313}	tɕiɔo^{313}	tɕʰiɔo^{313}	tɕʰiɔo^{21}	ɕiɔo^{313}	ɕiɔo^{313}	ɕiɔo^{313}
原平	tɕiɔo^{213}	tɕiɔo^{213}	tɕiɔo^{213}	tɕʰiɔo^{213}	tɕʰiɔo^{213}	ɕiɔo^{213}	ɕiɔo^{213}	ɕiɔo^{213}
定襄	tɕiɔu^{24}	tɕiɔu^{24}	tɕiɔu^{24}	tɕʰiɔu^{24}	tɕiɔu^{24}	ɕiɔu^{24}	ɕiɔu^{24}	ɕiɔu^{24}
五台	tɕiɑɔ^{213}	tɕiɑɔ^{213}	tɕiɑɔ^{213}	tɕʰiɑɔ^{213}	tɕʰiɑɔ^{213}	ɕiɑɔ^{213}	ɕiɑɔ^{213}	ɕiɑɔ^{213}

续表

字目	焦	蕉	椒	锹	樵	消	宵	霄
中古音 / 方言点	即消 效开三 平宵精	即消 效开三 平宵精	即消 效开三 平宵精	七遥 效开三 平宵清	昨焦 效开三 平宵从	相邀 效开三 平宵心	相邀 效开三 平宵心	相邀 效开三 平宵心
岢岚	tɕiɑu^{13}	tɕiɑu^{13}	tɕiɑu^{44}	tɕʰiɑu^{13}	tɕʰiɑu^{44}	ɕiɑu^{13}	ɕiɑu^{13}	ɕiɑu^{13}
五寨	tɕiɑu^{13}	tɕiɑu^{13}	tɕiɑu^{44}	tɕʰiɑu^{13}	tɕʰiɑu^{44}	ɕiɑu^{13}	ɕiɑu^{13}	ɕiɑu^{13}
宁武	tɕiɔu^{23}	tɕiɔu^{23}	tɕiɔu^{23}	tɕʰiɔu^{23}	tɕʰiɔu^{33}	ɕiɔu^{23}	ɕiɔo^{23}	ɕiɔu^{23}
神池	tɕiɔo^{24}	tɕiɔo^{24}	tɕiɔo^{24}	tɕʰiɔo^{24}	tɕʰiɔo^{32}	ɕiɔo^{24}	ɕiɔo^{24}	ɕiɔo^{24}
繁峙	tɕiɑo^{53}	tɕiɑo^{53}	tɕiɑo^{53}	tɕʰiɑo^{53}	tɕʰiɑo^{31}	ɕiɑo^{53}	ɕiɑo^{53}	ɕiɑo^{53}
代县	tɕiau^{213}	tɕiau^{213}	tɕiau^{213}	tɕʰiau^{213}	tɕʰiau^{44}	ɕiau^{213}	ɕiau^{213}	ɕiau^{213}
河曲	tɕiɔu^{44}	tɕiɔu^{21}	tɕyaʔ^{4}	tɕʰiɔu^{213}	——	ɕiɔu^{213}	ɕiɔu^{213}	ɕiɔu^{213}
保德	tɕiəu^{213}	tɕiəu^{213}	tɕiəu^{213}	tɕʰiəu^{213}	tɕʰiəu^{44}	ɕiəu^{213}	ɕiəu^{213}	ɕiəu^{213}
偏关	tɕiɔo^{24}	tɕiɔo^{24}	tɕiɔo^{24}	tɕʰiɔo^{24}	tɕʰiɔo^{44}	ɕiɔo^{24}	ɕiɔo^{24}	ɕiɔo^{24}
朔城	tɕiɔo^{312}	tɕiɔo^{312}	tɕiɔo^{312}	tɕʰiɔo^{312}	——	ɕiɔo^{312}	ɕiɔo^{312}	ɕiɔo^{312}
平鲁	tɕiɔ^{213}	tɕiɔ^{213}	tɕiɔ^{213}	tɕʰiɔ^{213}	tɕʰiɔ^{213}	ɕiɔ^{213}	ɕiɔ^{213}	ɕiɔ^{213}
应县	tɕiau^{43}	tɕiau^{43}	tɕiau^{43}	tɕʰiau^{43}	——	ɕiau^{43}	ɕiau^{43}	ɕiau^{43}
灵丘	tɕiɔo^{442}	tɕiɔo^{442}	tɕiɔo^{442}	tɕʰiɔo^{442}	tɕʰiɔo^{31}	ɕiɔo^{442}	ɕiɔo^{442}	ɕiɔo^{442}
浑源	tɕiʌu^{52}	tɕiʌu^{52}	tɕiʌu^{52}	tɕʰiʌu^{52}	tɕʰiʌu^{22}	ɕiʌu^{52}	ɕiʌu^{52}	ɕiʌu^{52}
云州	tɕiɑu^{21}	tɕiɑu^{21}	tɕiɑu^{21}	tɕʰiɑu^{21}	tɕʰiɑu^{312}	ɕiɑu^{21}	ɕiɑu^{21}	ɕiɑu^{21}
新荣	tɕiɔu^{32}	tɕiɔu^{32}	tɕiɔu^{32}	tɕʰiɔu^{32}	tɕʰiɔu^{312}	ɕiɔu^{32}	ɕiɔu^{32}	ɕiɔu^{32}
怀仁	tɕiɔu^{42}	tɕiɔu^{42}	tɕiɔu^{42}	tɕʰiɔu^{42}	tɕʰiɔu^{312}	ɕiɔu^{42}	ɕiɔu^{42}	ɕiɔu^{42}
左云	tɕiɔu^{31}	tɕiɔu^{31}	tɕiɔu^{31}	tɕʰiɔu^{31}	tɕʰiɔu^{313}	ɕiɔu^{31}	ɕiɔu^{31}	ɕiɔu^{31}
右玉	tɕiɐo^{31}	tɕiɐo^{31}	tɕiɐo^{31}	tɕʰiɐo^{31}	tɕiɐo^{31}	ɕiɐo^{31}	ɕiɐo^{31}	ɕiɐo^{31}
阳高	tɕiɔu^{31}	tɕiɔu^{31}	tɕiɔu^{31}	tɕʰiɔu^{31}	tɕʰiɔu^{31}	ɕiɔu^{31}	ɕiɔu^{31}	ɕiɔu^{31}
山阴	tɕiɔo^{313}	tɕiɔo^{313}	tɕiɔo^{313}	tɕʰiɔo^{313}	tɕʰiɔo^{313}	ɕiɔo^{313}	ɕiɔo^{313}	ɕiɔo^{313}
天镇	tɕiɔu^{31}	tɕiɔu^{31}	tɕiɔu^{31}	tɕʰiɔu^{31}	tɕʰiɔu^{22}	ɕiɔu^{31}	ɕiɔu^{31}	ɕiɔu^{31}
平定	tɕiɔ^{31}	tɕiɔ^{31}	tɕiɔ^{31}/ tɕyæʔ^{4}	tɕʰiɔ^{31}	tɕiɔ^{44}	ɕiɔ^{31}	ɕiɔ^{31}	ɕiɔ^{31}
昔阳	tɕiɔo^{42}	tɕiɔo^{42}	tɕiɔo^{42}	tɕʰiɔo^{42}	tɕʰiɔo^{33}	ɕiɔo^{42}	ɕiɔo^{42}	ɕiɔo^{42}
左权	tɕiəu^{31}	tɕiəu^{31}	tɕiəu^{31}	tɕʰiəu^{31}	tɕʰiəu^{11}	ɕiəu^{31}	ɕiəu^{31}	ɕiəu^{31}
和顺	tɕiɔu^{42}	tɕiɔu^{42}	tɕiɔu^{42}	tɕʰiɔu^{42}	——	ɕiɔu^{42}	ɕiɔu^{42}	ɕiɔu^{42}
尧都	tɕiɑu^{21}	tɕiɑu^{21}	tɕiɑu^{21}	tɕʰiɑu^{21}	tɕʰiɑu^{21}	ɕiɑu^{21}	ɕiɑu^{21}	ɕiɑu^{21}
洪洞	tɕiɑo^{21}	tɕiɑo^{0}	to^{21} 白 / tɕiɑo^{21} 文	tɕʰiɑo^{21}	tɕʰiɑo^{24}	ɕiɑo^{21}	ɕiɑo^{21}	ɕiɑo^{21}
洪洞赵城	tɕiɑo^{21}	tɕiɑo^{21}	tɕiɑo^{21}	tɕiɑo^{21}	tɕʰiɑo^{24}	ɕiɑo^{21}	ɕiɑo^{21}	ɕiɑo^{21}
古县	tɕiɑu^{21}	tɕiɑu^{21}	tɕiɑu^{21}	tɕʰiɑu^{21}	tɕʰiɑu^{35}	ɕiɑu^{21}	ɕiɑu^{21}	ɕiɑu^{21}

续表

字目	焦	蕉	椒	锹	樵	消	宵	霄
中古音 方言点	即消 效开三 平宵精	即消 效开三 平宵精	即消 效开三 平宵精	七遥 效开三 平宵清	昨焦 效开三 平宵从	相邀 效开三 平宵心	相邀 效开三 平宵心	相邀 效开三 平宵心
襄汾	tɕiao^{21}	tɕiao^{21}	tɕiao^{21}	tɕʰiao^{21}	tɕiao^{21}	ɕiao^{21}	ɕiao^{21}	ɕiao^{21}
浮山	tɕiao^{42}	tɕiao^{42}	tɕiao^{42}	tɕʰiao^{42}	——	ɕiao^{42}	ɕiao^{42}	ɕiao^{42}
霍州	tɕiau^{212}	tɕiau^{212}	tɕiau^{212}	tɕʰiau^{212}	tɕʰiau^{35}	ɕiau^{212}	ɕiau^{212}	ɕiau^{212}
翼城	tɕiɔo^{53}	tɕiɔo^{53}	tɕiɔo^{53}	tɕʰiɔo^{53}	tɕiɔo^{53}	ɕiɔo^{53}	ɕiɔo^{53}	ɕiɔo^{53}
闻喜	tɕiɑo^{53}	tɕiɑo^{53}	tɕiɑo^{53}/ tɕiɤ^{53}	——	tɕʰiɑo^{13}	ɕiɑo^{53}	ɕiɑo^{53}	——
侯马	tʂɑu^{213} 白/ tɕiɑu^{213} 文	tɕiɑu^{213}	tɕiɑu^{213}	tɕʰiɑu^{213}	tɕʰiɑu^{213}	ɕiɑu^{213}	ȵiɑu^{213} 白/ ɕiɑu^{213} 文	ɕiɑu^{213}
新绛	tɕiɑo^{53}	tɕiɑo^{53}	tɕiɑo^{53}	tɕʰiɑo^{13}	tɕʰiɑo^{53}	ɕiɑo^{53}	ɕiɑo^{53}	ɕiɑo^{53}
绛县	tɕiau^{53}	tɕiau^{53}	tɕiau^{53}	tɕʰiau^{53}	tɕʰiau^{24}	ɕiau^{53}	ɕiau^{53}	ɕiau^{53}
垣曲	tɕiau^{22}	tɕiau^{22}	tɕyo^{22} 白/ tɕiau^{22} 文	tɕʰiau^{22}	tɕiau^{22}	ɕiau^{22}	ɕiau^{22}	ɕiau^{22}
夏县	tɕiɑu^{53}	tɕiɑu^{53}	tɕiɑu^{53}	——	——	ɕiɑu^{53}	ɕiɑu^{53}	ɕiɑu^{53}
万荣	tɕiau^{51}	tɕiau^{51}	tɕiau^{51}	tɕʰiau^{51}	tɕʰiau^{213}	ɕiau^{51}	ɕiau^{51}	ɕiau^{51}
稷山	tɕiɑu^{53}	tɕiɑu^{53}	tɕiɑu^{53}	——	——	ɕiɑu^{53}	ɕiɑu^{53}	ɕiɑu^{53}
盐湖	tɕiɔ^{42}	tɕiɔ^{42}	tɕiɔ^{42}	tɕʰiɔ^{42}	tɕʰiɔ^{13}	ɕiɔ^{42}	ɕiɔ^{42}	ɕiɔ^{42}
临猗	tɕiɑu^{42}	tɕiɑu^{42}	tɕiɑu^{42}	tɕʰiɑu^{42}	——	ɕiɑu^{42}	ɕiɑu^{42}	ɕiɑu^{42}
河津	tɕiau^{31}	tɕiau^{31}	tʂɤ^{31}/tʂau^{31}/ tɕiau^{31} 文	tɕʰiau^{31}	tɕʰiau^{324}	ɕiau^{31}	ɕiau^{31}	ɕiau^{31}
平陆	tɕiau^{31}	tɕiau^{31}	tɕiau^{31}	ɕian^{31}/ tɕʰiau^{31}	tɕʰiau^{13}	ɕiau^{31}	ɕiau^{31}	ɕiau^{31}
永济	tɕiau^{31}	tɕiau^{31}	tɕiau^{31}	tɕʰiau^{31}	tɕiau^{31}	ɕiau^{31}	ɕiau^{31}	ɕiau^{31}
芮城	tɕiau^{42}	tɕiau^{42}	tɕiau^{42}	tɕʰiau^{42}	tɕʰiau^{13}	ɕiau^{42}	ɕiau^{42}	ɕiau^{42}
吉县	tɕiau^{423}	tɕiau^{423}	tɕiau^{423}	——	tɕʰiau^{13}	ɕiau^{423}	ɕiau^{423}	ɕiau^{423}
乡宁	tɕiau^{53}	tɕiau^{53}	tɕiau^{53}	tɕʰiau^{53}	tɕʰiau^{12}	ɕiau^{53}	ɕiau^{53}	ɕiau^{53}
广灵	tɕiʌu^{53}	tɕiʌu^{53}	tɕiʌu^{53}	tɕʰiʌu^{53}	tɕʰiʌu^{31}	ɕiʌu^{53}	ɕiʌu^{53}	ɕiʌu^{53}

字目	硝	朝~夕	超	朝~代	潮	昭	招	烧
中古音／方言点	相邀 效开三 平宵心	陟遥 效开三 平宵知	敕宵 效开三 平宵彻	直遥 效开三 平宵澄	直遥 效开三 平宵澄	止遥 效开三 平宵章	止遥 效开三 平宵章	式昭 效开三 平宵书
北京	tɕiau^{55}	tʂau^{55}	tʂʰau^{55}	tʂʰau^{35}	tʂʰau^{35}	tʂau^{55}	tʂau^{55}	ʂau^{55}
小店	ɕiɔo^{11}	tsɔo^{11}	tsʰɔo^{11}	tsʰɔo^{11}	tsʰɔo^{11}	tsɔo^{11}	tsɔo^{11}	sɔo^{11}
尖草坪	ɕiau^{33}	tsau^{33}	tsʰau^{33}	tsʰau^{33}	tsʰau^{33}	tsau^{33}	tsau^{33}	sɔ^{33}
晋源	ɕiau^{11}	tsʰau^{11}	tsʰau^{11}	tsʰau^{11}	tsʰau^{11}	tsau^{11}	tsau^{11}	sau^{11}
阳曲	ɕiɔo^{312}	tsɔo^{312}	tsʰɔo^{312}	tsʰɔo^{43}	tsʰɔo^{43}	tsɔo^{312}	tsɔo^{312}	sɔo^{312}
古交	ɕiau^{44}	tsau^{44}	tsʰau^{44}	tsʰau^{44}	tsʰau^{44}	tsau^{44}	tsau^{44}	sau^{44}
清徐	ɕiɔu^{11}	tsɔu^{11}	tsʰɔu^{11}	tsʰɔu^{11}	tsʰɔu^{11}	tsɔu^{11}	tsɔu^{11}	sɔu^{11}
娄烦	ɕiɔu^{33}	tsʰɔu^{33}	tsʰɔu^{33}	tsʰɔu^{33}	tsʰɔu^{33}	tsɔu^{54}	tsɔu^{33}	sɔu^{54}
榆次	ɕiɔu^{11}	tsʰɔu^{11}	tsʰɔu^{11}	tsʰɔu^{11}	tsʰɔu^{11}	tsɔu^{11}	tsɔu^{11}	sɔu^{11}
交城	ɕiɔu^{11}	tsɔu^{11}	tsʰɔu^{11}	tsʰɔu^{11}	tsʰɔu^{11}	tsɔu^{11}	tsɔu^{11}	sɔu^{11}
文水	ɕiau^{22}	tsʰau^{22}	tsʰau^{22}	tsʰau^{22}	tsʰɪi^{22} 白／tsʰau^{22} 文	tsau^{22}	tsau^{22}	sɪi^{22}
祁县	ɕiu^{31}	tʂɒɔ^{31}	tʂʰɒɔ^{31}/ʂɒɔ^{31}	tʂʰɒɔ^{31}	tʂʰɒɔ^{31}	tʂɒɔ^{31}	tʂɒɔ^{31}	ʂɯ^{31} 白／ʂɒɔ^{31} 文
太谷	ɕio^{33}	tsuo^{33}	tsʰuo^{33}/sɑɯ^{33}	tsʰuo^{33}	tsʰuo^{33}	tsuo^{33}	tsuo^{33}	suo^{33}
平遥	ɕiɔ^{213}	tʂʰɔ^{213}	tʂʰɔ^{213}	tʂʰɔ^{213}	tʂʰɔ^{213}	tʂɔ^{213}	tʂɔ^{213}	ʂɔ^{213}
孝义	ɕiɒ^{33}	tʂʰao^{33}	tʂʰao^{33}	tʂʰɒ^{33}	tʂʰɒ^{33}	tʂɒ^{454}	tʂɒ^{33}	ʂɒ^{33}
介休	ɕiɔo^{13}	tʂʰɔo^{13}	tsʰɔo^{13}	tʂʰɔo^{13}	tʂʰɔo^{13}	tʂɔo^{13}	tʂɔo^{13}	ʂɔo^{13}
灵石	ɕiɔ^{535}	tsɔ^{535}	tsʰɔ^{535}	tsʰɔ^{44}	tsʰɔ^{44}	tsɔ^{535}	tsɔ^{535}	sɔ^{535}
盂县	ɕiɑu^{412}	tsɑu^{412}	tsʰɑu^{412}	tsʰɑu^{22}	tsʰɑu^{22}	tsɑu^{55}	tsɑu^{412}	sɑu^{412}/sɑu^{55}
寿阳	ɕiɔo^{31}	tsɔo^{31}	tsʰɔo^{31}	tsʰɔo^{22}	tsʰɔo^{22}	tsɔo^{31}	tsɔo^{31}	sɔo^{31}
榆社	ɕiou^{22}	tsou^{22}	tsʰou^{22}	tsʰou^{22}	tsʰou^{22}	tsou^{45}	tsou^{22}	sɤ^{22} 白／sou^{22} 文
离石	ɕiou^{24}	tsou^{24}	tsʰou^{24}	tsʰou^{44}	tsʰou^{44}	tsou^{24}	tsou^{24}	sou^{24}
汾阳	ɕiau^{324}	tʂau^{324}	tʂʰɯ^{324} 白／ʂau^{22} 文	tsʰɯ^{22} 白／tʂʰau^{22} 文	tsʰɯ^{22} 白／tʂʰau^{23} 文	tʂau^{324}	tʂɯ^{324} 白／tʂau^{324} 文	ʂɯ^{324}
中阳	ɕiɔo^{24}	tsɔo^{24}	tsʰɔo^{24}	tsʰɔo^{33}	tsʰɔo^{33}	tsɔo^{24}	tsɔo^{24}	sɔo^{24}
柳林	ɕiou^{24}	tsou^{24}	tsʰou^{24}	tsʰou^{44}	tsʰou^{44}	tsou^{24}	tsou^{24}	sou^{24}
方山	ɕiou^{24}	tʂʰou^{44}	tʂʰou^{24}	tʂʰou^{44}	tʂʰou^{44}	tʂou^{24}	tʂou^{24}	ʂou^{24}
临县	ɕiɔu^{24}	tʂʰɔu^{24}	tʂʰɔu^{24}	tʂʰɔu^{33}	tʂʰɔu^{33}	tʂɔu^{24}	tʂɔu^{24}	ʂɔu^{24}
兴县	ɕiɯu^{324}	tʂɯu^{324}	tʂʰɯu^{324}	tʂʰɯu^{55}	tʂʰɯu^{55}	tʂɯu^{324}	tʂɯu^{324}	ʂɯu^{324}
岚县	ɕiɤu^{214}	tsau^{44}	tsʰau^{214}	tsʰau^{44}	tsʰau^{44}	tsau^{214}	tsau^{214}	sau^{214}

续表

字目	硝	朝~夕	超	朝~代	潮	昭	招	烧
中古音 / 方言点	相邀 效开三 平宵心	陟遥 效开三 平宵知	敕宵 效开三 平宵彻	直遥 效开三 平宵澄	直遥 效开三 平宵澄	止遥 效开三 平宵章	止遥 效开三 平宵章	式昭 效开三 平宵书
静乐	ɕiɑo^{24}	tsɑo^{24}	tsʰɑo^{24}	tsʰɑo^{33}	tsʰɑo^{33}	tsɑo^{24}	tsɑo^{24}	sɑo^{24}
交口	ɕiɑo^{323}	tsɑo^{323}	tsʰɑo^{323}	tsʰɑo^{44}	tsʰɑo^{44}	tsɑo^{323}	tsɑo^{323}	sɑo^{323}
石楼	ɕiɔo^{213}	ʐɔo^{44}	tʂɔo^{213}	tʂʰɔo^{44} 白 / tsɔo^{213} 文	tʂʰɔo^{44}	tʂɔo^{213}	tʂɔo^{213}	ʂɔo^{213}
隰县	ɕiɑo^{53}	tsɑo^{53}	tsʰɑo^{53}	tsʰɑo^{24}	tsʰɑo^{24}	tsɑo^{53}	tsɑo^{53}	sɑo^{53}
大宁	ɕiɐu^{31}	tʂɐu^{31}	tʂʰɐu^{31}	tʂʰɐu^{24}	tʂʰɐu^{24}	tʂɐu^{31}	tʂɐu^{31}	ʂɐu^{31}
永和	ɕiɑo^{33}	tʂɑo^{33}	tʂʰɑo^{33}	tʂʰɑo^{35}	tʂʰɑo^{35}	tʂɑo^{33}	tʂɑo^{33}	ʂɑo^{33}
汾西	ɕiɑo^{11}	tsɑo^{11}	tsʰɑo^{11}	tsʰɑo^{35}	tsʰɑo^{35}	tsɑo^{11}	tsɑo^{11}	sɑo^{11}
蒲县	ɕiɑu^{31}	tʂɑu^{52}	tʂʰɑu^{52}	tʂʰɑu^{24}	tʂʰɑu^{24}	tʂɑu^{52}	tʂɑu^{52}	ʂɑu^{52}
潞州	ɕiɑo^{312}	tsɑo^{312}	tsʰɑo^{312}	tsʰɑo^{24}	tsʰɑo^{24}	tsɑo^{312}	tsɑo^{312}	sɑo^{312}
上党	ɕiɔ^{213}	tsɔ^{213}	tsʰɔ^{213}	tsʰɔ^{44}	tsʰɔ^{44}	tsɔ^{213}	tsɔ^{213}	sɔ^{213}
长子	ɕiɔ^{312}	tsɔ^{312}	tsʰɔ^{312}	tsʰɔ^{24}	tsʰɔ^{24}	tsɔ^{312}	tsɔ^{312}	sɔ^{312}
屯留	ɕiɔo^{31}	tsɔo^{31}	tsʰɔo^{31}	tsʰɔo^{11}	tsʰɔo^{11}	tsɔo^{31}	tsɔo^{31}	sɔo^{31}
襄垣	ɕiɔo^{33}	tsɔo^{33}	tsʰɔo^{33}	tsʰɔo^{31}	tsʰɔo^{31}	tsɔo^{33}	tsɔo^{33}	sɔo^{33}
黎城	ɕiɔo^{33}	tɕiɔo^{33}	tɕiɔo^{33}	tɕʰiɔo^{53}	tɕʰiɔo^{53}	tɕiɔo^{33}	tɕiɔo^{33}	ɕiɔo^{33}
平顺	ɕiɔ^{213}	tsɔ^{213}	tsʰɔ^{213}	tsʰɔ^{13}	tsʰɔ^{13}	tsɔ^{213}	tsɔ^{213}	sɔ^{213}
壶关	siɔ^{33}	tʂɔ^{33}	tʂʰɔ^{33}	tʂʰɔ^{13}	tʂʰɔ^{13}	tʂɔ^{33}	tʂɔ^{33}	ʂɔ^{33}
沁县	ɕio^{224}	tsɔo^{224}	tsʰɔo^{224}	tsʰɔo^{33}	tsʰɔo^{33}	tsɔo^{224}	tsɔo^{224}	sɔo^{224}
武乡	ɕiɔ^{113}	tsʰɔ^{33}	tsʰɔ^{113}	tsʰɔ^{33}	tsʰɔ^{33}	tsɔ^{113}	tsɔ^{113}	sɔ^{113}
沁源	ɕiɔo^{324}	tʂɔo^{324}	tʂʰɔo^{324}	tʂʰɔo^{33}	tʂʰɔo^{33}	tʂɔo^{324}	tʂɔo^{324}	ʂɔo^{324}
安泽	ɕiau^{21}	tsau^{21}	tsʰau^{35}	tsʰau^{35}	tsʰau^{35}	tsau^{21}	tsau^{21}	sau^{21}
沁水端氏	ɕiɔ^{21}	tsɔ^{21}	tsʰɔ^{21}	tsʰɔ^{24}	tsʰɔ^{24}	tsɔ^{21}	tsɔ^{21}	sɔ^{21}
阳城	ɕio^{224}	tʂo^{224}	tʂʰo^{224}	tʂʰo^{22}	tʂʰo^{22}	tʂo^{224}	tʂo^{224}	ʂo^{224}
高平	ɕiɔo^{33}	tʂɔo^{33}	tʂʰɔo^{33}	tʂʰɔo^{33}	tʂʰɔo^{33}	tʂɔo^{33}	tʂɔo^{33}	ʂɔo^{33}
陵川	ɕiɔo^{33}	tʂɔo^{33}	tʂʰɔo^{33}	tʂʰɔo^{53}	tʂʰɔo^{53}	tʂɔo^{33}	tʂɔo^{33}	ʂɔo^{33}
晋城	ɕio^{33}	tʂo^{33}	tʂʰo^{33}	tʂʰo^{324}	tʂʰo^{324}	tʂo^{33}	tʂo^{33}	ʂo^{33}
忻府	ɕiɔo^{313}	tʂɔo^{313}	tʂʰɔo^{313}	tʂʰɔo^{21}	tʂʰɔo^{21}	tʂɔo^{313}	tʂɔo^{313}	ʂɔo^{313}
原平	ɕiɔo^{213}	tʂɔo^{213}	tʂʰɔo^{213}	tʂʰɔo^{33}	tʂʰɔo^{33}	tʂɔo^{213}	tʂɔo^{213}	ʂɔo^{213}
定襄	ɕiɔu^{24}	tʂɔu^{24}	tʂɔu^{24}	tʂʰɔu^{33}	tʂʰɔu^{33}	tʂɔu^{213}	tʂɔu^{24}	ʂɔu^{24}
五台	ɕiɑɔ^{213}	tsɑɔ^{213}	tsʰɑɔ^{213}	tsʰɑɔ^{33}	tsʰɑɔ^{33}	tsɑɔ^{213}	tsɑɔ^{213}	sɑɔ^{213}
岢岚	ɕiɑu^{13}	tsɑu^{13}	tsʰɑu^{13}	tʂʰɑu^{44}	tʂʰɑu^{44}	tʂɑu^{13}	tʂɑu^{13}	sɑu^{13}

续表

字目	硝	朝~夕	超	朝~代	潮	昭	招	烧
中古音 方言点	相邀 效开三 平宵心	陟遥 效开三 平宵知	敕宵 效开三 平宵彻	直遥 效开三 平宵澄	直遥 效开三 平宵澄	止遥 效开三 平宵章	止遥 效开三 平宵章	式昭 效开三 平宵书
五寨	ɕiɑu^{13}	tsɑu^{13}	tsʰɑu^{13}	tsʰɑu^{44}	tsʰɑu^{44}	tsɑu^{13}	tsɑu^{13}	sɑu^{13}
宁武	ɕiɔu^{23}	tsɔu^{33}	tsʰɔu^{23}	tsʰɔu^{33}	tsʰɔu^{33}	tsɔu^{23}	tsɔu^{23}	sɔu^{23}
神池	ɕiɔo^{24}	tsɔo^{24}	tsʰɔo^{24}	tsʰɔo^{32}	tsʰɔo^{32}	tsɔo^{24}	tsɔo^{24}	sɔo^{24}
繁峙	ɕiɑo^{53}	tsɑo^{53}	tsʰɑo^{53}	tsʰɑo^{31}	tsʰɑo^{31}	tsɑo^{53}	tsɑo^{53}	sɑo^{53}
代县	ɕiau^{213}	tsʰau^{44}	tsʰau^{213}	tsʰau^{44}	tsʰau^{44}	tsau^{213}	tsau^{213}	sau^{213}
河曲	ɕiɔu^{213}	tʂʰɔu^{44}	tʂʰɔu^{213}	tʂʰɔu^{44}	tʂʰɔu^{44}	tʂɔu^{213}	tʂɔu^{213}	ʂɔu^{213}
保德	ɕiəu^{213}	tʂəu^{213}	tʂʰəu^{213}	tʂʰəu^{44}	tʂʰəu^{44}	tʂəu^{213}	tʂəu^{213}	ʂəu^{213}
偏关	ɕiɔo^{24}	tʂɔo^{24}	tʂʰɔo^{24}	tʂʰɔo^{44}	tʂʰɔo^{44}	tʂɔo^{24}	tʂɔo^{24}	ʂɔo^{24}
朔城	ɕiɔo^{312}	tsɔo^{312}	tsʰɔo^{312}	tsʰɔo^{35}	tsʰɔo^{35}	tsɔo^{312}	tsɔo^{312}	sɔo^{312}
平鲁	ɕiɔ^{213}	tsʰɔ^{44}	tsʰɔ^{213}	tsʰɔ^{44}	tsʰɔ^{44}	tsɔ^{213}	tsɔ^{213}	sɔ^{213}
应县	ɕiau^{43}	tsau^{43}	tsʰuau^{43}	tsʰuau^{31}	tsʰuau^{31}	tsau^{43}	tsau^{43}	sau^{43}
灵丘	ɕiɔo^{442}	tsɔo^{442}	tsʰɔo^{442}	tsʰɔo^{31}	tsʰɔo^{31}	tsɔo^{442}	tsɔo^{442}	sɔo^{442}
浑源	ɕiʌu^{52}	tsʰʌu^{22}	tsʰʌu^{52}	tsʰʌu^{22}	tsʰʌu^{22}	tsʌu^{52}	tsʌu^{52}	sʌu^{52}
云州	ɕiɑu^{21}	tʂɑu^{21}	tsʰɑu^{21}	tʂʰɑu^{312}	tʂʰɑu^{312}	tʂɑu^{21}	tʂɑu^{21}	ʂɑu^{21}
新荣	ɕiɔu^{32}	tʂɔu^{32}	tʂʰɔu^{32}	tʂʰɔu^{312}	tʂʰɔu^{312}	tʂɔu^{32}	tʂɔu^{32}	ʂɔu^{32}
怀仁	ɕiɔu^{42}	tsɔu^{42}	tsʰɔu^{42}	tsʰɔu^{312}	tsʰɔu^{312}	tsɔu^{42}	tsɔu^{42}	sɔu^{42}
左云	ɕiɔu^{31}	tsɔu^{31}	tsʰɔu^{31}	tsʰɔu^{313}	tsʰɔu^{313}	tsɔu^{31}	tsɔu^{31}	sɔu^{31}
右玉	ɕiɐo^{31}	tʂɐo^{31}	tʂʰɐo^{31}	tʂʰɐo^{31}	tʂʰɐo^{31}	tʂɐo^{31}	tʂɐo^{31}	ʂɐo^{31}
阳高	ɕiɔu^{31}	tsɔu^{31}	tsʰɔu^{31}	tsʰɔu^{31}	tsʰɔu^{31}	tsɔu^{31}	tsɔu^{31}	sɔu^{31}
山阴	ɕiɔo^{313}	tʂɔo^{313}/ tʂʰɔo^{313}	tʂʰɔo^{313}	——	tʂʰɔo^{313}	tʂɔo^{313}	tʂɔo^{313}	ʂɔo^{313}
天镇	ɕiɔu^{31}	tsɔu^{31}	tsʰɔu^{31}	tsʰɔu^{22}	tsʰɔu^{22}	tsɔu^{31}	tsɔu^{31}	sɔu^{31}
平定	ɕiɔ^{31}	tʂɔ^{31}	tʂʰɔ^{31}	tʂʰɔ^{44}	tʂʰɔ^{44}	tʂɔ^{31}	tʂɔ^{31}	ʂɔ^{31}
昔阳	ɕiɔo^{42}	tʂɔo^{42}	tʂʰɔo^{42}	tʂʰɔo^{33}	tʂʰɔo^{33}	tʂɔo^{42}	tʂɔo^{42}	ʂɔo^{42}
左权	ɕiəu^{31}	tʂəu^{31}	tʂʰəu^{31}	tʂʰəu^{11} 文	tʂʰəu^{11}	tʂəu^{31}	tʂəu^{31}	ʂəu^{31}
和顺	ɕiɔu^{42}	tʂɔu^{42}	tʂʰɔu^{42}	tʂʰɔu^{22}	tʂʰɔu^{22}	tʂɔu^{42}	tʂɔu^{42}	ʂɔu^{42}
尧都	ɕiɑu^{21}	tʂɑu^{21}	tʂʰɑu^{21}	tʂʰɑu^{24}	tʂʰɑu^{24}	tʂɑu^{21}	tʂɑu^{21}	ʂɑu^{21}
洪洞	ɕiɑo^{21}	tʂʰɑo^{24}	tʂʰɑo^{21}	tʂʰɑo^{24}	tʂʰɑo^{24}	tʂɑo^{21}	tʂɑo^{21}	ʂɑo^{21}
洪洞赵城	ɕiɑo^{21}	tʂʰɑo^{24}	tʂʰɑo^{21}	tʂʰɑo^{24}	tʂʰɑo^{24}	tʂɑo^{21}	tʂɑo^{21}	ʂɑo^{21}
古县	ɕiɑu^{21}	tʂɑu^{21}	tʂʰɑu^{21}	tʂʰɑu^{35}	tʂʰɑu^{35}	tʂɑu^{21}	tʂɑu^{21}	ʂɑu^{21}
襄汾	ɕiao^{21}	tʂao^{21}	tʂʰao^{21}	tʂʰao^{24}	tʂao^{24}	tʂao^{21}	tʂao^{21}	ʂao^{21}

续表

字目	硝	朝~夕	超	朝~代	潮	昭	招	烧
中古音 / 方言点	相邀 效开三 平宵心	陟遥 效开三 平宵知	敕宵 效开三 平宵彻	直遥 效开三 平宵澄	直遥 效开三 平宵澄	止遥 效开三 平宵章	止遥 效开三 平宵章	式昭 效开三 平宵书
浮山	ɕiao^{42}	tʂao^{42}	tʂʰao^{42}	tʂʰao^{13}	tʂao^{13}	tʂao^{42}	tʂao^{42}	ʂao^{42}
霍州	ɕiau^{212}	tʂau^{212}	tʂʰau^{212}	tʂʰau^{35}	tʂʰau^{35}	tʂau^{212}	tʂau^{212}	ʂau^{212}
冀城	ɕiɔo^{53}	tʂɔo^{53}	tʂɔo^{53}	tʂɔo^{12}	tʂɔo^{12}	tʂɔo^{53}	tʂɔo^{53}	ʂɔo^{53}
闻喜	ɕiɑo^{53}	——	tsʰɑo^{53}	tsʰɑo^{13}/ tɑo^{53}	tsʰɑo^{13}	tsɑo^{53}	tsɑo^{53}	sɑo^{53}
侯马	ɕiɑu^{213}	tʂɑu^{213}	tʂʰɑu^{213}	tʂʰɑu^{213}	tʂʰɑu^{213}	tʂɑu^{213}	tʂɑu^{213}	ʂɑu^{213}
新绛	ɕiɑo^{53}	tʂɑo^{44}	tʂʰɑo^{53}	tʂʰɑo^{13}	tʂʰɑo^{13}	tʂɑo^{53}	tʂɑo^{53}	ʂɑo^{53}
绛县	ɕiau^{53}	tʂau^{53}	tʂʰau^{53}	tʂʰau^{24}	tʂʰau^{24}	tʂau^{53}	tʂau^{53}	ʂau^{53}
垣曲	ɕiau^{22}	tʂʰau^{22}	tʂʰau^{22}	tʂʰau^{22}	tʂʰau^{22}	tʂau^{22}	tʂau^{22}	ʂau^{22}
夏县	ɕiɑu^{53}	tʂʰɑu^{53}	tʂʰɑu^{53}	tʂʰɑu^{42}	tʂʰɑu^{42}	tʂɑu^{53}	tʂɑu^{53}	ʂɑu^{53}
万荣	ɕiau^{51}	tʂau^{51}	tʂʰau^{51}	tʂʰau^{213}	tʂʰau^{213}	tʂau^{51}	tʂau^{51}	ʂau^{51}
稷山	ɕiɑu^{53}	tʂʰɑu^{13}	tʂʰɑu^{53}	tʂʰɑu^{13}	tʂʰɑu^{13}	tʂɑu^{53}	tʂɑu^{53}	ʂɑu^{53}
盐湖	ɕiɔ^{42}	tʂɔ^{42}	tʂʰɔ^{42}	tʂʰɔ^{13}	tʂʰɔ^{13}	tʂɔ^{42}	tʂɔ^{42}	ʂɔ^{42}
临猗	ɕiɑu^{42}	tʂɑu^{42}	tʂʰɑu^{42}	tʂʰɑu^{13}	tʂʰɑu^{13}	tʂɑu^{42}	tʂɑu^{42}	ʂɑu^{42}
河津	ɕiau^{31}	tʂau^{31}	tʂʰau^{31}	tʂʰau^{324}	tʂʰau^{324}	tʂau^{31}	tʂau^{31}	ʂau^{31}/ʂau^{44}
平陆	ɕiau^{31}	tʂau^{31}	tʂʰau^{31}	tʂʰau^{13}	tʂʰau^{13}	tʂau^{31}/ʂau^{13}	tʂau^{31}	ʂau^{31}/ʂau^{33}
永济	ɕiau^{31}	tʂau^{31}	tʂʰau^{31}	tʂʰau^{24}	tʂʰau^{24}	tʂau^{31}	tʂau^{31}	ʂau^{31}
芮城	ɕiau^{42}	tʂʰau^{13}	tʂʰau^{42}	tʂʰau^{13}	tʂʰau^{13}	tʂʰau^{42}	tʂau^{42}	ʂau^{42}
吉县	ɕiau^{423}	——	tʂʰau^{423}	tʂʰau^{13}	tʂʰau^{13}	tʂau^{423}	tʂau^{423}	ʂau^{423}
乡宁	ɕiau^{53}	tʂʰau^{12}	tʂʰau^{53}	tʂʰau^{12}	tʂʰau^{12}	tʂau^{53}	tʂau^{53}	ʂau^{53}
广灵	ɕiʌu^{53}	tsʌu^{53}	tsʰʌu^{53}	tsʰʌu^{31}	tsʰʌu^{31}	tsʌu^{53}	tsʌu^{53}	sʌu^{53}

字目	饶	娇	骄	乔	桥	侨	妖	邀
中古音 / 方言点	如招 效开三 平宵日	举乔 效开三 平宵见	举乔 效开三 平宵见	巨娇 效开三 平宵群	巨娇 效开三 平宵群	巨娇 效开三 平宵群	於乔 效开三 平宵影	於霄 效开三 平宵影
北京	ẓau^{35}	tɕiau^{55}	tɕiau^{55}	tɕʰiau^{35}	tɕʰiau^{35}	tɕʰiau^{35}	iau^{55}	iau^{55}
小店	zɔo^{11}	tɕiɔo^{11}	tɕiɔo^{11}	tɕʰiɔo^{11}	tɕʰiɔo^{11}	tɕʰiɔo^{11}	iɔo^{11}	——
尖草坪	zau^{33}	tɕiau^{33}	tɕiau^{33}	tɕʰiau^{33}	tɕʰiau^{33}	tɕʰiau^{33}	iau^{33}	iau^{33}
晋源	zau^{11}	tɕiau^{11}	tɕiau^{11}	tɕʰiau^{11}	tɕʰiau^{11}	tɕʰiau^{11}	iau^{11}	iau^{11}
阳曲	zɔo^{43}	tɕiɔo^{312}	tɕiɔo^{312}	tɕʰiɔo^{43}	tɕʰiɔo^{43}	tɕʰiɔo^{43}	iɔo^{312}	iɔo^{312}
古交	zau^{44}	tɕiau^{44}	tɕiau^{44}	tɕʰiau^{44}	tɕʰiau^{44}	tɕʰiau^{44}	iau^{44}	iau^{44}
清徐	zɔu^{11}	tɕiɔu^{11}	tɕiɔu^{11}	tɕiɔu^{11} 白 / tɕʰiɔu^{11} 文	tɕʰiɔu^{11}	tɕʰiɔu^{11}	iɔu^{11}	iɔu^{11}
娄烦	zɔu^{312}	tɕiɔu^{33}	tɕiɔu^{33}	tɕʰiɔu^{33}	tɕʰiɔu^{33}	tɕʰiɔu^{33}	iɔu^{33}	iɔu^{33}
榆次	zɔu^{11}	tɕiɔu^{11}	tɕiɔu^{11}	tɕʰiɔu^{11}	tɕiɔu^{11}	tɕʰiɔu^{11}	iɔu^{11}	iɔu^{11}
交城	ẓɔu^{11}	tɕiɔu^{11}	tɕiɔu^{11}	tɕʰiɔu^{11}	tɕʰiɔu^{11}	tɕʰiɔu^{11}	iɔu^{11}	iɔu^{11}
文水	ẓau^{22}	tɕiau^{22}	tɕiau^{22}	tɕʰiau^{22}	tɕʰi^{22} 白 / tɕʰiau^{22} 文	tɕʰiau^{22}	iau^{22}	iau^{22}
祁县	ẓɒɔ^{31}	tɕiɒɔ^{31}	tɕiɒɔ^{31}	tɕiu^{31} 白 / tɕʰiɒɔ^{31} 文	tɕʰiu^{31} 白 / tɕʰiɒɔ^{31} 文	tɕʰiɒɔ^{31}	iu^{31}	iu^{31}
太谷	zuo^{33}	tɕio^{33}	tɕio^{33}	tɕʰio^{33}	tɕʰio^{33}	tɕʰio^{33}	io^{33}	io^{33}
平遥	ẓɔ^{213}	tɕiɔ^{213}	tɕiɔ^{213}	tɕʰiɔ^{213}	tɕʰiɔ^{213}	tɕʰiɔ^{213}	iɔ^{213}	iɔ^{213}
孝义	ẓao^{33}	tɕiɒ^{33}	tɕiao^{33}	tɕʰiɒ^{33}	tɕʰiɒ^{33}	tɕʰiao^{33}	iɒ^{33}	iɒ^{33}
介休	ẓɔo^{13}	tɕiɔo^{13}	tɕiɔo^{13}	tɕʰiɔo^{13}	tɕiɔo^{13}	tɕʰiɔo^{13}	iɔo^{13}	iɔo^{13}
灵石	zɔ^{44}	tɕiɔ^{535}	tɕiɔ^{535}	tɕʰiɔ^{44}	tɕʰiɔ^{44}	tɕʰiɔ^{44}	iɔ^{535}	iɔ^{535}
盂县	zɑu^{22}	tɕiɑu^{412}	tɕiɑu^{412}	tɕʰiɑu^{22}	tɕʰiɑu^{22}	tɕʰiɑu^{22}	iɑu^{412}	iɑu^{412}
寿阳	zɔo^{22}	tɕiɔo^{31}	tɕiɔo^{31}	tɕʰiɔo^{22}	tɕʰiɔo^{22}	tɕʰiɔo^{22}	iɔo^{31}	iɔo^{31}
榆社	zou^{22}	tɕiou^{22}/iou^{22}	tɕiou^{22}	tɕʰiou^{22}	tɕʰiou^{22}	tɕʰiou^{22}	iou^{22}	iou^{22}
离石	zou^{44}	tɕiou^{24}	tɕiou^{24}	tɕʰiou^{44}	tɕʰiou^{44}	tɕʰiou^{44}	iou^{24}	iou^{24}
汾阳	ẓau^{22}	tɕiɯ^{324}	tɕiau^{324}	tɕʰiau^{22}	tɕʰiɯ^{22}	tɕʰiau^{22}	iɯ^{324} 白 / iau^{324} 文	iau^{324}
中阳	ẓɔo^{33}	tɕiɔo^{24}	tɕiɔo^{24}	tɕʰiɔo^{33}	tɕʰiɔo^{33}	tɕʰiɔo^{33}	iɔo^{24}	iɔo^{24}
柳林	nou^{44}	tɕiou^{24}	tɕiou^{24}	tɕʰiou^{44}	tɕʰiou^{44}	tɕʰiou^{44}	iou^{24}	iou^{24}
方山	ẓou^{44}	tɕiou^{24}	tɕiou^{24}	tɕʰiou^{44}	tɕʰiou^{44}	tɕʰiou^{44}	iou^{24}	iou^{24}
临县	ẓɔu^{24}	tɕiɔu^{24}	tɕiɔu^{24}	tɕʰiɔu^{33}	tɕʰiɔu^{33}	tɕʰiɔu^{33}	iɔu^{24}	iɔu^{24}
兴县	ẓɯu^{55}	tɕiɯu^{324}	tɕiɯu^{324}	tɕʰiɯu^{55}	tɕʰiɯu^{55}	tɕʰiɯu^{55}	iɯu^{324}	iɯu^{324}
岚县	ẓiɤu^{44}	tɕiɤu^{214}	tɕiɤu^{214}	tɕʰiɤu^{44}	tɕʰiɤu^{44}	tɕʰiɤu^{44}	iɤu^{214}	iɤu^{214}
静乐	zɑo^{33}	tɕiɑo^{24}	tɕiɑo^{24}	tɕʰiɑo^{33}	tɕʰiɑo^{33}	tɕʰiɑo^{33}	iɑo^{24}	iɑo^{24}
交口	ẓɑo^{44}	tɕiɑo^{323}	tɕiɑo^{323}	tɕʰiɑo^{44}	tɕʰiɑo^{44}	tɕʰiɑo^{44}	iɑo^{323}	iɑo^{323}

续表

字目	饶	娇	骄	乔	桥	侨	妖	邀
中古音 / 方言点	如招 效开三 平宵日	举乔 效开三 平宵见	举乔 效开三 平宵见	巨娇 效开三 平宵群	巨娇 效开三 平宵群	巨娇 效开三 平宵群	於乔 效开三 平宵影	於霄 效开三 平宵影
石楼	ʐɔo^{44}	tɕiɔo^{213}	tɕiɔo^{213}	tɕʰiɔo^{44}	tɕiɔo^{44}	tɕʰiɔo^{44}	iɔo^{213}	iɔo^{213}
隰县	zɑo^{24}	tɕiɑo^{53}	tɕiɑo^{53}	tɕʰiɑo^{24}	tɕʰiɑo^{24}	tɕʰiɑo^{24}	iɑo^{53}	iɑo^{53}
大宁	ʐɐu^{24}	tɕiɐu^{31}	tɕiɐu^{31}	tɕʰiɐu^{24}	tɕʰiɐu^{24}	tɕʰiɐu^{24}	iɐu^{31}	iɐu^{31}
永和	ʐɑo^{35}	tɕiɑo^{312}	tɕiɑo^{312}	tɕʰiɑo^{35}	tɕʰiɑo^{35}	tɕʰiɑo^{35}	iɑo^{33}	iɑo^{35}
汾西	zɑo^{35}	tɕiɑo^{11}	tɕiɑo^{11}	tɕʰiɑo^{35}	tɕʰiɑo^{35}	tɕʰiɑo^{33}	iɑo^{11}	iɑo^{11}
蒲县	ʐɑu^{24}	tɕiɑu^{52}	tɕiɑu^{52}	tɕʰiɑu^{24}	tɕʰiɑu^{24}	tɕʰiɑu^{24}	iɑu^{52}	iɑu^{52}
潞州	iɑo^{24}	tɕiɑo^{312}	tɕiɑo^{312}	tɕʰiɑo^{24}	tɕʰiɑo^{24}	tɕʰiɑo^{24}	iɑo^{312}	iɑo^{312}
上党	iɔ^{44}	tɕiɔ^{213}	tɕiɔ^{213}	tɕʰiɔ^{44}	tɕʰiɔ^{44}	tɕʰiɔ^{44}	iɔ^{213}	iɔ^{213}
长子	iɔ^{24}	tɕiɔ^{312}	tɕiɔ^{312}	tɕʰiɔ^{24}	tɕʰiɔ^{24}	tɕʰiɔ^{24}	iɔ^{312}	iɔ^{312}
屯留	iɔo^{11}	tɕiɔo^{31}	tɕiɔo^{31}	tɕʰiɔo^{11}	tɕʰiɔo^{11}	tɕʰiɔo^{11}	iɔo^{31}	iɔo^{31}
襄垣	ʐɔo^{31}	tɕiɔo^{33}	tɕiɔo^{33}	tɕʰiɔo^{31}	tɕʰiɔo^{31}	tɕiɔo^{33}	iɔo^{33}	iɔo^{33}
黎城	iɔo^{53}	ciɔo^{33}	ciɔo^{33}	cʰiɔo^{53}	cʰiɔo^{53}	cʰiɔo^{33}	iɔo^{33}	iɔo^{33}
平顺	iɔ^{13}	ciɔ^{213}	ciɔ^{213}	cʰiɔ^{13}	cʰiɔ^{13}	cʰiɔ^{13}	iɔ^{33}	iɔ^{33}
壶关	iɔ^{13}	ciɔ^{33}	ciɔ^{33}	cʰiɔ^{13}	cʰiɔ^{13}	cʰiɔ^{13}	iɔ^{33}	iɔ^{33}
沁县	zɔo^{33}	tɕio^{224}	tɕio^{224}	tɕʰio^{33}	tɕʰio^{33}	tɕʰio^{33}	io^{224}	io^{224}
武乡	zɔ^{33}	tɕiɔ^{113}	tɕiɔ^{113}	tɕʰiɔ^{33}	tɕʰiɔ^{33}	tɕʰiɔ^{33}	iɔ^{113}	iɔ^{113}
沁源	ʐɔo^{33}	tɕiɔo^{324}	tɕiɔo^{324}	tɕʰiɔo^{33}	tɕʰiɔo^{33}	tɕʰiɔo^{33}	iɔo^{324}	iɔo^{324}
安泽	zau^{35}	tɕiau^{21}	tɕiau^{21}	tɕʰiau^{35}	tɕʰiau^{35}	tɕʰiau^{35}	iau^{21}	iau^{21}
沁水端氏	zɔ^{24}	tɕiɔ^{21}	tɕiɔ^{21}	tɕʰiɔ^{24}	tɕʰiɔ^{24}	tɕʰiɔ^{24}	iɔ^{21}	iɔ^{21}
阳城	ʐo^{22}	cio^{224}	cio^{224}	cʰio^{22}	cʰio^{22}	cʰio^{22}	io^{224}	io^{224}
高平	ʐɔo^{33}	ciɔo^{33}	ciɔo^{33}	cʰiɔo^{33}	cʰiɔo^{33}	cʰiɔo^{33}	iɔo^{33}	iɔo^{33}
陵川	lɔo^{53}	ciɔo^{33}	ciɔo^{33}	cʰiɔo^{53}	cʰiɔo^{53}	cʰiɔo^{53}	iɔo^{33}	iɔo^{33}
晋城	ʐo^{324}	tɕio^{33}	tɕio^{33}	tɕʰio^{324}	tɕʰio^{324}	tɕʰio^{324}	io^{33}	io^{33}
忻府	ʐɔo^{21}	tɕiɔo^{313}	tɕiɔo^{313}	tɕʰiɔo^{21}	tɕʰiɔo^{21}	tɕʰiɔo^{21}	iɔo^{313}	iɔo^{313}
原平	ʐɔo^{33}	tɕiɔo^{213}	tɕiɔo^{213}	tɕʰiɔo^{33}	tɕʰiɔo^{33}	tɕʰiɔo^{33}	iɔo^{213}	iɔo^{213}
定襄	ʐɔu^{24}	tɕiɔu^{24}	tɕiɔu^{24}	tɕʰiɔu^{11}	tɕʰiɔu^{11}	tɕʰiɔu^{11}	iɔu^{11}	iɔu^{24}
五台	zɑɔ^{33}	tɕiɑɔ^{213}	tɕiɑɔ^{213}	tɕʰiɑɔ^{33}	tɕʰiɑɔ^{33}	tɕʰiɑɔ^{33}	iɑɔ^{213}	iɑɔ^{213}
岢岚	ʐɑu^{44}	tɕiɑu^{13}	tɕiɑu^{13}	tɕʰiɑu^{44}	tɕʰiɑu^{44}	tɕʰiɑu^{44}	iɑu^{13}	iɑu^{13}
五寨	zɑu^{44}	tɕiɑu^{13}	tɕiɑu^{13}	tɕʰiɑu^{44}	tɕʰiəu^{44} 白 / tɕʰiɑu^{44} 文	tɕʰiɑu^{44}	iɑu^{13}	iɑu^{13}
宁武	zɔu^{33}	tɕiɔu^{23}	tɕiɔu^{23}	tɕʰiɔu^{33}	tɕʰiɔu^{33}	tɕʰiɔu^{33}	iɔu^{23}	iɔu^{23}

续表

字目	饶	娇	骄	乔	桥	侨	妖	邀
中古音 / 方言点	如招 效开三 平宵日	举乔 效开三 平宵见	举乔 效开三 平宵见	巨娇 效开三 平宵群	巨娇 效开三 平宵群	巨娇 效开三 平宵群	於乔 效开三 平宵影	於霄 效开三 平宵影
神池	zɔo^{32}	tɕiɔo^{24}	tɕiɔo^{24}	tɕʰiɔo^{32}	tɕʰiɔo^{32}	tɕʰiɔo^{32}	iɔo^{24}	iɔo^{24}
繁峙	ʐɑo^{31}	tɕiɑo^{53}	tɕiɑo^{53}	tɕʰiɑo^{31}	tɕʰiɑo^{31}	tɕʰiɑo^{31}	iɑo^{53}	iɑo^{53}
代县	zau^{44}	tɕiau^{213}	tɕiau^{213}	tɕʰiau^{44}	tɕʰiau^{44}	tɕʰiau^{44}	iau^{213}	iau^{213}
河曲	ʐɔu^{44}	tɕiɔu^{213}	tɕiɔu^{213}	tɕʰiɔu^{44}	tɕʰiɔu^{44}	tɕʰiɔu^{44}	iɔu^{213}	iɔu^{213}
保德	ʐəu^{44}	tɕiəu^{213}	tɕiəu^{213}	tɕʰiəu^{44}	tɕʰiəu^{44}	tɕʰiəu^{44}	iəu^{213}	iəu^{213}
偏关	ʐɔo^{44}	tɕiɔo^{24}	tɕiɔo^{24}	tɕʰiɔo^{44}	tɕʰiɔo^{44}	tɕʰiɔo^{44}	iɔo^{24}	iɔo^{24}
朔城	ʐɔo^{35}	tɕiɔo^{312}	tɕiɔo^{312}	tɕʰiɔo^{35}	tɕʰiɔo^{35}	tɕʰiɔo^{35}	iɔo^{312}	iɔo^{312}
平鲁	zɔ^{213}	tɕiɔ^{213}	tɕiɔ^{213}	tɕʰiɔ^{44}	tɕʰiɔ^{44}	tɕʰiɔ^{44}	iɔ^{213}	iɔ^{213}
应县	zau^{31}	tɕiau^{43}	tɕiau^{43}	tɕʰiau^{31}	tɕʰiau^{31}	tɕʰiau^{31}	iau^{43}	iau^{43}
灵丘	zɔo^{31}	tɕiɔo^{442}	tɕiɔo^{442}	tɕʰiɔo^{31}	tɕʰiɔo^{31}	tɕʰiɔo^{31}	iɔo^{442}	iɔo^{442}
浑源	zʌu^{22}	tɕiʌu^{52}	tɕiʌu^{52}	tɕʰiʌu^{22}	tɕʰiʌu^{22}	tɕʰiʌu^{22}	iʌu^{52}	iʌu^{52}
云州	ʐɑu^{312}	tɕiɑu^{21}	tɕiɑu^{21}	tɕʰiɑu^{312}	tɕʰiɑu^{312}	tɕʰiɑu^{312}	iɑu^{21}	iɑu^{21}
新荣	ʐɔu^{312}	tɕiɔu^{32}	tɕiɔu^{32}	tɕʰiɔu^{312}	tɕʰiɔu^{312}	tɕʰiɔu^{312}	iɔu^{32}	iɔu^{32}
怀仁	zɔu^{312}	tɕiɔu^{42}	tɕiɔu^{42}	tɕʰiɔu^{312}	tɕʰiɔu^{312}	tɕʰiɔu^{312}	iɔu^{42}	iɔu^{42}
左云	ʐɔu^{313}	tɕiɔu^{31}	tɕiɔu^{31}	tɕʰiɔu^{313}	tɕʰiɔu^{313}	tɕʰiɔu^{313}	iɔu^{31}	iɔu^{31}
右玉	ʐɐo^{212}	tɕiɐo^{31}	tɕiɐo^{31}	tɕʰiɐo^{212}	tɕʰiɐo^{212}	tɕʰiɐo^{212}	iɐo^{31}	iɐo^{31}
阳高	ʐɔu^{312}	tɕiɔu^{31}	tɕiɔu^{31}	tɕʰiɔu^{312}	tɕʰiɔu^{312}	tɕʰiɔu^{312}	iɔu^{31}	iɔu^{31}
山阴	ʐɔo^{313}	tɕiɔo^{313}	tɕiɔo^{313}	tɕʰiɔo^{313}	tɕʰiɔo^{313}	tɕʰiɔo^{313}	iɔo^{313}	iɔo^{313}
天镇	zɔu^{22}	tɕiɔu^{31}	tɕiɔu^{31}	tɕʰiɔu^{22}	tɕʰiɔu^{22}	tɕʰiɔu^{22}	iɔu^{31}	iɔu^{31}
平定	ʐɔ^{44}	tɕiɔ^{31}	tɕiɔ^{31}	tɕiɔ^{44}	tɕiɔ^{44}	tɕiɔ^{44}	iɔ^{31}	iɔ^{31}
昔阳	ʐɔo^{33}	tɕiɔo^{42}	tɕiɔo^{42}	tɕʰiɔo^{33}	tɕʰiɔo^{33}	tɕʰiɔo^{33}	iɔo^{42}	iɔo^{42}
左权	ʐəu^{11}	tɕiəu^{31}	tɕiəu^{31}	tɕʰiəu^{11}	tɕʰiəu^{11}	tɕʰiəu^{11}	iəu^{31}	iəu^{31}
和顺	ʐɔu^{22}	tɕiɔu^{42}	tɕiɔu^{42}	tɕʰiɔu^{22}	tɕʰiɔu^{22}	tɕʰiɔu^{22}	iɔu^{42}	iɔu^{42}
尧都	ʐɑu^{24}	tɕiɑu^{21}	tɕiɑu^{21}	tɕʰiɑu^{24}	tɕʰiɑu^{24}	tɕʰiɑu^{24}	iɑu^{21}	iɑu^{21}
洪洞	ʐɑo^{24}	tɕiɑo^{21}	tɕiɑo^{21}	tɕʰiɑo^{24}	tɕʰiɑo^{24}	tɕʰiɑo^{24}	iɑo^{21}	iɑo^{21}
洪洞赵城	ʐɑo^{24}	tɕiɑo^{21}	tɕiɑo^{21}	tɕʰiɑo^{24}	tɕʰiɑo^{24}	tɕʰiɑo^{24}	iɑo^{21}	iɑo^{21}
古县	ʐɑu^{35}	tɕiɑu^{21}	tɕiɑu^{21}	tɕʰiɑu^{35}	tɕʰiɑu^{35}	tɕʰiɑu^{35}	iɑu^{21}	iɑu^{21}
襄汾	ʐao^{24}	tɕiao^{21}	tɕiao^{21}	tɕʰiao^{24}	tɕʰiao^{24}	tɕʰiao^{24}	iao^{21}	iao^{21}
浮山	ʐao^{13}	tɕiao^{42}	tɕiao^{42}	tɕʰiao^{13}	tɕʰiao^{13}	tɕʰiao^{13}	iao^{42}	iao^{42}
霍州	ʐau^{35}	tɕiau^{212}	tɕiau^{212}	tɕʰiau^{35}	tɕʰiau^{35}	tɕʰiau^{35}	iau^{212}	iau^{212}
翼城	ʐɔo^{12}	tɕiɔo^{53}	tɕiɔo^{53}	tɕʰiɔo^{12}	tɕʰiɔo^{12}	tɕʰiɔo^{12}	iɔo^{53}	iɔo^{53}

续表

字目	饶	娇	骄	乔	桥	侨	妖	邀
中古音 / 方言点	如招 效开三 平宵日	举乔 效开三 平宵见	举乔 效开三 平宵见	巨娇 效开三 平宵群	巨娇 效开三 平宵群	巨娇 效开三 平宵群	於乔 效开三 平宵影	於霄 效开三 平宵影
闻喜	zɑo^{13}	tɕiɑo^{53}	tɕiɑo^{53}	tɕʰiɑo^{13}	tɕʰiɑo^{13}	tɕʰiɑo^{13}	iɑo^{53}	iɑo^{53}
侯马	ʐɑu^{213}	tɕiɑu^{213}	tɕiɑu^{213}	tɕʰiɑu^{213}	tɕʰiɑu^{213}	tɕʰiɑu^{213}	iɑu^{213}	iɑu^{213}
新绛	ʐɑo^{13}	tɕiɑo^{53}	tɕiɑo^{53}	tɕʰiɑo^{13}	tɕʰiɑo^{13}	tɕʰiɑo^{13}	iɑo^{53}	iɑo^{53}
绛县	ʐau^{24}	tɕiau^{53}	tɕiau^{53}	tɕʰiau^{24}	tɕʰiau^{24}	tɕʰiau^{24}	iau^{53}	iau^{53}
垣曲	ʐau^{22}	tɕiau^{22}	tɕiau^{22}	tɕʰiau^{22}	tɕʰiau^{22}	tɕʰiau^{22}	iau^{22}	iau^{22}
夏县	ʐɑu^{42}	tɕiɑu^{53}	tɕiɑu^{53}	tɕʰiɑu^{42}	tɕʰiɑu^{42}	tɕʰiɑu^{42}	iɑu^{53}	iɑu^{53}
万荣	ʐau^{213}	tɕiau^{51}	tɕiau^{51}	tɕʰiau^{213}	tɕʰiau^{213}	tɕʰiau^{213}	iau^{51}	iau^{51}
稷山	ʐɑu^{13}	tɕiɑu^{53}	tɕiɑu^{53}	tɕʰiɑu^{13}	tɕʰiɑu^{13}	tɕʰiɑu^{13}	iɑu^{53}	iɑu^{53}
盐湖	ʐɔ^{42}	tɕiɔ^{42}	tɕiɔ^{42}	tɕʰiɔ^{13}	tɕʰiɔ^{13}	tɕʰiɔ^{13}	iɔ^{42}	iɔ^{42}
临猗	ʐɑu^{13}	tɕiɑu^{42}	tɕiɑu^{42}	tɕʰiɑu^{13}	tɕʰiɑu^{13}	tɕʰiɑu^{13}	iɑu^{42}	iɑu^{42}
河津	ʐau^{324}	tɕiau^{31}	tɕiau^{31}	tɕʰiau^{324}	tɕʰiau^{324}	tɕʰiau^{324}	iau^{31}	iau^{31}
平陆	ʐau^{13}	tɕiau^{31}	tɕiau^{31}	tɕʰiau^{13}	tɕʰiau^{13}	tɕʰiau^{13}	iau^{31}	iau^{31}
永济	ʐau^{24}	tɕiau^{31}	tɕiau^{31}	tɕʰiau^{24}	tɕʰiau^{24}	tɕʰiau^{24}	iau^{31}	iau^{31}
芮城	ʐau^{13}	tɕiau^{42}	tɕiau^{42}	tɕʰiau^{13}	tɕʰiau^{13}	tɕʰiau^{13}	iau^{42}	iau^{42}
吉县	ʐau^{13}	tɕiau^{423}	tɕiau^{423}	tɕʰiau^{13}	tɕʰiau^{13}	tɕʰiau^{13}	iau^{423}	iau^{423}
乡宁	ʐau^{12}	tɕiau^{53}	tɕiau^{53}	tɕʰiau^{12}	tɕʰiau^{12}	tɕʰiau^{12}	iau^{53}	iau^{53}
广灵	zʌu^{31}	tɕiʌu^{53}	tɕiʌu^{53}	tɕʰiʌu^{31}	tɕʰiʌu^{31}	tɕʰiʌu^{31}	iʌu^{53}	iʌu^{53}

字目	要~求	腰	摇	谣	窑	遥	姚	表
中古音 / 方言点	於霄 效开三 平宵影	於霄 效开三 平宵影	馀昭 效开三 平宵以	馀昭 效开三 平宵以	馀昭 效开三 平宵以	馀昭 效开三 平宵以	馀昭 效开三 平宵以	陂矫 效开三 上小帮
北京	iau^{55}	iau^{55}	iau^{35}	iau^{35}	iau^{35}	iau^{35}	iau^{35}	piau^{214}
小店	iɔo^{11}	iɔo^{11}	iɔo^{11}	iɔo^{11}	iɔo^{11}	iɔo^{11}	iɔo^{11}	piɔo^{53}
尖草坪	iau^{33}	iau^{33}	iau^{33}	iau^{33}	iau^{33}	iau^{33}	iau^{33}	piau^{312}
晋源	iau^{11}	iau^{11}	iau^{11}	iau^{11}	iau^{11}	iau^{11}	iau^{11}	piau^{11}
阳曲	iɔo^{312}	iɔo^{312}	iɔo^{43}	iɔo^{43}	iɔo^{43}	iɔo^{43}	iɔo^{43}	piɔo^{312}
古交	iau^{44}	iau^{44}	iau^{44}	iau^{44}	iau^{44}	iau^{44}	iau^{44}	piau^{312}
清徐	iɔu^{11}	iɔu^{11}	iɔu^{11}	iɔu^{11}	iɔu^{11}	iɔu^{11}	iɔu^{11}	piɔu^{54}
娄烦	iɔu^{33}	iɔu^{33}	iɔu^{33}	iɔu^{33}	iɔu^{33}	iɔu^{33}	iɔu^{33}	piɔu^{312}
榆次	iɔu^{35}	iɔu^{11}	iɔu^{11}	iɔu^{11}	iɔu^{11}	iɔu^{11}	iɔu^{11}	piɔu^{53}
交城	iɔu^{11}	iɔu^{11}	iɔu^{11}	iɔu^{11}	iɔu^{11}	iɔu^{11}	iɔu^{11}	piɔu^{53}
文水	iau^{22}	i^{22} 白 / iau^{22} 文	i^{22} 白 / iau^{22} 文	iau^{22}	i^{22} 白 / iau^{22} 文	iau^{22}	iau^{22}	piau^{423}
祁县	iu^{31}	iu^{31}	iu^{31}	iu^{31}	iu^{31}	iu^{31}	iu^{31}	piɒɔ^{314}
太谷	io^{53}	io^{33}	io^{33}	io^{33}	io^{33}	io^{33}	io^{33}	pio^{312}
平遥	iɔ^{24}	iɔ^{213}	iɔ^{213}	iɔ^{213}	iɔ^{213}	iɔ^{213}	iɔ^{213}	piɔ^{512}
孝义	iao^{33}	iao^{33}	iɒ^{33}	iao^{33}	iɒ^{33}	iɒ^{33}	iao^{33}	piɒ^{312}
介休	iɔo^{45}	iɔo^{13}	iɔo^{13}	iɔo^{13}	iɔo^{13}	iɔo^{13}	iɔo^{13}	piɔo^{423}
灵石	iɔ^{535}	iɔ^{535}	iɔ^{44}	iɔ^{44}	iɔ^{44}	iɔ^{44}	iɔ^{44}	piɔ^{212}
盂县	iɑu^{412}	iɑu^{412}	iɑu^{22}	iɑu^{22}	iɑu^{22}	iɑu^{22}	iɑu^{22}	piɑu^{53}
寿阳	iɔo^{31}	iɔo^{31}	iɔo^{22}	iɔo^{22}	iɔo^{22}	iɔo^{22}	iɔo^{22}	piɔo^{53}
榆社	i^{22} 白 / iou^{22} 文	i^{22} 白 / iou^{22} 文	i^{22} 白 / iou^{22} 文	i^{22} 白 / iou^{22} 文	i^{22} 白 / iou^{22} 文	iou^{22}	i^{22} 白 / iou^{22} 文	piou^{312}
离石	iou^{24}	iou^{24}	iou^{44}	iou^{44}	iou^{44}	iou^{44}	iou^{44}	piou^{312}
汾阳	iau^{324}	iɯ^{324} 白 / iau^{324} 文	iɯ^{22}	iau^{22}	iɯ^{22} 白 / iau^{22} 文	iɯ^{22}	iau^{22}	piau^{312}
中阳	iɔo^{24}	iɔo^{24}	iɔo^{33}	iɔo^{33}	iɔo^{33}	iɔo^{33}	iɔo^{33}	piɔo^{423}
柳林	iou^{24}	iou^{24}	iou^{44}	iou^{44}	iou^{44}	iou^{44}	iou^{44}	piou^{312}
方山	iou^{24}	iou^{24}	iou^{44}	iou^{44}	iou^{44}	iou^{44}	iou^{44}	piou^{312}
临县	iɔu^{24}	iɔu^{24}	iɔu^{33}	iɔu^{33}	iɔu^{33}	iɔu^{33}	iɔu^{33}	piɔu^{312}
兴县	iɯu^{324}	iɯu^{324}	iɯu^{55}	iɯu^{55}	iɯu^{55}	iɯu^{55}	iɯu^{55}	piɯu^{324}
岚县	iɤu^{214}	iɤu^{214}	iɤu^{44}	iɤu^{44}	iɤu^{44}	iɤu^{44}	iɤu^{44}	piɤu^{312}
静乐	iɑo^{24}	iɑo^{24}	iɑo^{33}	iɑo^{33}	iɑo^{33}	iɑo^{33}	iɑo^{33}	piɑo^{314}
交口	iɑo^{323}	iɑo^{323}	iɑo^{44}	iɑo^{44}	iɑo^{44}	iɑo^{44}	iɑo^{44}	piɑo^{323}

续表

字目	要~求	腰	摇	谣	窑	遥	姚	表
中古音 / 方言点	於霄 效开三 平宵影	於霄 效开三 平宵影	馀昭 效开三 平宵以	馀昭 效开三 平宵以	馀昭 效开三 平宵以	馀昭 效开三 平宵以	馀昭 效开三 平宵以	陂娇 效开三 上小帮
石楼	iɔo^{213}	iɔo^{213}	iɔo^{44}	iɔo^{44}	iɔo^{44}	iɔo^{44}	iɔo^{44}	piɔo^{213}
隰县	iɑo^{53}	iɑo^{53}	iɑo^{24}	iɑo^{24}	iɑo^{24}	iɑo^{24}	iɑo^{24}	piɑo^{21}
大宁	iɐu^{31}	iɐu^{31}	iɐu^{24}	iɐu^{24}	iɐu^{24}	iɐu^{24}	iɐu^{24}	piɐu^{31}
永和	iɑo^{33}	iɑo^{33}	iɑo^{35}	iɑo^{35}	iɑo^{35}	iɑo^{35}	iɑo^{35}	piɑo^{312}
汾西	iɑo^{11}	iɑo^{11}	iɑo^{11}	iɑo^{11}	iɑo^{11}/iu^{35}	iɑo^{35}	iɑo^{35}	piɑo^{33}/piu^{53}
蒲县	iɑu^{52}	iɑu^{52}	iɑu^{24}	iɑu^{24}	iɑu^{24}	iɑu^{24}	iɑu^{24}	piɑu^{52}
潞州	iɑo^{312}	iɑo^{312}	iɑo^{24}	iɑo^{24}	iɑo^{24}	iɑo^{24}	iɑo^{24}	piɑo^{535}
上党	iɔ^{213}	iɔ^{213}	iɔ^{44}	iɔ^{44}	iɔ^{44}	iɔ^{44}	iɔ^{44}	piɔ^{535}
长子	iɔ^{312}	iɔ^{312}	iɔ^{24}	iɔ^{24}	iɔ^{24}	iɔ^{24}	iɔ^{24}	piɔ^{434}
屯留	iɔo^{31}	iɔo^{31}	iɔo^{11}	iɔo^{11}	iɔo^{11}	iɔo^{11}	iɔo^{11}	piɔo^{43}
襄垣	iɔo^{33}	iɔo^{33}	iɔo^{31}	iɔo^{31}	iɔo^{31}	——	iɔo^{31}	piɔo^{42}
黎城	iɔo^{33}	iɔo^{33}	iɔo^{53}	iɔo^{33}	iɔo^{33}	iɔo^{53}	iɔo^{53}	piɔo^{213}
平顺	iɔ^{33}	iɔ^{33}	iɔ^{13}	iɔ^{13}	iɔ^{13}	iɔ^{13}	iɔ^{13}	piɔ^{434}
壶关	iɔ^{33}	iɔ^{33}	iɔ^{13}	iɔ^{13}	iɔ^{13}	iɔ^{13}	iɔ^{13}	piɔ^{535}
沁县	io^{224}	io^{224}	io^{33}	io^{33}	io^{33}	——	io^{33}	pio^{214}
武乡	iɔ^{113}	iɔ^{113}	iɔ^{33}	iɔ^{33}	iɔ^{33}	iɔ^{33}	iɔ^{33}	piɔ^{213}
沁源	iɔo^{324}	iɔo^{324}	iɔo^{33}	iɔo^{33}	iɔo^{33}	iɔo^{33}	iɔo^{33}	piɔo^{324}
安泽	iau^{21}	iau^{21}	iau^{35}	iau^{35}	iau^{35}	——	iau^{35}	piau^{42}
沁水端氏	iɔ^{21}	iɔ^{21}	iɔ^{24}	iɔ^{24}	iɔ^{24}	iɔ^{24}	iɔ^{24}	piɔ^{31}
阳城	io^{224}	io^{224}	io^{22}	io^{22}	io^{22}	io^{22}	io^{22}	pio^{212}
高平	iɔo^{33}	iɔo^{33}	iɔo^{33}	iɔo^{33}	iɔo^{33}	iɔo^{33}	iɔo^{33}	piɔo^{212}
陵川	iɔo^{33}	iɔo^{33}	iɔo^{53}	iɔo^{53}	iɔo^{53}	iɔo^{53}	iɔo^{53}	piɔo^{312}
晋城	io^{33}	io^{324}	io^{324}	io^{324}	io^{324}	io^{324}	io^{324}	pio^{213}
忻府	iɔo^{313}	iɔo^{313}	iɔo^{21}	iɔo^{21}	iɔo^{21}	iɔo^{21}	iɔo^{21}	piɔo^{313}
原平	iɔo^{213}	iɔo^{213}	iɔo^{33}	iɔo^{33}	iɔo^{33}	iɔo^{33}	iɔo^{33}	piɔo^{213}
定襄	iɔu^{53}	iɔu^{24}	iɔu^{11}	iɔu^{11}	iɔu^{11}	iɒ^{11}	iɔu^{11}	piɔu^{24}
五台	iɑɔ^{213}	iɑɔ^{213}	iɑɔ^{33}	iɑɔ^{33}	iɑɔ^{33}	iɑɔ^{33}	iɑɔ^{33}	piɑɔ^{213}
岢岚	iɑu^{13}	iɑu^{13}	iɑu^{44}	iɑu^{44}	iɑu^{44}	iɑu^{44}	iɑu^{44}	piɑu^{13}
五寨	iɑu^{13}	iɑu^{13}	iɑu^{44}	iɑu^{44}	iɑu^{44}	iɑu^{44}	iɑu^{44}	piɑu^{13}
宁武	iɔu^{23}	iɔu^{23}	iɔu^{33}	iɔu^{33}	iɔu^{33}	——	iɔu^{33}	piɔu^{213}
神池	iɔo^{24}	iɔo^{24}	iɔo^{32}	iɔo^{32}	iɔo^{32}	——	iɔo^{32}	piɔo^{13}

续表

字目	要~求	腰	摇	谣	窑	遥	姚	表
中古音 / 方言点	於霄 效开三 平宵影	於霄 效开三 平宵影	馀昭 效开三 平宵以	馀昭 效开三 平宵以	馀昭 效开三 平宵以	馀昭 效开三 平宵以	馀昭 效开三 平宵以	陂矫 效开三 上小帮
繁峙	iɑo^{53}	iɑo^{53}	iɑo^{31}	iɑo^{31}	iɑo^{31}	iɑo^{31}	iɑo^{31}	piɑo^{53}
代县	iau^{213}	iau^{213}	iau^{44}	iau^{44}	iau^{44}	iau^{44}	iau^{44}	piau^{213}
河曲	iɔu^{213}	iɔu^{213}	iɔu^{44}	iɔu^{44}	iɔu^{44}	iɔu^{213}	iɔu^{44}	ŋɔu^{213}
保德	iəu^{213}	iəu^{213}	iəu^{44}	iəu^{44}	iəu^{44}	iəu^{44}	iəu^{44}	piəu^{213}
偏关	iɔo^{24}	iɔo^{24}	iɔo^{44}	iɔo^{44}	iɔo^{44}	iɔo^{44}	iɔo^{44}	piɔo^{213}
朔城	iɔo^{312}	iɔo^{312}	iɔo^{35}	iɔo^{35}	iɔo^{35}	——	iɔo^{35}	piɔo^{312}
平鲁	iɔ^{213}	iɔ^{213}	ɕiɔ^{52}	ɕiɔ^{52}	ɕiɔ^{52}	ɕiɔ^{52}	ɕiɔ^{52}	piɔ^{213}
应县	iau^{43}	iau^{43}	iau^{31}	iau^{31}	iau^{31}	iau^{31}	iau^{31}	piau^{54}
灵丘	iɔo^{442}	iɔo^{442}	iɔo^{31}	iɔo^{31}	iɔo^{31}	iɔo^{31}	iɔo^{31}	piɔo^{442}
浑源	iʌu^{52}	iʌu^{52}	iʌu^{22}	iʌu^{22}	iʌu^{22}	iʌu^{22}	iʌu^{22}	piʌu^{52}
云州	iɑu^{21}	iɑu^{21}	iɑu^{31}	iɑu^{312}	iɑu^{312}	iɑu^{312}	iɑu^{312}	piɑu^{55}
新荣	iɔu^{32}	iɔu^{32}	iɔu^{312}	iɔu^{312}	iɔu^{312}	iɔu^{312}	iɔu^{312}	piɔu^{54}
怀仁	iɔu^{42}	iɔu^{42}	iɔu^{312}	iɔu^{312}	iɔu^{312}	iɔu^{312}	iɔu^{312}	piɔu^{53}
左云	iɔu^{31}	iɔu^{31}	iɔu^{313}	iɔu^{313}	iɔu^{313}	iɔu^{313}	iɔu^{313}	piɔu^{54}
右玉	iɐo^{31}	iɐo^{31}	iɐo^{212}	iɐo^{212}	iɐo^{212}	iɐo^{33}	iɐo^{212}	piɐo^{53}
阳高	iɔu^{31}	iɔu^{31}	iɔu^{312}	iɔu^{312}	iɔu^{312}	——	iɔu^{312}	piɔu^{53}
山阴	iɔo^{313}	iɔo^{313}	iɔo^{313}	iɔo^{313}	iɔo^{313}	iɔo^{313}	iɔo^{313}	piɔo^{52}
天镇	iɔu^{31}	iɔu^{31}	iɔu^{22}	iɔu^{22}	iɔu^{22}	——	iɔu^{22}	piɔu^{55}
平定	iɔ^{31}	iɔ^{31}	iɔ^{44}	iɔ^{44}	iɔ^{44}	——	iɔ^{44}	piɔ^{53}
昔阳	iɔo^{42}	iɔo^{42}	iɔo^{33}	iɔo^{33}	iɔo^{33}	iɔo^{33}	iɔo^{33}	piɔo^{55}
左权	iəu^{31}	iəu^{31}	iəu^{11}	iəu^{11}	iəu^{11}	——	iəu^{11}	piəu^{42}
和顺	iɔu^{42}	iɔu^{42}	iɔu^{22}	iɔu^{22}	iɔu^{22}	iɔu^{22}	iɔu^{22}	piɔu^{53}
尧都	iɑu^{21}	iɑu^{21}	iɑu^{24}	iɑu^{21}	iɑu^{21}	iɑu^{21}	iɑu^{21}	piɑu^{53}
洪洞	iɑo^{24}	iɑo^{21}/iɑo^{42}	iɑo^{24}	iɑo^{24}	iɑo^{24}	iɑo^{24}	iɑo^{24}	piɑo^{42}
洪洞赵城	iɑo^{21}	iɑo^{21}	iɑo^{24}	iɑo^{24}	iɑo^{24}	iɑo^{24}	iɑo^{24}	piɑo^{42}
古县	iɑu^{21}	iɑu^{21}	iɑu^{35}	iɑu^{35}	iɑu^{35}	iɑu^{35}	iɑu^{35}	piɑu^{42}
襄汾	iao^{21}	iao^{21}	iao^{24}	iao^{24}	iao^{24}	iao^{24}	iao^{24}	piao^{42}
浮山	iao^{42}	iao^{42}	iao^{13}	iao^{13}	iao^{13}	iao^{13}	iao^{13}	piao^{33}
霍州	iau^{212}	iau^{212}	iau^{35}	iau^{35}	iau^{35}	iau^{35}	iau^{35}	piau^{212}
翼城	ɕiɔo^{44}	ɕiɔo^{44}	ɕiɔo^{53}	ɕiɔo^{44}	ɕiɔo^{53}	iɔo^{53}	iɔo^{53}	xɔo^{53}
闻喜	iɑo^{53}	iɑo^{53}	iɑo^{13}	——	——	——	iɑo^{13}	piɑo^{33}

续表

字目	要~求	腰	摇	谣	窑	遥	姚	表
中古音 方言点	於霄 效开三 平宵影	於霄 效开三 平宵影	馀昭 效开三 平宵以	馀昭 效开三 平宵以	馀昭 效开三 平宵以	馀昭 效开三 平宵以	馀昭 效开三 平宵以	陂娇 效开三 上小帮
侯马	iɑu^{213}	iɑu^{213}	iɑu^{213}	iɑu^{213}	iɑu^{213}	iɑu^{213}	iɑu^{213}	piɑu^{44}
新绛	iɑo^{53}	iɑo^{53}	iɑo^{13}	iɑo^{53}	iɑo^{13}	iɑo^{13}	iɑo^{13}	piɑo^{44}
绛县	iau^{53}	iau^{53}	iau^{24}	iau^{24}	iau^{24}	iau^{24}	iau^{24}	piau^{33}
垣曲	iau^{22}	iau^{22}	iau^{22}	iau^{22}	iau^{22}	iau^{22}	iau^{22}	piau^{44}
夏县	iɑu^{53}	iɑu^{53}	iɑu^{42}	iɑu^{42}	iɑu^{42}	iɑu^{42}	iɑu^{42}	piɑu^{24}
万荣	iau^{51}	iau^{51}	iau^{213}	iau^{213}	iau^{213}	iau^{213}	iau^{213}	piau^{55}
稷山	iɑu^{53}	iɑu^{53}	iɑu^{13}	iɑu^{13}	iɑu^{13}	iɑu^{13}	iɑu^{13}	piɑu^{44}
盐湖	iɔ^{42}	iɔ^{42}	iɔ^{13}	iɔ^{13}	iɔ^{13}	iɔ^{13}	iɔ^{13}	piɔ^{53}
临猗	iɑu^{42}	iɑu^{42}	iɑu^{13}	iɑu^{13}	iɑu^{13}	iɑu^{13}	iɑu^{13}	piɑu^{53}
河津	iau^{31}	iau^{31}	iau^{324}	iau^{324}	iau^{324}	iau^{324}	iau^{324}	piau^{53}
平陆	iau^{31}	iau^{31}	iau^{13}	iau^{13}	iau^{13}	iau^{13}	iau^{13}	piau^{55}
永济	iau^{31}	iau^{31}	iau^{24}	iau^{24}	iau^{24}	iau^{24}	iau^{24}	piau^{53}
芮城	iau^{42}	iau^{42}	iau^{13}	iau^{13}	iau^{13}	iau^{13}	iau^{13}	piau^{53}
吉县	iau^{423}	iau^{423}	iau^{13}	iau^{13}	iau^{13}	——	iau^{13}	piau^{53}
乡宁	iau^{22}	iau^{53}	iau^{12}	iau^{12}	iau^{12}	iau^{12}	iau^{12}	piau^{44}
广灵	iʌu^{53}	iʌu^{53}	iʌu^{31}	iʌu^{31}	iʌu^{31}	iʌu^{31}	iʌu^{31}	piʌu^{44}

字目	秒	小	赵	兆	少多~	绍	扰	绕围~
中古音 / 方言点	亡沼 效开三 上小明	私兆 效开三 上小心	治小 效开三 上小澄	治小 效开三 上小澄	书沼 效开三 上小书	市沼 效开三 上小禅	而沼 效开三 上小日	而沼 效开三 上小日
北京	miau^{214}	ɕiau^{214}	tʂau^{51}	tʂau^{51}	ʂau^{214}	ʂau^{51}	ʐau^{214}	ʐau^{51}
小店	miɔo^{53}	ɕiɔo^{53}	tsɔo^{24}	tsɔo^{24}	sɔo^{53}	sɔo^{24}	zɔo^{53}	zɔo^{24}
尖草坪	miau^{312}	ɕiau^{312}	tsau^{35}	tsau^{35}	sau^{312}	sau^{35}	zau^{312}	zau^{35}
晋源	miau^{42}	ɕiau^{42}	tsau^{35}	tsau^{35}	sau^{42}	sau^{11}	zau^{42}	zau^{35}
阳曲	miɔo^{312}	ɕiɔo^{312}	tsɔo^{454}	tsɔo^{454}	sɔo^{312}	sɔo^{454}	zɔo^{312}	zɔo^{312}
古交	miau^{312}	ɕiau^{312}	tsau^{53}	tsau^{53}	sau^{53}	sau^{53}	zau^{312}	zau^{53}
清徐	miɔu^{54}	ɕɔu^{54} 白 / ɕiɔu^{54} 文	tsɔu^{45}	tsɔu^{45}	sɔu^{54}	sɔu^{45}	zɔu^{54}	zɔu^{54}
娄烦	miɔu^{312}	ɕiɔu^{312}	tsɔu^{54}	tsɔu^{54}	sɔu^{312}	sɔu^{54}	zɔu^{312}	zɔu^{312}
榆次	miɔu^{53}	ɕiɔu^{53}	tsɔu^{35}	tsɔu^{35}	sɔu^{53}	sɔu^{35}	zɔu^{53}	zɔu^{53}
交城	miɔu^{53}	ɕiɔu^{53}	tsɔu^{24}	tsɔu^{24}	sɔu^{53}	sɔu^{11}	ʐɔu^{53}	ʐɔu^{53}
文水	miau^{423}	ɕi^{423} 白 / ɕiau^{423} 文	tsau^{35}	tsau^{35}	sɪi^{423}	sau^{35}	ʐau^{423}	ʐau^{423}
祁县	miɒɔ^{314}	ɕiu^{314}	tʂɒɔ^{45}	tʂɒɔ^{45}	ʂɒɔ^{314}	ʂɒɔ^{45}	ʐɒɔ^{314}	ʐɒɔ^{314}
太谷	mio^{312}	ɕio^{312}	tsuo^{53}	tsuo^{53}	suo^{312}	suo^{53}	zuo^{312}	zuo^{312}
平遥	miɔ^{512}	ɕiɔ^{512}	tʂɔ^{24}	tʂɔ^{24}	ʂɔ^{512}	ʂɔ^{24}	ʐɔ^{512}	ʐɔ^{512}
孝义	miao^{312}	ɕiɒ^{312}	tʂɒ^{454}	tʂɒ^{454}	ʂɒ^{312}	ʂao^{454}	ʐao^{312}	ʐao^{312}
介休	miɔo^{423}	ɕi^{423}	tʂɔo^{45}	tʂɔo^{45}	ʂɔo^{423}	ʂɔo^{45}	ʐɔo^{423}	ʐɔo^{423}
灵石	miɔ^{212}	ɕiɔ^{212}	tsɔ^{53}	tsɔ^{53}	sɔ^{212}	sɔ^{53}	zɔ^{212}	zɔ^{53}
盂县	miɑu^{53}	ɕiɑu^{53}	tsɑu^{55}	tsɑu^{55}	sɑu^{53}	sɑu^{412}	zɑu^{53}	zɑu^{53}
寿阳	miɔo^{53}	ɕiɔo^{53}	tsɔo^{45}	tsɔo^{45}	sɔo^{53}	sɔo^{45}	zɔo^{22}	zɔo^{22}
榆社	miou^{312}	ɕi^{312} 白 / ɕiou^{312} 文	tsou^{45}	tsou^{45}	sou^{312}	sou^{45}	zou^{22}	zou^{312}
离石	miou^{312}	ɕiou^{312}	tsou^{53}	tsou^{53}	sou^{312}	sou^{53}	zou^{312}	zou^{312}
汾阳	miau^{312}	ɕiɯ^{312} 白 / ɕiau^{312} 文	tʂɯ^{55} 白 / tʂau^{55} 文	tʂau^{55}	ʂɯ^{312}	ʂau^{55}	ʐau^{312}	ʐau^{312}
中阳	miɔo^{423}	ɕiɔo^{423}	tsɔo^{53}	tsɔo^{53}	sɔo^{423}	sɔo^{53}	ʐɔo^{423}	ʐɔo^{423}
柳林	miou^{312}	ɕiou^{312}	tsou^{53}	tsou^{53}	sou^{312}	sou^{53}	zou^{312}	zou^{312}
方山	miou^{312}	ɕiou^{312}	tʂou^{52}	tʂou^{52}	ʂou^{312}	ʂou^{52}	ʐou^{312}	ʐou^{312}
临县	miɔu^{312}	ɕiɔu^{312}	tʂɔu^{52}	tʂɔu^{52}	ʂɔu^{312}	ʂɔu^{52}	ʐɔu^{312}	ʐɔu^{312}
兴县	miɯu^{324}	ɕiɯu^{324}	tʂɯu^{53}	tʂɯu^{53}	ʂɯu^{324}	ʂɯu^{53}	ʐɯu^{324}	ʐɯu^{324}
岚县	miɤu^{312}	ɕiɤu^{312}	tsau^{53}	tsau^{53}	sau^{312}	sau^{53}	ʐau^{312}	ʐau^{53}
静乐	miɑo^{314}	ɕiɑo^{314}	tsɑo^{53}	tsɑo^{53}	sɑo^{314}	sɑo^{53}	zɑo^{314}	zɑo^{314}

续表

字目	秒	小	赵	兆	少多~	绍	扰	绕围~
中古音 / 方言点	[亡沼] 效开三 上小明	[私兆] 效开三 上小心	[治小] 效开三 上小澄	[治小] 效开三 上小澄	[书沼] 效开三 上小书	[市沼] 效开三 上小禅	[而沼] 效开三 上小日	[而沼] 效开三 上小日
交口	miɑo^{323}	ɕiɑo^{323}	tsɑo^{53}	tsɑo^{53}	sɑo^{323}	sɑo^{53}	ʐɑo^{323}	ʐɑo^{323}
石楼	miɔ^{13}	ɕiɔo^{213}	tʂɔo^{51}	tʂɔo^{51}	ʂɔo^{213}	ʂɔo^{51}	ʐɔo^{213}	ʐɔo^{213}
隰县	miɑo^{21}	ɕiɑo^{21}	tsʰɑo^{44} 白 / tsɑo^{44} 文	tsɑo^{44}	sɑo^{21}	sɑo^{44}	zɑo^{21}	zɑo^{21}
大宁	miɐu^{31}	ɕiɐu^{31}	tʂʰɐu^{55} 白 / tʂɐu^{55} 文	tʂɐu^{55}	ʂɐu^{31}	ʂɐu^{24}	ʐɐu^{31}	ʐɐu^{55}
永和	miɑo^{312}	ɕiɑo^{312}	tʂʰɑo^{53} 白 / tʂɑo^{53} 文	tʂɑo^{53}	ʂɑo^{312}	ʂɑo^{312}	ʐɑo^{35}	ʐɑo^{35}
汾西	miɑo^{33}	ɕiɑo^{33}	tsʰɑo^{53} 白 / tsɑo^{53} 文	tsɑo^{55}	sɑo^{33}	sɑo^{35}	zɑo^{33}	——
蒲县	miɑu^{31}	ɕiɑu^{31}	tʂɑu^{33}	tʂɑu^{33}	ʂɑu^{31}	ʂɑu^{33}	ʐɑu^{31}	ʐɑu^{33}
潞州	miɑo^{535}	ɕiɑo^{535}	tsɑo^{54}	tsɑo^{54}	sɑo^{535}	sɑo^{54}	iɑo^{535}	iɑo^{535}
上党	miɔ^{535}	ɕiɔ^{535}	tsɔ^{42}	tsɔ^{42}	sɔ^{535}	sɔ^{42}	iɔ^{535}	iɔ^{535}
长子	miɔ^{434}	ɕiɔ^{434}	tsɔ^{53}	tsɔ^{53}	sɔ^{434}	sɔ^{53}	iɔ^{434}	iɔ^{434}
屯留	miɔo^{43}	ɕiɔo^{43}	tsɔo^{11}	tsɔo^{11}	sɔo^{43}	sɔo^{11}	iɔo^{43}	iɔo^{43}
襄垣	miɔo^{42}	ɕiɔo^{42}	tsɔo^{45}	tsɔo^{45}	sɔo^{42}	sɔo^{42}	ʐɔo^{42}	ʐɔo^{45}
黎城	miɔo^{213}	ɕiɔo^{213}	tɕiɔo^{53}	tɕiɔo^{422}	ɕiɔo^{213}	ɕiɔo^{53}	iɔo^{213}	iɔo^{213}
平顺	miɔ^{434}	ɕiɔ^{434}	tsɔ^{53}	tsɔ^{53}	sɔ^{434}	sɔ^{53}	iɔ^{13}	iɔ^{13}
壶关	miɔ^{535}	siɔ^{535}	tʂɔ^{353}	tʂɔ^{353}	ʂɔ^{535}	ʂɔ^{353}	iɔ^{535}	iɔ^{353}
沁县	mio^{214}	ɕio^{214}	tsɔo^{53}	tsɔo^{53}	sɔo^{214}	sɔo^{53}	zɔo^{214}	zɔo^{214}
武乡	miɔ^{213}	ɕiɔ^{213}	tsɔ^{55}	tsɔ^{55}	sɔ^{213}	sɔ^{55}	zɔ^{213}	zɔ^{55}
沁源	miɔo^{324}	ɕiɔo^{324}	tʂɔo^{53}	tʂɔo^{53}	ʂɔo^{324}	ʂɔo^{53}	ʐɔo^{324}	ʐɔo^{324}
安泽	miau^{42}	ɕiau^{42}	tsau^{53}	tsau^{53}	sau^{42}	sau^{53}	zau^{42}	zau^{53}
沁水端氏	miɔ^{31}	ɕiɔ^{31}	tsɔ^{53}	tsɔ^{53}	sɔ^{31}	sɔ^{53}	zɔ^{31}	zɔ^{31}
阳城	mio^{212}	ɕio^{212}	tʂo^{51}	tʂo^{51}	ʂo^{212}	ʂo^{51}	ʐo^{212}	ʐo^{51}
高平	miɔo^{212}	ɕiɔo^{212}	tʂɔo^{53}	tʂɔo^{53}	ʂɔo^{212}	ʂɔo^{53}	ʐɔo^{212}	——
陵川	miɔo^{312}	ɕiɔo^{312}	tʂɔo^{24}	tʂɔo^{24}	ʂɔo^{312}	ʂɔo^{24}	lɔo^{312}	lɔo^{312}
晋城	mio^{213}	ɕio^{213}	tʂo^{53}	tʂo^{53}	ʂo^{213}	ʂo^{53}	ʐo^{213}	ʐo^{53}
忻府	miɔo^{313}	ɕiɔo^{313}	tʂɔo^{53}	tʂɔo^{53}	ʂɔo^{313}	ʂɔo^{53}	ʐɔo^{313}	ʐɔo^{53}
原平	miɔo^{213}	ɕiɔo^{213}	tʂɔo^{53}	tʂɔo^{53}	ʂɔo^{213}	ʂɔo^{53}	ʐɔo^{213}	ʐɔo^{213}
定襄	miɔu^{24}	ɕiɔu^{24}	tʂɔu^{53}	tʂɔu^{53}	sɔu^{24}	sɔu^{24}	ʐɔu^{24}	ʐɔu^{24}
五台	miɑɔ^{213}	ɕiɑɔ^{213}	tsɑɔ^{52}	tsɑɔ^{52}	sɑɔ^{213}	sɑɔ^{52}	zɑɔ^{213}	zɑɔ^{213}

续表

字目	秒	小	赵	兆	少多~	绍	扰	绕围~
中古音 / 方言点	亡沼 效开三 上小明	私兆 效开三 上小心	治小 效开三 上小澄	治小 效开三 上小澄	书沼 效开三 上小书	市沼 效开三 上小禅	而沼 效开三 上小日	而沼 效开三 上小日
岢岚	miɑu^{13}	ɕiɑu^{13}	tsɑu^{52}	tsɑu^{52}	ʂɑu^{13}	ʂɑu^{52}	ʐɑu^{13}	ʐɑu^{13}
五寨	miɑu^{13}	ɕiɑu^{13}	tsɑu^{52}	tsɑu^{52}	sɑu^{13}	sɑu^{44}	zɑu^{13}	zɑu^{13}
宁武	miɔu^{213}	ɕiɔo^{213}	tsɔu^{52}	tsɔu^{52}	sɔu^{213}	sɔu^{52}	zɔu^{213}	zɔu^{213}
神池	miɔo^{13}	ɕiɔo^{13}	tsɔo^{52}	tsɔo^{52}	sɔo^{13}	sɔo^{52}	zɔo^{13}	zɔo^{13}
繁峙	miɑo^{53}	ɕiɑo^{53}	tsɑo^{24}	tsɑo^{24}	sɑo^{53}	sɑo^{24}	ʐɑo^{53}	ʐɑo^{53}
代县	miau^{213}	ɕiau^{213}	tsau^{53}	tsau^{53}	sau^{213}	sau^{53}	zau^{213}	zau^{213}
河曲	miɔu^{52}	ɕiɔu^{213}	tʂɔu^{52}	tʂɔu^{52}	ʂɔu^{213}	ʂɔu^{213}	ʐɔu^{213}	ʐɔu^{213}
保德	miəu^{213}	ɕiəu^{213}	tʂəu^{52}	tʂəu^{52}	ʂəu^{213}	ʂəu^{52}	ʐəu^{213}	ʐəu^{213}
偏关	miɔo^{213}	ɕiɔo^{213}	tʂɔo^{52}	tʂɔo^{52}	ʂɔo^{213}	ʂɔo^{213}	ʐɔo^{213}	ʐɔo^{213}
朔城	miɔo^{312}	ɕiɔo^{312}	tsɔo^{53}	tsɔo^{53}	sɔo^{312}	sɔo^{53}	ʐɔo^{312}	——
平鲁	miɔ^{213}	ɕiɔ^{213}	tsɔ^{52}	tsɔ^{52}	sɔ^{213}	sɔ^{44}	zɔ^{213}	zɔ^{52}
应县	miau^{54}	ɕiau^{54}	tsau^{24}	tsau^{24}	sau^{54}	sau^{43}	zau^{54}	zau^{54}
灵丘	miɔo^{443}	ɕiɔo^{442}	tsɔo^{53}	tsɔo^{53}	sɔo^{442}	sɔo^{53}	zɔo^{442}	zɔo^{53}
浑源	miʌu^{52}	ɕiʌu^{52}	tsʌu^{13}	tsʌu^{13}	sʌu^{13}	sʌu^{22}	zʌu^{52}	zʌu^{52}
云州	miɑu^{55}	ɕiɑu^{55}	tsɑu^{24}	tsɑu^{24}	ʂɑu^{55}	ʂɑu^{24}	ʐɑu^{55}	ʐɑu^{55}
新荣	miɔu^{54}	ɕiɔu^{54}	tʂɔu^{24}	tʂɔu^{24}	ʂɔu^{54}	ʂɔu^{312}	ʐɔu^{54}	ʐɔu^{54}
怀仁	miɔu^{53}	ɕiɔu^{53}	tsɔu^{24}	tsɔu^{24}	sɔu^{53}	sɔu^{24}	zɔu^{53}	zɔu^{53}
左云	miɔu^{54}	ɕiɔu^{54}	tsɔu^{24}	tsɔu^{24}	sɔu^{54}	sɔu^{24}	ʐɔu^{54}	ʐɔu^{54}
右玉	miɐo^{53}	ɕiɐo^{53}	tʂɐo^{24}	tʂɐo^{24}	ʂɐo^{53}	ʂɐo^{24}	ʐɐo^{53}	ʐɐo^{53}
阳高	miɔu^{53}	ɕiɔu^{53}	tsɔu^{53}	tsɔu^{53}	sɔu^{53}	sɔu^{24}	ʐɔu^{53}	ʐɔu^{53}
山阴	miɔo^{52}	ɕiɔo^{52}	tʂɔo^{335}	tʂɔo^{335}	ʂɔo^{52}	ʂɔo^{335}	ʐɔo^{52}	——
天镇	miɔu^{55}	ɕiɔu^{55}	tsɔu^{24}	tsɔu^{24}	sɔu^{55}	sɔu^{24}	zɔu^{55}	zɔu^{55}
平定	miɔ^{53}	ɕiɔ^{53}	tʂɔ^{24}	tʂɔ^{24}	ʂɔ^{53}	ʂɔ^{44}	ʐɔ^{53}	ʐɔ^{53}
昔阳	miɔo^{55}	ɕiɔo^{55}	tʂɔo^{13}	tʂɔo^{13}	ʂɔo^{55}	ʂɔo^{13}	ʐɔo^{55}	ʐɔo^{55}
左权	miəu^{42}	ɕiəu^{42}	tʂəu^{53}	tʂəu^{53}	ʂəu^{42}	ʂəu^{53}	ʐəu^{42}	ʐəu^{42}
和顺	miɔu^{53}	ɕiɔu^{53}	tʂɔu^{13}	tʂɔu^{13}	ʂɔu^{53}	ʂɔu^{13}	ʐɔu^{53}	ʐɔu^{53}
尧都	miɑu^{44}	ɕiɑu^{53}	tʂɑu^{44}	tʂɑu^{44}	ʂɑu^{53}	ʂɑu^{44}	ʐɑu^{53}	ʐɑu^{53}
洪洞	miɑo^{42}	ɕiɑo^{42}	tʂʰɑo^{53} 白 / tʂɑo^{53} 文	tʂɑo^{33}	ʂɑo^{42}	ʂɑo^{24}	ʐɑo^{42}	ʐɑo^{53}
洪洞赵城	miɑo^{24}	ɕiɑo^{42}	tʂʰɑo^{53} 白 / tʂɑo^{53} 文	tʂʰɑo^{24}	ʂɑo^{42}	ʂɑo^{53}	ʐɑo^{53}	ʐɑo^{53}

续表

字目	秒	小	赵	兆	少多~	绍	扰	绕围~
中古音 / 方言点	亡沼 效开三 上小明	私兆 效开三 上小心	治小 效开三 上小澄	治小 效开三 上小澄	书沼 效开三 上小书	市沼 效开三 上小禅	而沼 效开三 上小日	而沼 效开三 上小日
古县	miɑu^{42}	ɕiɑu^{42}	tʂʰɑu^{53} 白 / tʂɑu^{53} 文	tʂʰɑu^{53} 白 / tʂɑu^{53} 文	ʂɑu^{42}	ʂɑu^{35}	ʐɑu^{42}	——
襄汾	miao^{42}	ɕiao^{42}	tʂʰao^{53}	tʂao^{53}	ʂao^{44}/ʂao^{42}	ʂao^{53}	ʐao^{42}	ʐao^{53}
浮山	miao^{33}	ɕiao^{33}	tʂʰao^{53}	tʂao^{53}	ʂao^{44}	ʂao^{33}	ʐao^{33}	ʐao^{53}
霍州	miau^{33}	ɕiau^{33}	tʂʰau^{53} 白 / tʂau^{53} 文	tʂau^{53}	ʂau^{33}	ʂau^{33}	ʐau^{33}	ʐau^{53}
翼城	miɔo^{44}	ɕiɔo^{44}	tʂɔo^{53}	tʂɔo^{53}	ʂɔo^{44}	ʂɔo^{53}	ʐɔo^{44}	ʐɔo^{53}
闻喜	miɑo^{33}	ɕiɑo^{33}	tsʰɑo^{13} 白 / tsɑo^{13} 文	tsɑo^{13}	sɑo^{33}	sɑo^{13}	zɑo^{33}	——
侯马	miɑu^{44}	ɕiɑu^{44}	tʂɑu^{53}	tʂɑu^{53}	ʂɑu^{44}	ʂɑu^{53}	ʐɑu^{44}	ʐɑu^{53}
新绛	miɑo^{13}	ɕiɑo^{44}	tʂʰɑo^{53}	tʂɑo^{53}	ʂɑo^{44}	ʂɑo^{53}	ʐɑo^{13}	ʐɑo^{13}
绛县	miau^{33}	ɕiau^{33}	tʂʰau^{53}	tʂau^{53}	ʂau^{33}	ʂau^{31}	ʐau^{33}	ʐau^{33}
垣曲	miau^{44}	ɕiau^{44}	tʂʰau^{53}	tʂau^{53}	ʂau^{44}	ʂau^{53}	ʐau^{44}	ʐau^{53}
夏县	miɑu^{24}	ɕiɑu^{24}	tʂʰɑu^{31} 白 / tʂɑu^{31} 文	tʂɑu^{31}	ʂɑu^{24}	ʂɑu^{31}	ʐɑu^{24}	ʐɑu^{31}
万荣	miau^{55}	ɕiau^{55}	tʂʰau^{33}	tʂʰau^{55}	ʂau^{55}	ʂau^{213}	ʐau^{55}	ʐau^{55}
稷山	miɑu^{44}	ɕiɑu^{44}	tsʰɑu^{42}	tsɑu^{42}	ʂɑu^{44}	ʂɑu^{42}	ʐɑu^{44}	ʐɑu^{44}
盐湖	miɔ^{53}	ɕiɔ^{53}	tʂɔ^{44}	tʂɔ^{44}	ʂɔ^{53}	ʂɔ^{44}	ʐɔ^{53}	ʐɔ^{44}
临猗	miɑu^{53}	ɕiɑu^{53}	tʂʰɑu^{44}	tʂʰɑu^{44}	ʂɑu^{53}	ʂɑu^{44}	ʐɑu^{53}	ʐɑu^{53}
河津	miau^{53}	ɕiau^{53}	tʂʰau^{44} 白	tʂau^{53}	ʂau^{53}	ʂau^{324}	ʐau^{53}	ʐau^{53}
平陆	miau^{55}	ɕiau^{55}	tʂʰau^{33} 白 / tʂau^{33} 文	tʂau^{31}	ʂau^{55}	ʂau^{13}	ʐau^{55}	ʐau^{55}
永济	miau^{53}	ɕiau^{53}	tʂʰau^{44}	tʂau^{44}	ʂau^{53}	ʂau^{44}	ʐau^{24}	ʐau^{24}
芮城	miau^{53}	ɕiau^{53}	tʂʰau^{44}	tʂau^{53}	ʂau^{53}	ʂau^{13}	ʐau^{53}	ʐau^{53}
吉县	miau^{53}	ɕiau^{53}	tʂʰau^{33}	tʂau^{33}	ʂau^{53}	ʂau^{13}	ʐau^{53}	ʐau^{53}
乡宁	miau^{44}	ɕiau^{44}	tʂʰau^{22}	tʂau^{22}	ʂɤ^{44} 白 / ʂau^{44} 文	ʂau^{22}	ʐau^{44}	ʐau^{44}
广灵	miʌu^{44}	ɕiʌu^{44}	tsʌu^{213}	tsʌu^{213}	sʌu^{44}	sʌu^{31}	zʌu^{44}	zʌu^{44}

字目	舀	漂~白	票	漂~亮	庙	妙	疗	笑
中古音 方言点	以沼 效开三 上小以	敷沼 效开三 上笑滂	匹妙 效开三 去笑滂	匹妙 效开三 去笑滂	眉召 效开三 去笑明	弥笑 效开三 去笑明	力照 效开三 去笑来	私妙 效开三 去笑心
北京	iau^{214}	pʰiau^{214}	pʰiau^{51}	pʰiau^{51}	miau^{51}	miau^{51}	liau^{35}	ɕiau^{51}
小店	iɔo^{53}	pʰiɔo^{53}	piɔo^{24}	pʰiɔo^{24}	miɔo^{24}	miɔo^{24}	liɔo^{11}	ɕiɔo^{24}
尖草坪	iau^{312}	pʰiau^{312}	pʰiau^{35}	pʰiau^{35}	miau^{35}	miau^{35}	liau^{33}	ɕiau^{35}
晋源	iau^{42}	pʰiau^{42}	pʰiau^{35}	pʰiau^{35}	miau^{35}	miau^{35}	liau^{42}	ɕiau^{35}
阳曲	iɔo^{312}	pʰiɔo^{312}	pʰiɔo^{312}	pʰiɔo^{312}	miɔo^{454}	miɔo^{454}	liɔo^{312}	ɕiɔo^{454}
古交	iau^{312}	pʰiau^{312}	pʰiau^{53}	pʰiau^{53}	miau^{53}	miau^{53}	liau^{44}	ɕiau^{53}
清徐	iɔu^{54}	pʰiɔu^{45}	pʰiɔu^{45}	pʰiɔu^{45}	miɔu^{45}	miɔu^{45}	liɔu^{11}	ɕiɔu^{45}
娄烦	iɔu^{312}	pʰiɔu^{312}	pʰiɔu^{54}	pʰiɔu^{54}	miɔu^{54}	miɔu^{54}	liɔu^{33}	ɕiɔu^{54}
榆次	iɔu^{53}	pʰiɔu^{35}	pʰiɔu^{35}	pʰiɔu^{35}	miɔu^{35}	miɔu^{35}	liɔu^{11}	ɕiɔu^{35}
交城	iɔu^{53}	pʰiɔu^{53}	pʰiɔu^{24}	pʰiɔu^{24}	miɔu^{24}	miɔu^{24}	liɔu^{11}	ɕiɔu^{24}
文水	iau^{423} 文	pʰiau^{35}	pʰi^{35} 白 / pʰiau^{35} 文	pʰiau^{35}	mi^{35} 白 / miau^{35} 文	mi^{35} 白 / miau^{35} 文	liau^{22}	ɕi^{35} 白 / ɕiau^{35} 文
祁县	iu^{314}	pʰiu^{45}/ pʰiɒɔ^{314}	pʰiu^{45} 白 / piɒɔ^{45} 文	pʰiɒɔ^{45}	miu^{45} 白 / miɒɔ^{45}	miu^{45}	liu^{31}	ɕiu^{45} 白 / ɕiɒɔ^{45} 文
太谷	io^{312}	pʰio^{312}	pʰio^{53}	pʰio^{53}	mio^{53}	mio^{53}	lio^{33}	ɕiɑɯ^{53} 白 ɕio^{53} 文 /
平遥	iɔ^{512}	piɔ^{24}	pʰiɔ^{24}	pʰiɔ^{512}	miɔ^{24}	miɔ^{24}	liɔ^{213}	ɕiɔ^{24}
孝义	iɒ^{312}	pʰiao^{454}	pʰiɒ^{454}	pʰiao^{312}	miɒ^{454}	miɒ^{454}	liao^{33}	ɕiɒ^{454}
介休	iɔo^{423}	pʰiɔo^{45}	pʰiɔo^{45}	pʰiɔo^{13}	miɔo^{45}	miɔo^{45}	liɔo^{13}	ɕiɔo^{45}
灵石	iɔ^{212}	pʰiɔ^{53}	pʰiɔ^{53}	pʰiɔ^{53}	miɔ^{53}	miɔ^{53}	liɔ^{44}	ɕiɔ^{53}
盂县	iɑu^{53}	pʰiɑu^{55}	pʰiɑu^{55}	pʰiɑu^{53}	miɑu^{55}	miɑu^{55}	liɑu^{22}	ɕiɑu^{55}
寿阳	iɔo^{53}	pʰiɔo^{45}	pʰiɔo^{45}	pʰiɔo^{53}	miɔo^{45}	miɔo^{45}	liɔo^{22}	ɕiɔo^{45}
榆社	iou^{312}	pʰiou^{45}	pʰiou^{45}	pʰiou^{45}	mi^{45} 白 / miou^{45} 文	miou^{45}	liou^{22}	ɕi^{45} 白 / ɕiou^{45} 文
离石	iou^{312}	pʰiou^{312}	pʰiou^{53}	pʰiou^{53}	miou^{53}	miou^{53}	liou^{44}	ɕiou^{53}
汾阳	iɯ^{312}	pʰiau^{55}	pʰiɯ^{55} 白 / pʰiau^{55} 文	pʰiau^{312}	miɯ^{55}	miɯ^{55} 白 / miau^{55} 文	liau^{22}	ɕiɯ^{55}
中阳	iɔo^{423}	pʰiɔo^{423}	pʰiɔo^{53}	pʰiɔo^{53}	miɔo^{53}	miɔo^{53}	liɔo^{33}	ɕiɔo^{53}
柳林	iou^{312}	pʰiou^{312}	pʰiou^{53}	pʰiou^{53}	miou^{53}	miou^{53}	liou^{44}	ɕiou^{53}
方山	iou^{312}	pʰiou^{312}	pʰiou^{52}	pʰiou^{52}	miou^{52}	miou^{52}	liou^{44}	ɕiou^{52}
临县	iɔu^{312}	pʰiɔu^{52}	pʰiɔu^{52}	pʰiɔu^{312}	miɔu^{52}	miɔu^{52}	liɔu^{33}	ɕiɔu^{52}
兴县	iɯu^{324}	pʰiɯu^{324}	pʰiɯu^{53}	pʰiɯu^{53}	miɯu^{53}	miɯu^{53}	liɯu^{55}	ɕiɯu^{53}
岚县	iɤu^{312}	pʰiɤu^{312}	pʰiɤu^{53}	pʰiɤu^{53}	miɤu^{53}	miɤu^{53}	liɤu^{44}	ɕiɤu^{53}
静乐	iɑo^{314}	pʰiɑo^{53}	pʰiɑo^{53}	pʰiɑo^{53}	miɑo^{53}	miɑo^{53}	liɑo^{33}	ɕiɑo^{53}

续表

字目	舀	漂~白	票	漂~亮	庙	妙	疗	笑
中古音 / 方言点	以沼 效开三 上小以	敷沼 效开三 上笑滂	匹妙 效开三 去笑滂	匹妙 效开三 上笑滂	眉召 效开三 去笑明	弥笑 效开三 去笑明	力照 效开三 去笑来	私妙 效开三 去笑心
交口	iɑo^{323}	pʰiɑo^{53}	pʰiɑo^{53}	pʰiɑo^{53}	miɑo^{53}	miɑo^{53}	liɑo^{44}	ɕiɑo^{53}
石楼	iɔo^{213}	pʰiɔo^{51}	pʰiɔo^{51}	pʰiɔo^{213}/ pʰiɔo^{51}	miɔo^{51}	miɔo^{51}	liɔo^{44}	ɕiɔo^{51}
隰县	iɑo^{21}	pʰiɑo^{44}	pʰiɑo^{44}	pʰiɑo^{44}	miɑo^{44}	miɑo^{44}	liɑo^{24}	ɕiɑo^{44}
大宁	iɐu^{31}	pʰiɐu^{55}	pʰiɐu^{55}	——	miɐu^{55}	miɐu^{55}	liɐu^{24}	ɕiɐu^{55}
永和	iɑo^{35}	piɑo^{53}	piɑo^{53}	piɑo^{53}	miɑo^{53}	miɑo^{53}	liɑo^{35}	ɕiɑo^{53}
汾西	iɑo^{33}	pʰiɑo^{55}	——	——	miɑo^{53}	miɑo^{53}	liɑo^{35}	ɕiɑo^{55}
蒲县	iɑu^{31}	pʰiɑu^{52}	pʰiɑu^{33}	pʰiɑu^{33}	miɑu^{33}	miɑu^{33}	liɑu^{24}	ɕiɑu^{33}
潞州	iɑo^{535}	pʰiɑo^{535}	pʰiɑo^{44}	pʰiɑo^{44}	miɑo^{54}	miɑo^{54}	liɑo^{24}	ɕiɑo^{44}
上党	iɔ^{535}	pʰiɔ^{535}	pʰiɔ^{22}	pʰiɔ^{22}	miɔ^{42}	miɔ^{42}	liɔ^{44}	ɕiɔ^{22}
长子	iɔ^{434}	pʰiɔ^{434}	pʰiɔ^{422}	pʰiɔ^{422}	miɔ^{53}	miɔ^{53}	liɔ^{24}	ɕiɔ^{422}
屯留	iɔo^{43}	pʰiɔo^{43}	pʰiɔo^{53}	pʰiɔo^{53}	miɔo^{11}	miɔo^{11}	liɔo^{11}	ɕiɔo^{53}
襄垣	iɔo^{42}	——	pʰiɔo^{53}	pʰiɔo^{53}	miɔo^{45}	miɔo^{45}	liɔo^{31}	ɕiɔo^{53}
黎城	iɔo^{213}	pʰiɔo^{53}	pʰiɔo^{53}	pʰiɔo^{33}	miɔo^{53}	miɔo^{53}	liɔo^{213}	ɕiɔo^{53}
平顺	iɔ^{53}	pʰiɔ^{53}	pʰiɔ^{53}	pʰiɔ^{434}	miɔ^{53}	miɔ^{53}	liɔ^{53}	ɕiɔ^{53}
壶关	iɔ^{535}	pʰiɔ^{535}	pʰiɔ^{353}	pʰiɔ^{353}	miɔ^{353}	miɔ^{353}	liɔ^{13}	siɔ^{42}
沁县	io^{214}	pʰio^{214}	pʰio^{53}	pʰio^{53}	məu^{53}	mio^{53}	lio^{33}	ɕio^{53}
武乡	iɔ^{213}	pʰiɔ^{213}	pʰiɔ^{55}	pʰiɔ^{55}	miɔ^{55}	miɔ^{55}	liɔ^{33}	ɕiɔ^{55}
沁源	iɔo^{324}	pʰiɔo^{324}	pʰiɔo^{53}	pʰiɔo^{53}	miɔo^{53}	miɔo^{53}	liɔo^{33}	ɕiɔo^{53}
安泽	iau^{42}	pʰiau^{21}	pʰiau^{53}	pʰiau^{53}	miau^{53}	miau^{53}	liau^{42}	ɕiau^{53}
沁水端氏	iɔ^{31}	pʰiɔ^{53}	pʰiɔ^{53}	pʰiɔ^{53}	miɔ^{53}	miɔ^{53}	liɔ^{24}	ɕiɔ^{53}
阳城	io^{212}	pʰio^{212}	pʰio^{51}	pʰio^{51}	mio^{51}	mio^{51}	lio^{22}	ɕio^{51}
高平	iɔo^{212}	pʰiɔo^{212}	pʰiɔo^{53}	pʰiɔo^{53}	miɔo^{53}	miɔo^{53}	liɔo^{33}	ɕiɔo^{53}
陵川	iɔo^{312}	pʰiɔo^{24}	pʰiɔo^{24}	pʰiɔo^{24}	miɔo^{24}	miɔo^{24}	liɔo^{53}	ɕiɔo^{24}
晋城	io^{213}	pʰio^{324}	pʰio^{53}	pʰio^{53}	mio^{53}	mio^{53}	lio^{324}	ɕio^{53}
忻府	iɔo^{313}	pʰiɔo^{313}	pʰiɔo^{53}	pʰiɔo^{53}	miɔo^{53}	miɔo^{53}	liɔo^{21}	ɕiɔo^{53}
原平	iɔo^{213}	piɔo^{213}	pʰiɔo^{53}	pʰiɔo^{53}	miɔo^{53}	miɔo^{53}	liɔo^{33}	ɕiɔo^{53}
定襄	iɔu^{24}	pʰiɔu^{24}	pʰiɔu^{53}	pʰiɔu^{53}	miɔu^{53}	miɔu^{53}	liɔu^{33}	ɕiɔu^{53}
五台	iɑɔ^{213}	pʰiɑɔ^{52}	pʰiɑɔ^{52}	pʰiɑɔ^{52}	miɑɔ^{52}	miɑɔ^{52}	liɑɔ^{33}	ɕiɑɔ^{52}
岢岚	iɑu^{13}	pʰiɑu^{52}	pʰiɑu^{52}	pʰiɑu^{52}	miɑu^{52}	miɑu^{52}	liɑu^{44}	ɕiɑu^{52}
五寨	iɑu^{13}	pʰiɑu^{52}	pʰiɑu^{52}	pʰiɑu^{52}	miɑu^{52}	miɑu^{52}	liɑu^{44}	ɕiɑu^{52}

续表

字目	舀	漂~白	票	漂~亮	庙	妙	疗	笑
中古音 / 方言点	以沼 效开三 上小以	敷沼 效开三 上笑滂	匹妙 效开三 去笑滂	匹妙 效开三 上笑滂	眉召 效开三 去笑明	弥笑 效开三 去笑明	力照 效开三 去笑来	私妙 效开三 去笑心
宁武	iɔu²¹³	pʰiɔu²¹³	pʰiɔu⁵²	pʰiɔu⁵²	miɔu⁵²	miɔu⁵²	liɔu³³	ɕiɔu⁵²
神池	iɔo¹³	pʰiɔo⁵²	pʰiɔo⁵²	pʰiɔo¹³	miɔo⁵²	miɔo⁵²	liɔo³²	ɕiɔo⁵²
繁峙	iɑo³¹	pʰiɑo²⁴	pʰiɑo²⁴	pʰiɑo²⁴	miɑo²⁴	miɑo²⁴	liɑo³¹	ɕiɑo²⁴
代县	iau²¹³	pʰiau⁵³	pʰiau⁵³	pʰiau⁵³	miau⁵³	miau⁵³	liau⁴⁴	ɕiau⁵³
河曲	iɔu²¹³	miɔu⁴⁴	piɔu²¹³	miɔu²¹³	pʰiɔu²¹³	tiɔu²¹³	liɔu⁴⁴	ɕiɔu⁵²
保德	iəu²¹³	pʰiəu²¹³	pʰiəu⁵²	pʰiəu⁵²	miəu⁵²	miəu⁵²	liəu⁴⁴	ɕiəu⁵²
偏关	iɔo²¹³	pʰiɔo⁵²	pʰiɔo⁵²	pʰiɔo²⁴	miɔo⁵²	miɔo⁵²	liɔo⁴⁴	ɕiɔo⁵²
朔城	iɔo³¹²	pʰiɔo⁵³	pʰiɔo⁵³	——	miɔo⁵³	miɔo⁵³	liɔo³⁵	ɕiɔo⁵³
平鲁	iɔ²¹³	pʰiɔ⁵²	pʰiɔ⁵²	pʰiɔ⁵²	miɔ⁵²	miɔ⁵²	liɔ⁴⁴	ɕiɔ⁵²
应县	iau⁵⁴	pʰiau⁵⁴	pʰiau²⁴	pʰiau²⁴	miau²⁴	miau²⁴	liau³¹	ɕiau²⁴
灵丘	iɔo⁴⁴²	pʰiɔo⁵³	pʰiɔo⁵³	pʰiɔo⁵³	miɔo⁵³	miɔo⁵³	liɔo³¹	ɕiɔo⁵³
浑源	iʌu⁵²	pʰiʌu¹³	pʰiʌu¹³	pʰiʌu¹³	miʌu¹³	miʌu¹³	liʌu²²	ɕiʌu¹³
云州	iɑu⁵⁵	pʰiɑu²⁴	pʰiɑu²⁴	pʰiɑu²⁴	miɑu²⁴	miɑu²⁴	liɑu³¹²	ɕiɑu²⁴
新荣	iɔu⁵⁴	pʰiɔu²⁴	pʰiɔu²⁴	pʰiɔu²⁴	miɔu²⁴	miɔu²⁴	liɔu³¹²	ɕiɔu²⁴
怀仁	iɔu⁵³	pʰiɔu²⁴	pʰiɔu²⁴	pʰiɔu²⁴	miɔu²⁴	miɔu²⁴	liɔu³¹²	ɕiɔu²⁴
左云	iɔu⁵⁴	pʰiɔu²⁴	pʰiɔu²⁴	pʰiɔu²⁴	miɔu²⁴	miɔu²⁴	liɔu³¹³	ɕiɔu²⁴
右玉	iɐo⁵³	pʰiɐo²⁴	pʰiɐo²⁴	pʰiɐo²⁴	miɐo²⁴	miɐo²⁴	liɐo⁵³	ɕiɐo²⁴
阳高	iɔu⁵³	pʰiɔu²⁴	pʰiɔu²⁴	pʰiɔu²⁴	miɔu²⁴	miɔu²⁴	liɔu²⁴	ɕiɔu²⁴
山阴	iɔo⁵²	pʰiɔo³³⁵	pʰiɔo³³⁵	——	miɔo³³⁵	miɔo³³⁵	liɔo³¹³	ɕiɔo³³⁵
天镇	iɔu⁵⁵	pʰiɔu²⁴	pʰiɔu²⁴	pʰiɔu²⁴	miɔu²⁴	miɔu⁵⁵	liɔu²²	ɕiɔu²⁴
平定	iɔ⁵³	pʰiɔ⁵³	pʰiɔ²⁴	pʰiɔ²⁴	miɔ²⁴	miɔ²⁴	liɔ⁴⁴	ɕiɔ²⁴
昔阳	iɔo⁵⁵	pʰiɔo¹³	pʰiɔo¹³	pʰiɔo⁵⁵	miɔo¹³	miɔo¹³	liɔo³³	ɕiɔo¹³
左权	iəu⁴²	pʰiəu⁴²	pʰiəu⁵³	pʰiəu⁵³	miəu⁵³	miəu⁵³	liəu¹¹	ɕiəu⁵³
和顺	iɔu⁵³	——	pʰiɔu¹³	pʰiɔu¹³	miɔu¹³	miɔu¹³	liɔu²²	ɕiɔu¹³
尧都	iɑu⁵³	pʰiɑu⁴⁴	pʰiɑu⁴⁴	pʰiɑu⁴⁴	miɑu⁴⁴	miɑu⁴⁴	liɑu⁴⁴	ɕiɑu⁴⁴
洪洞	iɑo⁴²	pʰiɑo²¹ 白	pʰiɑo³³	pʰiɑo³³	miɑo⁵³	miɑo⁵³	liɑo²⁴	ɕiɑo³³
洪洞赵城	iɑo⁴²	pʰiɑo²¹	pʰiɑo²⁴	pʰiɑo²¹	miɑo⁵³	miɑo²⁴	liɑo⁵³	ɕiɑo²⁴
古县	iɑu⁴²	——	pʰiɑu³⁵	pʰiɑu⁵³	miɑu⁵³	miɑu⁵³	liɑu⁵³	ɕiɑu³⁵
襄汾	iao²⁴/iao⁴²	pʰiao⁴⁴	pʰiao⁴⁴	pʰiao⁴⁴	miao⁵³	miao⁵³	liao⁴⁴	ɕiao⁴⁴
浮山	iao³³	pʰiao⁴⁴	pʰiao⁴⁴	pʰiao³³	miao⁵³	miao⁵³	liao⁴⁴	ɕiao⁴⁴
霍州	iau³³	pʰiau³³	pʰiau⁵⁵	pʰiau⁵⁵	miau⁵³	miau⁵³	liau³⁵	ɕiau⁵⁵

续表

字目	舀	漂~白	票	漂~亮	庙	妙	疗	笑
中古音 方言点	以沼 效开三 上小以	敷沼 效开三 上笑滂	匹妙 效开三 去笑滂	匹妙 效开三 上笑滂	眉召 效开三 去笑明	弥笑 效开三 去笑明	力照 效开三 去笑来	私妙 效开三 去笑心
翼城	iɔo^{44}	p^{h}iɔo^{44}	p^{h}iɔo^{53}	p^{h}iɔo^{53}	miɔo^{53}	miɔo^{53}	liɔo^{12}	ɕiɔo^{53}
闻喜	iɑo^{33}	p^{h}iɑo^{53}	t^{h}iɑo^{53} 白 / p^{h}iɑo^{53} 文	p^{h}iɑo^{53}	miɑo^{13}	miɑo^{13}	——	ɕiɑo^{53}
侯马	iɑu^{44}	p^{h}iɑu^{44}	p^{h}iɑu^{53}	p^{h}iɑu^{53}	miɑu^{53}	miɑu^{53}	liɑu^{213}	iɑu^{53}
新绛	iɑo^{44}	p^{h}iɑo^{53}	p^{h}iɑo^{53}	p^{h}iɑo^{53}	miɑo^{53}	miɑo^{53}	liɑo^{13}	ɕiɑo^{53}
绛县	iau^{53}	p^{h}iau^{31}	p^{h}iau^{31}	p^{h}iau^{31}	miau^{31}	miau^{31}	liau^{53}	ɕiau^{53}
垣曲	iau^{44}	p^{h}iau^{44}	p^{h}iau^{53}	p^{h}iau^{53}	miau^{53}	miau^{53}	liau^{22}	ɕiau^{53}
夏县	iɑu^{24}	p^{h}iɑu^{24}	p^{h}iɑu^{31}	p^{h}iɑu^{31}	miɑu^{31}	miɑu^{31}	liɑu^{42}	ɕiɑu^{31}
万荣	iau^{55}	p^{h}iau^{33}	p^{h}iau^{33}	p^{h}iau^{33}	miau^{33}	miau^{33}	liau^{213}	ɕiau^{33}
稷山	iɑu^{44}	p^{h}iɑu^{42}	p^{h}iɑu^{42}	p^{h}iɑu^{42}	miɑu^{42}	miɑu^{42}	liɑu^{13}	ɕiɑu^{42}
盐湖	iɔ^{53}	p^{h}iɔ^{44}	p^{h}iɔ^{44}	p^{h}iɔ^{44}	miɔ^{44}	miɔ^{44}	liɔ^{13}	ɕiɔ^{44}
临猗	iɑu^{53}	p^{h}iɑu^{44}	p^{h}iɑu^{44}	p^{h}iɑu^{44}	miɑu^{44}	miɑu^{44}	liɑu^{13}	ɕiɑu^{44}
河津	iau^{53}	p^{h}iau^{31}	p^{h}iau^{44}	p^{h}iau^{44}	miau^{44}	miau^{44}	liau^{324}	ɕiau^{44}
平陆	iau^{55}	p^{h}iau^{33}	p^{h}iau^{33}	p^{h}iau^{33}	miau^{33}	miau^{33}	liau^{13}	ɕiau^{33}
永济	iau^{53}	p^{h}iau^{53}	p^{h}iau^{44}	p^{h}iau^{44}	miau^{44}	miau^{44}	liau^{24}	ɕiau^{44}
芮城	iau^{53}	p^{h}iau^{44}	p^{h}iau^{44}	p^{h}iau^{44}	miau^{44}	miau^{44}	liau^{13}	ɕiau^{44}
吉县	iau^{53}	p^{h}iau^{33}	p^{h}iau^{33}	p^{h}iau^{423}	miau^{33}	miau^{53}	liau^{13}	ɕiau^{33}
乡宁	iau^{44}	p^{h}iau^{22}	p^{h}iau^{22}	p^{h}iau^{44}	miau^{22}	miau^{22}	liau^{12}	ɕiau^{22}
广灵	iʌu^{44}	p^{h}iʌu^{213}	p^{h}iʌu^{213}	p^{h}iʌu^{44}	miʌu^{213}	miʌu^{213}	liʌu^{31}	ɕiʌu^{213}

字目	照	少~年	绕~线	轿	要重~	耀	刁	貂
中古音 / 方言点	之少 效开三 去笑章	失照 效开三 去笑书	人要 效开三 去笑日	渠庙 效开三 去笑群	於笑 效开三 去笑影	弋照 效开三 去笑以	都聊 效开四 平萧端	都聊 效开四 平萧端
北京	tʂau^{51}	ʂau^{51}	ʐau^{51}	tɕiau^{51}	iau^{51}	iau^{51}	tiau^{55}	tiau^{55}
小店	tsɔo^{24}	sɔo^{24}	zɔo^{24}	tɕiɔo^{24}	iɔo^{24}	iɔo^{24}	tiɔo^{11}	tiɔo^{11}
尖草坪	tsau^{35}	sau^{35}	zau^{35}	tɕiau^{35}	iau^{35}	iau^{35}	tiau^{33}	tiau^{33}
晋源	tsau^{35}	sau^{35}	zau^{35}	tɕiau^{35}	iau^{35}	iau^{35}	tiau^{42}	tiau^{11}
阳曲	tsɔo^{454}	sɔo^{454}	zɔo^{454}	tɕiɔo^{454}	iɔo^{454}	iɔo^{454}	tiɔo^{312}	tiɔo^{312}
古交	tsau^{53}	sau^{53}	zau^{53}	tɕiau^{53}	iau^{53}	iau^{53}	tiau^{44}	tiau^{44}
清徐	tsɔu^{45}	sɔu^{45}	zɔu^{45}	tɕiɔu^{45}	iɔu^{45}	iɔu^{45}	tiɔu^{11}	tiɔu^{11}
娄烦	tsɔu^{54}	sɔu^{54}	zɔu^{54}	tɕiɔu^{54}	iɔu^{54}	iɔu^{54}	tiɔu^{33}	tiɔu^{33}
榆次	tsɔu^{35}	sɔu^{53}	zɔu^{35}	tɕiɔu^{35}	iɔu^{35}	iɔu^{35}	tiɔu^{11}	tiɔu^{11}
交城	tsɔu^{24}	sɔu^{24}	ʐɔu^{53}	tɕiɔu^{24}	iɔu^{24}	iɔu^{24}	tiɔu^{11}	tiɔu^{11}
文水	tsɪi^{35} 白 / tsau^{35} 文	sau^{35}	ʐɪi^{35} 白 / ʐau^{35} 文	tɕi^{35} 白 / tɕiau^{35} 文	i^{35} 白 / iau^{35} 文	iau^{35}	tiau^{22}	tiau^{22}
祁县	tʂɒɔ^{45}	ʂɒɔ^{45}	ʐɯ^{45}	tɕiu^{45} 白 / tɕʰiɒɔ^{45} 文	iu^{45}	iu^{45}	tiu^{31}	tiu^{31}
太谷	tsuo^{53}	suo^{53}	zuo^{53}	tɕio^{53}	io^{53}	io^{53}	tio^{33}	tio^{33}
平遥	tʂɔ^{24}	ʂɔ^{512}	ʐɔ^{512}	tɕiɔ^{24}	iɔ^{24}	iɔ^{24}	tiɔ^{213}	tiɔ^{213}
孝义	tʂɒ^{454}	ʂɒ^{454}	ʐɒ^{312}	tɕiao^{454}	iɒ^{454}	iao^{454}	tiao^{33}	tiao^{33}
介休	tʂɔo^{45}	ʂɔo^{45}	ʐɔo^{45}	tɕiɔo^{45}	iɔo^{45}	iɔo^{45}	tiɔo^{13}	tiɔo^{13}
灵石	tsɔ^{53}	sɔ^{212}	ʐɔ^{53}	tɕiɔ^{53}	iɔ^{53}	iɔ^{53}	tiɔ^{535}	tiɔ^{535}
盂县	tsɑu^{55}	sɑu^{55}	zɑu^{55}	tɕiɑu^{55}	iɑu^{55}	iɑu^{55}	tiɑu^{412}	tiɑu^{412}
寿阳	tsɔo^{45}	sɔo^{45}	zɔo^{45}	tɕiɔo^{45}	iɔo^{45}	iɔo^{45}	tiɔo^{31}	tiɔo^{31}
榆社	——	sou^{45}	zou^{45}	tɕiou^{45}	i^{45} 白 / iou^{45} 文	iou^{45}	ti^{22}/tiou^{22}	tiou^{22}
离石	tsou^{53}	sou^{53}	zou^{53}	tɕiou^{53}	iou^{53}	iou^{53}	tiou^{24}	tiou^{24}
汾阳	tʂɯ^{55} 白 / tʂau^{55} 文	ʂau^{55}	ʐɯ^{55}	tɕiau^{55}	iɯ^{55}	iau^{55}	tiau^{324}	tiau^{324}
中阳	tsɔo^{53}	sɔo^{423}	ʐɔo^{53}	tɕiɔo^{53}	iɔo^{53}	iɔo^{53}	tiɔo^{24}	tiɔo^{24}
柳林	tsou^{53}	sou^{53}	zou^{53}	tɕiou^{53}	iou^{53}	iou^{53}	tiou^{24}	tiou^{24}
方山	tʂou^{52}	ʂou^{52}	ʐou^{52}	tɕiou^{52}	iou^{52}	iou^{52}	tiou^{24}	tiou^{24}
临县	tʂɔu^{52}	ʂɔu^{52}	ʐɔu^{52}	ɕiɔu^{52}	iɔu^{52}	iɔu^{33}	tiɔu^{24}	tiɔu^{24}
兴县	tʂɯu^{53}	ʂɯu^{53}	ʐɯu^{324}	tɕiɯu^{53}	iɯu^{53}	iɯu^{53}	tiɯu^{324}	tiɯu^{324}
岚县	tsau^{53}	sau^{53}	ʐau^{53}	tɕau^{53}	iɤu^{53}	iɤu^{53}	tiɤu^{214}	tiɤu^{214}
静乐	tsiɤɯ^{53}	siɤɯ^{53}	ʐiɤɯ^{53}	tɕʰiɤɯ^{53}	iɤɯ^{53}	iɤɯ^{53}	tiɤɯ^{214}	tiɤɯ^{214}

续表

字目	照	少~年	绕~线	轿	要重~	耀	刁	貂
中古音 / 方言点	之少 效开三 去笑章	失照 效开三 去笑书	人要 效开三 去笑日	渠庙 效开三 去笑群	於笑 效开三 去笑影	弋照 效开三 去笑以	都聊 效开四 平萧端	都聊 效开四 平萧端
交口	tsɑo^{53}	sɑo^{53}	ʐɑo^{53}	tɕiɑo^{53}	iɑo^{53}	iɑo^{53}	tiɑo^{323}	tiɑo^{323}
石楼	ʐɔo^{51} 白 / tʂɔo^{51} 文	ʂɔo^{213}	ʐɔo^{51}	tɕiɔo^{51}	iɔo^{51}	iɔo^{51}	tiɔo^{213}	tiɔo^{213}
隰县	tsɑo^{44}	sɑo^{44}	zɑo^{44}	tɕʰiɑo^{44} 白 / tɕiɑo^{44} 文	iɑo^{44}	iɑo^{44}	tiɑo^{53}	tiɑo^{53}
大宁	tʂɐu^{55}	ʂɐu^{55}	ʐɐu^{31}	tɕʰiɐu^{55}	iɐu^{55}	ʐɐu^{55} 白 / iɐu^{55} 文	tiɐu^{31}	tiɐu^{31}
永和	tʂɑo^{53}	ʂɑo^{53}	ʐɑo^{53}	tɕʰiɑo^{53} 白 / tɕiɑo^{53} 文	iɑo^{53}	iɑo^{53}	tiɑo^{33}	——
汾西	tsɑo^{55}	——	zɑo^{53}	tʰiɑo^{53} 白 / tɕiɑo^{53} 文	iɑo^{55}	iɑo^{53}	tiɑo^{53}	tiɑo^{53}
蒲县	tʂʌʔ^{3}	ʂɑu^{33}	ʐɑu^{33}	tɕiɑu^{33}	iɑu^{33}	iɑu^{33}	tiɑu^{52}	tiɑu^{52}
潞州	tsɑo^{44}	sɑo^{44}	iɑo^{54}	tɕiɑo^{44}	iɑo^{44}	iɑo^{54}	tiɑo^{312}	tiɑo^{312}
上党	tsɔ^{22}	sɔ^{22}	iɔ^{42}	tɕiɔ^{42}	iɔ^{22}	iɔ^{42}	tiɔ^{213}	tiɔ^{213}
长子	tsɔ^{422}	sɔ^{53}	iɔ^{53}	tɕiɔ^{422}	iɔ^{422}	iɔ^{422}	tiɔ^{312}	tiɔ^{312}
屯留	tsɔo^{53}	sɔo^{11}	iɔo^{11}	tɕiɔo^{53}	iɔo^{53}	iɔo^{11}	tiɔo^{31}	tiɔo^{31}
襄垣	tsɔo^{53}	sɔo^{42}	ʐɔo^{42}	tɕiɔo^{53}	iɔo^{45}	iɔo^{45}	tiɔo^{33}	tiɔo^{33}
黎城	tɕiɔo^{422}	ɕiɔo^{53}	iɔo^{53}	ciɔo^{422}	iɔo^{53}	iɔo^{53}	tiɔo^{33}	tiɔo^{33}
平顺	tsɔ^{53}	sɔ^{53}	iɔ^{353}	ciɔ^{53}	iɔ^{42}	iɔ^{353}	tiɔ^{213}	tiɔ^{213}
壶关	tʂɔ^{42}	ʂɔ^{42}	iɔ^{353}	ciɔ^{42}	iɔ^{42}	iɔ^{353}	tiɔ^{33}	tiɔ^{33}
沁县	tsɔo^{53}	sɔo^{53}	zɔo^{53}	tɕio^{53}	io^{53}	io^{53}	tio^{224}	tio^{224}
武乡	tsɔ^{55}	sɔ^{55}	zɔ^{55}	tɕiɔ^{55}	iɔ^{55}	iɔ^{55}	tiɔ^{113}	tiɔ^{113}
沁源	tʂɔo^{53}	ʂɔo^{53}	ʐɔo^{53}	tɕiɔo^{53}	iɔo^{53}	iɔo^{53}	tiɔo^{324}	tiɔo^{324}
安泽	tsau^{53}	sau^{53}	zau^{53}	tɕiau^{53}	iau^{53}	iau^{53}	tiau^{21}	tiau^{21}
沁水端氏	tsɔ^{53}	sɔ^{53}	zɔ^{31}	tɕiɔ^{53}	iɔ^{53}	iɔ^{53}	tiɔ^{21}	tiɔ^{21}
阳城	tʂo^{51}	ʂo^{51}	ʐo^{51}	cio^{51}	io^{51}	io^{51}	tio^{224}	tio^{224}
高平	tʂɔo^{53}	ʂɔo^{53}	——	ciɔo^{53}	iɔo^{53}	iɔo^{53}	tiɔo^{33}	tiɔo^{33}
陵川	tʂɔo^{24}	ʂɔo^{24}	lɔo^{24}	ciɔo^{24}	iɔo^{24}	iɔo^{24}	tiɔo^{33}	tiɔo^{33}
晋城	tʂo^{53}	ʂo^{53}	ʐo^{213}	tɕio^{53}	io^{53}	io^{53}	tio^{33}	tio^{33}
忻府	tʂɔo^{53}	ʂɔo^{53}	ʐɔo^{53}	tɕiɔo^{53}	iɔo^{53}	iɔo^{53}	tiɔo^{313}	tiɔo^{313}
原平	tʂɔo^{53}	ʂɔo^{53}	ʐɔo^{53}	tɕiɔo^{53}	iɔo^{53}	iɔo^{53}	tiɔo^{213}	tiɔo^{213}
定襄	tʂʰɔu^{53}	sɔu^{213}	ʐɔu^{53}	tɕiɔu^{53}	iɔu^{53}	iɔu^{53}	tiɔu^{24}	tiɔu^{24}
五台	tsɑɔ^{52}	sɑɔ^{52}	zɑɔ^{52}	tɕiɑɔ^{52}	iɑɔ^{52}	iɑɔ^{52}	tiɑɔ^{213}	tiɑɔ^{213}

续表

字目	照	少~年	绕~线	轿	要重~	耀	刁	貂
中古音 / 方言点	之少 效开三 去笑章	失照 效开三 去笑书	人要 效开三 去笑日	渠庙 效开三 去笑群	於笑 效开三 去笑影	弋照 效开三 去笑以	都聊 效开四 平萧端	都聊 效开四 平萧端
岢岚	tsɑu^{52}	ʂɑu^{52}	ʐɑu^{52}	tɕiɑu^{52}	iɑu^{52}	iɑu^{52}	tiɑu^{13}	tiɑu^{13}
五寨	tsɑu^{52}	sɑu^{52}	zɑu^{52}	tɕiɑu^{52}	iɑu^{52}	iɑu^{52}	tiɑu^{13}	tiɑu^{13}
宁武	tsɔu^{52}	sɔu^{52}	zɔu^{213}	tɕiɔu^{52}	iɔu^{52}	iɔu^{52}	tiɔu^{23}	tiɔu^{23}
神池	tsɔo^{52}	sɔo^{52}	zɔo^{52}	tɕiɔo^{52}	iɔo^{52}	iɔo^{52}	tiɔo^{24}	tiɔo^{24}
繁峙	tsɑo^{24}	sɑo^{24}	ʐɑo^{24}	tɕiɑo^{24}	iɑo^{24}	iɑo^{24}	tiɑo^{53}	tiɑo^{53}
代县	tsau^{53}	sau^{53}	zau^{213}	tɕiau^{53}	iau^{53}	iau^{53}	tiau^{213}	tiau^{213}
河曲	tʂɔu^{52}	ʂɔu^{213}	ʐɔu^{213}	tɕiɔu^{52}	iɔu^{52}	iɔu^{52}	pʰiɔu^{44}	tiɔu^{213}
保德	tʂəu^{52}	ʂəu^{52}	ʐəu^{52}	tɕiəu^{52}	iəu^{52}	iəu^{52}	tiəu^{213}	tiəu^{213}
偏关	tʂɔo^{52}	ʂɔo^{52}	ʐɔo^{52}	tɕiɔo^{52}	iɔo^{52}	iɔo^{52}	tiɔo^{24}	tiɔo^{24}
朔城	tsɔo^{53}	sɔo^{53}	ʐɔo^{53}	tɕiɔo^{53}	iɔo^{53}	iɔo^{53}	tiɔo^{312}	tiɔo^{312}
平鲁	tsɔ^{52}	sɔ^{52}	zɔ^{213}	tɕiɔ^{52}	iɔ^{52}	iɔ^{52}	tiɔ^{213}	tiɔ^{213}
应县	tsau^{24}	sau^{24}	zau^{24}	tɕiau^{24}	iau^{24}	iau^{24}	tiau^{43}	tiau^{43}
灵丘	tsɔo^{53}	sɔo^{442}	zɔo^{53}	tɕiɔo^{53}	iɔo^{53}	iɔo^{53}	tiɔo^{442}	tiɔo^{442}
浑源	tʂʰʌu^{13}	sʌu^{13}	zʌu^{13}	tɕiʌu^{13}	iʌu^{13}	iʌu^{13}	tiʌu^{52}	tiʌu^{52}
云州	tʂʰɑu^{54}	sɑu^{24}	ʐɑu^{54}	tɕiɑu^{54}	iɑu^{53}	iɑu^{53}	tiɑu^{213}	tiɑu^{21}
新荣	tsɔu^{53}	sɔu^{53}	ʐɔu^{53}	tɕiɔu^{53}	iɔu^{52}	iɔu^{52}	tiɔu^{213}	tiɔu^{213}
怀仁	tsɔu^{52}	sɔu^{52}	zɔu^{52}	tɕiɔu^{53}	iɔu^{52}	iɔu^{52}	tiɔu^{13}	tiɔu^{13}
左云	tsɔu^{52}	ʂɔu^{52}	ʐɔu^{52}	tɕiɔu^{52}	iɔu^{52}	iɔu^{52}	tiɔu^{13}	tiɔu^{13}
右玉	tsɐo^{24}	sɐo^{24}	zɐo^{24}	tɕiɐo^{24}	iɐo^{24}	iɐo^{24}	tiɐo^{31}	tiɐo^{31}
阳高	tsɔo^{53}	sɔu^{53}	ʐɔo^{53}	tɕiɔo^{53}	iɔo^{52}	iɔo^{52}	tiɔo^{24}	tiɔo^{24}
山阴	tsɔo^{335}	sɔo^{335}	ʐɔo^{335}	tɕiɔo^{335}	iɔo^{335}	iɔo^{335}	tiɔo^{313}	tiɔo^{313}
天镇	tsɔu^{24}	sɔu^{24}	zɔu^{24}	tɕiɔu^{24}	iɔu^{24}	iɔu^{24}	tiɔu^{31}	tiɔu^{31}
平定	tʂɔ^{24}	ʂɔ^{24}	ʐɔ^{24}	tɕiɔ^{24}	iɔ^{24}	iɔ^{24}	pʰiɔ^{31}	tiɔ^{31}
昔阳	tʂəu^{13}	ʂəu^{13}	ʐəu^{13}	tɕiəu^{13}	iəu^{13}	iəu^{13}	tiəu^{42}	tiəu^{42}
左权	tʂəu^{54}	ʂəu^{54}	ʐəu^{54}	tɕiəu^{54}	iəu^{54}	iəu^{54}	tiəu^{31}	tiəu^{31}
和顺	tʂɔu^{13}	ʂɔu^{13}	ʐɔu^{13}	tɕiɔu^{13}	iɔu^{13}	iɔu^{13}	tiɔu^{42}	tiɔu^{42}
尧都	tʂɑu^{44}	ʂɑu^{44}	ʐɑu^{44}	tɕiɑu^{44}	iɑu^{21}	iɑu^{44}	tiɑu^{21}	tiɑu^{21}
洪洞	tʂɑo^{33}	ʂɑo^{33}	ʐɑo^{53}	tʰiɑo^{53} 白 / tɕiɑo^{53} 文	iɑo^{33}	iɑo^{53}	tiɑo^{21}	tiɑo^{21}
洪洞赵城	tʂɑo^{24}	ʂɑo^{53}	ʐɑo^{53}	tʰiɑo^{53}	iɑo^{53}	iɑo^{24}	tiɑo^{21}	tiɑo^{21}
古县	tʂɑu^{35}	ʂɑu^{53}	ʐɑu^{53}	tɕʰiɑu^{53} 白 / tɕiɑu^{53} 文	iɑu^{35}	iɑu^{53}	tɕiɑu^{21}	tɕiɑu^{21}

续表

字目	照	少~年	绕~线	轿	要重~	耀	刁	貂
中古音 / 方言点	之少 效开三 去笑章	失照 效开三 去笑书	人要 效开三 去笑日	渠庙 效开三 去笑群	於笑 效开三 去笑影	弋照 效开三 去笑以	都聊 效开四 平萧端	都聊 效开四 平萧端
襄汾	tʂao^{44}	ʂao^{44}/ʂao^{42}	ʐao^{42}	tʰiao^{53} 白 / tɕʰiao^{53} 文	iao^{44}	iao^{53}	tiao^{21}	tiao^{21}
浮山	tʂao^{44}	ʂao^{53}	ʐao^{53}	tɕiao^{53} 文	iao^{44}	iao^{53}	tiao^{42}	tiao^{42}
霍州	tʂau^{55}	ʂau^{55}	ʐau^{53}	tɕiau^{55}	iau^{55}	iau^{53}	tiau^{212}	tiau^{212}
翼城	tʂɔo^{53}	ʂɔo^{53}	ʐɔo^{53}	tɕiɔo^{53}	iɔo^{53}	iɔo^{53}	tiɔo^{53}	tiɔo^{53}
闻喜	tsɑo^{33}	——	zɑo^{13}/ zɑo^{33}	tɕʰiɑo^{13}	iɑo^{53}	——	tiɑo^{53}	tiɑo^{53}
侯马	tʂɑu^{53}	ʂɑu^{53}	ʐɑu^{53}	tɕiɑu^{53}	iɑu^{53}	iɑu^{53}	tiɑu^{213}	tiɑu^{213}
新绛	tʂɑo^{53}	ʂɑo^{44}	ʐɑo^{53}	tɕʰiɑo^{53}	iɑo^{53}	iɑo^{13}	tiɑo^{53}	tiɑo^{53}
绛县	tʂau^{31}	ʂau^{31}	ʐau^{53}	tɕiau^{53}	iau^{31}	iau^{53}	tiau^{53}	tiau^{53}
垣曲	tʂau^{53}	ʂau^{53}	ʐau^{53}	tɕʰiau^{53} 白 / tɕiau^{53} 文	iau^{53}	iau^{53}	tiau^{53}	tiau^{53}
夏县	tʂɑu^{31}	ʂɑu^{31}	ʐɑu^{31}	tɕʰiɑu^{31} 白 / tɕiɑu^{31} 文	iɑu^{31}	iɑu^{31}	tiɑu^{53}	tiɑu^{53}
万荣	ʐau^{33} 白 / tʂau^{33} 文	ʂau^{33}	ʐau^{55}	tʂʰau^{33} 白 / tɕʰiau^{33} 文	iau^{33}	iau^{33}	tiau^{51}	tiau^{51}
稷山	tʂɑu^{42}	ʂɑu^{42}	ʐɑu^{42}	tɕʰiɑu^{42}	iɑu^{42}	iɑu^{42}	tiɑu^{53}	tiɑu^{53}
盐湖	tʂɔ^{44}	ʂɔ^{53}	ʐɔ^{53}	tɕʰiɔ^{44}	iɔ^{44}	iɔ^{44}	tiɔ^{42}	tiɔ^{42}
临猗	tʂɑu^{44}	ʂɑu^{44}	ʐɑu^{53}	tɕʰiɑu^{44} 白 / tɕiɑu^{44} 文	iɑu^{44}	iɑu^{44}	tiɑu^{42}	tiɑu^{42}
河津	tʂau^{44}	ʂau^{44}	ʐau^{53}	tʂʰau^{44} 白 / tɕʰiau^{44} 文	iau^{44}	iau^{44}	tiau^{31}	tiau^{31}
平陆	tʂau^{33}	ʂau^{33}	ʐau^{55}	tɕʰiau^{33}	iau^{33}	ʐau^{33} 白 / iau^{33} 文	tiau^{31}	tiau^{31}
永济	tʂau^{44}	ʂau^{44}	ʐau^{53}/ʐau^{44}	tɕʰiau^{44}	iau^{44}	iau^{44}	tiau^{31}	tiau^{31}
芮城	tʂau^{44}	ʂau^{44}	ʐau^{13}	tɕʰiau^{44}	iau^{44}	iau^{44}	tiau^{42}	tiau^{42}
吉县	tʂau^{33}	ʂau^{33}	ʐau^{53}	tɕʰiau^{33}	iau^{33}	iau^{33}	tiau^{423}	tiau^{423}
乡宁	tʂau^{22}	ʂau^{22}	ʐau^{22}	tɕʰiau^{22} 白 / tɕiau^{22} 文	iau^{22}	iau^{22}	tiau^{53}	tiau^{53}
广灵	tsʌu^{213}	sʌu^{213}	zʌu^{213}	tɕiʌu^{213}	iʌu^{213}	iʌu^{213}	tiʌu^{53}	tiʌu^{53}

字目	雕~刻	挑~担	条	调~和	辽	聊	萧	箫
中古音 / 方言点	都聊 效开四 平萧端	吐彫 效开四 平萧透	徒聊 效开四 平萧定	徒聊 效开四 平萧定	落萧 效开四 平萧来	落萧 效开四 平萧来	苏彫 效开四 平萧心	苏彫 效开四 平萧心
北京	tiau^{55}	tʰiau^{55}	tʰiau^{35}	tʰiau^{35}	liau^{35}	liau^{35}	ɕiau^{55}	ɕiau^{55}
小店	tiɔo^{11}	tʰiɔo^{11}/ tʰiɔo^{53}	tiɔo^{24} 白 / tʰiɔo^{11} 文	tiɔo^{24}/tʰiɔo^{11}	liɔo^{11}	liɔo^{11}	ɕiɔo^{11}	ɕiɔo^{11}
尖草坪	tiau^{33}	tʰiau^{33}	tʰiau^{33}	tʰiau^{33}	liau^{33}	liau^{33}	ɕiau^{33}	ɕiau^{33}
晋源	tiau^{11}	tʰiau^{42}	tiau^{11} 白 / tʰiau^{11} 文	tiau^{11} 白 / tʰiau^{11} 文	liau^{11}	liau^{11}	ɕiau^{11}	ɕiau^{11}
阳曲	tiɔo^{312}	tʰiɔo^{312}	tʰiɔo^{43}	tʰiɔo^{43}	liɔo^{43}	liɔo^{43}	ɕiɔo^{312}	ɕyɛʔ^{4} 白 / ɕiɔo^{312} 文
古交	tiau^{44}	tʰiau^{44}	tʰiau^{44}	tʰiau^{44}	liau^{44}	liau^{44}	ɕiau^{44}	ɕiau^{44}
清徐	tiɔu^{11}	tʰiɔu^{11}	tiɔu^{11} 白 / tʰiɔu^{11} 文	tiɔu^{11} 白 / tʰiɔu^{11} 文	liɔu^{11}	liɔu^{11}	ɕiɔu^{11}	ɕiɔu^{11}
娄烦	tiɔu^{33}	tɕʰiɔu^{33}	tɕʰiɔu^{33}	tɕʰiɔu^{33}	liɔu^{33}	liɔu^{33}	ɕiɔu^{33}	ɕiɔu^{33}
榆次	tiɔu^{11}	tʰiɔu^{11}	tiɔu^{11}	tiɔu^{11}	liɔu^{11}	liɔu^{11}	ɕiɔu^{11}	ɕiɔu^{11}
交城	tiɔu^{11}	tʰiɔu^{11}	tiɔu^{11} 白 / tʰiɔu^{11} 文	tiɔu^{11} 白 / tʰiɔu^{11} 文	liɔu^{11}	liɔu^{11}	ɕiɔu^{11}	ɕiɔu^{11}
文水	tiau^{22}	tʰi^{22} 白 / tʰiau^{22} 文	ti^{22} 白 / tʰi^{22} 白 / tʰiau^{22} 文	ti^{22} 白 / tʰiau^{22} 文	liau^{22}	liau^{22}	ɕiau^{22}	ciu^{22} 白 / ɕiau^{22} 文
祁县	tiu^{31}	tʰiu^{31}	tiu^{31} 白 / tʰiu^{31} 文	tiu^{31} 白 / tʰiu^{31} 文	liu^{31}	liu^{31}	ɕiu^{31}	ɕiu^{31}
太谷	tio^{33}	tʰio^{33}	tio^{33} 白 / tʰio^{33} 文	tio^{33} 白 / tʰio^{33} 文	lio^{33}	lio^{33}	ɕio^{33}	ɕio^{33}
平遥	tiɔ^{213}	tʰiɔ^{213}	tiɔ^{213} 白 / tʰiɔ^{213} 文	tiɔ^{213}	liɔ^{213}	liɔ^{213}	ɕiɔ^{213}	ɕiɔ^{213}
孝义	tiao^{33}	tʰiɒ^{312}	tiɒ^{33} 白 / tʰiɒ^{33} 文	tiɒ^{33}	liao^{33}	liao^{33}	ɕiao^{33}	ɕiao^{33}
介休	tiɔo^{13}	tʰiɔo^{13}	tiɔo^{13} 白 / tʰiɔo^{13} 文	tʰiɔo^{13}	liɔo^{13}	liɔo^{13}	ɕiɔo^{13}	ɕiɔo^{13}
灵石	tiɔ^{535}	tʰiɔ^{535}	tʰiɔ^{44}	tʰiɔ^{44}	liɔ^{44}	liɔ^{44}	ɕiɔ^{535}	ɕiɔ^{535}
盂县	tiɑu^{412}	tʰiɑu^{412}	tʰiɑu^{22}	tʰiɑu^{22}	liɑu^{22}	liɑu^{22}	ɕiɑu^{412}	ɕiɑu^{412}
寿阳	tiɔo^{31}	tʰiɔo^{31}	tʰiɔo^{22}	tʰiɔo^{22}	liɔo^{22}	liɔo^{22}	ɕiɔo^{31}	ɕiɔo^{31}
榆社	tiou^{22}	tʰiou^{22}	ti^{22}/ 白 tʰiou^{22} 文	tʰi^{22} 白 / tʰiou^{22} 文	liou^{22}	liou^{22}	ɕiou^{22}	ɕiou^{22}
离石	tiou^{24}	tʰiou^{312}	tʰiou^{44}	tʰiou^{44}	liou^{44}	liou^{44}	ɕiou^{24}	ɕiou^{24}
汾阳	tiɯ^{324} 白 / tiau^{324} 文	tʰiɯ^{324}	tʰiɯ^{22} 白 / tʰiau^{22} 文	tʰiɯ^{22} 白 / tʰiau^{22} 文	liau^{22}	liau^{22}	ɕiau^{324}	ɕiau^{324}

续表

字目	雕~刻	挑~担	条	调~和	辽	聊	萧	箫
中古音 / 方言点	都聊 效开四 平萧端	吐彫 效开四 平萧透	徒聊 效开四 平萧定	徒聊 效开四 平萧定	落萧 效开四 平萧来	落萧 效开四 平萧来	苏彫 效开四 平萧心	苏彫 效开四 平萧心
中阳	tiɔo^{24}	tʰiɔo^{423}	tʰiɔo^{33}	tʰiɔo^{33}	liɔo^{33}	liɔo^{33}	ɕiɔo^{24}	ɕiɔo^{24}
柳林	tiou^{24}	tʰiou^{312}	tʰiou^{44}	tʰiou^{44}	liou^{44}	liou^{44}	ɕiou^{24}	ɕiou^{24}
方山	tiou^{24}	tʰiou^{24}	tʰiou^{44}	tʰiou^{44}	liou^{44}	liou^{44}	ɕiou^{24}	ɕiou^{24}
临县	tiɔu^{24}	tiʰɔu^{312}	tʰiɔu^{33}	tʰiɔu^{33}	liɔu^{33}	liɔu^{33}	ɕiɔu^{24}	ɕiɔu^{24}
兴县	tiɯu^{324}	tʰiɯu^{324}	tʰiɯu^{55}	tʰiɯu^{55}	liɯu^{55}	liɯu^{55}	ɕiɯu^{324}	ɕiɯu^{324}
岚县	tiɤu^{214}	tɕʰiɤu^{214}	tɕʰiɤu^{44}	tɕʰiɤu^{44}	liɤu^{44}	liɤu^{44}	ɕiɤu^{214}	ɕiɤu^{214}
静乐	tiɑo^{24}	tɕʰiɑo^{24}	tɕʰiɑo^{33}	tiɑo^{53}	liɑo^{33}	liɑo^{33}	ɕiɑo^{24}	ɕiɑo^{24}
交口	tiɑo^{323}	tʰiɑo^{323}	tʰiɑo^{44}	tʰiɑo^{44}	liɑo^{44}	liɑo^{44}	ɕiɑo^{323}	ɕiɑo^{323}
石楼	tiɔo^{213}	tʰiɔo^{213}	tʰiɔo^{44}	tʰiɔo^{44}	liɔo^{44}	liɔo^{44}	ɕiɔo^{213}	ɕiɔo^{213}
隰县	tiɑo^{53}	tʰiɑo^{53}	tʰiɑo^{24}	tʰiɑo^{24}	liɑo^{24}	liɑo^{24}	ɕiɑo^{53}	ɕiɑo^{53}
大宁	tiɐu^{31}	tʰiɐu^{31}	tʰiɐu^{24}	tʰiɐu^{24}	liɐu^{24}	liɐu^{24}	ɕiɐu^{31}	ɕiɐu^{31}
永和	tiɑo^{33}	tʰiɑo^{33}	tʰiɑo^{35}	tʰiɑo^{35}	liɑo^{35}	liɑo^{35}	ɕiɑo^{33}	ɕiɑo^{33}
汾西	tiɑo^{11}/tiou^{11}	tʰiɑo^{11}	tʰiɑo^{35}/tʰiu^{35}	tʰiɑo^{35} 白	liɑo^{35}	liɑo^{35}	ɕiɑo^{11}	ɕiɑo^{11}
蒲县	tiɑu^{52}	tʰiɑu^{31}	tʰiɑu^{24}	tʰiɑu^{24}	liɑu^{24}	liɑu^{24}	ɕiɑu^{52}	ɕiɑu^{52}
潞州	tiɑo^{312}	tʰiɑo^{312}	tʰiɑo^{24}	tʰiɑo^{24}	liɑo^{24}	liɑo^{24}	ɕiɑo^{312}	ɕiɑo^{312}
上党	tiɔ^{213}	tʰiɔ^{213}	tʰiɔ^{44}	tʰiɔ^{44}	liɔ^{44}	liɔ^{44}	ɕiɔ^{213}	ɕiɔ^{213}
长子	tiɔ^{312}	tʰiɔ^{312}	tʰiɔ^{24}	tʰiɔ^{24}	liɔ^{24}	liɔ^{24}	ɕiɔ^{312}	ɕiɔ^{312}
屯留	tiɔo^{31}	tʰiɔo^{31}	tʰiɔo^{11}	tʰiɔo^{11}	liɔo^{11}	liɔo^{11}	ɕiɔo^{31}	ɕiɔo^{31}
襄垣	tiɔo^{33}	tʰiɔo^{33}	tʰiɔo^{31}	tʰiɔo^{33}	liɔo^{31}	liɔo^{31}	ɕiɔo^{33}	ɕiɔo^{33}
黎城	tiɔo^{33}	tʰiɔo^{33}	tʰiɔo^{53}	tiɔo^{53}/tʰiɔo^{53}	liɔo^{53}	liɔo^{33}	ɕiɔo^{33}	ɕiɔo^{33}
平顺	tiɔ^{213}	tʰiɔ^{213}	tʰiɔ^{13}	tʰiɔ^{13}	liɔ^{13}	liɔ^{13}	ɕiɔ^{213}	ɕiɔ^{213}
壶关	tiɔ^{33}	tʰiɔ^{535}	tʰiɔ^{13}	tʰiɔ^{13}	liɔ^{13}	liɔ^{13}	siɔ^{33}	siɔ^{33}
沁县	tio^{224}	tɕʰio^{224}	tɕʰio^{33}	tɕʰio^{33}	lio^{33}	lio^{33}	ɕio^{224}	ɕio^{224}
武乡	tiɔ^{113}	tʰiɔ^{113}	tʰiɔ^{33}	tʰiɔ^{33}	liɔ^{33}	liɔ^{33}	ɕiɔ^{113}	ɕiɔ^{113}
沁源	tiɔo^{324}	tʰiɔo^{324}	tʰiɔo^{33}	tʰiɔo^{33}	liɔo^{33}	liɔo^{33}	ɕiɔo^{324}	ɕiɔo^{324}
安泽	tiau^{21}	tʰiau^{35}	tʰiau^{35}	tʰiau^{35}	——	liau^{35}	——	——
沁水端氏	tiɔ^{21}	tʰiɔ^{31}	tʰiɔ^{24}	tʰiɔ^{24}	liɔ^{24}	liɔ^{24}	ɕiɔ^{21}	ɕiɔ^{21}
阳城	tio^{224}	tʰio^{224}	tʰio^{22}	tʰio^{22}	lio^{22}	lio^{22}	ɕio^{224}	ɕio^{224}
高平	tiɔo^{33}	tʰiɔo^{33}	tʰiɔo^{33}	tʰiɔo^{33}	liɔo^{33}	liɔo^{33}	ɕiɔo^{33}	ɕiɔo^{33}
陵川	tiɔo^{33}	tʰiɔo^{33}	tʰiɔo^{53}	tʰiɔo^{53}	liɔo^{53}	liɔo^{53}	ɕiɔo^{33}	ɕiɔo^{33}
晋城	tio^{33}	tʰio^{33}	tʰio^{324}	tʰio^{324}	lio^{324}	lio^{324}	ɕio^{33}	ɕio^{33}

续表

字目	雕～刻	挑～担	条	调～和	辽	聊	萧	箫
中古音 方言点	都聊 效开四 平萧端	吐彫 效开四 平萧透	徒聊 效开四 平萧定	徒聊 效开四 平萧定	落萧 效开四 平萧来	落萧 效开四 平萧来	苏彫 效开四 平萧心	苏彫 效开四 平萧心
忻府	tiɔo^{313}	tʰiɔo^{313}	tʰiɔo^{21}	tʰiɔo^{21}	liɔo^{21}	liɔo^{21}	ɕiɔo^{313}	ɕiɔo^{313}
原平	tiɔo^{213}	tʰiɔo^{213}	tʰiɔo^{33}	tʰiɔo^{33}	liɔo^{33}	liɔo^{33}	ɕiɔo^{213}	ɕiɔo^{213}
定襄	tiɔu^{24}	tʰiɔu^{11}	tʰiɔu^{11}	tiɔu^{53}	liɔu^{11}	liɔu^{11}	ɕiɔu^{24}	ɕiɔu^{24}
五台	tiɑɔ^{213}	tɕʰiɑɔ^{213}	tɕʰiɑɔ^{33}	tɕʰiɑɔ^{33}	liɑɔ^{33}	liɑɔ^{33}	ɕiɑɔ^{213}	ɕiɑɔ^{213}
岢岚	tiɑu^{13}	tʰiɑu^{13}	tʰiɑu^{44}	tʰiɑu^{44}	liɑu^{44}	liɑu^{44}	ɕiɑu^{13}	ɕiɑu^{13}
五寨	tiɑu^{13}	tʰiɑu^{13}	tʰiɑu^{44}	tʰiɑu^{44}	liɑu^{44}	liɑu^{44}	ɕiɑu^{13}	ɕiɑu^{13}
宁武	tiɔu^{23}	tɕʰiɔu^{23}	tɕʰiɔu^{33}	tɕʰiɔu^{33}	liɔu^{33}	liɔu^{33}	ɕiɔu^{23}	ɕiɔu^{23}
神池	tiɔo^{24}	tʰiɔo^{24}	tʰiɔo^{32}	tʰiɔo^{32}	liɔo^{32}	liɔo^{32}	ɕiɔo^{24}	ɕiɔo^{24}
繁峙	tiɑo^{53}	tʰiɑo^{53}	tʰiɑo^{31}	tʰiɑo^{31}	liɑo^{31}	liɑo^{31}	ɕiɑo^{53}	ɕiɑo^{53}
代县	tiau^{213}	tʰiau^{213}	tʰiau^{44}	tʰiau^{44}	liau^{44}	liau^{44}	ɕiau^{213}	ɕiau^{213}
河曲	tiɔu^{213}	tʰiɔu^{213}	tʰiɔu^{44}	tʰiɔu^{44}	liɔu^{44}	liɔu^{44}	ɕiɔu^{213}	ɕiɔu^{213}
保德	tiəu^{213}	tʰiəu^{213}	tʰiəu^{44}	tʰiəu^{44}	liəu^{44}	liəu^{44}	ɕiəu^{213}	ɕiəu^{213}
偏关	tiɔo^{24}	tʰiɔo^{24}	tʰiɔo^{44}	tʰiɔo^{44}	liɔo^{44}	liɔo^{44}	ɕiɔo^{24}	ɕiɔo^{24}
朔城	tiɔo^{312}	tɕʰiɔo^{312}	tɕʰiɔo^{35}	tɕʰiɔo^{35}	liɔo^{35}	liɔo^{35}	ɕiɔo^{312}	ɕiɔo^{312}
平鲁	tiɔ^{213}	tɕʰiɔ^{213}	tɕʰiɔ^{44}	tɕʰiɔ^{44}/ tɕʰiɔ^{52}	liɔ^{44}	liɔ^{44}	ɕiɔ^{213}	ɕiɔ^{213}
应县	tiau^{43}	tɕʰiau^{43}	tɕʰiau^{31}	tɕʰiau^{31}	liau^{31}	liau^{31}	ɕiau^{43}	ɕiau^{43}
灵丘	tiɔo^{442}	tʰiɔo^{442}	tʰiɔo^{31}	tʰiɔo^{31}	liɔo^{31}	liɔo^{31}	ɕiɔo^{442}	ɕiɔo^{442}
浑源	tiʌu^{52}	tʰiʌu^{52}	tʰiʌu^{22}	tʰiʌu^{52}	liʌu^{22}	liʌu^{22}	ɕiʌu^{52}	ɕiʌu^{52}
云州	tiɑu^{21}	tʰiɑu^{21}	tʰiɑu^{312}	tʰiɑu^{312}	liɑu^{312}	liɑu^{312}	ɕiɑu^{21}	ɕiɑu^{21}
新荣	tiɔu^{32}	tʰiɔu^{32}	tʰiɔu^{312}	tʰiɔu^{312}	liɔu^{312}	liɔu^{312}	ɕiɔu^{32}	ɕiɔu^{32}
怀仁	tiɔu^{42}	tʰiɔu^{42}	tʰiɔu^{312}	tʰiɔu^{312}	liɔu^{312}	liɔu^{312}	ɕiɔu^{42}	ɕiɔu^{42}
左云	tiɔu^{31}	tʰiɔu^{31}	tʰiɔu^{313}	tʰiɔu^{313}	liɔu^{313}	liɔu^{313}	ɕiɔu^{31}	ɕiɔu^{31}
右玉	tiɐo^{31}	tʰiɐo^{31}	tʰiɐo^{212}	tʰiɐo^{212}	liɐo^{212}	liɐo^{212}	ɕiɐo^{31}	ɕiɐo^{31}
阳高	tiɔu^{31}	tʰiɔu^{31}	tʰiɔu^{31}	tʰiɔu^{31}	liɔu^{312}	liɔu^{312}	ɕiɔu^{31}	ɕiɔu^{31}
山阴	tiɔo^{313}	tɕʰiɔo^{313}	tɕʰiɔo^{313}	tɕʰiɔo^{313}	liɔo^{313}	liɔo^{313}	ɕiɔo^{313}	ɕiɔo^{313}
天镇	tiɔu^{31}	tʰiɔu^{31}	tʰiɔu^{22}	tʰiɔu^{22}	liɔu^{22}	liɔu^{22}	ɕiɔu^{31}	ɕiɔu^{31}
平定	tiɔ^{31}	tʰiɔ^{31}	tʰiɔ^{44}	tʰiɔ^{44}	liɔ^{44}	liɔ^{44}	ɕiɔ^{31}	ɕiɔ^{31}
昔阳	tiɔo^{42}	tʰiɔo^{42}	tʰiɔo^{33}	tʰiɔo^{33}	liɔo^{33}	liɔo^{33}	ɕiɔo^{42}	ɕiɔo^{42}
左权	tiəu^{31}	tʰiəu^{31}	tʰiəu^{11}	tʰiəu^{11}	liəu^{11}	liəu^{11}	ɕiəu^{31}	ɕiəu^{31}
和顺	tiɔu^{42}	tʰiɔu^{42}	tʰiɔu^{22}	tʰiɔu^{22}	liɔu^{22}	liɔu^{22}	ɕiɔu^{42}	ɕiɔu^{42}

续表

字目	雕~刻	挑~担	条	调~和	辽	聊	萧	箫
中古音 方言点	都聊 效开四 平萧端	吐彫 效开四 平萧透	徒聊 效开四 平萧定	徒聊 效开四 平萧定	落萧 效开四 平萧来	落萧 效开四 平萧来	苏彫 效开四 平萧心	苏彫 效开四 平萧心
尧都	tiɑu^{21}	t^{h}iɑu^{21}	t^{h}iɑu^{24}	t^{h}iɑu^{24}	liɑu^{24}	liɑu^{24}	ɕiɑu^{21}	ɕiɑu^{21}
洪洞	tiɑo^{21}	t^{h}iɑo^{21}	t^{h}iɑo^{24}	t^{h}iɑo^{33}	liɑo^{24}	liɑo^{24}	ɕiɑo^{21}	ɕiɑo^{21}
洪洞赵城	tiɑo^{21}	t^{h}iɑo^{21}	t^{h}iɑo^{24}	t^{h}iɑo^{24}	liɑo^{24}	liɑo^{24}	ɕiɑo^{21}	ɕiɑo^{21}
古县	tɕiɑu^{21}	tɕ^{h}iɑu^{21}	tɕ^{h}iɑu^{35}	tɕ^{h}iɑu^{35}	liɑu^{35}	liɑu^{35}	ɕiɑu^{21}	ɕiɑu^{21}
襄汾	tiao^{21}	t^{h}iao^{21}	t^{h}iao^{24}	tiao^{24}	liao^{24}	liao^{24}	ɕiao^{21}	ɕiao^{21}
浮山	tiao^{42}	t^{h}iao^{42}	t^{h}iao^{13}	t^{h}iao^{13}	liao^{13}	liao^{13}	ɕiao^{42}	ɕiao^{42}
霍州	tiau^{212}	tɕ^{h}iau^{212} 白 / t^{h}iau^{212} 文	tɕ^{h}iau^{35} 白 / t^{h}iau^{35} 文	tɕ^{h}iau^{35} 白 / t^{h}iau^{35} 文	liau^{35}	liau^{35}	ɕiau^{212}	ɕiau^{212}
翼城	tiɔo^{53}	t^{h}iɔo^{44}	t^{h}iɔo^{12}	tiɔo^{12}	liɔo^{12}	liɔo^{12}	ɕiɔo^{53}	ɕiɔo^{53}
闻喜	tiɑo^{53}	t^{h}iɑo^{53}	t^{h}iɑo^{13}	t^{h}iɑo^{13}	——	liɑo^{13}	ɕiɑo^{53}	ɕiɑo^{53}
侯马	tiɑu^{213}	t^{h}iɑu^{44}	t^{h}iɑu^{213}	t^{h}iɑu^{213}	liɑu^{213}	liɑu^{213}	xɑu^{213} 白 / ɕiɑu^{213} 文	ɕiɑu^{213}
新绛	tiɑo^{53}	t^{h}iɑo^{44}	t^{h}iɑo^{13}	t^{h}iɑo^{13}	liɑo^{13}	liɑo^{13}	ɕiɑo^{53}	ɕiɑo^{53}
绛县	tiau^{53}	t^{h}iau^{53}	t^{h}iau^{24}	t^{h}iau^{24}	liau^{24}	liau^{24}	ɕiau^{53}	ɕiau^{53}
垣曲	tiau^{22}	t^{h}iau^{53}	t^{h}iau^{22}	t^{h}iau^{22}	liau^{22}	liau^{22}	ɕiau^{22}	ɕiau^{22}
夏县	tiɑu^{53}	t^{h}iɑu^{53}	t^{h}iɑu^{24}	t^{h}iɑu^{42}	liɑu^{42}	——	——	——
万荣	tiau^{51}	t^{h}iau^{51}	t^{h}iau^{213}	t^{h}iau^{213}	liau^{213}	liau^{213}	ɕiau^{51}	ɕiau^{51}
稷山	tiɑu^{53}	t^{h}iɑu^{53}	t^{h}iɑu^{13}	t^{h}iɑu^{13}	liɑu^{13}	liɑu^{13}	ɕiɑu^{53}	ɕiɑu^{53}
盐湖	tiɔ^{42}	t^{h}iɔ^{42}	t^{h}iɔ^{13}	t^{h}iɔ^{13}	liɔ^{13}	liɔ^{13}	ɕiɔ^{42}	ɕiɔ^{42}
临猗	tiɑu^{42}	t^{h}iɑu^{53}	t^{h}iɑu^{13}	t^{h}iɑu^{13}	liɑu^{13}	liɑu^{13}	ɕiɑu^{42}	ɕiɑu^{42}
河津	tiau^{31}	t^{h}iau^{31}	t^{h}iau^{324}	t^{h}iau^{324}	liau^{324}	liau^{324}	ɕiau^{31}	ɕiau^{31}
平陆	tiau^{31}	t^{h}iau^{31}	t^{h}iau^{13}	t^{h}iau^{13}	liau^{13}	liau^{13}	ɕiau^{31}	ɕiau^{31}
永济	tiau^{31}	t^{h}iau^{31}	t^{h}iau^{24}	t^{h}iau^{24}/ t^{h}iau^{53}	liau^{31}	liau^{31}	ɕiau^{31}	ɕiau^{31}
芮城	tiau^{42}	t^{h}iau^{53}	t^{h}iau^{13}	t^{h}iau^{13}	liau^{13}	liau^{13}	ɕiau^{42}	ɕiau^{42}
吉县	tiau^{423}	t^{h}iau^{423}	t^{h}iau^{13}	t^{h}iau^{13}	liau^{13}	liau^{13}	ɕiau^{423}	ɕiau^{423}
乡宁	tiau^{53}	t^{h}iau^{53}	t^{h}iau^{12}	t^{h}iau^{12}	liau^{12}	liau^{12}	ɕiau^{53}	ɕiau^{53}
广灵	tiʌu^{53}	t^{h}iʌu^{53}	t^{h}iʌu^{31}	t^{h}iʌu^{31}	liʌu^{31}	liʌu^{31}	ɕiʌu^{53}	ɕiʌu^{53}

字目	浇	尧	幺	鸟	挑~战	了~结	缴	晓
中古音 方言点	古尧 效开四 平萧见	五聊 效开四 平萧疑	於尧 效开四 平萧影	都了 效开四 上篠端	徒了 效开四 上篠定	卢鸟 效开四 上篠来	古了 效开四 上篠见	馨皛 效开四 上篠晓
北京	tɕiau^{55}	iau^{35}	iau^{55}	niau^{214}	tʰiau^{214}	liau^{214}	tɕiau^{214}	ɕiau^{214}
小店	tɕiɔo^{11}	iɔo^{11}	iɔo^{11}	ȵiɔo^{53}	tʰiɔo^{53}	liɔo^{53}	tɕiɔo^{53}	ɕiɔo^{53}
尖草坪	tɕiau^{33}	iau^{33}	iau^{33}	niau^{312}	tʰiau^{312}	liau^{312}	tɕiau^{33}	ɕiau^{312}
晋源	tɕiau^{11}	iau^{11}	iəʔ^{2}	tɕʰiau^{42}	tʰiau^{42}	liau^{42}	tɕiau^{11}	ɕiau^{42}
阳曲	tɕiɔo^{312}	iɔo^{43}	iɔo^{312}	ȵiɔo^{312}	tʰiɔo^{312}	liɔo^{312}	tɕiɔo^{312}	ɕiɔo^{312}
古交	tɕiau^{44}	iau^{44}	iau^{44}	ȵiau^{312}	tʰiau^{44}	liau^{312}	tɕiau^{312}	ɕiau^{312}
清徐	tɕiɔu^{11}	iɔu^{11}	iɔu^{11}	tɕʰiɔu^{54}	tʰiɔu^{54}	liɔu^{54}	tɕiɔu^{54}	ɕiɔu^{54}
娄烦	tɕiɔu^{33}	iɔu^{33}	iɔu^{33}	ȵiɔu^{312}	tɕʰiɔu^{312}	liɔu^{312}	tɕiɔu^{312}	ɕiɔu^{312}
榆次	tɕiɔu^{11}	iɔu^{11}	iɔu^{11}	niɔu^{53}	tʰiɔu^{35}	liɔu^{11}	tɕiɔu^{11}	ɕiɔu^{53}
交城	tɕiɔu^{11}	iɔu^{11}	iɔu^{11}	niɔu^{53}	tʰiɔu^{53}	liɔu^{53}	tɕiɔu^{53}	ɕiɔu^{53}
文水	tɕi^{22} 白 / tɕiau^{22} 文	iau^{22}	iau^{22}	ȵiau^{423}	tʰi^{423} 白 / tʰiau^{423} 文	liau^{423}	tɕiau^{423}	ɕiau^{423}
祁县	tɕiu^{31}	iu^{31}	iu^{31}	ȵiɒɔ^{314}	tʰiu^{314}	liu^{314}/liɒɔ^{314}	tɕiɒɔ^{314}	ɕiu^{314}
太谷	tɕio^{33}	io^{33}	io^{33}	ȵiɑɯ^{312}	tʰio^{312}	lio^{312}	tɕiɑɯ^{312}	ɕio^{312}
平遥	tɕiɔ^{213}	iɔ^{213}	iɔ^{213}	ȵiɔ^{512}	tʰiɔ^{512}	liɔ^{512}	tɕiɔ^{213}	ɕiɔ^{512}
孝义	tɕiɒ^{33}	iao^{33}	iɒ^{33}	ȵiɒ^{312}	tʰiɒ^{312}	liɒ^{312}	tɕiao^{33}	ɕiao^{312}
介休	tɕiɔo^{13}	iɔo^{13}	iɔo^{13}	ȵiɔo^{423}	tʰiɔo^{423}	liɔo^{423}	tɕiɔo^{423}	ɕiɔo^{423}
灵石	tɕiɔ^{535}	iɔ^{44}	iɔ^{535}	niɔ^{212}	tʰiɔ^{212}	liɔ^{212}	tɕiɔ^{212}	ɕiɔ^{212}
盂县	tɕiɑu^{412}	iɑu^{22}	iɑu^{412}	ȵiɑu^{53}	tʰiɑu^{53}	liɑu^{53}	tɕiɑu^{412}	ɕiɑu^{53}
寿阳	tɕiɔo^{31}	iɔo^{22}	iɔo^{31}	ȵiɔo^{53}	tʰiɔo^{53}	liɔo^{53}	tɕiɔo^{53}	ɕiɔo^{53}
榆社	tɕiou^{22}	iou^{22}	iou^{22}	niou^{312}	tʰiou^{312}	liou^{312}	tɕiou^{22}	ɕiou^{312}
离石	tɕiou^{24}	iou^{44}	iou^{24}	niou^{312}	tʰiou^{312}	liou^{312}	tɕiou^{312}	ɕiou^{312}
汾阳	tɕiɯ^{324}	iau^{22}	iau^{324}	ȵiɯ^{312}	tʰiɯ^{312}	liɯ^{312} 白 / liau^{312} 文	tɕiau^{312}	ɕiɯ^{312} 白 / ɕiau^{312} 文
中阳	tɕiɔo^{24}	iɔo^{33}	iɔo^{24}	niɔo^{423}	tʰiɔo^{423}	liɔo^{423}	tɕiɔo^{423}	ɕiɔo^{423}
柳林	tɕiou^{24}	iou^{44}	iou^{24}	niou^{312}	tʰiou^{312}	liou^{312}	tɕiou^{312}	ɕiou^{312}
方山	tɕiou^{24}	iou^{44}	iou^{24}	niou^{312}	tʰiou^{312}	liou^{312}	tɕiou^{312}	ɕiou^{312}
临县	tɕiɔu^{24}	iɔu^{33}	iɔu^{24}	niɔu^{312}	tʰiɔu^{24}	liɔu^{312}	tɕiɔu^{312}	ɕiɔu^{312}
兴县	tɕiɯu^{324}	iɯu^{55}	iɯu^{324}	niɔu^{324}	tʰiɯu^{324}	liɯu^{324}	tɕiɔu^{324}	ɕiɯu^{324}
岚县	tɕiɤu^{214}	iɤu^{44}	iɤu^{214}	ȵiau^{312}	tɕʰiɤu^{312}	liɤu^{312}	tɕiau^{312}	ɕiɤu^{312}
静乐	tɕiɑo^{24}	iɑo^{33}	iɑo^{24}	ȵiɑo^{314}	tɕʰiɑo^{24}	liɑo^{314}	tɕiɑo^{24}	ɕiɑo^{24}
交口	tɕiɑo^{323}	iɑo^{44}	iɑo^{323}	ȵiɑo^{323}	tʰiɑo^{323}	liɑo^{323}	tɕiɑo^{323}	ɕiɑo^{323}

续表

字目	浇	尧	幺	鸟	挑~战	了~结	缴	晓
中古音 / 方言点	古尧 效开四 平萧见	五聊 效开四 平萧疑	於尧 效开四 平萧影	都了 效开四 上篠端	徒了 效开四 上篠定	卢鸟 效开四 上篠来	古了 效开四 上篠见	馨皛 效开四 上篠晓
石楼	tɕiɔo^{213}	iɔo^{44}	iɔo^{213}	ȵiɔo^{213}	tʰiɔo^{213}	liɔ^{13}	tɕiɔo^{213}	ɕiɔo^{213}
隰县	tɕiɑo^{53}	iɑo^{24}	iɑo^{53}	ȵiɑo^{21}	tʰiɑo^{21}	liɑo^{21}	tɕiɑo^{21}	ɕiɑo^{21}
大宁	tɕiɐu^{31}	iɐu^{24}	iɐu^{31}	niɐu^{31}	tʰiɐu^{31}	liɐu^{31}	tɕiɐu^{31}	ɕiɐu^{55}
永和	tɕiɑo^{312}	iɑo^{35}	iɑo^{33}	niɑo^{312}	tʰiɑo^{33}	liɑo^{312}	——	ɕiɑo^{312}
汾西	tiɑo^{11} 白 / tɕiɑo^{11} 文	iɑo^{35}	iɑo^{11}	niɑo^{33}	tʰiɑo^{33}	liɑo^{33}	tɕiɑo^{33}	ɕiɑo^{33}
蒲县	tiɑu^{52} 白 / tɕiɑu^{52} 文	iɑu^{24}	iɑu^{52}	ȵiɑu^{52}	tʰiɑu^{31}	liɑu^{31}	tɕiɑu^{31}	ɕiɑu^{31}
潞州	tɕiɑo^{312}	iɑo^{24}	iɑo^{312}	ȵiɑo^{535}	tʰiɑo^{535}	liɑo^{535}	tɕiɑo^{535}	ɕiɑo^{535}
上党	tɕiɔ^{213}	iɔ^{44}	iɔ^{213}	niɔ^{535}	tʰiɔ^{535}	liɔ^{535}	tɕiɔ^{535}	ɕiɔ^{535}
长子	tɕiɔ^{312}	iɔ^{24}	iɔ^{312}	ȵiɔ^{434}	tʰiɔ^{434}	liɔ^{434}	tɕiɔ^{434}	ɕiɔ^{434}
屯留	tɕiɔo^{31}	iɔo^{11}	iɔo^{31}	ȵiɔo^{43}	tʰiɔo^{43}	liɔo^{43}	tɕiɔo^{31}	ɕiɔo^{43}
襄垣	tɕiɔo^{33}	iɔo^{33}	iɔo^{33}	ȵiɔo^{42}	tʰiɔo^{33}	liɔo^{42}	tɕiɔo^{42}	ɕiɔo^{42}
黎城	tɕiɔo^{33}	iɔo^{33}	iɔo^{33}	niɔo^{213}	tʰiɔo^{213}	liɔo^{213}	ciɔo^{213}	çiɔo^{213}
平顺	ciɔ^{213}	iɔ^{13}	iɔ^{33}	ȵiɔ^{434}	tʰiɔ^{434}	liɔ^{434}	ciɔ^{434}	ɕiɔ^{434}
壶关	ciɔ^{33}	iɔ^{13}	iɔ^{33}	ȵiɔ^{535}	tʰiɔ^{535}	liɔ^{535}	ciɔ^{535}	çiɔ^{535}
沁县	tɕio^{224}	io^{33}	io^{224}	ȵio^{214}	tɕʰio^{214}	lio^{214}	tɕio^{214}	ɕio^{214}
武乡	tɕiɔ^{113}	iɔ^{113}	iɔ^{113}	ȵiɔ^{213}	tʰiɔ^{213}	liɔ^{213}	tɕiɔ^{213}	ɕiɔ^{213}
沁源	tɕiɔo^{324}	iɔo^{33}	iɔo^{324}	ȵiɔo^{324}	tʰiɔo^{324}	liɔo^{324}	tɕiɔo^{324}	ɕiɔo^{324}
安泽	tɕiau^{21}	iau^{35}	iau^{21}	ȵiau^{42}	tʰiau^{35}	liau^{42}	tɕiau^{42}	ɕiau^{42}
沁水端氏	tɕiɔ^{21}	iɔ^{24}	iɔ^{21}	ȵiɔ^{31}	tʰiɔ^{31}	liɔ^{31}	tɕiɔ^{31}	ɕiɔ^{31}
阳城	cio^{224}	io^{22}	io^{224}	nio^{212}	tʰio^{212}	lio^{212}	cio^{212}	ɕio^{212}
高平	tɕiɔo^{33}	iɔo^{33}	iɔo^{33}	liɔo^{212}	tʰiɔo^{212}	liɔo^{212}	ciɔo^{212}	ɕiɔo^{212}
陵川	ciɔo^{33}	iɔo^{53}	iɔo^{33}	niɔo^{312}	tʰiɔo^{312}	liɔo^{312}	ciɔo^{312}	ɕiɔo^{312}
晋城	tɕio^{33}	io^{324}	——	nio^{213}	tʰio^{213}	lio^{324}	tɕio^{213}	ɕio^{213}
忻府	tɕiɔo^{313}	iɔo^{21}	iɔo^{313}	niɔo^{313}	tʰiɔo^{313}	liɔo^{313}	tɕiɔo^{313}	ɕiɔo^{313}
原平	tɕiɔo^{213}	iɔo^{33}	iɔo^{213}	niɔo^{213}	tʰiɔo^{213}	liɔo^{213}	tɕiɔo^{213}	ɕiɔo^{213}
定襄	tɕiɔu^{24}	iɔu^{33}	iɔu^{24}	niɔu^{24}	tʰiɔu^{24}	liɔu^{24}	tɕiɔu^{24}	ɕiɔu^{24}
五台	tɕiɑɔ^{213}	iɑɔ^{33}	iɑɔ^{213}	niɑɔ^{213}	tɕʰiɑɔ^{213}	liɑɔ^{213}	tɕiɑɔ^{213}	ɕiɑɔ^{213}
岢岚	tɕiɑu^{13}	iɑu^{44}	iɑu^{13}	niɑu^{13}	tʰiɑu^{13}	liɑu^{13}	tɕiɑu^{13}	ɕiɑu^{13}
五寨	tɕiɑu^{13}	iɑu^{44}	iɑu^{13}	niɑu^{13}	tʰiɑu^{13}	liɑu^{13}	tɕiɑu^{13}	ɕiɑu^{13}
宁武	tɕiɔu^{23}	iɔu^{33}	iɔu^{23}	niɔu^{213}	——	liɔu^{213}	tɕiɔu^{213}	ɕiɔu^{213}

续表

字目	浇	尧	幺	鸟	挑~战	了~结	缴	晓
中古音 / 方言点	古尧 效开四 平萧见	五聊 效开四 平萧疑	於尧 效开四 平萧影	都了 效开四 上筱端	徒了 效开四 上筱定	卢鸟 效开四 上筱来	古了 效开四 上筱见	馨皛 效开四 上筱晓
神池	tɕiɔo^{24}	iɔo^{32}	iɔo^{24}	ȵiɔo^{13}	tʰiɔo^{24}	liɔo^{13}	tɕiɔo^{13}	ɕiɔo^{13}
繁峙	tɕiɑo^{53}	iɑo^{31}	iɑo^{31}	ȵiɑo^{53}	tʰiɑo^{53}	liɑo^{53}	tɕiɑo^{53}	ɕiɑo^{53}
代县	tɕiau^{213}	iau^{44}	iau^{213}	niau^{213}	tʰiau^{213}	liau^{213}	tɕiau^{213}	ɕiau^{213}
河曲	tɕiɔu^{213}	iɔu^{44}	iɔu^{213}	tiɔu^{213}/ niɔu^{213}	tʰiɔu^{213}	liɔu^{213}	tɕiɔu^{213}	ɕiɔu^{213}
保德	tɕiəu^{213}	iəu^{44}	iəu^{213}	niəu^{213}	tʰiəu^{213}	liəu^{213}	tɕiəu^{213}	ɕiəu^{213}
偏关	tɕiɔo^{24}	iɔo^{44}	iɔo^{24}	niɔo^{213}	tʰiɔo^{24}	liɔo^{213}	tɕiɔo^{213}	ɕiɔo^{213}
朔城	tɕiɔo^{312}	iɔo^{35}	——	niɔo^{312}	——	liɔo^{312}	tɕiɔo^{312}	ɕiɔo^{312}
平鲁	tɕiɔ^{213}	iɔ^{44}	iɔ^{44}	niɔ^{213}	tʰiɔ^{213}	liɔ^{213}	tɕiɔ^{213}	ɕiɔ^{213}
应县	tɕiau^{43}	iau^{31}	iau^{43}	niau^{43}	tɕʰiau^{54}	liau^{54}	tɕiau^{54}	ɕiau^{54}
灵丘	tɕiɔo^{442}	iɔo^{31}	iɔo^{442}	niɔo^{442}	tʰiɔo^{442}	liɔo^{442}	tɕiɔo^{442}	ɕiɔo^{442}
浑源	tɕiʌu^{52}	iʌu^{22}	iʌu^{52}	ȵiʌu^{52}	tʰiʌu^{52}	liʌu^{52}	tɕiʌu^{52}	ɕiʌu^{52}
云州	tɕiɑu^{21}	iɑu^{312}	iɑu^{21}	niɑu^{55}	tʰiɑu^{55}	liɑu^{55}	tɕiɑu^{55}	ɕiɑu^{55}
新荣	tɕiɔu^{32}	iɔu^{312}	iɔu^{32}	niɔu^{54}	tʰiɔu^{54}	liɔu^{54}	tɕiɔu^{54}	ɕiɔu^{54}
怀仁	tɕiɔu^{42}	iɔu^{312}	iɔu^{42}	niɔu^{53}	tʰiɔu^{53}	liɔu^{53}	tɕiɔu^{42}	ɕiɔu^{53}
左云	tɕiɔu^{31}	iɔu^{313}	iɔu^{31}	niɔu^{54}	tʰiɔu^{31}	liɔu^{54}	tɕiɔu^{54}	ɕiɔu^{54}
右玉	tɕiɐo^{31}	iɐo^{212}	——	niɐo^{53}	——	liɐo^{53}	tɕiɐo^{31}	ɕiɐo^{53}
阳高	tɕiɔu^{31}	iɔu^{312}	iɔu^{312}	niɔu^{53}	tʰiɔu^{31}	liɔu^{53}	tɕiɔu^{53}	ɕiɔu^{53}
山阴	tɕiɔo^{313}	iɔo^{313}	——	niɔo^{313}	tɕʰiɔo^{52}	liɔo^{52}	tɕiɔo^{313}	ɕiɔo^{52}
天镇	tɕiɔu^{31}	iɔu^{22}	iɔu^{31}	niɔu^{55}	——	liɔu^{55}	tɕiɔu^{31}	ɕiɔu^{31}
平定	tɕiɔ^{31}	iɔ^{44}	iɔ^{31}	niɔ^{53}	tʰiɔ^{31}	liɔ^{53}	tɕiɔ^{53}	ɕiɔ^{53}/ɕiɔ^{24}
昔阳	tɕiɔo^{42}	iɔo^{33}	iɔo^{42}	niɔo^{55}	tʰiɔo^{55}	liɔo^{55}	tɕiɔo^{55}	ɕiɔo^{55}
左权	tɕiəu^{31}	iəu^{11}	——	ȵiəu^{42}	tʰiəu^{31}	liəu^{42}	tɕiəu^{42}	ɕiəu^{42}
和顺	tɕiɔu^{42}	iɔu^{22}	——	ȵiɔu^{53}	tʰiɔu^{53}	liɔu^{53}	tɕiɔu^{53}	ɕiɔu^{53}
尧都	tɕiɑu^{21}	iɑu^{21}	iɑu^{21}	niɑu^{53}	tʰiɑu^{21}	liɑu^{53}	tɕiɑu^{53}	ɕiɑu^{53}
洪洞	tiɑo^{21} 白/ tɕiɑo^{21} 文	iɑo^{24}	iɑo^{21}	ȵiɑo^{42}	tʰiɑo^{42}	liɑo^{42}	tɕiɑo^{21}	ɕiɑo^{33}
洪洞赵城	tiɑo^{21} 白/ tɕiɑo^{21} 文	iɑo^{24}	iɑo^{21}	ȵiɑo^{42}	tʰiɑo^{24}	liɑo^{42}	tɕiɑo^{42}	ɕiɑo^{42}
古县	tɕiɑu^{21}	iɑu^{35}	iɑu^{21}	ȵiɑu^{42}	tɕʰiɑu^{42}	liɑu^{42}	tɕiɑu^{42}	ɕiɑu^{42}
襄汾	tiao^{21} 白/ tɕiao^{21} 文	iao^{24}	iao^{21}	ȵiao^{42}/ tiao^{42}	tʰiao^{21}	liao^{53}/liao^{42}	tɕiao^{53}	ɕiao^{42}

续表

字目	浇	尧	幺	鸟	挑~战	了~结	缴	晓
中古音 方言点	古尧 效开四 平萧见	五聊 效开四 平萧疑	於尧 效开四 平萧影	都了 效开四 上篠端	徒了 效开四 上篠定	卢鸟 效开四 上篠来	古了 效开四 上篠见	馨晶 效开四 上篠晓
浮山	tɕiao42	iao13	iao42	ȵiao33	tʰiao33	liao33	tɕiao53	ɕiao33
霍州	tɕiau212	iau35	iau212	ȵiau33	tɕʰiau33 白 / tʰiau33 文	liau33	tɕiau33	ɕiau33
翼城	tɕiɔo53	iɔo12	iɔo53	ȵiɔo44	tʰiɔo44	liɔo44	tɕiɔo44	ɕiɔo44
闻喜	tɕiɑo53	iɑo13	iɑo53	liɑo33/ ȵiɑo33	tʰiɑo13	liɑo33	tɕiɑo33	ɕiɑo33
侯马	tɕiɑu213	iɑu213	iɑu213	ȵiɑu44	tʰiau44	liau44	tɕiau44	ɕiau44
新绛	tɕiɑo53	iɑo13	iɑo53	ȵiɑo44	tʰiɑo53	liɑo13	tɕiɑo53	ɕiɑo53
绛县	tɕiau53	iau24	iau53	niau33	tʰiau53	liau33	tɕiau33	ɕiau33
垣曲	tɕiau22	iau22	iau22	ȵiau44	tʰiau44	liau22	tɕiau44	ɕiau44
夏县	tɕiɑu53	iɑu42	iɑu53	ȵiɑu24	tʰiɑu24	——	tɕiɑu53	ɕiɑu24
万荣	tʂau51	iau213	iau51	ȵiau55	tʰiau55	liau55	tɕiau51	ɕiau51
稷山	tɕiɑu53	iɑu13	iɑu53	ȵiɑu44	tʰiɑu44	liɑu44	tɕiɑu44	ɕiɑu42
盐湖	tɕiɔ42	iɔ13	iɔ42	ȵiɔ53	tʰiɔ42	liɔ53	tɕiɔ53	ɕiɔ53
临猗	tɕiɑu42	iɑu13	iɑu42	ȵia53 白 / ȵiɑu53 文	tʰiɑu53	liɑu53	tɕiɑu53	ɕiɑu53
河津	tʂau31 白 / tɕiau31 文	iau324	iau31	ȵiau53	tʰiau53	liau53	tɕiau31	ɕiau31
平陆	tɕiau31	iau13	iau31	ȵiau55	tʰiau55	liau55	tɕiau31	ɕiau55
永济	tɕiau31	iau24	iau31	ȵiau53	tʰiau31	liau53/ lau44	tɕiau31	ɕiau53
芮城	tɕiau42	iau13	iau42	ȵiau53	tʰiau53	liau53	tɕiau42	ɕiau53
吉县	tɕiau423	ɕiau13	——	niau53	——	liau53	tɕiau423	ɕiau53
乡宁	tɕiau53	iau12	iau53	ȵiau44	tʰiau53	liau44	tɕiau44	ɕiau44
广灵	tɕiʌu53	iʌu31	——	niʌu44	tʰiʌu44	liʌu44	tɕiʌu44	ɕiʌu44

字目	钓	吊~桥	跳	掉	调~动	尿	料	叫
中古音 方言点	多啸 效开四 去啸端	多啸 效开四 去啸端	他吊 效开四 去啸透	徒吊 效开四 去啸定	徒吊 效开四 去啸定	奴吊 效开四 去啸泥	力吊 效开四 去啸来	古吊 效开四 去啸见
北京	tiau^{51}	tiau^{51}	tʰiau^{51}	tiau^{51}	tiau^{51}	niau^{51}	liau^{51}	tɕiau^{51}
小店	tiɔo^{24}	tiɔo^{24}	tʰiɔo^{24}	tiɔo^{24}	tiɔo^{24}	niɔo^{24}	liɔo^{24}	tɕiɔo^{24}
尖草坪	tiau^{35}	tiau^{35}	tʰiau^{35}	tiau^{35}	tiau^{35}	niau^{35}	liau^{35}	tɕiau^{35}
晋源	tiau^{35}	tiau^{35}	tʰiau^{35}	tiəʔ^{2}	tiau^{35}	ȵiau^{35}	liau^{35}	tɕiau^{35}
阳曲	tiɔo^{454}	tiɔo^{454}	tʰiɔo^{454}	tiɔo^{454}	tiɔo^{454}	ȵiɔo^{454}	liɔo^{454}	tɕiɔo^{454}
古交	tiau^{53}	tiau^{53}	tʰiau^{53}	tiau^{53}	tiau^{53}	ȵiau^{53}	liau^{53}	tɕiau^{53}
清徐	tiɔu^{45}	tiɔu^{45}	tʰiɔu^{45}	tiɔu^{45}	tiɔu^{45}	niɔu^{45}	liɔu^{45}	tɕiɔu^{45}
娄烦	tiɔu^{54}	tiɔu^{54}	tɕʰiɔu^{54}	tiɔu^{54}	tiɔu^{54}	ȵiɔu^{54}	liɔu^{54}	tɕiɔu^{54}
榆次	tiɔu^{35}	tiɔu^{35}	tʰiɔu^{35}	tiɔu^{35}	tiɔu^{35}	niɔu^{35}	liɔu^{35}	tɕiɔu^{35}
交城	tiɔu^{24}	tiɔu^{24}	tʰiɔu^{24}	tiɔu^{24}	tiɔu^{24}	niɔu^{24}	liɔu^{24}	tɕiɔu^{11}
文水	ti^{35} 白 / tiau^{35} 文	ti^{35} 白 / tiau^{35} 文	tʰi^{35} 白 / tʰiau^{35} 文	tiau^{35}	ti^{35} 白 / tiau^{35} 文	ȵi^{35}	li^{35} 白 / liau^{35} 文	tɕi^{35}
祁县	tiu^{45}	tiu^{45}	tʰiu^{45}	tiu^{45}	tiu^{45}	ȵiu^{45}	liu^{45}	tɕiu^{45}
太谷	tio^{53}	tio^{53}	tʰio^{53}	tio^{53}	tio^{53}	ȵio^{53}	lio^{53}	tɕio^{53}
平遥	tiɔ^{24}	tiɔ^{24}	tʰiɔ^{24}	tiɔ^{24}	tiɔ^{24}	ȵiɔ^{24}	liɔ^{24}	tɕiɔ^{24}
孝义	tiɒ^{454}	tiɒ^{454}	tʰiɒ^{454}	tiɒ^{454}	tiɒ^{454}	ȵiɒ^{454}	liɒ^{454}	tɕiao^{454}
介休	tiɔo^{45}	tiɔo^{45}	tʰiɔo^{45}	tiɔo^{45}	tiɔo^{45}	ȵiɔo^{45}	liɔo^{45}	tɕiɔo^{45}
灵石	tiɔ^{53}	tiɔ^{53}	tʰiɔ^{53}	tiɔ^{53}	tiɔ^{53}	niɔ^{53}	liɔ^{53}	tɕiɔ^{53}
盂县	tiɑu^{55}	tiɑu^{55}	tʰiɑu^{55}	tiɑu^{55}	tiɑu^{55}	ȵiɑu^{55}	liɑu^{55}	tɕiɑu^{55}
寿阳	tiɔo^{45}	tiɔo^{45}	tʰiɔo^{45}	tiɔo^{45}	tiɔo^{45}	ȵiɔo^{45}	liɔo^{45}	tɕiɔo^{45}
榆社	tiou^{45}	ti^{45} 白 / tiou^{45} 文	tʰi^{22} 白 / tʰiou^{45} 文	tiou^{45}	tiou^{45}	niou^{45}	li^{45} 白 / liou^{45} 文	tɕi^{45} 白 / tɕiou^{45} 文
离石	tiou^{53}	tiou^{53}	tʰiou^{53}	tiou^{53}	tiou^{53}	niou^{53}	liou^{53}	tɕiou^{53}
汾阳	tiɯ^{55}	tiɯ^{55}	tʰiɯ^{55}	tiau^{55}	tiɯ^{55} 白 / tiau^{55} 文	ȵiɯ^{55} 白 / ȵiau^{55} 文	liɯ^{55} 白 / liau^{55} 文	tɕiɯ^{55} 白 / tɕiau^{55} 文
中阳	tiɔo^{53}	tiɔo^{53}	tʰiɔo^{53}	tiɔo^{53}	tiɔo^{53}	niɔo^{53}	liɔo^{53}	tɕiɔo^{53}
柳林	tiou^{53}	tiou^{53}	tʰiou^{53}	tiou^{53}	tiou^{53}	niou^{53}	liou^{53}	tɕiou^{53}
方山	tiou^{52}	tiou^{52}	tʰiou^{52}	tiou^{52}	tiou^{52}	niou^{52}	liou^{52}	tɕiou^{52}
临县	tiɔu^{52}	tiɔu^{52}	tʰiɔu^{33}	tiɔu^{52}	tiɔu^{52}	niɔu^{52}	liɔu^{52}	ɕiɔu^{52}
兴县	tiɯu^{53}	tiɯu^{53}	tʰiɯu^{53}	tiɯu^{53}	tiɯu^{53}	niɯu^{53}	liɯu^{53}	tɕiɯu^{53}
岚县	tiɤu^{53}	tiɤu^{53}	tɕʰiɤu^{53}	tiɤu^{53}	tiɤu^{53}	ȵiɤu^{53}	liɤu^{53}	tɕiɤu^{53}
静乐	tiɑo^{53}	tiɑo^{53}	tɕʰiɑo^{53}	tiɑo^{53}	tiɑo^{53}	ȵiɑo^{53}	liɑo^{53}	tɕiɑo^{53}
交口	tiɑo^{53}	tiɑo^{53}	tʰiɑo^{53}	tiɑo^{53}	tiɑo^{53}	ȵiɑo^{53}	liɑo^{53}	tɕiɑo^{53}

续表

字目	钓	吊~桥	跳	掉	调~动	尿	料	叫
中古音 / 方言点	多啸 效开四 去啸端	多啸 效开四 去啸端	他吊 效开四 去啸透	徒吊 效开四 去啸定	徒吊 效开四 去啸定	奴吊 效开四 去啸泥	力吊 效开四 去啸来	古吊 效开四 去啸见
石楼	tiɔo^{51}	tiɔo^{51}	tʰiɔo^{51}	——	tiɔo^{51}	ȵiɔo^{51}	liɔo^{51}	tɕiɔo^{51}
隰县	tiɑo^{44}	tiɑo^{44}	tʰiɑo^{44}	tiɑo^{44}	tiɑo^{44}	ȵiɑo^{44}	liɑo^{44}	tɕiɑo^{44}
大宁	tiɐu^{55}	tiɐu^{55}	tʰiɐu^{55}	tiɐu^{55}	tiɐu^{55}	niɐu^{55}	liɐu^{55}	tɕiɐu^{55}
永和	tiɑo^{53}	tiɑo^{53}	tʰiɑo^{53}	tiɑo^{53}	tiɑo^{53}/ tʰiɑo^{53} 白 / tiɑo^{53} 文	niɑo^{53}	liɑo^{53}	tɕiɑo^{53}
汾西	tiɑo^{55}	tiɑo^{55}	tʰiɑo^{55}	tiɑo^{55} 文	tiɑo^{53} 文	niɑo^{53}	liɑo^{53}	tiɑo^{55}
蒲县	tiɑu^{33}	tiɑu^{33}	tʰiɑu^{33}	tieʔ^{43} 白 / tiɑu^{33} 文	tiɑu^{33}	ȵiɑu^{33}	liɑu^{33}	tɕiɑu^{33}
潞州	tiɑo^{44}	tiɑo^{44}	tʰiɑo^{44}	tiɑo^{54}	tiɑo^{54}	ȵiɑo^{54}	liɑo^{54}	tɕiɑo^{44}
上党	tiɔ^{22}	tiɔ^{22}	tʰiɔ^{22}	tiɔ^{42}	tiɔ^{42}	niɔ^{42}	liɔ^{535}	tɕiɔ^{22}
长子	tiɔ^{422}	tiɔ^{422}	tʰiɔ^{53}	tiɔ^{53}	tiɔ^{53}	ȵiɔ^{53}	liɔ^{53}	tɕiɔ^{422}
屯留	tiɔo^{53}	tiɔo^{53}	tʰiɔo^{53}	tiɔo^{11}	tiɔo^{53}	ȵiɔo^{11}	liɔo^{11}	tɕiɔo^{53}
襄垣	tiɔo^{53}	tiɔo^{53}	tʰiɔo^{53}	tiɔo^{45}	tiɔo^{45}	ȵiɔo^{45}	liɔo^{45}	tɕiɔo^{45}
黎城	tiɔo^{422}	tiɔo^{422}	tʰiɔo^{53}	tiɔo^{53}	tiɔo^{53}/tʰiɔo^{53}	niɔo^{53}	liɔo^{53}	ciɔo^{422}
平顺	tiɔ^{53}	tiɔ^{53}	tʰiɔ^{53}	tiɔ^{53}	tiɔ^{53}	ȵiɔ^{53}	liɔ^{53}	ciɔ^{53}
壶关	tiɔ^{42}	tiɔ^{42}	tʰiɔ^{353}	tiɔ^{353}	tiɔ^{353}	ȵiɔ^{353}	liɔ^{353}	ciɔ^{42}
沁县	tio^{53}	tio^{53}	tɕʰio^{53}	tio^{53}	tio^{53}	ȵio^{53}	lio^{53}	tɕio^{53}
武乡	tiɔ^{55}	tiɔ^{55}	tʰiɔ^{55}	tiɔ^{55}	tiɔ^{55}	ȵiɔ^{55}	liɔ^{55}	tɕiɔ^{55}
沁源	tiɔo^{53}	tiɔo^{53}	tʰiɔo^{53}	tiɔo^{53}	tiɔo^{53}	ȵiɔo^{53}	liɔo^{53}	tɕiɔo^{53}
安泽	tiau^{53}	tiau^{53}	tʰiau^{53}	tiau^{53}	tiau^{53}	ȵiau^{53}	liau^{53}	tɕiau^{53}
沁水端氏	tiɔ^{53}	tiɔ^{53}	tʰiɔ^{53}	tiɔ^{53}	tiɔ^{53}	ȵiɔ^{53}	liɔ^{53}	tsɔ^{21}/tɕiɔ^{53}
阳城	tio^{51}	tio^{51}	tʰio^{51}	tio^{51}	tio^{51}	nio^{51}	lio^{51}	cio^{51}
高平	tiɔo^{53}	tiɔo^{53}	tʰiɔo^{53}	tiɔo^{53}	tiɔo^{53}	liɔo^{53}	liɔo^{53}	ciɔo^{53}
陵川	tiɔo^{24}	tiɔo^{24}	tʰiɔo^{24}	tiɔo^{24}	tiɔo^{24}	niɔo^{24}	liɔo^{24}	ciɔo^{24}
晋城	tio^{53}	tio^{53}	tʰio^{53}	tio^{53}	tio^{53}	nio^{53}	lio^{53}	tɕio^{53}
忻府	tiɔo^{53}	tiɔo^{53}	tʰiɔo^{53}	tiɔo^{53}	tiɔo^{53}	niɔo^{53}	liɔo^{53}	tɕiɔo^{53}
原平	tiɔo^{53}	tiɔo^{53}	tʰiɔo^{53}	tiɔo^{53}	tiɔo^{53}	niɔo^{53}	liɔo^{53}	tɕiɔo^{53}
定襄	tiɔu^{53}	tiɔu^{53}	tʰiɔu^{53}	tiɔu^{53}	tiɔu^{53}	niɔu^{53}	liɔu^{53}	tɕiɔu^{53}
五台	tiɑɔ^{52}	tiɑɔ^{52}	tɕʰiɑɔ^{52}	tiɑɔ^{52}	tiɑɔ^{52}	niɑɔ^{52}	liɑɔ^{52}	tɕiɑɔ^{52}
岢岚	tiɑu^{52}	tiɑu^{52}	tʰiɑu^{52}	tieʔ^{4} 老 / tiɑu^{52} 新	tiɑu^{52}	niɑu^{52}	liɑu^{52}	tɕiɑu^{52}

续表

字目	钓	吊~桥	跳	掉	调~动	尿	料	叫
中古音 / 方言点	多啸 效开四 去啸端	多啸 效开四 去啸端	他吊 效开四 去啸透	徒吊 效开四 去啸定	徒吊 效开四 去啸定	奴吊 效开四 去啸泥	力吊 效开四 去啸来	古吊 效开四 去啸见
五寨	tiɑu^{52}	tiɑu^{52}	tʰiɑu^{52}	tiɛʔ^{4} 老 / tiɑu^{52} 新	tiɑu^{52}	niɑu^{52}	liɑu^{52}	tɕiɑu^{52}
宁武	tiɔu^{52}	tiɔu^{52}	tɕʰiɔu^{52}	tiɔu^{52}	tiɔu^{52}	niɔu^{52}	liɔu^{52}	tɕiɔu^{52}
神池	tiɔo^{52}	tiɔo^{52}	tʰiɔo^{52}	tiɔo^{52}	tiɔo^{52}	ȵiɔo^{52}	liɔo^{52}	tɕiɔo^{52}
繁峙	tiɑo^{24}	tiɑo^{24}	tʰiɑo^{24}	tiɑo^{24}	tiɑo^{24}	ȵiɑo^{24}	liɑo^{24}	tɕiɑo^{24}
代县	tiau^{53}	tiau^{53}	tʰiau^{53}	tiau^{53}	tiau^{53}	niau^{5}	liau^{53}	tɕiau^{53}
河曲	tiɔu^{52}	tiɔu^{52}	tʰiɔu^{52}	tiɔu^{52}	tiɔu^{52}	niɔu^{52}	liɔu^{52}	tɕiɔu^{52}
保德	tiəu^{52}	tiəu^{52}	tʰiəu^{52}	tiəu^{52}	tiəu^{52}	niəu^{52}	liəu^{52}	tɕiəu^{52}
偏关	tiɔo^{52}	tiɔo^{52}	tʰiɔo^{52}	tiɔo^{52}	tiɔo^{52}	niɔo^{52}	liɔo^{52}	tɕiɔo^{52}
朔城	tiɔo^{53}	tiɔo^{53}	tɕʰiɔo^{53}	tiɔo^{53}	tiɔo^{53}	niɔo^{53}	liɔo^{53}	tɕiɔo^{53}
平鲁	tiɔ^{52}	tiɔ^{52}	tɕʰiɔ^{52}	tiɔ^{52}	tiɔ^{52}	niɔ^{52}	liɔ^{52}	tɕiɔ^{52}
应县	tiau^{43}	tiau^{43}	tɕʰiau^{24}	tiau^{43}	tiau^{43}	suəi^{43}/niau^{43}	liau^{24}	tɕiau^{24}
灵丘	tiɔo^{53}	tiɔo^{53}	tʰiɔo^{53}	tiɔo^{53}	tiɔo^{53}	niɔo^{53}	liɔo^{53}	tɕiɔo^{53}
浑源	tiʌu^{13}	tiʌu^{13}	tʰiʌu^{13}	tiʌu^{13}	tiʌu^{13}	niʌu^{13}	liʌu^{13}	tɕiʌu^{13}
云州	tiɑu^{24}	tiɑu^{24}	tʰiɑu^{24}	tiɑu^{24}	tiɑu^{24}	niɑu^{24}	liɑu^{24}	tɕiɑu^{24}
新荣	tiɔu^{24}	tiɔu^{32}/tiɔu^{24}	tʰiɔu^{24}	tiɔu^{24}	tiɔu^{24}	niɔu^{24}	liɔu^{24}	tɕʰiɔu^{24}
怀仁	tiɔu^{24}	tiɔu^{24}	tʰiɔu^{24}	tiɔu^{24}	tiɔu^{24}	niɔu^{24}	liɔu^{24}	tɕiɔu^{24}
左云	tiɔu^{24}	tiɔu^{24}	tʰiɔu^{24}	tiɔu^{24}	tiɔu^{24}	niɔu^{24}	liɔu^{24}	tɕiɔu^{24}
右玉	tiɐo^{24}	tiɐo^{24}	tʰiɐo^{24}	tiɐo^{24}	tiɐo^{24}	niɐo^{24}	liɐo^{24}	tɕiɐo^{24}
阳高	tiɔu^{24}	tiɔu^{24}	tʰiɔu^{31}	tiɔu^{24}	tiɔu^{24}	niɔu^{24}	liɔu^{24}	tɕiɔu^{24}
山阴	tiɔo^{335}	tiɔo^{335}	tiʰɔo^{335}	tiɔo^{335}	tiʰɔo^{335}	suei^{313}/ niɔo^{52}/sɔo^{313}	liɔo^{335}	tɕiɔo^{335}
天镇	tiɔu^{24}	tiɔu^{24}	tʰiɔu^{24}	tiɔu^{24}	tiɔu^{24}	niɔu^{24}	liɔu^{24}	tɕiɔu^{24}
平定	tiɔ^{24}	tiɔ^{24}	tʰiɔ^{24}	tiɔ^{24}	tiɔ^{24}	niɔ^{24}	liɔ^{24}	tɕiɔ^{24}
昔阳	tiɔo^{13}	tiɔo^{13}	tʰiɔo^{13}	tiɔo^{13}	tiɔo^{13}	niɔo^{13}	liɔo^{13}	tɕiɔo^{13}
左权	tiəu^{53}	tiəu^{53}	tʰiəu^{53}	tiəu^{53}	tiəu^{53}	ȵiəu^{53}	liəu^{53}	tɕiəu^{53}
和顺	tiɔu^{13}	tiɔu^{13}	tʰiɔu^{13}	tiɔu^{13}	tiɔu^{13}	ȵiɔu^{13}	liɔu^{13}	tɕiɔu^{13}
尧都	tiɑu^{44}	tiɑu^{44}	tʰiɑu^{44}	tiɑu^{44}	tiɑu^{44}	niɑu^{44}	liɑu^{44}	tɕiɑu^{44}
洪洞	tiɑo^{33}	tiɑo^{33}	tʰiɑo^{33}	tiɑo^{33} 文	tʰiɑo^{53}	ȵiɑo^{53}	lo 白 /liɑo^{53}	tʂʰɑo^{53} 白 / tɕiɑo^{33} 文
洪洞赵城	tiɑo^{24}	tiɑo^{24}	tʰiɑo^{24}	tiɑo^{24}	tʰiɑo^{53} 白 / tiɑo^{53} 文	ȵiɑo^{53}	liɑo^{53}	tiɑo^{24} 白 / tɕiɑo^{24} 文

续表

字目	钓	吊~桥	跳	掉	调~动	尿	料	叫
中古音 / 方言点	多啸 效开四 去啸端	多啸 效开四 去啸端	他吊 效开四 去啸透	徒吊 效开四 去啸定	徒吊 效开四 去啸定	奴吊 效开四 去啸泥	力吊 效开四 去啸来	古吊 效开四 去啸见
古县	tɕiɑu^{35}	tɕiɑu^{35}	tɕʰiɑu^{35}	tɕiɑu^{53}	tɕiɑu^{53}	ȵiɑu^{53}	liɑu^{53}	tɕiɑu^{35}
襄汾	tiao^{44}	tiao^{44}	tʰiao^{44}	tiao^{44}	tiao^{44}	ȵiao^{53}	liao^{53}	tiao^{44} 白 / tɕiao^{44} 文
浮山	tiao^{44}	tiao^{44}	tʰiao^{44}	tiao^{44}	tiao^{44}	niao^{53}	liao^{53}	tɕiao^{44} 文
霍州	tiau^{55}	tiau^{55}	tɕʰiau^{55} 白 / tʰiau^{55} 文	tiau^{55}	tɕʰiau^{53} 白 / tiau^{53} 文	ȵiau^{53}	liau^{53}	tɕiau^{55}
翼城	tiɔo^{44}	tiɔo^{44}	tʰiɔo^{53}	tiɔo^{53}	tiɔo^{53}	ȵiɔo^{53}	liɔo^{53}	tɕiɔo^{53}
闻喜	tiɑo^{53}	tiɑo^{53}	tʰiɑo^{53}	tiɑo^{13}	tiɑo^{13}	liɑo^{13}/ ȵiɑo^{13}	liɑo^{13}	tɕiɑo^{53}
侯马	tiɑu^{53}	tiɑu^{53}	tʰiɑu^{53}	tiɑu^{53}	tiɑu^{53}	ȵiɑu^{53}	liɑu^{53}	tɕiɑu^{53}
新绛	tiɑo^{53}	tiɑo^{53}	tʰiɑo^{53}	tiɑo^{53}	tiɑo^{53}	ȵiɑo^{53}	liɑo^{53}	tɕʰiɑo^{53}
绛县	tiau^{31}	tiau^{31}	tʰiau^{31}	tiau^{53}	tiau^{53}	ȵiau^{53}	liau^{53}	tɕiau^{31}
垣曲	tiau^{53}	tiau^{53}	tʰiau^{53}	tiɛ^{53}	tiau^{53}	ȵiau^{53}	liau^{53}	tɕiau^{53}
夏县	tiɑu^{31}	tiɑu^{31}	tʰiɑu^{31}	tiɑu^{31}	tiɑu^{31}	ȵiɑu^{31}	liɑu^{31}	tɕiɑu^{31}
万荣	tiau^{33}	tiau^{33}	tʰiau^{33}	tiau^{33}	tiau^{33} 白 / tʰiau^{33} 文	ȵiau^{33}	liau^{33}	tʂau^{33} 老 / tɕiau^{33} 新
稷山	tiɑu^{42}	tiɑu^{42}	tʰiɑu^{42}	tiɑu^{42}	tiɑu^{42}	ȵiɑu^{42}	liɑu^{42}	tɕiɑu^{42}
盐湖	tiɔ^{44}	tiɔ^{44}	tʰiɔ^{44}	tiɔ^{44}	tiɔ^{44}	ȵiɔ^{44}	liɔ^{44}	tɕiɔ^{44}
临猗	tiɑu^{44}	tiɑu^{44}	tʰiɑu^{44}	tʰiɑu^{44} 白 / tiɑu^{44} 文	tiɑu^{44}	ȵiɑu^{44}	liɑu^{44}	tɕiɑu^{44}
河津	tiau^{44}	tiau^{44}	tʰiau^{324}	tʰiau^{44}	tiau^{44}	ȵiau^{44}	liau^{44}	tʂau^{44} 白 / tɕiau^{44} 文
平陆	tiau^{33}	tiau^{33}	tʰiau^{13}	tʰiau^{33} 白 / tiau^{33} 文	tiau^{33}	ȵiau^{33}	liau^{33}	tɕiau^{33}
永济	tiau^{44}	tiau^{44}	tʰiau^{44}	tʰiau^{44} 白 / tiau^{44} 文	tʰiau^{44}	ȵiau^{44}	liau^{44}	tɕiau^{44}
芮城	tiau^{44}	tiau^{44}	tʰiau^{13}	tʰiau^{44} 白 / tiau^{44} 文	tiau^{44}	ȵiau^{44}	liau^{44}	tɕiau^{44}
吉县	tiau^{33}	tiau^{33}	tʰiau^{13}	tiau^{33}	tiau^{33}	niau^{33}	liau^{33}	tɕiau^{33}
乡宁	tiau^{22}	tiau^{22}	tʰiau^{22}	tiau^{22}	tiau^{22}	ȵiau^{22}	liau^{22}	tɕiau^{22}
广灵	tiʌu^{213}	tiʌu^{213}	tʰiʌu^{213}	tiʌu^{213}	tiʌu^{213}	suei^{53} niʌu^{213}	liʌu^{213}	tɕiʌu^{213}

字目	窍	兜	偷	头	投	楼	勾~销	钩
中古音 / 方言点	苦吊 效开四 去啸溪	当侯 流开一 平侯端	托侯 流开一 平侯透	度侯 流开一 平侯定	度侯 流开一 平侯定	落侯 流开一 平侯来	古侯 流开一 平侯见	古侯 流开一 平侯见
北京	tɕʰiau^{51}	tou^{55}	tʰou^{55}	tʰou^{35}	tʰou^{35}	lou^{35}	kou^{55}	kou^{55}
小店	——	təɯ^{11}	tʰəɯ^{11}	təɯ^{11} 白 / tʰəɯ^{11} 文	tʰəɯ^{11}	ləɯ^{11}	kəɯ^{11}	kəɯ^{11}
尖草坪	tɕʰiau^{35}	tei^{33}	tʰei^{33}	tʰei^{33}	tʰei^{33}	lei^{33}	kei^{33}	kei^{33}
晋源	tɕʰiau^{35}	tɤu^{42}	tʰɤu^{11}	tɤu^{11} 白 / tʰɤu^{11} 文	tʰɤu^{11}	lɤu^{11}	kɤu^{11}	kɤu^{11}
阳曲	tɕiɔo^{454}	tei^{312}	tʰei^{312}	tʰei^{43}	tʰei^{43}	lei^{43}	kei^{312}	kei^{312}
古交	tɕiau^{53}	tei^{44}	tʰei^{44}	tʰei^{44}	tʰei^{44}	lei^{44}	kei^{44}	kei^{44}
清徐	tɕʰiɔu^{45}	tɐu^{11}	tʰɐu^{11}	tɐu^{11} 白 / tʰɐu^{11} 文	tɐu^{11} 白 / tʰɐu^{11} 文	lɐu^{11}	kɐu^{11}	kɐu^{11}
娄烦	tɕʰiɔu^{54}	tə^{33}	tʰə^{33}	tʰə^{33}	tʰə^{33}	lə^{33}	kiu^{33}	kiu^{33}
榆次	tɕʰiɔu^{35}	tɯ^{11}	tʰɯ^{11}	tɯ^{11}	tʰɯ^{11}	lɯ^{11}	kɯ^{11}	kɯ^{11}
交城	tɕʰiɔu^{24}	tʌɯ^{53}	tʰʌɯ^{11}	tʌɯ^{11} 白 / tʰʌɯ^{11} 文	tʰʌɯ^{11}	lʌɯ^{11}	kʌɯ^{11}	kʌɯ^{11}
文水	tɕʰiau^{35}	təɯ^{22}	tʰəɯ^{22}	təɯ^{22} 白 / tʰəɯ^{22} 文	tʰəɯ^{22}	ləɯ^{22}	kəɯ^{22}	kəɯ^{22}
祁县	tɕʰiɒɔ^{45}	tɤu^{31}	tʰɤu^{31}	tɤu^{31} 白 / tʰɤu^{31} 文	tʰɤu^{31}	lɤu^{31}	kɤu^{31}	kɤu^{31}
太谷	tɕʰio^{53}	təɯ^{33}	tʰəɯ^{33}	təɯ^{33} 白 / tʰəɯ^{33} 文	tʰəɯ^{33}	ləɯ^{33}	kəɯ^{33}	kəɯ^{33}
平遥	tɕiɔ^{24}	təu^{213}	tʰəu^{213}	təu^{213}	tʰəu^{213}	ləu^{213}	kəu^{213}	kəu^{213}
孝义	tɕʰiao^{454}	tou^{33}	tʰou^{33}	tou^{33}	tʰou^{33}	lou^{33}	kou^{33}	kou^{33}
介休	tɕʰiɔo^{45}	təu^{13}	tʰəu^{13}	təu^{13} 白 / tʰəu^{13} 文	tʰəu^{13}	ləu^{13}	kəu^{13}	kəu^{13}
灵石	tɕʰiɔ^{53}	tou^{535}	tʰou^{535}	tʰou^{44}	tʰou^{44}	lou^{44}	kou^{535}	kou^{535}
盂县	tɕʰiɑu^{55}	təu^{412}	tʰəu^{412}	tʰəu^{22}	tʰəu^{22}	ləu^{22}	kəu^{412}	kəu^{412}
寿阳	tɕʰiɔo^{45}	təɯ^{31}	tʰəɯ^{31}	tʰəɯ^{22}	tʰəɯ^{22}	ləɯ^{22}	kəɯ^{31}	kəɯ^{31}
榆社	tɕʰiou^{45}	təu^{312}	tʰəu^{22}	tʰəu^{22}	tʰəu^{22}	ləu^{22}	kəu^{22}	kəu^{22}
离石	tɕʰiou^{53}	tʌu^{24}	tʰʌu^{24}	tʰʌu^{44}	tʰʌu^{44}	lʌu^{55}	kʌu^{24}	kʌu^{24}
汾阳	tɕʰiau^{55}	tou^{324}	tʰou^{324}	tʰou^{22}	tʰou^{22}	lou^{22}	kou^{324}	kou^{324}
中阳	tɕʰiɔo^{53}	tʌ^{24}	tʰʌ^{24}	tʰʌ^{33}	tʰʌ^{33}	lʌ^{55}	kʌ^{24}	kʌ^{24}
柳林	tɕʰiou^{53}	tə^{24}	tʰə^{24}	tʰə^{44}	tʰə^{44}	lə^{44}	kə^{24}	kə^{24}
方山	tɕʰiou^{52}	təɯ^{24}	tʰəɯ^{24}	tʰəɯ^{44}	tʰəɯ^{44}	ləɯ^{44}	kəɯ^{24}	kəɯ^{24}
临县	tɕʰiɔu^{52}	təɯ^{24}	tʰəɯ^{24}	tʰəɯ^{33}	tʰəɯ^{33}	ləɯ^{33}	kəɯ^{24}	kəɯ^{24}
兴县	tɕʰiɔu^{53}	tou^{324}	tʰou^{324}	tʰou^{55}	tʰou^{55}	lou^{55}	kou^{324}	kou^{324}

续表

字目	窍	兜	偷	头	投	楼	勾~销	钩
中古音 / 方言点	苦吊 效开四 去啸溪	当侯 流开一 平侯端	托侯 流开一 平侯透	度侯 流开一 平侯定	度侯 流开一 平侯定	落侯 流开一 平侯来	古侯 流开一 平侯见	古侯 流开一 平侯见
岚县	tɕʰiɤu^{53}	tɐu^{214}/tɐu^{312}	tʰɐu^{214}	tʰɐu^{44}	tʰɐu^{44}	lɐu^{44}	kɐu^{214}	kɐu^{214}
静乐	tɕʰiɑo^{53}	tɑo^{53}	tʰɤɯ^{24}	tʰɤɯ^{33}	tʰɤɯ^{33}	lɤɯ^{33}	kiɤɯ^{24}	kiɤɯ^{24}
交口	tɕʰiɑo^{53}	tou^{323}	tʰou^{323}	tʰou^{44}	tʰou^{44}	lou^{44}	kou^{323}	kou^{323}
石楼	tɕʰiɔo^{51}	tou^{213}	tʰou^{213}	tʰou^{44}	tʰou^{44}	lou^{44}	kou^{213}	kou^{213}
隰县	tɕʰiɑo^{44}	tou^{53}	tʰou^{53}	tʰou^{24}	tʰou^{24}	lou^{24}	kou^{53}	kou^{53}
大宁	tɕʰiɐu^{55}	tʰəu^{31} 白 / təu^{31} 文	tʰəu^{31}	tʰəu^{24}	tʰəu^{24}	ləu^{24}	kəu^{31}	kəu^{31}
永和	tɕʰiɑo^{53}	tɤu^{33}	tʰɤu^{33}	tʰɤu^{35}	tʰɤu^{35}	lɤu^{35}	kɤu^{33}	kɤu^{33}
汾西	tɕʰiɑo^{55}	tou^{11}	tʰou^{11}	tʰou^{33}/tou^{33}	tʰou^{33}	lou^{35}	kou^{11}	kou^{11}
蒲县	tɕʰiɑu^{33}	tou^{52}	tʰou^{52}	tʰou^{24}	tʰou^{24}	lou^{24}	kou^{52}	kou^{52}
潞州	tɕʰiɑo^{44}	təu^{312}	tʰəu^{312}	tʰəu^{24}	tʰəu^{24}	ləu^{24}	kəu^{312}	kəu^{312}
上党	tɕʰiɔ^{42}	təu^{213}	tʰəu^{213}	tʰəu^{44}	tʰəu^{44}	ləu^{44}	kəu^{213}	kəu^{213}
长子	tɕʰiɔ^{422}	təu^{312}	tʰəu^{312}	tʰəu^{24}	tʰəu^{24}	ləu^{24}	kəu^{312}	kəu^{312}
屯留	tɕʰiɔo^{53}	təu^{31}	tʰəu^{31}	tʰəu^{11}	tʰəu^{11}	ləu^{11}	kəu^{31}	kəu^{31}
襄垣	tɕʰiɔo^{53}	təu^{33}	tʰəu^{33}	tʰəu^{31}	tʰəu^{31}	ləu^{31}	kəu^{33}	kəu^{33}
黎城	cʰiɔo^{53}	təu^{33}	tʰəu^{33}	tʰəu^{53}	tʰəu^{53}	ləu^{53}	kəu^{33}	kəu^{33}
平顺	cʰiɔ^{53}	təu^{213}	tʰəu^{213}	tʰəu^{13}	tʰəu^{13}	ləu^{13}	kəu^{213}	kəu^{213}
壶关	cʰiɔ^{353}	təu^{33}	tʰəu^{33}	tʰəu^{13}	tʰəu^{13}	ləu^{13}	kəu^{33}/kəu^{42}	kəu^{33}
沁县	tɕʰiɔ^{53}	təu^{224}	tʰəu^{224}	tʰəu^{33}	tʰəu^{33}	ləu^{33}	kəu^{224}	kəu^{224}
武乡	tɕʰiɔ^{55}	təu^{113}	tʰəu^{113}	tʰəu^{33}	tʰəu^{33}	ləu^{33}	kəu^{113}	kəu^{113}
沁源	tɕʰiɔo^{53}	tei^{324}	tʰei^{324}	tʰei^{33}	tʰei^{33}	lei^{33}	kiəu^{324}	kiəu^{324}
安泽	——	təu^{21}	tʰəu^{21}	tʰəu^{35}	tʰəu^{35}	ləu^{35}	kəu^{21}/ kəu^{53}	kəu^{21}
沁水端氏	tɕʰiɔ^{53}	tɔu^{21}	tʰɔu^{21}	tʰɔu^{24}	tʰɔu^{24}	lɔu^{24}	kɔu^{21}	kɔu^{21}
阳城	cʰio^{51}	tɐu^{224}	tʰɐu^{224}	tʰɐu^{22}	tʰɐu^{22}	lɐu^{22}	kɐu^{224}	kɐu^{224}
高平	cʰiɔo^{53}	tʌu^{33}	tʰʌu^{33}	tʰʌu^{33}	tʰʌu^{33}	lʌu^{33}	kʌu^{33}	kʌu^{33}
陵川	cʰiɔo^{24}	təo^{33}	tʰəo^{33}	tʰəo^{53}	tʰəo^{53}	ləo^{53}	kəo^{33}	kəo^{33}
晋城	tɕʰio^{53}	taɯ^{33}	tʰaɯ^{33}	tʰaɯ^{324}	tʰaɯ^{324}	laɯ^{324}	kaɯ^{33}	kaɯ^{33}
忻府	tɕʰiɔo^{53}	təu^{313}	tʰəu^{313}	tʰəu^{21}	tʰəu^{21}	ləu^{21}	kəu^{313}	kəu^{313}
原平	tɕʰiɔo^{53}	tɤɯ^{213}	tʰɤɯ^{213}	tʰɤɯ^{33}	tʰɤɯ^{33}	lɤɯ^{33}	kiɤɯ^{213}	kiɤɯ^{213}
定襄	tɕʰiɔu^{53}	təu^{24}	tʰəu^{11}	tʰəu^{11}	tʰəu^{11}	ləu^{11}	kəu^{24}	kəu^{24}
五台	tɕʰiɑɔ^{52}	tei^{213}	tʰei^{213}	tʰei^{33}	tʰei^{33}	lei^{33}	kei^{213}	kei^{213}

续表

字目	窍	兜	偷	头	投	楼	勾~销	钩
中古音 / 方言点	苦吊 效开四 去啸溪	当侯 流开一 平侯端	讬侯 流开一 平侯透	度侯 流开一 平侯定	度侯 流开一 平侯定	落侯 流开一 平侯来	古侯 流开一 平侯见	古侯 流开一 平侯见
岢岚	tɕ^{h}iɑu^{52}	təu^{13}	t^{h}əu^{13}	t^{h}əu^{44}	t^{h}əu^{44}	ləu^{44}	kəu^{13}	kəu^{13}
五寨	tɕ^{h}iɑu^{52}	təu^{13}	t^{h}əu^{13}	t^{h}əu^{44}	t^{h}əu^{44}	ləu^{44}	kəu^{13}	kəu^{13}
宁武	tɕ^{h}iɔu^{52}	təu^{23}	t^{h}əu^{23}	t^{h}əu^{33}	t^{h}əu^{33}	ləu^{33}	kəu^{23}	kəu^{23}
神池	tɕ^{h}ico^{52}	təu^{24}	t^{h}əu^{24}	t^{h}əu^{32}	t^{h}əu^{32}	ləu^{32}	kəu^{24}	kəu^{24}
繁峙	tɕ^{h}iɑo^{24}	təu^{53}	t^{h}əu^{53}	t^{h}əu^{31}	t^{h}əu^{31}	ləu^{31}	kəu^{53}	kəu^{53}
代县	tɕ^{h}iau^{53}	təu^{213}	t^{h}əu^{213}	t^{h}əu^{44}	t^{h}əu^{44}	ləu^{44}	kəu^{213}	kəu^{213}
河曲	tɕ^{h}iɔu^{52}	tɤɯ^{213}	t^{h}ɤɯ^{213}	t^{h}ɤɯ^{213}	t^{h}ɤɯ^{213}	lɤɯ^{44}	kɤɯ^{213}	kɤɯ^{213}
保德	tɕ^{h}iəu^{52}	tʌu^{213}	t^{h}ʌu^{213}	t^{h}ʌu^{44}	t^{h}ʌu^{44}	lʌu^{44}	kʌu^{213}	kʌu^{213}
偏关	tɕ^{h}iɔo^{52}	tɤu^{24}	t^{h}ɤu^{24}	t^{h}ɤu^{44}	t^{h}ɤu^{44}	lɤu^{44}	kiɤu^{24}	kiɤu^{24}
朔城	tɕ^{h}iɔo^{53}	təu^{312}	təu^{312}	təu^{35}	təu^{35}	ləu^{35}	kəu^{312}	kəu^{312}
平鲁	tɕ^{h}iɔ^{52}	təu^{213}	t^{h}əu^{213}	t^{h}əu^{44}	t^{h}əu^{44}	ləu^{44}	kəu^{213}	kəu^{213}
应县	tɕ^{h}iau^{24}	təu^{43}	t^{h}əu^{43}	t^{h}əu^{31}	t^{h}əu^{31}	ləu^{31}	kəu^{43}	kəu^{43}
灵丘	tɕ^{h}iɔo^{53}	teiu^{442}	t^{h}eiu^{442}	t^{h}eiu^{31}	t^{h}eiu^{31}	leiu^{31}	keiu^{442}	keiu^{442}
浑源	tɕ^{h}iʌu^{13}	təiəu^{52}	t^{h}əiəu^{52}	t^{h}əiəu^{22}	t^{h}əiəu^{22}	ləiəu^{13}	kiəu^{52}	kiəu^{52}
云州	tɕ^{h}iɑu^{24}	tɤu^{21}	t^{h}ɤu^{21}	t^{h}ɤu^{312}	t^{h}ɤu^{312}	lɤu^{312}	kiɤu^{21}	kiɤu^{21}
新荣	tɕ^{h}iɔu^{24}	təu^{32}	t^{h}iəu^{32}	t^{h}iəu^{312}	t^{h}iəu^{312}	ləu^{312}	kiəu^{32}	kiəu^{32}
怀仁	tɕ^{h}iɔu^{24}	tɤu^{42}	t^{h}ɤu^{42}	t^{h}ɤu^{312}	t^{h}ɤu^{312}	lɤu^{312}	kɤu^{42}	kɤu^{42}
左云	tɕ^{h}iɔu^{24}	təu^{31}	t^{h}əu^{31}	t^{h}əu^{313}	t^{h}əu^{313}	ləu^{313}	kəu^{31}	kəu^{31}
右玉	tɕ^{h}iɐo^{24}	təu^{31}	t^{h}əu^{31}	t^{h}əu^{212}	t^{h}əu^{212}	ləu^{212}	kəu^{31}	kəu^{31}
阳高	tɕ^{h}iɔu^{24}	tɤu^{31}	t^{h}ɤu^{31}	t^{h}ɤu^{312}	t^{h}ɤu^{312}	lɤu^{312}	kiɤu^{31}	——
山阴	——	təu^{313}	t^{h}əu^{313}	t^{h}əu^{313}	t^{h}əu^{313}	ləu^{313}	kəu^{313}	kəu^{313}
天镇	tɕ^{h}iɔu^{24}	tɤu^{31}	t^{h}ɤu^{31}	t^{h}ɤu^{22}	t^{h}ɤu^{31}	lɤu^{22}	kɤu^{31}	kɤu^{31}
平定	——	tɤu^{31}	t^{h}ɤu^{31}	t^{h}ɤu^{44}	t^{h}ɤu^{44}	lɤu^{44}	kɤu^{31}	kɤu^{31}
昔阳	tɕ^{h}iɔo^{13}	təu^{42}	t^{h}əu^{42}	t^{h}əu^{33}	t^{h}əu^{33}	ləu^{33}	kəu^{42}	kəu^{42}
左权	tɕ^{h}iəu^{53}	tʌu^{31}/tu^{31}	t^{h}ʌu^{31}	tʌu^{11} 白 / t^{h}ʌu^{11} 文	t^{h}ʌu^{11}	lʌu^{11}	kʌu^{31}	kʌu^{31}
和顺	tɕ^{h}iɔu^{13}	tɤu^{42}	t^{h}ɤu^{42}	t^{h}ɤu^{22}	t^{h}ɤu^{22}	lɤu^{22}	kɤu^{42}	kɤu^{42}
尧都	tɕiɑu^{44}	tou^{21}	t^{h}ou^{21}	t^{h}ou^{24}	t^{h}ou^{24}	lou^{24}	kou^{21}	kou^{21}
洪洞	tɕ^{h}iɑo^{33}	tou^{21}	t^{h}ou^{21}	t^{h}ou^{24}	t^{h}ou^{24}	lou^{24}	kou^{21}	kou^{21}
洪洞赵城	tɕ^{h}iɑo^{53}	tou^{21}	t^{h}ou^{21}	t^{h}ou^{24}	t^{h}ou^{24}	lou^{24}	kou^{21}	kou^{21}
古县	tɕ^{h}iɑu^{53}	təu^{21}	t^{h}əu^{21}	t^{h}əu^{35}	t^{h}əu^{35}	ləu^{35}	kəu^{21}/kəu^{53}	kəu^{21}

续表

字目	窍	兜	偷	头	投	楼	勾~销	钩
中古音 方言点	苦吊 效开四 去啸溪	当侯 流开一 平侯端	托侯 流开一 平侯透	度侯 流开一 平侯定	度侯 流开一 平侯定	落侯 流开一 平侯来	古侯 流开一 平侯见	古侯 流开一 平侯见
襄汾	tɕʰiao^{44}	tou^{21}	tʰou^{21}	tʰou^{24}	tʰou^{24}	lou^{24}	kou^{21}	kou^{21}
浮山	tɕʰiao^{44}	tou^{42}	tʰou^{42}	tʰou^{13}	tʰou^{13}	lou^{13}	kou^{42}	kou^{42}
霍州	tɕʰiau^{55}	təu^{212}	tʰəu^{212}	tʰəu^{35}	tʰəu^{35}	ləu^{35}	kəu^{212}	kəu^{212}
翼城	tɕʰiɔo^{53}	tou^{53}	tʰou^{53}	tʰou^{12}	tʰou^{12}	lou^{12}	kou^{53}	kou^{53}
闻喜	tɕʰiɑo^{53}	tɤu^{53}	tʰɤu^{53}	tʰɤu^{13}	tʰɤu^{13}	lɤu^{13}	kɤu^{53}	kɤu^{53}
侯马	tɕʰɑu^{53}	tou^{213}	tʰou^{213}	tʰou^{213}	tʰou^{213}	lou^{213}	kou^{213}	kou^{213}
新绛	tɕʰiɑo^{53}	təu^{44}	tʰəu^{53}	tʰəu^{13}	tʰəu^{13}	ləu^{13}	kəu^{53}	kəu^{53}
绛县	tɕʰiau^{31}	təu^{53}	tʰəu^{53}	tʰəu^{24}	tʰəu^{24}	ləu^{24}	kəu^{53}	kəu^{53}
垣曲	tɕʰiau^{53}	tou^{22}	tʰou^{22}	tʰou^{22}	tʰou^{22}	lou^{22}	kou^{22}	kou^{22}
夏县	tɕʰiɑu^{24}	təu^{53}	tʰəu^{53}	tʰəu^{42}/təu^{42}	tʰəu^{42}	ləu^{42} 白	kəu^{53}	kəu^{53}
万荣	tɕʰiau^{33}	tu^{51}	tʰəu^{51}	tʰəu^{213}	tʰəu^{213}	ləu^{213}	kəu^{51}	kəu^{51}
稷山	tɕʰiɑu^{42}	təu^{53}	tʰəu^{53}	tʰəu^{13}	tʰəu^{13}	ləu^{13}	kəu^{53}	kəu^{53}
盐湖	tɕʰiɔ^{44}	tou^{42}	tʰou^{42}	tʰou^{13}	tʰou^{13}	lou^{13}	kou^{42}	kou^{42}
临猗	tɕʰiɑu^{44}	təu^{42}	tʰəu^{42}	tʰəu^{13}	tʰəu^{13}	ləu^{13}	kəu^{42}	kəu^{42}
河津	tɕʰiau^{44}	təu^{53}	tʰəu^{31}	tʰəu^{324}	tʰəu^{324}	ləu^{324}	kəu^{31}	kəu^{31}
平陆	tɕʰiau^{33}	təu^{55}	tʰəu^{31}	tʰəu^{13}	tʰəu^{13}	ləu^{13}	kəu^{31}	kəu^{31}
永济	tɕʰiau^{44}	tʰəu^{31}	tʰəu^{31}	tʰəu^{24}	tʰəu^{24}	ləu^{24}	kəu^{31}	kəu^{31}
芮城	tɕʰiau^{44}	təu^{42}	tʰəu^{42}	tʰəu^{13}	tʰəu^{13}	ləu^{13}	kəu^{42}	kəu^{42}
吉县	tɕʰiau^{33}	təu^{423}	tʰəu^{423}	tʰəu^{13}	tʰəu^{13}	ləu^{13}	kəu^{423}	kəu^{423}
乡宁	tɕʰiau^{22}	tou^{53}	tʰou^{53}	tʰou^{12}	tʰou^{12}	lou^{12}	kou^{53}	kou^{53}
广灵	tɕʰiʌu^{213}	tɤu^{53}	tʰɤu^{53}	tʰɤu^{31}	tʰɤu^{53}	lɤu^{31}	kɤu^{53}	kɤu^{53}

字目	沟	侯	喉	猴	欧姓	剖	母	亩
中古音 / 方言点	古侯 流开一 平侯见	户钩 流开一 平侯匣	户钩 流开一 平侯匣	户钩 流开一 平侯匣	乌侯 流开一 平侯影	普后 流开一 上厚滂	莫厚 流开一 上厚明	莫厚 流开一 上厚明
北京	kou^{55}	xou^{35}	xou^{35}	xou^{35}	ou^{55}	p^{h}ou^{55}	mu^{214}	mu^{214}
小店	kəɯ^{11}	xəɯ^{11}	xəɯ^{11}	xəɯ^{11}	əɯ^{11}	——	mu^{11}	mu^{53}
尖草坪	kei^{33}	xei^{33}	xei^{33}	xei^{33}	ɣei^{33}	p^{h}au^{33}	mu^{312}	mu^{312}
晋源	kɤu^{11}	xɤu^{11}	xɤu^{11}	xɤu^{11}	ɣɤu^{11}	p^{h}ɤu^{11}	mu^{42}	mu^{42}
阳曲	kei^{312}	xei^{43}	xei^{43}	xei^{43}	ŋei^{312}	p^{h}ɔo^{312}	mu^{312}	mu^{312}
古交	kei^{44}	xei^{44}	xei^{44}	xei^{44}	ŋei^{44}	p^{h}ei^{44}	mu^{312}	mu^{312}
清徐	kɐu^{11}	xɐu^{11}	xɐu^{11}	xɐu^{11}	ŋɐu^{11}	p^{h}əu^{11}	mu^{54}	mu^{54}
娄烦	kiu^{33}	xiu^{33}	xiu^{33}	xiu^{33}	ŋiu^{33}	p^{h}əu^{33}	mu^{312}	mu^{312}
榆次	kɯ^{11}	xɯ^{11}	xɯ^{11}	xɯ^{11}	ŋɯ^{11}	pəu^{11}	mu^{53}	mu^{53}
交城	kʌɯ^{11}	xʌɯ^{11}	xʌɯ^{11}	xʌɯ^{11}	ŋʌɯ^{11}	p^{h}əu^{11}	mu^{53}	mu^{53}
文水	kəɯ^{22}	xəɯ^{22}	xuəʔ$^{\underline{312}}$ 白 / xəɯ^{22} 文	xəɯ^{22}	ŋəɯ^{22}	p^{h}au^{22}	məɸ^{423}	məɸ^{423}
祁县	kɤu^{31}	xɤu^{31}	xɤu^{31}	xɤu^{31}	ŋɤu^{31}	p^{h}ɒɔ^{31}	muβ^{314}	muβ^{314}
太谷	kəɯ^{33}	xəɯ^{33}	xəɯ^{33}	xəɯ^{33}	ŋəɯ^{33}	p^{h}ɑɯ^{33}	mu^{312}	mu^{312}
平遥	kəu^{213}	xəu^{213}	xəu^{213}	xəu^{213}	ŋəu^{213}	pɔ^{213}	mu^{512}	mu^{512}
孝义	kou^{33}	xou^{33}	xou^{33}	xou^{33}	ŋou^{33}	p^{h}ao^{33}	mu^{312}	mu^{312}
介休	kəu^{13}	xəu^{13}	kuʌʔ$^{\underline{312}}$ 白 / xəu^{13} 文	xəu^{13}	ŋəu^{13}	p^{h}ɔo^{13}	mu^{423}	mu^{423}
灵石	kou^{535}	xou^{44}	xou^{44}	xou^{44}	ŋou^{535}	p^{h}ɔ^{535}	mu^{212}	mu^{212}
盂县	kəu^{412}	xəu^{22}	xuəʔ^{2}	xəu^{22}	ŋəu^{412}	mu^{22}	mu^{53}	mu^{53}
寿阳	kəɯ^{31}	xəɯ^{22}	xəɯ^{22}	xəɯ^{22}	ŋəɯ^{31}	p^{h}ɔo^{31}	mu^{53}	mu^{53}
榆社	kəu^{22}	k^{h}əu^{22}	k^{h}əu^{22}	k^{h}əu^{22}	ŋəu^{22}	——	mɣ^{312}	mɣ^{312}
离石	kʌu^{24}	xʌu^{44}	xʌu^{44}	xʌu^{44}	ŋʌu^{24}	p^{h}ou^{24}	mu^{312}	mu^{312}
汾阳	kou^{324}	xou^{22}	xou^{22}	xou^{22}	ŋou^{324}	p^{h}au^{324}	məʊ^{312}	məʊ^{312}
中阳	kʌ^{24}	xʌ^{33}	xʌ^{33}	xʌ^{33}	ŋʌ^{24}	p^{h}ɔo^{24}	mu^{423}	mu^{423}
柳林	kə^{24}	xə^{44}	xə^{44}	xə^{44}	ŋə^{24}	p^{h}ou^{24}	mu^{312}	mu^{312}
方山	kəɯ^{24}	xəɯ^{44}	xəɯ^{44}	xəɯ^{44}	ŋəɯ^{24}	p^{h}ou^{23}	mu^{312}	mu^{312}
临县	kəɯ^{24}	xəɯ^{33}	xəɯ^{33}	xəɯ^{33}	ŋəɯ^{24}	p^{h}uɤ^{33}	mu^{312}	mu^{312}
兴县	kou^{324}	xou^{55}	xou^{55}/xuəʔ^{5}	xou^{55}	ŋou^{324}	p^{h}əu^{55}	mu^{324}	mu^{324}
岚县	kɐu^{214}	xɐu^{44}	xɐu^{44}	xɐu^{44}	ŋɐu^{214}	p^{h}au^{214}	mu^{312}	mu^{312}
静乐	kiɤɯ^{24}	xiɤɯ^{33}	xiɤɯ^{33}	xiɤɯ^{33}	ŋiɤɯ^{24}	p^{h}ɑo^{33}	mu^{314}	mu^{314}
交口	kou^{323}	xou^{44}	xou^{44}	xou^{44}	ou^{323}	pɑo^{323}	mu^{323}	mu^{323}
石楼	kou^{213}	xou^{44}	xou^{44}	xou^{44}	ŋou^{213}	p^{h}ɔo^{44}	mu^{213}	mu^{213}

续表

字目	沟	侯	喉	猴	欧姓	剖	母	亩
中古音 方言点	古侯 流开一 平侯见	户钩 流开一 平侯匣	户钩 流开一 平侯匣	户钩 流开一 平侯匣	乌侯 流开一 平侯影	普后 流开一 上厚滂	莫厚 流开一 上厚明	莫厚 流开一 上厚明
隰县	kou^{53}	xou^{24}	xou^{24}	xou^{24}	ŋou^{53}	p^{h}ɑo^{53}	mu^{21}	mu^{21}
大宁	kəu^{31}	xəu^{24}	kuəʔ$^{\underline{31}}$ 白 / xəu^{24} 文	xəu^{24}	ŋəu^{31}	——	mu^{31}	mu^{31}
永和	kɤu^{33}	xɤu^{35}	xɤu^{35}	xɤu^{35}	ŋɤu^{33}	p^{h}ɑo^{312}	mu^{312}	mu^{312}
汾西	kou^{11}	xou^{35}	xou^{35}	xou^{35}	ŋou^{11}	——	mβ̍^{33}	mβ̍^{33}
蒲县	kou^{52}	xou^{24}	xou^{24}	xou^{24}	ou^{52}	p^{h}ɑu^{52}	mu^{52}	mu^{31}
潞州	kəu^{312}	xəu^{24}	xəu^{24}	xəu^{24}	əu^{312}	p^{h}ɑo^{312}	m̩^{535} 白 / mu^{535} 文	m̩^{535} 白 / mu^{535} 文
上党	kəu^{213}	xəu^{44}	xəu^{44}	xəu^{44}	əu^{213}	p^{h}ɔ^{213}	mu^{535}	mu^{535}
长子	kəu^{312}	xəu^{24}	xəu^{24}	xəu^{24}	ŋəu^{312}	p^{h}ɔ^{312}	m̩^{434} 白 / mu^{434} 文	m̩^{434} 白 / mu^{434} 文
屯留	kəu^{31}	xəu^{11}	xəu^{11}	xəu^{11}	ŋəu^{31}	p^{h}ɔo^{31}	m^{43} 又 / mu^{43} 又	m^{43} 又 / mu^{43} 又
襄垣	kəu^{33}	xəu^{31}	xəu^{31}	xəu^{31}	əu^{33}	p^{h}ɔo^{33}	m̩^{42}	m̩^{42}
黎城	kəu^{33}	xəu^{53}	xuɤʔ^{2}	xəu^{53}	əu^{33}	pɔo^{33}	mu^{213}	mu^{213}
平顺	kəu^{213}	xəu^{13}	xəu^{13}	xəu^{13}	əu^{213}	p^{h}ɔ^{213}	mu^{535}	mu^{535}
壶关	kəu^{33}	xəu^{13}	xəu^{13}	xəu^{13}	ɣəu^{33}	p^{h}ɔ^{33}	mu^{535}	mu^{535}
沁县	kəu^{224}	xəu^{33}	xəu^{33}	xəu^{33}	ŋəu^{224}	p^{h}əu^{224}	mu^{214}	mu^{214}
武乡	kəu^{113}	xəu^{33}	xəu^{33}	xəu^{33}	ŋəu^{113}	p^{h}ɔ^{113}	mu^{213}	mu^{213}
沁源	kiəu^{324}	xiəu^{33}	xiəu^{33}	xiəu^{33}	ŋiəu^{324}	p^{h}ɔo^{324}	mu^{324}	mu^{324}
安泽	kəu^{21}	xəu^{21}	xəu^{21}	xəu^{21}	ŋəu^{21}	p^{h}au^{21} 白 / p^{h}əu^{21} 文	mu^{42}	mu^{42}
沁水端氏	kɔu^{21}	xɔu^{24}	xɔu^{24}	xɔu^{24}	ɔu^{21}	p^{h}ɔ^{21}	m̩^{31} 白 / mu^{31} 文	mu^{31}
阳城	kɐu^{224}	xɐu^{22}	xɐu^{22}	xɐu^{22}	ɣɐu^{224}	p^{h}o^{212}	muoŋ^{212}	muoŋ^{212}
高平	kʌu^{33}	xʌu^{33}	xʌu^{33}	xʌu^{33}	ʌu^{33}	p^{h}ɔo^{33}	məʔ^{2} 白 / m̩^{212} 文	m̩^{212}
陵川	kəo^{33}	xəo^{53}	xəo^{53}	xəo^{53}	ɣəo^{33}	p^{h}əo^{33}	mu^{312}	mu^{312}
晋城	kaɯ^{33}	xaɯ^{324}	xaɯ^{324}	xaɯ^{324}	ɣaɯ^{33}	p^{h}o^{33}	mũ^{213} 白 / mu^{213} 文	mũ^{213} 白 / mu^{213} 文
忻府	kəu^{313}	xəu^{21}	xəu^{21}	xəu^{21}	ŋəu^{313}	p^{h}ɔo^{313}	mu^{21} 白 / mu^{313} 文	mu^{313}
原平	kiɤɯ^{213}	xɤɯ^{33}	xɤɯ^{33}	xɤɯ^{33}	ŋiɤɯ^{213}	p^{h}ɔo^{213}	mu^{213}	mu^{213}
定襄	kəu^{24}	xəu^{33}	xəu^{33}	xəu^{33}	əu^{24}	pəu^{24}	mu^{24}	mu^{24}

续表

字目	沟	侯	喉	猴	欧姓	剖	母	亩
中古音 / 方言点	古侯 流开一 平侯见	户钩 流开一 平侯匣	户钩 流开一 平侯匣	户钩 流开一 平侯匣	乌侯 流开一 平侯影	普后 流开一 上厚滂	莫厚 流开一 上厚明	莫厚 流开一 上厚明
五台	kei^{213}	xei^{33}	xei^{33}	xei^{33}	ŋei^{213}	pʰaɔ^{33}	mu^{213}	mu^{213}
岢岚	kəu^{13}	xəu^{44}	xəu^{44}	xəu^{44}	ŋəu^{13}	pʰɑu^{13}	mu^{13}	mu^{13}
五寨	kəu^{13}	xəu^{44}	xəu^{44}	xəu^{44}	ŋəu^{13}	pʰɑu^{44}	mu^{13}	mu^{13}
宁武	kəu^{23}	xəu^{33}	xəu^{33}	xəu^{33}	ŋəu^{23}	pʰɔu^{23}	mu^{213}	mu^{213}
神池	kəu^{24}	xəu^{32}	xəu^{32}	xəu^{32}	ŋəu^{24}	pʰəu^{24}	mu^{13}	mu^{13}
繁峙	kəu^{53}	xəu^{31}	xəu^{31}	xəu^{31}	ŋəu^{53}	pʰəu^{53}	mu^{53}	mu^{53}
代县	kəu^{213}	xəu^{44}	xəu^{44}	xəu^{44}	ŋəu^{213}	pʰau^{213}	mu^{213}	mu^{213}
河曲	kɤɯ^{213}	xɤɯ^{44}	xɤɯ^{44}	xɤɯ^{44}	ŋɤɯ^{213}	pʰɔu^{213}	mu^{213}	mu^{213}
保德	kʌu^{213}	xʌu^{44}	xʌu^{44}	xʌu^{44}	ʌu^{213}	pʌu^{213}	mu^{213}	mu^{213}
偏关	kiɤu^{24}	xɤu^{44}	xɤu^{44}	xɤu^{44}	ŋiɤu^{24}	pʰɔo^{44}	mu^{213}	mu^{213}
朔城	kəu^{312}	xəu^{35}	xəu^{35}	xəu^{35}	nəu^{312}	pʰɔo^{312}	mu^{312}	mu^{312}
平鲁	kəu^{213}	xəu^{44}	xəu^{44}	xəu^{44}	nəu^{213}	pʰɔ^{44}	mu^{213}/məʔ$^{\underline{34}}$	mu^{213}
应县	kəu^{43}	xəu^{31}	xəu^{31}	xəu^{31}	nəu^{43}	pʰau^{43}	mu^{54}/məʔ$^{\underline{43}}$	mu^{54}
灵丘	keiu^{442}	xeiu^{31}	xeiu^{31}	xeiu^{31}	neiu^{442}	pʰɔo^{442}	mu^{442}	mu^{442}
浑源	kiəu^{52}	xəiəu^{22}	xiəu^{22}/xiəʔ^{4}	xiəu^{22}	niəu^{52}	pʰʌu^{52}	mu^{52}	mu^{52}
云州	kiɤu^{21}	xiɤu^{312}	xiɤu^{312}	xiɤu^{312}	nɤu^{21}	pɑu^{21}	mu^{55}	mu^{55}
新荣	kiəu^{32}	xiəu^{312}	xiəu^{312}	xiəu^{312}	ŋiəu^{32}	pʰɔu^{32}	mu^{54}	mu^{54}
怀仁	kɤu^{42}	xɤu^{312}	xɤu^{312}	xɤu^{312}	nɤu^{42}	pʰɔu^{42}	mu^{53}	mu^{53}
左云	kəu^{31}	xəu^{313}	xəu^{313}	xəu^{313}	nəu^{31}	pʰɔu^{31}	mu^{54}	mu^{54}
右玉	kəu^{31}	xəu^{212}	xəu^{212}	xəu^{212}	ŋəu^{31}	pʰɐo^{212}	mu^{53}	mu^{53}
阳高	kiɤu^{31}	xiɤu^{31}	xiɤu^{31}	xiɤu^{31}	ŋiɤu^{31}	pʰɤu^{53}	mu^{53}/məʔ^{3}	mu^{53}
山阴	kəu^{313}	xəu^{313}	xəu^{313}	xəu^{313}	nəu^{313}	pʰɔo^{313}	mu^{52}	mu^{52}
天镇	kɤu^{31}	xɤu^{22}	xɤu^{22}	xɤu^{22}	ɤu^{31}	pʰɤu^{31}	mu^{55}	mu^{55}
平定	kɤu^{31}	xɤu^{44}	xɤu^{44}	xɤu^{44}	ŋɤu^{31}	pɔ^{31}	mu^{53}	mu^{53}
昔阳	kəu^{42}	xəu^{33}	xəu^{33}	xəu^{33}	ŋəu^{42}	pʰəu^{42}	mu^{55}	mu^{55}
左权	kʌu^{31}	xʌu^{11}	xʌu^{11}	xʌu^{11}	ŋʌu^{31}	——	mu^{42}	vu^{42}白/ mu^{42}文
和顺	kɤu^{42}	xɤu^{22}	xɤu^{22}	xɤu^{22}	ŋɤu^{42}	pʰɔu^{42}	mu^{53}	mu^{53}
尧都	kou^{21}	xou^{24}	xou^{24}	xou^{24}	ŋou^{21}	pʰɑu^{21}	mu^{53}	mu^{53}
洪洞	kou^{21}	xou^{24}	xou^{24}	xou^{24}	ŋou^{21}	pʰɑo^{21}	mu^{42}	mu^{42}
洪洞赵城	kou^{21}	xou^{24}	xou^{24}	xou^{24}	ŋou^{21}	pʰɑo^{53}	mu^{42}	mu^{42}

续表

字目	沟	侯	喉	猴	欧姓	剖	母	亩
中古音 / 方言点	古侯 流开一 平侯见	户钩 流开一 平侯匣	户钩 流开一 平侯匣	户钩 流开一 平侯匣	乌侯 流开一 平侯影	普后 流开一 上厚滂	莫厚 流开一 上厚明	莫厚 流开一 上厚明
古县	kəu^{21}	xəu^{21}	xəu^{21}	xəu^{21}	ŋəu^{21}	p^{h}ɑu^{21}	mu^{42}	mu^{42}
襄汾	kou^{21}	xou^{24}	xou^{42}	xou^{24}	ŋou^{21}	p^{h}ao^{21}	mu^{42}	mu^{42}
浮山	kou^{42}	xou^{13}	xou^{33}	xou^{13}	ŋou^{42}	p^{h}ao^{42}	mu^{33}	mu^{33}
霍州	kəu^{212}	xəu^{35}	ku^{35} 白 / xəu^{35} 文	xəu^{35}	ŋəu^{212}	p^{h}au^{212}	mu^{33}	mu^{33}
翼城	kou^{53}	xou^{12}	xou^{12}	xou^{12}	ŋou^{53}	p^{h}ɔo^{53}	mu^{44}	mu^{44}
闻喜	kɤu^{53}	xɤu^{13}	xɤu^{13}	xɤu^{13}	ŋɤu^{53}	——	mu^{33}	mu^{33}
侯马	kou^{213}	xou^{213}	xou^{213}	xou^{213}	ou^{213}	p^{h}ou^{213}	mu^{44}	mu^{44}
新绛	kəu^{53}	xəu^{13}	xəu^{13}	xəu^{13}	ŋəu^{44}	p^{h}ɑo^{53}	mu^{44}	mu^{13}
绛县	kəu^{53}	xəu^{24}	xəu^{24}	xəu^{24}	ŋəu^{53}	p^{h}əu^{33}	mu^{33}	mu^{33}
垣曲	kou^{22}	xou^{22}	ku^{22} 白 / xou^{22} 文	xou^{22}	ŋou^{22}	p^{h}au^{22}	mu^{44}	mu^{44}
夏县	kəu^{53}	xəu^{31}	xəu^{42}	xəu^{42}	ŋəu^{53} 白 / əu^{53} 文	p^{h}ɑu^{53}	mu^{24}	mu^{24}
万荣	kəu^{51}	xəu^{213}	xəu^{213}	xəu^{213}	ŋəu^{213}	p^{h}au^{51}	mu^{55}	mu^{55}
稷山	kəu^{53}	xəu^{13}	xəu^{13}	xəu^{13}	ŋəu^{53}	p^{h}ɑu^{42}	mu^{44}	mu^{44}
盐湖	kou^{42}	xou^{13}	xou^{13}	xou^{13}	ŋou^{42}	p^{h}ɔ^{42}	mu^{53}	mu^{53}
临猗	kəu^{42}	xəu^{13}	xəu^{13}	xəu^{13}	ŋəu^{42}	p^{h}əu^{42}	mu^{53}	mu^{53}
河津	kəu^{31}	xəu^{324}	xəu^{324}	xəu^{324}	ŋəu^{31}	p^{h}au^{31}	mu^{53}	mu^{53}
平陆	kəu^{31}	xəu^{13}	xəu^{13}	xəu^{13}	ȵəu^{31}/ȵəu^{55}	p^{h}au^{13}	mu^{55}	mu^{55}
永济	kəu^{31}	xəu^{24}	xu^{24} 白 / xəu^{24} 文	xəu^{24}	ŋəu^{31}	p^{h}au^{31}	mu^{53}	mu^{53}
芮城	kəu^{42}	xəu^{13}	xəu^{13}	xəu^{13}	ŋəu^{42}	p^{h}au^{42}	mo^{53} 白 / mu^{53} 文	mu^{53}
吉县	kəu^{423}	xəu^{13}	xəu^{13}	xəu^{13}	ŋəu^{423}	p^{h}au^{423}	mu^{33}	mu^{33}
乡宁	kou^{53}	xou^{12}	xou^{12}	xou^{12}	ŋou^{53}	p^{h}au^{53}	mu^{44}	mu^{44}
广灵	kɤu^{53}	xɤu^{31}	xɤu^{31}	xɤu^{31}	nɤu^{53}	p^{h}ʌu^{53}	mu^{44}	mu^{44}

字目	牡	某	斗升~	抖	陡	搂~抱	走	狗
中古音 / 方言点	莫厚 流开一 上厚明	莫厚 流开一 上厚明	当口 流开一 上厚端	当口 流开一 上厚端	当口 流开一 上厚端	落侯 流开一 上厚来	子苟 流开一 上厚精	古厚 流开一 上厚见
北京	mu^{51}	mou^{214}	tou^{214}	tou^{214}	tou^{214}	lou^{214}	tsou^{214}	kou^{214}
小店	mu^{53}	mu^{53}	təɯ^{53}	təɯ^{53}	təɯ^{53}	ləɯ^{53}	tsəɯ^{53}	kəɯ^{53}
尖草坪	mau^{33} 白 / mu^{312} 文	mu^{312}	tei^{312}	tei^{312}	tei^{312}	lei^{312}	tsei^{312}	kei^{312}
晋源	mu^{42}	mu^{42}	tɤu^{42}	tɤu^{42}	tɤu^{42}	lɤu^{42}	tsɤu^{42}	kɤu^{42}
阳曲	mu^{312}/ mɔo^{312}	mɔo^{312}/ mu^{312}	tei^{312}	tei^{312}	tei^{312}	lei^{312}	tsei^{312}	kei^{312}
古交	mu^{312}	mu^{312}	tei^{312}	tei^{312}	tei^{312}	lei^{312}	tsei^{312}	kei^{312}
清徐	mu^{54}	mu^{54}	tɐu^{54}	tɐu^{54}	tɐu^{54}	lɐu^{54}	tsɐu^{54}	kɐu^{54}
娄烦	mɔu^{312}/mu^{312}	mu^{312}	tə^{33}	tə^{312}	tə^{312}	lə^{312}	tsə^{312}	kiu^{312}
榆次	mu^{53}	mu^{53}	tɯ^{35}	tɯ^{53}	tɯ^{53}	lɯ^{53}	tsɯ^{53}	kɯ^{53}
交城	mɔu^{53} 白 / mu^{53} 文	mu^{53}	tʌɯ^{53}	tʌɯ^{53}	tʌɯ^{53}	lʌɯ^{53}	tsʌɯ^{53}	kʌɯ^{53}
文水	məɸ^{423}	məɸ^{423}	təɯ^{423}	təɯ^{423}	təɯ^{423}	ləɯ^{423}	tsəɯ^{423}	kəɯ^{423}
祁县	muβ^{314}	muβ^{314}	tɤu^{314}	tɤu^{314}	tɤu^{314}	lɤu^{314}	tsɤu^{314}	kɤu^{314}
太谷	mu^{312}	mu^{312}	təɯ^{312}	təɯ^{312}	təɯ^{312}	ləɯ^{312}	tsəɯ^{312}	kəɯ^{312}
平遥	mu^{512}	mu^{512}	təu^{512}	təu^{512}	təu^{512}	ləu^{512}	tsəu^{512}	kəu^{512}
孝义	mu^{312}	mu^{312}	tou^{312}	tou^{112}	tou^{312}	lou^{312}	tsou^{312}	kou^{312}
介休	mu^{423}	mu^{423}	təu^{45}	təu^{423}	təu^{423}	ləu^{423}	tsəu^{423}	kəu^{423}
灵石	mu^{212}	mu^{212}	tou^{212}	tou^{212}	tou^{212}	lou^{212}	tsou^{212}	kou^{212}
盂县	mu^{53}	mu^{53}	təu^{53}	təu^{53}	təu^{53}	ləu^{412}/ləu^{53}	tsəu^{53}	kəu^{53}
寿阳	məɯ^{53}	mu^{53}	təɯ^{53}	təɯ^{53}	təɯ^{53}	ləɯ^{53}	tsəɯ^{53}	kəɯ^{53}
榆社	mɣ̩^{312}	mɣ̩^{312}	təu^{312}	təu^{312}	təu^{312}	ləu^{312}	tsəu^{312}	kəu^{312}
离石	mou^{312}	mu^{312}	tʌu^{312}	tʌu^{312}	tʌu^{312}	lʌu^{312}	tsʌu^{312}	kʌu^{312}
汾阳	məʊ^{312}	mou^{312}	tou^{312}	tou^{312}	tou^{312}	lou^{312}	tsou^{312}	kou^{312}
中阳	mɔo^{423}	mu^{423}	tʌ^{423}	tʌ^{423}	tʌ^{423}	lʌ^{423}	tsʌ^{423}	kʌ^{423}
柳林	mu^{312}	mu^{312}	tə^{312}	tə^{312}	tə^{312}	lə^{312}	tsə^{312}	kə^{312}
方山	mu^{312}	mu^{312}	təɯ^{312}	təɯ^{312}	təɯ^{312}	ləɯ^{44}	tsəɯ^{312}	kəɯ^{312}
临县	mu^{312}	mu^{312}	təɯ^{312}	təɯ^{312}	təɯ^{312}	ləɯ^{312}	tsəɯ^{312}	kəɯ^{312}
兴县	mu^{324}	mu^{324}	tou^{324}	tou^{324}	tou^{324}	lou^{324}	tsou^{324}	kou^{324}
岚县	mau^{312}	mu^{312}	tɐu^{312}	tɐu^{312}	tɐu^{312}	lɐu^{312}	tsɐu^{312}	kɐu^{312}
静乐	mu^{314}	mu^{314}	tɤɯ^{314}	tɤɯ^{314}	tɤɯ^{314}	lɤɯ^{33}	tsɤɯ^{314}	kiɤɯ^{314} 白
交口	mu^{323}	mu^{323}	tou^{323}	tou^{323}	tou^{323}	lou^{323}	tsou^{323}	kou^{323}

续表

字目 中古音 方言点	牡	某	斗升~	抖	陡	搂~抱	走	狗
	莫厚 流开一 上厚明	莫厚 流开一 上厚明	当口 流开一 上厚端	当口 流开一 上厚端	当口 流开一 上厚端	落侯 流开一 上厚来	子苟 流开一 上厚精	古厚 流开一 上厚见
石楼	mu^{213}	mu^{213}	tou^{51}	tou^{213}	tou^{213}	lou^{213}	tsou^{213}	kou^{213}
隰县	mu^{21}	mu^{21}	tou^{21}	tou^{21}	tou^{21}	lou^{21}	tsou^{21}	kou^{21}
大宁	mu^{55}	——	təu^{31}	təu^{31}	təu^{31}	ləu^{24}	tsəu^{31}	kəu^{31}
永和	mu^{312}	mu^{312}	tɤu^{312}	tɤu^{312}	tɤu^{312}	lɤu^{35}	tsɤu^{312}	kɤu^{35}
汾西	m̍β^{33}	m̍β^{35}	tou^{33}	tou^{33}	tou^{33}	lou^{33}	tsou^{33}	kou^{53}
蒲县	mu^{31}	mu^{31}	tou^{31}	tou^{31}	tou^{31}	lou^{24}	tsou^{31}	kou^{31}
潞州	m̩^{535}白/ mu^{535}文	mu^{535}	təu^{535}	təu^{535}	təu^{535}	ləu^{535}	tsəu^{535}	kəu^{535}
上党	mu^{535}	mu^{535}白/ məu^{535}文	təu^{535}	təu^{535}	təu^{535}	ləu^{535}	tsəu^{535}	kəu^{535}
长子	m^{434}白/ mu^{434}文	m^{434}白/ məu^{434}文	təu^{434}	təu^{434}	təu^{434}	ləu^{434}	tsəu^{434}	kəu^{434}
屯留	m̩^{43}/mu^{43}	mu^{11}	təu^{43}	təu^{43}	təu^{43}	ləu^{43}	tsəu^{43}	kəu^{43}
襄垣	m̩^{42}	m̩^{42}	təu^{42}	təu^{42}	təu^{42}	ləu^{42}	tsəu^{42}	kəu^{42}
黎城	mu^{213}	mu^{213}	təu^{53}	təu^{213}	təu^{213}	ləu^{213}	tsəu^{213}	kəu^{213}
平顺	mu^{535}	mu^{535}	təu^{434}	təu^{434}	təu^{434}	ləu^{434}	tsəu^{434}	kəu^{434}
壶关	mu^{535}	mu^{535}白/ məu^{535}文	təu^{535}	təu^{535}	təu^{535}	ləu^{535}	tʂəu^{535}	kəu^{535}
沁县	mu^{214}	mu^{33}	təu^{214}	təu^{214}	təu^{214}	ləu^{214}	tsəu^{214}	kəu^{214}
武乡	mu^{213}	mu^{213}	təu^{213}	təu^{213}	təu^{213}	ləu^{213}	tsəu^{213}	kəu^{213}
沁源	mu^{324}	mu^{324}	tei^{324}	tei^{324}	tei^{324}	lei^{324}	tsei^{324}	kiəu^{324}
安泽	mu^{42}	mu^{42}	təu^{42}	təu^{42}	təu^{42}	ləu^{42}	tsəu^{42}	kəu^{42}
沁水端氏	mɔ^{31}	mu^{31}	tɔu^{31}	tɔu^{31}	tɔu^{31}	lɔu^{31}	tsɔu^{31}	kɔu^{31}
阳城	mɐu^{212}	muoŋ^{212}	tɐu^{212}	tɐu^{212}	tɐu^{212}	lɐu^{212}	tsɐu^{212}	kɐu^{212}
高平	m̩^{212}	m̩^{212}	tʌu^{212}	tʌu^{212}	tʌu^{212}	lʌu^{212}	tʂʌu^{212}	kʌu^{212}
陵川	mu^{312}	məo^{312}	təo^{312}	təo^{312}	təo^{312}	ləo^{312}	tʂəo^{312}	kəo^{312}
晋城	mũ^{213}	mũ^{213}	taɯ^{213}	taɯ^{213}	taɯ^{213}	laɯ^{324}	tʂaɯ^{213}	kaɯ^{213}
忻府	mɔo^{313}	mu^{313}	təu^{313}	təu^{313}	təu^{313}	ləu^{313}	tsəu^{313}	kəu^{313}
原平	mɔo^{213}	mu^{213}	tɤɯ^{213}	tɤɯ^{213}	tɤɯ^{213}	lɤɯ^{213}	tsɤɯ^{213}	kiɤɯ^{213}
定襄	mu^{24}	məu^{24}	təu^{24}	təu^{24}	təu^{24}	ləu^{24}	tsəu^{24}	kəu^{24}
五台	mɑɔ^{213}	mu^{213}	tei^{213}	tei^{213}	tei^{213}	lei^{213}	tsei^{213}	kei^{213}
岢岚	mɑu^{13}	mu^{13}	təu^{13}	təu^{13}	təu^{13}	ləu^{13}	tsəu^{13}	kəu^{13}

续表

字目	牡	某	斗升~	抖	陡	搂~抱	走	狗
中古音 / 方言点	莫厚 流开一 上厚明	莫厚 流开一 上厚明	当口 流开一 上厚端	当口 流开一 上厚端	当口 流开一 上厚端	落侯 流开一 上厚来	子苟 流开一 上厚精	古厚 流开一 上厚见
五寨	mɑu^{13}	mu^{13}	təu^{13}	təu^{13}	təu^{13}	ləu^{13}	tsəu^{13}	kəu^{13}
宁武	mɔu^{213}	mu^{213}	təu^{213}	təu^{213}	təu^{213}	ləu^{213}	tsəu^{213}	kəu^{23}
神池	mu^{13}	məu^{13}	təu^{13}	təu^{13}	təu^{13}	ləu^{32}	tsəu^{13}	kəu^{13}
繁峙	mu^{53}	məu^{53}	təu^{53}	təu^{53}	təu^{53}	ləu^{53}	tsəu^{53}	kəu^{53}
代县	mau^{213}	mu^{213}	təu^{213}	təu^{213}	təu^{213}	ləu^{213}	tsəu^{213}	kəu^{213}
河曲	mu^{213}	mu^{213}	tɤɯ^{213}	tɤɯ^{213}	tɤɯ^{213}	lɤu^{213}	tsɤɯ^{213}	kɤɯ^{213}
保德	mu^{213}	mʌu^{213}	tʌu^{213}	tʌu^{213}	tʌu^{213}	lʌu^{213}	tsʌu^{213}	kʌu^{213}
偏关	mu^{213}	mu^{213}	tɤu^{213}	tɤu^{213}	tɤu^{213}	lɤu^{44}	tsɤu^{213}	kiɤu^{213}
朔城	mɔo^{312}	mu^{312}	——	təu^{312}	təu^{312}	ləu^{35}	tsəu^{312}	kəu^{312}
平鲁	mɔ^{213}	mu^{213}	təu^{213}	təu^{213}	təu^{213}	ləu^{213}	tsəu^{213}	kəu^{213}
应县	mu^{54}	mu^{54}	təu^{54}	təu^{54}	təu^{54}	ləu^{54}	tsəu^{54}	kəu^{54}
灵丘	mu^{442}	mu^{442}	teiu^{442}	teiu^{442}	teiu^{442}	leiu^{442}	tseiu^{442}	keiu^{442}
浑源	mʌu^{52}	mu^{52}	təiəu^{52}	təiəu^{52}	təiəu^{52}	ləiəu^{13}	tsəiəu^{52}	kiəu^{52}
云州	mɑu^{55}	mu^{55}	tɤu^{55}	tɤu^{55}	tɤu^{55}	lɤu^{55}	tsɤu^{55}	kiɤu^{55}
新荣	mɔu^{54}	mu^{54}	təu^{54}	təu^{312}/təu^{54}	təu^{54}	ləu^{54}	tsiəu^{54}	kiəu^{54}
怀仁	mɔu^{53}	mu^{53}	tɤu^{53}	tɤu^{53}	tɤu^{53}	lɤu^{53}	tsɤu^{53}	kɤu^{53}
左云	mu^{54}	mu^{54}	təu^{54}	təu^{54}	təu^{54}	ləu^{54}	tsəu^{54}	kəu^{54}
右玉	mu^{53}	mu^{53}	təu^{53}	təu^{53}	təu^{53}	ləu^{53}	tsəu^{53}	kəu^{53}
阳高	mɤu^{53}	mu^{53}	tɤu^{24}	tɤu^{24}	tɤu^{53}	lɤu^{53}	tsɤu^{53}	kiɤu^{53}
山阴	mɔo^{52}	mu^{313}	təu^{52}	təu^{52}	təu^{52}	ləu^{52}	tsəu^{52}	kəu^{52}
天镇	mu^{55}	mu^{55}	tɤu^{55}	tɤu^{55}	tɤu^{55}	lɤu^{55}	tsɤu^{55}	kɤu^{55}
平定	mɔ^{53} 白 / mu^{53} 文	mu^{53}	tɤu^{53}	tɤu^{53}	tɤu^{53}	lɤu^{53}	tsɤu^{53}	kɤu^{53}
昔阳	mu^{55}	məu^{55}	təu^{55}	təu^{55}	təu^{55}	ləu^{55}	tsəu^{55}	kəu^{55}
左权	mu^{42}	mu^{42}	tʌu^{42}	tʌu^{42}	tʌu^{42}	lʌu^{42}	tsʌu^{42}	kʌu^{42}
和顺	mu^{53}	mu^{53}	tɤu^{53}	tɤu^{53}	tɤu^{53}	lɤu^{53}	tsɤu^{53}	kɤu^{53}
尧都	mu^{53}	mu^{53}	tou^{44}	tou^{53}	tou^{53}	lou^{21}	tsou^{53}	kou^{53}
洪洞	mu^{42}	mu^{21}	tou^{42}	tou^{42}	tou^{42}	lou^{42}	tsou^{42}	kou^{42}
洪洞赵城	mu^{42}	mu^{42}	tou^{42}	tou^{42}	tou^{42}	lou^{42}	tsou^{42}	kou^{42}
古县	mu^{42}	mu^{42}	təu^{42}	təu^{42}	təu^{42}	ləu^{42}	tsəu^{42}	kəu^{42}
襄汾	mu^{42}	mu^{42}	tou^{42}	tou^{42}	tou^{42}	lou^{24}/lou^{42}	tsou^{42}	kou^{44}

续表

字目	牡	某	斗升~	抖	陡	搂~抱	走	狗
中古音 / 方言点	莫厚 流开一 上厚明	莫厚 流开一 上厚明	当口 流开一 上厚端	当口 流开一 上厚端	当口 流开一 上厚端	落侯 流开一 上厚来	子苟 流开一 上厚精	古厚 流开一 上厚见
浮山	mu^{33}	mu^{42}	tou^{33}	tou^{33}	tou^{33}	lou^{13}/ lou^{33}	tsou^{33}	kou^{44}
霍州	mu^{33}	məu^{33}	təu^{33}	təu^{33}	təu^{33}	ləu^{33}	tsəu^{33}	kɯ^{53}
冀城	mu^{44}	mou^{44}	tou^{44}	tou^{44}	tou^{44}	lou^{44}	ʐou^{44}	kou^{44}
闻喜	mu^{33}	mu^{33}	tɤu^{53}/ tɤu^{33}	tɤu^{33}	tɤu^{33}	lɤu^{13}	tsɤu^{33}	kɤu^{33}
侯马	mu^{44}	mou^{44}	tʰou^{44} 白 / tou^{44} 文	tou^{44}	tou^{44}	lou^{44}	tsou^{44}	kou^{44}
新绛	mu^{13}	mu^{53}	təu^{44}	təu^{44}	təu^{44}	ləu^{53}	tsəu^{44}	kəu^{53}
绛县	mu^{33}	mu^{33}	təu^{33}	təu^{33}	təu^{33}	ləu^{53}	tsəu^{33}	kəu^{33}
垣曲	mu^{44}	mu^{44}	tou^{44}	tou^{44}	tou^{44}	lou^{44}	tsou^{44}	kou^{44}
夏县	mu^{24}	mu^{24}	təu^{24}	təu^{24}	təu^{24}	ləu^{24}	tsəu^{24}	kəu^{24}
万荣	mu^{33}	mu^{55}	təu^{55}	təu^{55}	təu^{55}	ləu^{213}	tsəu^{55}	kəu^{55}
稷山	mu^{44}	mu^{44}	təu^{44}	təu^{44}	təu^{44}	ləu^{44}	tsəu^{44}	kəu^{44}
盐湖	mu^{53}	mu^{53}	tou^{53}	tou^{53}	tou^{53}	lou^{13}	tsou^{53}	kou^{53}
临猗	mu^{53}	mu^{53}	təu^{53}	təu^{53}	təu^{53}	ləu^{53}	tsəu^{53}	kəu^{53}
河津	mu^{53}	mu^{53}	təu^{53}	təu^{53}	təu^{53}	ləu^{31}	tsəu^{53}	kəu^{53}
平陆	mu^{55}	məu^{55}	təu^{55}	təu^{55}	təu^{55}	ləu^{13}/ləu^{55}	tsəu^{55}	kəu^{55}
永济	mu^{53}	məu^{53}	təu^{44}	təu^{53}	təu^{53}	ləu^{53}	tsəu^{53}	kəu^{53}
芮城	mu^{53}	mu^{53}	təu^{53}	təu^{53}	təu^{53}	ləu^{53}	tsəu^{53}	kəu^{53}
吉县	mu^{33}	mu^{33}	təu^{53}	təu^{53}	təu^{53}	ləu^{53}	tsəu^{53}	kəu^{53}
乡宁	mu^{44}	mu^{44}	tou^{44}	tou^{44}	tou^{44}	lou^{44}	tsou^{44}	kou^{44}
广灵	mu^{44}/mʌu^{44}	mu^{44}	tɤu^{44}	tɤu^{44}	tɤu^{44}	lɤu^{31}/lɤu^{44}	tsɤu^{44}	kɤu^{44}

字目	苟	口	藕	偶配~	吼	厚	后先~	呕~吐
中古音/方言点	古厚 流开一 上厚见	苦后 流开一 上厚溪	五口 流开一 上厚疑	五口 流开一 上厚疑	呼后 流开一 上厚晓	胡口 流开一 上厚匣	胡口 流开一 上厚匣	乌后 流开一 上厚影
北京	kou214	kʰou214	ou214	ou214	xou214	xou51	xou51	ou214
小店	kəɯ53	kʰəɯ53	əɯ53	əɯ53	xəɯ53	xəɯ24	xəɯ24	əɯ53
尖草坪	kei312	kʰei312	ɣei312	ɣei312	xei312	xei35	xei35	ɣei312
晋源	kɤu42	kʰɤu42	ɣɤu42	ɣɤu42	xɤu42	xɤu35	xɤu35	ɣɤu42
阳曲	kei312	kʰei312	ŋei312	ŋei312	xei312	xei454	xei454	ŋei312
古交	kei312	kʰei312	ŋei312	ŋei312	xei312	xei53	xei53	ŋei312
清徐	kɐu54	kʰɐu54	ŋɐu11	ŋɐu54	xɐu54	xɐu45	xɐu45	ŋɐu54
娄烦	kiu312	kʰiu312	ŋiu312	ŋiu312	xiu312	xiu54	xiu54	ŋiu312
榆次	kɯ53	kʰɯ53	ŋɯ53	ŋɯ53	xɯ53	xɯ35	xɯ35	ŋɯ35
交城	kʌɯ53	kʰʌɯ53	ŋʌɯ53	ŋʌɯ53	xʌɯ53	xʌɯ24	xʌɯ24	ŋʌɯ11
文水	kəɯ423	kʰəɯ423	ŋəɯ423	ŋəɯ423	xəɯ423	xəɯ35	xəɯ35	ŋəɯ423
祁县	kɤu314	kʰɤu314	ŋɤu314	ŋɤu314	xɤu314	xɤu45	xɤu45	ŋɤu314
太谷	kəɯ312	kʰəɯ312	ŋəɯ312	ŋəɯ312	xəɯ312	xəɯ53	xəɯ53	ŋəɯ312
平遥	kəu512	kʰəu512	ŋəu512	ŋəu512	xəu512	xəu24	xəu24	ŋəu512
孝义	kou312	kʰou312	ŋou312	ŋou312	xou312	xou454	xou454	ŋou312
介休	kəu423	kʰəu423	ŋəu423	ŋəu423	xəu423	xəu45	xəu45	ŋəu423
灵石	kou212	kou212	ŋou212	ŋou212	xou212	xou53	xou53	ŋou212
盂县	kəu53	kəu53	ŋəu53	ŋəu53	xəu53	xəu55	xəu55	ŋəu53
寿阳	kəɯ53	kʰəɯ53	ŋəɯ53	ŋəɯ53	xəɯ53	xəɯ45	xəɯ45	ŋəɯ53
榆社	kəu312	kʰəu312	ŋəu312	ŋəu312	kʰəu312	kʰəu45	kʰəu45	ŋəu312
离石	kʌu312	kʰʌu312	ŋʌu312	ŋʌu312	xʌu312	xʌu53	xʌu53	ŋʌu312
汾阳	kou312	kʰou312	ŋou312	ŋou312	xou312	xou55	xou55	ŋou312
中阳	kʌ423	kʰʌ423	ŋʌ423	ŋʌ423	xʌ423	xʌ53	xʌ53	ŋʌ423
柳林	kə312	kʰə312	ŋə312	ŋə312	xə312	xə53	xə53	ŋə312
方山	kəɯ312	kʰəɯ312	ŋəɯ312	ŋəɯ312	xəɯ312	xəɯ52	xəɯ52	ŋəɯ312
临县	kəɯ312	kʰəɯ312	ŋəɯ312	ŋəɯ312	xəɯ312	xəɯ52	xəɯ52	ŋəɯ312
兴县	kou324	kʰou324	ŋou324	ŋou324	xou324	xou53	xou53	ŋou324
岚县	kɐu312	kʰɐu312	ŋɐu312	ŋɐu312	xɐu312	xɐu53	xɐu53	ŋɐu312
静乐	kiɤɯ314	kʰiɤɯ314 白	ŋiɤɯ314	ŋiɤɯ314	xiɤɯ314	xiɤɯ53 白	xiɤɯ53	ŋiɤɯ314
交口	kou323	kʰou323	ŋou323	ŋou323/ou323	xou323	xou53	xou53	ou323
石楼	kou213	kʰou213	ŋou213	ŋou213	xou123	xou51	xou51	ŋou213
隰县	kou21	kʰou21	ŋou21	ŋou21	xou21	xou44	xou44	ŋou21

续表

字目	苟	口	藕	偶配~	吼	厚	后先~	呕~吐
中古音 / 方言点	古厚 流开一 上厚见	苦后 流开一 上厚溪	五口 流开一 上厚疑	五口 流开一 上厚疑	呼后 流开一 上厚晓	胡口 流开一 上厚匣	胡口 流开一 上厚匣	乌后 流开一 上厚影
大宁	kəu^{31}	kʰəu^{31}	ŋəu^{31}	ŋəu^{31}	xəu^{31}	xəu^{55}	xəu^{55}	ŋəu^{31}
永和	kɤu^{312}	kʰɤu^{312}	ŋɤu^{312}	ŋɤu^{312}	xɤu^{312}	xɤu^{53}	xɤu^{53}	ŋɤu^{33}
汾西	kou^{33}	kʰou^{33}/lʐ̩^{0}	ŋou^{33}	ŋou^{33}	xou^{33}	xou^{53}	xou^{53}	ŋou^{55}
蒲县	kou^{31}	kʰou^{31}	ŋou^{31}	ŋou^{31}	xou^{31}	xou^{33}	xou^{33}	ŋou^{31}
潞州	kəu^{535}	kʰəu^{535}	əu^{535}	əu^{535}	xəu^{535}	xəu^{54}	xəu^{54}	əu^{535}
上党	kəu^{535}	kʰəu^{535}	əu^{535}	əu^{535}	xəu^{535}	xəu^{42}	xəu^{42}	əu^{535}
长子	kəu^{434}	kʰəu^{434}	ŋəu^{434}	ŋəu^{434}	xəu^{434}	xəu^{53}	xəu^{53}	ŋəu^{434}
屯留	kəu^{43}	kʰəu^{43}	ŋəu^{43}	ŋəu^{43}	xəu^{43}	xəu^{11}	xəu^{11}	ŋəu^{31}
襄垣	kəu^{42}	kʰəu^{42}	əu^{42}	əu^{42}	xəu^{42}	xəu^{45}	xəu^{45}	əu^{33}
黎城	kəu^{213}	kʰəu^{213}	əu^{213}	əu^{213}	xəu^{213}	xəu^{53}	xəu^{53}	əu^{213}
平顺	kəu^{434}	kʰəu^{434}	əu^{434}	əu^{434}	xəu^{434}	xəu^{53}	xəu^{53}	əu^{434}
壶关	kəu^{535}	kʰəu^{535}	ɣəu^{535}	ɣəu^{535}	xəu^{535}	xəu^{353}	xəu^{353}	ɣəu^{535}
沁县	kəu^{214}	kʰəu^{214}	ŋəu^{214}	ŋəu^{214}	xəu^{214}	xəu^{53}	xəu^{53}	ŋəu^{214}
武乡	kəu^{213}	kʰəu^{213}	ŋəu^{213}	ŋəu^{213}	xəu^{213}	xəu^{55}	xəu^{55}	ŋəu^{113}
沁源	kiəu^{324}	kʰiəu^{324}	ŋiəu^{324}	ŋiəu^{324}	xiəu^{324}	xiəu^{53}	xiəu^{53}	ŋiəu^{324}
安泽	kəu^{42}	kʰəu^{42}	——	——	xəu^{42}	xəu^{53}	xəu^{53}	ŋəu^{42}
沁水端氏	kɔu^{21}	kʰɔu^{31}	ɔu^{31}	ɔu^{31}	xɔu^{31}	xɔu^{53}	xɔu^{53}	ɔu^{31}
阳城	kɐu^{212}	kʰɐu^{212}	ɣɐu^{212}	ɣɐu^{212}	xɐu^{212}	xɐu^{51}	xɐu^{51}	ɣɐu^{212}
高平	kʌu^{212}	kʰʌu^{212}	ʌu^{212}	ʌu^{212}	xʌu^{33}	xʌu^{53}	xʌu^{53}	ʌu^{212}
陵川	kəo^{312}	kʰəo^{312}	ɣəo^{312}	ɣəo^{312}	xəo^{312}	xəo^{24}	xəo^{24}	ɣəo^{312}
晋城	kaɯ^{213}	kʰaɯ^{213}	ɣaɯ^{213}	ɣaɯ^{213}	xaɯ^{213}	xaɯ^{53}	xaɯ^{53}	ɣaɯ^{213}
忻府	kəu^{313}	kʰəu^{313}	ŋəu^{313}	ŋəu^{313}	xəu^{313}	xəu^{53}	xəu^{53}	ŋəu^{313}
原平	kiɤɯ^{213}	kʰiɤɯ^{213}	ŋiɤɯ^{213}	ŋiɤɯ^{213}	xɤɯ^{213}	xɤɯ^{53}	xɤɯ^{53}	ŋiɤɯ^{213}
定襄	kəu^{24}	kʰəu^{24}	əu^{24}	əu^{24}	xəu^{11}	xəu^{24}	xəu^{53}	əu^{24}
五台	kei^{213}	kʰei^{213}	ŋei^{213}	ŋei^{213}	xei^{213}	xei^{52}	xei^{52}	ŋei^{213}
岢岚	kəu^{13}	kʰəu^{13}	ŋəu^{13}	ŋəu^{13}	xəu^{13}	xəu^{52}	xəu^{52}	ŋəu^{13}
五寨	kəu^{13}	kʰəu^{13}	ŋəu^{13}	ŋəu^{13}	xəu^{13}	xəu^{52}	xəu^{52}	ŋəu^{13}
宁武	kəu^{23}	kʰəu^{213}	ŋəu^{213}	ŋəu^{213}	xəu^{213}	xəu^{52}	xəu^{52}	ŋəu^{23}
神池	kəu^{13}	kʰəu^{13}	ŋəu^{13}	ŋəu^{13}	xəu^{13}	xəu^{52}	xəu^{52}	ŋəu^{13}
繁峙	kəu^{53}	kʰəu^{53}	ŋəu^{53}	ŋəu^{53}	xəu^{53}	xəu^{24}	xəu^{24}	ŋəu^{53}
代县	kəu^{213}	kʰəu^{213}	ŋəu^{213}	ŋəu^{213}	xəu^{213}	xəu^{53}	xəu^{53}	ŋəu^{213}

续表

字目	苟	口	藕	偶配~	吼	厚	后先~	呕~吐
中古音 方言点	古厚 流开一 上厚见	苦后 流开一 上厚溪	五口 流开一 上厚疑	五口 流开一 上厚疑	呼后 流开一 上厚晓	胡口 流开一 上厚匣	胡口 流开一 上厚匣	乌后 流开一 上厚影
河曲	kɤɯ^{213}	kʰɤɯ^{213}	ŋɤɯ^{213}	ŋɤɯ^{213}	xɤɯ^{213}	xɤɯ^{52}	xɤɯ^{52}	ŋɤɯ^{213}
保德	kʌu^{213}	kʰʌu^{213}	ʌu^{213}	ʌu^{213}	xʌu^{213}	xʌu^{52}	xʌu^{52}	ʌu^{213}
偏关	kiɤu^{213}	kʰiɤu^{213}	ŋiɤu^{213}	ŋiɤu^{213}	xɤu^{213}	xɤu^{52}	xɤu^{52}	ŋiɤu^{213}
朔城	kəu^{312}	kʰəu^{312}	nəu^{312}	nəu^{312}	xəu^{312}	xəu^{53}	xəu^{53}	nəu^{312}
平鲁	kəu^{213}	kʰəu^{213}	nəu^{213}	nəu^{213}	xəu^{213}	xəu^{52}	xəu^{52}	nəu^{213}
应县	kəu^{54}	kʰəu^{54}	nəu^{54}	nəu^{54}	xəu^{54}	xəu^{24}	xəu^{24}	nəu^{43}
灵丘	keiu^{442}	kʰeiu^{442}	neiu^{442}	neiu^{442}	xeiu^{442}	xeiu^{53}	xeiu^{53}	eiu^{442}
浑源	kiəu^{52}	kʰiəu^{52}	nəiəu^{52}	nəiəu^{52}	xəiəu^{52}	xəiəu^{13}	xəiəu^{13}	nəiəu^{52}
云州	kiɤu^{55}	kʰiɤu^{55}	nɤu^{55}	nɤu^{55}	xiɤu^{55}	xiɤu^{24}	xiɤu^{24}	nɤu^{55}
新荣	kiəu^{54}	kʰiəu^{54}	ŋiəu^{54}	ŋiəu^{54}	xiəu^{54}	xiəu^{24}	xiəu^{24}	ŋiəu^{54}
怀仁	kɤu^{53}	kʰɤu^{53}	nɤu^{53}	nɤu^{53}	xɤu^{53}	xɤu^{24}	xɤu^{24}	nɤu^{42}
左云	kəu^{54}	kʰəu^{54}	nəu^{54}	nəu^{54}	xəu^{54}	xəu^{24}	xəu^{24}	əu^{54}
右玉	kəu^{53}	kʰəu^{53}	ŋəu^{53}	ŋəu^{53}	xəu^{53}	xəu^{24}	xəu^{24}	ŋəu^{31}
阳高	kiɤu^{53}	kʰiɤu^{53}	ŋiɤu^{53}	ŋiɤu^{53}	xiɤu^{53}	xiɤu^{24}	xiɤu^{24}	ŋiɤu^{53}
山阴	kəu^{313}	kʰəu^{52}	nəu^{52}	nəu^{52}	xəu^{52}	xəu^{335}	xəu^{335}	nəu^{313}
天镇	kɤu^{55}	kʰɤu^{55}	ɤu^{55}	ɤu^{55}	xɤu^{55}	xɤu^{24}	xɤu^{24}	ɤu^{31}
平定	kɤu^{53}	kʰɤu^{53}	ŋɤu^{53}	ŋɤu^{53}	xɤu^{53}	xɤu^{24}	xɤu^{24}	ŋɤu^{53}
昔阳	kəu^{55}	kʰəu^{55}	ŋəu^{55}	ŋəu^{55}	xəu^{55}	xəu^{55}	xəu^{55}	ŋəu^{55}
左权	kʌu^{42}	kʰʌu^{42} 白 / kʰʌu^{42} 文	ŋʌu^{42}	ŋʌu^{42}	xʌu^{42}	xʌu^{53}	xʌu^{53}	ŋʌu^{42}
和顺	kɤu^{53}	kʰɤu^{53}	ŋɤu^{53}	ŋɤu^{53}	xɤu^{53}	xɤu^{13}	xɤu^{13}	——
尧都	kou^{53}	kʰou^{53}	ŋou^{53}	ŋou^{53}	xou^{53}	xou^{44}	xou^{44}	ŋou^{44}
洪洞	kou^{21}	kʰou^{42}	ŋou^{42}	ŋou^{42}	xou^{42}	xou^{53}	xou^{53}	ŋou^{42}
洪洞赵城	kou^{42}	kʰou^{42}	ŋou^{42}	ŋou^{21}	xou^{42}	xou^{53}	xou^{53}	ŋou^{21}
古县	kəu^{42}	kʰəu^{42}	ŋəu^{42}	ŋəu^{42}	xəu^{42}	xəu^{53}	xəu^{53}	ŋəu^{42}
襄汾	kou^{53}	ku^{42}/kʰou^{42}	ŋou^{42}	ŋou^{42}	xou^{42}	xou^{53}	xou^{53}	ŋou^{42}
浮山	kou^{53}	kʰou^{33}	ŋou^{33}	ŋou^{33}	xou^{53}	xou^{53}	xou^{53}	ŋou^{33}
霍州	kəu^{33}	kʰəu^{33}	ŋəu^{33}	ŋəu^{33}	xəu^{33}	xəu^{53}	xəu^{53}	ŋəu^{33}
翼城	kou^{44}	kʰou^{53}	ŋou^{44}	ŋou^{44}	xou^{44}	xou^{53}	xou^{53}	ŋou^{44}
闻喜	kɤu^{33}	kʰɤu^{33}	ŋɤu^{13}	ŋɤu^{13}	xɤu^{33}	xɤu^{13}	xɤu^{13}	ŋɤu^{33}
侯马	kou^{44}	kʰou^{44}	ou^{44}	ou^{44}	xou^{44}	xou^{53}	xou^{53}	ou^{44}

续表

字目	苟	口	藕	偶配~	吼	厚	后先~	呕~吐
中古音 方言点	古厚 流开一 上厚见	苦后 流开一 上厚溪	五口 流开一 上厚疑	五口 流开一 上厚疑	呼后 流开一 上厚晓	胡口 流开一 上厚匣	胡口 流开一 上厚匣	乌后 流开一 上厚影
新绛	kəu^{53}	kʰəu^{44}	ŋəu^{44}	ŋəu^{44}	xəu^{44}	xəu^{53}	xəu^{53}	ŋəu^{44}
绛县	kəu^{33}	kʰəu^{33}	ŋəu^{33}	ŋəu^{33}	xəu^{33}	xəu^{53}	xəu^{53}	ŋəu^{33}
垣曲	kou^{44}	kʰou^{44}	ŋou^{44}	ŋou^{44}	xou^{44}	xou^{53}	xou^{53}	ŋou^{44}
夏县	kəu^{24}	kʰəu^{24}	ŋəu^{24} 白 / əu^{24} 文	ŋəu^{24} 白 / əu^{24} 文	xəu^{24}	xəu^{31}	xəu^{31}	ŋəu^{24} 白 / əu^{24} 文
万荣	kəu^{51}	kʰəu^{55}	ŋəu^{55}	ŋəu^{55}	xəu^{55}	xəu^{33}	xɯ^{33} 白 / xəu^{33} 文	ŋəu^{51}
稷山	kəu^{42}	kʰəu^{44}	ŋəu^{44}	ŋəu^{44}	xəu^{44}	xəu^{42}	xi^{42} 白 / xəu^{42} 文	ŋəu^{44}
盐湖	kou^{53}	kʰou^{53}	ŋou^{53}	ŋou^{53}	xou^{53}	xou^{44}	xou^{44}	ŋou^{53}
临猗	kəu^{53}	kʰəu^{53}	ŋəu^{53}	ŋəu^{53}	xəu^{53}	xəu^{44}	xəu^{44}	ŋəu^{53}
河津	kəu^{53}	kʰəu^{53}	ŋəu^{53}	ŋəu^{53}	xəu^{53}	xəu^{44}	xəu^{44}	ŋəu^{31}
平陆	kəu^{55}	kʰəu^{55}	ȵəu^{55}	ŋəu^{55}	xəu^{55}	xəu^{33}	xəu^{33}	ȵəu^{31}
永济	kəu^{53}	kʰəu^{53}	ŋəu^{53}	ŋəu^{53}	xəu^{53}	xəu^{44}	xəu^{44}	ŋəu^{53}
芮城	kəu^{53}	kʰəu^{53}	ŋəu^{53}	ŋəu^{53}	xəu^{53}	tɕəu^{44}	xəu^{44}	ŋəu^{42}
吉县	kəu^{33}	kʰəu^{53}	ŋəu^{53}	ŋəu^{53}	xəu^{13}	xəu^{33}	xəu^{13}	ŋəu^{53}
乡宁	kou^{44}	kʰou^{44}	ŋou^{44}	ŋou^{44}	xou^{44}	xou^{22}	xou^{22}	ŋou^{44}
广灵	kɤu^{44}	kʰɤu^{44}	nɤu^{44}	nɤu^{44}	xɤu^{44}	xɤu^{213}	xɤu^{213}	nɤu^{53}

字目	茂	贸	斗~争	透	豆~子	痘	漏	奏
中古音 / 方言点	莫候 流开一 去候明	莫候 流开一 去候明	都豆 流开一 去候端	他候 流开一 去候透	徒候 流开一 去候定	徒候 流开一 去候定	卢候 流开一 去候来	则候 流开一 去候精
北京	mau^{51}	mau^{51}	tou^{51}	tʰou^{51}	tou^{51}	tou^{51}	lou^{51}	tsou^{51}
小店	mɔo^{24}	mɔo^{24}	təɯ^{24}	tʰəɱ^{24}	təɯ^{24}	təɯ^{24}	ləɯ^{24}	tsəɯ^{24}
尖草坪	mau^{35}	mau^{35}	tei^{312}	tʰei^{35}	tei^{35}	tei^{35}	lei^{35}	tsei^{35}
晋源	mau^{35}	mau^{35}	tɤu^{35}	tʰɤu^{35}	tɤu^{35}	tɤu^{35}	lɤu^{35}	tsɤu^{35}
阳曲	mɔo^{454}	mɔo^{454}	tei^{454}	tʰei^{454}	tei^{454}	tei^{454}	lei^{454}	tsei^{454}
古交	mau^{53}	mau^{53}	tei^{53}	tʰei^{53}	tei^{53}	tei^{53}	lei^{53}	tsei^{53}
清徐	mɔu^{45}	mɔu^{45}	tɐu^{45}	tʰɐu^{45}	tɐu^{45}	tɐu^{45}	lɐu^{45}	tsɐu^{45}
娄烦	mɔu^{54}	mɔu^{54}	tə^{54}	tʰə^{54}	tə^{54}	tə^{54}	lə^{54}	tsə^{54}
榆次	mɔu^{35}	mɔu^{35}	tɯ^{35}	tʰɯ^{35}	tɯ^{35}	tɯ^{35}	lɯ^{35}	tsɯ^{35}
交城	mɔu^{24}	mɔu^{24}	tʌɯ^{24}	tʰʌɯ^{24}	tʌɯ^{24}	tʌɯ^{24}	lʌɯ^{24}	tsʌɯ^{24}
文水	mau^{35}	mau^{35}	təɯ^{35}	tʰəɯ^{35}	təɯ^{35}	təɯ^{35}	ləɯ^{35}	tsəɯ^{35}
祁县	mɒɔ^{45}	mɒɔ^{45}	tɤu^{45}	tʰɤu^{45}	tɤu^{45}	tɤu^{45}	lɤu^{45}	tsɤu^{45}
太谷	mɑɯ^{53}	mɑɯ^{53}	təɯ^{53}	tʰəɯ^{53}	təɯ^{53}	təɯ^{53}	ləɯ^{53}	tsəɯ^{53}
平遥	mɔ^{24}	mɔ^{24}	təu^{24}	tʰəu^{24}	təu^{24}	təu^{24}	ləu^{24}	tsəu^{24}
孝义	mao^{454}	mao^{454}	tou^{454}	tʰou^{454}	tou^{454}	tou^{454}	lou^{454}	tsou^{454}
介休	mɔo^{45}	mɔo^{45}	təu^{45}	tʰəu^{45}	təu^{45}	təu^{45}	ləu^{45}	tsəu^{45}
灵石	mɔ^{53}	mɔ^{53}	tou^{53}	tʰou^{53}	tou^{53}	tou^{53}	lou^{53}	tsou^{53}
盂县	mɑu^{55}	mɑu^{55}	təu^{55}	tʰəu^{55}	təu^{55}	təu^{55}	ləu^{55}	tsəu^{55}
寿阳	mɔo^{45}	mɔo^{45}	təɯ^{45}	tʰəɯ^{45}	təɯ^{45}	təɯ^{45}	ləɯ^{45}	tsəɯ^{45}
榆社	mou^{45}	mou^{45}	təu^{45}	tʰəu^{45}	təu^{45}	təu^{45}	ləu^{45}	tsəu^{45}
离石	mou^{53}	mou^{53}	tʌu^{53}	tʰʌu^{53}	tʌu^{53}	tʌu^{53}	lʌu^{53}	tsʌu^{53}
汾阳	mau^{55}	mau^{55}	tou^{55}	tʰou^{22}	tou^{55}	tou^{55}	lou^{55}	tsou^{55}
中阳	mɔo^{53}	mɔo^{53}	tʌ^{53}	tʰʌ^{53}	tʌ^{53}	tʌ^{53}	lʌ^{53}	tsʌ^{53}
柳林	mou^{53}	mou^{53}	tə^{53}	tʰə^{53}	tə^{53}	tə^{53}	lə^{53}	tsə^{53}
方山	mou^{52}	mou^{52}	təɯ^{52}	tʰəɯ^{52}	təɯ^{52}	təɯ^{52}	ləɯ^{52}	tsəɯ^{52}
临县	muɤ^{52}	muɤ^{52}	təɯ^{312}	tʰəɯ^{52}	təɯ^{52}	təɯ^{52}	ləɯ^{52}	tsəɯ^{52}
兴县	mɔu^{53}	mɔu^{53}	tou^{53}	tʰou^{53}	tou^{53}	tou^{53}	lou^{53}	tsou^{53}
岚县	mau^{53}	mau^{53}	tɐu^{53}	tʰɐu^{53}	tɐu^{53}	tɐu^{53}	lɐu^{53}	tsɐu^{53}
静乐	mɑo^{53}	mɑo^{53}	tɤɯ^{53}	tʰɤɯ^{53}	tɤɯ^{53}	mɑo^{53}	tɤɯ^{53}	tsɤɯ^{53}
交口	mɑo^{53}	mɑo^{53}	tou^{53}	tʰou^{53}	tou^{53}	tou^{53}	lou^{53}	tsou^{53}
石楼	mɔo^{51}	mɔo^{51}	tou^{51}	tʰou^{51}	tou^{51}	tou^{51}	lou^{51}	tsou^{51}
隰县	mɑo^{44}	mɑo^{44}	tou^{44}	tʰou^{44}	tʰou^{44} 白 / tou^{44} 文	tʰou^{44} 白 / tou^{44} 文	lou^{44}	tsou^{44}

续表

字目	茂	贸	斗~争	透	豆~子	痘	漏	奏
中古音 / 方言点	莫候 流开一 去候明	莫候 流开一 去候明	都豆 流开一 去候端	他候 流开一 去候透	徒候 流开一 去候定	徒候 流开一 去候定	卢候 流开一 去候来	则候 流开一 去候精
大宁	mɐu^{55}	mɐu^{55}	təu^{55}	tʰəu^{55}	tʰəu^{55}	tʰəu^{55}	ləu^{55}	tsəu^{55}
永和	mɑo^{53}	mɑo^{53}	tɤu^{53}	tʰɤu^{53}	tʰɤu^{53} 白 / tɤu^{53} 文	tɤu^{53}	lɤu^{53}	tsɤu^{53}
汾西	mɑo^{53}	mɑo^{53}	tou^{55}	tʰou^{55}	tou^{53} 白 / tou^{33} 文	tou^{33} 文	lou^{53}	tsou^{53} 文 / tsʰou^{53}
蒲县	mɑu^{33}	mɑu^{33}	tou^{33}	tʰou^{33}	tʰou^{33} 白 / tou^{33} 文	tou^{33}	lou^{33}	tsou^{33}
潞州	mɑo^{54}	mɑo^{54}	təu^{44}	tʰəu^{44}	təu^{54}	təu^{54}	ləu^{54}	tsəu^{44}
上党	mɔ^{42}	mɔ^{42}	təu^{42}	tʰəu^{42}	təu^{42}	təu^{42}	ləu^{42}	tsəu^{22}
长子	mɔ^{53}	mɔ^{53}	təu^{53}	tʰəu^{422}	təu^{53}	təu^{53}	ləu^{53}	tsəu^{53}
屯留	mɔo^{11}	mɔo^{11}	təu^{53}	tʰəu^{53}	təu^{11}	təu^{11}	ləu^{11}	tsəu^{53}
襄垣	mɔo^{45}	mɔo^{45}	təu^{45}	tʰəu^{53}	təu^{45}	——	ləu^{53}	tsəu^{45}
黎城	mɔo^{53}	mɔo^{53}	təu^{53}	tʰəu^{422}	təu^{53}	təu^{53}	ləu^{53}	tsəu^{53}
平顺	mɔ^{53}	mɔ^{53}	təu^{53}	tʰəu^{53}	təu^{53}	təu^{53}	ləu^{53}	tɕəu^{53}
壶关	mɔ^{353}	mɔ^{353}	təu^{535}	tʰəu^{42}	təu^{353}	təu^{353}	ləu^{353}	tʂəu^{42}
沁县	mɔo^{53}	mɔo^{53}	təu^{53}	tʰəu^{53}	təu^{53}	təu^{53}	ləu^{53}	tsəu^{53}
武乡	mɔ^{55}	mɔ^{55}	təu^{55}	tʰəu^{55}	təu^{55}	təu^{55}	ləu^{55}	tsəu^{55}
沁源	mɔo^{53}	mɔo^{53}	tei^{53}	tʰei^{53}	tei^{53}	tei^{53}	lei^{53}	tsei^{53}
安泽	mau^{53}	mau^{53}	təu^{53}	tʰəu^{53}	təu^{53}	təu^{53}	ləu^{53}	tsəu^{53}
沁水端氏	mɔ^{53}	mɔ^{53}	tɔu^{53}	tʰɔu^{53}	tɔu^{53}	——	lɔu^{53}	tsɔu^{53}
阳城	mo^{51}	mo^{51}	tɐu^{51}	tʰɐu^{51}	tɐu^{51}	tɐu^{51}	lɐu^{51}	tsɐu^{51}
高平	mɔo^{53}	mɔo^{53}	tʌu^{53}	tʰʌu^{53}	tʌu^{53}	tʌu^{53}	lʌu^{53}	tʂʌu^{53}
陵川	mɔo^{24}	mɔo^{24}	təo^{24}	təo^{24}	təo^{24}	təo^{24}	ləo^{312}	tʂəo^{24}
晋城	mo^{53}	mo^{53}	taɯ^{53}	tʰaɯ^{53}	taɯ^{53}	taɯ^{53}	laɯ^{53}	tʂaɯ^{53}
忻府	mɔo^{53}	mɔo^{53}	təu^{53}	tʰəu^{53}	təu^{53}	təu^{53}	ləu^{53}	tsəu^{53}
原平	mɔo^{53}	mɔo^{53}	tɤɯ^{53}	tʰɤɯ^{53}	tɤɯ^{53}	tɤɯ^{53}	lɤɯ^{53}	tsɤɯ^{53}
定襄	mɔu^{53}	mɔu^{53}	təu^{53}	tʰəu^{53}	təu^{53}	təu^{53}	ləu^{53}	tsəu^{53}
五台	mɑɔ^{52}	mɑɔ^{52}	tei^{52}	tʰei^{52}	tei^{52}	tei^{52}	lei^{52}	tsei^{52}
岢岚	mɑu^{52}	mɑu^{52}	təu^{52}	tʰəu^{52}	təu^{52}	təu^{52}	ləu^{52}	tsəu^{52}
五寨	mɑu^{52}	mɑu^{52}	təu^{52}	tʰəu^{52}	təu^{52}	təu^{52}	ləu^{52}	tsəu^{52}
宁武	mɔu^{52}	mɔu^{52}	təu^{52}	tʰəu^{52}	təu^{52}	təu^{52}	——	tsəu^{52}
神池	mɔo^{52}	mɔo^{52}	təu^{52}	tʰəu^{52}	təu^{52}	təu^{52}	ləu^{52}	tsəu^{52}

续表

字目	茂	贸	斗~争	透	豆~子	痘	漏	奏
中古音 / 方言点	莫候 流开一 去候明	莫候 流开一 去候明	都豆 流开一 去候端	他候 流开一 去候透	徒候 流开一 去候定	徒候 流开一 去候定	卢候 流开一 去候来	则候 流开一 去候精
繁峙	mɑo^{24}	mɑo^{24}	təu^{24}	tʰəu^{24}	təu^{24}	təu^{24}	ləu^{24}	tsəu^{24}
代县	mau^{53}	mau^{53}	təu^{53}	tʰəu^{53}	təu^{53}	təu^{53}	ləu^{53}	tsəu^{53}
河曲	mɔu^{52}	mɔu^{52}	tɤɯ^{213}	tʰɤɯ^{52}	tɤɯ^{52}	——	lɤɯ^{52}	tsɤɯ^{52}
保德	məu^{52}	məu^{52}	tʌu^{52}	tʰʌu^{52}	tʌu^{52}	tʌu^{52}	lʌu^{52}	tsʌu^{52}
偏关	mɔo^{52}	mɔo^{52}	tɤu^{52}	tʰɤu^{52}	tɤu^{52}	tɤu^{52}	lɤu^{52}	tsɤu^{52}
朔城	mɔo^{53}	mɔo^{53}	təu^{53}	təu^{53}	təu^{53}	——	ləu^{53}	tsəu^{53}
平鲁	mɔ^{52}	mɔ^{52}	təu^{52}	tʰəu^{52}	təu^{52}	təu^{52}	ləu^{52}	tsəu^{213}
应县	mau^{24}	mau^{24}	təu^{24}	tʰəu^{24}	təu^{24}	təu^{24}	ləu^{24}	tsəu^{54}
灵丘	mɔo^{53}	mɔo^{53}	teiu^{53}	tʰeiu^{53}	teiu^{53}	teiu^{53}	leiu^{53}	tseiu^{53}
浑源	mʌu^{13}	mʌu^{13}	təiəu^{13}	tʰiəu^{13}	tiəu^{13}	tiəu^{13}	liəu^{13}	tsiəu^{13}
云州	mɑu^{24}	mɑu^{24}	tɤu^{24}	tʰɤu^{24}	tɤu^{24}	tɤu^{24}	lɤu^{24}	tsɤu^{24}
新荣	mɔu^{24}	mɔu^{24}	təu^{24}	tʰiəu^{24}	tiəu^{24}	təu^{24}	ləu^{24}	tsiəu^{24}
怀仁	mɔu^{24}	mɔu^{24}	tɤu^{24}	tʰɤu^{24}	tɤu^{24}	tɤu^{24}	lɤu^{24}	tsɤu^{24}
左云	mɔu^{24}	mɔu^{24}	təu^{24}	tʰəu^{24}	təu^{24}	təu^{24}	ləu^{24}	tsəu^{24}
右玉	mɐo^{24}	mɐo^{24}	təu^{24}	tʰəu^{24}	təu^{24}	tʰəu^{24}	ləu^{24}	tsəu^{24}
阳高	mɔu^{24}	mɔu^{24}	tɤu^{24}	tʰɤu^{24}	tɤu^{24}	tɤu^{24}	lɤu^{24}	tsɤu^{24}
山阴	mɔo^{335}	mɔo^{335}	təu^{335}	tʰəu^{335}	təu^{335}	təu^{335}	ləu^{52}	tsəu^{335}
天镇	mɔu^{24}	mɔu^{24}	tɤu^{55}	tʰɤu^{24}	tɤu^{24}	——	lɤu^{24}	tsɤu^{24}
平定	mɔ^{24}	mɔ^{24}	tɤu^{24}	tʰɤu^{24}	tɤu^{24}	tɤu^{24}	lɤu^{24}	tsɤu^{24}
昔阳	mɔo^{13}	mɔo^{13}	təu^{13}	tʰəu^{13}	təu^{13}	təu^{13}	ləu^{13}	tsəu^{13}
左权	məu^{53}	məu^{53}	tʌu^{53}	tʰʌu^{53}	tʌu^{53}	——	lʌu^{53}	tsʌu^{53}
和顺	mɔu^{13}	mɔu^{13}	tɤu^{13}	tʰɤu^{13}	tɤu^{13}	tɤu^{13}	lɤu^{13}	tsɤu^{13}
尧都	mɑu^{44}	mɑu^{44}	tou^{44}	tʰou^{44}	tʰou^{44} 白 / tou^{44} 文	tou^{44}	lou^{44}	tsou^{44}
洪洞	mɑo^{53}	mɑo^{53}	tou^{53}	tʰou^{33}	tʰou^{53} 白 / tou^{53} 文	tou^{53}	lou^{53}	tsʰou^{53}
洪洞赵城	mɑo^{53}	mɑo^{53}	tou^{53}	tʰou^{24}	tʰou^{53} 白 / tou^{53} 文	tou^{53}	lou^{53}	tsou^{53}
古县	mɑu^{53}	mɑu^{53}	təu^{35}	tʰəu^{35}	tʰəu^{53} 白 / təu^{53} 文	——	ləu^{53}	tsəu^{53}
襄汾	mao^{53}	mao^{53}	tou^{44}	tʰou^{44}	tʰou^{53}	tou^{53}	lou^{53}	tsou^{44}
浮山	mao^{53}	mao^{53}	tou^{44}	tʰou^{44}	tʰou^{53}	tou^{53}	lou^{53}	tsou^{44}

续表

字目	茂	贸	斗~争	透	豆~子	痘	漏	奏
中古音／方言点	莫候 流开一 去候明	莫候 流开一 去候明	都豆 流开一 去候端	他候 流开一 去候透	徒候 流开一 去候定	徒候 流开一 去候定	卢候 流开一 去候来	则候 流开一 去候精
霍州	mau^{53}	mau^{53}	təu^{55}	t^{h}əu^{55}	t^{h}u^{53}	təu^{53}	ləu^{53}	tsəu^{55}
翼城	mɔo^{53}	mɔo^{53}	tou^{53}	t^{h}ou^{53}	tou^{53}	tou^{53}	lou^{53}	tsou^{53}
闻喜	mɑo^{13}	mɑo^{13}	——	t^{h}ɤu^{13}	t^{h}ɤu^{13} 白／tɤu^{13} 文	tɤu^{13}	lɤu^{13}	tsɤu^{53}
侯马	mɑu^{53}	mɑu^{53}	tou^{53}	t^{h}ou^{53}	tou^{53}	tou^{53}	lou^{53}	tsou^{53}
新绛	mɑo^{53}	mɑo^{53}	təu^{53}	t^{h}əu^{53}	t^{h}əu^{53} 白／təu^{53} 文	t^{h}əu^{53}	ləu^{53}	tsəu^{53}
绛县	mau^{31}	mau^{31}	təu^{31}	t^{h}əu^{31}	təu^{53}	təu^{53}	ləu^{53}	tsəu^{31}
垣曲	mau^{53}	mau^{53}	tou^{53}	t^{h}ou^{53}	t^{h}ou^{53}	t^{h}ou^{53}	lou^{53}	tsou^{53}
夏县	mɑu^{31}	mɑu^{31}	təu^{31}	t^{h}əu^{31}	t^{h}əu^{31} 白／təu^{31} 文	t^{h}əu^{31} 白／təu^{31} 文	ləu^{31}	ts^{h}əu^{31} 白／tsəu^{31} 文
万荣	mau^{33}	mau^{33}	təu^{55}	t^{h}əu^{33}	t^{h}əu^{33}	t^{h}əu^{33}	ləu^{33}	tsəu^{33}/tsəu^{55}
稷山	mɑu^{42}	mɑu^{42}	təu^{42}	t^{h}əu^{42}	t^{h}əu^{42}	t^{h}əu^{42}	ləu^{42}	tsəu^{42}
盐湖	mɔ^{44}	mɔ^{44}	tou^{44}	t^{h}ou^{44}	tou^{44}	——	lou^{44}	tsou^{44}
临猗	mɑu^{44}	mɑu^{44}	təu^{44}	t^{h}əu^{44}	t^{h}əu^{44} 白／təu^{44} 文	t^{h}əu^{44} 白／təu^{44} 文	ləu^{44}	tsəu^{44}
河津	mau^{44}	mau^{44}	təu^{44}	t^{h}əu^{44}	t^{h}əu^{44} 白／təu^{44} 文	t^{h}əu^{44} 白／təu^{44} 文	ləu^{44}	tsəu^{44}
平陆	mau^{33}	mau^{33}	təu^{33}	t^{h}əu^{33}	t^{h}əu^{33} 白／təu^{33} 文	t^{h}əu^{33}	ləu^{33}	tsəu^{33}
永济	mau^{44}	mau^{44}	təu^{53}	t^{h}əu^{44}	t^{h}əu^{44} 白／təu^{44} 文	t^{h}əu^{44}	ləu^{44}	tsəu^{44}
芮城	mau^{44}	mau^{44}	təu^{44}	t^{h}əu^{44}	t^{h}əu^{44}	t^{h}əu^{44} 白／təu^{44} 文	ləu^{44}	tsəu^{44}
吉县	mau^{33}	mau^{33}	təu^{33}	t^{h}əu^{33}	t^{h}əu^{33} 白／təu^{33} 文	——	ləu^{33}	ts^{h}əu^{33}
乡宁	mau^{22}	mau^{22}	tou^{44}	t^{h}ou^{22}	t^{h}ou^{22} 白／tou^{22} 文	t^{h}ou^{22} 白／tou^{22} 文	lou^{22}	ts^{h}ou^{22}
广灵	mʌu^{213}	mʌu^{213}	tɤu^{213}	t^{h}ɤu^{213}	tɤu^{213}	tɤu^{213}	lɤu^{213}	tsɤu^{213}

字目	凑	够	购	构	媾	叩	扣	寇
中古音 方言点	仓奏 流开一 去候清	古候 流开一 去候见	古候 流开一 去候见	古候 流开一 去候见	古候 流开一 去候见	苦后 流开一 去候溪	苦后 流开一 去候溪	苦候 流开一 去候溪
北京	tsʰou^{51}	kou^{51}	kou^{51}	kou^{51}	kou^{51}	kʰou^{51}	kʰou^{51}	kʰou^{51}
小店	tsəɯ^{24}	kəɯ^{24}	kəɯ^{24}	——	——	kʰəɯ^{53}	kʰəɯ^{24}	kʰəɯ^{24}
尖草坪	tsʰei^{35}	kei^{35}	kei^{35}	kei^{35}	kei^{35}	kʰei^{35}	kʰei^{35}	kʰei^{35}
晋源	tsʰɤu^{35}	kɤu^{35}	kɤu^{35}	kɤu^{35}	——	kʰɤu^{35}/kʰaʔ^{2}	kʰɤu^{35}	kʰɤu^{35}
阳曲	tsʰei^{454}	kei^{454}	kei^{454}	kei^{454}	kei^{454}	kʰei^{454}	kʰei^{454}	kʰei^{454}
古交	tsʰei^{53}	kei^{53}	kei^{53}	kei^{53}	kei^{53}	kʰei^{53}	kʰei^{53}	kʰei^{53}
清徐	tsʰɐu^{45}	kɐu^{45}	kɐu^{45}	kɐu^{45}	kɐu^{45}	kʰɐu^{45}	kʰɐu^{45}	kʰɐu^{45}
娄烦	tsʰə^{54}	kiu^{54}	kiu^{54}	kiu^{54}	kiu^{54}	kʰiu^{54}	kʰiu^{54}	kʰiu^{54}
榆次	tsʰɯ^{35}	kɯ^{35}	kɯ^{35}	kɯ^{35}	kɯ^{35}	kʰɯ^{35}	kʰɯ^{35}	kʰɯ^{35}
交城	tsʰʌɯ^{24}	kʌɯ^{24}	kʌɯ^{24}	kʌɯ^{24}	——	kʰʌɯ^{24}	kʰʌɯ^{24}	kʰʌɯ^{24}
文水	tsʰəɯ^{35}	kəɯ^{35}	kəɯ^{35}	kəɯ^{35}	kəɯ^{35}	kʰaʔ^{2}	kʰəɯ^{35}	kʰəɯ^{35}
祁县	tsʰɤu^{45}	kɤu^{45}	kɤu^{45}	kɤu^{45}	kɤu^{45}	kʰɤu^{45}	kʰɤu^{45}	kʰɤu^{45}
太谷	tsʰəɯ^{53}	kəɯ^{53}	kəɯ^{53}	kəɯ^{53}	kəɯ^{53}	kʰəɯ^{53}	kʰəɯ^{53}	kʰəɯ^{53}
平遥	tsʰəu^{24}	kəu^{24}	kəu^{213}	kəu^{24}	——	kʰəu^{24}	kʰəu^{24}	kʰəu^{24}
孝义	tsʰou^{454}	kou^{454}	kou^{454}	kou^{454}	——	kʰou^{454}	kʰou^{454}	kʰou^{454}
介休	tsʰəu^{45}	kəu^{45}	kəu^{45}	kəu^{45}	kəu^{45}	kʰʌʔ$^{\underline{12}}$	kʰəu^{45}	kʰəu^{45}
灵石	tsʰou^{53}	kou^{53}	kou^{53}	kou^{53}	——	kou^{53}	kou^{53}	kou^{53}
盂县	tsʰəu^{55}	kəu^{55}	kəu^{55}	kəu^{55}	kəu^{55}	kəu^{55}	kəu^{55}	kəu^{55}
寿阳	tsʰəɯ^{45}	kəɯ^{45}	kəɯ^{45}	kəɯ^{45}	kəɯ^{45}	kʰəɯ^{45}	kʰəɯ^{45}	kʰəɯ^{45}
榆社	tsʰəu^{45}	kəu^{45}	kəu^{45}	kəu^{45}	——	kʰəu^{312}	kʰəu^{312}	kʰəu^{312}
离石	tsʰʌu^{53}	kʌu^{53}	ŋʌu^{53}	ŋʌu^{53}	——	kʰʌu^{53}	kʰʌu^{53}	kʰʌu^{53}
汾阳	tsʰou^{55}	kou^{55}	kou^{55}	kou^{55}	kou^{55}	kʰou^{55}	kʰou^{55}	kʰou^{55}
中阳	tsʰʌ^{53}	kʌ^{53}	ŋʌ^{53}	ŋʌ^{53}	——	kʰʌ^{53}	kʰʌ^{53}	kʰʌ^{53}
柳林	tsʰə^{53}	kə^{53}	ŋə^{53}	ŋə^{53}	——	kʰə^{53}	kʰə^{53}	kʰə^{53}
方山	tsʰəɯ^{52}	kəɯ^{52}	kəɯ^{52}	kəɯ^{52}	——	kʰəɯ^{52}	kʰəɯ^{52}	kʰəɯ^{52}
临县	tsʰəɯ^{52}	kəɯ^{52}	kəɯ^{52}	kəɯ^{52}	——	kʰəɯ^{52}	kʰəɯ^{52}	kʰəɯ^{52}
兴县	tsʰou^{53}	kou^{53}	ŋou^{53}	ŋou^{53}	——	kʰou^{53}	kʰou^{324}	kʰou^{53}
岚县	tsʰɐu^{53}	kɐu^{53}	kɐu^{53}	kɐu^{53}	——	kʰɐu^{53}	kʰɐu^{53}	kʰɐu^{53}
静乐	tsʰɤɯ^{53}	kiɤɯ^{53}	kiɤɯ^{53}	kiɤɯ^{53}	——	kʰiɤɯ^{53}	kʰiɤɯ^{53}	kʰiɤɯ^{53}
交口	tsʰou^{53}	kou^{53}	kou^{53}	kou^{53}	kou^{53}	kʰou^{53}	kʰou^{53}	kʰou^{53}
石楼	tsʰou^{51}	kou^{51}	kou^{51}	kou^{51}	kou^{51}	kʰou^{51}	kʰou^{51}	kʰou^{51}
隰县	tsʰou^{44}	kou^{44}	kou^{44}	kou^{44}	kou^{44}	kʰou^{44}	kʰou^{44}	kʰou^{44}

续表

字目	凑	够	购	构	媾	叩	扣	寇
中古音 / 方言点	仓奏 流开一 去候清	古候 流开一 去候见	古候 流开一 去候见	古候 流开一 去候见	古候 流开一 去候见	苦后 流开一 去候溪	苦后 流开一 去候溪	苦候 流开一 去候溪
大宁	tsʰəu^{55}	kəu^{55}	kəu^{55}	kəu^{55}	——	kʰəu^{55}	kʰəu^{55}	kʰəu^{55}
永和	tsʰɤu^{53}	kɤu^{53}	kɤu^{53}	kɤu^{53}	——	kʰɤu^{53}	kʰɤu^{53}	kʰɤu^{53}
汾西	tsʰou^{55}/ tɕʰiou^{53}	kou^{55}	kou^{11}	kou^{11}	——	kʰou^{52}	kʰou^{55}/ kʰou^{53}	kʰou^{55}
蒲县	tsʰou^{33}	kou^{33}	kou^{52}	kou^{52}	kou^{52}	kʰou^{33}	kʰou^{33}	kʰou^{33}
潞州	tsʰəu^{44}	kəu^{44}	kəu^{44}	kəu^{44}	kəu^{44}	kʰəu^{44}	kʰəu^{44}	kʰəu^{44}
上党	tsəu^{22}	kəu^{22}	kəu^{22}	kəu^{42}	kəu^{22}	kʰəu^{22}	kʰəu^{22}	kʰəu^{42}
长子	tsʰəu^{422}	kəu^{422}	kəu^{422}	kəu^{422}	kəu^{422}	kʰəu^{422}	kʰəu^{422}	kʰəu^{422}
屯留	tsʰəu^{53}	kəu^{53}	kəu^{31}	kəu^{53}	kəu^{53}	kʰəu^{53}	kʰəu^{53}	kʰəu^{53}
襄垣	tsʰəu^{45}	kəu^{53}	kəu^{53}	kəu^{53}	——	kʰəu^{45}	kʰəu^{53}	kʰəu^{53}
黎城	tsʰəu^{53}/ tsʰu^{53}	kəu^{53}	kəu^{53}	kəu^{53}	kəu^{53}	kʰəu^{53}	kʰəu^{53}	kʰəu^{53}
平顺	tsʰəu^{53}	kəu^{53}	kəu^{53}	kəu^{53}	kəu^{53}	kʰəu^{53}	kʰəu^{53}	kʰəu^{53}
壶关	tʂ̩ʰəu^{42}	kəu^{42}	kəu^{42}	kəu^{42}	kəu^{42}	kʰəu^{42}	kʰəu^{42}	kʰəu^{42}
沁县	tsʰəu^{53}	kəu^{53}	kəu^{53}	kəu^{53}	——	kʰəu^{53}	kʰəu^{53}	kʰəu^{53}
武乡	tsʰəu^{55}	kəu^{55}	kəu^{55}	kəu^{55}	——	kʰəu^{55}	kʰəu^{55}	kʰəu^{55}
沁源	tsʰei^{53}	kiəu^{53}	kiəu^{53}	kiəu^{53}	kiəu^{53}	kʰiəu^{53}	kʰiəu^{53}	kʰiəu^{53}
安泽	tsʰəu^{53}	kəu^{53}	kəu^{53}	kəu^{53}	——	kʰəu^{53}	kʰəu^{53}	kʰəu^{53}
沁水端氏	tsʰɔu^{53}	kɔu^{53}	kɔu^{53}	kɔu^{53}	——	kʰɔu^{53}	kʰɔu^{53}	kʰɔu^{53}
阳城	tsʰɐu^{51}	kɐu^{51}	kɐu^{51}	kɐu^{51}	——	kʰɐu^{51}	kʰɐu^{51}	kʰɐu^{51}
高平	tʂ̩ʰʌu^{53}	kʌu^{53}	kʌu^{53}	kʌu^{53}	——	kʰʌu^{53}	kʰʌu^{53}	kʰʌu^{53}
陵川	tʂ̩ʰəo^{24}	kəo^{24}	kəo^{24}	kəo^{24}	kəo^{24}	kʰəo^{24}	kʰəo^{24}	kʰəo^{24}
晋城	tʂ̩ʰaɯ^{53}	kaɯ^{53}	kaɯ^{53}	kaɯ^{53}	——	kʰaɯ^{53}	kʰaɯ^{53}	kʰaɯ^{53}
忻府	tsʰəu^{53}	kəu^{53}	kəu^{53}	kəu^{53}	kəu^{53}	kʰəu^{53}	kʰəu^{53}	kʰəu^{53}
原平	tsʰɤɯ^{53}	kiɤɯ^{53}	kiɤɯ^{53}	kiɤɯ^{53}	kiɤɯ^{53}	kiɤɯ^{53}	kʰiɤɯ^{53}	kʰiɤɯ^{53}
定襄	tsʰəu^{53}	kəu^{53}	kəu^{53}	kəu^{53}	kəu^{53}	kʰəu^{53}	kʰəu^{53}	kʰəu^{53}
五台	tsʰei^{52}	kei^{52}	kei^{52}	kei^{52}	kei^{52}	kʰei^{52}	kʰei^{52}	kʰei^{52}
岢岚	tsʰəu^{52}	kəu^{52}	kəu^{52}	kəu^{52}	kəu^{52}	kʰəu^{52}	kʰəu^{52}	kʰəu^{52}
五寨	tsʰəu^{52}	kəu^{52}	kəu^{52}	kəu^{52}	kəu^{52}	kʰəu^{52}	kʰəu^{52}	kʰəu^{52}
宁武	tsʰəu^{52}	kəu^{52}	kəu^{52}	kəu^{52}	——	——	kʰəu^{52}	kʰəu^{52}
神池	tsʰəu^{52}	kəu^{52}	kəu^{52}	kəu^{52}	kəu^{52}	kʰəu^{52}	kʰəu^{52}	kʰəu^{52}

续表

字目	凑	够	购	构	媾	叩	扣	寇
中古音／方言点	仓奏 流开一 去候清	古候 流开一 去候见	古候 流开一 去候见	古候 流开一 去候见	古候 流开一 去候见	苦后 流开一 去候溪	苦后 流开一 去候溪	苦候 流开一 去候溪
繁峙	tsʰu²⁴ 白 / tsʰəu²⁴ 文	kəu²⁴	kəu²⁴	kəu²⁴	kəu²⁴	kʰəu²⁴	kʰəu²⁴	kʰəu²⁴
代县	tsʰəu⁵³	kəu⁵³	kəu⁵³	kəu⁵³	——	kʰəu⁵³	kʰəu⁵³	kʰəu⁵³
河曲	tsɤɯ⁵²	kɤɯ⁵²	kɤɯ⁵²	kɤɯ⁵²	——	kʰɤɯ⁵²	kʰɤɯ⁵²	kʰɤɯ⁵²
保德	tsʰʌu⁵²	kʌu⁵²	kʌu⁵²	kʌu⁵²	kʌu⁵²	kʰʌu⁵²	kʰʌu⁵²	kʰʌu⁵²
偏关	tsʰɤu⁵²/ tsʰu⁵²	kiɤu⁵²	kiɤu⁵²	kiɤu⁵²	——	kʰiɤu⁵²	kʰiɤu⁵²	kʰiɤu⁵²
朔城	tsʰu⁵³	kəu⁵³	kəu⁵³	kəu⁵³	——	kʰəu⁵³	kʰəu⁵³	kʰəu⁵³
平鲁	tsʰu⁵²/ tsʰəu⁵²	kəu⁵²	kəu⁵²	kəu⁵²	——	kʰəu⁵²	kʰəu⁵²	kʰəu⁵²
应县	tsʰu⁵⁴ 白	kəu²⁴	kəu²⁴	kəu²⁴	kəu²⁴	kʰəu²⁴	kʰəu²⁴	kʰəu²⁴
灵丘	tsʰeiu⁵³	keiu⁵³	keiu⁵³	keiu⁵³	keiu⁵³	kʰeiu⁵³	kʰeiu⁵³	kʰeiu⁵³
浑源	tsʰu¹³	kiəu¹³	kiəu¹³	kiəu¹³	kiəu¹³	kʰiəu¹³	kʰiəu¹³	kʰiəu¹³
云州	tsʰɤu²⁴	kiɤu²⁴	kiɤu²⁴	kiɤu²⁴	kiɤu²⁴	kʰəu²⁴	kʰəu²⁴	kʰəu²⁴
新荣	tsʰu²⁴/ tsʰiəu²⁴	kiəu²⁴	kiəu²⁴	kiəu²⁴	kiəu²⁴	kʰiəu²⁴	kʰiəu²⁴	kʰiəu²⁴
怀仁	tsʰu²⁴	kɤu²⁴	kɤu²⁴	kɤu²⁴	kɤu²⁴	kʰɤu²⁴	kʰɤu²⁴	kʰɤu²⁴
左云	tsʰəu²⁴	kəu²⁴	kəu²⁴	kəu²⁴	kəu²⁴	kʰəu²⁴	kʰəu²⁴	kʰəu²⁴
右玉	tsʰəu²⁴	tsʰəu²⁴	kəu²⁴	kəu²⁴	——	kʰəu²⁴	kʰəu²⁴	kʰəu²⁴
阳高	tsʰɤu²⁴	kiɤu²⁴	kiɤu²⁴	kiɤu³¹	——	kʰiɤu²⁴	kʰiɤu²⁴	kʰiɤu²⁴
山阴	tsʰu³³⁵ 白 / tsʰəu³³⁵ 文	kəu³³⁵	kəu³³⁵	kəu³³⁵	——	kʰəu³³⁵	kʰəu³³⁵	kʰəu³³⁵
天镇	tsʰɤu²⁴	kɤu²⁴	kɤu²⁴	kɤu²⁴	——	kʰɤu²⁴	kʰɤu²⁴	kʰɤu²⁴
平定	tsʰɤu²⁴	kɤu⁵³/kɤu²⁴	kɤu²⁴	kɤu²⁴	——	kʰɤu²⁴	kʰɤu²⁴	kʰɤu²⁴
昔阳	tsʰəu¹³	kəu¹³	kəu¹³	kəu¹³	kəu¹³	kʰəu¹³	kʰəu¹³	kʰəu¹³
左权	tsʰʌu⁵³	kʌu⁵³	kʌu⁵³	kʌu⁵³	——	kʰʌu⁵³	kʰʌu⁵³	kʰʌu⁵³
和顺	tsʰɤu¹³	kɤu¹³	kɤu¹³	kɤu¹³	——	kʰɤu¹³	kʰɤu¹³	kʰɤu¹³
尧都	tsʰou⁴⁴	kou⁴⁴	kou⁴⁴	kou⁴⁴	——	kʰou⁴⁴	kʰou⁴⁴	kʰou⁴⁴
洪洞	tsʰou³³	kou³³	kou²¹	kou²¹	——	kʰou³³	kʰou³³	kʰou²¹
洪洞赵城	tʰsou⁵³	kou²⁴	kou²¹	kou²¹	——	kʰou⁴²	kʰou²⁴	kʰou²⁴
古县	tsʰəu⁵³	kəu³⁵/kəu⁵³	kəu³⁵	kəu³⁵	——	kʰəu⁴²	kʰəu⁵³	kʰəu⁵³
襄汾	tsʰou⁴⁴	kou⁵³	kou⁵³	kou⁵³	kou⁵³	kʰou⁴⁴	kʰou⁴⁴	kʰou⁴⁴
浮山	tsʰou⁴⁴	kou⁴⁴	kou⁴⁴	kou⁴⁴	kou⁴⁴	kʰou⁴⁴	kʰou⁴⁴	kʰou⁴⁴

续表

字目	凑	够	购	构	媾	叩	扣	寇
中古音 / 方言点	仓奏 流开一 去候清	古候 流开一 去候见	古候 流开一 去候见	古候 流开一 去候见	古候 流开一 去候见	苦后 流开一 去候溪	苦后 流开一 去候溪	苦候 流开一 去候溪
霍州	tsʰəu^{55}	kəu^{55}	kəu^{55}	kəu^{55}	——	kʰəu^{55}	kʰəu^{55}	kʰəu^{55}
翼城	tsʰou^{53}	kou^{53}	kou^{53}	kou^{53}	kou^{53}	kʰou^{53}	kʰou^{53}	kʰou^{53}
闻喜	tsʰɤu^{53}	kɤu^{53}	kɤu^{53}	kɤu^{53}	——	kʰɤu^{33}	kʰɤu^{53}	kʰɤu^{53}
侯马	tsʰou^{53}	kou^{53}	kou^{53}	kou^{53}	kou^{53}	kʰou^{53}	kʰou^{53}	kʰou^{53}
新绛	tsʰəu^{53}	kəu^{53}	kəu^{53}	kəu^{53}	kəu^{53}	kʰəu^{53}	kʰəu^{53}	kʰəu^{53}
绛县	tsʰəu^{31}	kəu^{31}	kəu^{31}	kəu^{31}	——	kʰəu^{33}	kʰəu^{31}	kʰəu^{31}
垣曲	tsʰou^{53}	kou^{53}	kou^{53}	kou^{53}	kou^{53}	kʰou^{53}	kʰou^{53}	kʰou^{53}
夏县	tsʰəu^{31}	kəu^{31}	kəu^{31}	kəu^{31}	——	kʰəu^{52}	kʰəu^{31}	kʰəu^{31}
万荣	tsʰəu^{33}	kəu^{33}	kəu^{33}	kəu^{33}	kəu^{33}	kʰəu^{33}	kʰəu^{33}	kʰəu^{33}
稷山	tsʰəu^{42}	kəu^{42}	kəu^{42}	kəu^{42}	——	kʰəu^{42}	kʰəu^{42}	kʰəu^{42}
盐湖	tsʰou^{44}	kou^{44}	kou^{44}	kou^{44}	——	kʰou^{44}	kʰou^{44}	kʰou^{44}
临猗	tsʰəu^{44}	kəu^{44}	kəu^{44}	kəu^{44}	——	kʰəu^{44}	kʰəu^{44}	kʰəu^{44}
河津	tsʰəu^{44}	kəu^{44}	kəu^{44}	kəu^{44}	——	kʰəu^{44}	kʰəu^{44}	kʰəu^{44}
平陆	tsʰəu^{33}	kəu^{33}	kəu^{33}	kəu^{33}	kəu^{31}	kʰəu^{33}	kʰəu^{13}/ kʰəu^{33}	kʰəu^{33}
永济	tsʰəu^{44}	kəu^{44}	kəu^{44}	kəu^{44}	kəu^{53}	kʰəu^{44}	kʰəu^{24} 动词 / kʰəu^{44} 名词	kʰəu^{44}
芮城	tsʰəu^{44}	kəu^{44}	kəu^{44}	kəu^{44}	kəu^{42}	kʰəu^{44}	kʰəu^{44}	kʰəu^{44}
吉县	tsʰəu^{33}	kəu^{33}	kəu^{33}	kəu^{33}	——	kʰəu^{33}	kʰəu^{33}	kʰəu^{33}
乡宁	tsʰou^{22}	kou^{22}	kou^{22}	kou^{22}	——	kʰou^{22}	kʰou^{22}	kʰou^{22}
广灵	tsʰu^{213} 白 / tsɤu^{213} 文	kɤu^{213}	kɤu^{213}	kɤu^{213}	——	kʰɤu^{213}	kʰɤu^{213}	kʰɤu^{213}

字目	偶~然	候	彪	丢	幽	浮	矛	谋
中古音 / 方言点	五口 流开一 去候疑	胡遘 流开一 去候匣	甫烋 流开三 平幽帮	丁羞 流开三 平幽端	於虯 流开三 平幽影	缚谋 流开三 平尤奉	莫浮 流开三 平尤明	莫浮 流开三 平尤明
北京	ou^{214}	xou^{51}	piau^{55}	tiou^{55}	iou^{55}	fu^{35}	mau^{35}	mou^{35}
小店	əɯ^{53}	xəɯ^{24}	piɔo^{11}	tiəɯ^{11}	iəɯ^{11}	fu^{11}	mɔo^{11}	——
尖草坪	ɣei^{312}	xei^{35}	piau^{33}	tiei^{33}	iei^{33}	fu^{33}	mau^{33}	mu^{33}
晋源	ɣɤu^{11}	xɤu^{35}	piau^{11}	tiɤu^{11}	iɤu^{11}	fu^{11}	mau^{11}	mu^{11}
阳曲	ŋei^{312}	xei^{454}	piɔo^{312}	tiei^{312}	iei^{312}	fu^{312}	miɔo^{43} 白 / mɔo^{43}	mu^{43}
古交	ŋei^{44}	xei^{44}	piau^{44}	tiei^{44}	iei^{44}	fu^{44}/xu^{44}	mau^{44}	mu^{44}
清徐	ŋɐu^{54}	xɐu^{45}	piɔu^{11}	tiəu^{11}	iəu^{11}	fu^{11}	mɔu^{11}	mu^{11}
娄烦	ŋiu^{312}	xiu^{54}	piɔu^{33}	tiu^{33}	iu^{33}	fu^{33}	mɔu^{33}	mu^{33}
榆次	ŋɯ^{53}	xɯ^{35}	piɔu^{11}	tiɯ^{11}	iɯ^{11}	fu^{11}	mɔu^{11}	mu^{11}
交城	ŋʌɯ^{53}	xʌɯ^{24}	piɔu^{11}	tiʌɯ^{11}	iʌɯ^{11}	xu^{11}	mɔu^{11}	mu^{11}
文水	ŋəɯ^{423}	xəɯ^{35}	piau^{22}	tiəɯ^{22}	iəɯ^{22}	xəɸ^{22}	mau^{22}	məɸ^{2}
祁县	ŋɤu^{314}	xɤu^{45}	piu^{31}	tiɤu^{31}	iɤu^{31}	xuβ^{31}	mɒɔ^{31}	muβ^{31}
太谷	ŋəɯ^{312}	xəɯ^{53}	pio^{33}	tiəɯ^{33}	iəɯ^{33}	fu^{33}	mɑɯ^{33}	mu^{33}
平遥	ŋəu^{213}	xəu^{24}	piɔ^{213}	tiəu^{213}	iəu^{213}	xu^{213}	miɔ^{213} 白 / mɔ^{213} 文	mu^{24}
孝义	ŋou^{312}	xou^{454}	piɒ^{33}	tiou^{33}	iou^{33}	xu^{33}	mao^{33}	mu^{33}
介休	ŋəu^{423}	xəu^{45}	piɔo^{13}	tiəu^{13}	iəu^{13}	xu^{13}	mɔo^{13}	mu^{12}
灵石	ŋou^{212}	xou^{53}	piɔ^{535}	tiou^{535}	iou^{535}	xu^{44}	mɔ^{44}	mu^{44}
盂县	ŋəu^{53}	xəu^{55}	piɑu^{412}	tiəu^{412}	iəu^{412}	fu^{22}	mɑu^{22}	mu^{22}
寿阳	ŋəɯ^{53}	xəɯ^{45}	piɔo^{31}	tiəɯ^{31}	iəɯ^{31}	fu^{22}	mɔo^{22}	mu^{22}
榆社	——	kʰəu^{45}	piou^{22}	tiəu^{22}	iəu^{22}	fy̩^{22}	mou^{22}	my̩^{22}
离石	ŋʌu^{312}	xʌu^{53}	piou^{24}	tiʌu^{24}	iʌu^{24}	xu^{44}	mou^{44}	mu^{44}
汾阳	ŋou^{312}	xou^{55}	piau^{324}	tiou^{324}	iou^{324}	fəʋ^{22}	mau^{22}	mou^{22}
中阳	ŋʌ^{423}	xʌ^{53}	piɔo^{24}	tiʌ^{24}	iʌ^{24}	xu^{33}	mɔo^{33}	mu^{33}
柳林	ŋə^{312}	xə^{53}	piou^{24}	tiɛ^{24}	iɛ^{24}	xu^{44}	mo^{312}	mu^{44}
方山	ŋəɯ^{312}	xəɯ^{52}	piou^{24}	tiəɯ^{44}	iəɯ^{24}	xu^{44}	mou^{44}	mu^{44} 白 / mou^{44} 文
临县	ŋəɯ^{312}	xəɯ^{52}	piɔu^{24}	tiəɯ^{24}	iəɯ^{24}	fu^{33}	muɤ^{33}	mu^{33}
兴县	ŋou^{324}	xou^{53}	piɯu^{324}	tiou^{324}	iou^{324}	xu^{55}	mɔu^{55}	mu^{55}
岚县	ŋɐu^{312}	xɐu^{53}	piɤu^{214}	tiɐu^{214}	iɐu^{214}	fu^{44}	mau^{44}	mu^{44}
静乐	ŋiɤɯ^{314}	xiɤɯ^{53}	piɑo^{24}	tiɤɯ^{314}	iɤɯ^{24}	fu^{33}	mɑo^{33}	mu^{33}
交口	——	xou^{53}	piɑo^{323}	tiɑo^{323}	iou^{323}	xu^{44}	mɑo^{44}	mu^{44}

续表

字目	偶~然	候	彪	丢	幽	浮	矛	谋
中古音 / 方言点	五口 流开一 去侯疑	胡遘 流开一 去侯匣	甫烋 流开三 平幽帮	丁羞 流开三 平幽端	於虯 流开三 平幽影	缚谋 流开三 平尤奉	莫浮 流开三 平尤明	莫浮 流开三 平尤明
石楼	ŋou^{213}	xou^{51}	piɔo^{213}	tiou^{213}	iou^{213}	xu^{44}	mɔo^{44}	mu^{44} 白 / mou^{44} 文
隰县	ŋou^{21}	xou^{44}	piɑo^{53}	tiou^{53}	iou^{53}	xu^{24}	mɑo^{24}	mu^{24}
大宁	——	xəu^{55}	piɐu^{31}	tiəu^{31}	iəu^{31}	fu^{24}	miɐu^{24} 白 / mɐu^{24} 文	mu^{24}
永和	ŋɤu^{33}	xɤu^{35}	piɑo^{33}	tiɤu^{33}	iɤu^{35}	xu^{35}	mɑo^{33}	mu^{35}
汾西	——	——	piɑo^{11}	tiou^{11}	iou^{11}	fy̩^{35}	mɑo^{35}	mβ̍^{35}
蒲县	ŋou^{31}	xou^{33}	piɑu^{52}	tiou^{52}	iou^{52}	fu^{52}	mɑu^{24}	mu^{24}
潞州	əu^{535}	xəu^{54}	piɑo^{312}	tiəu^{312}	iəu^{312}	fu^{24}	mɑo^{24}	mu^{24}
上党	əu^{535}	xəu^{42}	piɔ^{213}	tiəu^{213}	iəu^{213}	fu^{44}	mɔ^{44}	mu^{44}
长子	ŋəu^{434}	xəu^{53}	piɔ^{312}	tiəu^{312}	iəu^{312}	fu^{24}	mɔ^{24}	m̩^{24} 白 / məu^{24} 文
屯留	ŋəu^{43}	xəu^{11}	piɔo^{31}	tiəu^{31}	iəu^{31}	fu^{11}	mɔo^{11}	mu^{11}
襄垣	əu^{42}	xəu^{45}	piɔo^{33}	tiəu^{33}	iəu^{33}	fu^{31}	mɔo^{31}	m̩^{31}
黎城	əu^{213}	xəu^{53}	piɔo^{33}	tiəu^{33}	iəu^{33}	fu^{53}	mɔo^{53}	mu^{53}
平顺	əu^{53}	xəu^{53}	piɔ^{213}	tiəu^{213}	iəu^{213}	fu^{13}	mɔ^{13}	mu^{13}
壶关	ɣəu^{535}	xəu^{353}	piɔ^{33}	tiəu^{33}	iəu^{33}	fu^{13}/fu^{535}	mɔ^{13}	mu^{13}
沁县	ŋəu^{214}	xəu^{53}	pio^{224}	ty^{224}	y^{224}	fu^{33}	mɔo^{33}	——
武乡	ŋəu^{213}	xəu^{55}	piɔ^{113}	tiəu^{113}	iəu^{113}	fu^{33}	mɔ^{33}	mu^{33}
沁源	ŋiəu^{324}	xiəu^{53}	piɔo^{324}	tiəu^{324}	iəu^{324}	fu^{33}	mɔo^{33}	mu^{33}
安泽	——	xəu^{53}	piau^{21}	tiəu^{21}	çiəu^{53}	fu^{35}	mau^{35}	məu^{35}
沁水端氏	ɔu^{31}	xɔu^{53}	piɔ^{21}	tiɔu^{21}	iɔu^{21}	fu^{24}	mɔ^{24}	moŋ^{24}
阳城	ɣɐu^{212}	xɐu^{51}	pio^{224}	tiɐu^{224}	iɐu^{224}	fu^{22}	mo^{22}	muoŋ^{22}
高平	ʌu^{212}	xʌu^{53}	piɔo^{33}	tiʌu^{33}	iʌu^{33}	fu^{33}	mɔo^{33}	m^{212}
陵川	ɣəo^{312}	xəo^{24}	piɔo^{33}	tiəo^{33}	iəo^{33}	fu^{53}	mɔo^{53}	məo^{53}
晋城	ɣaɯ^{213}	xaɯ^{53}	pio^{33}	tiaɯ^{33}	iaɯ^{33}	fu^{324}	mo^{324}	mũ^{324}
忻府	ŋəu^{313}	xəu^{53}	piɔo^{313}	tiəu^{313}	iəu^{313}	fu^{21}	mɔo^{21}	mu^{21}
原平	ŋiɤɯ^{213}	xɤɯ^{53}	piɔo^{213}	tiɤɯ^{213}	iɤɯ^{213}	fu^{33}	mɔo^{33}	mu^{33}
定襄	əu^{24}	xəu^{53}	piɔu^{24}	tiəu^{24}	iəu^{24}	fu^{33}	mɔu^{33}	məu^{24}
五台	ŋei^{213}	xei^{52}	piɑɔ^{213}	tiey^{213}	iey^{213}	fu^{33}	mɑɔ^{33}	mu^{33}
岢岚	ŋəu^{13}	xəu^{52}	piɑu^{13}	tiu^{13}	iu^{13}	fu^{44}	mɑu^{44}	mu^{44}
五寨	ŋəu^{13}	xəu^{52}	piɑu^{13}	tiəu^{13}	iəu^{13}	fu^{44}	miɑu^{44}	mu^{44}

续表

字目	偶~然	候	彪	丢	幽	浮	矛	谋
中古音 方言点	五口 流开一 去候疑	胡遘 流开一 去候匣	甫烋 流开三 平幽帮	丁羞 流开三 平幽端	於虯 流开三 平幽影	缚谋 流开三 平尤奉	莫浮 流开三 平尤明	莫浮 流开三 平尤明
宁武	——	xəu^{52}	piɔu^{23}	tiəu^{23}	iəu^{23}	fu^{33}	mɔu^{33}	mu^{33}
神池	ŋəu^{13}	xəu^{52}	piɔo^{24}	tiəu^{24}	iəu^{24}	fu^{32}	mɔo^{32}	məu^{32}
繁峙	ŋəu^{53}	xəu^{24}	piɑo^{53}	tiəu^{53}	iəu^{53}	fu^{13}	mɑo^{31}	məu^{31}
代县	ŋəu^{213}	xəu^{53}	piau^{213}	tiəu^{44}	iəu^{213}	fu^{44}	mau^{44}	mu^{44}
河曲	ŋɤɯ^{213}	xɤɯ^{52}	piɔu^{52}	tiɤu^{213}	iɤu^{213}	fu^{44}	mɔu^{44}	mu^{44}
保德	ʌu^{213}	xʌu^{52}	piəu^{213}	tiʌu^{213}	iʌu^{213}	fu^{44}	məu^{44}	mʌu^{44}
偏关	ŋiɤu^{213}	xɤu^{52}	piɔo^{24}	tiɤu^{24}	iɤu^{24}	fu^{44}	miɔo^{44}/ mɔo^{44}	mu^{44}
朔城	——	——	piɔo^{312}	tiəu^{312}	iəu^{312}	fu^{35}	mɔo^{35}	mu^{35}
平鲁	ŋəu^{213}	xəu^{52}	piɔ^{213}	tiəu^{44}	iəu^{44}	fu^{44}	mɔ^{44}	mu^{44}
应县	——	xəu^{24}	piau^{43}	tiəu^{43}	iəu^{43}	fu^{31}	mau^{31}	——
灵丘	eiu^{442}	xeiu^{53}	piɔo^{442}	tieiu^{442}	ieiu^{442}	fu^{31}	mɔo^{31}	mɔo^{31}
浑源	niəu^{52}	xiəu^{13}	piʌu^{52}	tiəu^{52}	iəu^{52}	fu^{52}	mʌu^{22}	mu^{22}
云州	nɤu^{55}	xiɤu^{24}	piɑu^{21}	tiɤu^{21}	iɤu^{21}	fu^{21}	mɑu^{312}	mu^{312}
新荣	ŋiəu^{54}	xiəu^{24}	piɔu^{32}	tiəu^{32}	iəu^{32}	fu^{312}	mɔu^{312}	mu^{312}
怀仁	nɤu^{53}	xɤu^{24}	piɔu^{42}	tiɤu^{42}	iɤu^{42}	fu^{312}	mɔu^{312}	mu^{312}
左云	nəu^{54}	xəu^{24}	piɔu^{31}	tiəu^{31}	iəu^{31}	fu^{313}	mɔu^{313}	mu^{313}
右玉	——	xəu^{24}	piɐo^{31}	tiəu^{31}	iəu^{212}	fu^{212}	mɐo^{212}	mu^{212}
阳高	ŋiɤu^{24}	xiɤu^{31}	piɔu^{31}	tiɤu^{31}	iɤu^{31}	fu^{312}	mɔu^{31}	mu^{312}
山阴	——	xəu^{335}	piɔo^{52}	tiəu^{313}	iəu^{313}	fu^{313}	mɔo^{313}	mu^{313}/mu^{335}
天镇	——	xɤu^{24}	piɔu^{31}	tiɤu^{31}	iɤu^{31}	fu^{22}	mɔu^{22}	mu^{22}
平定	ŋɤu^{53}	xɤu^{24}	piɔ^{31}	tiɤu^{31}	iɤu^{31}	fu^{44}	mɔ^{44}	mu^{44}
昔阳	ŋəu^{55}	xəu^{55}	piɔo^{42}	tiəu^{42}	iəu^{42}	fu^{33}	mɔo^{33}	məu^{33}
左权	ŋʌu^{42}	xʌu^{11}	piəu^{31}	tiʌu^{31}	iʌu^{31}	fu^{11}	məu^{11}	mu^{11}
和顺	ŋɤu^{53}	xɤu^{13}	piɔu^{42}	tiɤu^{42}	iɤu^{22}	fu^{22}	mɔu^{22}	mu^{22}
尧都	ŋou^{53}	xou^{44}	piɑu^{21}	tiou^{21}	iou^{21}	fu^{24}	mɑu^{24}	mu^{24}
洪洞	ŋou^{53}	xou^{53}	piɑo^{21}	tiou^{21}	iou^{21}	pʰu^{24}白/ fu^{24}文	mɑo^{24}	mu^{24}
洪洞赵城	ŋou^{21}	xou^{24}	piɑo^{21}	tiou^{21}	iou^{21}	fu^{24}	mɑo^{24}	mu^{24}
古县	ŋəu^{35}	xəu^{53}	piɑu^{21}	tɕiəu^{21}	iəu^{21}	fu^{35}	mɑu^{35}	mu^{35}
襄汾	ŋou^{42}	xou^{44}	piao^{21}	tiou^{21}	iou^{21}	fu^{24}	mao^{24}	mu^{24}
浮山	ŋou^{33}	xou^{44}	piao^{42}	tiou^{42}	iou^{42}	fu^{13}	——	——

续表

字目	偶~然	候	彪	丢	幽	浮	矛	谋
中古音 / 方言点	五口 流开一 去候疑	胡遘 流开一 去候匣	甫烋 流开三 平幽帮	丁羞 流开三 平幽端	於虯 流开三 平幽影	缚谋 流开三 平尤奉	莫浮 流开三 平尤明	莫浮 流开三 平尤明
霍州	ŋəu^{33}	xəu^{53}	piau^{212}	tiəu^{212}	iəu^{212}	fu^{35}	mau^{35}	məu^{35}
翼城	ŋou^{44}	xou^{12}	piɔo^{53}	xou^{53}	ɕiou^{53}	mu^{53}	pʰɔo^{44}	iɔo^{12}
闻喜	ŋɤu^{13}	xɤu^{13}/xu^{13}	piɑo^{53}	tiɤu^{53}	iɤu^{53}	——	mɑo^{13}	mu^{53}/mi^{13}
侯马	ou^{44}	xou^{53}	piɑu^{213}	tiou^{213}	iou^{213}	fu^{213}	mɑu^{213}	mou^{213}
新绛	ŋəu^{44}	xəu^{53}	piɑo^{53}	tiəu^{53}	iəu^{53}	fu^{13}	mɑo^{13}	mu^{13}
绛县	ŋəu^{53}	xəu^{53}	piau^{53}	tiəu^{53}	iəu^{53}	fu^{24}	mau^{24}	mu^{24}
垣曲	ŋou^{44}	xou^{53}	piau^{22}	tiou^{22}	iou^{22}	fu^{22}	mau^{22}	mu^{22}
夏县	ŋəu^{24} 白 / əu^{24} 文	xəu^{31}	piɑu^{53}	tiəu^{53}	iəu^{53}	fu^{42}	mɑu^{42}	mu^{42}
万荣	ŋəu^{55}	xəu^{33}	piau^{51}	tiəu^{51}	iəu^{51}	fu^{213}	mau^{213}	mu^{213}
稷山	ŋəu^{44}	xəu^{42}	piɑu^{53}	tiəu^{42}	iəu^{53}	fu^{13}	mɑu^{13}	mu^{13}
盐湖	ŋou^{44}	xou^{44}	piɔ^{42}	tiou^{42}	iou^{42}	fu^{13}	mɔ^{13}	mu^{13}
临猗	ŋəu^{53}	xəu^{44}	piɑu^{42}	tiəu^{42}	iəu^{42}	fu^{13}	mɑu^{13}	mu^{13}
河津	ŋəu^{53}	xəu^{44}	piau^{31}	tiəu^{31}	iəu^{53}	fu^{324}	mau^{324}	mu^{53}
平陆	ŋəu^{55}	xəu^{13}	piau^{31}	tiəu^{31}	iəu^{31}	fu^{13}	miau^{13} 白 / mau^{13} 文	mu^{13}
永济	ŋəu^{53}	xəu^{44}	piau^{31}	tiəu^{31}	iəu^{31}	fu^{24}	miau^{24} 白 / mau^{31} 文	fu^{44}
芮城	ŋəu^{53}	xəu^{44}	piau^{42}	tiəu^{42}	iəu^{42}	fu^{13}	mau^{13}	mu^{13}
吉县	ŋəu^{53}	xəu^{13}	piau^{423}	tiəu^{423}	iəu^{423}	fu^{13}	mau^{13}	mu^{33}
乡宁	ŋou^{44}	xou^{22}	piau^{53}	tiou^{53}	iou^{53}	fu^{12}	mau^{12}	mu^{12}
广灵	——	xɤu^{213}	piʌu^{53}	tiɤu^{53}	iɤu^{53}	fu^{31}	mʌu^{31}	mu^{31}

字目	流	硫	琉	刘	留	榴	秋	修
中古音 方言点	力求 流开三 平尤来	力求 流开三 平尤来	力求 流开三 平尤来	力求 流开三 平尤来	力求 流开三 平尤来	力求 流开三 平尤来	七由 流开三 平尤清	息流 流开三 平尤心
北京	liou^{35}	liou^{35}	liou^{35}	liou^{35}	liou^{35}	liou^{35}	tɕʰiou^{55}	ɕiou^{55}
小店	liəɯ^{11}	liəɯ^{11}	liəɯ^{11}	liəɯ^{11}	liəɯ^{11}	liəɯ^{11}	tɕʰiəɯ^{11}	ɕiəɯ^{11}
尖草坪	lei^{33}	lei^{33}	lei^{33}	lei^{33}	lei^{33}	lei^{33}	tɕʰiei^{35}	ɕiei^{33}
晋源	liɤu^{11}	liɤu^{11}	liɤu^{11}	liɤu^{11}	liɤu^{11}	liɤu^{11}	tɕʰiɤu^{11}	ɕiɤu^{11}
阳曲	liei^{43}	liei^{43}	liei^{43}	liei^{43}	liei^{43}	liei^{43}	tɕʰiei^{312}	ɕiei^{312}
古交	liei^{44}	liei^{44}	liei^{44}	liei^{44}	liei^{44}	liei^{44}	tɕʰiei^{44}	ɕiei^{44}
清徐	liəu^{11}	liəu^{11}	liəu^{11}	liəu^{11}	liəu^{11}	liəu^{11}	tɕʰiəu^{11}	ɕiəu^{11}
娄烦	liu^{33}	liu^{33}	liu^{33}	liu^{33}	liu^{33}	liu^{33}	tɕʰiu^{33}	ɕiu^{33}
榆次	liɯ^{11}	liɯ^{11}	liɯ^{11}	liɯ^{11}	liɯ^{11}	liɯ^{11}	tɕʰiɯ^{11}	ɕiɯ^{11}
交城	liʌɯ^{11}	liʌɯ^{11}	liʌɯ^{11}	liʌɯ^{11}	liʌɯ^{11}	liʌɯ^{11}	tɕʰiʌɯ^{11}	ɕiʌɯ^{11}
文水	liəɯ^{22}	liəɯ^{22}	liəɯ^{22}	liəɯ^{22}	liəɯ^{22}	liəɯ^{22}	tɕʰiəɯ^{22}	ɕiəɯ^{22}
祁县	liɤu^{31}	liɤu^{31}	liɤu^{31}	liɤu^{31}	liɤu^{31}	liɤu^{31}	tɕʰiɤu^{31}	ɕiɤu^{31}
太谷	liəɯ^{33}	liəɯ^{33}	liəɯ^{33}	liəɯ^{33}	liəɯ^{33}	liəɯ^{33}	tɕʰiəɯ^{33}	ɕiəɯ^{33}
平遥	liəu^{213}	liəu^{213}	liəu^{213}	liəu^{213}	liəu^{213}	liəu^{213}	tɕʰiəu^{213}	ɕiəu^{213}
孝义	liou^{33}	liou^{33}	liou^{33}	liou^{33}	liou^{33}	liou^{33}	tɕʰiou^{33}	ɕiou^{33}
介休	liəu^{13}	liəu^{13}	liəu^{13}	liəu^{13}	liəu^{13}	liəu^{13}	tɕʰiəu^{13}	ɕiəu^{13}
灵石	liou^{44}	liou^{44}	liou^{44}	liou^{44}	liou^{44}	liou^{44}	tɕʰiou^{535}	ɕiou^{535}
盂县	liəu^{22}	liəu^{22}	liəu^{22}	liəu^{22}	liəu^{22}	liəu^{22}	tɕʰiəu^{412}	ɕiəu^{412}
寿阳	liəɯ^{22}	liəɯ^{22}	liəɯ^{22}	liəɯ^{22}	liəɯ^{22}	liəɯ^{22}	tɕʰiəɯ^{31}	ɕiəɯ^{31}
榆社	liəu^{22}	liəu^{22}	liəu^{22}	liəu^{22}	liəu^{22}	liəu^{22}	tɕʰiəu^{22}	ɕiəu^{22}
离石	liʌu^{44}	liʌu^{44}	liʌu^{44}	liʌu^{44}	liʌu^{44}	liʌu^{44}	tɕʰiʌu^{24}	ɕiʌu^{24}
汾阳	liou^{22}	liou^{22}	liou^{22}	liou^{22}	liou^{22}	liou^{22}	tɕʰiou^{324}	ɕiou^{324}
中阳	liʌ^{33}	liʌ^{33}	liʌ^{33}	liʌ^{33}	liʌ^{33}	liʌ^{33}	tɕʰiʌ^{24}	ɕiʌ^{24}
柳林	liɛ^{44}	liɛ^{44}	liɛ^{44}	liɛ^{44}	liɛ^{44}	liɛ^{53}	tɕʰiɛ^{24}	ɕiɛ^{24}
方山	liəɯ^{44}	liəɯ^{44}	liəɯ^{44}	liəɯ^{44}	liəɯ^{44}	liəɯ^{44}	tɕʰiəɯ^{24}	ɕiəɯ^{24}
临县	liəɯ^{33}	liəɯ^{33}	liəɯ^{33}	liəɯ^{33}	liəɯ^{33}	liəɯ^{33}	tɕʰiəɯ^{24}	ɕiəɯ^{24}
兴县	liou^{55}	liou^{55}	liou^{55}	liou^{55}	liou^{55}	liou^{55}	tɕʰiou^{324}	ɕiou^{324}
岚县	liɐu^{44}	liɐu^{44}	liɐu^{44}	liɐu^{44}	liɐu^{44}	liɐu^{44}	tɕʰiɐu^{214}	ɕiɐu^{214}
静乐	liɤɯ^{33}	liɤɯ^{33}	liɤɯ^{33}	liɤɯ^{33}	liɤɯ^{33}	liɤɯ^{33}	tɕʰiɤɯ^{24}	ɕiɤɯ^{24}
交口	liou^{44}	liou^{44}	liou^{44}	liou^{44}	liou^{44}	liou^{44}	tɕʰiou^{323}	ɕiou^{323}
石楼	liou^{44}	liou^{44}	liou^{44}	liou^{44}	liou^{44}	liou^{44}	tɕʰiou^{213}	ɕiou^{213}
隰县	liou^{24}	liou^{24}	liou^{24}	liou^{24}	liou^{24}	liou^{24}	tɕʰiou^{53}	ɕiou^{53}

续表

字目	流	硫	琉	刘	留	榴	秋	修
中古音 / 方言点	力求 流开三 平尤来	力求 流开三 平尤来	力求 流开三 平尤来	力求 流开三 平尤来	力求 流开三 平尤来	力求 流开三 平尤来	七由 流开三 平尤清	息流 流开三 平尤心
大宁	liəu^{24}	liəu^{24}	liəu^{24}	liəu^{24}	liəu^{24}	liəu^{24}	tɕʰiəu^{31}	ɕiəu^{31}
永和	liɤu^{35}	liɤu^{35}	liɤu^{35}	liɤu^{35}	liɤu^{35}	liɤu^{35}	tɕʰiɤu^{33}	ɕiɤu^{33}
汾西	liou^{35}	liou^{35}	liou^{35}	liou^{35}	liou^{35}	liou^{35}	tɕʰiou^{11}	ɕiou^{11}
蒲县	liou^{24}	liou^{24}	liou^{24}	liou^{24}	liou^{24}	liou^{24}	tɕʰiou^{31}	ɕiou^{52}
潞州	liəu^{24}	liəu^{24}	liəu^{24}	liəu^{24}	liəu^{24}	liəu^{24}	tɕʰiəu^{312}	ɕiəu^{312}
上党	liəu^{44}	liəu^{44}	liəu^{44}	liəu^{44}	liəu^{44}	liəu^{44}	tɕʰiəu^{213}	ɕiəu^{213}
长子	liəu^{24}	liəu^{24}	liəu^{24}	liəu^{24}	liəu^{24}	liəu^{24}	tɕʰiəu^{312}	ɕiəu^{312}
屯留	liəu^{11}	liəu^{11}	liəu^{11}	liəu^{11}	liəu^{11}	liəu^{11}	tɕʰiəu^{31}	ɕiəu^{31}
襄垣	liəu^{31}	liəu^{31}	liəu^{31}	liəu^{31}	liəu^{31}	liəu^{31}	tɕʰiəu^{33}	ɕiəu^{33}
黎城	liəu^{53}	liəu^{33}	liəu^{33}	liəu^{53}	liəu^{53}	liəu^{53}	tɕʰiəu^{33}	ɕiəu^{33}
平顺	liəu^{13}	liəu^{13}	liəu^{13}	liəu^{13}	liəu^{13}	liəu^{13}	cʰiəu^{213}	ɕiəu^{213}
壶关	liəu^{13}	liəu^{13}	liəu^{13}	liəu^{13}	liəu^{13}	liəu^{13}	cʰiəu^{33}	siəu^{33}
沁县	ly^{33}	ly^{33}	ly^{33}	ly^{33}	ly^{33}	ly^{33}	tɕʰy^{224}	ɕy^{224}
武乡	liəu^{33}	liəu^{33}	liəu^{33}	liəu^{33}	liəu^{33}	liəu^{33}	tɕʰiəu^{113}	ɕiəu^{113}
沁源	liəu^{33}	liəu^{33}	liəu^{33}	liəu^{33}	liəu^{33}	liəu^{33}	tɕʰiəu^{324}	ɕiəu^{324}
安泽	liəu^{35}	liəu^{35}	liəu^{35}	liəu^{35}	liəu^{35}	liəu^{35}	tɕʰiəu^{21}	ɕiəu^{21}
沁水端氏	liɔu^{24}	liɔu^{24}	liɔu^{24}	liɔu^{24}	liɔu^{24}	liɔu^{24}	tɕʰiɔu^{21}	ɕiɔu^{21}
阳城	liɐu^{22}	liɐu^{22}	liɐu^{22}	liɐu^{22}	liɐu^{22}	liɐu^{51}	tɕʰiɐu^{224}	ɕiɐu^{224}
高平	liʌu^{33}	liʌu^{33}	liʌu^{33}	liʌu^{33}	liʌu^{33}	liʌu^{33}	tɕʰiʌu^{33}	ɕiʌu^{33}
陵川	liəo^{53}	liəo^{53}	liəo^{53}	liəo^{53}	liəo^{53}	liəo^{53}	tɕʰiəo^{33}	ɕiəo^{33}
晋城	liaɯ^{324}	liaɯ^{324}	liaɯ^{324}	liaɯ^{324}	liaɯ^{324}	liaɯ^{324}	tɕʰiaɯ^{33}	ɕiaɯ^{33}
忻府	liəu^{21}	liəu^{21}	liəu^{21}	liəu^{21}	liəu^{21}	liəu^{21}	tɕʰiəu^{313}	ɕiəu^{313}
原平	liɤɯ^{33}	liɤɯ^{33}	liɤɯ^{33}	liɤɯ^{33}	liɤɯ^{33}	liɤɯ^{33}	tɕʰiɤɯ^{213}	ɕiɤɯ^{213}
定襄	liəu^{11}	liəu^{11}	liəu^{11}	liəu^{11}	liəu^{11}	liəu^{11}	tɕʰiəu^{24}	ɕiəu^{24}
五台	liey^{33}/liey^{213}	liey^{33}	liey^{33}	liey^{33}	liey^{33}	liey^{33}	tɕʰiey^{213}	ɕiəy^{213}
岢岚	liu^{44}	liu^{44}	liu^{44}	liu^{44}	liu^{44}	liu^{44}	tɕʰiu^{13}	ɕiu^{13}
五寨	liəu^{44}	liəu^{44}	liəu^{44}	liəu^{44}	liəu^{44}	liəu^{44}	tɕʰiəu^{13}	ɕiəu^{13}
宁武	liəu^{33}	liəu^{33}	liəu^{33}	liəu^{33}	liəu^{33}	liəu^{33}	tɕiəu^{23}	ɕiəu^{23}
神池	liəu^{32}	liəu^{32}	liəu^{32}	liəu^{32}	liəu^{32}	liəu^{32}	tɕʰiəu^{24}	ɕiəu^{24}
繁峙	liəu^{31}	liəu^{31}	liəu^{31}	liəu^{31}	liəu^{31}	liəu^{31}	tɕʰiəu^{53}	ɕiəu^{53}
代县	liəu^{44}	liəu^{44}	liəu^{44}	liəu^{44}	liəu^{44}	liəu^{44}	tɕʰiəu^{213}	ɕiəu^{213}

续表

字目	流	硫	琉	刘	留	榴	秋	修
中古音 方言点	力求 流开三 平尤来	力求 流开三 平尤来	力求 流开三 平尤来	力求 流开三 平尤来	力求 流开三 平尤来	力求 流开三 平尤来	七由 流开三 平尤清	息流 流开三 平尤心
河曲	liɤɯ^{44}	liɤɯ^{44}	liɤɯ^{44}	liɤɯ^{44}	liɤɯ^{44}	liɤɯ^{44}	tɕʰiɤɯ^{213}	ɕiɤɯ^{213}
保德	liʌu^{44}	liʌu^{44}	liʌu^{44}	liʌu^{44}	liʌu^{44}	liʌu^{44}	tɕʰiʌu^{213}	ɕiʌu^{213}
偏关	liɤu^{44}	liɤu^{44}	liɤu^{44}	liɤu^{44}	liɤu^{44}	liɤu^{44}	tɕʰiɤu^{24}	ɕiɤu^{24}
朔城	liəu^{35}	liəu^{35}	liəu^{35}	liəu^{35}	liəu^{35}	liəu^{35}	tɕʰiəu^{312}	ɕiəu^{312}
平鲁	liəu^{44}	liəu^{44}	liəu^{44}	liəu^{44}	liəu^{44}	liəu^{44}	tɕʰiəu^{213}	ɕiəu^{213}
应县	liəu^{31}	liəu^{31}	liəu^{31}	liəu^{31}	liəu^{31}	liəu^{31}/liəu^{24}	tɕʰiəu^{43}/ iəu^{43} 白	ɕiəu^{43}
灵丘	lieiu^{31}	lieiu^{31}	lieiu^{31}	lieiu^{31}	lieiu^{31}	lieiu^{31}	tɕʰieiu^{442}	ɕieiu^{442}
浑源	liəu^{22}	liəu^{22}	liəu^{22}	liəu^{22}	liəu^{22}	liəu^{22}	tɕʰiəu^{52}	ɕiəu^{52}
云州	liɤu^{312}	liɤu^{312}	liɤu^{312}	liɤu^{312}	liɤu^{312}	liɤu^{312}	tɕʰiɤu^{21}	ɕiɤu^{21}
新荣	liəu^{312}	liəu^{312}	liəu^{312}	liəu^{312}	liəu^{312}	liəu^{24}	tɕʰiəu^{32}	ɕiəu^{32}
怀仁	liɤu^{312}	liɤu^{312}	liɤu^{312}	liɤu^{312}	liɤu^{312}	liɤu^{42}	tɕʰiɤu^{42}	ɕiɤu^{42}
左云	liəu^{313}	liəu^{313}	liəu^{313}	liəu^{313}	liəu^{313}	liəu^{313}	tɕʰiəu^{31}	ɕiəu^{31}
右玉	liəu^{212}	liəu^{212}	liəu^{212}	liəu^{212}	liəu^{212}	liəu^{212}	tɕʰiəu^{31}	ɕiəu^{31}
阳高	liɤu^{312}	liɤu^{312}	liɤu^{312}	liɤu^{312}	liɤu^{312}	liɤu^{312}	tɕʰiɤu^{31}	ɕiɤu^{31}
山阴	liəu^{313}	liəu^{313}	——	liəu^{313}	liəu^{313}	liəu^{313}	tɕʰiəu^{313}	ɕiəu^{313}
天镇	liɤu^{22}	liɤu^{22}	liɤu^{22}	liɤu^{22}	liɤu^{22}	liɤu^{22}	tɕʰiɤu^{31}	ɕiɤu^{31}
平定	liɤu^{44}	liɤu^{44}	liɤu^{44}	liɤu^{44}	liɤu^{44}	liɤu^{44}	tɕʰiɤu^{31}	ɕiɤu^{31}
昔阳	liəu^{33}	liəu^{33}	liəu^{33}	liəu^{33}	liəu^{33}	liəu^{33}	tɕʰiəu^{42}	ɕiəu^{42}
左权	liʌu^{11}	liʌu^{11}	liʌu^{11}	liʌu^{11}	liʌu^{11}	liʌu^{11}	tɕʰiʌu^{31}	ɕiʌu^{31}
和顺	liɤu^{22}	liɤu^{22}	liɤu^{22}	liɤu^{22}	liɤu^{22}	liɤu^{22}	tɕʰiɤu^{42}	ɕiɤu^{42}
尧都	liou^{24}	liou^{24}	liou^{24}	liou^{24}	liou^{24}	liou^{24}	tɕʰiou^{21}	ɕiou^{21}
洪洞	liou^{24}	liou^{24}	liou^{24}	liou^{24}	liou^{24}	liou^{24}	tɕʰiou^{21}	ɕiou^{21}
洪洞赵城	liou^{24}	liou^{24}	liou^{24}	liou^{24}	liou^{24}	liou^{24}	tɕʰiou^{21}	ɕiou^{21}
古县	liəu^{35}	liəu^{35}	liəu^{35}	liəu^{35}	liəu^{35}	liəu^{35}	tɕʰiəu^{21}	ɕiəu^{21}
襄汾	liou^{24}	liou^{24}	liou^{24}	liou^{24}	liou^{24}	liou^{24}	tɕʰiou^{21}	ɕiou^{21}
浮山	liou^{13}	liou^{13}	liou^{13}	liou^{13}	liou^{13}	liou^{13}	tɕʰiou^{42}	ɕiou^{42}
霍州	liəu^{35}	liəu^{35}	liəu^{35}	liəu^{35}	liəu^{35}	liəu^{35}	tɕʰiəu^{212}	ɕiəu^{212}
翼城	liou^{12}	liou^{12}	liou^{12}	liou^{12}	liou^{12}	liou^{12}	tɕʰiou^{53}	ɕiou^{53}
闻喜	liɤu^{13}	liɤu^{13}	liɤu^{13}	liɤu^{13}	liɤu^{13}	liɤu^{13}	tɕʰiɤu^{53}	ɕiɤu^{53}
侯马	liou^{213}	liou^{213}	liou^{213}	liou^{213}	liou^{213}	liou^{213}	tɕiou^{213}	ɕiou^{213}

续表

字目	流	硫	琉	刘	留	榴	秋	修
中古音 / 方言点	力求 流开三 平尤来	力求 流开三 平尤来	力求 流开三 平尤来	力求 流开三 平尤来	力求 流开三 平尤来	力求 流开三 平尤来	七由 流开三 平尤清	息流 流开三 平尤心
新绛	liəu^{13}	liəu^{13}	liəu^{13}	liəu^{13}	liəu^{13}	liəu^{53}	tɕʰiəu^{53}	ɕiəu^{53}
绛县	liəu^{24}	liəu^{24}	liəu^{24}	liəu^{24}	liəu^{24}	liəu^{53}	tɕʰiəu^{53}	ɕiəu^{53}
垣曲	liou^{22}	liou^{22}	liou^{22}	liou^{22}	liou^{22}	liou^{22}	tɕʰiou^{22}	ɕiou^{22}
夏县	liəu^{42}	liəu^{42}	liəu^{42}	liəu^{42}	liəu^{42}	liəu^{42}	tɕʰiəu^{53}	tɕiəu^{31}
万荣	liəu^{213}	liəu^{33}	liəu^{213}	liəu^{213}	liəu^{213}	liəu^{213}	tɕʰiəu^{51}	ɕiəu^{51}
稷山	liəu^{13}	liəu^{13}	liəu^{13}	liəu^{13}	liəu^{13}	liəu^{13}	tɕʰiəu^{53}	ɕiəu^{53}
盐湖	liou^{13}	liou^{13}	liou^{13}	liou^{13}	liou^{13}	liou^{13}	tɕʰiou^{42}	ɕiou^{42}
临猗	liəu^{13}	liəu^{13}	liəu^{13}	liəu^{13}	liəu^{13}	liəu^{13}	tɕʰiəu^{42}	ɕiəu^{42}
河津	liəu^{324}	liəu^{324}	liəu^{324}	liəu^{324}	liəu^{324}	liəu^{324}	tɕʰiəu^{31}	ɕiəu^{31}
平陆	liəu^{13}	liəu^{13}	liəu^{13}	liəu^{13}	liəu^{13}	liəu^{13}	tɕʰiəu^{31}	ɕiəu^{31}
永济	liəu^{24}	liəu^{24}	liəu^{24}	liəu^{24}	liəu^{24}	liəu^{31}	tɕʰiəu^{24}	ɕiəu^{31}
芮城	liəu^{13}	liəu^{13}	liəu^{13}	liəu^{13}	liəu^{13}	liəu^{53}	tɕʰiəu^{42}	ɕiəu^{42}
吉县	liəu^{13}	liəu^{33}	liəu^{13}	liəu^{13}	liəu^{13}	liəu^{33}	tɕʰiəu^{423}	ɕiəu^{423}
乡宁	liou^{12}	liou^{12}	liou^{12}	liou^{12}	liou^{12}	liou^{12}	tɕʰiou^{53}	ɕiou^{53}
广灵	liɤu^{31}	liɤu^{31}	liɤu^{31}	liɤu^{31}	liɤu^{31}	liɤu^{31}	tɕʰiɤu^{53}	ɕiɤu^{53}

字目	羞	囚	抽	绸	稠	筹	邹	愁
中古音 方言点	息流 流开三 平尤心	似由 流开三 平尤邪	丑鸠 流开三 平尤彻	直由 流开三 平尤澄	直由 流开三 平尤澄	直由 流开三 平尤澄	侧鸠 流开三 平尤庄	士尤 流开三 平尤崇
北京	ɕiou55	tɕʰiou35	tʂʰou55	tʂʰou35	tʂʰou35	tʂʰou35	tsou55	tʂʰou35
小店	ɕiəɯ11	tɕʰiəɯ11	tsʰəɯ11	tsʰəɯ11	tsəɯ11	tsʰəɯ11	tsəɯ11	səɯ11 白 / tsʰəɯ11 文
尖草坪	ɕiei33	tɕʰiei35	tsʰei33	tsʰei33	tsʰei33	tsʰei33	tsei33	tsʰei33
晋源	ɕiɤu11	tɕʰiɤu11	tsʰɤu11	tsʰɤu11	tsɤu11	tsʰɤu11	tsɤu11	sɤu11
阳曲	ɕiei312	tɕʰiei43	tsʰei312	tsʰei43	tsʰei43	tsʰei43	tsei312	tsʰei43
古交	ɕiei44	tɕʰiei44	tsʰei44	tsʰei44	tsʰei44	tsʰei44	tsei44	sei44 白 / tsʰei44 文
清徐	ɕiəu11	tɕʰiəu11	tsʰɐu11	tsʰɐu11	tsʰɐu11	tsʰɐu11	tsɐu11	sɐu11 白 / tsʰɐu11 文
娄烦	ɕiu33	tɕʰiu33	tsʰə33	tsʰə33	tsʰə33	tsʰə33	tsə33	tsʰə33
榆次	ɕiɯ11	tɕʰiɯ11	tsʰɯ11	tsʰɯ11	tsʰɯ11	tsʰɯ11	tsɯ11	sɯ11 白 / tsʰɯ11 文
交城	ɕiʌɯ11	tɕʰiʌɯ11	tsʰʌɯ11	tsʰʌɯ11	tsʌɯ11 白 / tsʰʌɯ11 文	tsʰʌɯ11	tsʌɯ11	sʌɯ11 白 / tsʰʌɯ11 文
文水	ɕiəɯ22	tɕʰiəɯ22	tsʰəɯ22	tsʰəɯ22	tsəɯ22 白 / tsʰəɯ22 文	tsʰəɯ22	tsəɯ22	səɯ22
祁县	ɕiɤu31	tɕʰiɤu31	tʂʰɤu31	tʂʰɤu31	tʂɤu31 白 / tʂʰɤu31 文	tʂʰɤu31	tsɤu31	sɤu31 白 / tʂʰɤu31 文
太谷	ɕiəɯ33	tɕʰiəɯ33	tsʰəɯ33	tsʰəɯ33	tsəɯ33 白 / tsʰəɯ33 文	tsʰəɯ33	tsəɯ33	səɯ33
平遥	ɕiəu213	tɕʰiəu213	tʂʰəu213	tʂʰəu213	tʂəu213	tʂʰəu213	tsəu213	səu213
孝义	ɕiou33	tɕʰiou33	tʂʰou33	tʂʰou33	tʂou33	tʂʰou33	tsou33	tsʰou33
介休	ɕiəu13	tɕʰiəu13	tʂʰəu13	tʂʰəu13	tʂəu13 白 / tʂʰəu13 文	tʂʰəu13	tsəu13	səu13 白 / tʂʰəu13 文
灵石	ɕʰiou535	tɕʰiou44	tsʰou535	tsʰou44	tsʰou44	tsʰou44	tsou535	tsʰou44
盂县	ɕiəu412	tɕʰiəu22	tsʰəu412	tsʰəu22	tsʰəu22	tsʰəu22	tsəu412	tsʰəu22
寿阳	ɕiəɯ31	tɕʰiəɯ22	tsʰəɯ31	tsʰəɯ22	tsʰəɯ22	tsʰəɯ22	tsəɯ31	səɯ22
榆社	ɕʰiəu22	tɕʰiəu22	tsʰəu22	tsʰəu22	tsʰəu22	tsʰəu22	tsəu22	tsʰəu22
离石	ɕiʌu24	tɕʰiʌu44	tsʰʌu24	tsʰʌu44	tsʰʌu44	tsʰʌu44	tsʌu24	tsʰʌu44
汾阳	ɕiou324	tɕʰiou324	tʂʰou324	tʂʰou22	tʂʰou22	tʂʰou22	tsou324	tʂʰou22
中阳	ɕiʌ24	tɕʰiʌ33	tsʰʌ35	tsʰʌ33	tsʰʌ33	tsʰʌ33	tsʌ35	tsʰʌ33
柳林	ɕiɛ24	tɕʰiɛ44	tsʰə24	tsʰə44	tsʰə44	tsʰə44	tsə24	tsʰə44
方山	ɕiəɯ24	tɕʰiəɯ44	tsʰəɯ24	tʂʰəɯ44	tʂʰəɯ44	tʂʰəɯ44	tʂəɯ24	tsʰəɯ44

续表

字目	羞	囚	抽	绸	稠	筹	邹	愁
中古音 / 方言点	息流 流开三 平尤心	似由 流开三 平尤邪	丑鸠 流开三 平尤彻	直由 流开三 平尤澄	直由 流开三 平尤澄	直由 流开三 平尤澄	侧鸠 流开三 平尤庄	士尤 流开三 平尤崇
临县	çiəɯ^{24}	tɕʰiəɯ^{33}	tsʰəɯ^{24}	tʂʰəɯ^{33}	tʂʰəɯ^{33}	tʂʰəɯ^{33}	tsəɯ^{24}	tsʰəɯ^{33}
兴县	çiou^{324}	tɕʰiou^{324}	tʂʰou^{324}	tʂʰou^{55}	tʂʰou^{55}	tʂʰou^{55}	tsou^{324}	tsʰou^{324}
岚县	çiɐu^{214}	çiɐu^{44}	tsʰɐu^{214}	tsʰɐu^{44}	tsʰɐu^{44}	tsʰɐu^{44}	tsɐu^{214}	tsʰɐu^{44}
静乐	çiɤɯ^{24}	tɕʰiɤɯ^{24}	tsʰɤɯ^{24}	tsʰɤɯ^{33}	tsʰɤɯ^{33}	tsʰɤɯ^{33}	tsɤɯ^{24}	tsʰɤɯ^{33}
交口	çiou^{323}	tɕʰiou^{44}	tsʰou^{323}	tsʰou^{44}	tsʰou^{44}	tsʰou^{44}	tsou^{323}	tsʰou^{44}
石楼	çiou^{213}	tɕʰiou^{44}	tʂʰou^{213}	tʂʰou^{44}	tʂʰou^{44}	tʂʰou^{44}	tsou^{213}	tsʰou^{44}
隰县	çiou^{53}	tɕʰiou^{24}	tsʰou^{53}	tsʰou^{24}	tsʰou^{24}	tsʰou^{24}	——	sou^{24} 白 / tsʰou^{24} 文
大宁	çiəu^{31}	çiəu^{24}	tʂʰəu^{31}	tʂʰəu^{24}	tʂʰəu^{24}	tʂʰəu^{24}	tʂəu^{31}	tsʰəu^{24}
永和	çiɤu^{33}	tɕʰiɤu^{35}	tʂʰɤu^{33}	tʂʰɤu^{35}	tʂʰɤu^{35}	tʂʰɤu^{35}	——	tsʰɤu^{35}
汾西	çiou^{11}	tɕʰiou^{35}	tsʰou^{11}	tsʰou^{35}	tsʰou^{35}	tsʰou^{35}	tsou^{11}	tsʰou^{35}/ ŋou^{33} 白
蒲县	çiou^{52}	tɕʰiou^{24}	tʂʰou^{24}	tʂʰou^{24}	tʂʰou^{24}	tʂʰou^{24}	tsou^{52}	tʂʰou^{24}
潞州	çiəu^{312}	tɕʰiəu^{24}	tsʰəu^{312}	tsʰəu^{24}	tsʰəu^{24}	tsʰəu^{24}	tsəu^{312}	tsʰəu^{24}
上党	çiəu^{213}	tɕʰiəu^{44}	tsʰəu^{213}	tsʰəu^{44}	tsʰəu^{44}	tsʰəu^{44}	tsəu^{213}	tsʰəu^{44}
长子	çiəu^{312}	tɕʰiəu^{24}	tsʰəu^{312}	tsʰəu^{24}	tsʰəu^{24}	tsʰəu^{24}	tsəu^{312}	tsʰəu^{24}
屯留	çiəu^{31}	tɕʰiəu^{11}	tsʰəu^{31}	tsʰəu^{11}	tsʰəu^{11}	tsʰəu^{11}	tsəu^{31}	tsʰəu^{11}
襄垣	çiəu^{33}	tɕʰiəu^{31}	tsʰəu^{33}	tsʰəu^{31}	tsʰəu^{31}	tsʰəu^{31}	tsəu^{33}	tsʰəu^{31}
黎城	çiəu^{33}	cʰiəu^{33}	tɕʰiəu^{33}	tɕʰiəu^{53}	tɕʰiəu^{53}	tɕʰiəu^{33}	tsəu^{33}	tsʰəu^{53}
平顺	çiəu^{213}	cʰiəu^{13}	tɕʰəu^{213}	tɕʰəu^{13}	tɕʰəu^{13}	tɕʰəu^{13}	tɕəu^{213}	tɕʰəu^{13}
壶关	siəu^{33}	cʰiəu^{13}	tʂʰəu^{33}	tʂʰəu^{13}	tʂʰəu^{13}	tʂʰəu^{13}	tʂəu^{33}	tʂʰəu^{13}
沁县	çy^{224}	tɕʰy^{33}	tsʰəu^{224}	tsʰəu^{33}	tsʰəu^{33}	tsʰəu^{33}	tsəu^{224}	tsʰəu^{33}
武乡	çiəu^{113}	tɕʰiəu^{113}	tsʰəu^{113}	tsʰəu^{33}	tsʰəu^{33}	tsʰəu^{33}	tsəu^{113}	tsʰəu^{33}
沁源	çiəu^{324}	tɕʰiəu^{33}	tʂʰei^{324}	tʂʰei^{33}	tʂʰei^{33}	tʂʰei^{33}	tsei^{324}	tsʰei^{33}
安泽	çiəu^{21}	tɕʰiəu^{35}	tsʰəu^{21}	tsʰəu^{35}	tsʰəu^{35}	tsʰəu^{35}	tsəu^{21}	tsʰəu^{35}
沁水端氏	çiɔu^{21}	tɕʰiɔu^{24}	tsʰɔu^{21}	tsʰɔu^{24}	tsʰɔu^{24}	tsʰɔu^{24}	tsɔu^{21}	tsʰɔu^{24}
阳城	çiɐu^{224}	çiɐu^{224}	tʂʰɐu^{224}	tʂʰɐu^{22}	tʂʰɐu^{22}	tʂʰɐu^{22}	tʂɐu^{224}	tʂʰɐu^{22}
高平	çiʌu^{33}	cʰiʌu^{33}	tʂʰʌu^{33}	tʂʰʌu^{33}	tʂʰʌu^{33}	tʂʰʌu^{33}	tʂʌu^{33}	tʂʰʌu^{33}
陵川	çiəo^{33}	tɕʰiəo^{53}	tʂʰəo^{33}	tʂʰəo^{53}	tʂʰəo^{53}	tʂʰəo^{53}	tʂəo^{33}	tʂʰəo^{53}
晋城	çiaɯ^{33}	tɕʰiaɯ^{324}	tʂʰaɯ^{33}	tʂʰaɯ^{324}	tʂʰaɯ^{324}	tʂʰaɯ^{324}	tʂaɯ^{33}	tʂʰaɯ^{324}
忻府	çiəu^{313}	tɕʰiəu^{21}	tʂʰəu^{313}	tʂʰəu^{21}	tʂʰəu^{21}	tʂʰəu^{21}	tsəu^{313}	tsʰəu^{21}
原平	çiɤɯ^{213}	tɕʰiɤɯ^{33}	tʂʰɤɯ^{213}	tʂʰɤɯ^{33}	tʂɤɯ^{33}	tʂʰɤɯ^{33}	tsɤɯ^{213}	tsʰɤɯ^{33}

续表

字目	羞	囚	抽	绸	稠	筹	邹	愁
中古音 / 方言点	息流 流开三 平尤心	似由 流开三 平尤邪	丑鸠 流开三 平尤彻	直由 流开三 平尤澄	直由 流开三 平尤澄	直由 流开三 平尤澄	侧鸠 流开三 平尤庄	士尤 流开三 平尤崇
定襄	ɕiəu^{24}	ɕʰiəu^{11}	tsʰəu^{24}	tʂʰəu^{24}	tʂʰəu^{24}	tʂʰəu^{11}	tsəu^{24}	tʂʰəu^{11}
五台	ɕiey^{213}	ɕiey^{213}	tsʰei^{213}	tsʰei^{33}	tsʰei^{33}	tsʰei^{33}	tsei^{213}	tsʰei^{33}
岢岚	ɕiu^{13}	tɕʰiu^{44}	tsʰəu^{13}	tsʰəu^{44}	tsʰəu^{44}	tsʰəu^{44}	tʂəu^{52}	tsʰəu^{44}
五寨	ɕiəu^{13}	ɕiəu^{44} 老 / tɕʰiəu^{44} 新	tsʰəu^{13}	tsʰəu^{44}	tsʰəu^{44}	tsʰəu^{44}	tsəu^{13}	tsʰəu^{44}
宁武	ɕiəu^{23}	tɕiəu^{33}	tsʰəu^{23}	tsʰəu^{33}	tsʰəu^{33}	tsʰəu^{33}	tsəu^{213}	tsʰəu^{33}
神池	ɕiəu^{24}	tɕʰiəu^{32}	tsʰəu^{24}	tsʰəu^{32}	tsʰəu	tsʰəu	tsəu^{24}	tsʰəu^{32}
繁峙	ɕiəu^{53}	tɕʰiəu^{31}	tsʰəu^{53}	tsʰəu^{31}	tsʰəu^{31}	tsʰəu^{31}	tsəu^{53}	tsʰəu^{31}
代县	ɕiəu^{213}	ɕiəu^{213}	tsʰəu^{213}	tsʰəu^{44}	tsʰəu^{44}	tsʰəu^{44}	tsəu^{213}	tsʰəu^{44}
河曲	ɕiɤɯ^{213}	tɕʰiɤɯ^{213}	tʂʰɤɯ^{213}	tʂʰɤɯ^{44}	tʂʰɤɯ^{44}	tʂʰɤɯ^{44}	tsɯ^{213}	tʂʰɤɯ^{44}
保德	ɕiʌu^{213}	tɕʰiʌu^{44}	tʂʰʌu^{213}	tʂʰʌu^{44}	tʂʰʌu^{44}	tʂʰʌu^{44}	tsʌu^{213}	tsʰʌu^{44}
偏关	ɕiɤu^{24}	ɕiɤu^{44}	tʂʰɤu^{24}	tʂʰɤu^{44}	tʂʰɤu^{44}	tʂʰɤu^{44}	——	tsʰɤu^{44}
朔城	ɕiəu^{312}	tɕʰiəu^{35}	tsʰəu^{312}	tsʰəu^{35}	tsʰəu^{35}	tsʰəu^{35}	tsəu^{53}	tsʰəu^{35}
平鲁	ɕiəu^{213}	tɕʰiəu^{44}	tsʰəu^{213}	tsʰəu^{44}	tsʰəu^{44}	tsʰəu^{44}	tsəu^{213}	tsʰəu^{44}
应县	ɕiəu^{43}	ɕiəu^{31} 白	tsʰəu^{43}	tsʰəu^{31}	tsʰəu^{31}	tsʰəu^{31}	tsəu^{43}	tsʰəu^{31}
灵丘	ɕieiu^{442}	tɕʰieiu^{31}	tsʰeiu^{442}	tsʰeiu^{31}	tsʰeiu^{31}	tsʰeiu^{31}	tseiu^{442}	tsʰeiu^{31}
浑源	ɕiəu^{52}	ɕiəu^{22}	tsʰiəu^{52}	tsʰiəu^{22}	tsʰiəu^{22}	tsʰiəu^{22}	tsiəu^{52}	tsʰiəu^{22}
云州	ɕiɤu^{21}	ɕiɤu^{312}/ tɕʰiɤu^{312}	tʂʰɤu^{21}	tʂʰɤu^{312}	tʂʰɤu^{312}	tʂʰɤu^{312}	tsɤu^{21}	tʂʰɤu^{312}
新荣	ɕiəu^{32}	tɕʰiəu^{312}	tʂʰiəu^{32}	tʂʰiəu^{312}	tʂʰiəu^{312}	tʂʰiəu^{312}	tsiəu^{32}	tsʰiəu^{312}
怀仁	ɕiɤu^{42}	tɕʰiɤu^{312}/ ɕiɤu^{312}	tsʰɤu^{42}	tsʰɤu^{312}	tsʰɤu^{312}	tsʰɤu^{312}	tsɤu^{24}	tsʰɤu^{312}
左云	ɕiəu^{31}	tɕʰiəu^{313}	tsʰəu^{31}	tsʰəu^{313}	tsʰəu^{313}	tsʰəu^{313}	tsəu^{31}	tsʰəu^{313}
右玉	ɕiəu^{31}	tɕʰiəu^{212}	tʂʰəu^{31}	tʂʰəu^{212}	tʂʰəu^{212}	tʂʰəu^{212}	tsəu^{24}	tsʰəu^{212}
阳高	ɕiɤu^{31}	tɕʰiɤu^{312}	tsʰɤu^{31}	tsʰɤu^{312}	tsʰɤu^{312}	tsʰɤu^{312}	tsɤu^{31}	tsʰɤu^{312}
山阴	ɕiəu^{313}	ɕiəu^{313}	tʂʰəu^{313}	tʂʰəu^{313}	tʂʰəu^{313}	tʂʰəu^{313}	——	tsʰəu^{313}
天镇	ɕiɤu^{31}	tɕʰiɤu^{22}	tsʰɤu^{31}	tsʰɤu^{22}	tsʰɤu^{22}	tsʰɤu^{22}	tsɤu^{24}	tsʰɤu^{22}
平定	ɕiɤu^{31}	tɕʰiɤu^{44}	tʂʰɤu^{31}	tʂʰɤu^{44}	tʂʰɤu^{44}	tʂʰɤu^{44}	tsɤu^{31}	tsʰɤu^{44}
昔阳	ɕiəu^{42}	tɕʰiəu^{33}	tʂʰəu^{42}	tʂʰəu^{33}	tʂʰəu^{33}	tʂʰəu^{33}	tsəu^{42}	tʂʰəu^{33}
左权	ɕiʌu^{31}	tɕʰiʌu^{11}	tʂʰʌu^{31}	tʂʰʌu^{11}	tʂʰʌu^{11}	tʂʰʌu^{11}	——	tsʰʌu^{11}
和顺	ɕiɤu^{42}	tɕʰiɤu^{22}	tʂʰɤu^{42}	tʂʰɤu^{22}	tʂʰɤu^{22}	tʂʰɤu^{22}	——	tsʰɤu^{22}

续表

字目	羞	囚	抽	绸	稠	筹	邹	愁
中古音 / 方言点	息流 流开三 平尤心	似由 流开三 平尤邪	丑鸠 流开三 平尤彻	直由 流开三 平尤澄	直由 流开三 平尤澄	直由 流开三 平尤澄	侧鸠 流开三 平尤庄	士尤 流开三 平尤崇
尧都	ɕiou^{21}	tɕʰiou^{24}	tsʰou^{21}	tsʰou^{24}	tsʰou^{24}	tsʰou^{24}	tsou^{21}	ŋou^{24} 白 / tsʰou^{24} 文
洪洞	ɕiou^{21}	tɕʰiou^{24}	tʂʰou^{21}	tʂʰou^{24}	tʂʰou^{24}	tʂʰou^{24}	tsou^{33}	tsʰou^{24}
洪洞赵城	ɕiou^{21}	tɕʰiou^{24}	tʂʰou^{21}	tʂʰou^{24}	tʂʰou^{24}	tʂʰou^{24}	tsou^{24}	tsʰou^{24}
古县	ɕiəu^{21}	tɕʰiəu^{35}	tʂʰəu^{21}	tʂʰəu^{35}	tʂʰəu^{35}	tʂʰəu^{35}	tsəu^{53}	tsʰəu^{35}
襄汾	ɕiou^{21}	tɕʰiou^{24}	tʂʰou^{21}	tʂʰou^{24}	tʂʰou^{24}	tʂʰou^{24}	tsou^{21}	tsʰou^{24}
浮山	ɕiou^{42}	tɕʰiou^{42}	tʂʰou^{42}	tʂʰou^{13}	tʂʰou^{13}	tʂʰou^{13}	tsou^{42}	tʂʰou^{13}
霍州	ɕiəu^{212}	tɕʰiəu^{35}	tʂʰəu^{212}	tʂʰəu^{35}	tʂʰəu^{35}	tʂʰəu^{35}	tsəu^{212}	tʂʰəu^{35}
翼城	ɕiou^{53}	tɕʰiou^{12}	tʂʰou^{53}	tʂʰou^{12}	tʂʰou^{12}	tʂʰou^{12}	tsou^{53}	tʂʰou^{12}
闻喜	ɕiɤu^{53}	tɕʰiɤu^{13}	tsʰɤu^{53}	tsʰɤu^{13}	tsʰɤu^{13}	tsʰɤu^{13}	tsɤu^{53}	tsʰɤu^{13}
侯马	ɕiou^{213}	tɕʰiou^{213}	tʂʰou^{213}	tʂʰou^{213}	tʂʰou^{213}	tʂʰou^{213}	tsou^{213}	tʂʰou^{213}
新绛	ɕiəu^{53}	tɕʰiəu^{13}	tʂʰəu^{53}	tʂʰəu^{13}	tʂʰəu^{13}	tʂʰəu^{13}	tsəu^{53}	tʂʰəu^{13}
绛县	ɕiəu^{53}	tɕʰiəu^{24}	tʂʰəu^{53}	tʂʰəu^{24}	tʂʰəu^{24}	tʂʰəu^{24}	tʂəu^{53}	tʂʰəu^{24}
垣曲	ɕiou^{22}	tɕʰiou^{22}	tʂʰou^{22}	tʂʰou^{22}	tʂʰou^{22}	tʂʰou^{22}	tsou^{22}	tsʰou^{22}
夏县	ɕiəu^{53}	ɕiəu^{42} 白 / tɕiəu^{42} 文	tʂʰəu^{53}	tʂʰəu^{42}	tʂʰəu^{42}	tʂʰəu^{42}	tsəu^{53}	tʂʰəu^{42}
万荣	ɕiəu^{51}	tɕʰiəu^{213}	tʂʰəu^{51}	tʂʰəu^{213}	tʂʰəu^{213}	tʂʰəu^{213}	tsəu^{51}	tʂʰəu^{213}
稷山	ɕiəu^{53}	tɕʰiəu^{13}	tʂʰəu^{53}	tʂʰəu^{13}	tʂʰəu^{13}	tsʰəu^{13}	tʂəu^{53}	tʂʰəu^{13}
盐湖	ɕiou^{42}	tɕʰiou^{13}	tʂʰou^{42}	tʂʰou^{13}	tʂʰou^{13}	tʂʰou^{13}	tsou^{42}	tʂʰou^{13}
临猗	ɕiəu^{42}	tɕʰiəu^{13}	tʂʰəu^{42}	tʂʰəu^{13}	tʂʰəu^{13}	tʂʰəu^{13}	tsəu^{42}	tsʰəu^{13}
河津	ɕiəu^{31}	tɕʰiəu^{324}	tʂʰəu^{31}	tʂʰəu^{324}	tʂʰəu^{324}	tʂʰəu^{324}	tsəu^{31}	tsʰəu^{324}
平陆	ɕiəu^{31}	ɕiəu^{13}	tʂʰəu^{31}	tʂʰəu^{13}	tʂʰəu^{13}	tʂʰəu^{13}	tsəu^{31}	tsʰəu^{13}
永济	ɕiəu^{31}	ɕiəu^{24}	tʂʰəu^{31}	tʂʰəu^{24}	tʂʰəu^{24}	tʂʰəu^{24}	tʂəu^{31}	tʂʰəu^{24}
芮城	ɕiəu^{42}	tɕʰiəu^{13}	tʂʰəu^{42}	tʂʰəu^{13}	tʂʰəu^{13}	tʂʰəu^{13}	tsəu^{42}	tsʰəu^{13}
吉县	ɕiəu^{423}	ɕiəu^{13}	tʂʰəu^{423}	tʂʰəu^{13}	tʂʰəu^{13}	tʂʰəu^{13}	tsəu^{423}	tsʰəu^{13}
乡宁	ɕiou^{53}	tɕʰiou^{12}	tʂʰou^{53}	tʂʰou^{12}	tʂʰou^{12}	tʂʰou^{12}	——	tsʰou^{12}
广灵	ɕiɤu^{53}	tɕʰiɤu^{31}	tsʰɤu^{53}	tsʰɤu^{31}	tsʰɤu^{31}	tsʰɤu^{31}	tsɤu^{53}	tsʰɤu^{31}

字目	搜	馊	周	舟	州	洲	收	仇报~
中古音 方言点	所鸠 流开三 平尤生	所鸠 流开三 平尤生	职流 流开三 平尤章	职流 流开三 平尤章	职流 流开三 平尤章	职流 流开三 平尤章	式州 流开三 平尤书	市流 流开三 平尤禅
北京	sou^{55}	sou^{55}	tʂou^{55}	tʂou^{55}	tʂou^{55}	tʂou^{55}	ʂou^{55}	tʂ^{h}ou^{35}
小店	səɯ^{11}	səɯ^{11}	tsəɯ^{11}	tsəɯ^{11}	tsəɯ^{11}	tsəɯ^{11}	səɯ^{11}	ts^{h}əɯ^{11}
尖草坪	sei^{33}	sei^{33}	tsei^{33}	tsei^{33}	tsei^{33}	tsei^{33}	sei^{33}	ts^{h}ei^{33}
晋源	sɤu^{11}	sɤu^{11}	tsɤu^{11}	tsɤu^{11}	tsɤu^{11}	tsɤu^{11}	sɤu^{11}	ts^{h}ɤu^{11}
阳曲	sei^{312}	sei^{43}	tsei^{312}	tsei^{312}	tsei^{312}	tsei^{312}	sei^{312}	ts^{h}ei^{43}
古交	sei^{44}	sei^{44}	tsei^{44}	tsei^{44}	tsei^{44}	tsei^{44}	sei^{44}	ts^{h}ei^{44}
清徐	sɐu^{11}	sɐu^{11}	tsɐu^{11}	tsɐu^{11}	tsɐu^{11}	tsɐu^{11}	sɐu^{11}	ts^{h}ɐu^{11}
娄烦	sə^{33}	sə^{33}	tsə^{33}	tsə^{33}	tsə^{33}	tsə^{33}	sə^{33}	ts^{h}ə^{33}
榆次	sɯ^{11}	sɿ^{11}	tsɯ^{11}	tsɯ^{11}	tsɯ^{11}	tsɯ^{11}	ts^{h}ɯ^{11}	ts^{h}ɯ^{11}
交城	sʌɯ^{11}	sʌɯ^{11}	tsʌɯ^{11}	tsʌɯ^{11}	tsʌɯ^{11}	tsʌɯ^{11}	sʌɯ^{11}	ts^{h}ʌɯ^{11}
文水	səɯ^{22}	səɯ^{22}	tsəɯ^{22}	tsəɯ^{22}	tsəɯ^{22}	tsəɯ^{22}	səɯ^{22}	ts^{h}əɯ^{22}
祁县	sɤu^{31}	sɤu^{31}	tʂɤu^{31}	tʂɤu^{31}	tʂɤu^{31}	tʂɤu^{31}	ʂɤu^{31}	tʂ^{h}ɤu^{31}
太谷	səɯ^{33}	səɯ^{33}	tsəɯ^{33}	tsəɯ^{33}	tsəɯ^{33}	tsəɯ^{33}	səɯ^{33}	ts^{h}əɯ^{33}
平遥	səu^{213}	ʂəu^{213}	tʂəu^{213}	tʂəu^{213}	tʂəu^{213}	tʂəu^{213}	səu^{213}	ts^{h}əu^{2131}
孝义	sou^{33}	——	tʂou^{33}	tʂou^{33}	tʂou^{33}	tʂou^{33}	ʂou^{33}	ts^{h}ou^{33}
介休	səu^{13}	səu^{13}	tʂəu^{13}	tʂəu^{13}	tʂəu^{13}	tʂəu^{13}	ʂəu^{13}	ts^{h}əu^{13}
灵石	sou^{535}	sou^{535}	tsou^{535}	tsou^{535}	tsou^{535}	tsou^{535}	sou^{535}	ts^{h}ou^{44}
盂县	səu^{412}	səu^{412}	tsəu^{412}	tsəu^{412}	tsəu^{412}	tsəu^{412}	səu^{412}	ts^{h}əu^{22}/ tɕ^{h}iəu^{22}
寿阳	səɯ^{31}	sɿ^{31}	tsəɯ^{31}	tsəɯ^{31}	tsəɯ^{31}	tsuaʔ$^{\underline{54}}$	səɯ^{31}	ts^{h}əɯ^{22}
榆社	səu^{22}	səu^{22}	tsəu^{22}	tsəu^{22}	tsəu^{22}	tsəu^{22}	səu^{22}	ts^{h}əu^{22}
离石	sʌu^{24}	sʌu^{24}	tsʌu^{24}	tsʌu^{24}	tsʌu^{24}	tsʌu^{24}	sʌu^{24}	ts^{h}ʌu^{44}
汾阳	sou^{324}	sou^{324}	tʂou^{324}	tʂou^{324}	tʂou^{324}	tʂou^{324}	ʂou^{324}	tʂ^{h}ou^{22}
中阳	sʌ^{24}	sʌ^{24}	tsʌ^{24}	tsʌ^{24}	tsʌ^{24}	tsʌ^{24}	sʌ^{24}	ts^{h}ʌ^{33}
柳林	sə^{24}	sə^{24}	tsə^{24}	tsə^{24}	tsə^{24}	tsə^{24}	sə^{24}	ts^{h}ə^{44}
方山	səɯ^{24}	səɯ^{24}	tʂəɯ^{24}	tʂəɯ^{24}	tʂəɯ^{24}	tʂəɯ^{24}	ʂəɯ^{24}	tʂ^{h}əɯ^{44}
临县	səɯ^{24}	səɯ^{24}	tʂəɯ^{24}	tʂəɯ^{24}	tʂəɯ^{24}	tʂəɯ^{24}	ʂəɯ^{24}	tʂ^{h}əɯ^{33}
兴县	sou^{324}	sou^{324}	tʂou^{324}	tʂou^{324}	tʂou^{324}	tʂou^{324}	ʂou^{324}	tʂ^{h}ou^{55}
岚县	sɐu^{214}	sɐu^{214}	tsɐu^{214}	tsɐu^{214}	tsɐu^{214}	tsɐu^{214}	sɐu^{214}	ts^{h}ɐu^{44}
静乐	sɤɯ^{24}	sɤɯ^{24}	tsɤɯ^{24}	tsɤɯ^{24}	tsɤɯ^{24}	tsɤɯ^{24}	sɤɯ^{24}	ts^{h}ɤɯ^{33}
交口	sou^{323}	sou^{323}	tsou^{323}	tsou^{323}	tsou^{323}	tsou^{323}	sou^{323}	ts^{h}ou^{44}
石楼	sou^{213}	sou^{213}	tʂou^{213}	tʂou^{213}	tʂou^{213}	tʂou^{213}	ʂou^{213}	ts^{h}ou^{44}

续表

字目	搜	馊	周	舟	州	洲	收	仇报~
中古音 / 方言点	所鸠 流开三 平尤生	所鸠 流开三 平尤生	职流 流开三 平尤章	职流 流开三 平尤章	职流 流开三 平尤章	职流 流开三 平尤章	式州 流开三 平尤书	市流 流开三 平尤禅
隰县	sou^{53}	sou^{53}	tsou^{53}	tsou^{53}	tsou^{53}	tsou^{53}	sou^{53}	tsʰou^{24}
大宁	səu^{31}	səu^{31}	tʂəu^{31}	tʂəu^{31}	tʂəu^{31}	tʂəu^{31}	ʂəu^{31}	ʂəu^{24} 白 / tʂʰəu^{24} 文
永和	sɤu^{33}	sɤu^{33}	tsɤu^{33}	tsɤu^{33}	tsɤu^{33}	tsɤu^{33}	sɤu^{33}	tsʰɤu^{35}/ ʂɤu^{35}
汾西	sou^{11}	sou^{11}	tsou^{11}	tsou^{11}	tsou^{11}	tsou^{11}	sou^{11}	tsʰou^{35}
蒲县	sou^{52}	sou^{52}	tʂou^{52}	tʂou^{52}	tʂou^{52}	tʂou^{52}	ʂou^{52}	tʂʰou^{24}
潞州	səu^{312}	səu^{312}	tsəu^{312}	tsəu^{312}	tsəu^{312}	tsəu^{312}	səu^{312}	tsʰəu^{24}
上党	səu^{213}	səu^{213}	tsəu^{213}	tsəu^{213}	tsəu^{213}	tsəu^{213}	səu^{213}	tsʰəu^{44}
长子	səu^{312}	səu^{312}	tsəu^{312}	tsəu^{312}	tsəu^{312}	tsəu^{312}	səu^{312}	tsʰəu^{24}
屯留	səu^{31}	səu^{31}	tsəu^{31}	tsəu^{31}	tsəu^{31}	tsəu^{31}	səu^{31}	tsʰəu^{11}
襄垣	səu^{33}	səu^{33}	tsəu^{33}	tsəu^{33}	tsəu^{33}	tsəu^{33}	səu^{33}	tsʰəu^{31}
黎城	səu^{33}	səu^{53}	tɕiəu^{33}	tɕiəu^{33}	tɕiəu^{33}	tɕiəu^{33}	ɕiəu^{33}	tsʰəu^{53}
平顺	səu^{213}	səu^{213}	tɕəu^{213}	tɕəu^{213}	tɕəu^{213}	tɕəu^{213}	ɕəu^{213}	tɕʰəu^{13}
壶关	ʂəu^{33}	ʂəu^{33}	tʂəu^{33}	tʂəu^{33}	tʂəu^{33}	tʂəu^{33}	ʂəu^{33}	tʂʰəu^{13}
沁县	səu^{224}	səu^{224}	tsəu^{224}	tsəu^{224}	tsəu^{224}	tsəu^{224}	səu^{224}	tsʰəu^{33}
武乡	səu^{113}	səu^{113}	tsəu^{113}	tsəu^{113}	tsəu^{113}	tsəu^{113}	səu^{113}	tsʰəu^{33}
沁源	sei^{324}	sei^{324}	tʂei^{324}	tʂei^{324}	tʂei^{324}	tʂei^{324}	ʂei^{324}	tsʰei^{33}
安泽	səu^{21}	səu^{21}	tsəu^{21}	tsəu^{21}	tsəu^{21}	tsəu^{21}	səu^{21}	tsʰəu^{35}/ tɕiəu^{35}
沁水端氏	sɔu^{21}	——	tsɔu^{21}	tsɔu^{21}	tsɔu^{21}	tsɔu^{21}	sɔu^{21}	tsʰɔu^{24}
阳城	sɐu^{224}	sɐu^{224}	tʂɐu^{224}	tʂɐu^{224}	tʂɐu^{224}	tʂɐu^{224}	ʂɐu^{224}	tʂʰɐu^{22}
高平	ʂʌu^{33}	ʂʌu^{33}	tʂʌu^{33}	tʂʌu^{33}	tʂʌu^{33}	tʂʌu^{33}	ʂʌu^{33}	tʂʰʌu^{33}
陵川	ʂəo^{33}	ʂəo^{33}	tʂəo^{33}	tʂəo^{33}	tʂəo^{33}	tʂəo^{33}	ʂəo^{33}	tʂʰəo^{53}
晋城	ʂaɯ^{33}	ʂaɯ^{33}	tʂaɯ^{33}	tʂaɯ^{33}	tʂaɯ^{33}	tʂaɯ^{33}	ʂaɯ^{33}	tʂʰaɯ^{324}
忻府	səu^{313}	səu^{313}	tʂəu^{313}	tʂəu^{313}	tʂəu^{313}	tʂəu^{313}	ʂəu^{313}	tʂʰəu^{21}
原平	sɤɯ^{213}	sɤɯ^{213}	tʂɤɯ^{213}	tʂɤɯ^{213}	tʂɤɯ^{213}	tʂɤɯ^{213}	ʂɤɯ^{213}	tʂʰɤɯ^{33}
定襄	səu^{24}	səu^{24}	tsəu^{24}	tsəu^{24}	tsəu^{24}	tsəu^{24}	ʂəu^{24}	tʂʰəu^{11}
五台	sei^{213}	sei^{213}	tsei^{213}	tsei^{213}	tsei^{213}	tsei^{213}	sei^{213}	tsʰei^{33}
岢岚	səu^{13}	səu^{13}	tʂəu^{13}	tʂəu^{44}	tʂəu^{13}	tʂəu^{13}	ʂəu^{13}	tsʰəu^{44}
五寨	səu^{13}	səu^{13}	tsəu^{13}	tsəu^{13}	tsəu^{13}	tsəu^{13}	səu^{13}	tsʰəu^{44}
宁武	səu^{23}	——	tsəu^{23}	tsəu^{23}	tsəu^{23}	tsəu^{23}	səu^{23}	tsʰəu^{33}

续表

字目	搜	馊	周	舟	州	洲	收	仇报~
中古音 / 方言点	所鸠 流开三 平尤生	所鸠 流开三 平尤生	职流 流开三 平尤章	职流 流开三 平尤章	职流 流开三 平尤章	职流 流开三 平尤章	式州 流开三 平尤书	市流 流开三 平尤禅
神池	səu^{24}	səu^{24}	tsəu^{24}	tsəu^{24}	tsəu^{24}	tsəu^{24}	səu^{24}	tsʰəu^{32}
繁峙	səu^{53}	səu^{53}	tsəu^{53}	tsəu^{53}	tsəu^{53}	tsəu^{53}	səu^{53}	tsʰəu^{31}
代县	səu^{213}	səu^{213}	tsəu^{213}	tsəu^{213}	tsəu^{213}	tsəu^{213}	səu^{213}	tsʰəu^{44}
河曲	sɤɯ^{213}	sɤɯ^{213}	tʂɤɯ^{213}	tʂɤɯ^{213}	tʂɤɯ^{213}	tʂɤɯ^{213}	ʂɤɯ^{213}	tʂʰɤɯ^{44}
保德	sʌu^{213}	sʌu^{213}	tʂʌu^{213}	tʂʌu^{213}	tʂʌu^{213}	tʂʌu^{213}	ʂʌu^{213}	tʂʰʌu^{44}
偏关	sɤu^{24}	sɤu^{24}	tʂɤu^{24}	tʂɤu^{24}	tʂɤu^{24}	tʂɤu^{24}	ʂɤu^{24}	tʂʰɤu^{44}
朔城	səu^{312}	——	tsəu^{312}	tsəu^{312}	tsəu^{312}	tsəu^{312}	səu^{312}	tsʰəu^{35}
平鲁	səu^{213}	səu^{213}	tsəu^{213}	tsəu^{213}	tsəu^{213}	tsəu^{213}	səu^{213}	tsʰəu^{44}
应县	səu^{43}	səu^{43}	tsəu^{43}	tsəu^{43}	tsəu^{43}	tsəu^{43}	səu^{43}	tsʰəu^{31}
灵丘	seiu^{442}	seiu^{442}	tseiu^{442}	tseiu^{442}	tseiu^{442}	tseiu^{442}	seiu^{442}	tsʰeiu^{31}
浑源	siəu^{52}	siəu^{52}	tsiəu^{52}	tsiəu^{52}	tsiəu^{52}	tsiəu^{52}	siəu^{52}	tsʰiəu^{22}
云州	sɤu^{21}	sɤu^{21}	tʂɤu^{21}	tʂɤu^{21}	tʂɤu^{21}	tʂɤu^{21}	ʂɤu^{21}	tʂʰɤu^{312}
新荣	siəu^{32}	səu^{32}	tʂiəu^{32}	tʂiəu^{32}	tʂiəu^{32}	tʂiəu^{32}	ʂiəu^{32}	tʂʰiəu^{312}
怀仁	sɤu^{42}	sɤu^{42}	tsɤu^{42}	tsɤu^{42}	tsɤu^{42}	tsɤu^{42}	sɤu^{42}	tsʰɤu^{312}
左云	səu^{31}	səu^{31}	tsəu^{31}	tsəu^{31}	tsəu^{31}	tsəu^{31}	səu^{31}	tsʰəu^{313}
右玉	səu^{31}	səu^{31}	tʂəu^{31}	tʂəu^{31}	tʂəu^{31}	tʂəu^{31}	ʂəu^{31}	tʂʰəu^{212}/ tɕʰiəu^{212}
阳高	sɤu^{31}	sɤu^{31}	tsɤu^{31}	tsɤu^{31}	tsɤu^{31}	tsɤu^{31}	sɤu^{31}	tsʰɤu^{312}
山阴	səu^{313}	——	tʂəu^{313}	tʂəu^{313}	tʂəu^{313}	tʂəu^{313}	ʂəu^{313}	tʂʰəu^{313}
天镇	sɤu^{31}	sɤu^{31}	tsɤu^{31}	tsɤu^{31}	tsɤu^{31}	tsɤu^{31}	sɤu^{31}	tsʰɤu^{22}
平定	sɤu^{31}	sɤu^{31}	tʂɤu^{31}	tʂɤu^{31}	tʂɤu^{31}	tʂɤu^{31}	ʂɤu^{31}	tʂʰɤu^{44}
昔阳	səu^{42}	səu^{42}	tʂəu^{42}	tʂəu^{42}	tʂəu^{42}	tʂəu^{42}	ʂəu^{42}	tʂʰəu^{33}
左权	sʌu^{31}	sʌu^{31}	tʂʌu^{31}	tʂʌu^{31}	tʂʌu^{31}	tʂʌu^{31}	ʂʌu^{31}	tsʰʌu^{11}
和顺	sɤu^{42}	sɤu^{42}	tʂɤu^{42}	tʂɤu^{42}	tʂɤu^{42}	tʂɤu^{42}	ʂɤu^{42}	tʂʰɤu^{22}
尧都	ʂou^{21}	sou^{21}	tsou^{21}	tsou^{21}	tsou^{21}	tsou^{21}	ʂou^{21}	tsʰou^{24}
洪洞	sou^{21}	sou^{21}	tʂou^{21}	tʂou^{21}	tʂou^{21}	tʂou^{21}	ʂou^{21}	tʂʰou^{24}
洪洞赵城	sou^{21}	sou^{21}	tʂou^{21}	tʂou^{21}	tʂou^{21}	tʂou^{21}	ʂou^{21}	tʂʰou^{24}
古县	səu^{21}	səu^{21}	tʂəu^{21}	tʂəu^{21}	tʂəu^{21}	tʂəu^{21}	ʂəu^{21}	tʂʰəu^{35}
襄汾	sou^{21}	sou^{21}	tʂou^{21}	tʂou^{21}	tʂou^{21}	tʂou^{21}	ʂou^{21}	tʂʰou^{24}
浮山	sou^{42}	sou^{42}	tʂou^{42}	tʂou^{42}	tʂou^{42}	tʂou^{42}	ʂou^{42}	tʂʰou^{13}
霍州	səu^{212}	səu^{212}	tʂəu^{212}	tʂəu^{212}	tʂəu^{212}	tʂəu^{212}	ʂəu^{212}	tʂʰəu^{35}

续表

字目	搜	馊	周	舟	州	洲	收	仇报～
中古音 / 方言点	所鸠 流开三 平尤生	所鸠 流开三 平尤生	职流 流开三 平尤章	职流 流开三 平尤章	职流 流开三 平尤章	职流 流开三 平尤章	式州 流开三 平尤书	市流 流开三 平尤禅
翼城	sou^{53}	sou^{53}	tʂou^{53}	tʂou^{53}	tʂou^{53}	tʂou^{53}	ʂou^{53}	tʂʰou^{12}
闻喜	sɤu^{53}	sɤu^{53}	tsɤu^{53}	tsɤu^{53}	tsɤu^{53}	tsɤu^{53}	sɤu^{53}	tsʰɤu^{13}/ tɕʰiɤu^{13}
侯马	sou^{213}	sou^{213}	tʂou^{213}	tʂou^{213}	tʂou^{213}	tʂou^{213}	ʂou^{213}	tʂʰou^{213}
新绛	səu^{53}	səu^{53}	tʂəu^{53}	tʂəu^{53}	tʂəu^{53}	tʂəu^{53}	ʂəu^{53}	tʂʰəu^{13}
绛县	səu^{53}	səu^{53}	tʂəu^{53}	tʂəu^{53}	tʂəu^{53}	tʂəu^{53}	ʂəu^{53}	tʂʰəu^{24}
垣曲	sou^{22}	sou^{22}	tʂou^{22}	tʂou^{22}	tʂou^{22}	tʂou^{22}	ʂou^{22}	tʂʰou^{22}
夏县	ʂəu^{53}	——	tʂəu^{53}	tʂəu^{53}	tʂəu^{53}	tʂəu^{53}	ʂəu^{53}	tʂʰəu^{42}
万荣	səu^{51}	səu^{51}	tʂəu^{51}	tʂəu^{51}	tʂəu^{51}	tʂəu^{51}	ʂəu^{51}	tʂʰəu^{213}
稷山	səu^{53}	səu^{53}	tʂəu^{53}	tʂəu^{53}	tʂəu^{53}	tʂəu^{53}	ʂəu^{53}	tʂʰəu^{13}
盐湖	sou^{44}	sou^{42}	tʂou^{42}	tʂou^{42}	tʂou^{42}	tʂou^{42}	ʂou^{42}	tʂʰou^{13}
临猗	səu^{42}	səu^{42}	tʂəu^{42}	tʂəu^{42}	tʂəu^{42}	tʂəu^{42}	ʂəu^{42}	tʂʰəu^{13}
河津	səu^{31}	səu^{31}	tʂəu^{31}	tʂəu^{31}	tʂəu^{31}	tʂəu^{31}	ʂəu^{31}	tʂʰəu^{324}
平陆	səu^{31}	səu^{31}	tʂəu^{31}	tʂəu^{31}	tʂəu^{31}	tʂəu^{31}	ʂəu^{31}	tʂʰəu^{13}
永济	səu^{31}	səu^{31}	tʂəu^{31}	tʂəu^{31}	tʂəu^{31}	tʂəu^{31}	ʂəu^{31}	tʂʰəu^{24}
芮城	səu^{42}	səu^{42}	tʂəu^{42}	tʂəu^{42}	tʂəu^{42}	tʂəu^{42}	ʂəu^{42}	tʂʰəu^{13}
吉县	səu^{423}	səu^{423}	tʂəu^{423}	tʂəu^{423}	tʂəu^{423}	tʂəu^{423}	ʂəu^{423}	tʂʰəu^{13}
乡宁	sou^{53}	sou^{53}	tʂou^{53}	tʂou^{53}	tʂou^{53}	tʂou^{53}	ʂou^{53}	tʂʰou^{12}
广灵	sɤu^{53}	sɤu^{53}	tsɤu^{53}	tsɤu^{53}	tsɤu^{53}	tsɤu^{53}	sɤu^{53}	tsʰɤu^{31}

字目	酬	柔	纠~纷	丘	求	球	牛	休
中古音 / 方言点	市流 流开三 平尤禅	耳由 流开三 平尤日	居黝 流开三 平尤见	去鸠 流开三 平尤溪	巨鸠 流开三 平尤群	巨鸠 流开三 平尤群	语求 流开三 平尤疑	许尤 流开三 平尤晓
北京	tʂʰou^{35}	ʐou^{35}	tɕiou^{55}	tɕʰiou^{55}	tɕiou^{35}	tɕiou^{35}	niou^{35}	ɕiou^{55}
小店	tsʰəɯ^{11}	zəɯ^{11}	tɕiəɯ^{11}	tɕʰiəɯ^{11}	tɕʰiəɯ^{11}	tɕʰiəɯ^{11}	niəɯ^{11}	ɕiəɯ^{11}
尖草坪	tsʰei^{33}	zei^{33}	tɕiei^{33}	tɕʰiei^{35}	tɕʰiei^{35}	tɕʰiei^{35}	niei^{33}	ɕiei^{33}
晋源	tsʰɤu^{11}	zɤu^{11}	tɕiɤu^{11}	tɕʰiɤu^{11}	tɕʰiɤu^{11}	tɕiɤu^{11} 白 / tɕʰiɤu^{11} 文	ȵiɤu^{11}	ɕiɤu^{11}
阳曲	tsʰei^{43}	zei^{312}	tɕiei^{312}	tɕʰiei^{312}	tɕʰiei^{43}	tɕʰiei^{43}	ȵiei^{43}	ɕiei^{312}
古交	tsʰei^{44}	zei^{44}	tɕiei^{44}	tɕʰiei^{44}	tɕʰiei^{44}	tɕʰiei^{44}	niei^{44}	ɕiei^{44}
清徐	tsʰɐu^{11}	zɐu^{11}	tɕiəu^{11}	tɕʰiəu^{11}	tɕʰiəu^{11}	tɕʰiəu^{11}	niəu^{11}	ɕiəu^{11}
娄烦	tsʰə^{33}	zə^{33}	tɕiu^{33}	tɕʰiu^{33}	tɕʰiu^{33}	tɕʰiu^{33}	ȵiu^{33}	ɕiu^{33}
榆次	tsʰɯ^{11}	zɯ^{11}	tɕiɯ^{11}	tɕʰiɯ^{11}	tɕʰiɯ^{11}	tɕʰiɯ^{11}	niɯ^{11}	ɕiɯ^{11}
交城	tsʰʌɯ^{11}	ʐʌɯ^{11}	tɕiʌɯ^{11}	tɕʰiʌɯ^{11}	tɕʰiʌɯ^{11}	tɕʰiʌɯ^{11}	niʌɯ^{11}	ɕiʌɯ^{11}
文水	tsʰəɯ^{22}	ʐəɯ^{22}	tɕiəɯ^{22}	tɕʰiəɯ^{22}	tɕʰiəɯ^{22}	tɕʰiəɯ^{22}	ȵiəɯ^{22}	ɕiəɯ^{22}
祁县	tʂʰɤu^{31}	ʐɤu^{31}	tɕiɤu^{31}	tɕʰiɤu^{31}	tɕʰiɤu^{31}	tɕʰiɤu^{31}	ȵiɤu^{31}	ɕiɤu^{31}
太谷	tsʰəɯ^{33}	zəɯ^{33}	tɕiəɯ^{33}	tɕʰiəɯ^{33}	tɕʰiəɯ^{33}	tɕʰiəɯ^{33}	ȵiəɯ^{33}	ɕiəɯ^{33}
平遥	tsʰəu^{2131}	ʐəu^{213}	tɕiəu^{512}	tɕʰiəu^{2131}	tɕʰiəu^{213}	tɕʰiəu^{213}	ȵiəu^{213}	ɕiəu^{213}
孝义	tʂʰou^{33}	ʐou^{33}	tɕiou^{33}	tɕʰiou^{33}	tɕʰiou^{33}	tɕʰiou^{33}	ȵiou^{33}	ɕiou^{33}
介休	tʂʰəu^{13}	ʐəu^{13}	tɕiəu^{13}	tɕʰiəu^{13}	tɕʰiəu^{13}	tɕʰiəu^{13}	ȵiəu^{13}	ɕiəu^{13}
灵石	tsʰou^{44}	ʐou^{44}	tɕiou^{535}	tɕʰiou^{535}	tɕʰiou^{44}	tɕʰiou^{44}	niou^{44}	ɕʰiou^{535}
盂县	tsʰəu^{22}	zəu^{22}	tɕiəu^{412}	tɕʰiəu^{412}	tɕʰiəu^{22}	tɕʰiəu^{22}	ȵiəu^{22}	ɕiəu^{412}
寿阳	tsʰəɯ^{22}	zəɯ^{22}	tɕiəɯ^{31}	tɕʰiəɯ^{31}	tɕʰiəɯ^{22}	tɕʰiəɯ^{22}	ȵiəɯ^{22}	ɕiəɯ^{31}
榆社	tsʰəu^{22}	zəu^{22}	tɕiəu^{22}	tɕʰiəu^{22}	tɕʰiəu^{22}	tɕʰiəu^{22}	niəu^{22}	ɕʰiəu^{22}
离石	tsʰʌu^{44}	zʌu^{44}	tɕiʌu^{24}	tɕʰiʌu^{24}	tɕʰiʌu^{44}	tɕʰiʌu^{44}	niʌu^{44}	ɕiʌu^{24}
汾阳	tʂʰou^{22}	ʐou^{22}	tɕiou^{324}	tɕʰiou^{324}	tɕʰiou^{324}	tɕʰiou^{324}	ȵiou^{22}	ɕiou^{324}
中阳	tsʰʌ^{33}	ʐʌ^{33}	tɕiʌ^{24}	tɕʰiʌ^{24}	tɕʰiʌ^{33}	tɕʰiʌ^{33}	niʌ^{33}	ɕiʌ^{24}
柳林	tsʰə^{44}	zə^{44}	tɕiɛ^{24}	tɕʰiɛ^{24}	tɕʰiɛ^{44}	tɕʰiɛ^{44}	niɛ^{53}	ɕiɛ^{24}
方山	tʂʰəɯ^{44}	ʐəɯ^{44}	tɕiəɯ^{24}	tɕʰiəɯ^{24}	tɕʰiəɯ^{44}	tɕʰiəɯ^{44}	niəɯ^{44}	ɕiəɯ^{24}
临县	tʂʰəɯ^{33}	ʐəɯ^{24}	tɕiəɯ^{24}	tɕʰiəɯ^{24}	tɕʰiəɯ^{33}	tɕʰiəɯ^{33}	niəɯ^{33}	ɕiəɯ^{24}
兴县	tʂʰou^{55}	ʐou^{55}	tɕiou^{324}	tɕʰiou^{324}	tɕʰiou^{55}	tɕʰiou^{55}	niou^{55}	ɕiou^{324}
岚县	tsʰɐu^{44}	ʐɐu^{44}	tɕiɐu^{214}	tɕʰiɐu^{214}	tɕʰiɐu^{44}	tɕʰiɐu^{44}	ȵiɐu^{44}	ɕiɐu^{214}
静乐	tsʰɤɯ^{33}	zɤɯ^{33}	tɕiɤɯ^{314}	tɕʰiɤɯ^{24}	tɕʰiɤɯ^{24}	tɕʰiɤɯ^{24}	ȵiɤɯ^{33}	ɕiɤɯ^{24}
交口	tsʰou^{44}	ʐou^{44}	tɕiou^{323}	tɕʰiou^{323}	tɕʰiou^{44}	tɕʰiou^{44}	ȵiou^{44}	ɕiou^{323}
石楼	tʂʰou^{44}	ʐou^{44}	tɕiou^{213}	tɕʰiou^{213}	tɕʰiou^{44}	tɕʰiou^{44}	ȵiou^{44}/ ȵiou^{51}	ɕiou^{213}

续表

字目	酬	柔	纠~纷	丘	求	球	牛	休
中古音 / 方言点	市流 流开三 平尤禅	耳由 流开三 平尤日	居黝 流开三 平尤见	去鸠 流开三 平尤溪	巨鸠 流开三 平尤群	巨鸠 流开三 平尤群	语求 流开三 平尤疑	许尤 流开三 平尤晓
隰县	tsʰou^{24}	zou^{24}	tɕiou^{53}	tɕʰiou^{53}	tɕʰiou^{24}	tɕʰiou^{24}	ȵiou^{24}	ɕiou^{53}
大宁	tʂʰəu^{24}	ʐəu^{24}	tɕiəu^{31}	tɕʰiəu^{31}	tɕʰiəu^{24}	tɕʰiəu^{31}	niəu^{24}	ɕiəu^{31}
永和	tsʰɤu^{35}	——	tɕiɤu^{33}	tɕʰiɤu^{33}	tɕʰiɤu^{35}	tɕʰiɤu^{35}	niɤu^{35}	ɕiɤu^{33}
汾西	tsʰou^{35}	zou^{35}	tɕiou^{11}	tɕʰiou^{11}	tɕʰiou^{35}	tɕʰiou^{35}	niou^{35}	ɕiou^{11}
蒲县	tʂʰou^{24}	ʐou^{24}	tɕiou^{31}	tɕʰiou^{52}	tɕʰiou^{24}	tɕʰiou^{24}	ȵiou^{24}	ɕiou^{52}
潞州	tsʰəu^{24}	iəu^{24}	tɕiəu^{312}	tɕʰiəu^{312}	tɕʰiəu^{24}	tɕʰiəu^{24}	iəu^{24} 白 / ȵiəu^{24} 文	ɕiəu^{312}
上党	tsʰəu^{44}	iəu^{44}	tɕiəu^{213}	tɕʰiəu^{213}	tɕʰiəu^{44}	tɕʰiəu^{44}	iəu^{44} 白 / niəu^{44} 文	ɕiəu^{213}
长子	tsʰəu^{24}	iəu^{24}	tɕiəu^{312}	tɕʰiəu^{312}	tɕʰiəu^{24}	tɕʰiəu^{24}	iəu^{24} 白 / ȵiəu^{24} 文	ɕiəu^{312}
屯留	tsʰəu^{11}	iəu^{31}	tɕiəu^{31}	tɕʰiəu^{31}	tɕʰiəu^{11}	tɕʰiəu^{11}	iəu^{11} 白 / ȵiəu^{11} 文	ɕiəu^{31}
襄垣	tsʰəu^{31}	ʐəu^{31}	tɕiəu^{33}	tɕʰiəu^{33}	tɕʰiəu^{31}	tɕʰiəu^{31}	iəu^{31} 白 / ȵiəu^{31} 文	ɕiəu^{33}
黎城	tɕʰiəu^{33}	iəu^{33}	ciəu^{33}	cʰiəu^{33}	cʰiəu^{53}	cʰiəu^{33}	niəu^{53}	çiəu^{33}
平顺	tɕʰəu^{13}	iəu^{13}	ciəu^{213}	cʰiəu^{213}	cʰiəu^{13}	cʰiəu^{13}	niəu^{13}	ɕiəu^{213}
壶关	tʂʰəu^{13}	iəu^{13}	ciəu^{33}	cʰiəu^{33}	cʰiəu^{13}	cʰiəu^{13}	niəu^{13}	çiəu^{33}
沁县	tsʰəu^{33}	zəu^{33}	tɕy^{224}	tɕʰy^{224}	tɕʰy^{33}	tɕʰy^{33}	——	ɕy^{224}
武乡	tsʰəu^{33}	zəu^{33}	tɕiəu^{113}	tɕiəu^{113}	tɕiəu^{33}	tɕiəu^{33}	ȵiəu^{33}	ɕiəu^{113}
沁源	tsʰei^{33}	ʐei^{33}	tɕiəu^{324}	tɕʰiəu^{324}	tɕʰiəu^{33}	tɕʰiəu^{33}	ȵiəu^{33}	ɕiəu^{324}
安泽	tsʰəu^{35}	zəu^{35}	tɕiəu^{21}	tɕʰiəu^{21}	tɕʰiəu^{35}	tɕʰiəu^{53}	ȵiəu^{35}	ɕiəu^{21}
沁水端氏	tsʰɔu^{24}	zɔu^{24}	tɕiɔu^{21}	tɕʰiɔu^{21}	tɕʰiɔu^{24}	tɕʰiɔu^{24}	iɔu^{24} 白 / ȵiɔu^{24} 文	ɕiɔu^{21}
阳城	tʂʰɐu^{22}	ʐɐu^{224}	ciɐu^{224}	cʰiɐu^{224}	cʰiɐu^{22}	cʰiɐu^{22}	ɣɐu^{22} 白 / nɐu^{22} 文	çiɐu^{224}/ xɐu^{224}
高平	tʂʰʌu^{33}	ʐʌu^{33}	tɕiʌu^{33}	cʰiʌu^{33}	cʰiʌu^{33}	cʰiʌu^{33}	iʌu^{33} 白 / liʌu^{33} 文	ɕiʌu^{33}
陵川	tʂʰəo^{53}	əo^{53}	ciəo^{33}	cʰiəo^{33}	cʰiəo^{53}	cʰiəo^{53}	ɣəo^{53}	ɕiəo^{33}
晋城	tʂʰaɯ^{324}	ʐaɯ^{324}	tɕiaɯ^{33}	tɕʰiaɯ^{33}	tɕʰiaɯ^{324}	tɕʰiaɯ^{324}	ɣaɯ^{324} 白 / aɯ^{324} 白 / niaɯ^{324} 文	ɕiaɯ^{33}
忻府	tʂʰəu^{21}	ʐəu^{21}	tɕiəu^{313}	tɕʰiəu^{313}	tɕʰiəu^{21}	tɕʰiəu^{21}	niəu^{21}	ɕiəu^{313}
原平	tʂʰɤɯ^{33}	ʐɤɯ^{33}	tɕɤɯ^{213}	tɕʰiɤɯ^{213}	tɕʰiɤɯ^{33}	tɕʰiɤɯ^{33}	niɤɯ^{33}	ɕiɤɯ^{213}

续表

字目	酬	柔	纠~纷	丘	求	球	牛	休
中古音／方言点	市流 流开三 平尤禅	耳由 流开三 平尤日	居黝 流开三 平尤见	去鸠 流开三 平尤溪	巨鸠 流开三 平尤群	巨鸠 流开三 平尤群	语求 流开三 平尤疑	许尤 流开三 平尤晓
定襄	tʂʰəu^{11}	zəu^{11}	tɕiəu^{24}	tɕʰiəu^{24}	ɕʰiəu^{11}	ɕʰiəu^{11}	niəu^{11}	ɕiəu^{24}
五台	tsʰei^{33}	zei^{33}	tɕiey^{213}	tɕʰiey^{213}	tɕʰiey^{33}	tɕʰiey^{33}	ȵiey^{33}	ɕiey^{213}
岢岚	tsʰəu^{44}	ʐəu^{44}	tɕiu^{13}	tɕʰiu^{13}	tɕʰiu^{44}	tɕʰiu^{13}	niu^{44}	ɕiu^{13}
五寨	tsʰəu^{44}	zəu^{44}	tɕiəu^{13}	tɕʰiəu^{13}	tɕʰiəu^{44}	tɕʰiəu^{44}	niəu^{44}	ɕiəu^{13}
宁武	tsʰəu^{33}	zəu^{33}	tɕiəu^{23}	tɕiəu^{23}	tɕiəu^{33}	tɕiəu^{33}	niəu^{33}	ɕiəu^{23}
神池	tsʰəu^{32}	zəu^{32}	tɕiəu^{24}	tɕʰiəu^{24}	tɕʰiəu^{32}	tɕʰiəu^{32}	ȵiəu^{32}	ɕieu^{24}
繁峙	tsʰəu^{31}	ʐəu^{31}	tɕiəu^{53}	tɕʰiəu^{53}	tɕʰiəu^{31}	tɕʰiəu^{31}	ȵiəu^{31}	ɕiəu^{53}
代县	tsʰəu^{44}	zəu^{44}	tɕiəu^{213}	tɕʰiəu^{213}	tɕʰiəu^{44}	tɕʰiəu^{44}	niəu^{44}	ɕiəu^{213}
河曲	tʂʰɤɯ^{44}	ʐɤɯ^{44}	tɕiɤy^{213}	tɕʰiɤɯ^{213}	tɕʰiɤɯ^{44}	tɕʰiɤɯ^{213}	niɤɯ^{44}	ɕiɤɯ^{213}
保德	tʂʰʌu^{44}	ʐʌu^{44}	tɕiʌu^{213}	tɕʰiʌu^{213}	tɕʰiʌu^{44}	tɕʰiʌu^{44}	niʌu^{44}	ɕiʌu^{213}
偏关	tʂʰɤu^{44}	ʐɤu^{44}	tɕiɤu^{24}	tɕʰiɤu^{24}	tɕʰiɤu^{44}	tɕʰiɤu^{44}	niɤu^{44}	ɕiɤu^{24}
朔城	tsʰəu^{35}	ʐəu^{312}	tɕiəu^{312}	tɕʰiəu^{312}	tɕʰiəu^{35}	tɕʰiəu^{35}	niəu^{35}	ɕiəu^{312}
平鲁	tsʰəu^{44}	zəu^{44}	tɕiəu^{213}	tɕʰiəu^{213}	tɕʰiəu^{213}	tɕʰiəu^{213}	niəu^{44}	ɕiəu^{213}
应县	tsʰəu^{31}	zəu^{31}	tɕiəu^{43}	tɕʰiəu^{43}	tɕʰiəu^{31}	tɕʰiəu^{31}	niəu^{31}	ɕiəu^{43}
灵丘	tsʰeiu^{31}	zeiu^{31}	tɕieiu^{442}	tɕʰieiu^{442}	tɕʰieiu^{31}	tɕʰieiu^{31}	nieiu^{31}	ɕieiu^{442}
浑源	tsʰiəu^{22}	ziəu^{22}	tɕiəu^{52}	tɕʰiəu^{52}	tɕʰiəu^{22}	tɕʰiəu^{22}	niəu^{22}	ɕiəu^{52}
云州	tʂʰɤu^{312}	ʐɤu^{312}	tɕiɤu^{21}	tɕʰiɤu^{21}	tɕʰiɤu^{21}	tɕʰiɤu^{312}/ tɕʰiɤu^{21}	niɤu^{312}	ɕiɤu^{21}
新荣	tʂʰiəu^{312}	ʐiəu^{312}	tɕiəu^{32}	tɕʰiəu^{32}	tɕʰiəu^{312}	tɕʰiəu^{32}	niəu^{312}	ɕiəu^{32}
怀仁	tsʰɤu^{312}	zɤu^{312}	tɕiɤu^{42}	tɕʰiɤu^{42}	tɕʰiɤu^{312}	tɕʰiɤu^{312}	niɤu^{312}	ɕiɤu^{42}
左云	tsʰəu^{313}	ʐəu^{313}	tɕiəu^{31}	tɕʰiəu^{31}	tɕʰiəu^{313}	tɕʰiəu^{313}	niəu^{313}	ɕiəu^{31}
右玉	tʂʰəu^{212}	ʐəu^{212}	tɕiəu^{31}	tɕʰiəu^{31}	tɕʰiəu^{212}	tɕʰiəu^{212}	niəu^{212}	ɕiəu^{31}
阳高	tsʰɤu^{312}	ʐɤu^{312}	tɕiɤu^{31}	tɕʰiɤu^{31}	tɕʰiɤu^{312}	tɕʰiɤu^{31}	niɤu^{312}	ɕiɤu^{31}
山阴	tʂʰəu^{313}	ʐəu^{313}	tɕiəu^{313}	tɕʰiəu^{313}	tɕʰiəu^{313}	tɕʰiəu^{313}	niəu^{313}	ɕiəu^{313}
天镇	tsʰɤu^{22}	zɤu^{22}	tɕiɤu^{31}	tɕʰiɤu^{22}	tɕʰiɤu^{22}	tɕʰiɤu^{31}	niɤu^{22}	ɕiɤu^{31}
平定	tʂʰɤu^{44}	ʐɤu^{44}	tɕiɤu^{31}	tɕʰiɤu^{31}	tɕʰiɤu^{44}	tɕʰiɤu^{44}	niɤu^{44}	ɕiɤu^{31}
昔阳	tʂʰəu^{33}	ʐəu^{33}	tɕiəu^{42}	tɕʰiəu^{42}	tɕʰiəu^{33}	tɕʰiəu^{33}	niəu^{33}	ɕiəu^{42}
左权	tʂʰʌu^{11}	ʐʌu^{11}	tɕiʌu^{31}	tɕʰiʌu^{31}	tɕʰiʌu^{11}	tɕʰiʌu^{11}	ȵiʌu^{11}	ɕiʌu^{31}
和顺	tʂʰɤu^{22}	ʐɤu^{22}	tɕiɤu^{42}	tɕʰiɤu^{22}	tɕʰiɤu^{22}	tɕʰiɤu^{22}	ȵiɤu^{22}	ɕiɤu^{42}
尧都	tsʰou^{24}	ʐou^{24}	tɕiou^{21}	tɕʰiou^{21}	tɕʰiou^{24}	tɕʰiou^{24}	ȵiou^{24}	ɕiou^{21}
洪洞	tʂʰou^{24}	ʐou^{24}	tɕiou^{21}	tɕʰiou^{21}	tɕʰiou^{24}	tɕʰiou^{24}	ȵiou^{24}	ɕiou^{21}

续表

字目	酬	柔	纠~纷	丘	求	球	牛	休
中古音 / 方言点	市流 流开三 平尤禅	耳由 流开三 平尤日	居黝 流开三 平尤见	去鸠 流开三 平尤溪	巨鸠 流开三 平尤群	巨鸠 流开三 平尤群	语求 流开三 平尤疑	许尤 流开三 平尤晓
洪洞赵城	tʂʰou^{24}	ʐou^{24}	tɕiou^{21}	tɕʰiou^{21}	tɕʰiou^{24}	tɕʰiou^{24}	ȵiou^{24}	ɕiou^{21}
古县	tʂʰəu^{35}	ʐəu^{35}	tɕiəu^{21}	tɕʰiəu^{21}	tɕʰiəu^{35}	tɕʰiəu^{35}	ȵiəu^{35}	ɕiəu^{21}
襄汾	tʂʰou^{24}	ʐou^{24}	tɕiou^{21}	tɕʰiou^{21}	tɕʰiou^{24}	tɕʰiou^{24}	ȵiou^{24}	ɕiou^{21}
浮山	tʂʰou^{13}	ʐou^{13}	tɕiou^{42}	tɕʰiou^{42}	tɕʰiou^{13}	tɕʰiou^{13}	ȵiou^{13}	ɕiou^{42}
霍州	tʂʰəu^{35}	ʐəu^{35}	tɕiəu^{212}	tɕʰiəu^{212}	tɕʰiəu^{35}	tɕʰiəu^{35}	ȵiəu^{35}	ɕiəu^{212}
翼城	tʂʰou^{12}	ʐou^{12}	tɕiou^{53}	tɕʰiou^{53}	tɕʰiou^{12}	tɕʰiou^{12}	ȵiou^{12}	ɕiou^{53}
闻喜	tsʰɤu^{13}	zɤu^{53}	tɕiɤu^{53}/ tɕiɤu^{33}	tɕʰiɤu^{53}	tɕʰiɤu^{13}	tɕʰiɤu^{13}	ŋɤu^{13} 白 / ȵiɤu^{13} 文	ɕiɤu^{53}
侯马	tʂʰou^{213}	ʐou^{213}	tɕiou^{213}	tɕʰiou^{213}	tɕʰiou^{213}	tɕʰiou^{213}	ȵou^{213}	ɕiou^{213}
新绛	tʂʰəu^{13}	ʐəu^{13}	tɕiəu^{53}	tɕʰiəu^{53}	tɕʰiəu^{13}	tɕʰiəu^{13}	ȵiəu^{13}	ɕiəu^{53}
绛县	tʂʰəu^{24}	ʐəu^{24}	tɕiəu^{53}	tɕʰiəu^{53}	tɕʰiəu^{24}	tɕʰiəu^{24}	ȵiəu^{24}	ɕiəu^{53}
垣曲	tʂʰou^{22}	ʐou^{22}	tɕiou^{22}	tɕʰiou^{22}	tɕʰiou^{22}	tɕʰiou^{22}	ŋou^{22} 白 / ȵiou^{22} 文	ɕiou^{22}
夏县	tʂʰəu^{42}	ʐəu^{42}	tɕiəu^{53}	tɕʰiəu^{53}	tɕʰiəu^{42}	tɕʰiəu^{42}	ŋəu^{42} 白 / ȵiəu^{42} 文	ɕiəu^{53}
万荣	tʂʰəu^{213}	ʐəu^{213}	tɕiəu^{51}	tɕʰiəu^{51}	tɕʰiəu^{213}	tɕʰiəu^{51}	ŋəu^{213}	ɕiəu^{51}
稷山	tʂʰəu^{13}	ʐəu^{13}	tɕiəu^{53}	tɕʰiəu^{53}	tɕʰiəu^{13}	tɕʰiəu^{13}	ȵiəu^{13}	ɕiəu^{53}
盐湖	tʂʰou^{13}	ʐou^{13}	tɕiou^{42}	tɕʰiou^{42}	tɕʰiou^{13}	tɕʰiou^{13}	ŋou^{13} 白 / ȵiou^{13} 文	ɕiou^{42}
临猗	tʂʰəu^{13}	ʐəu^{13}	tɕiəu^{42}	tɕʰiəu^{42}	tɕʰiəu^{13}	tɕʰiəu^{13}	ŋəu^{13} 白 / ȵiəu^{13} 文	ɕiəu^{42}
河津	tʂʰəu^{324}	ʐəu^{324}	tɕiəu^{31}	tɕʰiəu^{31}	tɕʰiəu^{324}	tɕʰiəu^{31}	ŋəu^{324} 白 / ȵiəu^{324} 文	ɕiəu^{31} 白 / xəu^{31}
平陆	tʂʰəu^{13}	ʐəu^{13}	tɕiəu^{31}	tɕʰiəu^{31}	tɕʰiəu^{13}	tɕʰiəu^{13}	ȵiəu^{13}	ɕəu^{31}
永济	tʂʰəu^{31}	ʐəu^{24}	tɕiəu^{31}	tɕʰiəu^{31}	tɕʰiəu^{24}	tɕʰiəu^{24}	ȵiəu^{24}	ɕiəu^{31}
芮城	tʂʰəu^{13}	ʐəu^{13}	tɕiəu^{42}	tɕʰiəu^{42}	tɕʰiəu^{13}	tɕʰiəu^{13}	ŋəu^{13} 白 / ȵiəu^{13} 文	ɕiəu^{42}
吉县	tʂʰəu^{13}	ʐəu^{13}	tɕiəu^{423}	tɕʰiəu^{423}	tɕʰiəu^{13}	tɕʰiəu^{423}	ŋəu^{13} 白 / niəu^{13} 文	ɕiəu^{423}
乡宁	tʂʰou^{12}	ʐou^{12}	tɕiou^{21}	tɕʰiou^{53}	tɕʰiou^{12}	tɕʰiou^{12}	ȵiou^{12}	ɕiou^{53}
广灵	tsʰɤu^{31}	zɤu^{31}	tɕiɤu^{53}	tɕʰiɤu^{44}	tɕʰiɤu^{31}	tɕʰiɤu^{31}	niɤu^{31}	ɕiɤu^{53}

字目	忧	优	尤	邮	悠	犹	由	油
中古音 / 方言点	於求 流开三 平尤影	於求 流开三 平尤影	羽求 流开三 平尤云	羽求 流开三 平尤云	以周 流开三 平尤以	以周 流开三 平尤以	以周 流开三 平尤以	以周 流开三 平尤以
北京	iou^{55}	iou^{55}	iou^{35}	iou^{35}	iou^{55}	iou^{35}	iou^{35}	iou^{35}
小店	iəɯ^{11}	iəɯ^{11}	iəɯ^{11}	iəɯ^{11}	iəɯ^{11}	iəɯ^{11}	iəɯ^{11}	iəɯ^{11}
尖草坪	iei^{33}	iei^{33}	iei^{33}	iei^{33}	iei^{33}	iei^{33}	iei^{33}	iei^{33}
晋源	iɤu^{11}	iɤu^{11}	iɤu^{11}	iɤu^{11}	iɤu^{11}	iɤu^{11}	iɤu^{11}	iɤu^{11}
阳曲	iei^{312}	iei^{312}	iei^{43}	iei^{43}	iei^{312}	iei^{43}	iei^{43}	iei^{43}
古交	iei^{44}	iei^{44}	iei^{44}	iei^{44}	iei^{44}	iei^{44}	iei^{44}	iei^{44}
清徐	iəu^{11}	iəu^{11}	iəu^{11}	iəu^{11}	iəu^{11}	iəu^{11}	iəu^{11}	iəu^{11}
娄烦	iu^{33}	iu^{33}	iu^{54}	iu^{33}	iu^{33}	iu^{33}	iu^{33}	iu^{33}
榆次	iɯ^{11}	iɯ^{11}	iɯ^{11}	iɯ^{11}	iɯ^{11}	iɯ^{11}	iɯ^{11}	iɯ^{11}
交城	iʌɯ^{11}	iʌɯ^{11}	iʌɯ^{11}	iʌɯ^{11}	iʌɯ^{11}	iʌɯ^{11}	iʌɯ^{11}	iʌɯ^{11}
文水	iəɯ^{22}	iəɯ^{22}	iəɯ^{22}	iəɯ^{22}	iəɯ^{22}	iəɯ^{22}	iəɯ^{22}	iəɯ^{22}
祁县	iɤu^{31}	iɤu^{31}	iɤu^{31}	iɤu^{31}	iɤu^{31}	iɤu^{31}	iɤu^{31}	iɤu^{31}
太谷	iəɯ^{33}	iəɯ^{33}	iəɯ^{33}	iəɯ^{33}	iəɯ^{33}	iəɯ^{33}	iəɯ^{33}	iəɯ^{33}
平遥	iəu^{213}	iəu^{213}	iəu^{213}	iəu^{213}	iəu^{213}	iəu^{213}	iəu^{213}	iəu^{213}
孝义	iou^{33}	iou^{33}	iou^{33}	iou^{33}	iou^{33}	iou^{33}	iou^{33}	iou^{33}
介休	iəu^{13}	iəu^{13}	iəu^{13}	iəu^{13}	iəu^{13}	iəu^{13}	iəu^{13}	iəu^{13}
灵石	iou^{535}	iou^{535}	iou^{44}	iou^{44}	iou^{535}	iou^{44}	iou^{44}	iou^{44}
盂县	iəu^{412}	iəu^{412}	iəu^{22}	iəu^{22}	iəu^{412}	iəu^{22}	iəu^{22}	iəu^{22}
寿阳	iəɯ^{31}	iəɯ^{31}	iəɯ^{22}	iəɯ^{22}	iəɯ^{31}	iəɯ^{22}	iəɯ^{22}	iəɯ^{22}
榆社	iəu^{22}	iəu^{22}	iəu^{22}	iəu^{22}	iəu^{22}	iəu^{22}	iəu^{22}	iəu^{22}
离石	iʌu^{24}	iʌu^{24}	iʌu^{44}	iʌu^{44}	iʌu^{24}	iʌu^{44}	iʌu^{44}	iʌu^{44}
汾阳	iou^{324}	iou^{324}	iou^{324}	iou^{22}	iou^{324}	iou^{22}	iou^{22}	iou^{22}
中阳	iʌ^{24}	iʌ^{24}	iʌ^{33}	iʌ^{33}	iʌ^{24}	iʌ^{33}	iʌ^{33}	iʌ^{33}
柳林	iɛ^{24}	iɛ^{24}	iɛ^{44}	iɛ^{44}	iɛ^{44}	iɛ^{44}	iɛ^{44}	iɛ^{44}
方山	iəɯ^{24}	iəɯ^{24}	iəɯ^{44}	iəɯ^{44}	iəɯ^{24}	iəɯ^{44}	iəɯ^{44}	iəɯ^{44}
临县	iəɯ^{24}	iəɯ^{24}	iəɯ^{33}	iəɯ^{33}	iəɯ^{24}	iəɯ^{33}	iəɯ^{33}	iəɯ^{33}
兴县	iou^{324}	iou^{324}	iou^{55}	iou^{55}	iou^{324}	iou^{55}	iou^{55}	niou^{324}/iou^{55}
岚县	iɐu^{214}	iɐu^{214}	iɐu^{44}	iɐu^{44}	iɐu^{44}	iɐu^{214}	iɐu^{44}	iɐu^{44}
静乐	iɤɯ^{24}	iɤɯ^{24}	iɤɯ^{24}	iɤɯ^{24}	iɤɯ^{24}	iɤɯ^{24}	iɤɯ^{33}	iɤɯ^{33}
交口	iou^{323}	iou^{323}	iou^{323}	iou^{44}	iou^{323}	iou^{44}	iou^{44}	iou^{44}
石楼	iou^{213}	iou^{213}	iou^{44}	iou^{44}	iou^{44}	iou^{44}	iou^{44}	iou^{44}
隰县	iou^{53}	iou^{53}	iou^{24}	iou^{24}	iou^{53}	iou^{24}	iou^{24}	iou^{24}

续表

字目	忧	优	尤	邮	悠	犹	由	油
中古音 / 方言点	於求 流开三 平尤影	於求 流开三 平尤影	羽求 流开三 平尤云	羽求 流开三 平尤云	以周 流开三 平尤以	以周 流开三 平尤以	以周 流开三 平尤以	以周 流开三 平尤以
大宁	iəu^{31}	iəu^{31}	iəu^{24}	iəu^{31}	iəu^{31}	iəu^{24}	iəu^{24}	iəu^{24}
永和	iɤu^{35}	iɤu^{35}	iɤu^{35}	iɤu^{35}	iɤu^{35}	iɤu^{35}	iɤu^{35}	iɤu^{35}
汾西	iou^{11}	iou^{11}	iou^{35}	iou^{35}	iou^{11}	iou^{35}	iou^{35}	iou^{35}
蒲县	iou^{52}	iou^{52}	iou^{24}	iou^{52}	iou^{52}	iou^{24}	iou^{24}	iou^{24}
潞州	iəu^{312}	iəu^{312}	iəu^{24}	iəu^{24}	iəu^{312}	iəu^{24}	iəu^{24}	iəu^{24}
上党	iəu^{213}	iəu^{213}	iəu^{44}	iəu^{44}	iəu^{213}	iəu^{44}	iəu^{44}	——
长子	iəu^{312}	iəu^{312}	iəu^{24}	iəu^{24}	iəu^{312}	iəu^{24}	iəu^{24}	iəu^{24}
屯留	iəu^{31}	iəu^{31}	iəu^{31}	iəu^{31}	iəu^{31}	iəu^{31}	iəu^{11}	iəu^{11}
襄垣	iəu^{33}	iəu^{33}	iəu^{31}	iəu^{31}	iəu^{33}	iəu^{31}	iəu^{31}	iəu^{31}
黎城	iəu^{33}	iəu^{33}	iəu^{53}	iəu^{53}	iəu^{33}	iəu^{53}	iəu^{53}	iəu^{53}
平顺	iəu^{213}	iəu^{213}	iəu^{13}	iəu^{13}	iəu^{213}	iəu^{13}	iəu^{13}	iəu^{13}
壶关	iəu^{33}	iəu^{33}	iəu^{13}	iəu^{13}	iəu^{33}	iəu^{13}	iəu^{13}	iəu^{13}
沁县	y^{224}	y^{224}	y^{33}	y^{33}	y^{214}	y^{214}	y^{33}	y^{33}
武乡	iəu^{113}	iəu^{113}	iəu^{113}	iəu^{33}	iəu^{113}	iəu^{113}	iəu^{33}	iəu^{33}
沁源	iəu^{324}	iəu^{324}	iəu^{33}	iəu^{33}	iəu^{324}	iəu^{33}	iəu^{33}	iəu^{33}
安泽	iəu^{21}	iəu^{21}	iəu^{35}	iəu^{35}	iəu^{21}	iəu^{35}	iəu^{35}	iəu^{35}
沁水端氏	iou^{21}	iou^{21}	iou^{21}	iou^{24}	iou^{21}	iou^{24}	iou^{24}	iou^{24}
阳城	iɐu^{224}	iɐu^{224}	iɐu^{224}	iɐu^{224}	iɐu^{224}	iɐu^{22}	iɐu^{22}	iɐu^{22}
高平	iʌu^{33}	iʌu^{33}	iʌu^{33}	iʌu^{33}	iʌu^{33}	iʌu^{33}	iʌu^{33}	iʌu^{33}
陵川	iəo^{33}	iəo^{33}	iəo^{53}	iəo^{53}	iəo^{33}	iəo^{53}	iəo^{53}	iəo^{53}
晋城	iaɯ^{33}	iaɯ^{33}	iaɯ^{33}	iaɯ^{33}	iaɯ^{33}	iaɯ^{33}	iaɯ^{324}	iaɯ^{324}
忻府	iəu^{313}	iəu^{313}	iəu^{21}	iəu^{21}	iəu^{313}	iəu^{21}	iəu^{21}	iəu^{21}
原平	iɤɯ^{213}	iɤɯ^{213}	iɤɯ^{213}	iɤɯ^{33}	iɤɯ^{213}	iɤɯ^{33}	iɤɯ^{33}	iɤɯ^{33}
定襄	iəu^{24}	iəu^{24}	iəu^{11}	iəu^{11}	iəu^{24}	iəu^{11}	iəu^{11}	iəu^{11}
五台	iey^{213}	iey^{213}	iey^{213}	iey^{33}	iey^{213}	iey^{33}	iey^{33}	iey^{33}
岢岚	iu^{13}	iu^{13}	iu^{44}	iu^{44}	iu^{13}	iu^{44}	iu^{44}	iu^{44}
五寨	iəu^{13}	iəu^{13}	iəu^{44}	iəu^{44}	iəu^{13}	iəu^{44}	iəu^{44}	iəu^{44}
宁武	iəu^{23}	iəu^{23}	iəu^{33}	iəu^{33}	iəu^{23}	iəu^{33}	iəu^{33}	iəu^{33}
神池	iəu^{24}	iəu^{24}	iəu^{32}	iəu^{32}	iəu^{32}	iəu^{32}	iəu^{32}	iəu^{32}
繁峙	iəu^{53}	iəu^{53}	iəu^{31}	iəu^{31}	iəu^{53}	iəu^{31}	iəu^{31}	iəu^{31}
代县	iəu^{213}	iəu^{213}	iəu^{213}	iəu^{44}	iəu^{213}	iəu^{44}	iəu^{44}	iəu^{44}

续表

字目	忧	优	尤	邮	悠	犹	由	油
中古音 方言点	於求 流开三 平尤影	於求 流开三 平尤影	羽求 流开三 平尤云	羽求 流开三 平尤云	以周 流开三 平尤以	以周 流开三 平尤以	以周 流开三 平尤以	以周 流开三 平尤以
河曲	iɤɯ^{213}	iɤɯ^{213}	iɤɯ^{213}	iɤɯ^{44}	iɤɯ^{213}	iɤɯ^{44}	iɤɯ^{44}	iɤɯ^{44}
保德	iʌu^{213}	iʌu^{213}	iʌu^{44}	iʌu^{44}	iʌu^{213}	iʌu^{44}	iʌu^{44}	iʌu^{44}
偏关	iɤu^{24}	iɤu^{24}	iɤu^{44}	iɤu^{44}	iɤu^{44}	iɤu^{44}	iɤu^{44}	iɤu^{44}
朔城	iəu^{312}	iəu^{312}	iəu^{35}	iəu^{35}	iəu^{312}	iəu^{35}	iəu^{35}	iəu^{35}
平鲁	iəu^{213}	iəu^{213}	iəu^{44}	iəu^{44}	iəu^{213}	iəu^{44}	iəu^{44}	iəu^{44}
应县	iəu^{43}	iəu^{43}	iəu^{31}	iəu^{31}	iəu^{43}	iəu^{31}	iəu^{43}	iəu^{31}
灵丘	ieiu^{442}	ieiu^{442}	ieiu^{31}	ieiu^{31}	ieiu^{442}	ieiu^{31}	ieiu^{31}	ieiu^{31}
浑源	iəu^{52}	iəu^{52}	iəu^{22}	iəu^{22}	iəu^{22}	iəu^{52}	iəu^{22}	iəu^{22}
云州	iɤu^{21}	iɤu^{21}	iɤu^{21}	iɤu^{312}	iɤu^{21}	iɤu^{312}	iɤu^{312}	iɤu^{312}
新荣	iəu^{32}	iəu^{32}	iəu^{312}	iəu^{312}	iəu^{32}	iəu^{312}	iəu^{312}	iəu^{312}
怀仁	iɤu^{42}	iɤu^{42}	iɤu^{312}	iɤu^{312}	iɤu^{42}	iɤu^{312}	iɤu^{312}	iɤu^{312}
左云	iəu^{31}	iəu^{31}	iəu^{313}	iəu^{313}	iəu^{31}	iəu^{313}	iəu^{313}	iəu^{313}
右玉	çiəu^{31}	iəu^{212}	çiəu^{31}	çiəu^{31}	iəu^{212}	iəu^{212}	iəu^{212}	iəu^{212}
阳高	iɤu^{31}	iɤu^{31}	iɤu^{312}	iɤu^{312}	iɤu^{312}	iɤu^{312}	iɤu^{312}	iɤu^{312}
山阴	iəu^{313}	iəu^{313}	iəu^{313}	iəu^{313}	iəu^{313}	iəu^{313}	iəu^{313}	iəu^{313}
天镇	iɤu^{31}	iɤu^{31}	iɤu^{22}	iɤu^{22}	iɤu^{31}	iɤu^{22}	iɤu^{22}	iɤu^{22}
平定	iɤu^{31}	iɤu^{31}	iɤu^{44}	iɤu^{44}	iɤu^{31}	iɤu^{44}	iɤu^{44}	iɤu^{44}
昔阳	iəu^{42}	iəu^{42}	iəu^{33}	iəu^{33}	iəu^{42}	iəu^{33}	iəu^{33}	iəu^{33}
左权	iʌu^{31}	iʌu^{31}	iʌu^{11}	iʌu^{11}	iʌu^{11}	iʌu^{11}	iʌu^{11}	iʌu^{11}
和顺	iɤu^{42}	iɤu^{42}	iɤu^{22}	iɤu^{22}	iɤu^{42}	iɤu^{22}	iɤu^{22}	iɤu^{22}
尧都	iou^{21}	iou^{21}	iou^{21}	iou^{24}	iou^{21}	iou^{24}	iou^{24}	iou^{24}
洪洞	iou^{21}	iou^{21}	iou^{21}	iou^{21}	iou^{21}	iou^{24}	iou^{24}	iou^{24}
洪洞赵城	iou^{21}	iou^{21}	iou^{21}	iou^{21}	iou^{21}	iou^{21}	iou^{24}	iou^{24}
古县	iəu^{21}	iəu^{21}	iəu^{21}	iəu^{21}	iəu^{21}	iəu^{35}	iəu^{35}	iəu^{35}
襄汾	iou^{21}	iou^{21}	iou^{21}	iou^{21}	iou^{21}	iou^{24}	iou^{24}	iou^{24}
浮山	iou^{42}	iou^{42}	iou^{42}	iou^{42}	iou^{42}	iou^{13}	iou^{13}	iou^{13}
霍州	iəu^{212}	iəu^{212}	iəu^{212}	iəu^{35}	iəu^{212}	iəu^{35}	iəu^{35}	iəu^{35}
翼城	iou^{53}	iou^{44}	iou^{53}	iou^{12}	iou^{53}	iou^{12}	iou^{12}	iou^{12}
闻喜	iɤu^{53}	——	iɤu^{13}	iɤu^{13}	iɤu^{13}	iɤu^{13}	iɤu^{13}	iɤu^{13}
侯马	iou^{213}	iou^{213}	iou^{213}	iou^{213}	iou^{213}	iou^{213}	iou^{213}	iou^{213}
新绛	iəu^{53}	iəu^{53}	iəu^{53}	iəu^{53}	iəu^{53}	iəu^{53}	iəu^{53}	iəu^{13}

续表

字目	忧	优	尤	邮	悠	犹	由	油
中古音 / 方言点	於求 流开三 平尤影	於求 流开三 平尤影	羽求 流开三 平尤云	羽求 流开三 平尤云	以周 流开三 平尤以	以周 流开三 平尤以	以周 流开三 平尤以	以周 流开三 平尤以
绛县	iəu⁵³	iəu⁵³	iəu²⁴	iəu²⁴	iəu²⁴	iəu²⁴	iəu²⁴	iəu²⁴
垣曲	iou²²	iou²²	iou²²	iou²²	iou²²	iou²²	iou²²	iou²²
夏县	iəu⁵³	iəu⁵³	iəu⁴²	iəu⁴²	iəu⁵³	iəu⁴²	iəu⁴²	iəu⁴²
万荣	iəu⁵¹	iəu⁵¹	iəu²¹³	iəu⁵¹	iəu²¹³	iəu²¹³	iəu²¹³	iəu²¹³
稷山	iəu⁵³	iəu⁵³	iəu¹³	iəu⁵³	iəu⁵³	iəu¹³	iəu¹³	iəu¹³
盐湖	iou⁴²	iou⁴²	iou¹³	iou¹³	iou¹³	iou¹³	iou¹³	iou¹³
临猗	iəu⁴²	iəu⁴²	iəu¹³	iəu⁴²	iəu⁴²	iəu¹³	iəu¹³	iəu¹³
河津	iəu³¹	iəu⁵³	iəu³¹	iəu³¹	iəu⁵³	iəu³¹	iəu³¹	iəu³¹
平陆	iəu³¹	iəu³¹	iəu¹³	iəu³¹	iəu³¹	iəu¹³	iəu¹³	iəu¹³
永济	iəu³¹	iəu³¹	iəu²⁴	iəu²⁴	iəu³¹	iəu²⁴	iəu²⁴	iəu²⁴
芮城	iəu⁴²	iəu⁴²	iəu¹³	iəu¹³	iəu⁴²	iəu⁴²	iəu¹³	iəu¹³
吉县	iəu⁴²³	iəu⁴²³	iəu⁴²³	iəu⁴²³	——	iəu¹³	iəu¹³	iəu¹³
乡宁	iou⁵³	iou⁵³	iou¹²	iou¹²	iou⁵³	iou¹²	iou¹²	iou¹²
广灵	iɤu⁵³	iɤu⁵³	iɤu³¹	iɤu³¹	iɤu⁵³	iɤu³¹	iɤu³¹	iɤu³¹

字目	游	否	妇	负	纽	扭	柳	酒
中古音 方言点	以周 流开三 平尤以	方久 流开三 上有非	房九 流开三 上有奉	房九 流开三 上有奉	女久 流开三 上有泥	女久 流开三 上有泥	力久 流开三 上有来	子酉 流开三 上有精
北京	iou^{35}	fou^{214}	fu^{51}	fu^{51}	niou^{214}	niou^{214}	liou^{214}	tɕiou^{214}
小店	iəɯ^{11}	p^{h}i^{53}	fu^{24}	fu^{24}	niəɯ^{53}	niəɯ^{53}	liəɯ^{53}	tɕiəɯ^{53}
尖草坪	iei^{33}	fu^{312}	fu^{35}	fu^{35}	niei^{312}	niei^{312}	lei^{312}	tɕiei^{312}
晋源	iɤu^{11}	fu^{11}	fu^{35}	fu^{35}	ȵiəʔ^{2}	ȵiɤu^{42}	liɤu^{42}	tɕiɤu^{42}
阳曲	iei^{43}	fu^{312}	fu^{454}	fu^{454}	ȵiei^{312}	ȵiei^{312}	liei^{454}	tɕiei^{312}
古交	iei^{44}	fu^{312}	fu^{53}	fu^{53}	ȵiei^{312}	ȵiei^{312}	liei^{312}	tɕiei^{312}
清徐	iəu^{11}	fu^{54}	fu^{45}	fu^{45}	niəu^{54}	niəu^{54}	liəu^{54}	tɕiəu^{54}
娄烦	iu^{54}	fu^{312}	fu^{54}	fu^{54}	ȵiu^{312}	ȵiu^{312}	liu^{312}	tɕiu^{312}
榆次	iɯ^{11}	fu^{53}	fu^{35}	fu^{35}	niɯ^{53}	niɯ^{53}	liɯ^{53}	tɕiɯ^{53}
交城	iʌɯ^{11}	xu^{53}	xu^{24}	xu^{24}	niʌɯ^{53}	niʌɯ^{53}	liʌɯ^{53}	tɕiʌɯ^{53}
文水	iəɯ^{22}	xəɸ^{423}	xəɸ^{35}	xəɸ^{35}	ȵiəɯ^{423}	nzəɯ^{423} 白 / ȵiəɯ^{423} 文	liəɯ^{423}	tɕiəɯ^{423}
祁县	iɤu^{31}	xuβ^{314}	xuβ^{45}	xuβ^{45}	ȵiɤu^{314}	ȵiɤu^{314}	liɤu^{314}	tɕiɤu^{314}
太谷	iəɯ^{33}	fu^{312}	fu^{53}	fu^{53}	ȵiəɯ^{312}	ȵiəɯ^{312}	liəɯ^{312}	tɕiəɯ^{312}
平遥	iəu^{213}	xu^{512}	xu^{24}	xu^{24}	ȵiəu^{512}	ȵiəu^{512}	liəu^{512}	tɕiəu^{512}
孝义	iou^{33}	xu^{312}	xu^{454}	xu^{454}	ɳou^{312}	ɳou^{312}	liou^{312}	tɕiou^{312}
介休	iəu^{13}	xu^{423}	xu^{45}	xu^{45}	ȵiəu^{423}	ɳəu^{423} 白 / ȵiəu^{423} 文	liəu^{423}	tɕiəu^{423}
灵石	iou^{44}	xu^{212}	xu^{53}	xu^{53}	niou^{212}	niou^{212}	liou^{212}	tɕiou^{212}
盂县	iəu^{22}	fu^{53}	fu^{55}	fu^{55}	ȵiəu^{53}	ȵiəu^{53}	liəu^{53}	tɕiəu^{53}
寿阳	iəɯ^{22}	fu^{53}	fu^{45}	fu^{45}	ȵiəɯ^{53}	ȵiəɯ^{53}	liəɯ^{53}	tɕiəɯ^{53}
榆社	iəu^{22}	fʏ^{312}	fʏ^{45}	fʏ^{45}	niəu^{312}	niəu^{312}	liəu^{312}	tɕiəu^{312}
离石	iʌu^{44}	xu^{312}	xu^{53}	xu^{53}	niʌu^{312}	niʌu^{312}	liʌu^{312}	tɕiʌu^{312}
汾阳	iou^{22}	fou^{312}	fəʊ^{55}	fəʊ^{55}	ɳou^{312}	ɳou^{312}	liou^{312}	tɕiou^{312}
中阳	iʌ^{33}	xu^{423}	xu^{53}	xu^{53}	niʌ^{423}	niʌ^{423}	liʌ^{423}	tɕiʌ^{423}
柳林	iɛ^{44}	xu^{312}	xu^{53}	xu^{53}	niɛ^{312}	niɛ^{312}	liɛ^{312}	tɕiɛ^{312}
方山	iəɯ^{44}	xu^{312}	xu^{52}	xu^{52}	niəɯ^{312}	niəɯ^{312}	liəɯ^{312}	tɕiəɯ^{312}
临县	iəɯ^{33}	fu^{312}	fu^{52}	fu^{52}	niəɯ^{312}	niəɯ^{312}	liəɯ^{312}	tɕiəɯ^{312}
兴县	iou^{55}	——	xu^{52}	xu^{52}	niou^{324}	niou^{324}	liou^{324}	tɕiou^{324}
岚县	iɐu^{44}	fu^{312}	fu^{53}	fu^{53}	ȵiɐu^{312}	ȵiɐu^{312}	liɐu^{312}	tɕiɐu^{312}
静乐	iɤɯ^{33}	fu^{314}	fu^{53}	fu^{53}	ȵiɤɯ^{314}	ȵiɤɯ^{314}	liɤɯ^{314}	tɕiɤɯ^{314}
交口	iou^{44}	xu^{323}	xu^{53}	xu^{53}	ȵiou^{323}	ȵiou^{323}	liou^{323}	tɕiou^{323}
石楼	iou^{44}	xou^{213}	xu^{51}	xu^{51}	ȵiou^{213}	ȵiou^{213}	liou^{213}	tɕiou^{213}

续表

字目	游	否	妇	负	纽	扭	柳	酒
中古音 / 方言点	以周 流开三 平尤以	方久 流开三 上有非	房九 流开三 上有奉	房九 流开三 上有奉	女久 流开三 上有泥	女久 流开三 上有泥	力久 流开三 上有来	子酉 流开三 上有精
隰县	iou^{24}	xu^{44}	xu^{44}	xu^{44}	ȵiou^{21}	ȵiou^{21}	liou^{21}	tɕiou^{21}
大宁	iəu^{24}	fu^{55}	fu^{31}	fu^{55}	niəu^{31}	niəu^{31}	liəu^{31}	tɕiəu^{31}
永和	iɤu^{35}	xu^{312}	xu^{53}	xu^{53}	niɤu^{312}	niɤu^{312}	liɤu^{312}	tɕiɤu^{312}
汾西	iou^{35}	——	——	——	niou^{33}	niou^{33}	liou^{33}	tɕiou^{33}
蒲县	iou^{24}	fu^{31}	fu^{33}	fu^{33}	ȵiou^{31}	ȵiou^{31}	liou^{31}	tɕiou^{31}
潞州	iəu^{24}	fu^{535}	fu^{44}	fu^{54}	ȵiəu^{535}	ȵiəu^{535}	liəu^{535}	tɕiəu^{535}
上党	iəu^{44}	fu^{535}	fu^{42}	fu^{42}	niəu^{535}	niəu^{535}	liəu^{535}	tɕiəu^{535}
长子	iəu^{24}	fu^{434}	fəʔ^{4} 白 / fu^{53} 文	fu^{422}	ȵiəu^{434}	ȵiəu^{434}	liəu^{434}	tɕiəu^{434}
屯留	iəu^{31}	fu^{43}	fu^{11}	fu^{53}	ȵiəu^{43}	ȵiəu^{43}	liəu^{43}	tɕiəu^{43}
襄垣	iəu^{31}	fu^{42}	fu^{45}	fu^{45}	ȵiəu^{42}	ȵiəu^{42}	liəu^{42}	tɕiəu^{42}
黎城	iəu^{33}	fu^{213}	fu^{53}	fu^{53}	niəu^{213}	niəu^{213}	liəu^{213}	tɕiəu^{213}
平顺	iəu^{13}	fu^{434}	fu^{53}	fu^{53}	niəu^{434}	niəu^{434}	liəu^{434}	tɕiəu^{434}
壶关	iəu^{13}	fu^{535}	fu^{353}/fəʔ^{2}	fu^{353}	ȵiəu^{535}	ȵiəu^{535}	liəu^{535}	tsiəu^{535}
沁县	y^{214}	fu^{214}	fu^{53}	fu^{53}	ȵy^{214}	ȵy^{214}	ly^{214}	tɕy^{214}
武乡	iəu^{33}	fu^{213}	fu^{55}	fu^{55}	ȵiəu^{213}	ȵiəu^{213}	liəu^{213}	tɕiəu^{213}
沁源	iəu^{33}	fu^{324}	fu^{53}	fu^{53}	ȵiəu^{324}	ȵiəu^{324}	liəu^{324}	tɕiəu^{324}
安泽	iəu^{35}	fu^{42}	fu^{53}	fu^{53}	ȵiəu^{42}	ȵiəu^{42}	liəu^{42}	tɕiəu^{42}
沁水端氏	iɔu^{24}	fɔu^{31}	fəʔ^{2} 白 / fu^{24} 文	fu^{53}	ȵiɔu^{31}	ȵiɔu^{31}	ȵiɔu^{31}	tɕiɔu^{31}
阳城	iɐu^{22}	fu^{212}	fəʔ^{2} 白 / fu^{22} 文	fu^{51}	niɐu^{212}	niɐu^{212}	liɐu^{212}	tɕiɐu^{212}
高平	iʌu^{33}	fu^{212}	fu^{53}	fu^{53}	liʌu^{212}	liʌu^{212}	liʌu^{212}	tɕiʌu^{212}
陵川	iəo^{53}	fəo^{312}	fəʔ^{3} 白 / fu^{24} 文	fu^{24}	niəo^{312}	niəo^{312}	liəo^{312}	ciəo^{312} 白 / tɕiəo^{312} 文
晋城	iaɯ^{324}	fu^{33}	fu^{53}/fəʔ^{2}	fu^{53}	niaɯ^{213}	niaɯ^{213}	liaɯ^{213}	tɕiaɯ^{213}
忻府	iəu^{21}	fu^{313}	fu^{53}	fu^{53}	niəu^{313}	niəu^{313}	liəu^{313}	tɕiəu^{313}
原平	iɤɯ^{33}	fu^{213}	fu^{53}	fu^{53}	niɤɯ^{213}	niɤɯ^{213}	liɤɯ^{213}	tɕiɤɯ^{213}
定襄	iəu^{11}	fəu^{24}	fu^{53}	fu^{53}	niəu^{24}	niəu^{24}	liəu^{24}	tɕiəu^{24}
五台	iey^{33}	fu^{213}	fu^{52}	fu^{52}	niey^{213}	ȵiey^{213}	liey^{213}	tɕiey^{213}
岢岚	iu^{44}	fu^{13}	fu^{52}	fu^{52}	niu^{13}	niu^{13}	liu^{13}	tɕiu^{13}
五寨	iəu^{44}	fu^{13}	fu^{52}	fu^{52}	niəu^{13}	niəu^{13}	liəu^{13}	tɕiəu^{13}

续表

字目	游	否	妇	负	纽	扭	柳	酒
中古音 方言点	以周 流开三 平尤以	方久 流开三 上有非	房九 流开三 上有奉	房九 流开三 上有奉	女久 流开三 上有泥	女久 流开三 上有泥	力久 流开三 上有来	子酉 流开三 上有精
宁武	iəu^{33}	fu^{213}	fu^{52}	fu^{52}	niəu^{213}	niəu^{213}	liəu^{213}	tɕiəu^{213}
神池	iəu^{32}	fəu^{13}	fu^{52}	fu^{52}	niəu^{13}	niəu^{13}	liəu^{13}	tɕiəu^{13}
繁峙	iəu^{31}	fu^{53}	fu^{24}	fu^{24}	ȵiəu^{53}	ȵiəu^{53}	liəu^{53}	tɕiəu^{53}
代县	iəu^{44}	fu^{213}	fu^{53}	fu^{53}	niəu^{213}	niəu^{213}	liəu^{213}	tɕiəu^{213}
河曲	iɤɯ^{44}	fu^{213}	fu^{44}/fu^{52}	fu^{52}	niɤɯ^{213}	niɤɯ^{213}	liɤɯ^{213}	tɕiɤɯ^{213}
保德	iʌu^{44}	fʌu^{213}	fu^{52}	fu^{52}	niʌu^{213}	niʌu^{213}	liʌu^{213}	tɕiʌu^{213}
偏关	iɤu^{44}	fu^{213}	fu^{52}	fu^{52}	niɤu^{213}	niɤu^{213}	liɤu^{213}	tɕiɤu^{213}
朔城	iəu^{35}	fu^{312}	fu^{53}	fu^{53}	niəu^{312}	niəu^{312}	liəu^{312}	tɕiəu^{312}
平鲁	iəu^{44}	fu^{213}	fu^{52}	fu^{52}	niəu^{213}	niəu^{213}	liəu^{213}	tɕiəu^{213}
应县	iəu^{31}	fu^{54}	fu^{24}	fu^{24}	niəu^{54}	niəu^{54}	liəu^{54}	tɕiəu^{54}
灵丘	ieiu^{31}	fu^{442}	fəʔ^{5}	fu^{53}	nieiu^{442}	nieiu^{442}	lieiu^{442}	tɕieiu^{442}
浑源	iəu^{22}	fu^{52}	fu^{13}	fu^{13}	niəu^{52}	niəu^{52}	liəu^{52}	tɕiəu^{52}
云州	iɤu^{312}	fu^{55}	fu^{312}	fu^{24}	niɤu^{55}	niɤu^{55}	liɤu^{55}	tɕiɤu^{55}
新荣	iəu^{312}	fu^{54}	fu^{32}	fu^{24}	niəu^{54}	niəu^{54}	liəu^{54}	tɕiəu^{54}
怀仁	iɤu^{312}	fu^{53}	fu^{24}	fu^{24}	niɤu^{53}	niɤu^{53}	liɤu^{53}	tɕiɤu^{53}
左云	iəu^{313}	fu^{54}	fu^{24}	fu^{24}	niəu^{54}	niəu^{54}	liəu^{54}	tɕiəu^{54}
右玉	iəu^{212}	fu^{31}	fu^{31}	fu^{24}	niəu^{53}	niəu^{53}	liəu^{53}	tɕiəu^{53}
阳高	iɤu^{312}	fu^{53}	fu^{24}	fu^{24}	niɤu^{53}	niɤu^{53}	liɤu^{53}	tɕiɤu^{53}
山阴	iəu^{313}	fu^{52}	fu^{335}	fu^{335}	niəu^{52}	niəu^{52}	liəu^{52}	tɕiəu^{52}
天镇	iɤu^{22}	fu^{55}	fu^{24}	fu^{24}	niɤu^{55}	niɤu^{55}	liɤu^{55}	tɕiɤu^{55}
平定	iɤu^{44}	fu^{53}/pʰei^{53}	fu^{24}	fu^{24}	niɤu^{53}	niɤu^{53}	liɤu^{53}	tɕiɤu^{53}
昔阳	iəu^{33}	fəu^{55}	fu^{13}	fu^{13}	niəu^{55}	niəu^{55}	liəu^{55}	tɕiəu^{55}
左权	iʌu^{11}	fu^{42}	fu^{53}	fu^{53}	ȵiʌu^{11}	ȵiʌu^{42}	liʌu^{42}	tɕiʌu^{42}
和顺	iɤu^{22}	——	fu^{13}	fu^{13}	ȵiɤu^{53}	ȵiɤu^{53}	liɤu^{53}	tɕiɤu^{53}
尧都	iou^{24}	fu^{53} 白 / pʰi^{53} 文	fu^{44}	fu^{44}	ȵiou^{53}	ȵiou^{53}	liou^{53}	tɕiou^{53}
洪洞	iou^{24}	fu^{42}	fu^{53}	fu^{53}	ȵiou^{42}	ȵiou^{42}	liou^{42}	tɕiou^{42}
洪洞赵城	iou^{24}	fu^{24}	fu^{21}	fu^{24}	ȵiou^{24}	ȵiou^{24}	liou^{42}	tɕiou^{42}
古县	iəu^{35}	fu^{42}	fu^{53}	fu^{53}	ȵiəu^{42}	ȵiəu^{42}	liəu^{42}	tɕiəu^{42}
襄汾	iou^{24}	fu^{42}	fu^{44}	fu^{44}	ȵiou^{42}	ȵiou^{42}	liou^{42}	tɕiou^{42}
浮山	iou^{13}	fu^{33}	fu^{44}	fu^{44}	ȵiou^{33}	ȵiou^{33}	liou^{33}	tɕiou^{33}

续表

字目	游	否	妇	负	纽	扭	柳	酒
中古音 / 方言点	以周 流开三 平尤以	方久 流开三 上有非	房九 流开三 上有奉	房九 流开三 上有奉	女久 流开三 上有泥	女久 流开三 上有泥	力久 流开三 上有来	子酉 流开三 上有精
霍州	iəu³⁵	fəu³³	fu⁵³	fu⁵³	ȵiəu³³	ȵiəu³³	liəu³³	tɕiəu³³
翼城	iou¹²	fou⁴⁴	fu⁵³	fu⁵³	ȵiou⁴⁴	ȵiou⁴⁴	liou⁴⁴	tɕiou⁴⁴
闻喜	iɤu¹³	pʰi¹³	fu¹³	fu¹³	ȵiɤu³³/ liɤu³³	ȵiɤu³³/ liɤu³³	liɤu³³	tɕiɤu³³
侯马	iou²¹³	fou⁴⁴	fu⁵³	fu⁵³	ȵiou⁴⁴	ȵiou⁴⁴	liou⁴⁴	tɕiou⁴⁴
新绛	iəu¹³	fu¹³	fu⁵³	fu⁵³	ȵiəu⁴⁴	ȵiəu⁴⁴	liəu¹³	tɕiəu⁴⁴
绛县	iəu²⁴	fu³³	fu⁵³	fu⁵³	ȵiəu³³	ȵiəu³³	liəu³³	tɕiəu³³
垣曲	iou²²	fu²²	fu⁵³	fu⁵³	ȵiou⁴⁴	ȵiou⁴⁴	liou⁴⁴	tɕiou⁴⁴
夏县	iəu⁴²	fu²⁴	fu³¹	fu³¹	ȵiəu²⁴	ȵiəu²⁴	liəu²⁴	tɕiəu²⁴
万荣	iəu²¹³	fu⁵⁵	fu³³	fu³³	ȵiəu⁵⁵	ȵiəu⁵⁵	liəu⁵⁵	tɕiəu⁵⁵
稷山	iəu¹³	fu⁴⁴	fu⁴²	fu⁴²	ȵiəu⁴⁴	ȵiəu⁴⁴	liəu⁴⁴	tɕiəu⁴⁴
盐湖	iou¹³	fu⁵³	fu⁵³	fu⁵³	ȵiou⁵³	ȵiou⁵³	liou⁵³	tɕiou⁵³
临猗	iəu¹³	fu⁵³	fu⁴⁴	fu⁴⁴	ȵiəu⁵³	ȵiəu⁵³	liəu⁵³	tɕiəu⁵³
河津	iəu³¹	fu⁵³	fu⁴⁴	fu⁴⁴	ȵiəu⁵³	ȵiəu⁵³	liəu⁵³	tɕiəu⁵³
平陆	iəu¹³	fu⁵⁵	fu³³	fu³³	ȵiəu⁵⁵	ȵiəu⁵⁵	liəu⁵⁵	tɕiəu⁵⁵
永济	iəu²⁴	fu⁵³ 白 / fəu⁵³ 文	fu⁴⁴	fu⁴⁴	ȵiəu⁵³	ȵiəu⁵³	liəu⁵³	tɕiəu⁵³
芮城	iəu¹³	fu⁵³	fu⁴²	fu⁴²	ȵiəu⁵³	ȵiəu⁵³	liəu⁵³	tɕiəu⁵³
吉县	iəu¹³	fu⁵³	fu³³	fu¹³	niəu⁵³	niəu⁵³	liəu⁵³	tɕiəu⁵³
乡宁	iou¹²	fu⁴⁴	fu²²	fu²²	ȵiou⁴⁴	ȵiou⁴⁴	liou⁴⁴	tɕiou⁴⁴
广灵	iɤu³¹	fu⁴⁴	fu²¹³	fu²¹³	niɤu⁴⁴	niɤu⁴⁴	liɤu⁴⁴	tɕiɤu⁴⁴

字目	肘	丑小~	帚	丑~恶	手	首	守	受
中古音 方言点	陟柳 流开三 上有知	敕九 流开三 上有彻	之九 流开三 上有章	昌九 流开三 上有昌	书九 流开三 上有书	书九 流开三 上有书	书九 流开三 上有书	殖酉 流开三 上有禅
北京	tʂou^{214}	tʂʰou^{214}	tʂou^{214}	tʂʰou^{214}	ʂou^{214}	ʂou^{214}	ʂou^{214}	ʂou^{51}
小店	tsəɯ^{53}	tsʰəɯ^{53}	tsu^{53}	tsʰəɯ^{53}	səɯ^{53}	səɯ^{53}	səɯ^{53}	səɯ^{24}
尖草坪	tsei^{312}	tsʰei^{312}	tsei^{312}	tsʰei^{312}	sei^{312}	sei^{312}	sei^{312}	sei^{35}
晋源	tsɤu^{42}	tsʰɤu^{42}	tsɤu^{42} 白 / tsu^{42} 文	tsʰɤu^{42}	sɤu^{42}	sɤu^{42}	sɤu^{42}	sɤu^{35}
阳曲	tsei^{312}	tsʰei^{312}	tsu^{312}	tsʰei^{312}	sei^{312}	sei^{312}	sei^{312}	sei^{454}
古交	tsei^{312}	tsʰei^{312}	tsei^{312}	tsʰei^{312}	sei^{312}	sei^{312}	sei^{312}	sei^{53}
清徐	tsɐu^{54}	tsʰɐu^{54}	tsɐu^{54}	tsʰɐu^{54}	sɐu^{54}	sɐu^{54}	sɐu^{54}	sɐu^{45}
娄烦	tsə^{312}	tsʰə^{312}	tsə^{312}	tsʰə^{312}	sə^{312}	sə^{312}	sə^{312}	sə^{54}
榆次	tsɯ^{53}	tsʰɯ^{53}	tsɯ^{53}	tsʰɯ^{53}	tsʰɯ^{53}	tsʰɯ^{53}	tsʰɯ^{53}	sɯ^{35}
交城	tsʌɯ^{53}	tsʰʌɯ^{53}	tsu^{53}	tsʰʌɯ^{53}	sʌɯ^{53}	sʌɯ^{53}	sʌɯ^{53}	sʌɯ^{24}
文水	nzəɯ^{423} 白 / tsəɯ^{423} 文	tsʰəɯ^{423}	tsəɸ^{423}	tsʰəɯ^{423}	səɯ^{423}	səɯ^{423}	səɯ^{423}	səɯ^{35}
祁县	tʂɤu^{314}	tʂʰɤu^{314}	tʂuβ^{314}	tʂʰɤu^{314}	ʂɤu^{314}	ʂɤu^{314}	ʂɤu^{314}	ʂɤu^{45}
太谷	tsəɯ^{312}	tsʰəɯ^{312}	tsu^{312}	tsʰəɯ^{312}	səɯ^{312}	səɯ^{312}	səɯ^{312}	səɯ^{53}
平遥	tʂəu^{512}	tsʰəu^{512}	tsɥ^{512}	tsʰəu^{512}	ʂəu^{512}	ʂəu^{512}	ʂəu^{512}	ʂəu^{24}
孝义	tʂou^{312}	tʂou^{312}	tsu^{312}	tʂou^{312}	ʂou^{312}	ʂou^{312}	ʂou^{312}	ʂou^{454}
介休	ȵəu^{423} 白 / tʂəu^{423} 文	tʂʰəu^{423}	tsɥ^{423}	tʂʰəu^{423}	ʂəu^{423}	ʂəu^{423}	ʂəu^{423}	ʂəu^{45}
灵石	tsou^{212}	tsʰou^{212}	tsu^{212}	tsʰou^{212}	sou^{212}	sou^{212}	sou^{212}	sou^{53}
盂县	tsəu^{53}	tsʰəu^{53}	tsəu^{53}	tsʰəu^{53}	səu^{53}	səu^{53}	səu^{53}	səu^{55}
寿阳	tsəɯ^{53}	tsʰəɯ^{53}	tsuəʔ$^{\underline{54}}$	tsʰəɯ^{53}	səɯ^{53}	səɯ^{53}	səɯ^{53}	səɯ^{45}
榆社	tsəu^{312}	tsʰəu^{312}	——	tsʰəu^{312}	səu^{312}	səu^{312}	səu^{312}	səu^{45}
离石	tsʌu^{312}	tsʰʌu^{312}	tsu^{312}	tsʰʌu^{312}	sʌu^{312}	sʌu^{312}	sʌu^{312}	sʌu^{53}
汾阳	tʂou^{312}	tʂʰou^{312}	tʂəʊ^{312}	tʂʰou^{312}	ʂou^{312}	ʂou^{312}	ʂou^{312}	ʂou^{55}
中阳	tsʌ^{423}	tsʰʌ^{423}	tʂu^{423}	tsʰʌ^{423}	sʌ^{423}	sʌ^{423}	sʌ^{423}	sʌ^{53}
柳林	tsə^{312}	tsʰə^{312}	tsu^{312}	tsʰə^{312}	sə^{312}	sə^{312}	sə^{312}	sə^{53}
方山	tʂəɯ^{312}	tʂʰəɯ^{312}	tʂɥ^{312}	tʂʰəɯ^{312}	ʂəɯ^{312}	ʂəɯ^{312}	ʂəɯ^{312}	ʂəɯ^{52}
临县	tʂəɯ^{312}	tʂʰəɯ^{312}	tsɥ^{24}	tʂʰəɯ^{312}	ʂəɯ^{312}	ʂəɯ^{312}	ʂəɯ^{312}	ʂəɯ^{52}
兴县	tʂou^{324}	tʂʰou^{324}	——	tʂʰou^{324}	ʂou^{324}	ʂou^{324}	ʂou^{324}	ʂou^{53}
岚县	tsɐu^{312}	tsʰɐu^{312}	tsɐu^{312}	tsʰɐu^{312}	sɐu^{312}	sɐu^{312}	sɐu^{312}	sɐu^{53}
静乐	tsɤɯ^{314}	tsʰɤɯ^{314}	tsɑo^{314}	tsʰɤɯ^{314}	sɤɯ^{314}	sɤɯ^{314}	sɤɯ^{314}	sɤɯ^{53}
交口	tsou^{323}/ ʐou^{323}	tsʰou^{323}	tsʰɥ^{323}	tsʰou^{323}	sou^{323}	sou^{323}	sou^{323}	sou^{53}

续表

字目	肘	丑小～	帚	丑～恶	手	首	守	受
中古音 / 方言点	陟柳 流开三 上有知	敕九 流开三 上有彻	之九 流开三 上有章	昌九 流开三 上有昌	书九 流开三 上有书	书九 流开三 上有书	书九 流开三 上有书	殖酉 流开三 上有禅
石楼	tʂʰou^{213}	tʂʰou^{213}	tʂʰu^{213} 白 / tʂʰou^{213} 文	tʂʰou^{213}	ʂou^{213}	ʂou^{213}	ʂou^{213}	ʂou^{51}
隰县	tsou^{21}	tsʰou^{21}	tsʰu^{21}	tsʰou^{21}	sou^{21}	sou^{21}	sou^{21}	sou^{44}
大宁	tʂəu^{31}	tʂʰəu^{31}	tʂʰu^{31}	tʂʰəu^{31}	ʂəu^{31}	ʂəu^{55}	ʂəu^{31}	ʂəu^{55}
永和	tʂɤu^{312}	tsʰɤu^{312}	tsuəʔ$^{\underline{35}}$	tʂʰɤu^{312}	sɤu^{312}	sɤu^{312}	sɤu^{312}	sɤu^{53}
汾西	tsou^{33}	tsʰou^{33}	tsʰβ̍^{55} 白 / tsβ̍^{53}	——	sou^{33}	sou^{33}	sou^{33}	sou^{53}
蒲县	tʂou^{31}	tʂʰou^{31}	tʂu^{52}	tʂʰou^{33}	ʂou^{31}	ʂou^{31}	ʂou^{31}	ʂou^{33}
潞州	tsəu^{535}	tsʰəu^{535}	tsu^{535}	tsʰəu^{535}	səu^{535}	səu^{535}	səu^{535}	səu^{54}
上党	tsəu^{535}	tsʰəu^{535}	tsu^{213}	tsʰəu^{535}	səu^{535}	səu^{535}	səu^{535}	səu^{42}
长子	tsəu^{434}	tsʰəu^{434}	tsu^{434}	tsʰəu^{434}	səu^{434}	səu^{434}	səu^{434}	səu^{53}
屯留	tsəu^{43}	tsʰəu^{43}	tsu^{43}	tsʰəu^{43}	səu^{43}	səu^{43}	səu^{43}	səu^{11}
襄垣	tsəu^{42}	tsʰəu^{42}	tsu^{42}	tsʰəu^{42}	səu^{42}	səu^{42}	səu^{42}	səu^{45}
黎城	tɕiəu^{213}	tɕʰiəu^{213}	tɕy^{33}	tɕʰiəu^{213}	ɕiəu^{213}	ɕiəu^{213}	ɕiəu^{213}	ɕiəu^{53}
平顺	tɕəu^{434}	tɕʰəu^{434}	tɕəu^{434}	tɕʰəu^{434}	ɕəu^{434}	ɕəu^{434}	ɕəu^{434}	ɕəu^{53}
壶关	tʂəu^{535}	tʂʰəu^{535}	tʂu^{353}	tʂʰəu^{535}	ʂəu^{535}	ʂəu^{535}	ʂəu^{535}	ʂəu^{353}
沁县	tsəu^{214}	tsʰəu^{214}	tsu^{214}	tsʰəu^{214}	səu^{214}	səu^{214}	səu^{214}	səu^{53}
武乡	tsəu^{213}	tsʰəu^{213}	tsəu^{213}	tsʰəu^{213}	səu^{213}	səu^{213}	səu^{213}	səu^{55}
沁源	tʂei^{324}	tʂʰei^{324}	tʂu^{324}	tʂʰei^{324}	ʂei^{324}	ʂei^{324}	ʂei^{324}	ʂei^{53}
安泽	tsəu^{42}	tsʰəu^{42}	tsu^{21}	tsʰəu^{42}	səu^{42}	səu^{42}	səu^{42}	səu^{53}
沁水端氏	tsɔu^{31}	tsʰɔu^{31}	tsu^{21}	tsʰɔu^{31}	sɔu^{31}	sɔu^{31}	sɔu^{31}	sɔu^{53}
阳城	tʂɐu^{212}	tʂʰɐu^{212}	tʂʰuəʔ^{2}	pʰio^{51}	ʂɐu^{212}	ʂɐu^{212}	ʂɐu^{212}	ʂɐu^{51}
高平	tʂʌu^{212}	tʂʰʌu^{212}	tʂu^{212}	tʂʰʌu^{212}	ʂʌu^{212}	ʂʌu^{212}	ʂʌu^{212}	ʂʌu^{53}
陵川	tʂəo^{312}	tʂʰəo^{312}	tʂəo^{312}	tʂʰəo^{312}	ʂəo^{312}	ʂəo^{312}	ʂəo^{312}	ʂəo^{24}
晋城	tʂaɯ^{213}	tʂʰaɯ^{213}	tʂuə^{33}	tʂʰaɯ^{213}	ʂaɯ^{213}	ʂaɯ^{213}	ʂaɯ^{213}	ʂaɯ^{53}
忻府	tʂəu^{313}	tʂʰəu^{313}	tʂəu^{313}	tʂʰəu^{313}	ʂəu^{313}	ʂəu^{313}	ʂəu^{313}	ʂəu^{53}
原平	tʂɤɯ^{213}	tʂʰɤɯ^{33}	tʂɤɯ^{213}	tʂʰɤɯ^{33}	ʂɤɯ^{213}	ʂɤɯ^{213}	ʂɤɯ^{213}	ʂɤɯ^{53}
定襄	tʂəu^{24}	tʂʰəu^{24}	tsəu^{24}	tʂʰəu^{24}	ʂəu^{24}	ʂəu^{24}	ʂəu^{24}	ʂəu^{24}
五台	tsei^{213}	tsʰei^{213}	tsʰuəʔ^{3}	tsʰei^{213}	sei^{213}	sei^{213}	sei^{213}	sei^{52}
岢岚	tʂəu^{13}	tsʰəu^{13}	tsu^{13}	tsʰəu^{13}	ʂəu^{13}	ʂəu^{13}	ʂəu^{13}	səu^{52}
五寨	tsəu^{13}	tsʰəu^{13}	tsu^{13}	tsʰəu^{13}	səu^{13}	səu^{13}	səu^{13}	səu^{52}
宁武	tsəu^{213}	tsʰəu^{213}	tsu^{213}	tsʰəu^{213}	səu^{213}	səu^{213}	səu^{213}	səu^{52}

续表

字目	肘	丑小~	帚	丑~恶	手	首	守	受
中古音 / 方言点	陟柳 流开三 上有知	敕九 流开三 上有彻	之九 流开三 上有章	昌九 流开三 上有昌	书九 流开三 上有书	书九 流开三 上有书	书九 流开三 上有书	殖酉 流开三 上有禅
神池	tsəu^{13}	tsʰəu^{13}	tsəu^{13}	tsʰəu^{13}	səu^{13}	seu^{13}	seu^{13}	səu^{52}
繁峙	tsəu^{53}	tsʰəu^{53}	tsəu^{53}	tsʰəu^{53}	səu^{53}	səu^{53}	səu^{53}	səu^{24}
代县	tsəu^{213}	tsʰəu^{213}	tsəu^{213}	tsʰəu^{213}	səu^{213}	səu^{213}	səu^{213}	səu^{53}
河曲	tʂɤɯ^{213}	tʂʰɤɯ^{213}	tʂu^{213}	tʂʰɤɯ^{213}	ʂɤɯ^{213}	ʂɤɯ^{213}	ʂɤɯ^{213}	ʂɤɯ^{52}
保德	tʂʌu^{213}	tʂʰʌu^{213}	tʂu^{213}	tʂʰʌu^{213}	ʂʌu^{213}	ʂʌu^{213}	ʂʌu^{213}	ʂʌu^{52}
偏关	tʂɤu^{213}	tʂʰɤu^{213}	tʂɤu^{213}	tʂʰɤu^{213}	ʂɤu^{213}	ʂɤu^{213}	ʂɤu^{213}	ʂɤu^{52}
朔城	tsəu^{312}	tsʰəu^{312}	tsʰuəʔ$^{\underline{35}}$	——	səu^{312}	səu^{312}	səu^{312}	səu^{53}
平鲁	tsəu^{213}	tsʰəu^{213}	tsəu^{213}	tsʰəu^{213}	səu^{213}	səu^{213}	səu^{213}	səu^{52}
应县	tsəu^{54}	tsʰəu^{54}	tsʰuəʔ$^{\underline{43}}$	tsʰəu^{54}	səu^{54}	səu^{54}	səu^{54}	səu^{24}
灵丘	tseiu^{442}	tsʰeiu^{442}	tseiu^{442}	tsʰeiu^{442}	seiu^{442}	seiu^{442}	seiu^{442}	seiu^{53}
浑源	tsəu^{52}	tsʰəu^{52}	tsʰiəʔ^{4}	tsʰəu^{52}	səu^{52}	səu^{52}	səu^{52}	səu^{13}
云州	tʂɤu^{55}	tʂʰɤu^{55}	tʂɤu^{55}	tʂʰɤu^{55}	ʂɤu^{55}	ʂɤu^{55}	ʂɤu^{55}	sɤu^{24}
新荣	tʂiəu^{54}	tʂʰiəu^{54}	tʂʰuəʔ^{4}/ tʂiəu^{24}	tʂʰiəu^{54}	ʂiəu^{54}	ʂiəu^{54}	ʂiəu^{54}	ʂiəu^{24}
怀仁	tsɤu^{53}	tsʰɤu^{53}	tsʰuəʔ^{4}	tsʰɤu^{53}	sɤu^{53}	sɤu^{53}	sɤu^{53}	sɤu^{24}
左云	tsəu^{54}	tsʰəu^{54}	tsəu^{54}	tsʰəu^{54}	səu^{54}	səu^{54}	səu^{54}	səu^{24}
右玉	tʂəu^{53}	tʂʰəu^{53}	tʂəu^{31}/ tʂʰuəʔ^{4}	tʂʰəu^{53}	ʂəu^{53}	ʂəu^{53}	ʂəu^{53}	ʂəu^{24}
阳高	tsɤu^{53}	tsʰɤu^{53}	tsɤu^{31}/ tsʰuəʔ^{3}	tsʰɤu^{53}	sɤu^{53}	sɤu^{53}	sɤu^{53}	sɤu^{24}
山阴	tʂəu^{52}	tʂʰəu^{52}	tʂʰuəʔ^{4}	——	ʂəu^{52}	ʂəu^{52}	ʂəu^{52}	ʂəu^{335}
天镇	tsɤu^{55}/ tsɤu^{24}	tsʰɤu^{55}	tsʰuəʔ^{4}	tsʰɤu^{55}	sɤu^{55}	sɤu^{55}	sɤu^{55}	sɤu^{24}
平定	tʂɤu^{53}	tʂʰɤu^{53}	tsu^{53}	tʂʰɤu^{53}	ʂɤu^{53}	ʂɤu^{53}	ʂɤu^{53}	ʂɤu^{24}
昔阳	tʂəu^{55}	tʂʰəu^{55}	tʂəu^{55}	tʂʰəu^{55}	ʂəu^{55}	ʂəu^{55}	ʂəu^{55}	ʂəu^{13}
左权	tʂʌu^{42}	tʂʰʌu^{42}	tʂu^{42}	tʂʰʌu^{42}	ʂʌu^{42}	ʂʌu^{42}	ʂʌu^{42}	ʂʌu^{53}
和顺	tʂɤu^{53}	tʂʰɤu^{53}	tʂɤu^{53}	tʂʰɤu^{53}	ʂɤu^{53}	ʂɤu^{53}	ʂɤu^{53}	ʂɤu^{13}
尧都	tsou^{53}	tsʰou^{53}	tsou^{53}	tsʰou^{53}	ʂou^{53}	ʂou^{53}	ʂou^{53}	ʂou^{44}
洪洞	tʂou^{33}	tʂʰou^{42}	——	tʂʰou^{42}	ʂou^{42}	ʂou^{42}	ʂou^{42}	ʂou^{53}
洪洞赵城	tʂou^{42}	tʂʰou^{42}	tʂou^{42}	tʂʰou^{42}	ʂou^{42}	ʂou^{42}	ʂou^{42}	ʂou^{53}
古县	tʂəu^{42}	tʂʰəu^{42}	tʂʰu^{42}	tʂʰəu^{42}	ʂəu^{42}	ʂəu^{42}	ʂəu^{42}	ʂəu^{53}
襄汾	tʂou^{42}	tʂʰou^{42}	tʂu^{42}	tʂʰou^{42}	ʂou^{42}	ʂou^{42}	ʂou^{42}	ʂou^{53}

续表

字目	肘	丑小~	帚	丑~恶	手	首	守	受
中古音 方言点	陟柳 流开三 上有知	敕九 流开三 上有彻	之九 流开三 上有章	昌九 流开三 上有昌	书九 流开三 上有书	书九 流开三 上有书	书九 流开三 上有书	殖酉 流开三 上有禅
浮山	tʂou^{33}	tʂʰou^{33}	pfu^{33}	tʂʰou^{33}	ʂou^{33}	ʂou^{33}	ʂou^{33}	ʂou^{53}
霍州	tʂəu^{33}	tʂʰəu^{33}	tʂəu^{33}	tʂʰəu^{33}	ʂəu^{33}	ʂəu^{33}	ʂəu^{33}	ʂəu^{53}
翼城	tʂou^{44}	tʂʰou^{44}	tʂou^{44}	tʂʰou^{44}	ʂou^{44}	ʂou^{44}	ʂou^{44}	ʂou^{53}
闻喜	tsɤu^{33}	tsʰɤu^{33}	pfʰu^{33}	tsʰɤu^{33}	sɤu^{13}	sɤu^{13}	sɤu^{13}	sɤu^{13}
侯马	tʂou^{44}	tsʰou^{44}	tʂou^{44}	tʂʰou^{44}	ʂou^{44}	ʂou^{44}	ʂou^{44}	ʂou^{53}
新绛	tʂəu^{44}	tʂʰəu^{44}	tʂəu^{13}	tʂʰəu^{44}	ʂəu^{44}	ʂəu^{44}	səu^{53}	ʂəu^{53}
绛县	tʂəu^{33}	tʂʰəu^{33}	tʂəu^{33}	tʂʰəu^{33}	ʂəu^{33}	ʂəu^{33}	ʂəu^{33}	ʂəu^{53}
垣曲	tʂou^{44}	tʂʰou^{44}	tʂou^{44}	tʂʰou^{44}	ʂou^{44}	ʂou^{44}	ʂou^{44}	ʂou^{53}
夏县	tʂəu^{24}	tʂʰəu^{24}	fu^{53}	tʂʰəu^{24}	ʂəu^{24}	ʂəu^{24}	ʂəu^{24}	ʂəu^{31}
万荣	tʂəu^{55}	tʂʰəu^{55}	fu^{33}	tʂʰəu^{55}	ʂəu^{55}	ʂəu^{55}	ʂəu^{55}	ʂəu^{33}
稷山	tʂəu^{44}	tʂʰəu^{44}	fu^{42}	tʂʰəu^{44}	ʂəu^{44}	ʂəu^{44}	ʂəu^{44}	ʂəu^{42}
盐湖	tʂou^{53}	tʂʰou^{53}	fu^{53} 白 / tʂou^{53} 文	tʂʰou^{53}	ʂou^{53}	ʂou^{53}	ʂou^{53}	ʂou^{44}
临猗	tʂəu^{53}	tʂʰəu^{53}	fu^{44}	tʂʰəu^{53}	ʂəu^{53}	ʂəu^{53}	ʂəu^{53}	ʂəu^{44}
河津	tʂəu^{53}	tʂʰəu^{53}	tʂəu^{31}	tʂʰəu^{53}	ʂəu^{53}	ʂəu^{53}	ʂəu^{53}	ʂəu^{44}
平陆	tʂəu^{55}	tʂʰəu^{55}	fu^{33}	tʂʰəu^{55}	ʂəu^{55}	ʂəu^{55}	ʂəu^{55}	ʂəu^{33}
永济	tʂəu^{53}	tʂʰəu^{53}	fu^{44} 白 / tʂəu^{31} 文	tʂʰəu^{53}	ʂəu^{53}	ʂəu^{53}	ʂəu^{53}	ʂəu^{44}
芮城	tʂəu^{53}	tʂʰəu^{53}	fu^{42}	tʂʰəu^{53}	ʂəu^{53}	ʂəu^{53}	ʂəu^{53}	ʂəu^{44}
吉县	tʂəu^{53}	tʂʰəu^{53}	fu^{53}	tʂʰəu^{53}	ʂəu^{53}	ʂəu^{53}	ʂəu^{53}	ʂəu^{33}
乡宁	tʂou^{44}	tʂʰou^{44}	tʂʰu^{44}	tʂʰou^{44}	ʂou^{44}	ʂou^{44}	ʂou^{44}	ʂou^{22}
广灵	tsɤu^{44}	tsʰɤu^{44}	tsʰu^{53}	tsʰɤu^{44}	sɤu^{44}	sɤu^{44}	sɤu^{44}	sɤu^{44}

字目	九	久	灸	臼	舅	朽	有	友
中古音 方言点	举有 流开三 上有见	举有 流开三 上有见	举有 流开三 上有见	其九 流开三 上有群	其九 流开三 上有群	许久 流开三 上有晓	云久 流开三 上有云	云久 流开三 上有云
北京	tɕiou^{214}	tɕiou^{214}	tɕiou^{214}	tɕiou^{51}	tɕiou^{51}	ɕiou^{214}	iou^{214}	iou^{214}
小店	tɕiəɯ^{53}	tɕiəɯ^{53}	tɕiəɯ^{11}	tɕiəɯ^{24}	tɕiəɯ^{24}	ɕiəɯ^{53}	iəɯ^{53}	iəɯ^{53}
尖草坪	tɕiei^{312}	tɕiei^{312}	tɕiei^{312}	tɕiei^{312}	tɕiei^{35}	ɕiei^{312}	iei^{312}	iei^{312}
晋源	tɕiɤu^{42}	tɕiɤu^{42}	tɕiɤu^{42}	tɕiɤu^{35}	tɕiɤu^{35}	ɕiɤu^{42}	iɤu^{42}	iɤu^{42}
阳曲	tɕiei^{312}	tɕiei^{312}	tɕiei^{312}	tɕiei^{454}	tɕiei^{454}	ɕiei^{312}	iei^{312}	iei^{312}
古交	tɕiei^{312}	tɕiei^{312}	tɕiei^{312}	tɕiei^{53}	tɕiei^{53}	ɕiei^{312}	iei^{312}	iei^{312}
清徐	tɕiəu^{54}	tɕiəu^{54}	tɕiəu^{54}	tɕiəu^{45}	tɕiəu^{45}	ɕiəu^{54}	iəu^{54}	iəu^{54}
娄烦	tɕiu^{312}	tɕiu^{312}	tɕiu^{312}	tɕiu^{54}	tɕiu^{54}	ɕiu^{312}	iu^{312}	iu^{312}
榆次	tɕiɯ^{53}	tɕiɯ^{53}	tɕiɯ^{11}	tɕiɯ^{11}	tɕiɯ^{35}	ɕiɯ^{53}	iɯ^{53}	iɯ^{53}
交城	tɕiʌɯ^{53}	tɕiʌɯ^{53}	tɕiʌɯ^{53}	tɕiʌɯ^{24}	tɕiʌɯ^{24}	ɕiʌɯ^{53}	iʌɯ^{53}	iʌɯ^{53}
文水	tɕiəɯ^{423}	tɕiəɯ^{423}	tɕiəɯ^{423}	tɕiəɯ^{35}	tɕiəɯ^{35}	ɕiəɯ^{423}	iəɯ^{423}	iəɯ^{423}
祁县	tɕiɤu^{314}	tɕiɤu^{314}	tɕiɤu^{314}	tɕiɤu^{45}	tɕiɤu^{45}	ɕiɤu^{314}	iɤu^{314}	iɤu^{314}
太谷	tɕiəɯ^{312}	tɕiəɯ^{312}	tɕiəɯ^{312}	tɕiəɯ^{53}	tɕiəɯ^{53}	ɕiəɯ^{312}	iəɯ^{312}	iəɯ^{312}
平遥	tɕiəu^{512}	tɕiəu^{512}	tɕiəu^{512}	tɕiəu^{24}	tɕiəu^{24}	ɕiəu^{512}	iəu^{512}	iəu^{512}
孝义	tɕiou^{312}	tɕiou^{312}	tɕiou^{312}	tɕiou^{454}	tɕiou^{454}	ɕiou^{312}	iou^{312}	iou^{312}
介休	tɕiəu^{423}	tɕiəu^{423}	tɕiəu^{423}	tɕiəu^{45}	tɕiəu^{45}	ɕiəu^{423}	iəu^{423}	iəu^{423}
灵石	tɕiou^{212}	tɕiou^{212}	tɕiou^{212}	tɕiou^{53}	tɕiou^{53}	ɕʰiou^{212}	iou^{212}	iou^{212}
盂县	tɕiəu^{53}	tɕiəu^{53}	tɕiəu^{53}	tɕiəu^{55}	tɕiəu^{55}	ɕiəu^{53}	iəu^{53}	iəu^{53}
寿阳	tɕiəɯ^{53}	tɕiəɯ^{53}	tɕiəɯ^{22}	tɕiəɯ^{45}	tɕiəɯ^{45}	ɕiəɯ^{53}	iəɯ^{53}	iəɯ^{53}
榆社	tɕiəu^{312}	tɕiəu^{312}	tɕiəu^{312}	tɕiəu^{45}	tɕiəu^{45}	ɕʰiəu^{312}	iəu^{312}	iəu^{312}
离石	tɕiʌu^{312}	tɕiʌu^{312}	tɕiʌu^{312}	tɕiʌu^{53}	tɕiʌu^{53}	ɕiʌu^{312}	iʌu^{312}	iʌu^{312}
汾阳	tɕiou^{312}	tɕiou^{312}	tɕiou^{312}	tɕiou^{55}	tɕiou^{55}	ɕiou^{312}	iou^{312}	iou^{312}
中阳	tɕiʌ^{423}	tɕiʌ^{423}	tɕiʌ^{423}	tɕiʌ^{53}	tɕiʌ^{53}	ɕiʌ^{423}	iʌ^{423}	iʌ^{423}
柳林	tɕiɛ^{312}	tɕiɛ^{312}	tɕiɛ^{312}	tɕiɛ^{53}	tɕiɛ^{53}	ɕiɛ^{312}	iɛ^{312}	iɛ^{312}
方山	tɕiəɯ^{312}	tɕiəɯ^{312}	tɕiəɯ^{24}	tɕiəɯ^{52}	tɕiəɯ^{52}	ɕiəɯ^{312}	iəɯ^{312}	iəɯ^{312}
临县	tɕiəɯ^{312}	tɕiəɯ^{312}	tɕiəɯ^{312}	tɕiəɯ^{52}	tɕiəɯ^{52}	ɕiəɯ^{312}	iəɯ^{312}	iəɯ^{312}
兴县	tɕiou^{324}	tɕiou^{324}	tɕiou^{324}	tɕiou^{324}	tɕiou^{53}	ɕiou^{324}	iou^{324}	iou^{324}
岚县	tɕiɐu^{312}	tɕiɐu^{312}	tɕiɐu^{312}	tɕiɐu^{312}/ tɕiɐu^{53}	tɕiɐu^{53}	ɕiɐu^{312}	iɐu^{312}	iɐu^{312}
静乐	tɕiɤɯ^{314}	tɕiɤɯ^{314}	tɕiɤɯ^{314}	tɕiɤɯ^{53}	tɕiɤɯ^{53}	ɕiɤɯ^{314}	iɤɯ^{314}	iɤɯ^{314}
交口	tɕiou^{323}	tɕiou^{323}	tɕiou^{323}	tɕiou^{53}	tɕiou^{53}	ɕiou^{323}	iou^{323}	iou^{323}
石楼	tɕiou^{213}	tɕiou^{213}	tɕiou^{213}	tɕiou^{51}	tɕiou^{51}	ɕiou^{213}	iou^{213}	iou^{213}

续表

字目	九	久	灸	臼	舅	朽	有	友
中古音 / 方言点	举有 流开三 上有见	举有 流开三 上有见	举有 流开三 上有见	其九 流开三 上有群	其九 流开三 上有群	许久 流开三 上有晓	云久 流开三 上有云	云久 流开三 上有云
隰县	tɕiou^{21}	tɕiou^{21}	tɕiou^{21}	tɕiou^{44}	tɕʰiou^{44} 白 / tɕiou^{44} 文	ɕiou^{21}	iou^{21}	iou^{21}
大宁	tɕiəu^{31}	tɕiəu^{31}	tɕiəu^{31}	tɕʰiəu^{31}	tɕʰiəu^{55}	ɕiəu^{31}	iəu^{31}	iəu^{55}
永和	tɕiɤu^{312}	tɕiɤu^{312}	tɕiɤu^{312}	tɕiɤu^{53}	tɕʰiɤu^{53} 白 / tɕiɤu^{53} 文	ɕiɤu^{33}	iɤu^{312}	iɤu^{53}
汾西	tɕiou^{33}	tɕiou^{33}	tɕiou^{33}	——	tɕʰiou^{53}	ɕiou^{33}	iou^{33}	iou^{33}
蒲县	tɕiou^{31}	tɕiou^{31}	tɕiou^{31}	tɕiou^{33}	tɕʰiou^{33}	ɕiou^{31}	iou^{31}	iou^{33}
潞州	tɕiəu^{535}	tɕiəu^{535}	tɕiəu^{535}	tɕiəu^{54}	tɕiəu^{54}	ɕiəu^{535}	iəu^{535}	iəu^{535}
上党	tɕiəu^{535}	tɕiəu^{535}	tɕiəu^{213}	tɕiəu^{42}	tɕiəu^{42}	ɕiəu^{535}	iəu^{535}	iəu^{535}
长子	tɕiəu^{434}	tɕiəu^{434}	tɕiəu^{312}	tɕiəu^{53}	tɕiəu^{53}	ɕiəu^{434}	iəu^{434}	iəu^{434}
屯留	tɕiəu^{43}	tɕiəu^{43}	tɕiəu^{31}	tɕiəu^{11}	tɕiəu^{11}	ɕiəu^{43}	iəu^{43}	iəu^{43}
襄垣	tɕiəu^{42}	tɕiəu^{42}	tɕiəu^{42}	tɕiəu^{45}	tɕiəu^{45}	ɕiəu^{42}	iəu^{42}	iəu^{42}
黎城	ciəu^{213}	ciəu^{213}	ciəu^{213}	ciəu^{53}	ciəu^{53}	çiəu^{213}	iəu^{213}	iəu^{213}
平顺	ciəu^{434}	ciəu^{434}	ciəu^{434}	ciəu^{53}	ciəu^{53}	çiəu^{434}	iəu^{434}	iəu^{434}
壶关	ciəu^{535}	ciəu^{535}	ciəu^{33}	ciəu^{353}	ciəu^{353}	çiəu^{535}	iəu^{535}	iəu^{535}
沁县	tɕy^{214}	tɕy^{214}	tɕy^{214}	tɕy^{53}	tɕy^{53}	ɕy^{214}	y^{214}	y^{214}
武乡	tɕiəu^{213}	tɕiəu^{213}	tɕiəu^{113}	tɕiəu^{55}	tɕiəu^{55}	ɕiəu^{213}	iəu^{213}	iəu^{213}
沁源	tɕiəu^{324}	tɕiəu^{324}	tɕiəu^{324}	tɕiəu^{53}	tɕiəu^{53}	ɕiəu^{324}	iəu^{324}	iəu^{324}
安泽	tɕiəu^{42}	tɕiəu^{42}	tɕiəu^{42}	tɕiəu^{53}	tɕiəu^{53}	ɕiəu^{42}	iəu^{42}	iəu^{42}
沁水端氏	tɕiou^{31}	tɕiou^{31}	tɕiou^{31}	tɕiou^{53}	tɕiou^{53}	ɕiou^{31}	iou^{31}	iou^{31}
阳城	ciɐu^{212}	ciɐu^{212}	ciɐu^{212}	ciɐu^{51}	ciɐu^{51}	çiɐu^{212}	iɐu^{212}	iɐu^{212}
高平	ciʌu^{212}	ciʌu^{212}	ciʌu^{212}	tɕiʌu^{212}	ciʌu^{53}	ɕiʌu^{212}	iʌu^{212}	iʌu^{212}
陵川	ciəo^{312}	ciəo^{312}	ciəo^{312}	ciəo^{24}	ciəo^{24}	ɕiəo^{312}	iəo^{312}	iəo^{312}
晋城	tɕiaɯ^{213}	tɕiaɯ^{213}	tɕiaɯ^{213}	tɕiaɯ^{53}	tɕiaɯ^{53}	ɕiaɯ^{213}	iaɯ^{213}	iaɯ^{213}
忻府	tɕiəu^{313}	tɕiəu^{313}	tɕiəu^{313}	tɕiəu^{53}	tɕiəu^{53}	ɕiəu^{313}	iəu^{313}	iəu^{313}
原平	tɕiɤɯ^{213}	tɕiɤɯ^{213}	tɕiɤɯ^{213}	tɕiɤɯ^{53}	tɕiɤɯ^{53}	ɕiɤɯ^{213}	iɤɯ^{213}	iɤɯ^{213}
定襄	tɕiəu^{24}	tɕiəu^{24}	tɕiəu^{24}	tɕiəu^{24}	tɕiəu^{53}	ɕiəu^{24}	iəu^{24}	iəu^{24}
五台	tɕiey^{213}	tɕiey^{213}	tɕiey^{213}	tɕiey^{52}	tɕiey^{52}	ɕiey^{213}	iey^{213}	iey^{213}
岢岚	tɕiu^{13}	tɕiu^{13}	tɕiu^{13}	tɕiu^{52}	tɕiu^{52}	ɕiu^{13}	iu^{13}	iu^{13}
五寨	tɕiəu^{13}	tɕiəu^{13}	tɕiəu^{13}	tɕiəu^{52}	tɕiəu^{52}	ɕiəu^{13}	iəu^{13}	iəu^{13}
宁武	tɕiəu^{213}	tɕiəu^{213}	tɕiəu^{213}	tɕiəu^{52}	tɕiəu^{52}	ɕiəu^{213}	iəu^{213}	iəu^{213}
神池	tɕiəu^{13}	tɕiəu^{13}	tɕiəu^{13}	tɕiəu^{52}	tɕiəu^{52}	ɕiəu^{13}	iəu^{13}	iəu^{13}

续表

字目	九	久	灸	臼	舅	朽	有	友
中古音 / 方言点	举有 流开三 上有见	举有 流开三 上有见	举有 流开三 上有见	其九 流开三 上有群	其九 流开三 上有群	许久 流开三 上有晓	云久 流开三 上有云	云久 流开三 上有云
繁峙	tɕiəu⁵³	tɕiəu⁵³	tɕiəu⁵³	tɕiəu²⁴	tɕiəu²⁴	ɕiəu⁵³	iəu⁵³	iəu⁵³
代县	tɕiəu²¹³	tɕiəu²¹³	tɕiəu²¹³	tɕiəu⁵³	tɕiəu⁵³	ɕiəu²¹³	iəu⁴⁴	iəu⁴⁴
河曲	tɕiɤɯ²¹³	tɕiɤɯ²¹³	tɕiɤɯ²¹³	tɕiɤɯ⁵²	tɕiɤɯ⁵²	ɕiɤɯ²¹³	iɤɯ²¹³	iɤɯ²¹³
保德	tɕiʌu²¹³	tɕiʌu²¹³	tɕiʌu²¹³	tɕiʌu⁵²	tɕiʌu⁵²	ɕiʌu²¹³	iʌu²¹³	iʌu²¹³
偏关	tɕiɤu²¹³	tɕiɤu²¹³	tɕiɤu²¹³	tɕiɤu⁵²	tɕiɤu⁵²	ɕiɤu²¹³	iɤu²¹³	iɤu²¹³
朔城	tɕiəu³¹²	tɕiəu³¹²	tɕiəu³¹²	tɕiəu³¹²	tɕiəu³¹²	ɕiəu³¹²	iəu³¹²	iəu³¹²
平鲁	tɕiəu²¹³	tɕiəu²¹³	tɕiəu²¹³	tɕiəu²¹³	tɕiəu⁵²	ɕiəu²¹³	iəu²¹³	iəu²¹³
应县	tɕiəu⁵⁴	tɕiəu⁵⁴	tɕiəu⁵⁴	tɕiəu⁴³	tɕiəu²⁴	ɕiəu⁵⁴	iəu⁵⁴	iəu⁵⁴
灵丘	tɕieiu⁴⁴²	tɕieiu⁴⁴²	tɕieiu⁴⁴²	tɕieiu⁵³	tɕieiu⁵³	ɕieiu⁴⁴²	ieiu⁴⁴²	ieiu⁴⁴²
浑源	tɕiəu⁵²	tɕiəu⁵²	tɕiəu⁵²/tsəʔ⁴	tɕiəu¹³	tɕiəu¹³	ɕiəu⁵²	iəu⁵²	iəu⁵²
云州	tɕiɤu⁵⁵	tɕiɤu⁵⁵	tɕiɤu⁵⁵	tɕiɤu²⁴	tɕiɤu²⁴	ɕiɤu⁵⁵	iɤu⁵⁵	iɤu⁵⁵
新荣	tɕiəu⁵⁴	tɕiəu⁵⁴	tɕiəu⁵⁴	tɕiəu⁵⁴	tɕiəu²⁴	ɕiəu⁵⁴	iəu⁵⁴	iəu⁵⁴
怀仁	tɕiɤu⁵³	tɕiɤu⁵³	tɕiɤu⁵³	tɕiɤu⁴²	tɕiɤu²⁴	ɕiɤu⁵³	iɤu⁵³	iɤu⁵³
左云	tɕiəu⁵⁴	tɕiəu⁵⁴	tɕiəu⁵⁴	tɕiəu²⁴	tɕiəu²⁴	ɕiəu⁵⁴	iəu⁵⁴	iəu⁵⁴
右玉	tɕiəu⁵³	tɕiəu⁵³	tɕiəu⁵³	tɕiəu²⁴	tɕiəu²⁴	ɕiəu⁵³	iəu⁵³	iəu⁵³
阳高	tɕiɤu⁵³	tɕiɤu⁵³	tɕiɤu⁵³	tɕiɤu²⁴	tɕiɤu²⁴	ɕiɤu⁵³	iɤu⁵³	iɤu⁵³
山阴	tɕiəu⁵²	tɕiəu⁵²	tɕiəu⁵²	tɕiəu⁵²	tɕiəu³³⁵	ɕiəu⁵²	iəu⁵²	iəu⁵²
天镇	tɕiɤu⁵⁵	tɕiɤu⁵⁵	tɕiɤu⁵⁵	tɕiɤu³¹	tɕiɤu²⁴	ɕiɤu⁵⁵	iɤu⁵⁵	iɤu⁵⁵
平定	tɕiɤu⁵³	tɕiɤu⁵³	tɕiɤu⁵³	tɕiɤu²⁴	tɕiɤu²⁴	ɕiɤu⁵³	iɤu⁵³	iɤu⁵³
昔阳	tɕiəu⁵⁵	tɕiəu⁵⁵	tɕiəu⁵⁵	tɕiəu¹³	tɕiəu¹³	ɕiəu⁵⁵	iəu⁵⁵	iəu⁵⁵
左权	tɕiʌu⁴²	tɕiʌu⁴²	tɕiʌu⁴²	tɕiʌu⁵³	tɕiʌu⁵³	ɕiʌu⁴²	iʌu⁴²	iʌu⁴²
和顺	tɕiɤu⁵³	tɕiɤu⁵³	tɕiɤu⁵³	tɕiɤu¹³	tɕiɤu¹³	ɕiɤu⁵³	iɤu⁵³	iɤu⁵³
尧都	tɕiou⁵³	tɕiou⁵³	tɕiou⁵³	tɕiou⁴⁴	tɕʰiou⁴⁴	ɕiou⁵³	iou⁵³	iou⁵³
洪洞	tɕiou⁴²	tɕiou⁴²	tɕiou²¹	tɕiou⁵³	tɕʰiou⁵³ 白 / tɕiou⁵³ 文	ɕiou³³	iou⁴²	iou³³
洪洞赵城	tɕiou⁴²	tɕiou²⁴	tɕiou²¹	tɕiou⁵³	tɕʰiou⁵³ 白 / tɕiou⁵³ 文	ɕiou²¹	iou⁴²	iou⁴²
古县	tɕiəu⁴²	tɕiəu⁴²	tɕiəu⁴²	tɕiəu⁵³	tɕʰiəu⁵³ 白 / tɕiəu⁵³ 文	ɕiəu⁴²	iəu⁴²	iəu⁴²
襄汾	tɕiou⁴²	tɕiou⁴²	tɕiou⁴²	tɕiou⁵³	tɕʰiou⁵³/ tɕiou²¹	ɕiou⁴²	iou⁴²	iou⁴²

续表

字目	九	久	灸	臼	舅	朽	有	友
中古音 方言点	举有 流开三 上有见	举有 流开三 上有见	举有 流开三 上有见	其九 流开三 上有群	其九 流开三 上有群	许久 流开三 上有晓	云久 流开三 上有云	云久 流开三 上有云
浮山	tɕiou^{33}	tɕiou^{33}	tɕiou^{33}	tɕiou^{53}	tɕiou^{42}/ tɕʰiou^{53}	ɕiou^{33}	iou^{33}	iou^{33}
霍州	tɕiəu^{33}	tɕiəu^{33}	tɕiəu^{33}	tɕiəu^{53}	tɕʰy^{53}	ɕiəu^{33}	iəu^{33}	iəu^{33}
翼城	tɕiou^{44}	tɕiou^{44}	tɕiou^{53}	tɕiou^{53}	tɕiou^{53}	ɕiou^{44}	iou^{44}	iou^{44}
闻喜	——	tɕiɤu^{33}	tɕiɤu^{33}	tɕʰiɤu^{13}	tɕʰiɤu^{13}	ɕiɤu^{33}	iɤu^{33}	iɤu^{33}
侯马	tɕiou^{44}	tɕiou^{44}	tɕiou^{53}	tɕiou^{53}	tɕiou^{53}	ɕiou^{44}	iou^{44}	iou^{44}
新绛	tɕiəu^{44}	tɕiəu^{44}	tɕiəu^{44}	tɕiəu^{53}	tɕʰiəu^{53}	ɕiəu^{53}	iəu^{44}	iəu^{44}
绛县	tɕiəu^{33}	tɕiəu^{33}	tɕiəu^{33}	tɕiəu^{53}	tɕiəu^{53}	ɕiəu^{33}	iəu^{33}	iəu^{33}
垣曲	tɕiou^{44}	tɕiou^{44}	tɕiou^{22}	tɕiou^{53}	tɕʰiou^{22}	ɕiou^{44}	iou^{44}	iou^{22}
夏县	tɕiəu^{24}	tɕiəu^{24}	tɕiəu^{24}	tɕiəu^{31}	tɕʰiəu^{31} 白 / tɕiəu^{31} 文	ɕiəu^{24}	iəu^{24}	iəu^{234}
万荣	tɕiəu^{55}	tɕiəu^{55}	tɕiəu^{55}	tɕiəu^{55}	tɕʰiəu^{33}	ɕiəu^{55}	iəu^{55}	iəu^{33}
稷山	tɕiəu^{44}	tɕiəu^{44}	tɕiəu^{42}	——	tɕʰiəu^{42}	ɕiəu^{44}	iəu^{44}	iəu^{44}
盐湖	tɕiou^{53}	tɕiou^{53}	tɕiou^{53}	tɕiou^{44}	tɕiou^{44}	ɕiou^{53}	iou^{53}	iou^{53}
临猗	tɕiəu^{53}	tɕiəu^{53}	tɕiəu^{42}	tɕiəu^{44}	tɕʰiəu^{44}/ tɕiəu^{44}	ɕiəu^{53}	iəu^{53}	iəu^{53}
河津	tɕiəu^{53}	tɕiəu^{53}	tɕiəu^{53}	tɕʰiəu^{31}	tɕʰiəu^{53}	ɕiəu^{53}	iəu^{53}	iəu^{44}
平陆	tɕiəu^{55}	tɕiəu^{55}	tɕiəu^{55}	——	tɕʰiəu^{33} 白 / tɕiəu^{33} 文	ɕiəu^{55}	iəu^{55}	iəu^{55}
永济	tɕiəu^{53}	tɕiəu^{53}	tɕiəu^{53}	tɕiəu^{44}	tɕʰiəu^{44}	ɕiəu^{53}	iəu^{53}	iəu^{53}
芮城	tɕiəu^{53}	tɕiəu^{53}	tɕiəu^{42}	tɕiəu^{42}	tɕʰiəu^{44}	ɕiəu^{53}	iəu^{53}	iəu^{53}
吉县	tɕiəu^{53}	tɕiəu^{53}	tɕiəu^{53}	tɕʰiəu^{53}	tɕʰiəu^{33}	ɕiəu^{53}	iəu^{53}	iəu^{33}
乡宁	tɕiou^{44}	tɕiou^{44}	tɕiou^{44}	tɕiou^{22}	tɕʰiou^{22} 白 / tɕiou^{22} 文	ɕiou^{44}	iou^{44}	iou^{44}
广灵	tɕiɤu^{44}	tɕiɤu^{44}	tɕiɤu^{44}	tɕiɤu^{44}	tɕiɤu^{213}	ɕiɤu^{44}	iɤu^{44}	iɤu^{44}

字目	诱	纠~察	富	副	溜~冰	就	秀	绣
中古音 / 方言点	与久 流开三 上有以	居黝 流开三 上黝见	方副 流开三 去宥非	敷救 流开三 去宥敷	力救 流开三 去宥来	疾僦 流开三 去宥从	息救 流开三 去宥心	息救 流开三 去宥心
北京	iou^{51}	tɕiou^{55}	fu^{51}	fu^{51}	liou^{55}	tɕiou^{51}	ɕiou^{51}	ɕiou^{51}
小店	iəɯ^{24}	tɕiəɯ^{11}	fu^{24}	fu^{24}	liəɯ^{11}	tɕiəɯ^{24}	ɕiəɯ^{24}	ɕiəɯ^{24}
尖草坪	iei^{35}	tɕiei^{33}	fu^{35}	fu^{35}	lei^{33}	tɕiei^{35}	ɕiei^{35}	ɕiei^{35}
晋源	iɤu^{35}	tɕiɤu^{11}	fu^{35}	fu^{35}	liɤu^{11}	tɕiɤu^{35}	ɕiɤu^{35}	ɕiɤu^{35}
阳曲	iei^{312}	tɕiei^{312}	fu^{454}	fu^{454}	liei^{43}	tɕiei^{454}	ɕiei^{454}	ɕiei^{454}
古交	iei^{53}	tɕiei^{44}	fu^{53} 白 /xu^{53} 文	fu^{53} 白 /xu^{53} 文	liei^{44}	tɕiei^{53}	ɕiei^{53}	ɕiei^{53}
清徐	iəu^{54}	tɕiəu^{54}	fu^{45}	fu^{45}	liəu^{11}	tɕiəu^{45}	ɕiəu^{45}	ɕiəu^{45}
娄烦	iu^{54}	tɕiu^{33}	fu^{54}	fu^{54}	liu^{54}	tɕiu^{54}	ɕiu^{54}	ɕiu^{54}
榆次	iɯ^{35}	tɕiɯ^{11}	fu^{35}	fu^{35}	liɯ^{53}	tɕiɯ^{35}	ɕiɯ^{35}	ɕiɯ^{35}
交城	iʌɯ^{24}	tɕiʌɯ^{11}	xu^{24}	xu^{24}	liʌɯ^{24}	tɕiʌɯ^{24}	ɕiʌɯ^{24}	ɕiʌɯ^{24}
文水	iəɯ^{35}	tɕiəɯ^{22}	xəɸ^{35}	xəɸ^{35}	liəɯ^{22}	tsəɯ^{35}/ tɕiəɯ^{35}	ɕiəɯ^{35}	ɕiəɯ^{35}
祁县	iɤu^{45}	tɕiɤu^{31}	xuβ^{45}	xuβ^{45}	liɤu^{31}	tɕiɤu^{45}	ɕiɤu^{45}	ɕiɤu^{45}
太谷	iəɯ^{53}	tɕiəɯ^{33}	fu^{53}	fu^{53}	liəɯ^{53}	tsəɯ^{53} 白 / tɕiəɯ^{53} 文	ɕiəɯ^{53}	ɕiəɯ^{53}
平遥	iəu^{24}	tɕiəu^{512}	xu^{24}	xu^{24}	liəu^{24}	tɕiəu^{24}	ɕiəu^{24}	ɕiəu^{24}
孝义	iou^{454}	tɕiou^{33}	xu^{454}	xu^{454}	liou^{454}	tsou^{454} 白 / tɕiou^{454} 文	ɕiou^{454}	ɕiou^{454}
介休	iəu^{45}	tɕiəu^{13}	xu^{45}	xu^{45}	liəu^{13}	tɕiəu^{45}	ɕiəu^{45}	ɕiəu^{45}
灵石	iou^{53}	tɕiou^{535}	xu^{53}	xu^{53}	liou^{535}	tɕiou^{53}	ɕʰiou^{53}	ɕʰiou^{53}
盂县	iəu^{55}	tɕiəu^{412}	fu^{55}	fu^{55}	liəu^{412}/liəu^{55}	tsəu^{55} 白 / tɕiəu^{55} 文	ɕiəu^{55}	ɕiəu^{55}
寿阳	iəɯ^{45}	tɕiəɯ^{31}	fu^{45}	fu^{45}	liəɯ^{45}	tɕiəɯ^{45}	ɕiəɯ^{45}	ɕiəɯ^{45}
榆社	iəu^{45}	tɕiəu^{312}	fy̩^{45}	fy̩^{45}	liəu^{22}	tɕiəu^{45}	ɕʰiəu^{45}	ɕʰiəu^{45}
离石	iʌu^{53}	tɕiʌu^{24}	xu^{53}	xu^{53}	liʌu^{53}	tsʌu^{53}	ɕiʌu^{53}	ɕiʌu^{53}
汾阳	iou^{55}	tɕiou^{324}	fəʋ^{55}	fəʋ^{55}	liou^{55}	tɕiou^{55}	ɕiou^{55}	ɕiou^{55}
中阳	iʌ^{53}	tɕiʌ^{24}	xu^{53}	xu^{53}	liʌ^{53}	tsʌ^{53}	ɕiʌ^{53}	ɕiʌ^{53}
柳林	iɛ^{53}	tɕiɛ^{24}	xu^{53}	xu^{53}	liɛ^{44}	tsɛe^{53}	ɕiɛ^{53}	ɕiɛ^{53}
方山	iəɯ^{52}	tɕiəɯ^{24}	xu^{52}	xu^{52}	liəɯ^{52}	tɕiəɯ^{52}	ɕiəɯ^{52}	ɕiəɯ^{52}
临县	iəɯ^{52}	tɕiəɯ^{24}	fu^{52}	fu^{52}	liəɯ^{52}	tɕiəɯ^{52}	ɕiəɯ^{52}	ɕiəɯ^{52}
兴县	iou^{53}	tɕiou^{324}	xu^{52}	xu^{52}	liou^{53}	tsou^{53}	ɕiou^{53}	ɕiou^{53}
岚县	iɐu^{53}	tɕiɐu^{214}	fu^{53}	fu^{53}	liɐu^{53}	tsɐu^{53}/ tɕiɐu^{53}	ɕiɐu^{53}	ɕiɐu^{53}

续表

字目	诱	纠~察	富	副	溜~冰	就	秀	绣
中古音 方言点	与久 流开三 上有以	居黝 流开三 上黝见	方副 流开三 去宥非	敷救 流开三 去宥敷	力救 流开三 去宥来	疾僦 流开三 去宥从	息救 流开三 去宥心	息救 流开三 去宥心
静乐	iɤɯ^{53}	tɕiɤɯ^{314}	fu^{53}	fu^{53}	liɤɯ^{33}	tɕiɤɯ^{53}	ɕiɤɯ^{53}	ɕiɤɯ^{53}
交口	iou^{53}	tɕiou^{323}	xu^{53}	xu^{53}	liou^{53}	tɕiou^{53}	ɕiou^{53}	ɕiou^{53}
石楼	iou^{51}	tɕiou^{213}	xu^{51}	xu^{51}	liou^{51}	tɕiou^{51}	ɕiou^{51}	ɕiou^{51}
隰县	iou^{44}	tɕiou^{53}	xu^{44}	xu^{44}	liou^{44}	tɕʰiou^{44} 白 / tɕiou^{44} 文	ɕiou^{44}	ɕiou^{44}
大宁	iəu^{55}	tɕiəu^{31}	fu^{55}	fu^{55}	liəu^{55}	tɕʰiəu^{55} 白 / tɕiəu^{55} 文	ɕiəu^{55}	ɕiəu^{55}
永和	iɤu^{53}	tɕiɤu^{312}	xu^{53}	xu^{53}	liɤu^{53}	tɕʰiɤu^{53} 白 / tɕiɤu^{53} 文	ɕiɤu^{53}	ɕiɤu^{53}
汾西	iou^{55}	——	——	fʏ̩^{55}	——	tɕʰiou^{53} 白 / tɕʰiou^{53} 文	ɕiou^{55}	ɕiou^{55}
蒲县	iou^{33}	tɕiou^{52}	fu^{33}	fu^{33}	liou^{33}	tɕiou^{33}	ɕiou^{33}	ɕiou^{33}
潞州	iəu^{54}	tɕiəu^{312}	fu^{44}	fu^{44}	liəu^{312}	tɕiəu^{54}	ɕiəu^{44}	ɕiəu^{44}
上党	iəu^{42}	tɕiəu^{213}	fu^{22}	fu^{22}	liəu^{213}	tɕiəu^{42}	ɕiəu^{22}	ɕiəu^{22}
长子	iəu^{422}	tɕiəu^{312}	fu^{422}	fu^{422}	liəu^{312}	tɕiəu^{53}	ɕiəu^{422}	ɕiəu^{422}
屯留	iəu^{11}	tɕiəu^{31}	fu^{53}	fu^{53}	liəu^{31}	tɕiəu^{11}	ɕiəu^{53}	ɕiəu^{53}
襄垣	iəu^{45}	tɕiəu^{33}	fu^{53}	fu^{53}	liəu^{33}	tɕiəu^{45}	ɕiəu^{53}	ɕiəu^{53}
黎城	iəu^{422}	ciəu^{33}	fu^{53}	fu^{53}	liəu^{33}	tɕiəu^{53}	ɕiəu^{53}	ɕiəu^{53}
平顺	iəu^{53}	ciəu^{434}	fu^{53}	fu^{53}	liəu^{213}	tɕiəu^{53}	ɕiəu^{53}	ɕiəu^{53}
壶关	iəu^{353}	ciəu^{33}	fu^{42}	fu^{42}	liəu^{33}	tsiəu^{353}	siəu^{42}	siəu^{42}
沁县	y^{53}	——	fu^{53}	fu^{53}	ly^{224}	tɕy^{53}	ɕy^{53}	ɕy^{53}
武乡	iəu^{55}	tɕiəu^{113}	fu^{55}	fu^{55}/fəʔ^{3}	liəu^{113}	tɕiəu^{55}	ɕiəu^{55}	ɕiəu^{55}
沁源	iəu^{53}	tɕiəu^{324}	fu^{53}	fu^{53}	liəu^{324}	tɕiəu^{53}	ɕiəu^{53}	ɕiəu^{53}
安泽	iəu^{53}	tɕiəu^{21}	fu^{53}	fu^{53}	liəu^{21}	tɕiəu^{53}	ɕiəu^{53}	ɕiəu^{53}
沁水端氏	iou^{53}	tɕiou^{21}	fu^{53}	fu^{53}	liou^{21}	tɕiou^{31}	ɕiou^{53}	ɕiou^{53}
阳城	iɐu^{51}	ciɐu^{224}	fu^{51}	fəʔ^{2} 白 / fu^{51} 文	liɐu^{51}	tɕiɐu^{51}	ɕiɐu^{51}	ɕiɐu^{51}
高平	iʌu^{53}	tɕiʌu^{33}	fu^{53}	fu^{53}	liʌu^{33}	tɕiʌu^{53}	ɕiʌu^{53}	ɕiʌu^{53}
陵川	iəo^{24}	ciəo^{33}	fu^{24}	fu^{24}	liəo^{33}	tɕiəo^{24}	ɕiəo^{24}	ɕiəo^{24}
晋城	iaɯ^{53}	tɕiaɯ^{33}	fu^{53}	fu^{53}	liaɯ^{33}	tɕiaɯ^{53}	ɕiaɯ^{53}	ɕiaɯ^{53}
忻府	iəu^{53}	tɕiəu^{313}	fu^{53}	fu^{53}	liəu^{33}	tɕiəu^{53}	ɕiəu^{53}	ɕiəu^{53}
原平	iɤɯ^{53}	tɕiɤɯ^{213}	fu^{53}	fu^{53}	liɤɯ^{213}	tɕiɤɯ^{53}	ɕiɤɯ^{53}	ɕiɤɯ^{53}
定襄	iəu^{24}	tɕiəu^{24}	fu^{53}	fu^{53}	liəu^{53}	tɕiəu^{53}	ɕiəu^{53}	ɕiəu^{53}

续表

字目	诱	纠~察	富	副	溜~冰	就	秀	绣
中古音 方言点	与久 流开三 上有以	居黝 流开三 上黝见	方副 流开三 去宥非	敷救 流开三 去宥敷	力救 流开三 去宥来	疾僦 流开三 去宥从	息救 流开三 去宥心	息救 流开三 去宥心
五台	iey^{52}	tɕiey^{213}	fu^{52}	fu^{52}	liey^{33}	tɕiey^{52}	ɕiey^{52}	ɕiey^{52}
岢岚	iu^{52}	tɕiu^{13}	fu^{52}	fu^{52}	liu^{44}	tɕiu^{52}	ɕiu^{52}	ɕiu^{52}
五寨	iəu^{52}	tɕiəu^{13}	fu^{52}	fu^{52}	liəu^{44}	tɕiəu^{52}	ɕiəu^{52}	ɕiəu^{52}
宁武	iəu^{52}	——	fu^{52}	fu^{52}	liəu^{23}	tɕiəu^{52}	ɕiəu^{52}	ɕiəu^{52}
神池	iəu^{52}	iəu^{24}	fu^{52}	fu^{52}	liəu^{52}	tɕiəu^{52}	ɕiəu^{52}	ɕiəu^{52}
繁峙	iəu^{24}	tɕiəu^{53}	fu^{24}	fu^{24}	liəu^{53}	tɕiəu^{24}	ɕiəu^{24}	ɕiəu^{24}
代县	iəu^{53}	tɕiəu^{213}	fu^{53}	fu^{53}	liəu^{213}	tɕiəu^{53}	ɕiəu^{53}	ɕiəu^{53}
河曲	iɤɯ^{52}	tɕiɤɯ^{213}	fu^{52}	fu^{52}	liɤɯ^{44}	tɕiɤɯ^{52}	ɕiɤɯ^{52}	ɕiɤɯ^{52}
保德	iʌu^{52}	tɕiʌu^{213}	fu^{52}	fu^{52}	liʌu^{52}	tɕiʌu^{52}	ɕiʌu^{52}	ɕiʌu^{52}
偏关	iɤu^{52}	tɕiɤu^{24}	fu^{52}	fu^{52}	liɔo^{44}	tɕiɤu^{52}	ɕiɤu^{52}	ɕiɤu^{52}
朔城	iəu^{53}	——	fu^{53}	fu^{53}	liəu^{53}	tɕiəu^{312}	ɕiəu^{53}	ɕiəu^{53}
平鲁	iəu^{52}	tɕiəu^{213}	fu^{52}	fu^{52}	liəu^{44}	tɕiəu^{52}	ɕiəu^{52}	ɕiəu^{52}
应县	iəu^{24}	tɕiəu^{43}	fu^{24}	fu^{24}	liəu^{43}	tɕiəu^{24}	ɕiəu^{24}	ɕiəu^{24}
灵丘	ieiu^{53}	tɕieiu^{442}	fu^{53}	fu^{53}	lieiu^{442}	tɕieiu^{53}	ɕieiu^{53}	ɕieiu^{53}
浑源	iəu^{13}	tɕiəu^{52}	fu^{13}	fu^{13}	liəu^{22}	tɕiəu^{13}	ɕiəu^{13}	ɕiəu^{13}
云州	iɤu^{24}	tɕiɤu^{21}	fu^{24}	fu^{24}	liɤu^{21}	tɕiɤu^{24}	ɕiɤu^{24}	ɕiɤu^{24}
新荣	iəu^{24}	tɕiəu^{32}	fu^{24}	fu^{24}	liəu^{32}	tɕiəu^{24}	ɕiəu^{24}	ɕiəu^{24}
怀仁	iɤu^{24}	tɕiɤu^{42}	fu^{24}	fu^{24}	liɤu^{42}	tɕiɤu^{24}	ɕiɤu^{24}	ɕiɤu^{24}
左云	iəu^{24}	tɕiəu^{31}	fu^{24}	fu^{24}	liəu^{31}	tɕiəu^{24}	ɕiəu^{24}	ɕiəu^{24}
右玉	iəu^{24}	——	fu^{24}	fu^{24}	liəu^{24}	tɕiəu^{24}	ɕiəu^{24}	ɕiəu^{24}
阳高	iɤu^{24}	tɕiɤu^{31}	fu^{24}	fu^{24}	liɤu^{24}	tɕiɤu^{24}	ɕiɤu^{24}	ɕiɤu^{24}
山阴	iəu^{335}	——	fu^{335}	fu^{335}	liəu^{313}/ liəu^{335}	tɕiəu^{335}	ɕiəu^{335}	ɕiəu^{335}
天镇	iɤu^{24}	tɕiɤu^{31}	fu^{24}	fu^{24}	liɤu^{22}	tɕiɤu^{24}	ɕiɤu^{24}	ɕiɤu^{24}
平定	iɤu^{24}	tɕiɤu^{31}	fu^{24}	fu^{24}	liɤu^{31}	tsɤu^{24} 白/ tɕiɤu^{24} 文	ɕiɤu^{24}	ɕiɤu^{24}
昔阳	iəu^{13}	tɕiəu^{42}	fu^{13}	fu^{13}	liəu^{42}	tɕiəu^{13}	ɕiəu^{13}	ɕiəu^{13}
左权	iʌu^{53}	tɕiʌu^{31}	fu^{53}	fu^{53}	liʌu^{11}	tʂʌu^{53} 白/ tɕiʌu^{53} 文	ɕiʌu^{53}	ɕiʌu^{53}
和顺	iɤu^{13}	tɕiɤu^{42}	fu^{13}	fu^{13}	liɤu^{42}	tʂɤu^{13} 白/ tɕiɤu^{13} 文	ɕiɤu^{13}	ɕiɤu^{13}
尧都	iou^{44}	tɕiou^{21}	fu^{44}	fu^{44}	liou^{44}	tɕiou^{44}	ɕiou^{44}	ɕiou^{44}

续表

字目	诱	纠~察	富	副	溜~冰	就	秀	绣
中古音 方言点	与久 流开三 上有以	居黝 流开三 上黝见	方副 流开三 去宥非	敷救 流开三 去宥敷	力救 流开三 去宥来	疾僦 流开三 去宥从	息救 流开三 去宥心	息救 流开三 去宥心
洪洞	iou^{42}	tɕiou^{21}	fu^{33}	fu^{42}	liou^{53}	tɕʰiou^{42} 白 / tɕiou^{42} 文	ɕiou^{33}	ɕiou^{33}
洪洞赵城	iou^{53}	tɕiou^{21}	fu^{24}	fu^{21}	liou^{53}	tɕʰiou^{53}	ɕiou^{24}	ɕiou^{24}
古县	iəu^{42}	tɕiəu^{21}	fu^{35}	fu^{35}	liəu^{53}	tɕʰiəu^{53} 白 / tɕiəu^{53} 文	ɕiəu^{35}	ɕiəu^{35}
襄汾	iou^{42}	tɕiou^{21}	fu^{44}	fu^{44}	liou^{53}	tɕʰiou^{53} 白 / tɕiou 文	ɕiou^{44}	ɕiou^{44}
浮山	iou^{33}	tɕiou^{42}	fu^{44}	fu^{44}	liou^{53}	tɕʰiou^{53}	ɕiou^{44}	ɕiou^{44}
霍州	iəu^{53}	tɕiəu^{212}	fu^{55}	fu^{55}	liəu^{33}	tɕʰiəu^{53} 白 / tɕiəu^{53} 文	ɕiəu^{55}	ɕiəu^{55}
翼城	iou^{53}	tɕiou^{53}	fu^{53}	fu^{53}	liou^{53}	tɕiou^{53}	ɕiou^{53}	ɕiou^{53}
闻喜	iɤu^{33}	tɕiɤu^{53}/ tɕiɤu^{33}	fu^{53}	fu^{53}	——	tɕʰiɤu^{13}	ɕiɤu^{53}	——
侯马	iou^{53}	tɕiou^{213}	fu^{53}	fu^{53}	liou^{213}	tɕiou^{53}	ɕiou^{53}	ɕiou^{53}
新绛	iəu^{53}	tɕiəu^{53}	fu^{53}	fu^{53}	liəu^{53}	tɕiəu^{53}	ɕiəu^{53}	ɕiəu^{53}
绛县	iəu^{31}	tɕiəu^{53}	fu^{31}	fu^{31}	liəu^{53}	tɕiəu^{31}/ tɕiəu^{53}	ɕiəu^{31}	ɕiəu^{31}
垣曲	iou^{53}	tɕiou^{22}	fu^{53}	fu^{53}	liou^{53}	tɕiou^{53}	ɕiou^{53}	ɕiou^{53}
夏县	iəu^{31}	tɕiəu^{53}	fu^{31}	fu^{31}	liəu^{31}	tɕiəu^{31}	ɕiəu^{31}	ɕiəu^{31}
万荣	iəu^{33}	tɕiəu^{55}	fu^{33}	fu^{33}	liəu^{33}	tɕʰiəu^{33}	ɕiəu^{33}	ɕiəu^{33}
稷山	iəu^{42}	tɕiəu^{53}	fu^{42}	fu^{42}	liəu^{42}	tɕʰiəu^{42}	ɕiəu^{42}	ɕiəu^{42}
盐湖	iou^{44}	tɕiou^{53}	fu^{44}	fu^{44}	liou^{44}	tɕiou^{44}	ɕiou^{44}	ɕiou^{44}
临猗	iəu^{44}	tɕiəu^{42}	fu^{44}	fu^{44}	liəu^{44}	tɕʰiəu^{44}	ɕiəu^{44}	ɕiəu^{44}
河津	iəu^{44}	tɕiəu^{31}	fu^{44}	fu^{53}	liəu^{44}	tɕʰiəu^{44}	ɕiəu^{44}	ɕiəu^{44}
平陆	iəu^{33}	tɕiəu^{31}	fu^{33}	fu^{33}	liəu^{33}	tɕʰiəu^{33} 白 / tɕiəu^{33} 文	ɕiəu^{33}	ɕiəu^{33}
永济	iəu^{44}	tɕiəu^{31}	fu^{44}	fu^{44}	liəu^{44}	tsʰəu^{44} 白 / tɕiəu^{44} 文	ɕiəu^{44}	ɕiəu^{44}
芮城	iəu^{44}	tɕiəu^{42}	fu^{42}	fu^{53}	liəu^{44}	tɕiəu^{44}	ɕiəu^{44}	ɕiəu^{44}
吉县	iəu^{33}	tɕiəu^{423}	fu^{33}	fu^{33}	liəu^{33}	tɕʰiəu^{33} 白 / tɕiəu^{33} 文	ɕiəu^{33}	ɕiəu^{33}
乡宁	iou^{22}	tɕiou^{21}	fu^{22}	fu^{22}	liou^{22}	tɕʰiou^{22} 白 / tɕiou^{22} 文	ɕiou^{22}	ɕiou^{22}
广灵	iɤu^{44}	tɕiɤu^{53}	fu^{213}	fu^{213}	liɤu^{53}	tɕiɤu^{213}	ɕiɤu^{213}	ɕiɤu^{213}

字目	锈	宿星~	袖	昼	皱	骤	瘦	咒
中古音 方言点	息救 开三 去宥心	息救 流开三 去宥心	似祐 流开三 去宥邪	陟救 流开三 去宥知	侧救 流开三 去宥庄	锄祐 流开三 去宥崇	所祐 流开三 去宥生	职救 流开三 去宥章
北京	ɕiou^{51}	ɕiou^{51}	ɕiou^{51}	tʂou^{51}	tʂou^{51}	tʂou^{51}	ʂou^{51}	tʂou^{51}
小店	ɕiəɯ^{24}	ɕiəɯ^{24}/	ɕiəɯ^{24}	tsəɯ^{24}	tsəɯ^{24}	tsəɯ^{24}	səɯ^{24}	tsəɯ^{24}
尖草坪	ɕiei^{35}	ɕiei^{35}	ɕiei^{35}	tsei^{35}	tsei^{35}	tsei^{35}	sei^{35}	tsei^{35}
晋源	ɕiɤu^{35}	ɕiɤu^{35}	ɕiɤu^{35}	tsɤu^{35}	tsɤu^{35}	tsɤu^{35}	sɤu^{35}	tsɤu^{35}
阳曲	ɕiei^{454}	ɕiei^{454}	ɕiei^{454}	tsei^{454}	tsei^{454}	tsei^{454}	sei^{454}	tsei^{454}
古交	ɕiei^{53}	ɕiei^{53}	ɕiei^{53}	tsei^{53}	tsei^{53}	tsei^{53}	sei^{53}	tsei^{53}
清徐	ɕiəu^{45}	ɕiəu^{45}	ɕiəu^{45}	tsɐu^{45}	tsɐu^{45}	tsɐu^{45}	sɐu^{45}	tsɐu^{45}
娄烦	ɕiu^{54}	ɕiu^{54}	ɕiu^{54}	tsə^{54}	tsə^{54}	tsə^{54}	sə^{54}	tsə^{54}
榆次	ɕiɯ^{35}	ɕiɯ^{35}/ɕyəʔ^{1}	ɕiɯ^{35}	tsɯ^{35}	tsɯ^{35}	tsɯ^{35}	tsʰɯ^{35}	tsɯ^{35}
交城	ɕiʌɯ^{24}	ɕiʌɯ^{24}	ɕiʌɯ^{24}	tsʌɯ^{24}	tsʌɯ^{24}	tsʌɯ^{24}	sʌɯ^{24}	tsʌɯ^{24}
文水	ɕiəɯ^{35}	ɕiəɯ^{35}	ɕiəɯ^{35}	tsəɯ^{35}	tsəɯ^{35}	tsəɯ^{35}	səɯ^{35}	tsəɯ^{35}
祁县	ɕiɤu^{45}	ɕiɤu^{45}	ɕiɤu^{45}	tʂɤu^{45}	tsɤu^{45}	tsɤu^{45}	sɤu^{45}	tʂɤu^{45}
太谷	ɕiəɯ^{53}	ɕiəɯ^{53}	ɕiəɯ^{53}	tsəɯ^{53}	tsəɯ^{53}	tsəɯ^{53}	səɯ^{53}	tsəɯ^{53}
平遥	ɕiəu^{24}	ɕiəu^{24}	ɕiəu^{24}	tʂəu^{213}	tsəu^{24}	tsəu^{24}	səu^{24}	tʂəu^{24}
孝义	ɕiou^{454}	ɕiou^{454}	ɕiou^{454}	tʂou^{454}	tsou^{454}	tsou^{454}	sou^{454}	tʂou^{454}
介休	ɕiəu^{45}	ɕiəu^{45}	ɕiəu^{45}	tʂəu^{45}	tsəu^{45}	tsəu^{45}	səu^{45}	tʂəu^{45}
灵石	ɕʰiou^{53}	ɕiou^{53}	ɕiou^{53}	tsou^{53}	tsou^{53}	tsou^{53}	sou^{53}	tsou^{53}
盂县	ɕiəu^{55}	ɕiəu^{55}	ɕiəu^{55}	tsəu^{55}	tsʰuəʔ^{2} 白 / tsəu^{55} 文	tsəu^{55}	səu^{55}	tsəu^{55}
寿阳	ɕiəɯ^{45}	ɕiəɯ^{45}	ɕiəɯ^{45}	tsəɯ^{45}	tsəɯ^{45}	tsəɯ^{45}	səɯ^{45}	tsəɯ^{45}
榆社	ɕʰiəu^{45}	ɕʰiəu^{45}	ɕʰiəu^{45}	tsəu^{45}	tsəu^{45}	tsəu^{45}	səu^{45}	tsəu^{45}
离石	ɕiʌu^{53}	ɕiʌu^{53}	ɕiʌu^{53}	tsʌu^{53}	tsʌu^{53}	tsʌu^{53}	sʌu^{53}	tsʌu^{53}
汾阳	ɕiou^{55}	ɕiou^{55}	ɕiou^{55}	tʂou^{55}	tʂou^{55}	tʂou^{55}	ʂou^{55}	tʂou^{55}
中阳	ɕiʌ^{53}	ɕiʌ^{53}	ɕiʌ^{53}	tsʌ^{53}	tsʌ^{53}	tsʌ^{53}	sʌ^{53}	tsʌ^{53}
柳林	ɕiɛ^{53}	ɕiɛ^{53}	ɕiɛ^{53}	tsə^{53}	tsə^{53}	tsə^{53}	sə^{53}	tsə^{53}
方山	ɕiəɯ^{52}	ɕiəɯ^{52}	ɕiəɯ^{52}	tʂəɯ^{52}	tʂəɯ^{52}	tʂəɯ^{52}	səɯ^{52}	tʂəɯ^{52}
临县	ɕiəɯ^{52}	ɕiəɯ^{52}	ɕiəɯ^{52}	tʂəɯ^{52}	tʂəɯ^{52}	tsəɯ^{52}	səɯ^{52}	tʂəɯ^{52}
兴县	ɕiou^{53}	ɕiou^{53}	ɕiou^{53}	tʂou^{53}	tsou^{53}	tsou^{53}	sou^{53}	tʂou^{53}
岚县	ɕiɐu^{53}	ɕiɐu^{53}	ɕiɐu^{53}	tsɐu^{53}	tsɐu^{53}	tsɐu^{53}	sɐu^{53}	tsɐu^{53}
静乐	ɕiɤɯ^{53}	ɕiɤɯ^{53}	ɕiɤɯ^{53}	tsɤɯ^{53}	tsɤɯ^{53}	tsɤɯ^{53}	sɤɯ^{53}	tsɤɯ^{53}
交口	ɕiou^{53}	ɕiou^{53}	ɕiou^{53}	tsou^{53}	tsou^{53}	tsou^{53}	sou^{53}	tsou^{53}
石楼	ɕiou^{51}	ɕyəʔ^{4}	ɕiou^{51}	tʂou^{51}	tʂou^{51}	tʂou^{51}	sou^{51}	tʂou^{51}

续表

字目	锈	宿星~	袖	昼	皱	骤	瘦	咒
中古音 / 方言点	息救 开三 去宥心	息救 流开三 去宥心	似祐 流开三 去宥邪	陟救 流开三 去宥知	侧救 流开三 去宥庄	锄祐 流开三 去宥崇	所祐 流开三 去宥生	职救 流开三 去宥章
隰县	ɕiou^{44}	ɕiou^{44}	ɕiou^{44}	tsou^{44}	tsou^{44}	tsou^{44}	sou^{44}	tsou^{44}
大宁	ɕiəu^{55}	ɕiəu^{31}	ɕiəu^{55}	tʂəu^{55}	tsəu^{55}	tsəu^{55}	səu^{55}	tʂəu^{55}
永和	ɕiɤu^{53}	ɕiɤu^{53}	ɕiɤu^{53}	tʂɤu^{53}	tsɤu^{53}	tsɤu^{53}	sɤu^{53}	tsɤu^{53}
汾西	ɕiou^{55}	ɕiou^{11}	ɕiou^{53}	——	tsou^{55}	tsou^{55}	sou^{55}	tsou^{55}
蒲县	ɕiou^{33}	ɕiou^{33}	ɕiou^{33}	tʂou^{52}	tsou^{33}	tsou^{33}	sou^{33}	tʂou^{52}
潞州	ɕiəu^{44}	ɕiəu^{44}	ɕiəu^{54}	tsəu^{44}	tsəu^{44}	tsəu^{54}	səu^{44}	tsəu^{44}
上党	ɕiəu^{22}	ɕyəʔ^{21}	ɕiəu^{42}	tsəu^{42}	tsəu^{42}	tsəu^{42}	səu^{42}	tsəu^{22}
长子	ɕiəu^{422}	ɕiəu^{422}	ɕiəu^{53}	tsəu^{422}	tsəu^{422}	tsəu^{53}	səu^{422}	tsəu^{53}
屯留	ɕiəu^{53}	ɕiəu^{53}	ɕiəu^{11}	tsəu^{53}	tsəu^{53}	tsəu^{11}	səu^{53}	tsəu^{53}
襄垣	ɕiəu^{53}	——	ɕiəu^{45}	tsəu^{53}	tsəu^{53}	tsəu^{53}	səu^{53}	tsəu^{45}
黎城	ɕiəu^{53}	ɕyɤʔ^{2}	ɕiəu^{53}	tɕiəu^{33}	tsəu^{53}	tsəu^{53}	səu^{422}	tɕiəu^{422}
平顺	ɕiəu^{53}	ɕiəu^{53}	ɕiəu^{53}	tɕəu^{53}	tɕəu^{53}	tɕəu^{53}	səu^{53}	tɕəu^{53}
壶关	siəu^{42}	syəʔ^{2}	siəu^{353}	tʂəu^{42}	tʂəu^{42}	tʂəu^{353}	ʂəu^{42}	tʂəu^{353}
沁县	ɕy^{53}	ɕy^{53}	ɕy^{53}	tsəu^{53}	tsəu^{53}	tsəu^{53}	səu^{53}	tsəu^{53}
武乡	ɕiəu^{55}	——	ɕiəu^{55}	tsəu^{55}	tsəu^{55}	tsəu^{55}	səu^{55}	tsəu^{55}
沁源	ɕiəu^{53}	ɕiəu^{53}	ɕiəu^{53}	tʂei^{53}	tsei^{53}	tsei^{53}	ʂei^{53}	tʂei^{53}
安泽	ɕiəu^{53}	ɕiəu^{53}	ɕiəu^{53}	——	tsəu^{53}	tsəu^{53}	səu^{53}	tsəu^{53}
沁水端氏	ɕiɔu^{53}	ɕiɔu^{53}	ɕiɔu^{53}	tsɔu^{53}	tsɔu^{53}	tsɔu^{53}	sɔu^{53}	tsɔu^{53}
阳城	ɕiɐu^{51}	ɕiɐu^{51}	ɕiɐu^{51}	tʂɐu^{51}	tʂɐu^{51}	tʂɐu^{51}	ʂɐu^{51}	tʂɐu^{51}
高平	ɕiʌu^{53}	ɕiɛʔ^{2}	ɕiʌu^{53}	tʂʌu^{53}	tʂʌu^{53}	tʂʌu^{53}	ʂʌu^{53}	tʂʌu^{53}
陵川	ɕiəo^{24}	ɕiəo^{24}	ɕiəo^{24}	tʂəo^{24}	tʂəo^{24}	tʂəo^{24}	ʂəo^{24}	tʂəo^{24}
晋城	ɕiaɯ^{53}	ɕiaɯ^{53}	ɕiaɯ^{53}	tʂaɯ^{53}	tʂaɯ^{53}	tʂaɯ^{53}	ʂaɯ^{53}	tʂaɯ^{53}
忻府	ɕiəu^{53}	ɕiəu^{53}	ɕiəu^{53}	tʂəu^{53}	tʂəu^{53}	tsəu^{53}	səu^{53}	tʂəu^{53}
原平	ɕiɤɯ^{53}	ɕiɤɯ^{53}	ɕiɤɯ^{53}	tʂɤɯ^{53}	tsɤɯ^{53}	tsɤɯ^{53}	sɤɯ^{53}	tʂɤɯ^{53}
定襄	ɕiəu^{53}	ɕiəu^{53}/ɕi^{53}	ɕiəu^{53}	tʂəu^{53}	tsəu^{53}	tsəu^{53}	səu^{53}	tsəu^{53}
五台	ɕiey^{52}	ɕiey^{52}	ɕiey^{52}	tsei^{52}	tsei^{52}	tsei^{52}	sei^{52}	tsei^{52}
岢岚	ɕiu^{52}	ɕiu^{52}	ɕiu^{52}	tʂəu^{52}	tʂəu^{52}	tʂəu^{52}	səu^{52}	tʂəu^{52}
五寨	ɕiəu^{52}	ɕiəu^{52}	ɕiəu^{52}	tsəu^{52}	tsəu^{52}	tsəu^{52}	səu^{52}	tsəu^{52}
宁武	ɕiəu^{52}	ɕiəu^{52}	ɕiəu^{52}	tsəu^{52}	tsəu^{52}	tsəu^{52}	səu^{52}	tsəu^{52}
神池	ɕiəu^{52}	ɕiəu^{52}	ɕiəu^{52}	tsəu^{52}	tsəu^{52}	tsəu^{52}	səu^{52}	tsəu^{52}
繁峙	ɕiəu^{24}	ɕiəu^{24}	ɕiəu^{24}	tsəu^{24}	tsəu^{24}	tsəu^{24}	səu^{24}	tsəu^{24}

续表

字目	锈	宿星~	袖	昼	皱	骤	瘦	咒
中古音 / 方言点	息救 开三 去宥心	息救 流开三 去宥心	似祐 流开三 去宥邪	陟救 流开三 去宥知	侧救 流开三 去宥庄	锄祐 流开三 去宥崇	所祐 流开三 去宥生	职救 流开三 去宥章
代县	ɕiəu^{53}	ɕiəu^{53}	ɕiəu^{53}	tsəu^{53}	tsəu^{53}	tsəu^{53}	səu^{53}	tsəu^{53}
河曲	ɕiɤɯ^{52}	ɕiɤɯ^{52}	ɕiɤɯ^{52}	tʂɤɯ^{52}	ʦɤɯ^{52}	ʦɤɯ^{52}	sɤɯ^{52}	tʂɤɯ^{52}
保德	ɕiʌu^{52}	ɕiʌu^{52}	ɕiʌu^{52}	tʂʌu^{52}	tʂʌu^{52}	tsʌu^{52}	sʌu^{52}	tʂʌu^{52}
偏关	ɕiɤu^{52}	ɕiɤu^{52}	ɕiɤu^{52}	tʂɤu^{52}	tsɤu^{52}	tsɤu^{52}	səu^{52}	tʂɤu^{52}
朔城	ɕiəu^{53}	ɕiəu^{53}	ɕiəu^{53}	tsəu^{53}	tsəu^{53}	tsəu^{53}	səu^{53}	tsəu^{53}
平鲁	ɕiəu^{52}	——	ɕiəu^{52}	tsəu^{52}	tsəu^{52}	tsəu^{52}	səu^{52}	tsəu^{52}
应县	ɕiəu^{24}	ɕiəu^{43}	ɕiəu^{24}	tsəu^{24}	tsəu^{54}	tsəu^{24}	səu^{24}	tsəu^{24}
灵丘	ɕieiu^{53}	ɕieiu^{53}	ɕieiu^{53}	tseiu^{53}	tseiu^{53}	tseiu^{53}	seiu^{53}	tseiu^{53}
浑源	ɕiəu^{13}	ɕiəu^{52}	ɕiəu^{13}	tsiəu^{13}	tsiəu^{13}	tsiəu^{13}	siəu^{13}	tsiəu^{13}
云州	ɕiɤu^{24}	ɕiɤu^{24}	ɕiɤu^{24}	tʂɤu^{24}	tʂɤu^{24}	tʂɤu^{24}	sɤu^{24}	tʂɤu^{24}
新荣	ɕiəu^{24}	ɕiəu^{32}	ɕiəu^{24}	tsiəu^{24}	tsiəu^{24}	tsiəu^{24}	siəu^{24}	tsiəu^{24}
怀仁	ɕiɤu^{24}	ɕiɤu^{42}	ɕiɤu^{24}	tsɤu^{24}	tsɤu^{24}	tsɤu^{24}	sɤu^{24}	tsɤu^{24}
左云	ɕiəu^{24}	ɕiəu^{24}	ɕiəu^{24}	tsəu^{24}	tsəu^{24}	tsəu^{24}	səu^{24}	tsəu^{24}
右玉	ɕiəu^{24}	ɕiəu^{24}	ɕiəu^{24}	tʂəu^{24}	tʂəu^{24}	tʂəu^{24}	səu^{24}	tʂəu^{24}
阳高	ɕiɤu^{24}	ɕyəʔ^{33}	ɕiɤu^{24}	tsɤu^{24}	tsɤu^{24}	tsɤu^{24}	sɤu^{24}	tsɤu^{24}
山阴	ɕiəu^{335}	ɕiəu^{313}	ɕiəu^{335}	tʂəu^{335}	tʂəu^{313}	tsəu^{335}	səu^{313}	tʂəu^{335}
天镇	ɕiɤu^{24}	ɕiɤu^{324}	ɕiɤu^{24}	tsɤu^{24}	tsɤu^{24}	tsɤu^{24}	sɤu^{24}	tsɤu^{24}
平定	ɕiɤu^{24}	ɕiɤu^{24}	ɕiɤu^{24}	tʂɤu^{31}	tsɤu^{24}	tsɤu^{24}	sɤu^{24}	tʂɤu^{24}
昔阳	ɕiəu^{13}	ɕiəu^{13}	ɕiəu^{13}	tʂəu^{13}	tʂəu^{13}	tʂəu^{13}	ʂəu^{13}	tʂəu^{13}
左权	ɕiʌu^{53}	ɕiʌu^{53}	ɕiʌu^{53}	tʂʌu^{53}	tsʌu^{53}	tsʌu^{53}	sʌu^{53}	tʂʌu^{53}
和顺	ɕiɤu^{13}	ɕiɤu^{13}	ɕiɤu^{13}	tʂɤu^{13}	tʂʰɤu^{13} 白 / tʂɤu^{13} 文	tʂɤu^{13}	ʂɤu^{13}	tʂɤu^{13}
尧都	ɕiou^{44}	ɕiou^{44}	ɕiou^{44}	ʦou^{44}	ʦou^{44}	ʦou^{44}	ʂou^{44}	ʦou^{44}
洪洞	ɕiou^{33}	ɕiou^{33}	ɕiou^{53}	tʂou^{21}	tsou^{21}	tsou^{33}	sou^{33}	tʂou^{33}
洪洞赵城	ɕiou^{24}	ɕy^{53} 白 / su^{53} 文	ɕiou^{53}	tʂou^{24}	tsou^{24}	tsou^{24}	sou^{53}	tʂou^{24}
古县	ɕiəu^{35}	ɕiəu^{35}	ɕiəu^{53}	tʂəu^{35}	tsəu^{53}	tsəu^{53}	səu^{35}	tʂəu^{35}
襄汾	ɕiou^{44}	ɕiou^{53}	ɕiou^{53}	tʂou^{53}	tʂou^{53}	tsou^{44}	sou^{53}	tʂou^{44}
浮山	ɕiou^{44}	ɕiou^{53}	ɕiou^{53}	tʂou^{53}	tʂou^{53}	tʂou^{44}	sou^{53}	tʂou^{44}
霍州	ɕiəu^{55}	ɕiəu^{55}	ɕiəu^{55}	tʂəu^{53}	tʂəu^{53}	tʂəu^{53}	səu^{33}	tʂəu^{53}
翼城	ɕiou^{53}	ɕiou^{53}	ɕiou^{53}	tʂou^{53}	tʂou^{53}	tʂou^{53}	ʂou^{53}	tʂou^{53}
闻喜	ɕiɤu^{53}	ɕiɤu^{53}	ɕiɤu^{13}	tsɤu^{53}	tsɤu^{53}	tsɤu^{13}	——	tsɤu^{53}

续表

字目	锈	宿星~	袖	昼	皱	骤	瘦	咒
中古音 / 方言点	息救 开三 去宥心	息救 流开三 去宥心	似祐 流开三 去宥邪	陟救 流开三 去宥知	侧救 流开三 去宥庄	锄祐 流开三 去宥崇	所祐 流开三 去宥生	职救 流开三 去宥章
侯马	ɕiou^{53}	ɕiou^{53}	ɕiou^{53}	tʂou^{53}	tʂou^{53}	tʂou^{53}	ʂou^{53}	tʂou^{53}
新绛	ɕiəu^{53}	ɕy^{53}	ɕiəu^{53}	tsəu^{53}	tsəu^{53}	tsəu^{53}	ʂəu^{53}	tʂəu^{53}
绛县	ɕiəu^{31}	ɕy^{31}	ɕiəu^{31}	tʂəu^{31}	tʂəu^{31}	tʂəu^{53}	ʂəu^{31}	tʂəu^{31}
垣曲	ɕiou^{53}	ɕiou^{53}	ɕiou^{53}	tʂou^{53}	tsʰou^{53}	tsʰou^{53}	sou^{53}	tʂou^{53}
夏县	ɕiəu^{31}	ɕy^{31}	ɕiəu^{31}	tʂəu^{31}	tʂəu^{31}	tʂəu^{31}	ʂəu^{31}	tʂəu^{31}
万荣	ɕiəu^{33}	ɕiəu^{33}	ɕiəu^{33}	tʂəu^{33}	tʂʰəu^{33}	tʂəu^{33}	səu^{33}	tʂəu^{33}
稷山	ɕiəu^{42}	ɕiəu^{42}	ɕiəu^{42}	tʂəu^{42}	tʂəu^{42}	tsʰəu^{42}	ʂəu^{42}	tʂəu^{42}
盐湖	ɕiou^{44}	ɕiou^{44}	ɕiou^{44}	tʂou^{44}	tʂou^{44}	tsou^{44}	sou^{44}	tʂou^{44}
临猗	ɕiəu^{44}	ɕiəu^{44}	ɕiəu^{44}	tʂəu^{44}	tsəu^{44}	tsəu^{44} 白 / tʂəu^{44} 文	səu^{44}	tʂəu^{44}
河津	ɕiəu^{44}	ɕiəu^{44}	ɕiəu^{44}	tʂəu^{44}	tsəu^{31}	tsəu^{31}	səu^{44}	tʂəu^{44}
平陆	ɕiəu^{33}	ɕiəu^{33}	ɕiəu^{33}	tʂəu^{33}	tsəu^{31}/tsəu^{33}	tsəu^{33}	səu^{33}	tʂəu^{33}
永济	ɕiəu^{44}	ɕy^{31} 白 / su^{31} 文	ɕiəu^{44}	tʂəu^{44}	tʂʰəu^{44}	tʂəu^{44}	ʂəu^{44}	tʂəu^{44}
芮城	ɕiəu^{53}	ɕy^{42}	ɕiəu^{44}	tʂəu^{44}	tsəu^{42}	tsəu^{42}	səu^{44}	tʂəu^{44}
吉县	ɕiəu^{33}	ɕiəu^{33}	ɕiəu^{33}	tʂəu^{33}	tsəu^{423}	——	səu^{33}	tʂəu^{33}
乡宁	ɕiou^{22}	ɕiou^{22}	ɕiou^{22}	tʂou^{22}	tʂou^{22}	tʂou^{22}	sou^{22}	tʂou^{22}
广灵	ɕiɤu^{213}	ɕiɤu^{213}	ɕiɤu^{213}	tsɤu^{213}	tsɤu^{213}	tsɤu^{213}	sɤu^{213}	tsɤu^{213}

字目	臭香～	兽	寿	授	售	究	救	旧
中古音 / 方言点	尺救 流开三 去宥昌	舒救 流开三 去宥书	承咒 流开三 去宥禅	殖酉 流开三 去宥禅	承咒 流开三 去宥禅	居祐 流开三 去宥见	居祐 流开三 去宥见	巨救 流开三 去宥群
北京	tʂou^{51}	ʂou^{51}	ʂou^{51}	ʂou^{51}	ʂou^{51}	tɕiou^{55}	tɕiou^{51}	tɕiou^{51}
小店	tsʰəɯ^{24}	səɯ^{24}	səɯ^{24}	səɯ^{24}	səɯ^{24}	tɕiəɯ^{11}	tɕiəɯ^{24}	tɕiəɯ^{24}
尖草坪	tsʰei^{35}	sei^{35}	sei^{35}	sei^{35}	sei^{35}	tɕiei^{33}	tɕiei^{35}	tɕiei^{35}
晋源	tsʰɤu^{35}	sɤu^{35}	sɤu^{35}	sɤu^{35}	sɤu^{35}	tɕiɤu^{35}	tɕiɤu^{35}	tɕiɤu^{35}
阳曲	tsʰei^{454}	sei^{454}	sei^{454}	sei^{454}	sei^{454}	tɕiei^{312}	tɕiei^{454}	tɕiei^{454}
古交	tsʰei^{53}	sei^{53}	sei^{53}	sei^{53}	sei^{53}	tɕiei^{44}	tɕiei^{53}	tɕiei^{53}
清徐	tsʰɐu^{45}	sɐu^{45}	sɐu^{45}	sɐu^{45}	sɐu^{45}	tɕiəu^{45}	tɕiəu^{45}	tɕiəu^{45}
娄烦	tsʰə^{54}	sə^{54}	sə^{54}	sə^{54}	sə^{54}	tɕiu^{33}	tɕiu^{54}	tɕiu^{54}
榆次	tsʰɯ^{35}	sɯ^{35}	sɯ^{35}	sɯ^{35}	sɯ^{35}	tɕiɯ^{11}	tɕiɯ^{35}	tɕiɯ^{35}
交城	tsʰʌɯ^{24}	sʌɯ^{24}	sʌɯ^{24}	sʌɯ^{24}	sʌɯ^{24}	tɕiʌɯ^{11}	tɕiʌɯ^{24}	tɕiʌɯ^{24}
文水	tsʰəɯ^{35}	səɯ^{35}	səɯ^{35}	səɯ^{35}	səɯ^{35}	tɕiəɯ^{22}	tɕiəɯ^{35}	tɕiəɯ^{35}
祁县	tʂʰɤu^{45}	ʂɤu^{45}	ʂɤu^{45}	ʂɤu^{45}	ʂɤu^{45}	tɕiɤu^{31}	tɕiɤu^{45}	tɕiɤu^{45}
太谷	tsʰəɯ^{53}	səɯ^{53}	səɯ^{53}	səɯ^{53}	səɯ^{53}	tɕiəɯ^{33}	tɕiəɯ^{53}	tɕiəɯ^{53}
平遥	tʂʰəu^{24}	ʂəu^{24}	ʂəu^{24}	ʂəu^{24}	tʂʰəu^{24}白 / ʂəu^{24}文	tɕiəu^{24}	tɕiəu^{24}	tɕiəu^{24}
孝义	tʂʰou^{454}	ʂou^{454}	ʂou^{454}	ʂou^{454}	ʂou^{454}	tɕʰiou^{33}	tɕiou^{454}	tɕiou^{454}
介休	tʂʰəu^{45}	ʂəu^{45}	ʂəu^{45}	ʂəu^{45}	ʂəu^{45}	tɕiəu^{13}	tɕiəu^{45}	tɕiəu^{45}
灵石	tsʰou^{53}	sou^{53}	sou^{53}	sou^{53}	sou^{53}	tɕiou^{535}	tɕiou^{53}	tɕiou^{53}
盂县	tsʰəu^{55}	səu^{55}	səu^{55}	səu^{55}	səu^{55}	tɕiəu^{412}	tɕiəu^{55}文	tɕiəu^{55}
寿阳	tsʰəɯ^{45}	səɯ^{45}	səɯ^{45}	səɯ^{45}	səɯ^{45}	tɕiəɯ^{31}	tɕiəɯ^{45}	tɕiəɯ^{45}
榆社	tsʰəu^{45}	səu^{45}	səu^{45}	səu^{45}	səu^{45}	tɕiəu^{22}	tɕiəu^{45}	tɕiəu^{45}
离石	tsʰʌu^{53}	sʌu^{53}	sʌu^{53}	sʌu^{53}	sʌu^{53}	tɕiʌu^{24}	tɕiʌu^{53}	tɕiʌu^{53}
汾阳	tʂʰou^{55}	ʂou^{55}	ʂou^{55}	ʂou^{55}	ʂou^{55}	tɕiou^{324}	tɕiou^{55}	tɕiou^{55}
中阳	tsʰʌ^{53}	sʌ^{53}	sʌ^{53}	sʌ^{53}	sʌ^{53}	tɕiʌ^{24}	tɕiʌ^{53}	tɕiʌ^{53}
柳林	tsʰə^{53}	sə^{53}	sə^{53}	sə^{53}	sə^{53}	tɕiɛ^{24}	tɕiɛ^{53}	tɕiɛ^{53}
方山	tʂʰəɯ^{52}	ʂəɯ^{52}	ʂəɯ^{52}	ʂəɯ^{52}	ʂəɯ^{52}	tɕiəɯ^{24}	tɕiəɯ^{52}	tɕiəɯ^{52}
临县	tʂʰəɯ^{52}	ʂəɯ^{52}	ʂəɯ^{52}	ʂəɯ^{52}	ʂəɯ^{52}	tɕiəɯ^{24}	tɕiəɯ^{52}	tɕiəɯ^{52}
兴县	tʂʰou^{53}	ʂou^{53}	ʂou^{53}	ʂou^{53}	ʂou^{53}	tɕiou^{324}	tɕiou^{53}	tɕiou^{53}
岚县	tsʰɐu^{53}	sɐu^{53}	sɐu^{53}	sɐu^{53}	sɐu^{53}	tɕiɐu^{53}	tɕiɐu^{53}	tɕiɐu^{53}
静乐	tsʰɤɯ^{53}	sɤɯ^{53}	sɤɯ^{53}	sɤɯ^{53}	sɤɯ^{53}	tɕiɤɯ^{53}	tɕiɤɯ^{53}	tɕiɤɯ^{53}
交口	tsʰou^{53}	sou^{53}	sou^{53}	sou^{53}	sou^{53}	tɕiou^{323}	tɕiou^{53}	tɕiou^{53}
石楼	tʂʰou^{51}	ʂou^{51}	ʂou^{51}	ʂou^{51}	ʂou^{51}	tɕiou^{213}	tɕiou^{51}	tɕiou^{51}

续表

字目	臭香~	兽	寿	授	售	究	救	旧
中古音 / 方言点	尺救 流开三 去宥昌	舒救 流开三 去宥书	承咒 流开三 去宥禅	殖酉 流开三 去宥禅	承咒 流开三 去宥禅	居祐 流开三 去宥见	居祐 流开三 去宥见	巨救 流开三 去宥群
隰县	tsʰou^{21}	sou^{44}	sou^{44}	sou^{44}	sou^{44}	tɕiou^{53}	tɕʰiou^{44} 白 / tɕiou^{44} 文	tɕʰiou^{44} 白 / tɕiou^{44} 文
大宁	tʂʰəu^{55}	ʂəu^{55}	ʂəu^{55}	ʂəu^{55}	tʂʰəu^{24}	tɕiəu^{55}	tɕiəu^{55}	tɕʰiəu^{55}
永和	tsʰɤu^{53}	sɤu^{53}	sɤu^{53}	sɤu^{53}	sɤu^{53}	tɕiɤu^{53}	tɕiɤu^{53}	tɕʰiɤu^{53} 白 / tɕiɤu^{53} 文
汾西	tsʰou^{55}	sou^{55}	sou^{55}	sou^{53}	tsʰou^{53} 白	tɕiou^{55}	tɕiou^{55}	tɕʰiou^{53}
蒲县	tʂʰou^{33}	ʂou^{33}	ʂou^{33}	ʂou^{33}	ʂou^{33}	tɕiou^{52}	tɕiou^{33}	tɕʰiou^{33}
潞州	tsʰəu^{44}	səu^{44}	səu^{54}	səu^{54}	səu^{54}	tɕiəu^{312}	tɕiəu^{44}	tɕiəu^{54}
上党	tsʰəu^{22}	səu^{42}	səu^{42}	səu^{42}	səu^{42}	tɕiəu^{213}	tɕiəu^{22}	tɕiəu^{42}
长子	tsʰəu^{422}	səu^{53}	səu^{53}	səu^{53}	səu^{53}	tɕiəu^{312}	tɕiəu^{422}	tɕiəu^{53}
屯留	tsʰəu^{53}	səu^{11}	səu^{11}	səu^{11}	səu^{11}	tɕiəu^{31}	tɕiəu^{53}	tɕiəu^{11}
襄垣	tsʰəu^{53}	səu^{45}	səu^{45}	səu^{45}	səu^{45}	tɕiəu^{33}	tɕiəu^{45}	tɕiəu^{45}
黎城	tɕʰiəu^{53}	ɕiəu^{53}	ɕiəu^{53}	ɕiəu^{53}	ɕiəu^{53}	ciəu^{33}	ciəu^{53}	ciəu^{53}
平顺	tɕʰəu^{53}	ɕəu^{53}	ɕəu^{53}	ɕəu^{53}	ɕəu^{53}	ciəu^{213}	ciəu^{53}	ciəu^{53}
壶关	tʂʰəu^{42}	ʂəu^{353}	ʂəu^{353}	ʂəu^{353}	ʂəu^{353}	ciəu^{33}	ciəu^{42}	ciəu^{353}
沁县	tsʰəu^{53}	səu^{53}	səu^{53}	səu^{53}	səu^{53}	tɕy^{224}	tɕy^{53}	tɕy^{53}
武乡	tsʰəu^{55}	səu^{55}	səu^{55}	səu^{55}	səu^{55}	tɕiəu^{113}	tɕiəu^{55}	tɕiəu^{55}
沁源	tʂʰei^{53}	ʂei^{53}	ʂei^{53}	ʂei^{53}	ʂei^{53}	tɕiəu^{53}	tɕiəu^{53}	tɕiəu^{53}
安泽	tsʰəu^{53}	səu^{53}	səu^{53}	səu^{53}	tsʰəu^{53}/səu^{53}	tɕiəu^{53}	tɕiəu^{53}	tɕiəu^{53}
沁水端氏	tsʰɔu^{53}	sɔu^{53}	sɔu^{53}	sɔu^{53}	sɔu^{53}	tɕiɔu^{21}	tɕiɔu^{53}	tɕiɔu^{53}
阳城	tʂʰɐu^{51}	ʂɐu^{51}	ʂɐu^{51}	ʂɐu^{51}	ʂɐu^{51}	ciɐu^{224}	ciɐu^{51}	ciɐu^{51}
高平	tʂʰʌu^{53}	ʂʌu^{53}	ʂʌu^{53}	ʂʌu^{53}	ʂʌu^{53}	ciʌu^{33}	ciʌu^{53}	ciʌu^{53}
陵川	tʂʰəo^{24}	ʂəo^{24}	ʂəo^{24}	ʂəo^{24}	ʂəo^{24}	ciəo^{33}	ciəo^{24}	ciəo^{24}
晋城	tʂʰaɯ^{53}	ʂaɯ^{53}	ʂaɯ^{53}	ʂaɯ^{53}	ʂaɯ^{53}	tɕiaɯ^{53}	tɕiaɯ^{53}	tɕiaɯ^{53}
忻府	tʂʰəu^{53}	ʂəu^{53}	ʂəu^{53}	ʂəu^{53}	ʂəu^{53}	tɕiəu^{313}	tɕiəu^{53}	tɕiəu^{53}
原平	tʂʰɤɯ^{53}	ʂɤɯ^{53}	ʂɤɯ^{53}	ʂɤɯ^{53}	ʂɤɯ^{53}	tɕiɤɯ^{53}	tɕiɤɯ^{53}	tɕiɤɯ^{53}
定襄	tʂʰəu^{53}	ʂəu^{53}	ʂəu^{53}	ʂəu^{53}	ʂəu^{53}	tɕiəu^{213}	tɕiəu^{53}	tɕiəu^{53}
五台	tsʰei^{52}	sei^{52}	sei^{52}	sei^{52}	sei^{52}	tɕiey^{52}	tɕiey^{52}	tɕiey^{52}
岢岚	tsʰəu^{52}	səu^{52}	ʂəu^{52}	ʂəu^{52}	ʂəu^{52}	tɕiu^{13}	tɕiu^{52}	tɕiu^{52}
五寨	tsʰəu^{52}	səu^{52}	səu^{52}	səu^{52}	səu^{52}	tɕiəu^{52}	tɕiəu^{52}	tɕiəu^{52}
宁武	tsʰəu^{52}	səu^{52}	səu^{52}	səu^{52}	səu^{52}	tɕiəu^{52}	tɕiəu^{52}	tɕiəu^{52}
神池	tsʰəu^{52}	səu^{52}	səu^{52}	səu^{52}	səu^{52}	tɕiəu^{24}	tɕiəu^{52}	tɕiəu^{52}

续表

字目	臭香~	兽	寿	授	售	究	救	旧
中古音 / 方言点	尺救 流开三 去宥昌	舒救 流开三 去宥书	承咒 流开三 去宥禅	殖酉 流开三 去宥禅	承咒 流开三 去宥禅	居祐 流开三 去宥见	居祐 流开三 去宥见	巨救 流开三 去宥群
繁峙	tsʰəu^{24}	səu^{24}	səu^{24}	səu^{24}	səu^{24}	tɕiəu^{53}	tɕiəu^{24}	tɕiəu^{24}
代县	tsʰəu^{53}	səu^{53}	səu^{53}	səu^{53}	səu^{53}	tɕiəu^{53}	tɕiəu^{53}	tɕiəu^{53}
河曲	tʂʰɤɯ^{52}	ʂɤɯ^{52}	ʂɤɯ^{52}	ʂɤɯ^{52}	ʂɤɯ^{52}	tɕiɤɯ^{213}	tɕiɤɯ^{52}	tɕiɤɯ^{52}
保德	tʂʰʌu^{52}	ʂʌu^{52}	ʂʌu^{52}	ʂʌu^{52}	ʂʌu^{52}	tɕiʌu^{213}	tɕiʌu^{52}	tɕiʌu^{52}
偏关	tʂʰɤu^{52}	ʂɤu^{52}	ʂɤu^{52}	ʂɤu^{52}	ʂɤu^{52}	tɕiɤu^{52}	tɕiɤu^{52}	tɕiɤu^{52}
朔城	tsʰəu^{53}	səu^{53}	səu^{53}	səu^{53}	səu^{53}	tɕiəu^{53}	tɕiəu^{53}	tɕiəu^{312}
平鲁	tsʰəu^{52}	səu^{52}	səu^{52}	səu^{52}	səu^{52}	tɕiəu^{52}	tɕiəu^{52}	tɕiəu^{52}
应县	tsʰəu^{24}	səu^{24}	səu^{24}	səu^{24}	səu^{24}	tɕiəu^{43}	tɕiəu^{24}	tɕiəu^{24}
灵丘	tsʰeiu^{53}	seiu^{53}	seiu^{53}	seiu^{53}	seiu^{53}	tɕieiu^{442}	tɕieiu^{53}	tɕieiu^{53}
浑源	tsʰiəu^{13}	siəu^{13}	siəu^{13}	siəu^{13}	siəu^{13}	tɕiəu^{52}	tɕiəu^{13}	tɕiəu^{13}
云州	tʂʰɤu^{24}	sɤu^{24}	sɤu^{24}	sɤu^{24}	sɤu^{24}	tɕiɤu^{21}	tɕiɤu^{24}	tɕiɤu^{24}
新荣	tʂʰiəu^{24}	ʂiəu^{24}	ʂiəu^{24}	ʂiəu^{24}	ʂiəu^{24}	tɕiəu^{32}	tɕiəu^{24}	tɕiəu^{24}
怀仁	tsʰɤu^{24}	sɤu^{24}	sɤu^{24}	sɤu^{24}	sɤu^{24}	tɕiɤu^{42}	tɕiɤu^{24}	tɕiɤu^{24}
左云	tsʰəu^{24}	səu^{24}	səu^{24}	səu^{24}	səu^{24}	tɕiəu^{31}	tɕiəu^{24}	tɕiəu^{24}
右玉	tʂʰəu^{24}	ʂəu^{24}	ʂəu^{24}	ʂəu^{24}	ʂəu^{24}	tɕiəu^{24}	tɕiəu^{24}	tɕiəu^{24}
阳高	tsʰɤu^{24}	sɤu^{24}	sɤu^{24}	sɤu^{24}	sɤu^{24}	tɕiɤu^{24}	tɕiɤu^{24}	tɕiɤu^{24}
山阴	tʂʰəu^{335}	ʂəu^{335}	ʂəu^{335}	ʂəu^{335}	ʂəu^{335}	tɕiəu^{335}	tɕiəu^{335}	tɕiəu^{335}
天镇	tsʰɤu^{24}	sɤu^{24}	sɤu^{24}	sɤu^{24}	sɤu^{24}	tɕiɤu^{31}	tɕiɤu^{24}	tɕiɤu^{24}
平定	tʂʰɤu^{24}	ʂɤu^{24}	ʂɤu^{24}	ʂɤu^{24}	ʂɤu^{24}	tɕiɤu^{31}	tɕiɤu^{24}	tɕiɤu^{24}
昔阳	tʂʰəu^{13}	ʂəu^{13}	ʂəu^{13}	ʂəu^{13}	ʂəu^{13}	tɕiəu^{42}	tɕiəu^{13}	tɕiəu^{13}
左权	tʂʰʌu^{53}	ʂʌu^{53}	ʂʌu^{53}	ʂʌu^{53}	ʂʌu^{53}	tɕiʌu^{53}	tɕiʌu^{53}	tɕiʌu^{53}
和顺	tʂʰɤu^{13}	ʂɤu^{13}	ʂɤu^{13}	ʂɤu^{13}	ʂɤu^{13}	tɕiɤu	tɕiɤu^{13}	tɕiɤu^{13}
尧都	tsʰou^{44}	ʂou^{53}	ʂou^{44}	ʂou^{44}	tsʰou^{44}	tɕiou^{44}	tɕiou^{44}	tɕʰiou^{44}
洪洞	tʂʰou^{33}	ʂou^{33}	ʂou^{53}	ʂou^{53}	tʂʰou^{33}	tɕiou^{42}	tɕiou^{33}	tɕʰiou^{53} 白 / tɕiou^{53} 文
洪洞赵城	tʂʰou^{53}	ʂou^{53}	ʂou^{53}	ʂou^{53}	ʂou^{53}	tɕʰiou^{53}	tɕiou^{24}	tɕʰiou^{53} 白 / tɕiou^{53} 文
古县	tʂʰəu^{35}	ʂəu^{53}	ʂəu^{53}	ʂəu^{53}	ʂəu^{53}	tɕiəu^{21}	tɕiəu^{35}	tɕʰiəu^{53} 白 / tɕiəu^{53} 文
襄汾	tʂʰou^{44}	ʂou^{44}	ʂou^{53}	ʂou^{53}	tʂʰou^{53}	tɕiou^{44}	tɕiou^{44}	tɕʰiou^{53}
浮山	tʂʰou^{44}	ʂou^{44}	ʂou^{53}	ʂou^{53}	ʂou^{53}	tɕiou^{44}	tɕiou^{44}	tɕʰiou^{53}
霍州	tʂʰəu^{55}	ʂəu^{53}	ʂəu^{53}	ʂəu^{53}	ʂəu^{53}/tʂəu^{35}	tɕiəu^{212}	tɕiəu^{55}	tɕʰiəu^{53}

续表

字目	臭香~	兽	寿	授	售	究	救	旧
中古音 / 方言点	尺救 流开三 去宥昌	舒救 流开三 去宥书	承咒 流开三 去宥禅	殖酉 流开三 去宥禅	承咒 流开三 去宥禅	居祐 流开三 去宥见	居祐 流开三 去宥见	巨救 流开三 去宥群
翼城	tʂʰou53	ʂou53	ʂou53	ʂou53	ʂou53	tɕiou53	tɕiou53	tɕiou53
闻喜	tsʰɤu53	sɤu53	sɤu13	sɤu13	sɤu13	tɕiɤu53	tɕʰiɤu53	tɕʰiɤu13
侯马	tʂʰou53	ʂou53	ʂou53	ʂou53	ʂou53	tɕiou213	tɕiou53	tɕiou53
新绛	tʂʰəu53	ʂəu53	ʂəu53	ʂəu53	ʂəu53	tɕiəu44	tɕiəu53	tɕʰiəu53
绛县	tʂʰəu31	ʂəu31	ʂəu31	ʂəu31	ʂəu31	tɕiəu31	tɕiəu31	tɕʰiəu53
垣曲	tʂʰou53	ʂou53	ʂou53	ʂou53	ʂou53	tɕiou53	tɕiou53	tɕʰiou53
夏县	tʂʰəu31	ʂəu31	ʂəu31	ʂəu31	ʂəu31	tɕiəu53	tɕiəu31	tɕʰiəu31 白 / tɕiəu31 文
万荣	tʂʰəu33	ʂəu33	ʂəu33	ʂəu33	ʂəu33	tɕiəu33	tɕiəu33	tɕʰiəu33
稷山	tʂʰəu42	ʂəu42	ʂəu42	ʂəu42	ʂəu42	tɕiəu53	tɕiəu42	tɕʰiəu42
盐湖	tʂʰou44	ʂou44	ʂou44	ʂou44	ʂou44	tɕiou44	tɕiou44	tɕiou44
临猗	tʂʰəu44	ʂəu44	ʂəu44	ʂəu44	ʂəu44	tɕiəu42	tɕiəu44	tɕʰiəu44/ tɕiəu44
河津	tʂʰəu44	ʂəu44	ʂəu44	ʂəu44	ʂəu44	tɕiəu44	tɕiəu44	tɕʰiəu44
平陆	tʂʰəu33	ʂəu33	ʂəu33	ʂəu33	ʂəu33	tɕiəu33	tɕiəu33	tɕʰiəu33 白 / tɕiəu33 文
永济	tʂʰəu44	ʂəu44	ʂəu44	ʂəu44	ʂəu44	tɕiəu44	tɕiəu44	tɕʰiəu44
芮城	tʂʰəu44	ʂəu44	ʂəu44	ʂəu44	ʂəu44	tɕiəu44	tɕiəu44	tɕʰiəu44
吉县	tʂʰəu33	ʂəu33	ʂəu33	ʂəu33	tʂʰəu33	tɕiəu53	tɕiəu33	tɕʰiəu33
乡宁	tʂʰou22	ʂou22	ʂou22	ʂou22	ʂou22	tɕiou21	tɕiou22	tɕʰiou22 白 / tɕiou22 文
广灵	tsʰɤu213	sɤu213	sɤu213	sɤu213	sɤu213	tɕiɤu53	tɕiɤu213	tɕiɤu213

字目	嗅	又	右	祐	柚	谬	幼	耽~搁
中古音 方言点	许救 流开三 去宥晓	于救 流开三 去宥云	于救 流开三 去宥云	于救 流开三 去宥云	余救 流开三 去宥以	靡幼 流开三 去幼明	伊谬 流开三 去幼影	丁含 咸开一 平覃端
北京	ɕiou^{51}	iou^{51}	iou^{51}	iou^{51}	iou^{51}	miou^{51}	iou^{51}	tan^{55}
小店	ɕiəɯ^{24}	iəɯ^{24}	iəɯ^{24}	iəɯ^{24}	iəɯ^{24}	miəɯ^{24}	iəɯ^{24}	tæ^{11}
尖草坪	ɕiei^{35}	iei^{35}	iei^{35}	iei^{35}	iei^{35}	miɤɯ^{35}	iei^{35}	tæ^{33}
晋源	ɕiɤu^{35}	iɤu^{35}	iɤu^{35}	iɤu^{35}	iɤu^{35}	ȵiɤu^{35}	iɤu^{35}	taŋ^{11}
阳曲	ɕiei^{454}	iei^{454}	iei^{454}	iei^{454}	iei^{454}	miɔo^{454}	iei^{454}	tæ^{312}
古交	ɕiei^{53}	iei^{53}	iei^{53}	iei^{53}	iei^{53}	miei^{53}	iei^{53}	tɛ^{44}
清徐	ɕiəu^{45}	iəu^{45}	iəu^{45}	iəu^{45}	iəu^{45}	miɔu^{54}	iəu^{45}	tɛ^{11}
娄烦	ɕiu^{54}	iu^{54}	iu^{54}	iu^{54}	iu^{54}	——	iu^{54}	tæ^{33}
榆次	ɕiɯ^{35}	iɯ^{35}	iɯ^{35}	iɯ^{35}	iɯ^{35}	miɯ^{35}	iɯ^{35}	tæ^{11}
交城	ɕiʌɯ^{24}	iʌɯ^{24}	iʌɯ^{24}	iʌɯ^{24}	iʌɯ^{24}	niʌɯ^{53}	iʌɯ^{24}	tã^{11}
文水	ɕiəɯ^{35}	iəɯ^{35}	iəɯ^{35}	iəɯ^{35}	iəɯ^{35}	miəɯ^{35}	iəɯ^{35}	taŋ^{22}
祁县	ɕiɤu^{45}	iɤu^{45}	iɤu^{45}	iɤu^{45}	iɤu^{45}	miɤu^{45}	iɤu^{45}	tɑ̃^{31}
太谷	ɕiəɯ^{53}	iəɯ^{53}	iəɯ^{53}	iəɯ^{53}	iəɯ^{53}	miəɯ^{53}	iəɯ^{53}	tɑ̃^{33}
平遥	ɕiəu^{24}	iəu^{24}	iəu^{24}	iəu^{24}	iəu^{24}	——	iəu^{24}	tɑ̃^{213}
孝义	ɕiou^{454}	iou^{454}	iou^{454}	iou^{454}	iou^{454}	ɳou^{312}	iou^{454}	tã^{33}
介休	ɕiəu^{45}	iəu^{45}	iəu^{45}	iəu^{45}	iəu^{45}	miəu^{45}	iəu^{45}	tæ̃^{13}
灵石	ɕiou^{53}	iou^{53}	iou^{53}	iou^{53}	iou^{53}	miou^{53}	iou^{53}	tɒ̃^{535}
盂县	ɕiəu^{55}	iəu^{55}	iəu^{55}	iəu^{52}	iəu^{55}	miəu^{55}	iəu^{55}	tæ̃^{412}
寿阳	ɕiəɯ^{45}	iəɯ^{45}	iəɯ^{45}	iəɯ^{45}	iəɯ^{45}	miɔo^{45}	iəɯ^{45}	tæ^{31}
榆社	ɕʰiəu^{45}	iəu^{45}	iəu^{45}	iəu^{45}	iəu^{45}	——	iəu^{45}	ta^{22}
离石	ɕiʌu^{53}	iʌu^{53}	iʌu^{53}	iʌu^{53}	iʌu^{53}	miʌu^{53}	iʌu^{53}	tæ^{24}
汾阳	ɕiou^{55}	iou^{55}	iou^{55}	iou^{55}	iou^{55}	miou^{55}	iou^{55}	tã^{324}
中阳	ɕiʌ^{53}	iʌ^{53}	iʌ^{53}	iʌ^{53}	iʌ^{53}	miɔo^{53}	iʌ^{53}	tæ^{24}
柳林	ɕiɛ^{53}	iɛ^{53}	iɛ^{53}	iɛ^{53}	iɛ^{53}	miou^{312}	iɛ^{53}	tæ^{24}
方山	ɕiəɯ^{52}	iəɯ^{52}	iəɯ^{52}	iəɯ^{52}	iəɯ^{52}	miou^{52}	iəɯ^{52}	tæ^{24}
临县	ɕiəɯ^{52}	iəɯ^{52}	iəɯ^{52}	iəɯ^{52}	iəɯ^{52}	miɔu^{52}	iəɯ^{52}	tæ^{24}
兴县	ɕiou^{53}	iou^{53}	iou^{53}	iou^{53}	iou^{53}	——	iou^{53}	tæ̃^{324}
岚县	ɕiɐu^{53}	iɐu^{53}	iɐu^{53}	iɐu^{53}	iɐu^{53}	niɐu^{53}	iɐu^{53}	taŋ^{214}
静乐	ɕiɤɯ^{53}	iɤɯ^{53}	iɤɯ^{53}	iɤɯ^{53}	iɤɯ^{53}	miɑo^{53}	iɤɯ^{53}	tæ̃^{24}
交口	ɕiou^{53}	iou^{53}	iou^{53}	iou^{53}	iou^{53}	miɑo^{53}	iou^{53}	tɑ̃^{323}
石楼	ɕiou^{51}	iou^{51}	iou^{51}	iou^{51}	iou^{51}	miou^{51}	iou^{51}	tɑŋ^{213}
隰县	ɕiou^{44}	iou^{44}	iou^{44}	iou^{44}	iou^{44}	——	iou^{44}	tæ^{53}

续表

字目	嗅	又	右	祐	釉	谬	幼	耽~搁
方言点 / 中古音	许救 流开三 去宥晓	于救 流开三 去宥云	于救 流开三 去宥云	于救 流开三 去宥云	余救 流开三 去宥以	靡幼 流开三 去幼明	伊谬 流开三 去幼影	丁含 咸开一 平覃端
大宁	ɕiəu^{55}	iəu^{55}	iəu^{55}	iəu^{55}	iəu^{55}	niəu^{55}	iəu^{55}	tɛ̃^{31}
永和	ɕiɤu^{53}	iɤu^{53}	iɤu^{53}	iɤu^{53}	iɤu^{53}	miɤu^{53}/ niɤu^{53}	iɤu^{53}	tã^{33}
汾西	——	——	niou^{53} 白 / iou^{53} 文	——	iou^{55}	niou^{53}	iou^{55}	tã^{11}
蒲县	ɕiou^{33}	iou^{33}	iou^{33}	iou^{33}	iou^{33}	miou^{33}	iou^{33}	tæ̃^{52}
潞州	ɕiəu^{44}	iəu^{54}	iəu^{54}	iəu^{54}	iəu^{54}	miəu^{54}	iəu^{54}	taŋ^{312}
上党	ɕiəu^{22}	iəu^{42}	iəu^{42}	iəu^{42}	iəu^{42}	miəu^{42}	iəu^{42}	tɑŋ^{213}
长子	ɕiəu^{422}	iəu^{422}	iəu^{422}	iəu^{422}	iəu^{422}	ȵiəu^{53}	iəu^{422}	tæ̃^{312}
屯留	ɕiəu^{53}	iəu^{11}	iəu^{11}	iəu^{11}	iəu^{53}	ȵiəu^{11} 白 / miəu^{11} 文	iəu^{11}	tæ̃^{31}
襄垣	ɕiəu^{53}	iəu^{45}	iəu^{45}	——	iəu^{45}	miəu^{45}	iəu^{45}	tæ^{33}
黎城	ɕiəu^{53}	iəu^{53}	iəu^{53}	iəu^{53}	iəu^{53}	niəu^{213}	iəu^{33}	tæ^{33}
平顺	ɕiəu^{53}	iəu^{53}	iəu^{53}	iəu^{53}	iəu^{53}	miəu^{53}	iəu^{53}	tæ̃^{213}
壶关	çiəu^{42}	iəu^{353}	iəu^{353}	iəu^{353}	iəu^{353}	miəu^{353}	iəu^{353}	taŋ^{33}
沁县	ɕy^{53}	y^{53}	y^{53}	y^{53}	y^{53}	ȵy^{53}	y^{53}	tæ^{224}
武乡	——	iəu^{55}	iəu^{55}	iəu^{55}	iəu^{55}	——	iəu^{55}	tæ^{113}
沁源	ɕiəu^{53}	iəu^{53}	iəu^{53}	iəu^{53}	iəu^{53}	miəu^{53}	iəu^{53}	tæ̃^{324}
安泽	ɕiəu^{53}	iəu^{53}	iəu^{53}	——	iəu^{53}	ȵiəu^{53}	iəu^{53}	tæ^{21}
沁水端氏	ɕiou^{53}	iou^{53}	iou^{53}	iou^{53}	iou^{53}	——	iou^{53}	tæ^{21}
阳城	çiɐu^{51}	iɐu^{51}	iɐu^{51}	iɐu^{51}	iɐu^{51}	miɐu^{51}	iɐu^{51}	tɛ^{224}
高平	ɕiʌu^{53}	iʌu^{53}	iʌu^{53}	iʌu^{53}	iʌu^{53}	miʌu^{53}	iʌu^{53}	tæ̃^{33}
陵川	ɕiəo^{24}	iəo^{24}	iəo^{24}	iəo^{24}	iəo^{24}	miəo^{24}	iəo^{24}	tã^{33}
晋城	ɕiaɯ^{53}	iaɯ^{53}	iaɯ^{53}	iaɯ^{53}	iaɯ^{53}	miaɯ^{53}/	iaɯ^{53}	tæ^{33}
忻府	ɕiəu^{53}	iəu^{53}	iəu^{53}	iəu^{53}	iəu^{53}	miəu^{53}	iəu^{53}	tã^{313}
原平	ɕiɤɯ^{53}	iɤɯ^{53}	iɤɯ^{53}	iɤɯ^{53}	iɤɯ^{53}	miɤɯ^{53}	iɤɯ^{53}	tɛ̃^{213}
定襄	ɕiəu^{53}	iəu^{53}	iəu^{53}	iəu^{53}	iəu^{53}	miəu^{53}	iəu^{53}	tæ^{24}
五台	ɕiey^{52}	iey^{52}	iey^{52}	iey^{52}	iey^{52}	miey^{52}	iey^{52}	tæn^{213}
岢岚	ɕiu^{52}	iu^{52}	iu^{52}	iu^{52}	iu^{52}	miu^{52}	iu^{52}	tæ^{13}
五寨	ɕiəu^{52}	iəu^{52}	iəu^{52}	iəu^{52}	iəu^{52}	ŋəu^{52}	iəu^{52}	tæ^{13}
宁武	ɕiəu^{52}	iəu^{52}	iəu^{52}	——	iəu^{52}	miəu^{52}	iəu^{52}	tæ^{23}
神池	ɕiəu^{52}	iəu^{52}	iəu^{52}	əu^{52}	iəu^{52}	miəu^{52}	iəu^{52}	tæ^{24}

续表

字目	嗅	又	右	祐	釉	谬	幼	耽~搁
方言点 / 中古音	许救 流开三 去宥晓	于救 流开三 去宥云	于救 流开三 去宥云	于救 流开三 去宥云	余救 流开三 去宥以	靡幼 流开三 去幼明	伊谬 流开三 去幼影	丁含 咸开一 平覃端
繁峙	ɕiəu^{24}	iəu^{24}	iəu^{24}	iəu^{24}	iəu^{24}	miəu^{24}	iəu^{24}	tɛ^{53}
代县	ɕiəu^{53}	iəu^{53}	iəu^{53}	iəu^{53}	iəu^{53}	miəu^{53}	iəu^{53}	tɛ^{213}
河曲	ɕiɤɯ^{52}	iɤɯ^{52}	iɤɯ^{52}	iɤɯ^{52}	iɤɯ^{52}	niɤu^{52}	iɤɯ^{52}	tæ^{213}
保德	ɕiʌu^{52}	iʌu^{52}	iʌu^{52}	iʌu^{52}	iʌu^{52}	miʌu^{52}	iʌu^{52}	tʌŋ^{213}
偏关	ɕiɤu^{52}	iɤu^{52}	iɤu^{52}	iɤu^{52}	iɤu^{52}	miɤu^{52}	iɤu^{52}	tæ^{24}
朔城	ɕiəu^{53}	iəu^{53}	iəu^{53}	iəu^{53}	iəu^{53}	niəu^{53}	iəu^{53}	tæ^{312}
平鲁	ɕiəu^{52}	iəu^{52}	iəu^{52}	iəu^{52}	iəu^{52}	niəu^{52}	iəu^{52}	tæ^{213}
应县	ɕiəu^{24}	iəu^{24}	iəu^{24}	iəu^{24}	iəu^{24}	niəu^{54}	iəu^{24}	tɛ̃^{43}
灵丘	ɕieiu^{53}	ieiu^{53}	ieiu^{53}	ieiu^{53}	ieiu^{53}	nieiu^{53}	ieiu^{53}	tæ^{442}
浑源	ɕiəu^{13}	iəu^{13}	iəu^{13}	iəu^{13}	iəu^{13}	iəu^{13}	iəu^{13}	tæ^{52}
云州	ɕiɤu^{24}	iɤu^{24}	iɤu^{24}	iɤu^{24}	iɤu^{24}	niɤu^{24}	iɤu^{24}	tæ^{21}
新荣	ɕiəu^{24}	iəu^{24}	iəu^{24}	iəu^{24}	iəu^{24}	ŋiəu^{24}	iəu^{24}	tæ^{32}
怀仁	ɕiɤu^{24}	iɤu^{24}	iɤu^{24}	iɤu^{24}	iɤu^{24}	niɤu^{24}	iɤu^{24}	tæ^{42}
左云	ɕiəu^{24}	iəu^{24}	iəu^{24}	iəu^{24}	iəu^{24}	miəu^{24}	iəu^{24}	tæ^{31}
右玉	ɕiəu^{24}	iəu^{24}	iəu^{24}	iəu^{24}	iəu^{24}	niəu^{24}	iəu^{24}	tæ^{31}
阳高	ɕiɤu^{24}	iɤu^{24}	iɤu^{24}	——	iɤu^{24}	miɤu^{24}	iɤu^{24}	tɛ^{31}
山阴	ɕyə̃^{335} 白 / ɕiəu^{335} 文	iəu^{335}	iəu^{335}	——	iəu^{335}	niəu^{335}	iəu^{335}	tæ^{313}
天镇	ɕiɤu^{24}	iɤu^{24}	iɤu^{24}	iɤu^{24}	iɤu^{24}	niɤu^{24}	iɤu^{24}	tæ^{31}
平定	ɕiɤu^{24}	iɤu^{24}	iɤu^{24}	——	iɤu^{24}	niɤu^{24}	iɤu^{24}	tæ̃^{31}
昔阳	ɕiəu^{13}	iəu^{13}	iəu^{13}	iəu^{13}	iəu^{13}	miəu^{13}	iəu^{13}	tæ̃^{42}
左权	ɕiʌu^{53}	iʌu^{53}	iʌu^{53}	——	iʌu^{53}	——	iʌu^{53}	tæ^{31}
和顺	ɕiɤu^{13}	iɤu^{13}	iɤu^{13}	iɤu^{13}	iɤu^{13}	——	iɤu^{13}	tæ^{42}
尧都	ɕiou^{44}	iou^{44}	iou^{44}	iou^{44}	iou^{44}	miou^{44}	iou^{44}	tæ̃^{21}
洪洞	ɕiou^{33}	iou^{42}	iou^{53}	iou^{53}	iou^{53}	ȵiou^{42}	iou^{42}	tɑn^{21}
洪洞赵城	ɕiou^{53}	iou^{53}	iou^{53}	iou^{53}	iou^{53}	——	iou^{24}	tɑ̃^{21}
古县	ɕiəu^{53}	iəu^{53}	iəu^{53}	iəu^{53}	iəu^{53}	ȵiəu^{53}	iəu^{53}	tan^{21}
襄汾	ɕiou^{53}	ȵiou^{53}	iou^{53}	iou^{44}	iou^{44}	ȵiou^{53}	iou^{53}	tan^{21}
浮山	ɕiou^{53}	ȵiou^{53}	iou^{53}	iou^{44}	iou^{44}	ȵiou^{53}	iou^{53}	taĩ^{42}
霍州	ɕiəu^{55}	iəu^{53}	iəu^{55}	iəu^{53}	iəu^{53}	miəu^{53}	iəu^{53}	taŋ^{212}
翼城	ɕiou^{53}	iou^{53}	iou^{53}	iou^{53}	iou^{53}	xou^{53}	iou^{53}	tæ̃^{53}

续表

字目	嗅	又	右	祐	釉	谬	幼	耽~搁
方言点 / 中古音	许救 流开三 去宥晓	于救 流开三 去宥云	于救 流开三 去宥云	于救 流开三 去宥云	余救 流开三 去宥以	靡幼 流开三 去幼明	伊谬 流开三 去幼影	丁含 咸开一 平覃端
闻喜	ɕiɤu^{53}	iɤu^{13}	iɤu^{13}	——	——	——	iɤu^{53}	tæ^{53}
侯马	ɕiou^{53}	iou^{53}	iou^{53}	iou^{53}	iou^{53}	miou^{53}	iou^{53}	tæ̃^{213}
新绛	ɕiəu^{53}	iəu^{44}	iəu^{53}	iəu^{53}	iəu^{53}	ȵiəu^{53}	iəu^{53}	tã^{53}
绛县	ɕy^{31}/ɕiəu^{31}	iəu^{53}	iəu^{53}	iəu^{53}	iəu^{53}	miəu^{31}	iəu^{31}	tæ^{53}
垣曲	ɕiou^{53}	iou^{44}	iou^{53}	iou^{53}	iou^{53}	ȵiou^{53}	iou^{53}	tæ̃^{53}
夏县	——	iəu^{31}	iəu^{31}	iəu^{31}	iəu^{31}	ȵiəu^{31} 白 / miəu^{31} 文	iəu^{31}	tæ^{53}
万荣	ɕiəu^{55}	iəu^{33}	iəu^{33}	iəu^{33}	iəu^{33}	miəu^{33}	iəu^{33}	tæ^{51}
稷山	ɕiəu^{42}	iəu^{42}	iəu^{42}	iəu^{42}	iəu^{42}	miəu^{42}	iəu^{44}	tɑ̃^{53}
盐湖	ɕiou^{44}	iou^{44}	iou^{44}	iou^{44}	iou^{44}	miou^{44}	iou^{44}	tæ̃^{42}
临猗	ɕiəu^{44}	iəu^{44}	iəu^{44}	iəu^{44}	——	miəu^{44}	iəu^{44}	tæ̃^{42}
河津	ɕiəu^{53}	ȵiəu^{44} 白 / iəu^{44} 文	iəu^{44}	iəu^{44}	iəu^{44}	miau^{53}	iəu^{44}	tæ̃^{31}
平陆	ɕiəu^{55}	iəu^{33}	iəu^{33}	iəu^{33}	iəu^{33}	miəu^{33}	iəu^{33}	tan^{31}
永济	ɕiəu^{44}	iəu^{44}	iəu^{44}	iəu^{44}	iəu^{44}	ȵiəu^{53}	iəu^{44}	tæ̃^{31}
芮城	ɕiəu^{44}	iəu^{44}	iəu^{44}	iəu^{42}	iəu^{44}	ȵiəu^{53}	iəu^{44}	tæ̃^{42}
吉县	ɕiəu^{53}	iəu^{53}	iəu^{33}	——	iəu^{33}	niəu^{53}	iəu^{33}	tæ̃^{423}
乡宁	ɕiou^{22}	iou^{22}	iou^{22}	iou^{22}	iou^{22}	——	iou^{22}	tæ^{53}
广灵	ɕiɤu^{213}	iɤu^{213}	iɤu^{213}	iɤu^{213}	iɤu^{213}	niɤu^{213}	iɤu^{213}	tæ^{53}

字目	担~任	贪	谭姓	潭	坛	男	南	参~加
中古音 方言点	都甘 咸开一 平谈端	他含 咸开一 平覃透	徒含 咸开一 平覃定	徒含 咸开一 平覃定	徒含 咸开一 平覃定	那含 咸开一 平覃泥	那含 咸开一 平覃泥	仓含 咸开一 平覃清
北京	tan^{55}	t^{h}an^{55}	t^{h}an^{35}	t^{h}an^{35}	t^{h}an^{35}	nan^{35}	nan^{35}	ts^{h}an^{55}
小店	tæ^{11}	t^{h}æ^{11}	t^{h}æ^{11}	t^{h}æ^{11}	t^{h}æ^{11}	næ^{11}	næ^{11}	ts^{h}æ^{11}
尖草坪	tæ^{33}	t^{h}æ^{33}	t^{h}æ^{33}	t^{h}æ^{33}	t^{h}æ^{33}	næ^{33}	næ^{33}	ts^{h}æ^{33}
晋源	taŋ^{11}	t^{h}aŋ^{11}	t^{h}aŋ^{11}	t^{h}aŋ^{11}	t^{h}aŋ^{11}	naŋ^{11}	laŋ^{11}	ts^{h}aŋ^{11}
阳曲	tæ^{312}	t^{h}æ^{312}	t^{h}æ^{43}	t^{h}æ^{43}	t^{h}æ^{43}	næ^{43}	næ^{43}	ts^{h}æ^{312}
古交	tɛ^{44}	t^{h}ɛ^{44}	t^{h}ɛ^{44}	t^{h}ɛ^{44}	t^{h}ɛ^{44}	nɛ^{44}	nɛ^{44}	ts^{h}ɛ^{44}
清徐	tɛ^{11}	t^{h}ɛ^{11}	t^{h}ɛ^{11}	t^{h}ɛ^{11}	t^{h}ɛ^{11}	nɛ^{11}	nɛ^{11}	ts^{h}ɛ^{11}
娄烦	tæ^{33}	t^{h}æ^{33}	t^{h}æ^{33}	t^{h}æ^{33}	t^{h}æ^{33}	næ^{33}	næ^{33}	ts^{h}æ^{33}
榆次	tæ^{11}	t^{h}æ^{11}	t^{h}æ^{11}	t^{h}æ^{11}	t^{h}æ^{11}	næ^{11}	næ^{11}	ts^{h}æ^{11}
交城	tã^{11}	t^{h}ã^{11}	tã^{11}	t^{h}ã^{11}	t^{h}ã^{11}	nã^{11}	nã^{11}	ts^{h}ã^{11}
文水	taŋ^{22}	t^{h}aŋ^{22}	t^{h}aŋ^{22}	t^{h}aŋ^{22}	t^{h}aŋ^{22}	naŋ^{22}	naŋ^{22}	ts^{h}aŋ^{22}
祁县	tɑ̃^{31}	t^{h}ɑ̃^{31}	t^{h}ɑ̃^{31}	t^{h}ɑ̃^{31}	t^{h}ɑ̃^{31}	nɑ̃^{31}	nɑ̃^{31}	ts^{h}ɑ̃^{31}
太谷	tɑ̃^{33}	t^{h}ɑ̃^{33}	t^{h}ɑ̃^{33}	t^{h}ɑ̃^{33}	t^{h}ɑ̃^{33}	nɑ̃^{33}	nɑ̃^{33}	ts^{h}ɑ̃^{33}
平遥	tɑ̃^{213}	t^{h}ɑ̃^{213}	t^{h}ɑ̃^{213}	t^{h}ɑ̃^{213}	t^{h}ɑ̃^{213}	nɑ̃^{213}	nɑ̃^{213}	ts^{h}ɑ̃^{213}
孝义	tã^{33}	t^{h}ã^{33}	t^{h}ã^{33}	t^{h}ã^{33}	t^{h}ã^{33}	nã^{33}	nã^{33}	ts^{h}ã^{33}
介休	tæ̃^{13}	t^{h}æ̃^{13}	t^{h}æ̃^{13}	t^{h}æ̃^{13}	t^{h}æ̃^{13}	næ̃^{13}	næ̃^{13}	ts^{h}æ̃^{13}
灵石	tɒ̃^{535}	t^{h}ɒ̃^{535}	t^{h}ɒ̃^{44}	t^{h}ɒ̃^{44}	t^{h}ɒ̃^{44}	nɒ̃^{44}	nɒ̃^{44}	ts^{h}ɒ̃^{535}
盂县	tæ̃^{412}	t^{h}æ̃^{412}	t^{h}æ̃^{22}	t^{h}æ̃^{22}	t^{h}æ̃^{22}	næ̃^{22}	næ̃^{22}	ts^{h}æ̃^{412}/ts^{h}ə̃^{412}
寿阳	tæ^{31}	t^{h}æ^{31}	t^{h}æ^{22}	t^{h}æ^{22}	t^{h}æ^{22}	næ^{22}	næ^{22}	ts^{h}æ^{31}
榆社	ta^{22}	t^{h}a^{22}	t^{h}a^{22}	t^{h}a^{22}	t^{h}a^{22}	na^{22}	na^{22}	ts^{h}a^{22}
离石	tæ^{24}	t^{h}æ^{24}	t^{h}æ^{44}	t^{h}æ^{44}	t^{h}æ^{44}	næ^{44}	næ^{44}	ts^{h}æ^{24}
汾阳	tã^{324}	t^{h}ã^{324}	t^{h}ã^{22}	t^{h}ã^{22}	t^{h}ã^{22}	nã^{22}	nã^{22}	ts^{h}ã^{324}
中阳	tæ^{24}	t^{h}æ^{24}	t^{h}æ^{33}	t^{h}æ^{33}	t^{h}æ^{33}	næ^{33}	næ^{33}	ts^{h}æ^{24}
柳林	tæ^{24}	t^{h}æ^{24}	t^{h}æ^{44}	t^{h}æ^{44}	t^{h}æ^{44}	næ^{44}	næ^{44}	ts^{h}æ^{24}
方山	tæ^{24}	t^{h}æ^{24}	t^{h}æ^{44}	t^{h}æ^{44}	t^{h}æ^{44}	næ^{44}	næ^{44}	ts^{h}æ^{24}
临县	tæ^{24}	t^{h}æ^{24}	t^{h}æ^{24}	t^{h}æ^{33}	t^{h}æ^{33}	næ^{33}	næ^{33}	ts^{h}æ^{24}
兴县	tæ̃^{324}	t^{h}æ̃^{324}	t^{h}æ̃^{55}	t^{h}æ̃^{55}	t^{h}æ̃^{55}	næ̃^{55}	næ̃^{55}	ts^{h}æ̃^{324}
岚县	taŋ^{214}	t^{h}aŋ^{214}	t^{h}aŋ^{44}	t^{h}aŋ^{44}	t^{h}aŋ^{44}	naŋ^{44}	naŋ^{44}	ts^{h}aŋ^{214}
静乐	tæ̃^{24}	t^{h}æ̃^{24}	t^{h}æ̃^{33}	t^{h}æ̃^{33}	t^{h}æ̃^{33}	næ̃^{33}	næ̃^{33}	ts^{h}æ̃^{24}
交口	tɑ̃^{323}	t^{h}ɑ̃^{323}	t^{h}ɑ̃^{44}	t^{h}ɑ̃^{44}	t^{h}ɑ̃^{44}	nɑ̃^{44}	nɑ̃^{44}	ts^{h}ɑ̃^{323}
石楼	tɑŋ^{213}	t^{h}ɑŋ^{213}	t^{h}ɑŋ^{44}	t^{h}ɑŋ^{44}	t^{h}ɑŋ^{44}	nɑŋ^{44}	nɑŋ^{44}	ts^{h}ɑŋ^{213}
隰县	tæ^{53}	t^{h}æ^{53}	t^{h}aŋ^{24}	t^{h}aŋ^{24}	t^{h}aŋ^{24}	naŋ^{24}	naŋ^{24}	ts^{h}æ^{53}

续表

字目	担~任	贪	谭姓	潭	坛	男	南	参~加
中古音 / 方言点	都甘 咸开一 平谈端	他含 咸开一 平覃透	徒含 咸开一 平覃定	徒含 咸开一 平覃定	徒含 咸开一 平覃定	那含 咸开一 平覃泥	那含 咸开一 平覃泥	仓含 咸开一 平覃清
大宁	tẽ^{31}	tʰẽ^{31}	tʰẽ^{24}	tʰẽ^{24}	tʰẽ^{24}	nẽ^{24}	nẽ^{24}	tsʰẽ^{31}
永和	tɑ̃^{33}	tʰɑ̃^{33}	tʰɑ̃^{35}	tʰɑ̃^{35}	tʰɑ̃^{35}	nɑ̃^{35}	nɑ̃^{35}	tsʰɑ̃^{33}
汾西	tɑ̃^{11}	tʰɑ̃^{11}	tʰɑ̃^{35}	tʰɑ̃^{35}	tʰɑ̃^{35}	nɑ̃^{35}	nɑ̃^{35}	tsʰɑ̃^{11}
蒲县	tæ̃^{52}	tʰæ̃^{52}	tʰæ̃^{24}	tʰæ̃^{24}	tʰæ̃^{24}	næ̃^{24}	næ̃^{24}	tsʰæ̃^{52}
潞州	taŋ^{312}	tʰaŋ^{312}	tʰaŋ^{24}	tʰaŋ^{24}	tʰaŋ^{24}	naŋ^{24}	naŋ^{24}	tsʰaŋ^{312}
上党	tɑŋ^{213}	tʰɑŋ^{213}	tʰɑŋ^{44}	tʰɑŋ^{44}	tʰɑŋ^{44}	nɑŋ^{44}	nɑŋ^{44}	tsʰɑŋ^{213}/ səŋ^{213}
长子	tæ̃^{312}	tʰæ̃^{312}	tʰæ̃^{24}	tʰæ̃^{24}	tʰæ̃^{24}	næ̃^{24}	næ̃^{24}	tsʰæ̃^{312}
屯留	tæ̃^{31}	tʰæ̃^{31} 白	tʰæ̃^{11}	tʰæ̃^{11}	tʰæ̃^{11}	næ̃^{11}	næ̃^{11}	tsʰæ̃^{31}
襄垣	tæ^{53}	tʰæ^{33}	tʰæ^{31}	tʰæ^{31}	tʰæ^{31}	næ^{31}	næ^{31}	tsʰæ^{33}
黎城	tæ^{33}	tʰæ^{33}	tʰæ^{53}	tʰæ^{53}	tʰæ^{53}	næ^{53}	næ^{53}	tsʰæ^{33}
平顺	tæ̃^{213}	tʰæ̃^{213}	tʰaŋ^{13}	tʰaŋ^{13}	tʰaŋ^{13}	næ̃^{13}	næ̃^{13}	tsʰæ̃^{213}
壶关	taŋ^{33}	tʰaŋ^{33}	tʰaŋ^{13}	tʰaŋ^{13}	tʰaŋ^{13}	naŋ^{13}	naŋ^{13}	tʂʰaŋ^{33}
沁县	tæ^{224}	tʰæ^{224}	tʰæ^{33}	tʰæ^{33}	tʰæ^{33}	næ^{33}	næ^{33}	tsʰæ^{224}
武乡	tæ^{113}	tʰæ^{113}	tʰæ^{33}	tʰæ^{33}	tʰæ^{33}	næ^{33}	næ^{33}	tsʰæ^{113}
沁源	tæ̃^{324}	tʰæ̃^{324}	tʰæ̃^{33}	tʰæ̃^{33}	tʰæ̃^{33}	næ̃^{33}	næ̃^{33}	tsʰæ̃^{324}
安泽	tæ^{21}	tʰæ^{21}	tʰæ^{35}	tʰæ^{35}	tʰæ^{35}	næ^{35}	næ^{35}	tsʰæ^{21}
沁水端氏	tæ^{21}	tʰæ^{21}	tʰæ^{24}	tʰæ^{24}	tʰæ^{24}	næ^{24}	næ^{24}	tsʰæ^{21}
阳城	tɛ^{224}	tʰɛ^{224}	tʰɛ^{22}	tʰɛ^{22}	tʰɛ^{22}	nɛ^{22}	nɛ^{22}	tsʰɛ^{224}
高平	tæ̃^{33}	tʰæ̃^{33}	tʰæ̃^{33}	tʰæ̃^{33}	tʰæ̃^{33}	næ̃^{33}	næ̃^{33}	tʂʰæ̃^{33}
陵川	tã^{33}	tʰã^{33}	tʰã^{53}	tʰã^{53}	tʰã^{53}	nã^{53}	nã^{53}	tʂʰã^{33}
晋城	tæ^{33}	tʰæ^{33}	tʰæ^{324}	tʰæ^{324}	tʰæ^{324}	næ^{324}	næ^{324}	tʂʰæ^{33}
忻府	tɑ̃^{313}	tʰɑ̃^{313}	tʰɑ̃^{21}	tʰɑ̃^{21}	tʰɑ̃^{21}	nɑ̃^{21}	nɑ̃^{21}	tsʰɑ̃^{313}
原平	tẽ^{213}	tʰẽ^{213}	tʰẽ^{33}	tʰẽ^{33}	tʰẽ^{33}	nẽ^{33}	nẽ^{33}	tsʰẽ^{213}
定襄	tæ^{24}	tʰæ^{24}	tʰæ^{11}	tʰæ^{11}	tʰæ^{11}	næ^{11}	næ^{11}	tsʰæ^{24}
五台	tæn^{213}	tʰæn^{213}	tʰæn^{33}	tʰæn^{33}	tʰæn^{33}	næn^{33}	næn^{33}	tsʰæn^{213}
岢岚	tæ^{13}	tʰæ^{13}	tʰæ^{44}	tʰæ^{44}	tʰæ^{44}	næ^{44}	næ^{44}	tsʰæ^{13}
五寨	tæ^{13}	tʰæ^{13}	tʰæ^{44}	tʰæ^{44}	tʰæ^{44}	næ^{44}	næ^{44}	tsʰæ^{13}
宁武	tæ^{23}	tʰæ^{23}	tʰæ^{33}	tʰæ^{33}	tʰæ^{33}	næ^{33}	næ^{33}	tsʰæ^{23}
神池	tæ^{24}	tʰæ^{24}	tʰæ^{32}	tʰæ^{32}	tʰæ^{32}	næ^{32}	næ^{32}	tsʰæ^{24}
繁峙	tɛ^{53}	tʰɛ^{53}	tʰɛ^{31}	tʰɛ^{31}	tʰɛ^{31}	nɛ^{31}	nɛ^{31}	tsʰɛ^{53}

续表

字目	担~任	贪	谭姓	潭	坛	男	南	参~加
中古音 / 方言点	都甘 咸开一 平谈端	他含 咸开一 平覃透	徒含 咸开一 平覃定	徒含 咸开一 平覃定	徒含 咸开一 平覃定	那含 咸开一 平覃泥	那含 咸开一 平覃泥	仓含 咸开一 平覃清
代县	tε^{213}	tʰε^{213}	tʰε^{44}	tʰε^{44}	tʰε^{44}	nε^{44}	nε^{44}	tsʰε^{213}
河曲	tæ^{213}	tʰæ^{213}	tʰæ^{44}	tʰæ^{44}	tʰæ^{44}	næ^{44}	næ^{44}	tsʰæ^{213}
保德	tɑŋ^{213}	tʰɑŋ^{213}	tʰɑŋ^{44}	tʰɑŋ^{44}	tʰɑŋ^{44}	nɑŋ^{44}	nɑŋ^{44}	tsʰɑŋ^{213}
偏关	tæ^{24}	tʰæ^{24}	tʰæ^{44}	tʰæ^{44}	tʰæ^{44}	næ^{44}	næ^{44}	tsʰæ^{24}
朔城	tæ^{312}	tʰæ^{312}	tʰæ^{35}	tʰæ^{35}	tʰæ^{35}	næ^{35}	næ^{35}	tsʰæ^{312}
平鲁	tæ^{213}	tʰæ^{213}	tʰæ^{44}	tʰæ^{44}	tʰæ^{44}	næ^{44}	næ^{44}	tsʰæ^{213}
应县	tε̃^{43}	tʰε̃^{43}	tʰε̃^{31}	tʰε̃^{31}	tʰε̃^{31}	nε̃^{31}	nε̃^{31}	tsʰε̃^{43}
灵丘	tæ^{442}	tʰæ^{442}	tʰæ^{31}	tʰæ^{31}	tʰæ^{31}	næ^{31}	næ^{31}	tsʰæ^{442}
浑源	tæ^{52}	tʰæ^{52}	tʰæ^{22}	tʰæ^{22}	tʰæ^{22}	næ^{22}	næ^{22}	tsʰæ^{52}
云州	tæ^{21}	tʰæ^{21}	tʰæ^{312}	tʰæ^{312}	tʰæ^{312}	næ^{312}	næ^{312}	tsʰæ^{21}
新荣	tæ^{32}	tʰæ^{32}	tʰæ^{312}	tʰæ^{312}	tʰæ^{312}	næ^{312}	næ^{312}	sɤɣ^{32}/ tsʰæ^{32}/tsʰɤɣ^{32}
怀仁	tæ^{42}	tʰæ^{42}	tʰæ^{312}	tʰæ^{312}	tʰæ^{312}	næ^{312}	næ^{312}	tsʰæ^{42}
左云	tæ^{31}	tʰæ^{31}	tʰæ^{313}	tʰæ^{313}	tʰæ^{313}	næ^{313}	næ^{313}	tsʰæ^{31}
右玉	tæ^{31}	tʰæ^{31}	tʰæ^{212}	tʰæ^{212}	tʰæ^{212}	næ^{212}	næ^{212}	tsʰæ^{31}
阳高	tε^{31}	tʰε^{31}	tʰε^{312}	tʰε^{312}	tʰε^{312}	nε^{312}	nε^{312}	tsʰε^{31}
山阴	tæ^{313}	tʰæ^{313}	tʰæ^{313}	tʰæ^{313}	tʰæ^{313}	næ^{313}	næ^{313}	tsʰæ^{313}
天镇	tæ^{31}	tʰæ^{31}	tʰæ^{22}	tʰæ^{22}	tʰæ^{22}	næ^{22}	næ^{22}	tsʰæ^{22}
平定	tæ̃^{31}	tʰæ̃^{31}	tʰæ̃^{44}	tʰæ̃^{44}	tʰæ̃^{44}	næ̃^{44}	næ̃^{44}	tsʰæ̃^{24}
昔阳	tæ̃^{42}	tʰæ̃^{42}	tʰæ̃^{33}	tʰæ̃^{33}	tʰæ̃^{33}	næ̃^{33}	næ̃^{33}	tsʰæ̃^{42}
左权	tæ^{31}	tʰæ^{31}	tʰæ^{11}	tʰæ^{31}	tʰæ^{31}	næ^{11}	næ^{11}	tsʰæ^{31}
和顺	tæ^{42}	tʰæ^{42}	tʰæ^{22}	tʰæ^{22}	tʰæ^{22}	næ^{22}	næ^{22}	tsʰæ^{42}
尧都	tæ̃^{21}	tʰæ̃^{21}	tʰæ̃^{24}	tʰæ̃^{24}	tʰæ̃^{24}	næ̃^{24}	næ̃^{24}	tsʰæ̃^{21}
洪洞	tɑn^{21}	tʰɑn^{21}	tʰɑn^{24}	tʰɑn^{24}	tʰɑn^{24}	nɑn^{24}	nɑn^{24}	tsʰɑn^{21}
洪洞赵城	tɑ̃^{21}	tʰɑ̃^{21}	tʰɑ̃^{24}	tʰɑ̃^{24}	tʰɑ̃^{24}	nɑ̃^{24}	nɑ̃^{24}	tsʰɑ̃^{21}
古县	tan^{21}	tʰan^{21}	tʰan^{35}	tʰan^{35}	tʰan^{35}	nan^{35}	nan^{35}	tsʰan^{21}
襄汾	tan^{44}	tʰan^{21}	tʰan^{24}	tʰan^{24}	tʰan^{24}	nan^{24}	nan^{24}	tsʰan^{21}
浮山	tãĩ^{42}	tʰãĩ^{42}	tʰãĩ^{13}	tʰãĩ^{13}	tʰãĩ^{13}	nãĩ^{13}	nãĩ^{13}	tsʰãĩ^{42}
霍州	taŋ^{212}	tʰaŋ^{212}	tʰaŋ^{35}	tʰaŋ^{35}	tʰaŋ^{35}	laŋ^{35}	laŋ^{35}	tsʰaŋ^{212}
翼城	tæ̃^{53}	tʰæ̃^{53}	tʰæ̃^{12}	tʰæ̃^{12}	tʰæ̃^{12}	næ̃^{12}	næ̃^{12}	tsʰæ̃^{53}
闻喜	tæ^{53}	tʰæ^{53}	tʰæ^{13}	tʰæ^{13}	tʰæ^{13}	læ^{13}	læ^{13}	tsʰæ^{53}/ tsʰẽĩ^{53}/sẽĩ^{53}

续表

字目	担~任	贪	谭姓	潭	坛	男	南	参~加
中古音 / 方言点	都甘 咸开一 平谈端	他含 咸开一 平覃透	徒含 咸开一 平覃定	徒含 咸开一 平覃定	徒含 咸开一 平覃定	那含 咸开一 平覃泥	那含 咸开一 平覃泥	仓含 咸开一 平覃清
侯马	tæ̃^{213}	t^{h}æ̃^{213}	t^{h}æ̃^{213}	t^{h}æ̃^{213}	t^{h}æ̃^{213}	næ̃^{213}	næ̃^{213}	ts^{h}æ̃^{213}
新绛	tã^{53}	t^{h}ã^{53}	t^{h}ã^{13}	t^{h}ã^{13}	t^{h}ã^{13}	nã^{13}	nã^{13}	ts^{h}ã^{53}
绛县	tæ^{53}/t^{h}æ^{53}	t^{h}æ^{53}	t^{h}æ^{24}	t^{h}æ^{24}	t^{h}æ^{24}	næ^{24}	næ^{24}	ts^{h}æ^{53}
垣曲	tæ̃^{53}	t^{h}æ̃^{53}	t^{h}æ̃^{22}	t^{h}æ̃^{22}	t^{h}æ̃^{22}	næ̃^{22}	næ̃^{22}	ts^{h}æ̃^{44}
夏县	tæ^{53}	t^{h}æ^{42}	t^{h}æ^{42}	t^{h}æ^{42}	t^{h}æ^{42}	læ^{42}	læ^{42}	ts^{h}æ^{53}
万荣	tæ^{51}	t^{h}æ^{51}	t^{h}æ^{213}	t^{h}æ^{213}	t^{h}æ^{213}	næ^{213}	næ^{213}	ts^{h}æ^{51}
稷山	tɑ̃^{53}	t^{h}ɑ̃^{53}	t^{h}ɑ̃^{13}	t^{h}ɑ̃^{13}	t^{h}ɑ̃^{13}	nɑ̃^{13}	nɑ̃^{13}	ts^{h}ɑ̃^{53}
盐湖	tæ̃^{44}	t^{h}æ̃^{42}	t^{h}æ̃^{13}	t^{h}æ̃^{13}	t^{h}æ̃^{13}	læ̃^{13}	læ̃^{13}	ts^{h}æ̃^{42}
临猗	tæ̃^{42}	t^{h}æ̃^{42}	t^{h}æ̃^{13}	t^{h}æ̃^{13}	t^{h}æ̃^{13}	læ̃^{13}	læ̃^{13}	ts^{h}æ̃^{42}
河津	taŋ^{31}白/ tæ̃^{31}文	t^{h}æ̃^{31}	t^{h}æ̃^{324}	t^{h}æ̃^{324}	t^{h}æ̃^{324}	næ̃^{324}	naŋ^{324}白/ næ̃^{324}文	ts^{h}æ̃^{31}
平陆	tan^{31}	t^{h}an^{31}	t^{h}an^{13}	t^{h}an^{13}	t^{h}an^{13}	lan^{13}	lan^{13}	ts^{h}an^{31}
永济	tæ̃^{31}	t^{h}æ̃^{31}	t^{h}æ̃^{24}	t^{h}æ̃^{24}	t^{h}æ̃^{24}	næ̃^{24}	næ̃^{24}	ts^{h}æ̃^{31}
芮城	tæ̃^{42}	t^{h}æ̃^{42}	t^{h}æ̃^{13}	t^{h}æ̃^{13}	t^{h}æ̃^{13}	læ̃^{13}	læ̃^{13}	ts^{h}æ̃^{42}
吉县	tæ̃^{423}	t^{h}æ̃^{13}	t^{h}æ̃^{13}	t^{h}æ̃^{13}	t^{h}æ̃^{13}	næ̃^{13}	næ̃^{13}	ts^{h}æ̃^{423}
乡宁	tæ^{53}	t^{h}æ^{53}	t^{h}æ^{12}	t^{h}æ^{12}	t^{h}æ^{12}	næ^{12}	næ^{12}	ts^{h}æ^{53}
广灵	tæ̃^{53}	t^{h}æ^{53}	t^{h}æ^{31}	t^{h}æ^{31}	t^{h}æ^{31}	næ^{31}	næ^{31}	ts^{h}æ^{53}

字目	蚕	堪	含	函	庵	谈	痰	蓝
中古音 / 方言点	昨含 咸开一 平覃从	口含 咸开一 平覃溪	胡南 咸开一 平覃匣	胡南 咸开一 平覃匣	乌含 咸开一 平覃影	徒甘 咸开一 平谈定	徒甘 咸开一 平谈定	鲁甘 咸开一 平谈来
北京	tsʰan^{35}	kʰan^{55}	xan^{35}	xan^{35}	an^{55}	tʰan^{35}	tʰan^{35}	lan^{35}
小店	tsʰæ^{11}	kʰæ^{11}	xæ^{11}	xæ^{11}	æ^{11}	tʰæ^{11}	tʰæ^{11}	læ^{11}
尖草坪	tsʰæ^{33}	kʰæ^{33}	xæ^{33}	xæ^{33}	ɣæ^{33}	tʰæ^{33}	tʰæ^{33}	læ^{33}
晋源	tsʰaŋ^{11}	kʰaŋ^{11}	xaŋ^{11}	xaŋ^{11}	ŋaŋ^{11}	tʰaŋ^{11}	tʰaŋ^{11}	laŋ^{11}
阳曲	tsʰæ^{43}	kʰæ^{312}	xæ^{43}	xæ^{43}	ŋæ^{312}	tʰæ^{43}	tʰæ^{43}	læ^{43}
古交	tsʰɛ^{44}	kʰɛ^{44}	xɛ^{44}	xɛ^{44}	ŋɛ^{44}	tʰɛ^{44}	tʰɛ^{44}	lɛ^{44}
清徐	tsʰɛ^{11}	kʰɛ^{11}	xɛ^{11}	xɛ^{11}	ŋɛ^{11}	tʰɛ^{11}	tʰɛ^{11}	lɛ^{11}
娄烦	tsʰæ^{33}	kʰæ^{33}	xæ^{33}	xæ^{33}	ŋæ^{33}	tʰæ^{33}	tʰæ^{33}	læ^{33}
榆次	tsʰæ^{11}	kʰæ^{11}	xæ^{11}	xæ^{11}	ŋæ^{11}	tʰæ^{11}	tʰæ^{11}	læ^{11}
交城	tsã^{11}	kʰã^{11}	xã^{11}	xɒ̃^{11}	ŋɒ̃^{11}	tʰã^{11}	tʰã^{11}	lã^{11}
文水	tsaŋ^{22} 白 / tsʰaŋ^{22} 文	kʰæĩ^{22}	xaŋ^{22}	xaŋ^{22}	ŋæĩ^{22}	tʰaŋ^{22}	tʰaŋ^{22}	laŋ^{22}
祁县	tsɑ̃^{31} 白 / tsʰɑ̃^{31} 文	kʰə̃^{31}	xɑ̃^{31}	xɑ̃^{31}	ŋə̃^{31}	tʰɑ̃^{31}	tʰɑ̃^{31}	lɑ̃^{31}
太谷	tsɑ̃^{33} 白 / tsʰɑ̃^{33} 文	kʰẽĩ^{33}	xɑ̃^{33}	xɑ̃^{33}	ŋẽĩ^{33}	tʰɑ̃^{33}	tʰɑ̃^{33}	lɑ̃^{33}
平遥	tsɑ̃^{213}	kʰɑ̃^{213}	xɑ̃^{213}	xɑ̃^{213}	ŋɑ̃^{213}	tʰɑ̃^{213}	tʰɑ̃^{213}	lɑ̃^{213}
孝义	tsã^{33}	kʰã^{33}	xã^{33}	xã^{33}	ŋɒ^{33}	tʰã^{33}	tʰã^{33}	lã^{33}
介休	tsæ̃^{13} 白 / tsʰæ̃^{13} 文	kʰæ̃^{13}	xæ̃^{13}	xæ̃^{13}	ŋæ̃^{13}	tʰæ̃^{13}	tʰæ̃^{13}	læ̃^{13}
灵石	tsʰɒ̃^{44}	kʰɒ̃^{535}	xɒ̃^{44}	xɒ̃^{44}	ŋɒ̃^{535}/ɒ̃^{535}	tʰɒ̃^{44}	tʰɒ̃^{44}	lɒ̃^{44}
盂县	tsʰæ̃^{22}	kʰæ̃^{412}	xæ̃^{22}	xæ̃^{22}	ŋæ̃^{412}	tʰæ̃^{22}	tʰæ̃^{22}	læ̃^{22}
寿阳	tsʰæ^{22}	kʰæ^{31}	xæ^{22}	xæ^{22}	ŋæ^{31}	tʰæ^{22}	tʰæ^{22}	læ^{22}
榆社	tsʰa^{22}	kʰa^{22}	xa^{22}	xa^{22}	ŋa^{22}	tʰa^{22}	tʰa^{22}	la^{22}
离石	tsʰæ^{44}	kʰæ^{24}	xæ^{44}	xæ^{44}	niɪ^{24}	tʰæ^{44}	tʰæ^{44}	læ^{44}
汾阳	tsʰã^{22}	kʰã^{324}	xã^{22}	xã^{22}	ŋi^{324} 白 / ŋã^{324} 文	tʰã^{22}	tʰã^{22}	lã^{22}
中阳	tsʰæ^{33}	kʰæ^{24}	xæ^{33}	xæ^{33}	nie^{24}	tʰæ^{33}	tʰæ^{33}	læ^{33}
柳林	tsʰæ^{44}	kʰæ^{24}	xæ^{44}	xæ^{44}	ŋie^{53}	tʰæ^{44}	tʰæ^{44}	læ^{44}
方山	tsʰæ^{44}	kʰæ^{24}	xæ^{44}	xæ^{44}	ŋæ^{24}	tʰæ^{44}	tʰæ^{44}	læ^{44}
临县	tsʰæ^{33}	kʰæ^{24}	xæ^{24}	xæ^{24}	ŋæ^{33}	tʰæ^{33}	tʰæ^{33}	læ^{33}
兴县	tsʰæ̃^{55}	kʰẽn^{324}	xæ̃^{324}	xæ̃^{324}	ŋẽn^{324}	tʰæ̃^{55}	tʰæ̃^{55}	læ̃^{55}
岚县	tsʰaŋ^{44}	kʰaŋ^{214}	xiẽ^{44}	xaŋ^{44}	ŋaŋ^{214}	tʰaŋ^{44}	tʰaŋ^{44}	laŋ^{44}
静乐	tsʰæ̃^{33}	kʰæ̃^{314}	xæ̃^{33}	xæ̃^{33}	ŋæ̃^{24}	tʰæ̃^{33}	tʰæ̃^{24}	læ̃^{33}

续表

字目	蚕	堪	含	函	庵	谈	痰	蓝
中古音 方言点	昨含 咸开一 平覃从	口含 咸开一 平覃溪	胡南 咸开一 平覃匣	胡南 咸开一 平覃匣	乌含 咸开一 平覃影	徒甘 咸开一 平谈定	徒甘 咸开一 平谈定	鲁甘 咸开一 平谈来
交口	tsʰɑ̃^{44}	kʰɑ̃^{323}	xɑ̃^{44}	xɑ̃^{44}	ŋɑ̃^{323}	tʰɑ̃^{44}	tʰɑ̃^{44}	lɑ̃^{44}
石楼	tsʰɑŋ^{44}	kɑŋ^{213}	kɑŋ^{44}	xɑŋ^{44}	ŋɑŋ^{213}	tʰɑŋ^{44}	tʰɑŋ^{44}	lɑŋ^{44}
隰县	tsʰaŋ^{24}	kʰæ^{53}	xaŋ^{24}	xaŋ^{24}	ŋæ^{53}	tʰaŋ^{24}	tʰaŋ^{24}	laŋ^{24}
大宁	tsʰɛ̃^{24}	——	xɛ̃^{24}	xɛ̃^{24}	ŋɛ̃^{31}	tʰɛ̃^{24}	tʰɛ̃^{24}	lɛ̃^{24}
永和	tsʰɑ̃^{35}	kʰɑ̃^{312}	xɑ̃^{35}	xɑ̃^{35}	ŋɑ̃^{312}	tʰɑ̃^{35}	tʰɑ̃^{35}	lɑ̃^{35}
汾西	tsʰɑ̃^{35}	kʰɑ̃^{11}	xɑ̃^{35}	xɑ̃^{35}	ŋɑ̃^{11}	tʰɑ̃^{35}	tʰɑ̃^{35}	lɑ̃^{35}
蒲县	tsʰæ̃^{31}	kʰæ̃^{52}	xæ̃^{24}	xæ̃^{31}	ŋæ̃^{52}	tʰæ̃^{24}	tʰæ̃^{24}	læ̃^{24}
潞州	tsʰaŋ^{24}	kʰaŋ^{312}	xaŋ^{24}	xaŋ^{24}	aŋ^{312}	tʰaŋ^{24}	tʰaŋ^{24}	laŋ^{24}
上党	tsʰɑŋ^{44}	kʰɑŋ^{213}	xɑŋ^{44}	xɑŋ^{44}	ɑŋ^{213}	tʰɑŋ^{44}	tʰɑŋ^{44}	lɑŋ^{44}
长子	tsʰæ̃^{24}	kʰæ̃^{312}	xæ̃^{24}	xæ̃^{24}	ŋæ̃^{312}	tʰæ̃^{24}	tʰæ̃^{24}	læ̃^{24}
屯留	tsʰæ̃^{11}	kʰæ̃^{31}	xæ̃^{11}	xæ̃^{11}	ŋæ̃^{31}	tʰæ̃^{11}	tʰæ̃^{11}	læ̃^{11}
襄垣	tsʰæ^{31}	kʰæ^{33}	xæ^{31}	xæ^{31}	æ^{33}	tʰæ^{31}	tʰæ^{31}	læ^{31}
黎城	tsʰæ^{53}	kʰæ^{33}	xæ^{213}	xæ^{213}	æ^{33}	tʰæ^{53}	tʰæ^{53}	læ^{53}
平顺	tsʰæ̃^{13}	kʰæ̃^{213}	xæ̃^{13}	xæ̃^{13}	æ̃^{213}	tʰæ̃^{13}	tʰæ̃^{13}	læ̃^{13}
壶关	tʂʰaŋ^{13}	kʰaŋ^{33}	xaŋ^{13}	xaŋ^{13}	ɣaŋ^{33}	tʰaŋ^{13}	tʰaŋ^{13}	laŋ^{13}
沁县	tsʰæ^{33}	kʰæ^{224}	xæ^{33}	xæ^{33}	ŋæ^{224}	tʰæ^{33}	tʰæ^{33}	læ^{33}
武乡	tsʰæ^{33}	kʰæ^{113}	xæ^{33}	xæ^{33}	ŋæ^{113}	tʰæ^{33}	tʰæ^{33}	læ^{33}
沁源	tsʰæ̃^{33}	kʰæ̃^{324}	xæ̃^{33}	xæ̃^{33}	ŋæ̃^{324}	tʰæ̃^{33}	tʰæ̃^{33}	læ̃^{33}
安泽	tsʰæ^{35}	kʰæ^{21}	xæ^{35}	xæ^{35}	ŋæ^{21}	tʰæ^{35}	tʰæ^{35}	læ^{35}
沁水端氏	tsʰæ^{24}	——	xæ^{24}	xæ^{24}	——	tʰæ^{24}	tʰæ^{24}	læ^{24}
阳城	tsʰɛ^{22}	kʰɛ^{51} 白 / kʰɛ^{224} 文	xɛ^{22}	xɛ^{22}	ɣɛ^{224}	tʰɛ^{22}	tʰɛ^{22}	lɛ^{22}
高平	tʂʰæ̃^{33}	kʰæ̃^{33}	xæ̃^{33}	xæ̃^{33}	æ̃^{33}	tʰæ̃^{33}	tʰæ̃^{33}	næ̃^{33}
陵川	tʂʰã^{53}	kʰã^{33}	xã^{53}	xã^{53}	ɣã^{33}	tʰã^{53}	tʰã^{53}	lã^{53}
晋城	tʂʰæ^{324}	kʰæ^{33}	xæ^{324}	xæ^{324}	ɣæ^{33}	tʰæ^{324}	tʰæ^{324}	læ^{324}
忻府	tsʰɑ̃^{21}	kʰɑ̃^{313}	xɑ̃^{21}	xɑ̃^{21}	ŋɑ̃^{313}	tʰɑ̃^{21}	tʰɑ̃^{21}	lɑ̃^{21}
原平	tsʰɛ̃^{33}	kʰiɛ̃^{213}	xɛ̃^{33}	xɛ̃^{33}	ŋiɛ̃^{213}	tʰɛ̃^{33}	tʰɛ̃^{33}	lɛ̃^{33}
定襄	tsʰæ^{24}	kʰæ^{24}	xæ^{11}	xæ^{11}	ŋæ^{24}	tʰæ^{11}	tʰæ^{11}	læ^{11}
五台	tsʰæn^{33}	kʰæn^{213}	xæn^{33}	xæn^{33}	ŋæn^{213}	tʰæn^{33}	tʰæn^{33}	læn^{33}
岢岚	tsʰæ^{44}	kʰæ^{13}	xæ^{44}	xæ^{44}	ŋæ^{13}	tʰæ^{44}	tʰæ^{44}	læ^{44}
五寨	tsʰæ^{44}	kʰæ^{13}	xæ^{44}	xæ^{44}	ŋæ^{13}	tʰæ^{44}	tʰæ^{44}	læ^{44}

续表

字目	蚕	堪	含	函	庵	谈	痰	蓝
中古音 / 方言点	昨含 咸开一 平覃从	口含 咸开一 平覃溪	胡南 咸开一 平覃匣	胡南 咸开一 平覃匣	乌含 咸开一 平覃影	徒甘 咸开一 平谈定	徒甘 咸开一 平谈定	鲁甘 咸开一 平谈来
宁武	tsʰæ^{33}	kʰæ^{23}	xæ^{33}	xæ^{33}	ŋiɛ^{23}	tʰæ^{33}	tʰæ^{33}	læ^{33}
神池	tsʰæ^{32}	kʰæ^{24}	xæ^{32}	xæ^{32}	ŋæ^{24}	tʰæ^{32}	tʰæ^{32}	læ^{32}
繁峙	tsʰɛ^{31}	kʰɛ^{53}	xɛ^{31}	xɛ^{31}	ŋɛ^{53}	tʰɛ^{31}	tʰɛ^{31}	lɛ^{31}
代县	tsʰɛ^{44}	kʰɛ^{213}	xɛ^{44}	xɛ^{44}	ŋɛ^{213}	tʰɛ^{44}	tʰɛ^{44}	lɛ^{44}
河曲	tsʰæ^{44}	kʰæ^{213}	xæ^{44}	xæ^{44}	ŋæ^{213}	tʰæ^{44}	tʰæ^{44}	læ^{44}
保德	tsʰɑŋ^{44}	kʰɑŋ^{213}	xɑŋ^{44}	xɑŋ^{44}	ɑŋ^{213}	tʰɑŋ^{44}	tʰɑŋ^{44}	lɑŋ^{44}
偏关	tsʰæ^{44}	kʰiæ^{24}	xæ^{44}	xæ^{44}	ŋiæ^{24}	tʰæ^{44}	tʰæ^{44}	læ^{44}
朔城	tsʰæ^{35}	kʰæ^{312}	xæ^{35}	xæ^{35}	næ^{312}	tʰæ^{35}	tʰæ^{35}	læ^{35}
平鲁	tsʰæ^{44}	kʰæ^{213}	xæ^{44}	xæ^{44}	næ^{213}	tʰæ^{44}	tʰæ^{44}	læ^{44}
应县	tsʰɛ̃^{31}	kʰɛ̃^{43}	xɛ̃^{31}	xɛ̃^{31}	nɛ̃^{43}	tʰɛ̃^{31}	tʰɛ̃^{31}	lɛ̃^{31}
灵丘	tsʰæ^{31}	kʰæ^{442}	xæ^{31}	xæ^{31}	næ^{31}	tʰæ^{31}	tʰæ^{31}	læ^{31}
浑源	tsʰæ^{22}	kʰæ^{52}	xæ^{22}	xæ^{22}	næ^{52}	tʰæ^{22}	tʰæ^{22}	læ^{22}
云州	tʂʰæ^{312}	kʰæ^{21}	xæ^{312}	xæ^{312}	næ^{21}	tʰæ^{312}	tʰæ^{312}	læ^{312}
新荣	tsʰæ^{312}	kʰæ^{32}	xæ^{312}	xæ^{312}	ŋæ^{32}	tʰæ^{312}	tʰæ^{312}	læ^{312}
怀仁	tsʰæ^{312}	kʰæ^{42}	xæ^{312}	xæ^{312}	næ^{42}	tʰæ^{312}	tʰæ^{312}	læ^{312}
左云	tsʰæ^{313}	kʰæ^{31}	xæ^{313}	xæ^{313}	næ^{31}	tʰæ^{313}	tʰæ^{313}	læ^{313}
右玉	tsʰæ^{212}	kʰæ^{53}	xæ^{212}	xæ^{212}	ŋæ^{31}	tʰæ^{212}	tʰæ^{212}	læ^{212}
阳高	tsʰɛ^{31}	kʰɛ^{31}	xɛ^{31}	xɛ^{31}	ŋɛ^{31}	tʰɛ^{312}	tʰɛ^{312}	lɛ^{312}
山阴	tsʰæ^{313}	——	xæ^{313}	xæ^{313}	næ^{313}	tʰæ^{313}	tʰæ^{313}	læ^{313}
天镇	tsʰæ^{22}	kʰæ^{31}	xæ^{22}	xæ^{22}	æ^{31}	tʰæ^{22}	tʰæ^{22}	læ^{22}
平定	tsʰæ̃^{44}	kʰæ̃^{31}	xæ̃^{44}	xæ̃^{44}	ŋæ̃^{31}	tʰæ̃^{31}	tʰæ̃^{44}	læ̃^{44}
昔阳	tsʰæ̃^{33}	kʰæ̃^{42}	xæ̃^{33}	xæ̃^{33}	ŋæ̃^{42}	tʰæ̃^{33}	tʰæ̃^{33}	læ̃^{33}
左权	tsʰæ^{11}	kʰæ^{31}	xæ^{11}	xæ^{11}	ŋæ^{31}	tʰæ^{31}	tʰæ^{31}	læ^{11}
和顺	tsʰæ^{22}	kʰæ^{42}	xæ^{22}	xæ^{22}	ŋæ^{42}	tʰæ^{22}	tʰæ^{22}	læ^{22}
尧都	tsʰæ̃^{24}	kʰæ̃^{21}	xæ̃^{24}	xæ̃^{24}	ŋæ̃^{21}	tʰæ̃^{24}	tʰæ̃^{24}	læ̃^{24}
洪洞	tsʰɑn^{24}	kʰɑn^{42}	xɑn^{24}	xɑn^{24}	ŋɑn^{21}	tʰɑn^{24}	tʰɑn^{24}	lɑn^{24}
洪洞赵城	tsʰɑ̃^{24}	kʰɑ̃^{21}	xɑ̃^{24}	xɑ̃^{24}	ŋɑ̃^{21}	tʰɑ̃^{24}	tʰɑ̃^{24}	lɑ̃^{24}
古县	tsʰan^{35}	kʰan^{21}	xan^{35}	xan^{35}	ŋan^{21}	tʰan^{35}	tʰan^{35}	lan^{35}
襄汾	tsʰan^{24}	kʰan^{21}	xan^{24}	xan^{24}	ŋan^{21}	tʰan^{24}	tʰan^{24}	lan^{24}
浮山	tsʰãĩ^{13}	kʰãĩ^{42}	xãĩ^{13}	xãĩ^{13}	ŋãĩ^{42}	tʰãĩ^{13}	tʰãĩ^{13}	lãĩ^{13}
霍州	tsʰaŋ^{35}	kʰaŋ^{212}	xaŋ^{35}	xaŋ^{35}	aŋ^{212}	tʰaŋ^{35}	tʰaŋ^{35}	laŋ^{35}

续表

字目	蚕	堪	含	函	庵	谈	痰	蓝
中古音 方言点	昨含 咸开一 平覃从	口含 咸开一 平覃溪	胡南 咸开一 平覃匣	胡南 咸开一 平覃匣	乌含 咸开一 平覃影	徒甘 咸开一 平谈定	徒甘 咸开一 平谈定	鲁甘 咸开一 平谈来
翼城	tsʰæ̃^{12}	kʰæ̃^{53}	xæ̃^{12}	xæ̃^{12}	ŋæ̃^{53}	tʰæ̃^{12}	tʰæ̃^{12}	læ̃^{12}
闻喜	tsʰæ^{13}	kʰæ^{53}	xæ^{13}	xæ^{13}	ŋiæ^{53}	tʰæ^{13}	tʰæ^{13}	læ^{13}
侯马	tsʰæ̃^{213}	kʰæ̃^{213}	xæ̃^{213}	xæ̃^{213}	ŋæ̃^{213}	tʰæ^{213}	tʰæ̃^{213}	læ^{213}
新绛	tsʰã^{13}	kʰã^{53}	xã^{13}	xã^{13}	ŋã^{53}	tʰã^{13}	tʰã^{13}	lã^{13}
绛县	tsʰæ^{24}	kʰæ^{53}	xæ^{24}	xæ^{24}	ŋɑ^{53}	tʰæ^{24}	tʰæ^{24}	læ^{24}
垣曲	tsʰæ̃^{22}	kʰæ̃^{53}	xæ̃^{22}	xæ̃^{22}	ŋæ̃^{53}	tʰæ̃^{22}	tʰæ̃^{22}	læ̃^{22}
夏县	tsʰæ^{42}	——	xæ^{42}	xæ^{42}	ŋæ^{53} 白 /æ^{53} 文	tʰæ^{42}	tʰæ^{42}	læ^{42}
万荣	tsʰæ^{213}	kʰæ^{51}	xæ^{213}	xæ^{213}	ŋæ^{51}	tʰæ^{213}	tʰæ^{213}	læ^{213}
稷山	tsʰɑ̃^{13}	kʰɑ̃^{53}	xɑ̃^{13}	xɑ̃^{13}	ŋɑ̃^{53}	tʰɑ̃^{13}	tʰɑ̃^{13}	lɑ̃^{13}
盐湖	tsʰæ̃^{13}	kʰæ̃^{42}	xæ̃^{13}	xæ̃^{13}	ŋæ̃^{42}	tʰæ̃^{13}	tʰæ̃^{13}	læ̃^{13}
临猗	tsʰæ̃^{13}	kʰæ̃^{42}	xæ̃^{13}	xæ̃^{13}	ŋæ̃^{42}	tʰæ̃^{13}	tʰæ̃^{13}	læ̃^{13}
河津	tsʰaŋ^{324} 白	kʰæ̃^{31}	xæ̃^{324}	xæ̃^{324}	ŋaŋ^{31} 白	tʰæ̃^{324}	tʰæ̃^{324}	læ̃^{324} 文
平陆	tsʰan^{13}	kʰan^{31}	xan^{13}	xan^{13}	ŋan^{31}	tʰan^{13}	tʰan^{13}	lan^{13}
永济	tsʰæ̃^{24}	kʰæ̃^{31}	xæ̃^{24}	xæ̃^{24}	ŋæ̃^{31}	tʰæ̃^{24}	tʰæ̃^{24}	læ̃^{31}
芮城	tsʰæ̃^{13}	kʰæ̃^{42}	xæ̃^{13}	xæ̃^{13}	ŋæ̃^{42}	tʰæ̃^{13}	tʰæ̃^{13}	læ̃^{13}
吉县	tsʰæ̃^{13}	kʰæ̃^{423}	xæ̃^{13}	xæ̃^{13}	ŋæ̃^{423}	tʰæ̃^{13}	tʰæ̃^{13}	læ̃^{13}
乡宁	tsʰæ^{12}	kæ^{53}	xæ^{12}	xæ^{12}	ŋiæ^{53}	tʰæ^{12}	tʰæ^{12}	læ^{12}
广灵	tsʰæ^{31}	kʰæ^{53}	xəŋ^{31} 白 / xæ^{31} 文	xæ^{31}	næ^{53}	tʰæ^{31}	tʰæ^{31}	læ^{31}

字目	篮	惭	三	甘	柑	惨	感	坎
中古音 / 方言点	鲁甘 咸开一 平谈来	昨甘 咸开一 平谈从	苏甘 咸开一 平谈心	古三 咸开一 平谈见	古三 咸开一 平谈见	七感 咸开一 上感清	古禫 咸开一 上感见	苦感 咸开一 上感溪
北京	lan^{35}	tsʰan^{35}	san^{55}	kan^{55}	kan^{55}	tsʰan^{214}	kan^{214}	kʰan^{214}
小店	læ^{11}	tsʰæ^{11}	sæ^{11}	kæ^{11}	kæ^{11}	tsʰæ^{53}	kæ^{53}	kʰæ^{53}
尖草坪	læ^{33}	tsʰæ^{33}	sæ^{33}	kæ^{33}	kæ^{33}	tsʰæ^{312}	kæ^{312}	kʰæ^{312}
晋源	laŋ^{11}	tsʰaŋ^{11}	saŋ^{11}	kaŋ^{11}	kaŋ^{11}	tsʰaŋ^{42}	kaŋ^{42}	kʰaŋ^{42}
阳曲	læ^{43}	tsʰæ^{43}	sæ^{312}	kæ^{312}	kæ^{312}	tsʰæ^{43}	kæ^{312}	kʰæ^{312}
古交	lɛ^{44}	tsʰɛ^{44}	sɛ^{44}	kɛ^{44}	kɛ^{44}	tsʰɛ^{312}	kɛ^{312}	kʰɛ^{312}
清徐	lɛ^{11}	tsʰɛ^{11}	sɛ^{11}	kɛ^{11}	kɛ^{11}	tsʰɛ^{54}	kɛ^{54}	kʰɛ^{54}
娄烦	læ^{33}	tsʰæ^{33}	sæ^{33}	kæ^{33}	kæ^{33}	tsʰæ^{312}	kæ^{312}	kʰæ^{312}
榆次	læ^{11}	tsʰæ^{11}	sæ^{11}	kæ^{11}	kæ^{11}	tsʰæ^{53}	kæ^{53}	kʰæ^{53}
交城	lã^{11}	tsʰã^{11}	sã^{11}	kɒ̃^{11}	kɒ̃^{11}	tsʰã^{53}	kã^{53}	kʰã^{53}
文水	laŋ^{22}	tsʰaŋ^{22}	saŋ^{22}	kæĩ^{22}	kæĩ^{22}	tsʰaŋ^{423}	kæĩ^{423}	kʰæĩ^{423}
祁县	lɑ̃^{31}	tsʰɑ̃^{31}	sɑ̃^{31}	kə̃^{31}	kə̃^{31}	tsʰɑ̃^{314}	kə̃^{314}	kʰə̃^{314}
太谷	lɑ̃^{33}	tsʰɑ̃^{33}	sɑ̃^{33}	kẽĩ^{33}	kẽĩ^{33}	tsʰɑ̃^{312}	kẽĩ^{312}	kʰẽĩ^{312}
平遥	lɑ̃^{213}	tsɑ̃^{213}	sɑ̃^{213}	kɑ̃^{213}	kɑ̃^{213}	tsʰɑ̃^{512}	kɑ̃^{512}	kʰɑ̃^{512}
孝义	lã^{33}	tsʰã^{33}	sã^{33}	kã^{33}	kã^{33}	tsʰã^{33}	kã^{312}	kʰə̃
介休	læ̃^{13}	tsʰæ̃^{13}	sæ̃^{13}	kæ̃^{13}	kæ̃^{13}	tsʰæ̃^{423}	kæ̃^{423}	kʰæ̃^{423}
灵石	lɒ̃^{44}	tsʰɒ̃^{44}	sɒ̃^{535}	kɒ̃^{535}	kɒ̃^{535}	tsʰɒ̃^{212}	kɒ̃^{212}	kʰɒ̃^{212}
盂县	læ̃^{22}	tsʰæ̃^{53}	sæ̃^{412}	kæ̃^{412}	kæ̃^{412}	tsʰæ̃^{22}	kæ̃^{53}	kʰæ̃^{53}
寿阳	læ^{22}	tsʰæ^{22}	sæ^{31}	kæ^{31}	kæ^{31}	tsʰæ^{53}	kæ^{53}	kʰæ^{53}
榆社	la^{22}	tsʰa^{22}	sa^{22}	ka^{22}	ka^{22}	tsʰa^{312}	ka^{312}	kʰa^{312}
离石	læ^{44}	tsʰæ^{44}	sæ^{24}	kiɪ^{24} 白 / kæ^{24} 文	kæ^{24}	tsʰæ^{312}	kæ^{312}	kʰæ^{312}
汾阳	lã^{22}	tsʰã^{22}	sã^{324}	kã^{324}	kã^{324}	tsʰã^{312}	kã^{312}	kʰã^{312}
中阳	læ^{33}	tsʰæ^{33}	sæ^{24}	kie^{24} 白 / kæ^{24} 文	kæ^{24}	tsʰæ^{423}	kæ^{423}	kʰæ^{423}
柳林	læ^{44}	tsʰæ^{44}	sæ^{24}	kie^{24}/ kæ^{24}	kæ^{24}	tsʰæ^{312}	kæ^{312}	kʰæ^{312}
方山	læ^{44}	tsʰæ^{44}	sæ^{24}	kiɛ^{24} 白 / kæ^{24} 文	kæ^{24}	tsʰæ^{312}	kæ^{312}	kʰiɛ^{312}
临县	læ^{33}	tsʰæ^{33}	sæ^{24}	nie^{24} 白 / kæ^{24} 文	kæ^{24}	tsʰæ^{312}	kæ^{312}	kʰæ^{312}
兴县	læ̃^{55}	——	sæ̃^{324}	kẽn^{324}	kẽn^{324}	tsʰæ̃^{324}	kæ̃^{324}	kʰẽn^{324}
岚县	laŋ^{44}	tsʰaŋ^{44}	saŋ^{214}	kiẽ^{214}	kiẽ^{214}	tsʰaŋ^{312}	kaŋ^{312}	kʰaŋ^{312}
静乐	læ̃^{33}	tsʰæ̃^{33}	sæ̃^{24}	kæ̃^{24}	kæ̃^{24}	tsʰæ̃^{314}	kæ̃^{314}	kʰæ̃^{314}

续表

字目	篮	惭	三	甘	柑	惨	感	坎
中古音 方言点	鲁甘 咸开一 平谈来	昨甘 咸开一 平谈从	苏甘 咸开一 平谈心	古三 咸开一 平谈见	古三 咸开一 平谈见	七感 咸开一 上感清	古禫 咸开一 上感见	苦感 咸开一 上感溪
交口	lɑ̃^{44}	tsʰɑ̃^{44}	sɑ̃^{323}	kɑ̃^{323}	kɑ̃^{323}	tsʰɑ̃^{323}	kɑ̃^{323}	kʰɑ̃^{323}
石楼	lɑŋ^{44}	tsɑŋ^{44}	sɑŋ^{213}	kɑŋ^{213}	kɑŋ^{213}	tsʰɑŋ^{213}	kɑŋ^{213}	kʰɑŋ^{213}
隰县	laŋ^{24}	tsʰaŋ^{24}	sæ^{53}	kæ^{53}	kæ^{53}	tsʰaŋ^{21}	kaŋ^{21}	kʰaŋ^{21}
大宁	lɛ̃^{24}	tsʰɛ̃^{24}	sɛ̃^{31}	kɛ̃^{31}	kɛ̃^{31}	tsʰɛ̃^{31}	kɛ̃^{31}	kʰɛ̃^{31}
永和	lɑ̃^{35}	tsʰɑ̃^{35}	sɑ̃^{33}	kɑ̃^{33}	kɑ̃^{33}	tsʰɑ̃^{312}	kɑ̃^{312}	kʰɑ̃^{312}
汾西	lɑ̃^{35}	tsʰɑ̃^{35}/tsʰɑ̃^{33}	sɑ̃^{11}	kɑ̃^{11}	kɑ̃^{11}	tsʰɑ̃^{33}	——	xɑ̃^{33}
蒲县	læ̃^{24}	tsʰæ̃^{24}	sæ̃^{52}	kæ̃^{52}	kæ̃^{52}	tsʰæ̃^{31}	kæ̃^{31}	kʰæ̃^{31}
潞州	laŋ^{24}	tsʰaŋ^{24}	saŋ^{312}	kaŋ^{312}	kaŋ^{312}	tsʰaŋ^{535}	kaŋ^{535}	kʰaŋ^{535}
上党	lɑŋ^{44}	tsʰɑŋ^{44}	sɑŋ^{213}	kɑŋ^{213}	kɑŋ^{213}	tsʰɑŋ^{535}	kɑŋ^{535}	kʰɑŋ^{535}
长子	læ̃^{24}	tsʰæ̃^{24}	sæ̃^{312}	kæ̃^{312}	kæ̃^{312}	tsʰæ̃^{434}	kæ̃^{434}	kʰæ̃^{434}
屯留	læ̃^{11}	tsʰæ̃^{11}	sæ̃^{31}	kæ̃^{31}	kæ̃^{31}	tsʰæ̃^{31}	kæ̃^{43}	kʰæ̃^{43}
襄垣	læ^{31}	tsʰæ^{31}	sæ^{33}	kæ^{33}	kæ^{33}	tsʰæ^{42}	kæ^{42}	kʰæ^{42}
黎城	læ^{53}	tsʰæ^{53}	sæ^{33}	kæ^{33}	kæ^{33}	tsʰæ^{213}	kæ^{213}	kʰæ^{213}
平顺	læ̃^{13}	tsʰæ̃^{13}	sæ̃^{213}	kæ̃^{213}	kæ̃^{213}	tsʰæ̃^{53}	kæ̃^{434}	kʰæ̃^{434}
壶关	laŋ^{13}	tʂʰaŋ^{13}	ʂaŋ^{33}	kaŋ^{33}	kaŋ^{33}	tʂʰaŋ^{535}	kaŋ^{535}	kʰaŋ^{535}
沁县	læ^{33}	tsʰæ^{33}	sæ^{224}	kæ^{224}	kæ^{224}	tsʰæ^{214}	kæ^{214}	kʰæ^{214}
武乡	læ^{33}	tsʰæ^{33}	sæ^{113}	kæ^{113}	kæ^{113}	tsʰæ^{213}	kæ^{213}	kʰæ^{213}
沁源	læ̃^{33}	tsʰæ̃^{33}	sæ̃^{324}	kæ̃^{324}	kæ̃^{324}	tsʰæ̃^{324}	kæ̃^{324}	kʰæ̃^{324}
安泽	læ^{35}	tsʰæ^{35}	sæ^{21}	kæ^{21}	kæ^{21}	tsʰæ^{35}	kæ^{42}	kʰæ^{42}
沁水端氏	læ^{24}	tsʰæ^{21}	sæ^{21}	kæ^{21}	kæ^{21}	tsʰæ^{31}	kæ^{31}	kʰæ^{31}
阳城	lɛ^{22}	tsʰɛ^{22}	sɛ^{224}	kɛ^{224}	kɛ^{224}	tsʰɛ^{212}	kɛ^{212}	kʰɛ^{212}
高平	næ̃^{33}	tʂʰæ̃^{33}	sæ̃^{33}	kæ̃^{33}	kæ̃^{33}	tʂʰæ̃^{212}	kæ̃^{212}	kʰæ̃^{212}
陵川	lã^{53}	tʂʰã^{53}	ʂã^{33}	kã^{33}	kã^{33}	tʂʰã^{312}	kã^{312}	kʰã^{312}
晋城	læ^{324}	tʂʰæ^{324}	ʂæ^{33}	kæ^{33}	kæ^{33}	tʂʰæ^{213}	kæ^{213}	kʰæ^{213}
忻府	lɑ̃^{21}	tsʰɑ̃^{21}	sɑ̃^{313}	kɑ̃^{313}	kɑ̃^{313}	tsʰɑ̃^{313}	kɑ̃^{313}	kʰɑ̃^{313}
原平	lɛ̃^{33}	tsʰɛ̃^{33}	sɛ̃^{213}	kiɛ̃^{213}	kiɛ̃^{213}	tsʰɛ̃^{213}	kiɛ̃^{213}	kʰiɛ̃^{213}
定襄	læ^{11}	tsʰæ^{11}	sæ^{24}	kæ^{24}	kæ^{24}	tsʰæ^{24}	kæ^{24}	kʰæ^{24}
五台	læn^{33}	tsʰæn^{33}	sæn^{213}	kæn^{213}	kæn^{213}	tsʰæn^{213}	kæn^{213}	kʰæn^{213}
岢岚	læ^{44}	tsʰæ^{13}	sæ^{13}	kæ^{13}	kæ^{13}	tsʰæ^{13}	kæ^{13}	kʰæ^{13}
五寨	læ^{44}	tsʰæ^{13}	sæ^{13}	kæ^{13}	kæ^{13}	tsʰæ^{13}	kæ^{13}	kʰæ^{13}
宁武	læ^{33}	tsʰæ^{33}	sæ^{23}	kiɛ^{23}	kiɛ^{23}	tsʰæ^{213}	kiɛ^{213}	kʰæ^{213}

续表

字目	篮	惭	三	甘	柑	惨	感	坎
中古音 / 方言点	鲁甘 咸开一 平谈来	昨甘 咸开一 平谈从	苏甘 咸开一 平谈心	古三 咸开一 平谈见	古三 咸开一 平谈见	七感 咸开一 上感清	古禫 咸开一 上感见	苦感 咸开一 上感溪
神池	læ^{32}	tsʰæ^{32}	sæ^{24}	kæ^{24}	kæ^{24}	tsʰæ^{13}	kæ^{13}	kʰæ^{13}
繁峙	lɛ^{31}	tsʰɛ^{31}	sɛ^{53}	kɛ^{53}	kɛ^{53}	tsʰɛ^{53}	kɛ^{53}	kʰɛ^{53}
代县	lɛ^{44}	tsʰɛ^{44}	sɛ^{213}	kɛ^{213}	kɛ^{213}	tsʰɛ^{44}	kɛ^{213}	kʰɛ^{213}
河曲	læ^{44}	tsʰæ^{213}	sæ^{213}	kæ^{213}	kæ^{213}	tsʰæ^{213}	kiɛ^{213}	kʰæ^{213}
保德	lɑŋ^{44}	tsʰɑŋ^{44}	sɑŋ^{213}	kɑŋ^{213}	kɑŋ^{213}	tsʰɑŋ^{213}	kɑŋ^{213}	kʰɑŋ^{213}
偏关	læ^{44}	tsʰæ^{44}	sæ^{24}	kiæ^{24}	kiæ^{24}	tsʰæ^{213}	kiæ^{213}	kʰiæ^{213}
朔城	læ^{35}	tsʰæ^{35}	sæ^{312}	kæ^{312}	kæ^{312}	tsʰæ^{312}	kæ^{312}	kʰæ^{312}
平鲁	læ^{44}	tsʰæ^{44}	sæ^{213}	kæ^{213}	kæ^{213}	tsʰæ^{213}	kæ^{213}	kʰæ^{213}
应县	lɛ̃^{31}	tsʰɛ̃^{31}	sɛ̃^{43}	kɛ̃^{43}	kɛ̃^{43}	tsʰɛ̃^{31}	kɛ̃^{54}	kʰɛ̃^{54}
灵丘	læ^{31}	tsʰæ^{31}	sæ^{442}	kæ^{442}	kæ^{442}	tsʰæ^{442}	kæ^{442}	kʰæ^{442}
浑源	læ^{22}	tsʰæ^{22}	sæ^{22}	kæ^{52}	kæ^{52}	tsʰæ^{52}	kæ^{52}	kʰæ^{52}
云州	læ^{312}	tsʰæ^{312}	sæ^{21}	kæ^{21}	kæ^{21}	tsʰæ^{55}	kæ^{55}	kʰæ^{55}
新荣	læ^{312}	tsʰæ^{312}	sæ^{32}	kæ^{32}	kæ^{32}	tsʰæ^{312}	kæ^{54}	kʰæ^{54}
怀仁	læ^{312}	tsʰæ^{312}	sæ^{42}	kæ^{42}	kæ^{42}	tsʰæ^{53}	kæ^{53}	kʰæ^{53}
左云	læ^{313}	tsʰæ^{313}	sæ^{31}	kæ^{31}	kæ^{31}	tsʰæ^{54}	kæ^{54}	kʰæ^{54}
右玉	læ^{212}	tsʰæ^{31}	sæ^{31}	kæ^{31}	kæ^{31}	tsʰæ^{31}	kæ^{53}	kʰæ^{53}
阳高	lɛ^{312}	tsʰɛ^{312}	sɛ^{31}	kɛ^{31}	kɛ^{31}	tsʰɛ^{53}	kɛ^{53}	kʰɛ^{53}
山阴	læ^{313}	tsʰæ^{313}	sæ^{313}	kæ^{313}	kæ^{313}	tsʰæ^{313}	kæ^{52}	kʰæ^{52}
天镇	læ^{22}	tsʰæ^{22}	sæ^{31}	kæ^{31}	kæ^{31}	tsʰæ^{22}	kæ^{55}	kʰæ^{55}
平定	læ̃^{44}	tsʰæ̃^{44}	sæ̃^{31}	kæ̃^{31}	kæ̃^{31}	tsʰæ̃^{53}	kæ̃^{53}	kʰæ̃^{53}
昔阳	læ̃^{33}	tsʰæ̃^{33}	sæ̃^{42}	kæ̃^{42}	kæ̃^{42}	tsʰæ̃^{55}	kæ̃^{55}	kʰæ̃^{55}
左权	læ^{11}	tsʰæ^{11}	sæ^{31}	kæ^{31}	kæ^{31}	tsʰæ^{42}	kæ^{42}	——
和顺	læ^{22}	tsʰæ^{22}	sæ^{42}	kæ^{42}	kæ^{42}	tsʰæ^{53}	kæ^{53}	kʰæ^{53}
尧都	læ̃^{24}	tsʰæ̃^{24}	sæ̃^{21}	kæ̃^{21}	kæ̃^{21}	tsʰæ̃^{53}	kæ̃^{53}	kʰæ̃^{53}
洪洞	lɑn^{24}	tsʰɑn^{24}	sɑn^{21}	kɑn^{21}	kɑn^{21}	tsʰɑn^{21}/ʂen^{33}	kɑn^{42}	kʰɑn^{42}
洪洞赵城	lɑ̃^{24}	tsʰɑ̃^{21}	sɑ̃^{21}	kɑ̃^{21}	kɑ̃^{21}	tsʰɑ̃^{21}	kɑ̃^{42}	kʰɑ̃^{42}
古县	lan^{35}	tsʰan^{35}	san^{21}	kan^{21}	kan^{21}	tsʰan^{35}	kan^{42}	kʰan^{42}
襄汾	lan^{24}	tsʰan^{24}	san^{21}	kan^{21}	kan^{21}	tsʰan^{42}	kan^{42}	kʰan^{42}
浮山	lãĩ^{13}	tsʰãĩ^{13}	sãĩ^{42}	kãĩ^{42}	kãĩ^{42}	tsʰãĩ^{33}/ tsʰãĩ^{53}	kãĩ^{33}	kʰãĩ^{33}
霍州	laŋ^{35}	tsʰaŋ^{35}	saŋ^{212}	kaŋ^{212}	kaŋ^{212}	tsʰaŋ^{33}	kaŋ^{33}	kʰaŋ^{33}
翼城	læ̃^{12}	tsʰæ̃^{12}	sæ̃^{53}	kæ̃^{53}	kæ̃^{53}	tsʰæ̃^{44}	kæ̃^{44}	kʰæ̃^{44}

续表

字目	篮	惭	三	甘	柑	惨	感	坎
中古音 方言点	鲁甘 咸开一 平谈来	昨甘 咸开一 平谈从	苏甘 咸开一 平谈心	古三 咸开一 平谈见	古三 咸开一 平谈见	七感 咸开一 上感清	古禫 咸开一 上感见	苦感 咸开一 上感溪
闻喜	læ^{13}	tsʰæ^{13}	sæ^{53}	kiæ^{53}	kiæ^{53}	tsʰæ^{33}	kiæ^{33}	kʰæ^{33}
侯马	læ̃^{213}	tsʰæ̃^{213}	sæ̃^{213}	kæ̃^{213}	kæ̃^{213}	tsʰæ̃^{44}	kæ̃^{44}	kʰæ^{44}
新绛	lã^{13}	tsʰã^{13}	sã^{53}	kã^{53}	kã^{53}	tsʰã^{13}	kã^{44}	kʰã^{44}
绛县	læ^{24}	tsʰæ^{24}	sæ^{53}	kæ^{53}	kæ^{53}	tsʰæ^{33}	kæ^{33}	kʰæ^{33}
垣曲	læ̃^{22}	tsʰæ̃^{44}	sæ̃^{53}	kæ̃^{53}	kæ̃^{53}	tsʰæ̃^{44}	kæ̃^{44}	kʰæ̃^{44}
夏县	læ^{42}	tsʰæ^{42}	sæ^{53}	kæ^{53}	kæ^{53}	tsʰæ^{42}	kæ^{24}	kʰæ^{24}
万荣	læ^{213}	tsʰæ^{213}	sæ^{51}	kæ^{51}	kæ^{51}	tsʰæ^{33}	kæ^{55}	kʰæ^{55}
稷山	lɑ̃^{13}	tsʰɑ̃^{44}	sɑ̃^{53}	kɑ̃^{53}	kɑ̃^{53}	tsʰɑ̃^{42}	kɑ̃^{44}	kʰɑ̃^{44}
盐湖	læ̃^{13}	tsʰæ̃^{13}	sæ̃^{42}	kæ̃^{42}	kæ̃^{42}	tsʰæ̃^{53}	kæ̃^{53}	kʰæ̃^{53}
临猗	læ̃^{13}	tsʰæ̃^{13}	sɑŋ^{42} 白 / sæ̃^{42} 文	kæ̃^{42}	kæ̃^{42}	tsʰæ̃^{53}	kæ̃^{53}	kʰæ̃^{53}
河津	læ̃^{324}	tsʰæ̃^{324}	saŋ^{31} 白 / sæ̃^{31} 文	kæ̃^{31}	kæ̃^{31}	tsʰæ̃^{324}	kæ̃^{53}	kʰæ̃^{53}
平陆	lan^{13}	tsʰan^{55}	san^{31}	kan^{31}	kan^{31}	tsʰan^{55}	kan^{55}	kʰan^{55}
永济	læ̃^{31}	tsʰæ̃^{24}	sæ̃^{31}	kæ̃^{31}	kæ̃^{31}	tsʰæ̃^{53}	kæ̃^{53}	kʰæ̃^{31}
芮城	læ̃^{13}	tsʰæ̃^{53}	sæ̃^{42}	kæ̃^{42}	kæ̃^{42}	tsʰæ̃^{42}	kæ̃^{53}	kʰæ̃^{53}
吉县	læ̃^{13}	tsʰæ̃^{13}	sæ̃^{423}	kæ̃^{423}	kæ̃^{423}	tsʰæ̃^{13}	kæ̃^{53}	kʰæ̃^{53}
乡宁	læ^{12}	tsʰæ^{12}	sæ^{53}	kiæ^{53}	kiæ^{53}	tsʰæ^{44}	kiæ^{44}	kʰæ^{44}
广灵	læ^{31}	tsʰæ^{31}	sæ^{53}	kæ^{53}	kæ^{53}	tsʰæ^{44}	kæ^{44}	kʰæ^{44}

字目	砍	胆	毯	淡	览	揽	敢	喊
中古音 / 方言点	苦感 咸开一 上感溪	都敢 咸开一 上敢端	吐敢 咸开一 上敢透	徒滥 咸开一 上敢定	卢敢 咸开一 上敢来	卢敢 咸开一 上敢来	古览 咸开一 上敢见	呼览 咸开一 上敢晓
北京	kʰan^{214}	tan^{214}	tʰan^{214}	tan^{51}	lan^{214}	lan^{214}	kan^{214}	xan^{214}
小店	kʰæ^{53}	tæ^{53}	tʰæ^{53}	tæ^{24}	læ^{53}	læ^{53}	kæ^{53}	xæ^{53}
尖草坪	kʰæ^{312}	tæ^{312}	tʰæ^{312}	tæ^{35}	læ^{312}	læ^{312}	kæ^{312}	xæ^{312}
晋源	kʰaŋ^{42}	taŋ^{42}	tʰaŋ^{42}	taŋ^{42}	laŋ^{42}	laŋ^{42}	kaŋ^{42}	xaŋ^{42}
阳曲	kʰæ^{312}	tæ^{312}	tʰæ^{312}	tæ^{454}	læ^{312}	læ^{312}	kæ^{312}	xæ^{312}
古交	kʰɛ^{312}	tɛ^{312}	tʰɛ^{312}	tɛ^{53}	lɛ^{312}	lɛ^{312}	kɛ^{312}	xɛ^{312}
清徐	kʰɛ^{54}	tɛ^{54}	tʰɛ^{54}	tɛ^{45}	lɛ^{54}	lɛ^{54}	kɛ^{54}	xɛ^{54}
娄烦	kʰæ^{312}	tæ^{312}	tʰæ^{312}	tæ^{54}	læ^{312}	læ^{312}	kæ^{312}	xæ^{312}
榆次	kʰæ^{53}	tæ^{53}	tʰæ^{53}	tæ^{35}	læ^{53}	læ^{53}	kæ^{53}	xæ^{53}
交城	kʰã^{53}	tã^{53}	tʰã^{53}	tã^{24}	lã^{53}	lã^{53}	kã^{53}	xã^{53}
文水	kʰæ̃ĩ^{423}	taŋ^{423}	tʰaŋ^{423}	taŋ^{35}	laŋ^{423}	laŋ^{423}	kæ̃ĩ^{423}	xaŋ^{423}
祁县	kʰə̃^{314}	tɑ̃^{314}	tʰɑ̃^{314}	tɑ̃^{45}	lɑ̃^{314}	lɑ̃^{314}	kə̃^{314}	xɑ̃^{314}
太谷	kʰẽĩ^{312}	tɑ̃^{312}	tʰɑ̃^{312}	tɑ̃^{53}	lɑ̃^{312}	lɑ̃^{312}	kẽĩ^{312}	xɑ̃^{312}
平遥	kʰɑ̃^{512}	tɑ̃^{512}	tʰɑ̃^{512}	tɑ̃^{24}	lɑ̃^{512}	lɑ̃^{512}	kɑ̃^{512}	xɑ̃^{512}
孝义	kʰã^{312}	tã^{312}	tʰã^{312}	tã^{454}	lã^{454}	lã^{312}	kã^{312}	xã^{312}
介休	kʰæ̃^{423}	tæ̃^{423}	tʰæ̃^{423}	tæ̃^{45}	læ̃^{423}	læ̃^{423}	kæ̃^{423}	xæ̃^{423}
灵石	kʰɒ̃^{212}	tɒ̃^{212}	tʰɒ̃^{212}	tɒ̃^{53}	lɒ̃^{212}	lɒ̃^{212}	kɒ̃^{212}	xɒ̃^{212}
盂县	kʰæ̃^{53}	tæ̃^{53}	tʰæ̃^{53}	tæ̃^{55}	læ̃^{53}	læ̃^{53}	kæ̃^{53}	xæ̃^{53}
寿阳	kʰæ^{53}	tæ^{53}	tʰæ^{53}	tæ^{45}	læ^{53}	læ^{53}	kæ^{53}	xæ^{53}
榆社	kʰa^{312}	ta^{312}	tʰa^{312}	ta^{45}	la^{312}	la^{312}	ka^{312}	xa^{312}
离石	kʰiɪ^{312}	tæ^{312}	tʰæ^{312}	tæ^{53}	læ^{312}	læ^{312}	kæ^{312}	xæ^{312}
汾阳	kʰi^{312} 白 / kʰã^{312} 文	tã^{312}	tʰã^{312}	tã^{55}	lã^{312}	lã^{312}	ki^{312} 白 / kã^{312} 文	xã^{312}
中阳	kʰie^{423}	tæ^{423}	tʰæ^{423}	tæ^{53}	læ^{423}	læ^{423}	kæ^{423}	xæ^{423}
柳林	kʰæ^{312}	tæ^{312}	tʰæ^{312}	tæ^{53}	læ^{312}	læ^{312}	kie^{312}	xæ^{312}
方山	kʰiɛ^{312}	tæ^{312}	tʰæ^{312}	tæ^{52}	læ^{312}	læ^{312}	kiɛ^{312} 白 / kæ^{312} 文	xæ^{312}
临县	kʰie^{312}	tæ^{312}	tʰæ^{312}	tæ^{52}	læ^{312}	læ^{312}	kie^{312}	xəɯ^{312}
兴县	kʰẽn^{324}	tæ̃^{324}	tʰæ̃^{324}	tæ̃^{53}	læ̃^{324}	læ̃^{324}	kᴀ^{324}/kæ̃^{324}	xæ̃^{324}
岚县	kʰaŋ^{312}	taŋ^{312}	tʰaŋ^{312}	taŋ^{53}	laŋ^{312}	laŋ^{312}	kaŋ^{312}	xaŋ^{312}
静乐	kʰæ̃^{314}	tæ̃^{314}	tʰæ̃^{314}	tæ̃^{53}	læ̃^{314}	læ̃^{314}	kæ̃^{314}	xæ̃^{314}
交口	kʰɑ̃^{323}	tɑ̃^{323}	tʰɑ̃^{323}	tɑ̃^{53}	lɑ̃^{323}	lɑ̃^{323}	kɑ̃^{323}	xɑ̃^{323}

续表

字目	砍	胆	毯	淡	览	揽	敢	喊
中古音 / 方言点	苦感 咸开一 上感溪	都敢 咸开一 上敢端	吐敢 咸开一 上敢透	徒滥 咸开一 上敢定	卢敢 咸开一 上敢来	卢敢 咸开一 上敢来	古览 咸开一 上敢见	呼览 咸开一 上敢晓
石楼	kʰɑŋ^{213}	tɑŋ^{213}	tʰɑŋ^{213}	tʰɑŋ^{51} 白 / tɑŋ^{51} 文	lɑŋ^{213}	lɑŋ^{213}	kɑŋ^{213}	xɑŋ^{213}
隰县	kʰaŋ^{21}	taŋ^{21}	tʰaŋ^{21}	tʰæ^{44} 白 / tæ^{44} 文	laŋ^{21}	laŋ^{21}	kaŋ^{21}	xaŋ^{21}
大宁	kʰɛ̃^{31}	tɛ̃^{31}	tʰɛ̃^{31}	tʰɛ̃^{55}	lɛ̃^{55}	lɛ̃^{31}	kɛ̃^{31}	xɛ̃^{31}
永和	kʰɑ̃^{35}	tɑ̃^{312}	tʰɑ̃^{312}	tʰɑ̃^{53} 白 / tɑ̃^{53} 文	lɑ̃^{53}	lɑ̃^{312}	kɑ̃^{312}	xɑ̃^{312}
汾西	——	tɑ̃^{33}	tʰɑ̃^{33}	tʰɑ̃^{53} 白 / tɑ̃^{53} 文	lɑ̃^{33}	lɑ̃^{33}	kɑ̃^{33}	xɑ̃^{33}
蒲县	kʰæ̃^{31}	tæ̃^{31}	tʰæ̃^{31}	tʰæ̃^{33} 白 / tæ̃^{33} 文	læ̃^{31}	læ̃^{31}	kæ̃^{31}	xæ̃^{31}
潞州	kʰaŋ^{535}	taŋ^{535}	tʰaŋ^{535}	taŋ^{44}	laŋ^{535}	laŋ^{535}	kaŋ^{535}	xaŋ^{535}
上党	kʰɑŋ^{535}	tɑŋ^{535}	tʰɑŋ^{535}	tɑŋ^{42}	lɑŋ^{535}	lɑŋ^{535}	kɑŋ^{535}	xɑŋ^{535}
长子	kʰæ̃^{434}	tæ̃^{434}	tʰæ̃^{434}	tæ̃^{53}	læ̃^{434}	læ̃^{434}	kæ̃^{434}	xæ̃^{434}
屯留	kʰæ̃^{43}	tæ̃^{43}	tʰæ̃^{43}	tæ̃^{11}	læ̃^{43}	læ̃^{43}	kæ̃^{43}	xæ̃^{43}
襄垣	kʰæ^{42}	tæ^{42}	tʰæ^{42}	tæ^{45}	læ^{42}	læ^{42}	kæ^{42}	xæ^{42}
黎城	kʰæ^{213}	tæ^{213}	tʰæ^{213}	tæ^{53}	læ^{213}	læ^{213}	kæ^{213}	xæ^{213}
平顺	kʰæ̃^{434}	tæ̃^{434}	tʰæ̃^{434}	tæ̃^{53}	læ̃^{434}	læ̃^{434}	kæ̃^{434}	xæ̃^{434}
壶关	kʰaŋ^{535}	taŋ^{535}	tʰaŋ^{535}	taŋ^{353}	laŋ^{535}	laŋ^{535}	kaŋ^{535}	xaŋ^{535}
沁县	kʰæ^{214}	tæ^{214}	tʰæ^{214}	tæ^{53}	læ^{214}	——	kæ^{214}	xæ^{214}
武乡	kʰæ^{213}	tæ^{213}	tʰæ^{213}	tæ^{55}	læ^{213}	læ^{213}	kæ^{213}	xæ^{213}
沁源	kʰæ̃^{324}	tæ̃^{324}	tʰæ̃^{324}	tæ̃^{53}	læ̃^{324}	læ̃^{324}	kæ̃^{324}	xæ̃^{324}
安泽	kʰæ^{42}	tæ^{42}	tʰæ^{42}	tæ^{53}	læ^{42}	læ^{42}	kæ^{42}	xæ^{42}
沁水端氏	kʰæ^{31}	tæ^{31}	tʰæ^{31}	tæ^{53}	læ^{31}	læ^{31}	kæ^{31}	xæ^{31}
阳城	kʰɛ^{212}	tɛ^{212}	tʰɛ^{212}	tɛ^{51}	lɛ^{212}	lɛ^{212}	kɛ^{212}	xɛ^{212}
高平	kʰæ̃^{212}	tæ̃^{212}	tʰæ̃^{212}	tæ̃^{53}	næ̃^{53}	næ̃^{33}	kæ̃^{212}	xæ̃^{212}
陵川	kʰã^{312}	tã^{312}	tʰã^{312}	tã^{24}	lã^{312}	lã^{312}	kã^{312}	xã^{312}
晋城	kʰæ^{213}	tæ^{213}	tʰæ^{213}	tæ^{53}	læ^{213}	læ^{213}	kæ^{213}	xæ^{213}
忻府	kʰɑ̃^{313}	tɑ̃^{313}	tʰɑ̃^{313}	tɑ̃^{53}	lɑ̃^{313}	lɑ̃^{313}	kɑ̃^{313}	xɑ̃^{313}
原平	kʰiɛ̃^{213}	tɛ̃^{213}	tʰɛ̃^{213}	tɛ̃^{53}	lɛ̃^{213}	lɛ̃^{213}	kiɛ̃^{213}	xɛ̃^{213}
定襄	kʰæ^{24}	tæ^{24}	tʰæ^{24}	tæ^{53}	læ^{24}	læ^{24}	kæ^{24}	xæ^{24}
五台	kʰæn^{213}	tæn^{213}	tʰæn^{213}	tæn^{52}	læn^{213}	læn^{213}	kæn^{213}	xæn^{213}

续表

字目	砍	胆	毯	淡	览	揽	敢	喊
中古音／方言点	苦感 咸开一 上感溪	都敢 咸开一 上敢端	吐敢 咸开一 上敢透	徒滥 咸开一 上敢定	卢敢 咸开一 上敢来	卢敢 咸开一 上敢来	古览 咸开一 上敢见	呼览 咸开一 上敢晓
岢岚	kʰæ^{13}	tæ^{13}	tʰæ^{13}	tæ^{52}	læ^{13}	læ^{13}	kæ^{13}	xæ^{13}
五寨	kʰæ^{13}	tæ^{13}	tʰæ^{13}	tæ^{52}	læ^{13}	læ^{13}	kæ^{13}	xæ^{13}
宁武	kʰæ^{213}	tæ^{213}	tʰæ^{213}	tæ^{52}	læ^{213}	læ^{213}	kiε^{213}	xæ^{213}
神池	kʰæ^{13}	tæ^{13}	tʰæ^{13}	tæ^{52}	læ^{13}	læ^{13}	kæ^{13}	xæ^{13}
繁峙	kʰε^{53}	tε^{53}	tʰε^{53}	tε^{24}	lε^{53}	lε^{53}	kε^{53}	xε^{53}
代县	kʰε^{213}	tε^{213}	tʰε^{213}	tε^{53}	lε^{213}	lε^{213}	kε^{213}	xε^{213}
河曲	kʰæ^{213}	tæ^{213}	tʰæ^{213}	tæ^{52}	læ^{213}	læ^{213}	kæ^{213}	xæ^{213}
保德	kʰɑŋ^{213}	tɑŋ^{213}	tʰɑŋ^{213}	tɑŋ^{52}	lɑŋ^{213}	lɑŋ^{213}	kɑŋ^{213}	xɑŋ^{213}
偏关	kʰiæ^{213}	tæ^{213}	tʰæ^{213}	tæ^{52}	læ^{213}	læ^{213}	kiæ^{213}	xæ^{213}
朔城	kʰæ^{312}	tæ^{312}	tʰæ^{312}	tæ^{53}	læ^{312}	læ^{312}	kæ^{312}	xæ^{312}
平鲁	kʰæ^{213}	tæ^{213}	tʰæ^{213}/tʰεi^{213}	tæ^{52}	læ^{213}	læ^{213}	kæ^{213}	xæ^{213}
应县	kʰε̃^{54}	tε̃^{54}	tʰε̃^{54}	tε̃^{24}	lε̃^{54}	lε̃^{54}	kε̃^{54}	xε̃^{54}
灵丘	kʰæ^{442}	tæ^{442}	tʰæ^{442}	tæ^{53}	læ^{442}	læ^{442}	kæ^{442}	xæ^{442}
浑源	kʰæ^{52}	tæ^{52}	tʰæ^{52}	tæ^{13}	læ^{52}	læ^{52}	kæ^{52}	xæ^{52}
云州	kʰæ^{55}	tæ^{55}	tʰæ^{55}	tæ^{24}	læ^{55}	læ^{55}	kæ^{55}	xæ^{55}
新荣	kʰæ^{54}	tæ^{54}	tʰæ^{54}	tæ^{24}	læ^{54}	læ^{54}	kæ^{54}	xæ^{54}
怀仁	kʰæ^{53}	tæ^{53}	tʰæ^{53}	tæ^{24}	læ^{53}	læ^{53}	kæ^{53}	xæ^{53}
左云	kʰæ^{54}	tæ^{54}	tʰæ^{54}	tæ^{24}	læ^{54}	læ^{54}	kæ^{54}	xæ^{54}
右玉	kʰæ^{53}	tæ^{53}	tʰæ^{53}	tæ^{24}	læ^{53}	læ^{53}	kæ^{53}	xæ^{53}
阳高	kʰε^{53}	tε^{53}	tʰε^{312}	tε^{24}	lε^{53}	lε^{53}	kε^{53}	xε^{53}
山阴	kʰæ^{52}	tæ^{52}	tʰæ^{52}	tæ^{335}	læ^{52}	læ^{52}	kæ^{52}	xæ^{52}
天镇	kʰæ^{55}	tæ^{55}	tʰæ^{55}	tæ^{24}	læ^{55}	læ^{55}	kæ^{55}	xæ^{55}
平定	kʰæ̃^{53}	tæ̃^{53}	tʰæ̃^{53}	tæ̃^{24}	læ̃^{31}	læ̃^{53}	kæ̃^{53}	xæ̃^{53}
昔阳	kʰæ̃^{55}	tæ̃^{55}	tʰæ̃^{55}	tæ̃^{13}	læ̃^{55}	læ̃^{55}	kæ̃^{55}	xæ̃^{55}
左权	kʰæ^{42}	tæ^{42}	tʰæ^{42}	tæ^{53}	læ^{42}	læ^{42}	kæ^{42}	xæ^{42}
和顺	kʰæ^{53}	tæ^{53}	tʰæ^{53}	tæ^{13}	læ^{53}	læ^{53}	kæ^{53}	xæ^{53}
尧都	kʰæ̃^{53}	tæ̃^{53}	tʰæ̃^{53}	tʰæ̃^{44} 白 / tæ̃^{44} 文	læ̃^{53}	læ̃^{53}	kæ̃^{53}	xæ̃^{53}
洪洞	kʰɑn^{42}	tɑn^{42}	tʰɑn^{42}	tʰɑn^{53} 白 / tɑn^{53} 文	lɑn^{24}	lɑn^{24}	kɑn^{42}	xɑn^{42}
洪洞赵城	kʰɑ̃^{42}	tɑ̃^{42}	tʰɑ̃^{42}	tʰɑ̃^{53}	lɑ̃^{24}	lɑ̃^{42}	kɑ̃^{21}	xɑ̃^{42}

续表

字目	砍	胆	毯	淡	览	揽	敢	喊
中古音 / 方言点	苦感 咸开一 上感溪	都敢 咸开一 上敢端	吐敢 咸开一 上敢透	徒滥 咸开一 上敢定	卢敢 咸开一 上敢来	卢敢 咸开一 上敢来	古览 咸开一 上敢见	呼览 咸开一 上敢晓
古县	kʰan^{42}	tan^{42}	tʰan^{42}	tʰan^{53} 白 / tan^{53} 文	lan^{42}	lan^{42}	kan^{42}	xan^{42}
襄汾	kʰan^{42}	tan^{42}	tʰan^{42}	tʰan^{53}	lan^{42}	lan^{42}	kan^{42}	xan^{42}
浮山	kʰãĩ^{33}	tãĩ^{33}	tʰãĩ^{33}	nãĩ^{53}	lãĩ^{33}	lãĩ^{33}	kãĩ^{33}	xãĩ^{33}
霍州	kʰaŋ^{33}	taŋ^{33}	tʰaŋ^{212}	tʰaŋ^{53}	laŋ^{33}	laŋ^{33}	kaŋ^{33}	xaŋ^{33}
翼城	kʰæ̃^{44}	tæ̃^{44}	tʰæ̃^{44}	tæ̃^{53}	læ̃^{44}	læ̃^{44}	kæ̃^{44}	xæ̃^{44}
闻喜	——	tæ^{13}	tʰæ^{33}	tʰæ^{13}	læ^{33}	læ^{33}	kiæ^{33}	xæ^{33}
侯马	kʰæ̃^{44}	tæ̃^{44}	tʰæ̃^{44}	tæ̃^{53}	læ̃^{44}	læ̃^{44}	kæ̃^{44}	xæ̃^{44}
新绛	kʰã^{44}	tã^{44}	tʰã^{44}	tã^{53}	lã^{13}	lã^{13}	kã^{44}	xa^{44}
绛县	kʰæ^{33}	tæ^{33}	tʰæ^{33}	tʰæ^{53}	læ^{33}	læ^{33}	kæ^{33}	xæ^{33}
垣曲	kʰæ̃^{44}	tæ̃^{44}	tʰæ̃^{44}	tʰæ̃^{53} 白 / tæ̃^{53} 文	læ̃^{44}	læ̃^{44}	kæ̃^{44}	xæ̃^{44}
夏县	kʰæ^{24}	tæ^{24}	tʰæ^{24}	tʰæ^{31} 白 / tæ^{31} 文	læ^{24}	læ^{24}	kæ^{24}	xæ^{24}
万荣	kʰæ^{55}	tæ^{55}	tʰæ^{55}	tʰæ^{33} 白 / tæ^{33} 文	læ^{55}	læ^{55}	kæ^{55}	xæ^{55}
稷山	kʰɑ̃^{44}	tɑ̃^{44}	tʰɑ̃^{44}	tʰɑ̃^{42}	lɑ̃^{44}	lɑ̃^{44}	kɑ̃^{44}	xɑ̃^{44}
盐湖	kʰæ̃^{53}	tæ̃^{53}	tʰæ̃^{53}	tʰæ̃^{44}	læ̃^{53}	læ̃^{53}	kæ̃^{53}	xæ̃^{53}
临猗	kʰæ̃^{53}	tæ̃^{53}	tʰæ̃^{53}	tʰæ̃^{44} 白 / tæ̃^{44} 文	læ̃^{53}	læ̃^{53}	kæ̃^{53}	xæ̃^{53}
河津	kʰæ̃^{53}	taŋ^{53} 白 / tæ̃^{53} 文	tʰæ̃^{53}	tʰaŋ^{44} 白 / tʰæ̃^{44} 文	læ̃^{53}	laŋ^{31} 白 / læ̃^{53} 文	kaŋ^{53} 白	xai^{53}
平陆	kʰan^{55}	tan^{55}	tʰan^{55}	tʰan^{33} 白 / tan^{33} 文	lan^{55}	luan^{55}	kan^{55}	xan^{55}
永济	kʰæ̃^{53}	tæ̃^{53}	tʰæ̃^{44}	tʰai^{44} 白 / tai^{44} 文	læ̃^{53}	læ̃^{53}	kæ̃^{53}	xæ̃^{24}
芮城	kʰæ̃^{53}	tæ̃^{53}	tʰæ̃^{53}	tʰæ̃^{44}	læ̃^{53}	læ̃^{53}	kæ̃^{53}	xæ̃^{53}
吉县	kʰæ̃^{53}	tʰæ̃^{423} 白 / tæ̃^{53} 文	tʰæ̃^{53}	tʰæ̃^{33}	læ̃^{53}	læ̃^{53}	kæ̃^{53}	xæ̃^{53}
乡宁	kʰæ^{44}	tæ^{44}	tʰæ^{44}	tʰæ^{22} 白 / tæ^{22} 文	——	læ^{44}	kiæ^{44}	xæ^{44}
广灵	kʰæ^{44}	tæ^{44}	tʰæ^{44}	tæ^{213}	læ^{44}	læ^{44}	kæ^{44}	xæ^{44}

字目	探	勘	暗	担挑～	滥	暂	搭	答
中古音 / 方言点	他绀 咸开一 去勘透	苦绀 咸开一 去勘溪	乌感 咸开一 去勘影	都滥 咸开一 去阚端	卢瞰 咸开一 去阚来	藏滥 咸开一 去阚从	都合 咸开一 入合端	都合 咸开一 入合端
北京	tʰan^{51}	kʰan^{55}	an^{51}	tan^{51}	lan^{51}	tsan^{51}	ta^{55}	ta^{35}
小店	tʰæ^{24}	kʰæ^{11}	æ^{24}	tæ^{24}	læ^{24}	tsæ^{24}	taʔ^{1}	vaʔ^{1}
尖草坪	tʰæ^{35}	kʰæ^{33}	ɣæ^{35}	tæ^{35}	læ^{35}	tsæ^{35}	taʔ^{2}	tsaʔ^{2}
晋源	tʰaŋ^{35}	kʰaŋ^{11}	naŋ^{35}	taŋ^{35}	laŋ^{35}	tsaŋ^{35}	taʔ^{2}	taʔ^{2}
阳曲	tʰæ^{454}	kʰæ^{312}	ŋæ^{454}	tæ^{454}	læ^{454}	tsæ^{454}	taʔ^{4}	taʔ^{4}
古交	tʰɛ^{53}	kʰɛ^{44}	ŋɛ^{53}	tɛ^{53}	lɛ^{53}	tsɛ^{53}	taʔ^{4}	taʔ^{4}
清徐	tʰɛ^{45}	kʰɛ^{11}	ŋɛ^{45}	tɛ^{45}	lɛ^{45}	tsɛ^{45}	taʔ^{1}	taʔ$^{\underline{54}}$/ taʔ^{1}
娄烦	tʰæ^{54}	kʰæ^{54}	ŋæ^{54}	tæ^{54}	læ^{54}	tsæ^{54}	taʔ^{3}	taʔ^{3}
榆次	tʰæ^{35}	kʰæ^{35}	ŋæ^{35}	tæ^{35}	læ^{35}	tsæ^{35}	taʔ^{1}	taʔ^{1}
交城	tʰã^{24}	kʰã^{11}	ŋɒ̃^{24}	tã^{24}	lã^{24}	tsã^{24}	taʔ^{1}	taʔ^{1}
文水	tʰaŋ^{35}	kʰæĩ^{22}	ŋæĩ^{35}	taŋ^{35}	laŋ^{35}	tsaŋ^{35}	taʔ^{2}	taʔ^{2}
祁县	tʰɑ̃^{45}	kʰə̃^{31}	ŋə̃^{45}	tɑ̃^{45}	lɑ̃^{45}	tsɑ̃^{45}	tɑʔ$^{\underline{32}}$	tɑʔ$^{\underline{32}}$
太谷	tʰɑ̃^{53}	kʰẽĩ^{33}	ŋẽĩ^{53}	tɑ̃^{53}	lɑ̃^{53}	tsɑ̃^{53}	taʔ^{3}	taʔ^{3}
平遥	tʰɑ̃^{24}	kɑ̃^{213}	ŋɑ̃^{24}	tɑ̃^{24}	lɑ̃^{24}	tsɑ̃^{24}	tʌʔ$^{\underline{212}}$	tʌʔ$^{\underline{523}}$
孝义	tʰã^{454}	kʰã^{33}	ŋɒ^{454}	tã^{454}	lã^{454}	tsã^{454}	taʔ^{3}/taʔ$^{\underline{423}}$	taʔ$^{\underline{423}}$
介休	tʰæ̃^{45}	kʰæ̃^{13}	ŋæ̃^{45}	tæ̃^{45}	læ̃^{45}	tsæ̃^{45}	tʌʔ$^{\underline{12}}$	tʌʔ$^{\underline{12}}$
灵石	tʰɒ̃^{53}	kʰɒ̃^{535}	ŋɒ̃^{53}/ɒ̃^{53}	tɒ̃^{53}	lɒ̃^{53}	tsɒ̃^{53}	taʔ^{2}	taʔ^{2}
盂县	tʰæ̃^{55}	kʰæ̃^{412}	ŋæ̃^{55}	tæ̃^{55}	læ̃^{55}	tsæ̃^{55}	tʌʔ^{2}	tʌʔ^{2}
寿阳	tʰæ^{45}	kʰæ^{31}	ŋæ^{45}	tæ^{53}	læ^{45}	tsæ^{45}	taʔ^{2}	taʔ^{2}
榆社	tʰa^{45}	kʰa^{22}	ŋa^{45}	ta^{45}	la^{45}	tsa^{45}	taʔ^{2}	taʔ$^{\underline{312}}$
离石	tʰæ^{53}	kʰæ^{24}	ŋæ^{53}	tæ^{53}	læ^{53}	tsæ^{53}	tɑʔ^{4}	tɑʔ^{4}
汾阳	tʰã^{55}	kʰã^{324}	ŋã^{55}	tã^{55}	lã^{55}	tsã^{55}	taʔ^{2}	taʔ^{2}
中阳	tʰæ^{53}	kʰæ^{24}	ŋæ^{53}	tæ^{53}	læ^{53}	tsæ^{53}	tɑʔ^{4}	tɑʔ^{4}
柳林	tʰæ^{53}	kʰæ^{312}	ŋie^{53}	tæ^{53}	læ^{53}	tsæ^{53}	tɑʔ^{4}	tɑʔ^{4}
方山	tʰæ^{52}	kʰæ^{24}	ŋæ^{52}	tæ^{52}	læ^{52}	tsæ^{52}	tɑʔ^{4}	tɑʔ^{4}
临县	tʰæ^{52}	kʰæ^{24}	ŋæ^{52}	tæ^{52}	læ^{52}	tsæ^{52}	taʔ^{3}	taʔ^{3}
兴县	tʰæ̃^{53}	kʰẽn^{324}	ŋẽn^{53}	tæ̃^{53}	læ̃^{53}	tsæ̃^{53}	taʔ^{5}	taʔ^{5}
岚县	tʰaŋ^{53}	kʰaŋ^{214}	ŋiẽ^{53}	taŋ^{53}	laŋ^{53}	tsaŋ^{53}	taʔ^{4}	taʔ^{4}
静乐	tʰæ̃^{53}	kʰæ̃^{314}	ŋæ̃^{53}	tæ̃^{53}	læ̃^{53}	tsæ̃^{53}	taʔ^{4}	taʔ^{4}
交口	tʰɑ̃^{53}	kʰɑ̃^{323}	ŋɑ̃^{53}	tɑ̃^{53}	lɑ̃^{53}	tsɑ̃^{53}	taʔ^{4}	taʔ^{4}
石楼	tʰɑŋ^{51}	kʰɑŋ^{213}	ŋɑŋ^{51}	tɑŋ^{51}	lɑŋ^{51}	tsɑŋ^{51}	tʌʔ^{4}	tʌʔ^{4}
隰县	tʰæ^{44}	kʰæ^{44}	ŋæ^{44}	tæ^{44}	læ^{44}	tsæ^{44}	taʔ^{3}	taʔ^{3}

续表

字目	探	勘	暗	担挑～	滥	暂	搭	答
中古音／方言点	他绀 咸开一 去勘透	苦绀 咸开一 去勘溪	乌感 咸开一 去勘影	都滥 咸开一 去阚端	卢瞰 咸开一 去阚来	藏滥 咸开一 去阚从	都合 咸开一 入合端	都合 咸开一 入合端
大宁	tʰɛ̃^{55}	kʰɛ̃^{31}	ŋɛ̃^{55}	tɛ̃^{55}	lɛ̃^{55}	tsɛ̃^{55}	tɐʔ$^{\underline{31}}$	tɐʔ^{4}
永和	tʰɑ̃^{53}	kʰɑ̃^{312}	ŋɑ̃^{53}	tɑ̃^{53}	lɑ̃^{53}	tsɑ̃^{53}	tɐʔ$^{\underline{35}}$	tɐʔ$^{\underline{35}}$
汾西	tʰɑ̃^{55}	kʰɑ̃^{11}	ŋɑ̃^{55}	tɪ^{55}/tɑ̃^{55}	lɑ̃^{53}	tsɑ̃^{53}	tɑ^{11}	tɑ^{11}
蒲县	tʰæ̃^{33}	kʰæ̃^{52}	ŋæ̃^{33}	tæ̃^{33}	læ̃^{33}	tsæ̃^{33}	tʌʔ$^{\underline{43}}$	tʌʔ$^{\underline{43}}$
潞州	tʰaŋ^{44}	kʰaŋ^{312}	aŋ^{44}	taŋ^{44}	laŋ^{54}	tsaŋ^{54}	tʌʔ$^{\underline{53}}$	tʌʔ$^{\underline{53}}$
上党	tʰɑŋ^{22}	kɑŋ^{22}	ɑŋ^{22}	tɑŋ^{22}	lɑŋ^{42}	tsɑŋ^{42}	tɑʔ$^{\underline{21}}$	tɑʔ$^{\underline{21}}$
长子	tʰæ̃^{422}	kʰæ̃^{312}	ŋæ̃^{422}	tæ̃^{422}	læ̃^{53}	tsæ̃^{53}	taʔ^{4}	taʔ^{4}
屯留	tʰæ̃^{53}	kʰæ̃^{31}	ŋæ̃^{53}	tæ̃^{53}	læ̃^{11}	tsæ̃^{11}	tʌʔ^{1}	tʌʔ^{1}
襄垣	tʰæ^{53}	kʰæ^{33}	æ^{53}	tæ^{53}	læ^{45}	tsæ^{45}	tʌʔ^{3}	tʰʌʔ^{3}
黎城	tʰæ^{422}	kʰæ^{213}	æ^{422}	tæ^{53}	læ^{53}	tsæ^{53}	tʌʔ^{2}	tʌʔ^{2}
平顺	tʰæ̃^{53}	kʰæ̃^{213}	æ̃^{53}	tæ̃^{53}	læ̃^{53}	tɕæ̃^{53}	tʌʔ$^{\underline{212}}$	tʌʔ$^{\underline{212}}$
壶关	tʰaŋ^{42}	kʰaŋ^{33}	ɣaŋ^{42}	taŋ^{33}	laŋ^{353}	tʂaŋ^{353}	tʌʔ^{2}	tʌʔ^{2}
沁县	tʰæ^{53}	kʰæ^{224}	ŋæ^{53}	tæ^{53}	læ^{53}	tsæ^{53}	taʔ$^{\underline{31}}$	taʔ$^{\underline{31}}$
武乡	tʰæ^{55}	kʰæ^{113}	ŋæ^{55}	tæ^{55}	læ^{55}	tsæ^{55}	tʌʔ^{3}	tʌʔ^{3}
沁源	tʰæ̃^{53}	kʰæ̃^{324}	ŋæ̃^{53}	tæ̃^{53}	læ̃^{53}	tsæ̃^{53}	tʌʔ$^{\underline{31}}$	tʌʔ$^{\underline{31}}$
安泽	tʰæ^{53}	kʰæ^{53}	ŋæ^{53}	tæ^{53}	læ^{53}	tsæ^{53}	tʌʔ$^{\underline{21}}$	təʔ$^{\underline{21}}$
沁水端氏	tʰæ^{53}	kʰæ^{21}	æ^{53}	tæ^{53}	læ^{53}	tsæ^{53}	taʔ^{2}	taʔ$^{\underline{54}}$
阳城	tʰɛ^{51}	kʰɛ^{224}	ɣɛ^{51}	tɛ^{51}	lɛ^{51}	tsɛ^{51}	tʌʔ^{2}	tʌʔ^{2}
高平	tʰæ̃^{53}	kʰæ̃^{33}	æ̃^{53}	tæ̃^{53}	næ̃^{53}	tʂæ̃^{53}	tʌʔ^{2}	tʌʔ^{2}
陵川	tʰã^{24}	kʰã^{33}	ɣã^{24}	tã^{24}	lã^{24}	tʂã^{24}	tʌʔ^{3}	tʌʔ^{3}
晋城	tʰæ^{53}	kʰæ^{33}	ɣæ^{53}	tæ^{53}	læ^{53}	tʂæ^{53}	tʌʔ^{2}	tʌʔ^{2}
忻府	tʰɑ̃^{53}	kʰɑ̃^{313}	ŋɑ̃^{53}	tɑ̃^{53}	lɑ̃^{53}	tsɑ̃^{53}	tɑʔ$^{\underline{32}}$	tɑʔ$^{\underline{32}}$
原平	tʰɛ̃^{53}	kʰiɛ̃^{213}	ŋiɛ̃^{53}	tɛ̃^{53}	lɛ̃^{53}	tsɛ̃^{53}	tɑʔ$^{\underline{34}}$	tɑʔ$^{\underline{34}}$
定襄	tʰæ^{53}	kʰæ^{24}	ŋæ^{53}	tæ^{53}	læ^{53}	tsæ^{53}	taʔ^{1}	taʔ^{1}
五台	tʰæn^{52}	kʰæn^{213}	ŋæn^{52}	tæn^{52}	læn^{52}	tsæn^{52}	tɑʔ^{3}	tɑʔ^{3}
岢岚	tʰæ^{52}	kʰæ^{13}	ŋæ^{52}	tæ^{52}	læ^{52}	tsæ^{52}	taʔ^{4}	taʔ^{4}
五寨	tʰæ^{52}	kʰæ^{13}	ŋæ^{52}	tæ^{52}	læ^{52}	tsæ^{52}	taʔ^{4}	taʔ^{4}
宁武	tʰæ^{52}	kʰæ^{23}	ŋiɛ^{52}	tæ^{52}	læ^{52}	tsæ^{52}	tʌʔ^{4}	tʌʔ^{4}
神池	tʰæ^{52}	kʰæ^{24}	ŋæ^{52}	tæ^{52}	læ^{52}	tsæ^{52}	tʌʔ^{4}	tʌʔ^{4}
繁峙	tʰɛ^{24}	kʰɛ^{53}	ŋɛ^{24}	tɛ^{24}	lɛ^{24}	tsɛ^{24}	taʔ$^{\underline{13}}$	taʔ$^{\underline{13}}$
代县	tʰɛ^{53}	kʰɛ^{213}	ŋɛ^{53}	tɛ^{53}	lɛ^{53}	tsɛ^{53}	faʔ^{2}	taʔ^{2}

续表

字目	探	勘	暗	担挑~	滥	暂	搭	答
中古音 方言点	他绀 咸开一 去勘透	苦绀 咸开一 去勘溪	乌感 咸开一 去勘影	都滥 咸开一 去阚端	卢瞰 咸开一 去阚来	藏滥 咸开一 去阚从	都合 咸开一 入合端	都合 咸开一 入合端
河曲	tʰæ^{52}	kʰæ^{213}	ŋæ^{52}	tæ^{213}	læ^{52}	tsæ^{52}	taʔ^{4}	taʔ^{4}
保德	tʰɑŋ^{52}	kʰɑŋ^{213}	ɑŋ^{52}	tɑŋ^{52}	lɑŋ^{52}	tsɑŋ^{52}	tᴀ^{44}	tᴀ^{44}
偏关	tʰæ^{52}	kʰiæ^{24}	ŋiæ^{52}	tæ^{52}	læ^{213}	tsæ^{52}	ta^{44}	ta^{44}
朔城	tʰæ^{53}	kʰæ^{312}	næ^{53}	tæ^{53}	læ^{53}	tsæ^{53}	tᴀʔ$^{\underline{35}}$	tᴀʔ$^{\underline{35}}$
平鲁	tʰæ^{52}	kʰæ^{213}	næ^{52}	tæ^{52}	læ^{52}	tsæ^{52}	tʌʔ$^{\underline{34}}$	tʌʔ$^{\underline{34}}$
应县	tʰɛ̃^{24}	kʰɛ̃^{43}	nɛ̃^{24}	tɛ̃^{24}	lɛ̃^{24}	tsɛ̃^{24}	taʔ$^{\underline{43}}$	taʔ$^{\underline{43}}$
灵丘	tʰæ^{53}	kʰæ^{442}	næ^{53}	tæ^{53}	læ^{53}	tsæ^{53}	tᴀʔ^{5}	tᴀʔ^{5}
浑源	tʰæ^{13}	kʰæ^{52}	næ^{13}	tæ^{13}	læ^{13}	tsæ^{13}	tʌʔ^{4}	tʌʔ^{4}
云州	tʰæ^{24}	kʰæ^{21}	næ^{24}	tæ^{24}	læ^{24}	tsæ^{24}	tɑʔ^{4}	tɑʔ^{4}
新荣	tʰæ^{24}	kʰæ^{32}	ŋæ^{24}	tæ^{24}	læ^{24}	tsæ^{24}	taʔ^{4}	taʔ^{4}
怀仁	tʰæ^{24}	kʰæ^{42}	næ^{24}	tæ^{24}	læ^{24}	tsæ^{24}	taʔ^{4}	taʔ^{4}
左云	tʰæ^{24}	kʰæ^{31}	næ^{24}	tæ^{24}	læ^{24}	tsæ^{24}	taʔ^{4}	taʔ^{4}
右玉	tʰæ^{24}	kʰæ^{31}	ŋæ^{24}	tæ^{24}	læ^{24}	tsæ^{24}	taʔ^{4}	taʔ^{4}
阳高	tʰɛ^{24}	kʰɛ^{31}	——	——	lɛ^{24}	tsɛ^{24}	tɑʔ^{3}	tɑʔ^{3}
山阴	tʰæ^{335}	——	næ^{335}	tæ^{335}	læ^{335}	tsæ^{335}	tᴀʔ^{4}	tᴀʔ^{4}
天镇	tʰæ^{24}	kʰæ^{31}	ŋæ^{24}	tæ^{24}	læ^{24}	tsæ^{55}	tɑʔ^{4}	tɑʔ^{4}
平定	tʰæ̃^{24}	kʰæ̃^{53}	ŋæ̃^{24}	tæ̃^{24}	læ̃^{24}	tsæ̃^{24}	taʔ^{4}	taʔ^{4}
昔阳	tʰæ̃^{13}	kʰæ̃^{42}	ŋæ̃^{13}	tæ̃^{13}	læ̃^{13}	tsæ̃^{13}	tʌʔ$^{\underline{43}}$	tʌʔ$^{\underline{43}}$
左权	tʰæ^{53}	kʰæ^{31}	ŋæ^{53}	tæ^{53}	——	tsæ^{53}	tʰɑʔ^{1}	tɑʔ^{1}
和顺	tʰæ^{13}	kʰæ^{42}	ŋæ^{13}	tæ^{13}	læ^{13}	tsæ^{13}	taʔ$^{\underline{21}}$	taʔ$^{\underline{21}}$
尧都	tʰæ̃^{44}	kʰæ̃^{44}	ŋæ̃^{44}	tæ̃^{21}	læ̃^{53}	tʂæ̃^{44}	tɑ^{21}	tɑ^{21}
洪洞	tʰɑn^{42}	kʰɑn^{42}/kʰɑn^{33}	ŋɑn^{33}	tɑn^{33}	lɑn^{53}	tsɑn^{42}	tɑ^{21}	tɑ^{21}
洪洞赵城	tʰɑ̃^{53}	kʰɑ̃^{53}	ŋɑ̃^{24}	tɑ̃^{53}	lɑ̃^{53}	tsɑ̃^{53}	tɑ^{21}	tɑ^{53}
古县	tʰan^{35}	kʰan^{53}	ŋan^{53}	tan^{53}	lan^{53}	tsan^{53}	tɑ^{21}	tɑ^{21}
襄汾	tʰan^{44}	kʰan^{44}	ŋan^{44}	tan^{44}	lan^{44}	tsan^{44}	ta^{21}	ta^{21}
浮山	tʰãĩ^{44}	kʰãĩ^{44}	ŋãĩ^{44}	tãĩ^{44}	lãĩ^{44}	tsãĩ^{44}	tɑ^{42}	tɑ^{42}
霍州	tʰaŋ^{55}	kʰaŋ^{55}	ŋaŋ^{55}	taŋ^{55}	laŋ^{53}	tsaŋ^{53}	ta^{212}	ta^{35}
翼城	tʰæ̃^{53}	kʰæ̃^{53}	ŋæ̃^{53}	tæ̃^{53}	læ̃^{53}	tsæ̃^{53}	tᴀ^{53}	tᴀ^{12}
闻喜	tʰæ^{53}	——	ŋæ^{53}	——	læ^{13}	tsæ^{13}	tɑ^{53}	tɑ^{53}
侯马	tʰæ̃^{53}	kʰæ̃^{213}	ŋæ̃^{53}	tæ̃^{53}	læ̃^{53}	tsæ̃^{53}	tɑ^{53}	tɑ^{213}
新绛	tʰã^{53}	kʰã^{53}	ŋã^{53}	tã^{53}	lã^{13}	tsã^{44}	tɑ^{53}	tɑ^{53}

续表

字目	探	勘	暗	担挑~	滥	暂	搭	答
中古音 / 方言点	他绀 咸开一 去勘透	苦绀 咸开一 去勘溪	乌感 咸开一 去勘影	都滥 咸开一 去阚端	卢瞰 咸开一 去阚来	藏滥 咸开一 去阚从	都合 咸开一 入合端	都合 咸开一 入合端
绛县	tʰæ31	kʰæ31	ŋɑ31	tæ31	læ31	tsæ53	tɑ53	tɑ53
垣曲	tʰæ̃53	kʰæ̃44	ŋæ̃53	tæ̃53	læ̃53	tsæ̃53	ta53	ta44
夏县	tʰæ31	kʰæ53	ŋæ31 白 / æ31 文	tæ31	læ31	tʂæ31	ta53	ta42
万荣	tʰæ33	kʰæ51	ŋæ33	tæ33	læ33	tsæ33	ta51	ta213
稷山	tʰɑ̃42	kʰɑ̃53	ŋɑ̃42	tɑ̃42	lɑ̃42	tʂɑ̃42	tɑ53	tɑ13
盐湖	tʰæ̃44	kʰæ̃44	ŋæ̃44	tæ̃44	læ̃44	tsæ̃44	ta42	ta42
临猗	tʰæ̃44	kʰæ̃42	ŋæ̃44	tæ̃44	læ̃44	tsæ̃44	ta42	ta13
河津	tʰæ̃44	kʰæ̃53	ŋaŋ44 白	tæ̃44	læ̃44	tsæ̃44	ta31	ta324
平陆	tʰan33	kʰan31	ŋan33	tan33	lan33	tsan55	ta31	ta13
永济	tʰæ̃44	kʰæ̃31	ŋæ̃44	tæ̃44	lai44	tsʰæ̃44 白 / tsæ̃44 文	ta31	ta31
芮城	tʰæ̃44	kʰæ̃42	ŋæ̃44	tæ̃44	læ̃44	tsæ̃44	ta42	ta13
吉县	tʰæ̃33	kʰæ̃53	ŋæ̃33	tæ̃33	læ̃33	tsæ̃53	ta423	ta13
乡宁	tʰæ22	kæ53	ŋiæ22	tæ22	læ22	tsæ22	ta53	ta53
广灵	tʰæ213	kʰæ53	næ213	tæ213	læ213	tsæ213	tɑ53	tɑ31

字目	踏	纳	拉	杂	鸽	喝~水	合	盒
中古音 方言点	他合 咸开一 入合透	奴答 咸开一 入合泥	卢合 咸开一 入合来	徂合 咸开一 入合从	古沓 咸开一 入合见	呼合 咸开一 入合晓	侯阁 咸开一 入合匣	侯阁 咸开一 入合匣
北京	t^{h}a^{51}	na^{51}	la^{55}	tsa^{35}	kɤ^{55}	xɤ^{55}	xɤ^{35}	xɤ^{35}
小店	t^{h}aʔ^{1}	nɑ^{24}	laʔ^{1}	tsaʔ$^{\underline{54}}$	kaʔ^{1}	xaʔ^{1}	xaʔ$^{\underline{54}}$	xaʔ$^{\underline{54}}$
尖草坪	t^{h}aʔ^{2}	naʔ^{2}	laʔ^{2}	tsaʔ$^{\underline{43}}$	kaʔ^{2} 白 / kəʔ^{2} 文	xaʔ^{2} 白 / xəʔ^{2} 文	xaʔ$^{\underline{43}}$	xaʔ$^{\underline{43}}$ 白 / xəʔ$^{\underline{43}}$ 文
晋源	t^{h}aʔ^{2}	naʔ^{2}	la^{11}/la^{42}/la^{35}	tsaʔ$^{\underline{43}}$	kaʔ^{2}	xaʔ^{2}	xaʔ^{2}	xaʔ^{2}
阳曲	t^{h}aʔ^{4}	naʔ^{4}	laʔ^{4}	tsaʔ$^{\underline{212}}$	kəʔ^{4}	xəʔ^{4}	xaʔ$^{\underline{212}}$/xɔʔ$^{\underline{212}}$	xaʔ$^{\underline{212}}$/xɔʔ$^{\underline{212}}$
古交	t^{h}aʔ^{4}	naʔ^{4}	lɑ^{44}	tsaʔ$^{\underline{312}}$	kaʔ^{4}	xaʔ^{4}	xaʔ$^{\underline{312}}$	xaʔ$^{\underline{312}}$
清徐	t^{h}aʔ^{1}	naʔ^{1}	lɒ^{11} 白 / laʔ^{1} 文	tsaʔ$^{\underline{54}}$	kaʔ^{1}	xaʔ^{1}	xaʔ$^{\underline{54}}$	xaʔ$^{\underline{54}}$
娄烦	t^{h}aʔ^{3}	naʔ^{3}	lã^{33}	tsaʔ$^{\underline{21}}$	kaʔ^{3}	xaʔ^{3}	xaʔ$^{\underline{21}}$	xaʔ$^{\underline{21}}$
榆次	taʔ^{1}	naʔ^{1}	laʔ^{1}	tsaʔ^{1}	kaʔ^{1}	xaʔ^{1}	xaʔ^{1}	xaʔ$^{\underline{53}}$
交城	t^{h}aʔ^{1}	naʔ^{1}	laʔ^{1} 白 /lɑ^{11} 文	tsaʔ$^{\underline{53}}$	kaʔ^{1}	xaʔ^{1}	xaʔ^{1}	xaʔ$^{\underline{53}}$
文水	t^{h}aʔ^{2}	naʔ^{2}	la^{22}	tsaʔ$^{\underline{312}}$	kaʔ^{2}	xaʔ^{2}	xaʔ$^{\underline{312}}$	xaʔ$^{\underline{312}}$
祁县	t^{h}ɑʔ$^{\underline{32}}$	nɑʔ$^{\underline{32}}$	lɑʔ$^{\underline{324}}$	tsɑʔ$^{\underline{324}}$	kɑʔ$^{\underline{32}}$	xɑʔ$^{\underline{32}}$	xɑʔ$^{\underline{324}}$	xɑʔ$^{\underline{324}}$
太谷	t^{h}aʔ^{3}	naʔ^{3}	lɒ^{33}	tsaʔ$^{\underline{423}}$	kiaʔ^{3}	xiaʔ^{3}	kiaʔ^{3} 白 / xiaʔ$^{\underline{423}}$ 文	xiaʔ$^{\underline{423}}$
平遥	t^{h}ʌʔ$^{\underline{212}}$	nʌʔ$^{\underline{523}}$	lɑ^{213}	tsʌʔ$^{\underline{212}}$	kʌʔ$^{\underline{212}}$	xʌʔ$^{\underline{212}}$	xʌʔ$^{\underline{523}}$	xʌʔ$^{\underline{523}}$
孝义	t^{h}aʔ^{3}	naʔ^{3}	la^{33}	tsaʔ^{3}	kəʔ^{3}	xəʔ^{3}	xəʔ^{3}	xaʔ$^{\underline{423}}$
介休	t^{h}ʌʔ$^{\underline{12}}$	nʌʔ$^{\underline{12}}$	la^{13}	tsʌʔ$^{\underline{312}}$	kʌʔ$^{\underline{12}}$	xʌʔ$^{\underline{12}}$	xʌʔ$^{\underline{312}}$	xʌʔ$^{\underline{312}}$
灵石	t^{h}ᴀʔ^{4}	naʔ^{4}	laʔ^{4}	tsaʔ^{4}	kaʔ^{4}	xaʔ^{4}	xaʔ$^{\underline{212}}$	xaʔ^{4}
盂县	t^{h}ʌʔ^{2}	nʌʔ^{2}	lʌʔ^{2} 白 / lɑ^{412} 文	tsʌʔ$^{\underline{53}}$	kʌʔ^{2}	xʌʔ^{2}	xʌʔ$^{\underline{53}}$	xʌʔ$^{\underline{53}}$
寿阳	taʔ^{2}	naʔ^{2}	lɑ^{31}	tsaʔ$^{\underline{54}}$	kaʔ^{2}	xaʔ^{2}	xaʔ$^{\underline{54}}$	xaʔ$^{\underline{54}}$
榆社	t^{h}aʔ^{2}/taʔ$^{\underline{312}}$	naʔ^{2}	lɒ^{22}	tsaʔ$^{\underline{312}}$	kaʔ^{2}	xaʔ^{2}	xaʔ$^{\underline{312}}$	xaʔ$^{\underline{312}}$
离石	t^{h}ɑʔ^{4}	nɑʔ$^{\underline{23}}$	lɑ^{24}	ts^{h}ɑʔ$^{\underline{23}}$	kəʔ^{4}	xəʔ^{4}	xəʔ$^{\underline{23}}$	xɑʔ$^{\underline{23}}$
汾阳	t^{h}aʔ^{2}	naʔ$^{\underline{312}}$	la^{324}	tsaʔ$^{\underline{312}}$	kəʔ^{2}	xəʔ^{2}	xəʔ$^{\underline{312}}$	xaʔ$^{\underline{312}}$
中阳	t^{h}ɑʔ^{4}	nɑʔ$^{\underline{312}}$	lɑ^{24}	ts^{h}ɑʔ$^{\underline{312}}$	kəʔ^{4}	xəʔ^{4}	xəʔ$^{\underline{312}}$	xɑʔ$^{\underline{312}}$
柳林	t^{h}ɑʔ$^{\underline{423}}$	nɑ^{53}	lɑ^{24}	ts^{h}ɑʔ$^{\underline{423}}$	kəʔ^{4}	xəʔ^{4}	xəʔ$^{\underline{423}}$	xɑʔ$^{\underline{423}}$
方山	t^{h}ɑʔ$^{\underline{23}}$	nɑʔ^{4}	la^{24}	ts^{h}ɑʔ$^{\underline{23}}$	kəʔ^{4}	xəʔ^{4}	xəʔ$^{\underline{23}}$	xɑʔ$^{\underline{23}}$
临县	t^{h}aʔ^{3}	naʔ^{3}	la^{24}	ts^{h}aʔ$^{\underline{24}}$	kɐʔ^{3}	xɐʔ^{3}	xɐʔ$^{\underline{24}}$	xaʔ$^{\underline{24}}$
兴县	t^{h}aʔ$^{\underline{312}}$	naʔ$^{\underline{312}}$	laʔ^{5} 白 / lᴀ^{324} 文	ts^{h}aʔ^{5}	kəʔ^{5}	xəʔ$^{\underline{312}}$	xəʔ$^{\underline{312}}$	xaʔ$^{\underline{312}}$

续表

字目	踏	纳	拉	杂	鸽	喝~水	合	盒
中古音 / 方言点	他合 咸开一 入合透	奴答 咸开一 入合泥	卢合 咸开一 入合来	徂合 咸开一 入合从	古沓 咸开一 入合见	呼合 咸开一 入合晓	侯阁 咸开一 入合匣	侯阁 咸开一 入合匣
岚县	tʰaʔ^{4}	naʔ^{4}	la^{214}	tsʰaʔ$^{\underline{312}}$	kieʔ^{4}	xieʔ^{4}	xieʔ$^{\underline{312}}$	xieʔ$^{\underline{312}}$
静乐	tʰaʔ^{4}	naʔ^{4}	lã^{24}	tsaʔ$^{\underline{212}}$	kaʔ^{4}	xaʔ^{4}	kʰaʔ$^{\underline{212}}$	xaʔ$^{\underline{212}}$
交口	tʰaʔ$^{\underline{212}}$	naʔ^{4}	la^{323}	tsʰaʔ$^{\underline{212}}$	kəʔ^{4}	xəʔ^{4}	xəʔ$^{\underline{212}}$	xəʔ$^{\underline{212}}$
石楼	tʰʌʔ$^{\underline{213}}$	nʌʔ^{4}	la^{213}	tsʰʌʔ$^{\underline{213}}$ 白 / tsʌʔ$^{\underline{213}}$ 文	kʌʔ^{4}	xʌʔ^{4}	xʌʔ$^{\underline{213}}$	xʌʔ$^{\underline{213}}$
隰县	tʰaʔ^{3}	naʔ^{3}	ləʔ^{3}	tsʰaʔ^{3}	kaʔ^{3}	xaʔ^{3}	xaʔ^{3}	xaʔ^{3}
大宁	tɐʔ^{4}	nɐʔ$^{\underline{31}}$	lɑ^{31}	tsʰɐʔ^{4} 白 / tsɑ^{24} 文	kɐʔ$^{\underline{31}}$	xɐʔ$^{\underline{31}}$	xɐʔ^{4}	xɐʔ^{4}
永和	tʰɐʔ$^{\underline{312}}$	nɐʔ$^{\underline{35}}$	la^{33}	tsʰɐʔ$^{\underline{35}}$	kɐʔ$^{\underline{35}}$	xɐʔ$^{\underline{35}}$	xɐʔ$^{\underline{312}}$	xɐʔ$^{\underline{312}}$
汾西	tʰɑ^{35}/tʰɑ^{53}	nɑ^{11}	lɑ^{11}/lɑ^{35}	tsʰɑ^{35} 白 / tsʰyəŋ^{35} 白 / tsɑ^{35} 文	ku^{11}	xu^{11}	——	xəʔ^{3}
蒲县	tʰa^{33}	nʌʔ$^{\underline{43}}$	la^{52}	tsʌʔ^{3}	kɤ^{52}	xəʔ$^{\underline{43}}$	xəʔ$^{\underline{43}}$	xɤ^{33}
潞州	tʰʌʔ$^{\underline{53}}$	nʌʔ$^{\underline{53}}$	lʌʔ$^{\underline{53}}$ 白 / la^{312} 文	tsʌʔ$^{\underline{53}}$	kəʔ$^{\underline{53}}$	xəʔ$^{\underline{53}}$	xəʔ$^{\underline{53}}$	xəʔ$^{\underline{53}}$
上党	tʰɑʔ$^{\underline{21}}$	nɑʔ$^{\underline{21}}$	lɑ^{213}	tsɑʔ$^{\underline{21}}$	kəʔ$^{\underline{21}}$	xə^{213}	xəʔ$^{\underline{21}}$	xəʔ$^{\underline{21}}$
长子	tʰaʔ^{4}	naʔ^{4}	laʔ$^{\underline{212}}$ 白 / la^{312} 文	tsaʔ$^{\underline{212}}$	kəʔ^{4}	xəʔ^{4}	xəʔ$^{\underline{212}}$	xəʔ$^{\underline{212}}$
屯留	tʰʌʔ^{1}	nʌʔ^{1}	lʌʔ^{1}	tsʌʔ$^{\underline{54}}$	kəʔ^{1}	xəʔ^{1}	xəʔ$^{\underline{54}}$	xəʔ$^{\underline{54}}$
襄垣	tʰʌʔ^{3}	nʌʔ^{3}	lʌʔ$^{\underline{43}}$ 白 / la^{33} 文	tsʌʔ$^{\underline{43}}$	kʌʔ^{3}	xʌʔ^{3}	xʌʔ$^{\underline{43}}$	xʌʔ$^{\underline{43}}$
黎城	tʰʌʔ^{2}	nʌʔ^{2}	la^{33}	tsʌʔ$^{\underline{31}}$	kʌʔ^{2}	xʌʔ^{2}	xʌʔ$^{\underline{31}}$	xʌʔ$^{\underline{31}}$
平顺	tʰʌʔ$^{\underline{212}}$	nʌʔ$^{\underline{423}}$	la^{213}	tsʌʔ$^{\underline{423}}$	kʌʔ$^{\underline{212}}$	xʌʔ$^{\underline{212}}$	xʌʔ$^{\underline{212}}$	xʌʔ$^{\underline{423}}$
壶关	tʰʌʔ^{2}	nʌʔ$^{\underline{21}}$	la^{33}	tʂʌʔ$^{\underline{21}}$	kʌʔ^{2}	xə^{33}	xʌʔ^{2}	xʌʔ$^{\underline{21}}$
沁县	tʰaʔ$^{\underline{31}}$	na^{53}	la^{214}	tsaʔ$^{\underline{212}}$	kaʔ$^{\underline{31}}$	xaʔ$^{\underline{31}}$	xaʔ$^{\underline{212}}$	xaʔ$^{\underline{212}}$
武乡	tʰʌʔ^{3}	nʌʔ^{3}	la^{113}/la^{55}/lʌʔ^{3}	tsʌʔ^{3}	kʌʔ^{3}	xʌʔ^{3}	xʌʔ$^{\underline{423}}$	xʌʔ$^{\underline{423}}$
沁源	tʰʌʔ$^{\underline{31}}$	nʌʔ$^{\underline{31}}$	lʌʔ$^{\underline{31}}$	tsʌʔ$^{\underline{31}}$	kʌʔ$^{\underline{31}}$	xʌʔ$^{\underline{31}}$	kʌʔ$^{\underline{31}}$	xʌʔ$^{\underline{31}}$
安泽	tʰʌʔ$^{\underline{21}}$	nʌʔ$^{\underline{21}}$	lɑ^{21}	tsʌʔ$^{\underline{21}}$	kəʔ$^{\underline{21}}$	xəʔ$^{\underline{21}}$	xɤ^{35}/xəʔ$^{\underline{21}}$	xəʔ$^{\underline{21}}$
沁水端氏	tʰaʔ^{2}	naʔ^{2}	laʔ^{2}	tsaʔ$^{\underline{54}}$	kəʔ^{2}	xaʔ^{2}	xaʔ$^{\underline{54}}$	xəʔ$^{\underline{54}}$
阳城	tʰʌʔ^{2}	nʌʔ^{2} 白 / nɑ^{51} 文	lɑ^{224}	tsʌʔ^{2} 白 / tsɑ^{22} 文	kʌʔ^{2}	xʌʔ^{2}	xʌʔ^{2}	xʌʔ^{2}
高平	tʰʌʔ^{2}	nʌʔ^{2}	lʌʔ^{2}	tʂʌʔ^{2}	kʌʔ^{2}	xʌʔ^{2}	xʌʔ^{2}	xʌʔ^{2}
陵川	tʰʌʔ^{3}	nʌʔ$^{\underline{23}}$	lʌʔ$^{\underline{23}}$	tʂʌʔ$^{\underline{23}}$	kɤ^{24}	xʌʔ^{3}	xʌʔ$^{\underline{23}}$	xʌʔ^{3}
晋城	tʰʌʔ^{2}	nʌʔ^{2}	lɑ^{33}/lʌʔ^{2}	tʂʌʔ^{2}	kɑ^{53}	xʌʔ^{2}	xʌʔ^{2}/kʌʔ^{2}	xʌʔ^{2}

续表

字目	踏	纳	拉	杂	鸽	喝~水	合	盒
中古音 / 方言点	他合 咸开一 入合透	奴答 咸开一 入合泥	卢合 咸开一 入合来	徂合 咸开一 入合从	古沓 咸开一 入合见	呼合 咸开一 入合晓	侯阁 咸开一 入合匣	侯阁 咸开一 入合匣
忻府	tʰɑʔ$^{\underline{32}}$	nɑʔ$^{\underline{32}}$ 白 / nɑ^{53} 文	lɑʔ$^{\underline{32}}$ 白 / lɑ^{313} 文	tsɑʔ$^{\underline{32}}$	kɑʔ$^{\underline{32}}$	xəʔ$^{\underline{32}}$	xəʔ$^{\underline{32}}$	xəʔ$^{\underline{32}}$
原平	tʰɑʔ$^{\underline{34}}$	nɑʔ$^{\underline{34}}$	lɑ^{213}	tsɑʔ$^{\underline{34}}$	kɔʔ$^{\underline{34}}$	xɔʔ$^{\underline{34}}$	xɔʔ$^{\underline{34}}$	xɔʔ$^{\underline{34}}$
定襄	taʔ^{1}	na^{53}	la^{24}	tsaʔ^{1}	kɔ^{24}	xaʔ^{1}	xaʔ^{1}	xaʔ^{1}
五台	tʰɑʔ^{3}	nɑʔ^{3}	lɑ^{213}	tsɑʔ^{3}	kɔʔ^{3}	xɔʔ^{3}	xɔʔ^{3}	xɔʔ^{3}
岢岚	tʰaʔ^{4}	naʔ^{4}	la^{13}	tsaʔ^{4}	kaʔ^{4}	xaʔ^{4}	xaʔ^{4}	xaʔ^{4}
五寨	tʰaʔ^{4}	naʔ^{4}	la^{13}	tsaʔ^{4}	kaʔ^{4}	xaʔ^{4}	xaʔ^{4}	xaʔ^{4}
宁武	tʰᴀʔ^{4}	nᴀʔ^{4}	lᴀʔ^{4}	tsᴀʔ^{4}	kᴀʔ^{4}	xᴀʔ^{4}	xᴀʔ^{4}	xᴀʔ^{4}
神池	tʰᴀʔ^{4}	nᴀʔ^{4}	lᴀ^{24}	tsᴀʔ^{4}	kᴀʔ^{4}	xᴀʔ^{4}	xᴀʔ^{4}	xᴀʔ^{4}
繁峙	tʰaʔ$^{\underline{13}}$	naʔ$^{\underline{13}}$	la^{53}	tsa^{31}	kaʔ$^{\underline{13}}$	xaʔ$^{\underline{13}}$	xaʔ$^{\underline{13}}$	xɤ^{31}
代县	tʰaʔ^{2}	naʔ^{2}	laʔ^{2}	tsa^{213}	kaʔ^{2}	xaʔ^{2}	xaʔ^{2}	xaʔ^{2}
河曲	tʰaʔ^{4}	naʔ^{4}	la^{213}	tsaʔ^{4}	kəʔ^{4}	xaʔ^{4}	kəʔ^{4}	xaʔ^{4}
保德	tʰᴀ^{44}	nᴀ^{44}	lᴀ^{213}	tsᴀ^{44}	kɤ^{44}	xɤ^{44}	xəʔ^{4}	xɤ^{44}
偏关	tʰa^{44}	nᴀʔ^{4}	lᴀʔ^{4}	tsa^{44}	kᴀʔ^{4}	xᴀʔ^{4}	xᴀʔ^{4}	xᴀʔ^{4}
朔城	tᴀʔ$^{\underline{35}}$	nᴀʔ$^{\underline{35}}$	lᴀ^{312}	——	kᴀʔ$^{\underline{35}}$	xᴀʔ$^{\underline{35}}$	xᴀʔ$^{\underline{35}}$	xuə^{35}
平鲁	tʰʌʔ$^{\underline{34}}$	nʌʔ$^{\underline{34}}$	nɑ^{52}	tsɑ^{44}	kʌʔ$^{\underline{34}}$	xʌʔ$^{\underline{34}}$	xuə^{44}/xʌʔ$^{\underline{34}}$	xuə^{44}/xʌʔ$^{\underline{34}}$
应县	tʰaʔ$^{\underline{43}}$	na^{24}/naʔ$^{\underline{43}}$	la^{43}	tsa^{31}	kaʔ$^{\underline{43}}$	xaʔ$^{\underline{43}}$	xɤ^{31}/xaʔ$^{\underline{43}}$	xɤ^{31}
灵丘	tʰᴀʔ^{5}	nᴀ^{53}	lᴀʔ^{5} 白 / lᴀ^{31} 文	tsᴀ^{31}	kᴀʔ^{5}	xᴀʔ^{5}	xᴀʔ^{5}	xɤ^{31}
浑源	tʰʌʔ^{4}	nʌʔ^{4}	lᴀ^{52}	tsᴀ^{22}	kʌʔ^{4}	xiəʔ^{4}/xʌʔ^{4}	kʌʔ^{4}/xʌʔ^{4}	xʌʔ^{4}
云州	tʰɑʔ^{4}	nɑ^{24}	lɑ^{21}	tsɑ^{312}	kɑʔ^{4}	xɑʔ^{4}	xɑ^{4}	xɤ^{312}
新荣	tʰaʔ^{4}	naʔ^{4}	lᴀ^{32}/laʔ^{4}	tsᴀ^{312}	kaʔ^{4}	xaʔ^{4}	xaʔ^{4}/kaʔ^{4}	xɤ^{312}
怀仁	tʰaʔ^{4}	naʔ^{4}	laʔ^{4}	tsa^{312}	kaʔ^{4}	xaʔ^{4}	xaʔ^{4}	xɤ^{312}
左云	tʰaʔ^{4}	naʔ^{4} 白 / na^{24} 文	la^{31}	tsa^{313}	kaʔ^{4}	xaʔ^{4}	kaʔ^{4}	xə^{313}
右玉	tʰaʔ^{4}	naʔ^{4}	la^{31}/la^{24}	tsa^{31}	kaʔ^{4}	xaʔ^{4}	xaʔ^{4}	xɤ^{212}
阳高	tʰɑʔ^{3}	nɑ^{24}	lɑ^{31}	tsɑʔ^{3}	kɑ^{312}	xɑʔ^{3}	xɤ^{312}/xɑʔ^{3}	xɤ^{31}
山阴	tʰᴀʔ^{4}	nᴀʔ^{4}	lᴀʔ^{4}	tsᴀ^{313}	kᴀʔ^{4}	xᴀʔ^{4}	xᴀʔ^{4}	xuə^{313}
天镇	tʰɑʔ^{4}	nɑʔ^{4}	lɑ^{31}/lɑʔ^{4}	tsɑʔ^{4}	kɑʔ^{4}	xɑʔ^{4}	kɑʔ^{4}	xɑʔ^{4}
平定	tʰaʔ^{4}	naʔ$^{\underline{23}}$	lɑ^{31}	tsaʔ^{4}	kaʔ^{4}	xaʔ^{4}	xaʔ^{4}	——
昔阳	tʰʌʔ$^{\underline{43}}$	nʌʔ$^{\underline{43}}$	lɑ^{42}	tsʌʔ$^{\underline{43}}$	kɑ^{42}	xʌʔ$^{\underline{43}}$	xʌʔ$^{\underline{43}}$	xʌʔ$^{\underline{43}}$
左权	tʰɑʔ^{1}	nɑʔ^{1}	lɑ^{31}/lɑʔ^{1}	tsʰɑʔ^{1} 白 / tsɑʔ^{1} 文	kɑʔ^{1}	xəʔ^{1}	xəʔ^{1}	——

续表

字目	踏	纳	拉	杂	鸽	喝~水	合	盒
中古音 方言点	他合 咸开一 入合透	奴答 咸开一 入合泥	卢合 咸开一 入合来	徂合 咸开一 入合从	古沓 咸开一 入合见	呼合 咸开一 入合晓	侯閤 咸开一 入合匣	侯閤 咸开一 入合匣
和顺	tʰaʔ$^{\underline{21}}$	naʔ$^{\underline{21}}$	lɑ^{42}/laʔ$^{\underline{21}}$	tsʰɑ^{22} 白 / tsɑ^{22} 文 / tsaʔ$^{\underline{21}}$	kaʔ$^{\underline{21}}$	xaʔ$^{\underline{21}}$	xaʔ$^{\underline{21}}$	xaʔ$^{\underline{21}}$
尧都	tʰɑ^{21}	nɑ^{24}	lɑ^{21}	tsɑ^{21} 白 / tsʰɑ^{21} 文	kɤ^{21}	xɤ^{21}	xɤ^{24}	xɤ^{24}
洪洞	tʰɑ^{24}/tʰɑ^{33}	nɑ^{21}	lɑ^{21}/lɑ^{24}	tsʰɑ^{24} 白 / tsɑ^{24} 文	ko^{21}	kʰo^{21}	xo^{24}	xo^{24}
洪洞赵城	tʰɑ^{21}	nɑ^{21}	lɑ^{21}	tsʰɑ^{24} 白 / tsɑ^{24} 文	kɤ^{53}	xɤ^{21}	xɤ^{24}	xɤ^{24}
古县	tʰɑ^{35}	nɑ^{21}	lɑ^{21}	tsʰɑ^{35} 白 / tsɑ^{35} 文	kɤ^{21}	xɛ^{21} 白 / xɤ^{21} 文	kɤ^{21}/xɤ^{35}/ xuo^{35}	xɤ^{35}
襄汾	tʰa^{21}	na^{21}	la^{21}	tsʰa^{24}	kə^{21}	xə^{21}	xə^{24}	xɔ^{24}/xə^{24}
浮山	tʰa^{42}	na^{42}	la^{42}	tsʰa^{13}	kɤ^{42}	xɤ^{42}	xɤ^{13}	xɤ^{13}
霍州	tʰa^{55}	la^{212}	la^{212}	tsʰa^{35}	kɤ^{212}	xɤ^{33}	xɤ^{35}	xɤ^{35}
翼城	tʰᴀ^{53}	nᴀ^{53}	lᴀ^{53}	tsᴀ^{12}	kɤ^{53}	xɤ^{53}	xei^{12} 白 / xɤ^{12} 文	xᴀ^{12} 白 / xɤ^{12} 文
闻喜	tʰɑ^{13}	lɑ^{53}	lɑ^{53}	tsʰɑ^{13} 白	kɤ^{53}	xɤ^{53}	xɤ^{13}	xɤ^{13}
侯马	tʰɑ^{53}	nɑ^{53}	lɑ^{213}	tsɑ^{213}	kɤ^{213}	xɤ^{53}	xɤ^{213}	xɤ^{213}
新绛	tʰɑ^{13}	nɑ^{53}	lɑ^{53}	tsʰɑ^{13}	kɤ^{53}	xɤ^{53}	xɤ^{13}	xɤ^{13}
绛县	tʰɑ^{31}	nɑ^{24}/nɑ^{31}	lɑ^{53}	tsɑ^{24}	kɤ^{53}	xuɤ^{53} 白 / xɤ^{53} 文	xɤ^{24}	xɤ^{24}/xɑ^{24}
垣曲	tʰa^{53}	na^{53}	la^{53}	tsʰa^{22}	kɤ^{53}	xɤ^{53}	xɤ^{22}	xɤ^{22}
夏县	tʰa^{31}	la^{31}	la^{53}	tʂʰa^{42}	——	xɤ^{53}	xɤ^{42}	xa^{42} 白 / xɤ^{42} 文
万荣	tʰa^{213}	na^{51}	la^{51}	tsʰa^{213} 白 / tsa^{213} 文	kɤ^{33}	xɤ^{51}	xɤ^{213}	xɤ^{213}
稷山	tʰɑ^{53}	nɑ^{42}	lɑ^{53}	tsʰɑ^{13}	kɤ^{53}	xiɛ^{53} 白 / xɤ^{53} 文	xɤ^{13}	xɑ^{13} 白 / xɤ^{13} 文
盐湖	tʰa^{42}	na^{42}	la^{42}	tsʰa^{13}	——	xɤ^{42}	xɤ^{13}	——
临猗	tʰa^{42}	la^{42}	la^{42}	tsʰa^{13} 白 / tsa^{13} 文	kɤ^{42}	xuo^{42} 白 / xɤ^{42} 文	xuo^{13} 白 / xɤ^{13} 文	xuo^{13} 白 / xɤ^{13} 文
河津	tʰa^{324}	na^{31}	la^{31}	tsʰa^{324} 白 / tsa^{324} 文	kɤ^{31}	xɤ^{31}	xɤ^{324}	xɤ^{324}
平陆	tʰa^{13}	la^{33}	la^{31}	tsʰa^{13} 白 / tsa^{13} 文	kə^{31}	xuə^{31}	xuə^{13}	xuə^{13}

续表

字目	踏	纳	拉	杂	鸽	喝~水	合	盒
中古音 / 方言点	他合 咸开一 入合透	奴答 咸开一 入合泥	卢合 咸开一 入合来	徂合 咸开一 入合从	古沓 咸开一 入合见	呼合 咸开一 入合晓	侯閤 咸开一 入合匣	侯閤 咸开一 入合匣
永济	t^{h}a^{24}	na^{44}	la^{31}	ts^{h}a^{24}	kuo^{31} 白 / kə^{31} 文	xuo^{31}	xuo^{24} 白 / xə^{24} 文 /kuo^{31}	xuo^{24}
芮城	t^{h}a^{13}	la^{42}	la^{42}	ts^{h}a^{13}	kuo^{42} 白 / kɤ^{42} 文	xuo^{42}	xuo^{13}	xuo^{13} 白 / xɤ^{13} 文
吉县	t^{h}a^{13}	na^{423}	la^{423}	ts^{h}a^{13}	kə^{423}	xuə^{423}	xuə^{13}	xuə^{13}
乡宁	t^{h}a^{53}	na^{53}	la^{53}	ts^{h}a^{12} 白 / tsa^{12} 文	kɤ^{53}	xɤ^{53}	xɤ^{12}	xɤ^{12}
广灵	t^{h}ɑ^{53}	nɑ^{213}	lɑ^{53}	tsɑ^{31}	kɤ^{53}	xuo^{53}/xɤ^{53}	xuo^{31}	xɤ^{31}

字目	塌	塔	榻	腊~月	蜡	磕	馋	杉
中古音 方言点	讬盍 咸开一 入盍透	吐盍 咸开一 入盍透	吐盍 咸开一 入盍透	卢盍 咸开一 入盍来	卢盍 咸开一 入盍来	克盍 咸开一 入盍溪	士咸 咸开二 平咸崇	所咸 咸开二 平咸生
北京	tʰa^{55}	tʰa^{214}	tʰa^{51}	la^{51}	la^{51}	kʰɤ^{55}	tʂʰan^{35}	ʂan^{55}
小店	tʰaʔ^{1}	tʰaʔ^{1}	tʰaʔ^{1}	laʔ^{1}	laʔ^{1}	kʰaʔ^{1}	sæ^{11} 白 / tsʰæ^{11} 文	sæ^{11}
尖草坪	tʰaʔ^{2}	tʰaʔ^{2}	tʰaʔ^{2}	laʔ^{2}	laʔ^{2}	kʰaʔ^{2} 白 / kʰəʔ^{2} 文	tsʰæ^{33}	sæ^{33}
晋源	tʰaʔ^{2}	tʰaʔ^{2}	tʰaʔ^{2}	laʔ^{2}	laʔ^{2}	kʰaʔ^{2}	tsʰaŋ^{11}	saŋ^{11}
阳曲	tʰaʔ^{4}	tʰaʔ^{4}	tʰaʔ^{4}	laʔ^{4}	laʔ^{4}	kʰɔʔ^{4}	tsʰæ^{43}	sæ^{312}
古交	tʰaʔ^{4}	tʰaʔ^{4}	tʰaʔ^{4}	laʔ^{4}	laʔ^{4}	kʰaʔ^{4}	tsʰɛ^{44}	sɛ^{44}
清徐	tʰaʔ^{1}	tʰaʔ^{1}	tʰaʔ^{1}	laʔ^{1}	laʔ^{1}	kʰɤɯ^{11}	sɛ^{11} 白 / tsʰɛ^{11} 文	sɛ^{11}
娄烦	tʰaʔ^{3}	tʰaʔ$^{\underline{21}}$	tʰaʔ^{3}	laʔ^{3}	laʔ^{3}	kʰaʔ^{3}	tsʰæ^{33}	sæ^{33}
榆次	taʔ^{1}	taʔ^{1}	taʔ^{1}	laʔ^{1}	laʔ^{1}	kʰaʔ^{1}	tsʰæ^{11}	sæ^{11}
交城	tʰaʔ^{1}	tʰaʔ^{1}	tʰaʔ^{1}	laʔ^{1}	laʔ^{1}	kʰaʔ^{1}	sã^{11} 白 / tsʰã^{11} 文	sã^{11}
文水	tʰaʔ^{2}	tʰaʔ^{2}	tʰaʔ^{2}	laʔ^{2}	laʔ^{2}	kʰaʔ^{2}	saŋ^{22} 白 / tsʰaŋ^{22} 文	saŋ^{22}
祁县	tʰɑʔ$^{\underline{32}}$	tʰɑʔ$^{\underline{32}}$	tʰɑʔ$^{\underline{32}}$	lɑʔ$^{\underline{32}}$	lɑʔ$^{\underline{32}}$	kʰɑʔ$^{\underline{32}}$	sɑ̃^{31} 白 / tsʰɑ̃^{31} 文	sɑ̃^{31}
太谷	tʰɒ^{33}	tʰaʔ^{3}	tʰaʔ^{3}	laʔ^{3}	laʔ^{3}	kʰiaʔ^{3}	sɑ̃^{33}	sɑ̃^{33}
平遥	tʰʌʔ$^{\underline{212}}$	tʰʌʔ$^{\underline{212}}$	tʰʌʔ$^{\underline{212}}$	lʌʔ$^{\underline{523}}$	lʌʔ$^{\underline{523}}$	kʰʌʔ$^{\underline{212}}$	tsʰũɑ̃^{213}	sɑ̃^{213}
孝义	tʰaʔ^{3}	tʰaʔ^{3}	tʰaʔ^{3}	laʔ^{3}	laʔ^{3}	kʰəʔ^{3}	sã^{33}	sã^{33}
介休	tʰʌʔ$^{\underline{12}}$	tʰʌʔ$^{\underline{12}}$	tʰʌʔ$^{\underline{12}}$	lʌʔ$^{\underline{12}}$	lʌʔ$^{\underline{12}}$	kʰʌʔ$^{\underline{12}}$	tsʰæ̃^{13}	sæ̃^{13}
灵石	tʰaʔ^{4}	tʰaʔ^{4}	tʰaʔ^{4}	laʔ^{4}	laʔ$^{\underline{212}}$	kʰaʔ^{4}	tsʰɒ̃^{44}	sɒ̃^{535}
盂县	tʰʌʔ^{2}	tʰʌʔ^{2}	tʰʌʔ^{2}	lʌʔ^{2}	lʌʔ^{2}	kʰuo^{412}	tsʰæ̃^{22}	sæ̃^{412}
寿阳	taʔ^{2}	taʔ^{2}	taʔ^{2}	laʔ^{2}	laʔ^{2}	kʰaʔ^{2}	tsʰæ^{22}	sæ^{31}
榆社	tʰaʔ^{2}	tʰaʔ^{2}	tʰaʔ^{2}	laʔ^{2}	laʔ^{2}	kʰaʔ^{2}	tsʰa^{22}	sa^{22}
离石	tʰɑʔ^{4}	tʰɑʔ^{4}	tʰɑʔ^{4}	lɑʔ$^{\underline{23}}$	lɑʔ$^{\underline{23}}$	kʰəʔ^{4}	tsʰæ^{44}	sæ^{24}
汾阳	tʰaʔ^{2}	tʰaʔ^{2}	tʰaʔ^{2}	laʔ$^{\underline{312}}$	laʔ$^{\underline{312}}$	kʰəʔ^{2}	tsʰã^{22}	sã^{324}
中阳	tʰɑʔ^{4}	tʰɑʔ^{4}	tʰɑʔ^{4}	lɑʔ$^{\underline{312}}$	lɑʔ$^{\underline{312}}$	kʰəʔ^{4}	tsʰæ^{33}	sæ^{24}
柳林	tʰɑʔ^{4}	tʰɑʔ^{4}	tʰɑʔ^{4}	lɑʔ^{4}	lɑʔ^{4}	kʰəʔ^{4}	tsʰæ^{44}	sæ^{24}
方山	tʰɑʔ^{4}	tʰɑʔ^{4}	tʰɑʔ$^{\underline{23}}$	lɑʔ^{4}	lɑʔ$^{\underline{23}}$	kʰəʔ^{4}	tsʰæ^{44}	sæ^{24}
临县	tʰaʔ^{3}	tʰaʔ^{3}	tʰaʔ^{3}	la^{52}	laʔ$^{\underline{24}}$	kʰɐʔ^{3}	tʂʰʅə^{33}	sæ^{24}
兴县	tʰaʔ^{5}	tʰaʔ^{5}	——	laʔ$^{\underline{312}}$	laʔ$^{\underline{312}}$	kʰəʔ^{5}	tsʰæ̃^{55}	sæ̃^{324}
岚县	tʰaʔ^{4}	tʰaʔ^{4}	tʰaʔ^{4}	laʔ^{4}	laʔ^{4}	kʰieʔ^{4}	tsʰaŋ^{44}	sa^{214}

续表

字目	塌	塔	榻	腊~月	蜡	磕	馋	杉
中古音 / 方言点	讬盍 咸开一 入盍透	吐盍 咸开一 入盍透	吐盍 咸开一 入盍透	卢盍 咸开一 入盍来	卢盍 咸开一 入盍来	克盍 咸开一 入盍溪	士咸 咸开二 平咸崇	所咸 咸开二 平咸生
静乐	tʰaʔ^{4}	tʰaʔ^{4}	tʰaʔ^{4}	laʔ^{4}	laʔ^{4}	kʰaʔ^{4}	tsʰæ̃^{24}	sæ̃^{24}
交口	tʰaʔ^{4}	tʰaʔ^{4}	tʰaʔ^{4}	laʔ^{4}	laʔ^{4}	kʰəʔ^{4}	tsʰɑ̃^{44}	sɑ̃^{323}
石楼	tʰʌʔ^{4}	tʰʌʔ^{4}	tʰʌʔ^{4}	lʌʔ^{4}	lʌʔ^{4}	kʰʌʔ^{4}	tsʰɑŋ^{44}	sɑŋ^{213}
隰县	tʰaʔ^{3}	tʰaʔ^{3}	tʰaʔ^{3}	ləʔ^{3}	la^{53}	kʰaʔ^{3}	tsʰaŋ^{24}	sæ^{53}
大宁	tɐʔ$^{\underline{31}}$	tɐʔ$^{\underline{31}}$	tɐʔ$^{\underline{31}}$	lɐʔ$^{\underline{31}}$	lɐʔ$^{\underline{31}}$	kʰɐʔ$^{\underline{31}}$	tsʰɛ̃^{24}	sɛ̃^{31}
永和	tʰɐʔ$^{\underline{35}}$	tʰɐʔ$^{\underline{35}}$	tʰɐʔ$^{\underline{35}}$	lɐʔ$^{\underline{312}}$	lɐʔ$^{\underline{312}}$	kʰɐʔ$^{\underline{35}}$	tsʰɑ̃^{35} 文	——
汾西	tʰɑ^{11}	——	tʰɑ^{11}	lɑ^{11}	lɑ^{11}	kʰu^{11}	sɑ̃^{35} 文 /tsʰɑ̃^{35}	sɑ̃^{11}
蒲县	tʰæ̃^{52}	tʰʌʔ$^{\underline{43}}$	tʰæ̃^{52}	lʌʔ$^{\underline{43}}$	la^{52}	kʰəʔ$^{\underline{43}}$	tsʰæ̃^{24}	sæ̃^{52}
潞州	tʰʌʔ^{53}	tʰʌʔ$^{\underline{53}}$	tʰʌʔ$^{\underline{53}}$	lʌʔ$^{\underline{53}}$	lʌʔ$^{\underline{53}}$	kʰəʔ$^{\underline{53}}$	tsʰaŋ^{24}	saŋ^{312}
上党	tʰɑʔ$^{\underline{21}}$	tʰɑʔ$^{\underline{21}}$	tʰɑʔ$^{\underline{21}}$	lɑʔ$^{\underline{21}}$	lɑʔ$^{\underline{21}}$	kʰəʔ$^{\underline{21}}$	tsʰɑŋ^{44}	sɑŋ^{213}
长子	tʰaʔ^{4}	tʰaʔ^{4}	tʰaʔ^{4}	laʔ^{4}	laʔ^{4}	kʰaʔ^{4}	tsʰæ̃^{24}	sæ̃^{312}
屯留	tʰʌʔ^{1}	tʰʌʔ^{1}	tʰʌʔ^{1}	lʌʔ^{1}	lʌʔ^{1}	kʰəʔ^{1}	tsʰæ̃^{11}	sæ̃^{31}
襄垣	tʰʌʔ^{3}	tʰʌʔ^{3}	tʰʌʔ^{3}	lʌʔ^{3}	lʌʔ^{3}	kʰʌʔ^{3}	tsʰæ^{31}	sæ^{33}
黎城	tʰʌʔ^{2}	tʰʌʔ^{2}	tʰʌʔ^{2}	lʌʔ$^{\underline{31}}$	lʌʔ$^{\underline{31}}$	kʰʌʔ^{2}	tsʰæ^{53}	sæ^{33}
平顺	tʰʌʔ$^{\underline{212}}$	tʰʌʔ$^{\underline{212}}$	tʰʌʔ$^{\underline{212}}$	lʌʔ$^{\underline{423}}$	lʌʔ$^{\underline{423}}$	kʰʌʔ$^{\underline{212}}$	tsʰæ̃^{13}	sæ̃^{213}
壶关	tʰʌʔ^{2}	tʰʌʔ^{2}	tʰʌʔ^{2}	lʌʔ$^{\underline{21}}$	lʌʔ$^{\underline{21}}$	kʰʌʔ^{2}	tʂʰaŋ^{13}	ʂaŋ^{33}
沁县	tʰaʔ$^{\underline{31}}$	tʰaʔ$^{\underline{31}}$	tʰaʔ$^{\underline{31}}$	laʔ$^{\underline{31}}$	laʔ$^{\underline{31}}$	kʰaʔ$^{\underline{31}}$	tsʰæ^{33}	sæ^{224}
武乡	tʰʌʔ^{3}	tʰʌʔ^{3}	tʰʌʔ^{3}	lʌʔ^{3}	lʌʔ^{3}	kʰʌʔ^{3}	tsʰæ^{33}	sæ^{113}
沁源	tʰʌʔ$^{\underline{31}}$	tʰʌʔ$^{\underline{31}}$	tʰʌʔ$^{\underline{31}}$	lʌʔ$^{\underline{31}}$	lʌʔ$^{\underline{31}}$	kʰʌʔ$^{\underline{31}}$	sæ̃^{324}	sæ̃^{324}
安泽	tʰɑ^{21}	tʰʌʔ$^{\underline{21}}$	tʰʌʔ$^{\underline{21}}$	lʌʔ$^{\underline{21}}$	lʌʔ$^{\underline{21}}$	kʰʌʔ$^{\underline{21}}$	tsʰæ^{35}	sæ^{21}
沁水端氏	tʰaʔ^{2}	tʰaʔ^{2}	tʰaʔ^{2}	laʔ^{2}	laʔ^{2}	kʰaʔ^{2}	tsʰæ^{24}	sæ^{53}
阳城	tʰʌʔ^{2}	tʰʌʔ^{2}	tʰʌʔ^{2}	lʌʔ^{2}	lʌʔ^{2}	kʰʌʔ^{2}	tʂʰɛ^{22}	ʂɛ^{224}
高平	tʰʌʔ^{2}	tʰʌʔ^{2}	tʰʌʔ^{2}	lʌʔ^{2}	lʌʔ^{2}	kʰʌʔ^{2}	tʂʰæ̃^{33}	ʂæ̃^{33}
陵川	tʰʌʔ^{3}	tʰʌʔ^{3}	tʰʌʔ^{3}	lʌʔ$^{\underline{23}}$	lʌʔ$^{\underline{23}}$	kʰʌʔ^{3}	tʂʰã^{53}	ʂã^{33}
晋城	tʰʌʔ^{2}	tʰʌʔ^{2}	tʰʌʔ^{2}	lʌʔ^{2}	lʌʔ^{2}	kʰʌʔ^{2}	tʂʰæ^{324}	ʂæ^{33}
忻府	tʰɑʔ$^{\underline{32}}$	tʰɑʔ$^{\underline{32}}$	tʰɑʔ$^{\underline{32}}$	lɑʔ$^{\underline{32}}$	lɑʔ$^{\underline{32}}$	kʰəʔ$^{\underline{32}}$	tsʰɑ̃^{21}	sɑ̃^{313}
原平	tʰɑʔ$^{\underline{34}}$	tʰɑʔ$^{\underline{34}}$	tʰɑʔ$^{\underline{34}}$	lɑʔ$^{\underline{34}}$	lɑʔ$^{\underline{34}}$	kʰɔʔ$^{\underline{34}}$	tsʰɛ̃^{33}	sɛ̃^{213}
定襄	taʔ^{1}	taʔ^{1}	taʔ^{1}	laʔ^{1}	laʔ^{1}	kʰuəʔ^{1}	tsʰæ^{11}	sæ^{24}
五台	tʰɑ^{213}	tʰɑʔ^{3}/tʰɑ^{33}	tʰɑʔ^{3}	lɑʔ^{3}	lɑʔ^{3}	kʰɔʔ^{3}	tsʰæn^{33}	sæn^{213}
岢岚	tʰaʔ^{4}	tʰaʔ^{4}	tʰaʔ^{4}	laʔ^{4}	laʔ^{4}	kʰaʔ^{4}	tsʰæ^{44}	sæ^{13}
五寨	tʰaʔ^{4}	tʰaʔ^{4}	tʰaʔ^{4}	laʔ^{4}	laʔ^{4}	kʰaʔ^{4}	tsʰæ^{44}	sæ^{13}

续表

字目	塌	塔	榻	腊~月	蜡	磕	馋	杉
中古音 / 方言点	讬盍 咸开一 入盍透	吐盍 咸开一 入盍透	吐盍 咸开一 入盍透	卢盍 咸开一 入盍来	卢盍 咸开一 入盍来	克盍 咸开一 入盍溪	士咸 咸开二 平咸崇	所咸 咸开二 平咸生
宁武	tʰᴀʔ^{4}	tʰᴀʔ^{4}	tʰᴀʔ^{4}	lᴀʔ^{4}	lᴀʔ^{4}	kʰᴀʔ^{4}	tsʰæ^{33}	sæ^{23}
神池	tʰᴀʔ^{4}	tʰᴀʔ^{4}	tʰᴀʔ^{4}	lᴀʔ^{4}	lᴀʔ^{4}	kʰᴀʔ^{4}	tsʰæ^{32}	sæ^{24}
繁峙	tʰaʔ$^{\underline{13}}$	tʰaʔ$^{\underline{13}}$	tʰaʔ$^{\underline{13}}$	laʔ$^{\underline{13}}$	laʔ$^{\underline{13}}$ 白 / la^{24} 文	kʰaʔ$^{\underline{13}}$	tsʰɛ^{31}	sɛ^{53}
代县	tʰaʔ^{2}	tʰaʔ^{2}	tʰaʔ^{2}	laʔ^{2}	laʔ^{2}	kʰaʔ^{2}	tsʰɛ^{44}	sɛ^{213}
河曲	tʰaʔ^{4}	tʰaʔ^{4}	tʰaʔ^{4}	laʔ^{4}	laʔ^{4}	kʰaʔ^{4}	tsʰæ^{44}	——
保德	tʰᴀ^{44}	tʰᴀ^{44}	tʰᴀ^{52}	lᴀ^{44}	lᴀ^{44}	kəʔ^{4}	tsʰɑŋ^{44}	sɑŋ^{213}
偏关	tʰa^{44}	tʰa^{44}	tʰa^{44}	la^{44}	la^{44}	kʰᴀʔ^{4}	tsʰæ^{44}	sæ^{24}
朔城	tᴀʔ$^{\underline{35}}$	tᴀʔ$^{\underline{35}}$	tᴀʔ$^{\underline{35}}$	lᴀ^{53}	lᴀʔ^{53}	kʰᴀʔ$^{\underline{35}}$	tsʰæ^{35}	sæ^{312}
平鲁	tʰʌʔ$^{\underline{34}}$	tʰʌʔ$^{\underline{34}}$	tʰʌʔ$^{\underline{34}}$	lʌʔ$^{\underline{34}}$	lʌʔ$^{\underline{34}}$	kʰuə^{52}/kʰʌʔ$^{\underline{34}}$	tsʰæ^{44}	sæ^{213}
应县	tʰaʔ$^{\underline{43}}$	tʰaʔ$^{\underline{43}}$	tʰaʔ$^{\underline{43}}$	la^{24}	laʔ$^{\underline{43}}$	kʰaʔ$^{\underline{43}}$	tsʰɛ̃^{31}	sɛ̃^{43}
灵丘	tʰᴀʔ^{5}	tʰᴀʔ^{5}	tʰᴀʔ^{5}	lᴀ^{53}	lᴀʔ^{5}	kʰᴀʔ^{5}	tsʰæ^{31}	sæ^{442}
浑源	tʰʌʔ^{4}	tʰʌʔ^{4}	tʰʌʔ^{4}	lᴀ^{13}	lᴀ^{13}	kʰʌʔ^{4}	tsʰæ^{22}	sæ^{52}
云州	tʰɑʔ^{4}	tʰɑʔ^{4}	tʰɑʔ^{4}	lɑ^{24}	lɑʔ^{4}	kʰɑʔ^{4}	tʂʰæ^{312}	sæ^{21}
新荣	tʰaʔ^{4}	tʰaʔ^{4}	tʰaʔ^{4}	lᴀ^{24}/laʔ^{4}	laʔ^{4}	kʰaʔ^{4}	tʂʰæ^{312}	sæ^{32}
怀仁	tʰaʔ^{4}	tʰaʔ^{4}	tʰaʔ^{4}	la^{24}	laʔ^{4}	kʰaʔ^{4}	tsʰæ^{312}	sæ^{42}
左云	tʰaʔ^{4}	tʰaʔ^{4}	tʰaʔ^{4}	la^{24}	laʔ^{4} 白 /la^{24} 文	kʰə^{31}	tsʰæ^{313}	sæ^{31}
右玉	tʰaʔ^{4}	tʰaʔ^{4}	tʰaʔ^{4}	laʔ^{4}	laʔ^{4}	kʰaʔ^{4}	tsʰæ^{212}	——
阳高	tʰɑʔ^{3}	tʰɑʔ^{3}	tʰɑʔ^{3}	lɑʔ^{3}	lɑʔ^{3}	kʰɑʔ^{3}	tsʰɛ^{312}	sɛ^{31}
山阴	tʰᴀʔ^{4}	tʰᴀʔ^{4}	tʰᴀʔ^{4}	lᴀ^{335}	lᴀʔ^{4}	kʰᴀʔ^{4}	tsʰæ^{313}	sæ^{313}
天镇	tʰɑʔ^{4}	tʰɑʔ^{4}	tʰɑʔ^{4}	lɑʔ^{4}	lɑʔ^{4}	kʰɑʔ^{4}	tsʰæ^{22}	sæ^{31}
平定	tʰaʔ^{4}	tʰaʔ^{4}	——	laʔ$^{\underline{23}}$	laʔ$^{\underline{23}}$	kʰaʔ^{4}	tsʰæ̃^{4}	sæ̃^{31}
昔阳	tʰʌʔ$^{\underline{43}}$	tʰʌʔ$^{\underline{43}}$	tʰʌʔ$^{\underline{43}}$	lɑ^{13}	lɑ^{13}	kʰʌʔ$^{\underline{43}}$	tʂʰæ̃^{33}	sæ̃^{42}
左权	tʰɑʔ^{1}	tʰɑʔ^{1}	tʰɑʔ^{1}	lɑʔ^{1}	lɑʔ^{1}	kʰəʔ^{1}	tsʰæ^{11}	——
和顺	tʰaʔ$^{\underline{21}}$	tʰaʔ$^{\underline{21}}$	tʰaʔ$^{\underline{21}}$	laʔ$^{\underline{21}}$	laʔ$^{\underline{21}}$	kʰaʔ$^{\underline{21}}$	tsʰæ^{22}	sæ^{42}
尧都	tʰɑ^{21}	tʰɑ^{21}	tʰɑ^{21}	lɑ^{21}	lɑ^{21}	kʰɤ^{21}	ʂæ̃^{24} 白 / tʂʰæ̃^{24} 文	ʂæ̃^{21}
洪洞	tʰɑ^{21}	tʰɑ^{21}	tʰɑ^{21}	lɑ^{21}	lɑ^{21}	kʰo^{21}	sɑn^{24} 白 / tsʰɑn^{24} 文	sɑn^{21}
洪洞赵城	tʰɑ^{21}	tʰɑ^{21}	tʰɑ^{21}	lɑ^{21}	lɑ^{21}	kʰɤ^{21}	sɑ̃^{24} 白 / tsʰɑ̃^{24} 文	sɑ̃^{21}
古县	tʰɑ^{21}	tʰɑ^{21}	tʰɑ^{21}	lɑ^{21}	lɑ^{21}	kʰɛ^{21}	tsʰan^{35}/ tʂʰan^{35}	san^{21}

续表

字目	塌	塔	榻	腊~月	蜡	磕	馋	杉
中古音 / 方言点	讬盍 咸开一 入盍透	吐盍 咸开一 入盍透	吐盍 咸开一 入盍透	卢盍 咸开一 入盍来	卢盍 咸开一 入盍来	克盍 咸开一 入盍溪	士咸 咸开二 平咸崇	所咸 咸开二 平咸生
襄汾	tʰa^{21}	tʰa^{21}	tʰa^{21}	la^{21}	la^{21}	kʰə^{21}	tsʰan^{24}	san^{21}
浮山	tʰa^{42}	tʰa^{42}	tʰa^{42}	la^{42}	la^{42}	kʰɤ^{42}	tsʰãĩ^{13}	sãĩ^{42}
霍州	tʰa^{212}	tʰa^{212}	tʰa^{53}	la^{212}	la^{212}	kʰɤ^{212}	tʂʰaŋ^{35}	ʂaŋ^{212}
翼城	tʰᴀ^{53}	tᴀ^{53}	tʰᴀ^{53}	lᴀ^{53}	lᴀ^{53}	kʰɤ^{53}	tʂʰᴇe^{12}/tʂʰæ̃^{12}	ʂæ̃^{53}
闻喜	tʰɑ^{13}	tʰɑ^{13}	tʰɑ^{13}	——	——	kʰɤ^{53}	tsʰæ^{13}	sɑ^{53}/ sæ^{53}
侯马	tʰɑ^{213}	tʰɑ^{44}	tʰɑ^{53}	lɑ^{53}	lɑ^{53}	kʰɤ^{213}	tsʰæ̃^{213}	ʂæ̃^{213}
新绛	tʰɑ^{53}	tʰɑ^{53}	tʰɑ^{53}	lɑ^{53}	lɑ^{53}	kʰɤ^{44}	tsʰã^{13}	sã^{53}
绛县	tʰɑ^{53}/tʰɑ^{31}	tʰɑ^{53}/tʰɑ^{31}	tʰɑ^{53}/tʰɑ^{31}	lɑ^{31}	lɑ^{31}	kʰɤ^{53}	tʂʰæ^{24}	ʂæ^{53}
垣曲	tʰa^{53}	tʰa^{53}	tʰa^{53}	la^{44}	la^{53}	kʰɤ^{53}	tsʰæ̃^{22}	sæ̃^{53}
夏县	tʰa^{53}	tʰa^{24}	tʰa^{31}	la^{31}	la^{31}	kʰuɤ^{53}白/ kʰɤ^{53}文	tʂʰæ^{42}	——
万荣	tʰa^{51}	tʰa^{51}	tʰa^{51}	la^{51}	la^{51}	kʰɤ^{51}	tsʰæ^{213}	sæ^{51}
稷山	tʰɑ^{53}	tʰɑ^{53}	tʰɑ^{42}	lɑ^{53}	lɑ^{42}	kʰɤ^{53}	tʂʰɑ̃^{13}	ʂɑ̃^{53}
盐湖	tʰa^{42}	tʰa^{42}	tʰa^{42}	la^{42}	la^{42}	kʰuo^{42}	tsʰæ̃^{13}	——
临猗	tʰa^{42}	tʰa^{42}	tʰa^{42}	la^{42}	la^{42}	kʰɤ^{42}	tsʰæ̃^{13}	ʂæ̃^{42}
河津	tʰa^{31}	tʰa^{31}	tʰa^{31}	la^{31}	la^{31}	kʰɤ^{31}	tsʰæ̃^{31}	sæ̃^{31}
平陆	tʰa^{31}	tʰa^{31}	tʰa^{31}	la^{31}	la^{31}	kʰuə^{31}	tsʰan^{13}	san^{31}
永济	tʰa^{31}	tʰa^{53}	tʰa^{31}	la^{31}	la^{31}	kʰuo^{31}	tʂʰæ̃^{24}	ʂæ̃^{31}
芮城	tʰa^{42}	tʰa^{53}	tʰa^{44}	la^{42}	la^{42}	kʰɤ^{42}/kʰuo^{42}	tsʰæ̃^{13}	sæ̃^{42}
吉县	tʰa^{423}	tʰa^{423}	tʰa^{423}	la^{423}	la^{423}	kʰə^{423}	tsʰæ̃^{13}	sæ̃^{423}
乡宁	tʰa^{53}	tʰa^{53}	tʰa^{53}	la^{53}	la^{53}	kʰɤ^{53}	tʂʰæ^{12}	sæ^{53}
广灵	tʰɑ^{53}	tʰɑ^{44}	tʰɑ^{213}	lɑ^{213}	lɑ^{213}	kʰɤ^{53}	tsʰæ^{31}	sɑ^{53}

字目	癌	咸~鱼	搀~扶	衫	监~狱	岩	衔	斩
中古音 / 方言点	五咸 咸开二 平咸疑	胡谗 咸开二 平咸匣	楚衔 咸开二 平衔初	所衔 咸开二 平衔生	古衔 咸开二 平衔见	五衔 咸开二 平衔疑	户监 咸开二 平衔匣	侧减 咸开二 上豏庄
北京	ai^{35}	ɕiɛn^{35}	tʂʰan^{55}	ʂan^{55}	tɕiɛn^{55}	iɛn^{35}	ɕiɛn^{35}	tʂan^{214}
小店	ɛ^{11}	ɕæ^{11} 白 / ɕiæ^{11} 文	tsʰæ^{11}	sæ^{11}	tɕiæ^{11}	——	ɕiæ^{11}	tsæ^{53}
尖草坪	ɣai^{33}	ɕie^{33}	tsʰæ^{33}	sæ^{33}	tɕie^{33}	ie^{33}	ɕie^{33}	tsæ^{312}
晋源	ai^{11}	ɕiæ^{11}	tsʰaŋ^{11}	saŋ^{11}	tɕiæ^{11}	iæ^{11}	ɕiæ^{11}	tsaŋ^{42}
阳曲	ŋai^{43}	xæ^{43}	tsʰæ^{312}	sæ^{312}	tɕie^{312}	ie^{43}	ɕie^{43}	tsæ^{312}
古交	ŋai^{44}	ɕie^{44}	tsʰɛ^{44}	sɛ^{44}	tɕie^{44}	iɛ^{44}	ɕie^{44}	tsɛ^{312}
清徐	ŋai^{11}	xɛ^{11} 白 / ɕiɛ^{11} 文	tsʰɛ^{11}	sɛ^{11}	tɕie^{11}	iɛ^{11}	xɛ^{11} 白 / ɕiɛ^{11} 文	tsɛ^{54}
娄烦	ŋɛi^{312}	xæ^{33} 白 / ɕie^{33} 文	tsʰæ^{33}	sæ^{33}	tɕie^{33}	ie^{33}	xæ^{33} 白 / ɕie^{33} 文	tsæ^{312}
榆次	ŋee^{53}	tɕie^{53}	tsʰæ^{11}	sæ^{11}	tɕie^{11}	ie^{11}	ɕie^{11}	tsæ^{53}
交城	ŋe^{53}	xã^{11} 白 / ɕiã^{11} 文	tsʰɒ̃^{11}	sã^{11}	tɕiã^{11}	iã^{11}	xã^{11} 白 / ɕiã^{11} 文	tsɒ̃^{53}
文水	ŋai^{423}	xaŋ^{22} 白 / ɕiaŋ^{22} 文	tsʰaŋ^{22}	saŋ^{22}	tɕiaŋ^{22}	iæĩ^{22}	xaŋ 白 / ɕiaŋ^{22} 文	tsa^{423} 白 / tsaŋ^{423} 文
祁县	ŋæɛ^{314}	xɑ̃^{31} 白 / ɕiɑ̃^{31} 文	tsʰɑ̃^{31}	sɑ̃^{31}	tɕiɑ̃^{31}	iẽ^{31}	xɑ̃^{31} 白 / ɕiɑ̃^{31} 文	tsɑ̃^{314}
太谷	ŋɑi^{312}	xɑ̃^{33} 白 / ɕiẽĩ^{33} 文	tsʰɑ̃^{33}	sɑ̃^{33}	tɕiẽĩ^{33}	iẽĩ^{33}	xɑ̃^{33}	tsɑ̃^{312}
平遥	ŋæe^{512}	xɑ̃^{213} 白 / ɕĩɛ̃^{213} 文	tsʰɑ̃^{213}	sɑ̃^{213}	tɕiɑ̃^{213}	ȵĩɛ̃^{213}	tɕʰiɑ̃^{213}	tsɑ̃^{512}
孝义	ŋai^{33}	xã^{33} 白 / ɕiã^{33} 文	tsʰã^{33}	sã^{33}	tɕiã^{33}	iã^{33}	xã^{33}	tsã^{312}
介休	ŋai^{423}	xæ̃^{13} 白 / ɕiɛ̃^{13} 文	tsʰæ̃^{13}	sæ̃^{13}	tɕiɛ̃^{13}	iɛ̃^{13}	xæ̃ 白 /ɕiɛ̃^{13} 文	tsæ̃^{423}
灵石	ŋɛ^{44}	ɕie^{44}/xɒ̃^{44}	tsʰɒ̃^{535}	sɒ̃^{535}	tɕie^{535}	ie^{44}	xɒ̃^{44}	tsɒ̃^{212}
盂县	ŋɑɛ^{53}	xæ̃^{22} 白 / ɕiæ̃^{22} 文	tsʰæ̃^{412}	sæ̃^{412}	tɕiæ̃^{412}	iæ̃^{22}	xæ̃^{22}	tsæ̃^{53}
寿阳	ŋai^{53}	ɕiɪ^{22}	tsʰæ^{31}	sæ^{31}	tɕiɪ^{31}	iɪ^{22}	xæ^{22}	tsæ^{53}
榆社	ŋɛ^{22}	ɕie^{22}	tsʰa^{22}	sa^{22}	tɕie^{22}	nie^{22}	ɕie^{22}	tsa^{312}
离石	ŋɛe^{312}	xæ^{44}	tsʰæ^{44}	sæ^{24}	tɕiæ^{24}	iɪ^{44}	xæ^{44}	tsæ^{312}
汾阳	ŋai^{324}	xã^{22} 白 / ɕiã^{22} 文	tsʰã^{324}	sã^{324}	tɕiã^{324}	iã^{22}	xã^{22} 白 / ɕiã^{22} 文	tsã^{312}
中阳	ŋɛe^{423}	xæ^{33}	tsʰæ^{33}	sæ^{24}	tɕie^{24}	ie^{33}	ɕie^{33}	tsæ^{423}
柳林	ŋɛe^{312}	xæ^{44} 白 / ɕie^{44} 文	tsʰæ^{24}	sæ^{24}	tɕie^{24}	ie^{44}	ɕie^{44}	tsæ^{312}

续表

字目	癌	咸~鱼	搀~扶	衫	监~狱	岩	衔	斩
中古音 / 方言点	五咸 咸开二 平咸疑	胡谗 咸开二 平咸匣	楚衔 咸开二 平衔初	所衔 咸开二 平衔生	古衔 咸开二 平衔见	五衔 咸开二 平衔疑	户监 咸开二 平衔匣	侧减 咸开二 上豏庄
方山	ŋɛe^{24}	xæ^{44} 白 / ɕiɛ^{44} 文	ts^{h}æ^{44}	sæ^{24}	tɕiɛ^{24}	iɛ^{44}	ɕiɛ^{44}	tʂæ^{312}
临县	ŋɛe^{24}	xæ^{24}	tʂ^{h}ʅə^{33}	sæ^{24}	tɕie^{24}	nie^{33}	ɕie^{33}	tʂʅə^{312}
兴县	ŋai^{324}	xæ̃^{55} 白 / ɕiæ̃^{55} 文	——	sæ̃^{324}	tɕiæ̃^{324}	——	xæ̃^{55} 白 / ɕiæ̃^{55} 文	tsæ̃^{324}
岚县	ŋai^{44}	ɕiaŋ^{44}	ts^{h}aŋ^{214}	saŋ^{214}	tɕiaŋ^{214}	ȵiaŋ^{44} 白 / iẽ^{44} 文	ɕiaŋ^{44}	tsaŋ^{312}
静乐	ae^{33}	ɕiæ̃^{33}	ts^{h}æ̃^{24}	sæ̃^{24}	tɕiæ̃^{24}	iæ̃^{33}	ɕiæ̃^{33}	tsæ̃^{314}
交口	ŋai^{323}	xɑ̃^{44} 白 / ɕiɑ̃^{44} 文	ts^{h}ɑ̃^{323}	sɑ̃^{323}	tɕiɑ̃^{323}	iɑ̃^{44}	xɑ̃^{44} 白 / ɕiɑ̃^{44} 文	tsɑ̃^{323}
石楼	ŋɛi^{213}	xɑŋ^{44} 白 / ɕiɑŋ^{44} 文	ts^{h}ʌʔ^{4} 白 / ts^{h}ɑŋ^{213} 文	sɑŋ^{213}	tɕiɑŋ^{213}	iɑŋ^{44}	ɕiɑŋ^{44}	tsɑŋ^{213}
隰县	ŋɛe^{53}	ɕiaŋ^{24}	ts^{h}æ^{53}	sæ^{53}	tɕiɛ^{53}	ȵiaŋ^{24}	xaŋ^{24}	tsaŋ^{21}
大宁	ŋɛe^{24}	ɕiɛ̃^{24}	ts^{h}ɛ̃^{31}	sɛ̃^{31}	tɕiɛ̃^{31}	——	ɕiɛ̃^{24}	tsɛ̃^{31}
永和	——	xɑ̃^{35}/ɕiɑ̃^{35}	tʂ^{h}ɛi^{312} 白 / tʂ^{h}ɑ̃^{35} 文	sɑ̃^{33}	tɕiɑ̃^{33}	iɪ^{53}	ɕiɪ^{35}	——
汾西	ŋɑi^{35}	ɕiɑ̃^{35} 文	ts^{h}ɑ̃^{11}	——	tɕiɑ̃^{11}	——	ɕiɑ̃^{35}	tsɑ̃^{33}
蒲县	ŋai^{24}	ɕiæ̃^{24}	ts^{h}æ̃^{52}	sæ̃^{52}	tɕiæ̃^{52}	iæ̃^{24}	ɕiæ̃^{24}	tsæ̃^{31}
潞州	ai^{312}	ɕiaŋ^{24}	ts^{h}aŋ^{312}	saŋ^{312}	tɕiaŋ^{312}	iaŋ^{24}	ɕiaŋ^{24}	tsaŋ^{535}
上党	æ^{44}	ɕiɑŋ^{44}	ts^{h}ɑŋ^{213}	sɑŋ^{213}	tɕiɑŋ^{213}	iɑŋ^{44}	ɕiɑŋ^{44}	tsɑŋ^{535}
长子	ŋeᴇ^{312}	ɕiæ̃^{24}	ts^{h}æ̃^{312}	sæ̃^{312}	tɕiæ̃^{312}	iæ̃^{24}	ɕiæ̃^{24}	tsæ̃^{434}
屯留	ŋɛe^{31}	ɕiæ̃^{11}	ts^{h}æ̃^{31}	sæ̃^{31}	tɕiæ̃^{31}	iæ̃^{11}	ɕiæ̃^{11}	tsæ̃^{43}
襄垣	——	ɕiei^{31}	ts^{h}æ^{33}	sæ^{33}	tɕiei^{33}	iei^{31}	ɕiei^{31}	tsæ^{42}
黎城	ɛi^{33}	ɕiæ^{53}	ts^{h}æ^{33}	sæ^{33}	ciæ^{33}	iæ^{53}	ɕiæ^{53}	tsæ^{213}
平顺	ɛe^{13}	ɕiæ̃^{13}	ts^{h}æ̃^{213}	sæ̃^{213}	tɕiæ̃^{213}	iæ̃^{13}	ɕiæ̃^{213}	tɕæ̃^{434}
壶关	ɣai^{13}	çiaŋ^{13}	tʂ^{h}aŋ^{33}	ʂaŋ^{33}	ciaŋ^{33}	iaŋ^{13}	çiaŋ^{13}	tʂaŋ^{535}
沁县	——	ɕi^{33}	ts^{h}æ^{224}	sæ^{224}	tɕi^{224}	i^{33}	ɕi^{33}	tsæ^{214}
武乡	——	sei^{33}	ts^{h}æ^{113}	sæ^{113}	tsei^{113}	ŋei^{33}	sei^{33}	tsæ^{213}
沁源	ŋɛe^{324}	ɕiæ̃^{33}	ts^{h}æ̃^{324}	sæ̃^{324}	tɕiæ̃^{324}	iæ̃^{33}	ɕiæ̃^{33}	tsæ̃^{324}
安泽	——	xæ^{35} 白 / ɕiæ^{35} 文	ts^{h}æ^{21}	sæ^{21}	tɕiæ^{21}/ tɕiæ^{53}	iæ^{35}	——	tsæ^{42}
沁水端氏	ɛe^{24}	sei^{24}	ts^{h}æ^{21}	sæ^{21}	kei^{21}	iɪ^{24}	ɕiɛ^{24}	tsæ^{31}
阳城	ɣai^{22}	çiɛ^{22}	tʂ^{h}ɛ^{224}	ʂɛ^{224}	ciɛ^{224}	iɛ^{22}	çiɛ^{22}	tʂɛ^{212}

续表

字目	癌	咸~鱼	搀~扶	衫	监~狱	岩	衔	斩
中古音 方言点	五咸 咸开二 平咸疑	胡谗 咸开二 平咸匣	楚衔 咸开二 平衔初	所衔 咸开二 平衔生	古衔 咸开二 平衔见	五衔 咸开二 平衔疑	户监 咸开二 平衔匣	侧减 咸开二 上豏庄
高平	ɛe^{33}	ɕiæ̃^{33}	tʂʰæ̃^{33}	ʂæ̃^{33}	ciæ̃^{33}	iæ̃^{33}	ɕiæ̃^{33}	tʂæ̃^{212}
陵川	ɣæe^{53}	ɕiə̃ɪ̃^{53}	tʂʰã^{33}	ʂã^{33}	ciə̃ɪ̃^{33}	iə̃ɪ̃^{53}	ɕiə̃ɪ̃^{53}	tʂã^{312}
晋城	ᴇ^{33}	ɕiɛ^{324}	tʂʰæ^{33}	ʂæ^{33}	tɕiɛ^{33}	iɛ^{324}	ɕiɛ^{324}	tʂæ^{213}
忻府	ŋæe^{21}	xɑ̃^{21}	tsʰɑ̃^{313}	sɑ̃^{313}	tɕiɑ̃^{313}	iɛ̃^{21}	xɑ̃^{21}	tsɑ̃^{313}
原平	ŋæɛ^{213}	xɛ̃^{33} 白 / ɕiɛ̃^{33} 文	tsʰɛ̃^{213}	sɛ̃^{213}	tɕiɛ̃^{213}	iɛ̃^{33}	xɛ̃^{33} 白 / ɕiɛ̃^{33} 文	tsɛ̃^{213}
定襄	ŋɛi^{11}	ɕiə̃^{11}	tsʰæ^{24}	sæ^{24}	tɕiə̃^{24}	iæ^{11}	ɕiə̃^{11}	tsə̃^{24}
五台	ŋɛ^{213}	xæ̃^{33}	tsʰæn^{213}	sæn^{213}	tɕiæn^{213}	iə̃^{33}	xæ^{33}	tsæn^{213}
岢岚	ŋɛi^{13}	ɕiɛ^{44}	tsʰæ^{13}	sæ^{13}	tɕiɛ^{13}	iɛ^{44}	ɕiɛ^{44}	tsæ^{13}
五寨	ŋei^{13}	ɕiɪ^{44}	tsʰæ^{13}	sæ^{13}	tɕiɪ^{13}	iɪ^{44}	ɕiɪ^{44}	tsæ^{13}
宁武	ᴇe^{33}	xæ^{213} 白 / tɕiɛ^{33} 文	——	sæ^{23}	tɕiɛ^{23}	iɛ^{33}	xæ^{33} 白 / ɕiɛ^{33} 文	tsæ^{213}
神池	ŋɛe^{24}	ɕie^{32}	tɕʰæ^{24}	sæ^{24}	tɕie^{24}	ie^{32}	ɕie^{32}	tsæ^{13}
繁峙	ai^{31}	ɕiɛ^{31}	tsʰɛ^{53}	sɛ^{53}	tɕiɛ^{53}	iɛ^{31}	ɕiɛ^{31}	tsɛ^{53}
代县	ŋai^{213}	ɕie^{44}	tsʰɛ^{213}	sɛ^{213}	tɕie^{213}	ie^{44}	ɕɛ^{213} 白 / ɕie^{44} 文	tsɛ^{213}
河曲	ɛe^{213}	xæ^{44} 白 / ɕiɛ^{44} 文	tsʰæ^{213}	sæ^{213}	tɕiɛ^{213}	iɛ^{44}	ɕiɛ^{44}	tsæ^{213}
保德	ai^{213}	xɑŋ^{44}	tsʰɑŋ^{213}	sɑŋ^{213}	tɕiɑŋ^{213}	iɑŋ^{44}	xɑŋ^{44}	tsɑŋ^{213}
偏关	ŋei^{24}	ɕiɪ^{44}	tsʰæ^{24}	sæ^{24}	tɕiɪ^{24}	iɪ^{44}	tɕiɪ^{24}	tsæ^{213}
朔城	——	ɕiɛ^{35}	tsʰæ^{35}	sæ^{312}	tɕiɛ^{312}	iɛ^{35}	ɕiɛ^{35}	tsæ^{312}
平鲁	——	ɕʰiᴇ^{44}	tsʰæ^{213}	sæ^{213}	tɕiᴇ^{213}	iᴇ^{44}	ɕʰiᴇ^{44}	tsæ^{213}
应县	nɛi^{31}	ɕiɛ̃^{31}	tsʰɛ̃^{43}	sɛ̃^{43}	tɕiɛ̃^{43}	iɛ̃^{31}	ɕiɛ̃^{31}	tsɛ̃^{54}
灵丘	nɛe^{31}	ɕie^{31}	tsʰæ^{442}	sæ^{442}	tɕie^{442}	ie^{31}	ɕie^{31}	tsæ^{442}
浑源	nɛe^{52}	ɕiɛ^{22}	tsʰæ^{22}	sæ^{52}	tɕiɛ^{52}	iɛ^{22}	ɕiɛ^{22}	tsæ^{52}
云州	nɛi^{55}	ɕiɛ^{312}	tʂʰæ^{21}	sæ^{21}	tɕie^{21}	iɛ^{312}	ɕiɛ^{312}	tsæ^{55}
新荣	nɛe^{54}	ɕiᴇ^{312}	tʂʰæ^{32}	sæ^{32}	tɕiᴇ^{32}	iᴇ^{312}	ɕiᴇ^{312}	tsæ^{54}
怀仁	nɛe^{312}	ɕiæ^{312}	tsʰæ^{42}	sæ^{42}	tɕiæ^{42}	iæ^{312}	ɕiæ^{312}	tsæ^{53}
左云	nɛi^{313}	ɕiɛ^{313}	tsʰæ^{31}	sæ^{31}	tɕiɛ^{31}	iɛ^{313}	ɕiɛ^{313}	tsæ^{54}
右玉	——	ɕiɛ^{212}	tsʰæ^{31}	sæ^{31}	tɕiɛ^{31}	iɛ^{212}	ɕiɛ^{212}	tsæ^{53}
阳高	——	ɕiɛ^{312}	tsʰɛ^{312}	sɛ^{53}	tɕiɛ^{31}	iɛ^{312}	ɕiɛ^{312}	tsɛ^{53}
山阴	nɛə^{313}	ɕiᴇ^{313}	tsʰæ^{313}	sæ^{313}	tɕiᴇ^{313}	iᴇ^{313}	ɕiᴇ^{313}	tsæ^{52}

续表

字目	癌	咸~鱼	搀~扶	衫	监~狱	岩	衔	斩
中古音 / 方言点	五咸 咸开二 平咸疑	胡谗 咸开二 平咸匣	楚衔 咸开二 平衔初	所衔 咸开二 平衔生	古衔 咸开二 平衔见	五衔 咸开二 平衔疑	户监 咸开二 平衔匣	侧减 咸开二 上豏庄
天镇	——	çiæ^{22}	tsʰæ^{31}	sæ^{55}	tçiæ^{31}	iæ^{22}	çiæ^{22}	tsæ^{55}
平定	ŋɛe^{53}	çiæ̃^{44}	tsʰæ̃^{31}	sæ̃^{31}	tçiæ̃^{31}	iæ̃^{44}	çiæ̃^{44}	tsæ̃^{53}
昔阳	ɛe^{33}	çiæ̃^{33}	tʂʰæ̃^{42}	sæ̃^{42}	tçiæ̃^{42}	iæ̃^{33}	çiæ̃^{33}	tsæ̃^{55}
左权	——	çiɛ^{11}	tsʰæ^{31}	sæ^{31}	tçiɛ^{31}	iɛ^{11}	çiɛ^{11}	tsæ^{42}
和顺	——	çiɛ^{22}	tsʰæ^{42}	sæ^{42}	tçiɛ^{13}	iɛ^{22}	çiɛ^{22}	tsæ^{53}
尧都	ŋɑi^{53}	çiæ̃^{21}	tʂʰæ̃^{21}	ʂæ̃^{21}	tçiæ̃^{21}	iæ̃^{21}	çiæ̃^{24}	tʂæ̃^{53}
洪洞	ŋɑi^{24}	xɑn^{24} 白 / çiɑn^{24} 文	tsʰye^{21} 白 / tsʰɑn^{21} 文	sɑn^{21}	tçiɑn^{21}	iɑn^{24}	xɑn^{24} 白 / çiɑn^{24} 文	tsɑn^{42}
洪洞赵城	ŋɑi^{24}	xɑ̃^{24} 白 / çiɑ̃^{24} 文	tsʰɑ̃^{21} 白 / tsʰɛ^{21} 文	sɑ̃^{21}	tçiɑ̃^{21}	iɑ̃^{24}	çiɑ̃^{24}	tsɑ̃^{42}
古县	ŋɑi^{21}	xan^{35} 白 / çian^{35} 文	tsʰɛ^{21} 白 / tsʰan^{21} 文	san^{21}	tçian^{21}/ tçian^{53}	ian^{35}	xan^{35} 白 / çian^{35} 文	tsan^{42}
襄汾	ŋai^{24}	xan^{24}/çian^{24}	tsʰan^{24}	san^{21}	tçian^{21}	ian^{24}	xan^{24}	tsan^{42}
浮山	ŋai^{13}	çiãĩ^{13}	tsʰãĩ^{13}	sãĩ^{42}	tçiãĩ^{42}	iãĩ^{13}	xiãĩ^{13}	tsãĩ^{33}
霍州	ŋai^{35}	xaŋ^{35}	tʂʰaŋ^{35}	saŋ^{212}	tçiaŋ^{212}	iaŋ^{35}	çiaŋ^{35}	tʂaŋ^{33}
翼城	——	çiɛɪ^{12}	tʂʰæ̃^{53}	ʂæ^{53}	tçiɛɪ^{53}	iɛɪ^{12}	çiɛɪ^{12}	tsæ̃^{44}
闻喜	——	xæ^{13} 白 / çiæ^{13} 文	tsʰæ^{53}	sæ^{53}	tçiæ^{53}	iæ^{13}	çiæ^{13}	tsæ^{33}
侯马	ŋæ^{213}	çiæ̃^{213}	tsʰæ̃^{213}	ʂæ̃^{213}	tçiæ̃^{213}	iæ̃^{213}	çiæ̃^{213}	tʂæ̃^{44}
新绛	ŋaɛ^{13}	xã^{13}	tsʰã^{13}	sã^{53}	tçiã^{53}	ȵiã^{13} 白 / iã^{13} 文	çiã^{13}	tʂã^{44}
绛县	ŋɑi^{24}	xæ^{24}	tʂʰæ^{24}	ʂæ^{24}	tçiæ^{53}	iæ^{24}	çæ^{24}	tʂæ^{33}
垣曲	ŋai^{22}	xæ̃^{22} 白 / çiæ̃^{22} 文	tsʰæ̃^{53}	sæ̃^{22}	tçiæ̃^{53}	iæ̃^{22}	çiæ̃^{22}	tsæ̃^{44}
夏县	ŋæe^{42}	xæ^{42}	tʂʰæ^{53}	ʂæ^{53}	tçiæ^{53}	iæ^{42}	xæ^{42}	tʂæ^{24}
万荣	ŋai^{213}	xæ^{213} 白 / çiæ^{213} 文	tsʰæ^{51}	sæ^{51}	tçiæ^{51}	ȵiæ^{213}	xæ^{213}	tsæ^{55}
稷山	ŋai^{13}	xɑ̃^{13} 白 / çiɑ̃^{13} 文	tʂʰɑ̃^{53}	ʂɑ̃^{53}	tçiɑ̃^{53}	iɑ̃^{13}	çiɑ̃^{13}	tʂɑ̃^{44}
盐湖	ŋei^{13}	xæ̃^{13} 白 / çiæ̃^{13} 文	tsʰæ̃^{42}	sæ̃^{42}	tçiæ̃^{42}	iæ̃^{13}	çiæ̃^{13}	tʂæ̃^{53}
临猗	ŋai^{13}	xæ̃^{13} 白 / çiæ̃^{13} 文	tsʰæ̃^{42}	sæ̃^{42}	tçiæ̃^{42}	iæ̃^{13}	çiæ̃^{13}	tʂæ̃^{53}

续表

字目	癌	咸~鱼	搀~扶	衫	监~狱	岩	衔	斩
中古音 / 方言点	五咸 咸开二 平咸疑	胡谗 咸开二 平咸匣	楚衔 咸开二 平衔初	所衔 咸开二 平衔生	古衔 咸开二 平衔见	五衔 咸开二 平衔疑	户监 咸开二 平衔匣	侧减 咸开二 上豏庄
河津	ŋai³²⁴	xaŋ³²⁴ 白 / ɕiæ̃³²⁴ 文	tʂʰa³¹ 白 / tsʰæ̃³¹ 文	saŋ³¹ 白	tɕiæ̃³¹	iæ̃³²⁴	ɕiaŋ³²⁴ 白 / ɕiæ̃³²⁴ 文	tsæ⁵³
平陆	ŋai¹³	xan¹³ 白 / ɕian¹³ 文	tsʰan³¹	san³¹	tɕian³¹	ian¹³	ɕian¹³	tsan⁵⁵
永济	ŋai²⁴	xæ̃ ²⁴ 白 / ɕiæ̃ ²⁴ 文	tʂʰæ̃³¹	ʂæ̃³¹	tɕiæ̃ ³¹	iæ̃ ²⁴	ɕiæ̃ ²⁴	tʂæ̃⁵³
芮城	ŋai¹³	xæ̃¹³ 白 / ɕiæ̃¹³ 文	tsʰæ̃⁴²	sæ̃⁴²	tɕiæ̃⁴²	iæ̃¹³	ɕiæ̃¹³	tsæ̃⁵³
吉县	ŋai¹³	xæ̃¹³ 白 / ɕiæ̃¹³ 文	tsʰæ̃⁴²³	sæ̃⁴²³	tɕiæ̃⁴²³	iæ̃¹³	xæ̃¹³ 白 / ɕiæ̃¹³ 文	tsæ̃⁵³
乡宁	ai¹²	xæ¹² 白 / ɕiæ¹² 文	tʂʰæ⁵³	sæ⁵³	tɕiæ⁵³	iæ¹²	——	tsæ⁴⁴
广灵	nɛe³¹	ɕiæ³¹	tsʰæ⁵³	sæ⁵³	tɕiæ⁵³	iæ³¹	ɕiæ³¹	tsæ⁴⁴

字目	减	碱	舰	站~立	赚	站车~	蘸	陷
中古音 / 方言点	古斩 咸开二 上豏见	古斩 咸开二 上豏见	胡黤 咸开二 上槛匣	陟陷 咸开二 去陷知	伫陷 咸开二 去陷澄	伫陷 咸开二 去陷澄	庄陷 咸开二 去陷庄	户韽 咸开二 去陷匣
北京	tɕiɛn^{214}	tɕiɛn^{214}	tɕiɛn^{51}	tʂan^{51}	tʂuan^{51}	tʂan^{51}	tʂan^{51}	ɕiɛn^{51}
小店	tɕiæ^{53}	tɕiæ^{53}	tɕiæ^{24}	tsæ^{24}	tsuæ^{24}	tsæ^{24}	tsæ^{24}	ɕiæ^{24}
尖草坪	tɕie^{312}	tɕie^{312}	tɕie^{35}	tsæ^{35}	tsuæ^{35}	tsæ^{35}	tsæ^{35}	ɕie^{35}
晋源	tɕiæ^{42}	tɕiæ^{42}	tɕiæ^{35}	——	——	——	——	ɕiæ^{35}
阳曲	tɕiɛ^{312}	tɕiɛ^{312}	tɕiɛ^{454}	tsæ^{454}	tsuæ^{454}	tsæ^{454}	tsæ^{454}	ɕiɛ^{454}
古交	tɕiɛ^{312}	tɕiɛ^{312}	tɕiɛ^{53}	tsɛ^{53}	tsuɛ^{53}	tsɛ^{53}	tsɛ^{53}	ɕiɛ^{53}
清徐	tɕiɛ^{54}	tɕiɛ^{54}	tɕiɛ^{45}	tsɛ^{45}	tsuɛ^{45}	tsɛ^{45}	tsɛ^{45}	ɕiɛ^{45}
娄烦	tɕiɛ^{312}	tɕiɛ^{312}	tɕiɛ^{54}	tsæ^{54}	pfæ^{54}	tsæ^{54}	tsæ^{54}	ɕiɛ^{54}
榆次	tɕie^{53}	tɕie^{53}	tɕie^{35}	tsæ^{35}	tsuæ^{35}	tsæ^{35}	tsæ^{35}	ɕie^{35}
交城	tɕiã^{53}	tɕiã^{53}	tɕiã^{24}	tsã^{24}	tsuã^{24}	tsã^{24}	tsã^{24}	ɕiã^{24}
文水	tɕiæ̃ĩ^{423}	tɕiaŋ^{423}	tɕiæ̃ĩ^{35}	tsaŋ^{35}	tsuaŋ^{35}	tsaŋ^{35}	tsaŋ^{35}	ɕiaŋ^{35}
祁县	tɕiɑ̃^{314}	tɕiɑ̃^{314}	tɕiɑ̃^{45}	tsɑ̃^{45}	tsuə̃^{45}	tsɑ̃^{45}	tsɑ̃^{45}	ɕiɑ̃^{45}
太谷	tɕiẽĩ^{312}	tɕiẽĩ^{312}	tɕiẽĩ^{53}	tsɑ̃^{53}	tsuẽĩ^{53}	tsɑ̃^{53}	tsɑ̃^{53}	ɕiẽĩ^{53}
平遥	tɕiɑ̃^{512}	tɕiɑ̃^{512}	tɕĩɛ^{24}	tsɑ̃^{24}	tsũɑ^{24}	tsɑ̃^{24}	tsɑ̃^{24}	ɕiɑ̃^{24}
孝义	tɕiã^{312}	tɕiã^{312}	tɕiã^{454}	tsã^{454}	tsuã^{454}	tsã^{454}	tsã^{454}	ɕiã^{454}
介休	tɕiɛ̃^{423}	tɕiɛ̃^{423}	tɕiɛ̃^{45}	tsæ̃^{45}	tsuæ̃^{45}	tsæ̃^{45}	tsæ̃^{45}	ɕiɛ̃^{45}
灵石	tɕie^{212}	tɕie^{212}	tɕie^{53}	tsɒ̃^{53}	tsuɒ̃^{53}	tsɒ̃^{53}	tsɒ̃^{53}	ɕie^{53}
盂县	tɕiæ̃^{53}	tɕiæ̃^{53}	tɕiæ̃^{55}	tsæ̃^{55}	tsuæ̃^{55}	tsæ̃^{55}	tsæ̃^{55}	xæ̃^{55} 白 / ɕiæ̃^{55} 文
寿阳	tɕiɪ^{53}	tɕiɪ^{53}	tɕiɪ^{45}	tsæ^{45}	tsuæ^{45}	tsæ^{45}	tsæ^{45}	ɕiɪ^{45}
榆社	tɕie^{312}	tɕie^{312}	tɕie^{45}	tsa^{45}	tsua^{45}	tsa^{45}	tsa^{45}	ɕie^{45}
离石	tɕiæ^{312}	tɕiæ^{312}	tɕiɪ^{53}	tsæ^{53}	tsuæ^{53}	tsæ^{53}	tsæ^{53}	ɕiɪ^{312}
汾阳	tɕiã^{312}	tɕiã^{312}	tɕiã^{55}	tsã^{55}	tʂuã^{55}	tsã^{55}	tsã^{55}	nziã^{55} 白 / ɕiã^{55} 文
中阳	tɕie^{423}	tɕie^{423}	tɕie^{53}	tsæ^{53}	tʂuæ^{53}	tsæ^{53}	tsæ^{53}	ɕie^{423}
柳林	tɕie^{312}	tɕie^{312}	tɕie^{53}	tsæ^{53}	tsuæ^{53}	tsæ^{53}	tsæ^{53}	xæ^{53}
方山	tɕiɛ^{312}	tɕiɛ^{312}	tɕiɛ^{52}	tsæ^{52}	tsuæ^{52}	tsæ^{52}	tsæ^{52}	ɕiɛ^{52}
临县	tɕie^{312}	tɕie^{312}	tɕie^{52}	tsæ^{52}	tsʮə^{52}	tsæ^{52}	tsæ^{52}	ɕie^{52}
兴县	——	tɕiæ̃^{324}	tɕiæ̃^{53}	tsæ̃^{53}	——	tsæ̃^{53}	——	xe^{53} 白 / ɕie^{53} 文
岚县	tɕiaŋ^{312}	tɕiaŋ^{312}	tɕiaŋ^{53}	tsaŋ^{53}	tsuaŋ^{53}	tsaŋ^{53}	tsaŋ^{53}	xẽ^{53} 白 / ɕiẽ^{53} 文
静乐	tɕiæ̃^{314}	tɕiæ̃^{314}	tɕiæ̃^{53}	tsæ̃^{53}	tsuæ̃^{53}	tsæ̃^{53}	tsæ̃^{53}	ɕiæ̃^{53}

续表

字目	减	碱	舰	站~立	赚	站车~	蘸	陷
中古音 / 方言点	古斩 咸开二 上豏见	古斩 咸开二 上豏见	胡黤 咸开二 上槛匣	陟陷 咸开二 去陷知	伫陷 咸开二 去陷澄	伫陷 咸开二 去陷澄	庄陷 咸开二 去陷庄	户韽 咸开二 去陷匣
交口	tɕiã^{323}	tɕiã^{323}	tɕiã^{53}	tsã^{53}	tʰuã^{44}/tsuã^{53}	tsã^{53}	tsã^{53}	xã^{53}白 / ɕiã^{53}文
石楼	tɕiaŋ^{213}	tɕiaŋ^{213}	tɕiaŋ^{51}	tsaŋ^{51}	tʂuaŋ^{51}	tsaŋ^{51}	tsaŋ^{51}	ɕiaŋ^{51}
隰县	tɕiaŋ^{21}	tɕiaŋ^{21}	tɕiɛ^{44}	tsæ^{44}	tsuæ^{44}	tsæ^{44}	tsæ^{44}	ɕiɛ^{44}
大宁	tɕiẽ^{31}	tɕiẽ^{31}	——	tsẽ^{55}	tuẽ^{24}白 / tʂuẽ^{55}文	——	tsẽ^{55}	ɕiẽ^{55}
永和	tɕiã^{312}	tɕiã^{312}	tɕiã^{53}	tsã^{53}	tsuɛi^{53}白 / tsuã^{53}文	tsã^{53}	tsã^{53}	ɕiã^{53}
汾西	tɕiã^{33}	tiã^{33}	tɕiã^{55}	tsã^{53}	suã^{53}白	——	tsã^{55}	ɕiã^{55}文
蒲县	tɕiæ̃^{31}	tiæ̃^{31}白 / tɕiæ̃^{31}文	tɕiæ̃^{33}	tsæ̃^{33}	tʂuæ̃^{33}	tsæ̃^{33}	tsæ̃^{33}	ɕiæ̃^{33}
潞州	tɕiaŋ^{535}	tɕiaŋ^{535}	tɕiaŋ^{54}	tsaŋ^{44}	tsuaŋ^{44}	tsaŋ^{44}	tsaŋ^{44}	ɕiaŋ^{54}
上党	tɕiaŋ^{535}	tɕiaŋ^{535}	tɕiaŋ^{42}	tsaŋ^{42}	tsuaŋ^{42}	tsaŋ^{42}	tsaŋ^{22}	ɕiaŋ^{42}
长子	tɕiæ̃^{434}	tɕiæ̃^{434}	tɕiæ̃^{53}	tsæ̃^{53}	tsuæ̃^{53}	tsæ̃^{53}	tsæ̃^{422}	ɕiæ̃^{422}
屯留	tɕiæ̃^{43}	tɕiæ̃^{43}	tɕiæ̃^{53}	tsæ̃^{11}	tsuæ̃^{11}	tsæ̃^{11}	tsæ̃^{53}	ɕiæ̃^{53}
襄垣	tɕiei^{42}	tɕiei^{42}	tɕiei^{53}	tsæ^{45}	tsuæ^{45}	tsæ^{45}	tsæ^{45}	ɕiei^{53}
黎城	ciæ^{213}	tɕiæ^{213}	ciæ^{53}	tsæ^{53}	tɕyæ^{53}	tsæ^{53}	tsæ^{53}	çiæ^{53}
平顺	tɕiæ̃^{434}	tɕiæ̃^{434}	tɕiæ̃^{53}	tɕæ̃^{53}	tsuæ̃^{53}	tɕæ̃^{53}	tɕæ̃^{53}	ɕiæ̃^{53}
壶关	ciaŋ^{535}	ciaŋ^{535}	ciaŋ^{353}	tʂaŋ^{353}	tʂuaŋ^{353}	tʂaŋ^{353}	tʂaŋ^{353}/tʂaŋ^{42}	çiaŋ^{353}
沁县	tɕi^{214}	tɕi^{214}	tɕi^{53}	——	tsuæ^{53}	tsæ^{53}	tsæ^{53}	ɕi^{53}
武乡	tsei^{113}	tsei^{113}	tsei^{55}	tsæ^{55}	tsuæ^{55}	tsæ^{55}	tsæ^{55}	sei^{55}
沁源	tɕiæ̃^{324}	tɕiæ̃^{324}	tɕiæ̃^{53}	tsæ̃^{53}	tʂuæ̃^{53}	tsæ̃^{53}	tsæ̃^{53}	ɕiæ̃^{53}
安泽	tɕiæ^{42}	tɕiæ^{42}	tɕiæ^{53}	tsæ^{53}	tsuæ^{53}	tsæ^{53}	tsæ^{53}	ɕiæ^{53}
沁水端氏	kei^{31}	kei^{31}	tɕiɛ^{53}	tsæ^{53}	tsuæ^{53}	tsæ^{53}	tsæ^{53}	sei^{53}
阳城	ciɛ^{212}	ciɛ^{212}	ciɛ^{51}	tse^{51}	tʂuɛ^{51}	tʂɛ^{51}	tʂɛ^{51}	çiɛ^{51}
高平	ciæ̃^{212}	ciæ̃^{212}	tɕiæ̃^{33}	tʂæ̃^{53}	tʂuæ̃^{53}	tʂæ̃^{53}	tʂæ̃^{53}	ɕiæ̃^{53}
陵川	ciə̃ĩ^{312}	ciə̃ĩ^{312}	ciə̃ĩ^{24}	tʂã^{24}	tʂuã^{24}	tʂã^{24}	tʂã^{24}	çiə̃ĩ^{24}
晋城	tɕiɛ^{213}	tɕiɛ^{324}	tɕiɛ^{53}	tʂæ^{53}	tʂuæ^{53}	tʂæ^{53}	tʂæ^{53}	ɕiɛ^{53}
忻府	tɕiẽ^{313}	tɕiẽ^{313}	tɕiẽ^{53}	tsã^{53}	tsuã^{53}	tsã^{53}	tsã^{53}	xiẽ^{53}
原平	tɕiẽ^{213}	tɕiẽ^{213}	tɕiẽ^{53}	tsẽ^{53}	tsuẽ^{53}	tsẽ^{53}	tsẽ^{53}	xẽ^{53}白 / xiẽ^{53}文
定襄	tɕiæ^{24}	tɕiæ^{24}	tɕiɔ̃^{53}	tsæ^{53}	tsuɔ̃^{53}	tsæ^{53}	tsæ^{53}	ɕiɔ̃^{53}
五台	tɕiæn^{213}	tɕiæn^{213}	tɕiɔ̃^{52}	tsæn^{52}	tsuæn^{52}	tsæn^{52}	tsæn^{52}	ɕiæn^{52}

续表

字目	减	碱	舰	站~立	赚	站车~	蘸	陷
中古音 方言点	古斩 咸开二 上豏见	古斩 咸开二 上豏见	胡黤 咸开二 上槛匣	陟陷 咸开二 去陷知	伫陷 咸开二 去陷澄	伫陷 咸开二 去陷澄	庄陷 咸开二 去陷庄	户韽 咸开二 去陷匣
岢岚	tɕiɛ^{13}	tɕiɛ^{13}	tɕiɛ^{52}	tsæ^{52}	tʂuæ^{52}	tsæ^{52}	tsæ^{52}	ɕiɛ^{52}
五寨	tɕiɪ^{13}	tɕiɪ^{13}	tɕiɪ^{52}	tsæ^{52}	tsuæ^{52}	tsæ^{52}	tsæ^{52}	ɕiɪ^{52}
宁武	tɕiɛ^{213}	tɕiɛ^{213}	tɕiɛ^{52}	tsæ^{52}	tsuæ^{52}	tsæ^{52}	tsæ^{52}	——
神池	tɕie^{13}	tɕie^{13}	tɕie^{52}	tsæ^{52}	tsuæ^{52}	tsæ^{52}	tsæ^{52}	ɕie^{52}
繁峙	tɕiɛ^{53}	tɕiɛ^{53}	tɕiɛ^{24}	tsɛ^{24}	tsuɛ^{24}	tsɛ^{24}	tsɛ^{24}	ɕiɛ^{24}
代县	tɕie^{213}	tɕie^{213}	tɕie^{53}	tsɛ^{53}	tsuɛ^{53}	tsɛ^{53}	tsɛ^{53}	ɕie^{53}
河曲	tɕiɛ^{213}	tɕiɛ^{213}	tɕiɛ^{52}	tsæ^{52}	tʂuæ^{52}	tsæ^{52}	tsæ^{52}	ɕie^{52}
保德	tɕiɑŋ^{213}	tɕiɑŋ^{213}	tɕiɑŋ^{52}	tsɑŋ^{52}	tʂuɑŋ^{52}	tsɑŋ^{52}	tsɑŋ^{52}	ɕiɑŋ^{52}
偏关	tɕiɪ^{213}	tɕiɪ^{213}	tɕiɪ^{52}	tsæ^{52}	tʂuæ^{52}	tsæ^{52}	tsæ^{52}	ɕiɪ^{52}
朔城	tɕiɛ^{312}	tɕiɛ^{312}	tɕiɛ^{53}	tsæ^{53}	tsuæ^{53}	——	tsæ^{53}	ɕiɛ^{53}
平鲁	tɕiᴇ^{213}	tɕiᴇ^{213}	tɕiᴇ^{52}	tsæ^{52}	tsuæ^{52}	tsæ^{52}	tsæ^{52}	ɕiᴇ^{52}
应县	tɕiɛ̃^{54}	tɕiɛ̃^{54}	tɕiɛ̃^{24}	tsɛ̃^{24}	tsuɛ̃^{24}	——	mɛ̃i^{24}/tsɛ̃^{24}	ɕiɛ̃^{24}
灵丘	tɕie^{442}	tɕie^{442}	tɕie^{53}	tsæ^{53}	tsuæ^{53}	tsæ^{53}	tsæ^{53}	ɕie^{53}
浑源	tɕiɛ^{52}	tɕiɛ^{52}	tɕiɛ^{13}	tsæ^{22}	tsuæ^{13}	tsæ^{22}	tsæ^{22}	ɕiɛ^{13}
云州	tɕiɛ^{55}	tɕiɛ^{55}	tɕiɛ^{24}	tsæ^{24}	tʂuæ^{24}	tsæ^{24}	tsæ^{24}	ɕiɛ^{24}
新荣	tɕiᴇ^{54}	tɕiᴇ^{54}	tɕiᴇ^{24}	tʂæ^{24}	tsuæ^{24}	tʂæ^{24}	tʂæ^{24}	ɕiᴇ^{24}
怀仁	tɕiæ^{53}	tɕiæ^{53}	tɕiæ^{24}	tsæ^{24}	tsuæ^{24}	tsæ^{24}	tsæ^{24}	ɕiæ^{24}
左云	tɕiɛ^{54}	tɕiɛ^{54}	tɕiɛ^{24}	tsæ^{24}	tsuæ^{24}	tsæ^{24}	tsæ^{24}	ɕiɛ^{24}
右玉	tɕiɛ^{53}	tɕiɛ^{53}	tɕiɛ^{24}	tsæ^{24}	tʂuæ^{24}	——	tsæ^{24}	ɕiɛ^{24}
阳高	tɕiɛ^{53}	tɕiɛ^{53}	tɕiɛ^{24}	tsɛ^{24}	tsuɛ^{24}	tsɛ^{24}	tsɛ^{24}	ɕiɛ^{24}
山阴	tɕiᴇ^{52}	tɕiᴇ^{52}	tɕiᴇ^{335}	tsæ^{335}	tʂuæ^{335}	——	tsæ^{335}	ɕiᴇ^{335}
天镇	tɕiæ^{55}	——	tɕiæ^{24}	tsæ^{24}	tsuæ^{24}	tsæ^{24}	tsæ^{24}	ɕiæ^{24}
平定	tɕiæ̃^{53}	tɕiæ̃^{53}	tɕiæ̃^{24}	tsæ̃^{24}	tsuæ̃^{24}	tsæ̃^{24}	tsæ̃^{24}	ɕiæ̃^{24}
昔阳	tɕiæ̃^{55}	tɕiæ̃^{55}	tɕiæ̃^{13}	tʂæ̃^{13}	tsuæ̃^{13}	tʂæ̃^{13}	tsæ̃^{13}	ɕiæ̃^{55}
左权	tɕiɛ^{42}	tɕiɛ^{42}	tɕiɛ^{53}	tsæ^{53}	tsuæ^{53}	tsæ^{53}	tsæ^{53}	ɕiɛ^{53}
和顺	tɕiɛ^{53}	tɕiɛ^{53}	tɕiɛ^{13}	tsæ^{13}	tsuæ^{13}	tsæ^{13}	tsæ^{13}	ɕiɛ^{13}
尧都	tɕiæ̃^{53}	tɕiæ̃^{53}	tɕiæ̃^{53}	tʂæ̃^{44}	tʰuæ̃^{44} 白 / tʂuæ̃^{44} 文	tʂæ̃^{44}	tʂæ̃^{44}	ɕiæ̃^{44}
洪洞	tɕiɑn^{42}	tiɑn^{42} 白 / tɕiɑn^{42} 文	tɕiɑn^{33}	tsɑn^{33}	tʰuɑn^{24} 白 / tʂuɑn^{33} 文	tsɑn^{33}	tsɑn^{33}	ɕiɑn^{42}
洪洞赵城	tɕiɑ̃^{42}	tɕiɑ̃^{42}	tɕiɑ̃^{53}	tsɑ̃^{24}	tʂuɑ̃^{53}	tʂɑ̃^{53}	tsɑ̃^{24}	ɕiɑ̃^{53}

续表

字目	减	碱	舰	站~立	赚	站车~	蘸	陷
中古音 / 方言点	古斩 咸开二 上豏见	古斩 咸开二 上豏见	胡黤 咸开二 上槛匣	陟陷 咸开二 去陷知	伫陷 咸开二 去陷澄	伫陷 咸开二 去陷澄	庄陷 咸开二 去陷庄	户韽 咸开二 去陷匣
古县	tɕian^{42}	——	tɕian^{53}	tsan^{35}	tʰuan^{35} 白 / tʂuan^{53} 文	——	tsan^{35}	ɕian^{53}
襄汾	tɕian^{42}	tian^{42}	tɕian^{44}	tʂan^{44}	tʰuan^{24}/ tʂuan^{53}	tʂan^{44}	tsan^{44}	ɕian^{44}
浮山	tɕiãĩ^{33}	tiãĩ^{33}	tɕiãĩ^{44}	tʂãĩ^{44}	tʂʰuãĩ^{53} 文	tʂãĩ^{44}	tsãĩ^{44}	ɕiãĩ^{44}
霍州	tɕiaŋ^{33}	tɕiaŋ^{33}	tɕiaŋ^{53}	tsaŋ^{53}	tsɔ^{55}	tsaŋ^{53}	tsaŋ^{55}	ɕiaŋ^{53}
翼城	tɕiɛɪ^{44}	tɕiɛɪ^{44}	tɕiɛɪ^{53}	tʂæ̃^{53}	tʂuæ̃^{53}	tʂæ̃^{53}	tʂæ̃^{53}	ɕiɛɪ^{53}
闻喜	tɕiæ^{33}	tɕiæ^{33}	——	tsæ^{53}	pfæ^{13} 白 / tsæ^{13} 文 / tuæ^{33}	tsæ^{53}	——	ɕiæ^{13}
侯马	tɕiæ̃^{44}	tɕiæ̃^{44}	tɕiæ̃^{53}	tʂæ̃^{53}	tʂʰuæ̃^{53}	tsʰæ̃^{53}	tsʰæ̃^{53}	ɕiæ̃^{53}
新绛	tɕiã^{44}	tɕiã^{44}	tɕiã^{53}	tʂã^{53}	pfã^{53}	tʂã^{53}	tsã^{53}	ɕiã^{53}
绛县	tɕiæ^{24}	tɕiæ^{33}	tɕiæ^{53}	tʂæ^{53}	pfæ^{53}	tʂæ^{53}	tʂʰæ^{31}	ɕiæ^{31}
垣曲	tɕiæ̃^{44}	tɕiæ̃^{44}	tɕiæ̃^{53}	tsæ̃^{53}	tʂuæ̃^{53}	tsæ̃^{53}	tʂæ̃^{53}	ɕiæ̃^{53}
夏县	tɕiæ^{24}	tɕiæ^{24}	tɕiæ^{31}	tʂæ^{31}	pfæ^{31} 白 / tʂuæ^{31} 文	tʂæ^{31}	tʂæ^{31}	ɕiæ^{31}
万荣	tɕiæ^{55}	tɕiæ^{55}	tɕiæ^{33}	tsæ^{33}	pfæ^{33}	tsæ^{33}	tsæ^{33}	ɕiæ^{33}
稷山	tɕiɑ̃^{44}	tɕiɑ̃^{44}	tɕiɑ̃^{42}	tʂɑ̃^{42}	pfɑ̃^{42} 白 / tʂuɑ̃^{42} 文	tʂɑ̃^{42}	tʂɑ̃^{42}	ɕiɑ̃^{42}
盐湖	tɕiæ̃^{53}	tɕiæ̃^{53}	tɕiæ̃^{44}	tʂæ̃^{44}	——	tʂæ̃^{44}	tsæ̃^{44}	ɕiæ̃^{44}
临猗	tɕiæ̃^{53}	tɕiæ̃^{53}	tɕiæ̃^{44}	tsæ̃^{44}	tʰuæ̃^{13} 白 / pfʰæ̃^{44} 白 / tʂuæ̃^{44} 文	tsæ̃^{44}	tsæ̃^{44}	ɕiæ̃^{44}
河津	tɕiæ̃^{53}	tʂaŋ^{53} 白 / tɕiæ̃^{53} 文	——	tsæ̃^{44}	pfʰæ̃^{44}	tsæ̃^{44}	tʂaŋ^{44} 白	ɕiæ̃^{44}
平陆	tɕian^{55}	tɕian^{55}	tɕian^{33}	tsan^{33}	pfan^{33}/ tʰuan^{13}	tsan^{33}	tsan^{33}	ɕian^{33}
永济	tɕiæ̃^{53}	tɕiæ̃^{53}	tɕiei^{44}	tʂai^{44}	tɕiæ̃^{44}	tʂai^{44}	tʂæ̃^{44}	ɕiei^{44}
芮城	tɕiæ̃^{53}	tɕiæ̃^{53}	tɕiæ̃^{44}	tsæ̃^{44}	pfʰæ̃^{44} 白 / pfæ̃^{44} 文	tsæ̃^{44}	tsæ̃^{44}	ɕiæ̃^{44}
吉县	tɕiæ̃^{53}	——	tɕiæ̃^{33}	tsæ̃^{33}	——	tsæ̃^{33}	tsæ̃^{33}	ɕiæ̃^{33}
乡宁	tɕiæ^{44}	tɕiæ^{44}	tɕiæ^{22}	tʂæ^{22}	tʰuæ^{12} 白 / tʂuæ^{22} 文	tʂæ^{22}	tsæ^{22}	ɕiæ^{22}
广灵	tɕiæ^{44}	tɕiæ^{44}	tɕiæ^{213}	tsæ^{213}	tsuæ^{213}	tsæ^{213}	tsæ^{213}	ɕiæ^{213}

字目	馅	忏	鉴	扎~针	插	闸	炸油~	霎
中古音 / 方言点	乎韽 咸开二 去陷匣	楚鉴 咸开二 去鉴初	格忏 咸开二 去鉴见	竹洽 咸开二 入洽知	楚洽 咸开二 入洽初	士洽 咸开二 入洽崇	士洽 咸开二 入洽崇	山洽 咸开二 入洽生
北京	ɕiɛn^{51}	tʂʰan^{51}	tɕiɛn^{51}	tʂa^{55}	tʂʰa^{55}	tʂa^{35}	tʂa^{35}	ʂa^{51}
小店	ɕiæ^{24}	tsʰæ^{24}	tɕiæ^{24}	tsaʔ^{1}	tsʰaʔ^{1}	tsaʔ$^{\underline{54}}$	tsaʔ$^{\underline{54}}$	sɑ^{11}
尖草坪	ɕie^{35}	tsʰæ^{35}	tɕie^{35}	tsaʔ$^{\underline{43}}$	tsʰaʔ^{2}	tsaʔ$^{\underline{43}}$	tsaʔ$^{\underline{43}}$	tsa^{33}
晋源	ɕiæ^{35}	tsʰaŋ^{35}	tɕiæ^{35}	tsaʔ^{2}	tsʰaʔ^{2}	tsaʔ^{2}	tsaʔ^{2}	sa^{42}
阳曲	ɕiɛ^{454}	tsʰæ^{312}	tɕiɛ^{454}	tsaʔ^{4}	tsʰaʔ^{4}	tsaʔ$^{\underline{212}}$	tsaʔ$^{\underline{212}}$	saʔ$^{\underline{212}}$
古交	ɕiɛ^{53}	tsʰɛ^{53}	tɕiɛ^{53}	tsaʔ^{4}	tsʰaʔ^{4}	tsaʔ$^{\underline{312}}$	tsaʔ$^{\underline{312}}$	sɑ^{53}
清徐	ɕiɛ^{45}	tsʰɛ^{45}	tɕiɛ^{45}	tsaʔ^{1}	tsʰaʔ^{1}	tsaʔ$^{\underline{54}}$	tsɒ^{45}	——
娄烦	xæ^{54}	tsʰæ^{54}	tɕiɛ^{54}	tsaʔ^{3}	tsʰaʔ^{3}	tsaʔ^{3}	tsaʔ$^{\underline{21}}$	saʔ^{3}
榆次	ɕie^{35}	tsʰæ^{35}	tɕie^{35}	tsaʔ^{1}	tsʰɒ^{11}	tsaʔ^{1}	tsɒ^{35}	saʔ^{1}
交城	xã^{24} 白 / ɕiã^{24} 文	tsʰɒ̃^{24}	tɕiã^{24}	tsaʔ^{1}	tsʰaʔ^{1}	tsaʔ$^{\underline{53}}$	tsaʔ$^{\underline{53}}$	sɑ^{24}
文水	ɕiaŋ^{35}	tsʰæĩ^{35}	tɕiæĩ^{35}	tsaʔ^{2}	tsʰaʔ^{2}	tsaʔ$^{\underline{312}}$	saʔ$^{\underline{312}}$ 白 / tsaʔ$^{\underline{312}}$ 文	sa^{423}
祁县	ɕiɑ̃^{45}	tsʰɑ̃^{45}	tɕiɑ̃^{45}	tsɑʔ$^{\underline{32}}$	tsʰɑʔ$^{\underline{32}}$	tsɑʔ$^{\underline{324}}$	tsɑʔ$^{\underline{324}}$	sɑʔ$^{\underline{32}}$
太谷	xɑ̃^{53} 白 / ɕiẽĩ^{33} 文	tsʰɑ̃^{53}	tɕiẽĩ^{53}	tsaʔ^{3}	tsʰaʔ^{3}	tsaʔ$^{\underline{423}}$	tsɒ^{312}	saʔ^{3}
平遥	ɕiɑ̃^{24}	——	tɕiɑ̃^{24}	tsʌʔ$^{\underline{523}}$	tsʰʌʔ$^{\underline{523}}$	tsʌʔ$^{\underline{523}}$	tsʌʔ$^{\underline{523}}$	——
孝义	ɕiã^{454}	tsʰã^{454}	tɕiã^{454}	tsaʔ^{3}	tsʰaʔ^{3}	tsaʔ$^{\underline{423}}$	saʔ$^{\underline{423}}$	sa^{312}
介休	ɕiɛ̃^{45}	tʂʰæ̃^{45}	tɕiɛ̃^{45}	tsʌʔ$^{\underline{12}}$	tsʰʌʔ$^{\underline{12}}$	tsʌʔ$^{\underline{312}}$	tsʌʔ$^{\underline{312}}$	sa^{45}
灵石	ɕie^{53}/xɒ̃^{53}	——	tɕie^{53}	——	tsʰaʔ^{4}	tsaʔ$^{\underline{212}}$	tsaʔ^{4}	——
盂县	ɕiæ̃^{55}	tsʰæ̃^{55}	tɕiæ̃^{55}	tsʌʔ^{2}	tsʰʌʔ^{2}	tsɑ^{53}	tsɑ^{55}	sɑ^{53}
寿阳	ɕiɪ^{45}	tsʰæ^{45}	tɕiɪ^{45}	tsaʔ$^{\underline{54}}$	tsʰaʔ^{2}	tsaʔ$^{\underline{54}}$	tsɑ^{22}	sɑ^{53}
榆社	ɕie^{45}	tsʰa^{45}	tɕie^{45}	tsaʔ^{2}	tsʰaʔ^{2}	tsaʔ$^{\underline{312}}$	tsaʔ$^{\underline{312}}$	——
离石	xæ^{53}	tsʰæ^{53}	tɕiɪ^{53}	tsɑʔ^{4}	tsʰɑʔ^{4}	tsɑ^{312}	tsʰɑʔ$^{\underline{23}}$	——
汾阳	ɕiã^{55}	tsʰã^{55}	tɕiã^{55}	tsaʔ^{2}	tsʰaʔ^{2}	tsaʔ$^{\underline{312}}$	tsaʔ$^{\underline{312}}$	sa^{55}
中阳	xæ^{53}	tsʰæ^{53}	tɕie^{53}	tsɑʔ^{4}	tsʰɑʔ^{4}	tsɑ^{423}	tsʰɑʔ$^{\underline{312}}$	——
柳林	xæ^{53}	tsʰæ^{53}	tɕie^{53}	tsɑʔ^{4}	tsʰɑʔ^{4}	tsɑ^{312}	tsʰɑʔ$^{\underline{423}}$	sɑ^{53}
方山	xæ^{52}	tsʰæ^{52}	tɕiɛ^{52}	tsɑʔ^{4}	tsʰɑʔ^{4}	tsa^{312}	tsʰɑʔ$^{\underline{23}}$	sa^{52}
临县	ɕie^{52}	tʂʰʅə^{52}	tɕie^{52}	tsaʔ^{3}	tsaʔ^{3}	tsa^{312}	tsa^{52}	——
兴县	xæ̃^{53} 白 / ɕiæ̃^{53} 文	——	——	tsaʔ^{5}	tsʰaʔ^{5}	tsᴀ^{324}	tsʰaʔ^{5}	——
岚县	xaŋ^{53}	tsʰẽ^{53}	tɕiaŋ^{53}	tsaʔ^{4}	tsʰaʔ^{4}	tsaʔ$^{\underline{312}}$ 白 / tsa^{312} 文	tsʰaʔ$^{\underline{312}}$	saʔ^{4}

续表

字目	馅	忏	鉴	扎~针	插	闸	炸油~	霎
中古音 / 方言点	乎韽 咸开二 去陷匣	楚鉴 咸开二 去鉴初	格忏 咸开二 去鉴见	竹洽 咸开二 入洽知	楚洽 咸开二 入洽初	士洽 咸开二 入洽崇	士洽 咸开二 入洽崇	山洽 咸开二 入洽生
静乐	ɕiæ̃^{53}	——	tɕiæ̃^{53}	tsaʔ^{4}	tsʰaʔ^{4}	tsaʔ$^{\underline{212}}$	tsaʔ$^{\underline{212}}$	——
交口	xɑ̃^{53} 白 / ɕiɑ̃^{53} 文	tsʰɑ̃^{53}	tɕiɑ̃^{53}	tsaʔ^{4}	tsʰaʔ^{4}	tsa^{323}	tsʰaʔ$^{\underline{212}}$	——
石楼	ɕiɑŋ^{51}	tʂʰɑŋ^{51}	tɕiɑŋ^{51}	tsʌʔ^{4}	tsʰʌʔ^{4}	tsa^{213}	tsʰʌʔ$^{\underline{213}}$	tʂuɑŋ^{51}
隰县	xæ^{44}	tsʰæ^{44}	tɕie^{44}	tsaʔ^{3}	tsʰaʔ^{3}	tsaʔ^{3}	tsʰaʔ^{3}	——
大宁	xɛ̃^{55}	——	tɕiɛ̃^{31}	tsɐʔ$^{\underline{31}}$	tsʰɐʔ$^{\underline{31}}$	tsɐʔ^{4}	tsʰɐʔ^{4}	——
永和	ɕiɑ̃^{53} 文	——	tɕiɑ̃^{53}	tsɐʔ$^{\underline{35}}$	tsʰɐʔ$^{\underline{312}}$	tsa^{53}	tsʰɐʔ$^{\underline{312}}$ 白 / tsɐʔ$^{\underline{312}}$ 文	——
汾西	ɕiɑ̃^{53} 文	tsʰɑ̃^{33}	——	tsɑ^{33}	tsʰɑ^{11}	tsɑ^{55}	tsɑ^{55}	sɑ^{33}
蒲县	xæ̃^{33} 白 / ɕiæ̃^{52} 文	tʂʰæ̃^{33}	tɕiæ̃^{33}	tsa^{31}	tsʰʌʔ$^{\underline{43}}$	tsʌʔ^{3}	tsʌʔ^{3}	ʂa^{52}
潞州	ɕiaŋ^{54}	tsʰaŋ^{44}	tɕiaŋ^{44}	tsʌʔ$^{\underline{53}}$	tsʰʌʔ$^{\underline{53}}$	tsa^{535}	tsʌʔ$^{\underline{53}}$	sʌʔ$^{\underline{53}}$
上党	ɕiɑŋ^{42}	tsɑŋ^{42}	tɕiɑŋ^{22}	tsɑʔ$^{\underline{21}}$	tsʰɑʔ$^{\underline{21}}$	tsɑʔ$^{\underline{21}}$	tsɑ^{22}	sɑʔ$^{\underline{21}}$
长子	ɕyæ̃^{53}	tsʰæ̃^{422}	tɕiæ̃^{422}	tsaʔ^{4}	tsʰaʔ^{4}	tsaʔ$^{\underline{212}}$/tsa^{24}	tsaʔ$^{\underline{212}}$	saʔ^{4}
屯留	ɕiæ̃^{11}	tsʰæ̃^{53}	tɕiæ̃^{53}	tsʌʔ^{1}	tsʰʌʔ^{1}	tsʌʔ$^{\underline{54}}$	tsʌʔ$^{\underline{54}}$	sʌʔ$^{\underline{54}}$
襄垣	ɕiei^{45}	——	tɕiei^{45}	tsʌʔ^{3}	tsʰʌʔ^{3}	tsʌʔ$^{\underline{43}}$	tsʌʔ$^{\underline{43}}$	——
黎城	ɕyæ^{53}	tsʰæ^{53}	ciæ^{53}	tsʌʔ^{2}	tsʰʌʔ^{2}	tsʌʔ$^{\underline{31}}$	tsʌʔ$^{\underline{31}}$	sa^{53}
平顺	ɕʰiæ̃^{53}	tsʰæ̃^{53}	tɕiæ̃^{53}	tsʌʔ$^{\underline{212}}$	tsʰʌʔ$^{\underline{212}}$	tsʌʔ$^{\underline{423}}$	tsa^{53}	sʌʔ$^{\underline{212}}$
壶关	çiaŋ^{353}	tʂaŋ^{42}	ciaŋ^{42}	tʂʌʔ^{2}	tʂʰʌʔ^{2}	tʂʌʔ$^{\underline{21}}$	tʂa^{42}	ʂʌʔ^{2}
沁县	ɕi^{53}	——	tɕi^{224}	tsaʔ$^{\underline{31}}$	tsʰaʔ$^{\underline{31}}$	tsaʔ$^{\underline{212}}$	tsaʔ$^{\underline{31}}$	saʔ$^{\underline{31}}$
武乡	sei^{55}	——	——	tsʌʔ^{3}	tsʰʌʔ^{3}	tsa^{213}	tsa^{55}	sʌʔ^{3}
沁源	ɕiæ̃^{53}	tʂʰæ̃^{53}	tɕiæ̃^{53}	tsʌʔ$^{\underline{31}}$	tsʰʌʔ$^{\underline{31}}$	tsʌʔ$^{\underline{31}}$	tsʌʔ$^{\underline{31}}$	sʌʔ$^{\underline{31}}$
安泽	xæ^{53} 白 / ɕiæ^{53} 文	——	tɕiæ^{53}	tsʌʔ$^{\underline{21}}$	tsʰɑ^{21}	tsɑ^{35}	tsɑ^{53}	sɑ^{51}
沁水端氏	sei^{53}	tsʰæ^{24}	kei^{21}	tsaʔ^{2}	tsʰaʔ^{2}	tsɒ^{31}	tsaʔ$^{\underline{54}}$	——
阳城	çiɛ^{51}	tʂʰɛ^{51}	ciɛ^{51}	tʂʌʔ^{2}	tʂʰʌʔ^{2}	tʂɑ^{212}	tʂɑ^{22}	ʂʌʔ^{2}
高平	ɕiæ̃^{53}	tʂʰæ̃^{53}	ciæ̃^{33}	tʂʌʔ^{2}	tʂʰʌʔ^{2}	tʂʌʔ^{2}	tʂʌʔ^{2}	——
陵川	ɕiɔ̃ĩ^{24}	tʂʰã^{24}	ciɔ̃ĩ^{24}	tʂʌʔ^{3}	tʂʰʌʔ^{3}	tʂʌʔ$^{\underline{23}}$	tʂʌʔ$^{\underline{23}}$	ʂʌʔ^{3}
晋城	ɕie^{53}	tʂʰæ^{53}	tɕiɛ^{53}	tʂʌʔ^{2}	tʂʰʌʔ^{2}	tʂɑ^{324}	tʂʌʔ^{2}	——
忻府	xiɛ̃^{53}	tʂʰɑ̃^{53}	tɕiɛ̃^{53}	tsɑʔ$^{\underline{32}}$	tsʰɑʔ$^{\underline{32}}$	tsɑ^{313}	tsɑ^{21}	sɑ^{53}
原平	xɛ̃^{53} 白 / xiɛ̃^{53} 文	tʂʰɛ̃^{53}	tɕiɛ̃^{53}	tsɑʔ$^{\underline{34}}$	tsʰɑʔ$^{\underline{34}}$	tsɑ^{213}	tsɑ^{213}	——
定襄	ɕiə̃^{53}	tsʰæ^{53}	tɕiə̃^{53}	tsaʔ^{1}	tsʰa^{24}	tsaʔ^{1}	tsʰa^{11}	saʔ^{1}

续表

字目	馅	忏	鉴	扎~针	插	闸	炸油~	霎
中古音 / 方言点	乎韽 咸开二 去陷匣	楚鉴 咸开二 去鉴初	格忏 咸开二 去鉴见	竹洽 咸开二 入洽知	楚洽 咸开二 入洽初	士洽 咸开二 入洽崇	士洽 咸开二 入洽崇	山洽 咸开二 入洽生
五台	ɕiæn^{52}/xæn^{52}	tsʰæn^{52}	tɕiɔ̃^{52}	tsɑʔ^{3}	tsʰɑʔ^{3}	tsɑ^{213}	tsɑ^{213}	——
岢岚	ɕiɛ^{52}	tsʰæ^{52}	tɕiɛ^{52}	tsaʔ^{4}	tsʰaʔ^{4}	tsa^{13}	tsaʔ^{4}	sa^{52}
五寨	ɕiɪ^{52}	tsʰæ^{52}	tɕiɪ^{52}	tsaʔ^{4}	tsʰaʔ^{4}	tsa^{13}	tsaʔ^{4}	sa^{52}
宁武	ɕiɛ^{52}	——	tɕiɛ^{52}	tsᴀʔ^{4}	tsʰᴀʔ^{4}	tsᴀ^{213}	tsᴀ^{213}	——
神池	ɕie^{52}	tsʰæ^{52}	tɕie^{52}	tsᴀʔ^{4}	tsʰᴀʔ^{4}	tsᴀ^{32}	tsᴀʔ^{4}	sᴀʔ^{4}
繁峙	ɕiɛ^{24}	tsʰɛ^{24}	tɕiɛ^{24}	tsaʔ$^{\underline{13}}$	tsʰaʔ$^{\underline{13}}$	tsa^{31}	tsa^{31}/tsa^{24}	sa^{24}
代县	ɕie^{53}	——	tɕie^{53}	tsaʔ^{2}	tsʰaʔ^{2}	tsa^{213}	tsa^{53}	——
河曲	xæ^{52} 白 / ɕiɛ^{52} 文	——	tɕiɛ^{52}	tsaʔ^{4}	tsʰaʔ^{4}	tsa^{213}	tsa^{213}	——
保德	ɕiɑŋ^{52}	tʂʰɑŋ^{52}	tɕiɑŋ^{52}	tsᴀ^{44}	tsʰᴀ^{44}	tsᴀ^{213}	tsᴀ^{44}	sᴀ^{52}
偏关	ɕiɪ^{52}	tʂʰæ^{52}	tɕiɪ^{52}	tsa^{44}	tsʰa^{44}	tsa^{44}	tsa^{44}	——
朔城	ɕiɛ^{53}	——	tɕiɛ^{53}	tsᴀʔ$^{\underline{35}}$	tsʰᴀʔ$^{\underline{35}}$	tsᴀ^{312}	tsᴀ^{53}	——
平鲁	ɕiᴇ^{52}	tsʰæ^{52}	tɕiᴇ^{52}	tsʌʔ$^{\underline{34}}$	tsʰʌʔ$^{\underline{34}}$	tsɑ^{213}	tsɑ^{52}	——
应县	ɕiɛ̃^{24}	tsʰɛ̃^{24}	tɕiɛ̃^{24}	tsaʔ$^{\underline{43}}$	tsʰaʔ$^{\underline{43}}$	tsa^{54}	tsa^{24}	——
灵丘	ɕie^{53}	tsʰæ^{53}	tɕie^{53}	tsᴀ^{442}	tsʰᴀʔ^{5}	tsᴀ^{31}	tsᴀ^{31}	sᴀʔ^{5}
浑源	ɕiɛ^{13}	——	——	tsʌʔ^{4}	tsʰʌʔ^{4}	tsᴀ^{52}	tsᴀ^{22}	sᴀ^{13}
云州	ɕiɛ^{24}	tsʰæ^{24}	tɕiɛ^{24}	tsɑʔ^{4}	tsʰɑʔ^{4}	tsɑʔ^{4}	tsɑ^{24}	sɑ^{24}
新荣	ɕiᴇ^{24}	tʂʰæ^{24}	tɕiᴇ^{24}	tsaʔ^{4}	tsʰaʔ^{4}	tsᴀ^{54}	tsᴀ^{24}/tsᴀ^{312}	sᴀ^{54}
怀仁	ɕiæ^{24}	tsʰæ^{24}	tɕiæ^{24}	tsaʔ^{4}	tsʰaʔ^{4}	tsa^{53}	tsa^{312}	sa^{53}
左云	ɕiɛ^{24}	tsʰæ^{24}	tɕiɛ^{24}	tsaʔ^{4}	tsʰaʔ^{4}	tsa^{54}	tsa^{313}	sa^{24}
右玉	ɕiɛ^{24}	tsæ^{24}	——	tsaʔ^{4}	tsʰaʔ^{4}	tsa^{53}	tsa^{212}/tsa^{24}	——
阳高	ɕiɛ^{24}	tsʰɛ^{24}	tɕiɛ^{53}	——	tsʰɑʔ^{3}	tsɑʔ^{3}	tsɑ^{24}	——
山阴	ɕiᴇ^{335}	——	tɕiᴇ^{52}	——	tsʰᴀʔ^{4}	tsᴀ^{52}	tsᴀ^{313}	——
天镇	——	——	tɕiæ^{31}	tsɑʔ^{4}	tsʰɑʔ^{4}	tsɑ^{55}	tsɑ^{22}	——
平定	ɕiæ̃^{24}	——	tɕiæ̃^{24}	tsaʔ^{4}	tsʰaʔ^{4}	tsɑ^{44}	tsɑ^{44}	——
昔阳	ɕiæ̃^{13}	tsʰæ̃^{13}	tɕiæ̃^{13}	tsʌʔ$^{\underline{43}}$	tsʰʌʔ$^{\underline{43}}$	tsɑ^{33}	tsɑ^{13}	sɑ^{13}/tsʰɑ^{42}
左权	ɕiɛ^{53}	——	tɕiɛ^{53}	tsɑʔ^{1}	tsʰɑʔ^{1}	tsɑ^{42}	tsɑʔ^{1}	——
和顺	ɕiɛ^{13}	——	tɕiɛ^{13}	tsaʔ$^{\underline{21}}$	tsʰaʔ$^{\underline{21}}$	tsaʔ$^{\underline{21}}$	tsaʔ^{21}	sɑ^{13}
尧都	ɕiæ̃^{44}	tʂʰæ̃^{53}	tɕiæ̃^{44}	tʂɑ^{21}	tʂʰɑ^{21}	ʂɑ^{24} 白 / tʂɑ^{24} 文	tʂɑ^{44}	ʂɑ^{44}
洪洞	xɑn^{52} 白 / ɕiɑn^{53} 文	——	——	tsɑ^{42}	tsʰɑ^{21}	ts^{33}	sɑ^{24} 白 / tsɑ^{24} 文	sɑ^{42}

续表

字目	馅	忏	鉴	扎~针	插	闸	炸油~	霎
中古音 / 方言点	乎韽 咸开二 去陷匣	楚鉴 咸开二 去鉴初	格忏 咸开二 去鉴见	竹洽 咸开二 入洽知	楚洽 咸开二 入洽初	士洽 咸开二 入洽崇	士洽 咸开二 入洽崇	山洽 咸开二 入洽生
洪洞赵城	xɑ̃^{53}	——	tɕiɑ̃^{53}	tsɑ^{21}	tsʰɑ^{21}	tsɑ^{24}	sɑ^{24}	——
古县	xan^{53} 白 / ɕian^{53} 文	——	tɕian^{53}	tsɑ^{21}	tsʰɑ^{21}	tsɑ^{35}	sɑ^{35} 白 / tsɑ^{35} 文	——
襄汾	xan^{44}/ɕian^{44}	tʂʰan^{44}	tɕian^{44}	tsa^{21}	tsʰa^{21}	tsa^{24}	sa^{24}	ʂa^{44}
浮山	ɕiãĩ^{44}	——	tɕiãĩ^{44}	tsa^{42}	tsʰa^{42}	tsa^{13}	tsa^{13}	sa^{44}
霍州	ɕiaŋ^{53}	tɕʰiaŋ^{212}	tɕiaŋ^{53}	tsa^{212}	tsʰa^{212}	tsa^{55}	sa^{35} 白 / tsa^{35} 文	ʂa^{53}
翼城	ɕiɛɪ^{53}	——	tɕiɛɪ^{53}	tʂA^{53}	tʂʰA^{53}	tʂA^{12}	tʂA^{12}	ʂA^{53}
闻喜	ɕiæ^{53}	tsʰæ^{53}	——	tsɑ^{53}	tsʰɑ^{53}	——	——	sɑ^{53}
侯马	ɕiæ̃^{53}	tʂʰæ̃^{53}	tɕiæ̃^{53}	tsɑ^{213}	tsʰɑ^{213}	tsɑ^{213}	tsɑ^{213}	ʂɑ^{53}
新绛	ɕiã^{53}	tʂʰã^{53}	tɕiã^{53}	tsɑ^{53}	tsʰɑ^{53}	tsɑ^{53}	sɑ^{13}	sɑ^{53}
绛县	xæ^{31}	tʂʰæ^{31}	tɕiæ^{31}	tʂɑ^{53}	tʂʰɑ^{53}	tʂɑ^{24}	tʂɑ^{24}	——
垣曲	xæ̃^{22}	tʂʰæ̃^{53}	tɕiæ̃^{44}	tsa^{53}	tsʰa^{53}	tsa^{22}	tsa^{53}	ʂa^{44}
夏县	xæ^{31}	——	tɕiæ^{31}	tʂa^{53}	tʂʰa^{53}	tʂa^{42}	tʂa^{42}	ʂa^{31}
万荣	xæ^{33}	tʂʰæ^{33}	tɕiæ^{51}	tsa^{51}	tsʰa^{51}	tsa^{33}	sa^{213} 白 / tsa^{213} 文	——
稷山	ɕiɑ̃^{42}	tʂʰɑ̃^{42}	tɕʰiɑ̃^{42} 白 / tɕiɑ̃^{42} 文	tʂa^{53}	tʂʰɑ^{53}	tʂɑ^{53}	tsɑ^{13} 白 / tʂɑ^{13} 文	ʂɑ^{42}
盐湖	ɕiæ̃^{44}	——	tɕiæ̃^{44}	tsa^{42}	tʂʰa^{42}	tʂa^{42}	tsʰa^{13}	sa^{53}
临猗	ɕiæ̃^{44}	tʂʰæ̃^{44}	tɕiæ̃^{44}	tsa^{42}	tsʰa^{42}	tsa^{53}	tsʰa^{13} 白 / tsa^{13} 文	ʂa^{44}
河津	xaŋ^{44} 白 / ɕiæ̃^{44} 文	——	——	tsa^{31}	tsʰa^{31}	tsa^{53}	tsʰa^{324} 白 / tsa^{324} 文	——
平陆	ɕian^{33}	tʂʰan^{31}	tɕian^{33}	tsa^{31}	tsʰa^{31}	tsa^{55}	sa^{13} 白 / tsa^{13} 文	sa^{33}
永济	ɕiei^{31}	tʂʰæ̃^{44}	tɕiai^{44}	tʂa^{31}	tʂʰa^{31}	tʂʰa^{24}	tʂʰa^{24}	ʂa^{53}
芮城	ɕiæ̃^{44}	tʂʰæ̃^{44}	tɕiæ̃^{44}	tsa^{42}	tsʰa^{42}	tsa^{53}	tsʰa^{13} 白 / tsa^{13} 文	sa^{42}
吉县	xæ̃^{33}/ɕiæ̃^{33}	——	tɕiæ̃^{53}	tsa^{423}	tsʰa^{423}	tsa^{53}	tsʰa^{13} 白 / tsa^{13} 文	——
乡宁	xæ^{22} 白 / ɕiæ^{22} 文	——	tɕiæ^{22}	tsa^{53}	tsʰa^{53}	tsa^{12}	tsʰa^{12} 白 / tsa^{12} 文	——
广灵	ɕiæ^{213}	tsʰæ^{213}	tɕiæ^{213}	tsɑ^{53}	tsʰɑ^{53}	tsɑ^{31}	tsɑ^{31}/tsɑ^{213}	sɑ^{213}

字目	夹~杂	夹~袄	掐	恰	狭	甲	鸭	押
中古音 方言点	古洽 咸开二 入洽见	古洽 咸开二 入洽见	苦洽 咸开二 入洽溪	苦洽 咸开二 入洽溪	侯夹 咸开二 入洽匣	古狎 咸开二 入狎见	乌甲 咸开二 入狎影	乌甲 咸开二 入狎影
北京	tɕia^{55}	tɕia^{35}	tɕʰia^{55}	tɕʰia^{51}	ɕia^{35}	tɕia^{214}	ia^{55}	ia^{55}
小店	tɕiaʔ^{1}	tɕiaʔ^{1}	tɕʰiaʔ^{1}	tɕʰiaʔ^{1}	ɕiaʔ$^{\underline{54}}$	tɕiaʔ^{1}	iaʔ$^{\underline{54}}$	iaʔ$^{\underline{54}}$
尖草坪	tɕiaʔ^{2}	tɕiaʔ^{2}	tɕʰiaʔ^{2}	tɕʰiaʔ^{2}	ɕiaʔ$^{\underline{43}}$	tɕiaʔ^{2}	iaʔ^{2}	iaʔ^{2}
晋源	tɕiaʔ^{2}	tɕiaʔ^{2}	tɕʰia^{35}	tɕʰia^{35}	ɕiaʔ^{2}	tɕiaʔ^{2}	iaʔ^{2} 白 /ia^{11} 文	iaʔ^{2}
阳曲	tɕiaʔ^{4}	tɕiaʔ^{4}	tɕʰiaʔ^{4}	tɕʰiaʔ^{4}	ɕiaʔ^{4}	tɕiaʔ^{4}	iaʔ^{4}	iaʔ^{4}
古交	tɕiaʔ^{4}	tɕiaʔ^{4}	tɕʰiaʔ^{4}	tɕʰiaʔ^{4}	ɕiaʔ$^{\underline{312}}$	tɕiaʔ^{4}	iaʔ^{4}	iaʔ^{4}
清徐	tɕiaʔ^{1}	tɕiaʔ^{1}	tɕʰiaʔ^{1}	tɕʰiaʔ^{1}	ɕiaʔ$^{\underline{54}}$	tɕiaʔ^{1}	ŋaʔ^{1} 白 /iaʔ^{1} 文	iaʔ^{1}
娄烦	tɕiaʔ^{3}	tɕiaʔ^{3}	tɕʰiəʔ^{3}	tɕʰiəʔ^{3}	ɕiəʔ^{3}	tɕiaʔ^{3}	ŋaʔ^{3}	iaʔ^{3}
榆次	tɕiaʔ^{1}	tɕiaʔ^{1}	tɕiaʔ^{1}	tɕiaʔ^{1}	ɕiaʔ^{1}	tɕiaʔ^{1}	iɒ^{11}	iɒ^{11}
交城	tɕiaʔ^{1}	tɕiaʔ^{1}	tɕʰiaʔ^{1} 白 / tɕʰiɑ^{24} 文	tɕʰiaʔ^{1}	ɕiaʔ^{1}	tɕiaʔ^{1}	ŋaʔ^{1} 白 / iaʔ^{1} 文	iaʔ^{1}
文水	tɕiaʔ^{2}	tɕiaʔ^{2}	tɕʰiaʔ^{2}/tɕʰia^{35}	tɕʰiaʔ^{2}/tɕʰia^{35}	ɕiaʔ^{2}	tɕiaʔ^{2}/tɕia^{423}	ŋaʔ^{2}/ia^{22}	ȵia^{35} 白 / ia^{35} 文
祁县	tɕiɑʔ$^{\underline{32}}$	tɕiɑʔ$^{\underline{32}}$	tɕʰiɑʔ$^{\underline{32}}$	tɕʰiɑʔ$^{\underline{32}}$	xɑʔ$^{\underline{32}}$	tɕiɑʔ$^{\underline{324}}$	ŋɑʔ$^{\underline{32}}$/ia^{31}	iɑʔ$^{\underline{32}}$
太谷	tɕiaʔ^{3}	tɕiaʔ^{3}	tɕʰiaʔ^{3}	tɕʰiaʔ^{3}	xaʔ^{3}	tɕiaʔ$^{\underline{423}}$	iaʔ^{3}	iaʔ^{3}
平遥	tɕiɑ̃^{212}	tɕiɑ̃^{212}	tɕʰiʌʔ$^{\underline{213}}$	tɕʰiɑ^{512}	——	tɕiʌʔ$^{\underline{212}}$	ŋɑ̃^{213}	iɑ^{24}
孝义	tɕiaʔ^{3}	tɕiaʔ^{3}	tɕʰiaʔ^{3}	tɕʰiaʔ^{3}	ɕiaʔ$^{\underline{423}}$	tɕiaʔ^{3}	ȵiaʔ^{3}	ȵia^{454}
介休	tɕiʌʔ$^{\underline{12}}$	tɕiʌʔ$^{\underline{12}}$	tɕʰiʌʔ$^{\underline{12}}$	tɕʰiʌʔ$^{\underline{12}}$/ tɕʰia^{45}	ɕiʌʔ$^{\underline{12}}$	tɕiʌʔ$^{\underline{312}}$	ȵiʌʔ$^{\underline{12}}$/ia^{13}	ȵiʌʔ$^{\underline{12}}$/ȵia^{13}
灵石	tɕiaʔ^{4}	tɕiaʔ^{4}	tɕʰiaʔ^{4}	tɕʰiaʔ^{4}	ɕiaʔ^{4}	tɕiaʔ^{4}	niaʔ^{4}	niaʔ^{4}
盂县	tɕiʌʔ^{2}	tɕiʌʔ^{2}	tɕʰiʌʔ^{2}	tɕʰiɑ^{55}	ɕiɑ^{22}	tɕiʌʔ^{2}	ȵiʌʔ^{2} 白 / iɑ^{412} 文	iɑ^{412}
寿阳	tɕiɛʔ^{2}	tɕiɛʔ^{2}	tɕʰiɛʔ^{2}	tɕʰiɛʔ^{2}	ɕiɛʔ^{2}	tɕiɑ^{53}	ȵiɛʔ^{2}	iɛʔ^{2}
榆社	tɕiaʔ^{2}	tɕiaʔ^{2}	tɕʰiaʔ^{2}	tɕʰiaʔ^{2}	ɕʰiaʔ^{2}	tɕiaʔ^{2}	niaʔ^{2}	niaʔ^{2}
离石	tɕiɑʔ^{4}	tɕiɑʔ^{4}	tɕʰiɑʔ^{4}	tɕʰiɑʔ^{4}	ɕiɑʔ^{4}	tɕiɑʔ^{4}	niɑʔ^{4}	niɑʔ^{4}
汾阳	tɕiaʔ^{2}	tɕiaʔ^{2}	tɕʰiaʔ^{2}	tɕʰia^{55}	ɕiaʔ^{2}	tɕiaʔ^{2}	ŋaʔ^{2}	ŋaʔ^{2} 白 / iaʔ^{2} 文
中阳	tɕiɑʔ^{4}	tɕiɑʔ^{4}	tɕʰiɑʔ^{4}	tɕʰiɑʔ^{4}	ɕiɑʔ^{4}	tɕiɑʔ^{4}	niɑʔ^{4}	niɑʔ^{4}
柳林	tɕiɑʔ^{4}	tɕiɑʔ^{4}	tɕʰiɑʔ^{4}	tɕʰiɑ^{53}	ɕiɑʔ^{4}	tɕiɑʔ^{4}	niɑʔ^{4}	niɑʔ^{4}
方山	tɕiɑʔ^{4}	tɕiɑʔ^{4}	tɕiɑʔ^{4}	tɕiɑʔ^{4}	ɕiɑʔ^{4}	tɕiɑʔ^{4}	niɑʔ^{4}	niɑʔ^{4}
临县	tɕiaʔ^{3}	tɕiaʔ^{3}	tɕʰiaʔ^{3}	tɕʰiaʔ^{3}	ɕiaʔ^{3}	tɕiaʔ^{3}	niaʔ^{3}	niaʔ^{3}
兴县	tɕiɛʔ^{5}	tɕiɛʔ^{5}	tɕʰiɛʔ^{5}	tɕʰiɛʔ^{5}	ɕiɛʔ^{5}	tɕʰiɛʔ^{5} 白 / tɕiɛʔ^{5} 文	niɛʔ^{5}	niɛʔ^{5} 白 / iA^{55} 文

续表

字目	夹~杂	夹~袄	掐	恰	狭	甲	鸭	押
中古音 / 方言点	古洽 咸开二 入洽见	古洽 咸开二 入洽见	苦洽 咸开二 入洽溪	苦洽 咸开二 入洽溪	侯夹 咸开二 入洽匣	古狎 咸开二 入狎见	乌甲 咸开二 入狎影	乌甲 咸开二 入狎影
岚县	tɕiaʔ^{4}	tɕiaʔ^{4}	tɕʰiaʔ^{4}	tɕʰiaʔ^{4}	ɕiaʔ^{4}	tɕiaʔ^{4}	ȵiaʔ^{4}	ȵiaʔ^{4}
静乐	tɕiəʔ^{4}	tɕiəʔ^{4}	tɕʰiəʔ^{4}	tɕʰiã^{314}	ɕiəʔ^{4}	tɕiəʔ^{4}	iəʔ^{4}	iəʔ^{4}
交口	tɕiaʔ^{4}	tɕiaʔ^{4}	tɕʰiaʔ^{4}	tɕʰiaʔ^{4}	ɕiaʔ^{4}	tɕiaʔ^{4}	ȵiaʔ^{4}	ȵia^{53}
石楼	tɕiəʔ^{4}	tɕiəʔ^{4}	tɕʰiəʔ^{4}	tɕʰia^{51}	ɕia^{44}	tɕiʌʔ^{4}	ȵiəʔ^{4} 白 / ia^{44} 文	ȵia^{51}
隰县	tɕiəʔ^{3}	tɕiəʔ^{3}	tɕʰiəʔ^{3}	tɕʰiəʔ^{3}	ɕia^{24}	tɕiəʔ^{3}	ȵiəʔ^{3}	ȵiəʔ^{3}
大宁	tɕiɐʔ$^{\underline{31}}$	tɕiɐʔ$^{\underline{31}}$	tɕʰiɐʔ$^{\underline{31}}$	tɕʰiɐʔ$^{\underline{31}}$	ɕiɑ^{24}	tɕiɐʔ$^{\underline{31}}$	niɐʔ$^{\underline{31}}$	niɐʔ$^{\underline{31}}$
永和	tɕiɐʔ$^{\underline{35}}$	tɕiɐʔ$^{\underline{35}}$	tɕʰiɐʔ$^{\underline{35}}$	tɕʰiɐʔ$^{\underline{35}}$	ɕiɐʔ$^{\underline{35}}$	tɕiɐʔ$^{\underline{35}}$	niɐʔ$^{\underline{35}}$	ia^{53}
汾西	tɕiɑ^{11} 白 / tɕi^{11} 白 / tiɑ^{11} 文 /tɕʑ̩^{11}	——	tʰiɑ^{11}	tɕʰiɑ^{53}	ɕiɑ^{11}	tiɑ^{11}/tiɪ^{0}/ tɕiɑ^{11} 文	niɑ^{11}	niɑ^{11}
蒲县	tiʌʔ$^{\underline{43}}$ 白 / tɕiʌʔ$^{\underline{43}}$ 文	tiʌʔ$^{\underline{43}}$	tʰiʌʔ$^{\underline{43}}$	tɕʰiʌʔ$^{\underline{43}}$	ɕia^{24}	tɕiʌʔ$^{\underline{43}}$	ȵiʌʔ$^{\underline{43}}$	ȵiʌʔ$^{\underline{43}}$
潞州	tɕiʌʔ$^{\underline{53}}$	tɕiʌʔ$^{\underline{53}}$	tɕʰiʌʔ$^{\underline{53}}$	tɕʰiʌʔ$^{\underline{53}}$	ɕiʌʔ$^{\underline{53}}$ 白 / ɕia^{24} 文	tɕiʌʔ$^{\underline{53}}$	iʌʔ$^{\underline{53}}$	iʌʔ$^{\underline{53}}$
上党	tɕiɑʔ$^{\underline{21}}$	tɕiɑʔ$^{\underline{21}}$	tɕʰiɑʔ$^{\underline{21}}$	tɕʰiɑʔ$^{\underline{21}}$	ɕiɑʔ$^{\underline{21}}$	tɕiɑʔ$^{\underline{21}}$	iɑʔ$^{\underline{21}}$	iɑʔ$^{\underline{21}}$
长子	tɕiaʔ^{4}	tɕiaʔ^{4}	tɕʰiaʔ^{4}	tɕʰiaʔ^{4}	ɕiaʔ^{4}	tɕiaʔ^{4}	iaʔ^{4}	iaʔ^{4}
屯留	tɕiaʔ^{1}	tɕiaʔ^{1}	tɕʰiaʔ^{1}	tɕʰia^{43}	ɕiaʔ^{1}	tɕiaʔ^{1}	iaʔ^{1}	iaʔ^{1}
襄垣	tɕiʌʔ^{3}	tɕiʌʔ^{3}	tɕʰiʌʔ^{3}	tɕʰiʌʔ^{3}	ɕiʌʔ^{3}	tɕiʌʔ^{3}	iʌʔ^{3}	iʌʔ^{3}
黎城	ciʌʔ^{2}	ciʌʔ^{2}	tɕʰiʌʔ^{2}	tɕʰiʌʔ$^{\underline{31}}$	çiʌʔ^{2}	ciʌʔ^{2}	iʌʔ$^{\underline{31}}$	iʌ^{2}
平顺	ciʌʔ$^{\underline{212}}$	ciʌʔ$^{\underline{212}}$	cʰiʌʔ$^{\underline{212}}$	cʰia^{53}	çiʌʔ$^{\underline{212}}$	ciʌʔ$^{\underline{212}}$	iʌʔ$^{\underline{212}}$	iʌʔ$^{\underline{212}}$
壶关	ciʌʔ^{2}	ciʌʔ^{2}	cʰiʌʔ^{2}	cʰia^{42}	çiʌʔ$^{\underline{21}}$	ciʌʔ^{2}	ia^{42}/iʌʔ^{2}	iʌʔ^{2}
沁县	tɕiæʔ$^{\underline{31}}$	tɕiæʔ$^{\underline{31}}$	tɕʰia^{53}	tɕʰia^{53}	ɕiæʔ$^{\underline{31}}$	tɕiæʔ$^{\underline{31}}$	iæʔ$^{\underline{31}}$	iæʔ$^{\underline{31}}$
武乡	tɕiʌʔ^{3}	tɕiʌʔ^{3}	tɕʰiʌʔ^{3}	kʰʌʔ^{3} 白 / tɕʰia^{213} 文	ɕiʌʔ^{3}	tɕiʌʔ^{3}	ȵiʌʔ^{3}	ȵiʌʔ^{3}
沁源	tɕiʌʔ$^{\underline{31}}$	tɕiʌʔ$^{\underline{31}}$	tɕʰiʌʔ$^{\underline{31}}$	tɕʰiɑ^{53}	ɕiʌʔ$^{\underline{31}}$	tɕiʌʔ$^{\underline{31}}$ 白 / tɕiɑ^{324} 文	ȵiʌʔ$^{\underline{31}}$	ȵiʌʔ$^{\underline{31}}$
安泽	tɕiʌʔ$^{\underline{21}}$	tɕiʌʔ$^{\underline{21}}$	tɕʰiʌʔ$^{\underline{21}}$	tɕʰiɑ^{53}	ɕia^{35}	tɕiɑ^{21}	ȵiɑ^{21}	ȵiɑ^{21}
沁水端氏	tɕiaʔ^{2}	tɕiaʔ^{2}	tɕʰiaʔ^{2}	tɕʰiɒ^{53}	ɕiɒ^{24}	tɕiaʔ^{2}	iɒ^{21}	iɒ^{53}
阳城	ciʌʔ^{2}	ciʌʔ^{2}	cʰiʌʔ^{2}	cʰiɑ^{51}	çia^{22}	ciʌʔ^{2}	iɑ^{224}	iʌʔ^{2}
高平	ciɛʔ^{2}	ciɛʔ^{2}	tɕʰiɛʔ^{2} 白 / tɕʰiɑ^{33} 文	cʰiɑ^{212}	çiɛʔ^{2}	ciɛʔ^{2}	iɛʔ^{2}	iɛʔ^{2}
陵川	ciʌʔ^{3}	ciʌʔ^{3}	cʰiʌʔ^{3}	cʰiʌʔ^{3}	çiʌʔ^{23}	ciʌʔ^{3}	iʌʔ^{3}/ia^{33}	iʌʔ^{3}

续表

字目	夹~杂	夹~袄	掐	恰	狭	甲	鸭	押
中古音 / 方言点	古洽 咸开二 入洽见	古洽 咸开二 入洽见	苦洽 咸开二 入洽溪	苦洽 咸开二 入洽溪	侯夹 咸开二 入洽匣	古狎 咸开二 入狎见	乌甲 咸开二 入狎影	乌甲 咸开二 入狎影
晋城	tɕiʌʔ^{2}	tɕiʌʔ^{2}	tɕʰiʌʔ^{2}	tɕʰiɑ^{53}	ɕiʌʔ^{2}	tɕiʌʔ^{2}	iɑ^{33}	iʌʔ^{2}
忻府	tɕiɑʔ$^{\underline{32}}$	tɕiɑʔ$^{\underline{32}}$	tɕʰiɑʔ$^{\underline{32}}$	tɕʰiɑʔ$^{\underline{32}}$	ɕiɑʔ$^{\underline{32}}$	tɕiɑʔ$^{\underline{32}}$	ŋiɑʔ$^{\underline{32}}$	iɑʔ$^{\underline{32}}$
原平	tɕiɑʔ$^{\underline{34}}$	tɕiɑʔ$^{\underline{34}}$	tɕʰiɑʔ$^{\underline{34}}$	tɕiɑʔ$^{\underline{34}}$	ɕiɑʔ$^{\underline{34}}$	tɕiɑʔ$^{\underline{34}}$	iɑʔ$^{\underline{34}}$	iɑʔ$^{\underline{34}}$
定襄	tɕiaʔ^{1}	tɕiaʔ^{1}	tɕʰiaʔ^{1}	tɕʰiaʔ^{1}	ɕʰiaʔ^{1}	tɕiaʔ^{1}	iaʔ^{1}	iaʔ^{1}
五台	tɕiɑʔ^{3}	tɕiɑʔ^{3}	tɕʰiɑʔ^{3}	tɕʰiɑʔ^{3}	ɕiɑʔ^{3}	tɕiɑʔ^{3}	iɑʔ^{3}	iɑʔ^{3}
岢岚	tɕiɛʔ^{4}	tɕiɛʔ^{4}	tɕʰiɛʔ^{4}	tɕʰia^{52}	ɕia^{44}	tɕiɛʔ^{4}	iɛʔ^{4} 白 /ia^{44} 文	iɛʔ^{4}
五寨	tɕiaʔ^{4}	tɕiaʔ^{4}	tɕʰiaʔ^{4}	tɕʰiaʔ^{4}	ɕia^{44}	tɕiaʔ^{4}	ia^{44}	ia^{52}
宁武	tɕiᴀʔ^{4}	tɕiᴀʔ^{4}	tɕiᴀʔ^{4}	tɕiᴀʔ^{4}	ɕiᴀʔ^{4}	tɕiᴀʔ^{4}	iᴀʔ^{4}	iᴀʔ^{4}
神池	tɕᴀʔ^{4}	tɕᴀʔ^{4}	tɕʰiᴀʔ^{4}	tɕʰiᴀʔ^{4}	ɕiᴀʔ^{4}	tɕiᴀʔ^{4}	iᴀʔ^{4}	iᴀʔ^{4}
繁峙	tɕiaʔ$^{\underline{13}}$	tɕiaʔ$^{\underline{13}}$	tɕʰiaʔ$^{\underline{13}}$	tɕʰia^{24}	ɕia^{31}	tɕiaʔ$^{\underline{13}}$	iaʔ$^{\underline{13}}$	iaʔ$^{\underline{13}}$
代县	tɕiaʔ^{2}	tɕiaʔ^{2}	tɕʰiaʔ^{2}	tɕʰiaʔ^{2}	ɕiaʔ^{2}	tɕiaʔ^{2}	iaʔ^{2}	iaʔ^{2}
河曲	tɕiaʔ^{4}	tɕiaʔ^{4}	tɕʰiaʔ^{4}	tɕʰiaʔ^{4}	ɕiaʔ^{4}	tɕiaʔ^{4}/tɕia^{213}	iaʔ^{4}	iaʔ^{4}
保德	tɕiᴀ^{44}	tɕiᴀ^{44}	tɕʰiᴀ^{4}	tɕʰiᴀ^{52}	ɕiᴀ^{44}	tɕiᴀ^{213}	iᴀ^{44}	iᴀ^{44}
偏关	tɕia^{44}	ɕia^{44}	tɕʰia^{44}	tɕʰia^{52}	ɕia^{44}	tɕiɛʔ^{4} 白 / tɕia^{44} 文	ia^{44}	ia^{44}
朔城	tɕiᴀʔ$^{\underline{35}}$	——	tɕiᴀʔ$^{\underline{35}}$	tɕiᴀʔ$^{\underline{35}}$	ɕiᴀʔ$^{\underline{35}}$	tɕiᴀʔ$^{\underline{35}}$	iᴀʔ$^{\underline{35}}$	iᴀʔ$^{\underline{35}}$
平鲁	tɕiəʔ$^{\underline{34}}$	tɕiʌʔ$^{\underline{34}}$	tɕʰiɑ^{213}/ tɕʰiʌʔ$^{\underline{34}}$	tɕʰiɑ^{52}/ tɕʰiʌʔ$^{\underline{34}}$	ɕiʌʔ$^{\underline{34}}$	tɕiɑ^{213}/tɕiʌʔ$^{\underline{34}}$	iʌʔ$^{\underline{34}}$	iɑ^{52}/iʌʔ$^{\underline{34}}$
应县	tɕiaʔ$^{\underline{43}}$	tɕiaʔ$^{\underline{43}}$	tɕia$^{\underline{43}}$/tɕiaʔ$^{\underline{43}}$	tɕiaʔ$^{\underline{43}}$	ɕiaʔ$^{\underline{43}}$	tɕiaʔ$^{\underline{43}}$	iaʔ$^{\underline{43}}$	iaʔ$^{\underline{43}}$
灵丘	tɕiᴀʔ^{5}	tɕiᴀʔ^{5}	tɕʰiᴀ^{442}	tɕʰiᴀʔ^{5}	ɕiᴀ^{31}	tɕiᴀ^{442}	iᴀʔ^{5}	iᴀʔ^{5}
浑源	tɕiʌʔ^{4}	tɕiʌʔ^{4}	tɕʰiʌʔ^{4}	tɕʰiʌʔ^{4}	ɕiʌʔ^{4}	tɕiʌʔ^{4}	iʌʔ^{4}	iʌʔ^{4}
云州	tɕiɑʔ^{4}	tɕiɑʔ^{4}	tɕʰiɑʔ^{4}	tɕʰiɑʔ^{4}	ɕiɑ^{55}	tɕiɑʔ^{4}	iɑʔ^{4}	iɑ^{21}
新荣	tɕiaʔ^{4}	tɕiaʔ^{4}	tɕʰiᴀ^{32}/ tɕʰiaʔ^{4}	tɕʰiaʔ^{4}	ɕiaʔ^{4}	tɕiaʔ^{4}	iaʔ^{4}	iaʔ^{4}/iᴀ^{24}
怀仁	tɕiaʔ^{4}	tɕiaʔ^{4}	tɕʰiaʔ^{4}	tɕʰiaʔ^{4}	ɕiaʔ^{4}	tɕiaʔ^{4}	iaʔ^{4}	iaʔ^{4}
左云	tɕiaʔ^{4}	tɕiaʔ^{4}	tɕʰiaʔ^{4}	tɕʰia^{24}	ɕia^{313}	tɕia^{54}	iaʔ^{4}	ia^{31}
右玉	tɕiaʔ^{4}	tɕiaʔ^{4}	tɕʰiaʔ^{4}	tɕʰiaʔ^{4}	ɕiaʔ^{4}	tɕiaʔ^{4}	iaʔ^{4}	iaʔ^{4}
阳高	tɕiɑʔ^{3}	tɕiɑʔ^{3}	tɕʰiɑʔ^{3}	tɕʰiɑ^{24}	ɕiɑ^{312}	tɕiɑʔ^{3}	iɑ^{312}	iɑ^{24}
山阴	tɕiᴀʔ^{4}	——	tɕʰiᴀʔ^{4}	tɕʰiᴀʔ^{4}	ɕiᴀʔ^{4}	tɕiᴀʔ^{4}	iᴀʔ^{4}	iᴀʔ^{4}
天镇	tɕiɑʔ^{4}	tɕiɑʔ^{4}	tɕʰiɑʔ^{4}	tɕʰiɑʔ^{4}	ɕiɑ^{22}	tɕiɑʔ^{4}	iɑʔ^{4}	iɑ^{24}
平定	tɕiæʔ^{4}	tɕiæʔ^{4}	tɕʰiæʔ^{4}	tɕʰiɑ^{53}	ɕiɑ^{44}	tɕiæʔ^{4}	——	iɑ^{24}

续表

字目	夹~杂	夹~袄	掐	恰	狭	甲	鸭	押
中古音 / 方言点	古洽 咸开二 入洽见	古洽 咸开二 入洽见	苦洽 咸开二 入洽溪	苦洽 咸开二 入洽溪	侯夹 咸开二 入洽匣	古狎 咸开二 入狎见	乌甲 咸开二 入狎影	乌甲 咸开二 入狎影
昔阳	tɕiʌʔ$^{\underline{43}}$	tɕiʌʔ$^{\underline{43}}$	tɕʰiʌʔ$^{\underline{43}}$	tɕʰiʌʔ$^{\underline{43}}$	ɕiʌʔ$^{\underline{43}}$	tɕiʌʔ$^{\underline{43}}$	iʌʔ$^{\underline{43}}$	iʌʔ$^{\underline{43}}$
左权	tɕiɑʔ^{1}	tɕiɑʔ^{1}	tɕʰiɑʔ^{1}	tɕʰiɑʔ^{1}/kʰɤ^{53}	ɕiɑʔ^{1}	tɕiɑʔ^{1}	iɑ^{31}	iɑʔ^{1}
和顺	tɕiaʔ$^{\underline{21}}$	tɕiaʔ$^{\underline{21}}$	tɕʰiaʔ$^{\underline{21}}$	kʰɤ^{13} 白 / tɕʰiɑ^{13} 文 / tɕʰiaʔ$^{\underline{21}}$	ɕiaʔ$^{\underline{21}}$	tɕiaʔ$^{\underline{21}}$	iaʔ$^{\underline{21}}$	iaʔ$^{\underline{21}}$
尧都	tɕiɑ^{21}	tɕiɑ^{24}	tɕʰiɑ^{21}	tɕʰiɑ^{21}	ɕiɑ^{24}	tɕiɑ^{21}	ȵiɑ^{21}	ȵiɑ^{21}
洪洞	tʰiɑ^{21}	tiɑ^{21} 白 / tɕiɑ 文	tʰiɑ^{21}	tɕʰiɑ^{33}	xɑ^{24} 白 / ɕʰiɑ^{24} 文	tɕiɑ^{21}	ŋiɑ^{21}	ŋiɑ^{21}
洪洞赵城	tiɑ^{21} 白 / tɕiɑ^{21} 文	tiɑ^{21} 白 / tɕiɑ^{21} 文	tiɑ^{21}	tɕʰiɑ^{53}	ɕiɑ^{24}	tɕiɑ^{53}	ȵiɑ^{21}	ȵiɑ^{21}
古县	tɕiɑ^{21}	tɕiɑ^{21}	tɕʰiɑ^{21}	tɕʰiɑ^{21}	ɕiɑ^{35}	tɕiɑ^{21}	iɑ^{21}	iɑ^{21}
襄汾	tia^{21} 白 / tɕia^{21} 文	tia^{21} 白 / tɕia^{21} 文	tʰia^{21} 白 / tɕʰia^{21} 文	tɕʰia^{21}	ɕia^{24}	tia^{21} 白 / tɕia^{21} 文	ȵia^{21}	ȵia^{21}
浮山	tʰia^{42}	tʰia^{42}	tʰia^{42}	tɕʰia^{42}	ɕia^{13}	tia^{42}/tɕia^{42}	ȵia^{42}	ȵia^{42}
霍州	tɕia^{212}	tɕia^{212}	tɕʰia^{212}	tɕʰia^{53}	ɕia^{35}	tɕia^{33}	ȵia^{212}	ȵia^{212}
翼城	——	tɕiᴀ^{12}	tɕʰiᴀ^{53}	tɕʰiᴀ^{53}	ɕiᴀ^{12}	tɕiᴀ^{44}	ȵiᴀ^{53}	ȵiᴀ^{53}
闻喜	tɕiɑ^{53}	tɕiɑ^{53}	tɕʰiɑ^{53}	tɕʰiɑ^{53}	ɕiɑ^{13}	tɕiɑ^{53}	ȵiɑ^{53}	ȵiɑ^{53}/iɑ^{53}
侯马	tɕiɑ^{213}	tɕiɑ^{213}	tɕʰiɑ^{213}	tɕʰiɑ^{53}	ɕiɑ^{213}	tɕiɑ^{44}	ȵiɑ^{213}	ȵiɑ^{213}
新绛	tɕiɑ^{53}	tɕiɑ^{53}	tɕʰiɑ^{53}	tɕʰiɑ^{53}	ɕiɑ^{13}	tɕiɑ^{44}	ȵiɑ^{53}	ȵiɑ^{53}
绛县	tɕiɑ^{53}	tɕiɑ^{53}	tɕʰiɑ^{53}	tɕʰiɑ^{53}	ɕiɑ^{24}	tɕiɑ^{53}	ŋiɑ^{53}	ŋiɑ^{53}
垣曲	tɕia^{22}	tɕia^{44}	tɕʰia^{53}	tɕʰia^{44}	ɕia^{22}	tɕia^{53}	ȵia^{53}	ȵia^{44}
夏县	tɕia^{53}	tɕia^{53}	tɕʰia^{53}	tɕʰia^{31}	ɕia^{42}	tɕia^{24}	ȵia^{53} 白 / ia^{53} 文	ȵia^{53} 白 / ia^{53} 文
万荣	tɕia^{51}	tɕia^{51}	tɕʰia^{51}	tɕʰia^{51}	ɕia^{213}	tɕia^{51}	ȵia^{51}	ȵia^{51}
稷山	tɕiɑ^{53}	tɕiɑ^{53}	tɕʰiɑ^{42}	tɕʰiɑ^{42}	ɕiɑ^{13}	tɕiɑ^{44}	ȵiɑ^{53} 白 / iɑ^{53} 文	ȵiɑ^{53}
盐湖	tɕia^{42}	tɕia^{42}	tɕʰia^{42}	tɕʰia^{42}	ɕia^{13}	tɕia^{53}	ȵia^{42} 白 / ia^{42} 文	ȵia^{42} 白 / ia^{42} 文
临猗	tɕia^{42}	tɕia^{42}	tɕʰia^{42}	tɕʰia^{44}	ɕia^{13}	tɕia^{53}	ȵia^{42} 白 / ia^{42} 文	ȵia^{42} 白 / ia^{42} 文
河津	tʂa^{31} 白 / tɕia^{31} 文	tʂa^{31} 白 / tɕia^{31} 文	tʂʰa^{31} 白 / tɕʰia^{31} 文	tɕʰia^{44}	ɕia^{324}	tʂa^{31} 白 / tɕia^{31} 文	ȵia^{31}	ȵia^{31}
平陆	tɕia^{31}	tɕia^{31}	tɕʰia^{31}	tɕʰia^{55}	ɕia^{13}	tɕia^{31}	ȵia^{31}	ȵia^{31}

续表

字目	夹~杂	夹~袄	掐	恰	狭	甲	鸭	押
中古音 / 方言点	古洽 咸开二 入洽见	古洽 咸开二 入洽见	苦洽 咸开二 入洽溪	苦洽 咸开二 入洽溪	侯夹 咸开二 入洽匣	古狎 咸开二 入狎见	乌甲 咸开二 入狎影	乌甲 咸开二 入狎影
永济	tɕia³¹	tɕia³¹	tɕʰia³¹	tɕʰia³¹	ɕia²⁴	tɕia³¹	ȵia³¹	ȵia³¹
芮城	tɕia⁴²	tɕia⁴²	tɕʰia⁴²	tɕʰia⁴²	ɕia¹³	tɕia⁵³	ȵia⁴²	ȵia⁴²
吉县	tɕia⁴²³	tɕia⁴²³	tɕʰia⁴²³	tɕʰia⁴²³	ɕia¹³	tɕia⁴²³	nia⁴²³	nia⁴²³
乡宁	tɕia⁵³	tɕia⁵³	tɕʰia⁵³	tɕʰia⁵³	ɕia¹²	tɕia⁵³	ȵia⁵³	ȵia⁵³
广灵	tɕiɑ⁵³	tɕiɑ⁵³	tɕʰiɑ⁵³	tɕʰiɑ⁵³	ɕiɑ³¹	tɕiɑ⁴⁴	iɑ⁵³	iɑ⁵³

字目	压	黏~土	廉	镰	帘	尖	歼	签竹~
中古音 / 方言点	乌甲 咸开二 入狎影	女廉 咸开三 平盐泥	力盐 咸开三 平盐来	力盐 咸开三 平盐来	力盐 咸开三 平盐来	子廉 咸开三 平盐精	子廉 咸开三 平盐精	七廉 咸开三 平盐清
北京	ia^{55}/ia^{51}	niɛn^{35}	liɛn^{35}	liɛn^{35}	liɛn^{35}	tɕiɛn^{55}	tɕiɛn^{55}	tɕʰiɛn^{55}
小店	iaʔ$^{\underline{54}}$	——	liæ^{11}	liæ^{11}	liæ^{11}	tɕiæ^{11}	tɕiæ^{11}	tɕʰiæ^{11}
尖草坪	iaʔ^{2}/ia^{35}	nie^{33}	lie^{33}	lie^{33}	lie^{33}	tɕie^{33}	tɕie^{33}	tɕʰie^{33}
晋源	ia^{35}	ȵiæ^{11}	liæ^{11}	liæ^{11}	liæ^{11}	tɕiæ^{11}	tɕiæ^{11}	tɕʰiæ^{11}
阳曲	iaʔ^{4}	ȵiɛ^{43}	liɛ^{43}	liɛ^{43}	liɛ^{43}	tɕiɛ^{312}	tɕiɛ^{312}	tɕʰiɛ^{312}
古交	iaʔ^{4}	ȵiɛ^{44}	liɛ^{44}	liɛ^{44}	liɛ^{44}	tɕiɛ^{44}	tɕiɛ^{44}	tɕʰiɛ^{44}
清徐	naʔ^{1} 白 / iaʔ^{1} 文	nie^{11}	lie^{11}	lie^{11}	lie^{11}	tɕie^{11}	tɕie^{11}	tɕʰie^{11}
娄烦	ȵiã^{33}/iaʔ^{3}	ȵiɛ^{33}	liɛ^{33}	liɛ^{33}	liɛ^{33}	tɕiɛ^{33}	tɕʰiɛ^{33}	tɕʰiɛ^{33}
榆次	iɒ^{35}	nie^{11}	lie^{11}	lie^{11}	lie^{11}	tɕie^{11}	tɕie^{11}	tɕʰie^{11}
交城	niɑ^{24} 白 / iɑ^{24} 文	nũ^{11}	liã^{11}	liã^{11}	liã^{11}	tɕiã^{11}	tɕiã^{11}	tɕʰiã^{11}
文水	ŋaʔ^{2}/ȵia^{35}/ ia^{35}	niæĩ^{22}	liæĩ^{22}	liæĩ^{22}	liæĩ^{22}	tɕiæĩ^{22}	tɕiæĩ^{22}	tɕʰiæĩ^{22}
祁县	nɑʔ$^{\underline{32}}$	ȵiẽ^{31}	liẽ^{31}	liẽ^{31}	liẽ^{31}	tɕiẽ^{31}	tɕiẽ^{31}	tɕʰiẽ^{31}
太谷	iaʔ^{3}/naʔ^{3}	ȵiẽĩ^{33}	liẽĩ^{33}	liẽĩ^{33}	liẽĩ^{33}	tɕiẽĩ^{33}	tɕiẽĩ^{33}	tɕʰiẽĩ^{33}
平遥	ŋʌʔ$^{\underline{212}}$ 白 / iɑ^{24} 文	ŋɑ̃^{213}	lĩɛ̃^{24}	lĩɛ̃^{24}	lĩɛ̃^{24}	tɕĩɛ̃^{213}	tɕʰĩɛ̃^{213}	tɕʰĩɛ̃^{213}
孝义	ȵia^{454}	ŋᴇ^{33}	liᴇ^{33}	liᴇ^{33}	liᴇ^{33}	tɕiᴇ^{33}	tɕʰiã^{33}	tɕʰiã^{33}
介休	ȵiʌʔ$^{\underline{12}}$/ȵia^{13}/ ia^{13}	ŋæ̃^{13} 白 / ȵiɛ̃^{13} 文	liɛ̃^{13}	liɛ̃^{13}	liɛ̃^{13}	tɕiɛ̃^{13}	tɕiɛ̃^{13}	tɕʰiɛ̃^{13}
灵石	niaʔ^{4} 白 / nia^{535} 文	nie^{44}	lie^{44}	lie^{44}	lie^{44}	tɕie^{535}	tɕie^{535}	tɕʰie^{535}
盂县	ȵiʌʔ^{2} 白 / iɑ^{55} 文	ȵiæ̃^{22}	liæ̃^{22}	liæ̃^{22}	liæ̃^{22}	tɕiæ̃^{412}	tɕʰiæ̃^{412} 白 / tɕiæ̃^{412} 文	tɕʰiæ̃^{412}
寿阳	naʔ^{2}/iɑ^{31}	ȵiɪ^{22}	lei^{22}	lei^{22}	lei^{22}	tɕiɪ^{31}	tɕiɪ^{31}	tɕʰiɪ^{31}
榆社	niɒ^{45}	nie^{22}	lie^{22}	lie^{22}	lie^{22}	tɕie^{22}	tɕie^{22}/tɕʰie^{22}	tɕʰie^{22}
离石	niɑ^{53}	iɪ^{44}	liɪ^{44}	liɪ^{44}	liɪ^{44}	tɕiɪ^{24}	tɕiɪ^{24}	tɕʰiɪ^{24}
汾阳	ŋaʔ^{2} 白 / ia^{55} 文	ȵi^{22}	liã^{22}	li^{22}	li^{22}	tɕi^{22}	tɕiã^{324}	tɕʰi^{324} 白 / tɕʰiã^{324} 文
中阳	niɑ^{53}	ie^{33}	lie^{33}	lie^{33}	lie^{33}	tɕie^{24}	tɕie^{24}	tɕʰie^{24}
柳林	niɑ^{53}	zie^{44}/nie^{44}	lie^{44}	lie^{44}	lie^{44}	tɕie^{24}	tɕie^{24}	tɕʰie^{24}
方山	niɑʔ^{4}	niɛ^{44}	liɛ^{44}	liɛ^{44}	liɛ^{44}	tɕiɛ^{24}	tɕiɛ^{24}	tɕʰiɛ^{24}
临县	nia^{52}	nie^{33}	lie^{33}	lie^{33}	lie^{33}	tɕie^{24}	tɕie^{24}	tɕʰie^{24}

续表

字目	压	黏~土	廉	镰	帘	尖	歼	签竹~
中古音 / 方言点	乌甲 咸开二 入狎影	女廉 咸开三 平盐泥	力盐 咸开三 平盐来	力盐 咸开三 平盐来	力盐 咸开三 平盐来	子廉 咸开三 平盐精	子廉 咸开三 平盐精	七廉 咸开三 平盐清
兴县	niᴀ^{53} 白 / iᴀ^{53} 文	zẽn^{55}	liẽn^{55}	liẽn^{55}	liẽn^{55}	tɕiẽn^{324}	——	tɕʰiẽn^{324}
岚县	ȵiaʔ^{4}	zẽ^{44}	liẽ^{44}	liẽ^{44}	liẽ^{44}	tɕiẽ^{214}	tɕʰiẽ^{214}	tɕʰiẽ^{214}
静乐	ȵiɑ̃^{53} 白 / iəʔ^{4} 文	ȵiæ̃^{33}	liæ̃^{33}	liæ̃^{33}	liæ̃^{33}	tɕiæ̃^{24}	tɕʰiæ̃^{24}	tɕʰiæ̃^{24}
交口	ȵia^{53}	ȵiɑ̃^{44}	liɑ̃^{44}	liɑ̃^{44}	liɑ̃^{44}	tɕiɑ̃^{323}	tɕiɑ̃^{323}	tɕʰiɑ̃^{323}
石楼	ȵia^{51}	ȵiɑŋ^{44}	liɑŋ^{44}	liɑŋ^{44}	liɑŋ^{44}	tɕiɑŋ^{213}	tɕiɑŋ^{213}	tɕʰiɑŋ^{213}
隰县	ȵiəʔ^{3}	zaŋ^{24}	liaŋ^{24}	liaŋ^{24}	liaŋ^{24}	tɕiɛ^{53}	tɕiɛ^{53}	tɕʰiɛ^{53}
大宁	niɑ^{55}	——	liɛ̃^{24}	liɛ̃^{24}	liɛ̃^{24}	tɕiɛ̃^{31}	tɕʰiɛ̃^{31}	tɕʰiɛ̃^{31}
永和	ia^{53}	niɪ^{35}	liɪ^{35}	liɪ^{35}	liɪ^{35}	tɕiɪ^{33}	tɕʰiɪ^{33}	tɕʰiɪ^{33}
汾西	niɑ^{53}	niɑ̃^{35}	liɑ̃^{35}	liɑ̃^{35}	liɑ̃^{35}	tɕiɑ̃^{11}	tɕʰiɑ̃^{11}	tɕʰiɑ̃^{11}
蒲县	ȵia^{33} 白 / ia^{52} 文	ȵiæ̃^{24}	liæ̃^{24}	liæ̃^{24}	liæ̃^{24}	tɕiæ̃^{52}	tɕiæ̃^{52}	tɕʰiæ̃^{52}
潞州	iʌʔ$^{\underline{53}}$	ȵiaŋ^{24}	liaŋ^{24}	liaŋ^{24}	liaŋ^{24}	tɕiaŋ^{312}	tɕiaŋ^{312}	tɕʰiaŋ^{312}
上党	iɑʔ$^{\underline{21}}$	niɑŋ^{44}	liɑŋ^{44}	liɑŋ^{44}	liɑŋ^{44}	tɕiɑŋ^{213}	tɕiɑŋ^{213}	tɕʰiɑŋ^{213}
长子	iaʔ^{4}	ȵiæ̃^{24}	liæ̃^{24}	liæ̃^{24}	liæ̃^{24}	tɕiæ̃^{312}	tɕiæ̃^{312}	tɕʰiæ̃^{312}
屯留	iəʔ^{1}	ȵiæ̃^{11}	liæ̃^{11}	liæ̃^{11}	liæ̃^{11}	tɕiæ̃^{31}	tɕiæ̃^{31}	tɕʰiæ̃^{31}
襄垣	iʌʔ^{3}	ȵiei^{31}	lei^{31}	lei^{31}	lei^{31}	tɕiei^{33}	tɕiei^{33}	tɕʰiei^{33}
黎城	ia^{22}	niæ^{33}	liæ^{53}	liæ^{53}	liæ^{53}	tɕʰiæ^{33}	tɕiæ^{33}	tɕʰiæ^{33}
平顺	iʌʔ$^{\underline{212}}$	ȵiæ̃^{13}	liæ̃^{13}	liæ̃^{13}	liæ̃^{13}	tɕiæ̃^{213}	tɕiæ̃^{213}	tɕʰiæ̃^{213}
壶关	iʌʔ^{2}	ȵiaŋ^{13}	liaŋ^{13}	liaŋ^{13}	liaŋ^{13}	tsiaŋ^{33}	tsiaŋ^{33}	cʰiaŋ^{33}
沁县	ia^{53}	nei^{33}	lei^{33}	lei^{33}	lei^{33}	tɕi^{224}	tɕi^{224}	tɕʰi^{224}
武乡	ȵia^{113}/ȵia^{55}	——	lei^{33}	lei^{33}	lei^{33}	tsei^{113}	tsʰei^{113}	tsʰei^{113}
沁源	ȵiʌʔ$^{\underline{31}}$	ȵiæ̃^{33}	liæ̃^{33}	liæ̃^{33}	liæ̃^{33}	tɕiæ̃^{324}	tɕiæ̃^{324}	tɕʰiæ̃^{324}
安泽	ȵiɑ^{21}	zæ^{35}	liæ^{21}	liæ^{21}	liæ^{21}	tɕiæ^{21}	tɕiæ^{21}	tɕʰiæ^{21}
沁水端氏	iaʔ^{2}	zei^{24}	lei^{24}	lei^{24}	lei^{24}	tsei^{21}	tsʰei^{21}	tsʰei^{21}
阳城	iʌʔ^{2}	niɛ^{22}	liɛ^{22}	liɛ^{22}	liɛ^{22}	tɕiɛ^{224}	tɕʰiɛ^{224}	tɕʰiɛ^{224}
高平	iɛʔ^{2}	niæ̃^{33}	niæ̃^{33}	niæ̃^{33}	niæ̃^{33}	tɕiæ̃^{33}	tɕiæ̃^{33}	tɕʰiæ̃^{33}
陵川	iʌʔ^{3}	niə̃ɪ̃^{53}	liə̃ɪ̃^{53}	liə̃ɪ̃^{53}	liə̃ɪ̃^{53}	tɕiə̃ɪ̃^{33}	tɕiə̃ɪ̃^{33}	tɕʰiə̃ɪ̃^{33}
晋城	iʌʔ^{2}	niɛ^{324}	liɛ^{324}	liɛ^{324}	liɒ̃^{324}	tɕiɛ^{33}	tɕiɛ^{33}	tɕʰiɛ^{33}
忻府	iɑʔ$^{\underline{32}}$	niɛ̃^{21}	liɛ̃^{21}	liɛ̃^{21}	liɛ̃^{21}	tɕiɛ̃^{313}	tɕiɛ̃^{313}	tɕʰiɛ̃^{313}
原平	iɑʔ$^{\underline{34}}$	niɛ̃^{33}	liɛ̃^{33}	liɛ̃^{33}	liɛ̃^{33}	tɕiɛ̃^{213}	tɕiɛ̃^{213}	tɕʰiɛ̃^{213}

续表

字目	压	黏~土	廉	镰	帘	尖	歼	签竹~
中古音 方言点	乌甲 咸开二 入狎影	女廉 咸开三 平盐泥	力盐 咸开三 平盐来	力盐 咸开三 平盐来	力盐 咸开三 平盐来	子廉 咸开三 平盐精	子廉 咸开三 平盐精	七廉 咸开三 平盐清
定襄	iaʔ^{1}	niə̃^{24}	liə̃^{24}	liə̃^{11}	liə̃^{11}	tɕiə̃^{24}	tɕiə̃^{24}	tɕʰiə̃^{24}
五台	niɑ^{52}/iɑ^{52}	niə̃^{33}	liə̃^{33}	liə̃^{33}	liə̃^{33}	tɕiə̃^{213}	tɕiə̃^{213}	tɕʰiə̃^{213}
岢岚	ia^{52}	niɛ^{44}	liɛ^{44}	liɛ^{44}	liɛ^{44}	tɕiɛ^{13}	tɕʰiɛ^{13}老/ tɕiɛ^{13}新	tɕʰiɛ^{13}
五寨	ia^{52}	niɪ^{44}	liɪ^{44}	liɪ^{44}	liɪ^{44}	tɕiɪ^{13}	tɕʰiɪ^{13}/tɕiɪ^{13}	tɕʰiɪ^{13}
宁武	iᴀʔ^{4}	niɛ^{33}	liɛ^{33}	liɛ^{33}	liɛ^{33}	tɕiɛ^{23}	tɕiɛ^{23}	tɕiɛ^{23}
神池	iᴀʔ^{4}	ȵie^{32}	lie^{32}	lie^{32}	lie^{32}	tɕie^{24}	tɕie^{24}	tɕʰie^{24}
繁峙	ia^{24}	ȵiɛ^{31}	liɛ^{31}	liɛ^{31}	liɛ^{31}	tɕiɛ^{53}	tɕiɛ^{53}	tɕʰiɛ^{53}
代县	ia^{53}	nie^{44}	lie^{44}	lie^{44}	lie^{44}	tɕie^{213}	tɕie^{213}	tɕʰie^{213}
河曲	ia^{52}	niɛ^{44}	liɛ^{44}	liɛ^{44}	liɛ^{44}	tɕiɛ^{213}	tɕiɛ^{213}	tɕʰiɛ^{213}
保德	iᴀ^{44}	niɑŋ^{44}	liɑŋ^{44}	liɑŋ^{44}	liɑŋ^{44}	tɕiɑŋ^{213}	tɕiɑŋ^{213}	tɕʰiɑŋ^{213}
偏关	ia^{52}	niɪ^{44}	liɪ^{44}	liɪ^{44}	——	tɕiɪ^{24}	tɕiɪ^{24}	tɕʰiɪ^{24}
朔城	iᴀ^{53}	niɛ^{35}	liɛ^{35}	liɛ^{35}	liɛ^{35}	tɕiɛ^{312}	——	tɕʰiɛ^{312}
平鲁	iɑ^{52}/iʌʔ$^{\underline{34}}$	niᴇ^{44}	liᴇ^{44}	liᴇ^{44}	liᴇ^{44}	tɕiᴇ^{213}	tɕiᴇ^{213}	tɕʰiᴇ^{213}
应县	ia^{24}	niɛ̃^{31}	liɛ̃^{31}	liɛ̃^{31}	liɛ̃^{31}	tɕiɛ̃^{43}	tɕiɛ̃^{43}/tɕʰiɛ̃^{43}	tɕiɛ̃^{43}
灵丘	iᴀ^{53}	nie^{31}	lie^{31}	lie^{31}	lie^{31}	tɕie^{442}	tɕie^{442}	tɕʰie^{442}
浑源	iᴀ^{13}	niɛ^{22}	liɛ^{22}	liɛ^{22}	liɛ^{22}	tɕiɛ^{52}	tɕiɛ^{52}	tɕʰiɛ^{52}
云州	iɑ^{24}	niɛ^{312}	liɛ^{312}	liɛ^{312}	liɛ^{312}	tɕiɛ^{21}	tɕiɛ^{21}	tɕʰiɛ^{21}
新荣	iᴀ^{24}	niᴇ^{312}	liᴇ^{312}	liᴇ^{312}	liᴇ^{312}	tɕiᴇ^{32}	tɕiᴇ^{32}	tɕʰiᴇ^{32}
怀仁	ia^{24}	niæ^{312}	liæ^{312}	liæ^{312}	liæ^{312}	tɕiæ^{42}	tɕiæ^{42}	tɕʰiæ^{42}
左云	ia^{31}	niɛ^{313}	liɛ^{313}	liɛ^{313}	liɛ^{313}	tɕiɛ^{31}	tɕiɛ^{31}	tɕʰiɛ^{31}
右玉	ia^{24}	niɛ^{212}	liɛ^{212}	liɛ^{212}	liɛ^{212}	tɕiɛ^{31}	tɕiɛ^{31}	tɕʰiɛ^{31}
阳高	iɑ^{24}	niɛ^{312}	liɛ^{312}	liɛ^{312}	liɛ^{312}	tɕiɛ^{31}	tɕiɛ^{31}	tɕʰiɛ^{31}
山阴	iᴀ^{335}	niᴇ^{313}	liᴇ^{313}	liᴇ^{313}	liᴇ^{313}	tɕiᴇ^{313}	——	tɕʰiᴇ^{313}
天镇	iɑ^{24}	niæ^{22}	liæ^{22}	liæ^{22}	liæ^{22}	tɕiæ^{31}	tɕiæ^{31}	tɕʰiæ^{31}
平定	iɑ^{24}/iæʔ^{4}	niæ̃^{44}	liæ̃^{44}	liæ̃^{44}	liæ̃^{44}	tɕiæ̃^{31}	tɕiæ̃^{31}	tɕʰiæ̃^{31}
昔阳	iʌʔ$^{\underline{43}}$	niæ̃^{33}	liæ̃^{33}	liæ̃^{33}	liæ̃^{33}	tɕiæ̃^{42}	tɕiæ̃^{42}	tɕʰiæ̃^{42}
左权	iɑʔ^{1}	niɛ^{11}	liɛ^{11}	liɛ^{11}	liɛ^{11}	tɕiɛ^{31}	tɕʰiɛ^{31}	tɕʰiɛ^{31}
和顺	iaʔ$^{\underline{21}}$	ȵiɛ^{22}	liɛ^{22}	liɛ^{22}	liɛ^{22}	tɕiɛ^{13}	tɕiɛ^{13}	tɕʰiɛ^{42}
尧都	ȵiɑ^{21}	ȵiæ̃^{24}	liæ̃^{24}	liæ̃^{24}	liæ̃^{24}	tɕiæ̃^{21}	tɕiæ̃^{21}	tɕʰiæ̃^{21}
洪洞	ŋiɑ^{53}	ʐɑn^{24}	liɑn^{24}	liɑn^{24}	liɑn^{24}	tɕiɑn^{21}	tɕʰiɑn^{21}	tɕʰiɑn^{21}

续表

字目	压	黏~土	廉	镰	帘	尖	歼	签竹~
中古音 / 方言点	乌甲 咸开二 入狎影	女廉 咸开三 平盐泥	力盐 咸开三 平盐来	力盐 咸开三 平盐来	力盐 咸开三 平盐来	子廉 咸开三 平盐精	子廉 咸开三 平盐精	七廉 咸开三 平盐清
洪洞赵城	ȵiɑ^{21}	ʐɑ̃^{24}	liɑ̃^{24}	liɑ̃^{24}	liɑ̃^{24}	tɕiɑ̃^{21}	tɕʰiɑ̃^{21}	tɕʰiɑ̃^{21}
古县	ȵiɑ^{21}	ʐan^{35}	lian^{35}	lian^{35}	lian^{35}	tɕian^{21}	tɕʰian^{21}	tɕʰian^{21}
襄汾	ȵia^{21}	ʐan^{24}	lian^{24}	lian^{24}	lian^{24}	tɕian^{21}	tɕʰian^{21}	tɕʰian^{21}
浮山	ȵia^{42}	——	liãĩ^{13}	liãĩ^{13}	liãĩ^{13}	tɕiãĩ^{42}	——	tɕʰiãĩ^{42}
霍州	ȵia^{53}	ȵiaŋ^{35}	liaŋ^{35}	liaŋ^{35}	liaŋ^{35}	tɕiaŋ^{212}	tɕiaŋ^{212}	tɕʰiaŋ^{212}
翼城	ȵiᴀ^{53}	ȵiɛɪ^{53}	liɛɪ^{12}	liɛɪ^{12}	liɛɪ^{12}	tɕiɛɪ^{53}	tɕiɛɪ^{53}	tɕʰiɛɪ^{53}
闻喜	ȵiɑ^{53}	ȵiæ^{13}	liæ^{13}	liæ^{13}	liæ^{13}	tɕiæ^{53}	tɕʰiæ^{53}	tɕʰiæ^{53}
侯马	ȵiɑ^{53}	liæ̃^{213}	liæ̃^{213}	liæ̃^{213}	liæ̃^{213}	tɕiæ̃^{213}	tɕiæ̃^{213}	tɕʰiæ̃^{213}
新绛	ȵiɑ^{53}	ʐɑ̃^{13} 白 / ȵiɑ̃^{13} 文	liɑ̃^{13}	liɑ̃^{13}	liɑ̃^{13}	tɕiɑ̃^{53}	tɕʰiɑ̃^{53}	tɕʰiɑ̃^{53}
绛县	ŋiɑ^{53}	ȵiæ^{24}	liæ^{24}	liæ^{24}	liæ^{24}	tɕiæ^{53}	tɕʰiæ^{53}	tɕʰiæ^{53}
垣曲	ȵia^{44}	ʐæ̃^{22}	liæ̃^{22}	liæ̃^{22}	liæ̃^{22}	tɕiæ̃^{53}	tɕʰiæ̃^{53}	tɕʰiæ̃^{53}
夏县	ȵia^{53} 白 / ia^{53} 文	ʐæ^{42} 白 / ȵiæ^{4} 文	liæ^{42}	liæ^{42}	liæ^{42}	tɕiæ^{53}	tɕʰiæ^{31}	tɕʰiæ^{53}
万荣	ȵia^{33}	ȵiæ^{213}	liæ^{213}	liæ^{213}	liæ^{213}	tɕiæ^{51}	tɕiæ^{51}	tɕʰiæ^{51}
稷山	ȵiɑ^{53}	ʐɑ̃^{13} 白 / ȵiɑ̃^{13} 文	liɑ̃^{13}	liɑ̃^{13}	liɑ̃^{13}	tɕiɑ̃^{53}	tɕʰiɑ̃^{53} 白 / tɕiɑ̃^{53} 文	tɕʰiɑ̃^{53}
盐湖	ȵia^{42} 白 / ia^{42} 文	ʐæ̃^{13}	liæ̃^{13}	liæ̃^{13}	liæ̃^{13}	tɕiæ̃^{42}	tɕiæ̃^{42}	tɕʰiæ̃^{42}
临猗	ȵia^{44}/ȵia^{42}	ȵiæ̃^{13}	liæ̃^{13}	liæ̃^{13}	liæ̃^{13}	tɕiæ̃^{42}	tɕiæ̃^{42}	tɕʰiæ̃^{42}
河津	ȵia^{44}	ʐaŋ^{324}	liæ̃^{324}	liaŋ^{324} 白	liaŋ^{324} 白 / liæ̃^{324} 文	tɕiaŋ^{31} 文	tɕiæ̃^{53}	tɕʰiaŋ^{31} 白
平陆	ȵia^{31}/ȵia^{33}	ȵian^{13}	lian^{13}	lian^{13}	lian^{13}	tɕian^{31}	tɕʰian^{31}	tɕʰian^{31}
永济	ȵia^{31}/ ȵia^{44}	ʐæ̃^{24} 白 / ȵiæ̃^{24} 文	liæ̃^{24}	liæ̃^{24}	liæ̃^{24}	tɕiæ̃^{31}	tɕiæ̃^{31}	tɕʰiæ̃^{31}
芮城	ȵia^{44} 白 / ȵia^{42} 文	ʐæ̃^{13} 白 / ȵiæ̃^{42} 文 / ȵiæ̃^{13} 文	liæ̃^{13}	liæ̃^{13}	liæ̃^{13}	tɕiæ̃^{42}	tɕʰiæ̃^{42}	tɕʰiæ̃^{42}
吉县	nia^{33}	ʐæ̃^{13}	liæ̃^{13}	liæ̃^{13}	liæ̃^{13}	tɕiæ̃^{423}	tɕʰiæ̃^{423}	tɕʰiæ̃^{423}
乡宁	ȵia^{53}	ʐæ^{12} 白 / ȵiæ^{12} 文	liæ^{12}	liæ^{12}	liæ^{12}	tɕiæ^{53}	tɕiæ^{53}	tɕʰiæ^{53}
广灵	iɑ^{53}	niæ^{31}	liæ^{31}	liæ^{31}	liæ^{31}	tɕiæ^{53}	——	tɕʰiæ^{53}

字目	签~子	潜	纤~维	沾	粘~贴	钳	淹	腌~肉
中古音 方言点	七廉 咸开三 平盐清	昨盐 咸开三 平盐从	息廉 咸开三 平盐心	张廉 咸开三 平盐知	张廉 咸开三 平盐知	巨淹 咸开三 平盐群	央炎 咸开三 平盐影	央炎 咸开三 平盐影
北京	tɕʰiɛn^{55}	tɕʰiɛn^{35}	ɕiɛn^{55}	tʂan^{55}	tʂan^{55}	tɕʰiɛn^{35}	iɛn^{55}	iɛn^{55}
小店	tɕʰiæ^{11}	tɕʰiæ^{11}	tɕʰiæ^{11}	tsæ^{11}	tsæ^{11}	tɕʰiæ^{11}	iæ^{11}	iæ^{11}
尖草坪	tɕʰie^{33}	tɕʰie^{33}	ɕie^{33}	tsæ^{33}	tsæ^{33}	tɕʰie^{33}	ɕie^{35}	ie^{33}
晋源	tɕʰiæ^{11}	tɕʰiæ^{11}	ɕiæ^{35}	tsaŋ^{11}	tsu^{11}	tɕʰiæ^{11}	iæ^{11}	iæ^{11}
阳曲	tɕʰiɛ^{312}	tɕʰiɛ^{312}	ɕiɛ^{312}	tsæ^{312}	tsæ^{312}/ȵiɛ^{312}	tɕʰiɛ^{43}	ŋæ^{312}	iɛʔ^{4}/iɛ^{454}
古交	tɕʰiɛ^{44}	tɕiɛ^{44}	ɕiɛ^{44} 白 / tɕʰiɛ^{44} 文	tsɛ^{44}	tsɛ^{44}	tɕʰiɛ^{44}	iɛ^{44}	iɛ^{44}
清徐	tɕʰiɛ^{11}	tɕʰiɛ^{11}	tɕʰiɛ^{45}	tsɛ^{11}	tsɛ^{11}	tɕʰiɛ^{11}	ŋɛ^{11} 白 / iɛ^{11} 文	iɛ^{11}
娄烦	tɕʰiɛ^{33}	tɕʰiɛ^{33}	tɕʰiɛ^{54}	tsæ^{33}	tsæ^{33}	tɕʰiɛ^{33}	iɛ^{33}	iɛ^{33}
榆次	tɕʰie^{11}	tɕʰie^{53}	ɕie^{11}	tsæ^{11}	tsæ^{11}	tɕʰie^{11}	ie^{11}	ie^{11}
交城	tɕʰiã^{11}	tɕʰiã^{11}	ɕiã^{11}	tsɒ̃^{11}	nɒ̃^{11} 白 / niã^{11} 文 /tsɒ̃^{11}	tɕiã^{53} 白 / tɕʰiã^{11} 文	ŋã^{11} 白 /iã^{24} 文	iã^{11}
文水	tɕʰiæ̃ĩ^{22}	tɕʰiæ̃ĩ^{22}	ɕiæ̃ĩ^{22}	tsaŋ^{35}	nzæ̃ĩ^{22}	tɕiæ̃ĩ^{423}	ŋaŋ^{22}	iaʔ^{2}
祁县	tɕʰiẽ^{31}	tɕʰiẽ^{31}	ɕiẽ^{31}	tʂə̃^{31}	zə̃^{31}	tɕiẽ^{314} 白 / tɕʰiẽ^{31} 文	ŋɑ̃^{33}	iẽ^{31}
太谷	tɕʰiẽĩ^{33}	tɕʰiẽĩ^{33}	ɕiẽĩ^{33}	tsẽĩ^{33}	tsẽĩ^{33}	tɕiẽĩ^{33} 白 / tɕʰiẽĩ^{33} 文	ŋɑ̃^{33}	iẽĩ^{33}
平遥	tɕʰi͡ɛ̃^{213}	tɕʰi͡ɛ̃^{512}	tɕʰi͡ɛ̃^{213}	ɳɑ̃^{213}	ɳɑ̃^{213}	tɕi͡ɛ̃^{213} 白 / tɕʰi͡ɛ̃^{213} 文	ŋɑ̃^{213}	ȵiɛ^{213}
孝义	tɕʰiã^{33}	tɕʰiã^{33}	tɕʰiã^{454}	ɳᴇ^{33}	ɳᴇ^{33}	tɕʰiᴇ^{33}	ȵiã^{33}	iəʔ^{3}
介休	tɕʰiɛ̃^{13}	tɕʰiɛ̃^{13}	ɕiɛ̃^{13}	tʂæ̃^{45}	ɳæ̃^{13}	tɕiɛ̃^{423}	ŋæ̃^{13}	ȵiʌʔ$^{\underline{12}}$ 白 / iʌʔ$^{\underline{12}}$ 文
灵石	tɕʰie^{535}	tɕʰie^{212}	tɕʰie^{535}	tsei^{535}	tsei^{535}	tɕʰie^{44}	ie^{535}/niɒ̃^{535}	ie^{535}
盂县	tɕʰiæ̃^{412}	tɕʰiæ̃^{22}	tɕʰiæ̃^{55}	tsæ̃^{412}	tsæ̃^{412}/ȵiæ̃^{22}	tɕʰiæ̃^{22}	ŋæ̃^{412}	iæ̃^{412}
寿阳	tɕʰiɪ^{31}	tɕʰiɪ^{22}	tɕʰiɪ^{31}	tsæ^{31}	tsæ^{31}	tɕʰiɪ^{22}	ŋæ^{31}	iɪ^{31}
榆社	tɕʰie^{22}	tɕʰie^{22}	ɕie^{22}	tsa^{22}	tsa^{22}	tɕʰie^{22}	ie^{22}	ie^{22}
离石	tɕʰiɪ^{24}	tɕʰiɪ^{44}	ɕiɪ^{24}	tsæ^{24}	tsæ^{24}	tɕʰiɪ^{44}	niæ^{24}	iɪ^{24}
汾阳	tɕʰiã^{55}	tɕʰiã^{324}	tɕʰi^{324}	tɕi^{324}	——	tɕʰi^{22}	ŋã^{324}	ieʔ^{2}
中阳	tɕʰie^{24}	tɕʰie^{33}	ɕie^{24}	tsæ^{24}	tsæ^{24}	tɕʰie^{33}	ŋie^{24}	ie^{24}
柳林	tɕʰie^{24}	tɕʰie^{44}	ɕie^{24}	tsei^{24}	zei^{44}/tsei^{24}	tɕʰie^{44}	ŋie^{24}	ie^{24}
方山	tɕʰiɛ^{24}	tɕʰiɛ^{312}	ɕiɛ^{24}	tʂə^{24}	zə^{44}	tɕʰiɛ^{44}	ŋiɛ^{24}	iɛ^{24}
临县	tɕʰie^{24}	tɕʰie^{33}	tɕʰie^{24}	tʂʅə^{24}	tʂʅə^{24}	tɕʰie^{33}	ie^{24}	ie^{24}
兴县	tɕʰiẽn^{324}	tɕʰiæ̃^{324}	——	tʂẽn^{324}	tʂẽn^{324}	tɕʰiæ̃^{55}	niæ̃^{324}	ŋᴀ^{324}/iẽn^{324}

续表

字目	签~子	潜	纤~维	沾	粘~贴	钳	淹	腌~肉
中古音 / 方言点	七廉 咸开三 平盐清	昨盐 咸开三 平盐从	息廉 咸开三 平盐心	张廉 咸开三 平盐知	张廉 咸开三 平盐知	巨淹 咸开三 平盐群	央炎 咸开三 平盐影	央炎 咸开三 平盐影
岚县	tɕʰiẽ^{214}	tɕʰiẽ^{44}	ɕiẽ^{214}	tsẽ^{214}	tsẽ^{214}	tɕʰiẽ^{44}	ȵiaŋ^{214}	iẽ^{214}
静乐	tɕʰiæ̃^{24}	tɕʰiæ̃^{24}	ɕiæ̃^{24}	tsæ̃^{24}	tsæ̃^{24}	tɕʰiæ̃^{24}	iæ̃^{24}	iæ̃^{24}
交口	tɕʰiɑ̃^{323}	tɕʰiɑ̃^{44}	ɕiɑ̃^{323}	tsɑ̃^{323}	tsɑ̃^{323}	tɕʰiɑ̃^{44}	iɑ̃^{323}	iɑ̃^{323}
石楼	tɕʰiɑŋ^{213}	tɕʰiɑŋ^{44}	ɕiɑŋ^{213}	tsɑŋ^{51}	zɑŋ^{44}	tɕʰiɑŋ^{44}	ȵiɑŋ^{213} 白 / iɑŋ^{213} 文	iɑŋ^{213}
隰县	tɕʰiɛ^{53}	tɕʰiaŋ^{24}	tɕʰiɛ^{53}	tsæ^{53}	tsæ^{53}	tɕʰiaŋ^{24}	ȵiɛ^{53}	ȵiɛ^{53}
大宁	tɕʰiɛ̃^{31}	tɕʰiɛ̃^{31}	——	——	zɛ̃^{24}	tɕʰiɛ̃^{24}	niɛ̃^{31}	niɛ̃^{31}
永和	tɕʰiɪ^{33}	tɕʰiɪ^{35}	——	tʂɛi^{33}	tʂɛi^{33}	tɕʰiɪ^{35}	——	iɪ^{33}
汾西	——	tɕʰiɑ̃^{33}	tɕʰiɑ̃^{11}	tsɑ̃^{11}	tsɑ̃^{11}	tɕʰiɑ̃^{35}	niɑ̃^{11}	niɑ̃^{11}
蒲县	tɕʰiæ̃^{52}	tɕʰiæ̃^{24}	ɕiæ̃^{52}	tʂæ̃^{52}	tʂæ̃^{52}	tɕʰiæ̃^{24}	ȵiæ̃^{52}	ȵiæ̃^{52}
潞州	tɕʰiaŋ^{312}	tɕʰiaŋ^{312}	tɕʰiaŋ^{312}	tsaŋ^{312}	tsaŋ^{312}	tɕʰiaŋ^{24}	iaŋ^{312}	iaŋ^{312}
上党	tɕʰiɑŋ^{213}	tɕʰiɑŋ^{535}	ɕiɑŋ^{213}	tsɑŋ^{213}	tsɑŋ^{213}	tɕʰiɑŋ^{44}	iɑŋ^{213}	iɑŋ^{213}
长子	tɕʰiæ̃^{312}	tɕʰiæ̃^{434}	ɕiæ̃^{312}	tsæ̃^{312}	tsæ̃^{312}	tɕʰiæ̃^{24}	iæ̃^{312}	iæ̃^{312}
屯留	tɕʰiæ̃^{31}	tɕʰiæ̃^{43}	ɕiæ̃^{31}	tsæ̃^{31}	tsæ̃^{31}	tɕʰiæ̃^{11}	iæ̃^{31}	iæ̃^{31}
襄垣	tɕʰiei^{33}	tɕʰiei^{42}	——	tsæ^{33}	tsæ^{33}	tɕʰiei^{31}	iei^{33}	——
黎城	tɕʰiæ^{33}	tɕʰiæ^{213}	tɕʰiæ^{33}	tɕiæ^{33}	tɕiæ^{33}	cʰiæ^{53}	iæ^{33}	iæ^{33}
平顺	tɕʰiæ̃^{213}	tɕʰiæ̃^{434}	ɕiæ̃^{213}	tɕæ̃^{213}	tɕæ̃^{213}	tɕʰiæ̃^{13}	iæ̃^{213}	iæ̃^{213}
壶关	cʰiaŋ^{33}	cʰiaŋ^{535}	siaŋ^{33}	tʂaŋ^{33}	tʂaŋ^{33}	cʰiaŋ^{13}	iaŋ^{33}	iaŋ^{33}
沁县	tɕʰi^{224}	tɕʰi^{224}	——	tsæ^{224}	tsæ^{224}	tɕʰi^{33}	i^{224}	i^{224}
武乡	tsʰei^{113}	tsʰei^{213}	tsʰei^{113}	tsæ^{113}	tsæ^{113}	tsʰei^{33}	ŋei^{113}	ŋei^{113}
沁源	tɕʰiæ̃^{324}	tɕʰiæ̃^{324}	ɕiæ̃^{324}	tʂæ̃^{324}	tʂæ̃^{324}	tɕʰiæ̃^{33}	iæ̃^{324}	iæ̃^{324}
安泽	tɕʰiæ^{21}	tɕʰiæ^{42}	——	tsæ^{21}	tsæ^{21}	tɕʰiæ^{35}	iæ^{21}	iæ^{21}
沁水端氏	tsʰei^{21}	tsʰei^{31}	tsʰei^{21}	tsæ^{21}	tsæ^{21}	kei^{24}	iɪ^{21}	iɪ^{21}
阳城	tɕʰiɛ^{224}	tɕʰiɛ^{212}	tɕʰiɛ^{22}	tʂʅə^{224}	tʂʅə^{224}	cʰiɛ^{22}	iɛ^{224}	iɛ^{224}
高平	tɕʰiæ̃^{33}	tɕʰiæ̃^{212}	ɕiæ̃^{33}	tʂæ̃^{33}	tʂæ̃^{33}	cʰiæ̃^{33}	iæ̃^{33}	iæ̃^{33}
陵川	tɕʰiə̃ĩ^{33}	tɕʰiə̃ĩ^{33}	ɕiə̃ĩ^{33}	tʂã^{33}	tʂã^{33}	cʰiə̃ĩ^{53}	iə̃ĩ^{33}	iə̃ĩ^{33}
晋城	tɕʰiɛ^{33}	tɕʰiɛ^{213}	tɕʰiɛ^{33}	tʂæ^{33}	tʂæ^{33}	tɕʰiɛ^{324}	iɛ^{33}	iɛ^{33}
忻府	tɕʰiɛ̃^{313}	tɕʰiɛ̃^{21}	ɕiɛ̃^{313}	tʂɑ̃^{313}	tʂɑ̃^{313}	tɕʰiɛ̃^{21}	ŋɑ̃^{313} 白 / iɛ̃^{313} 文	iɛ̃^{313}
原平	tɕʰiɛ̃^{213}	tɕʰiɛ̃^{33}	ɕiɛ̃^{213}	tʂɛ̃^{213}	tʂɛ̃^{213}	tɕʰiɛ̃^{33}	iɛ̃^{213}	iɛ̃^{213}
定襄	tɕʰiə̃^{24}	tɕʰiə̃^{24}	tɕʰiə̃^{24}	tsə̃^{24}	tsə̃^{24}	tɕʰiə̃^{11}	iə̃^{24}	iə̃^{24}
五台	tɕʰiə̃^{213}	tɕʰiə̃^{213}	tɕʰiə̃^{213}	tsə̃^{213}	tsə̃^{213}	tɕʰiə̃^{33}	iə̃^{213}	iə̃^{213}

续表

字目	签~子	潜	纤~维	沾	粘~贴	钳	淹	腌~肉
中古音 / 方言点	七廉 咸开三 平盐清	昨盐 咸开三 平盐从	息廉 咸开三 平盐心	张廉 咸开三 平盐知	张廉 咸开三 平盐知	巨淹 咸开三 平盐群	央炎 咸开三 平盐影	央炎 咸开三 平盐影
岢岚	tɕʰiɛ^{13}	tɕʰiɛ^{13}	ɕiɛ^{13}	tʂæ^{13}	tʂæ^{13}	tɕʰiɛ^{44}	iɛ^{13}	iɛ^{13}
五寨	tɕʰiɪ^{13}	tɕʰiɪ^{13}	tɕʰiɪ^{13}	tsæ^{13}	tsæ^{13}	tɕʰiɪ^{44}	iɪ^{13}	iɪ^{13}
宁武	tɕiɛ^{23}	tɕiɛ^{213}	——	tsæ^{23}	tsæ^{23}	tɕiɛ^{33}	iɛ^{23}	iɛ^{23}
神池	tɕʰie^{24}	tɕʰie^{32}	ɕie^{24}	tsæ^{24}	tsæ^{24}	tɕʰie^{32}	ȵie^{24}	iəʔ^{4}
繁峙	tɕʰiɛ^{53}	tɕʰiɛ^{31}	ɕiɛ^{53}	tsɛ^{53}	tsɛ^{53}	tɕʰiɛ^{31}	iɛ^{53}	iɛ^{53}
代县	tɕʰie^{213}	tɕʰie^{44}	——	tsɛ^{213}	tsɛ^{213}	tɕʰie^{44}	ie^{213}	ie^{213}
河曲	tɕʰiɛ^{213}	tɕʰiɛ^{213}	tɕʰiɛ^{52}	tʂæ^{213}	tʂæ^{213}	tɕʰiɛ^{44}	iɛ^{213}	iɛ^{213}
保德	tɕʰiɑŋ^{213}	tɕʰiɑŋ^{213}	ɕiɑŋ^{213}	tʂɑŋ^{213}	tʂɑŋ^{213}	tɕʰiɑŋ^{44}	iɑŋ^{213}	iɑŋ^{213}
偏关	tɕʰiɪ^{24}	tɕʰiɪ^{24}	tɕʰiɪ^{24}	tʂæ^{24}	tʂæ^{24}	tɕʰiɪ^{44}	iɪ^{24}	iɪ^{24}
朔城	——	tɕʰiɛ^{312}	——	tsæ^{312}	tsæ^{312}	tɕʰiɛ^{35}	iɛ^{312}	——
平鲁	tɕʰiᴇ^{213}	tɕʰiᴇ^{44}	tɕʰiᴇ^{213}	tsæ^{213}	tsæ^{213}	tɕʰiᴇ^{44}	iᴇ^{213}	nɑ^{213}/iᴇ^{213}
应县	tɕiɛ̃^{43}	tɕʰiɛ̃^{43}	tɕʰiɛ̃^{24}/ɕiɛ̃^{54}	tsɛ̃^{43}	tsɛ̃^{43}	tɕʰiɛ̃^{31}	iɛ̃^{43}	iɛ̃^{43}
灵丘	tɕʰie^{442}	tɕʰie^{442}	tɕʰie^{53}	tsæ^{442}	tsæ^{442}	tɕʰie^{31}	ie^{31}	ie^{442}
浑源	tɕʰiɛ^{52}	tɕʰiɛ^{52}	ɕiɛ^{52}	tsæ^{52}	tsæ^{52}	tɕʰiɛ^{52}	iɛ^{52}	iɛ^{52}
云州	tɕʰiɛ^{21}	tɕʰiɛ^{312}	ɕiɛ^{55}	tsæ^{21}	tsæ^{21}	tɕʰiɛ^{312}	iɛ^{21}	iɛ^{21}
新荣	tɕʰiᴇ^{32}	tɕʰiᴇ^{312}	tɕʰiᴇ^{24}/ɕiᴇ^{54}	tʂæ^{32}	niᴇ^{312}	tɕʰiᴇ^{312}	iᴇ^{32}	iᴇ^{32}
怀仁	tɕʰiæ^{42}	tɕʰiæ^{42}	ɕiæ^{42}	tsæ^{42}	tsæ^{42}	tɕʰiæ^{312}	iæ^{42}	iæ^{42}
左云	tɕʰiɛ^{31}	tɕʰiɛ^{313}	ɕiɛ^{31}	tsæ^{31}	tsæ^{31}	tɕʰiɛ^{313}	iɛ^{31}	iɛ^{31}
右玉	tɕʰiɛ^{31}	tɕʰiɛ^{31}	tɕʰiɛ^{31}	tʂæ^{31}	tʂæ^{31}	tɕʰiɛ^{212}	iɛ^{31}	iɛ^{31}
阳高	tɕʰiɛ^{31}	tɕʰiɛ^{312}	——	tsɛ^{31}	tsɛ^{31}	tɕʰiɛ^{31}	iɛ^{31}	iɛ^{31}
山阴	——	tɕʰiᴇ^{313}	——	tʂæ^{313}	niᴇ^{313}/tʂæ^{313}	tɕʰiᴇ^{313}	iᴇ^{313}	nᴀ^{313}/iᴇ^{313}
天镇	tɕʰiæ^{31}	tɕʰiæ^{31}	——	tsæ^{31}	tsæ^{31}	tɕʰiæ^{22}	iæ^{31}	iæ^{31}
平定	tɕʰiæ̃^{31}	tɕʰiæ̃^{53}	——	tʂæ̃^{31}	tʂæ̃^{31}	tɕʰiæ̃^{44}	iæ̃^{31}	iæ̃^{31}
昔阳	tɕʰiæ̃^{42}	tɕʰiæ̃^{33}	ɕiæ̃^{42}	tʂæ̃^{42}	tʂæ̃^{42}	tɕʰiæ̃^{33}	iæ̃^{42}	iæ̃^{42}
左权	tɕʰiɛ^{31}	tɕʰiɛ^{11}	——	tʂæ^{31}	tʂæ^{31}	tɕʰiɛ^{11}	iɛ^{31}	iɛ^{31}
和顺	tɕʰiɛ^{42}	tɕʰiɛ^{22}	——	tʂæ^{42}	tʂæ^{42}	tɕʰiɛ^{22}	iɛ^{42}	iɛ^{42}
尧都	tɕʰiæ̃^{21}	tɕʰiæ̃^{24}	tɕʰiou^{21}	tʂæ̃^{21}	tʂæ̃^{21}	tɕʰiæ̃^{24}	iæ̃^{21}	iæ̃^{21}
洪洞	tɕʰiɑn^{21}	tɕʰiɑn^{42}	tɕʰiɑn^{21}	tʂɑn^{21}	tʂɑn^{21}	tɕʰiɑn^{24}	ȵiɑn^{21}	ȵiɑn^{21}
洪洞赵城	tɕʰiɑ̃^{21}	tɕʰiɑ̃^{21}	——	tʂɑ̃^{21}	tʂɑ̃^{21}	tɕʰiɑ̃^{24}	ȵiɑ̃^{21}	ȵiɑ̃^{21}
古县	tɕʰian^{21}	tɕʰian^{35}	——	tʂan^{21}	tʂan^{21}	tɕʰian^{35}	ȵian^{21}	ȵian^{21}
襄汾	tɕʰian^{21}	tɕʰian^{42}	tɕʰian^{21}	tʂan^{21}	tʂan^{21}	tɕʰian^{21}	ȵian^{21}	ȵian^{21}

续表

字目	签~子	潜	纤~维	沾	粘~贴	钳	淹	腌~肉
中古音 / 方言点	七廉 咸开三 平盐清	昨盐 咸开三 平盐从	息廉 咸开三 平盐心	张廉 咸开三 平盐知	张廉 咸开三 平盐知	巨淹 咸开三 平盐群	央炎 咸开三 平盐影	央炎 咸开三 平盐影
浮山	tɕʰiãĩ^{42}	tɕʰiãĩ^{33}	tɕʰiãĩ^{42}	tʂãĩ^{42}	tʂãĩ^{42}	tɕʰiãĩ^{42}	ȵiãĩ^{42}	ȵiãĩ^{42}
霍州	tɕʰiaŋ^{212}	tɕʰiaŋ^{33}	tɕʰiaŋ^{212}	tʂaŋ^{212}	tʂaŋ^{212}	tɕʰiaŋ^{35}	ȵiaŋ^{212}	ȵiaŋ^{212}
翼城	tɕʰiɛɪ^{53}	tɕʰiɛɪ^{44}	tɕʰiɛɪ^{53}	tʂæ̃^{53}	tʂæ̃^{53}	tɕʰiɛɪ^{12}	ȵiɛɪ^{53}	ȵiɛɪ^{53}
闻喜	tɕʰiæ^{53}	tɕʰiæ^{53}	——	tsæ^{53}	zæ^{53}	tɕʰiæ^{13}	ȵiæ^{53}	——
侯马	tɕʰiæ̃^{213}	tɕʰiæ̃^{44}	xæ̃^{213}	tʂæ̃^{213}	tʂæ̃^{213}	tɕʰiæ̃^{213}	iæ̃^{213}	iæ̃^{213}
新绛	tɕʰiã^{53}	tɕʰiã^{13}	ɕiã^{53}	tʂã^{53}	tʂã^{53}	tɕʰiã^{13}	ȵiã^{53}	ȵiã^{53}
绛县	tɕʰiæ^{53}	tɕʰiæ^{24}	ɕiæ^{53}	tʂæ^{53}	tʂæ^{53}	tɕʰiæ^{24}	ȵiæ^{53}	ȵiɛ^{33} 白 / ȵiæ^{53} 文
垣曲	tɕʰiæ̃^{53}	tɕʰiæ̃^{53}	tɕʰiæ̃^{53}	tʂæ̃^{53}	tʂæ̃^{53}	tɕʰiæ̃^{22}	ȵiæ̃^{53}	ȵiæ̃^{53}
夏县	tɕʰiæ^{53}	tɕʰiæ^{42}	tɕʰiæ^{53}	tʂæ^{53}	tʂæ^{53}	tɕʰiæ^{42}	ȵiæ^{53} 白 / iæ^{53} 文	ȵiæ^{53} 白 / iæ^{53} 文
万荣	tɕʰiæ^{51}	tɕʰiæ^{55}	ɕiæ^{51}	tʂæ^{51}	tʂæ^{51}	xæ^{33}	ȵiæ^{51}	ȵiæ^{51}
稷山	tɕʰiɑ̃^{53}	tɕʰiɑ̃^{13}	ɕiɑ̃^{53} 白 / tɕʰiɑ̃^{53} 文	tʂɑ̃^{53}	zɑ̃^{13}	tɕʰiɑ̃^{13}	ȵiɑ̃^{53}	ȵiɑ̃^{53}
盐湖	tɕʰiæ̃^{42}	tɕʰiæ̃^{13}	——	tʂæ̃^{42}	tʂæ̃^{42}	tɕʰiæ̃^{13}	ȵiæ̃^{42}	ȵiæ̃^{42}
临猗	tɕʰiæ̃^{42}	tɕʰiæ̃^{53}	ɕiæ̃^{42}	tʂæ̃^{42}	ʐæ̃^{13} 白 / tʂæ̃^{42} 文	tɕʰiæ̃^{13}	ȵiæ̃^{42}	ȵiæ̃^{42}
河津	tɕʰiaŋ^{31} 白	tɕʰiæ̃^{53}	tɕʰiæ̃^{31}	tʂaŋ^{31} 白	tʂaŋ^{31} 白	tɕʰiaŋ^{324} 白	ȵiaŋ^{31} 白	ȵiaŋ^{31} 白
平陆	tɕʰian^{31}	tɕʰian^{31}	tɕʰian^{31}	tʂan^{31}	ʐan^{13} 白 / tʂan^{31} 文	tɕʰian^{13}	ȵian^{31}	ȵian^{31}
永济	tɕʰiæ^{31}	tɕʰiæ^{31}	tɕʰiæ̃^{31}	tʂæ̃^{31}	ʐæ̃^{31} 白 / tʂæ̃^{31} 文	tɕʰiæ̃^{24}	ȵiæ̃^{31}	ŋie^{31}
芮城	——	tɕʰiæ̃^{53}	ɕiæ̃^{42} 白 / tɕʰiæ̃^{42} 文	tʂæ̃^{42}	tʂæ̃^{42}	tɕʰiæ̃^{13}	ȵiæ̃^{42}	ȵiæ̃^{42}
吉县	tɕʰiæ̃^{423}	tɕʰiæ̃^{53}	——	tʂæ̃^{53}	tʂæ̃^{53}	tɕʰiæ̃^{13}	niæ̃^{423}	niæ̃^{423}
乡宁	tɕʰiæ^{53}	tɕʰiæ^{12}	——	tʂæ^{53}	tʂæ^{53}	tɕʰiæ^{12}	ȵiæ^{53}	ȵiæ^{53}
广灵	tɕʰiæ^{53}	tɕʰiæ^{44}	tɕʰiæ^{53}	tsæ^{53}	tsæ^{53}	tɕʰiæ^{31}	iæ^{53}	iæ^{53}

字目	阉	炎	盐	檐	阎	严	贬	敛
中古音 / 方言点	央炎 咸开三 平盐影	于廉 咸开三 平盐云	余廉 咸开三 平盐以	余廉 咸开三 平盐以	余廉 咸开三 平盐以	语𩐘 咸开三 平严疑	方敛 咸开三 上琰帮	力冉 咸开三 上琰来
北京	iɛn^{55}	iɛn^{35}	iɛn^{35}	iɛn^{35}	iɛn^{35}	iɛn^{35}	piɛn^{214}	liɛn^{214}
小店	iæ^{11}	iæ^{11}	iæ^{11}	——	iæ^{11}	iæ^{11}	piæ^{53}	liæ^{53}
尖草坪	ie^{33}	ie^{33}	ie^{33}	ie^{33}	ie^{33}	ie^{33}	pie^{312}	lie^{312}
晋源	iæ^{11}	iæ^{35}	iæ^{11}	iæ^{11}	iæ^{11}	iæ^{11}	piæ^{42}	liæ^{42}
阳曲	iɛ^{312}	iɛ^{454}	iɛ^{454}	iɛ^{43}	iɛ^{43}	iɛ^{312}/iɛ^{43}	piɛ^{312}	liɛ^{454}
古交	iɛ^{44}	iɛ^{44}	iɛ^{44}	iɛ^{44}	iɛ^{44}	iɛ^{44}	piɛ^{312}	liɛ^{312}
清徐	iɛ^{11}	iɛ^{11}	iɛ^{11}	iɛ^{11}	iɛ^{11}	iɛ^{11}	piɛ^{54}	liɛ^{54}
娄烦	iɛ^{33}	iɛ^{33}	iɛ^{33}	iɛ^{33}	iɛ^{33}	iɛ^{33}	piɛ^{312}	liɛ^{312}
榆次	ie^{11}	ie^{11}	ie^{11}	ie^{11}	ie^{11}	ie^{11}	pie^{53}	lie^{53}
交城	iã^{11}	iã^{24}	iã^{11}	iã^{11}	iã^{11}	iã^{11}	piã^{53}	liã^{53}
文水	iæĩ^{22}	iæĩ^{22}	iæĩ^{22}	iæĩ^{22}	iæĩ^{22}	ŋæĩ^{22} 白 / iæĩ^{22} 文	piæĩ^{423}	liæĩ^{423}
祁县	iẽ^{31}	iẽ^{31}	iẽ^{31}	iẽ^{31}	iẽ^{31}	iẽ^{31}	piẽ^{314}	liẽ^{314}
太谷	iẽĩ^{33}	iẽĩ^{33}	iẽĩ^{33}	iẽĩ^{33}	iẽĩ^{33}	iẽĩ^{33}	piẽĩ^{312}	liẽĩ^{312}
平遥	ĩẽ^{213}	ĩẽ^{24}	ĩẽ^{213}	ĩẽ^{213}	ĩẽ^{213}	ȵĩẽ^{213}	pĩẽ^{512}	lĩẽ^{512}
孝义	iaʔ^{3}	iã^{33}	iᴇ^{33}	iᴇ^{33}	iᴇ^{33}	iã^{33}	piã^{312}	liᴇ^{312}
介休	iɛ̃^{13}	iɛ̃^{13}	iɛ̃^{13}	iɛ̃^{13}	iɛ̃^{13}	ŋæ̃^{13} 白 / iɛ̃^{13} 文	piɛ̃^{423}	liɛ̃^{423}
灵石	ie^{535}	ie^{44}	ie^{44}	ie^{44}	ie^{44}	ie^{44}	pie^{212}	lie^{212}
盂县	iæ̃^{412}	iæ̃^{22}/iæ̃^{55}	iæ̃^{22}	iæ̃^{22}	iæ̃^{22}	iæ̃^{22}	piæ̃^{53}	liæ̃^{53}
寿阳	iɪ^{31}	iɪ^{45}	iɪ^{22}	iɪ^{22}	iɪ^{22}	iɪ^{22}	piɪ^{31}	liɪ^{53}
榆社	nie^{22}	nie^{45}	ie^{22}	ie^{22}	ie^{22}	nie^{22}	pie^{312}	lie^{312}
离石	iɪ^{24}	iɪ^{44}	iɪ^{44}	iɪ^{44}	iɪ^{44}	ŋiɪ^{44} 白 /iɪ^{44} 文	piɪ^{312}	liɪ^{312}
汾阳	iã^{324}	iã^{22}	i^{22} 白 /iã^{22} 文	i^{22}	i^{22} 白 /iã^{22} 文	ŋi^{22} 白 /iã^{22} 文	piã^{312}	liã^{312}
中阳	ie^{24}	ie^{33}	ie^{33}	ie^{33}	ie^{33}	ŋie^{33} 白 /ie^{33} 文	pie^{423}	lie^{423}
柳林	ie^{24}	ie^{44}	ie^{44}	ie^{44}	ie^{44}	ŋie^{44}/ ie^{44}	pie^{312}	lie^{312}
方山	iɛ^{24}	iɛ^{44}	iɛ^{44}	iɛ^{44}	iɛ^{44}	ŋiɛ^{44} 白 / iɛ^{44} 文	piɛ^{24}	liɛ^{312}
临县	ie^{24}	ie^{33}	ie^{33}	ie^{52}	ie^{33}	nie^{33}	pie^{312}	lie^{312}
兴县	iẽn^{324}	iẽn^{53}	iẽn^{55}	——	iẽn^{55}	iẽn^{55}	piẽn^{324}	liẽn^{324}
岚县	iẽ^{214}	iẽ^{53}	iẽ^{44}	iẽ^{44}	iẽ^{44}	ŋiẽ^{44} 白 / iẽ^{44} 文	piẽ^{312}	liẽ^{53}
静乐	iæ̃^{24}	iæ̃^{53}	iæ̃^{33}	iæ̃^{33}	iæ̃^{33}	iæ̃^{33}	piæ̃^{314}	liæ̃^{314}

续表

字目	阉	炎	盐	檐	阎	严	贬	敛
中古音 / 方言点	央炎 咸开三 平盐影	于廉 咸开三 平盐云	余廉 咸开三 平盐以	余廉 咸开三 平盐以	余廉 咸开三 平盐以	语轗 咸开三 平严疑	方敛 咸开三 上琰帮	力冉 咸开三 上琰来
交口	iã^{323}	iã^{44}	iã^{44}	iã^{44}	iã^{44}	ŋã^{44}/iã^{44}	piã^{323}	liã^{323}
石楼	iɑŋ^{213}	iɑŋ^{51}	iɑŋ^{44}	iɑŋ^{44}	iɑŋ^{44}	ŋɑŋ^{44}白/ iɑŋ^{44}文	piɑŋ^{213}	liɑŋ^{213}
隰县	——	iaŋ^{24}	iaŋ^{24}	iaŋ^{24}	iaŋ^{24}	ȵiaŋ^{24}	piaŋ^{21}	liaŋ^{21}
大宁	niẽ^{31}	iẽ^{55}	iẽ^{24}	iẽ^{24}	iẽ^{24}	ŋẽ^{24}白/iẽ^{24}文	piẽ^{31}	liẽ^{55}
永和	iɪ^{33}	iɪ^{53}	iɪ^{35}	iɪ^{35}	iɪ^{53}	iɪ^{35}	——	liɪ^{35}
汾西	——	iã^{53}	iã^{35}	iã^{35}	iã^{35}	iã^{35}	piã^{33}	liã^{53}
蒲县	ȵiæ̃^{52}	iæ̃^{24}	iæ̃^{24}	iæ̃^{24}	iæ̃^{24}	iæ̃^{24}	piæ̃^{31}	liæ̃^{24}
潞州	iaŋ^{312}	iaŋ^{54}	iaŋ^{24}	iaŋ^{24}	iaŋ^{24}	iaŋ^{24}	piaŋ^{535}	liaŋ^{535}
上党	iɑŋ^{213}	iɑŋ^{44}/iɑŋ^{42}	iɑŋ^{44}	iɑŋ^{44}	iɑŋ^{44}	iɑŋ^{44}	piɑŋ^{535}	liɑŋ^{535}
长子	iæ̃^{312}	iæ̃^{24}	iæ̃^{24}	iæ̃^{24}	iæ̃^{24}	iæ̃^{24}	piæ̃^{434}	liæ̃^{434}
屯留	iæ̃^{31}	iæ̃^{11}	iæ̃^{11}	iæ̃^{11}	iæ̃^{11}	iæ̃^{11}	piæ̃^{43}	liæ̃^{43}
襄垣	iei^{33}	iei^{31}	iei^{31}	iei^{31}	iei^{31}	iei^{31}	pei^{42}	lei^{42}
黎城	iæ^{213}	iæ^{53}	iæ^{53}	iæ^{53}	iæ^{33}	iæ^{53}	piæ^{213}	liæ^{53}
平顺	iæ̃^{213}	iæ̃^{13}	iæ̃^{13}	iæ̃^{13}	iæ̃^{13}	iæ̃^{13}	piæ̃^{434}	liæ̃^{434}
壶关	iaŋ^{33}	iaŋ^{13}/iaŋ^{353}	iaŋ^{13}	iaŋ^{13}	iaŋ^{13}	iaŋ^{13}	piaŋ^{535}	liaŋ^{535}
沁县	i^{224}	i^{33}	i^{33}	i^{33}	i^{33}	i^{33}	pei^{214}	lei^{214}
武乡	ŋei^{33}	ŋei^{33}	ŋei^{33}	——	ŋei^{33}	ŋei^{33}	pei^{213}	——
沁源	iæ̃^{324}	iæ̃^{53}	iæ̃^{33}	iæ̃^{33}	iæ̃^{33}	iæ̃^{33}	piæ̃^{324}	liæ̃^{324}
安泽	iæ^{21}	iæ^{35}	iæ^{35}	iæ^{35}	iæ^{35}	iæ^{35}	——	liæ^{42}
沁水端氏	iɪ^{21}	iɪ^{53}	iɪ^{24}	iɪ^{24}	iɪ^{24}	iɪ^{24}	pei^{31}	——
阳城	iɛ^{224}	iɛ^{22}	iɛ^{22}	iɛ^{22}	iɛ^{22}	iɛ^{22}	piɛ^{212}	liɛ^{212}
高平	iæ̃^{33}	iæ̃^{33}	iæ̃^{33}	iæ̃^{33}	iæ̃^{33}	iæ̃^{33}	piæ̃^{212}	niæ̃^{53}
陵川	iə̃ĩ^{33}	iə̃ĩ^{53}	iə̃ĩ^{53}	iə̃ĩ^{53}	iə̃ĩ^{53}	iə̃ĩ^{53}	piə̃ĩ^{312}	liə̃ĩ^{312}
晋城	iɛ^{33}	iɛ^{324}	iɛ^{324}	iɛ^{33}	iɛ^{324}	iɛ^{324}	piɛ^{213}	liɛ^{213}
忻府	iɛ̃^{313}	iɛ̃^{21}	iɛ̃^{21}	iɛ̃^{21}	iɛ̃^{21}	iɛ̃^{21}	piɛ̃^{313}	liɛ̃^{313}
原平	iɛ̃^{213}	iɛ̃^{33}	iɛ̃^{33}	iɛ̃^{33}	iɛ̃^{33}	iɛ̃^{33}	piɛ̃^{213}	liɛ̃^{213}
定襄	iə̃^{24}	iə̃^{11}	iə̃^{11}	iə̃^{11}	iə̃^{11}	iə̃^{11}	piə̃^{24}	liə̃^{24}
五台	iə̃^{213}	iə̃^{52}	iə̃^{213}	iə̃^{33}	iə̃^{33}	iə̃^{33}/niæn^{33}	piə̃^{213}	liə̃^{213}
岢岚	iɛ^{13}	iɛ^{52}	iɛ^{44}	iɛ^{44}	iɛ^{44}	iɛ^{44}	piɛ^{13}	liɛ^{13}
五寨	iɪ^{13}	iɪ^{52}	iɪ^{44}	iɪ^{44}	iɪ^{44}	iɪ^{44}	piɪ^{13}	liɪ^{52}

续表

字目	阉	炎	盐	檐	阎	严	贬	敛
中古音 / 方言点	央炎 咸开三 平盐影	于廉 咸开三 平盐云	余廉 咸开三 平盐以	余廉 咸开三 平盐以	余廉 咸开三 平盐以	语[illegible] 咸开三 平严疑	方敛 咸开三 上琰帮	力冉 咸开三 上琰来
宁武	iɛ^{23}	iɛ^{52}	iɛ^{33}	iɛ^{33}	iɛ^{33}	iɛ^{33}	piɛ^{213}	liɛ^{213}
神池	ie^{24}	ie^{32}	ie^{32}	ie^{32}	ie^{32}	ie^{32}	pie^{13}	lie^{13}
繁峙	iɛ^{53}	iɛ^{31}	iɛ^{31}	iɛ^{31}	iɛ^{31}	iɛ^{31}	piɛ^{53}	liɛ^{53}
代县	ie^{213}	ie^{53}	ie^{44}	ie^{44}	ie^{44}	ie^{44}	pie^{213}	lie^{213}
河曲	iɛ^{213}	iɛ^{52}	iɛ^{44}	iɛ^{44}	iɛ^{44}	iɛ^{44}	piɛ^{213}	liɛ^{213}
保德	iɑŋ^{213}	iɑŋ^{44}	iɑŋ^{44}	iɑŋ^{44}	iɑŋ^{44}	iɑŋ^{44}	piɑŋ^{213}	liɑŋ^{213}
偏关	iɪ^{24}	iɪ^{44}	iɪ^{44}	iɪ^{44}	iɪ^{44}	iɪ^{44}	piɪ^{213}	liɪ^{213}
朔城	iɛ^{312}	iɛ^{312}	iɛ^{35}	iɛ^{35}	iɛ^{35}	iɛ^{35}	piɛ^{312}	liɛ^{53}
平鲁	iᴇ^{213}	iᴇ^{213}	iᴇ^{44}	iᴇ^{44}	iᴇ^{44}	iᴇ^{44}	piᴇ^{213}	liᴇ^{213}
应县	iɛ̃^{43}	iɛ̃^{31}	iɛ̃^{31}	iɛ̃^{31}	iɛ̃^{31}	iɛ̃^{31}	piɛ̃^{54}	lyɛ̃^{54}
灵丘	ie^{31}	ie^{31}	ie^{31}	ie^{31}	ie^{31}	ie^{31}	pie^{442}	lie^{442}
浑源	iɛ^{52}	iɛ^{52}	iɛ^{22}	iɛ^{52}	iɛ^{22}	iɛ^{22}	piɛ^{52}	liɛ^{52}
云州	iɛ^{21}	iɛ^{21}	iɛ^{312}	iɛ^{312}	iɛ^{312}	iɛ^{312}	piɛ^{55}	liɛ^{55}
新荣	iᴇ^{54}	iᴇ^{312}	iᴇ^{312}	iᴇ^{312}	iᴇ^{312}	iᴇ^{312}	piᴇ^{54}	liᴇ^{54}
怀仁	iæ^{42}	iæ^{312}	iæ^{312}	iæ^{312}	iæ^{312}	iæ^{312}	piæ^{53}	liæ^{53}
左云	iɛ^{31}	iɛ^{313}	iɛ^{313}	iɛ^{313}	iɛ^{313}	iɛ^{313}	piɛ^{54}	liɛ^{54}
右玉	iɛ^{31}	iɛ^{212}	iɛ^{212}	iɛ^{212}	iɛ^{212}	iɛ^{212}	piɛ^{53}	liɛ^{24}
阳高	iɛ^{31}	iɛ^{31}	iɛ^{31}	iɛ^{312}	iɛ^{312}	——	piɛ^{53}	liɛ^{53}
山阴	——	iᴇ^{313}	iᴇ^{313}	iᴇ^{313}	——	iᴇ^{313}	piᴇ^{52}	lyᴇ^{313}
天镇	iæ^{31}	iæ^{24}	iæ^{22}	iæ^{22}	iæ^{22}	iæ^{22}	piæ^{55}	liæ^{24}
平定	iæ̃^{31}	iæ̃^{44}	iæ̃^{44}	iæ̃^{44}	iæ̃^{44}	iæ̃^{44}	piæ̃^{53}	liæ̃^{53}
昔阳	iæ̃^{42}	iæ̃^{33}	iæ̃^{33}	iæ̃^{33}	iæ̃^{33}	iæ̃^{33}	piæ̃^{55}	liæ̃^{55}
左权	iɛ^{31}	iɛ^{11}	iɛ^{11}	iɛ^{11}	iɛ^{11}	iɛ^{11}	piɛ^{42}	liɛ^{42}
和顺	iɛ^{42}	iɛ^{22}	iɛ^{22}	iɛ^{22}	iɛ^{22}	iɛ^{22}	piɛ^{53}	liɛ^{53}
尧都	iæ̃^{21}	iæ̃^{24}	iæ̃^{24}	iæ̃^{24}	iæ̃^{24}	ȵiæ̃^{24} 白 / iæ̃^{24} 文	piæ̃^{53}	liæ̃^{53}
洪洞	ȵiɑn^{21}	iɑn^{53}	iɑn^{24}	iɑn^{24}	iɑn^{24}	ŋɑn^{24} 白 / iɑn^{24} 文	piɑn^{42}	liɑn^{42}
洪洞赵城	ȵiɑ̃^{21}	iɑ̃^{24}	iɑ̃^{24}	iɑ̃^{24}	iɑ̃^{24}	iɑ̃^{24}	piɑ̃^{42}	liɑ̃^{42}
古县	——	ian^{35}	ian^{35}	ian^{35}	ian^{35}	ian^{35}	pian^{42}	lian^{53}
襄汾	ua^{21}	ian^{21}	ian^{24}	ian^{24}	ian^{24}	ian^{24}	pian^{42}	lian^{42}
浮山	ua^{42}	iãĩ^{42}	iãĩ^{13}	iãĩ^{13}	iãĩ^{13}	iãĩ^{13}	piãĩ^{33}	liãĩ^{33}

续表

字目	阉	炎	盐	檐	阎	严	贬	敛
中古音 方言点	央炎 咸开三 平盐影	于廉 咸开三 平盐云	余廉 咸开三 平盐以	余廉 咸开三 平盐以	余廉 咸开三 平盐以	语𩈊 咸开三 平严疑	方敛 咸开三 上琰帮	力冉 咸开三 上琰来
霍州	ȵiaŋ^{212}	iaŋ^{35}	iaŋ^{35}	iaŋ^{35}	iaŋ^{35}	aŋ^{35} 白 / iaŋ^{35} 文	piaŋ^{33}	liaŋ^{33}
翼城	ȵieɪ^{53}	ȵieɪ^{12}	ȵieɪ^{12}	ȵieɪ^{12}	ȵieɪ^{12}	ȵieɪ^{12}	pieɪ^{44}	lieɪ^{44}
闻喜	——	iæ^{13} /ȵiæ^{13}	iæ^{13}	iæ^{53}	iæ^{13}	ŋiæ^{13} 白 / iæ^{13} 文	piæ^{53}/ piæ^{33}	liæ^{33}
侯马	iæ̃^{213}	iæ̃^{213}	iæ̃^{213}	ȵiæ̃^{213} 白 / iæ̃^{213} 文	iæ̃^{213}	iæ̃^{213}	piæ̃^{44}	luæ̃^{44} 白 / liæ̃^{44} 文
新绛	iã^{53}	iã^{13}	iã^{13}	iã^{13}	iã^{13}	iã^{13}	piã^{44}	liã^{53}
绛县	iæ^{53}	iæ^{24}	iæ^{24}/iæ^{31}	iæ^{24}	iæ^{24}	ȵiæ^{24}	piæ^{33}	liæ^{33}
垣曲	ȵiæ̃^{53}	iæ̃^{53}	iæ̃^{22}	iæ̃^{22}	iæ̃^{53}	iæ̃^{22}	piæ̃^{44}	liæ̃^{22}
夏县	ȵiæ^{53} 白 / iæ^{53} 文	iæ^{42}	iæ^{42}	iæ^{42}	iæ^{42}	iæ^{42}	piæ^{24}	liæ^{42}
万荣	ŋæ^{51}	iæ^{33}	iæ^{213}	iæ^{213}	iæ^{213}	ȵiæ^{213} 白 / iæ^{213} 文	tsa^{55}	liæ^{33}
稷山	ȵiɑ̃^{53}	iɑ̃^{13}	iɑ̃^{13}	iɑ̃^{13}	iɑ̃^{13}	ȵiɑ̃^{13} 白 / iɑ̃^{13} 文	piɑ̃^{44}	liɑ̃^{44}
盐湖	ȵiæ̃^{42}	iæ̃^{13}	iæ̃^{13}	——	iæ̃^{13}	iæ̃^{13}	piæ̃^{53}	liæ̃^{53}
临猗	ȵiæ̃^{42}	iæ̃^{44}	iæ̃^{13}	iæ̃^{13}	iæ̃^{13}	ȵiæ̃^{13} 白 / iæ̃^{13} 文	piæ̃^{53}	liæ̃^{53}
河津	ŋæ̃^{31}	iæ̃^{44}	iaŋ^{324} 白	iaŋ^{324} 白 / iæ̃^{324} 文	iæ̃^{324}	iæ̃^{324}	piæ̃^{53}	liæ̃^{44}
平陆	ʂan^{33}	ian^{33}	ian^{13}	ian^{13}	ian^{13}	ȵian^{13}	pian^{55}	lian^{55}
永济	ȵiæ̃^{31}	iæ̃^{24}	iæ̃^{24}	iæ̃^{24}	iæ̃^{24}	ȵiæ̃^{24} 白 / iæ̃^{24} 文	piæ̃^{53}	liæ̃^{53}/liæ̃^{44}
芮城	ȵiæ̃^{42}	iæ̃^{44}	iæ̃^{13}	iæ̃^{13}	iæ̃^{13}	iæ̃^{13}	piæ̃^{53}	liæ̃^{53}
吉县	niæ̃^{423}	iæ̃^{33}	iæ̃^{13}/niæ̃^{423}	iæ̃^{13}	iæ̃^{13}	ŋæ̃^{13} 白 / iæ̃^{13} 文	piæ̃^{53}	liæ̃^{33}
乡宁	ȵiæ^{53}	iæ^{12}	iæ^{12}	iæ^{12}	iæ^{12}	ȵiæ^{22} 白 / iæ^{22} 文	piæ^{44}	liæ^{44}
广灵	iæ^{53}	iæ^{31}	iæ^{31}	iæ^{31}	iæ^{31}	iæ^{31}	piæ^{44}	liæ^{44}

字目	渐	陕	闪	染	脸	检	俭	险
中古音／方言点	慈染 咸开三 上琰从	失冉 咸开三 上琰书	失冉 咸开三 上琰书	而琰 咸开三 上琰日	居奄 咸开三 上琰见	居奄 咸开三 上琰见	巨险 咸开三 上琰群	虚检 咸开三 上琰晓
北京	tɕiɛn^{51}	ʂan^{214}	ʂan^{214}	ʐan^{214}	liɛn^{214}	tɕiɛn^{214}	tɕiɛn^{214}	ɕiɛn^{214}
小店	tɕiæ^{24}	sæ^{53}	sæ^{53}	zæ^{53}	liæ^{53}	tɕiæ^{53}	tɕiæ^{53}	ɕiæ^{53}
尖草坪	tɕie^{35}	sæ^{312}	sæ^{312}	zæ^{312}	lie^{312}	tɕie^{312}	tɕie^{312}	ɕie^{312}
晋源	tɕiæ^{35}	saŋ^{42}	saŋ^{42}	zaŋ^{42}	liæ^{42}	tɕiæ^{42}	tɕiæ^{42}	ɕiæ^{42}
阳曲	tɕiɛ^{454}	sæ^{312}	sæ^{312}	zæ^{312}	liɛ^{312}	tɕiɛ^{312}	tɕiɛ^{312}	ɕiɛ^{312}
古交	tɕiɛ^{53}	sɛ^{312}	sɛ^{312}	zɛ^{312}	liɛ^{312}	tɕiɛ^{312}	tɕiɛ^{312}	ɕiɛ^{312}
清徐	tɕiɛ^{45}	sɛ^{54}	sɛ^{54}	zɛ^{54}	liɛ^{54}	tɕiɛ^{54}	tɕiɛ^{54}	ɕiɛ^{54}
娄烦	tɕiɛ^{54}	sæ^{312}	sæ^{312}	zæ^{312}	liɛ^{312}	tɕiɛ^{312}	tɕiɛ^{312}	ɕiɛ^{312}
榆次	tɕie^{35}	sæ^{53}	sæ^{53}	zæ^{11}	lie^{53}	tɕie^{53}	tɕie^{53}	ɕie^{53}
交城	tɕiã^{24}	sɒ̃^{53}	sɒ̃^{53}	ʐɒ̃^{53}	liã^{53}	tɕiã^{53}	tɕiã^{53}	ɕiã^{53}
文水	tɕiæĩ^{35}	sæĩ^{423}	sæĩ^{423}	ʐæĩ^{423}	liæĩ^{423}	iæĩ^{35}	tɕiæĩ^{423}	ɕiæĩ^{423}
祁县	tɕiẽ^{45}	ʂə̃^{314}	ʂə̃^{314}	ʐə̃^{314}	liẽ^{314}	tɕiẽ^{314}	tɕiẽ^{314}	ɕiẽ^{314}
太谷	tɕiẽĩ^{53}	sẽĩ^{312}	sẽĩ^{312}	zẽĩ^{312}	liẽĩ^{312}	tɕiẽĩ^{312}	tɕiẽĩ^{312}	ɕiẽĩ^{312}
平遥	tɕĩɛ̃^{24}	ʂɑ̃^{512}	ʂɑ̃^{512}	ʐɑ̃^{512}	lĩɛ̃^{512}	tɕĩɛ̃^{512}	tɕĩɛ̃^{512}	ɕĩɛ̃^{512}
孝义	tɕiã^{454}	ʂã^{312}	ʂᴇ^{312}	ʐᴇ^{312}	liᴇ^{312}	tɕiã^{312}	tɕiã^{312}	ɕiã^{312}
介休	tɕiɛ̃^{45}	ʂæ̃^{423}	ʂæ̃^{423}	ʐæ̃^{423}	liɛ̃^{423}	iɛ̃^{45}	tɕiɛ̃^{423}	ɕiɛ̃^{423}
灵石	tɕie^{53}	sei^{212}	sei^{212}	zei^{212}	lie^{212}	tɕie^{212}	tɕie^{212}	ɕie^{212}
盂县	tɕiæ̃^{55}	sæ̃^{53}	sæ̃^{53}	zæ̃^{53}	liæ̃^{53}	tɕiæ̃^{53}	tɕiæ̃^{53}	ɕiæ̃^{53}
寿阳	tɕiɪ^{45}	sæ^{53}	sæ^{53}	zæ^{53}	lei^{53}	tɕiɪ^{53}	tɕiɪ^{53}	ɕiɪ^{53}
榆社	tɕie^{45}	sa^{312}	sa^{312}	za^{312}	lie^{312}	tɕie^{312}	tɕie^{312}	ɕie^{312}
离石	tɕiɪ^{53}	sæ^{312}	ɕiɪ^{312}白／ sæ^{312}文	iɪ^{312}白／ zæ^{312}文	liɪ^{312}	tɕiɪ^{312}	tɕiɪ^{312}	ɕiɪ^{312}
汾阳	tɕiã^{55}	sã^{312}	ɕi^{312}白／ sã^{312}文	i^{312}白／ʐã^{312}文	li^{312}	tɕiã^{312}	tɕiã^{312}	ɕiã^{312}
中阳	tɕie^{53}	sæ^{423}	ʂɤ^{423}白／ sæ^{423}文	ʐɤ^{423}	lie^{423}	tɕie^{423}	tɕie^{423}	ɕie^{423}
柳林	tɕie^{53}	sei^{312}	sei^{312}	zei^{312}	lie^{312}	tɕie^{312}	tɕie^{312}	ɕie^{312}
方山	tɕiɛ^{52}	ʂə^{312}	ʂə^{312}	ʐə^{312}白／ ʐæ^{24}文	liɛ^{312}	tɕiɛ^{312}	tɕiɛ^{312}	ɕiɛ^{312}
临县	tɕie^{52}	ʂʅə^{312}	ʂʅə^{312}	ʐʅə^{52}	lie^{312}	tɕie^{312}	tɕie^{312}	ɕie^{312}
兴县	tɕiẽn^{53}	ʂẽn^{324}	ʂẽn^{324}	ʐẽn^{324}	liẽn^{324}	tɕiẽn^{324}	tɕiæ̃^{324}／ tɕiẽn^{324}	ɕiẽn^{324}
岚县	tɕiẽ^{53}	sẽ^{312}	sẽ^{312}	ʐẽ^{312}	liẽ^{312}	tɕiẽ^{312}	tɕiẽ^{312}	ɕiẽ^{312}

续表

字目	渐	陕	闪	染	脸	检	俭	险
中古音 / 方言点	慈染 咸开三 上琰从	失冉 咸开三 上琰书	失冉 咸开三 上琰书	而琰 咸开三 上琰日	居奄 咸开三 上琰见	居奄 咸开三 上琰见	巨险 咸开三 上琰群	虚检 咸开三 上琰晓
静乐	tɕiæ̃^{53}	sæ̃^{314}	sæ̃^{314}	zæ̃^{314}	liæ̃^{314}	tɕiæ̃^{314}	tɕiæ̃^{314}	ɕiæ̃^{314}
交口	tɕiɑ̃^{53}	sɑ̃^{323}	sɑ̃^{323}	ʐɑ̃^{323}	liɑ̃^{323}	tɕiɑ̃^{323}	tɕiɑ̃^{323}	ɕiɑ̃^{323}
石楼	tɕiɑŋ^{51}	ʂɑŋ^{213}	ʂɑŋ^{213}	ʐɑŋ^{213}	liɑŋ^{213}	tɕiɑŋ^{213}	tɕiɑŋ^{213}	ɕiɑŋ^{213}
隰县	tɕiɛ^{44}	saŋ^{21}	saŋ^{21}	zaŋ^{21}	liaŋ^{21}	tɕiaŋ^{21}	tɕiaŋ^{21}	ɕiaŋ^{21}
大宁	tɕiɛ̃^{55}	ʂɛ̃^{55}	ʂɛ̃^{31}	——	liɛ̃^{31}	tɕiɛ̃^{31}	——	ɕiɛ̃^{55}
永和	tɕiɪ^{53}	ʂɛi^{312}	ʂɛi^{312}	ʐɛi^{312}	liɪ^{312}	tɕiɪ^{312}	tɕiɪ^{312}	——
汾西	tɕiɑ̃^{55}	sɑ̃^{33}	sɑ̃^{33}	——	liɑ̃^{33}	tɕiɑ̃^{33}	tɕiɑ̃^{33}	ɕiɑ̃^{53}
蒲县	tɕiæ̃^{33}	ʂæ̃^{33}	ʂæ̃^{31}	ʐæ̃^{31}	liæ̃^{31}	tɕiæ̃^{31}	tɕiæ̃^{31}	ɕiæ̃^{52}
潞州	tɕiaŋ^{54}	saŋ^{535}	saŋ^{535}	iaŋ^{535}	liaŋ^{535}	tɕiaŋ^{535}	tɕiaŋ^{535}	ɕiaŋ^{535}
上党	tɕiɑŋ^{42}	sɑŋ^{535}	sɑŋ^{535}	iɑŋ^{535}	liɑŋ^{535}	tɕiɑŋ^{535}	tɕiɑŋ^{535}	ɕiɑŋ^{535}
长子	tɕiæ̃^{422}	sæ̃^{434}	sæ̃^{434}	iæ̃^{434}	liæ̃^{434}	tɕiæ̃^{434}	tɕiæ̃^{434}	ɕiæ̃^{434}
屯留	tɕiæ̃^{53}	sæ̃^{43}	sæ̃^{43}	iæ̃^{43}	liæ̃^{43}	tɕiæ̃^{43}	tɕiæ̃^{43}	ɕiæ̃^{43}
襄垣	tɕiei^{45}	sæ^{42}	sæ^{42}	ʐæ^{42}	lei^{42}	tɕiei^{42}	tɕiei^{42}	ɕiei^{42}
黎城	tɕiæ^{53}	ɕiæ^{213}	ɕiæ^{213}	iæ^{213}	liæ^{213}	ciæ^{213}	ciæ^{213}	çiæ^{213}
平顺	tɕiæ̃^{53}	sæ̃^{434}	sæ̃^{434}	iæ̃^{434}	liæ̃^{434}	tɕiæ̃^{434}	tɕiæ̃^{434}	ɕiæ̃^{434}
壶关	ciaŋ^{353}/ tsiaŋ^{353}	ʂaŋ^{535}	ʂaŋ^{535}	iaŋ^{535}	liaŋ^{535}	ciaŋ^{535}	ciaŋ^{535}	siaŋ^{535}/ çiaŋ^{535}
沁县	tɕi^{53}	sæ^{214}	sæ^{214}	zæ^{214}	li^{214}	tɕi^{214}	tɕi^{214}	ɕi^{214}
武乡	tsei^{55}	sæ^{213}	sæ^{213}	zæ^{213}	lei^{213}	tsei^{113}	tsei^{113}	sei^{213}
沁源	tɕiæ̃^{53}	ʂæ̃^{324}	ʂæ̃^{324}	ʐæ̃^{324}	liæ̃^{324}	tɕiæ̃^{324}	tɕiæ̃^{324}	ɕiæ̃^{324}
安泽	——	sæ^{42}	sæ^{42}	zæ^{42}	liæ^{42}	tɕiæ^{42}	tɕiæ^{42}	ɕiæ^{42}
沁水端氏	tsei^{53}	sæ^{31}	sei^{31}	zei^{31}	lei^{31}	kei^{31}	kei^{31}	sei^{31}
阳城	tɕiɛ^{51}	ʂʅə^{212}	ʂʅə^{212}	ʐɛ^{212}	liɛ^{212}	ciɛ^{212}	ciɛ^{212}	çiɛ^{212}
高平	tɕiæ̃^{53}	ʂæ̃^{212}	ʂæ̃^{212}	ʐæ̃^{212}	niæ̃^{212}	ciæ̃^{212}	ciæ̃^{212}	ɕiæ̃^{212}
陵川	tɕiə̃ĩ^{24}	ʂã^{312}	ʂã^{312}	lə̃i^{312}	liə̃ĩ^{312}	ciə̃ĩ^{312}	ciə̃ĩ^{312}	ɕiə̃ĩ^{312}
晋城	tɕiɛ^{53}	ʂæ^{213}	ʂæ^{213}	ʐæ^{213}	liɛ^{213}	tɕiɛ^{213}	tɕiɛ^{213}	ɕiɛ^{213}
忻府	tɕiɛ̃^{53}	ʂɑ̃^{313}	ʂɑ̃^{313}	ʐɑ̃^{313}	liɛ̃^{313}	tɕiɛ̃^{313}	tɕiɛ̃^{313}	ɕiɛ̃^{313}
原平	tɕiɛ̃^{53}	ʂɛ̃^{213}	ʂɛ̃^{213}	ʐɛ̃^{213}	liɛ̃^{213}	tɕiɛ̃^{213}	tɕiɛ̃^{213}	ɕiɛ̃^{213}
定襄	tɕiə̃^{53}	sæ^{24}	sæ^{24}	ʐə̃^{11}	liə̃^{24}	tɕiæ^{24}	tɕiə̃^{24}	ɕiə̃^{24}
五台	tɕiə̃^{52}	sə̃^{213}	sə̃^{213}	zə̃^{213}	liə̃^{213}	tɕiə̃^{213}	tɕiə̃^{213}	ɕiə̃^{213}
岢岚	tɕiɛ^{52}	sæ^{13}	sæ^{13}	ʐæ^{13}	liɛ^{13}	tɕiɛ^{13}	tɕiɛ^{13}	ɕiɛ^{13}

续表

字目	渐	陕	闪	染	脸	检	俭	险
中古音 方言点	慈染 咸开三 上琰从	失冉 咸开三 上琰书	失冉 咸开三 上琰书	而琰 咸开三 上琰日	居奄 咸开三 上琰见	居奄 咸开三 上琰见	巨险 咸开三 上琰群	虚检 咸开三 上琰晓
五寨	tɕiɪ^{52}	sæ^{13}	sæ^{13}	zæ^{13}	liɪ^{13}	tɕiɪ^{13}	tɕiɪ^{13}	ɕiɪ^{13}
宁武	tɕiɛ^{52}	sæ^{213}	sæ^{213}	zæ^{213}	liɛ^{213}	tɕiɛ^{213}	tɕiɛ^{213}	ɕiɛ^{213}
神池	tɕie^{52}	sæ^{13}	sæ^{13}	zæ^{13}	lie^{13}	tɕie^{13}	tɕie^{13}	ɕie^{13}
繁峙	tɕiɛ^{24}	sɛ^{53}	sɛ^{53}	ʐɛ^{53}	liɛ^{53}	tɕiɛ^{53}	tɕiɛ^{53}	ɕiɛ^{53}
代县	tɕie^{53}	sɛ^{213}	sɛ^{213}	zɛ^{213}	lie^{213}	tɕie^{213}	tɕie^{213}	ɕie^{213}
河曲	tɕiɛ^{52}	ʂæ^{213}	ʂæ^{213}	ʐæ^{213}	liɛ^{213}	tɕiɛ^{213}	tɕiɛ^{213}	ɕiɛ^{213}
保德	tɕiɑŋ^{52}	sɑŋ^{213}	ʂɑŋ^{213}	ʐɑŋ^{213}	liɑŋ^{213}	tɕiɑŋ^{213}	tɕiɑŋ^{213}	ɕiɑŋ^{213}
偏关	tɕiɪ^{52}	ʂæ^{213}	ʂæ^{213}	ʐæ^{213}	liɪ^{213}	tɕiɪ^{213}	tɕiɪ^{213}	ɕiɪ^{213}
朔城	tɕie^{53}	sæ^{312}	sæ^{312}	ʐæ^{312}	lie^{312}	tɕie^{312}	tɕie^{312}	ɕie^{312}
平鲁	tɕiᴇ^{52}	sæ^{213}	sæ^{213}	kæ^{213}	liᴇ^{213}	tɕiᴇ^{213}	tɕiᴇ^{213}	ɕ^{h}iᴇ^{213}
应县	tɕiɛ̃^{24}	sɛ̃^{54}	sɛ̃^{54}	zɛ̃^{54}	liɛ̃^{54}	tɕiɛ̃^{54}	tɕiɛ̃^{54}	ɕiɛ̃^{54}
灵丘	tɕie^{53}	sæ^{442}	sæ^{442}	zæ^{442}	lie^{442}	tɕie^{442}	tɕie^{442}	ɕie^{442}
浑源	tɕiɛ^{13}	sæ^{52}	sæ^{52}	zæ^{52}	liɛ^{52}	tɕiɛ^{52}	tɕiɛ^{52}	ɕiɛ^{52}
云州	tɕiɛ^{24}	sæ^{55}	sæ^{55}	ʐæ^{55}	liɛ^{55}	tɕiɛ^{55}	tɕiɛ^{55}	ɕiɛ^{55}
新荣	tɕiᴇ^{24}	ʂæ^{54}	ʂæ^{54}	ʐæ^{54}	liᴇ^{54}	tɕiᴇ^{54}	tɕiᴇ^{54}	ɕiᴇ^{54}
怀仁	tɕiæ^{24}	sæ^{53}	sæ^{53}	zæ^{53}	liæ^{53}	tɕiæ^{53}	tɕiæ^{53}	ɕiæ^{53}
左云	tɕiɛ^{24}	sæ^{54}	sæ^{54}	ʐæ^{54}	liɛ^{54}	tɕiɛ^{54}	tɕiɛ^{54}	ɕiɛ^{54}
右玉	tɕiɛ^{24}	ʂæ^{53}	ʂæ^{53}	ʐæ^{53}	liɛ^{53}	tɕiɛ^{53}	tɕiɛ^{24}	ɕiɛ^{53}
阳高	tɕiɛ^{24}	sɛ^{53}	sɛ^{53}	ʐɛ^{53}	liɛ^{53}	tɕiɛ^{53}	tɕiɛ^{53}	ɕiɛ^{53}
山阴	tɕiᴇ^{335}	ʂæ^{52}	ʂæ^{52}	ʐæ^{52}	liᴇ^{52}	tɕiᴇ^{52}	tɕiᴇ^{52}	ɕiᴇ^{52}
天镇	tɕiæ^{24}	sæ^{55}	sæ^{55}	zæ^{55}	liæ^{55}	tɕiæ^{55}	tɕiæ^{55}	ɕiæ^{55}
平定	tɕiæ̃^{24}	ʂæ̃^{53}	ʂæ̃^{53}	ʐæ̃^{53}	liæ̃^{53}	tɕiæ̃^{53}	tɕiæ̃^{53}	ɕiæ̃^{53}
昔阳	tɕiæ̃^{13}	sæ̃^{55}	sæ̃^{55}	ʐæ̃^{55}	liæ̃^{55}	tɕiæ̃^{55}	tɕiæ̃^{55}	ɕiæ̃^{55}
左权	tɕiɛ^{53}	ʂæ^{42}	ʂæ^{42}	ʐæ^{42}	liɛ^{42}	tɕiɛ^{42}	tɕiɛ^{42}	ɕiɛ^{42}
和顺	tɕiɛ^{13}	ʂæ^{53}	ʂæ^{53}	ʐæ^{53}	liɛ^{53}	tɕiɛ^{53}	tɕiɛ^{53}	ɕiɛ^{53}
尧都	tɕiæ̃^{53}	ʂæ̃^{53}	ʂæ̃^{53}	ʐæ̃^{53}	liæ̃^{53}	tɕiæ̃^{53}	tɕiæ̃^{53}	ɕiæ̃^{53}
洪洞	tɕiɑn^{42}	ʂɑn^{42}/ʂɑn^{33}	ʂɑn^{42}	ʐɑn^{42}	liɑn^{42}	tɕiɑn^{42}	tɕiɑn^{42}	ɕiɑn^{53}
洪洞赵城	tɕiɑ̃^{42}	ʂɑ̃^{42}	ʂɑ̃^{42}	ʐɑ̃^{53}	liɑ̃^{42}	tɕiɑ̃^{42}	tɕ^{h}iɑ̃^{24}	ɕiɑ̃^{42}
古县	tɕian^{53}	san^{42}	san^{42}	ʐan^{42}	lian^{42}	tɕian^{42}	tɕian^{53}	ɕian^{42}
襄汾	tɕian^{42}	ʂan^{42}	ʂan^{42}	ʐan^{42}	lian^{42}	tɕian^{42}	tɕian^{42}	ɕian^{42}
浮山	tɕiãĩ^{33}	ʂãĩ^{33}	ʂãĩ^{33}	ʐãĩ^{33}	liãĩ^{33}	tɕiãĩ^{33}	tɕiãĩ^{33}	ɕiãĩ^{33}

续表

字目	渐	陕	闪	染	脸	检	俭	险
中古音 方言点	慈染 咸开三 上琰从	失冉 咸开三 上琰书	失冉 咸开三 上琰书	而琰 咸开三 上琰日	居奄 咸开三 上琰见	居奄 咸开三 上琰见	巨险 咸开三 上琰群	虚检 咸开三 上琰晓
霍州	tɕiaŋ^{53}	ʂaŋ^{33}	ʂaŋ^{33}	ʐaŋ^{33}	liaŋ^{33}	tɕiaŋ^{33}	tɕiaŋ^{33}	ɕiaŋ^{33}
翼城	tɕiɛɪ^{53}	ʂæ̃^{44}	ʂæ̃^{44}	ʐæ̃^{44}	liɛɪ^{44}	tɕiɛɪ^{44}	tɕiɛɪ^{44}	ɕiɛɪ^{44}
闻喜	tɕiæ^{13}	sæ^{33}	sæ^{33}	zæ^{33}	liæ^{33}	tɕiæ^{33}	tɕiæ^{13}/ tɕiæ^{53}	ɕiæ^{33}
侯马	tɕiæ̃^{53}	ʂæ̃^{44}	ʂæ̃^{44}	ʐæ̃^{44}	liæ̃^{44}	tɕiæ̃^{44}	tɕiæ̃^{44}	ɕiæ̃^{44}
新绛	tɕiã^{13}	ʂã^{44}	ʂã^{44}	ʐã^{44}	liã^{44}	tɕiã^{44}	tɕiã^{44}	ɕiã^{44}
绛县	tɕiæ^{53}	ʂæ^{33}	ʂæ^{33}	ʐæ^{33}	liæ^{33}	tɕiæ^{24}	tɕiæ^{24}	ɕiæ^{33}
垣曲	tsæ̃^{44} 白 / tɕiæ̃^{44} 文	ʂæ̃^{53}	ʂæ̃^{44}	ʐæ̃^{44}	liæ̃^{44}	tɕiæ̃^{44}	tɕiæ̃^{44}	ɕiæ̃^{44}
夏县	tɕiæ^{31}	ʂæ^{24}	ʂæ^{24}	ʐæ^{24}	liæ^{24}	tɕiæ^{24}	tɕiæ^{24}	ɕiæ^{24}
万荣	tɕiæ^{33}	ʂæ^{55}	ʂæ^{55}	ʐæ^{55}	liæ^{55}	tɕiæ^{55}	tɕʰiæ^{33}	ɕiæ^{55}
稷山	tɕiɑ̃^{42}	ʂɑ̃^{44}	ʂɑ̃^{44}	ʐɑ̃^{44}	liɑ̃^{44}	tɕiɑ̃^{44}	tɕiɑ̃^{44}	ɕiɑ̃^{44}
盐湖	tɕiæ̃^{44}	ʂæ̃^{53}	ʂæ̃^{53}	ʐæ̃^{53}	liæ̃^{53}	tɕiæ̃^{53}	tɕiæ̃^{53}	ɕiæ̃^{53}
临猗	tɕiæ̃^{44}	ʂæ̃^{53}	ʂæ̃^{53}	ʐæ̃^{53}	liæ̃^{53}	tɕiæ̃^{53}	tɕiæ̃^{53}	ɕiæ̃^{53}
河津	tɕiæ̃^{44}	ʂæ̃^{53}	ʂæ̃^{53}	ʐaŋ^{53} 白 / ʐæ̃^{53} 文	liaŋ^{53} 白 / liæ̃^{53} 文	tɕiæ̃^{53}	tɕiæ̃^{44}	ɕiæ̃^{53}
平陆	tɕian^{31}	ʂan^{55}	ʂan^{55}	ʐan^{55}	lian^{55}	tɕian^{55}	tɕian^{55}	ɕian^{55}
永济	tɕiæ̃^{44}	ʂæ̃^{53}	ʂæ̃^{53}	ʐʅe^{53}	liæ̃^{53}	tɕiæ̃^{53}	tɕʰiæ̃^{53} 白 / tɕiæ̃^{44} 文	ɕiæ̃^{53}
芮城	tɕiæ̃^{44}	ʂæ̃^{53}	ʂæ̃^{53}	ʐæ̃^{53}	liæ̃^{53}	tɕiæ̃^{53}	tɕʰiæ̃^{53}/ tɕiæ̃^{53}	ɕiæ̃^{53}
吉县	tɕiæ̃^{33}	ʂæ̃^{53}	ʂæ̃^{53}	ʐæ̃^{53}	liæ̃^{33}	tɕiæ̃^{53}	tɕiæ̃^{33}	ɕiæ̃^{33}
乡宁	tɕiæ^{22}	ʂæ^{44}	ʂæ^{44}	ʐæ^{44}	liæ^{44}	tɕiæ^{44}	tɕiæ^{44}	ɕiæ^{44}
广灵	tɕiæ^{213}	sæ^{44}	sæ^{44}	zæ^{44}	liæ^{44}	tɕiæ^{44}	tɕiæ^{44}	ɕiæ^{44}

字目	掩	占～领	验	厌	艳	剑	欠	聂
中古音 方言点	衣俭 咸开三 上琰影	章艳 咸开三 去艳章	鱼窆 咸开三 去艳疑	於艳 咸开三 去艳影	以赡 咸开三 去艳以	居欠 咸开三 去酽见	去剑 咸开三 去酽溪	尼辄 咸开三 入葉泥
北京	iɛn^{214}	tʂan^{51}	iɛn^{51}	iɛn^{51}	iɛn^{51}	tɕiɛn^{51}	tɕʰiɛn^{51}	nie^{51}
小店	iæ^{53}	tsæ^{24}	iæ^{24}	iæ^{24}	iæ^{24}	tɕiæ^{24}	tɕʰiæ^{24}	niəʔ^{1}
尖草坪	ie^{312}	tsæ^{35}	ie^{35}	ie^{35}	ie^{35}	tɕie^{35}	tɕʰie^{35}	niəʔ^{2}
晋源	iæ^{42}	tsaŋ^{35}	iæ^{35}	iæ^{35}	iæ^{35}	tɕiæ^{35}	tɕʰiæ^{35}	ȵiəʔ^{2}
阳曲	iɛ^{312}	tsæ^{454}	iɛ^{454}	iɛ^{454}	iɛ^{454}	tɕiɛ^{454}	tɕʰiɛ^{454}	ȵiɛʔ^{4}
古交	iɛ^{312}	tsɛ^{53}	iɛ^{53}	iɛ^{53}	iɛ^{53}	tɕiɛ^{53}	tɕʰiɛ^{53}	ȵiəʔ^{4}
清徐	iɛ^{54} 文	tsɛ^{45}	iɛ^{45}	iɛ^{45}	iɛ^{45}	tɕiɛ^{45}	tɕʰiɛ^{45}	niaʔ^{1}
娄烦	iɛ^{312}	tsæ^{54}	iɛ^{54}	iɛ^{54}	iɛ^{54}	tɕiɛ^{54}	tɕʰiɛ^{54}	ȵiaʔ^{3}
榆次	ie^{11}	tsæ^{35}	ie^{35}	ie^{35}	ie^{35}	tɕie^{35}	tɕʰie^{35}	niaʔ^{1}
交城	iã^{53}	tsɒ̃^{24}	iã^{24}	iã^{24}	iã^{24}	tɕiã^{24}	tɕʰiã^{24}	niaʔ^{1}
文水	iæ̃ĩ^{423}	tsæ̃ĩ^{35}	iæ̃ĩ^{35}	iæ̃ĩ^{35}	iæ̃ĩ^{35}	tɕiæ̃ĩ^{35}	tɕʰiæ̃ĩ^{35}	ȵiaʔ^{2}
祁县	iẽ^{314}	tʂə̃^{45}	ȵiẽ^{45} 白 / iẽ^{45} 文	iẽ^{45}	iẽ^{45}	tɕiẽ^{45}	tɕʰiẽ^{45}	ȵiɑʔ$^{\underline{32}}$
太谷	iẽĩ^{312}	tsẽĩ^{53}	ȵiẽĩ^{53} 白 / iẽĩ^{53} 文	iẽĩ^{53}	iẽĩ^{53}	tɕiẽĩ^{53}	tɕʰiẽĩ^{53}	ȵiaʔ^{3}
平遥	ĩɛ̃^{512}	tʂɑ̃^{24}	ĩɛ̃^{24}	ĩɛ̃^{24}	ĩɛ̃^{213}	tɕĩɛ̃^{24}	tɕʰĩɛ̃^{24}	ȵiʌʔ$^{\underline{523}}$
孝义	ŋɒ^{312}	tʂᴇ^{454}	iᴇ^{454} 白 / iã^{454} 文	iã^{454}	iã^{454}	tɕiᴇ^{454}	tɕʰiᴇ^{454}	ȵiəʔ^{3}
介休	iɛ̃^{423}	tʂæ̃^{45}	iɛ̃^{45}	iɛ̃^{45}	iɛ̃^{45}	tɕiɛ̃^{45}	tɕʰiɛ̃^{45}	ȵiʌʔ$^{\underline{12}}$
灵石	ie^{212}	tsei^{53}	ie^{53}	ie^{53}	ie^{53}	tɕie^{53}	tɕʰie^{53}	niəʔ^{4}
盂县	ŋæ̃^{53} 白 / iæ̃^{53} 文	tsæ̃^{55}	iæ̃^{55}	iæ̃^{55}	iæ̃^{55}	tɕiæ̃^{55}	tɕʰiæ̃^{55}	ȵiəʔ^{2}
寿阳	iɪ^{53}	tsæ^{45}	iɪ^{45}	iɪ^{45}	iɪ^{45}	tɕiɪ^{45}	tɕʰiɪ^{45}	ȵiɛʔ$^{\underline{54}}$
榆社	ie^{312}	tsa^{45}	ie^{312}	ie^{45}	nie^{45} 白 / ie^{45} 文	tɕie^{45}	tɕʰie^{45}	niaʔ^{2}
离石	iɪ^{312}	tɕiɪ^{53} 白 / tsæ^{53} 文	iɪ^{53}	iɪ^{53}	iɪ^{53}	tɕiɪ^{53}	tɕʰiɪ^{53}	nieʔ^{4}
汾阳	iã^{312}	tɕi^{55} 白 / tsã^{55} 文	iã^{55}	iã^{55}	iã^{55}	tɕi^{55} 白 / tɕiã^{55} 文	tɕʰi^{55}	ȵieʔ$^{\underline{312}}$
中阳	ie^{423}	tʂɤ^{53} 白 / tsæ^{53} 文	ie^{53}	ie^{53}	ie^{53}	tɕie^{53}	tɕʰie^{53}	nieʔ^{4}
柳林	ie^{312}	tsei^{24}	ie^{53}	ie^{53}	ie^{53}	tɕie^{53}	tɕʰie^{53}	niɛʔ$^{\underline{423}}$
方山	iɛ^{312}	tʂə^{52} 白 / tʂæ^{52} 文	iɛ^{52}	iɛ^{52}	iɛ^{52}	tɕiɛ^{52}	tɕʰiɛ^{52}	niɛ^{52}
临县	ie^{312}	tʂʅə^{52}	ie^{52}	ie^{52}	ie^{52}	tɕie^{52}	tɕʰie^{52}	tʰiɐʔ^{3}

续表

字目	掩	占~领	验	厌	艳	剑	欠	聂
中古音／方言点	衣俭 咸开三 上琰影	章艳 咸开三 去艳章	鱼窆 咸开三 去艳疑	於艳 咸开三 去艳影	以赡 咸开三 去艳以	居欠 咸开三 去酽见	去剑 咸开三 去酽溪	尼辄 咸开三 入葉泥
兴县	iẽn^{324}	tʂẽn^{53}	iẽn^{53}	iẽn^{53}	iẽn^{53}	tɕiẽn^{53}	tɕʰiæ̃^{53}	niəʔ^{5}
岚县	iẽ^{312}	tsẽ^{53}	iẽ^{53}	iẽ^{53}	iẽ^{53}	tɕiẽ^{53}	tɕʰiẽ^{53}	ȵiəʔ^{4}
静乐	iæ̃^{314}	tsæ̃^{53}	iæ̃^{53}	iæ̃^{53}	iæ̃^{53}	tɕiæ̃^{53}	tɕʰiæ̃^{53}	ȵiəʔ^{4}
交口	iɑ̃^{323}	tsɑ̃^{53}	iɑ̃^{53}	iɑ̃^{53}	iɑ̃^{53}	tɕiɑ̃^{53}	tɕʰiɑ̃^{53}	ȵieʔ^{4}
石楼	iɑŋ^{213}	tʂɑŋ^{51}	iɑŋ^{51}	iɑŋ^{51}	iɑŋ^{51}	tɕiɑŋ^{51}	tɕʰiɑŋ^{51}	ȵiəʔ^{4}
隰县	iaŋ^{21}	tsæ^{44}	iɛ^{44}	iɛ^{44}	iɛ^{44}	tɕiɛ^{44}	tɕʰiɛ^{44}	ȵiəʔ^{3}
大宁	niɛ̃^{31} 白	tʂɛ̃^{55}	iɛ̃^{55}	iɛ̃^{55}	niɛ̃^{55} 白 / iɛ̃^{55} 文	tɕiɛ̃^{55}	tɕʰiɛ̃^{55}	niɐʔ$^{\underline{31}}$
永和	iɪ^{312}	tʂɛi^{53}	iɪ^{53}	iɪ^{53}	iɪ^{53}	tɕiɪ^{53}	tɕʰiɪ^{53}	niɐʔ$^{\underline{312}}$
汾西	iɑ̃^{33}	tsɑ̃^{55}	iɑ̃^{53}	iɑ̃^{55}	iɑ̃^{55}	tɕiɑ̃^{55}	tɕʰiɑ̃^{55}	——
蒲县	iæ̃^{31}	tsæ̃^{33}	iæ̃^{33}	iæ̃^{33}	ȵiæ̃^{33} 白 / iæ̃^{33} 文	tɕiæ̃^{33}	tɕʰiæ̃^{33}	ȵiɛʔ$^{\underline{43}}$
潞州	iaŋ^{535}	tsaŋ^{44}	iaŋ^{54}	iaŋ^{54}	iaŋ^{54}	tɕiaŋ^{54}	tɕʰiaŋ^{44}	ȵiəʔ$^{\underline{53}}$
上党	iɑŋ^{535}	tsɑŋ^{213}	iɑŋ^{42}	iɑŋ^{42}	iɑŋ^{42}	tɕiɑŋ^{22}	tɕʰiɑŋ^{22}	niəʔ$^{\underline{21}}$
长子	iæ̃^{434}	tsæ̃^{422}	iæ̃^{53}	iæ̃^{53}	iæ̃^{53}	tɕiæ̃^{422}	tɕʰiæ̃^{422}	ȵiəʔ^{4}
屯留	iæ̃^{43}	tsæ̃^{53}	iæ̃^{11}	iæ̃^{11}	iæ̃^{11}	tɕiæ̃^{53}	tɕʰiæ̃^{53}	ȵiəʔ^{1}
襄垣	iei^{42}	tsæ^{45}	iei^{45}	iei^{45}	iei^{45}	tɕiei^{53}	tɕʰiei^{53}	ȵiʌʔ^{3}
黎城	iæ^{213}	tɕiæ^{422}	iæ^{53}	iæ^{53}	iæ^{53}	ciæ^{422}	cʰiæ^{422}	niʌʔ$^{\underline{31}}$
平顺	iæ̃^{434}	tɕæ̃^{53}	iæ̃^{53}	iæ̃^{53}	iæ̃^{53}	tɕiæ̃^{53}	tɕʰiæ̃^{53}	ȵiʌʔ$^{\underline{423}}$
壶关	iaŋ^{535}	tʂaŋ^{42}	iaŋ^{353}	iaŋ^{353}	iaŋ^{353}	ciaŋ^{42}	cʰiaŋ^{42}	ȵiʌʔ$^{\underline{21}}$
沁县	i^{214}	tsæ^{53}	i^{53}	i^{53}	i^{53}	tɕi^{53}	tɕʰi^{53}	ȵiæʔ$^{\underline{31}}$
武乡	ŋei^{213}	tsæ^{55}	ŋei^{55}	ŋei^{55}	ŋei^{55}	tsei^{55}	tsʰei^{55}	ȵiʌʔ^{3}
沁源	iæ̃^{324}	tʂæ̃^{53}	iæ̃^{53}	iæ̃^{53}	iæ̃^{53}	tɕiæ̃^{53}	tɕʰiæ̃^{53}	ȵiʌʔ$^{\underline{31}}$
安泽	iæ^{42}	tsæ^{53}	iæ^{53}	iæ^{53}	iæ^{53}	tɕiæ^{53}	tɕʰiæ^{53}	niɛ^{53}
沁水端氏	iɪ^{31}	tsæ^{53}	iɪ^{53}	iɪ^{53}	iɪ^{53}	kei^{53}	kʰei^{53}	ȵiaʔ^{2}
阳城	iɛ^{212}	tʂʅə^{51}	iɛ^{51}	iɛ^{51}	iɛ^{51}	ciɛ^{51}	cʰi^{51}/cʰiɛ^{51}	niʌʔ^{2}
高平	iæ̃^{212}	tʂæ̃^{53}	iæ̃^{53}	iæ̃^{53}	iæ̃^{33}	ciæ̃^{53}	cʰiæ̃^{53}	niɛʔ^{2}
陵川	iə̃ĩ^{312}	tʂã^{24}	iə̃ĩ^{24}	iə̃ĩ^{24}	iə̃ĩ^{24}	ciə̃ĩ^{24}	cʰiə̃ĩ^{24}	niʌʔ$^{\underline{23}}$
晋城	iɛ^{213}	tʂæ^{53}	iɛ^{53}	iɛ^{53}	iɛ^{53}	tɕiɛ^{53}	tɕʰiɛ^{53}	niʌʔ^{2}
忻府	iɛ̃^{313}	tʂɑ̃^{53}	iɛ̃^{53}	iɛ̃^{53}	iɛ̃^{53}	tɕiɛ̃^{53}	tɕʰiɛ̃^{53}	niɛʔ$^{\underline{32}}$
原平	iɛ̃^{213}	tʂɛ̃^{53}	iɛ^{53}	iɛ^{53}	iɛ^{53}	tɕiɛ̃^{53}	tɕʰiɛ̃^{53}	niəʔ$^{\underline{34}}$
定襄	iə̃^{24}	tʂə̃^{53}	iə̃^{53}	iə̃^{53}	iə̃^{53}	tɕiə̃^{53}	tɕʰiə̃^{53}	niəʔ^{1}

续表

字目	掩	占~领	验	厌	艳	剑	欠	聂
中古音 / 方言点	衣俭 咸开三 上琰影	章艳 咸开三 去艳章	鱼窆 咸开三 去艳疑	於艳 咸开三 去艳影	以赡 咸开三 去艳以	居欠 咸开三 去酽见	去剑 咸开三 去酽溪	尼辄 咸开三 入葉泥
五台	iə̃^{213}	tsə̃^{52}	iə̃^{52}	iə̃^{52}	iə̃^{52}	tɕiə̃^{52}	tɕʰiə̃^{52}	niəʔ^{3}
岢岚	iɛ^{13}	tsæ^{52}	iɛ^{52}	iɛ^{52}	iɛ^{52}	tɕiɛ^{52}	tɕʰiɛ^{52}	niɛʔ^{4}
五寨	iɪ^{13}	tsæ^{52}	iɪ^{52}	iɪ^{52}	iɪ^{52}	tɕiɪ^{52}	tɕʰiɪ^{52}	niɛʔ^{4}
宁武	iɛ^{213}	tsæ^{52}	iɛ^{52}	iɛ^{52}	iɛ^{52}	tɕiɛ^{52}	tɕiɛ^{52}	niəʔ^{4}
神池	ie^{13}	tsæ^{52}	ie^{52}	ie^{52}	ie^{52}	tɕie^{52}	tɕʰie^{52}	ȵiᴀʔ^{4}
繁峙	iɛ^{53}	tsɛ^{24}	iɛ^{24}	iɛ^{24}	iɛ^{24}	tɕiɛ^{24}	tɕʰiɛ^{24}	ȵiəʔ$^{\underline{13}}$
代县	ie^{213}	tsɛ^{53}	ie^{53}	ie^{53}	ie^{53}	tɕie^{53}	tɕʰie^{53}	niaʔ^{2}
河曲	iɛ^{213}	tʂæ^{52}	iɛ^{52}	iɛ^{52}	iɛ^{52}	tɕiɛ^{52}	tɕʰiɛ^{52}	niɛʔ^{4}
保德	iɑŋ^{213}	tʂɑŋ^{52}	iɑŋ^{52}	iɑŋ^{52}	iɑŋ^{52}	tɕiɑŋ^{52}	tɕʰiɑŋ^{52}	niɛ^{52}
偏关	iɪ^{213}	tʂæ^{52}	iɪ^{52}	iɪ^{52}	iɪ^{52}	tɕiɪ^{52}	tɕʰiɪ^{52}	niɛʔ^{4}
朔城	iɛ^{312}	tsæ^{53}	iɛ^{53}	iɛ^{53}	iɛ^{53}	tɕiɛ^{53}	tɕʰiɛ^{53}	niᴀʔ$^{\underline{35}}$
平鲁	iᴇ^{213}	tsæ^{52}	iᴇ^{52}	iᴇ^{52}	iᴇ^{52}	tɕiᴇ^{52}	tɕʰiᴇ^{52}	niʌʔ$^{\underline{34}}$
应县	iɛ̃^{54}	tsɛ̃^{24}	iɛ̃^{24}	iɛ̃^{24}	iɛ̃^{24}	tɕiɛ̃^{24}	tɕʰiɛ̃^{24}	ȵiaʔ$^{\underline{43}}$
灵丘	ie^{442}	tsæ^{53}	ie^{53}	ie^{53}	ie^{53}	tɕie^{53}	tɕʰie^{53}	niᴀʔ^{5}
浑源	iɛ^{52}	tsæ^{22}	iɛ^{13}	iɛ^{13}	iɛ^{13}	tɕiɛ^{13}	tɕʰiɛ^{13}	niʌʔ^{4}
云州	iɛ^{55}	tʂæ^{24}	iɛ^{24}	iɛ^{24}	iɛ^{24}	tɕiɛ^{24}	tɕʰiɛ^{24}	niɑʔ^{4}
新荣	iᴇ^{54}	tʂæ^{24}	iᴇ^{24}	iᴇ^{24}	iᴇ^{24}	tɕiᴇ^{54}/tɕiᴇ^{24}	tɕʰiᴇ^{24}	niaʔ^{4}
怀仁	iæ^{53}	tsæ^{24}	iæ^{24}	iæ^{24}	iæ^{24}	tɕiæ^{24}	tɕʰiæ^{24}	niaʔ^{4}
左云	iɛ^{54}	tsæ^{24}	iɛ^{24}	iɛ^{24}	iɛ^{24}	tɕiɛ^{24}	tɕʰiɛ^{24}	niaʔ^{4}
右玉	iɛ^{53}	tʂæ^{31}	iɛ^{24}	iɛ^{24}	iɛ^{24}	tɕiɛ^{24}	tɕʰiɛ^{24}	niaʔ^{4}
阳高	iɛ^{53}	tsɛ^{31}	iɛ^{24}	iɛ^{24}	iɛ^{24}	tɕiɛ^{24}	tɕʰiɛ^{24}	——
山阴	iᴇ^{52}	tʂæ^{335}	iᴇ^{335}	iᴇ^{335}	iᴇ^{335}	tɕiᴇ^{335}	tɕʰiᴇ^{335}	niᴀʔ^{4}
天镇	iæ^{55}	tsæ^{24}	iæ^{24}	iæ^{24}	iæ^{24}	tɕiæ^{24}	tɕʰiæ^{24}	niɑʔ^{4}
平定	iæ̃^{53}	tʂæ̃^{24}/tʂæ̃^{31}	iæ̃^{24}	iæ̃^{24}	iæ̃^{24}	tɕiæ̃^{24}	tɕʰiæ̃^{24}	niæʔ$^{\underline{23}}$
昔阳	iæ̃^{55}	tʂæ̃^{13}	iæ̃^{13}	iæ̃^{13}	iæ̃^{13}	tɕiæ̃^{13}	tɕʰiæ̃^{13}	niᴇ^{13}
左权	iɛ^{42}	tʂæ^{53}	iɛ^{53}	iɛ^{53}	iɛ^{53}	tɕiɛ^{53}	tɕʰiɛ^{53}	ȵieʔ^{1}
和顺	iɛ^{53}	tʂæ^{13}	iɛ^{13}	iɛ^{13}	iɛ^{13}	tɕiɛ^{13}	tɕʰiɛ^{13}	ȵieʔ$^{\underline{21}}$
尧都	ȵiæ̃^{53}	tʂæ̃^{21}	iæ̃^{44}	iæ̃^{44}	iæ̃^{44}	tɕiæ̃^{44}	tɕʰiæ̃^{44}	ȵiɛ^{21}
洪洞	iɑn^{42}	tʂɑn^{33}	iɑn^{53}	iɑn^{53}	iɑn^{53}	tɕiɑn^{33}	tɕʰiɑn^{42}	ȵie^{21}
洪洞赵城	iɑ̃^{42}	tsɑ̃^{24}	iɑ̃^{53}	iɑ̃^{53}	iɑ̃^{53}	tɕiɑ̃^{24}	tɕʰiɑ̃^{53}	ȵiɛ^{53}
古县	ian^{42}	tʂan^{21}/tʂan^{35}	ian^{53}	ian^{53}	ian^{53}	tɕian^{35}	tɕʰian^{53}	ȵiɛ^{21}

续表

字目	掩	占~领	验	厌	艳	剑	欠	聂
中古音 / 方言点	衣俭 咸开三 上琰影	章艳 咸开三 去艳章	鱼窆 咸开三 去艳疑	於艳 咸开三 去艳影	以赡 咸开三 去艳以	居欠 咸开三 去酽见	去剑 咸开三 去酽溪	尼辄 咸开三 入葉泥
襄汾	ian^{42}	tʂan^{21}	ian^{53}	ian^{44}	ian^{53}	tɕian^{44}	tɕʰian^{44}	ŋie^{21}
浮山	iãĩ^{33}	tʂãĩ^{42}/tʂãĩ^{44}	iãĩ^{53}	iãĩ^{44}	iãĩ^{53}	tɕiãĩ^{44}	tɕʰiãĩ^{44}	ȵiɛ^{42}
霍州	iaŋ^{33}	tʂaŋ^{55}	iaŋ^{53}	iaŋ^{53}	iaŋ^{53}	tɕiaŋ^{55}	tɕʰiaŋ^{55}	ȵie^{212}
翼城	iɛɪ^{44}	tʂæ̃^{53}	ȵiɛɪ^{53} 白 / iɛɪ^{53} 文	iɛɪ^{53}	iɛɪ^{53}	tɕiɛɪ^{53}	tɕʰiɛɪ^{53}	ȵiᴇ^{53}
闻喜	ȵiæ^{33}	tsæ^{53}	iæ^{13}	iæ^{53}	iæ^{13}	tɕiæ^{53}	tɕʰiæ^{53}	liᴇ^{53}
侯马	iæ̃^{44}	tʂæ̃^{53}	iæ̃^{53}	iæ̃^{53}	iæ̃^{53}	tɕiæ̃^{53}	tɕiæ̃^{213}	ȵiɛ^{53}
新绛	iã^{44}	tʂã^{53}	iã^{53}	iã^{53}	iã^{53}	tɕiã^{53}	tɕʰiã^{53}	ȵie^{53}
绛县	iæ^{33}	tʂæ^{31}	iæ^{31}	iæ^{31}	iæ^{31}	tɕiæ^{31}	tɕʰiæ^{31}	ȵiɛ^{53}
垣曲	iæ̃^{22}	tʂæ̃^{53}	iæ̃^{53}	iæ̃^{53}	iæ̃^{53}	tɕiæ̃^{53}	tɕʰiæ̃^{53}	ȵiɛ^{53}
夏县	ȵiæ^{24} 白 / iæ^{24} 文	tʂæ^{31}	iæ^{24}	iæ^{31}	iæ^{31}	tɕiæ^{31}	tɕʰiæ^{31}	ȵiɛ^{53}
万荣	iæ^{55}	tʂæ^{33}	iæ^{33}	iæ^{33}	iæ^{33}	tɕiæ^{33}	tɕʰiæ^{33}	ȵiɛ^{51}
稷山	iɑ̃^{44}	tʂɑ̃^{42}	iɑ̃^{42}	iɑ̃^{42}	iɑ̃^{42}	tɕiɑ̃^{42}	tɕʰiɑ̃^{42}	ȵiɛ^{53}
盐湖	iæ̃^{53}	tʂæ̃^{44}	iæ̃^{44}	iæ̃^{44}	iæ̃^{44}	tɕiæ̃^{44}	tɕʰiæ̃^{44}	ȵiɛ^{42}
临猗	ȵiæ̃^{53} 白 / iæ̃^{53} 文	tʂæ̃^{44}	iæ̃^{44}	iæ̃^{44}	iæ̃^{44}	tɕiæ̃^{44}	tɕʰiæ̃^{44}	ȵiɛ^{42}
河津	iæ̃^{53}	tʂæ̃^{44}	iæ̃^{44}	iæ̃^{44}	iæ̃^{44}	tɕiæ̃^{44}	tɕʰiaŋ^{44} 白	ȵiɛ^{31}
平陆	ian^{55}	tʂan^{33}	ian^{33}	ian^{33}	ian^{33}	tɕian^{33}	tɕʰian^{33}	ȵiɛ^{31}
永济	iæ̃^{53}	tʂai^{44}	iæ̃^{44}	iæ̃^{44}	iai^{44}	tɕiæ̃^{44}	tɕʰiæ̃^{44}	ȵie^{31}
芮城	iæ̃^{53}	tʂæ̃^{44}	iæ̃^{44}	iæ̃^{44}	iæ̃^{44}	tɕiæ̃^{44}	tɕʰiæ̃^{44}	ȵiɛ^{42}
吉县	iæ̃^{53}	tʂæ̃^{33}	iæ̃^{33}	iæ̃^{33}	iæ̃^{33}	tɕiæ̃^{33}	tɕʰiæ̃^{33}	niɛ^{423}
乡宁	iæ^{44}	tʂæ^{22}	iæ^{22}	iæ^{22}	iæ^{22}	tɕiæ^{22}	tɕʰiæ^{22}	ȵiᴇ^{53}
广灵	iæ^{44}	tsæ^{213}	iæ^{213}	iæ^{213}	iæ^{213}	tɕiæ^{213}	tɕʰiæ^{213}	niɤ^{213}

字目	猎	接	妾	捷	折~叠	摄	涉	叶树~
中古音 / 方言点	良涉 咸开三 入葉来	即叶 咸开三 入葉精	七接 咸开三 入葉清	疾葉 咸开三 入葉从	之涉 咸开三 入葉章	书涉 咸开三 入葉书	时摄 咸开三 入葉禅	与涉 咸开三 入葉以
北京	lie^{51}	tɕie^{55}	tɕʰie^{51}	tɕie^{35}	tʂɤ^{35}	ʂɤ^{51}	ʂɤ^{51}	ie^{51}
小店	liəʔ^{1}	tɕiəʔ^{1}	tɕʰiəʔ^{1}	tɕiəʔ^{1}	tsaʔ^{1}	saʔ^{1}	saʔ^{1}	iəʔ^{1}
尖草坪	liəʔ^{2}	tɕiəʔ^{2}	tɕʰiəʔ^{2}	tɕiəʔ$^{\underline{43}}$	tsəʔ^{2}	səʔ^{2}	səʔ$^{\underline{43}}$	iəʔ^{2}
晋源	liəʔ^{2}	tɕiəʔ^{2}	tɕʰiəʔ^{2}	tɕiəʔ^{2}	tsaʔ^{2}	saʔ^{2}	saʔ^{2}	iaʔ^{2}
阳曲	lieʔ^{4}	tɕieʔ^{4}	tɕʰie^{454}	tɕieʔ^{4}	tsəʔ^{4}	sɔʔ^{4}	sɔʔ^{4}/saʔ^{4}	ieʔ^{4}
古交	liəʔ^{4}	tɕiəʔ^{4}	tɕʰiəʔ^{4}	tɕiəʔ$^{\underline{312}}$	tsəʔ^{4}	səʔ^{4}	səʔ$^{\underline{312}}$	iəʔ^{4}
清徐	liaʔ^{1}	tɕiaʔ^{1}	tɕʰiaʔ^{1}	tɕiaʔ$^{\underline{54}}$	tsaʔ^{1}	səʔ^{1}	səʔ$^{\underline{54}}$	iɛ^{45}
娄烦	liəʔ^{3}	tɕiəʔ^{3}	tɕʰiəʔ^{3}	tɕiəʔ^{3}	tsaʔ^{3}	saʔ^{3}	saʔ^{3}	iaʔ^{3}
榆次	liaʔ^{1}	tɕiaʔ^{1}	tɕʰie^{35}	tɕiaʔ^{1}	tsaʔ^{1}	saʔ^{1}	saʔ^{1}	iaʔ^{1}
交城	liaʔ^{1}	tɕiaʔ^{1}	tɕʰiaʔ^{1}	tɕiaʔ$^{\underline{53}}$	tsaʔ$^{\underline{53}}$	saʔ^{1}	saʔ^{1}	iaʔ^{1}
文水	liaʔ^{2}	tɕiaʔ^{2}	tɕʰiaʔ^{2}	tɕiaʔ^{2}	tsaʔ^{2}	saʔ^{2}	saʔ^{2}	iaʔ^{2}
祁县	liɑʔ$^{\underline{32}}$	tɕiɑʔ$^{\underline{32}}$	tɕʰiɑʔ$^{\underline{32}}$	tɕiɑʔ$^{\underline{32}}$	tʂɑʔ$^{\underline{32}}$	ʂɑʔ$^{\underline{32}}$	ʂɑʔ$^{\underline{32}}$	iɑʔ$^{\underline{32}}$
太谷	liaʔ^{3}	tɕiaʔ^{3}	tɕʰiaʔ^{3}	tɕiaʔ$^{\underline{423}}$	tsaʔ^{3}	saʔ^{3}	saʔ^{3}	iaʔ^{3}
平遥	liʌʔ$^{\underline{523}}$	tɕiʌʔ$^{\underline{212}}$	tɕʰie^{24}	tɕiʌʔ$^{\underline{212}}$	tsʌʔ$^{\underline{212}}$	ȵiʌʔ$^{\underline{212}}$ 白 / ʂʌʔ$^{\underline{212}}$ 文	ʂʌʔ$^{\underline{212}}$	iʌʔ$^{\underline{523}}$
孝义	liəʔ^{3}	tɕiəʔ^{3}	tɕʰiəʔ^{3}	tɕiəʔ^{3}	tʂəʔ^{3}	ʂəʔ^{3}	ʂəʔ^{3}	iəʔ^{3}
介休	liʌʔ$^{\underline{12}}$	tɕiʌʔ$^{\underline{12}}$	tɕʰiʌʔ$^{\underline{12}}$	tɕiʌʔ$^{\underline{12}}$	tʂʌʔ$^{\underline{12}}$	ʂʌʔ$^{\underline{12}}$	ʂʌʔ$^{\underline{12}}$	iʌʔ$^{\underline{12}}$
灵石	liəʔ^{4}	tɕiəʔ^{4}	tɕʰie^{53}	tɕiəʔ^{4}	tsəʔ^{4}	ʂəʔ^{4}	ʂəʔ^{4}	iəʔ^{4}
盂县	liʌʔ^{2}	tɕiʌʔ^{2}	tɕʰiʌʔ^{2}	tɕiʌʔ^{2}	sʌʔ$^{\underline{53}}$ 白 / tsʌʔ^{2} 文	sʌʔ^{2}	tsʰʌʔ^{2}	iʌʔ^{2}
寿阳	lieʔ^{2}	tɕieʔ^{2}	tɕʰiɪ^{45}	tɕieʔ^{2}	tsaʔ^{2}	saʔ^{2}	saʔ^{2}	ieʔ^{2}
榆社	liaʔ^{2}	tɕiaʔ^{2}	tɕʰiaʔ^{2}	tɕiaʔ^{2}	tsaʔ^{2}	saʔ^{2}	tsʰaʔ^{2}	iaʔ^{2}
离石	lieʔ^{4}	tɕieʔ^{4}	tɕʰie^{53}	tɕieʔ^{4}	tsəʔ^{4}	səʔ^{4}	səʔ^{4}	ieʔ$^{\underline{23}}$
汾阳	lieʔ$^{\underline{312}}$	tɕieʔ^{2}	tɕʰieʔ^{2}	tɕieʔ^{2}	ʂəʔ$^{\underline{312}}$	ʂəʔ^{2}	ʂəʔ^{2}	ieʔ$^{\underline{312}}$
中阳	lieʔ^{4}	tɕieʔ^{4}	tɕʰie^{53}	tɕieʔ^{4}	tsəʔ^{4}	səʔ^{4}	səʔ^{4}	ieʔ$^{\underline{312}}$
柳林	liɛʔ$^{\underline{423}}$	tɕieʔ^{4}	tɕʰiɛʔ^{4}	tɕieʔ^{4}	tsəʔ^{4}	səʔ^{4}	səʔ^{4}	iɛʔ$^{\underline{423}}$
方山	lieʔ^{4}	tɕieʔ^{4}	tɕʰiɛ^{52}	tɕieʔ^{4}	tʂəʔ^{4}	ʂəʔ^{4}	ʂəʔ^{4}	iɛʔ$^{\underline{23}}$
临县	lie^{52}	tɕiɐʔ$^{\underline{24}}$	tɕʰiɐʔ^{3}	tɕʰiɐʔ$^{\underline{24}}$	ʂɐʔ^{3}	ʂɐʔ^{3}	ʂɐʔ^{3}	iɐʔ^{3}
兴县	liɛ^{53}/ laʔ^{5}	tɕiəʔ^{5}	tɕʰiəʔ^{5}	tɕʰiəʔ^{5} 白 / tɕiəʔ^{5} 文	tʂəʔ^{5}	ʂəʔ^{5}	ʂəʔ^{5}	iəʔ$^{\underline{312}}$
岚县	lieʔ^{4}	tɕieʔ^{4}	tɕʰiaʔ^{4}	tɕieʔ^{4}	tsieʔ^{4}	sieʔ^{4}	sieʔ^{4}	ieʔ^{4}
静乐	liəʔ^{4}	tɕiəʔ^{4}	tɕʰiəʔ^{4}	tɕiəʔ^{4}	saʔ$^{\underline{212}}$	saʔ^{4}	tsʰaʔ^{4}	iəʔ^{4}

续表

字目	猎	接	妾	捷	折~叠	摄	涉	叶树~
中古音 / 方言点	良涉 咸开三 入葉来	即叶 咸开三 入葉精	七接 咸开三 入葉清	疾葉 咸开三 入葉从	之涉 咸开三 入葉章	书涉 咸开三 入葉书	时摄 咸开三 入葉禅	与涉 咸开三 入葉以
交口	lieʔ^{4}	tɕieʔ^{4}	tɕʰiɛ^{53}	tɕʰieʔ$^{\underline{212}}$ 白 / tɕieʔ^{4} 文	tsəʔ^{4}	sə^{53}	səʔ^{4}	ieʔ^{4}
石楼	liəʔ^{4}	tɕiəʔ^{4}	tɕʰiəʔ^{4}	tɕiəʔ^{4}	tʂʌʔ^{4}	ȵiəʔ^{4}/ 白 ʂəʔ^{4} 文	ʂʌʔ^{4} 白 / ʂəʔ^{4} 文	iəʔ^{4}
隰县	liəʔ^{3}	tɕiəʔ^{3}	tɕʰiəʔ^{3}	tɕiəʔ^{3}	saʔ^{3}	——	——	iəʔ^{3}
大宁	liɐʔ$^{\underline{31}}$	tɕiɐʔ$^{\underline{31}}$	——	tɕiɐʔ$^{\underline{31}}$	tʂɐʔ$^{\underline{31}}$	ʂɐʔ$^{\underline{31}}$	ʂɐʔ$^{\underline{31}}$	iɐʔ$^{\underline{31}}$
永和	liɐʔ$^{\underline{312}}$	tɕiɐʔ$^{\underline{35}}$	tɕʰiɐʔ$^{\underline{35}}$	tɕiɐʔ$^{\underline{312}}$	tʂɐʔ$^{\underline{35}}$	ʂɐʔ$^{\underline{35}}$	ʂɐʔ$^{\underline{35}}$	iɐʔ$^{\underline{312}}$
汾西	liu^{11}	tɕiɪ^{11}	——	——	tsɪ^{11}	sei^{33}	——	iɪ^{11}
蒲县	liɛʔ$^{\underline{43}}$	tɕiɛʔ$^{\underline{43}}$	tɕʰiɛ^{52}	tɕiɛ^{24}	tʂɤ^{24}	ʂəʔ$^{\underline{43}}$	ʂəʔ$^{\underline{43}}$	iɛ^{33}
潞州	liəʔ$^{\underline{53}}$	tɕiəʔ$^{\underline{53}}$	tɕʰiəʔ$^{\underline{53}}$	tɕiəʔ$^{\underline{53}}$	tsəʔ$^{\underline{53}}$	səʔ$^{\underline{53}}$	səʔ$^{\underline{53}}$	iəʔ$^{\underline{53}}$
上党	liəʔ$^{\underline{21}}$	tɕiəʔ$^{\underline{21}}$	tɕʰiəʔ$^{\underline{21}}$	tɕiəʔ$^{\underline{21}}$	tɕiəʔ$^{\underline{21}}$	səʔ$^{\underline{21}}$	səʔ$^{\underline{21}}$	iəʔ$^{\underline{21}}$
长子	liəʔ^{4}	tɕiəʔ^{4}	tɕʰiəʔ^{4}	tɕiəʔ^{4}	tsəʔ^{4}	səʔ^{4}	səʔ^{4}	iəʔ$^{\underline{212}}$
屯留	liəʔ^{1}	tɕiəʔ^{1}	tɕʰiəʔ$^{\underline{54}}$	tɕiəʔ^{1}	tsəʔ^{1}	sɤ^{11}	sɤ^{11}	iəʔ^{1}
襄垣	liʌʔ^{3}	tɕiʌʔ^{3}	tɕʰie^{53}	tɕiʌʔ^{3}	tsʌʔ^{3}	sə^{45}	sʌʔ^{3}	iʌʔ^{3}
黎城	liʌʔ^{2}	tɕiʌʔ^{2}	tɕʰiɤ^{53}	tɕiʌʔ^{2}	tɕiʌʔ^{2}	ɕiʌʔ^{2}	ɕiʌʔ^{2}	iʌʔ$^{\underline{31}}$
平顺	liʌʔ$^{\underline{423}}$	tɕiʌʔ$^{\underline{212}}$	tɕʰiʌʔ$^{\underline{212}}$	tɕiʌʔ$^{\underline{423}}$	tɕiʌʔ$^{\underline{212}}$	ɕiʌʔ$^{\underline{212}}$	ɕiʌʔ$^{\underline{423}}$	iʌʔ$^{\underline{423}}$
壶关	liʌʔ$^{\underline{21}}$	tsiʌʔ^{2}	tsʰiʌʔ^{2}	tsiʌʔ$^{\underline{21}}$	tʃiʌʔ^{2}	ʃiʌʔ^{2}	ʃiʌʔ$^{\underline{21}}$	iʌʔ$^{\underline{21}}$
沁县	liæʔ$^{\underline{31}}$	tɕiæʔ$^{\underline{31}}$	tɕʰiæʔ$^{\underline{31}}$	tɕiæʔ$^{\underline{31}}$	tsaʔ$^{\underline{31}}$	saʔ$^{\underline{31}}$	saʔ$^{\underline{31}}$	iæʔ$^{\underline{31}}$
武乡	liʌʔ^{3}	tɕiʌʔ^{3}	tɕʰiʌʔ^{3}	tɕiʌʔ$^{\underline{423}}$	tsʌʔ^{3}	sʌʔ^{3}	sʌʔ^{3}	iʌʔ^{3}
沁源	liəʔ$^{\underline{31}}$	tɕiəʔ$^{\underline{31}}$	tɕʰiəʔ$^{\underline{31}}$	tɕiəʔ$^{\underline{31}}$	tʂʌʔ$^{\underline{31}}$	ʂɨᴇ^{53}	ʂʌʔ$^{\underline{31}}$	iəʔ$^{\underline{31}}$
安泽	liɛ^{21}	tɕiəʔ$^{\underline{21}}$	tɕʰiəʔ$^{\underline{21}}$	tɕiɛ^{35}	tsəʔ$^{\underline{21}}$	sɤ^{53}	sɤ^{53}	iɛ^{53}
沁水端氏	liaʔ^{2}	tɕiaʔ^{2}	tɕʰiɛ^{53}	tɕiaʔ^{2}	tsaʔ^{2}	saʔ^{2}	saʔ^{2}	iaʔ^{2}/iəʔ^{2}
阳城	liʌʔ^{2}	tɕiʌʔ^{2}	tɕʰiʌʔ^{2}	tɕiʌʔ^{2}	tʂʌʔ^{2}	ʂʌʔ^{2}	ʂʅə^{51}	iʌʔ^{2}
高平	liɛʔ^{2}	tɕiɛʔ^{2}	tɕʰiɛʔ^{2}	tɕiɛʔ^{2}	tʂəʔ^{2}	ʂʌʔ^{2}	ʂʌʔ^{2}	iʌʔ^{2}
陵川	liʌʔ$^{\underline{23}}$	ciʌʔ^{3}	cʰiʌʔ^{3}	ciʌʔ$^{\underline{23}}$	tɕiʌʔ^{3}	ɕiʌʔ^{3}	ɕiʌʔ$^{\underline{23}}$	iʌʔ$^{\underline{23}}$
晋城	liʌʔ^{2}	tɕiʌʔ^{2}	tɕʰiʌʔ^{2}	tɕiʌʔ^{2}	tʂʌʔ^{2}	ʂʌʔ^{2}	ʂʌʔ^{2}	iʌʔ^{2}
忻府	liɛʔ$^{\underline{32}}$	tɕiɛʔ$^{\underline{32}}$	tɕʰiɛ^{53}	tɕiɛʔ$^{\underline{32}}$	tʂɑʔ$^{\underline{32}}$	ʂɑʔ$^{\underline{32}}$	ʂɑʔ$^{\underline{32}}$	iɛʔ$^{\underline{32}}$
原平	liəʔ$^{\underline{34}}$	liəʔ$^{\underline{34}}$	tɕʰiəʔ$^{\underline{34}}$	tɕiəʔ$^{\underline{34}}$	tʂɔʔ$^{\underline{34}}$	ʂɔʔ$^{\underline{34}}$	ʂɔʔ$^{\underline{34}}$	iəʔ$^{\underline{34}}$
定襄	liəʔ^{1}	tɕiəʔ^{1}	tɕʰiaʔ^{1}	tɕiəʔ^{1}	tsaʔ^{1}	ʂəʔ^{1}	ʂəʔ^{1}	iəʔ^{1}
五台	liəʔ^{3}	tɕiəʔ^{3}	tɕʰiəʔ^{3}	tɕiəʔ^{3}	tsəʔ^{3}	səʔ^{3}	sɔʔ^{3}	iəʔ^{3}
岢岚	liɛʔ^{4}	tɕiɛʔ^{4}	tɕʰiɛʔ^{4}	tɕiɛʔ^{4}	tʂaʔ^{4}	ʂaʔ^{4}	ʂaʔ^{4}	iɛʔ^{4}

续表

字目	猎	接	妾	捷	折~叠	摄	涉	叶树~
中古音 / 方言点	良涉 咸开三 入葉来	即叶 咸开三 入葉精	七接 咸开三 入葉清	疾葉 咸开三 入葉从	之涉 咸开三 入葉章	书涉 咸开三 入葉书	时摄 咸开三 入葉禅	与涉 咸开三 入葉以
五寨	liɛʔ^{4}	tɕiɛʔ^{4}	tɕ^{h}iɛʔ^{4}	tɕiəʔ^{4}	tsaʔ^{4}	saʔ^{4}	saʔ^{4}	iɛʔ^{4}
宁武	liəʔ^{4}	tɕiəʔ^{4}	tɕ^{h}iəʔ^{4}	tɕiəʔ^{4}	tsᴀʔ^{4}	sᴀʔ^{4}/niəʔ^{4}	sᴀʔ^{4}	iəʔ^{4}
神池	liᴀʔ^{4}	tɕiᴀʔ^{4}	tɕ^{h}iᴀʔ^{4}	tɕiᴀʔ^{4}	tsᴀʔ^{4}	sᴀʔ^{4}	sᴀʔ^{4}	iᴀʔ^{4}
繁峙	liəʔ$^{\underline{13}}$	tɕiaʔ$^{\underline{13}}$	tɕ^{h}iəʔ$^{\underline{13}}$	tɕiaʔ$^{\underline{13}}$	tsaʔ$^{\underline{13}}$	saʔ$^{\underline{13}}$	saʔ$^{\underline{13}}$	iaʔ$^{\underline{13}}$
代县	liaʔ^{2}	tɕiaʔ^{2}	tɕ^{h}ie^{53}	tɕiaʔ^{2}	tsaʔ^{2}	sɤ^{53}	saʔ^{2}	iaʔ^{2}
河曲	liɛʔ^{4}	tɕiɛʔ^{4}	tɕ^{h}iɛʔ^{4}	tɕiɛʔ^{4}	tʂaʔ^{4}	ʂaʔ^{4}	ʂaʔ^{4}	iɛʔ^{4}
保德	liɛ^{44}	tɕiəʔ^{4}	tɕ^{h}iɛ^{52}	tɕiəʔ^{4}	tʂəʔ^{4}	ʂəʔ^{4}	ʂɤ^{52}	iɛ^{44}
偏关	liɛʔ^{4}	tɕiɛʔ^{4}	tɕ^{h}iɛʔ^{4}	tɕiɛʔ^{4}	tʂᴀʔ^{4}	niɛʔ^{4}	ʂᴀʔ^{4}	iɛʔ^{4}
朔城	liᴀʔ$^{\underline{35}}$	tɕiᴀʔ$^{\underline{35}}$	tɕ^{h}iᴀʔ$^{\underline{35}}$	tɕiᴀʔ$^{\underline{35}}$	ʂə$^{\underline{35}}$	ʂᴀʔ$^{\underline{35}}$	ʂᴀʔ$^{\underline{35}}$	iɛ^{53}
平鲁	liʌʔ$^{\underline{34}}$	tɕiʌʔ$^{\underline{34}}$	tɕ^{h}iʌʔ$^{\underline{34}}$	tɕiʌʔ$^{\underline{34}}$	tsʌʔ$^{\underline{34}}$	——	sʌʔ$^{\underline{34}}$	iᴇ^{52}
应县	liaʔ$^{\underline{43}}$	tɕiaʔ$^{\underline{43}}$	tɕ^{h}iaʔ$^{\underline{43}}$	tɕiaʔ$^{\underline{43}}$	tsaʔ$^{\underline{43}}$	saʔ$^{\underline{43}}$	saʔ$^{\underline{43}}$	iaʔ$^{\underline{43}}$
灵丘	liᴀʔ^{5}	tɕiᴀʔ^{5}	tɕ^{h}iᴀʔ^{5}	tɕiᴀʔ^{5}	se^{31}	sᴀʔ^{5}	sᴀʔ^{5}	ie^{53}
浑源	liʌʔ^{4}	tɕiʌʔ^{4}	tɕ^{h}iɛ^{13}	tɕiʌʔ^{4}	sə^{22}	sʌʔ^{4}	sʌʔ^{4}	iɛ^{13}
云州	liɑʔ^{4}	tɕiɑʔ^{4}	tɕ^{h}iɑʔ^{4}	tɕiɑʔ^{4}	tʂɑʔ^{4}	ʂɑʔ^{4}	ʂɑʔ^{4}	iɛ^{24}
新荣	liaʔ^{4}/laʔ^{4}	tɕiaʔ^{4}	tɕ^{h}iᴇ^{24}	tɕiaʔ^{4}	tʂaʔ^{4}	ʂaʔ^{4}	ʂaʔ^{4}	iᴇ^{24}/ɕiaʔ^{4}
怀仁	liaʔ^{4}	tɕiaʔ^{4}	tɕ^{h}iaʔ^{4}	tɕiaʔ^{4}	tsaʔ^{4}	saʔ^{4}	saʔ^{4}	iɛ^{24}
左云	liɛ^{24}	tɕiaʔ^{4}	tɕ^{h}iɛ^{24}	tɕiaʔ^{4}	tsaʔ^{4}	saʔ^{4}	saʔ^{4}	iɛ^{24}
右玉	liaʔ^{4}	tɕiaʔ^{4}	tɕ^{h}iaʔ^{4}	tɕiaʔ^{4}	tʂaʔ^{4}	ʂaʔ^{4}	ʂaʔ^{4}	iɛ^{24}
阳高	liɑʔ^{4}	——	tɕ^{h}iɑʔ^{4}	tɕiɑʔ^{4}	tsɑʔ^{4}	sɑʔ^{4}	sɑʔ^{4}	iɑʔ^{4}
山阴	liᴀʔ^{4}	tɕiᴀʔ^{4}	tɕiᴀʔ^{4}	tɕiᴀʔ^{4}	tʂᴀʔ^{4}	ʂᴀʔ^{4}	ʂᴀʔ^{4}	iᴀʔ^{4}
天镇	liɑʔ^{4}	tɕiɑʔ^{4}	tɕ^{h}iɑʔ^{4}	tɕiɑʔ^{4}	tsɑʔ^{4}	——	sɑʔ^{4}	iɑʔ^{4}
平定	liæʔ$^{\underline{23}}$	tɕiæʔ^{4}	tɕ^{h}iæʔ^{4}	tɕiæʔ^{4}	tʂaʔ^{4}	ʂaʔ^{4}	ʂaʔ^{4}	——
昔阳	liᴇ^{13}	tɕiʌʔ$^{\underline{43}}$	tɕ^{h}iᴇ^{13}	tɕiʌʔ$^{\underline{43}}$	tʂə^{33}	ʂə^{13}	ʂə^{13}	iᴇ^{13}
左权	lieʔ^{1}	tɕieʔ^{1}	tɕ^{h}ieʔ^{1}	tɕieʔ^{1}	tʂəʔ^{1}	——	ʂəʔ^{1}	ieʔ^{1}
和顺	lieʔ$^{\underline{21}}$	tɕieʔ$^{\underline{21}}$	——	tɕieʔ$^{\underline{21}}$	tʂəʔ$^{\underline{21}}$	ʂəʔ$^{\underline{21}}$	tʂ^{h}əʔ$^{\underline{21}}$ 白 / ʂəʔ$^{\underline{21}}$ 文	ieʔ$^{\underline{21}}$
尧都	liɛ^{21}	tɕiɛ^{21}	tɕ^{h}iɛ^{44}	tɕiɛ^{24}	tʂɤ^{24}	ʂɤ^{21}	ʂɤ^{44}	iɛ^{21}
洪洞	lie^{21}	tɕie^{21}	tɕ^{h}ie^{21}	tɕie^{24}	ʂe^{24}	ʂe^{42}	ʂe^{42}	ie^{53}
洪洞赵城	liɛ^{21}	tɕiɛ^{21}	tɕ^{h}iɛ^{21}	tɕiɛ^{24}	tʂɤ^{24}	ʂɤ^{53}	ʂɤ^{53}	iɛ^{53}
古县	liɛ^{21}	tɕiɛ^{21}	tɕ^{h}iɛ^{21}	tɕiɛ^{35}	tʂɛ^{35} 白 / tʂɤ^{35} 文	ʂɛ^{21} 白 /ʂɤ^{21} 文	ʂɛ^{53} 白 /ʂɤ^{53} 文	iɛ^{53}

续表

字目	猎	接	妾	捷	折~叠	摄	涉	叶树~
中古音 / 方言点	良涉 咸开三 入葉来	即叶 咸开三 入葉精	七接 咸开三 入葉清	疾葉 咸开三 入葉从	之涉 咸开三 入葉章	书涉 咸开三 入葉书	时摄 咸开三 入葉禅	与涉 咸开三 入葉以
襄汾	lie^{44}	tɕie^{21}	tɕʰie^{53}	tɕʰie^{24}	tʂə^{24}	ʂə^{21}	ʂə^{24}	ȵie^{53} 白 / ie^{21} 文
浮山	liɛ^{44}	tɕie^{42}	tɕʰiɛ^{42}	tɕʰiɛ^{13}	tʂɤ^{42}	ʂɤ^{42}	ʂɤ^{42}	ȵiɛ^{53}
霍州	lie^{212}	tɕie^{212}	tɕʰie^{53}	tɕie^{35}	tʂɤ^{35}	ʂɤ^{53}	ʂɤ^{53}	ie^{53}
翼城	liᴇ^{53}	tɕiᴇ^{53}	tɕʰiᴇ^{53}	tɕiᴇ^{12}	tʂei^{12} 白 / tʂɤ^{12} 文	ʂɤ^{53}	ʂɤ^{53}	iᴇ^{53}
闻喜	——	tɕiᴇ^{53}	tɕʰiᴇ^{53}	tɕiᴇ^{13}	tsiᴇ^{53}	siᴇ^{53}	siᴇ^{13}	——
侯马	liɛ^{53}	tɕiɛ^{213}	tɕʰiɛ^{53}	tɕiɛ^{213}	tʂɤ^{213}	ʂɤ^{53}	ʂɤ^{53}	iɛ^{53}
新绛	lie^{53}	tɕie^{53}	tɕie^{53}	tɕie^{13}	tʂie^{53} 白 / tʂɤ^{13} 文	ʂie^{53}	ʂie^{44}	ie^{53}
绛县	liɛ^{31}	tɕiɛ^{53}/tɕiɪ^{53}	tɕʰiɛ^{53}	tɕiɛ^{24}	tʂei^{53}	ʂei^{53}	ʂei^{31}	iɛ^{53}
垣曲	liɛ^{53}	tɕiɛ^{53}	tɕʰiɛ^{53}	tɕiɛ^{53}	tsiɛ^{22}	ʂiɛ^{53}	ʂiɛ^{53}	iɛ^{53}
夏县	liɛ^{31}	tɕiɛ^{53}	tɕʰiɛ^{53}	tɕʰiɛ^{42}	tʂiɛ^{42}	ʂiɛ^{31}	ʂiɛ^{31}	iɛ^{53}
万荣	liɛ^{51}	tɕiɛ^{51}	tɕʰiɛ^{51}	tɕʰiɛ^{213}	tʂiɛ^{51}	ʂiɛ^{51}	ʂiɛ^{51}	iɛ^{51}
稷山	ȵiɛ^{53}	tɕiɛ^{53}	tɕʰiɛ^{53}	tɕiɛ^{13}	tʂɤ^{53}	ʂɤ^{53}	ʂiɛ^{53}	iɛ^{53}
盐湖	liɛ^{42}	tɕiɛ^{42}	tɕʰiɛ^{42}	tɕiɛ^{13}	tʂɤ^{42}	ʂɤ^{42}	ʂɤ^{42}	iɛ^{42}
临猗	liɛ^{42}	tɕiɛ^{42}	tɕʰiɛ^{42}	tɕiɛ^{13}	tʂɤ^{42}	ʂɤ^{44}	ʂɤ^{44}	iɛ^{42}
河津	liɛ^{31}	tɕiɛ^{31}	tɕʰiɛ^{31}	tɕʰiɛ^{324} 白 / tɕiɛ^{324} 文	tʂɤ^{31}	ʂɤ^{31}	ʂɤ^{31}	iɛ^{31}
平陆	liɛ^{31}	tɕiɛ^{31}	tɕʰiɛ^{31}	tɕiɛ^{13}	tʂə^{31}	ȵiɛ^{31}	ʂə^{31}	iɛ^{31}
永济	lie^{31}	tɕie^{31}	tɕʰie^{44}	tɕʰie^{24} 白 / tɕie^{24} 文	tʂʅə^{24} 白 / tʂʅe^{31} 文	ʂʅə^{24} 白 / ʂʅe^{44} 文 / ȵie^{31} 文	ʂʅə^{31} 白 / ʂʅe^{44} 文	ie^{31}
芮城	liɛ^{42}	tɕiɛ^{42}	tɕʰiɛ^{42}	tɕiɛ^{13}	tʂɤ^{42}	ʂɤ^{42}	ʂɤ^{42}	iɛ^{42}
吉县	liɛ^{423}	tɕiɛ^{423}	tɕʰi^{53}	tɕʰiɛ^{13}	tsɛ^{423}	——	——	iɛ^{423}
乡宁	liᴇ^{53}	tɕiᴇ^{53}	tɕʰiᴇ^{53}	tɕiᴇ^{12}	tʂɤ^{12}	ʂɤ^{53}	ʂɤ^{53}	iᴇ^{53}
广灵	liɤ^{213}	tɕiɤ^{53}	tɕʰiɤ^{53}	tɕiɤ^{31}	tsɤ^{53}/tsɤ^{31}	sɤ^{53}/niɤ^{53}	sɤ^{213}	iɤ^{213}

字目	劫	怯	业	胁	帆	凡	犯	范姓
中古音 方言点	居怯 咸开三 入业见	去劫 咸开三 入业溪	鱼怯 咸开三 入业疑	虚业 咸开三 入业晓	符咸 咸合三 平凡奉	符芝 咸合三 平凡奉	防錽 咸合三 上范奉	防錽 咸合三 上范奉
北京	tɕie^{35}	tɕʰie^{51}	ie^{51}	ɕie^{35}	fan^{55}	fan^{35}	fan^{51}	fan^{51}
小店	tɕiəʔ^{1}	tɕʰiəʔ^{1}	iəʔ^{1}	——	fæ^{11}	fæ^{11}	fæ^{24}	fæ^{24}
尖草坪	tɕiəʔ^{2}	tɕʰiəʔ^{2}	iəʔ^{2}	ɕiəʔ^{2}	fæ^{33}	fæ^{33}	fæ^{35}	fæ^{35}
晋源	tɕiəʔ^{2}	tɕʰiəʔ^{2}	iaʔ^{2}	ɕiəʔ^{2}	faŋ^{11}	faŋ^{11}	faŋ^{35}	faŋ^{35}
阳曲	tɕiɛʔ^{4}	tɕʰyɛʔ^{4}	iɛʔ^{4}	ɕiɛʔ^{4}	fæ^{312}	fæ^{43}	fæ^{454}	fæ^{454}
古交	tɕiəʔ^{4}	tɕʰiəʔ^{4}	iəʔ^{4}	ɕiəʔ^{4}	xuɛ^{44} 白 / fɛ^{44} 文	xuɛ^{44} 白 / fɛ^{44} 文	xuɛ^{53}	fɛ^{53}
清徐	tɕʰiaʔ^{1} 白 / tɕiaʔ^{1} 文	tɕʰiaʔ^{1}	iaʔ^{1}	ɕiəʔ^{1}	fɛ^{11}	fɛ^{11}	fɛ^{45}	fɛ^{45}
娄烦	tɕiəʔ^{3}	tɕʰiəʔ^{3}	iaʔ^{3}	ɕiəʔ^{3}	fæ^{33}	fæ^{33}	fæ^{54}	fæ^{54}
榆次	tɕiaʔ^{1}	tɕʰiaʔ^{1}	iaʔ^{1}	ɕie^{11}	fæ^{11}	fæ^{11}	fæ^{35}	fæ^{35}
交城	tɕiaʔ$^{\underline{53}}$	tɕʰiaʔ^{1}	iaʔ^{1}	ɕiaʔ^{1}	xuã^{11}	xuã^{11}	xuã^{24}	xuã^{24}
文水	tɕiaʔ^{2}	tɕʰiaʔ^{2}	ȵiaʔ^{2}	ɕiaʔ^{2}	xuaŋ^{22}	xuaŋ^{22}	xuaŋ^{35}	xuaŋ^{35}
祁县	tɕiɑʔ$^{\underline{32}}$	tɕʰiɑʔ$^{\underline{32}}$	ȵiɑʔ$^{\underline{32}}$	ɕiɑʔ$^{\underline{32}}$	xuɑ̃^{31}	xuɑ̃^{31}	xuɑ̃^{45}	xuɑ̃^{45}
太谷	tɕiaʔ^{3}	tɕʰiaʔ^{3}	iaʔ^{3}	ɕiaʔ^{3}	fɑ̃^{33}	fɑ̃^{33}	fɑ̃^{53}	fɑ̃^{53}
平遥	tɕʰiʌʔ$^{\underline{212}}$	tɕʰiʌʔ$^{\underline{212}}$	ȵiʌʔ$^{\underline{523}}$	ɕiʌʔ$^{\underline{523}}$	xuɑ̃^{213}	xuɑ̃^{213}	xuɑ̃^{24}	xuɑ̃^{24}
孝义	tɕiəʔ^{3}	tɕʰiaʔ^{3}	ȵiəʔ$^{\underline{423}}$	ɕiəʔ^{3}	xuã^{33}	xuã^{33}	xuã^{454}	xuã^{454}
介休	tɕiʌʔ$^{\underline{12}}$	tɕʰiʌʔ$^{\underline{12}}$	ȵiʌʔ$^{\underline{312}}$	ɕiʌʔ$^{\underline{12}}$	xuæ̃^{13}	xuæ̃^{13}	xuæ̃^{45}	xuæ̃^{45}
灵石	tɕiəʔ^{4}	tɕʰiəʔ^{4}	iəʔ^{4}	ɕie^{44}	fɒ̃^{535}	xuɒ̃^{44}	xuɒ̃^{53}	xuɒ̃^{53}
盂县	tɕiʌʔ^{2}	tɕʰiʌʔ^{2}	iʌʔ^{2}	ɕiəʔ^{2}	fæ̃^{412}	fæ̃^{22}	fæ̃^{55}	fæ̃^{55}
寿阳	tɕiɛʔ^{2}	tɕʰiɛʔ^{2}	iɛʔ^{2}	ɕiɛʔ^{2}	fæ^{31}	fæ^{22}	fæ^{45}	fæ^{45}
榆社	tɕiaʔ^{2}	tɕʰiaʔ^{2}	——	ɕiaʔ^{2}	fa^{22}	fa^{22}	fa^{45}	fa^{45}
离石	tɕieʔ^{4}	tɕʰieʔ^{4}	ieʔ$^{\underline{23}}$	ɕiɑʔ^{4}	xuæ^{44}	xuæ^{44}	xuæ^{52}	xuæ^{52}
汾阳	tɕieʔ$^{\underline{312}}$	tɕʰiaʔ^{2}	ȵieʔ$^{\underline{312}}$	ɕieʔ$^{\underline{312}}$	fã^{22}	fã^{22}	fã^{55}	fã^{55}
中阳	tɕieʔ^{4}	tɕʰieʔ^{4}	ieʔ^{4}	ɕiɑʔ^{4}	xuæ^{33}	xuæ^{33}	xuæ^{52}	xuæ^{52}
柳林	tɕiɛʔ$^{\underline{423}}$	tɕʰiɛʔ$^{\underline{423}}$	iɛʔ$^{\underline{423}}$	ɕiɑʔ$^{\underline{423}}$	xuæ^{44}	xuæ^{44}	xuæ^{53}	xuæ^{53}
方山	tɕieʔ^{4}	tɕʰie^{52}	iɛʔ$^{\underline{23}}$	ɕiɑʔ^{4}	xuæ^{44}	xuæ^{44}	xuæ^{52}	xuæ^{52}
临县	tɕʰiɐʔ^{4}	tɕʰiɐʔ^{3}	iɐʔ$^{\underline{24}}$	ɕie^{24}	fæ^{33}	fæ^{33}	fæ^{52}	fæ^{52}
兴县	tɕiəʔ^{5}	tɕʰiəʔ^{5}	iəʔ^{5}	——	xuæ̃^{55}	xuæ̃^{55}	xuæ̃^{53}	xuæ̃^{53}
岚县	tɕieʔ^{4}	tɕʰiaʔ^{4}	ieʔ^{4}	ɕiəʔ^{4}	faŋ^{44}	faŋ^{44}	faŋ^{53}	faŋ^{53}
静乐	tɕiəʔ^{4}	tɕʰiəʔ^{4}	iəʔ^{4}	ɕiəʔ^{4}	fæ̃^{33}	fæ̃^{33}	fæ̃^{53}	fæ̃^{53}
交口	tɕieʔ^{4}	tɕʰieʔ^{4}	ȵieʔ^{4}	ɕieʔ^{4}	xuã^{44}	xuã^{44}	xuã^{53}	xuã^{53}
石楼	tɕiəʔ^{4}	tɕʰiəʔ^{4}	ȵiəʔ$^{\underline{213}}$	ɕiəʔ^{4}	xuaŋ^{44}	xuaŋ^{44}	xuaŋ^{51}	xuaŋ^{51}

续表

字目	劫	怯	业	胁	帆	凡	犯	范姓
中古音 方言点	居怯 咸开三 入业见	去劫 咸开三 入业溪	鱼怯 咸开三 入业疑	虚业 咸开三 入业晓	符咸 咸合三 平凡奉	符芝 咸合三 平凡奉	防錽 咸合三 上范奉	防錽 咸合三 上范奉
隰县	tɕiəʔ^{3}	tɕʰiəʔ^{3}	ȵiəʔ^{3}	ɕiəʔ^{3}	xuæ^{53}	xuaŋ^{24}	xuæ^{44}	xuæ^{44}
大宁	tɕiɐʔ$^{\underline{31}}$	tɕʰiəʔ$^{\underline{31}}$	ȵiɐʔ$^{\underline{31}}$	ɕiɐʔ$^{\underline{31}}$	fɛ̃^{24}	fɛ̃^{24}	fɛ̃^{55}	fɛ̃^{55}
永和	tɕiɐʔ$^{\underline{35}}$	tɕiɐʔ$^{\underline{35}}$	niɐʔ$^{\underline{312}}$	ɕiɐʔ$^{\underline{35}}$	xuɑ̃^{35}	xuɑ̃^{35}	xuɑ̃^{53}	xuɑ̃^{53}
汾西	——	tɕʰiəʔ^{1}	niu^{11}	ɕiəʔ^{3}	fɑ̃^{35}	fɑ̃^{35}	fɑ̃^{53}	fɑ̃^{53}
蒲县	tɕʰiɛʔ$^{\underline{43}}$	tɕʰiɛʔ$^{\underline{43}}$	ȵiɛ^{52} 白 / iɛ^{52} 文	ɕiɛ^{24}	fæ̃^{24}	fæ̃^{24}	fæ̃^{33}	fæ̃^{33}
潞州	tɕiəʔ$^{\underline{53}}$	tɕʰiəʔ$^{\underline{53}}$	iəʔ$^{\underline{53}}$	ɕiɛ^{24}	faŋ^{312}	faŋ^{24}	faŋ^{54}	faŋ^{44}
上党	tɕiəʔ$^{\underline{21}}$	tɕʰiəʔ$^{\underline{21}}$	iəʔ$^{\underline{21}}$	ɕieʔ$^{\underline{21}}$	fɑŋ^{213}	fɑŋ^{44}	fɑŋ^{535}	fɑŋ^{535}
长子	tɕiəʔ^{4}	tɕʰiəʔ^{4}	iəʔ^{4}	ɕiəʔ^{4}	fæ̃^{312}	fæ̃^{24}	fæ̃^{53}	fæ̃^{53}
屯留	tɕiəʔ^{1}	tɕʰiəʔ^{1}	iəʔ^{1}	ɕiəʔ^{1}	fæ̃^{31}	fæ̃^{11}	fæ̃^{11}	fæ̃^{11}
襄垣	tɕiʌʔ$^{\underline{43}}$	tɕʰiʌʔ^{3}	iʌʔ^{3}	ɕyʌʔ$^{\underline{43}}$	fæ^{31}	fæ^{31}	fæ^{45}	fæ^{45}
黎城	cʰiʌʔ^{2}	cʰiʌʔ^{2}	iʌʔ^{2}	ɕiɤ^{53}	fæ^{33}	fæ^{213}	fæ^{53}	fæ^{53}
平顺	ciʌʔ$^{\underline{212}}$	cʰiʌʔ$^{\underline{212}}$	iʌʔ$^{\underline{423}}$	ɕiʌʔ$^{\underline{212}}$	fæ̃^{213}	fæ̃^{13}	fæ̃^{53}	fæ̃^{53}
壶关	ciʌʔ^{2}	cʰiʌʔ^{2}	iəʔ$^{\underline{21}}$	ɕiᴇ^{13}	faŋ^{33}	faŋ^{13}	faŋ^{353}	faŋ^{353}
沁县	tɕiæʔ$^{\underline{31}}$	tɕʰiæʔ$^{\underline{31}}$	iæʔ$^{\underline{31}}$	ɕiæʔ$^{\underline{31}}$	fæ^{224}	fæ^{224}	fæ^{53}	fæ^{53}
武乡	tɕiʌʔ^{3}	tɕʰiʌʔ^{3}	ȵiʌʔ^{3}/iʌʔ^{3}	——	fæ^{113}	fæ^{33}	fæ^{55}	fæ^{55}
沁源	tɕiəʔ$^{\underline{31}}$	tɕʰiəʔ$^{\underline{31}}$	iəʔ$^{\underline{31}}$	ɕiəʔ$^{\underline{31}}$	fæ̃^{324}	fæ̃^{33}	fæ̃^{53}	fæ̃^{53}
安泽	tɕiɛ^{35}	tɕʰiəʔ$^{\underline{21}}$	ȵiɛ^{21}	ɕiɛ^{35}	fæ^{35}	fæ^{35}	fæ^{53}	fæ^{53}
沁水端氏	tɕiaʔ$^{\underline{54}}$	tɕiaʔ^{2}	iaʔ^{2}	ɕiɛ^{24}	fæ^{24}	fæ^{24}	fæ^{53}	fæ^{53}
阳城	ciʌʔ^{2}	cʰiʌʔ^{2}	iʌʔ^{2}	ɕiʌʔ^{2}	fɛ^{22}	fɛ^{22}	fɛ^{51}	fɛ^{51}
高平	tɕiɛʔ^{2}	cʰiɛʔ^{2}	iɛʔ^{2}	ɕiɛʔ^{2}	fæ̃^{33}	fæ̃^{33}	fæ̃^{53}	fæ̃^{53}
陵川	ciʌʔ^{3}	cʰiʌʔ^{3}	iʌʔ$^{\underline{23}}$	ɕiʌʔ^{3}	fã^{33}	fã^{33}	fã^{24}	fã^{24}
晋城	tɕʰiʌʔ^{2}	tɕʰiʌʔ^{2}	iʌʔ^{2}	ɕiɛ^{324}	fæ^{33}	fæ^{324}	fæ^{53}	fæ^{53}
忻府	tɕiɛʔ$^{\underline{32}}$	tɕʰiɛʔ$^{\underline{32}}$	iɛʔ$^{\underline{32}}$	ɕiɛʔ$^{\underline{32}}$	fɑ̃^{313}	fɑ̃^{21}	fɑ̃^{53}	fɑ̃^{53}
原平	tɕiəʔ$^{\underline{34}}$	tɕʰiəʔ$^{\underline{34}}$	iəʔ$^{\underline{34}}$	ɕiɤ^{33}	fɛ̃^{213}	fɛ̃^{33}	fɛ̃^{53}	fɛ̃^{53}
定襄	tɕiəʔ^{1}	tɕʰiaʔ^{1}	iəʔ^{1}	ɕiəʔ^{1}	fæ^{24}	fæ^{11}	fæ^{53}	fæ^{53}
五台	tɕiəʔ^{3}	tɕʰiəʔ^{3}	iəʔ^{3}	ɕiəʔ^{3}	fæn^{33}	fæn^{33}	fæn^{52}	fæn^{52}
岢岚	tɕiɛʔ^{4}	tɕʰiɛʔ^{4}	iɛʔ^{4}	ɕiɛʔ^{4}	fæ^{13}	fæ^{44}	fæ^{52}	fæ^{52}
五寨	tɕiɛʔ^{4}	tɕʰiɛʔ^{4}	iɛʔ^{4}	ɕiɛʔ^{4}	fæ^{13}	fæ^{44}	fæ^{52}	fæ^{52}
宁武	tɕiəʔ^{4}	tɕʰiəʔ^{4}	iəʔ^{4}	——	fæ^{23}	fæ^{33}	fæ^{52}	fæ^{52}
神池	tɕiᴀʔ^{4}	tɕʰiᴀʔ^{4}	iᴀʔ^{4}	ɕiəʔ^{4}	fæ^{32}	fæ^{32}	fæ^{52}	fæ^{52}

续表

字目	劫	怯	业	胁	帆	凡	犯	范姓
中古音／方言点	居怯 咸开三 入业见	去劫 咸开三 入业溪	鱼怯 咸开三 入业疑	虚业 咸开三 入业晓	符咸 咸合三 平凡奉	符芝 咸合三 平凡奉	防錽 咸合三 上范奉	防錽 咸合三 上范奉
繁峙	tɕiaʔ$^{\underline{13}}$	tɕʰiaʔ$^{\underline{13}}$	iaʔ$^{\underline{13}}$	ɕiəʔ$^{\underline{13}}$	fɛ^{53}	fɛ^{31}	fɛ^{24}	fɛ^{24}
代县	tɕiaʔ^{2}	tɕʰiaʔ^{2}	iaʔ^{2}	ɕiaʔ^{2}	fɛ^{213}	fɛ^{44}	fɛ^{53}	fɛ^{53}
河曲	tɕiəʔ^{4}	tɕʰiɛʔ^{4}	iɛʔ^{4}	ɕiəʔ^{4}	fæ^{44}	fæ^{44}	fæ^{52}	fæ^{52}
保德	tɕiɛ^{44}	tɕʰiɛ^{52}	iɛ^{44}	ɕiəʔ^{4}	fɑŋ^{44}	fɑŋ^{44}	fɑŋ^{52}	fɑŋ^{52}
偏关	tɕʰiɛʔ^{4}	tɕʰiɛʔ^{4}	iɛʔ^{4}	ɕiɛʔ^{4}	fæ^{24}	fæ^{44}	fæ^{52}	fæ^{52}
朔城	tɕʰiᴀʔ$^{\underline{35}}$	tɕʰiᴀʔ$^{\underline{35}}$	iᴀʔ$^{\underline{35}}$	ɕiᴀʔ$^{\underline{35}}$	fæ^{312}	fæ^{35}	fæ^{53}	fæ^{53}
平鲁	——	tɕʰyᴇ^{52}/ tɕʰiʌʔ$^{\underline{34}}$	iʌʔ$^{\underline{34}}$	ɕiʌʔ$^{\underline{34}}$	fæ^{213}	fæ^{44}	fæ^{52}	fæ^{52}
应县	tɕiaʔ$^{\underline{43}}$	tɕʰiaʔ$^{\underline{43}}$	iɛ^{24}/iaʔ$^{\underline{43}}$	ɕiaʔ$^{\underline{43}}$	fɛ̃^{43}	fɛ̃^{31}	fɛ̃^{24}	fɛ̃^{24}
灵丘	tɕiᴀʔ^{5}	tɕʰiᴀʔ^{5}	ie^{53}	ɕiᴀʔ^{5}	fæ^{442}	fæ^{31}	fæ^{53}	fæ^{53}
浑源	tɕʰiʌʔ^{4}	tɕʰiʌʔ^{4}	iɛ^{13}	ɕiɛ^{22}	fæ^{22}	fæ^{22}	fæ^{13}	fæ^{13}
云州	tɕiɑʔ^{4}	tɕʰiɑʔ^{4}	iɑʔ^{4}	ɕiɑʔ^{4}	fæ^{21}	fæ^{312}	fæ^{24}	fæ^{24}
新荣	tɕʰiaʔ^{4}	tɕʰiaʔ^{4}	iaʔ^{4}	ɕiaʔ^{4}	fæ^{32}	fæ^{312}	fæ^{24}	fæ^{24}
怀仁	tɕiaʔ^{4}	tɕʰiaʔ^{4}	iaʔ^{4}	ɕiaʔ^{4}	fæ^{42}	fæ^{312}	fæ^{24}	fæ^{24}
左云	tɕiaʔ^{4}	tɕʰiaʔ^{4}	iaʔ^{4}	ɕiaʔ^{4}	fæ^{31}	fæ^{313}	fæ^{24}	fæ^{24}
右玉	tɕiaʔ^{4}	tɕʰiaʔ^{4}	iaʔ^{4}	ɕiaʔ^{4}	fæ^{212}	fæ^{212}	fæ^{24}	fæ^{24}
阳高	tɕiɑʔ^{3}	tɕʰiɑʔ^{3}	iɑʔ^{3}	ɕiɑʔ^{3}	fɛ^{312}	fɛ^{312}	fɛ^{24}	fɛ^{24}
山阴	tɕʰiᴀʔ^{4}	tɕiᴀʔ^{4}	iᴀʔ^{4}	ɕiᴀʔ^{4}	fæ^{313}	fæ^{313}	fæ^{335}	fæ^{335}
天镇	tɕiɑʔ^{4}	tɕʰyɑʔ^{4}	iɑʔ^{4}	ɕiɑʔ^{4}	fæ^{22}	fæ^{22}	fæ^{24}	fæ^{24}
平定	tɕiᴇ^{44}/tɕiæʔ^{4}	tɕʰiæʔ^{4}	iæʔ^{4}	ɕiəʔ^{4}	fæ̃^{44}	fæ̃^{44}	fæ̃^{24}	fæ̃^{24}
昔阳	tɕiʌʔ$^{\underline{43}}$	tɕʰiʌʔ$^{\underline{43}}$	iᴇ^{13}	ɕiʌʔ$^{\underline{43}}$	fæ̃^{42}	fæ̃^{33}	fæ̃^{13}	fæ̃^{13}
左权	tɕʰieʔ^{1}	——	ieʔ^{1}	ɕieʔ^{1}	fæ^{11}	fæ^{11}	fæ^{42}	fæ^{42}
和顺	tɕʰieʔ$^{\underline{21}}$	tɕʰieʔ$^{\underline{21}}$	ieʔ$^{\underline{21}}$	ɕieʔ$^{\underline{21}}$	fæ^{22}	fæ^{22}	fæ^{13}	fæ^{13}
尧都	tɕiɛ^{24}	tɕʰiɛ^{44}	ȵiɛ^{21}	ɕiɛ^{24}	fæ̃^{24}	fæ̃^{24}	fæ̃^{44}	fæ̃^{44}
洪洞	tʰie^{21} 白/ tɕ^{24} 文	tɕʰie^{21}	ȵie^{21}	ɕie^{24}	fɑn^{24}	fɑn^{24}	fɑn^{53}	fɑn^{53}
洪洞赵城	tɕiɛ^{24}	tɕʰio^{24}	ȵiɛ^{21}	ɕiɛ^{24}	fɑ̃^{24}	fɑ̃^{24}	fɑ̃^{53}	fɑ̃^{53}
古县	tɕʰiɛ^{35} 白/ tɕiɛ^{35} 文	tɕʰiɛ^{53}	ȵiɛ^{21}	ɕiɛ^{35}	fan^{35}	fan^{35}	fan^{53}	fan^{53}
襄汾	tɕʰie^{24}	tɕʰie^{21}	ȵie^{21}	ɕie^{24}	fan^{21}	fan^{24}	fan^{53}	fan^{44}
浮山	tɕʰiɛ^{13}	tɕʰiɛ^{42}	ȵiɛ^{42}	ɕiɛ^{13}	fãĩ^{42}	fãĩ^{13}	fãĩ^{44}	fãĩ^{44}
霍州	tɕie^{35}	tɕʰie^{53}	ie^{53}	ɕie^{35}	faŋ^{212}	faŋ^{35}	faŋ^{53}	faŋ^{53}

续表

字目	劫	怯	业	胁	帆	凡	犯	范姓
中古音 / 方言点	居怯 咸开三 入业见	去劫 咸开三 入业溪	鱼怯 咸开三 入业疑	虚业 咸开三 入业晓	符咸 咸合三 平凡奉	符芝 咸合三 平凡奉	防錽 咸合三 上范奉	防錽 咸合三 上范奉
翼城	tɕiᴇ^{12}	tɕʰiᴇ^{53}	iᴇ^{53}	ɕiᴇ^{12}	fæ̃^{53}	fæ̃^{12}	fæ̃^{53}	fæ̃^{53}
闻喜	tɕʰiᴇ^{53}	tɕʰiᴇ^{53}	iᴇ^{53}	ɕiᴇ^{13}	fæ^{13}	——	fæ^{13}	fæ^{13}
侯马	tɕiɛ^{213}	tɕʰiɛ^{53}	ȵiɛ^{53}	ɕiɛ^{213}	fæ̃^{213}	fæ̃^{213}	fæ̃^{53}	fæ̃^{53}
新绛	tɕʰie^{13}	tɕʰie^{53}	ȵie^{53}	ɕie^{13}	fã^{13}	fã^{13}	fã^{53}	fã^{53}
绛县	tɕiɛ^{53}	tɕʰiɛ^{53}	ȵiɛ^{31}	ɕiɛ^{24}	fæ^{24}	fæ^{24}	fæ^{53}	fæ^{53}
垣曲	tɕʰiɛ^{22}	tɕʰiɛ^{53}	ȵiɛ^{53}	ɕiɛ^{22}	fæ̃^{53}	fæ̃^{22}	fæ̃^{53}	fæ̃^{53}
夏县	tɕʰie^{42}	tɕʰie^{31}	ȵie^{53} 白 /ie^{53} 文	ɕie^{42}	fæ^{42}	fæ^{42}	fæ^{31}	fæ^{31}
万荣	tɕʰiɛ^{213}	tɕʰie^{51}	ȵiɛ^{51}	ɕiɛ^{213}	fæ^{213}	fæ^{213}	fæ^{33}	fæ^{33}
稷山	tɕiɛ^{13}	tɕʰiɛ^{53}	ȵiɛ^{53} 白 /iɛ^{53} 文	ɕiɛ^{13}	fɑ̃^{53}	fɑ̃^{13}	fɑ̃^{42}	fɑ̃^{44}
盐湖	tɕiɛ^{13}	tɕʰiɛ^{42}	ȵiɛ^{42}	ɕiɛ^{13}	fæ̃^{13}	fæ̃^{13}	fæ̃^{44}	fæ̃^{44}
临猗	tɕʰiɛ^{13} 白 / tɕiɛ^{13} 文	tɕʰiɛ^{42}	ȵiɛ^{42} 白 /iɛ^{42} 文	ɕiɛ^{13}	fæ̃^{42}	fæ̃^{13}	fæ̃^{44}	fæ̃^{44}
河津	tɕʰiɛ^{53}	tɕʰiɛ^{31}	ȵiɛ^{31}	ɕiɛ^{324}	fæ̃^{324}	fæ̃^{324}	fæ̃^{44}	fæ̃^{44}
平陆	tɕiɛ^{13}	tɕʰiɛ^{31}	ȵiɛ^{31}	ɕiɛ^{13}	fan^{13}	fan^{13}	fan^{33}	fan^{33}
永济	tɕʰie^{24} 白 / tɕie^{24} 文	tɕʰie^{24}	ȵie^{31} 白 /ie^{31} 文	ɕie^{24}	fæ̃^{24}	fæ̃^{24}	fæ̃^{44}	fæ̃^{44}
芮城	tɕiɛ^{42}	tɕʰiɛ^{42}	ȵiɛ^{42} 白 /iɛ^{42} 文	ɕiɛ^{13}	fæ̃^{13}	fæ̃^{13}	fæ̃^{44}	fæ̃^{44}
吉县	tɕʰiɛ^{423}	tɕʰiɛ^{423}	——	ɕiɛ^{13}	fæ̃^{13}	fæ̃^{13}	fæ̃^{33}	fæ̃^{33}
乡宁	tɕiᴇ^{53}	tɕʰiᴇ^{53}	iᴇ^{53}	tɕʰiᴇ^{12}	fæ^{12}	fæ^{12}	fæ^{22}	fæ^{22}
广灵	tɕiɤ^{31}	tɕʰiɤ^{53}	iɤ^{213}	ɕiɤ^{31}	fæ^{53}	fæ^{31}	fæ^{213}	fæ^{213}

字目	范模~	泛	法	乏	添	甜	拈	兼
中古音 方言点	防錽 咸合三 上范奉	孚梵 咸合三 去梵敷	方乏 咸合三 入乏非	房法 咸合三 入乏奉	他兼 咸开四 平添透	徒兼 咸开四 平添定	奴兼 咸开四 平添泥	古甜 咸开四 平添见
北京	fan^{51}	fan^{51}	fa^{214}	fa^{35}	tʰiɛn^{55}	tʰiɛn^{35}	niɛn^{55}	tɕiɛn^{55}
小店	fæ^{24}	fæ^{24}	faʔ^{1}	faʔ^{54}	tʰiæ^{11}	tiæ^{11}	niæ^{11}	tɕiæ^{11}
尖草坪	fæ^{35}	fæ^{35}	faʔ^{2}	faʔ$^{\underline{43}}$	tʰie^{33}	tʰie^{33}	nie^{33}	tɕie^{33}
晋源	faŋ^{35}	faŋ^{35}	faʔ^{2}	faʔ$^{\underline{43}}$	tʰiæ^{11}	tiæ^{11}	ȵiəʔ^{2}	tɕiæ^{11}
阳曲	fæ^{454}	fæ^{454}	faʔ^{4}	faʔ^{4}	tʰiɛ^{312}	tʰiɛ^{43}	ȵiɛ^{312}	tɕiɛ^{312}
古交	xuɛ^{53} 白 / fɛ^{53} 文	fɛ^{53}	faʔ^{4}	faʔ^{4}	tʰiɛ^{312}	tʰiɛ^{44}	ȵiɛ^{44}	tɕiɛ^{44}
清徐	fɛ^{45}	fɛ^{45}	faʔ^{1}	faʔ$^{\underline{54}}$	tʰiɛ^{11}	tʰiɛ^{11}	niɛ^{11}	tɕiɛ^{11}
娄烦	fæ^{54}	fæ^{54}	faʔ^{3}	faʔ$^{\underline{21}}$	tɕʰiɛ^{33}	tɕʰiɛ^{33}	ȵiɛ^{33}	tɕiɛ^{33}
榆次	fæ^{35}	fæ^{35}	faʔ^{1}	faʔ^{1}	tʰie^{11}	tʰie^{11}	nie^{11}	tɕie^{11}
交城	xuã^{24}	xuã^{24}	xuaʔ^{1}	xuaʔ$^{\underline{53}}$	tʰiã^{11}	tiã^{11} 白 / tʰiã^{11} 文	niã^{11}	tɕiã^{11}
文水	xuaŋ^{35}	xuaŋ^{35}	xaʔ^{2}	xaʔ$^{\underline{312}}$	tʰiæĩ^{22}	tiæĩ^{22} 白 / tʰiæĩ^{22} 文	ȵiaʔ^{2}	tɕiæĩ^{22}
祁县	xuɑ̃^{45}	xuɑ̃^{45}	xuɑʔ$^{\underline{32}}$	xuɑʔ$^{\underline{324}}$	tʰiẽ^{31}	tiẽ^{31} 白 / tʰiẽ^{31} 文	ȵiẽ^{31}	tɕiẽ^{31}
太谷	fɑ̃^{53}	fɑ̃^{53}	faʔ^{3}	faʔ$^{\underline{423}}$	tʰiẽĩ^{33}	tiẽĩ^{33} 白 / tʰiẽĩ^{33} 文	ȵiẽĩ^{33}	tɕiẽĩ^{33}
平遥	xũɑ̃^{24}	xũɑ̃^{213}	xuʌʔ$^{\underline{212}}$	xuʌʔ$^{\underline{523}}$	tʰĩɛ̃^{213}	tĩɛ̃^{213}	——	tɕĩɛ̃^{213}
孝义	xuã^{454}	xuã^{454}	xuaʔ^{3}	xuaʔ$^{\underline{454}}$	tʰiᴇ^{33}	tiᴇ^{33}	ȵiᴇ^{33}	tɕiã^{33}
介休	xuæ̃^{45}	xuæ̃^{45}	xuʌʔ$^{\underline{12}}$	xuʌʔ$^{\underline{312}}$	tʰiɛ̃^{13}	tiɛ̃^{13} 白 / tʰiɛ̃^{13} 文	ȵiʌʔ$^{\underline{12}}$	ɕiɛ̃^{13}
灵石	xuɒ̃^{53}	xuɒ̃^{53}	xuaʔ^{4}	xuaʔ$^{\underline{212}}$	tʰie^{535}	tʰie^{44}	tsei^{535}/nie^{44}	tɕie^{535}
盂县	fæ̃^{55}	fæ̃^{55}	fʌʔ^{2}	fʌʔ$^{\underline{53}}$	tʰiæ̃^{412}	tʰiæ̃^{22}	ȵiæ̃^{22}	tɕiæ̃^{412}
寿阳	fæ^{45}	fæ^{45}	faʔ^{2}	faʔ$^{\underline{54}}$	tʰiɪ^{31}	tʰiɪ^{22}	ȵiɪ^{31}	tɕiɪ^{31}
榆社	fa^{45}	fa^{45}	faʔ^{2}	faʔ$^{\underline{312}}$	tʰie^{22}	tʰie^{22}	nie^{22}	tɕie^{22}
离石	xuæ^{52}	xuæ^{52}	xuɑʔ^{4}	xuɑʔ$^{\underline{23}}$	tʰiɪ^{24}	tʰiɪ^{44}	niɪ^{44}	tɕiɪ^{24}
汾阳	fã^{55}	fã^{55}	faʔ^{2}	faʔ$^{\underline{312}}$	tʰi^{324}	tʰi^{22}	ȵi^{22}	tɕiã^{324}
中阳	xuæ^{52}	xuæ^{52}	xuɑʔ^{4}	xuɑʔ$^{\underline{312}}$	tʰie^{24}	tʰie^{33}	nie^{33}	tɕie^{24}
柳林	xuæ^{53}	xuæ^{53}	xuɑʔ^{4}	xuɑʔ$^{\underline{423}}$	tʰie^{24}	tʰie^{44}	nie^{44}	tɕie^{24}
方山	xuæ^{52}	xuæ^{52}	xuɑʔ^{4}	xuɑʔ$^{\underline{23}}$	tʰiɛ^{24}	tʰiɛ^{44}	niɛ^{44}	tɕiɛ^{24}
临县	fæ^{52}	fæ^{52}	faʔ^{3}	faʔ^{3}	tie^{24}	tʰie^{33}	nie^{33}	tɕie^{24}
兴县	xuæ̃^{53}	xuæ̃^{53}	xuaʔ$^{\underline{312}}$	xuaʔ$^{\underline{312}}$	tʰiẽn^{324}	tʰiẽn^{55}	niẽn^{55}	tɕiẽn^{324}
岚县	faŋ^{53}	faŋ^{53}	faʔ^{4}	faʔ$^{\underline{312}}$	tɕʰiẽ^{214}	tɕʰiẽ^{44}	niẽ^{44}	tɕiẽ^{214}

续表

字目	范模～	泛	法	乏	添	甜	拈	兼
中古音 / 方言点	防錽 咸合三 上范奉	孚梵 咸合三 去梵敷	方乏 咸合三 入乏非	房法 咸合三 入乏奉	他兼 咸开四 平添透	徒兼 咸开四 平添定	奴兼 咸开四 平添泥	古甜 咸开四 平添见
静乐	fæ̃^{53}	fæ̃^{53}	faʔ^{4}	faʔ$^{\underline{212}}$	tɕʰiæ̃^{24}	tɕʰiæ̃^{33}	ȵiæ̃^{33}	tɕiæ̃^{24}
交口	xuɑ̃^{53}	xuɑ̃^{53}	xuaʔ^{4}	xuaʔ$^{\underline{212}}$	tʰiɑ̃^{323}	tʰiɑ̃^{44}	ȵiɑ̃^{44}	tɕiɑ̃^{323}
石楼	xuɑŋ^{51}	xuɑŋ^{51}	xuʌʔ^{4}	xuʌʔ$^{\underline{213}}$	tʰiɑŋ^{213}	tʰiɑŋ^{44}	——	tɕiɑŋ^{213}
隰县	xuæ^{44}	xuæ^{44}	xuaʔ^{3}	——	tʰiɛ^{53}	tʰiaŋ^{24}	——	tɕiɛ^{53}
大宁	fɛ̃^{55}	——	fɐʔ$^{\underline{31}}$	fɐʔ^{4}	tʰiɛ̃^{31}	tʰiɛ̃^{24}	niɛ̃^{24}	tɕiɛ̃^{31}
永和	xuɑ̃^{53}	xuɑ̃^{53}	xuɐʔ$^{\underline{35}}$	xuɐʔ$^{\underline{312}}$	tʰiɪ^{33}	tʰiɪ^{35}	niɪ^{35}	tɕiɪ^{33}
汾西	——	fɑ̃^{55}	fɑ^{11}	fɑ^{35}	tʰiɑ̃^{11}	tʰiɑ̃^{35}	niɑ̃^{35}	tɕiɑ̃^{11}
蒲县	fæ̃^{33}	fæ̃^{33}	fʌʔ$^{\underline{43}}$	fʌʔ^{3}	tʰiæ̃^{52}	tʰiæ̃^{24}	ȵiæ̃^{24}	tɕiæ̃^{52}
潞州	faŋ^{44}	faŋ^{44}	fʌʔ$^{\underline{53}}$	fʌʔ$^{\underline{53}}$	tʰiaŋ^{312}	tʰiaŋ^{24}	ȵiaŋ^{312}	tɕiaŋ^{312}
上党	fɑŋ^{535}	fɑŋ^{22}	fɑʔ$^{\underline{21}}$	fɑʔ$^{\underline{21}}$	tʰiɑŋ^{213}	tʰiɑŋ^{44}	niɑŋ^{44}	tɕiɑŋ^{213}
长子	fæ̃^{53}	fæ̃^{53}	faʔ^{4}	faʔ$^{\underline{212}}$	tʰiæ̃^{312}	tʰiæ̃^{24}	ȵiæ̃^{312}	tɕiæ̃^{312}
屯留	fæ̃^{11}	fæ̃^{53}	fəʔ^{1}	fʌʔ$^{\underline{54}}$	tʰiæ̃^{31}	tʰiæ̃^{11}	ȵiæ̃^{31}	tɕiæ̃^{31}
襄垣	fæ^{45}	fæ^{45}	fʌʔ^{3}	fʌʔ^{3}	tʰei^{33}	tʰei^{31}	——	tɕiei^{33}
黎城	fæ^{53}	fæ^{53}	fʌʔ^{2}	fʌʔ$^{\underline{31}}$	tʰiæ^{33}	tʰiæ^{53}	niæ^{33}	ciæ^{33}
平顺	fæ̃^{53}	fæ̃^{53}	fʌʔ$^{\underline{212}}$	fʌʔ$^{\underline{423}}$	tʰiæ̃^{213}	tʰiæ̃^{13}	ȵiæ̃^{13}	tɕiæ̃^{213}
壶关	faŋ^{353}	faŋ^{42}	fʌʔ^{2}	fʌʔ$^{\underline{21}}$	tʰiaŋ^{33}	tʰiaŋ^{13}	ȵiaŋ^{13}	ciaŋ^{33}
沁县	fæ^{53}	fæ^{53}	faʔ$^{\underline{31}}$	faʔ$^{\underline{212}}$	tɕʰi^{224}	tɕʰi^{33}	nei^{33}	tɕi^{224}
武乡	fæ^{55}	fæ^{55}	fʌʔ^{3}	fʌʔ$^{\underline{423}}$	tʰei^{113}	tʰei^{33}	——	tsei^{113}
沁源	fæ̃^{53}	fæ̃^{53}	fʌʔ$^{\underline{31}}$	fʌʔ$^{\underline{31}}$	tʰiæ̃^{324}	tʰiæ̃^{33}	ȵiæ̃^{324}	tɕiæ̃^{324}
安泽	fæ^{53}	fæ^{53}	fʌʔ$^{\underline{21}}$	fɑ^{35}	tʰiæ^{21}	tʰiæ^{35}	ȵiæ^{21}	tɕiæ^{21}
沁水端氏	fæ^{53}	fæ^{53}	faʔ^{2}	faʔ$^{\underline{54}}$	tʰei^{21}	tʰei^{24}	nei^{24}	kei^{21}
阳城	fɛ^{51}	fɛ^{51}	fʌʔ^{2}	fʌʔ^{2}	tʰiɛ^{224}	tʰiɛ^{22}	niɛ^{224}	ciɛ^{224}
高平	fæ̃^{53}	fæ̃^{53}	fʌʔ^{2}	fʌʔ^{2}	tʰiæ̃^{33}	tʰiæ̃^{33}	niæ̃^{33}	ciæ̃^{33}
陵川	fã^{24}	fã^{24}	fʌʔ^{3}	fʌʔ$^{\underline{23}}$	tʰiə̃ɪ̃^{33}	tʰiə̃ɪ̃^{53}	niə̃ɪ̃^{33}	ciə̃ɪ̃^{33}
晋城	fæ^{53}	fæ^{53}	fʌʔ^{2}	fʌʔ^{2}	tʰiɛ^{33}	tʰiɛ^{324}	——	tɕiɛ^{33}
忻府	fɑ̃^{53}	fɑ̃^{53}	fɑʔ$^{\underline{32}}$	fɑʔ$^{\underline{32}}$	tʰiɛ̃^{313}	tʰiɛ̃^{21}	niɛ̃^{313}	tɕiɛ̃^{313}
原平	fɛ̃^{53}	fɛ̃^{53}	fɑʔ$^{\underline{34}}$	fɑʔ$^{\underline{34}}$	tʰiɛ̃^{213}	tʰiɛ̃^{33}	tiɛ̃^{213}	tɕiɛ̃^{213}
定襄	fæ^{53}	fæ^{53}	faʔ^{1}	faʔ^{1}	tʰiə̃^{24}	tʰiə̃^{11}	niə̃^{24}	tɕiə̃^{24}
五台	fæn^{52}	fæn^{52}	fɑʔ^{3}	fɑ^{33}	tɕʰiə̃^{213}	tɕʰiə̃^{33}	niə̃^{33}	tɕiə̃^{213}
岢岚	fæ^{52}	fæ^{52}	faʔ^{4}	faʔ^{4}	tʰiɛ^{13}	tʰiɛ^{44}	niɛ^{44}	tɕiɛ^{13}
五寨	fæ^{52}	fæ^{52}	faʔ^{4}	faʔ^{4}	tʰiɪ^{13}	tʰiɪ^{44}	niɪ^{44}	tɕiɪ^{13}

续表

字目	范模~	泛	法	乏	添	甜	拈	兼
中古音 方言点	防錽 咸合三 上范奉	孚梵 咸合三 去梵敷	方乏 咸合三 入乏非	房法 咸合三 入乏奉	他兼 咸开四 平添透	徒兼 咸开四 平添定	奴兼 咸开四 平添泥	古甜 咸开四 平添见
宁武	fæ^{52}	fæ^{52}	fAʔ^{4}	fAʔ^{4}	tɕʰiɛ^{23}	tɕʰiɛ^{33}	——	tɕiɛ^{23}
神池	fæ^{52}	fæ^{52}	fAʔ^{4}	fAʔ^{4}	tʰie^{24}	tɕʰie^{32}	ȵie^{32}	tɕie^{24}
繁峙	fɛ^{24}	fɛ^{24}	faʔ$^{\underline{13}}$	faʔ$^{\underline{13}}$	tʰiɛ^{53}	tʰiɛ^{31}	ȵiɛ^{31}	tɕiɛ^{53}
代县	fɛ^{53}	fɛ^{53}	faʔ^{2}	fa^{44}	tʰie^{213}	tʰie^{44}	nie^{213}	tɕie^{213}
河曲	fæ^{52}	fæ^{52}	faʔ^{4}	faʔ^{4}	tʰiɛ^{213}	tʰiɛ^{44}	niɛ^{44}	tɕiɛ^{213}
保德	fɑŋ^{52}	fɑŋ^{52}	fA^{44}	fA^{213}	tʰiɑŋ^{213}	tʰiɑŋ^{44}	niɑŋ^{213}	tɕiɑŋ^{213}
偏关	fæ^{52}	fæ^{52}	fa^{44}	fa^{44}	tʰiɪ^{24}	tʰiɪ^{44}	niɪ^{44}	tɕiɪ^{24}
朔城	——	fæ^{53}	fAʔ$^{\underline{35}}$	fA^{35}	tɕʰiɛ^{312}	tɕʰiɛ^{35}	niɛ^{35}	tɕiɛ^{312}
平鲁	fæ^{52}	fæ^{52}	fʌʔ$^{\underline{34}}$	fɑ^{44}	tɕʰiE^{213}	tɕʰiE^{44}	niE^{44}	tɕiE^{213}
应县	fɛ̃^{24}	fɛ̃^{24}	faʔ$^{\underline{43}}$	fa^{31}	tɕʰiɛ̃^{43}	tɕʰiɛ̃^{31}	niɛ̃^{43}	tɕiɛ̃^{43}
灵丘	fæ^{53}	fæ^{53}	fAʔ^{5}	fA^{31}	tʰie^{442}	tʰie^{31}	nie^{442}	tɕie^{442}
浑源	fæ^{13}	fæ^{13}	fʌʔ^{4}	fA^{22}	tʰiɛ^{52}	tʰiɛ^{22}	miɛ^{22}	tɕiɛ^{52}
云州	fæ^{24}	fæ^{24}	fɑʔ^{4}	fɑ^{312}	tʰiɛ^{213}	tʰiɛ^{312}	niɛ^{55}	tɕiɛ^{213}
新荣	fæ^{24}	fæ^{24}	faʔ^{4}	fA^{312}/fA^{54}	tʰiE^{32}	tʰiE^{312}	niE^{312}	tɕiE^{32}
怀仁	fæ^{24}	fæ^{24}	faʔ^{4}	fa^{312}	tʰiæ^{42}	tʰiæ^{312}	niæ^{312}	tɕiæ^{42}
左云	fæ^{24}	fæ^{24}	faʔ^{4}	fa^{313}	tʰiɛ^{31}	tʰiɛ^{313}	niɛ^{313}	tɕiɛ^{31}
右玉	fæ^{24}	fæ^{24}	faʔ^{4}	fa^{212}	tʰiɛ^{31}	tʰiɛ^{212}	niɛ^{212}	tɕiɛ^{31}
阳高	fɛ^{24}	fɛ^{24}	fɑʔ^{3}	fɑ^{312}/fɑʔ^{3}	tʰiɛ^{31}	tʰiɛ^{31}	niɛ^{53}	tɕiɛ^{31}
山阴	——	fæ^{335}	mAʔ^{4}	mA^{313}	tɕiE^{313}	tɕiE^{313}	——	tɕiE^{313}
天镇	fæ^{24}	fæ^{24}	fɑʔ^{4}	fɑʔ^{4}	tʰiæ^{31}	tʰiæ^{22}	niæ^{22}	tɕiæ^{31}
平定	fæ̃^{24}	fæ̃^{24}	faʔ^{4}	faʔ^{4}	tʰiæ̃^{31}	tʰiæ̃^{44}	niæ̃^{44}	tɕiæ̃^{31}
昔阳	fæ̃^{13}	fæ̃^{13}	fʌʔ^{43}	fʌʔ^{43}	tʰiæ̃^{42}	tʰiæ̃^{33}	niæ̃^{42}	tɕiæ̃^{42}
左权	fæ^{42}	fæ^{53}	fɑʔ^{1}	fɑʔ^{1}	tʰiɛ^{31}	tʰiɛ^{11}	——	tɕiɛ^{31}
和顺	fæ^{13}	fæ^{13}	faʔ$^{\underline{21}}$	faʔ$^{\underline{21}}$	tʰiɛ^{42}	tʰiɛ^{22}	ȵiɛ^{22}	tɕiɛ^{13}
尧都	fæ̃^{44}	fæ̃^{44}	fɑ^{21}	fɑ^{24}	tʰiæ̃^{21}	tʰiæ̃^{24}	ȵiæ̃^{24}	tɕiæ̃^{21}
洪洞	fɑn^{53}	fɑn^{42}	fɑ^{21}	fɑ^{24}	tʰiɑn^{21}	tʰiɑn^{24}	ȵiɑn^{24}	tɕiɑn^{21}
洪洞赵城	fɑ̃^{53}	fɑ̃^{53}	fɑ^{21}	fɑ^{24}	tʰiɑ̃^{21}	tʰiɑ̃^{24}	ȵiɑ̃^{24}	tɕiɑ̃^{21}
古县	fan^{53}	fan^{35}	fɑ^{21}	fɑ^{35}	tɕʰian^{21}	tɕʰian^{35}	ȵian^{35}	tɕian^{21}
襄汾	fan^{44}	fan^{44}	fa^{21}	fa^{24}	tʰian^{21}	tʰian^{24}	ȵian^{21}	tɕian^{21}
浮山	fãĩ^{44}	fãĩ^{44}	fa^{42}	fa^{13}	tʰiãĩ^{42}	tʰiãĩ^{13}	ȵiãĩ^{42}	tɕiãĩ^{42}
霍州	faŋ^{53}	faŋ^{55}	fa^{212}	fa^{35}	tɕʰiaŋ^{212}白 / tʰiaŋ^{212}文	tɕʰiaŋ^{35}白 / tʰiaŋ^{35}文	ȵiaŋ^{35}	tɕiaŋ^{212}

续表

字目	范模~	泛	法	乏	添	甜	拈	兼
中古音／方言点	防錽 咸合三 上范奉	孚梵 咸合三 去梵敷	方乏 咸合三 入乏非	房法 咸合三 入乏奉	他兼 咸开四 平添透	徒兼 咸开四 平添定	奴兼 咸开四 平添泥	古甜 咸开四 平添见
翼城	fæ̃^{53}	fæ̃^{53}	fᴀ^{44}	fᴀ^{12}	tʰiɛɪ^{53}	tʰiɛɪ^{12}	tiɛɪ^{53}	tɕiɛɪ^{53}
闻喜	fæ^{13}	fæ^{53}	fɑ^{53}	fɑ^{13}	tʰiæ^{53}	tʰiæ^{13}	ȵiæ^{13}	tɕiæ^{53}
侯马	fæ̃^{53}	fæ̃^{53}	fɑ^{44}	fɑ^{213}	tʰiæ̃^{213}	tʰiæ̃^{213}	ȵiæ̃^{213}	tɕiæ̃^{213}
新绛	fã^{53}	fã^{53}	fɑ^{53}	fɑ^{44}	tʰiã^{53}	tʰiã^{13}	ȵiã^{44}	tɕiã^{53}
绛县	fæ^{53}	fæ^{31}	fɑ^{53}	fɑ^{24}	tʰiæ^{53}	tʰiæ^{24}	ȵiæ^{24}	tɕiæ^{53}
垣曲	fæ̃^{53}	fæ̃^{53}	fa^{53}	fa^{53}	tʰiæ̃^{53}	tʰiæ̃^{22}	ȵiæ̃^{22}	tɕiæ̃^{53}
夏县	fæ	fæ^{31}	fa^{42}	fa^{42}	tʰiæ^{53}	tʰiæ^{42}	ȵiæ^{42}	tɕiæ^{53}
万荣	fæ^{33}	fæ^{33}	fa^{51}	fa^{213}	tʰiæ^{51}	tʰiæ^{213}	ȵiæ^{213}	tɕʰiæ^{51}
稷山	fɑ̃^{44}	fɑ̃^{42}	fɑ^{44}	fɑ^{13}	tʰiɑ̃^{53}	tʰiɑ̃^{13}	ȵiɑ̃^{13}	tɕʰiɑ̃^{53}
盐湖	fæ̃^{44}	fæ̃^{44}	fa^{42}	fa^{13}	tʰiæ̃^{42}	tʰiæ̃^{13}	ȵiæ̃^{13}	tɕiæ̃^{42}
临猗	fæ̃^{44}	fæ̃^{44}	fa^{42}	fa^{13}	tʰiæ̃^{42}	tʰiæ̃^{13}	ȵiæ̃^{13}	tɕiæ̃^{42}
河津	fæ̃^{44}	fæ̃^{44}	fa^{31}	fa^{324}	tʰiæ̃^{31}	tʰiaŋ^{324} 白	ȵiaŋ^{324} 白	tɕiæ̃^{31}
平陆	fan^{33}	fan^{33}	fa^{31}	fa^{13}	tʰian^{31}	tʰian^{13}	tian^{31}	tɕian^{31}
永济	fæ̃^{44}	fæ̃^{44}	fa^{31}	fa^{24}	tʰiæ̃^{31}	tʰiæ̃^{24}	ȵiæ̃^{24}	tɕiæ̃^{31}
芮城	fæ̃^{44}	fæ̃^{44}	fa^{53}	fa^{13}	tʰiæ̃^{42}	tʰiæ̃^{13}	ȵiæ̃^{13}	tɕiæ̃^{42}
吉县	fæ̃^{33}	fæ̃^{33}	fa^{53}	fa^{13}	tʰiæ̃^{423}	tʰiæ̃^{13}	niæ̃^{13}	tɕiæ̃^{423}
乡宁	fæ^{22}	fæ^{22}	fa^{53}	fa^{12}	tʰiæ^{53}	tʰiæ^{12}	——	tɕiæ^{53}
广灵	fæ^{213}	fæ^{213}	fɑ^{53}	fɑ^{31}	tʰiæ^{53}	tʰiæ^{31}	——	tɕiæ^{53}

字目	谦	嫌	点	舔	店	念	歉	贴
中古音 / 方言点	苦兼 咸开四 平添溪	户兼 咸开四 平添匣	多忝 咸开四 上忝端	他玷 咸开四 上忝透	都念 咸开四 去㮇端	奴店 咸开四 去㮇泥	苦簟 咸开四 去㮇溪	他协 咸开四 入帖透
北京	tɕʰiɛn55	ɕiɛn35	tiɛn214	tʰiɛn214	tiɛn51	niɛn51	tɕʰiɛn51	tʰie55
小店	tɕʰiæ11	ɕiæ11	tiæ53	tʰiæ53	tiæ24	niæ24	tɕʰiæ24	tʰiəʔ1
尖草坪	tɕʰie33	ɕie33	tie312	tʰie312	tie35	nie35	tɕʰie35	tʰiəʔ2
晋源	tɕʰiæ11	ɕiæ11	tiæ42	tʰiæ42	tiæ35	ȵiæ11	tɕʰiæ35	tʰiəʔ43
阳曲	tɕʰiɛ312	ɕiɛ43	tiɛ312	tʰiɛ312	tiɛ454	ȵiɛ454	tɕʰiɛ454	tʰiɛʔ4
古交	tɕʰiɛ44	ɕiɛ44	tiɛ312	tʰiɛ312	tiɛ53	ȵiɛ53	tɕʰiɛ53	tʰiəʔ4
清徐	tɕʰiɛ11	ɕiɛ11	tiɛ54	tʰiɛ54	tiɛ45	niɛ45	tɕʰiɛ45	tʰiaʔ1
娄烦	tɕʰiɛ33	ɕiɛ33	tiɛ312	tɕʰiɛ312	tiɛ54	ȵiɛ54	tɕʰiɛ54	tɕʰiaʔ3
榆次	tɕʰie11	ɕie11	tie53	tʰie11	tie35	nie35	tɕʰie35	tʰiaʔ1
交城	tɕʰiã11	ɕiã11	tiã53	tʰiã53	tiã24	niã24	tɕʰiã24	tʰiaʔ1
文水	tɕʰiæ̃ĩ22	ɕiæ̃ĩ22	tiæ̃ĩ423	tʰiæ̃ĩ423	tiæ̃ĩ35	niæ̃ĩ35	tɕʰiæ̃ĩ35	tʰiaʔ2
祁县	tɕʰiẽ31	ɕiẽ31	tiẽ314	tʰiẽ314	tiẽ45	ȵiẽ45	tɕʰiẽ45	tʰiɑʔ32
太谷	tɕʰiẽĩ33	ɕiẽĩ33	tiẽĩ312	tʰiẽĩ312	tiẽĩ53	ȵiẽĩ53	tɕʰiẽĩ53	tʰiaʔ3
平遥	tɕʰĩɛ̃213	ɕĩɛ̃213	tĩɛ̃512	tʰĩɛ̃512	tĩɛ̃24	ȵĩɛ̃24	tɕʰĩɛ̃24	tʰiʌʔ212
孝义	tɕʰiã33	ɕiᴇ33	tiᴇ312	tʰiᴇ312	tiᴇ454	ȵiᴇ454	tɕʰiᴇ454	tʰiəʔ3
介休	tɕʰiɛ̃13	ɕiɛ̃13	tiɛ̃423	tʰiɛ̃423	tiɛ̃45	niɛ̃45	tɕʰiɛ̃45	tʰiʌʔ12
灵石	tɕʰie535	ɕie44	tie212	tʰie212	tie53	nie53	tɕʰie53	tʰiəʔ4
盂县	tɕʰiæ̃22	ɕiæ̃22	tiæ̃53	tʰiæ̃53	tiæ̃55	ȵiæ̃55	tɕʰiæ̃55	tʰiʌʔ2
寿阳	tɕʰiɪ31	ɕiɪ22	tiɪ53	tʰiɪ53	tiɪ45	ȵiɪ45	tɕʰiɪ45	tʰiɛʔ2
榆社	tɕʰie22	ɕie22	tie312	tʰie312	tie45	nie45	tɕʰie45	tʰiaʔ2
离石	tɕʰiɪ24	ɕiɪ44	tiɪ312	tʰiɪ312	tiɪ53	niɪ53	tɕʰiɪ53	tʰieʔ4
汾阳	tɕʰiã324	ɕiã324	ti312 白 /tiã312 文	tʰi312	ti55	ȵi55	tɕʰiã55	tʰieʔ2
中阳	tɕʰie24	ɕie33	tie423	tʰie423	tie53	nie53	tɕʰie53	tʰieʔ4
柳林	tɕʰie24	ɕie44	tie312	tʰie312	tie53	nie53	tɕʰie53	tʰiɛʔ4
方山	tɕʰiɛ24	ɕiɛ44	tiɛ312	tʰiɛ312	tiɛ52	niɛ52	tɕʰiɛ52	tʰiɛʔ4
临县	tɕʰie24	ɕie33	tie312	tie312	tie52	nie52	tɕʰie52	tʰiɐʔ3
兴县	tɕʰiẽn324	ɕiẽn55	tiẽn324	tʰiẽn324	tiẽn53	niẽn53	tɕʰiæ̃53	tʰiəʔ5
岚县	tɕʰiẽ214	ɕiẽ44	tiẽ312	tɕʰiẽ312	tiẽ53	ȵiẽ53	tɕʰiẽ53	tɕʰieʔ4
静乐	tɕʰiæ̃24	ɕiæ̃33	tiæ̃314	tɕʰiæ̃314	tiæ̃53	ȵiæ̃53	tɕʰiæ̃53	tɕʰiəʔ4
交口	tɕʰiɑ̃323	ɕiɑ̃44	tiɑ̃323	tʰiɑ̃323	tiɑ̃53	ȵiɑ̃53	tɕʰiɑ̃53	tʰieʔ4
石楼	tɕʰiɑŋ213	ɕiɑŋ51	tiɑŋ213	tʰiɑŋ213	tiɑŋ51	ȵiɑŋ51	tɕʰiɑŋ51	tʰiəʔ4
隰县	tɕʰiɛ53	ɕiaŋ24	tiaŋ21	tʰiaŋ21	tiɛ44	ȵiɛ44	tɕʰiɛ44	tʰiəʔ3

续表

字目	谦	嫌	点	舔	店	念	歉	贴
中古音 方言点	苦兼 咸开四 平添溪	户兼 咸开四 平添匣	多忝 咸开四 上忝端	他玷 咸开四 上忝透	都念 咸开四 去㮇端	奴店 咸开四 去㮇泥	苦簟 咸开四 去㮇溪	他协 咸开四 入帖透
大宁	tɕʰiɛ̃^{31}	ɕiɛ̃^{24}	tiɛ̃^{31}	tʰiɛ̃^{31}	tiɛ̃^{55}	niɛ̃^{55}	tɕʰiɛ̃^{55}	tʰiɐʔ$^{\underline{31}}$
永和	tɕʰiɪ^{35}	ɕiɪ^{35}	tiɪ^{312}	tʰiɪ^{312}	tiɪ^{53}	niɪ^{53}	tɕʰiɪ^{53}	tʰiɐʔ$^{\underline{35}}$
汾西	tɕʰiɑ̃^{11}	ɕiɑ̃^{35}	tiəŋ^{35}/tiɑ̃^{33}	tʰiɑ̃^{33}	tiɑ̃^{55}	niɑ̃^{53}	tɕʰiɑ̃^{55}	tʰiu^{11}
蒲县	tɕʰiæ̃^{31}	ɕiæ̃^{24}	tiæ̃^{31}	tʰiæ̃^{31}	tiæ̃^{33}	ȵiæ̃^{33}	tɕʰiæ̃^{33}	tʰiɛʔ$^{\underline{43}}$
潞州	tɕʰiaŋ^{312}	ɕiaŋ^{24}	tiaŋ^{535}	tʰiaŋ^{535}	tiaŋ^{44}	ȵiaŋ^{54}	tɕʰiaŋ^{44}	tʰiəʔ$^{\underline{53}}$
上党	tɕʰiɑŋ^{213}	ɕiɑŋ^{44}	tiɑŋ^{535}	tʰiɑŋ^{535}	tiɑŋ^{22}	niɑŋ^{42}	tɕʰiɑŋ^{22}	tʰiəʔ$^{\underline{21}}$
长子	tɕʰiæ̃^{312}	ɕiæ̃^{24}	tiæ̃^{434}	tʰiæ̃^{434}	tiæ̃^{422}	ȵiæ̃^{53}	tɕʰiæ̃^{422}	tʰiəʔ^{4}
屯留	tɕʰiæ̃^{31}	ɕiæ̃^{11}	tiæ̃^{43}	tʰiæ̃^{43}	tiæ̃^{53}	ȵiæ̃^{11}	tɕʰiæ̃^{53}	tʰiəʔ^{1}
襄垣	tɕʰiei^{33}	ɕiei^{31}	tei^{42}	tʰei^{42}	tei^{53}	ȵiei^{45}	tɕʰiei^{53}	tʰiʌʔ^{3}
黎城	cʰiæ^{33}	çiæ^{53}	tiæ^{213}	tʰiæ^{213}	tiæ^{422}	niæ^{53}	cʰiæ^{422}	tʰiʌʔ^{2}
平顺	tɕʰiæ̃^{213}	ɕiæ̃^{213}	tiæ̃^{434}	tʰiæ̃^{434}	tiæ̃^{53}	ȵiæ̃^{53}	tɕʰiæ̃^{53}	tʰiʌʔ$^{\underline{212}}$
壶关	cʰiaŋ^{33}	çiaŋ^{13}	tiaŋ^{535}	tʰiaŋ^{535}	tiaŋ^{42}	ȵiaŋ^{353}	cʰiaŋ^{42}	tʰiʌʔ^{2}
沁县	tɕʰi^{224}	ɕi^{33}	tei^{214}	tɕʰi^{214}	tei^{53}	nei^{53}	tɕʰi^{53}	tɕʰiæʔ$^{\underline{31}}$
武乡	tsʰei^{113}	sei^{33}	tei^{213}	tʰei^{213}	tei^{55}	nzei^{55}	tsʰei^{55}	tʰiʌʔ^{3}
沁源	tɕʰiæ̃^{324}	ɕiæ̃^{33}	tiæ̃^{324}	tʰiæ̃^{324}	tiæ̃^{53}	ȵiæ̃^{53}	tɕʰiæ̃^{53}	tʰiəʔ$^{\underline{31}}$
安泽	tɕʰiæ^{21}	ɕiæ^{35}	tiæ^{42}	tʰiæ^{42}	tiæ^{53}	ȵiæ^{53}	tɕʰiæ^{53}	tʰiəʔ$^{\underline{21}}$
沁水端氏	kʰei^{21}	sei^{24}	tei^{31}	tʰei^{31}	tei^{53}	nei^{53}	kʰei^{53}	tʰiaʔ^{2}
阳城	cʰiɛ^{224}	çiɛ^{22}	tiɛ^{212}	tʰiɛ^{212}	tiɛ^{51}	niɛ^{51}	cʰiɛ^{51}	tʰiʌʔ^{2}
高平	cʰiæ̃^{33}	ɕiæ̃^{33}	tiæ̃^{212}	tʰiæ̃^{212}	tiæ̃^{53}	niæ̃^{53}	cʰiæ̃^{53}	tʰiɛʔ^{2}
陵川	cʰiə̃ĩ^{33}	ɕiə̃ĩ^{53}	tiə̃ĩ^{312}	tʰiə̃ĩ^{312}	tiə̃ĩ^{24}	niə̃ĩ^{24}	cʰiə̃ĩ^{24}	tʰiʌʔ^{3}
晋城	tɕʰiɛ^{213}	ɕiɛ^{324}	tiɛ^{213}	tʰiɛ^{213}	tiɛ^{53}	niɛ^{53}	tɕʰiɛ^{53}	tʰiʌʔ^{2}
忻府	tɕʰiɛ̃^{313}	ɕiɛ̃^{21}	tiɛ̃^{313}	tʰiɛ̃^{313}	tiɛ̃^{53}	niɛ̃^{53}	tɕʰiɛ̃^{53}	tʰiɛʔ$^{\underline{32}}$
原平	tɕʰiɛ̃^{213}	ɕiɛ̃^{33}	tiɛ̃^{213}	tʰiɛ̃^{213}	tiɛ̃^{53}	niɛ̃^{53}	tɕʰiɛ̃^{53}	tʰiəʔ$^{\underline{34}}$
定襄	tɕʰiə̃^{24}	ɕiə̃^{24}	tiə̃^{24}	tʰiə̃^{24}	tiə̃^{53}	niə̃^{53}	tɕʰiə̃^{53}	tʰiəʔ^{1}
五台	tɕʰiə̃^{213}	ɕiə̃^{33}	tiə̃^{213}	tɕʰiə̃^{213}	tiə̃^{52}	ȵiə̃^{52}	tɕʰiə̃^{52}	tɕʰiəʔ^{3}
岢岚	tɕʰiɛ^{13}	ɕiɛ^{44}	tiɛ^{13}	tʰiɛ^{13}	tiɛ^{52}	niɛ^{52}	tɕʰiɛ^{52}	tʰiɛʔ^{4}
五寨	tɕʰiɪ^{13}	ɕiɪ^{44}	tiɪ^{13}	tʰiɪ^{13}	tiɪ^{52}	niɪ^{52}	tɕʰiɪ^{52}	tʰiɛʔ^{4}
宁武	tɕiɛ^{23}	ɕiɛ^{33}	tiɛ^{213}	tɕʰiɛ^{213}	tiɛ^{52}	niɛ^{52}	tɕiɛ^{52}	tɕʰiᴀʔ^{4}
神池	tɕʰie^{24}	ɕie^{32}	tie^{13}	tʰie^{13}	tie^{52}	ȵie^{52}	tɕʰie^{52}	tɕʰiᴀʔ^{4}
繁峙	tɕʰiɛ^{53}	ɕiɛ^{31}	tiɛ^{53}	tʰiɛ^{53}	tiɛ^{24}	ȵiɛ^{24}	tɕʰiɛ^{24}	tʰiaʔ$^{\underline{13}}$
代县	tɕʰie^{213}	ɕie^{44}	tie^{213}	tʰie^{213}	tie^{53}	nie^{53}	tɕʰie^{53}	tʰiaʔ^{2}

续表

字目	谦	嫌	点	舔	店	念	歉	贴
中古音 方言点	苦兼 咸开四 平添溪	户兼 咸开四 平添匣	多忝 咸开四 上忝端	他玷 咸开四 上忝透	都念 咸开四 去㮇端	奴店 咸开四 去㮇泥	苦簟 咸开四 去㮇溪	他协 咸开四 入帖透
河曲	tɕʰiɛ^{213}	ɕiɛ^{44}	tiɛ^{213}	tʰiɛ^{213}	tiɛ^{52}	niɛ^{52}	tɕʰiɛ^{52}	tʰiɛʔ^{4}
保德	tɕʰiɑŋ^{213}	ɕiɑŋ^{44}	tiɑŋ^{213}	tʰiɑŋ^{213}	tiɑŋ^{52}	niɑŋ^{52}	tɕʰiɑŋ^{52}	tʰiɛ^{44}
偏关	tɕʰi^{24}	ɕiɿ^{44}	ti^{213}	tʰiɿ^{213}	tiɿ^{52}	niɿ^{52}	tɕʰiɿ^{52}	tʰiɛʔ^{4}
朔城	tɕʰiɛ^{312}	ɕiɛ^{35}	tiɛ^{312}	tɕʰiɛ^{312}	tiɛ^{53}	niɛ^{53}	tɕʰiɛ^{53}	tɕʰiᴀʔ$^{\underline{35}}$
平鲁	tɕʰiᴇ^{213}	ɕʰiᴇ^{44}	tiᴇ^{213}	tɕʰiᴇ^{213}	tiᴇ^{52}	niᴇ^{52}	tɕʰiᴇ^{52}	tɕʰiʌʔ$^{\underline{34}}$
应县	tɕiɛ̃^{43}	ɕiɛ̃^{31}	tiɛ̃^{54}	tɕʰiɛ̃^{54}	tiɛ̃^{24}	niɛ̃^{24}	tɕʰiɛ̃^{24}	tɕiaʔ$^{\underline{43}}$
灵丘	tɕʰie^{442}	ɕie^{31}	tie^{442}	tʰie^{442}	tie^{53}	nie^{53}	tɕʰie^{53}	tʰiᴀʔ^{5}
浑源	tɕʰiɛ^{52}	ɕiɛ^{22}	tiɛ^{52}	tʰiɛ^{52}	tiɛ^{13}	niɛ^{13}	tɕʰiɛ^{13}	tʰiʌʔ^{4}
云州	tɕʰiɛ^{21}	ɕiɛ^{312}	tiɛ^{55}	tʰiɛ^{55}	tiɛ^{24}	niɛ^{24}	tɕʰiɛ^{24}	tʰiɑʔ^{4}
新荣	tɕʰiᴇ^{32}	ɕiᴇ^{312}	tiᴇ^{54}	tʰiᴇ^{54}	tiᴇ^{24}	niᴇ^{24}	tɕʰiᴇ^{24}	tʰiaʔ^{4}
怀仁	tɕʰiæ^{42}	ɕiæ^{312}	tiæ^{53}	tʰiæ^{53}	tiæ^{24}	niæ^{24}	tɕʰiæ^{24}	tʰiaʔ^{4}
左云	tɕʰiɛ^{31}	ɕiɛ^{313}	tiɛ^{54}	tʰiɛ^{54}	tiɛ^{24}	niɛ^{24}	ɕiɛ^{31}	tʰiaʔ^{4}
右玉	tɕʰiɛ^{31}	ɕiɛ^{212}	tiɛ^{53}	tʰiɛ^{53}	tiɛ^{24}	niɛ^{24}	tɕʰiɛ^{24}	tʰiaʔ^{4}
阳高	tɕʰiɛ^{31}	ɕiɛ^{31}	tiɛ^{53}	tʰiɛ^{53}	tiɛ^{24}	niɛ^{24}	tɕʰiɛ^{24}	tʰiɑʔ^{3}
山阴	tɕʰiᴇ^{313}	ɕiᴇ^{313}	tiᴇ^{52}	tɕiᴇ^{52}	tiᴇ^{335}	niᴇ^{335}	tɕʰiᴇ^{335}	tɕʰiᴀʔ^{4}
天镇	tɕʰiæ^{22}	ɕiæ^{55}	tiæ^{55}	tʰiæ^{55}	tiæ^{24}	niæ^{24}	tɕʰiæ^{24}	tʰiɑʔ^{4}
平定	tɕʰiæ̃^{31}	ɕiæ̃^{44}	tiæ̃^{53}	tʰiæ̃^{53}	tiæ̃^{24}	niæ̃^{24}	tɕʰiæ̃^{24}	tʰiæʔ^{4}
昔阳	tɕʰiæ̃^{42}	ɕiæ̃^{33}	tiæ̃^{55}	tʰiæ̃^{55}	tiæ̃^{13}	niæ̃^{13}	tɕʰiæ̃^{13}	tʰiʌʔ$^{\underline{43}}$
左权	tɕʰiɛ^{31}	ɕiɛ^{11}	tiɛ^{42}	tʰiɛ^{42}	tiɛ^{53}	niɛ^{53}	tɕʰiɛ^{53}	tʰieʔ^{1}
和顺	tɕʰiɛ^{42}	ɕiɛ^{22}	tiɛ^{53}	tʰiɛ^{53}	tiɛ^{13}	ȵiɛ^{13}	tɕʰiɛ^{13}	tʰieʔ$^{\underline{21}}$
尧都	tɕʰiæ̃^{21}	ɕiæ̃^{24}	tiæ̃^{53}	tʰiæ̃^{53}	tiæ̃^{44}	ȵiæ̃^{44}	tɕʰiæ̃^{44}	tʰiɛ^{21}
洪洞	tɕʰiɑn^{21}	ɕiɑn^{24}	tiɑn^{42}	tʰiɑn^{42}	tiɑn^{33}	ȵiɑn^{53}	tɕʰiɑn^{21}	tʰo^{21} 白 /tʰie^{21}/ tie^{24}
洪洞赵城	tɕʰiɑ̃^{21}	ɕiɑ̃^{24}	tiɑ̃^{42}	tʰiɑ̃^{42}	tiɑ̃^{53}	ȵiɑ̃^{53}	tɕʰiɑ̃^{53}	tʰiɛ^{21}
古县	tɕʰian^{21}	ɕian^{35}	tɕian^{42}	tɕʰian^{42}	tɕian^{35}	ȵian^{53}	tɕʰian^{53}	tɕʰiɛ^{21}
襄汾	tɕʰian^{21}	ɕian^{24}	tian^{42}	tʰian^{42}	tian^{44}	ȵian^{53}/ȵi^{53}	tɕʰian^{44}	tʰie^{21}
浮山	tɕʰiãĩ^{42}	ɕiãĩ^{13}	tiãĩ^{33}	tʰiãĩ^{33}	tiãĩ^{44}	ȵiãĩ^{53}/ ni^{53}	tɕʰiãĩ^{44}	tʰiɛ^{42}
霍州	tɕʰiaŋ^{212}	ɕiaŋ^{35}	tiaŋ^{33}	tɕʰiaŋ^{33} 白 / tʰiaŋ^{33} 文	tiaŋ^{55}	ȵiaŋ^{53}	tɕʰiaŋ^{55}	tɕʰie^{212} 白 / tʰie^{212} 文
翼城	tɕʰieɪ^{53}	ɕieɪ^{12}	tieɪ^{44}	tʰieɪ^{44}	tieɪ^{53}	nieɪ^{53}	tɕʰieɪ^{53}	tʰiᴇ^{53}
闻喜	tɕʰiæ^{53}	ɕiæ^{13}	tiæ^{33}	tʰiæ^{33}	tiæ^{53}	ȵiæ^{13}	tɕʰiæ^{33}	tʰiᴇ^{53}
侯马	tɕʰiæ̃^{213}	ɕiæ̃^{213}	tiæ̃^{44}	tʰiæ̃^{44}	tiæ̃^{53}	ȵiæ̃^{53}	tɕʰiæ̃^{213}	tʰiɛ^{213}

续表

字目	谦	嫌	点	舔	店	念	歉	贴
中古音 方言点	苦兼 咸开四 平添溪	户兼 咸开四 平添匣	多忝 咸开四 上忝端	他玷 咸开四 上忝透	都念 咸开四 去㮇端	奴店 咸开四 去㮇泥	苦簟 咸开四 去㮇溪	他协 咸开四 入帖透
新绛	tɕʰiã^{53}	ɕiã^{13}	tiã^{44}	tʰiã^{44}	tiã^{53}	ȵiã^{53}	tɕʰiã^{53}	tʰie^{53}
绛县	tɕʰiæ^{53}	ɕiæ^{24}	tiæ^{33}	tʰiæ^{33}	tiæ^{31}	ȵiæ^{31}	tɕʰiæ^{31}	tʰiɪ^{53}
垣曲	tɕʰiæ̃^{53}	ɕiæ̃^{22}	tiæ̃^{44}	tʰiæ̃^{44}	tiæ̃^{53}	ȵiæ̃^{53}	tɕʰiæ̃^{53}	tʰiɛ^{53}
夏县	tɕʰiæ^{53}	ɕiæ^{42}	tiæ^{24}	tʰiæ^{24}	tiæ^{31}	ȵiæ^{31}	tɕʰiæ^{31}	tʰiɛ^{53}
万荣	tɕʰiæ^{51}	ɕiæ^{213}	tiæ^{55}	tʰiæ^{55}	tiæ^{33}	ȵiæ^{33}	tɕʰiæ^{55}	tʰiɛ^{51}
稷山	tɕʰiɑ̃^{53}	ɕiɑ̃^{13}	tiɑ̃^{44}	tʰiɑ̃^{44}	tiɑ̃^{42}	ȵiɑ̃^{42}	tɕʰiɑ̃^{42}	tʰiɛ^{53}
盐湖	tɕʰiæ̃^{42}	ɕiæ̃^{13}	tiæ̃^{53}	tʰiæ̃^{53}	tiæ̃^{44}	ȵiæ̃^{44}	tɕʰiæ̃^{44}	tʰiɛ^{42}
临猗	tɕʰiæ̃^{42}	ɕiæ̃^{13}	tiæ̃^{53}	tʰiæ̃^{53}	tiæ̃^{44}	ȵiæ̃^{44}	tɕʰiæ̃^{44}	pia^{42} 白 / tiɛ^{42} 文
河津	tɕʰiæ̃^{31}	ɕiæ̃^{324}	tiæ̃^{53}	tʰiaŋ^{53} 白 / tʰiæ̃^{53} 文	tiæ̃^{44}	ȵiæ̃^{44} 白 / ȵiaŋ^{44} 文	tɕʰiæ̃^{53}	tʰiɛ^{31}
平陆	tɕʰian^{31}	ɕian^{13}	tian^{55}	tʰian^{55}	tian^{33}	ȵian^{33}	tɕʰian^{55}	tʰiɛ^{31}
永济	tɕʰiæ̃^{31}	ɕiæ̃^{24}	tiæ̃^{53}	tʰiæ̃^{53}	tiæ̃^{44}	ȵiæ̃^{44}	tɕʰiæ̃^{44}	tʰiɛ^{31}
芮城	tɕʰiæ̃^{42}	ɕiæ̃^{13}	tiæ̃^{53}	tʰiæ̃^{53}	tiæ̃^{44}	ȵiæ̃^{44}	tɕʰiæ̃^{44}	tʰiɛ^{42}
吉县	tɕʰiæ̃^{423}	ɕiæ̃^{423}	tiæ̃^{53}	tʰiæ̃^{53}	tiæ̃^{33}	niæ̃^{33}	tɕʰiæ̃^{423}	tʰiɛ^{423}
乡宁	tɕʰiæ^{53}	ɕiæ^{12}	tiæ^{44}	tʰiæ^{44}	tiæ^{22}	ȵiæ^{22}	tɕʰiæ^{22}	tʰiᴇ^{53}
广灵	tɕʰiæ^{53}	ɕiæ^{31}	tiæ^{44}	tʰiæ^{44}	tiæ^{213}	niæ^{213}	tɕʰiæ^{213}	tʰiɤ^{53}

字目	帖	叠	蝶	碟	谍	协	临	林
中古音／方言点	他协 咸开四 入帖透	徒协 咸开四 入帖定	徒协 咸开四 入帖定	徒协 咸开四 入帖定	徒协 咸开四 入帖定	胡颊 咸开四 入帖匣	力寻 深开三 平侵来	力寻 深开三 平侵来
北京	tʰie^{55}	tie^{35}	tie^{35}	tie^{35}	tie^{35}	ɕie^{35}	lin^{35}	lin^{35}
小店	tʰiəʔ^{1}	tiəʔ$^{\underline{54}}$	tiəʔ$^{\underline{54}}$	tiəʔ$^{\underline{54}}$	tiəʔ$^{\underline{54}}$	ɕiəʔ^{1}	liə̃^{11}	liə̃^{11}
尖草坪	tʰiəʔ^{2}	tiəʔ$^{\underline{43}}$	tiəʔ$^{\underline{43}}$	tiəʔ$^{\underline{43}}$	tiəʔ$^{\underline{43}}$	ɕiəʔ^{2}	liʌŋ^{33}	liʌŋ^{33}
晋源	tʰiəʔ$^{\underline{43}}$	tiəʔ$^{\underline{43}}$	tiəʔ$^{\underline{43}}$	tiəʔ$^{\underline{43}}$	tiəʔ$^{\underline{43}}$	ɕiəʔ^{2}	lin^{11}	lin^{11}
阳曲	tʰiɛʔ^{4}	tiɛʔ^{4}	tiɛʔ^{4}	tiɛʔ^{4}	tiɛʔ^{4}	ɕiɛʔ^{4}	liə̃^{43}	liə̃^{43}
古交	tʰiəʔ^{4}	tiəʔ$^{\underline{312}}$	tiəʔ$^{\underline{312}}$	tiəʔ$^{\underline{312}}$	tiəʔ$^{\underline{312}}$	ɕiəʔ$^{\underline{312}}$	liəŋ^{44}	liəŋ^{44}
清徐	tʰiaʔ^{1}	tiaʔ$^{\underline{54}}$	tiaʔ$^{\underline{54}}$	tiaʔ$^{\underline{54}}$	tiaʔ$^{\underline{54}}$	ɕiaʔ$^{\underline{54}}$	liəŋ^{11}	liəŋ^{11}
娄烦	tɕʰiaʔ^{3}	tiaʔ^{3}	tiaʔ^{3}	tiaʔ^{3}	tiaʔ^{3}	ɕiəʔ$^{\underline{21}}$	liəŋ^{33}	liəŋ^{33}
榆次	tʰiaʔ^{1}	tiaʔ$^{\underline{53}}$	tiaʔ$^{\underline{53}}$	tiaʔ$^{\underline{53}}$	tiaʔ$^{\underline{53}}$	ɕiaʔ^{1}	liɤ̃^{11}	liɤ̃^{11}
交城	tʰiaʔ^{1}	tiaʔ^{1}	tiaʔ^{1}	tiaʔ^{1}	tiaʔ^{1}	ɕiaʔ^{1}/ɕiaʔ$^{\underline{53}}$	liə̃^{11}	liə̃^{11}
文水	tʰiaʔ^{2}	tiaʔ$^{\underline{312}}$	tiaʔ$^{\underline{312}}$	tiaʔ$^{\underline{312}}$	tiaʔ$^{\underline{312}}$	ɕiaʔ$^{\underline{312}}$	liəŋ^{22}	liəŋ^{22}
祁县	tʰiɑʔ$^{\underline{32}}$	tiɑʔ$^{\underline{324}}$	tiɑʔ$^{\underline{324}}$	tiɑʔ$^{\underline{324}}$	tiɑʔ$^{\underline{324}}$	ɕiɑʔ$^{\underline{324}}$	liɔõ^{31}	liɔõ^{31}
太谷	tʰiaʔ^{3}	tiaʔ$^{\underline{423}}$	tiaʔ$^{\underline{423}}$	tiaʔ$^{\underline{423}}$	tiaʔ$^{\underline{423}}$	ɕiaʔ$^{\underline{423}}$	liə̃^{33}	liə̃^{33}
平遥	tʰiʌʔ$^{\underline{212}}$	tiʌʔ$^{\underline{523}}$	tiʌʔ$^{\underline{523}}$	tiʌʔ$^{\underline{523}}$	tiʌʔ$^{\underline{523}}$	ɕiʌʔ$^{\underline{523}}$	liəŋ^{213}	liəŋ^{213}
孝义	tʰiəʔ^{3}	tiəʔ^{3}	tiəʔ^{3}	tiəʔ^{3}	tiəʔ^{3}	ɕiəʔ^{3}	liə̃^{33}	liə̃^{33}
介休	tʰiʌʔ$^{\underline{12}}$	tiʌʔ$^{\underline{312}}$	tiʌʔ$^{\underline{312}}$	tiʌʔ$^{\underline{312}}$	tiʌʔ$^{\underline{312}}$	ɕiʌʔ$^{\underline{12}}$	lin^{13}	lin^{13}
灵石	tʰiəʔ^{4}	tiəʔ$^{\underline{212}}$	tiəʔ$^{\underline{212}}$	tiəʔ$^{\underline{212}}$	tiəʔ$^{\underline{212}}$	ɕie^{44}	liŋ^{44}	liŋ^{44}
盂县	tʰiʌʔ^{2}	tiʌʔ^{2}	tiʌʔ^{2}	tiʌʔ^{2}	tiʌʔ^{2}	ɕiʌʔ^{2}	liə̃^{22}	liə̃^{22}
寿阳	tʰiɛʔ^{2}	tiɛʔ$^{\underline{54}}$	tiɛʔ$^{\underline{54}}$	tiɛʔ$^{\underline{54}}$	tiɛʔ$^{\underline{54}}$	ɕiɛʔ$^{\underline{54}}$	liə̃^{22}	liə̃^{22}
榆社	tʰiaʔ^{2}	tiaʔ$^{\underline{312}}$	tiaʔ$^{\underline{312}}$	tiaʔ$^{\underline{312}}$	tiaʔ$^{\underline{312}}$	ɕiaʔ^{2}	lei^{22}	lei^{22}
离石	tʰieʔ^{4}	tʰieʔ$^{\underline{23}}$	tieʔ^{4}	tʰieʔ$^{\underline{23}}$	tieʔ^{4}	ɕiɑʔ^{4}	liəŋ^{44}	liəŋ^{44}
汾阳	tʰieʔ^{2}	tieʔ$^{\underline{312}}$	tieʔ$^{\underline{312}}$	tieʔ$^{\underline{312}}$	tieʔ$^{\underline{312}}$	ɕieʔ$^{\underline{312}}$	liɛ̃^{22}	liɛ̃^{22}
中阳	tʰieʔ^{4}	tʰieʔ$^{\underline{312}}$	tieʔ^{4}	tʰieʔ$^{\underline{312}}$	tieʔ^{4}	ɕiɑʔ^{4}	liə̃^{33}	liə̃^{33}
柳林	tʰiɛʔ^{4}	tieʔ^{4}	tiɛʔ^{4}	tʰieʔ$^{\underline{423}}$	tiɛʔ$^{\underline{423}}$	ɕiɑʔ$^{\underline{423}}$	liə̃^{44}	liə̃^{44}
方山	tʰiɛʔ^{4}	tʰieʔ$^{\underline{23}}$	tiɛʔ^{4}	tʰieʔ$^{\underline{23}}$	tieʔ^{4}	ɕiɑʔ^{4}	liə̃ŋ^{44}	liə̃ŋ^{44}
临县	tʰiɐʔ^{3}	tiɐʔ$^{\underline{24}}$	tiɐʔ$^{\underline{24}}$	tiɐʔ$^{\underline{24}}$	tiɐʔ$^{\underline{24}}$	ɕiɐʔ^{3}	liə̃^{33}	liə̃^{33}
兴县	tʰiəʔ^{5}	tʰiəʔ$^{\underline{312}}$ 白 / tiəʔ^{5} 文	tiəʔ^{5}	tʰiəʔ$^{\underline{312}}$	tiəʔ^{5}	ɕiəʔ^{5}	liəŋ^{55}	liəŋ^{55}
岚县	tɕʰieʔ^{4}	tieʔ^{4} 白 / tɕʰieʔ$^{\underline{312}}$ 文	tieʔ$^{\underline{312}}$	tɕʰieʔ$^{\underline{312}}$	tieʔ^{4}	ɕieʔ^{4}	liəŋ^{44}	liəŋ^{44}
静乐	tɕʰiəʔ^{4}	tiəʔ$^{\underline{212}}$	tiəʔ$^{\underline{212}}$	tiəʔ$^{\underline{212}}$	tiəʔ$^{\underline{212}}$	ɕiəʔ^{4}	liɤ̃^{33}	liɤ̃^{33}
交口	tʰieʔ^{4}	tʰieʔ$^{\underline{212}}$/ tʰie$^{\underline{323}}$ 白 /ieʔ^{4} 文	tʰieʔ$^{\underline{212}}$	tʰieʔ$^{\underline{212}}$	tieʔ^{4}	ɕieʔ^{4}	liəŋ^{44}	liəŋ^{44}

续表

字目	帖	叠	蝶	碟	谍	协	临	林
中古音 方言点	他协 咸开四 入帖透	徒协 咸开四 入帖定	徒协 咸开四 入帖定	徒协 咸开四 入帖定	徒协 咸开四 入帖定	胡颊 咸开四 入帖匣	力寻 深开三 平侵来	力寻 深开三 平侵来
石楼	tʰiəʔ^{4}	tiəʔ^{4}	tiəʔ^{4}	tʰiəʔ^{4}	tiəʔ^{4}	ɕiəʔ^{4}	liəŋ^{44}	liəŋ^{44}
隰县	tʰiəʔ^{3}	tʰiəʔ^{3} 白 / tiəʔ^{3} 文	tʰiəʔ^{3}	tʰiəʔ^{3} 白 / tiəʔ^{3} 文	tiəʔ^{3}	ɕiəʔ^{3}	liəŋ^{24}	liəŋ^{24}
大宁	tʰiɐʔ$^{\underline{31}}$	tʰiɐʔ^{4} 白 / tiɐʔ^{4} 文	tʰiɐʔ$^{\underline{31}}$	tʰiɐʔ^{4}	tiɐʔ$^{\underline{31}}$	ɕiɐʔ$^{\underline{31}}$	liən^{24}	liən^{24}
永和	tʰiɐʔ$^{\underline{35}}$	tʰiɐʔ$^{\underline{312}}$ 白 / tiɐʔ$^{\underline{312}}$ 文	tʰiɐʔ$^{\underline{312}}$ 白 / tiɐʔ$^{\underline{312}}$ 文	tʰiɐʔ$^{\underline{312}}$ 白 / tiɐʔ$^{\underline{312}}$ 文	tʰiɐʔ$^{\underline{312}}$ 白 / tiɐʔ$^{\underline{312}}$ 文	ɕiɐʔ$^{\underline{35}}$	liəŋ^{35}	liəŋ^{35}
汾西	tʰiu^{11}/tʰiɪ^{11}	tʰiəʔ^{3} 白 /tiəʔ^{3} 文	tiəʔ^{3}	tiəʔ^{3}	tiəʔ^{3}	ɕiəʔ^{3}	liəŋ^{35}	liəŋ^{35}
蒲县	tʰiɛʔ$^{\underline{43}}$	tiɛʔ^{3}	tiɛʔ^{3}	tʰiɛ^{33} 白 / tiɛ^{24} 文	tiɛ^{24}	ɕiɛ^{24}	lieĩ^{24}	lieĩ^{24}
潞州	tʰiəʔ$^{\underline{53}}$	tiəʔ$^{\underline{53}}$	tiəʔ$^{\underline{53}}$	tiəʔ$^{\underline{53}}$	tiəʔ$^{\underline{53}}$	ɕie^{24}	liŋ^{24}	liŋ^{24}
上党	tʰiəʔ$^{\underline{21}}$	tiəʔ$^{\underline{21}}$	tiəʔ$^{\underline{21}}$	tiəʔ$^{\underline{21}}$	tiəʔ$^{\underline{21}}$	ɕie^{44}	liŋ^{213}	liŋ^{213}
长子	tʰiəʔ^{4}	tiəʔ$^{\underline{212}}$	tiəʔ$^{\underline{212}}$	tiəʔ$^{\underline{212}}$	tiəʔ$^{\underline{212}}$	ɕie^{24}	lᴇ̃^{24}	lᴇ̃^{24}
屯留	tʰiəʔ^{1}	tiəʔ$^{\underline{54}}$	tiəʔ$^{\underline{54}}$	tiəʔ$^{\underline{54}}$	tiəʔ$^{\underline{54}}$	ɕiəʔ^{1}	liẽ^{11}	liẽ^{11}
襄垣	tʰiʌʔ^{3}	——	tiʌʔ$^{\underline{43}}$	tiʌʔ$^{\underline{43}}$	tiʌʔ$^{\underline{43}}$	ɕiʌʔ$^{\underline{43}}$/ɕyʌʔ$^{\underline{43}}$	liəŋ^{31}	liəŋ^{31}
黎城	tʰiʌʔ^{2}	tiʌʔ$^{\underline{31}}$	tiʌʔ$^{\underline{31}}$	tiʌʔ$^{\underline{31}}$	tiʌʔ$^{\underline{31}}$	ɕiɤ^{53}	liẽ^{53}	liẽ^{53}
平顺	tʰiʌʔ$^{\underline{212}}$	tiʌʔ$^{\underline{423}}$	tiʌʔ$^{\underline{423}}$	tiʌʔ$^{\underline{423}}$	tiʌʔ$^{\underline{423}}$	ɕiʌʔ$^{\underline{423}}$	liᴇ̃^{13}	liᴇ̃^{13}
壶关	tʰiʌʔ^{2}	tiʌʔ$^{\underline{21}}$	tiʌʔ$^{\underline{21}}$	tiʌʔ$^{\underline{21}}$	tiʌʔ$^{\underline{21}}$	ɕiᴇ^{13}	liŋ^{13}	liŋ^{13}
沁县	tɕʰiæʔ$^{\underline{31}}$	tiæʔ$^{\underline{212}}$	tiæʔ$^{\underline{212}}$	tiæʔ$^{\underline{212}}$	tiæʔ$^{\underline{212}}$	ɕiæʔ$^{\underline{31}}$	liə̃^{33}	liə̃^{33}
武乡	tʰiʌʔ^{3}	tiʌʔ$^{\underline{423}}$	tiʌʔ$^{\underline{423}}$	tiʌʔ$^{\underline{423}}$	tiʌʔ$^{\underline{423}}$	ɕiʌʔ$^{\underline{423}}$	liɐŋ^{33}	liɐŋ^{33}
沁源	tʰiəʔ$^{\underline{31}}$	tiəʔ$^{\underline{31}}$	tiəʔ$^{\underline{31}}$	tiəʔ$^{\underline{31}}$	tiəʔ$^{\underline{31}}$	ɕyəʔ$^{\underline{31}}$ 白 / ɕiəʔ$^{\underline{31}}$ 文	liə̃^{33}	liə̃^{33}
安泽	tʰiəʔ$^{\underline{21}}$	tiɛ^{35}	tiɛ^{35}	tiɛ^{35}	tiɛ^{35}	ɕiɛ^{35}	liəŋ^{35}	liəŋ^{35}
沁水端氏	tʰiaʔ^{2}	tiaʔ$^{\underline{54}}$	tiaʔ^{2}	tiaʔ$^{\underline{54}}$	tiaʔ^{2}	ɕiɛ^{24}	liŋ^{24}	liŋ^{24}
阳城	tʰiʌʔ^{2}	tiʌʔ^{2}	tʰiɛ^{22}	tiɛ^{22}	tiəʔ^{2}	ɕiɛ^{22}	liə̃ĩ^{22}	liə̃ĩ^{22}
高平	tʰiɛʔ^{2}	tiɛʔ^{2}	tiɛʔ^{2}	tiɛʔ^{2}	tiɛʔ^{2}	ɕiɛ^{33}	niə̃ĩ^{33}	niə̃ĩ^{33}
陵川	tʰiʌʔ^{3}	tiʌʔ$^{\underline{23}}$	tiʌʔ$^{\underline{23}}$	tiʌʔ$^{\underline{23}}$	tiʌʔ$^{\underline{23}}$	ɕie^{33}	liə̃ĩ^{53}	liə̃ĩ^{53}
晋城	tʰiʌʔ^{2}	tiʌʔ^{2}	tiɛ^{324}/tiʌʔ^{2}	tiʌʔ^{2}	tiʌʔ^{2}	ɕiɛ^{324}	liẽ^{324}	liẽ^{324}
忻府	tʰiɛʔ$^{\underline{32}}$	tiɛʔ$^{\underline{32}}$	tiɛʔ$^{\underline{32}}$	tʰiɛʔ$^{\underline{32}}$	tiɛʔ$^{\underline{32}}$	ɕiɛʔ$^{\underline{32}}$	liəŋ^{21}	liəŋ^{21}
原平	tʰiəʔ$^{\underline{34}}$	tʰiəʔ$^{\underline{34}}$	tiəʔ$^{\underline{34}}$	tiəʔ$^{\underline{34}}$	tiəʔ$^{\underline{34}}$	ɕiəʔ$^{\underline{34}}$	liəŋ^{33}	liəŋ^{33}
定襄	tʰiəʔ^{1}	tiəʔ^{1}	tiəʔ^{1}	tiəʔ^{1}	tiəʔ^{1}	ɕiəʔ^{1}	liəŋ^{11}	liəŋ^{11}
五台	tɕʰiəʔ^{3}	tɕʰiəʔ^{3}	tiəʔ^{3}	tiəʔ^{3}	tiəʔ^{3}	ɕiəʔ^{3}	liən^{33}	liən^{33}

续表

字目	帖	叠	蝶	碟	谍	协	临	林
中古音 / 方言点	他协 咸开四 入帖透	徒协 咸开四 入帖定	徒协 咸开四 入帖定	徒协 咸开四 入帖定	徒协 咸开四 入帖定	胡颊 咸开四 入帖匣	力寻 深开三 平侵来	力寻 深开三 平侵来
岢岚	tʰiɛʔ^{4}	tiɛʔ^{4}	tiɛʔ^{4}	tiɛʔ^{4}	tiɛʔ^{4}	ɕiɛʔ^{4}	liəŋ^{44}	liəŋ^{44}
五寨	tʰiɛʔ^{4}	tiɛʔ^{4}	tiɛʔ^{4}	tiɛʔ^{4}	tiɛʔ^{4}	ɕiɛʔ^{4}	liəɣ̃^{44}	liəɣ̃^{44}
宁武	tɕʰiᴀʔ^{4}	tɕʰiᴀʔ^{4}	tiəʔ^{4}	——	tiəʔ^{4}	ɕiɛʔ^{4}	liɤɯ^{33}	liɤɯ^{33}
神池	tɕʰiᴀʔ^{4}	tiᴀʔ^{4}	tiᴀʔ^{4}	tiᴀʔ^{4}	tiᴀʔ^{4}	ɕie^{32}	liə̃^{32}	liə̃^{32}
繁峙	tʰiaʔ$^{\underline{13}}$	tiɛ^{31}	tiɛ^{31}	tiɛ^{31}	tiɛ^{31}	ɕiaʔ$^{\underline{13}}$	liəŋ^{31}	liəŋ^{31}
代县	tʰiaʔ^{2}	tie^{44}	tiəʔ^{2}	tie^{44}	tiaʔ^{2}	ɕiaʔ^{2}	liɤŋ^{44}	liɤŋ^{44}
河曲	tʰiɛʔ^{4}	tiɛʔ^{4}	tiɛʔ^{4}	tiɛʔ^{4}	tiɛʔ^{4}	ɕiaʔ^{4}	liŋ^{44}	liŋ^{44}
保德	tʰiɛ^{44}	tiɛ^{44}	tiəʔ^{4}	tiɛ^{44}	tiɛ^{44}	ɕiəʔ^{4}	liəŋ^{44}	liəŋ^{44}
偏关	tʰiɛʔ^{4}	tiɛʔ^{4}	tiɛʔ^{4}	tiɛʔ^{4}	tiɛʔ^{4}	ɕiɛʔ^{4}	liɤŋ^{44}	liɤŋ^{44}
朔城	tɕʰiᴀʔ$^{\underline{35}}$	tiᴀʔ$^{\underline{35}}$	——	tiɛ^{35}	——	ɕiᴀʔ$^{\underline{35}}$	liə̃^{35}	liə̃^{35}
平鲁	tɕʰiʌʔ$^{\underline{34}}$	tiᴇ^{44}/tiʌʔ$^{\underline{34}}$	tiᴇ^{44}/tiʌʔ$^{\underline{34}}$	tiᴇ^{44}	tiʌʔ$^{\underline{34}}$	ɕiʌʔ$^{\underline{34}}$	liəɯ^{44}	liəɯ^{44}
应县	tɕiaʔ$^{\underline{43}}$	tiaʔ$^{\underline{43}}$	tiɛ^{31}/tiaʔ$^{\underline{43}}$	tiɛ̃^{31}	tiɛ̃^{31}	ɕiaʔ$^{\underline{43}}$	liəŋ^{31}	liəŋ^{31}
灵丘	tʰiᴀʔ^{5}	tie^{31}	tiᴀʔ^{5}	tie^{31}	tiᴀʔ^{5}	ɕiᴀʔ^{5}	liŋ^{31}	liŋ^{31}
浑源	tʰiʌʔ^{4}	tiɛ^{22}	tiʌʔ^{4}	tiɛ^{22}	tiʌʔ^{4}	ɕiʌʔ^{4}	liə̃^{22}	liə̃^{22}
云州	tʰiɑʔ^{4}	tiɑʔ^{4}	tiɛ^{312}	tiɛ^{312}	tiɑʔ^{4}	ɕiɑʔ^{4}	liəɣ^{312}	liəɣ^{312}
新荣	tʰiaʔ^{4}	tiaʔ^{4}/tiᴇ^{312}	tiᴇ^{312}	tiᴇ^{312}	tiᴇ^{312}	ɕiaʔ^{4}	liɣ^{312}	liɣ^{312}
怀仁	tʰiaʔ^{4}	tiɛ^{312}	tiɛ^{312}	tiɛ^{312}	tiaʔ^{4}	ɕiaʔ^{4}	liəŋ^{312}	liəŋ^{312}
左云	tʰiaʔ^{4}	tiɛ^{313}	tiɛ^{313}	tiɛ^{313}	tiɛ^{313}	ɕiaʔ^{4}	liəɣ^{313}	liəɣ^{313}
右玉	tʰiaʔ^{4}	tiɛ^{212}	tiɛ^{212}	tiɛ^{212}	tiaʔ^{4}	ɕiaʔ^{4}	liə̃ɣ^{212}	liə̃ɣ^{212}
阳高	tʰiɑʔ^{3}	tiɛ^{312}/tiɑʔ^{3}	tiɛ^{312}	tiəʔ^{33}	tiɛ^{312}	ɕiɑʔ^{3}	liəŋ^{312}	liəŋ^{312}
山阴	tɕʰiᴀʔ^{4}	tiᴀʔ^{4}/tiᴇ^{313}	——	tiᴇ^{313}	tiᴀʔ^{4}	ɕiᴀʔ^{4}	liə̃^{313}	liə̃^{313}
天镇	tʰiɑʔ^{4}	——	tiɑʔ^{4}	tiɑʔ^{4}	tiɑʔ^{4}	ɕiɑʔ^{4}	liɤɣ^{22}	liɤɣ^{22}
平定	tʰiæʔ^{4}	tiæʔ^{4}	tiᴇ^{44}	tiᴇ^{44}	——	ɕiəʔ^{4}	liəŋ^{44}	liəŋ^{44}
昔阳	tʰiʌʔ$^{\underline{43}}$	tiʌʔ$^{\underline{43}}$	tiʌʔ$^{\underline{43}}$	tiᴇ^{33}	tiʌʔ$^{\underline{43}}$	ɕiʌʔ$^{\underline{43}}$	liəŋ^{33}	liəŋ^{33}
左权	tʰieʔ^{1}	tieʔ^{1}	tieʔ^{1}	tieʔ^{1}	tieʔ^{1}	ɕieʔ^{1}	liəŋ^{11}	liəŋ^{11}
和顺	tʰieʔ$^{\underline{21}}$	tieʔ$^{\underline{21}}$	tieʔ$^{\underline{21}}$	tieʔ$^{\underline{21}}$	tieʔ$^{\underline{21}}$	ɕieʔ$^{\underline{21}}$	liəŋ^{22}	liəŋ^{22}
尧都	tʰiɛ^{21}	tiɛ^{24}	tʰiɛ^{24}	tʰiɛ^{24}	tʰiɛ^{24}	ɕiɛ^{24}	liə̃^{24}	liə̃^{24}
洪洞	tʰie^{21}	tʰie^{24} 白 / tie^{24} 文	tʰie^{24}	tʰie^{24} 白 / tie^{24} 文	tʰie^{24}	ɕie^{24}	lien^{24}	lien^{24}
洪洞赵城	tʰiɛ^{21}	tʰiɛ^{24}	tʰiɛ^{24}	tʰiɛ^{24}	tʰiɛ^{24}	ɕiɛ^{24}	lieŋ^{24}	lieŋ^{24}
古县	tɕʰiɛ^{21}	tɕʰiɛ^{35}	tɕʰiɛ^{35}	tɕʰiɛ^{35}	tɕʰiɛ^{35}	ɕiɑ^{42} 白 / ɕiɛ^{35} 文	lin^{35}	lin^{35}

续表

字目	帖	叠	蝶	碟	谍	协	临	林
中古音 方言点	他协 咸开四 入帖透	徒协 咸开四 入帖定	徒协 咸开四 入帖定	徒协 咸开四 入帖定	徒协 咸开四 入帖定	胡颊 咸开四 入帖匣	力寻 深开三 平侵来	力寻 深开三 平侵来
襄汾	tʰie^{21}	tʰie^{24}	tie^{24}	tʰie^{24}	tie^{24}	ɕie^{24}	lien^{24}	lien^{24}
浮山	tʰie^{42}	tʰiɛ^{13}	tiɛ^{13}	tʰiɛ^{13}	tiɛ^{13}	ɕie^{13}	liẽĩ^{13}	liẽĩ^{13}
霍州	tɕʰie^{212}白/ tʰie^{212}文	tɕʰie^{35}白/tie^{35}文	tie^{35}	tɕʰie^{35}白/ tie^{35}文	tie^{35}	ɕie^{35}	liŋ^{35}	liŋ^{35}
翼城	tʰiᴇ^{53}	tiᴇ^{12}	tiᴇ^{12}	tiᴇ^{12}	tiᴇ^{12}	ɕiᴇ^{12}	liŋ^{12}	liŋ^{12}
闻喜	tʰiᴇ^{53}	tiᴇ^{13}	tiᴇ^{13}	tiᴇ^{13}	tiᴇ^{13}	ɕiᴇ^{13}	liẽĩ^{13}	liẽĩ^{13}
侯马	tʰie^{213}	tʰiɛ^{213}白/ tiɛ^{213}文	tiɛ^{213}	tiɛ^{213}	tʰiɛ^{213}白/ tiɛ^{213}文	ɕiɛ^{213}	lieĩ^{213}	lieĩ^{213}
新绛	tʰie^{53}	tie^{13}	tʰie^{13}	tʰie^{13}	tʰie^{53}	ɕie^{13}	liẽ^{13}	liẽ^{13}
绛县	tʰiɪ^{53}	tʰiɪ^{24}	tʰiɪ^{53}	tʰiɪ^{24}	tʰiɪ^{53}	ɕie^{24}	lieĩ^{24}	lieĩ^{24}
垣曲	tʰie^{53}	tʰiɛ^{22}	tʰiɛ^{22}	tʰiɛ^{22}	tʰiɛ^{22}	ɕie^{22}	liə̃^{22}	liə̃^{22}
夏县	tʰie^{53}	tʰiɛ^{42}	tʰiɛ^{42}	tʰiɛ^{42}白/ tiɛ^{42}文	tʰiɛ^{42}白/ tiɛ^{42}文	ɕie^{42}	lei^{42}	lei^{42}
万荣	tʰie^{51}	tʰiɛ^{213}	tʰiɛ^{213}	tʰiɛ^{213}	tʰiɛ^{213}	ɕiɛ^{213}	liei^{213}	liei^{213}
稷山	tʰie^{53}	tʰie^{53}	tʰie^{53}	tʰie^{13}	tʰie^{13}	ɕie^{13}	liə̃^{13}	liə̃^{13}
盐湖	tʰie^{42}	tʰiɛ^{13}白/ tiɛ^{13}文	tʰiɛ^{13}白/ tiɛ^{13}文	tʰiɛ^{13}白/ tiɛ^{13}文	tiɛ^{13}	ɕiɛ^{13}	lieĩ^{13}	lieĩ^{13}
临猗	tʰie^{42}	tʰiɛ^{13}	tʰiɛ^{13}	tʰiɛ^{13}白/tiɛ文	tʰiɛ^{13}白/ tiɛ^{13}文	ɕie^{13}	lieĩ^{13}	lieĩ^{13}
河津	tʰie^{31}	tʰiɛ^{324}	tʰiɛ^{44}	tʰiɛ^{324}	tʰiɛ^{31}	ɕie^{324}	liẽ^{324}	liẽ^{324}
平陆	tʰie^{31}	tiɛ^{13}	tʰiɛ^{13}	tʰiɛ^{13}	tʰiɛ^{13}	ɕiɛ^{13}	liei^{13}	liei^{13}
永济	tʰie^{31}	tie^{24}	tʰie^{31}白/ tie^{31}文	tiə^{24}	tʰie^{24}	ɕie^{24}	liei^{24}	liei^{24}
芮城	tʰie^{42}	tʰiɛ^{13}	tʰiɛ^{13}	tʰiɛ^{13}白/ tiɛ^{13}文	tiɛ^{13}	ɕiɛ^{13}	lieĩ^{13}	lieĩ^{13}
吉县	tʰiɛ^{423}	tʰiɛ^{13}	tʰiɛ^{423}	tʰiɛ^{13}	tʰiɛ^{13}	ɕiɛ^{13}	liei^{13}	liei^{13}
乡宁	tʰiᴇ^{53}	tʰiᴇ^{12}	tʰiᴇ^{12}	tʰiᴇ^{12}白/ tiᴇ^{12}文	tiᴇ^{12}	tɕʰiᴇ^{12}	liəŋ^{12}	liəŋ^{12}
广灵	tʰiɤ^{53}	tiɤ^{31}	tiɤ^{31}	tiɤ^{31}	tiɤ^{31}	ɕiɤ^{31}	liŋ^{31}	liŋ^{31}

字目	淋	侵	心	寻	沉	森	参人~	针
中古音 方言点	力寻 深开三 平侵来	七林 深开三 平侵清	息林 深开三 平侵心	徐林 深开三 平侵邪	直深 深开三 平侵澄	所今 深开三 平侵生	所今 深开三 平侵生	职深 深开三 平侵章
北京	lin^{35}	tɕʰin^{55}	ɕin^{55}	ɕyn^{35}	tʂʰən^{35}	sən^{55}	ʂən^{55}	tʂən^{55}
小店	liə̃^{11}	tɕʰiə̃^{11}	ɕiə̃^{11}	ɕiə̃^{11}	tsʰəŋ^{11}	səŋ^{11}	səŋ^{11}	tsəŋ^{11}
尖草坪	liʌŋ^{33}	tɕʰiʌŋ^{33}	ɕiʌŋ^{33}	ɕiʌŋ^{33} 白 / ɕyʌŋ^{33} 文	tsʰʌŋ^{33}	sʌŋ^{33}	sʌŋ^{33}	tsʌŋ^{33}
晋源	lin^{11}	tɕʰin^{11}	ɕin^{11}	ɕin^{11}	tsʰəŋ^{11}	səŋ^{11}	səŋ^{11}	tsəŋ^{11}
阳曲	liə̃^{43}	tɕʰiə̃^{312}	ɕiə̃^{312}	ɕiə̃^{43}	tsʰə̃^{43}	sə̃^{312}	sə̃^{312}	tsə̃^{312}
古交	liəŋ^{44}	tɕʰiəŋ^{44}	ɕiəŋ^{44}	ɕyəŋ^{44}	tsʰəŋ^{44}	səŋ^{44}	səŋ^{44}	tsəŋ^{44}
清徐	liəŋ^{11}	tɕʰiəŋ^{11}	ɕiəŋ^{11}	ɕiəŋ^{11}	tsʰəŋ^{11}	səŋ^{11}	səŋ^{11}	tsəŋ^{11}
娄烦	liəŋ^{33}	tɕʰiəŋ^{33}	ɕiəŋ^{33}	ɕiəŋ^{33}	tsʰəŋ^{33}	səŋ^{33}	səŋ^{33}	tsəŋ^{33}
榆次	liɤ̃^{11}	tɕʰiɤ̃^{35}	ɕiɤ̃^{11}	ɕiɤ̃^{11}	tsʰɤ̃^{11}	sɤ̃^{11}	sɤ̃^{11}	tsɤ̃^{11}
交城	liə̃^{11}	tɕʰiə̃^{11}	ɕiə̃^{11}	ɕiə̃^{11} 白 / ɕyə̃^{11} 文	tsʰə̃^{11}	sə̃^{11}	sə̃^{11}	tsə̃^{11}
文水	liɔŋ^{22}	tɕʰiɔŋ^{22}	ɕiɔŋ^{22}	ɕiɔŋ^{22} 白 / ɕyɔŋ^{22} 文	tsɔŋ^{22} 白 / tsʰɔŋ^{22} 文	sɔŋ^{22}	sɔŋ^{22}	tsɔŋ^{22}
祁县	liɔõ^{31}	tɕʰiɔõ^{31}	ɕiɔõ^{31}	ɕiɔõ^{31}/ ɕiəm^{31}	tʂʰɔõ^{31}	sɔõ^{31}	sɔõ^{31}	tʂɔõ^{31}
太谷	liə̃^{33}	tɕʰiə̃^{33}	ɕiə̃^{33}	ɕyə̃^{33}	tsə̃^{33} 白 / tsʰə̃^{33} 文	sə̃^{33}	sə̃^{33}	tsə̃^{33}
平遥	liəŋ^{213}	tɕʰiəŋ^{213}	ɕiəŋ^{213}	ɕiəŋ^{213}	tʂʰəŋ^{213}	səŋ^{213}	səŋ^{213}	tʂəŋ^{213}
孝义	liə̃^{33}	tɕʰiə̃^{33}	ɕiə̃^{33}	sə̃^{33} 白 / ɕiə̃^{33} 文	tʂʰə̃^{33}	sə̃^{33}	sə̃^{33}	tʂə̃^{33}
介休	lin^{13}	tɕʰin^{13}	ɕin^{13}	ɕin^{13}	tʂʰəŋ^{13}	səŋ^{13}	ʂəŋ^{13}	tʂəŋ^{13}
灵石	liŋ^{44}	tɕʰiŋ^{535}	ɕiŋ^{535}	ɕiŋ^{44}	tsʰəŋ^{44}	səŋ^{535}	səŋ^{535}	tsəŋ^{535}
盂县	liə̃^{22}	tɕʰiə̃^{412}	ɕiə̃^{412}	ɕiə̃^{22}	tsʰə̃^{22}	sə̃^{412}	sə̃^{412}	tsə̃^{412}
寿阳	liə̃^{22}	tɕʰiə̃^{31}	ɕiə̃^{31}	ɕiə̃^{22}	tsʰə̃^{22}	sə̃^{31}	sə̃^{31}	tsə̃^{31}
榆社	lei^{22}	tɕʰieɪ^{22}	ɕieɪ^{22}	ɕyeɪ^{22}	tsʰɛɪ^{22}	sɛɪ^{22}	sɛɪ^{22}	tsɛɪ^{22}
离石	liəŋ^{44}	tɕiəŋ^{53}	ɕiəŋ^{24}	səŋ^{44}	tsʰəŋ^{44}	səŋ^{24}	səŋ^{24}	tsəŋ^{24}
汾阳	liɛ̃^{22}	tɕʰiɛ̃^{324}	ɕiɛ̃^{324}	ɕiɛ̃^{22}	tʂʰəŋ^{22}	səŋ^{324}	səŋ^{324}	tʂəŋ^{324}
中阳	liə̃^{33}	tɕiə̃^{53}	ɕiə̃^{24}	sə̃^{33}	tsʰə̃^{33}	sə̃^{24}	sə̃^{24}	tsə̃^{24}
柳林	liə̃^{44}	tɕʰiə̃^{24}	ɕiə̃^{24}	sə̃^{44}	tsʰə̃^{44}	sə̃^{24}	sə̃^{24}	tsə̃^{24}
方山	liə̃ŋ^{44}	tɕʰiə̃ŋ^{24}	ɕiə̃ŋ^{24}	sə̃ŋ^{44} 白 / ɕyə̃ŋ^{44} 文	tʂʰə̃ŋ^{44}	sə̃ŋ^{24}	sə̃ŋ^{24}	tʂə̃ŋ^{24}
临县	liə̃^{33}	tɕʰiə̃^{24}	ɕiə̃^{24}	sə̃^{33}	tʂʰə̃^{33}	sə̃^{24}	sə̃^{33}	tʂə̃^{24}
兴县	liəŋ^{55}	tɕʰiəŋ^{324}	ɕiəŋ^{324}	ɕyəŋ^{55}	tsʰəŋ^{55}	səŋ^{324}	səŋ^{324}	tʂəŋ^{324}
岚县	liəŋ^{44}	tɕʰiəŋ^{214}	ɕiəŋ^{214}	səŋ^{44}	tsʰəŋ^{44}	səŋ^{214}	səŋ^{214}	tsəŋ^{214}

续表

字目	淋	侵	心	寻	沉	森	参人~	针
中古音 方言点	力寻 深开三 平侵来	七林 深开三 平侵清	息林 深开三 平侵心	徐林 深开三 平侵邪	直深 深开三 平侵澄	所今 深开三 平侵生	所今 深开三 平侵生	职深 深开三 平侵章
静乐	liɤ̃^{33}	tɕʰiɤ̃^{33}	ɕiɤ̃^{24}	ɕiɤ̃^{33}	tsʰɤ̃^{33}	sɤ̃^{24}	sɤ̃^{24}	tsɤ̃^{24}
交口	liəŋ^{44}	tɕʰiəŋ^{323}	ɕiəŋ^{323}	ɕiəŋ^{44}	tsʰəŋ^{44}	səŋ^{323}	səŋ^{323}	tsəŋ^{323}
石楼	liəŋ^{44}	tɕʰiəŋ^{213}	ɕiəŋ^{213}	ɕiəŋ^{44} 白 / ɕyəŋ^{44} 文	tʂʰəŋ^{44}	səŋ^{213}	səŋ^{213}	tʂəŋ^{213}
隰县	liəŋ^{24}	tɕʰiəŋ^{53}	ɕiəŋ^{53}	ɕiəŋ^{24}	tsʰəŋ^{24}	səŋ^{53}	səŋ^{53}	tsəŋ^{53}
大宁	liən^{24}	tɕʰiən^{55}	ɕiən^{31}	ɕiən^{24}	tʂʰəŋ^{24}	səŋ^{31}	səŋ^{31}	tʂəŋ^{31}
永和	liəŋ^{35}	tɕʰiəŋ^{33}	ɕiəŋ^{33}	ɕiəŋ^{35}	tʂəŋ^{35}	səŋ^{33}	səŋ^{33}	tʂəŋ^{33}
汾西	liəŋ^{35}	tɕʰəŋ^{55}	ɕəŋ^{11}	ɕiəŋ^{35}/ ɕyəŋ^{35} 文	——	səŋ^{11}	——	tsəŋ^{11}
蒲县	lieĩ^{24}	tɕʰieĩ^{52}	ɕieĩ^{52}	ɕieĩ^{24} 白 / ɕyeĩ^{24} 文	tʂʰeĩ^{24}	seĩ^{52}	seĩ^{52}	tʂeĩ^{52}
潞州	liŋ^{24}	tɕʰiŋ^{312}	ɕiŋ^{312}	ɕiŋ^{24} 白 / ɕyŋ^{24} 文	tsʰəŋ^{24}	səŋ^{312}	səŋ^{312}	tsəŋ^{312}
上党	liŋ^{213}	tɕʰiŋ^{213}	ɕiŋ^{213}	ɕiŋ^{44} 白 / ɕyŋ^{44} 文	tsʰəŋ^{44}	səŋ^{213}	tsʰəŋ^{213}	tsəŋ^{213}
长子	lᴇ̃^{24}	tsʰᴇ̃^{312}	sᴇ̃^{312}	sᴇ̃^{24}	tsʰᴇ̃^{24}	sᴇ̃^{312}	sᴇ̃^{312}	tsᴇ̃^{312}
屯留	liẽ^{11}	tɕʰiẽ^{43}	ɕiẽ^{31}	ɕiẽ^{11} 白 / ɕyẽ^{11} 文	tsʰẽ^{11}	sẽ^{31}	sẽ^{31}	tsẽ^{31}
襄垣	liəŋ^{31}	tɕʰiəŋ^{53}	ɕiəŋ^{33}	ɕiəŋ^{31}	tsʰəŋ^{31}	səŋ^{33}	səŋ^{33}	tsəŋ^{33}
黎城	liẽ^{53}	tɕʰiẽ^{33}	ɕiẽ^{33}	çyẽ^{53}	tɕʰiẽ^{53}	sei^{33}	sei^{33}	tɕiẽ^{33}
平顺	liᴇ̃^{13}	tɕʰiᴇ̃^{213}	ɕiᴇ̃^{213}	ɕiᴇ̃^{13}	tɕʰᴇ̃^{13}	ɕᴇ̃^{213}	tɕʰᴇ̃^{213}	tɕᴇ̃^{213}
壶关	liŋ^{13}	tsʰiŋ^{33}	siŋ^{33}	siŋ^{13}	tʂʰəŋ^{13}	ʂəŋ^{33}	ʂəŋ^{33}	tʂəŋ^{33}
沁县	liə̃^{33}	tɕʰiə̃^{224}	ɕiə̃^{214}	ɕiə̃^{33}	tsʰə̃^{33}	sə̃^{224}	sə̃^{224}	tsə̃^{224}
武乡	liɐŋ^{33}	tɕʰiɐŋ^{113}	ɕiɐŋ^{113}	ɕiɐŋ^{33}	tsʰɐŋ^{33}	sɐŋ^{113}	sɐŋ^{113}	tsɐŋ^{113}
沁源	liə̃^{33}	tɕʰiə̃^{324}	ɕiə̃^{324}	ɕiə̃^{324} 白 / ɕyə̃^{324} 文	tʂʰə̃^{33}	sə̃^{324}	ʂə̃^{324}	tʂə̃^{324}
安泽	liəŋ^{35}	tɕʰiəŋ^{21}	ɕiəŋ^{21}	ɕiəŋ^{35} 白 / ɕyəŋ^{35} 文	tsʰəŋ^{35}	səŋ^{21}	səŋ^{21}	tsəŋ^{21}
沁水端氏	liŋ^{24}	tɕʰiŋ^{21}	ɕiŋ^{21}	ɕiŋ^{24}	tsəŋ^{24}	sai^{21}	sai^{21}	tsəŋ^{21}
阳城	lyə̃ĩ^{22} 白 / liə̃ĩ^{22} 文	tɕʰiə̃ĩ^{212}	ɕiə̃ĩ^{224}	ɕiə̃ĩ^{22}	tʂʰə̃ĩ^{22}	sɑ̃ŋ^{224}	ʂɑ̃ŋ^{224}	tʂɑ̃ŋ^{224} 白 / tʂə̃ĩ^{224} 文
高平	niə̃ĩ^{33}	tɕʰiə̃ĩ^{212}	ɕiə̃ĩ^{33}	ɕiə̃ĩ^{33}	tʂʰə̃ĩ^{33}	ʂə̃ĩ^{33}	ʂə̃ĩ^{33}	tʂə̃ĩ^{33}
陵川	liə̃ĩ^{53}	tɕʰiə̃ĩ^{33}	ɕiə̃ĩ^{33}	ɕyə̃ĩ^{53}	tʂʰə̃ĩ^{53}	ʂə̃ĩ^{33}	ʂə̃ĩ^{33}	tʂə̃ĩ^{33}
晋城	lyẽ^{324}	tɕʰiẽ^{33}	ɕiẽ^{33}	ɕiẽ^{324}	tʂɐ̃^{213}	ʂæ^{33}	ʂɐ̃^{33}	tʂɐ̃^{33}

续表

字目	淋	侵	心	寻	沉	森	参人~	针
中古音 / 方言点	力寻 深开三 平侵来	七林 深开三 平侵清	息林 深开三 平侵心	徐林 深开三 平侵邪	直深 深开三 平侵澄	所今 深开三 平侵生	所今 深开三 平侵生	职深 深开三 平侵章
忻府	liəŋ21	tɕʰiəŋ313	ɕiəŋ313	ɕiəŋ21	tʂʰəŋ21	səŋ313	səŋ313	tʂəŋ313
原平	liəŋ33	tɕʰiəŋ213	ɕiəŋ213	ɕiəŋ33	tʂʰəŋ33	səŋ213	səŋ213	tʂəŋ213
定襄	liəŋ11	tɕʰiəŋ24	ɕiəŋ24	ɕiəŋ11	tʂʰəŋ11	səŋ24	səŋ24	tʂəŋ24
五台	liən33	tɕʰiən213	ɕiən213	ɕiən33	tsʰən33	sən213	sən213	tsən213
岢岚	liəŋ44	tɕʰiəŋ13	ɕiəŋ13	ɕiəŋ44	tʂʰəŋ44	səŋ13	səŋ13	tʂəŋ13
五寨	liəɣ̃44	tɕʰiəɣ̃13	ɕiəɣ̃13	ɕiəɣ̃44	tsʰəɣ̃44	səɣ̃13	səɣ̃13	tsəɣ̃13
宁武	liɤɯ33	tɕiɤɯ23	ɕiɤɯ23	ɕiɤɯ33/ ɕyɤɯ33 文	tsʰɤɯ33	sɤɯ52	sɤɯ23	tsɤɯ23
神池	liə̃32	tɕʰiə̃24	ɕiə̃24	ɕiə̃32	tsʰə̃32	sə̃24	sə̃24	tsə̃24
繁峙	liəŋ31	tɕiəŋ24	ɕiəŋ53	ɕiəŋ31	tsʰəŋ31	səŋ53	səŋ53	tsəŋ53
代县	liɤŋ44	tɕʰiɤŋ213	ɕiɤŋ213	ɕiɤŋ44	tsʰɤŋ44	sɤŋ213	sɤŋ213	tsɤŋ213
河曲	liŋ44	tɕʰiŋ213	ɕiŋ213	ɕiŋ44 白 / ɕyŋ44 文	tʂʰɤŋ44	sɤŋ213	tsʰæ213	tʂɤŋ213
保德	liəŋ44	tɕʰiəŋ213	ɕiəŋ213	ɕyəŋ44	tʂʰəŋ44	səŋ213	səŋ213	tʂəŋ213
偏关	liɤŋ44	tɕʰiɤŋ24	ɕiɤŋ24	ɕiɤŋ44	tʂʰɤŋ44	sɤŋ24	sɤŋ24	tʂɤŋ24
朔城	liə̃35	tɕʰiə̃312	ɕiə̃312	ɕiə̃35	tsʰə̃35	sə̃312	sə̃312	tsə̃312
平鲁	liəɯ44	tɕʰiəɯ213	ɕiəɯ213	ɕiəɯ44	tsʰəɯ44	səɯ213	sɯə213	tsəɯ213
应县	liəŋ31/liəŋ24	tɕʰiəŋ43	ɕiəŋ43	ɕiəŋ31	tsʰəŋ31	səŋ43	səŋ43	tsəŋ43
灵丘	liŋ31	tɕʰiŋ442	ɕiŋ442	ɕiŋ31	tsʰəŋ31	səŋ442	səŋ442	tsəŋ442
浑源	liə̃22	tɕʰiə̃52	ɕiə̃52	ɕiə̃22	tsʰə̃22	sə̃52	sə̃52	tsə̃52
云州	liəɣ312	tɕʰiəɣ21	ɕiəɣ21	ɕiəɣ312	tʂʰəɣ21	səɣ21	səɣ21	tʂəɣ21
新荣	liɣ312	tɕʰiɣ32	ɕiɣ32	ɕiɣ312	tʂʰɤɣ312	sɤɣ32/ʂɤɣ32	sɤɣ32	tʂɤɣ32
怀仁	liəŋ312	tɕʰiəŋ42	ɕiəŋ42	ɕiəŋ312	tsʰəŋ312	səŋ42	səŋ42	tsəŋ42
左云	liəɣ313	tɕʰiəɣ31	ɕiəɣ31	ɕiəɣ313	tsʰəɣ313	səɣ31	səɣ31	tsəɣ31
右玉	liə̃ɣ212	tʰɕiə̃ɣ31	ɕiə̃ɣ31	ɕiə̃ɣ212	tʂʰə̃ɣ212	sə̃ɣ31	sə̃ɣ31	tʂə̃ɣ31
阳高	liəŋ312	tɕʰiəŋ31	ɕiəŋ31	ɕiəŋ312	tsʰəŋ312	səŋ31	səŋ31	tsəŋ31
山阴	liə̃313	tɕʰiə̃313	ɕiə̃313	ɕiə̃313	tʂʰə̃313	sə̃313	sə̃313	tʂə̃313
天镇	liɤɣ22	tɕʰiɤɣ55	ɕiɤɣ31	ɕiɤɣ22	tsʰɤɣ22	sɤɣ31	sɤɣ31	tsɤɣ31
平定	liɤŋ44	tɕʰiɤŋ31	ɕiɤŋ31	ɕiɤŋ44	tʂʰɤŋ31/ tʂʰɤŋ44	sɤŋ31	sɤŋ31	tʂɤŋ31
昔阳	liəŋ33	tɕʰiəŋ42	ɕiəŋ42	ɕyəŋ33	tʂʰəŋ33	səŋ13	tʂʰəŋ13	tʂəŋ42
左权	liəŋ11	tɕʰiəŋ31	ɕiəŋ31	ɕiəŋ11	tʂʰəŋ11	səŋ31	səŋ31	tʂəŋ31
和顺	liəŋ22	tɕʰiəŋ42	ɕiəŋ42	ɕiəŋ22 白 / ɕyəŋ22 文	tʂʰəŋ22	səŋ42	——	tʂəŋ42

续表

字目	淋	侵	心	寻	沉	森	参人～	针
中古音 / 方言点	力寻 深开三 平侵来	七林 深开三 平侵清	息林 深开三 平侵心	徐林 深开三 平侵邪	直深 深开三 平侵澄	所今 深开三 平侵生	所今 深开三 平侵生	职深 深开三 平侵章
尧都	liə̃^{24}	tɕʰiəŋ^{21}	ɕiə̃^{21}	xuə̃^{24}	tʂʰə̃^{24}	ʂə̃^{21}	ʂə̃^{21}	tʂə̃^{21}
洪洞	lien^{24}	tɕʰien^{24}	ɕien^{21}	ɕien^{24}/ ɕyen^{24} 文	ʂen^{33} 白 / tʂʰen^{33} 文	sen^{21}	ʂen^{21}	tʂen^{21}
洪洞赵城	lieŋ^{24}	tɕʰieŋ^{24}	ɕieŋ^{21}	ɕieŋ^{24}	tʂʰeŋ^{24}	seŋ^{21}	seŋ^{21}	tʂeŋ^{21}
古县	lin^{35}	tɕin^{21}	ɕin^{21}	ɕin^{35} 白 / ɕyn^{21} 文	tʂʰen^{35}	sen^{21}	sen^{21}	tʂen^{21}
襄汾	lien^{24}	tɕʰien^{21}	ɕien^{21}	ɕien^{24} 白 / ɕyen^{24} 文	tʂʰen^{24}	sen^{21}	sen^{21}	tʂen^{21}
浮山	lieŋ^{13}	tɕʰiẽĩ^{42}	ɕiẽĩ^{42}	ɕẽĩ^{13}	tʂʰẽĩ^{13}	sẽĩ^{42}	sẽĩ^{42}	tʂẽĩ^{42}
霍州	liŋ^{35}	tɕʰiŋ^{212}	ɕiŋ^{212}	ɕiŋ^{35}	tʂʰəŋ^{35}	səŋ^{212}	səŋ^{212}	tʂəŋ^{212}
翼城	liŋ^{12}	tɕʰiŋ^{53}	ɕiŋ^{53}	ɕyŋ^{12}	tʂʰəŋ^{12}	səŋ^{53}	ʂəŋ^{53}	tʂəŋ^{53}
闻喜	liẽĩ^{13}	——	ɕiẽĩ^{53}	ɕiẽĩ^{13}	tsʰẽĩ^{13}	sẽĩ^{53}	sẽĩ^{53}	tsẽĩ^{53}
侯马	lieĩ^{213}	tɕʰieĩ^{213}	ɕieĩ^{213}	ɕieĩ^{213}	tʂʰeĩ^{213}	ʂeĩ^{213}	ʂeĩ^{213}	tʂeĩ^{213}
新绛	liɛ̃^{13}	tɕʰiɛ̃^{13}	ɕiɛ̃^{53}	ɕiɛ̃^{13}	sɛ̃^{53}	sɛ̃^{53}	sɛ̃^{53}	tʂɛ̃^{53}
绛县	lieĩ^{24}	tɕʰieĩ^{53}	ɕieĩ^{53}	ɕieĩ^{24}	tʂʰeĩ^{24}	seĩ^{53}	ʂeĩ^{53}	tʂeĩ^{53}
垣曲	luə̃^{22} 白 / liə̃^{22} 文	tɕʰiə̃^{53}	ɕiə̃^{22}	ɕiə̃^{22}	tʂʰə̃^{22}	sə̃^{53}	sə̃^{53}	tʂə̃^{53}
夏县	lei^{42}	tɕʰiei^{24}	ɕiei^{53}	ɕiei^{42} 白 / ɕyei^{42} 文	tʂʰei^{42}	ʂei^{53}	ʂei^{53}	tʂei^{53}
万荣	liei^{213}	tɕʰiei^{55}	ɕiei^{51}	ɕiei^{213}	tʂʰei^{213}	sei^{51}	sei^{51}	tʂei^{51}
稷山	liə̃^{13}	tɕʰiə̃^{53}	ɕiə̃^{53}	ɕiə̃^{13} 白 / ɕyə̃^{13} 文	tʂʰə̃^{13}	sə̃^{53}	ʂə̃^{53}	tʂə̃^{53}
盐湖	lieĩ^{13}	tɕʰieĩ^{42}	ɕieĩ^{42}	ɕieĩ^{13}	tʂʰeĩ^{13}	seĩ^{42}	ʂeĩ^{42}	tʂeĩ^{42}
临猗	lieĩ^{13}	tɕʰieĩ^{42}	ɕieĩ^{42}	ɕieĩ^{13} 白 / ɕyeĩ^{13} 文	tʂʰeĩ^{13}	seĩ^{42}	seĩ^{42}	tʂeĩ^{42}
河津	liəŋ^{324} 白 / liẽ^{324} 文	tɕʰiẽ^{53}	ɕiẽ^{31}	ɕiəŋ^{324} 白 / ɕiẽ^{324} 文	tʂʰẽ^{324}	sẽ^{31}	sẽ^{31}	tʂəŋ^{31} 文
平陆	liei^{13}	tɕʰiei^{31}	ɕiei^{31}	ɕiei^{13}	tʂʰei^{13}	sei^{31}	sei^{31}	tʂei^{31}
永济	yei^{24} 白 / liei^{24} 文	tɕʰiei^{31}	ɕiei^{31}	ɕiei^{24}	tʂʰei^{31}/ tʂʰei^{24}	ʂei^{31}	ʂei^{31}	tʂei^{31}
芮城	lieĩ^{13}	tɕʰieĩ^{53}	ɕieĩ^{42}	ɕieĩ^{13}	tʂʰeĩ^{13}	seĩ^{42}	ʂeĩ^{42}	tʂeĩ^{42}
吉县	liei^{13}	tɕʰiei^{423}	ɕiei^{423}	ɕiei^{13}	tʂʰei^{13}	sei^{423}	sei^{423}	tʂei^{423}
乡宁	liəŋ^{12}	tɕʰiəŋ^{53}	ɕiəŋ^{53}	ɕiəŋ^{12}	tʂʰəŋ^{12}	səŋ^{53}	ʂəŋ^{53}	tʂəŋ^{53}
广灵	liŋ^{31}	tɕʰiŋ^{53}	ɕiŋ^{53}	ɕiŋ^{31}	tsʰəŋ^{31}	səŋ^{53}	səŋ^{53}	tsəŋ^{53}

字目	斟	深	今	金	襟	禁~不住	钦	琴
中古音 方言点	职深 深开三 平侵章	式针 深开三 平侵书	居吟 深开三 平侵见	居吟 深开三 平侵见	居吟 深开三 平侵见	居吟 深开三 平侵见	去金 深开三 平侵溪	巨金 深开三 平侵群
北京	tʂən^{55}	ʂən^{55}	tɕin^{55}	tɕin^{55}	tɕin^{55}	tɕin^{55}	tɕʰin^{55}	tɕʰin^{35}
小店	tsəŋ^{11}	tsʰəŋ^{11} 白 / səŋ^{11} 文	tɕiə̃^{11}	tɕiə̃^{11}	tɕiə̃^{11}	tɕiə̃^{11}	tɕʰiə̃^{11}	tɕʰiə̃^{11}
尖草坪	tsʌŋ^{33}	sʌŋ^{33}	tɕiʌŋ^{33}	tɕiʌŋ^{33}	tɕiʌŋ^{33}	tɕiʌŋ^{33}	tɕʰiʌŋ^{33}	tɕʰiʌŋ^{33}
晋源	tsəŋ^{11}	səŋ^{11}	tɕin^{11}	tɕin^{11}	tɕin^{11}	tɕin^{11}	tɕʰin^{11}	tɕʰin^{11}
阳曲	tsə̃^{312}	sə̃^{312}	tɕiə̃^{312}	tɕiə̃^{312}	tɕiə̃^{312}	tɕiə̃^{312}	tɕʰiə̃^{312}	tɕʰiə̃^{43}
古交	tsəŋ^{44}	səŋ^{44}	tɕiəŋ^{44}	tɕiəŋ^{44}	tɕiəŋ^{44}	tɕiəŋ^{44}	tɕʰiəŋ^{44}	tɕʰiəŋ^{44}
清徐	tsəŋ^{11}	səŋ^{11}	tɕiəŋ^{11}	tɕiəŋ^{11}	tɕiəŋ^{11}	tɕiəŋ^{11}	tɕʰiəŋ^{11}	tɕʰiəŋ^{11}
娄烦	tsəŋ^{33}	səŋ^{33}	tɕiəŋ^{33}	tɕiəŋ^{33}	tɕiəŋ^{33}	tɕiəŋ^{33}	tɕʰiəŋ^{33}	tɕʰiəŋ^{33}
榆次	tsɤ̃^{11}	sɤ̃^{11}	tɕiɤ̃^{11}	tɕiɤ̃^{11}	tɕiɤ̃^{11}	tɕiɤ̃^{11}	tɕʰiɤ̃^{11}	tɕʰiɤ̃^{11}
交城	tsə̃^{11}	sə̃^{11}	tsə̃^{11} 白 / tɕiə̃^{11} 文	tɕiə̃^{11}	tɕiə̃^{11}	tɕiə̃^{11}	tɕʰiə̃^{11}	tɕʰiə̃^{11}
文水	tsɔŋ^{22}	sɔŋ^{22}	tɕiɔŋ^{22}	tɕiɔŋ^{22}	tɕiɔŋ^{22}	tɕiɔŋ^{22}	tɕʰiɔŋ^{22}	tɕʰiɔŋ^{22}
祁县	tʂɔõ^{31}	ʂɔõ^{31}	tɕiɔõ^{31}	tɕiɔõ^{31}	tɕiɔõ^{31}	tɕiɔõ^{31}	tɕʰiɔõ^{31}	tɕʰiɔõ^{31}
太谷	tsə̃^{33}	sə̃^{33}	tɕiə̃^{33}	tɕiə̃^{33}	tɕiə̃^{33}	tɕiə̃^{33}	tɕʰiə̃^{33}	tɕʰiə̃^{33}
平遥	tʂəŋ^{213}	ʂəŋ^{213}	tɕiəŋ^{213}	tɕiəŋ^{213}	tɕiəŋ^{213}	tɕiəŋ^{213}	tɕʰiəŋ^{213}	tɕʰiəŋ^{213}
孝义	tʂə̃^{33}	ʂə̃^{33}	tɕiə̃^{33}	tɕiə̃^{33}	tɕiə̃^{33}	tɕiə̃^{33}	tɕʰiə̃^{33}	tɕʰiə̃^{33}
介休	tʂəŋ^{13}	ʂəŋ^{13}	tɕin^{13}	tɕin^{13}	tɕin^{13}	tɕin^{13}	tɕʰin^{13}	tɕʰin^{13}
灵石	tsəŋ^{535}	səŋ^{535}	tɕiŋ^{535}	tɕiŋ^{535}	tɕiŋ^{535}	tɕiŋ^{53}	tɕʰiŋ^{535}	tɕʰiŋ^{44}
盂县	tsə̃^{412}	tsʰə̃^{412} 白 / sə̃^{412} 文	tsə̃^{412} 白 / tɕiə̃^{412} 文	tɕiə̃^{412}	tɕiə̃^{412}	tɕiə̃^{55}	tɕʰiə̃^{412}	tɕʰiə̃^{22}
寿阳	tsə̃^{31}	sə̃^{31}	tɕiə̃^{31}	tɕiə̃^{31}	tɕiə̃^{31}	tɕiə̃^{31}	tɕʰiə̃^{31}	tɕʰiə̃^{22}
榆社	tsɛɪ^{22}	sɛɪ^{22}	tɕieɪ^{22}	tɕieɪ^{22}	tɕieɪ^{22}	tɕieɪ^{45}	tɕʰieɪ^{22}	tɕʰieɪ^{22}
离石	tsəŋ^{24}	səŋ^{24}	tɕiəŋ^{24}	tɕiəŋ^{24}	tɕiəŋ^{24}	tɕiəŋ^{24}	tɕʰiəŋ^{24}	tɕʰiəŋ^{44}
汾阳	tʂəŋ^{324}	ʂəŋ^{324}	tɕiẼ^{324}	tɕiẼ^{324}	tɕiẼ^{324}	tɕiẼ^{324}	tɕʰiẼ^{324}	tɕʰiẼ^{22}
中阳	tsə̃^{24}	sə̃^{24}	tɕiə̃^{24}	tɕiə̃^{24}	tɕiə̃^{24}	tɕiə̃^{24}	tɕʰiə̃^{24}	tɕʰiə̃^{33}
柳林	tsə̃^{24}	sə̃^{24}	tɕiə̃^{24}	tɕiə̃^{24}	tɕiə̃^{24}	tɕiə̃^{24}	tɕʰiə̃^{24}	tɕʰiə̃^{44}
方山	tʂə̃ŋ^{24}	ʂə̃ŋ^{24}	tɕiə̃ŋ^{24}	tɕiə̃ŋ^{24}	tɕiə̃ŋ^{24}	tɕiə̃ŋ^{24}	tɕʰiə̃ŋ^{24}	tɕʰiə̃ŋ^{44}
临县	tʂə̃^{24}	ʂə̃^{24}	tɕiə̃^{24}	tɕiə̃^{24}	tɕiə̃^{24}	tɕiə̃^{24}	tɕʰiə̃^{24}	tɕʰiə̃^{33}
兴县	tʂəŋ^{324}	ʂəŋ^{324}	tʂəŋ^{324} 白 / tɕiəŋ^{324} 文	tɕiəŋ^{324}	tɕiəŋ^{324}	tɕiəŋ^{324}	tɕʰiəŋ^{324}	tɕʰiəŋ^{55}
岚县	tsəŋ^{214}	səŋ^{214}	tɕiəŋ^{214}	tɕiəŋ^{214}	tɕiəŋ^{214}	tɕiəŋ^{214}	tɕʰiəŋ^{214}	tɕʰiəŋ^{44}
静乐	tsɤ̃^{24}	sɤ̃^{24}	tɕiɤ̃^{24}	tɕiɤ̃^{24}	tɕiɤ̃^{24}	tɕiɤ̃^{53}	tɕʰiɤ̃^{24}	tɕʰiɤ̃^{24}

续表

字目	斟	深	今	金	襟	禁~不住	钦	琴
中古音 / 方言点	职深 深开三 平侵章	式针 深开三 平侵书	居吟 深开三 平侵见	居吟 深开三 平侵见	居吟 深开三 平侵见	居吟 深开三 平侵见	去金 深开三 平侵溪	巨金 深开三 平侵群
交口	tsəŋ323	səŋ323	tɕiəŋ323	tɕiəŋ323	tɕiəŋ323	tɕiəŋ323	tɕʰiəŋ323	tɕʰiəŋ44
石楼	tʂəŋ213	ʂəŋ213	tɕiəŋ51	tɕiəŋ213	tɕiəŋ213	tɕiəŋ51	tɕʰiəŋ213	tɕʰiəŋ44
隰县	tsəŋ53	səŋ53	tɕiəŋ53	tɕiəŋ53	tɕiəŋ53	tɕiəŋ53	tɕʰiəŋ53	tɕʰiəŋ24
大宁	tʂəŋ31	ʂəŋ31	tɕiən31	tɕiən31	tɕiən31	tɕiən31	tɕʰiən31	tɕʰiən24
永和	tʂəŋ33	ʂəŋ33	tɕiəŋ33	tɕiəŋ33	tɕiəŋ33	tɕiəŋ33	tɕʰiəŋ33	tɕʰiəŋ35
汾西	tsəŋ11	səŋ11	tɕəŋ11	tɕəŋ11	tɕəŋ11	tɕəŋ55	tɕʰəŋ11	tɕʰəŋ35
蒲县	tʂeĩ52	ʂeĩ52	tɕieĩ52	tɕieĩ52	tɕieĩ52	tɕieĩ52	tɕʰieĩ52	tɕʰieĩ24
潞州	tsəŋ312	səŋ312	tɕiŋ312	tɕiŋ312	tɕiŋ312	tɕiŋ312	tɕʰiŋ312	tɕʰiŋ24
上党	tsəŋ213	səŋ213	tɕiŋ213	tɕiŋ213	tɕiŋ213	tɕiŋ213	tɕʰiŋ213	tɕʰiŋ44
长子	tsẼ312	sẼ312	tsẼ312	tsẼ312	tsẼ312	tsẼ312	tsʰẼ312	tsʰẼ24
屯留	tsẽ31	sẽ31	tɕiẽ31	tɕiẽ31	tɕiẽ31	tɕiəŋ31	tɕʰiẽ31	tɕʰiẽ11
襄垣	tsəŋ33	tsʰəŋ33 白 / səŋ33 文	tɕiəŋ33	tɕiəŋ33	tɕiəŋ33	tɕiəŋ33	tɕiəŋ33	tɕʰiəŋ31
黎城	tɕiẽ213	ɕiẽ33	ciẽ33	ciẽ33	ciẽ33	ciẽ33	cʰiẽ33	cʰiẽ53
平顺	tɕẼ213	ɕẼ213	ciẼ213	ciẼ213	ciẼ53	ciẼ213	tɕʰiẼ213	tɕʰiẼ13
壶关	tʂəŋ33	ʂəŋ33	ciŋ33	ciŋ33	ciŋ353	ciŋ33/ciŋ42	tsʰiŋ33	cʰiŋ13
沁县	tsə̃224	tsʰə̃224 白 / sə̃224 文	tɕiə̃224	tɕiə̃224	tɕiə̃224	tɕiə̃224	tɕʰiə̃224	tɕʰiə̃33
武乡	tsɐŋ113	tsʰɐŋ113 白 / sɐŋ113 文	tɕiɐŋ113	tɕiɐŋ113	tɕiɐŋ113	tɕiɐŋ113	tɕʰiɐŋ113	tɕʰiɐŋ33
沁源	tʂə̃324	ʂə̃324	tɕiə̃324	tɕiə̃324	tɕiə̃324	tɕiə̃324	tɕʰiə̃324	tɕʰiə̃33
安泽	tsəŋ21	səŋ21	tɕiəŋ21	tɕiəŋ21	tɕiəŋ21	tɕiəŋ21	tɕʰiəŋ21	tɕʰiəŋ35
沁水端氏	tsəŋ21	səŋ21	tɕiŋ21	tɕiŋ21	tɕiŋ21	tɕiŋ21	tɕʰiŋ21	tɕʰiŋ24
阳城	tʂə̃ĩ224	ʂə̃ĩ224	ciə̃ĩ224	ciə̃ĩ224	ciə̃ĩ224	ciə̃ĩ224	cʰiə̃ĩ224	cʰiə̃ĩ22
高平	tʂə̃ĩ212	tʂʰə̃ĩ33	ciə̃ĩ33	ciə̃ĩ33	ciə̃ĩ33	ciə̃ĩ53	cʰiə̃ĩ33	cʰiə̃ĩ33
陵川	tʂə̃ĩ33	ʂə̃ĩ33	ciə̃ĩ33	ciə̃ĩ33	ciə̃ĩ33	ciə̃ĩ33	cʰiə̃ĩ33	cʰiə̃ĩ53
晋城	tʂẽ33	ʂẽ33 白 / tʂʰẽ33 文	tɕiẽ33	tɕiẽ33	tɕiẽ33	tɕiẽ33	tɕʰiẽ33	tɕʰiẽ324
忻府	tʂəŋ313	ʂəŋ313	tɕiəŋ313	tɕiəŋ313	tɕiəŋ313	tɕiəŋ313	tɕʰiəŋ313	tɕʰiəŋ21
原平	tʂəŋ213	ʂəŋ213	tɕiəŋ213	tɕiəŋ213	tɕiəŋ213	tɕiəŋ213	tɕʰiəŋ213	tɕʰiəŋ33
定襄	tsəŋ24	ʂəŋ24	tsə̃24	tɕiəŋ24	tɕiəŋ24	tɕiəŋ24	tɕʰiəŋ24	tɕʰiəŋ24
五台	tsən213	sən213	tɕiən213	tɕiən213	tɕiən213	tɕiən52	tɕʰiən213	tɕʰiən33

续表

字目	斟	深	今	金	襟	禁~不住	钦	琴
中古音 / 方言点	职深 深开三 平侵章	式针 深开三 平侵书	居吟 深开三 平侵见	居吟 深开三 平侵见	居吟 深开三 平侵见	居吟 深开三 平侵见	去金 深开三 平侵溪	巨金 深开三 平侵群
岢岚	tʂəŋ^{13}	ʂəŋ^{13}	tɕiəŋ^{13}	tɕiəŋ^{13}	tɕiəŋ^{13}	tɕiəŋ^{13}	tɕʰiəŋ^{13}	tɕʰiəŋ^{44}
五寨	tsəỹ^{13}	səỹ^{13}	tɕiəỹ^{13}	tɕiəỹ^{13}	tɕiəỹ^{13}	tɕiəỹ^{13}	tɕʰiəỹ^{13}	tɕʰiəỹ^{44}
宁武	tsɤɯ^{23}	sɤɯ^{23}	tɕiɤɯ^{23}	tɕiɤɯ^{23}	tɕiɤɯ^{23}	——	tɕiɤɯ^{23}	tɕiɤɯ^{33}
神池	tsə̃^{24}	sə̃^{24}	tɕiə̃^{24}	tɕiə̃^{24}	tɕiə̃^{24}	tɕiə̃^{24}	tɕʰiə̃^{24}	tɕʰiə̃^{32}
繁峙	tsəŋ^{53}	səŋ^{53}	tɕiəŋ^{53}	tɕiəŋ^{53}	tɕiəŋ^{53}	tɕiəŋ^{53}	tɕʰiəŋ^{53}	tɕʰiəŋ^{31}
代县	tsɤŋ^{213}	sɤŋ^{213}	tɕiɤŋ^{213}	tɕiɤŋ^{213}	tɕiɤŋ^{213}	tɕiɤŋ^{213}	tɕʰiɤŋ^{213}	tɕʰiɤŋ^{44}
河曲	tʂɤŋ^{213}	ʂɤŋ^{213}	tɕiŋ^{213}	tɕiŋ^{213}	tɕiŋ^{213}	tɕiŋ^{213}	tɕʰiŋ^{213}	tɕʰiŋ^{44}
保德	tʂəŋ^{213}	ʂəŋ^{213}	tɕiəŋ^{213}	tɕiəŋ^{213}	tɕiəŋ^{213}	tɕiəŋ^{213}	tɕʰiəŋ^{213}	tɕʰiəŋ^{44}
偏关	tʂɤŋ^{24}	ʂɤŋ^{24}	tɕiɤŋ^{24}	tɕiɤŋ^{24}	tɕiɤŋ^{24}	tɕiɤŋ^{24}	tɕʰiɤŋ^{24}	tɕʰiɤŋ^{44}
朔城	tsə̃^{312}	sə̃^{312}	tɕiə̃^{312}	tɕiə̃^{312}	tɕiə̃^{312}	tɕiə̃^{312}	——	tɕʰiə̃^{35}
平鲁	tsəɯ^{213}	səɯ^{213}	tɕiəɯ^{213}	tɕiəɯ^{213}	tɕiəɯ^{213}	tɕiəɯ^{213}	tɕʰiəɯ^{213}	tɕʰiəɯ^{44}
应县	tsəŋ^{43}	səŋ^{43}	tɕiəŋ^{43}	tɕiəŋ^{43}	tɕiəŋ^{43}	tɕiəŋ^{43}	tɕʰiəŋ^{43}	tɕʰiəŋ^{31}
灵丘	tsəŋ^{442}	səŋ^{442}	tɕiŋ^{442}	tɕiŋ^{442}	tɕiŋ^{442}	tɕiŋ^{442}	tɕʰiŋ^{442}	tɕʰiŋ^{31}
浑源	tsə̃^{52}	sə̃^{52}	liə̃^{13}	tɕiə̃^{52}	tɕiə̃^{52}	tɕiə̃^{13}	tɕʰiə̃^{52}	tɕʰiə̃^{22}
云州	tʂəɣ^{21}	ʂəɣ^{21}	tɕiəɣ^{21}	tɕiəɣ^{21}	tɕiəɣ^{21}	tɕiəɣ^{21}	tɕʰiəɣ^{21}	tɕʰiəɣ^{312}
新荣	tʂɤɣ^{32}	sɤɣ^{32}	tɕiɣ^{32}	tɕiɣ^{32}	tɕiɣ^{32}	tɕiɣ^{32}	tɕʰiɣ^{32}	tɕʰiɣ^{312}
怀仁	tsəŋ^{42}	səŋ^{42}	tɕiəŋ^{42}	tɕiəŋ^{42}	tɕiəŋ^{42}	tɕiəŋ^{42}	tɕʰiəŋ^{42}	tɕʰiəŋ^{312}
左云	tsəɣ^{31}	səɣ^{31}	tɕiəɣ^{31}	tɕiəɣ^{31}	tɕiəɣ^{31}	tɕiəɣ^{31}	tɕʰiəɣ^{31}	tɕʰiəɣ^{313}
右玉	tʂə̃ɣ^{31}	ʂə̃ɣ^{31}	tɕiə̃ɣ^{31}	tɕiə̃ɣ^{31}	tɕiə̃ɣ^{31}	tɕiə̃ɣ^{31}	tʰɕiə̃ɣ^{31}	tʰɕiə̃ɣ^{212}
阳高	tsɤŋ^{31}	sɤŋ^{31}	tɕiɤŋ^{31}	tɕiɤŋ^{31}	tɕiɤŋ^{31}/ tɕiəʔ^{3}	tɕiɤŋ^{31}	tɕʰiɤŋ^{31}	tɕʰiɤŋ^{312}
山阴	tʂə̃^{313}	ʂə̃^{313}	tɕiə̃^{313}	tɕiə̃^{313}	tɕiə̃^{313}	——	tɕʰiə̃^{313}	tɕʰiə̃^{313}
天镇	tsɤɣ^{31}	sɤɣ^{31}	tɕiɤɣ^{31}	tɕiɤɣ^{31}	tɕiɤɣ^{31}	tɕiɤɣ^{55}	tɕʰiɤɣ^{31}	tɕʰiɤɣ^{22}
平定	tʂəŋ^{31}	ʂəŋ^{31}	tɕiəŋ^{31}	tɕiəŋ^{31}	tɕiəŋ^{31}	tɕiəŋ^{24}	tɕʰiəŋ^{31}	tɕʰiəŋ^{44}
昔阳	tʂəŋ^{42}	ʂəŋ^{13}	tɕiəŋ^{42}	tɕiəŋ^{42}	tɕiəŋ^{42}	tɕiəŋ^{13}	tɕʰiəŋ^{42}	tɕʰiəŋ^{33}
左权	——	tʂʰəŋ^{31}	tɕiəŋ^{31}	tɕiəŋ^{31}	tɕiəŋ^{31}	tɕiəŋ^{31}	tɕʰiəŋ^{31}	tɕʰiəŋ^{11}
和顺	tʂəŋ^{42}	ʂəŋ^{13}/tʂʰəŋ^{42}	tɕiəŋ^{42}	tɕiəŋ^{42}	tɕiəŋ^{42}	tɕiəŋ^{42}	tɕʰiəŋ^{42}	tɕʰiəŋ^{22}
尧都	tʂə̃^{21}	ʂə̃^{21}	tɕiəŋ^{21}	tɕiəŋ^{21}	tɕiəŋ^{21}	tɕiəŋ^{44}	tɕʰiəŋ^{21}	tɕʰiəŋ^{24}
洪洞	tʂen^{21}	ʂen^{21}	tɕi^{21} 白 / tɕien^{21} 文	tɕien^{21}	tɕien^{21}	tɕien^{21}	tɕʰien^{24}	tɕʰien^{24}
洪洞赵城	tʂeŋ^{21}	ʂeŋ^{21}	tɕieŋ^{21}	tɕieŋ^{21}	tɕieŋ^{21}	tɕieŋ^{21}	tɕʰieŋ^{24}	tɕʰieŋ^{24}
古县	tʂen^{21}	ʂen^{21}	tɕin^{21}	tɕin^{21}	tɕin^{21}	tɕin^{21}	tɕin^{21}	tɕin^{35}

续表

字目	斟	深	今	金	襟	禁~不住	钦	琴
中古音 / 方言点	职深 深开三 平侵章	式针 深开三 平侵书	居吟 深开三 平侵见	居吟 深开三 平侵见	居吟 深开三 平侵见	居吟 深开三 平侵见	去金 深开三 平侵溪	巨金 深开三 平侵群
襄汾	tʂen^{21}	ʂen^{21}	tɕi^{21} 白 / tɕien^{21} 文	tɕien^{21}	tɕien^{21}	tɕien^{21}	tɕʰien^{21}	tɕʰien^{24}
浮山	tʂẽĩ^{42}	ʂẽĩ^{42}	tɕi^{42} 白 /tsɿ^{42} 白 / tɕiẽĩ^{42} 文	tɕiẽĩ^{42}	tɕiẽĩ^{42}	tɕiẽĩ^{42}	tɕʰiẽĩ^{42}	tɕʰiẽĩ^{13}
霍州	tʂəŋ^{212}	ʂəŋ^{212}	tɕiŋ^{212}	tɕiŋ^{212}	tɕiŋ^{212}	tɕiŋ^{212}	tɕʰiŋ^{212}	tɕʰiŋ^{35}
翼城	tʂəŋ^{53}	ʂəŋ^{53}	tɕiŋ^{53}	tɕiŋ^{53}	tɕiŋ^{53}	tɕiŋ^{53}	tɕʰiŋ^{12}	tɕʰiŋ^{12}
闻喜	tsẽĩ^{53}	sẽĩ^{53}	tɕiẽĩ^{53}/tsɿ^{53}	tɕiẽĩ^{53}	tɕiẽĩ^{53}	tɕiẽĩ^{53}	tɕʰiẽĩ^{53}	tɕʰiẽĩ^{13}
侯马	tʂeĩ^{213}	ʂeĩ^{213}	tɕieĩ^{213}	tɕieĩ^{213}	tɕieĩ^{213}	tɕieĩ^{213}	tɕʰieĩ^{213}	tɕʰieĩ^{213}
新绛	tʂẽ^{53}	ʂẽ^{53}	tɕiẽ^{53}	tɕiẽ^{53}	tɕiẽ^{53}	tɕiẽ^{53}	tɕʰiẽ^{13}	tɕʰiẽ^{13}
绛县	tʂeĩ^{53}	ʂeĩ^{53}	tɕieĩ^{53}	tɕieĩ^{53}	tɕieĩ^{53}	tɕieĩ^{53}	tɕʰieĩ^{53}	tɕʰieĩ^{24}
垣曲	tʂə̃^{53}	ʂə̃^{53}	tɕiə̃^{53}	tɕiə̃^{53}	tɕiə̃^{53}	tɕiə̃^{53}	tɕʰiə̃^{53}	tɕʰiə̃^{22}
夏县	tʂei^{53}	ʂei^{53}	tɕiei^{53}	tɕiei^{53}	tɕiei^{53}	tɕiei^{53}	tɕʰiei^{53}	tɕʰiei^{42}
万荣	tʂei^{55}	ʂei^{51}	tɕi^{213}	tɕiei^{51}	tɕiei^{51}	tɕiei^{33}	tɕʰiei^{51}	tɕʰiei^{213}
稷山	tʂə̃^{53}	ʂə̃^{53}	tɕiə̃^{53}	tɕiə̃^{53}	tɕiə̃^{53}	tɕiə̃^{53}	tɕʰiɑ̃^{53}	tɕʰiə̃^{13}
盐湖	tʂeĩ^{42}	ʂeĩ^{42}	tɕi^{42} 白 / tɕieĩ^{42} 文	tɕieĩ^{42}	tɕieĩ^{42}	tɕieĩ^{42}	tɕʰieĩ^{42}	tɕʰieĩ^{13}
临猗	tʂeĩ^{42}	ʂeĩ^{42}	tɕieĩ^{42}	tɕieĩ^{42}	tɕieĩ^{42}	tɕieĩ^{42}	tɕʰieĩ^{42}	tɕʰieĩ^{13}
河津	tʂẽ^{31}	ʂəŋ^{31}	tɕiẽ^{31}	tɕiẽ^{31}	tɕiẽ^{44}	tɕiẽ^{53}	tɕʰiẽ^{324}	tɕʰiẽ^{324}
平陆	tʂei^{31}	ʂei^{31}	tɕiei^{31}	tɕiei^{31}	tɕiei^{31}	tɕiei^{31}	tɕʰiei^{31}	tɕʰiei^{13}
永济	tʂei^{31}	ʂei^{53}	tɕiei^{31}	tɕiei^{31}	tɕiei^{31}	tɕiei^{31}	tɕʰiei^{24}	tɕʰiei^{24}
芮城	tʂeĩ^{42}	ʂeĩ^{53}	tɕieĩ^{42}	tɕieĩ^{42}	tɕieĩ^{53}	tɕieĩ^{44}	tɕʰieĩ^{53}	tɕʰieĩ^{13}
吉县	tʂei^{423}	ʂei^{423}	tɕiei^{423}	tɕiei^{423}	tɕiei^{423}	tɕiei^{33}	tɕʰiei^{13}	tɕʰiei^{13}
乡宁	tʂəŋ^{53}	ʂəŋ^{53}	tɕiəŋ^{53}	tɕiəŋ^{53}	tɕiəŋ^{53}	tɕiəŋ^{53}	tɕʰiəŋ^{53}	tɕʰiəŋ^{12}
广灵	tsəŋ^{53}	səŋ^{53}	tɕiŋ^{53}	tɕiŋ^{53}	tɕiŋ^{53}	tɕiŋ^{53}	tɕʰiŋ^{53}	tɕʰiŋ^{31}

字目	擒	禽	吟	音	阴	淫	禀	品
中古音 方言点	巨金 深开三 平侵群	巨金 深开三 平侵群	鱼金 深开三 平侵疑	於金 深开三 平侵影	於金 深开三 平侵影	馀针 深开三 平侵以	笔锦 深开三 上寝帮	丕饮 深开三 上寝滂
北京	tɕʰin^{35}	tɕʰin^{35}	in^{35}	in^{55}	in^{55}	in^{35}	piŋ^{214}	pʰin^{214}
小店	tɕʰiə̃^{11}	tɕʰiə̃^{11}	iə̃^{11}	iə̃^{11}	iə̃^{11}	iə̃^{11}	piə̃^{53}	pʰiə̃^{53}
尖草坪	tɕʰiʌŋ^{33}	tɕʰiʌŋ^{33}	iʌŋ^{33}	iʌŋ^{33}	iʌŋ^{33}	iʌŋ^{33}	piʌŋ^{312}	piʌŋ^{312}
晋源	tɕʰin^{11}	tɕʰin^{11}	in^{11}	in^{11}	in^{11}	in^{11}	pin^{42}	pʰin^{42}
阳曲	tɕʰiə̃^{43}	tɕʰiə̃^{43}	iə̃^{43}	iə̃^{312}	iə̃^{312}	iə̃^{312}	piə̃^{312}	pʰiə̃^{312}
古交	tɕʰiəŋ^{44}	tɕʰiəŋ^{44}	iəŋ^{44}	iəŋ^{44}	iəŋ^{44}	iəŋ^{44}	piəŋ^{312}	pʰiəŋ^{312}
清徐	tɕʰiəŋ^{11}	tɕʰiəŋ^{11}	iəŋ^{11}	iəŋ^{11}	iəŋ^{11}	iəŋ^{11}	piəŋ^{54}	pʰiəŋ^{54}
娄烦	tɕʰiəŋ^{33}	tɕʰiəŋ^{33}	iəŋ^{33}	iəŋ^{33}	iəŋ^{33}	iəŋ^{33}	piəŋ^{312}	pʰiəŋ^{312}
榆次	tɕʰiɣ̃^{11}	tɕʰiɣ̃^{11}	iɣ̃^{11}	iɣ̃^{11}	iɣ̃^{11}	iɣ̃^{11}	iɣ̃^{11}	pʰiɣ̃^{53}
交城	tɕʰiə̃^{11}	tɕʰiə̃^{11}	iə̃^{11}	iə̃^{11}	iə̃^{11}	iə̃^{11}	piə̃^{53}	pʰiə̃^{53}
文水	tɕʰiəŋ^{22}	tɕʰiəŋ^{22}	iəŋ^{22}	iəŋ^{22}	iəŋ^{22}	iəŋ^{22}	piəŋ^{423}	pʰiəŋ^{423}
祁县	tɕʰiɔ̃^{31}	tɕʰiɔ̃^{31}	iɔ̃^{31}	iɔ̃^{31}	iɔ̃^{31}	iɔ̃^{31}	piɔ̃^{314}	pʰiɔ̃^{314}
太谷	tɕʰiə̃^{33}	tɕʰiə̃^{33}	iə̃^{33}	iə̃^{33}	iə̃^{33}	iə̃^{33}	piə̃^{312}	pʰiə̃^{312}
平遥	tɕʰiəŋ^{213}	tɕʰiəŋ^{213}	iəŋ^{213}	iəŋ^{213}	iəŋ^{213}	——	——	piəŋ^{512}
孝义	tɕʰiə̃^{33}	tɕʰiə̃^{33}	iə̃^{33}	iə̃^{33}	iə̃^{33}	iə̃^{33}	piə̃^{312}	pʰiə̃^{312}
介休	tɕʰin^{13}	tɕʰin^{13}	in^{13}	in^{13}	in^{13}	in^{13}	pin^{423}	pʰin^{423}
灵石	tɕʰiŋ^{44}	tɕʰiŋ^{44}	iŋ^{44}	iŋ^{535}	iŋ^{535}	iŋ^{44}	piŋ^{212}	pʰiŋ^{212}
盂县	tɕʰiə̃^{22}	tɕʰiə̃^{22}	iə̃^{22}	iə̃^{412}	iə̃^{412}	iə̃^{22}	piə̃^{53}	pʰiə̃^{53}
寿阳	tɕʰiə̃^{22}	tɕʰiə̃^{22}	iə̃^{22}	iə̃^{31}	iə̃^{31}	iə̃^{22}	piə̃^{53}	pʰiə̃^{53}
榆社	tɕʰieɪ^{22}	tɕʰieɪ^{22}	ieɪ^{22}	ieɪ^{22}	ieɪ^{22}	ieɪ^{22}	pieɪ^{312}	pʰieɪ^{312}
离石	tɕʰiəŋ^{44}	tɕʰiəŋ^{44}	iəŋ^{44}	iəŋ^{24}	iəŋ^{24}	iəŋ^{44}	piəŋ^{312}	pʰiəŋ^{312}
汾阳	tɕʰiẼ^{22}	tɕʰiẼ^{22}	iẼ^{22}	iẼ^{324}	iẼ^{324}	iẼ^{22}	piẼ^{312}	pʰiẼ^{312}
中阳	tɕʰiə̃^{33}	tɕʰiə̃^{33}	iə̃^{33}	iə̃^{24}	iə̃^{24}	iə̃^{33}	piə̃^{423}	pʰiə̃^{423}
柳林	tɕʰiə̃^{44}	tɕʰiə̃^{44}	iə̃^{44}	iə̃^{24}	iə̃^{24}	iə̃^{44}	piə̃^{312}	pʰiə̃^{312}
方山	tɕʰiə̃ŋ^{44}	tɕʰiə̃ŋ^{44}	iə̃ŋ^{44}	iə̃ŋ^{24}	iə̃ŋ^{24}	iə̃ŋ^{44}	piə̃ŋ^{312}	pʰiə̃ŋ^{312}
临县	tɕʰiə̃^{33}	tɕʰiə̃^{33}	iə̃^{33}	iə̃^{24}	iə̃^{24}	iə̃^{33}	piə̃^{312}	pʰiə̃^{312}
兴县	tɕʰiəŋ^{55}	tɕʰiəŋ^{55}	zəŋ^{324}白 / iəŋ^{324}文	iəŋ^{324}	iəŋ^{324}	iəŋ^{55}	piəŋ^{324}	pʰiəŋ^{324}
岚县	tɕʰiəŋ^{44}	tɕʰiəŋ^{44}	iəŋ^{44}	iəŋ^{214}	iəŋ^{214}	iəŋ^{44}	piəŋ^{312}	pʰiəŋ^{312}
静乐	tɕʰiɣ̃^{33}	tɕʰiɣ̃^{24}	zɣ̃^{33}	iɣ̃^{24}	iɣ̃^{24}	iɣ̃^{24}	piɣ̃^{314}	pʰiɣ̃^{314}
交口	tɕʰiəŋ^{44}	tɕʰiəŋ^{44}	iəŋ^{323}	iəŋ^{323}	iəŋ^{323}	iəŋ^{323}	piəŋ^{323}	pʰiəŋ^{323}
石楼	tɕʰiəŋ^{44}	tɕʰiəŋ^{44}	iəŋ^{44}	iəŋ^{213}	iəŋ^{213}	iəŋ^{44}	piəŋ^{213}	pʰiəŋ^{213}

续表

字目	擒	禽	吟	音	阴	淫	禀	品
中古音 / 方言点	巨金 深开三 平侵群	巨金 深开三 平侵群	鱼金 深开三 平侵疑	於金 深开三 平侵影	於金 深开三 平侵影	馀针 深开三 平侵以	笔锦 深开三 上寝帮	丕饮 深开三 上寝滂
隰县	tɕʰiəŋ^{24}	tɕʰiəŋ^{24}	iəŋ^{24}	iəŋ^{53}	ȵiəŋ^{53}	iəŋ^{24}	piəŋ^{21}	pʰiəŋ^{21}
大宁	tɕʰiən^{24}	tɕʰiən^{24}	zəŋ^{24} 白 / iən^{24} 文	iən^{31}	niən^{31} 白 / iən^{31} 文	iən^{24}	piən^{31}	pʰiən^{31}
永和	tɕʰiəŋ^{35}	tɕʰiəŋ^{35}	iəŋ^{35}	iəŋ^{33}	niəŋ^{33}/iəŋ^{33}	iəŋ^{33}	piəŋ^{312}	pʰiəŋ^{312}
汾西	tɕʰəŋ^{35}	tɕʰəŋ^{35}	əŋ^{33}	əŋ^{11}	niəŋ^{11} 白 / iəŋ^{11} 文	iəŋ^{33}	piəŋ^{33}	pʰiəŋ^{33}
蒲县	tɕʰieĩ^{24}	tɕʰieĩ^{24}	ieĩ^{24}	ieĩ^{52}	ȵieĩ^{52}	ieĩ^{24}	piŋ^{31}	pʰieĩ^{31}
潞州	tɕʰiŋ^{24}	tɕʰiŋ^{24}	iŋ^{24}	iŋ^{312}	iŋ^{312}	iŋ^{24}	piŋ^{535}	pʰiŋ^{535}
上党	tɕʰiŋ^{44}	tɕʰiŋ^{44}	iŋ^{44}	iŋ^{213}	iŋ^{213}	iŋ^{213}	piŋ^{535}	pʰiŋ^{535}
长子	tsʰẼ^{24}	tsʰẼ^{24}	iẼ^{24}	iẼ^{312}	iẼ^{312}	iẼ^{24}	piŋ^{434}	pʰiẼ^{434}
屯留	tɕʰiẽ^{11}	tɕʰiẽ^{11}	iẽ^{11}	iẽ^{31}	iẽ^{31}	iẽ^{11}	piəŋ^{43}	pʰiẽ^{43}
襄垣	tɕʰiəŋ^{31}	tɕʰiəŋ^{31}	iəŋ^{31}	iəŋ^{33}	iəŋ^{33}	iəŋ^{31}	piəŋ^{42}	pʰiəŋ^{42}
黎城	cʰiẽ^{53}	cʰiẽ^{53}	iẽ^{33}	iẽ^{33}	iẽ^{33}	iẽ^{33}	piəŋ^{213}	pʰiẽ^{213}
平顺	tɕʰiẼ^{13}	tɕʰiẼ^{13}	iẼ^{13}	iẼ^{213}	iẼ^{213}	iẼ^{213}	piŋ^{434}	pʰiẼ^{434}
壶关	cʰiŋ^{13}	cʰiŋ^{13}	iŋ^{13}	iŋ^{33}	iŋ^{33}	iŋ^{33}	piŋ^{535}	pʰiŋ^{535}
沁县	tɕʰiə̃^{33}	tɕʰiə̃^{33}	iə̃^{33}	iə̃^{224}	iə̃^{224}	iə̃^{33}	piə̃^{214}	pʰiə̃^{214}
武乡	tɕʰiɐŋ^{33}	tɕʰiɐŋ^{33}	iɐŋ^{113}	iɐŋ^{113}	iɐŋ^{113}	iɐŋ^{33}	piɐŋ^{213}	pʰiɐŋ^{213}
沁源	tɕʰiə̃^{33}	tɕʰiə̃^{33}	iə̃^{33}	iə̃^{324}	iə̃^{324}	iə̃^{33}	piə̃^{324}	pʰiə̃^{324}
安泽	tɕʰiəŋ^{35}	tɕʰiəŋ^{35}	iəŋ^{35}	——	iəŋ^{21}	——	piəŋ^{42}	pʰiəŋ^{42}
沁水端氏	tɕʰiŋ^{24}	tɕʰiŋ^{24}	iŋ^{21}	iŋ^{21}	iŋ^{21}	iŋ^{21}	piŋ^{31}	pʰiŋ^{31}
阳城	cʰiə̃ĩ^{22}	cʰiə̃ĩ^{22}	iə̃ĩ^{224}	iə̃ĩ^{224}	iə̃ĩ^{224}	iə̃ĩ^{224}	piə̃ĩ^{212}	pʰiə̃ĩ^{212}
高平	cʰiə̃ĩ^{33}	cʰiə̃ĩ^{33}	iə̃ĩ^{33}	iə̃ĩ^{33}	iə̃ĩ^{33}	iə̃ĩ^{33}	piə̃ŋ^{212}	pʰiə̃ĩ^{212}
陵川	cʰiə̃ĩ^{53}	cʰiə̃ĩ^{53}	iə̃ĩ^{53}	iə̃ĩ^{33}	iə̃ĩ^{33}	iə̃ĩ^{53}	piŋ^{312}	pʰiə̃ĩ^{312}
晋城	tɕʰiẽ^{324}	tɕʰiẽ^{324}	iẽ^{324}	iẽ^{33}	iẽ^{33}	iẽ^{324}	piẽ^{213}	pʰiẽ^{213}
忻府	tɕʰiəŋ^{21}	tɕʰiəŋ^{21}	iəŋ^{21}	iəŋ^{313}	iəŋ^{313}	iəŋ^{21}	piəŋ^{313}	pʰiəŋ^{313}
原平	tɕʰiəŋ^{33}	tɕʰiəŋ^{33}	iəŋ^{213}	iəŋ^{213}	iəŋ^{213}	iəŋ^{33}	piəŋ^{213}	pʰiəŋ^{213}
定襄	tɕʰiəŋ^{11}	tɕʰiəŋ^{24}	iəŋ^{11}	iəŋ^{24}	iəŋ^{24}	iəŋ^{11}	piəŋ^{24}	pʰiəŋ^{24}
五台	tɕʰiən^{33}	tɕʰiən^{33}	iən^{213}	iən^{213}	iən^{213}	iən^{33}	piən^{213}	pʰiən^{213}
岢岚	tɕʰiəŋ^{44}	tɕʰiəŋ^{44}	iəŋ^{44}	iəŋ^{13}	iəŋ^{13}	iəŋ^{44}	piəŋ^{13}	pʰiəŋ^{13}
五寨	tɕʰiəɣ̃^{44}	tɕʰiəɣ̃^{44}	iəɣ̃^{44}	iəɣ̃^{13}	iəɣ̃^{13}	iəɣ̃^{44}	piəɣ̃^{13}	pʰiəɣ̃^{13}
宁武	tɕiɤɯ^{33}	tɕiɤɯ^{33}	iɤɯ^{23}	iɤɯ^{23}	iɤɯ^{23}	iɤɯ^{33}	——	pʰiɤɯ^{213}
神池	tɕʰiə̃^{32}	tɕʰiə̃^{32}	iə̃^{32}	iə̃^{24}	iə̃^{24}	iə̃^{32}	piə̃^{13}	pʰiə̃^{13}

续表

字目	擒	禽	吟	音	阴	淫	禀	品
中古音 / 方言点	巨金 深开三 平侵群	巨金 深开三 平侵群	鱼金 深开三 平侵疑	於金 深开三 平侵影	於金 深开三 平侵影	馀针 深开三 平侵以	笔锦 深开三 上寝帮	丕饮 深开三 上寝滂
繁峙	tɕʰiəŋ^{31}	tɕʰiəŋ^{31}	iəŋ^{31}	iəŋ^{53}	iəŋ^{53}	iəŋ^{31}	piəŋ^{53}	pʰiəŋ^{53}
代县	tɕʰiɤŋ^{44}	tɕʰiɤŋ^{44}	iɤŋ^{213}	iɤŋ^{213}	iɤŋ^{213}	iɤŋ^{44}	piɤŋ^{213}	pʰiɤŋ^{213}
河曲	tɕʰiŋ^{44}	tɕʰiŋ^{44}	iŋ^{213}	iŋ^{213}	iŋ^{213}	iŋ^{44}	——	pʰiŋ^{213}
保德	tɕʰiəŋ^{44}	tɕʰiəŋ^{44}	iəŋ^{44}	iəŋ^{213}	iəŋ^{213}	iəŋ^{44}	piəŋ^{213}	pʰiəŋ^{213}
偏关	tɕʰiɤŋ^{44}	tɕʰiɤŋ^{44}	iɤŋ^{44}	iɤŋ^{24}	iɤŋ^{24}	iɤŋ^{44}	piɤŋ^{213}	pʰiɤŋ^{213}
朔城	tɕʰiə̃^{35}	tɕʰiə̃^{35}	——	——	——	iə̃^{35}	piə̃^{312}	pʰiə̃^{312}
平鲁	tɕʰiəɯ^{44}	tɕʰiəɯ^{44}	iəɯ^{44}	iəɯ^{213}	iəɯ^{213}	iəɯ^{44}	piəɯ^{213}	pʰiəɯ^{213}
应县	tɕʰiəŋ^{31}	tɕʰiəŋ^{31}	iəŋ^{31}	iəŋ^{43}	iəŋ^{43}	iəŋ^{31}	piəŋ^{54}	pʰiəŋ^{54}
灵丘	tɕʰiŋ^{31}	tɕʰiŋ^{31}	iŋ^{31}	iŋ^{442}	iŋ^{442}	iŋ^{31}	piŋ^{442}	pʰiŋ^{442}
浑源	tɕʰiə̃^{22}	tɕʰiə̃^{22}	iə̃^{22}	iə̃^{52}	iə̃^{52}	iə̃^{22}	piə̃^{52}	pʰiə̃^{52}
云州	tɕʰiəɣ^{312}	tɕʰiəɣ^{21}	iəɣ^{312}	iəɣ^{21}	iəɣ^{21}	iəɣ^{312}	piəɣ^{55}	pʰiəɣ^{55}
新荣	tɕʰiɣ^{312}	tɕʰiɣ^{312}	iɣ^{312}	iɣ^{32}	iɣ^{32}	iɣ^{312}	piɣ^{54}	pʰiɣ^{54}
怀仁	tɕʰiəŋ^{312}	tɕʰiəŋ^{312}	iəŋ^{312}	iəŋ^{42}	iəŋ^{42}	iəŋ^{312}	piəŋ^{53}	pʰiəŋ^{53}
左云	tɕʰiəɣ^{313}	tɕʰiəɣ^{313}	iəɣ^{313}	iəɣ^{31}	iəɣ^{31}	iəɣ^{313}	piəɣ^{54}	pʰiəɣ^{54}
右玉	tʰɕiə̃ɣ^{212}	tʰɕiəɣ^{212}	iəɣ^{31}	iə̃ɣ^{31}	iə̃ɣ^{31}	iə̃ɣ^{31}	piə̃ɣ^{53}	pʰiəɣ^{53}
阳高	tɕʰiəŋ^{312}	tɕʰiəŋ^{312}	iəŋ^{31}	iəŋ^{31}	iəŋ^{31}	iəŋ^{312}	piəŋ^{53}	pʰiəŋ^{53}
山阴	tɕʰiə̃^{313}	tɕʰiə̃^{313}	iə̃^{313}	iə̃^{313}	iə̃^{313}	iə̃^{313}	piə̃^{52}	pʰiə̃^{52}
天镇	tɕʰiɤɣ^{22}	tɕʰiɤɣ^{22}	iɤɣ^{31}	iɤɣ^{31}	iɤɣ^{31}	iɤɣ^{31}	piɤɣ^{55}	pʰiɤɣ^{55}
平定	tɕʰiɤŋ^{44}	tɕʰiɤŋ^{44}	iɤŋ^{31}	iɤŋ^{31}	iɤŋ^{31}	iɤŋ^{44}	piɤŋ^{53}	pʰiɤŋ^{53}
昔阳	tɕʰiəŋ^{33}	tɕʰiəŋ^{33}	iəŋ^{33}	iəŋ^{42}	iəŋ^{42}	iəŋ^{33}	piəŋ^{55}	pʰiəŋ^{55}
左权	tɕʰiəŋ^{11}	tɕʰiəŋ^{11}	iəŋ^{11}	iəŋ^{31}	iəŋ^{31}	iəŋ^{11}	piəŋ^{42}	pʰiəŋ^{42}
和顺	tɕʰiəŋ^{22}	tɕʰiəŋ^{22}	iəŋ^{22}	iəŋ^{42}	iəŋ^{42}	iəŋ^{22}	piəŋ^{53}	pʰiəŋ^{53}
尧都	tɕʰiəŋ^{24}	tɕʰiəŋ^{24}	iə̃^{24}	iə̃^{21}	iə̃^{21}	iə̃^{24}	——	pʰiə̃^{53}
洪洞	tɕʰien^{24}	tɕʰien^{24}	ien^{42}	ien^{21}	ȵien^{21} 白 / ien^{21} 文	ien^{42}	pieŋ^{21}	pʰien^{42}
洪洞赵城	tɕʰieŋ^{24}	tɕʰieŋ^{24}	ieŋ^{21}	ieŋ^{21}	ȵieŋ^{21}	ieŋ^{21}	pieŋ^{42}	pʰieŋ^{42}
古县	tɕin^{35}	tɕin^{35}	in^{35}	in^{21}	ȵin^{21}	in^{35}	pin^{42}	pʰin^{42}
襄汾	tɕʰien^{24}	tɕʰien^{24}	ien^{21}	ien^{21}	ȵien^{21}	ien^{21}	pieŋ^{42}	pʰien^{42}
浮山	tɕʰiẽĩ^{13}	tɕʰiẽĩ^{13}	iẽĩ^{13}	iẽĩ^{42}	iẽĩ^{42}	iẽĩ^{42}	pieŋ^{33}	pʰiẽĩ^{33}
霍州	tɕʰiŋ^{35}	tɕʰiŋ^{35}	iŋ^{35}	iŋ^{212}	ȵiŋ^{212}	iŋ^{35}	piŋ^{33}	pʰiŋ^{33}
翼城	tɕʰiŋ^{12}	tɕʰiŋ^{12}	iŋ^{12}	iŋ^{53}	iŋ^{53}	iŋ^{12}	piŋ^{44}	pʰiŋ^{44}

续表

字目	擒	禽	吟	音	阴	淫	禀	品
中古音 / 方言点	巨金 深开三 平侵群	巨金 深开三 平侵群	鱼金 深开三 平侵疑	於金 深开三 平侵影	於金 深开三 平侵影	馀针 深开三 平侵以	笔锦 深开三 上寝帮	丕饮 深开三 上寝滂
闻喜	tɕʰiẽĩ^{13}	tɕʰiẽĩ^{13}	iẽĩ^{13}	iẽĩ^{53}	ȵiẽĩ^{53}/iẽĩ^{53}	iẽĩ^{13}	piəŋ^{33}	pʰiẽĩ^{33}
侯马	tɕʰieĩ^{213}	tɕʰieĩ^{213}	ieĩ^{213}	ieĩ^{213}	ieĩ^{213}	ieĩ^{213}	piəŋ^{44}	pʰieĩ^{44}
新绛	tɕʰiɛ̃^{13}	tɕʰiɛ̃^{13}	iɛ̃^{53}	iɛ̃^{53}	ȵiɛ̃^{53}	iɛ̃^{53}	piɛ̃^{13}	pʰiɛ̃^{44}
绛县	tɕʰieĩ^{24}	tɕʰieĩ^{24}	ieĩ^{24}	ieĩ^{53}	ieĩ^{53}	ieĩ^{24}	pieĩ^{33}	pʰieĩ^{33}
垣曲	tɕʰiə̃^{22}	tɕʰiə̃^{22}	iə̃^{22}	iə̃^{53}	ȵiə̃^{53}	iə̃^{53}	piəŋ^{44}	pʰiə̃^{44}
夏县	tɕʰiei^{42}	tɕʰiei^{42}	iei^{42}	iei^{53}	ȵiei^{53} 白 / iei^{53} 文	iei^{42}	piəŋ^{24}	pʰiei^{24}
万荣	tɕʰiei^{213}	tɕʰiei^{213}	iei^{213}	iei^{51}	ȵiei^{51}	iei^{51}	piaŋ^{55}	pʰiei^{55}
稷山	tɕʰiə̃^{13}	tɕʰiə̃^{13}	iə̃^{13}	iə̃^{53}	iə̃^{53}	iə̃^{13}	piʌŋ^{44}	pʰiə̃^{44}
盐湖	tɕʰieĩ^{13}	tɕʰieĩ^{13}	ieĩ^{13}	ieĩ^{42}	ȵieĩ^{42} 白 / ieĩ^{42} 文	ieĩ^{13}	piŋ^{53}	pʰieĩ^{53}
临猗	tɕʰieĩ^{13}	tɕʰieĩ^{13}	ieĩ^{13}	ieĩ^{42}	ȵieĩ^{42}	ieĩ^{13}	piəŋ^{53}	pʰieĩ^{53}
河津	tɕʰiẽ^{324}	tɕʰiẽ^{324}	iẽ^{53}	iẽ^{31}	ȵiəŋ^{31} 白 / iẽ^{31} 文	iẽ^{31}	piəŋ^{53}	pʰiẽ^{53}
平陆	tɕʰiei^{13}	tɕʰiei^{13}	iei^{13}	iei^{31}	ȵiei^{31}	iei^{13}	piŋ^{55}	pʰiei^{55}
永济	tɕʰiei^{24}	tɕʰiei^{24}	iei^{24}	iei^{31}	iei^{31}	iei^{24}	piŋ^{53}	pʰiei^{53}
芮城	tɕʰieĩ^{13}	tɕʰieĩ^{13}	ieĩ^{42}	ieĩ^{42}	ieĩ^{42}	ieĩ^{42}	piəŋ^{53}	pʰieĩ^{53}
吉县	tɕʰiei^{13}	tɕʰiei^{13}	iei^{423}	iei^{423}	niei^{423} 白 / iei^{423} 文	iei^{423}	piəŋ^{53}	pʰiei^{423}
乡宁	tɕʰiəŋ^{12}	tɕʰiəŋ^{12}	iəŋ^{12}	iəŋ^{53}	ȵiəŋ^{53}	iəŋ^{12}	piəŋ^{44}	pʰiəŋ^{44}
广灵	tɕʰiŋ^{31}	tɕʰiŋ^{31}	iŋ^{53}	iŋ^{53}	iŋ^{53}	iŋ^{31}	piŋ^{44}	pʰiŋ^{31}

字目	寝	枕~席	审	婶	沈姓	甚	锦	饮~水
中古音／方言点	七稔 深开三 上寝清	章荏 深开三 上寝章	式荏 深开三 上寝书	式荏 深开三 上寝书	式荏 深开三 上寝书	常枕 深开三 上寝禅	居饮 深开三 上寝见	於锦 深开三 上寝影
北京	tɕʰin^{214}	tʂən^{214}	ʂən^{214}	ʂən^{214}	ʂən^{214}	ʂən^{51}	tɕin^{214}	in^{214}
小店	tɕʰiə̃^{53}	tsəŋ^{24}	səŋ^{53}	səŋ^{53}	səŋ^{53}	səŋ^{24}	tɕiə̃^{53}	iə̃^{53}/iə̃^{24}
尖草坪	tɕʰiʌŋ^{312}	tsʌŋ^{35}	sʌŋ^{312}	sʌŋ^{312}	sʌŋ^{312}	sʌŋ^{35}	tɕiʌŋ^{312}	iʌŋ^{312}
晋源	tɕʰin^{42}	tsəŋ^{35}	səŋ^{42}	səŋ^{42}	səŋ^{42}	səŋ^{35}	tɕin^{42}	in^{42}
阳曲	tɕʰiə̃^{312}	tsə̃^{454}	sə̃^{312}	sə̃^{312}	sə̃^{312}	sə̃^{312}	tɕiə̃^{312}	iə̃^{312}
古交	tɕʰiəŋ^{312}	tsəŋ^{312}	səŋ^{312}	səŋ^{312}	səŋ^{312}	səŋ^{53}	tɕiəŋ^{312}	iəŋ^{312}
清徐	tɕʰiəŋ^{54}	tsəŋ^{54}	səŋ^{54}	səŋ^{54}	səŋ^{54}	səŋ^{45}	tɕiəŋ^{54}	iəŋ^{54}
娄烦	tɕʰiəŋ^{33}	tsəŋ^{312}	səŋ^{312}	səŋ^{312}	səŋ^{312}	səŋ^{54}	tɕiəŋ^{33}	iəŋ^{312}
榆次	tɕʰiɤ̃^{53}	tsɤ̃^{53}	sɤ̃^{53}	sɤ̃^{53}	sɤ̃^{53}	sɤ̃^{35}	tɕiɤ̃^{53}	iɤ̃^{11}
交城	tɕʰiə̃^{53}	tsə̃^{53}	sə̃^{53}	sə̃^{53}	sə̃^{53}	sə̃^{24}	tɕiə̃^{53}	iə̃^{53}
文水	tɕiɔŋ^{423}	tsɔŋ^{423}	sɔŋ^{423}	sɔŋ^{423}	sɔŋ^{423}	sɔŋ^{35}	tɕiɔŋ^{423}	iɔŋ^{423}
祁县	tɕʰiɔõ^{314}	tʂɔõ^{314}	ʂɔõ^{314}	ʂɔõ^{314}	ʂɔõ^{314}	ʂɔõ^{45}	tɕiɔõ^{314}	iɔõ^{314}
太谷	tɕʰiə̃^{312}	tsə̃^{312}	sə̃^{312}	sə̃^{312}	sə̃^{312}	sə̃^{53}	tɕiə̃^{312}	iə̃^{312}
平遥	tɕʰiəŋ^{512}	tʂəŋ^{24}	ʂəŋ^{512}	ʂəŋ^{512}	ʂəŋ^{512}	ʂəŋ^{24}	tɕiəŋ^{512}	iəŋ^{512}
孝义	tɕʰiə̃^{312}	tʂə̃^{454}	sə̃^{312}	ʂə̃^{312}	sə̃^{312}	ʂə̃^{454}	tɕiə̃^{312}	iə̃^{312}
介休	tɕin^{423}	tʂəŋ^{423}	ʂəŋ^{423}	ʂəŋ^{423}	ʂəŋ^{423}	ʂəŋ^{45}	tɕin^{423}	in^{423}
灵石	tɕʰiŋ^{212}	tsəŋ^{212}	səŋ^{212}	səŋ^{212}	səŋ^{212}	səŋ^{53}	tɕiŋ^{212}	iŋ^{212}
盂县	tɕʰiə̃^{53}	tsə̃^{55}	sə̃^{53}	sə̃^{53}	sə̃^{53}	sə̃^{55}	tɕiə̃^{53}	iə̃^{53}
寿阳	tɕʰiə̃^{53}	tsə̃^{45}	sə̃^{53}	sə̃^{53}	sə̃^{53}	sə̃^{45}	tɕiə̃^{53}	iə̃^{53}
榆社	tɕʰieɪ^{312}	tseɪ^{312}	seɪ^{312}	seɪ^{312}	seɪ^{312}	seɪ^{45}	tɕieɪ^{312}	ieɪ^{312}
离石	tɕʰiəŋ^{312}	tsəŋ^{312}	səŋ^{312}	səŋ^{312}	səŋ^{312}	səŋ^{53}	tɕiəŋ^{312}	iəŋ^{53}
汾阳	tɕʰiẽ^{312}	tʂəŋ^{312}	ʂəŋ^{312}	ʂəŋ^{312}	ʂəŋ^{312}	ʂəŋ^{55}	tɕiẽ^{312}	iẽ^{312}
中阳	tɕʰiə̃^{423}	tsə̃^{423}	sə̃^{423}	sə̃^{423}	sə̃^{423}	sə̃^{53}	tɕiə̃^{423}	iə̃^{53}
柳林	tɕʰiə̃^{312}	tsə̃^{53}	sə̃^{312}	sə̃^{312}	sə̃^{312}	sə̃^{53}	tɕiə̃^{312}	iə̃^{312}
方山	tɕʰiə̃ŋ^{312}	tʂə̃ŋ^{312}	ʂə̃ŋ^{312}	ʂə̃ŋ^{312}	ʂə̃ŋ^{312}	ʂə̃ŋ^{52}	tɕiə̃ŋ^{312}	iə̃ŋ^{312}
临县	tɕʰiə̃^{312}	tʂə̃^{52}	ʂə̃^{312}	ʂə̃^{312}	ʂə̃^{312}	ʂə̃^{52}	tɕiə̃^{312}	iə̃^{312}
兴县	tɕʰiəŋ^{324}	tʂəŋ^{324}	ʂəŋ^{324}	ʂəŋ^{324}	ʂəŋ^{324}	ʂəŋ^{53}	tɕiəŋ^{324}	iəŋ^{324}/iəŋ^{53}
岚县	tɕʰiəŋ^{312}	tsəŋ^{312}	səŋ^{312}	səŋ^{312}	səŋ^{312}	səŋ^{53}	tɕiəŋ^{312}	iəŋ^{312}
静乐	tɕʰiɤ̃^{314}	tsɤ̃^{53}	sɤ̃^{314}	sɤ̃^{314}	sɤ̃^{314}	sɤ̃^{53}	tɕiɤ̃^{314}	iɤ̃^{53}
交口	tɕʰiəŋ^{323}	tsəŋ^{323}	səŋ^{323}	səŋ^{323}	səŋ^{323}	səŋ^{53}	tɕiəŋ^{323}	iəŋ^{323}
石楼	tɕʰiəŋ^{213}	tʂəŋ^{123}	ʂəŋ^{213}	ʂəŋ^{213}	ʂəŋ^{213}	ʂəŋ^{51}	tɕiəŋ^{213}	iəŋ^{213}
隰县	tɕʰiəŋ^{21}	tsəŋ^{21}	səŋ^{21}	səŋ^{21}	səŋ^{21}	səŋ^{44}	tɕiəŋ^{21}	iəŋ^{21}

续表

字目	寝	枕~席	审	婶	沈姓	甚	锦	饮~水
中古音 / 方言点	七稔 深开三 上寝清	章荏 深开三 上寝章	式荏 深开三 上寝书	式荏 深开三 上寝书	式荏 深开三 上寝书	常枕 深开三 上寝禅	居饮 深开三 上寝见	於锦 深开三 上寝影
大宁	tɕʰiən^{55}	tʂəŋ^{55}	ʂəŋ^{31}	ʂəŋ^{31}	ʂəŋ^{31}	ʂəŋ^{55}	tɕiən^{31}	niən^{55}白/ iən^{55}文
永和	tɕʰiəŋ^{312}	tʂəŋ^{312}	ʂəŋ^{312}	ʂəŋ^{312}	ʂəŋ^{312}	ʂəŋ^{53}	tɕiəŋ^{312}	iəŋ^{35}
汾西	tɕʰəŋ^{55}	tsəŋ^{55}	səŋ^{33}	səŋ^{33}	səŋ^{11}	səŋ^{53}	tɕəŋ^{33}	niəŋ^{55}/ niəŋ^{33}白/ iəŋ^{33}文
蒲县	tɕʰieĩ^{31}	tʂeĩ^{33}	ʂeĩ^{31}	ʂeĩ^{31}	ʂeĩ^{31}	ʂeĩ^{33}	tɕieĩ^{52}	ieĩ^{31}
潞州	tɕʰiŋ^{535}	tsəŋ^{535}	səŋ^{535}	səŋ^{535}	səŋ^{535}	səŋ^{54}	tɕiŋ^{535}	iŋ^{535}
上党	tɕʰiŋ^{535}	tsəŋ^{535}	səŋ^{535}	səŋ^{535}	səŋ^{535}	səŋ^{42}	tɕiŋ^{535}	iŋ^{535}
长子	tsʰẼ^{434}	tsẼ^{434}	sẼ^{434}	sẼ^{434}	sẼ^{434}	sẼ^{53}	tsẼ^{434}	iẼ^{434}
屯留	tɕʰiẽ^{43}	tsẽ^{43}	sẽ^{43}	sẽ^{43}	sẽ^{43}	sẽ^{11}	tɕiẽ^{43}	iẽ^{43}
襄垣	tɕʰiəŋ^{42}	tsəŋ^{45}	səŋ^{42}	səŋ^{45}	səŋ^{42}	səŋ^{45}	tɕiəŋ^{42}	iəŋ^{42}
黎城	tɕiẽ^{213}	tɕiẽ^{213}	ɕiẽ^{213}	ɕiẽ^{213}	ɕiẽ^{213}	ɕiẽ^{53}	ciẽ^{213}	iẽ^{213}
平顺	tɕʰiẼ^{434}	tɕẼ^{434}	ɕẼ^{434}	ɕẼ^{434}	ɕẼ^{434}	ɕẼ^{53}	ciẼ^{434}	iẼ^{434}
壶关	cʰiŋ^{535}	tʂəŋ^{535}	ʂəŋ^{535}	ʂəŋ^{535}	ʂəŋ^{535}	ʂəŋ^{353}	ciŋ^{535}	iŋ^{535}
沁县	tɕʰiə̃^{214}	——	sə̃^{214}	sə̃^{214}	sə̃^{214}	sə̃^{53}	tɕiə̃^{214}	iə̃^{214}
武乡	tɕʰiɐŋ^{213}	tsɐŋ^{213}	sɐŋ^{213}	sɐŋ^{213}	sɐŋ^{213}	sɐŋ^{55}	tɕiɐŋ^{213}	——
沁源	tɕʰiə̃^{324}	tʂə̃^{324}	ʂə̃^{324}	ʂə̃^{324}	ʂə̃^{324}	ʂə̃^{53}	tɕiə̃^{324}	iə̃^{324}
安泽	tɕʰiəŋ^{42}	tsəŋ^{42}	səŋ^{42}	səŋ^{42}	səŋ^{42}	səŋ^{53}	tɕiəŋ^{42}	iəŋ^{42}/iəŋ^{53}
沁水端氏	tɕʰiŋ^{31}	tsəŋ^{31}	səŋ^{31}	səŋ^{31}	səŋ^{31}	səŋ^{53}	tɕiŋ^{31}	iŋ^{31}/iŋ^{53}
阳城	tɕʰiə̃ĩ^{212}	tʂə̃ĩ^{212}	ʂə̃ĩ^{212}	ʂə̃ĩ^{212}	ʂə̃ĩ^{212}	ʂɑ̃ŋ^{51}	ciə̃ĩ^{212}	iə̃ĩ^{212}
高平	tɕʰiə̃ĩ^{212}	tʂə̃ĩ^{212}	ʂə̃ĩ^{212}	ʂə̃ĩ^{212}	ʂə̃ĩ^{212}	ʂə̃ĩ^{53}	ciə̃ĩ^{212}	iə̃ĩ^{212}
陵川	cʰiə̃ĩ^{312}	tʂə̃ĩ^{312}	ʂə̃ĩ^{312}	ʂə̃ĩ^{312}	ʂə̃ĩ^{312}	ʂə̃ĩ^{24}	ciə̃ĩ^{312}	iə̃ĩ^{312}
晋城	tɕʰiẽ^{213}	tʂɐ̃^{33}	ʂɐ̃^{213}	ʂɐ̃^{213}	ʂɐ̃^{213}	ʂɐ̃^{53}	tɕiẽ^{213}	iẽ^{213}
忻府	tɕʰiəŋ^{313}	tʂəŋ^{53}	ʂəŋ^{313}	ʂəŋ^{313}	ʂəŋ^{313}	ʂəŋ^{53}	tɕiəŋ^{313}	iəŋ^{313}
原平	tɕʰiəŋ^{213}	tʂəŋ^{53}	ʂəŋ^{213}	ʂəŋ^{213}	ʂəŋ^{213}	ʂəŋ^{53}	tɕiəŋ^{213}	iəŋ^{53}
定襄	tɕʰiəŋ^{24}	tʂəŋ^{24}	ʂəŋ^{24}	ʂəŋ^{24}	ʂəŋ^{24}	ʂəŋ^{53}	tɕiəŋ^{24}	iəŋ^{24}
五台	tɕʰiən^{213}	tsən^{52}	sən^{213}	sən^{213}	sən^{213}	sən^{52}	tɕiən^{213}	iən^{213}
岢岚	tɕʰiəŋ^{13}	tʂəŋ^{52}	ʂəŋ^{13}	ʂəŋ^{13}	ʂəŋ^{13}	ʂəŋ^{52}	tɕiəŋ^{13}	iəŋ^{13}
五寨	tɕʰiəɣ̃^{13}	tsəɣ̃^{52}	səɣ̃^{13}	səɣ̃^{13}	səɣ̃^{13}	səɣ̃^{52}	tɕiəɣ̃^{13}	iəɣ̃^{13}
宁武	tɕiɤɯ^{213}	——	sɤɯ^{213}	sɤɯ^{213}	sɤɯ^{213}	sɤɯ^{52}	tɕiɤɯ^{213}	iɤɯ^{213}
神池	tɕiə̃^{13}	tsə̃^{13}	sə̃^{13}	sə̃^{13}	sə̃^{13}	sə̃^{52}	tɕiə̃^{13}	iə̃^{13}

续表

字目	寝	枕~席	审	婶	沈姓	甚	锦	饮~水
中古音／方言点	七稔 深开三 上寝清	章荏 深开三 上寝章	式荏 深开三 上寝书	式荏 深开三 上寝书	式荏 深开三 上寝书	常枕 深开三 上寝禅	居饮 深开三 上寝见	於锦 深开三 上寝影
繁峙	tɕʰiəŋ^{31}	tsəŋ^{53}	səŋ^{53}	səŋ^{53}	səŋ^{53}	səŋ^{24}	tɕiəŋ^{53}	iəŋ^{53}
代县	tɕʰiɤŋ^{213}	tsɤŋ^{53}	sɤŋ^{213}	sɤŋ^{213}	sɤŋ^{53}	sɤŋ^{53}	tɕiɤŋ^{213}	iɤŋ^{213}
河曲	tɕʰiŋ^{213}	tʂɤŋ^{52}	ʂɤŋ^{213}	ʂɤŋ^{213}	ʂɤŋ^{213}	ʂɤŋ^{52}	tɕiŋ^{213}	iŋ^{213}
保德	tɕʰiəŋ^{213}	tʂəŋ^{213}	ʂəŋ^{213}	ʂəŋ^{213}	ʂəŋ^{213}	ʂəŋ^{52}	tɕiəŋ^{213}	iəŋ^{213}
偏关	tɕʰiɤŋ^{213}	tʂɤŋ^{52}	ʂɤŋ^{213}	ʂɤŋ^{213}	ʂɤŋ^{213}	ʂɤŋ^{52}	tɕiɤŋ^{213}	iɤŋ^{213}
朔城	tɕʰiə̃^{312}	——	sə̃^{312}	sə̃^{312}	sə̃^{312}	sə̃^{53}	——	iə̃^{53}
平鲁	ɕiəɯ^{213}	tsəɯ^{213}	səɯ^{213}	səɯ^{213}	səɯ^{213}	səɯ^{52}	tɕiəɯ^{213}	iəɯ^{213}
应县	tɕʰiəŋ^{54}	tsəŋ^{31}	səŋ^{54}	səŋ^{54}	səŋ^{54}	səŋ^{24}	tɕiəŋ^{54}	iəŋ^{24}
灵丘	tɕʰiŋ^{442}	tsəŋ^{442}	səŋ^{442}	səŋ^{442}	səŋ^{442}	səŋ^{53}	tɕiŋ^{442}	iŋ^{442}
浑源	tɕʰiə̃^{52}	tsə̃^{13}	sə̃^{52}	sə̃^{52}	sə̃^{52}	sə̃^{13}	tɕiə̃^{52}	iə̃^{52}
云州	tɕʰiəɣ^{55}	tʂəɣ^{55}	ʂəɣ^{55}	ʂəɣ^{55}	ʂəɣ^{55}	ʂəɣ^{24}	tɕiəɣ^{55}	iəɣ^{55}
新荣	tɕʰiɣ^{54}	tʂɤɣ^{54}	ʂɤɣ^{54}	ʂɤɣ^{54}	ʂɤɣ^{54}	ʂɤɣ^{24}	tɕiɣ^{54}	iɣ^{54}/iɣ^{24}
怀仁	tɕʰiəŋ^{53}	tsəŋ^{24}	səŋ^{53}	səŋ^{53}	səŋ^{53}	səŋ^{24}	tɕiəŋ^{53}	iəŋ^{53}
左云	tɕʰiəɣ^{54}	tsəɣ^{54}	səɣ^{54}	səɣ^{54}	səɣ^{54}	səɣ^{24}	tɕiəɣ^{54}	iəɣ^{54}
右玉	tʰɕiə̃ɣ^{53}	tʂə̃ɣ^{53}	ʂə̃ɣ^{53}	ʂə̃ɣ^{53}	ʂə̃ɣ^{53}	ʂə̃ɣ^{24}	tɕiə̃ɣ^{53}	iə̃ɣ^{53}
阳高	tɕʰiəŋ^{53}	tsəŋ^{53}	səŋ^{53}	səŋ^{53}	səŋ^{53}	səŋ^{24}	tɕiəŋ^{53}	iəŋ^{53}
山阴	tɕʰiə̃^{52}	——	ʂə̃^{52}	ʂə̃^{52}	ʂə̃^{52}	ʂə̃^{335}	tɕiə̃^{52}	iə̃^{52}
天镇	tɕʰiɤɣ^{55}	tsɤɣ^{24}	sɤɣ^{55}	sɤɣ^{55}	sɤɣ^{55}	sɤɣ^{24}	tɕiɤɣ^{55}	iɤɣ^{55}
平定	tɕʰiɤŋ^{53}	tʂɤŋ^{24}	ʂɤŋ^{53}	ʂɤŋ^{53}	ʂɤŋ^{53}	ʂɤŋ^{24}	tɕiɤŋ^{53}	iɤŋ^{53}
昔阳	tɕʰiəŋ^{55}	tʂəŋ^{55}	ʂəŋ^{55}	ʂəŋ^{55}	ʂəŋ^{55}	ʂəŋ^{13}	tɕiəŋ^{55}	iəŋ^{55}
左权	tɕʰiəŋ^{42}	tʂəŋ^{53}	ʂəŋ^{42}	ʂəŋ^{42}	ʂəŋ^{42}	ʂəŋ^{53}	tɕiəŋ^{42}	iəŋ^{42}
和顺	tɕʰiəŋ^{53}	——	ʂəŋ^{53}	ʂəŋ^{53}	ʂəŋ^{53}	ʂəŋ^{13}	tɕiəŋ^{53}	iəŋ^{53}
尧都	tɕʰiəŋ^{53}	tʂə̃^{53}	ʂə̃^{53}	ʂə̃^{53}	ʂə̃^{53}	ʂə̃^{44}	tɕiəŋ^{53}	iə̃^{53}
洪洞	tɕʰien^{24}	tʂen^{42}	ʂen^{42}	ʂen^{42}	ʂen^{42}	ʂen^{42}	tɕien^{21}	ien^{42} 文
洪洞赵城	tɕʰieŋ^{24}	tʂeŋ^{24}	ʂeŋ^{42}	ʂeŋ^{42}	ʂeŋ^{21}	ʂeŋ^{24}	tɕieŋ^{21}	ieŋ^{24}
古县	tɕin^{42}	tʂen^{42}	ʂen^{42}	ʂen^{42}	ʂen^{42}	ʂen^{53}	tɕin^{42}	ȵin^{35}
襄汾	tɕʰien^{24}	tʂen^{42}	ʂen^{42}	ʂen^{42}	ʂen^{42}	ʂen^{44}	tɕien^{42}	ȵien^{44}/ien^{42}
浮山	tɕʰiẽĩ^{13}	tʂẽĩ^{33}	ʂẽĩ^{33}	ʂẽĩ^{33}	ʂẽĩ^{33}	ʂẽĩ^{44}	tɕiẽĩ^{33}	iẽĩ^{33}
霍州	tɕʰiŋ^{33}	tʂəŋ^{33}	ʂəŋ^{33}	ʂəŋ^{33}	ʂəŋ^{33}	ʂəŋ^{53}	tɕiŋ^{33}	iŋ^{33}
翼城	tɕʰiŋ^{44}	tʂəŋ^{44}	ʂəŋ^{44}	ʂəŋ^{44}	ʂəŋ^{44}	ʂəŋ^{53}	tɕiŋ^{44}	iŋ^{44}
闻喜	tɕʰiẽĩ^{33}	tsẽĩ^{33}	sẽĩ^{33}	sẽĩ^{13}	sẽĩ^{33}	sẽĩ^{13}	tɕiẽĩ^{33}	iẽĩ^{33}/ȵiẽĩ^{33}

续表

字目	寝	枕~席	审	婶	沈姓	甚	锦	饮~水
中古音 方言点	七稔 深开三 上寝清	章荏 深开三 上寝章	式荏 深开三 上寝书	式荏 深开三 上寝书	式荏 深开三 上寝书	常枕 深开三 上寝禅	居饮 深开三 上寝见	於锦 深开三 上寝影
侯马	tɕʰieĩ^{44}	tʂeĩ^{44}	ʂeĩ^{44}	ʂeĩ^{44}	ʂeĩ^{44}	ʂeĩ^{53}	tɕieĩ^{214}	ieĩ^{214}
新绛	tɕʰiẽ^{13}	tʂẽ^{53}	ʂẽ^{44}	ʂẽ^{44}	ʂẽ^{44}	ʂẽ^{53}	tɕiẽ^{53}	iẽ^{44}
绛县	tɕʰieĩ^{33}	tʂeĩ^{33}	ʂeĩ^{33}	ʂeĩ^{33}	ʂeĩ^{33}	ʂeĩ^{53}	tɕieĩ^{33}	ieĩ^{31}
垣曲	tɕʰiə̃^{22}	tʂə̃^{53}	ʂə̃^{44}	ʂə̃^{44}	ʂə̃^{44}	ʂə̃^{53}	tɕiə̃^{53}	iə̃^{53}
夏县	tɕʰiei^{24}	tʂei^{24}	ʂei^{24}	ʂei^{24}	ʂei^{24}	ʂei^{31}	tɕiei^{24}	ȵiei^{24} 白 / iei^{24} 文
万荣	tɕʰiei^{55}	tʂei^{33}	ʂei^{55}	ʂei^{55}	ʂei^{55}	ʂei^{33}	tɕiei^{55}	ȵiei^{55}
稷山	tɕʰiə̃^{44}	tʂə̃^{42}	ʂə̃^{44}	ʂə̃^{53}	ʂə̃^{53}	ʂə̃^{42}	tɕiə̃^{44}	iə̃^{44}
盐湖	tɕʰieĩ^{53}	tʂeĩ^{53}	ʂeĩ^{53}	ʂeĩ^{53}	ʂeĩ^{53}	ʂeĩ^{44}	tɕieĩ^{53}	ieĩ^{53}
临猗	tɕʰieĩ^{53}	tʂeĩ^{44}	ʂeĩ^{53}	ʂeĩ^{53}	ʂeĩ^{53}	ʂeĩ^{44}	tɕieĩ^{53}	ȵieĩ^{53} 白 / ieĩ^{53} 文
河津	tɕʰiẽ^{53}	tʂẽ^{44} 白 / tʂaŋ^{44} 文	ʂẽ^{53}	ʂẽ^{53}	ʂẽ^{53}	ʂẽ^{31}	tɕiẽ^{53}	ȵiəŋ^{44} 白 / iẽ^{53} 文
平陆	tɕʰiei^{55}	tʂei^{55}	ʂei^{55}	ʂei^{55}	ʂei^{55}	ʂei^{33}	tɕiei^{55}	ȵiei^{55}
永济	tɕʰiei^{53}	tʂei^{53}	ʂei^{53}	ʂei^{53}	ʂei^{53}	ʂei^{44}	tɕiei^{53}	ȵiei^{44} 白 / iei^{53} 文
芮城	tɕʰieĩ^{53}	tʂeĩ^{53}	ʂeĩ^{53}	ʂeĩ^{53}	ʂeĩ^{53}	ʂeĩ^{44}	tɕieĩ^{53}	ieĩ^{42}
吉县	tɕʰiei^{423}	tʂei^{53}	ʂei^{53}	ʂei^{53}	ʂei^{53}	ʂei^{53}	tɕiei^{53}	iei^{53}
乡宁	tɕʰiəŋ^{44}	tʂəŋ^{44}	ʂəŋ^{44}	ʂəŋ^{44}	ʂəŋ^{44}	ʂəŋ^{22}	tɕiəŋ^{44}	ȵiəŋ^{22}
广灵	tɕʰiŋ^{44}	tsəŋ^{44}	səŋ^{44}	səŋ^{44}	səŋ^{44}	səŋ^{213}	tɕiŋ^{44}	iŋ^{44}

字目	浸	渗	枕~戈待旦	任责~	禁~止	立	粒	笠
中古音／方言点	子鸩 深开三 去沁精	所禁 深开三 去沁生	章荏 深开三 去沁章	汝鸩 深开三 去沁日	居荫 深开三 去沁见	力入 深开三 入缉来	力入 深开三 入缉来	力入 深开三 入缉来
北京	tɕin^{51}	ʂən^{51}	tʂən^{214}	ʐən^{51}	tɕin^{51}	li^{51}	li^{51}	li^{51}
小店	tɕiə̃^{53}/tɕiə̃^{24}	səŋ^{24}	tsəŋ^{24}	zəŋ^{24}	tɕiə̃^{24}	liəʔ^{1}	liəʔ^{1}	liəʔ^{1}
尖草坪	tɕiʌŋ^{35}	sʌŋ^{35}	tsʌŋ^{35}	zʌŋ^{35}	tɕiʌŋ^{35}	liəʔ^{2}	liəʔ^{2}	liəʔ^{2}
晋源	tɕin^{35}	səŋ^{35}	tsəŋ^{35}	zəŋ^{35}	tɕin^{35}	liəʔ^{2}	liəʔ^{2}	li^{35}
阳曲	tɕiə̃^{454}	sə̃^{312}	tsə̃^{454}	zə̃^{454}	tɕiə̃^{454}	liɛʔ^{4}	liɛʔ^{4}	li^{454}
古交	tɕiəŋ^{53}	səŋ^{53}	tsəŋ^{312}	zəŋ^{53}	tɕiəŋ^{53}	liəʔ^{4}	liəʔ^{4}	liəʔ^{4}
清徐	tɕiəŋ^{45}	səŋ^{45}	tsəŋ^{45}	zəŋ^{45}	tɕiəŋ^{45}	liəʔ^{1}	liəʔ^{1}	liəʔ^{1}
娄烦	tɕiəŋ^{54}	səŋ^{54}	tsəŋ^{54}	zəŋ^{54}	tɕiəŋ^{54}	liəʔ^{3}	liəʔ^{3}	liəʔ^{3}
榆次	tɕiɣ̃^{35}	sɣ̃^{35}	tsɣ̃^{53}	zɣ̃^{35}	tɕiɣ̃^{35}	liəʔ^{1}	liəʔ^{1}	liəʔ^{1}
交城	tɕiə̃^{24}	sə̃^{24}	tsə̃^{24}	ʐə̃^{24}	tɕiə̃^{24}	ləʔ^{1} 白 / liəʔ^{1} 文	liəʔ^{1}	liəʔ^{1}
文水	tɕʰiɔŋ^{35} 白 / tɕiɔŋ^{35} 文	sɔŋ^{35}	tsɔŋ^{35}	ʐɔŋ^{35}	tɕiɔŋ^{35}	liəʔ^{2}	liəʔ^{2}/lɿ^{35}	liəʔ^{2}
祁县	tɕiɔõ^{45}	sɔõ^{45}	tʂɔõ^{45}	ʐɔõ^{45}	tɕiɔõ^{45}	liəʔ$^{\underline{32}}$	liəʔ$^{\underline{32}}$	liəʔ$^{\underline{32}}$
太谷	tɕiə̃^{53}	sə̃^{53}	tsə̃^{53}	zə̃^{53}	tɕiə̃^{53}	liəʔ^{3}	liəʔ^{3}	liəʔ^{3}
平遥	tɕʰiəŋ^{213}	səŋ^{24}	tʂəŋ^{24}	ʐəŋ^{24}	tɕiəŋ^{24}	liʌʔ$^{\underline{523}}$	liʌʔ$^{\underline{523}}$	liʌʔ$^{\underline{523}}$
孝义	tɕiə̃^{33}	ʂə̃^{454}	tʂə̃^{454}	ʐə̃^{454}	tɕiə̃^{454}	liəʔ^{3}	liəʔ^{3}	liəʔ^{3}
介休	tɕʰin^{45} 白 / tɕin^{45} 文	ʂəŋ^{45}	tʂəŋ^{45}	ʐəŋ^{45}	tɕin^{45}	liʌʔ$^{\underline{12}}$	liʌʔ$^{\underline{12}}$	liʌʔ$^{\underline{12}}$
灵石	tɕiŋ^{53}	səŋ^{53}	tsəŋ^{212}	ʐəŋ^{53}	tɕiŋ^{53}	liəʔ^{4}	liəʔ^{4}	liəʔ^{4}
盂县	tɕiə̃^{55}	sə̃^{55}	tsə̃^{55}	zə̃^{55}	tɕiə̃^{55}	liəʔ^{2}	liəʔ^{2}	liəʔ^{2}
寿阳	tɕiə̃^{45}	sə̃^{45}	tsə̃^{45}	zə̃^{45}	tɕiə̃^{45}	liəʔ^{2}	liəʔ^{2}	liəʔ^{2}
榆社	tɕie^{45}	sɛɪ^{45}	tsɛɪ^{45}	zɛɪ^{45}	tɕie^{45}	liəʔ^{2}	liəʔ^{2}	liəʔ^{2}
离石	tɕiəŋ^{53}	səŋ^{53}	tsəŋ^{53}	zəŋ^{53}	tɕiəŋ^{53}	lieʔ$^{\underline{23}}$	lieʔ^{4}	lieʔ^{4}
汾阳	tɕiẼ^{55}	səŋ^{55}	tʂəŋ^{55}	ʐəŋ^{55}	tɕiẼ^{55}	lieʔ$^{\underline{312}}$	lieʔ$^{\underline{312}}$	lieʔ$^{\underline{312}}$
中阳	tɕiə̃^{53}	sə̃^{53}	tsə̃^{53}	ʐə̃^{53}	tɕiə̃^{53}	lieʔ^{4}	lieʔ^{4}	lieʔ^{4}
柳林	tɕiə̃^{53}	sə̃^{53}	tsə̃^{53}	zə̃^{53}	tɕiə̃^{53}	liɛʔ^{423}	liɛʔ^{4}	liɛʔ^{4}
方山	tɕiə̃ŋ^{52}	sə̃ŋ^{52}	tʂə̃ŋ^{312}	ʐə̃ŋ^{52}	tɕiə̃ŋ^{52}	liɛʔ^{23}	liɛʔ^{4}	li^{52}
临县	tɕiə̃^{52}	sə̃^{52}	tʂə̃^{52}	ʐə̃^{52}	tɕiə̃^{52}	liɐʔ$^{\underline{24}}$	liɐʔ$^{\underline{24}}$	liɐʔ$^{\underline{24}}$
兴县	tɕiəŋ^{53}	səŋ^{53}	tʂəŋ^{324}	ʐəŋ^{53}	tɕiəŋ^{53}	liəʔ$^{\underline{312}}$	liəʔ^{5}	——
岚县	tɕiəŋ^{53}	səŋ^{53}	tsəŋ^{312}	ʐəŋ^{53}	tɕiəŋ^{53}	liəʔ^{4}	liəʔ^{4}	liəʔ^{4}
静乐	tɕiɣ̃^{53}	sɣ̃^{53}	tsɣ̃^{24}	zɣ̃^{53}	tɕiɣ̃^{53}	liəʔ^{4}	liəʔ^{4}	liəʔ^{4}

续表

字目	浸	渗	枕~戈待旦	任责~	禁~止	立	粒	笠
中古音 / 方言点	子鸩 深开三 去沁精	所禁 深开三 去沁生	章荏 深开三 去沁章	汝鸩 深开三 去沁日	居荫 深开三 去沁见	力入 深开三 入缉来	力入 深开三 入缉来	力入 深开三 入缉来
交口	tɕʰiəŋ^{53}/ tɕiəŋ^{53}	səŋ^{53}	——	zə̡ŋ^{53}	tɕiəŋ^{53}	lieʔ^{4}	lieʔ^{4}	lieʔ^{4}
石楼	tɕiəŋ^{51}	səŋ^{51}	tʂəŋ^{51}	zə̡ŋ^{51}	tɕiəŋ^{51}	liəʔ^{4}	liəʔ^{4}	liəʔ^{4}
隰县	tɕʰiəŋ^{44}	səŋ^{44}	tsəŋ^{44}	zəŋ^{44}	tɕiəŋ^{44}	liəʔ^{3}	liəʔ^{3}	liəʔ^{3}
大宁	tɕʰiən^{55}	səŋ^{55}	tʂəŋ^{55}	zə̡ŋ^{55}	tɕiən^{55}	liəʔ$^{\underline{31}}$	liəʔ$^{\underline{31}}$	liəʔ$^{\underline{31}}$
永和	tɕiəŋ^{53}	səŋ^{53}	tʂəŋ^{53}	zə̡ŋ^{53}	tɕiəŋ^{53}	liəʔ$^{\underline{312}}$	liəʔ$^{\underline{312}}$	liəʔ$^{\underline{312}}$
汾西	——	səŋ^{55}	——	zəŋ^{35}	——	liəʔ^{1}	liəʔ^{1}	liəʔ^{1}
蒲县	tɕʰieĩ^{33}	seĩ^{33}	tʂeĩ^{31}	zʅeĩ^{33}	tɕieĩ^{33}	li^{52}	li^{33}	li^{33}
潞州	tɕiŋ^{44}	səŋ^{44}	tsəŋ^{44}	iŋ^{54}	tɕiŋ^{44}	liəʔ$^{\underline{53}}$	liəʔ$^{\underline{53}}$	liəʔ$^{\underline{53}}$
上党	tɕiŋ^{22}	səŋ^{22}	tsəŋ^{535}	iŋ^{42}	tɕiŋ^{22}	liəʔ$^{\underline{21}}$	liəʔ$^{\underline{21}}$	liəʔ$^{\underline{21}}$
长子	tsʰẼ^{422}	sẼ^{422}	tsẼ^{422}	iẼ^{53}	tsẼ^{422}	liəʔ^{4}	liəʔ^{4}	liəʔ$^{\underline{212}}$
屯留	tɕiẽ^{53}	sẽ^{53}	tsẽ^{53}	iẽ^{53}	tɕiẽ^{53}	liəʔ^{1}	liəʔ^{1}	liəʔ^{1}
襄垣	tɕʰiəŋ^{53} 白 / tɕiəŋ^{53} 文	səŋ^{53}	tsəŋ^{53}	zə̡ŋ^{45}	tɕiəŋ^{45}	liʌʔ^{3}	liʌʔ^{3}	liʌʔ^{3}
黎城	tɕʰiẽ^{53}	sei^{53}	tɕiẽ^{53}	iẽ^{53}	ciẽ^{53}	liɤʔ$^{\underline{31}}$	liɤʔ^{2}	li^{53}
平顺	tɕiẼ^{53}	ɕẼ^{53}	tɕẼ^{53}	iẼ^{53}	ciẼ^{53}	liəʔ$^{\underline{423}}$	liəʔ$^{\underline{423}}$	liəʔ$^{\underline{423}}$
壶关	tsiŋ^{42}	ʂəŋ^{42}	tʂəŋ^{535}	iŋ^{13}/iŋ^{353}	ciŋ^{42}	li^{353}	liəʔ$^{\underline{21}}$	li^{353}
沁县	tɕiə̃^{53}	sə̃^{53}	tsə̃^{53}	zə̃^{53}	tɕiə̃^{53}	liəʔ$^{\underline{31}}$	liəʔ$^{\underline{31}}$	liəʔ$^{\underline{31}}$
武乡	tɕiɐŋ^{55}/ tɕʰiɐŋ^{113}	sɐŋ^{55}	tsɐŋ^{55}	zɐŋ^{55}	tɕiɐŋ^{55}	liəʔ^{3}	liəʔ^{3}	liəʔ^{3}
沁源	tɕʰiə̃^{324}	ʂə̃^{53}	tʂə̃^{53}	zə̡̃^{53}	tɕiə̃^{53}	liəʔ$^{\underline{31}}$	liəʔ$^{\underline{31}}$	liəʔ$^{\underline{31}}$
安泽	——	səŋ^{53}	tsəŋ^{53}	zəŋ^{35}/ zəŋ^{53}	tɕiəŋ^{53}	liəʔ$^{\underline{21}}$	li^{53}	li^{53}
沁水端氏	tɕiŋ^{53}	səŋ^{53}	tsəŋ^{53}	zəŋ^{53}	tɕiŋ^{53}	liəʔ^{2}	liəʔ^{2}	liəʔ^{2}
阳城	ciə̃ĩ^{22}	ʂə̃ĩ^{51}	tʂə̃ĩ^{51}	zə̡̃ĩ^{51}	ciə̃ĩ^{51}	liəʔ^{2}	liəʔ^{2}	liəʔ^{2}
高平	tɕiə̃ĩ^{53}	ʂə̃ĩ^{53}	tʂə̃ĩ^{53}	zə̡̃ĩ^{53}	ciə̃ĩ^{53}	liəʔ^{2}	liəʔ^{2}	liəʔ^{2}
陵川	tɕiə̃ĩ^{24}	ʂə̃ĩ^{24}	tʂə̃ĩ^{312}	lə̃ĩ^{24}	ciə̃ĩ^{24}	liəʔ$^{\underline{23}}$	liəʔ$^{\underline{23}}$	liəʔ$^{\underline{23}}$
晋城	tɕiẽ^{53}	ʂɐ̃^{53}	tʂɐ̃^{53}	zɐ̡̃^{53}	tɕiẽ^{53}	liəʔ^{2}	liəʔ^{2}	liəʔ^{2}
忻府	tɕiəŋ^{53}	səŋ^{53}	tʂəŋ^{53}	zə̡ŋ^{53}	tɕiəŋ^{53}	liəʔ$^{\underline{32}}$	liəʔ$^{\underline{32}}$	liəʔ$^{\underline{32}}$
原平	tɕiəŋ^{53}	səŋ^{53}	tʂəŋ^{53}	zə̡ŋ^{33}	tɕiəŋ^{53}	liəʔ$^{\underline{34}}$	liəʔ$^{\underline{34}}$	liəʔ$^{\underline{34}}$
定襄	tɕiəŋ^{53}	ʂəŋ^{53}	tʂəŋ^{24}	zə̡ŋ^{24}	tɕiəŋ^{53}	liəʔ^{3}	liəʔ^{3}	liəʔ^{3}
五台	tɕiən^{52}	sən^{52}	tsən^{52}	zən^{52}	tɕiən^{52}	liəʔ^{3}	liəʔ^{3}	liəʔ^{3}
岢岚	tɕiəŋ^{52}	səŋ^{52}	tʂəŋ^{52}	zə̡ŋ^{52}	tɕiəŋ^{52}	liɛʔ^{4}	liɛʔ^{4}	li^{52}

续表

字目	浸	渗	枕~戈待旦	任责~	禁~止	立	粒	笠
中古音 方言点	子鸩 深开三 去沁精	所禁 深开三 去沁生	章荏 深开三 去沁章	汝鸩 深开三 去沁日	居荫 深开三 去沁见	力入 深开三 入缉来	力入 深开三 入缉来	力入 深开三 入缉来
五寨	tɕiəỹ^{52}	səỹ^{52}	tsəỹ^{52}	zəỹ^{52}	tɕiəỹ^{52}	liəʔ^{4}	liəʔ^{4}	liəʔ^{4}
宁武	tɕiɤɯ^{52}	sɤɯ^{52}	tsɤɯ^{52}	zɤɯ^{52}	tɕiɤɯ^{52}	liəʔ^{4}	liəʔ^{4}	liəʔ^{4}
神池	tɕiə̃^{52}	sə̃^{52}	tsə̃^{13}	zə̃^{32}	tɕiə̃^{52}	liəʔ^{4}	liəʔ^{4}	liəʔ^{4}
繁峙	tɕiəŋ^{24}	səŋ^{24}	tsəŋ^{24}	ʐəŋ^{24}	tɕiəŋ^{24}	liəʔ$^{\underline{13}}$	li^{24}	li^{24}
代县	tɕiɤŋ^{53}	sɤŋ^{53}	tsɤŋ^{53}	zɤŋ^{53}	tɕiɤŋ^{53}	liəʔ^{2}	liəʔ^{2}	liəʔ^{2}
河曲	tɕiŋ^{52}	ʂɤŋ^{52}	tʂɤŋ^{52}	ʐɤŋ^{52}	tɕiŋ^{213}	liəʔ^{4}	liəʔ^{4}	liəʔ^{4}
保德	tɕiəŋ^{52}	səŋ^{52}	tʂəŋ^{52}	ʐəŋ^{52}	tɕiəŋ^{52}	liəʔ^{4}	liəʔ^{4}	liəʔ^{4}
偏关	tɕiɤŋ^{52}	sɤŋ^{52}	tʂɤŋ^{52}	ʐɤŋ^{52}	tɕiɤŋ^{52}	liəʔ^{4}	liəʔ^{4}	liəʔ^{4}
朔城	tɕiə̃^{53}	sə̃^{53}	tsə̃^{53}	ʐə̃^{53}	tɕiə̃^{53}	liəʔ$^{\underline{35}}$	liəʔ$^{\underline{35}}$	liəʔ$^{\underline{35}}$
平鲁	tɕiəɯ^{52}	səɯ^{52}	tsəɯ^{52}	zəɯ^{52}	——	liəʔ$^{\underline{34}}$	liəʔ$^{\underline{34}}$	liəʔ$^{\underline{34}}$
应县	tɕiəŋ^{24}	səŋ^{24}	tsəŋ^{24}	zəŋ^{24}	tɕiəŋ^{24}	li^{24}/liɛʔ$^{\underline{43}}$	li^{24}/liɛʔ$^{\underline{43}}$	liɛʔ$^{\underline{43}}$
灵丘	tɕiŋ^{53}	səŋ^{53}	tsəŋ^{53}	zəŋ^{31}	tɕiŋ^{53}	li^{53}	li^{53}	li^{53}
浑源	tɕiə̃^{13}	sə̃^{13}	tsə̃^{13}	zə̃^{13}	tɕiə̃^{13}	li^{13}/liəʔ^{4}	liəʔ^{4}	liəʔ^{4}
云州	tɕiəɣ^{24}	ʂəɣ^{24}	tʂəɣ^{24}	ʐəɣ^{24}	tɕiəɣ^{24}	liəʔ^{4}	liəʔ^{4}	liəʔ^{4}
新荣	tɕiɣ^{24}	ʂɤɣ^{24}	tʂɤɣ^{24}	ʐɤɣ^{312}/ʐɤɣ^{24}	tɕiɣ^{24}	liəʔ^{4}	liəʔ^{4}	liəʔ^{4}
怀仁	tɕiəŋ^{24}	səŋ^{24}	tsəŋ^{24}	zəŋ^{24}	tɕiəŋ^{24}	liəʔ^{4}	liəʔ^{4}	liəʔ^{4}
左云	tɕiəɣ^{24}	səɣ^{24}	səɣ^{24}	ʐəɣ^{24}	tɕiəɣ^{24}	liəʔ^{4}	li^{24}	li^{24}
右玉	tɕiə̃ɣ^{24}	sə̃ɣ^{24}	tʂə̃ɣ^{24}	ʐə̃ɣ^{24}	tɕiə̃ɣ^{24}	liəʔ^{4}	liəʔ^{4}	liəʔ^{4}
阳高	tɕiəŋ^{24}	səŋ^{24}	tsəŋ^{24}	ʐəŋ^{24}	tɕiəŋ^{24}	liəʔ^{3}	liəʔ^{3}	liəʔ^{3}
山阴	tɕiə̃^{335}	sə̃^{335}	tʂə̃^{335}	ʐə̃^{335}	tɕiə̃^{335}	liəʔ^{4}	liəʔ^{4}	liəʔ^{4}
天镇	tɕiɤɣ^{55}	sɤɣ^{24}	tsɤɣ^{24}	zɤɣ^{24}	tɕiɤɣ^{24}	liəʔ^{4}	liəʔ^{4}	liəʔ^{4}
平定	——	sɤŋ^{24}	tʂɤŋ^{24}	ʐɤŋ^{44}/ʐɤŋ^{24}	tɕiɤŋ^{24}	lyəʔ 老 / liəʔ$^{\underline{23}}$ 新	liəʔ$^{\underline{23}}$	liəʔ$^{\underline{23}}$
昔阳	tɕiəŋ^{13}	ʂəŋ^{13}	tʂəŋ^{13}	ʐəŋ^{13}	tɕiəŋ^{13}	lei^{13}	lei^{13}	lei^{13}
左权	tɕiəŋ^{53}	səŋ^{53}	tʂəŋ^{53}	ʐəŋ^{53}	tɕiəŋ^{53}	lieʔ^{1}	lieʔ^{1}	lieʔ^{1}
和顺	tɕiəŋ^{13}	səŋ^{13}	tʂəŋ^{13}	ʐəŋ^{13}	tɕiəŋ^{13}	lieʔ$^{\underline{21}}$	lieʔ$^{\underline{21}}$	lieʔ$^{\underline{21}}$
尧都	tɕiəŋ^{53}	ʂə̃^{44}	tʂə̃^{44}	ʐə̃^{44}	tɕiəŋ^{53}	li^{21}	li^{21}	li^{21}
洪洞	tɕʰien^{24}	sen^{33}	tʂen^{33}	ʐen^{53}	tɕien^{33}	li^{21}	li^{24}	li^{21}
洪洞赵城	tɕʰieŋ^{24}	seŋ^{24}	tʂeŋ^{24}	ʐeŋ^{53}	tɕieŋ^{21}	li^{21}	li^{24}	li^{24}
古县	tɕʰin^{35}	sen^{35}	tʂen^{35}	ʐen^{35}	tɕin^{35}	li^{21}	li^{21}	li^{21}
襄汾	tɕʰien^{44}	ʂen^{44}	tʂen^{44}	ʐen^{53}	tɕien^{44}	li^{21}	li^{21}	li^{21}

续表

字目	浸	渗	枕~戈待旦	任责~	禁~止	立	粒	笠
中古音 / 方言点	子鸩 深开三 去沁精	所禁 深开三 去沁生	章荏 深开三 去沁章	汝鸩 深开三 去沁日	居荫 深开三 去沁见	力入 深开三 入缉来	力入 深开三 入缉来	力入 深开三 入缉来
浮山	tɕʰiẽĩ^{44}	ʂẽĩ^{44}	tʂẽĩ^{44}	ʐẽĩ^{13}/ʐẽĩ^{53}	tɕiẽĩ^{44}	li^{42}	li^{13}	li^{42}
霍州	tɕiŋ^{55}	səŋ^{55}	tʂəŋ^{55}	ʐəŋ^{53}	tɕiŋ^{55}	li^{212}	li^{212}	li^{53}
翼城	tɕiŋ^{53}	ʂəŋ^{53}	tʂəŋ^{44}	ʐəŋ^{53}	tɕiŋ^{53}	li^{53}	li^{53}	li^{53}
闻喜	tɕʰiẽĩ^{53}	sẽĩ^{53}	tsẽĩ^{33}	zẽĩ^{13}	tɕiẽĩ^{53}	liᴇ^{53} 白 / li^{53} 文	li^{53}	——
侯马	tɕʰieĩ^{53}	ʂeĩ^{53}	tʂeĩ^{44}	ʐeĩ^{53}	tɕieĩ^{53}	li^{53}	li^{53}	tɕi^{53}
新绛	tɕʰiẽ^{53}	ʂẽ^{53}	tʂẽ^{53}	ʐẽ^{53}	tɕiẽ^{53}	li^{53}	li^{13}	li^{53}
绛县	tɕʰieĩ^{31}	ʂeĩ^{31}	tʂeĩ^{31}	ʐeĩ^{31}	tɕieĩ^{31}	li^{53}	li^{53}	li^{53}
垣曲	tɕʰiə̃^{53}	sə̃^{53}	tʂə̃^{53}	ʐə̃^{53}	tɕiə̃^{44}	li^{53}	li^{53}	li^{53}
夏县	tɕʰiei^{31} 白 / tɕiei^{31} 文	ʂei^{31}	tʂei^{24}	ʐei^{31}	tɕiei^{31}	li^{31}	li^{31}	li^{31}
万荣	tɕʰiei^{55}	sei^{33}	tʂei^{33}	ʐei^{33}	tɕiei^{33}	li^{51}	li^{213}	li^{51}
稷山	tɕʰiə̃^{53}	sə̃^{44}	tʂə̃^{42}	ʐə̃^{42}	tɕiə̃^{42}	li^{53}	li^{53}	——
盐湖	tɕʰieĩ^{44}	seĩ^{44}	tʂeĩ^{44}	ʐeĩ^{44}	tɕieĩ^{44}	li^{42}	li^{42}	li^{42}
临猗	tɕʰieĩ^{42}	seĩ^{44}	——	ʐeĩ^{44}	tɕieĩ^{44}	lei^{42} 白 /li^{42} 文	li^{44}	li^{42}
河津	tɕʰiẽ^{53}	səŋ^{44} 白	tʂəŋ^{44} 文	ʐẽ^{44}	tɕiẽ^{44}	li^{31}	li^{324}	li^{31}
平陆	tɕʰiei^{33}	sei^{33}	tʂei^{31}	ʐei^{13}/ʐei^{33}	tɕiei^{33}	li^{31}	li^{33}	li^{13}
永济	tɕʰiei^{53}	ʂei^{44}	tʂei^{53}	ʐei^{24}/ʐei^{44}	tɕiei^{44}	lei^{31} 白 /li^{31} 文	li^{44}	li^{31}
芮城	tɕʰieĩ^{42}	seĩ^{44}	tʂeĩ^{53}	ʐeĩ^{44}	tɕieĩ^{44}	lei^{42} 白 /li^{42} 文	li^{44}	li^{44}
吉县	tɕʰiei^{423}	sei^{33}	——	ʐei^{13}	tɕiei^{33}	li^{423}	li^{13}	li^{13}
乡宁	tɕʰiəŋ^{22} 白 / tɕiəŋ^{22} 文	ʂəŋ^{22}	tʂəŋ^{22}	ʐəŋ^{22}	tɕiəŋ^{22}	li^{53}	li^{53}	li^{53}
广灵	tɕiŋ^{213}	səŋ^{213}	tsəŋ^{213}	zəŋ^{213}	tɕiŋ^{213}	li^{213}	li^{213}	li^{213}

字目	集	习	袭	涩	汁	执	湿	十
中古音 方言点	秦入 深开三 入缉从	似入 深开三 入缉邪	似入 深开三 入缉邪	色立 深开三 入缉生	之入 深开三 入缉章	之入 深开三 入缉章	失入 深开三 入缉书	是执 深开三 入缉禅
北京	tɕi^{35}	ɕi^{35}	ɕi^{35}	sɤ^{51}	tʂʅ^{55}	tʂʅ^{35}	ʂʅ^{55}	ʂʅ^{35}
小店	tɕiəʔ^{1}	——	——	saʔ^{1}	tsəʔ^{1}	tsəʔ^{1}	səʔ^{1}	səʔ$^{\underline{54}}$
尖草坪	tɕiəʔ$^{\underline{43}}$	ɕiəʔ^{2}	ɕiəʔ^{2}	səʔ^{2}	tsəʔ^{2}	tsəʔ^{2}	səʔ^{2}	səʔ$^{\underline{43}}$
晋源	tɕiəʔ^{2}	ɕiəʔ^{2}	ɕiəʔ^{2}	səʔ^{2}	tsəʔ^{2}	tsəʔ^{2}	səʔ^{2}	səʔ$^{\underline{43}}$
阳曲	tɕiɛʔ^{4}	ɕiɛʔ^{4}	ɕiɛʔ^{4}	sɔʔ^{4}	tsəʔ^{4}	tsəʔ^{4}	səʔ^{4}	səʔ$^{\underline{212}}$
古交	tɕiəʔ$^{\underline{312}}$	ɕiəʔ^{4}	ɕiəʔ^{4}	səʔ^{4}	tsəʔ^{4}	tsəʔ^{4}	səʔ^{4}	səʔ$^{\underline{312}}$
清徐	tɕiəʔ^{1}	ɕiəʔ$^{\underline{54}}$	ɕiəʔ$^{\underline{54}}$	səʔ^{1}	tsəʔ^{1}	tsəʔ^{1}	səʔ^{1}	səʔ$^{\underline{54}}$
娄烦	tɕiəʔ^{3}	ɕiəʔ^{3}	ɕiəʔ^{3}	səʔ^{3}	tsəʔ^{3}	tsəʔ^{3}	səʔ^{3}	səʔ$^{\underline{21}}$
榆次	tɕiəʔ^{1}	ɕiəʔ$^{\underline{53}}$	ɕiəʔ^{1}	səʔ^{1}	tsəʔ^{1}	tsəʔ^{1}	səʔ^{1}	səʔ$^{\underline{53}}$
交城	tɕiəʔ^{1}	ɕiəʔ$^{\underline{53}}$	ɕiəʔ^{1}	səʔ^{1}	tsəʔ^{1}	tsəʔ$^{\underline{53}}$	səʔ^{1}	səʔ$^{\underline{53}}$
文水	tɕiəʔ^{2}	ɕiəʔ$^{\underline{312}}$	ɕiəʔ$^{\underline{312}}$	saʔ^{2}	tsəʔ^{2}	tsəʔ^{2}	səʔ^{2}	səʔ$^{\underline{312}}$
祁县	tɕiəʔ$^{\underline{32}}$	ɕiəʔ$^{\underline{324}}$	ɕiəʔ$^{\underline{32}}$	səʔ$^{\underline{32}}$	tʂəʔ$^{\underline{32}}$	tʂəʔ$^{\underline{32}}$	ʂəʔ$^{\underline{32}}$	ʂəʔ$^{\underline{324}}$
太谷	tɕiəʔ^{3}	ɕiəʔ$^{\underline{423}}$	ɕiəʔ^{3}	səʔ^{3}	tsəʔ^{3}	tsəʔ^{3}	səʔ^{3}	səʔ$^{\underline{423}}$
平遥	tɕiʌʔ$^{\underline{523}}$	ɕiʌʔ$^{\underline{523}}$	ɕiʌʔ$^{\underline{212}}$	ʂʌʔ$^{\underline{212}}$	tʂʌʔ$^{\underline{212}}$	tsʌʔ$^{\underline{212}}$	ʂʌʔ$^{\underline{212}}$	ʂʌʔ$^{\underline{523}}$
孝义	tɕiəʔ^{3}	ɕiaʔ^{3}	ɕiəʔ$^{\underline{423}}$	ʂaʔ^{3}	tʂəʔ^{3}	tʂəʔ$^{\underline{423}}$	ʂəʔ^{3}	ʂəʔ$^{\underline{423}}$
介休	tɕiʌʔ$^{\underline{12}}$	ɕiʌʔ$^{\underline{312}}$	ɕiʌʔ$^{\underline{312}}$	sʌʔ$^{\underline{12}}$	tʂʌʔ$^{\underline{12}}$	tʂʌʔ$^{\underline{12}}$	ʂʌʔ$^{\underline{12}}$	ʂʌʔ$^{\underline{312}}$
灵石	tɕiəʔ$^{\underline{212}}$	ɕiəʔ$^{\underline{212}}$	ɕiəʔ^{4}	saʔ^{4}	tsəʔ^{4}	tsəʔ^{4}	ʂəʔ^{4}	ʂəʔ$^{\underline{212}}$
盂县	tɕiəʔ^{2}	ɕiəʔ$^{\underline{53}}$	ɕiəʔ$^{\underline{53}}$	sʌʔ^{2}	tsəʔ^{2}	tsəʔ^{2}	səʔ^{2}	səʔ$^{\underline{53}}$
寿阳	tɕiəʔ^{2}	ɕiəʔ^{54}	ɕiəʔ^{2}	saʔ^{2}	tsəʔ^{2}	tsəʔ^{54}	səʔ^{2}	səʔ^{54}
榆社	tɕiəʔ$^{\underline{312}}$	ɕiəʔ$^{\underline{312}}$	ɕiəʔ^{2}	səʔ^{2}	tsəʔ$^{\underline{312}}$	tsəʔ^{2}	səʔ^{2}	səʔ$^{\underline{312}}$
离石	tɕʰieʔ$^{\underline{23}}$ 白 / tɕieʔ^{4} 文	ɕieʔ$^{\underline{23}}$	ɕieʔ^{4}	sɑʔ^{4}	tsəʔ^{4}	tsəʔ^{4}	sʅ^{24}	səʔ$^{\underline{23}}$
汾阳	tɕieʔ^{2}	ɕieʔ$^{\underline{312}}$	ɕieʔ$^{\underline{312}}$	saʔ^{2}	tʂəʔ^{2}	tʂəʔ^{2}	ʂəʔ^{2}	ʂəʔ$^{\underline{312}}$
中阳	tɕʰieʔ$^{\underline{312}}$ 白 / tɕieʔ^{4} 文	ɕieʔ$^{\underline{312}}$	ɕieʔ^{4}	sɑʔ^{4}	tsəʔ^{4}	tsəʔ^{4}	sʅ^{24}	səʔ$^{\underline{312}}$
柳林	tɕʰiɛʔ$^{\underline{423}}$ 白 / tɕiɛʔ^{4} 文	ɕiɛʔ$^{\underline{423}}$	ɕiɛʔ^{4}	sɑʔ^{4}	tsəʔ^{4}	tsəʔ^{4}	səʔ^{4}	səʔ$^{\underline{423}}$
方山	tɕiɛʔ^{4}	ɕiɛʔ^{4}	ɕiɛʔ^{4}	sɑʔ^{4}	tʂəʔ^{4}	tʂəʔ^{4}	ʂəʔ^{4}	ʂəʔ$^{\underline{23}}$
临县	tɕiɐʔ^{3}	ɕiɐʔ$^{\underline{24}}$	ɕiɐʔ$^{\underline{24}}$	ʂaʔ^{3}	tʂɐʔ^{3}	tʂɐʔ^{3}	ʂɐʔ^{3}	ʂɐʔ$^{\underline{24}}$
兴县	tɕʰiəʔ^{5} 白 / tɕiəʔ^{5} 文	ɕiəʔ^{5}	ɕiəʔ^{5}	səʔ^{5}	tʂəʔ^{5}	tʂəʔ^{5}	ʂəʔ^{5}	ʂəʔ$^{\underline{312}}$
岚县	tɕʰiəʔ$^{\underline{312}}$ 白 / tɕiəʔ^{4} 文	ɕiəʔ^{4}	ɕiəʔ^{4}	sieʔ^{4}	tsəʔ^{4}	tsəʔ^{4}	səʔ^{4}	səʔ$^{\underline{312}}$
静乐	tɕiəʔ^{4}	ɕiəʔ$^{\underline{212}}$	ɕiəʔ^{4}	səʔ^{4}	tsəʔ^{4}	tsəʔ^{4}	səʔ^{4}	səʔ$^{\underline{212}}$

续表

字目	集	习	袭	涩	汁	执	湿	十
中古音 / 方言点	秦入 深开三 入缉从	似入 深开三 入缉邪	似入 深开三 入缉邪	色立 深开三 入缉生	之入 深开三 入缉章	之入 深开三 入缉章	失入 深开三 入缉书	是执 深开三 入缉禅
交口	tɕʰieʔ$^{\underline{212}}$ 白 / tɕieʔ^{4} 文	ɕieʔ^{4}	ɕieʔ^{4}	saʔ^{4}	tsəʔ^{4}	tsəʔ^{4}	səʔ^{4}	səʔ$^{\underline{212}}$
石楼	tɕiəʔ$^{\underline{213}}$	ɕiəʔ$^{\underline{213}}$	ɕiəʔ$^{\underline{213}}$	sʌʔ^{4}	tʂəʔ^{4}	tʂəʔ^{4}	ʂəʔ^{4}	ʂəʔ$^{\underline{213}}$
隰县	tɕʰiəʔ^{3} 白 / tɕiəʔ^{3} 文	ɕiəʔ^{3}	ɕiəʔ^{3}	saʔ^{3}	tsəʔ^{3}	tsəʔ^{3}	səʔ^{3}	səʔ^{3}
大宁	tɕiəʔ^{4} 白 / tɕʰiəʔ^{4} 文	ɕiəʔ^{4}	ɕiəʔ$^{\underline{31}}$	sɐʔ$^{\underline{31}}$	tʂəʔ$^{\underline{31}}$	tʂəʔ$^{\underline{31}}$	ʂəʔ$^{\underline{31}}$	ʂəʔ^{4}
永和	tɕʰiəʔ$^{\underline{312}}$ 白 / tɕiəʔ$^{\underline{312}}$ 文	ɕiəʔ$^{\underline{312}}$	ɕiəʔ$^{\underline{312}}$	——	tʂəʔ$^{\underline{35}}$	tʂəʔ$^{\underline{35}}$	səʔ$^{\underline{312}}$	ʂəʔ$^{\underline{312}}$
汾西	tɕiəʔ^{3}/ tɕʰiəʔ^{3} 白	ɕiəʔ^{3}	ɕiəʔ^{3}	sɪ^{11} 白	tsyəʔ^{1}/tsɿ^{11}	tsəʔ^{1}	səʔ^{1}	səʔ^{3}
蒲县	tɕi^{52}	ɕiɛʔ^{3}	ɕi^{52}	səʔ$^{\underline{43}}$	tʂʅ^{33}	tʂʅ^{52}	ʂʅ^{52}	ʂʅ^{33}/ʂəʔ$^{\underline{43}}$
潞州	tɕiəʔ$^{\underline{53}}$	ɕiəʔ$^{\underline{53}}$	ɕiəʔ$^{\underline{53}}$	səʔ$^{\underline{53}}$	tsəʔ$^{\underline{53}}$	tsəʔ$^{\underline{53}}$	səʔ$^{\underline{53}}$	səʔ$^{\underline{53}}$
上党	tɕiəʔ$^{\underline{21}}$	ɕiəʔ$^{\underline{21}}$	ɕiəʔ$^{\underline{21}}$	səʔ$^{\underline{21}}$	tsɿ^{213}/tɕiəʔ$^{\underline{21}}$	tɕiəʔ$^{\underline{21}}$	ɕiəʔ$^{\underline{21}}$	ɕiəʔ$^{\underline{21}}$
长子	tɕiəʔ^{4}	ɕiəʔ^{4}	ɕiəʔ^{4}	səʔ^{4}	tsɿ^{312}	tsəʔ^{4}	səʔ^{4}	səʔ$^{\underline{212}}$
屯留	tɕiəʔ^{1}	ɕiəʔ^{1}	ɕiəʔ^{1}	səʔ^{1}	tsəʔ^{1}	tsəʔ^{1}	səʔ^{1}	səʔ$^{\underline{54}}$
襄垣	tɕiʌʔ$^{\underline{43}}$	ɕiʌʔ$^{\underline{43}}$	ɕiʌʔ$^{\underline{43}}$	sʌʔ^{3}	tsʌʔ^{3}	tsʌʔ^{3}	sʌʔ^{3}	sʌʔ$^{\underline{43}}$
黎城	tɕiɤʔ^{2}	ɕiɤʔ^{2}	ɕiɤʔ^{2}	sɤʔ^{2}	tɕiɤʔ$^{\underline{31}}$	tɕiɤʔ$^{\underline{31}}$	ɕiɤʔ^{2}	ɕiɤʔ$^{\underline{31}}$
平顺	tɕiəʔ$^{\underline{423}}$	ɕiəʔ$^{\underline{423}}$	ɕiəʔ$^{\underline{212}}$	səʔ$^{\underline{212}}$	tɕiəʔ$^{\underline{212}}$	tɕiəʔ$^{\underline{212}}$	ɕiəʔ$^{\underline{212}}$	ɕiəʔ$^{\underline{423}}$
壶关	tsiəʔ$^{\underline{21}}$	siəʔ^{2}	siəʔ^{2}	ʂəʔ^{2}	tʃiəʔ^{2}	tʃiəʔ^{2}	ʃiəʔ^{2}	ʃiəʔ$^{\underline{21}}$
沁县	tɕiəʔ$^{\underline{31}}$	ɕiəʔ$^{\underline{212}}$	ɕiəʔ$^{\underline{31}}$	səʔ$^{\underline{31}}$	tsəʔ$^{\underline{31}}$	tsəʔ$^{\underline{31}}$	səʔ$^{\underline{31}}$	səʔ$^{\underline{212}}$
武乡	tɕiəʔ$^{\underline{423}}$	ɕiəʔ$^{\underline{423}}$	ɕiəʔ^{3}	tsəʔ^{3}	tsəʔ^{3}	tsəʔ^{3}	səʔ^{3}	səʔ^{3}
沁源	tɕiəʔ$^{\underline{31}}$	ɕiəʔ$^{\underline{31}}$	ɕiəʔ$^{\underline{31}}$	sʌʔ$^{\underline{31}}$	tʂəʔ$^{\underline{31}}$	tʂəʔ$^{\underline{31}}$	ʂəʔ$^{\underline{31}}$	ʂəʔ$^{\underline{31}}$
安泽	tɕi^{35}	ɕi^{35}	ɕi^{35}	səʔ$^{\underline{21}}$	tsɿ^{21}	tsɿ^{35}	sɿ^{21}	sɿ^{35}
沁水端氏	tɕiəʔ^{2}	ɕiəʔ^{2}	ɕiəʔ^{2}	saʔ^{2}	tsəʔ^{2}	tsəʔ^{2}	səʔ^{2}	səʔ$^{\underline{54}}$
阳城	tɕiəʔ^{2}	ɕiəʔ^{2}	ɕiəʔ^{2}	sʌʔ^{2}	tʂəʔ^{2}	tʂəʔ^{2}	ʂəʔ^{2}	ʂəʔ^{2}
高平	tɕiəʔ^{2}	ɕiəʔ^{2}	ɕiəʔ^{2}	ʂəʔ^{2}	tʂəʔ^{2}	tʂəʔ^{2}	ʂəʔ^{2}	ʂəʔ^{2}
陵川	tɕiəʔ$^{\underline{23}}$	cʰiəʔ$^{\underline{23}}$	cʰiəʔ$^{\underline{23}}$	ʂəʔ^{3}	tɕiəʔ^{3}	tɕiəʔ^{3}	ɕiəʔ^{3}	ɕiəʔ$^{\underline{23}}$
晋城	tiəʔ^{2}	ɕiəʔ^{2}	ɕiəʔ^{2}	ʂəʔ^{2}	tʂəʔ^{2}	tʂəʔ^{2}	ʂəʔ^{2}	ʂəʔ^{2}
忻府	tɕiəʔ$^{\underline{32}}$	ɕiəʔ$^{\underline{32}}$	ɕiəʔ$^{\underline{32}}$	səʔ$^{\underline{32}}$	tʂəʔ$^{\underline{32}}$	tʂəʔ$^{\underline{32}}$	ʂəʔ$^{\underline{32}}$	ʂəʔ$^{\underline{32}}$
原平	tɕiəʔ$^{\underline{34}}$	ɕiəʔ$^{\underline{34}}$	ɕiəʔ$^{\underline{34}}$	sɔʔ$^{\underline{34}}$	tʂəʔ$^{\underline{34}}$	tʂəʔ$^{\underline{34}}$	ʂəʔ$^{\underline{34}}$	ʂəʔ$^{\underline{34}}$
定襄	tɕiəʔ^{1}	ɕiəʔ^{1}	ɕiəʔ^{1}	saʔ^{1}	tsəʔ^{1}	tsəʔ^{1}	ʂə^{24}	ʂəʔ^{1}

续表

字目	集	习	袭	涩	汁	执	湿	十
中古音 方言点	秦入 深开三 入缉从	似入 深开三 入缉邪	似入 深开三 入缉邪	色立 深开三 入缉生	之入 深开三 入缉章	之入 深开三 入缉章	失入 深开三 入缉书	是执 深开三 入缉禅
五台	tɕiəʔ^{3}	ɕiəʔ^{3}	ɕiəʔ^{3}	sɔʔ^{3}	tsəʔ^{3}	tsəʔ^{3}	səʔ^{3}	səʔ^{3}
岢岚	tɕiɛʔ^{4}	ɕiɛʔ^{4}	ɕiɛʔ^{4}	saʔ^{4}	tsəʔ^{4}	tʂəʔ^{4}	ʂəʔ^{4}	ʂəʔ^{4}
五寨	tɕiəʔ^{4}	ɕiəʔ^{4}	ɕiəʔ^{4}	ts^{h}aʔ^{4}	tsəʔ^{4}	tsəʔ^{4}	səʔ^{4}	səʔ^{4}
宁武	tɕiəʔ^{4}	ɕiəʔ^{4}	ɕiəʔ^{4}	səʔ^{4}	tsəʔ^{4}	tsəʔ^{4}	səʔ^{4}	səʔ^{4}
神池	tɕiəʔ^{4}	ɕiəʔ^{4}	ɕiəʔ^{4}	saʔ^{4}	tsəʔ^{4}	tsəʔ^{4}	səʔ^{4}	səʔ^{4}
繁峙	tɕiəʔ$^{\underline{13}}$	ɕiəʔ$^{\underline{13}}$	ɕiəʔ$^{\underline{13}}$	səʔ$^{\underline{13}}$	tsɿ^{53}	tsəʔ$^{\underline{13}}$	səʔ$^{\underline{13}}$	səʔ$^{\underline{13}}$
代县	tɕiəʔ^{2}	ɕiəʔ^{2}	ɕiəʔ^{2}	saʔ^{2}	tsəʔ^{2}	tsəʔ^{2}	səʔ^{2}	səʔ^{2}
河曲	tɕiəʔ^{4}	ɕiəʔ^{4}	ɕiəʔ^{4}	səʔ^{4}	tʂəʔ^{4}	tʂəʔ^{4}	ʂəʔ^{4}	ʂəʔ^{4}
保德	tɕiəʔ^{4}	ɕiəʔ^{4}	ɕiəʔ^{4}	sɤ^{44}	tʂəʔ^{4}	tʂəʔ^{4}	ʂəʔ^{4}	ʂəʔ^{4}
偏关	tɕiəʔ^{4}	liəʔ^{4}	liəʔ^{4}	səʔ^{4}	tʂəʔ^{4}	tʂəʔ^{4}	ʂəʔ^{4}	ʂəʔ^{4}
朔城	tɕiəʔ$^{\underline{35}}$	ɕiəʔ$^{\underline{35}}$	ɕiəʔ$^{\underline{35}}$	sAʔ$^{\underline{35}}$	tʂəʔ$^{\underline{35}}$	tʂəʔ$^{\underline{35}}$	ʂəʔ$^{\underline{35}}$	ʂəʔ$^{\underline{35}}$
平鲁	tɕiəʔ$^{\underline{34}}$	ɕiəʔ$^{\underline{34}}$	ɕiəʔ$^{\underline{34}}$	sʌʔ$^{\underline{34}}$	tsəʔ$^{\underline{34}}$	tsəʔ$^{\underline{34}}$	səʔ$^{\underline{34}}$	səʔ$^{\underline{34}}$
应县	tɕiɛʔ$^{\underline{43}}$	ɕiɛʔ$^{\underline{43}}$	ɕiɛʔ$^{\underline{43}}$	səʔ$^{\underline{43}}$	tsəʔ$^{\underline{43}}$	tsəʔ$^{\underline{43}}$	səʔ$^{\underline{43}}$	səʔ$^{\underline{43}}$
灵丘	tɕi^{31}	ɕiəʔ^{5}	ɕiəʔ^{5}	sAʔ^{5}	tsɿ^{442}	tsəʔ^{5}	səʔ^{5}	səʔ^{5}
浑源	tɕiəʔ^{4}	ɕiəʔ^{4}	ɕiəʔ^{4}	səʔ^{4}	tsəʔ^{4}	tsəʔ^{4}	tsəʔ^{4}	tsəʔ^{4}
云州	tɕiəʔ^{4}	ɕiəʔ^{4}	ɕiəʔ^{4}	sɑʔ^{4}	tʂəʔ^{4}	tʂəʔ^{4}	ʂəʔ^{4}	ʂəʔ^{4}
新荣	tɕiəʔ^{4}/tɕi^{312}	ɕiəʔ^{4}	ɕiəʔ^{4}	saʔ^{4}	tʂəʔ^{4}	tsəʔ^{4}	ʂəʔ^{4}	ʂəʔ^{4}
怀仁	tɕiəʔ^{4}	ɕiəʔ^{4}	ɕiəʔ^{4}	saʔ^{4}	tsəʔ^{4}	tsəʔ^{4}	səʔ^{4}	səʔ^{4}
左云	tɕiəʔ^{4}	ɕiəʔ^{4}	ɕiəʔ^{4}	saʔ^{4}	tsɿ^{31}	tsəʔ^{4}	səʔ^{4}	səʔ^{4}
右玉	tɕiəʔ^{4}	ɕiəʔ^{4}	ɕiəʔ^{4}	saʔ^{4}	tʂəʔ^{4}	tʂəʔ^{4}	ʂəʔ^{4}	ʂəʔ^{4}
阳高	tɕiəʔ^{3}	ɕiəʔ^{3}	——	sɑʔ^{3}	tsəʔ^{3}	tsəʔ^{3}	səʔ^{3}	səʔ^{3}
山阴	tɕiəʔ^{4}	ɕiəʔ^{4}	ɕiəʔ^{4}	sAʔ^{4}	tʂəʔ^{4}	tʂəʔ^{4}	sɿ^{335}	ʂəʔ^{4}
天镇	tɕiəʔ^{4}	ɕiəʔ^{4}	ɕiəʔ^{4}	sɑʔ^{4}	tsəʔ^{4}	tsəʔ^{4}	səʔ^{4}	səʔ^{4}
平定	tɕiəʔ^{4}	ɕiəʔ^{4}	ɕiəʔ^{4}	səʔ^{4}	tʂəʔ^{4}	tʂəʔ^{4}	ʂəʔ^{4}	ʂəʔ^{4}
昔阳	tɕiʌʔ$^{\underline{43}}$	ɕiʌʔ$^{\underline{43}}$	ɕiʌʔ$^{\underline{43}}$	sʌʔ$^{\underline{43}}$	tʂʌʔ$^{\underline{43}}$	tʂʌʔ$^{\underline{43}}$	ʂʌʔ$^{\underline{43}}$	ʂʌʔ$^{\underline{43}}$
左权	tɕieʔ^{1}	ɕieʔ^{1}	ɕieʔ^{1}	səʔ^{1}	tʂəʔ^{1}	tʂəʔ^{1}	ʂəʔ^{1}	ʂəʔ^{1}
和顺	tɕieʔ$^{\underline{21}}$	ɕieʔ$^{\underline{21}}$	ɕieʔ$^{\underline{21}}$	səʔ$^{\underline{21}}$	tʂəʔ$^{\underline{21}}$	tʂəʔ$^{\underline{21}}$	ʂəʔ$^{\underline{21}}$	ʂəʔ$^{\underline{21}}$
尧都	tɕ^{h}i^{24}	ɕi^{24}	ɕi^{24}	sɤ^{24}	tʂʅ^{21}	tʂʅ^{24}	ʂʅ^{21}	ʂʅ^{24}
洪洞	tɕ^{h}i^{24}白/ tɕi^{24}文	ɕi^{24}	ɕi^{21}	sɛ^{21}	tʂʅ^{21}	tʂʅ^{24}	ʂʅ^{21}	ʂʅ^{24}
洪洞赵城	tɕ^{h}i^{24}白/ tɕi^{24}文	ɕi^{24}	ɕi^{21}	sɛ^{24}	tʂʅ^{21}	tʂʅ^{24}	ʂʅ^{21}	ʂʅ^{24}

续表

字目	集	习	袭	涩	汁	执	湿	十
中古音 / 方言点	秦入 深开三 入缉从	似入 深开三 入缉邪	似入 深开三 入缉邪	色立 深开三 入缉生	之入 深开三 入缉章	之入 深开三 入缉章	失入 深开三 入缉书	是执 深开三 入缉禅
古县	tɕʰi^{35}白/ tɕi^{35}文	ɕi^{35}	ɕi^{35}	sɛ^{21}	tʂʅ^{21}	tʂʰʅ^{21}白/ tʂʅ^{21}文	ʂʅ^{21}	ʂʅ^{35}
襄汾	tɕʰi^{24}	ɕi^{24}	ɕi^{24}	sa^{21}	tʂʅ^{21}	tʂʅ^{24}	ʂʅ^{21}	ʂʅ^{24}
浮山	tɕi^{42}	ɕi^{33}	ɕi^{42}	sæ^{44}	tʂʅ^{42}	tʂʅ^{13}	ʂʅ^{42}	ʂʅ^{13}
霍州	tɕi^{35}	ɕi^{35}	ɕi^{35}	sɤ^{212}	tsɿ^{212}	tʂʅ^{35}	ʂʅ^{212}	ʂʅ^{35}
翼城	tɕi^{12}	ɕi^{12}	ɕi^{12}	sɤ^{53}	tʂʅ^{53}	tʂʅ^{12}	ʂʅ^{53}	ʂʅ^{12}
闻喜	tɕʰi^{33}	ɕi^{13}	ɕi^{13}	siᴇ^{53}	tsɿ^{53}	tsɿ^{53}	sɿ^{53}	sɿ^{13}
侯马	tɕi^{213}	ɕi^{53}	ɕi^{53}	siɛ^{53}白/ ʂɤ^{53}文	tʂʅ^{213}	tʂʅ^{213}	ʂʅ^{213}	ʂʅ^{213}
新绛	tɕi^{13}	ɕi^{13}	ɕi^{53}	sei^{53}	tʂʅ^{53}	tʂʅ^{53}	ʂʅ^{53}	ʂʅ^{13}
绛县	tɕiɛ^{31}	ɕi^{24}	ɕi^{31}	ʂei^{31}	tʂʅ^{33}	tʂʅ^{24}	ʂei^{31}	ʂʅ^{24}
垣曲	tɕʰi^{22}白/ tɕi^{22}文	ɕi^{22}	ɕi^{53}	sei^{53}白/ sɤ^{53}文	tʂʅ^{53}	tʂʅ^{22}	sɿ^{53}	ʂʅ^{22}
夏县	tɕʰi^{42}	ɕi^{42}	ɕi^{42}	ʂʅɛ^{31}	tʂʅ^{53}	tʂʅ^{42}	ʂʅ^{53}	ʂʅ^{42}
万荣	tɕʰi^{213}	ɕi^{213}	ɕi^{213}	ʂa^{51}	tʂʅ^{51}	tʂʅ^{51}	ʂʅ^{51}	ʂʅ^{213}
稷山	tɕʰi^{13}	ɕi^{13}	ɕi^{13}	ʂiɛ^{53}白/ sɤ^{42}文	tʂʅ^{53}	tʂʅ^{13}	ʂʅ^{53}	ʂʅ^{13}
盐湖	tɕʰi^{13}	ɕi^{13}	ɕi^{13}	ʂa^{42}白/sɤ^{42}文	tʂʅ^{42}	tʂʅ^{42}	ʂʅ^{42}	ʂʅ^{13}
临猗	tɕʰi^{13}白/ tɕi^{13}文	ɕi^{13}	ɕi^{13}	sei^{42}白/ sɤ^{42}文	tʂʅ^{42}	tʂʅ^{13}	ʂʅ^{42}	ʂʅ^{13}
河津	tɕʰi^{324}白/ tɕi^{324}文	ɕi^{324}	ɕi^{31}	ʂa^{31}白	tʂʅ^{31}	tʂʅ^{31}	ʂʅ^{31}	ʂʅ^{324}
平陆	tɕʰi^{13}白/ tɕi^{13}文	ɕi^{13}	ɕi^{13}	ʂa^{31}	tʂʅ^{31}	tʂʅ^{13}	ʂʅ^{31}	ʂʅ^{13}
永济	tɕʰi^{24}	ɕi^{24}	ɕi^{24}	ʂei^{31}	tʂʅ^{31}	tʂʅ^{31}	ʂʅ^{31}	ʂʅ^{24}
芮城	tɕʰi^{13}白/ tɕi^{13}文	tɕi^{13}	ɕi^{42}	sɤ^{42}	tʂʅ^{42}	tʂʅ^{42}	sɿ^{42}	ʂʅ^{13}
吉县	tɕʰi^{13}白/ tɕi^{423}文	ɕi^{423}	ɕi^{423}	ʂa^{423}	tʂʅ^{423}	tʂʅ^{423}	ʂʅ^{423}	ʂʅ^{13}
乡宁	tɕʰi^{12}白/ tɕi^{12}文	ɕi^{12}	ɕi^{12}	ɕia^{53}	tʂʅ^{53}	tʂʅ^{12}	ʂʅ^{53}	ʂʅ^{12}
广灵	tɕi^{53}/tɕi^{31}	ɕi^{31}	ɕi^{31}	sɿ^{53}	tsɿ^{53}	tsɿ^{53}	sɿ^{31}	sɿ^{31}

字目	拾~取	入	急	级	给	泣	及	吸
中古音 方言点	是执 深开三 入缉禅	人执 深开三 入缉日	居立 深开三 入缉见	居立 深开三 入缉见	居立 深开三 入缉见	去急 深开三 入缉溪	其立 深开三 入缉群	许及 深开三 入缉晓
北京	ʂʅ^{35}	ʐu^{51}	tɕi^{35}	tɕi^{35}	kei^{214}	tɕʰi^{51}	tɕi^{35}	ɕi^{55}
小店	səʔ$^{\underline{54}}$	vuəʔ^{1} 白 / zuəʔ^{1} 文	tɕiəʔ^{1}	tɕiəʔ^{1}	kei^{53}	tɕʰiəʔ^{1}	tɕiəʔ^{1}	ɕiəʔ^{1}
尖草坪	səʔ$^{\underline{43}}$	zuəʔ^{2}	tɕiəʔ^{2}	tɕiəʔ^{2}	kei^{312}	tɕʰiəʔ^{2}	tɕiəʔ^{2}	ɕiəʔ^{2}
晋源	səʔ$^{\underline{43}}$	vəʔ^{2}	tɕiəʔ^{2}	tɕiəʔ^{2}	kuei^{42}	tɕʰi^{35}	tɕiəʔ^{2}	ɕiəʔ^{2}
阳曲	səʔ$^{\underline{212}}$	zuəʔ^{4}	tɕiɛʔ^{4}	tɕiɛʔ^{4}	tɕiɛʔ^{4}	tɕʰi^{454}	tɕiɛʔ^{4}	ɕiɛʔ^{4}
古交	səʔ$^{\underline{312}}$	zuəʔ^{4}	tɕiəʔ^{4}	tɕiəʔ^{4}	kuəʔ^{4} 白 / kuei^{312} 文	tɕʰiəʔ^{4}	tɕiəʔ^{4}	ɕiəʔ^{4}
清徐	səʔ$^{\underline{54}}$	zuəʔ^{1}	tɕiəʔ^{1}	tɕiəʔ^{1}	tɕiəʔ^{1}	tɕʰiəʔ^{1}	tɕiəʔ$^{\underline{54}}$	ɕiəʔ^{1}
娄烦	səʔ$^{\underline{21}}$	vəʔ^{3}	tɕiəʔ^{3}	tɕiəʔ^{3}	tɕiəʔ^{3}	tɕʰiəʔ^{3}	tɕiəʔ^{3}	ɕiəʔ^{3}
榆次	səʔ$^{\underline{53}}$	zuəʔ^{1}	tɕiəʔ^{1}	tɕiəʔ^{1}	kɛe^{53}	tɕʰiəʔ^{1}	tɕiəʔ^{1}	ɕiəʔ^{1}
交城	səʔ$^{\underline{53}}$	zʮəʔ^{1}	tɕiəʔ^{1}	tɕiəʔ^{1}	kuəʔ$^{\underline{53}}$	tɕʰiəʔ^{1}	tɕiəʔ^{1}	ɕiəʔ^{1}
文水	səʔ$^{\underline{312}}$	zʮəʔ^{2}	tɕiəʔ^{2}	tɕiəʔ^{2}	kuer^{423}	tɕʰiəʔ^{2}	tɕiaʔ$^{\underline{312}}$/ tɕiəʔ$^{\underline{312}}$	ɕiəʔ^{2}
祁县	ʂəʔ$^{\underline{324}}$	zʮəʔ$^{\underline{32}}$	tɕiəʔ$^{\underline{32}}$	tɕiəʔ$^{\underline{32}}$	kuəɨ^{314}	tɕʰiəʔ$^{\underline{32}}$	tɕiəʔ$^{\underline{32}}$	ɕiəʔ$^{\underline{32}}$
太谷	səʔ$^{\underline{423}}$	vəʔ^{3}	tɕiəʔ^{3}	tɕiəʔ^{3}	kuei^{312}/ku^{312}	tɕʰiəʔ^{3}	tɕiəʔ^{3}	ɕiəʔ^{3}
平遥	ʂʌʔ$^{\underline{523}}$	zuʌʔ$^{\underline{523}}$	tɕiʌʔ$^{\underline{212}}$	tɕiʌʔ$^{\underline{523}}$	tɕy^{512}	tɕʰi^{24}	tɕiʌʔ$^{\underline{523}}$	ɕiʌʔ$^{\underline{212}}$
孝义	ʂəʔ$^{\underline{423}}$	zuəʔ$^{\underline{454}}$	tɕiəʔ^{3}	tɕiəʔ^{3}	kei^{312}	tɕʰi^{454}	tɕiəʔ^{3}	ɕiəʔ^{3}
介休	ʂʌʔ$^{\underline{312}}$	zʮʌʔ$^{\underline{312}}$	tɕiʌʔ$^{\underline{12}}$	tɕiʌʔ$^{\underline{312}}$	kuei^{423}	tɕʰiʌʔ$^{\underline{12}}$	tɕiʌʔ$^{\underline{312}}$	ɕiʌʔ$^{\underline{12}}$
灵石	ʂəʔ$^{\underline{212}}$	zuəʔ$^{\underline{212}}$	tɕiəʔ^{4}	tɕiəʔ^{4}	——	tɕʰiəʔ^{4}	tɕiəʔ$^{\underline{212}}$	ɕʰiəʔ^{4}
盂县	səʔ$^{\underline{53}}$	zuəʔ^{2}	tɕiəʔ^{2}	tɕiəʔ^{2}	kei^{53}/tɕiʌʔ^{2}	tɕʰiəʔ^{2}	tɕiəʔ^{2}	ɕiəʔ^{2}
寿阳	səʔ$^{\underline{54}}$	zuəʔ^{2}	tɕiəʔ^{2}	tɕiəʔ^{2}	kei^{53}	tsʰʅ^{45}	tɕiəʔ^{2}	ɕiəʔ^{2}
榆社	səʔ$^{\underline{312}}$	zuəʔ$^{\underline{312}}$	tɕiəʔ^{2}	tɕiəʔ^{2}	——	tɕʰiəʔ^{2}	tɕiəʔ^{2}	ɕiəʔ^{2}
离石	səʔ$^{\underline{23}}$	zuəʔ$^{\underline{23}}$	tɕieʔ^{4}	tɕieʔ^{4}	kɛe^{24}	tɕʰieʔ^{4}	tɕieʔ^{4}	ɕieʔ^{4}
汾阳	ʂəʔ$^{\underline{312}}$	zʮəʔ$^{\underline{312}}$	tɕieʔ^{2}	tɕieʔ^{2}	kei^{312}	tsʰʅ^{55}	tɕieʔ^{2}	ɕieʔ^{2}
中阳	səʔ$^{\underline{312}}$	zʮəʔ$^{\underline{312}}$	tɕieʔ^{4}	tɕieʔ^{4}	kɛe^{24}	tɕʰieʔ^{4}	tɕieʔ^{4}	ɕieʔ^{4}
柳林	səʔ$^{\underline{423}}$	zuəʔ$^{\underline{423}}$	tɕiɛʔ^{4}	tɕiɛʔ^{4}	tɕiɛʔ^{4}	tɕʰi^{53}	tɕiɛʔ$^{\underline{423}}$	ɕiɛʔ^{4}
方山	ʂəʔ$^{\underline{23}}$	zuəʔ$^{\underline{23}}$	tɕiɛʔ^{4}	tɕiɛʔ^{4}	kɛe^{24}	tɕʰiɛʔ^{4}	tɕiɛʔ^{4}	ɕiɛʔ^{4}
临县	ʂɐʔ$^{\underline{24}}$	zuɐʔ^{3}	tɕiɐʔ^{3}	tɕiɐʔ^{3}	kɛe^{24}	tɕʰi^{52}	tɕiɐʔ^{3}	ɕiɐʔ^{3}
兴县	ʂəʔ$^{\underline{312}}$	zuəʔ^{5}	tɕiəʔ^{5}	tɕiəʔ^{5}	tɕiəʔ^{5}/kei^{324}	——	tɕiəʔ^{5}	ɕiəʔ^{5}
岚县	səʔ$^{\underline{312}}$	zʮəʔ^{4}	tɕiəʔ^{4}	tɕiəʔ^{4}	kei^{312}	tɕʰiəʔ^{4}	tɕiəʔ^{4}	ɕiəʔ^{4}/ɕi^{214}
静乐	səʔ$^{\underline{212}}$	zuəʔ^{4}	tɕiəʔ^{4}	tɕiəʔ^{4}	kuei^{314} 白 / kei^{314} 文	tɕʰiəʔ^{4}	tɕiəʔ^{4}	ɕiəʔ^{4}

续表

字目	拾~取	入	急	级	给	泣	及	吸
中古音 方言点	是执 深开三 入缉禅	人执 深开三 入缉日	居立 深开三 入缉见	居立 深开三 入缉见	居立 深开三 入缉见	去急 深开三 入缉溪	其立 深开三 入缉群	许及 深开三 入缉晓
交口	səʔ$^{\underline{212}}$	ʐuəʔ^{4}	tɕieʔ^{4}	tɕieʔ^{4}	——	tɕʰi^{53}	tɕieʔ^{4}	ɕieʔ^{4}
石楼	ʂəʔ$^{\underline{213}}$	ʐuəʔ^{4}	tɕiəʔ^{4}	tɕiəʔ^{4}	kɛi^{51}	tɕi^{51}	tɕiəʔ^{4}	ɕiəʔ^{4}
隰县	səʔ^{3}	zuəʔ^{3}	tɕiəʔ^{3}	tɕiəʔ^{3}	——	tɕʰiəʔ^{3}	tɕiəʔ^{3}	ɕiəʔ^{3}
大宁	ʂəʔ^{4}	ʐuəʔ$^{\underline{31}}$	tɕiəʔ^{4}	tɕiəʔ$^{\underline{31}}$	kei^{31}	tɕiəʔ$^{\underline{31}}$	tɕʰiəʔ$^{\underline{31}}$	ɕiəʔ$^{\underline{31}}$
永和	ʂəʔ$^{\underline{312}}$	ʐuəʔ$^{\underline{312}}$	tɕiəʔ$^{\underline{35}}$	tɕʰiəʔ$^{\underline{312}}$ 白 / tɕiəʔ$^{\underline{312}}$ 文	tɕiəʔ$^{\underline{35}}$	tɕʰiəʔ$^{\underline{35}}$	tɕʰiəʔ$^{\underline{312}}$ 白 / tɕiəʔ$^{\underline{312}}$ 文	ɕiəʔ$^{\underline{35}}$
汾西	səʔ^{3}	vyəŋ 白 / zuəʔ^{1} 文	tɕiəʔ^{3}	tɕiəʔ^{1}	kei^{33}/tɕʑ^{55}/ kei^{33}	tɕʰiəʔ^{1}	tɕʰiəʔ^{1}	ɕiəʔ^{1}
蒲县	ʂəʔ^{3}	ʐuʔ$^{\underline{43}}$	tɕiɛʔ$^{\underline{43}}$	tɕi^{52}	kei^{33}	tɕʰi^{33}	tɕi^{24}	ɕi^{52}
潞州	səʔ$^{\underline{53}}$	yəʔ$^{\underline{53}}$	tɕiəʔ$^{\underline{53}}$	tɕiəʔ$^{\underline{53}}$	kəʔ$^{\underline{53}}$	tɕʰiəʔ$^{\underline{53}}$ 白 / tɕʰi^{44} 文	tɕiəʔ$^{\underline{53}}$	ɕiəʔ$^{\underline{53}}$
上党	ɕiəʔ$^{\underline{21}}$	yəʔ$^{\underline{21}}$	tɕiəʔ$^{\underline{21}}$	tɕiəʔ$^{\underline{21}}$	kə^{535}/tɕiəʔ$^{\underline{21}}$	tɕʰiəʔ$^{\underline{21}}$	tɕiəʔ$^{\underline{21}}$	ɕiəʔ$^{\underline{21}}$
长子	səʔ$^{\underline{212}}$	luəʔ^{4} 白 / yəʔ^{4} 文	tɕiəʔ^{4}	tɕiəʔ^{4}	kəʔ^{4}/tɕiəʔ^{4}	tɕʰi^{53}	tɕiəʔ$^{\underline{212}}$	ɕiəʔ^{4}
屯留	səʔ$^{\underline{54}}$	yəʔ^{1}	tɕiəʔ^{1}	tɕiəʔ^{1}	kəʔ$^{\underline{54}}$	tɕʰi^{53}	tɕiəʔ^{1}	ɕiəʔ^{1}
襄垣	sʌʔ$^{\underline{43}}$	ʐuʌʔ^{3}	tɕiʌʔ^{3}	tɕiʌʔ^{3}	kʌʔ^{3}	tɕʰi^{53}	tɕiʌʔ^{3}	ɕiʌʔ^{3}
黎城	ɕiɤʔ$^{\underline{31}}$	yɤʔ$^{\underline{31}}$	ciɤʔ^{2}	ciɤʔ^{2}	kei^{213}	tɕʰi^{53}	ciɤʔ^{2}	çiɤʔ^{2}
平顺	ɕiəʔ$^{\underline{423}}$	yəʔ$^{\underline{423}}$	ciəʔ$^{\underline{212}}$	ciəʔ$^{\underline{212}}$	ciəʔ$^{\underline{212}}$	cʰiəʔ$^{\underline{212}}$	ciəʔ$^{\underline{423}}$	ɕiəʔ$^{\underline{212}}$
壶关	ʃiəʔ^{2}	yəʔ$^{\underline{21}}$	ciəʔ^{2}	ciəʔ$^{\underline{21}}$	ciəʔ^{2}/kə^{535}	cʰiəʔ^{2}	ciəʔ$^{\underline{21}}$	çiəʔ^{2}
沁县	səʔ$^{\underline{212}}$	zuəʔ$^{\underline{31}}$	tɕiəʔ$^{\underline{31}}$	tɕiəʔ$^{\underline{31}}$	kəʔ$^{\underline{31}}$	tɕʰiəʔ$^{\underline{31}}$	tɕiəʔ$^{\underline{31}}$	ɕiəʔ$^{\underline{31}}$
武乡	səʔ^{3}	zuəʔ^{3}	tɕiəʔ^{3}	tɕiəʔ^{3}	——	tɕʰiəʔ^{3}	tɕiəʔ^{3}	ɕiəʔ^{3}
沁源	ʂəʔ$^{\underline{31}}$	ʐuəʔ$^{\underline{31}}$	tɕiəʔ$^{\underline{31}}$	tɕiəʔ$^{\underline{31}}$	kei^{324}	tɕʰiəʔ$^{\underline{31}}$	tɕiəʔ$^{\underline{31}}$	ɕiəʔ$^{\underline{31}}$
安泽	sʅ^{35}	zu^{21}/zuəʔ$^{\underline{21}}$	tɕiəʔ$^{\underline{21}}$	tɕiəʔ$^{\underline{21}}$	kei^{42}	tɕʰi^{35}	tɕi^{35}	ɕiəʔ$^{\underline{21}}$
沁水端氏	səʔ$^{\underline{54}}$	zuəʔ^{2}	tɕiəʔ$^{\underline{54}}$	tɕiəʔ^{2}	kəʔ$^{\underline{54}}$	tɕʰi^{53}	tɕiəʔ^{2}	ɕiəʔ^{2}
阳城	ʂəʔ^{2}	ʐuəʔ^{2}	ciəʔ^{2}	ciəʔ^{2}	kəʔ^{2}/i^{51}	cʰi^{51}	ciəʔ^{2}	çiəʔ^{2}
高平	ʂəʔ^{2}	ʐuəʔ^{2}	ciəʔ^{2}	ciəʔ^{2}	ciəʔ^{2}	cʰi^{53}	ciəʔ^{2}	ɕiəʔ^{2}
陵川	ɕiəʔ$^{\underline{23}}$	——	ciəʔ^{3}	ciəʔ^{3}	kəʔ^{3}	cʰiəʔ^{3}	ciəʔ$^{\underline{23}}$	cʰiəʔ^{3}
晋城	ʂəʔ^{2}	ʐuəʔ^{2}	tɕiəʔ^{2}	tɕiəʔ^{2}	kəʔ^{2}	tɕʰi^{53}	tɕiəʔ^{2}	ɕiəʔ^{2}
忻府	ʂəʔ$^{\underline{32}}$	ʐuəʔ$^{\underline{32}}$	tɕiəʔ$^{\underline{32}}$	tɕiəʔ$^{\underline{32}}$	kuei^{313}/tɕi^{313}	tɕʰi^{53}	tɕiəʔ$^{\underline{32}}$	ɕiəʔ$^{\underline{32}}$
原平	ʂəʔ$^{\underline{34}}$	zuəʔ$^{\underline{34}}$	tɕiəʔ$^{\underline{34}}$	tɕiəʔ$^{\underline{34}}$	ki^{213}	tɕʰiəʔ$^{\underline{34}}$	tɕiəʔ$^{\underline{34}}$	ɕiəʔ$^{\underline{34}}$
定襄	ʂəʔ^{1}	ʐuəʔ^{1}	tɕiəʔ^{1}	tɕiəʔ^{1}	kei^{24}	tɕʰi^{53}	tɕiəʔ^{1}	ɕiəʔ^{1}
五台	səʔ^{3}	zuəʔ^{3}	tɕiəʔ^{3}	tɕiəʔ^{3}	kei^{213}	tɕʰiəʔ^{3}	tɕiəʔ^{3}	ɕiəʔ^{3}

续表

字目	拾~取	入	急	级	给	泣	及	吸
中古音 / 方言点	[是执] 深开三 入缉禅	[人执] 深开三 入缉日	[居立] 深开三 入缉见	[居立] 深开三 入缉见	[居立] 深开三 入缉见	[去急] 深开三 入缉溪	[其立] 深开三 入缉群	[许及] 深开三 入缉晓
岢岚	ʂəʔ^{4}	ʐuəʔ^{4}	tɕiɛʔ^{4}	tɕiɛʔ^{4}	kɛi^{13}	tɕʰi^{52}	tɕiɛʔ^{4}	ɕiɛʔ^{4}
五寨	səʔ^{4}	zuəʔ^{4}	tɕiəʔ^{4}	tɕiəʔ^{4}	kei^{13}	tɕʰi^{52}	tɕiəʔ^{4}	ɕiəʔ^{4}
宁武	səʔ^{4}	zuəʔ^{4}	tɕiəʔ^{4}	tɕiəʔ^{4}	——	tɕʰiəʔ^{4}	tɕiəʔ^{4}	ɕiəʔ^{4}
神池	səʔ^{4}	zəʔ^{4}	tɕiəʔ^{4}	tɕiəʔ^{4}	kɛe^{52}	tɕʰiəʔ^{4}	tɕiəʔ^{4}	ɕiəʔ^{4}
繁峙	sɿ^{31}	ʐuəʔ$^{\underline{13}}$	tɕiəʔ$^{\underline{13}}$	tɕiəʔ$^{\underline{13}}$	tɕiəʔ$^{\underline{13}}$	tɕʰi^{24}	tɕiəʔ$^{\underline{13}}$	ɕiəʔ$^{\underline{13}}$
代县	səʔ^{2}	zuəʔ^{2}	tɕiəʔ^{2}	tɕiəʔ^{2}	kei^{213}	tɕiəʔ^{2}	tɕiəʔ^{2}	ɕiəʔ^{2}
河曲	ʂəʔ^{4}	ʐuəʔ^{4}	tɕiəʔ^{4}	tɕiəʔ^{4}	kei^{213}/tɕiəʔ^{4}	tɕʰiəʔ^{4}	tɕiəʔ^{4}	ɕiəʔ^{4}
保德	ʂəʔ^{4}	ʐuəʔ^{4}	tɕiəʔ^{4}	tɕiəʔ^{4}	kei^{213}	tɕʰi^{52}	tɕiəʔ^{4}	ɕiəʔ^{4}
偏关	ʂəʔ^{4}	ʐuəʔ^{4}	tɕiəʔ^{4}	tɕiəʔ^{4}	tɕi^{213}	tɕʰi^{52}	tɕiəʔ^{4}	ɕiəʔ^{4}
朔城	sɿ^{35}	ʐuəʔ$^{\underline{35}}$	tɕiəʔ$^{\underline{35}}$	tɕiəʔ$^{\underline{35}}$	tɕi^{312}	tɕiəʔ$^{\underline{35}}$	tɕiəʔ$^{\underline{35}}$	ɕiəʔ$^{\underline{35}}$
平鲁	sɿ^{44}	zuəʔ$^{\underline{34}}$	tɕiəʔ$^{\underline{34}}$	tɕiəʔ$^{\underline{34}}$	kɛi^{213}/kəɯ^{213}	tɕʰiəʔ$^{\underline{34}}$	tɕiəʔ$^{\underline{34}}$	ɕiəʔ$^{\underline{34}}$
应县	sɿ^{31}	zuəʔ$^{\underline{43}}$	tɕi^{31}/tɕiɛʔ$^{\underline{43}}$	tɕiɛʔ$^{\underline{43}}$	ki^{54}	tɕʰiɛʔ$^{\underline{43}}$	tɕiɛʔ$^{\underline{43}}$	ɕiɛʔ$^{\underline{43}}$
灵丘	sɿ^{31}	zu^{53}	tɕiəʔ^{5}/tɕi^{31} 文	tɕiəʔ^{5}	ki^{442}	tɕʰi^{53}	tɕiəʔ^{5}	ɕiəʔ^{5}
浑源	sɿ^{22}/səʔ^{4}	zu^{13}/ziəʔ^{4}	tɕi^{22}/tɕiəʔ^{4}	tɕiəʔ^{4}	ki^{52}	tɕʰiəʔ^{4}	tɕiəʔ^{4}	ɕiəʔ^{4}
云州	ʂəʔ^{4}	ʐuəʔ^{4}	tɕiəʔ^{4} 白 / tɕi^{312} 文	tɕiəʔ^{4}	kɛi^{55}	tɕʰi^{24}	tɕiəʔ^{4}	ɕiəʔ^{4}
新荣	ʂəʔ^{4}/ʂʅ^{312}	ʐuəʔ^{4}/ʐu^{24}	tɕiəʔ^{4} 白 / tɕi^{312} 文	tɕiəʔ^{4}	kɛe^{54}	tɕʰiəʔ^{4}	tɕiəʔ^{4}	ɕiəʔ^{4}
怀仁	sɿ^{312}	zuəʔ^{4}	tɕiəʔ^{4} 白 / tɕi^{312} 文	tɕiəʔ^{4}	kɛe^{53}	tɕʰiəʔ^{4}	tɕiəʔ^{4}	ɕiəʔ^{4}
左云	sɿ^{313}	ʐuəʔ^{4}	tɕiəʔ^{4} 白 / tɕi^{313} 文	tɕiəʔ^{4}	kei^{54}	tɕʰi^{24}	tɕiəʔ^{4}	ɕiəʔ^{4}
右玉	ʂʅ^{24}	ʐuəʔ^{4}	tɕiəʔ^{4}	tɕiəʔ^{4}	kɛe^{53}	tɕʰiəʔ^{4}	tɕiəʔ^{4}	ɕiəʔ^{4}
阳高	sɿ^{312}	ʐuəʔ^{3}	tɕiəʔ^{3}	tɕiəʔ^{3}	kei^{53}	tɕʰiəʔ^{3}	tɕiəʔ^{3}	ɕiəʔ^{3}
山阴	ʂəʔ^{4}	ʐuəʔ^{4}	tɕi^{313}/tɕiəʔ^{4}	tɕi^{313}	kei^{52}/tɕi^{52}/kəʔ^{4}	——	tɕi^{313}	ɕiəʔ^{4}
天镇	səʔ^{4}	zuəʔ^{4}	tɕiəʔ^{4}	tɕiəʔ^{4}	kɛe^{55}	tɕʰiəʔ^{4}	tɕiəʔ^{4}	ɕiəʔ^{4}
平定	ʂəʔ^{4}	zuəʔ$^{\underline{23}}$	tɕiəʔ^{4}	tɕiəʔ^{4}	kei^{53}	tɕʰiəʔ^{4}	tɕiəʔ^{4}	ɕiəʔ^{4}
昔阳	ʂʌʔ$^{\underline{43}}$	zu^{13}	tɕiʌʔ$^{\underline{43}}$	tɕiʌʔ$^{\underline{43}}$	kei^{55}	tɕʰi^{13}	tɕiʌʔ$^{\underline{43}}$	ɕiʌʔ$^{\underline{43}}$
左权	ʂəʔ^{1}	ʐuəʔ^{1}	tɕieʔ^{1}	tɕieʔ^{1}	kei^{42}/kəʔ^{1}/tɕieʔ^{1}	tɕʰieʔ^{1}	tɕieʔ^{1}	ɕieʔ^{1}
和顺	ʂəʔ$^{\underline{21}}$	zuəʔ$^{\underline{21}}$	tɕieʔ$^{\underline{21}}$	tɕieʔ$^{\underline{21}}$	——	tɕʰieʔ$^{\underline{21}}$	tɕieʔ$^{\underline{21}}$	ɕieʔ$^{\underline{21}}$

续表

字目	拾~取	入	急	级	给	泣	及	吸
中古音 方言点	是执 深开三 入缉禅	人执 深开三 入缉日	居立 深开三 入缉见	居立 深开三 入缉见	居立 深开三 入缉见	去急 深开三 入缉溪	其立 深开三 入缉群	许及 深开三 入缉晓
尧都	ʂʅ^{24}	vu^{21} 白 / ʐu^{21} 文	tɕi^{24}	tɕi^{24}	tɕi^{21}	tɕʰi^{21}	tɕi^{24}	ɕi^{21}
洪洞	ʂʅ^{24}	vu^{21} 白 / ʐu^{21} 文	tɕi^{24}	tɕi^{21}	kei^{33}/tɕi^{42}	tɕʰi^{21}	tɕi^{24}	ɕi^{21}
洪洞赵城	ʂʅ^{24}	ʐu^{21}	tɕi^{24}	tɕi^{24}	tɕi^{21}	tɕʰi^{24}	tɕi^{24}	ɕi^{21}
古县	ʂʅ^{35}	vu^{21} 白 / ʐu^{21} 文	tɕi^{35}	tɕi^{21}	tɕi^{35}/kei^{42}	tɕʰi^{21}	tɕi^{35}	ɕi^{21}
襄汾	ʂʅ^{24}	vu^{21}	tɕi^{24}	tɕi^{24}	ken^{42}/kei^{42}/ tɕi^{42}	tɕʰi^{21}/tɕʰi^{53}	tɕi^{24}	ɕi^{21}
浮山	ʂʅ^{13}	u^{42}	tɕi^{13}	tɕi^{13}	tɕi^{33}/ kẽĩ^{33}	tɕʰi^{53}	tɕi^{13}	ɕi^{42}
霍州	ʂʅ^{35}	ʐu^{212}	tɕi^{35}	tɕi^{35}	kei^{55}	tɕʰi^{55}	tɕi^{35}	ɕi^{212}
翼城	ʂʅ^{12}	——	tɕi^{12}	tɕi^{12}	kei^{44}	tɕʰi^{53}	tɕi^{12}	tɕʰi^{53}
闻喜	sɿ^{13}	zɤ^{53}	tɕi^{53}	tɕʰi^{13}	ki^{53}	tɕʰi^{13}	——	ɕi^{53}
侯马	ʂʅ^{213}	ʐu^{53}	tɕi^{213}	tɕi^{213}	kei^{44}	tɕʰi^{53}	tɕi^{213}	ɕi^{213}
新绛	ʂʅ^{13}	v̩^{53}	tɕi^{13}	tɕi^{53}	ki^{53}	tɕʰi^{53}	tɕi^{13}	ɕi^{53}
绛县	ʂei^{24}	u^{53}	tɕi^{24}	tɕi^{24}	tɕi^{24}	tɕʰi^{31}	tɕi^{24}	tɕʰi^{53}
垣曲	ʂʅ^{22}	ʐu^{53}	tɕi^{22}	tɕi^{53}	tɕi^{53} 白 / kei^{53} 文	tɕʰi^{53}	tɕi^{22}	ɕi^{53}
夏县	ʂʅ^{42}	vu^{31} 白 / ʐu^{31} 文	tɕi^{42}	tɕi^{42}	kei^{24}	——	tɕi^{42}	ɕi^{53}
万荣	ʂʅ^{213}	vu^{51}	tɕi^{213}	tɕi^{51}	kei^{33}	tɕʰi^{213}	tɕʰi^{213}	ɕi^{33}
稷山	ʂʅ^{13}	vu^{53}	tɕi^{13}	tɕi^{13}	kei^{53}	tɕʰi^{53}	tɕi^{13}	ɕi^{53}
盐湖	ʂʅ^{13}	vu^{42} 白 / ʐu^{42} 文	tɕi^{42}	tɕi^{42}	kei^{42}	tɕʰi^{42}	tɕi^{13}	ɕi^{42}
临猗	ʂʅ^{13}	vu^{42} 白 / ʐu^{42} 文	tɕi^{13}	tɕi^{13}	kei^{53}	tɕʰi^{44}	tɕʰi^{13} 白 / tɕi^{13} 文	ɕi^{42}
河津	ʂʅ^{324}	vu^{31}	tɕi^{324}	tɕi^{324}	tɕi^{324} 文	tɕʰi^{324}	tɕi^{324} 文	ɕi^{53}
平陆	ʂʅ^{13}	vu^{13}	tɕʰi^{13} 白 / tɕi^{13} 文	tɕi^{31}	kei^{55}	tɕʰi^{33}	tɕʰi^{13} 白 / tɕi^{13} 文	ɕi^{31}
永济	ʂʅ^{24}	u^{31}	tɕi^{24}	tɕi^{24}	tɕi^{24}	tɕʰi^{24}	tɕʰi^{24}	ɕi^{31}
芮城	ʂʅ^{13}	vu^{42}	tɕi^{13}	tɕʰi^{13} 白 / tɕi^{13} 文	kɯ^{53} 白 / kei^{53} 文	tɕʰi^{44}	tɕʰi^{13} 白 / tɕi^{13} 文	ɕi^{42}
吉县	ʂʅ^{13}	vu^{423}	tɕi^{13}	tɕi^{423}	tɕi^{33}	tɕʰi^{13}	tɕi^{423}	ɕi^{423}
乡宁	ʂʅ^{12}	ʐu^{53}	tɕi^{12}	tɕi^{12}	kei^{44}	tɕʰi^{53}	tɕi^{12}	ɕi^{53}
广灵	sɿ^{53}	zu^{213}	tɕi^{31}	tɕi^{31}	kɯ^{53}	tɕʰi^{213}	tɕi^{31}	ɕi^{53}

字目	丹	单	滩	摊	檀	弹~琴	难~易	兰
中古音 / 方言点	都寒 山开一 平寒端	都寒 山开一 平寒端	他干 山开一 平寒透	他干 山开一 平寒透	徒干 山开一 平寒定	徒干 山开一 平寒定	那干 山开一 平寒泥	落干 山开一 平寒来
北京	tan^{55}	tan^{55}	tʰan^{55}	tʰan^{55}	tʰan^{35}	tʰan^{35}	nan^{35}	lan^{35}
小店	tæ^{11}	tæ^{11}/tsʰæ^{11}/sæ^{24}	tʰæ^{11}	tʰæ^{11}	tʰæ^{11}	tʰæ^{11} 文	næ^{11}	læ^{11}
尖草坪	tæ^{33}	tæ^{33}	tʰæ^{33}	tʰæ^{33}	tʰæ^{33}	tʰæ^{33}	næ^{33}	læ^{33}
晋源	taŋ^{11}	taŋ^{11}	tʰaŋ^{11}	tʰaŋ^{11}	tʰaŋ^{11}	tʰaŋ^{11}	naŋ^{11}	laŋ^{11}
阳曲	tæ^{312}	tæ^{312}	tʰæ^{312}	tʰæ^{312}	tʰæ^{43}	tʰæ^{43}	næ^{43}	læ^{43}
古交	tɛ^{44}	tɛ^{44}	tʰɛ^{44}	tʰɛ^{44}	tʰɛ^{44}	tʰɛ^{44}	nɛ^{44}	lɛ^{44}
清徐	tɛ^{11}	tɛ^{11}	tʰɛ^{11}	tʰɛ^{11}	tʰɛ^{11}	tɛ^{11} 白 / tʰɛ^{11} 文	nɛ^{11}	lɛ^{11}
娄烦	tæ^{33}	tæ^{33}	tʰæ^{33}	tʰæ^{33}	tʰæ^{33}	tʰæ^{33}	næ^{33}	læ^{33}
榆次	tæ^{11}	tæ^{11}	tʰæ^{11}	tʰæ^{11}	tʰæ^{11}	tæ^{35}	næ^{11}	læ^{11}
交城	tã^{11}	tã^{11}	tʰã^{11}	tʰã^{11}	tʰã^{11}	tʰã^{11} 文	nã^{11}	lã^{11}
文水	taŋ^{22}	taŋ^{22}	tʰaŋ^{22}	tʰaŋ^{22}	tʰaŋ^{22}	taŋ^{22} 白 / tʰaŋ^{22} 文	naŋ^{22}	laŋ^{22}
祁县	tɑ̃^{31}	tɑ̃^{31}	tʰɑ̃^{31}	tʰɑ̃^{31}	tʰɑ̃^{31}	tɑ̃^{31} 白 / tʰɑ̃^{31} 文	nɑ̃^{31}	lɑ̃^{31}
太谷	tɑ̃^{33}	tɑ̃^{33}	tʰɑ̃^{33}	tʰɑ̃^{33}	tʰɑ̃^{33}	tɑ̃^{33} 白 / tʰɑ̃^{33} 文	nɑ̃^{33}	lɑ̃^{33}
平遥	tɑ̃^{213}	tɑ̃^{213}	tʰɑ̃^{213}	tʰɑ̃^{213}	tʰɑ̃^{213}	tʰɑ̃^{213}	nɑ̃^{213}	lɑ̃^{213}
孝义	tã^{33}	tã^{33}	tʰã^{33}	tʰã^{33}	tʰã^{33}	tã^{33} 白 / tʰã^{33} 文	nã^{33}	lã^{33}
介休	tæ̃^{13}	tæ̃^{13}	tʰæ̃^{13}	tʰæ̃^{13}	tʰæ̃^{13}	tæ̃^{13} 白 tʰæ̃^{13} 文	næ̃^{13}	læ̃^{13}
灵石	tɒ̃^{535}	tɒ̃^{535}	tʰɒ̃^{535}	tʰɒ̃^{535}	tʰɒ̃^{44}	tʰɒ̃^{44}	nɒ̃^{44}	lɒ̃^{44}
盂县	tæ̃^{412}	tæ̃^{412}/tsʰæ̃^{22}/sæ̃^{55}	tʰæ̃^{412}	tʰæ̃^{412}	tʰæ̃^{22}	tʰæ̃^{22}	næ̃^{22}	læ̃^{22}
寿阳	tæ^{31}	tæ^{31}	tʰæ^{31}	tʰæ^{31}	tʰæ^{22}	tʰæ^{22}	næ^{22}	læ^{22}
榆社	ta^{22}	ta^{22}	tʰa^{22}	tʰa^{22}	tʰa^{22}	tʰa^{22}	na^{22}	la^{22}
离石	tæ^{24}	tæ^{24}	tʰæ^{24}	tʰæ^{24}	tʰæ^{44}	tʰæ^{44}	næ^{44}	læ^{44}
汾阳	tã^{324}	tã^{324}	tʰã^{324}	tʰã^{324}	tʰã^{22}	tʰã^{22}	nã^{22}	lã^{22}
中阳	tæ^{24}	tæ^{24}	tʰæ^{24}	tʰæ^{24}	tʰæ^{33}	tʰæ^{33}	næ^{33}	læ^{33}
柳林	tæ^{24}	tæ^{24}	tʰæ^{24}	tʰæ^{24}	tʰæ^{44}	tʰæ^{44}	næ^{44}	læ^{44}
方山	tæ^{24}	tæ^{24}	tʰæ^{24}	tʰæ^{24}	tʰæ^{44}	tʰæ^{44}	næ^{44}	læ^{44}
临县	tæ^{24}	tæ^{24}	tʰæ^{24}	tʰæ^{24}	tʰæ^{33}	tʰæ^{33}	næ^{33}	læ^{33}
兴县	tæ̃^{53}	tæ̃^{324}	tʰæ̃^{324}	tʰæ̃^{324}	tʰæ̃^{55}	tʰæ̃^{55}	næ̃^{55}	læ̃^{55}

续表

字目	丹	单	滩	摊	檀	弹~琴	难~易	兰
中古音 方言点	都寒 山开一 平寒端	都寒 山开一 平寒端	他干 山开一 平寒透	他干 山开一 平寒透	徒干 山开一 平寒定	徒干 山开一 平寒定	那干 山开一 平寒泥	落干 山开一 平寒来
岚县	taŋ^{214}	taŋ^{214}	t^{h}aŋ^{214}	t^{h}aŋ^{214}	t^{h}aŋ^{44}	t^{h}aŋ^{44}	naŋ^{44}	laŋ^{44}
静乐	tæ̃^{24}	tæ̃^{24}	t^{h}æ̃^{24}	t^{h}æ̃^{24}	t^{h}æ̃^{33}	t^{h}æ̃^{33}	næ̃^{33}	læ̃^{33}
交口	tɑ̃^{323}	tɑ̃^{323}	t^{h}ɑ̃^{323}	t^{h}ɑ̃^{323}	t^{h}ɑ̃^{44}	t^{h}ɑ̃^{44}	nɑ̃^{44}	lɑ̃^{44}
石楼	tɑŋ^{213}	tɑŋ^{213}	t^{h}ɑŋ^{213}	t^{h}ɑŋ^{213}	t^{h}ɑŋ^{44}	t^{h}ɑŋ^{44}	nɑŋ^{44}	lɑŋ^{44}
隰县	tæ^{53}	tæ^{53}	t^{h}æ^{53}	t^{h}æ^{53}	t^{h}aŋ^{24}	t^{h}aŋ^{24}	naŋ^{24}	laŋ^{24}
大宁	tɛ̃^{31}	tɛ̃^{31}	t^{h}ɛ̃^{31}	t^{h}ɛ̃^{31}	t^{h}ɛ̃^{24}	t^{h}ɛ̃^{24}	nɛ̃^{24}	lɛ̃^{24}
永和	tɑ̃^{33}	tɑ̃^{33}	t^{h}ɑ̃^{33}	t^{h}ɑ̃^{33}	t^{h}ɑ̃^{35}	t^{h}ɑ̃^{35}	nɑ̃^{35}	lɑ̃^{35}
汾西	tɑ̃^{11}	tɑ̃^{11}	t^{h}ɑ̃^{11}	t^{h}ɑ̃^{11}	t^{h}ɑ̃^{35}	t^{h}ɑ̃^{53}	nɑ̃^{35}	lɑ̃^{35}
蒲县	tæ̃^{52}	tæ̃^{52}	t^{h}æ̃^{52}	t^{h}æ̃^{52}	t^{h}æ̃^{31}	t^{h}æ̃^{24}	næ̃^{24}	læ̃^{24}
潞州	taŋ^{312}	taŋ^{312}	t^{h}aŋ^{312}	t^{h}aŋ^{312}	t^{h}aŋ^{24}	t^{h}aŋ^{24}	naŋ^{24}	laŋ^{24}
上党	tɑŋ^{213}	tɑŋ^{213}	t^{h}ɑŋ^{213}	t^{h}ɑŋ^{213}	t^{h}ɑŋ^{44}	t^{h}ɑŋ^{44}	nɑŋ^{44}	lɑŋ^{44}
长子	tæ̃^{312}	tæ̃^{312}	t^{h}æ̃^{312}	t^{h}æ̃^{312}	t^{h}æ̃^{24}	t^{h}æ̃^{24}	næ̃^{24}	læ̃^{24}
屯留	tæ̃^{31}	tæ̃^{31}	t^{h}æ̃^{31}	t^{h}æ̃^{31}	t^{h}æ̃^{11}	t^{h}æ̃^{11}	næ̃^{11}	læ̃^{11}
襄垣	tæ^{33}	tæ^{33}	t^{h}æ^{33}	t^{h}æ^{33}	t^{h}æ^{31}	t^{h}æ^{31}	næ^{31}	læ^{31}
黎城	tæ^{33}	tæ^{33}	t^{h}æ^{33}	t^{h}æ^{33}	t^{h}æ^{53}	t^{h}æ^{53}	næ^{53}	læ^{53}
平顺	tæ̃^{213}	tæ̃^{213}	t^{h}æ̃^{213}	t^{h}æ̃^{213}	t^{h}æ̃^{13}	t^{h}æ̃^{13}	næ̃^{13}	læ̃^{13}
壶关	taŋ^{33}	taŋ^{33}	t^{h}aŋ^{33}	t^{h}aŋ^{33}	t^{h}aŋ^{13}	t^{h}aŋ^{13}	naŋ^{13}	laŋ^{13}
沁县	tæ^{224}	tæ^{224}	t^{h}æ^{224}	t^{h}æ^{224}	t^{h}æ^{33}	t^{h}æ^{33}	næ^{33}	læ^{33}
武乡	tæ^{113}	tæ^{113}/sæ^{55}	t^{h}æ^{113}	t^{h}æ^{113}	t^{h}æ^{33}	t^{h}æ^{33}	næ^{33}	læ^{33}
沁源	tæ̃^{324}	tæ̃^{324}	t^{h}æ̃^{324}	t^{h}æ̃^{324}	t^{h}æ̃^{33}	t^{h}æ̃^{33}	næ̃^{33}	læ̃^{33}
安泽	tæ^{21}	sæ^{53}/ tæ^{21}	t^{h}æ^{21}	t^{h}æ^{21}	t^{h}æ^{35}	t^{h}æ^{35}	næ^{35}	læ^{35}
沁水端氏	tæ^{21}	tæ^{21}	t^{h}æ^{21}	t^{h}æ^{21}	t^{h}æ^{24}	t^{h}æ^{24}	næ^{24}	læ^{24}
阳城	tɛ^{224}	tɛ^{224}	t^{h}ɛ^{224}	t^{h}ɛ^{224}	t^{h}ɛ^{22}	t^{h}ɛ^{22}	nɛ^{22}	lɛ^{22}
高平	tæ̃^{33}	tæ̃^{33}	t^{h}æ̃^{33}	t^{h}æ̃^{33}	t^{h}æ̃^{33}	t^{h}æ̃^{33}	næ̃^{33}	næ̃^{33}
陵川	tã^{33}	tã^{33}	t^{h}ã^{33}	t^{h}ã^{33}	t^{h}ã^{53}	t^{h}ã^{53}	nã^{53}	lã^{53}
晋城	tæ^{33}	tæ^{33}	t^{h}æ^{33}	t^{h}æ^{33}	t^{h}æ^{324}	t^{h}æ^{324}	næ^{324}	læ^{324}
忻府	tɑ̃^{313}	tɑ̃^{313}	t^{h}ɑ̃^{313}	t^{h}ɑ̃^{313}	t^{h}ɑ̃^{21}	t^{h}ɑ̃^{21}	nɑ̃^{21}	lɑ̃^{21}
原平	tɛ̃^{213}	tɛ̃^{213}	t^{h}ɛ̃^{213}	t^{h}ɛ̃^{213}	t^{h}ɛ̃^{33}	t^{h}ɛ̃^{33}	nɛ̃^{33}	lɛ̃^{33}
定襄	tæ^{24}	tæ^{24}	t^{h}æ^{24}	t^{h}æ^{24}	t^{h}æ^{11}	t^{h}æ^{11}	næ^{11}	læ^{11}
五台	tæn^{213}	tæn^{213}	t^{h}æn^{213}	t^{h}æn^{213}	t^{h}æn^{33}	t^{h}æn^{33}	næn^{33}	læn^{33}
岢岚	tæ^{13}	tæ^{13}	t^{h}æ^{13}	t^{h}æ^{13}	t^{h}æ^{44}	t^{h}æ^{44}	næ^{44}	læ^{44}

续表

字目	丹	单	滩	摊	檀	弹~琴	难~易	兰
中古音 / 方言点	都寒 山开一 平寒端	都寒 山开一 平寒端	他干 山开一 平寒透	他干 山开一 平寒透	徒干 山开一 平寒定	徒干 山开一 平寒定	那干 山开一 平寒泥	落干 山开一 平寒来
五寨	tæ^{13}	tæ^{13}	tʰæ^{13}	tʰæ^{13}	tʰæ^{44}	tʰæ^{44}	næ^{44}	læ^{44}
宁武	tæ^{23}	tæ^{23}	tʰæ^{23}	tʰæ^{23}	tʰæ^{33}	tʰæ^{33}	næ^{33}	læ^{33}
神池	tæ^{24}	tæ^{24}	tʰæ^{24}	tʰæ^{24}	tʰæ^{32}	tʰæ^{32}	næ^{32}	læ^{32}
繁峙	tɛ^{53}	tɛ^{53}	tʰɛ^{53}	tʰɛ^{53}	tʰɛ^{31}	tʰɛ^{31}	nɛ^{31}	lɛ^{31}
代县	tɛ^{213}	tɛ^{213}	tʰɛ^{213}	tʰɛ^{213}	tʰɛ^{44}	tʰɛ^{44}	nɛ^{44}	lɛ^{44}
河曲	tæ^{213}	tæ^{213}	tʰæ^{213}	tʰæ^{213}	tʰæ^{44}	tʰæ^{44}	næ^{52}	læ^{44}
保德	tɑŋ^{213}	tɑŋ^{213}	tʰɑŋ^{213}	tʰɑŋ^{213}	tʰɑŋ^{44}	tʰɑŋ^{44}	nɑŋ^{44}	lɑŋ^{44}
偏关	tæ^{24}	tæ^{24}	tʰæ^{24}	tʰæ^{24}	tʰæ^{44}	tʰæ^{44}	næ^{44}	læ^{44}
朔城	tæ^{312}	tæ^{312}	tʰæ^{312}	tʰæ^{312}	tʰæ^{35}	tʰæ^{35}	næ^{35}	læ^{35}
平鲁	tæ^{213}	tæ^{213}/sæ^{52}	tʰæ^{213}	tʰæ^{213}	tʰæ^{44}	tʰæ^{44}	næ^{44}	læ^{44}
应县	tẽ^{43}	tẽ^{43}/tsʰẽ^{31}/sẽ^{24}	tʰẽ^{43}	tʰẽ^{43}	tʰẽ^{31}	tʰẽ^{31}/tʰaʔ$^{\underline{43}}$	nẽ^{31}	lẽ^{31}
灵丘	tæ^{442}	tæ^{442}	tʰæ^{442}	tʰæ^{442}	tʰæ^{31}	tʰæ^{31}	næ^{31}	læ^{31}
浑源	tæ^{52}	tæ^{52}	tʰæ^{52}	tʰæ^{52}	tʰæ^{22}	tʰæ^{22}	næ^{22}	læ^{22}
云州	tæ^{21}	tæ^{21}	tʰæ^{21}	tʰæ^{21}	tʰæ^{312}	tʰæ^{312}	næ^{312}	læ^{312}
新荣	tæ^{32}	tæ^{32}	tʰæ^{32}	tʰæ^{32}	tʰæ^{312}	tʰæ^{312}	næ^{312}	læ^{312}
怀仁	tæ^{42}	tæ^{42}	tʰæ^{42}	tʰæ^{42}	tʰæ^{312}	tʰæ^{312}	næ^{312}	læ^{312}
左云	tæ^{31}	tæ^{31}	tʰæ^{31}	tʰæ^{31}	tʰæ^{313}	tʰæ^{313}	næ^{313}	læ^{313}
右玉	tæ^{31}	tæ^{31}	tʰæ^{31}	tʰæ^{31}	tʰæ^{212}	tʰæ^{212}	næ^{212}	læ^{212}
阳高	tɛ^{31}	tɛ^{31}	tʰɛ^{31}	tʰɛ^{31}	tʰɛ^{312}	tʰɛ^{312}	nɛ^{312}	lɛ^{312}
山阴	tæ^{313}	tæ^{313}	tʰæ^{313}	tʰæ^{313}	tʰæ^{313}	tʰæ^{313}	næ^{313}	læ^{313}
天镇	tæ^{31}	tæ^{31}	tʰæ^{31}	tʰæ^{31}	tʰæ^{22}	tʰæ^{22}	næ^{22}	læ^{22}
平定	tæ̃^{31}	tæ̃^{31}	tʰæ̃^{31}	tʰæ̃^{31}	tʰæ̃^{44}	tʰæ̃^{44}	næ̃^{44}	læ̃^{44}
昔阳	tæ̃^{42}	tæ̃^{42}	tʰæ̃^{42}	tʰæ̃^{42}	tʰæ̃^{33}	tʰæ̃^{33}	næ̃^{33}	læ̃^{33}
左权	tæ^{31}	tæ^{31}/ʂæ^{53}	tʰæ^{31}	tʰæ^{31}	tʰæ^{31}	tʰæ^{31}	næ^{11}	læ^{11}
和顺	tæ^{42}	tæ^{42}	tʰæ^{42}	tʰæ^{42}	tʰæ^{22}	tʰæ^{22}	næ^{22}	læ^{22}
尧都	tæ̃^{21}	tæ̃^{21}	tʰæ̃^{21}	tʰæ̃^{21}	tʰæ̃^{24}	tʰæ̃^{24}	næ̃^{24}	læ̃^{24}
洪洞	tɑn^{21}	tɑn^{21}	tʰɑn^{21}	tʰɑn^{21}	tʰɑn^{24}	tʰɑn^{24}	nɑn^{24}	lɑn^{24}
洪洞赵城	tɑ̃^{21}	tɑ̃^{21}	tʰɑ̃^{21}	tʰɑ̃^{21}	tʰɑ̃^{24}	tʰɑ̃^{24}	nɑ̃^{24}	lɑ̃^{24}
古县	tan^{21}	tan^{21}/ʂan^{53}	tʰan^{21}	tʰan^{21}	tʰan^{35}	tʰan^{35}	nan^{35}	lan^{35}
襄汾	tan^{21}	tan^{21}	tʰan^{21}	tʰan^{21}	tʰan^{24}	tʰan^{24}	nan^{24}	lan^{24}

续表

字目	丹	单	滩	摊	檀	弹~琴	难~易	兰
中古音 / 方言点	都寒 山开一 平寒端	都寒 山开一 平寒端	他干 山开一 平寒透	他干 山开一 平寒透	徒干 山开一 平寒定	徒干 山开一 平寒定	那干 山开一 平寒泥	落干 山开一 平寒来
浮山	tãĩ^{42}	tãĩ^{42}	tʰãĩ^{42}	tʰãĩ^{42}	tʰãĩ^{13}	tʰãĩ^{13}	nãĩ^{13}	lãĩ^{13}
霍州	taŋ^{212}	taŋ^{212}	tʰaŋ^{212}	tʰaŋ^{212}	tʰaŋ^{35}	tʰaŋ^{35}	laŋ^{35}	laŋ^{35}
翼城	tæ̃^{53}	tæ̃^{53}	tʰæ̃^{53}	tʰæ̃^{53}	tʰæ̃^{12}	tʰæ̃^{12}	næ̃^{12}	læ̃^{12}
闻喜	tæ^{53}	tæ^{53}/ tsʰæ^{13}/ sæ^{13}	tʰæ^{53}	tʰæ^{53}	tʰæ^{13}	tʰæ^{13}	læ^{13}	læ^{13}
侯马	tæ̃^{213}	tæ^{213}	tʰæ̃^{213}	tʰæ̃^{213}	tʰæ̃^{213}	tʰæ̃^{213}	læ̃^{213}	læ̃^{213}
新绛	tã^{53}	tã^{53}	tʰã^{53}	tʰã^{53}	tʰã^{13}	tʰã^{13}	nã^{13}	lã^{13}
绛县	tæ^{53}	tæ^{53}	tʰæ^{53}	tʰæ^{53}	tʰæ^{24}	tʰæ^{24}	næ^{24}	læ^{24}
垣曲	tæ̃^{53}	tæ̃^{53}	tʰæ̃^{53}	tʰæ̃^{53}	tʰæ̃^{22}	tʰæ̃^{22}	næ̃^{22}	læ̃^{22}
夏县	tæ^{53}	tæ^{53}	tʰæ^{53}	tʰæ^{53}	tʰæ^{42}	tʰæ^{42}	læ^{42}	læ^{42}
万荣	tæ^{51}	tæ^{51}	tʰæ^{51}	tʰæ^{51}	tʰæ^{213}	tʰæ^{213}	næ^{213}	læ^{213}
稷山	tɑ̃^{53}	tɑ̃^{53}	tʰɑ̃^{53}	tʰɑ̃^{53}	tʰɑ̃^{53}	tʰɑ̃^{13}	nɑ̃^{13}	lɑ̃^{13}
盐湖	tæ̃^{42}	tæ̃^{42}	tʰæ̃^{42}	tʰæ̃^{42}	tʰæ̃^{13}	tʰæ̃^{13}	læ̃^{13}	læ̃^{13}
临猗	tæ̃^{42}	tæ̃^{42}	tʰæ̃^{42}	tʰæ̃^{42}	tʰæ̃^{13}	tʰæ̃^{13}	læ̃^{13}	læ̃^{13}
河津	tæ̃^{31}	tæ̃^{31}	tʰæ̃^{31}	tʰæ̃^{31}	tʰæ̃^{324}	tʰæ̃^{324}	næ̃^{324}	læ̃^{324}
平陆	tan^{31}	tan^{31}/ʂan^{33}	tʰan^{31}	tʰan^{31}	tʰan^{13}	tʰan^{13}	lan^{13}	lan^{13}
永济	tæ̃^{31}	tæ̃^{31}/ʂai^{44}	tʰæ̃^{31}	tʰæ̃^{31}	tʰæ̃^{24}	tʰæ̃^{24}	naŋ^{24}白/ næ̃^{24}文	læ̃^{31}
芮城	tæ̃^{42}	tæ̃^{42}	tʰæ̃^{42}	tʰæ̃^{42}	tʰæ̃^{13}	tʰæ̃^{13}	læ̃^{13}	læ̃^{13}
吉县	tæ̃^{423}	tæ̃^{423}/ʂæ̃^{53}	tʰæ̃^{423}	tʰæ̃^{423}	tʰæ̃^{13}	tʰæ̃^{13}	næ̃^{13}	læ̃^{13}
乡宁	tæ^{53}	tæ^{53}	tʰæ^{53}	tʰæ^{53}	tʰæ^{12}	tʰæ^{12}	næ^{12}	læ^{12}
广灵	tæ^{53}	tæ^{53}	tʰæ^{53}	tʰæ^{53}	tʰæ^{31}	tʰæ^{31}	næ^{31}	læ^{31}

字目	拦	栏	餐	残	干~涉	干~燥	竿	肝
中古音 / 方言点	落干 山开一 平寒来	落干 山开一 平寒来	七安 山开一 平寒清	昨干 山开一 平寒从	古寒 山开一 平寒见	古寒 山开一 平寒见	古寒 山开一 平寒见	古寒 山开一 平寒见
北京	lan^{35}	lan^{35}	ts^{h}an^{55}	ts^{h}an^{35}	kan^{55}	kan^{55}	kan^{55}	kan^{55}
小店	læ^{11}	læ^{11}	ts^{h}æ^{11}	ts^{h}æ^{11}	kæ^{11}/kæ^{24}	kæ^{11}	kæ^{11}	kæ^{11}
尖草坪	læ^{33}	læ^{33}	ts^{h}æ^{33}	ts^{h}æ^{33}	kæ^{33}	kæ^{33}	kæ^{33}	kæ^{33}
晋源	laŋ^{11}	laŋ^{11}	ts^{h}aŋ^{11}	ts^{h}aŋ^{11}	kaŋ^{11}	kaŋ^{11}	kaŋ^{42}	kaŋ^{11}
阳曲	læ^{43}	læ^{43}	ts^{h}æ^{312}	ts^{h}æ^{312}	kæ^{312}	kæ^{312}	kæ^{312}	kæ^{312}
古交	lɛ^{44}	lɛ^{44}	ts^{h}ɛ^{44}	ts^{h}ɛ^{44}	kɛ^{44}	kɛ^{44}	kɛ^{44}	kɛ^{44}
清徐	lɛ^{11}	lɛ^{11}	ts^{h}ɛ^{11}	ts^{h}ɛ^{11}	kɛ^{11}	kɛ^{11}	kɛ^{11}	kɛ^{11}
娄烦	læ^{33}	læ^{33}	ts^{h}æ^{33}	ts^{h}æ^{33}	kæ^{33}	kæ^{33}	kæ^{33}	kæ^{33}
榆次	læ^{11}	læ^{11}	ts^{h}æ^{11}	ts^{h}æ^{11}	kæ^{11}	kæ^{11}	kæ^{11}	kæ^{11}
交城	lã^{11}	lã^{11}	ts^{h}ã^{11}	ts^{h}ã^{11}	kõ^{11}	kõ^{11}	kõ^{11}	kõ^{11}
文水	laŋ^{22}	laŋ^{22}	ts^{h}aŋ^{22}	ts^{h}aŋ^{22}	kæĩ^{22}	kæĩ^{22}	kæĩ^{22}	kæĩ^{22}
祁县	lɑ̃^{31}	lɑ̃^{31}	ts^{h}ɑ̃^{31}	tsɑ̃^{31} 白 / ts^{h}ɑ̃^{31} 文	kə̃^{31}	kə̃^{31}	kə̃^{31}	kə̃^{31}
太谷	lɑ̃^{33}	lɑ̃^{33}	ts^{h}ɑ̃^{33}	tsɑ̃^{33} 白 / ts^{h}ɑ̃^{33} 文	kẽĩ^{33}	kẽĩ^{33}	kẽĩ^{33}	kẽĩ^{33}
平遥	lɑ̃^{213}	lɑ̃^{213}	ts^{h}ɑ̃^{213}	ts^{h}ɑ̃^{213}	kɑ̃^{213}	kɑ̃^{213}	kɑ̃^{213}	kɑ̃^{213}
孝义	lã^{33}	lã^{33}	ts^{h}ã^{33}	ts^{h}ã^{33}	kã^{33}	kɒ^{33}	kã^{33}	kɒ^{33}
介休	læ̃^{13}	læ̃^{13}	ts^{h}æ̃^{13}	ts^{h}æ̃^{13}	kæ̃^{13}	kæ̃^{13}	kæ̃^{13}	kæ̃^{13}
灵石	lɒ̃^{44}	lɒ̃^{44}	ts^{h}ɒ̃^{535}	ts^{h}ɒ̃^{44}	kɒ̃^{535}	kɒ̃^{535}	kɒ̃^{212}	kɒ̃^{535}
盂县	læ̃^{22}	læ̃^{22}	ts^{h}æ̃^{412}	ts^{h}æ̃^{22}	kæ̃^{412}	kæ̃^{412}	kæ̃^{412}	kæ̃^{412}
寿阳	læ^{22}	læ^{22}	ts^{h}æ^{31}	ts^{h}æ^{22}	kæ^{31}	kæ^{31}	kæ^{31}	kæ^{31}
榆社	la^{22}	la^{22}	ts^{h}a^{22}	ts^{h}a^{22}	ka^{22}	ka^{22}	ka^{22}	ka^{22}
离石	læ^{44}	læ^{44}	ts^{h}æ^{24}	ts^{h}æ^{44}	kiɪ^{24}	kiɪ^{24}	kiɪ^{24}	kiɪ^{24}
汾阳	lã^{22}	lã^{22}	ts^{h}ã^{324}	ts^{h}ã^{22}	ki^{324} 白 / kã^{324} 文	ki^{324} 白 / kã^{324} 文	ki^{324} 白 / kã^{324} 文	ki^{324} 白 / kã^{324} 文
中阳	læ^{33}	læ^{33}	ts^{h}æ^{24}	ts^{h}æ^{33}	kie^{24}	kie^{24}	kie^{24}	kie^{24} 白 / kæ^{24} 文
柳林	læ^{44}	læ^{44}	ts^{h}æ^{24}	ts^{h}æ^{44}	kie^{24}	kie^{24}	kie^{312}	kie^{24}
方山	læ^{44}	læ^{44}	ts^{h}æ^{24}	ts^{h}æ^{44}	kiɛ^{24} 白 / kæ^{24} 文	kiɛ^{24}	kiɛ^{24}	kiɛ^{24} 白 / kæ^{24} 文
临县	læ^{33}	læ^{33}	ts^{h}æ^{24}	ts^{h}æ^{33}	kie^{24}	kie^{24}	kie^{24}	kie^{24}
兴县	læ̃^{55}	læ̃^{55}	ts^{h}æ̃^{55}	ts^{h}æ̃^{55}	kẽn^{324}	kẽn^{324}	kẽn^{324}	kẽn^{324}
岚县	laŋ^{44}	laŋ^{44}	ts^{h}aŋ^{53}	ts^{h}aŋ^{44}	kiẽ^{214}	kiẽ^{214}	kiẽ^{214}	kiẽ^{214}

续表

字目	拦	栏	餐	残	干~涉	干~躁	竿	肝
中古音 / 方言点	落干 山开一 平寒来	落干 山开一 平寒来	七安 山开一 平寒清	昨干 山开一 平寒从	古寒 山开一 平寒见	古寒 山开一 平寒见	古寒 山开一 平寒见	古寒 山开一 平寒见
静乐	læ̃^{33}	læ̃^{33}	tsʰæ̃^{53}	tsʰæ̃^{33}	kæ̃^{24}	kæ̃^{24}	kæ̃^{24}	kæ̃^{24}
交口	lɑ̃^{44}	lɑ̃^{44}	tsʰɑ̃^{323}	tsʰɑ̃^{44}	kɑ̃^{323}	kɑ̃^{323}	kɑ̃^{323}	kɑ̃^{323}
石楼	lɑŋ^{44}	lɑŋ^{44}	tsɑŋ^{213}	tsɑŋ^{44}	kɑŋ^{213}	kɑŋ^{213}	kɑŋ^{213}	kɑŋ^{213}
隰县	laŋ^{24}	laŋ^{24}	tsʰæ^{53}	tsʰaŋ^{24}	kæ^{53}	kæ^{53}	kæ^{53}	kæ^{53}
大宁	lɛ̃^{24}	lɛ̃^{24}	tsʰɛ̃^{31}	tsʰɛ̃^{24}	kɛ̃^{31}	kɛ̃^{31}	kɛ̃^{31}	kɛ̃^{31}
永和	lɑ̃^{35}	lɑ̃^{35}	tsʰɑ̃^{33}	tsʰɑ̃^{35}	kɛi^{33}	kɛi^{33}	kɛi^{33}	kɛi^{33}
汾西	lɑ̃^{35}	lɑ̃^{35}	tsʰɑ̃^{11}	tsʰɑ̃^{35}	kɑ̃^{11}/kɑ̃^{55}	——	kɑ̃^{11}	kɑ̃^{11}
蒲县	læ̃^{24}	læ̃^{24}	tsʰæ̃^{52}	tsʰæ̃^{24}	kæ̃^{52}	kæ̃^{52}	kæ̃^{52}	kæ̃^{52}
潞州	laŋ^{24}	laŋ^{24}	tsʰaŋ^{312}	tsʰaŋ^{24}	kaŋ^{312}	kaŋ^{312}	kaŋ^{312}	kaŋ^{312}
上党	lɑŋ^{44}	lɑŋ^{44}	tsʰɑŋ^{213}	tsʰɑŋ^{44}	kɑŋ^{213}	kɑŋ^{213}	kɑŋ^{213}	kɑŋ^{213}
长子	læ̃^{24}	læ̃^{24}	tsʰæ̃^{312}	tsʰæ̃^{24}	kæ̃^{312}	kæ̃^{312}	kæ̃^{312}	kæ̃^{312}
屯留	læ̃^{11}	læ̃^{11}	tsʰæ̃^{31}	tsʰæ̃^{11}	kæ̃^{31}	kæ̃^{31}	kæ̃^{31}	kæ̃^{31}
襄垣	læ^{31}	læ^{31}	tsʰæ^{33}	tsʰæ^{31}	kæ^{33}	kæ^{33}	kæ^{33}	kæ^{33}
黎城	læ^{53}	læ^{53}	tsʰæ^{33}	tsʰæ^{53}	kæ^{33}	kæ^{33}	kæ^{33}	kæ^{33}
平顺	læ̃^{13}	læ̃^{13}	tsʰæ̃^{213}	tsʰæ̃^{13}	kæ̃^{213}	kæ̃^{213}	kæ̃^{213}	kæ̃^{213}
壶关	laŋ^{13}	laŋ^{13}	tʂʰaŋ^{33}	tʂʰaŋ^{13}	kaŋ^{33}	kaŋ^{33}	kaŋ^{33}	kaŋ^{33}
沁县	læ^{33}	læ^{33}	tsʰæ^{224}	tsʰæ^{33}	kæ^{224}	——	kæ^{224}	kæ^{224}
武乡	læ^{33}	læ^{33}	tsʰæ^{113}	tsʰæ^{33}	kæ^{113}	kæ^{113}	kæ^{113}	kæ^{113}
沁源	læ̃^{33}	læ̃^{33}	tsʰæ̃^{324}	tsʰæ̃^{33}	kæ̃^{324}	kæ̃^{324}	kæ̃^{324}	kæ̃^{324}
安泽	læ^{35}	læ^{35}	tsʰæ^{21}	tsʰæ^{35}	kæ^{21}	kæ^{21}	kæ^{21}	kæ^{21}
沁水端氏	læ^{24}	læ^{24}	tsʰæ^{21}	tsʰæ^{24}	kæ^{21}	kæ^{21}	kæ^{21}	kæ^{21}
阳城	lɛ^{22}	lɛ^{22}	tsʰe^{224}	tsʰe^{22}	kɛ^{224}	kɛ^{224}	kɛ^{224}	kɛ^{224}
高平	næ̃^{33}	næ̃^{33}	tʂʰæ̃^{33}	tʂʰæ̃^{33}	kæ̃^{33}	kæ̃^{33}	kæ̃^{33}	kæ̃^{33}
陵川	lã^{53}	lã^{53}	tʂʰã^{33}	tʂʰã^{53}	kã^{33}	kã^{33}	kã^{33}	kã^{33}
晋城	læ^{324}	læ^{324}	tʂʰæ^{33}	tʂʰæ^{324}	kæ^{33}	kæ^{33}	kæ^{33}	kæ^{33}
忻府	lɑ̃^{21}	lɑ̃^{21}	tsʰɑ̃^{313}	tsʰɑ̃^{21}	kɑ̃^{313}	kɑ̃^{313}	kɑ̃^{313}	kɑ̃^{313}
原平	lɛ̃^{33}	lɛ̃^{33}	tsʰɛ̃^{213}	tsʰɛ̃^{33}	kiɛ̃^{213}	kiɛ̃^{213}	kiɛ̃^{213}	kiɛ̃^{213}
定襄	læ^{11}	læ^{11}	tsʰæ^{24}	tsʰæ^{11}	kæ^{24}	kæ^{24}	kæ^{24}	kæ^{24}
五台	læn^{33}	læn^{33}	tsʰæn^{213}	tsʰæn^{33}	kæn^{213}	kæn^{213}	kæn^{213}	kæn^{213}
岢岚	læ^{44}	læ^{44}	tsʰæ^{52}	tsʰæ^{44}	kæ^{13}	kæ^{13}	kæ^{13}	kæ^{13}
五寨	læ^{44}	læ^{44}	tsʰæ^{52}	tsʰæ^{44}	kæ^{13}	kæ^{13}	kæ^{13}	kæ^{13}

续表

字目	拦	栏	餐	残	干~涉	干~躁	竿	肝
中古音 / 方言点	落干 山开一 平寒来	落干 山开一 平寒来	七安 山开一 平寒清	昨干 山开一 平寒从	古寒 山开一 平寒见	古寒 山开一 平寒见	古寒 山开一 平寒见	古寒 山开一 平寒见
宁武	læ^{33}	læ^{33}	tsʰæ^{23}	tsʰæ^{33}	kiɛ^{23}	kiɛ^{23}	kiɛ^{23}	kiɛ^{23}
神池	læ^{32}	læ^{32}	tsʰ^{24}	tsʰæ^{24}	kæ^{24}	kæ^{24}	kæ^{13}	kæ^{24}
繁峙	lɛ^{31}	lɛ^{31}	tsʰɛ^{53}	tsʰɛ^{31}	kɛ^{53}	kɛ^{53}	kɛ^{53}	kɛ^{53}
代县	lɛ^{44}	lɛ^{44}	tsʰɛ^{53}	tsʰɛ^{44}	kɛ^{213}	kɛ^{213}	kɛ^{213}	kɛ^{213}
河曲	læ^{44}	læ^{44}	tsʰæ^{213}	tsʰæ^{44}	kæ^{213}	kæ^{213}	kæ^{213}	kæ^{213}
保德	lɑŋ^{44}	lɑŋ^{44}	tsʰɑŋ^{213}	tsʰɑŋ^{44}	kɑŋ^{213}	kɑŋ^{213}	kɑŋ^{213}	kɑŋ^{213}
偏关	læ^{44}	læ^{44}	tsʰæ^{24}	tsʰæ^{44}	kiæ^{24}	kiæ^{24}	kiæ^{24}	kiæ^{24}
朔城	læ^{35}	læ^{35}	tsʰæ^{312}	tsʰæ^{35}	kæ^{312}	——	kæ^{312}	kæ^{312}
平鲁	læ^{44}	læ^{44}	tsʰæ^{213}	tsʰæ^{44}	kæ^{213}/kæ^{52}	kæ^{213}	kæ^{213}	kæ^{213}
应县	lɛ̃^{31}	lɛ̃^{31}	tsʰɛ̃^{31}	tsʰɛ̃^{31}	kɛ̃^{43}	kɛ̃^{43}	kɛ̃^{43}	kɛ̃^{43}
灵丘	læ^{31}	læ^{31}	tsʰæ^{31}	tsʰæ^{31}	kæ^{442}	kæ^{442}	kæ^{442}	kæ^{442}
浑源	læ^{22}	læ^{22}	tsʰæ^{52}	tsʰæ^{22}	kæ^{52}	kæ^{52}	kæ^{52}	kæ^{52}
云州	læ^{312}	læ^{312}	tsʰæ^{21}	tsʰæ^{312}	kæ^{21}	kæ^{21}	kæ^{21}	kæ^{21}
新荣	læ^{312}	læ^{312}	tsʰæ^{32}	tsʰæ^{312}	kæ^{32}	kæ^{32}	kæ^{32}	kæ^{32}
怀仁	læ^{312}	læ^{312}	tsʰæ^{42}	tsʰæ^{312}	kæ^{42}	kæ^{42}	kæ^{42}	kæ^{42}
左云	læ^{313}	læ^{313}	tsʰæ^{31}	tsʰæ^{313}	kæ^{31}	kæ^{31}	kæ^{31}	kæ^{31}
右玉	læ^{212}	læ^{212}	tsʰæ^{31}	tsʰæ^{31}	kæ^{31}	kæ^{31}	kæ^{31}	kæ^{31}
阳高	lɛ^{312}	lɛ^{312}	tsʰɛ^{31}	tsʰɛ^{312}	kɛ^{31}	kɛ^{31}	kɛ^{31}	kɛ^{31}
山阴	læ^{313}	læ^{313}	tsʰæ^{313}	tsʰæ^{313}	kæ^{313}	——	kæ^{313}	kæ^{313}
天镇	læ^{22}	læ^{22}	tsʰæ^{22}	tsʰæ^{22}	kæ^{31}	kæ^{31}	kæ^{31}	kæ^{31}
平定	læ̃^{44}	læ̃^{44}	tsʰæ̃^{31}	tsʰæ̃^{44}	kæ̃^{31}	kæ̃^{31}	kæ̃^{31}	kæ̃^{31}
昔阳	læ̃^{33}	læ̃^{33}	tsʰæ̃^{42}	tsʰæ̃^{33}	kæ̃^{42}	kæ̃^{42}	kæ̃^{42}	kæ̃^{42}
左权	læ^{11}	læ^{11}	tsʰæ^{31}	tsʰæ^{11}	kæ^{31}	kæ^{31}	kæ^{31}	kæ^{31}
和顺	læ^{22}	læ^{22}	tsʰæ^{42}	tsʰæ^{22}	——	kæ^{42}	kæ^{42}	kæ^{42}
尧都	læ̃^{24}	læ̃^{24}	tsʰæ̃^{21}	tsʰæ̃^{24}	kæ̃^{21}	kæ̃^{21}	kæ̃^{21}	kæ̃^{21}
洪洞	lɑn^{24}	lɑn^{24}	tsʰɑn^{21}	tsʰɑn^{24}	kɑn^{21}	kɑn^{21}	kɑn^{21}	kɑn^{21}
洪洞赵城	lɑ̃^{24}	lɑ̃^{24}	tsʰɑ̃^{21}	tsʰɑ̃^{24}	kɑ̃^{21}	kɑ̃^{21}	kɑ̃^{21}	kɑ̃^{21}
古县	lan^{35}	lan^{35}	tsʰan^{21}	tsʰan^{35}	kan^{21}	kan^{21}	kan^{21}	kan^{21}
襄汾	lan^{24}	lan^{24}	tsʰan^{21}	tsʰan^{24}	kan^{21}	kan^{21}	kan^{21}	kan^{21}
浮山	lãĩ^{13}	lãĩ^{13}	tsʰãĩ^{42}	tsʰãĩ^{13}	kãĩ^{42}	kãĩ^{42}	kãĩ^{42}	kãĩ^{42}
霍州	laŋ^{35}	laŋ^{35}	tsʰaŋ^{212}	tsʰaŋ^{35}	kaŋ^{212}	kaŋ^{212}	kaŋ^{212}	kaŋ^{212}

续表

字目	拦	栏	餐	残	干~涉	干~燥	竿	肝
中古音 方言点	落干 山开一 平寒来	落干 山开一 平寒来	七安 山开一 平寒清	昨干 山开一 平寒从	古寒 山开一 平寒见	古寒 山开一 平寒见	古寒 山开一 平寒见	古寒 山开一 平寒见
翼城	læ̃^{12}	læ̃^{12}	tsʰæ̃^{53}	tsʰæ̃^{12}	kæ̃^{53}	kæ̃^{53}	kæ̃^{53}	kæ̃^{53}
闻喜	læ^{13}	læ^{13}	tsʰæ^{53}	tsʰæ^{13}	kiæ^{53}	kiæ^{53}	kiæ^{53}	kiæ^{53}
侯马	læ̃^{213}	læ̃^{213}	tsʰæ̃^{213}	sæ̃^{213}	kæ̃^{213}	kæ̃^{213}	kæ̃^{213}	kæ̃^{213}
新绛	lã^{53}	lã^{13}	tsʰã^{13}	tsʰã^{13}	kã^{53}	kã^{53}	kã^{53}	kã^{53}
绛县	læ^{24}	læ^{24}	tsʰæ^{53}	tsʰæ^{24}	kæ^{53}	kæ^{53}	kæ^{53}	kæ^{53}
垣曲	læ̃^{22}	læ̃^{22}	tsʰæ̃^{53}	tsʰæ̃^{22}	kæ̃^{53}	kæ̃^{53}	kæ̃^{53}	kæ̃^{53}
夏县	læ^{42}	læ^{42}	tsʰæ^{53}	tsʰæ^{42}	kæ^{53}	kæ^{53}	kæ^{53}	kæ^{53}
万荣	læ^{213}	læ^{213}	tsʰæ^{51}	tsʰæ^{213}	kæ^{51}	kæ^{51}	kæ^{51}	kæ^{51}
稷山	lɑ̃^{13}	lɑ̃^{13}	tsʰɑ̃^{53}	tsʰɑ̃^{13}	kɑ̃^{53}	kɑ̃^{53}	kɑ̃^{53}	kɑ̃^{53}
盐湖	læ̃^{13}	læ̃^{13}	tsʰæ̃^{42}	tsʰæ̃^{13}	kæ̃^{42}	kæ̃^{42}	kæ̃^{42}	kæ̃^{42}
临猗	læ̃^{13}	læ̃^{13}	tsʰæ̃^{42}	tsʰæ̃^{13}	kæ̃^{42}	kæ̃^{42}	kæ̃^{42}	kæ̃^{42}
河津	læ̃^{324}	læ̃^{324}	tsʰæ̃^{31}	tsʰæ̃^{324}	kæ̃^{31}	kæ̃^{31}	kæ̃^{31}	kæ̃^{31}
平陆	lan^{13}	lan^{13}	tsʰan^{31}	tsʰan^{13}	kan^{31}	kan^{31}	kan^{31}	kan^{31}
永济	læ̃^{31}	læ̃^{31}	tsʰæ̃^{31}	tsʰæ̃^{24}	kæ̃^{31}	kæ̃^{31}	kæ̃^{31}	kæ̃^{31}
芮城	læ̃^{13}	læ̃^{13}	tsʰæ̃^{42}	tsʰæ̃^{13}	kæ̃^{42}	kæ̃^{42}	kæ̃^{42}	kæ̃^{42}
吉县	læ̃^{13}	læ̃^{13}	tsʰæ̃^{13}	tsʰæ̃^{13}	kæ̃^{423}	kæ̃^{423}	kæ̃^{423}	kæ̃^{423}
乡宁	læ^{12}	læ^{12}	tsʰæ^{53}	tsʰæ^{12}	kiæ^{53}	kiæ^{53}	kiæ^{53}	kiæ^{53}
广灵	læ^{31}	læ^{31}	tsʰæ^{53}	tsʰæ^{31}	kæ^{53}	kæ^{53}	kæ^{53}	kæ^{53}

字目	刊	看~守	寒	韩	安	鞍	坦	懒
中古音 方言点	苦寒 山开一 平寒溪	苦寒 山开一 平寒溪	胡安 山开一 平寒匣	胡安 山开一 平寒匣	乌寒 山开一 平寒影	乌寒 山开一 平寒影	他但 山开一 上旱透	落旱 山开一 上旱来
北京	kʰan^{55}	kʰan^{55}	xan^{35}	xan^{35}	an^{55}	an^{55}	tʰan^{214}	lan^{214}
小店	kʰæ^{11}	kʰæ^{11}	xæ^{11}	xæ^{11}	æ^{11}	æ^{11}	tʰæ^{53}	læ^{53}
尖草坪	kʰæ^{33}	kʰæ^{33}	xæ^{33}	xæ^{33}	ɣæ^{33}	ɣæ^{33}	tʰæ^{312}	læ^{312}
晋源	kʰaŋ^{11}	kʰaŋ^{35}	xaŋ^{11}	xaŋ^{11}	ŋaŋ^{11}	ŋaŋ^{11}	tʰaŋ^{42}	laŋ^{42}
阳曲	kʰæ^{312}	kʰæ^{312}	xæ^{43}	xæ^{43}	ŋæ^{312}	ŋæ^{312}	tʰæ^{312}	læ^{312}
古交	kʰɛ^{44}	kʰɛ^{44}	xɛ^{44}	xɛ^{44}	ŋɛ^{44}	ŋɛ^{44}	tʰɛ^{312}	lɛ^{312}
清徐	kʰɛ^{11}	kʰɛ^{11}	xɛ^{11}	xɛ^{11}	ŋɛ^{11}	ŋɛ^{11}	tʰɛ^{54}	lɛ^{54}
娄烦	kʰæ^{54}	kʰæ^{33}	xæ^{33}	xæ^{33}	ŋæ^{33}	ŋæ^{33}	tʰæ^{312}	læ^{312}
榆次	kʰæ^{11}	kʰæ^{11}	xæ^{11}	xæ^{11}	ŋæ^{11}	ŋæ^{11}	tʰæ^{53}	læ^{53}
交城	kʰã^{11}	kʰɒ̃^{11}	xɒ̃^{11}	xɒ̃^{11}	ŋɒ̃^{11}	ŋɒ̃^{11}	tʰã^{53}	lã^{53}
文水	kʰaŋ^{22}	kʰæĩ^{22}	xæĩ^{22}	xæĩ^{22}	ŋæĩ^{22}	ŋæĩ^{22}	tʰaŋ^{423}	laŋ^{423}
祁县	kʰə̃^{31}	kʰə̃^{31}	xə̃^{31}	xə̃^{31}	ŋə̃^{31}	ŋə̃^{31}	tʰɑ̃^{314}	lɑ̃^{314}
太谷	kʰẽĩ^{33}	kʰẽĩ^{33}	xẽĩ^{33}	xẽĩ^{33}	ŋẽĩ^{33}	ŋẽĩ^{33}	tʰɑ̃^{312}	lɑ̃^{312}
平遥	kʰɑ̃^{213}	kʰɑ̃^{213}	xɑ̃^{213}	xɑ̃^{213}	ŋɑ̃^{213}	ŋɑ̃^{213}	tʰɑ̃^{213}	lɑ̃^{512}
孝义	kʰã^{33}	kʰɒ^{33}	xã^{33}	xã^{33}	ŋɒ^{33} 白 / ŋã^{33} 文	ŋɒ^{33}	tʰã^{312}/tʰã^{33}	lã^{312}
介休	kʰæ̃^{13}	kʰæ̃^{13}	xæ̃^{13}	xæ̃^{13}	ŋæ̃^{13}	ŋæ̃^{13}	tʰæ̃^{423}	læ̃^{423}
灵石	kʰɒ̃^{535}	kʰɒ̃^{535}	xɒ̃^{44}	xɒ̃^{44}	ŋɒ̃^{535}/ɒ̃^{535}	ŋɒ̃^{535}/ɒ̃^{535}	tʰɒ̃^{212}	lɒ̃^{212}
盂县	kʰæ̃^{53}	kʰæ̃^{412}	xæ̃^{22}	xæ̃^{22}	ŋæ̃^{412}	ŋæ̃^{412}	tʰæ̃^{53}	læ̃^{53}
寿阳	kʰæ^{31}	kʰæ^{31}	xæ^{22}	xæ^{22}	ŋæ^{31}	ŋæ^{31}	tʰæ^{53}	læ^{53}
榆社	kʰa^{312}	kʰa^{22}	xa^{22}	xa^{22}	ŋa^{22}	ŋa^{22}	tʰa^{312}	la^{312}
离石	kʰæ^{24}	kʰiɪ^{24}	xæ^{44}	xæ^{44}	ŋiɪ^{24} 白 / ŋæ^{24} 文	ŋiɪ^{24}	tʰæ^{312}	læ^{312}
汾阳	kʰã^{324}	kʰã^{324}	ɕi^{22} 白 / xã^{22} 文	ɕi^{22} 白 / xã^{22} 文	ŋi^{324} 白 / ŋã^{324} 文	ŋi^{324} 白 / ŋã^{324} 文	tʰã^{312}	lã^{312}
中阳	kʰæ^{24}	kʰie^{24}	xæ^{33}	xæ^{33}	ŋie^{24} 白 / ŋæ^{24} 文	ŋie^{24}	tʰæ^{423}	læ^{423}
柳林	kʰæ^{24}	kʰie^{24}	xæ^{44}	xæ^{44}	ŋie^{24}	ŋie^{24}	tʰæ^{312}	læ^{312}
方山	kæ^{24}	kʰie^{24}	xæ^{44}	xæ^{44}	ŋiɛ^{24} 白 / ŋæ^{24} 文	ŋiɛ^{24} 白 / ŋæ^{24} 文	tʰæ^{312} 白 / tʰæ^{44} 文	læ^{312}
临县	kʰæ^{24}	kʰie^{24}	xæ^{24}	xæ^{24}	ŋie^{24}	ŋie^{24}	tʰæ^{312}	læ^{312}
兴县	kʰẽn^{324}	kʰẽn^{324}	xẽn^{55}	xẽn^{55}	ŋẽn^{324}	ŋẽn^{324}	tʰæ̃^{324}	læ̃^{324}
岚县	kʰaŋ^{214}	kʰiẽ^{214}	xiẽ^{44}	xiẽ^{44}	ŋiẽ^{214}	ŋiẽ^{214}	tʰaŋ^{44}/ tʰaŋ^{312}	laŋ^{312}

续表

字目	刊	看~守	寒	韩	安	鞍	坦	懒
中古音 / 方言点	苦寒 山开一 平寒溪	苦寒 山开一 平寒溪	胡安 山开一 平寒匣	胡安 山开一 平寒匣	乌寒 山开一 平寒影	乌寒 山开一 平寒影	他但 山开一 上旱透	落旱 山开一 上旱来
静乐	kʰæ̃^{24}	kʰæ̃^{24}	xæ̃^{33}	xæ̃^{33}	ŋæ̃^{24}	ŋæ̃^{24}	tʰæ̃^{314}	læ̃^{314}
交口	kʰɑ̃^{323}	kʰɑ̃^{323}	xɑ̃^{44}	xɑ̃^{44}	ŋɑ̃^{323}	ŋɑ̃^{323}	tʰɑ̃^{323}	lɑ̃^{323}
石楼	kʰɑŋ^{213}	kʰɑŋ^{51}	xɑŋ^{44}	xɑŋ^{44}	ŋɑŋ^{213}	ŋɑŋ^{213}	lɑŋ^{213}	lɑŋ^{213}
隰县	kʰæ^{53}	kʰæ^{53}	xaŋ^{24}	xaŋ^{24}	ŋæ^{53}	ŋæ^{53}	tʰaŋ^{21}	laŋ^{21}
大宁	kʰɛ̃^{31}	kʰəʔ$\underline{31}$	xɛ̃^{24}	xɛ̃^{24}	ŋɛ̃^{31}	ŋɛ̃^{31}	tʰɛ̃^{24}	lɛ̃^{31}
永和	kʰɑ̃^{33}	kʰɛi^{53}	xɛi^{35}	xɛi^{35}	ŋɛi^{312}	ŋɛi^{312}	tʰɑ̃^{312}	lɑ̃^{312}
汾西	kʰɑ̃^{11}	kʰɑ̃^{11}	xɑ̃^{35}	xɑ̃^{35}	ŋɑ̃^{11}	ŋɑ̃^{11}	tʰɑ̃^{33}	lɑ̃^{33}
蒲县	kʰæ̃^{52}	kʰæ̃^{33}	xæ̃^{24}	xæ̃^{24}	ŋæ̃^{52}	ŋæ̃^{52}	tʰæ̃^{31}	læ̃^{31}
潞州	kʰaŋ^{312}	kʰaŋ^{312}	xaŋ^{24}	xaŋ^{24}	aŋ^{312}	aŋ^{312}	tʰaŋ^{535}	laŋ^{535}
上党	kʰɑŋ^{213}	kʰɑŋ^{213}	xɑŋ^{44}	xɑŋ^{44}	ɑŋ^{213}	ɑŋ^{213}	tʰɑŋ^{535}	lɑŋ^{535}
长子	kʰæ̃^{312}	kʰæ̃^{312}	xæ̃^{24}	xæ̃^{24}	ŋæ̃^{312}	ŋæ̃^{312}	tʰæ̃^{434}	læ̃^{434}
屯留	kʰæ̃^{31}	kʰæ̃^{31}	xæ̃^{11}	xæ̃^{11}	ŋæ̃^{31}	ŋæ̃^{31}	tʰæ̃^{43}	læ̃^{43}
襄垣	——	kʰæ^{33}	xæ^{31}	xæ^{31}	æ^{33}	æ^{33}	tʰæ^{42}	læ^{42}
黎城	kʰæ^{33}	kʰæ^{33}	xæ^{53}	xæ^{53}	æ^{33}	æ^{33}	tʰæ^{213}	læ^{213}
平顺	kʰæ̃^{213}	kʰæ̃^{213}	xæ̃^{13}	xæ̃^{13}	ɣæ̃^{213}	ɣæ̃^{213}	tʰæ̃^{434}	læ̃^{434}
壶关	kʰaŋ^{33}	kʰaŋ^{33}	xaŋ^{13}	xaŋ^{13}	ɣaŋ^{33}	ɣaŋ^{33}	tʰaŋ^{535}	laŋ^{535}
沁县	kʰæ^{224}	kʰæ^{224}	xæ^{33}	xæ^{33}	ŋæ^{224}	ŋæ^{224}	tʰæ^{214}	læ^{214}
武乡	kʰæ^{113}	kʰæ^{113}	xæ^{33}	xæ^{33}	ŋæ^{113}	ŋæ^{113}	tʰæ^{213}	læ^{213}
沁源	kʰæ̃^{324}	kʰæ̃^{324}	xæ̃^{33}	xæ̃^{33}	ŋæ̃^{324}	ŋæ̃^{324}	tʰæ̃^{324}	læ̃^{324}
安泽	kʰæ^{21}	kʰæ^{21}	xæ^{35}	xæ^{35}	ŋæ^{21}	ŋæ^{21}	tʰæ^{42}	læ^{42}
沁水端氏	kʰæ^{21}	kʰæ^{21}	xæ^{24}	xæ^{24}	æ^{21}	æ^{21}	tʰæ^{31}	læ^{31}
阳城	kʰɛ^{224}	kʰɛ^{224}	xɛ^{22}	xɛ^{22}	ɣɛ^{224}	ɣə^{22}白 / ɣɛ^{224}文	tʰɛ^{212}	lɛ^{212}
高平	kʰæ̃^{33}	kʰæ̃^{33}	xæ̃^{33}	xæ̃^{33}	æ̃^{33}	æ̃^{33}	tʰæ̃^{212}	næ̃^{212}
陵川	kʰã^{33}	kʰã^{33}	xã^{53}	xã^{53}	ɣã^{33}	ɣã^{33}	tʰã^{312}	lã^{312}
晋城	kʰæ^{33}	kʰæ^{33}	xæ^{324}	xæ^{324}	ɣæ^{33}	ɣæ^{33}	tʰæ^{213}	læ^{213}
忻府	kʰɑ̃^{313}	kʰɑ̃^{313}	xɑ̃^{21}	xɑ̃^{21}	ŋɑ̃^{313}	ŋɑ̃^{313}	tʰɑ̃^{313}	lɑ̃^{313}
原平	kʰiɛ̃^{213}	kʰiɛ̃^{213}	xɛ̃^{33}	xɛ̃^{33}	ŋiɛ̃^{213}	ŋiɛ̃^{213}	tʰɛ̃^{213}	lɛ̃^{213}
定襄	kʰæ^{24}	kʰæ^{24}	xæ^{11}	xæ^{11}	ŋæ^{24}	ŋæ^{24}	tʰæ^{24}	læ^{24}
五台	kʰæn^{213}	kʰæn^{213}	xæn^{33}	xæn^{33}	ŋæn^{213}	ŋæn^{213}	tʰæn^{213}	læn^{213}
岢岚	kʰæ^{13}	kʰæ^{13}	xæ^{44}	xæ^{44}	ŋæ^{13}	ŋæ^{13}	tʰæ^{13}	læ^{13}

续表

字目	刊	看~守	寒	韩	安	鞍	坦	懒
中古音 / 方言点	苦寒 山开一 平寒溪	苦寒 山开一 平寒溪	胡安 山开一 平寒匣	胡安 山开一 平寒匣	乌寒 山开一 平寒影	乌寒 山开一 平寒影	他但 山开一 上旱透	落旱 山开一 上旱来
五寨	kʰæ^{13}	kʰæ^{13}	xæ^{44}	xæ^{44}	ŋæ^{13}	ŋæ^{13}	tʰæ^{13}	læ^{13}
宁武	kʰæ^{23}	kʰæ^{23}	xæ^{33}	xæ^{33}	ŋiɛ^{23}	ŋiɛ^{23}	tʰæ^{213}	læ^{213}
神池	kʰæ^{24}	kʰæ^{24}	xæ^{32}	xæ^{32}	ŋæ^{24}	ŋæ^{52}	tʰæ^{13}	læ^{13}
繁峙	kʰɛ^{53}	kʰɛ^{53}	xɛ^{31}	xɛ^{31}	ŋɛ^{53}	ŋɛ^{53}	tʰɛ^{53}	lɛ^{53}
代县	kʰɛ^{213}	kʰɛ^{213}	xɛ^{44}	xɛ^{44}	ŋɛ^{213}	ŋɛ^{213}	tʰɛ^{213}	lɛ^{213}
河曲	kʰæ^{213}	kʰæ^{213}	xæ^{44}	xæ^{44}	ŋæ^{213}	ŋæ^{213}	tʰæ^{213}	læ^{213}
保德	kʰɑŋ^{213}	kʰɑŋ^{213}	xɑŋ^{44}	xɑŋ^{44}	ɑŋ^{213}	ɑŋ^{213}	tʰɑŋ^{213}	lɑŋ^{213}
偏关	kʰiæ^{24}	kʰiæ^{24}	xæ^{44}	xæ^{44}	ŋiæ^{24}	ŋiæ^{24}	tʰæ^{213}	læ^{213}
朔城	kʰæ^{312}	kʰæ^{312}	xæ^{35}	xæ^{35}	næ^{312}	næ^{312}	tʰæ^{312}	læ^{312}
平鲁	kʰæ^{213}	kʰæ^{213}/ kʰæ^{52}	xæ^{44}	xæ^{44}	næ^{213}	næ^{213}	tʰæ^{213}	læ^{213}
应县	kʰɛ̃^{54}	kʰɛ̃^{43}	xɛ̃^{31}	xɛ̃^{31}	nɛ̃^{43}	nɛ̃^{43}	tʰɛ̃^{54}	lɛ̃^{54}
灵丘	kʰæ^{442}	kʰæ^{442}	xæ^{31}	xæ^{31}	næ^{442}	næ^{442}	tʰæ^{442}	læ^{442}
浑源	kʰæ^{52}	kʰæ^{52}	xæ^{22}	xæ^{22}	næ^{52}	næ^{52}	tʰæ^{52}	læ^{22}
云州	kʰæ^{21}	kʰæ^{24}	xæ^{312}	xæ^{312}	næ^{21}	næ^{21}	tʰæ^{55}	læ^{55}
新荣	kʰæ^{32}	kʰæ^{32}	xæ^{312}	xæ^{312}	ŋæ^{32}	ŋæ^{32}	tʰæ^{54}	læ^{54}
怀仁	kʰæ^{42}	kʰæ^{42}	xæ^{312}	xæ^{312}	næ^{42}	næ^{42}	tʰæ^{53}	læ^{53}
左云	kʰæ^{31}	kʰæ^{31}	xæ^{313}	xæ^{313}	næ^{31}	næ^{31}	tʰæ^{54}	læ^{54}
右玉	kʰæ^{53}	kʰæ^{31}	xæ^{212}	xæ^{212}	ŋæ^{31}	ŋæ^{31}	tʰæ^{53}	læ^{53}
阳高	kʰɛ^{31}	kʰɛ^{31}	xɛ^{312}	xɛ^{312}	ŋɛ^{31}	ŋɛ^{31}	tʰɛ^{53}	lɛ^{53}
山阴	kʰæ^{52}	kʰæ^{313}	xæ^{313}	xæ^{313}	næ^{313}	næ^{313}	tʰæ^{52}	læ^{52}
天镇	——	kʰæ^{31}	xæ^{22}	xæ^{22}	ŋæ^{31}	ŋæ^{31}	tʰæ^{55}	læ^{55}
平定	kʰæ̃^{53}	kʰæ̃^{31}	xæ̃^{44}	xæ̃^{44}	ŋæ̃^{31}	ŋæ̃^{31}	tʰæ̃^{53}	læ̃^{53}
昔阳	kʰæ̃^{42}	kʰæ̃^{42}	xæ̃^{33}	xæ̃^{33}	ŋæ̃^{42}	ŋæ̃^{42}	tʰæ̃^{55}	læ̃^{55}
左权	kʰæ^{31}	kʰæ^{31}	xæ^{11}	xæ^{11}	ŋæ^{31}	ŋæ^{31}	tʰæ^{42}	læ^{42}
和顺	kʰæ^{42}	kʰæ^{42}	xæ^{22}	xæ^{22}	ŋæ^{42}	ŋæ^{42}	tʰæ^{53}	læ^{53}
尧都	kʰæ̃^{44}	kʰæ̃^{44}	xæ̃^{24}	xæ̃^{24}	ŋæ̃^{21}	ŋæ̃^{21}	tʰæ̃^{53}	læ̃^{53}
洪洞	kʰɑn^{33}	kʰɑn^{21}/ kʰɑn^{33}	xɑn^{24}	xɑn^{24}	ŋɑn^{21}	ŋɑn^{21}	tʰɑn^{33}	lɑn^{42}
洪洞赵城	kʰɑ̃^{21}	kʰɑ̃^{21}	xɑ̃^{24}	xɑ̃^{24}	ŋɑ̃^{21}	ŋɑ̃^{21}	tʰɑ̃^{42}	lɑ̃^{42}
古县	kʰan^{21}	kʰan^{21}	xan^{35}	xan^{35}	ŋan^{21}	ŋan^{21}	tʰan^{42}	lan^{42}
襄汾	kʰan^{21}	kʰan^{21}	xan^{24}	xan^{24}	ŋan^{21}	ŋan^{21}	tʰan^{42}	lan^{42}

续表

字目	刊	看~守	寒	韩	安	鞍	坦	懒
中古音 方言点	苦寒 山开一 平寒溪	苦寒 山开一 平寒溪	胡安 山开一 平寒匣	胡安 山开一 平寒匣	乌寒 山开一 平寒影	乌寒 山开一 平寒影	他但 山开一 上旱透	落旱 山开一 上旱来
浮山	kʰãĩ^{42}	kʰãĩ^{42}	xãĩ^{13}	xãĩ^{13}	ŋãĩ^{42}	ŋãĩ^{42}	tʰãĩ^{33}	lãĩ^{33}
霍州	kʰaŋ^{212}	kʰaŋ^{212}	xaŋ^{35}	xaŋ^{35}	ŋaŋ^{212}	ŋaŋ^{212}	tʰaŋ^{212}	laŋ^{33}
翼城	kʰæ̃^{53}	kʰæ̃^{53}	xæ̃^{12}	xæ̃^{12}	ŋæ̃^{53}	ŋæ̃^{53}	tʰæ̃^{44}	læ̃^{44}
闻喜	kʰæ^{53}	kʰæ^{53}	xæ^{13}	xæ^{13}	ŋiæ^{53}	ŋiæ^{53}	tʰæ^{33}	læ^{33}
侯马	kʰæ̃^{213}	kʰæ̃^{213}	xæ̃^{213}	xæ̃^{213}	ŋæ̃^{213}	ŋæ̃^{213}	tʰæ̃^{44}	læ̃^{44}
新绛	kã^{44}	kã^{53}	xã^{13}	xã^{13}	ŋã^{53}	ŋã^{53}	tʰã^{13}	lã^{44}
绛县	kʰæ^{53}	kʰæ^{53}	xæ^{24}	xæ^{24}	ŋɑ^{53}	ŋɑ^{53}	tʰæ^{33}	læ^{33}
垣曲	kʰæ̃^{53}	kʰæ̃^{53}	xæ̃^{22}	xæ̃^{22}	ŋæ̃^{53}	ŋæ̃^{53}	tʰæ̃^{22}	læ̃^{44}
夏县	kʰæ^{53}	kʰæ^{53}	xæ^{42}	xæ^{42}	ŋæ^{53} 白 / æ^{53} 文	ŋæ^{53} 白 / æ^{53} 文	tʰæ^{24}	læ^{24}
万荣	kʰæ^{51}	kʰæ^{51}	xæ^{213}	xæ^{213}	ŋæ^{51}	ŋæ^{51}	tʰæ^{55}	læ^{55}
稷山	kʰɑ̃^{53}	kʰɑ̃^{53}	xɑ̃^{13}	xɑ̃^{13}	ŋɑ̃^{53}	ŋɑ̃^{53}	tʰɑ̃^{44}	lɑ̃^{44}
盐湖	kʰæ̃^{42}	kʰæ̃^{42}	xæ̃^{13}	xæ̃^{13}	ŋæ̃^{42}	ŋæ̃^{42}	tʰæ̃^{53}	læ̃^{53}
临猗	kʰæ̃^{42}	kʰæ̃^{42}	xæ̃^{13}	xæ̃^{13}	ŋæ̃^{42}	ŋæ̃^{42}	tʰæ̃^{53}	læ̃^{53}
河津	kʰæ̃^{31}	kʰæ̃^{31}	xæ̃^{324}	xæ̃^{324}	ŋæ̃^{31}	ŋæ̃^{31}	tʰæ̃^{53}	læ̃^{53}
平陆	kʰan^{31}	kʰan^{31}	xan^{13}	xan^{13}	ŋan^{31}	ŋan^{31}	tan^{31}/tʰan^{55}	lan^{55}
永济	kʰæ̃^{31}	kʰæ̃^{31}	xæ̃^{24}	xæ̃^{24}	ŋæ̃^{31}	ŋæ̃^{31}	tʰæ̃^{53}	læ̃^{53}
芮城	kʰæ̃^{42}	kʰæ̃^{44}	xæ̃^{13}	xæ̃^{13}	ŋæ̃^{42}	ŋæ̃^{42}	tʰæ̃^{53}	læ̃^{53}
吉县	kʰæ̃^{53}	kʰæ̃^{423}	xæ̃^{13}	xæ̃^{13}	ŋæ̃^{423}	ŋæ̃^{423}	tʰæ̃^{53}	læ̃^{53}
乡宁	kæ^{53}	kʰiæ^{53}	xiæ^{12}	xæ^{12}	ŋiæ^{53}	ŋiæ^{53}	tʰæ^{44}	læ^{44}
广灵	kʰæ^{53}	kʰæ^{53}	xæ^{31}	xæ^{31}	næ^{53}	næ^{53}	tʰæ^{44}	læ^{44}

字目	散松～	伞	杆旗～	杆笔～	秆麦～	赶	罕	旱
中古音／方言点	苏旱 山开一 上旱心	苏旱 山开一 上旱心	古旱 山开一 上旱见	古旱 山开一 上旱见	古旱 山开一 上旱见	古旱 山开一 上旱见	呼旱 山开一 上旱晓	胡笴 山开一 上旱匣
北京	san^{214}	san^{214}	kan^{55}	kan^{214}	kan^{214}	kan^{214}	xan^{214}	xan^{51}
小店	sæ^{53}	sæ^{53}	kæ^{11}	kæ^{11}	kæ^{53}	kæ^{53}	xæ^{53}	xæ^{24}
尖草坪	sæ^{312}	sæ^{312}	kæ^{33}	kæ^{312}	kæ^{312}	kæ^{312}	xæ^{312}	xæ^{35}
晋源	saŋ^{42}	saŋ^{42}	kaŋ^{11}	kaŋ^{42}	kaŋ^{42}	kaŋ^{42}	xaŋ^{42}	xaŋ^{35}
阳曲	sæ^{312}	sæ^{312}	kæ^{312}	kæ^{312}	kæ^{312}	kæ^{312}	xæ^{312}	xæ^{454}
古交	sɛ^{312}	sɛ^{312}	kɛ^{44}	kɛ^{312}	kɛ^{312}	kɛ^{312}	xɛ^{312}	xɛ^{53}
清徐	sɛ^{54}	sɛ^{54}	kɛ^{11}	kɛ^{54}	kɛ^{54}	kɛ^{54}	xɛ^{54}	xɛ^{45}
娄烦	sæ^{312}	sæ^{312}	kæ^{33}	kæ^{312}	kæ^{312}	kæ^{312}	xæ^{312}	xæ^{54}
榆次	sæ^{35}	sæ^{53}	kæ^{11}	kæ^{53}	kæ^{53}	kæ^{53}	xæ^{11}	xæ^{35}
交城	sã^{53}	sã^{53}	kɒ̃^{11}	kã^{53}	kã^{53}	kã^{53}	xã^{11}	xɒ̃^{24}
文水	tsʰaŋ^{35} 白／ saŋ^{423} 文	saŋ^{423}	kæĩ^{22}	kæĩ^{423}	kæĩ^{423}	kæĩ^{423}	xæĩ^{423}	xæĩ^{35}
祁县	sɑ̃^{314}	sɑ̃^{314}	kə̃^{31}	kə̃^{314}	kə̃^{314}	kə̃^{314}	xə̃^{314}	xə̃^{45}
太谷	sɑ̃^{312}	sɑ̃^{312}	kẽĩ^{33}	kẽĩ^{312}	kẽĩ^{312}	kẽĩ^{312}	xẽĩ^{312}	xẽĩ^{53}
平遥	sɑ̃^{512}	sɑ̃^{512}	kɑ̃^{213}	kɑ̃^{213}	kɑ̃^{213}	kɑ̃^{512}	xɑ̃^{512}	xɑ̃^{24}
孝义	sã^{312}	sã^{312}	kã^{312}	kã^{312}	kã^{312}	kã^{312}	xã^{312}	xɒ^{454}
介休	sæ̃^{423}	sæ̃^{423}	kæ̃^{13}	kæ̃^{423}	kæ̃^{423}	kæ̃^{423}	xæ̃^{423}	xæ̃^{45}
灵石	sɒ̃^{212}	sɒ̃^{212}	kɒ̃^{212}	kɒ̃^{212}	kɒ̃^{212}	kɒ̃^{212}	xɒ̃^{212}	xɒ̃^{53}
盂县	sæ̃^{53}	sæ̃^{53}	kæ̃^{412}	kæ̃^{53}	kæ̃^{53}	kæ̃^{53}	xæ̃^{53}	xæ̃^{55}
寿阳	sæ^{53}	sæ^{53}	kæ^{31}	kæ^{53}	kæ^{53}	kæ^{53}	xæ^{22}	xæ^{45}
榆社	sa^{312}	sa^{312}	ka^{22}	ka^{312}	ka^{312}	ka^{312}	xa^{45}	xa^{45}
离石	sæ^{312}	sæ^{312}	kiɪ^{24}	kiɪ^{312}	kiɪ^{312}	kiɪ^{312}	xæ^{312}	xɪ^{53}
汾阳	sã^{312}	sã^{312}	ki^{324} 白／ kã^{324} 文	ki^{312} 白／ kã^{312} 文	ki^{312} 白／ kã^{312} 文	ki^{312} 白／ kã^{312} 文	xã^{312}	ɕi^{55} 白／ xã^{55} 文
中阳	sæ^{423}	sæ^{423}	kie^{24}	kie^{423}	kie^{423}	kie^{423}	xæ^{423}	xɪ^{53}
柳林	sæ^{53}	sæ^{312}	kie^{312}	kie^{312}	kie^{312}	kie^{312}	xæ^{312}	xæ^{53}
方山	sæ^{312}	sæ^{312}	kiɛ^{312}	kiɛ^{312}	kiɛ^{312}	kiɛ^{312}	xæ^{312}	xæ^{52}
临县	sæ^{312}	sæ^{312}	kie^{24}	kie^{312}	kie^{312}	kie^{312}	xæ^{52}	ɕie^{52} 白／ xæ^{52} 文
兴县	——	sæ̃^{324}	kẽn^{324}	kẽn^{324}	kẽn^{324}	kẽn^{324}	xẽn^{324}	xẽn^{53}
岚县	saŋ^{312}	saŋ^{312}	kiẽ^{312}	kiẽ^{312}	kaŋ^{312}	kaŋ^{312}	xiẽ^{53}	xiẽ^{53}
静乐	sæ̃^{314}	sæ̃^{314}	kæ̃^{24}	kæ̃^{24}	kæ̃^{314}	kæ̃^{314}	xæ̃^{314}	xæ̃^{53}
交口	sɑ̃^{323}	sɑ̃^{323}	kɑ̃^{323}	kɑ̃^{323}	kɑ̃^{323}	kɑ̃^{323}	xɑ̃^{323}	xɑ̃^{53}

续表

字目	散松~	伞	杆旗~	杆笔~	秆麦~	赶	罕	旱
中古音 / 方言点	苏旱 山开一 上旱心	苏旱 山开一 上旱心	古旱 山开一 上旱见	古旱 山开一 上旱见	古旱 山开一 上旱见	古旱 山开一 上旱见	呼旱 山开一 上旱晓	胡笴 山开一 上旱匣
石楼	sɑŋ^{51}	sɑŋ^{213}	kɑŋ^{213}	kɑŋ^{213}	kɑŋ^{213}	kɑŋ^{213}	xɑŋ^{51}	xɑŋ^{51}
隰县	saŋ^{21}	saŋ^{21}	kæ^{53}	kaŋ^{21}	kaŋ^{21}	kaŋ^{21}	xæ^{44}	xæ^{44}
大宁	——	sɛ̃^{31}	kɛ̃^{31}	kɛ̃^{31}	——	kɛ̃^{31}	xɛ̃^{55}	xɛ̃^{55}
永和	sɑ̃^{312}	sɑ̃^{312}	——	kɛi^{312}	kɛi^{312}	kɛi^{312}	xɛi^{312}	xɛi^{53}
汾西	——	sɑ̃^{33}	kɑ̃^{33}	kɑ̃^{33}	——	kɑ̃^{33}	xɑ̃^{33}	xɑ̃^{53}
蒲县	sæ̃^{31}	sæ̃^{31}	kæ̃^{52}	kæ̃^{31}	kæ̃^{52}	kæ̃^{31}	xæ̃^{31}	xæ̃^{33}
潞州	saŋ^{535}	saŋ^{535}	kaŋ^{312}	kaŋ^{535}	kaŋ^{535}	kaŋ^{535}	xaŋ^{535}	xaŋ^{54}
上党	sɑŋ^{535}	sɑŋ^{535}	kɑŋ^{213}	kɑŋ^{535}	kɑŋ^{535}	kɑŋ^{535}	xɑŋ^{44}	xɑŋ^{42}
长子	suæ̃^{434}	suæ̃^{434}	kæ̃^{312}	kæ̃^{434}	kæ̃^{434}	kæ̃^{434}	xæ̃^{434}	xæ̃^{53}
屯留	sæ̃^{43}	sæ̃^{43}	kæ̃^{31}	kæ̃^{43}	kæ̃^{43}	kæ̃^{43}	xæ̃^{11}	xæ̃^{11}
襄垣	sæ^{42}	sæ^{42}	——	kæ^{42}	kæ^{42}	kæ^{42}	xæ^{33}	xæ^{45}
黎城	suæ^{213}	suæ^{213}	kæ^{33}	kæ^{213}	kæ^{213}	kæ^{213}	xæ^{33}	xæ^{53}
平顺	sæ̃^{434}	sæ̃^{434}	kæ̃^{213}	kæ̃^{434}	kæ̃^{434}	kæ̃^{434}	xæ̃^{434}	xæ̃^{53}
壶关	ʂaŋ^{535}	ʂaŋ^{535}	kaŋ^{535}	kaŋ^{535}	kaŋ^{535}	kaŋ^{535}	xaŋ^{535}	xaŋ^{353}
沁县	——	sæ^{214}	——	kæ^{214}	kæ^{214}	——	xæ^{214}	xæ^{53}
武乡	sæ^{213}	sæ^{213}	kæ^{213}	kæ^{213}	kæ^{213}	kæ^{213}	xæ^{113}	xæ^{55}
沁源	sæ̃^{324}	sæ̃^{324}	kæ̃^{324}	kæ̃^{324}	kæ̃^{324}	kæ̃^{324}	xæ̃^{324}	xæ̃^{53}
安泽	sæ^{42}	sæ^{42}	kæ^{21}	kæ^{21}	kæ^{42}	kæ^{42}	xæ^{21}	xæ^{53}
沁水端氏	sæ^{31}	sæ^{31}	kæ^{21}	kæ^{21}	kæ^{21}	kæ^{31}	xæ^{53}	xæ^{53}
阳城	sɛ^{212}	sɛ^{212}	kɛ^{212}	kɛ^{212}	kɛ^{212}	kɛ^{212}	xɛ^{212}	xɛ^{51}
高平	ʂæ̃^{212}	ʂæ̃^{212}	kæ̃^{33}	kæ̃^{212}	kæ̃^{212}	kæ̃^{212}	xæ̃^{33}	xæ̃^{53}
陵川	ʂã^{312}	ʂã^{312}	kã^{33}	kã^{312}	kã^{312}	kã^{312}	xã^{312}	xã^{24}
晋城	ʂæ^{213}	ʂæ^{213}	kæ^{33}	kæ^{213}	kæ^{33}	kæ^{213}	xæ^{33}	xæ^{53}
忻府	sɑ̃^{313}	sɑ̃^{313}	kɑ̃^{313}	kɑ̃^{313}	kɑ̃^{313}	kɑ̃^{313}	xɑ̃^{313}	xɑ̃^{53}
原平	sɛ̃^{53}	sɛ̃^{213}	kiɛ̃^{213}	kiɛ̃^{213}	kiɛ̃^{213}	kiɛ̃^{213}	xɛ̃^{213}	xɛ̃^{53}
定襄	sæ^{24}	sæ^{24}	kæ^{24}	kæ^{24}	kæ^{24}	kæ^{24}	xæ^{24}	xæ^{53}
五台	sæn^{213}	sæn^{213}	kæn^{213}	kæn^{213}	kæn^{213}	kæn^{213}	xæn^{213}	xæn^{52}
岢岚	sæ^{13}	sæ^{13}	kæ^{13}	kæ^{13}	kæ^{13}	kæ^{13}	xæ^{13}	xæ^{52}
五寨	sæ^{13}	sæ^{13}	kæ^{13}	kæ^{13}	kæ^{13}	kæ^{13}	xæ^{44}	xæ^{52}
宁武	——	sæ^{213}	kiɛ^{23}	——	kiɛ^{23}	kiɛ^{213}	xæ^{213}	xæ^{52}
神池	sæ^{24}	sæ^{13}	kæ^{24}	kæ^{13}	kæ^{13}	kæ^{13}	xæ^{13}	xæ^{52}

续表

字目	散松~	伞	杆旗~	杆笔~	秆麦~	赶	罕	旱
中古音 方言点	苏旱 山开一 上旱心	苏旱 山开一 上旱心	古旱 山开一 上旱见	古旱 山开一 上旱见	古旱 山开一 上旱见	古旱 山开一 上旱见	呼旱 山开一 上旱晓	胡笴 山开一 上旱匣
繁峙	sɛ^{53}	sɛ^{53}	kɛ^{53}	kɛ^{53}	kɛ^{53}	kɛ^{53}	xɛ^{53}	xɛ^{24}
代县	sɛ^{53}	sɛ^{213}	kɛ^{213}	kɛ^{213}	kɛ^{213}	kɛ^{213}	xɛ^{213}	xɛ^{53}
河曲	sæ^{213}	sæ^{213}	kæ^{213}	kæ^{213}	kæ^{213}	kæ^{213}	xæ^{213}	xæ^{52}
保德	sɑŋ^{213}	sɑŋ^{213}	kɑŋ^{213}	kɑŋ^{213}	kɑŋ^{213}	kɑŋ^{213}	xɑŋ^{213}	xɑŋ^{52}
偏关	sæ^{213}	sæ^{213}	kiæ^{213}	kiæ^{213}	kiæ^{213}	kiæ^{213}	xæ^{213}	xæ^{52}
朔城	sæ^{312}	sæ^{312}	——	kæ^{312}	kæ^{312}	kæ^{312}	xæ^{312}	xæ^{53}
平鲁	sæ^{213}/sæ^{52}	sæ^{213}	kæ^{213}	kæ^{213}	kæ^{213}	kæ^{213}	xæ^{213}	xæ^{52}
应县	sɛ̃^{54}	sɛ̃^{54}	kɛ̃^{43}	kɛ̃^{54}	kɛ̃^{54}	kɛ̃^{54}	xɛ̃^{54}	xɛ̃^{24}
灵丘	sæ^{442}	sæ^{442}	kæ^{442}	kæ^{442}	kæ^{442}	kæ^{442}	xæ^{442}	xæ^{53}
浑源	sæ^{52}	sæ^{13}	kæ^{22}	kæ^{52}	kæ^{52}	kæ^{52}	xæ^{52}	xæ^{13}
云州	sæ^{55}	sæ^{55}	kæ^{21}	kæ^{55}	kæ^{55}	kæ^{55}	xæ^{55}	xæ^{24}
新荣	sæ^{54}	sæ^{54}	kæ^{32}	kæ^{54}	kæ^{54}	kæ^{54}	xæ^{54}	xæ^{24}
怀仁	sæ^{53}	sæ^{53}	kæ^{42}	kæ^{53}	kæ^{53}	kæ^{53}	xæ^{53}	xæ^{24}
左云	sæ^{54}	sæ^{54}	kæ^{31}	kæ^{54}	kæ^{54}	kæ^{54}	xæ^{54}	xæ^{24}
右玉	sæ^{53}	sæ^{53}	kæ^{31}	kæ^{53}	kæ^{53}	kæ^{53}	xæ^{53}	xæ^{24}
阳高	sɛ^{31}	sɛ^{53}	kɛ^{53}	kɛ^{53}	kɛ^{53}	kɛ^{53}	xɛ^{53}	xɛ^{24}
山阴	sæ^{52}	ʂæ^{52}	kæ^{313}	kæ^{52}	kæ^{52}	kæ^{52}	xæ^{52}	xæ^{335}
天镇	sæ^{24}	sæ^{55}	kæ^{55}	kæ^{55}	kæ^{55}	kæ^{55}	xæ^{55}	xæ^{24}
平定	sæ̃^{53}	sæ̃^{53}	kæ̃^{53}	kæ̃^{53}	——	kæ̃^{53}	xæ̃^{53}	xæ̃^{24}
昔阳	sæ̃^{55}	sæ̃^{55}	kæ̃^{42}	kæ̃^{55}	kæ̃^{55}	kæ̃^{55}	xæ̃^{55}	xæ̃^{13}
左权	sæ^{42}	sæ^{42}	kæ^{42}	kæ^{42}	kæ^{42}	kæ^{42}	xæ^{42}	xæ^{53}
和顺	sæ^{53}	sæ^{53}	kæ^{42}	kæ^{53}	kæ^{53}	kæ^{53}	xæ^{53}	xæ^{13}
尧都	sæ̃^{53}	sæ̃^{53}	kæ̃^{21}	kæ̃^{21}	kæ̃^{21}	kæ̃^{21}	xæ̃^{53}	xæ̃^{44}
洪洞	sɑn^{33}	sɑn^{42}	kɑn^{21}	kɑn^{42}	kɑn^{42}	kɑn^{42}	xɑn^{21}	xɑn^{53}
洪洞赵城	sɑ̃^{53}	sɑ̃^{42}	kɑ̃^{21}	kɑ̃^{42}	kɑ̃^{42}	kɑ̃^{42}	xɑ̃^{42}	xɑ̃^{53}
古县	san^{42}	san^{42}	——	kan^{42}	kan^{42}	kan^{42}	xan^{42}	xan^{53}
襄汾	san^{42}	san^{42}	kan^{21}	kan^{42}	kan^{42}	kan^{42}	xan^{42}	xan^{53}
浮山	sãĩ^{33}	sãĩ^{33}	kãĩ^{42}	kãĩ^{33}	kãĩ^{33}	kãĩ^{33}	xãĩ^{33}	xãĩ^{53}
霍州	saŋ^{55}	saŋ^{33}	kaŋ^{55}	kaŋ^{33}	kaŋ^{33}	kaŋ^{33}	xaŋ^{33}	xaŋ^{53}
翼城	sæ̃^{44}	sæ̃^{44}	kæ̃^{53}	kæ̃^{44}	kæ̃^{44}	kæ̃^{44}	xæ̃^{44}	xæ̃^{44}
闻喜	sæ^{33}	sæ^{33}	kiæ^{53}	——	——	kiæ^{33}	xæ^{33}	xæ^{13}

续表

字目	散松~	伞	杆旗~	杆笔~	秆麦~	赶	罕	旱
中古音 / 方言点	苏旱 山开一 上旱心	苏旱 山开一 上旱心	古旱 山开一 上旱见	古旱 山开一 上旱见	古旱 山开一 上旱见	古旱 山开一 上旱见	呼旱 山开一 上旱晓	胡笴 山开一 上旱匣
侯马	sæ̃⁴⁴	sæ̃⁴⁴	kæ̃²¹³	kæ̃⁴⁴	kæ̃⁴⁴	kæ̃⁴⁴	xæ̃⁴⁴	xæ̃⁵³
新绛	sã⁵³	sã⁴⁴	kã⁵³	kã⁵³	kã⁴⁴	kã⁴⁴	xã⁵³	xã⁵³
绛县	sæ³³	sæ³³	kæ⁵³	kæ³³	kæ³³	kæ³³	xæ³³	xæ⁵³
垣曲	sæ̃⁴⁴	sæ̃⁴⁴	kæ̃⁵³	kæ̃⁵³	kæ̃⁵³	kæ̃⁴⁴	xæ̃⁴⁴	xæ̃⁵³
夏县	sæ²⁴	sæ²⁴	kæ⁵³	kæ²⁴	kæ²⁴	kæ²⁴	xæ²⁴	xæ³¹
万荣	sæ³³	sæ⁵⁵	kæ⁵¹	kæ⁵¹	kæ⁵¹	kæ⁵⁵	xæ⁵⁵	xæ³³
稷山	sɑ̃⁴⁴	sɑ̃⁴⁴	kɑ̃⁵³	kɑ̃⁴⁴	kɑ̃⁴⁴	kɑ̃⁴⁴	xɑ̃⁴⁴	xɑ̃⁴²
盐湖	sæ̃⁵³	sæ̃⁵³	kæ̃⁴²	kæ̃⁵³	kæ̃⁵³	kæ̃⁵³	xæ̃⁵³	xæ̃⁴⁴
临猗	sæ̃⁵³	sæ̃⁵³	kæ̃⁴²	kæ̃⁵³	kæ̃⁵³	kæ̃⁵³	xæ̃⁵³	xæ̃⁴⁴
河津	saŋ⁵³ 白	sæ̃⁵³	kæ̃⁵³	kæ̃⁵³	kæ̃⁵³	kæ̃⁵³	xæ̃⁵³/xæ̃⁴⁴	xæ̃⁴⁴
平陆	san⁵⁵	san⁵⁵	kan³¹	kan⁵⁵	kan⁵⁵	kan⁵⁵	xan⁵⁵	xan³³
永济	sai⁴⁴	sæ̃⁵³	kæ̃³¹	kæ̃⁵³	kæ̃⁵³	kæ̃⁵³	xæ̃³¹	xai⁴⁴
芮城	sæ̃⁵³	sæ̃⁵³	kæ̃⁴²	kæ̃⁵³	kæ̃⁵³	kæ̃⁵³	xæ̃⁵³	xæ̃⁴⁴
吉县	——	sæ̃⁵³	kæ̃⁴²³	kæ̃⁴²³	kæ̃⁵³	kæ̃⁵³	xæ̃³³	xæ̃³³
乡宁	sæ⁴⁴	sæ⁴⁴	kiæ⁵³	kiæ⁴⁴	kiæ⁴⁴	kæ⁴⁴	xæ⁴⁴	xiæ²²
广灵	sæ⁴⁴	sæ⁴⁴	kæ⁵³	kæ⁴⁴	kæ⁴⁴	kæ⁴⁴	xæ⁴⁴	xæ²¹³

字目	旦	炭	叹	但	蛋	弹~药	难灾~	烂腐~
中古音 方言点	得按 山开一 去翰端	他旦 山开一 去翰透	他旦 山开一 去翰透	徒案 山开一 去翰定	徒案 山开一 去翰定	徒案 山开一 去翰定	奴案 山开一 去翰泥	郎旰 山开一 去翰来
北京	tan^{51}	tʰan^{51}	tʰan^{51}	tan^{51}	tan^{51}	tan^{51}	nan^{51}	lan^{51}
小店	tæ^{24}	tʰæ^{24}	tʰæ^{24}	tæ^{24}	tæ^{24}	tæ^{11}/tʰæ^{11}	næ^{24}	læ^{24}
尖草坪	tæ^{35}	tʰæ^{35}	tʰæ^{35}	tæ^{35}	tæ^{35}	tæ^{35}	næ^{35}	læ^{35}
晋源	taŋ^{35}	tʰaŋ^{35}	tʰaŋ^{35}	taŋ^{35}	taŋ^{35}	taŋ^{35}	naŋ^{35}	laŋ^{35}
阳曲	tæ^{454}	tʰæ^{454}	tʰæ^{454}	tæ^{454}	tæ^{454}	tæ^{454}	næ^{454}	læ^{454}
古交	tɛ^{53}	tʰɛ^{53}	tʰɛ^{53}	tɛ^{53}	tɛ^{53}	tɛ^{53}	nɛ^{53}	lɛ^{53}
清徐	tɛ^{45}	tʰɛ^{45}	tʰɛ^{45}	tɛ^{45}	tɛ^{45}	tɛ^{45}	nɛ^{11}	lɛ^{45}
娄烦	tæ^{54}	tʰæ^{54}	tʰæ^{54}	tæ^{54}	tæ^{54}	tæ^{54}	næ^{54}	læ^{54}
榆次	tæ^{35}	tʰæ^{35}	tʰæ^{35}	tæ^{35}	tæ^{35}	tæ^{35}	næ^{35}	læ^{35}
交城	tã^{24}	tʰã^{24}	tʰã^{24}	tã^{24}	tã^{24}	tã^{11} 白 /tã^{24} 文	nã^{24}	lã^{24}
文水	taŋ^{35}	tʰaŋ^{35}	tʰaŋ^{35}	taŋ^{35}	taŋ^{35}	taŋ^{35}	naŋ^{35}	laŋ^{35}
祁县	tɑ̃^{45}	tʰɑ̃^{45}	tʰɑ̃^{45}	tɑ̃^{45}	tɑ̃^{45}	tɑ̃^{45}	nɑ̃^{45}	lɑ̃^{45}
太谷	tɑ̃^{53}	tʰɑ̃^{53}	tʰɑ̃^{53}	tɑ̃^{53}	tɑ̃^{53}	tɑ̃^{53}	nɑ̃^{53}	lɑ̃^{53}
平遥	tɑ̃^{24}	tʰɑ̃^{24}	tʰɑ̃^{213}	tɑ̃^{24}	tɑ̃^{24}	tɑ̃^{24}	nɑ̃^{24}	lɑ̃^{24}
孝义	tã^{454}	tʰã^{454}	tã^{454}	tã^{454}	tã^{454}	tã^{33}	nã^{454}	lã^{454}
介休	tæ̃^{45}	tʰæ̃^{45}	tʰæ̃^{45}	tæ̃^{45}	tæ̃^{45}	tæ̃^{45}	næ̃^{45}	læ̃^{45}
灵石	tɒ̃^{53}	tʰɒ̃^{53}	tʰɒ̃^{53}	tɒ̃^{53}	tɒ̃^{53}	tɒ̃^{53}	nɒ̃^{53}	lɒ̃^{53}
盂县	tæ̃^{55}	tʰæ̃^{55}	tʰæ̃^{55}	tæ̃^{55}	tæ̃^{55}	tæ̃^{55}	næ̃^{55}	læ̃^{55}
寿阳	tæ^{45}	tʰæ^{45}	tʰæ^{45}	tæ^{45}	tæ^{45}	tæ^{45}	næ^{45}	læ^{45}
榆社	ta^{45}	tʰa^{45}	tʰa^{45}	ta^{45}	ta^{45}	ta^{45}	na^{45}	la^{45}
离石	tæ^{53}	tʰæ^{53}	tʰæ^{53}	tæ^{53}	tæ^{53}	tæ^{53}	næ^{53}	læ^{53}
汾阳	tã^{55}	tʰã^{55}	tʰã^{55}	tã^{55}	tã^{55}	tã^{55}	nã^{55}	lã^{55}
中阳	tæ^{53}	tʰæ^{53}	tʰæ^{53}	tæ^{53}	tæ^{53}	tæ^{53}	næ^{53}	læ^{53}
柳林	tæ^{53}	tʰæ^{53}	tʰæ^{53}	tæ^{53}	tæ^{53}	tæ^{53}	næ^{53}	læ^{53}
方山	tæ^{52}	tʰæ^{52}	tʰæ^{52}	tæ^{52}	tæ^{52}	tæ^{52}	næ^{52}	læ^{52}
临县	tæ^{52}	tʰæ^{52}	tʰæ^{52}	tæ^{52}	tæ^{52}	tæ^{52}	næ^{52}	læ^{52}
兴县	tæ̃^{53}	tʰæ̃^{53}	tʰæ̃^{53}	tæ̃^{53}	tæ̃^{53}	tæ̃^{53}	næ̃^{53}	læ̃^{53}
岚县	taŋ^{53}	tʰaŋ^{53}	tʰaŋ^{53}	taŋ^{53}	taŋ^{53}	taŋ^{53}	naŋ^{53}	laŋ^{53}
静乐	tæ̃^{53}	tʰæ̃^{53}	tʰæ̃^{53}	tæ̃^{53}	tæ̃^{53}	tæ̃^{53}	næ̃^{53}	læ̃^{53}
交口	tɑ̃^{53}	tʰɑ̃^{53}	tʰɑ̃^{53}	tɑ̃^{53}	tɑ̃^{53}	tɑ̃^{53}	nɑ̃^{53}	lɑ̃^{53}
石楼	tɑŋ^{51}	tʰɑŋ^{51}	tʰɑŋ^{51}	tɑŋ^{51}	tɑŋ^{51}	tɑŋ^{51}	nɑŋ^{51}	lɑŋ^{51}
隰县	tæ^{44}	tʰæ^{44}	tʰæ^{44}	tæ^{44}	tʰæ^{44} 白 / tæ^{44} 文	tʰæ^{44} 白 / tæ^{44} 文	næ^{44}	læ^{44}

续表

字目	旦	炭	叹	但	蛋	弹~药	难灾~	烂腐~
中古音 / 方言点	得按 山开一 去翰端	他旦 山开一 去翰透	他旦 山开一 去翰透	徒案 山开一 去翰定	徒案 山开一 去翰定	徒案 山开一 去翰定	奴案 山开一 去翰泥	郎旰 山开一 去翰来
大宁	tɛ̃^{31}	tʰɛ̃^{55}	tʰɛ̃^{55}	tɛ̃^{55}	tʰɛ̃^{55}	tʰɛ̃^{55}	——	lɛ̃^{55}
永和	tɑ̃^{53}	tʰɑ̃^{53}	tʰɑ̃^{53}	tɑ̃^{53}	tʰɑ̃^{53} 白 / tɑ̃^{53} 文	tʰɑ̃^{53} 白 / tɑ̃^{53} 文	nɑ̃^{53}	lɑ̃^{53}
汾西	——	tʰɑ̃^{55}	tʰɑ̃^{55}	tɑ̃^{53}	tʰɑ̃^{53}/tɑ̃^{53} 文	tʰɑ̃^{53}/tɑ̃^{53} 文	nɑ̃^{53}	lɑ̃^{53}
蒲县	tæ̃^{33}	tʰæ̃^{33}	tʰæ̃^{33}	tæ̃^{33}	tʰæ̃^{33} 白 / tæ̃^{33} 文	tæ̃^{33}	næ̃^{33}	læ̃^{33}
潞州	taŋ^{44}	tʰaŋ^{44}	tʰaŋ^{44}	taŋ^{54}	taŋ^{54}	taŋ^{54}	naŋ^{54}	laŋ^{54}
上党	tɑŋ^{22}	tʰɑŋ^{22}	tʰɑŋ^{22}	tɑŋ^{42}	tɑŋ^{42}	tɑŋ^{42}	nɑŋ^{42}	lɑŋ^{42}
长子	tæ̃^{53}	tʰæ̃^{422}	tʰæ̃^{422}	tæ̃^{53}	tæ̃^{53}	tæ̃^{53}	næ̃^{53}	læ̃^{53}
屯留	tæ̃^{53}	tʰæ̃^{53}	tʰæ̃^{53}	tæ̃^{31}	tæ̃^{11}	tæ̃^{11}	næ̃^{11}	læ̃^{11}
襄垣	tæ^{45}	tʰæ^{53}	tʰæ^{53}	——	tæ^{45}	tæ^{45}	næ^{45}	læ^{45}
黎城	tæ^{53}	tʰæ^{53}	tʰæ^{53}	tæ^{53}	tæ^{53}	tæ^{53}	næ^{53}	læ^{53}
平顺	tæ̃^{53}	tʰæ̃^{53}	tʰæ̃^{53}	tæ̃^{53}	tæ̃^{53}	tæ̃^{213}	næ̃^{53}	læ̃^{53}
壶关	taŋ^{42}	tʰaŋ^{42}	tʰaŋ^{42}	taŋ^{353}	taŋ^{353}	taŋ^{353}	naŋ^{353}	laŋ^{353}
沁县	tæ^{53}	tʰæ^{53}	tʰæ^{53}	tæ^{53}	tæ^{53}	tæ^{53}	næ^{53}	læ^{53}
武乡	tæ^{55}	tʰæ^{55}	tʰæ^{55}	tæ^{55}	tæ^{55}	tæ^{55}	næ^{55}	læ^{55}
沁源	tæ̃^{53}	tʰæ̃^{53}	tʰæ̃^{53}	tæ̃^{53}	tæ̃^{53}	tæ̃^{53}	næ̃^{53}	læ̃^{53}
安泽	tæ^{21}	tʰæ^{53}	tʰæ^{53}	tæ^{21}	tæ^{53}	tæ^{53}	næ^{53}	læ^{53}
沁水端氏	tæ^{53}	tʰæ^{53}	tʰæ^{53}	tæ^{53}	tæ^{53}	tæ^{53}	næ^{53}	læ^{53}
阳城	tɛ^{51}	tʰɛ^{51}	tʰɛ^{51}	tɛ^{51}	tɛ^{51}	tɛ^{51}	nɛ^{51}	lɛ^{51}
高平	tæ̃^{53}	tʰæ̃^{53}	tʰæ̃^{53}	tæ̃^{53}	tæ̃^{53}	tæ̃^{53}	næ̃^{53}	næ̃^{53}
陵川	tã^{24}	tʰã^{24}	tʰã^{24}	tã^{24}	tã^{24}	tã^{24}	nã^{24}	lã^{24}
晋城	tæ^{53}	tʰæ^{53}	tʰæ^{53}	tæ^{53}	tæ^{53}	tæ^{53}	næ^{53}	læ^{53}
忻府	tɑ̃^{53}	tʰɑ̃^{53}	tʰɑ̃^{53}	tɑ̃^{53}	tɑ̃^{53}	tɑ̃^{53}	nɑ̃^{53}	lɑ̃^{53}
原平	tɛ̃^{53}	tʰɛ̃^{53}	tʰɛ̃^{53}	tɛ̃^{53}	tɛ̃^{53}	tɛ̃^{53}	nɛ̃^{53}	lɛ̃^{53}
定襄	tæ^{53}	tʰæ^{53}	tʰæ^{53}	tæ^{24}	tæ^{53}	tæ^{53}	næ^{53}	læ^{53}
五台	tæn^{52}	tʰæn^{52}	tʰæn^{52}	tæn^{52}	tæn^{52}	tæn^{52}	næn^{52}	læn^{52}
岢岚	tæ^{52}	tʰæ^{52}	tʰæ^{52}	tæ^{52}	tæ^{52}	tæ^{52}	næ^{52}	læ^{52}
五寨	tæ^{52}	tʰæ^{52}	tʰæ^{52}	tæ^{52}	tæ^{52}	tæ^{52}	næ^{52}	læ^{52}
宁武	tæ^{52}	tʰæ^{52}	tʰæ^{52}	tæ^{52}	tæ^{52}	tæ^{52}	næ^{52}	læ^{52}
神池	tæ^{52}	tʰæ^{52}	tʰæ^{52}	tæ^{52}	tæ^{52}	tæ^{52}	næ^{52}	læ^{52}
繁峙	tɛ^{24}	tʰɛ^{24}	tʰɛ^{24}	tɛ^{24}	tɛ^{24}	tɛ^{24}	nɛ^{24}	lɛ^{24}

续表

字目	旦	炭	叹	但	蛋	弹~药	难灾~	烂腐~
中古音 / 方言点	得按 山开一 去翰端	他旦 山开一 去翰透	他旦 山开一 去翰透	徒案 山开一 去翰定	徒案 山开一 去翰定	徒案 山开一 去翰定	奴案 山开一 去翰泥	郎旰 山开一 去翰来
代县	tɛ^{53}	t^{h}ɛ^{53}	t^{h}ɛ^{53}	tɛ^{53}	tɛ^{53}	tɛ^{53}	nɛ^{53}	lɛ^{53}
河曲	tæ^{52}	t^{h}æ^{52}	t^{h}æ^{52}	tæ^{52}	tæ^{52}	tæ^{52}	næ^{52}	læ^{52}
保德	tɑŋ^{52}	t^{h}ɑŋ^{52}	t^{h}ɑŋ^{52}	tɑŋ^{52}	tɑŋ^{52}	tɑŋ^{52}	nɑŋ^{52}	lɑŋ^{52}
偏关	tæ^{52}	t^{h}æ^{52}	t^{h}æ^{52}	tæ^{52}	tæ^{52}	tæ^{52}	næ^{52}	læ^{52}
朔城	tæ^{53}	t^{h}æ^{53}	t^{h}æ^{53}	tæ^{53}	tæ^{53}	tæ^{53}	næ^{53}	læ^{53}
平鲁	tæ^{52}	t^{h}æ^{52}	t^{h}æ^{52}	tæ^{52}	tæ^{52}	tæ^{52}	næ^{52}	læ^{52}
应县	tɛ̃^{24}	t^{h}ɛ̃^{24}	t^{h}ɛ̃^{24}	tɛ̃^{24}	tɛ̃^{24}	tɛ̃^{24}	nɛ̃^{24}	lɛ̃^{24}
灵丘	tæ^{53}	t^{h}æ^{53}	t^{h}æ^{53}	tæ^{53}	tæ^{53}	t^{h}æ^{31}	næ^{53}	læ^{53}
浑源	tæ^{13}	t^{h}æ^{13}	t^{h}æ^{13}	tæ^{13}	tæ^{13}	tæ^{13}	næ^{13}	læ^{13}
云州	tæ^{24}	t^{h}æ^{24}	t^{h}æ^{24}	tæ^{24}	tæ^{24}	tæ^{24}	næ^{24}	læ^{24}
新荣	tæ^{24}	t^{h}æ^{24}	t^{h}æ^{54}	tæ^{24}	tæ^{24}	tæ^{24}	næ^{24}	læ^{24}
怀仁	tæ^{24}	t^{h}æ^{24}	t^{h}æ^{24}	tæ^{24}	tæ^{24}	tæ^{24}	næ^{24}	læ^{24}
左云	tæ^{24}	t^{h}æ^{24}	t^{h}æ^{24}	tæ^{24}	tæ^{24}	tæ^{24}	næ^{24}	læ^{24}
右玉	tæ^{31}	t^{h}æ^{31}	t^{h}æ^{24}	tæ^{24}	tæ^{24}	tæ^{24}	næ^{24}	læ^{24}
阳高	tɛ^{24}	t^{h}ɛ^{24}	t^{h}ɛ^{24}	tɛ^{24}	tɛ^{24}	tɛ^{24}	nɛ^{24}	lɛ^{24}
山阴	tæ^{335}	t^{h}æ^{335}	t^{h}æ^{335}	tæ^{335}	tæ^{335}	tæ^{335}	næ^{335}	læ^{335}
天镇	tæ^{24}	t^{h}æ^{24}	t^{h}æ^{24}	tæ^{24}	tæ^{24}	tæ^{24}	næ^{24}	læ^{24}
平定	tæ̃^{24}	t^{h}æ̃^{24}	t^{h}æ̃^{24}	tæ̃^{24}	tæ̃^{24}	tæ̃^{24}	næ̃^{24}	læ̃^{24}
昔阳	tæ̃^{13}	t^{h}æ̃^{13}	t^{h}æ̃^{13}	tæ̃^{13}	tæ̃^{13}	tæ̃^{13}	næ̃^{13}	læ̃^{13}
左权	tæ^{53}	t^{h}æ^{53}	t^{h}æ^{53}	tæ^{53}	tæ^{53}	tæ^{53}	næ^{53}	læ^{53}
和顺	tæ^{13}	t^{h}æ^{13}	t^{h}æ^{13}	tæ^{13}	tæ^{13}	tæ^{13}	næ^{13}	læ^{13}
尧都	tæ̃^{44}	t^{h}æ̃^{44}	t^{h}æ̃^{44}	tæ̃^{44}	t^{h}æ̃^{44} 白 / tæ̃^{44} 文	t^{h}æ̃^{44} 白 / tæ̃^{44} 文	næ̃^{24}	læ̃^{44}
洪洞	tɑn^{53}	t^{h}ɑn^{33}	t^{h}ɑn^{42}	tɑn^{21}	t^{h}ɑn^{53} 白 / tɑn^{53} 文	t^{h}ɑn^{53} 白 / tɑn^{53} 文	nɑn^{53}	lɑn^{53}
洪洞赵城	tɑ̃^{53}	t^{h}ɑ̃^{24}	t^{h}ɑ̃^{24}	tɑ̃^{53}	t^{h}ɑ̃^{53}	t^{h}ɑ̃^{53}	nɑ̃^{53}	lɑ̃^{53}
古县	tan^{53}	t^{h}an^{35}	t^{h}an^{35}	tan^{53}	t^{h}an^{53} 白 / tan^{53} 文	t^{h}an^{53} 白 / tan^{53} 文	nan^{53}	lan^{53}
襄汾	tan^{44}	t^{h}an^{44}	xan^{44} 白 / t^{h}an^{4} 文	tan^{44}/tan^{53}	t^{h}an^{53} 白 / tan^{53} 文	t^{h}an^{44}/ t^{h}an^{53}	nan^{44}	lan^{44}
浮山	tãĩ^{44}	t^{h}ãĩ^{44}	t^{h}ãĩ^{44} 文	tãĩ^{44}	t^{h}ãĩ^{44}	t^{h}ãĩ^{44}	nãĩ^{44}	lãĩ^{44}
霍州	taŋ^{53}	t^{h}aŋ^{55}	t^{h}aŋ^{55}	taŋ^{53}	t^{h}aŋ^{53}	t^{h}aŋ^{53}	laŋ^{53}	laŋ^{53}

续表

字目	**旦**	**炭**	**叹**	**但**	**蛋**	**弹**~药	**难**灾~	**烂**腐~
中古音 / 方言点	得按 山开一 去翰端	他旦 山开一 去翰透	他旦 山开一 去翰透	徒案 山开一 去翰定	徒案 山开一 去翰定	徒案 山开一 去翰定	奴案 山开一 去翰泥	郎旰 山开一 去翰来
翼城	tæ̃^{53}	tʰæ̃^{53}	tʰæ̃^{53}	tæ̃^{53}	tæ̃^{53}	tæ̃^{53}	næ̃^{53}	læ̃^{53}
闻喜	tæ^{53}	tʰæ^{53}	tʰæ^{53}	tæ^{13}	tʰæ^{13}	tæ^{13}	——	læ^{13}
侯马	tæ̃^{53}	tʰæ̃^{53}	tʰæ̃^{53}	tæ̃^{53}	tæ̃^{53}	tæ̃^{53}	næ̃^{53}	læ̃^{53}
新绛	tã^{53}	tʰã^{53}	tʰã^{53}	tã^{53}	tʰã^{53}	tʰã^{53}	nã^{13}	lã^{53}
绛县	tæ^{31}	tʰæ^{31}	tʰæ^{31}	tæ^{53}	tʰæ^{31}	tæ^{31}/tʰæ^{24}	næ^{31}	læ^{31}
垣曲	tæ̃^{53}	tʰæ̃^{53}	tʰæ̃^{53}	tæ̃^{53}	tʰæ̃^{44}	tʰæ̃^{53}	næ̃^{53}	læ̃^{53}
夏县	tæ^{31}	tʰæ^{31}	tʰæ^{31}	tæ^{31}	tʰæ^{31} 白 / tæ^{31} 文	tʰæ^{31} 白 / tæ^{31} 文	læ^{31}	læ^{31}
万荣	tæ^{55}	tʰæ^{33}	tʰæ^{33}	tæ^{33}	tʰæ^{33}	tæ^{33}	næ^{33}	læ^{33}
稷山	tʰɑ̃^{42} 白 / tɑ̃^{42} 文	tʰɑ̃^{42}	tʰɑ̃^{42}	tɑ̃^{42}	tʰɑ̃^{42}	tɑ̃^{42}	nɑ̃^{42}	lɑ̃^{42}
盐湖	tæ̃^{44}	tʰæ̃^{44}	tʰæ̃^{44}	tæ̃^{44}	tʰæ̃^{44} 白 / tæ̃^{44} 文	tʰæ̃^{44}	læ̃^{44}	læ̃^{44}
临猗	tæ̃^{44}	tʰæ̃^{44}	tʰæ̃^{44}	tæ̃^{44}	tʰæ̃^{44} 白 / tæ̃^{44} 文	tʰæ̃^{44} 白 / tæ̃^{44} 文	læ̃^{44}	læ̃^{44}
河津	tæ̃^{44}	tʰæ̃^{44}	tʰæ̃^{44}	tæ̃^{44}	tʰæ̃^{44} 白 / tæ̃^{44} 文	tʰæ̃^{44} 白 / tæ̃^{44} 文	næ̃^{44}	læ̃^{44}
平陆	tan^{55}	tʰan^{33}	tʰan^{33}	tan^{33}	tʰan^{33} 白 / tan^{33} 文	tan^{33}	lan^{33}	lan^{33}
永济	tai^{44}	tʰai^{44}	tʰai^{44}	tai^{44} 白 /tæ̃^{53} 文	tʰai^{44}	tʰai^{44} 白 / tæ̃^{24} 文	nai^{44}	lai^{44}
芮城	tæ̃^{44}	tʰæ̃^{44}	tʰæ̃^{44}	tæ̃^{44}	tʰæ̃^{44}	tʰæ̃^{44}	læ̃^{44}	læ̃^{44}
吉县	tæ̃^{53}	tʰæ̃^{33}	tʰæ̃^{33}	tæ̃^{33}	tʰæ̃^{33} 白 / tæ̃^{53} 文	tæ̃^{33}	næ̃^{33}	læ̃^{33}
乡宁	tæ^{22}	tʰæ^{22}	tʰæ^{22}	tæ^{22}	tʰæ^{22} 白 / tæ^{22} 文	tʰæ^{22} 白 / tæ^{22} 文	næ^{22}	læ^{22}
广灵	tæ^{213}	tʰæ^{213}	tʰæ^{213}	tæ^{213}	tæ^{213}	tæ^{213}	næ^{213}	læ^{213}

字目	赞	灿	散解~	干~劲	看~见	岸	汉	汗
中古音 方言点	则旰 山开一 去翰精	苍案 山开一 去翰清	苏旰 山开一 去翰心	古案 山开一 去翰见	苦旰 山开一 去翰溪	五旰 山开一 去翰疑	呼旰 山开一 去翰晓	侯旰 山开一 去翰匣
北京	tsan^{51}	tsʰan^{51}	san^{51}	kan^{51}	kʰan^{51}	an^{51}	xan^{51}	xan^{51}
小店	tsæ^{24}	tsʰæ^{53}	sæ^{53}	kæ^{24}	kʰæ^{24}	æ^{24}	xæ^{24}	xæ^{24}
尖草坪	tsæ^{35}	tsʰæ^{35}	sæ^{35}	kæ^{35}	kʰæ^{35}	ɣæ^{35}	xæ^{35}	xæ^{35}
晋源	tsaŋ^{35}	tsʰaŋ^{35}	saŋ^{35}	kaŋ^{35}	kʰaŋ^{35}	ɣaŋ^{35}	xaŋ^{35}	xaŋ^{35}
阳曲	tsæ^{454}	tsʰæ^{454}	sæ^{454}	kæ^{312}	kʰæ^{454}	ŋæ^{454}	xæ^{43}	xæ^{43}
古交	tsɛ^{53}	tsʰɛ^{53}	sɛ^{53}	kɛ^{53}	kʰɛ^{53}	ɛ^{53}	xɛ^{53}	xɛ^{53}
清徐	tsɛ^{45}	tsʰɛ^{45}	sɛ^{45}	kɛ^{45}	kʰɛ^{45}	ŋɛ^{45}	xɛ^{45}	xɛ^{45}
娄烦	tsæ^{54}	tsʰæ^{54}	sæ^{54}	kæ^{54}	kʰæ^{54}	ŋæ^{54}	xæ^{54}	xæ^{54}
榆次	tsæ^{35}	tsʰæ^{35}	sæ^{35}	kæ^{35}	kʰæ^{35}	ŋæ^{35}	xæ^{35}	xæ^{35}
交城	tsã^{24}	tsʰã^{24}	sã^{24}	kɒ̃^{24}	kʰɒ̃^{24}	ŋɒ̃^{24}	xɒ̃^{24}	xɒ̃^{24}
文水	tsaŋ^{35}	tsʰaŋ^{35}	saŋ^{35}	kæĩ^{35}	kʰæĩ^{35}	ŋæĩ^{35}	xæĩ^{35}	xæĩ^{35}
祁县	tsɑ̃^{45}	tsʰɑ̃^{45}	sɑ̃^{45}	kə̃^{45}	kʰə̃^{45}	ŋə̃^{45}	xə̃^{45}	xə̃^{45}
太谷	tsɑ̃^{53}	tsʰɑ̃^{53}	sɑ̃^{53}	kẽĩ^{53}	kʰẽĩ^{53}	ŋẽĩ^{53}	xẽĩ^{53}	xẽĩ^{53}
平遥	tsɑ̃^{24}	tsʰɑ̃^{213}	sɑ̃^{24}	kɑ̃^{24}	kʰɑ̃^{24}	ŋɑ̃^{24}	xɑ̃^{24}	xɑ̃^{24}
孝义	tsã^{454}	tsʰã^{454}	sã^{454}	kã^{454}	kʰɒ^{454}	ŋɒ^{454}	xɒ^{454} 白 / xã^{454} 文	xɒ^{454}
介休	tsæ̃^{45}	tsʰæ̃^{45}	sæ̃^{45}	kæ̃^{45}	kʰæ̃^{45}	ŋæ̃^{45}	xæ̃^{45}	xæ̃^{45}
灵石	tsɒ̃^{53}	tsʰɒ̃^{53}	sɒ̃^{53}	kɒ̃^{53}	kʰɒ̃^{53}	ŋɒ̃^{53}/ɒ̃^{53}	xɒ̃^{53}	xɒ̃^{53}
盂县	tsæ̃^{55}	tsʰæ̃^{55}	sæ̃^{55}	kæ̃^{55}	kʰæ̃^{55}	ŋæ̃^{55}	xæ̃^{55}	xæ̃^{22}/xæ̃^{55}
寿阳	tsæ^{45}	tsʰæ^{45}	sæ^{45}	kæ^{45}	kʰæ^{45}	ŋæ^{45}	xæ^{45}	xæ^{45}
榆社	tsa^{45}	tsʰa^{45}	sa^{45}	ka^{45}	kʰa^{45}	ŋa^{45}	xa^{45}	xa^{45}
离石	tsæ^{53}	tsʰæ^{53}	sæ^{53}	kæ^{53}	kʰiɪ^{53}	ŋæ^{53}	xɪ^{53} 白 / xæ^{53} 文	xæ^{53}
汾阳	tsã^{55}	tsʰã^{55}	sã^{55}	kã^{55}	kʰi^{55}	ŋã^{55}	ɕi^{55} 白 / xã^{55} 文	xã^{55}
中阳	tsæ^{53}	tsʰæ^{53}	sæ^{53}	kæ^{53}	kʰie^{53}	ŋæ^{53}	ɕie^{53} 白 / xæ^{53} 文	xæ^{53}
柳林	tsæ^{53}	tsʰæ^{53}	sæ^{53}	kæ^{53}	kʰie^{53}	ŋie^{53}	ɕie^{53} 白 / xæ^{53} 文	ɕie^{53}
方山	tsæ^{52}	tsʰæ^{52}	sæ^{52}	kæ^{52}	kʰie^{52}	ŋæ^{52}	xɛe^{52} 白 / xæ^{52} 文	xæ^{52}
临县	tsæ^{52}	tsʰæ^{52}	sæ^{52}	kæ^{52}	kʰie^{52}	ŋæ^{52}	ɕie^{52} 白 / xæ^{52} 文	xæ^{52}
兴县	tsæ̃^{53}	tsʰæ̃^{53}	sæ̃^{53}	kẽn^{53}	kʰẽn^{53}	ŋẽn^{53}	xẽn^{53}	xẽn^{53}

续表

字目	赞	灿	散解~	干~劲	看~见	岸	汉	汗
中古音 / 方言点	则旰 山开一 去翰精	苍案 山开一 去翰清	苏旰 山开一 去翰心	古案 山开一 去翰见	苦旰 山开一 去翰溪	五旰 山开一 去翰疑	呼旰 山开一 去翰晓	侯旰 山开一 去翰匣
岚县	tsaŋ^{53}	tsʰaŋ^{53}	saŋ^{53}	kiẽ^{53}	kʰiẽ^{53}	ŋiẽ^{53}	xiẽ^{53}	xiẽ^{53}
静乐	tsæ̃^{53}	tsʰæ̃^{53}	sæ̃^{53}	kæ̃^{53}	kʰæ̃^{53}	ŋæ̃^{53}	xæ̃^{53}	xæ̃^{53}
交口	tsɑ̃^{53}	tsʰɑ̃^{53}	sɑ̃^{53}	kɑ̃^{53}	kʰɑ̃^{53}	ŋɑ̃^{53}	xɑ̃^{53}	xɑ̃^{53}
石楼	tsɑŋ^{51}	tsʰɑŋ^{51}	sɑŋ^{51}	kɑŋ^{51}	kʰɑŋ^{51}	ŋɑŋ^{51}	xɑŋ^{51}	kɑŋ^{51}
隰县	tsæ^{44}	tsʰæ^{44}	sæ^{44}	kæ^{44}	kʰæ^{44}	ŋæ^{44}	xæ^{44}	xæ^{44}
大宁	tsɛ̃^{55}	tsʰɛ̃^{55}	sɛ̃^{55}	kɛ̃^{55}	kʰɛ̃^{55}	ŋɛ̃^{55}	xɛ̃^{55}	xɛ̃^{55}
永和	tsɑ̃^{53}	tsʰɑ̃^{312}	sɑ̃^{53}	kɛi^{53}	kʰɛi^{53}	ŋɛi^{53}	xɛi^{53}	xɛi^{53}
汾西	tsɑ̃^{55}	tsʰɑ̃^{55}	sɑ̃^{55}	kɑ̃^{55}	kʰɑ̃^{55}	ŋɑ̃^{55}	xɑ̃^{55}	xɑ̃^{53}
蒲县	tsæ̃^{33}	tsʰæ̃^{33}	sæ̃^{33}	kæ̃^{52}	kʰæ̃^{33}	ŋæ̃^{33}	xæ̃^{33}	xæ̃^{33}
潞州	tsaŋ^{44}	tsʰaŋ^{44}	saŋ^{44}	kaŋ^{44}	kʰaŋ^{54}	aŋ^{44}	xaŋ^{44}	xaŋ^{44}
上党	tsɑŋ^{42}	tsʰɑŋ^{42}	sɑŋ^{22}	kɑŋ^{22}	kʰɑŋ^{22}	ɑŋ^{22}	xɑŋ^{22}	xɑŋ^{42}
长子	tsæ̃^{422}	tsʰæ̃^{422}	suæ̃^{422}	kæ̃^{422}	kʰæ̃^{422}	ŋæ̃^{53}	xæ̃^{53}	xæ̃^{53}
屯留	tsæ̃^{53}	tsʰæ̃^{53}	sæ̃^{53}	kæ̃^{53}	kʰæ̃^{53}	ŋæ̃^{53}	xæ̃^{53}	xæ̃^{11}
襄垣	tsæ^{53}	tsʰæ^{53}	sæ^{53}	kæ^{53}	kʰæ^{45}	æ^{53}	xæ^{45}	xæ^{45}
黎城	tsæ^{53}	tsʰæ^{53}	suæ^{53}	kæ^{53}	kʰæ^{53}	æ^{53}	xæ^{53}	xæ^{53}
平顺	tɕæ̃^{53}	tsʰæ̃^{53}	sæ̃^{53}	kæ̃^{53}	kʰæ̃^{53}	æ̃^{53}	xæ̃^{53}	xæ̃^{53}
壶关	tʂaŋ^{353}/tʂaŋ^{42}	tʂʰaŋ^{42}	ʂaŋ^{42}	kaŋ^{42}	kʰaŋ^{42}	ɣaŋ^{353}	xaŋ^{42}	xaŋ^{353}
沁县	tsæ^{53}	tsʰæ^{53}	sæ^{53}	kæ^{53}	kʰæ^{53}	ŋæ^{53}	xæ^{53}	xæ^{53}
武乡	tsæ^{55}	tsʰæ^{55}	sæ^{55}	kæ^{55}	kʰæ^{55}	ŋæ^{55}	xæ^{55}	xæ^{55}
沁源	tsæ̃^{53}	tsʰæ̃^{53}	sæ̃^{53}	kæ̃^{53}	kʰæ̃^{53}	ŋæ̃^{53}	xæ̃^{53}	xæ̃^{53}
安泽	tsæ^{53}	tsʰæ^{35}	sæ^{53}	kæ^{53}	kʰæ^{53}	ŋæ^{53}	xæ^{53}	xæ^{53}
沁水端氏	tsæ^{53}	tsʰæ^{53}	sæ^{53}	kæ^{53}	kʰæ^{53}	æ^{53}	xæ^{53}	xæ^{53}
阳城	tsɛ^{51}	tsʰɛ^{51}	sɛ^{51}	kɛ^{51}	kʰɛ^{51}	ɣɛ^{51}	xɛ^{51}	xɛ^{51}
高平	tʂæ̃^{53}	tʂʰæ̃^{53}	ʂæ̃^{53}	kæ̃^{53}	kʰæ̃^{53}	ɔ̃^{53}白/æ̃^{53}文	xæ̃^{53}	xæ̃^{53}
陵川	tʂã^{24}	tʂʰã^{24}	ʂã^{24}	kã^{24}	kʰã^{24}	ɣã^{24}	xã^{24}	xã^{24}
晋城	tʂæ^{53}	tʂʰæ^{53}	ʂæ^{53}	kæ^{53}	kʰæ^{53}	ɣæ^{53}	xæ^{53}	xæ^{53}
忻府	tsɑ̃^{53}	tsʰɑ̃^{53}	sɑ̃^{53}	kɑ̃^{53}	kʰɑ̃^{53}	ŋɑ̃^{53}	xɑ̃^{53}	xɑ̃^{53}
原平	tsɛ̃^{53}	tsʰɛ̃^{53}	sɛ̃^{53}	kiɛ̃^{53}	kʰiɛ̃^{53}	ŋiɛ̃^{53}	xɛ̃^{53}	xɛ̃^{53}
定襄	tsæ^{53}	tsʰæ^{53}	sæ^{53}	kæ^{53}	kʰæ^{53}	ŋæ^{53}	xæ^{53}	xæ^{53}
五台	tsæn^{52}	tsʰæn^{52}	sæn^{213}	kæn^{52}	kʰæn^{52}	ŋæn^{52}	xæn^{52}	xæn^{52}

续表

字目	赞	灿	散解~	干~劲	看~见	岸	汉	汗
中古音 / 方言点	则旰 山开一 去翰精	苍案 山开一 去翰清	苏旰 山开一 去翰心	古案 山开一 去翰见	苦旰 山开一 去翰溪	五旰 山开一 去翰疑	呼旰 山开一 去翰晓	侯旰 山开一 去翰匣
岢岚	tsæ^{52}	tsʰæ^{52}	sæ^{52}	kæ^{52}	kʰæ^{52}	ŋæ^{52}	xæ^{52}	xæ^{52}
五寨	tsæ^{52}	tsʰæ^{52}	sæ^{52}	kæ^{52}	kʰæ^{52}	ŋæ^{52}	xæ^{52}	xæ^{52}
宁武	tsæ^{52}	tsʰæ^{52}	sæ^{52}	kiɛ^{52}	kʰæ^{52}	ŋiɛ^{52}	xæ^{52}	xæ^{52}
神池	tsæ^{52}	tsʰæ^{52}	sæ^{52}	kæ^{52}	kʰɤ^{13}	ŋæ^{52}	xæ^{52}	xæ^{52}
繁峙	tsɛ^{24}	tsʰɛ^{24}	sɛ^{24}	kɛ^{24}	kʰɛ^{24}	ŋɛ^{24}	xɛ^{24}	xɛ^{24}
代县	tsɛ^{53}	tsʰɛ^{53}	sɛ^{53}	kɛ^{53}	kʰɛ^{53}	ŋɛ^{53}	xɛ^{53}	xɛ^{53}
河曲	tsæ^{52}	tsʰæ^{52}	sæ^{52}	kæ^{213}	kʰæ^{52}	ŋæ^{52}	xæ^{52}	xæ^{52}
保德	tsɑŋ^{52}	tsʰɑŋ^{52}	sɑŋ^{52}	kɑŋ^{52}	kʰɑŋ^{52}	ɑŋ^{52}	xɑŋ^{52}	xɑŋ^{52}
偏关	tsæ^{52}	tsʰæ^{52}	sæ^{52}	kiæ^{52}	kʰiæ^{52}	ŋiæ^{52}	xæ^{52}	xæ^{52}
朔城	tsæ^{53}	tsʰæ^{53}	sæ^{53}	kæ^{53}	kʰæ^{53}	næ^{53}	xæ^{53}	xæ^{53}
平鲁	tsæ^{52}	tsʰæ^{52}	sæ^{52}	kæ^{52}	kʰæ^{52}	næ^{52}	xæ^{52}	xæ^{52}
应县	tsɛ̃^{24}	tsʰɛ̃^{24}	sɛ̃^{24}	kɛ̃^{24}	kʰɛ̃^{24}	nɛ̃^{24}	xɛ̃^{24}	xɛ̃^{24}
灵丘	tsæ^{53}	tsʰæ^{53}	sæ^{53}	kæ^{53}	kʰæ^{442}	næ^{53}	xæ^{53}	xæ^{53}
浑源	tsæ^{13}	tsʰæ^{13}	sæ^{13}	kæ^{13}	kʰæ^{13}	næ^{13}	xæ^{13}	xæ^{13}
云州	tsæ^{24}	tsʰæ^{24}	sæ^{24}	kæ^{24}	kʰæ^{24}	næ^{24}	xæ^{24}	xæ^{24}
新荣	tsæ^{24}	tsʰæ^{24}	sæ^{24}	kæ^{24}	kʰæ^{24}	ŋæ^{24}	xæ^{24}	xæ^{24}
怀仁	tsæ^{24}	tsʰæ^{24}	sæ^{24}	kæ^{24}	kʰæ^{24}	næ^{24}	xæ^{24}	xæ^{24}
左云	tsæ^{24}	tsʰæ^{24}	sæ^{24}	kæ^{24}	kʰæ^{24}	næ^{24}	xæ^{24}	xæ^{24}
右玉	tsæ^{24}	tsʰæ^{24}	sæ^{24}	kæ^{24}	kʰæ^{24}	ŋæ^{24}	xæ^{24}	xæ^{24}
阳高	tsɛ^{24}	tsʰɛ^{24}	sɛ^{24}	kɛ^{24}	kʰɛ^{24}	ŋɛ^{24}	xɛ^{24}	xɛ^{24}
山阴	tsæ^{335}	tsʰæ^{335}	sæ^{335}	kæ^{335}	kʰæ^{335}	næ^{335}	xæ^{335}	xæ^{335}
天镇	tsæ^{24}	tsʰæ^{24}	sæ^{24}	kæ^{24}	kʰæ^{24}	ŋæ^{24}	xæ^{24}	xæ^{24}
平定	tsæ̃^{24}	tsʰæ̃^{53}	sæ̃^{24}	kæ̃^{24}	kʰæ̃^{24}	ŋæ̃^{24}	xæ̃^{24}/xəʔ^{4}	xæ̃^{24}
昔阳	tsæ̃^{13}	tsʰæ̃^{13}	sæ̃^{13}	kæ̃^{13}	kʰæ̃^{13}	ŋæ̃^{13}	xæ̃^{13}	xæ̃^{13}
左权	tsæ^{53}	tsʰæ^{53}	sæ^{53}	kæ^{53}	kʰæ^{53}	ŋæ^{53}	xæ^{53}	xæ^{53}
和顺	tsæ^{13}	tsʰæ^{13}	sæ^{13}	kæ^{13}	kʰæ^{13}	ŋæ^{13}	xæ^{13}	xæ^{13}
尧都	tsæ̃^{44}	tsʰæ̃^{44}	sæ̃^{44}	kæ̃^{21}	kʰæ̃^{44}	ŋæ̃^{44}	xæ̃^{44}	xæ̃^{44}
洪洞	tsɑn^{33}	tsʰɑn^{33}	sɑn^{33}	kɑn^{33}	kʰɑn^{42}	ŋɑn^{53}	xɑn^{33}	xɑn^{53}
洪洞赵城	tsɑ̃^{53}	tsʰɑ̃^{24}	sɑ̃^{24}	kɑ̃^{24}	kʰɑ̃^{24}	ŋɑ̃^{24}	xɑ̃^{24}	xɑ̃^{53}
古县	tsan^{53}	tsʰan^{35}	san^{35}	kan^{35}	kʰan^{35}	ŋan^{53}	xan^{53}	xan^{35}
襄汾	tsan^{44}	tsʰan^{44}	san^{44}	kan^{44}	kʰan^{44}	ŋan^{53}	xan^{44}	xan^{53}

续表

字目	赞	灿	散解～	干～劲	看～见	岸	汉	汗
中古音 / 方言点	则旰 山开一 去翰精	苍案 山开一 去翰清	苏旰 山开一 去翰心	古案 山开一 去翰见	苦旰 山开一 去翰溪	五旰 山开一 去翰疑	呼旰 山开一 去翰晓	侯旰 山开一 去翰匣
浮山	tsãĩ^{44}	tsʰãĩ^{44}	sãĩ^{44}	kãĩ^{44}	kʰãĩ^{44}	ŋãĩ^{53}	xãĩ^{44}	xãĩ^{53}
霍州	tsaŋ^{5}	tsʰaŋ^{55}	saŋ^{55}	kaŋ^{55}	kʰaŋ^{55}	ŋaŋ^{53}	xaŋ^{55}	xaŋ^{53}
翼城	tsæ̃^{53}	tʂʰæ̃^{53}	sæ̃^{53}	kæ̃^{53}	kʰæ̃^{53}	ŋæ̃^{53}	xæ̃^{53}	xæ̃^{53}
闻喜	tsæ^{53}	——	——	kiæ^{53}	kʰæ^{53}	ŋiæ^{13}	xæ^{53}	xæ^{13}
侯马	tsæ̃^{53}	tsʰæ̃^{53}	sæ̃^{53}	kæ̃^{53}	kʰæ̃^{53}	ŋæ̃^{53}	xæ̃^{53}	xæ̃^{53}
新绛	tsã^{53}	tsʰã^{13}	sã^{53}	kã^{53}	kʰã^{53}	ŋã^{53}	xã^{53}	xa^{53}
绛县	tsæ^{31}	tsʰæ^{31}	sæ^{31}	kæ^{31}	kʰæ^{31}	ŋæ^{31}	xæ^{31}	xæ^{53}
垣曲	tsæ̃^{53}	tsʰæ̃^{53}	sæ̃^{53}	kæ̃^{53}	kʰæ̃^{53}	ŋæ̃^{53}	xæ̃^{53}	xæ̃^{53}
夏县	tsæ^{31}	tsʰæ^{24}	sæ^{31}	kæ^{31}	kʰæ^{31}	ŋæ^{31} 白 / æ^{31} 文	xæ^{31}	xæ^{31}
万荣	tsæ^{33}	tsʰæ^{33}	sæ^{33}	kæ^{51}	kʰæ^{33}	ŋæ^{33}	xæ^{33}	xæ^{33}
稷山	tsɑ̃^{42}	tsʰɑ̃^{42}	sɑ̃^{42}	kɑ̃^{42}	kʰɑ̃^{42}	ŋɑ̃^{42}	xɑ̃^{42}	xɑ̃^{42}
盐湖	tsæ̃^{44}	tsʰæ̃^{44}	sæ̃^{44}	kæ̃^{44}	kʰæ̃^{44}	ŋæ̃^{44}	xæ̃^{44}	xæ̃^{44}
临猗	tsæ̃^{44}	tsʰæ̃^{44}	sæ̃^{44}	kæ̃^{44}	kʰæ̃^{44}	ŋæ̃^{44}	xæ̃^{44}	xæ̃^{44}
河津	tsæ̃^{44}	tsʰæ̃^{53}	sæ̃^{44}	kæ̃^{44}	kʰæ̃^{44}	ŋæ̃^{44}	xæ̃^{44}	xæ̃^{44}
平陆	tsan^{33}	tsʰan^{55}	san^{33}	kan^{33}	kʰan^{33}	ŋan^{33}	xan^{33}	xan^{33}
永济	tsai^{44}	tsʰai^{44}	sai^{44}	kai^{44}	kʰai^{44} 白 / kʰæ̃^{31} 文	ŋai^{44}	xai^{44}	xai^{44}
芮城	tsæ̃^{44}	tsʰæ̃^{53}	sæ̃^{44}	kæ̃^{44}	kʰæ̃^{44}	ŋæ̃^{44}	xæ̃^{44}	xæ̃^{44}
吉县	tsæ̃^{33}	tsʰæ̃^{33}	sæ̃^{33}	kæ̃^{423}	——	ŋæ̃^{33}	xæ̃^{33}	xæ̃^{33}
乡宁	tsæ^{22}	tsʰæ^{22}	sæ^{22}	kiæ^{22}	kʰæ^{22}	ŋiæ^{22}	xiæ^{22}	xiæ^{22}
广灵	tsæ^{213}	tsʰæ^{213}	sæ^{213}	kæ^{213}	kʰæ^{213}	næ^{213}	xæ^{213}	xæ^{213}

字目	按	案	獭	达	辣	擦	割	葛
中古音 方言点	乌旰 山开一 去翰影	乌旰 山开一 去翰影	他达 山开一 入曷透	唐割 山开一 入曷定	卢达 山开一 入曷来	七曷 山开一 入曷清	古达 山开一 入曷见	古达 山开一 入曷见
北京	an^{51}	an^{51}	tʰa^{214}	ta^{35}	la^{51}	tsʰa^{55}	kɤ^{55}	kɤ^{214}
小店	æ^{24}	æ^{24}	tʰaʔ^{1}	taʔ^{1}	laʔ^{1}	tsʰaʔ^{1}	kaʔ^{1}	kaʔ$^{\underline{54}}$
尖草坪	ɣæ^{35}	ɣæ^{35}	tʰaʔ^{2}	taʔ$^{\underline{43}}$	laʔ^{2}	tsʰaʔ^{2}	kaʔ^{2} 白 / kəʔ^{2} 文	kaʔ^{2} 白 / kəʔ^{2} 文
晋源	ɣaŋ^{35}	ɣaŋ^{35}	tʰaʔ^{2}	taʔ$^{\underline{43}}$	laʔ^{2}	tsaʔ^{2}/tsəʔ^{2}	kaʔ^{2}	kaʔ^{2}
阳曲	ŋæ^{454}	ŋæ^{454}	tʰaʔ^{4}	taʔ^{4}	laʔ^{4}	tsʰaʔ^{4}	kɔʔ^{4} 白 / kəʔ^{4} 文	kɔʔ^{4}
古交	ŋɛ^{53}	ŋɛ^{53}	tʰaʔ^{4}	taʔ$^{\underline{312}}$	laʔ^{4}	tsʰaʔ^{4}	kaʔ^{4}	kaʔ^{4}
清徐	ŋɛ^{45}	ŋɛ^{45}	tʰaʔ^{1}	taʔ$^{\underline{54}}$	laʔ^{1}	tsʰaʔ^{1}	kaʔ^{1}	kaʔ^{1}
娄烦	ŋæ^{54}	ŋæ^{54}	tʰaʔ^{3}	taʔ$^{\underline{21}}$	laʔ^{3}	tsʰaʔ^{3}	kaʔ^{3}	kaʔ^{3}
榆次	ŋi^{35}	ŋi^{35}	taʔ^{1}	taʔ^{1}	laʔ^{1}	tsʰaʔ^{1}	kaʔ^{1}	kɯ^{53}
交城	ŋɒ̃^{24}	ŋɒ̃^{24}	tʰaʔ^{1}	taʔ$^{\underline{13}}$	laʔ^{1}	tsʰaʔ^{1}	kaʔ^{1}	kaʔ^{1}
文水	ŋæĩ^{35}	ŋæĩ^{35}	tʰaʔ^{2}	taʔ$^{\underline{312}}$	laʔ^{2}	tsʰaʔ^{2}	kaʔ^{2}	kaʔ$^{\underline{312}}$
祁县	ŋɑ̃^{45}	ŋɑ̃^{45}	tʰɑʔ$^{\underline{32}}$	tɑʔ$^{\underline{324}}$	lɑʔ$^{\underline{32}}$	tsʰɑʔ$^{\underline{32}}$	kɑʔ$^{\underline{32}}$	kɑʔ$^{\underline{324}}$
太谷	ŋẽĩ^{53}	ŋẽĩ^{53}	——	taʔ$^{\underline{423}}$	laʔ^{3}	tsʰaʔ^{3}	kiaʔ^{3}	kiaʔ$^{\underline{423}}$
平遥	ŋɑ̃^{24}	ŋɑ̃^{24}	tʰʌʔ$^{\underline{212}}$	tʌʔ$^{\underline{523}}$	lʌʔ$^{\underline{523}}$	tsʰʌʔ$^{\underline{212}}$	kʌʔ$^{\underline{212}}$	kʌʔ$^{\underline{212}}$
孝义	ŋɒ^{454}	ŋɒ^{454} 白 / ŋɑ̃^{454} 文	——	taʔ$^{\underline{423}}$	laʔ^{3}	tsʰaʔ^{3}	kəʔ^{3}	kəʔ^{3}
介休	ŋæ̃^{45}	ŋæ̃^{45}	tʰʌʔ$^{\underline{12}}$	tʌʔ$^{\underline{312}}$	lʌʔ$^{\underline{12}}$	tsʰʌʔ$^{\underline{12}}$	kʌʔ$^{\underline{12}}$	kʌʔ$^{\underline{312}}$
灵石	ŋɒ̃^{53}/ɒ̃^{53}	ŋɒ̃^{53}/ɒ̃^{53}	tʰaʔ^{4}	taʔ$^{\underline{212}}$	laʔ^{4}	tsʰaʔ^{4}	kaʔ^{4}	kaʔ^{4}
盂县	ŋæ̃^{55}	ŋæ̃^{55}	tʰʌʔ^{2}	tʌʔ^{2}	lʌʔ^{2}	tsʰʌʔ^{2}	kʌʔ^{2}	kʌʔ^{2}
寿阳	ŋæ^{45}	ŋæ^{45}	taʔ^{2}	taʔ$^{\underline{54}}$	laʔ^{2}	tsʰɑ^{31}	kaʔ^{2}	kaʔ^{2}
榆社	ŋa^{45}	ŋa^{45}	——	taʔ$^{\underline{312}}$	laʔ^{2}	tsʰaʔ^{2}	kaʔ^{2}	kaʔ^{2}
离石	ŋiɪ^{53}	ŋiɪ^{53} 白 / ŋæ^{53} 文	——	tɑʔ^{4}	lɑʔ$^{\underline{23}}$	tsʰɑʔ^{4}	kəʔ^{4}	kəʔ^{4}
汾阳	ŋã^{55}	ŋi^{55} 白 / ŋã^{55} 文	——	taʔ$^{\underline{312}}$	laʔ$^{\underline{312}}$	tsʰaʔ^{2}	kəʔ^{2}	kəʔ$^{\underline{312}}$
中阳	ŋie^{53}	ŋie^{53} 白 / ŋæ^{53} 文	——	tɑʔ$^{\underline{312}}$	lɑʔ$^{\underline{312}}$	tsʰɑʔ^{4}	kəʔ^{4}	kəʔ^{4}
柳林	ŋie^{53}	ŋie^{53}	tʰɑʔ^{4}	tɑʔ^{4}	lɑʔ^{4}	tsʰɑʔ^{4}	kəʔ^{4}	kəʔ^{4}
方山	ŋiɛ^{52}	ŋiɛ^{52} 白 / ŋæ^{52} 文	——	tɑʔ^{4}	lɑʔ$^{\underline{23}}$	tsʰɑʔ^{4}	kəʔ^{4}	kəʔ^{4}
临县	ŋæ^{52}	ŋæ^{52}	——	taʔ^{3}	laʔ$^{\underline{24}}$	tsʰaʔ^{3}	kɐʔ^{3}	kɐʔ^{3}

续表

字目	按	案	獭	达	辣	擦	割	葛
中古音 / 方言点	乌旰 山开一 去翰影	乌旰 山开一 去翰影	他达 山开一 入曷透	唐割 山开一 入曷定	卢达 山开一 入曷来	七曷 山开一 入曷清	古达 山开一 入曷见	古达 山开一 入曷见
兴县	ŋẽn^{53}	ŋẽn^{53}	——	tʰaʔ^{5} 白 / taʔ^{5} 文	laʔ$^{\underline{312}}$	tsʰaʔ^{5}	kəʔ^{5}	kəʔ^{5}/kɤ^{324}
岚县	ŋiẽ^{53}	ŋiẽ^{53}	tʰaʔ^{4}	taʔ^{4}	laʔ^{4}	tsʰaʔ^{4}	kieʔ^{4}	kieʔ^{4}
静乐	ŋæ̃^{53}	ŋæ̃^{53}	tʰaʔ^{4}	taʔ$^{\underline{212}}$	laʔ^{4}	tsʰaʔ^{4}	kaʔ^{4}	kaʔ^{4}
交口	ŋɑ̃^{53}	ŋɑ̃^{53}	——	taʔ^{4}	laʔ^{4}	tsʰaʔ^{4}	kəʔ^{4}	kəʔ^{4}
石楼	ŋɑŋ^{51}	ŋɑŋ^{51}	tʰʌʔ^{4}	tʌʔ^{4}	lʌʔ^{4}	tsʰʌʔ^{4}	kʌʔ^{4}	kʌʔ^{4} 白 / kə^{213} 文
隰县	ŋæ^{44}	ŋæ^{44}	——	taʔ^{3}	laʔ^{3}	tsʰaʔ^{3}	kaʔ^{3}	kəʔ^{3}
大宁	ŋɛ̃^{55}	ŋɛ̃^{55}	tɐʔ$^{\underline{31}}$	tɐʔ^{4}	lɐʔ$^{\underline{31}}$	tsʰɐʔ$^{\underline{31}}$	kɐʔ$^{\underline{31}}$	kɐʔ$^{\underline{31}}$
永和	ŋɛi^{53}	ŋɛi^{53}	——	——	lɐʔ$^{\underline{35}}$	tsɐʔ$^{\underline{312}}$	——	——
汾西	ŋɑ̃^{55}	ŋɪ^{55}/ŋɑ̃^{55}	——	tɑ^{35}	lɑ^{11}	tsʰɑ^{11}	kyəŋ^{11}	ku^{11}
蒲县	ŋæ̃^{33}	ŋæ̃^{33}	ta^{31}	ta^{24}	la^{52}	tsʰʌʔ$^{\underline{43}}$	kəʔ$^{\underline{43}}$	kɤ^{52}
潞州	aŋ^{44}	aŋ^{44}	tʰʌʔ$^{\underline{53}}$	tʌʔ$^{\underline{53}}$	lʌʔ$^{\underline{53}}$	tsʰʌʔ$^{\underline{53}}$	kəʔ$^{\underline{53}}$	kə^{535}
上党	ɑŋ^{22}	ɑŋ^{22}	tʰɑʔ$^{\underline{21}}$	tɑʔ$^{\underline{21}}$	lɑʔ$^{\underline{21}}$	tsʰɑʔ$^{\underline{21}}$	kəʔ$^{\underline{21}}$	kəʔ$^{\underline{21}}$
长子	ŋæ̃^{422}	ŋæ̃^{422}	tʰaʔ^{4}	taʔ^{4}	laʔ^{4}	tsʰaʔ^{4}	kəʔ^{4}	kəʔ^{4}
屯留	ŋæ̃^{53}	ŋæ̃^{53}	tʰʌʔ^{1}	tʌʔ^{1}	lʌʔ^{1}	tsʰʌʔ^{1}	kəʔ^{1}	kəʔ^{1}
襄垣	æ^{53}	æ^{53}	——	tʌʔ$^{\underline{43}}$	lʌʔ^{3}	tsʰʌʔ^{3}	kʌʔ^{3}	kʌʔ^{3}
黎城	æ^{422}	æ^{422}	tʰʌʔ^{2}	tʌʔ^{2}	lʌʔ$^{\underline{31}}$	tsʰʌʔ^{2}	kʌʔ^{2}	kɤ^{213}/kɤʔ^{2}
平顺	æ̃^{53}	æ̃^{53}	tʰʌʔ$^{\underline{423}}$	tʌʔ$^{\underline{423}}$	lʌʔ$^{\underline{423}}$	tsʰʌʔ$^{\underline{212}}$	kʌʔ$^{\underline{212}}$	kʌʔ$^{\underline{212}}$
壶关	ɣaŋ^{42}	ɣaŋ^{42}	tʰʌʔ$^{\underline{21}}$	tʌʔ$^{\underline{21}}$	lʌʔ$^{\underline{21}}$	tʂʰʌʔ^{2}	kʌʔ^{2}	kʌʔ^{2}
沁县	ŋæ^{53}	ŋæ^{53}	taʔ$^{\underline{31}}$	taʔ$^{\underline{31}}$	laʔ$^{\underline{31}}$	tsʰaʔ$^{\underline{31}}$	kaʔ$^{\underline{31}}$	kaʔ$^{\underline{31}}$
武乡	ŋæ^{55}	ŋæ^{55}	tʰʌʔ^{3}	tʌʔ^{3}	lʌʔ^{3}	tsʰʌʔ^{3}	kʌʔ^{3}	kʌʔ^{3}
沁源	ŋæ̃^{53}	ŋæ̃^{53}	tʰʌʔ$^{\underline{31}}$	tʌʔ$^{\underline{31}}$	lʌʔ$^{\underline{31}}$	tsʰʌʔ$^{\underline{31}}$	kʌʔ$^{\underline{31}}$	kɨᴇ^{324}
安泽	ŋæ^{53}	ŋæ^{53}	——	tɑ^{35}	lʌʔ$^{\underline{21}}$	tsʰʌʔ$^{\underline{21}}$	kəʔ$^{\underline{21}}$	kəʔ$^{\underline{21}}$
沁水端氏	æ^{53}	æ^{53}	——	taʔ^{2}	laʔ^{2}	tsʰaʔ^{2}	kaʔ^{2}	kaʔ^{2}
阳城	ɣɛ^{51}	ɣə^{51} 白 / ɣɛ^{51} 文	tʰʌʔ^{2}	tʌʔ^{2}	lʌʔ^{2}	tsʰʌʔ^{2}	kʌʔ^{2}	kʌʔ^{2}
高平	æ̃^{53}	æ̃^{53}	tʰɑ^{212}	tʌʔ^{2}	lʌʔ^{2}	tʂʰʌʔ^{2} 白 / tʂʰɑ^{33} 文	kʌʔ^{2}	kʌʔ^{2}
陵川	ɣã^{24}	ɣã^{24}	tʰʌʔ^{3}	tʌʔ$^{\underline{23}}$	lʌʔ$^{\underline{23}}$	tʂʰʌʔ^{3}	kʌʔ^{3}	kʌʔ^{3}
晋城	ɣæ^{53}	ɣæ^{53}	tɑ^{213}	tʌʔ^{2}	lʌʔ^{2}	tʂʰʌʔ^{2}	kʌʔ^{2}	kʌʔ^{2}
忻府	ŋɑ̃^{53}	ŋɑ̃^{53}	tʰɑʔ$^{\underline{32}}$	tɑʔ$^{\underline{32}}$	lɑʔ$^{\underline{32}}$	tsʰɑʔ$^{\underline{32}}$	kɑʔ$^{\underline{32}}$	kɑʔ$^{\underline{32}}$

续表

字目	按	案	獭	达	辣	擦	割	葛
中古音 / 方言点	乌旰 山开一 去翰影	乌旰 山开一 去翰影	他达 山开一 入曷透	唐割 山开一 入曷定	卢达 山开一 入曷来	七曷 山开一 入曷清	古达 山开一 入曷见	古达 山开一 入曷见
原平	ŋiẽ^{53}	ŋiẽ^{53}	——	tɑʔ$^{\underline{34}}$	lɑʔ$^{\underline{34}}$	tsʰɑʔ$^{\underline{34}}$	kɔʔ$^{\underline{34}}$	kɔʔ$^{\underline{34}}$
定襄	ŋæ^{53}	ŋæ^{53}	——	taʔ^{1}	laʔ^{1}	tsʰaʔ^{1}	kaʔ^{1}	kaʔ^{1}
五台	ŋæn^{52}	ŋæn^{52}	tʰɑʔ^{3}	tɑʔ^{3}	lɑʔ^{3}	tsʰɑʔ^{3}	kɔʔ^{3}	kɔʔ^{3}
岢岚	ŋæ^{52}	ŋæ^{52}	tʰaʔ^{4}	taʔ^{4}	laʔ^{4}	tsʰaʔ^{4}	kaʔ^{4}	kaʔ^{4}
五寨	ŋæ^{52}	ŋæ^{52}	tʰaʔ^{4}	taʔ^{4}	laʔ^{4}	tsʰaʔ^{4}	kaʔ^{4}	kaʔ^{4}
宁武	ŋiɛ^{52}	ŋiɛ^{52}	——	tᴀʔ^{4}	lᴀʔ^{4}	tsʰᴀʔ^{4}	kᴀʔ^{4}	kᴀʔ^{4}
神池	ŋæ^{52}	ŋæ^{52}	tʰᴀʔ^{4}	tᴀʔ^{4}	lᴀʔ^{4}	tsʰᴀʔ^{4}	kᴀʔ^{4}	kᴀʔ^{4}
繁峙	ŋe^{24}	ŋɛ^{24}	tʰaʔ$^{\underline{13}}$	taʔ$^{\underline{13}}$	laʔ$^{\underline{13}}$	tsʰaʔ$^{\underline{13}}$	kaʔ$^{\underline{13}}$	kɤ^{53}
代县	ŋe^{53}	ŋɛ^{53}	tʰaʔ^{2}	taʔ^{2}	laʔ^{2}	tsʰaʔ^{2}	kaʔ^{2}	kaʔ^{2}
河曲	ŋæ^{52}	ŋæ^{52}	tʰaʔ^{4}	taʔ^{4}	laʔ^{4}	tsʰaʔ^{4}	kaʔ^{4}	kaʔ^{4}
保德	ɑŋ^{52}	ɑŋ^{52}	——	tᴀ^{44}	lᴀ^{44}	tsʰᴀ^{44}	kɤ^{44}	kɤ^{213}
偏关	ŋiæ^{52}	ŋiæ^{52}	tʰa^{213}	ta^{44}	la^{52}	tsʰa^{44}	kᴀʔ^{4}	kᴀʔ^{4}
朔城	——	næ^{53}	——	tᴀʔ$^{\underline{35}}$	lᴀ^{53}	tsʰᴀʔ$^{\underline{35}}$	kᴀʔ$^{\underline{35}}$	kᴀʔ$^{\underline{35}}$
平鲁	næ^{52}	næ^{52}	tʰʌʔ$^{\underline{34}}$	tʌʔ$^{\underline{34}}$	nɑ^{52}/lʌʔ$^{\underline{34}}$	tsʰʌʔ$^{\underline{34}}$	kʌʔ$^{\underline{34}}$	kʌʔ$^{\underline{34}}$
应县	nɛ̃^{24}	nɛ̃^{24}	tʰaʔ$^{\underline{43}}$	taʔ$^{\underline{43}}$	la^{24}	tsʰaʔ$^{\underline{43}}$	kaʔ$^{\underline{43}}$	kaʔ$^{\underline{43}}$
灵丘	næ^{53}	næ^{53}	tʰᴀʔ^{5}	tᴀʔ^{5}	lᴀ^{53}	tsʰᴀʔ^{5}	kᴀʔ^{5}	kᴀʔ^{5}
浑源	næ^{13}	læ^{13}	tʰʌʔ^{4}	tʌʔ^{4}	lᴀ^{13}/lʌʔ^{4}	tsʰʌʔ^{4}	kʌʔ^{4}	kʌʔ^{4}
云州	næ^{24}	næ^{24}	tʰɑʔ^{4}	tɑʔ^{4}	lɑ^{24}	tsʰɑʔ^{4}	kɑʔ^{4}	kɑʔ^{4}
新荣	ŋæ^{24}	ŋæ^{24}	tʰaʔ^{4}	taʔ^{4}	lᴀ^{24}	tsʰaʔ^{4}	kaʔ^{4}	kaʔ^{4}
怀仁	næ^{24}	næ^{24}	tʰaʔ^{4}	taʔ^{4}	la^{24}	tsʰaʔ^{4}	kaʔ^{4}	kaʔ^{4}
左云	næ^{24}	næ^{24}	tʰaʔ^{4}	taʔ^{4}	la^{24}	tsʰaʔ^{4}	kaʔ^{4}	kə^{54}
右玉	ŋæ^{24}	ŋæ^{24}	——	taʔ^{4}	la^{24}	tsʰaʔ^{4}	kaʔ^{4}	kaʔ^{4}
阳高	ŋe^{24}	ŋe^{24}	——	tɑʔ^{3}	lɑʔ^{3}	tsʰɑʔ^{3}	kɑʔ^{3}	kɑʔ^{3}
山阴	næ^{335}	næ^{335}	tʰᴀʔ^{4}	tᴀʔ^{4}	lᴀ^{335}	tsʰᴀʔ^{4}	kᴀʔ^{4}	kᴀʔ^{4}
天镇	ŋæ^{24}	ŋæ^{24}	tʰɑʔ^{4}	tɑʔ^{4}	lɑʔ^{4}	tsʰɑʔ^{4}	kɑʔ^{4}	kɑʔ^{4}
平定	ŋæ̃^{24}	ŋæ̃^{24}	tʰaʔ^{4}	taʔ^{4}/tɑ^{31}	laʔ$^{\underline{23}}$	tsʰaʔ^{4}	kaʔ^{4}	kaʔ^{4}
昔阳	ŋæ̃^{13}	ŋæ̃^{13}	tʰʌʔ$^{\underline{43}}$	tʌʔ$^{\underline{43}}$	lɑ^{13}	tsʰʌʔ$^{\underline{43}}$	kʌʔ$^{\underline{43}}$	kʌʔ$^{\underline{43}}$
左权	ŋæ^{53}	ŋæ^{53}	——	tɑʔ^{1}	lɑ^{53}/lɑʔ^{1}	tsʰɑʔ^{1}	kəʔ^{1}	kəʔ^{1}
和顺	ŋæ^{13}	ŋæ^{13}	——	taʔ$^{\underline{21}}$	laʔ$^{\underline{21}}$	tsʰaʔ$^{\underline{21}}$	kaʔ$^{\underline{21}}$	kaʔ$^{\underline{21}}$
尧都	ŋæ̃^{44}	ŋæ̃^{44}	tʰɑ^{21}	tɑ^{24}	lɑ^{21}	tsʰɑ^{24}	kɤ^{21}	kɤ^{21}
洪洞	ŋɑn^{33}	ŋɑn^{33}	——	tɑ^{24}	lɑ^{21}	tsʰɑ^{21}	ko^{21}	ko^{21}

续表

字目	按	案	獭	达	辣	擦	割	葛
中古音 / 方言点	乌旰 山开一 去翰影	乌旰 山开一 去翰影	他达 山开一 入曷透	唐割 山开一 入曷定	卢达 山开一 入曷来	七曷 山开一 入曷清	古达 山开一 入曷见	古达 山开一 入曷见
洪洞赵城	ŋɑ̃^{24}	ŋɑ̃^{24}	tʰɑ^{21}	tɑ^{24}	lɑ^{21}	tʰsɑ^{21}	kɤ^{21}	kɤ^{21}
古县	ŋan^{35}	ŋan^{35}	tʰɑ^{21}	tɑ^{35}	lɑ^{21}	tsʰɑ^{21}	kɛ^{21} 白 / kɤ^{21} 文	kɛ^{21}
襄汾	ŋan^{44}	ŋan^{44}	tʰa^{42}	ta^{24}	la^{21}	tsʰa^{21}	kə^{21}	kə^{21}
浮山	ŋãĩ^{44}	ŋãĩ^{44}	tʰa^{33}	ta^{13}	la^{42}	tsʰa^{42}	kua^{42}	kɤ^{42}
霍州	ŋaŋ^{55}	ŋaŋ^{53}	la^{53}	ta^{35}	la^{212}	tsʰa^{212}	kɤ^{212}	kɤ^{33}
翼城	ŋæ̃^{53}	ŋæ̃^{53}	tᴀ^{44}	tᴀ^{53}	lᴀ^{53}	tsʰᴀ^{53}	kɤ^{53}	ʂɤ^{44}
闻喜	ŋiæ^{53}	ŋiæ^{53}	tʰɑ^{13}	tɑ^{13}	lɑ^{53}	tsʰɑ^{53}	kɤ^{53}	kɤ^{53}
侯马	ŋæ̃^{53}	ŋæ̃^{53}	tʰɑ^{44}	tɑ^{213}	lɑ^{53}	tsʰɑ^{213}	kɤ^{213}	kɤ^{44}
新绛	ŋɑ̃^{53}	ŋɑ̃^{53}	tʰɑ^{53}	tɑ^{53}	lɑ^{53}	tsʰɑ^{53}	kɤ^{53}	kɤ^{53}
绛县	ŋɑ^{31}	ŋɑ^{31}	tʰɑ^{53}	tɑ^{24}	lɑ^{53}	tsʰɑ^{53}	kɤ^{53}	kɤ^{53}
垣曲	ŋæ̃^{53}	ŋæ̃^{53}	——	ta^{22}	la^{53}	tsʰa^{53}	kua^{53} 白 / kɤ^{53} 文	kɤ^{44}
夏县	ŋæ^{31} 白 /æ^{31} 文	ŋæ^{31} 白 /æ^{31} 文	——	ta^{42}	la^{31}	tʂʰa^{53}	pʰuɤ^{53} 白 / kɤ^{53} 文	kɤ^{42}
万荣	ŋæ^{33}	ŋæ^{33}	tʰa^{51}	ta^{213}	la^{51}	tsʰa^{51}	kɤ^{51}	kɤ^{51}
稷山	ŋɑ̃^{42}	ŋɑ̃^{42}	lai^{42}	tɑ^{13}	lɑ^{42}	tsʰɑ^{53}	kɤ^{53}	kɤ^{53}
盐湖	ŋæ̃^{44}	ŋæ̃^{44}	——	ta^{13}	la^{42}	tsʰa^{42}	kɤ^{42}	kɤ^{42}
临猗	ŋæ̃^{44}	ŋæ̃^{44}	tʰa^{42}	ta^{13}	la^{42}	tsʰa^{42}	kɤ^{42}	kɤ^{53}
河津	ŋæ̃^{44}	ŋæ̃^{44}	tʰa^{31}	ta^{324}	la^{31}	tsʰa^{31}	kɤ^{53} 白 / kɤ^{31} 文	kɤ^{31}
平陆	ŋan^{33}	ŋan^{33}	tʰa^{31}	ta^{13}	la^{31}	tsʰa^{31}	kuə^{31}	kə^{31}
永济	ŋai^{44}	ŋai^{44}	tʰa^{31}	ta^{24}	la^{31}	tsʰa^{31}	kuo^{31} 白 / kə^{31} 文	kʰuo^{31} 白 / kə^{31} 文
芮城	ŋæ̃^{44}	ŋæ̃^{44}	——	ta^{13}	la^{42}	tsʰa^{42}	kuo^{42} 白 / kɤ^{42} 文	kɤ^{42}
吉县	ŋæ̃^{33}	ŋæ̃^{33}	——	ta^{13}	la^{423}	tsʰa^{423}	kə^{423}	kə^{423}
乡宁	ŋiæ^{22}	ŋiæ^{22}	——	ta^{12}	la^{53}	tsʰa^{53}	kɤ^{53}	kɤ^{44}
广灵	næ^{213}	næ^{213}	tʰɑ^{44}	tɑ^{31}	lɑ^{213}	tsʰɑ^{53}/ tsʰuɑ^{53}	kɤ^{53}	kɤ^{53}

字目	渴	喝~彩	般	搬	潘	拼~凑	盘	瞒
中古音 方言点	苦曷 山开一 入曷溪	许葛 山开一 入曷晓	北潘 山合一 平桓帮	北潘 山合一 平桓帮	普官 山合一 平桓滂	普官 山合一 平桓滂	薄官 山合一 平桓並	母官 山合一 平桓明
北京	kʰɤ^{214}	xɤ^{51}	pan^{55}	pan^{55}	pʰan^{55}	pʰin^{55}	pʰan^{35}	man^{35}
小店	kʰaʔ^{1}	xaʔ^{1}	pæ^{11}	pæ^{11}	pʰæ^{11}	pʰiə̃^{11}	pæ^{11} 白 / pʰæ^{11} 文	mæ^{11}
尖草坪	kʰaʔ^{2} 白 / kʰəʔ^{2} 文	xaʔ^{2}	pæ^{33}	pæ^{33}	pʰæ^{33}	piʌŋ^{33}	pʰæ^{33}	mæ^{33}
晋源	kʰaʔ^{2}	xaʔ^{2}	paŋ^{11}	paŋ^{11}	pʰaŋ^{11}	pʰin^{11}	paŋ^{11} 白 / pʰaŋ^{11} 文	maŋ^{11}
阳曲	kʰɔʔ^{4}	xɔʔ^{4}	pæ^{312}	pæ^{312}	pʰæ^{312}	pʰiə̃^{312} 白 / pʰi^{454} 文 / pʰiə̃^{454} 文	pʰæ^{43}	mæ^{43}
古交	kʰaʔ^{4}	xaʔ^{4}	pɛ^{44}	pɛ^{44}	pʰɛ^{44}	pʰiəŋ^{44}	pʰɛ^{44} 白 / pɛ^{44} 文	mɛ^{44}
清徐	kʰaʔ^{1}	xaʔ^{1}	pɛ^{11}	pɛ^{11}	pʰɛ^{11}	pʰiəŋ^{11}	pɛ^{11} 白 / pʰɛ^{11} 文	mɛ^{11}
娄烦	kʰaʔ^{3}	xaʔ^{3}	pæ^{33}	pæ^{33}	pʰæ^{33}	pʰiəŋ^{33}	pʰæ^{33}	mæ^{33}
榆次	kʰaʔ^{1}	xaʔ^{1}	pæ^{11}	pæ^{11}	pʰæ^{11}	pʰiɤ̃^{11}	pʰæ^{11}	mæ^{11}
交城	kʰaʔ^{1}	xaʔ^{1}	pɒ̃^{11}	pɒ̃^{11}	pʰɒ̃^{11}	pʰiə̃^{11}	pɒ̃^{11} 白 / pʰɒ̃^{11} 文	mɒ̃^{11}
文水	kʰaʔ^{2}	xaʔ^{2}	pæĩ^{22}	pæĩ^{22}	pʰæĩ^{22}	pʰiəŋ^{22}	pæĩ^{22} 白 / pʰæĩ^{22} 文	mæĩ^{22}
祁县	kʰɑʔ$^{\underline{32}}$	xɑʔ$^{\underline{32}}$	pɑ̃^{31}	pɑ̃^{31}	pʰɑ̃^{31}	pʰiɔõ^{31}	pɑ̃^{31} 白 / pʰɑ̃^{31} 文	mɑ̃^{31}
太谷	kʰiaʔ^{3}	xiaʔ^{3}	pẽĩ^{33}	pẽĩ^{33}	pʰẽĩ^{33}	pʰiə̃^{33}	pẽĩ^{33} 白 / pʰẽĩ^{33} 文	mẽĩ^{33}
平遥	kʰʌʔ$^{\underline{212}}$	xʌʔ$^{\underline{212}}$	pɑ̃^{213}	pɑ̃^{213}	pʰɑ̃^{213}	pʰiəŋ^{213}	pɑ̃^{213} 白 / pʰɑ̃^{213} 文	mɑ̃^{213}
孝义	kʰəʔ^{3}	xəʔ^{3}	pʰã^{33}	puə^{33}	pʰã^{33}	pʰᴇ^{454} 白 / pʰiə̃^{454} 文	puə^{33}	muə^{33}
介休	kʰʌʔ$^{\underline{12}}$	xʌʔ$^{\underline{12}}$	pæ̃^{13}	pæ̃^{13}	pʰæ̃^{13}	pʰin^{13}	pæ̃^{13} 白 / pʰæ̃^{13} 文	mæ̃^{13}
灵石	kʰaʔ^{4}	xaʔ^{4}	pɒ̃^{535}	pɒ̃^{535}	pʰɒ̃^{535}	pʰiŋ^{535}	pʰɒ̃^{44}	mɒ̃^{44}
盂县	kʰɤo^{53}	xʌʔ^{2}	pæ̃^{412}	pæ̃^{412}	pʰæ̃^{412}	pʰiə̃^{412}	pʰæ̃^{22}	mæ̃^{22}
寿阳	kʰaʔ^{2}	xaʔ^{2}	pæ^{31}	pæ^{31}	pʰæ^{31}	pʰiə̃^{31}	pʰæ^{22}	mæ^{22}
榆社	kʰaʔ^{2}	xaʔ^{2}	pa^{22}	pa^{22}	pʰa^{22}	pʰier^{22}	pʰa^{22}	ma^{22}
离石	kʰɔ^{53}	xəʔ^{4}	pæ^{24}	pæ^{24}	pʰæ^{24}	pʰiəŋ^{24}	pʰæ^{44}	mou^{44} 白 mæ^{44} 文

续表

字目	渴	喝~彩	般	搬	潘	拼~凑	盘	瞒
中古音 方言点	苦曷 山开一 入曷溪	许葛 山开一 入曷晓	北潘 山合一 平桓帮	北潘 山合一 平桓帮	普官 山合一 平桓滂	普官 山合一 平桓滂	薄官 山合一 平桓並	母官 山合一 平桓明
汾阳	kʰəʔ^{2}	xəʔ^{2}	pã^{324}	pu^{324}	pʰã^{55}	pʰu^{55} 白 / pʰiᴇ̃^{324} 文	pʰu^{22}	mu^{22} 白 / mã^{22} 文
中阳	kʰɤ^{53}	xəʔ^{4}	pæ^{24}	pæ^{24}	pʰæ^{24}	pʰiə̃^{24}	pʰɤ^{33}	mɤ^{33} 白 / mæ^{33} 文
柳林	kʰɔ^{53}	xəʔ^{4}	pei^{24}	pei^{24}/ pæ^{24}	pʰei^{24}	pʰiə̃^{24}	pʰei^{44}	mei^{44}
方山	kʰɔ^{52}	xəʔ^{4}	pæ^{24}	pæ^{24}	pʰæ^{24}	pʰiə̃ŋ^{24}	pʰou^{44}	mou^{44}
临县	kʰɒ^{52}	kʰɐʔ^{3}	pæ^{24}	pæ^{24}	pʰæ^{24}	pʰiəŋ^{24}	pʰæ^{33}	mæ^{33}
兴县	kʰɤ^{53}	xəʔ^{5}	pə̃n^{324}	pə̃n^{324}	——	pʰiəŋ^{324}	pʰə̃n^{55}	mə̃n^{55}
岚县	kʰieʔ^{4}	xieʔ^{4}	pẽ^{214}	pẽ^{214}	pʰẽ^{214}	pʰẽ^{214}/ pʰiəŋ^{53}	pʰẽ^{42}	mẽ^{44}
静乐	kʰaʔ^{4}	kʰaʔ^{4}	pæ̃^{24}	pæ̃^{24}	pʰæ̃^{24}	pʰiɤ̃^{24}	pʰæ̃^{33}	mæ̃^{33}
交口	kʰiɛ^{53}	xəʔ^{4}	pɑ̃^{323}	pɑ̃^{323}	pʰɑ̃^{323}	——	pʰɑ̃^{44}	mɑ̃^{44}
石楼	kʰʌʔ^{4}	xʌʔ^{4}	pɑŋ^{213}	pɑŋ^{213}	pʰɑŋ^{213}	piəŋ^{51}	pʰɑŋ^{44}	mɑŋ^{44}
隰县	kʰɤ^{44}	xaʔ^{3}	pæ^{53}	pæ^{53}	pʰæ^{53}	pʰiəŋ^{53}	pʰaŋ^{24}	maŋ^{24}
大宁	kʰɐʔ$^{\underline{31}}$	——	pɛ̃^{31}	pɛ̃^{31}	pʰɛ̃^{31}	pʰiən^{31}	pʰɛ̃^{24}	mɛ̃^{24}
永和	——	——	pɛi^{33}	pɛi^{33}	pɑ̃^{33}	pʰiəŋ^{33}	pʰɛi^{35}	mɛi^{35}
汾西	kʰu^{11}	——	pɑ̃^{11}	pɑ̃^{11}	pʰɑ̃^{35}	pʰiəŋ^{33}/ pʰiəŋ^{55}	pʰɑ̃^{11}/ pʰɑ̃^{35}	mɑ̃^{35}
蒲县	kʰəʔ$^{\underline{43}}$	xəʔ$^{\underline{43}}$	pæ̃^{52}	pæ̃^{52}	pʰæ̃^{52}	piŋ^{52}	pʰæ̃^{24}	mæ̃^{24}
潞州	kʰəʔ$^{\underline{53}}$	xəʔ$^{\underline{53}}$	paŋ^{312}	paŋ^{312}	pʰaŋ^{312}	pʰiŋ^{312}	pʰaŋ^{24}	maŋ^{24}
上党	kʰəʔ$^{\underline{21}}$	xəʔ$^{\underline{21}}$	pɑŋ^{213}	pɑŋ^{213}	pʰɑŋ^{213}	pʰiŋ^{213}	pʰɑŋ^{44}	mɑŋ^{44}
长子	kʰəʔ^{4}	xə^{53}	pæ̃^{312}	pæ̃^{312}	pʰæ̃^{312}	pʰiᴇ̃^{312}	pʰæ̃^{24}	mæ̃^{24}
屯留	kʰəʔ^{1}	xəʔ^{1}	pæ̃^{31}	pæ̃^{31}	pʰæ̃^{31}	pʰiẽ^{31}	pʰæ̃^{11}	mæ̃^{11}
襄垣	kʰʌʔ^{3}	xʌʔ^{3}	pæ^{33}	pæ^{33}	pʰæ^{33}	pʰiəŋ^{33}	pʰæ^{31}	mæ^{31}
黎城	kʰʌʔ^{2}	xʌʔ^{2}	pæ^{33}	pæ^{33}	pʰæ^{33}	pʰiẽ^{33}	pʰæ^{53}	mæ^{213}
平顺	kʰʌʔ$^{\underline{212}}$	xʌʔ$^{\underline{212}}$	pæ̃^{213}	pæ̃^{213}	pʰæ̃^{213}	pʰiᴇ̃^{213}	pʰæ̃^{13}	mæ̃^{13}
壶关	kʰʌʔ^{2}	xə^{33}	paŋ^{33}	paŋ^{33}	pʰaŋ^{33}	pʰiŋ^{33}	pʰaŋ^{13}	maŋ^{13}
沁县	kʰaʔ$^{\underline{31}}$	——	pæ^{224}	pæ^{224}	pʰæ^{224}	pʰiə̃^{224}	pʰæ^{33}	mæ^{33}
武乡	kʰʌʔ^{3}	xʌʔ^{3}	pæ^{113}	pæ^{113}	pʰæ^{113}	pʰiɐŋ^{113}	pʰæ^{33}	mæ^{33}
沁源	kʰʌʔ$^{\underline{31}}$	xʌʔ$^{\underline{31}}$	pæ̃^{324}	pæ̃^{324}	pʰæ̃^{324}	pʰiə̃^{324}	pʰæ̃^{33}	mæ̃^{33}
安泽	kʰəʔ$^{\underline{21}}$	xuo^{21}	pæ^{21}	pæ^{21}	pʰæ^{21}	pʰiəŋ^{53}	pʰæ^{35}	mæ^{35}
沁水端氏	kʰaʔ^{2}	xaʔ^{2}	pæ^{21}	pæ^{21}	pʰæ^{21}	pʰiŋ^{21}	pʰæ^{24}	mæ^{24}

续表

字目	渴	喝~彩	般	搬	潘	拚~凑	盘	瞒
中古音／方言点	苦曷 山开一 入曷溪	许葛 山开一 入曷晓	北潘 山合一 平桓帮	北潘 山合一 平桓帮	普官 山合一 平桓滂	普官 山合一 平桓滂	薄官 山合一 平桓並	母官 山合一 平桓明
阳城	kʰʌʔ^{2}	xʌʔ^{2}	pɛ^{224}	pɛ^{224}	pʰɛ^{224}	pʰiəʔ^{2} 白 / pʰiə̃ĩ^{224} 文	pʰɛ^{22}	mɛ^{22}
高平	kʰʌʔ^{2}	xʌʔ^{2}	pæ̃^{33}	pæ̃^{33}	pʰæ̃^{33}	pʰiə̃ĩ^{33}	pʰæ̃^{33}	mæ̃^{33}
陵川	kʰʌʔ^{3}	xʌʔ^{3}	pã^{33}	pã^{33}	pʰã^{33}	pʰiə̃ĩ^{33}	pʰã^{53}	mã^{53}
晋城	kʰʌʔ^{2}	xɤ^{53}	pæ^{33}	pæ^{33}	pʰæ^{33}	pʰiẽ^{33}	pʰæ^{324}	mæ^{324}
忻府	kʰɑʔ$^{\underline{32}}$	xɑʔ$^{\underline{32}}$	pɑ̃^{313}	pɑ̃^{313}	pʰɑ̃^{313}	pʰiəŋ^{313}	pʰɑ̃^{21}	mɑ̃^{21}
原平	kʰɔʔ$^{\underline{34}}$	xɔʔ$^{\underline{34}}$	pɛ̃^{213}	pɛ̃^{213}	pʰɛ̃^{213}	pʰiəŋ^{213}	pʰɛ̃^{33}	mɛ̃^{33}
定襄	kʰə^{53}	xaʔ^{1}	pæ^{24}	puə̃^{24}	pʰæ^{24}	pʰiəŋ^{24}	pʰæ^{11}	mæ^{11}
五台	kʰɔʔ^{3}	xɔʔ^{3}	puə̃^{213}	puə̃^{213}	pʰæn^{213}	pʰiən^{213}	pʰuə̃^{33}	muə̃^{33}
岢岚	kʰaʔ^{4}/kʰɔ^{52}	xaʔ^{4}	pæ^{13}	pæ^{13}	pʰæ^{13}	pʰiəŋ^{13}	pʰæ^{44}	mæ^{44}
五寨	kʰaʔ^{4}/kʰɒ^{52}	xaʔ^{4}	pæ^{13}	pæ^{13}	pʰæ^{13}	pʰiəɣ̃^{13}	pʰæ^{44}	mæ^{44}
宁武	kʰᴀʔ^{4}	xᴀʔ^{4}	pæ^{23}	——	pʰæ^{23}	pʰiɤɯ^{23}	pʰæ^{33}	mæ^{33}
神池	kʰɔ^{13}	xᴀʔ^{4}	pæ^{24}	pæ^{24}	pʰæ^{24}	pʰiə̃^{24}	pʰæ^{24}	mæ^{32}
繁峙	kʰaʔ$^{\underline{13}}$	xaʔ$^{\underline{13}}$	pɛ^{53}	pɛ^{53}	pʰɛ^{53}	pʰiəŋ^{53}	pʰɛ^{31}	mɛ^{31}
代县	kʰaʔ^{2}	xaʔ^{2}	pɛ^{213}	pɛ^{213}	pʰɛ^{213}	pʰiɤŋ^{213}	pʰɛ^{44}	mɛ^{44}
河曲	kʰɒ^{52} 白 / kʰaʔ^{4} 文	xaʔ^{4}	pæ^{213}	pæ^{213}	pʰæ^{213}	pʰiŋ^{52}	pʰæ^{44}	mæ^{44}
保德	kʰɔ^{52}	xəʔ^{4}	pɑŋ^{213}	pɑŋ^{213}	pʰɑŋ^{213}	pʰiəŋ^{213}	pʰɑŋ^{44}	mɑŋ^{44}
偏关	kʰɒ^{52}	xᴀʔ^{4}	pæ^{24}	pæ^{24}	pʰæ^{24}	pʰiɤŋ^{24}	pʰæ^{44}	mæ^{44}
朔城	kʰᴀʔ$^{\underline{35}}$	xᴀʔ$^{\underline{35}}$	pæ^{312}	pæ^{312}	pʰæ^{312}	pʰiə̃^{53}	pʰæ^{35}	mæ^{35}
平鲁	kʰʌʔ$^{\underline{34}}$	xʌʔ$^{\underline{34}}$	pæ^{213}	pæ^{213}	pʰæ^{213}	pʰiəɯ^{44}	pʰæ^{44}	mæ^{44}
应县	kʰaʔ$^{\underline{43}}$	xaʔ$^{\underline{43}}$	pɛ̃^{43}	pɛ̃^{43}	pʰɛ̃^{43}	pʰiəŋ^{43}	pʰɛ̃^{31}	mɛ̃^{31}
灵丘	kʰᴀʔ^{5}	xᴀʔ^{5}	pæ^{442}	pæ^{442}	pʰæ^{442}	pʰiŋ^{442}	pʰæ^{31}	mæ^{31}
浑源	kʰʌʔ^{4}	xiəʔ^{4}/xʌʔ^{4}	pæ^{52}	pæ^{52}	pʰæ^{52}	pʰiə̃^{52}	pʰæ^{22}	mæ^{22}
云州	kʰɑʔ^{4}	xɑʔ^{4}	pæ^{21}	pæ^{21}	pʰæ^{21}	pʰiəɣ^{21}	pʰæ^{312}	mæ^{312}
新荣	kʰaʔ^{4}/kʰɔ^{24}	xaʔ^{4}	pæ^{32}	pæ^{32}	pʰæ^{32}	pʰiɣ^{32}	pʰæ^{312}	mæ^{312}
怀仁	kʰaʔ^{4}	xaʔ^{4}	pæ^{42}	pæ^{42}	pʰæ^{42}	pʰiəŋ^{42}	pʰæ^{312}	mæ^{312}
左云	kʰaʔ^{4}	xaʔ^{4}	pæ^{31}	pæ^{31}	pʰæ^{31}	pʰiəɣ^{31}	pʰæ^{313}	mæ^{54}
右玉	kʰaʔ^{4}	xaʔ^{4}	pæ^{31}	pæ^{31}	pʰæ^{31}	pʰiə̃ɣ^{31}	pʰæ^{212}	mæ^{212}
阳高	kʰɑʔ^{3}	xɑʔ^{3}	pɛ^{31}	pɛ^{31}	pʰɛ^{31}	pʰiəŋ^{312}	pʰɛ^{312}	mɛ^{312}
山阴	kʰᴀʔ^{4}	——	pæ^{313}	pæ^{313}	pʰæ^{313}	pʰiə̃^{313}	pʰæ^{313}	mæ^{313}
天镇	kʰɑʔ^{4}	xɑʔ^{4}	pæ^{31}	pæ^{31}	pʰæ^{22}	pʰiɤɣ^{24}	pʰæ^{22}	mæ^{22}

续表

字目	渴	喝~彩	般	搬	潘	拼~凑	盘	瞒
中古音 方言点	苦曷 山开一 入曷溪	许葛 山开一 入曷晓	北潘 山合一 平桓帮	北潘 山合一 平桓帮	普官 山合一 平桓滂	普官 山合一 平桓滂	薄官 山合一 平桓並	母官 山合一 平桓明
平定	kʰaʔ^{4}	xaʔ^{4}	pæ̃^{31}	pæ̃^{31}	pʰæ̃^{31}	pʰæ̃^{31} 白 / pʰiəŋ^{31} 文	pʰæ̃^{44}	mæ̃^{44}
昔阳	kʰʌʔ$^{\underline{43}}$	xʌʔ$^{\underline{43}}$	pæ̃^{42}	pæ̃^{42}	pʰæ̃^{42}	pʰiəŋ^{42}	pʰæ̃^{33}	mæ̃^{33}
左权	kʰəʔ^{1}	xəʔ^{1}	pæ^{31}	pæ^{31}	pʰæ^{31}	pʰiəŋ^{31}	pʰæ^{11}	mæ^{11}
和顺	kʰaʔ$^{\underline{21}}$	xaʔ$^{\underline{21}}$	pæ^{42}	pæ^{42}	pʰæ^{42}	pʰiəŋ^{42}	pʰæ^{22}	mæ^{22}
尧都	kʰɤ^{53}	xɤ^{21}	pæ̃^{21}	pæ̃^{21}	pʰæ̃^{21}	pʰiə̃^{21}	pʰæ̃^{24}	mæ̃^{21}
洪洞	kʰo^{21}	xuo^{21}	pɑn^{21}	pɑn^{21}	pʰɑn^{21}	pʰo^{21} 白 / pʰien^{42} 文	pʰɑn^{24}	mɑn^{24}
洪洞赵城	kʰɤ^{21}	xɤ^{21}	pɑ̃^{21}	pɑ̃^{21}	pʰɑ̃^{24}	pʰieŋ^{21}	pʰɑ̃^{24}	mɑ̃^{24}
古县	kʰɛ^{21} 白 / kʰɤ^{21} 文	xɤ^{53}	pan^{21}	pan^{21}	pʰan^{21}	pʰin^{21}	pʰan^{35}	man^{21}
襄汾	kʰə^{21}	xɔ^{21}	pan^{21}	pan^{21}	pʰan^{24}	pʰien^{21}	pʰan^{24}	man^{42}
浮山	kʰɤ^{42}	xɤ^{42}	pãĩ^{42}	pãĩ^{42}	pʰãĩ^{13}	pʰiẽĩ^{42}	pʰãĩ^{13}	mãĩ^{33}
霍州	kʰɤ^{33}	xɤ^{33}	paŋ^{212}	paŋ^{212}	pʰaŋ^{212}	pʰiŋ^{212}	pʰaŋ^{35}	maŋ^{35}
翼城	kʰɤ^{44}	xɤ^{53}	pæ̃^{53}	pæ̃^{53}	pʰæ̃^{53}	pʰiŋ^{53}	pʰæ̃^{12}	mæ̃^{12}
闻喜	kʰɤ^{53}	xɤ^{53}	pæ^{53}	pæ^{53}	pʰæ^{53}	——	pʰæ^{13}	mæ^{13}
侯马	kʰɤ^{44}	xɤ^{53}	pæ̃^{213}	pʰæ̃^{213}	pʰæ̃^{213}	pʰieĩ^{213}	pʰæ̃^{213}	mæ̃^{213}
新绛	kʰɤ^{44}	xɤ^{13}	pã^{53}	pã^{53}	pʰã^{53}	pʰiẽ^{44}	pʰã^{13}	mã^{13}
绛县	kʰɤ^{53}	xuɤ^{53} 白 / xɤ^{53} 文	pæ^{53}	pæ^{53}	pʰæ^{53}	pʰieĩ^{53}	pʰæ^{24}	mæ^{24}
垣曲	kʰɤ^{53}	xɤ^{53}	pæ̃^{53}	pæ̃^{53}	pʰæ̃^{53}	pʰiə̃^{53}	pʰæ̃^{22}	mæ̃^{22}
夏县	kʰɤ^{42}	xɤ^{31}	pæ^{53}	pæ^{53}	pʰæ^{53}	pʰiei^{53}	pʰæ^{42}	mæ^{42}
万荣	kʰɤ^{33}	xɤ^{51}	pæ^{51}	pæ^{51}	pʰæ^{51}	pʰɤ^{51} 白 / pʰiaŋ^{33} 白 / pʰiei^{55} 文	pʰæ^{213}	mæ^{213}
稷山	kʰɤ^{53}	xɤ^{53}	pɑ̃^{53}	pɑ̃^{53}	pʰɑ̃^{53}	pʰiə̃^{53}	pʰɑ̃^{13}	mɑ̃^{13}
盐湖	kʰɤ^{53}	xuo^{42}	pæ̃^{42}	pæ̃^{42}	pʰæ̃^{42}	pʰieĩ^{42}	pʰæ̃^{13}	mæ̃^{13}
临猗	kʰɤ^{42}	xɤ^{42}	pæ̃^{42}	pæ̃^{42}	pʰæ̃^{42}	pʰieĩ^{42}	pʰæ̃^{13}	mæ̃^{13}
河津	kʰɤ^{31}	——	pæ̃^{31}	pæ̃^{31}	pʰæ̃^{31}	pʰɤ^{53} 白 / pʰiẽ^{53} 文	pʰæ̃^{324}	mæ̃^{324}
平陆	kʰuə^{31}	xuə^{31}	pan^{31}	pan^{31}	pʰan^{31}	pʰiei^{55}	pʰan^{13}	man^{13}
永济	kʰuo^{31}	xuo^{31}	pæ̃^{31}	pæ̃^{31}	pʰæ̃^{31}	pʰiei^{31}	pʰæ̃^{24}	mæ̃^{24}

续表

字目	渴	喝~彩	般	搬	潘	拼~凑	盘	瞒
中古音 / 方言点	苦曷 山开一 入曷溪	许葛 山开一 入曷晓	北潘 山合一 平桓帮	北潘 山合一 平桓帮	普官 山合一 平桓滂	普官 山合一 平桓滂	薄官 山合一 平桓並	母官 山合一 平桓明
芮城	kʰuo⁵³ 白 / kʰɤ⁵³ 文	xuo⁴²/xɤ⁴²	pæ̃⁴²	pæ̃⁴²	pæ̃⁴²	pʰiẽi⁵³	pʰæ̃¹³	mæ̃¹³
吉县	kʰə⁴²³	xə³³	pæ̃⁴²³	pæ̃⁴²³	pʰæ̃¹³	pʰə⁴²³ 白 / pʰiei⁴²³ 文	pʰæ̃¹³	mæ̃¹³
乡宁	kʰɤ⁵³	xuɤ⁵³	pæ⁵³	pæ⁵³	pʰæ⁵³	pʰiəŋ⁵³	pʰæ¹²	mæ¹²
广灵	kʰɤ⁵³	xuo⁵³/xɤ⁵³	pæ⁵³	pæ⁵³	pʰæ³¹	pʰiŋ⁵³	pʰæ³¹	mæ³¹

山西方音字汇

（第四卷）

乔全生——著

SSAP
社会科学文献出版社
SOCIAL SCIENCES ACADEMIC PRESS (CHINA)

字目	端	团	鸾	钻~洞	酸	官	观参~	冠衣~
中古音／方言点	多官 山合一 平桓端	度官 山合一 平桓定	落官 山合一 平桓来	借官 山合一 平桓精	素官 山合一 平桓心	古丸 山合一 平桓见	古丸 山合一 平桓见	古丸 山合一 平桓见
北京	tuan^{55}	tʰuan^{35}	luan^{35}	tsuan^{55}	suan^{55}	kuan^{55}	kuan^{55}	kuan^{55}
小店	tuæ^{11}	tʰuæ^{11}	luæ^{11}	tsuæ^{11}	suæ^{11}	kuæ^{11}	kuæ^{11}	kuæ^{11}
尖草坪	tuæ^{33}	tʰuæ^{35}	luæ^{33}	tsuæ^{33}	suæ^{33}	kuæ^{33}	kuæ^{33}	kuæ^{33}
晋源	tuaŋ^{11}	tuaŋ^{11} 白／ tʰuaŋ^{11} 文	luaŋ^{11}	tsuaŋ^{11}	suaŋ^{11}	kuæ^{11}	kuaŋ^{11}	kuaŋ^{11}
阳曲	tuæ^{312}	tʰuæ^{43}	luæ^{43}	tsuæ^{312}	suæ^{312}	kuæ^{312}	kuæ^{312}	kuæ^{312}
古交	tuɛ^{44}	tuɛ^{44}	luɛ^{44}	tsuɛ^{44}	suɛ^{44}	kuɛ^{44}	kuɛ^{44}	kuɛ^{44}
清徐	tuɛ^{11}	tuɛ^{11} 白／ tuɛ^{11} 文	luɛ^{11}	tsuɛ^{11}	suɛ^{11}	kuɛ^{11}	kuɛ^{11}	kuɛ^{11}
娄烦	tuæ^{33}	tʰuæ^{33}	luæ^{21}	tsuæ^{33}	suæ^{33}	kuæ^{33}	kuæ^{33}	kuæ^{33}
榆次	tuæ^{11}	tʰuæ^{11}	yæ^{11}	tsuæ^{11}	suæ^{35}	kuæ^{53}	kuæ^{11}	kuæ^{11}
交城	tũ^{11}	tũ^{11} 白／ tʰũ^{11} 文	lũ^{11}	tsũ^{11}	sũ^{11}	kũ^{11}	kũ^{11}	kuã^{11}
文水	tuaʔ^{2} 白／ tuæĩ^{22} 文	tʰuæĩ^{22}／ tʰuaʔ^{2}	luæĩ^{22}	tsuæĩ^{22}	ɕyæĩ^{22}	kuæĩ^{22}	kuæĩ^{22}	kuæĩ^{35}
祁县	tuə̃^{31}	tuə̃^{31} 白／ tʰuə̃^{31} 文	luə̃^{31}	tsuə̃^{31}	suə̃^{31}	kuə̃^{31}	kuə̃^{31}	kuə̃^{31}
太谷	tyẽĩ^{33}	tyẽĩ^{33} 白／ tʰyẽĩ^{33} 文	lyẽĩ^{33}	tsyẽĩ^{33}	ɕyẽĩ^{33}	kuẽĩ^{33}	kuẽĩ^{33}	kuẽĩ^{33}
平遥	tũɑ̃^{213}	tʰuɑ̃^{213}	lũɑ̃^{213}	tsũɑ̃^{24}	sũɑ̃^{213}	kũɑ̃^{213}	kũɑ̃^{213}	kũɑ̃^{213}
孝义	tuə^{33}	tuə^{33} 白／ tʰuã^{33} 文	luã^{33}	tsuə^{33}	suə^{33}	kuə^{33}	kuã^{33}	kuã^{33}
介休	tuæ̃^{13}	tʰuæ̃^{13}／ tʰuʌʔ^{12}	luæ̃^{13}	tsuæ̃^{13}	suæ̃^{13}	kuæ̃^{13}	kuæ̃^{13}	kuæ̃^{45}
灵石	tuɒ̃^{535}	tʰuɒ̃^{44}	luɒ̃^{44}	tsuei^{535}	suɒ̃^{535}	kuɒ̃^{535}	kuɒ̃^{535}	kuɒ̃^{535}
盂县	tæ̃^{412} 白／ tuæ̃^{412} 文	tʰuæ̃^{22}	luæ̃^{22}	tsuæ̃^{412}	suæ̃^{412}	kuæ̃^{412}	kuæ̃^{412}	kuæ̃^{412}
寿阳	tuæ^{31}/tuaʔ^{2}	tʰuæ^{22}	væ^{31}	tsuæ^{31}	suæ^{31}	kuæ^{31}	kuæ^{31}	kuæ^{31}
榆社	tua^{22}	tʰua^{22}	lua^{22}	tsua^{22}	sua^{22}	kua^{22}	kua^{22}	kua^{22}
离石	tuæ^{24}	tʰuæ^{44}	luæ^{44}	tsou^{24}	sou^{24} 白／ suæ^{24} 文	kuæ^{24}	kuæ^{24}	kou^{24}
汾阳	tu^{324} 白／ tuã^{324} 文	tʰu^{22} 白／ tʰuã^{22} 文	luã^{22}	tsu^{324} 白／ tsuã^{324} 文	ʂu^{324} 白／ suã^{324} 文	ku^{324} 白／ kuã^{324} 文	kuã^{324}	kuã^{324}
中阳	tuɤ^{24}	tʰuɤ^{33} 白／ tʰuæ^{33} 文	luæ^{33}	tʂuɤ^{24}	ʂuɤ^{24} 白／ ʂuæ^{24} 文	kuɤ^{24}	kuæ^{24}	kuɤ^{24}

续表

字目	端	团	鸾	钻~洞	酸	官	观参~	冠衣~
中古音／方言点	多官 山合一 平桓端	度官 山合一 平桓定	落官 山合一 平桓来	借官 山合一 平桓精	素官 山合一 平桓心	古丸 山合一 平桓见	古丸 山合一 平桓见	古丸 山合一 平桓见
柳林	tuei^{24}	tʰuei^{44}	luei^{44}	tsuei^{24}	suei^{24}	kuei^{24}	kuæ^{24}	——
方山	tuə^{24} 白／tuæ^{24} 文	tʰuæ^{44}	——	tsuə^{24}	suə^{24}	kuæ^{24}	kuæ^{24}	kuæ^{24}
临县	tuæ^{24}	tʰuɤ^{33}	luæ^{33}	tsʮə^{24}	sʮə^{24}	kuɤ^{24}	kuɤ^{24}	kuɤ^{24}
兴县	tuẽn^{324}	tʰuẽn^{55}	luẽn^{55}	tsuẽn^{324}	suẽn^{324}	kuẽn^{324}	kuẽn^{324}	kuẽn^{324}
岚县	tuẽ^{214}	tʰuẽ^{44}	luẽ^{44}	tsuẽ^{214}	suẽ^{214}	kuẽ^{214}	kuẽ^{214}	kuẽ^{214}
静乐	tuæ̃^{24}	tʰuæ̃^{33}	luæ̃^{33}	tsuæ̃^{53}	suæ̃^{24}	kuæ̃^{24}	kuæ̃^{24}	kuæ̃^{24}
交口	tuɑ̃^{323}	tʰuɑ̃^{44}	luɑ̃^{44}	tsuɑ̃^{323}	suɑ̃^{323}	kuɑ̃^{323}	kuɑ̃^{323}	kuɑ̃^{323}
石楼	tuɑŋ^{213}	tʰuɑŋ^{213}	luɑŋ^{44}	tʂuɑŋ^{51}	ʂuɑŋ^{213}	kuɑŋ^{213}	kuɑŋ^{213}	kuɑŋ^{51}
隰县	tuæ^{53}	tʰaŋ^{24}	luaŋ^{24}	tsuæ^{53}	suæ^{53}	kuæ^{53}	kuæ^{53}	kuæ^{53}
大宁	tuɛ̃^{31} 文	tʰuɛ̃^{24}	luɛ̃^{24}	tsuɛ̃^{31}	suɛ̃^{31}	kuɛ̃^{31}	kuɛ̃^{31}	kuɛ̃^{31}
永和	tuɛi^{33}	tʰuɛi^{35}	luɛi^{35}	tsuɛi^{53}	suɛi^{33}	kuɛi^{33}	kuɛi^{33}	kuɛi^{33}
汾西	tuɑ̃^{11}	tʰuɑ̃^{35}	——	tsuɑ̃^{11}	suɑ̃^{11}	kuɑ̃^{11}	kuɑ̃^{11}	kuɑ̃^{11}
蒲县	taŋ^{52}	tʰuæ̃^{24}	luæ̃^{24}	tsuæ̃^{52}	suæ̃^{52}	kuæ̃^{52}	kuæ̃^{52}	kuæ̃^{52}
潞州	taŋ^{312} 白／tuaŋ^{312} 文	tʰuaŋ^{24}	luaŋ^{24}	tsuaŋ^{312}	suaŋ^{312}	kuaŋ^{312}	kuaŋ^{312}	kuaŋ^{312}
上党	taŋ^{213}／tuaŋ^{213}	tʰuaŋ^{44}	luaŋ^{44}	tsuaŋ^{213}	suaŋ^{213}	kuaŋ^{213}	kuaŋ^{213}	kuaŋ^{213}
长子	tæ̃^{312} 白／tuæ̃^{312} 文	tʰuæ̃^{24}	luæ̃^{24}	tsuæ̃^{312}	suæ̃^{312}	kuæ̃^{312}	kuæ̃^{312}	kuæ̃^{312}
屯留	tuæ̃^{31}	tʰuæ̃^{11}	luæ̃^{11}	tsuæ̃^{31}	suæ̃^{31}	kuæ̃^{31}	kuæ̃^{31}	kuæ̃^{31}
襄垣	tæ^{33}	tʰuæ^{31}	luæ^{31}	tsuæ^{33}	suæ^{33}	kuæ^{33}	kuæ^{33}	kuæ^{33}
黎城	tuæ^{33}	tʰuæ^{53}	luæ^{33}	tsuæ^{33}	suæ^{33}	kuæ^{33}	kuæ^{33}	kuæ^{33}
平顺	tuæ̃^{213}	tʰuæ̃^{13}	luæ̃^{13}	tsuæ̃^{213}	suæ̃^{213}	kuæ̃^{213}	kuæ̃^{213}	kuæ̃^{53}
壶关	tuaŋ^{33}	tʰuaŋ^{13}	luaŋ^{13}	tʂuaŋ^{33}	ʂuaŋ^{33}	kuaŋ^{33}	kuaŋ^{33}	kuaŋ^{42}
沁县	tuæ^{224}	tʰuæ^{33}	luæ^{33}	tsuæ^{214}	suæ^{214}	kuæ^{214}	kuæ^{214}	——
武乡	tuæ^{113}	tʰuæ^{33}	luæ^{33}	tsuæ^{113}	suæ^{113}	kuæ^{113}	kuæ^{113}	kuæ^{113}
沁源	tuæ̃^{324}	tʰuæ̃^{33}	luæ̃^{33}	tsuæ̃^{324}	suæ̃^{324}	kuæ̃^{324}	kuæ̃^{324}	kuæ̃^{324}
安泽	tæ^{21}	tʰuæ^{35}	luæ^{35}	tsuæ^{53}	suæ^{21}	kuæ^{21}	kuæ^{21}	kuæ^{21}
沁水端氏	tuæ^{21}	tʰuæ^{24}	luæ^{24}	tsuæ^{21}	suæ^{21}	kuæ^{21}	kuæ^{21}	kuæ^{53}
阳城	tuɛ^{224}	tʰuɛ^{22}	luɛ^{22}	tsuɛ^{224}	suɛ^{224}	kuɛ^{224}	kuɛ^{224}	kuɛ^{224}
高平	tæ̃^{33} 白／tuæ̃^{33} 文	tʰuæ̃^{33}	nuæ̃^{33}	tʂuæ̃^{33}	ʂuæ̃^{33}	kuæ̃^{33}	kuæ̃^{33}	kuæ̃^{33}

续表

字目	端	团	鸾	钻~洞	酸	官	观参~	冠衣~
中古音 / 方言点	多官 山合一 平桓端	度官 山合一 平桓定	落官 山合一 平桓来	借官 山合一 平桓精	素官 山合一 平桓心	古丸 山合一 平桓见	古丸 山合一 平桓见	古丸 山合一 平桓见
陵川	tuã^{33}	t^{h}uã^{53}	luã^{53}	tʂuã^{33}	ʂuã^{33}	kuã^{33}	kuã^{33}	kuã^{33}
晋城	tuæ^{33}	t^{h}uæ^{213}	——	tʂuæ^{33}	ʂuæ^{33}	kuæ^{33}	kuæ^{33}	kuæ^{33}
忻府	tuɑ̃^{313}	t^{h}uɑ̃^{21}	luɑ̃^{21}	tsuɑ̃^{313}	suɑ̃^{313}	kuɑ̃^{313}	kuɑ̃^{313}	kuɑ̃^{313}
原平	tuɛ̃^{213}	t^{h}uɛ̃^{53}	luɛ̃^{33}	tsuɛ̃^{213}	suɛ̃^{213}	kuɛ̃^{213}	kuɛ̃^{213}	kuɛ̃^{213}
定襄	tuə̃^{24}	t^{h}uə̃^{11}	luə̃^{24}	tsuə̃^{24}	suə̃^{24}	kuə̃^{24}	kuə̃^{24}	kuə̃^{24}
五台	tuə̃^{213}	t^{h}uə̃^{33}	luə̃^{33}	tsuə̃^{213}	suə̃^{213}	kuə̃^{213}	kuə̃^{213}	kuə̃^{213}
岢岚	tuæ^{13}	t^{h}uæ^{44}	luæ^{44}	tʂuæ^{13}	suæ^{13}	kuæ^{13}	kuæ^{13}	kuæ^{13}
五寨	tuæ^{13}	t^{h}uæ^{44}	luæ^{13}	tsuæ^{13}	suæ^{13}	kuæ^{13}	kuæ^{13}	kuæ^{13}
宁武	tuæ^{23}	t^{h}uæ^{23}	luæ^{33}	tsuæ^{23}	suæ^{23}	kuæ^{23}	kuæ^{23}	kuæ^{23}
神池	tæ^{24}	t^{h}uæ^{32}	luæ^{32}	tsuæ^{24}	suæ^{24}	kuæ^{24}	kuæ^{24}	kuæ^{24}
繁峙	tuɛ^{53}	t^{h}uɛ^{31}	luɛ^{31}	tsuɛ^{53}	suɛ^{53}	kuɛ^{53}	kuɛ^{53}	kuɛ^{53}
代县	te^{213} 白 / tuɛ^{213} 文	t^{h}uɛ^{44}	luɛ^{44}	tsuɛ^{213}	suɛ^{213}	kuɛ^{213}	kuɛ^{213}	kuɛ^{213}
河曲	tæ^{213}	t^{h}æ^{44}	luæ^{44}	tsuæ^{52}	suæ^{213}	kuæ^{52}	kuæ^{213}	kuæ^{213}
保德	tuɑŋ^{213}	t^{h}uɑŋ^{44}	luɑŋ^{44}	tsuɑŋ^{213}	suɑŋ^{213}	kuɑŋ^{213}	kuɑŋ^{213}	kuɑŋ^{213}
偏关	tæ^{24}	t^{h}uæ^{44}	luæ^{44}	tsuæ^{24}	suæ^{24}	kuæ^{24}	kuæ^{24}	kuæ^{24}
朔城	tuæ^{312}	t^{h}uæ^{35}	læ^{35}	——	suæ^{312}	kuæ^{312}	kuæ^{312}	kuæ^{53}
平鲁	tuæ^{213}	t^{h}uæ^{44}	——	tsuæ^{44}/ tsuæ^{52}	suæ^{213}	kuæ^{213}	kuæ^{213}	kuæ^{213}/ kuæ^{52}
应县	tuɛ̃^{43}	t^{h}uɛ̃^{3}	luɛ̃^{31}	tsuɛ̃^{43}	suɛ̃^{43}	kuɛ̃^{43}	kuɛ̃^{43}	kuɛ̃^{43}
灵丘	tuæ^{442}	t^{h}uæ^{31}	luæ^{31}	tsuæ^{442}	suæ^{442}	kuæ^{442}	kuæ^{442}	kuæ^{442}
浑源	tuæ^{52}	t^{h}uæ^{22}	luæ^{22}	tsuæ^{52}	suæ^{52}	kuæ^{52}	kuæ^{52}	kuæ^{52}
云州	tuæ^{21}	t^{h}uæ^{12}	læ^{312}	tsuæ^{21}	suæ^{21}	kuæ^{21}	kuæ^{21}	kuæ^{21}
新荣	tuæ^{32}	t^{h}uæ^{312}	læ^{312}	tsuæ^{32}	suæ^{32}	kuæ^{32}	kuæ^{32}	kuæ^{32}
怀仁	tuæ^{42}	t^{h}uæ^{312}	læ^{312}	tsuæ^{42}	suæ^{42}	kuæ^{42}	kuæ^{42}	kuæ^{42}
左云	tuæ^{31}	t^{h}uæ^{313}	luæ^{313}	tsuæ^{31}	suæ^{31}	kuæ^{31}	kuæ^{31}	kuæ^{31}
右玉	tuæ^{31}	t^{h}uæ^{212}	luæ^{31}	tsuæ^{31}	suæ^{31}	kuæ^{31}	kuæ^{31}	kuæ^{31}
阳高	tuɛ^{31}	t^{h}uɛ^{312}	luɛ^{312}	tsuɛ^{31}	suɛ^{31}	kuɛ^{31}	kuɛ^{31}	kuɛ^{31}
山阴	tuæ^{313}	t^{h}uæ^{313}	——	tsuæ^{313}	suæ^{313}	kuæ^{313}	kuæ^{313}	kuæ^{313}
天镇	tæ^{31}/tuæ^{31}	t^{h}uæ^{22}	læ^{22} 白 / luæ^{22} 文	tsuæ^{24}	suæ^{31}	kuæ^{31}	kuæ^{31}	kuæ^{31}
平定	tuæ̃^{31}	t^{h}uæ̃^{44}	luæ̃^{44}	tsuæ̃^{31}	suæ̃^{31}	kuæ̃^{31}	kuæ̃^{31}	kuæ̃^{31}

续表

字目	端	团	鸾	钻~洞	酸	官	观参~	冠衣~
中古音 / 方言点	多官 山合一 平桓端	度官 山合一 平桓定	落官 山合一 平桓来	借官 山合一 平桓精	素官 山合一 平桓心	古丸 山合一 平桓见	古丸 山合一 平桓见	古丸 山合一 平桓见
昔阳	tuæ̃^{42}	tʰuæ̃^{33}	luæ̃^{33}	tsuæ̃^{42}	suæ̃^{42}	kuæ̃^{42}	kuæ̃^{42}	kuæ̃^{42}
左权	tæ^{31} 白 / tuæ^{31} 文	tʰuæ^{11}	——	tʂuæ^{31}	suæ^{31}	kuæ^{31}	kuæ^{31}	kuæ^{31}
和顺	tæ^{42} 白 / tuæ^{42} 文	tʰuæ^{22}	luæ^{22}	tsuæ^{42}	suæ^{22}	kuæ^{42}	kuæ^{42}	kuæ^{42}
尧都	tuæ̃^{21}	tʰuæ̃^{24}	læ̃^{24}	tsuæ̃^{21}	suæ̃^{21}	kuæ̃^{21}	kuæ̃^{21}	kuæ̃^{21}
洪洞	tuɑn^{21}	tʰuɑn^{24}	luɑn^{24}	tsuɑn^{21}	suɑn^{21}	kuɑn^{21}	kuɑn^{21}	kuɑn^{21}
洪洞赵城	tuɑ̃^{21}	tʰuɑ̃^{24}	lɑ̃^{24}	tsuɑ̃^{21}	suɑ̃^{21}	kuɑ̃^{21}	kuɑ̃^{21}	kuɑ̃^{21}
古县	tuan^{21}	tʰuan^{35}	luan^{35}	——	suan^{21}	kuan^{21}	kuan^{21}	kuan^{21}
襄汾	tuan^{21}	tʰuan^{24}	lan^{24}	tsuan^{21}	suan^{21}	kuan^{21}	kuan^{21}	kuan^{21}
浮山	tuaĩ^{42}	tʰuaĩ^{13}	luaĩ^{13}	tsuaĩ^{42}	suaĩ^{42}	kuaĩ^{42}	kuaĩ^{42}	kuaĩ^{42}
霍州	tuaŋ^{212}	tʰuaŋ^{35}	luaŋ^{35}	tsuaŋ^{212}	suaŋ^{212}	kuaŋ^{212}	kuaŋ^{212}	kuaŋ^{212}
翼城	tuæ̃^{53}	tʰuæ̃^{12}	luæ̃^{12}	tsuæ̃^{53}	suæ̃^{53}	kuæ̃^{53}	kuæ̃^{53}	kuæ̃^{53}
闻喜	tuæ^{53}	tʰuæ^{13}	luæ^{13}	tsuæ^{53}	suæ^{53}	kuæ^{53}	kuæ^{53}	kuæ^{53}
侯马	tʰuæ̃^{213} 白 / tuæ̃^{213} 文	tsuæ̃^{213}	tsʰuæ̃^{213}	tsuæ̃^{213}	suæ̃^{213}	kuæ̃^{213}	kuæ̃^{213}	kuæ̃^{213}
新绛	tã^{53}	tʰuã^{13}	luã^{53}	tsuã^{53}	suã^{53}	kuã^{53}	kuã^{53}	kuã^{53}
绛县	tuæ^{53}	tʰuæ^{24}	luæ^{24}	tsuæ^{53}	suæ^{53}	kuæ^{53}	kuæ^{53}	kuæ^{53}
垣曲	tæ̃^{53}	tʰuæ̃^{22}	luæ̃^{22}	tsuæ̃^{53}	suæ̃^{53}	kuæ̃^{22}	kuæ̃^{53}	kuæ̃^{53}
夏县	tuæ^{53}	tʰuæ^{42}	luæ^{42}	tɕyæ^{53} 白 / tsuæ^{53} 文	ɕyæ^{53} 白 / suæ^{53} 文	kuæ^{53}	kuæ^{53}	kuæ^{31}
万荣	tuæ^{51}	tuæ^{213}	luæ^{213}	tsuæ^{51}	suæ^{51}	kuæ^{51}	kuæ^{51}	kuæ^{51}
稷山	tɑ̃^{53} 白 / tuɑ̃^{53} 文	tʰuɑ̃^{13}	luɑ̃^{44}	tsuɑ̃^{53}	suɑ̃^{53}	kuɑ̃^{53}	kuɑ̃^{53}	kuɑ̃^{53}
盐湖	tuæ̃^{42}	tʰuæ̃^{13}	luæ̃^{13}	tɕyæ̃^{42}	ɕyæ̃^{42}	kuæ̃^{42}	kuæ̃^{42}	kuæ̃^{42}
临猗	tæ̃^{42} 白 / tuæ̃^{42} 文	tʰuæ̃^{13}	luæ̃^{53}	tsuæ̃^{42}	ɕyæ̃^{42} 白 / suæ̃^{42} 文	kuæ̃^{42}	kuæ̃^{42}	kuæ̃^{42}
河津	tuæ̃^{31}	tʰuæ̃^{324}	luæ̃^{324}	tɕyæ̃^{31} 白	ɕyæ̃^{31} 白	kuæ̃^{31}	kuæ̃^{31}	kuæ̃^{31}
平陆	tuan^{31}	tʰuan^{13}	luan^{13}	tɕyan^{31}	ɕyan^{31} 白 / suan^{31} 文	kuan^{31}	kuan^{31}	kuan^{31}
永济	tæ̃^{31} 白 / tuæ̃^{31} 文	tʰuæ̃^{24}	luæ̃^{24}	tɕyai^{31} 白 / tsuai^{31} 白 / tɕyæ̃^{31} 文	ɕyæ̃^{31}	kuæ̃^{31}	kuai^{31} 白 / kuæ̃^{31} 文	kuæ̃^{31}

续表

字目	端	团	鸾	钻~洞	酸	官	观参~	冠衣~
中古音 / 方言点	多官 山合一 平桓端	度官 山合一 平桓定	落官 山合一 平桓来	借官 山合一 平桓精	素官 山合一 平桓心	古丸 山合一 平桓见	古丸 山合一 平桓见	古丸 山合一 平桓见
芮城	tæ̃42 白 / tuæ̃42 文	tʰuæ̃13	luæ̃13	tsuæ̃42	suæ̃42	kuæ̃42	kuæ̃42	kuæ̃42
吉县	tuæ̃423	tʰuæ̃13	luæ̃13	——	suæ̃423	kuæ̃423	kuæ̃423	kuæ̃423
乡宁	tæ53 白 / tuæ53 文	tʰuæ12	——	tsuæ53	suæ53	kuæ53	kuæ53	kuæ53
广灵	tuæ53	tʰuæ31	——	tsuæ53	suæ53	kuæ53	kuæ53	kuæ53

字目	宽	欢	完	丸	豌	伴	拌	满
中古音 / 方言点	苦官 山合一 平桓溪	呼官 山合一 平桓晓	胡官 山合一 平桓匣	胡官 山合一 平桓匣	一丸 山合一 平桓影	蒲旱 山合一 上缓並	部满 山合一 上缓並	莫旱 山合一 上缓明
北京	kʰuan55	xuan55	uan35	uan35	uan55	pan51	pan51	man214
小店	kʰuæ11	xuæ11	væ11	væ11	væ11	pæ24	pæ24	mæ53
尖草坪	kʰuæ33	xuæ33	væ33	væ33	xuæ35	pæ35	pæ35	mæ312
晋源	kʰuaŋ11	xuaŋ11	uaŋ11	uaŋ11	uaŋ11	paŋ35	paŋ35	maŋ42
阳曲	kʰuæ312	xuæ312	væ43	væ43	væ312	pæ454	pæ454	mæ43
古交	kʰuɛ44	kuɛ44	vɛ44	vɛ44	vɛ44	pɛ53	pɛ53	mɛ312
清徐	kʰuɛ11	xuɛ11	vɛ11	vɛ11	vɛ11	pɛ45	pɛ45	mɛ54
娄烦	kʰuæ33	xuæ33	væ33	væ33	væ33	pæ54	pæ54	mæ312
榆次	kʰuæ11	xuæ11	væ11	væ11	væ11	pæ35	pæ35	mæ53
交城	kʰũ11	xũ11	ũ11	ũ11	uã11	pɒ̃24	pɒ̃24	mɒ̃53
文水	kʰuæ̃ĩ22	xuæ̃ĩ22	uæ̃ĩ22	uæ̃ĩ22	uaŋ22	pæ̃ĩ35	pæ̃ĩ35	mæ̃ĩ423
祁县	kʰuə̃31	xuɑ̃31/xuə̃31	uə̃31	uə̃31	uə̃31	pə̃45	pə̃45	mə̃314
太谷	kʰuẽĩ33	xuɑ̃33/ xuẽĩ33	vẽĩ33	vẽĩ33	vẽĩ33	pẽĩ53	pẽĩ53	mẽĩ312
平遥	kʰũɑ̃213	xũɑ̃213	ũɑ̃213	ũɑ̃213	ũɑ̃213	pɑ̃24	pɑ̃24	mɑ̃512
孝义	kʰuə33	xuə33 白 / xuã33 文	uə33	uə33	uə33	puə454	puə454	muə312
介休	kʰuæ̃13	xuæ̃13	uæ̃13	uæ̃13	uæ̃13	pæ̃45	pæ̃45	mæ̃423
灵石	kʰuɒ̃535	xuɒ̃535	uɒ̃44	uɒ̃44	uɒ̃535	pɒ̃53	pɒ̃53	mɒ̃212
盂县	kʰuæ̃412	xuæ̃412	væ̃22	væ̃22	væ̃412	pæ̃55	pæ̃55	mæ̃53
寿阳	kʰuæ31	xuæ31	væ22	væ22	væ31	pæ45	pæ45	mæ53
榆社	kʰua22	xua22	va22	va22	va22	pa45	pa45	ma312
离石	kʰou24 白 / kʰuæ24 文	xou24 白 / xuæ24 文	uou44 白 / uæ44 文	uou44	uou312	pou53 白 / pæ53 文	pou53 白 / pæ53 文	mou312 白 / mæ312 文
汾阳	kʰu324 白 / kʰuã324 文	xuã324	u22 白 / uã22 文	u22	u324	pu55	pu55	mu312 白 / mã312 文
中阳	kʰuɤ24	xuɤ24 白 / xuæ24 文	uɤ33 白 / uæ33 文	uɤ33	uɤ423	pɤ53 白 / pæ53 文	pɤ53 白 / pæ53 文	mɤ423 白 / mæ423 文
柳林	kʰuei24	xuei24/ xuæ24	uei44	uei44	uei24	pei53	pei53	mei312
方山	kʰuə24	xou24 白 / xuæ24 文	uə44 白 / uæ44 文	uə44	uæ24	pou52 白 / pæ52 文	pou52	mou312 白 / mæ312 文
临县	kuɤ24	xuɤ24	uɤ33	uɤ33	uæ312	pæ52	pæ52	muɤ312
兴县	kʰuẽn324	xuẽn324	uẽn55	uẽn55	uẽn214	pẽn53	pẽn53	mẽn324

续表

字目	宽	欢	完	丸	豌	伴	拌	满
中古音 方言点	苦官 山合一 平桓溪	呼官 山合一 平桓晓	胡官 山合一 平桓匣	胡官 山合一 平桓匣	一丸 山合一 平桓影	蒲旱 山合一 上缓並	部满 山合一 上缓並	莫旱 山合一 上缓明
岚县	kʰuẽ^{214}	xuẽ^{214}	uẽ^{44}	uẽ^{44}	uẽ^{214}	pẽ^{53}	paŋ^{53}	mẽ^{312}
静乐	kʰuæ̃^{24}	xuæ̃^{314}	væ̃^{33}	væ̃^{33}	væ̃^{24}	pæ̃^{53}	pæ̃^{53}	mæ̃^{314}
交口	kʰuɑ̃^{323}	xuɑ̃^{323}	uɑ̃^{44}	uɑ̃^{44}	uɑ̃^{323}	pɑ̃^{53}	pɑ̃^{53}	mɑ̃^{323}
石楼	kʰuɑŋ^{213}	xuɑŋ^{213}	uɑŋ^{44}	uɑŋ^{44}	uɑŋ^{213}	pɑŋ^{51}	pɑŋ^{51}	mɑŋ^{213}
隰县	kʰuæ^{53}	xuæ^{53}	uaŋ^{24}	uaŋ^{24}	uæ^{53}	pʰæ^{44}	pʰæ^{44}	maŋ^{21}
大宁	kʰuɛ̃^{31}	xuɛ̃^{31}	vɛ̃^{24}	vɛ̃^{24}	vɛ̃^{31}	pʰɛ̃^{55}	pʰɛ̃^{55}	mɛ̃^{31}
永和	kʰuɛi^{33}	xuɛi^{33}	uɛi^{35}	uɛi^{35}	uɛi^{33}	pʰɛi^{53} 白 / pɛi^{53} 文	pʰɛi^{53} 白 / pɛi^{53} 文	mɛi^{312}
汾西	kʰuɑ̃^{11}	xuɑ̃^{11}	uɑ̃^{35}	uɑ̃^{35}	——	pʰɪ^{53}/pɑ̃^{53} 文	pʰɑ̃^{53}	mɑ̃^{35}
蒲县	kʰuæ̃^{52}	xuæ̃^{52}	uæ̃^{24}	uæ̃^{24}	uæ̃^{52}	pæ̃^{33}	pæ̃^{33}	mæ̃^{31}
潞州	kʰuaŋ^{312}	xuaŋ^{312}	uaŋ^{24}	uaŋ^{24}	uaŋ^{312}	paŋ^{54}	paŋ^{54}	maŋ^{535}
上党	kʰuɑŋ^{213}	xuɑŋ^{213}	uɑŋ^{44}	uɑŋ^{44}	uɑŋ^{213}	pɑŋ^{42}	pɑŋ^{42}	mɑŋ^{535}
长子	kʰuæ̃^{312}	xuæ̃^{312}	væ̃^{24}	væ̃^{24}	væ̃^{312}	pæ̃^{53}	pæ̃^{53}	meᴇ^{434}/ mæ̃^{434}
屯留	kʰuæ̃^{31}	xuæ̃^{31}	væ̃^{11}	væ̃^{11}	væ̃^{31}	pæ̃^{11}	pæ̃^{11}	mæ̃^{43}
襄垣	kʰuæ^{33}	xuæ^{33}	væ^{31}	væ^{31}	væ^{33}	pæ^{45}	pæ^{45}	mæ^{42}
黎城	kʰuæ^{33}	xuæ^{33}	uæ^{53}	uæ^{53}	uæ^{33}	pæ^{53}	pæ^{53}	mæ^{213}
平顺	kʰuæ̃^{213}	xuæ̃^{213}	uæ̃^{13}	uæ̃^{13}	uæ̃^{213}	pæ̃^{53}	pæ̃^{53}	mæ̃^{434}
壶关	kʰuaŋ^{33}	xuaŋ^{33}	uaŋ^{13}	uaŋ^{13}	uaŋ^{33}	paŋ^{353}	paŋ^{353}	maŋ^{535}
沁县	kʰuæ^{214}	xuæ^{224}	væ^{33}	væ^{33}	væ^{214}	pæ^{53}	pæ^{53}	mæ^{214}
武乡	kʰuæ^{113}	xuæ^{113}	væ^{33}	væ^{33}	væ^{113}	pæ^{55}	pæ^{55}	mæ^{213}
沁源	kʰuæ̃^{324}	xuæ̃^{324}	væ̃^{33}	væ̃^{33}	væ̃^{324}	pæ̃^{53}	pæ̃^{53}	mæ̃^{324}
安泽	kʰuæ^{21}	xuæ^{21}	uæ^{35}	uæ^{35}	uæ^{21}	pæ^{53}	pæ^{53}	mæ^{42}
沁水端氏	kʰuæ^{21}	xuæ^{21}	væ^{24}	væ^{24}	væ^{21}	pæ^{53}	pæ^{53}	mæ^{31}
阳城	kʰuɛ^{224}	xuɛ^{224}	vɛ^{22}	vɛ^{22}	vɛ^{224}	pɛ^{51}	pɛ^{51}	mɛ^{212}
高平	kʰuæ̃^{33}	xuæ̃^{33}	væ̃^{33}	væ̃^{33}	væ̃^{33}	pæ̃^{53}	pæ̃^{53}	mæ̃^{212}
陵川	kʰuã^{33}	xuã^{33}	uã^{53}	uã^{53}	uã^{33}	pã^{24}	pã^{24}	mã^{312}
晋城	kʰuæ^{33}	xuæ^{33}	uæ^{324}	uæ^{324}	uæ^{33}	pæ^{53}	pæ^{53}	mæ^{213}
忻府	kʰuɑ̃^{313}	xuɑ̃^{313}	vɑ̃^{21}	vɑ̃^{21}	vɑ̃^{313}	pɑ̃^{53}	pɑ̃^{53}	mɑ̃^{313}
原平	kʰuɛ̃^{213}	xuɛ̃^{213}	vɛ̃^{33}	vɛ̃^{33}	vɛ̃^{213}	pɛ̃^{53}	pɛ̃^{53}	mɛ̃^{213}
定襄	kʰuɔ̃^{24}	xuɔ̃^{24}	væ^{11}	væ^{11}	væ^{24}	pæ^{53}	pæ^{53}	mæ^{24}

续表

字目	宽	欢	完	丸	豌	伴	拌	满
中古音 方言点	苦官 山合一 平桓溪	呼官 山合一 平桓晓	胡官 山合一 平桓匣	胡官 山合一 平桓匣	一丸 山合一 平桓影	蒲旱 山合一 上缓並	部满 山合一 上缓並	莫旱 山合一 上缓明
五台	kʰuə̃^{213}	xuæn^{213}/ xuə̃^{213}	uə̃^{33}	uə̃^{33}	uə̃^{213}	pæn^{52}	pæn^{52}	muə̃^{213}
岢岚	kʰuæ^{13}	xuæ^{13}	væ^{44}	væ^{44}	væ^{13}	pæ^{52}	pæ^{52}	mæ^{13}
五寨	kʰuæ^{13}	xuæ^{13}	væ^{44}	væ^{44}	væ^{13}	pæ^{52}	pæ^{52}	mæ^{13}
宁武	kʰuæ^{213}	xuæ^{23}	væ^{33}	væ^{33}	——	pæ^{52}	pæ^{52}	mæ^{213}
神池	kʰuæ^{13}	xuæ^{24}	væ^{32}	væ^{32}	væ^{24}	pæ^{52}	pæ^{52}	mæ^{13}
繁峙	kʰuɛ^{53}	xuɛ^{53}	vɛ^{31}	vɛ^{31}	vɛ^{53}	pɛ^{24}	pɛ^{24}	mɛ^{53}
代县	kʰuɛ^{213}	xuɛ^{213}	uɛ^{213}	uɛ^{44}	uɛ^{213}	pɛ^{53}	pɛ^{53}	mɛ^{213}
河曲	kʰuæ^{213}	xuæ^{213}	væ^{44}	væ^{44}	væ^{213}	pæ^{52}	pæ^{52}	muæ^{213}
保德	kʰuaŋ^{213}	xuaŋ^{213}	vaŋ^{44}	vaŋ^{44}	vaŋ^{213}	paŋ^{52}	paŋ^{52}	maŋ^{213}
偏关	kʰuæ^{24}	xuæ^{24}	væ^{44}	væ^{44}	væ^{24}	pæ^{52}	pæ^{52}	mæ^{213}
朔城	kuæ^{312}	xuæ^{312}	væ^{35}	væ^{35}	væ^{312}	pæ^{53}	pæ^{53}	mæ^{312}
平鲁	kʰuæ^{213}	xuæ^{44}	uæ^{44}	uæ^{44}	uæ^{213}	pæ^{52}	pæ^{52}	mæ^{213}
应县	kʰuɛ̃^{43}	xuɛ̃^{43}	vɛ̃^{31}	vɛ̃^{31}	vɛ̃^{43}	pɛ̃^{24}	pɛ̃^{24}	mɛ̃^{54}
灵丘	kʰuæ^{442}	xuæ^{442}	væ^{31}	væ^{31}	væ^{442}	pæ^{53}	pæ^{53}	mæ^{442}
浑源	kʰuæ^{52}	xuæ^{52}	væ^{22}	væ^{22}	væ^{52}	pæ^{13}	pæ^{13}	mæ^{52}
云州	kʰuæ^{21}	xuæ^{21}	væ^{312}	væ^{312}	væ^{21}	pæ^{24}	pæ^{24}	mæ^{55}
新荣	kʰuæ^{32}	xuæ^{32}	væ^{312}	væ^{312}	væ^{32}	pæ^{24}	pæ^{24}	mæ^{54}
怀仁	kʰuæ^{42}	xuæ^{42}	væ^{312}	væ^{312}	væ^{42}	pæ^{24}	pæ^{24}	mæ^{53}
左云	kʰuæ^{31}	xuæ^{31}	væ^{313}	væ^{313}	væ^{54}	pæ^{24}	pæ^{24}	mæ^{54}
右玉	kʰuæ^{31}	xuæ^{31}	væ^{212}	væ^{212}	væ^{31}	pæ^{24}	pæ^{24}	mæ^{24}
阳高	kʰuɛ^{31}	xuɛ^{31}	vɛ^{312}	vɛ^{312}	vɛ^{312}	pɛ^{24}	pɛ^{24}	mɛ^{53}
山阴	kʰuæ^{313}	xuæ^{313}	uæ^{313}	uæ^{313}	uæ^{313}	pæ^{335}	pæ^{335}	mæ^{52}
天镇	kʰuæ^{31}	xuæ^{31}/ xuæ^{55}	væ^{22}	væ^{22}	væ^{31}	pæ^{24}	pæ^{24}	mæ^{55}
平定	kʰuæ̃^{31}	xuæ̃^{31}	væ̃^{44}	væ̃^{44}	væ̃^{31}	pæ̃^{24}	pæ̃^{24}	mæ̃^{53}
昔阳	kʰuæ̃^{42}	xuæ̃^{42}	væ̃^{33}	væ̃^{33}	væ̃^{42}	pæ̃^{13}	pæ̃^{13}	mæ̃^{55}
左权	kʰuæ^{31}	xuæ^{31}	væ^{11}	væ^{11}	væ^{31}	pæ^{53}	pæ^{53}	mæ^{42}
和顺	kʰuæ^{42}	xuæ^{42}	væ^{22}	væ^{22}	væ^{42}	pæ^{13}	pæ^{13}	mæ^{53}
尧都	kʰuæ̃^{21}	xuæ̃^{21}	uæ̃^{24}	uæ̃^{24}	uæ̃^{21}	pʰæ̃^{44} 白 / pæ̃^{44} 文	pʰæ̃^{44}	mæ̃^{53}
洪洞	kʰuan^{21}	xuan^{21}	uan^{24}	uan^{24}	uan^{21}	pʰan^{53} 白 / pan^{53} 文	pʰan^{53} 白 / pan^{53} 文	man^{42}

续表

字目	宽	欢	完	丸	豌	伴	拌	满
中古音 方言点	苦官 山合一 平桓溪	呼官 山合一 平桓晓	胡官 山合一 平桓匣	胡官 山合一 平桓匣	一丸 山合一 平桓影	蒲旱 山合一 上缓並	部满 山合一 上缓並	莫旱 山合一 上缓明
洪洞赵城	kʰuɑ̃^{21}	xuɑ̃^{21}	uɑ̃^{24}	uɑ̃^{24}	uɑ̃^{21}	pʰɑ̃^{53}	pʰɑ̃^{53}	mɑ̃^{42}
古县	kʰuan^{21}	xuan^{21}	uan^{35}	uan^{35}	uan^{21}	pʰan^{53} 白 / pan^{53} 文	pʰan^{53} 白 / pan^{53} 文	man^{42}
襄汾	kʰuan^{21}	xuna^{21}	uan^{24}	uan^{24}	uan^{21}	pʰan^{53}	pʰan^{53}	man^{42}
浮山	kʰuaĩ^{42}	xuaĩ^{42}	uaĩ^{13}	uaĩ^{13}	uaĩ^{42}	pʰaĩ^{53}	pʰaĩ^{53}	maĩ^{33}
霍州	kʰuaŋ^{212}	xuaŋ^{212}	uaŋ^{35}	uaŋ^{35}	uaŋ^{212}	paŋ^{53}	paŋ^{53}	maŋ^{33}
翼城	kʰuæ̃^{53}	xuæ̃^{53}	uæ̃^{12}	uæ̃^{12}	væ̃^{12}	pæ̃^{53}	pæ̃^{53}	mæ̃^{44}
闻喜	kʰuæ^{53}	xuæ^{53}	uæ^{13}	uæ^{13}	uæ^{53}	pʰæ^{13}	pʰæ^{13} 白 / pæ^{53} 文	mæ^{33}
侯马	kʰuæ̃^{213}	xuæ̃^{213}	uæ̃^{213}	uæ̃^{213}	uæ̃^{213}	pæ̃^{53}	pæ̃^{53}	mæ̃^{44}
新绛	kʰuã^{53}	xuã^{53}	uã^{13}	uã^{13}	vã^{53}	pã^{53}	pã^{53}	mã^{44}
绛县	kʰuæ^{53}	xuæ^{53}	uæ^{24}	uæ^{24}	uæ^{53}	pʰæ^{53}	pʰæ^{53}	mæ^{33}
垣曲	kʰuæ̃^{53}	xuæ̃^{53}	uæ̃^{22}	uæ̃^{22}	uæ̃^{53}	pʰæ̃^{53} 白 / pæ̃^{53} 文	pæ̃^{53}	mæ̃^{44}
夏县	kuæ^{53}	kuæ^{53}	uæ^{42}	uæ^{42}	uæ^{53}	pʰæ^{31} 白 / pæ^{31} 文	pʰæ^{31} 白 / pæ^{31} 文	mæ^{24}
万荣	kʰuæ^{51}	xuæ^{51}	uæ^{213}	uæ^{213}	uæ^{51}	pʰæ^{33}	pʰæ^{33}	mæ^{55}
稷山	kʰuɑ̃^{53}	xuɑ̃^{53}	uɑ̃^{13}	uɑ̃^{13}	uɑ̃^{53}	pʰɑ̃^{42}	pʰɑ̃^{42}	mɑ̃^{44}
盐湖	kʰuæ̃^{42}	xuæ̃^{42}	uæ̃^{13}	uæ̃^{13}	uæ̃^{42}	pæ̃^{53}	pæ̃^{53}	mæ̃^{53}
临猗	kʰuæ̃^{42}	xuæ̃^{42}	uæ̃^{13}	uæ̃^{13}	uæ̃^{42}	pʰæ̃^{44}/pæ̃^{44}	pʰæ̃^{44}/pæ̃^{44}	mæ̃^{53}
河津	kʰuæ̃^{31}	xuæ̃^{31}	uæ̃^{324}	uæ̃^{324}	uæ̃^{31}	pʰæ̃^{44}	pʰæ̃^{44}	mæ̃^{53}
平陆	kʰuan^{31}	xuan^{31}	uan^{13}	uan^{13}	uan^{31}	pʰan^{33}	pʰan^{33}	man^{55}
永济	kʰuæ̃^{31}	xuæ̃^{31}	væ̃^{24}	væ̃^{24}	væ̃^{31}	pʰæ̃^{44} 白 / pæ̃^{44} 文	pæ̃^{44}	mæ̃^{53}
芮城	kʰuæ̃^{42}	xuæ̃^{42}	uæ̃^{13}	uæ̃^{13}	uæ̃^{42}	pʰæ̃^{44} 白 / pæ̃^{44} 文	pʰæ̃^{44} 白 / pæ̃^{44} 文	mæ̃^{53}
吉县	kʰuæ̃^{423}	xuæ̃^{423}	uæ̃^{13}	uæ̃^{13}	uæ̃^{423}	pʰæ̃^{33}	pʰæ̃^{33}	mæ̃^{53}
乡宁	kʰuæ^{53}	xuæ^{53}	uæ^{12}	uæ^{12}	uæ^{53}	pʰæ^{22}	pʰæ^{22}	mæ^{44}
广灵	kʰuæ^{53}	xuæ^{53}	væ^{31}	væ^{31}	væ^{53}	pæ^{213}	pæ^{213}	mæ^{44}

字目	短	断~绝	暖	卵	管	馆	款	缓
中古音 / 方言点	〔都管〕 山合一 上缓端	〔徒管〕 山合一 上缓定	〔乃管〕 山合一 上缓泥	〔卢管〕 山合一 上缓来	〔古满〕 山合一 上缓见	〔古缓〕 山合一 上缓见	〔苦管〕 山合一 上缓溪	〔胡管〕 山合一 上缓匣
北京	tuan^{214}	tuan^{51}	nuan^{214}	luan^{214}	kuan^{214}	kuan^{214}	k^{h}uan^{214}	xuan^{214}
小店	tuæ^{53}	tuæ^{24}	ɛ^{24}/næ^{53}	luæ^{53}	kuæ^{53}	kuæ^{53}	k^{h}uæ^{53}	xuæ^{53}
尖草坪	tuæ^{312}	tuæ^{35}	næ^{312} 白 / nuæ^{312} 文	luæ^{312}	kuæ^{312}	kuæ^{312}	k^{h}uæ^{312}	xuæ^{312}
晋源	tuaŋ^{42}	tuaŋ^{35}	naŋ^{42}	luaŋ^{42}	kuaŋ^{42}	kuaŋ^{42}	k^{h}uaŋ^{42}	xuaŋ^{42}
阳曲	tuæ^{312}	tuæ^{454}	næ^{312} 白 / nuæ^{312} 文	luæ^{312}	kuæ^{312}	kuæ^{312}	k^{h}uæ^{312}	xuæ^{312}
古交	tuɛ^{312}	tuɛ^{53}	nuɛ^{312}	luɛ^{312}	kuɛ^{312}	kuɛ^{312}	k^{h}uɛ^{312}	xuɛ^{312}
清徐	tuɛ^{54}	tuɛ^{45}	nuɛ^{11}	luɛ^{54}	kuɛ^{54}	kuɛ^{54}	k^{h}uɛ^{54}	xuɛ^{54}
娄烦	tuæ^{312}	tuæ^{54}	nuæ^{312}	luæ^{312}	kuæ^{312}	kuæ^{312}	k^{h}uæ^{312}	xuæ^{312}
榆次	tuæ^{53}	tuæ^{35}	næ^{53} 白	luæ^{53}	kuæ^{53}	kuæ^{53}	k^{h}uæ^{53}	xuæ^{53}
交城	tũ^{53}	tũ^{24}	nũ^{53}	lũ^{53}	kũ^{53}	kũ^{53}	k^{h}ũ^{53}	xũ^{53}
文水	tuæĩ^{423}	tuæĩ^{35}	nzuæĩ^{423}	luæĩ^{423}	kuæĩ^{423}	kuæĩ^{423}	k^{h}uæĩ^{423}	xuæĩ^{423}
祁县	tuə̃^{314}	tuə̃^{45}	nə̃^{314}	luə̃^{314}	kuə̃^{314}	kuə̃^{314}	k^{h}uə̃^{314}	xuə̃^{314}
太谷	tyẽĩ^{312}	tyẽĩ^{53}	lyẽĩ^{312}	lyẽĩ^{312}	kuẽĩ^{312}	kuẽĩ^{312}	k^{h}uẽĩ^{312}	xuẽĩ^{312}
平遥	tũɑ̃^{512}	tũã^{24}	nũɑ̃^{512}	lũɑ̃^{512}	kũɑ̃^{512}	kũɑ̃^{512}	k^{h}ũɑ̃^{512}	xũɑ̃^{512}
孝义	tuə^{312}	tuə^{454}	nuə^{312}	luã^{312}	kuə^{312} 白 / kuã^{312} 文	kuã^{312}	k^{h}uã^{312}	xuã^{312}
介休	tuæ̃^{423}	tuæ̃^{45}	nuæ̃^{423}	luæ̃^{423}	kuæ̃^{423}	kuæ̃^{423}	k^{h}uæ̃^{423}	xuæ̃^{423}
灵石	tuɒ̃^{212}	tuɒ̃^{53}	nuɒ̃^{212}	luɒ̃^{212}	kuɒ̃^{212}	kuɒ̃^{212}	k^{h}uɒ̃^{212}	xuɒ̃^{212}
盂县	tuæ̃^{53}	tuæ̃^{55}	næ̃^{53} 白 / nuæ̃^{53} 文	luæ̃^{53}	kuæ̃^{53}	kuæ̃^{53}	k^{h}uæ̃^{53}	xuæ̃^{53}
寿阳	tuæ^{53}	tuæ^{45}	næ^{53}	luæ^{53}	kuæ^{53}	kuæ^{53}	k^{h}uæ^{53}	xuæ^{53}
榆社	tua^{312}	tua^{45}	nua^{312}	lua^{22}	kua^{312}	kua^{312}	k^{h}ua^{312}	xua^{312}
离石	tu^{312}	tuæ^{53}	nou^{312}	luæ^{312}	kou^{312} 白 / kuæ^{312} 文	kuæ^{312}	k^{h}uæ^{312}	xuæ^{312}
汾阳	tu^{312}	tuã^{55} 文	nu^{312}	luã^{312}	ku^{312} 白 / kuã^{312} 文	kuã^{312}	k^{h}u^{312} 白 / k^{h}uã^{312} 文	xuã^{312}
中阳	tuɤ^{423}	tuɤ^{53}	nuɤ^{423}	luæ^{423}	kuɤ^{423} 白 / kuæ^{423} 文	kuæ^{423}	k^{h}uæ^{423}	xuæ^{423}
柳林	tuei^{312}	tuei^{53}	nuei^{312}	luei^{312}	kuei^{312}	kuei^{312}	k^{h}uæ^{312}	xuæ^{312}
方山	tuə^{312}	tuə^{52}	nuə^{312}	luæ^{312}	kuæ^{312}	kuæ^{312}	k^{h}uæ^{312}	xuæ^{312}
临县	tuɤ^{312}	tuɤ^{312}	nuɤ^{312}	luæ^{312}	kuɤ^{312}	kuɤ^{312}	kuɤ^{312}	xuɤ^{312}
兴县	tuẽn^{324}	tuẽn^{53}	nuẽn^{324}	luẽn^{324}	kuæ̃^{324}	kuæ̃^{324}	k^{h}uẽn^{324}	xuẽn^{324}

续表

字目	短	断~绝	暖	卵	管	馆	款	缓
中古音 / 方言点	都管 山合一 上缓端	徒管 山合一 上缓定	乃管 山合一 上缓泥	卢管 山合一 上缓来	古满 山合一 上缓见	古缓 山合一 上缓见	苦管 山合一 上缓溪	胡管 山合一 上缓匣
岚县	tuẽ^{312}	tuẽ^{53}	nẽ^{312}	luẽ^{44}	kuẽ^{312}	kuẽ^{312}	kʰuẽ^{312}	xuẽ^{312}
静乐	tuæ̃^{314}	tuæ̃^{53}	næ̃^{314}	luæ̃^{33}	kuæ̃^{314}	kuæ̃^{314}	kʰuæ̃^{314}	xuæ̃^{314}
交口	tuɑ̃^{323}	tuɑ̃^{53}	nuɑ̃^{323}	luɑ̃^{323}	kuɑ̃^{323}	kuɑ̃^{323}	kʰuɑ̃^{323}	xuɑ̃^{323}
石楼	tuɑŋ^{213}	tuɑŋ^{51}	nuɑŋ^{213}	luɑŋ^{213}	kuɑŋ^{213}	kuɑŋ^{213}	kʰuɑŋ^{213}	xuɑŋ^{213}
隰县	tuaŋ^{21}	tʰuæ^{44} 白 / tuæ^{44} 文	nuaŋ^{21} 白 / nuæ^{21} 文	luaŋ^{21}	kuaŋ^{21}	kuaŋ^{21}	kʰuaŋ^{21}	xuaŋ^{21}
大宁	tuɛ̃^{31}	——	nuɛ̃^{31}	luɛ̃^{24}	kuɛ̃^{31}	kuɛ̃^{31}	kʰuɛ̃^{31}	xuɛ̃^{31}
永和	tuɛi^{312}	tuɛi^{53}	nuɛi^{312}	luɛi^{312}	kuɛi^{312}	kuɛi^{312}	kʰuɛi^{312}	xuɛi^{312}
汾西	tuɑ̃^{33}	——	nuɑ̃^{33}	luɑ̃^{33}	kuɑ̃^{33}	kuɑ̃^{33}	kʰuɑ̃^{33}	xuɑ̃^{33}
蒲县	tuæ̃^{31}	tʰuæ̃^{33}	nuæ̃^{31}	luæ̃^{31}	kuæ̃^{31}	kuæ̃^{31}	kʰuæ̃^{31}	xuæ̃^{31}
潞州	tuaŋ^{535}	tuaŋ^{54}	naŋ^{535} 白 / nuaŋ^{535} 文	luaŋ^{535}	kuaŋ^{535}	kuaŋ^{535}	kʰuaŋ^{535}	xuaŋ^{535}
上党	tuɑŋ^{213}	tuɑŋ^{42}	nɑŋ^{535}	luɑŋ^{535}	kuɑŋ^{535}	kuɑŋ^{535}	kʰuɑŋ^{535}	xuɑŋ^{535}
长子	tuæ̃^{434}	tuæ̃^{53}	næ̃^{434} 白 / nɔ^{434} 白 / nuæ̃^{434} 文	luæ̃^{434}	kuæ̃^{434}	kuæ̃^{434}	kʰuæ̃^{434}	xuæ̃^{434}
屯留	tuæ̃^{43}	tuæ̃^{11}	næ̃^{43} 白 / nɑŋ^{43} 白 / nuæ̃^{43} 文	luæ̃^{43}	kuæ̃^{43}	kuæ̃^{43}	kʰuæ̃^{43}	xuæ̃^{43}
襄垣	tuæ^{42}	tuæ^{45}	nuæ^{42}	luæ^{42}	kuæ^{42}	kuæ^{42}	kʰuæ^{42}	xuæ^{42}
黎城	tuæ^{213}	tuæ^{53}	nuæ^{213}/ næ^{213}	luæ^{213}	kuæ^{213}	kuæ^{213}	kʰuæ^{213}	xuæ^{213}
平顺	tuæ̃^{434}	tuæ̃^{53}	luæ̃^{434}	luæ̃^{434}	kuæ̃^{434}	kuæ̃^{434}	kʰuæ̃^{434}	xuæ̃^{434}
壶关	tuaŋ^{535}	tuaŋ^{42}	naŋ^{535}	luaŋ^{535}	kuaŋ^{535}	kuaŋ^{535}	kʰuaŋ^{535}	xuaŋ^{535}
沁县	tuæ^{214}	——	næ^{214}	luæ^{214}	kuæ^{214}	kuæ^{214}	kʰuæ^{214}	xuæ^{214}
武乡	tuæ^{213}	tuæ^{55}	næ^{213}	luæ^{213}	kuæ^{213}	kuæ^{213}	kʰuæ^{213}	xuæ^{213}
沁源	tuæ̃^{324}	tuæ̃^{53}	nuæ̃^{324}	luæ̃^{324}	kuæ̃^{324}	kuæ̃^{324}	kʰuæ̃^{324}	xuæ̃^{324}
安泽	tuæ^{42}	tuæ^{53}	nuæ^{42}	luæ^{42}	kuæ^{42}	kuæ^{42}	kʰuæ^{42}	xuæ^{42}
沁水端氏	tuæ^{31}	tuæ^{53}	nuæ^{31}	luæ^{31}	kuæ^{31}	kuæ^{31}	kʰuæ^{31}	xuæ^{31}
阳城	tuɛ^{212}	tuɛ^{51}	nuɛ^{212}	luɛ^{212}	kuɛ^{212}	kuɛ^{212}	kʰuɛ^{212}	xuɛ^{212}
高平	tuæ̃^{212}	tuæ̃^{53}	næ̃^{212} 白 / nuæ̃^{212} 文	nuæ̃^{212}	kuæ̃^{212}	kuæ̃^{212}	kʰuæ̃^{212}	xuæ̃^{212}
陵川	tuã^{312}	tuã^{24}	nuã^{312}	luã^{312}	kuã^{312}	kuã^{312}	kʰuã^{312}	xuã^{312}

续表

字目	短	断~绝	暖	卵	管	馆	款	缓
中古音 方言点	都管 山合一 上缓端	徒管 山合一 上缓定	乃管 山合一 上缓泥	卢管 山合一 上缓来	古满 山合一 上缓见	古缓 山合一 上缓见	苦管 山合一 上缓溪	胡管 山合一 上缓匣
晋城	tuæ^{213}	tuæ^{53}	nuæ^{213}	luæ^{213}	kuæ^{213}	kuæ^{213}	kʰuæ^{213}	xuæ^{213}
忻府	tuã^{313}	tuã^{53}	nɔo^{313}白/ nã^{313}文	luã^{313}	kuã^{313}	kuã^{313}	kʰuã^{313}	xuã^{313}
原平	tuɛ̃^{213}	tuɛ̃^{53}	nɛ̃^{213}	luɛ̃^{213}	kuɛ̃^{213}	kuɛ̃^{213}	kʰuɛ̃^{213}	xuɛ̃^{213}
定襄	tuə̃^{24}	tuə̃^{24}	nuə̃^{53}	luə̃^{24}	kuə̃^{24}	kuə̃^{24}	kʰuə̃^{24}	xuə̃^{24}
五台	tuə̃^{213}	tuə̃^{52}	nuə̃^{213}	luə̃^{213}	kuə̃^{213}	kuə̃^{213}	kʰuə̃^{213}	xuə̃^{213}
岢岚	tuæ^{13}	tuæ^{52}	næ^{13}老/ nuæ^{13}新	luæ^{13}	kuæ^{13}	kuæ^{13}	kʰuæ^{13}	xuæ^{13}
五寨	tuæ^{13}	tuæ^{52}	næ^{13}老/ nuæ^{13}新	luæ^{13}	kuæ^{13}	kuæ^{13}	kʰuæ^{13}	xuæ^{13}
宁武	tuæ^{213}	tuæ^{213}	næ^{213}	luæ^{213}	kuæ^{213}	kuæ^{213}	kʰuæ^{213}	xuæ^{213}
神池	tuæ^{13}	tuæ^{52}	næ^{13}	luæ^{13}	kuæ^{13}	kuæ^{13}	kʰuæ^{13}	xuæ^{13}
繁峙	tuɛ^{53}	tuɛ^{24}	nɑo^{53}/nɛ^{53}/ nuɛ^{53}	luɛ^{53}	kuɛ^{53}	kuɛ^{53}	kʰuɛ^{53}	xuɛ^{53}
代县	tuɛ^{213}	tuɛ^{53}	nuɛ^{213}	luɛ^{44}	kuɛ^{213}	kuɛ^{213}	kʰuɛ^{213}	xuɛ^{213}
河曲	tuæ^{213}	tuæ^{213}	nuæ^{213}	luæ^{213}	kuæ^{213}	kuæ^{213}	kʰuæ^{213}	xuæ^{213}
保德	tuaŋ^{213}	tuaŋ^{52}	nuaŋ^{213}	luaŋ^{213}	kuaŋ^{213}	kuaŋ^{213}	kʰuaŋ^{213}	xuaŋ^{213}
偏关	tuæ^{213}	tuæ^{52}	nuæ^{213}	luæ^{213}	kuæ^{213}	kuæ^{213}	kʰuæ^{213}	xuæ^{213}
朔城	tuæ^{312}	——	næ^{312}	læ^{312}	kuæ^{312}	kuæ^{312}	kuæ^{312}	kuæ^{312}
平鲁	tuæ^{213}	tuæ^{52}	næ^{213}	læ^{213}	kuæ^{213}	kuæ^{213}	kʰuæ^{213}	xuæ^{213}
应县	tuɛ̃^{54}	tuɛ̃^{24}	nɛ̃^{54}	lɛ̃^{54}	kuɛ̃^{54}	kuɛ̃^{54}	kʰuɛ̃^{54}	xuɛ̃^{54}
灵丘	tuæ^{442}	tuæ^{442}	nuæ^{442}/ nɒ^{442}	luæ^{442}	kuæ^{442}	kuæ^{442}	kʰuæ^{442}	xuæ^{442}
浑源	tuæ^{52}	tuæ^{13}	næ^{52}	luæ^{52}	kuæ^{52}	kuæ^{52}	kʰuæ^{52}	xuæ^{52}
云州	tuæ^{55}	tuæ^{24}	næ^{55}	luæ^{55}	kuæ^{55}	kuæ^{55}	kʰuæ^{55}	xuæ^{55}
新荣	tuæ^{54}	tuæ^{24}	næ^{54}	læ^{54}	kuæ^{54}	kuæ^{54}	kʰuæ^{54}	xuæ^{54}
怀仁	tuæ^{53}	tuæ^{24}	næ^{53}	læ^{53}	kuæ^{53}	kuæ^{53}	kʰuæ^{53}	xuæ^{53}
左云	tuæ^{54}	tuæ^{24}	nuæ^{54}	luæ^{54}	kuæ^{54}	kuæ^{54}	kʰuæ^{54}	xuæ^{54}
右玉	tuæ^{53}	tuæ^{24}	næ^{53}	læ^{53}	kuæ^{53}	kuæ^{53}	kʰuæ^{53}	xuæ^{53}
阳高	tuɛ^{53}	tuɛ^{24}	nɛ^{53}	luɛ^{53}	kuɛ^{53}	kuɛ^{53}	kʰuɛ^{53}	xuɛ^{53}
山阴	tuæ^{52}	——	nɒ^{52}	luæ^{52}	kuæ^{52}	kuæ^{52}	kʰuæ^{335}	xuæ^{52}
天镇	tuæ^{55}	tuæ^{24}	næ^{55}白/ nuæ^{55}文	læ^{55}	kuæ^{55}	kuæ^{55}	kʰuæ^{55}	xuæ^{55}

续表

字目	短	断~绝	暖	卵	管	馆	款	缓
中古音 / 方言点	都管 山合一 上缓端	徒管 山合一 上缓定	乃管 山合一 上缓泥	卢管 山合一 上缓来	古满 山合一 上缓见	古缓 山合一 上缓见	苦管 山合一 上缓溪	胡管 山合一 上缓匣
平定	tuæ̃^{53}	tuæ̃^{24}	næ̃^{53} 白 / nuæ̃^{53} 文	luæ̃^{53}	kuæ̃^{53}	kuæ̃^{53}	kʰuæ̃^{53}	xuæ̃^{53}
昔阳	tuæ̃^{55}	tuæ̃^{13}	næ̃^{55}/nuæ̃^{55}	luæ̃^{55}	kuæ̃^{55}	kuæ̃^{55}	kʰuæ̃^{55}	xuæ̃^{55}
左权	tuæ^{42}	tuæ^{53}	næ^{42} 白 / nuæ^{42} 文	luæ^{42}	kuæ^{42}	kuæ^{42}	kʰuæ^{42}	xuæ^{42}
和顺	tuæ^{53}	tuæ^{13}	næ^{42} 白 / nuæ^{53} 文	luæ^{53}	kuæ^{53}	kuæ^{53}	kʰuæ^{53}	xuæ^{53}
尧都	tuæ̃^{53}	tʰuæ̃^{44} 白 / tuæ̃^{44} 文	næ̃^{53}	luæ̃^{53}	kuæ̃^{53}	kuæ̃^{53}	kʰuæ̃^{53}	xuæ̃^{44}
洪洞	tuɑn^{42}	tʰuɑn^{53}	nɑn^{24}	lɑn^{24}	kuɑn^{42}	kuɑn^{42}	kʰuɑn^{42}	xuɑn^{42}
洪洞赵城	tuɑ̃^{42}	tʰuɑ̃^{53}	nuɑ̃^{42}	lɑ̃^{42}	kuɑ̃^{42}	kuɑ̃^{42}	kʰuɑ̃^{42}	xuɑ̃^{42}
古县	tuan^{42}	tʰuan^{53} 白 / tuan^{35} 文	nuan^{42}	lan^{42}	kuan^{42}	kuan^{42}	kʰuan^{42}	xuan^{53}
襄汾	tuan^{42}	tʰuan^{53} 白 / tuan^{53} 文	nan^{42} 白 / nuan^{42} 文	lan^{42}	kuan^{42}	kuan^{42}	kʰuan^{42}	xuan^{42}
浮山	tuãĩ^{33}	tuãĩ^{53}	nãĩ^{44} 白 / nuãĩ 文	lãĩ^{33}	kuãĩ^{33}	kuãĩ^{33}	kʰuãĩ^{33}	xuãĩ^{33}
霍州	tuaŋ^{33}	tʰuaŋ^{53}	luaŋ^{33}	luaŋ^{33}	kuaŋ^{212}	kuaŋ^{33}	kʰuaŋ^{33}	xuaŋ^{33}
翼城	tuæ̃^{44}	tuæ̃^{53}	nuæ̃^{44}	luæ̃^{44}	pfʰæ̃^{44}	pʰfæ̃^{44}	kʰuæ̃^{44}	xuæ̃^{44}
闻喜	tuæ^{33}	tʰuæ^{53}	læ^{33}	luæ^{33}	kuæ^{33}	kuæ^{33}	kʰuæ^{33}	xuɑ^{13}
侯马	tʰuæ̃^{44} 白 / tuæ̃^{44} 文	tuæ̃^{53}	nuæ̃^{44}	luæ̃^{44}	kuæ̃^{44}	kuæ̃^{44}	kʰuæ̃^{44}	xuæ̃^{44}
新绛	tuã^{44}	tʰuã^{53}	nã^{44}	luã^{44}	kuã^{44}	kuã^{44}	kʰuã^{44}	xuã^{44}
绛县	tuæ^{33}	tuæ^{53}	næ^{33}	luæ^{33}	kuæ^{33}	kuæ^{33}	kʰuæ^{33}	xuæ^{53}/uæ^{33}
垣曲	tuæ̃^{44}	tʰuæ̃^{53}	næ̃^{44}	luæ̃^{44}	kuæ̃^{53}	kuæ̃^{44}	kʰuæ̃^{44}	xuæ̃^{44}
夏县	tuæ^{24}	tʰuæ^{31} 白 / tuæ^{31} 文	luæ^{24}	luæ^{24}	kuæ^{24}	kuæ^{24}	kuæ^{24}	xuæ^{24}
万荣	tuæ^{55}	tʰuæ^{33}	næ^{55} 白 / nuæ^{55} 文	luæ^{55}	kuæ^{55}	kuæ^{55}	kʰuæ^{55}	xuæ^{55}
稷山	tuɑ̃^{44}	tʰuɑ̃^{42}	nuɑ̃^{44}	luɑ̃^{44}	kuɑ̃^{44}	kuɑ̃^{44}	kʰuɑ̃^{44}	xuɑ̃^{44}
盐湖	tuæ̃^{53}	tʰuæ̃^{44} 白 / tuæ̃^{44} 文	luæ̃^{53}	luæ̃^{53}	kuæ̃^{53}	kuæ̃^{53}	kʰuæ̃^{53}	xuæ̃^{53}
临猗	tuæ̃^{53}	tʰuæ̃^{44} 白 / tuæ̃^{44} 文	luæ̃^{53}	luæ̃^{53}	kuæ̃^{53}	kuæ̃^{53}	kʰuæ̃^{53}	xuæ̃^{53}
河津	tuæ̃^{53}	tʰuæ̃^{44} 白 / tuæ̃^{44} 文	næ̃^{53}	luæ̃^{53}	kuæ̃^{53}	kuæ̃^{53}	kʰuæ̃^{53}	xuæ̃^{53}

续表

字目	短	断~绝	暖	卵	管	馆	款	缓
中古音 / 方言点	都管 山合一 上缓端	徒管 山合一 上缓定	乃管 山合一 上缓泥	卢管 山合一 上缓来	古满 山合一 上缓见	古缓 山合一 上缓见	苦管 山合一 上缓溪	胡管 山合一 上缓匣
平陆	tuan⁵⁵	tʰuan³³ 白 / tuan³³ 文	luan⁵⁵/ŋai³³	luan⁵⁵	kuan⁵⁵	kuan⁵⁵	kʰuan⁵⁵	xuan⁵⁵
永济	tuæ̃³¹	tʰuai⁴⁴	næ̃⁵³ 白 / nuæ̃⁵³ 文	næ̃⁵³ 白 / nuæ̃⁵³ 文	kuæ̃⁵³	kuæ̃⁵³	kʰuæ̃⁵³	xuæ̃⁵³
芮城	tuæ̃⁵³	tʰuæ̃⁴⁴ 白 / tuæ̃⁴⁴ 文	luæ̃⁵³	luæ̃⁵³	kuæ̃⁵³	kuæ̃⁵³	kʰuæ̃⁵³	xuæ̃⁵³
吉县	tuæ̃⁵³	tʰuæ̃³³	næ̃⁵³	luæ̃⁵³	kuæ̃⁵³	kuæ̃⁵³	kuæ̃⁵³	xuæ̃⁵³
乡宁	tuæ⁴⁴	tʰuæ²² 白 / tuæ²² 文	næ⁴⁴	luæ⁴⁴	kuæ⁴⁴	kuæ⁴⁴	kʰuæ⁴⁴	xuæ⁴⁴
广灵	tuæ⁴⁴	tuæ²¹³	nuæ⁴⁴	læ⁴⁴	kuæ⁴⁴	kuæ⁴⁴	kʰuæ⁴⁴	xuæ⁴⁴

字目	碗	半	绊	判	叛	漫	幔	断决~
中古音 / 方言点	乌管 山合一 上缓影	博幔 山合一 去换帮	博幔 山合一 去换帮	普半 山合一 去换滂	薄半 山合一 去换並	莫半 山合一 去换明	莫半 山合一 去换明	丁贯 山合一 去换端
北京	uan^{214}	pan^{51}	pan^{51}	p^{h}an^{51}	p^{h}an^{51}	man^{51}	man^{51}	tuan^{51}
小店	væ^{53}	pæ^{24}	pæ^{24}	p^{h}æ^{24}	p^{h}æ^{24}	mæ^{24}	mæ^{24}	tuæ^{24}
尖草坪	væ^{312}	pæ^{35}	pæ^{35}	p^{h}æ^{35}	p^{h}æ^{35}	mæ^{35}	mæ^{35}	tuæ^{35}
晋源	væ^{42}	paŋ^{35}	paŋ^{35}	p^{h}aŋ^{35}	p^{h}aŋ^{35}	maŋ^{35}	maŋ^{35}	tuaŋ^{35}
阳曲	væ^{43}	pæ^{454}	pæ^{454}	p^{h}æ^{454}	p^{h}æ^{454}	mæ^{454}	mæ^{454}	tuæ^{454}
古交	vɛ^{312}	pɛ^{53}	pɛ^{53}	p^{h}ɛ^{53}	p^{h}ɛ^{53}	mɛ^{53}	mɛ^{53}	tuɛ^{53}
清徐	vɛ^{54}	pɛ^{45}	pɛ^{45}	pɛ^{45}	pɛ^{45}	mɛ^{45}	mɛ^{45}	tuɛ^{45}
娄烦	væ^{312}	pæ^{54}	pæ^{54}	p^{h}æ^{54}	p^{h}æ^{54}	mæ^{54}	mæ^{54}	tuæ^{54}
榆次	væ^{53}	pæ^{35}	pæ^{35}	p^{h}æ^{35}	p^{h}æ^{35}	mæ^{35}	mæ^{35}	tuæ^{35}
交城	ũ^{53}	pɒ̃^{24}	pɒ̃^{24}	p^{h}ɒ̃^{24}	p^{h}ɒ̃^{24}	mɒ̃^{11} 老 / mã^{24} 新	mã^{24}	tũ^{24}
文水	uæĩ^{423}	pæĩ^{35}	pæĩ^{35}	p^{h}æĩ^{35}	p^{h}æĩ^{35}	maŋ^{35}	maŋ^{35}	tuæĩ^{35}
祁县	uə̃^{314}	pə̃^{45}	pə̃^{45}	p^{h}ə̃^{45}/p^{h}ɯ^{45}	p^{h}ə̃^{45}	mə̃^{45}	mə̃^{45}	tuə̃^{45}
太谷	vẽĩ^{312}	pẽĩ^{53}	pẽĩ^{53}	p^{h}ẽĩ^{53}	p^{h}ẽĩ^{53}	mẽĩ^{53}/mɑ̃^{53}	mẽĩ^{53}	tyẽĩ^{53}
平遥	ũɑ̃^{512}	pɑ̃^{24}	pɑ̃^{24}	p^{h}ɑ̃^{24}	p^{h}ɑ̃^{24}	mɑ̃^{24}	mɑ̃^{24}	tũɑ̃^{24}
孝义	uə^{312}	puə^{454}	puə^{454}	p^{h}uə^{454} 白 / p^{h}ã^{454} 文	p^{h}ã^{454}	muə^{454}	muə^{454}	tuə^{454}
介休	uæ̃^{423}	pæ̃^{45}	pæ̃^{45}	p^{h}æ̃^{45}	p^{h}æ̃^{45}	mæ̃^{45}	mæ̃^{45}	tuæ̃^{45}
灵石	uɒ̃^{212}	pɒ̃^{53}	pɒ̃^{53}	p^{h}ɒ̃^{53}	p^{h}ɒ̃^{53}	mɒ̃^{53}	mɒ̃^{53}	tuɒ̃^{53}
盂县	væ̃^{53}	pæ̃^{55}	pæ̃^{55}	p^{h}æ̃^{55}	p^{h}æ̃^{55}	mæ̃^{55}	mæ̃^{55}	tuæ̃^{55}
寿阳	væ^{53}	pæ^{45}	pæ^{45}	p^{h}æ^{45}	p^{h}æ^{45}	mæ^{45}	mæ^{45}	tuæ^{45}
榆社	va^{312}	pa^{45}	pa^{45}	p^{h}a^{45}	p^{h}a^{45}	ma^{45}	ma^{45}	tua^{45}
离石	uou^{312}	pou^{53}	pæ^{53}	p^{h}ou^{53} 白 / p^{h}æ^{53} 文	p^{h}æ^{53}	mæ^{35}	mæ^{35}	tuæ^{53}
汾阳	u^{312}	pu^{55}	pã^{55}	p^{h}u^{55} 白 / p^{h}ã^{55} 文	p^{h}ã^{55}	mã^{55}	mã^{55}	tu^{55} 白 / tuã^{55} 文
中阳	uɤ^{423}	pɤ^{53}	pæ^{53}	p^{h}ɤ^{53} 白 / p^{h}æ^{53} 文	p^{h}æ^{53}	mæ^{35}	mæ^{35}	tuɤ^{53}
柳林	uei^{312}	pei^{53}/pou^{53}	pei^{53}	p^{h}æ^{53}	p^{h}æ^{53}	mei^{53}	mei^{53}	tuei^{53}
方山	uə^{312}	pou^{52}	pæ^{52}	p^{h}ou^{52} 白 / p^{h}æ^{52} 文	p^{h}æ^{52}	mæ^{52}	mæ^{52}	tuə^{52}
临县	uɤ^{312}	puɤ^{52}	pæ^{52}	p^{h}æ^{52}	p^{h}æ^{52}	mæ^{52}	mæ^{52}	tuɤ^{52}
兴县	uẽn^{324}	pẽn^{53}	pẽn^{53}	p^{h}ẽn^{53}	p^{h}ẽn^{53}	mæ̃^{53}	——	tuẽn^{53}
岚县	uẽ^{312}	pẽ^{53}	pẽ^{53}	p^{h}ẽ^{53}	p^{h}ẽ^{53}	mẽ^{53}	mẽ^{53}	tuẽ^{53}

续表

字目	碗	半	绊	判	叛	漫	幔	断决～
中古音 方言点	乌管 山合一 上缓影	博幔 山合一 去换帮	博幔 山合一 去换帮	普半 山合一 去换滂	薄半 山合一 去换並	莫半 山合一 去换明	莫半 山合一 去换明	丁贯 山合一 去换端
静乐	væ̃^{314}	pæ̃^{53}	pæ̃^{53}	p^{h}æ̃^{53}	p^{h}æ̃^{53}	mæ̃^{53}	mæ̃^{53}	tuæ̃^{53}
交口	uɑ̃^{323}	pɑ̃^{53}	pɑ̃^{53}	p^{h}ɑ̃^{53}	p^{h}ɑ̃^{53}	mɑ̃^{53}	mɑ̃^{53}	tuɑ̃^{53}
石楼	uɑŋ^{213}	pɑŋ^{51}	pɑŋ^{51}	p^{h}ɑŋ^{51}	p^{h}ɑŋ^{51}	mɑŋ^{51}	mɑŋ^{51}	tuɑŋ^{51}
隰县	uaŋ^{21}	pæ^{44}	pæ^{44}	p^{h}æ^{44}	p^{h}æ^{44}	mæ^{53}	mæ^{53}	t^{h}uæ^{44} 白 / tuæ^{44} 文
大宁	vɛ̃^{31}	pɛ̃^{55}	pɛ̃^{55}	p^{h}ɛ̃^{55}	p^{h}ɛ̃^{55}	mɛ̃^{55}	mɛ̃^{55}	t^{h}uɛ̃^{55}
永和	uɛi^{312}	pɛi^{53}	pɛi^{53}	p^{h}ɛi^{53}	p^{h}ɛi^{53}	mɑ̃^{53}	mɑ̃^{53}	t^{h}uɛi^{53} 白 / tuɛi^{53} 文
汾西	uɑ̃^{33}	pɑ̃^{55}	pɑ̃^{55}	p^{h}ɑ̃^{55}	p^{h}ɑ̃^{55}	mɑ̃^{53}	mɑ̃^{53}	t^{h}uɑ̃^{53} 白 / tuɑ̃^{53} 文
蒲县	uæ̃^{31}	pæ̃^{33}	pæ̃^{33}	p^{h}æ̃^{33}	p^{h}æ̃^{33}	mæ̃^{33}	mæ̃^{33}	tuæ̃^{33}
潞州	uaŋ^{535}	paŋ^{44}	paŋ^{44}	p^{h}aŋ^{44}	p^{h}aŋ^{44}	maŋ^{54}	maŋ^{54}	tuaŋ^{54}
上党	uɑŋ^{535}	pɑŋ^{22}	pɑŋ^{22}/pɑŋ^{42}	p^{h}ɑŋ^{22}	p^{h}ɑŋ^{42}	mɑŋ^{42}	mɑŋ^{42}	tuɑŋ^{42}
长子	væ̃^{434}	pæ̃^{422}	pæ̃^{422}	p^{h}æ̃^{422}	p^{h}æ̃^{422}	mæ̃^{53}	mæ̃^{53}	tuæ̃^{53}
屯留	væ̃^{43}	pæ̃^{53}	pæ̃^{53}	p^{h}æ̃^{53}	p^{h}æ̃^{53}	mæ̃^{11}	mæ̃^{11}	tuæ̃^{11}
襄垣	væ^{42}	pæ^{53}	pæ^{53}	p^{h}æ^{53}	p^{h}æ^{45}	mæ^{45}	mæ^{45}	tuæ^{45}
黎城	uæ^{213}	pæ^{53}	pæ^{53}	p^{h}æ^{53}	p^{h}æ^{53}	mæ^{53}	mæ^{53}	tuæ^{53}
平顺	uæ̃^{434}	pæ̃^{53}	pæ̃^{53}	p^{h}æ̃^{53}	p^{h}æ̃^{53}	mæ̃^{53}	mæ̃^{53}	tuæ̃^{53}
壶关	uaŋ^{535}	paŋ^{42}	paŋ^{42}	p^{h}aŋ^{42}	p^{h}aŋ^{353}	maŋ^{353}	maŋ^{353}	tuaŋ^{42}
沁县	væ^{214}	pæ^{53}	pæ^{53}	p^{h}æ^{53}	p^{h}æ^{53}	mæ^{53}	mæ^{53}	tuæ^{53}
武乡	væ^{213}	pæ^{55}	pæ^{55}	p^{h}æ^{55}	p^{h}æ^{55}	mæ^{55}	mæ^{55}	tuæ^{55}
沁源	væ̃^{324}	pæ̃^{53}	pæ̃^{53}	p^{h}æ̃^{53}	p^{h}æ̃^{53}	mæ̃^{53}	mæ̃^{53}	tuæ̃^{53}
安泽	uæ^{42}	pæ^{53}	pæ^{53}	p^{h}æ^{53}	p^{h}æ^{53}	mæ^{53}	mæ^{53}	tuæ^{53}
沁水端氏	væ^{31}	pæ^{53}	pæ^{53}	p^{h}æ^{53}	p^{h}æ^{53}	mæ^{53}	mæ^{53}	tuæ^{53}
阳城	vɛ^{212}	pɛ^{51}	pɛ^{51}	p^{h}ɛ^{51}	p^{h}ɛ^{51}	mɛ^{51}	mɛ^{51}	tuɛ^{51}
高平	væ̃^{212}	pæ̃^{53}	pæ̃^{53}	p^{h}æ̃^{53}	p^{h}æ̃^{53}	mæ̃^{53}	mæ̃^{53}	tuæ̃^{53}
陵川	uã^{312}	pã^{24}	pã^{24}	p^{h}ã^{24}	p^{h}ã^{24}	mã^{24}	mã^{24}	tuã^{24}
晋城	uæ^{213}	pæ^{53}	pæ^{53}	p^{h}æ^{53}	p^{h}æ^{53}	mæ^{53}	mæ^{53}	tuæ^{53}
忻府	vɑ̃^{313}	pɑ̃^{53}	pɑ̃^{53}	p^{h}ɑ̃^{53}	p^{h}ɑ̃^{53}	mɑ̃^{53}	mɑ̃^{53}	tuɑ̃^{53}
原平	vɛ̃^{213}	pɛ̃^{53}	pɛ̃^{53}	p^{h}ɛ̃^{53}	p^{h}ɛ̃^{53}	mɛ̃^{53}	mɛ̃^{53}	tuɛ̃^{53}
定襄	væ^{24}	puə̃^{53}	pæ^{53}	p^{h}æ^{53}	p^{h}æ^{53}	mæ^{53}	mæ^{53}	tuə̃^{53}
五台	uə̃^{213}	pæn^{52}	pæn^{52}	p^{h}uə̃^{52}	p^{h}uə̃^{52}	muə̃^{52}	mæn^{52}	tuə̃^{52}

续表

字目	碗	半	绊	判	叛	漫	幔	断决～
中古音／方言点	乌管 山合一 上缓影	博幔 山合一 去换帮	博幔 山合一 去换帮	普半 山合一 去换滂	薄半 山合一 去换並	莫半 山合一 去换明	莫半 山合一 去换明	丁贯 山合一 去换端
岢岚	væ^{13}	pæ^{52}	pæ^{52}	p^{h}æ^{52}	p^{h}æ^{52}	mæ^{52}	mæ^{52}	tuæ^{52}
五寨	væ^{13}	pæ^{52}	pæ^{52}	p^{h}æ^{52}	p^{h}æ^{52}	mæ^{52}	mæ^{52}	tuæ^{52}
宁武	væ^{213}	pæ^{52}	pæ^{52}	——	——	mæ^{52}	mæ^{52}	tuæ^{213}
神池	væ^{13}	pæ^{52}	pæ^{52}	p^{h}æ^{52}	p^{h}æ^{52}	mæ^{52}	mæ^{52}	tuæ^{52}
繁峙	vɛ^{53}	pɛ^{24}	pɛ^{24}	p^{h}ɛ^{24}	p^{h}ɛ^{24}	mɛ^{24}	mɛ^{24}	tuɛ^{24}
代县	uɛ^{213}	pɛ^{53}	pɛ^{53}	p^{h}ɛ^{53}	p^{h}ɛ^{53}	mɛ^{53}	mɛ^{53}	tuɛ^{53}
河曲	væ^{213}	pæ^{52}	pæ^{52}	p^{h}æ^{52}	p^{h}æ^{52}	mæ^{52}	mæ^{52}	tuæ^{52}
保德	vaŋ^{213}	paŋ^{52}	paŋ^{52}	p^{h}aŋ^{52}	p^{h}aŋ^{52}	maŋ^{52}	maŋ^{52}	tuaŋ^{52}
偏关	væ^{213}	pæ^{52}	pæ^{52}	p^{h}æ^{52}	p^{h}æ^{52}	mæ^{52}	mæ^{52}	tuæ^{52}
朔城	væ^{312}	pæ^{53}	pæ^{53}	p^{h}æ^{53}	p^{h}æ^{53}	mæ^{53}	mæ^{53}	tuæ^{53}
平鲁	uæ^{213}	pæ^{52}	pæ^{52}	p^{h}æ^{52}	p^{h}æ^{52}	mæ^{52}	mæ^{52}	tuæ^{52}
应县	vɛ̃^{54}	pɛ̃^{24}	pɛ̃^{24}	p^{h}ɛ̃^{24}	p^{h}ɛ̃^{24}	mɛ̃^{24}	mɛ̃^{24}	tuɛ̃^{24}
灵丘	væ^{442}	pæ^{53}	pæ^{53}	p^{h}æ^{53}	p^{h}æ^{53}	mæ^{53}	mæ^{53}	tuæ^{53}
浑源	væ^{52}	pæ^{13}	pæ^{13}	p^{h}æ^{13}	p^{h}æ^{13}	mæ^{13}	mæ^{13}	tuæ^{13}
云州	væ^{55}	pæ^{24}	pæ^{24}	p^{h}æ^{24}	p^{h}æ^{24}	mæ^{24}	mæ^{24}	tuæ^{24}
新荣	væ^{54}	pæ^{24}	pæ^{24}	p^{h}æ^{24}	p^{h}æ^{24}	mæ^{24}	mæ^{24}	tuæ^{24}
怀仁	væ^{53}	pæ^{24}	pæ^{24}	p^{h}æ^{24}	p^{h}æ^{24}	mæ^{24}	mæ^{24}	tuæ^{24}
左云	væ^{54}	pæ^{24}	pæ^{24}	p^{h}æ^{24}	p^{h}æ^{24}	mæ^{24}	mæ^{24}	tuæ^{24}
右玉	væ^{53}	pæ^{24}	pæ^{24}	p^{h}æ^{24}	p^{h}æ^{24}	mæ^{24}	mæ^{24}	tuæ^{24}
阳高	vɛ^{53}	pɛ^{24}	pɛ^{24}	p^{h}ɛ^{24}	p^{h}ɛ^{24}	mɛ^{24}	mɛ^{24}	tuɛ^{24}
山阴	uæ^{52}	pæ^{335}	pæ^{335}	p^{h}æ^{335}	p^{h}æ^{335}	mæ^{335}	——	tuæ^{335}
天镇	væ^{55}	pæ^{24}	pæ^{24}	p^{h}æ^{24}	p^{h}æ^{24}	mæ^{24}	mæ^{24}	tuæ^{24}
平定	væ̃^{53}	pæ̃^{24}	pæ̃^{24}	p^{h}æ̃^{24}	p^{h}æ̃^{24}	mæ̃^{24}	mæ̃^{24}	tuæ̃^{24}
昔阳	væ̃^{55}	pæ̃^{13}	pæ̃^{13}	p^{h}æ̃^{13}	p^{h}æ̃^{13}	mæ̃^{13}	mæ̃^{13}	tuæ̃^{13}
左权	væ^{42}	pæ^{53}	pæ^{53}	p^{h}æ^{53}	p^{h}æ^{53}	mæ^{53}	mæ^{53}	tuæ^{53}
和顺	væ^{53}	pæ^{13}	pæ^{13}	p^{h}æ^{13}	p^{h}æ^{13}	mæ^{13}	mæ^{13}	tæ^{13} 白 / tuæ^{13} 文
尧都	uæ̃^{53}	pæ̃^{44}	pæ̃^{44}	p^{h}æ̃^{44}	p^{h}æ̃^{44}	mæ̃^{44}	mæ̃^{44}	tuæ̃^{44}
洪洞	uan^{42}	pan^{33}	pan^{33}	p^{h}an^{53}	p^{h}an^{53}	man^{53}	man^{53}	t^{h}uan^{53} 白 / tuan^{53} 文
洪洞赵城	uã^{42}	pã^{53}	pã^{24}	p^{h}ã^{53}	p^{h}ã^{53}	mã^{53}	mã^{53}	t^{h}uã^{53} 白 / tuã^{53} 文

续表

字目	碗	半	绊	判	叛	漫	幔	断决～
中古音 方言点	乌管 山合一 上缓影	博幔 山合一 去换帮	博幔 山合一 去换帮	普半 山合一 去换滂	薄半 山合一 去换並	莫半 山合一 去换明	莫半 山合一 去换明	丁贯 山合一 去换端
古县	uan^{42}	pan^{35}	pan^{35}	pʰan^{35}	pʰan^{53}	man^{53}	man^{53}	tʰuan^{53}白 / tuan^{35}文
襄汾	uan^{42}	pan^{44}	pan^{44}	pʰan^{53}	pʰan^{53}	man^{53}	man^{53}	tʰuan^{53}白 / tuan^{53}文
浮山	uãĩ^{33}	pãĩ^{44}	pãĩ^{44}	pʰãĩ^{53}	pʰãĩ^{53}	mãĩ^{53}	mãĩ^{53}	tʰuãĩ^{44}
霍州	uaŋ^{33}	paŋ^{55}	paŋ^{55}	pʰaŋ^{55}	pʰaŋ^{55}	maŋ^{53}	maŋ^{53}	tuaŋ^{53}
翼城	væ̃^{44}	pæ̃^{53}	pæ̃^{53}	pʰæ̃^{53}	pʰæ̃^{53}	mæ̃^{53}	mæ̃^{53}	tuæ̃^{53}
闻喜	uæ^{33}	pæ^{53}	pæ^{53}	pʰæ^{53}	pʰæ^{13}	mæ^{13}	mæ^{13}	tʰuæ^{53}
侯马	uæ̃^{44}	pæ̃^{53}	pæ̃^{53}	pʰæ̃^{53}	pʰæ̃^{53}	mæ̃^{53}	mæ̃^{53}	tuæ̃^{53}
新绛	uã^{44}	pã^{53}	pã^{53}	pʰã^{53}	pʰã^{53}	mã^{53}	mã^{53}	tʰuã^{53}
绛县	uæ^{33}	pæ^{31}	pæ^{31}	pʰæ^{31}	pʰæ^{53}	mæ^{31}	mæ^{31}	tʰuæ^{31}
垣曲	uæ̃^{44}	pæ̃^{53}	pæ̃^{53}	pʰæ̃^{53}	pʰæ̃^{53}	mæ̃^{53}	mæ̃^{53}	tʰuæ̃^{53}
夏县	uæ^{24}	pæ^{31}	pæ^{31}	pʰæ^{31}	pʰæ^{31}	mæ^{31}	mæ^{31}	tʰuæ^{31}白 / tuæ^{31}文
万荣	uæ^{55}	paŋ^{33}白 / pæ^{33}文	pæ^{33}	pʰæ^{33}	pʰæ^{33}	mæ^{33}	mæ^{33}	tuæ^{33}
稷山	uɑ̃^{44}	pɑ̃^{42}	pɑ̃^{42}	pʰɑ̃^{42}	pʰɑ̃^{42}	mɑ̃^{42}	mɑ̃^{42}	tʰuɑ̃^{42}
盐湖	uæ̃^{53}	pæ̃^{44}	pæ̃^{44}	pʰæ̃^{44}	pʰæ̃^{44}	mæ̃^{44}	mæ̃^{44}	tʰuæ̃^{44}白 / tuæ̃^{44}文
临猗	uæ̃^{53}	pɑŋ^{44}/ pæ̃^{44}	pæ̃^{44}	pʰæ̃^{44}	pʰæ̃^{44}	mæ̃^{44}	mæ̃^{44}	tʰuæ̃^{44}白 / tuæ̃^{44}文
河津	uæ̃^{53}	paŋ^{44}白 / pæ̃^{44}文	pæ̃^{44}	pʰæ̃^{44}	pʰæ̃^{44}	mæ̃^{44}	mæ̃^{44}	tʰuæ^{44}白 / tuæ̃^{44}文
平陆	van^{55}白 / uan^{55}文	paŋ^{33}白 / pʰan^{33}白 / pan^{33}文	pʰan^{33}白 / pan^{33}文	pʰan^{33}	pʰan^{33}	man^{33}	man^{33}	tʰuan^{33}白 / tuan^{33}文
永济	væ̃^{53}	pai^{44}/paŋ^{44}	pai^{44}	pʰai^{44}	pʰai^{44}	mæ̃^{44}	mæ̃^{44}	tʰuai^{44}
芮城	uæ̃^{53}	pæ̃^{44}	pæ̃^{44}	pʰæ̃^{44}	pæ̃^{44}	mæ̃^{44}	mæ̃^{13}	tʰuæ̃^{44}白 / tuæ̃^{44}文
吉县	uæ̃^{53}	pæ̃^{33}	pʰæ̃^{33}	pʰæ̃^{33}	pʰæ̃^{33}	mæ̃^{33}	mæ̃^{33}	tuæ̃^{423}
乡宁	uæ^{44}	pæ^{22}	pæ^{22}	pʰæ^{22}	pʰæ^{22}	mæ^{22}	mæ^{22}	tʰuæ^{22}白 / tuæ^{22}文
广灵	væ^{44}	pæ^{213}	pæ^{213}	pʰæ^{213}	pʰæ^{213}	mæ^{213}	mæ^{213}	tæ^{213}/tuæ^{213}

字目	锻	段	缎	乱	钻~子	算	蒜	贯
中古音 / 方言点	丁贯 山合一 去换端	徒玩 山合一 去换定	徒玩 山合一 去换定	郎段 山合一 去换来	子筭 山合一 去换精	苏贯 山合一 去换心	苏贯 山合一 去换心	古玩 山合一 去换见
北京	tuan^{51}	tuan^{51}	tuan^{51}	luan^{51}	tsuan^{51}	suan^{51}	suan^{51}	kuan^{51}
小店	tuæ^{24}	tuæ^{24}	tuæ^{24}	luæ^{24}	tsuæ^{11}	suæ^{24}	suæ^{24}	kuæ^{24}
尖草坪	tuæ^{35}	tuæ^{35}	tuæ^{35}	luæ^{35}	tsuæ^{35}	suæ^{35}	suæ^{35}	kuæ^{35}
晋源	tuaŋ^{35}	tuaŋ^{35}	tuaŋ^{35}	luaŋ^{35}	tsuaŋ^{35}	suaŋ^{35}	suaŋ^{35}	kuaŋ^{35}
阳曲	tuæ^{454}	tuæ^{454}	tuæ^{454}	luæ^{454}	tsuæ^{454}	suæ^{454}	suæ^{454}	kuæ^{454}
古交	tuɛ^{53}	tuɛ^{53}	tuɛ^{53}	luɛ^{53}	tsuɛ^{53}	suɛ^{53}	suɛ^{53}	kuɛ^{53}
清徐	tuɛ^{45}	tuɛ^{45}	tuɛ^{45}	luɛ^{45}	tsuɛ^{45}	suɛ^{45}	suɛ^{45}	kuɛ^{45}
娄烦	tuæ^{54}	tuæ^{54}	tuæ^{54}	luæ^{312}	tsuæ^{54}	suæ^{54}	suæ^{54}	kuæ^{54}
榆次	tuæ^{35}	tuæ^{35}	tuæ^{35}	luæ^{35}	tsuæ^{35}	suæ^{35}	suæ^{35}	kuæ^{35}
交城	tũ^{24}	tũ^{24}	tũ^{24}	lũ^{24}	tsũ^{24}	sũ^{24}	sũ^{24}	kũ^{24}
文水	tuæĩ^{35}	tuæĩ^{35}	tuæĩ^{35}	luæĩ^{35}	tsuæĩ^{35}	ɕyæĩ^{35}	ɕyæĩ^{35}	kuaŋ^{35}
祁县	tuə̃^{45}	tuə̃^{45}	tuə̃^{45}	luə̃^{45}	tsuə̃^{45}	suə̃^{45}	suə̃^{45}	kuə̃^{45}
太谷	tyẽĩ^{53}	tyẽĩ^{53}	tyẽĩ^{53}	lyẽĩ^{53}	tsyẽĩ^{53}	ɕyẽĩ^{53}	ɕyẽĩ^{53}	kuẽĩ^{53}
平遥	tũɑ̃^{24}	tũɑ̃^{24}	tũɑ̃^{24}	lũɑ̃^{24}	tsũɑ̃^{24}	sũɑ̃^{24}	sũɑ̃^{24}	kũɑ̃^{24}
孝义	tuə^{454} 白 / tuã^{454} 文	tuə^{454}	tuə^{454}	lɒ^{454}	tsuə^{454}	suə^{454}	suə^{454}	kuã^{454}
介休	tuæ̃^{45}	tuæ̃^{45}	tuæ̃^{45}	luæ̃^{45}	tsuæ̃^{45}	suæ̃^{45}	suæ̃^{45}	kuæ̃^{45}
灵石	tuɒ̃^{53}	tuɒ̃^{53}	tuɒ̃^{53}	luɒ̃^{53}	tsuɒ̃^{53}	suɒ̃^{53}	suɒ̃^{53}	kuɒ̃^{53}
盂县	tuæ̃^{55}	tuæ̃^{55}	tuæ̃^{55}	luæ̃^{55}	tsuæ̃^{55}	suæ̃^{55}	suæ̃^{55}	kuæ̃^{55}
寿阳	tuæ^{45}	tuæ^{45}	tuæ^{45}	luæ^{45}	tsuæ^{45}	suæ^{45}	suæ^{45}	kuæ^{45}
榆社	tua^{45}	tua^{45}	tua^{45}	lua^{45}	tsua^{45}	sua^{45}	sua^{45}	kua^{45}
离石	tuæ^{53}	tuæ^{53}	tu^{53}	lou^{53}	tsou^{24}	sou^{53} 白 / suæ^{53} 文	sou^{24}	kuæ^{53}
汾阳	tuã^{55}	tu^{55} 白 / tuã^{55} 文	tu^{55} 白 / tuã^{55} 文	lɯ^{55} 白 / luã^{55} 文	tsuã^{55}	ʂu^{55} 白 / suã^{55} 文	ʂu^{55}	kuã^{55}
中阳	tuæ^{53}	tuæ^{53}	tuɤ ^{53}	luɤ^{53}	tʂuæ^{53}	ʂuɤ^{53} 白 / ʂuæ^{53} 文	ʂuɤ^{24}	kuæ^{53}
柳林	tuei^{53}	tuei^{53}	tuei^{53}	luei^{53}	tsuei^{53}	suei^{53}	suei^{53}	kuei^{53}
方山	tuæ^{52}	tuæ^{52}	tuæ^{52}	luə^{52}	tsuæ^{52}	suə^{52}	suə^{52}	kuæ^{52}
临县	tuɤ^{52}	tuɤ^{312}	tuɤ^{312}	luɤ^{52}	tsʮə^{52}	sʮə^{52}	sʮə^{52}	kuæ^{52}
兴县	tuẽn^{53}	tuẽn^{53}	tuẽn^{53}	luẽn^{53}	tsuẽn^{53}	suẽn^{53}	suẽn^{53}	kuæ̃^{53}
岚县	tuẽ^{53}	tuẽ^{53}	tuẽ^{53}	luẽ^{53}	tsuẽ^{53}	suẽ^{53}	suẽ^{53}	kuẽ^{53}
静乐	tuæ̃^{53}	tuæ̃^{53}	tuæ̃^{53}	luæ̃^{53}	tsuæ̃^{53}	suæ̃^{53}	suæ̃^{53}	kuæ̃^{53}

续表

字目	锻	段	缎	乱	钻~子	算	蒜	贯
中古音 方言点	丁贯 山合一 去换端	徒玩 山合一 去换定	徒玩 山合一 去换定	郎段 山合一 去换来	子筭 山合一 去换精	苏贯 山合一 去换心	苏贯 山合一 去换心	古玩 山合一 去换见
交口	tuã^{53}	tuã^{53}	tuã^{53}	luã^{53}	tsuã^{53}	suã^{53}	suã^{53}	kuã^{53}
石楼	tuaŋ^{51}	tuaŋ^{51}	tuaŋ^{51}	laŋ^{51} 白 / luaŋ^{51} 文	tʂuaŋ^{51}	ʂuaŋ^{51}	ʂuaŋ^{51}	kuaŋ^{51}
隰县	tʰuæ^{44}	tʰuæ^{44} 白 / tuæ^{44} 文	tuæ^{44}	luæ^{44}	tsuæ^{44}	suæ^{44}	suæ^{44}	kuæ^{44}
大宁	tuẽ^{55}	tuẽ^{55}	tʰuẽ^{55}	luẽ^{55}	tsuẽ^{55}	suẽ^{55}	suẽ^{55}	kuẽ^{55}
永和	tuɛi^{53}	tʰuɛi^{53} 白 / tuɛi^{53} 文	tuɛi^{53}	luɛi^{53}	tsuɛi^{53}	suɛi^{53}	suɛi^{53}	kuɛi^{53}
汾西	tuã^{53}	tʰuã^{53} 白 / tuã^{53} 文	tʰuã^{53} 白 / tuã^{53} 文	lã^{53}	——	suã^{55}	suã^{55}	kuã^{55}
蒲县	tuæ̃^{33}	tuæ̃^{33}	tuæ̃^{33}	luæ̃^{33}	tsuæ̃^{33}	suæ̃^{33}	suæ̃^{33}	kuæ̃^{33}
潞州	tuaŋ^{44}	tuaŋ^{54}	tuaŋ^{54}	luaŋ^{54}	tsuaŋ^{44}	suaŋ^{44}	suaŋ^{44}	kuaŋ^{44}
上党	tuaŋ^{22}	tuaŋ^{42}	tuaŋ^{42}	luaŋ^{42}	tsuaŋ^{22}	suaŋ^{22}	suaŋ^{22}	kuaŋ^{22}
长子	tuæ̃^{53}	tuæ̃^{53}	tuæ̃^{53}	luæ̃^{53}	tsuæ̃^{422}	suæ̃^{422}	suæ̃^{422}	kuæ̃^{422}
屯留	tuæ̃^{53}	tuæ̃^{11}	tuæ̃^{11}	luæ̃^{11}	tsuæ̃^{53}	suæ̃^{53}	suæ̃^{53}	kuæ̃^{53}
襄垣	tuæ^{45}	tuæ^{45}	tuæ^{45}	luæ^{45}	tsuæ^{45}	suæ^{45}	suæ^{53}	kuæ^{53}
黎城	tuæ^{53}	tuæ^{53}	tuæ^{53}	luæ^{53}	tsuæ^{53}	suæ^{422}	suæ^{422}	kuæ^{213}
平顺	tuæ̃^{53}	tuæ̃^{53}	tuæ̃^{53}	luæ̃^{53}	tsuæ̃^{53}	suæ̃^{53}	suæ̃^{53}	kuæ̃^{53}
壶关	tuaŋ^{42}	tuaŋ^{353}	tuaŋ^{353}	luaŋ^{353}	tʂuaŋ^{33}	ʂuaŋ^{42}	ʂuaŋ^{353}	kuaŋ^{42}
沁县	tuæ^{53}	tuæ^{53}	tuæ^{53}	luæ^{53}	tsuæ^{53}	suæ^{53}	suæ^{53}	kuæ^{53}
武乡	tuæ^{55}	tuæ^{55}	tuæ^{55}	luæ^{55}	tsuæ^{55}	suæ^{55}	suæ^{55}	kuæ^{55}
沁源	tuæ̃^{53}	tuæ̃^{53}	tuæ̃^{53}	luæ̃^{53}	tsuæ̃^{53}	suæ̃^{53}	suæ̃^{53}	kuæ̃^{53}
安泽	tuæ^{53}	tuæ^{53}	tuæ^{53}	læ^{53}	tsuæ^{53}	suæ^{53}	suæ^{53}	kuæ^{53}
沁水端氏	tuæ^{53}	tuæ^{53}	tuæ^{53}	luæ^{53}	tsuæ^{53}	suæ^{53}	suæ^{53}	kuæ^{53}
阳城	tuɛ^{51}	tuɛ^{51}	tuɛ^{51}	luɛ^{51}	tsuɛ^{51}	suɛ^{51}	suɛ^{51}	kuɛ^{51}
高平	tuæ̃^{53}	tuæ̃^{53}	tuæ̃^{53}	nuæ̃^{53}	tʂuæ̃^{53}	ʂuæ̃^{53}	ʂuæ̃^{53}	kuæ̃^{53}
陵川	tuã^{24}	tuã^{24}	tuã^{24}	luã^{24}	tʂuã^{24}	ʂuã^{24}	ʂuã^{24}	kuã^{24}
晋城	tuæ^{53}	tuæ^{53}	tuæ^{53}	luæ^{53}	tʂuæ^{53}	ʂuæ^{53}	ʂuæ^{53}	kuæ^{53}
忻府	tuã^{53}	tuã^{53}	tuã^{53}	luã^{53}	tsuã^{53}	suã^{53}	suã^{53}	kuã^{53}
原平	tuẽ^{53}	tuẽ^{53}	tuẽ^{53}	luẽ^{53}	tsuẽ^{53}	suẽ^{53}	suẽ^{53}	kuẽ^{53}
定襄	tuɔ̃^{53}	tuɔ̃^{53}	tuɔ̃^{53}	luɔ̃^{53}	tsuɔ̃^{53}	suɔ̃^{53}	suɔ̃^{53}	kuɔ̃^{53}

续表

字目	锻	段	缎	乱	钻~子	算	蒜	贯
中古音／方言点	丁贯 山合一 去换端	徒玩 山合一 去换定	徒玩 山合一 去换定	郎段 山合一 去换来	子筭 山合一 去换精	苏贯 山合一 去换心	苏贯 山合一 去换心	古玩 山合一 去换见
五台	tuə̃^{52}	tuə̃^{52}	tuə̃^{52}	luə̃^{52}	tsuə̃^{52}	suə̃^{52}	suə̃^{52}	kuə̃^{52}/ kuæn^{52}
岢岚	tuæ^{52}	tuæ^{52}	tuæ^{52}	læ^{52} 老/ luæ^{52} 新	tʂuæ^{52}	suæ^{52}	suæ^{52}	kuæ^{52}
五寨	tuæ^{52}	tuæ^{52}	tuæ^{52}	læ^{52} 老/ luæ^{52} 新	tsuæ^{52}	suæ^{52}	suæ^{52}	kuæ^{13}
宁武	tuæ^{52}	tuæ^{52}	tuæ^{52}	luæ^{52}	tsuæ^{52}	suæ^{52}	suæ^{52}	kuæ^{52}
神池	tuæ^{52}	tuæ^{52}	tuæ^{52}	luæ^{52}	tsuæ^{52}	suæ^{52}	suæ^{52}	kuæ^{52}
繁峙	tuɛ^{24}	tuɛ^{24}	tuɛ^{24}	luɛ^{24}	tsuɛ^{24}	suɛ^{24}	suɛ^{24}	kuɛ^{24}
代县	tuɛ^{53}	tuɛ^{53}	tuɛ^{53}	luɛ^{53}	tsuɛ^{53}	suɛ^{53}	suɛ^{53}	kuɛ^{53}
河曲	tuæ^{52}	tuæ^{213}	tuæ^{213}	luæ^{52}	tsuæ^{213}	suæ^{52}	suæ^{52}	kuæ^{52}
保德	tuaŋ^{52}	tuaŋ^{52}	tuaŋ^{52}	luaŋ^{52}	tsuaŋ^{52}	suaŋ^{52}	suaŋ^{52}	kuaŋ^{52}
偏关	tuæ^{52}	tuæ^{52}	tuæ^{52}	luæ^{52}	tsuæ^{44}	suæ^{52}	suæ^{52}	kuæ^{52}
朔城	tuæ^{53}	tuæ^{53}	tuæ^{53}	læ^{53}	tsuæ^{53}	suæ^{53}	suæ^{53}	kuæ^{53}
平鲁	tuæ^{52}	tuæ^{52}	tuæ^{52}	læ^{52}	tsuæ^{52}	suæ^{52}	suæ^{52}	kuæ^{52}
应县	tuɛ̃^{24}	tuɛ̃^{24}	tuɛ̃^{24}	lɛ̃^{24}	tsuɛ̃^{24}	suɛ̃^{24}	suɛ̃^{24}	kuɛ̃^{24}
灵丘	tuæ^{442}	tuæ^{442}	tuæ^{442}	luæ^{53} 文	tsuæ^{53}	suæ^{53}	suæ^{53}	kuæ^{53}
浑源	tuæ^{13}	tuæ^{13}	tuæ^{13}	læ^{13}	tsuæ^{13}	suæ^{13}	suæ^{13}	kuæ^{13}
云州	tuæ^{24}	tuæ^{24}	tuæ^{24}	læ^{24}	tsuæ^{24}	suæ^{24}	suæ^{24}	kuæ^{24}
新荣	tuæ^{24}	tuæ^{24}	tuæ^{24}	læ^{24}	tsuæ^{24}	suæ^{24}	suæ^{24}	kuæ^{24}
怀仁	tuæ^{24}	tuæ^{24}	tuæ^{24}	læ^{24}	tsuæ^{24}	suæ^{24}	suæ^{24}	kuæ^{24}
左云	tuæ^{24}	tuæ^{24}	tuæ^{24}	luæ^{24}	tsuæ^{24}	suæ^{24}	suæ^{24}	kuæ^{24}
右玉	tuæ^{24}	tuæ^{24}	tuæ^{24}	læ^{24}	tsuæ^{24}	suæ^{24}	suæ^{24}	kuæ^{24}
阳高	tuɛ^{24}	tuɛ^{24}	tuɛ^{24}	luɛ^{24}	tsuɛ^{24}	suɛ^{24}	suɛ^{24}	kuɛ^{24}
山阴	tuæ^{335}	tuæ^{335}	tuæ^{335}	læ^{335}	tsuæ^{335}	suæ^{335}	suæ^{335}	kuæ^{335}
天镇	tuæ^{24}	tuæ^{24}	tuæ^{24}	læ^{24}	tsuæ^{24}	suæ^{24}	suæ^{24}	kuæ^{24}
平定	tuæ̃^{24}	tuæ̃^{24}	tuæ̃^{24}	luæ̃^{24}	tsuæ̃^{24}	suæ̃^{24}	suæ̃^{24}	kuæ̃^{24}
昔阳	tuæ̃^{13}	tuæ̃^{13}	tuæ̃^{13}	luæ̃^{13}	tsuæ̃^{13}	suæ̃^{13}	suæ̃^{13}	kuæ̃^{13}
左权	tuæ^{53}	tuæ^{53}	tuæ^{53}	læ^{53} 白/ luæ^{53} 文	tʂuæ^{53}	suæ^{53}	suæ^{53}	kuæ^{53}
和顺	tuæ^{13}	tuæ^{13}	tuæ^{13}	læ^{13} 白/ luæ^{13} 文	tsuæ^{13}	suæ^{13}	suæ^{13}	kuæ^{13}

续表

字目	锻	段	缎	乱	钻~子	算	蒜	贯
中古音 / 方言点	丁贯 山合一 去换端	徒玩 山合一 去换定	徒玩 山合一 去换定	郎段 山合一 去换来	子筭 山合一 去换精	苏贯 山合一 去换心	苏贯 山合一 去换心	古玩 山合一 去换见
尧都	tuæ̃^{44}	tuæ̃^{44}	tuæ̃^{44}	læ̃^{44}	tsuæ̃^{44}	suæ̃^{44}	suæ̃^{44}	kuæ̃^{21}
洪洞	tuɑn^{53}	tʰuɑn^{53} 白 / tuɑn^{53} 文	tʰuɑn^{53} 白 / tuɑn^{53} 文	lɑn^{53}	tsuɑn^{33}	suɑn^{33}	suɑn^{33}	kuɑn^{33}
洪洞赵城	tuɑ̃^{53}	tʰuɑ̃^{53} 白 / tuɑ̃^{53} 文	tʰuɑ̃^{53}	lɑ̃^{53} 白 / luɑ̃^{53} 文	tsʰuɑ̃^{24}	suɑ̃^{24}	suɑ̃^{24}	kuɑ̃^{24}
古县	tuan^{53}	tʰuan^{53}	tʰuan^{53} 白 / tuan^{53} 文	lan^{53}	tsuan^{35}	suan^{35}	suan^{35}	kuan^{35}
襄汾	tuan^{44}	tuan^{53}	tuan^{53}	lan^{53}	tsuan^{44}	suan^{44}	suan^{44}	kuan^{44}
浮山	tuãĩ^{44}	tʰuãĩ^{53}	tʰuãĩ^{53}	lãĩ^{53}	tsuãĩ^{44}	suãĩ^{44}	suãĩ^{44}	kuãĩ^{44}
霍州	tuaŋ^{53}	tʰuaŋ^{53} 白 / tuaŋ^{53} 文	tuaŋ^{53}	luaŋ^{53}	tsuaŋ^{55}	suaŋ^{55}	suaŋ^{55}	kuaŋ^{55}
翼城	tuæ̃^{53}	tuæ̃^{53}	tuæ̃^{53}	luæ̃^{53}	tsuæ̃^{53}	suæ̃^{53}	suæ̃^{53}	kuæ̃^{53}
闻喜	tʰuæ^{53}	tʰuæ^{53}	——	luæ^{13}	tsuæ^{13}	suæ^{53}	suæ^{53}	kuæ^{53}
侯马	tuæ̃^{53}	tuæ̃^{53}	tuæ̃^{53}	luæ̃^{53}	tsuæ̃^{213}	suæ̃^{53}	suæ̃^{53}	kuæ̃^{53}
新绛	tuã^{53}	tuã^{53}	tʰuã^{53}	luã^{53}	tsuã^{53}	suã^{53}	suã^{53}	kuã^{53}
绛县	tʰuæ^{31}	tuæ^{53}	tuæ^{53}	luæ^{31}	tsuæ^{31}	suæ^{31}	suæ^{31}	kuæ^{31}
垣曲	tʰuæ̃^{53}	tuæ̃^{53}	tʰuæ̃^{53}	luæ̃^{53}	tsuæ̃^{53}	suæ̃^{53}	suæ̃^{53}	kuæ̃^{53}
夏县	tʰuæ^{31} 白 / tuæ^{31} 文	tʰuæ^{31} 白 / tuæ^{31} 文	tʰuæ^{31} 白 / tuæ^{31} 文	luæ^{31}	tɕyæ^{31} 白 / tsuæ^{31} 文	ɕyæ^{31} 白 / suæ^{31} 文	ɕyæ^{31} 白 / suæ^{31} 文	kuæ^{31}
万荣	tuæ^{33}	tuæ^{33}	tʰuæ^{33}	luæ^{33}	tsuæ^{33}	suæ^{33}	suæ^{33}	kuæ^{33}
稷山	tʰuɑ̃^{42} 白 / tuɑ̃^{42} 文	tʰuɑ̃^{42}	tʰuɑ̃^{42}	luɑ̃^{42}	tsuɑ̃^{53}	suɑ̃^{42}	suɑ̃^{42}	kuɑ̃^{42}
盐湖	tuæ̃^{44}	tuæ̃^{44}	tuæ̃^{44}	luæ̃^{44}	tɕyæ̃^{44}	ɕyæ̃^{44}	ɕyæ̃^{44}	kuæ̃^{44}
临猗	tuæ̃^{44}	tuæ̃^{44}	tʰuæ̃^{44}	luæ̃^{44}	tsuæ̃^{44}	ɕyæ̃^{44} 白 / suæ̃^{44} 文	ɕyæ̃^{44} 白 / suæ̃^{44} 文	kuæ̃^{44}
河津	tuæ̃^{44}	tuæ̃^{44}	tʰuæ̃^{44}	luæ̃^{44}	tɕyæ̃^{44} 白	ɕyæ̃^{44} 白	ɕyæ̃^{44} 白	kuæ̃^{44}
平陆	tʰuan^{33}	tʰuan^{33}	tʰuan^{33}	luan^{33}	tɕyan^{33}	ɕyan^{33} 白 / suan^{33} 文	ɕyan^{33} 白 / suan^{33} 文	kuan^{33}
永济	tʰuai^{44} 白 / tuai^{44} 文	tuai^{44}	tʰuai^{44}	yai^{44} 白 / luai^{44} 文	tɕyai^{44} 白 / tsuai^{44} 白 / tɕyæ̃^{44} 文	ɕyai^{44} 白 / suai^{44} 文	ɕyai^{44} 白 / suai^{44} 文	kuai^{53}
芮城	tʰuæ̃^{44} 白 / tuæ̃^{44} 文	tuæ̃^{44}	tʰuæ̃^{44} 白 / tuæ̃^{44} 文	luæ̃^{44}	tsuæ̃^{44}	suæ̃^{44}	suæ̃^{44}	kuæ̃^{44}

续表

字目	锻	段	缎	乱	钻~子	算	蒜	贯
中古音 / 方言点	丁贯 山合一 去换端	徒玩 山合一 去换定	徒玩 山合一 去换定	郎段 山合一 去换来	子算 山合一 去换精	苏贯 山合一 去换心	苏贯 山合一 去换心	古玩 山合一 去换见
吉县	tuæ̃⁴²³	tʰuæ̃⁴²³ 白 / tuæ̃⁴²³ 文	tʰuæ̃⁴²³	luæ̃³³	tsuæ̃³³	suæ̃³³	suæ̃³³	kuæ̃³³
乡宁	tuæ²²	tuæ²²	tʰuæ²² 白 / tuæ²² 文	luæ²²	tsuæ²²	suæ²²	suæ²²	kuæ²²
广灵	tuæ²¹³	tuæ²¹³	tuæ²¹³	læ²¹³	tsuæ²¹³	suæ²¹³	suæ²¹³	kuæ²¹³

字目	罐	灌	观寺~	冠~军	玩~弄	玩游~	唤	焕
中古音 / 方言点	古玩 山合一 去换见	古玩 山合一 去换见	古玩 山合一 去换见	古玩 山合一 去换见	五换 山合一 去换疑	五换 山合一 去换疑	火贯 山合一 去换晓	火贯 山合一 去换晓
北京	kuan^{51}	kuan^{51}	kuan^{51}	kuan^{51}	uan^{35}	uan^{35}	xuan^{51}	xuan^{51}
小店	kuæ^{24}	kuæ^{24}	kuæ^{24}	kuæ^{24}	væ^{11}	væ^{11}	xuæ^{24}	xuæ^{24}
尖草坪	kuæ^{35}	kuæ^{35}	kuæ^{35}	kuæ^{35}	væ^{33}	væ^{33}	xuæ^{35}	xuæ^{35}
晋源	kuaŋ^{35}	kuaŋ^{35}	kuaŋ^{35}	kuaŋ^{35}	vaŋ^{11}	vaŋ^{11}	xuaŋ^{35}	xuaŋ^{35}
阳曲	kuæ^{454}	kuæ^{454}	kuæ^{454}	kuæ^{454}	væ^{43}	væ^{43}	xuæ^{454}	xuæ^{454}
古交	kuɛ^{53}	kuɛ^{53}	kuɛ^{53}	kuɛ^{53}	vɛ^{44}	vɛ^{44}	xuɛ^{53}	xuɛ^{53}
清徐	kuɛ^{45}	kuɛ^{45}	kuɛ^{45}	kuɛ^{45}	vɛ^{11}	vɛ^{11}	xuɛ^{45}	xuɛ^{45}
娄烦	kuæ^{54}	kuæ^{54}	kuæ^{54}	kuæ^{54}	væ^{33}	væ^{54}	xuæ^{54}	xuæ^{54}
榆次	kuæ^{35}	kuæ^{35}	kuæ^{11}	kuæ^{35}	væ^{35}	væ^{35}	xuæ^{35}	xuæ^{35}
交城	kũ^{24}	kũ^{24}	kũ^{24}	kũ^{24}	ũ^{11}	ũ^{24}	xũ^{24}	xũ^{24}
文水	kuæĩ^{35}	kuæĩ^{35}	kuæĩ^{35}	kuæĩ^{35}	uæĩ^{22}	uæĩ^{22}	xuæĩ^{35}	xuæĩ^{35}
祁县	kuə̃^{45}	kuə̃^{45}	kuə̃^{45}	kuə̃^{45}	uɑ̃^{31}	uɑ̃^{45}	xuə̃^{45}	xuə̃^{45}
太谷	kuẽĩ^{53}	kuẽĩ^{53}	kuẽĩ^{53}	kuẽĩ^{53}	vɑ̃^{33}	vɑ̃^{53}	xuẽĩ^{53}	xuẽĩ^{53}
平遥	kũɑ̃^{24}	kũɑ̃^{24}	kũɑ̃^{24}	kũɑ̃^{24}	ũɑ̃^{213}	ũɑ̃^{213}	xũɑ̃^{24}	xũɑ̃^{24}
孝义	kuã^{454}	kuə^{454}	kuã^{33}	kuã^{454}	uã^{33}	uã^{33}	xuə^{454}	xuə^{454}
介休	kuæ̃^{45}	kuæ̃^{45}	kuæ̃^{45}	kuæ̃^{45}	uæ̃^{13}	uæ̃^{13}	xuæ̃^{45}	xuæ̃^{45}
灵石	kuɒ̃^{53}	kuɒ̃^{53}	kuɒ̃^{53}	kuɒ̃^{53}	uɒ̃^{44}	uɒ̃^{44}	xuɒ̃^{53}	xuɒ̃^{53}
盂县	kuæ̃^{55}	kuæ̃^{55}	kuæ̃^{55}	kuæ̃^{55}	væ̃^{22}	væ̃^{22}	xuæ̃^{55}	xuæ̃^{55}
寿阳	kuæ^{45}	kuæ^{45}	kuæ^{45}	kuæ^{45}	væ^{22}	væ^{22}	xuæ^{45}	xuæ^{45}
榆社	kua^{45}	kua^{45}	kua^{45}	kua^{45}	va^{45}	va^{45}	xua^{45}	xua^{45}
离石	kou^{53}	kou^{53}	kuæ^{53}	kuæ^{53}	uæ^{44}	uæ^{44}	xou^{53} 白 / xuæ^{53} 文	xuæ^{53}
汾阳	ku^{55} 白 / kuã^{55} 文	ku^{55}	kuã^{55}	kuã^{55}	uã^{22}	uã^{22}	xu^{55}	xuã^{55}
中阳	kuɤ^{53}	kuɤ^{53}	kuæ^{53}	kuæ^{53}	uæ^{33}	uæ^{33}	xuɤ^{53} 白 / xuæ^{53} 文	xuæ^{53}
柳林	kuei^{53}	kuei^{53}	kuæ^{53}	kuæ^{53}	uæ^{44}	uæ^{44}	xuei^{53}	xuei^{53}
方山	kou^{52} 白 / kuæ^{52} 文	kuə^{52}	kuæ^{52}	kuæ^{52}	uæ^{44}	uæ^{44}	xuæ^{52}	xuæ^{52}
临县	kuæ^{52}	kuæ^{52}	kuæ^{24}	kuæ^{52}	uæ^{33}	uæ^{33}	xuɤ^{52}	xuɤ^{52}
兴县	kuẽn^{53}	kuẽn^{53}	kuæ̃^{53}	kuẽn^{53}	uæ̃^{324}	uæ̃^{324}	xuẽn^{53}	xuẽn^{53}
岚县	kuẽ^{53}	kuẽ^{53}	kuẽ^{53}	kuẽ^{53}	uẽ^{44}	uẽ^{44}	xuẽ^{53}	xuẽ^{53}
静乐	kuæ̃^{53}	kuæ̃^{53}	kuæ̃^{24}	kuæ̃^{24}	væ̃^{53}	væ̃^{53}	xuæ̃^{53}	xuæ̃^{53}

续表

字目	罐	灌	观寺~	冠~军	玩~弄	玩游~	唤	焕
中古音 / 方言点	古玩 山合一 去换见	古玩 山合一 去换见	古玩 山合一 去换见	古玩 山合一 去换见	五换 山合一 去换疑	五换 山合一 去换疑	火贯 山合一 去换晓	火贯 山合一 去换晓
交口	kuɑ̃^{53}	kuɑ̃^{53}	kuɑ̃^{53}	kuɑ̃^{53}	uɑ̃^{44}	uɑ̃^{44}	xuɑ̃^{53}	xuɑ̃^{53}
石楼	kuɑŋ^{51}	kuɑŋ^{51}	kuɑŋ^{51}	kuɑŋ^{51}	uɑŋ^{44}	uɑŋ^{44}	xuɑŋ^{51}	xuɑŋ^{51}
隰县	kuæ^{44}	kuæ^{44}	kuæ^{44}	kuæ^{44}	uaŋ^{24}	uaŋ^{24}	xuæ^{44}	xuæ^{44}
大宁	kuɛ̃^{55}	kuɛ̃^{55}	kuɛ̃^{31}	kuɛ̃^{55}	vɛ̃^{24}	vɛ̃^{55}	xuɛ̃^{55}	xuɛ̃^{55}
永和	kuɛi^{53}	kuɛi^{53}	kuɛi^{53}	kuɛi^{53}	uɛi^{35}	——	xuɛi^{53}	xuɛi^{53}
汾西	kuɑ̃^{55}	kuɑ̃^{55}	——	——	uɑ̃^{35}	——	xuɑ̃^{55}	xuɑ̃^{33}
蒲县	kuæ̃^{33}	kuæ̃^{33}	kuæ̃^{33}	kuæ̃^{33}	uæ̃^{24}	uæ̃^{24}	xuæ̃^{33}	xuæ̃^{33}
潞州	kuaŋ^{44}	kuaŋ^{44}	kuaŋ^{44}	kuaŋ^{44}	uaŋ^{24}	uaŋ^{53}	xuaŋ^{54}	xuaŋ^{54}
上党	kuɑŋ^{22}	kuɑŋ^{22}	kuɑŋ^{22}	kuɑŋ^{22}	uɑŋ^{42}	uɑŋ^{42}	xuɑŋ^{42}	xuɑŋ^{42}
长子	kuæ̃^{422}	kuæ̃^{422}	kuæ̃^{422}	kuæ̃^{422}	væ̃^{24}	væ̃^{24}	xuæ̃^{53}	xuæ̃^{53}
屯留	kuæ̃^{53}	kuæ̃^{53}	kuæ̃^{53}	kuæ̃^{53}	væ̃^{11}	væ̃^{11}	xuæ̃^{11}	xuæ̃^{53}
襄垣	kuæ^{53}	kuæ^{53}	kuæ^{33}	kuæ^{45}	væ^{31}	væ^{31}	xuæ^{45}	xuæ^{45}
黎城	kuæ^{213}	kuæ^{213}	kuæ^{53}	kuæ^{53}	uæ^{53}	uæ^{53}	xuæ^{53}	xuæ^{53}
平顺	kuæ̃^{53}	kuæ̃^{53}	kuæ̃^{213}	kuæ̃^{53}	uæ̃^{53}	uæ̃^{53}	xuæ̃^{53}	xuæ̃^{53}
壶关	kuaŋ^{42}	kuaŋ^{42}	kuaŋ^{42}	kuaŋ^{42}	uaŋ^{13}	uaŋ^{13}	xuaŋ^{42}	xuaŋ^{42}
沁县	kuæ^{53}	kuæ^{53}	kuæ^{53}	kuæ^{53}	væ^{33}	væ^{33}	xuæ^{53}	xuæ^{53}
武乡	kuæ^{55}	kuæ^{55}	kuæ^{55}	kuæ^{55}	væ^{33}	væ^{33}	xuæ^{55}	xuæ^{55}
沁源	kuæ̃^{53}	kuæ̃^{53}	kuæ̃^{53}	kuæ̃^{53}	væ̃^{33}	væ̃^{33}	xuæ̃^{53}	xuæ̃^{53}
安泽	kuæ^{53}	kuæ^{53}	kuæ^{53}	kuæ^{53}	uæ^{35}	uæ^{35}	xuæ^{53}	xuæ^{53}
沁水端氏	kuæ^{53}	kuæ^{53}	kuæ^{21}	kuæ^{53}	væ^{24}	væ^{24}	xuæ^{53}	xuæ^{53}
阳城	kuɛ^{51}	kuɛ^{51}	kuɛ^{51}	kuɛ^{51}	vɛ^{22}	vɛ^{22}	xuɛ^{51}	xuɛ^{51}
高平	kuæ̃^{53}	kuæ̃^{53}	kuæ̃^{53}	kuæ̃^{53}	væ̃^{33}	væ̃^{33}	xuæ̃^{53}	xuæ̃^{53}
陵川	kuã^{24}	kuã^{24}	kuã^{24}	kuã^{24}	uã^{53}	uã^{53}	xuã^{24}	xuã^{24}
晋城	kuæ^{53}	kuæ^{53}	kuæ^{53}	kuæ^{53}	uæ^{324}	uæ^{324}	xuæ^{53}	xuæ^{53}
忻府	kuɑ̃^{53}	kuɑ̃^{53}	kuɑ̃^{53}	kuɑ̃^{53}	vɑ̃^{21}	vɑ̃^{21}	xuɑ̃^{53}	xuɑ̃^{53}
原平	kuɛ̃^{53}	kuɛ̃^{53}	kuɛ̃^{53}	kuɛ̃^{53}	vɛ̃^{33}	vɛ̃^{33}	xuɛ̃^{53}	xuɛ̃^{53}
定襄	kuə̃^{53}	kuə̃^{53}	kuə̃^{213}	kuə̃^{53}	væ^{11}	væ^{11}	xuə̃^{53}	xuə̃^{53}
五台	kuə̃^{52}	kuə̃^{52}	kuə̃^{52}	kuə̃^{52}	uæn^{52}	uæn^{52}	xuə̃^{52}	xuə̃^{52}
岢岚	kuæ^{52}	kuæ^{52}	kuæ^{52}	kuæ^{52}	væ^{44}	væ^{44}	xuæ^{52}	xuæ^{52}
五寨	kuæ^{52}	kuæ^{52}	kuæ^{52}	kuæ^{52}	væ^{44}	væ^{44}	xuæ^{52}	xuæ^{52}
宁武	kuæ^{52}	kuæ^{52}	kuæ^{52}	kuæ^{52}	væ^{33}	væ^{33}	xuæ^{52}	xuæ^{52}

续表

字目	罐	灌	观寺~	冠~军	玩~弄	玩游~	唤	焕
中古音 / 方言点	古玩 山合一 去换见	古玩 山合一 去换见	古玩 山合一 去换见	古玩 山合一 去换见	五换 山合一 去换疑	五换 山合一 去换疑	火贯 山合一 去换晓	火贯 山合一 去换晓
神池	kuæ52	kuæ52	kuæ24	kuæ52	væ32	væ32	xuæ52	xuæ52
繁峙	kuɛ24	kuɛ24	kuɛ24	kuɛ24	vɛ31	vɛ31	xuɛ24	xuɛ24
代县	kuɛ53	kuɛ53	kuɛ53	kuɛ53	uɛ44	uɛ44	xuɛ53	xuɛ53
河曲	kuæ52	kuæ52	kuæ52	kuæ52	væ44	væ44	xuæ52	xuæ52
保德	kuɑŋ52	kuɑŋ52	kuɑŋ52	kuɑŋ52	vɑŋ44	vɑŋ44	xuɑŋ52	xuɑŋ52
偏关	kuæ52	kuæ52	kuæ52	kuæ52	væ44	væ44	xuæ52	xuæ52
朔城	kuæ53	kuæ53	kuæ53	——	væ35	——	kuæ53	kuæ53
平鲁	kuæ52	kuæ52	kuæ52	uæ44	uæ44	uæ44	xuæ52	xuæ52
应县	kuɛ̃24	kuɛ̃24	kuɛ̃24	kuɛ̃24	vɛ̃31	vɛ̃31	xuɛ̃24	xuɛ̃24
灵丘	kuæ53	kuæ53	kuæ53	kuæ53	væ31	væ31	xuæ53	xuæ53
浑源	kuæ13	kuæ13	kuæ13	kuæ13	væ22	væ22	xuæ13	xuæ13
云州	kuæ24	kuæ24	kuæ24	kuæ24	væ312	væ312	xuæ24	xuæ24
新荣	kuæ24	kuæ24	kuæ24	kuæ24	væ312	væ312	xuæ24	xuæ24
怀仁	kuæ24	kuæ24	kuæ24	kuæ24	væ312	væ312	xuæ24	xuæ24
左云	kuæ24	kuæ24	kuæ24	kuæ24	væ313	væ313	xuæ24	xuæ24
右玉	kuæ24	kuæ24	kuæ24	kuæ24	væ212	væ212	xuæ24	xuæ24
阳高	kuɛ24	kuɛ24	kuɛ24	kuɛ24	vɛ312	vɛ312	xuɛ24	xuɛ24
山阴	kuæ335	kuæ335	——	kuæ335	uæ313	——	xuæ335	xuæ335
天镇	kuæ24	kuæ24	kuæ24	kuæ24	væ22	væ22	xuæ24	xuæ24
平定	kuæ̃24	kuæ̃24	kuæ̃24	kuæ̃24	væ̃44	væ̃44	xuæ̃24	xuæ̃24
昔阳	kuæ̃13	kuæ̃13	kuæ̃13	kuæ̃13	væ̃33	væ̃33	xuæ̃13	xuæ̃13
左权	kuæ53	kuæ53	kuæ53	kuæ53	væ11	væ11	xuæ53	xuæ53
和顺	kuæ13	kuæ13	kuæ13	kuæ42	væ22	væ22	xuæ13	xuæ13
尧都	kuæ̃21	kuæ̃21	kuæ̃21	kuæ̃21	uæ̃24	uæ̃24	xuæ̃44	xuæ̃44
洪洞	kuɑn33	kuɑn33	kuɑn33	kuɑn33	uɑn24	uɑn24	xuɑn33	xuɑn53
洪洞赵城	kuɑ̃24	kuɑ̃24	kuɑ̃24	kuɑ̃24	uɑ̃24	uɑ̃24	xuɑ̃53	xuɑ̃53
古县	kuan53	kuan35	kuan53	kuan53	uan35	——	xuan35	xuan35
襄汾	kuan53	kuan44	kuan53	kuan53	uan24	uan24	xuan44	xuan44
浮山	kuaĩ53	kuaĩ44	kuaĩ53	kuaĩ53	——	——	xuaĩ44	xuaĩ44
霍州	kuaŋ55	kuaŋ55	kuaŋ55	kuaŋ55	uaŋ35	uaŋ35	xuaŋ55	xuaŋ55
翼城	kuæ̃53	kuæ̃53	kuæ̃53	kuæ̃53	uæ̃12	uæ̃12	xuæ̃53	kuæ̃53

续表

字目	罐	灌	观寺～	冠～军	玩～弄	玩游～	唤	焕
中古音 / 方言点	古玩 山合一去换见	古玩 山合一去换见	古玩 山合一去换见	古玩 山合一去换见	五换 山合一去换疑	五换 山合一去换疑	火贯 山合一去换晓	火贯 山合一去换晓
闻喜	kuæ^{53}	kuæ^{53}	——	kuæ^{53}	uæ^{13}	uæ^{13}	xuæ^{53}	xuæ^{53}
侯马	kuæ̃^{53}	kuæ̃^{53}	kuæ̃^{53}	kuæ̃^{53}	uæ̃^{213}	uæ̃^{213}	xuæ̃^{53}	xuæ̃^{53}
新绛	kuã^{53}	kuã^{53}	kuã^{53}	kuã^{53}	uã^{13}	uã^{13}	xuã^{53}	xuã^{53}
绛县	kuæ^{31}	kuæ^{31}	kuæ^{31}	kuæ^{31}	uæ^{24}	uæ^{24}	xuæ^{31}	xuæ^{31}
垣曲	kuæ̃^{53}	kuæ̃^{53}	kuæ̃^{53}	kuæ̃^{53}	uæ̃^{22}	uæ̃^{22}	xuæ̃^{53}	xuæ̃^{53}
夏县	kuæ^{31}	kuæ^{31}	kuæ^{31}	kuæ^{31}	——	——	xuæ^{31}	xuæ^{31}
万荣	kuæ^{33}	kuæ^{33}	kuæ^{33}	kuæ^{33}	uæ^{213}	uæ^{213}	xuæ^{51}	xuæ^{51}
稷山	kuɑ̃^{42}	kuɑ̃^{42}	kuɑ̃^{42}	kuɑ̃^{42}	uɑ̃^{13}	uɑ̃^{13}	xuɑ̃^{42}	xuɑ̃^{42}
盐湖	kuæ̃^{44}	kuæ̃^{44}	kuæ̃^{44}	kuæ̃^{44}	uæ̃^{13}	uæ̃^{13}	xuæ̃^{44}	xuæ̃^{44}
临猗	kuæ̃^{44}	kuæ̃^{44}	kuæ̃^{44}	kuæ̃^{44}	uæ̃^{13}	uæ̃^{13}	xuæ̃^{44}	xuæ̃^{44}
河津	kuæ̃^{44}	kuæ̃^{44}	kuæ̃^{44}	kuæ̃^{44}	uæ̃^{324}	uæ̃^{324}	xuæ̃^{44}	xuæ̃^{53}
平陆	kuan^{33}	kuan^{33}	kuan^{31}	kuan^{33}	uan^{13}	uan^{13}	xuan^{33}	xuan^{55}
永济	kuai^{53}	kuai^{53}	kuai^{31} 白 / kuæ̃^{31} 文	kuæ̃^{31}	vai^{44} 白 / væ̃^{24} 文	vai^{44} 白 / væ̃^{24} 文	xuai^{44}	xuai^{44}
芮城	kuæ̃^{44}	kuæ̃^{44}	kuæ̃^{42}	kuæ̃^{44}	uæ̃^{13}	uæ̃^{13}	xuæ̃^{44}	xuæ̃^{44}
吉县	kuæ̃^{33}	kuæ̃^{33}	kuæ̃^{423}	kuæ̃^{423}	uæ̃^{13}	uæ̃^{13}	xuæ̃^{33}	xuæ̃^{33}
乡宁	kuæ^{22}	kuæ^{22}	kuæ^{22}	kuæ^{22}	uæ^{12}	uæ^{12}	xuæ^{22}	xuæ^{22}
广灵	kuæ^{213}	kuæ^{213}	kuæ^{213}	kuæ^{213}	væ^{31}	væ^{31}	xuæ^{213}	xuæ^{213}

字目	换	惋	腕	拨	泼	抹	沫	末
中古音 方言点	胡换 山合一 去换匣	乌贯 山合一 去换影	乌贯 山合一 去换影	北末 山合一 入末帮	普活 山合一 入末滂	莫拨 山合一 入末明	莫拨 山合一 入末明	莫拨 山合一 入末明
北京	xuan^{51}	uan^{214}	uan^{51}	po^{55}	p^{h}o^{55}	mo^{214}	mo^{51}	mo^{51}
小店	xuæ^{24}	væ^{53}	væ^{24}	paʔ^{1}	p^{h}aʔ^{1}	maʔ^{1}	maʔ^{1}	maʔ^{1}
尖草坪	xuæ^{35}	væ^{312}	væ^{35}	paʔ^{2} 白 / pəʔ^{2} 文	p^{h}aʔ^{2} 白 / p^{h}əʔ^{2} 文	maʔ^{2} 白 / məʔ^{2} 文 / mɤɯ^{312} 文	maʔ^{2} 白 / məʔ^{2} 文	maʔ^{2} 白 / məʔ^{2} 文
晋源	xuaŋ^{35}	xuaŋ^{35}	xuaŋ^{35}	paʔ^{2}	p^{h}aʔ^{2}/p^{h}əʔ^{2}	maʔ^{2}	maʔ^{2}	maʔ^{2}
阳曲	xuæ^{454}	uæ^{312}	væ^{454}	pəʔ^{4}	pɤ^{312}	mɔʔ^{4}/maʔ^{4}	mɔʔ^{4}	mɔʔ^{4}
古交	xuɛ^{53}	vɛ^{312}	vɛ^{312}	paʔ^{4}	p^{h}aʔ^{4}	maʔ^{4}	maʔ^{4}	maʔ^{4}
清徐	xuɛ^{45}	vɛ^{54}	vɛ^{45}	paʔ^{1}	p^{h}aʔ^{1}	maʔ$^{\underline{54}}$	maʔ^{1} 白 / mɤɯ^{11} 文	maʔ^{1}
娄烦	xuæ^{54}	væ^{312}	væ^{54}	paʔ^{3}	p^{h}aʔ^{3}	mə^{312}/maʔ^{3}	maʔ^{3}	maʔ^{3}
榆次	xuæ^{35}	væ^{53}	væ^{53}	paʔ^{1}	p^{h}aʔ^{1}	maʔ^{1}	maʔ^{1}	maʔ^{1}
交城	xũ^{24}	ũ^{24}	ũ^{11}	pəʔ$^{\underline{53}}$	p^{h}aʔ^{1} 白 / p^{h}əʔ^{1} 文	mɤɯ^{53}/ maʔ^{1}	maʔ^{1}	maʔ^{1}
文水	xuæĩ^{35}	uæĩ^{423}	uæĩ^{35}	paʔ^{312}	p^{h}aʔ^{2}	mɪi^{423}/maʔ^{2}	maʔ^{2}	maʔ^{2}
祁县	xuə̃^{45}	uɑ̃^{314}	uə̃^{314}	pɑʔ$^{\underline{32}}$	p^{h}ɑʔ$^{\underline{32}}$	mɑʔ$^{\underline{32}}$	mɑʔ$^{\underline{32}}$	mɑʔ$^{\underline{32}}$
太谷	xuẽĩ^{53}	vẽĩ^{312}	vẽĩ^{312}	pəʔ^{3}	p^{h}iaʔ^{3}	maʔ^{3}/miaʔ^{3}	miaʔ^{3}	miaʔ^{3}
平遥	xũɑ̃^{24}	ũɑ̃^{512}	ũɑ̃^{512}	pʌʔ$^{\underline{523}}$	p^{h}ʌʔ$^{\underline{212}}$	mʌʔ$^{\underline{212}}$	mʌʔ$^{\underline{212}}$	mʌʔ$^{\underline{212}}$
孝义	xuə^{454}	uã^{312}	uə^{454}	pəʔ$^{\underline{423}}$	p^{h}əʔ^{3}	mᴇ^{312}	məʔ^{3}	məʔ^{3}
介休	xuæ̃^{45}	uæ̃^{423}	uæ̃^{423}	pʌʔ$^{\underline{312}}$	p^{h}ʌʔ$^{\underline{12}}$	miᴇ^{423}/ mʌʔ$^{\underline{12}}$	mʌʔ$^{\underline{12}}$	mʌʔ$^{\underline{12}}$
灵石	xuɒ̃^{53}	——	uɒ̃^{53}	pᴀʔ^{4}	p^{h}ᴀʔ^{4}	mᴀʔ^{4}	mᴀʔ^{4}	maʔ^{4}
盂县	xuæ̃^{55}	væ̃^{53}	væ̃^{55}	pəʔ$^{\underline{53}}$	p^{h}ʌʔ^{2}	muo^{53}/ mʌʔ^{2}	mʌʔ^{2}/ miəʔ$^{\underline{53}}$	mʌʔ^{2}
寿阳	xuæ^{45}	væ^{53}	væ^{45}	paʔ^{2}	p^{h}aʔ^{2}	maʔ^{2}	maʔ^{2}	maʔ^{2}
榆社	xua^{45}	va^{312}	va^{312}	paʔ^{2}	p^{h}aʔ^{2}	maʔ^{2}/mɤ^{312}	maʔ^{2}	maʔ^{2}
离石	xou^{53} 白 / xuæ^{53} 文	uæ^{312}	uou^{312}	p^{h}ɑʔ$^{\underline{23}}$	p^{h}əʔ^{4}	məʔ$^{\underline{23}}$	məʔ$^{\underline{23}}$	məʔ$^{\underline{23}}$
汾阳	xu^{55}	uã^{312}	u^{312}	pəʔ^{2}	p^{h}əʔ^{2}	maʔ$^{\underline{312}}$	məʔ$^{\underline{312}}$	maʔ$^{\underline{312}}$
中阳	xuɤ^{53} 白 / xuæ^{53} 文	uæ^{423}	uɤ^{423}	p^{h}ɑʔ$^{\underline{312}}$	p^{h}əʔ^{4}	məʔ$^{\underline{312}}$	məʔ$^{\underline{312}}$	məʔ$^{\underline{312}}$
柳林	xuei^{53}	——	uei^{312}	pəʔ^{4}	p^{h}əʔ^{4}	məʔ$^{\underline{423}}$	məʔ$^{\underline{423}}$	məʔ$^{\underline{423}}$
方山	xuə^{52}	uæ^{312}	uə^{312}	pəʔ^{4}	p^{h}əʔ^{4}	muə^{312}	məʔ$^{\underline{23}}$	məʔ$^{\underline{23}}$
临县	xuɤ^{52}	uæ^{312}	uɤ^{312}	pɐʔ^{3}	p^{h}ɐʔ^{3}	mɐʔ^{3}	mɐʔ^{3}	mɐʔ^{3}

续表

字目	换	惋	腕	拨	泼	抹	沫	末
中古音 / 方言点	胡换 山合一 去换匣	乌贯 山合一 去换影	乌贯 山合一 去换影	北末 山合一 入末帮	普活 山合一 入末滂	莫拨 山合一 入末明	莫拨 山合一 入末明	莫拨 山合一 入末明
兴县	xuẽn^{53}	——	uẽn^{53}	pəʔ^{5}	p^{h}əʔ^{5}	maʔ$^{\underline{312}}$/ mɤ^{324}	məʔ$^{\underline{312}}$	maʔ^{5}
岚县	xuẽ^{53}	uẽ^{312}	uẽ^{312}	paʔ^{4}/pɤʔ^{4}	p^{h}ɤʔ^{4}	mɤʔ^{4}/ mɤ^{312}	mɤʔ^{4}	mɤʔ^{4}
静乐	xuæ̃^{53}	væ̃^{53}	væ̃^{53}	p^{h}aʔ^{4}	p^{h}aʔ^{4}	maʔ^{4}	maʔ^{4}	maʔ^{4}
交口	xuɑ̃^{53}	uɑ̃^{323}	uɑ̃^{323}	paʔ^{4}/pəʔ^{4}	p^{h}əʔ^{4}	maʔ^{4}	məʔ^{4}	məʔ^{4}
石楼	xuɑŋ^{51}	uɑŋ^{213}	uɑŋ^{51}	pʌʔ^{4}	pʌʔ^{4} 白 / p^{h}ʌʔ^{4} 文	mʌʔ^{4}	mʌʔ^{4}	mʌʔ^{4}
隰县	xuæ^{44}	uaŋ^{21}	uaŋ^{21}	p^{h}aʔ^{3}	p^{h}aʔ^{3}	maʔ^{3}	maʔ^{3}	maʔ^{3}
大宁	xuɛ̃^{55}	vɛ̃^{31}	vɛ̃^{31}	pɐʔ$^{\underline{31}}$	p^{h}ɐʔ$^{\underline{31}}$	mɐʔ$^{\underline{31}}$	mɐʔ$^{\underline{31}}$	mɐʔ$^{\underline{31}}$
永和	xuɛi^{53}	——	ɑ̃ 白 /uɛi^{53} 文	——	p^{h}ɐʔ$^{\underline{35}}$	mɐʔ$^{\underline{312}}$	mɐʔ$^{\underline{312}}$/ miɐʔ$^{\underline{35}}$	mɐʔ$^{\underline{312}}$
汾西	xuɑ̃^{53}	uɑ̃^{33}	uɑ̃^{55}	pu^{11}	p^{h}u^{11}	mɯ^{33} 白 / mɑ^{11}	mu^{11}	mu^{11}
蒲县	xuæ̃^{33}	uæ̃^{31}	uæ̃^{33}	po^{52}	p^{h}u^{52}	mʌʔ$^{\underline{43}}$	mo^{52}	mo^{52}
潞州	xuaŋ^{54}	uaŋ^{535}	uaŋ^{312}	pəʔ$^{\underline{53}}$	p^{h}əʔ$^{\underline{53}}$	məʔ$^{\underline{53}}$	məʔ$^{\underline{53}}$	məʔ$^{\underline{53}}$
上党	xuɑŋ^{42}	uɑŋ^{535}	uɑŋ^{535}	pəʔ$^{\underline{21}}$	p^{h}əʔ$^{\underline{21}}$	mɑʔ$^{\underline{21}}$	məʔ$^{\underline{21}}$	məʔ$^{\underline{21}}$
长子	xuæ̃^{53}	væ̃^{434}	væ̃^{53}	pəʔ^{4}	p^{h}əʔ^{4}	maʔ^{4}	məʔ^{4}	məʔ^{4}
屯留	xuæ̃^{11}	væ̃^{43}	væ̃^{53}	pəʔ^{1}	p^{h}əʔ^{1}	məʔ^{1}	məʔ^{1}	məʔ^{1}
襄垣	xuæ^{45}	——	væ^{53}	pʌʔ^{3}	p^{h}ʌʔ^{3}	mʌʔ^{3}	mʌʔ^{3}	mʌʔ^{3}
黎城	xuæ^{53}	uæ^{213}	uæ^{422}	pʌʔ^{2}	p^{h}ʌʔ^{2}	mʌʔ$^{\underline{31}}$	mʌʔ$^{\underline{31}}$	mʌʔ$^{\underline{31}}$
平顺	xuæ̃^{53}	uæ̃^{53}	uæ̃^{434}	piʌʔ$^{\underline{212}}$	p^{h}o^{213}	mʌʔ$^{\underline{423}}$	miʌʔ$^{\underline{423}}$	miʌʔ$^{\underline{423}}$
壶关	xuaŋ^{353}	uaŋ^{535}	uaŋ^{535}	piʌʔ^{2}	p^{h}iʌʔ^{2}	mə^{353}/ mʌʔ$^{\underline{21}}$	miʌʔ$^{\underline{21}}$	miʌʔ$^{\underline{21}}$
沁县	xuæ^{53}	——	væ^{214}	paʔ$^{\underline{31}}$	p^{h}aʔ$^{\underline{31}}$	maʔ$^{\underline{31}}$	maʔ$^{\underline{31}}$	maʔ$^{\underline{31}}$
武乡	xuæ^{55}	væ^{55}	væ^{55}	pʌʔ^{3}	p^{h}ʌʔ^{3}	mɤ^{213}/ mʌʔ^{3}	mʌʔ^{3}	mʌʔ^{3}
沁源	xuæ̃^{53}	væ̃^{324}	væ̃^{53}	pʌʔ$^{\underline{31}}$	p^{h}ʌʔ$^{\underline{31}}$	mʌʔ$^{\underline{31}}$	mʌʔ$^{\underline{31}}$	mʌʔ$^{\underline{31}}$
安泽	xuæ^{53}	——	uæ^{53}	po^{21}	p^{h}o^{21}	mʌʔ$^{\underline{21}}$	mo^{21}	mo^{21}
沁水端氏	xuæ^{53}	væ^{31}	væ^{31}	paʔ^{2}	p^{h}aʔ^{2}	maʔ^{2}	maʔ^{2}	maʔ^{2}
阳城	xue^{51}	ve^{212}	ve^{51}	pʌʔ^{2}	p^{h}ʌʔ^{2}	mʌʔ^{2} 白 / muə^{212} 文	mʌʔ^{2}	mʌʔ^{2}
高平	xuæ̃^{53}	væ̃^{212}	væ̃^{53}	pʌʔ^{2}	p^{h}ʌʔ^{2}	mʌʔ^{2}	mʌʔ^{2}	mʌʔ^{2}

续表

字目 中古音 / 方言点	换	惋	腕	拨	泼	抹	沫	末
中古音	胡换 山合一 去换匣	乌贯 山合一 去换影	乌贯 山合一 去换影	北末 山合一 入末帮	普活 山合一 入末滂	莫拨 山合一 入末明	莫拨 山合一 入末明	莫拨 山合一 入末明
陵川	xuã^{24}	uã^{312}	uã^{24}	pʌʔ^{3}	pʰʌʔ^{3}	mʌʔ$^{\underline{23}}$	mʌʔ$^{\underline{23}}$	mʌʔ$^{\underline{23}}$
晋城	xuæ^{53}	uæ^{213}	uæ^{53}	pʌʔ^{2}	pʰʌʔ^{2}	muə^{213}/ mʌʔ^{2}	mʌʔ^{2}	mʌʔ^{2}
忻府	xuɑ̃^{53}	vɑ̃^{313}	vɑ̃^{53}	pɑʔ$^{\underline{32}}$	pʰɑʔ$^{\underline{32}}$	mɑʔ$^{\underline{32}}$ 白 / mɛ^{313} 文	mɑʔ$^{\underline{32}}$	mɑʔ$^{\underline{32}}$
原平	xuɛ̃^{53}	vɛ̃^{213}	vɛ̃^{53}	pəʔ$^{\underline{34}}$	pʰuɔʔ$^{\underline{34}}$	mɤ^{213}	muɔʔ$^{\underline{34}}$	muɔʔ$^{\underline{34}}$
定襄	xuɔ̃^{53}	væ^{24}	væ^{53}	paʔ^{1}	pʰaʔ^{1}	muəʔ^{1}	maʔ^{1}	maʔ^{1}
五台	xuɔ̃^{52}	uɔ̃^{213}	uæn^{52}	pəʔ^{3}	pʰəʔ^{3}	mɑʔ^{3}/məʔ^{3}	məʔ^{3}	məʔ^{3}
岢岚	xuæ^{52}	væ^{13}	væ^{52}	paʔ^{4}	pʰaʔ^{4}	maʔ^{4}	maʔ^{4}	maʔ^{4}
五寨	xuæ^{52}	væ^{13}	væ^{52}	paʔ^{4}	pʰaʔ^{4}	maʔ^{4}	maʔ^{4}	maʔ^{4}
宁武	xuæ^{52}	væ^{213}	væ^{52}	pəʔ^{4}	pʰəʔ^{4}	mɒ^{213}	məʔ^{4}	məʔ^{4}
神池	xuæ^{52}	væ^{52}	væ^{52}	pᴀʔ^{4}	pʰᴀʔ^{4}	mᴀʔ^{4}	mᴀʔ^{4}	mᴀʔ^{4}
繁峙	xue^{24}	vɛ^{53}	vɛ^{24}	paʔ$^{\underline{13}}$	pʰaʔ$^{\underline{13}}$	maʔ$^{\underline{13}}$	maʔ$^{\underline{13}}$	maʔ$^{\underline{13}}$
代县	xue^{53}	ue^{213}	uɛ^{213}	paʔ^{2}	pʰaʔ^{2}	maʔ^{2}	maʔ^{2}	maʔ^{2}
河曲	xuæ^{52}	væ^{213}	væ^{52}	paʔ^{4}	pʰaʔ^{4}	maʔ^{4}	maʔ^{4}	maʔ^{4}
保德	xuaŋ^{52}	vaŋ^{213}	vaŋ^{52}	pəʔ^{4}	pʰəʔ^{4}	mᴀ^{44}	məʔ^{4}	məʔ^{4}
偏关	xuæ^{52}	væ^{213}	væ^{52}	pᴀʔ^{4}	pʰᴀʔ^{4}	mᴀʔ^{4}	mᴀʔ^{4}	mᴀʔ^{4}
朔城	kuæ^{53}	——	væ^{53}	pəʔ$^{\underline{35}}$	pᴀʔ$^{\underline{35}}$	mᴀʔ$^{\underline{35}}$	mᴀʔ$^{\underline{35}}$	mᴀʔ$^{\underline{35}}$
平鲁	xuæ^{52}	uæ^{213}	uæ^{52}	pʌʔ^{34}	pʰʌʔ$^{\underline{34}}$	muə^{213}/ mʌʔ$^{\underline{34}}$	muə^{52}/ mʌʔ$^{\underline{34}}$	mʌʔ$^{\underline{34}}$
应县	xuɛ̃^{24}	vɛ̃^{54}	vɛ̃^{24}	paʔ$^{\underline{43}}$	pʰaʔ$^{\underline{43}}$	muɤ^{54}/ maʔ$^{\underline{43}}$	maʔ$^{\underline{43}}$	maʔ$^{\underline{43}}$
灵丘	xuæ^{53}	væ^{442}	væ^{53}	pᴀʔ^{5}	pʰᴀʔ^{5}	mue^{442}	mᴀʔ^{5}	mᴀʔ^{5}
浑源	xuæ^{13}	——	væ^{13}	pʌʔ^{4}	pʰʌʔ^{4}	muo^{52}/ mʌʔ^{4}	mʌʔ^{4}	mʌʔ^{4}
云州	xuæ^{24}	væ^{55}	væ^{24}	pɑʔ^{4}	pʰɑʔ^{4}	mo^{55}	mɑʔ^{4}	mɑʔ^{4}
新荣	xuæ^{24}	væ^{54}	væ^{24}	paʔ^{4}	pʰaʔ^{4}/paʔ^{4}	mo^{54}/maʔ^{4}	maʔ^{4}	maʔ^{4}
怀仁	xuæ^{24}	væ^{53}	væ^{24}	paʔ^{4}	pʰaʔ^{4}	maʔ^{4}	maʔ^{4}	maʔ^{4}
左云	xuæ^{24}	væ^{54}	væ^{24}	paʔ^{4}	pʰaʔ^{4} 白 / pʰuo^{31} 文	maʔ^{4} 白 / muo^{54} 文	maʔ^{4}	maʔ^{4}
右玉	xuæ^{24}	——	væ^{24}	paʔ^{4}	pʰaʔ^{4}	maʔ^{4}	maʔ^{4}	maʔ^{4}
阳高	xuɛ^{24}	vɛ^{53}	vɛ^{24}	pɑʔ^{3}	pʰɤ^{31}	mɤ^{53}/mɑʔ^{3}	mɤ^{24}	mɑʔ^{4}

续表

字目	换	惋	腕	拨	泼	抹	沫	末
中古音 / 方言点	胡换 山合一 去换匣	乌贯 山合一 去换影	乌贯 山合一 去换影	北末 山合一 入末帮	普活 山合一 入末滂	莫拨 山合一 入末明	莫拨 山合一 入末明	莫拨 山合一 入末明
山阴	xuæ^{335}	uæ^{52}	uæ^{335}	puə^{313}	p^{h}ᴀʔ^{4}	mᴀʔ^{4}	mᴀʔ^{4}	mᴀʔ^{4}
天镇	xuæ^{24}	——	væ^{24}	pɑʔ^{4}	pɑʔ^{4}白 / p^{h}ɑʔ^{4}文	mɑʔ^{4}	mɑʔ^{4}	mɑʔ^{4}
平定	xuæ̃^{24}	——	væ̃^{24}	paʔ^{4}	paʔ^{4}	mɑ^{53}/mɤ^{53}/ maʔ$^{\underline{23}}$	maʔ$^{\underline{23}}$	maʔ$^{\underline{23}}$
昔阳	xuæ̃^{13}	væ̃^{55}	væ̃^{13}	pʌʔ$^{\underline{43}}$	p^{h}ʌʔ$^{\underline{43}}$	mʌʔ$^{\underline{43}}$	mʌʔ$^{\underline{43}}$	mʌʔ$^{\underline{43}}$
左权	xuæ^{53}	——	væ^{53}	——	p^{h}əʔ^{1}	mɑʔ^{1}	mɤ^{53}	——
和顺	xuæ^{13}	væ^{53}	væ^{53}	pəʔ$^{\underline{21}}$	p^{h}əʔ$^{\underline{21}}$	məʔ$^{\underline{21}}$/ maʔ$^{\underline{21}}$	məʔ$^{\underline{21}}$	məʔ$^{\underline{21}}$
尧都	xuæ̃^{44}	uæ̃^{44}	uæ̃^{44}	po^{21}	p^{h}o^{21}	mo^{53}	mo^{44}	mo^{44}
洪洞	xuɑn^{53}	——	uɑn^{42}	po^{21}	p^{h}o^{21}	mo^{42}	mo^{21}	mo^{21}
洪洞赵城	xuɑ̃^{53}	——	uɑ̃^{53}	po^{21}	p^{h}o^{21}	mo^{21}	mo^{21}	mo^{21}
古县	xuan^{53}	——	uan^{53}	po^{21}	p^{h}o^{21}	mo^{21}	mo^{21}	mo^{21}
襄汾	xuan^{53}	uan^{42}	uan^{44}	pɔ^{21}	p^{h}ɔ^{21}	ma^{21}/mɔ^{42}	mɔ^{21}	mɔ^{21}
浮山	xuãĩ^{53}	uãĩ^{33}	uãĩ^{44}	pɤ^{42}	p^{h}ɤ^{42}	ma^{42}/mɤ^{33}	mɤ^{42}	mɤ^{42}
霍州	xuaŋ^{53}	uaŋ^{55}	uaŋ^{55}	puɤ^{212}	p^{h}uɤ^{212}	muɤ^{33}	muɤ^{53}	muɤ^{33}/ ma^{212}
翼城	kuæ̃^{53}	væ̃^{12}	væ̃^{53}	ŋɤ^{53}	pɤ^{53}	mo^{44}	mo^{53}	mo^{53}
闻喜	xuæ^{13}	uæ^{53}	uæ^{53}	pɤ^{53}	p^{h}ɤ^{53}	mɤ^{53}	mɤ^{53}	mɤ^{53}
侯马	xuæ̃^{53}	uæ̃^{44}	uæ̃^{53}	pɤ^{213}	p^{h}ɤ^{213}	mɑ^{213}	mɤ^{53}	mɤ^{53}
新绛	xuã^{53}	uã^{44}	uã^{53}	puɤ^{53}	p^{h}uɤ^{53}	mɤ^{13}	mɤ^{53}	muɤ^{53}
绛县	xuæ^{53}	uæ^{33}	væ^{33}	pɤ^{53}	p^{h}ɤ^{53}	mɑ^{24}/mɤ^{53}	mɤ^{53}	mɤ^{53}
垣曲	xuæ̃^{53}	uæ̃^{44}	uæ̃^{44}	pɤ^{53}	p^{h}ɤ^{53}	muo^{44}	muo^{22}	mɤ^{53}
夏县	xuæ^{31}	——	uæ^{31}	puɤ^{53}	p^{h}uɤ^{53}	mɤ^{53}	mɤ^{31}	mɤ^{31}
万荣	xuæ^{33}	uæ^{55}	uæ^{55}	pɤ^{51}	p^{h}ɤ^{51}	mɤ^{51}	mɤ^{51}	mɤ^{51}
稷山	xuɑ̃^{42}	uɑ̃^{42}	uɑ̃^{42}	pɤ^{53}	p^{h}ɤ^{53}	mɑ^{53}	mɤ^{42}	mɤ^{53}
盐湖	xuæ̃^{44}	uæ̃^{53}	uæ̃^{44}	po^{42}	p^{h}o^{42}	ma^{42}/mo^{53}	mo^{42}	mo^{42}
临猗	xuæ̃^{44}	væ̃^{53}	uæ̃^{53}	po^{42}	p^{h}o^{42}	ma^{42}/mo^{53}	mo^{42}	mo^{42}
河津	xuæ̃^{44}	uæ̃^{53}	uæ̃^{44}	pɤ^{31}	p^{h}ɤ^{31}	ma^{31}/mɤ^{53}	mɤ^{31}	mɤ^{31}
平陆	xuan^{33}	uan^{55}	uan^{33}	pə^{31}	p^{h}ə^{31}	mə^{55}	mə^{33}	mə^{33}

续表

字目	换	惋	腕	拨	泼	抹	沫	末
中古音 / 方言点	胡换 山合一 去换匣	乌贯 山合一 去换影	乌贯 山合一 去换影	北末 山合一 入末帮	普活 山合一 入末滂	莫拨 山合一 入末明	莫拨 山合一 入末明	莫拨 山合一 入末明
永济	$xuai^{44}$	$v\tilde{æ}^{53}$	$v\tilde{æ}^{53}$	puo^{31}	p^huo^{31}	ma^{31} 白 / muo^{31} 文 / muo^{53}	muo^{31}	muo^{31}
芮城	$xu\tilde{æ}^{44}$	$u\tilde{æ}^{53}$	$u\tilde{æ}^{53}$	po^{42}	po^{42} 白 / p^ho^{42} 文	$mɤ^{42}$ 白 / ma^{42} 文	$mɤ^{42}$	mo^{42}
吉县	$xu\tilde{æ}^{33}$	——	$u\tilde{æ}^{33}$	$pə^{423}$	$p^hə^{423}$	$mə^{53}$ / ma^{423}	$mə^{423}$	$mə^{423}$
乡宁	$xuæ^{22}$	$uæ^{44}$	$uæ^{22}$	$pɤ^{53}$	$p^hɤ^{53}$	ma^{53}	$mɤ^{53}$	$mɤ^{53}$
广灵	$xuæ^{213}$	$væ^{44}$	$væ^{213}$	po^{53}	p^ho^{53}	mo^{44}	mo^{213}	mo^{213}

字目	脱	夺	撮	括包~	阔	豁	活	山
中古音 方言点	他括 山合一 入末透	徒活 山合一 入末定	仓括 山合一 入末清	古活 山合一 入末见	苦括 山合一 入末溪	呼括 山合一 入末晓	户括 山合一 入末匣	所间 山开二 平山生
北京	tʰuo^{55}	tuo^{35}	tsʰuo^{55}/ tsuo^{214}	kʰuo^{51}	kʰuo^{51}	xuo^{55}/ xuo^{51}	xuo^{35}	ʂan^{55}
小店	tʰuaʔ^{1}	tʰuaʔ^{1}	tsʰuəʔ^{1}	kʰuaʔ^{1}	kʰuaʔ^{1}	xuaʔ^{1}	xuaʔ$^{\underline{54}}$	sæ^{11}
尖草坪	tʰuaʔ^{2} 白 / tʰuəʔ^{2} 文	tuaʔ$^{\underline{43}}$ 白 / tuəʔ^{2} 文	tsuaʔ^{2} 白 / tsuəʔ^{2} 文	kʰuaʔ^{2}	kʰuaʔ^{2}	xuaʔ^{2} 白 / xuəʔ^{2} 文	xuaʔ$^{\underline{43}}$ 白 / xuəʔ$^{\underline{43}}$ 文	sæ^{33}
晋源	tʰuaʔ^{2}	tuaʔ$^{\underline{43}}$	tsuaʔ^{2}/ tsʰuaʔ^{2}	kʰuaʔ^{2}	kʰuaʔ^{2}	xuaʔ^{2}	xuaʔ$^{\underline{43}}$	saŋ^{11}
阳曲	tʰuəʔ	tuəʔ^{4}	tsuəʔ^{4}/ tsʰuəʔ^{4}	kʰuaʔ^{4}	kʰuaʔ^{4} 白 / kʰuɤ^{454} 文	xuəʔ^{4}	xuəʔ$^{\underline{212}}$	sæ^{312}
古交	tʰuaʔ^{4}	tuaʔ$^{\underline{312}}$	tsʰuaʔ^{4}	kʰuaʔ^{4}	kʰuaʔ^{4}	xuaʔ^{4}	xuaʔ$^{\underline{312}}$	sɛ^{44}
清徐	tʰuaʔ^{1}	tuaʔ$^{\underline{54}}$	tsʰuaʔ^{1}	kuaʔ^{1}	kuaʔ^{1}	xuaʔ^{1}	xuaʔ$^{\underline{54}}$	sɛ^{11}
娄烦	tʰuaʔ^{3}	tuaʔ$^{\underline{21}}$	tsuaʔ^{3}/ tsʰuaʔ^{3}	kʰuaʔ^{3}	kʰuaʔ^{3}/ kʰɷ^{54}	xuaʔ^{3}	xuaʔ$^{\underline{21}}$	sæ^{33}
榆次	tʰuaʔ^{1}	tuaʔ^{1}	tsuaʔ^{1}	kuaʔ^{1}	kuaʔ^{1}	xuaʔ^{1}	xuaʔ$^{\underline{53}}$	sæ^{11}
交城	tʰuaʔ^{1}	tuaʔ^{1}	tsʰuaʔ^{1}	kʰuaʔ^{1}	kʰuɤɯ^{24} 白 / kʰuaʔ^{1} 文	xuaʔ^{1} 白 / xuəʔ^{1} 文	xuaʔ$^{\underline{53}}$	sã^{11}
文水	tʰuaʔ^{2}	tuaʔ$^{\underline{312}}$	tɕʰyəʔ^{2}	kʰuaʔ^{2}	kʰuaʔ^{2}/ kʰuɪi^{35}	xuaʔ^{2}	xuaʔ$^{\underline{312}}$	saŋ^{22}
祁县	tʰuɑʔ$^{\underline{32}}$	tuɑʔ$^{\underline{324}}$	tsuɑʔ$^{\underline{32}}$/ tsʰuɑʔ$^{\underline{32}}$	kʰuɑʔ$^{\underline{32}}$	kʰuɑʔ$^{\underline{32}}$	xuɑʔ$^{\underline{32}}$	xuɑʔ$^{\underline{324}}$	ʂɑ̃^{31}
太谷	tʰyaʔ^{3}	tyaʔ$^{\underline{423}}$	tsʰuaʔ^{3}/ tɕʰyaʔ^{3}	kʰuaʔ^{3}	kʰuaʔ^{3}	xyaʔ^{3}	xuaʔ$^{\underline{423}}$	sɑ̃^{33}
平遥	tʰuʌʔ$^{\underline{212}}$	tuʌʔ$^{\underline{523}}$	tsuei^{24}	kʰuʌʔ$^{\underline{212}}$	kʰuʌʔ$^{\underline{212}}$ 白 / kʰuəʔ^{24} 文	xuʌʔ$^{\underline{213}}$	xuʌʔ$^{\underline{523}}$	sɑ̃^{213}
孝义	tʰuəʔ^{3}	tuəʔ$^{\underline{423}}$	tsʰuəʔ^{3}	kʰuaʔ^{3}	kʰuəʔ^{3} 白 / kʰuə^{454} 文	xuəʔ^{3}	xuəʔ$^{\underline{423}}$	sã^{33}
介休	tʰuʌʔ$^{\underline{12}}$	tuʌʔ$^{\underline{312}}$	tsuʌʔ$^{\underline{12}}$	kʰuʌʔ$^{\underline{12}}$	kʰuʌʔ$^{\underline{12}}$/ kʰuɤ^{45}	xuʌʔ$^{\underline{12}}$	xuʌʔ$^{\underline{312}}$	sæ̃^{13}
灵石	tʰuaʔ^{4}	tuaʔ$^{\underline{212}}$	tsʰuaʔ^{4}	kuaʔ^{4}	kuaʔ^{4}	xuaʔ^{4}	xuaʔ$^{\underline{212}}$	sɒ̃^{535}
盂县	tʰuʌʔ^{2}	tuʌʔ^{2}	tsʰuʌʔ^{2}	kʰuʌʔ^{2}	kʰuo^{55} 白 / kʰuʌʔ^{2} 文	xuʌʔ^{2}	xuʌʔ$^{\underline{53}}$	sæ̃^{412}
寿阳	tʰuaʔ^{2}	tuaʔ$^{\underline{54}}$	tsʰuaʔ^{2}	kʰuaʔ^{2}	kʰuaʔ^{2}/ kuəɯ^{45}	xuaʔ^{2}	xuaʔ$^{\underline{54}}$	sæ^{31}
榆社	tʰuaʔ^{2}	tuaʔ$^{\underline{312}}$	tsuaʔ^{2}	kuaʔ^{2}	kuaʔ^{2}	xuaʔ^{2}	xuaʔ$^{\underline{312}}$	sa^{22}
离石	tʰuəʔ^{4}	tʰuəʔ$^{\underline{23}}$ tuəʔ^{4}	tsʰuə^{24}	kʰuəʔ^{4}	kʰuəʔ^{4}	xuəʔ^{4}	xuəʔ$^{\underline{23}}$	sæ^{24}

续表

字目	脱	夺	撮	括包~	阔	豁	活	山
中古音／方言点	他括 山合一 入末透	徒活 山合一 入末定	仓括 山合一 入末清	古活 山合一 入末见	苦括 山合一 入末溪	呼括 山合一 入末晓	户括 山合一 入末匣	所间 山开二 平山生
汾阳	tʰuəʔ^{2}	tuəʔ$^{\underline{312}}$	tsʰuəʔ^{2}	kʰuaʔ^{2}	kʰu^{55}	xuəʔ^{2}	xuəʔ$^{\underline{312}}$	sã^{324}
中阳	tʰuəʔ^{4}	tʰuəʔ$^{\underline{312}}$/ tuəʔ^{4} 文	tʂʰuɤ^{24}	kʰuəʔ^{4}	kʰuəʔ^{4}	xuəʔ^{4}	xuəʔ$^{\underline{312}}$	sæ^{24}
柳林	tʰuəʔ$^{\underline{423}}$	tʰuəʔ$^{\underline{423}}$	tsuəʔ^{4}	kʰuəʔ^{4}	kʰuəʔ^{4}	xuəʔ^{4}	xuəʔ$^{\underline{423}}$	sæ^{24}
方山	tʰuəʔ^{4}	tʰuəʔ$^{\underline{23}}$ 白 / tuəʔ^{4} 文	tsʰuə^{24}	kʰuəʔ^{4}	kʰuəʔ^{4}	xuəʔ^{4}	xuəʔ$^{\underline{23}}$	sæ^{24}
临县	tʰuɐʔ^{3}	tʰuɐʔ$^{\underline{24}}$	tsʰuɐʔ^{3}	kʰuaʔ^{3}	kuaʔ^{3}	xuaʔ^{3}	xuaʔ$^{\underline{24}}$	sæ^{24}
兴县	tʰuəʔ^{5}	tʰuəʔ$^{\underline{312}}$ 白 / tuəʔ^{5} 文	tsuəʔ^{5}	kʰuaʔ^{5}	kʰuəʔ^{5} 白 / kʰuɤ^{53} 文	xuəʔ^{5}	xuəʔ$^{\underline{312}}$	sæ̃^{324}
岚县	tʰueʔ^{4}	tʰueʔ$^{\underline{312}}$ 白 / tueʔ^{4} 文	tsueʔ^{4}	tsueʔ^{4}	kʰueʔ^{4}	xueʔ^{4}	xueʔ$^{\underline{312}}$	saŋ^{214}
静乐	tʰuaʔ$^{\underline{212}}$	tuaʔ$^{\underline{212}}$	tsuaʔ^{4}	kʰuaʔ^{4}	kʰuaʔ^{4}	xuaʔ^{4}	xuaʔ$^{\underline{212}}$	sæ̃^{24}
交口	tʰuəʔ^{4}	tʰuəʔ$^{\underline{212}}$ 白 / tuəʔ^{4} 文	——	kʰuaʔ^{4}	kʰuaʔ^{4}	xuəʔ^{4}	xuəʔ$^{\underline{212}}$	sɑ̃^{323}
石楼	tʰuʌʔ^{4}	tʰuʌʔ$^{\underline{213}}$ 白 / tuʌʔ$^{\underline{213}}$ 文	tʂʰuə^{213}	kʰuʌʔ^{4}	kʰuʌʔ^{4}	xuʌʔ^{4}	xuʌʔ$^{\underline{213}}$	sɑŋ^{213}
隰县	tʰuaʔ^{3}	tʰuaʔ^{3}	tsʰuo^{53}	kʰuaʔ^{3}	kʰuaʔ^{3}	xuaʔ^{3}	xuaʔ^{3}	sæ^{53}
大宁	tʰuɐʔ$^{\underline{31}}$	tʰuɐʔ^{4}	tʂʰuɐʔ$^{\underline{31}}$	kʰuɐʔ$^{\underline{31}}$	kʰuɐʔ$^{\underline{31}}$	xuɐʔ$^{\underline{31}}$	xuɐʔ^{4}	sɛ̃^{31}
永和	tʰuɐʔ$^{\underline{35}}$	tʰuɐʔ$^{\underline{312}}$ 白 / tuɐʔ$^{\underline{312}}$ 文	tsʰuɐʔ$^{\underline{35}}$ 白 / tsuɐʔ$^{\underline{35}}$ 文	kʰuɐʔ$^{\underline{35}}$	kʰuɐʔ$^{\underline{35}}$	xuɐʔ$^{\underline{35}}$	xuɐʔ$^{\underline{312}}$	sɑ̃^{33}
汾西	tʰu^{11}	tʰuəʔ^{3}/ tuəʔ^{3} 文	tsou^{11}	kʰuəʔ^{1}	kʰuəʔ^{1}	xuəʔ^{1}	xuəʔ^{3}	sɑ̃^{11}
蒲县	tʰuəʔ$^{\underline{43}}$	tʰuəʔ^{3}	tsuo^{52}	kʰuo^{52}	kʰuo^{33}	xuəʔ^{3}	xuəʔ^{3}	sæ̃^{52}
潞州	tʰuəʔ$^{\underline{53}}$	tuəʔ$^{\underline{53}}$	tsʰuəʔ$^{\underline{53}}$	kʰuəʔ$^{\underline{53}}$	kʰuəʔ$^{\underline{53}}$ 白 / kʰuə^{44} 文	xuəʔ$^{\underline{53}}$	xuəʔ$^{\underline{53}}$	saŋ^{312}
上党	tʰuəʔ$^{\underline{21}}$	tuəʔ$^{\underline{21}}$	tsʰuəʔ$^{\underline{21}}$	kʰuəʔ$^{\underline{21}}$	kʰuəʔ$^{\underline{21}}$	xuəʔ$^{\underline{21}}$	xuəʔ$^{\underline{21}}$	sɑŋ^{213}
长子	tʰuəʔ^{4}	tuəʔ$^{\underline{212}}$	tsʰuəʔ^{4}	kʰuəʔ^{4}	kʰuəʔ^{4} 白 / kʰuə^{422} 文	xuəʔ^{4}	xuəʔ$^{\underline{212}}$	sæ̃^{312}
屯留	tʰuəʔ^{1}	tuəʔ$^{\underline{54}}$	tsʰuəʔ^{1}	kʰuəʔ^{1}	kʰuəʔ^{1}	xuəʔ^{1}	xuəʔ$^{\underline{54}}$	sæ̃^{31}
襄垣	tʰuʌʔ^{3}	tuʌʔ$^{\underline{43}}$	tsʰuʌʔ^{3}	kʰuʌʔ^{3}	kʰuʌʔ^{3}	xuʌʔ^{3}	xuʌʔ$^{\underline{43}}$	sæ^{33}
黎城	tʰuʌʔ^{2}	tuʌʔ$^{\underline{31}}$	tsuʌʔ^{2}	kʰuʌʔ^{2}	kʰuɤ^{53}/ kʰuʌʔ^{2}	xuʌʔ^{2}	xuʌʔ$^{\underline{31}}$	sæ^{33}
平顺	tʰuʌʔ$^{\underline{212}}$	tuʌʔ$^{\underline{423}}$	tsʰuʌʔ$^{\underline{423}}$	kʰuʌʔ$^{\underline{212}}$	kʰuʌʔ$^{\underline{212}}$	xuʌʔ$^{\underline{212}}$	xuʌʔ$^{\underline{423}}$	sæ̃^{213}
壶关	tʰuʌʔ$^{\underline{21}}$	tuʌʔ$^{\underline{21}}$	tʂʰuʌʔ^{2}	kʰuʌʔ^{2}	kʰuʌʔ^{2}	xuʌʔ^{2}	xuʌʔ$^{\underline{21}}$/ xuə^{353}	ʂaŋ^{33}

续表

字目	脱	夺	撮	括包～	阔	豁	活	山
中古音／方言点	他括 山合一 入末透	徒活 山合一 入末定	仓括 山合一 入末清	古活 山合一 入末见	苦括 山合一 入末溪	呼括 山合一 入末晓	户括 山合一 入末匣	所间 山开二 平山生
沁县	tʰuaʔ$^{\underline{31}}$	tuaʔ$^{\underline{212}}$	tsuaʔ$^{\underline{31}}$	kʰuaʔ$^{\underline{31}}$	kuaʔ$^{\underline{31}}$/ kʰuɤ^{53}	xuaʔ$^{\underline{31}}$	xuaʔ$^{\underline{212}}$	sæ^{224}
武乡	tʰuʌʔ^{3}	tuʌʔ$^{\underline{423}}$	tsʰuʌʔ^{3}	kʰuʌʔ^{3}	kʰuʌʔ^{3}	xuʌʔ^{3}	xuʌʔ$^{\underline{423}}$	——
沁源	tʰuʌʔ$^{\underline{31}}$	tuʌʔ$^{\underline{31}}$	tsʰuəʔ$^{\underline{31}}$	kʰuʌʔ$^{\underline{31}}$	kʰuʌʔ$^{\underline{31}}$ 白 / kʰuə^{53} 文	xuʌʔ$^{\underline{31}}$	xuʌʔ$^{\underline{31}}$	sæ̃^{324}
安泽	tʰuəʔ$^{\underline{21}}$	tuo^{35}	tsuo^{21}	kʰuəʔ$^{\underline{21}}$	kʰuəʔ$^{\underline{21}}$	xuəʔ$^{\underline{21}}$	xuo^{35}	sæ^{21}
沁水端氏	tʰuaʔ$^{\underline{54}}$	tuaʔ$^{\underline{54}}$	tsʰuəʔ^{2}	kʰuaʔ^{2}	kʰuaʔ^{2}	xuaʔ^{2}	xuaʔ$^{\underline{54}}$	sæ^{21}
阳城	tʰuʌʔ^{2}	tuʌʔ^{2}	tsʰuəʔ^{2}	kʰuʌʔ^{2}	kʰuʌʔ^{2}	xuʌʔ^{2}	xuᴀʔ^{2} 文	ʂ̩ɛ^{224}
高平	tʰuʌʔ^{2}	tuʌʔ^{2}	tʂ̩ʰuʌʔ^{2}	kʰuʌʔ^{2}	kʰuʌʔ^{2}	xuʌʔ^{2}	xuʌʔ^{2}	ʂ̩æ̃^{33}
陵川	tʰuʌʔ^{3}	tuʌʔ$^{\underline{23}}$	tʂ̩ʰuʌʔ^{3}	kʰuʌʔ^{3}	kʰuʌʔ^{3}	xuʌʔ^{3}	xuʌʔ$^{\underline{23}}$	ʂ̩ã^{33}
晋城	tʰuʌʔ^{2}	tuʌʔ^{2}	tʂ̩ʰuʌʔ^{2}	kʰuʌʔ^{2}	kʰuʌʔ^{2}	xuʌʔ^{2}	xuʌʔ^{2}	ʂ̩æ^{33}
忻府	tʰuʌʔ$^{\underline{32}}$	tuʌʔ$^{\underline{32}}$	tsuʌʔ$^{\underline{32}}$/ tsʰuʌʔ$^{\underline{32}}$	kʰuʌʔ$^{\underline{32}}$	kʰuʌʔ$^{\underline{32}}$ 白 / kʰuɛ^{53} 文	xuʌʔ$^{\underline{32}}$	xuʌʔ$^{\underline{32}}$	sɑ̃^{313}
原平	tʰuɔʔ$^{\underline{34}}$	tuɔʔ$^{\underline{34}}$	tsuɔʔ$^{\underline{34}}$	kuɔʔ$^{\underline{34}}$	kuɔʔ$^{\underline{34}}$	xuɔʔ$^{\underline{34}}$	xuɔʔ$^{\underline{34}}$	sɛ̃^{213}
定襄	tʰuəʔ^{1}	tuaʔ^{1}	tsuəʔ^{1}	kʰuəʔ^{1}	kʰuəʔ^{1}	xuəʔ^{1}	xuəʔ^{1}	sæ^{24}
五台	tʰuəʔ^{3}	tuəʔ^{3}	tsuəʔ^{3}	kʰuəʔ^{3}	kʰuəʔ^{3}	xuəʔ^{3}	xuəʔ^{3}	sæn^{213}
岢岚	tʰuaʔ^{4}	tuaʔ^{4}	tʂ̩ʰuaʔ^{4}	kʰuaʔ^{4}	kʰuaʔ^{4}	xuaʔ^{4}	xuaʔ^{4}	sæ^{13}
五寨	tʰuaʔ^{4}	tuəʔ^{4}	tsʰuaʔ^{4}	kʰuaʔ^{4}	kʰuo^{52}	xuəʔ^{4}	xuaʔ^{4}	sæ^{13}
宁武	tʰuᴀʔ^{4}	tuᴀʔ^{4}	tsuᴀʔ^{4}	kʰuəʔ^{4}	kʰuo^{52}	xuᴀʔ^{4}	xuᴀʔ^{4}	sæ^{23}
神池	tʰuᴀʔ^{4}	tuᴀʔ^{4}	tsʰuᴀʔ^{4}	kʰuᴀʔ^{4}	kʰuᴀʔ^{4}	xuᴀʔ^{4}	xuᴀʔ^{4}	sæ^{24}
繁峙	tʰuaʔ$^{\underline{13}}$	tuaʔ$^{\underline{13}}$	tsʰuəʔ$^{\underline{13}}$	kʰuaʔ$^{\underline{13}}$	kʰuaʔ$^{\underline{13}}$	xuaʔ$^{\underline{13}}$	xuaʔ$^{\underline{13}}$ 白 / xuɤ^{31} 文	sɛ^{53}
代县	tʰuaʔ^{2}	tuaʔ^{2}	tsuaʔ^{2}	kʰuaʔ^{2}	kʰuɤ^{53}	xuaʔ^{2}	xuaʔ^{2}	sɛ^{213}
河曲	tʰuəʔ^{4}	tuəʔ^{4}	tsʰuaʔ^{4}	kʰuaʔ^{4}	kʰuaʔ^{4}	xuaʔ^{4}	xuaʔ^{4}	sæ^{213}
保德	tʰuəʔ^{4}	tuəʔ^{4}	tsuəʔ^{4}	kʰuəʔ^{4}	kʰuəʔ^{4}	xuəʔ^{4}	xuəʔ^{4}	sɑŋ^{213}
偏关	tʰuᴀʔ^{4}	tuᴀʔ^{4}	tsuɤ^{44}	kʰuᴀʔ^{4}	kʰuᴀʔ^{4}	xuᴀʔ^{4}	xuᴀʔ^{4}	sæ^{24}
朔城	tʰuᴀʔ$^{\underline{35}}$	tuᴀʔ$^{\underline{35}}$	tsuə^{312}	kʰuᴀʔ$^{\underline{35}}$	kʰuᴀʔ$^{\underline{35}}$	xuᴀʔ$^{\underline{35}}$	xuᴀʔ$^{\underline{35}}$	sæ^{312}
平鲁	tuʌʔ$^{\underline{34}}$	tuə^{44}/tuʌʔ$^{\underline{34}}$	tsuʌʔ$^{\underline{34}}$/ tsʰuʌʔ$^{\underline{34}}$	kʰuʌʔ$^{\underline{34}}$	kʰuʌʔ$^{\underline{34}}$	xuʌʔ$^{\underline{34}}$	xuʌʔ$^{\underline{34}}$	sæ^{213}
应县	tʰuaʔ$^{\underline{43}}$	tuaʔ$^{\underline{43}}$	tsʰuaʔ$^{\underline{43}}$	kʰuaʔ$^{\underline{43}}$	kʰuɤ^{24}/ kʰuaʔ$^{\underline{43}}$	xuaʔ$^{\underline{43}}$	xuɤ^{43}/ xuaʔ$^{\underline{43}}$	sɛ̃^{43}
灵丘	tʰuᴀʔ^{5}	tuᴀʔ^{5}	tsʰuᴀʔ^{5}	kʰuᴀʔ^{5}	kʰue^{53}	xuᴀʔ^{5}	xuᴀʔ^{5} 白 / xue^{31} 文	sæ^{442}

续表

字目	脱	夺	撮	括包~	阔	豁	活	山
中古音 / 方言点	他括 山合一 入末透	徒活 山合一 入末定	仓括 山合一 入末清	古活 山合一 入末见	苦括 山合一 入末溪	呼括 山合一 入末晓	户括 山合一 入末匣	所间 山开二 平山生
浑源	tʰuʌʔ^{4}	tuʌʔ^{4}	tsuʌʔ^{4}	kʰuʌʔ^{4}	kʰuo^{13}/ kʰuʌʔ^{4}	xuʌʔ^{4}	xuo^{22}/ xuʌʔ^{4}	sæ^{52}
云州	tʰuɑʔ^{4}	tuɑʔ^{4}	tsʰuɑʔ^{4}	kʰuɑʔ^{4}	kʰuɑʔ^{4}	xuɑʔ^{4}	xuɑʔ^{4} 白 / xuɤ^{312} 文	sæ^{21}
新荣	tʰuaʔ^{4}	tuaʔ^{4}	tsʰuo^{32}/ tsuo^{32}	kʰuaʔ^{4}	kʰuo^{24}/ kʰuaʔ^{4}	xuaʔ^{4}	xuaʔ^{4} 白 / xuo^{312} 文	sæ^{32}
怀仁	tʰuaʔ^{4}	tuaʔ^{4}	tsuɤ^{42}	kʰuaʔ^{4}	kʰuaʔ^{4}	xuaʔ^{4}	xuaʔ^{4} 白 / xuɤ^{312} 文	sæ^{42}
左云	tʰuaʔ^{4}	tuaʔ^{4}	tsuo^{31}	kʰuaʔ^{4}	kʰuaʔ^{4}	xuaʔ^{4}	xuaʔ^{4} 白 / xuo^{313} 文	sæ^{31}
右玉	tʰuaʔ^{4}	tuaʔ^{4}	tsʰuaʔ^{4}	kʰuaʔ^{4}	kʰuaʔ^{4}	xuaʔ^{4}	xuaʔ^{4}	sæ^{31}
阳高	tʰuɑʔ^{4}	tuɑʔ^{4}	——	kʰuɑʔ^{4}	kʰuɑʔ^{4}	xuɑʔ^{4}	xuɤ^{312}/ xuɑʔ^{4}	sɛ^{31}
山阴	tʰuᴀʔ^{4}	tuᴀʔ^{4}	tʂuᴀʔ^{4}/ tsuᴀʔ^{4}	kʰuᴀʔ^{4}	kʰuᴀʔ^{4}	xuᴀʔ^{4}	xuᴀʔ^{4}	sæ^{313}
天镇	tʰuɑʔ^{4}	tuɑʔ^{4}	——	kʰuɑʔ^{4}	kʰuɑʔ^{4}	xuɑʔ^{4}	xuɑʔ^{4}	sæ^{31}
平定	tʰuaʔ^{4}	tuaʔ^{4}	tsʰuaʔ^{4}	kʰuaʔ^{4}	kʰuaʔ^{4}	xuaʔ^{4}/ xuəʔ^{4}	xuaʔ^{4}	sæ̃^{31}
昔阳	tʰuʌʔ$^{\underline{43}}$	tuʌʔ$^{\underline{43}}$	tsʰuʌʔ$^{\underline{43}}$	kʰuʌʔ$^{\underline{43}}$	kʰuʌʔ$^{\underline{43}}$/ kʰuə^{13}	xuʌʔ$^{\underline{43}}$	xuʌʔ$^{\underline{43}}$	sæ̃^{42}
左权	tʰuəʔ^{1}	tuəʔ^{1}	tsʰuəʔ^{1}	kʰuəʔ^{1}	kʰuəʔ^{1}	xuəʔ^{1}	xuəʔ^{1}	sæ^{31}
和顺	tʰuəʔ$^{\underline{21}}$	tuəʔ$^{\underline{21}}$	tsuəʔ$^{\underline{21}}$	kʰuəʔ$^{\underline{21}}$	kʰuəʔ$^{\underline{21}}$	xuəʔ$^{\underline{21}}$	xuəʔ$^{\underline{21}}$	sæ^{42}
尧都	tʰuo^{21}	tuo^{24}	tsʰuo^{21}	kʰuo^{21}	kʰuo^{21}	xuo^{21}	xuo^{24}	ʂæ̃^{21}
洪洞	tʰo^{21}	tʰo^{24} 白 / to^{24} 文	tsou^{21}	kʰuo^{21}	kʰuo^{21}	xuo^{21}	xuo^{24}	sɑn^{21}
洪洞赵城	tʰuo^{21}	tʰuo^{24}	tsuɤ^{21}	kʰuɤ^{21}	kʰuɤ^{21}	xuɤ^{21}	xuɤ^{24}	sã^{21}
古县	tʰuo^{21}	tʰuo^{35} 白 / tuo^{35} 文	tsuo^{21}	kʰuo^{21}	kʰuo^{21}	xuo^{21}	xuo^{35}	san^{21}
襄汾	tʰuɔ^{21}	tʰuɔ^{24}	tsuɔ^{21}	kʰuɔ^{21}	kʰuɔ^{21}	xuɔ^{21}	xuɔ^{21}	san^{21}
浮山	tʰuo^{42}	tʰuo^{13}	tsuo^{42}	kʰuo^{42}	kʰuo^{42}	xuo^{42}	xuo^{42}	sãĩ^{42}
霍州	tʰuɤ^{212}	tʰuɤ^{35} 白 / tuɤ^{35} 文	tsʰuɤ^{212}	kʰuɤ^{212}	kʰuɤ^{55}	xuɤ^{212}	xuɤ^{35}	ʂaŋ^{212}
翼城	tʰuɤ^{53}	tuɤ^{12}	tsʰuɤ^{53}	kʰuɤ^{53}	kʰuɤ^{53}	kuei^{53} 白 / kuɤ^{53} 文	xuɤ^{12}	tʂʰᴇe^{53} 白 / tʂʰæ̃^{53} 文

续表

字目	脱	夺	撮	括包~	阔	豁	活	山
中古音 / 方言点	他括 山合一 入末透	徒活 山合一 入末定	仓括 山合一 入末清	古活 山合一 入末见	苦括 山合一 入末溪	呼括 山合一 入末晓	户括 山合一 入末匣	所间 山开二 平山生
闻喜	t^{h}uɤ^{53}	t^{h}uɤ^{13} 白 / tuɤ^{13} 文	tsuɤ^{53}	k^{h}uɤ^{53}	k^{h}uɤ^{53}	xuɤ^{53}	xuɤ^{13}	sæ^{53}
侯马	t^{h}uɤ^{213}	tuɤ^{213}	tsuɤ^{213}	k^{h}uɤ^{53}	k^{h}uɤ^{53}	xuɤ^{53}	xuɤ^{213}	ʂæ̃^{213}
新绛	t^{h}uɤ^{53}	t^{h}uɤ^{13}	tsuɤ^{53}	k^{h}uɤ^{53}	k^{h}uɤ^{53}	xuɤ^{44}	xuɤ^{13}	sã^{53}
绛县	t^{h}ɤ^{53}	t^{h}ɤ^{24}	tsuɤ^{53}	k^{h}uɤ^{53}	k^{h}uɤ^{53}	xuɤ^{53}	xuɤ^{24}	ʂæ^{53}
垣曲	t^{h}uo^{53}	t^{h}uo^{22}	ts^{h}uo^{44}	k^{h}uo^{53}	k^{h}uo^{53}	xuo^{53}	xuo^{22}	sæ̃^{53}
夏县	t^{h}uɤ^{53}	t^{h}uɤ^{42} 白 / tuɤ^{42} 文	tsuɤ^{53}	k^{h}uɤ^{53}	k^{h}uɤ^{31}	xuɤ^{31}	xuɤ^{42}	ʂæ^{53}
万荣	t^{h}uɤ^{51}	t^{h}uɤ^{213}	tsuɤ^{51}	k^{h}uɤ^{51}	k^{h}uɤ^{51}	xuɤ^{51}	xuɤ^{213}	sæ^{51}
稷山	t^{h}uɤ^{53}	t^{h}uɤ^{13} 白 / tuɤ^{13} 文	ts^{h}uɤ^{53}	k^{h}uɤ^{53}	k^{h}uɤ^{42}	xuɤ^{42}	xuɤ^{13}	ʂɑ̃^{53}
盐湖	t^{h}uo^{42}	t^{h}uo^{13} 白 / tuo^{13} 文	tsuo^{42}	k^{h}uo^{42}	k^{h}uo^{42}	xuo^{42}	xuo^{13}	ʂæ̃^{42}
临猗	t^{h}uo^{42}	t^{h}uo^{13}	ts^{h}uo^{42}	k^{h}uo^{42}	k^{h}uo^{42}	xuo^{42}	xuo^{13}	sæ̃^{42}
河津	t^{h}uɤ^{31}	t^{h}uɤ^{324} 白 / tuɤ^{324} 文	tsuɤ^{31}	k^{h}uɤ^{31}	k^{h}uɤ^{31}	xuɤ^{31}	xuɤ^{324}	sæ̃^{31}
平陆	t^{h}uə^{31}	t^{h}uə^{13} 白 / tuə^{13} 文	tsuə^{31}	k^{h}uə^{31}	k^{h}uə^{31}	xuə^{31}	xuə^{13}	san^{31}
永济	t^{h}uo^{31}	t^{h}uo^{24}	tsuo^{31}	k^{h}uo^{31}	k^{h}uo^{31}	xuo^{44}	xuo^{24}	sæ̃^{31}
芮城	t^{h}uo^{42}	t^{h}uo^{13}	tsuo^{42} 白 / ts^{h}uo^{42} 文	k^{h}uo^{42}	k^{h}uo^{42}	xuo^{42}	xuo^{13}	sæ̃^{42}
吉县	t^{h}uə^{423}	——	tsuə^{423}	k^{h}uə^{423}	k^{h}uə^{423}	xuə^{423}	xuə^{13}	sæ̃^{423}
乡宁	t^{h}uɤ^{53}	t^{h}uɤ^{12}/ tuɤ^{12} 文	ts^{h}uɤ^{53}	k^{h}uɤ^{53}	k^{h}uɤ^{53}	xuɤ^{53}	xuɤ^{12}	sæ^{53}
广灵	t^{h}uo^{53}	tuo^{31}	tsuo^{44}/ ts^{h}uo^{53}	k^{h}uo^{53}	k^{h}uo^{53}	xuo^{53}/xuo^{44}	xuo^{31}	sæ^{53}

字目	间中～	艰	闲	班	斑	颁	扳	攀
中古音 方言点	古闲 山开二 平山见	古闲 山开二 平山见	户间 山开二 平山匣	布还 山开二 平删帮	布还 山开二 平删帮	布还 山开二 平删帮	布还 山开二 平删帮	普班 山开二 平删滂
北京	tɕiɛn^{55}	tɕiɛn^{55}	ɕiɛn^{35}	pan^{55}	pan^{55}	pan^{55}	pan^{55}	pʰan^{55}
小店	tɕiæ^{11}	tɕiæ^{11}	ɕiæ^{11}	pæ^{11}	pæ^{11}	pæ^{11}	pæ^{11}	pʰæ^{11}
尖草坪	tɕie^{33}	tɕie^{33}	ɕie^{33}	pæ^{33}	pæ^{33}	pæ^{33}	pæ^{33}	pʰæ^{33}
晋源	tɕiæ^{11}	tɕiæ^{11}	ɕiæ^{11}	paŋ^{11}	paŋ^{11}	paŋ^{11}	paŋ^{11}	pʰaŋ^{11}
阳曲	tɕiɛ^{312}	tɕiɛ^{312}	ɕiɛ^{312}	pæ^{312}	pæ^{312}	pæ^{312}	pæ^{312}	pʰæ^{312}
古交	tɕie^{44}	tɕie^{44}	ɕie^{44}	pɛ^{44}	pɛ^{44}	pɛ^{44}	pɛ^{44}	pʰɛ^{44}
清徐	tɕiɛ^{11}	tɕiɛ^{11}	ɕie^{11}	pɛ^{11}	pɛ^{11}	pɛ^{11}	pɛ^{11}	pɛ^{11} 白 / pʰɛ^{11} 文
娄烦	tɕie^{33}	tɕie^{33}	ɕie^{33}	pæ^{33}	pæ^{33}	pæ^{33}	pæ^{33}	pʰæ^{33}
榆次	tɕie^{11}	tɕie^{11}	ɕie^{11}	pæ^{11}	pæ^{11}	pæ^{11}	pæ^{11}	pʰæ^{11}
交城	tɕiã^{11}	tɕiã^{11}	ɕiã^{11}	pã^{11}	pã^{11}	pã^{11}	pã^{11}	pã^{11}
文水	tɕiaŋ^{35}	tɕiaŋ^{22}	ɕiaŋ^{22}	paŋ^{22}	paŋ^{22}	pæĩ^{22}	paŋ^{22}	pʰaŋ^{22}
祁县	tɕiɑ̃^{31}	tɕiɑ̃^{31}	ɕiɑ̃^{31}	pɑ̃^{31}	pɑ̃^{31}	pɑ̃^{31}	pɑ̃^{31}	pʰə̃^{31}/pʰɑ̃^{31}
太谷	tɕiẽĩ^{33}	tɕiẽĩ^{33}	ɕiẽĩ^{33}	pɑ̃^{33}	pɑ̃^{33}	pɑ̃^{33}	pɑ̃^{33}	pʰẽĩ^{33}
平遥	tɕiɑ̃^{213}	tɕiɑ̃^{213}	ɕiɑ̃^{213}	pɑ̃^{213}	pɑ̃^{213}	pɑ̃^{213}	pɑ̃^{213}	pʰɑ̃^{213}
孝义	tɕiã^{33}/tɕiã^{454}	tɕiã^{33}	ɕiã^{33}	pã^{33}	pã^{33}	pã^{33}	pã^{33}	pʰã^{33}
介休	tɕiɛ̃^{13}	tɕiɛ̃^{13}	ɕiɛ̃^{13}	pæ̃^{13}	pæ̃^{13}	pæ̃^{13}	pæ̃^{13}	pʰæ̃^{13}
灵石	tɕie^{535}	tɕie^{535}	ɕie^{44}	pɒ̃^{535}	pɒ̃^{535}	pɒ̃^{535}	pɒ̃^{535}	pʰɒ̃^{535}
盂县	tɕiæ̃^{412}	tɕiæ̃^{412}	ɕiæ̃^{22}	pæ̃^{412}	pæ̃^{412}	pæ̃^{412}	pæ̃^{412}	pʰæ̃^{412}
寿阳	tɕiɪ^{31}	tɕiɪ^{31}	ɕiɪ^{22}	pæ^{31}	pæ^{31}	pæ^{31}	pæ^{31}	pʰæ^{31}
榆社	tɕie^{22}	tɕie^{22}	ɕie^{22}	pa^{22}	pa^{22}	pa^{22}	pa^{22}	pʰa^{22}
离石	tɕiæ^{24}	tɕiɪ^{24}	ɕiɪ^{44}	pæ^{24}	pæ^{24}	pæ^{24}	pæ^{24}	pʰæ^{24}
汾阳	tɕiã^{324}	tɕiã^{324}	ɕiã^{22}	pã^{324}	pã^{324}	pã^{324}	pã^{324}	pʰã^{55}
中阳	tɕie^{24}	tɕie^{24}	ɕie^{33}	pæ^{24}	pæ^{24}	pæ^{24}	pæ^{24}	pʰæ^{24}
柳林	tɕie^{24}	tɕie^{24}	ɕie^{44}/sei^{44}	pæ^{24}	pæ^{24}	pæ^{24}	pæ^{24}	pʰæ^{24}
方山	tɕiɛ^{24}	tɕiɛ^{24}	ɕiɛ^{44}	pæ^{24}	pæ^{24}	pæ^{24}	pæ^{24}	pʰæ^{24}
临县	tɕie^{24}	tɕie^{24}	ɕie^{33}	pæ^{24}	pæ^{24}	pæ^{24}	pæ^{24}	pʰæ^{24}
兴县	tɕiæ̃^{324}	tɕiæ̃^{324}	xæ̃^{55} 白 / ɕiæ̃^{55} 文	pæ̃^{324}	pæ̃^{324}	pæ̃^{324}	pæ̃^{324}	pʰæ̃^{324}
岚县	tɕiaŋ^{214}	tɕiaŋ^{214}	xaŋ^{44} 白 / ɕiaŋ^{44} 文	paŋ^{214}	paŋ^{214}	paŋ^{214}	paŋ^{214}	pʰaŋ^{214}
静乐	tɕiæ̃^{24}	tɕiæ̃^{24}	ɕiæ̃^{33}	pæ̃^{24}	pæ̃^{24}	pæ̃^{24}	pæ̃^{24}	pʰæ̃^{24}
交口	tɕiɑ̃^{323}	tɕiɑ̃^{323}	xɑ̃^{44} 白 / ɕiɑ̃^{44} 文	pɑ̃^{323}	pɑ̃^{323}	pɑ̃^{323}	pɑ̃^{323}	pʰɑ̃^{323}

续表

字目	间中~	艰	闲	班	斑	颁	扳	攀
中古音 / 方言点	古闲 山开二 平山见	古闲 山开二 平山见	户间 山开二 平山匣	布还 山开二 平删帮	布还 山开二 平删帮	布还 山开二 平删帮	布还 山开二 平删帮	普班 山开二 平删滂
石楼	tɕiaŋ^{213}	tɕiaŋ^{213}	ɕiaŋ^{44}	paŋ^{213}	paŋ^{213}	paŋ^{213}	paŋ^{213}	p^{h}aŋ^{213}
隰县	tɕiɛ^{53}	tɕiɛ^{53}	ɕiaŋ^{24}	pæ^{53}	pæ^{53}	pæ^{53}	pæ^{53}	p^{h}æ^{53}
大宁	tɕiɛ̃^{31}	tɕiɛ̃^{31}	xɛ̃^{24} 白 / ɕiɛ̃^{24} 文	pɛ̃^{31}	pɛ̃^{31}	pɛ̃^{31}	pɛ̃^{31}	p^{h}ɛ̃^{31}
永和	tɕiɑ̃^{33}	tɕiɑ̃^{33}	xɑ̃^{35} 白 / ɕiɑ̃^{35} 文	pɑ̃^{33}	pɑ̃^{33}	pɑ̃^{33}	pɑ̃^{33}	p^{h}ɑ̃^{33}
汾西	tiɑ̃^{11}/tiɑ̃^{33} 白 / ti^{11} 白 / tɕiɑ̃^{11} 文	tɕiɑ̃^{11}	ɕiɑ̃^{35}/xɑ̃^{35} 白	pɑ̃^{11}	pɑ̃^{11}	pɑ̃^{11}	pɑ̃^{11}	p^{h}ɑ̃^{11}/ p^{h}ɪ^{11} 白
蒲县	tɕiæ̃^{52}	tɕiæ̃^{52}	ɕiæ̃^{24}	pæ̃^{52}	pæ̃^{52}	pæ̃^{52}	pæ̃^{52}	p^{h}æ̃^{52}
潞州	tɕiaŋ^{312}	tɕiaŋ^{312}	ɕiaŋ^{24}	paŋ^{312}	paŋ^{312}	paŋ^{312}	paŋ^{312}	p^{h}aŋ^{312}
上党	tɕiaŋ^{213}	tɕiaŋ^{213}	ɕiaŋ^{44}	paŋ^{213}	paŋ^{213}	paŋ^{213}	paŋ^{213}	p^{h}aŋ^{213}
长子	tɕiæ̃^{312}	tɕiæ̃^{312}	ɕiæ̃^{24}	pæ̃^{312}	pæ̃^{312}	pæ̃^{312}	pæ̃^{312}	p^{h}æ̃^{312}
屯留	tɕiæ̃^{31}	tɕiæ̃^{31}	ɕiæ̃^{11}	pæ̃^{31}	pæ̃^{31}	pæ̃^{31}	pæ̃^{31}	p^{h}æ̃^{31}
襄垣	tɕiei^{33}	tɕiei^{33}	ɕiei^{31}	pæ^{33}	pæ^{33}	pæ^{33}	pæ^{33}	p^{h}æ^{33}
黎城	ciæ^{33}	ciæ^{33}	çiæ^{53}	pæ^{33}	pæ^{33}	pæ^{33}	pæ^{33}	p^{h}æ^{33}
平顺	tɕiæ̃^{213}	tɕiæ̃^{213}	ɕiæ̃^{13}	pæ̃^{213}	pæ̃^{213}	pæ̃^{213}	pæ̃^{213}	p^{h}æ̃^{213}
壶关	ciaŋ^{33}	ciaŋ^{33}	çiaŋ^{13}	paŋ^{33}	paŋ^{33}	paŋ^{33}	paŋ^{33}	p^{h}aŋ^{33}
沁县	tɕi^{224}	tɕi^{224}	ɕi^{33}	pæ^{224}	pæ^{224}	pæ^{224}	pæ^{224}	p^{h}æ^{224}
武乡	tsei^{113}	tsei^{113}	sei^{33}	pæ^{113}	pæ^{113}	pæ^{113}	pæ^{113}	p^{h}æ^{113}
沁源	tɕiæ̃^{324}	tɕiæ̃^{324}	ɕiæ̃^{33}	pæ̃^{324}	pæ̃^{324}	pæ̃^{324}	pæ̃^{324}	p^{h}æ̃^{324}
安泽	tɕiæ^{21}	tɕiæ^{21}	ɕiæ^{35}	pæ^{21}	pæ^{21}	pæ^{21}	pæ^{21}	p^{h}æ^{21}
沁水端氏	kei^{21}	kei^{21}	sei^{24}	pæ^{21}	pæ^{21}	pæ^{21}	pæ^{21}	p^{h}æ^{21}
阳城	ciɛ^{224}	ciɛ^{224}	çiɛ^{22}	pɛ^{224}	pɛ^{224}	pɛ^{224}	pɛ^{224}	p^{h}ɛ^{224}
高平	ciæ̃^{33}	ciæ̃^{33}	ɕiæ̃^{33}	pæ̃^{33}	pæ̃^{33}	pæ̃^{33}	pæ̃^{33}	p^{h}æ̃^{33}
陵川	ciə̃ĩ^{33}	ciə̃ĩ^{33}	ɕiə̃ĩ^{53}	pã^{33}	pã^{33}	pã^{33}	pã^{33}	p^{h}ã^{33}
晋城	tɕiɛ^{33}	tɕiɛ^{33}	ɕiɛ^{324}	pæ^{33}	pæ^{33}	pæ^{33}	pæ^{33}	p^{h}æ^{33}
忻府	tɕiɑ̃^{313}	tɕiɛ̃^{313}	ɕiɛ̃^{21}	pɑ̃^{313}	pɑ̃^{313}	pɑ̃^{313}	pɑ̃^{313}	p^{h}ɑ̃^{313}
原平	tɕiɛ̃^{213}	tɕiɛ̃^{213}	ɕiɛ̃^{33}	pɛ̃^{213}	pɛ̃^{213}	pɛ̃^{213}	pɛ̃^{213}	p^{h}ɛ̃^{213}
定襄	tɕiæ^{24}	tɕiæ^{24}	ɕiə̃^{11}	pæ^{24}	pæ^{24}	pæ^{24}	pæ^{24}	p^{h}æ^{24}
五台	tɕiæn^{213}	tɕiæn^{213}	ɕiə̃^{33}	pæn^{213}	pæn^{213}	pæn^{213}	pæn^{213}	p^{h}æn^{213}
岢岚	tɕiɛ^{13}	tɕiɛ^{13}	ɕiɛ^{44}	pæ^{13}	pæ^{13}	pæ^{13}	pæ^{13}	p^{h}æ^{13}

续表

字目	间中~	艰	闲	班	斑	颁	扳	攀
中古音 / 方言点	古闲 山开二 平山见	古闲 山开二 平山见	户间 山开二 平山匣	布还 山开二 平删帮	布还 山开二 平删帮	布还 山开二 平删帮	布还 山开二 平删帮	普班 山开二 平删滂
五寨	tɕiɪ^{13}	tɕiɪ^{13}	ɕiɪ^{44}	pæ^{13}	pæ^{13}	pæ^{13}	pæ^{13}	pʰæ^{13}
宁武	tɕiɛ^{23}	tɕiɛ^{23}	ɕiɛ^{33}	pæ^{23}	pæ^{23}	pæ^{23}	pæ^{23}	pʰæ^{23}
神池	tɕie^{24}	tɕie^{24}	ɕie^{32}	pæ^{24}	pæ^{24}	pæ^{24}	pæ^{24}	pʰæ^{24}
繁峙	tɕiɛ^{53}	tɕiɛ^{53}	ɕiɛ^{31}	pɛ^{53}	pɛ^{53}	pɛ^{53}	pɛ^{53}	pʰɛ^{53}
代县	tɕie^{213}	tɕie^{213}	ɕie^{44}	pɛ^{213}	pɛ^{213}	pɛ^{213}	pɛ^{213}	pʰɛ^{213}
河曲	tɕiɛ^{213}	tɕiɛ^{213}	ɕiɛ^{44}	pæ^{213}	pæ^{213}	pæ^{213}	pæ^{213}	pʰæ^{213}
保德	tɕiɑŋ^{213}	tɕiɑŋ^{213}	ɕiɑŋ^{44}	pɑŋ^{213}	pɑŋ^{213}	pɑŋ^{213}	pɑŋ^{213}	pʰɑŋ^{213}
偏关	tɕiɪ^{24}	tɕiɪ^{24}	ɕiɪ^{44}	pæ^{24}	pæ^{24}	pæ^{24}	pæ^{24}	pʰæ^{24}
朔城	tɕiɛ^{312}	tɕiɛ^{312}	ɕiɛ^{35}	pæ^{312}	pæ^{312}	pæ^{312}	pæ^{312}	pʰæ^{312}
平鲁	tɕiᴇ^{213}	tɕiᴇ^{213}	ɕʰiᴇ^{44}	pæ^{213}	pæ^{213}	pæ^{213}	pæ^{213}	pʰæ^{44}
应县	tɕiɛ̃^{43}	tɕiɛ̃^{43}	ɕiɛ̃^{31}	pɛ̃^{43}	pɛ̃^{43}	pɛ̃^{43}	pɛ̃^{43}	pʰɛ̃^{43}
灵丘	tɕie^{442}	tɕie^{442}	ɕie^{31}	pæ^{442}	pæ^{442}	pæ^{442}	pæ^{442}	pʰæ^{442}
浑源	tɕiɛ^{52}	tɕiɛ^{52}	ɕiɛ^{22}	pæ^{52}	pæ^{52}	pæ^{52}	pæ^{52}	pʰæ^{52}
云州	tɕiɛ^{21}	tɕiɛ^{21}	ɕiɛ^{312}	pæ^{21}	pæ^{21}	pæ^{21}	pæ^{21}	pʰæ^{21}
新荣	tɕiᴇ^{32}	tɕiᴇ^{32}	ɕiᴇ^{312}	pæ^{32}	pæ^{32}	pæ^{32}	pæ^{32}	pʰæ^{32}
怀仁	tɕiæ^{42}	tɕiæ^{42}	ɕiæ^{312}	pæ^{42}	pæ^{42}	pæ^{42}	pæ^{42}	pʰæ^{42}
左云	tɕiɛ^{31}	tɕiɛ^{31}	ɕiɛ^{313}	pæ^{31}	pæ^{31}	pæ^{31}	pæ^{31}	pʰæ^{31}
右玉	tɕiɛ^{31}	tɕiɛ^{31}	ɕiɛ^{212}	pæ^{31}	pæ^{31}	pæ^{31}	pæ^{31}	pʰæ^{31}
阳高	tɕiɛ^{31}	tɕiɛ^{31}	ɕiɛ^{31}	pɛ^{31}	pɛ^{31}	pɛ^{31}	pɛ^{31}	pʰɛ^{31}
山阴	tɕiᴇ^{313}	tɕiᴇ^{313}	ɕiᴇ^{313}	pæ^{313}	pæ^{313}	pæ^{313}	pæ^{313}	pʰæ^{313}
天镇	tɕiæ^{31}	tɕiæ^{31}	ɕiæ^{22}	pæ^{31}	pæ^{31}	pæ^{31}	pæ^{31}	pʰæ^{22}
平定	tɕiæ̃^{31}	tɕiæ̃^{31}	ɕiæ̃^{44}	pæ̃^{31}	pæ̃^{31}	pæ̃^{31}	pæ̃^{31}	pʰæ̃^{31}
昔阳	tɕiæ̃^{42}	tɕiæ̃^{42}	ɕiæ̃^{33}	pæ̃^{42}	pæ̃^{42}	pæ̃^{42}	pæ̃^{42}	pʰæ̃^{42}
左权	tɕiɛ^{31}	tɕiɛ^{31}	ɕiɛ^{11}	pæ^{31}	pæ^{31}	pæ^{31}	pæ^{31}	pʰæ^{31}
和顺	tɕiɛ^{13}	tɕiɛ^{13}	ɕiɛ^{22}	pæ^{42}	pæ^{42}	pæ^{42}	pæ^{42}	pʰæ^{42}
尧都	tɕiæ̃^{21}	tɕiæ̃^{21}	ɕiæ̃^{24}	pæ̃^{21}	pæ̃^{21}	pæ̃^{21}	pæ̃^{21}	pʰæ̃^{21}
洪洞	tɕiɑn^{21}	tɕiɑn^{21}	ɕiɑn^{24}	pɑn^{21}	pɑn^{21}	pɑn^{21}	pɑn^{21}	pʰɑn^{42}
洪洞赵城	tiɑ̃^{21} 白 / tɕiɑ̃^{21} 文	tɕiɑ̃^{21}	ɕiɑ̃^{24}	pɑ̃^{21}	pɑ̃^{21}	pɑ̃^{21}	pɑ̃^{21}	pʰɑ̃^{24}
古县	tɕian^{21}	tɕian^{21}	ɕian^{35}	pan^{21}	pan^{21}	pan^{21}	pan^{21}	pʰan^{21}
襄汾	tian^{21}	tɕian^{21}	ɕian^{24}	pan^{21}	pan^{21}	pan^{21}	pan^{21}	pʰan^{21}

续表

字目	间中~	艰	闲	班	斑	颁	扳	攀
中古音 / 方言点	古闲 山开二 平山见	古闲 山开二 平山见	户间 山开二 平山匣	布还 山开二 平删帮	布还 山开二 平删帮	布还 山开二 平删帮	布还 山开二 平删帮	普班 山开二 平删滂
浮山	tɕiãĩ42	tɕiãĩ42	ɕiãĩ13	pãĩ42	pãĩ42	pãĩ42	pãĩ42	pʰãĩ42
霍州	tɕiaŋ212	tɕiaŋ212	xaŋ35 白 / ɕiaŋ35 文	paŋ212	paŋ212	paŋ212	paŋ212	pʰaŋ212
翼城	tɕiɛɪ53	tɕiɛɪ53	ɕiɛɪ12	pæ̃53	pæ̃53	pæ̃53	pæ̃53	pʰæ̃53
闻喜	tɕiæ53	tɕiæ53	xæ13 白 / ɕiæ13 文	pæ53	pæ53	pæ53	pæ53	pʰæ53
侯马	tɕiæ̃213	tɕiæ̃213	ɕiæ̃213	pæ̃213	pæ̃213	pæ̃213	pæ̃213	pʰæ̃213
新绛	tɕiã53	tɕiã53	ɕiã13	pã53	pã53	pã53	pã53	pʰã53
绛县	tɕiæ53	tɕiæ53	ɕiæ24	pæ53	pæ53	pʰæ53	pæ53/pʰæ53	pʰæ53
垣曲	tɕiæ̃53	tɕiæ̃53	ɕiæ̃22	pæ̃53	pæ̃53	pæ̃53	pæ̃44	pʰæ̃53
夏县	tɕiæ53	tɕiæ53	ɕiæ42	pæ53	pæ53	pæ31	pæ53	pʰæ53
万荣	tʂæ51	tɕiæ51	ɕiæ213	pæ51	pæ51	pæ51	pæ51	pʰæ51
稷山	tɕiɑ̃53	tɕiɑ̃53	ɕiɑ̃13	pɑ̃53	pɑ̃53	pɑ̃53	pɑ̃53	pʰɑ̃53
盐湖	tɕiæ̃42	tɕiæ̃42	xæ̃13 白 / ɕiæ̃13 文	pæ̃42	pæ̃42	pæ̃42	pæ̃42	pʰæ̃42
临猗	tɕiæ̃42	tɕiæ̃42	xæ̃13 白 / ɕiæ̃13 文	pæ̃42	pæ̃42	pæ̃42	pæ̃42	pʰæ̃42
河津	tɕiæ̃31	tɕiæ̃31	xaŋ324 白 / xæ̃324 白 / ɕiæ̃324 文	pæ̃31	pæ̃31	pæ̃31	pæ̃31	pʰæ̃31
平陆	tɕian31	tɕian31	xan13 白 / ɕian13 文	pan31	pan31	pan31	pan31	pʰan31
永济	tɕiæ̃31	tɕiæ̃31	xæ̃24 白 / ɕiæ̃24 文	pæ̃31	pæ̃31	pæ̃31	pæ̃31	pʰæ̃31
芮城	tɕiæ̃42	tɕiæ̃42	xæ̃13 白 / ɕiæ̃13 文	pæ̃42	pæ̃42	pæ̃42	pæ̃42	pæ̃42
吉县	tɕiæ̃423	tɕiæ̃423	xæ̃13	pæ̃423	pæ̃423	pæ̃423	pæ̃423	pʰæ̃13
乡宁	tɕiæ53	tɕiæ53	ɕiæ12	pæ53	pæ53	pæ53	pæ53	pʰæ53
广灵	tɕiæ53	tɕiæ53	ɕiæ31	pæ53	pæ53	pæ53	pæ53	pʰæ53

字目	蛮	删	奸~淫	奸~诈	颜	盏	铲	产
中古音 / 方言点	莫还 山开二 平删明	所姦 山开二 平删生	居颜 山开二 平删见	居颜 山开二 平删见	五姦 山开二 平删疑	阻限 山开二 上产庄	初限 山开二 上产初	所简 山开二 上产生
北京	man^{35}	ʂan^{55}	tɕiɛn^{55}	tɕiɛn^{55}	iɛn^{24}	tʂan^{214}	tʂʰan^{214}	tʂʰan^{214}
小店	mæ^{11}	sæ^{11}	tɕiæ^{11}	tɕiæ^{11}	iæ^{11}	tsæ^{53}	tsʰæ^{53}	tsʰæ^{53}
尖草坪	mæ^{33}	sæ^{33}	tɕie^{33}	tɕie^{33}	ie^{33}	tsæ^{312}	tsʰæ^{312}	tsʰæ^{312}
晋源	maŋ^{11}	saŋ^{11}	tɕiæ^{11}	tɕiæ^{11}	iæ^{11}	tsaŋ^{42}	tsʰaŋ^{42}	tsaŋ^{42}
阳曲	mæ^{43}	sæ^{312}	tɕiɛ^{312}	tɕiɛ^{312}	iɛ^{43}	tsæ^{312}	tsʰæ^{312}	tsʰæ^{312}
古交	mɛ^{44}	sɛ^{44}	tɕiɛ^{44}	tɕiɛ^{44}	iɛ^{44}	tsɛ^{312}	tsʰɛ^{312}	tsʰɛ^{312}
清徐	mɛ^{11}	sɛ^{11}	tɕiɛ^{11}	tɕiɛ^{11}	iɛ^{11} 文	tsɛ^{54}	tsʰɛ^{54}	tsʰɛ^{54}
娄烦	mæ^{33}	sæ^{33}	tɕiɛ^{33}	tɕiɛ^{33}	iɛ^{33}	tsæ^{312}	tsʰæ^{312}	tsʰæ^{312}
榆次	mæ^{11}	sæ^{11}	tɕie^{11}	tɕie^{11}	ie^{11}	tsæ^{53}	tsʰæ^{53}	tsʰæ^{11}
交城	mɒ̃^{11}	sã^{11}	tɕiã^{11}	tɕiã^{11}	niã^{11} 老 / iã^{11} 新	tsã^{53}	tsʰã^{53}	tsʰã^{53}
文水	maŋ^{22}	sæĩ^{22}	tɕiæĩ^{22}	tɕiæĩ^{22}	ȵiaŋ^{22} 白 / iæĩ^{22} 文	tsaŋ^{423}	tsʰaŋ^{423}	tsʰaŋ^{423}
祁县	mɑ̃^{31}	sɑ̃^{31}	tɕiɑ̃^{31}	tɕiɑ̃^{31}	ȵiẽ^{31} 白 / iẽ^{31} 文	tsɑ̃^{314}	tsʰɑ̃^{314}	tsʰɑ̃^{314}
太谷	mẽĩ^{33}	sẽĩ^{33}	tɕiẽĩ^{33}	tɕiẽĩ^{33}	ȵiẽĩ^{33} 白 / iẽĩ^{33} 文	tsɑ̃^{312}	tsʰɑ̃^{312}	tsʰɑ̃^{312}
平遥	mɑ̃^{213}	sɑ̃^{213}	tɕiɑ̃^{213}	tɕiɑ̃^{213}	ȵiɑ̃^{213}	tsɑ̃^{512}	tsʰɑ̃^{512}	tsʰɑ̃^{512}
孝义	mã^{33}	sã^{33}	tɕiã^{33}	tɕiã^{33}	ȵiã^{33}	tsã^{312} 白 / tsã^{454} 文	tsʰã^{312}	tsʰã^{312}
介休	mæ̃^{13}	ʂæ̃^{13}	tɕiɛ̃^{13}	tɕiɛ̃^{13}	ȵiɛ̃^{13} 白 / iɛ̃^{13} 文	tsæ̃^{423}	tsʰæ̃^{423}	tsʰæ̃^{423}
灵石	mɒ̃^{44}	sɒ̃^{535}	tɕie^{535}	tɕie^{535}	ie^{44}/niɒ̃^{44}	tsɒ̃^{212}	tsʰɒ̃^{212}	tsʰɒ̃^{212}
盂县	mæ̃^{22}	sæ̃^{412}	tɕiæ̃^{412}	tɕiæ̃^{412}	i^{22}	tsæ̃^{53}	tsʰæ̃^{53}	tsʰæ̃^{53}
寿阳	mæ^{22}	sæ^{31}	tɕiɪ^{31}	tɕiɪ^{31}	iɪ^{22}	tsæ^{53}	tsʰæ^{53}	tsʰæ^{53}
榆社	ma^{22}	sa^{22}	tɕie^{22}	tɕie^{22}	nie^{22}	tsa^{312}	tsʰa^{312}	tsʰa^{312}
离石	mæ^{44}	sæ^{44}	tɕiæ^{24}	tɕiɪ^{24}	niæ^{44}	tsæ^{312}	tsʰæ^{312}	tsʰæ^{312}
汾阳	mã^{22}	sã^{324}	tɕiã^{324}	tɕiã^{324}	ȵiã^{22}	tsã^{312}	tsʰã^{312}	tsʰã^{312}
中阳	mæ^{33}	sæ^{33}	tɕie^{24}	tɕie^{24}	nie^{33}	tsæ^{423}	tsʰæ^{423}	tsʰæ^{423}
柳林	mæ^{44}	sæ^{24}	tɕie^{24}	tɕie^{24}	nie^{44}	tsæ^{312}	tsʰæ^{312}	tsʰæ^{312}
方山	mæ^{44}	sæ^{44}	tɕiɛ^{24}	tɕiɛ^{24}	niɛ^{44}	tʂæ^{312}	tsʰæ^{312}	tsʰæ^{312}
临县	mæ^{33}	sæ^{33}	tɕie^{24}	tɕie^{24}	nie^{33}	tʂʅə^{312}	tsʰæ^{312}	tsʰæ^{312}
兴县	mæ̃^{324}	sæ̃^{55}	tɕiæ̃^{324}	tɕiæ̃^{324}	niæ̃^{55} 白 / iẽn^{55} 文	tsæ̃^{324}	tsʰəŋ^{324}/ tsʰæ̃^{324}	tsʰæ̃^{324}

续表

字目	蛮	删	奸~淫	奸~诈	颜	盏	铲	产
中古音 / 方言点	莫还 山开二 平删明	所姦 山开二 平删生	居颜 山开二 平删见	居颜 山开二 平删见	五姦 山开二 平删疑	阻限 山开二 上产庄	初限 山开二 上产初	所简 山开二 上产生
岚县	maŋ^{44}	saŋ^{44}	tɕiaŋ^{214}	tɕiaŋ^{214}	ȵiaŋ^{44} 白 / iaŋ^{44} 文	tsaŋ^{312}	tsʰaŋ^{312}	tsʰaŋ^{312}
静乐	mæ̃^{33}	sæ̃^{24}	tɕiæ̃^{24}	tɕiæ̃^{24}	ȵiæ̃^{33}	tsæ̃^{314}	tsʰæ̃^{314}	tsʰæ̃^{314}
交口	mɑ̃^{44}	sɑ̃^{323}	tɕiɑ̃^{323}	tɕiɑ̃^{323}	ȵiɑ̃^{44}	tsɑ̃^{323}	tsʰɑ̃^{323}	tsʰɑ̃^{323}
石楼	mɑŋ^{44}	ʂɑŋ^{213}	tɕiɑŋ^{213}	tɕiɑŋ^{213}	ȵiɑŋ^{44}	tsɑŋ^{213}	tsʰɑŋ^{213}	tsʰɑŋ^{213}
隰县	maŋ^{24}	sæ^{53}	tɕiɛ^{53}	tɕiɛ^{53}	ȵiaŋ^{24}	tsaŋ^{21}	tsʰaŋ^{21}	tsʰaŋ^{21}
大宁	mɛ̃^{24}	sɛ̃^{31}	tɕiɛ̃^{31}	tɕiɛ̃^{31}	niɛ̃^{31}	tsɛ̃^{55}	tsʰɛ̃^{31}	tsʰɛ̃^{31}
永和	mɑ̃^{35}	sɑ̃^{33}	tɕiɑ̃^{33}	tɕiɑ̃^{33}	niɑ̃^{35}	tsɑ̃^{53}	tsʰɑ̃^{312}	tsʰɑ̃^{312}
汾西	mɑ̃^{35}	sɑ̃^{11}	tɕiɑ̃^{11}	——	niɑ̃^{35} 白 / iɑ̃^{35} 文	tsɑ̃^{33}	tsʰɑ̃^{33}	tsʰɑ̃^{33}
蒲县	mæ̃^{24}	ʂæ̃^{52}	tɕiæ̃^{52}	tɕiæ̃^{52}	ȵiæ̃^{24} 白 / iæ̃^{24} 文	tʂæ̃^{31}	tsʰæ̃^{31}	tsʰæ̃^{31}
潞州	maŋ^{24}	saŋ^{312}	tɕiaŋ^{312}	tɕiaŋ^{312}	iaŋ^{24}	tsaŋ^{535}	tsʰaŋ^{535}	tsʰaŋ^{535}
上党	mɑŋ^{44}	sɑŋ^{213}	tɕiɑŋ^{213}	tɕiɑŋ^{213}	iɑŋ^{44}	tsɑŋ^{535}	tsʰɑŋ^{535}	tsʰɑŋ^{535}
长子	mæ̃^{24}	sæ̃^{312}	tɕiæ̃^{312}	tɕiæ̃^{312}	iæ̃^{24}	tsæ̃^{434}	tsʰæ̃^{434}	tsʰæ̃^{434}
屯留	mæ̃^{11}	sæ̃^{31}	tɕiæ̃^{31}	tɕiæ̃^{31}	iæ̃^{11}	tsæ̃^{43}	tsʰæ̃^{43}	tsʰæ̃^{43}
襄垣	mæ^{31}	sæ^{33}	tɕiei^{33}	tɕiei^{33}	iei^{31}	tsæ^{33}	tsʰæ^{42}	tsʰæ^{42}
黎城	mæ^{53}	sæ^{33}	ciæ^{33}	ciæ^{33}	iæ^{53}	tsæ^{213}	tsʰæ^{213}	tsʰæ^{213}
平顺	mæ̃^{13}	sæ̃^{213}	tɕiæ̃^{213}	tɕiæ̃^{213}	iæ̃^{13}	tɕæ̃^{434}	tsʰæ̃^{53}	tsʰæ̃^{53}
壶关	maŋ^{13}	ʂaŋ^{33}	ciaŋ^{33}	tɕiaŋ^{33}	iaŋ^{13}	tʂaŋ^{535}	tʂʰaŋ^{535}	tʂʰaŋ^{535}
沁县	mæ^{33}	sæ^{224}	tɕi^{224}	tɕi^{224}	i^{33}	tsæ^{214}	tsʰæ^{214}	tsʰæ^{214}
武乡	mæ^{33}	sei^{113}	tsei^{113}	tsei^{113}	ŋei^{33}	tsæ^{213}	tsʰæ^{213}	tsʰæ^{213}
沁源	mæ̃^{33}	sæ̃^{324}	tɕiæ̃^{324}	tɕiæ̃^{324}	ȵiæ̃^{33}	tsæ̃^{324}	tsʰæ̃^{324}	tsʰæ̃^{324}
安泽	mæ^{35}	sæ^{21}	tɕiæ^{21}	tɕiæ^{21}	iæ^{35}	tsæ^{42}	tsʰæ^{42}	tsʰæ^{42}
沁水端氏	mæ^{24}	sæ^{21}	kei^{21}	kei^{21}	iɪ^{24}	tsæ^{31}	tsʰæ^{31}	tsʰæ^{31}
阳城	mɛ^{22}	ʂɛ^{224}	ciɛ^{224}	ciɛ^{224}	iɛ^{22}	tʂɛ^{212}	tʂʰɛ^{212}/ tʂʰʅə^{212}	tʂʰɛ^{212}
高平	mæ̃^{33}	ʂæ̃^{33}	ciæ̃^{33}	ciæ̃^{33}	iæ̃^{33}	tʂæ̃^{212}	tʂʰæ̃^{212}	tʂʰæ̃^{212}
陵川	mã^{53}	ʂã^{33}	ciə̃ĩ^{33}	ciə̃ĩ^{33}	iə̃ĩ^{53}	tʂã^{312}	tʂʰã^{312}	tʂʰã^{312}
晋城	mæ^{324}	ʂæ^{33}	tɕiɛ^{33}	tɕiɛ^{33}	iɛ^{324}	tʂæ^{213}	tʂʰæ^{213}	tʂʰæ^{213}
忻府	mɑ̃^{21}	sɑ̃^{313}	tɕiɛ̃^{313}	tɕiɛ̃^{313}	iɛ̃^{313}	tsɑ̃^{313}	tsʰɑ̃^{313}	tsʰɑ̃^{313}
原平	mɛ̃^{33}	sɛ̃^{213}	tɕiɛ̃^{213}	tɕiɛ̃^{213}	iɛ̃^{33}	tsɛ̃^{213}	tsʰɛ̃^{213}	tsʰɛ̃^{213}

续表

字目	蛮	删	奸~淫	奸~诈	颜	盏	铲	产
中古音 方言点	莫还 山开二 平删明	所姦 山开二 平删生	居颜 山开二 平删见	居颜 山开二 平删见	五姦 山开二 平删疑	阻限 山开二 上产庄	初限 山开二 上产初	所简 山开二 上产生
定襄	mæ^{11}	sæ^{24}	tɕiæ^{24}	tɕiæ^{24}	iə̃^{11}	tsə̃^{24}	tsʰæ^{24}	tsʰæ^{24}
五台	mæn^{33}	sæn^{213}	tɕiæn^{213}	tɕiæn^{213}	iæn^{33}	tsæn^{52}	tsʰæn^{213}	tsʰæn^{213}
岢岚	mæ^{44}	sæ^{44}	tɕiɛ^{13}	tɕiɛ^{13}	iɛ^{44}	tsæ^{13}	tsʰæ^{13}	tsʰæ^{13}
五寨	mæ^{44}	sæ^{44}	tɕiɪ^{13}	tɕiɪ^{13}	iɪ^{44}	tsæ^{13}	tsʰæ^{13}	tsʰæ^{13}
宁武	mæ^{33}	sæ^{23}	tɕiɛ^{23}	tɕiɛ^{23}	iɛ^{33}	tsæ^{213}	tsʰæ^{213}	tsʰæ^{213}
神池	mæ^{32}	sæ^{24}	tɕie^{24}	tɕie^{24}	ie^{32}	tsæ^{13}	tsʰæ^{13}	tsʰæ^{13}
繁峙	mɛ^{31}	sɛ^{53}	tɕiɛ^{53}	tɕiɛ^{53}	iɛ^{31}	tsɛ^{53}	tsʰɛ^{53}	tsʰɛ^{53}
代县	mɛ^{44}	sɛ^{213}	tɕie^{213}	tɕie^{213}	ie^{44}	tsɛ^{213}	tsʰɛ^{213}	tsʰɛ^{213}
河曲	mæ^{44}	sæ^{44}	tɕiɛ^{213}	tɕiɛ^{213}	iɛ^{44}	tsæ^{213}	tsʰæ^{213}	tsʰæ^{213}
保德	mɑŋ^{44}	sɑŋ^{213}	tɕiɑŋ^{213}	tɕiɑŋ^{213}	iɑŋ^{44}	tsɑŋ^{213}	tsʰɑŋ^{213}	tsʰɑŋ^{213}
偏关	mæ^{44}	sæ^{24}	——	tɕiɪ^{24}	iɪ^{44}	tsæ^{213}	tsʰæ^{213}	tsʰæ^{213}
朔城	mæ^{35}	sæ^{312}	tɕiɛ^{312}	——	iɛ^{35}	tsæ^{312}	tsʰæ^{312}	tsʰæ^{312}
平鲁	mæ^{44}	sæ^{44}	——	tɕiᴇ^{213}	iᴇ^{44}	tsæ^{213}	tsʰæ^{213}	tsʰæ^{213}
应县	mɛ̃^{31}	sɛ̃^{43}	tɕiɛ̃^{43}	tɕiɛ̃^{43}	iɛ̃^{31}	tsɛ̃^{54} 文	tsʰɛ̃^{54}	tsʰɛ̃^{54}
灵丘	mæ^{31}	sæ^{442}	tɕie^{442}	tɕie^{442}	ie^{31}	tsæ^{442}	tsʰæ^{442}	tsʰæ^{442}
浑源	mæ^{22}	sæ^{13}	tɕiɛ^{52}	tɕiɛ^{52}	iɛ^{22}	tsæ^{52}	tsʰæ^{52}	tsʰæ^{52}
云州	mæ^{312}	sæ^{21}	tɕiɛ^{21}	tɕiɛ^{21}	iɛ^{312}	tsæ^{55}	tsʰæ^{55}	tsʰæ^{55}
新荣	mæ^{312}	ʂæ^{32}	tɕiᴇ^{32}	tɕiᴇ^{32}	iᴇ^{312}	tsæ^{54}	tsʰæ^{54}	tsʰæ^{54}
怀仁	mæ^{312}	sæ^{42}	tɕiæ^{42}	tɕiæ^{42}	iæ^{312}	tsæ^{53}	tsʰæ^{53}	tsʰæ^{53}
左云	mæ^{313}	sæ^{31}	tɕiɛ^{31}	tɕiɛ^{31}	iɛ^{313}	tsæ^{54}	tsʰæ^{54}	tsʰæ^{54}
右玉	mæ^{212}	sæ^{212}	tɕiɛ^{31}	tɕiɛ^{31}	iɛ^{212}	tsæ^{53}	tsʰæ^{53}	tsʰæ^{53}
阳高	mɛ^{312}	sɛ^{31}	tɕiɛ^{31}	tɕiɛ^{31}	iɛ^{31}	tsɛ^{53}	tsʰɛ^{53}	tsʰɛ^{53}
山阴	mæ^{313}	——	tɕiᴇ^{313}	——	iᴇ^{313}	tsæ^{52}	tsʰæ^{52}	tsʰæ^{52}
天镇	mæ^{22}	sæ^{31}	tɕiæ^{31}	tɕiæ^{31}	iæ^{22}	tsæ^{55}	tsʰæ^{55}	tsʰæ^{55}
平定	mæ̃^{44}	sæ̃^{31}	tɕiæ̃^{31}	tɕiæ̃^{31}	iæ̃^{44}	tsæ̃^{44}	tsʰæ̃^{53}	tsʰæ̃^{53}
昔阳	mæ̃^{33}	sæ̃^{42}	tɕiæ̃^{42}	tɕiæ̃^{42}	iæ̃^{33}	tʂæ̃^{55}	tsʰæ̃^{55}	tsʰæ̃^{55}
左权	mæ^{11}	ʂæ^{31}	tɕiɛ^{31}	tɕiɛ^{31}	iɛ^{11}	tsæ^{42}	tsʰæ^{42}	tsʰæ^{42}
和顺	mæ^{22}	ʂæ^{42}	tɕiɛ^{13}	tɕiɛ^{13}	iɛ^{22}	tsæ^{53}	tsʰæ^{53}	tsʰæ^{53}
尧都	mæ̃^{24}	ʂæ̃^{21}	tɕiæ̃^{21}	tɕiæ̃^{21}	ȵiæ̃^{24}	tʂæ̃^{53}	tʂʰæ̃^{53}	tʂʰæ̃^{53}
洪洞	mɑn^{24}	sɑn^{42}	tɕiɑn^{21}	tɕiɑn^{21}	ȵiɑn^{24} 白 / iɑn^{24} 文	tsɑn^{42}	tsʰɑn^{42}	tsʰɑn^{42}

续表

字目	蛮	删	奸~淫	奸~诈	颜	盏	铲	产
中古音 方言点	莫还 山开二 平删明	所姦 山开二 平删生	居颜 山开二 平删见	居颜 山开二 平删见	五姦 山开二 平删疑	阻限 山开二 上产庄	初限 山开二 上产初	所简 山开二 上产生
洪洞赵城	mɑ̃^{24}	sɑ̃^{21}	tɕiɑ̃^{21}	tɕiɑ̃^{21}	ȵiɑ̃^{24} 白 / iɑ̃^{24} 文	tsɑ̃^{21}	tsɑ̃^{42}	tsɑ̃^{42}
古县	man^{21}	ʂan^{21}	——	tɕian^{21}	ȵian^{35} 白 / ian^{35} 文	tsan^{42}	tsʰan^{42}	tsʰan^{42}
襄汾	man^{24}	san^{21}	tɕian^{21}	tɕian^{21}	ian^{24}	tʂan^{42}	tsʰan^{42}	tsʰan^{42}
浮山	mãĩ^{13}	sãĩ^{42}	tɕiãĩ^{42}	tɕiãĩ^{42}	iãĩ^{13}	tʂãĩ^{33}	tsʰãĩ^{33}	tsʰãĩ^{33}
霍州	maŋ^{35}	saŋ^{212}	tɕiaŋ^{212}	tɕiaŋ^{212}	iaŋ^{35}	tʂaŋ^{33}	tʂʰaŋ^{33}	tʂʰaŋ^{33}
翼城	mæ̃^{12}	ʂæ̃^{53}	tɕiɛɪ^{53}	tɕiɛɪ^{53}	iɛɪ^{12}	tʂæ̃^{44}	tʂʰæ̃^{44}	tʂʰæ̃^{44}
闻喜	mæ^{13}	sæ^{53}	tɕiæ^{53}	tɕiæ^{53}	ȵiæ^{13}	tsæ^{33}	tsʰæ^{33}	tsʰæ^{33}
侯马	mæ̃^{213}	ʂæ̃^{213}	tɕiæ̃^{213}	tɕiæ̃^{213}	iæ̃^{213}	tʂæ̃^{44}	tʂʰæ̃^{44}	tʂʰæ̃^{44}
新绛	mã^{13}	sã^{44}	tɕiã^{53}	tɕiã^{53}	ȵiã^{13} 白 / iã^{13} 文	tʂã^{44}	tsʰã^{44}	tsʰã^{44}
绛县	mæ^{24}	ʂæ^{53}	tɕiæ^{53}	tɕiæ^{53}	iæ^{24}	tʂæ^{33}	tʂeĩ^{53}/ tʂʰæ^{33}	tʂʰæ^{33}
垣曲	mæ̃^{22}	ʂæ̃^{53}	tɕiæ̃^{53}	tɕiæ̃^{53}	ȵiæ̃^{22} 白 / iæ̃^{22} 文	tsæ̃^{44}	tsʰæ̃^{44}	tsʰæ̃^{44}
夏县	mæ^{42}	ʂæ^{53}	tɕiæ^{53}	tɕiæ^{53}	ȵiæ^{42} 老 / iæ^{42} 新	tsæ^{24}	tʂʰei^{24} 白 / tʂʰæ^{24} 文	tʂʰæ^{24}
万荣	mæ^{213}	ʂæ^{33}	tɕiæ^{51}	tɕiæ^{51}	ȵiæ^{213}	tsæ^{55}	tsʰæ^{55}	tsʰæ^{55}
稷山	mɑ̃^{13}	ʂɑ̃^{53}	tɕiɑ̃^{53}	tɕiɑ̃^{53}	ȵiɑ̃^{13} 白 / iɑ̃^{13} 文	tʂɑ̃^{44}	tʂʰɑ̃^{44}	tʂʰɑ̃^{44}
盐湖	mæ̃^{13}	ʂæ̃^{42}	tɕiæ̃^{42}	tɕiæ̃^{42}	iæ̃^{13}/ȵiæ̃^{13}	tʂæ̃^{53}	tʂʰæ̃^{53}	tʂʰæ̃^{53}
临猗	mæ̃^{13}	ʂæ̃^{42}	tɕiæ̃^{42}	tɕiæ̃^{42}	ȵiæ̃^{13} 白 / iæ̃^{13} 文	tsæ̃^{53}	tsʰæ̃^{53}	tsʰæ̃^{53}
河津	mæ̃^{324}	sæ̃^{44}	tɕiæ̃^{31}	tɕiæ̃^{31}	iæ̃^{324}	tsæ^{53}	tsʰẽ^{53}/ tsʰæ̃^{53} 文	tsʰæ̃^{53}
平陆	man^{13}	san^{31}	tɕian^{31}	tɕian^{31}	ȵian^{13}	tsan^{55}	tsʰan^{55}	tsʰan^{55}
永济	mæ̃^{24}	ʂæ̃^{31}	tɕiæ̃ ^{31}	tɕiæ̃^{31}	ȵiæ̃^{24} 白 / iæ̃^{24} 文	tʂæ̃^{53}	tʂʰæ̃^{53}	tʂʰæ̃^{53}
芮城	mæ̃^{13}	sæ̃^{53}	tɕiæ̃^{42}	——	ȵiæ̃^{13} 白 / iæ̃^{13} 文	tsæ̃^{53}	tsʰæ̃^{53}	tsʰæ̃^{53}
吉县	mæ̃^{13}	sæ̃^{53}	tɕiæ̃^{423}	tɕiæ̃^{423}	iæ̃^{13}	tsæ̃^{53}	tsʰæ̃^{53}	tsʰæ̃^{53}
乡宁	mæ^{12}	ʂæ^{53}	tɕiæ^{53}	tɕiæ^{53}	ȵiæ^{12} 白 / iæ^{12} 文	tsæ^{44}	tɕia^{44} 白 / tsʰæ^{44} 文	tsæ^{44} 白 / tsʰæ^{44} 文
广灵	mæ^{31}	sæ^{53}	tɕiæ^{53}	tɕiæ^{53}	iæ^{31}	tsæ^{44}	tsʰæ^{44}	tsʰæ^{44}

字目	简	柬	拣	眼	限	板	版	扮
中古音 方言点	古限 山开二 上产见	古限 山开二 上产见	古限 山开二 上产见	五限 山开二 上产疑	胡简 山开二 上产匣	布绾 山开二 上潸帮	布绾 山开二 上潸帮	晡幻 山开二 去裥帮
北京	tɕiɛn^{214}	tɕiɛn^{214}	tɕiɛn^{214}	iɛn^{214}	ɕiɛn^{51}	pan^{214}	pan^{214}	pan^{51}
小店	tɕiæ^{53}	tɕiæ^{53}	tɕiæ^{53}	iæ^{53}	ɕiæ^{24}	pæ^{53}	pæ^{53}	pæ^{24}
尖草坪	tɕie^{312}	tɕie^{312}	tɕie^{312}	nie^{312} 白 / ie^{312} 文	ɕie^{35}	pæ^{312}	pæ^{312}	pæ^{35}
晋源	tɕiæ^{42}	tɕiæ^{11}	tɕiæ^{42}	iæ^{42}	ɕiæ^{35}	paŋ^{42}	paŋ^{42}	paŋ^{35}
阳曲	tɕiɛ^{312}	tɕiɛ^{312}	tɕiɛ^{312}	ȵiɛ^{312}	ɕiɛ^{454}	pæ^{312}	pæ^{312}	pæ^{454}
古交	tɕiɛ^{312}	tɕiɛ^{312}	tɕiɛ^{312}	ȵiɛ^{312}	ɕiɛ^{53}	pɛ^{312}	pɛ^{312}	pɛ^{53}
清徐	tɕiɛ^{54}	tɕiɛ^{54}	tɕiɛ^{54}	niɛ^{54} 白 / iɛ^{54} 文	ɕiɛ^{45}	pɛ^{54}	pɛ^{54}	pɛ^{45}
娄烦	tɕiɛ^{312}	tɕiɛ^{312}	tɕiɛ^{312}	ȵiɛ^{312}	ɕiɛ^{54}	pæ^{312}	pæ^{312}	pæ^{54}
榆次	tɕie^{53}	tɕie^{53}	tɕie^{53}	nie^{53}	ɕie^{35}	pæ^{53}	pæ^{53}	pæ^{35}
交城	tɕiã^{53}	tɕiã^{53}	tɕiã^{53}	niã^{53}	ɕiã^{24}	pã^{53}	pã^{53}	pã^{24}
文水	tɕiaŋ^{423}	tɕiaŋ^{423}	tɕiaŋ^{423}	ȵiaŋ^{423}	ɕiaŋ^{35}	paŋ^{423}	paŋ^{423}	paŋ^{35}
祁县	tɕiɑ̃^{314}	tɕiɑ̃^{314}	tɕiɑ̃^{314}	ȵiɑ̃^{314}	ɕiɑ̃^{45}	pɑ̃^{314}	pɑ̃^{314}	pɑ̃^{45}
太谷	tɕiẽĩ^{312}	tɕiẽĩ^{312}	tɕiẽĩ^{312}	ȵiẽĩ^{312} 白 / iẽĩ^{312} 文	ɕiẽĩ^{53}	pɑ̃^{312}	pɑ̃^{312}	pɑ̃^{53}
平遥	tɕiɑ̃^{512}	tɕiɑ̃^{512}	tɕiɑ̃^{512}	ȵiɑ̃^{512}	ɕiɑ̃^{24}	pɑ̃^{512}	pɑ̃^{512}	pɑ̃^{24}
孝义	tɕiã^{312}	tɕiã^{312}	tɕiã^{312}	ȵiã^{312}	ɕiã^{454}	pã^{312}	pã^{312}	pã^{454}
介休	tɕiẽ^{423}	tɕiẽ^{423}	tɕiẽ^{423}	ȵiẽ^{423}	ɕiẽ^{45}	pæ̃^{423}	pæ̃^{423}	pæ̃^{45}
灵石	tɕie^{212}	tɕie^{212}	tɕie^{212}	niɒ̃^{212}	ɕie^{53}	pɒ̃^{212}	pɒ̃^{212}	pɒ̃^{53}
盂县	tɕiæ̃^{53}	tɕiæ̃^{53}	tɕiæ̃^{53}	ȵiæ̃^{53}	ɕiæ̃^{55}	pæ̃^{53}	pæ̃^{53}	pæ̃^{55}
寿阳	tɕiɪ^{53}	tɕiɪ^{53}	tɕiɪ^{53}	ȵiɪ^{53}	ɕiɪ^{45}	pæ^{53}	pæ^{53}	pæ^{45}
榆社	tɕie^{312}	tɕie^{312}	tɕie^{312}	nie^{312} 白 / ie^{312} 文	ɕie^{45}	pa^{312}	pa^{312}	pa^{45}
离石	tɕiæ^{312}	tɕiɪ^{312}	tɕiæ^{312}	niæ^{312}	ɕiɪ^{53}	pæ^{312}	pæ^{312}	pæ^{53}
汾阳	tɕiã^{312}	tɕiã^{312}	tɕiã^{312}	ȵiã^{312}	ɕiã^{55}	pã^{312}	pã^{312}	pã^{55}
中阳	tɕie^{423}	tɕie^{423}	tɕie^{423}	nie^{423}	ɕie^{53}	pæ^{423}	pæ^{423}	pæ^{53}
柳林	tɕie^{312}	tɕie^{312}	tɕie^{312}	nie^{312}	ɕie^{53}	pæ^{312}	pæ^{312}	pæ^{53}
方山	tɕiɛ^{312}	tɕiɛ^{312}	tɕiɛ^{312}	niɛ^{312}	ɕiɛ^{52}	pæ^{312}	pæ^{312}	pæ^{52}
临县	tɕie^{312}	tsɛe^{52}	tɕie^{312}	nie^{312}	ɕie^{52}	pæ^{312}	pæ^{312}	pæ^{52}
兴县	tɕiæ̃^{324}	——	tɕiæ̃^{324}	niæ̃^{324}	ɕiæ̃^{53}	pæ̃^{324}	pæ̃^{324}	pæ̃^{53}
岚县	tɕiaŋ^{312}	tɕiaŋ^{53}	tɕiaŋ^{312}	ȵiaŋ^{312}	ɕiaŋ^{53}	paŋ^{312}	paŋ^{312}	paŋ^{53}
静乐	tɕiæ̃^{314}	tɕiæ̃^{24}	tɕiæ̃^{314}	ȵiæ̃^{314}	ɕiæ̃^{53}	pæ̃^{314}	pæ̃^{314}	pæ̃^{53}

续表

字目	简	柬	拣	眼	限	板	版	扮
中古音 / 方言点	古限 山开二 上产见	古限 山开二 上产见	古限 山开二 上产见	五限 山开二 上产疑	胡简 山开二 上产匣	布绾 山开二 上潸帮	布绾 山开二 上潸帮	晡幻 山开二 去裥帮
交口	tɕiɑ̃^{323}	tɕiɑ̃^{323}	tɕiɑ̃^{323}	ȵiɑ̃^{323}	ɕiɑ̃^{53}	pɑ̃^{323}	pɑ̃^{323}	pɑ̃^{53}
石楼	tɕiɑŋ^{213}	tɕiɑŋ^{213}	tɕiɑŋ^{213}	ȵiɑŋ^{213}	ɕiɑŋ^{51}	pɑŋ^{213}	pɑŋ^{213}	pɑŋ^{51}
隰县	tɕiaŋ^{21}	tɕiaŋ^{21}	tɕiaŋ^{21}	ȵiaŋ^{21}	ɕiɛ^{44}	paŋ^{21}	paŋ^{21}	pʰæ^{44}
大宁	tɕiɛ̃^{31}	tɕiɛ̃^{31}	tɕiɛ̃^{31}	niɛ̃^{31}	kɛ̃^{31} 白 / ɕiɛ̃^{55} 文	pɛ̃^{31}	pɛ̃^{31}	pɛ̃^{55}
永和	tɕiɑ̃^{312}	tɕiɑ̃^{312}	tɕiɑ̃^{312}	niɑ̃^{312}	ɕiɑ̃^{53}	pɑ̃^{312}	pɑ̃^{312}	pɑ̃^{53}
汾西	tɕiɑ̃^{33}	tɕiɑ̃^{33}	tiɑ̃^{33}/ tɕiɑ̃^{33} 文	niɑ̃^{33}/ niɪ^{33} 白	xɑ̃^{53} 白	pɑ̃^{33}	pɑ̃^{33}	pɑ̃^{33}
蒲县	tɕiæ̃^{31}	tɕiæ̃^{31}	tɕiæ̃^{31}	ȵiæ̃^{33}	ɕiæ̃^{33}	pæ̃^{31}	pæ̃^{31}	pæ̃^{31}
潞州	tɕiaŋ^{535}	tɕiaŋ^{535}	tɕiaŋ^{535}	iaŋ^{535}	ɕiaŋ^{54}	paŋ^{535}	paŋ^{535}	paŋ^{44}
上党	tɕiɑŋ^{535}	tɕiɑŋ^{535}	tɕiɑŋ^{535}	iɑŋ^{535}	ɕiɑŋ^{42}	pɑŋ^{535}	pɑŋ^{535}	pɑŋ^{42}
长子	tɕiæ̃^{434}	tɕiæ̃^{434}	tɕiæ̃^{434}	iæ̃^{434}	ɕiæ̃^{422}	pæ̃^{434}	pæ̃^{434}	pæ̃^{53}
屯留	tɕiæ̃^{43}	tɕiæ̃^{43}	tɕiæ̃^{43}	iæ̃^{43}	ɕiæ̃^{11}	pæ̃^{43}	pæ̃^{43}	pæ̃^{11}
襄垣	tɕiei^{42}	tɕiei^{42}	tɕiei^{42}	iei^{42}	ɕiei^{45}	pæ^{42}	pæ^{42}	pæ^{45}
黎城	ciæ^{213}	tɕiæ^{33}	tɕiæ^{213}	iæ^{213}	çiæ^{53}	pæ^{213}	pæ^{213}	pæ^{53}
平顺	tɕiæ̃^{434}	tɕiæ̃^{434}	tɕiæ̃^{434}	iæ̃^{434}	ɕiæ̃^{53}	pæ̃^{434}	pæ̃^{434}	pæ̃^{53}
壶关	tɕiaŋ^{535}/ tɕiaŋ^{42}	tɕiaŋ^{42}	tɕiaŋ^{535}	iaŋ^{535}	tɕiaŋ^{353}	paŋ^{535}	paŋ^{535}	paŋ^{42}
沁县	tɕi^{214}	tɕi^{214}	tɕi^{214}	ȵi^{214}	ɕi^{53}	pæ^{214}	pæ^{214}	pæ^{53}
武乡	tsei^{113}	——	tsei^{113}	nzei^{213}	sei^{55}	pæ^{213}	pæ^{213}	pæ^{55}
沁源	tɕiæ̃^{324}	tɕiæ̃^{324}	tɕiæ̃^{324}	ȵiæ̃^{324}	ɕiæ̃^{53}	pæ̃^{324}	pæ̃^{324}	pæ̃^{53}
安泽	tɕiæ^{42}	tɕiæ^{42}	tɕiæ^{42}	ȵiæ^{42}	ɕiæ^{53}	pæ^{42}	pæ^{42}	pæ^{53}
沁水端氏	kei^{31}	kei^{31}	kei^{31}	iɪ^{31}	sei^{53}	pæ^{31}	pæ^{31}	pæ^{53}
阳城	ciɛ^{212}	ciɛ^{212}	ciɛ^{212}	iɛ^{212}	çiɛ^{51}	pɛ^{212}	pɛ^{212}	pɛ^{51}
高平	ciæ̃^{212}	ciæ̃^{212}	ciæ̃^{212}	iæ̃^{212}	ɕiæ̃^{53}	pæ̃^{212}	pæ̃^{212}	pæ̃^{53}
陵川	ciə̃ĩ^{312}	ciə̃ĩ^{312}	ciə̃ĩ^{312}	iə̃ĩ^{312}	ɕiə̃ĩ^{24}	pɑ̃^{312}	pɑ̃^{312}	pɑ̃^{24}
晋城	tɕiɛ^{213}	tɕiɛ^{324}	tɕiɛ^{213}	iɛ^{213}	ɕiɛ^{53}	pæ^{213}	pæ^{213}	pæ^{53}
忻府	tɕiɛ̃^{313}	tɕiɛ̃^{313}	tɕiɑ̃^{313}	niɑ̃^{313}	xiɛ̃^{53}	pɑ̃^{313}	pɑ̃^{313}	pɑ̃^{53}
原平	tɕiɛ̃^{213}	tɕiɛ̃^{213}	tɕiɛ̃^{213}	iɛ̃^{213}	ɕiɛ̃^{53}	pɛ̃^{213}	pɛ̃^{213}	pɛ̃^{53}
定襄	tɕiə̃^{24}	tɕiə̃^{24}	tɕiə̃^{24}	iə̃^{24}	ɕiæ^{53}	pæ^{24}	pæ^{24}	pæ^{53}
五台	tɕiæn^{213}	tɕiə̃^{213}	tɕiæn^{213}	niæn^{213}	ɕiæn^{52}	pæn^{213}	pæn^{213}	pæn^{52}
岢岚	tɕiɛ^{13}	tɕiɛ^{13}	tɕiɛ^{13}	iɛ^{13}	ɕiɛ^{52}	pæ^{13}	pæ^{13}	pæ^{52}

续表

字目	简	柬	拣	眼	限	板	版	扮
中古音 方言点	古限 山开二 上产见	古限 山开二 上产见	古限 山开二 上产见	五限 山开二 上产疑	胡简 山开二 上产匣	布绾 山开二 上潸帮	布绾 山开二 上潸帮	晡幻 山开二 去裥帮
五寨	tɕiɪ^{13}	tɕiɪ^{13}	tɕiɪ^{13}	iɪ^{13}	ɕiɪ^{52}	pæ^{13}	pæ^{13}	pæ^{52}
宁武	tɕie^{213}	tɕie^{213}	tɕie^{213}	ie^{213}	ɕie^{52}	pæ^{213}	pæ^{213}	pæ^{52}
神池	tɕie^{13}	tcie^{13}	tɕie^{13}	ie^{13}	ɕie^{52}	pæ^{13}	pæ^{13}	pæ^{52}
繁峙	tɕiɛ^{53}	tɕiɛ^{53}	tɕiɛ^{53}	iɛ^{53}	ɕiɛ^{24}	pɛ^{53}	pɛ^{53}	pɛ^{24}
代县	tɕiɛ^{213}	tɕiɛ^{213}	tɕiɛ^{213}	iɛ^{213}	ɕiɛ^{53}	pɛ^{213}	pɛ^{213}	pɛ^{53}
河曲	tɕiɛ^{213}	tɕiɛ^{213}	tɕiɛ^{213}	iɛ^{213}	ɕiɛ^{52}	pæ^{213}	pæ^{213}	pæ^{52}
保德	tɕiaŋ^{213}	tɕiaŋ^{213}	tɕiaŋ^{213}	iaŋ^{213}	ɕiaŋ^{52}	paŋ^{213}	paŋ^{213}	paŋ^{52}
偏关	tɕiɪ^{213}	tɕiɪ^{213}	tɕiɪ^{213}	iɪ^{213}	ɕiɪ^{52}	pæ^{213}	pæ^{213}	pæ^{52}
朔城	tɕiɛ^{312}	tɕiɛ^{312}	tɕiɛ^{312}	iɛ^{312}	ɕiɛ^{53}	pæ^{312}	pæ^{312}	pæ^{53}
平鲁	tɕiᴇ^{213}	tɕiᴇ^{213}	tɕiᴇ^{213}	iᴇ^{213}	ɕʰiᴇ^{52}	pæ^{213}	pæ^{213}	pæ^{52}
应县	tɕiɛ̃^{54}	tɕiɛ̃^{54}	tɕiɛ̃^{54}	iɛ̃^{54}	ɕiɛ̃^{24}	pɛ̃^{54}	pɛ̃^{54}	pɛ̃^{24}
灵丘	tɕie^{442}	tɕie^{442}	tɕie^{442}	ie^{442}	ɕie^{53}	pæ^{442}	pæ^{442}	pæ^{53}
浑源	tɕiɛ^{52}	tɕiɛ^{52}	tɕiɛ^{52}	iɛ^{52}	ɕiɛ^{22}	pæ^{52}	pæ^{52}	pæ^{13}
云州	tɕie^{55}	tɕie^{55}	tɕie^{55}	ie^{55}	ɕie^{24}	pæ^{55}	pæ^{55}	pæ^{24}
新荣	tɕiᴇ^{54}	tɕiᴇ^{54}	tɕiᴇ^{54}	iᴇ^{54}	ɕiᴇ^{24}	pæ^{54}	pæ^{54}	pæ^{24}
怀仁	tɕiæ^{53}	tɕiæ^{53}	tɕiæ^{53}	iæ^{53}	ɕiæ^{24}	pæ^{53}	pæ^{53}	pæ^{24}
左云	tɕie^{54}	tɕie^{54}	tɕie^{54}	ie^{54}	ɕie^{24}	pæ^{54}	pæ^{54}	pæ^{24}
右玉	tɕie^{53}	tɕie^{53}	tɕie^{53}	ie^{53}	ɕie^{24}	pæ^{53}	pæ^{53}	pæ^{24}
阳高	tɕie^{53}	tɕie^{53}	tɕie^{53}	ie^{53}	ɕie^{24}	pɛ^{53}	pɛ^{53}	pɛ^{24}
山阴	tɕiᴇ^{52}	——	tɕiᴇ^{52}	iᴇ^{52}	ɕiᴇ^{313}/ ɕiᴇ^{335}	pæ^{52}	pæ^{52}	pæ^{335}
天镇	tɕiæ^{55}	tɕiæ^{24}	tɕiæ^{55}	iæ^{55}	ɕiæ^{24}	pæ^{55}	pæ^{55}	pæ^{24}
平定	tɕiæ̃^{53}	tɕiæ̃^{53}	tɕiæ̃^{53}	iæ̃^{53}	ɕiæ̃^{24}	pæ̃^{53}	pæ̃^{53}	pæ̃^{24}
昔阳	tɕiæ̃^{55}	tɕiæ̃^{55}	tɕiæ̃^{55}	iæ̃^{55}	ɕiæ̃^{13}	pæ̃^{55}	pæ̃^{55}	pæ̃^{13}
左权	tɕie^{42}	tɕie^{42}	tɕie^{42}	ie^{42}	ɕie^{53}	pæ^{42}	pæ^{42}	pæ^{53}
和顺	tɕie^{53}	tɕie^{53}	tɕie^{53}	ie^{53}	ɕie^{13}	pæ^{53}	pæ^{53}	pæ^{13}
尧都	tɕiæ̃^{53}	tɕiæ̃^{53}	tɕiæ̃^{53}	ȵiæ̃^{53}	ɕiæ̃^{44}	pæ̃^{53}	pæ̃^{53}	pæ̃^{44}
洪洞	tɕian^{42}	tɕian^{42}	tɕian^{42}/ tian^{42}	ȵian^{42}	ɕian^{53}	pan^{42}/pan^{21}	pan^{42}	pan^{42}
洪洞赵城	tɕiã^{42}	tɕiã^{42}	tɕiã^{42}	ȵiã^{42}	ɕiã^{53}	pã^{42}	pã^{42}	pã^{53}
古县	tɕian^{42}	tɕian^{42}	tɕian^{42}	ȵian^{42}	ɕian^{53}	pan^{42}	pan^{42}	pan^{53}

续表

字目	简	柬	拣	眼	限	板	版	扮
中古音 / 方言点	古限 山开二 上产见	古限 山开二 上产见	古限 山开二 上产见	五限 山开二 上产疑	胡简 山开二 上产匣	布绾 山开二 上潸帮	布绾 山开二 上潸帮	晡幻 山开二 去裥帮
襄汾	tɕian^{42}	tɕian^{42}	tian^{42}	ȵian^{42}白/ ian文	ɕian^{53}	pan^{21}	pan^{42}	pan^{44}
浮山	tɕiãĩ^{33}	tɕiãĩ^{33}	——	ȵiãĩ^{33}	ɕiãĩ^{53}	pãĩ^{33}	pãĩ^{33}	pãĩ^{44}
霍州	tɕiaŋ^{33}	tɕiaŋ^{33}	tɕiaŋ^{33}	iaŋ^{33}	ɕiaŋ^{53}	paŋ^{33}	paŋ^{33}	paŋ^{53}
翼城	tɕiɛɪ^{44}	tɕiɛɪ^{44}	tɕiɛɪ^{44}	iɛɪ^{44}	ɕiɛɪ^{53}	pæ̃^{44}	pæ̃^{44}	pæ̃^{53}
闻喜	tɕiæ^{33}	tɕiæ^{33}	tɕiæ^{33}	ȵiæ^{33}	ɕiæ^{13}	pæ^{33}	pæ^{33}	pæ^{53}
侯马	tɕiæ̃^{44}	tɕiæ̃^{44}	tɕiæ̃^{44}	iæ̃^{44}	ɕiæ̃^{44}	pæ̃^{44}	pæ̃^{44}	p^{h}æ̃^{53}白/ pæ̃^{53}文
新绛	tɕiã^{44}	tɕiã^{44}	tɕiã^{44}	ȵiã^{44}	ɕiã^{53}	pã^{44}	pã^{44}	pã^{53}
绛县	tɕiæ^{24}	tɕiæ^{24}	tɕiæ^{24}	ȵiæ^{33}	ɕiæ^{53}	pæ^{33}	pæ^{33}	pæ^{31}
垣曲	tɕiæ̃^{44}	tɕiæ̃^{44}	tɕiæ̃^{44}	ȵiæ̃^{44}	ɕiæ̃^{53}	pæ̃^{44}	pæ̃^{53}	pæ̃^{53}
夏县	tɕiæ^{24}	tɕiæ^{24}	tɕiæ^{24}	ȵiæ^{24}白/ iæ^{24}文	ɕiæ^{31}	pæ^{24}	pæ^{24}	pæ^{31}
万荣	tɕiæ^{55}	tɕiæ^{55}	tɕiæ^{55}	ȵiæ^{55}	ɕiæ^{213}	pæ^{55}	pæ^{55}	p^{h}æ^{33}
稷山	tɕiɑ̃^{44}	tɕiɑ̃^{44}	tɕiɑ̃^{44}	iɑ̃^{44}	ɕiɑ̃^{42}	pɑ̃^{44}	pɑ̃^{44}	p^{h}ɑ̃^{44}白/ pɑ̃^{44}文
盐湖	tɕiæ̃^{53}	tɕiæ̃^{53}	tɕiæ̃^{53}	ȵiæ̃^{53}	k^{h}æ̃^{53}白/ ɕiæ̃^{44}文	pæ̃^{53}	pæ̃^{53}	p^{h}æ̃^{44}
临猗	tɕiæ̃^{53}	tɕiæ̃^{53}	tɕiæ̃^{53}	ȵiæ̃^{53}白/ iæ̃^{53}文	kæ̃^{53}白/ ɕiæ̃^{44}文	pæ̃^{53}	pæ̃^{53}	p^{h}æ̃^{44}/pæ̃^{44}
河津	tʂæ̃^{53}白/ tɕiæ̃^{53}文	tɕiæ̃^{53}	tɕiæ̃^{53}	ȵiæ̃^{53}	ɕiæ̃^{44}	pæ̃^{53}	pæ̃^{53}	pæ̃^{53}
平陆	tɕian^{55}	tɕian^{55}	tɕian^{55}	ȵian^{55}	ɕian^{33}	pan^{55}	pan^{55}	p^{h}an^{33}白/ pan^{33}文
永济	tɕiæ̃^{53}	tɕiæ̃^{53}	tɕiæ̃^{53}	ȵiæ̃^{53}	ɕiæ̃^{44}	pæ̃^{31}	pæ̃^{53}	pæ̃^{53}
芮城	tɕiæ̃^{53}	tɕiæ̃^{44}	tɕiæ̃^{53}	ȵiæ̃^{53}	ɕiæ̃^{44}	pæ̃^{53}	pæ̃^{53}	p^{h}æ̃^{44}白/ pæ̃^{44}文
吉县	tɕiæ̃^{53}	tɕiæ̃^{53}	tɕiæ̃^{53}	niæ̃^{53}	ɕiæ̃^{33}	pæ̃^{53}	pæ̃^{53}	pæ̃^{33}
乡宁	tɕiæ^{44}	——	tɕiæ^{44}	ȵiæ^{44}	ɕiæ^{22}	pæ^{44}	pæ^{44}	p^{h}æ^{22}
广灵	tɕiæ^{44}	tɕiæ^{53}	tɕiæ^{44}	iæ^{44}	ɕiæ^{213}	pæ^{44}	pæ^{44}	pæ^{213}

字目	盼	办	瓣	间～断	慢	栈	雁	晏
中古音 方言点	匹苋 山开二 去裥滂	蒲苋 山开二 去裥並	蒲苋 山开二 去裥並	古苋 山开二 去裥见	谟晏 山开二 去谏明	士谏 山开二 去谏崇	五晏 山开二 去谏疑	乌涧 山开二 去谏影
北京	pʰan^{51}	pan^{51}	pan^{51}	tɕiɛn^{51}	man^{51}	tʂan^{51}	iɛn^{51}	iɛn^{51}
小店	pʰæ^{24}	pæ^{24}	pæ^{24}	tɕiæ^{24}	mæ^{24}	tsæ^{24}	iæ^{24}	iæ^{24}
尖草坪	pʰæ^{35}	pæ^{35}	pæ^{35}	tɕie^{35}	mæ^{35}	tsæ^{35}	ie^{35}	ie^{35}
晋源	pʰaŋ^{35}	paŋ^{35}	paŋ^{35}	tɕiæ^{35}	maŋ^{35}	tsaŋ^{35}	iæ^{35}	iæ^{35}
阳曲	pʰæ^{454}	pæ^{454}	pæ^{454}	tɕiɛ^{454}	mæ^{454}	tsæ^{454}	iɛ^{454}	iɛ^{454}
古交	pʰɛ^{53}	pɛ^{53}	pɛ^{53}	tɕie^{44}	mɛ^{53}	tsɛ^{53}	ȵiɛ^{53}	iɛ^{53}
清徐	pʰɛ^{45}	pɛ^{45}	pɛ^{45}	tɕie^{45}	mɛ^{45}	tsɛ^{45}	iɛ^{45} 文	iɛ^{45}
娄烦	pʰæ^{54}	pæ^{54}	pæ^{54}	tɕie^{54}	mæ^{54}	tsæ^{54}	ȵiɛ^{54} 白 / iɛ^{54} 文	iɛ^{54}
榆次	pʰæ^{35}	pæ^{35}	pæ^{35}	tɕie^{35}	mæ^{35}	tsæ^{35}	ie^{35}	ie^{35}
交城	pʰã^{24}	pã^{24}	pã^{24}	tɕiã^{24}	mã^{24}	tsã^{24}	niã^{24} 老	iã^{24}
文水	pʰaŋ^{35}	paŋ^{35}	paŋ^{35}	tɕiaŋ^{22}	maŋ^{35}	tsaŋ^{35}	ȵiaŋ^{35} 白 / iæ̃ɪ̃^{35} 文	iæ̃ɪ̃^{35}
祁县	pʰɑ̃^{45}	pɑ̃^{45}	pɑ̃^{45}	tɕiɑ̃^{45}	mɑ̃^{45}	tsɑ̃^{45}	ȵiɑ̃^{45} 白 / iẽ^{45} 文	iẽ^{45}
太谷	pʰɑ̃^{53}	pɑ̃^{53}	pɑ̃^{53}	tɕiẽɪ̃^{53}	mɑ̃^{53}	tsɑ̃^{53}	iẽɪ̃^{53}	iẽɪ̃^{53}
平遥	pʰɑ̃^{24}	pɑ̃^{24}	pɑ̃^{24}	tɕiɑ̃^{24}	mɑ̃^{24}	tsɑ̃^{24}	ȵiɑ̃^{24}	——
孝义	pʰã^{454}	pã^{454}	pã^{454}	tɕiã^{33}	mã^{454}	tsã^{454}	ȵiã^{454}	——
介休	pʰæ̃^{45}	pæ̃^{45}	pæ̃^{45}	tɕiɛ̃^{45}	mæ̃^{45}	tsæ̃^{45}	ȵiɛ̃^{45} 白 / iɛ̃^{45} 文	iɛ̃^{45}
灵石	pʰɒ̃^{53}	pɒ̃^{53}	pɒ̃^{53}	tɕie^{53}	mɒ̃^{53}	tsɒ̃^{53}	ie^{53}	ie^{53}
盂县	pʰæ̃^{55}	pæ̃^{55}	pæ̃^{55}	tɕiæ̃^{55}	mæ̃^{55}	tsæ̃^{55}	ȵiæ̃^{55} 白 / iæ^{55} 文	iæ^{55}
寿阳	pʰæ^{45}	pæ^{45}	pæ^{45}	tɕiɪ^{45}	mæ^{45}	tsæ^{45}	iɪ^{45}	iɪ^{45}
榆社	pʰa^{45}	pa^{45}	pa^{45}	tɕie^{45}	ma^{45}	tsa^{45}	nie^{45} 白 / ie^{45} 文	——
离石	pʰæ^{53}	pæ^{53}	pæ^{53}	tɕiæ^{53}	mæ^{35}	tsæ^{53}	iɪ^{53}	iɪ^{53}
汾阳	pʰã^{55}	pã^{55}	pã^{55}	tɕiã^{55}	mu^{55} 白 / mã^{55} 文	tsã^{55}	iã^{55}	iã^{55}
中阳	pʰæ^{53}	pæ^{53}	pæ^{53}	tɕie^{53}	mæ^{53}	tsæ^{53}	ie^{53}	ie^{53}
柳林	pʰæ^{53}	pæ^{53}	pæ^{53}	——	mæ^{53}	tsæ^{53}	ie^{53}	ie^{53}
方山	pʰæ^{52}	pæ^{52}	pæ^{52}	tɕiɛ^{24}	mæ^{52}	tsæ^{52}	iɛ^{52}	iɛ^{52}
临县	pʰæ^{52}	pæ^{52}	pæ^{52}	tɕie^{52}	mæ^{52}	tsæ^{52}	ie^{52}	ie^{52}
兴县	pʰæ̃^{53}	pæ̃^{53}	pæ̃^{53}	tɕiæ̃^{53}	——	tsæ̃^{53}	niæ̃^{53} 白 / iẽn^{53} 文	iæ̃^{53}

续表

字目	盼	办	瓣	间~断	慢	栈	雁	晏
中古音 / 方言点	匹苋 山开二 去裥滂	蒲苋 山开二 去裥並	蒲苋 山开二 去裥並	古苋 山开二 去裥见	谟晏 山开二 去谏明	士谏 山开二 去谏崇	五晏 山开二 去谏疑	乌涧 山开二 去谏影
岚县	pʰaŋ^{53}	paŋ^{53}	paŋ^{53}	maŋ^{53}	tɕiaŋ^{53}	tsaŋ^{53}	ȵiaŋ^{53} 白 / iẽ^{53} 文	iẽ^{53}
静乐	pʰæ̃^{53}	pæ̃^{53}	pæ̃^{53}	tɕiæ̃^{53}	mæ̃^{53}	tsæ̃^{53}	ȵiæ̃^{53}	iæ̃^{53}
交口	pʰɑ̃^{53}	pɑ̃^{53}	pɑ̃^{53}	tɕiɑ̃^{53}	mɑ̃^{53}	tsɑ̃^{53}	ȵiɑ̃^{53}	iɑ̃^{53}
石楼	pʰɑŋ^{51}	pɑŋ^{51}	pɑŋ^{51}	tɕiɑŋ^{213}	mɑŋ^{51}	tsɑŋ^{51}	iɑŋ^{51}	iɑŋ^{51}
隰县	pʰæ^{44}	pʰæ^{44}	pʰæ^{44}	tɕiɛ^{44}	mæ^{53}	tsæ^{44}	ȵiɛ^{44}	——
大宁	pʰɛ̃^{55}	pʰɛ̃^{55}	pɛ̃^{55}	tɕiɛ̃^{31}	mɛ̃^{55}	tsɛ̃^{55}	niɛ̃^{55}	iɛ̃^{55}
永和	pʰɑ̃^{53}	pɑ̃^{53}	pʰɑ̃^{53} 白 / pɑ̃^{53} 文	tɕiɑ̃^{53}	mɑ̃^{53}	tsɑ̃^{53}	niɑ̃^{53}	iɪ^{53}
汾西	pʰɑ̃^{55}	pʰɑ̃^{53} 白	pɑ̃^{53}	——	mɑ̃^{53}	tsɑ̃^{55}	iɑ̃^{53}	iɑ̃^{33}
蒲县	pʰæ̃^{33}	pæ̃^{33}	pæ̃^{52}	tɕiæ̃^{52}	mæ̃^{33}	tʂæ̃^{33}	iæ̃^{33}	iæ̃^{33}
潞州	pʰaŋ^{44}	paŋ^{44}	paŋ^{44}	tɕiaŋ^{44}	maŋ^{54}	tsaŋ^{54}	iaŋ^{54}	iaŋ^{44}
上党	pʰɑŋ^{22}	pɑŋ^{42}	pɑŋ^{42}	tɕiɑŋ^{22}	mɑŋ^{42}	tsɑŋ^{535}	iɑŋ^{42}	iɑŋ^{22}
长子	pʰæ̃^{422}	pæ̃^{53}	pæ̃^{53}	tɕiæ̃^{422}	mæ̃^{53}	tsæ̃^{53}	iæ̃^{53}	iæ̃^{53}
屯留	pʰæ̃^{53}	pæ̃^{11}	pæ̃^{11}	tɕiæ̃^{53}	mæ̃^{11}	tsæ̃^{11}	iæ̃^{11}	iæ̃^{11}
襄垣	pʰæ^{53}	pæ^{45}	pæ^{45}	tɕiei^{33}	mæ^{45}	tsæ^{45}	iei^{45}	iei^{45}
黎城	pʰæ^{422}	pæ^{53}	pæ^{53}	ciæ^{422}	mæ^{53}	tsæ^{53}	iæ^{53}	iæ^{53}
平顺	pʰæ̃^{53}	pæ̃^{53}	pæ̃^{53}	tɕiæ̃^{53}	mæ̃^{53}	tɕæ̃^{53}	iæ̃^{53}	iæ̃^{53}
壶关	pʰaŋ^{42}	paŋ^{353}	paŋ^{353}	tɕiaŋ^{42}	maŋ^{353}	tʂaŋ^{353}	iaŋ^{353}	iaŋ^{42}
沁县	pʰæ^{53}	pæ^{53}	pæ^{53}	tɕi^{214}	mæ^{53}	tsæ^{53}	i^{53}	i^{53}
武乡	pʰæ^{55}	pæ^{55}	pæ^{55}	tsei^{55}	mæ^{55}	tsæ^{55}	ŋei^{55}	——
沁源	pʰæ̃^{53}	pæ̃^{53}	pæ̃^{53}	tɕiæ̃^{53}	mæ̃^{53}	tsæ̃^{53}	iæ̃^{53}	iæ̃^{53}
安泽	pʰæ^{53}	pæ^{53}	pæ^{53}	tɕiæ^{53}	mæ^{53}	——	iæ^{53}	iæ^{53}
沁水端氏	pʰæ^{53}	pæ^{53}	pæ^{53}	kei^{21}	mæ^{53}	tsæ^{53}	ɕiɛ^{53}	ɕiɛ^{53}
阳城	pʰɛ^{51}	pɛ^{51}	pɛ^{51}	ciɛ^{51}	mɛ^{51}	tʂɛ^{51}	iɛ^{51}	iɛ^{51}
高平	pʰæ̃^{53}	pæ̃^{53}	pæ̃^{53}	ciæ̃^{33}	mæ̃^{53}	tʂæ̃^{53}	iæ̃^{53}	iæ̃^{53}
陵川	pʰã^{24}	pã^{24}	pã^{24}	ciə̃ĩ^{24}	mã^{24}	tʂã^{24}	iə̃ĩ^{24}	iə̃ĩ^{24}
晋城	pʰæ^{53}	pæ^{53}	pæ^{53}	tɕiɛ^{33}	mæ^{53}	tʂæ^{53}	iɛ^{53}	iɛ^{53}
忻府	pʰɑ̃^{53}	pɑ̃^{53}	pɑ̃^{53}	tɕiɑ̃^{53}	mɑ̃^{53}	tsɑ̃^{53}	iɛ̃^{53}	iɛ̃^{53}
原平	pʰɛ̃^{53}	pɛ̃^{53}	pɛ̃^{53}	tɕiɛ̃^{53}	mɛ̃^{53}	tsɛ̃^{53}	iɛ̃^{53}	iɛ̃^{53}
定襄	pʰæ^{53}	pæ^{53}	pæ^{53}	tɕiə̃^{24}	mæ^{53}	tsæ^{53}	iə̃^{53}	iə̃^{53}

续表

字目	盼	办	瓣	间~断	慢	栈	雁	晏
中古音 / 方言点	匹苋 山开二 去裥滂	蒲苋 山开二 去裥並	蒲苋 山开二 去裥並	古苋 山开二 去裥见	谟晏 山开二 去谏明	士谏 山开二 去谏崇	五晏 山开二 去谏疑	乌涧 山开二 去谏影
五台	pʰuɔ̃^{52}	pæn^{52}	pæn^{52}	tɕiæn^{52}	mæn^{52}	tsæn^{52}	iæn^{52}	iɔ̃^{52}
岢岚	pʰæ^{52}	pæ^{52}	pæ^{52}	tɕiɛ^{52}	mæ^{52}	tsæ^{52}	iɛ^{52}	iɛ^{52}
五寨	pʰæ^{52}	pæ^{52}	pæ^{52}	tɕiɪ^{52}	mæ^{52}	tsæ^{52}	iɪ^{52}	iɪ^{52}
宁武	pʰæ^{52}	pæ^{52}	pæ^{52}	——	mæ^{52}	tsæ^{52}	iɛ^{52}	iɛ^{52}
神池	pʰæ^{52}	pæ^{52}	pæ^{52}	tɕie^{52}	mæ^{52}	tsæ^{52}	ie^{52}	ie^{52}
繁峙	pʰɛ^{24}	pɛ^{24}	pɛ^{24}	tɕiɛ^{24}	mɛ^{24}	tsɛ^{24}	iɛ^{24}	iɛ^{24}
代县	pʰɛ^{53}	pɛ^{53}	pɛ^{53}	tɕie^{53}	mɛ^{53}	tsɛ^{53}	ie^{53}	ie^{53}
河曲	pʰæ^{52}	pæ^{52}	pæ^{52}	tɕiɛ^{213}	mæ^{52}	tsæ^{52}	iɛ^{52}	——
保德	pʰɑŋ^{52}	pɑŋ^{52}	pɑŋ^{52}	tɕiɑŋ^{52}	mɑŋ^{52}	tsɑŋ^{52}	iɑŋ^{52}	iɑŋ^{52}
偏关	pʰæ^{52}	pæ^{52}	pæ^{52}	tɕiɪ^{52}	mæ^{52}	tsæ^{52}	iɪ^{52}	iɪ^{52}
朔城	pʰæ^{53}	pæ^{53}	pæ^{53}	——	mæ^{53}	tsæ^{53}	iɛ^{53}	iɛ^{53}
平鲁	pʰæ^{52}	pæ^{52}	pæ^{52}	tɕiᴇ^{52}	mæ^{52}	tsæ^{52}	iᴇ^{52}	——
应县	pʰɛ̃^{24}	pɛ̃^{24}	pɛ̃^{24}	tɕiɛ̃^{24}	mɛ̃^{24}	tsɛ̃^{24}	iɛ̃^{24}	iɛ̃^{43}
灵丘	pʰæ^{53}	pæ^{53}	pæ^{53}	tɕie^{53}	mæ^{53}	tsæ^{53}	ie^{53}	ie^{53}
浑源	pʰæ^{13}	pæ^{13}	pæ^{13}	tɕiɛ^{52}	mæ^{13}	tsæ^{22}	iɛ^{13}	iɛ^{13}
云州	pʰæ^{24}	pæ^{24}	pæ^{24}	tɕiɛ^{24}	mæ^{24}	tʂæ^{24}	iɛ^{24}	iɛ^{24}
新荣	pʰæ^{24}	pæ^{24}	pæ^{24}	tɕiᴇ^{24}	mæ^{24}	tsæ^{24}	iᴇ^{24}	iᴇ^{24}
怀仁	pʰæ^{24}	pæ^{24}	pæ^{24}	tɕiæ^{42}	mæ^{24}	tsæ^{24}	iæ^{24}	iæ^{24}
左云	pʰæ^{24}	pæ^{24}	pæ^{24}	tɕiɛ^{24}	mæ^{24}	tsæ^{24}	iɛ^{24}	iɛ^{24}
右玉	pʰæ^{24}	pæ^{24}	pæ^{24}	tɕiɛ^{24}	mæ^{24}	tsæ^{24}	iɛ^{24}	iɛ^{24}
阳高	pʰɛ^{24}	pɛ^{24}	pɛ^{24}	tɕiɛ^{31}	mɛ^{24}	tsɛ^{24}	iɛ^{24}	iɛ^{24}
山阴	pʰæ^{335}	pæ^{335}	pæ^{335}	tɕiᴇ^{335}	mæ^{335}	tsæ^{335}	iᴇ^{335}	——
天镇	pʰæ^{24}	pæ^{24}	pæ^{24}	tɕiæ^{31}	mæ^{24}	tsæ^{24}	iæ^{24}	iæ^{24}
平定	pʰæ̃^{24}	pæ̃^{24}	pæ̃^{24}	tɕiæ̃^{31}	mæ̃^{24}	tsæ̃^{24}	iæ̃^{24}	iæ̃^{24}
昔阳	pʰæ̃^{13}	pæ̃^{13}	pæ̃^{13}	tɕiæ̃^{13}	mæ̃^{13}	tʂæ̃^{13}	iæ̃^{13}	iæ̃^{13}
左权	pʰæ^{53}	pæ^{53}	pæ^{53}	tɕiɛ^{31}	mæ^{53}	tsæ^{53}	iɛ^{53}	iɛ^{53}
和顺	pʰæ^{13}	pæ^{13}	pæ^{13}	tɕiɛ^{13}	mæ^{13}	tsæ^{13}	iɛ^{13}	iɛ^{13}
尧都	pʰæ̃^{44}	pæ̃^{44}	pæ̃^{44}	tɕiæ̃^{44}	mæ̃^{44}	tʂæ̃^{21}	iæ̃^{44}	iæ̃^{44}
洪洞	pʰɑn^{42}	pʰɑn^{53} 白 / pɑn^{53} 文	pɑn^{53}	tiɑn^{42} 白 / tɕiɑn^{42} 文	mɑn^{53}	tsɑn^{42}	iɑn^{53}	iɑn^{53}
洪洞赵城	pʰɑ̃^{53}	pɑ̃^{53}	pɑ̃^{53}	tɕiɑ̃^{53}	mɑ̃^{53}	tsɑ̃^{53}	iɑ̃^{53}	iɑ̃^{21}

续表

字目	盼	办	瓣	间~断	慢	栈	雁	晏
中古音 / 方言点	匹苋 山开二 去裥滂	蒲苋 山开二 去裥並	蒲苋 山开二 去裥並	古苋 山开二 去裥见	谟晏 山开二 去谏明	士谏 山开二 去谏崇	五晏 山开二 去谏疑	乌涧 山开二 去谏影
古县	p^{h}an^{35}	p^{h}an^{53} 白 / pan^{53} 文	p^{h}an^{53} 白 / pan^{53} 文	tɕian^{53}	man^{53}	——	ian^{53}	ian^{53}
襄汾	p^{h}an^{44}	p^{h}an^{53}	p^{h}an^{53}	tian^{21} 白 / tɕian^{21} 文	man^{53}	tsan^{44}	ian^{53}	ian^{53}
浮山	p^{h}ãĩ^{44}	p^{h}ãĩ^{53}	p^{h}ãĩ^{53}	tɕiãĩ^{21}	mãĩ^{53}	tsãĩ^{44}	iãĩ^{53}	iãĩ^{53}
霍州	p^{h}aŋ^{55}	paŋ^{53}	paŋ^{53}	tɕiaŋ^{55}	maŋ^{53}	tʂaŋ^{33}	iaŋ^{53}	iaŋ^{55}
翼城	p^{h}æ̃^{53}	pæ̃^{53}	pæ̃^{53}	tɕiɛɪ^{53}	mæ̃^{53}	tʂæ̃^{53}	iɛɪ^{53}	iɛɪ^{53}
闻喜	p^{h}æ^{53}	p^{h}æ^{13}	p^{h}æ^{13}	tɕiæ^{53}	mæ^{13}	tsæ^{13}	iæ^{13}/ ȵiæ^{53}	iæ^{53}
侯马	p^{h}æ̃^{53}	pæ̃^{53}	pæ̃^{53}	tɕiæ̃^{213}	mæ̃^{53}	ts^{h}æ̃^{53}	iæ̃^{53}	iæ̃^{53}
新绛	p^{h}ã^{53}	p^{h}ã^{53} 白 / pã^{53} 文	p^{h}ã^{53}	tɕiã^{53}	mã^{53}	tsã^{53}	iã^{53}	iã^{53}
绛县	p^{h}æ^{31}	p^{h}æ^{53}	p^{h}æ^{53}	tɕiæ^{31}	mæ^{31}	tʂæ^{33}	iæ^{31}	iæ^{31}
垣曲	p^{h}æ̃^{53}	p^{h}æ̃^{53} 白 / pæ̃^{53} 文	pæ̃^{53}	tɕiæ̃^{53}	mæ̃^{53}	tsæ̃^{53}	iæ̃^{53}	iæ̃^{53}
夏县	p^{h}æ^{53}	p^{h}æ^{31} 白 / pæ^{31} 文	p^{h}æ^{31} 白 / pæ^{31} 文	tɕiæ^{31}	mæ^{31}	——	ȵiæ^{31} 老 / iæ^{31} 新	——
万荣	p^{h}æ^{51}	p^{h}æ^{33}	p^{h}æ^{33}	tɕiæ^{33}	mæ^{33}	tsæ^{33}	iæ^{33}	——
稷山	p^{h}ɑ̃^{42}	p^{h}ɑ̃^{44} 白 / pɑ̃^{44} 文	p^{h}ɑ̃^{44}	tɕiɑ̃^{42}	mɑ̃^{42}	tɕiɑ̃^{42}	iɑ̃^{42}	iɑ̃^{42}
盐湖	p^{h}æ̃^{44}	p^{h}æ̃^{44}	p^{h}æ̃^{44}	tɕiæ̃^{44}	mæ̃^{44}	tsæ̃^{44}	iæ̃^{44}	iæ̃^{44}
临猗	p^{h}æ̃^{44}	pæ̃^{44}	p^{h}æ̃^{44}/pæ̃^{44}	tɕiæ̃^{42}	mæ̃^{44}	tsæ̃^{44}	iæ̃^{44}	iæ̃^{44}
河津	p^{h}æ̃^{31} 文	pæ̃^{44}	p^{h}æ̃^{44} 白 / pæ̃^{44} 文	tɕiæ̃^{44}	mæ̃^{44}	tsæ̃^{44}	ȵiæ̃^{44} 白 / iæ̃^{44} 文	iæ̃^{44}
平陆	p^{h}an^{31}	p^{h}an^{33} 白 / pan^{33} 文	p^{h}an^{33}	tɕian^{31}	man^{33}	tsan^{33}	ȵian^{33}	——
永济	p^{h}ai^{44}	pai^{44}	p^{h}ai^{53} 白 / pai^{44} 文	tɕiæ̃ ^{31}	mai^{44}	tʂai^{44}	iai^{44} 白 / ȵiai^{44} 文	iæ̃^{44}
芮城	pæ̃^{42}	pæ̃^{44}	p^{h}æ̃^{44} 白 / pæ̃^{44} 文	——	mæ̃^{44}	tsæ̃^{44}	iæ̃^{44}	iæ̃^{44}
吉县	p^{h}æ̃^{33}	p^{h}æ̃^{33} 白 / pæ̃^{33} 文	p^{h}æ̃^{33}	tɕiæ̃^{423}	mæ̃^{33}	tsæ̃^{33}	iæ̃^{33}	iæ̃^{33}
乡宁	p^{h}æ^{22}	pæ^{22}	pæ^{22}	tɕiæ^{22}	mæ^{22}	tʂæ^{22}	iæ^{22}	iæ^{53}
广灵	p^{h}æ^{213}	pæ^{213}	pæ^{213}	tɕiæ^{213}	mæ^{213}	tsæ^{213}	iæ^{213}	iæ^{213}

字目	八	拔	扎包~	札	察	杀	煞	铡
中古音 / 方言点	博拔 山开二 入黠帮	蒲八 山开二 入黠並	侧八 山开二 入黠庄	侧八 山开二 入黠庄	初八 山开二 入黠初	所八 山开二 入黠生	所八 山开二 入黠生	查辖 山开二 入鎋崇
北京	pa^{55}	pa^{35}	tsa^{55}/tʂa^{35}	tʂa^{35}	tʂʰa^{35}	ʂa^{55}	ʂa^{55}/ʂa^{51}	tʂa^{35}
小店	paʔ^{1}	paʔ$^{\underline{54}}$	tsaʔ^{1}	tsaʔ^{1}	tsʰaʔ^{1}	saʔ^{1}	saʔ^{1}	tsaʔ$^{\underline{54}}$
尖草坪	paʔ^{2}	paʔ$^{\underline{43}}$	tsa^{33}	tsaʔ^{2}	tsʰa^{33}	saʔ^{2}	sa^{35}	tsaʔ^{2}
晋源	paʔ^{2}	paʔ$^{\underline{43}}$	tsəʔ^{2}	tsaʔ^{2}	tsʰaʔ^{2}	saʔ^{2}	saʔ^{2}	tsaʔ^{2}
阳曲	paʔ^{4}	paʔ^{4}	tsaʔ^{4}	tsaʔ^{4}	tsʰaʔ^{4}	saʔ^{4}	saʔ^{4}	tsaʔ^{4}
古交	paʔ^{4}	paʔ$^{\underline{312}}$	tsaʔ^{4}	tsaʔ^{4}	tsʰaʔ^{4}	saʔ^{4}	saʔ^{4}	tsaʔ$^{\underline{312}}$
清徐	paʔ^{1}	paʔ$^{\underline{54}}$	tsaʔ^{1}	tsaʔ^{1}	tsʰaʔ^{1}	saʔ^{1}	saʔ^{1}	tsaʔ$^{\underline{54}}$
娄烦	paʔ^{3}	paʔ$^{\underline{21}}$	tsaʔ^{3}	tsaʔ^{3}	tsʰaʔ^{3}	saʔ^{3}	saʔ^{3}	tsaʔ$^{\underline{21}}$
榆次	paʔ^{1}	paʔ^{1}	tsaʔ^{1}	tsaʔ^{1}	tsʰaʔ^{1}	saʔ^{1}	saʔ^{1}	tsaʔ^{1}
交城	paʔ^{1}	paʔ$^{\underline{53}}$	tsaʔ^{1}	tsaʔ^{1}	tsʰɑ^{11}/tsʰaʔ^{1}	saʔ^{1}	saʔ^{1}	saʔ$^{\underline{53}}$
文水	paʔ^{2}	paʔ$^{\underline{312}}$	tsaʔ^{2}	tsaʔ^{2}	tsʰaʔ^{2}	saʔ^{2}	saʔ^{2}/sa^{35}	tsaʔ$^{\underline{312}}$
祁县	pɑʔ$^{\underline{32}}$	pɑʔ$^{\underline{324}}$	tsɑʔ$^{\underline{32}}$	tsɑʔ$^{\underline{32}}$	tsʰɑʔ$^{\underline{32}}$	sɑʔ$^{\underline{32}}$	sɑʔ$^{\underline{32}}$	sɑʔ$^{\underline{32}}$
太谷	paʔ^{3}	paʔ$^{\underline{423}}$	tsaʔ^{3}	tsaʔ^{3}	tsʰaʔ^{3}	saʔ^{3}	saʔ^{3}	tsaʔ^{3}
平遥	pʌʔ$^{\underline{212}}$	pʌʔ$^{\underline{212}}$	tsʌʔ$^{\underline{212}}$	tsʌʔ$^{\underline{212}}$	tsʌʔ$^{\underline{212}}$	sʌʔ$^{\underline{212}}$	sʌʔ$^{\underline{212}}$	sʌʔ$^{\underline{523}}$
孝义	paʔ^{3}	paʔ$^{\underline{423}}$	tsaʔ^{3}	tsaʔ^{3}	tsʰaʔ^{3}	saʔ^{3}	——	saʔ^{3}
介休	pʌʔ$^{\underline{12}}$	pʌʔ$^{\underline{312}}$	tsʌʔ$^{\underline{12}}$	tsʌʔ$^{\underline{12}}$	tsʰʌʔ$^{\underline{12}}$	sʌʔ$^{\underline{12}}$	sʌʔ$^{\underline{12}}$/sa^{45}	tsʌʔ$^{\underline{312}}$
灵石	paʔ^{4}	paʔ$^{\underline{212}}$	tsaʔ^{4}	tsaʔ^{4}	tsʰaʔ^{4}	saʔ^{4}	saʔ^{4}	tsaʔ^{4}
盂县	pʌʔ^{2}	pʌʔ$^{\underline{53}}$	tsʌʔ^{2}	tsʌʔ^{2}	tsʰʌʔ^{2}	sʌʔ^{2}	sʌʔ^{2}	tsʌʔ$^{\underline{53}}$
寿阳	paʔ^{2}	paʔ$^{\underline{54}}$	tsaʔ^{2}	tsaʔ^{2}	tsʰɑ^{22}	saʔ^{2}	sɑ^{45}	tsaʔ$^{\underline{54}}$
榆社	paʔ^{2}	paʔ^{2}	tsaʔ^{2}	tsaʔ^{2}	tsʰaʔ^{2}	saʔ^{2}	saʔ^{2}	saʔ^{2}
离石	pɑʔ^{4}	pʰɑʔ$^{\underline{23}}$	tsɑʔ^{4}	tsɑʔ^{4}	tsʰɑʔ^{4}	sɑʔ^{4}	sɑ^{53}	tsɑʔ^{4}
汾阳	paʔ^{2}	paʔ$^{\underline{312}}$	tsaʔ^{2}	tsaʔ$^{\underline{312}}$	tsʰaʔ^{2}	saʔ^{2}	saʔ^{2}	saʔ$^{\underline{312}}$
中阳	pɑʔ^{4}	pʰɑʔ$^{\underline{312}}$	tsɑʔ^{4}	tsɑʔ^{4}	tsʰɑʔ^{4}	sɑʔ^{4}	sɑ^{53}	tsɑʔ^{4}
柳林	pɑʔ^{4}	pʰɑʔ$^{\underline{423}}$	tsɑʔ^{4}	tsɑʔ^{4}	tsʰɑʔ^{4}	sɑʔ^{4}	sɑʔ^{4}	tsʰɑʔ$^{\underline{423}}$
方山	pɑʔ^{4}	pʰɑʔ$^{\underline{23}}$	tsɑʔ^{4}	tsɑʔ^{4}	tsʰɑʔ^{4}	sɑʔ^{4}	sa^{52}	tsɑʔ^{4}
临县	paʔ^{3}	pʰa^{24}	tsaʔ^{3}	tsa^{312}	tsʰaʔ^{3}	saʔ^{3}	——	tsʰa^{24}
兴县	paʔ^{5}	pʰaʔ$^{\underline{312}}$白/paʔ^{5}文	tsaʔ^{5}	tsaʔ^{5}	tsʰaʔ^{5}	saʔ^{5}	saʔ^{5}	tsaʔ^{5}
岚县	paʔ^{4}	pʰaʔ$^{\underline{312}}$/paʔ^{4}	tsaʔ^{4}	tsaʔ^{4}	tsʰaʔ^{4}	saʔ^{4}	saʔ^{4}	tsaʔ$^{\underline{312}}$
静乐	paʔ^{4}	paʔ$^{\underline{212}}$	tsaʔ^{4}	tsaʔ^{4}	tsʰã^{33}	saʔ^{4}	saʔ^{4}	tsaʔ$^{\underline{212}}$
交口	paʔ^{4}	pʰaʔ$^{\underline{212}}$	tsaʔ^{4}	tsaʔ^{4}	tsʰaʔ^{4}	saʔ^{4}	saʔ^{4}	tsʰaʔ^{4}
石楼	pʌʔ^{4}	pʌʔ$^{\underline{213}}$	tsʌʔ^{4}	tsʌʔ^{4}	tsʰʌʔ^{4}	sʌʔ^{4}	sʌʔ^{4}	tsa^{213}

续表

字目	八	拔	扎包~	札	察	杀	煞	铡
中古音／方言点	博拔 山开二 入黠帮	蒲八 山开二 入黠並	侧八 山开二 入黠庄	侧八 山开二 入黠庄	初八 山开二 入黠初	所八 山开二 入黠生	所八 山开二 入黠生	查辖 山开二 入鎋崇
隰县	paʔ^{3}	pʰaʔ^{3}	tsaʔ^{3}	tsaʔ^{3}	tsʰaʔ^{3}	saʔ^{3}	——	tsʰaʔ^{3}
大宁	pɐʔ$^{\underline{31}}$	pʰɐʔ^{4}	tsɐʔ$^{\underline{31}}$	tsɐʔ$^{\underline{31}}$	tsʰɐʔ^{4}	sɐʔ$^{\underline{31}}$	sɐʔ$^{\underline{31}}$	tsɐʔ$^{\underline{31}}$
永和	pɐʔ$^{\underline{35}}$	pɐʔ$^{\underline{35}}$/ pʰɐʔ$^{\underline{312}}$	tsɐʔ$^{\underline{35}}$	tsɐʔ$^{\underline{35}}$	tsʰɐʔ$^{\underline{312}}$	sɐʔ$^{\underline{35}}$	sɐʔ$^{\underline{35}}$	tsʰɐʔ$^{\underline{312}}$ 白 / tsɐʔ$^{\underline{312}}$ 文
汾西	pɑ^{11}	pʰɑ^{35}	tsu^{55}/tsɑ^{11}/ sɑ^{35}	tsɑ^{11}	tsʰɑ^{35}	sɑ^{11}	——	sɑ^{35}/tsɑ^{35} 文
蒲县	pʌʔ$^{\underline{43}}$	pʌʔ$^{\underline{43}}$	tsa^{52}	tsa^{24}	tsʰa^{52}	sʌʔ$^{\underline{43}}$	ʂa^{52}	tsʰʌʔ^{3}
潞州	pʌʔ$^{\underline{53}}$	pʌʔ$^{\underline{53}}$	tsʌʔ$^{\underline{53}}$	tsʌʔ$^{\underline{53}}$	tsʰa^{24}	sʌʔ$^{\underline{53}}$	sʌʔ$^{\underline{53}}$	tsʌʔ$^{\underline{53}}$
上党	pɑʔ$^{\underline{21}}$	pɑʔ$^{\underline{21}}$	tsɑʔ$^{\underline{21}}$	tsɑʔ$^{\underline{21}}$	tsʰɑʔ$^{\underline{21}}$	sɑʔ$^{\underline{21}}$	sɑʔ$^{\underline{21}}$	tsɑʔ$^{\underline{21}}$
长子	paʔ^{4}	paʔ$^{\underline{212}}$	tsaʔ^{4}	tsaʔ^{4}	tsʰaʔ^{4}	saʔ^{4}	saʔ^{4}	tsaʔ$^{\underline{212}}$
屯留	pʌʔ^{1}	pʌʔ$^{\underline{54}}$	tsʌʔ^{1}	tsʌʔ$^{\underline{54}}$	tsʰa^{11}	sʌʔ^{1}	sʌʔ^{1}	tsʌʔ$^{\underline{54}}$
襄垣	pʌʔ^{3}	pʌʔ$^{\underline{43}}$	tsʌʔ^{3}	tsʌʔ^{3}	tsʰʌʔ^{3}	sʌʔ^{3}	——	tsʌʔ$^{\underline{43}}$
黎城	pʌʔ^{2}	pʌʔ$^{\underline{31}}$	tsʌʔ^{2}	tsʌʔ^{2}	tsʰʌʔ^{2}	sʌʔ^{2}	sʌʔ^{2}	tsʌʔ$^{\underline{31}}$
平顺	pʌʔ$^{\underline{212}}$	pʌʔ$^{\underline{423}}$	tsʌʔ$^{\underline{212}}$	tsʌʔ$^{\underline{212}}$	tsʰʌʔ$^{\underline{212}}$	sʌʔ$^{\underline{212}}$	sʌʔ$^{\underline{212}}$	tsʌʔ$^{\underline{423}}$
壶关	pʌʔ^{2}	pʌʔ$^{\underline{21}}$	tʂʌʔ^{2}	tʂʌʔ^{2}	tʂʰʌʔ^{2}	ʂʌʔ^{2}	ʂʌʔ^{2}	tʂʌʔ$^{\underline{21}}$
沁县	paʔ$^{\underline{31}}$	paʔ$^{\underline{212}}$	tsaʔ$^{\underline{31}}$	tsaʔ$^{\underline{31}}$	tsʰaʔ$^{\underline{31}}$	saʔ$^{\underline{31}}$	——	saʔ$^{\underline{31}}$
武乡	pʌʔ^{3}	pʌʔ$^{\underline{423}}$	tsʌʔ^{3}	tsʌʔ^{3}	tsʰʌʔ^{3}	sʌʔ^{3}	sʌʔ^{3}	tsʌʔ^{3}
沁源	pʌʔ$^{\underline{31}}$	pʌʔ$^{\underline{31}}$	tsʌʔ$^{\underline{31}}$	tsʌʔ$^{\underline{31}}$	tsʰʌʔ$^{\underline{31}}$	sʌʔ$^{\underline{31}}$	sʌʔ$^{\underline{31}}$	tsʌʔ$^{\underline{31}}$
安泽	pəʔ$^{\underline{21}}$	pɑ^{35}	tsʌʔ$^{\underline{21}}$	tsɑ^{21}	tsʰəʔ$^{\underline{21}}$	sʌʔ$^{\underline{21}}$	——	tsɑ^{35}
沁水端氏	paʔ^{2}	paʔ^{2} 白 / pɒ^{24} 文	tsaʔ^{2}	tsaʔ^{2}	tsʰaʔ^{2}	saʔ^{2}	——	tsaʔ^{54}
阳城	pʌʔ^{2}	pʌʔ^{2}	tʂʌʔ^{2}	tʂʌʔ^{2}	tʂʰʌʔ^{2}	ʂʌʔ^{2}	ʂɑ^{51}	tʂʌʔ^{2}
高平	pʌʔ^{2}	pʌʔ^{2}	tʂʌʔ^{2}	tʂʌʔ^{2}	tʂʰʌʔ^{2}	ʂʌʔ^{2}	ʂɑ^{53}	tʂʌʔ^{2}
陵川	pʌʔ^{3}	pʌʔ$^{\underline{23}}$	tʂʌʔ^{3}	tʂʌʔ^{3}	tʂʰʌʔ^{3}	ʂʌʔ^{3}	ʂʌʔ^{3}	tʂʌʔ$^{\underline{23}}$
晋城	pʌʔ^{2}	pʌʔ^{2}	tʂʌʔ^{2}	tʂʌʔ^{2}	tʂʰʌʔ^{2}	ʂʌʔ^{2}	——	tʂʌʔ^{2}
忻府	pɑʔ$^{\underline{32}}$	pɑʔ$^{\underline{32}}$	tsɑʔ$^{\underline{32}}$	tsɑʔ$^{\underline{32}}$	tsʰɑʔ$^{\underline{32}}$	sɑʔ$^{\underline{32}}$	sɑʔ$^{\underline{32}}$	tsɑʔ$^{\underline{32}}$
原平	pɑʔ$^{\underline{34}}$	pɑʔ$^{\underline{34}}$	tsɑʔ$^{\underline{34}}$	tsɑʔ$^{\underline{34}}$	tsʰɑ^{33}	sɑʔ$^{\underline{34}}$	sɑʔ$^{\underline{34}}$	tsɑʔ$^{\underline{34}}$
定襄	paʔ^{1}	paʔ^{1}	tsaʔ^{1}	tsaʔ^{1}	tsʰa^{24}/tsʰaʔ^{1}	sa^{24}	saʔ^{1}	tsaʔ^{1}
五台	pɑʔ^{3}	pʰɑʔ^{3}	tsɑʔ^{3}	tsɑʔ^{3}	tsʰɑʔ^{3}	sɑʔ^{3}	sɑʔ^{3}	tsɑ^{3}
岢岚	paʔ^{4}	paʔ^{4}	tsaʔ^{4}	tsaʔ^{4}	tsʰaʔ^{4}	saʔ^{4}	saʔ^{4}	tsa^{13}
五寨	paʔ^{4}	paʔ^{4}	tsaʔ^{4}	tsaʔ^{4}	tsʰaʔ^{4}	saʔ^{4}	saʔ^{4}	tsa^{13}
宁武	pᴀʔ^{4}	pᴀʔ^{4}	tsᴀʔ^{4}	tsᴀʔ^{4}	tsʰᴀ^{33}	sᴀʔ^{4}	sᴀʔ^{4}	tsᴀʔ^{4}

续表

字目	八	拔	扎包~	札	察	杀	煞	铡
中古音 方言点	博拔 山开二 入黠帮	蒲八 山开二 入黠並	侧八 山开二 入黠庄	侧八 山开二 入黠庄	初八 山开二 入黠初	所八 山开二 入黠生	所八 山开二 入黠生	查辖 山开二 入鎋崇
神池	pAʔ^{4}	pAʔ^{4}	tsAʔ^{4}	tsAʔ^{4}	tsʰAʔ^{4}	sAʔ^{4}	sAʔ^{4}	tsAʔ^{4}
繁峙	paʔ$^{\underline{13}}$	paʔ$^{\underline{13}}$	tsaʔ$^{\underline{13}}$	tsaʔ$^{\underline{13}}$	tsʰaʔ$^{\underline{13}}$	saʔ$^{\underline{13}}$	saʔ$^{\underline{13}}$	tsaʔ$^{\underline{13}}$
代县	paʔ^{2}	pa^{44}	tsaʔ^{2}	tsaʔ^{2}	tsʰaʔ^{2}	saʔ^{2}	——	tsa^{213}
河曲	paʔ^{4}	paʔ^{4}	tsaʔ^{4}	tsaʔ^{4}	tsʰaʔ^{4}	saʔ^{4}	——	tsaʔ^{4}
保德	pA^{44}	pA^{44}	tsA^{44}	tsA^{44}	tsʰA^{44}	sA^{44}	sA^{44}	tsA^{44}
偏关	pa^{44}	pa^{44}	tsa^{44}	tsa^{44}	tsʰa^{44}	sa^{44}	——	tsa^{44}
朔城	pAʔ$^{\underline{35}}$	pA^{35}	tsAʔ$^{\underline{35}}$	tsAʔ$^{\underline{35}}$	tsʰAʔ$^{\underline{35}}$	sAʔ$^{\underline{35}}$	——	tsA^{35}
平鲁	pʌʔ$^{\underline{34}}$	pɑ^{44}	tsʌʔ$^{\underline{34}}$	tsʌʔ$^{\underline{34}}$	tsʰɑ^{44}/ tsʰʌʔ$^{\underline{34}}$	sʌʔ$^{\underline{34}}$	sʌʔ$^{\underline{34}}$	tsɑ^{44}
应县	paʔ$^{\underline{43}}$	pu^{24}	tsaʔ$^{\underline{43}}$	tsaʔ$^{\underline{43}}$	tsʰaʔ$^{\underline{43}}$	saʔ$^{\underline{43}}$	saʔ$^{\underline{43}}$	tsa^{31}
灵丘	pAʔ^{5}	pA^{31}	tsA^{442}	tsAʔ^{5}	tsʰA^{31}	sAʔ^{5}	sAʔ^{5}	tsA^{31}
浑源	pʌʔ^{4}	pA^{22}	tsʌʔ^{4}	tsʌʔ^{4}	tsʰʌʔ^{4}	sʌʔ^{4}	sʌʔ^{4}	tsA^{52}
云州	pɑʔ^{4}	pɑ^{312}	tsɑʔ^{4}	tsɑ^{24}	tsʰɑ^{312}	sɑʔ^{4}	sɑ^{24}	tsɑ^{312}
新荣	paʔ^{4}	pA^{312}	tsaʔ^{4}	tsA^{312}	tsʰA^{312}	saʔ^{4}	saʔ^{4}	tsA^{312}
怀仁	paʔ^{4}	pa^{312}	tsaʔ^{4}	tsaʔ^{4}	tsʰaʔ^{4}	saʔ^{4}	saʔ^{4}	tsa^{312}
左云	paʔ^{4}	pa^{313}	tsaʔ^{4}	tsa^{31}	tsʰaʔ^{4}	saʔ^{4}	sa^{24}	tsa^{313}
右玉	paʔ^{4}	paʔ^{4}	tsaʔ^{4}	tsaʔ^{4}	tsʰaʔ^{4}	saʔ^{4}	——	tsa^{31}
阳高	pɑʔ^{3}	pɑ^{312}	——	tsɑʔ^{3}	——	sɑʔ^{3}	——	tsɑʔ^{3}
山阴	pAʔ^{4}	pAʔ^{4}	tsAʔ^{4}	tsAʔ^{4}	tsʰA^{313}	sAʔ^{4}	sAʔ^{4}	tsA^{313}
天镇	pɑʔ^{4}	pɑʔ^{4}	tsɑʔ^{4}	tsɑʔ^{4}	tsʰɑ^{22}	sɑʔ^{4}	——	tsɑ^{55}
平定	paʔ^{4}	paʔ^{4}	tsaʔ^{4}	tsaʔ^{4}	tsʰaʔ^{4}	saʔ^{4}	saʔ^{4}	tsɑ^{44}
昔阳	pʌʔ$^{\underline{43}}$	pɑ^{33}	tsʌʔ$^{\underline{43}}$	tsʌʔ$^{\underline{43}}$	tsʰɑ^{33}	sʌʔ$^{\underline{43}}$	sʌʔ$^{\underline{43}}$	tsɑ^{33}
左权	pɑʔ^{1}	pɑʔ^{1}/pəʔ^{1}	tsɑʔ^{1}	tsɑʔ^{1}	tsʰɑʔ^{1}	sɑʔ^{1}	——	tsɑʔ^{1}
和顺	paʔ$^{\underline{21}}$	paʔ$^{\underline{21}}$	tsaʔ$^{\underline{21}}$	tsaʔ$^{\underline{21}}$	tsʰaʔ$^{\underline{21}}$	saʔ$^{\underline{21}}$	——	tsaʔ$^{\underline{21}}$
尧都	pɑ^{21}	pʰɑ^{24}	tʂɑ^{21}	tʂɑ^{21}	tʂʰɑ^{24}	ʂɑ^{21}	ʂɑ^{44}	ʂɑ^{24}白/ tʂɑ^{24}文
洪洞	pɑ^{21}	pʰɑ^{24}白/ pɑ^{24}文	tsɑ^{21}	tsɑ^{21}	tsʰɑ^{24}	sɑ^{21}	sɑ^{21}	ts^{33}白
洪洞赵城	pɑ^{21}	pʰɑ^{24}	tsɑ^{21}	tsɑ^{21}	tsʰɑ^{24}	sɑ^{21}	sɑ^{53}	sɑ^{24}
古县	pɑ^{21}	pʰɑ^{35}	tsɑ^{21}	tsɑ^{21}	tsʰɑ^{35}	sɑ^{21}	sɑ^{53}	sɑ^{35}白/ tsɑ^{35}文
襄汾	pa^{21}	pʰa^{24}	tsa^{21}	tʂa^{21}	tsʰa^{24}	sa^{21}	ʂa^{21}	ʂa^{24}

续表

字目	八	拔	扎包~	札	察	杀	煞	铡
中古音 方言点	博拔 山开二 入黠帮	蒲八 山开二 入黠並	侧八 山开二 入黠庄	侧八 山开二 入黠庄	初八 山开二 入黠初	所八 山开二 入黠生	所八 山开二 入黠生	查辖 山开二 入鎋崇
浮山	pa^{42}	p^{h}a^{13}	tsa^{42}	tʂa^{42}	tʂ^{h}a^{13}	sa^{42}	sa^{42}	ʂa^{13}
霍州	pa^{212}	p^{h}a^{35}	tsa^{212}	tsa^{212}	ts^{h}a^{35}	sa^{212}	ʂa^{212}	sa^{35}
翼城	pᴀ^{53}	pᴀ^{12}	tʂᴀ^{53}	tʂᴀ^{53}	tʂ^{h}ᴀ^{12}	ʂᴀ^{53}	ʂᴀ^{53}	tʂᴀ^{12}
闻喜	pɑ^{53}	p^{h}ɑ^{13} 白 / pɑ^{13} 文	tsɑ^{53}	tsɑ^{53}	ts^{h}ɑ^{53}	sɑ^{53}	sɑ^{53}	ts^{h}ɑ^{13}
侯马	pɑ^{213}	pɑ^{213}	tsɑ^{213}	tsɑ^{213}	ts^{h}ɑ^{213}	sɑ^{213}	sɑ^{53}	sɑ^{213}
新绛	pɑ^{53}	p^{h}ɑ^{53}	tsɑ^{53}	tsɑ^{53}	ts^{h}ɑ^{13}	sɑ^{53}	ts^{h}ɑ^{53}	ts^{h}ɑ^{13}
绛县	pɑ^{53}	p^{h}ɑ^{24}	tʂɑ^{53} 白 / tʂ^{h}æ^{53} 文	tʂɑ^{53} 白 / tʂ^{h}æ^{53} 文	tʂ^{h}ɑ^{24}	ʂɑ^{53}	ʂɑ^{31}	tʂɑ^{24}/ʂɑ^{24}
垣曲	pa^{53}	p^{h}a^{22}	tsa^{44}	tsa^{53}	ts^{h}a^{22}	sa^{53}	ʂa^{53}	sa^{22}
夏县	pa^{53}	p^{h}a^{42}	tʂa^{53}	——	tʂ^{h}a^{42}	ʂa^{53}	ʂa^{53}	tʂ^{h}a^{42}
万荣	pa^{51}	p^{h}a^{213}	tsa^{51}	tsa^{55}	ts^{h}a^{213}	sa^{51}	sa^{51}	ts^{h}a^{213}
稷山	pɑ^{53}	p^{h}ɑ^{13}	tʂɑ^{53}	tsɑ^{13}	tʂ^{h}ɑ^{13}	ʂɑ^{53}	ʂɑ^{53}	tʂ^{h}ɑ^{13}
盐湖	pa^{42}	pa^{13}	tsa^{42}	tsa^{42}	ts^{h}a^{13}	sa^{42}	ʂa^{42}	ts^{h}a^{13}
临猗	pa^{42}	p^{h}a^{13}	tsa^{42}	tsa^{42}	ts^{h}a^{13}	sa^{42}	ʂa^{44}	ts^{h}a^{13}
河津	pa^{31}	p^{h}a^{324} 白 / pa^{324} 文	tsa^{31}	tsa^{31}	ts^{h}a^{324}	sa^{31}	sa^{31}	ts^{h}a^{324} 白 / tsa^{324} 文
平陆	pa^{31}	p^{h}a^{13}	tsa^{31}	tsa^{31}	ts^{h}a^{13}	sa^{31}	——	ts^{h}a^{13}
永济	pa^{31}	p^{h}a^{24}	tsa^{31}	tʂa^{31}	tʂ^{h}a^{24}	ʂa^{31}	ʂa^{31}	tʂ^{h}a^{24}
芮城	pa^{42}	p^{h}a^{13} 白 / pa^{13} 文	tsa^{42}	tsa^{42}	ts^{h}a^{13}	sa^{42}	ʂa^{44}	tsa^{42}
吉县	pa^{423}	p^{h}a^{13}	tsa^{423}	——	ts^{h}a^{13}	sa^{423}	——	ts^{h}a^{13}
乡宁	pa^{53}	p^{h}a^{12}	tsa^{53}	——	ts^{h}a^{12}	sa^{53}	sa^{53}	ts^{h}a^{12}
广灵	pɑ^{53}	pɑ^{31}	tsɑ^{53}	tsɑ^{31}	ts^{h}ɑ^{53}	sɑ^{53}	sɑ^{53}	tsɑ^{31}

字目	瞎	辖	顽	闩门~	关	还~给	环	弯
中古音 / 方言点	许鎋 山开二 入鎋晓	胡瞎 山开二 入鎋匣	五还 山合二 平山疑	数还 山合二 平删生	古还 山合二 平删见	户关 山合二 平删匣	户关 山合二 平删匣	乌关 山合二 平删影
北京	ɕia^{55}	ɕia^{35}	uan^{35}	ʂuan^{55}	kuan^{55}	xuan^{35}	xuan^{35}	uan^{55}
小店	xaʔ^{1} 白 / ɕiaʔ^{1} 文	ɕiɑ^{11}	væ^{11}	suæ^{11}	kuæ^{11}	xæ^{11}	xuæ^{11}	væ^{11}
尖草坪	ɕiaʔ^{2}	ɕiaʔ^{2}	væ^{33}	suæ^{33}	kuæ^{33}	xæ^{33}/ xuæ^{33}	xuæ^{33}	væ^{33}
晋源	xaʔ^{2}	ɕiaʔ^{2}	vaŋ^{11}	suaŋ^{11}	kuaŋ^{11}	xuaŋ^{11}	xuaŋ^{11}	vaŋ^{11}
阳曲	xaʔ^{4}	ɕiaʔ^{4}	væ^{43}	suæ^{312}	kuæ^{312}	xuæ^{43}/ xæ^{43}	xuæ^{43}	væ^{312}
古交	xaʔ^{4}	ɕiaʔ$^{\underline{312}}$	vɛ^{44}	suɛ^{44}	kuɛ^{44}	xuɛ^{44}	xuɛ^{44}	vɛ^{44}
清徐	xaʔ^{1} 白 / ɕiaʔ^{1} 文	ɕiaʔ$^{\underline{54}}$	ve^{11}	sue^{11}	kue^{11}	xue^{11}	xue^{11}	ve^{11}
娄烦	xaʔ^{3}	ɕiaʔ^{3}	væ^{33}	fæ^{33}	kuæ^{33}	xuæ^{33}	xuæ^{33}	væ^{33}
榆次	xɒ^{11}	ɕiaʔ^{1}	væ^{11}	suæ^{11}	kuæ^{11}	xuæ^{11}	xuæ^{11}	væ^{11}
交城	xaʔ^{1} 白 / ɕiaʔ^{1} 文	ɕiaʔ^{1}	uã^{11}	suã^{11}	kuã^{11}	xuã^{11}	xuã^{11}	uã^{11}
文水	xaʔ^{2}	ɕiaʔ^{2}	uæ̃ĩ^{22}	suaŋ^{22}	kuaŋ^{22}	xuaŋ^{22}	xuaŋ^{22}	uaŋ^{22}
祁县	xɑʔ$^{\underline{32}}$	ɕiɑʔ$^{\underline{32}}$	uɑ̃^{31}	suɑ̃^{31}	kuɑ̃^{31}	xuɑ̃^{31}	xuɑ̃^{31}	uɑ̃^{31}
太谷	xaʔ^{3}	ɕiaʔ^{3}	vɑ̃^{33}	fɑ̃^{33}	kuɑ̃^{33}	xuɑ̃^{33}	xuɑ̃^{33}	vɑ̃^{33}
平遥	xʌʔ$^{\underline{212}}$	ɕiʌʔ$^{\underline{523}}$	ũɑ̃$^{\underline{213}}$	sũɑ̃^{213}	kũɑ̃^{213}	xũɑ̃^{213}/ xɑ̃^{213}	xũɑ̃^{213}	ũɑ̃^{213}
孝义	xaʔ^{3}	ɕia^{454}	uã^{33}	suã^{33}	kuã^{33}	xuã^{33}/xã^{33}	xuã^{33}	uã^{33}
介休	xʌʔ$^{\underline{12}}$	ɕiʌʔ$^{\underline{12}}$	uæ̃^{13}	suæ̃^{13}	kuæ̃^{13}	xuæ̃^{13}	xuæ̃^{13}	uæ̃^{13}
灵石	xʌʔ^{4}	——	uɒ̃^{44}	suɒ̃^{535}	kuɒ̃^{535}	xuɒ̃^{44}	xuɒ̃^{44}	uɒ̃^{535}
盂县	xʌʔ^{2}	ɕiʌʔ^{2}	væ̃^{2}	suæ̃^{412}	kuæ̃^{412}	xæ̃^{22}/xuæ̃^{22}	xuæ̃^{22}	væ̃^{412}
寿阳	ɕaʔ^{2}	iɑ^{31}	væ^{22}	suæ^{31}	kuæ^{31}	xuæ^{22}	xuæ^{22}	væ^{31}
榆社	ɕiaʔ^{2}	ɕiaʔ$^{\underline{312}}$	——	sua^{22}	kua^{22}	xua^{22}	xua^{22}	va^{22}
离石	xɑʔ^{4}	ɕiɑʔ^{4}	uæ^{44}	suæ^{24}	kuæ^{24}	xuæ^{44}	xuæ^{44}	uæ^{24}
汾阳	xaʔ^{2}	ɕiaʔ^{2}	uã^{22}	ʂuã^{324}	kuã^{324}	xuã^{22}	xuã^{22}	uã^{324}
中阳	xɑʔ^{4}	ɕiɑʔ^{4}	uæ^{33}	ʂuæ^{24}	kuæ^{24}	xuæ^{33}	xuæ^{33}	uæ^{24}
柳林	xɑʔ^{4}	ɕiɑʔ^{4}	uæ^{44}	suæ^{24}	kuæ^{24}	xuæ^{44}	xuæ^{44}	uæ^{24}
方山	xɑʔ^{4}	ɕiɑʔ^{4}	uæ^{44}	suæ^{24}	kuæ^{24}	xuæ^{44}	xuæ^{44}	uæ^{24}
临县	xaʔ^{3}	ɕiaʔ^{3}	uæ^{33}	suæ^{24}	kuæ^{24}	xuɤ^{33}	xuɤ^{33}	uæ^{24}
兴县	xaʔ^{5}	ɕieʔ^{5}	uæ̃^{324}	——	kuæ̃^{324}	xæ̃^{324}	xuæ̃^{55}	uæ̃^{324}
岚县	xaʔ^{4} 白	xaʔ$^{\underline{312}}$ 白	uaŋ^{44}	suaŋ^{214}	kuaŋ^{214}	xuaŋ^{44}	xuaŋ^{44}	uaŋ^{214}

续表

字目	瞎	辖	顽	闩门~	关	还~给	环	弯
中古音 / 方言点	许鎋 山开二 入鎋晓	胡瞎 山开二 入鎋匣	五还 山合二 平山疑	数还 山合二 平删生	古还 山合二 平删见	户关 山合二 平删匣	户关 山合二 平删匣	乌关 山合二 平删影
静乐	xaʔ^{4} 白 / ɕiəʔ^{4} 文	ɕiəʔ^{4}	væ̃^{33}	fæ̃^{24} 白	kuæ̃^{314}	xuæ̃^{33}	xuæ̃^{33}	væ̃^{24}
交口	xaʔ^{4}	ɕiaʔ^{4}	uɑ̃^{44}	suɑ̃^{323}	kuɑ̃^{323}	xɑ̃^{44}	xuɑ̃^{44}	uɑ̃^{323}
石楼	xʌʔ^{4} 白 / ɕiʌʔ^{4} 文	ɕia^{44}	uaŋ^{44}	ʂuaŋ^{213}	kuaŋ^{213}	xa^{44} 白 / xɛi^{44} 文	xuaŋ^{44}	uaŋ^{213}
隰县	xaʔ^{3}	——	uaŋ^{24}	suæ^{53}	kuæ^{53}	xuaŋ^{24}	xuaŋ^{24}	uæ^{53}
大宁	xɐʔ$^{\underline{31}}$ 白 / ɕia^{31} 文	ɕia^{24}	vɛ̃^{24}	ʂuɛ̃^{31}	kuɛ̃^{31}	xuɛ̃^{24}	xuɛ̃^{24}	vɛ̃^{31}
永和	xɐʔ$^{\underline{35}}$	ɕiɐʔ$^{\underline{35}}$	uɛi^{35}	ʂuɑ̃^{33}	kuɑ̃^{33}	xuɑ̃^{35}	xuɑ̃^{35}	uɑ̃^{33}
汾西	xɑ^{11} 白 / ɕiɑ^{11} 文	——	uɑ̃^{35}	suɑ̃^{11}	kuɑ̃^{11}	xuɑ̃^{35}/xa^{35}	xuɑ̃^{35}/xuei^{0}	uɑ̃^{11}
蒲县	xʌʔ$^{\underline{43}}$	ɕia^{24}	uæ̃^{24}	suæ̃^{52}	kuæ̃^{52}	xuæ̃^{24}	xuæ̃^{24}	uæ̃^{52}
潞州	ɕiəʔ$^{\underline{53}}$	ɕiʌʔ$^{\underline{53}}$ 白 / ɕia^{24} 文	uaŋ^{24}	suaŋ^{312}	kuaŋ^{312}	xuaŋ^{24}	xuaŋ^{24}	uaŋ^{312}
上党	ɕiɑʔ$^{\underline{21}}$	ɕiɑʔ$^{\underline{21}}$	uɑŋ^{42}	suɑŋ^{213}	kuɑŋ^{213}	xuɑŋ^{44}	xuɑŋ^{44}	uɑŋ^{213}
长子	ɕiaʔ^{4}	ɕiaʔ^{4}	væ̃^{24}	suæ̃^{312}	kuæ̃^{312}	xuæ̃^{24}	xuæ̃^{24}	væ̃^{312}
屯留	ɕiʌʔ^{1}	ɕiʌʔ^{1}	væ̃^{11}	suæ̃^{31}	kuæ̃^{31}	xuæ̃^{11}	xuæ̃^{11}	væ̃^{31}
襄垣	ɕiʌʔ^{3}	ɕiʌʔ^{3}	væ^{31}	suæ^{33}	kuæ^{53}	xuæ^{31}	xæ^{31}	væ^{33}
黎城	ɕiʌʔ^{2}	ɕiʌʔ^{2}	uæ^{53}	suæ^{33}	kuæ^{33}	xuæ^{53}	xuæ^{53}	uæ^{33}
平顺	ɕiʌʔ$^{\underline{212}}$	ɕiʌʔ$^{\underline{212}}$	uæ̃^{13}	suæ̃^{213}	kuæ̃^{213}	xuæ̃^{13}	xuæ̃^{13}	uæ̃^{213}
壶关	çiʌʔ^{2}	çiʌʔ$^{\underline{21}}$	uaŋ^{13}	ʂuaŋ^{33}	kuaŋ^{33}	xuaŋ^{13}	xuaŋ^{13}	uaŋ^{33}
沁县	ɕiæʔ$^{\underline{31}}$	ɕiæʔ$^{\underline{31}}$	væ^{33}	suæ^{224}	kuæ^{224}	xuæ^{33}	xuæ^{33}	væ^{224}
武乡	ɕiʌʔ^{3}	ɕiʌʔ^{3}	væ^{33}	suæ^{113}	kuæ^{113}	xuæ^{33}	xuæ^{33}	væ^{113}
沁源	xʌʔ$^{\underline{31}}$	ɕiʌʔ$^{\underline{31}}$	væ̃^{33}	ʂuæ̃^{324}	kuæ̃^{324}	xuæ̃^{33}	xuæ̃^{33}	væ̃^{324}
安泽	xɑ^{21} 白 / ɕiɑ^{21} 文	ɕia^{35}	uæ^{35}	suæ^{21}	kuæ^{21}	xuæ^{35}	xuæ^{35}	uæ^{21}
沁水端氏	ɕiaʔ^{2}	ɕiɒ^{24}	væ^{24}	suæ^{21}	kuæ^{21}	xæ^{24}/xuæ^{24}	xuæ^{24}	væ^{21}
阳城	çiʌʔ^{2}	çiʌʔ^{2}	vɛ^{22}	kuɛ^{224}	kuɛ^{224}	xuɛ^{22}	xuɛ^{22}	vɛ^{224}
高平	ɕiɛʔ^{2}	ɕiɛʔ^{2}	væ̃^{33}	ʂuæ̃^{33}	kuæ̃^{33}	xuæ̃^{33}	xuæ̃^{33}	væ̃^{33}
陵川	ɕiʌʔ^{3}	ɕiʌʔ$^{\underline{23}}$	uɑ̃^{53}	ʂuɑ̃^{33}	kuɑ̃^{33}	xuɑ̃^{53}	xuɑ̃^{53}	uɑ̃^{33}
晋城	ɕiʌʔ^{2}	ɕiʌʔ^{2}	uæ^{324}	ʂuæ^{33}	kuæ^{33}	xuæ^{324}	xuæ^{324}	uæ^{33}
忻府	xɑʔ$^{\underline{32}}$	ɕiɑʔ$^{\underline{32}}$	vɑ̃^{21}	suɑ̃^{313}	kuɑ̃^{313}	xuɑ̃^{21}/xɑ̃^{21}	xuɑ̃^{21}	vɑ̃^{313}

续表

字目	瞎	辖	顽	闩门~	关	还~给	环	弯
中古音 / 方言点	许鎋 山开二 入鎋晓	胡瞎 山开二 入鎋匣	五还 山合二 平山疑	数还 山合二 平删生	古还 山合二 平删见	户关 山合二 平删匣	户关 山合二 平删匣	乌关 山合二 平删影
原平	xɑʔ$^{\underline{34}}$	ɕiɑʔ$^{\underline{34}}$	vɛ̃^{33}	suɛ̃^{213}	kuɛ̃^{213}	xuɛ̃^{33}	xuɛ̃^{33}	vɛ̃^{213}
定襄	ɕʰiaʔ^{1}/xaʔ^{1}	ɕʰiaʔ^{1}	væ^{11}	tsʰaʔ^{1}	kuæ^{24}	xuæ^{11}	xuæ^{11}	væ^{24}
五台	xɑʔ^{3}	ɕiɑʔ^{3}	uæn^{33}	suæn^{213}	kuæn^{213}	xuæn^{33}	xuæn^{33}	uæn^{213}
岢岚	ɕiɛʔ^{4}	ɕia^{44}	væ^{44}	ʂuæ^{13}	kuæ^{13}	xuæ^{44}	xuæ^{44}	væ^{13}
五寨	ɕiɛʔ^{4}	ɕia^{44}	væ^{44}	suæ^{13}	kuæ^{13}	xuæ^{44}	xuæ^{44}	væ^{13}
宁武	xᴀʔ^{4}	ɕiᴀʔ^{4}	væ^{33}	suæ^{23}	kuæ^{23}	xuæ^{33}/ xæ^{213}	xuæ^{33}	væ^{23}
神池	ɕiᴀʔ^{4}	ɕiᴀʔ^{4}	væ^{32}	suæ^{24}	kuæ^{24}	xuæ^{32}	xuæ^{32}	væ^{24}
繁峙	ɕiaʔ$^{\underline{13}}$	ɕiaʔ$^{\underline{13}}$	vɛ^{31}	suɛ^{53}	kuɛ^{53}	xuɛ^{31}	xuɛ^{31}	vɛ^{53}
代县	ɕiaʔ^{2}	ɕia^{44}	uɛ^{44}	suɛ^{213}	kuɛ^{213}	xuɛ^{44}	xuɛ^{44}	uɛ^{213}
河曲	ɕiaʔ^{4}	ɕiaʔ^{4}	væ^{44}	ʂuæ^{213}	kuæ^{213}	xuæ^{44}/xæ^{44}	xuæ^{44}	væ^{213}
保德	ɕiᴀ^{44}	ɕiᴀ^{44}	vɑŋ^{44}	ʂuɑŋ^{213}	kuɑŋ^{213}	xuɑŋ^{44}	xuɑŋ^{44}	vɑŋ^{213}
偏关	ɕia^{44}	ɕia^{44}	væ^{44}	ʂuæ^{24}	kuæ^{24}	xuæ^{44}/xei^{44}	xuæ^{44}	væ^{24}
朔城	ɕiᴀʔ$^{\underline{35}}$	ɕiᴀʔ$^{\underline{35}}$	væ^{35}	suæ^{312}	kuæ^{312}	xuæ^{35}	xuæ^{35}	væ^{312}
平鲁	ɕiɑ^{44}/ɕiʌʔ$^{\underline{34}}$	ɕiɑ^{44}/ɕiʌʔ$^{\underline{34}}$	uæ^{44}	suæ^{213}	kuæ^{213}	xæ^{44}/xuæ^{44}	xuæ^{44}	uæ^{213}
应县	ɕiaʔ$^{\underline{43}}$	ɕiaʔ$^{\underline{43}}$	vɛ̃^{31}	suɛ̃^{43}	kuɛ̃^{43}	xɛ̃^{31}	xuɛ̃^{31}	vɛ̃^{43}
灵丘	ɕiᴀʔ^{5}	ɕiᴀʔ^{5}	væ^{31}	suæ^{442}	kuæ^{442}	xuæ^{31}	xuæ^{31}	væ^{442}
浑源	ɕiʌʔ^{4}	ɕiᴀ^{22}	væ^{22}	suæ^{52}	kuæ^{52}	xuæ^{22}	xuæ^{22}	væ^{52}
云州	ɕiɑʔ^{4}	ɕiɑ^{55}	væ^{312}	ʂuæ^{21}	kuæ^{21}	xuæ^{312}	xuæ^{312}	væ^{21}
新荣	ɕiaʔ^{4}	ɕiᴀ^{312}	væ^{312}	ʂuæ^{32}	kuæ^{32}	xuæ^{312}/ xæ^{312}	xuæ^{312}	væ^{32}
怀仁	ɕiaʔ^{4}	ɕiaʔ^{4}	væ^{312}	suæ^{42}	kuæ^{42}	xuæ^{312}	xuæ^{312}	væ^{42}
左云	ɕiaʔ^{4}	ɕiaʔ^{4}	væ^{313}	suæ^{31}	kuæ^{31}	xuæ^{313}	xuæ^{313}	væ^{31}
右玉	ɕiaʔ^{4}	ɕiaʔ^{4}	væ^{212}	ʂuæ^{31}	kuæ^{31}	xuæ^{212}	xuæ^{212}	væ^{31}
阳高	ɕiɑʔ^{3}	ɕiɑʔ^{3}	vɛ^{312}	suɛ^{31}	kuɛ^{31}	xuɛ^{312}	xuɛ^{312}	vɛ^{31}
山阴	ɕiᴀʔ^{4}	ɕiᴀʔ^{4}	uæ^{313}	ʂuæ^{313}	kuæ^{313}	xæ^{313}/ xuæ^{313}	xuæ^{313}	uæ^{313}
天镇	ɕiɑʔ^{4}	ɕiɑ^{22}	væ^{22}	suæ^{31}	kuæ^{31}	xuæ^{22}	xuæ^{22}	væ^{31}
平定	ɕiæʔ^{4}	ɕiæʔ^{4}	væ̃^{44}	suæ̃^{31}	kuæ̃^{31}	xuæ̃^{44}/ xɛe^{44}	xuæ̃^{44}	væ̃^{31}
昔阳	ɕiʌʔ$^{\underline{43}}$	ɕiʌʔ$^{\underline{43}}$	væ̃^{33}	suæ̃^{13}	kuæ̃^{42}	xuæ̃^{33}	xuæ̃^{33}	væ̃^{42}

续表

字目	瞎	辖	顽	闩门~	关	还~给	环	弯
中古音 方言点	许鎋 山开二 入鎋晓	胡瞎 山开二 入鎋匣	五还 山合二 平山疑	数还 山合二 平删生	古还 山合二 平删见	户关 山合二 平删匣	户关 山合二 平删匣	乌关 山合二 平删影
左权	çiaʔ^{1}	çiaʔ^{1}	væ^{11}	tʂʰuæ^{31}	kuæ^{31}	xuæ^{11}	xuæ^{11}	væ^{31}
和顺	çiaʔ$^{\underline{21}}$	çiaʔ$^{\underline{21}}$	væ^{22}	——	kuæ^{42}	xuæ^{22}	xuæ^{22}	væ^{42}
尧都	xɑ^{21} 白 / çiɑ^{21} 文	çiɑ^{24}	uæ̃^{24}	——	kuæ̃^{21}	xɑ^{24} 白 / xuæ̃^{24} 文	xuæ̃^{24}	uæ̃^{21}
洪洞	xɑ^{21} 白 / çiɑ^{21} 文	çiɑ^{33}	uɑn^{24}	fɑn^{21}	kuɑn^{21}	xuɑn^{24}	xuɑn^{24}	uɑn^{21}
洪洞赵城	xɑ^{21}	çiɑ^{24}	uɑ̃^{24}	ʂuɑ̃^{21}	kuɑ̃^{21}	xuɑ̃^{24} 白 / xɑ̃^{24} 文	xuɑ̃^{24}	uɑ̃^{21}
古县	xɑ^{21} 白 / çiɑ^{21} 文	çiɑ^{35}	uan^{35}	ʂuan^{21}	kuan^{21}	xɑ^{21}/xuan^{35}	xuan^{35}	uan^{21}
襄汾	xa^{21} 白 / çia^{21}	çia^{24}	uan^{24}	fan^{21}	kuan^{21}	xa^{24}/ xuan^{24}/ xan^{24}	xuan^{24}	uan^{21}
浮山	xa^{42} 白 / çia^{42} 文	çia^{13}	uaĩ^{13}	faĩ^{42}	kuaĩ^{42}	xuaĩ^{13}/ xa^{13}	xuaĩ^{13}	uaĩ^{42}
霍州	xa^{212}	çia^{35}	uaŋ^{35}	ʂuaŋ^{212}	kuaŋ^{212}	xuaŋ^{35}	xuaŋ^{35}	uaŋ^{212}
翼城	çiᴀ^{53}	çiᴀ^{12}	uæ̃^{12}	ʂuæ̃^{53}	kuæ̃^{53}	xuæ̃^{12}	xuæ̃^{12}	uæ̃^{53}
闻喜	xɑ^{53}	çiɑ^{13}	uæ^{13}	fæ^{53}	kuæ^{53}	xɑ^{13}/ xɛe^{13}/ xuæ^{13}	xuæ^{13}	uæ^{53}
侯马	xɑ^{213}	çiɑ^{213}	uæ̃^{213}	ʂuæ̃^{213}	kuæ̃^{213}	xuæ̃^{213}	xuæ̃^{213}	uæ̃^{213}
新绛	xɑ^{53}	çiɑ^{13}	uɑ̃^{13}	fɑ̃^{53}	kuɑ̃^{53}	xuɑ̃^{13}	xuɑ̃^{13}	uɑ̃^{53}
绛县	xɑ^{24}	çiɑ^{24}	uæ^{24}	pfæ^{53}	kuæ^{53}	xɑi^{24}/xuæ^{24}	xuæ^{24}	uæ^{53}
垣曲	xa^{53}	xa^{44}	uæ̃^{22}	ʂuæ̃^{53}	kuæ̃^{53}	xuæ̃^{22}	xuæ̃^{53}	uæ̃^{53}
夏县	xa^{53}	çia^{42}	uæ^{42}	fæ^{53} 白 / ʂuæ^{53} 文	kuæ^{53}	xuæ^{42}/xa^{42}	xuæ^{42}	uæ^{53}
万荣	xa^{51}	çia^{213}	uæ^{213}	fæ^{51}	kuæ^{51}	xuæ^{213}	xuæ^{213}	uæ^{51}
稷山	xɑ^{53} 白 / çiɑ^{53} 文	çiɑ^{13}	uɑ̃^{13}	fɑ̃^{53}	kuɑ̃^{53}	xuɑ̃^{13}	xuɑ̃^{13}	uɑ̃^{53}
盐湖	çia^{42}	çia^{13}	uæ̃^{13}	fæ̃^{42} 白 / ʂuæ̃^{42} 文	kuæ̃^{42}	xuæ̃^{13}	xuæ̃^{13}	uæ̃^{42}
临猗	xa^{42} 白 / çia^{42} 文	çia^{13}	uæ̃^{13}	fæ̃^{42}	kuæ̃^{42}	xuæ̃^{13}	xuæ̃^{13}	uæ̃^{42}
河津	xa^{31} 白 / çia^{31} 文	çia^{324}	uæ̃^{324}	fæ̃^{31}	kuæ̃^{31}	xuæ̃^{324}	xuæ̃^{324}	uæ̃^{31}

续表

字目	瞎	辖	顽	闩门~	关	还~给	环	弯
中古音 / 方言点	许鎋 山开二 入鎋晓	胡瞎 山开二 入鎋匣	五还 山合二 平山疑	数还 山合二 平删生	古还 山合二 平删见	户关 山合二 平删匣	户关 山合二 平删匣	乌关 山合二 平删影
平陆	xa³¹ 白	ɕia¹³	uan¹³	kuan³¹	kuan³¹	xuan¹³	xuan¹³	uan³¹/uan³³
永济	xa³¹ 白 / ɕia³¹ 文	ɕia²⁴	væ̃²⁴	fæ̃³¹	kuæ̃³¹	xuæ̃²⁴	xuæ̃²⁴	væ̃³¹
芮城	xa⁴² 白 / ɕia⁴² 文	ɕia¹³	uæ̃¹³	fæ̃⁴² 白 / kuæ̃⁴² 文	kuæ̃⁴²	xuæ̃¹³/xa¹³	xuæ̃¹³	uæ̃⁴²
吉县	xa⁴²³ 白 / ɕia⁴²³ 文	ɕia¹³	uæ̃¹³	fæ̃⁴²³	kuæ̃⁴²³	xa³³/xuæ̃¹³	xuæ̃¹³	uæ̃⁴²³
乡宁	xa⁵³	ɕia¹²	uæ¹²	ʂuæ⁵²	kuæ⁵³	xuæ¹²	xuæ¹²	uæ⁵³
广灵	ɕiɑ⁵³	ɕiɑ³¹	væ³¹	suæ⁵³	kuæ⁵³	xæ⁴⁴/xuæ³¹	xuæ³¹	væ⁵³

字目	湾	幻	篡	惯	患	滑	挖	刷
中古音 方言点	乌关 山合二 平删影	胡辨 山合二 去裥匣	初患 山合二 去谏初	古患 山合二 去谏见	胡惯 山合二 去谏匣	户八 山合二 入黠匣	乌八 山合二 入黠影	数刮 山合二 入鎋生
北京	uan^{55}	xuan^{51}	tsʰuan^{51}	kuan^{51}	xuan^{51}	xua^{35}	ua^{55}	ʂua^{55}
小店	væ^{11}	xuæ^{24}	zuæ^{11}	kuæ^{24}	xuæ^{24}	xuaʔ$^{\underline{54}}$	vɑ^{11}	suaʔ^{1}
尖草坪	væ^{33}	xuæ^{35}	tsʰuæ^{35}	kuæ^{35}	xuæ^{35}	xuaʔ$^{\underline{43}}$	vaʔ^{2}	suaʔ^{2}
晋源	vaŋ^{11}	xuaŋ^{35}	tsuaŋ^{35}	kuaŋ^{35}	xuaŋ^{35}	xuaʔ$^{\underline{43}}$	va^{11}	faʔ^{2}
阳曲	væ^{312}	xuæ^{454}	tsʰuæ^{454}	kuæ^{454}	xuæ^{454}	xuaʔ$^{\underline{212}}$	va^{312}	suaʔ^{4}
古交	vɛ^{44}	xuɛ^{53}	tsʰuɛ^{53}	kuɛ^{53}	xuɛ^{53}	xuaʔ$^{\underline{312}}$	vɑ^{44}	suaʔ^{4}
清徐	vɛ^{11}	xuɛ^{45}	tsuɛ^{45}	kuɛ^{45}	xuɛ^{45}	xuaʔ$^{\underline{54}}$	vaʔ^{1}	suaʔ^{1}
娄烦	væ^{33}	xuæ^{54}	pfʰæ^{54}	kuæ^{54}	xuæ^{54}	xuaʔ$^{\underline{21}}$	vɑ̃^{33}	faʔ^{3}
榆次	væ^{11}	xuæ^{35}	tsuæ^{35}	kuæ^{35}	xuæ^{35}	xuaʔ^{1}	vaʔ^{1}	suaʔ^{1}
交城	uã^{11}	xuã^{24}	tsʰũ^{24}	kuã^{24}	xuã^{24}	xuaʔ$^{\underline{53}}$	uɑ^{11}	suaʔ^{1}
文水	uaŋ^{22}	xuæ̃ĩ^{35}	tsuæ̃ĩ^{35}	kuaŋ^{35}	xuæ̃ĩ^{35}	xuaʔ$^{\underline{312}}$	uaʔ^{2}/ua^{22}	suaʔ^{2}
祁县	uɑ̃^{31}	xuɑ̃^{45}	tsʰuɑ̃^{45}	kuɑ̃^{45}	xuɑ̃^{45}	xuɑʔ$^{\underline{324}}$	ua^{31}	suɑʔ$^{\underline{32}}$
太谷	vɑ̃^{33}	xuɑ̃^{53}	tsʰuẽĩ^{53}	kuɑ̃^{33}	xuẽĩ^{53}	xuaʔ$^{\underline{423}}$	vɒ^{33}	faʔ^{3}
平遥	ũɑ̃^{213}	xũɑ̃^{213}	tsʰũɑ̃^{512}	kũɑ̃^{24}	xũɑ̃^{24}	xuʌʔ$^{\underline{523}}$	uɑ^{213}	suʌʔ$^{\underline{212}}$
孝义	uã^{33}	xuã^{454}	tsʰuã^{454}	kuã^{454}	xuã^{454}	xuaʔ$^{\underline{423}}$	ua^{33}	suaʔ^{3}
介休	uæ̃^{13}	xuæ̃^{45}	tsuæ̃^{45}	kuæ̃^{45}	xuæ̃^{45}	xuʌʔ$^{\underline{312}}$	uʌʔ$^{\underline{12}}$/ua^{13}	suʌʔ$^{\underline{12}}$
灵石	uɒ̃^{535}	xuɒ̃^{53}	tsʰuɒ̃^{53}	kuɒ̃^{53}	xuɒ̃^{53}	xuaʔ^{4}	uaʔ^{4}	suaʔ^{4}
盂县	væ̃^{412}	xuæ̃^{55}	tsʰuæ̃^{55}	kuæ̃^{55}	xuæ̃^{55}	xuʌʔ$^{\underline{53}}$	vɑ^{412}	suʌʔ^{2}
寿阳	væ^{22}	xuæ^{45}	tsʰuæ^{45}	kuæ^{45}	xuæ^{45}	xuaʔ$^{\underline{54}}$	vɑ^{31}	suaʔ^{2}
榆社	va^{22}	xua^{45}	tsʰua^{45}	kua^{45}	xua^{45}	xuaʔ$^{\underline{312}}$	vɒ^{22}	suaʔ^{2}
离石	uæ^{24}	xuæ^{53}	tsʰuæ^{53}	kuæ^{53}	xuæ^{53}	xuɑʔ$^{\underline{23}}$	uɑ^{24}	suɑʔ^{4}
汾阳	uã^{324}	xuã^{55}	tsʰuã^{55}	kuã^{55}	xuã^{55}	xuaʔ$^{\underline{312}}$	ua^{324}	ʂuaʔ^{2}
中阳	uæ^{24}	xuæ^{53}	tʂʰuæ^{53}	kuæ^{53}	xuæ^{53}	xuɑʔ$^{\underline{312}}$	uɑ^{24}	ʂuɑʔ^{4}
柳林	uæ^{24}	xuæ^{53}	tsʰuei^{53}	kuæ^{53}	xuæ^{53}	xuɑʔ^{423}	uɑ^{24}	suɑʔ^{4}
方山	uæ^{24}	xuæ^{52}	tsʰuæ^{52}	kuæ^{52}	xuæ^{52}	xuɑʔ$^{\underline{23}}$	ua^{24}	suɑʔ^{4}
临县	uæ^{24}	xuæ^{52}	tsʰɥə^{52}	kuæ^{52}	xuæ^{52}	xuaʔ$^{\underline{24}}$	ua^{24}	suaʔ^{3}
兴县	uæ̃^{324}	xuæ̃^{53}	tsuẽn^{53}	kuæ̃^{53}	xuæ̃^{53}	xuaʔ$^{\underline{312}}$	uᴀ^{324}	suaʔ^{5}
岚县	uaŋ^{214}	xuaŋ^{53}	tsʰuẽ^{53}	kuaŋ^{53}	xuaŋ^{53}	xuaʔ$^{\underline{312}}$	uaʔ^{4}	suaʔ^{4}
静乐	væ̃^{24}	xuæ̃^{53}	pfʰæ̃^{53} 白	kuæ̃^{53}	xuæ̃^{53}	xuaʔ$^{\underline{212}}$	vɑ̃^{24}	faʔ^{4} 白
交口	uɑ̃^{323}	xuɑ̃^{53}	tsʰuɑ̃^{53}	kuɑ̃^{53}	xuɑ̃^{53}	xuaʔ$^{\underline{212}}$	ua^{323}	suaʔ^{4}
石楼	uɑŋ^{213}	xuɑŋ^{51}	tʂʰuɑŋ^{51}	kuɑŋ^{51}	xuɑŋ^{51}	xuʌʔ$^{\underline{213}}$	ua^{213}	ʂuʌʔ^{4}
隰县	uæ^{53}	xuæ^{44}	——	kuæ^{44}	xuæ^{44}	xuaʔ^{3}	ua^{53}	suaʔ^{3}

续表

字目	湾	幻	篡	惯	患	滑	挖	刷
中古音 / 方言点	乌关 山合二 平删影	胡辨 山合二 去裥匣	初患 山合二 去谏初	古患 山合二 去谏见	胡惯 山合二 去谏匣	户八 山合二 入黠匣	乌八 山合二 入黠影	数刮 山合二 入鎋生
大宁	vɛ̃^{31}	xuɛ̃^{55}	——	kuɛ̃^{55}	xuɛ̃^{55}	xuɐʔ^{4}	vɑ^{31}	ʂuɐʔ$^{\underline{31}}$
永和	uɑ̃^{33}	xuɑ̃^{53}	tʂʰuɛi^{53}	kuɛi^{53} 白 / kʰuɑ̃^{53} 文	xuɑ̃^{53}	xuɐʔ$^{\underline{312}}$	ua^{35}	ʂuɐʔ$^{\underline{35}}$
汾西	uɑ̃^{11}	xuɑ̃^{33}	——	——	xuɑ̃^{33}	xuɑ^{35}	uɑ^{11}	suɑ^{11}/suɑ^{55}
蒲县	uæ̃^{52}	xuæ̃^{33}	tsʰuæ̃^{33}	kuæ̃^{33}	xuæ̃^{33}	xuaʔ^{3}	ua^{52}	suʌʔ$^{\underline{43}}$
潞州	uaŋ^{312}	xuaŋ^{54}	tsʰuaŋ^{44}	kuaŋ^{44}	xuaŋ^{54}	xuʌʔ$^{\underline{53}}$	ua^{312}	suʌʔ$^{\underline{53}}$
上党	uɑŋ^{213}	xuɑŋ^{42}	tsuɑŋ^{42}	kuɑŋ^{22}	xuɑŋ^{42}	xuɑʔ$^{\underline{21}}$	uɑ^{213}	suɑʔ$^{\underline{21}}$
长子	væ̃^{312}	xuæ̃^{53}	tsʰuæ̃^{422}	kuæ̃^{422}	xuæ̃^{53}	xuaʔ$^{\underline{212}}$	va^{312}	suaʔ^{4}
屯留	væ̃^{31}	xuæ̃^{53}	tsʰuæ̃^{53}	kuæ̃^{53}	xuæ̃^{11}	xuʌʔ^{54}	va^{31}	suʌʔ^{1}
襄垣	væ^{33}	xuæ^{45}	tsʰuæ^{45}	kuæ^{53}	xuæ^{45}	xuʌʔ^{43}	va^{33}	suʌʔ^{3}
黎城	uæ^{33}	xuæ^{53}	tsʰuæ^{53}	kuæ^{53}	xuæ^{53}	xuʌʔ$^{\underline{31}}$	uʌʔ^{2}	suʌʔ^{2}
平顺	uæ̃^{213}	xuæ̃^{53}	tsʰuæ̃^{53}	kuæ̃^{213}	xuæ̃^{53}	xuʌʔ$^{\underline{423}}$	ua^{213}	suʌʔ$^{\underline{423}}$
壶关	uaŋ^{33}	xuaŋ^{353}	tʂʰuaŋ^{353}	kuaŋ^{42}	xuaŋ^{353}	xuʌʔ$^{\underline{21}}$	ua^{33}	ʂuʌʔ^{2}
沁县	væ^{224}	xuæ^{53}	tsʰuæ^{53}	kuæ^{53}	xuæ^{53}	xuaʔ$^{\underline{212}}$	va^{224}	suaʔ$^{\underline{31}}$
武乡	væ^{113}	xuæ^{55}	tsʰuæ^{55}	kuæ^{55}	xuæ^{55}	xuʌʔ$^{\underline{423}}$	va^{113}	suʌʔ^{3}
沁源	væ̃^{324}	xuæ̃^{53}	tsʰuæ̃^{53}	kuæ̃^{53}	xuæ̃^{53}	xuʌʔ$^{\underline{31}}$	vɑ^{324}	ʂuʌʔ$^{\underline{31}}$
安泽	uæ^{21}	xuæ^{53}	tsʰuæ^{53}	kuæ^{53}	xuæ^{53}	xuɑ^{35}	vɑ^{21}	suɑ^{21}
沁水端氏	væ^{21}	xæ^{53}	tsʰuæ^{53}	kuæ^{53}	xuæ^{53}	xuaʔ$^{\underline{54}}$ 白 / xɒ^{24} 文	vɒ^{21}	suaʔ^{2}
阳城	vɛ^{224}	xuɛ^{51}	tsʰuɛ^{51}	kuɛ^{51}	xuɛ^{51}	xuɑ^{22}	vɑ^{224}	ʂuʌʔ^{2}
高平	væ̃^{33}	xuæ̃^{53}	tʂʰuæ̃^{53}	kuæ̃^{53}	xuæ̃^{53}	xuʌʔ^{2}	vʌʔ^{2}	ʂuʌʔ^{2}
陵川	uã^{33}	xuã^{24}	tʂʰuã^{24}	kuã^{24}	xuã^{24}	xuʌʔ$^{\underline{23}}$	uʌʔ^{3}	tʂʰua^{33}
晋城	uæ^{33}	xuæ^{53}	tʂʰuæ^{53}	kuæ^{53}	xuæ^{53}	xuʌʔ^{2}	uɑ^{33}	ʂuʌʔ^{2}
忻府	vɑ̃^{313}	xuɑ̃^{53}	tsʰuɑ̃^{53}	kuɑ̃^{53}	xuɑ̃^{53}	xuʌʔ$^{\underline{32}}$	vɑ^{313}	suʌʔ$^{\underline{32}}$
原平	vɛ̃^{213}	xuɛ̃^{53}	tsʰuɛ̃^{53}	kuɛ̃^{53}	xuɛ̃^{53}	xuɑʔ$^{\underline{34}}$	vɑ^{213}	suɑʔ$^{\underline{34}}$
定襄	væ^{24}	xuæ^{53}	tsuə̃^{53}	kuæ^{53}	xuæ^{11}	xuaʔ^{1}	uaʔ^{1}	saʔ^{1}
五台	uæn^{213}	xuə̃^{52} 白 / xuæn^{52} 文	tsʰuə̃^{52}	kuæn^{52}	xuə̃^{52}	xuɑʔ^{3}	uɑ^{213}	suɑʔ^{3}
岢岚	væ^{13}	xuæ^{52}	tʂʰuæ^{52}	kuæ^{52}	xuæ^{52}	xuaʔ^{4}	va^{13}	suaʔ^{4}
五寨	væ^{13}	xuæ^{52}	tsʰuæ^{52}	kuæ^{52}	xuæ^{52}	xuaʔ^{4}	va^{13}	suaʔ^{4}
宁武	væ^{23}	xuæ^{52}	tsʰuæ^{52}	——	xuæ^{52}	xuAʔ^{4}	vA^{23}	suAʔ^{4}
神池	væ^{24}	xuæ^{52}	tsʰuæ^{52}	kuæ^{52}	kuæ^{52}	xuAʔ^{4}	vAʔ^{4}	suAʔ^{4}

续表

字目	湾	幻	篡	惯	患	滑	挖	刷
中古音 / 方言点	乌关 山合二 平删影	胡辨 山合二 去裥匣	初患 山合二 去谏初	古患 山合二 去谏见	胡惯 山合二 去谏匣	户八 山合二 入黠匣	乌八 山合二 入黠影	数刮 山合二 入鎋生
繁峙	vε^{53}	xuε^{24}	tsʰuε^{24}	kuε^{24}	xuε^{24}	xua^{31}	vaʔ$^{\underline{13}}$ 白 / va^{53} 文	suaʔ$^{\underline{13}}$
代县	uε^{213}	xuε^{53}	tsʰuε^{53}	kuε^{53}	xuε^{53}	xua^{44}	ua^{213}	suaʔ^{2}
河曲	væ^{213}	xuæ^{52}	tsʰuæ^{52}	kuæ^{52}	xuæ^{52}	xuaʔ^{4}	va^{213}	ʂuaʔ^{4}
保德	vɑŋ^{213}	xuɑŋ^{52}	tsʰuɑŋ^{52}	kuɑŋ^{52}	xuɑŋ^{52}	xuᴀ^{44}	vᴀ^{213}	suᴀ^{44}
偏关	væ^{24}	xuæ^{52}	tsʰuæ^{52}	kuæ^{52}	xuæ^{52}	xua^{44}	va^{24}	ʂua^{44}
朔城	væ^{312}	kuæ^{53}	tsuæ^{53}	kuæ^{53}	kuæ^{53}	xuᴀ^{35}	vᴀʔ$^{\underline{35}}$	suᴀʔ$^{\underline{35}}$
平鲁	uæ^{213}	xuæ^{52}	tsʰuæ^{52}	kuæ^{52}	xuæ^{52}	xuɑ^{44}	uæ^{213}/uʌʔ$^{\underline{34}}$	suʌʔ$^{\underline{34}}$
应县	vε̃^{43}	xuε̃^{24}	tsʰuε̃^{24}	kuε̃^{24}	xuε̃^{24}	xua^{31}	va^{43}/vaʔ$^{\underline{43}}$	sua^{24}/ suaʔ$^{\underline{43}}$
灵丘	væ^{442}	xuæ^{53}	tsʰuæ^{53}	kuæ^{53}	xuæ^{53}	xuᴀ^{31}	vᴀ^{442}	suᴀ^{442}
浑源	væ^{52}	xuæ^{13}	tsʰuæ^{13}	kuæ^{13}	xuæ^{13}	xuᴀ^{22}	vᴀ^{52}	suʌʔ^{4}
云州	væ^{21}	xuæ^{24}	tsʰuæ^{24}	kuæ^{24}	xuæ^{24}	xuɑ^{312}	vɑ^{21}	ʂuɑʔ^{4}
新荣	væ^{32}	xuæ^{24}	tsʰuæ^{24}	kuæ^{24}	xuæ^{24}	xuᴀ^{312}	vᴀ^{32}/væ^{32}/ vaʔ^{4}	ʂuaʔ^{4}
怀仁	væ^{42}	xuæ^{24}	tsʰuæ^{24}	kuæ^{24}	xuæ^{24}	xua^{312}	vaʔ^{4}	suaʔ^{4}
左云	væ^{31}	xuæ^{24}	tsʰuæ^{24}	kuæ^{24}	xuæ^{24}	xua^{313}	vaʔ^{4} 白 / va^{31} 文	suaʔ^{4}
右玉	væ^{31}	xuæ^{24}	tʂʰuæ^{24}	kuæ^{24}	xuæ^{24}	xua^{212}	vaʔ^{4}	ʂuaʔ^{4}
阳高	vε^{31}	xuε^{24}	tsuε^{24}	kuε^{24}	xuε^{24}	xuɑ^{312}	vɑ^{31}	suɑʔ^{3}
山阴	uæ^{313}	xuæ^{335}	tʂʰuæ^{335}	kuæ^{335}	xuæ^{335}	xuᴀ^{313}	uᴀʔ^{4}	ʂuᴀʔ^{4}
天镇	væ^{31}	xuæ^{24}	tsuæ^{24}	kuæ^{24}	xuæ^{24}	xuɑ^{22}	vɑ^{31}/vɑʔ^{4}	suɑʔ^{4}
平定	væ̃^{31}	xuæ̃^{24}	tsuæ̃^{24}	kuæ̃^{24}	xuæ̃^{24}	——	vɑ^{31}	suaʔ^{4}
昔阳	væ̃^{33}	xuæ̃^{13}	tsʰuæ̃^{13}	kuæ̃^{13}	xuæ̃^{13}	xuʌʔ$^{\underline{43}}$	vɑ^{42}	suʌʔ$^{\underline{43}}$
左权	væ^{31}	xuæ^{53}	tʂʰuæ^{53}	kuæ^{53}	xuæ^{53}	xuɑʔ^{1}	vɑ^{31}	suɑʔ^{1}
和顺	væ^{42}	xuæ^{13}	tsʰuæ^{13}	kuæ^{42}	xuæ^{13}	xuaʔ$^{\underline{21}}$	vɑ^{42}	suaʔ$^{\underline{21}}$
尧都	uæ̃^{21}	xuæ̃^{44}	tʂʰuæ̃^{44}	kuæ̃^{44}	xuæ̃^{44}	xuɑ^{24}	uɑ^{21}	fa^{21}
洪洞	uɑn^{21}	xuɑn^{42}	tsʰuɑn^{42}	kuɑn^{33}	xuɑn^{53}	xuɑ^{24}	uɑ^{21}	fɑ^{21}
洪洞赵城	uɑ̃^{21}	xuɑ̃^{53}	tʂuɑ̃^{53}	kuɑ̃^{53}	xuɑ̃^{53}	xuɑ^{24}	uɑ^{21}	ʂuɑ^{21}
古县	uan^{21}	xuan^{53}	tsʰuan^{35}	kuan^{35}	xuan^{53}	xuɑ^{35}	uɑ^{21}	fɑ^{21}
襄汾	uan^{21}	xuan^{44}	tsʰuan^{53}	kuan^{44}	xuan^{44}	xua^{24}	ua^{21}	fa^{21} 白 / ʂua^{42} 文
浮山	uãĩ^{42}	xuãĩ^{44}	tsuãĩ^{33}	kuãĩ^{44}	xuãĩ^{44}	xua^{13}	ua^{42}	fa^{42}

续表

字目	湾	幻	篡	惯	患	滑	挖	刷
中古音 方言点	乌关 山合二 平删影	胡辨 山合二 去裥匣	初患 山合二 去谏初	古患 山合二 去谏见	胡惯 山合二 去谏匣	户八 山合二 入黠匣	乌八 山合二 入黠影	数刮 山合二 入鎋生
霍州	uaŋ^{212}	xuaŋ^{53}	tsʰuaŋ^{53}	kuaŋ^{55}	xuaŋ^{53}	xua^{35}	ua^{212}/uaŋ^{212}	sua^{212}
翼城	uæ̃^{53}	xuæ̃^{53}	tsʰuæ̃^{53}	kuæ̃^{53}	xuæ̃^{53}	xuA^{12}	uA^{53}	ʂuA^{53}
闻喜	uæ^{53}	xuæ^{13}	tsʰuæ^{53}	kuæ^{53}	xuæ^{13}	xuɑ^{13}	——	fɑ^{53}
侯马	uæ̃^{213}	xuæ̃^{53}	tsuæ̃^{53}	kuæ̃^{53}	xuæ̃^{53}	xuɑ^{213}	uɑ^{213}	fɑ^{213}
新绛	uã^{53}	xuã^{53}	tsuã^{53}	kuã^{53}	xuã^{53}	xuɑ^{13}	xuɑ^{53}	fɑ^{53}
绛县	uæ^{53}	xuæ^{53}	tsuæ^{33}	kuæ^{31}	xuæ^{53}	xuɑ^{24}	uɑ^{53}	fɑ^{53}
垣曲	uæ̃^{53}	xuæ̃^{53}	tsuæ̃^{53}	kuæ̃^{53}	xuæ̃^{53}	xua^{22}	ua^{53}	ʂua^{53}
夏县	uæ^{53}	xuæ^{31}	pfʰæ^{31} 白 / tsʰuæ^{31} 文	kuæ^{31}	xuæ^{31}	xua^{42}	ua^{53}	fa^{53}
万荣	uæ^{51}	xuæ^{33}	pfʰæ^{33} 白 / tsʰuæ^{33} 文	kuæ^{33}	xuæ^{33}	xua^{213}	ua^{51}	fa^{51}
稷山	uɑ̃^{53}	xuɑ̃^{42}	tsuɑ̃^{53}	kuɑ̃^{42}	xuɑ̃^{42}	xuɑ^{13}	uɑ^{53}	fɑ^{53}
盐湖	uæ̃^{42}	xuæ̃^{44}	tsʰæ̃^{44}	kuæ̃^{44}	xuæ̃^{44}	xua^{13}	ua^{42}	fa^{42} 白 / ʂua^{42} 文
临猗	uæ̃^{42}	xuæ̃^{44}	tsuæ̃^{44}	kuæ̃^{44}	xuæ̃^{44}	xua^{13}	ua^{42}	fa^{42}
河津	uæ̃^{31}	xuæ̃^{44}	pfʰæ̃^{44}	kuæ̃^{44}	xuæ̃^{44}	xua^{324}	ua^{31}	fa^{31}
平陆	uan^{31}	xuan^{33}	pfʰan^{33}	kuan^{33}	xuan^{33}	xua^{13}	ua^{31}	fa^{31}
永济	væ̃^{31}	xuai^{44}	pfʰai^{44} 白 / tʂuai^{44} 文	kuai^{53}	xuai^{44}	xua^{24}	va^{31}	fa^{31}
芮城	uæ̃^{42}	xuæ̃^{44}	pfʰuæ̃^{44} 白 / tsʰuæ̃^{44} 文	kuæ̃^{44}	xuæ̃^{44}	xua^{13}	ua^{42}	fa^{42}
吉县	uæ̃^{423}	xuæ̃^{53}	pfʰæ̃^{33}	kuæ̃^{33}	xuæ̃^{33}	xua^{13}	ua^{423}	fa^{423}
乡宁	uæ^{53}	xuæ^{22}	——	kuæ^{22}	xuæ^{22}	xua^{12}	ua^{53}	ʂua^{53}
广灵	væ^{53}	xuæ^{213}	tsʰuæ^{213}	kuæ^{213}	xuæ^{213}	xuɑ^{31}	vɑ^{53}	suɑ^{53}/ suɑ^{213}

字目	刮	鞭	编	篇	偏	便~宜	棉	绵
中古音 方言点	古頞 山合二 入鎋见	卑连 山开三 平仙帮	卑连 山开三 平仙帮	芳连 山开三 平仙滂	芳连 山开三 平仙滂	房连 山开三 平仙並	武延 山开三 平仙明	武延 山开三 平仙明
北京	kua^{55}	piɛn^{55}	piɛn^{55}	pʰiɛn^{55}	pʰiɛn^{55}	pʰiɛn^{35}	miɛn^{35}	miɛn^{35}
小店	kuaʔ^{1}/ kuɑ^{11}	piæ^{11}	piæ^{11}	pʰiæ^{11}	pʰiæ^{11}	piæ^{24}/ pʰiæ^{11}	miæ^{11}	miæ^{11}
尖草坪	kuaʔ^{2}	pie^{33}	pie^{33}	pʰie^{33}	pʰie^{33}	pʰie^{33}	mie^{33}	mie^{33}
晋源	kuaʔ^{2}	piæ^{11}	piæ^{11}	pʰiæ^{35}	pʰiæ^{11}	pʰiæ^{11}	miæ^{11}	miæ^{11}
阳曲	kuaʔ^{4}	piɛ^{312}	piɛ^{312}	pʰiɛ^{312}	pʰiɛ^{312}	pʰiɛ^{43}	miɛ^{43}	miɛ^{43}
古交	kuaʔ^{4}	piɛ^{44}	piɛ^{44}	pʰiɛ^{44}	pʰiɛ^{44}	pʰiɛ^{44}	miɛ^{44}	miɛ^{44}
清徐	kuaʔ^{1}	piɛ^{11}	piɛ^{11}	pʰiɛ^{11}	pʰiɛ^{11}	pʰiɛ^{11}	miɛ^{11}	miɛ^{11}
娄烦	kuaʔ^{3}	piɛ^{33}	piɛ^{33}	pʰiɛ^{33}	pʰiɛ^{33}	pʰiɛ^{33}	miɛ^{33}	miɛ^{33}
榆次	kuaʔ^{1}	pie^{11}	pie^{11}	pʰie^{11}	pʰie^{11}	pie^{35}	mie^{11}	mie^{11}
交城	kuɑ^{11}/ kuaʔ^{1}	piã^{11}	piã^{11}	piã^{11} 白 / pʰiã^{53} 文	pʰiã^{11}	pʰiã^{11}	miã^{11}	miã^{11}
文水	kuaʔ^{2} 白 / kua^{22} 文	piæĩ^{22}	piæĩ^{22}	pʰiæĩ^{423}	pʰiæĩ^{22}	pʰiæĩ^{22}	miæĩ^{22}	miæĩ^{22}
祁县	kuɑʔ$^{\underline{32}}$ 白 / kua^{31} 文	piẽ^{31}	piẽ^{31}	pʰiẽ^{31}	pʰiẽ^{31}	pʰiẽ^{31}	miẽ^{31}	miẽ^{31}
太谷	kuaʔ^{3}	pieĩ^{33}	pieĩ^{33}	pʰieĩ^{33}	pʰieĩ^{33}	pʰieĩ^{33}	mieĩ^{33}	mieĩ^{33}
平遥	kuʌʔ$^{\underline{212}}$ 白 / kuɑ^{213} 文	pĩɛ̃^{213}	pĩɛ̃^{213}	pʰĩɛ̃^{512}	pʰĩɛ̃^{213}	pĩɛ̃^{24}	mĩɛ̃^{213}	mĩɛ̃^{213}
孝义	kuaʔ^{3} 白 / kua^{33} 文	piᴇ^{33}	piᴇ^{33}	pʰiᴇ^{454}	pʰiᴇ^{33}	pʰiᴇ^{33}	miᴇ^{33}	miᴇ^{33}
介休	kuʌʔ$^{\underline{12}}$/ kua^{13}	piɛ̃^{13}	piɛ̃^{13}	pʰiɛ̃^{423}	pʰiɛ̃^{13}	pʰiɛ̃^{13}	miɛ̃^{13}	miɛ̃^{13}
灵石	kuaʔ^{4}	pie^{535}	pie^{535}	pʰie^{535}	pʰie^{535}	pʰie^{53}	mie^{44}	mie^{44}
盂县	kuʌʔ^{2} 白 / kuɑ^{412} 文	piæ̃^{412}	piæ̃^{412}	pʰiæ̃^{412}	pʰiæ̃^{412}	pʰiæ̃^{22}	miæ̃^{55}	miæ̃^{55}
寿阳	kuaʔ^{2} 白 / kuɑ^{31} 文	piɪ^{31}	piɪ^{31}	pʰiɪ^{31}	pʰiɪ^{31}	pʰiɪ^{22}	miɪ^{22}	miɪ^{22}
榆社	kuaʔ^{2}	pie^{22}	pie^{22}	pʰie^{312}	pʰie^{22}	pʰie^{22}	mie^{22}	mie^{22}
离石	kuɑʔ^{4}	piɪ^{24}	piɪ^{24}	pʰiɪ^{24}	pʰiɪ^{24}	pʰiɪ^{44}	miɪ^{44}	miɪ^{44}
汾阳	kuaʔ^{2}	pi^{324}	pi^{324}	pʰiã^{324}	pʰi^{324} 白 / pʰiã^{324} 文	pʰi^{22} 白 / pʰiã^{22} 文	mi^{22} 白 / miã^{22} 文	mi^{22} 白 / miã^{22} 文
中阳	kuɑʔ^{4} 白 / kuɑ^{24} 文	pie^{24}	pie^{24}	pʰie^{24}	pʰie^{24}	pʰie^{33}	mie^{33}	mie^{33}
柳林	kuɑʔ^{4} 白 / kuɑ^{24} 文	pie^{24}	pie^{24}	pʰie^{24}	pʰie^{24}	pʰie^{44}	mie^{44}	mie^{44}

续表

字目	刮	鞭	编	篇	偏	便~宜	棉	绵
中古音 方言点	古頒 山合二 入鎋见	卑连 山开三 平仙帮	卑连 山开三 平仙帮	芳连 山开三 平仙滂	芳连 山开三 平仙滂	房连 山开三 平仙並	武延 山开三 平仙明	武延 山开三 平仙明
方山	kuɑʔ^{4}白/ kua^{24}文	piɛ^{24}	piɛ^{24}	pʰiɛ^{24}	pʰiɛ^{24}	pʰiɛ^{44}	miɛ^{44}	miɛ^{44}
临县	kuaʔ^{3}白/ kua^{24}文	pie^{24}	pie^{24}	pʰie^{312}	pʰie^{24}	pʰie^{24}	mie^{33}	mie^{33}
兴县	kuaʔ^{5}	piẽn^{324}	piẽn^{324}	pʰiẽn^{324}	pʰiẽn^{324}	pʰiẽn^{55}	miẽn^{55}	miẽn^{55}
岚县	kuaʔ^{4}	piẽ^{214}	piẽ^{214}	pʰiẽ^{214}	pʰiẽ^{214}	pʰiẽ^{44}	miẽ^{44}	miẽ^{44}
静乐	kuaʔ^{4}	piæ̃^{24}	piæ̃^{314}	pʰiæ̃^{314}	pʰiæ̃^{24}	pʰiæ̃^{24}	miæ̃^{33}	miæ̃^{33}
交口	kuaʔ^{4}白/ kua^{323}文	piɑ̃^{323}	piɑ̃^{323}	pʰiɑ̃^{323}	pʰiɑ̃^{323}	pʰiɑ̃^{44}	miɑ̃^{44}	miɑ̃^{44}
石楼	kuʌʔ^{4}白/ kua^{213}文	piɑŋ^{213}	piɑŋ^{213}	pʰiɑŋ^{213}	pʰiɑŋ^{213}	pʰiɑŋ^{44}	miɑŋ^{44}	miɑŋ^{44}
隰县	kuəʔ^{3}白/ kua^{53}文	piɛ^{53}	piɛ^{53}	pʰiɛ^{53}	pʰiɛ^{53}	pʰiaŋ^{24}	miaŋ^{24}	miaŋ^{24}
大宁	kuɐʔ$^{\underline{31}}$	piɛ̃^{31}	piɛ̃^{31}	pʰiɛ̃^{31}	pʰiɛ̃^{31}	pʰiɛ̃^{24}	miɛ̃^{24}	miɛ̃^{24}
永和	kuɐʔ$^{\underline{312}}$	piɪ^{33}	piɪ^{33}	pʰiɪ^{33}	pʰiɪ^{33}	pʰiɪ^{35}	miɪ^{35}	miɪ^{35}
汾西	kuɑ^{11}	piɑ̃^{11}	piɑ̃^{11}	pʰiɑ̃^{11}	pʰiɑ̃^{11}	pʰiɑ̃^{35}	miɑ̃^{35}	miɑ̃^{35}
蒲县	kuʌʔ$^{\underline{43}}$	piæ̃^{52}	piæ̃^{52}	pʰiæ̃^{52}	pʰiæ̃^{52}	pʰiæ̃^{31}	miæ̃^{24}	miæ̃^{24}
潞州	kuʌʔ$^{\underline{53}}$白/ kua^{312}文	piaŋ^{312}	piaŋ^{312}	pʰiaŋ^{312}	pʰiaŋ^{312}	pʰiaŋ^{24}	miaŋ^{24}	miaŋ^{24}
上党	kuɑʔ$^{\underline{21}}$/ kuəʔ$^{\underline{21}}$	piɑŋ^{213}	piɑŋ^{213}	pʰiɑŋ^{213}	pʰiɑŋ^{213}	pʰiɑŋ^{44}	miɑŋ^{44}	miɑŋ^{44}
长子	kuaʔ^{4}白/ kua^{312}文	piæ̃^{312}	piæ̃^{312}	pʰiæ̃^{312}	pʰiæ̃^{312}	pʰiæ̃^{24}	miæ̃^{24}	miæ̃^{24}
屯留	kuəʔ^{1}白/ kua^{31}文	piæ̃^{31}	piæ̃^{31}	pʰiæ̃^{31}	pʰiæ̃^{31}	pʰiæ̃^{11}	miæ̃^{11}	miæ̃^{11}
襄垣	kuʌʔ^{3}白/ kua^{33}文	pei^{33}	pei^{33}	pʰei^{33}	pʰei^{33}	pʰei^{31}	mei^{31}	mei^{31}
黎城	kuʌʔ^{2}	piæ^{33}	piæ^{33}	pʰiæ^{33}	pʰiæ^{33}	piæ^{53}	miæ^{53}	miæ^{53}
平顺	kuʌʔ$^{\underline{212}}$白/ kua^{213}文	piæ̃^{213}	piæ̃^{213}	pʰiæ̃^{213}	pʰiæ̃^{213}	pʰiæ̃^{13}	miæ̃^{13}	miæ̃^{13}
壶关	kua^{33}/ kuʌʔ^{2}	piaŋ^{33}	piaŋ^{33}	pʰiaŋ^{33}	pʰiaŋ^{33}	pʰiaŋ^{13}	miaŋ^{13}	miaŋ^{13}
沁县	kuaʔ$^{\underline{31}}$白/ kua^{224}文	pei^{224}	pei^{224}	pʰei^{224}	pʰei^{224}	pʰei^{33}	mei^{33}	mei^{33}
武乡	kua^{113}/ kuʌʔ^{3}	pei^{113}	pei^{113}	pʰei^{113}	pʰei^{113}	pʰei^{33}文	mei^{33}	mei^{33}

续表

字目	刮	鞭	编	篇	偏	便~宜	棉	绵
中古音 / 方言点	古頒 山合二 入鎋见	卑连 山开三 平仙帮	卑连 山开三 平仙帮	芳连 山开三 平仙滂	芳连 山开三 平仙滂	房连 山开三 平仙並	武延 山开三 平仙明	武延 山开三 平仙明
沁源	kuʌʔ$^{\underline{31}}$ 白 / kuɑ^{324} 文	piæ̃^{324}	piæ̃^{324}	pʰiæ̃^{324}	pʰiæ̃^{324}	pʰiæ̃^{33}	miæ̃^{33}	miæ̃^{33}
安泽	kuʌʔ$^{\underline{21}}$	piæ^{21}	piæ^{21}	pʰiæ^{21}	pʰiæ^{21}	pʰiæ^{35}	miæ^{35}	miæ^{35}
沁水端氏	kuaʔ^{2} 白 / kɒ^{21} 文	pei^{21}	pei^{21}	pʰei^{21}	pʰei^{21}	pʰei^{24}	mei^{24}	mei^{24}
阳城	kuʌʔ^{2}	piɛ^{224}	piɛ^{224}	pʰiɛ^{224}	pʰiɛ^{224}	pʰiɛ^{22}	miɛ^{22}	miɛ^{22}
高平	kuʌʔ^{2}	piæ̃^{33}	piæ̃^{33}	pʰiæ̃^{33}	pʰiæ̃^{33}	pʰiæ̃^{33}	miæ̃^{33}	miæ̃^{33}
陵川	kuʌʔ^{3} 白 / kua^{33} 文	piə̃ĩ^{33}	piə̃ĩ^{33}	pʰiə̃ĩ^{33}	pʰiə̃ĩ^{33}	pʰiə̃ĩ^{53}	miə̃ĩ^{53}	miə̃ĩ^{53}
晋城	kuʌʔ^{2}	piɛ^{33}	piɛ^{33}	pʰiɛ^{33}	pʰiɛ^{33}	pʰiɛ^{324}	miɛ^{324}	miɛ^{324}
忻府	kuʌʔ$^{\underline{32}}$ 白 / kuɑ^{313} 文	piɛ̃^{313}	piɛ̃^{313}	pʰiɛ̃^{313}	pʰiɛ̃^{313}	pʰiɛ̃^{21}	miɛ̃^{21}	miɛ̃^{21}
原平	kuɑ^{213}	piɛ̃^{213}	piɛ̃^{213}	pʰiɛ̃^{213}	pʰiɛ̃^{213}	pʰiɛ̃^{33}	miɛ̃^{33}	miɛ̃^{33}
定襄	kuaʔ^{1}	piə̃^{24}	piə̃^{24}	pʰiə̃^{24}	pʰiə̃^{24}	piə̃^{11}	miə̃^{11}	miə̃^{11}
五台	kuɑʔ^{3}	piə̃^{213}	piə̃^{213}	pʰiə̃^{213}	pʰiə̃^{213}	pʰiə̃^{33}	miə̃^{33}	miə̃^{33}
岢岚	kuaʔ^{4}	piɛ^{13}	piɛ^{13}	pʰiɛ^{13}	pʰiɛ^{13}	pʰiɛ^{44}	miɛ^{44}	miɛ^{44}
五寨	kuaʔ^{4}	piɪ^{13}	piɪ^{13}	pʰiɪ^{13}	pʰiɪ^{13}	pʰiæ^{44}	miɪ^{44}	miɪ^{44}
宁武	kuᴀʔ^{4}	piɛ^{23}	piɛ^{23}	pʰiɛ^{23}	pʰiɛ^{23}	pʰiɛ^{33}	miɛ^{33}	miɛ^{33}
神池	kuᴀʔ^{4}	pie^{24}	pie^{24}	pʰiᴀʔ^{4}	pʰie^{24}	pʰie^{24}	mie^{32}	mie^{32}
繁峙	kuaʔ$^{\underline{13}}$/ kua^{53}	piɛ^{53}	piɛ^{53}	pʰiɛ^{53}	pʰiɛ^{53}	pʰiɛ^{31}	miɛ^{31}	miɛ^{31}
代县	kua^{213}	pie^{213}	pie^{213}	pʰie^{213}	pʰie^{213}	pʰie^{44}	mie^{44}	mie^{44}
河曲	kuaʔ^{4}	piɛ^{213}	piɛ^{213}	pʰiɛ^{213}	pʰiɛ^{213}	pʰiɛ^{44}	miɛ^{44}	miɛ^{44}
保德	kuᴀ^{44}	piɑŋ^{213}	piɑŋ^{213}	pʰiɑŋ^{213}	pʰiɑŋ^{213}	pʰiɑŋ^{44}	miɑŋ^{44}	miɑŋ^{44}
偏关	kua^{44}	piɪ^{24}	piɪ^{24}	pʰiɪ^{24}	pʰiɪ^{24}	pʰiɪ^{44}	miæ^{44}	miæ^{44}
朔城	kuᴀʔ$^{\underline{35}}$	piɛ^{312}	piɛ^{312}	pʰiɛ^{312}	pʰiɛ^{312}	pʰiɛ^{35}	miɛ^{35}	miɛ^{35}
平鲁	kuɑ^{213}/ kuʌʔ$^{\underline{34}}$	piᴇ^{213}	piᴇ^{213}	pʰiᴇ^{213}	pʰiᴇ^{213}	pʰiᴇ^{52}	miᴇ^{44}	miᴇ^{44}
应县	kua^{43}/ kua^{54}/ kuaʔ$^{\underline{43}}$	piɛ̃^{43}	piɛ̃^{43}	pʰiɛ̃^{43}	pʰiɛ̃^{43}	pʰiɛ̃^{31}	miɛ̃^{31}	miɛ̃^{31}
灵丘	kuᴀʔ^{5} 白 / kuᴀ^{442} 文	pie^{442}	pie^{442}	pʰie^{442}	pʰie^{442}	pʰie^{31}	mie^{31}	mie^{31}
浑源	kuʌʔ^{4}	piɛ^{52}	piɛ^{52}	pʰiɛ^{52}	pʰiɛ^{52}	pʰiɛ^{22}	miɛ^{22}	miɛ^{22}

续表

字目	刮	鞭	编	篇	偏	便~宜	棉	绵
中古音 / 方言点	古頒 山合二 入鎋见	卑连 山开三 平仙帮	卑连 山开三 平仙帮	芳连 山开三 平仙滂	芳连 山开三 平仙滂	房连 山开三 平仙並	武延 山开三 平仙明	武延 山开三 平仙明
云州	kuɑʔ^{4} 白 / kuɑ^{55} 文	piɛ^{21}	piɛ^{21}	pʰiɛ^{55}	pʰiɛ^{21}	pʰiɛ^{312}	miɛ^{312}	miɛ^{312}
新荣	kuaʔ^{4}/ kuᴀ^{54}/ kuᴀ^{32}	piᴇ^{32}	piᴇ^{32}	pʰiᴇ^{54}	pʰiᴇ^{32}	pʰiᴇ^{312}	miᴇ^{312}	miᴇ^{312}
怀仁	kuaʔ^{4} 白 / kua^{42} 文	piæ^{42}	piæ^{42}	pʰiæ^{53}	pʰiæ^{42}	pʰiæ^{312}	miæ^{312}	miæ^{312}
左云	kuaʔ^{4} 白 / kua^{31} 文	piɛ^{31}	piɛ^{31}	pʰiɛ^{31}	pʰiɛ^{31}	pʰiɛ^{313}	miɛ^{313}	miɛ^{313}
右玉	kuaʔ^{4}	piɛ^{31}	piɛ^{31}	pʰiɛ^{53}	pʰiɛ^{31}	pʰiɛ^{212}	miɛ^{212}	miɛ^{212}
阳高	kuɑʔ^{3}	piɛ^{31}	piɛ^{31}	pʰiɛ^{53}	pʰiɛ^{31}	pʰiɛ^{312}	miɛ^{31}	miɛ^{31}
山阴	kuᴀʔ^{4}	piᴇ^{313}	piᴇ^{313}	pʰiᴇ^{52}	pʰiᴇ^{313}	pʰiᴇ^{313}	miᴇ^{313}	miᴇ^{313}
天镇	kuɑ^{31}/ kuɑʔ^{4}	piæ^{31}	piæ^{31}	pʰiæ^{24}	pʰiæ^{31}	pʰiæ^{22}	miæ^{22}	miæ^{22}
平定	kuɑ^{31}/ kuaʔ^{4}	piæ̃^{31}	piæ̃^{31}	pʰiæ̃^{24}	pʰiæ̃^{31}	pʰiæ̃^{44}	miæ̃^{44}	miæ̃^{44}
昔阳	kuʌʔ$^{\underline{43}}$ 白 / kuɑ^{42} 文	piæ̃^{42}	piæ̃^{42}	pʰiæ̃^{42}	pʰiæ̃^{42}	pʰiæ̃^{33}	miæ̃^{33}	miæ̃^{33}
左权	kuɑ^{11}/ kuɑʔ^{1}	piɛ^{31}	piɛ^{31}	pʰiɛ^{31}	pʰiɛ^{31}	pʰiɛ^{11}	miɛ^{11}	miɛ^{11}
和顺	kuɑ^{53} / kuaʔ$^{\underline{21}}$	piɛ^{42}	piɛ^{42}	pʰiɛ^{42}	pʰiɛ^{42}	pʰiɛ^{22}	miɛ^{22}	miɛ^{22}
尧都	kuɑ^{21}	piæ̃^{21}	piæ̃^{21}	pʰiæ̃^{21}	pʰiæ̃^{21}	pʰiæ̃^{24} 白 / piæ̃^{44} 文	miæ̃^{24}	miæ̃^{24}
洪洞	kuɑ^{21}	piɑn^{21}	piɑn^{21}	pʰiɑn^{21}	pʰiɑn^{21}	pʰiɑn^{24}	miɑn^{24}	miɑn^{24}
洪洞赵城	kuɑ^{21}	piɑ̃^{21}	piɑ̃^{21}	pʰiɑ̃^{21}	pʰiɑ̃^{21}	pʰiɑ̃^{24}	miɑ̃^{24}	miɑ̃^{24}
古县	kuɑ^{21}	pian^{21}	pʰian^{21}	pʰian^{21}	pʰian^{21}	pʰian^{35}	mian^{35}	mian^{35}
襄汾	kua^{21}	pian^{21}	pʰian^{21}	pʰian^{21}	pʰian^{21}	pʰian^{53}	mian^{24}	mian^{24}
浮山	kua^{42}	piãĩ^{42}	piãĩ^{42}	pʰiãĩ^{42}	pʰiãĩ^{42}	pʰiãĩ^{53}	miãĩ^{13}	miãĩ^{13}
霍州	kua^{212}	piaŋ^{212}	piaŋ^{212}	pʰiaŋ^{212}	pʰiaŋ^{212}	pʰiaŋ^{35}	miaŋ^{35}	miaŋ^{35}
翼城	kua^{53}	piɛɪ^{53}	piɛɪ^{53}	pʰiɛɪ^{53}	pʰiɛɪ^{53}	pʰiɛɪ^{12}	miɛɪ^{12}	miɛɪ^{12}
闻喜	kuɑ^{53}	tiæ^{53} 白 / piæ^{53} 文	tʰiæ^{53} 白 / piæ^{53} 文	pʰiæ^{53}	pʰiæ^{53}	pʰiæ^{13}	liæ^{13} 白 / ȵiæ^{13} 白 miæ^{13} 文	miæ^{13}
侯马	kuɑ^{213}	piæ̃^{213}	piæ̃^{213}	pʰiæ̃^{213}	pʰiæ̃^{213}	pʰiæ̃^{213}	miæ̃^{213}	miæ̃^{213}

续表

字目	刮	鞭	编	篇	偏	便~宜	棉	绵
中古音 / 方言点	古頒 山合二 入鍺见	卑连 山开三 平仙帮	卑连 山开三 平仙帮	芳连 山开三 平仙滂	芳连 山开三 平仙滂	房连 山开三 平仙並	武延 山开三 平仙明	武延 山开三 平仙明
新绛	kuɑ^{53}	piã^{53}	pʰiã^{53}/piã^{53}	pʰiã^{53}	pʰiã^{53}	piã^{13}	miã^{13}	miã^{13}
绛县	kuɑ^{53}	piæ^{53}	piæ^{53}	pʰiæ^{53}	pʰiæ^{53}	pʰiæ^{24}	miæ^{24}	miæ^{24}
垣曲	kua^{53}	piæ̃^{53}	piæ̃^{53}	pʰiæ̃^{53}	pʰiæ̃^{53}	pʰiæ̃^{22}	miæ̃^{22}	miæ̃^{22}
夏县	kua^{53}	piæ^{52}	piæ^{53}	pʰiæ^{53}	pʰiæ^{53}	pʰiæ^{42}	miæ^{42}	miæ^{42}
万荣	kua^{51}/kua^{55}	piæ^{51}	piæ^{51}	pʰiæ^{51}	pʰiæ^{51}	pʰiæ^{213}	mia^{213} 白 / miæ^{213} 文	miæ^{213}
稷山	kuɑ^{53}	piɑ̃^{53}	piɑ̃^{53}	pʰiɑ̃^{53}	pʰiɑ̃^{53}	pʰiɑ̃^{53}	miɑ̃^{13}	miɑ̃^{13}
盐湖	kua^{42}	piæ̃^{42}	piæ̃^{42}	pʰiæ̃^{42}	pʰiæ̃^{42}	pʰiæ̃^{13}	mia^{13} 白 / miæ̃^{13} 文	miæ̃^{13}
临猗	kua^{42}	piæ̃^{42}	piæ̃^{42}	pʰiæ̃^{53}	pʰiæ̃^{42}	pʰiæ̃^{13}	mia^{13} 白 / miæ̃^{13} 文	miæ̃^{13}
河津	kua^{31}	piæ̃^{31}	piæ̃^{31}	pʰiæ̃^{31}	pʰiæ̃^{31}	pʰiæ̃^{324}	miæ̃^{324}	miæ̃^{324}
平陆	kua^{31}	pian^{31}	pian^{31}	pʰian^{31}	pʰian^{31}	pʰian^{13}	mia^{13} 白 / mian^{13} 文	mian^{13}
永济	kua^{31}	piæ̃^{31}	piæ̃^{31}	pʰiæ̃^{31}	pʰiæ̃^{31}	pʰiæ̃^{31}	mia^{24} 白 / miæ̃^{31} 文	miæ̃^{31}
芮城	kua^{42}	piæ̃^{42}	piæ̃^{42}	pʰiæ̃^{42}	pʰiæ̃^{42}	pʰiæ̃^{13}	miæ̃^{13}	miæ̃^{13}
吉县	kua^{423}	piæ̃^{423}	piæ̃^{423}	pʰiæ̃^{423}	pʰiæ̃^{423}	pʰiæ̃^{13}	miæ̃^{13}	miæ̃^{13}
乡宁	kua^{53}	piæ^{53}	piæ^{53}	pʰiæ^{53}	pʰiæ^{53}	pʰiæ^{12}	miæ^{12}	miæ^{12}
广灵	kuɑ^{53}	piæ^{53}	piæ^{53}	pʰiæ^{53}	pʰiæ^{53}	pʰiæ^{31}	miæ^{31}	miæ^{31}

字目	连	联	煎	迁	钱	仙	鲜新~	缠
中古音 / 方言点	力延 山开三 平仙来	力延 山开三 平仙来	子仙 山开三 平仙精	七然 山开三 平仙清	昨仙 山开三 平仙从	相然 山开三 平仙心	相然 山开三 平仙心	直连 山开三 平仙澄
北京	liɛn^{35}	liɛn^{35}	tɕiɛn^{55}	tɕʰiɛn^{55}	tɕʰiɛn^{35}	ɕiɛn^{55}	ɕiɛn^{55}	tʂʰan^{35}
小店	liæ^{11}	liæ^{11}	tɕiæ^{11}	tɕʰiæ^{11}	tɕiæ^{11} 白 / tɕʰiæ^{11} 文	ɕiæ^{11}	ɕiæ^{11}	tsʰæ^{11}
尖草坪	lie^{33}	lie^{33}	tɕie^{33}	tɕʰie^{33}	tɕʰie^{33}	ɕie^{33}	ɕie^{33}	tsʰæ^{33}
晋源	liæ^{11}	lyaŋ^{11}	tɕiæ^{11}	tɕʰiæ^{11}	tɕʰiæ^{11}	ɕiæ^{11}	ɕiæ^{11}	tsʰaŋ^{11}
阳曲	liɛ^{43}	lyɛ^{43} 白 / liɛ^{43} 文	tɕiɛ^{312}	tɕʰiɛ^{312}	tɕʰiɛ^{43}	ɕiɛ^{312}	ɕiɛ^{312}	tsʰæ^{43}
古交	liɛ^{44}	liɛ^{44}	tɕiɛ^{44}	tɕʰiɛ^{44}	tɕiɛ^{44}	ɕiɛ^{44}	ɕiɛ^{44}	tsʰɛ^{44}
清徐	liɛ^{11}	lyɛ^{11} 白 / liɛ^{11} 文	tɕiɛ^{11}	tɕʰiɛ^{11}	tɕiɛ^{11} 白 / tɕʰiɛ^{11} 文	ɕiɛ^{11}	ɕiɛ^{11}	tsɛ^{11} 白 / tsʰɛ^{11} 文
娄烦	liɛ^{33}	liɛ^{33}	tɕiɛ^{33}	tɕʰiɛ^{33}	tɕʰiɛ^{33}	ɕiɛ^{33}	ɕiɛ^{33}	tsʰæ^{33}
榆次	lie^{11}	lie^{11}	tɕie^{11}	tɕʰie^{11}	tɕʰie^{11}	ɕie^{11}	ɕie^{11}	tsʰæ^{11}
交城	liã^{11}	lũ^{11} 白 / liã^{11} 文	tɕiã^{11}	tɕʰiã^{11}	tɕiã^{11} 白 / tɕʰiã^{11} 文	ɕiã^{11}	ɕiã^{11}	tsɒ̃^{24} 白 / tsʰɒ̃^{11} 文
文水	liæ̃ĩ^{22}	liæ̃ĩ^{22}	tɕiæ̃ĩ^{22}	tɕʰiæ̃ĩ^{22}	tɕiæ̃ĩ^{22} 白 / tɕʰæ̃ĩ^{22} 文	ɕiæ̃ĩ^{22}	ɕiæ̃ĩ^{22}	tsʰæ̃ĩ^{22}
祁县	liẽ^{31}	liẽ^{31}	tɕiẽ^{31}	tɕʰiẽ^{31}	tɕiẽ^{31} 白 / tɕʰiẽ^{31} 文	ɕiẽ^{31}	ɕiẽ^{31}	tʂʰə̃^{31}
太谷	liẽĩ^{33}	liẽĩ^{33}	tɕiẽĩ^{33}	tɕʰiẽĩ^{33}	tɕiẽĩ^{33} 白 / tɕʰiẽĩ^{33} 文	ɕiẽĩ^{33}	ɕiẽĩ^{33}	tsẽĩ^{33} 白 / tsʰẽĩ^{33} 文
平遥	lĩɛ̃^{213}	lĩɛ̃^{213}	tɕĩɛ̃^{213}	tɕʰĩɛ̃^{213}	tɕĩɛ̃^{213}	ɕĩɛ̃^{213}	ɕĩɛ̃^{213}	tʂɑ̃^{213} 白 / tʂʰɑ̃^{213} 文
孝义	liᴇ^{33}	liã^{33}	tɕiᴇ^{33}	tɕiᴇ^{33} 白 / tɕiã^{33} 文	tɕiᴇ^{33} 白 / tɕʰiᴇ^{33} 文	ɕiᴇ^{33}	ɕiᴇ^{33}	tʂᴇ^{312}
介休	liɛ̃^{13}	liɛ̃^{13}	tɕiɛ̃^{13}	tɕʰiɛ̃^{13}	tɕiɛ̃^{13} 白 / tɕʰiɛ̃^{13} 文	ɕiɛ̃^{13}	ɕiɛ̃^{13}	tʂʰæ̃^{13}
灵石	lie^{44}	lie^{44}	tɕie^{535}	tɕʰie^{535}	tɕʰie^{44}	ɕie^{535}	ɕie^{535}	tsʰei^{44}
盂县	liæ̃^{22}	liæ̃^{22}	tɕiæ̃^{412}	tɕʰiæ̃^{412}	tɕʰiæ̃^{22}	ɕiæ̃^{412}	ɕiæ̃^{412}	tsʰæ̃^{22}
寿阳	lei^{22}	lei^{22}	tɕiɪ^{31}	tɕʰiɪ^{31}	tɕʰiɪ^{22}	ɕiɪ^{31}	ɕiɪ^{31}	tsʰæ^{22}
榆社	lie^{22}	lie^{22}	tɕie^{22}	tɕʰie^{22}	tɕʰie^{22}	ɕie^{22}	ɕie^{22}	tsʰa^{22}
离石	liɪ^{44}	luæ^{44} 白 / liɪ^{44} 文	tɕiɪ^{24}	tɕʰiɪ^{24}	tɕʰiɪ^{44}	ɕiɪ^{24}	ɕiɪ^{312}	tsʰæ^{44}
汾阳	li^{22} 白 / liã^{22} 文	liã^{22}	tɕi^{324} 白 / tɕiã^{324} 文	tɕʰi^{324} 白 / tɕʰiã^{324} 文	tɕʰi^{22}	ɕi^{324} 白 / ɕiã^{324} 文	ɕi^{324} 白 / ɕiã^{324} 文	tɕʰi^{22} 白 / tsʰã^{22} 文
中阳	lie^{33}	luæ^{33} 白 / lie^{33} 文	tɕie^{24}	tɕʰie^{24}	tɕʰie^{33}	ɕie^{24}	ɕie^{423}	tʂʰɤ^{33} 白 / tsʰæ^{33} 文

续表

字目	连	联	煎	迁	钱	仙	鲜新~	缠
中古音 / 方言点	力延 山开三 平仙来	力延 山开三 平仙来	子仙 山开三 平仙精	七然 山开三 平仙清	昨仙 山开三 平仙从	相然 山开三 平仙心	相然 山开三 平仙心	直连 山开三 平仙澄
柳林	lie^{44}	lie^{44}	tɕie^{24}	tɕʰie^{24}	tɕʰie^{53}	ɕie^{24}	ɕie^{24}	tsʰei^{44}
方山	liɛ^{44}	liɛ^{44}	tɕiɛ^{24}	tɕʰiɛ^{24}	tɕʰiɛ^{44}	ɕiɛ^{24}	ɕiɛ^{24}	tʂʰə^{44}
临县	lie^{33}	lie^{33}	tɕie^{24}	tɕʰie^{24}	tɕʰie^{33}	ɕie^{24}	ɕie^{24}	tʂʰʅə^{33}
兴县	liẽn^{55}	luẽn^{55}	tɕiẽn^{324}	tɕʰiẽn^{324}	tɕʰiæ̃^{55}	ɕiẽn^{324}	ɕiẽn^{324}/ ɕiẽn^{53}	tʂʰẽn^{55}
岚县	liẽ^{44}	luẽ^{44}	tɕiẽ^{214}	tɕʰiẽ^{214}	tɕʰie^{53}/ tɕʰiẽ^{44}	ɕiẽ^{214}	ɕiẽ^{214}	tsʰẽ^{44}
静乐	liæ̃^{33}	luæ̃ 白 / liæ̃^{33} 文	tɕiæ̃^{314}	tɕʰiæ̃^{24}	tɕʰiæ̃^{33}	ɕiæ̃^{24}	ɕiæ̃^{314}	tsʰæ̃^{33}
交口	liɑ̃^{44}	liɑ̃^{44}	tɕiɑ̃^{323}	tɕʰiɑ̃^{323}	tɕʰiɑ̃^{53}	ɕiɑ̃^{323}	ɕiɑ̃^{323}	tsʰɑ̃^{44}
石楼	liɑŋ^{44}	liɑŋ^{44}	tɕiɑŋ^{213}	tɕʰiɑŋ^{213}	tɕʰiɑŋ^{51}	ɕiɑŋ^{213}	ɕiɑŋ^{213}	tʂʰə^{44} 白 / tʂʰɑŋ^{44} 文
隰县	liaŋ^{24}	liaŋ^{24}	tɕiɛ^{53}	tɕʰiɛ^{53}	tɕʰiaŋ^{24}	ɕiɛ^{53}	ɕiɛ^{53}	tsʰaŋ^{24}
大宁	liɛ̃^{24}	liɛ̃^{24}	tɕiɛ̃^{31}	tɕʰiɛ̃^{31}	tɕʰiɛ̃^{24}	ɕiɛ̃^{31}	ɕiɛ̃^{31}	tʂʰɛ̃^{24}
永和	liɪ^{35}	luɛi^{35} 白 / liɪ^{35} 文	tɕiɪ^{312}	tɕʰiɪ^{33}	tɕʰiɪ^{35}	ɕiɪ^{35}	ɕiɪ^{35}	tʂʰɛi^{35}
汾西	liɑ̃^{35}	lyɑ̃^{35}/liɑ̃^{35}	tɕiɑ̃^{11}	tɕʰiɑ̃^{11}	tɕʰiɪ^{11} 白 / tɕʰiɑ̃^{35} 文	ɕiɑ̃^{11}	ɕiɑ̃^{11}	tsʰɑ̃^{35}
蒲县	liæ̃^{24}	liæ̃^{24}	tɕiæ̃^{52}	tɕʰiæ̃^{52}	tɕʰiæ̃^{24}	ɕiæ̃^{52}	ɕiæ̃^{52}	tʂʰæ̃^{24}
潞州	liaŋ^{24}	liaŋ^{24}	tɕiaŋ^{312}	tɕʰiaŋ^{312}	tɕʰiaŋ^{24}	ɕiaŋ^{312}	ɕyaŋ^{312}	tsʰaŋ^{24}
上党	liɑŋ^{44}	liɑŋ^{44}	tɕiɑŋ^{213}	tɕʰiɑŋ^{213}	tɕʰiɑŋ^{44}	ɕiɑŋ^{213}	ɕiɑŋ^{213}	tsʰɑŋ^{44}
长子	liæ̃^{24}	liæ̃^{24}	tɕiæ̃^{312}	tɕʰiæ̃^{312}	tɕʰiæ̃^{24}	ɕiæ̃^{312}	ɕyæ̃^{312}	tsʰæ̃^{24}
屯留	liæ̃^{11}	liæ̃^{11}	tɕiæ̃^{31}	tɕʰiæ̃^{31}	tɕʰiæ̃^{11}	ɕiæ̃^{31}	ɕyæ̃^{31}	tsʰæ̃^{11}
襄垣	lei^{31}	lei^{31}	tɕiei^{33}	tɕʰiei^{33}	tɕʰiei^{31}	ɕiei^{33}	ɕyei^{33}	tsʰæ^{31}
黎城	liæ^{33}	lyæ^{53}	tɕiæ^{33}	tɕʰiæ^{33}	tɕʰiæ^{53}	ɕiæ^{33}	ɕyæ^{33}	tɕʰiæ^{53}
平顺	liæ̃^{13}	liæ̃^{13}	tɕiæ̃^{213}	tɕʰiæ̃^{213}	tɕʰiæ̃^{13}	ɕiæ̃^{213}	ɕyæ̃^{213}	tsʰæ̃^{13}
壶关	liaŋ^{13}	liaŋ^{13}	tsiaŋ^{33}	tsʰiaŋ^{33}	tsʰiaŋ^{13}	siaŋ^{33}	siaŋ^{33}	tʂʰaŋ^{13}
沁县	lei^{33}	lei^{33}	tɕi^{224}	tɕʰi^{224}	tɕʰi^{33}	——	——	tsʰæ^{33}
武乡	lei^{33}	lei^{33}	tsei^{113}	tsʰei^{113}	tsʰei^{33}	sei^{113}	sei^{113}	tsʰæ^{33}
沁源	liæ̃^{33}	liæ̃^{33}	tɕiæ̃^{324}	tɕʰiæ̃^{324}	tɕʰiæ̃^{33}	ɕiæ̃^{324}	ɕiæ̃^{324}	tʂʰæ̃^{33}
安泽	liæ^{21}	liæ^{21}	tɕiæ^{21}	tɕʰiæ^{21}	tɕʰiæ^{35}	ɕiæ^{21}	ɕiæ^{21}/ɕiæ^{42}	tsʰæ^{35}
沁水端氏	lei^{24}	lei^{24}	tsei^{21}	tsʰei^{21}	tsʰei^{24}	sei^{21}	suei^{21} 白 / sei^{21} 文	tsʰei^{24}

续表

字目	连	联	煎	迁	钱	仙	鲜新~	缠
中古音 方言点	力延 山开三 平仙来	力延 山开三 平仙来	子仙 山开三 平仙精	七然 山开三 平仙清	昨仙 山开三 平仙从	相然 山开三 平仙心	相然 山开三 平仙心	直连 山开三 平仙澄
阳城	liɛ^{22}	lyɛ^{22}	tɕiɛ^{22}	tɕʰiɛ^{224}	tɕʰiɛ^{22}	ɕiɛ^{224}	ɕyɛ^{224}	tʂʰʅə^{22}
高平	niæ̃^{33}	niæ̃^{33}	tɕiæ̃^{33}	tɕʰiæ̃^{33}	tɕʰiæ̃^{33}	ɕiæ̃^{33}	ɕiæ̃^{33}	tʂʰæ̃^{33}
陵川	liə̃ĩ^{53}	liə̃ĩ^{53}	tɕiə̃ĩ^{33}	tɕʰiə̃ĩ^{33}	tɕʰiə̃ĩ^{53}	ɕiə̃ĩ^{33}	ɕiə̃ĩ^{33}	tʂʰã^{53}
晋城	liɛ^{324}	liɛ^{324}	tɕiɛ^{33}	tɕʰiɛ^{33}	tɕʰiɛ^{324}	ɕiɛ^{33}	ɕiɛ^{33}	tʂʰæ^{324}
忻府	liɛ̃^{21}	liɛ̃^{21}	tɕiɛ̃^{313}	tɕʰiɛ̃^{313}	tɕʰiɛ̃^{21}	ɕiɛ̃^{313}	ɕiɛ̃^{313}	tʂʰɑ̃^{21}
原平	liɛ̃^{33}	lyɛ̃^{33} 白 / liɛ̃^{33} 文	tɕiɛ̃^{213}	tɕʰiɛ̃^{213}	tɕʰiɛ̃^{33}	ɕiɛ̃^{213}	ɕiɛ̃^{213}	tʂʰɛ̃^{33}
定襄	liə̃^{11}	liə̃^{11}	tɕiə̃^{24}	tɕʰiə̃^{24}	tɕʰiə̃^{11}	ɕiə̃^{24}	ɕiə̃^{24}	tsʰæ^{11}
五台	liə̃^{33}	liə̃^{33}	tɕiə̃^{213}	tɕʰiə̃^{213}	tɕʰiə̃^{33}	ɕiə̃^{213}	ɕiə̃^{213}	tsʰə̃^{33}
岢岚	liɛ^{44}	liɛ^{44}	tɕiɛ^{13}	tɕʰiɛ^{13}	tɕʰiɛ^{44}	ɕiɛ^{13}	ɕiɛ^{13}	tʂʰæ^{44}
五寨	liɪ^{44}	lyɪ^{44} 老 / liɪ^{44} 新	tɕiɪ^{13}	tɕʰiɪ^{13}	tɕʰiɪ^{44}	ɕiɪ^{13}	ɕiɪ^{13}	tsʰæ^{44}
宁武	liɛ^{33}	liɛ^{33}	tɕiɛ^{23}	tɕiɛ^{23}	tɕiɛ^{33}	ɕiɛ^{23}	ɕiɛ^{23}	tsʰæ^{23}
神池	lie^{32}	lie^{32}	tɕie^{24}	tɕʰie^{24}	tɕʰie^{32}	ɕie^{24}	ɕie^{24}	tsʰæ^{32}
繁峙	liɛ^{31}	liɛ^{31}	tɕiɛ^{53}	tɕʰiɛ^{53}	tɕʰiɛ^{31}	ɕiɛ^{53}	ɕiɛ^{53}	tsʰɛ^{31}
代县	lie^{44}	lye^{44} 白 / lie^{44} 文	tɕie^{213}	tɕʰie^{213}	tɕʰie^{44}	ɕie^{213}	ɕie^{213}	tsʰɛ^{44}
河曲	liɛ^{44}	liɛ^{44}/lyɛ^{44}	tɕiɛ^{213}	tɕʰiɛ^{213}	tɕʰiɛ^{44}	ɕiɛ^{213}	ɕiɛ^{213}	tʂʰæ^{44}
保德	liɑŋ^{44}	liɑŋ^{44}	tɕiɑŋ^{213}	tɕʰiɑŋ^{213}	tɕʰiɑŋ^{44}	ɕiɑŋ^{213}	ɕiɑŋ^{213}	tʂʰɑŋ^{44}
偏关	liɪ^{44}	liɪ^{44}	tɕiɪ^{24}	tɕʰiɪ^{24}	tɕʰiɪ^{44}	ɕiɪ^{24}	ɕiɪ^{24}	tʂʰæ^{44}
朔城	liɛ^{35}	liɛ^{35}	tɕiɛ^{312}	tɕʰiɛ^{312}	tɕʰiɛ^{35}	ɕiɛ^{312}	ɕiɛ^{312}	tsʰæ^{35}
平鲁	liᴇ^{44}	liᴇ^{44}	tɕiᴇ^{213}	tɕʰiᴇ^{213}	tɕʰiᴇ^{44}	ɕʰiᴇ^{213}	ɕʰiᴇ^{213}	tsʰæ^{44}
应县	liɛ̃^{31}	liɛ̃^{31}	tɕiɛ̃^{43}	tɕʰiɛ̃^{43}	tɕʰiɛ̃^{31}	ɕiɛ̃^{43}	ɕiɛ̃^{43}	tsʰɛ̃^{31}
灵丘	lie^{31}	lie^{31}	tɕie^{442}	tɕʰie^{442}	tɕʰie^{31}	ɕie^{442}	ɕie^{442}	tsʰæ^{31}
浑源	liɛ^{22}	liɛ^{22}	tɕiɛ^{52}	tɕʰiɛ^{52}	tɕʰiɛ^{22}	ɕiɛ^{52}	ɕiɛ^{52}	tsʰæ^{22}
云州	liɛ^{312}	liɛ^{312}	tɕiɛ^{21}	tɕʰiɛ^{21}	tɕʰiɛ^{312}	ɕiɛ^{21}	ɕiɛ^{21}	tʂʰæ^{312}
新荣	liᴇ^{312}	liᴇ^{312}	tɕiᴇ^{32}	tɕʰiᴇ^{32}	tɕʰiᴇ^{312}	ɕiᴇ^{32}	ɕiᴇ^{54}/ɕiᴇ^{32}/ ɕiᴇ^{24}	tʂʰæ^{312}
怀仁	liæ^{312}	liæ^{312}	tɕiæ^{42}	tɕʰiæ^{42}	tɕʰiæ^{312}	ɕiæ^{42}	ɕiæ^{42}	tsʰæ^{312}
左云	liɛ^{313}	liɛ^{313}	tɕiɛ^{31}	tɕʰiɛ^{31}	tɕʰiɛ^{313}	ɕiɛ^{31}	ɕiɛ^{31}	tsʰæ^{313}
右玉	liɛ^{212}	liɛ^{212}	tɕiɛ^{31}	tɕʰiɛ^{31}	tɕʰiɛ^{212}	ɕiɛ^{31}	ɕiɛ^{31}	tʂʰæ^{212}
阳高	liɛ^{312}	liɛ^{312}	tɕiɛ^{31}	tɕʰiɛ^{31}	tɕʰiɛ^{312}	ɕiɛ^{312}	ɕiɛ^{31}	tsʰɛ^{312}

续表

字目	连	联	煎	迁	钱	仙	鲜新~	缠
中古音 / 方言点	力延 山开三 平仙来	力延 山开三 平仙来	子仙 山开三 平仙精	七然 山开三 平仙清	昨仙 山开三 平仙从	相然 山开三 平仙心	相然 山开三 平仙心	直连 山开三 平仙澄
山阴	liᴇ^{313}	liᴇ^{313}	tɕiᴇ^{313}	tɕʰiᴇ^{313}	tɕʰiᴇ^{313}	ɕiᴇ^{313}	ɕiᴇ^{313}	tʂʰæ^{313}
天镇	liæ^{22}	liæ^{22}	tɕiæ^{31}	tɕʰiæ^{31}	tɕʰiæ^{22}	ɕiæ^{22}	ɕiæ^{24}	tsʰæ^{22}
平定	liæ̃^{44}	liæ̃^{44}	tɕiæ̃^{31}	tɕʰiæ̃^{31}	tɕʰiæ̃^{44}	ɕiæ̃^{31}	ɕiæ̃^{31}/ɕiæ̃^{53}	tʂʰæ̃^{44}
昔阳	liæ̃^{33}	liæ̃^{33}	tɕiæ̃^{42}	tɕʰiæ̃^{42}	tɕʰiæ̃^{33}	ɕiæ̃^{42}	ɕiæ̃^{42}	tʂʰæ̃^{33}
左权	liɛ^{11}	luæ^{11} 白 / lyɛ^{11} 文	tɕiɛ^{31}	tɕʰiɛ^{31}	tɕʰiɛ^{11}	ɕiɛ^{31}	ɕiɛ^{31}	tʂʰæ^{11}
和顺	liɛ^{22}	luæ^{22} 白 / liɛ^{22} 文	tɕiɛ^{13}	tɕʰiɛ^{42}	tɕʰiɛ^{22}	ɕiɛ^{42}	ɕiɛ^{42}	tʂʰæ^{22}
尧都	liæ̃^{24}	liæ̃^{24}	tɕiæ̃^{21}	tɕʰiæ̃^{21}	tɕʰiæ̃^{24}	ɕiæ̃^{21}	ɕiæ̃^{21}	tʂʰæ̃^{24}
洪洞	liɑn^{24}	liɑn^{53}/lyɑn^{24}	tɕiɑn^{21}	tɕʰiɑn^{21}	tɕʰiɑn^{24}	ɕiɑn^{21}	ɕiɑn^{21}	tsʰɑn^{24}
洪洞赵城	liɑ̃^{24}	liɑ̃^{24}	tɕiɑ̃^{21}	tɕʰiɑ̃^{21}	tɕʰiɑ̃^{24}	ɕiɑ̃^{21}	ɕiɑ̃^{21}	tʂʰɑ̃^{24}
古县	lian^{35}	lian^{35}	tɕian^{21}	tɕʰian^{21}	tɕʰian^{35}	ɕian^{21}	ɕian^{21}	tʂʰan^{35}
襄汾	lian^{24}	lian^{24}	tɕian^{21}	tɕʰian^{21}	tɕʰian^{24}	ɕian^{21}	ɕian^{21}/ɕian^{42}	tʂʰan^{24}
浮山	liãĩ^{13}	liãĩ^{13}	tɕiãĩ^{42}	tɕʰiãĩ^{42}	tɕʰiãĩ^{13}	ɕiãĩ^{42}	ɕiãĩ^{42}	tʂʰãĩ^{13}
霍州	liaŋ^{35}	lyaŋ^{35} 白 / liaŋ^{35} 文	tɕiaŋ^{212}	tɕʰiaŋ^{212}	tɕʰiaŋ^{35}	ɕiaŋ^{212}	ɕiaŋ^{212}	tʂʰaŋ^{35}
翼城	lieɪ^{12}	lieɪ^{12}	tɕieɪ^{53}	tɕʰieɪ^{53}	tɕʰieɪ^{12}	ɕieɪ^{53}	ɕieɪ^{53}	tʂʰæ̃^{12}
闻喜	liæ^{13}	liæ^{13}/ luæ^{13}	tɕiæ^{53}	tɕʰiæ^{53}	tɕʰiæ^{13}	ɕiæ^{53}/ɕiæ^{13}	ɕiæ^{13}/ɕiæ^{53}	tsʰæ^{13}
侯马	liæ̃^{213}	liæ̃^{213}	tɕiæ̃^{213}	tɕʰiæ̃^{213}	tɕʰiæ̃^{213}	ɕiæ̃^{213}	ɕiæ̃^{213}	tʂʰæ̃^{213}
新绛	liã^{13}	liã^{13}	tɕʰiã^{53}	tɕiã^{53}	tɕʰiã^{13}	ɕiã^{53}	ɕiã^{53}	tʂʰã^{13}
绛县	liæ^{24}	liæ^{24}	tɕiæ^{53}	tɕʰiæ^{53}	tɕʰiæ^{24}	ɕiæ^{53}	ɕiæ^{53}	tʂæ^{24}
垣曲	liæ̃^{22}	liæ̃^{22}	tɕiæ̃^{53}	tɕʰiæ̃^{53}	tɕʰiæ̃^{22}	ɕiæ̃^{53}	ɕiæ̃^{44}	tʂʰæ̃^{22}
夏县	liæ^{42}	liæ^{42}	tɕiæ^{53}	tɕʰiæ^{53}	tɕʰiæ^{42}	ɕiæ^{53}	ɕiæ^{53}	tʂʰæ^{42}
万荣	liæ^{213}	liæ^{213}	tɕiæ^{51}	tɕʰiæ^{51}	tɕʰiæ^{213}	ɕiæ^{51}	ɕiæ^{51}	tʂʰæ^{213}
稷山	liɑ̃^{13}	liɑ̃^{13}	tɕiɑ̃^{53}	tɕʰiɑ̃^{53}	tɕʰiɑ̃^{13}	ɕiɑ̃^{53}	ɕiɑ̃^{53}	tʂʰɑ̃^{13}
盐湖	liæ̃^{13}	liæ̃^{13}	tɕiæ̃^{42}	tɕʰiæ̃^{42}	tɕʰiæ̃^{13}	ɕiæ̃^{42}	ɕiæ̃^{42}	tʂʰæ̃^{13}
临猗	liæ̃^{13}	liæ̃^{13}	tɕiæ̃^{42}	tɕʰiæ̃^{42}	tɕʰiæ̃^{13}	ɕiæ̃^{42}	ɕiæ̃^{42}	tʂʰæ̃^{13}
河津	liæ̃^{324}	liæ̃^{324}	tɕiæ̃^{31}	tɕʰiæ̃^{31}	tɕʰiæ̃^{324}	ɕiæ̃^{31}	ɕiæ̃^{31}	tʂʰæ̃^{324}
平陆	lian^{13}	lian^{13}	tɕian^{31}	tɕʰian^{31}	tɕʰian^{13}	ɕian^{31}	ɕian^{31}	tʂʰan^{13}
永济	liæ̃^{31}	liæ̃^{31}	tɕiæ̃^{31}	tɕʰiæ̃^{31}	tɕʰiæ̃^{24}	ɕiæ̃^{31}	ɕiæ̃^{31}/ɕiæ̃^{53}	tʂʰæ̃^{24}
芮城	liæ̃^{13}	liæ̃^{13}	tɕiæ̃^{42}	tɕʰiæ̃^{42}	tɕʰiæ̃^{13}	ɕiæ̃^{42}	ɕiæ̃^{42}	tʂʰæ̃^{13}

续表

字目	连	联	煎	迁	钱	仙	鲜新~	缠
中古音 / 方言点	力延 山开三 平仙来	力延 山开三 平仙来	子仙 山开三 平仙精	七然 山开三 平仙清	昨仙 山开三 平仙从	相然 山开三 平仙心	相然 山开三 平仙心	直连 山开三 平仙澄
吉县	liæ̃¹³	luæ̃¹³ 白 / liæ̃¹³ 文	tɕiæ̃⁴²³	tɕʰiæ̃⁴²³	tɕʰiæ̃¹³	ɕiæ̃⁴²³	ɕiæ̃⁴²³	tʂʰæ̃¹³
乡宁	liæ¹²	liæ¹²	tɕiæ⁵³	tɕʰiæ⁵³	tɕʰiæ¹²	ɕiæ⁵³	ɕiæ⁵³	tʂʰæ¹²
广灵	liæ³¹	liæ³¹	tɕiæ⁵³	tɕʰiæ⁵³	tɕʰiæ³¹	ɕiæ⁵³	ɕiæ⁵³	tsʰæ³¹

字目	毡	扇~动	蝉	然	燃	乾~坤	虔	延
中古音 / 方言点	诸延 山开三 平仙章	式连 山开三 平仙书	市连 山开三 平仙禅	如延 山开三 平仙日	如延 山开三 平仙日	渠焉 山开三 平仙群	渠焉 山开三 平仙群	以然 山开三 平仙以
北京	tʂan55	ʂan55	tʂʰan35	ʐan35	ʐan35	tɕʰiɛn35	tɕʰiɛn35	iɛn35
小店	tsæ11	sæ11	tsʰæ11	zæ11	zæ11	tɕʰiæ11	tɕʰiæ11	iæ11
尖草坪	tsæ33	sæ33	tsʰæ33	zæ33	zæ33	tɕʰie33	tɕʰie33	ie33
晋源	tsaŋ11	saŋ11	tsʰaŋ11	zaŋ11	zaŋ11	tɕʰiæ11	tɕʰiæ11	iæ11
阳曲	tsæ312	sæ312	tsʰæ43	zæ43	zæ43	tɕʰiɛ43	tɕʰiɛ43	iɛ43
古交	tsɛ44	sɛ44	tsʰɛ44	zɛ44	zɛ44	tɕʰiɛ44	tɕʰiɛ44	iɛ44
清徐	tsɛ11	sɛ11	tsʰɛ11	zɛ11	zɛ11	tɕʰiɛ11	tɕʰiɛ11	iɛ11
娄烦	tsæ33	sæ33	tsʰæ33	zæ312	zæ312	tɕʰiɛ33	tɕʰiɛ33	iɛ33
榆次	tsæ11	sæ11	tsʰæ11	zæ11	zæ11	tɕʰie11	tɕʰie11	ie11
交城	tsɒ̃11	sɒ̃11	tsʰɒ̃11 老 / tsʰã11 新	zɒ̃53	zɒ̃53	tɕʰiã11	tɕʰiã11	iã11
文水	tsaŋ22	sæĩ22	tsaŋ22 老 / tsʰæĩ22 新	ʐæĩ423	ʐæĩ22	tɕʰiæĩ22	tɕʰiæĩ22	iæĩ22
祁县	tʂə̃31	ʂə̃31	tʂʰɑ̃31	ʐə̃31	ʐə̃31	tɕʰiẽ31	tɕʰiẽ31	iẽ31
太谷	tsẽĩ33	sẽĩ33	tsʰẽĩ33	zẽĩ33	zẽĩ33	tɕʰiẽĩ33	tɕʰiẽĩ33	iẽĩ33
平遥	tʂɑ̃213	sɑ̃24	tsʰɑ̃24	ʐɑ̃24	ʐɑ̃512	tɕʰĩɛ̃213	——	ĩɛ̃213
孝义	tʂã454	ʂE33	tsʰã33	ʐã33	ʐã312	tɕʰiE33	tɕʰiã33	iã33
介休	tʂæ̃13	ʂæ̃13	tʂʰæ̃13	ʐæ̃423	ʐæ̃13	tɕʰiɛ̃13	tɕʰiɛ̃13	iɛ̃13
灵石	tsei535	sei535	——	zei44	zei44	tɕʰie44	tɕʰie44	ie44
盂县	tsæ̃412	sæ̃412	tsʰæ̃22	zæ̃412	zæ̃412	tɕʰiæ̃22	tɕʰiæ̃22	iæ̃22
寿阳	tsæ31	sæ31	tsʰæ22	zæ22	zæ22	tɕʰiɪ22	tɕʰiɪ22	iɪ22
榆社	tsa22	sa22	tsʰa22	za22	za22	tɕʰie22	tɕʰie22	ie22
离石	tsæ24	ɕiɪ24	tsʰæ44	zæ44	zæ44	tɕʰiɪ44	tɕʰiɪ44	iɪ44
汾阳	tsã324	ɕi324 白 / sã324 文	tsʰã22	zã22	zã22	tɕʰiã22	tɕʰiã22	iã22
中阳	tsæ24	ʂɤ24	tsʰæ33	ʐæ33	ʐæ33	tɕʰie33	tɕʰie33	ie33
柳林	tsei24	sei24	tsʰei44	zei44	zei44	tɕʰie44	tɕʰie44	ie44
方山	tʂə24	ʂə24	tʂʰæ44	ʐæ44	ʐæ44	tɕʰiɛ44	tɕʰiɛ44	iɛ44
临县	tʂʅə24	ʂʅə24	tsʰæ24	ʐʅə33	ʐʅə33	tɕʰie33	tɕʰie33	ie33
兴县	tʂẽn324	ʂẽn324	tʂʰẽn55	ʐẽn55	ʐẽn55	tɕʰiæ̃55	tɕʰiæ̃55	iẽn55
岚县	tsẽ214	sẽ214	tsʰaŋ44	ʐẽ44	ʐẽ44	tɕʰiẽ44	tɕʰiẽ44	iẽ44
静乐	tsæ̃24	sæ̃53	tsʰæ̃33	zæ̃314	zæ̃314	tɕʰiæ̃33	tɕʰiæ̃33	iæ̃33
交口	tsɑ̃323	sɑ̃323	tsʰɑ̃44	ʐɑ̃44	ʐɑ̃44	tɕʰiɑ̃44	tɕʰiɑ̃44	iɑ̃44

续表

字目	毡	扇~动	蝉	然	燃	乾~坤	虔	延
中古音 方言点	诸延 山开三 平仙章	式连 山开三 平仙书	市连 山开三 平仙禅	如延 山开三 平仙日	如延 山开三 平仙日	渠焉 山开三 平仙群	渠焉 山开三 平仙群	以然 山开三 平仙以
石楼	tʂɑŋ^{213}	ʂɑŋ^{51}	——	ʐɑŋ^{44}	ʐɑŋ^{44}	tɕʰiɑŋ^{44}	tɕʰiɑŋ^{44}	iɑŋ^{44}
隰县	tsæ^{53}	sæ^{53}	tsʰaŋ^{24}	zaŋ^{24}	zaŋ^{24}	tɕʰiaŋ^{24}	tɕʰiaŋ^{24}	iaŋ^{24}
大宁	tʂɛ̃^{31}	ʂɛ̃^{31}	tʂʰɛ̃^{24}	ʐɛ̃^{24}	ʐɛ̃^{24}	tɕʰiɛ̃^{24}	tɕʰiɛ̃^{24}	iɛ̃^{24}
永和	tʂɛi^{33}	ʂɛi^{33}	tʂʰɛi^{35}	——	——	tɕʰiɪ^{35}	——	iɪ^{35}
汾西	tsɑ̃^{11}	sɑ̃^{11}	tsʰɑ̃^{35}	zɑ̃^{35}	zɑ̃^{35}	——	tɕʰiɑ̃^{35}	iɑ̃^{35}
蒲县	tʂæ̃^{52}	ʂæ̃^{52}	tʂʰæ̃^{24}	ʐæ̃^{31}	ʐæ̃^{24}	tɕʰiæ̃^{24}	tɕʰiæ̃^{24}	iæ̃^{24}
潞州	tsaŋ^{312}	saŋ^{312}	tsʰaŋ^{24}	iaŋ^{24}	iaŋ^{24}	tɕʰiaŋ^{24}	tɕʰiaŋ^{24}	iaŋ^{24}
上党	tsɑŋ^{213}	sɑŋ^{213}	tsʰɑŋ^{44}	iɑŋ^{44}	iɑŋ^{44}	kɑŋ^{213}	tɕʰiɑŋ^{44}	iɑŋ^{44}
长子	tsæ̃^{312}	sæ̃^{312}	tsʰæ̃^{24}	iæ̃^{24}	iæ̃^{24}	tɕʰiæ̃^{24}	tɕʰiæ̃^{24}	iæ̃^{24}
屯留	tsæ̃^{31}	sæ̃^{31}	tsʰæ̃^{11}	iæ̃^{11}	iæ̃^{11}	tɕʰiæ̃^{11}	tɕʰiæ̃^{11}	iæ̃^{11}
襄垣	tsæ^{33}	sæ^{33}	tsʰæ^{31}	ʐæ^{31}	ʐæ^{31}	tɕʰiei^{31}	tɕʰiei^{31}	iei^{31}
黎城	tɕiæ^{33}	sæ^{53}	tsʰæ^{53}	iæ^{33}	iæ^{213}	cʰiæ^{213}	tɕʰiæ^{53}	iæ^{33}
平顺	tɕæ̃^{213}	sæ̃^{53}	tsʰæ̃^{13}	iæ̃^{13}	iæ̃^{13}	tɕʰiæ̃^{13}	tɕʰiæ̃^{13}	iæ̃^{13}
壶关	tʂaŋ^{33}	ʂaŋ^{42}	tʂʰaŋ^{13}	iaŋ^{13}	iaŋ^{13}	kaŋ^{33}/ tɕʰiaŋ^{13}	tɕʰiaŋ^{13}	iaŋ^{13}
沁县	tsæ^{224}	——	tsʰæ^{33}	zæ^{33}	zæ^{33}	tɕʰi^{33}	tɕʰi^{33}	i^{33}
武乡	tsæ^{113}	sei^{113}	tsʰæ^{33}	zæ^{33}	zæ^{33}	tsʰei^{33}	tsʰei^{33}	ŋei^{33}
沁源	tʂæ̃^{324}	ʂæ̃^{324}	tʂʰæ̃^{33}	ʐæ̃^{33}	ʐæ̃^{33}	tɕʰiæ̃^{33}	tɕʰiæ̃^{33}	iæ̃^{33}
安泽	tsæ^{21}	sæ^{21}	tsʰæ^{35}	zæ^{35}	zæ^{35}	tɕʰiæ^{35}	tɕʰiæ^{35}	iæ^{35}
沁水端氏	tsei^{21}	sei^{53}	tsʰæ^{24}	zæ^{24}	zæ^{21}	kʰei^{24}	——	iɪ^{24}
阳城	tʂʅə^{224}	ʂʅə^{224}	tʂʰɛ^{22}	ʐʅə^{22}	ʐʅə^{22}	cʰiɛ^{22}	cʰiɛ^{22}	iɛ^{22}
高平	tʂæ̃^{33}	ʂæ̃^{33}	tʂʰæ̃^{33}	ʐæ̃^{33}	ʐæ̃^{33}	cʰiæ̃^{33}	cʰiæ̃^{33}	iæ̃^{33}
陵川	tʂã^{33}	ʂã^{33}	tʂʰã^{53}	lə̃i^{53}	lə̃i^{53}	cʰiə̃ɪ̃^{53}	cʰiə̃ɪ̃^{53}	iə̃ɪ̃^{53}
晋城	tʂæ^{33}	ʂæ^{33}	tʂʰæ^{324}	ʐæ^{213}	ʐæ^{213}	tɕʰiɛ^{324}	tɕʰiɛ^{324}	iɛ^{324}
忻府	tʂɑ̃^{313}	ʂɑ̃^{313}	tʂʰɑ̃^{21}	ʐɑ̃^{21}	ʐɑ̃^{21}	tɕʰiɛ̃^{21}	tɕʰiɛ̃^{21}	iɛ̃^{21}
原平	tʂɛ̃^{213}	ʂɛ̃^{213}	tʂʰɛ̃^{33}	ʐɛ̃^{33}	ʐɛ̃^{33}	tɕʰiɛ̃^{33}	tɕʰiɛ̃^{33}	iɛ̃^{33}
定襄	tsə̃^{24}	sə̃^{24}	tsʰæ^{11}	ʐə̃^{11}	ʐə̃^{11}	tɕʰiə̃^{11}	tɕʰiə̃^{24}	iə̃^{11}
五台	tsə̃^{213}	sə̃^{213}	tsʰæn^{33}	zə̃^{33}	zə̃^{33}	tɕʰiə̃^{33}	tɕʰiə̃^{33}	iə̃^{33}
岢岚	tʂæ^{13}	sæ^{13}	tʂʰæ^{44}	ʐæ^{44}	ʐæ^{44}	tɕʰiɛ^{44}	tɕʰiɛ^{44}	iɛ^{44}
五寨	tsæ^{13}	sæ^{13}	tsʰæ^{44}	zæ^{44}	zæ^{44}	tɕʰiɪ^{44}	tɕʰiɪ^{44}	iɪ^{44}
宁武	tsæ^{23}	sæ^{23}	tsʰæ^{23}	zæ^{33}	zæ^{33}	tɕiɛ^{33}	tɕiɛ^{33}	iɛ^{33}

续表

字目	毡	扇~动	蝉	然	燃	乾~坤	虔	延
中古音 / 方言点	诸延 山开三 平仙章	式连 山开三 平仙书	市连 山开三 平仙禅	如延 山开三 平仙日	如延 山开三 平仙日	渠焉 山开三 平仙群	渠焉 山开三 平仙群	以然 山开三 平仙以
神池	tsæ^{24}	sæ^{24}	tsʰæ^{32}	zæ^{32}	zæ^{32}	tɕʰie^{32}	tcʰie^{32}	ie^{32}
繁峙	tsɛ^{53}	sɛ^{53}	tsʰɛ^{31}	ʐɛ^{31}	ʐɛ^{31}	tɕʰiɛ^{31}	tɕʰiɛ^{31}	iɛ^{31}
代县	tsɛ^{213}	sɛ^{213}	tsʰɛ^{44}	zɛ^{44}	zɛ^{44}	tɕʰie^{44}	tɕʰie^{44}	ie^{44}
河曲	tʂæ^{213}	ʂæ^{52}	tʂʰæ^{44}	ʐæ^{44}	ʐæ^{44}	tɕʰiɛ^{44}	tɕʰiɛ^{44}	iɛ^{44}
保德	tʂɑŋ^{213}	ʂɑŋ^{213}	tsʰɑŋ^{44}	ʐɑŋ^{44}	ʐɑŋ^{44}	tɕʰiɑŋ^{44}	tɕʰiɑŋ^{44}	iɑŋ^{44}
偏关	tʂæ^{24}	ʂæ^{24}	tʂʰæ^{44}	ʐæ^{24}	ʐæ^{24}	tɕʰiɪ^{44}	tɕʰiɪ^{24}	iɪ^{44}
朔城	tsæ^{312}	——	tsʰæ^{35}	ʐæ^{35}	ʐæ^{35}	tɕʰiɛ^{35}	tɕʰiɛ^{35}	iɛ^{35}
平鲁	tsæ^{213}	sæ^{44}/sæ^{52}	tsʰæ^{44}	zæ^{44}	zæ^{44}	tɕʰiᴇ^{44}	tɕʰiᴇ^{213}	iᴇ^{44}
应县	tsɛ̃^{43}	sɛ̃^{43}	tsʰɛ̃^{31}	zɛ̃^{54}	zɛ̃^{31}	tɕʰiɛ̃^{31}	tɕʰiɛ̃^{43}	iɛ̃^{31}
灵丘	tsæ^{442}	sæ^{53}	tsʰæ^{31}	zæ^{31}	zæ^{31}	tɕʰie^{31}	tɕʰie^{31}	ie^{31}
浑源	tsæ^{52}	sæ^{22}	——	zæ^{52}	zæ^{52}	tɕʰiɛ^{22}	tɕʰiɛ^{22}	iɛ^{22}
云州	tsæ^{21}	sæ^{21}	tʂʰæ^{312}	ʐæ^{312}	ʐæ^{312}	tɕʰiɛ^{312}	tɕʰiɛ^{312}	iɛ^{312}
新荣	tʂæ^{32}	ʂæ^{32}	tʂʰæ^{312}	ʐæ^{54}/ʐæ^{312}	ʐæ^{54}/ʐæ^{312}	tɕʰiᴇ^{312}	tɕʰiᴇ^{312}	iᴇ^{312}
怀仁	tsæ^{42}	sæ^{42}	tsʰæ^{312}	zæ^{312}	zæ^{312}	tɕʰiæ^{312}	tɕʰiæ^{312}	iæ^{312}
左云	tsæ^{31}	sæ^{31}	tsʰæ^{313}	ʐæ^{313}	ʐæ^{313}	tɕʰiɛ^{313}	tɕʰiɛ^{313}	iɛ^{313}
右玉	tʂæ^{31}	ʂæ^{31}	tʂʰæ^{212}	ʐæ^{53}	ʐæ^{212}	tɕʰiɛ^{212}	tɕʰiɛ^{212}	iɛ^{212}
阳高	tsɛ^{31}	——	tsʰɛ^{312}	ʐɛ^{312}	ʐɛ^{312}	tɕʰiɛ^{31}	tɕʰiɛ^{31}	iɛ^{24}
山阴	tʂæ^{313}	ʂæ^{313}	tʂʰæ^{313}	ʐæ^{313}	ʐæ^{313}	tɕʰiᴇ^{313}	tɕʰiᴇ^{313}	iᴇ^{313}
天镇	tsæ^{31}	——	tsʰæ^{22}	zæ^{22}	zæ^{22}	tɕʰiæ^{31}	tɕʰiæ^{31}	iæ^{22}
平定	tʂæ̃^{31}	ʂæ̃^{31}	tʂʰæ̃^{44}	ʐæ̃^{44}	ʐæ̃^{53}	——	tɕʰiæ̃^{44}	iæ̃^{44}
昔阳	tʂæ̃^{42}	sæ̃^{42}	tʂʰæ̃^{33}	ʐæ̃^{33}	ʐæ̃^{33}	tɕʰiæ̃^{33}	tɕʰiæ̃^{33}	iæ̃^{33}
左权	tʂæ^{31}	ʂæ^{31}	tʂʰæ^{11}	ʐæ^{11}	ʐæ^{11}	tɕʰiɛ^{11}	——	iɛ^{11}
和顺	tʂæ^{42}	ʂæ^{42}	tʂʰæ^{22}	ʐæ^{22}	ʐæ^{22}	tɕʰiɛ^{22}	tɕʰiɛ^{22}	iɛ^{22}
尧都	tʂæ̃^{21}	ʂæ̃^{44}	ʂɑi^{24}	ʐæ̃^{24}	ʐæ̃^{24}	tɕʰiæ̃^{24}	tɕʰiæ̃^{24}	iæ̃^{21}
洪洞	tʂɑn^{21}	ʂɑn^{21}	ʂɑn^{24}	ʐɑn^{24}	ʐɑn^{42}	tɕʰiɑn^{24}	tɕʰiɑn^{21}	iɑn^{21}
洪洞赵城	tʂɑ̃^{21}	ʂɑ̃^{21}	tʂʰɑ̃^{24}	ʐɑ̃^{21}	ʐɑ̃^{21}	tɕʰiɑ̃^{24}	tɕʰiɑ̃^{24}	iɑ̃^{21}
古县	tʂan^{21}	ʂan^{35}	tʂʰan^{35}	ʐan^{35}	ʐan^{35}	tɕʰian^{35}	tɕʰian^{35}	ian^{35}
襄汾	tʂan^{21}	ʂan^{44}	tʂʰan^{24}	ʐan^{24}	ʐan^{24}	tɕʰian^{24}	tɕʰian^{24}	ian^{24}
浮山	tʂãĩ^{42}	ʂãĩ^{44}	tʂʰãĩ^{13}	ʐãĩ^{44}	ʐãĩ^{44}	tɕʰiãĩ^{13}	tɕʰiãĩ^{13}	iãĩ^{13}
霍州	tʂaŋ^{212}	ʂaŋ^{212}	tʂʰaŋ^{35}	ʐaŋ^{35}	ʐaŋ^{35}	tɕʰiaŋ^{35}	tɕʰiaŋ^{35}	iaŋ^{35}
翼城	tʂʰæ̃^{53}	ʂæ̃^{53}	tʂæ̃^{12}	ʐæ̃^{12}	ʐæ̃^{12}	tɕʰiɛɪ^{12}	tɕʰiɛɪ^{12}	iɛɪ^{12}

续表

字目	毡	扇~动	蝉	然	燃	乾~坤	虔	延
中古音 / 方言点	诸延 山开三 平仙章	式连 山开三 平仙书	市连 山开三 平仙禅	如延 山开三 平仙日	如延 山开三 平仙日	渠焉 山开三 平仙群	渠焉 山开三 平仙群	以然 山开三 平仙以
闻喜	——	sæ^{53}	——	zæ^{13}	zæ^{13}	tɕʰiæ^{13}	tɕʰiæ^{53}/tɕʰiæ^{13}	iæ^{13}/ȵiæ^{13}
侯马	tʂæ̃^{213}	ʂæ̃^{213}	tʂʰæ̃^{213}	ʐæ̃^{213}	ʐæ̃^{213}	tɕʰiæ̃^{213}	tɕʰiæ̃^{213}	iæ̃^{213}
新绛	tʂã^{53}	ʂã^{53}	tʂʰã^{13}	ʐã^{13}	ʐã^{44}	tɕʰiã^{13}	tɕʰiã^{13}	iã^{13}
绛县	tʂæ^{53}	ʂæ^{53}	tʂʰæ^{24}	ʐæ^{24}	ʐæ^{24}	tɕʰiæ^{24}	tɕʰiæ^{24}	iæ^{24}
垣曲	tʂæ̃^{53}	ʂæ̃^{53}	tʂʰæ̃^{22}	ʐæ̃^{22}	ʐæ̃^{22}	tɕʰiæ̃^{53}	tɕʰiæ̃^{53}	iæ̃^{22}
夏县	tʂæ^{53}	ʂæ^{53}	ʂæ^{42} 白/tʂʰæ^{42} 文	ʐæ^{42}	ʐæ^{42}	tɕʰiæ^{42}	tɕʰiæ^{42}	iæ^{42}
万荣	tʂæ^{51}	ʂæ^{51}	tʂʰæ^{213}	ʐæ^{213}	ʐæ^{213}	tɕʰiæ^{213}	tɕʰiæ^{213}	iæ^{213}
稷山	tʂɑ̃^{53}	ʂɑ̃^{53}	ʂɑ̃^{13}	ʐɑ̃^{13}	ʐɑ̃^{13}	tɕʰiɑ̃^{13}	tɕʰiɑ̃^{13}	iɑ̃^{13}
盐湖	tʂæ̃^{42}	ʂæ̃^{42}	tʂʰæ̃^{13}	ʐæ̃^{13}	ʐæ̃^{13}	tɕʰiæ̃^{13}	tɕʰiæ̃^{13}	iæ̃^{13}
临猗	tʂæ̃^{42}	ʂæ̃^{42}	tsʰæ̃^{13}	ʐæ̃^{13}	ʐæ̃^{13}	tɕʰiæ̃^{13}	tɕʰiæ̃^{13}	iæ̃^{13}
河津	tʂæ̃^{31}	ʂæ̃^{44}	tʂʰæ̃^{324} 文	ʐæ̃^{324}	ʐæ̃^{324}	tɕʰiæ̃^{31}	tɕʰiæ̃^{31}	iæ̃^{324}
平陆	tʂan^{31}	ʂan^{31}	tʂʰan^{13}	ʐan^{13}	ʐan^{13}	tɕʰian^{13}	tɕʰian^{13}	ian^{13}
永济	tʂæ̃^{31}	ʂæ̃^{31}	tʂʰæ̃^{24}	ʐæ̃^{31}	ʐæ̃^{31}	tɕʰiæ̃ ^{24}	tɕʰiæ̃ ^{24}	iæ̃^{24}
芮城	tʂæ̃^{42}	ʂæ̃^{42}	tʂʰæ̃^{13}	ʐæ̃^{13}	ʐæ̃^{13}	tɕʰiæ̃^{13}	tɕʰiæ̃^{42}	iæ̃^{13}
吉县	tʂæ̃^{33}	——	tʂʰæ̃^{13}	ʐæ̃^{13}	ʐæ̃^{13}	tɕʰiæ̃^{423}	tɕʰiæ̃^{423}	iæ̃^{13}
乡宁	tʂæ^{53}	ʂæ^{53}	——	ʐæ^{12}	ʐæ^{12}	tɕʰiæ^{12}	tɕʰiæ^{12}	iæ^{12}
广灵	tsæ^{53}	sæ^{53}	tsʰæ^{31}	zæ^{31}	zæ^{31}	tɕʰiæ^{31}	tɕʰiæ^{53}	iæ^{31}

字目	言	掀	辨	辩	免	勉	碾	剪
中古音 / 方言点	语轩 山开三 平元疑	虚言 山开三 平元晓	符蹇 山开三 上狝並	符蹇 山开三 上狝並	亡辨 山开三 上狝明	亡辨 山开三 上狝明	尼展 山开三 上狝泥	即浅 山开三 上狝精
北京	ien^{35}	ɕien^{55}	pien^{51}	pien^{51}	mien^{214}	mien^{214}	nien^{214}	tɕien^{214}
小店	iæ^{11}	ɕiæ^{11}	piæ^{24}	piæ^{24}	miæ^{53}	miæ^{53}	niæ^{53}	tɕiæ^{53}
尖草坪	ie^{33}	ɕie^{33}	pie^{35}	pie^{35}	mie^{312}	mie^{312}	nie^{312}	tɕie^{312}
晋源	iæ^{11}	ɕiæ^{11}	piæ^{35}	piæ^{35}	miæ^{42}	miæ^{42}	zaŋ^{42}	tɕiæ^{42}
阳曲	iɛ^{43}	ɕiɛ^{312}	piɛ^{454}	piɛ^{454}	miɛ^{312}	miɛ^{312}	ȵiɛ^{312}	tɕiɛ^{312}
古交	iɛ^{44}	ɕiɛ^{44}	piɛ^{53}	piɛ^{53}	miɛ^{312}	miɛ^{312}	ȵiɛ^{312}	tɕiɛ^{312}
清徐	iɛ^{11}	ɕiɛ^{11}	piɛ^{45}	piɛ^{45}	miɛ^{54}	miɛ^{54}	niɛ^{54} 文	tɕiɛ^{54}
娄烦	iɛ^{33}	ɕiɛ^{33}	piɛ^{54}	piɛ^{54}	miɛ^{312}	miɛ^{312}	ȵiɛ^{312}	tɕiɛ^{312}
榆次	ie^{11}	ɕie^{11}	pie^{35}	pie^{35}	mie^{53}	mie^{53}	nie^{11}	tɕie^{53}
交城	iã^{11}	ɕiã^{11}	piã^{24}	piã^{24}	miã^{53}	miã^{53}	nɒ̃^{53} 白 / niã^{53} 文	tɕiã^{53}
文水	iæĩ^{22}	ɕiæĩ^{22}	piæĩ^{35}	piæĩ^{35}	miæĩ^{423}	miæĩ^{423}	nzæĩ^{423}	tɕiæĩ^{423}
祁县	iẽ^{31}	ɕiẽ^{31}	piẽ^{45}	piẽ^{45}	miẽ^{314}	miẽ^{314}	ȵiẽ^{314}	tɕiẽ^{314}
太谷	ȵiẽĩ^{33} 白 / iẽĩ^{33} 文	ɕiẽĩ^{33}	piẽĩ^{53}	piẽĩ^{53}	miẽĩ^{312}	miẽĩ^{312}	ȵiẽĩ^{312}	tɕiẽĩ^{312}
平遥	ȵĩɛ̃^{213}	ɕỹɛ̃^{213}	pĩɛ̃^{24}	pĩɛ̃^{24}	mĩɛ̃^{512}	mĩɛ̃^{512}	ɳɑ̃^{24}	tɕĩɛ̃^{512}
孝义	iã^{33}	ɕiã^{33}	piᴇ^{454}	piᴇ^{454}	miã^{312}	miã^{312}	ɳᴇ^{312}	tɕiᴇ^{312}
介休	ȵiɛ̃^{13} 白 / iɛ̃^{13} 文	ɕiɛ̃^{13}	piɛ̃^{45}	piɛ̃^{45}	miɛ̃^{423}	miɛ̃^{423}	ɳæ̃^{423}	tɕiɛ̃^{423}
灵石	nie^{44}	ɕie^{535}	pie^{53}	pie^{53}	mie^{212}	mie^{212}	zei^{212}	tɕie^{212}
盂县	iæ̃^{22}	ɕiæ̃^{412}	piæ̃^{55}	piæ̃^{55}	miæ̃^{53}	miæ̃^{53}	ȵiæ̃^{55}	tɕiæ̃^{53}
寿阳	iɪ^{22}	ɕiɪ^{31}	piɪ^{45}	piɪ^{45}	miɪ^{53}	miɪ^{53}	ȵiɪ^{53}	tɕiɪ^{53}
榆社	ie^{22}	ɕie^{22}	pie^{45}	pie^{45}	mie^{312}	mie^{312}	nie^{312}	tɕie^{312}
离石	iɪ^{44}	ɕiɪ^{24}	piɪ^{53}	piɪ^{53}	miɪ^{312}	miɪ^{312}	niɪ^{312}	tɕiɪ^{312}
汾阳	iã^{22}	——	piã^{55} 文	piã^{55}	miã^{312}	miã^{312}	ȵi^{312}	tɕi^{312} 白 / tɕiã^{312} 文
中阳	nie^{33}/ie^{33}	ɕie^{24}	pie^{53}	pie^{53}	mie^{423}	mie^{423}	nie^{423}	tɕie^{423}
柳林	ie^{44}	ɕie^{24}	pie^{53}	pie^{53}	mie^{312}	mie^{312}	zie^{312}	tɕie^{312}
方山	niɛ^{44} 白 / iɛ^{44} 文	ɕiɛ^{24}	piɛ^{52}	piɛ^{52}	miɛ^{312}	miɛ^{312}	niɛ^{312}	tɕiɛ^{312}
临县	nie^{33}	ɕie^{24}	pie^{52}	pie^{52}	mie^{312}	mie^{312}	nie^{312}	tɕie^{312}
兴县	niẽn^{55} 白 / iẽn^{55} 文	ɕiẽn^{324}	piẽn^{53}	——	miẽn^{324}	miẽn^{324}	zẽn^{53}/ niẽn^{324}	tɕiẽn^{324}
岚县	iẽ^{44}	ɕyẽ^{214}	piẽ^{53}	piẽ^{53}	miẽ^{312}	miẽ^{312}	zẽ^{312}	tɕiẽ^{312}
静乐	iæ̃^{33}	ɕyæ̃^{24}	piæ̃^{53}	piæ̃^{53}	miæ̃^{314}	miæ̃^{314}	ȵiæ̃^{314}	tɕiæ̃^{314}

续表

字目	言	掀	辨	辩	免	勉	碾	剪
中古音 方言点	语轩 山开三 平元疑	虚言 山开三 平元晓	符蹇 山开三 上狝並	符蹇 山开三 上狝並	亡辨 山开三 上狝明	亡辨 山开三 上狝明	尼展 山开三 上狝泥	即浅 山开三 上狝精
交口	ȵiɑ̃^{44}/iɑ̃^{44}	ɕiɑ̃^{323}	piɑ̃^{53}	piɑ̃^{53}	miɑ̃^{323}	miɑ̃^{323}	ȵiɑ̃^{323}	tɕiɑ̃^{323}
石楼	ȵiɑŋ^{44} 白 / iɑŋ^{44} 文	ɕiɑŋ^{213}	piɑŋ^{51}	piɑŋ^{51}	miɑŋ^{213}	miɑŋ^{213}	ʐɑŋ^{213} 白 / ʐɑŋ^{51} 文	tɕiɑŋ^{213}
隰县	ȵiaŋ^{24} 白 / iaŋ^{24} 文	ɕiɛ^{53}	piɛ^{44}	piɛ^{44}	miaŋ^{21}	miaŋ^{21}	ȵiaŋ^{21}	tɕiaŋ^{21}
大宁	niɛ̃^{24} 白 / iɛ̃^{24} 文	ɕiɛ̃^{31}	piɛ̃^{55}	piɛ̃^{55}	miɛ̃^{31}	miɛ̃^{31}	ȵiɛ̃^{31}	tɕiɛ̃^{31}
永和	nie^{35} 白 / iɪ^{35} 文	ɕiɪ^{33}	piɪ^{53}	piɪ^{53}	miɪ^{312}	miɪ^{312}	ʐɛi^{53} 白 / niɪ^{312} 文	tɕiɪ^{312}
汾西	niɑ̃^{35} 白 / iɑ̃^{35} 文	ɕiɑ̃^{11}	piɑ̃^{53}	piɑ̃^{53}	miɑ̃^{33}	miɑ̃^{33}	zɑ̃^{33} 白 / niɑ̃^{33} 文	tɕiɑ̃^{33}
蒲县	ȵiæ̃^{24} 白 / iæ̃^{24} 文	ɕiæ̃^{52}	piæ̃^{33}	piæ̃^{33}	miæ̃^{31}	miæ̃^{31}	ȵiæ̃^{31}	tɕiæ̃^{31}
潞州	yaŋ^{24} 白 / iaŋ^{24} 文	ɕiaŋ^{312}	piaŋ^{54}	piaŋ^{54}	miaŋ^{535}	miaŋ^{535}	iaŋ^{54}	tɕiaŋ^{535}
上党	iɑŋ^{44}	ɕiɑŋ^{213}	piɑŋ^{42}	piɑŋ^{42}	miɑŋ^{535}	miɑŋ^{535}	niɑŋ^{535}	tɕiɑŋ^{535}
长子	yæ̃^{24} 白 / iæ̃^{24} 文	ɕiæ̃^{312}	piæ̃^{53}	piæ̃^{53}	miæ̃^{434}	miæ̃^{434}	iæ̃^{434}	tɕiæ̃^{434}
屯留	iæ̃^{11}	ɕiæ̃^{31}	piæ̃^{11}	piæ̃^{11}	miæ̃^{43}	miæ̃^{43}	iæ̃^{11}	tɕiæ̃^{43}
襄垣	iei^{31}	ɕiei^{33}	pei^{45}	pei^{45}	mei^{42}	mei^{42}	ʐæ^{42}	tɕiei^{42}
黎城	iæ^{53}	çiæ^{33}	piæ^{53}	piæ^{53}	miæ^{213}	miæ^{213}	iæ^{53}	tɕiæ^{213}
平顺	iæ̃^{13}	ɕiæ̃^{213}	piæ̃^{53}	piæ̃^{53}	miæ̃^{434}	miæ̃^{434}	ȵiæ̃^{434}	tɕiæ̃^{434}
壶关	iaŋ^{13}	çiaŋ^{33}	piaŋ^{353}	piaŋ^{353}	miaŋ^{535}	miaŋ^{535}	ȵiaŋ^{535}	tsiaŋ^{535}
沁县	——	——	——	pei^{53}	mei^{214}	mei^{214}	nei^{214}	tɕi^{214}
武乡	ŋei^{33}	sei^{113}	pei^{55}	pei^{55}	mei^{213}	mei^{213}	zæ^{213}	tsei^{113}
沁源	ȵiæ̃^{33}	ɕiæ̃^{324}	piæ̃^{53}	piæ̃^{53}	miæ̃^{324}	miæ̃^{324}	ȵiæ̃^{324}	tɕiæ̃^{324}
安泽	ȵiæ^{21}	ɕiæ^{21}	piæ^{53}	piæ^{53}	miæ^{42}	miæ^{42}	ȵiæ^{42}	tɕiæ^{42}
沁水端氏	iɪ^{24}	sei^{21}	pei^{53}	pei^{53}	mei^{31}	mei^{31}	zei^{31}	tsei^{31}
阳城	iɛ^{22}	çiɛ^{224}	piɛ^{51}	piɛ^{51}	miɛ^{212}	miɛ^{212}	niɛ^{212}	tɕiɛ^{212}
高平	iæ̃^{33}	ɕiæ̃^{33}	piæ̃^{53}	piæ̃^{53}	miæ̃^{212}	miæ̃^{212}	ʐæ̃^{212}	tɕiæ̃^{212}
陵川	iə̃ĩ^{53}	ɕiə̃ĩ^{33}	piə̃ĩ^{24}	piə̃ĩ^{24}	miə̃ĩ^{312}	miə̃ĩ^{312}	niə̃ĩ^{312}	tɕiə̃ĩ^{312}
晋城	iɛ^{324}	ɕiɛ^{33}	piɛ^{53}	piɛ^{53}	miɛ^{213}	miɛ^{213}	niɛ^{213}/ niɒ̃^{213}	tɕiɛ^{213}
忻府	iɛ̃^{21}	ɕiɛ̃^{313}	piɛ̃^{53}	piɛ̃^{53}	miɛ̃^{313}	miɛ̃^{313}	niɛ̃^{53}	tɕiɛ̃^{313}

续表

字目	言	掀	辨	辩	免	勉	碾	剪
中古音 方言点	语轩 山开三 平元疑	虚言 山开三 平元晓	符蹇 山开三 上狝並	符蹇 山开三 上狝並	亡辨 山开三 上狝明	亡辨 山开三 上狝明	尼展 山开三 上狝泥	即浅 山开三 上狝精
原平	iɛ̃^{33}	ɕiɛ̃^{213}	piɛ̃^{53}	piɛ̃^{53}	miɛ̃^{213}	miɛ̃^{213}	niɛ̃^{213}	tɕiɛ̃^{213}
定襄	iə̃^{11}	ɕiə̃^{24}	piə̃^{53}	piə̃^{53}	miə̃^{24}	miə̃^{24}	niə̃^{24}	tɕiə̃^{24}
五台	iə̃^{33}	ɕiə̃^{213}	piə̃^{52}	piə̃^{52}	miə̃^{213}	miə̃^{213}	ȵiə̃^{213}	tɕiə̃^{213}
岢岚	iɛ^{44}	ɕiɛ^{13}	piɛ^{52}	piɛ^{52}	miɛ^{13}	miɛ^{13}	niɛ^{13}	tɕiɛ^{13}
五寨	iɪ^{44}	ɕiɪ^{13}	piɪ^{52}	piɪ^{52}	miɪ^{13}	miɪ^{13}	niɪ^{13}	tɕiɪ^{13}
宁武	iɛ^{33}	ɕiɛ^{23}	piɛ^{52}	piɛ^{52}	miɛ^{213}	miɛ^{213}	niɛ^{213}	tɕiɛ^{213}
神池	ie^{32}	ɕie^{24}	pie^{52}	pie^{52}	mie^{13}	mie^{13}	ȵie^{13}	tɕie^{13}
繁峙	iɛ^{31}	ɕiɛ^{53}	piɛ^{24}	piɛ^{24}	miɛ^{53}	miɛ^{53}	ȵiɛ^{53}	tɕiɛ^{53}
代县	ie^{44}	ɕye^{213}	pie^{53}	pie^{53}	mie^{213}	mie^{213}	nie^{213}	tɕie^{213}
河曲	iɛ^{44}	ɕiɛ^{213}	piɛ^{52}	piɛ^{52}	miɛ^{213}	miɛ^{213}	niɛ^{213}	tɕiɛ^{213}
保德	iɑŋ^{44}	ɕiɑŋ^{213}	piɑŋ^{52}	piɑŋ^{52}	miɑŋ^{213}	miɑŋ^{213}	niɑŋ^{213}	tɕiɑŋ^{213}
偏关	iɪ^{44}	ɕyɪ^{24}	piɪ^{52}	piɪ^{52}	miæ^{213}	miæ^{213}	niɪ^{213}	tɕiɪ^{213}
朔城	iɛ^{35}	ɕiɛ^{312}	piɛ^{53}	piɛ^{53}	miɛ^{312}	miɛ^{312}	niɛ^{312}	tɕiɛ^{312}
平鲁	iᴇ^{44}	ɕuæ^{44}	piᴇ^{52}	piᴇ^{52}	miᴇ^{213}	miᴇ^{213}	niᴇ^{213}	tɕiᴇ^{213}
应县	iɛ̃^{31}	ɕiɛ̃^{43}	piɛ̃^{24}	piɛ̃^{24}	miɛ̃^{54}	miɛ̃^{54}	niɛ̃^{54}	tɕiɛ̃^{54}
灵丘	ie^{31}	ɕie^{442}	pie^{53}	pie^{53}	mie^{442}	mie^{442}	nie^{442}	tɕie^{442}
浑源	iɛ^{22}	ɕiɛ^{52}	piɛ^{13}	piɛ^{13}	miɛ^{52}	miɛ^{52}	niɛ^{52}	tɕiɛ^{52}
云州	iɛ^{312}	ɕiɛ^{21}	piɛ^{24}	piɛ^{24}	miɛ^{55}	miɛ^{55}	niɛ^{55}	tɕiɛ^{55}
新荣	iᴇ^{312}	ɕiᴇ^{32}	piᴇ^{24}	piᴇ^{24}	miᴇ^{54}	miᴇ^{54}	niᴇ^{54}	tɕiᴇ^{54}
怀仁	iæ^{312}	ɕiæ^{42}	piæ^{24}	piæ^{24}	miæ^{53}	miæ^{53}	niæ^{53}	tɕiæ^{53}
左云	iɛ^{313}	ɕiɛ^{31}	piɛ^{24}	piɛ^{24}	miɛ^{54}	miɛ^{54}	niɛ^{54}	tɕiɛ^{54}
右玉	iɛ^{212}	ɕiɛ^{31}	piɛ^{24}	piɛ^{24}	miɛ^{53}	miɛ^{53}	niɛ^{53}	tɕiɛ^{53}
阳高	iɛ^{312}	ɕiɛ^{24}	piɛ^{24}	piɛ^{24}	miɛ^{53}	miɛ^{53}	niɛ^{53}	tɕiɛ^{53}
山阴	iᴇ^{313}	ɕiᴇ^{313}	piᴇ^{335}	piᴇ^{335}	miᴇ^{52}	miᴇ^{52}	niᴇ^{52}/niᴇ^{335}	tɕiᴇ^{52}
天镇	iæ^{22}	ɕiæ^{24}	piæ^{24}	piæ^{24}	miæ^{55}	miæ^{55}	niæ^{55}	tɕiæ^{55}
平定	iæ̃^{44}	ɕiæ̃^{31}	piæ̃^{24}	piæ̃^{24}	miæ̃^{53}	miæ̃^{53}	niæ̃^{53}	tɕiæ̃^{53}
昔阳	iæ̃^{33}	ɕiæ̃^{42}	piæ̃^{13}	piæ̃^{13}	miæ̃^{55}	miæ̃^{55}	niæ̃^{55}	tɕiæ̃^{55}
左权	iɛ^{11}	ɕiɛ^{31}/ɕiɛ^{42}	piɛ^{53}	piɛ^{53}	miɛ^{42}	miɛ^{42}	niɛ^{42}	tɕiɛ^{42}
和顺	iɛ^{22}	ɕiɛ^{42}	piɛ^{13}	piɛ^{13}	miɛ^{53}	miɛ^{53}	ȵiɛ^{53}	tɕiɛ^{53}
尧都	ȵiæ̃^{24} 白 / iæ̃^{24} 文	ɕiæ̃^{21}	piæ̃^{44}	piæ̃^{44}	miæ̃^{53}	miæ̃^{53}	ʑiæ̃^{53}	tɕiæ̃^{53}
洪洞	ȵiɑn^{24} 白 / iɑn^{24} 文	ɕiɑn^{21}	piɑn^{53}	piɑn^{53}	miɑn^{42}	miɑn^{42}	ʑɑn^{53}	tɕiɑn^{42}

续表

字目	言	掀	辨	辩	免	勉	碾	剪
中古音 / 方言点	语轩 山开三 平元疑	虚言 山开三 平元晓	符蹇 山开三 上狝並	符蹇 山开三 上狝並	亡辨 山开三 上狝明	亡辨 山开三 上狝明	尼展 山开三 上狝泥	即浅 山开三 上狝精
洪洞赵城	iɑ̃^{24}	ɕyɑ̃^{24}	piɑ̃^{53}	piɑ̃^{53}	miɑ̃^{53}	miɑ̃^{53}	ʐɑ̃^{42}白 / ȵiɑ̃^{42}文	tɕiɑ̃^{42}
古县	ian^{35}	ɕian^{21}	pian^{53}	pian^{53}	mian^{42}	mian^{42}	ʐan^{42}	tɕian^{42}
襄汾	ian^{24}	ɕian^{21}	pian^{53}	pian^{53}	mian^{42}	mian^{42}	ʐan^{42}	tɕian^{42}
浮山	iãĩ^{13}	ɕiãĩ^{42}	piãĩ^{53}	piãĩ^{53}	miãĩ^{33}	miãĩ^{33}	ȵiãĩ^{33}	tɕiãĩ^{33}
霍州	iaŋ^{35}	ɕiaŋ^{212}	pʰiaŋ^{53}	piaŋ^{53}	miaŋ^{33}	miaŋ^{33}	ȵiaŋ^{33}	tɕiaŋ^{33}
翼城	iɛɪ^{12}	ɕiɛɪ^{53}	piɛɪ^{53}	piɛɪ^{53}	miɛɪ^{44}	miɛɪ^{44}	niɛɪ^{44}	tɕiɛɪ^{44}
闻喜	ȵiæ^{13}/ iæ^{13}	ɕiæ^{53}	piæ^{13}	piæ^{13}	miæ^{33}	miæ^{33}	ȵiæ^{33}	tɕiæ^{33}
侯马	iæ̃^{213}	ɕiæ̃^{213}	piæ̃^{53}	piæ̃^{53}	miæ̃^{44}	miæ̃^{44}	ȵiæ̃^{44}	tɕiæ̃^{44}
新绛	ȵiã^{13}白/iã^{13}文	ɕiã^{53}	piã^{53}	piã^{53}	miã^{44}	miã^{44}	ȵiã^{44}	tɕiã^{44}
绛县	iæ^{24}	ɕiæ^{53}	piæ^{53}	piæ^{53}	miæ^{31}	miæ^{31}	ȵiæ^{31}	tɕiæ^{24}
垣曲	ȵiæ̃^{22}白 / iæ̃^{22}文	ɕiæ̃^{22}	piæ̃^{53}	piæ̃^{53}	miæ̃^{44}	miæ̃^{44}	ȵiæ̃^{44}	tɕiæ̃^{44}
夏县	ȵiæ^{42}老 / iæ^{42}新	ɕiæ^{53}	piæ^{31}	piæ^{31}	miæ^{24}	miæ^{24}	ȵiæ^{24}	tɕiæ^{24}
万荣	ȵiæ^{213}白 / iæ^{213}文	ɕiæ^{51}	piæ^{33}	piæ^{33}	miæ^{55}	miæ^{55}	ȵiæ^{55}	tɕiæ^{55}
稷山	iɑ̃^{13}	ɕiɑ̃^{53}	piɑ̃^{42}	piɑ̃^{42}	miɑ̃^{44}	miɑ̃^{44}	ȵiɑ̃^{44}	tɕiɑ̃^{44}
盐湖	ȵiæ̃^{13}	ɕiæ̃^{42}	piæ̃^{44}	piæ̃^{44}	miæ̃^{53}	miæ̃^{53}	ȵiæ̃^{53}	tɕiæ̃^{53}
临猗	ȵiæ̃^{13}白 / iæ̃^{13}文	ɕiæ̃^{42}	piæ̃^{44}	piæ̃^{44}	miæ̃^{53}	miæ̃^{53}	ȵiæ̃^{53}	tɕiæ̃^{53}
河津	iæ̃^{324}	ɕiæ̃^{31}	piæ̃^{44}	piæ̃^{44}	miæ̃^{53}	miæ̃^{53}	ȵiæ̃^{53}	tɕiæ̃^{53}
平陆	ian^{13}	ɕian^{31}	pian^{33}	pian^{33}	mian^{55}	mian^{55}	ȵian^{55}	tɕian^{55}
永济	ȵiæ̃^{24}白 / iæ̃^{24}文	ɕyæ̃^{31}白 / ɕiæ̃^{31}文	piæ̃^{44}	piæ̃^{44}	miæ̃^{53}	miæ̃^{53}	ȵiai^{44}白 / ȵiæ̃^{53}文	tɕiæ̃^{53}
芮城	ȵiæ̃^{13}白 / iæ̃^{13}文	ɕiæ̃^{42}	piæ̃^{44}	piæ̃^{44}	miæ̃^{53}	miæ̃^{53}	ȵiæ̃^{53}	tɕiæ̃^{53}
吉县	niæ̃^{13}白 / iæ̃^{13}文	ɕiæ̃^{423}	piæ̃^{33}	piæ̃^{33}	miæ̃^{53}	miæ̃^{53}	niæ̃^{53}	tɕiæ̃^{53}
乡宁	ȵiæ^{12}白 / iæ^{12}文	ɕiæ^{53}	piæ^{22}	piæ^{22}	miæ^{44}	miæ^{44}	ʐæ^{44}	tɕiæ^{44}
广灵	iæ^{31}	ɕiæ^{53}	piæ^{213}	piæ^{213}	miæ^{44}	miæ^{44}	niæ^{44}	tɕiæ^{44}

字目	浅	践	癣	展	善	件	演	变
中古音 / 方言点	七演 山开三 上狝清	慈演 山开三 上狝从	息浅 山开三 上狝心	知演 山开三 上狝知	常演 山开三 上狝禅	其辇 山开三 上狝群	以浅 山开三 上狝以	彼眷 山开三 去线帮
北京	tɕʰiɛn^{214}	tɕiɛn^{51}	ɕiɛn^{214}	tʂan^{214}	ʂan^{51}	tɕiɛn^{51}	iɛn^{214}	piɛn^{51}
小店	tɕʰiæ^{53}	——	ɕiæ^{53}	tsæ^{53}	sæ^{24}	tɕiæ^{24}	iæ^{53}	piæ^{24}
尖草坪	tɕʰie^{312}	tɕie^{35}	ɕye^{312}	tsæ^{312}	sæ^{35}	tɕie^{35}	ie^{312}	pie^{35}
晋源	tɕʰiæ^{42}	tɕiæ^{35}	ɕiæ^{42}	tsaŋ^{42}	saŋ^{35}	tɕiæ^{35}	iæ^{42}	piæ^{35}
阳曲	tɕʰiɛ^{312}	tɕiɛ^{454}	ɕiɛ^{312}	tsæ^{312}	sæ^{454}	tɕiɛ^{454}	iɛ^{312}	piɛ^{454}
古交	tɕʰiɛ^{312}	tɕiɛ^{53}	ɕyɛ^{312} 白 / ɕiɛ^{312} 文	tsɛ^{312}	sɛ^{53}	tɕiɛ^{53}	iɛ^{312}	piɛ^{53}
清徐	tɕʰiɛ^{54}	tɕiɛ^{45}	ɕiɛ^{54}	tsɛ^{54}	sɛ^{45}	tɕiɛ^{54}	iɛ^{54}	piɛ^{45}
娄烦	tɕʰiɛ^{312}	tɕiɛ^{54}	ɕiɛ^{312}	tsæ^{312}	sæ^{54}	tɕiɛ^{54}	iɛ^{312}	piɛ^{54}
榆次	tɕʰie^{53}	tɕie^{35}	ɕie^{53}	tsæ^{53}	sæ^{35}	tɕie^{35}	ie^{53}	pie^{35}
交城	tɕʰiã^{53}	tɕiã^{24}	ɕiã^{53}	tsɒ̃^{53}	sɒ̃^{24}	tɕiã^{24}	iã^{53}	piã^{24}
文水	tɕʰiæĩ^{423}	tɕiæĩ^{35}	ɕiæĩ^{423}	tsæĩ^{423}	sæĩ^{35}	tɕiæĩ^{35}	iæĩ^{423}	piæĩ^{35}
祁县	tɕʰiẽ^{314}	tɕiẽ^{45}	ɕiẽ^{314}	tʂə̃^{314}	ʂə̃^{45}	tɕiẽ^{45}	iẽ^{314}	piẽ^{45}
太谷	tɕʰiẽĩ^{312}	tɕiẽĩ^{53}	ɕiẽĩ^{312}	tsẽĩ^{312}	sẽĩ^{53}	tɕiẽĩ^{53}	iẽĩ^{312}	piẽĩ^{53}
平遥	tɕʰĩɛ̃^{512}	tɕĩɛ̃^{24}	ɕĩɛ̃^{512}	tʂɑ̃^{512}	ʂɑ̃^{24}	tɕĩɛ̃^{24}	ĩɛ̃^{512}	pĩɛ̃^{24}
孝义	tɕʰiᴇ^{312}	tɕiᴇ^{454}	ɕiᴇ^{312}	tʂᴇ^{312} 白 / tʂã^{454} 文	ʂᴇ^{454} 白 / ʂã^{454} 文	tɕiᴇ^{454}	iᴇ^{312} 白 / iã^{312} 文	piᴇ^{454}
介休	tɕʰiɛ̃^{423}	tɕiɛ̃^{45}	ɕiɛ̃^{423}	tʂæ̃^{423}	ʂæ̃^{45}	tɕiɛ̃^{45}	iɛ̃^{423}	piɛ̃^{45}
灵石	tɕʰie^{212}	tɕie^{53}	ɕie^{212}	tsei^{212}	sei^{53}	tɕie^{53}	ie^{212}	pie^{53}
盂县	tɕʰiæ̃^{53}	tɕiæ̃^{55}	ɕiæ̃^{53}	tsæ̃^{53}	sæ̃^{55}	tɕiæ̃^{55}	iæ̃^{53}	piæ̃^{55}
寿阳	tɕʰiɪ^{53}	tɕiɪ^{45}	ɕiɪ^{53}	tsæ^{53}	sæ^{45}	tɕiɪ^{45}	iɪ^{53}	piɪ^{45}
榆社	tɕʰie^{312}	tɕie^{45}	——	tsa^{312}	sa^{45}	tɕie^{45}	ie^{312}	pie^{45}
离石	tɕʰiɪ^{312}	tɕiɪ^{53}	ɕiɪ^{312}	tɕiɪ^{312} 白 / tsæ^{312} 文	sæ^{53}	tɕiɪ^{53}	iɪ^{312}	piɪ^{53}
汾阳	tɕʰi^{312}	tɕi^{55}	ɕi^{312}	tɕi^{312} 白 / tsã^{312} 文	ɕi^{55} 白 / sã^{55} 文	tɕi^{55} 白 / tɕiã^{55} 文	i^{22} 白 / iã^{312} 文	pi^{55} 白 / piã^{55} 文
中阳	tɕʰie^{423}	tɕie^{53}	ɕie^{423}	tʂɤ^{423} 白 / tsæ^{423} 文	sæ^{53}	tɕie^{53}	ie^{423}	pie^{53}
柳林	tɕʰie^{312}	tɕie^{53}	ɕie^{312}	tsei^{312}	sei^{53}	tɕie^{53}	ie^{312}	pie^{53}
方山	tɕʰiɛ^{312}	tɕiɛ^{52}	ɕiɛ^{52}	tʂə^{312} 白 / tʂæ^{312} 文	ʂə^{52}	tɕiɛ^{52}	iɛ^{312}	piɛ^{52}
临县	tɕʰie^{312}	tɕie^{52}	ɕye^{33}	tʂʅə^{312}	ʂʅə^{52}	tɕie^{52}	ie^{312}	pie^{52}
兴县	tɕʰiæ̃^{324}	tɕiẽn^{53}	ɕiẽn^{324}	tʂẽn^{324}	ʂẽn^{53}	tɕiẽn^{53}	iẽn^{324}	piẽn^{53}

续表

字目	浅	践	癣	展	善	件	演	变
中古音 方言点	七演 山开三 上狝清	慈演 山开三 上狝从	息浅 山开三 上狝心	知演 山开三 上狝知	常演 山开三 上狝禅	其辇 山开三 上狝群	以浅 山开三 上狝以	彼眷 山开三 去线帮
岚县	tɕʰiẽ^{312}	tɕiẽ^{53}	ɕiẽ^{312}	tsẽ^{312}	sẽ^{53}	tɕiẽ^{53}	iẽ^{312}	piẽ^{53}
静乐	tɕʰiæ̃^{314}	tɕiæ̃^{53}	ɕiæ̃^{24}	tsæ̃^{314}	sæ̃^{53}	tɕiæ̃^{53}	iæ̃^{314}	piæ̃^{53}
交口	tɕʰiɑ̃^{323}	tɕiɑ̃^{53}	ɕiɑ̃^{323}	tsɑ̃^{323}	sɑ̃^{53}	tɕiɑ̃^{53}	iɑ̃^{323}	piɑ̃^{53}
石楼	tɕʰiɑŋ^{213}	tɕiɑŋ^{51}	ɕiɑŋ^{213} 白 / ɕyɑŋ^{213} 文	tʂɑŋ^{213}	ʂɑŋ^{51}	tɕiɑŋ^{51}	iɑŋ^{213}	piɑŋ^{51}
隰县	tɕʰiaŋ^{21}	tɕiɛ^{44}	ɕiaŋ^{21}	tsaŋ^{21}	sæ^{44}	tɕʰiɛ^{44} 白 / tɕiɛ^{44} 文	iaŋ^{21}	piɛ^{44}
大宁	tɕʰiɛ̃^{31}	tɕiɛ̃^{55}	ɕiɛ̃^{31}	tʂɛ̃^{31}	ʂɛ̃^{55}	tɕʰiɛ̃^{55}	iɛ̃^{31}	piɛ̃^{55}
永和	tɕʰiɪ^{312}	tɕʰiɪ^{53} 白 / tɕiɪ^{53} 文	ɕiɪ^{35}	tʂɛi^{312}	ʂɛi^{53}	tɕʰiɪ^{53} 白 / tɕiɪ^{53} 文	iɪ^{312}	piɪ^{53}
汾西	tɕʰiɑ̃^{33}	tɕʰiɑ̃^{53} 白 / tɕiɑ̃^{53} 文	ɕyɑ̃^{33}	tsɑ̃^{33}	sɑ̃^{53}	tɕiɑ̃^{53}/ tɕʰiɑ̃^{53}	iɑ̃^{53}	piɑ̃^{55}
蒲县	tɕʰiæ̃^{31}	tɕiæ̃^{33}	ɕyæ̃^{31}	tʂæ̃^{31}	ʂæ̃^{33}	tɕiæ̃^{33}	iæ̃^{31}	piæ̃^{33}
潞州	tɕʰiaŋ^{535}	tɕiaŋ^{54}	ɕyaŋ^{535}	tsaŋ^{535}	saŋ^{54}	tɕiaŋ^{54}	iaŋ^{535}	piaŋ^{44}
上党	tɕʰiɑŋ^{535}	tɕiɑŋ^{42}	ɕyɑŋ^{535}	tsɑŋ^{535}	sɑŋ^{42}	tɕiɑŋ^{42}	iɑŋ^{535}	piɑŋ^{22}
长子	tɕʰiæ̃^{434}	tɕiæ̃^{422}	ɕyæ̃^{434}	tsæ̃^{434}	sæ̃^{53}	tɕiæ̃^{53}	iæ̃^{434}	piæ̃^{422}
屯留	tɕʰiæ̃^{43}	tɕiæ̃^{53}	ɕyæ̃^{43}	tsæ̃^{43}	sæ̃^{11}	tɕiæ̃^{53}	iæ̃^{43}	piæ̃^{53}
襄垣	tɕʰiei^{42}	tɕiei^{45}	ɕyei^{42}	tsæ^{42}	sæ^{45}	tɕiei^{45}	iei^{42}	pei^{53}
黎城	tɕʰiæ^{213}	tɕiæ^{53}	çyæ^{213}	tɕiæ^{213}	ɕiæ^{53}	ciæ^{53}	iæ^{213}	piæ^{53}
平顺	tɕʰiæ̃^{434}	tɕiæ̃^{53}	syæ̃^{434}	tɕæ̃^{434}	sæ̃^{53}	tɕiæ̃^{53}	iæ̃^{434}	piæ̃^{53}
壶关	tsʰiaŋ^{535}	ciaŋ^{353}	syaŋ^{535}	tʂaŋ^{535}	ʂaŋ^{353}	ciaŋ^{353}	iaŋ^{535}	piaŋ^{42}
沁县	tɕʰi^{214}	tɕi^{53}	ɕi^{214}	tsæ^{214}	sæ^{53}	tɕi^{53}	i^{214}	pei^{53}
武乡	tsʰei^{213}	tsei^{55}	——	tsæ^{213}	sæ^{55}	tsei^{55}	ŋei^{213}	pei^{55}
沁源	tɕʰiæ̃^{324}	tɕiæ̃^{53}	ɕyæ̃^{324}	tʂæ̃^{324}	ʂæ̃^{53}	tɕiæ̃^{53}	iæ̃^{324}	piæ̃^{53}
安泽	tɕʰiæ^{42}	tɕiæ^{53}	ɕyæ^{42}	tsæ^{42}	sæ^{53}	tɕiæ^{53}	iæ^{42}	piæ^{53}
沁水端氏	tsʰei^{31}	tsei^{53}	suei^{31}	tsæ^{31}	sei^{53} 白 / sæ^{53} 文	kei^{53}	iɪ^{31}	pei^{53}
阳城	tɕʰiɛ^{212}	tɕiɛ^{51}	ɕyɛ^{212}	tʂʅə^{212} 白 / tsɛ^{51} 文	ʂʅə^{51}	ciɛ^{51}	iɛ^{212}	piɛ^{51}
高平	tɕʰiæ̃^{212}	tɕiæ̃^{53}	ɕiæ̃^{212}	tʂæ̃^{212}	ʂæ̃^{53}	ciæ̃^{53}	iæ̃^{212}	piæ̃^{53}
陵川	tɕʰiə̃ĩ^{312}	tɕiə̃ĩ^{24}	ɕyə̃ĩ^{312}	tʂã^{312}	ʂã^{24}	ciə̃ĩ^{24}	iə̃ĩ^{312}	piə̃ĩ^{24}
晋城	tɕʰiɛ^{213}	tɕiɛ^{53}	ɕyɛ^{213} 白 / ɕiɛ^{213} 文	tʂæ^{213}	ʂæ^{53}	tɕiɛ^{53}	iɛ^{213}	piɛ^{53}

续表

字目	浅	践	癣	展	善	件	演	变
中古音 方言点	七演 山开三 上狝清	慈演 山开三 上狝从	息浅 山开三 上狝心	知演 山开三 上狝知	常演 山开三 上狝禅	其辇 山开三 上狝群	以浅 山开三 上狝以	彼眷 山开三 去线帮
忻府	tɕʰiɛ̃^{313}	tɕiɛ̃^{53}	ɕiɛ̃^{313}	tʂɑ̃^{313}	ʂɑ̃^{53}	tɕiɛ̃^{53}	iɛ̃^{313}	piɛ̃^{53}
原平	tɕʰiɛ̃^{213}	tɕiɛ̃^{53}	ɕiɛ̃ ^{213}	tʂɛ̃^{213}	ʂɛ̃^{53}	tɕiɛ̃^{53}	iɛ̃^{213}	piɛ̃^{53}
定襄	tɕʰiə̃^{24}	tɕiə̃^{53}	ɕyə̃^{24}	tsæ^{24}	sə̃^{53}	tɕiə̃^{53}	iə̃^{24}	piə̃^{53}
五台	tɕʰiə̃^{213}	tɕiə̃^{52}	ɕiə̃^{213}	tsə̃^{213}	sə̃^{52}	tɕiə̃^{52}	iə̃^{213}	piə̃^{52}
岢岚	tɕʰiɛ^{13}	tɕiɛ^{52}	ɕiɛ^{13}	tʂæ^{13}	sæ^{52}	tɕiɛ^{52}	iɛ^{13}	piɛ^{52}
五寨	tɕʰiɪ^{13}	tɕiɪ^{52}	ɕiɪ^{13}	tsæ^{13}	sæ^{52}	tɕiɪ^{52}	iɪ^{13}	piɪ^{52}
宁武	tɕiɛ^{213}	tɕiɛ^{52}	ɕiɛ^{213}	tsæ^{213}	sæ^{52}	tɕiɛ^{52}	iɛ^{213}	piɛ^{52}
神池	tɕʰie^{13}	tɕie^{52}	ɕye^{13}	tsæ^{13}	sæ^{52}	tɕie^{52}	ie^{13}	pie^{52}
繁峙	tɕʰiɛ^{53}	tɕiɛ^{24}	ɕiɛ^{53}	tsɛ^{53}	sɛ^{24}	tɕiɛ^{24}	iɛ^{53}	piɛ^{24}
代县	tɕʰie^{213}	tɕie^{53}	ɕie^{213}	tsɛ^{213}	sɛ^{53}	tɕie^{53}	ie^{213}	pie^{53}
河曲	tɕʰiɛ^{213}	tɕiɛ^{52}	ɕiɛ^{213}	tʂæ^{213}	ʂæ^{52}	tɕiɛ^{52}	iɛ^{213}	piɛ^{52}
保德	tɕʰiɑŋ^{213}	tɕiɑŋ^{52}	ɕiɑŋ^{213}	tʂɑŋ^{213}	ʂɑŋ^{52}	tɕiɑŋ^{52}	iɑŋ^{213}	piɑŋ^{52}
偏关	tɕʰiɪ^{213}	tɕiɪ^{52}	ɕiɪ^{213}	tʂæ^{213}	ʂæ^{52}	tɕiɪ^{52}	iɪ^{213}	piɪ^{52}
朔城	tɕʰiɛ^{312}	tɕiɛ^{53}	ɕiɛ^{312}	tsæ^{312}	sæ^{53}	tɕiɛ^{53}	iɛ^{312}	piɛ^{53}
平鲁	tɕʰiᴇ^{213}	tɕiᴇ^{52}	ɕʰiᴇ^{213}	tsæ^{213}	sæ^{52}	tɕiᴇ^{52}	iᴇ^{213}	piᴇ^{52}
应县	tɕʰiɛ̃^{54}	tɕiɛ̃^{24}	ɕyɛ̃^{54}	tsɛ̃^{54}	sɛ̃^{24}	tɕiɛ̃^{24}	iɛ̃^{54}	piɛ̃^{24}
灵丘	tɕʰie^{442}	tɕie^{53}	ɕye^{442}	tsæ^{442}	sæ^{53}	tɕie^{53}	ie^{442}	pie^{53}
浑源	tɕʰiɛ^{52}	tɕiɛ^{13}	ɕiɛ^{52}	tsæ^{52}	sæ^{13}	tɕiɛ^{13}	iɛ^{52}	piɛ^{13}
云州	tɕʰiɛ^{55}	tɕiɛ^{24}	ɕiɛ^{55}	tsæ^{55}	sæ^{24}	tɕiɛ^{24}	iɛ^{55}	piɛ^{24}
新荣	tɕʰiᴇ^{54}	tɕiᴇ^{24}	ɕiᴇ^{54}	tʂæ^{54}	ʂæ^{24}	tɕiᴇ^{24}	iᴇ^{54}	piᴇ^{24}
怀仁	tɕʰiæ^{53}	tɕiæ^{24}	ɕiæ^{53}	tsæ^{53}	sæ^{24}	tɕiæ^{24}	iæ^{53}	piæ^{24}
左云	tɕʰiɛ^{54}	tɕiɛ^{24}	ɕiɛ^{54}	tsæ^{54}	sæ^{24}	tɕiɛ^{24}	iɛ^{54}	piɛ^{24}
右玉	tɕʰiɛ^{53}	tɕiɛ^{24}	ɕiɛ^{53}	tʂæ^{53}	ʂæ^{24}	tɕiɛ^{24}	iɛ^{53}	piɛ^{24}
阳高	tɕʰiɛ^{53}	tɕiɛ^{24}	ɕyɛ^{53}	tsɛ^{53}	sɛ^{24}	tɕiɛ^{24}	iɛ^{53}	piɛ^{24}
山阴	tɕʰiᴇ^{52}	tɕiᴇ^{335}	ɕiᴇ^{52}	tʂæ^{52}	ʂæ^{335}	tɕiᴇ^{335}	iᴇ^{52}	piᴇ^{335}
天镇	tɕʰiæ^{55}	tɕiæ^{24}	ɕiæ^{55}	tsæ^{55}	sæ^{24}	tɕiæ^{24}	iæ^{55}	piæ^{24}
平定	tɕʰiæ̃^{53}	tɕiæ̃^{24}	ɕiæ̃^{53}	tʂæ̃^{53}	ʂæ̃^{24}	tɕiæ̃^{24}	iæ̃^{53}	piæ̃^{24}
昔阳	tɕʰiæ̃^{55}	tɕiæ̃^{13}	ɕiæ̃^{55}	tʂæ̃^{55}	sæ̃^{13}	tɕiæ̃^{13}	iæ̃^{55}	piæ̃^{13}
左权	tɕʰiɛ^{42}	tɕiɛ^{53}	ɕiɛ^{42}	tʂæ^{42}	ʂæ^{53}	tɕiɛ^{53}	iɛ^{42}	piɛ^{53}
和顺	tɕʰiɛ^{53}	tɕiɛ^{13}	——	tʂæ^{53}	ʂæ^{13}	tɕiɛ^{13}	iɛ^{53}	piɛ^{13}

续表

字目	浅	践	癣	展	善	件	演	变
中古音 / 方言点	七演 山开三 上狝清	慈演 山开三 上狝从	息浅 山开三 上狝心	知演 山开三 上狝知	常演 山开三 上狝禅	其辇 山开三 上狝群	以浅 山开三 上狝以	彼眷 山开三 去线帮
尧都	tɕ^{h}iæ̃^{53}	ɕiæ̃^{44}	ɕiæ̃^{53}	tʂæ̃^{53}	ʂæ̃^{44}	tɕ^{h}iæ̃ 白 / tɕiæ̃^{44} 文	iæ̃^{53}	piæ̃^{44}
洪洞	tɕ^{h}iɑn^{42}	tɕiɑn^{53}	——	tsɑn^{42}	ʂɑn^{53}	tɕ^{h}iɑn^{53} 白 / tɕ^{h}i^{53} 白 / tɕiɑn^{53} 文	iɑn^{42}	piɑn^{33}
洪洞赵城	tɕ^{h}iɑ̃^{42}	tɕiɑ̃^{42}	ɕiɑ̃^{42}	tʂɑ̃^{21}	ʂɑ̃^{53}	tɕ^{h}iɑ̃^{53} 白 / tɕiɑ̃^{53} 文	iɑ̃^{42}	piɑ̃^{24}
古县	tɕ^{h}ian^{42}	tɕian^{53}	ɕian^{42}	tʂan^{42}	san^{53}	tɕ^{h}ian^{53} 白 / tɕian^{53} 文	ian^{42}	pian^{35}
襄汾	tɕ^{h}ian^{42}	tɕ^{h}ian^{53}	ɕian^{42}	tʂan^{42}	ʂan^{53}	tɕ^{h}ian^{53}	ian^{42}	pian^{44}
浮山	tɕ^{h}iãĩ^{33}	tɕ^{h}iãĩ^{53}	——	tʂãĩ^{33}	ʂãĩ^{44}	tɕ^{h}iãĩ^{53}	iãĩ^{33}	piãĩ^{44}
霍州	tɕ^{h}iaŋ^{33}	tɕiaŋ^{53}	ɕiaŋ^{33}	tʂaŋ^{33}	ʂaŋ^{53}	tɕ^{h}iaŋ^{53} 白 / tɕiaŋ^{53} 文	iaŋ^{33}	piaŋ^{55}
翼城	tɕ^{h}iɛɪ^{44}	tɕiɛɪ^{53}	ɕiɛɪ^{44}	tʂæ̃^{44}	ʂæ̃^{53}	tɕiɛɪ^{53}	iɛɪ^{44}	piɛɪ^{53}
闻喜	tɕ^{h}iæ^{33}	tɕiæ^{13}	ɕiæ^{33}	tsæ^{33}	sæ^{13}	tɕ^{h}iæ^{13} 白 / tɕiæ^{13} 文	iæ^{33}	tiæ^{53} 白 / piæ^{53} 文
侯马	ɕiæ̃^{44}	tɕiæ̃^{53}	yæ̃^{44}	tʂæ̃^{44}	kæ̃^{53}	tɕ^{h}iæ̃^{53}	iæ̃^{44}	p^{h}iæ̃^{53} 白 / piæ̃^{53} 文
新绛	tɕ^{h}iã^{44}	tɕiã^{53}	ɕiã^{13}	tʂã^{44}	ʂã^{53}	tɕ^{h}iã^{53} 白 / tɕiã^{53} 文	iã^{44}	piã^{53}
绛县	tɕ^{h}iæ^{33}	tɕiæ^{53}	ɕiæ^{33}	tʂ^{h}æ^{33}	ʂæ^{31}	tɕ^{h}iæ^{53}	iæ^{33}	piæ^{31}
垣曲	tɕ^{h}iæ̃^{44}	tɕiæ̃^{53}	ɕiæ̃^{44}	tʂæ̃^{44}	ʂæ̃^{53}	tɕ^{h}iæ̃^{53}	iæ̃^{44}	piæ̃^{53}
夏县	tɕ^{h}iæ^{24}	tɕiæ^{31}	ɕiæ^{24}	tʂæ^{24}	ʂæ^{31}	tɕ^{h}iæ^{31}	iæ^{24}	piæ^{31}
万荣	tɕ^{h}iæ^{55}	tɕiæ^{33}	ɕiæ^{55}	tʂæ^{55}	ʂæ^{33}	tɕ^{h}iæ^{33}	iæ^{55}	piæ^{33}
稷山	tɕ^{h}iɑ̃^{44}	tɕiɑ̃^{42}	ɕiɑ̃^{44}	tʂɑ̃^{44}	ʂɑ̃^{42}	tɕ^{h}iɑ̃^{42} 白 / tɕiɑ̃^{42} 文	iɑ̃^{44}	piɑ̃^{42}
盐湖	tɕ^{h}iæ̃^{53}	tɕiæ̃^{44}	ɕiæ̃^{53}	tʂæ̃^{53}	——	tɕiæ̃^{44}	iæ̃^{53}	piæ̃^{44}
临猗	tɕ^{h}iæ̃^{53}	tɕiæ̃^{44}	ɕiæ̃^{53}	tʂæ̃^{53}	ʂæ̃^{44}	tɕ^{h}iæ̃^{44} 白 / tɕiæ̃^{44} 文	iæ̃^{53}	piæ̃^{44}
河津	tɕ^{h}iæ̃^{53}	tɕiæ̃^{44}	ɕiæ̃^{53}	tʂæ̃^{53}	ʂæ̃^{44}	tɕ^{h}iæ̃^{44} 白 / tɕiæ̃^{44} 文	iæ̃^{53}	piæ̃^{44}
平陆	tɕ^{h}ian^{55}	tɕian^{33}	ɕian^{55}	tʂan^{55}	ʂan^{33}	tɕ^{h}ian^{33}	ian^{55}	pian^{33}
永济	tɕ^{h}iæ̃^{53}	tɕiæ̃^{44}	ɕiæ̃^{53}	tʂæ̃^{53}	sai^{44}	tɕiæ̃^{53}	iæ̃^{53}	piæ̃^{44}

续表

字目	浅	践	癣	展	善	件	演	变
中古音 方言点	七演 山开三 上狝清	慈演 山开三 上狝从	息浅 山开三 上狝心	知演 山开三 上狝知	常演 山开三 上狝禅	其辇 山开三 上狝群	以浅 山开三 上狝以	彼眷 山开三 去线帮
芮城	$tɕ^hiæ̃^{53}$	$tɕiæ̃^{44}$	$ɕiæ̃^{53}$	$tʂæ̃^{53}$	$ʂæ̃^{44}$	$tɕ^hiæ̃^{44}$	$iæ̃^{53}$	$piæ̃^{44}$
吉县	$tɕ^hiæ̃^{53}$	$tɕiæ̃^{53}$	$ɕiæ̃^{53}$	$tʂæ̃^{53}$	$ʂæ̃^{33}$	$tɕ^hiæ̃^{33}$	$iæ̃^{53}$	$piæ̃^{33}$
乡宁	$tɕ^hiæ^{44}$	$tɕiæ^{22}$	$ɕiæ^{12}$	$tʂæ^{44}$	$ʂæ^{22}$	$tɕ^hiæ^{22}$ 白 / $tɕiæ^{22}$ 文	$iæ^{44}$	$piæ^{22}$
广灵	$tɕ^hiæ^{44}$	$tɕiæ^{213}$	$ɕiæ^{44}$	$tsæ^{44}$	$sæ^{213}$	$tɕiæ^{213}$	$iæ^{44}$	$piæ^{213}$

字目	蝙	便方~	面脸~	箭	贱	线	羡	战
中古音 / 方言点	匹战 山开三 去线滂	婢面 山开三 去线並	弥箭 山开三 去线明	子贱 山开三 去线精	才线 山开三 去线从	私箭 山开三 去线心	似面 山开三 去线邪	之膳 山开三 去线章
北京	pʰiɛn^{51}	piɛn^{51}	miɛn^{51}	tɕiɛn^{51}	tɕiɛn^{51}	ɕiɛn^{51}	ɕiɛn^{51}	tʂan^{51}
小店	pʰiæ^{24}	piæ^{24}	miæ^{24}	——	tɕiæ^{24}	ɕiæ^{11}	ɕiæ^{24}	tsæ^{24}
尖草坪	pʰie^{35}	pie^{35}	mie^{35}	tɕie^{35}	tɕie^{35}	ɕie^{35}	ɕie^{35}	tsæ^{35}
晋源	pʰiæ^{35}	piæ^{35}	miæ^{35}	tɕiæ^{35}	tɕiæ^{35}	ɕiæ^{35}	ɕiæ^{35}	tsaŋ^{35}
阳曲	pʰiɛ^{454}	piɛ^{454}	miɛ^{454}	tɕiɛ^{454}	tɕiɛ^{454}	ɕiɛ^{454}	ɕiɛ^{454}	tsæ^{454}
古交	pʰiɛ^{53}	piɛ^{53}	miɛ^{53}	tɕiɛ^{53}	tɕiɛ^{53}	ɕiɛ^{53}	ɕiɛ^{53}	tsɛ^{53}
清徐	pʰiɛ^{45}	piɛ^{45}	miɛ^{45}	tɕiɛ^{45}	tɕiɛ^{45}	ɕiɛ^{45}	ɕiɛ^{45}	tsɛ^{45}
娄烦	pʰiɛ^{54}	piɛ^{54}	miɛ^{54}	tɕiɛ^{54}	tɕiɛ^{54}	ɕiɛ^{54}	ɕiɛ^{54}	tsæ^{54}
榆次	pʰie^{35}	pie^{35}	mie^{35}	tɕie^{35}	tɕie^{35}	ɕie^{35}	ɕie^{35}	tsæ^{35}
交城	pʰiã^{24}	piã^{24}	miã^{24}	tɕiã^{24}	tɕiã^{24}	ɕiã^{24}	ɕiã^{24}	tsɒ̃^{24}
文水	pʰiæĩ^{35}	piæĩ^{35}	miæĩ^{35}	tɕiæĩ^{35}	tɕiæĩ^{35}	ɕiæĩ^{35}	ɕiæĩ^{35}	tsæĩ^{35}
祁县	pʰiẽ^{45}	piẽ^{45}	miẽ^{45}	tɕiẽ^{45}	tɕiẽ^{45}	ɕiẽ^{45}	ɕiẽ^{45}	tʂə̃^{45}
太谷	pʰiẽĩ^{53}	piẽĩ^{53}	miẽĩ^{53}	tɕiẽĩ^{53}	tɕiẽĩ^{53}	ɕiẽĩ^{53}	ɕiẽĩ^{53}	tsẽĩ^{53}
平遥	pʰĩɛ̃^{24}	pĩɛ̃^{24}	mĩɛ̃^{24}	tɕĩɛ̃^{24}	tɕĩɛ̃^{24}	ɕĩɛ̃^{24}	ɕyə^{512}	tʂɑ̃^{24}
孝义	pʰiᴇ^{454}	piᴇ^{454}	miᴇ^{454}	tɕiᴇ^{454}	tɕiᴇ^{454}	ɕiᴇ^{454}	ɕiᴇ^{454}	tʂã^{454}
介休	pʰiɛ̃^{45}	piɛ̃^{45}	miɛ̃^{45}	tɕiɛ̃^{45}	tɕiɛ̃^{45}	ɕiɛ̃^{45}	ɕiɛ̃^{45}	tʂæ̃^{45}
灵石	pʰie^{53}	pie^{53}	mie^{53}	tɕie^{53}	tɕie^{53}	ɕie^{53}	ɕie^{53}	tsei^{53}
盂县	pʰiæ̃^{55}	piæ̃^{55}	miæ̃^{55}	tɕiæ̃^{55}	tɕiæ̃^{55}	ɕiæ̃^{55}	ɕiæ̃^{55}	tsæ̃^{55}
寿阳	pʰiɪ^{45}	piɪ^{45}	miɪ^{45}	tɕiɪ^{45}	tɕiɪ^{45}	ɕiɪ^{45}	ɕiɪ^{45}	tsæ^{45}
榆社	pʰie^{45}	pie^{45}	mie^{45}	tɕie^{45}	tɕie^{45}	ɕie^{45}	ɕie^{45}	tsa^{45}
离石	pʰiɪ^{53}	piɪ^{53}	miɪ^{53}	tɕiɪ^{53}	tɕiɪ^{53}	ɕiɪ^{53}	ɕiɪ^{53}	tsæ^{53}
汾阳	pʰi^{55} 白 / pʰiã^{55} 文	pi^{55} 白 / piã^{55} 文	mi^{55} 白 / miã^{55} 文	tɕi^{55} 白 / tɕiã^{55} 文	tɕi^{55}	ɕi^{55}	ɕiã^{55}	tsã^{55}
中阳	pʰie^{53}	pie^{53}	mie^{53}	tɕie^{53}	tɕie^{53}	ɕie^{53}	ɕie^{53}	tʂɤ^{53} 白 / tsæ^{53} 文
柳林	pʰie^{53}	pie^{53}	mie^{53}	tɕie^{53}	tɕie^{53}	ɕie^{53}	ɕie^{53}	tsei^{53}
方山	pʰiɛ^{52}	piɛ^{52}	miɛ^{52}	tɕiɛ^{52}	tɕiɛ^{52}	ɕiɛ^{52}	ɕiɛ^{52}	tʂæ^{52}
临县	pʰie^{52}	pie^{52}	mie^{52}	tɕie^{52}	tɕie^{52}	ɕie^{52}	ɕie^{52}	tʂʅə^{52}
兴县	pʰiẽn^{53}	piẽn^{53}	miẽn^{53}	tɕiẽn^{53}	tɕiẽn^{53}	ɕiẽn^{53}	ɕiẽn^{53}	tʂẽn^{53}
岚县	pʰiẽ^{53}	piẽ^{53}	miẽ^{53}	tɕiẽ^{53}	tɕiẽ^{53}	ɕiẽ^{53}	ɕiẽ^{53}	tsẽ^{53}
静乐	pʰiæ̃^{53}	piæ̃^{53}	miæ̃^{53}	tɕiæ̃^{53}	tɕiæ̃^{53}	ɕiæ̃^{53}	ɕiæ̃^{53}	tsæ̃^{53}
交口	pʰiɑ̃^{53}	piɑ̃^{53}	miɑ̃^{53}	tɕiɑ̃^{53}	tɕiɑ̃^{53}	ɕiɑ̃^{53}	ɕiɑ̃^{53}	tsɑ̃^{53}
石楼	pʰiɑŋ^{51}	piɑŋ^{51}	miɑŋ^{51}	tɕiɑŋ^{51}	tɕiɑŋ^{51}	ɕiɑŋ^{51}	ɕiɑŋ^{51}	tʂɑŋ^{51}

续表

字目	骗	便方~	面脸~	箭	贱	线	羡	战
中古音 / 方言点	匹战 山开三 去线滂	婢面 山开三 去线並	弥箭 山开三 去线明	子贱 山开三 去线精	才线 山开三 去线从	私箭 山开三 去线心	似面 山开三 去线邪	之膳 山开三 去线章
隰县	pʰiɛ44	pie44	mie44	tɕie44	tɕʰiɛ44 白 / tɕiɛ44 文	ɕiɛ44	ɕiɛ44	tsæ44
大宁	pʰiɛ̃55	piɛ̃55	miɛ̃55	tɕiɛ̃55	tɕʰiɛ̃55	ɕiɛ̃55	ɕiɛ̃55	tʂɛ̃55
永和	pʰiɪ53	piɪ53	miɪ53	tɕiɪ53	tɕʰiɪ53 白 / tɕiɪ53 文	ɕiɪ53	ɕiɪ53	tʂei53
汾西	pʰiɑ̃55	piɑ̃53	miɑ̃53	tɕiɑ̃55	tɕʰiɑ̃53/ tɕiɑ̃53 文	ɕiɑ̃55	ɕiɑ̃55	tsɑ̃55
蒲县	pʰiæ̃33	piæ̃33	miæ̃33	tɕiæ̃33	tɕiæ̃33	ɕiæ̃33	ɕiæ̃33	tʂæ̃33
潞州	pʰiaŋ44	piaŋ54	miaŋ54	tɕiaŋ44	tɕiaŋ54	ɕiaŋ44	ɕiaŋ44	tsaŋ54
上党	pʰiɑŋ22	piɑŋ42	miɑŋ42	tɕiɑŋ22	tɕiɑŋ42	ɕiɑŋ22	ɕiɑŋ42	tsɑŋ42
长子	pʰiæ̃422	piæ̃53	miæ̃53	tɕiæ̃422	tɕiæ̃422	ɕiæ̃422	ɕiæ̃422	tsæ̃53
屯留	pʰiæ̃53	piæ̃11	miæ̃11	tɕiæ̃53	tɕiæ̃11	ɕiæ̃53	ɕiæ̃53	tsæ̃11
襄垣	pʰei53	pei45	mei45	tɕiei53	tɕiei45	ɕiei53	ɕiei53	tsæ45
黎城	pʰiæ422	piæ53	miæ53	tɕiæ53	tɕiæ53	ɕiæ53	ɕiæ53	tɕiæ53
平顺	pʰiæ̃53	piæ̃53	miæ̃53	tɕiæ̃53	tɕiæ̃53	ɕiæ̃53	ɕiæ̃53	tɕæ̃53
壶关	pʰiaŋ42	piaŋ353	miaŋ353	tsiaŋ42	tsiaŋ353	siaŋ42	siaŋ353	tʂaŋ353
沁县	pʰei53	pei53	mei53	tɕi53	tɕi53	——	ɕi53	tsæ53
武乡	pʰei55	pei55	mei55	tsei55	tsei55	sei55	sei55	tsæ55
沁源	pʰiæ̃53	piæ̃53	miæ̃53	tɕiæ̃53	tɕiæ̃53	ɕiæ̃53	ɕiæ̃53	tʂæ̃53
安泽	pʰiæ53	piæ53	miæ53	tɕiæ53	tɕiæ53	ɕiæ53	ɕiæ53	tsæ53
沁水端氏	pʰei53	pei53	mei53	tsei53	tsei53	sei53	ɕie53	tsæ53
阳城	pʰiɛ51	pie51	mie51	tɕie51	tɕie51	ɕie51	ɕyɛ51	tʂʅə51
高平	pʰiæ̃53	piæ̃53	miæ̃53	tɕiæ̃53	tɕiæ̃53	ɕiæ̃53	ɕiæ̃53	tʂæ̃53
陵川	pʰiə̃ĩ24	piə̃ĩ24	miə̃ĩ24	tɕiə̃ĩ24	tɕiə̃ĩ24	ɕiə̃ĩ24	ɕiə̃ĩ24	tʂã24
晋城	pʰiɛ53	pie53	mie53	tɕie53	tɕie53	ɕie53	ɕie53	tʂæ53
忻府	pʰiɛ̃53	piɛ̃53	miɛ̃53	tɕiɛ̃53	tɕiɛ̃53	ɕiɛ̃53	ɕiɛ̃53	tʂɑ̃53
原平	pʰiɛ̃53	piɛ̃53	miɛ̃53	tɕiɛ̃53	tɕiɛ̃53	ɕiɛ̃53	ɕiɛ̃53	tʂɛ̃53
定襄	pʰiə̃53	piə̃53	miə̃53	tɕiə̃53	tɕiə̃53	ɕiə̃53	ɕiə̃53	tʂə̃53
五台	pʰiə̃52	piə̃52	miə̃52	tɕiə̃52	tɕiə̃52	ɕiə̃52	ɕiə̃52	tsæn52
岢岚	pʰie52	pie52	mie52	tɕie52	tɕie52	ɕie52	ɕie52	tsæ52
五寨	pʰiaʔ4 老 / pʰiɪ52 新	piæ52	miɪ52	tɕiɪ52	tɕiɪ52	ɕiɪ52	ɕiɪ52	tsæ52

续表

字目	骗	便方～	面脸～	箭	贱	线	羡	战
中古音 / 方言点	匹战 山开三 去线滂	婢面 山开三 去线並	弥箭 山开三 去线明	子贱 山开三 去线精	才线 山开三 去线从	私箭 山开三 去线心	似面 山开三 去线邪	之膳 山开三 去线章
宁武	pʰiɛ^{52}	piɛ^{52}	miɛ^{52}	tɕiɛ^{52}	tɕiɛ^{52}	ɕiɛ^{52}	ɕiɛ^{52}	tsæ^{52}
神池	pʰie^{24}	pie^{52}	mie^{52}	tɕie^{52}	tɕie^{52}	ɕie^{52}	ɕie^{52}	tsæ^{52}
繁峙	pʰiɛ^{24}	piɛ^{24}	miɛ^{24}	tɕiɛ^{24}	tɕiɛ^{24}	ɕiɛ^{24}	ɕiɛ^{24}	tsɛ^{24}
代县	pʰie^{53}	pie^{53}	mie^{53}	tɕie^{53}	tɕie^{53}	ɕie^{53}	ɕie^{53}	tsɛ^{53}
河曲	pʰiɛ^{52}	piɛ^{52}	miɛ^{52}	tɕiɛ^{52}	tɕiɛ^{52}	ɕiɛ^{52}	ɕiɛ^{52}	tʂæ^{52}
保德	pʰiɑŋ^{52}	piɑŋ^{52}	miɑŋ^{52}	tɕiɑŋ^{52}	tɕiɑŋ^{52}	ɕiɑŋ^{52}	ɕiɑŋ^{52}	tʂɑŋ^{52}
偏关	pʰiɪ^{52}	piɪ^{52}	miɪ^{52}	tɕiɪ^{52}	tɕiɪ^{52}	ɕiɪ^{52}	ɕiɪ^{52}	tʂæ^{52}
朔城	pʰiɛ^{53}	piɛ^{53}	miɛ^{53}	tɕiɛ^{53}	tɕiɛ^{53}	ɕiɛ^{53}	ɕiɛ^{53}	tsæ^{53}
平鲁	pʰiᴇ^{52}	piᴇ^{52}/piᴇ^{34}	miᴇ^{52}	tɕiᴇ^{52}	tɕiᴇ^{52}	ɕiᴇ^{52}	ɕiᴇ^{52}	tsæ^{52}
应县	pʰiɛ̃^{24}	piɛ̃^{24}	məi^{24}	tɕiɛ̃^{24}	tɕiɛ̃^{24}	ɕiɛ̃^{24}	ɕiɛ̃^{24}	tsɛ̃^{24}
灵丘	pʰie^{53}	pie^{53}	mie^{53}	tɕie^{53}	tɕie^{53}	ɕie^{53}	ɕie^{53}	tsæ^{53}
浑源	pʰiɛ^{13}	piɛ^{13}	miɛ^{13}	tɕiɛ^{13}	tɕiɛ^{13}	ɕiɛ^{13}	ɕiɛ^{13}	tsæ^{22}
云州	pʰiɛ^{24}	piɛ^{24}	miɛ^{24}	tɕiɛ^{24}	tɕiɛ^{24}	ɕiɛ^{24}	ɕiɛ^{24}	tʂæ^{24}
新荣	pʰiᴇ^{24}	piᴇ^{24}	miᴇ^{24}	tɕiᴇ^{24}	tɕiᴇ^{24}	ɕiᴇ^{24}	ɕiᴇ^{24}	tʂæ^{24}
怀仁	pʰiæ^{24}	piæ^{24}	miæ^{24}	tɕiæ^{24}	tɕiæ^{24}	ɕiæ^{24}	ɕiæ^{24}	tsæ^{24}
左云	pʰiɛ^{24}	piɛ^{24}	miɛ^{24}	tɕiɛ^{24}	tɕiɛ^{24}	ɕiɛ^{24}	ɕiɛ^{24}	tsæ^{24}
右玉	pʰiɛ^{24}	piɛ^{24}	miɛ^{24}	tɕiɛ^{24}	tɕiɛ^{24}	ɕiɛ^{24}	ɕiɛ^{24}	tʂæ^{24}
阳高	pʰiɛ^{24}	piɛ^{24}	miɛ^{24}	tɕiɛ^{24}	tɕiɛ^{24}	ɕiɛ^{24}	ɕiɛ^{24}	tsɛ^{24}
山阴	pʰiᴇ^{335}	piᴇ^{335}/ pʰiᴇ^{335}	miᴇ^{335}	tɕiᴇ^{335}	tɕiᴇ^{335}	ɕiᴇ^{335}	ɕiᴇ^{335}	tʂæ^{335}
天镇	pʰiæ^{24}	piæ^{24}	miæ^{24}	tɕiæ^{24}	tɕiæ^{24}	ɕiæ^{24}	ɕiæ^{24}	tsæ^{24}
平定	pʰiæ̃^{24}	piæ̃^{24}	miæ̃^{24}	tɕiæ̃^{24}	tɕiæ̃^{24}	ɕiæ̃^{24}	ɕiæ̃^{24}	tʂæ̃^{24}
昔阳	pʰiæ̃^{13}	piæ̃^{13}	miæ̃^{13}	tɕiæ̃^{13}	tɕiæ̃^{13}	ɕiæ̃^{13}	ɕiæ̃^{13}	tʂæ̃^{13}
左权	pʰiɛ^{53}	piɛ^{53}	miɛ^{53}	tɕiɛ^{53}	tɕiɛ^{53}	ɕiɛ^{53}	ɕiɛ^{53}	tʂæ^{31}
和顺	pʰiɛ^{13}	piɛ^{13}	miɛ^{13}	tɕiɛ^{13}	tɕiɛ^{13}	ɕiɛ^{13}	ɕiɛ^{13}	tʂæ^{13}
尧都	pʰiæ̃^{44}	piæ̃^{44}	miæ̃^{44}	tɕiæ̃^{44}	tɕiæ̃^{44}	ɕiæ̃^{44}	ɕiæ̃^{44}	tʂʰæ̃^{44}
洪洞	pʰiɑn^{33}	piɑn^{53}	miɑn^{53}	tɕiɑn^{33}	tɕʰiɑn^{53} 白 / tɕiɑn^{53} 文	ɕiɑn^{33}	ɕiɑn^{33}	tʂɑn^{33}
洪洞赵城	pʰiɑ̃^{24}	piɑ̃^{53}	miɑ̃^{53}	tɕiɑ̃^{24}	tɕʰiɑ̃^{53}	ɕiɑ̃^{24}	ɕiɑ̃^{24}	tʂɑ̃^{53}
古县	pʰian^{35}	pian^{53}	mian^{21}	tɕian^{35}	tɕʰian^{53} 白 / tɕian^{53} 文	ɕian^{35}	ɕian^{53}	tʂan^{35}
襄汾	pʰian^{44}	pʰian^{53}	mian^{53}	tɕian^{44}	tɕʰian^{53}	ɕian^{44}	ɕian^{44}	tsan^{44}

续表

字目	骗	便方～	面脸～	箭	贱	线	羡	战
中古音 / 方言点	匹战 山开三 去线滂	婢面 山开三 去线並	弥箭 山开三 去线明	子贱 山开三 去线精	才线 山开三 去线从	私箭 山开三 去线心	似面 山开三 去线邪	之膳 山开三 去线章
浮山	pʰiãĩ^{44}	piãĩ^{53}	miɛ^{53} 白 / miãĩ^{53} 文	tɕiãĩ^{44}	tɕʰiãĩ^{53}	ɕiãĩ^{44}	ɕiãĩ^{44}	tʂãĩ^{44}
霍州	pʰiaŋ^{55}	piaŋ^{53}	miaŋ^{53}	tɕiaŋ^{55}	tɕiaŋ^{53}	ɕiaŋ^{55}	ɕiaŋ^{55}	tʂaŋ^{55}
翼城	pʰiɛɪ^{53}	piɛɪ^{53}	miɛɪ^{53}	tɕiɛɪ^{53}	tɕiɛɪ^{53}	ɕiɛɪ^{53}	ɕiɛɪ^{53}	tʂæ̃^{53}
闻喜	tʰuæ^{13}/ pʰiæ^{53}	piæ^{53}	liæ^{13} 白 / ȵiæ^{52} 白 / miæ^{13} 文	——	tɕʰiæ^{13}	ɕiæ^{53}	ɕiæ^{13}	tsæ^{53}
侯马	pʰiæ̃^{53}	piæ̃^{53}	miæ̃^{53}	tɕiæ̃^{53}	tɕʰiæ̃^{213}	ɕiæ̃^{53}	ȵiæ̃^{53}	tʂæ̃^{53}
新绛	pʰiã^{53}	piã^{53}	miã^{53}	tɕiã^{53}	tɕʰiã^{53}	ɕiã^{53}	ɕiã^{13}	tʂã^{53}
绛县	pʰiæ^{31}	piæ^{53}	miæ^{31}	tɕiæ^{31}	tɕiæ^{53}/ tɕiæ^{31}	ɕiæ^{31}	ɕiæ^{31}	tʂæ^{31}
垣曲	pʰiæ̃^{53}	piæ̃^{53}	miæ̃^{53}	tɕiæ̃^{53}	tɕiæ̃^{53}	ɕiæ̃^{53}	ɕiæ̃^{53}	tʂæ̃^{53}
夏县	pʰiæ^{31}	piæ^{31}	miæ^{31}	tɕiæ^{31}	tɕʰiæ^{31}	ɕiæ^{31}	ɕiæ^{31}	tʂæ^{31}
万荣	pʰiæ^{33}	piæ^{33}	miæ^{33}	tɕiæ^{33}	tɕʰiæ^{33}	ɕiæ^{33}	ɕiæ^{33}	tʂæ^{33}
稷山	pʰiɑ̃^{42}	piɑ̃^{42}	miɑ̃^{42}	tɕiɑ̃^{42}	tɕʰiɑ̃^{42} 白 / tɕiɑ̃^{42} 文	ɕiɑ̃^{42}	ɕiɑ̃^{42}	tʂɑ̃^{42}
盐湖	——	piæ̃^{44}	miæ̃^{44}	tɕiæ̃^{44}	tɕiæ̃^{44}	ɕiæ̃^{44}	ɕiæ̃^{44}	——
临猗	pʰiæ̃^{44}	piæ̃^{44}	miæ̃^{44}	tɕiæ̃^{44}	tɕiæ̃^{44}	ɕiæ̃^{44}	ɕiæ̃^{44}	tʂæ̃^{44}
河津	pʰiæ̃^{44}	piæ̃^{44}	miæ̃^{44}	tɕiæ̃^{44}	tɕʰiæ̃^{44} 白 / tɕiæ̃^{44} 文	ɕiæ̃^{44}	ɕiæ̃^{44}	tʂæ̃^{44}
平陆	pʰian^{33}	pian^{33}	mian^{33}	tɕian^{33}	tɕʰian^{33}	ɕian^{33}	ɕian^{33}	tʂan^{33}
永济	pʰiæ̃^{44}	piæ̃^{44}	miæ̃^{44}	tɕiæ̃^{44}	tɕiæ̃^{44}	ɕiæ̃^{44}	ɕiæ̃^{44}	tʂai^{44}
芮城	pʰiæ̃^{44}	piæ̃^{44}	miæ̃^{44}	tɕiæ̃^{44}	tɕʰiæ̃^{44} 白 / tɕiæ̃^{44} 文	ɕiæ̃^{44}	ɕiæ̃^{44}	tʂæ̃^{44}
吉县	pʰiæ̃^{33}	piæ̃^{33}	miæ̃^{33}	tɕiæ̃^{33}	tɕʰiæ̃^{33}	ɕiæ̃^{33}	ɕiæ̃^{33}	tʂæ̃^{33}
乡宁	pʰiæ^{22}	piæ^{22}	miæ^{22}	tɕiæ^{22}	tɕʰiæ^{22} 白 / tɕiæ^{22} 文	ɕiæ^{22}	ɕiæ^{22}	tʂæ^{22}
广灵	pʰiæ^{213}	piæ^{213}	miæ^{213}	tɕiæ^{213}	tɕiæ^{213}	ɕiæ^{213}	ɕiæ^{213}	tsæ^{213}

字目	颤	扇~子	谚	建	健	宪	献	鳖
中古音 / 方言点	之膳 山开三 去线章	式战 山开三 去线书	鱼变 山开三 去线疑	居万 山开三 去愿见	渠建 山开三 去愿群	许建 山开三 去愿晓	许建 山开三 去愿晓	并列 山开三 入薛帮
北京	tʂʰan^{51}/ tʂan^{51}	ʂan^{51}	iɛn^{51}	tɕiɛn^{51}	tɕiɛn^{51}	ɕiɛn^{51}	ɕiɛn^{51}	pie^{55}
小店	tsʰæ^{24}	sæ^{24}	iæ^{24}	tɕiæ^{24}	tɕiæ^{24}	ɕiæ^{24}	ɕiæ^{24}	pie^{11}
尖草坪	tsʰæ^{35}	sæ^{35}	ie^{35}	tɕie^{35}	tɕie^{35}	ɕie^{35}	ɕie^{35}	piəʔ^{2}
晋源	tsʰaŋ^{35}	saŋ^{35}	iæ^{35}	tɕiæ^{35}	tɕiæ^{35}	ɕiæ^{35}	ɕiæ^{35}	piəʔ^{2}
阳曲	tsæ^{454}/ tsʰæ^{454}	sæ^{454}	iɛ^{454}	tɕiɛ^{454}	tɕiɛ^{454}	ɕiɛ^{454}	ɕiɛ^{454}	piɛʔ^{4}
古交	tsʰɛ^{53}	sɛ^{53}	iɛ^{53}	tɕiɛ^{53}	tɕiɛ^{53}	ɕiɛ^{53}	ɕiɛ^{53}	piəʔ^{4}
清徐	tsʰɛ^{45}	sɛ^{45}	iɛ^{45}	tɕiɛ^{45}	tɕiɛ^{45}	ɕiɛ^{45}	ɕiɛ^{45}	piaʔ^{1}
娄烦	tsʰæ^{54}	sæ^{54}	iɛ^{54}	tɕiɛ^{54}	tɕiɛ^{54}	ɕiɛ^{54}	ɕiɛ^{54}	piaʔ^{3}
榆次	tsʰæ^{35}	sæ^{35}	ie^{35}	tɕie^{35}	tɕie^{35}	ɕie^{35}	ɕie^{35}	piaʔ^{1}
交城	tsɒ̃^{24}	sɒ̃^{24}	iã^{24}	tɕiã^{24}	tɕiã^{24}	ɕiã^{24}	ɕiã^{24}	piaʔ^{1}
文水	tsaŋ^{35} 白 / tsʰaŋ^{35} 文	sæĩ^{35}	ȵiæĩ^{35} 白 / iæĩ^{35} 文	tɕiæĩ^{35}	tɕiæĩ^{35}	ɕiæĩ^{35}	ɕiæĩ^{35}	piaʔ^{2}
祁县	tʂʰɑ̃^{45}	ʂə̃^{45}	iẽ^{45}	tɕiẽ^{45}	tɕiẽ^{45}	ɕiẽ^{45}	ɕiẽ^{45}	piɑʔ$^{\underline{32}}$
太谷	tsʰẽĩ^{53}	sẽĩ^{53}	iẽĩ^{53}	tɕiẽĩ^{53}	tɕiẽĩ^{53}	ɕiẽĩ^{53}	ɕiẽĩ^{53}	piaʔ^{3}
平遥	——	ʂɑ̃^{24}	ȵĩɛ̃^{24}	tɕĩɛ̃^{24}	tɕĩɛ̃^{24}	ɕĩɛ̃^{24}	ɕĩɛ̃^{24}	piʌʔ$^{\underline{212}}$
孝义	——	ʂᴇ^{454}	iã^{454}	tɕiã^{454}	tɕiã^{454}	ɕiᴇ^{454}	ɕiᴇ^{454}	piəʔ^{3}
介休	tʂæ̃^{45} 白 / tʂʰæ̃^{45} 文	ʂæ̃^{45}	ȵiɛ̃^{45}	tɕiɛ̃^{45}	tɕiɛ̃^{45}	ɕiɛ̃^{45}	ɕiɛ̃^{45}	piʌʔ$^{\underline{12}}$
灵石	tsei^{53}	sei^{53}	ie^{53}	tɕie^{53}	tɕie^{53}	ɕie^{53}	ɕie^{53}	piəʔ^{4}
盂县	tsæ^{55}	sæ^{55}	iæ^{55}	tɕiæ̃^{55}	tɕiæ̃^{55}	ɕiæ̃^{55}	ɕiæ̃^{55}	piʌʔ^{2}
寿阳	tsʰæ^{45}	sæ^{45}	iɪ^{45}	tɕiɪ^{45}	tɕiɪ^{45}	ɕiɪ^{45}	ɕiɪ^{45}	piɛʔ^{2}
榆社	tsʰa^{45}	sa^{45}	nie^{45} 白 / ie^{45} 文	tɕie^{45}	tɕie^{45}	ɕie^{45}	ɕie^{45}	piaʔ^{2}
离石	tsʰæ^{53}	ɕiɪ^{53} 白 / sæ^{53} 文	iɪ^{53}	tɕiɪ^{53}	tɕiɪ^{53}	ɕiɪ^{53}	ɕiɪ^{53}	pieʔ^{4}
汾阳	tsʰã^{55}	ɕi^{55} 白 / sã^{55} 文	iã^{55}	tɕiã^{55}	tɕiã^{55}	ɕiã^{55}	ɕi^{55} 白 / ɕiã^{55} 文	pieʔ^{2}
中阳	tsʰæ^{53}	ʂɤ^{53} 白 / sæ^{53} 文	ie^{53}	tɕie^{53}	tɕie^{53}	ɕie^{53}	ɕie^{53}	pieʔ^{4}
柳林	tsei^{53}	sei^{53}	ie^{53}	tɕie^{53}	tɕie^{53}	ɕie^{53}	ɕie^{53}	pieʔ^{4}
方山	tʂʰæ^{52}	ʂə^{52}	iɛ^{52}	tɕiɛ^{52}	tɕiɛ^{52}	ɕiɛ^{52}	ɕiɛ^{52}	pieʔ^{4}
临县	tʂʰʅə^{52}	ʂʅə^{52}	ie^{52}	tɕie^{52}	tɕie^{52}	ɕie^{52}	ɕie^{52}	piɐʔ^{3}
兴县	tʂẽn^{53}	ʂẽn^{53}	iẽn^{53}	tɕiẽn^{53}	tɕiẽn^{53}	ɕiẽn^{53}	ɕiẽn^{53}	——

续表

字目	颤	扇~子	谚	建	健	宪	献	鳖
中古音 / 方言点	之膳 山开三 去线章	式战 山开三 去线书	鱼变 山开三 去线疑	居万 山开三 去愿见	渠建 山开三 去愿群	许建 山开三 去愿晓	许建 山开三 去愿晓	并列 山开三 入薛帮
岚县	tsẽ^{53}	sẽ^{53}	iẽ^{53}	tɕiẽ^{53}	tɕiẽ^{53}	ɕiẽ^{53}	ɕiẽ^{53}	pieʔ^{4}
静乐	tsʰæ̃^{53}	sæ̃^{53}	iæ̃^{53}	tɕiæ̃^{53}	tɕiæ̃^{53}	ɕiæ̃^{53}	ɕiæ̃^{53}	piəʔ^{4}
交口	tsʰɑ̃^{53}	sɑ̃^{53}	iɑ̃^{53}	tɕiɑ̃^{53}	tɕiɑ̃^{53}	ɕiɑ̃^{53}	ɕiɑ̃^{53}	pieʔ^{4}
石楼	tʂʰaŋ^{51}	ʂaŋ^{51}	iaŋ^{51}	tɕiaŋ^{51}	tɕiaŋ^{51}	ɕiaŋ^{51}	ɕiaŋ^{51}	piəʔ^{4}
隰县	tsʰæ^{44}	sæ^{44}	iɛ^{44}	tɕʰiɛ^{53}	tɕʰiɛ^{53}	ɕiɛ^{44}	ɕiɛ^{44}	piəʔ^{3}
大宁	tʂʰɛ̃^{55}	ʂɛ̃^{55}	iɛ̃^{55}	tɕiɛ̃^{55}	tɕiɛ̃^{55}	ɕiɛ̃^{55}	ɕiɛ̃^{55}	piɐʔ$^{\underline{31}}$
永和	tʂɛi^{53}	ʂɛi^{53}	iɪ^{53}	tɕiɪ^{53}	tɕiɪ^{53}	ɕiɪ^{53}	ɕiɪ^{53}	piɐʔ$^{\underline{35}}$
汾西	tsɑ̃^{55}	——	iɑ̃^{53}	——	tɕiɑ̃^{55}	ɕiɑ̃^{53}	ɕiɑ̃^{55}	piɪ^{11}
蒲县	tʂʰæ̃^{33}	ʂæ̃^{33}	iæ̃^{33}	tɕiæ̃^{33}	tɕiæ̃^{33}	ɕiæ̃^{33}	ɕiæ̃^{33}	piɛʔ$^{\underline{43}}$
潞州	tsʰaŋ^{44}	saŋ^{44}	iaŋ^{54}	tɕiaŋ^{44}	tɕiaŋ^{44}	ɕiaŋ^{44}	ɕiaŋ^{44}	piəʔ$^{\underline{53}}$
上党	tsɑŋ^{42}	sɑŋ^{22}	iɑŋ^{44}	tɕiɑŋ^{22}	tɕiɑŋ^{42}	ɕiɑŋ^{22}	ɕiɑŋ^{42}	piəʔ$^{\underline{21}}$
长子	tsæ̃^{53}	sæ̃^{422}	iæ̃^{24}	tɕiæ̃^{422}	tɕiæ̃^{422}	ɕiæ̃^{422}	ɕiæ̃^{422}	piəʔ^{4}
屯留	tsʰæ̃^{53}	sæ̃^{53}	iæ̃^{11}	tɕiæ̃^{53}	tɕiæ̃^{53}	ɕiæ̃^{53}	ɕiæ̃^{53}	piəʔ^{1}
襄垣	tsæ^{45}	sæ^{53}	iei^{53}	tɕiei^{53}	tɕiei^{53}	ɕiei^{53}	ɕiei^{45}	piʌʔ^{3}
黎城	tɕiæ^{422}	ɕiæ^{422}	iæ^{53}	ciæ^{422}	ciæ^{422}	çiæ^{422}	çiæ^{422}	piʌʔ^{2}
平顺	tsʰæ̃^{53}	sæ̃^{53}	iæ̃^{53}	tɕiæ̃^{53}	tɕiæ̃^{53}	ɕiæ̃^{53}	ɕiæ̃^{53}	piʌʔ$^{\underline{212}}$
壶关	tʂaŋ^{353}	ʂaŋ^{42}	iaŋ^{353}	ciaŋ^{42}	ciaŋ^{353}	çiaŋ^{42}	çiaŋ^{42}	piʌʔ^{2}
沁县	tsæ^{53}	sæ^{53}	i^{53}	——	——	——	——	piæʔ$^{\underline{31}}$
武乡	tsæ^{55}	sæ^{55}	ŋei^{55}	tsei^{55}	tsei^{55}	sei^{55}	sei^{55}	piʌʔ$^{\underline{423}}$
沁源	tʂʰæ̃^{53}	ʂæ̃^{53}	ȵiæ̃^{53}	tɕiæ̃^{53}	tɕiæ̃^{53}	ɕiæ̃^{53}	ɕiæ̃^{53}	piəʔ$^{\underline{31}}$
安泽	tsæ^{53}	sæ^{53}	iæ^{53}	tɕiæ^{53}	tɕiæ^{53}	——	ɕiæ^{53}	piɛ^{21}
沁水端氏	tsei^{53}	sei^{53}	iɪ^{53}	kei^{53}	kei^{53}	sei^{53}	sei^{53}	piaʔ^{2}
阳城	tʂʅə^{51}	ʂʅə^{51}	iɛ^{51}	ciɛ^{51}	ciɛ^{51}	çiɛ^{51}	çiɛ^{51}	piʌʔ^{2}
高平	tʂæ̃^{53}	ʂæ̃^{53}	iæ̃^{33}	ciæ̃^{53}	ciæ̃^{53}	çiæ̃^{212}	çiæ̃^{53}	piɛʔ^{2}
陵川	tʂʰã^{24}	ʂã^{24}	iə̃ĩ^{24}	ciə̃ĩ^{24}	ciə̃ĩ^{24}	çiə̃ĩ^{24}	çiə̃ĩ^{24}	piʌʔ^{3}
晋城	tʂæ^{53}/tʂʰæ^{53}	ʂæ^{53}	iɛ^{53}	tɕiɛ^{53}	tɕiɛ^{53}	ɕiɛ^{53}	ɕiɛ^{53}	piʌʔ^{2}
忻府	tʂʰɑ̃^{53}	ʂɑ̃^{53}	iɛ̃^{53}	tɕiɛ̃^{53}	tɕiɛ̃^{53}	ɕiɛ̃^{53}	ɕiɛ̃^{53}	piɛʔ$^{\underline{32}}$
原平	tʂʰɛ̃^{53}	ʂɛ̃^{53}	iɛ̃^{53}	tɕiɛ̃^{53}	tɕiɛ̃^{53}	ɕiɛ̃^{53}	ɕiɛ̃^{53}	piəʔ$^{\underline{34}}$
定襄	tsʰæ^{53}	sə̃^{53}	iə̃^{53}	tɕiə̃^{53}	tɕiə̃^{53}	ɕiə̃^{53}	ɕiə̃^{53}	piə^{24}
五台	tsʰæn^{52}	sə̃^{52}	iə̃^{52}	tɕiə̃^{52}	tɕiə̃^{52}	ɕiə̃^{52}	ɕiə̃^{52}	piəʔ^{33}
岢岚	tsæ^{52}	sæ^{52}	iɛ^{52}	tɕiɛ^{52}	tɕiɛ^{52}	ɕiɛ^{52}	ɕiɛ^{52}	piɛʔ^{4}

续表

字目	颤	扇~子	谚	建	健	宪	献	鳖
中古音 方言点	之膳 山开三 去线章	式战 山开三 去线书	鱼变 山开三 去线疑	居万 山开三 去愿见	渠建 山开三 去愿群	许建 山开三 去愿晓	许建 山开三 去愿晓	并列 山开三 入薛帮
五寨	tsæ^{52}	sæ^{52}	iɪ^{52}	tɕiɪ^{52}	tɕiɪ^{52}	ɕiɪ^{52}	ɕiɪ^{52}	piɛʔ^{4}
宁武	tsʰæ^{52}	sæ^{52}	iɛ^{52}	tɕiɛ^{52}	tɕiɛ^{52}	ɕiɛ^{52}	ɕiɛ^{52}	piəʔ^{4}
神池	tsæ^{52}	sæ^{52}	iɛ^{52}	tɕiɛ^{52}	tɕiɛ^{52}	ɕiɛ^{52}	ɕiɛ^{52}	piʌʔ^{4}
繁峙	tsʰɛ^{24}	sɛ^{24}	iɛ^{24}	tɕiɛ^{24}	tɕiɛ^{24}	ɕiɛ^{24}	ɕiɛ^{24}	piaʔ$^{\underline{13}}$
代县	tsʰɛ^{53}	sɛ^{213}	iɛ^{53}	tɕiɛ^{53}	tɕiɛ^{53}	ɕiɛ^{53}	ɕiɛ^{53}	piaʔ^{2}
河曲	tʂʰæ^{44}	ʂæ^{52}	iɛ^{52}	tɕiɛ^{52}	tɕiɛ^{52}	ɕiɛ^{52}	ɕiɛ^{52}	piɛʔ^{4}
保德	tʂʰaŋ^{52}	ʂaŋ^{52}	iaŋ^{52}	tɕiaŋ^{52}	tɕiaŋ^{52}	ɕiaŋ^{52}	ɕiaŋ^{52}	piɛ^{44}
偏关	tʂʰæ^{52}	ʂæ^{52}	iɪ^{52}	tɕiɪ^{52}	tɕiɪ^{52}	ɕiɪ^{52}	ɕiɪ^{52}	piᴇ^{44}
朔城	tsæ^{53}	sæ^{53}	iɛ^{53}	tɕiɛ^{53}	tɕiɛ^{53}	ɕiɛ^{53}	ɕiɛ^{53}	piʌʔ$^{\underline{35}}$
平鲁	tsæ^{52}/ tsʰæ^{213}/ tsʰæ^{52}	——	iᴇ^{52}	tɕiᴇ^{52}	tɕiᴇ^{52}	ɕiᴇ^{52}	ɕiᴇ^{52}	piʌʔ$^{\underline{34}}$
应县	tsɛ̃^{24}	sɛ̃^{24}	iɛ̃^{24}	tɕiɛ̃^{24}	tɕiɛ̃^{24}	ɕiɛ̃^{24}	ɕiɛ̃^{24}	piɛ̃^{54}
灵丘	tsʰæ^{53}	sæ^{53}	iɛ^{53}	tɕiɛ^{53}	tɕiɛ^{53}	ɕiɛ^{53}	ɕiɛ^{53}	piʌʔ^{5}
浑源	tsʰæ^{13}	sæ^{13}	iɛ^{13}	tɕiɛ^{13}	tɕiɛ^{13}	ɕiɛ^{13}	ɕiɛ^{13}	piʌʔ^{4}
云州	tsʰæ^{24}	sæ^{24}	iɛ^{24}	tɕiɛ^{24}	tɕiɛ^{24}	ɕiɛ^{24}	ɕiɛ^{24}	piɑʔ^{4}
新荣	tʂʰæ^{24}	ʂæ^{24}	iᴇ^{24}	tɕiᴇ^{24}	tɕiᴇ^{24}	ɕiᴇ^{24}	ɕiᴇ^{24}	piaʔ^{4}
怀仁	tsæ^{24}	sæ^{24}	iæ^{24}	tɕiæ^{24}	tɕiæ^{24}	ɕiæ^{24}	ɕiæ^{24}	piaʔ^{4}
左云	tsʰæ^{24}	sæ^{24}	iɛ^{24}	tɕiɛ^{24}	tɕiɛ^{24}	ɕiɛ^{24}	ɕiɛ^{24}	piaʔ^{4}
右玉	tʂæ^{24}	ʂæ^{24}	——	tɕiɛ^{24}	tɕiɛ^{24}	ɕiɛ^{24}	ɕiɛ^{24}	piaʔ^{4}
阳高	tsʰɛ^{24}	sɛ^{24}	iɛ^{312}	tɕiɛ^{24}	tɕiɛ^{24}	ɕiɛ^{24}	ɕiɛ^{24}	piɑʔ^{3}
山阴	tʂæ^{335}/ tʂʰæ^{335}	ʂæ^{335}	iᴇ^{335}	tɕiᴇ^{335}	tɕiᴇ^{335}	ɕiᴇ^{335}	ɕiᴇ^{335}	piʌʔ^{4}
天镇	tsʰæ^{24}	sæ^{24}	iæ^{24}	tɕiæ^{24}	tɕiæ^{24}	ɕiæ^{24}	ɕiæ^{24}	piɑʔ^{4}
平定	tʂæ̃^{24}白/ tʂʰæ̃^{24}文	ʂæ̃^{24}	iæ̃^{24}	tɕiæ̃^{24}	tɕiæ̃^{24}	ɕiæ̃^{24}	ɕiæ̃^{24}	piæʔ^{4}
昔阳	tsʰæ̃^{13}	sæ̃^{13}	iæ̃^{13}	tɕiæ̃^{13}	tɕiæ̃^{13}	ɕiæ̃^{13}	ɕiæ̃^{13}	piʌʔ$^{\underline{43}}$
左权	tʂæ^{53}	ʂæ^{53}	iɛ^{53}	tɕiɛ^{53}	tɕiɛ^{53}	ɕiɛ^{53}	ɕiɛ^{53}	piɛʔ^{1}
和顺	tʂʰæ^{13}	ʂæ^{13}	iɛ^{13}	tɕiɛ^{13}	tɕiɛ^{13}	ɕiɛ^{13}	ɕiɛ^{13}	piɛʔ$^{\underline{21}}$
尧都	tʂæ̃^{44}	ʂæ̃^{44}	iæ̃^{44}	tɕiæ̃^{44}	tɕiæ̃^{44}	ɕiæ̃^{44}	ɕiæ̃^{44}	piɛ^{21}
洪洞	tʂan^{33}	ʂan^{42}	ian^{24}	tɕian^{33}	tɕian^{33}	ɕian^{42}	ɕian^{42}	piɛ^{21}
洪洞赵城	tʂã^{53}	ʂã^{53}	iã^{53}	tɕiã^{53}	tɕiã^{53}	ɕiã^{24}	ɕiã^{24}	piɛ^{21}

续表

字目	颤	扇~子	谚	建	健	宪	献	鳖
中古音 / 方言点	之膳 山开三 去线章	式战 山开三 去线书	鱼变 山开三 去线疑	居万 山开三 去愿见	渠建 山开三 去愿群	许建 山开三 去愿晓	许建 山开三 去愿晓	并列 山开三 入薛帮
古县	tʂan^{35}	ʂan^{53}	ian^{35}	tɕian^{53}	tɕian^{53}	ɕian^{53}	ɕian^{35}	piɛ^{21}
襄汾	tʂʰan^{44}	ʂan^{44}	ian^{21}	tɕian^{44}	tɕian^{44}	ɕian^{44}	ɕian^{44}	piɛ^{21}
浮山	tʂãĩ^{44}	ʂãĩ^{44}	iãĩ^{42}	tɕiãĩ^{44}	tɕiãĩ^{44}	ɕiãĩ^{44}	ɕiãĩ^{44}	piɛ^{42}
霍州	tʂaŋ^{55}	ʂaŋ^{55}	iaŋ^{53}	tɕiaŋ^{55}	tɕiaŋ^{55}	ɕiaŋ^{53}	ɕiaŋ^{53}	piɛ^{212}
翼城	tʂʰæ^{53}	ʂæ̃^{53}	iɛɪ^{53}	tɕiɛɪ^{53}	tɕiɛɪ^{53}	ɕiɛɪ^{53}	ɕiɛɪ^{53}	piᴇ^{53}
闻喜	tsʰæ^{53}	——	iæ^{13}	tɕiæ^{53}	tɕiæ^{13}	ɕiæ^{53}	ɕiæ^{53}	piᴇ^{53}
侯马	tʂʰæ̃^{53}	ʂæ̃^{53}	iæ̃^{53}	tɕiæ̃^{53}	tɕiæ̃^{53}	ɕiæ̃^{53}	ɕiæ̃^{53}	piɛ^{213}
新绛	tʂʰã^{53}	ʂã^{53}	iã^{53}	tɕiã^{53}	tɕiã^{53}	ɕiã^{13}	ɕiã^{53}	piɛ^{53}
绛县	tʂʰæ^{31}	ʂæ^{31}	iæ^{31}	tɕiæ^{31}	tɕiæ^{31}	ɕiæ^{31}	ɕiæ^{31}	piɪ^{53}/piɛ^{53}
垣曲	tʂʰæ̃^{53}	ʂæ̃^{53}	iæ̃^{53}	tɕiæ̃^{53}	tɕiæ̃^{53}	ɕiæ̃^{53}	ɕiæ̃^{53}	piɛ^{22}
夏县	tʂæ^{31}白 / tʂʰæ^{31}文	ʂæ^{31}	iæ^{31}	tɕiæ^{31}	tɕiæ^{31}	ɕiæ^{31}	ɕiæ^{31}	piɛ^{53}
万荣	tʂʰæ^{33}	ʂæ^{33}	iæ^{33}	tɕiæ^{33}	tɕiæ^{33}	ɕiæ^{33}	ɕiæ^{33}	piɛ^{51}
稷山	tʂʰɑ̃^{42}	ʂɑ̃^{42}	iɑ̃^{42}	tɕiɑ̃^{42}	tɕiɑ̃^{42}	ɕiɑ̃^{42}	ɕiɑ̃^{42}	piɛ^{53}
盐湖	——	ʂæ̃^{44}	iæ̃^{44}	tɕiæ̃^{44}	tɕiæ̃^{44}	ɕiæ̃^{44}	ɕiæ̃^{44}	piɛ^{42}
临猗	tʂʰæ̃^{44}白 / tʂæ̃^{44}文	ʂæ̃^{44}	iæ̃^{44}	tɕiæ̃^{44}	tɕiæ̃^{44}	ɕiæ̃^{44}	ɕiæ̃^{44}	piɛ^{42}
河津	tʂæ̃^{44}	ʂæ̃^{44}	iæ̃^{44}	tɕiæ̃^{44}	tɕiæ̃^{44}	ɕiæ̃^{44}	ɕiæ̃^{44}	piɛ^{31}
平陆	tʂan^{33}	ʂan^{33}	ian^{33}	tɕian^{33}	tɕian^{33}	ɕian^{33}	ɕian^{33}	piɛ^{31}
永济	tʂʰai^{44}	ʂæ̃^{44}	iai^{44}	tɕiæ̃^{44}	tɕiæ̃^{44}	ɕiai^{44}	ɕiæ̃^{44}	piɛ^{31}
芮城	tʂæ̃^{44}	ʂæ̃^{44}	iæ̃^{44}	tɕiæ̃^{44}	tɕiæ̃^{44}	ɕiæ̃^{44}	ɕiæ̃^{44}	piɛ^{42}
吉县	tʂʰæ̃^{33}	ʂæ̃^{33}	iæ̃^{33}	tɕiæ̃^{33}	tɕiæ̃^{33}	ɕiæ̃^{33}	ɕiæ̃^{33}	piɛ^{423}
乡宁	tʂʰæ^{22}	ʂæ^{22}	iæ^{22}	tɕiæ^{22}	tɕiæ^{22}	ɕiæ^{22}	ɕiæ^{22}	piᴇ^{53}
广灵	tsʰæ^{213}	sæ^{213}	iæ^{213}	tɕiæ^{213}	tɕiæ^{213}	ɕiæ^{213}	ɕiæ^{213}	piɤ^{53}

字目	别区~	别离~	灭	列	烈	裂	泄	薛
中古音 / 方言点	方别 山开三 入薛帮	皮列 山开三 入薛並	亡列 山开三 入薛明	良薛 山开三 入薛来	良薛 山开三 入薛来	良薛 山开三 入薛来	私列 山开三 入薛心	私列 山开三 入薛心
北京	pie^{35}	pie^{35}	mie^{51}	lie^{51}	lie^{51}	lie^{214} 白 / lie^{51} 文	ɕie^{51}	ɕye^{55}
小店	piəʔ^{1}	piəʔ$^{\underline{54}}$	tiəʔ$^{\underline{54}}$	liəʔ^{1}	liəʔ^{1}	liəʔ^{1}	ɕie^{24}/ɕiəʔ^{1}	ɕyəʔ^{1}
尖草坪	piəʔ^{2}	piəʔ$^{\underline{43}}$	miəʔ^{2}	liəʔ^{2}	liəʔ^{2}	liəʔ^{2}	ɕiəʔ^{2} 白 / ɕie^{35} 文	ɕyəʔ^{2}
晋源	piəʔ$^{\underline{43}}$	piaʔ$^{\underline{43}}$	miəʔ$^{\underline{43}}$	liəʔ^{2}	liəʔ^{2}	liəʔ^{2}	ɕie^{35}	ɕyəʔ^{2}
阳曲	pieʔ^{4}	pieʔ$^{\underline{212}}$	mieʔ^{4}	lieʔ^{4}	lieʔ^{4}	lieʔ^{4}	ɕieʔ^{4}/ɕie^{454}	ɕieʔ^{4}
古交	piəʔ^{4}	piəʔ$^{\underline{312}}$	miəʔ^{4}	liəʔ^{4}	liəʔ^{4}	liəʔ^{4}	ɕiəʔ^{4}	ɕyəʔ^{4}
清徐	piaʔ^{1}	piaʔ$^{\underline{54}}$	miaʔ^{1}	liaʔ^{1}	liaʔ^{1}	liaʔ^{1}	ɕiəʔ^{1}	ɕyaʔ^{1}
娄烦	piaʔ$^{\underline{21}}$	piaʔ$^{\underline{21}}$	miaʔ^{3}	liəʔ^{3}	liəʔ^{3}	liəʔ^{3}	ɕiɪ^{54}	ɕyəʔ^{3}
榆次	piaʔ^{1}	piaʔ^{1}	miaʔ^{1}	liaʔ^{1}	liaʔ^{1}	liaʔ^{1}	ɕie^{35}	ɕiaʔ^{1}
交城	piaʔ$^{\underline{53}}$	piaʔ$^{\underline{53}}$	miaʔ^{1}	liaʔ^{1}	liaʔ^{1}	liaʔ^{1}	ɕie^{24}	ɕiaʔ$^{\underline{53}}$
文水	piaʔ^{2}	piaʔ^{312}	miaʔ^{2}	liaʔ^{2}	liaʔ^{2}	liaʔ^{2}	ɕi^{35}	ɕiaʔ^{2} 老 / ɕyaʔ^{2} 新
祁县	piɑʔ$^{\underline{324}}$	piɑʔ$^{\underline{324}}$	miɑʔ$^{\underline{32}}$	liɑʔ$^{\underline{32}}$	liɑʔ$^{\underline{32}}$	liɑʔ$^{\underline{32}}$	ɕiɪ^{45}	ɕyɑʔ$^{\underline{32}}$
太谷	piaʔ$^{\underline{423}}$	piaʔ$^{\underline{423}}$	miaʔ^{3}	liaʔ^{3}	liaʔ^{3}	liaʔ^{3}	ɕie^{53}	ɕyaʔ^{3}
平遥	piʌʔ$^{\underline{523}}$	piʌʔ$^{\underline{523}}$	miʌʔ$^{\underline{523}}$	liʌʔ$^{\underline{523}}$	liʌʔ$^{\underline{523}}$	liʌʔ$^{\underline{523}}$	ɕiʌʔ$^{\underline{212}}$	ɕiʌʔ$^{\underline{212}}$
孝义	piəʔ$^{\underline{423}}$	piəʔ$^{\underline{423}}$	miəʔ^{3}	liəʔ^{3}	liəʔ^{3}	liəʔ^{3}	ɕiᴇ^{454}	ɕiəʔ^{3}
介休	piʌʔ$^{\underline{312}}$	piʌʔ$^{\underline{312}}$	miʌʔ$^{\underline{12}}$	liʌʔ$^{\underline{12}}$	liʌʔ$^{\underline{12}}$	liʌʔ$^{\underline{12}}$	ɕiᴇ^{45}	ɕyʌʔ$^{\underline{12}}$
灵石	piəʔ^{4}	piəʔ^{4}	miəʔ^{4}	liəʔ^{4}	liəʔ^{4}	liəʔ^{4}	ɕie^{53}	ɕyəʔ^{4}
盂县	piʌʔ$^{\underline{53}}$	piʌʔ$^{\underline{53}}$	miʌʔ^{2}	liʌʔ^{2}	liʌʔ^{2}	lie^{55}/liʌʔ^{2}	ɕie^{55}	ɕyʌʔ^{2}
寿阳	pieʔ$^{\underline{54}}$	piɪ^{53}	mieʔ^{2}	lieʔ^{2}	lieʔ^{2}	lieʔ^{2}	ɕiɪ^{45}	ɕieʔ^{2}
榆社	piaʔ$^{\underline{312}}$	piaʔ$^{\underline{312}}$	——	liaʔ^{2}	liaʔ^{2}	liaʔ^{2}	——	ɕiaʔ^{2}
离石	pieʔ^{4}	pieʔ^{4}	mieʔ^{4}	lieʔ^{4}	lieʔ^{4}	lieʔ^{4}	ɕie^{53}	ɕieʔ^{4}
汾阳	pieʔ^{2}	pieʔ$^{\underline{312}}$	mieʔ$^{\underline{312}}$	lieʔ$^{\underline{312}}$	lieʔ$^{\underline{312}}$	lieʔ$^{\underline{312}}$	ɕi^{55}	ɕyeʔ^{2}
中阳	pieʔ^{4}	pieʔ^{4}	mieʔ^{4}	lieʔ^{4}	lieʔ^{4}	lieʔ^{4}	ɕie^{53}	ɕieʔ^{4}
柳林	pʰiɛʔ$^{\underline{423}}$ 白 / piɛʔ^{4} 文	piɛʔ$^{\underline{423}}$	miɛʔ$^{\underline{423}}$	liɛʔ^{4}	liɛʔ^{4}	liɛʔ^{4}	ɕiɛʔ^{4}	ɕiɛʔ^{4}
方山	piɛʔ^{4}	pʰiɛʔ$^{\underline{23}}$	miɛʔ^{4}	liɛʔ^{4}	liɛʔ^{4}	liɛʔ^{4}	ɕiɛ^{52}	ɕiɛʔ^{4}
临县	piɐʔ^{3}	piɐʔ^{3}	miɐʔ^{3}	liɐʔ^{3}	liɐʔ^{3}	liɐʔ^{3}	ɕie^{52}	ɕiɐʔ^{3}
兴县	pʰiəʔ$^{\underline{312}}$ 白 / pie^{53} 文	pʰiəʔ$^{\underline{312}}$ 白 / pie^{53} 文	miəʔ^{5}	liəʔ^{5}	liəʔ^{5}	liəʔ^{5}/liɛ^{324}	ɕie^{53}	ɕiəʔ^{5}

续表

字目	别区~	别离~	灭	列	烈	裂	泄	薛
中古音 / 方言点	方别 山开三 入薛帮	皮列 山开三 入薛並	亡列 山开三 入薛明	良薛 山开三 入薛来	良薛 山开三 入薛来	良薛 山开三 入薛来	私列 山开三 入薛心	私列 山开三 入薛心
岚县	pieʔ^{4}	pieʔ^{4}	miəʔ^{4}	lieʔ^{4}	lieʔ^{4}	lieʔ^{4}	çie^{53}	çieʔ^{4}
静乐	piəʔ$^{\underline{212}}$	piəʔ$^{\underline{212}}$	miəʔ^{4}	liəʔ^{4}	liəʔ^{4}	liəʔ^{4}	çie^{33}	çiəʔ^{4}
交口	pieʔ^{4}	p^{h}ieʔ$^{\underline{212}}$	mieʔ^{4}	lieʔ^{4}	lieʔ^{4}	lieʔ^{4}	çiɛ^{53}	çieʔ^{4}
石楼	piəʔ^{4}	piəʔ$^{\underline{213}}$	miəʔ^{4}	liəʔ^{4}	liəʔ^{4}	liəʔ^{4}	çiɛ^{51}	çiəʔ^{4}
隰县	piəʔ^{3}	p^{h}iəʔ^{3}	miəʔ^{3}	liəʔ^{3}	liəʔ^{3}	liəʔ^{3}	çiəʔ^{3}	çiəʔ^{3}
大宁	p^{h}iɐʔ^{4} 白 / piɐʔ^{4} 文	p^{h}iɐʔ^{4} 白 / piɐʔ^{4} 文	miɐʔ$^{\underline{31}}$	liɐʔ$^{\underline{31}}$	liɐʔ$^{\underline{31}}$	liɐʔ$^{\underline{31}}$	çie^{55}	çiɐʔ$^{\underline{31}}$
永和	piɐʔ$^{\underline{312}}$	piɐʔ$^{\underline{312}}$	miɐʔ$^{\underline{312}}$	liɐʔ$^{\underline{312}}$	liɐʔ$^{\underline{312}}$	liɐʔ$^{\underline{312}}$	çiɪ^{53} 白 / çie^{53} 文	çiɐʔ$^{\underline{35}}$
汾西	pyəʔ^{3} 白	——	miəʔ^{1}	liəʔ^{1}	liəʔ^{1}	liəʔ^{1}	——	çyəʔ^{1}
蒲县	p^{h}iɛ^{33} 白 / piɛ^{24} 文	piɛ^{24}	miɛʔ$^{\underline{43}}$	liɛʔ$^{\underline{43}}$	liɛʔ$^{\underline{43}}$	liɛʔ$^{\underline{43}}$	çie^{33}	çiɛʔ$^{\underline{43}}$
潞州	piəʔ$^{\underline{53}}$	piəʔ$^{\underline{53}}$	miəʔ$^{\underline{53}}$	liəʔ$^{\underline{53}}$	liəʔ$^{\underline{53}}$	liəʔ$^{\underline{53}}$	çie^{54}	çyəʔ$^{\underline{53}}$
上党	piəʔ$^{\underline{21}}$	piəʔ$^{\underline{21}}$	miəʔ$^{\underline{21}}$	liəʔ$^{\underline{21}}$	liəʔ$^{\underline{21}}$	liəʔ$^{\underline{21}}$	çiəʔ$^{\underline{21}}$	çyəʔ$^{\underline{21}}$
长子	piəʔ$^{\underline{212}}$	piəʔ$^{\underline{212}}$	miəʔ$^{\underline{212}}$	liəʔ^{4}	liəʔ^{4}	liəʔ^{4}	çie^{53}	çyəʔ^{4}
屯留	piəʔ$^{\underline{54}}$	piəʔ^{1}	miəʔ^{1}	liəʔ^{1}	liəʔ^{1}	liəʔ^{1}	çiəʔ$^{\underline{54}}$	çyəʔ^{1}
襄垣	piʌʔ$^{\underline{43}}$	piʌʔ$^{\underline{43}}$	miʌʔ^{3}	liʌʔ^{3}	liʌʔ^{3}	liʌʔ^{3}	çie^{45}	çyʌʔ^{3}
黎城	piʌʔ$^{\underline{31}}$	piʌʔ$^{\underline{31}}$	miʌʔ^{2}	liʌʔ^{2}	liʌʔ^{2}	liʌʔ^{2}	çiɤ^{53}	çiʌʔ^{2}
平顺	piʌʔ$^{\underline{212}}$	piʌʔ$^{\underline{212}}$	miʌʔ$^{\underline{423}}$	liʌʔ$^{\underline{423}}$	liʌʔ$^{\underline{423}}$	liʌʔ$^{\underline{423}}$	çiʌʔ$^{\underline{423}}$	çiʌʔ$^{\underline{423}}$
壶关	piʌʔ^{2}	piʌʔ^{2}	miʌʔ$^{\underline{21}}$	liʌʔ$^{\underline{21}}$	liʌʔ$^{\underline{21}}$	liʌʔ$^{\underline{21}}$	siʌʔ^{2}	siʌʔ^{2}
沁县	piæʔ$^{\underline{212}}$	piæʔ$^{\underline{31}}$	miæʔ^{31} 白	liæʔ$^{\underline{31}}$	liæʔ$^{\underline{31}}$	liæʔ$^{\underline{31}}$	çiɛ^{53}	çyæʔ$^{\underline{31}}$
武乡	piʌʔ$^{\underline{423}}$	piʌʔ$^{\underline{423}}$	miʌʔ^{3}	liʌʔ^{3}	liʌʔ^{3}	liʌʔ^{3}	——	çyʌʔ^{3}
沁源	piəʔ$^{\underline{31}}$	piəʔ$^{\underline{31}}$	miəʔ$^{\underline{31}}$	liəʔ$^{\underline{31}}$	liəʔ$^{\underline{31}}$	liəʔ$^{\underline{31}}$	çie^{53}	çyəʔ$^{\underline{31}}$
安泽	piɛ^{35}	piɛ^{35}	miɛ^{21}	liɛ^{21}	liɛ^{21}	liɛ^{21}	çiɛ^{53}	çyɛ^{21}
沁水端氏	piaʔ^{2}	piaʔ$^{\underline{54}}$	miaʔ^{2}	liaʔ^{2}	liaʔ^{2}	liaʔ^{2}	çiɛ^{53}	çyaʔ^{2}
阳城	piʌʔ^{2}	piʌʔ^{2}	miʌʔ^{2}	liʌʔ^{2}	liʌʔ^{2}	liʌʔ^{2}	çiɛ^{51}	çyʌʔ^{2}
高平	piɛʔ^{2}	piɛʔ^{2}	miɛʔ^{2}	liɛʔ^{2}	liɛʔ^{2}	liɛʔ^{2}	çiɛ^{53}	çiɛʔ^{2}
陵川	piʌʔ^{3}	piʌʔ$^{\underline{23}}$	miʌʔ$^{\underline{23}}$	liʌʔ$^{\underline{23}}$	liʌʔ$^{\underline{23}}$	liʌʔ$^{\underline{23}}$	çie^{24}	çyʌʔ^{3}
晋城	piʌʔ^{2}	piʌʔ^{2}	miʌʔ^{2}	liʌʔ^{2}	liʌʔ^{2}	liʌʔ^{2}	çiɛ^{53}	çyʌʔ^{2}
忻府	piɛʔ$^{\underline{32}}$	piɛʔ$^{\underline{32}}$	miɛʔ$^{\underline{32}}$	liɛʔ$^{\underline{32}}$	liɛʔ$^{\underline{32}}$	liɛʔ$^{\underline{32}}$	çiɛ^{53}	çiɛʔ$^{\underline{32}}$
原平	piəʔ$^{\underline{34}}$	piəʔ$^{\underline{34}}$	miəʔ$^{\underline{34}}$	liəʔ$^{\underline{34}}$	liəʔ$^{\underline{34}}$	liəʔ$^{\underline{34}}$	çiɤ^{53}	çyəʔ$^{\underline{34}}$

续表

字目	别区~	别离~	灭	列	烈	裂	泄	薛
中古音 / 方言点	方别 山开三 入薛帮	皮列 山开三 入薛並	亡列 山开三 入薛明	良薛 山开三 入薛来	良薛 山开三 入薛来	良薛 山开三 入薛来	私列 山开三 入薛心	私列 山开三 入薛心
定襄	piəʔ^{1}	piəʔ^{1}	miəʔ^{1}	liəʔ^{1}	liəʔ^{1}	liəʔ^{1}	ɕiəʔ^{1}	ɕyəʔ^{1}
五台	piəʔ^{3}	piəʔ^{3}	miəʔ^{3}	liəʔ^{3}	liəʔ^{3}	liəʔ^{3}	ɕiɛ^{52}	ɕyəʔ^{3}
岢岚	piɛʔ^{4}	piɛʔ^{4}	miɛʔ^{4}	liɛʔ^{4}	liɛʔ^{4}	liɛʔ^{4}	ɕiɛ^{52}	ɕyɛʔ^{4}
五寨	piɛʔ^{4}	piɛʔ^{4}	miɛʔ^{4}	liɛʔ^{4}	liɛʔ^{4}	liɛʔ^{4}	ɕiæ^{52}	ɕyɛʔ^{4}
宁武	piəʔ^{4}	piəʔ^{4}	miəʔ^{4}	liəʔ^{4}	liəʔ^{4}	liəʔ^{4}	——	ɕyəʔ^{4}
神池	piɛ^{32}	piᴀʔ^{4}	miᴀʔ^{4}	liᴀʔ^{4}	liᴀʔ^{4}	liᴀʔ^{4}	ɕiᴀʔ^{4}	ɕyᴀʔ^{4}
繁峙	piaʔ$^{\underline{13}}$ 白 / piɛ^{31} 文	piaʔ$^{\underline{13}}$ 白 / piɛ^{31} 文	miaʔ$^{\underline{13}}$	liaʔ$^{\underline{13}}$	liaʔ$^{\underline{13}}$	liaʔ$^{\underline{13}}$	ɕiɛ^{24}	ɕyaʔ$^{\underline{13}}$
代县	piaʔ^{2}	piaʔ^{2}	miaʔ^{2}	liaʔ^{2}	liaʔ^{2}	liaʔ^{2}	ɕie^{53}	ɕyaʔ^{2}
河曲	piɛʔ^{4}	piɛʔ^{4}	miɛʔ^{4}	liɛʔ^{4}	liɛʔ^{4}	liɛʔ^{4}	ɕiɛʔ^{4}	ɕyɛʔ^{4}
保德	piɛ^{44}	piɛ^{44}	miəʔ^{4}	liəʔ^{4}	liɛ^{44}	liəʔ^{4}	ɕiɛ^{52}	ɕyɛ^{44}
偏关	piᴇ^{44}	piɛʔ^{4}	miɛʔ^{4}	liɛʔ^{4}	liɛʔ^{4}	liɛʔ^{4}	ɕiᴇ^{52}	ɕyᴇʔ^{4}
朔城	piᴀʔ$^{\underline{35}}$	——	miᴀʔ$^{\underline{35}}$	liᴀʔ$^{\underline{35}}$	liᴀʔ$^{\underline{35}}$	liᴀʔ$^{\underline{35}}$	ɕiɛ^{53}	ɕyᴀʔ$^{\underline{35}}$
平鲁	piᴇ^{213}/piᴇ^{52}	piʌʔ$^{\underline{34}}$	miʌʔ$^{\underline{34}}$/ miəʔ$^{\underline{34}}$	liʌʔ$^{\underline{34}}$	liʌʔ$^{\underline{34}}$	liᴇ^{213}/liᴇ^{52}/ liʌʔ$^{\underline{34}}$	ɕiᴇ^{52}	ɕyʌʔ$^{\underline{34}}$
应县	piɛ^{31}	piaʔ$^{\underline{43}}$	miaʔ$^{\underline{43}}$	liɛ^{24}/liaʔ$^{\underline{43}}$	liaʔ$^{\underline{43}}$	liaʔ$^{\underline{43}}$	ɕiɛ^{24}	ɕyaʔ$^{\underline{43}}$
灵丘	pie^{31}	pie^{31}	mei^{442}	lie^{53}	liᴀʔ^{5}	lie^{53}	ɕie^{53}	ɕyᴀʔ^{5}
浑源	piɛ^{22}	piɛ^{22}/piʌʔ^{4}	miʌʔ^{4}	liʌʔ^{4}	liʌʔ^{4}	liɛ^{13}/liʌʔ^{4}	ɕiɛ^{13}	——
云州	piɑʔ^{4}	piɛ^{312}	miɑʔ^{4}	liɑʔ^{4}	liɑʔ^{4}	liɑʔ^{4}	ɕiɛ^{24}	ɕyɑʔ^{4}
新荣	piᴇ^{32}/piaʔ^{4}	piᴇ^{24}	miaʔ^{4}	liaʔ^{4}	liaʔ^{4}	liaʔ^{4}/liᴇ^{24}	ɕiᴇ^{24}	ɕyaʔ^{4}/ɕiaʔ^{4}
怀仁	piaʔ^{4}	piaʔ^{4}	miaʔ^{4}	liaʔ^{4}	liaʔ^{4}	liaʔ^{4}	ɕiɛ^{24}	ɕiaʔ^{4}
左云	piaʔ^{4}	piaʔ^{4}	miaʔ^{4}	liaʔ^{4}	liɛ^{24}	liaʔ^{4} 白 / liɛ^{24} 文	ɕiɛ^{24}	ɕyaʔ^{4}
右玉	piaʔ^{4}	piaʔ^{4}	miaʔ^{4}	liaʔ^{4}	liaʔ^{4}	liaʔ^{4}	ɕiɛ^{24}	ɕyaʔ^{4}
阳高	piɑʔ^{3}	piɑʔ^{3}	miɑʔ^{3}	liɑʔ^{3}	liɑʔ^{3}	liɑʔ^{3}	ɕiɛ^{24}	——
山阴	——	piᴀʔ^{4}	miᴀʔ^{4}	liᴀʔ^{4}	liᴀʔ^{4}	liᴀʔ^{4}	ɕiᴇ^{335}	ɕyᴀʔ^{4}
天镇	piɑʔ^{4}	piɑʔ^{4}	miɑʔ^{4}	liɑʔ^{4}	liɑʔ^{4}	liɑʔ^{4}	ɕiæ^{24}	ɕiɑʔ^{4}
平定	piæʔ^{4}	piəʔ^{4}	mei^{24}/ miæʔ$^{\underline{23}}$	liæʔ$^{\underline{23}}$	liæʔ$^{\underline{23}}$	liæʔ$^{\underline{23}}$	ɕiᴇ^{24}	ɕyæʔ^{4}
昔阳	piᴇ^{33}	piᴇ^{33}	miʌʔ$^{\underline{43}}$	liᴇ^{13}	liᴇ^{13}	liᴇ^{13}	ɕiᴇ^{13}	ɕyʌʔ^{43}
左权	pieʔ^{1}	pieʔ^{1}	mieʔ^{1}	lieʔ^{1}	lieʔ^{1}	li^{53}/lieʔ^{1}	ɕi^{53}	ɕye^{11}

续表

字目	别区~	别离~	灭	列	烈	裂	泄	薛
中古音 方言点	方别 山开三 入薛帮	皮列 山开三 入薛並	亡列 山开三 入薛明	良薛 山开三 入薛来	良薛 山开三 入薛来	良薛 山开三 入薛来	私列 山开三 入薛心	私列 山开三 入薛心
和顺	pieʔ$^{\underline{21}}$	——	mieʔ$^{\underline{21}}$	lieʔ$^{\underline{21}}$	lieʔ$^{\underline{21}}$	lieʔ$^{\underline{21}}$	ɕi^{13}	ɕyeʔ$^{\underline{21}}$
尧都	piɛ^{24}	pʰiɛ^{44}	miɛ^{21}	liɛ^{21}	liɛ^{21}	liɛ^{21}	ɕiɛ^{21}	ɕiɛ^{21}
洪洞	pye^{24}白/ pie^{24}文	pye^{24}白/ pie^{24}文	mie^{21}	lie^{21}	lie^{21}	lie^{21}	ɕie^{53}	——
洪洞赵城	piɛ^{24}	pʰiɛ^{24}白/ piɛ^{24}文	miɛ^{21}	liɛ^{21}	liɛ^{21}	liɛ^{21}	ɕiɛ^{53}	ɕiɛ^{21}
古县	pɛ^{35}	pʰiɛ^{35}白/ piɛ^{35}文	miɛ^{21}	liɛ^{21}	liɛ^{21}	liɛ^{21}	ɕiɛ^{21}	ɕyɛ^{21}
襄汾	pʰie^{21}白/ pie^{24}文	pʰie^{21}白/ pie^{24}文	mie^{21}	lie^{21}	lie^{21}	lie^{21}	ɕie^{44}	ɕye^{21}
浮山	piɛ^{13}	piɛ^{13}	miɛ^{42}	liɛ^{42}	liɛ^{42}	liɛ^{42}	ɕiɛ^{42}	ɕyɛ^{42}
霍州	pie^{35}	pie^{35}	mie^{212}	lie^{212}	lie^{212}	lie^{212}	ɕie^{55}	ɕye^{212}
翼城	piᴇ^{12}	piᴇ^{12}	miᴇ^{53}	liᴇ^{53}	liᴇ^{53}	liᴇ^{53}	ɕiᴇ^{53}	ɕyɤ^{53}
闻喜	piᴇ^{13}	pʰiᴇ^{53}/ pʰiᴇ^{13}	liᴇ^{53}白/ miᴇ^{53}文	liᴇ^{53}	liᴇ^{53}	liᴇ^{53}	ɕiᴇ^{53}	ɕyᴇ^{53}
侯马	pʰiɛ^{213}	pʰiɛ^{213}	miɛ^{53}	liɛ^{53}	liɛ^{53}	liɛ^{53}	ɕiɛ^{53}	ɕiɛ^{53}
新绛	pie^{13}	pʰie^{13}	mie^{53}	lie^{53}	lie^{53}	lie^{53}	ɕie^{53}	ɕie^{53}
绛县	piɛ^{53}	piɪ^{24}	miɪ^{53}	liɪ^{24}	liɪ^{24}	liɪ^{24}/liɛ^{53}	ɕiɛ^{31}	——
垣曲	pʰie^{22}	pʰie^{22}	mie^{53}	lie^{53}	lie^{53}	lie^{53}	ɕie^{53}	ɕie^{22}
夏县	pie^{42}	pie^{42}	mie^{53}	lie^{31}	lie^{31}	lie^{31}	ɕie^{31}	ɕiɤ^{53}白/ ɕyɛ^{53}文
万荣	piɛ^{213}	pʰiɛ^{213}白/ piɛ^{213}文	miɛ^{51}	liɛ^{51}	liɛ^{51}	liɛ^{51}	ɕiɛ^{33}	ɕiɛ^{51}
稷山	piɛ^{13}	piɛ^{13}	miɛ^{53}	liɛ^{53}	liɛ^{53}	liɛ^{53}	ɕiɛ^{53}	ɕiɛ^{53}
盐湖	pie^{42}	pie^{44}	mie^{42}	lie^{42}	lie^{42}	lie^{42}	ɕie^{44}	ɕie^{42}白/ ɕye^{42}文
临猗	piɛ^{13}	piɛ^{13}/piɛ^{44}	miɛ^{42}	liɛ^{42}	liɛ^{42}	liɛ^{42}	ɕiɛ^{44}	ɕiɛ^{42}白/ ɕyɛ^{42}文
河津	pʰiɛ^{324}白/ piɛ^{324}文	piɛ^{44}	miɛ^{31}	liɛ^{31}	liɛ^{31}	liɛ^{31}	ɕiɛ^{324}	ɕiɛ^{53}
平陆	piɛ^{13}	piɛ^{13}	miɛ^{31}	liɛ^{31}	liɛ^{31}	pia^{31}白/ liɛ^{31}文	ɕiɛ^{33}	ɕiɛ^{31}
永济	pie^{31}	pʰie^{24}白/ pie^{24}文	mie^{31}	lie^{31}	lie^{31}	lie^{31}	ɕie^{44}	ɕye^{31}

续表

字目	别区~	别离~	灭	列	烈	裂	泄	薛
中古音 / 方言点	方别 山开三 入薛帮	皮列 山开三 入薛並	亡列 山开三 入薛明	良薛 山开三 入薛来	良薛 山开三 入薛来	良薛 山开三 入薛来	私列 山开三 入薛心	私列 山开三 入薛心
芮城	$pi\varepsilon^{13}$	$pi\varepsilon^{13}$	$mi\varepsilon^{42}$	$li\varepsilon^{42}$	$li\varepsilon^{42}$	$li\varepsilon^{42}$	$\varsigma i\varepsilon^{44}$	$\varsigma i\varepsilon^{42}$
吉县	$p^hi\varepsilon^{13}$ 白 / $pi\varepsilon^{13}$ 文	$p^hi\varepsilon^{13}$ 白 / $pi\varepsilon^{13}$ 文	$mi\varepsilon^{423}$	$li\varepsilon^{423}$	$li\varepsilon^{423}$	$li\varepsilon^{423}$	$\varsigma i\varepsilon^{33}$	$\varsigma i\varepsilon^{423}$
乡宁	$pi\text{E}^{12}$	$p^hi\text{E}^{12}$ 白 / $pi\text{E}^{12}$ 文	$mi\text{E}^{53}$	$li\text{E}^{53}$	$li\text{E}^{53}$	$li\text{E}^{53}$	$\varsigma i\text{E}^{53}$	$\varsigma i\text{E}^{53}$
广灵	$pi\gamma^{31}/pi\gamma^{213}$	$pi\gamma^{31}/pi\gamma^{213}$	$mi\gamma^{213}$	$li\gamma^{213}$	$li\gamma^{213}$	$li\gamma^{213}$	$\varsigma i\gamma^{213}$	$\varsigma i\gamma^{53}$

字目	哲	撤	彻	折~断	浙	舌	设	热
中古音 / 方言点	陟列 山开三 入薛知	丑列 山开三 入薛彻	丑列 山开三 入薛彻	旨热 山开三 入薛章	旨热 山开三 入薛章	食列 山开三 入薛船	识列 山开三 入薛书	如列 山开三 入薛日
北京	tʂɤ^{35}	tʂʰɤ^{51}	tʂʰɤ^{51}	tʂɤ^{35}	tʂɤ^{51}	ʂɤ^{35}	ʂɤ^{51}	ʐɤ^{51}
小店	tsaʔ^{1}	tsʰəɯ^{24}	tsʰaʔ^{1}	tsaʔ^{1}	tsaʔ$^{\underline{54}}$	saʔ$^{\underline{54}}$	saʔ^{1}	zaʔ^{1}
尖草坪	tsəʔ^{2}	tsʰəʔ^{2}	tsʰəʔ^{2}	tsəʔ^{2}	tsəʔ^{2}	səʔ$^{\underline{43}}$	səʔ^{2}	zaʔ^{2} 白 / zəʔ^{2} 文
晋源	tsaʔ$^{\underline{43}}$	tsʰaʔ$^{\underline{43}}$	tsʰaʔ$^{\underline{43}}$	tsaʔ^{2}	tsaʔ$^{\underline{43}}$	saʔ$^{\underline{43}}$	saʔ^{2}	zaʔ^{2}
阳曲	tsəʔ^{4}	tsʰəʔ^{4}	tsʰəʔ^{4}	tsəʔ^{4}	tsəʔ^{4}	səʔ^{4}	səʔ^{4}	zəʔ^{4}
古交	tsəʔ^{4}	tsʰəʔ^{4}	tsʰəʔ^{4}	tsəʔ^{4}	tsəʔ^{4}	səʔ$^{\underline{312}}$	səʔ^{4}	zəʔ^{4}
清徐	tsaʔ^{1}	tsʰɤɯ^{45}	tsʰəʔ^{1}	tsaʔ^{1}	tsaʔ^{1}	səʔ$^{\underline{54}}$	səʔ^{1}	zaʔ^{1}
娄烦	tsaʔ^{3}	tsʰaʔ^{3}	tsʰaʔ^{3}	tsaʔ^{3}	tsaʔ^{3}	saʔ^{21}	saʔ^{3}	zaʔ^{3}
榆次	tsaʔ^{1}	tsʰaʔ^{1}	tsʰaʔ^{1}	tsaʔ^{1}	tsaʔ^{1}	saʔ^{1}	saʔ^{1}	zaʔ^{1}
交城	tsaʔ^{1}	tsʰaʔ^{1}	tsʰaʔ^{1}	saʔ$^{\underline{53}}$	tsaʔ$^{\underline{53}}$	saʔ$^{\underline{53}}$	saʔ^{1}	ʐaʔ^{1}
文水	tsaʔ^{2}	tsʰaʔ^{2}/ tsʰɪi^{35}	tsʰaʔ^{2}	tsaʔ^{2}/saʔ$^{\underline{312}}$	tsaʔ^{2}	saʔ$^{\underline{312}}$	saʔ^{2}	ʐaʔ^{2}
祁县	tʂɑʔ$^{\underline{32}}$	tʂʰɯ^{45}/ tsʰɑʔ$^{\underline{32}}$	tʂʰɑʔ$^{\underline{32}}$	tʂɑʔ$^{\underline{32}}$	tʂɑʔ$^{\underline{32}}$	ʂɑʔ$^{\underline{324}}$	ʂɑʔ$^{\underline{32}}$	ʐɑʔ$^{\underline{32}}$
太谷	tsaʔ^{3}	tsʰaʔ^{3}/tsʰe^{53}	tsʰaʔ^{3}	tsaʔ^{3}	tsaʔ^{3}	saʔ$^{\underline{423}}$	saʔ^{3}	zaʔ^{3}
平遥	tʂʌʔ$^{\underline{212}}$	tʂʰʌʔ$^{\underline{212}}$	tsʰʌʔ$^{\underline{212}}$	tʂʌʔ$^{\underline{212}}$	tsʰʌʔ$^{\underline{212}}$	ʂʌʔ$^{\underline{523}}$	ʂʌʔ$^{\underline{523}}$	ʐʌʔ$^{\underline{212}}$
孝义	tʂəʔ^{3}	tʂʰE^{454}	tʂʰəʔ^{3}	tʂəʔ^{3}	tʂəʔ^{3}	ʂəʔ$^{\underline{423}}$	ʂəʔ$^{\underline{423}}$	ʐaʔ^{3}
介休	tʂʌʔ$^{\underline{12}}$	tʂʰʌʔ$^{\underline{12}}$/ tʂʰiE^{45}	tʂʰʌʔ$^{\underline{12}}$	ʂʌʔ$^{\underline{312}}$	tʂʌʔ$^{\underline{12}}$	ʂʌʔ$^{\underline{312}}$	ʂʌʔ$^{\underline{12}}$	ʐʌʔ$^{\underline{312}}$
灵石	tsəʔ^{4}	tʂʰɤ^{53}	tsʰaʔ^{4}	tsəʔ^{4}	tsəʔ^{4}	ʂəʔ$^{\underline{212}}$	ʂəʔ^{4}	ʐəʔ^{4}
盂县	tsʌʔ^{2}	tsʰʌʔ^{2}	tsʰʌʔ^{2}	sʌʔ$^{\underline{53}}$ 白 / tsʌʔ^{2} 文	tsʌʔ^{2}	sʌʔ$^{\underline{53}}$	sʌʔ^{2}	zʌʔ^{2}
寿阳	tsaʔ^{2}	tsʰaʔ^{2}	tsʰaʔ^{2}	tsaʔ^{2}	tsaʔ$^{\underline{54}}$	saʔ$^{\underline{54}}$	saʔ^{2}	zaʔ^{2}
榆社	tsəʔ^{2}	tsʰaʔ^{2}	tsʰaʔ^{2}	tsaʔ$^{\underline{312}}$	——	saʔ$^{\underline{312}}$	saʔ^{2}	zaʔ^{2}
离石	tsəʔ^{4}	tsʰəʔ^{4}	tsʰəʔ^{4}	səʔ$^{\underline{23}}$	tsəʔ^{4}	səʔ$^{\underline{23}}$	səʔ^{4}	zəʔ^{4}
汾阳	tʂəʔ^{2}	tʂʰəʔ^{2}	tʂʰəʔ^{2}	tʂəʔ^{2}	tʂəʔ^{2}	ʂəʔ$^{\underline{312}}$	ʂəʔ^{2}	ʐaʔ^{2}
中阳	tsəʔ^{4}	tsʰəʔ^{4}	tsʰəʔ^{4}	tsəʔ^{4}	tsəʔ^{4}	səʔ$^{\underline{312}}$	səʔ^{4}	ʐəʔ^{4}
柳林	tsəʔ^{4}	tsʰəʔ^{4}	tsʰəʔ^{4}	tsəʔ^{4}	tsəʔ^{4}	sɑʔ$^{\underline{423}}$/ səʔ$^{\underline{423}}$	səʔ^{4}	zəʔ^{423}
方山	tʂəʔ^{4}	tʂʰəʔ^{4}	tʂʰəʔ^{4}	ʂəʔ$^{\underline{23}}$	tʂəʔ^{4}	ʂəʔ$^{\underline{23}}$	ʂəʔ^{4}	ʐəʔ$^{\underline{23}}$
临县	tʂɐʔ^{3}	tʂʰɐʔ^{3}	tʂʰɐʔ^{3}	ʂɐʔ^{3}	tʂɐ^{3}	ʂɐʔ$^{\underline{24}}$	ʂɐʔ^{3}	ʐɐʔ^{3}
兴县	tʂəʔ^{5}	tʂʰəʔ^{5}	tʂʰəʔ^{5}	ʂəʔ^{5}	tʂəʔ^{5}	ʂəʔ^{312} 白	ʂəʔ^{5}	ʐəʔ^{5}
岚县	tsieʔ^{4}	tsʰieʔ^{4}	tsʰieʔ^{4}	tsieʔ^{4}	tsieʔ^{4}	sieʔ$^{\underline{312}}$	sieʔ^{4}	ʐɤʔ^{4}

续表

字目	哲	撤	彻	折~断	浙	舌	设	热
中古音 方言点	陟列 山开三 入薛知	丑列 山开三 入薛彻	丑列 山开三 入薛彻	旨热 山开三 入薛章	旨热 山开三 入薛章	食列 山开三 入薛船	识列 山开三 入薛书	如列 山开三 入薛日
静乐	tsaʔ^{4}	tsʰaʔ^{2}	tsʰaʔ^{2}	saʔ$^{\underline{212}}$	tsaʔ^{2}	saʔ$^{\underline{212}}$	saʔ^{4}	zaʔ^{4}
交口	tsəʔ^{4}	tsʰə^{53}	tsʰəʔ^{4}	tsəʔ^{4}	tsəʔ^{4}	saʔ$^{\underline{212}}$	səʔ^{4}	ʐaʔ^{4}
石楼	tʂʌʔ^{4}	tʂʰʌʔ^{4}	tʂʰʌʔ^{4}	tʂʌʔ^{4}	tʂʌʔ^{4}	sʌʔ$^{\underline{213}}$	ʂʌʔ^{4}	ʐʌʔ^{4}
隰县	tsaʔ^{3}	tsʰaʔ^{3}	tsʰaʔ^{3}	tsaʔ^{3}	tsaʔ^{3}	saʔ^{3}	saʔ^{3}	zaʔ^{3}
大宁	tʂɐʔ$^{\underline{31}}$	tʂʰɐʔ$^{\underline{31}}$	tʂʰɐʔ$^{\underline{31}}$	tʂɐʔ$^{\underline{31}}$	tʂɐʔ$^{\underline{31}}$	ʂɐʔ^{4}	ʂɐʔ$^{\underline{31}}$	ʐɐʔ$^{\underline{31}}$
永和	tʂɐʔ$^{\underline{35}}$	tʂʰɐʔ$^{\underline{35}}$	tʂʰɐʔ$^{\underline{35}}$	tʂɐʔ$^{\underline{35}}$/ ʂɐʔ$^{\underline{312}}$	tʂɐʔ$^{\underline{35}}$	ʂɐʔ$^{\underline{312}}$	ʂɐʔ$^{\underline{35}}$	ʐɐʔ$^{\underline{312}}$
汾西	tsɪ^{11}	——	tsəʔ^{1}	tsʰyəʔ^{3} 白	tsɪ^{53}	səʔ^{3}	sɪ^{11}	zɪ^{55}
蒲县	tʂəʔ$^{\underline{43}}$	tʂʰəʔ$^{\underline{43}}$	tʂʰəʔ$^{\underline{43}}$	tʂɤ^{52}	tʂɤ^{52}	ʂʅ^{52}	ʂəʔ$^{\underline{43}}$	ʐɤ^{33}
潞州	tsəʔ$^{\underline{53}}$	tsʰəʔ$^{\underline{53}}$ 白 / tsʰə^{54} 文	tsʰəʔ$^{\underline{53}}$	tsəʔ$^{\underline{53}}$	tsəʔ$^{\underline{53}}$	səʔ$^{\underline{53}}$	səʔ$^{\underline{53}}$	iəʔ$^{\underline{53}}$
上党	tɕiəʔ$^{\underline{21}}$	tɕʰiəʔ$^{\underline{21}}$	tɕʰiəʔ$^{\underline{21}}$	tsəʔ$^{\underline{21}}$	tsəʔ$^{\underline{21}}$	ɕiəʔ$^{\underline{21}}$	ɕiəʔ$^{\underline{21}}$	iəʔ$^{\underline{21}}$
长子	tsəʔ^{4}	tsʰəʔ^{4}/ tsʰə^{422}	tsʰəʔ^{4}	tsəʔ^{4}	tsəʔ^{4}	səʔ$^{\underline{212}}$	səʔ^{4}	iəʔ^{4} 白 / ə^{422} 文
屯留	tsəʔ^{1}	tsʰɤ^{53}	tsʰəʔ^{1}	tsəʔ^{1}	tsəʔ^{1}	səʔ^{1}	sɤ^{11}	iəʔ^{1}
襄垣	tsʌʔ^{3}	tsʰʌʔ^{3}	tsʰʌʔ^{3}	tsʌʔ^{3}	tsʌʔ^{3}	sʌʔ^{43}	sʌʔ^{3}	ʐʌʔ^{3}
黎城	tɕiʌʔ^{2}	tɕʰiʌʔ^{2}	tɕʰiʌʔ^{2}	tɕiʌʔ^{2}	tɕiʌʔ^{2}	ɕiʌʔ^{2}	ɕiʌʔ^{2}	iɤʔ$^{\underline{31}}$
平顺	tɕiʌʔ$^{\underline{212}}$	tɕʰiʌʔ$^{\underline{212}}$	tɕʰiʌʔ$^{\underline{212}}$	tɕiʌʔ$^{\underline{212}}$	tɕiʌʔ$^{\underline{212}}$	ɕiʌʔ$^{\underline{423}}$	ɕiʌʔ$^{\underline{212}}$	iʌʔ$^{\underline{423}}$
壶关	tʃiʌʔ^{2}	tʃʰiʌʔ^{2}	tʃʰiʌʔ^{2}	tʃiʌʔ^{2}	tʃiʌʔ^{2}	ʃiʌʔ$^{\underline{21}}$	ʃiʌʔ^{2}	iʌʔ$^{\underline{21}}$
沁县	tsaʔ$^{\underline{31}}$	tsʰaʔ$^{\underline{31}}$	tsʰaʔ$^{\underline{31}}$	saʔ$^{\underline{212}}$	tsaʔ$^{\underline{31}}$	saʔ$^{\underline{212}}$	saʔ$^{\underline{31}}$	zaʔ$^{\underline{31}}$
武乡	tsʌʔ^{3}	——	tsʰʌʔ^{3}	tsʌʔ^{3}	tsʌʔ^{3}	sʌʔ^{3}	sʌʔ^{3}	zʌʔ^{3}
沁源	tʂʌʔ$^{\underline{31}}$	tʂʰʌʔ$^{\underline{31}}$	tʂʰʌʔ$^{\underline{31}}$	tʂʌʔ$^{\underline{31}}$	tʂʌʔ$^{\underline{31}}$	ʂʌʔ$^{\underline{31}}$	ʂəʔ$^{\underline{31}}$	ʐʌʔ$^{\underline{31}}$
安泽	tsəʔ$^{\underline{21}}$	tsʰɤ^{53}	tsʰɤ^{53}	tsəʔ^{21}	tsəʔ^{21}	sɤ^{35}	sɤ^{53}	zəʔ^{21}
沁水端氏	tsaʔ^{2}	tsʰaʔ^{2}	tsʰaʔ^{2}	tsaʔ^{2}	tsaʔ^{2}	saʔ^{2}	saʔ^{2}	zaʔ^{2}
阳城	tʂʌʔ^{2}	tʂʰʌʔ^{2}	tʂʰʌʔ^{2}	tʂʌʔ^{2}	tʂʌʔ^{2}	ʂʅə^{2}	ʂʌʔ^{2}	ʐʌʔ^{2}
高平	tʂʌʔ^{2}	tʂʰʅɛ^{53}	tʂʰʌʔ^{2}	tʂʌʔ^{2}	tʂʌʔ^{2}	ʂɛʔ^{2}	ʂʌʔ^{2}	ʐɛʔ^{2}
陵川	tɕiʌʔ^{3}	tɕʰɤ^{24}	tɕʰiʌʔ^{3}	tɕiʌʔ^{3}	tɕiʌʔ^{3}	ɕiʌʔ^{23}	ɕiʌʔ^{3}	iʌʔ^{23}
晋城	tʂʌʔ^{2}	tʂʰʌʔ^{2}	tʂʰʌʔ^{2}	tʂʌʔ^{2}	tʂʌʔ^{2}	ʂʌʔ^{2}	ʂʌʔ^{2}	ʐʌʔ^{2}
忻府	tʂɑʔ$^{\underline{32}}$	tʂʰɑʔ$^{\underline{32}}$	tʂʰɑʔ$^{\underline{32}}$	tʂɑʔ$^{\underline{32}}$	tʂɑʔ$^{\underline{32}}$	ʂəʔ$^{\underline{32}}$	ʂəʔ$^{\underline{32}}$	ʐəʔ$^{\underline{32}}$
原平	tʂɔʔ$^{\underline{34}}$	tʂʰɔʔ$^{\underline{34}}$	tʂʰɔʔ$^{\underline{34}}$	tʂɔʔ$^{\underline{34}}$	tʂɔʔ$^{\underline{34}}$	ʂɔʔ$^{\underline{34}}$	ʂɔʔ$^{\underline{34}}$	ʐɔʔ$^{\underline{34}}$
定襄	tsaʔ^{1}	tʂʰəʔ^{1}	tʂʰəʔ^{1}	tsaʔ^{1}	tsaʔ^{1}	səʔ^{1}	ʂəʔ^{1}	ʐəʔ^{1}
五台	tsəʔ^{3}	tsʰəʔ^{3}	tsʰəʔ^{3}	tsəʔ^{3}	tsəʔ^{3}	səʔ^{3}	səʔ^{3}	zəʔ^{3}

续表

字目	哲	撤	彻	折~断	浙	舌	设	热
中古音／方言点	陟列 山开三 入薛知	丑列 山开三 入薛彻	丑列 山开三 入薛彻	旨热 山开三 入薛章	旨热 山开三 入薛章	食列 山开三 入薛船	识列 山开三 入薛书	如列 山开三 入薛日
岢岚	tsaʔ^{4}	tʂʰaʔ^{4}	tʂʰaʔ^{4}	tʂaʔ^{4}	tʂaʔ^{4}	ʂaʔ^{4}	ʂaʔ^{4}	ʐaʔ^{4}
五寨	tsaʔ^{4}	tsʰaʔ^{4}	tsʰaʔ^{4}	tsaʔ^{4}	tsaʔ^{4}	saʔ^{4}	saʔ^{4}	zaʔ^{4}
宁武	tsᴀʔ^{4}	tsʰᴀʔ^{4}	tsʰᴀʔ^{4}	tsᴀʔ^{4}	tsᴀʔ^{4}	——	sᴀʔ^{4}	zᴀʔ^{4}
神池	tsᴀʔ^{4}	tsʰᴀʔ^{4}	tsʰᴀʔ^{4}	tsᴀʔ^{4}	tsᴀʔ^{4}	sᴀʔ^{4}	sᴀʔ^{4}	zᴀʔ^{4}
繁峙	tsaʔ$^{\underline{13}}$	tsʰaʔ$^{\underline{13}}$	tsʰaʔ$^{\underline{13}}$	tsaʔ$^{\underline{13}}$	tsɤ^{24}	sɤ^{31}	ʂaʔ$^{\underline{13}}$	ʐaʔ$^{\underline{13}}$
代县	tsaʔ^{2}	tsʰaʔ^{2}	tsʰaʔ^{2}	tsaʔ^{2}	tsaʔ^{2}	sɤ^{44}	saʔ^{2}	zaʔ^{2}
河曲	tʂaʔ^{4}	tʂʰaʔ^{4}	tʂʰaʔ^{4}	tʂaʔ^{4}	tʂaʔ^{4}	ʂaʔ^{4}	ʂaʔ^{4}	ʐaʔ^{4}
保德	tʂəʔ^{4}	tʂʰəʔ^{4}	tʂʰəʔ^{4}	tʂəʔ^{4}	tʂɤ^{52}	ʂəʔ^{4}	ʂɤ^{52}	ʐɤ^{52}
偏关	tʂᴀʔ^{4}	tʂʰᴀʔ^{4}	tʂʰᴀʔ^{4}	tʂᴀʔ^{4}	tʂᴀʔ^{4}	ʂᴀʔ^{4}	ʂᴀʔ^{4}	ʐᴀʔ^{4}
朔城	tsᴀʔ$^{\underline{35}}$	tsʰᴀʔ$^{\underline{35}}$	tsʰᴀʔ$^{\underline{35}}$	tsᴀʔ$^{\underline{35}}$	tsᴀʔ$^{\underline{35}}$	ʂə$^{\underline{35}}$	ʂᴀʔ$^{\underline{35}}$	ʐᴀʔ$^{\underline{35}}$
平鲁	tsʌʔ$^{\underline{34}}$	tsʰʌʔ$^{\underline{34}}$	tsʰʌʔ$^{\underline{34}}$	sɤ^{44}/tsʌʔ$^{\underline{34}}$	tsʌʔ$^{\underline{34}}$	sɤ^{44}	sʌʔ$^{\underline{34}}$	zɤ^{52}/zʌʔ$^{\underline{34}}$
应县	tsaʔ$^{\underline{43}}$	tsʰɤ^{54}/ tsʰaʔ$^{\underline{43}}$	tsʰaʔ$^{\underline{43}}$	sɤ^{31}	tsaʔ$^{\underline{43}}$	sɤ^{31}	saʔ$^{\underline{43}}$	zɤ^{24}/zaʔ$^{\underline{43}}$
灵丘	tsᴀʔ^{5}	tsʰe^{53}	tsʰᴀʔ^{5}	se^{31}	tsᴀʔ^{5}	se^{31}	sᴀʔ^{5}	ze^{53}
浑源	tsʌʔ^{4}	tsʰʌʔ^{4}	tsʰʌʔ^{4}	tsʌʔ^{4}	tsʌʔ^{4}	sə^{22}	sʌʔ^{4}	zə^{13}/zʌʔ^{4}
云州	tʂɑʔ^{4}	tʂʰɑʔ^{4}	tʂʰɑʔ^{4}	tʂɑʔ^{4}	tʂɑʔ^{4}	ʂɤ^{312}	ʂɤ^{24}	ʐɤ^{24}
新荣	tʂaʔ^{4}	tʂʰaʔ^{4}	tʂʰaʔ^{4}	tʂaʔ^{4}/ʂɤ^{312}	tʂaʔ^{4}	ʂɤ^{312}	ʂaʔ^{4}	ʐaʔ^{4} 白 / ʐɤ^{24} 文
怀仁	tsaʔ^{4}	tsʰaʔ^{4}	tsʰaʔ^{4}	tsaʔ^{4}	tsaʔ^{4}	sɤ^{312}	saʔ^{4}	zaʔ^{4} 白 / zɤ^{24} 文
左云	tsəʔ^{4}	tsʰə^{24}	tsʰaʔ^{4}	tsaʔ^{4}	tsaʔ^{4}	ʂə^{313}	saʔ^{4}	ʐaʔ^{4} 白 / ʐə^{24} 文
右玉	tʂaʔ^{4}	tʂʰaʔ^{4}	tʂʰaʔ^{4}	tʂaʔ^{4}	tʂaʔ^{4}	ʂɤ^{212}	ʂaʔ^{4}	ʐaʔ^{4}
阳高	tsɑʔ^{3}	tsʰɑʔ^{3}	tsʰɑʔ^{3}	tsɑʔ^{3}	tsɑʔ^{3}	sɤ^{312}/səʔ^{3}	sɑʔ^{3}	ʐɑʔ^{3}
山阴	tʂᴀʔ^{4}	tʂᴀʔ^{4}	tʂᴀʔ^{4}	——	tʂᴀʔ^{4}	ʂʅʌr^{313}	ʂᴀʔ^{4}	ʐᴀʔ^{4}
天镇	tsɑʔ^{4}	tsʰɑʔ^{4}	tsʰɑʔ^{4}	tsɑʔ^{4}	tsɑʔ^{4}	sɑʔ^{4}	sɑʔ^{4}	zɑʔ^{4}
平定	tʂaʔ^{4}	tʂʰaʔ^{4}	tʂʰaʔ^{4}	ʂɤ^{31}/tʂaʔ^{4}	tʂaʔ^{4}	ʂaʔ^{4}	ʂaʔ^{4}	ʐɤ^{24}/ʐaʔ$^{\underline{23}}$
昔阳	tʂə^{33}	tʂʰʌʔ$^{\underline{43}}$/ tʂʰə^{13}	tʂʰʌʔ$^{\underline{43}}$	tʂə^{33}	tʂʌʔ$^{\underline{43}}$	ʂʌʔ$^{\underline{43}}$	ʂʌʔ$^{\underline{43}}$	ʐə^{13}
左权	tʂəʔ^{1}	tsʰəʔ^{1}	tsʰəʔ^{1}	tʂəʔ^{1}	tʂəʔ^{1}	ʂəʔ^{1}	ʂəʔ^{1}	ʐɤ^{53}/ʐəʔ^{1}
和顺	tʂəʔ$^{\underline{21}}$	——	tʂʰəʔ$^{\underline{21}}$	tʂəʔ$^{\underline{21}}$	tʂəʔ$^{\underline{21}}$	ʂəʔ$^{\underline{21}}$	tʂʰəʔ$^{\underline{21}}$ 白 / ʂəʔ$^{\underline{21}}$ 文	ʐəʔ$^{\underline{21}}$
尧都	tʂɤ^{24}	tʂʰɤ^{21}	tʂʰɤ^{44}	tʂɤ^{24}	tʂɤ^{53}	ʂɤ^{21}	ʂɤ^{21}	ʐɤ^{21}

续表

字目	哲	撤	彻	折~断	浙	舌	设	热
中古音 / 方言点	陟列 山开三 入薛知	丑列 山开三 入薛彻	丑列 山开三 入薛彻	旨热 山开三 入薛章	旨热 山开三 入薛章	食列 山开三 入薛船	识列 山开三 入薛书	如列 山开三 入薛日
洪洞	tʂe^{21}	tʂʰe^{42}	tʂʰe^{21}	tʂe^{21}	tʂe^{21}	ʂe^{24}	ʂe^{42}	ʐe^{21}
洪洞赵城	tʂɤ^{21}	tʂʰɤ^{21}	tʂʰɤ^{21}	tʂɤ^{21}	tʂɤ^{21}	ʂɤ^{24}	ʂɤ^{53}	ʐɤ^{21}
古县	tʂɛ^{21} 白 / tʂɤ^{21} 文	tʂʰɤ^{21}	tɕʰiɛ^{21}	——	tʂɛ^{21} 白 / tʂɤ^{21} 文	ʂɛ^{35} 白 / ʂɤ^{35} 文	ʂɛ^{53} 白 / ʂɤ^{53} 文	ʐɛ^{21} 白 / ʐɤ^{21} 文
襄汾	tʂə^{24}	tʂʰə^{21}	tʂʰə^{44}	tʂə^{21}	tʂə^{21}	ʂə^{24}	ʂə^{21}	ʐə^{21}
浮山	tʂɤ^{13}	tʂʰɤ^{42}	tʂʰɤ^{44}	tʂɤ^{42}	tʂɤ^{42}	ʂɤ^{13}	ʂɤ^{42}	ʐɤ^{42}
霍州	tʂɤ^{35}	tʂʰɤ^{53}	tʂʰɤ^{53}	ʂɤ^{35} 白 / tʂɤ^{35} 文	tʂ^{53}	ʂɤ^{35}	ʂɤ^{53}	ʐɤ^{212}
翼城	tʂɤ^{12}	tʂʰɤ^{53}	tʂʰɤ^{53}	tʂɤ^{12}	tʂɤ^{12}	ʂɤ^{12}	ʂɤ^{12}	ʐɤ^{53}
闻喜	tsiᴇ^{53}	tsʰiᴇ^{53}	tsʰiᴇ^{53}	tsiᴇ^{53}	tsiᴇ^{53}	siᴇ^{53}	——	zɤ^{53}
侯马	tʂiɛ^{213}	tʂʰiɛ^{53}	tʂʰiɛ^{53}	tʂiɛ^{213}	tʂiɛ^{53}	ʂiɛ^{213} 白 / ʂɑ^{213} 文	ʂiɛ^{53}	ʐiɛ^{53}
新绛	tʂɤ^{53}	tʂʰie^{53}	tʂʰɤ^{44}	tʂɤ^{13}	tʂɤ^{53}	ʂie^{13}	ʂie^{53}	ʐie^{53}
绛县	tʂei^{53}	tʂʰei^{53}	tʂʰei^{53}	tʂei^{53}	tʂei^{53}	ʂei^{24}	ʂei^{53}	ʐɤ^{53}/ʐei^{53}
垣曲	tʂei^{22}	ʂiɛ^{53}	tʂʰiɛ^{53}	tʂei^{22}	tʂiɛ^{53}	ʂiɛ^{22}	ʂɤ^{53}	ʐiɛ^{53} 白 / ʐɤ^{53} 文
夏县	tʂɛ^{42}	tʂʰɛ^{24}	tʂʰɛ^{31}	——	tʂɛ^{31}	ʂɛ^{42}	ʂɛ^{31}	ʐɛ^{53}
万荣	tʂɤ^{51}	tʂʰɤ^{55}	tʂʰɤ^{55}	tʂɤ^{51}	tʂɤ^{51}	ʂɤ^{213}	ʂɤ^{55}	ʐiɛ^{51} 白 / ʐɤ^{51} 文
稷山	tʂɤ^{13}	tʂʰiɛ^{53}	tʂʰiɛ^{53}	tʂɤ^{53}	tʂɤ^{44}	ʂiɛ^{13} 白 / ʂɤ^{13} 文	ʂɤ^{53}	ʐiɛ^{53} 白 / ʐɤ^{53} 文
盐湖	tʂɤ^{42}	tʂʰɤ^{42}	tʂʰɤ^{42}	ʂɤ^{13}	tʂɤ^{42}	ʂɤ^{13}	ʂɤ^{42}	ʐɤ^{42}
临猗	tʂɤ^{13}	tʂʰɤ^{42}	tʂʰɤ^{42}	tʂɤ^{42}	tʂɤ^{44}	ʂɤ^{13}	ʂɤ^{42}	ʐɤ^{42}
河津	tʂɤ^{31}	tʂʰɤ^{53}	tʂʰɤ^{53}	ʂɤ^{324}	tʂɤ^{324}	ʂɤ^{324}	ʂɤ^{53}	ʐɤ^{31}
平陆	tʂə^{13}	tʂʰə^{33}	tʂʰə^{33}	ʂə^{13}	tʂə^{13}	ʂə^{13}	ʂə^{31}	ʐə^{31}
永济	tʂʅə^{24} 白 / tʂʅe^{44} 文	tʂʰʅə^{31} 白 / tʂʰʅe^{44} 文	tʂʰʅe^{31}	tʂʅe^{31}	tʂʅə^{24} 白 / tʂʅe^{24} 文	ʂʅə^{24} 白 / ʂʅe^{24} 文	ʂʅə^{31} 白 / ʂʅe^{31} 文	ʐʅə^{31} 白 / ʐʅe^{31} 文
芮城	tʂɤ^{42}	tʂʰɤ^{42}	tsʰɤ^{42}	tʂɤ^{42}	tʂɤ^{13}	ʂɤ^{13}	ʂɤ^{42}	ʐɤ^{42}
吉县	tsɛ^{13}	tsʰɛ^{53}	tsʰɛ^{423}	tsɛ^{13}	tsɛ^{13}	ʂɛ^{13}	ʂɛ^{423}	ʐɛ^{423}
乡宁	tʂɤ^{53}	tʂʰɤ^{53}	tʂʰɤ^{53}	——	tʂɤ^{53}	ʂɤ^{12}	ʂɤ^{53}	ʐɤ^{53}
广灵	tsɤ^{53}	tsʰɤ^{53}	tsʰɤ^{53}	tsɤ^{53}/tsɤ^{31}	tsɤ^{53}	sɤ^{31}	sɤ^{44}	zɤ^{213}

字目	杰	孽	揭	竭	歇	泉	全	宣
中古音 / 方言点	渠列 山开三 入薛群	鱼列 山开三 入薛疑	居竭 山开三 入月见	渠列 山开三 入月群	许竭 山开三 入月晓	疾缘 山合三 平仙从	疾缘 山合三 平仙从	须缘 山合三 平仙心
北京	tɕie^{35}	nie^{51}	tɕie^{55}	tɕie^{35}	ɕie^{55}	tɕʰyan^{35}	tɕʰyan^{35}	ɕyan^{55}
小店	tɕiəʔ^{1}	niəʔ^{1}	tɕiəʔ^{1}	tɕiəʔ^{1}	ɕiəʔ^{1}	tɕʰyæ^{11}	tɕʰyæ^{11}	ɕyæ^{11}
尖草坪	tɕiəʔ$^{\underline{43}}$	niəʔ^{2}	tɕiəʔ^{2}	tɕiaʔ^{2}	ɕiəʔ^{2}	tɕʰye^{33}	tɕʰye^{33}	ɕye^{33}
晋源	tɕiəʔ^{2}	ȵiəʔ^{2}	tɕiəʔ^{2}	ɕiəʔ^{2}	ɕiəʔ^{2}	tɕyæ^{11}	tɕʰyaŋ^{11}	tɕʰyaŋ^{11}
阳曲	tɕiɛʔ^{4}	ȵiɛʔ^{4}	tɕiɛʔ^{4}	tɕiɛ^{312}	ɕiɛʔ^{4}	tɕʰyɛ^{43}	tɕʰyɛ^{43}	ɕyɛ^{312}
古交	tɕiəʔ$^{\underline{312}}$	niəʔ^{4}	tɕiəʔ^{4}	tɕiəʔ^{4}	ɕiəʔ^{4}	tɕʰyɛ^{44}	tɕʰyɛ^{44}	ɕyɛ^{44}
清徐	tɕiaʔ$^{\underline{54}}$	niaʔ^{1}	tɕiaʔ^{1}	tɕiaʔ$^{\underline{54}}$	ɕiaʔ^{1}	tɕyɛ^{11} 白 / tɕʰyɛ^{11} 文	tɕʰyɛ^{11}	ɕyɛ^{11}
娄烦	tɕiəʔ^{3}	ȵiaʔ^{3}	tɕiəʔ^{3}	tɕiəʔ^{3}	ɕiaʔ^{3}	tɕʰye^{33}	tɕʰye^{33}	ɕye^{33}
榆次	tɕiaʔ^{1}	niaʔ^{1}	tɕiaʔ^{1}	tɕiaʔ^{1}	ɕiaʔ^{1}	tɕʰye^{11}	tɕʰye^{11}	ɕye^{11}
交城	tɕiaʔ$^{\underline{53}}$	niaʔ^{1}	tɕiaʔ^{1}	tɕiaʔ$^{\underline{53}}$	ɕiaʔ^{1}	tɕyũ^{11} 白 / tɕʰyũ^{11} 文	tɕʰyũ^{11}	ɕyũ^{11}
文水	tɕiaʔ$^{\underline{312}}$	ȵiaʔ^{2}	tɕiaʔ^{2}	tɕiaʔ^{2}	ɕiaʔ^{2}	tɕyæĩ^{22} 白 / tɕʰyæĩ^{22} 文	tɕʰyæĩ^{22}	ɕyæĩ^{22}
祁县	tɕiɑʔ$^{\underline{324}}$	ȵiɑʔ$^{\underline{32}}$	tɕiɑʔ$^{\underline{32}}$	tɕiɑʔ$^{\underline{324}}$	ɕiɑʔ$^{\underline{32}}$	tsuə̃^{31} 白 / tɕʰyẽ^{31} 文	tsʰuə̃^{31} 白 / tɕʰyẽ^{31} 文	ɕyẽ^{31}
太谷	tɕiaʔ$^{\underline{423}}$	ȵiaʔ^{3}	tɕiaʔ^{3}	tɕiaʔ$^{\underline{423}}$	ɕiaʔ^{3}	tɕyẽĩ^{33} 白 / tɕʰyẽĩ^{33} 文	tɕʰyẽĩ^{33}	ɕyẽĩ^{33}
平遥	tɕiʌʔ$^{\underline{523}}$	ȵiʌʔ$^{\underline{523}}$	tɕiʌʔ$^{\underline{212}}$	ɕiʌʔ$^{\underline{212}}$	ɕiʌʔ$^{\underline{212}}$	tɕỹẽ^{213} 白 / tɕʰỹẽ^{213} 文	tɕʰỹẽ^{213}	ɕỹẽ^{213}
孝义	tɕiəʔ^{3}	ȵiəʔ^{3}	tɕiəʔ^{3}	tɕiəʔ^{3}	ɕiəʔ^{3}	tɕyᴇ^{33}	tɕʰyᴇ^{33}	ɕyã^{33}
介休	tɕiʌʔ$^{\underline{12}}$	ȵiʌʔ$^{\underline{12}}$	tɕiʌʔ$^{\underline{12}}$	tɕiʌʔ$^{\underline{12}}$	ɕiʌʔ$^{\underline{12}}$	tɕyẽ^{13} 白 / tɕʰyẽ^{13} 文	tɕʰyẽ^{13}	ɕyẽ^{13}
灵石	tɕiəʔ^{4}	niəʔ^{4}	tɕiəʔ^{4}	tɕiəʔ^{4}	ɕiəʔ^{4}	tɕʰyɒ̃^{44}	tɕʰyɒ̃^{44}	ɕyɒ̃^{535}
盂县	tɕiʌʔ^{2}	ȵiʌʔ^{2}	tɕiʌʔ^{2}	tɕiʌʔ^{2}	ɕiʌʔ^{2}	tɕʰyæ̃^{22}	tɕʰyæ̃^{22}	ɕyæ̃^{412}
寿阳	tɕiɛʔ^{2}	ȵiɛʔ^{2}	tɕiɛʔ^{2}	tɕiɛʔ^{2}	ɕiɛʔ^{2}	tɕʰyɪ^{22}	tɕʰyɪ^{22}	ɕyɪ^{31}
榆社	tɕiaʔ$^{\underline{312}}$	niaʔ^{2}	tɕiaʔ^{2}	tɕiaʔ^{2}	ɕiaʔ^{2}	tɕʰye^{22}	tɕʰye^{22}	ɕye^{22}
离石	tɕieʔ^{4}	nieʔ^{4}	tɕieʔ^{4}	tɕieʔ^{4}	ɕieʔ^{4}	tɕʰyɪ^{24}	tɕʰyɪ^{24}	ɕyɪ^{24}
汾阳	tɕieʔ^{2}	ȵieʔ$^{\underline{312}}$	tɕieʔ^{2}	tɕieʔ^{2}	ɕieʔ^{2}	tɕʰy^{22} 白 / tɕʰyã^{22} 文	tɕʰy^{22} 白 / tɕʰyã^{22} 文	ɕyã^{324}
中阳	tɕieʔ^{4}	nieʔ^{4}	tɕieʔ^{4}	tɕieʔ^{4}	ɕieʔ^{4}	tɕʰye^{24}	tɕʰye^{24}	ɕye^{24}
柳林	tɕiɛʔ^{4}	niɛʔ$^{\underline{423}}$	tɕiɛʔ^{4}	tɕiɛʔ^{4}	ɕiɛʔ^{4}	tɕʰye^{44}	tɕʰye^{44}	ɕye^{24}
方山	tɕiɛʔ^{4}	niɛʔ$^{\underline{23}}$	tɕiɛʔ^{4}	tɕiɛʔ^{4}	ɕiɛʔ^{4}	tɕʰyɛ^{44}	tɕʰyɛ^{44}	ɕyɛ^{24}
临县	tɕiɐʔ^{3}	nie^{52}	tɕiɐʔ^{3}	tɕiɐʔ^{3}	ɕiɐʔ	tɕʰye^{33}	tɕʰye^{33}	ɕye^{24}

续表

字目	杰	孽	揭	竭	歇	泉	全	宣
中古音 方言点	渠列 山开三 入薛群	鱼列 山开三 入薛疑	居竭 山开三 入月见	渠列 山开三 入月群	许竭 山开三 入月晓	疾缘 山合三 平仙从	疾缘 山合三 平仙从	须缘 山合三 平仙心
兴县	tɕiəʔ^{5}	niəʔ^{5}	tɕiəʔ^{5}	——	ɕiəʔ^{5}	tɕʰyẽn^{55}	tɕʰyẽn^{55}	ɕyẽn^{324}
岚县	tɕieʔ^{4}	ȵiəʔ^{4}	tɕieʔ^{4}	tɕieʔ^{4}	ɕieʔ^{4}	tɕʰyẽ^{44}/ tɕʰyẽ^{53}	tɕʰyẽ^{44}	ɕyẽ^{214}
静乐	tɕiəʔ^{4}	ȵiəʔ^{4}	tɕiəʔ^{4}	tɕiəʔ^{4}	ɕiəʔ^{4}	tɕʰyæ̃^{33}	tɕʰyæ̃^{33}	ɕyæ̃^{314}
交口	tɕieʔ^{4}	ȵieʔ^{4}	tɕieʔ^{4}	tɕieʔ^{4}	ɕieʔ^{4}	tɕʰyɑ̃^{44}	tɕʰyɑ̃^{44}	ɕyɑ̃^{323}
石楼	tɕiəʔ^{4}	ȵiəʔ^{4}	tɕiəʔ^{4}	tɕiəʔ^{4}	ɕiəʔ^{4}	tɕʰyɑŋ^{44}	tɕʰyɑŋ^{44}	ɕyɑŋ^{213}
隰县	tɕʰiəʔ^{3}	ȵiəʔ^{3}	tɕiəʔ^{3}	tɕiəʔ^{3}	ɕiəʔ^{3}	tɕʰyaŋ^{24}	tɕʰyaŋ^{24}	ɕyæ^{53}
大宁	tɕiɐʔ^{4}	ȵiɐʔ$^{\underline{31}}$	tɕiɐʔ$^{\underline{31}}$	——	ɕiɐʔ$^{\underline{31}}$	tɕʰyɛ̃^{24}	tɕʰyɛ̃^{24}	ɕyɛ̃^{24}
永和	tɕiɐʔ$^{\underline{35}}$	niɐʔ$^{\underline{312}}$	tɕiɐʔ$^{\underline{35}}$	——	ɕiɐʔ$^{\underline{35}}$	tɕʰyɪ^{35}	tsʰyɪ^{35} 白 / tɕʰyɪ^{35} 文	ɕyɪ^{35}
汾西	tɕiəʔ^{3}/ tɕʰiəʔ^{3} 白	——	tɕiəʔ^{3}	tɕiəʔ^{1}	ɕiɪ^{11}	tɕyɑ̃^{11}	tɕyɑ̃^{11}	ɕyɑ̃^{11}
蒲县	tɕiɛ^{24}	ȵiɛʔ$^{\underline{43}}$	tɕiɛʔ$^{\underline{43}}$	tɕiɛ^{24}	ɕiɛʔ$^{\underline{43}}$	tɕʰyæ̃^{24}	tɕʰyæ̃^{24}	ɕyæ̃^{52}
潞州	tɕiəʔ$^{\underline{43}}$	iəʔ$^{\underline{43}}$	tɕiəʔ$^{\underline{43}}$	tɕiəʔ$^{\underline{43}}$	ɕiəʔ$^{\underline{43}}$	tɕʰyaŋ^{24}	tɕʰyaŋ^{24}	ɕyaŋ^{312}
上党	tɕiəʔ$^{\underline{21}}$	niəʔ$^{\underline{21}}$	tɕiəʔ$^{\underline{21}}$	tɕiəʔ$^{\underline{21}}$	ɕiəʔ$^{\underline{21}}$	tɕyɑŋ^{213}	tɕyɑŋ^{213}	ɕyɑŋ^{213}
长子	tɕiəʔ^{4}	iəʔ^{4} 白 / ȵiəʔ^{4} 文	tɕiəʔ^{4}	tɕiəʔ^{4}	ɕiəʔ^{4}	tɕʰyæ̃^{24}	tɕʰyæ̃^{24}	ɕyæ̃^{312}
屯留	tɕiəʔ^{1}	ȵiəʔ^{1}	tɕiəʔ^{1}	tɕiəʔ^{1}	ɕiəʔ^{1}	tɕʰyæ̃^{11}	tɕʰyæ̃^{11}	ɕuæ̃^{31}
襄垣	tɕiʌʔ$^{\underline{43}}$	ȵiʌʔ^{3}	tɕiʌʔ^{3}	——	ɕiʌʔ^{3}	tɕʰyei^{31}	tɕʰyei^{31}	ɕyei^{33}
黎城	ciʌʔ^{2}	niʌʔ^{2}	ciʌʔ^{2}	ciʌʔ^{2}	çiʌʔ^{2}	cʰyæ^{53}	tɕʰyæ^{53}	çyæ^{33}
平顺	ciʌʔ$^{\underline{423}}$	iʌʔ$^{\underline{423}}$	ciʌʔ$^{\underline{212}}$	ciʌʔ$^{\underline{423}}$	cʰiəʔ$^{\underline{212}}$	tsʰyæ̃^{13}	tsʰyæ̃^{13}	ɕyæ̃^{213}
壶关	ciʌʔ$^{\underline{21}}$	iʌʔ$^{\underline{21}}$	tsiʌʔ^{2}	tsiʌʔ^{2}	ɕiᴇ^{33}	tsʰyaŋ^{13}	tsʰyaŋ^{13}	çyaŋ^{33}
沁县	tɕiæʔ$^{\underline{31}}$	ȵiæʔ$^{\underline{31}}$	——	——	ɕiæʔ$^{\underline{31}}$	tsʰuei^{33}	tsʰuei^{33}	suei^{224}
武乡	tɕiʌʔ$^{\underline{423}}$	ȵiʌʔ^{3}	tɕiʌʔ^{3}	tɕiʌʔ$^{\underline{423}}$	ɕiʌʔ^{3}	——	——	——
沁源	tɕiəʔ$^{\underline{31}}$	ȵiəʔ$^{\underline{31}}$	tɕiəʔ$^{\underline{31}}$	tɕiəʔ$^{\underline{31}}$	ɕiəʔ$^{\underline{31}}$	tɕʰyæ̃^{33}	tɕʰyæ̃^{33}	ɕyæ̃^{324}
安泽	tɕiɛ^{35}	niɛ^{21}	tɕiɛ^{21}/ tɕiəʔ$^{\underline{21}}$	tɕiəʔ$^{\underline{21}}$	ɕiɛ^{21}/ɕiəʔ$^{\underline{21}}$	tɕʰyæ^{35}	tɕyæ^{35}	ɕyæ^{21}
沁水端氏	tɕiaʔ$^{\underline{54}}$	iaʔ^{2}	tɕiaʔ^{2}	tɕiaʔ^{2}	iaʔ^{2}	tsʰuei^{24}	tsʰuei^{24}	suei^{21}
阳城	ciʌʔ^{2}	niɛ^{51}	ciʌʔ^{2}	tiɛ^{224}	çiʌʔ^{2}	tɕʰyɛ^{224}	tɕʰyɛ^{224}	ɕyɛ^{224}
高平	ciɛʔ^{2}	iɛʔ^{2}	ciɛʔ^{2}	tɕiɛʔ^{2}	ɕiɛʔ^{2}	tɕʰiæ̃^{33}	tɕʰiæ̃^{33}	ɕiæ̃^{33}
陵川	ciʌʔ$^{\underline{23}}$	niʌʔ$^{\underline{23}}$	ciʌʔ^{3}	ciʌʔ$^{\underline{23}}$	ɕiʌʔ^{3}	tɕʰyæ̃^{53}	tɕʰyæ̃^{53}	ɕyə̃ĩ^{33}
晋城	tɕiʌʔ^{2}	iʌʔ^{2}	tɕiʌʔ^{2}	tɕiʌ^{324}	ɕiʌʔ^{2}	tɕʰyɛ^{324}	tɕʰyɛ^{324}	ɕyɛ^{33}

续表

字目	杰	孽	揭	竭	歇	泉	全	宣
中古音 / 方言点	渠列 山开三 入薛群	鱼列 山开三 入薛疑	居竭 山开三 入月见	渠列 山开三 入月群	许竭 山开三 入月晓	疾缘 山合三 平仙从	疾缘 山合三 平仙从	须缘 山合三 平仙心
忻府	tɕiɛʔ$^{\underline{32}}$	niɛʔ$^{\underline{32}}$	tɕiɛʔ$^{\underline{32}}$	tɕiɛʔ$^{\underline{32}}$	ɕiɛʔ$^{\underline{32}}$	tɕʰyɑ̃^{21}	tɕʰyɑ̃^{21}	ɕyɑ̃^{313}
原平	tɕiəʔ$^{\underline{34}}$	niəʔ$^{\underline{34}}$	tɕiəʔ$^{\underline{34}}$	tɕiəʔ$^{\underline{34}}$	ɕiəʔ$^{\underline{34}}$	tɕʰyɛ̃^{33}	tɕʰyɛ̃^{33}	ɕyɛ̃^{213}
定襄	tɕiəʔ^{1}	niəʔ^{1}	tɕiəʔ^{1}	tɕiəʔ^{1}	ɕʰiaʔ^{1}	tɕʰyə̃^{11}	tɕʰyə̃^{11}	ɕyə̃^{24}
五台	tɕiəʔ^{3}	niəʔ^{3}	tɕiəʔ^{3}	tɕiəʔ^{3}	ɕiəʔ^{3}	tɕʰyə̃^{33}	tɕʰyə̃^{33}	ɕyə̃^{213}
岢岚	tɕiɛʔ^{4}	niɛʔ^{4}	tɕiɛʔ^{4}	tɕiɛʔ^{4}	ɕiɛʔ^{4}	tɕʰyɛ^{44}	tɕʰyɛ^{44}	ɕyɛ^{13}
五寨	tɕiɛʔ^{4}	niəʔ^{4}	tɕiɛʔ^{4}	tɕiɛʔ^{4}	ɕiɛʔ^{4}	tɕyɪ^{44}	tɕʰyɪ^{44}	ɕyɪ^{13}
宁武	tɕiəʔ^{4}	niəʔ^{4}	tɕiəʔ^{4}	——	ɕiɛʔ^{4}	tɕyɛ^{33}	tɕʰyɛ^{33}	ɕyɛ^{23}
神池	tɕiᴀʔ^{4}	ȵiᴀʔ^{4}	tɕiᴀʔ^{4}	tɕiᴀʔ^{4}	ɕiᴀʔ^{4}	tɕʰye^{32}	tɕʰye^{32}	ɕye^{24}
繁峙	tɕiaʔ$^{\underline{13}}$	ȵiaʔ$^{\underline{13}}$	tɕiaʔ$^{\underline{13}}$	tɕiaʔ$^{\underline{13}}$	ɕiaʔ$^{\underline{13}}$	tɕʰyɛ^{31}	tɕʰyɛ^{31}	ɕyɛ^{53}
代县	tɕiaʔ^{2}	niaʔ^{2}	tɕiaʔ^{2}	——	ɕiaʔ^{2}	tɕʰye^{44}	tɕʰye^{44}	ɕye^{213}
河曲	tɕiaʔ^{4}	niaʔ^{4}	tɕiaʔ^{4}	tɕiɛʔ^{4}	ɕiaʔ^{4}	tɕʰyɛ^{44}	tɕʰyɛ^{44}	ɕyɛ^{213}
保德	tɕiɛ^{44}	niɛ^{44}	tɕiəʔ^{4}	tɕiəʔ^{4}	ɕiəʔ^{4}	tɕʰyɑŋ^{44}	tɕʰyɑŋ^{44}	ɕyɑŋ^{213}
偏关	tɕiɛʔ^{4}	niɛʔ^{4}	tɕiɛʔ^{4}	tɕiɛʔ^{4}	ɕiɛʔ^{4}	tɕʰyɪ^{44}	tɕʰyɪ^{44}	ɕyɪ^{24}
朔城	tɕiᴀʔ$^{\underline{35}}$	niᴀʔ$^{\underline{35}}$	tɕiᴀʔ$^{\underline{35}}$	——	ɕiᴀʔ$^{\underline{35}}$	tɕʰyɛ^{35}	tɕʰyɛ^{312}	ɕyɛ^{312}
平鲁	tɕiʌʔ$^{\underline{34}}$	niʌʔ$^{\underline{34}}$	tɕiʌʔ$^{\underline{34}}$	tɕiʌʔ$^{\underline{34}}$	ɕiʌʔ$^{\underline{34}}$	tɕʰyᴇ^{44}	tɕʰyᴇ^{44}	ɕyᴇ^{44}
应县	tɕiaʔ$^{\underline{43}}$	——	tɕiaʔ$^{\underline{43}}$	tɕiaʔ$^{\underline{43}}$	ɕiaʔ$^{\underline{43}}$	tɕʰyɛ̃^{31}	tɕʰyɛ̃^{31}	ɕyɛ̃^{43}
灵丘	tɕie^{31}	niᴀʔ^{5}	tɕiᴀʔ^{5}	tɕiᴀʔ^{5}	ɕiᴀʔ^{5}	tɕʰye^{31}	tɕʰye^{31}	ɕye^{442}
浑源	tɕiʌʔ^{4}	niʌʔ^{4}	tɕiʌʔ^{4}	tɕiʌʔ^{4}	ɕiʌʔ^{4}	tsʰuæ^{22}	tɕʰyɛ^{22}	ɕyɛ^{52}
云州	tɕiɑʔ^{4}	niɑʔ^{4}	tɕiɑʔ^{4}	tɕiɑʔ^{4}	ɕiɑʔ^{4}	tɕʰyɛ^{312}	tɕʰyɛ^{312}	ɕyɛ^{312}
新荣	tɕiaʔ^{4}	niaʔ^{4}	tɕiaʔ^{4}	tɕiaʔ^{4}	ɕiaʔ^{4}	tɕʰyᴇ^{312}	tɕʰyᴇ^{312}	ɕyᴇ^{312}
怀仁	tɕiaʔ^{4}	niaʔ^{4}	tɕiaʔ^{4}	tɕiaʔ^{4}	ɕiaʔ^{4}	tɕʰyæ^{312}	tɕʰyæ^{312}	ɕyæ^{42}
左云	tɕiaʔ^{4}	niaʔ^{4}	tɕiaʔ^{4}	ɕiaʔ^{4}	ɕiaʔ^{4}	tɕʰyɛ^{313}	tɕʰyɛ^{313}	ɕyɛ^{31}
右玉	tɕiaʔ^{4}	niaʔ^{4}	tɕiaʔ^{4}	tɕiaʔ^{4}	ɕiaʔ^{4}	tɕʰyɛ^{212}	tɕʰyɛ^{212}	ɕyɛ^{212}
阳高	tɕiɑʔ^{3}	niɑʔ^{3}	tɕiɑʔ^{3}	——	ɕiɑʔ^{3}	tɕʰyɛ^{312}	tɕʰyɛ^{312}	ɕyɛ^{31}
山阴	tɕiᴀʔ^{4}	niᴀʔ^{4}	tɕiᴀʔ^{4}	tɕiᴀʔ^{4}	ɕiᴀʔ^{4}	tɕyᴇ^{313}	tɕyᴇ^{313}	ɕyᴇ^{313}
天镇	tɕiɑʔ^{4}	niɑʔ^{4}	tɕiɑʔ^{4}	——	ɕiɑʔ^{4}	tɕʰyæ^{22}	tɕʰyæ^{22}	ɕyæ^{22}
平定	tɕiæʔ^{4}	iæʔ$^{\underline{23}}$	tɕiæʔ^{4}	——	ɕiæʔ^{4}	tsʰuæ̃^{44} 白 / tɕʰyæ̃^{44} 文	tsʰuæ̃^{44} 白 / tɕʰyæ̃^{44} 文	suæ̃^{53} 白 / ɕyæ̃^{53} 文
昔阳	tɕiʌʔ$^{\underline{43}}$	niᴇ^{13}	tɕiʌʔ$^{\underline{43}}$	tɕiʌʔ$^{\underline{43}}$	ɕiʌʔ$^{\underline{43}}$	tɕʰyæ̃^{33}	tsʰuæ̃^{33}	ɕyæ̃^{42}
左权	tɕieʔ^{1}	ȵieʔ^{1}	tɕieʔ^{1}	——	ɕieʔ^{1}	tsʰuæ^{22} 白 / tɕʰyɛ^{22} 文	tʂʰuæ^{11} 白 / tɕʰyɛ^{11} 文	suæ^{31} 白 / tɕʰyɛ^{31} 文

续表

字目	杰	孽	揭	竭	歇	泉	全	宣
中古音 / 方言点	渠列 山开三 入薛群	鱼列 山开三 入薛疑	居竭 山开三 入月见	渠列 山开三 入月群	许竭 山开三 入月晓	疾缘 山合三 平仙从	疾缘 山合三 平仙从	须缘 山合三 平仙心
和顺	tɕieʔ$^{\underline{21}}$	ȵieʔ$^{\underline{21}}$	tɕieʔ$^{\underline{21}}$	tɕieʔ^{21}	ɕieʔ$^{\underline{21}}$	tɕʰyɛ^{22} 白 / tsʰuæ^{22} 文	tsʰuæ^{22} 白 / tɕʰyɛ^{22} 文	suæ^{42} 白 / ɕyɛ^{42} 文
尧都	tɕiɛ^{24}	ȵiɛ^{21}	tɕiɛ^{21}	tɕiɛ^{24}	ɕiɛ^{21}	tɕʰyæ̃^{24}	tɕʰyæ̃^{24}	ɕyæ̃^{24}
洪洞	tɕie^{24}	ȵie^{21}	tɕie^{21}	tɕie^{24}	ɕie^{53}	tɕʰyɑn^{24}	tɕʰyɑn^{24}	ɕyɑn^{24}
洪洞赵城	tɕiɛ^{24}	ȵiɛ^{21}	tɕiɛ^{21}	tɕiɛ^{24}	ɕiɛ^{21}	tɕʰyɑ̃^{24}	tɕʰyɑ̃^{24}	ɕyɑ̃^{21}
古县	tɕiɛ^{35}	ȵiɛ^{21}	tɕiɛ^{21}	tɕiɛ^{35}	ɕiɛ^{21}	tɕʰyan^{35}	tɕʰyan^{35}	ɕyan^{21}
襄汾	tɕie^{24}	ŋie^{21}	tɕie^{21}	tɕie^{24}	ɕie^{21}	tɕʰyan^{24}	tɕʰyan^{24}	ɕyan^{21}
浮山	tɕiɛ^{13}	ȵiɛ^{42}	tɕiɛ^{42}	tɕiɛ^{13}	ɕiɛ^{42}	tɕʰyãĩ^{13}	tɕʰyãĩ^{13}	ɕyãĩ^{33}
霍州	tɕie^{35}	ȵie^{212}	tɕie^{212}	tɕie^{35}	ɕie^{212}	tɕʰyaŋ^{35}	tɕʰyaŋ^{35}	ɕyaŋ^{212}
翼城	tɕiᴇ^{12}	ȵiᴇ^{53}	tɕiᴇ^{53}	tɕiᴇ^{12}	ɕiᴇ^{53}	tɕʰyɛɪ^{12}	tɕʰyɛɪ^{53}	ɕyɛɪ^{53}
闻喜	tɕiᴇ^{13}	——	tɕiᴇ^{53}	tɕiᴇ^{13}	ɕiᴇ^{53}	tɕʰyæ^{13}	tɕʰyæ^{13}	ɕyæ^{53}
侯马	tɕiɛ^{213}	ȵiɛ^{53}	tɕiɛ^{213}	tɕiɛ^{213}	ɕiɛ^{213}	tɕʰyæ̃^{213}	tɕʰyæ̃^{213}	ɕyæ̃^{213}
新绛	tɕie^{13}	ȵie^{53}	tɕie^{53}	tɕie^{53}	ɕie^{53}	tɕʰyã^{13}	tɕʰyã^{13}	ɕyã^{13}
绛县	tɕiɛ^{24}	ȵiɛ^{53}	tɕiɛ^{53}	tɕiɛ^{24}	ɕiɛ^{53}	tɕʰyæ^{24}	tɕʰyæ^{24}	ɕyæ^{53}
垣曲	tɕiɛ^{22}	ȵiɛ^{53}	tɕiɛ^{22}	tɕiɛ^{22}	ɕiɛ^{22}	tɕʰyæ̃^{22}	tɕʰyæ̃^{22}	ɕyæ̃^{22}
夏县	tɕʰiɛ^{42}	ȵiɛ^{31}	tɕiɛ^{53}	——	ɕiɛ^{53}	tɕʰyæ^{42}	tɕʰyæ^{42}	ɕyæ^{53}
万荣	tɕʰiɛ^{213}	ȵiɛ^{51}	tɕiɛ^{51}	tɕiɛ^{213}	ɕiɛ^{51}	tɕʰyæ^{213}	tɕʰyæ^{213} 白	ɕyæ^{213}
稷山	tɕiɛ^{13}	ȵiɛ^{53}	tɕiɛ^{53}	tɕiɛ^{13}	ɕiɛ^{42}	tɕʰyɑ̃^{13}	tɕʰyɑ̃^{13}	ɕyɑ̃^{13}
盐湖	tɕiɛ^{13}	ȵiɛ^{42}	tɕiɛ^{42}	——	ɕiɛ^{42}	tɕʰyæ̃^{13}	tɕʰyæ̃^{13}	ɕyæ̃^{42}
临猗	tɕʰiɛ^{13} 白 / tɕiɛ^{13} 文	ȵiɛ^{42}	tɕiɛ^{42}	tɕiɛ^{13}	ɕiɛ^{42}	tɕʰyæ̃^{13}	tɕʰyæ̃^{13}	ɕyæ̃^{42}
河津	tɕʰiɛ^{324} 白 / tɕiɛ^{324} 文	ȵiɛ^{31}	tɕiɛ^{31}	tɕiɛ^{31}	ɕiɛ^{31}	tɕʰyæ̃^{324}	tɕʰyæ̃^{324}	ɕyæ̃^{324}
平陆	tɕʰiɛ^{13} 白 / tɕiɛ^{13} 文	ȵiɛ^{31}	tɕiɛ^{31}	tɕiɛ^{13}	ɕiɛ^{31}	tɕʰyan^{13}	tɕʰyan^{13}	ɕyan^{13}
永济	tɕʰie^{24} 白 / tɕie^{24} 文	ȵie^{31}	tɕie^{31}	tɕie^{31}	ɕie^{31}	tɕʰyæ̃^{24}	tɕʰyæ̃^{24}	ɕyai^{31}
芮城	tɕʰiɛ^{13}	ȵiɛ^{42}	tɕiɛ^{42}	tɕiɛ^{42}	ɕiɛ^{42}	tɕyæ̃^{13}	tɕʰyæ̃^{13}	ɕyæ̃^{13}
吉县	tɕiɛ^{13}	niɛ^{423}	tɕiei^{423}	——	ɕiɛ^{423}	tɕʰyæ̃^{13}	tɕʰyæ̃^{13}	ɕyæ̃^{13}
乡宁	tɕiᴇ^{12}	ȵiᴇ^{53}	tɕiᴇ^{53}	——	ɕiᴇ^{53}	tɕʰyæ^{12}	tɕʰyæ^{12}	ɕyæ^{53}
广灵	tɕiɤ^{31}	niɤ^{213}	tɕiɤ^{53}	tɕiɤ^{53}	ɕiɤ^{53}	tɕʰyæ^{31}	tɕʰyæ^{31}	ɕyæ^{53}/ɕyæ^{31}

字目	旋~转	传~达	椽	专	砖	川	穿	船
中古音 / 方言点	似宣 山合三 平仙邪	直挛 山合三 平仙澄	直挛 山合三 平仙澄	职缘 山合三 平仙章	职缘 山合三 平仙章	昌缘 山合三 平仙昌	昌缘 山合三 平仙昌	食川 山合三 平仙船
北京	ɕyan^{35}	tʂʰuan^{35}	tʂʰuan^{35}	tʂuan^{55}	tʂuan^{55}	tʂʰuan^{55}	tʂʰuan^{55}	tʂʰuan^{35}
小店	ɕyæ^{11}	tsʰuæ^{11}	tsʰuæ^{11}	tsuæ^{11}	tsuæ^{11}	tsʰuæ^{11}	tsʰuæ^{11}	tsʰuæ^{11}
尖草坪	ɕye^{33}	tsʰuæ^{33}	tsʰuæ^{33}	tsuæ^{33}	tsuæ^{33}	tsʰuæ^{33}	tsʰuæ^{33}	tsʰuæ^{33}
晋源	tɕʰyaŋ^{11}	tsʰuaŋ^{11}	tsʰuaŋ^{11}	tsuaŋ^{11}	tsuaŋ^{11}	tsʰuaŋ^{11}	tsʰuaŋ^{11}	tsʰuaŋ^{11}
阳曲	ɕyɛ^{43}	tsʰuæ^{43}	tsʰuæ^{43}	tsuæ^{312}	tsuæ^{312}	tsʰuæ^{312}	tsʰuæ^{312}	tsʰuæ^{43}
古交	ɕyɛ^{44}	tsʰuɛ^{44}	tsʰuɛ^{44}	tsuɛ^{44}	tsuɛ^{44}	tsʰuɛ^{44}	tsʰuɛ^{44}	tsʰuɛ^{44}
清徐	ɕyɛ^{11}	tsʰuɛ^{11}	tsʰuɛ^{11}	tsuɛ^{11}	tsuɛ^{11}	tsʰuɛ^{11}	tsʰuɛ^{11}	tsʰuɛ^{11}
娄烦	ɕyɛ^{33}	pfʰæ^{33}	pfʰæ^{33}	pfæ^{33}	pfæ^{33}	pfʰæ^{33}	pfʰæ^{33}	pfʰæ^{33}
榆次	ɕye^{11}	tsʰuæ^{11}	tsʰuæ^{11}	tsuæ^{11}	tsuæ^{11}	tsʰuæ^{11}	tsʰuæ^{11}	tsʰuæ^{11}
交城	ɕyũ^{11}	tsʰũ^{11}	tsũ^{11} 白 / tsʰũ^{11} 文	tsũ^{11}	tsũ^{11}	tsʰũ^{11}	tsʰũ^{11}	tsʰũ^{11}
文水	ɕyæ̃ĩ^{22}	tsʰuæ̃ĩ^{22}	tsuæ̃ĩ^{22}	tsuæ̃ĩ^{22}	tsuæ̃ĩ^{22}	tsʰuæ̃ĩ^{22}	tsʰuæ̃ĩ^{22}	tsʰuæ̃ĩ^{22}
祁县	ɕyẽ^{31}	tsʰuə̃^{31}	tsuə̃^{31} 白 / tsʰuə̃^{31} 文	tsuə̃^{31}	tsuə̃^{31}	tsʰuə̃^{31}	tsʰuə̃^{31}	tsʰuə̃^{31}
太谷	ɕyẽĩ^{33}	tsʰuẽĩ^{33}	tsuẽĩ^{33} 白 / tsʰuẽĩ^{33} 文	tsuẽĩ^{33}	tsuẽĩ^{33}	tsʰuẽĩ^{33}	tsʰuẽĩ^{33}	tsʰuẽĩ^{33}
平遥	ɕỹɛ̃^{213}	tsʰũɑ̃^{213}	tsũɑ̃^{213}	tsũɑ̃^{213}	tsũɑ̃^{213}	tsʰũɑ̃^{213}	tsʰũɑ̃^{213}	tsʰũɑ̃^{213}
孝义	ɕyᴇ^{454}	tsʰuã^{33}	tsuã^{33}	tsuã^{33}	tsuə^{33}	tsʰuə^{33} 白 / tsʰuã^{33} 文	tsʰuə^{33}	tsʰuə^{33}
介休	ɕyɛ̃^{13}	tsʰuæ̃^{13}	tsuæ̃^{13}	tsuæ̃^{13}	tsuæ̃^{13}	tsʰuæ̃^{13}	tsʰuæ̃^{13}	suæ̃^{13} 白 / tsʰuæ̃^{13} 文
灵石	ɕyɒ̃^{44}	tsʰuei^{44}	tsʰuei^{44}	tsuei^{535}	tsuei^{535}	tsʰuei^{535}	tsʰuei^{535}	tsʰuei^{44}
盂县	ɕyæ̃^{22}	tsʰuæ̃^{22}	tsʰuæ̃^{22}	tsuæ̃^{412}	tsuæ̃^{412}	tsʰuæ̃^{412}	tsʰuæ̃^{412}	tsʰuæ̃^{22}
寿阳	ɕyɪ^{22}	tsʰuæ^{22}	tsʰuæ^{22}	tsuæ^{31}	tsuæ^{31}	tsʰuæ^{22}	tsʰuæ^{31}	tsʰuæ^{22}
榆社	ɕye^{22}	tsʰua^{22}	tsʰua^{22}	tsua^{22}	tsua^{22}	tsʰua^{22}	tsʰua^{22}	tsʰua^{22}
离石	ɕyɪ^{44}	tsʰuæ^{44}	tɕʰyɪ^{24}	tsuæ^{24}	tɕyɪ^{24}	tɕʰyɪ^{24}	tɕʰyɪ^{24}	tɕʰyɪ^{44} 白 / tsʰuæ^{44} 文
汾阳	ɕyã^{22}	tʂʰu^{22} 白 / tʂʰuã^{22} 文	tʂʰu^{22}	tʂuã^{324}	tʂu^{324}	tʂʰu^{324} 白 / tʂʰuã^{324} 文	tʂʰu^{324}	tʂʰu^{22} 白 / tʂʰuã^{22} 文
中阳	ɕye^{33}	tʂʰuɤ^{33}	tʂʰuɤ^{24}	tʂuɤ^{24}	tʂuɤ^{24}	tʂʰuɤ^{24}	tʂʰuɤ^{24}	tʂʰuɤ^{33} 白 / tʂʰuæ^{33} 文
柳林	ɕye^{44}	tsʰuei^{44}	tsʰuei^{44}	tsuei^{24}	tsuei^{24}	tsʰuei^{24}	tsʰuei^{24}	tsʰuei^{44}
方山	tɕʰyɛ^{44} 白 / ɕyɛ^{44} 文	tsʰuæ^{44}	tsʰuə^{24}	tsuæ^{24}	tsuə^{24}	tsʰuæ^{24}	tsʰuə^{24}	tsʰuæ^{44}
临县	ɕye^{33}	tsʮə^{33}	tsʮə^{33}	tsʮə^{24}	tsʮə^{24}	tsʮə^{52}	tsʮə^{24}	tsʰʮə^{33}

续表

字目 中古音 方言点	旋~转	传~达	椽	专	砖	川	穿	船
	似宣 山合三 平仙邪	直挛 山合三 平仙澄	直挛 山合三 平仙澄	职缘 山合三 平仙章	职缘 山合三 平仙章	昌缘 山合三 平仙昌	昌缘 山合三 平仙昌	食川 山合三 平仙船
兴县	ɕyẽn^{55}	tsʰuẽn^{55}	tsʰuẽn^{55}	tsuẽn^{324}	tsuẽn^{324}	tsʰuẽn^{324}	tsʰuẽn^{324}	tsʰuẽn^{55}
岚县	ɕyẽ^{44}	tsʰuẽ^{44}	tsʰuẽ^{44}	tsuẽ^{214}	tsuẽ^{214}	tsʰuẽ^{214}	tsʰuẽ^{214}	tsʰuẽ^{44}
静乐	ɕyæ̃^{53}	pfʰæ̃^{24} 白	pfʰæ̃^{24} 白	tsuæ̃^{24}	tsuæ̃^{24}	pfʰæ̃^{24} 白	pfʰæ̃^{24} 白	pfʰæ̃^{24} 白
交口	ɕyɑ̃^{44}	tsʰuɑ̃^{44}	tsʰuɑ̃^{44}	tsuɑ̃^{323}	tsuɑ̃^{323}	tsʰuɑ̃^{323}	tsʰuɑ̃^{323}	tsʰuɑ̃^{44}
石楼	ɕyɑŋ^{44}	tʂʰuɑŋ^{44}	tʂʰuɑŋ^{44}	tsuɑŋ^{213}	tsuɑŋ^{213}	tʂʰuɑŋ^{213}	tʂʰuɑŋ^{213}	tʂʰuɑŋ^{44}
隰县	ɕyaŋ^{24}	tsʰuaŋ^{24}	tsʰuaŋ^{24}	tsuæ^{53}	tsuæ^{53}	tsʰuæ^{53}	tsʰuæ^{53}	tsʰuaŋ^{24}
大宁	ɕyɛ̃^{24}	tʂʰuɛ̃^{24}	tʂʰuɛ̃^{24}	tʂuɛ̃^{31}	tʂuɛ̃^{31}	tʂʰuɛ̃^{31}	tʂʰuɛ̃^{31}	tʂʰuɛ̃^{24}
永和	ɕyɪ^{35}	tʂʰuɛi^{35}	tʂʰuɛi^{35}	tʂuɛi^{33}	tʂuɛi^{33}	tʂʰuɛi^{33}	tʂʰuɛi^{33}	tʂʰuɛi^{35}
汾西	ɕyɑ̃^{35}	tsʰuɑ̃^{35}	tsʰuɑ̃^{35}	tsuɑ̃^{11}	tsuɑ̃^{11}	tsʰuɑ̃^{11}	tsʰuɑ̃^{11}	tsʰuɑ̃^{35}
蒲县	ɕyæ̃^{24}	tʂʰuæ̃^{24}	tʂʰuæ̃^{24}	tʂuæ̃^{52}	tʂuæ̃^{52}	tʂʰuæ̃^{52}	tʂʰuæ̃^{52}	tʂʰuæ̃^{24}
潞州	ɕyaŋ^{24}	tsʰuaŋ^{24}	tsʰuaŋ^{24}	tsuaŋ^{312}	tsuaŋ^{312}	tsʰuaŋ^{312}	tsʰuaŋ^{312}	tsʰuaŋ^{24}
上党	ɕyɑŋ^{44}	tsʰuɑŋ^{44}	tsʰuɑŋ^{44}	tsuɑŋ^{213}	tsuɑŋ^{213}	tsʰuɑŋ^{213}	tsʰuɑŋ^{213}	tsʰuɑŋ^{44}
长子	ɕyæ̃^{24}	tsʰuæ̃^{24}	tsʰuæ̃^{24}	tsuæ̃^{312}	tsuæ̃^{312}	tsʰuæ̃^{312}	tsʰuæ̃^{312}	tsʰuæ̃^{24}
屯留	ɕyæ̃^{11}	tsʰuæ̃^{11}	tsʰuæ̃^{11}	tsuæ̃^{31}	tsuæ̃^{31}	tsʰuæ̃^{31}	tsʰuæ̃^{31}	tsʰuæ̃^{11}
襄垣	ɕyei^{31}	tsuæ^{31}	tsʰuæ^{31}	tsuæ^{33}	tsuæ^{33}	tsʰuæ^{33}	tsʰuæ^{33}	tsʰuæ^{31}
黎城	çyæ^{53}	tɕʰyæ^{53}	tɕʰyæ^{53}	tɕyæ^{33}	tɕyæ^{33}	tɕʰæ^{33}	tɕʰæ^{33}	tɕʰyæ^{53}
平顺	syæ̃^{13}	tsʰuæ̃^{13}	tsʰuæ̃^{13}	tsuæ̃^{213}	tsuæ̃^{213}	tsʰuæ̃^{213}	tsʰuæ̃^{213}	tsʰuæ̃^{13}
壶关	syaŋ^{13}	tʂʰuaŋ^{13}	tʂʰuaŋ^{13}	tʂuaŋ^{33}	tʂuaŋ^{33}	tʂʰuaŋ^{33}	tʂʰuaŋ^{33}	tʂʰuaŋ^{13}
沁县	——	tsʰuæ^{33}	tsʰuæ^{33}	tsuæ^{224}	tsuæ^{224}	tsʰuæ^{224}	tsʰuæ^{224}	tsʰuæ^{33}
武乡	——	tsʰuæ^{33}	tsʰuæ^{33}	tsuæ^{113}	tsuæ^{113}	tsʰuæ^{113}	tsʰuæ^{113}	tsʰuæ^{33}
沁源	ɕyæ̃^{33}	tʂʰuæ̃^{33}	tʂʰuæ̃^{33}	tʂuæ̃^{324}	tʂuæ̃^{324}	tʂʰuæ̃^{324}	tʂʰuæ̃^{324}	tʂʰuæ̃^{33}
安泽	ɕyæ^{35}	tsʰuæ^{35}	tsʰuæ^{35}	tsuæ^{21}	tsuæ^{21}	tsʰuæ^{21}	tsʰuæ^{21}	tsʰuæ^{35}
沁水端氏	suei^{24}	tsʰuæ^{24}	tsʰuæ^{24}	tsuæ^{21}	tsuæ^{21}	tsʰuæ^{21}	tsʰuæ^{21}	tsʰuæ^{21}
阳城	ɕyɛ^{22}	tʂʰuɛ^{22}	tʂʰuɛ^{22}	tʂuɛ^{224}	tʂuɛ^{224}	tʂʰuɛ^{224}	tʂʰuɛ^{224}	tʂʰuɛ^{22}
高平	ɕiæ̃^{33}	tʂʰuæ̃^{33}	tʂʰuæ̃^{33}	tʂuæ̃^{33}	tʂuæ̃^{33}	tʂʰuæ̃^{33}	tʂʰuæ̃^{33}	tʂʰuæ̃^{33}
陵川	ɕyə̃ĩ^{53}	tʂʰuã^{53}	tʂʰuã^{53}	tʂuã^{33}	tʂuã^{33}	tʂʰuã^{33}	tʂʰuã^{33}	tʂʰuã^{53}
晋城	ɕyɛ^{324}	tʂʰuæ^{324}	tʂʰuæ^{324}	tʂuæ^{33}	tʂuæ^{33}	tʂʰuæ^{33}	tʂʰuæ^{33}	tʂʰuæ^{324}
忻府	ɕyɑ̃^{21}	tsʰuɑ̃^{21}	tsʰuɑ̃^{21}	tsuɑ̃^{313}	tsuɑ̃^{313}	tsʰuɑ̃^{313}	tsʰuɑ̃^{313}	tsʰuɑ̃^{21}
原平	ɕyɛ̃^{33}	tsʰuɛ̃^{33}	tsʰuɛ̃^{33}	tsuɛ̃^{213}	tsuɛ̃^{213}	tsʰuɛ̃^{213}	tsʰuɛ̃^{213}	tsʰuɛ̃^{33}
定襄	ɕyə̃^{11}	tsʰuə̃^{11}	tsʰuə̃^{11}	tsuə̃^{24}	tsuə̃^{24}	tsʰuə̃^{24}	tsʰuə̃^{24}	tsʰuə̃^{11}
五台	ɕyə̃^{33}	tsʰuə̃^{33}	tsʰuə̃^{33}	tsuə̃^{52}	tsuə̃^{52}	tsʰuə̃^{213}	tsʰuə̃^{213}	tsʰuə̃^{33}

续表

字目	旋~转	传~达	椽	专	砖	川	穿	船
中古音 / 方言点	似宣 山合三 平仙邪	直挛 山合三 平仙澄	直挛 山合三 平仙澄	职缘 山合三 平仙章	职缘 山合三 平仙章	昌缘 山合三 平仙昌	昌缘 山合三 平仙昌	食川 山合三 平仙船
岢岚	ɕyɛ^{44}	tsʰuæ^{44}	tsʰuæ^{44}	tsuæ^{13}	tsuæ^{13}	tsʰuæ^{13}	tsʰuæ^{13}	tsʰuæ^{44}
五寨	ɕyɪ^{44}	tsʰuæ^{44}	tsʰuæ^{44}	tsuæ^{13}	tsuæ^{13}	tsʰuæ^{13}	tsʰuæ^{13}	tsʰuæ^{44}
宁武	ɕyɛ^{33}	tsʰuæ^{33}	tsʰuæ^{33}	tsuæ^{23}	tsuæ^{23}	tsʰuæ^{23}	tsʰuæ^{23}	tsʰuæ^{33}
神池	ɕye^{32}	tsʰuæ^{32}	tsʰuæ^{32}	tsuæ^{24}	tsuæ^{24}	tsʰuæ^{24}	tsʰuæ^{24}	tsʰuæ^{32}
繁峙	ɕye^{31}	tsʰuɛ^{31}	tsʰuɛ^{31}	tsuɛ^{53}	tsuɛ^{53}	tsʰuɛ^{53}	tsʰuɛ^{53}	tsʰuɛ^{31}
代县	ɕye^{44}	tsʰuɛ^{44}	tsʰuɛ^{44}	tsuɛ^{213}	tsuɛ^{213}	tsʰuɛ^{213}	tsʰuɛ^{213}	tsʰuɛ^{44}
河曲	ɕye^{44}	tʂʰuæ^{44}	tʂʰuæ^{44}	tʂuæ^{213}	tʂuæ^{213}	tʂʰuæ^{213}	tʂʰuæ^{213}	tʂʰuæ^{44}
保德	ɕyaŋ^{44}	tʂʰuaŋ^{44}	tʂʰuaŋ^{44}	tʂuaŋ^{213}	tʂuaŋ^{213}	tʂʰuaŋ^{213}	tʂʰuaŋ^{213}	tʂʰuaŋ^{44}
偏关	ɕyɪ^{44}	tʂʰuæ^{44}	tʂʰuæ^{44}	tʂuæ^{24}	tʂuæ^{24}	tʂʰuæ^{24}	tʂʰuæ^{24}	tʂʰuæ^{44}
朔城	ɕye^{35}	tsʰuæ^{35}	tsʰuæ^{35}	tsuæ^{312}	tsuæ^{312}	tsʰuæ^{312}	tsʰuæ^{312}	tsʰuæ^{35}
平鲁	ɕyE^{44}	tsʰuæ^{213}	tsʰuæ^{44}	tsuæ^{213}	tsuæ^{213}	tsʰuæ^{213}	tsʰuæ^{213}	tsʰuæ^{44}
应县	ɕyɛ̃^{31}	tsʰuɛ̃^{31}	tsʰuɛ̃^{31}	tsuɛ̃^{43}	tsuɛ̃^{43}	tsʰuɛ̃^{43}/ tsʰuɛ̃^{31}	tsʰuɛ̃^{43}	tsʰuɛ̃^{31}
灵丘	ɕye^{442}	tsʰuæ^{31}	tsʰuæ^{31}	tsuæ^{442}	tsuæ^{442}	tsʰuæ^{31}	tsʰuæ^{442}	tsʰuæ^{31}
浑源	ɕyɛ^{22}	tsʰuæ^{22}	tsʰuæ^{22}	tsuæ^{52}	tsuæ^{52}	tsʰuæ^{52}	tsʰuæ^{52}	tsʰuæ^{22}
云州	ɕye^{312}	tʂʰuæ^{312}	tʂʰuæ^{312}	tsuæ^{21}	tsuæ^{21}	tʂʰuæ^{21}	tʂʰuæ^{21}	tʂʰuæ^{312}
新荣	ɕyE^{312}	tʂʰuæ^{312}	tʂʰuæ^{312}	tʂuæ^{32}	tʂuæ^{32}	tʂʰuæ^{32}	tʂʰuæ^{32}	tʂʰuæ^{312}
怀仁	ɕyæ^{312}	tsʰuæ^{312}	tsʰuæ^{312}	tsuæ^{42}	tsuæ^{42}	tsʰuæ^{42}	tsʰuæ^{42}	tsʰuæ^{312}
左云	ɕye^{313}	tsʰuæ^{313}	tsʰuæ^{313}	tsuæ^{31}	tsuæ^{31}	tsʰuæ^{31}	tsʰuæ^{31}	tsʰuæ^{313}
右玉	ɕye^{212}	tʂʰuæ^{212}	tʂʰuæ^{212}	tʂuæ^{31}	tʂuæ^{31}	tʂʰuæ^{31}	tʂʰuæ^{31}	tʂʰuæ^{212}
阳高	ɕye^{31}	tsʰue^{312}	tsʰue^{312}	tsue^{31}	tsue^{31}	tsʰue^{31}	tsʰue^{31}	tsʰue^{312}
山阴	ɕyE^{313}	tʂʰuæ^{313}	tʂʰuæ^{313}	tʂuæ^{313}	tʂuæ^{313}	tʂʰuæ^{313}	tʂʰuæ^{313}	tʂʰuæ^{313}
天镇	ɕyæ^{22}	tsʰuæ^{22}	tsʰuæ^{22}	tsuæ^{31}	tsuæ^{31}	tsʰuæ^{22}	tsʰuæ^{31}	tsʰuæ^{22}
平定	suæ̃^{24} 白 / ɕyæ̃^{24} 文	tsʰuæ̃^{31}	——	tsuæ̃^{31}	tsuæ̃^{31}	tsʰuæ̃^{31}	tsʰuæ̃^{31}	tsʰuæ̃^{44}
昔阳	ɕyæ̃^{33}	tsʰuæ̃^{33}	tsʰuæ̃^{33}	tsuæ̃^{42}	tsuæ̃^{42}	tsʰuæ̃^{42}	tsʰuæ̃^{42}	tsʰuæ̃^{33}
左权	ɕye^{11}	tʂʰuæ^{11}	tʂʰuæ^{11}	tʂuæ^{31}	tʂuæ^{31}	tʂʰuæ^{31}	tʂʰuæ^{31}	tʂʰuæ^{11}
和顺	suæ^{22} 白 / ɕyɛ^{22} 文	tsʰuæ^{22}	tsʰuæ^{22}	tsuæ^{42}	tsuæ^{42}	tsʰuæ^{42}	tsʰuæ^{42}	tsʰuæ^{22}
尧都	ɕyæ̃^{44}	tʂʰuæ̃^{24}	tʂʰuæ̃^{24}	tʂuæ̃^{21}	tʂuæ̃^{21}	tʂʰuæ̃^{21}	tʂʰuæ̃^{21}	tʂʰuæ̃^{24}
洪洞	ɕyan^{24}	tʂʰuan^{24}	tʂʰuan^{24}	tʂuan^{21}	tʂuan^{21}	tʂʰuan^{21}	tʂʰuan^{21}	tʂʰuan^{24}
洪洞赵城	ɕyɑ̃^{24}	tʂʰuɑ̃^{24}	tʂʰuɑ̃^{24}	tʂuɑ̃^{21}	tʂuɑ̃^{21}	tʂʰuɑ̃^{21}	tʂʰuɑ̃^{21}	ʂuɑ̃^{24} 白 / tʂʰuɑ̃^{24} 文

续表

字目	旋~转	传~达	椽	专	砖	川	穿	船
中古音 / 方言点	似宣 山合三 平仙邪	直挛 山合三 平仙澄	直挛 山合三 平仙澄	职缘 山合三 平仙章	职缘 山合三 平仙章	昌缘 山合三 平仙昌	昌缘 山合三 平仙昌	食川 山合三 平仙船
古县	çyan^{35}	tʂʰuan^{35}	tʂʰuan^{35}	tʂuan^{21}	tʂuan^{21}	tʂʰuan^{21}	tʂʰuan^{21}	tʂʰuan^{35}
襄汾	çyan^{24}	tʂʰuan^{24}	tʂʰuan^{24}	tʂuan^{21}	tʂuan^{21}	tʂʰuan^{21}	tʂʰuan^{21}	tʂʰuan^{24}
浮山	çyãĩ^{13}	pfʰãĩ^{13}	pfʰãĩ^{13}	tʂuãĩ^{42} 文	tʂuãĩ^{42} 文	pfʰãĩ^{42}	pfʰãĩ^{42}	pfʰãĩ^{13}
霍州	çyaŋ^{35}	tʂʰuaŋ^{35}	tʂʰuaŋ^{35}	tʂuaŋ^{212}	tʂuaŋ^{212}	tʂʰuaŋ^{212}	tʂʰuaŋ^{212}	tʂʰuaŋ^{35}
冀城	çyɛɪ^{12}	pfʰæ̃^{12}	pfʰæ̃^{12}	pfʰæ̃^{53}	pfʰæ̃^{53}	pfʰæ̃^{53}	pfʰæ̃^{44}	pfʰæ̃^{53} 白 / tʂʰuæ̃^{53} 文
闻喜	çyæ^{13}	pfʰæ^{13}	pfʰæ^{13}	pfæ^{53}	pfæ^{53}	pfʰæ^{53}	pfʰæ^{53}	pfʰæ^{13}
侯马	çyæ̃^{213}	tʂʰæ̃^{213}	tʂʰuæ̃^{213}	tʂuæ̃^{213}	tʂuæ̃^{213}	tʂʰuæ̃^{213}	tʂʰuæ̃^{213}	tʂʰuæ̃^{213}
新绛	çyã^{13}	pfʰã^{13}	pfʰã^{13}	pfã^{53}	pfã^{53}	pfʰã^{53}/ tʂʰuã^{53}	pfʰã^{53}/ tʂʰuã^{53}	pfʰã^{13}
绛县	çyæ^{24}	pfʰæ^{24}	pfʰæ^{24}	tʂuæ^{53}	tʂuæ^{53}	pfʰæ^{53}	pfʰæ^{53}	pfʰæ^{24}
垣曲	çyæ̃^{22}	tʂʰuæ̃^{22}	tʂʰuæ̃^{22}	tʂuæ̃^{22}	tʂuæ̃^{22}	tʂʰuæ̃^{22}	tʂʰæ̃^{22}	tʂʰuæ̃^{22}
夏县	çyæ^{42}	pfʰæ^{42} 白 / tʂʰuæ^{42} 文	pfʰæ^{42} 白 / tʂʰuæ^{42} 文	pfæ^{53} 白 / tʂuæ^{53} 文	pfæ^{53} 白 / tʂuæ^{53} 文	pfʰæ^{53} 白 / tʂʰuæ^{53} 文	pfʰæ^{53} 白 / tʂʰuæ^{53} 文	pfʰæ^{42} 白 / tʂʰuæ^{42} 文
万荣	çyæ^{213}	pfʰæ^{213}	pfʰæ^{213}	pfæ^{51}	pfæ^{51}	pfʰæ^{51}	pfʰæ^{51}	pfʰæ^{213}
稷山	çyɑ̃^{13}	pfʰɑ̃^{13}	pfʰɑ̃^{13}	pfɑ̃^{53}	pfɑ̃^{53}	pfʰɑ̃^{53}	pfʰɑ̃^{53}	pfʰɑ̃^{13}
盐湖	çyæ̃^{13}	pfʰæ̃^{13} 白 / tʂʰuæ̃^{13} 文	pfʰæ̃^{13} 白 / tʂʰuæ̃^{13} 文	pfæ̃^{42} 白 / tʂuæ̃^{42} 文	pfæ̃^{42} 白 / tʂuæ̃^{42} 文	pfʰæ̃^{42} 白 / tʂʰuæ̃^{42} 文	pfʰæ̃^{42} 白 / tʂʰuæ̃^{42} 文	pfʰæ̃^{13} 白 / tʂʰuæ̃^{13} 文
临猗	çyæ̃^{13}	pfʰæ̃^{13} 白 / tʂuæ̃^{13} 文	pfʰæ̃^{13}	pfæ̃^{42} 白 / tʂuæ̃^{42} 文	pfæ̃^{42} 白 / tʂuæ̃^{42} 文	pfʰæ̃^{42}	pfʰæ̃^{42}	fæ̃^{13} 白 / tʂʰuæ̃^{13} 文
河津	çyæ̃^{324}	pfʰæ̃^{324}	pfʰæ̃^{324}	pfæ̃^{31}	pfæ̃^{31}	pfʰæ̃^{31}	pfʰæ̃^{31}	fæ̃^{324} 白 / pfʰæ̃^{324} 文
平陆	çyan^{13}	pfʰan^{13}	pfʰan^{13}	pfan^{31}	pfan^{31}	pfʰan^{31}	pfʰan^{31}	pfʰan^{13}
永济	çyai^{44} 白 / çyæ̃^{24} 文	pfʰæ̃^{24}	pfʰæ̃^{24}	pʰai^{31}	pʰæ̃^{31}	pfʰæ̃^{31}	pfʰæ̃^{31}	pfʰæ̃^{24}
芮城	çyæ̃^{13}	pfʰæ̃^{13}	pfʰæ̃^{13}	pfæ̃^{42}	pfæ̃^{42}	pfʰæ̃^{42}	pfʰæ̃^{42}	pfʰæ̃^{13} 白 / fæ̃^{13} 文 / tʂʰuæ̃^{13} 文
吉县	çyæ̃^{13}	pfʰæ̃^{13}	pfʰæ̃^{13}	pfæ̃^{423}	pfæ̃^{423}	pfʰæ̃^{423}	pfʰæ̃^{423}	fæ̃^{423}
乡宁	çyæ^{12}	tʂʰuæ^{12}	tʂʰuæ^{12}	tsuæ^{53}	tsuæ^{53}	tʂʰuæ^{53}	tʂʰuæ^{53}	ʂuæ^{12} 白 / tʂʰuæ^{12} 文
广灵	çyæ^{31}	tsʰuæ^{31}	tsʰuæ^{31}	tsuæ^{53}	tsuæ^{53}	tsʰuæ^{53}	tsʰuæ^{53}	tsʰuæ^{31}

字目	圈圆～	权	拳	员	圆	铅	沿	捐
中古音 / 方言点	丘圆 山合三 平仙溪	巨员 山合三 平仙群	巨员 山合三 平仙群	王权 山合三 平仙云	王权 山合三 平仙云	与专 山合三 平仙以	与专 山合三 平仙以	与专 山合三 平仙以
北京	tɕʰyan^{55}	tɕʰyan^{35}	tɕʰyan^{35}	yan^{35}	yan^{35}	tɕʰiɛn^{55}	iɛn^{35}	tɕyan^{55}
小店	tɕʰyæ^{11}	tɕʰyæ^{11}	tɕʰyæ^{11}	yæ^{11}	yæ^{11}	tɕʰiæ^{11}	iæ^{11}	tɕyæ^{11}
尖草坪	tɕʰye^{33}	tɕʰye^{33}	tɕʰye^{33}	ye^{33}	ye^{33}	tɕʰie^{33}	ie^{33}	tɕye^{33}
晋源	tɕʰyaŋ^{11}	tɕʰyaŋ^{11}	tɕʰyaŋ^{11}	yaŋ^{11}	yaŋ^{11}	tɕʰiæ^{11}	iæ^{11}	tɕyaŋ^{11}
阳曲	tɕʰyɛ^{312}	tɕʰyɛ^{43}	tɕʰyɛ^{43}	yɛ^{43}	yɛ^{43}	tɕʰiɛ^{312}	iɛ^{43}	tɕyɛ^{312}
古交	tɕʰyɛ^{44}	tɕʰyɛ^{44}	tɕʰyɛ^{44}	yɛ^{44}	yɛ^{44}	tɕʰiɛ^{44}	iɛ^{44}	tɕyɛ^{44}
清徐	tɕʰyɛ^{11}	tɕʰyɛ^{11}	tɕʰyɛ^{11}	yɛ^{11}	yɛ^{11}	tɕʰiɛ^{11}	iɛ^{11}	tɕyɛ^{11}
娄烦	tɕʰyɛ^{3}	tɕʰyɛ^{33}	tɕʰyɛ^{33}	yɛ^{33}	yɛ^{33}	tɕʰiɛ^{33}	iɛ^{33}	tɕyɛ^{33}
榆次	tɕʰye^{11}	tɕʰye^{11}	tɕʰye^{11}	ye^{11}	ye^{11}	tɕʰie^{11}	ie^{11}	tɕye^{11}
交城	tɕʰyũ^{11}	tɕʰyũ^{11}	tɕʰyũ^{11}	yũ^{11}	yũ^{11}	tɕʰiã^{11}	iã^{11}	tɕyũ^{11}
文水	tɕʰyæĩ^{22}	tɕʰyæĩ^{22}	tɕʰyæĩ^{22}	yæĩ^{22}	yæĩ^{22}	tɕʰiaŋ^{22}	iæĩ^{22}	tɕyæĩ^{22}
祁县	tɕʰyẽ^{31}	tɕʰyẽ^{31}	tɕʰyẽ^{31}	yẽ^{31}	yẽ^{31}	tɕʰiɑ̃^{31}	iẽ^{31}	tɕyẽ^{31}
太谷	tɕʰyẽĩ^{33}	tɕʰyẽĩ^{33}	tɕʰyẽĩ^{33}	yẽĩ^{33}	yẽĩ^{33}	tɕʰiẽĩ^{33}	iẽĩ^{33}	tɕyẽĩ^{33}
平遥	tɕʰỹɛ̃^{213}	tɕʰỹɛ̃^{213}	tɕʰỹɛ̃^{213}	ỹɛ̃^{213}	ỹɛ̃^{213}	tɕʰiɑ̃^{213}	ĩɛ̃^{213}	tɕỹɛ̃^{213}
孝义	tɕʰyE^{33}	tɕʰyE^{33} 白 / tɕʰyã^{33} 文	tɕʰyE^{33}	yã^{33}	yE^{33}	tɕʰiã^{33}	iã^{33}	tɕyã^{33}
介休	tɕʰyɛ̃^{13}	tɕʰyɛ̃^{13}	tɕʰyɛ̃^{13}	yɛ̃^{13}	yɛ̃^{13}	tɕʰiɛ̃^{13}	iɛ̃^{13}	tɕyɛ̃^{13}
灵石	tɕʰyɒ̃^{535}	tɕʰyɒ̃^{44}	tɕʰyɒ̃^{44}	yɒ̃^{44}	yɒ̃^{44}	tɕʰiɒ̃^{535}	iɒ̃^{44}	tɕyɒ̃^{535}
盂县	tɕyæ̃^{55}/ tɕʰyæ̃^{412}	tɕʰyæ̃^{22}	tɕʰyæ̃^{22}	yæ̃^{22}	yæ̃^{22}	tɕʰiæ̃^{412}	iæ̃^{22}	tɕyæ̃^{412}
寿阳	tɕʰyɪ^{31}	tɕʰyɪ^{22}	tɕʰyɪ^{22}	yɪ^{22}	yɪ^{22}	tɕʰiɪ^{31}	iɪ^{22}	tɕyɪ^{31}
榆社	tɕʰye^{22}	tɕʰye^{22}	tɕʰye^{22}	ye^{22}	ye^{22}	tɕʰie^{22}	ie^{22}	tɕye^{22}
离石	tɕʰyɪ^{24}	tɕʰyɪ^{24}	tɕʰyɪ^{24}	yɪ^{44}	yɪ^{44}	tɕʰiæ^{24}	iɪ^{44}	tɕyɪ^{24}
汾阳	tɕʰy^{324}	tɕʰyã^{22}	tɕʰy^{22} 白 / tɕʰyã^{22} 文	yã^{22}	y^{22} 白 / yã^{22} 文	tɕʰiã^{324}	i^{55}	tɕyã^{324}
中阳	tɕʰye^{24}	tɕʰye^{24}	tɕʰye^{24}	ye^{33}	ye^{33}	tɕʰie^{24}	ie^{33}	tɕye^{24}
柳林	tɕʰye^{24}	tɕʰye^{44}	tɕʰye^{44}	ye^{44}	ye^{44}	tɕʰie^{24}	ie^{44}	tɕye^{24}
方山	tɕʰyɛ^{24}	tɕʰyɛ^{44}	tɕʰyɛ^{44}	yɛ^{44}	yɛ^{44}	tɕʰiɛ^{24}	iɛ^{44}	tɕyɛ^{24}
临县	tɕye^{24}	tɕʰye^{33}	tɕʰye^{33}	ye^{33}	ye^{33}	tɕʰie^{24}	ie^{33}	tɕye^{24}
兴县	tɕʰyẽn^{324}	tɕʰyẽn^{55}	tɕʰyẽn^{55}	yẽn^{55}	yẽn^{55}	tɕʰiæ̃^{324}	iẽn^{55}	tɕyẽn^{55}
岚县	tɕʰyẽ^{214}	tɕʰyẽ^{44}	tɕʰyẽ^{44}	yẽ^{44}	yẽ^{44}	tɕʰiaŋ^{214}	iẽ^{44}	tɕyẽ^{214}
静乐	tɕʰyæ̃^{24}	tɕʰyæ̃^{33}	tɕʰyæ̃^{33}	yæ̃^{33}	yæ̃^{33}	tɕʰiæ̃^{24}	iæ̃^{33}	tɕyæ̃^{24}
交口	tɕʰyɑ̃^{323}	tɕʰyɑ̃^{44}	tɕʰyɑ̃^{44}	yɑ̃^{44}	yɑ̃^{44}	tɕʰiɑ̃^{323}	iɑ̃^{44}	tɕyɑ̃^{323}

续表

字目	圈圆~	权	拳	员	圆	铅	沿	捐
中古音 / 方言点	丘圆 山合三 平仙溪	巨员 山合三 平仙群	巨员 山合三 平仙群	王权 山合三 平仙云	王权 山合三 平仙云	与专 山合三 平仙以	与专 山合三 平仙以	与专 山合三 平仙以
石楼	tɕʰyɑŋ^{213}	tɕʰyɑŋ^{44}	tɕʰyɑŋ^{44}	yɑŋ^{44}	yɑŋ^{44}	tɕʰiɑŋ^{213}	iɑŋ^{4}	tɕyɑŋ^{213}
隰县	tɕʰyɛ^{53}	tɕʰyaŋ^{24}	tɕʰyaŋ^{24}	yaŋ^{24}	yaŋ^{24}	tɕʰiɛ^{53}	iaŋ^{24}	tɕyɛ^{53}
大宁	tɕʰyɛ̃^{31}	tɕʰyɛ̃^{24}	tɕʰyɛ̃^{24}	yɛ̃^{24}	yɛ̃^{24}	tɕʰiɛ̃^{31}	iɛ̃^{24}	——
永和	tɕʰyɪ^{53} 白 / tɕyɪ^{53} 文	tɕʰyɪ^{35}	tɕʰyɪ^{35}	yɪ^{35}	yɪ^{35}	tɕʰiɪ^{312}	iɪ^{35}	tɕyɪ^{35}
汾西	tɕʰyɑ̃^{33}/ tɕʰyɑ̃^{53}/ tɕʰyɑ̃^{11}/ tɕyɪ^{53}	tɕyɑ̃^{11}	tɕyɑ̃^{11}	yɑ̃^{35}	yɑ̃^{35}/yɪ^{35} 白	tɕʰiɑ̃^{11}	iɑ̃^{35}	tɕyɑ̃^{11}
蒲县	tɕʰyæ̃^{52}	tɕʰyæ̃^{24}	tɕʰyæ̃^{24}	yæ̃^{24}	yæ̃^{24}	tɕʰiæ̃^{24}	iæ̃^{24}	tɕyæ̃^{33}
潞州	tɕʰyaŋ^{312}	tɕʰyaŋ^{24}	tɕʰyaŋ^{24}	yaŋ^{24}	yaŋ^{24}	tɕʰiaŋ^{312}	iaŋ^{24}	tɕyaŋ^{24}
上党	tɕyɑŋ^{42}/ tɕʰyɑŋ^{213}	tɕʰyɑŋ^{44}	tɕʰyɑŋ^{44}	yɑŋ^{44}	yɑŋ^{44}	tɕʰiɑŋ^{213}	iɑŋ^{44}	tɕyɑŋ^{213}
长子	tɕʰyæ̃^{312}	tɕʰyæ̃^{24}	tɕʰyæ̃^{24}	yæ̃^{24}	yæ̃^{24}	tɕʰiæ̃^{312}	iæ̃^{24}	tɕyæ̃^{312}
屯留	tɕʰyæ̃^{31}	tɕʰyæ̃^{11}	tɕʰyæ̃^{11}	yæ̃^{11}	yæ̃^{11}	tɕʰiæ̃^{31}	iæ̃^{11}	tɕyæ̃^{31}
襄垣	tɕʰyei^{33}	tɕʰyei^{31}	tɕʰyei^{31}	yei^{31}	yei^{31}	tɕʰiei^{33}	iei^{31}	tɕyei^{33}
黎城	cʰyæ^{33}	cʰyæ^{53}	cʰyæ^{53}	yæ^{53}	yæ^{53}	cʰiæ^{33}	iæ^{53}	çyæ^{33}
平顺	cʰyæ̃^{213}	cʰyæ̃^{13}	cʰyæ̃^{13}	yæ̃^{13}	yæ̃^{13}	tɕʰiæ̃^{213}	iæ̃^{13}	cyæ̃^{213}
壶关	cʰyaŋ^{33}	cʰyaŋ^{13}	cʰyaŋ^{13}	yaŋ^{13}	yaŋ^{13}	cʰiaŋ^{33}	iaŋ^{13}	cyaŋ^{33}
沁县	tsʰuei^{224}	tsʰuei^{33}	tsʰuei^{33}	zuei^{33}	zuei^{33}	tɕʰi^{224}	i^{33}	tɕuei^{224}
武乡	——	tsʰuei^{33}	——	zuei^{33}	zuei^{33}	tsʰei^{113}	ŋei^{33}	——
沁源	tɕʰyæ̃^{324}	tɕʰyæ̃^{33}	tɕʰyæ̃^{33}	yæ̃^{33}	yæ̃^{33}	tɕʰiæ̃^{324}	iæ̃^{33}	tɕyæ̃^{324}
安泽	tɕyæ^{53}/ tɕʰyæ^{21}	tɕʰyæ^{35}	tɕʰyæ^{35}	yæ^{35}	yæ^{35}	tɕʰiæ^{21}	iæ^{35}	tɕyæ^{21}
沁水端氏	kʰuei^{21}	kʰuei^{24}	kʰuei^{24}	vei^{24}	vei^{24}	kʰei^{21}	iɪ^{24}	kei^{21}
阳城	cʰyɛ^{224}	cʰyɛ^{22}	cʰyɛ^{22}	yɛ^{22}	yɛ^{22}	cʰiɛ^{224}	iɛ^{22}	cyɛ^{224}
高平	cʰiæ̃^{33}	cʰiæ̃^{33}	cʰiæ̃^{33}	iæ̃^{33}	iæ̃^{33}	cʰiæ̃^{33}	iæ̃^{33}	ciæ̃^{33}
陵川	cʰyə̃ɪ̃^{33} 白 / cʰyæ̃^{33} 文	cʰyə̃ɪ̃^{53}	cʰyə̃ɪ̃^{53}	yə̃ɪ̃^{53}	yə̃ɪ̃^{53}	cʰiə̃ɪ̃^{33}	iə̃ɪ̃^{53}	cyə̃ɪ̃^{33}
晋城	tɕʰyɛ^{33}	tɕʰyɛ^{324}	tɕʰyɛ^{324}	yɛ^{324}	yɛ^{324}	tɕʰiɛ^{33}	iɛ^{324}	tɕyɛ^{33}
忻府	tɕʰyɑ̃^{313}	tɕʰyɑ̃^{21}	tɕʰyɑ̃^{21}	yɑ̃^{21}	yɑ̃^{21}	tɕʰiɑ̃^{313}	iɛ̃^{21}	tɕyɑ̃^{313}
原平	tɕʰyɛ̃^{213}	tɕʰyɛ̃^{33}	tɕʰyɛ̃^{33}	yɛ̃^{33}	yɛ̃^{33}	tɕʰiɛ̃^{213}	iɛ̃^{33}	tɕyɛ̃^{213}
定襄	tɕʰyə̃^{24}	tɕʰyə̃^{11}	tɕʰyə̃^{11}	yə̃^{11}	yə̃^{11}	tɕʰiə̃^{24}	iə̃^{11}	tɕyə̃^{24}

续表

字目	圈圆~	权	拳	员	圆	铅	沿	捐
中古音 / 方言点	丘圆 山合三 平仙溪	巨员 山合三 平仙群	巨员 山合三 平仙群	王权 山合三 平仙云	王权 山合三 平仙云	与专 山合三 平仙以	与专 山合三 平仙以	与专 山合三 平仙以
五台	tɕʰyə̃^{213}	tɕʰyə̃^{33}	tɕʰyə̃^{33}	yə̃^{33}	yə̃^{33}	tɕʰiæn^{213}	iə̃^{33}	tɕyə̃^{213}
岢岚	tɕʰyɛ^{13}	tɕʰyɛ^{44}	tɕʰyɛ^{44}	yɛ^{44}	yɛ^{44}	tɕʰiɛ^{13}	iɛ^{44}	tɕyɛ^{13}
五寨	tɕʰyɪ^{13}	tɕʰyɪ^{44}	tɕyɪ^{44}	yɪ^{44}	yɪ^{44}	tɕʰiɪ^{13}	iɪ^{44}	tɕyɪ^{52}
宁武	tɕʰyɛ^{23}	tɕyɛ^{33}	tɕyɛ^{33}	yɛ^{33}	yɛ^{33}	tɕiɛ^{23}	iɛ^{33}	tɕyɛ^{23}
神池	tɕʰye^{24}	tɕʰye^{24}	tɕʰye^{24}	ye^{32}	ye^{32}	tɕʰie^{24}	ie^{32}	tɕye^{24}
繁峙	tɕʰyɛ^{53}	tɕʰyɛ^{31}	tɕʰyɛ^{31}	yɛ^{31}	yɛ^{31}	tɕʰiɛ^{53}	iɛ^{31}	tɕyɛ^{53}
代县	tɕye^{53}	tɕʰye^{44}	tɕʰye^{44}	ye^{44}	ye^{44}	tɕʰie^{213}	ie^{44}	tɕye^{213}
河曲	tɕyɛ^{52}	tɕʰyɛ^{44}	tɕʰyɛ^{44}	yɛ^{44}	yɛ^{44}	tɕʰiɛ^{213}	iɛ^{44}	tɕyɛ^{213}
保德	tɕʰyaŋ^{213}	tɕʰyaŋ^{44}	tɕʰyaŋ^{44}	yaŋ^{44}	yaŋ^{44}	tɕʰiaŋ^{213}	iaŋ^{44}	tɕyaŋ^{213}
偏关	tɕʰyɪ^{24}	tɕʰyɪ^{44}	tɕʰyɪ^{44}	yɪ^{44}	yɪ^{44}	tɕyɪ^{24}	iɪ^{44}	tɕyɪ^{52}
朔城	tɕʰye^{312}	tɕʰye^{35}	tɕʰye^{35}	ye^{35}	ye^{35}	tɕʰie^{312}	ie^{35}	tɕye^{312}
平鲁	tɕyᴇ^{52}/ tɕʰyᴇ^{213}	tɕʰyᴇ^{44}	tɕʰyᴇ^{44}	yᴇ^{44}	yᴇ^{44}	tɕʰiᴇ^{213}	iᴇ^{44}	tɕyəʔ$^{\underline{34}}$
应县	tɕʰyɛ̃^{43}	tɕʰyɛ̃^{31}	tɕʰyɛ̃^{31}	yɛ̃^{31}	yɛ̃^{31}	tɕʰiɛ̃^{43}	iɛ̃^{31}/iɛ̃^{24}	tɕyɛ̃^{43}
灵丘	tɕʰye^{442}	tɕʰye^{31}	tɕʰye^{31}	ye^{31}	ye^{31}	tɕʰie^{442}	ie^{31}	tɕye^{442}
浑源	tɕyɛ^{13}	tɕʰyɛ^{22}	tɕʰyɛ^{22}	yɛ^{22}	yɛ^{22}	tɕʰiɛ^{52}	iɛ^{22}	tɕyɛ^{52}
云州	tɕʰyɛ^{21}	tɕʰyɛ^{312}	tɕʰyæ^{312}	yɛ^{312}	yɛ^{312}	tɕʰiɛ^{21}	iɛ^{312}	tɕyɛ^{21}
新荣	tɕʰyᴇ^{32}/ tɕyᴇ^{24}	tɕʰyᴇ^{312}	tɕʰyᴇ^{312}	yᴇ^{312}	yᴇ^{312}	tɕʰiᴇ^{32}	iᴇ^{312}	tɕyᴇ^{32}
怀仁	tɕʰyæ^{42}	tɕʰyæ^{312}	tɕʰyæ^{312}	yæ^{312}	yæ^{312}	tɕʰiæ^{42}	iæ^{312}	tɕyæ^{42}
左云	tɕʰyɛ^{31}	tɕʰyɛ^{313}	tɕʰyɛ^{313}	yɛ^{313}	yɛ^{313}	tɕʰiɛ^{31}	iɛ^{313}	tɕyɛ^{31}
右玉	tɕʰyɛ^{31}	tɕʰyɛ^{212}	tɕʰyɛ^{212}	yɛ^{31}	yɛ^{31}	tɕʰiɛ^{31}	iɛ^{212}	tɕyɛ^{212}
阳高	tɕʰyɛ^{31}	tɕʰyɛ^{312}	tɕʰyɛ^{312}	yɛ^{312}	yɛ^{312}	tɕʰiɛ^{31}	iɛ^{31}	tɕyɛ^{31}
山阴	tɕyᴇ^{313}	tɕyᴇ^{313}	tɕyᴇ^{313}	yᴇ^{313}	yᴇ^{313}	tɕʰiᴇ^{313}	iᴇ^{313}	tɕyᴇ^{313}
天镇	tɕʰyæ^{22}	tɕʰyɛ^{22}	tɕʰyɛ^{22}	yæ^{22}	yæ^{22}	tɕʰiæ^{31}	iæ^{22}	tɕyæ^{31}
平定	tɕʰyæ̃^{31}	tɕʰyæ̃^{44}	tɕʰyæ̃^{44}	yæ̃^{44}	iæ̃^{44} 白 / yæ̃^{44} 文	tɕʰiæ̃^{31}	iæ̃^{44}	tɕyæ̃^{31}
昔阳	tɕʰyæ̃^{42}	tɕʰyæ̃^{33}	tɕʰyæ̃^{33}	yæ̃^{33}	yæ̃^{33}	tɕʰiæ̃^{42}	iæ̃^{33}	tɕyæ̃^{42}
左权	tɕʰyɛ^{31} 文	tɕʰyɛ^{11}	tɕʰyɛ^{11}	yɛ^{11}	yɛ^{11}	tɕʰiɛ^{31}	iɛ^{11}	tɕyɛ^{31}
和顺	tɕyɛ^{13}	tɕʰyɛ^{22}	tɕʰyɛ^{22}	yɛ^{22}	yɛ^{22}	tɕʰiɛ^{42}	iɛ^{22}	tɕyɛ^{42}
尧都	tɕʰyæ̃^{21} 白 / tɕyæ̃^{44} 文	tɕʰyæ̃^{24}	tɕʰyæ̃^{24}	yæ̃^{24}	yæ̃^{24}	tɕʰiæ̃^{21}	iæ̃^{24}	tɕyæ̃^{21}

续表

字目	圈圆~	权	拳	员	圆	铅	沿	捐
中古音 / 方言点	丘圆 山合三 平仙溪	巨员 山合三 平仙群	巨员 山合三 平仙群	王权 山合三 平仙云	王权 山合三 平仙云	与专 山合三 平仙以	与专 山合三 平仙以	与专 山合三 平仙以
洪洞	tɕʰyɑn^{21}	tɕʰyɑn^{24}	tɕʰyɑn^{24}	yɑn^{24}	yɑn^{24}	tɕʰiɑn^{21}	iɑn^{24}	tɕyɑn^{21}
洪洞赵城	tɕʰyɑ̃^{21}	tɕʰyɑ̃^{24}	tɕʰyɑ̃^{24}	yɑ̃^{24}	yɑ̃^{24}	tɕʰiɑ̃^{21}	iɑ̃^{24}	tɕyɑ̃^{21}
古县	tɕʰyan^{21}	tɕʰyan^{35}	tɕʰyan^{35}	yan^{35}	yan^{35}	tɕʰian^{21}	ian^{35}	tɕyan^{21}
襄汾	tɕʰyan^{21}	tɕʰyan^{24}	tɕʰyan^{24}	yan^{24}	yan^{24}	tɕʰian^{21}	ian^{24}	tɕyan^{21}
浮山	tɕʰyãĩ^{42}	tɕʰyãĩ^{13}	tɕʰyãĩ^{13}	yãĩ^{13}	yãĩ^{13}	tɕʰiãĩ^{42}	iãĩ^{13}	tɕyãĩ^{42}
霍州	tɕʰyaŋ^{33}	tɕʰyaŋ^{35}	tɕʰyaŋ^{35}	yaŋ^{35}	yaŋ^{35}	tɕʰiaŋ^{212}	iaŋ^{35}	tɕyaŋ^{212}
翼城	tɕʰyɛɪ^{53}	tɕʰyɛɪ^{12}	tɕʰyɛɪ^{12}	yɛɪ^{12}	yɛɪ^{12}	tɕʰiɛɪ^{53}	iɛɪ^{12}	tɕyɛɪ^{53}
闻喜	tɕʰyæ^{53}	tɕʰyæ^{13}	tɕʰyæ^{13}	yæ^{13}	yæ^{13}	tɕʰiæ^{13}	iæ^{13}/ ȵiæ^{13}	tɕyæ^{13}
侯马	tɕʰyæ̃^{213}	tɕʰyæ̃^{213}	tɕʰyæ̃^{213}	yæ̃^{213}	yæ̃^{213}	tɕʰiæ̃^{213}	iæ̃^{213}	tɕyæ̃^{213}
新绛	tɕʰyã^{53}	tɕʰyã^{13}	tɕʰyã^{13}	yã^{13}	yã^{13}	tɕʰiã^{53}	iã^{13}	tɕyã^{53}
绛县	tɕʰyæ^{53}	tɕʰyæ^{24}	tɕʰyæ^{24}	yæ^{24}	yæ^{24}	tɕʰiæ^{24}	iæ^{24}	tɕyæ^{53}
垣曲	tɕʰyæ̃^{22}	tɕʰyæ̃^{22}	tɕʰyæ̃^{22}	yæ̃^{22}	yæ̃^{22}	tɕʰiæ̃^{53}	iæ̃^{22}	tɕyæ̃^{22}
夏县	tɕyæ^{53}	tɕʰyæ^{42}	tɕʰyæ^{42}	yæ^{42}	yæ^{42}	tɕʰiæ^{53}	iæ^{42}	tɕyæ^{31}
万荣	tɕʰyæ^{51}	tɕʰyæ^{213}	tɕʰyæ^{213}	yæ^{213}	yæ^{213}	tɕʰiæ^{51}	iæ^{213}	tɕyæ^{51}
稷山	tɕʰyɑ̃^{53}	tɕʰyɑ̃^{13}	tɕʰyɑ̃^{13}	yɑ̃^{13}	yɑ̃^{13}	tɕʰiɑ̃^{53}	iɑ̃^{13}	tɕyɑ̃^{53}
盐湖	tɕʰyæ̃^{42}	tɕʰyæ̃^{13}	tɕʰyæ̃^{13}	yæ̃^{13}	yæ̃^{13}	tɕʰiæ̃^{42}	iæ̃^{13}	tɕyæ̃^{42}
临猗	tɕʰyæ̃^{42}	tɕʰyæ̃^{13}	tɕʰyæ̃^{13}	yæ̃^{13}	yæ̃^{13}	tɕʰiæ̃^{13}	ȵiæ̃^{13} 白 / iæ̃^{13} 文	tɕyæ̃^{42}
河津	tɕʰyæ̃^{31}	tɕʰyæ̃^{324}	tɕʰyæ̃^{324}	yæ̃^{324}	yæ̃^{324}	tɕʰiæ̃^{31}	iæ̃^{324}	tɕyæ̃^{31}
平陆	tɕʰyan^{31}/ tɕʰyan^{33}	tɕʰyan^{13}	tɕʰyan^{13}	yan^{13}	yan^{13}	tɕʰian^{31}	ian^{13}	tɕyan^{31}
永济	tɕʰyai^{44}/ tɕʰyæ̃^{31}	tɕʰyæ̃^{24}	tɕʰyæ̃^{24}	yæ̃^{24}	yæ̃^{24}	tɕʰiæ̃^{31}	iæ̃^{24}	tɕyæ̃^{31}
芮城	tɕʰyæ̃^{42}	tɕʰyæ̃^{13}	tɕʰyæ̃^{13}	yæ̃^{13}	yæ̃^{13}	tɕʰiæ̃^{42}	iæ̃^{13}	tsuæ̃^{42}
吉县	tɕʰyæ̃^{423}/ tɕʰyæ̃^{33}	tɕʰyæ̃^{13}	tɕʰyæ̃^{13}	yæ̃^{13}	yæ̃^{13}	tɕʰiæ̃^{423}	iæ̃^{13}	tɕyæ̃^{423}
乡宁	tɕʰyæ^{53}	tɕʰyæ^{12}	tɕʰyæ^{12}	yæ^{12}	yæ^{12}	tɕʰiæ^{53}	iæ^{12}	tɕyæ^{53}
广灵	tɕʰyæ^{53}	tɕʰyæ^{31}	tɕʰyæ^{31}	yæ^{31}	yæ^{31}	tɕʰiæ^{53}	iæ^{31}	tɕyæ^{53}

字目	缘	番更~	翻	烦	繁	矾	原	源
中古音 / 方言点	与专 山合三 平仙以	孚袁 山合三 平元敷	孚袁 山合三 平元敷	附袁 山合三 平元奉	附袁 山合三 平元奉	附袁 山合三 平元奉	愚袁 山合三 平元疑	愚袁 山合三 平元疑
北京	yan^{35}	fan^{55}	fan^{55}	fan^{35}	fan^{35}	fan^{35}	yan^{35}	yan^{35}
小店	yæ^{11}	fæ^{11}	fæ^{11}	fæ^{11}	fæ^{11}	fæ^{11}	yæ^{11}	yæ^{11}
尖草坪	ye^{33}	fæ^{33}	fæ^{33}	fæ^{33}	fæ^{33}	fæ^{33}	ye^{33}	ye^{33}
晋源	yaŋ^{11}	faŋ^{11}	faŋ^{11}	faŋ^{11}	faŋ^{11}	faŋ^{11}	yaŋ^{11}	yaŋ^{11}
阳曲	yɛ^{43}	fæ^{312}	fæ^{312}	fæ^{43}	fæ^{43}	fæ^{43}	yɛ^{43}	yɛ^{43}
古交	yɛ^{44}	fɛ^{44}	fɛ^{44}	fɛ^{44}	fɛ^{44}	fɛ^{44}	yɛ^{44}	yɛ^{44}
清徐	yɛ^{11}	fɛ^{11}	fɛ^{11}	fɛ^{11}	fɛ^{11}	fɛ^{11}	yɛ^{11}	yɛ^{11}
娄烦	yɛ^{33}	fæ^{33}	fæ^{33}	fæ^{33}	fæ^{33}	fæ^{33}	yɛ^{33}	yɛ^{33}
榆次	ye^{11}	fæ^{11}	fæ^{11}	fæ^{11}	fæ^{11}	fæ^{11}	ye^{11}	ye^{11}
交城	iã^{24} 白 /yũ^{11} 文	xuã^{11}	xuã^{11}	xuã^{11}	xuã^{11}	xuã^{11}	yũ^{11}	yũ^{11}
文水	yæĩ^{22}	xuaŋ^{22}	xuaŋ^{22}	xuaŋ^{22}	xuaŋ^{22}	xuaŋ^{22}	yæĩ^{22}	yæĩ^{22}
祁县	yẽ^{31}	xuɑ̃^{31}	xuɑ̃^{31}	xuɑ̃^{31}	xuɑ̃^{31}	xuɑ̃^{31}	yẽ^{31}	yẽ^{31}
太谷	yẽĩ^{33}	fɑ̃^{33}	fɑ̃^{33}	fɑ̃^{33}	fɑ̃^{33}	fɑ̃^{33}	yẽĩ^{33}	yẽĩ^{33}
平遥	ĩɛ̃^{213} 白 / ỹɛ̃^{213} 文	xũɑ̃^{213}	xũɑ̃^{213}	xũɑ̃^{213}	xũɑ̃^{213}	xũɑ̃^{213}	ỹɛ̃^{213}	ỹɛ̃^{213}
孝义	yã^{33}	xuã^{33}	xuã^{33}	xuã^{33}	xuã^{33}	xuã^{33}	yᴇ^{33}	yᴇ^{33}
介休	yɛ̃^{13}	xuæ̃^{13}	xuæ̃^{13}	xuæ̃^{13}	xuæ̃^{13}	xuæ̃^{13}	yɛ̃^{13}	yɛ̃^{13}
灵石	yɒ̃^{44}	xuɒ̃^{535}	xuɒ̃^{535}	xuɒ̃^{44}	xuɒ̃^{44}	xuɒ̃^{44}	yɒ̃^{44}	yɒ̃^{44}
盂县	yæ̃^{22}	fæ̃^{412}	fæ̃^{412}	fæ̃^{22}	fæ̃^{22}	fæ̃^{22}	yæ̃^{22}	yæ̃^{22}
寿阳	yɪ^{22}	fæ^{31}	fæ^{31}	fæ^{22}	fæ^{22}	fæ^{31}	yɪ^{22}	yɪ^{22}
榆社	ye^{22}	fa^{22}	fa^{22}	fa^{22}	fa^{22}	fa^{22}	ye^{22}	ye^{22}
离石	yɪ^{44}	xuæ^{24}	xuæ^{24}	xuæ^{44}	xuæ^{44}	xuæ^{44}	yɪ^{44}	yɪ^{44}
汾阳	i^{22} 白 /yã^{22} 文	fã^{324}	fã^{324}	fã^{22}	fã^{22}	fã^{22}	yã^{22}	yã^{22}
中阳	ye^{33}	xuæ^{24}	xuæ^{24}	xuæ^{33}	xuæ^{33}	xuæ^{33}	ye^{33}	ye^{33}
柳林	ye^{44}	xuæ^{24}	xuæ^{24}	xuæ^{44}	xuæ^{44}	xuæ^{44}	ye^{44}	ye^{44}
方山	yɛ^{44}	xuæ^{24}	xuæ^{24}	xuæ^{44}	xuæ^{44}	xuæ^{44}	yɛ^{44}	yɛ^{44}
临县	ye^{33}	fæ^{24}	fæ^{24}	fæ^{33}	fæ^{33}	fæ^{33}	ye^{33}	ye^{33}
兴县	——	xuæ̃^{324}	xuæ̃^{324}	xuæ̃^{55}	xuæ̃^{55}	——	yẽn^{55}	yẽn^{55}
岚县	iẽ^{44}	faŋ^{44}	faŋ^{214}	faŋ^{44}	faŋ^{44}	faŋ^{44}	yẽ^{44}	yẽ^{44}
静乐	iæ̃^{33}	fæ̃^{33}	fæ̃^{24}	fæ̃^{33}	fæ̃^{33}	fæ̃^{33}	yæ̃^{33}	yæ̃^{33}
交口	yɑ̃^{44}	xuɑ̃^{323}	xuɑ̃^{323}	xuɑ̃^{44}	xuɑ̃^{44}	xuɑ̃^{44}	yɑ̃^{44}	yɑ̃^{44}
石楼	yɑŋ^{44}	xuɑŋ^{213}	xuɑŋ^{213}	xuɑŋ^{44}	xuɑŋ^{44}	xuɑŋ^{44}	yɑŋ^{44}	yɑŋ^{44}

续表

字目	缘	番更~	翻	烦	繁	矾	原	源
中古音 / 方言点	与专 山合三 平仙以	孚袁 山合三 平元敷	孚袁 山合三 平元敷	附袁 山合三 平元奉	附袁 山合三 平元奉	附袁 山合三 平元奉	愚袁 山合三 平元疑	愚袁 山合三 平元疑
隰县	yaŋ^{24}	xuæ^{53}	xuæ^{53}	xuaŋ^{24}	xuaŋ^{24}	xuæ^{53}	yaŋ^{24}	yæ^{53}
大宁	iɛ̃^{24}	fɛ̃^{31}	fɛ̃^{31}	fɛ̃^{24}	fɛ̃^{24}	fɛ̃^{24}	yɛ̃^{24}	yɛ̃^{24}
永和	iɪ^{35}	xuɑ̃^{33}	xuɑ̃^{33}	xuɑ̃^{35}	xuɑ̃^{35}	xuɑ̃^{35}	yɪ^{35}	yɪ^{35}
汾西	yɑ̃^{35}	fɑ̃^{11}	fɑ̃^{11}	fɑ̃^{35}	fɑ̃^{35}	——	yɑ̃^{35}	yɑ̃^{35}
蒲县	yæ̃^{24}	fæ̃^{52}	fæ̃^{52}	fæ̃^{24}	fæ̃^{24}	fæ̃^{24}	yæ̃^{24}	yæ̃^{24}
潞州	iaŋ^{24}白 / yaŋ^{24}文	faŋ^{312}	faŋ^{312}	faŋ^{24}	faŋ^{24}	faŋ^{24}	yaŋ^{24}	yaŋ^{24}
上党	iɑŋ^{44}	fɑŋ^{213}	fɑŋ^{213}	fɑŋ^{44}	fɑŋ^{44}	fɑŋ^{44}	yɑŋ^{44}	yɑŋ^{44}
长子	iæ̃^{24}白 / yæ̃^{24}文	fæ̃^{312}	fæ̃^{312}	fæ̃^{24}	fæ̃^{24}	fæ̃^{24}	yæ̃^{24}	yæ̃^{24}
屯留	yæ̃^{11}	fæ̃^{31}	fæ̃^{31}	fæ̃^{11}	fæ̃^{11}	fæ̃^{11}	yæ̃^{11}	yæ̃^{11}
襄垣	yei^{31}	fæ^{33}	fæ^{33}	fæ^{31}	fæ^{31}	——	yei^{31}	yei^{31}
黎城	yæ^{53}	fæ^{33}	fæ^{33}	fæ^{53}	fæ^{53}	fæ^{53}	yæ^{53}	yæ^{33}
平顺	yæ̃^{13}	fæ̃^{213}	fæ̃^{213}	fæ̃^{13}	fæ̃^{13}	fæ̃^{13}	yæ̃^{13}	yæ̃^{13}
壶关	iaŋ^{13}	faŋ^{33}	faŋ^{33}	faŋ^{13}	faŋ^{13}	faŋ^{13}	yaŋ^{13}	yaŋ^{13}
沁县	i^{33}	fæ^{224}	fæ^{224}	fæ^{33}	fæ^{33}	fæ^{33}	zuei^{33}	zuei^{33}
武乡	——	fæ^{113}	fæ^{113}	fæ^{33}	fæ^{33}	——	zuei^{33}	zuei^{33}
沁源	ȵiæ̃^{33}白 / yæ̃^{33}文	fæ̃^{324}	fæ̃^{324}	fæ̃^{33}	fæ̃^{33}	fæ̃^{33}	yæ̃^{33}	yæ̃^{33}
安泽	iæ^{35}白 / yæ^{35}文	fæ^{21}	fæ^{21}	fæ^{35}	fæ^{35}	fæ^{35}	yæ^{35}	yæ^{35}
沁水端氏	vei^{24}	fæ^{21}	fæ^{21}	fæ^{24}	fæ^{24}	fæ^{24}	vei^{24}	vei^{24}
阳城	iɛ^{22}	fɛ^{224}	fɛ^{224}	fɛ^{22}	fɛ^{22}	fɛ^{22}	yɛ^{22}	yɛ^{22}
高平	iæ̃^{33}	fæ̃^{33}	fæ̃^{33}	fæ̃^{33}	fæ̃^{33}	fæ̃^{33}	iæ̃^{33}	iæ̃^{33}
陵川	yə̃ɪ̃^{53}	fã^{33}	fã^{33}	fã^{53}	fã^{53}	fã^{53}	yə̃ɪ̃^{53}	yə̃ɪ̃^{53}
晋城	yɛ^{324}	fæ^{33}	fæ^{33}	fæ^{324}	fæ^{324}	fæ^{324}	yɛ^{324}	yɛ^{324}
忻府	yɑ̃^{21}	fɑ̃^{313}	fɑ̃^{313}	fɑ̃^{21}	fɑ̃^{21}	fɑ̃^{21}	yɑ̃^{21}	yɑ̃^{21}
原平	iɛ̃^{33}	fɛ̃^{213}	fɛ̃^{213}	fɛ̃^{33}	fɛ̃^{33}	fɛ̃^{33}	yɛ̃^{33}	yɛ̃^{33}
定襄	yə̃^{11}	fæ^{24}	fæ^{24}	fæ^{11}	fæ^{11}	fæ^{11}	yə̃^{11}	yə̃^{11}
五台	iə̃^{33}	fæn^{213}	fæn^{213}	fæn^{33}	fæn^{33}	fæn^{33}	yə̃^{33}	yə̃^{33}
岢岚	yɛ^{44}	fæ^{13}	fæ^{13}	fæ^{44}	fæ^{44}	fæ^{44}	yɛ^{44}	yɛ^{44}
五寨	yɪ^{44}	fæ^{13}	fæ^{13}	fæ^{44}	fæ^{44}	fæ^{44}	yɪ^{44}	yɪ^{44}

续表

字目	缘	番更~	翻	烦	繁	矾	原	源
中古音 方言点	与专 山合三 平仙以	孚袁 山合三 平元敷	孚袁 山合三 平元敷	附袁 山合三 平元奉	附袁 山合三 平元奉	附袁 山合三 平元奉	愚袁 山合三 平元疑	愚袁 山合三 平元疑
宁武	——	fæ^{23}	fæ^{23}	fæ^{33}	fæ^{33}	fæ^{33}	yɛ^{33}	yɛ^{33}
神池	ye^{32}	fæ^{24}	fæ^{24}	fæ^{32}	fæ^{24}	fæ^{32}	ye^{32}	ye^{32}
繁峙	yɛ^{31}	fɛ^{53}	fɛ^{53}	fɛ^{31}	fɛ^{31}	fɛ^{31}	yɛ^{31}	yɛ^{31}
代县	ie^{44}	fɛ^{213}	fɛ^{213}	fɛ^{44}	fɛ^{44}	fɛ^{44}	ye^{44}	ye^{44}
河曲	yɛ^{44}	fæ^{213}	fæ^{213}	fæ^{44}	fæ^{44}	fæ^{44}	yɛ^{44}	yɛ^{44}
保德	yɑŋ^{44}	fɑŋ^{213}	fɑŋ^{213}	fɑŋ^{44}	fɑŋ^{44}	fɑŋ^{44}	yɑŋ^{44}	yɑŋ^{44}
偏关	iɪ^{44}	fæ^{24}	fæ^{24}	fæ^{44}	fæ^{44}	fæ^{44}	ɕyɪ^{44}	ɕyɪ^{44}
朔城	yɛ^{35}	fæ^{312}	fæ^{312}	fæ^{35}	fæ^{35}	fæ^{35}	yɛ^{35}	yɛ^{35}
平鲁	iᴇ^{44}	fæ^{213}	fæ^{213}	fæ^{44}	fæ^{44}	fæ^{44}	yᴇ^{44}	yᴇ^{44}
应县	iɛ̃^{31}/yɛ̃^{31}	pʰɛ̃^{43}/fɛ̃^{31}	fɛ̃^{43}	fɛ̃^{31}	fɛ̃^{31}	fɛ̃^{31}	yɛ̃^{31}	yɛ̃^{31}
灵丘	ye^{31}	fæ^{31}	fæ^{442}	fæ^{31}	fæ^{31}	fæ^{31}	ye^{31}	ye^{31}
浑源	yɛ^{22}	fæ^{52}	fæ^{52}	fæ^{22}	fæ^{22}	fæ^{22}	yɛ^{22}	yɛ^{22}
云州	yɛ^{312}	fæ^{21}	fæ^{21}	fæ^{312}	fæ^{312}	fæ^{312}	yɛ^{312}	yɛ^{312}
新荣	yᴇ^{312}/iᴇ^{312}	fæ^{32}	fæ^{32}	fæ^{312}	fæ^{312}	fæ^{312}	yᴇ^{312}	yᴇ^{312}
怀仁	yæ^{312}	fæ^{42}	fæ^{42}	fæ^{312}	fæ^{312}	fæ^{312}	yæ^{312}	yæ^{312}
左云	yɛ^{313}	fæ^{31}	fæ^{31}	fæ^{313}	fæ^{313}	fæ^{313}	yɛ^{313}	yɛ^{313}
右玉	yɛ^{31}	fæ^{31}	fæ^{31}	fæ^{212}	fæ^{212}	fæ^{212}	yɛ^{31}	yɛ^{212}
阳高	iɛ^{312}/yɛ^{312}	fɛ^{31}	fɛ^{31}	fɛ^{312}	fɛ^{312}	fɛ^{312}	yɛ^{312}	yɛ^{312}
山阴	yᴇ^{313}/iᴇ^{313}	fæ^{313}	fæ^{313}	fæ^{313}	fæ^{313}	fæ^{313}	yᴇ^{313}	yᴇ^{313}
天镇	yæ^{22}	fæ^{22}	fæ^{31}	fæ^{22}	fæ^{22}	fæ^{22}	yæ^{22}	yæ^{22}
平定	iæ̃^{44}	fæ̃^{31}	fæ̃^{31}	fæ̃^{44}	fæ̃^{44}	fæ̃^{44}	yæ̃^{44}	yæ̃^{44}
昔阳	yæ̃^{33}	fæ̃^{42}	fæ̃^{42}	fæ̃^{33}	fæ̃^{33}	fæ̃^{33}	yæ̃^{33}	yæ̃^{33}
左权	iɛ^{11}白/yɛ^{11}文	fæ^{31}	fæ^{31}	fæ^{11}	fæ^{11}	fæ^{11}	yɛ^{11}	yɛ^{11}
和顺	yɛ^{22}	fæ^{42}	fæ^{42}	fæ^{22}	fæ^{22}	fæ^{22}	yɛ^{22}	yɛ^{22}
尧都	yæ̃^{24}	fæ̃^{21}	fæ̃^{21}	fæ̃^{24}	fæ̃^{24}	fæ̃^{24}	yæ̃^{24}	yæ̃^{24}
洪洞	iɑn^{24}	fɑn^{21}	fɑn^{21}	fɑn^{24}	fɑn^{24}	fɑn^{24}	yɑn^{24}	yɑn^{24}
洪洞赵城	yɑ̃^{24}	fɑ̃^{21}	fɑ̃^{21}	fɑ̃^{24}	fɑ̃^{24}	fɑ̃^{24}	yɑ̃^{24}	yɑ̃^{24}
古县	ian^{35}白/ yan^{35}文	fan^{21}	fan^{21}	fan^{35}	fan^{35}	fan^{35}	yan^{35}	yan^{35}
襄汾	ian^{24}	fan^{21}	fan^{21}	fan^{24}	fan^{24}	fan^{24}	yan^{24}	yan^{24}
浮山	yaĩ^{13}	faĩ^{42}	faĩ^{42}	faĩ^{13}	faĩ^{13}	faĩ^{13}	yaĩ^{13}	yaĩ^{13}

续表

字目	缘	番更~	翻	烦	繁	矾	原	源
中古音 / 方言点	与专 山合三 平仙以	孚袁 山合三 平元敷	孚袁 山合三 平元敷	附袁 山合三 平元奉	附袁 山合三 平元奉	附袁 山合三 平元奉	愚袁 山合三 平元疑	愚袁 山合三 平元疑
霍州	yaŋ^{35}	faŋ^{212}	faŋ^{212}	faŋ^{35}	faŋ^{35}	faŋ^{35}	yaŋ^{35}	yaŋ^{35}
翼城	yɛɪ^{12}	fæ̃^{53}	fæ̃^{53}	fæ̃^{12}	fæ̃^{12}	fæ̃^{12}	yɛɪ^{12}	yɛɪ^{12}
闻喜	yæ^{13}	fæ^{53}/pʰæ^{53}	fæ^{53}	fæ^{13}	fæ^{13}	fæ^{13}	yæ^{13}	yæ^{13}
侯马	yæ̃^{213}	fæ̃^{213}	fæ̃^{213}	fæ̃^{213}	fæ̃^{213}	fæ̃^{213}	yæ̃^{213}	yæ̃^{213}
新绛	iã^{13}	fã^{53}	fã^{53}	fã^{13}	fã^{13}	fã^{13}	yã^{13}	yã^{13}
绛县	iæ^{24}	fæ^{53}	fæ^{53}	fæ^{24}	fæ^{24}	fæ^{24}	yæ^{24}	yæ^{24}
垣曲	iæ̃^{22}	fæ̃^{22}	fæ̃^{22}	fæ̃^{22}	fæ̃^{22}	fæ̃^{22}	yæ̃^{22}	yæ̃^{22}
夏县	yæ^{42}	fæ^{53}	fæ^{53}	fæ^{42}	fæ^{42}	fæ^{42}	yæ^{42}	yæ^{42}
万荣	yæ^{213}	fæ^{213}	fæ^{51}	fæ^{213}	fæ^{213}	fæ^{213}	yæ^{213}	yæ^{213}
稷山	yɑ̃^{13}	fɑ̃^{53}	fɑ̃^{53}	fɑ̃^{13}	fɑ̃^{13}	fɑ̃^{13}	yɑ̃^{13}	yɑ̃^{13}
盐湖	yæ̃^{13}	fæ̃^{42}	fæ̃^{42}	fæ̃^{13}	fæ̃^{13}	fæ̃^{13}	yæ̃^{13}	yæ̃^{13}
临猗	yæ̃^{13}	fæ̃^{42}	fæ̃^{42}	fæ̃^{13}	fæ̃^{13}	fæ̃^{13}	yæ̃^{13}	yæ̃^{13}
河津	iæ̃^{324}	fæ̃^{324}	fæ̃^{31}	fæ̃^{324}	fæ̃^{324}	fæ̃^{324}	yæ̃^{324}	yæ̃^{324}
平陆	ian^{13}	fan^{13}	fan^{31}	fan^{13}	fan^{13}	fan^{13}	yan^{13}	yan^{13}
永济	yæ̃^{24}	fæ̃^{31}	fæ̃^{31}	væ̃^{24} 白/ fæ̃^{24} 文	fæ̃^{24}	pæ̃^{31}	yæ̃^{24}	yæ̃^{24}
芮城	yæ̃^{13}/iæ̃^{13}	fæ̃^{42}	fæ̃^{42}	fæ̃^{13}	fæ̃^{13}	fæ̃^{13}	yæ̃^{13}	yæ̃^{13}
吉县	——	fæ̃^{423}	fæ̃^{423}	fæ̃^{13}	fæ̃^{13}	fæ̃^{13}	yæ̃^{13}	yæ̃^{13}
乡宁	yæ^{12}	fæ^{53}	fæ^{53}	fæ^{12}	fæ^{12}	fæ^{12}	yæ^{12}	yæ^{12}
广灵	yæ^{31}	fæ^{31}	fæ^{53}	fæ^{31}	fæ^{31}	fæ^{31}	yæ^{31}	yæ^{31}

字目	元	冤	袁	园	猿	辕	援	选
中古音 / 方言点	愚袁 山合三 平元疑	於袁 山合三 平元影	雨元 山合三 平元云	雨元 山合三 平元云	雨元 山合三 平元云	雨元 山合三 平元云	雨元 山合三 平元云	息兖 山合三 上狝心
北京	yan^{35}	yan^{55}	yan^{35}	yan^{35}	yan^{35}	yan^{35}	yan^{35}	ɕyan^{214}
小店	yæ^{11}	yæ^{11}	yæ^{11}	yæ^{11}	yæ^{11}	yæ^{11}	yæ^{11}	ɕyæ^{53}
尖草坪	ye^{33}	ye^{33}	ye^{33}	ye^{33}	ye^{33}	ye^{33}	ye^{33}	ɕye^{312}
晋源	yaŋ^{11}	yaŋ^{11}	yaŋ^{11}	yaŋ^{11}	yaŋ^{11}	yaŋ^{11}	yaŋ^{11}	ɕyaŋ^{42}
阳曲	yɛ^{43}	yɛ^{312}	yɛ^{43}	yɛ^{43}	yɛ^{43}	yɛ^{43}	yɛ^{43}	ɕyɛ^{312}
古交	yɛ^{44}	yɛ^{44}	yɛ^{44}	yɛ^{44}	yɛ^{44}	yɛ^{44}	yɛ^{44}	ɕyɛ^{312}
清徐	yɛ^{11}	yɛ^{11}	yɛ^{11}	yɛ^{11}	yɛ^{11}	yɛ^{11}	yɛ^{11}	ɕyɛ^{54}
娄烦	yɛ^{33}	yɛ^{33}	yɛ^{33}	yɛ^{33}	yɛ^{33}	yɛ^{33}	yɛ^{33}	ɕyɛ^{33}
榆次	ye^{11}	ye^{11}	ye^{11}	ye^{11}	ye^{11}	ye^{11}	ye^{11}	ɕye^{53}
交城	yũ^{11}	yũ^{11}	yũ^{11}	yũ^{11}	yũ^{11}	yũ^{11}	yũ^{11}	ɕyũ^{53}
文水	yæĩ^{22}	yæĩ^{22}	yæĩ^{22}	yæĩ^{22}	yæĩ^{22}	yæĩ^{22}	yæĩ^{22}	ɕyæĩ^{423}
祁县	yẽ^{31}	yẽ^{31}	yẽ^{31}	yẽ^{31}	yẽ^{31}	yẽ^{31}	yẽ^{31}	ɕyẽ^{314}
太谷	yẽĩ^{33}	yẽĩ^{33}	yẽĩ^{33}	yẽĩ^{33}	yẽĩ^{33}	yẽĩ^{33}	yẽĩ^{33}	ɕyẽĩ^{312}
平遥	ỹɛ̃^{213}	ỹɛ̃^{213}	ỹɛ̃^{213}	ỹɛ̃^{213}	ỹɛ̃^{213}	ỹɛ̃^{213}	ỹɛ̃^{213}	ɕỹɛ̃^{512}
孝义	yᴇ^{33}白 / yã^{33}文	yã^{33}/yᴇ^{33}白	yã^{33}	yã^{33}	yã^{33}	yᴇ^{33}	yã^{33}	ɕyã^{312}
介休	yɛ̃^{13}	yɛ̃^{13}	yɛ̃^{13}	yɛ̃^{13}	yɛ̃^{13}	yɛ̃^{13}	yɛ̃^{13}	ɕyɛ̃^{423}
灵石	yɒ̃^{44}	yɒ̃^{535}	yɒ̃^{44}	yɒ̃^{44}	yɒ̃^{44}	yɒ̃^{44}	yɒ̃^{44}	ɕyɒ̃^{212}
盂县	yæ̃^{22}	yæ̃^{412}	yæ̃^{22}	yæ̃^{22}	yæ̃^{22}	yæ̃^{22}	yæ̃^{22}	ɕyæ̃^{53}
寿阳	yɪ^{22}	yɪ^{31}	yɪ^{22}	yɪ^{22}	yɪ^{22}	yɪ^{22}	yɪ^{22}	ɕyɪ^{53}
榆社	ye^{22}	ye^{22}	ye^{22}	ye^{22}	ye^{22}	ye^{22}	ye^{22}	ɕye^{312}
离石	yɪ^{44}	yɪ^{24}	yɪ^{44}	yɪ^{44}	yɪ^{44}	yɪ^{44}	yɪ^{44}	ɕyɪ^{312}
汾阳	yã^{22}	yã^{324}	yã^{22}	y^{22}白 /yã^{22}文	yã^{22}	yã^{22}	yã^{22}	ɕyã^{312}
中阳	ye^{33}	ye^{24}	ye^{33}	ye^{33}	ye^{33}	ye^{33}	ye^{33}	ɕye^{423}
柳林	ye^{44}	ye^{24}	ye^{44}	ye^{44}	ye^{44}	ye^{44}	ye^{44}	ɕye^{312}
方山	ye^{44}	ye^{24}	ye^{44}	ye^{44}	ye^{44}	ye^{44}	ye^{44}	ɕye^{312}
临县	ye^{33}	ye^{24}	ye^{33}	ye^{33}	ye^{33}	ye^{33}	ye^{33}	ɕye^{312}
兴县	yẽn^{55}	yẽn^{324}	yẽn^{55}	yẽn^{55}	yẽn^{55}	yẽn^{55}	yẽn^{55}	ɕyẽn^{324}
岚县	yẽ^{44}	yẽ^{214}	yẽ^{44}	yẽ^{44}	yẽ^{44}	yẽ^{44}	yẽ^{44}	ɕyẽ^{312}
静乐	yæ̃^{33}	yæ̃^{24}	yæ̃^{24}	yæ̃^{24}	yæ̃^{24}	yæ̃^{24}	yæ̃^{24}	ɕyæ̃^{314}
交口	yɑ̃^{44}	yɑ̃^{323}	yɑ̃^{44}	yɑ̃^{44}	yɑ̃^{44}	yɑ̃^{44}	yɑ̃^{44}	ɕyɑ̃^{323}
石楼	yaŋ^{44}	uaŋ^{213}	yaŋ^{44}	yaŋ^{44}	yaŋ^{44}	yaŋ^{44}	yaŋ^{44}	ɕyaŋ^{213}

续表

字目	元	冤	袁	园	猿	辕	援	选
中古音 / 方言点	愚袁 山合三 平元疑	於袁 山合三 平元影	雨元 山合三 平元云	雨元 山合三 平元云	雨元 山合三 平元云	雨元 山合三 平元云	雨元 山合三 平元云	息兖 山合三 上狝心
隰县	yaŋ^{24}	ye^{53}	yaŋ^{24}	yaŋ^{24}	yaŋ^{24}	yaŋ^{24}	yaŋ^{24}	ɕyaŋ^{21}
大宁	yɛ̃^{24}	yɛ̃^{31}	yɛ̃^{24}	yɛ̃^{24}	——	yɛ̃^{24}	yɛ̃^{24}	ɕyɛ̃^{31}
永和	yɪ^{35}	yɪ^{33}	yɪ^{35}	yɪ^{35}	——	yɪ^{35}	yɪ^{35}	ɕyɪ^{312}
汾西	yɑ̃^{35}	yɑ̃^{53}	yɑ̃^{35}	yɑ̃^{35}	yɑ̃^{35}	yɑ̃^{35}	yɑ̃^{35}	ɕyɑ̃^{33}
蒲县	yæ̃^{24}	yæ̃^{52}	yæ̃^{24}	yæ̃^{24}	yæ̃^{24}	yæ̃^{24}	yæ̃^{24}	ɕyæ̃^{31}
潞州	yaŋ^{24}	yaŋ^{312}	yaŋ^{24}	yaŋ^{24}	yaŋ^{24}	yaŋ^{24}	yaŋ^{24}	ɕyaŋ^{535}
上党	yɑŋ^{44}	yɑŋ^{213}	yɑŋ^{44}	yɑŋ^{44}	yɑŋ^{44}	yɑŋ^{44}	yɑŋ^{44}	ɕyɑŋ^{535}
长子	yæ̃^{24}	yæ̃^{312}	yæ̃^{24}	yæ̃^{24}	yæ̃^{24}	yæ̃^{24}	yæ̃^{24}	ɕyæ̃^{434}
屯留	yæ̃^{11}	yæ̃^{31}	yæ̃^{11}	yæ̃^{11}	yæ̃^{11}	yæ̃^{11}	yæ̃^{31}	ɕyæ̃^{43}
襄垣	yei^{31}	yei^{33}	yei^{31}	yei^{31}	yei^{31}	yei^{31}	yei^{31}	ɕyei^{42}
黎城	yæ^{53}	yæ^{33}	yæ^{33}	yæ^{33}	yæ^{33}	yæ^{33}	yæ^{53}	çyæ^{213}
平顺	yæ̃^{13}	yæ̃^{213}	yæ̃^{13}	yæ̃^{13}	yæ̃^{13}	yæ̃^{13}	yæ̃^{13}	syæ̃^{434}
壶关	yaŋ^{13}	yaŋ^{33}	yaŋ^{13}	yaŋ^{13}	yaŋ^{13}	yaŋ^{13}	yaŋ^{13}	syaŋ^{535}
沁县	zuei^{33}	zuei^{224}	zuei^{33}	——	——	zuei^{33}	zuei^{33}	suei^{33}
武乡	zuei^{33}	zuei^{113}	zuei^{33}	zuei^{33}	zuei^{33}	zuei^{33}	zuei^{33}	suei^{213}
沁源	yæ̃^{33}	yæ̃^{324}	yæ̃^{33}	yæ̃^{33}	yæ̃^{33}	yæ̃^{33}	yæ̃^{33}	ɕyæ̃^{324}
安泽	yæ^{35}	yæ^{21}	yæ^{35}	yæ^{35}	——	iæ^{35} 白 / yæ^{35} 文	yæ^{35}	ɕyæ^{42}
沁水端氏	vei^{24}	vei^{21}	vei^{24}	vei^{24}	vei^{24}	vei^{24}	vei^{24}	suei^{31}
阳城	yɛ^{22}	yɛ^{224}	yɛ^{22}	yɛ^{22}	yɛ^{22}	yɛ^{22}	yɛ^{22}	ɕyɛ^{212}
高平	iæ̃^{33}	iæ̃^{33}	iæ̃^{33}	iæ̃^{33}	iæ̃^{33}	iæ̃^{33}	iæ̃^{33}	ɕiæ̃^{212}
陵川	yə̃ĩ^{53}	yə̃ĩ^{33}	yə̃ĩ^{53}	yə̃ĩ^{53}	yə̃ĩ^{53}	yə̃ĩ^{53}	yə̃ĩ^{53}	ɕyə̃ĩ^{312}
晋城	yɛ^{324}	yɛ^{33}	yɛ^{324}	yɛ^{324}	yɛ^{324}	yɛ^{324}	yɛ^{324}	ɕyɛ^{213}
忻府	yɑ̃^{21}	yɑ̃^{313}	yɑ̃^{21}	yɑ̃^{21}	yɑ̃^{21}	yɑ̃^{21}	yɑ̃^{21}	ɕyɑ̃^{313}
原平	yɛ̃^{33}	yɛ̃^{213}	yɛ̃^{33}	yɛ̃^{33}	yɛ̃^{33}	yɛ̃^{33}	yɛ̃^{33}	ɕyɛ̃^{213}
定襄	yə̃^{11}	yə̃^{24}	yə̃^{11}	yə̃^{11}	yə̃^{11}	yə̃^{11}	yə̃^{11}	ɕyə̃^{24}
五台	yə̃^{33}	yə̃^{213}	yə̃^{33}	yə̃^{33}	yə̃^{33}	yə̃^{33}	yə̃^{33}	ɕyə̃^{213}
岢岚	yɛ^{44}	yɛ^{13}	yɛ^{44}	yɛ^{44}	yɛ^{44}	yɛ^{44}	yɛ^{44}	ɕyɛ^{13}
五寨	yɪ^{44}	yɪ^{13}	yɪ^{44}	yɪ^{44}	yɪ^{44}	yɪ^{44}	yɪ^{44}	ɕyɪ^{13}
宁武	yɛ^{33}	yɛ^{23}	yɛ^{33}	yɛ^{33}	yɛ^{33}	yɛ^{33}	yɛ^{33}	ɕyɛ^{213}
神池	ye^{32}	ye^{24}	ye^{32}	ye^{32}	ye^{32}	ye^{32}	ye^{32}	ɕye^{13}

续表

字目	元	冤	袁	园	猿	辕	援	选
中古音 方言点	愚袁 山合三 平元疑	於袁 山合三 平元影	雨元 山合三 平元云	雨元 山合三 平元云	雨元 山合三 平元云	雨元 山合三 平元云	雨元 山合三 平元云	息兖 山合三 上狝心
繁峙	yɛ^{31}	yɛ^{53}	yɛ^{31}	yɛ^{31}	yɛ^{31}	yɛ^{31}	yɛ^{31}	ɕyɛ^{53}
代县	ye^{44}	ye^{213}	ye^{44}	ye^{44}	ye^{44}	ye^{44}	ye^{44}	ɕye^{213}
河曲	yɛ^{44}	yɛ^{213}	yɛ^{44}	yɛ^{44}	——	yɛ^{44}	yɛ^{44}	ɕyɛ^{213}
保德	yɑŋ^{44}	yɑŋ^{213}	yɑŋ^{44}	yɑŋ^{44}	yɑŋ^{44}	yɑŋ^{44}	yɑŋ^{44}	ɕyɑŋ^{213}
偏关	ɕyɪ^{44}	ɕyɪ^{24}	ɕyɪ^{44}	ɕyɪ^{44}	y^{44}	ɕyɪ^{44}	ɕyɪ^{44}	ɕyɪ^{213}
朔城	yɛ^{35}	yɛ^{312}	yɛ^{35}	yɛ^{35}	——	yɛ^{35}	yɛ^{35}	ɕyɛ^{312}
平鲁	yᴇ^{44}	yᴇ^{213}	yᴇ^{44}	yᴇ^{44}	yᴇ^{44}	yᴇ^{44}	yᴇ^{44}	ɕyᴇ^{213}
应县	yɛ̃^{31}	yɛ̃^{43}	yɛ̃^{31}	yɛ̃^{31}	yɛ̃^{31}	yɛ̃^{31}	yɛ̃^{31}	ɕyɛ̃^{54}
灵丘	ye^{31}	ye^{442}	ye^{31}	ye^{31}	ye^{31}	ye^{31}	ye^{31}	ɕye^{442}
浑源	yɛ^{22}	yɛ^{52}	yɛ^{22}	yɛ^{22}	yɛ^{22}	yɛ^{22}	yɛ^{22}	ɕyɛ^{52}
云州	yɛ^{312}	yɛ^{213}	yɛ^{312}	yɛ^{312}	yɛ^{312}	yɛ^{312}	yɛ^{312}	ɕyɛ^{55}
新荣	yᴇ^{312}	yᴇ^{32}	yᴇ^{312}	yᴇ^{312}	yᴇ^{312}	yᴇ^{312}	yᴇ^{312}	ɕyᴇ^{54}
怀仁	yæ^{312}	yæ^{42}	yæ^{312}	yæ^{312}	yæ^{312}	yæ^{312}	yæ^{312}	ɕyæ^{53}
左云	yɛ^{313}	yɛ^{31}	yɛ^{313}	yɛ^{313}	yɛ^{313}	yɛ^{313}	yɛ^{313}	ɕyɛ^{54}
右玉	yɛ^{31}	yɛ^{31}	yɛ^{31}	yɛ^{31}	yɛ^{31}	yɛ^{31}	yɛ^{31}	ɕyɛ^{53}
阳高	yɛ^{312}	yɛ^{31}	yɛ^{312}	yɛ^{312}	yɛ^{312}	yɛ^{312}	yɛ^{312}	ɕyɛ^{53}
山阴	yᴇ^{313}	yᴇ^{313}	yᴇ^{313}	yᴇ^{313}	yᴇ^{313}	yᴇ^{313}	yᴇ^{313}	ɕyᴇ^{52}
天镇	yæ^{22}	yæ^{31}	yæ^{22}	yæ^{22}	——	yæ^{22}	yæ^{22}	ɕyæ^{55}
平定	yæ̃^{44}	yæ̃^{31}	yæ̃^{44}	——	yæ̃^{44}	yæ̃^{44}	yæ̃^{44}	suæ̃^{53} 白 / ɕyæ̃^{53} 文
昔阳	yæ̃^{33}	yæ̃^{42}	yæ̃^{33}	yæ̃^{33}	yæ̃^{33}	yæ̃^{33}	yæ̃^{33}	ɕyæ̃^{55}
左权	yɛ^{11}	iɛ^{31} 白 / yɛ^{31} 文	yɛ^{11}	yɛ^{11}	——	iɛ^{11} 白 / yɛ^{11} 文	yɛ^{11}	suæ^{42} 白 / ɕyɛ^{42} 文
和顺	yɛ^{22}	yɛ^{42}	yɛ^{22}	yɛ^{22}	yɛ^{22}	yɛ^{22}	yɛ^{22}	suæ^{53} 白 / ɕyɛ^{53} 文
尧都	yæ̃^{24}	yæ̃^{21}	yæ̃^{24}	yæ̃^{24}	yæ̃^{24}	yæ̃^{24}	yæ̃^{24}	ɕiæ̃^{53}
洪洞	yɑn^{24}	yɑn^{21}	yɑn^{24}	yɑn^{24}	yɑn^{24}	yɑn^{24}	yɑn^{24}	ɕyɑn^{42}
洪洞赵城	yɑ̃^{24}	yɑ̃^{21}	yɑ̃^{24}	yɑ̃^{24}	yɑ̃^{24}	yɑ̃^{24}	yɑ̃^{53}	ɕyɑ̃^{42}
古县	yan^{35}	yan^{21}	yan^{35}	yan^{35}	——	ian^{35} 白 / yan^{35} 文	yan^{35}	ɕyan^{42}
襄汾	yan^{24}	yan^{21}	yan^{24}	yan^{24}	yan^{24}	yan^{24}	yan^{24}	ɕyan^{42}
浮山	yãĩ^{13}	yãĩ^{42}	yãĩ^{13}	yãĩ^{13}	yãĩ^{13}	yãĩ^{13}	yãĩ^{13}	ɕyãĩ^{33}

续表

字目	元	冤	袁	园	猿	辕	援	选
中古音 / 方言点	愚袁 山合三 平元疑	於袁 山合三 平元影	雨元 山合三 平元云	雨元 山合三 平元云	雨元 山合三 平元云	雨元 山合三 平元云	雨元 山合三 平元云	息兖 山合三 上狝心
霍州	yaŋ^{35}	yaŋ^{212}	yaŋ^{35}	yaŋ^{35}	yaŋ^{35}	yaŋ^{35}	yaŋ^{35}	ɕyaŋ^{33}
翼城	yɛɪ^{12}	yɛɪ^{53}	yɛɪ^{12}	yɛɪ^{12}	yɛɪ^{12}	yɛɪ^{12}	yɛɪ^{12}	ɕyɛɪ^{44}
闻喜	yæ^{13}	yæ^{53}	yæ^{13}	yæ^{13}	——	yæ^{13}	yæ^{13}	ɕyæ^{33}
侯马	yæ̃^{213}	yæ̃^{213}	yæ̃^{44}	yæ̃^{53}	yæ̃^{53}	yæ̃^{53}	peĩ^{213}	ɕyæ̃^{44}
新绛	yã^{13}	yã^{53}	yã^{13}	yã^{13}	yã^{13}	yã^{13}	yã^{53}	ɕyã^{44}
绛县	yæ^{24}	yæ^{53}	yæ^{24}	yæ^{24}	yæ^{24}	yæ^{24}	yæ^{24}	ɕyæ^{33}
垣曲	yæ̃^{22}	yæ̃^{22}	yæ̃^{22}	yæ̃^{22}	yæ̃^{22}	yæ̃^{22}	yæ̃^{53}	ɕyæ̃^{44}
夏县	yæ^{42}	yæ^{53}	yæ^{42}	yæ^{42}	yæ^{42}	yæ^{42}	yæ^{42}	ɕyæ^{24}
万荣	yæ^{213}	yæ^{51}	yæ^{213}	yæ^{213}	yæ^{213}	yæ^{213}	yæ^{213}	ɕyæ^{55}
稷山	yɑ̃^{13}	yɑ̃^{53}	yɑ̃^{13}	yɑ̃^{13}	yɑ̃^{13}	yɑ̃^{13}	yɑ̃^{13}	ɕyɑ̃^{44}
盐湖	yæ̃^{13}	yæ̃^{42}	yæ̃^{13}	yæ̃^{13}	yæ̃^{13}	yæ̃^{13}	yæ̃^{13}	ɕyæ̃^{53}
临猗	yæ̃^{13}	yæ̃^{42}	yæ̃^{13}	yæ̃^{13}	yæ̃^{13}	yæ̃^{13}	yæ̃^{13}	ɕyæ̃^{53}
河津	yæ̃^{324}	yæ̃^{31}	yæ̃^{324}	yæ̃^{324}	yæ̃^{324}	yæ̃^{324}	yæ̃^{324}	ɕyæ̃^{53}
平陆	yan^{13}	yan^{31}	yan^{13}	yan^{13}	yan^{13}	yan^{13}	yan^{13}	ɕyan^{55}
永济	yæ̃^{24}	yæ̃^{31}	yæ̃^{24}	yæ̃^{24}	yæ̃^{24}	yæ̃^{24}	yæ̃^{24}	ɕyæ̃^{53}
芮城	yæ̃^{13}	yæ̃^{42}	yæ̃^{13}	yæ̃^{13}	yæ̃^{13}	yæ̃^{13}	yæ̃^{13}	ɕyæ̃^{53}
吉县	yæ̃^{13}	yæ̃^{423}	yæ̃^{13}	yæ̃^{13}	——	yæ̃^{13}	yæ̃^{13}	ɕyæ̃^{53}
乡宁	yæ^{12}	yæ^{53}	yæ^{12}	yæ^{12}	yæ^{12}	yæ^{12}	yæ^{12}	ɕyæ^{44}
广灵	yæ^{31}	yæ^{53}	yæ^{31}	yæ^{31}	yæ^{31}	yæ^{31}	yæ^{31}	ɕyæ^{44}

字目	转～变	篆	喘	软	卷～曲	反	返	晚
中古音 / 方言点	陟兖 山合三 上狝知	持兖 山合三 上狝澄	昌兖 山合三 上狝昌	而兖 山合三 上狝日	居转 山合三 上狝见	府远 山合三 上阮非	府远 山合三 上阮非	无远 山合三 上阮微
北京	tʂuan^{214}	tʂuan^{51}	tʂʰuan^{214}	ʐuan^{214}	tɕyan^{214}	fan^{214}	fan^{214}	uan^{214}
小店	tsuæ^{53}	tsuæ^{24}	tsʰuæ^{53}	væ^{53} 白 / zuæ^{53} 文	tɕyæ^{53}	fæ^{53}	fæ^{53}	væ^{53}
尖草坪	tsuæ^{312}	tsuæ^{35}	tsʰuæ^{312}	zuæ^{312}	tɕye^{312}	fæ^{312}	fæ^{312}	væ^{312}
晋源	tsuaŋ^{35}	tsuaŋ^{35}	tsʰuaŋ^{42}	zaŋ^{42}	tɕyæ^{42}	faŋ^{42}	faŋ^{11}	vaŋ^{42}
阳曲	tsuæ^{312}	tsuæ^{454}	tsʰuæ^{312}	zuæ^{312}	tɕyɛ^{312}	fæ^{312}	fæ^{454}	væ^{43}
古交	tsuɛ^{312}	tsuɛ^{53}	tsʰuɛ^{312}	zuɛ^{312}	tɕyɛ^{312}	fɛ^{312}	fɛ^{312}	vɛ^{312}
清徐	tsuɛ^{45}	tsuɛ^{45}	suɛ^{54} 白 / tsʰuɛ^{54} 文	zuɛ^{54}	tɕyɛ^{54}	fɛ^{54}	fɛ^{54}	vɛ^{54}
娄烦	pfæ^{312}	pfæ^{54}	pfʰæ^{312}	væ^{312}	tɕyɛ^{312}	fæ^{312}	fæ^{312}	væ^{312}
榆次	tsuæ^{53}	tsuæ^{35}	tsʰuæ^{53}	zuæ^{53}	tɕye^{53}	fæ^{53}	fæ^{53}	væ^{53}
交城	tsũ^{53}	tsũ^{24}	tsʰũ 老 / tsʰuã^{53} 新	ʐũ^{53}	tɕyũ^{53}	xuã^{53}	xuã^{53}	uã^{53}
文水	tsuæĩ^{423}	tsuæĩ^{35}	tsʰuæĩ^{423}	ʐuæĩ^{423}	tɕyæĩ^{423}	xuaŋ^{423}	xuaŋ^{423}	uaŋ^{423}
祁县	tsuə̃^{314}	tsuə̃^{45}	tsʰuə̃^{314}	ʐuə̃^{314}	tɕyẽ^{314}	xuɑ̃^{314}	xuɑ̃^{314}	uɑ̃^{314}
太谷	tsuẽĩ^{312}	tsuẽĩ^{53}	tsʰuẽĩ^{312}	vẽĩ^{312}	tɕyẽĩ^{312}	fɑ̃^{312}	fɑ̃^{312}	vɑ̃^{33}
平遥	tsũɑ̃^{512}	tsũɑ̃^{24}	sũɑ̃^{512}	zũɑ̃^{512}	tɕỹɛ̃^{512}	xũɑ̃^{512}	xũɑ̃^{512}	ũɑ̃^{512}
孝义	tsuə^{312}	tsuã^{454}	tsʰuə^{312}	zuə^{312}	tɕyã^{312}	xuã^{312}	xuã^{312}	uã^{312}
介休	tsuæ̃^{423}	tsuæ̃^{45}	tsʰuæ̃^{423}	zuæ̃^{423}	tɕyɛ̃^{423}	xuæ̃^{423}	xuæ̃^{423}	uæ̃^{423}
灵石	tsuɒ̃^{212}	tsuɒ̃^{53}	tsʰuɒ̃^{212}	zuɒ̃^{212}	tɕyɒ̃^{212}	xuɒ̃^{212}	xuɒ̃^{212}	uɒ̃^{212}
盂县	tsuæ̃^{53}	tsuæ̃^{55}	tsʰuæ̃^{53}	zuæ̃^{53}	tɕyæ̃^{53}	fæ̃^{53}	fæ̃^{53}	væ̃^{53}
寿阳	tsuæ^{53}	tsuæ^{45}	tsʰuæ^{53}	zuæ^{53}	tɕyɪ^{53}	fæ^{53}	fæ^{53}	væ^{53}
榆社	tsua^{312}	tsua^{45}	tsʰua^{3122}	zua^{312}	tɕye^{312}	fa^{312}	fa^{312}	va^{312}
离石	tsuæ^{53}	tsuæ^{53}	tɕʰyɪ^{312}	zuɛe^{312}	tɕyɪ^{312}	xuæ^{312}	xuæ^{312}	uæ^{312}
汾阳	tʂu^{312} 白 / tʂuã^{312} 文	tʂuã^{55}	tʂʰu^{312}	ʐu^{312} 白 / ʐuã^{312} 文	tɕy^{312}	fã^{312}	fã^{312}	——
中阳	tʂuɤ^{423}	tʂuæ^{53}	tʂʰuɤ^{423}	ʐuɤ^{423}	tɕye^{423}	xuæ^{423}	xuæ^{423}	uæ^{423}
柳林	tsuei^{312}	tsuei^{53}	tsʰuei^{312}	zuei^{312}	tɕye^{312}	xuæ^{312}	xuæ^{312}	uæ^{312}
方山	tsuæ^{312}	tsuæ^{52}	tsʰuæ^{312}	zuə^{312}	tɕyɛ^{312}	xuæ^{312}	xuæ^{312}	uæ^{312}
临县	tsɥə^{52}	tsɥə^{52}	tsɥə^{312}	zɥə^{312}	tɕye^{312}	fæ^{312}	fæ^{312}	uæ^{312}
兴县	tsai^{324}	tsuẽn^{53}	tsʰuẽn^{324}	zuẽn^{324}	tɕyẽn^{324}	xuæ̃^{324}	xuæ̃^{324}	uæ̃^{324}
岚县	tsuẽ^{312}	tsuẽ^{53}	tsʰuẽ^{312}	ʐuẽ^{312}	faŋ^{312}	faŋ^{312}	faŋ^{312}	uaŋ^{312}
静乐	tsuæ̃^{314}	tsuæ̃^{53}	pfʰæ̃^{314} 白	væ̃^{314} 白	tɕyæ̃^{314}	fæ̃^{314}	fæ̃^{314}	væ̃^{314}

续表

字目	转~变	篆	喘	软	卷~曲	反	返	晚
中古音 / 方言点	陟兖 山合三 上狝知	持兖 山合三 上狝澄	昌兖 山合三 上狝昌	而兖 山合三 上狝日	居转 山合三 上狝见	府远 山合三 上阮非	府远 山合三 上阮非	无远 山合三 上阮微
交口	tsuɑ̃^{323}	tsuɑ̃^{53}	tsʰuɑ̃^{323}	ʐuɑ̃^{323}	tɕyɑ̃^{323}	xuɑ̃^{323}	xuɑ̃^{323}	uɑ̃^{323}
石楼	tʂuɑŋ^{51}	tʂuɑŋ^{51}	tʂʰuɑŋ^{213}	ʐuɑŋ^{213}	tɕyɑŋ^{213}	xuɑŋ^{213}	xuɑŋ^{213}	uɑŋ^{213}
隰县	tsuaŋ^{21}	tsuæ^{44}	tsʰuaŋ^{21}	zuaŋ^{21}	tɕyaŋ^{21}	xuaŋ^{21}	xuaŋ^{21}	uaŋ^{21}
大宁	——	tʂʰuɛ̃^{55}	tʂʰuɛ̃^{31}	ʐuɛ̃^{31}	tɕyɛ̃^{31}	fɛ̃^{31}	fɛ̃^{31}	vɛ̃^{31}
永和	tʂuɛi^{312}	tʂʰuɛi^{53} 白 / tʂuɛi^{53} 文	tʂʰuɛi^{312}	ʐuɛi^{312}	tɕyɪ^{312}	xuɑ̃^{312}	xuɑ̃^{312}	uɑ̃^{312}
汾西	tsuɑ̃^{33}	tsuɑ̃^{53}	tsʰuɑ̃^{33}	zuɑ̃^{33} 白 / vɑ̃^{33} 文	tɕyɑ̃^{33}	fɑ̃^{11}	fɑ̃^{11}	vɑ̃^{33}
蒲县	tʂuæ̃^{31}	tsʰuæ̃^{33}	tʂʰuæ̃^{31}	ʐuæ̃^{31}	tɕyæ̃^{31}	fæ̃^{31}	fæ̃^{31}	uæ̃^{31}
潞州	tsuaŋ^{535}	tsuaŋ^{54}	tsʰuaŋ^{535}	yaŋ^{535}	tɕyaŋ^{535}	faŋ^{535}	faŋ^{535}	uaŋ^{535}
上党	tsuɑŋ^{535}	tsuɑŋ^{42}	tsʰuɑŋ^{535}	yɑŋ^{535}	tɕyɑŋ^{535}	fɑŋ^{535}	fɑŋ^{535}	uɑŋ^{535}
长子	tsuæ̃^{434}	tsuæ̃^{53}	tsʰuæ̃^{434}	yæ̃^{434}	tɕyæ̃^{434}	fæ̃^{434}	fæ̃^{434}	væ̃^{434}
屯留	tsuæ̃^{43}	tsuæ̃^{53}	tsʰuæ̃^{43}	yæ̃^{43}	tɕyæ̃^{43}	fæ̃^{43}	fæ̃^{43}	væ̃^{43}
襄垣	tsuæ^{42}	tsuæ^{42}	tsʰuæ^{42}	ʐuæ^{42}	tɕyei^{42}	fæ^{42}	——	væ^{42}
黎城	tɕyæ^{53}	tsuæ^{53}	tɕʰyæ^{213}	yæ^{213}	ɕyæ^{213}	fæ^{213}	fæ^{33}	uæ^{213}
平顺	tsuæ̃^{433}	tsuæ̃^{53}	tsʰuæ̃^{434}	yæ̃^{434}	cyæ̃^{434}	fæ̃^{434}	fæ̃^{434}	uæ̃^{434}
壶关	tʂuaŋ^{535}	tʂuaŋ^{353}	tʂʰuaŋ^{535}	yaŋ^{535}	cyaŋ^{535}	faŋ^{535}	faŋ^{535}	uaŋ^{535}
沁县	tsuæ^{214}	tsuæ^{53}	tsʰuæ^{214}	zuæ^{214}	tsuei^{214}	fæ^{214}	——	væ^{214}
武乡	tsuæ^{213}	tsuæ^{55}	tsʰuæ^{213}	zuæ^{213}	tsuæ^{213}	fæ^{213}	fæ^{213}	væ^{213}
沁源	tʂuæ̃^{324}	tʂuæ̃^{53}	tʂʰuæ̃^{324}	ʐuæ̃^{324}	tɕyæ̃^{324}	fæ̃^{324}	fæ̃^{324}	væ̃^{324}
安泽	tsuæ^{42}	tsuæ^{53}	tsʰuæ^{42}	zuæ^{42}	tɕyæ^{42}	fæ^{42}	——	uæ^{42}
沁水端氏	tsuæ^{31}	tsuæ^{53}	tsʰuæ^{31}	zuæ^{31}	kuei^{31}	fæ^{31}	fæ^{31}	væ^{31}
阳城	tʂuɛ^{212}	tʂuɛ^{51}	tʂʰuɛ^{212}	ʐuɛ^{212}	cyɛ^{212}	fɛ^{212}	fɛ^{212}	vɛ^{212}
高平	tʂuæ̃^{212}	tʂuæ̃^{53}	tʂʰuæ̃^{212}	ʐuæ̃^{212}	ciæ̃^{212}	fæ̃^{212}	fæ̃^{212}	væ̃^{212}
陵川	tʂuã^{312}	tʂuã^{24}	tʂʰuã^{312}	luã^{312}	cyæ̃^{312}	fã^{312}	fã^{312}	uã^{312}
晋城	tʂuæ^{213}	tʂuæ^{53}	tʂʰuæ^{213}	ʐuæ^{213}	tɕyɛ^{213}	fæ^{213}	fæ^{213}	uæ^{213}
忻府	tsuɑ̃^{313}	tsuɑ̃^{53}	tsʰuɑ̃^{313}	zuɑ̃^{313}	tɕyɑ̃^{313}	fɑ̃^{313}	fɑ̃^{313}	vɑ̃^{313}
原平	tsuɛ̃^{213}	tsuɛ̃^{53}	tsʰuɛ̃^{213}	zuɛ̃^{213}	tɕyɛ̃^{213}	fɛ̃^{213}	fɛ̃^{213}	vɛ̃^{213}
定襄	tʂuə̃^{24}	tsuə̃^{53}	tsʰuə̃^{24}	luə̃^{24}	tɕyə̃^{24}	fæ^{24}	fæ^{24}	væ^{24}
五台	tsuə̃^{213}	tsuə̃^{52}	tsʰuə̃^{213}	zuə̃^{213}	tɕyə̃^{213}	fæn^{213}	fæn^{213}	væn^{213}
岢岚	tsuæ^{13}	tsuæ^{52}	tsʰuæ^{13}	ʐuæ^{13}	tɕyɛ^{13}	fæ^{13}	fæ^{13}	væ^{13}

续表

字目	转~变	篆	喘	软	卷~曲	反	返	晚
中古音 / 方言点	陟兖 山合三 上狝知	持兖 山合三 上狝澄	昌兖 山合三 上狝昌	而兖 山合三 上狝日	居转 山合三 上狝见	府远 山合三 上阮非	府远 山合三 上阮非	无远 山合三 上阮微
五寨	tsuæ^{13}	tsuæ^{52}	tsʰuæ^{13}	zuæ^{13}	tɕyɪ^{13}	fæ^{13}	fæ^{13}	væ^{13}
宁武	tsuæ^{213}	tsuæ^{52}	tsʰuæ^{213}	zuæ^{213}	tɕyɛ^{213}	fæ^{213}	fæ^{213}	væ^{213}
神池	tsuæ^{13}	tsuæ^{52}	tsʰuæ^{13}	zuæ^{13}	tɕye^{13}	fæ^{13}	fæ^{13}	væ^{13}
繁峙	tsuɛ^{53}	tsuɛ^{24}	tsʰuɛ^{53}	ʐuɛ^{53}	tɕyɛ^{53}	fɛ^{53}	fɛ^{53}	vɛ^{53}
代县	tsuɛ^{213}	tsuɛ^{53}	tsʰuɛ^{213}	zuɛ^{213}	tɕye^{213}	fɛ^{213}	fɛ^{213}	uɛ^{213}
河曲	tʂuæ^{213}	tʂuæ^{52}	tʂʰuæ^{213}	ʐuæ^{213}	tɕyɛ^{213}	fæ^{213}	fæ^{213}	uæ^{213}
保德	tʂuɑŋ^{213}	tʂuɑŋ^{52}	tʂʰuɑŋ^{213}	ʐuɑŋ^{213}	tɕyɑŋ^{213}	fɑŋ^{213}	fɑŋ^{213}	vɑŋ^{213}
偏关	tʂuæ^{213}	tʂuæ^{52}	tʂʰuæ^{213}	ʐuæ^{213}	tɕyɪ^{213}	fæ^{213}	fæ^{213}	væ^{213}
朔城	tsuæ^{312}	tsuæ^{53}	tsʰuæ^{312}	ʐuæ^{312}	tɕyɛ^{312}	fæ^{312}	——	væ^{312}
平鲁	——	tsuæ^{52}	tsʰuæ^{213}	zuæ^{213}	tɕyᴇ^{213}/ tɕyᴇ^{52}	fæ^{213}	fæ^{213}	uæ^{213}
应县	tsuɛ̃^{43}	tsuɛ̃^{24}	tsʰuɛ̃^{54}	zuɛ̃^{43}	tɕyɛ̃^{54}	fɛ̃^{54}	fɛ̃^{54}	vɛ̃^{54}
灵丘	tsuæ^{442}	tsuæ^{53}	tsʰuæ^{442}	zuæ^{442}	tɕye^{442}	fæ^{442}	fæ^{442}	væ^{442}
浑源	tsuæ^{52}	tsuæ^{13}	tsʰuæ^{52}	zuæ^{52}	tɕyɛ^{52}	fæ^{52}	fæ^{52}	væ^{52}
云州	tʂuæ^{55}	tʂuæ^{24}	tʂʰuæ^{55}	ʐuæ^{55}	tɕyɛ^{55}	fæ^{55}	fæ^{55}	væ^{55}
新荣	tʂuæ^{54}	tʂuæ^{24}	tʂʰuæ^{54}	ʐuæ^{54}	tɕyᴇ^{54}	fæ^{54}	fæ^{54}/fæ^{32}	væ^{54}
怀仁	tsuæ^{53}	tsuæ^{24}	tsʰuæ^{53}	zuæ^{53}	tɕyæ^{53}	fæ^{53}	fæ^{53}	væ^{53}
左云	tsuæ^{54}	tsuæ^{24}	tsʰuæ^{54}	ʐuæ^{54}	tɕyɛ^{54}	fæ^{54}	fæ^{54}	væ^{54}
右玉	tʂuæ^{53}	tʂuæ^{24}	tʂʰuæ^{53}	ʐuæ^{53}	tɕyɛ^{53}	fæ̃^{53}	fæ̃^{53}	væ̃^{53}
阳高	tsuɛ^{53}	tsuɛ^{24}	tsʰuɛ^{53}	ʐuɛ^{53}	tɕyɛ^{53}	fɛ^{53}	——	vɛ^{53}
山阴	tsuæ^{52}/ tʂuæ^{52}	tʂuæ^{335}	tʂʰuæ^{52}	ʐuæ^{313}	tɕyᴇ^{52}	fæ^{52}	fæ^{313}	uæ^{52}
天镇	tsuæ^{55}	tsuæ^{24}	tsʰuæ^{55}	zuæ^{55}	tɕyæ^{55}	fæ^{55}	——	væ^{55}
平定	tsuæ̃^{53}	tsuæ̃^{24}	tsʰuæ̃^{53}	zuæ̃^{53}	tɕyæ̃^{53}	fæ̃^{53}	fæ̃^{53}	væ̃^{53}
昔阳	tsuæ̃^{55}	tsuæ̃^{13}	tsʰuæ̃^{55}	zuæ̃^{55}	tɕyæ̃^{55}	fæ̃^{55}	fæ̃^{55}	væ̃^{55}
左权	tʂuæ^{42}	tʂuæ^{53}	tʂʰuæ^{42}	ʐuæ^{42}	tɕyɛ^{42}	fæ^{42}	——	væ^{42}
和顺	tsuæ^{53}	tsuæ^{13}	tsʰuæ^{53}	zuæ^{53}	tɕyɛ^{53}	fæ^{53}	fæ^{53}	væ^{53}
尧都	——	tʂuæ̃^{44}	tʂʰuæ̃^{53}	væ̃^{53} 白 / ʐuæ̃^{53} 文	tɕyæ̃^{53}	fæ̃^{53}	fæ̃^{44}	væ̃^{53}
洪洞	tʂuɑn^{42}	tʂuɑn^{33}	tʂʰuɑn^{42}	vɑn^{42}	tɕyɑn^{42}	fɑn^{21}	fɑn^{21}	vɑn^{42}
洪洞赵城	tʂuɑ̃^{42}	——	tʂʰuɑ̃^{42}	ʐuɑ̃^{42}	tɕyɑ̃^{42}	fɑ̃^{42}	fɑ̃^{42}	vɑ̃^{42}
古县	tʂuan^{42}	tʂuan^{53}	tʂʰuan^{42}	van^{42}	tɕyan^{42}	fan^{42}	fan^{42}	uan^{42}

续表

字目	转~变	篆	喘	软	卷~曲	反	返	晚
中古音 / 方言点	陟兖 山合三 上狝知	持兖 山合三 上狝澄	昌兖 山合三 上狝昌	而兖 山合三 上狝日	居转 山合三 上狝见	府远 山合三 上阮非	府远 山合三 上阮非	无远 山合三 上阮微
襄汾	tʂuan^{42}	tʂuan^{53}	tʂʰuan^{42}	van^{42} 白 / ʐuan^{42} 文	tɕyan^{42}	fan^{53}	fan^{42}	uan^{42}
浮山	pfãĩ^{33}/ tʂuãĩ^{33} 文	——	pfʰãĩ^{33}	uãĩ^{33}	tɕyãĩ^{33}	fãĩ^{53}	fãĩ^{33}	uãĩ^{33}
霍州	tʂuaŋ^{33}	tʂuaŋ^{53}	tʂʰuaŋ^{33}	ʐuaŋ^{212}	tɕyaŋ^{212}	faŋ^{33}	faŋ^{33}	uaŋ^{33}
翼城	tʂuæ̃^{44}	tʂuæ̃^{53}	tʂʰuæ̃^{44}	væ̃^{53}	tɕʰæ̃^{44}	fæ̃^{44}	fæ̃^{44}	væ̃^{44}
闻喜	pfæ^{33}	pfæ^{13}	pfʰæ^{33}	væ^{33}	tɕyæ^{33}	fæ^{33}	fæ^{33}	væ^{33}/uæ^{33}
侯马	tʂʰuæ̃^{44}	tʂʰuæ̃^{53}	tʂʰuæ̃^{44}	vuæ̃^{44}	tɕyæ̃^{44}	fæ^{53}	fæ̃^{44}	væ̃^{44} 白 / uæ̃^{44} 文
新绛	pfã^{53}	pfã^{53}	pfʰã^{13}	vã^{44}	tɕyã^{44}	fã^{44}	fã^{53}	vã^{44}
绛县	pfæ^{33}	pfæ^{31}	pfʰæ^{33}	væ^{33}	tɕyæ^{33}	fæ^{33}	fæ^{33}	væ^{33}
垣曲	tʂuæ̃^{44}	tʂʰæ̃^{53}	tʂʰuæ̃^{44}	ʐuæ̃^{44}	tɕyæ̃^{44}	fæ̃^{44}	fæ̃^{44}	uæ̃^{44}
夏县	pfæ^{24} 白 / tʂuæ^{24} 文	pfæ^{31} 白 / tʂuæ^{31} 文	pfʰæ^{24} 白 / tʂʰuæ^{24} 文	væ^{24} 白 / ʐuæ^{24} 文	tɕyæ^{24}	fæ^{31}	fæ^{24}	væ^{24} 白 / uæ^{24} 文
万荣	pfæ^{55}	pfʰæ^{33}	pfʰæ^{55}	væ^{55}	tɕyæ^{55}	fæ^{55}	fæ^{55}	væ^{55}
稷山	pfɑ̃^{44}	pfɑ̃^{42}	pfʰɑ̃^{53} 白 / tʂʰuɑ̃^{53} 文	vɑ̃^{44} 白 / ʐuɑ̃^{44} 文	tɕyɑ̃^{44}	fɑ̃^{44}	fɑ̃^{44}	uɑ̃^{44}
盐湖	pfæ̃^{53} 白 / tʂuæ̃^{53} 文	pfæ̃^{44} 白 / tʂuæ̃^{44} 文	pfʰæ̃^{53} 白 / tʂʰuæ̃^{53} 文	væ̃^{53}	tɕyæ̃^{42}	fæ̃^{53}	fæ̃^{53}	væ̃^{53}
临猗	pfæ̃^{53}	pfæ̃^{44}	pfʰæ̃^{53}	væ̃^{53} 白 / ʐæ̃^{53}	tɕyæ̃^{53}	fæ̃^{53}	fæ̃^{53}	uæ̃^{53}
河津	pfæ̃^{53}	pfʰæ̃^{44}	pfʰæ̃^{53}	væ̃^{53}	tɕyæ̃^{53}	fæ̃^{53}	fæ̃^{53}	væ̃^{53}
平陆	pfan^{55}	pfʰan^{33}	pfʰan^{55}	van^{55}	tɕyan^{55}	fan^{55}	fan^{55}	van^{55}
永济	pʰai^{44} 白 / pʰæ̃^{53} 文	pfʰai^{44}	pfʰæ̃^{44}	væ̃^{53}	tɕyæ̃^{53}	fæ̃^{53}	fæ̃^{53}	væ̃^{53}
芮城	pfæ̃^{53}	pfʰæ̃^{44}	pfʰæ̃^{53}	væ̃^{53}	tɕyæ̃^{53}	fæ̃^{53}	fæ̃^{53}	væ̃^{53}
吉县	pfæ̃^{53}	pfæ̃^{33}	pfʰæ̃^{53}	væ̃^{53}	tɕyæ̃^{53}	fæ̃^{53}	——	væ̃^{53}
乡宁	tsuæ^{44}	tsuæ^{22}	tʂʰuæ^{44}	ʐuæ^{44}	tɕyæ^{44}	fæ^{44}	fæ^{44}	uæ^{44}
广灵	tsuæ^{44}	tsuæ^{213}	tsʰuæ^{44}	zuæ^{44}	tɕyæ^{44}	fæ^{44}	fæ^{44}	væ^{44}

字目	挽	婉	远~近	恋	旋~风	转~动	传~记	串
中古音 / 方言点	无远 山合三 上阮微	於阮 山合三 上阮影	云远 山合三 上阮云	力卷 山合三 去线来	辞恋 山合三 去线邪	知恋 山合三 去线知	直恋 山合三 去线澄	尺绢 山合三 去线昌
北京	uan^{214}	uan^{214}	yan^{214}	liɛn^{51}	ɕyan^{51}	tʂuan^{51}	tʂuan^{51}	tʂʰuan^{51}
小店	væ^{53}	væ^{53}	yæ^{53}	liæ^{24}	ɕyæ^{11}	tsuæ^{24}	tsuæ^{24}	tsʰuæ^{24}
尖草坪	væ^{312}	væ^{312}	ye^{312}	lie^{35}	ɕye^{35}	tsuæ^{35}	tsuæ^{35}	tsʰuæ^{35}
晋源	vaŋ^{42}	vaŋ^{11}	yaŋ^{42}	liaŋ^{35}	ɕyaŋ^{35}	tsuaŋ^{35}	tsuaŋ^{35}	tsʰuaŋ^{35}
阳曲	væ^{43}	uæ^{312}	yɛ^{312}	liɛ^{454}	ɕyɛ^{454}	tsuæ^{454}	tsuæ^{454}	tsʰuæ^{454}
古交	vɛ^{312}	vɛ^{312}	yɛ^{312}	lyɛ^{53}	ɕyɛ^{53}	tsuɛ^{53}	tsuɛ^{53}	tsʰuɛ^{53}
清徐	vɛ^{54}	vɛ^{54}	yɛ^{54}	lyɛ^{45} 白 / liɛ^{45} 文	ɕyɛ^{45}	tsuɛ^{45}	tsuɛ^{45}	tsʰuɛ^{45}
娄烦	væ^{312}	væ^{312}	yɛ^{312}	liɛ^{54}	ɕyɛ^{54}	pfæ^{54}	pfʰæ^{54}	pfʰæ^{54}
榆次	væ^{53}	væ^{53}	ye^{53}	liæ^{35}/luæ^{35}	ɕye^{35}	tsuæ^{35}	tsʰuæ^{11}	tsʰuæ^{35}
交城	ũ^{53} 老 / uã^{53} 新	ũ^{53}	yũ^{53}	lũ^{11} 老 / liã^{24} 新	ɕyũ^{24}	tsũ^{24}	tsũ^{24}	tsʰũ^{24}
文水	uaŋ^{423}	uæĩ^{423}	yæĩ^{423}	liæĩ^{35}	ɕyæĩ^{35}	tsuæĩ^{35}	tsuæĩ^{35}	tsʰuæĩ^{35}
祁县	uɑ̃^{314}	uɑ̃^{314}	yẽ^{314}	liẽ^{45}/luə̃^{45}	ɕyẽ^{45}	tsuə̃^{45}	tsuə̃^{45}	tsʰuə̃^{45}
太谷	vɑ̃^{33}	vɑ̃^{33}	yẽĩ^{312}	liẽĩ^{53}	ɕyẽĩ^{53}	tsuẽĩ^{53}	tsuẽĩ^{53}	tsʰuẽĩ^{312}
平遥	ũɑ̃^{512}	ũɑ̃^{512}	ỹɛ̃^{512}	lũɑ̃^{24}	ɕỹɛ̃^{24}	tsũɑ̃^{24}	tsũɑ̃^{24}	tsʰũɑ̃^{24}
孝义	uã^{312}	uã^{312}	yᴇ^{312}	luã^{33}	ɕyᴇ^{454}	tsuə^{4544}	tsuã^{454}	tsʰuə^{454}
介休	uæ̃^{423}	uæ̃^{423}	yɛ̃^{423}	liɛ̃^{45}	ɕyɛ̃^{45}	tsuæ̃^{45}	tsuæ̃^{45}	tsʰuæ̃^{45}
灵石	uɒ̃^{212}	——	yɒ̃^{212}	lie^{53}	ɕyɒ̃^{53}	tsuɒ̃^{53}	tsuɒ̃^{53}	tsʰuɒ̃^{53}
盂县	væ̃^{53}	væ̃^{53}	yæ̃^{53}	luæ̃^{22}	ɕyæ̃^{55}	tsuæ̃^{55}	tsuæ̃^{55}	tsʰuæ̃^{55}
寿阳	væ^{53}	væ^{53}	yɪ^{53}	lei^{45}	ɕyɪ^{45}	tsuæ^{45}	tsuæ^{45}	tsʰuæ^{45}
榆社	va^{312}	va^{312}	ye^{312}	lie^{22}	ɕye^{45}	tsua^{45}	tsua^{45}	tsʰua^{45}
离石	uæ^{312}	uæ^{312}	yɪ^{312}	liɪ^{53}	ɕyɪ^{53}	tɕyɪ^{53}	tsuæ^{53}	tɕʰyɪ^{53}
汾阳	vã^{312}	uã^{312}	y^{312}	liã^{55}	ɕy^{55}	tʂu^{55} 白 / tʂuã^{55} 文	tʂuã^{55}	tʂʰu^{55} 白 / tʂʰuã^{55} 文
中阳	uæ^{423}	uæ^{423}	ye^{423}	lie^{53}	ɕye^{53}	tʂuɤ^{53}	tʂuæ^{53}	tʂʰuɤ^{53}
柳林	uæ^{312}	uæ^{312}	ye^{312}	luei^{44}	ɕye^{44}	tsuei^{53}	tsuei^{53}	tsʰuei^{53}
方山	uæ^{312}	uæ^{312}	yɛ^{312}	liɛ^{52}	ɕyɛ^{52}	tsuæ^{52}	tsuæ^{52}	tɕʰyɛ^{52}
临县	uæ^{312}	uæ^{312}	ye^{312}	lie^{52}	ɕye^{33}	tsɥə^{52}	tsɥə^{52}	tsɥə^{52}
兴县	uæ̃^{324}	——	yẽn^{324}	luẽn^{55}	ɕyẽn^{53}	tsuẽn^{53}	tsuẽn^{53}	tsʰuẽn^{55}
岚县	uaŋ^{312}	uaŋ^{312}	uaŋ^{312}	ɕyẽ^{312}	tsuẽ^{312}	tsuẽ^{53}	tsʰuẽ^{312}	tsʰuẽ^{53}
静乐	væ̃^{314}	væ̃^{314}	yæ̃^{314}	liæ̃^{53}	ɕyæ̃^{53}	pfʰæ̃^{24} 白	pfʰæ̃^{24} 白	pfʰæ̃^{53} 白
交口	uɑ̃^{323}	uɑ̃^{323}	yɑ̃^{323}	luɑ̃^{44}	ɕyɑ̃^{53}	tsuɑ̃^{53}	tsuɑ̃^{53}	tsʰuɑ̃^{53}

续表

字目	挽	婉	远~近	恋	旋~风	转~动	传~记	串
中古音 方言点	无远 山合三 上阮微	於阮 山合三 上阮影	云远 山合三 上阮云	力卷 山合三 去线来	辞恋 山合三 去线邪	知恋 山合三 去线知	直恋 山合三 去线澄	尺绢 山合三 去线昌
石楼	uɑŋ^{213}	uɑŋ^{213}	uɑŋ^{213}	luɑŋ^{44} 白 / liɑŋ^{44} 文	ɕyɑŋ^{44}	tʂuɑŋ^{213}	tʂuɑŋ^{51}	tʂʰuɑŋ^{51}
隰县	uaŋ^{21}	uaŋ^{21}	yaŋ^{21}	liɛ^{44}	ɕyaŋ^{24}	tsuæ^{44}	tsuæ^{44}	tsʰuæ^{44}
大宁	vɛ̃^{31}	vɛ̃^{31}	yɛ̃^{31}	luɛ̃^{24} 白 / lyɛ̃^{55} 文	ɕyɛ̃^{55}	tʂʰuɛ̃^{55}	tʂʰuɛ̃^{55}	tʂʰuɛ̃^{55}
永和	uɑ̃^{312}	——	yɪ^{312}	luɛi^{35}	ɕyɪ^{53}	tʂuɛi^{53}	tʂuɛi^{53}	tʂʰuɛi^{53}
汾西	vɑ̃^{33}/uɑ̃^{33}	uɑ̃^{33}	yɑ̃^{33}	liɑ̃^{35}/ luɑ̃^{35} 白 / lyɑ^{35} 白	ɕyɑ̃^{53}	tsuɑ̃^{55}	tsuɑ̃^{53}	tsʰuɑ̃^{55}/ tsʰuɑ̃^{53}
蒲县	uæ̃^{31}	uæ̃^{31}	yæ̃^{31}	liæ̃^{33}	ɕyæ̃^{33}	tʂuæ̃^{33}	tʂuæ̃^{33}	tʂʰuæ̃^{52}
潞州	uaŋ^{535}	uaŋ^{535}	yaŋ^{535}	liaŋ^{54}	ɕyaŋ^{54}	tsuaŋ^{44}	tsuaŋ^{54}	tsʰuaŋ^{44}
上党	uɑŋ^{535}	uɑŋ^{535}	yɑŋ^{535}	lyɑŋ^{42}	ɕyɑŋ^{42}	tsuɑŋ^{22}	tsuɑŋ^{42}	tsʰuɑŋ^{22}
长子	væ̃^{434}	væ̃^{434}	yæ̃^{434}	liæ̃^{53}	ɕyæ̃^{53}	tsuæ̃^{422}	tsuæ̃^{422}	tsʰuæ̃^{422}
屯留	væ̃^{43}	væ̃^{43}	yæ̃^{43}	liæ̃^{11}	ɕyæ̃^{11}	tsuæ̃^{53}	tsuæ̃^{53}	tsʰuæ̃^{53}
襄垣	væ^{42}	——	yei^{42}	luæ^{45}	ɕyei^{45}	tsuæ^{45}	tsuæ^{45}	tsʰuæ^{53}
黎城	uæ^{213}	uæ^{213}	yæ^{213}	liæ^{53}	çyæ^{53}	tsyæ^{422}	tsyæ^{422}	tsʰyæ^{422}
平顺	uæ̃^{434}	uæ̃^{434}	yæ̃^{434}	liæ̃^{434}	syæ̃^{13}	tsuæ̃^{53}	tsuæ̃^{53}	tsʰuæ̃^{53}
壶关	uaŋ^{535}	uaŋ^{535}	yaŋ^{535}	liaŋ^{353}	syaŋ^{13}	tʂuaŋ^{42}	tʂuaŋ^{353}	tʂʰuaŋ^{42}
沁县	væ^{214}	——	zuei^{214}	luæ^{53}	suei^{53}	tsuæ^{53}	tsuæ^{53}	tsʰuæ^{53}
武乡	væ^{213}	——	zuei^{213}	luæ^{213}	——	tsuæ^{55}	tsuæ^{55}	tsʰuæ^{55}
沁源	væ̃^{324}	væ̃^{324}	yæ̃^{324}	liæ̃^{53}	ɕyæ̃^{53}	tʂuæ̃^{53}	tʂuæ̃^{53}	tʂʰuæ̃^{53}
安泽	uæ^{42}	——	yæ^{42}	——	ɕyæ^{53}	tsuæ^{53}	tsuæ^{53}	tsʰuæ^{53}
沁水端氏	væ^{31}	væ^{31}	vei^{31}	lei^{53}	suei^{53}	tsuæ^{53}	tsuæ^{53}	tsʰuæ^{53}
阳城	vɛ^{212}	vɛ^{212}	yɛ^{212}	lyɛ^{51}	ɕyɛ^{22}	tʂuɛ^{51}	tʂuɛ^{51}	tʂʰuɛ^{51}
高平	væ̃^{212}	væ̃^{212}	iæ̃^{212}	nuæ̃^{33}	ɕiæ̃^{53}	tʂuæ̃^{53}	tʂuæ̃^{53}	tʂʰuæ̃^{53}
陵川	uã^{312}	uã^{312}	cʰyə̃ĩ^{312}	liə̃ĩ^{24}	ɕyə̃ĩ^{53}	tʂuã^{24}	tʂuã^{24}	tʂʰuã^{24}
晋城	uæ^{213}	uæ^{213}	yɛ^{213}	luæ^{324}	ɕyɛ^{53}	tʂuæ^{53}	tʂuæ^{53}	tʂʰuæ^{53}
忻府	vɑ̃^{313}	vɑ̃^{313}	yɑ̃^{313}	liɛ̃^{53}	ɕyɑ̃^{53}	tsuɑ̃^{53}	tsuɑ̃^{53}	tsʰuɑ̃^{53}
原平	vɛ̃^{213}	vɛ̃^{213}	yɛ̃^{213}	lyɛ̃^{53} 白 / liɛ̃^{53} 文	ɕyɛ̃^{33}	tsuɛ̃^{53}	tsuɛ̃^{53}	tsʰuɛ̃^{53}
定襄	væ^{24}	væ^{24}	yə̃^{24}	luə̃^{53}	ɕyə̃^{53}	tʂuə̃^{53}	tsʰuə̃^{11}	tsʰuə̃^{53}
五台	uæn^{213}	uə̃^{213}	yə̃^{213}	liə̃^{52}	ɕyə̃^{52}	tsuə̃^{52}	tsuə̃^{52}	tsʰuə̃^{52}
岢岚	væ^{13}	væ^{13}	yɛ^{13}	luæ^{44}	ɕyɛ^{52}	tsuæ^{52}	tsuæ^{52}	tsʰuæ^{52}

续表

字目	挽	婉	远~近	恋	旋~风	转~动	传~记	串
中古音 / 方言点	无远 山合三 上阮微	於阮 山合三 上阮影	云远 山合三 上阮云	力卷 山合三 去线来	辞恋 山合三 去线邪	知恋 山合三 去线知	直恋 山合三 去线澄	尺绢 山合三 去线昌
五寨	væ^{13}	væ^{13}	yɪ^{13}	luæ^{44}	ɕyɪ^{52}	tsuæ^{52}	tsuæ^{52}	tsʰuæ^{52}
宁武	væ^{213}	væ^{213}	yɛ^{213}	liɛ^{52}	ɕyɛ^{52}	tsuæ^{52}	tsuæ^{52}	tsʰuæ^{52}
神池	væ^{13}	væ^{13}	ye^{13}	lie^{52}	ɕye^{52}	tsuæ^{52}	tsuæ^{52}	tsʰuæ^{52}
繁峙	vɛ^{53}	vɛ^{53}	yɛ^{53}	liɛ^{24}	ɕyɛ^{24}	tsuɛ^{24}	tsuɛ^{24}	tsʰuɛ^{24}
代县	uɛ^{213}	uɛ^{213}	yɛ^{213}	luɛ^{44}	ɕyɛ^{44}	tsuɛ^{53}	tsuɛ^{53}	tsʰuɛ^{53}
河曲	uæ^{213}	——	yɛ^{213}	luæ^{44}/liɛ^{44}	ɕyɛ^{44}	tʂuæ^{213}	tʂʰuæ^{44}	tʂʰuæ^{52}
保德	vaŋ^{213}	vaŋ^{213}	yaŋ^{213}	liaŋ^{52}	ɕyaŋ^{52}	tʂuaŋ^{52}	tʂuaŋ^{52}	tʂʰuaŋ^{52}
偏关	væ^{213}	væ^{213}	yɪ^{213}	——	ɕyɪ^{52}	tʂuæ^{52}	tʂuæ^{52}	tʂʰuæ^{52}
朔城	væ^{312}	——	yɛ^{312}	liɛ^{53}	——	tsuæ^{53}	tsuæ^{53}	tsʰuæ^{53}
平鲁	uæ^{213}	uæ^{213}	yE^{213}	——	ɕyE^{52}	tsuæ^{213}/ tsuæ^{52}	tsuæ^{52}/ tsʰuæ^{44}	tsʰuæ^{52}
应县	vɛ̃^{54}	vɛ̃^{54}	yɛ̃^{54}	lyɛ̃^{24}	ɕyɛ̃^{24}	tsuɛ̃^{24}	tsuɛ̃^{24}	tsʰuɛ̃^{24}
灵丘	væ^{442}	væ^{442}	ye^{442}	lie^{53}	ɕye^{442}	tsuæ^{53}	tsuæ^{53}	tsʰuæ^{53}
浑源	væ^{52}	——	yɛ^{52}	lyɛ^{13}	ɕyɛ^{13}	tsuæ^{13}	tsuæ^{13}	tsʰuæ^{13}
云州	væ^{55}	væ^{55}	yɛ^{55}	liɛ^{24}	ɕyɛ^{312}	tʂuæ^{24}	tʂuæ^{24}	tʂʰuæ^{24}
新荣	væ^{54}	væ^{54}	yE^{54}	liE^{24}/lyE^{24}	ɕyE^{24}	tʂuæ^{24}	tʂuæ^{24}	tʂʰuæ^{24}
怀仁	væ^{53}	væ^{53}	yæ^{53}	lyæ^{24}	ɕyæ^{24}	tsuæ^{24}	tsuæ^{24}	tsʰuæ^{24}
左云	væ^{54}	væ^{54}	ye^{54}	lie^{24}	ɕye^{24}	tsuæ^{24}	tsuæ^{24}	tsʰuæ^{24}
右玉	væ̃^{53}	——	yɛ^{53}	lyɛ^{24}	ɕyɛ^{24}	tʂuæ^{24}	tʂuæ^{24}	tʂʰuæ^{24}
阳高	vɛ^{53}	vɛ^{53}	yɛ^{53}	luɛ^{24}	ɕiɛ^{24}	tsuɛ^{24}	tsuɛ^{24}	tsʰuɛ^{24}
山阴	uæ^{52}	uæ^{52}	yE^{52}	liE^{335}	ɕyE^{335}	tʂuæ^{335}	tʂuæ^{335}	tʂʰuæ^{335}
天镇	væ^{55}	——	yæ^{55}	lyæ^{24} 白 / liæ^{24} 文	ɕyæ^{24}	tsuæ^{24}	tsuæ^{24}	tsʰuæ^{24}
平定	væ̃^{53}	——	yæ̃^{53}	liæ̃^{24}	suæ̃^{24} 白 / ɕyæ̃^{24} 文	tsuæ̃^{24}	tsuæ̃^{24}	tsʰuæ̃^{24}
昔阳	væ̃^{55}	væ̃^{55}	yæ̃^{55}	liæ̃^{13}	ɕyæ̃^{13}	tsuæ̃^{13}	tsuæ̃^{13}	tsʰuæ̃^{13}
左权	væ^{42}	——	yɛ^{42}	luæ^{11}	ɕyɛ^{53}	tʂuæ^{53}	tʂuæ^{53}	tʂʰuæ^{53}
和顺	væ^{53}	væ^{53}	yɛ^{53}	luæ^{13}	ɕyɛ^{22}	tsuæ^{13}	tsuæ^{13}	tsʰuæ^{13}
尧都	uæ̃^{53}	uæ̃^{44}	yæ̃^{53}	læ̃^{24}	ɕyɛ^{44}	tʂuæ̃^{44}	tʂuæ̃^{44}	tʂʰuæ̃^{44}
洪洞	van^{42}	uan^{42}	yan^{42}	lian^{24}/lan^{24}	ɕyan^{24}	tʂuan^{33}	tʂuan^{33}	tʂʰuan^{21}/ tʂʰuan^{53}
洪洞赵城	vã^{42}	uã^{42}	yã^{42}	liã^{24}	ɕyã^{24}	tʂuã^{42}	tʂuã^{53}	tʂʰuã^{53}

续表

字目	挽	婉	远~近	恋	旋~风	转~动	传~记	串
中古音 / 方言点	无远 山合三 上阮微	於阮 山合三 上阮影	云远 山合三 上阮云	力卷 山合三 去线来	辞恋 山合三 去线邪	知恋 山合三 去线知	直恋 山合三 去线澄	尺绢 山合三 去线昌
古县	uan^{42}	——	yan^{42}	lian^{53}	ɕyan^{53}	tʂuan^{35}	tʂuan^{53}	tʂ^{h}uan^{53}
襄汾	uan^{42}	uan^{42}	yan^{42}	lan^{53}	ɕyan^{24}	tʂuan^{44}	tʂuan^{53}	tʂ^{h}uan^{44}
浮山	uãĩ^{33}	uãĩ^{33}	yãĩ^{33}	——	ɕyãĩ^{53}	pfãi 白 / tʂuãĩ^{44} 文	pfãĩ^{53}	pf^{h}ãĩ^{53}
霍州	uaŋ^{33}	uaŋ^{33}	yaŋ^{33}	liaŋ^{53}	ɕyaŋ^{55}	tʂuaŋ^{55}	tʂuaŋ^{53}	tʂ^{h}uaŋ^{53}
翼城	væ̃^{44}	væ̃^{44}	yɛɪ^{44}	liɛɪ^{53}	ɕyɛɪ^{53}	pfuæ̃^{53}	tʂuæ̃^{53}	tʂ^{h}uæ̃^{53}
闻喜	væ^{33}/uæ^{33}	væ^{33}/uæ^{33}	yæ^{33}	liæ^{13}	ɕyæ^{13}	pfæ^{33}	pfæ^{13}	pf^{h}æ^{53}
侯马	uæ̃^{44}	uæ̃^{44}	yæ̃^{44}	liæ̃^{53}	ɕyæ̃^{53}	tʂ^{h}uæ̃^{44}	tʂ^{h}uæ̃^{53}	tʂ^{h}uæ̃^{213}
新绛	vã^{44}	uã^{44}	yã^{44}	luã^{53}	ɕyã^{13}	pfã^{53}	tʂã^{53}	pf^{h}ã^{53}
绛县	væ^{33}	uæ^{33}	yæ^{33}	luæ^{31}	ɕyæ^{31}	pfæ^{31}	pfæ^{53}	pf^{h}æ^{31}
垣曲	uæ̃^{44}	uæ̃^{44}	yæ̃^{44}	lyæ̃^{53}	ɕyæ̃^{53}	tʂuæ̃^{53}	tʂuæ̃^{53}	tʂ^{h}uæ̃^{53}
夏县	væ^{24} 白 / uæ^{24} 文	——	yæ^{24}	luæ^{31} 老 / liæ^{31} 新	ɕyæ^{31}	pfæ^{31} 白 / tʂuæ^{31} 文	pfæ^{31} 白 / tʂuæ^{31} 文	pf^{h}æ^{31} 白 / tʂ^{h}uæ^{31} 文
万荣	væ^{55}	uæ^{55}	yæ^{55}	luæ^{213}	ɕyæ^{33}	pfæ^{33}	pfæ^{33}	pf^{h}æ^{33}
稷山	vɑ̃^{44}	uɑ̃^{44}	yɑ̃^{44}	luɑ̃^{42}	ɕyɑ̃^{42}	pfɑ̃^{42} 白 / tʂuɑ̃^{42} 文	pfɑ̃^{42}	pf^{h}ɑ̃^{42} 白 / tʂ^{h}uɑ̃^{42} 文
盐湖	væ̃^{53}	uæ̃^{53}	yæ̃^{53}	luæ̃^{44}	ɕyæ̃^{44}	pfæ̃^{44} 白 / tʂuæ̃^{44} 文	pfæ̃^{44} 白 / tʂuæ̃^{44} 文	pf^{h}æ̃^{44} 白 / tʂ^{h}uæ̃^{44} 文
临猗	væ̃^{53}	uæ̃^{53}	yæ̃^{53}	læ̃^{13}	ɕyæ̃^{44}	pfæ̃^{44} 白 / tʂuæ̃^{44} 文	pfæ̃^{44} 白 / tʂuæ̃^{44} 文	pf^{h}æ̃^{44}
河津	væ̃^{53}	uæ̃^{53}	yæ̃^{53}	ɕyæ̃^{324}	luæ̃^{324}	pfæ̃^{44}	pfæ̃^{44}	pf^{h}æ̃^{44}
平陆	van^{55}	uan^{55}	yan^{55}	luan^{13}	ɕyan^{31}	pfan^{33}	pfan^{33}	pf^{h}an^{33}
永济	væ̃^{53}	væ̃^{53}	yæ̃^{53}	læ̃^{44} 白 / liæ̃^{44} 文	ɕyai^{4} 白 / ɕyæ̃ ^{24} 文	p^{h}ai^{44} 白 / p^{h}æ̃ ^{53} 文	pfai^{44} 白 / tʂuai^{44} 文	pf^{h}ai^{44}
芮城	uæ̃^{53}	uæ̃^{53}	yæ̃^{53}	yæ̃^{13}	ɕyæ̃^{13}	pfæ̃^{44}	pfæ̃^{44}	pf^{h}æ̃^{44}
吉县	uæ̃^{53}	——	yæ̃^{53}	luæ̃^{13}	ɕyæ̃^{33}	pfæ̃^{33}	——	pf^{h}æ̃^{33}
乡宁	uæ^{44}	uæ^{44}	yæ^{44}	liæ^{22}	ɕyæ^{22}	tsuæ^{22}	tʂ^{h}uæ^{22}	tʂ^{h}uæ^{22}
广灵	væ^{44}	væ^{44}	yæ^{44}	lyæ^{213}	ɕyæ^{213}	tsuæ^{213}	tsuæ^{213}	ts^{h}uæ^{213}

字目	眷	卷书~	绢	倦	院	贩	饭	曼
中古音 方言点	居倦 山合三 去线见	居倦 山合三 去线见	吉掾 山合三 去线见	渠卷 山合三 去线群	王眷 山合三 去线云	方愿 山合三 去愿非	符万 山合三 去愿奉	无贩 山合三 去愿微
北京	tɕyan^{51}	tɕyan^{51}	tɕyan^{51}	tɕyan^{51}	yan^{51}	fan^{51}	fan^{51}	man^{51}
小店	tɕyæ^{24}	tɕyæ^{24}	——	tɕyæ^{24}	yæ^{24}	fæ^{24}	fæ^{24}	mæ^{24}
尖草坪	tɕye^{35}	tɕye^{35}	tɕye^{33}	tɕye^{35}	ye^{35}	fæ^{35}	fæ^{35}	mæ^{35}
晋源	tɕyaŋ^{35}	tɕyæ^{35}	tɕyaŋ^{35}	tɕyaŋ^{35}	vaŋ^{35}	faŋ^{35}	faŋ^{35}	maŋ^{35}
阳曲	tɕyɛ^{454}	tɕyɛ^{454}	tɕyɛ^{454}	tɕyɛ^{454}	yɛ^{454}	fæ^{454}	fæ^{454}	mæ^{454}
古交	tɕyɛ^{53}	tɕyɛ^{53}	tɕyɛ^{53}	tɕyɛ^{53}	yɛ^{53}	fɛ^{53}	fɛ^{53}	mɛ^{53}
清徐	tɕyɛ^{45}	tɕyɛ^{45}	tɕyɛ^{45}	tɕyɛ^{45}	yɛ^{45}	fɛ^{45}	fɛ^{45}	mɛ^{45}
娄烦	tɕyɛ^{54}	tɕyɛ^{54}	tɕyɛ^{54}	tɕyɛ^{54}	yɛ^{54}	fæ^{54}	fæ^{54}	mæ^{54}
榆次	tɕye^{35}	tɕye^{53}	tɕye^{35}	tɕye^{35}	ye^{35}	fæ^{35}	fæ^{35}	mæ^{35}
交城	tɕyũ^{24}	tɕyũ^{24}	tɕyũ^{11}	tɕyũ^{24}	yũ^{24}	xuã^{24}	xuã^{24}	mã^{24}
文水	tɕyæĩ^{35}	tɕyæĩ^{35}	tɕyæĩ^{35}	tɕyæĩ^{35}	yæĩ^{35}	xuaŋ^{35}	xuaŋ^{35}	maŋ^{35}
祁县	tɕyẽ^{45}	tɕyẽ^{45}	tɕyẽ^{45}	tɕyẽ^{45}	yẽ^{45}	xuɑ̃^{45}	xuɑ̃^{45}	mɑ̃^{45}
太谷	tɕyẽĩ^{53}	tɕyẽĩ^{53}	tɕyẽĩ^{53}	tɕyẽĩ^{53}	yẽĩ^{53}	fɑ̃^{53}	fɑ̃^{53}	mɑ̃^{53}
平遥	tɕỹẽ^{24}	tɕỹẽ^{24}	tɕỹẽ^{24}	tɕỹẽ^{24}	ỹẽ^{24}	xũɑ̃^{24}	xũɑ̃^{24}	mɑ̃^{213}
孝义	tɕyã^{454}	tɕyᴇ^{31} 白 / tɕyã^{454} 文	tɕyã^{33}	tɕyᴇ^{312}	yᴇ^{454}	xuã^{454}	xuã^{454}	mã^{454}
介休	tɕyẽ^{45}	tɕyẽ^{45}	tɕyẽ^{45}	tɕyẽ^{45}	yẽ^{45}	xuæ̃^{45}	xuæ̃^{45}	mæ̃^{45}
灵石	tɕyɒ̃^{53}	tɕyɒ̃^{53}	tɕyɒ̃^{535}	tɕyɒ̃^{53}	yɒ̃^{53}	xuɒ̃^{53}	xuɒ̃^{53}	mɒ̃^{53}
盂县	tɕyæ̃^{55}	tɕyæ̃^{55}	tɕyæ̃^{55}	tɕyæ̃^{55}	yæ̃^{53}	fæ̃^{55}	fæ̃^{55}	mæ̃^{55}
寿阳	tɕyɪ^{45}	tɕyɪ^{45}	tɕyɪ^{31}	tɕyɪ^{45}	yɪ^{45}	fæ^{45}	fæ^{45}	mæ^{45}
榆社	tɕye^{45}	tɕye^{45}	tɕye^{45}	tɕye^{45}	ye^{45}	fa^{45}	fa^{45}	ma^{45}
离石	tɕyɪ^{53}	tɕyɪ^{312}	tɕyɪ^{53}	tɕyɪ^{53}	yɪ^{53}	xuæ^{53}	xuæ^{53}	mæ^{35}
汾阳	tɕyã^{55}	tɕy^{55} 白 / tɕyã^{55} 文	tɕy^{55}	tɕyã^{55}	y^{55} 白 / yã^{55} 文	fã^{55}	fã^{55}	mã^{55}
中阳	tɕye^{53}	tɕye^{423}	tɕye^{53}	tɕye^{53}	ye^{53}	xuæ^{52}	xuæ^{52}	mæ^{53}
柳林	tɕye^{53}	tɕye^{53}	tɕye^{53}	tɕye^{53}	ye^{53}	xuæ^{53}	xuæ^{53}	mæ^{53}
方山	tɕyɛ^{52}	tɕyɛ^{52}	tɕyɛ^{52}	tɕyɛ^{52}	yɛ^{52}	xuæ^{52}	xuæ^{52}	mæ^{52}
临县	tɕye^{52}	tɕye^{52}	tɕye^{52}	tɕye^{52}	ye^{52}	fæ^{52}	fæ^{52}	mæ^{52}
兴县	tɕyẽn^{53}	tɕyẽn^{53}	tɕyẽn^{53}	tɕyẽn^{53}	yẽn^{53}	——	xuæ̃^{53}	——
岚县	tɕyẽ^{53}	tɕyẽ^{53}	tɕyẽ^{214}	tɕyẽ^{53}	yẽ^{53}	faŋ^{53}	faŋ^{53}	maŋ^{53}
静乐	tɕyæ̃^{53}	tɕyæ̃^{53}	tɕyæ̃^{53}	tɕyæ̃^{53}	yæ̃^{53}	fæ̃^{53}	fæ̃^{53}	mæ̃^{53}
交口	tɕyɑ̃^{53}	tɕyɑ̃^{53}	tɕyɑ̃^{53}	tɕyɑ̃^{53}	yɑ̃^{53}	xuɑ̃^{53}	xuɑ̃^{53}	mɑ̃^{53}
石楼	tɕyɑŋ^{51}	tɕyɑŋ^{51}	tɕyɑŋ^{51}	tɕyɑŋ^{51}	yɑŋ^{51}	xuɑŋ^{51}	xuɑŋ^{51}	mɑŋ^{51}

续表

字目	眷	卷书～	绢	倦	院	贩	饭	曼
中古音 / 方言点	居倦 山合三 去线见	居倦 山合三 去线见	吉掾 山合三 去线见	渠卷 山合三 去线群	王眷 山合三 去线云	方愿 山合三 去愿非	符万 山合三 去愿奉	无贩 山合三 去愿微
隰县	tɕyɛ^{44}	tɕyɛ^{44}	tɕyɛ^{44}	tɕyɛ^{44}	yɛ^{44}	xuæ^{44}	xuæ^{44}	mæ^{53}
大宁	tɕyɛ̃^{55}	tɕyɛ̃^{55}	tɕyɛ̃^{31}	tɕyɛ̃^{55}	yɛ̃^{55}	fɛ̃^{55}	fɛ̃^{55}	——
永和	tɕyɪ^{53}	tɕyɪ^{53}	tɕyɪ^{53}	tɕyɪ^{53}	yɪ^{53}	xuɑ̃^{53}	xuɑ̃^{53}	——
汾西	tɕyɑ̃^{53}	tɕyɑ̃^{53}	tɕyɑ̃^{53}	tɕyɑ̃^{53}	yɑ̃^{53}/yɪ^{53}	fɑ̃^{55}	fɑ̃^{53}	mɑ̃^{53}
蒲县	tɕyæ̃^{33}	tɕyæ̃^{33}	tɕyæ̃^{33}	tɕyæ̃^{33}	yæ̃^{33}	fæ̃^{33}	fæ̃^{33}	mæ̃^{33}
潞州	tɕyaŋ^{44}	tɕyaŋ^{44}	tɕyaŋ^{44}	tɕyaŋ^{54}	yaŋ^{54}	faŋ^{44}	faŋ^{54}	maŋ^{54}
上党	tɕyɑŋ^{22}	tɕyɑŋ^{22}	tɕyɑŋ^{22}	tɕyɑŋ^{42}	yɑŋ^{42}	fɑŋ^{22}	fɑŋ^{42}	uɑŋ^{42}
长子	tɕyæ̃^{53}	tɕyæ̃^{422}	tɕyæ̃^{422}	tɕyæ̃^{53}	yæ̃^{53}	fæ̃^{422}	fæ̃^{53}	mæ̃^{53}
屯留	tɕyæ̃^{53}	tɕyæ̃^{53}	tɕyæ̃^{43}	tɕyæ̃^{11}	yæ̃^{11}	fæ̃^{11}	fæ̃^{11}	mæ̃^{11}
襄垣	tɕyei^{53}	tɕyei^{53}	tɕyei^{53}	tɕyei^{45}	yei^{45}	fæ^{45}	fæ^{45}	——
黎城	cyæ^{53}	cyæ^{53}	cyæ^{53}	cyæ^{53}	yæ^{53}	fæ^{53}	fæ^{53}	mæ^{53}
平顺	cyæ̃^{53}	cyæ̃^{53}	cyæ̃^{53}	cyæ̃^{53}	yæ̃^{53}	fæ̃^{53}	fæ̃^{53}	mæ̃^{53}
壶关	cyaŋ^{42}	cyaŋ^{535}	cyaŋ^{42}	cyaŋ^{353}	yaŋ^{353}	faŋ^{42}	faŋ^{353}	maŋ^{353}
沁县	tsuei^{53}	tsuei^{53}	tsuei^{53}	tsuei^{53}	zuei^{53}	fæ^{53}	fæ^{53}	——
武乡	——	——	——	——	zuei^{55}	fæ^{55}	fæ^{55}	mæ^{55}
沁源	tɕyæ̃^{53}	tɕyæ̃^{53}	tɕyæ̃^{53}	tɕyæ̃^{53}	yæ̃^{53}	fæ̃^{53}	fæ̃^{53}	mæ̃^{53}
安泽	tɕyæ^{53}	tɕyæ^{53}	tɕyæ^{53}	tɕyæ^{53}	yæ^{53}	fæ^{53}	fæ^{53}	——
沁水端氏	——	kuei^{53}	kuei^{53}	kuei^{53}	vei^{53}	fæ^{53}	fæ^{53}	mæ^{53}
阳城	cyɛ^{51}	cyɛ^{51}	cyɛ^{51}	cyɛ^{51}	yɛ^{51}	fɛ^{51}	fɛ^{51}	mɛ^{51}
高平	ciæ̃^{53}	ciæ̃^{53}	ciæ̃^{53}	ciæ̃^{53}	iæ̃^{53}	fæ̃^{53}	fæ̃^{53}	mæ̃^{53}
陵川	cyæ̃^{24}	cyãĩ^{24}	cyæ̃^{24}	cyæ̃^{24}	yæ̃^{24}	fã^{24}	fã^{24}	mã^{24}
晋城	tɕyɛ^{53}	tɕyɛ^{53}	tɕyɛ^{53}	tɕyɛ^{53}	yɛ^{53}	fæ^{53}	fæ^{53}	mæ^{53}
忻府	tɕyɑ̃^{53}	tɕyɑ̃^{53}	tɕyɑ̃^{53}	tɕyɑ̃^{53}	yɑ̃^{53}	fɑ̃^{53}	fɑ̃^{53}	mɑ̃^{53}
原平	tɕyɛ̃^{53}	tɕyɛ̃^{53}	tɕyɛ̃^{53}	tɕyɛ̃^{53}	yɛ̃^{53}	fɛ̃^{53}	fɛ̃^{53}	mɛ̃^{53}
定襄	tɕyə̃^{53}	tɕyə̃^{213}	tɕyə̃^{53}	tɕyə̃^{53}	yə̃^{53}	fæ^{53}	fæ^{53}	mæ^{53}
五台	tɕyə̃^{52}	tɕyə̃^{52}	tɕyə̃^{52}	tɕyə̃^{52}	yə̃^{52}	fæn^{52}	fæn^{52}	mæn^{52}
岢岚	tɕyɛ^{52}	tɕyɛ^{52}	tɕyɛ^{52}	tɕyɛ^{52}	yɛ^{52}	fæ^{52}	fæ^{52}	mæ^{52}
五寨	tɕyɪ^{52}	tɕyɪ^{52}	tɕyɪ^{52}	tɕyɪ^{52}	yɪ^{52}	fæ^{52}	fæ^{52}	mæ^{52}
宁武	tɕyɛ^{52}	tɕyɛ^{52}	tɕyɛ^{52}	tɕyɛ^{52}	yɛ^{52}	fæ^{52}	fæ^{52}	——
神池	tɕye^{52}	tɕye^{52}	tɕye^{52}	tɕye^{52}	ye^{52}	fæ^{52}	fæ^{52}	mæ^{52}
繁峙	tɕyɛ^{24}	tɕyɛ^{24}	tɕyɛ^{24}	tɕyɛ^{24}	yɛ^{24}	fɛ^{24}	fɛ^{24}	mɛ^{24}

续表

字目	眷	卷书~	绢	倦	院	贩	饭	曼
中古音 / 方言点	居倦 山合三 去线见	居倦 山合三 去线见	吉掾 山合三 去线见	渠卷 山合三 去线群	王眷 山合三 去线云	方愿 山合三 去愿非	符万 山合三 去愿奉	无贩 山合三 去愿微
代县	tɕye^{53}	tɕye^{53}	tɕye^{53}	tɕye^{53}	ye^{53}	fɛ^{53}	fɛ^{53}	——
河曲	tɕyɛ^{52}	tɕyɛ^{52}	tɕyɛ^{52}	tɕyɛ^{52}	yɛ^{52}	fæ^{52}	fæ^{52}	——
保德	tɕyɑŋ^{52}	tɕyɑŋ^{52}	tɕyɑŋ^{52}	tɕyɑŋ^{52}	yɑŋ^{52}	fɑŋ^{52}	fɑŋ^{52}	mɑŋ^{52}
偏关	tɕyɪ^{52}	tɕyɪ^{52}	tɕyɪ^{52}	tɕyɪ^{52}	yɪ^{52}	fæ^{52}	fæ^{52}	mæ^{52}
朔城	tɕyɛ^{53}	tɕyɛ^{53}	tɕyɛ^{53}	tɕyɛ^{53}	yɛ^{53}	fæ^{53}	fæ^{53}	——
平鲁	tɕyᴇ^{52}	——	tɕyᴇ^{52}/ tɕyəʔ$^{\underline{34}}$	tɕyᴇ^{52}	yᴇ^{52}	fæ^{52}	fæ^{52}	mæ^{52}
应县	tɕyɛ̃^{24}	tɕyɛ̃^{24}	tɕyɛ̃^{43}	tɕyɛ̃^{24}	yɛ̃^{24}	fɛ̃^{24}	fɛ̃^{24}	mɛ̃^{24}
灵丘	tɕye^{442}	tɕye^{442}	tɕye^{442}	tɕye^{442}	ye^{53}	fæ^{53}	fæ^{53}	mæ^{53}
浑源	tɕyɛ^{13}	tɕyɛ^{13}	tɕyɛ^{13}	tɕyɛ^{13}	yɛ^{13}	fæ^{13}	fæ^{13}	mæ^{13}
云州	tɕyɛ^{24}	tɕyɛ^{24}	tɕyɛ^{24}	tɕyɛ^{24}	yɛ^{24}	fæ^{24}	fæ^{24}	mæ^{24}
新荣	tɕyᴇ^{24}	tɕyᴇ^{24}	tɕyᴇ^{24}	tɕyᴇ^{24}	yᴇ^{24}	fæ^{24}	fæ^{24}	mæ^{24}
怀仁	tɕyæ^{24}	tɕyæ^{24}	tɕyæ^{24}	tɕyæ^{24}	yæ^{24}	fæ^{24}	fæ^{24}	mæ^{24}
左云	tɕyɛ^{24}	tɕyɛ^{24}	tɕyɛ^{24}	tɕyɛ^{24}	yɛ^{24}	fæ^{24}	fæ^{24}	mæ^{24}
右玉	tɕyɛ^{24}	tɕyɛ^{24}	tɕyɛ^{24}	tɕyɛ^{24}	yɛ^{24}	fæ^{24}	fæ^{24}	mæ^{24}
阳高	tɕyɛ^{24}	tɕyɛ^{24}	tɕyɛ^{24}	tɕyɛ^{24}	yɛ^{24}	fɛ^{24}	fɛ^{53}	——
山阴	tɕyᴇ^{335}	tɕyᴇ^{335}	tɕyᴇ^{335}	tɕyᴇ^{335}	yᴇ^{335}	fæ^{335}	fæ^{335}	——
天镇	tɕyæ^{24}	tɕyæ^{55}	tɕyæ^{24}	tɕyæ^{24}	yæ^{24}	fæ^{24}	fæ^{24}	——
平定	tɕyæ̃^{24}	tɕyæ̃^{24}	tɕyæ̃^{31}	tɕyæ̃^{24}	yæ̃^{24}	fæ̃^{24}	fæ̃^{24}	——
昔阳	tɕyæ̃^{13}	tɕyæ̃^{13}	tɕyæ̃^{13}	tɕyæ̃^{13}	yæ̃^{13}	fæ̃^{13}	fæ̃^{13}	mæ̃^{13}
左权	tɕyɛ^{53}	tɕyɛ^{53}	tɕyɛ^{53}	tɕyɛ^{53}	yɛ^{53}	fæ^{42}	fæ^{53}	——
和顺	tɕye^{13}	tɕyɛ^{13}	tɕyɛ^{13}	tɕyɛ^{13}	ye^{13}	fæ^{13}	fæ^{13}	mæ^{13}
尧都	tɕyæ̃^{44}	tɕyæ̃^{44}	tɕyæ̃^{44}	tɕyæ̃^{44}	yæ̃^{44}	fæ̃^{44}	fæ̃^{44}	mæ̃^{44}
洪洞	tɕyɑn^{33}	tɕyɑn^{33}	tɕyɑn^{33}	tɕyɑn^{33}	yɑn^{53}	fɑn^{42}	fɑn^{53}	mɑn^{53}
洪洞赵城	tɕyɑ̃^{53}	tɕyɑ̃^{53}	tɕyɑ̃^{53}	tɕyɑ̃^{53}	yɑ̃^{53}	fɑ̃^{53}	fɑ̃^{53}	mɑ̃^{53}
古县	tɕyan^{53}	tɕyan^{53}	tɕyan^{53}	tɕyan^{53}	yan^{53}	fan^{35}	fan^{53}	——
襄汾	tɕyan^{44}	tɕyan^{44}	tɕyan^{44}	tɕyan^{53}	yan^{53}	fan^{44}	fan^{53}	man^{53}
浮山	tɕyãĩ^{53}	tɕyãĩ^{53}	tɕyãĩ^{53}	tɕyãĩ^{53}	yãĩ^{53}	fãĩ^{44}	fãĩ^{53}	mãĩ^{53}
霍州	tɕyaŋ^{55}	tɕyaŋ^{33}	tɕyaŋ^{33}	tɕyaŋ^{53}	yaŋ^{53}	faŋ^{55}	faŋ^{53}	maŋ^{53}
翼城	tɕyɛɪ^{53}	tɕyɛɪ^{44}	tɕyɛɪ^{53}	tɕyɛɪ^{53}	yɛɪ^{53}	fæ̃^{53}	fæ̃^{53}	mæ̃^{53}
闻喜	tɕyæ^{33}	——	tɕyæ^{33}	tɕyæ^{13}	yæ^{13}	fæ^{53}	fæ^{13}	——

续表

字目	眷	卷书~	绢	倦	院	贩	饭	曼
中古音 / 方言点	居倦 山合三 去线见	居倦 山合三 去线见	吉掾 山合三 去线见	渠卷 山合三 去线群	王眷 山合三 去线云	方愿 山合三 去愿非	符万 山合三 去愿奉	无贩 山合三 去愿微
侯马	tɕʰyæ̃^{53}	tɕʰyæ̃^{53}	tɕʰyæ̃^{53}	tɕʰyæ̃^{53}	yæ̃^{53}	tæ̃^{53}	fæ̃^{53}	fæ̃^{53}
新绛	tɕyã^{53}	tɕyã^{53}	tɕyã^{53}	tɕyã^{53}	yã^{53}	fã^{53}	fã^{53}	mã^{53}
绛县	tɕyæ^{31}	tɕyæ^{31}	tɕyæ^{31}	tɕyæ^{53}	yæ^{31}	fæ^{31}	fæ^{53}	mæ^{31}
垣曲	tɕyæ̃^{53}	tɕyæ̃^{53}	tɕyæ̃^{53}	tɕyæ̃^{53}	yæ̃^{53}	fæ̃^{53}	fæ̃^{53}	mæ̃^{53}
夏县	——	tɕyæ^{31}	tɕiæ^{31}	——	yæ^{31}	fæ^{31}	fæ^{31}	mæ^{31}
万荣	tɕyæ^{33}	tɕyæ^{33}	tɕyæ^{33}	tɕyæ^{33}	yæ^{33}	fæ^{33}	fæ^{33}	mæ^{33}
稷山	tɕyɑ̃^{42}	tɕyɑ̃^{42}	tɕyɑ̃^{42}	tɕyɑ̃^{42}	yɑ̃^{42}	fɑ̃^{42}	fɑ̃^{42}	mɑ̃^{42}
盐湖	tɕyæ̃^{44}	tɕyæ̃^{44}	tɕyæ̃^{44}	tɕyæ̃^{44}	yæ̃^{44}	fæ̃^{44}	fæ̃^{44}	——
临猗	tɕyæ̃^{44}	tɕyæ̃^{44}	tɕyæ̃^{44}	tɕyæ̃^{44}	yæ̃^{44}	fæ̃^{44}	fæ̃^{44}	mæ̃^{44}
河津	tɕyæ̃^{44}	tɕyæ̃^{44}	tɕyæ̃^{44}	tɕyæ̃^{44} 文	yæ̃^{44}	fæ̃^{44}	fæ̃^{44}	mæ̃^{44}
平陆	tɕyan^{33}	tɕyan^{33}	tɕyan^{33}	tɕyan^{33}	yan^{33}	fan^{33}	fan^{33}	man^{31}/ man^{13}
永济	tɕyai^{44}/ tʰəŋ^{24}	tɕyai^{44}	tɕyai^{44}/ tɕiæ̃^{53}	tɕyai^{44}	yai^{44}	fai^{44}	fai^{44}	mæ̃^{44}
芮城	tsuæ̃^{44}	tsuæ̃^{44}	tsuæ̃^{44}	tsuæ̃^{44}	yai^{44} 白 / yæ̃^{44} 文	fæ̃^{44}	fæ̃^{44}	mæ̃^{44}
吉县	——	——	tɕyæ̃^{33}	——	yæ̃^{33}	fæ̃^{33}	fæ̃^{33}	——
乡宁	tɕyæ^{22}	tɕyæ^{22}	tɕyæ^{53}	tɕyæ^{22}	yæ^{22}	fæ^{22}	fæ^{22}	mæ^{22}
广灵	tɕyæ^{213}	tɕyæ^{213}	tɕyæ^{213}	tɕyæ^{213}	yæ^{213}	fæ^{213}	fæ^{213}	mæ^{213}

字目	蔓	万	劝	券	愿	楦	怨	劣
中古音 方言点	无贩 山合三 去愿微	无贩 山合三 去愿微	去愿 山合三 去愿溪	去愿 山合三 去愿溪	鱼怨 山合三 去愿疑	虚愿 山合三 去愿晓	於愿 山合三 去愿影	力辍 山合三 入薛来
北京	uan^{51} 白 / man^{51} 文	uan^{51}	tɕʰyan^{51}	tɕyan^{51}	yan^{51}	ɕyan^{51}	yan^{51}	lie^{51}
小店	væ^{24}	væ^{24}	tɕʰyæ^{53}	tɕʰyæ^{53}	yæ^{24}	ɕyæ^{24}	yæ^{24}	liəʔ^{1}
尖草坪	væ^{35}	væ^{35}	tɕʰye^{35}	tɕʰye^{35}	ye^{35}	ɕye^{35}	ye^{35}	liəʔ^{2}
晋源	vaŋ^{35}	vaŋ^{35}	tɕʰyaŋ^{35}	tɕʰyaŋ^{35}	yaŋ^{35}	ɕyaŋ^{35}	yaŋ^{35}	lyəʔ^{2}
阳曲	væ^{454}	væ^{454}	tɕʰyɛ^{454}	tɕʰyɛ^{454}	yɛ^{454}	ɕyɛ^{454}	yɛ^{454}	liɛʔ^{4}
古交	vɛ^{53}	vɛ^{53}	tɕʰyɛ^{53}	tɕyɛ^{53}	yɛ^{53}	ɕyɛ^{53}	yɛ^{53}	lyəʔ^{4}
清徐	mɛ^{45}	vɛ^{45}	tɕʰyɛ^{45}	tɕʰyɛ^{45}	yɛ^{45}	ɕyɛ^{45}	yɛ^{45}	liaʔ^{1}
娄烦	væ^{54}	væ^{54}	tɕʰyɛ^{54}	tɕʰyɛ^{54}	yɛ^{54}	ɕyɛ^{54}	yɛ^{54}	liəʔ^{3}
榆次	mæ^{35}	væ^{35}	tɕʰye^{35}	tɕʰye^{35}	ye^{35}	ɕye^{35}	ye^{35}	lyaʔ^{1}
交城	mɒ̃^{11}/uã^{24}	uã^{24}	tɕʰyũ^{24}	tɕyũ^{24}	yũ^{24}	ɕyũ^{24}	yũ^{24}	liaʔ^{1}
文水	uaŋ^{35}	uaŋ^{35}	tɕʰyæ̃ĩ^{35}	tɕʰyæ̃ĩ^{35}	yæ̃ĩ^{35}	ɕyæ̃ĩ^{35}	yæ̃ĩ^{35}	liaʔ^{2}
祁县	uɑ̃^{45}/mə̃^{31}	uɑ̃^{45}	tɕʰyẽ^{45}	tɕʰyẽ^{45}	yẽ^{45}	ɕyẽ^{45}	yẽ^{45}	liɑʔ$^{\underline{32}}$
太谷	mẽĩ^{33}/vɑ̃^{53}	vɑ̃^{53}	tɕʰyẽĩ^{53}	tɕʰyẽĩ^{53}	yẽĩ^{53}	ɕyẽĩ^{53}	yẽĩ^{53}	liaʔ^{3}
平遥	mɑ̃^{24}	ũɑ̃^{24}	tɕʰỹɛ̃^{24}	tɕỹɛ̃^{24}	ỹɛ̃^{24}	ɕỹɛ̃^{24}	ỹɛ̃^{213}	liʌʔ$^{\underline{523}}$
孝义	uã^{454}	uã^{454}	tɕʰyᴇ^{54}	tɕyᴇ^{454}	yã^{454}	ɕyᴇ^{454}	yᴇ^{454}	liəʔ^{3}
介休	mæ̃^{45}	uæ̃^{45}	tɕʰyɛ̃^{45}	tɕyɛ̃^{45}	yɛ̃^{45}	ɕyɛ̃^{45}	yɛ̃^{45}	liʌʔ$^{\underline{12}}$
灵石	uɒ̃^{53}	uɒ̃^{53}	tɕʰyɒ̃^{53}	tɕʰyɒ̃^{53}	yɒ̃^{53}	ɕyɒ̃^{53}	yɒ̃^{53}	liəʔ^{4}
盂县	væ̃^{55}	væ̃^{55}	tɕʰyæ̃^{55}	tɕyæ̃^{55}	yæ̃^{53}	ɕyæ̃^{55}	yæ̃^{53}	lyɛ^{55}
寿阳	mæ^{45}	væ^{45}	tɕʰyɪ^{45}	tɕyɪ^{45}	yɪ^{45}	ɕyɪ^{45}	yɪ^{45}	liɛʔ^{2}
榆社	ma^{45}	va^{45}	tɕʰye^{45}	tɕʰye^{45}	ye^{45}	ɕye^{45}	ye^{45}	liaʔ^{2}
离石	uæ^{53}	uæ^{53}	tɕʰyɪ^{53}	tɕyɪ^{53}	yɪ^{53}	ɕyɪ^{53}	yɪ^{53}	lieʔ^{4}
汾阳	vã^{55}	vã^{55}	tɕʰy^{55}	tɕyᴇ^{454}	yã^{55}	ɕy^{55}	yã^{55}	lieʔ$^{\underline{312}}$
中阳	uæ^{53}	uæ^{53}	tɕʰye^{53}	tɕye^{53}	ye^{53}	ɕye^{53}	ye^{53}	lieʔ^{4}
柳林	uæ^{53}	uæ^{53}	tɕʰye^{53}	tɕʰye^{53}	ye^{53}	ɕye^{53}	ye^{53}	liɛʔ^{4}
方山	uæ^{52}	uæ^{52}	tɕʰyɛ^{52}	tɕyɛ^{52}	yɛ^{52}	ɕyɛ^{52}	yɛ^{52}	liɛʔ^{4}
临县	mæ^{52}/uæ^{52}	uæ^{52}	tɕʰye^{52}	tɕʰye^{52}	ye^{52}	ɕye^{52}	ye^{52}	liɐʔ^{3}
兴县	uæ̃^{53}/mæ̃^{55}	uæ̃^{53}	tɕʰyẽn^{53}	tɕʰyẽn^{53}	yẽn^{53}	——	yẽn^{53}	liəʔ^{5}
岚县	uaŋ^{53}	uaŋ^{53}	tɕʰyẽ^{53}	tɕyẽ^{53}	yẽ^{53}	ɕyẽ^{53}	yẽ^{53}	lieʔ^{4}
静乐	væ̃^{53}	væ̃^{53}	tɕʰyæ̃^{53}	tɕʰyæ̃^{53}	yæ̃^{53}	ɕyæ̃^{53}	yæ̃^{53}	liəʔ^{4}
交口	uɑ̃^{53}	uɑ̃^{53}	tɕʰyɑ̃^{53}	tɕʰyɑ̃^{53}	yɑ̃^{53}	ɕyɑ̃^{53}	yɑ̃^{53}	lieʔ^{4}

续表

字目	蔓	万	劝	券	愿	楦	怨	劣
中古音 方言点	无贩 山合三 去愿微	无贩 山合三 去愿微	去愿 山合三 去愿溪	去愿 山合三 去愿溪	鱼怨 山合三 去愿疑	虚愿 山合三 去愿晓	於愿 山合三 去愿影	力辍 山合三 入薛来
石楼	uɑŋ^{51} 白 / mɑŋ^{44} 文	uɑŋ^{51}	tɕʰyɑŋ^{51}	tɕʰyɑŋ^{51}	yɑŋ^{51}	ɕyɑŋ^{213}	yɑŋ^{51}	lyəʔ^{4} 白 / liəʔ^{4} 文
隰县	uæ^{53}	uæ^{44}	tɕʰyɛ^{44}	tɕʰyɛ^{44}	yɛ^{44}	ɕyɛ^{44}	yɛ^{44}	liəʔ^{3}
大宁	vɛ̃^{55}	vɛ̃^{55}	tɕʰyɛ̃^{55}	tɕʰyɛ̃^{55}	yɛ̃^{55}	ɕyɛ̃^{55}	yɛ̃^{55}	liɐʔ$^{\underline{31}}$
永和	uɑ̃^{53}	uɑ̃^{53}	tɕʰyɪ^{53}	tɕyɪ^{53}	yɪ^{53}	ɕyɪ^{53}	yɪ^{53}	liɐʔ$^{\underline{312}}$
汾西	vɑ̃^{53}/mɑ̃^{53}	vɑ̃^{53}	tɕʰyɑ̃^{55}	tɕyɑ̃^{55} 白 / tɕyɑ̃^{53} 文	yɑ̃^{53}	——	yɑ̃^{55}	liəʔ^{1}
蒲县	mæ̃^{33}	uæ̃^{33}	tɕʰyæ̃^{33}	tɕʰyæ̃^{33}	yæ̃^{33}	ɕyæ̃^{33}	yæ̃^{33}	liɛ^{52}
潞州	maŋ^{54}	uaŋ^{54}	tɕʰyaŋ^{44}	tɕyaŋ^{44} 白 / tɕʰyaŋ^{44} 文	yaŋ^{54}	ɕyaŋ^{54}	yaŋ^{44}	liəʔ$^{\underline{53}}$
上党	uɑŋ^{42}	uɑŋ^{42}	tɕʰyɑŋ^{22}	tɕʰyɑŋ^{22}	yɑŋ^{42}	ɕyɑŋ^{22}	yɑŋ^{22}	liəʔ$^{\underline{21}}$
长子	mæ̃^{53}	væ̃^{53}	tɕʰyæ̃^{422}	tɕyæ̃^{422}	yæ̃^{53}	ɕyæ̃^{53}	yæ̃^{422}	liəʔ^{4} 白 / liɛ^{53} 文
屯留	mæ̃^{11}	væ̃^{11}	tɕʰyæ̃^{53}	tɕʰyæ̃^{53}	yæ̃^{53}	ɕyæ̃^{11}	yæ̃^{53}	liəʔ^{1}
襄垣	——	væ^{45}	tɕʰyei^{53}	tɕʰyei^{53}	yei^{45}	ɕyei^{45}	yei^{45}	liʌʔ^{3}
黎城	mæ^{53}	uæ^{53}	cʰyæ^{53}	cyæ^{33}	yæ^{53}	çyæ^{33}	yæ^{53}	liʌʔ$^{\underline{31}}$
平顺	mæ̃^{53}	uæ̃^{53}	cʰyæ̃^{53}	cʰyæ̃^{53}	yæ̃^{53}	syæ̃^{53}	yæ̃^{53}	l iʌʔ$^{\underline{423}}$
壶关	uaŋ^{353}	uaŋ^{353}	cʰyaŋ^{42}	cʰyaŋ^{42}	yaŋ^{353}	yaŋ^{33}	yaŋ^{42}	liʌʔ$^{\underline{21}}$
沁县	væ^{53}	væ^{53}	tsʰuei^{53}	tsʰuei^{53}	zuei^{53}	suei^{53}	zuei^{53}	liæʔ$^{\underline{31}}$
武乡	mæ^{55}	væ^{55}	——	——	zuei^{55}	——	zuei^{55}	liʌʔ^{3}
沁源	mæ̃^{33}	væ̃^{53}	tɕʰyæ̃^{53}	tɕʰyæ̃^{53}	yæ̃^{53}	ɕyæ̃^{53}	yæ̃^{53}	liəʔ$^{\underline{31}}$
安泽	mæ^{53}/uæ^{53}	uæ^{53}	tɕʰyæ^{53}	tɕʰyæ^{53}	yæ^{53}	ɕyæ^{53}	yæ^{53}	liɛ^{21}
沁水端氏	——	væ^{53}	kʰuei^{53}	kuei^{53}	vei^{53}	suei^{53}	vei^{53}	liaʔ^{2}
阳城	mɛ^{22}/vɛ^{51}	vɛ^{51}	cʰyɛ^{51}	cyɛ^{51}	yɛ^{51}	çyɛ^{51}	yɛ^{51}	lyʌʔ^{2}
高平	mæ̃^{53}	væ̃^{53}	cʰiæ̃^{53}	cʰiæ̃^{53}	iæ̃^{53}	ɕiæ̃^{53}	iæ̃^{53}	liɛʔ^{2}
陵川	mɑ̃^{24}	uɑ̃^{24}	cʰyə̃ĩ^{24}	cʰyə̃ĩ^{24}	yə̃ĩ^{24}	ɕyə̃ĩ^{24}	yə̃ĩ^{24}	liʌʔ$^{\underline{23}}$
晋城	uæ^{53}	uæ^{53}	tɕʰyɛ^{53}	tɕʰyɛ^{53}	yɛ^{53}	ɕyɛ^{53}	yɛ^{53}	liʌʔ^{2}
忻府	vɑ̃^{53}	vɑ̃^{53}	tɕʰyɑ̃^{53}	tɕʰyɑ̃^{53}	yɑ̃^{53}	ɕyɑ̃^{53}	yɑ̃^{53}	lyɛʔ$^{\underline{32}}$ 白 / liɛʔ$^{\underline{32}}$ 文
原平	vɛ̃^{53}	vɛ̃^{53}	tɕʰyɛ̃^{53}	tɕʰyɛ̃^{33}	yɛ̃^{53}	ɕyɛ̃^{53}	yɛ̃^{53}	liəʔ$^{\underline{34}}$
定襄	mæ^{53}	væ^{53}	tɕʰyə̃^{53}	tɕʰyə̃^{53}	yə̃^{53}	ɕyə̃^{53}	yə̃^{53}	liəʔ^{3}
五台	uæn^{52}	uæn^{52}	tɕʰyə̃^{52}	tɕyə̃^{52}	yə̃^{52}	ɕyə̃^{33}	yə̃^{52}	liəʔ^{3}
岢岚	væ^{52}	væ^{52}	tɕʰyɛ^{52}	tɕyɛ^{52}	yɛ^{52}	ɕyɛ^{52}	yɛ^{52}	liɛ^{52}

续表

字目	蔓	万	劝	券	愿	楦	怨	劣
中古音 / 方言点	无贩 山合三 去愿微	无贩 山合三 去愿微	去愿 山合三 去愿溪	去愿 山合三 去愿溪	鱼怨 山合三 去愿疑	虚愿 山合三 去愿晓	於愿 山合三 去愿影	力辍 山合三 入薛来
五寨	væ^{52}	væ^{52}	tɕʰyɪ^{52}	tɕyɪ^{52}	yɪ^{52}	ɕyɪ^{52}	yɪ^{52}	lyæ^{52}
宁武	væ^{52}	væ^{52}	tɕyɛ^{52}	tɕyɛ^{52}	yɛ^{52}	ɕyɛ^{33}	yɛ^{52}	——
神池	mæ^{52}	væ^{52}	tɕʰye^{52}	tɕʰye^{52}	ye^{52}	ɕye^{52}	ye^{52}	lyᴀʔ^{4}
繁峙	vɛ^{24}	vɛ^{24}	tɕʰyɛ^{24}	tɕʰyɛ^{24}	yɛ^{24}	ɕyɛ^{24}	yɛ^{24}	liəʔ$^{\underline{13}}$
代县	uɛ^{53}	uɛ^{53}	tɕʰye^{53}	tɕye^{53}	ye^{53}	ɕye^{53}	ye^{53}	lye^{53}
河曲	mæ^{52}	uæ^{52}	tɕʰyɛ^{52}	tɕʰyɛ^{52}	yɛ^{52}	ɕyɛ^{52}	yɛ^{52}	liɛ^{52}
保德	vɑŋ^{52}	vɑŋ^{52}	tɕʰyɑŋ^{52}	tɕʰyɑŋ^{52}	yɑŋ^{52}	ɕyɑŋ^{52}	yɑŋ^{52}	liɛ^{44}
偏关	væ^{52}	væ^{52}	tɕʰyɪ^{52}	tɕʰyɪ^{52}	yɪ^{52}	ɕyɪ^{52}	yɪ^{52}	liᴇ^{52}
朔城	——	væ^{53}	tɕʰyɛ^{53}	tɕyɛ^{53}	yɛ^{53}	ɕyɛ^{53}	yɛ^{53}	liᴀʔ$^{\underline{35}}$
平鲁	uæ^{52}	uæ^{52}	tɕyᴇ^{52}	tɕyᴇ^{52}	yᴇ^{52}	ɕyᴇ^{52}	yᴇ^{52}	lyᴇ^{213}
应县	mɛ̃^{31}/mɛ̃^{24}/ vɛ̃^{24}	vɛ̃^{24}	tɕʰyɛ̃^{24}	tɕʰyɛ̃^{24}	yɛ̃^{24}	ɕyɛ̃^{24}	yɛ̃^{24}	liɛ^{24}/lyɛ^{24}/ liaʔ$^{\underline{43}}$/ lyaʔ$^{\underline{43}}$
灵丘	mæ^{53}/væ^{53}	væ^{53}	tɕʰye^{53}	tɕʰye^{53}	ye^{53}	ɕye^{53}	ye^{53}	liᴀʔ^{5}
浑源	væ^{13}	væ^{13}	tɕʰyɛ^{13}	tɕʰyɛ^{13}	yɛ^{13}	ɕyɛ^{22}	yɛ^{13}	liʌʔ^{4}
云州	mæ^{24}	væ^{24}	tɕʰyɛ^{24}	tɕyɛ^{24}	yɛ^{24}	ɕyɛ^{24}	yɛ^{24}	liɑʔ^{4}
新荣	væ^{24}	væ^{24}	tɕʰyᴇ^{24}	tɕʰyᴇ^{24}/ tɕyᴇ^{24}	yᴇ^{24}	ɕyᴇ^{24}	yᴇ^{24}	lyaʔ^{4}
怀仁	væ^{24}	væ^{24}	tɕʰyæ^{24}	tɕʰyæ^{24}	yæ^{24}	ɕyæ^{24}	yæ^{24}	lyaʔ^{4}
左云	væ^{24}	væ^{24}	tɕʰyɛ^{24}	tɕʰyɛ^{24}	yɛ^{24}	ɕyɛ^{24}	yɛ^{24}	lyaʔ^{4}
右玉	væ^{24}	væ^{24}	tɕʰyɛ^{24}	tɕʰyɛ^{24}	yɛ^{24}	ɕyɛ^{24}	yɛ^{24}	liaʔ^{4}/lyaʔ^{4}
阳高	mɛ^{24}	vɛ^{24}	tɕʰyɛ^{24}	tɕʰyɛ^{24}	yɛ^{24}	ɕyɛ^{24}	yɛ^{24}	liɑʔ^{3}
山阴	uæ^{335}	uæ^{335}	tɕyᴇ^{335}	tɕyᴇ^{335}	yᴇ^{335}	ɕyᴇ^{335}	yᴇ^{335}	——
天镇	væ^{24}	væ^{24}	tɕʰyæ^{13}	tɕʰyæ^{13}	yæ^{24}	ɕyæ^{24}	yæ^{24}	liɑʔ^{4}
平定	væ̃^{24}	væ̃^{24}	tɕʰyæ̃^{24}	tɕyæ̃^{24}	yæ̃^{24}	suæ̃^{24} 白 / ɕyæ̃^{24} 文	yæ̃^{24}	liæʔ$^{\underline{23}}$
昔阳	mæ̃^{13}	væ̃^{13}	tɕʰyæ̃^{13}	tɕyæ̃^{13}	yæ̃^{13}	ɕyæ̃^{13}	yæ̃^{13}	liᴇ^{13}
左权	væ^{53}	væ^{53}	tɕʰyɛ^{53}	tɕyɛ^{53}	yɛ^{53}	ɕyɛ^{53}	yɛ^{53}	——
和顺	væ^{13}	væ^{13}	tɕʰyɛ^{13}	tɕʰyɛ^{13}	yɛ^{13}	——	yɛ^{13}	lieʔ$^{\underline{21}}$
尧都	væ̃^{44}	væ̃^{44}	tɕʰyæ̃^{44}	tɕʰyæ̃^{44}	yæ̃^{44}	ɕiæ̃^{44}	yæ̃^{44}	liɛ^{21}
洪洞	mɑn^{24}/ vɑn^{53}	vɑn^{53}	tɕʰyɑn^{42}	tɕyɑn^{42}	yɑn^{53}	ɕyɑn^{42}	yɑn^{42}	lɛ^{21}
洪洞赵城	vɑ̃^{53}	vɑ̃^{53}	tɕʰyɑ̃^{53}	tɕʰyɑ̃^{53}	yɑ̃^{53}	ɕyɑ̃^{24}	yɑ̃^{53}	liɛ^{21}

续表

字目	蔓	万	劝	券	愿	楦	怨	劣
中古音 / 方言点	无贩 山合三 去愿微	无贩 山合三 去愿微	去愿 山合三 去愿溪	去愿 山合三 去愿溪	鱼怨 山合三 去愿疑	虚愿 山合三 去愿晓	於愿 山合三 去愿影	力辍 山合三 入薛来
古县	man^{35}/ uan^{53}	uan^{53}	tɕʰyan^{35}	tɕyan^{53}	yan^{53}	ɕyan^{53}	yan^{53}	liɛ^{21}
襄汾	uan^{53}/ man^{24}	uan^{53}	tɕʰyan^{53}	tɕʰyan^{44}	yan^{53}	ɕyan^{44}	yan^{53}	liɛ^{21}
浮山	mãĩ^{13}	uãĩ^{53}	tɕʰyãĩ^{53}	tɕyãĩ^{53}	yãĩ^{53}	ɕyãĩ^{44}	yãĩ^{53}	liɛ^{42}
霍州	maŋ^{53}	vaŋ^{53} 白 / uaŋ^{53} 文	tɕʰyaŋ^{55}	tɕʰyaŋ^{53}	yaŋ^{53}	ɕyaŋ^{55}	yaŋ^{55}	liɛ^{53}
翼城	mæ̃^{53}	væ̃^{53}	tɕʰyɛɪ^{53}	tɕʰyɛɪ^{53}	yɛɪ^{53}	ɕyɛɪ^{53}	yɛɪ^{53}	liᴇ^{53}
闻喜	mæ^{13}/væ^{13}	væ^{13}/uæ^{13}	tɕʰyæ^{53}	tɕʰyæ^{53}	yæ^{13}	ɕyæ^{53}	yæ^{53}	liᴇ^{53}
侯马	mæ̃^{53}	vyæ̃^{53}	tɕʰyæ̃^{53}	tɕʰyæ̃^{53}	yæ̃^{53}	ɕæ̃^{53}	yæ̃^{53}	lyɛ^{53}
新绛	vɑ̃^{53}	vɑ̃^{53}	tɕʰyɑ̃^{53}	tɕʰyɑ̃^{53}	yɑ̃^{53}	ɕyɑ̃^{13}	yɑ̃^{53}	liɛ^{53}
绛县	mæ^{24}/væ^{31}	væ^{31}	tɕʰyæ^{31}	tɕyæ^{31}	yæ^{31}	ɕyæ^{31}	yæ^{31}	liɪ^{53}
垣曲	uæ̃^{53}	uæ̃^{53}	tɕʰyæ̃^{53}	tɕyæ̃^{53}	yæ̃^{53}	ɕyæ̃^{53}	yæ̃^{53}	lyɛ^{53}
夏县	væ^{31}	væ^{31} 白 / uæ^{31} 文	tɕʰyæ^{31}	tɕʰyæ^{31}	yæ^{31}	ɕyæ^{31}	yæ^{31}	liɛ^{31}
万荣	væ^{33}	væ^{33}	tɕʰyæ^{33}	tɕʰyæ^{33}	yæ^{33}	ɕyæ^{33}	yæ^{33}	liɛ^{51}
稷山	vɑ̃^{42}	vɑ̃^{42}	tɕʰyɑ̃^{42}	tɕyɑ̃^{42}	yɑ̃^{42}	ɕyɑ̃^{42}	yɑ̃^{42}	liɛ^{53}
盐湖	væ̃^{44}	væ̃^{44}	tɕʰyæ̃^{44}	tɕʰyæ̃^{44}	yæ̃^{44}	ɕyæ̃^{44}	yæ̃^{44}	liɛ^{42}
临猗	væ̃^{44}	væ̃^{44}	tɕʰyæ̃^{44}	tɕʰyæ̃^{44}	yæ̃^{44}	ɕyæ̃^{44}	yæ̃^{44}	liɛ^{42}
河津	mæ̃^{44}	væ̃^{44}	tɕʰyæ̃^{44}	tɕʰyæ̃^{44}	yæ̃^{44}	ɕyæ̃^{44}	yæ̃^{44}	liɛ^{31}
平陆	van^{33}	van^{33}	tɕʰyan^{33}	tɕʰyan^{33}	yan^{33}	ɕyan^{33}	yan^{33}	liɛ^{31}
永济	mæ̃^{44}	vai^{44}	tɕʰyai^{44}	tɕʰyai^{44}	yai^{44}	ɕyai^{44}	yai^{44}	liɛ^{31}
芮城	væ̃^{44}	væ̃^{44}	tɕʰyæ̃^{44}	tsuæ̃^{44}	yæ̃^{44}	ɕyæ̃^{44}	yæ̃^{44}	yɛ^{42} 白 / liɛ^{42} 文
吉县	væ̃^{33}	væ̃^{33}	tɕʰyæ̃^{33}	tɕyæ̃^{33}	yæ̃^{33}	ɕyæ̃^{33}	yæ̃^{33}	lə^{423}
乡宁	uæ^{22}	uæ^{22}	tɕʰyæ^{22}	tɕʰyæ^{22}	yæ^{22}	ɕyæ^{22}	yæ^{22}	liᴇ^{53}
广灵	mæ̃^{213}/ væ^{213}	væ^{213}	tɕʰyæ^{44}	ɕyæ^{213}	yæ^{213}	ɕyæ^{213}	yæ^{213}	liɤ^{213}

字目	绝	雪	说~话	悦	阅	发出~	发头~	伐
中古音 / 方言点	情雪 山合三 入薛从	相绝 山合三 入薛心	失爇 山合三 入薛书	弋雪 山合三 入薛以	弋雪 山合三 入薛以	方伐 山合三 入月非	方伐 山合三 入月非	房越 山合三 入月奉
北京	tɕye^{35}	ɕye^{214}	ʂuo^{55}	ye^{51}	ye^{51}	fa^{55}	fa^{51}	fa^{35}
小店	tɕyəʔ$^{\underline{54}}$	ɕyəʔ^{1}	fəʔ^{1}	yəʔ^{1}	yəʔ^{1}	faʔ^{1}	faʔ^{1}	faʔ$^{\underline{54}}$
尖草坪	tɕyəʔ$^{\underline{43}}$	ɕyəʔ^{2}	suəʔ^{2}	yəʔ^{2}	yəʔ^{2}	faʔ^{2}	faʔ^{2}	faʔ$^{\underline{43}}$
晋源	tɕyəʔ^{2}	ɕyəʔ^{2}	fəʔ^{2}	yəʔ^{2}	yəʔ^{2}	faʔ^{2}	faʔ^{2}	faʔ^{2}
阳曲	tɕyɛʔ^{4}	ɕyɛʔ^{4}	suəʔ^{4}	yɛʔ^{4}	yɛʔ^{4}	faʔ^{4}	faʔ^{4}	faʔ$^{\underline{212}}$
古交	tɕyəʔ$^{\underline{312}}$	ɕyəʔ^{4}	suəʔ^{4}	yəʔ^{4}	yəʔ^{4}	faʔ^{4}	faʔ^{4}	faʔ$^{\underline{312}}$
清徐	tɕyaʔ$^{\underline{54}}$	ɕyaʔ^{1}	suaʔ^{1}	yaʔ^{1}	yaʔ^{1}	faʔ^{1}	faʔ^{1}	faʔ$^{\underline{54}}$
娄烦	tɕyaʔ^{3}	ɕyaʔ^{3}	suaʔ^{3}	yəʔ^{3}	yəʔ^{3}	faʔ^{3}	faʔ^{3}	faʔ^{3}
榆次	tɕyaʔ^{1}	ɕyaʔ^{1}	suaʔ^{1}	yaʔ^{1}	yaʔ^{1}	faʔ^{1}	faʔ^{1}	faʔ^{1}
交城	tɕyaʔ$^{\underline{53}}$	ɕyaʔ^{1}	suaʔ^{1}	yaʔ^{1}	yaʔ^{1}	xuaʔ^{1}	xuaʔ^{1}	xuaʔ^{1}
文水	tɕyaʔ$^{\underline{312}}$	ɕyaʔ^{2}	suaʔ^{2}	yaʔ^{2}	yaʔ^{2}	xuaʔ^{2}	xuaʔ^{2}	xuaʔ$^{\underline{312}}$
祁县	tɕyɑʔ$^{\underline{324}}$	ɕyɑʔ$^{\underline{32}}$	suɑʔ$^{\underline{32}}$	yɑʔ$^{\underline{32}}$	yɑʔ$^{\underline{32}}$	xuɑʔ$^{\underline{32}}$	xuɑʔ$^{\underline{32}}$	xuɑʔ$^{\underline{324}}$
太谷	tɕyaʔ$^{\underline{423}}$	ɕyaʔ^{3}	faʔ^{3}	yaʔ^{3}	yaʔ^{3}	faʔ^{3}	faʔ^{3}	faʔ$^{\underline{423}}$
平遥	tɕyʌʔ$^{\underline{523}}$	ɕyʌʔ$^{\underline{212}}$	suʌʔ$^{\underline{212}}$	zuei^{24}	yʌʔ$^{\underline{212}}$	xuʌʔ$^{\underline{212}}$	xuʌʔ$^{\underline{212}}$	xuʌʔ$^{\underline{523}}$
孝义	tɕyəʔ^{3}	ɕyəʔ^{3}	suəʔ^{3}	yəʔ^{3}	yəʔ^{3}	xuaʔ^{3}	xuaʔ^{3}	xuaʔ$^{\underline{423}}$
介休	tɕyʌʔ$^{\underline{312}}$	ɕyʌʔ$^{\underline{12}}$	suʌʔ$^{\underline{12}}$	iʌʔ$^{\underline{12}}$ 老 / yʌʔ$^{\underline{12}}$ 新	yʌʔ$^{\underline{12}}$	xuʌʔ$^{\underline{12}}$	xuʌʔ$^{\underline{12}}$	xuʌʔ$^{\underline{312}}$
灵石	tɕyəʔ$^{\underline{212}}$	ɕyəʔ^{4}	suəʔ^{4}	yaʔ^{4}	yaʔ^{4}	xuaʔ^{4}	xuaʔ^{4}	xuaʔ$^{\underline{212}}$
盂县	tɕyʌʔ$^{\underline{53}}$	ɕyʌʔ^{2}	suʌʔ^{2}	yʌʔ^{2}	yʌʔ^{2}	fʌʔ^{2}	fʌʔ^{2}	fʌʔ$^{\underline{53}}$
寿阳	tɕyɛʔ$^{\underline{54}}$	ɕyɛʔ^{2}	suaʔ^{2}	yɛʔ^{2}	yɛʔ^{2}	faʔ^{2}	faʔ^{2}	faʔ$^{\underline{54}}$
榆社	tɕyaʔ$^{\underline{312}}$	ɕyaʔ^{2}	suaʔ^{2}	yaʔ^{2}	yaʔ^{2}	faʔ^{2}	faʔ^{2}	faʔ$^{\underline{312}}$
离石	tɕyeʔ^{4}	ɕyeʔ^{4}	ɕyeʔ^{4}	yeʔ^{4}	yeʔ^{4}	xuɑʔ^{4}	xuɑʔ^{4}	xuɑʔ$^{\underline{23}}$
汾阳	tɕyeʔ$^{\underline{312}}$	ɕyeʔ^{2}	ʂuəʔ^{2}	yeʔ$^{\underline{312}}$	yaʔ^{2}	faʔ$^{\underline{2}}$	faʔ^{2}	faʔ$^{\underline{312}}$
中阳	tɕyeʔ$^{\underline{312}}$	ɕyeʔ^{4}	ʂuəʔ^{4}	yeʔ^{4}	yeʔ^{4}	xuɑʔ^{4}	xuɑʔ^{4}	xuɑʔ$^{\underline{312}}$
柳林	tɕyɛʔ^{4}	ɕyɛʔ^{4}	ɕyɛʔ^{4}	yɛʔ^{4}	yɛʔ^{4}	xuɑʔ^{4}	xuɑʔ^{4}	xuɑʔ^{4}
方山	tɕyɛʔ^{4}	ɕyɛʔ^{4}	suəʔ^{4}	yɛʔ^{4}	yɛʔ^{23}	xuɑʔ^{4}	xuɑʔ^{4}	xuɑʔ$^{\underline{23}}$
临县	tɕyɐʔ^{3}	ɕyɐʔ^{3}	suɐʔ^{3}	yɐʔ^{3}	yɐʔ^{3}	faʔ^{3}	faʔ^{3}	faʔ^{3}
兴县	tɕyəʔ^{5}	ɕyəʔ^{5}	suəʔ^{5}	yəʔ^{5}	yəʔ^{5}	xuaʔ^{5}	xuaʔ$^{\underline{312}}$	xuaʔ$^{\underline{312}}$
岚县	tɕyeʔ^{4}	ɕyeʔ^{4}	sueʔ^{4}	yeʔ^{4}	yeʔ^{4}	faʔ^{4}	faʔ^{4}	faʔ$^{\underline{312}}$
静乐	tɕyəʔ$^{\underline{212}}$	ɕyəʔ^{4}	faʔ^{4} 白	yəʔ^{4}	yəʔ^{4}	faʔ^{4}	faʔ^{4}	faʔ$^{\underline{212}}$
交口	tɕyeʔ^{4}	ɕyeʔ^{4}	suəʔ^{4}	yeʔ^{4}	yeʔ^{4}	xuaʔ^{4}	xuaʔ$^{\underline{212}}$	xuaʔ$^{\underline{212}}$
石楼	tɕyəʔ$^{\underline{213}}$	ɕyəʔ^{4}	ʂuʌʔ^{4}	yəʔ^{4}	yəʔ^{4}	xuɑŋ^{213} 白 / xuʌʔ^{4} 文	xuɑŋ^{213} 白 / xuʌʔ^{4} 文	xuʌʔ$^{\underline{213}}$

续表

字目	绝	雪	说~话	悦	阅	发出~	发头~	伐
中古音 / 方言点	情雪 山合三 入薛从	相绝 山合三 入薛心	失爇 山合三 入薛书	弋雪 山合三 入薛以	弋雪 山合三 入薛以	方伐 山合三 入月非	方伐 山合三 入月非	房越 山合三 入月奉
隰县	tɕʰyəʔ^{3}	ɕyəʔ^{3}	suaʔ^{3}	yəʔ^{3}	yəʔ^{3}	xuaʔ^{3}	xuæ^{53}	——
大宁	tɕyɐʔ^{4}	ɕyɐʔ$^{\underline{31}}$	ʂuɐʔ$^{\underline{31}}$	yɐʔ$^{\underline{31}}$	yɐʔ$^{\underline{31}}$	fɐʔ$^{\underline{31}}$	fɑ^{55}	fɐʔ^{4}
永和	tɕyɐʔ$^{\underline{35}}$	ɕyɐʔ$^{\underline{35}}$	ʂuɐʔ$^{\underline{35}}$	yɐʔ$^{\underline{312}}$	yɐʔ$^{\underline{312}}$	xuɐʔ$^{\underline{312}}$	xuɐʔ$^{\underline{35}}$	xuɐʔ$^{\underline{35}}$
汾西	tɕuəʔ^{3}	ɕyɪ^{11}	fɪ^{11} 白 / suəʔ^{1} 文	yɪ^{11}	yɪ^{11}	fɑ^{11}	——	fɑ^{35}
蒲县	tɕyɛʔ^{3}	ɕyɛʔ$^{\underline{43}}$	ʂuo^{52}	yɛ^{52}	yɛ^{52}	fa^{31}	fʌʔ$^{\underline{43}}$	fa^{24}
潞州	tɕyəʔ$^{\underline{53}}$	ɕyəʔ$^{\underline{53}}$	suəʔ$^{\underline{53}}$	yəʔ$^{\underline{53}}$	yəʔ$^{\underline{53}}$	fʌʔ$^{\underline{53}}$	fʌʔ$^{\underline{53}}$	fʌʔ$^{\underline{53}}$
上党	tɕyəʔ$^{\underline{21}}$	ɕyəʔ$^{\underline{21}}$	suəʔ$^{\underline{21}}$	yəʔ$^{\underline{21}}$	yəʔ$^{\underline{21}}$	fɑʔ$^{\underline{21}}$	fɑʔ$^{\underline{21}}$	fɑʔ$^{\underline{21}}$
长子	tɕyəʔ^{4}	ɕyəʔ$^{\underline{212}}$	suəʔ^{4}	yəʔ^{4}	yəʔ^{4}	faʔ$^{\underline{212}}$	faʔ^{4}	faʔ$^{\underline{212}}$
屯留	tɕyəʔ$^{\underline{54}}$	ɕyəʔ^{1}	suəʔ^{1}	yəʔ^{1}	yəʔ^{1}	fəʔ^{1}	fəʔ^{1}	fəʔ$^{\underline{54}}$
襄垣	tɕyʌʔ$^{\underline{43}}$	ɕyʌʔ^{3}	suʌʔ^{3}	yʌʔ^{3}	yʌʔ^{3}	fʌʔ^{3}	fʌʔ^{3}	fʌʔ$^{\underline{43}}$
黎城	tɕyʌʔ$^{\underline{31}}$	ɕyʌʔ^{2}	ɕyʌʔ^{2}	yʌʔ^{2}	yʌʔ^{2}	fʌʔ^{2}	fʌʔ^{2}	fʌʔ$^{\underline{31}}$
平顺	tɕyʌʔ$^{\underline{423}}$	ɕyʌʔ$^{\underline{212}}$	suʌʔ$^{\underline{423}}$	yʌʔ$^{\underline{423}}$	yʌʔ$^{\underline{423}}$	fʌʔ$^{\underline{212}}$	fʌʔ$^{\underline{212}}$	fʌʔ$^{\underline{423}}$
壶关	tsyʌʔ$^{\underline{21}}$	syʌʔ^{2}	ʂuʌʔ^{2}	yʌʔ$^{\underline{21}}$	yʌʔ$^{\underline{21}}$	fʌʔ^{2}	fʌʔ^{2}	fʌʔ$^{\underline{21}}$
沁县	tɕyæʔ$^{\underline{212}}$	ɕyəʔ$^{\underline{31}}$	suəʔ$^{\underline{31}}$	yæʔ$^{\underline{31}}$	yæʔ$^{\underline{31}}$	faʔ$^{\underline{31}}$	faʔ$^{\underline{31}}$	faʔ$^{\underline{212}}$
武乡	tɕyʌʔ$^{\underline{423}}$	ɕyʌʔ^{3}	suəʔ^{3}	yʌʔ^{3}	yʌʔ^{3}	fʌʔ^{3}	fʌʔ^{3}	fʌʔ$^{\underline{423}}$
沁源	tɕyəʔ$^{\underline{31}}$	ɕyəʔ$^{\underline{31}}$	ʂuəʔ$^{\underline{31}}$	yəʔ$^{\underline{31}}$	yəʔ$^{\underline{31}}$	fʌʔ$^{\underline{31}}$	fʌʔ$^{\underline{31}}$	fʌʔ$^{\underline{31}}$
安泽	tɕyɛ^{35}	ɕyəʔ$^{\underline{21}}$	suəʔ$^{\underline{21}}$	yəʔ$^{\underline{21}}$	yəʔ$^{\underline{21}}$	fʌʔ$^{\underline{21}}$	fʌʔ$^{\underline{21}}$	fɑ^{35}
沁水端氏	tɕyaʔ$^{\underline{54}}$	ɕyaʔ^{2}	suaʔ^{2}	yaʔ^{2}	yaʔ^{2}	fəʔ^{2}	faʔ^{2}	faʔ$^{\underline{54}}$
阳城	tɕyʌʔ^{2}	ɕyʌʔ^{2}	ʂuʌʔ^{2}	yʌʔ^{2}	yʌʔ^{2}	fʌʔ^{2}	fʌʔ^{2}	fʌʔ^{2}
高平	tɕiɛʔ^{2}	ɕiɛʔ^{2}	ʂuʌʔ^{2}	iɛʔ^{2}	iɛʔ^{2}	fʌʔ^{2}	fʌʔ^{2}	fʌʔ^{2}
陵川	tɕyʌʔ$^{\underline{23}}$	ɕyʌʔ^{3}	ʂuʌʔ^{3}	yʌʔ$^{\underline{23}}$	yʌʔ^{23}	fʌʔ^{3}	fʌʔ^{3}	fʌʔ$^{\underline{23}}$
晋城	tɕyʌʔ^{2}	ɕyʌʔ^{2}	ʂuʌʔ^{2}	yɛ^{53}	yʌʔ^{2}	fʌʔ^{2}	fʌʔ^{2}	fʌʔ^{2}
忻府	tɕyʌʔ$^{\underline{32}}$	ɕyʌʔ$^{\underline{32}}$	suʌʔ$^{\underline{32}}$	yʌʔ$^{\underline{32}}$	yʌʔ$^{\underline{32}}$	fɑʔ$^{\underline{313}}$	fɑʔ$^{\underline{32}}$	fɑʔ$^{\underline{32}}$
原平	tɕyəʔ$^{\underline{34}}$	ɕyəʔ$^{\underline{34}}$	suɔʔ$^{\underline{34}}$	yəʔ$^{\underline{34}}$	yəʔ$^{\underline{34}}$	fɑʔ$^{\underline{34}}$	fɑʔ$^{\underline{34}}$	fɑʔ$^{\underline{34}}$
定襄	tɕyəʔ^{1}	ɕyəʔ^{1}	ʂuəʔ^{1}	yəʔ^{1}	yəʔ^{1}	faʔ^{1}	faʔ^{1}	faʔ^{1}
五台	tɕyəʔ^{3}	ɕyəʔ^{3}	suəʔ^{3}	yəʔ^{3}	yəʔ^{3}	fɑʔ^{3}	fɑʔ^{3}	fɑʔ^{3}
岢岚	tɕyɛʔ^{4}	ɕyɛʔ^{4}	ʂuaʔ^{4}	yɛʔ^{4}	yɛʔ^{4}	faʔ^{4}	faʔ^{4}	faʔ^{4}
五寨	tɕyɛʔ^{4}	ɕyɛʔ^{4}	suaʔ^{4}	yɛʔ^{4}	yɛʔ^{4}	faʔ^{4}	faʔ^{4}	faʔ^{4}
宁武	tɕyᴀʔ^{4}	ɕyəʔ^{4}	suᴀʔ^{4}	yəʔ^{4}	yəʔ^{4}	fᴀʔ^{4}	fᴀʔ^{4}	fᴀʔ^{4}
神池	tɕyᴀʔ^{4}	ɕy^{4}	suᴀʔ^{4}	yᴀʔ^{4}	yᴀʔ^{4}	fᴀʔ^{4}	fᴀʔ^{4}	fᴀʔ^{4}

续表

字目	绝	雪	说~话	悦	阅	发出~	发头~	伐
中古音 方言点	情雪 山合三 入薛从	相绝 山合三 入薛心	失爇 山合三 入薛书	弋雪 山合三 入薛以	弋雪 山合三 入薛以	方伐 山合三 入月非	方伐 山合三 入月非	房越 山合三 入月奉
繁峙	tɕyaʔ$^{\underline{13}}$	ɕyaʔ$^{\underline{13}}$	suaʔ$^{\underline{13}}$	yaʔ$^{\underline{13}}$	yaʔ$^{\underline{13}}$	faʔ$^{\underline{13}}$	faʔ$^{\underline{13}}$	fa^{31}
代县	tɕyaʔ^{2}	ɕyaʔ^{2}	suaʔ^{2}	yaʔ^{2}	yaʔ^{2}	faʔ^{2}	faʔ^{2}	fa^{44}
河曲	tyɛʔ^{4}	ɕyɛʔ^{4}	ʂuaʔ^{4}	yɛʔ^{4}	yɛʔ^{4}	maʔ^{4}	maʔ^{4}	faʔ^{4}
保德	tɕyɛ^{44}	ɕye^{213}	ʂuəʔ^{4}	yəʔ^{4}	yɛ^{44}	fᴀ^{44}	fᴀ^{44}	fᴀ^{44}
偏关	tɕyɛʔ^{4}	ɕyɛʔ^{4}	ʂuᴀʔ^{4}	yɛʔ^{4}	yɛʔ^{4}	fa^{44}/fᴀʔ^{4}	fa^{44}	fa^{44}
朔城	tɕyᴀʔ$^{\underline{35}}$	ɕyᴀʔ$^{\underline{35}}$	suᴀʔ$^{\underline{35}}$	yᴀʔ$^{\underline{35}}$	yᴀʔ$^{\underline{35}}$	fᴀʔ$^{\underline{35}}$	——	fᴀʔ$^{\underline{35}}$
平鲁	tɕyʌʔ$^{\underline{34}}$	ɕyʌʔ$^{\underline{34}}$	suɛi^{52}/ suʌʔ$^{\underline{34}}$	yʌʔ$^{\underline{34}}$	yʌʔ$^{\underline{34}}$	——	——	fɑ^{44}
应县	tɕyɛ^{31}/ tɕyaʔ$^{\underline{43}}$	ɕyaʔ$^{\underline{43}}$	suaʔ$^{\underline{43}}$	yaʔ$^{\underline{43}}$	yaʔ$^{\underline{43}}$	faʔ$^{\underline{43}}$	faʔ$^{\underline{43}}$	faʔ$^{\underline{43}}$
灵丘	tɕyᴀʔ^{5}	ɕyᴀʔ^{5}	suᴀʔ^{5}	yᴀʔ^{5}	ye^{53}	fᴀʔ^{5}	fᴀʔ^{5}	fᴀʔ^{5}
浑源	tɕyʌʔ^{4}	ɕyʌʔ^{4}	suʌʔ^{4}	yʌʔ^{4}	yʌʔ^{4}	fʌʔ^{4}	fʌʔ^{4}	fᴀ^{22}/fʌʔ^{4}
云州	tɕyɑʔ^{4}	ɕyɑʔ^{4}	ʂuɑʔ^{4}	yɑʔ^{4}	yɑʔ^{4}	fɑʔ^{4}	fɑʔ^{4}	fɑ^{312}
新荣	tɕyaʔ^{4}/ tɕyᴇ^{312}	ɕyaʔ^{4}	ʂuaʔ^{4}/ ʂuee^{24}	yaʔ^{4}	yaʔ^{4}	faʔ^{4}/fəʔ^{4}	faʔ^{4}/fəʔ^{4}	fᴀ^{312}
怀仁	tɕyaʔ^{4}	ɕyaʔ^{4}	suaʔ^{4}	yaʔ^{4}	yaʔ^{4}	faʔ^{4}	fəʔ^{4}	faʔ^{4}
左云	tɕyaʔ^{4}	ɕyaʔ^{4}	suaʔ^{4}	yaʔ^{4}	yaʔ^{4}	faʔ^{4}	faʔ^{4}	fa^{313}
右玉	tɕyaʔ^{4}	ɕyaʔ^{4}	ʂuaʔ^{4}	yaʔ^{4}	yaʔ^{4}	faʔ^{4}	faʔ^{4}	fa^{212}
阳高	tɕyɑʔ^{3}	ɕyɑʔ^{3}	suɑʔ^{3}	yɑʔ^{3}	yɑʔ^{3}	fɑʔ^{3}	fɑʔ^{3}	——
山阴	tɕyᴀʔ^{4}	ɕyᴀʔ^{4}	ʂuᴀʔ^{4}	yᴀʔ^{4}	yᴀʔ^{4}	fᴀʔ^{4}/fəʔ^{4}	——	mᴀʔ^{4}
天镇	tɕyɑʔ^{4}	ɕyɑʔ^{4}	suɑʔ^{4}	yɑʔ^{4}	yɑʔ^{4}	fɑʔ^{4}	fɑʔ^{4}	fɑʔ^{4}
平定	tɕyæʔ^{4}	ɕyæʔ^{4}	suaʔ^{4}	yæʔ$^{\underline{23}}$	yæʔ$^{\underline{23}}$	faʔ^{4}	faʔ^{4}	faʔ^{4}
昔阳	tɕyʌʔ$^{\underline{43}}$	ɕyʌʔ$^{\underline{43}}$	suʌʔ$^{\underline{43}}$	iʌʔ$^{\underline{43}}$	yʌʔ$^{\underline{43}}$	fʌʔ$^{\underline{43}}$	fʌʔ$^{\underline{43}}$	fʌʔ$^{\underline{43}}$
左权	tɕyeʔ^{1}	ɕyeʔ^{1}	ʂuəʔ^{1}	——	yeʔ^{1}	fɑʔ^{1}	fɑʔ^{1}	fɑʔ^{1}
和顺	tɕyeʔ$^{\underline{21}}$	ɕyeʔ$^{\underline{21}}$	suəʔ$^{\underline{21}}$	yeʔ$^{\underline{21}}$	yeʔ$^{\underline{21}}$	faʔ$^{\underline{21}}$	faʔ$^{\underline{21}}$	faʔ$^{\underline{21}}$
尧都	tɕyɛ^{24}	ɕyɛ^{21}	fo^{21} 白/ ʂuo^{21} 文	yɛ^{21}	yɛ^{21}	fɑ^{21}	fɑ^{13}	fɑ^{24}
洪洞	tɕye^{24}	cye^{21}	fɛ^{21} 白/ ʂuɛ^{21} 文	ye^{21}	ye^{21}	fɑ^{21}	fɑ^{21}	fɑ^{24}
洪洞赵城	tɕyɛ^{21}	ɕyɛ^{21}	ʂuo^{21}	yɛ^{53}	yɛ^{53}	fɑ^{21}	fɑ^{21}	fɑ^{24}
古县	tɕyɛ^{35}	ɕyɛ^{21}	fɛ^{21} 白/ suo^{21} 文	yɛ^{21}	yɛ^{21}	fɑ^{21}	fɑ^{21}	fɑ^{35}

续表

字目	绝	雪	说~话	悦	阅	发出~	发头~	伐
中古音 / 方言点	情雪 山合三 入薛从	相绝 山合三 入薛心	失爇 山合三 入薛书	弋雪 山合三 入薛以	弋雪 山合三 入薛以	方伐 山合三 入月非	方伐 山合三 入月非	房越 山合三 入月奉
襄汾	tɕye^{24}	ɕye^{21}	fɔ^{21} 白 / ʂuɔ^{21} 文	ȵie 白 / ye^{21} 文	ȵie 白 / ye^{21} 文	fa^{21}	fa^{21}	fa^{24}
浮山	tɕyɛ^{13}	ɕyɛ^{42}	fiɛ^{42}	ȵiɛ^{44}	ȵiɛ^{44}	fa^{42}	fa^{42}	fa^{13}
霍州	tɕye^{35}	ɕye^{212}	fye^{212} 白 / ʂuɤ^{33} 文	ye^{212}	ye^{212}	fa^{212}	fa^{212}	fa^{35}
翼城	tɕyɤ^{12}	ɕyɤ^{44}	——	yɤ^{53}	yɤ^{53}	fᴀ^{53}	fᴀ^{53}	fᴀ^{12}
闻喜	tɕʰyᴇ^{13}	ɕyᴇ^{53}/ɕiɤ^{53}	fiᴇ^{53} 白 / suei^{53} 文	yᴇ^{53}	yᴇ^{53}	fɑ^{53}	fɑ^{53}	fɑ^{13}
侯马	tɕyɛ^{213}	ɕyɛ^{44}	suɤ^{213}	yɛ^{53}	iɤ^{53} 白 / yɛ^{53} 文	fɑ^{213}	fɑ^{53}	fɑ^{213}
新绛	tɕye^{13}	ɕye^{53}	ʂuɤ^{53}	ye^{53}	ye^{53}	fɑ^{53}	fɑ^{53}	fɑ^{13}
绛县	tɕyɪ^{24}	ɕyɪ^{53}	fei^{31}	yɪ^{53}	yɪ^{53}	fɑ^{53}	fɑ^{53}	fɑ^{24}
垣曲	tɕyɛ^{22}	ɕyɛ^{44}	ɕyɛ^{22}	yɛ^{53}	yɛ^{53}	fa^{53}	fa^{53}	fa^{22}
夏县	tɕyɛ^{42}	ɕiɤ^{24}/ɕyɛ^{24}	fiɤ^{53} 白 / ʂuɤ^{53} 文	——	yɛ^{31}	fa^{53}	fa^{31}	fa^{42}
万荣	tɕyɛ^{213}	ɕyɛ^{51}	ɕyɛ^{51}	yɛ^{51}	yɛ^{51}	fa^{51}	fa^{51}	fa^{213}
稷山	tɕye^{13}	ɕyɛ^{53}	fiɛ^{53}	yɛ^{53}	yɛ^{53}	fɑ^{53}	fɑ^{42}	fɑ^{13}
盐湖	tɕyɛ^{13}	ɕyɛ^{42}	ɕyɛ^{42} 白 / ʂuo^{42} 文	yɛ^{42}	yɛ^{42}	fa^{42}	fa^{42}	fa^{13}
临猗	tɕye^{13}	ɕye^{42}	ɕye^{42} 白 / ʂɤ^{42} 白 / ʂuo^{42} 文	ye^{42}	ye^{42}	fa^{42}	fa^{42}	fa^{13}
河津	tɕyɛ^{324}	ɕyɛ^{31}	ɕyɛ^{31}	yɛ^{31}	yɛ^{31}	fa^{31}	fa^{31}	fa^{324}
平陆	tɕyə^{13}	ɕyə^{31}	fiɛ^{31}	yə^{31}	yə^{31}	fa^{31}	fa^{31}	fa^{13}
永济	tɕye^{24}	ɕye^{31}/ɕye^{44}	ɕye^{31}	ye^{31}	ye^{31}	fa^{31}	fa^{31}	fa^{24}
芮城	tɕye^{13}	ɕyɛ^{53}	ɕyɛ^{42}	yɛ^{42}	yɛ^{42}	fa^{42}	fa^{42}	fa^{13}
吉县	tɕye^{13}	ɕyɛ^{423}	fiɛ^{423}	yɛ^{423}	yɛ^{423}	fa^{423}	fa^{423}	fa^{13}
乡宁	tɕʰyᴇ^{12} 白 / tɕyᴇ^{12} 文	ɕyᴇ^{53}	ɕyɛ^{53}	yᴇ^{53}	ɕyᴇ^{53}	fa^{53}	fa^{53}	fa^{12}
广灵	tɕyɤ^{31}	ɕyɤ^{53}	suo^{53}/suei^{213}	yɤ^{213}	yɤ^{213}	fɑ^{53}	fɑ^{53}	fɑ^{31}

字目	罚	袜	掘	月	越	粤	边	眠
中古音 方言点	房越 山合三 入月奉	望发 山合三 入月微	其月 山合三 入月群	鱼厥 山合三 入月疑	王伐 山合三 入月云	王伐 山合三 入月云	布玄 山开四 平先帮	莫贤 山开四 平先明
北京	fa^{35}	ua^{51}	tɕye^{35}	ye^{51}	ye^{51}	ye^{51}	piɛn^{55}	miɛn^{35}
小店	faʔ$^{\underline{54}}$	vaʔ^{1}	tɕyəʔ^{1}	yəʔ^{1}	yəʔ^{1}	yəʔ^{1}	piæ^{11}	miæ^{11}
尖草坪	faʔ$^{\underline{43}}$	vaʔ^{2}	tɕyəʔ$^{\underline{43}}$	yəʔ^{2}	yəʔ^{2}	yəʔ^{2}	pie^{33}	mie^{33}
晋源	faʔ$^{\underline{43}}$	vaʔ^{2}	tɕyəʔ^{2}	yəʔ^{2}	yəʔ^{2}	yəʔ^{2}	piæ^{11}	miæ^{11}
阳曲	faʔ$^{\underline{212}}$	vaʔ^{4}	tɕyɛʔ^{4}	yɛʔ^{4}	yɛʔ^{4}	yɛʔ^{4}	piɛ^{312}	miɛ^{43}
古交	faʔ$^{\underline{312}}$	vaʔ^{4}	tɕyəʔ$^{\underline{312}}$	yəʔ^{4}	yəʔ^{4}	yəʔ^{4}	piɛ^{44}	miɛ^{44}
清徐	faʔ^{54}	vaʔ^{1}	tɕyaʔ^{54}	yaʔ^{1}	yaʔ^{1}	yaʔ^{1}	piɛ^{11}	miɛ^{11}
娄烦	faʔ$^{\underline{21}}$	vaʔ^{3}	tɕyaʔ^{3}	yaʔ^{3}	yaʔ^{3}	yəʔ^{3}	piɛ^{33}	miɛ^{33}
榆次	faʔ^{1}/fɒ^{53}	vaʔ^{1}	tɕyaʔ^{1}	yaʔ^{1}	yaʔ^{1}	yaʔ^{1}	pie^{11}	mie^{11}
交城	xuaʔ$^{\underline{53}}$	uaʔ^{1}	tɕyaʔ$^{\underline{53}}$	yaʔ^{1}	yaʔ^{1}	yaʔ^{1}	piã^{11}	miã^{53}
文水	xuaʔ$^{\underline{312}}$	uaʔ^{2}	tɕyaʔ^{312}	yaʔ^{2}	yaʔ^{2}	yaʔ^{2}	piæ̃ĩ^{22}	miæ̃ĩ^{22}
祁县	xuɑʔ$^{\underline{324}}$	uɑʔ$^{\underline{32}}$	tɕyɑʔ$^{\underline{32}}$	yɑʔ$^{\underline{32}}$	yɑʔ$^{\underline{32}}$	yɑʔ$^{\underline{32}}$	piẽ^{31}	miẽ^{31}
太谷	faʔ$^{\underline{423}}$	vaʔ^{3}	tɕyaʔ^{3}	yaʔ^{3}	yaʔ^{3}	yaʔ^{3}	piẽĩ^{33}	miẽĩ^{33}
平遥	xuʌʔ$^{\underline{523}}$	uʌʔ$^{\underline{523}}$	tɕyʌʔ$^{\underline{523}}$	yʌʔ$^{\underline{523}}$	yʌʔ$^{\underline{212}}$	yʌʔ$^{\underline{212}}$	pĩɛ̃^{213}	miəŋ^{213}
孝义	xuaʔ$^{\underline{423}}$	uaʔ^{3}	tɕyəʔ^{3}	yəʔ$^{\underline{423}}$	yaʔ$^{\underline{423}}$	ya^{33}	piᴇ^{33}	miã^{33}
介休	xuʌʔ$^{\underline{312}}$	uʌʔ$^{\underline{12}}$	tɕyʌʔ$^{\underline{312}}$	yʌʔ$^{\underline{312}}$	yʌʔ$^{\underline{312}}$	yʌʔ$^{\underline{12}}$	piɛ̃^{13}	miɛ̃^{13}
灵石	xuaʔ$^{\underline{212}}$	uaʔ^{4}	tɕyəʔ^{4}	yəʔ^{4}	yəʔ^{4}	yəʔ^{4}	pie^{535}	mie^{44}
盂县	fʌʔ$^{\underline{53}}$	vʌʔ^{2}	tɕyʌʔ$^{\underline{53}}$	yʌʔ^{2}	yʌʔ^{2}	yʌʔ^{2}	piæ̃^{412}	miæ̃^{55}
寿阳	faʔ$^{\underline{54}}$	vɑ^{45}	tɕyɛʔ^{2}	yɛʔ^{2}	yɛʔ^{2}	yɛʔ^{2}	piɪ^{31}	miɪ^{22}
榆社	faʔ$^{\underline{312}}$	vaʔ^{2}	tɕyaʔ$^{\underline{312}}$	yaʔ^{2}	yaʔ^{2}	yaʔ^{2}	pie^{22}	mie^{22}
离石	xuɑʔ$^{\underline{23}}$	uɑʔ$^{\underline{23}}$	tɕyeʔ^{4}	yeʔ$^{\underline{23}}$	yeʔ^{4}	yeʔ^{4}	piɪ^{24}	miəŋ^{44}
汾阳	faʔ$^{\underline{312}}$	vaʔ$^{\underline{312}}$	tɕyeʔ^{2}	yeʔ$^{\underline{312}}$	yeʔ$^{\underline{312}}$	yaʔ^{2}	pi^{324}	miã^{22}
中阳	xuɑʔ$^{\underline{312}}$	uɑʔ$^{\underline{312}}$	tɕyeʔ^{4}	yeʔ$^{\underline{312}}$	yeʔ^{4}	yeʔ^{4}	pie^{24}	miə̃^{33}
柳林	xuɑʔ$^{\underline{423}}$	uɑʔ^{4}	tɕʰyɛʔ$^{\underline{423}}$	yɛʔ$^{\underline{423}}$	yɛʔ$^{\underline{423}}$	yɛʔ$^{\underline{423}}$	pie^{24}	mie^{44}
方山	xuɑʔ$^{\underline{23}}$	ua^{52}	tɕyɛʔ^{4}	yɛʔ$^{\underline{23}}$	yɛʔ^{4}	yɛʔ^{4}	piɛ^{24}	miɛ^{44}
临县	faʔ$^{\underline{24}}$	uaʔ$^{\underline{24}}$	tɕyɐʔ^{3}	yɐʔ$^{\underline{24}}$	yɐʔ$^{\underline{24}}$	yɐʔ^{3}	pie^{24}	mie^{33}
兴县	xuaʔ$^{\underline{312}}$	uaʔ$^{\underline{312}}$	tɕyəʔ^{5}/ tɕʰyəʔ^{5}	yəʔ$^{\underline{312}}$	iəʔ$^{\underline{312}}$	——	piẽn^{324}	——
岚县	faʔ$^{\underline{312}}$	uaʔ^{4}	tɕyəʔ$^{\underline{312}}$	yeʔ^{4}	yeʔ^{4}	yeʔ^{4}	piẽ^{214}	miẽ^{44}
静乐	faʔ$^{\underline{212}}$	vaʔ^{4}	tɕʰyəʔ^{4}	yəʔ^{4}	yəʔ^{4}	yəʔ^{4}	piæ̃^{24}	miæ̃^{33}
交口	xuaʔ$^{\underline{212}}$	uaʔ^{4}	tɕyeʔ^{4}	yeʔ^{4}	ieʔ^{4}/ yeʔ^{4}	yeʔ^{4}	piã^{323}	miã^{44}
石楼	xuʌʔ$^{\underline{213}}$	uʌʔ^{4}	tɕyʌʔ^{4}	y^{213} 白 / yəʔ^{4} 文	yəʔ^{4}	yʌʔ^{4}	piɑŋ^{213}	miɑŋ^{44}

续表

字目	罚	袜	掘	月	越	粤	边	眠
中古音 / 方言点	房越 山合三 入月奉	望发 山合三 入月微	其月 山合三 入月群	鱼厥 山合三 入月疑	王伐 山合三 入月云	王伐 山合三 入月云	布玄 山开四 平先帮	莫贤 山开四 平先明
隰县	xuaʔ^{3}	uaʔ^{3}	tɕ^{h}yəʔ^{3}	yəʔ^{3}	yəʔ^{3}	yəʔ^{3}	piɛ^{53}	miaŋ^{24}
大宁	fɐʔ^{4}	vɐʔ$^{\underline{31}}$	tɕyɐʔ^{4}	yɐʔ$^{\underline{31}}$	yɐʔ$^{\underline{31}}$	yɐʔ$^{\underline{31}}$	piɛ̃^{31}	miɛ̃^{24}
永和	xuɐʔ$^{\underline{312}}$	uɐʔ$^{\underline{312}}$	tɕ^{h}yɐʔ$^{\underline{35}}$	yɐʔ$^{\underline{312}}$	yɐʔ$^{\underline{312}}$	yɐʔ$^{\underline{312}}$	piɪ^{33}	miɪ^{35}
汾西	fɑ^{35}	vɑ^{11}	tɕuəʔ^{1}	yɪ^{11}	yɪ^{11}	yɪ^{11}	piɑ̃^{11}	miɑ̃^{35}
蒲县	fʌʔ^{3}	uʌʔ$^{\underline{43}}$	tɕyɛ^{24}	yɛʔ$^{\underline{43}}$	yɛʔ$^{\underline{43}}$	yɛ^{52}	piæ̃^{52}	miæ̃^{24}
潞州	fʌʔ$^{\underline{53}}$	vʌʔ$^{\underline{53}}$	tɕyəʔ$^{\underline{53}}$	yəʔ$^{\underline{53}}$	yəʔ$^{\underline{53}}$	yəʔ$^{\underline{53}}$	piaŋ^{312}	miaŋ^{24}
上党	fɑʔ$^{\underline{21}}$	uɑʔ$^{\underline{21}}$	tɕyəʔ$^{\underline{21}}$	yəʔ$^{\underline{21}}$	yəʔ$^{\underline{21}}$	yəʔ$^{\underline{21}}$	piɑŋ^{213}	miɑŋ^{44}
长子	faʔ$^{\underline{212}}$	vaʔ^{4}	tɕyəʔ$^{\underline{212}}$ 白 / tɕyɛ^{24} 文	yəʔ^{4}	yəʔ^{4}	yɛ^{53}	piæ̃^{312}	miæ̃^{24}
屯留	fəʔ$^{\underline{54}}$	vʌʔ^{1}	tɕyəʔ^{1}	yəʔ^{1}	yəʔ^{1}	yəʔ^{1}	piæ̃^{31}	miæ̃^{11}
襄垣	fʌʔ$^{\underline{43}}$	vʌʔ^{3}	tɕyʌʔ^{3}	yʌʔ^{3}	yʌʔ^{3}	yʌʔ^{3}	pei^{33}	mei^{31}
黎城	fʌʔ$^{\underline{31}}$	uʌʔ$^{\underline{31}}$	tɕyʌʔ^{2}	yʌʔ^{31}	yʌʔ^{2}	yɤʔ^{31}	piæ^{33}	miæ^{53}
平顺	fʌʔ$^{\underline{423}}$	uʌʔ$^{\underline{212}}$	cyəʔ$^{\underline{423}}$	yʌʔ$^{\underline{423}}$	yʌʔ$^{\underline{423}}$	yʌʔ$^{\underline{423}}$	piæ̃^{213}	miæ̃^{13}
壶关	fʌʔ$^{\underline{21}}$	uʌʔ^{2}	cyəʔ$^{\underline{21}}$	yʌʔ$^{\underline{21}}$	yʌʔ$^{\underline{21}}$	yʌʔ$^{\underline{21}}$	piaŋ^{33}	miaŋ^{13}
沁县	faʔ$^{\underline{212}}$	vaʔ$^{\underline{31}}$	tɕ^{h}yæʔ$^{\underline{31}}$	yæʔ$^{\underline{31}}$	yæʔ$^{\underline{31}}$	yæʔ$^{\underline{31}}$	pei^{224}	mei^{33}
武乡	fʌʔ$^{\underline{423}}$	vʌʔ^{3}	tɕyʌʔ$^{\underline{423}}$	yʌʔ^{3}	yʌʔ^{3}	yʌʔ^{3}	pei^{113}	——
沁源	fʌʔ$^{\underline{31}}$	vʌʔ$^{\underline{31}}$	tɕyəʔ$^{\underline{31}}$	yəʔ$^{\underline{31}}$	iəʔ$^{\underline{31}}$ 白 / yəʔ$^{\underline{31}}$ 文	yəʔ$^{\underline{31}}$	piæ̃^{324}	miæ̃^{33}
安泽	fɑ^{35}	vɑ^{21}	tɕyɛ^{35}	yəʔ$^{\underline{21}}$	yəʔ$^{\underline{21}}$	yəʔ$^{\underline{21}}$	piæ^{21}	miæ^{35}
沁水端氏	faʔ$^{\underline{54}}$	vɒ^{21}	tɕyəʔ^{2}	yaʔ^{2}	yaʔ^{2}	yaʔ^{2}	pei^{21}	miŋ^{24}
阳城	fʌʔ^{2}	vʌʔ^{2}	cyʌʔ^{2}	yʌʔ^{2}	yʌʔ^{2}	yʌʔ^{2}	pɛ^{51} 白 / piɛ^{224} 文	miɛ^{22}
高平	fʌʔ^{2}	vʌʔ^{2}	ciɛʔ^{2}	iɛʔ^{2}	iɛʔ^{2}	iɛʔ^{2}	piæ̃^{33}	miæ̃^{33}
陵川	fʌʔ$^{\underline{23}}$	uʌʔ$^{\underline{23}}$	tɕyʌʔ$^{\underline{23}}$	yʌʔ$^{\underline{23}}$	yʌʔ$^{\underline{23}}$	yʌʔ$^{\underline{23}}$	piə̃ɪ̃^{33}	miə̃ɪ̃^{53}
晋城	fʌʔ^{2}	uɑ^{33}/uʌʔ^{2}	tɕ^{h}yəʔ^{2}	yʌʔ^{2}	yʌʔ^{2}	yɛ^{53}	piɛ^{33}	miɛ^{324}
忻府	fɑʔ$^{\underline{32}}$	vɑʔ$^{\underline{32}}$	tɕyʌʔ$^{\underline{32}}$	yʌʔ$^{\underline{32}}$	yʌʔ$^{\underline{32}}$	yʌʔ$^{\underline{32}}$	piɛ̃^{313}	miɛ̃^{21}
原平	fɑʔ$^{\underline{34}}$	vɑʔ$^{\underline{34}}$	tɕyəʔ$^{\underline{34}}$	yəʔ$^{\underline{34}}$	yəʔ$^{\underline{34}}$	yəʔ$^{\underline{34}}$	piɛ̃^{213}	miɛ̃^{33}
定襄	faʔ^{1}	uaʔ^{1}	tɕyəʔ^{1}	yəʔ^{1}	yəʔ^{1}	yəʔ^{1}	piə̃^{24}	miə̃^{11}
五台	fa^{33}	uaʔ^{3}	tɕyəʔ^{3}	yəʔ^{3}	yəʔ^{3}	yəʔ^{3}	piə̃^{213}	miə̃^{33}
岢岚	faʔ^{4}	vaʔ^{4}	tɕyɛʔ^{4}	yɛʔ^{4}	yɛʔ^{4}	yɛʔ^{4}	piɛ^{13}	miɛ^{44}
五寨	faʔ^{4}	vaʔ^{4}	tɕyɛʔ^{4}	yɛʔ^{4}	yɛʔ^{4}	yɛʔ^{4}	piɪ^{13}	miɪ^{44}
宁武	fʌʔ^{4}	vʌʔ^{4}	tɕyəʔ^{4}	yʌʔ^{4}	yəʔ^{4}	yəʔ^{4}	piɛ^{23}	miɛ^{33}

续表

字目	罚	袜	掘	月	越	粤	边	眠
中古音 / 方言点	房越 山合三 入月奉	望发 山合三 入月微	其月 山合三 入月群	鱼厥 山合三 入月疑	王伐 山合三 入月云	王伐 山合三 入月云	布玄 山开四 平先帮	莫贤 山开四 平先明
神池	fᴀʔ^{4}	vᴀʔ^{4}	tɕyᴀʔ^{4}	yᴀʔ^{4}	yᴀʔ^{4}	yᴀʔ^{4}	pie^{24}	mie^{32}
繁峙	fa^{31}	va^{24}	tɕyaʔ$^{\underline{13}}$	yaʔ$^{\underline{13}}$	yaʔ$^{\underline{13}}$	yaʔ$^{\underline{13}}$	piɛ^{53}	miɛ^{31}
代县	fa^{44}	uaʔ^{2}	tɕyaʔ^{2}	yaʔ^{2}	yaʔ^{2}	yaʔ^{2}	pie^{213}	mie^{44}
河曲	faʔ^{4}	vaʔ^{4}	tɕyɛʔ^{4}	yɛʔ^{4}	yɛʔ^{4}	yɛʔ^{4}	piɛ^{213}	miɛ^{44}
保德	fᴀ^{44}	vᴀ^{44}	tɕyɛ^{44}	yɛ^{44}	yɛ^{44}	yɛ^{52}	piɑŋ^{213}	miɑŋ^{44}
偏关	fa^{44}	va^{52}	tɕyɛʔ^{4}	yɛʔ^{4}	yɛʔ^{4}	yɛʔ^{4}	piɪ^{24}	miɪ^{44}
朔城	fᴀ^{35}	vᴀ^{312}	tɕyᴀʔ$^{\underline{35}}$	yᴀʔ$^{\underline{35}}$	yᴀʔ$^{\underline{35}}$	yᴀʔ$^{\underline{35}}$	piɛ^{312}	miɛ^{35}
平鲁	fɑ^{44}	uʌʔ$^{\underline{34}}$	tɕyʌʔ$^{\underline{34}}$	yᴇ^{52}/yʌʔ$^{\underline{34}}$	yᴇ^{52}/yʌʔ$^{\underline{34}}$	yʌʔ$^{\underline{34}}$	piᴇ^{213}	miᴇ^{44}
应县	fa^{31}	va^{24}	tɕyaʔ$^{\underline{43}}$	yɛ^{24}/yaʔ$^{\underline{43}}$	yaʔ$^{\underline{43}}$	yaʔ$^{\underline{43}}$	piɛ̃^{43}	miɛ̃^{31}
灵丘	fᴀ^{31}	vᴀ^{53}	tɕyᴀʔ^{5}	yᴀʔ^{5} 白 / ye^{53} 文	yᴀʔ^{5}	ye^{53}	pie^{442}	mie^{31}
浑源	fᴀ^{22}	vᴀ^{13}	tɕyʌʔ^{4}	yʌʔ^{4} 白 / yɛ^{13} 文	yʌʔ^{4}	yɛ^{13}	piɛ^{52}	miɛ^{22}
云州	fɑ^{312}	vɑ^{24}	tɕyɑʔ^{4}	yɑʔ^{4} 白 / yɛ^{24} 文	yɑʔ^{4}	yɑʔ^{4}	piɛ^{213}	miɛ^{312}
新荣	fᴀ^{312}	vᴀ^{24}	tɕyaʔ^{4}	yᴇ^{24} 文 / yaʔ^{4} 白	yaʔ^{4}	yaʔ^{4}	piᴇ^{32}	miᴇ^{312}
怀仁	fa^{312}	va^{24}	tɕyaʔ^{4}	yaʔ^{4} 白 / yɛ^{24} 文	yaʔ^{4}	yaʔ^{4}	piæ^{42}	miæ^{312}
左云	fa^{313}	vaʔ^{4} 白 / va^{24} 文	tɕyaʔ^{4}	yaʔ^{4} 白 / yɛ^{24} 文	yaʔ^{4}	yaʔ^{4}	piɛ^{31}	miɛ^{313}
右玉	fa^{212}	vaʔ^{4}	tɕyaʔ^{4}	yaʔ^{4}	yaʔ^{4}	yaʔ^{4}	piɛ^{31}	miɛ^{53}
阳高	fɑʔ^{3}	——	tɕyɑʔ^{3}	yɑʔ^{3}	yɑʔ^{3}	yɑʔ^{3}	piɛ^{31}	miɛ^{312}
山阴	mᴀ^{313}	uᴀ^{335}	tɕyᴀʔ^{4}	yᴀʔ^{4}	yᴀʔ^{4}	yᴀʔ^{4}	piᴇ^{313}	miᴇ^{313}
天镇	fɑʔ^{4}	vɑʔ^{4}	tɕyɑʔ^{4}	yɑʔ^{4}	yɑʔ^{4}	yɑʔ^{4}	piæ^{31}	miæ^{22}
平定	faʔ^{4}	vaʔ$^{\underline{23}}$	tɕyæʔ^{4}	yæʔ$^{\underline{23}}$	yæʔ$^{\underline{23}}$	yæʔ$^{\underline{23}}$	piæ̃^{31}	miæ̃^{53}
昔阳	fʌʔ$^{\underline{43}}$	vɑ^{13}	tɕyʌʔ$^{\underline{43}}$	yʌʔ$^{\underline{43}}$ 白 / yᴇ^{13} 文	yᴇ^{13}	yʌʔ$^{\underline{43}}$	piæ̃^{42}	miæ̃^{33}
左权	fɑʔ^{1}	vɑʔ^{1}	tɕʰyeʔ^{1} 白 / tɕyeʔ^{1} 文	y^{53}/yeʔ^{1}	yeʔ^{1}	y^{53}	piɛ^{31}	miɛ^{11}
和顺	faʔ$^{\underline{21}}$	vaʔ$^{\underline{21}}$	tɕʰyeʔ$^{\underline{21}}$ 白 / tɕyeʔ$^{\underline{21}}$ 文	yeʔ$^{\underline{21}}$	yɛ^{13}	yɛ^{13}	piɛ^{42}	miɛ^{22}
尧都	fɑ^{24}	uɑ^{44}	tɕyɛ^{24}	yɛ^{21}	yɛ^{21}	yɛ^{21}	piæ̃^{21}	miæ̃^{24}
洪洞	fɑ^{24}	vɑ^{53}	tɕye^{24}	yɛ^{21}	ye^{21}	ye^{21}	piɑn^{21}	miɑn^{24}

续表

字目	罚	袜	掘	月	越	粤	边	眠
中古音 方言点	房越 山合三 入月奉	望发 山合三 入月微	其月 山合三 入月群	鱼厥 山合三 入月疑	王伐 山合三 入月云	王伐 山合三 入月云	布玄 山开四 平先帮	莫贤 山开四 平先明
洪洞赵城	fɑ^{24}	vɑ^{53}	tɕ^{h}yɛ^{21}	yɛ^{21}	yɛ^{21}	yɛ^{53}	piɑ̃^{21}	miɑ̃^{24}
古县	fɑ^{35}	uɑ^{21}	tɕyɛ^{35}	yɛ^{21}	yɛ^{21}	yɛ^{21}	pian^{21}	mian^{35}
襄汾	fa^{24}	va^{21}	tɕye^{24}	ye^{21}	ye^{21}	ye^{21}	pian^{21}	mian^{24}
浮山	fa^{13}	ua^{42}	tɕyɛ^{13}	yɛ^{42}	yɛ^{42}	yɛ^{42}	piãĩ^{42}	miãĩ^{13}
霍州	fa^{35}	va^{212} 白 / ua^{53} 文	tɕya^{35} 白 / tɕye^{35} 文	ye^{212}	ye^{212}	ye^{212}	piaŋ^{212}	miaŋ^{35}
翼城	fᴀ^{12}	vᴀ^{53}	tɕyɤ^{12}	yɤ^{53}	yɤ^{53}	yɤ^{53}	piɛɪ^{53}	miɛɪ^{12}
闻喜	fɑ^{13}	vɑ^{53}	tɕyᴇ^{13}	yᴇ^{53}	yᴇ^{53}	yᴇ^{53}	t^{h}iæ^{53} 白 / piæ^{53} 文	miæ^{13}
侯马	fɑ^{213}	vɑ^{53}	tɕyɛ^{213}	yɛ^{53}	yɛ^{53}	yɛ^{53}	piæ̃^{213}	miæ̃^{213}
新绛	fɑ^{13}	vɑ^{53}	tɕye^{13}	ye^{53}	ye^{53}	ye^{53}	piã^{53}	miã^{13}
绛县	fɑ^{24}	vɑ^{31}	tɕ^{h}yɤ^{31}/ tɕyɪ^{31}	yɤ^{24}/yɪ^{24}	yɪ^{53}	yɪ^{53}	piæ^{53}	miæ^{24}
垣曲	fa^{22}	ua^{53}	tɕyɛ^{22}	yɛ^{53}	yɛ^{53}	yɛ^{53}	piæ̃^{22}	miæ̃^{22}
夏县	fa^{42}	va^{53}	tɕ^{h}yɛ^{42}	yɛ^{31}	yɛ^{31}	yɛ^{31}	piæ^{53}	——
万荣	fa^{213}	va^{51}	tɕyɛ^{213}	yɛ^{51}	yɛ^{51}	yɛ^{51}	piæ^{51}	miæ^{213}
稷山	fɑ^{13}	va^{42} 白 / uɑ^{42} 文	tɕyɛ^{13}	yɛ^{53}	yɛ^{53}	yɛ^{53}	piɑ̃^{53}	miɑ̃^{13}
盐湖	fa^{13}	va^{42}	tɕyɛ^{42}	yɛ^{42}	yɛ^{42}	yɛ^{42}	piæ̃^{42}	miæ̃^{13}
临猗	fa^{13}	va^{42}	tɕyɛ^{13}	yɛ^{42}	yɛ^{42}	yɛ^{42}	piæ̃^{42}	miæ̃^{13}
河津	fa^{324}	va^{31}	tɕ^{h}yɛ^{324}	yɛ^{31}	yɛ^{31}	yɛ^{31}	piæ̃^{31}	miæ̃^{324}
平陆	fa^{13}	va^{31}	tɕyə^{13}	yə^{31}	yə^{31}	yə^{31}	pian^{31}	mian^{13}
永济	fa^{24}	va^{31}	tɕye^{24}	ye^{31}	ye^{31}	ye^{31}	piæ̃^{31}	miæ̃^{24}
芮城	fa^{13}	va^{42}	tɕ^{h}yɛ^{42}	yɛ^{42}	yɛ^{42}	yɛ^{42}	piæ̃^{42}	miæ̃^{13}
吉县	fa^{13}	va^{423}	tɕ^{h}yɛ^{13}	yɛ^{13}	yɛ^{423}	yɛ^{423}	p^{h}æ̃^{33} 白 / piæ̃^{423} 文	miæ̃^{13}
乡宁	fa^{12}	ua^{53}	tɕyᴇ^{12}	yᴇ^{53}	ɕyᴇ^{53}	ɕyᴇ^{53}	piæ^{53}	miæ^{12}
广灵	fɑ^{31}	vɑ^{213}	tɕyɤ^{31}	yɤ^{213}	yɤ^{213}	yɤ^{213}	piæ^{53}	miæ^{31}

字目	颠	天	田	填	年	怜	莲	笺
中古音 / 方言点	都年 山开四 平先端	他前 山开四 平先透	徒年 山开四 平先定	徒年 山开四 平先定	奴颠 山开四 平先泥	落贤 山开四 平先来	落贤 山开四 平先来	则前 山开四 平先精
北京	tiɛn^{55}	tʰiɛn^{55}	tʰiɛn^{35}	tʰiɛn^{35}	niɛn^{35}	liɛn^{35}	liɛn^{35}	tɕiɛn^{55}
小店	tiæ^{11}	tʰiæ^{11}	tiæ^{11} 白 / tʰiæ^{11} 文	tiæ^{11} 白 / tʰiæ^{11} 文	ȵiæ^{11}	liæ^{11}	liæ^{11}	tɕiæ^{11}
尖草坪	tie^{33}	tʰi^{33}	tʰie^{33}	tʰie^{33}	nie^{33}	lie^{33}	lie^{33}	tɕie^{33}
晋源	tiæ^{11}	tʰiæ^{11}	tʰiæ^{11}	tʰiæ^{11}	ȵiæ^{11}	liæ^{11}	liæ^{11}	tɕiæ^{11}
阳曲	tiɛ^{312}	tʰiɛ^{312}	tʰiɛ^{43}	tʰiɛ^{43}	ȵiɛ^{43}	liɛ^{43}	liɛ^{43}	tɕiɛ^{312}
古交	tiɛ^{44}	tʰiɛ^{44}	tiɛ^{44}	tiɛ^{44} 白 / tʰiɛ^{44} 文	ȵiɛ^{44}	liɛ^{44}	liɛ^{44}	tɕiɛ^{44}
清徐	tiɛ^{11}	tʰiɛ^{11}	tʰiɛ^{11}	tʰiɛ^{11}	niɛ^{11}	liɛ^{11}	liɛ^{11}	tɕiɛ^{11}
娄烦	tiɛ^{33}	tɕʰiɛ^{33}	tɕʰiɛ^{33}	tɕʰiɛ^{33}	ȵiɛ^{33}	liɛ^{33}	liɛ^{33}	tɕiɛ^{33}
榆次	tie^{11}	tʰie^{11}	tʰie^{11}	tʰie^{11}	nie^{11}	lie^{11}	lie^{11}	tɕie^{11}
交城	tiã^{11}	tʰiã^{11}	tiã^{11} 白 / tʰiã^{11} 文	tiã^{11} 白 / tʰiã^{11} 文	niã^{11}	liã^{11}	liã^{11}	tɕiã^{11}
文水	tiæ̃ɪ^{22}	tʰiæ̃ɪ^{22}	tʰiæ̃ɪ^{22}	tiæ̃ɪ^{22} 白 / tʰiæ̃ɪ^{22} 文	niæ̃ɪ^{22}	liæ̃ɪ^{22}	liæ̃ɪ^{22}	tɕiæ̃ɪ^{35}
祁县	tiẽ^{31}	tʰiẽ^{31}	tiẽ^{31} 白 / tʰiẽ^{31} 文	tiẽ^{31} 白 / tʰiẽ^{31} 文	ȵiẽ^{31}	liẽ^{31}	liẽ^{31}	tɕʰiẽ^{31}
太谷	tiẽɪ^{33}	tʰiẽɪ^{33}	tiẽɪ^{33} 白 / tʰiẽɪ^{33} 文	tiẽɪ^{33} 白 / tʰiẽɪ^{33} 文	ȵiẽɪ^{33}	liẽɪ^{33}	liẽɪ^{33}	tɕiẽɪ^{33}
平遥	tĩɛ̃^{213}	tʰĩɛ̃^{213}	tĩɛ̃^{213} 白 / tʰĩɛ̃^{213} 文	tĩɛ̃^{24}	ȵĩɛ̃^{213}	liəŋ^{213}	lĩɛ̃^{213}	tɕĩɛ̃^{213}
孝义	tiᴇ^{33}	tʰiᴇ^{33}	tiᴇ^{33} 白 / tʰiᴇ^{33} 文	tiᴇ^{33}	ȵiᴇ^{33}	liə̃^{33}	liᴇ^{33}	tɕʰiᴇ^{33}
介休	tiɛ̃^{13}	tʰiɛ̃^{13}	tiɛ̃^{13} 白 / tʰiɛ̃^{13} 文	tiɛ̃^{13} 白 / tʰiɛ̃^{13} 文	niɛ̃^{13}	liɛ̃^{13}	liɛ̃^{13}	tɕiɛ̃^{45}
灵石	tie^{535}	tʰie^{535}	tʰie^{44}	tʰie^{44}	nie^{44}	lie^{44}	lie^{44}	tɕie^{535}
盂县	tiæ̃^{412}	tʰiæ̃^{412}	tʰiæ̃^{22}	tʰiæ̃^{22}	ȵiæ̃^{22}	liæ̃^{22}	liæ̃^{22}	tɕiæ̃^{55}
寿阳	tiɪ^{31}	tʰiɪ^{31}	tʰiɪ^{22}	tʰiɪ^{22}	ȵiɪ^{22}	lei^{22}	lei^{22}	tɕʰiɪ^{31}
榆社	tie^{22}	tʰie^{22}	tʰie^{22}	tʰie^{22}	nie^{22}	lie^{22}	lie^{22}	tɕʰie^{22}
离石	tiɪ^{24}	tʰiɪ^{24}	tʰiɪ^{44}	tʰiɪ^{44}	niɪ^{44}	liɪ^{44}	liɪ^{44}	tɕiɪ^{24}
汾阳	tiã^{324}	tʰi^{324} 白 / tʰiã^{324} 文	tʰi^{22} 白 / tʰiã^{22} 文	tʰi^{324}	ȵi^{22} 白 / ȵiã^{22} 文	liã^{22}	li^{22} 白 / liã^{22} 文	tɕiã^{324}
中阳	tie^{24}	tʰie^{24}	tʰie^{33}	tʰie^{33}	nie^{33}	lie^{33}	lie^{33}	tɕie^{24}
柳林	tie^{24}	tʰie^{24}	tʰie^{44}	tʰie^{44}	nie^{44}	lie^{44}	lie^{44}	tɕie^{53}
方山	tiɛ^{24}	tʰiɛ^{24}	tʰiɛ^{44}	tʰiɛ^{44}	niɛ^{44}	liɛ^{44}	liɛ^{44}	tɕiɛ^{24}

续表

字目	颠	天	田	填	年	怜	莲	笺
中古音 / 方言点	都年 山开四 平先端	他前 山开四 平先透	徒年 山开四 平先定	徒年 山开四 平先定	奴颠 山开四 平先泥	落贤 山开四 平先来	落贤 山开四 平先来	则前 山开四 平先精
临县	tie^{24}	tie^{24}	tie^{33}	tie^{33}	nie^{33}	lie^{33}	lie^{33}	tɕ^{h}ie^{24}
兴县	tiẽn^{324}	t^{h}iẽn^{324}	t^{h}iẽn^{55}	t^{h}iẽn^{55}	niẽn^{55}	liẽn^{55}	liẽn^{55}	——
岚县	tiẽ^{214}	tɕ^{h}iẽ^{214}	tɕ^{h}iẽ^{44}	tɕ^{h}iẽ^{44}	ȵiẽ^{44}	liẽ^{44}	liẽ^{44}	tɕ^{h}iẽ^{214}
静乐	tiæ̃^{53}	tɕ^{h}iæ̃^{24}	tɕ^{h}iæ̃^{33} 白 / tɕ^{h}iæ̃^{33} 文	tɕ^{h}iæ̃^{24}	ȵiæ̃^{33}	liæ̃^{33}	liæ̃^{33}	tɕiæ̃^{24}
交口	tiɑ̃^{323}	t^{h}iɑ̃^{323}	t^{h}iɑ̃^{44}	t^{h}iɑ̃^{44}	ȵiɑ̃^{44}	liɑ̃^{44}	liɑ̃^{44}	tɕiɑ̃^{323}
石楼	tiɑŋ^{213}	t^{h}iɑŋ^{213}	t^{h}iɑŋ^{44}	t^{h}iɑŋ^{44}	ȵiɑŋ^{44}	liɑŋ^{44}	liɑŋ^{44}	tɕiɑŋ^{213}
隰县	tiɛ^{53}	t^{h}iɛ^{53}	t^{h}iaŋ^{24}	t^{h}iaŋ^{24}	ȵiaŋ^{24}	liaŋ^{24}	liaŋ^{24}	tɕ^{h}iɛ^{53}
大宁	tiɛ̃^{31}	t^{h}iɛ̃^{31}	t^{h}iɛ̃^{24}	t^{h}iɛ̃^{24}	niɛ̃^{24}	liɛ̃^{24}	liɛ̃^{24} 文	tɕ^{h}iɛ̃^{31}
永和	tiɪ^{33}	t^{h}iɪ^{33}	t^{h}iɪ^{35}	t^{h}iɪ^{312}	niɪ^{35}	liɪ^{35}	liɪ^{35}	tɕ^{h}iɪ^{33}
汾西	tiɑ̃^{11}	t^{h}iɑ̃^{11}	t^{h}iɑ̃^{35}	t^{h}iɑ̃^{35}	niɑ̃^{35}	liɑ̃^{35}	liɑ̃^{35}	tɕiɑ̃^{53}
蒲县	tiæ̃^{52}	t^{h}iæ̃^{52}	t^{h}iæ̃^{24}	t^{h}iæ̃^{24}	ȵiæ̃^{24}	liæ̃^{24}	liæ̃^{24}	tɕiæ̃^{33}
潞州	tiaŋ^{312}	t^{h}iaŋ^{312}	t^{h}iaŋ^{24}	t^{h}iaŋ^{24}	ȵiaŋ^{24}	liaŋ^{24}	liaŋ^{24}	tɕiaŋ^{312}
上党	tiɑŋ^{213}	t^{h}iɑŋ^{213}	t^{h}iɑŋ^{44}	t^{h}iɑŋ^{44}	niɑŋ^{44}	liɑŋ^{44}	liɑŋ^{44}	tɕiɑŋ^{213}
长子	tiæ̃^{312}	t^{h}iæ̃^{312}	t^{h}iæ̃^{24}	t^{h}iæ̃^{24}	ȵiæ̃^{24}	liæ̃^{24}	liæ̃^{24}	tɕiæ̃^{312}
屯留	tiæ̃^{31}	t^{h}iæ̃^{31}	t^{h}iæ̃^{11}	t^{h}iæ̃^{11}	ȵiæ̃^{11}	liæ̃^{11}	liæ̃^{11}	tɕiæ̃^{31}
襄垣	tei^{33}	t^{h}ei^{33}	t^{h}ei^{31}	t^{h}ei^{31}	ȵiei^{31}	lei^{31}	lei^{31}	tɕ^{h}iei^{33}
黎城	tiæ^{33}	t^{h}iæ^{33}	t^{h}iæ^{53}	t^{h}iæ^{53}	niæ^{53}	liẽ^{53}	liæ^{53}	tɕ^{h}iæ^{33}
平顺	tiæ̃^{213}	t^{h}iæ̃^{213}	t^{h}iæ̃^{13}	t^{h}iæ̃^{13}	ȵiæ̃^{13}	liæ̃^{13}	liæ̃^{13}	tɕ^{h}iæ̃^{213}
壶关	tiaŋ^{33}	t^{h}iaŋ^{33}	t^{h}iaŋ^{13}	t^{h}iaŋ^{13}	ȵiaŋ^{13}	liaŋ^{13}	liaŋ^{13}	ts^{h}iaŋ^{33}
沁县	tei^{224}	tɕ^{h}i^{224}	tɕ^{h}i^{33}	tɕ^{h}i^{33}	nei^{33}	lei^{33}	lei^{33}	tɕi^{224}
武乡	tei^{113}	t^{h}ei^{113}	t^{h}ei^{33}	t^{h}ei^{33}	nzei^{33}	lei^{33}	lei^{33}	ts^{h}ei^{113}
沁源	tiæ̃^{324}	t^{h}iæ̃^{324}	t^{h}iæ̃^{33}	t^{h}iæ̃^{33}	ȵiæ̃^{33}	liæ̃^{33}	liæ̃^{33}	tɕiæ̃^{324}
安泽	tiæ^{21}	t^{h}iæ^{21}	t^{h}iæ^{35}	t^{h}iæ^{35}	ȵiæ^{35}/niæ^{53}	liæ^{21}	liæ^{21}	tɕ^{h}iæ^{21}
沁水端氏	tei^{21}	t^{h}ei^{21}	t^{h}ei^{24}	t^{h}ei^{24}	nei^{24}	lei^{24}	lei^{24}	——
阳城	tiɛ^{224}	t^{h}iɛ^{224}	t^{h}iɛ^{22}	t^{h}iɛ^{22}	niɛ^{22}	liɛ^{22}	liɛ^{22}	tɕ^{h}iɛ^{22}
高平	tiæ̃^{33}	t^{h}iæ̃^{33}	t^{h}iæ̃^{33}	t^{h}iæ̃^{33}	niæ̃^{33}	niæ̃^{33}	niæ̃^{33}	tɕiæ̃^{33}
陵川	tiə̃ɪ̃^{33}	t^{h}iə̃ɪ̃^{33}	t^{h}iə̃ɪ̃^{53}	t^{h}iə̃ɪ̃^{53}	niə̃ɪ̃^{53}	liə̃ɪ̃^{53}	liə̃ɪ̃^{53}	tɕiə̃ɪ̃^{33}
晋城	tiɛ^{33}	t^{h}iɛ^{33}	t^{h}iɛ^{324}	t^{h}iɛ^{324}	niɛ^{324}	liɛ^{324}	liɛ^{324}	tɕiɛ^{33}
忻府	tiɛ̃^{313}	t^{h}iɛ̃^{313}	t^{h}iɛ̃^{21}	t^{h}iɛ̃^{21}	niɛ̃^{21}	liɛ̃^{21}	liɛ̃^{21}	tɕiɛ̃^{313}
原平	tiɛ̃^{213}	t^{h}iɛ̃^{213}	t^{h}iɛ̃^{33}	t^{h}iɛ̃^{33}	niɛ̃^{33}	liɛ̃^{33}	liɛ̃^{33}	——

续表

字目	颠	天	田	填	年	怜	莲	笺
中古音 / 方言点	都年 山开四 平先端	他前 山开四 平先透	徒年 山开四 平先定	徒年 山开四 平先定	奴颠 山开四 平先泥	落贤 山开四 平先来	落贤 山开四 平先来	则前 山开四 平先精
定襄	tiə̃^{24}	tʰiə̃^{24}	tʰiə̃^{11}	tʰiə̃^{11}	niə̃^{24}	liə̃^{11}	liə̃^{11}	tɕiə̃^{24}
五台	tiə̃^{213}	tɕʰiə̃^{213}	tɕʰiə̃^{33}	tɕʰiə̃^{33}	niə̃^{33}	liə̃^{213}	liə̃^{33}	tɕiə̃^{213}
岢岚	tiɛ^{13}	tʰiɛ^{13}	tʰiɛ^{44}	tʰiɛ^{44}	niɛ^{44}	liɛ^{44}	liɛ^{44}	tɕʰiɛ^{13}
五寨	tiɪ^{13}	tʰiɪ^{13}	tʰiɪ^{44}	tʰiɪ^{44}	niɪ^{44}	liɪ^{44}	liɪ^{44}	tɕʰiɪ^{44}
宁武	tiɛ^{23}	tɕʰiɛ^{23}	tɕʰiɛ^{33}	tɕʰiɛ^{33}	niɛ^{33}	liɛ^{33}	liɛ^{33}	——
神池	tie^{24}	tɕʰie^{24}	tɕʰie^{32}	tɕʰie^{32}	ȵie^{32}	lie^{32}	lie^{32}	tcie^{24}
繁峙	tiɛ^{53}	tʰiɛ^{53}	tʰiɛ^{31}	tʰiɛ^{31}	ȵiɛ^{31}	liɛ^{31}	liɛ^{31}	tɕiɛ^{53}
代县	tie^{213}	tʰie^{213}	tʰie^{44}	tʰie^{44}	nie^{44}	lie^{213}	lie^{44}	tɕie^{213}
河曲	tiɛ^{213}	tʰiɛ^{213}	tʰiɛ^{44}	tʰiɛ^{44}	niɛ^{44}	liɛ^{44}	liɛ^{44}	tɕiɛ^{213}
保德	tiaŋ^{213}	tʰiaŋ^{213}	tʰiaŋ^{44}	tʰiaŋ^{44}	niaŋ^{44}	liaŋ^{44}	liaŋ^{44}	tɕiaŋ^{213}
偏关	tiɪ^{24}	tʰiɪ^{24}	tʰiɪ^{44}	tʰiɪ^{44}	niɪ^{44}	liɪ^{44}	liɪ^{44}	tɕiɪ^{24}
朔城	tie^{312}	tɕʰie^{312}	tɕʰie^{35}	tɕʰie^{35}	nie^{35}	lie^{35}	lie^{35}	tɕie^{312}
平鲁	tiᴇ^{213}	tɕʰiᴇ^{213}	tɕʰiᴇ^{44}	tɕʰiᴇ^{44}	niᴇ^{44}	liᴇ^{44}	liᴇ^{44}	tɕʰiᴇ^{213}
应县	tiɛ̃^{43}	tɕʰiɛ̃^{43}	tɕʰiɛ̃^{31}	tɕʰiɛ̃^{31}	niɛ̃^{31}	liɛ̃^{31}	liɛ̃^{31}	tɕiɛ̃^{54}
灵丘	tie^{442}	tʰie^{442}	tʰie^{31}	tʰie^{31}	nie^{31}	lie^{31}	lie^{31}	tɕie^{53}
浑源	tiɛ^{52}	tʰiɛ^{52}	tʰiɛ^{22}	tʰiɛ^{22}	niɛ^{22}	liɛ^{22}	liɛ^{22}	tɕiɛ^{52}
云州	tie^{21}	tʰie^{21}	tʰie^{312}	tʰie^{312}	nie^{312}	lie^{312}	lie^{312}	tɕie^{55}
新荣	tiᴇ^{32}	tʰiᴇ^{32}	tʰiᴇ^{312}	tʰiᴇ^{312}	niᴇ^{312}	liᴇ^{312}	liᴇ^{312}	tɕiᴇ^{32}
怀仁	tiæ^{42}	tʰiæ^{42}	tʰiæ^{312}	tʰiæ^{312}	niæ^{312}	liæ^{312}	liæ^{312}	tɕiæ^{53}
左云	tie^{31}	tʰie^{31}	tʰie^{313}	tʰie^{313}	nie^{313}	lie^{313}	lie^{313}	tɕie^{31}
右玉	tie^{31}	tʰie^{31}	tʰie^{212}	tʰie^{212}	nie^{212}	lie^{212}	lie^{212}	tɕie^{31}
阳高	tie^{31}	tʰie^{31}	tʰie^{312}	tʰie^{312}	nie^{312}	lie^{312}	lie^{312}	tɕie^{31}
山阴	tiᴇ^{313}	tɕiᴇ^{313}	tɕiᴇ^{313}	tɕiᴇ^{313}	niᴇ^{313}	liᴇ^{313}	liᴇ^{313}	——
天镇	tiæ^{31}	tʰiæ^{31}	tʰiæ^{22}	tʰiæ^{22}	niæ^{22}	liæ^{24}	liæ^{22}	tɕiæ^{24}
平定	tiæ̃^{31}	tʰiæ̃^{31}	tʰiæ̃^{44}	tʰiæ̃^{44}	niæ̃^{44}	liæ̃^{44}	liæ̃^{44}	——
昔阳	tiæ̃^{42}	tʰiæ̃^{42}	tʰiæ̃^{33}	tʰiæ̃^{33}	niæ̃^{33}	liæ̃^{33}	liæ̃^{33}	tɕiæ̃^{42}
左权	tiɛ^{31}	tʰiɛ^{31}	——	tʰiɛ^{11}	niɛ^{11}	liɛ^{11}	liɛ^{11}	——
和顺	tiɛ^{42}	tʰiɛ^{42}	tʰiɛ^{22}	tʰiɛ^{22}	ȵiɛ^{22}	liɛ^{22}	liɛ^{22}	tɕiɛ^{13}
尧都	tiæ̃^{21}	tʰiæ̃^{21}	tʰiæ̃^{24}	tʰiæ̃^{24}	ȵiæ̃^{24}	liæ̃^{24}	liæ̃^{24}	tɕʰiæ̃^{21}
洪洞	tian^{21}	tʰian^{21}	tʰian^{24}	tʰian^{24}	ȵian^{24}	lian^{24}	lian^{24}	tɕʰian^{21}
洪洞赵城	tiã^{21}	tʰiã^{21}	tʰiã^{24}	tʰiã^{24}	ȵiã^{24}	liã^{24}	liã^{24}	tɕʰiã^{21}

续表

字目	颠	天	田	填	年	怜	莲	笺
中古音 / 方言点	都年 山开四 平先端	他前 山开四 平先透	徒年 山开四 平先定	徒年 山开四 平先定	奴颠 山开四 平先泥	落贤 山开四 平先来	落贤 山开四 平先来	则前 山开四 平先精
古县	tɕian^{21}	tɕ^{h}ian^{21}	tɕ^{h}ian^{35}	tɕ^{h}ian^{35}	ȵian^{35}	lian^{35}	lian^{35}	tɕian^{21}
襄汾	tian^{21}	t^{h}ian^{21}	t^{h}ian^{24}	t^{h}ian^{24}	ȵian^{24}	lian^{24}	lian^{24}	tɕ^{h}ian^{21}
浮山	tiãĩ^{42}	t^{h}iãĩ^{42}	t^{h}iãĩ^{13}	t^{h}iãĩ^{13}	ȵiãĩ^{13}	liãĩ^{13}	liãĩ^{13}	tɕ^{h}iãĩ^{42}
霍州	tiaŋ^{212}	tɕ^{h}iaŋ^{212} 白 / t^{h}iaŋ^{212} 文	t^{h}iaŋ^{35}	tɕ^{h}iaŋ^{35} 白 / t^{h}iaŋ^{35} 文	ȵiaŋ^{35}	liaŋ^{35}	liaŋ^{35}	tɕiaŋ^{212}
翼城	tiɛɪ^{53}	t^{h}iɛɪ^{53}	t^{h}iɛɪ^{12}	t^{h}iɛɪ^{12}	ȵiɛɪ^{12}	liɛɪ^{12}	liɛɪ^{12}	tɕiɛɪ^{53}
闻喜	tiæ^{53}	t^{h}iæ^{53}	t^{h}iæ^{13}	t^{h}iæ^{13}	ȵiæ^{13}	liæ^{13}	liæ^{13}	tɕ^{h}iæ^{53}
侯马	tiæ̃^{213}	t^{h}iæ̃^{213}	ȵiæ̃^{213}	ȵiæ̃^{13}	ȵiæ̃^{213}	liæ̃^{13}	liæ̃^{13}	tɕiæ̃^{44}
新绛	tiã^{53}	t^{h}iã^{53}	t^{h}iã^{13}	t^{h}iã^{53}	ȵiã^{13}	liã^{13}	liã^{13}	tɕ^{h}iã^{13}
绛县	tiæ^{53}	t^{h}iæ^{53}	t^{h}iæ^{24}	t^{h}iæ^{24}	ȵiæ^{24}	liæ^{24}	liæ^{24}	tɕiæ^{53}
垣曲	tiæ̃^{22}	t^{h}iæ̃^{22}	t^{h}iæ̃^{22}	t^{h}iæ̃^{22}	ȵiæ̃^{22}	liæ̃^{22}	liæ̃^{22}	tɕ^{h}iæ̃^{44} 白 / tɕiæ̃^{44} 文
夏县	tiæ^{53}	t^{h}iæ^{53}	t^{h}iæ^{42}	t^{h}iæ^{42}	ȵiæ^{42}	liæ^{42}	liæ^{42}	tɕiæ^{53}
万荣	tiæ^{51}	t^{h}iæ^{51}	t^{h}iæ^{213}	t^{h}iæ^{213}	ȵiæ^{213}	liæ^{213}	liæ^{213}	tɕ^{h}iæ^{51}
稷山	tiɑ̃^{53}	t^{h}iɑ̃^{53}	t^{h}iɑ̃^{13}	t^{h}iɑ̃^{13}	ȵiɑ̃^{13}	liɑ̃^{53}	liɑ̃^{13}	tɕ^{h}iɑ̃^{53}
盐湖	tiæ̃^{42}	t^{h}iæ̃^{42}	t^{h}iæ̃^{13}	t^{h}iæ̃^{13}	ȵiæ̃^{13}	liæ̃^{13}	liæ̃^{13}	tɕ^{h}iæ̃^{42}
临猗	tiæ̃^{42}	t^{h}iæ̃^{42}	t^{h}iæ̃^{13}	t^{h}iæ̃^{13}	ȵiæ̃^{13}	liæ̃^{13}	liæ̃^{13}	tɕ^{h}iæ̃^{42}
河津	tiæ̃^{31}	t^{h}iæ̃^{31}	t^{h}iæ̃^{324}	t^{h}iæ̃^{324}	ȵiæ̃^{324}	liæ̃^{324}	liæ̃^{324}	tɕiæ̃^{44}
平陆	tian^{31}	t^{h}ian^{31}	t^{h}ian^{13}	t^{h}ian^{13}	ȵian^{13}	lian^{13}	lian^{13}	tɕ^{h}ian^{31}
永济	tiæ̃^{31}	t^{h}iæ̃^{31}	t^{h}iæ̃^{24}	t^{h}iæ̃^{24}	ȵiæ̃^{24}	liæ̃^{24}	liæ̃^{24}	tɕ^{h}iæ̃^{31}
芮城	tiæ̃^{42}	t^{h}iæ̃^{42}	t^{h}iæ̃^{13}	t^{h}iæ̃^{13}	ȵiæ̃^{13}	liæ̃^{13}	liæ̃^{13}	——
吉县	tiæ̃^{423}	t^{h}iæ̃^{423}	t^{h}iæ̃^{13}	t^{h}iæ̃^{13}	niæ̃^{13}	liæ̃^{13}	liæ̃^{13}	——
乡宁	tiæ^{53}	t^{h}iæ^{53}	t^{h}iæ^{12}	t^{h}iæ^{12}	ȵiæ^{12}	liæ^{12}	liæ^{12}	tɕ^{h}iæ^{53}
广灵	tiæ^{53}	t^{h}iæ^{53}	t^{h}iæ^{31}	t^{h}iæ^{31}	ɕiʌu^{53}/ niæ^{31}	liæ^{31}	liæ^{31}	tɕiæ^{53}

字目	千	前	先	肩	坚	牵	研	贤
中古音 / 方言点	苍先 山开四 平先清	昨先 山开四 平先从	苏前 山开四 平先心	古贤 山开四 平先见	古贤 山开四 平先见	苦坚 山开四 平先溪	五坚 山开四 平先疑	胡田 山开四 平先匣
北京	tɕʰiɛn^{55}	tɕʰiɛn^{35}	ɕiɛn^{55}	tɕiɛn^{55}	tɕiɛn^{55}	tɕʰiɛn^{55}	iɛn^{35}	ɕiɛn^{35}
小店	tɕʰiæ^{11}	tɕiæ^{11} 白 / tɕʰiæ^{11} 文	ɕiæ^{11}/ɕiæ^{24}	tɕiæ^{11}	tɕiæ^{11}	tɕʰiæ^{11}	iæ^{11}	ɕiæ^{11}
尖草坪	tɕʰie^{33}	tɕʰie^{33}	ɕie^{33}	tɕie^{33}	tɕie^{33}	tɕʰie^{33}	ie^{33}	ɕie^{33}
晋源	tɕʰiæ^{11}	tɕʰiæ^{11}	ɕiæ^{11}	tɕiæ^{11}	tɕiæ^{11}	tɕʰiæ^{11}	iæ^{11}	ɕiæ^{11}
阳曲	tɕʰiɛ^{312}	tɕʰiɛ^{43}	ɕiɛ^{312}	tɕiɛ^{312}	tɕiɛ^{312}	tɕʰiɛ^{312}	iɛ^{43}	ɕiɛ^{43}
古交	tɕʰiɛ^{44}	tɕiɛ^{44}	ɕiɛ^{44}	tɕiɛ^{44}	tɕiɛ^{44}	tɕʰiɛ^{44}	iɛ^{44}	ɕiɛ^{44}
清徐	tɕʰie^{11}	tɕiɛ^{11} 白 / tɕʰie^{11} 文	ɕie^{11}	tɕie^{11}	tɕie^{11}	tɕʰie^{11}	ie^{11} 文	ɕie^{11}
娄烦	tɕʰie^{33}	tɕʰie^{33}	ɕiɛ^{33}	tɕiɛ^{33}	tɕiɛ^{33}	tɕʰiɛ^{33}	iɛ^{33}	ɕiɛ^{33}
榆次	tɕʰie^{11}	tɕʰie^{11}	ɕie^{11}	tɕie^{11}	tɕie^{11}	tɕʰie^{11}	ie^{11}	ɕie^{11}
交城	tɕʰiã^{11}	tɕiã^{11} 白 / tɕʰiã^{11} 文	ɕiã^{11}	tɕiã^{11}	tɕiã^{11}	tɕʰiã^{11}	iã^{11}	ɕiã^{11}
文水	tɕʰiæĩ^{22}	tɕiæĩ^{22} 白 / tɕʰæĩ^{22} 文	ɕiæĩ^{22}	tɕiaŋ^{22}	tɕiæĩ^{22}	tɕʰiæĩ^{22}	ȵiæĩ^{22} 白 / iæĩ^{22} 文	ɕiæĩ^{22}
祁县	tɕʰiẽ^{31}	tɕiẽ^{31} 白 / tɕʰiẽ^{31} 文	ɕiẽ^{31}	tɕiɑ̃^{31}	tɕiẽ^{31}	tɕʰiẽ^{31}	ȵiẽ^{31}	ɕiẽ^{31}
太谷	tɕʰiẽĩ^{33}	tɕiẽĩ^{33} 白 / tɕʰiẽĩ^{33} 文	ɕiẽĩ^{33}	tɕiẽĩ^{33}	tɕiẽĩ^{33}	tɕʰiẽĩ^{33}	ȵiẽĩ^{33} 白 / iẽĩ^{33} 文	ɕiẽĩ^{33}
平遥	tɕʰĩɛ̃^{213}	tɕĩɛ̃^{213} 白 / tɕʰĩɛ̃^{213} 文	ɕĩɛ̃^{213}	tɕiɑ̃^{213}	tɕĩɛ̃^{213}	tɕʰĩɛ̃^{213}	ȵĩɛ̃^{213}	ɕĩɛ̃^{213}
孝义	tɕʰiᴇ^{33}	tɕiᴇ^{33}	ɕiᴇ^{33}	tɕiᴇ^{33}	tɕiã^{33}	tɕʰiã^{33}	iã^{33}	ɕiᴇ^{33}
介休	tɕʰiɛ̃^{13}	tɕiɛ̃^{13} 白 / tɕʰiɛ̃^{13} 文	ɕiɛ̃^{13}	tɕiɛ̃^{13}	tɕiɛ̃^{13}	tɕʰiɛ̃^{13}	ȵiɛ̃^{13} 白 / iɛ̃^{13} 文	ɕiɛ̃^{13}
灵石	tɕʰie^{535}	tɕʰie^{44}	ɕie^{535}	tɕie^{535}	tɕie^{535}	tɕʰie^{535}	ie^{44}	ɕie^{44}
盂县	tɕʰio^{412} 白 / tɕʰiæ̃^{412} 文	tɕʰiæ̃^{22}	ɕiæ̃^{412}	tɕiæ̃^{412}	tɕiæ̃^{412}	tɕʰiæ̃^{412}	iæ^{22}	ɕiæ̃^{22}
寿阳	tɕʰiɪ^{31}	tɕʰiɪ^{22}	ɕiɪ^{31}	tɕiɪ^{31}	tɕiɪ^{31}	tɕʰiɪ^{31}	iɪ^{22}	ɕiɪ^{22}
榆社	tɕʰie^{22}	tɕʰie^{22}	ɕie^{22}	tɕie^{22}	tɕie^{22}	tɕʰie^{22}	nie^{22}	ɕie^{22}
离石	tɕʰiɪ^{24}	tɕʰiɪ^{44}	ɕiɪ^{24}	tɕiɪ^{24}	tɕiɪ^{24}	tɕʰiɪ^{24}	iɪ^{44}	ɕiɪ^{44}
汾阳	tɕʰi^{324} 白 / tɕʰiã^{324} 文	tɕʰi^{22} 白 / tɕʰiã^{22} 文	ɕi^{324}	tɕi^{324} 白 / tɕiã^{324} 文	tɕi^{324} 白 / tɕiã^{324} 文	tɕʰi^{324} 白 / tɕʰiã^{324} 文	iã^{22}	ɕiã^{22}
中阳	tɕʰie^{24}	tɕʰie^{33}	ɕie^{24}	tɕie^{24}	tɕie^{24}	tɕʰie^{24}	ie^{33}	ɕie^{33}
柳林	tɕʰie^{24}	tɕʰie^{44}	ɕie^{24}	tɕie^{24}	tɕie^{24}	tɕʰie^{24}	ie^{44}	ɕie^{44}
方山	tɕʰiɛ^{24}	tɕʰiɛ^{44}	ɕiɛ^{24}	tɕiɛ^{24}	tɕiɛ^{24}	tɕʰiɛ^{24}	iɛ^{44}	ɕiɛ^{44}

续表

字目	千	前	先	肩	坚	牵	研	贤
中古音 / 方言点	苍先 山开四 平先清	昨先 山开四 平先从	苏前 山开四 平先心	古贤 山开四 平先见	古贤 山开四 平先见	苦坚 山开四 平先溪	五坚 山开四 平先疑	胡田 山开四 平先匣
临县	tɕʰie^{24}	tɕʰie^{33}	ɕie^{24}	tɕie^{24}	tɕie^{24}	tɕʰie^{24}	ie^{33}	ɕie^{33}
兴县	tɕʰiẽn^{324}	tɕʰiæ̃^{55}	ɕiẽn^{324}	tɕiẽn^{324}	——	tɕʰiẽn^{324}	iẽn^{55}	ɕiẽn^{55}
岚县	tɕʰiẽ^{214}	tɕʰiẽ^{44}	ɕiẽ^{214}	tɕiẽ^{214}	tɕiẽ^{214}	tɕʰiẽ^{214}	iẽ^{44}	ɕiẽ^{44}
静乐	tɕʰiæ̃^{24}	tɕʰiæ̃^{33}	ɕiæ̃^{24}	tɕiæ̃^{24}	tɕiæ̃^{24}	tɕʰiæ̃^{24}	iæ̃^{33}	ɕiæ̃^{33}
交口	tɕʰiɑ̃^{323}	tɕʰiɑ̃^{44}	ɕiɑ̃^{323}	tɕiɑ̃^{323}	tɕiɑ̃^{323}	tɕʰiɑ̃^{323}	iɑ̃^{44}	ɕiɑ̃^{44}
石楼	tɕʰiɑŋ^{213}	tɕʰiɑŋ^{44}	ɕiɑŋ^{213}	tɕiɑŋ^{213}	tɕiɑŋ^{213}	tɕʰiɑŋ^{213}	iɑŋ^{44}	ɕiɑŋ^{44}
隰县	tɕʰiɛ^{53}	tɕʰiaŋ^{24}	ɕiɛ^{53}	tɕiɛ^{53}	tɕiɛ^{53}	tɕʰiɛ^{53}	iaŋ^{24}	ɕiaŋ^{24}
大宁	tɕʰiɛ̃^{31}	tɕʰiɛ̃^{24}	ɕiɛ̃^{31}	tɕiɛ̃^{31}	tɕiɛ̃^{31}	tɕʰiɛ̃^{31}	iɛ̃^{24}	ɕiɛ̃^{24}
永和	tɕʰiɪ^{33}	tɕʰiɪ^{35}	ɕiɪ^{33}	tɕiɪ^{33}	tɕiɪ^{33}	tɕʰiɪ^{33}	iɪ^{35}	ɕiɪ^{35}
汾西	tɕʰiɑ̃^{11}	tɕʰiɑ̃^{35}	ɕiɑ̃^{11}	tiɑ̃^{11} 白 / tɕiɑ̃^{11} 文	tɕiɑ̃^{11}	tɕʰiɑ̃^{11}	iɑ̃^{35}	ɕiɑ̃^{35}
蒲县	tɕʰiæ̃^{52}	tɕʰiæ̃^{24}	ɕiæ̃^{52}	tiæ̃^{52} 白 / tɕiæ̃^{52} 文	tɕiæ̃^{52}	tɕʰiæ̃^{52}	iæ̃^{24}	ɕiæ̃^{24}
潞州	tɕʰiaŋ^{312}	tɕʰiaŋ^{24}	ɕiaŋ^{312}	tɕiaŋ^{312}	tɕiaŋ^{312}	tɕʰiaŋ^{312}	iaŋ^{24}	ɕiaŋ^{24}
上党	tɕʰiɑŋ^{213}	tɕʰiɑŋ^{44}	ɕiɑŋ^{213}	tɕiɑŋ^{213}	tɕiɑŋ^{213}	tɕʰiɑŋ^{213}	iɑŋ^{44}	ɕiɑŋ^{44}
长子	tɕʰiæ̃^{312}	tɕʰiæ̃^{24}	ɕiæ̃^{312}	tɕiæ̃^{312}	tɕiæ̃^{312}	tɕʰiæ̃^{312}	iæ̃^{24}	ɕiæ̃^{24}
屯留	tɕʰiæ̃^{31}	tɕʰiæ̃^{11}	ɕiæ̃^{31}	tɕiæ̃^{31}	tɕiæ̃^{31}	tɕʰiæ̃^{31}	iæ̃^{11}	ɕiæ̃^{11}
襄垣	tɕʰiei^{33}	tɕʰiei^{31}	ɕiei^{33}	tɕiei^{33}	tɕiei^{33}	tɕʰiei^{33}	iei^{31}	ɕiei^{31}
黎城	tɕʰiæ^{33}	tɕʰiæ^{53}	ɕiæ^{33}	tɕiæ^{33}	ciæ^{33}	tɕʰiæ^{33}	iæ^{53}	çiæ^{53}
平顺	tɕʰiæ̃^{213}	tɕʰiæ̃^{13}	ɕiæ̃^{213}	tɕiæ̃^{213}	tɕiæ̃^{213}	tɕʰiæ̃^{213}	iæ̃^{13}	ɕiæ̃^{213}
壶关	tsʰiaŋ^{33}	tsʰiaŋ^{13}	siaŋ^{33}	ciaŋ^{33}	ciaŋ^{33}	cʰiaŋ^{33}	iaŋ^{13}	çiaŋ^{13}
沁县	tɕʰi^{224}	tɕʰi^{33}	ɕi^{224}	tɕi^{224}	tɕi^{224}	tɕʰi^{224}	i^{33}	ɕi^{33}
武乡	tsʰei^{113}	tsʰei^{33}	sei^{113}	tsei^{113}	tsei^{113}	tsʰei^{113}	ŋei^{33}	sei^{33}
沁源	tɕʰiæ̃^{324}	tɕʰiæ̃^{33}	ɕiæ̃^{324}	tɕiæ̃^{324}	tɕiæ̃^{324}	tɕʰiæ̃^{324}	iæ̃^{33}	ɕiæ̃^{33}
安泽	tɕʰiæ^{21}	tɕʰiæ^{35}	ɕiæ^{21}	tɕiæ^{21}	tɕiæ^{21}	tɕʰiæ^{21}	iæ^{35}	ɕiæ^{35}
沁水端氏	tsʰei^{21}	tsʰei^{24}	sei^{21}	kei^{21}	kei^{21}	kʰei^{21}	iɪ^{24}	sei^{24}
阳城	tɕʰiɛ^{224}	tɕʰiɛ^{22}	ɕiɛ^{224}	ciɛ^{224}	ciɛ^{224}	cʰiɛ^{224}	iɛ^{22}	çiɛ^{22}
高平	tɕʰiæ̃^{33}	tɕʰiæ̃^{33}	ɕiæ̃^{33}	tɕiæ̃^{33}	ciæ̃^{33}	tɕʰiæ̃^{33}	iæ̃^{33}	ɕiæ̃^{33}
陵川	tɕʰiə̃ɪ̃^{33}	tɕʰiə̃ɪ̃^{53}	ɕiə̃ɪ̃^{33}	ciə̃ɪ̃^{33}	ciə̃ɪ̃^{33}	cʰiə̃ɪ̃^{33}	iə̃ɪ̃^{53}	ɕiə̃ɪ̃^{53}
晋城	tɕʰiɛ^{33}	tɕʰiɛ^{324}	ɕiɛ^{33}	tɕiɛ^{33}	tɕiɛ^{33}	tɕʰiɛ^{33}	iɛ^{324}	ɕiɛ^{324}
忻府	tɕʰiɛ̃^{313}	tɕʰiɛ̃^{21}	ɕiɛ̃^{313}	tɕiɑ̃^{313}	tɕiɛ̃^{313}	tɕʰiɛ̃^{313}	iɛ̃^{21}	ɕiɛ̃^{21}
原平	tɕʰiɛ̃^{213}	tɕʰiɛ̃^{33}	ɕiɛ̃^{213}	tɕiɛ̃^{213}	tɕiɛ̃^{213}	tɕʰiɛ̃^{213}	iɛ̃^{33}	ɕiɛ̃^{33}

续表

字目	千	前	先	肩	坚	牵	研	贤
中古音 / 方言点	苍先 山开四 平先清	昨先 山开四 平先从	苏前 山开四 平先心	古贤 山开四 平先见	古贤 山开四 平先见	苦坚 山开四 平先溪	五坚 山开四 平先疑	胡田 山开四 平先匣
定襄	tɕʰiə̃^{24}	tɕʰiə̃^{24}	ɕiə̃^{24}	tɕiə̃^{24}	tɕiə̃^{24}	tɕʰiə̃^{24}	iə̃^{33}	ɕiə̃^{24}
五台	tɕʰiə̃^{213}	tɕʰiə̃^{33}	ɕiə̃^{213}	tɕiæn^{213}	tɕiə̃^{213}	tɕʰiə̃^{213}	iə̃^{33}	ɕiə̃^{33}
岢岚	tɕʰiɛ^{13}	tɕʰiɛ^{44}	ɕiɛ^{13}	tɕiɛ^{13}	tɕiɛ^{13}	tɕʰiɛ^{13}	iɛ^{44}	ɕiɛ^{44}
五寨	tɕʰiɪ^{13}	tɕʰiɪ^{44}	ɕiɪ^{13}	tɕiɪ^{13}	tɕiɪ^{13}	tɕʰiɪ^{13}	iɪ^{44}	ɕiɪ^{44}
宁武	tɕiɛ^{23}	tɕiɛ^{33}	ɕiɛ^{23}	tɕiɛ^{23}	tɕiɛ^{23}	tɕiɛ^{23}	iɛ^{33}	ɕiɛ^{33}
神池	tɕʰie^{24}	tɕʰie^{32}	ɕie^{24}	tɕie^{24}	tɕie^{24}	tɕʰie^{24}	ie^{32}	ɕie^{32}
繁峙	tɕʰiɛ^{53}	tɕʰiɛ^{31}	ɕiɛ^{53}	tɕiɛ^{53}	tɕiɛ^{53}	tɕʰiɛ^{53}	iɛ^{31}	ɕiɛ^{31}
代县	tɕʰie^{213}	tɕʰie^{44}	ɕie^{213}	tɕie^{213}	tɕie^{213}	tɕʰie^{213}	ie^{44}	ɕie^{44}
河曲	tɕʰiɛ^{213}	tɕʰiɛ^{44}	ɕiɛ^{213}	tɕiɛ^{213}	tɕiɛ^{213}	tɕʰiɛ^{213}	iɛ^{44}	ɕiɛ^{44}
保德	tɕʰiaŋ^{213}	tɕʰiaŋ^{44}	ɕiaŋ^{213}	tɕiaŋ^{213}	tɕiaŋ^{213}	tɕʰiaŋ^{213}	iaŋ^{44}	ɕiaŋ^{44}
偏关	tɕʰiɪ^{24}	tɕʰiɪ^{44}	ɕiɪ^{24}	tɕiɪ^{24}	tɕiɪ^{24}	tɕʰiɪ^{24}	iɪ^{44}	ɕiɪ^{44}
朔城	tɕʰiɛ^{312}	tɕʰiɛ^{35}	ɕie^{312}/ɕie^{312}	tɕie^{312}	tɕie^{312}	tɕʰiɛ^{35}	iɛ^{35}	ɕiɛ^{35}
平鲁	tɕʰiᴇ^{213}	tɕʰiᴇ^{44}	ɕʰiᴇ^{213}	tɕiᴇ^{213}	tɕiᴇ^{213}	tɕʰiᴇ^{213}	iᴇ^{44}	ɕʰiᴇ^{44}
应县	tɕʰiɛ̃^{43}	tɕʰiɛ̃^{31}	ɕiɛ̃^{43}	tɕiɛ̃^{43}	tɕiɛ̃^{43}	tɕʰiɛ̃^{43}	iɛ̃^{31}	ɕiɛ̃^{31}
灵丘	tɕʰie^{442}	tɕʰie^{31}	ɕie^{442}	tɕie^{442}	tɕie^{442}	tɕʰie^{442}	ie^{31}	ɕie^{31}
浑源	tɕʰie^{52}	tɕʰie^{22}	ɕie^{52}	tɕie^{52}	tɕie^{52}	tɕʰie^{52}	ie^{52}	ie^{22}
云州	tɕʰie^{21}	tɕʰie^{312}	ɕie^{21}	tɕie^{21}	tɕie^{21}	tɕʰie^{21}	ie^{312}	ɕie^{312}
新荣	tɕʰiᴇ^{32}	tɕʰiᴇ^{312}	ɕiᴇ^{32}	tɕiᴇ^{32}	tɕiᴇ^{32}	tɕʰiᴇ^{32}	iᴇ^{312}	ɕiᴇ^{312}
怀仁	tɕʰiæ^{42}	tɕʰiæ^{312}	ɕiæ^{42}	tɕiæ^{42}	tɕiæ^{42}	tɕʰiæ^{42}	iæ^{312}	ɕiæ^{312}
左云	tɕʰie^{31}	tɕʰie^{313}	ɕie^{31}	tɕie^{31}	tɕie^{31}	tɕʰie^{31}	ie^{313}	ɕie^{313}
右玉	tɕʰie^{31}	tɕʰie^{212}	ɕie^{31}	tɕie^{31}	tɕie^{31}	tɕʰie^{31}	ie^{212}	ɕie^{212}
阳高	tɕʰie^{31}	tɕʰiɛ^{31}	ɕie^{31}	tɕie^{31}	tɕie^{31}	tɕʰie^{31}	ie^{312}	ɕie^{31}
山阴	tɕʰiᴇ^{313}	tɕʰiᴇ^{313}	ɕiᴇ^{313}	tɕiᴇ^{313}	tɕiᴇ^{313}	tɕʰiᴇ^{313}	iᴇ^{313}	——
天镇	tɕʰiæ^{31}	tɕʰiæ^{22}	ɕiæ^{22}	tɕiæ^{31}	tɕiæ^{31}	tɕʰiæ^{31}	iæ^{22}	ɕiæ^{31}
平定	tɕʰiæ̃^{31}	tɕʰiæ̃^{44}	ɕiæ̃^{31}	tɕiæ̃^{31}	tɕiæ̃^{31}	tɕʰiæ̃^{31}	iæ̃^{44}	ɕiæ̃^{44}
昔阳	tɕʰiæ̃^{42}	tɕʰiæ̃^{33}	ɕiæ̃^{42}	tɕiæ̃^{42}	tɕiæ̃^{42}	tɕʰiæ̃^{42}	iæ̃^{33}	ɕiæ̃^{33}
左权	tɕʰie^{31}	tɕʰie^{11}	ɕie^{31}	tɕie^{31}	tɕie^{31}	tɕʰie^{31}	ie^{11}	ɕie^{11}
和顺	tɕʰie^{42}	tɕʰie^{22}	ɕie^{42}	tɕi^{42}	tɕi^{42}	tɕʰie^{42}	ie^{22}	ɕie^{22}
尧都	tɕʰiæ̃^{21}	tɕʰiæ̃^{24}	ɕiæ̃^{21}	tɕiæ̃^{21}	tɕiæ̃^{21}	tɕʰiæ̃^{21}	ȵiæ̃^{24} 白 / iæ̃^{24} 文	ɕiæ̃^{24}
洪洞	tɕʰian^{21}	tɕʰian^{24}	ɕian^{21}	tian^{21} 白 / tɕian^{21} 文	tɕian^{21}	tʰian^{21} 白 / tɕʰian^{21} 文	ȵian^{24}	ɕian^{24}

续表

字目	千	前	先	肩	坚	牵	研	贤
中古音 / 方言点	苍先 山开四 平先清	昨先 山开四 平先从	苏前 山开四 平先心	古贤 山开四 平先见	古贤 山开四 平先见	苦坚 山开四 平先溪	五坚 山开四 平先疑	胡田 山开四 平先匣
洪洞赵城	tɕʰiã^{21}	tɕʰiã^{24}	ɕiã^{21}	tiã^{21} 白 / tɕiã^{21} 文	tɕiã^{21}	tɕʰiã^{21}	iã^{21}	ɕiã^{24}
古县	tɕʰian^{21}	tɕʰian^{35}	ɕian^{21}	tɕian^{21}	tɕian^{21}	tɕʰian^{21}	ian^{35}	ɕian^{35}
襄汾	tɕʰian^{21}	tɕʰian^{24}	ɕian^{21}	tian^{21} 白 / tɕian^{21} 文	tɕian^{21}	tɕʰian^{21}	ian^{24}	ɕian^{24}
浮山	tɕʰiãĩ^{42}	tɕʰiãĩ^{13}	ɕiãĩ^{42}	tia^{42}	tɕiãĩ^{42}	tɕʰiãĩ^{42}	iãĩ^{13}	ɕiãĩ^{13}
霍州	tɕʰiaŋ^{212}	tɕʰiaŋ^{35}	ɕiaŋ^{212}	tɕiaŋ^{212}	tɕiaŋ^{212}	tɕʰiaŋ^{212}	iaŋ^{35}	ɕiaŋ^{35}
翼城	tɕʰiɛɪ^{53}	tɕʰiɛɪ^{12}	ɕiɛɪ^{53}	tɕiɛɪ^{53}	tɕiɛɪ^{53}	tɕʰiɛɪ^{53}	iɛɪ^{12}	ɕiɛɪ^{12}
闻喜	tɕʰiæ^{53}	tɕʰiæ^{13}	ɕiæ^{53}	tɕiæ^{53}	tɕiæ^{53}	tɕʰiæ^{53}	iæ^{53}	ɕiæ^{13}
侯马	tɕʰiæ̃^{213}	ɕiæ̃^{213}	ɕiæ̃^{213}	tɕiæ̃^{213}	tɕiæ̃^{213}	tɕʰiæ̃^{213}	iæ̃^{213}	ɕiæ̃^{213}
新绛	tɕʰiã^{53}	tɕʰiã^{13}	ɕiã^{53}	tɕiã^{53}	tɕiã^{53}	tɕʰiã^{53}	iã^{13}	ɕiã^{53}
绛县	tɕʰiæ^{53}	tɕʰiæ^{24}	ɕiæ^{53}	tɕiæ^{53}	tɕiæ^{53}	tɕʰiæ^{53}	iæ^{24}	ɕiæ^{24}
垣曲	tɕʰiæ̃^{22}	tɕʰiæ̃^{22}	ɕiæ̃^{22}	tɕiæ̃^{22}	tɕiæ̃^{22}	tɕʰiæ̃^{22}	iæ̃^{22}	ɕiæ̃^{22}
夏县	tɕʰiæ^{53}	tɕʰiæ^{42}	ɕiæ^{53}	tɕiæ^{53}	tɕiæ^{53}	tɕʰiæ^{53}	iæ^{42}	ɕiæ^{42}
万荣	tɕʰiæ^{51}	tɕʰiæ^{213}	ɕiæ^{51}	tʂa^{51} 白 / tɕiæ^{51} 文	tɕiæ^{51}	tʂʰæ^{51} 白 / tɕʰiæ^{51} 文	iæ^{213}	ɕiæ^{213}
稷山	tɕʰiã^{53}	tɕʰiã^{13}	ɕiã^{53}	tɕiã^{53}	tɕiã^{53}	tɕʰiã^{53}	iã^{13}	ɕiã^{13}
盐湖	tɕʰiæ̃^{42}	tɕʰiæ̃^{13}	ɕiæ̃^{42}	tɕiæ̃^{42}	tɕiæ̃^{42}	tɕʰiæ̃^{42}	iæ̃^{13}	ɕiæ̃^{13}
临猗	tɕʰiæ̃^{42}	tɕʰiæ̃^{13}	ɕiæ̃^{42}	tɕiæ̃^{42}	tɕiæ̃^{42}	tɕʰiæ̃^{42}	ȵiæ̃^{13} 白 / iæ̃^{13} 文	ɕiæ̃^{13}
河津	tɕʰiæ̃^{31}	tɕʰiæ̃^{324}	ɕiæ̃^{31}	tʂaŋ^{31} 白 / tɕiæ̃^{31} 文	tɕiæ̃^{31}	tʂæ̃^{44} 白 / tɕiæ̃^{44} 文	iæ̃^{324}	ɕiæ̃^{324}
平陆	tɕʰian^{31}	tɕʰian^{13}	ɕian^{31}	tɕian^{31}	tɕian^{31}	tɕʰian^{31}	ian^{13}	ɕian^{13}
永济	tɕʰiæ̃^{31}	tsʰæ̃^{24} 白 / tɕʰiæ̃^{24} 文	ɕiæ̃^{31}	tɕiæ̃^{31}	tɕiæ̃^{31}	tɕʰiæ̃^{31}	iæ̃^{24}	ɕiæ̃^{24}
芮城	tɕʰiæ̃^{42}	tɕʰiæ̃^{13}	ɕiæ̃^{42}	tɕiæ̃^{42}	tɕiæ̃^{42}	tɕʰiæ̃^{42}	iæ̃^{13}	ɕiæ̃^{13}
吉县	tɕʰiæ̃^{423}	tɕʰiæ̃^{13}	ɕiæ̃^{423}	tɕiæ̃^{423}	tɕiæ̃^{33}	tɕʰiæ̃^{423}	iæ̃^{13}	ɕiæ̃^{13}
乡宁	tɕʰiæ^{53}	tɕʰiæ^{12}	ɕiæ^{53}	tɕiæ^{53}	tɕiæ^{53}	tɕʰiæ^{53}	iæ^{12}	ɕiæ^{12}
广灵	tɕʰiæ^{53}	tɕʰiæ^{31}	ɕiæ^{53}	tɕiæ^{53}	tɕiæ^{53}	tɕʰiæ^{53}	iæ^{31}	ɕiæ^{31}

字目	弦	烟	胭	扁	匾	辫	典	茧
中古音 方言点	胡田 山开四 平先匣	乌前 山开四 平先影	乌前 山开四 平先影	方典 山开四 上铣帮	方典 山开四 上铣帮	薄泫 山开四 上铣並	多殄 山开四 上铣端	古典 山开四 上铣见
北京	ɕiɛn^{35}	iɛn^{55}	iɛn^{55}	piɛn^{214}	piɛn^{214}	piɛn^{51}	tiɛn^{214}	tɕiɛn^{214}
小店	ɕiæ^{11}	iæ^{11}	iæ^{11}	pæ^{53}/piæ^{53}	piæ^{53}	piæ^{24}	tiæ^{53}	tɕiæ^{53}
尖草坪	ɕie^{33}	ie^{33}	ie^{33}	pæ^{312} 白 / pie^{312} 文	pie^{312}	pie^{35}	tie^{312}	tɕie^{312}
晋源	ɕiæ^{11}	iæ^{11}	iæ^{11}	paŋ^{42}	piæ^{42}	piæ^{35}	tiæ^{42}	tɕiæ^{42}
阳曲	ɕyɛ^{43}	iɛ^{312}	iɛ^{312}	pæ^{312} 白 / piɛ^{312} 文	piɛ^{312}	piɛ^{454}	tiɛ^{312}	tɕiɛ^{312}
古交	ɕiɛ^{44}	iɛ^{44}	iɛ^{44}	piɛ^{312} 白 / piɛ^{312} 文	piɛ^{312}	piɛ^{53}	tiɛ^{312}	tɕiɛ^{312}
清徐	ɕiɛ^{11}	iɛ^{11}	iɛ^{11}	piɛ^{54}	piɛ^{54}	piɛ^{45}	tiɛ^{54}	tɕiɛ^{54}
娄烦	ɕiɛ^{33}	iɛ^{33}	iɛ^{33}	pæ^{312} 白 / piɛ^{312} 文	piɛ^{312}	piɛ^{54}	tiɛ^{312}	tɕiɛ^{312}
榆次	ɕye^{11}	ie^{11}	ie^{11}	pie^{53}	pie^{53}	pie^{35}	tie^{53}	tɕie^{53}
交城	ɕiã^{11}	iã^{11}	iã^{11}	pã^{53} 白 / piã^{53} 文	piã^{53}	piã^{24}	tiã^{53}	tɕiã^{53}
文水	ɕiæ̃ĩ^{22}/ ɕiaŋ^{22}	iæ̃ĩ^{22}	iæ̃ĩ^{22}	paŋ^{423} 白 / piæ̃ĩ^{423} 文	piæ̃ĩ^{423}	piæ̃ĩ^{35}	tiæ̃ĩ^{423}	tɕiaŋ^{423}
祁县	ɕiẽ^{31}	iẽ^{31}	iẽ^{31}	pɑ̃^{314} 白 / piẽ^{314} 文	piẽ^{314}	piẽ^{45}	tiẽ^{314}	tɕiẽ^{314}
太谷	ɕiẽĩ^{33}	iẽĩ^{33}	iẽĩ^{33}	piẽĩ^{312}/ pɑ̃^{312}	piẽĩ^{312}	piẽĩ^{53}	tiẽĩ^{312}	tɕiẽĩ^{312}
平遥	ɕỹɛ̃^{213}/ɕĩɛ̃^{21}	ĩɛ̃^{213}	ĩɛ̃^{213}	pɑ̃^{512} 白 / pĩɛ̃^{512} 文	pĩɛ̃^{512}	pĩɛ̃^{24}	tĩɛ̃^{512}	tɕiɑ̃^{512}
孝义	ɕiᴇ^{33}	iᴇ^{33}	iᴇ^{33}	pã^{312}	piᴇ^{312}	piᴇ^{454}	tiᴇ^{312}	tɕiã^{312}
介休	ɕiɛ̃^{13}	iɛ̃^{13}	iɛ̃^{13}	pæ̃^{423} 白 / piɛ̃^{423} 文	piɛ̃^{423}	piɛ̃^{45}	tiɛ̃^{423}	tɕiɛ̃^{423}
灵石	ɕie^{44}	ie^{535}	ie^{535}	piɒ̃^{212}	pie^{212}	pie^{53}	tie^{212}	tɕie^{212}
盂县	ɕiæ̃^{22}	iæ̃^{412}	iæ̃^{412}	pæ̃^{53} 白 / piæ̃^{53} 文	piæ̃^{53}	piæ̃^{55}	tiæ̃^{53}	tɕiæ̃^{53}
寿阳	ɕiɪ^{22}	iɪ^{31}	iɪ^{31}	piɪ^{53}/pæ^{53}	piɪ^{53}	piɪ^{45}	tiɪ^{53}	tɕiɪ^{53}
榆社	ɕie^{22}	ie^{22}	ie^{22}	pie^{312}	pie^{312}	pie^{45}	tie^{312}	tɕie^{312}
离石	ɕiɪ^{44}	iɪ^{24}	iɪ^{24}	pæ^{312} 白 / piɪ^{312} 文	piɪ^{312}	piɪ^{53}	tiɪ^{312}	tɕiɪ^{312}
汾阳	ɕiã^{22}	i^{324}	ã^{324}	pã^{312}	piã^{312}	pi^{55}	ti^{312} 白 / tiã^{312} 文	tɕiã^{312}
中阳	ɕie^{33}	ie^{24}	ie^{24}	pæ^{423} 白 / pie^{423} 文	pie^{423}	pie^{53}	tie^{423}	tɕie^{423}

续表

字目	弦	烟	胭	扁	匾	辫	典	茧
中古音 方言点	胡田 山开四 平先匣	乌前 山开四 平先影	乌前 山开四 平先影	方典 山开四 上铣帮	方典 山开四 上铣帮	薄泫 山开四 上铣並	多殄 山开四 上铣端	古典 山开四 上铣见
柳林	ɕie^{44}	ie^{24}	ie^{24}	pie^{312}	pie^{312}	pie^{53}	tie^{312}	tɕie^{312}
方山	ɕie^{44}	iɛ^{24}	iɛ^{24}	pæ^{312} 白 / piɛ^{312} 文	piɛ^{312}	piɛ^{52}	tiɛ^{312}	tɕiɛ^{312}
临县	ɕie^{33}	ie^{24}	ie^{24}	pie^{312}	pie^{312}	pie^{52}	tie^{312}	tɕie^{312}
兴县	ɕiẽn^{55}	iẽn^{324}	——	pæ̃^{324} 白 / piẽn^{324} 文	——	piẽn^{53}	tiẽn^{324}	——
岚县	ɕiẽ^{44}	iẽ^{214}	iẽ^{214}	paŋ^{312} 白 / piẽ^{312} 文	piẽ^{312}	piẽ^{53}	tiẽ^{312}	tɕiẽ^{312}
静乐	ɕiæ̃^{33}	iæ̃^{24}	iæ̃^{24}	piæ̃^{314}	piæ̃^{314}	piæ̃^{53}	tiæ̃^{314}	tɕiæ̃^{314}
交口	ɕyɑ̃^{44}	iɑ̃^{323}	iɑ̃^{323}	piɑ̃^{323}	piɑ̃^{323}	piɑ̃^{53}	tiɑ̃^{323}	tɕiɑ̃^{323}
石楼	ɕiɑŋ^{44}	iɑŋ^{213}	iɑŋ^{213}	pʰiɑŋ^{213} 白 / pɑŋ^{213} 白 / piɑŋ^{213} 文	piɑŋ^{213}	piɑŋ^{51}	tiɑŋ^{213}	tɕiɑŋ^{213}
隰县	ɕiaŋ^{24}	ie^{53}	ie^{53}	piaŋ^{21}	piaŋ^{21}	pʰiɛ^{44} 白 / piɛ^{44} 文	tiaŋ^{21}	tɕiaŋ^{21}
大宁	ɕiẽ^{24}	iẽ^{31}	iẽ^{31}	pẽ^{31} 白 / piẽ^{31} 文	piẽ^{31}	pʰiẽ^{55}	tiẽ^{31}	tɕiẽ^{31}
永和	ɕiɪ^{35}	iɪ^{33}	iɪ^{53}	pɑ̃^{312} 白 / piɪ^{312} 文	piɪ^{312}	pʰiɪ^{53}	tiɪ^{312}	tɕiɪ^{312}
汾西	ɕyɑ̃^{35} 白 / ɕiɑ̃^{35} 文	iɑ̃^{11}	iɑ̃^{11}	piɑ̃^{55}	piɑ̃^{33}	pʰiɑ̃^{53} 白	ti^{33}	tɕiɑ̃^{33}
蒲县	ɕiæ̃^{24}	iæ̃^{52}	iæ̃^{52}	piæ̃^{31}	piæ̃^{31}	pʰiæ̃^{33}	tiæ̃^{31}	tɕiæ̃^{31}
潞州	ɕiaŋ^{24}	iaŋ^{312}	iaŋ^{312}	piaŋ^{535}	piaŋ^{535}	piaŋ^{54}	tiaŋ^{535}	tɕiaŋ^{535}
上党	ɕiɑŋ^{44}	iɑŋ^{213}	iɑŋ^{213}	piɑŋ^{535}	piɑŋ^{535}	piɑŋ^{42}	tiɑŋ^{535}	tɕiɑŋ^{535}
长子	ɕyæ̃^{24}	iæ̃^{312}	iæ̃^{312}	piæ̃^{434}	piæ̃^{434}	piæ̃^{53}	tiæ̃^{434}	tɕiæ̃^{434}
屯留	ɕiæ̃^{11}	iæ̃^{31}	iæ̃^{31}	piæ̃^{43}	piæ̃^{43}	piæ̃^{11}	tiæ̃^{43}	tɕiæ̃^{43}
襄垣	ɕiei^{31}	iei^{33}	——	pæ^{42}	pei^{42} 白 / piei^{42} 文	pei^{45}	tei^{42}	tɕiei^{42}
黎城	ɕyæ^{53}	iæ^{33}	iẽ^{33}	piæ^{213}	piæ^{213}	piæ^{53}	tiæ^{213}	ciæ^{33}
平顺	ɕiæ̃^{213}	iæ̃^{213}	iæ̃^{213}	piæ̃^{434}	piæ̃^{434}	piæ̃^{53}	tiæ̃^{434}	tɕiæ̃^{434}
壶关	ɕiaŋ^{13}	iaŋ^{33}	iaŋ^{33}	piaŋ^{535}	piaŋ^{535}	piaŋ^{353}	tiaŋ^{535}	ciaŋ^{535}
沁县	ɕi^{33}	i^{224}	——	pæ^{214} 白 / pei^{214} 文	pei^{214}	pei^{53}	tei^{214}	tɕi^{214}
武乡	——	ŋei^{113}	ŋei^{113}	pæ^{213}	pæ^{213}	pei^{55}	tei^{213}	tsei^{113}

续表

字目	弦	烟	胭	扁	匾	辫	典	茧
中古音／方言点	胡田 山开四 平先匣	乌前 山开四 平先影	乌前 山开四 平先影	方典 山开四 上铣帮	方典 山开四 上铣帮	薄泫 山开四 上铣並	多殄 山开四 上铣端	古典 山开四 上铣见
沁源	ɕiæ̃^{33}	iæ̃^{324}	iæ̃^{324}	pæ̃^{324} 白／ piæ̃^{324} 文	piæ̃^{324}	piæ̃^{53}	tiæ̃^{324}	tɕiæ̃^{324}
安泽	ɕyæ^{35}	iæ^{21}	——	piæ^{42}	piæ^{42}	piæ^{53}	tiæ^{42}	——
沁水端氏	sei^{24}	iɪ^{21}	iɪ^{21}	pei^{31}	pei^{31}	pei^{53}	tei^{31}	kei^{31}
阳城	çiɛ^{22}	iɛ^{224}	iɛ^{224}	pɛ^{212} 白／ piɛ^{212} 文	piɛ^{212}	piɛ^{51}	tiɛ^{212}	ciɛ^{212}
高平	ɕiæ̃^{33}	iæ̃^{33}	iæ̃^{33}	piæ̃^{212}	piæ̃^{212}	piæ̃^{53}	tiæ̃^{212}	tʂæ̃^{212}
陵川	ɕiə̃ĩ^{53}	iə̃ĩ^{33}	iə̃ĩ^{33}	piə̃ĩ^{312}	piə̃ĩ^{312}	piə̃ĩ^{24}	tiə̃ĩ^{312}	tɕiə̃ĩ^{312}
晋城	ɕiɛ^{324}	iɛ^{33}	iɛ^{33}	piɛ^{213}	piɛ^{213}	piɛ^{53}	tiɛ^{213}	tɕiɒ̃^{213}
忻府	ɕiɛ̃^{21}	iɛ̃^{313}	iɛ̃^{313}	pɑ̃^{313}	piɛ̃^{313}	piɛ̃^{53}	tiɛ̃^{313}	tɕiɛ̃^{313}
原平	ɕyɛ̃^{33}	iɛ̃^{213}	iɛ̃^{213}	pɛ̃^{213}	piɛ̃^{213}	piɛ̃^{53}	tiɛ̃^{213}	tɕiɛ̃^{213}
定襄	ɕyə̃^{24}	iə̃^{24}	iə̃^{24}	piə̃^{24}	piə̃^{24}	piə̃^{53}	tiə̃^{213}	tɕiə̃^{53}
五台	ɕyə̃^{33}	iə̃^{213}	iə̃^{213}	piə̃^{213}	piə̃^{213}	piə̃^{52}	tiə̃^{213}	tɕiə̃^{213}
岢岚	ɕyɛ^{44}	iɛ^{13}	iɛ^{13}	piɛ^{13}	piɛ^{13}	piɛ^{52}	tiɛ^{13}	tɕiɛ^{13}
五寨	ɕyɪ^{44}	iɪ^{13}	iɪ^{13}	piɪ^{13}	piɪ^{13}	piɪ^{52}	tiɪ^{13}	tɕiɪ^{13}
宁武	ɕyɛ^{33}	iɛ^{23}	——	pæ^{213} 白／ piɛ^{213} 文	piɛ^{213}	piɛ^{52}	tiɛ^{213}	tɕiɛ^{213}
神池	ɕie^{32}	ie^{24}	ie^{24}	pie^{13}	pie^{13}	pie^{52}	tie^{13}	tɕie^{13}
繁峙	ɕiɛ^{31}	iɛ^{53}	iɛ^{53}	piɛ^{53}	piɛ^{53}	piɛ^{24}	tiɛ^{53}	tɕiɛ^{53}
代县	ɕye^{44}	ie^{213}	ie^{213}	pɛ^{213} 白／ pie^{213} 文	pie^{213}	pie^{53}	tie^{213}	tɕie^{213}
河曲	ɕiɛ^{44}	iɛ^{213}	iɛ^{44}	pæ^{213} 白／ piɛ^{213} 文	piɛ^{213}	piɛ^{52}	tiɛ^{213}	tɕiɛ^{213}
保德	ɕiɑŋ^{44}	iɑŋ^{213}	iɑŋ^{213}	piɑŋ^{213}	piɑŋ^{213}	piɑŋ^{52}	tiɑŋ^{213}	tɕiɑŋ^{213}
偏关	ɕiɪ^{44}	iɪ^{24}	i^{24}	pæ^{213} 白／ piɪ^{213} 文	piɪ^{213}	piɪ^{52}	tiɪ^{213}	tɕi^{213}
朔城	ɕyɛ^{35}	iɛ^{312}	——	piɛ^{312}	piɛ^{312}	piɛ^{53}	tiɛ^{312}	——
平鲁	ɕuæ^{44}/ ɕʰiᴇ^{44}	iᴇ^{213}	iᴇ^{213}	piᴇ^{213}	piᴇ^{213}	piᴇ^{52}	tiᴇ^{213}	tɕiᴇ^{213}
应县	ɕiɛ̃^{31}	iɛ̃^{43}	iɛ̃^{43}	piɛ̃^{54}/pʰiɛ̃^{43}	piɛ̃^{54}	piɛ̃^{24}	tiɛ̃^{54}	tɕiɛ̃^{54}
灵丘	ɕie^{31}	ie^{31}	ie^{442}	pie^{442}	pie^{442}	pie^{53}	tie^{442}	tɕie^{442}
浑源	iɛ^{22}	iɛ^{52}	iɛ^{52}	piɛ^{52}	piɛ^{52}	piɛ^{13}	tiɛ^{52}	tɕiɛ^{52}
云州	ɕiɛ^{312}	iɛ^{21}	iɛ^{21}	piɛ^{55}	piɛ^{55}	piɛ^{24}	tiɛ^{55}	tɕiɛ^{55}

续表

字目	弦	烟	胭	扁	匾	辫	典	茧
中古音 / 方言点	胡田 山开四 平先匣	乌前 山开四 平先影	乌前 山开四 平先影	方典 山开四 上铣帮	方典 山开四 上铣帮	薄泫 山开四 上铣並	多殄 山开四 上铣端	古典 山开四 上铣见
新荣	ɕiᴇ^{312}/ɕyᴇ^{312}	iᴇ^{32}	iᴇ^{32}	piᴇ^{54}/pæ^{54}	piᴇ^{54}	piᴇ^{24}	tiᴇ^{54}	tɕiᴇ^{24}
怀仁	ɕyæ^{312}	iæ^{42}	iæ^{42}	piæ^{53}	piæ^{53}	piæ^{24}	tiæ^{53}	tɕiæ^{53}
左云	ɕiɛ^{313}	iɛ^{31}	iɛ^{31}	piɛ^{54}	piɛ^{54}	piɛ^{24}	tiɛ^{54}	tɕiɛ^{54}
右玉	ɕyɛ^{212}	iɛ^{31}	iæn^{213}	piɛ^{53}	piɛ^{53}	piɛ^{24}	tiɛ^{53}	tɕiɛ^{53}
阳高	ɕiɛ^{31}	iɛ^{31}	——	piɛ^{53}	piɛ^{53}	piɛ^{24}	tiɛ^{53}	tɕiɛ^{53}
山阴	——	iᴇ^{313}	——	piᴇ^{52}	piᴇ^{52}	piᴇ^{335}	tiᴇ^{52}	tɕiᴇ^{52}
天镇	ɕiæ^{22}	iæ^{31}	——	pæ^{55} 白 / piæ^{55} 文	piæ^{55}	piæ^{24}	tiæ^{55}	tɕiæ^{24}
平定	ɕiæ̃^{44}	iæ̃^{31}	——	pæ̃^{53} 白 / piæ̃^{53} 文	piæ̃^{53}	piæ̃^{24}	tiæ̃^{53}	tɕiæ̃^{53}
昔阳	ɕiæ̃^{33}	iæ̃^{42}	iæ̃^{42}	piæ̃^{55}	piæ̃^{55}	piæ̃^{13}	tiæ̃^{55}	tɕiæ̃^{55}
左权	ɕyɛ^{11}	iɛ^{31}	——	pæ^{42}	piɛ^{42}	piɛ^{53}	tiɛ^{42}	——
和顺	ɕiɛ^{22}	ȵiɛ^{42}	iɛ^{42}	pæ^{42} 白 / piɛ^{53} 文	piɛ^{53}	piɛ^{13}	tiɛ^{53}	tɕiɛ^{53}
尧都	ɕiæ̃^{24}	iæ̃^{21}	iæ̃^{21}	piæ̃^{53}	piæ̃^{53}	piæ̃^{44}	tiæ̃^{53}	tɕiæ̃^{53}
洪洞	ɕiɑn^{24}	iɑn^{21}	iɑn^{21}	piɑn^{24}/ piɑn^{33}	piɑn^{42}	p^{h}iɑn^{53} 白 / piɑn^{53} 文 / pɑn^{33}	tiɑn^{42}	tɕiɑn^{42}
洪洞赵城	ɕyɑ̃^{24}	iɑ̃^{21}	iɑ̃^{21}	piɑ̃^{24}	piɑ̃^{53}	p^{h}iɑ̃^{53}	tiɑ̃^{42}	tɕiɑ̃^{53}
古县	ɕyan^{35}	ian^{21}	——	pian^{42}	pian^{42}	p^{h}ian^{53}	tɕian^{42}	tɕian^{42}
襄汾	yan^{24}/ ɕian^{24}	ian^{21}	ian^{21}	pian^{42}	pian^{42}	pian^{53}	tian^{42}	tɕian^{42}
浮山	ɕyãĩ^{13} 白 / ɕiãĩ^{13} 文	iãĩ^{42}	iãĩ^{42}	piãĩ^{33}	piãĩ^{33}	p^{h}iãĩ^{53}	tiãĩ^{33}	tɕiãĩ^{33}
霍州	ɕiaŋ^{35}	iaŋ^{212}	iaŋ^{212}	piaŋ^{33}	piaŋ^{33}	p^{h}iaŋ^{53}	tiaŋ^{33}	tɕiaŋ^{33}
翼城	ɕiɛɪ^{12}	iɛɪ^{53}	iɛɪ^{53}	piɛɪ^{44}	piɛɪ^{44}	piɛɪ^{53}	tiɛɪ^{44}	tɕiɛɪ^{44}
闻喜	ɕiæ^{13}	iæ^{53}	ȵiæ^{53}	piæ^{33}	piæ^{33}	t^{h}iæ^{13} 白 / piæ^{13} 文	tiæ^{33}	——
侯马	ɕiæ̃^{213}	iæ̃^{213}	iæ̃^{213}	piæ̃^{44}	piæ̃^{44}	p^{h}iæ̃^{53}	t^{h}iæ̃^{44}	tɕiæ̃^{44}
新绛	ɕyɑ̃^{13}	iɑ̃^{53}	iɑ̃^{44}	piɑ̃^{44}	piɑ̃^{44}	p^{h}iɑ̃^{53}	tiɑ̃^{44}	tɕiɑ̃^{44}
绛县	ɕiæ^{24}	iæ^{53}	iæ^{53}	piæ^{33}	piæ^{33}	p^{h}iæ^{53}	tiæ^{33}	tɕiæ^{24}
垣曲	ɕiæ̃^{22}	iæ̃^{22}	iæ̃^{22}	p^{h}iæ̃^{44} 白 / piæ̃^{44} 文	piæ̃^{44}	piæ̃^{53}	tiæ̃^{44}	tɕiæ̃^{44}

续表

字目	弦	烟	胭	扁	匾	辫	典	茧
中古音 / 方言点	胡田 山开四 平先匣	乌前 山开四 平先影	乌前 山开四 平先影	方典 山开四 上铣帮	方典 山开四 上铣帮	薄泫 山开四 上铣並	多殄 山开四 上铣端	古典 山开四 上铣见
夏县	çiæ^{42}	iæ^{53}	iæ^{53}	piæ^{24}	piæ^{24}	pʰiæ^{31} 白 / piæ^{31} 文	tiæ^{24}	tçiæ^{24}
万荣	çiæ^{213}	iæ^{51}	iæ^{51}	piæ^{55}	piæ^{55}	pʰiæ^{33}	tiæ^{55}	tçiæ^{55}
稷山	çyɑ̃^{53}	iɑ̃^{53}	iɑ̃^{53}	piɑ̃^{44}	piɑ̃^{44}	pʰiɑ̃^{42}	tiɑ̃^{44}	tçiɑ̃^{44}
盐湖	çyæ̃^{13}	iæ̃^{42}	iæ̃^{42}	piæ̃^{53}	piæ̃^{53}	piæ̃^{44}	tiæ̃^{53}	tçiæ̃^{53}
临猗	çiæ̃^{13}	iæ̃^{42}	iæ̃^{42}	piæ̃^{53}	piæ̃^{53}	pʰiæ̃^{44} 白 / piæ̃^{44} 文	tiæ̃^{53}	tçiæ̃^{53}
河津	çiæ̃^{324}	iæ̃^{31}	iæ̃^{31}	piæ̃^{53}	piæ̃^{53}	pʰiæ̃^{44}	tiæ̃^{53}	tʂæ̃^{53} 白
平陆	çian^{13}	ian^{31}	ian^{31}	pʰia^{33}/ pian^{55}	pian^{55}	pʰian^{33}	tian^{55}	tçian^{55}
永济	çiæ̃ ^{24}	iæ̃ ^{31}	iæ̃ ^{31}	piæ̃ ^{53}	piæ̃ ^{53}	piæ̃ ^{44}	tiæ̃ ^{53}	tçiæ̃ ^{53}
芮城	çiæ̃^{13} 白 / çyæ̃^{13} 文	iæ̃^{42}	iæ̃^{42}	piæ̃^{53}	piæ̃^{53}	piæ̃^{44}	tiæ̃^{53}	tçiæ̃^{53}
吉县	çiæ̃^{13}	iæ̃^{423}	——	piæ̃^{53}	piæ̃^{53}	pʰiæ̃^{33}	tiæ̃^{53}	tçiæ̃^{53}
乡宁	çyæ^{12}	iæ^{53}	iæ^{53}	piæ^{44}	piæ^{44}	pʰiæ^{22} 白 / piæ^{22} 文	tiæ^{44}	tçiæ^{44}
广灵	çiæ^{31}/çyæ^{31}	iæ^{53}	iæ^{53}	piæ^{44}	piæ^{44}	piæ^{213}	tiæ^{44}	tçiæ^{44}

字目	显	遍	片	面~粉	电	殿	练	炼
中古音 方言点	呼典 山开四 上铣晓	方见 山开四 去霰帮	普面 山开四 去霰滂	莫甸 山开四 去霰明	堂练 山开四 去霰定	堂练 山开四 去霰定	郎甸 山开四 去霰来	郎甸 山开四 去霰来
北京	ɕiɛn^{214}	piɛn^{51}	pʰiɛn^{51}	miɛn^{51}	tiɛn^{51}	tiɛn^{51}	liɛn^{51}	liɛn^{51}
小店	ɕiæ^{53}	piæ^{24}	pʰiæ^{24}	miæ^{24}	tiæ^{24}	tiæ^{24}	liæ^{24}	liæ^{24}
尖草坪	ɕie^{312}	pie^{35}	pʰie^{35}	mie^{35}	tie^{35}	tie^{35}	lie^{35}	lie^{35}
晋源	ɕiæ^{42}	piæ^{35}	pʰiæ^{35}	miæ^{35}	tiæ^{35}	tiæ^{35}	liæ^{35}	liæ^{35}
阳曲	ɕiɛ^{312}	piɛ^{454}/ pʰiɛ^{454}	pʰiɛ^{454}	miɛ^{454}	tiɛ^{454}	tiɛ^{454}	liɛ^{454}	liɛ^{454}
古交	ɕiɛ^{312}	piɛ^{53}	pʰiɛ^{53}	miɛ^{53}	tiɛ^{53}	tiɛ^{53}	liɛ^{53}	liɛ^{53}
清徐	ɕiɛ^{54}	piɛ^{45}	pʰiɛ^{45}	miɛ^{45}	tiɛ^{45}	tiɛ^{45}	liɛ^{45}	liɛ^{45}
娄烦	ɕiɛ^{312}	piɛ^{54}	pʰiɛ^{54}	miɛ^{54}	tiɛ^{54}	tiɛ^{54}	liɛ^{54}	liɛ^{54}
榆次	ɕie^{53}	pie^{35}	pʰie^{35}	mie^{35}	tie^{35}	tie^{35}	lie^{35}	lie^{35}
交城	ɕiã^{53}	piã^{24}	pʰiã^{24}	miã^{24}	tiã^{24}	tiã^{24}	liã^{24}	liã^{24}
文水	ɕiæĩ^{423}	piæĩ^{35}	pʰia^{35} 白/ pʰiæĩ^{35} 文/ pʰiæĩ^{423} 文	miæĩ^{35}	tiæĩ^{35}	tiæĩ^{35}	liæĩ^{35}	liæĩ^{35}
祁县	ɕiẽ^{314}	piẽ^{45}	pʰiẽ^{45}	miẽ^{45}	tiẽ^{45}	tiẽ^{45}	liẽ^{45}	liẽ^{45}
太谷	ɕiẽĩ^{312}	piẽĩ^{53}	pʰiẽĩ^{53}	miẽĩ^{53}	tiẽĩ^{53}	tiẽĩ^{53}	liẽĩ^{53}	liẽĩ^{53}
平遥	ɕĩɛ̃^{512}	pĩɛ̃^{213}	pʰĩɛ̃^{512}	mĩɛ̃^{24}	tĩɛ̃^{24}	tĩɛ̃^{24}	lĩɛ̃^{24}	lĩɛ̃^{24}
孝义	ɕiᴇ^{312}	piᴇ^{454}	pʰiᴇ^{454}	miᴇ^{454}	tiᴇ^{454}	tiã^{454}	liã^{454}	liã^{454}
介休	ɕiɛ̃^{423}	piɛ̃^{45}	pʰiɛ̃^{45}	miɛ̃^{45}	tiɛ̃^{45}	tiɛ̃^{45}	liɛ̃^{45}	liɛ̃^{45}
灵石	ɕie^{212}	pie^{53}	pʰie^{53}	mie^{53}	tie^{53}	tie^{53}	lie^{53}	lie^{53}
盂县	ɕiæ̃^{53}	piæ̃^{55}	pʰiæ̃^{55}/ pʰiʌʔ^{2}	miæ̃^{55}	tiæ̃^{55}	tiæ̃^{55}	liæ̃^{55}	liæ̃^{55}
寿阳	ɕiɪ^{53}	piɪ^{45}	pʰiɪ^{45}	miɪ^{45}	tiɪ^{45}	tiɪ^{45}	lei^{45}	lei^{45}
榆社	ɕie^{312}	pie^{45}	pʰie^{45}	mie^{45}	tie^{45}	tie^{45}	lie^{45}	lie^{45}
离石	ɕiɪ^{312}	piɪ^{53}	pʰiɪ^{312}	miɪ^{53}	tiɪ^{53}	tiɪ^{53}	liɪ^{53}	liɪ^{53}
汾阳	ɕi^{312}	pi^{55}	pʰi^{55}	mi^{55} 白/ miã^{55} 文	tiã^{55}	ti^{55}	liã^{55}	liã^{55}
中阳	ɕie^{423}	pie^{53}	pʰie^{423}	mie^{53}	tie^{53}	tie^{53}	lie^{53}	lie^{53}
柳林	ɕie^{312}	pie^{53}	pʰie^{53}	mie^{53}	tie^{53}	tie^{53}	lie^{53}	lie^{53}
方山	ɕiɛ^{312}	piɛ^{52}	pʰiɛ^{52}	miɛ^{52}	tiɛ^{52}	tiɛ^{52}	liɛ^{52}	liɛ^{52}
临县	ɕie^{312}	pie^{52}	pʰie^{52}	mie^{52}	tie^{52}	tie^{52}	lie^{52}	lie^{52}
兴县	ɕiẽn^{324}	piẽn^{53}	pʰiẽn^{53}	miẽn^{53}	tiẽn^{53}	tiẽn^{53}	liẽn^{53}	liẽn^{53}
岚县	ɕiẽ^{312}	piẽ^{53}	pʰiẽ^{312}/ pʰiẽ^{53}	miẽ^{53}	tiẽ^{53}	tiẽ^{53}	liẽ^{53}	liẽ^{53}

续表

字目	显	遍	片	面~粉	电	殿	练	炼
中古音 / 方言点	呼典 山开四 上铣晓	方见 山开四 去霰帮	普面 山开四 去霰滂	莫甸 山开四 去霰明	堂练 山开四 去霰定	堂练 山开四 去霰定	郎甸 山开四 去霰来	郎甸 山开四 去霰来
静乐	ɕiæ̃^{314}	piæ̃^{53}	pʰiæ̃^{53}	miæ̃^{53}	tiæ̃^{53}	tiæ̃^{53}	liæ̃^{53}	liæ̃^{53}
交口	ɕiɑ̃^{323}	piɑ̃^{53}	pʰiɑ̃^{53}	miɑ̃^{53}	tiɑ̃^{53}	tiɑ̃^{53}	liɑ̃^{53}	liɑ̃^{53}
石楼	ɕiɑŋ^{213}	piɑŋ^{51}	pʰiɑŋ^{51}	miɑŋ^{51}	tiɑŋ^{51}	tiɑŋ^{51}	liɑŋ^{51}	liɑŋ^{51}
隰县	ɕiaŋ^{21}	piɛ^{44}	pʰiɛ^{44}	miɛ^{44}	tiɛ^{44}	tiɛ^{44}	liɛ^{44}	liɛ^{44}
大宁	ɕiẽ^{31}	pʰiẽ^{55}	pʰiẽ^{31}	miẽ^{55}	tiẽ^{55}	tiẽ^{55}	liẽ^{55}	liẽ^{55}
永和	ɕiɪ^{312}	piɪ^{53}	pʰiɪ^{312}	miɪ^{53}	tiɪ^{53}	tiɪ^{53}	liɪ^{53}	liɪ^{53}
汾西	ɕiɑ̃^{33}	——	pʰiɑ̃^{55}	——	tiɑ̃^{53}	tiɑ̃^{53}	liɑ̃^{53}	liɑ̃^{53}
蒲县	ɕiæ̃^{31}	piæ̃^{33}	pʰiæ̃^{33}	miæ̃^{33}	tiæ̃^{33}	tiæ̃^{33}	liæ̃^{33}	liæ̃^{33}
潞州	ɕiaŋ^{535}	piaŋ^{44}	pʰiaŋ^{44}	miaŋ^{54}	tiaŋ^{54}	tiaŋ^{54}	liaŋ^{54}	liaŋ^{54}
上党	ɕiɑŋ^{535}	piɑŋ^{22}	pʰiɑŋ^{22}	miɑŋ^{42}	tiɑŋ^{42}	tiɑŋ^{42}	lyɑŋ^{42}	lyɑŋ^{42}
长子	ɕiæ̃^{434}	piæ̃^{53}	pʰiæ̃^{422}	miæ̃^{53}	tiæ̃^{53}	tiæ̃^{422}	liæ̃^{53}	liæ̃^{53}
屯留	ɕiæ̃^{43}	piæ̃^{53}	pʰiæ̃^{53}	miæ̃^{11}	tiæ̃^{11}	tiæ̃^{53}	liæ̃^{11}	liæ̃^{11}
襄垣	ɕiei^{42}	pei^{45}	pʰei^{53}	mei^{45}	tei^{45}	tei^{45}	lei^{45}	lei^{45}
黎城	ɕiæ^{213}	piæ^{422}	pʰiæ^{422}	miæ^{53}	tiæ^{53}	tiæ^{53}	liæ^{53}	liæ^{53}
平顺	ɕiæ̃^{434}	piæ̃^{53}	pʰiæ̃^{53}	miæ̃^{53}	tiæ̃^{53}	tiæ̃^{53}	lyæ̃^{53}	lyæ̃^{53}
壶关	siaŋ^{535}/ ɕiaŋ^{535}	piaŋ^{42}	pʰiaŋ^{42}	miaŋ^{353}	tiaŋ^{353}	tiaŋ^{353}	lyaŋ^{42}	lyaŋ^{42}
沁县	ɕi^{214}	pei^{53}	pʰei^{53}	mei^{53}	tei^{53}	tei^{53}	lei^{53}	lei^{53}
武乡	sei^{33}	pei^{55}	pʰei^{55}	mei^{55}	tei^{55}	tei^{55}	lei^{55}	lei^{55}
沁源	ɕiæ̃^{324}	piæ̃^{53}	pʰiæ̃^{53}	miæ̃^{53}	tiæ̃^{53}	tiæ̃^{53}	liæ̃^{53}	liæ̃^{53}
安泽	ɕiæ^{42}	piæ^{53}	pʰiæ^{53}	miæ^{53}	tiæ^{53}	tiæ^{53}	liæ^{53}	liæ^{53}
沁水端氏	sei^{31}	pei^{53}	pʰei^{53}	mei^{53}	tei^{53}	tei^{53}	lei^{53}	lei^{53}
阳城	ɕiɛ^{212}	piɛ^{51}	pʰiɛ^{51}	miɛ^{51}	tiɛ^{51}	tiɛ^{51}	liɛ^{51}	liɛ^{51}
高平	ɕiæ̃^{212}	piæ̃^{53}	pʰiæ̃^{53}	miæ̃^{53}	tiæ̃^{53}	tiæ̃^{53}	niæ̃^{53}	niæ̃^{53}
陵川	ɕiə̃ɪ̃^{312}	piə̃ɪ̃^{24}	pʰiə̃ɪ̃^{24} 白 / piæ̃^{24} 文	miə̃ɪ̃^{24}	tiə̃ɪ̃^{24}	tiə̃ɪ̃^{24}	liə̃ɪ̃^{24}	liə̃ɪ̃^{24}
晋城	ɕie^{213}	pie^{53}	pʰie^{53}	mie^{53}	tie^{53}	tie^{53}	lie^{53}	lie^{53}
忻府	ɕiẽ^{313}	piẽ^{53}	pʰiẽ^{53}	miẽ^{53}	tiẽ^{53}	tiẽ^{53}	liẽ^{53}	liẽ^{53}
原平	ɕiẽ^{213}	piẽ^{53}	miẽ^{53}	miẽ^{53}	tiẽ^{53}	tiẽ^{53}	liẽ^{53}	liẽ^{53}
定襄	ɕiə̃^{24}	piə̃^{53}	pʰiə̃^{53}	miə̃^{53}	tiə̃^{53}	tiə̃^{53}	liə̃^{53}	liə̃^{53}
五台	ɕiə̃^{213}	piə̃^{52}	pʰiə̃^{52}	miə̃^{52}	tiə̃^{52}	tiə̃^{52}	liə̃^{52}	liə̃^{52}

续表

字目	显	遍	片	面~粉	电	殿	练	炼
中古音 / 方言点	呼典 山开四 上铣晓	方见 山开四 去霰帮	普面 山开四 去霰滂	莫甸 山开四 去霰明	堂练 山开四 去霰定	堂练 山开四 去霰定	郎甸 山开四 去霰来	郎甸 山开四 去霰来
岢岚	ɕiɛ^{13}	piɛ^{52}	pʰiɛ^{52}	miɛ^{52}	tiɛ^{52}	tiɛ^{52}	liɛ^{52}	liɛ^{52}
五寨	ɕiɪ^{13}	piɪ^{52}	pʰiɪ^{52}	miɪ^{52}	tiɪ^{52}	tiɪ^{52}	liɪ^{52}	liɪ^{52}
宁武	ɕiɛ^{213}	piɛ^{52}	pʰiɛ^{52}	miɛ^{52}	tiɛ^{52}	tiɛ^{52}	liɛ^{52}	liɛ^{52}
神池	ɕie^{13}	pie^{52}	pʰie^{52}	mie^{52}	tie^{52}	tie^{52}	lie^{52}	lie^{52}
繁峙	ɕiɛ^{53}	piɛ^{24}	pʰiɛ^{24}	miɛ^{24}	tiɛ^{24}	tiɛ^{24}	liɛ^{24}	liɛ^{24}
代县	ɕie^{213}	pie^{53}	pʰie^{213}	mie^{53}	tie^{53}	tie^{53}	lye^{53} 白 / lie^{53} 文	lye^{53} 白 / lie^{53} 文
河曲	ɕiɛ^{213}	piɛ^{52}	pʰiɛ^{52}	miɛ^{52}	tiɛ^{52}	tiɛ^{52}	liɛ^{52}	liɛ^{52}
保德	ɕiɑŋ^{213}	piɑŋ^{52}	pʰiɑŋ^{52}	miɑŋ^{52}	tiɑŋ^{52}	tiɑŋ^{52}	liɑŋ^{52}	liɑŋ^{52}
偏关	ɕiɪ^{213}	piɪ^{52}	pʰiɪ^{52}	miɿ^{52}	ti^{52}	ti^{52}	liɪ^{52}	liɪ^{52}
朔城	ɕiɛ^{312}	piɛ^{53}	——	——	tiɛ^{53}	tiɛ^{53}	lyɛ^{53}	lyɛ^{53}
平鲁	ɕʰiᴇ^{213}	piᴇ^{52}	pʰiᴇ^{52}	miᴇ^{52}	tiᴇ^{52}	tiᴇ^{52}	lyᴇ^{52}	lyᴇ^{52}
应县	ɕiɛ̃^{54}	piɛ̃^{24}	pʰiɛ̃^{54}/pʰiɛ̃^{24}	miɛ̃^{24}	tiɛ̃^{24}	tiɛ̃^{24}	lyɛ̃^{24}	lyɛ̃^{24}
灵丘	ɕie^{442}	pie^{53}	pʰie^{53}	mie^{53}	tie^{53}	tie^{53}	lie^{53}	lie^{53}
浑源	iɛ^{52}	piɛ^{13}	pʰiɛ^{13}	miɛ^{13}	tiɛ^{13}	tiɛ^{13}	lyɛ^{13}	lyɛ^{13}
云州	ɕiɛ^{55}	piɛ^{24}	pʰiɛ^{24}	miɛ^{24}	tiɛ^{24}	tiɛ^{24}	liɛ^{24}	liɛ^{24}
新荣	ɕiᴇ^{54}	piᴇ^{24}	pʰiᴇ^{24}/ pʰiᴇ^{54}	mi^{24}	tiᴇ^{24}	tiᴇ^{24}	liᴇ^{24}	liᴇ^{24}
怀仁	ɕiæ^{53}	piæ^{24}	pʰiæ^{24}	miæ^{24}	tiæ^{24}	tiæ^{24}	lyæ^{24}	lyæ^{24}
左云	ɕiɛ^{54}	piɛ^{24}	pʰiɛ^{24}	miɛ^{24}	tiɛ^{24}	tiɛ^{24}	liɛ^{24}	liɛ^{24}
右玉	ɕie^{53}	pie^{24}	pʰie^{53}	mie^{24}	tie^{24}	tie^{24}	lye^{24}	lye^{24}
阳高	ɕiɛ^{53}	piɛ^{24}	pʰiɛ^{53}	miɛ^{24}	tiɛ^{24}	tiɛ^{24}	liɛ^{24}/luɛ^{24}	liɛ^{24}
山阴	ɕiᴇ^{52}	piᴇ^{335}	pʰiᴇ^{52}/ pʰiᴇ^{335}	——	tiᴇ^{335}	tiᴇ^{335}	liᴇ^{335}	liᴇ^{335}
天镇	ɕiæ^{55}	piæ^{24}	pʰiæ^{24}	miæ^{24}	tiæ^{24}	tiæ^{24}	lyæ^{24} 白 / lyæ^{24} 文	——
平定	ɕiæ̃^{53}	piæ̃^{24}	pʰiæ̃^{24}	miæ̃^{24}	tiæ̃^{24}	tiæ̃^{24}	liæ̃^{24}	liæ̃^{24}
昔阳	ɕiæ̃^{55}	piæ̃^{13}	pʰiæ̃^{13}	miæ̃^{13}	tiæ̃^{13}	tiæ̃^{13}	liæ̃^{13}	liæ̃^{13}
左权	ɕiɛ^{42}	piɛ^{53}	pʰiɛ^{53}	miɛ^{53}	tiɛ^{53}	tiɛ^{53}	liɛ^{53}	——
和顺	ɕiɛ^{53}	piɛ^{13}	pʰiɛ^{13}	miɛ^{13}	tiɛ^{13}	tiɛ^{13}	liɛ^{13}	liɛ^{13}
尧都	ɕiæ̃^{53}	piæ̃^{44}	pʰiæ̃^{44}	miæ̃^{44}	tiæ̃^{44}	tiæ̃^{44}	liæ̃^{44}	liæ̃^{44}
洪洞	ɕiɑn^{42}	piɑn^{33}	pʰiɑn^{33}	miɑn^{53}	tiɑn^{33}/ tiɑn^{42}	tiɑn^{53}/ tiɑn^{42}	liɑn^{53}	liɑn^{53}

续表

字目	显	遍	片	面~粉	电	殿	练	炼
中古音 / 方言点	呼典 山开四 上铣晓	方见 山开四 去霰帮	普面 山开四 去霰滂	莫甸 山开四 去霰明	堂练 山开四 去霰定	堂练 山开四 去霰定	郎甸 山开四 去霰来	郎甸 山开四 去霰来
洪洞赵城	ɕiɑ̃^{42}	piɑ̃^{53}	p^{h}iɑ̃^{53}	miɑ̃^{53}	tiɑ̃^{53}	tiɑ̃^{53}	liɑ̃^{53}	liɑ̃^{53}
古县	ɕian^{42}	pian^{35}	p^{h}ian^{53}	mian^{53}	tɕian^{53}	tɕian^{53}	lian^{53}	——
襄汾	ɕian^{42}	pian^{44}	p^{h}ian^{44}	mian^{53}	tian^{53}	tian^{53}	lian^{53}	lian^{53}
浮山	ɕiãɪ̃^{33}	piãɪ̃^{44}	p^{h}iãɪ̃^{44}	miɛ^{53} 白 / miãɪ̃^{53} 文	tiãɪ̃^{53}	tiãɪ̃^{53}	liãɪ̃^{53}	liãɪ̃^{53}
霍州	ɕiaŋ^{33}	piaŋ^{55}	p^{h}iaŋ^{53}	miaŋ^{53}	tiaŋ^{55}	tiaŋ^{55}	liaŋ^{53}	liaŋ^{53}
翼城	ɕiɛɪ^{44}	piɛɪ^{53}	p^{h}iɛɪ^{53}	miɛɪ^{53}	tiɛɪ^{53}	tiɛɪ^{53}	liɛɪ^{53}	liɛɪ^{53}
闻喜	ɕiæ^{33}	piæ^{53}	t^{h}iæ^{53} 白 / p^{h}iæ^{53} 文	liæ^{13} 白 / ȵiæ^{52} 白 / miæ^{13} 文	tiæ^{13}	tiæ^{13}	liæ^{13}	——
侯马	ɕiæ̃^{44}	p^{h}iæ̃^{53}	p^{h}iæ̃^{53}	miæ̃^{53}	t^{h}iæ̃^{53}	t^{h}iæ̃^{53}	tɕiæ̃^{53}	tɕiæ̃^{53}
新绛	ɕiã^{44}	piã^{53}	p^{h}iã^{53}	miã^{53}	tiã^{53}	tiã^{53}	liã^{53}	liã^{53}
绛县	ɕiæ^{33}	piæ^{31}	p^{h}iæ^{31}	miæ^{31}	tiæ^{53}	tiæ^{53}	liæ^{31}	liæ^{31}
垣曲	ɕiæ̃^{44}	p^{h}iæ̃^{53} 白 / piæ̃^{53} 文	p^{h}iæ̃^{53}	miæ̃^{53}	tiæ̃^{53}	tiæ̃^{53}	liæ̃^{53}	liæ̃^{53}
夏县	ɕiæ^{24}	piæ^{31}	p^{h}iæ^{31}	miæ^{31}	tiæ^{31}	tiæ^{31}	liæ^{31}	liæ^{31}
万荣	ɕiæ^{55}	piæ^{33}	p^{h}iæ^{55}	miæ^{33}	tiæ^{33}	tiæ^{33}	liæ^{33}	liæ^{33}
稷山	ɕiɑ̃^{44}	piɑ̃^{42}	p^{h}iɑ̃^{42}	miɑ̃^{42}	tiɑ̃^{42}	tiɑ̃^{42}	liɑ̃^{42}	liɑ̃^{42}
盐湖	ɕiæ̃^{53}	piæ̃^{44}	p^{h}iæ̃^{44}	miæ̃^{44}	tiæ̃^{44}	tiæ̃^{44}	liæ̃^{44}	liæ̃^{44}
临猗	ɕiæ̃^{53}	piæ̃^{44}	p^{h}iæ̃^{44}	miæ̃^{44}	tiæ̃^{44}	tiæ̃^{44}	liæ̃^{44}	liæ̃^{44}
河津	ɕiæ̃^{53}	piæ̃^{44}	p^{h}iæ̃^{53}	miæ̃^{44}	tiæ̃^{44}	tiæ̃^{44}	liæ̃^{44}	liæ̃^{44}
平陆	ɕian^{55}	pian^{33}	p^{h}ian^{55}	mian^{33}	tian^{33}	tian^{33}	lian^{33}	lian^{33}
永济	ɕiæ̃^{53}	p^{h}iæ̃^{44} 白 / piæ̃^{44} 文	p^{h}iæ̃^{31}	miæ̃^{44}	tiæ̃^{44}	t^{h}iæ̃^{44} 白 / tiæ̃^{44} 文	liæ̃^{53}	liæ̃^{53}
芮城	ɕiæ̃^{53}	piæ̃^{44}	p^{h}iæ̃^{42}	miæ̃^{44}	tiæ̃^{44}	tiæ̃^{44}	liæ̃^{44}	liæ̃^{44}
吉县	ɕiæ̃^{53}	piæ̃^{33}	p^{h}iæ̃^{53}	miæ̃^{33}	tiæ̃^{33}	tiæ̃^{33}	liæ̃^{33}	liæ̃^{33}
乡宁	ɕiæ^{44}	piæ^{22}	p^{h}iæ^{22}	miæ^{22}	tiæ^{22}	tiæ^{22}	liæ^{22}	liæ^{22}
广灵	ɕiæ^{44}	piæ^{213}	p^{h}iæ^{213}	miæ^{213}	tiæ^{213}	tiæ^{213}	lyæ^{213}	lyæ^{213}

字目	荐推~	见	砚	现	燕~子	咽吞~	宴
中古音 / 方言点	作甸 山开四 去霰精	古电 山开四 去霰见	吾甸 山开四 去霰疑	胡甸 山开四 去霰匣	於甸 山开四 去霰影	於甸 山开四 去霰影	於甸 山开四 去霰影
北京	tɕiɛn^{51}	tɕiɛn^{51}	iɛn^{51}	ɕiɛn^{51}	iɛn^{51}	iɛn^{51}	iɛn^{51}
小店	tɕiæ^{24}	tɕiæ^{11}/tɕiæ^{24}	iæ^{24}	ɕiæ^{24}	iæ^{24}	iæ^{24}	iæ^{24}
尖草坪	tɕie^{35}	tɕie^{35}	ie^{35}	ɕie^{35}	ie^{35}	ie^{35}	ie^{35}
晋源	tɕiæ^{35}	tɕiæ^{35}	iæ^{35}	ɕiæ^{35}	iæ^{35}	iæ^{35}	iæ^{35}
阳曲	tɕiɛ^{454}	tɕiɛ^{454}	iɛ^{454}	ɕiɛ^{454}	iɛ^{454}	iɛ^{454}	iɛ^{454}
古交	tɕiɛ^{53}	tɕiɛ^{53}	ȵiɛ^{53}	ɕiɛ^{53}	iɛ^{53}	iɛ^{53}	iɛ^{53}
清徐	tɕiɛ^{45}	tɕiɛ^{45}	niɛ^{45} 白 /iɛ^{45} 文	ɕiɛ^{45}	niɛ^{45} 白 /iɛ^{45} 文	iɛ^{45}	iɛ^{45}
娄烦	tɕiɛ^{54}	tɕiɛ^{54}	ȵiɛ^{54}	ɕiɛ^{54}	iɛ^{54}	iɛ^{54}	iɛ^{54}
榆次	tɕie^{35}	tɕie^{35}	ie^{35}	ɕie^{35}	ie^{35}	ie^{35}	ie^{35}
交城	tɕiã^{24}	tɕiã^{24}	niã^{24}	ɕiã^{24}	iɑ^{11} 白 /iã^{24} 文	iã^{24}	iã^{24}
文水	tɕiæ̃ĩ^{35}	tɕiæ̃ĩ^{35}	ȵiæ̃ĩ^{35} 白 / iæ̃ĩ^{35} 文	ɕiæ̃ĩ^{35}	iæ̃ĩ^{35}	iæ̃ĩ^{35}	iæ̃ĩ^{35}
祁县	tɕiẽ^{45}	tɕiẽ^{45}	ȵiẽ^{45}	ɕiẽ^{45}	iẽ^{45}	iẽ^{45}	iẽ^{45}
太谷	tɕiẽĩ^{53}	tɕiẽĩ^{53}	ȵiẽĩ^{53} 白 /iẽĩ^{53} 文	ɕiẽĩ^{53}	iẽĩ^{53}	iẽĩ^{53}	iẽĩ^{53}
平遥	tɕĩɛ̃^{24}	tɕĩɛ̃^{24}	ȵĩɛ̃^{213}	ɕĩɛ̃^{24}	ĩɛ̃^{24}	ĩɛ̃^{24}	ĩɛ̃^{24}
孝义	tɕiã^{454}	tɕiᴇ^{454}	ȵiᴇ^{454}	ɕiᴇ^{454}	i^{454}	iᴇ^{454}	iã^{454}
介休	tɕiɛ̃^{45}	tɕiɛ̃^{45}	iɛ̃^{45}	ɕiɛ̃^{45}	iɛ̃^{45}	iɛ̃^{45}	iɛ̃^{45}
灵石	tɕie^{53}	tɕie^{53}	ie^{53}	ɕie^{53}	ie^{53}	ie^{53}	ie^{53}
盂县	tɕiæ̃^{55}	tɕiæ̃^{55}	iæ̃^{55}	ɕiæ̃^{55}	iæ̃^{55}	iæ̃^{412}/iæ̃^{55}	iæ̃^{55}
寿阳	tɕiɪ^{45}	tɕiɪ^{45}	ȵiɪ^{45}/iɪ^{45}	ɕiɪ^{45}	iɪ^{45}	iɪ^{45}	iɪ^{45}
榆社	tɕie^{45}	tɕie^{45}	nie^{45}	ɕie^{45}	ie^{45}	ie^{45}	ie^{45}
离石	tɕiɪ^{53}	tɕiɪ^{53}	niɪ^{53}	ɕiɪ^{53}	iɪ^{53}	iɪ^{53}	iɪ^{53}
汾阳	tɕiã^{55}	tɕi^{55} 白 /tɕiã^{55} 文	ȵi^{55}	ɕi^{55} 白 /ɕiã^{55} 文	iã^{55}	i^{55}	iã^{55}
中阳	tɕie^{53}	tɕie^{53}	ŋie^{53}	ɕie^{53}	ie^{53}	ie^{53}	ie^{53}
柳林	tɕie^{53}	tɕie^{53}	ŋie^{53}	ɕie^{53}	ie^{53}	ie^{53}	ie^{53}
方山	tɕiɛ^{52}	tɕiɛ^{52}	iɛ^{52}	ɕiɛ^{52}	iɛ^{52}	iɛ^{52}	iɛ^{52}
临县	tɕie^{52}	tɕie^{52}	ie^{52}	ɕie^{52}	ie^{52}	ie^{52}	ie^{52}
兴县	tɕiẽn^{53}	tɕiẽn^{53}	niẽn^{53}	ɕiẽn^{53}	iẽn^{53}	iẽn^{53}	iẽn^{53}
岚县	tɕiẽ^{53}	tɕiẽ^{53}	ȵiẽ^{53}	ɕiẽ^{53}	ie^{53}	iẽ^{53}	iẽ^{53}
静乐	tɕiæ̃^{53}	tɕiæ̃^{53}	iæ̃^{53}	ɕiæ̃^{53}	iæ̃^{53}	iæ̃^{53}	iæ̃^{53}
交口	tɕiɑ̃^{53}	tɕiɑ̃^{53}	ȵiɑ̃^{53}	ɕiɑ̃^{53}	iɑ̃^{53}	iɑ̃^{53}	iɑ̃^{53}
石楼	tɕiɑŋ^{51}	tɕiɑŋ^{51}	ȵiɑŋ^{51} 白 / iɑŋ^{51} 文	ɕiɑŋ^{51}	iɑŋ^{51}	iɑŋ^{51}	iɑŋ^{51}

续表

字目	荐推~	见	砚	现	燕~子	咽吞~	宴
中古音 / 方言点	作甸 山开四 去霰精	古电 山开四 去霰见	吾甸 山开四 去霰疑	胡甸 山开四 去霰匣	於甸 山开四 去霰影	於甸 山开四 去霰影	於甸 山开四 去霰影
隰县	tɕʰiɛ^{53}	tɕʰiɛ^{53}	ȵiɛ^{44}	ɕiɛ^{44}	iɛ^{44}	iɛ^{44}	iɛ^{44}
大宁	tɕiɛ̃^{55}	tɕiɛ̃^{55}	niɛ̃^{55} 白 /iɛ̃^{55} 文	ɕiɛ̃^{55}	iɛ̃^{55}	iɛ̃^{55}	iɛ̃^{55}
永和	tɕiɪ^{53}	tɕiɪ^{53}	niɪ^{53}	ɕiɪ^{53}	iɪ^{53}	iɪ^{53}	iɪ^{53}
汾西	tɕiɑ̃^{53}	tiɑ̃^{55} 白 /tɕiɑ̃^{55} 文	iɑ̃^{55}	ɕiɑ̃^{53}	iɑ̃^{55} 文 /iɪ^{55}	iɑ̃^{55}	iɑ̃^{55}
蒲县	tɕiæ̃^{33}	tiæ̃^{33} 白 /ɕiæ̃^{33} 文	iæ̃^{33}	ɕiæ̃^{33}	iæ̃^{33}	iæ̃^{52}	iæ̃^{33}
潞州	tɕiaŋ^{44}	tɕiaŋ^{44}	iaŋ^{54}	ɕiaŋ^{54}	iaŋ^{44}	iaŋ^{44}	iaŋ^{44}
上党	tɕiɑŋ^{22}	tɕiɑŋ^{22}	iɑŋ^{44}	ɕiɑŋ^{42}	iɑŋ^{213}/iɑŋ^{22}	iɑŋ^{22}	iɑŋ^{22}/iɑŋ^{42}
长子	tɕiæ̃^{53}	tɕiæ̃^{422}	iæ̃^{53}	ɕiæ̃^{422}	iæ̃^{53}	iæ̃^{53}	iæ̃^{53}
屯留	tɕiæ̃^{53}	tɕiæ̃^{53}	iæ̃^{11}	ɕiæ̃^{11}	iæ̃^{11}	iæ̃^{53}	iæ̃^{11}
襄垣	tɕiei^{45}	tɕiei^{53}	iei^{45}	ɕiei^{53}	iei^{45}	——	iei^{45}
黎城	tɕiæ^{53}	ciæ^{53}	iæ^{53}	çiæ^{53}	iæ^{53}	iɛ̃^{33}	iæ^{53}
平顺	tɕiæ̃^{53}	tɕiæ̃^{53}	iæ̃^{53}	ɕiæ̃^{53}	iæ̃^{53}	iæ̃^{53}	iæ̃^{53}
壶关	tsiaŋ^{42}	ciaŋ^{42}	iaŋ^{353}	çiaŋ^{353}	iaŋ^{42}	iaŋ^{42}	iaŋ^{42}/iaŋ^{353}
沁县	tɕi^{53}	tɕi^{53}	i^{53}	ɕi^{53}	i^{53}	i^{53}	i^{53}
武乡	tsei^{55}	tsei^{55}	nzei^{55}	sei^{55}	ŋei^{55}	ŋei^{55}	ŋei^{55}
沁源	tɕiæ̃^{53}	tɕiæ̃^{53}	ȵiæ̃^{53}	ɕiæ̃^{53}	iæ̃^{53}	iæ̃^{53}	iæ̃^{53}
安泽	tɕiæ^{53}	tɕiæ^{53}	iæ^{53}	ɕiæ^{53}	iæ^{53}	iæ^{53}	iæ^{53}
沁水端氏	kei^{53} 白 /tɕiɛ^{53} 文	kei^{53}	iɪ^{53}	sei^{53}	iɛ^{53}	iɪ^{21}/iɪ^{53}	iɛ^{53}
阳城	tɕiɛ^{51}	ciɛ^{51}	iɛ^{51}	çiɛ^{51}	iɛ^{51}	iɛ^{51}	iɛ^{51}
高平	tɕiæ̃^{53}	ciæ̃^{53}	iæ̃^{53}	çiæ̃^{53}	iæ̃^{53}	iæ̃^{53}	iæ̃^{53}
陵川	tɕiə̃ĩ^{24}	ciə̃ĩ^{24}	iə̃ĩ^{24}	çiə̃ĩ^{24}	iə̃ĩ^{24}	iə̃ĩ^{24}	iə̃ĩ^{24}
晋城	tɕiɛ^{53}	tɕiɛ^{53}	iɛ^{53}	ɕiɛ^{53}	iɛ^{53}	iɛ^{53}	iɛ^{53}
忻府	tɕiɛ̃^{53}	tɕiɛ̃^{53}	iɛ̃^{53}	ɕiɛ̃^{53}	iɛ̃^{53}	iɛ̃^{53}	iɛ̃^{53}
原平	tɕiɛ̃^{53}	tɕiɛ̃^{53}	iɛ^{53}	ɕiɛ̃^{53}	iɛ^{53}	iɛ^{53}	iɛ^{53}
定襄	tɕiə̃^{53}	tɕiə̃^{53}	iə̃^{53}	ɕiə̃^{53}	iə̃^{53}	iə̃^{53}	iə̃^{53}
五台	tɕiə̃^{52}	tɕiə̃^{52}	niə̃^{52}	ɕiə̃^{52}	iə̃^{52}	iə̃^{52}	iə̃^{52}
岢岚	tɕiɛ^{52}	tɕiɛ^{52}	iɛ^{52}	ɕiɛ^{52}	iɛ^{52}	iɛ^{52}	iɛ^{52}
五寨	tɕiɪ^{52}	tɕiɪ^{52}	iɪ^{52}	ɕiɪ^{52}	iɪ^{52}	iɪ^{52}	iɪ^{52}
宁武	tɕiɛ^{52}	tɕiɛ^{52}	iɛ^{52}	ɕiɛ^{52}	iɛ^{52}	iɛ^{52}	iɛ^{52}
神池	tɕiɛ^{52}	tciɛ^{52}	iɛ^{52}	ɕiɛ^{52}	iɛ^{52}	iɛ^{52}	iɛ^{52}
繁峙	tɕiɛ^{24}	tɕiɛ^{24}	iɛ^{24}	ɕiɛ^{24}	iɛ^{24}	iɛ^{24}	iɛ^{24}

续表

字目	荐推~	见	砚	现	燕~子	咽吞~	宴
中古音／方言点	作甸 山开四 去霰精	古电 山开四 去霰见	吾甸 山开四 去霰疑	胡甸 山开四 去霰匣	於甸 山开四 去霰影	於甸 山开四 去霰影	於甸 山开四 去霰影
代县	tɕie^{53}	tɕie^{53}	ie^{53}	ɕie^{53}	ie^{53}	ie^{53}	ie^{53}
河曲	tɕiɛ^{52}	tɕiɛ^{52}	iɛ^{52}	ɕiɛ^{52}	iɛ^{213}	iɛ^{52}	iɛ^{52}
保德	tɕiɑŋ^{52}	tɕiɑŋ^{52}	iɑŋ^{52}	ɕiɑŋ^{52}	iɑŋ^{52}	iɑŋ^{52}	iɑŋ^{52}
偏关	tɕiɪ^{52}	tɕiɪ^{52}	iɪ^{52}	ɕiɪ^{52}	iɪ^{52}	iɪ^{52}	iɪ^{52}
朔城	tɕiɛ^{53}	tɕiɛ^{53}	iɛ^{53}	ɕiɛ^{53}	iɛ^{53}	iɛ^{53}	iɛ^{53}
平鲁	tɕiᴇ^{52}	tɕiᴇ^{52}	iᴇ^{52}	ɕʰiᴇ^{52}	iᴇ^{52}	iᴇ^{213}/iᴇ^{52}	iᴇ^{52}
应县	tɕiɛ̃^{24}	tɕiɛ̃^{24}	iɛ̃^{24}	ɕiɛ̃^{24}	iɛ̃^{24}	iɛ^{43}/iɛ̃^{24}	iɛ̃^{24}
灵丘	tɕie^{53}	tɕie^{53}	ie^{53}	ɕie^{53}	ie^{53}	ie^{31}	ie^{53}
浑源	tɕiɛ^{13}	tɕiɛ^{13}	iɛ^{13}	iɛ^{13}	iɛ^{13}	iɛ^{13}	iɛ^{13}
云州	tɕiɛ^{24}	tɕiɛ^{24}	iɛ^{24}	ɕiɛ^{24}	iɛ^{24}	iɛ^{24}	iɛ^{24}
新荣	tɕiᴇ^{24}	tɕiᴇ^{24}	iᴇ^{24}	ɕiᴇ^{24}	iᴇ^{24}	iᴇ^{24}	iᴇ^{24}
怀仁	tɕiæ^{24}	tɕiæ^{24}	iæ^{24}	ɕiæ^{24}	iæ^{24}	iæ^{24}	iæ^{24}
左云	tɕiɛ^{24}	tɕiɛ^{24}	iɛ^{24}	ɕiɛ^{24}	iɛ^{24}	iɛ^{24}	iɛ^{24}
右玉	tɕiɛ^{24}	tɕiɛ^{24}	iɛ^{24}	ɕiɛ^{24}	iɛ^{24}	iɛ^{24}	iɛ^{24}
阳高	tɕiɛ^{24}	tɕiɛ^{24}	iɛ^{24}	ɕiɛ^{24}	iɛ^{31}	iɛ^{31}	iɛ^{24}
山阴	tɕiᴇ^{335}	tɕiᴇ^{335}	iᴇ^{335}	ɕiᴇ^{335}	iᴇ^{335}	iᴇ^{335}	iᴇ^{313}/iᴇ^{335}
天镇	tɕiæ^{24}	tɕiæ^{24}	iæ^{24}	ɕiæ^{24}	iæ^{24}	iæ^{24}	iæ^{24}
平定	tɕiæ̃^{24}	tɕiæ̃^{24}	iæ̃^{24}	ɕiæ̃^{24}	iæ̃^{24}	iæ̃^{24}	iæ̃^{24}
昔阳	tɕiæ̃^{13}	tɕiæ̃^{13}	iæ̃^{13}	ɕiæ̃^{13}	iæ̃^{13}	iæ̃^{13}	iæ̃^{13}
左权	tɕiɛ^{53}	tɕiɛ^{53}	iɛ^{53}	ɕyɛ^{53} 白 /ɕiɛ^{53} 文	iɛ^{53}	iɛ^{53}	iɛ^{53}
和顺	tɕiɛ^{13}	tɕiɛ^{13}	iɛ^{13}	ɕiɛ^{13}	iɛ^{13}	iɛ^{13}	iɛ^{13}
尧都	tɕiæ̃^{44}	tɕiæ̃^{44}	ȵiæ̃^{44}	ɕiæ̃^{44}	iæ̃^{44}	iæ̃^{44}	iæ̃^{44}
洪洞	tɕiɑn^{42}	tiɑn^{33} 白 / tɕiɑn^{33} 文	iɑn^{53}	ɕiɑn^{53}	iɑn^{53}	iɑn^{33}	iɑn^{53}
洪洞赵城	tɕiɑ̃^{53}	tiɑ̃^{24} 白 /tɕiɑ̃^{24} 文	iɑ̃^{53}	ɕiɑ̃^{53}	iɑ̃^{53}	iɑ̃^{53}	iɑ̃^{24}
古县	tɕian^{53}	tɕian^{35}	ian^{53}	ɕian^{53}	ian^{21}/ian^{53}	ian^{35}	ian^{35}
襄汾	tɕian^{53}	tian^{53} 白 / tɕian^{5} 文	ian^{53}	ɕian^{44}	ian^{44}	ian^{44}	ian^{44}
浮山	tɕiãĩ^{53}	tɕiãĩ^{53}	iãĩ^{53}	ɕiãĩ^{44}	iãĩ^{44}/ iãĩ^{42}	iãĩ^{44}	iãĩ^{44}
霍州	tɕiaŋ^{55}	tɕiaŋ^{55}	iaŋ^{55}	ɕiaŋ^{53}	iaŋ^{55}	iaŋ^{55}	iaŋ^{53}
翼城	tɕiɛɪ^{53}	tɕiɛɪ^{53}	iɛɪ^{53}	ɕiɛɪ^{53}	iɛɪ^{53}	iɛɪ^{53}	iɛɪ^{53}
闻喜	tɕiæ^{13}	tɕiæ^{53}/ɕiæ^{13}	iæ^{13}	ɕiæ^{13}	iæ^{53}/ ȵiæ^{53}	iᴇ^{53}/iæ^{53}	iæ^{53}

续表

字目	荐推～	见	砚	现	燕～子	咽吞～	宴
中古音 / 方言点	作甸 山开四 去霰精	古电 山开四 去霰见	吾甸 山开四 去霰疑	胡甸 山开四 去霰匣	於甸 山开四 去霰影	於甸 山开四 去霰影	於甸 山开四 去霰影
侯马	tɕʰiæ̃^{53}	tɕʰiæ̃^{53}	tuæ̃^{53}	iæ̃^{53}	tʰuæ̃^{53}	tuæ̃^{53}	tʰuæ̃^{53}
新绛	tɕiã^{53}	tɕiã^{53}	iã^{53}	ɕiã^{53}	iã^{53}	iã^{53}	iã^{53}
绛县	tɕiæ^{31}	tɕiæ^{31}/xæ^{33}	iæ^{31}	ɕiæ^{53}	iæ^{31}	iæ^{31}	iæ^{31}
垣曲	tɕiæ̃^{53}	tɕiæ̃^{53}	iæ̃^{53}	ɕiæ̃^{53}	iæ̃^{53}	iæ̃^{53}	iæ̃^{53}
夏县	tɕiæ^{31}	tɕiæ^{31}	iæ^{31}	ɕiæ^{31}	iæ^{31}	iæ^{31}	iæ^{31}
万荣	tɕiæ^{33}	tɕiæ^{33}	ȵiæ^{33} 白 /iæ^{33} 文	ɕiæ^{33}	iæ^{33}	iæ^{33}	iæ^{33}
稷山	tɕiã^{42}	tɕiã^{42}	iã^{42}	ɕiã^{42}	iã^{42}	iã^{42}	iã^{42}
盐湖	tɕiæ̃^{44}	tɕiæ̃^{44}	iæ̃^{44}	ɕiæ̃^{44}	iæ̃^{44}	iæ̃^{44}	iæ̃^{44}
临猗	tɕiæ̃^{44}	tɕiæ̃^{44}	iæ̃^{44}	ɕiæ̃^{44}	iæ̃^{44}	iæ̃^{44}	iæ̃^{44}
河津	tɕiæ̃^{44}	tʂæ̃^{44} 白 / tɕiæ̃^{44} 文	iæ̃^{44}	ɕiæ̃^{44}	iæ̃^{44}	iæ̃^{44}	iæ̃^{44}
平陆	tɕian^{33}	tɕian^{33}	ian^{33}	ɕian^{33}	ian^{33}	ian^{33}	ian^{33}
永济	tɕiai^{44}	tɕiæ̃^{44}	iæ̃^{44}	ɕiæ̃^{44}	iæ̃^{31}/iæ̃^{44}	iæ̃^{44}	iæ̃^{44}
芮城	tɕiæ̃^{44}	tɕiæ̃^{44}	iæ̃^{44}	ɕiæ̃^{44}	iæ̃^{44}	iæ̃^{44}	iæ̃^{44}
吉县	tɕiæ̃^{33}	tɕiæ̃^{33}	iæ̃^{33}	ɕiæ̃^{33}	iæ̃^{33}	——	iæ̃^{33}
乡宁	tɕiæ^{22}	tɕiæ^{22}	iæ^{22}	ɕiæ^{22}	ȵiæ^{22}	iæ^{53}	iæ^{22}
广灵	tɕiæ^{213}	tɕiæ^{213}	iæ^{213}	ɕiæ^{213}	iæ^{213}	iæ^{213}	iæ^{213}

字目	撇	铁	跌	捏	节	切~开	切一~	窃
中古音 / 方言点	普蔑 山开四 入屑滂	他结 山开四 入屑透	徒结 山开四 入屑定	奴结 山开四 入屑泥	子结 山开四 入屑精	千结 山开四 入屑清	千结 山开四 入屑清	千结 山开四 入屑清
北京	pʰie^{55}/ pie^{214}	tʰie^{214}	tie^{55}	nie^{55}	tɕie^{35}	tɕʰie^{55}	tɕʰie^{51}	tɕʰie^{51}
小店	pʰie^{53}	tʰiəʔ^{1}	tiəʔ^{1}	niəʔ^{1}	tɕiəʔ^{1}	tɕʰiəʔ^{1}	tɕʰiəʔ^{1}	tɕʰie^{24}/ tɕʰiəʔ^{1}
尖草坪	pʰiəʔ^{2}	tʰiəʔ^{2}	tiəʔ^{2}	niəʔ^{2}	tɕiəʔ^{2}	tɕʰiəʔ^{2}	tɕʰiəʔ^{2}	tɕʰiəʔ^{2}
晋源	pʰiəʔ$^{\underline{43}}$	tʰiəʔ^{2}	tiəʔ^{2}	ȵiəʔ^{2}	tɕiəʔ^{2}	tɕʰiəʔ^{2}	tɕʰiəʔ^{2}	tɕʰiəʔ^{2}
阳曲	pʰiɛʔ^{4}	tʰiɛʔ^{4}	tiɛʔ^{4}	ȵiɛʔ^{4}	tɕiɛʔ^{4}	tɕʰiɛʔ^{4}	tɕʰiɛʔ^{4}	tɕʰiɛʔ^{4}
古交	pʰiəʔ^{4}	tʰiəʔ^{4}	tiəʔ^{4}	ȵiəʔ^{4}	tɕiəʔ^{4}	tɕʰiəʔ^{4}	tɕʰiəʔ^{4}	tɕʰiəʔ^{4}
清徐	pʰiaʔ^{1}	tʰiaʔ^{1}	tiaʔ^{1}	niaʔ^{1}	tɕiaʔ^{1}	tɕʰiaʔ^{1}	tɕʰiaʔ^{1}	tɕʰiaʔ^{1}
娄烦	pʰiəʔ^{3}	tɕʰiaʔ^{3}	tiaʔ^{3}	ȵiaʔ^{3}	tɕiəʔ^{3}	tɕʰiaʔ^{3}	tɕʰiaʔ^{3}	tɕʰiəʔ^{3}
榆次	pʰiaʔ^{1}	tʰiaʔ^{1}	tiaʔ^{1}	niaʔ^{1}	tɕiaʔ^{1}	tɕʰiaʔ^{1}	tɕʰiaʔ^{1}	tɕʰiaʔ^{1}
交城	pʰiaʔ^{1}	tʰiaʔ^{1}	tiaʔ^{1}	niaʔ^{1}	tɕiaʔ^{1}	tɕʰiaʔ^{1}	tɕʰiaʔ^{1}	tɕʰiaʔ^{1}
文水	pʰiaʔ^{2}	tʰiaʔ^{2}	tiaʔ^{2}	ȵiaʔ^{2}	tɕiaʔ^{2}	tɕʰiaʔ^{2}	tɕʰiaʔ^{2}	tɕʰiaʔ^{2}
祁县	pʰiɑʔ$^{\underline{32}}$	tʰiɑʔ$^{\underline{32}}$	tiɑʔ$^{\underline{32}}$	ȵiɑʔ$^{\underline{32}}$	tɕiɑʔ$^{\underline{32}}$	tɕʰiɑʔ$^{\underline{32}}$	tɕʰiɑʔ$^{\underline{32}}$	tɕʰiɑʔ$^{\underline{32}}$
太谷	pʰiaʔ^{3}	tʰiaʔ^{3}	tiaʔ^{3}	ȵiaʔ^{3}	tɕiaʔ^{3}	tɕʰiaʔ^{3}	tɕʰiaʔ^{3}	tɕʰiaʔ^{3}
平遥	pʰiʌʔ$^{\underline{212}}$	tʰiʌʔ$^{\underline{212}}$	tiʌʔ$^{\underline{212}}$	ȵiʌʔ$^{\underline{212}}$	tɕiʌʔ$^{\underline{212}}$	tɕiʌʔ$^{\underline{212}}$	tɕʰiʌʔ$^{\underline{212}}$	tɕʰiʌʔ$^{\underline{212}}$
孝义	pʰiəʔ^{3}	tʰiəʔ^{3}	tiəʔ^{3}	ȵiəʔ^{3}	tɕiəʔ^{3}	tɕʰiəʔ^{3}	tɕʰiəʔ^{3}	tɕʰiaʔ^{3}
介休	pʰiʌʔ$^{\underline{12}}$	tʰiʌʔ$^{\underline{12}}$	tiʌʔ$^{\underline{12}}$	ȵiʌʔ$^{\underline{12}}$	tɕiʌʔ$^{\underline{12}}$	tɕʰiʌʔ$^{\underline{12}}$	tɕʰiʌʔ$^{\underline{12}}$	tɕʰiʌʔ$^{\underline{12}}$
灵石	pʰiəʔ^{4}	tʰiəʔ^{4}	tiəʔ^{4}	niəʔ^{4}	tɕiəʔ^{4}	tɕʰiəʔ^{4}	tɕʰiəʔ^{4}	tɕʰiəʔ^{4}
盂县	pʰiɛ^{53}/ pʰiʌʔ^{2}	tʰiʌʔ^{2}	tiʌʔ^{2}	ȵiʌʔ^{2}	tɕiʌʔ^{2}	tɕʰiʌʔ^{2}	tɕʰiʌʔ^{2}	tɕʰiʌʔ^{2}
寿阳	piɛʔ^{2}	tʰiɛʔ^{2}	tiɛʔ^{2}	ȵiɛʔ^{2}	tɕiɛʔ^{2}	tɕʰiɛʔ^{2}	tɕʰiɛʔ^{2}	tɕʰiɛʔ^{2}
榆社	pʰiaʔ^{2}	tʰiaʔ^{2}	tiaʔ^{2}	niaʔ^{2}	tɕiaʔ^{2}	tɕʰiaʔ^{2}	tɕʰiaʔ^{2}	tɕʰiaʔ^{2}
离石	pʰiɛ^{312}	tʰieʔ^{4}	tieʔ^{4}	nieʔ$^{\underline{23}}$	tɕieʔ^{4}	tɕʰieʔ^{4}	tɕʰieʔ^{4}	tɕʰieʔ^{4}
汾阳	pʰieʔ$^{\underline{312}}$	tʰieʔ^{2}	tieʔ^{2}	ȵieʔ$^{\underline{312}}$	tɕieʔ^{2}	tɕʰieʔ^{2}	tɕʰieʔ^{2}	tɕʰieʔ^{2}
中阳	pʰie^{423}	tʰieʔ^{4}	tieʔ^{4}	nieʔ$^{\underline{312}}$	tɕieʔ^{4}	tɕʰieʔ^{4}	tɕʰieʔ^{4}	tɕʰieʔ^{4}
柳林	pʰiɛʔ^{4}	tʰiɛʔ^{4}	tiɛʔ^{4}	niɛʔ$^{\underline{423}}$	tɕiɛʔ^{4}	tɕʰiɛʔ^{4}	tɕʰiɛʔ^{4}	tɕʰiɛʔ^{4}
方山	pʰiɛʔ^{4}	tʰiɛʔ^{4}	tiɛʔ^{4}	niɛʔ$^{\underline{23}}$	tɕiɛʔ^{4}	tɕʰiɛʔ^{4}	tɕʰiɛʔ^{4}	tɕʰiɛʔ^{4}
临县	pʰiɐʔ^{3}	tʰiɐʔ^{3}	tiɐʔ^{3}	niɐʔ^{3}	tɕiɐʔ^{3}	tɕʰiɐʔ^{3}	tɕʰiɐʔ^{3}	tɕʰiɐʔ^{3}
兴县	pʰiəʔ^{5}	tʰiəʔ^{5}	tiəʔ^{5}	niəʔ$^{\underline{312}}$	tɕiəʔ^{5}	tɕʰiəʔ^{5}	tɕʰiəʔ^{5}	tɕʰiəʔ^{5}
岚县	pʰieʔ^{4}	tɕʰieʔ^{4}	tieʔ^{4}	ȵiəʔ^{4}	tɕieʔ^{4}	tɕʰieʔ^{4}	tɕʰieʔ^{4}	tɕʰieʔ^{4}
静乐	pʰiəʔ^{4}	tɕʰiəʔ^{4}	tiəʔ^{4}	ȵiəʔ^{4}	tɕiəʔ^{4}	tɕʰiəʔ^{4}	tɕʰiəʔ^{4}	——

续表

字目	撇	铁	跌	捏	节	切~开	切一~	窃
中古音／方言点	普蔑 山开四 入屑滂	他结 山开四 入屑透	徒结 山开四 入屑定	奴结 山开四 入屑泥	子结 山开四 入屑精	千结 山开四 入屑清	千结 山开四 入屑清	千结 山开四 入屑清
交口	pʰieʔ^{4}	tʰieʔ^{4}	tieʔ^{4}	ȵieʔ^{4}	tɕieʔ^{4}	tɕʰieʔ^{4}	tɕʰieʔ^{4}	tɕʰieʔ^{4}
石楼	pʰiəʔ^{4}	tʰiəʔ^{4}	tiəʔ^{4}	ȵiəʔ^{4}	tɕiəʔ^{4}	tɕʰiəʔ^{4}	tɕʰiəʔ^{4}	tɕʰiəʔ^{4}
隰县	pʰiəʔ^{3}	tʰiəʔ^{3}	tiəʔ^{3}	ȵiəʔ^{3}	tɕiəʔ^{3}	tɕʰiəʔ^{3}	tɕʰiəʔ^{3}	tɕʰiəʔ^{3}
大宁	pʰiɐʔ$^{\underline{31}}$	tʰiɐʔ$^{\underline{31}}$	tiɐʔ$^{\underline{31}}$	ȵiɐʔ$^{\underline{31}}$	tɕiɐʔ$^{\underline{31}}$	tɕʰiəʔ$^{\underline{31}}$	——	——
永和	pʰiɐʔ$^{\underline{35}}$	tʰiɐʔ$^{\underline{35}}$	tiɐʔ$^{\underline{35}}$	niɐʔ$^{\underline{312}}$	tɕiɐʔ$^{\underline{35}}$	tɕʰiɐʔ$^{\underline{35}}$	——	——
汾西	pʰiɪ^{11}	tʰiɪ^{11}	tiɪ^{11}/tiəʔ^{1}	niɪ^{11}	tɕiəʔ^{1}/ tɕiəʔ^{1} 白	tɕʰiɪ^{11}	tɕʰiəʔ^{1}	tɕʰiəʔ^{1}
蒲县	pʰiɛ^{31}	tʰiɛʔ$^{\underline{43}}$	tiɛʔ$^{\underline{43}}$	ȵiɛʔ$^{\underline{43}}$	tɕiɛʔ$^{\underline{43}}$	tɕʰiɛʔ$^{\underline{43}}$	tɕʰiɛʔ$^{\underline{43}}$	tɕʰiɛʔ$^{\underline{43}}$
潞州	pʰiəʔ$^{\underline{53}}$	tʰiəʔ$^{\underline{53}}$	tiəʔ$^{\underline{53}}$	ȵiəʔ$^{\underline{53}}$	tɕiəʔ$^{\underline{53}}$	tɕʰiəʔ$^{\underline{53}}$	tɕʰiəʔ$^{\underline{53}}$	tɕʰiəʔ$^{\underline{53}}$
上党	pʰiəʔ$^{\underline{21}}$	tʰiəʔ$^{\underline{21}}$	tiəʔ$^{\underline{21}}$	niəʔ$^{\underline{21}}$	tɕiəʔ$^{\underline{21}}$	tɕʰiəʔ$^{\underline{21}}$	tɕʰiəʔ$^{\underline{21}}$	tɕʰiəʔ$^{\underline{21}}$
长子	pʰiəʔ^{4}	tʰiəʔ^{4}	tiəʔ^{4}	ȵiəʔ^{4}	tɕiəʔ^{4}	tɕʰiəʔ^{4}	tɕʰiəʔ^{4}	tɕʰiəʔ^{4}
屯留	pʰiəʔ^{1}	tʰiəʔ^{1}	tiəʔ^{1}	ȵiəʔ^{1}	tɕiəʔ^{1}	tɕʰiəʔ^{1}	tɕʰiəʔ^{1}	tɕʰiəʔ^{1}
襄垣	pʰiʌʔ^{3}	tʰiʌʔ^{3}	tiʌʔ^{3}	ȵiʌʔ^{3}	tɕiʌʔ^{3}	tɕʰiʌʔ^{3}	tɕʰiʌʔ^{3}	——
黎城	pʰiʌʔ^{2}	tʰiʌʔ^{2}	tiʌʔ^{2}	niʌʔ^{31}	tɕiʌʔ^{2}	tɕʰiʌʔ^{2}	tɕʰiʌʔ^{2}	tɕʰiʌʔ^{2}
平顺	pʰiʌʔ$^{\underline{212}}$	tʰiʌʔ$^{\underline{212}}$	tiʌʔ$^{\underline{212}}$	ȵiʌʔ$^{\underline{423}}$	tɕiʌʔ$^{\underline{212}}$	tɕʰiʌʔ$^{\underline{212}}$	tɕʰiʌʔ$^{\underline{212}}$	tɕʰiʌʔ$^{\underline{212}}$
壶关	pʰiʌʔ^{2}	tʰiʌʔ^{2}	tiʌʔ^{2}	ȵiʌʔ$^{\underline{21}}$	tsiʌʔ^{2}	tsʰiʌʔ^{2}	tsʰiʌʔ^{2}	cʰiʌʔ^{2}
沁县	pʰiæʔ$^{\underline{31}}$	tɕʰiæʔ$^{\underline{31}}$	tiæʔ$^{\underline{31}}$	ȵiæʔ$^{\underline{31}}$	tɕiæʔ$^{\underline{31}}$	tɕʰiæʔ$^{\underline{31}}$	tɕʰiæʔ$^{\underline{31}}$	——
武乡	pʰiʌʔ^{3}	tʰiʌʔ^{3}	tiʌʔ^{3}	ȵiʌʔ^{3}	tɕiʌʔ^{3}	tɕʰiʌʔ^{3}	tɕʰiʌʔ^{3}	tɕʰiʌʔ^{3}
沁源	pʰiʌʔ$^{\underline{31}}$	tʰiəʔ$^{\underline{31}}$	tiəʔ$^{\underline{31}}$	ȵiəʔ$^{\underline{31}}$	tɕiəʔ$^{\underline{31}}$	tɕʰiəʔ$^{\underline{31}}$	tɕʰiəʔ$^{\underline{31}}$	tɕʰiəʔ$^{\underline{31}}$
安泽	pʰiəʔ$^{\underline{21}}$	tʰiəʔ$^{\underline{21}}$	tiəʔ$^{\underline{21}}$	ȵiɛ^{21}/ ȵiəʔ$^{\underline{21}}$	tɕiəʔ$^{\underline{21}}$	tɕʰiɛ^{21}	tɕʰiəʔ$^{\underline{21}}$	tɕʰiəʔ$^{\underline{21}}$
沁水端氏	pʰiaʔ^{2}	tʰiaʔ^{2}	tiaʔ^{2}	ȵiaʔ^{2}	tɕiaʔ^{2}	tɕʰiaʔ^{2}	tɕʰiaʔ^{2}	tɕʰiaʔ^{2}
阳城	pʰiʌʔ^{2}	tʰiʌʔ^{2}	tiʌʔ^{2}	niʌʔ^{2}	tɕiʌʔ^{2}	tɕʰiʌʔ^{2}	tɕʰiʌʔ^{2}	tɕʰiʌʔ^{2}
高平	pʰiɛʔ^{2}	tʰiɛʔ^{2}	tiɛʔ^{2}	niɛʔ^{2}	tɕiɛʔ^{2}	tɕʰiɛʔ^{2}	tɕʰiɛ^{53}	tɕʰiɛ^{53}
陵川	pʰiʌʔ^{3}	tʰiʌʔ^{3}	tiʌʔ^{3}	niʌʔ$^{\underline{23}}$	ciʌʔ^{3}	cʰiʌʔ^{3}	cʰiʌʔ^{3}	cʰiʌʔ^{3}
晋城	pʰiʌʔ^{2}	tʰiʌʔ^{2}	tiʌʔ^{2}	niʌʔ^{2}	tɕiʌʔ^{2}	tɕʰiʌʔ^{2}	tɕʰiʌʔ^{2}	tɕʰiʌʔ^{2}
忻府	pʰiɛ^{313}	tʰiɛʔ$^{\underline{32}}$	tiɛʔ$^{\underline{32}}$	niɛʔ$^{\underline{32}}$	tɕiɛʔ$^{\underline{32}}$	tɕʰiɛʔ$^{\underline{32}}$	tɕʰiɛʔ$^{\underline{32}}$	tɕʰiɛʔ$^{\underline{32}}$
原平	pʰiəʔ$^{\underline{34}}$	tʰiəʔ$^{\underline{34}}$	tiəʔ$^{\underline{34}}$	niəʔ$^{\underline{34}}$	tɕiəʔ$^{\underline{34}}$	tɕʰiəʔ$^{\underline{34}}$	tɕʰiəʔ$^{\underline{34}}$	tɕʰiəʔ$^{\underline{34}}$
定襄	pʰiəʔ^{1}	tʰiəʔ^{1}	tiəʔ^{1}	niəʔ^{1}	tɕiəʔ^{1}	tɕʰiəʔ^{1}	tɕʰiaʔ^{1}	tɕʰiaʔ^{1}
五台	pʰiəʔ^{3}	tɕʰiəʔ^{3}	tiəʔ^{3}	niəʔ^{3}	tɕiəʔ^{3}	tɕʰiəʔ^{3}	tɕʰiəʔ^{3}	tɕʰiəʔ^{3}
岢岚	pʰiɛ^{13}	tʰiɛʔ^{4}	tiɛʔ^{4}	niɛʔ^{4}	tɕiɛʔ^{4}	tɕʰiɛʔ^{4}	tɕʰiɛʔ^{4}	tɕʰiɛʔ^{4}
五寨	pʰiɛʔ^{4}	tʰiɛʔ^{4}	tiɛʔ^{4}	niɛʔ^{4}	tɕiɛʔ^{4}	tɕʰiɛʔ^{4}	tɕʰiɛʔ^{4}	tɕʰiɛʔ^{4}

续表

字目	撇	铁	跌	捏	节	切~开	切一~	窃
中古音／方言点	普蔑 山开四 入屑滂	他结 山开四 入屑透	徒结 山开四 入屑定	奴结 山开四 入屑泥	子结 山开四 入屑精	千结 山开四 入屑清	千结 山开四 入屑清	千结 山开四 入屑清
宁武	pʰiəʔ^{4}	tɕʰiᴀʔ^{4}	tiəʔ^{4}	niəʔ^{4}	tɕiəʔ^{4}	tɕʰiəʔ^{4}	tɕʰiəʔ^{4}	——
神池	pʰiᴀʔ^{4}	tɕʰiᴀʔ^{4}	tiᴀʔ^{4}	ȵiᴀʔ^{4}	tɕiᴀʔ^{4}	tɕʰiᴀʔ^{4}	tɕʰiᴀʔ^{4}	tɕʰiᴀʔ^{4}
繁峙	pʰiaʔ$^{\underline{13}}$	tʰiaʔ$^{\underline{13}}$	tiaʔ$^{\underline{13}}$	ȵiaʔ$^{\underline{13}}$	tɕiaʔ$^{\underline{13}}$	tɕʰiaʔ$^{\underline{13}}$	tɕʰiaʔ$^{\underline{13}}$	tɕʰiəʔ$^{\underline{13}}$
代县	pʰiaʔ^{2}	tʰiaʔ^{2}	tiaʔ^{2}	niaʔ^{2}	tɕiaʔ^{2}	tɕʰiaʔ^{2}	tɕʰiaʔ^{2}	tɕʰiaʔ^{2}
河曲	pʰiɛʔ^{4}	tʰiɛʔ^{4}	tiɛʔ^{4}	niɛʔ^{4}	tɕiəʔ^{4}	tɕʰiəʔ^{4}	tɕʰiəʔ^{4}	——
保德	pʰiɛ^{213}	tʰiɛ^{44}	tiəʔ^{4}	niɛ^{44}	tɕiəʔ^{4}	tɕʰiəʔ^{4}	tɕʰiəʔ^{4}	tɕʰiəʔ^{4}
偏关	pʰiɛʔ^{4}	tʰiɛʔ^{4}	tiɛʔ^{4}	niɛʔ^{4}	tɕiɛʔ^{4}	tɕʰiɛʔ^{4}	tɕʰiɛʔ^{4}	——
朔城	pʰiᴀʔ$^{\underline{35}}$	tɕʰiᴀʔ$^{\underline{35}}$	tiᴀʔ$^{\underline{35}}$	niᴀʔ$^{\underline{35}}$	tɕiᴀʔ$^{\underline{35}}$	tɕʰiᴀʔ$^{\underline{35}}$	——	tɕʰiəʔ$^{\underline{35}}$
平鲁	pʰiʌʔ$^{\underline{34}}$	tɕʰiʌʔ$^{\underline{34}}$	tiʌʔ$^{\underline{34}}$	niʌʔ$^{\underline{34}}$	tɕiʌʔ$^{\underline{34}}$	tɕʰiʌʔ$^{\underline{34}}$	——	tɕʰiʌʔ$^{\underline{34}}$
应县	pʰiɛ^{54}/ pʰaʔ$^{\underline{43}}$	tɕʰiaʔ$^{\underline{43}}$	tiaʔ$^{\underline{43}}$	niaʔ$^{\underline{43}}$	tɕiaʔ$^{\underline{43}}$	tɕʰiaʔ$^{\underline{43}}$	tɕʰiaʔ$^{\underline{43}}$	tɕʰiaʔ$^{\underline{43}}$
灵丘	pʰie^{31}	tʰiᴀʔ^{5}	tiᴀʔ^{5}	niᴀʔ^{5}	tɕiᴀʔ^{5}	tɕʰiᴀʔ^{5}	tɕʰiᴀʔ^{5}	tɕʰiᴀʔ^{5}
浑源	pʰiʌʔ^{4}	tʰiʌʔ^{4}	tiʌʔ^{4}	niʌʔ^{4}	tɕiʌʔ^{4}	tɕʰiʌʔ^{4}	tɕʰiʌʔ^{4}	tɕʰiʌʔ^{4}
云州	pʰiɑʔ^{4}	tʰiɑʔ^{4}	tiɑʔ^{4}	niɑʔ^{4}	tɕiɑʔ^{4}	tɕiɑʔ^{4}	tɕʰiɑʔ^{4}	tɕʰiɑʔ^{4}
新荣	pʰiaʔ^{4}	tʰiaʔ^{4}	tiaʔ^{4}	niaʔ^{4}	tɕiaʔ^{4}	tɕʰiaʔ^{4}	tɕʰiaʔ^{4}	tɕʰiaʔ^{4}
怀仁	pʰiaʔ^{4}	tʰiaʔ^{4}	tiaʔ^{4}	niaʔ^{4}	tɕiaʔ^{4}	tɕʰiaʔ^{4}	tɕʰiaʔ^{4}	tɕʰiaʔ^{4}
左云	pʰiaʔ^{4}白/ pʰiɛ^{54}文	tʰiaʔ^{4}	tiaʔ^{4}	niaʔ^{4}	tɕiaʔ^{4}	tɕʰiaʔ^{4}	tɕʰiaʔ^{4}	tɕʰiaʔ^{4}
右玉	pʰiaʔ^{4}	tʰiaʔ^{4}	tiaʔ^{4}	niaʔ^{4}	tɕiaʔ^{4}	tɕʰiaʔ^{4}	tɕʰiaʔ^{4}	tɕʰiəʔ^{4}
阳高	pʰiəʔ^{3}	tʰiɑʔ^{3}	tiɑʔ^{3}	niɑʔ^{3}	tɕiɑʔ^{3}	tɕʰiɑʔ^{3}	tɕʰiɑʔ^{3}	——
山阴	pʰiᴀʔ^{4}	tɕʰiᴀʔ^{4}	tiᴀʔ^{4}	niᴀʔ^{4}	tɕiᴀʔ^{4}	tɕiᴀʔ^{4}	——	tɕiᴀʔ^{4}
天镇	pʰiɑʔ^{4}	tʰiɑʔ^{4}	tiɑʔ^{4}	niɑʔ^{4}	tɕiɑʔ^{4}	tɕʰiɑʔ^{4}	tɕʰiɑʔ^{4}	——
平定	pʰiᴇ^{53}/ pʰiæʔ^{4}	tʰiæʔ^{4}	tiæʔ^{4}	niæʔ$^{\underline{23}}$	tɕiæʔ^{4}	tɕʰiæʔ^{4}	tɕʰiæʔ^{4}	——
昔阳	pʰiᴇ^{55}	tʰiʌʔ$^{\underline{43}}$	tiʌʔ$^{\underline{43}}$	niᴇ^{13}	tɕiʌʔ$^{\underline{43}}$	tɕʰiʌʔ$^{\underline{43}}$	tɕʰiʌʔ$^{\underline{43}}$	tɕʰiʌʔ$^{\underline{43}}$
左权	pʰieʔ^{1}	tʰieʔ^{1}	tieʔ^{1}	ȵieʔ^{1}/ȵi^{11}	tɕieʔ^{1}	tɕʰieʔ^{1}	tɕʰieʔ^{1}	tɕʰieʔ^{1}
和顺	pʰieʔ$^{\underline{21}}$	tʰieʔ$^{\underline{21}}$	tieʔ$^{\underline{21}}$	ȵieʔ$^{\underline{21}}$	tɕieʔ$^{\underline{21}}$	tɕʰieʔ$^{\underline{21}}$	tɕʰieʔ$^{\underline{21}}$	——
尧都	pʰiɛ^{53}	tʰiɛ^{53}	tiɛ^{21}	ȵiɛ^{21}	tɕiɛ^{21}	tɕʰiɛ^{21}	tɕʰiɛ^{44}	tɕʰiɛ^{44}
洪洞	pʰie^{21}	tʰie^{21}	tie^{21}	ȵie^{21}	tɕia^{24}	tɕʰie^{21}	tɕʰie^{53}	tɕʰie^{53}
洪洞赵城	pʰiɛ^{21}	tʰiɛ^{21}	tiɛ^{21}	ȵiɛ^{21}	tɕiɛ^{21}	tɕʰiɛ^{21}	tɕʰiɛ^{21}	tɕʰiɛ^{21}
古县	pʰiɛ^{21}	tɕʰiɛ^{21}	tɕiɛ^{21}	ȵiɛ^{21}	tɕiɛ^{21}	tɕʰiɛ^{21}	tɕʰiɛ^{53}	——
襄汾	pʰie^{21}	tʰie^{21}	tie^{21}	ŋie^{21}	tɕie^{21}	tɕʰie^{21}	tɕʰie^{21}	tɕʰie^{21}

续表

字目	撇	铁	跌	捏	节	切~开	切一~	窃
中古音 / 方言点	普蔑 山开四 入屑滂	他结 山开四 入屑透	徒结 山开四 入屑定	奴结 山开四 入屑泥	子结 山开四 入屑精	千结 山开四 入屑清	千结 山开四 入屑清	千结 山开四 入屑清
浮山	pʰiɛ^{42}	tʰiɛ^{42}	tiɛ^{42}	ȵiɛ^{42}	tɕiɛ^{42}	tɕʰiɛ^{42}	tɕʰiɛ^{53}	tɕʰiɛ^{53}
霍州	pʰie^{212}	tɕʰie^{212} 白 / tʰie^{212} 文	tie^{212}/tye^{212}	ȵie^{212}	tɕie^{35}	tɕʰie^{212}	tɕʰie^{212}	tɕʰie^{53}
翼城	pʰiᴇ^{44}	tʰiᴇ^{44}	tiᴇ^{53}	ȵiᴇ^{53}	tɕiᴇ^{12}	tɕʰiᴇ^{53}	tɕʰiᴇ^{53}	tɕʰiᴇ^{53}
闻喜	pʰiᴇ^{53}	tʰiᴇ^{53}	tiᴇ^{13}	liᴇ^{53}	tɕiᴇ^{53}	tɕʰiᴇ^{53}	——	tɕʰiᴇ^{53}
侯马	pʰiɛ^{44}	tʰiɛ^{44}	tiɛ^{213}	ȵiɛ^{213}	tɕiɛ^{213}	tɕʰiɛ^{213}	tɕʰiɛ^{213}	tɕʰiɛ^{53}
新绛	pʰiɑ^{53}	tʰiɑ^{53}	tiɑ^{53}	ȵiɑ^{53}	tɕiɑ^{13}	tɕʰiɑ^{53}	tɕʰiɑ^{53}	tɕʰiɑ^{53}
绛县	piɪ^{53}	tʰiɪ^{53}	tiɪ^{31}	ȵiɛ^{53}	tɕiɛ^{53}	tɕʰiɛ^{53}	tɕʰiɛ^{31}	tɕʰiɛ^{31}
垣曲	pʰiɛ^{44}	tʰiɛ^{44}	tiɛ^{22}	ȵiɛ^{22}	tɕiɛ^{22}	tɕʰiɛ^{22}	tɕʰiɛ^{53}	tɕʰiɛ^{53}
夏县	pʰiɛ^{31}	tʰiɛ^{24}	tiɛ^{53}	ȵiɛ^{53}	tɕiɛ^{42}	tɕʰiɛ^{53}	tɕʰiɛ^{53}	tɕʰiɛ^{31}
万荣	pʰiɛ^{51}	tʰiɛ^{51}	tiɛ^{51}	ȵiɛ^{51}	tɕiɛ^{51}	tɕʰiɛ^{51}	tɕʰiɛ^{55}	tɕʰiɛ^{33}
稷山	pʰiɛ^{44}	tʰiɛ^{53}	tiɛ^{53}	ȵiɛ^{53}	tɕiɛ^{53}	tɕʰiɛ^{53}	tɕʰiɛ^{42}	tɕʰiɛ^{42}
盐湖	pʰiɛ^{42}	tʰiɛ^{42}	tiɛ^{42}	ȵiɛ^{42}	tɕiɛ^{42}	tɕʰiɛ^{42}	tɕʰiɛ^{42}	——
临猗	pʰiɛ^{42}	tʰiɛ^{42}	tiɛ^{42}	ȵiɛ^{42}	tɕiɛ^{42}	tɕʰiɛ^{42}	tɕʰiɛ^{44}	tɕʰiɛ^{44}
河津	pʰiɛ^{31}	tʰiɛ^{31}	tiɛ^{31} 文	ȵiɛ^{31}	tɕiɛ^{31}	tɕʰiɛ^{31}	tɕʰiɛ^{53}	tɕʰiɛ^{31} 文
平陆	pʰiɛ^{31}	tʰiɛ^{31}	tiɛ^{31}	ȵiɛ^{31}	tɕiɛ^{31}/tɕiɛ^{13}	tɕʰiɛ^{31}	tɕʰiɛ^{31}	tɕʰiɛ^{33}
永济	pʰie^{31}	tʰie^{31}	tie^{31}	ȵie^{31}	tɕie^{31}/tɕie^{44}	tɕʰie^{31}	tɕʰie^{31}	tɕʰie^{53}
芮城	piɛ^{53}	tʰiɛ^{53}	tiɛ^{42}	ȵiɛ^{42}	tɕiɛ^{42}	tɕʰiɛ^{42}	——	tɕʰiɛ^{42}
吉县	pʰiɛ^{423}	tʰiɛ^{423}	tiɛ^{423}	niɛ^{423}	tɕiɛ^{423}	tɕʰiɛ^{423}	——	——
乡宁	pʰiᴇ^{53}	tʰiᴇ^{53}	tiᴇ^{53}	ȵiᴇ^{53}	tɕiᴇ^{53}	tɕʰiᴇ^{53}	tɕʰiᴇ^{22}	tɕʰiᴇ^{22}
广灵	pʰiɤ^{53}	tʰiɤ^{44}	tiɤ^{53}	niɤ^{213}	tɕiɤ^{53}	tɕʰiɤ^{53}	tɕʰiɤ^{213}	tɕʰiɤ^{213}

字目	截	屑	结	洁	噎	玄	悬	渊
中古音／方言点	昨结 山开四 入屑从	先结 山开四 入屑心	古屑 山开四 入屑见	古屑 山开四 入屑见	乌结 山开四 入屑影	胡涓 山合四 平先匣	胡涓 山合四 平先匣	乌玄 山合四 平先影
北京	tɕie^{35}	ɕie^{51}	tɕie^{35}	tɕie^{35}	ie^{55}	ɕyan^{35}	ɕyan^{35}	yan^{55}
小店	tɕiəʔ$^{\underline{54}}$	ɕiəʔ^{1}	tɕiəʔ^{1}	tɕiəʔ^{1}	iəʔ^{1}	ɕyæ^{11}	ɕyæ^{11}	yæ^{11}
尖草坪	tɕiəʔ$^{\underline{43}}$	ɕiəʔ^{2}	tɕiəʔ^{2}	tɕiəʔ^{2}	iəʔ^{2}	ɕye^{33}	ɕye^{33}	ye^{33}
晋源	tɕiaʔ^{2}	ɕie^{35}	tɕiaʔ^{2}	tɕiaʔ^{2}	iaʔ^{2}	ɕyaŋ^{11}	ɕyaŋ^{11}	yaŋ^{11}
阳曲	tɕiɛʔ^{4}	ɕiɛʔ^{4}	tɕiɛʔ^{4}	tɕiɛʔ^{4}	iɛʔ^{4}	ɕyɛ^{43}	ɕyɛ^{43}	yɛ^{312}
古交	tɕiəʔ^{4}	ɕiɛ^{53}	tɕiəʔ^{4}	tɕiəʔ^{4}	iəʔ^{4}	ɕyɛ^{44}	ɕyɛ^{44}	yɛ^{44}
清徐	tɕiaʔ^{1}	ɕiəʔ^{1}	tɕiaʔ^{1}	tɕiaʔ^{1}	iaʔ^{1}	ɕyɛ^{11}	ɕyɛ^{11}	yɛ^{11}
娄烦	tɕiaʔ$^{\underline{21}}$	ɕiəʔ^{3}	tɕiəʔ^{3}	tɕiəʔ^{3}	iaʔ^{3}	ɕyɛ^{33}	ɕyɛ^{33}	yɛ^{33}
榆次	tɕiaʔ^{1}	ɕie^{35}	tɕiaʔ^{1}	tɕiaʔ^{1}	iaʔ^{1}	ɕye^{11}	ɕye^{11}	ye^{11}
交城	tɕiaʔ$^{\underline{53}}$	ɕiɛ^{24}	tɕiaʔ^{1}	tɕiaʔ$^{\underline{53}}$	iaʔ^{1}	ɕyũ^{11}	ɕyũ^{11}	yũ^{11}
文水	tɕiaʔ^{2}	ɕi^{35}	tɕiaʔ^{2}	tɕiaʔ^{2}	iaʔ^{2}	ɕyæ̃ĩ^{22}	ɕyæ̃ĩ^{22}	yæ̃ĩ^{22}
祁县	tɕiɑʔ$^{\underline{324}}$	ɕiɪ^{45}	tɕiɑʔ$^{\underline{32}}$	tɕiɑʔ$^{\underline{32}}$	iɑʔ$^{\underline{32}}$	ɕyẽ^{31}	ɕyẽ^{31}	yẽ^{31}
太谷	tɕiaʔ$^{\underline{423}}$	ɕie^{53}	tɕiaʔ^{3}	tɕiaʔ^{3}	iaʔ^{3}	ɕyẽĩ^{33}	ɕyẽĩ^{33}	yẽĩ^{33}
平遥	tɕiʌʔ$^{\underline{523}}$	ɕiɔ^{213}	tɕiʌʔ$^{\underline{212}}$	tɕiʌʔ$^{\underline{212}}$	iʌʔ$^{\underline{212}}$	ɕỹɛ̃^{213}	ɕỹɛ̃^{213}	ỹɛ̃^{213}
孝义	tɕiəʔ$^{\underline{423}}$	ɕiᴇ^{454}	tɕiəʔ^{3}	tɕiəʔ^{3}	iəʔ^{3}	ɕyã^{33}	ɕyã^{33}	yã^{33}
介休	tɕiʌʔ$^{\underline{12}}$	ɕiᴇ^{45}	tɕiʌʔ$^{\underline{12}}$	tɕiʌʔ$^{\underline{12}}$	iʌʔ$^{\underline{12}}$	ɕyɛ̃^{13}	ɕyɛ̃^{13}	yɛ̃^{13}
灵石	tɕiəʔ^{4}/ tɕʰiəʔ^{4}	ɕiəʔ^{4}	tɕiəʔ^{4}	tɕiəʔ^{4}	iəʔ^{4}	ɕyɒ̃^{44}	ɕyɒ̃^{44}	yɒ̃^{535}
盂县	tɕiʌʔ$^{\underline{53}}$	ɕiɛ^{55}	tɕiʌʔ^{2}	tɕiʌʔ^{2}	iʌʔ^{2}	ɕyæ̃^{22}	ɕyæ̃^{22}	yæ̃^{412}
寿阳	tɕiɛʔ$^{\underline{54}}$	ɕiɪ^{45}	tɕiɛʔ^{2}	tɕiɛʔ^{2}	iɛʔ^{2}	ɕyɪ^{22}	ɕyɪ^{22}	yɪ^{31}
榆社	tɕiaʔ^{2}	ɕiaʔ^{2}	tɕiaʔ^{2}	tɕiaʔ^{2}	iaʔ^{2}	ɕye^{22}	ɕye^{22}	ye^{22}
离石	tɕʰieʔ$^{\underline{23}}$ 白／ tɕieʔ^{4} 文	ɕiɛ^{53}	tɕieʔ^{4}	tɕieʔ^{4}	ieʔ^{4}	ɕyɪ^{44}	ɕyɪ^{44}	yɪ^{24}
汾阳	tɕieʔ$^{\underline{312}}$	ɕi^{55}	tɕieʔ^{2}	tɕieʔ^{2}	ieʔ^{2}	ɕyã^{22}	ɕyã^{22}	yã^{324}
中阳	tɕʰieʔ$^{\underline{312}}$ 白／ tɕieʔ^{4} 文	ɕie^{53}	tɕieʔ^{4}	tɕieʔ^{4}	ieʔ^{4}	ɕie^{33}	ɕye^{33}	ye^{24}
柳林	tɕʰiɛʔ^{4}	ɕiɛʔ^{4}	tɕiɛʔ^{4}	tɕiɛʔ^{4}	iɛʔ^{4}	ɕye^{44}	ɕye^{44}	ye^{24}
方山	tɕiɛʔ^{4}	ɕiɛ^{52}	tɕiɛʔ^{4}	tɕiɛʔ^{4}	iɛʔ^{4}	ɕyɛ^{44}	ɕyɛ^{44}	yɛ^{24}
临县	tɕʰiɐʔ^{3}	ɕie^{52}	tɕiɐʔ^{3}	tɕiɐʔ^{3}	iɐʔ^{3}	ɕye^{33}	ɕye^{33}	ye^{24}
兴县	tɕʰiəʔ^{5} 白／ tɕiəʔ^{5} 文	ɕi^{324}	tɕiəʔ^{5}	tɕiəʔ^{5}	iəʔ^{5}	ɕyẽn^{55}	ɕyẽn^{55}	yẽn^{55}
岚县	tɕieʔ^{4}	ɕieʔ^{4}	tɕieʔ^{4}	tɕieʔ^{4}	iəʔ^{4}	ɕyẽ^{44}	ɕyẽ^{44}	yẽ^{44}
静乐	tɕiəʔ^{4}	ɕiəʔ^{4}	tɕiəʔ^{4}	tɕiəʔ^{4}	iəʔ^{4}	ɕyæ̃^{33}	ɕyæ̃^{33}	yæ̃^{24}
交口	tɕʰieʔ$^{\underline{212}}$ 白／ tɕieʔ^{4} 文	ɕieʔ^{4}	tɕieʔ^{4}	tɕieʔ^{4}	ieʔ^{4}	ɕyɑ̃^{44}	ɕyɑ̃^{44}	yɑ̃^{323}

续表

字目	截	屑	结	洁	噎	玄	悬	渊
中古音 / 方言点	昨结 山开四 入屑从	先结 山开四 入屑心	古屑 山开四 入屑见	古屑 山开四 入屑见	乌结 山开四 入屑影	胡涓 山合四 平先匣	胡涓 山合四 平先匣	乌玄 山合四 平先影
石楼	tɕiəʔ4	ɕiɛ51	tɕiəʔ4	tɕiəʔ4	iəʔ4	ɕyɑŋ44	ɕyɑŋ44	yɑŋ44
隰县	tɕʰiəʔ3 白 / tɕiəʔ3 文	ɕiəʔ3	tɕiəʔ3	tɕiəʔ3	iəʔ3	ɕyaŋ24	ɕyaŋ24	yɛ53
大宁	tɕiɐʔ31	ɕiɐʔ31 白 / ɕie55 文	tɕiɐʔ31	tɕiəʔ4	iɐʔ31	ɕyɛ̃24	ɕyɛ̃24	yɛ̃31
永和	tɕʰiɐʔ312 白 / tɕiɐʔ312 文	——	tɕiɐʔ35	tɕiɐʔ35	iɐʔ35	ɕyɪ35	ɕyɪ35	yɪ53
汾西	tɕiɪ53	——	tɕiəʔ1/tiəʔ1	tɕiəʔ1	iɪ11	ɕyɑ̃35	ɕyɑ̃35	——
蒲县	tɕiɛʔ43	ɕiɛʔ43	tɕiɛʔ43	tɕiɛ24	iɛʔ43	ɕyæ̃24	ɕyæ̃24	yæ̃52
潞州	tɕiəʔ53	ɕiɛ54	tɕiəʔ53	tɕiəʔ53	iəʔ53	ɕyaŋ24	ɕyaŋ24	yaŋ312
上党	tɕiəʔ21	ɕiəʔ21	tɕiəʔ21	tɕiəʔ21	iəʔ21	ɕyɑŋ44	ɕyɑŋ44	yɑŋ213
长子	tɕiəʔ4	ɕiɔ312	tɕiəʔ4	tɕiəʔ4	iəʔ4	ɕyæ̃24	ɕyæ̃24	yæ̃312
屯留	tɕiəʔ54	ɕiəʔ54	tɕiəʔ1	tɕiəʔ1	iəŋ43	ɕyæ̃11	ɕyæ̃11	yæ̃31
襄垣	tɕiʌʔ43	——	tɕiʌʔ3	tɕiʌʔ3	iʌʔ3	ɕyei31	ɕyei31	yei31
黎城	tɕiʌʔ31	ɕiɔo33	ciʌʔ2	ciʌʔ2	iʌʔ2	çyæ53	çyæ53	yæ33
平顺	tɕiʌʔ423	ɕiʌʔ423	tɕiʌʔ212	tɕiʌʔ212	iʌʔ212	ɕyæ̃13	ɕyæ̃13	yæ̃213
壶关	tsiʌʔ21	siʌʔ2	tsiəʔ21/ tsiʌʔ2	tsiʌʔ2	iʌʔ2	çyaŋ13	çyaŋ13	yaŋ33
沁县	tɕiæʔ212	ɕiɔ224/ɕiɔ53	tɕiæʔ31	tɕiæʔ31	iæʔ31	suei33	suei33	zuei224
武乡	tɕiʌʔ423	ɕiʌʔ423	tɕiʌʔ3	tɕiʌʔ3	——	——	——	zuei113
沁源	tɕiəʔ31	ɕiɛ53	tɕiəʔ31	tɕiəʔ31	iəʔ31	ɕyæ̃33	ɕyæ̃33	yæ̃324
安泽	tɕiɛ35	ɕiau21	tɕiɛ35/ tɕiəʔ21	tɕiɛ35	iɛ21	ɕyæ35	ɕyæ35	——
沁水端氏	tɕiaʔ2	——	tɕiaʔ2	tɕiaʔ2	——	ɕyɛ24	ɕyɛ24	——
阳城	tɕiʌʔ2	ɕiɛ51	ciʌʔ2	ciʌʔ2	iʌʔ2	cʰyɛ22	cʰyɛ22	yɛ224
高平	tɕiɛʔ2	ɕiɛ33	ciɛʔ2	ciɛʔ2	iɛʔ2	ɕiæ̃33	ɕiæ̃33	iæ̃33
陵川	ciʌʔ23	——	ciʌʔ3	ciʌʔ3	iʌʔ3	ɕyə̃ĩ53	ɕyə̃ĩ53	yə̃ĩ33
晋城	tɕiʌʔ2	ɕyɛ53	tɕiʌʔ2	tɕiʌʔ2	iʌ33	ɕyɛ324	ɕyɛ324	yɛ33
忻府	tɕiɛʔ32	ɕiɔo313	tɕiɛʔ32	tɕiɛʔ32	iəʔ32	ɕyɑ̃21	ɕyɑ̃21	yɑ̃313
原平	tɕiəʔ34	ɕiɤ53	tɕiəʔ34	tɕiəʔ34	iəʔ34	ɕyɛ̃33	ɕyɛ̃33	yɛ̃213
定襄	tɕiəʔ1	ɕiəʔ1	tɕiəʔ1	tɕiaʔ1	iəʔ1	ɕyə̃33	ɕyə̃33	yə̃213
五台	tɕiəʔ3	ɕiɛ52	tɕiəʔ3	tɕiəʔ3	iəʔ3	ɕyə̃33	ɕyə̃33	yə̃213
岢岚	tɕiɛʔ4	ɕiɛ52	tɕiɛʔ4	tɕiɛʔ4	iɛʔ4	ɕyɛ44	ɕyɛ44	yɛ44

续表

字目	截	屑	结	洁	噎	玄	悬	渊
中古音／方言点	昨结 山开四 入屑从	先结 山开四 入屑心	古屑 山开四 入屑见	古屑 山开四 入屑见	乌结 山开四 入屑影	胡涓 山合四 平先匣	胡涓 山合四 平先匣	乌玄 山合四 平先影
五寨	tɕiɛʔ^{4}	ɕiæ^{52}	tɕiɛʔ^{4}	tɕiɛʔ^{4}	iɛʔ^{4}	ɕyɪ^{44}	ɕyɪ^{44}	yɪ^{44}
宁武	——	——	tɕiəʔ^{4}	tɕiəʔ^{4}	iəʔ^{4}	ɕyɛ^{33}	ɕyɛ^{33}	yɛ^{23}
神池	tɕiᴀʔ^{4}	ɕiᴀʔ^{4}	tɕiᴀʔ^{4}	tɕiᴀʔ^{4}	iᴀʔ^{4}	ɕye^{32}	ɕye^{32}	ye^{24}
繁峙	tɕiaʔ$^{\underline{13}}$	ɕiɛ^{24}	tɕiaʔ$^{\underline{13}}$	tɕiaʔ$^{\underline{13}}$	iaʔ$^{\underline{13}}$	ɕyɛ^{31}	ɕyɛ^{31}	yɛ^{53}
代县	tɕie^{44}	ɕiau^{213}	tɕiaʔ^{2}	tɕiaʔ^{2}	iaʔ^{2}	ɕye^{44}	ɕye^{44}	ye^{213}
河曲	tɕiɛʔ^{4}	ɕiaʔ^{4}	tɕiəʔ^{4}	tɕiəʔ^{4}	iaʔ^{4}	ɕyɛ^{44}	ɕyɛ^{44}	yɛ^{44}
保德	tɕiɛ^{44}	ɕie^{52}	tɕiəʔ^{4}	tɕie^{44}	iɛ^{44}	ɕyaŋ^{44}	ɕyaŋ^{44}	yaŋ^{213}
偏关	tɕiɛʔ^{4}	ɕiɔo^{213}	tɕiɛʔ^{4}	tɕiɛʔ^{4}	iɛʔ^{4}	ɕyɪ^{44}	ɕyɪ^{44}	ɕyɪ^{24}
朔城	tɕiᴀʔ$^{\underline{35}}$	——	——	tɕiᴀʔ$^{\underline{35}}$	iᴀʔ$^{\underline{35}}$	ɕye^{35}	ɕye^{35}	ye^{312}
平鲁	tɕiʌʔ$^{\underline{34}}$	——	tɕiʌʔ$^{\underline{34}}$	tɕiʌʔ$^{\underline{34}}$	iʌʔ$^{\underline{34}}$	ɕyᴇ^{44}	ɕyᴇ^{44}	yᴇ^{44}
应县	tɕiɛ̃^{31}	ɕie^{24}	tɕiaʔ$^{\underline{43}}$	tɕiaʔ$^{\underline{43}}$	iaʔ$^{\underline{43}}$	ɕyɛ̃^{31}	ɕyɛ̃^{31}	yɛ̃^{43}
灵丘	tɕie^{31}	ɕie^{53}	tɕiᴀʔ^{5}	tɕiᴀʔ^{5}	iᴀʔ^{5}	ɕye^{442}	ɕye^{442}	ye^{31}
浑源	tɕiʌʔ^{4}	ɕie^{13}	tɕiʌʔ^{4}	tɕiʌʔ^{4}	ɕiʌʔ^{4}	ɕyɛ^{22}	ɕyɛ^{22}	yɛ^{52}
云州	tɕiɛ^{312}	ɕiɛ^{24}	tɕiɑʔ^{4}	tɕiɑʔ^{4}	iɑʔ^{4}	ɕyɛ^{312}	ɕyɛ^{312}	yɛ^{21}
新荣	tɕiᴇ^{312}/tɕiaʔ^{4}	ɕiɔu^{32}/ɕiᴇ^{24}	tɕiaʔ^{4}	tɕiaʔ^{4}	iaʔ^{4}	ɕyᴇ^{312}	ɕyᴇ^{312}	yᴇ^{312}
怀仁	tɕiɛ^{312}	ɕiɔu^{42}	tɕiaʔ^{4}	tɕiaʔ^{4}	iaʔ^{4}	ɕyæ^{312}	ɕyæ^{312}	yæ^{42}
左云	tɕiaʔ^{4} 白 / tɕiɛ^{31} 文	ɕiaʔ^{4} 白 / ɕiɛ^{24} 文	tɕiaʔ^{4}	tɕiaʔ^{4}	iaʔ^{4}	ɕyɛ^{313}	ɕyɛ^{313}	yɛ^{31}
右玉	tɕiɛ^{212}	ɕiɛ^{212}	tɕiaʔ^{4}	tɕiaʔ^{4}	iaʔ^{4}	ɕyɛ^{212}	ɕyɛ^{212}	yɛ^{31}
阳高	tɕiɛ^{312}	ɕiɛ^{24}	tɕiɑʔ^{3}	tɕiɑʔ^{3}	iɑʔ^{3}	ɕyɛ^{312}	ɕyɛ^{312}	yɛ^{31}
山阴	tɕiᴀʔ^{4}	——	tɕiᴀʔ^{4}	tɕiᴀʔ^{4}	iᴀʔ^{4}	ɕyᴇ^{313}	ɕyᴇ^{313}	yᴇ^{313}
天镇	tɕiɑʔ^{4}	ɕiæ^{22}	tɕiɑʔ^{4}	tɕiɑʔ^{4}	iɑʔ^{4}	ɕyæ^{24}	ɕyæ^{22}	yæ^{22}
平定	tɕiᴇ^{44}/ tɕiæʔ^{4} 白	——	tɕiæʔ^{4}	tɕiæʔ^{4}	iæʔ^{4}	ɕyæ̃^{44}	ɕyæ̃^{44}	yæ̃^{31}
昔阳	tɕiᴀʔ$^{\underline{43}}$	ɕiᴇ^{13}	tɕiᴀʔ$^{\underline{43}}$	tɕiʌʔ$^{\underline{43}}$	iʌʔ$^{\underline{43}}$	ɕyæ̃^{33}	ɕyæ̃^{33}	yæ̃^{42}
左权	tɕieʔ^{1}	——	tɕieʔ^{1}	tɕieʔ^{1}	ieʔ^{1}	ɕyɛ^{11}	ɕyɛ^{11}	yɛ^{31}
和顺	tɕi^{22}/ tɕieʔ$^{\underline{21}}$	ɕi^{13}	tɕieʔ$^{\underline{21}}$	tɕieʔ$^{\underline{21}}$	ieʔ$^{\underline{21}}$	ɕyɛ^{22}	ɕyɛ^{22}	yɛ^{22}
尧都	tɕie^{24}	ɕie^{21}	tie 白 / tɕie^{24} 文	tɕie^{24}	ie^{21}	ɕyæ̃^{24}	ɕyæ̃^{24}	yæ̃^{21}
洪洞	tʰɕie^{24} 白 / tɕie^{24} 文	ɕie^{21}	tɕie^{21}	tɕie^{24}	ie^{21}	ɕyan^{24}	ɕyan^{24}	yan^{21}
洪洞赵城	tɕʰiɛ^{24}	ɕiɛ^{21}	tɕiɛ^{21}	tɕiɛ^{21}	iɛ^{21}	ɕyɑ̃^{24}	ɕyɑ̃^{24}	yɑ̃^{21}

续表

字目	截	屑	结	洁	噎	玄	悬	渊
中古音 / 方言点	昨结 山开四 入屑从	先结 山开四 入屑心	古屑 山开四 入屑见	古屑 山开四 入屑见	乌结 山开四 入屑影	胡涓 山合四 平先匣	胡涓 山合四 平先匣	乌玄 山合四 平先影
古县	tɕʰiɛ35 白 / tɕiɛ35 文	ɕiɑu21	tɕiɛ21	tɕiɛ35	iɛ21	ɕyan35	ɕyan35	yan21
襄汾	tɕʰie24	ɕie21	tɕie21	tɕie21	ie21	ɕyan24	ɕyan24	yan21
浮山	tɕʰiɛ13	——	tɕiɛ42	tɕiɛ42	ȵie44	ɕyãĩ13	ɕyãĩ13	yãĩ42
霍州	tɕʰiɛ35 白 / tɕiɛ35 文	ɕiɛ53	tɕiɛ212	tɕiɛ35	iɛ212	ɕyaŋ35	ɕyaŋ35	yaŋ212
翼城	tɕiᴇ12	ɕiᴇ53	tɕiᴇ12	tɕiᴇ12	iᴇ53	ɕyɛɪ12	ɕyɛɪ12	yɛɪ53
闻喜	tɕiᴇ13	——	tɕiᴇ53	tɕiᴇ53	iᴇ53	ɕyæ13	ɕyæ13	yæ53
侯马	tɕʰiɛ213 白 / tɕiɛ213 文	ɕiɛ53	tɕiɛ213	tɕiɛ213	iɛ213	ɕyæ̃213	yæ̃213	yæ̃213
新绛	tɕʰie13	ɕie53	tɕie13	tɕie13	ie53	ɕyã13	ɕyã13	yã13
绛县	tɕʰiɛ24	ɕiɛ31	tɕiɛ53	tɕiɛ53	iɛ53	ɕyæ24	ɕyæ24	yæ53
垣曲	tɕʰiɛ22	ɕiɛ53	tɕiɛ53	tɕiɛ44	iɛ53	ɕyæ̃22	ɕyæ̃22	yæ̃53
夏县	tɕʰiɛ42 白 / tɕiɛ42 文	——	tɕiɛ53	tɕiɛ42	iɛ53	ɕyæ42	ɕyæ42	yæ53
万荣	tɕiɛ51	ɕiɛ33/ɕiɛ51	tɕiɛ51	tɕiɛ51	iɛ51	ɕyæ213	ɕyæ213	yæ213
稷山	tɕʰiɛ13	ɕiɛ53	tɕiɛ13	tɕiɛ13	ȵiɛ53 白 / iɛ42 文	ɕyɑ̃13	ɕyɑ̃13	yɑ̃53
盐湖	tɕiɛ13	ɕiɛ42	tɕiɛ42	tɕiɛ42	iɛ42	ɕyæ̃13	ɕyæ̃13	yæ̃42
临猗	tɕʰiɛ13	ɕiɛ42	tɕiɛ42	tɕiɛ42	iɛ42	ɕyæ̃13	ɕyæ̃13	yæ̃42
河津	tɕʰiɛ324 白 / tɕiɛ324 文	ɕiɛ31	tɕiɛ31	tɕiɛ31	iɛ31	ɕyæ̃324	ɕyæ̃324	yæ̃324
平陆	tɕʰiɛ13 白 / tɕiɛ13 文	ɕiɛ31	tɕiɛ31	tɕiɛ13	iɛ31	ɕyan13	ɕyan13	yan13
永济	tɕʰie31 白 / tɕie24 文	ɕie31	tɕie31	tɕie31	ie31	ɕyæ̃24	ɕyæ̃24	yæ̃31
芮城	tɕʰiɛ13	ɕiɛ42	tɕiɛ42	tɕiɛ13	iɛ42	ɕyæ̃13	ɕyæ̃13	yæ̃13
吉县	tɕʰiɛ423	ɕiɛ33	tɕiɛ423	tɕiɛ13	iɛ423	ɕyæ̃13	ɕyæ̃13	yæ̃13
乡宁	tɕʰiᴇ12 白 / tɕiᴇ12 文	ɕiᴇ53	tɕiᴇ53	tɕiᴇ53	iᴇ53	ɕyæ12	ɕyæ12	yæ53
广灵	tɕiɤ31	ɕiɤ53	tɕiɤ53	tɕiɤ53	iɤ53	ɕyæ31	ɕyæ31	yæ31

字目	犬	县	决	缺	血	穴	吞	跟
中古音 / 方言点	苦泫 山合四 上铣溪	黄练 山合四 去霰匣	古穴 山合四 入屑见	苦穴 山合四 入屑溪	呼决 山合四 入屑晓	胡决 山合四 入屑匣	吐根 臻开一 平痕透	古痕 臻开一 平痕见
北京	tɕʰyan^{214}	ɕiɛn^{51}	tɕye^{35}	tɕʰye^{55}	ɕie^{214} 白 / ɕye^{51} 文	ɕye^{35}	tʰuən^{55}	kən^{55}
小店	tɕʰyæ^{53}	ɕiæ^{24}	tɕyəʔ^{1}	tɕʰyəʔ^{1}	ɕyəʔ^{1}	ɕyəʔ$^{\underline{54}}$	tʰəŋ^{11}	kəŋ^{11}
尖草坪	tɕʰye^{312}	ɕie^{35}	tɕyəʔ^{3}	tɕʰyəʔ^{3}	ɕyəʔ^{3}	ɕyəʔ$^{\underline{43}}$	tʰuʌŋ^{33}	kʌŋ^{33}
晋源	tɕʰyaŋ^{11}	ɕiæ^{35}	tɕyəʔ^{2}	tɕʰyəʔ^{2}	ɕyəʔ^{2}	ɕyəʔ$^{\underline{43}}$	tʰuŋ^{11}	kəŋ^{11}
阳曲	tɕʰyɛ^{312}	ɕiɛ^{454}	tɕyɛʔ^{4}	tɕʰyɛʔ^{4}	ɕyɛʔ^{4}	ɕyɛʔ^{4}	tʰuə̃^{312} 白 / tʰə̃^{312} 文	kə̃^{312}
古交	tɕʰyɛ^{312}	ɕie^{53}	tɕyəʔ^{4}	tɕʰyəʔ^{4}	ɕyəʔ^{4}	ɕyəʔ^{4}	tʰəŋ^{44}	kəŋ^{44}
清徐	tɕʰye^{54}	ɕie^{45}	tɕyaʔ^{1}	tɕʰyaʔ^{1}	ɕyaʔ^{1}	ɕyaʔ$^{\underline{54}}$	tʰəŋ^{11}	kəŋ^{11}
娄烦	tɕʰyɛ^{312}	ɕie^{54}	tɕyaʔ^{3}	tɕʰyaʔ^{3}	ɕyaʔ^{3}	ɕyaʔ^{3}	tʰəŋ^{33}	kəŋ^{33}
榆次	tɕʰye^{53}	ɕie^{35}	tɕyaʔ^{1}	tɕʰyaʔ^{1}	ɕyaʔ^{1}	ɕyaʔ^{1}	tʰɣ̃^{11}	kɣ̃^{11}
交城	tɕʰyũ^{53}	ɕiã^{24}	tɕyaʔ$^{\underline{53}}$	tɕʰyaʔ^{1}	ɕyaʔ^{1}	ɕyaʔ^{1}	tʰə̃^{11}	kə̃^{11}
文水	tɕʰyæĩ^{423}	ɕiæĩ^{35}	tɕyaʔ$^{\underline{312}}$	tɕʰyaʔ^{2}	ɕyaʔ^{2}	ɕyaʔ$^{\underline{312}}$	tʰəŋ^{22}	kəŋ^{22}
祁县	tɕʰyẽ^{314}	ɕiẽ^{45}	tɕyɑʔ$^{\underline{324}}$	tɕʰyɑʔ$^{\underline{32}}$	ɕyɑʔ$^{\underline{32}}$	ɕyɑʔ$^{\underline{324}}$	tʰɔõ^{31}	kɔõ^{31}
太谷	tɕʰyẽĩ^{312}	ɕiẽĩ^{53}	tɕyaʔ^{3}	tɕʰyaʔ^{3}	ɕyaʔ^{3}	ɕyaʔ$^{\underline{423}}$	tʰuə̃^{33}	kə̃^{33}
平遥	tɕỹẽ^{512}	ɕĩẽ^{24}	tɕyʌʔ$^{\underline{523}}$	ɕyʌʔ$^{\underline{212}}$	ɕyʌʔ$^{\underline{212}}$	ɕyʌʔ$^{\underline{523}}$	tʰəŋ^{213}	kəŋ^{213}
孝义	tɕʰyã^{3112}	ɕiᴇ^{454}	tɕyəʔ^{3}	tɕʰyəʔ^{3}	ɕyəʔ^{3}	ɕyaʔ^{3}	tʰə̃^{33}	kə̃^{33}
介休	tɕʰyẽ^{423}	ɕiẽ^{45}	tɕyʌʔ$^{\underline{312}}$	tɕʰyʌʔ$^{\underline{12}}$	ɕyʌʔ$^{\underline{12}}$	ɕyʌʔ$^{\underline{12}}$	tʰəŋ^{13}	kəŋ^{13}
灵石	tɕʰyõ^{212}	ɕie^{53}	tɕyəʔ^{4}	tɕyəʔ^{4}	ɕyəʔ^{4}	tɕʰyaʔ$^{\underline{212}}$	——	kəŋ^{535}
盂县	tɕʰyæ̃^{53}	ɕiæ̃^{55}	tɕyʌʔ^{2}	tɕʰyʌʔ^{2}	ɕyʌʔ^{2}	ɕyʌʔ$^{\underline{53}}$	tʰə̃^{412}	kə̃^{412}
寿阳	tɕʰyɪ^{53}	ɕir^{45}	tɕyɛʔ^{2}	tɕʰyɛʔ^{2}	ɕyɛʔ^{2}	ɕyɛʔ$^{\underline{54}}$	tə̃^{45}	kə̃^{31}
榆社	tɕʰye^{312}	ɕie^{45}	tɕyaʔ$^{\underline{312}}$	tɕʰyaʔ$^{\underline{312}}$	ɕiaʔ^{2}	ɕyaʔ$^{\underline{312}}$	tʰɛɪ^{22}	kɛɪ^{22}
离石	tɕʰyɪ^{312}	ɕiɪ^{53}	tɕyeʔ^{4}	tɕʰyeʔ^{4}	ɕyeʔ^{4}	ɕyeʔ^{4}	tʰəŋ^{24}	kəŋ^{24}
汾阳	tɕʰyã^{312}	ɕi^{55}	tɕyeʔ$^{\underline{312}}$	tɕʰyeʔ^{2}	ɕyeʔ^{2}	ɕyaʔ$^{\underline{312}}$	tʰuŋ^{324}	kəŋ^{324}
中阳	tɕʰye^{423}	ɕie^{53}	tɕyeʔ^{4}	tɕʰyeʔ^{4}	ɕyeʔ^{4}	ɕyeʔ^{4}	tʰə̃^{24}	kə̃^{24}
柳林	tɕʰye^{312}	ɕie^{53}	tɕyɛʔ^{4}	tɕʰyeʔ^{4}	ɕyɛʔ^{4}	ɕyɑʔ$^{\underline{423}}$	tʰə̃^{24}	kə̃^{24}
方山	tɕʰyɛ^{312}	ɕiɛ^{52}	tɕyɛʔ^{4}	tɕʰyeʔ^{4}	ɕyɛʔ^{4}	ɕyeʔ$^{\underline{23}}$	tʰuə̃ŋ^{24}	kə̃ŋ^{24}
临县	tɕʰye^{312}	ɕie^{52}	tɕyɐʔ^{3}	tɕʰyɐʔ^{3}	ɕyɐʔ^{3}	ɕyɐʔ^{3}	tʰuə̃^{24}	kə̃^{24}
兴县	tɕʰyẽn^{324}	ɕiẽn^{53}	tɕyəʔ^{5}	tɕʰyəʔ^{5}	ɕyəʔ^{5}	ɕyəʔ^{5}	tʰəŋ^{324}	kəŋ^{324}
岚县	tɕʰyẽ^{24}	ɕiẽ^{51}	tɕyeʔ^{4}	tɕʰyeʔ^{4}	ɕyeʔ^{4}	ɕyeʔ^{4}	tʰuəŋ^{24}	kəŋ^{24}
静乐	tɕʰyæ̃^{24}	ɕiæ̃^{53}	tɕyəʔ$^{\underline{212}}$	tɕʰyəʔ^{4}	ɕyəʔ^{4}	ɕyəʔ^{4}	tʰɣ̃^{24}	kɣ̃^{24}
交口	tɕʰyɑ̃^{323}	ɕiɑ̃^{53}	tɕyeʔ^{4}	tɕʰyeʔ^{4}	ɕyeʔ^{4}	ɕyeʔ$^{\underline{212}}$	tʰuəŋ^{323}	kəŋ^{323}

续表

字目	犬	县	决	缺	血	穴	吞	跟
中古音 / 方言点	苦泫 山合四 上铣溪	黄练 山合四 去霰匣	古穴 山合四 入屑见	苦穴 山合四 入屑溪	呼决 山合四 入屑晓	胡决 山合四 入屑匣	吐根 臻开一 平痕透	古痕 臻开一 平痕见
石楼	tɕʰyɑŋ^{213}	ɕiɑŋ^{51}	tɕyəʔ^{4}	tɕʰyəʔ^{4}	ɕyəʔ^{4}	ɕyəʔ^{4}	tʰəŋ^{213}	kəŋ^{213}
隰县	tɕʰyaŋ^{21}	ɕiɛ^{44}	tɕʰyəʔ^{3}	tɕʰyəʔ^{3}	ɕiəʔ^{3}	ɕyəʔ^{3}	tʰuəŋ^{53}	kəŋ^{53}
大宁	tɕʰyẽ^{55}	ɕiẽ^{55}	tɕyɐʔ^{4}	tɕyɐʔ$^{\underline{31}}$	ɕiɐʔ$^{\underline{31}}$	ɕyɐʔ^{4}	tʰəŋ^{31}	kəŋ^{31}
永和	tɕʰyɪ^{312}	ɕiɪ^{53}	tɕyɐʔ$^{\underline{35}}$	tɕʰyɐʔ$^{\underline{35}}$	ɕiɐʔ$^{\underline{35}}$ 白 / ɕyɐʔ$^{\underline{35}}$ 文	ɕyɐʔ$^{\underline{35}}$	tʰəŋ^{33}	kəŋ^{33}
汾西	tɕyɑ̃^{33}	ɕiɑ̃^{53}	tɕyɪ^{53}	tɕʰyɪ^{11}	ɕyɪ^{11}	ɕyəʔ^{3}	tʰuəŋ^{11} 文	kəŋ^{11}
蒲县	tɕʰyæ̃^{31}	ɕiæ̃^{33}	tɕyɛʔ^{3}	tɕʰyɛʔ$^{\underline{43}}$	ɕiɛʔ$^{\underline{43}}$ 白 / ɕyɛʔ$^{\underline{43}}$ 文	ɕyɛʔ$^{\underline{43}}$	tʰueĩ^{52}	keĩ^{52}
潞州	tɕʰyaŋ^{535}	ɕiaŋ^{54}	tɕyəʔ$^{\underline{53}}$	tɕʰyəʔ$^{\underline{53}}$	ɕiəʔ$^{\underline{53}}$	ɕyəʔ$^{\underline{53}}$	tʰəŋ^{312}	kəŋ^{312}
上党	tɕʰyɑŋ^{535}	ɕiɑŋ^{42}	tɕyəʔ$^{\underline{21}}$	tɕʰyəʔ$^{\underline{21}}$	ɕiəʔ$^{\underline{21}}$	ɕyəʔ$^{\underline{21}}$	tu^{22}	kəŋ^{213}
长子	tɕʰyæ̃^{434}	ɕiæ̃^{53}	tɕyəʔ^{4}	tɕʰyəʔ^{4}	ɕiəʔ^{4}	ɕyəʔ$^{\underline{212}}$	tʰuẼ^{312}	kẼ^{312}
屯留	tɕʰyæ̃^{43}	ɕiæ̃^{11}	tɕyəʔ$^{\underline{54}}$	tɕʰyəʔ^{1}	ɕiəʔ^{1}	ɕyəʔ^{54}	tʰuẽ^{31}	kẽ^{31}
襄垣	tɕʰyei^{42}	ɕiei^{45}	tɕyʌʔ^{3}	tɕʰyʌʔ^{3}	ɕyʌʔ^{3}	ɕyʌʔ$^{\underline{43}}$	tʰəŋ^{33}	kəŋ^{33}
黎城	cʰyæ^{213}	çiæ^{53}	tɕyʌʔ^{2}	cʰiʌʔ^{2}	ɕyʌʔ^{2}	çyʌʔ^{2}	tʰei^{33}	kẽ^{33}
平顺	cʰyæ̃^{434}	ɕiæ̃^{53}	cyʌʔ$^{\underline{212}}$	cʰyʌʔ$^{\underline{212}}$	ɕyʌʔ$^{\underline{212}}$	ɕyʌʔ$^{\underline{212}}$	tʰuẼ^{213}	kẼ^{213}
壶关	cʰyaŋ^{535}	çiaŋ^{353}	cyʌʔ^{2}	cʰyʌʔ^{2}	çyʌʔ^{2}	ɕyʌʔ$^{\underline{21}}$	tʰuŋ^{33}	kəŋ^{33}
沁县	tsʰuei^{214}	ɕi^{53}	tɕyæʔ$^{\underline{31}}$	tɕʰyæʔ$^{\underline{31}}$	ɕiæʔ$^{\underline{31}}$	ɕyæʔ$^{\underline{31}}$	tʰɔ̃^{224}	kɔ̃^{224}
武乡	——	sei^{55}	tɕyʌʔ$^{\underline{423}}$	tɕʰyʌʔ^{3}	ɕiʌʔ^{3}	ɕyʌʔ$^{\underline{423}}$	——	kɐŋ^{113}
沁源	tɕʰyæ̃^{324}	ɕiæ̃^{53}	tɕyəʔ$^{\underline{212}}$	tɕʰyəʔ$^{\underline{31}}$	ɕiəʔ$^{\underline{31}}$	ɕyəʔ$^{\underline{31}}$	tʰɔ̃^{324}	kɔ̃^{324}
安泽	tɕʰyæ^{42}	ɕiæ^{53}	tɕyɛ^{35}	tɕʰyəʔ$^{\underline{21}}$	yəʔ$^{\underline{21}}$	ɕyɛ^{35}	tʰuəŋ^{21}	kəŋ^{21}
沁水端氏	kʰuei^{31}	sei^{24}	tɕyaʔ^{2}	tɕʰyaʔ^{2}/ tɕʰyɛ^{2}	iaʔ^{2}	ɕyaʔ^{2}	tʰəŋ^{213}	kai^{21}
阳城	cʰyɛ^{212}	çiɛ^{51}	cyʌʔ^{2}	cʰyʌʔ^{2}	ɕiʌʔ^{2}	çyʌʔ^{2}	tʰɑ̃ŋ^{22}	kɑ̃ŋ^{224}
高平	cʰiæ̃^{212}	ɕiæ̃^{53}	ciɐʔ^{2}	cʰiɐʔ^{2}	ɕiɐʔ^{2}	ɕiɐʔ^{2}	tʰuə̃ĩ^{33}	kə̃ĩ^{33}
陵川	cʰyə̃ĩ^{312}	ɕiə̃ĩ^{24} 白 / ɕiæ̃^{24} 文	tɕyʌʔ$^{\underline{23}}$	cʰyʌʔ^{3}	ɕiʌʔ^{3}	ɕyʌʔ$^{\underline{23}}$	tʰuə̃ĩ^{33}	kə̃ĩ^{33}
晋城	tɕʰyɛ^{213}	ɕiɛ^{53}	tɕyʌʔ^{2}	tɕʰyʌʔ^{2}	ɕiʌʔ^{2}	ɕyʌʔ^{2}	tʰuẽ^{33}	kẽ^{33}
忻府	tɕʰyɑ̃^{313}	xiẽ^{53}	tɕyʌʔ$^{\underline{32}}$	tɕʰyʌʔ$^{\underline{32}}$	ɕyʌʔ$^{\underline{32}}$	ɕyʌʔ$^{\underline{32}}$	tʰəŋ^{313}	kəŋ^{313}
原平	tɕʰyẽ^{213}	ɕiẽ^{53}	tɕyəʔ$^{\underline{34}}$	tɕʰyəʔ$^{\underline{34}}$	ɕyəʔ$^{\underline{34}}$	ɕyəʔ$^{\underline{34}}$	tʰəŋ^{213}	kəŋ^{213}
定襄	tɕʰyɔ̃^{213}	ɕiɔ̃^{53}	tɕyəʔ^{1}	tɕʰyəʔ^{1}	ɕyəʔ^{1}	ɕyəʔ^{1}	tʰuəŋ^{213}	kəŋ^{213}
五台	tɕʰyɔ̃^{213}	ɕiɔ̃^{52}	tɕyəʔ^{3}	tɕʰyəʔ^{3}	ɕyəʔ^{3}	ɕyəʔ^{3}	tʰən^{213}	kən^{213}
岢岚	tɕʰyɛ^{13}	ɕiɛ^{52}	tɕyɛʔ^{4}	tɕʰyɛʔ^{4}	ɕyɛʔ^{4}	ɕyɛʔ^{4}	tʰəŋ^{13}	kəŋ^{13}

续表

字目 中古音 方言点	犬	县	决	缺	血	穴	吞	跟
	苦泫 山合四 上铣溪	黄练 山合四 去霰匣	古穴 山合四 入屑见	苦穴 山合四 入屑溪	呼决 山合四 入屑晓	胡决 山合四 入屑匣	吐根 臻开一 平痕透	古痕 臻开一 平痕见
五寨	tɕʰyɪ^{13}	ɕiɪ^{52}	tɕyaʔ^{4}	tɕʰyaʔ^{4}	ɕyaʔ^{4}	ɕyaʔ^{4}	tʰəɣ̃^{13}	kəɣ̃^{13}
宁武	tɕyɛ^{213}	ɕiɛ^{52}	tɕyəʔ^{4}	tɕʰyəʔ^{4}	ɕyəʔ^{4}	ɕyəʔ^{4}	——	kɤɯ^{23}
神池	tɕʰye^{13}	ɕie^{52}	tɕyᴀʔ^{4}	tɕʰyᴀʔ^{4}	ɕyᴀʔ^{4}	ɕyᴀʔ^{4}	tʰə̃^{213}	kə̃^{24}
繁峙	tɕʰyɛ^{53}	ɕiɛ^{24}	tɕyaʔ$^{\underline{13}}$	tɕʰyaʔ$^{\underline{13}}$	ɕyaʔ$^{\underline{13}}$	ɕyaʔ$^{\underline{13}}$	tʰuəŋ^{53}	kəŋ^{53}
代县	tɕʰye^{213}	ɕie^{53}	tɕyaʔ^{2}	tɕʰyaʔ^{2}	ɕyaʔ^{2}	ye^{44}	tʰɤŋ^{213}	kɤŋ^{213}
河曲	tɕʰyɛ^{213}	ɕiɛ^{52}	tɕyɛʔ^{4}	tɕʰyɛʔ^{4}	ɕyɛʔ^{4}	ɕyɛʔ^{4}	tʰɤŋ^{213}	kɤŋ^{213}
保德	tɕʰyɑŋ^{213}	ɕiɑŋ^{52}	tɕyɛ^{44}	tɕʰyɛ^{44}	ɕyɛ^{44}	ɕyɛ^{44}	tʰuəŋ^{213}	kəŋ^{213}
偏关	tɕʰyɪ^{213}	ɕi^{52}	tɕyɛʔ^{4}	tɕʰyɛʔ^{4}	ɕyɛʔ^{4}	ɕyɛʔ^{4}	tʰɤŋ^{24}	kɤŋ^{24}
朔城	tɕʰyɛ^{312}	——	tɕyᴀʔ$^{\underline{35}}$	tɕʰyᴀʔ$^{\underline{35}}$	ɕyᴀʔ$^{\underline{35}}$	ɕyɛ^{35}	tʰə̃^{312}	kə̃^{312}
平鲁	tɕʰyᴇ^{213}	ɕʰiᴇ^{52}	tɕyʌʔ$^{\underline{34}}$	tɕʰyʌʔ$^{\underline{34}}$	ɕyʌʔ$^{\underline{34}}$	ɕyᴇ^{44}	tʰəɯ^{213}	kəɯ^{213}
应县	tɕʰyɛ̃^{54}	ɕiɛ̃^{24}	tɕyaʔ$^{\underline{43}}$	tɕʰyaʔ$^{\underline{43}}$	ɕyaʔ$^{\underline{43}}$	ɕyɛ^{43}	təŋ^{43}	kəŋ^{43}
灵丘	tɕʰye^{442}	ɕie^{53}	tɕyᴀʔ^{5}	tɕʰyᴀʔ^{5}	ɕyᴀʔ^{5}	ɕie^{31}	tʰuŋ^{442}	kəŋ^{442}
浑源	tɕʰyɛ^{52}	iɛ^{13}	tɕyʌʔ^{4}	tɕʰyʌʔ^{4}	ɕyʌʔ^{4}	ɕyɛ^{22}	tʰə̃^{52}	kə̃^{52}
云州	tɕʰyɛ^{55}	ɕiɛ^{24}	tɕyɑʔ^{4}	tɕʰyɑʔ^{4}	ɕyɑʔ^{4}	ɕyɑʔ^{4}	tʰuəɣ^{213}	kəɣ^{213}
新荣	tɕʰyᴇ^{54}	ɕiᴇ^{24}	tɕyaʔ^{4}	tɕʰyaʔ^{4}	ɕyaʔ^{4}	ɕyᴇ^{312}	tʰɤɣ^{32}	kɤɣ^{32}
怀仁	tɕʰyæ^{53}	ɕiæ^{24}	tɕyaʔ^{4}	tɕʰyaʔ^{4}	ɕyaʔ^{4}	ɕyɛ^{312}	tʰəŋ^{42}	kəŋ^{42}
左云	tɕʰyɛ^{54}	ɕiɛ^{24}	tɕyaʔ^{4}	tɕʰyaʔ^{4}	ɕyaʔ^{4}	ɕyɛ^{313}	tʰəɣ^{31}	kəɣ^{31}
右玉	tɕʰyɛ^{33}	ɕiɛ^{24}	tɕyaʔ^{4}	tɕʰyaʔ^{4}	——	ɕyɛ^{212}	tʰə̃ɣ^{31}	kə̃ɣ^{31}
阳高	tɕʰyɛ^{53}	ɕiɛ^{24}	tɕyɑʔ^{3}	tɕʰyɑʔ^{3}	ɕyɑʔ^{3}	——	tʰuəŋ^{31}	kəŋ^{31}
山阴	tɕyᴇ^{52}	ɕiᴇ^{335}	tɕyᴀʔ^{4}	tɕʰyᴀʔ^{4}	ɕyᴀʔ^{4}	ɕyᴇ^{313}	tʰə̃^{313}	kə̃^{313}
天镇	tɕʰyæ^{55}	ɕiæ^{24}	tɕyɑʔ^{4}	tɕʰyɑʔ^{4}	ɕyɑʔ^{4}	ɕyɑʔ^{4}	tʰɤɣ^{31}	kɤɣ^{31}
平定	tɕʰyæ̃^{53}	ɕiæ̃^{24}	tɕyæʔ^{4}	tɕʰyæʔ^{4}	ɕiæʔ^{4}	ɕyæʔ^{4}	tʰɤŋ^{31}	kɤŋ^{31}
昔阳	tɕʰyæ̃^{55}	ɕiæ̃^{13}	tɕyʌʔ$^{\underline{43}}$	tɕʰyʌʔ$^{\underline{43}}$	ɕyʌʔ$^{\underline{43}}$/ ɕiʌʔ^{43}	ɕyʌʔ$^{\underline{43}}$	tʰəŋ^{42} 白 / tuəŋ^{42} 文	kəŋ^{42}
左权	tɕʰye^{42}	ɕie^{53}	tɕyeʔ^{1}	tɕʰyeʔ^{1}	ɕieʔ^{1} 白 / ɕyeʔ^{1} 文	ɕyeʔ^{1}	tʰəŋ^{31}	kuəŋ^{31} 白 / kəŋ^{31} 文
和顺	tɕʰye^{53}	ɕie^{13}	tɕyeʔ$^{\underline{21}}$	tɕʰyeʔ$^{\underline{21}}$	ɕyeʔ$^{\underline{21}}$	ɕyeʔ$^{\underline{21}}$	tʰəŋ^{42}/ tʰuəŋ^{42}	kəŋ^{42}
尧都	tɕʰyæ̃^{53}	ɕiæ̃^{44}	tɕyɛ^{24}	tɕʰyɛ^{21}	ɕiɛ^{53}	ɕyɛ^{24}	tʰəŋ^{21}	kə̃^{21}
洪洞	tɕʰyɑn^{53}	ɕiɑn^{53}	tɕye^{24}	tɕʰye^{21}	ɕie^{21} 白 / ɕɛ^{21} 文	ɕye^{24}	tʰuen^{21}	ken^{21}
洪洞赵城	tɕʰyɑ̃^{42}	ɕiɑ̃^{53}	tɕyɛ^{24}	tɕʰyɛ^{21}	ɕiɛ^{21}	ɕyɛ^{24}	tʰeŋ^{21}	keŋ^{21}

续表

字目	犬	县	决	缺	血	穴	吞	跟
中古音 / 方言点	苦泫 山合四 上铣溪	黄练 山合四 去霰匣	古穴 山合四 入屑见	苦穴 山合四 入屑溪	呼决 山合四 入屑晓	胡决 山合四 入屑匣	吐根 臻开一 平痕透	古痕 臻开一 平痕见
古县	tɕʰyan^{42}	ɕian^{53}	tɕyɛ^{35}	tɕʰyɛ^{21}	ɕiɛ^{21}	ɕyɛ^{35}	tʰen^{21}/ tʰəŋ^{21}	ken^{21}
襄汾	tɕʰyan^{24}	ɕian^{53}	tɕye^{24}	tɕʰye^{21}	ɕie^{21}/ɕie^{42}	ɕye^{21}	tʰeŋ^{21}	ken^{21}
浮山	tɕʰyaĩ^{33}	ɕiaĩ^{53}	tɕyɛ^{13}	tɕʰyɛ^{42}	ɕiɛ^{42}	ɕyɛ^{42}	tʰeŋ^{42}	keĩ^{42}
霍州	tɕʰyaŋ^{33}	ɕiaŋ^{53}	tɕye^{35}	tɕʰye^{212}	ɕye^{212}	ɕye^{35}	tʰuŋ^{212}	kəŋ^{212}
翼城	ɕyeɪ^{44}	ɕieɪ^{53}	tɕyɤ^{12}	tɕʰyɤ^{53}	ɕyɤ^{44}	ɕyɤ^{53}	tʰuŋ^{53}	kəŋ^{53}
闻喜	tɕʰyæ^{33}	ɕiæ^{13}	tɕyᴇ^{53}	tɕʰyᴇ^{53}	ɕiᴇ^{53}	xɤ^{13}/ɕyᴇ^{13}/ ɕiɤ^{13}	tʰẽĩ^{53}	kiẽĩ^{53}
侯马	ɕyæ̃^{44}	ɕiæ̃^{53}	tɕyɛ^{213}	tɕʰyɛ^{213}	ɕiɛ^{53}	yɛ^{53}	lueĩ^{213}	kʰeĩ^{213}
新绛	tɕʰyã^{44}	ɕiã^{53}	tɕye^{13}	tɕʰye^{53}	ɕye^{53}	ɕye^{13}	tʰuẽ^{53}	kẽ^{53}
绛县	tɕʰyæ^{33}	ɕiæ^{53}	tɕyɪ^{24}	tɕʰyɪ^{53}	ɕie^{33}/ɕyɪ^{24}	ɕyɪ^{24}	tʰueĩ^{53}	keĩ^{53}
垣曲	tɕʰyæ̃^{44}	ɕiæ̃^{53}	tɕyɛ^{22}	tɕʰyɛ^{22}	ɕiɛ^{53}	ɕyɛ^{53}	tʰə̃^{22}	kə̃^{22}
夏县	tɕʰyæ^{42}	ɕiæ^{31}	tɕyɛ^{42}	tɕiɤ^{53} 白 / tɕyɛ^{53} 文	ɕiɛ^{24} 白 / ɕyɛ^{24} 文	ɕyɛ^{42}	tʰei^{53} 白 / tʰuei^{53} 文	kei^{53}
万荣	tɕʰyæ^{55}	ɕiæ^{33}	tɕyɛ^{213}	tɕʰyɛ^{51}	ɕyɛ^{51}	ɕyɛ^{213}	tʰei^{213}	kei^{51}
稷山	tɕʰyɑ̃^{44}	ɕiɑ̃^{42}	tɕyɛ^{13}	tɕʰyɛ^{53}	ɕiɛ^{53} 白 / ɕyɛ^{53} 文	ɕyɛ^{13}	tʰuə̃^{53}	kə̃^{53}
盐湖	tɕʰyæ̃^{53}	ɕiæ̃^{44}	tɕyɛ^{42}	tɕʰyɛ^{42}	ɕyɛ^{42}	ɕyɛ^{13}	——	keĩ^{42}
临猗	tɕʰyæ̃^{53}	ɕiæ̃^{44}	tɕyɛ^{13}	tɕʰyɛ^{42}	ɕiɛ^{42} 白 / ɕyɛ^{42} 文	ɕiɛ^{42} 白 / ɕyɛ^{42} 文	tʰəŋ^{42} 白 / tʰueĩ^{42} 文	keĩ^{42}
河津	tɕʰyæ̃^{53}	ɕiæ̃^{44}	tɕye^{324}	tɕʰye^{31}	ɕie^{31}	ɕye^{324}	tʰəŋ^{31} 白 / tʰuẽ^{31} 文 / tʰẽ^{44} 文	kɯ^{324} 白 / kẽ^{31} 文
平陆	tɕʰyan^{55}	ɕian^{33}	tɕyə^{13}	tɕʰyə^{31}	ɕie^{31}	ɕie^{13}	tʰuei^{31}	kei^{31}
永济	tɕʰyæ̃^{53}	ɕiai^{44}	tɕye^{24}	tɕʰye^{31}	ɕie^{31}	ɕye^{24}	tʰuei^{31}	kei^{31}
芮城	tɕʰyæ̃^{53}	ɕiæ̃^{44}	tɕyɛ^{13}	tɕʰye^{42}	ɕie^{53}	ɕyɛ^{13} 白 / ɕiɛ^{13} 文	tʰəŋ^{42}	keĩ^{42}
吉县	tɕʰyæ̃^{53}	ɕiæ̃^{33}	tɕyɛ^{13}	tɕʰyɛ^{423}	ɕiɛ^{423}	ɕyɛ^{13}	tʰei^{423}	kei^{423}
乡宁	tɕʰyæ^{44}	ɕiæ^{22}	tɕyᴇ^{12}	tɕʰyᴇ^{53}	ɕiᴇ^{53}	ɕyᴇ^{12}	tʰuəŋ^{53}	kəŋ^{53}
广灵	tɕʰyæ^{44}	ɕiæ^{213}	tɕyɤ^{31}	tɕʰyɤ^{53}	ɕyɤ^{31}	ɕyɤ^{31}	tʰəŋ^{53}	kəŋ^{53}

字目	根	痕	恩	恳	垦	啃	很	恨
中古音 / 方言点	古痕 臻开一 平痕见	户恩 臻开一 平痕匣	乌痕 臻开一 平痕影	康很 臻开一 上很溪	康很 臻开一 上很溪	康很 臻开一 上很溪	胡垦 臻开一 上很匣	胡艮 臻开一 去恨匣
北京	kən^{55}	xən^{35}	ən^{55}	kʰən^{214}	kʰən^{214}	kʰən^{214}	xən^{214}	xən^{51}
小店	kəŋ^{11}	xəŋ^{11}	əŋ^{11}	kʰəŋ^{53}	kʰəŋ^{53}	kʰəŋ^{53}	xəŋ^{53}	xəŋ^{24}
尖草坪	kʌŋ^{33}	xʌŋ^{33}	ɣʌŋ^{33}	kʰʌŋ^{312}	kʰʌŋ^{312}	kʰuʌŋ^{312} 白 / kʰʌŋ^{312} 文	xʌŋ^{312}	xʌŋ^{35}
晋源	kəŋ^{11}	xəŋ^{11}	ŋəŋ^{11}	kʰəŋ^{42}	kʰəŋ^{42}	kʰəŋ^{42}	xəŋ^{42}	xəŋ^{35}
阳曲	kə̃^{312}	xə̃^{43}	ŋə̃^{312}	kʰə̃^{312}	kʰə̃^{312}	kʰə̃^{312}	xə̃^{43}	xə̃^{43}
古交	kəŋ^{44}	xəŋ^{44}	əŋ^{44}	kʰəŋ^{312}	kʰəŋ^{312}	kʰəŋ^{312}	xəŋ^{312}	xəŋ^{312}
清徐	kəŋ^{11}	xəŋ^{11}	ŋəŋ^{11}	kʰəŋ^{54}	kʰəŋ^{54}	kʰuəŋ^{54}	xəŋ^{54}	xəŋ^{45}
娄烦	kəŋ^{33}	xəŋ^{33}	ŋəŋ^{33}	kʰəŋ^{312}	kʰəŋ^{312}	kʰəŋ^{312}	xəŋ^{312}	xəŋ^{54}
榆次	kɤ̃^{11}	xɤ̃^{11}	ŋɤ̃^{11}	kʰɤ̃^{53}	kʰɤ̃^{53}	kʰuɤ̃^{53}	xɤ̃^{53}	xɤ̃^{35}
交城	kə̃^{11}	xə̃^{11}	ŋə̃^{11}	kʰə̃^{53}	kʰə̃^{53}	kʰuə̃^{53}	xə̃^{53}	xə̃^{24}
文水	kəŋ^{22}	xəŋ^{22}	ŋəŋ^{22}	kʰəŋ^{423}	kʰəŋ^{423}	kʰuəŋ^{423}	xəŋ^{423}	xəŋ^{35}
祁县	kɔõ^{31}	xɔõ^{31}	ŋɔõ^{31}	kʰɔõ^{314}	kʰɔõ^{314}	kʰɔõ^{314}	xɔõ^{314}	xɔõ^{45}
太谷	kə̃^{33}	xə̃^{33}	ŋə̃^{33}	kʰə̃^{312}	kʰə̃^{312}	kʰə̃^{312}/ kʰuə̃^{312}	xə̃^{312}	xə̃^{53}
平遥	kəŋ^{213}	xəŋ^{213}	ŋəŋ^{213}	kʰəŋ^{512}	kʰəŋ^{512}	kʰuəŋ^{512}	xəŋ^{512}	xəŋ^{24}
孝义	kə̃^{33}	xə̃^{33}	ŋə̃^{33}	kʰə̃^{312}	kə̃^{312}	kuə̃^{312}	xə̃^{312}	xə̃^{454}
介休	kəŋ^{13}	xəŋ^{13}	ŋəŋ^{13}	kʰəŋ^{423}	kʰəŋ^{423}	kʰuŋ^{423}	xəŋ^{423}	xəŋ^{45}
灵石	kəŋ^{535}	xəŋ^{44}	ŋəŋ^{535}	kʰəŋ^{212}	kʰəŋ^{212}	kʰəŋ^{212}	xəŋ^{212}	xəŋ^{53}
盂县	kə̃^{412}	xə̃^{22}	ŋə̃^{412}	kʰə̃^{53}	kʰə̃^{53}	kʰuə̃^{53}	xə̃^{53}	xə̃^{33}
寿阳	kə̃^{31}	xə̃^{22}	ŋə̃^{31}	kʰə̃^{53}	kʰə̃^{53}	kʰə̃^{53}	xə̃^{53}	xə̃^{45}
榆社	kɛɪ^{22}	xɛɪ^{22}	ŋɛɪ^{22}	kʰɛɪ^{312}	kʰɛɪ^{312}	kʰɛɪ^{312}	xɛɪ^{312}	xɛɪ^{45}
离石	kəŋ^{24}	xəŋ^{44}	ŋəŋ^{24}	kʰəŋ^{312}	kʰəŋ^{312}	kʰuəŋ^{312}	xəŋ^{312}	xəŋ^{53}
汾阳	kəŋ^{324}	xəŋ^{22}	ŋəŋ^{324}	kʰəŋ^{312}	kʰəŋ^{312}	kʰuŋ^{312}	xəŋ^{312}	xəŋ^{55}
中阳	kə̃^{24}	xə̃^{33}	ŋə̃^{24}	kʰə̃^{423}	kʰə̃^{423}	kʰuə̃^{423}	xə̃^{423}	xə̃^{53}
柳林	kə̃^{24}	xə̃^{44}	ŋə̃^{24}	kʰə̃^{312}	kʰə̃^{312}	kʰə̃^{312}	xə̃^{312}	xə̃^{53}
方山	kə̃ŋ^{24}	xə̃ŋ^{44}	ŋə̃ŋ^{24}	kʰə̃ŋ^{312}	kʰə̃ŋ^{312}	kʰuə̃ŋ^{312}	xə̃ŋ^{312}	xə̃ŋ^{52}
临县	kə̃^{24}	xə̃^{33}	ŋə̃^{24}	kʰə̃^{312}	kʰə̃^{312}	kʰə̃^{312}	xə̃^{312}	xə̃^{52}
兴县	kəŋ^{324}	xəŋ^{55}	ŋəŋ^{324}	kʰəŋ^{324}	kʰəŋ^{324}	kʰuəŋ^{324}	xəŋ^{324}	xəŋ^{53}
岚县	kəŋ^{24}	xəŋ^{42}	ŋəŋ^{24}	kʰəŋ^{24}	kʰəŋ^{24}	kʰuəŋ^{24}	xəŋ^{24}	xəŋ^{51}
静乐	kɤ̃^{24}	xɤ̃^{33}	ŋɤ̃^{24}	kʰɤ̃^{314}	kʰɤ̃^{314}	kʰuɤ̃^{314}	xɤ̃^{314}	xɤ̃^{53}
交口	kəŋ^{323}	xəŋ^{44}	ŋəŋ^{323}	kʰəŋ^{323}	kʰəŋ^{323}	kʰəŋ^{323}	xəŋ^{323}	xəŋ^{53}
石楼	kəŋ^{213}	xəŋ^{44}	ŋəŋ^{213}	kʰəŋ^{213}	kʰəŋ^{213}	kʰəŋ^{213}	xəŋ^{213}	xəŋ^{51}

续表

字目	根	痕	恩	恳	垦	啃	很	恨
中古音 / 方言点	古痕 臻开一 平痕见	户恩 臻开一 平痕匣	乌痕 臻开一 平痕影	康很 臻开一 上很溪	康很 臻开一 上很溪	康很 臻开一 上很溪	胡垦 臻开一 上很匣	胡艮 臻开一 去恨匣
隰县	kəŋ^{53}	xəŋ^{24}	ŋəŋ^{53}	kʰəŋ^{21}	kʰəŋ^{21}	kʰəŋ^{21}	xəŋ^{21}	xəŋ^{44}
大宁	kəŋ^{31}	xəŋ^{24}	ŋəŋ^{31}	kʰəŋ^{31}	kʰəŋ^{31}	kʰuəŋ^{31} 白 / kʰəŋ^{31} 文	xəŋ^{31}	xəŋ^{55}
永和	kəŋ^{33}	xəŋ^{35}	ŋəŋ^{35}	kʰəŋ^{312}	kʰəŋ^{312}	kʰəŋ^{312}	xəŋ^{312}	xəŋ^{53}
汾西	kəŋ^{11}	xəŋ^{33}	ŋəŋ^{11}	kʰəŋ^{33}	kʰəŋ^{33}	kʰuəŋ^{33}/ kʰuei^{33}	xəŋ^{33}	xəŋ^{33}
蒲县	keĩ^{52}	xeĩ^{24}	ŋeĩ^{52}	kʰeĩ^{31}	kʰeĩ^{31}	kʰeĩ^{31}	xeĩ^{31}	xeĩ^{33}
潞州	kəŋ^{312}	xəŋ^{24}	əŋ^{312}	kʰəŋ^{535}	kʰəŋ^{535}	kʰəŋ^{535}	xəŋ^{535}	xəŋ^{54}
上党	kəŋ^{213}	xəŋ^{44}	əŋ^{213}	kʰəŋ^{535}	kʰəŋ^{535}	kʰəŋ^{535}	xəŋ^{535}	xəŋ^{42}
长子	kẼ^{312}	xẼ^{24}	ŋẼ^{312}	kʰẼ^{434}	kʰẼ^{434}	kʰẼ^{434}	xẼ^{434}	xẼ^{53}
屯留	kẽ^{31}	xẽ^{11}	ŋẽ^{31}	kʰẽ^{43}	kʰẽ^{43}	kʰẽ^{43}	xẽ^{43}	xẽ^{11}
襄垣	kəŋ^{33}	xəŋ^{31}	əŋ^{33}	kʰəŋ^{42}	kʰəŋ^{42}	——	xəŋ^{42}	xəŋ^{45}
黎城	kẽ^{33}	xẽ^{53}	ẽ^{33}	kʰẽ^{213}	kʰẽ^{213}	kʰẽ^{213}	xẽ^{213}	xẽ^{53}
平顺	kẼ^{213}	xẼ^{13}	Ẽ^{33}	kʰẼ^{434}	kʰẼ^{434}	kʰẼ^{434}	xẼ^{434}	xẼ^{53}
壶关	kəŋ^{33}	xəŋ^{13}	ɣəŋ^{33}	kʰəŋ^{535}	kʰəŋ^{535}	kʰəŋ^{535}	xəŋ^{535}	xəŋ^{353}
沁县	kə̃^{224}	xə̃^{53}	ŋə̃^{224}	kʰə̃^{214}	kʰə̃^{214}	——	xə̃^{214}	xə̃^{53}
武乡	kɐŋ^{113}	xɐŋ^{33}	ŋɐŋ^{113}	kʰɐŋ^{213}	kʰɐŋ^{213}	kʰuɐŋ^{213} 白 / kʰɐŋ^{213} 文	xɐŋ^{213}	xɐŋ^{55}
沁源	kə̃^{324}	xə̃^{33}	ŋə̃^{324}	kʰə̃^{324}	kʰə̃^{324}	kʰə̃^{324}	xə̃^{324}	xə̃^{53}
安泽	kəŋ^{21}	xəŋ^{35}	ŋəŋ^{21}	kʰəŋ^{42}	kʰəŋ^{42}	——	xəŋ^{42}	xəŋ^{53}
沁水端氏	kai^{21}	xai^{24}	ai^{21}	kʰai^{31}	kʰai^{31}	kʰuai^{31}	xai^{31}	xai^{53}
阳城	kɑ̃ŋ^{224}	xɑ̃ŋ^{22}	ɣɑ̃ŋ^{224}	kʰɑ̃ŋ^{224}	kʰɑ̃ŋ^{224}	kʰuɑ̃ŋ^{212}	xɑ̃ŋ^{212}	xɑ̃ŋ^{51}
高平	kə̃ĩ^{33}	xə̃ĩ^{33}	ə̃ĩ^{33}	kʰə̃ĩ^{212}	kʰə̃ĩ^{212}	kʰə̃ĩ^{212}	xə̃ĩ^{212}	xə̃ĩ^{53}
陵川	kə̃ĩ^{33} 白 / kæ̃^{33} 文	xə̃ĩ^{53}	ɣə̃ĩ^{33}	kʰə̃ĩ^{312}	kʰə̃ĩ^{312}	kʰə̃ĩ^{312}	xə̃ĩ^{312}	xə̃ĩ^{24}
晋城	kɐ̃^{33}	xɐ̃^{324}	ɣɐ̃^{33}	kʰɐ̃^{213}	kʰɐ̃^{213}	kʰuɐ̃^{213}	xɐ̃^{324}	xɐ̃^{53}
忻府	kəŋ^{313}	xəŋ^{21}	ŋəŋ^{313}	kʰəŋ^{313}	kʰəŋ^{313}	kʰəŋ^{313}	xəŋ^{313}	xəŋ^{53}
原平	kəŋ^{213}	xəŋ^{33}	ŋəŋ^{213}	kʰəŋ^{213}	kʰəŋ^{213}	kʰuəŋ^{213}	xəŋ^{213}	xəŋ^{213}
定襄	kəŋ^{24}	xəŋ^{24}	ŋəŋ^{24}	kəŋ^{24}	kəŋ^{24}	kuəŋ^{24}	xəŋ^{24}	xəŋ^{53}
五台	kən^{213}	xən^{33}	ŋən^{213}	kʰən^{213}	kʰən^{213}	kʰən^{213}	xən^{213}	xən^{52}
岢岚	kəŋ^{13}	xəŋ^{44}	ŋəŋ^{13}	kʰəŋ^{13}	kʰəŋ^{13}	kʰuəŋ^{13}	xəŋ^{13}	xəŋ^{52}
五寨	kəɣ̃^{13}	xəɣ̃^{44}	ŋəɣ̃^{13}	kʰəɣ̃^{13}	kʰəɣ̃^{13}	kʰuəɣ̃^{13}	xəɣ̃^{13}	xəɣ̃^{52}

续表

字目	根	痕	恩	恳	垦	啃	很	恨
中古音／方言点	古痕 臻开一 平痕见	户恩 臻开一 平痕匣	乌痕 臻开一 平痕影	康很 臻开一 上很溪	康很 臻开一 上很溪	康很 臻开一 上很溪	胡垦 臻开一 上很匣	胡艮 臻开一 去恨匣
宁武	kɤɯ^{23}	xɤɯ^{33}	ŋɤɯ^{23}	kʰɤɯ^{213}	kʰɤɯ^{213}	——	xɤɯ^{213}	xɤɯ^{213}
神池	kə̃^{24}	xə̃^{13}	ŋə̃^{24}	kʰə̃^{13}	kʰə̃^{13}	kʰə̃^{13}	xə̃^{13}	xə̃^{52}
繁峙	kəŋ^{53}	xəŋ^{31}	ŋəŋ^{53}	kʰəŋ^{53}	kʰəŋ^{53}	kʰəŋ^{53}	xəŋ^{53}	xəŋ^{24}
代县	kɤŋ^{213}	xɤŋ^{44}	ŋɤŋ^{213}	kʰɤŋ^{213}	kʰɤŋ^{213}	kʰuɤŋ^{213} 白 / kʰɤŋ^{213} 文	xɤŋ^{213}	xɤŋ^{53}
河曲	kɤŋ^{213}	xɤŋ^{44}	ŋɤŋ^{213}	kʰɤŋ^{213}	kʰɤŋ^{213}	kʰɤŋ^{213}	xɤŋ^{213}	xɤŋ^{52}
保德	kəŋ^{213}	xəŋ^{44}	əŋ^{213}	kʰəŋ^{213}	kʰəŋ^{213}	kʰəŋ^{213}	xəŋ^{213}	xəŋ^{52}
偏关	kɤŋ^{24}	xɤŋ^{44}	ŋɤŋ^{24}	kʰɤŋ^{213}	kʰɤŋ^{213}	kʰɤŋ^{213}	xɤŋ^{213}	xɤŋ^{52}
朔城	kə̃^{312}	xə̃^{35}	——	kʰə̃^{312}	kʰə̃^{312}	kʰuə̃^{312}	xə̃^{312}	xə̃^{53}
平鲁	kəɯ^{213}	xəɯ^{44}	nəɯ^{213}	kʰəɯ^{213}	kʰəɯ^{213}	kʰəɯ^{213} 文 / kʰuəɯ^{213}	xəɯ^{213}	xəɯ^{52}
应县	kəŋ^{43}	xəŋ^{31}	nəŋ^{43}/nəŋ^{31}	kʰəŋ^{31}	kʰəŋ^{31}	kʰəŋ^{31}	xəŋ^{54}	xəŋ^{24}
灵丘	kəŋ^{442}	xəŋ^{31}	nəŋ^{442}	kʰəŋ^{442}	kʰəŋ^{442}	kʰəŋ^{442}	xəŋ^{442}	xəŋ^{53}
浑源	kə̃^{52}	xə̃^{22}	nə̃^{52}	kʰə̃^{52}	kʰə̃^{52}	kʰuə̃^{52}	xə̃^{52}	xə̃^{13}
云州	kəɣ^{21}	xəɣ^{312}	nəɣ^{21}	kʰəɣ^{55}	kʰəɣ^{55}	kʰəɣ^{55}	xəɣ^{55}	xəɣ^{24}
新荣	kɤɣ^{32}	xɤɣ^{312}	ŋɤɣ^{32}	kʰɤɣ^{54}	kʰɤɣ^{54}	kʰɤɣ^{54}	xɤɣ^{54}	xɤɣ^{24}
怀仁	kəŋ^{42}	xəŋ^{312}	nəŋ^{42}	kʰəŋ^{53}	kʰəŋ^{53}	kʰuəŋ^{53}	xəŋ^{53}	xəŋ^{24}
左云	kəɣ^{31}	xəɣ^{313}	nəɣ^{31}	kʰəɣ^{54}	kʰəɣ^{54}	kʰəɣ^{54}	xəɣ^{54}	xəɣ^{24}
右玉	kə̃ɣ^{31}	xə̃ɣ^{212}	ŋə̃ɣ^{31}	kʰə̃ɣ^{53}	kʰə̃ɣ^{53}	kʰə̃ɣ^{53}	xə̃ɣ^{53}	xə̃ɣ^{24}
阳高	kəŋ^{31}	xəŋ^{31}	ŋəŋ^{31}	kʰəŋ^{53}	kʰəŋ^{53}	kʰuəŋ^{53}	xəŋ^{53}	xəŋ^{24}
山阴	kə̃^{313}	xə̃^{313}	nə̃^{313}	kʰə̃^{52}	kʰə̃^{52}	kʰuə̃^{313} 白 / kʰə̃^{52} 文	xə̃^{52}	xə̃^{335}
天镇	kɤɣ^{31}	xɤɣ^{22}	ŋɤɣ^{31}	kʰɤɣ^{55}	kʰɤɣ^{55}	——	xɤɣ^{55}	xɤɣ^{24}
平定	kɤŋ^{31}	xɤŋ^{44}	ŋɤŋ^{31}	kʰɤŋ^{53}	kʰɤŋ^{53}	kʰuɤŋ^{53}	xɤŋ^{53}	xɤŋ^{24}
昔阳	kəŋ^{42}	xəŋ^{33}	ŋəŋ^{42}	kʰəŋ^{55}	kʰəŋ^{55}	kʰəŋ^{55}	xəŋ^{55}	xəŋ^{13}
左权	kəŋ^{31}	xəŋ^{11}	ŋəŋ^{31}	kʰəŋ^{42}	kʰəŋ^{42}	kʰuəŋ^{42}	xəŋ^{42}	xəŋ^{53}
和顺	kəŋ^{42}	xəŋ^{22}	ŋəŋ^{42}	kʰəŋ^{53}	kʰəŋ^{53}	kʰəŋ^{53}	xəŋ^{53}	xəŋ^{13}
尧都	kə̃^{21}	xə̃^{24}	ŋə̃^{21}	kʰə̃^{53}	kʰə̃^{53}	kʰə̃^{53}	xə̃^{53}	xə̃^{44}
洪洞	ken^{21}	xen^{42}	ŋen^{21}	kʰen^{42}	kʰen^{42}	kuen^{42}	xen^{42}	xen^{42}
洪洞赵城	keŋ^{21}	xeŋ^{24}	ŋeŋ^{21}	keŋ^{42}	keŋ^{42}	keŋ^{42}	xeŋ^{42}	xeŋ^{53}
古县	ken^{21}	xen^{35}	ŋen^{21}	kʰen^{42}	kʰen^{42}	kʰen^{42}	xen^{42}	xen^{53}
襄汾	ken^{21}	xen^{24}	ŋen^{21}	kʰen^{42}	kʰen^{42}	kʰuen^{53}	xen^{42}	xen^{53}

续表

字目 / 中古音 / 方言点	根	痕	恩	恳	垦	啃	很	恨
中古音	古痕 臻开一 平痕见	户恩 臻开一 平痕匣	乌痕 臻开一 平痕影	康很 臻开一 上很溪	康很 臻开一 上很溪	康很 臻开一 上很溪	胡垦 臻开一 上很匣	胡艮 臻开一 去恨匣
浮山	kẽĩ^{42}	xẽĩ^{42}	ŋẽĩ^{42}	kʰẽĩ^{33}	kʰẽĩ^{33}	kʰuẽĩ^{53}	xẽĩ^{33}	xẽĩ^{53}
霍州	kəŋ^{212} 文	xəŋ^{35}	ŋəŋ^{212}	kʰəŋ^{33}	kʰəŋ^{33}	kʰəŋ^{33}	xəŋ^{33}	xəŋ^{53}
翼城	kəŋ^{53}	xəŋ^{12}	əŋ^{53} 白 / ŋəŋ^{53} 文	kʰəŋ^{44}	kʰəŋ^{44}	kʰəŋ^{44}	xəŋ^{44}	xəŋ^{53}
闻喜	kiẽĩ^{53}	xẽĩ^{13}	ŋiẽĩ^{53}	kʰiẽĩ^{33}	kʰẽĩ^{33}	kʰẽĩ^{33}	xẽĩ^{13}	xẽĩ^{13}
侯马	keĩ^{213}	xeĩ^{213}	eĩ^{44}	kʰeĩ^{44}	kʰeĩ^{44}	kʰeĩ^{44}	kʰeĩ^{44}	kʰeĩ^{44}
新绛	kɛ̃^{53}	xɛ̃^{13}	ŋɛ̃^{53}	kʰɛ̃^{44}	kʰɛ̃^{44}	kʰɛ̃^{44}	xɛ̃^{44}	xɛ̃^{53}
绛县	keĩ^{53}	xeĩ^{24}	eĩ^{53}	keĩ^{33}	keĩ^{33}	kʰeĩ^{33}	xeĩ^{53}	xeĩ^{31}
垣曲	kə̃^{22}	xə̃^{22}	ŋə̃^{22}	kʰə̃^{44}	kʰə̃^{44}	kʰə̃^{44}	xə̃^{44}	xə̃^{53}
夏县	kei^{53}	xei^{42}	ŋei^{53}	kʰei^{24}	kʰei^{24}	kʰuei^{24}	xei^{24}	xei^{31}
万荣	tɕiei^{51} 白 / kei^{51} 文	xei^{213}	ŋei^{51}	kʰei^{55}	kʰei^{55}	kʰuei^{55}	xei^{55}	xei^{33}
稷山	kə̃^{53}	xə̃^{13}	ŋə̃^{53} 白 /ə̃^{53} 文	kʰə̃^{44}	kʰə̃^{44}	kʰə̃^{44}	xə̃^{44}	xə̃^{42}
盐湖	keĩ^{42}	xeĩ^{13}	ŋeĩ^{42}	kʰeĩ^{53}	kʰeĩ^{53}	kʰeĩ^{53}	xeĩ^{53}	xeĩ^{44}
临猗	keĩ^{42}	xeĩ^{13}	ŋeĩ^{42}	kʰeĩ^{53}	kʰeĩ^{53}	kʰeĩ^{53}	xeĩ^{53}	xeĩ^{44}
河津	tɕiẽ^{31} 白 / kẽ^{31} 文	xẽ^{324}	ŋẽ^{31}	kʰẽ^{53}	kʰẽ^{53}	kʰuẽ^{53}	xẽ^{53}	xẽ^{44}
平陆	kei^{31}	xei^{13}/xei^{33}	ŋei^{31}	kʰei^{55}	kʰei^{55}	kʰei^{55}	xei^{55}	xei^{33}
永济	kei^{31}/kei^{53}	xei^{24}	ŋei^{31}/ŋei^{53}	kʰei^{53}	kʰei^{53}	kʰuei^{53} 白 / kʰei^{53} 文	xei^{53}	xei^{44}
芮城	keĩ^{42}	xeĩ^{44}	ŋeĩ^{42}	kʰeĩ^{53}	kʰeĩ^{53}	kʰeĩ^{53}	xeĩ^{53}	xeĩ^{44}
吉县	kei^{423}	xei^{423}	ŋei^{423}	kʰei^{53}	kʰei^{53}	——	xei^{53}	xei^{33}
乡宁	kəŋ^{53}	xəŋ^{12}	ŋəŋ^{53}	kʰəŋ^{44}	kʰəŋ^{44}	kʰəŋ^{44}	xəŋ^{44}	xəŋ^{22}
广灵	kəŋ^{53}	xəŋ^{31}	nəŋ^{53}	kʰəŋ^{44}	kʰəŋ^{44}	kʰuŋ^{44}	xəŋ^{44}	xəŋ^{213}

字目	奔~跑	喷~水	盆	门	敦~厚	墩	屯~田	崙昆~
中古音 / 方言点	博昆 臻合一 平魂帮	普魂 臻合一 平魂滂	薄奔 臻合一 平魂並	莫奔 臻合一 平魂明	都昆 臻合一 平魂端	都昆 臻合一 平魂端	徒浑 臻合一 平魂定	卢昆 臻合一 平魂来
北京	pən^{55}	pʰən^{55}	pʰən^{35}	mən^{35}	tuən^{55}	tuən^{55}	tʰuən^{35}	luən^{35}
小店	pəŋ^{11}	pʰəŋ^{11}	pəŋ^{11} 白 / pʰəŋ^{11} 文	məŋ^{11}	tuəŋ^{11}	tuəŋ^{11}	tʰuəŋ^{11}	——
尖草坪	pʌŋ^{33}	pʰʌŋ^{33}	pʰʌŋ^{33}	mʌŋ^{33}	tuʌŋ^{33}	tuʌŋ^{33}	tʰuʌŋ^{33}	luʌŋ^{33}
晋源	pəŋ^{11}	pʰəŋ^{11}	pʰəŋ^{11}	məŋ^{11}	tuŋ^{11}	tuŋ^{11}	tʰuŋ^{11}	luŋ^{11}
阳曲	pə̃^{312}	pʰə̃^{312}	pʰə̃^{43}	mə̃^{43}	tuə̃^{312}	tuə̃^{312}	tuə̃^{312} / tʰuə̃^{312}	luə̃^{43}
古交	pəŋ^{44}	pʰəŋ^{44}	pəŋ^{44}	məŋ^{44}	tuəŋ^{44}	tuəŋ^{44}	tuəŋ^{44}	luəŋ^{44}
清徐	pəŋ^{11}	pʰəŋ^{11}	pəŋ^{11} 白 / pʰəŋ^{11} 文	məŋ^{11}	tuəŋ^{11}	tuəŋ^{11}	tʰuəŋ^{11}	luəŋ^{11}
娄烦	pəŋ^{33}	pʰəŋ^{33}	pəŋ^{33}	məŋ^{33}	tuəŋ^{33}	tuəŋ^{33}	tʰuəŋ^{33}	luəŋ^{33}
榆次	yæ^{35}	pʰɤ̃^{11}	pʰɤ̃^{11} / pɤ̃^{11} 文	mɤ̃^{11}	tuɤ̃^{11}	tuɤ̃^{11}	tʰɤ̃^{11}	——
交城	pə̃^{11}	pʰə̃^{11}	pə̃^{11} 白 / pʰə̃^{11} 文	mə̃^{11}	tuə̃^{11}	tuə̃^{11}	tʰuə̃^{11}	lyə̃ʔ$^{\underline{53}}$
文水	pɔŋ^{22}	pʰɔŋ^{22}	pɔŋ^{22} 白 / pʰɔŋ^{22} 文	mɔŋ^{22}	tuɔŋ^{22}	tuɔŋ^{22}	tʰuɔŋ^{22}	lyɔŋ^{22} 老 / luɔŋ^{22} 新
祁县	pɔõ^{31}	pʰɔõ^{31}	pɔõ^{31} 白 / pʰɔõ^{31} 文	mɔõ^{31}	təm^{31}	təm^{31}	təm^{31}	ləm^{31}
太谷	pə̃^{33}	pʰə̃^{33}	pə̃^{33} 白 / pʰə̃^{33} 文	mə̃^{33}	tuə̃^{33}	tuə̃^{33}	tʰuə̃^{33}	luə̃^{33}
平遥	pəŋ^{213}	pʰəŋ^{213}	pʰəŋ^{213}	məŋ^{213}	tuəŋ^{213}	tuəŋ^{213}	tuəŋ^{24} 白 / tʰuəŋ^{24} 文	——
孝义	pə̃^{33}	pʰə̃^{33}	pʰə̃^{33}	mə̃^{33}	tuə̃^{33}	tuə̃^{33}	tʰuə̃^{33}	——
介休	pəŋ^{13}	pʰəŋ^{13}	pəŋ^{13} 白 / pʰəŋ^{13} 文	məŋ^{13}	tuŋ^{13}	tuŋ^{13}	tuŋ^{13}	luŋ^{13}
灵石	pəŋ^{535}	pʰəŋ^{535}	pʰəŋ^{44}	məŋ^{44}	tuŋ^{535}	tuŋ^{535}	tuŋ^{44}	——
盂县	pə̃^{412}	pʰə̃^{412}	pʰə̃^{22}	mə̃^{22}	tuə̃^{412}	tuə̃^{412}	tʰə̃^{412}	luə̃^{33}
寿阳	pə̃^{31}	pʰə̃^{31}	pʰə̃^{22}	mə̃^{22}	tuə̃^{31}	tuə̃^{31}	tuə̃^{22}	luə̃^{22}
榆社	pɛɪ^{22}	pʰɛɪ^{22}	pʰɛɪ^{22}	mɛɪ^{22}	tuɛɪ^{22}	tuɛɪ^{22}	tʰuɛɪ^{22}	luɛɪ^{22}
离石	pəŋ^{24}	pʰəŋ^{24}	pʰəŋ^{44}	məŋ^{44}	tuəŋ^{24}	tuəŋ^{24}	tʰuəŋ^{44}	luəŋ^{44}
汾阳	pəŋ^{324}	pʰəŋ^{324}	pʰəŋ^{22}	məŋ^{22}	tuŋ^{324}	tuŋ^{324}	tʰuŋ^{22}	luŋ^{22}
中阳	pə̃^{24}	pʰə̃^{24}	pʰə̃^{33}	mə̃^{33}	tuə̃^{24}	tuə̃^{24}	tʰuə̃^{33}	luə̃^{33}
柳林	pə̃^{24}	pʰə̃^{24}	pʰə̃^{44}	mə̃^{44}	tuə̃^{24}	tuə̃^{24}	tuə̃^{44}	luə̃^{44}
方山	pə̃ŋ^{24}	pʰə̃ŋ^{24}	pʰə̃ŋ^{44}	mə̃ŋ^{44}	tuə̃ŋ^{24}	tuə̃ŋ^{24}	tʰuə̃ŋ^{44}	luə̃ŋ^{44}

续表

字目	奔~跑	喷~水	盆	门	敦~厚	墩	屯~田	崙昆~
中古音 / 方言点	博昆 臻合一 平魂帮	普魂 臻合一 平魂滂	薄奔 臻合一 平魂並	莫奔 臻合一 平魂明	都昆 臻合一 平魂端	都昆 臻合一 平魂端	徒浑 臻合一 平魂定	卢昆 臻合一 平魂来
临县	pə̃^{24}	p^{h}ə̃^{24}	p^{h}ə̃^{33}	mə̃^{33}	tuə̃^{24}	tuə̃^{24}	t^{h}uə̃^{24}	——
兴县	pəŋ^{324}	pəŋ^{324}	pəŋ^{55}	məŋ^{55}	tuəŋ^{324}	tuəŋ^{324}	——	lyən^{33}
岚县	pəŋ^{214}	p^{h}əŋ^{214}	p^{h}əŋ^{44}	məŋ^{44}	tuəŋ^{214}	tuəŋ^{214}	t^{h}uəŋ^{44}	luəŋ^{44}
静乐	pɤ̃^{53}	p^{h}ɤ̃^{24}	p^{h}ɤ̃^{33}	mɤ̃^{33}	tuɤ̃^{24}	tuɤ̃^{24}	t^{h}uɤ̃^{33}	——
交口	pəŋ^{323}	p^{h}əŋ^{323}	p^{h}əŋ^{44}	məŋ^{44}	tuəŋ^{323}	tuəŋ^{323}	t^{h}uəŋ^{44}	——
石楼	pəŋ^{213}	p^{h}əŋ^{213}	p^{h}əŋ^{44}	məŋ^{44}	tuəŋ^{213}	tuəŋ^{213}	t^{h}uəŋ^{44}	——
隰县	pəŋ^{53}	p^{h}əŋ^{53}	p^{h}əŋ^{24}	məŋ^{24}	tuəŋ^{53}	tuəŋ^{53}	t^{h}uəŋ^{24}	luəŋ^{24}
大宁	pəŋ^{31}	p^{h}əŋ^{31}	p^{h}əŋ^{24}	məŋ^{24}	tuəŋ^{31}	tuəŋ^{31}	t^{h}uəŋ^{24}	——
永和	pəŋ^{53}	p^{h}əŋ^{53}	p^{h}əŋ^{33}	məŋ^{35}	tuəŋ^{53}	tuəŋ^{33}	t^{h}uəŋ^{53}	——
汾西	pəŋ^{11}	p^{h}əŋ^{11}	p^{h}əŋ^{35}/ p^{h}ei^{35}老	məŋ^{35}	tuəŋ^{55}	tuəŋ^{11}	t^{h}uəŋ^{35}	——
蒲县	peĩ^{52}	p^{h}eĩ^{52}	p^{h}eĩ^{24}	meĩ^{24}	tueĩ^{33}	tueĩ^{52}	t^{h}ueĩ^{24}	lueĩ^{24}
潞州	pəŋ^{312}	p^{h}əŋ^{312}	p^{h}əŋ^{24}	məŋ^{24}	tuŋ^{312}	tuŋ^{312}	t^{h}uəŋ^{24}	luŋ^{24}
上党	pəŋ^{213}	p^{h}əŋ^{213}	p^{h}əŋ^{44}	məŋ^{44}	tuŋ^{213}	tuŋ^{213}	t^{h}uŋ^{44}	——
长子	pᴇ̃^{312}	p^{h}ᴇ̃^{312}	p^{h}ᴇ̃^{24}	mᴇ̃^{24}	tuᴇ̃^{312}	tuᴇ̃^{312}	t^{h}uᴇ̃^{24}	luᴇ̃^{24}
屯留	pẽ^{31}	p^{h}ẽ^{31}	p^{h}ẽ^{11}	mẽ^{11}	tuẽ^{31}	tuẽ^{31}	t^{h}uẽ^{11}	luẽ^{11}
襄垣	p^{h}ɔo^{42}	p^{h}əŋ^{33}	p^{h}iəŋ^{31}	məŋ^{31}	tuəŋ^{33}	tuəŋ^{33}	t^{h}uəŋ^{31}	——
黎城	pei^{33}	p^{h}ei^{33}	p^{h}ei^{53}	mei^{53}	tuei^{33}	tuei^{33}	tuei^{53}	luei^{53}
平顺	pᴇ̃^{213}	p^{h}ᴇ̃^{213}	p^{h}ᴇ̃^{13}	mᴇ̃^{13}	tuᴇ̃^{213}	tuᴇ̃^{213}	t^{h}uᴇ̃^{13}	——
壶关	pəŋ^{33}	p^{h}əŋ^{33}	p^{h}əŋ^{13}	məŋ^{13}/ məŋ^{33}	tuŋ^{33}	tuŋ^{33}	t^{h}uŋ^{13}	——
沁县	pə̃^{224}	p^{h}ə̃^{224}	p^{h}ə̃^{33}	mə̃^{33}	tuə̃^{224}	——	t^{h}uə̃^{33}	luə̃^{33}
武乡	pɐŋ^{113}	p^{h}ɐŋ^{113}	p^{h}ɐŋ^{33}	mɐŋ^{33}	tɐŋ^{113}	tɐŋ^{113}	t^{h}ɐŋ^{33}	——
沁源	pə̃^{324}	p^{h}ə̃^{324}	p^{h}ə̃^{324}	mə̃^{33}	tuə̃^{324}	tuə̃^{324}	t^{h}uə̃^{33}	luə̃^{33}
安泽	pəŋ^{21}/ pəŋ^{53}	p^{h}əŋ^{21}	p^{h}əŋ^{35}	məŋ^{35}	tuəŋ^{21}	tuəŋ^{21}	t^{h}uəŋ^{35}	——
沁水端氏	pai^{53}	p^{h}ai^{21}	p^{h}ai^{24}	mai^{24}	tuai^{21}	tuai^{21}	t^{h}uai^{24}	luai^{24}
阳城	pɑ̃ŋ^{224}	p^{h}ɑ̃ŋ^{224}	p^{h}ɑ̃ŋ^{22}	muə^{22}白 / mɑ̃ŋ文	tuɑ̃ŋ^{224}	tuɑ̃ŋ^{224}	t^{h}uɑ̃ŋ^{22}	——
高平	pə̃ĩ^{33}	p^{h}ə̃ĩ^{33}	p^{h}ə̃ĩ^{33}	mə̃ĩ^{33}	tuə̃ĩ^{33}	tuə̃ĩ^{33}	t^{h}uə̃ĩ^{33}	luə̃ĩ^{33}
陵川	pə̃ĩ^{33}	p^{h}ə̃ĩ^{33}	p^{h}ə̃ĩ^{53}	mə̃ĩ^{53}	tuə̃ĩ^{33}	tuə̃ĩ^{33}	t^{h}uə̃ĩ^{53}	——
晋城	pɐ̃^{33}	p^{h}ɐ̃^{33}	p^{h}ɐ̃^{324}	mɐ̃^{324}	tuɐ̃^{33}	tuɐ̃^{33}	t^{h}uɐ̃^{324}	luɐ̃^{324}

续表

字目	奔~跑	喷~水	盆	门	敦~厚	墩	屯~田	崙昆~
中古音 / 方言点	博昆 臻合一 平魂帮	普魂 臻合一 平魂滂	薄奔 臻合一 平魂並	莫奔 臻合一 平魂明	都昆 臻合一 平魂端	都昆 臻合一 平魂端	徒浑 臻合一 平魂定	卢昆 臻合一 平魂来
忻府	pəŋ^{313}	pʰəŋ^{313}	pʰəŋ^{21}	məŋ^{21}	tuəŋ^{313}	tuəŋ^{313}	tʰuəŋ^{21}	luəŋ^{21}
原平	pəŋ^{213}	pʰəŋ^{213}	pʰəŋ^{33}	məŋ^{33}	tuəŋ^{213}	tuəŋ^{213}	tʰuəŋ^{33}	luəŋ^{33}
定襄	pəŋ^{24}	pʰəŋ^{24}	pʰəŋ^{11}	məŋ^{11}	tuəŋ^{24}	tuəŋ^{24}	tʰuəŋ^{11}	luəŋ^{11}
五台	pən^{213}	pʰən^{213}	pʰən^{33}	mən^{33}	tuən^{213}	tuən^{213}	tʰuən^{33}	lyən^{33}
岢岚	pəŋ^{13}	pʰəŋ^{13}	pʰəŋ^{44}	məŋ^{44}	tuəŋ^{13}	tuəŋ^{13}	tʰuəŋ^{44}	luəŋ^{44}
五寨	pəỹ^{13}	pʰəỹ^{13}	pʰəỹ^{44}	məỹ^{44}	tuəỹ^{13}	tuəỹ^{13}	tʰuəỹ^{44}	lyəỹ^{44}
宁武	pɤɯ^{23}	pʰɤɯ^{23}	pʰɤɯ^{33}	mɤɯ^{33}	tuɤɯ^{23}	tuɤɯ^{23}	tʰuɤɯ^{33}	——
神池	pə̃^{52}	pʰə̃^{24}	pʰə̃^{32}	mə̃^{32}	tuə̃^{24}	tuə̃^{24}	tʰuə̃^{32}	lyə̃^{33}
繁峙	pəŋ^{53}/pəŋ^{24}	pʰəŋ^{53}	pʰəŋ^{31}	məŋ^{31}	tuəŋ^{53}	tuəŋ^{53}	tʰuəŋ^{31}	luəŋ^{31}
代县	pɤŋ^{213}	pʰɤŋ^{213}	pʰɤŋ^{44}	mɤŋ^{44}	tuɤŋ^{213}	tuɤŋ^{213}	tʰuɤŋ^{44}	luɤŋ^{44}
河曲	pɤŋ^{213}	pʰɤŋ^{213}	pʰɤŋ^{44}	mɤŋ^{44}	tuŋ^{213}	tuŋ^{213}	tʰuŋ^{44}	——
保德	pəŋ^{213}	pʰəŋ^{213}	pʰəŋ^{44}	məŋ^{44}	tuəŋ^{213}	tuəŋ^{213}	tʰuəŋ^{44}	lyəŋ^{44}
偏关	pɤŋ^{24}	pʰɤŋ^{24}	pʰɤŋ^{44}	mɤŋ^{44}	tuɤŋ^{24}	tuɤŋ^{24}	tʰuɤŋ^{44}	luɤŋ^{44}
朔城	pə̃^{312}	pʰə̃^{312}	pʰə̃^{35}	mə̃^{35}	tuə̃^{312}	tuə̃^{312}	tʰuə̃^{35}	——
平鲁	pəɯ^{52}	pʰəɯ^{213}/ pʰəɯ^{52}	pʰəɯ^{44}	məɯ^{44}	tuəɯ^{213}	tuəɯ^{213}	tʰuəɯ^{44}	——
应县	pəŋ^{43}	pʰəŋ^{43}/ pʰəŋ^{24}	pʰəŋ^{31}	məŋ^{31}	tuəŋ^{43}	tuəŋ^{43}	tʰuəŋ^{31}	——
灵丘	pəŋ^{442}	pʰəŋ^{442}	pʰəŋ^{31}	məŋ^{31}	tuŋ^{442}	tuŋ^{442}	tʰuŋ^{31}	luŋ^{31}
浑源	pə̃^{52}	pʰə̃^{14}	pʰə̃^{22}	mə̃^{22}	tuə̃^{52}	tuə̃^{52}	tʰuə̃^{22}	luə̃^{22}
云州	pəɣ^{21}	pʰəɣ^{21}	pʰəɣ^{312}	məɣ^{312}	tuəɣ^{21}	tuəɣ^{21}	tʰuəɣ^{312}	luəɣ^{312}
新荣	pɤɣ^{32}	pʰɤɣ^{32}	pʰɤɣ^{312}	mɤɣ^{312}	tuɤɣ^{32}	tuɤɣ^{32}	tʰuɤɣ^{312}	luɤɣ^{312}
怀仁	pəŋ^{42}	pʰəŋ^{42}	pʰəŋ^{312}	məŋ^{312}	tuəŋ^{42}	tuəŋ^{42}	tʰuəŋ^{312}	luəŋ^{312}
左云	pəɣ^{31}	pʰəɣ^{31}	pʰəɣ^{313}	məɣ^{313}	tuəɣ^{31}	tuəɣ^{31}	tʰuəɣ^{313}	luəɣ^{313}
右玉	pə̃ɣ^{31}	pʰə̃ɣ^{31}	pʰə̃ɣ^{212}	mə̃ɣ^{212}	tuə̃ɣ^{31}	tuə̃ɣ^{31}	tʰuə̃ɣ^{212}	lyən^{33}
阳高	pəŋ^{31}	pʰəŋ^{31}	pʰəŋ^{31}	məŋ^{31}	tuəŋ^{31}	tuəŋ^{31}	tʰuəŋ^{312}	——
山阴	pə̃^{313}	pʰə̃^{313}	pʰə̃^{313}	mə̃^{313}	tuə̃^{313}	tuə̃^{313}	tʰuə̃^{313}	——
天镇	pɤɣ^{31}	pʰɤɣ^{31}	pʰɤɣ^{22}	mɤɣ^{22}	tuɤɣ^{31}	tuɤɣ^{31}	tʰɤɣ^{22}	luɤɣ^{22}
平定	pɤŋ^{31}	pʰɤŋ^{31}	pʰɤŋ^{44}	mɤŋ^{44}	tuɤŋ^{31}	tuɤŋ^{31}	tʰuɤŋ^{44}	——
昔阳	pəŋ^{42}	pʰəŋ^{42}	pʰəŋ^{33}	məŋ^{33}	tuəŋ^{42}	tuəŋ^{42}	tʰuəŋ^{33}	luəŋ^{33}
左权	pəŋ^{31}	pʰəŋ^{31}	pʰəŋ^{11}	məŋ^{11}	tuəŋ^{31}	tuəŋ^{31}	tʰuəŋ^{11}	——

续表

字目	奔~跑	喷~水	盆	门	敦~厚	墩	屯~田	崙昆~
中古音 方言点	博昆 臻合一 平魂帮	普魂 臻合一 平魂滂	薄奔 臻合一 平魂並	莫奔 臻合一 平魂明	都昆 臻合一 平魂端	都昆 臻合一 平魂端	徒浑 臻合一 平魂定	卢昆 臻合一 平魂来
和顺	pəŋ^{42}	pʰəŋ^{42}	pʰəŋ^{22}	məŋ^{22}	tuəŋ^{42}	tuəŋ^{42}	tʰuəŋ^{22}	luəŋ^{22}
尧都	pə̃^{21}	pʰə̃^{21}	pʰə̃^{21}	mə̃^{24}	tuə̃^{21}	tuə̃^{21}	tʰuə̃^{24}	tʰuə̃^{24}
洪洞	pen^{42}	pʰen^{21}	pʰen^{24}	men^{24}	tuen^{33}	tuen^{21}	tʰuen^{24}	luen^{24}
洪洞赵城	peŋ^{21}	pʰeŋ^{21}	pʰeŋ^{24}	meŋ^{24}	tueŋ^{21}	tueŋ^{21}	tʰueŋ^{24}	lyeŋ^{24}
古县	pen^{21}	pʰen^{21}	pʰen^{35}	men^{35}	tuen^{21}	tuen^{21}	tʰuen^{35}	lyn^{35}
襄汾	pʰao^{44}	pʰen^{21}	pʰen^{24}	men^{24}	tuen^{21}	tuen^{21}	tʰuen^{24}	luen^{24}
浮山	pẽĩ^{42}	pʰẽĩ^{42}	pʰẽĩ^{13}	mẽĩ^{13}	tuẽĩ^{42}	tuẽĩ^{42}	tʰuẽĩ^{42}	——
霍州	pəŋ^{212}	pʰəŋ^{212}	pʰu^{35}	mu^{35}	tuŋ^{212}	tuŋ^{212}	tʰuŋ^{35}	luŋ^{35}
翼城	pəŋ^{53}	pʰəŋ^{53}	pʰəŋ^{12}	məŋ^{12}	tuŋ^{53}	tuŋ^{53}	tʰuŋ^{12}	luŋ^{12}
闻喜	pẽĩ^{53}	pʰẽĩ^{33}/ pʰẽĩ^{53}	pʰẽĩ^{13}	mẽĩ^{13}	——	tuẽĩ^{53}	tʰuẽĩ^{13}	luẽĩ^{13}
侯马	peĩ^{213}	pʰeĩ^{213}	pʰeĩ^{213}	meĩ^{213}	tʰueĩ^{213} 白/ tueĩ^{213} 文	tueĩ^{53}	tueĩ^{213}	lueĩ^{213}
新绛	pə̃^{53}	pʰɛ̃^{53}	pʰɛ̃^{13}	mɛ̃^{13}	tuɛ̃^{53}	tuɛ̃^{53}	tʰuɛ̃^{13}	luɛ̃^{13}
绛县	peĩ^{53}	pʰeĩ^{53}	pʰeĩ^{24}	meĩ^{24}	tueĩ^{53}	tueĩ^{53}	tʰueĩ^{24}	——
垣曲	pə̃^{53}	pʰə̃^{53}	pʰə̃^{22}	mə̃^{22}	tuə̃^{53}	tuə̃^{53}	tʰuə̃^{22}	luə̃^{22}
夏县	pei^{53}	pʰei^{53}	pʰei^{42}	mei^{42}	tuei^{53}	tuei^{53}	——	——
万荣	pei^{51}	pʰei^{51}	pʰei^{213}	mei^{213}	tuei^{51}	tuei^{51}	tʰuei^{213}	luei^{213}
稷山	pə̃^{53}	pʰə̃^{53}	pʰə̃^{13}	mə̃^{13}	tuə̃^{53}	tuə̃^{53}	tʰuə̃^{13}	——
盐湖	pʰɔ^{13}	pʰeĩ^{42}	pʰeĩ^{13}	meĩ^{13}	tueĩ^{42}	tueĩ^{42}	tʰueĩ^{13}	lueĩ^{13}
临猗	peĩ^{42}	pʰeĩ^{42}	pʰeĩ^{13}	meĩ^{13}	tueĩ^{42}	tueĩ^{42}	tʰueĩ^{13}	——
河津	pẽ^{44} 白/ pẽ^{31} 文	pʰẽ^{44}	pʰẽ^{324}	mẽ^{324}	tuẽ^{31}	tuẽ^{31}	tʰuẽ^{44}	——
平陆	pei^{31}	pʰei^{31}	pʰei^{13}	mei^{13}	tuei^{31}	tuei^{31}	tʰuei^{13}	——
永济	pei^{31}	pʰei^{31}	pʰei^{24}	mei^{24}	tuei^{31}	tuei^{31}	tʰuei^{24}	luei^{24}
芮城	peĩ^{42}	pʰeĩ^{42}	pʰeĩ^{13}	meĩ^{13}	tueĩ^{42}	tueĩ^{42}	tʰueĩ^{13}	——
吉县	pei^{423}	pʰei^{423}	pʰei^{13}	mei^{13}	tuei^{423}	tuei^{423}	tʰuei^{13}	——
乡宁	pəŋ^{53}	pʰəŋ^{53}	pʰəŋ^{12}	məŋ^{12}	tuəŋ^{53}	tuəŋ^{53}	tʰuəŋ^{12}	——
广灵	pəŋ^{53}	pʰəŋ^{53}	pʰəŋ^{31}	məŋ^{31}	tuŋ^{53}	tuŋ^{53}	tuŋ^{31}	——

字目	尊	村	存	孙	昆	崑	坤	昏~暗
中古音 / 方言点	祖昆 臻合一 平魂精	此尊 臻合一 平魂清	徂尊 臻合一 平魂从	思浑 臻合一 平魂心	古浑 臻合一 平魂见	古浑 臻合一 平魂见	苦昆 臻合一 平魂溪	呼昆 臻合一 平魂晓
北京	tsuən^{55}	tsʰuən^{55}	tsʰuən^{35}	suən^{55}	kʰuən^{55}	kʰuən^{55}	kʰuən^{55}	xuən^{55}
小店	tsuəŋ^{11}	tsʰuəŋ^{11}	tsʰuəŋ^{11}	suəŋ^{11}	kʰuəŋ^{11}	——	kʰuəŋ^{11}	xuəŋ^{11}
尖草坪	tsuʌŋ^{33}	tsʰuʌŋ^{33}	tsʰuʌŋ^{33}	suʌŋ^{33}	kʰuʌŋ^{33}	kʰuʌŋ^{33}	kʰuʌŋ^{33}	xuʌŋ^{33}
晋源	tsuŋ^{11}	tsʰuŋ^{11}	tsʰuŋ^{11}	suŋ^{11}	kʰuŋ^{11}	luŋ^{11}	kʰuŋ^{11}	xuŋ^{11}
阳曲	tsuə̃^{312}	tsʰuə̃^{312}	tsʰuə̃^{43}	suə̃^{312}	kʰuə̃^{312}	kʰuə̃^{312}	kʰuə̃^{312}	xuə̃^{312}
古交	tsuəŋ^{44}	tsʰuəŋ^{44}	tsʰuəŋ^{44}	suəŋ^{44}	kʰuəŋ^{44}	kʰuəŋ^{44}	kʰuəŋ^{44}	xuəŋ^{44}
清徐	tsuəŋ^{11}	tsʰuəŋ^{11}	tsʰuəŋ^{11}	suəŋ^{11}	kʰuəŋ^{11}	kʰuəŋ^{11}	kʰuəŋ^{11}	xuəŋ^{11}
娄烦	tsuəŋ^{33}	tsʰuəŋ^{33}	tsʰuəŋ^{33}	suəŋ^{33}	kʰuəŋ^{33}	kʰuəŋ^{33}	kʰuəŋ^{33}	xuəŋ^{33}
榆次	tsuɤ̃^{11}	tsʰuɤ̃^{11}	tsʰuɤ̃^{11}	suɤ̃^{11}	kʰuɤ̃^{11}	kʰuɤ̃^{11}	kʰuɤ̃^{11}	xuɤ̃^{11}
交城	tsuə̃^{11}	tsʰuə̃^{11}	tsʰuə̃^{11}	suə̃^{11}	kʰuə̃^{11}	kʰuə̃^{11}	kʰuə̃^{11}	xuə̃^{11}
文水	tsuɔŋ^{22}	tsʰuɔŋ^{22}	tsʰuɔŋ^{22}	suɔŋ^{22}	kʰuɔŋ^{22}	kʰuɔŋ^{22}	kʰuɔŋ^{22}	xuɔŋ^{22}
祁县	tsəm^{31}	tsʰəm^{31}	tsʰəm^{31}	səm^{31}	kʰəm^{31}	kʰəm^{31}	kʰəm^{31}	xəm^{31}
太谷	tsuə̃^{33}	tsʰuə̃^{33}	tsʰuə̃^{33}	suə̃^{33}	kʰuə̃^{33}	kʰuə̃^{33}	kʰuə̃^{33}	xuə̃^{33}
平遥	tsuəŋ^{213}	tsʰuəŋ^{213}	tsʰuəŋ^{213}	suəŋ^{213}	kʰuəŋ^{213}	kʰuəŋ^{213}	kʰuəŋ^{213}	xuəŋ^{213}
孝义	tsuə̃^{33}	tsʰuə̃^{33}	tsʰuə̃^{333}	suə̃^{33}	kʰuə̃^{33}	kuə̃^{33}	kʰuə̃^{33}	xuə̃^{33}
介休	tsuŋ^{13}	tsʰuŋ^{13}	tsʰuŋ^{13}	suŋ^{13}	kʰuŋ^{13}	kʰuŋ^{13}	kʰuŋ^{13}	xuŋ^{13}
灵石	tsuŋ^{535}	tsʰuŋ^{535}	tsʰuŋ^{44}	suŋ^{535}	kʰuŋ^{535}	——	kʰuŋ^{535}	xuŋ^{535}
盂县	tsuə̃^{412}	tsʰuə̃^{412}	tsʰuə̃^{22}	suə̃^{412}	kʰuə̃^{412}	kʰuən^{412}	kʰuə̃^{412}	xuə̃^{412}
寿阳	tsuə̃^{31}	tsʰuə̃^{31}	tsʰuə̃^{22}	suə̃^{31}	kʰuə̃^{31}	kʰuə̃^{31}	kʰuə̃^{31}	xuə̃^{31}
榆社	tsueɪ^{22}	tsʰueɪ^{22}	tsʰueɪ^{22}	sueɪ^{22}	kʰueɪ^{22}	——	kʰueɪ^{22}	xueɪ^{22}
离石	tsuəŋ^{24}	tsʰuəŋ^{24}	tsʰuəŋ^{44}	suəŋ^{24}	kʰuəŋ^{24}	kʰuəŋ^{24}	kʰuəŋ^{24}	xuəŋ^{24}
汾阳	tsuŋ^{324}	tsʰuŋ^{324}	tsʰuŋ^{22}	suŋ^{324}	kʰuŋ^{324}	kʰuŋ^{324}	kʰuŋ^{324}	xuŋ^{324}
中阳	tʂuə̃^{24}	tʂʰuə̃^{24}	tʂʰuə̃^{33}	ʂuə̃^{24}	kʰuə̃^{24}	kʰuə̃^{24}	kʰuə̃^{24}	xuə̃^{24}
柳林	tsuə̃^{24}	tsʰuə̃^{24}	tsʰuə̃^{44}	suə̃^{24}	kʰuə̃^{24}	kʰuə̃^{24}	kʰuə̃^{24}	xuə̃^{24}
方山	tsuə̃ŋ^{24}	tsʰuə̃ŋ^{24}	tsʰuə̃ŋ^{44}	suə̃ŋ^{24}	kʰuə̃ŋ^{24}	kʰuə̃ŋ^{24}	kʰuə̃ŋ^{24}	xuə̃ŋ^{24}
临县	tsuə̃^{24}	tsʰuə̃^{24}	tsʰuə̃^{33}	suə̃^{24}	kʰuə̃^{24}	——	kʰuə̃^{24}	xuə̃^{24}
兴县	tsuəŋ^{324}	tsʰuəŋ^{324}	tsʰuəŋ^{55}	suəŋ^{324}	kʰuəŋ^{324}	——	kʰuəŋ^{324}	xuəŋ^{324}
岚县	tsuəŋ^{214}	tsʰuəŋ^{214}	tsʰuəŋ^{44}	suəŋ^{214}	kʰuəŋ^{214}	kʰuəŋ^{214}	kʰuəŋ^{214}	xuəŋ^{214}
静乐	tsuɤ̃^{24}	tsʰuɤ̃^{24}	tsʰuɤ̃^{33}	suɤ̃^{24}	kʰuɤ̃^{314}	kʰuɤ̃^{314}	kʰuɤ̃^{24}	xuɤ̃^{24}
交口	tsuəŋ^{323}	tsʰuəŋ^{323}	tsʰuəŋ^{44}	suəŋ^{323}	kʰuəŋ^{323}	kʰuəŋ^{323}	kʰuəŋ^{323}	xuəŋ^{323}
石楼	tsuəŋ^{213}	tʂʰuəŋ^{213}	tsʰuəŋ^{44}	ʂuəŋ^{213}	kʰuəŋ^{213}	——	kʰuəŋ^{213}	xuəŋ^{213}
隰县	tsuəŋ^{53}	tsʰuəŋ^{53}	tsʰuəŋ^{24}	suəŋ^{53}	kʰuəŋ^{53}	kʰuəŋ^{53}	kʰuəŋ^{53}	xuəŋ^{53}

续表

字目	尊	村	存	孙	昆	崑	坤	昏~暗
中古音 / 方言点	祖昆 臻合一 平魂精	此尊 臻合一 平魂清	徂尊 臻合一 平魂从	思浑 臻合一 平魂心	古浑 臻合一 平魂见	古浑 臻合一 平魂见	苦昆 臻合一 平魂溪	呼昆 臻合一 平魂晓
大宁	tsuəŋ^{31}	tsʰuəŋ^{31}	tsʰuəŋ^{24}	suəŋ^{31}	kʰuəŋ^{55}	——	kʰuəŋ^{31}	xuəŋ^{31}
永和	tsuəŋ^{33}	tsʰuəŋ^{33}	tsʰuəŋ^{35}	suəŋ^{33}	kʰuəŋ^{33}	kʰuəŋ^{33}	kʰuəŋ^{33}	xuəŋ^{33}
汾西	tsuəŋ^{11}	tsʰuəŋ^{11}	tsʰuəŋ^{35}	suəŋ^{55}	kʰuəŋ^{33}	——	kʰuəŋ^{11}	xuəŋ^{11}
蒲县	tsueĩ^{52}	tsʰueĩ^{52}	tsʰueĩ^{24}	sueĩ^{52}	kʰueĩ^{52}	kʰueĩ^{52}	kʰueĩ^{52}	xueĩ^{52}
潞州	tsuŋ^{312}	tsʰuŋ^{312}	tsʰuŋ^{24}	suŋ^{312}	kʰuŋ^{312}	kʰuŋ^{312}	kʰuŋ^{312}	xuŋ^{312}
上党	tsuŋ^{213}	tsʰuŋ^{213}	tsʰuŋ^{44}	suŋ^{213}	kʰuŋ^{213}	kʰuŋ^{213}	kʰuŋ^{213}	xuŋ^{213}
长子	tsuẼ^{312}	tsʰuẼ^{312}	tsʰuẼ^{24}	suẼ^{312}	kʰəʔ^{4}	kʰuẼ^{312}	kʰuẼ^{312}	xuẼ^{312}
屯留	tsuẽ^{31}	tsʰuẽ^{31}	tsʰuẽ^{11}	suẽ^{31}	kʰuẽ^{31}	kʰuẽ^{31}	kʰuẽ^{31}	xuẽ^{31}
襄垣	tsuəŋ^{33}	tsʰuəŋ^{33}	tsʰuəŋ^{31}	suəŋ^{33}	kʰuəŋ^{33}	kʰuəŋ^{33}	kʰuəŋ^{33}	xuəŋ^{33}
黎城	tsuei^{33}	tsʰuei^{33}	tsʰuei^{53}	suei^{33}	kʰuei^{33}	kʰuei^{33}	kʰuei^{33}	xuei^{33}
平顺	tsuẼ^{213}	tsʰuẼ^{213}	tsʰuẼ^{13}	suẼ^{213}	kʰuẼ^{213}	kʰuẼ^{213}	kʰuẼ^{213}	xuẼ^{213}
壶关	tʂuŋ^{33}	tʂʰuŋ^{33}	tʂʰuŋ^{13}	ʂuŋ^{33}	kʰuŋ^{33}	kʰuŋ^{33}	kʰuŋ^{33}	xuŋ^{33}
沁县	tsuə̃^{224}	tsʰuə̃^{224}	tsuə̃^{33}	suə̃^{224}	kʰuə̃^{224}	——	kʰuə̃^{224}	xuə̃^{224}
武乡	tsɐŋ^{113}	tsʰɐŋ^{113}	tsʰɐŋ^{33}	sɐŋ^{113}	kʰɐŋ^{113}	——	kʰɐŋ^{113}	xɐŋ^{113}
沁源	tsuə̃^{324}	tsʰuə̃^{324}	tsʰuə̃^{33}	suə̃^{324}	kʰuə̃^{324}	kʰuə̃^{324}	kʰuə̃^{324}	xuə̃^{324}
安泽	tsuəŋ^{21}	tsʰuəŋ^{21}	tsʰuəŋ^{35}	suəŋ^{21}	kʰuəŋ^{21}	——	kʰuəŋ^{21}	xuəŋ^{21}
沁水端氏	tsuai^{21}	tsʰuai^{21}	tsʰuai^{24}	suai^{21}	kʰuai^{21}	kʰuai^{21}	kʰuai^{21}	xuai^{21}
阳城	tsuɑ̃ŋ^{224}	tsʰuɑ̃ŋ^{22}	tsʰuɑ̃ŋ^{22}	suɑ̃ŋ^{224}	kʰuɑ̃ŋ^{224}	——	kʰuɑ̃ŋ^{224}	xuɑ̃ŋ^{224}
高平	tʂuə̃ĩ^{33}	tʂʰuə̃ĩ^{33}	tʂʰuə̃ĩ^{33}	ʂuə̃ĩ^{33}	kʰuə̃ĩ^{33}	kʰuə̃ĩ^{33}	kʰuə̃ĩ^{33}	xuə̃ĩ^{33}
陵川	tʂuə̃ĩ^{33}	tʂʰuə̃ĩ^{33}	tʂʰuə̃ĩ^{53}	ʂuə̃ĩ^{33}	kʰuə̃ĩ^{33}	kʰuə̃ĩ^{33}	kʰuə̃ĩ^{33}	xuə̃ĩ^{33}
晋城	tʂuɐ̃^{33}	tʂʰuɐ̃^{33}	tʂʰuɐ̃^{324}	ʂuɐ̃^{33}	kʰuɐ̃^{33}	kuɐ̃^{33}	kʰuɐ̃^{33}	xuɐ̃^{33}
忻府	tsuəŋ^{313}	tsʰuəŋ^{313}	tsʰuəŋ^{21}	suəŋ^{313}	kʰuəŋ^{313}	kʰuəŋ^{313}	kʰuəŋ^{313}	xuəŋ^{313}
原平	tsuəŋ^{213}	tsʰuəŋ^{213}	tsʰuəŋ^{33}	suəŋ^{213}	kʰuəŋ^{213}	kʰuəŋ^{213}	kʰuəŋ^{213}	xuəŋ^{213}
定襄	tsuəŋ^{24}	tsʰuəŋ^{24}	tsʰuəŋ^{11}	suəŋ^{24}	kuəŋ^{24}	kuəŋ^{24}	kuəŋ^{24}	xuəŋ^{24}
五台	tsuən^{213}	tsʰuən^{213}	tsʰuən^{33}	suən^{213}	kʰuən^{213}	kʰuən^{213}	kʰuən^{213}	xuən^{213}
岢岚	tʂuəŋ^{13}	tsʰuəŋ^{13}	tsʰuəŋ^{44}	suəŋ^{13}	kʰuəŋ^{13}	kʰuəŋ^{13}	kʰuəŋ^{13}	xuəŋ^{13}
五寨	tsuəɣ̃^{13}	tsʰuəɣ̃^{13}	tsʰuəɣ̃^{44}	suəɣ̃^{13}	kʰuəɣ̃^{13}	kʰuəɣ̃^{13}	kʰuəɣ̃^{13}	xuəɣ̃^{13}
宁武	tsuɤɯ^{23}	tsʰuɤɯ^{23}	tsʰuɤɯ^{33}	suɤɯ^{23}	kʰuɤɯ^{23}	——	kʰuɤɯ^{23}	xuɤɯ^{23}
神池	tsuə̃^{24}	tsʰuə̃^{24}	tsʰuə̃^{32}	suə̃^{24}	kʰuə̃^{24}	kʰuə̃^{24}	kʰuə̃^{24}	xuə̃^{24}
繁峙	tsuəŋ^{53}	tsʰuəŋ^{53}	tsʰuəŋ^{31}	suəŋ^{53}	kʰuəŋ^{53}	kʰuəŋ^{53}	kʰuəŋ^{53}	xuəŋ^{53}
代县	tsuɤŋ^{213}	tsʰuɤŋ^{213}	tsʰuɤŋ^{44}	suɤŋ^{213}	kʰuɤŋ^{213}	kʰuɤŋ^{213}	kʰuɤŋ^{213}	xuɤŋ^{213}

续表

字目	尊	村	存	孙	昆	崑	坤	昏~暗
中古音 / 方言点	祖昆 臻合一 平魂精	此尊 臻合一 平魂清	徂尊 臻合一 平魂从	思浑 臻合一 平魂心	古浑 臻合一 平魂见	古浑 臻合一 平魂见	苦昆 臻合一 平魂溪	呼昆 臻合一 平魂晓
河曲	tsuŋ^{213}	tsʰuŋ^{213}	tsʰuŋ^{213}	suŋ^{213}	kʰuŋ^{213}	——	kʰuŋ^{213}	xuŋ^{213}
保德	tsuəŋ^{213}	tsʰuəŋ^{213}	tsʰuəŋ^{44}	suəŋ^{213}	kʰuəŋ^{213}	kʰuəŋ^{213}	kʰuəŋ^{213}	xuəŋ^{213}
偏关	tsuɤŋ^{24}	tsʰuɤŋ^{24}	tsʰuɤŋ^{44}	suɤŋ^{24}	kʰuɤŋ^{24}	kʰuɤŋ^{24}	kʰuɤŋ^{24}	xuɤŋ^{24}
朔城	tsuə̃^{312}	tsʰuə̃^{312}	tsʰuə̃^{35}	suə̃^{312}	kʰuə̃^{312}	——	kʰuə̃^{312}	xuə̃^{312}
平鲁	tsuəɯ^{213}	tsʰuəɯ^{213}	tsʰuəɯ^{44}	suəɯ^{213}	kʰuəɯ^{213}	——	kʰuəɯ^{52}	xuəɯ^{213}
应县	tsuəŋ^{43}	tsʰuəŋ^{43}	tsʰuəŋ^{31}	suəŋ^{43}	kʰuəŋ^{43}	——	kʰuəŋ^{43}	xuəŋ^{43}
灵丘	tsuŋ^{442}	tsʰuŋ^{442}	tsʰuŋ^{31}	suŋ^{442}	kʰuŋ^{442}	kʰuŋ^{442}	kʰuŋ^{442}	xuŋ^{442}
浑源	tsuə̃^{52}	tsʰuə̃^{52}	tsʰuə̃^{22}	suə̃^{52}	kʰuə̃^{52}	kʰuə̃^{52}	kʰuə̃^{52}	xuə̃^{52}
云州	tsuəɣ^{21}	tsʰuəɣ^{21}	tsʰuəɣ^{312}	suəɣ^{21}	kʰuəɣ^{21}	kʰuəɣ^{21}	kʰuəɣ^{21}	xuəɣ^{21}
新荣	tsuɤɣ^{32}	tsʰuɤɣ^{32}	tsʰuɤɣ^{312}	suɤɣ^{32}	kʰuɤɣ^{32}	kʰuɤɣ^{32}	kʰuɤɣ^{32}	xuɤɣ^{32}
怀仁	tsuəŋ^{42}	tsʰuəŋ^{42}	tsuəŋ^{42}	suəŋ^{42}	kʰuəŋ^{42}	kʰuəŋ^{42}	kʰuəŋ^{42}	xuəŋ^{42}
左云	tsuəɣ^{31}	tsʰuəɣ^{31}	tsʰuəɣ^{313}	suəɣ^{31}	kʰuəɣ^{31}	kʰuəɣ^{31}	kʰuəɣ^{31}	xuəɣ^{31}
右玉	tsuə̃ɣ^{31}	tsʰuə̃ɣ^{31}	tsʰuə̃ɣ^{212}	suə̃ɣ^{31}	kʰuə̃ɣ^{31}	kʰuə̃ɣ^{31}	kʰuə̃ɣ^{31}	xuə̃ɣ^{31}
阳高	tsuəŋ^{31}	tsʰuəŋ^{31}	tsʰuəŋ^{312}	suəŋ^{31}	kʰuəŋ^{31}	——	kʰuəŋ^{31}	xuəŋ^{31}
山阴	tsuə̃^{313}	tsʰuə̃^{313}	tsʰuə̃^{313}	suə̃^{313}	kʰuə̃^{52}	——	kʰuə̃^{313}	xuə̃^{313}
天镇	tsuɤɣ^{31}	tsʰuɤɣ^{31}	tsʰuɤɣ^{22}	suɤɣ^{31}	kʰuɤɣ^{31}	——	kʰuɤɣ^{31}	xuɤɣ^{31}
平定	tsuɤŋ^{31}	tsʰuɤŋ^{31}	tsʰuɤŋ^{44}	suɤŋ^{31}	kʰuɤŋ^{31}	——	kʰuɤŋ^{31}	xuɤŋ^{31}
昔阳	tsuəŋ^{42}	tsʰuəŋ^{42}	tsʰuəŋ^{33}	suəŋ^{42}	kʰuəŋ^{42}	kʰuəŋ^{42}	kʰuəŋ^{42}	xuəŋ^{42}
左权	tsuəŋ^{31}	tsʰuəŋ^{31}	tsʰuəŋ^{11}	suəŋ^{31}	kʰuəŋ^{31}	——	kʰuəŋ^{31}	xuəŋ^{31}
和顺	tsuəŋ^{42}	tsʰuəŋ^{42}	tsʰuəŋ^{22}	suəŋ^{42}	kʰuəŋ^{42}	kʰuəŋ^{42}	kʰuəŋ^{42}	xuəŋ^{42}
尧都	tsuə̃^{21}	tsʰuə̃^{21}	tsʰuə̃^{24}	suə̃^{21}	kʰuə̃^{21}	kʰuə̃^{21}	kʰuə̃^{21}	xuə̃^{21}
洪洞	tsuen^{21}	tsʰuen^{21}	tsʰuen^{24}	suen^{21}	kʰuen^{42}	kʰuen^{21}	kʰuen^{24}	xuen^{21}
洪洞赵城	tsueŋ^{21}	tsʰueŋ^{21}	tsʰueŋ^{24}	sueŋ^{21}	kʰueŋ^{21}	kʰueŋ^{21}	kʰueŋ^{21}	xueŋ^{21}
古县	tsuen^{21}	tsʰuen^{21}	tsʰuen^{35}	suen^{21}	kʰuen^{21}	kʰuen^{21}	kʰuen^{21}	xuen^{21}
襄汾	tsuen^{21}	tsʰuen^{21}	tsʰuen^{24}	suen^{21}	kʰuen^{21}	kʰuen^{21}	kʰuen^{21}	xuen^{21}
浮山	tsuẽĩ^{42}	tsʰuẽĩ^{42}	tsʰuẽĩ^{13}	suẽi^{42}	kʰuẽĩ^{42}	kʰuẽĩ^{42}	kʰuẽĩ^{42}	xuẽĩ^{42}
霍州	tsuŋ^{212}	tsʰuŋ^{212}	tsʰuŋ^{35}	suŋ^{212}	kʰuŋ^{212}	kʰuŋ^{212}	kʰuŋ^{212}	xuŋ^{212}
翼城	tsuŋ^{53}	tsʰuŋ^{53}	tsʰuŋ^{12}	suŋ^{53}	kʰuŋ^{53}	kʰuŋ^{53}	kʰuŋ^{53}	xuŋ^{53}
闻喜	tsuẽĩ^{53}	tsʰuẽĩ^{53}	tsʰuẽĩ^{13}	suẽĩ^{53}	kʰuẽĩ^{53}	——	kʰuẽĩ^{53}	xuẽĩ^{53}
侯马	tsueĩ^{213}	tsʰyeĩ^{213}	tsʰueĩ^{213}	sueĩ^{213}	kʰueĩ^{213}	kʰueĩ^{213}	kʰueĩ^{213}	xueĩ^{213}
新绛	tsuɛ̃^{53}	tsʰuɛ̃^{53}	tsʰuɛ̃^{13}	suɛ̃^{53}	kʰuɛ̃^{44}	kʰuɛ̃^{44}	kʰuɛ̃^{53}	xuɛ̃^{53}

续表

字目	尊	村	存	孙	昆	崑	坤	昏~暗
中古音 / 方言点	祖昆 臻合一 平魂精	此尊 臻合一 平魂清	徂尊 臻合一 平魂从	思浑 臻合一 平魂心	古浑 臻合一 平魂见	古浑 臻合一 平魂见	苦昆 臻合一 平魂溪	呼昆 臻合一 平魂晓
绛县	tsueĩ^{53}	tsʰueĩ^{53}	tsʰueĩ^{24}	sueĩ^{31}	kʰueĩ^{53}	kʰueĩ^{53}	kʰueĩ^{53}	xueĩ^{53}
垣曲	tsuə̃^{22}	tsʰuə̃^{22}	tsʰuə̃^{22}	suə̃^{22}	kʰuə̃^{22}	kʰuə̃^{22}	kʰuə̃^{22}	xuə̃^{22}
夏县	tɕyei^{53} 白 / tsuei^{53} 文	tɕʰyei^{53} 白 / tsʰuei^{53} 文	tɕʰyei^{42} 白 / tsʰuei^{42} 文	ɕyei^{53} 白 / suei^{53} 文	kʰuei^{53}	kʰuei^{53}	kʰuei^{53}	xuei^{53}
万荣	tsuei^{51}	tsʰuei^{51}	tsʰuei^{213}	suei^{51}	kʰuei^{51}	kʰuei^{51}	kʰuei^{51}	xuei^{51}
稷山	tsuə̃^{53}	tsʰuə̃^{53}	tsʰuə̃^{13}	suə̃^{53}	kʰuə̃^{53}	——	kʰuə̃^{53}	xuə̃^{53}
盐湖	uən^{55}	tɕʰyeĩ^{42}	tɕʰyeĩ^{13}	ɕyeĩ^{42}	kʰueĩ^{42}	——	kʰueĩ^{42}	xueĩ^{42}
临猗	tsueĩ^{42}	tɕʰyeĩ^{42} 白 / tsʰueĩ^{42} 文	tɕʰyeĩ^{13} 白 / tsʰueĩ^{13} 文	ɕyeĩ^{42} 白 / sueĩ^{42} 文	kʰueĩ^{42}	——	kʰueĩ^{42}	xueĩ^{42}
河津	tɕyẽ^{31} 白	tɕʰyẽ^{31} 白	tɕʰyẽ^{324} 白	ɕyẽ^{31} 白 / suẽ^{31} 文	kʰuẽ^{31}	——	kʰuẽ^{31}	xuẽ^{31}
平陆	tsuei^{31}	tsʰuei^{31}	tsʰuei^{13}	suei^{31}	kʰuei^{31}	kʰuei^{31}	kʰuei^{31}	xuei^{31}
永济	tɕyei^{31}	tɕʰyei^{31}	tɕʰyei^{24}	ɕyei^{31}	kʰuei^{31}	kʰuei^{31}	kʰuei^{31}	xuei^{31}
芮城	tɕyeĩ^{42}	tsʰueĩ^{42}	tɕʰyeĩ^{13}	sueĩ^{42}	xueĩ^{42}	——	kʰueĩ^{42}	xueĩ^{42}
吉县	tsuei^{423}	tsʰuei^{423}	tsʰuei^{13}	suei^{423}	kʰuei^{13}	——	kʰuei^{13}	xuei^{423}
乡宁	tsuəŋ^{53}	tsʰuəŋ^{53}	tsʰuəŋ^{12}	suəŋ^{53}	kuəŋ^{53}	kuəŋ^{53}	kuəŋ^{53}	xuəŋ^{53}
广灵	tsuŋ^{53}	tsʰuŋ^{53}	tsʰuŋ^{31}	suŋ^{53}	kʰuŋ^{53}	——	kʰuŋ^{53}	xuŋ^{53}

字目	昏~迷	婚	浑~浊	浑~身	魂	温	瘟	本
中古音 / 方言点	呼昆 臻合一 平魂晓	呼昆 臻合一 平魂晓	户昆 臻合一 平魂匣	户昆 臻合一 平魂匣	户昆 臻合一 平魂匣	乌浑 臻合一 平魂影	乌昆 臻合一 平魂影	布忖 臻合一 上混帮
北京	xuən^{55}	xuən^{55}	xuən^{35}	xuən^{35}	xuən^{35}	uən^{55}	uən^{55}	pən^{214}
小店	xuəŋ^{11}	xuəŋ^{11}	xuəŋ^{11}	xuəŋ^{11}	xuəŋ^{11}	vəŋ^{11}	vəŋ^{11}	pəŋ^{53}
尖草坪	xuʌŋ^{33}	xuʌŋ^{33}	xuʌŋ^{33}	xuʌŋ^{33}	xuʌŋ^{33}	vʌŋ^{33}	vʌŋ^{33}	pʌŋ^{312}
晋源	xuŋ^{11}	xuŋ^{11}	xuŋ^{11}	xuŋ^{11}	xuŋ^{11}	vəŋ^{11}	vəŋ^{11}	pəŋ^{42}
阳曲	xuə̃^{312}	xuə̃^{312}	xuə̃^{43}	xuə̃^{43}	xuə̃^{43}	və̃^{312}	və̃^{312}	pə̃^{312}
古交	xuəŋ^{44}	xuəŋ^{44}	huəŋ^{44}	huəŋ^{44}	xuəŋ^{44}	vəŋ^{44}	vəŋ^{44}	pəŋ^{312}
清徐	xuəŋ^{11}	xuəŋ^{11}	xuəŋ^{11}	xuəŋ^{11}	xuəŋ^{11}	vəŋ^{11}	vəŋ^{11}	pəŋ^{54}
娄烦	xuəŋ^{33}	xuəŋ^{33}	xuəŋ^{33}	xuəŋ^{33}	xuəŋ^{33}	vəŋ^{33}	vəŋ^{33}	pəŋ^{312}
榆次	xuɤ̃^{11}	xuɤ̃^{11}	xuɤ̃^{11}	xuɤ̃^{11}	xuɤ̃^{11}	vɤ̃^{11}	vɤ̃^{11}	pɤ̃^{53}
交城	xuə̃^{11}	xuə̃^{11}	xuə̃^{11}	xuə̃^{11}	xuə̃^{11}	uə̃^{11}	uə̃^{11}	pə̃^{53}
文水	xuɔŋ^{22}	xuɔŋ^{22}	xuɔŋ^{22}	xuɔŋ^{22}	xuɔŋ^{22}	uɔŋ^{22}	uɔŋ^{22}	pɔŋ^{423}
祁县	xəm^{31}	xəm^{31}	xəm^{31}	xəm^{31}	xəm^{31}	əm^{31}	əm^{31}	pɔõ^{314}
太谷	xuə̃^{33}	xuə̃^{33}	xuə̃^{33}	xuə̃^{33}	xuə̃^{33}	və̃^{33}	və̃^{33}	pə̃^{312}
平遥	xuəŋ^{213}	xuəŋ^{213}	xuəŋ^{213}	xuəŋ^{213}	xuəŋ^{213}	uəŋ^{213}	uəŋ^{213}	pəŋ^{512}
孝义	xuə̃^{33}	xuə̃^{33}	xuə̃^{33}	xuə̃^{33}	xuə̃^{33}	uə̃^{33}	uə̃^{33}	pə̃^{312}
介休	xuŋ^{13}	xuŋ^{13}	xuŋ^{13}	xuŋ^{13}	xuŋ^{13}	uŋ^{13}	uŋ^{13}	pəŋ^{423}
灵石	xuŋ^{535}	xuŋ^{535}	xuŋ^{44}	xuŋ^{44}	xuŋ^{44}	uŋ^{535}	uŋ^{535}	pəŋ^{212}
盂县	xuə̃^{412}	xuə̃^{412}	xuə̃^{412}	xuə̃^{412}	xuə̃^{412}	və̃^{412}	və̃^{412}	pə̃^{53}
寿阳	xuə̃^{31}	xuə̃^{31}	xuə̃^{22}	xuə̃^{22}	xuə̃^{22}	və̃^{31}	və̃^{31}	pə̃^{53}
榆社	xuεɪ^{22}	xuεɪ^{22}	xuεɪ^{22}	xuεɪ^{22}	xuεɪ^{22}	vεɪ^{22}	vεɪ^{22}	pεɪ^{312}
离石	xuəŋ^{24}	xuəŋ^{24}	xuəŋ^{24}	xuəŋ^{24}	xuəŋ^{44}	uəŋ^{24}	uəŋ^{24}	pəŋ^{312}
汾阳	xuŋ^{324}	xuŋ^{324}	xuŋ^{22}	xuŋ^{22}	xuŋ^{22}	xuŋ^{324}	xuŋ^{324}	pəŋ^{312}
中阳	xuə̃^{24}	xuə̃^{24}	xuə̃^{24}	xuə̃^{24}	xuə̃^{33}	uə̃^{24}	uə̃^{24}	pə̃^{423}
柳林	xuə̃^{24}	xuə̃^{24}	xuə̃^{44}	xuə̃^{44}	xuə̃^{44}	uə̃^{24}	uə̃^{24}	pə̃^{312}
方山	xuə̃ŋ^{24}	xuə̃ŋ^{24}	xuə̃ŋ^{24}	xuə̃ŋ^{44}	xuə̃ŋ^{44}	uə̃ŋ^{24}	uə̃ŋ^{24}	pə̃ŋ^{312}
临县	xuə̃^{24}	xuə̃^{24}	xuə̃^{24}	xuə̃^{24}	xuə̃^{33}	uə̃^{24}	uə̃^{24}	pə̃^{312}
兴县	xuəŋ^{324}	xuəŋ^{324}	xuəŋ^{324}	xuəŋ^{324}	xuəŋ^{55}	uəŋ^{324}	uəŋ^{324}	pəŋ^{324}
岚县	xuəŋ^{214}	xuəŋ^{214}	xuəŋ^{214}	xuəŋ^{44}	xuəŋ^{44}	uəŋ^{214}	uəŋ^{214}	pəŋ^{214}
静乐	xuɤ̃^{24}	xuɤ̃^{24}	xuɤ̃^{24}	xuɤ̃^{24}	xuɤ̃^{33}	vɤ̃^{24}	vɤ̃^{24}	pɤ̃^{314}
交口	xuəŋ^{323}	xuəŋ^{323}	xuəŋ^{44}	xuəŋ^{44}	xuəŋ^{323}	uəŋ^{323}	uəŋ^{323}	pəŋ^{323}
石楼	xuəŋ^{213}	xuəŋ^{213}	xuəŋ^{44}	xuəŋ^{44}	xuəŋ^{44}	uəŋ^{213}	uəŋ^{213}	pəŋ^{213}
隰县	xuəŋ^{53}	xuəŋ^{53}	xuəŋ^{24}	xuəŋ^{24}	xuəŋ^{24}	uəŋ^{53}	uəŋ^{53}	pəŋ^{21}

续表

字目	昏~迷	婚	浑~浊	浑~身	魂	温	瘟	本
中古音 / 方言点	呼昆 臻合一 平魂晓	呼昆 臻合一 平魂晓	户昆 臻合一 平魂匣	户昆 臻合一 平魂匣	户昆 臻合一 平魂匣	乌浑 臻合一 平魂影	乌昆 臻合一 平魂影	布忖 臻合一 上混帮
大宁	xuəŋ^{31}	xuəŋ^{31}	xuəŋ^{24}	xuəŋ^{24}	xuəŋ^{24}	vəŋ^{31}	vəŋ^{31}	pəŋ^{31}
永和	——	xuəŋ^{33}	xuəŋ^{33}	——	xuəŋ^{35}	uəŋ^{33}	uəŋ^{33}	pəŋ^{312}
汾西	——	xuəŋ^{11}	xuəŋ^{11}	xuəŋ^{35}	xuəŋ^{35}	uəŋ^{11}	uəŋ^{11}	pəŋ^{33}
蒲县	xueĩ^{52}	xueĩ^{52}	xueĩ^{52}	xueĩ^{24}	xueĩ^{24}	ueĩ^{52}	ueĩ^{52}	peĩ^{31}
潞州	xuŋ^{312}	xuŋ^{312}	xuŋ^{24}	xuŋ^{24}	xuŋ^{24}	vəŋ^{312}	vəŋ^{312}	pəŋ^{535}
上党	xuŋ^{213}	xuŋ^{213}	xuŋ^{44}	xuŋ^{44}	xuŋ^{44}	uŋ^{213}	uŋ^{213}	pəŋ^{535}
长子	xuᴇ̃^{312}	xuᴇ̃^{312}	xuᴇ̃^{24}	xuᴇ̃^{24}	xuᴇ̃^{24}	vᴇ̃^{312}	vᴇ̃^{312}	pᴇ̃^{434}
屯留	xuẽ^{31}	xuẽ^{31}	xuẽ^{11}	xuẽ^{11}	xuẽ^{11}	vẽ^{31}	vẽ^{31}	pẽ^{43}
襄垣	xuəŋ^{33}	xuəŋ^{33}	xuəŋ^{53}	xuəŋ^{53}	xuəŋ^{31}	vəŋ^{33}	vəŋ^{33}	pəŋ^{42}
黎城	xuei^{33}	xuei^{33}	xuei^{213}	xuei^{213}	xuei^{53}	uei^{33}	uei^{33}	pei^{213}
平顺	xuᴇ̃^{213}	xuᴇ̃^{213}	xuᴇ̃^{13}	xuᴇ̃^{13}	xuᴇ̃^{213}	uᴇ̃^{213}	uᴇ̃^{213}	pᴇ̃^{434}
壶关	xuŋ^{33}	xuŋ^{33}	xuŋ^{13}	xuŋ^{13}	xuŋ^{13}	uŋ^{33}	uŋ^{33}	pəŋ^{535}
沁县	xuə̃^{224}	xuə̃^{224}	xuə̃^{53}	——	xuə̃^{33}	və̃^{224}	və̃^{224}	pə̃^{214}
武乡	xɐŋ^{113}	xɐŋ^{113}	xɐŋ^{33}	xɐŋ^{33}	xɐŋ^{33}	vɐŋ^{113}	vɐŋ^{113}	pɐŋ^{213}
沁源	xuə̃^{324}	xuə̃^{324}	xuə̃^{33}	xuə̃^{33}	xuə̃^{33}	və̃^{324}	və̃^{324}	pə̃^{324}
安泽	xuəŋ^{21}	xuəŋ^{21}	xuəŋ^{35}	xuəŋ^{35}	xuəŋ^{35}	vəŋ^{21}	vəŋ^{21}	pəŋ^{42}
沁水端氏	xuai^{21}	xuai^{21}	xuai^{24}	xuai^{24}	xuai^{24}	vai^{21}	vai^{21}	pai^{31}
阳城	xuɑ̃ŋ^{224}	xuɑ̃ŋ^{224}	xuɑ̃ŋ^{22}	xuɑ̃ŋ^{22}	xuɑ̃ŋ^{22}	vɑ̃ŋ^{224}	vɑ̃ŋ^{224}	pɑ̃ŋ^{212}
高平	xuə̃ĩ^{33}	xuə̃ĩ^{33}	xuə̃ĩ^{33}	xuə̃ĩ^{33}	xuə̃ĩ^{33}	u^{33} 白 / və̃ĩ^{33} 文	və̃ĩ^{33}	pə̃ĩ^{212}
陵川	xuə̃ĩ^{33}	xuə̃ĩ^{33}	xuə̃ĩ^{53}	xuə̃ĩ^{53}	xuə̃ĩ^{53}	uə̃ĩ^{33}	uə̃ĩ^{33}	pə̃ĩ^{312}
晋城	xuɐ̃^{33}	xuɐ̃^{33}	xuɐ̃^{324}	xuɐ̃^{324}	xuɐ̃^{33}	uɐ̃^{33}	uɐ̃^{33}	pɐ̃^{213}
忻府	xuəŋ^{313}	xuəŋ^{313}	xuəŋ^{21}	xuəŋ^{21}	xuəŋ^{21}	vəŋ^{313}	vəŋ^{313}	pəŋ^{313}
原平	xuəŋ^{213}	xuəŋ^{213}	xuəŋ^{33}	xuəŋ^{33}	xuəŋ^{33}	vəŋ^{213}	vəŋ^{213}	pəŋ^{213}
定襄	xuəŋ^{24}	xuəŋ^{24}	xuəŋ^{24}	xuəŋ^{24}	xuəŋ^{11}	vəŋ^{24}	vəŋ^{24}	pəŋ^{24}
五台	xuən^{213}	xuən^{213}	xuən^{33}	xuən^{33}	xuən^{33}	uən^{213}	uən^{213}	pən^{213}
岢岚	xuəŋ^{13}	xuəŋ^{13}	xuəŋ^{44}	xuəŋ^{44}	xuəŋ^{44}	vəŋ^{13}	vəŋ^{13}	pəŋ^{13}
五寨	xuəɣ̃^{13}	xuəɣ̃^{13}	xuəɣ̃^{44}	xuəɣ̃^{44}	xuəɣ̃^{44}	vəɣ̃^{13}	vəɣ̃^{13}	pəɣ̃^{13}
宁武	xuɤɯ^{23}	xuɤɯ^{23}	xuɤɯ^{33}	xuɤɯ^{33}	xuɤɯ^{33}	uɤɯ^{23}	uɤɯ^{23}	pɤɯ^{213}
神池	xuə̃^{24}	xuə̃^{24}	xuə̃^{32}	xuə̃^{32}	xuə̃^{24}	və̃^{24}	və̃^{24}	pə̃^{13}
繁峙	xuəŋ^{53}	xuəŋ^{53}	xuəŋ^{31}	xuəŋ^{31}	xuəŋ^{31}	vəŋ^{53}	vəŋ^{53}	pəŋ^{53}

续表

字目	昏~迷	婚	浑~浊	浑~身	魂	温	瘟	本
中古音 / 方言点	呼昆 臻合一 平魂晓	呼昆 臻合一 平魂晓	户昆 臻合一 平魂匣	户昆 臻合一 平魂匣	户昆 臻合一 平魂匣	乌浑 臻合一 平魂影	乌昆 臻合一 平魂影	布忖 臻合一 上混帮
代县	xuɤŋ^{213}	xuɤŋ^{213}	xuɤŋ^{44}	xuɤŋ^{44}	xuɤŋ^{44}	uɤŋ^{213}	uɤŋ^{213}	pɤŋ^{53}
河曲	xuŋ^{213}	xuŋ^{213}	xuŋ^{44}	xuŋ^{44}	xuŋ^{44}	vɤŋ^{213}	vɤŋ^{213}	pɤŋ^{213}
保德	xuəŋ^{213}	xuəŋ^{213}	xuəŋ^{44}	xuəŋ^{44}	xuəŋ^{44}	vəŋ^{213}	vəŋ^{213}	pəŋ^{213}
偏关	xuɤŋ^{24}	xuɤŋ^{24}	xuɤŋ^{44}	xuɤŋ^{44}	xuɤŋ^{44}	vɤŋ^{24}	vɤŋ^{24}	pɤŋ^{213}
朔城	——	xuə̃^{312}	xuə̃^{35}	——	xuə̃^{35}	və̃^{312}	və̃^{312}	pə̃^{312}
平鲁	——	xuəɯ^{213}	xuəɯ^{213}	——	xuəɯ^{44}	uəɯ^{213}	uəɯ^{213}	pəɯ^{213}
应县	xuəŋ^{43}	xuəŋ^{43}	xuəŋ^{24}	xuəŋ^{31}	xuəŋ^{31}	vəŋ^{43}	vəŋ^{43}	pəŋ^{54}
灵丘	xuŋ^{442}	xuŋ^{442}	xuŋ^{31}	xuŋ^{31}	xuŋ^{31}	vəŋ^{442}	vəŋ^{442}	pəŋ^{442}
浑源	xuə̃^{52}	xuə̃^{52}	xuə̃^{22}	xuə̃^{22}	xuə̃^{22}	və̃^{52}	və̃^{52}	pə̃^{52}
云州	xuəɣ^{21}	xuəɣ^{21}	xuəɣ^{312}	xuəɣ^{312}	xuəɣ^{312}	vəɣ^{21}	vəɣ^{21}	pəɣ^{55}
新荣	xuɤɣ^{32}	xuɤɣ^{32}	xuɤɣ^{312}	xuɤɣ^{54}/ xuɤɣ^{24}	xuɤɣ^{312}	vɤɣ^{32}	vɤɣ^{32}	pɤɣ^{54}
怀仁	xuəŋ^{42}	xuəŋ^{42}	xuəŋ^{24}	xuəŋ^{312}	xuəŋ^{312}	vəŋ^{42}	vəŋ^{42}	pəŋ^{53}
左云	xuəɣ^{31}	xuəɣ^{31}	xuəɣ^{213}	xuəɣ^{213}	xuəɣ^{213}	vəɣ^{31}	vəɣ^{31}	pəɣ^{54}
右玉	xuə̃ɣ^{31}	xuə̃ɣ^{31}	xuə̃ɣ^{212}	xuə̃ɣ^{212}	xuə̃ɣ^{212}	və̃ɣ^{31}	və̃ɣ^{31}	pə̃ɣ^{53}
阳高	xuəŋ^{31}	xuəŋ^{31}	xuəŋ^{31}	xuəŋ^{31}	xuəŋ^{312}	vəŋ^{31}	vəŋ^{31}	pəŋ^{53}
山阴	——	xuə̃^{313}	xuə̃^{313}	——	xuə̃^{313}	uə̃^{313}	uə̃^{313}	pə̃^{52}
天镇	xuɤɣ^{31}	xuɤɣ^{31}	xuɤɣ^{55}/ xuɤɣ^{24}	xuɤɣ^{55}/ xuɤɣ^{24}	xuɤɣ^{22}	vɤɣ^{31}	vɤɣ^{31}	pɤɣ^{55}
平定	xuɤŋ^{31}	xuɤŋ^{31}	xuɤŋ^{24}	xuɤŋ^{24}	xuɤŋ^{44}	vɤŋ^{31}	vɤŋ^{31}	pɤŋ^{53}
昔阳	xuəŋ^{42}	xuəŋ^{42}	xuəŋ^{33}	xuəŋ^{33}	xuəŋ^{33}	vəŋ^{42}	vəŋ^{42}	pəŋ^{55}
左权	xuəŋ^{31}	xuəŋ^{31}	xuəŋ^{11}	xuəŋ^{11}	xuəŋ^{11}	vəŋ^{31}	vəŋ^{31}	pəŋ^{42}
和顺	xuəŋ^{42}	xuəŋ^{42}	xuəŋ^{22}	xuəŋ^{22}	xuəŋ^{22}	vəŋ^{42}	vəŋ^{42}	pəŋ^{53}
尧都	xuə̃^{21}	xuə̃^{21}	xuə̃^{24}	xuə̃^{44}	xuə̃^{44}	uə̃^{21}	uə̃^{21}	pə̃^{53}
洪洞	xuen^{21}	xuen^{21}	xuen^{21}	xuen^{24}	xuen^{24}	uen^{21}	uen^{21}	pen^{42}
洪洞赵城	xueŋ^{21}	xueŋ^{21}	xueŋ^{24}	xueŋ^{24}	xueŋ^{24}	ueŋ^{21}	ueŋ^{21}	peŋ^{42}
古县	xuen^{21}	xuen^{21}	xuen^{35}	——	xuen^{35}	uen^{21}	uen^{21}	pen^{42}
襄汾	xuen^{21}	xuen^{21}	xuen^{21}	xuen^{21}	xuen^{24}	uen^{21}	uen^{21}	pen^{42}
浮山	xuẽĩ^{42}	xuẽĩ^{42}	xuẽĩ^{42}	xuẽĩ^{42}	xuẽĩ^{13}	uẽĩ^{42}	uẽĩ^{42}	pẽĩ^{33}
霍州	xuŋ^{212}	xuŋ^{212}	xuŋ^{212}	xuŋ^{35}	xuŋ^{35}	uŋ^{33}	uŋ^{33}	pəŋ^{212}
翼城	xuŋ^{53}	xuŋ^{53}	xuŋ^{12}	xuŋ^{12}	xuŋ^{12}	vəŋ^{53}	vəŋ^{53}	pəŋ^{44}
闻喜	xuẽĩ^{53}	xuẽĩ^{53}	xuẽĩ^{33}	xuẽĩ^{33}	xuẽĩ^{33}	uẽĩ^{53}	uẽĩ^{53}	pẽĩ^{33}

续表

字目	昏~迷	婚	浑~浊	浑~身	魂	温	瘟	本
中古音 / 方言点	呼昆 臻合一 平魂晓	呼昆 臻合一 平魂晓	户昆 臻合一 平魂匣	户昆 臻合一 平魂匣	户昆 臻合一 平魂匣	乌浑 臻合一 平魂影	乌昆 臻合一 平魂影	布忖 臻合一 上混帮
侯马	xueĩ^{213}	xueĩ^{213}	ueĩ^{213}	ueĩ^{213}	ueĩ^{213}	veĩ^{213} 白 / ueĩ^{213} 文	ueĩ^{213}	peĩ^{44}
新绛	xuẽ^{53}	xuẽ^{53}	xuẽ^{53}	xuẽ^{53}	xuẽ^{13}	uẽ^{53}	uẽ^{53}	pẽ^{44}
绛县	xueĩ^{53}	xueĩ^{53}	xueĩ^{31}	xueĩ^{53}	xueĩ^{24}	ueĩ^{53}	ueĩ^{53}	peĩ^{33}
垣曲	xuə̃^{22}	xuə̃^{22}	xuə̃^{22}	xuə̃^{22}	xuə̃^{22}	və̃^{22}	uə̃^{22}	pə̃^{44}
夏县	xuei^{53}	xuei^{53}	xuei^{42}	xuei^{42}	xuei^{42}	uei^{53}	uei^{53}	pei^{24}
万荣	xuei^{51}	xuei^{51}	xuei^{51}	xuei^{51}	xuei^{213}	uei^{51}	uei^{51}	pei^{55}
稷山	xuə̃^{53}	xuə̃^{53}	xuə̃^{13}	xuə̃^{13}	xuə̃^{13}	uə̃^{53}	uə̃^{53}	pə̃^{44}
盐湖	xueĩ^{42}	xueĩ^{42}	xueĩ^{13}	xueĩ^{13}	xueĩ^{13}	ueĩ^{42}	ueĩ^{42}	peĩ^{53}
临猗	xueĩ^{42}	xueĩ^{42}	xueĩ^{13}	xueĩ^{13}	xueĩ^{13}	ueĩ^{42}	ueĩ^{42}	peĩ^{53}
河津	xuẽ^{31}	xuẽ^{31}	xuẽ^{324}	xuẽ^{324}	xuẽ^{324}	uẽ^{31}	uẽ^{31}	pẽ^{53}
平陆	xuei^{31}	xuei^{31}	xuei^{31}	xuei^{31}	xuei^{13}	uei^{31}	uei^{31}	pei^{55}
永济	xuei^{31}	xuei^{31}	xuei^{24}	xuei^{24}	xuei^{24}	vei^{31}	vei^{31}	pei^{53}
芮城	xueĩ^{42}	xueĩ^{42}	xueĩ^{13}	xueĩ^{13}	xueĩ^{13}	ueĩ^{42}	ueĩ^{42}	peĩ^{53}
吉县	xuei^{423}	xuei^{423}	xuei^{423}	xuei^{423}	xuei^{13}	uei^{423}	uei^{423}	pei^{53}
乡宁	xuəŋ^{53}	xuəŋ^{53}	xuəŋ^{12}	xuəŋ^{12}	xuəŋ^{12}	uəŋ^{53}	uəŋ^{53}	pəŋ^{44}
广灵	xuŋ^{53}	xuŋ^{53}	xuŋ^{44}/ xuŋ^{213}	xuŋ^{44}/ xuŋ^{213}	xuŋ^{31}	vəŋ^{53}	vəŋ^{53}	pəŋ^{44}

字目	笨	盾矛~	损	滚	捆	混	稳	闷
中古音 / 方言点	蒲本 臻合一 上混並	徒损 臻合一 上混定	苏本 臻合一 上混心	古本 臻合一 上混见	苦本 臻合一 上混溪	胡本 臻合一 上混匣	乌本 臻合一 上混影	莫困 臻合一 去慁明
北京	pən^{51}	tuən^{51}	suən^{214}	kuən^{214}	kʰuən^{214}	xuən^{51}	uən^{214}	mən^{51}
小店	pəŋ^{24}	tuəŋ^{24}	suəŋ^{53}	kuəŋ^{53}	kʰuəŋ^{53}	xuəŋ^{11}/ xuəŋ^{24}	vəŋ^{53}	məŋ^{24}
尖草坪	pʌŋ^{35}	tuʌŋ^{35}	suʌŋ^{312}	kuʌŋ^{312}	kʰuʌŋ^{312}	xuʌŋ^{35}	vʌŋ^{312}	mʌŋ^{35}
晋源	pəŋ^{35}	tuŋ^{435}	suŋ^{42}	kuŋ^{42}	kʰuŋ^{42}	xuŋ^{42}	vəŋ^{42}	məŋ^{35}
阳曲	pə̃^{454}	tuə̃^{454}	suə̃^{312}	kuə̃^{312}	kʰuə̃^{312}	xuə̃^{312}	və̃^{312}	mə̃^{454}
古交	pəŋ^{53}	tuəŋ^{53}	suəŋ^{312}	kuəŋ^{312}	kʰuəŋ^{312}	huəŋ^{53}	vəŋ^{312}	məŋ^{53}
清徐	pəŋ^{45}	tuəŋ^{45}	suəŋ^{54}	kuəŋ^{54}	kʰuəŋ^{54}	xuəŋ^{45}	vəŋ^{54}	məŋ^{45}
娄烦	pəŋ^{54}	tuəŋ^{54}	suəŋ^{312}	kuəŋ^{312}	kʰuəŋ^{312}	xuəŋ^{312}/ xuəŋ^{54}	vəŋ^{312}	məŋ^{54}
榆次	pɤ̃^{35}	tuɤ̃^{35}	suɤ̃^{53}	kuɤ̃^{53}	kʰuɤ̃^{53}	xuɤ̃^{11}	vɤ̃^{53}	mɤ̃^{11}
交城	pə̃^{24}	tuə̃^{24}	suə̃^{53}	kuə̃^{53}	kʰuə̃^{53}	xuə̃^{24}	uə̃^{53}	mə̃^{24}
文水	pəŋ^{35}	tuəŋ^{35}	suəŋ^{423}	kuəŋ^{423}	kʰuəŋ^{423}	xuəŋ^{35}	uəŋ^{423}	məŋ^{35}
祁县	pɔ̃^{45}	təm^{45}	səm^{314}	kəm^{314}	kʰəm^{314}	xəm^{45}	əm^{314}	mɔ̃^{45}
太谷	pə̃^{53}	tuə̃^{53}	suə̃^{312}	kuə̃^{312}	kʰuə̃^{312}	xuə̃^{53}	və̃^{312}	mə̃^{53}
平遥	pəŋ^{24}	tuəŋ^{24}	suəŋ^{512}	kuəŋ^{512}	kʰuəŋ^{512}	xuəŋ^{24}	uəŋ^{512}	məŋ^{24}
孝义	pə̃^{454}	tuə̃^{454}	suə̃^{312}	kuə̃^{312}	kʰuə̃^{312}	xuə̃^{454}	uə̃^{312}	mə̃^{454}
介休	pəŋ^{45}	tuŋ^{45}	suŋ^{423}	kuŋ^{423}	kʰuŋ^{423}	xuŋ^{45}	uŋ^{423}	məŋ^{45}
灵石	pəŋ^{53}	tuŋ^{53}	suŋ^{212}	kuŋ^{53}	kʰuŋ^{212}	xuŋ	uŋ^{212}	məŋ^{53}
盂县	pə̃^{55}	tuə̃^{55}	suə̃^{53}	kuə̃^{53}	kʰuə̃^{53}	xuə̃^{55}	və̃^{53}	mə̃^{55}
寿阳	pə̃^{45}	tuə̃^{45}	suə̃^{53}	kuə̃^{53}	kʰuə̃^{53}	xuə̃^{45}	və̃^{53}	mə̃^{45}
榆社	peɪ^{45}	tueɪ^{45}	sueɪ^{312}	kueɪ^{312}	kʰueɪ^{312}	ueɪ^{45}	veɪ^{312}	meɪ^{22}
离石	pəŋ^{53}	tuəŋ^{53}	suəŋ^{312}	kuəŋ^{312}	kʰuəŋ^{312}	xuəŋ^{53}	uəŋ^{312}	məŋ^{53}
汾阳	pəŋ^{55}	tuŋ^{55}	suŋ^{312}	kuŋ^{312}	kʰuŋ^{312}	xuŋ^{312}	vəŋ^{312}	məŋ^{55}
中阳	pə̃^{53}	tuə̃^{53}	ʂuə̃^{423}	kuə̃^{423}	kʰuə̃^{423}	xuə̃^{53}	uə̃^{423}	mə̃^{53}
柳林	pə̃^{53}	tuə̃^{53}	suə̃^{312}	kuə̃^{312}	kʰuə̃^{312}	xuə̃^{53}	uə̃^{312}	mə̃^{53}
方山	pə̃ŋ^{52}	tuə̃ŋ^{52}	suə̃ŋ^{312}	kuə̃ŋ^{312}	kʰuə̃ŋ^{312}	xuə̃ŋ^{52}	uə̃ŋ^{312}	mə̃ŋ^{52}
临县	pə̃^{52}	tuə̃^{52}	suə̃^{312}	kʰuə̃^{312}	kʰuə̃^{312}	xuə̃^{52}	uə̃^{312}	mə̃^{52}
兴县	pəŋ^{53}	tuəŋ^{53}	suəŋ^{324}	kuəŋ^{324}	kʰuəŋ^{324}	xuəŋ^{53}	uəŋ^{324}	məŋ^{53}
岚县	pəŋ^{53}	tuəŋ^{53}	suəŋ^{214}	kuəŋ^{214}	kʰuəŋ^{214}	xuəŋ^{53}	uəŋ^{312}	məŋ^{53}
静乐	pɤ̃^{53}	tuɤ̃^{53}	suɤ̃^{314}	kuɤ̃^{314}	kʰuɤ̃^{314}	xuɤ̃^{53}	vɤ̃^{314}	mɤ̃^{53}
交口	pəŋ^{53}	tuəŋ^{53}	suəŋ^{323}	kuəŋ^{323}	kʰuəŋ^{323}	xuəŋ^{323}	uəŋ^{323}	məŋ^{53}
石楼	pəŋ^{51}	tuəŋ^{51}	ʂuəŋ^{213}	kuəŋ^{213}	kʰuəŋ^{213}	xuəŋ^{51}	uəŋ^{213}	məŋ^{51}

续表

字目	笨	盾矛~	损	滚	捆	混	稳	闷
中古音 / 方言点	蒲本 臻合一 上混並	徒损 臻合一 上混定	苏本 臻合一 上混心	古本 臻合一 上混见	苦本 臻合一 上混溪	胡本 臻合一 上混匣	乌本 臻合一 上混影	莫困 臻合一 去慁明
隰县	pʰəŋ^{44} 白 / pəŋ^{44} 文	tuəŋ^{44}	suəŋ^{21}	kuəŋ^{21}	kʰuəŋ^{21}	xuəŋ^{44}	uəŋ^{21}	məŋ^{44}
大宁	pʰəŋ^{55} 白 / pəŋ^{55} 文	tuəŋ^{55}	ɕyən^{31}	kuəŋ^{31}	kʰuəŋ^{31}	xuəŋ^{55}	vəŋ^{31}	məŋ^{55}
永和	pʰəŋ^{53} 白 / pəŋ^{53} 文	tuəŋ^{53}	ɕyəŋ^{312}	kuəŋ^{312}	kʰuəŋ^{312}	xuəŋ^{53}	uəŋ^{312}	məŋ^{53}
汾西	pəŋ^{33}/ pəŋ^{53} 白 / pʰəŋ^{53} 文	tuəŋ^{53}	suəŋ^{33}/ ɕyəŋ^{33} 白	kuəŋ^{33}	kʰuəŋ^{33}	xuəŋ^{53}	uəŋ^{33}	məŋ^{11}
蒲县	pʰeĩ^{33}	tueĩ^{33}	ɕyeĩ^{31}	kueĩ^{31}	kʰueĩ^{31}	xueĩ^{33}	ueĩ^{31}	meĩ^{33}
潞州	pəŋ^{54}	tuŋ^{54}	suŋ^{535}	kuŋ^{535}	kʰuŋ^{535}	xuŋ^{54}	vəŋ^{535}	məŋ^{54}
上党	pəŋ^{42}	tu^{42}	ɕyŋ^{535}	kuŋ^{535}	kʰuŋ^{535}	xuŋ^{42}	uŋ^{535}	məŋ^{42}
长子	pẼ^{53}	tuẼ^{53}	suẼ^{434}	kuẼ^{434}	kʰuẼ^{434}	xuẼ^{434}	vẼ^{434}	mẼ^{53}
屯留	pẽ^{11}	tuẽ^{53}	ɕyẽ^{43}	kuẽ^{43}	kʰuẽ^{43}	xuẽ^{43}	vẽ^{43}	mẽ^{31}
襄垣	pəŋ^{45}	tuəŋ^{45}	suəŋ^{42}	kuəŋ^{42}	kʰuəŋ^{42}	xuəŋ^{45}	vəŋ^{42}	məŋ^{53}
黎城	pei^{53}	tuei^{53}	ɕyẽ^{213}	kuei^{213}	kʰuei^{213}	xuei^{422}	uei^{213}	mei^{33}
平顺	pẼ^{53}	tuẼ^{53}	suẼ^{434}	kuẼ^{434}	kʰuẼ^{434}	xuẼ^{53}	uẼ^{434}	mẼ^{53}
壶关	pəŋ^{353}	tuŋ^{353}	ʂuŋ^{535}/ ɕyŋ^{535}	kuŋ^{535}	kʰuŋ^{535}	xuŋ^{353}	uŋ^{535}	məŋ^{353}
沁县	pə̃^{53}	tuə̃^{53}	suə̃^{214}	kuə̃^{214}	kʰuə̃^{214}	xuə̃^{53}	və̃^{214}	mə̃^{33}
武乡	pɐŋ^{55}	tɐŋ^{55}	ɕyɐŋ^{213}	kɐŋ^{213}	kʰɐŋ^{213}	xɐŋ^{55}	vɐŋ^{213}	mɐŋ^{55}
沁源	pə̃^{53}	tuə̃^{53}	suə̃^{324}	kuə̃^{324}	kʰuə̃^{324}	xuə̃^{53}	və̃^{324}	mə̃^{53}
安泽	pəŋ^{53}	tuəŋ^{53}	ɕyəŋ^{42} 白 / suəŋ^{42} 文	kuəŋ^{42}	kʰuəŋ^{42}	xuəŋ^{53}	vəŋ^{42}	məŋ^{21}/ məŋ^{53}
沁水端氏	pai^{53}	tuai^{53}	ɕyŋ^{31}	kuai^{31}	kʰuai^{31}	xuai^{53}	vai^{31}	mai^{53}
阳城	pãŋ^{51}	tuãŋ^{51}	ɕyə̃ĩ^{212}	kuãŋ^{212}	kʰuãŋ^{212}	xuãŋ^{212}	vãŋ^{212}	mãŋ^{51}
高平	pə̃ĩ^{53}	tuə̃ĩ^{53}	ɕiə̃ĩ^{212}	kuə̃ĩ^{212}	kʰuə̃ĩ^{212}	xuə̃ĩ^{53}	və̃ĩ^{212}	mə̃ĩ^{53}
陵川	pə̃ĩ^{24}	tuə̃ĩ^{24}	ʂuə̃ĩ^{312}	kuə̃ĩ^{312}	kʰuə̃ĩ^{312}	xuə̃ĩ^{53}	uə̃ĩ^{312}	mə̃ĩ^{24}
晋城	pɐ̃^{53}	tuɐ̃^{53}	ʂuɐ̃^{213} 白 / ɕyẽ^{213} 文	kuɐ̃^{213}	kʰuɐ̃^{213}	xuɐ̃^{53}	uɐ̃^{213}	mɐ̃^{53}
忻府	pəŋ^{53}	tuəŋ^{53}	suəŋ^{313}	kuəŋ^{313}	kʰuəŋ^{313}	xuəŋ^{53}	vəŋ^{313}	məŋ^{53}
原平	pəŋ^{53}	tuəŋ^{53}	suəŋ^{213}	kuəŋ^{213}	kʰuəŋ^{213}	xuəŋ^{53}	vəŋ^{213}	məŋ^{53}
定襄	pəŋ^{53}	tuəŋ^{53}	suəŋ^{24}	kuəŋ^{24}	kuəŋ^{53}	xuəŋ^{11}	vəŋ^{24}	məŋ^{53}

续表

字目	笨	盾矛~	损	滚	捆	混	稳	闷
中古音 / 方言点	蒲本 臻合一 上混並	徒损 臻合一 上混定	苏本 臻合一 上混心	古本 臻合一 上混见	苦本 臻合一 上混溪	胡本 臻合一 上混匣	乌本 臻合一 上混影	莫困 臻合一 去慁明
五台	pən^{52}	tuən^{52}	suən^{213}	kuən^{213}	k^{h}uən^{213}	xuən^{52}	uən^{213}	mən^{52}
岢岚	pəŋ^{52}	tuəŋ^{52}	suəŋ^{13}	kuəŋ^{13}	k^{h}uəŋ^{13}	xuəŋ^{52}	vəŋ^{13}	məŋ^{52}
五寨	pəɣ̃^{52}	tuəɣ̃^{52}	suəɣ̃^{13}	kuəɣ̃^{13}	k^{h}uəɣ̃^{13}	xuəɣ̃^{52}	vəɣ̃^{13}	məɣ̃^{52}
宁武	pɤɯ^{213}	tuɤɯ^{52}	suɤɯ^{213}	kuɤɯ^{213}	k^{h}uɤɯ^{213}	xuɤɯ^{52}	uɤɯ^{213}	mɤɯ^{52}
神池	pə̃^{52}	tuə̃^{52}	suə̃^{13}	kuə̃^{13}	k^{h}uə̃^{13}	xuə̃^{32}	və̃^{13}	mə̃^{52}
繁峙	pəŋ^{24}	tuəŋ^{24}	suəŋ^{53}	kuəŋ^{53}	k^{h}uəŋ^{53}	xuəŋ^{24}	vəŋ^{53}	məŋ^{24}
代县	pɤŋ^{53}	tuɤŋ^{53}	ts^{h}uɤŋ	kuɤŋ^{213}	k^{h}uɤŋ^{213}	xuɤŋ^{53}	uɤŋ^{213}	mɤŋ^{53}
河曲	pɤŋ^{52}	tuŋ^{52}	suŋ^{213}	kuŋ^{213}	k^{h}uŋ^{213}	xuŋ^{52}	vɤŋ^{213}	mɤŋ^{52}
保德	pəŋ^{52}	tuəŋ^{52}	suəŋ^{213}	kuəŋ^{213}	k^{h}uəŋ^{213}	xuəŋ^{52}	vəŋ^{213}	məŋ^{44}
偏关	pɤŋ^{52}	tuɤŋ^{52}	suɤŋ^{213}	kuɤŋ^{213}	k^{h}uɤŋ^{213}	xuɤŋ^{52}	vɤŋ^{213}	mɤŋ^{52}
朔城	pə̃^{53}	tuə̃^{53}	suə̃^{312}	kuə̃^{312}	k^{h}uə̃^{312}	xuə̃^{53}	və̃^{312}	mə̃^{53}
平鲁	pəɯ^{52}	tuəɯ^{52}	suəɯ^{213}	kuəɯ^{213}	k^{h}uəɯ^{52}	xuəɯ^{52}	uəɯ^{213}	məɯ^{52}
应县	pəŋ^{24}	tuəŋ^{24}	suəŋ^{54}	kuəŋ^{54}	k^{h}uəŋ^{54}	xuəŋ^{24}	vəŋ^{54}	məŋ^{24}
灵丘	pəŋ^{53}	tuŋ^{53}	suŋ^{442}	kuŋ^{442}	k^{h}uŋ^{442}	xuŋ^{442}	vəŋ^{442}	məŋ^{442}
浑源	pə̃^{13}	tuə̃^{13}	suə̃^{52}	kuə̃^{52}	k^{h}uə̃^{52}	xuə̃^{13}	və̃^{52}	mə̃^{22}
云州	pəɣ^{24}	tuəɣ^{24}	suəɣ^{55}	kuəɣ^{55}	k^{h}uəɤ^{55}	xuəɣ^{312}	vəɣ^{55}	məɣ^{24}
新荣	pɤɣ^{24}	tuɤɣ^{24}	suɤɣ^{54}	kuɤɣ^{54}	k^{h}uɤɣ^{54}	xuɤɣ^{24}	vɤɣ^{54}	mɤɣ^{24}
怀仁	pəŋ^{24}	tuəŋ^{24}	suəŋ^{53}	kuəŋ^{53}	k^{h}uəŋ^{53}	xuəŋ^{24}	vəŋ^{53}	məŋ^{24}
左云	pəɣ^{24}	tuəɣ^{24}	suəɣ^{54}	kuəɣ^{54}	k^{h}uəɣ^{54}	xuəɣ^{24}	vəɣ^{54}	məɣ^{24}
右玉	pə̃ɣ^{24}	tuə̃ɣ^{53}	suə̃ɣ^{53}	kuə̃ɣ^{53}	——	xuə̃ɣ^{31}/ xuə̃ɣ^{24}	və̃ɣ^{53}	mə̃ɣ^{24}
阳高	pəŋ^{24}	tuəŋ^{24}	suəŋ^{53}	kuəŋ^{53}	k^{h}uəŋ^{53}	xuəŋ^{31}	vəŋ^{53}	məŋ^{24}
山阴	pə̃^{335}	tuə̃^{335}	suə̃^{52}	kuə̃^{313}/ kuə̃^{52}	k^{h}uə̃^{52}	xuə̃^{335}	uə̃^{52}	mə̃^{335}
天镇	pɤɣ^{24}	tuɤɣ^{24}	suɤɣ^{55}	kuɤɣ^{55}	k^{h}uɤɣ^{55}	xuɤɣ^{24}	vɤɣ^{55}	mɤɣ^{24}
平定	pɤŋ^{24}	tuɤŋ^{44}	suɤŋ^{53}	kuɤŋ^{53}	k^{h}uɤŋ^{53}	xuɤŋ^{24}	vɤŋ^{53}	mɤŋ^{31}
昔阳	pəŋ^{13}	tuəŋ^{13}	suəŋ^{55}	kuəŋ^{55}	k^{h}uəŋ^{55}	xuəŋ^{13}	vəŋ^{55}	məŋ^{13}
左权	pəŋ^{53}	tuəŋ^{53}	suəŋ^{42}	kuəŋ^{42}	k^{h}uəŋ^{42}	xuəŋ^{53}	vəŋ^{42}	məŋ^{53}
和顺	pəŋ^{13}	tuəŋ^{13}	suəŋ^{53}	kuəŋ^{53}	k^{h}uəŋ^{53}	xuəŋ^{53}	vəŋ^{53}	məŋ^{13}
尧都	pə̃^{44}	tuə̃^{44}	suə̃^{53}	kuə̃^{53}	k^{h}uə̃^{53}	xuə̃^{44}	uə̃^{53}	mə̃^{44}
洪洞	p^{h}en^{53} 白 / pen^{53} 文	tuen^{33}	ɕyen^{42}	kuen^{42}	k^{h}uen^{42}	xuen^{42}	uen^{42}	men^{53}

续表

字目	笨	盾矛~	损	滚	捆	混	稳	闷
中古音 / 方言点	蒲本 臻合一 上混並	徒损 臻合一 上混定	苏本 臻合一 上混心	古本 臻合一 上混见	苦本 臻合一 上混溪	胡本 臻合一 上混匣	乌本 臻合一 上混影	莫困 臻合一 去慁明
洪洞赵城	pʰeŋ^{53}	tueŋ^{53}	sueŋ^{42}	kueŋ^{42}	kʰueŋ^{42}	xueŋ^{21}	ueŋ^{42}	meŋ^{53}
古县	pʰen^{53} 白 / pen^{53} 文	——	ɕyn^{42}/ suen^{42}	kuen^{42}	kʰuen^{42}	xuen^{53}	uen^{42}	men^{21}/ məŋ^{21}
襄汾	pʰen^{53}	tuen^{44}	ɕyen^{42}	kuen^{42}	kʰuen^{42}	xuen^{53}	uen^{42}	men^{44}
浮山	pʰẽĩ^{53}	tuẽĩ^{33}	ɕyẽĩ^{33}	kuẽĩ^{33}	kʰuẽĩ^{33}	xuẽĩ^{53}	uẽĩ^{33}	mẽĩ^{44}
霍州	pʰəŋ^{53}	tuŋ^{53}	ɕyŋ^{33}	kuŋ^{33}	kʰuŋ^{33}	xuŋ^{53}	uŋ^{33}	məŋ^{212}
翼城	pəŋ^{53}	tuŋ^{53}	suŋ^{44}	kuŋ^{44}	kʰuŋ^{44}	xuŋ^{53}	uŋ^{44}	məŋ^{53}
闻喜	pʰẽĩ^{13}	tuẽĩ^{53}	suẽĩ^{33}	kuẽĩ^{53}	——	xuẽĩ^{33}	uẽĩ^{33}	mẽĩ^{13}
侯马	peĩ^{53}	tueĩ^{213}	sueĩ^{44}	kueĩ^{44}	kueĩ^{44}	xueĩ^{53}	ueĩ^{44}	meĩ^{213}
新绛	pʰɛ̃^{53}	tuɛ̃^{53}	ɕyɛ̃^{44}	kuɛ̃^{44}	kʰuɛ̃^{44}	xuɛ̃^{53}	uɛ̃^{44}	mɛ̃^{53}
绛县	peĩ^{31}/pʰeĩ^{31}	tueĩ^{53}	ɕyeĩ^{33}	kueĩ^{33}	kʰueĩ^{33}	xueĩ^{53}	ueĩ^{33}	meĩ^{31}
垣曲	pʰə̃^{53}	tuə̃^{53}	suə̃^{44}	kuə̃^{44}	kʰuə̃^{44}	xuə̃^{53}	və̃^{44}	mə̃^{53}
夏县	pei^{31}	tuei^{31}	ɕyei^{24} 白 / suei^{24} 文	kuei^{24}	kʰuei^{24}	xuei^{31}	uei^{24}	mei^{31}
万荣	pʰei^{33}	tuei^{33}	ɕyei^{55}	kuei^{55}	kʰuei^{55}	xuei^{33}	uei^{55}	mei^{33}
稷山	pə̃^{42}	tuə̃^{42}	ɕyə̃^{44}	kuə̃^{44}	kʰuə̃^{44}	xuə̃^{42}	uə̃^{44}	mə̃^{42}
盐湖	peĩ^{44}	tʰueĩ^{44}	ɕyeĩ^{53}	kueĩ^{53}	kʰueĩ^{53}	xueĩ^{44}	ueĩ^{53}	meĩ^{44}
临猗	pʰeĩ^{44} 白 / peĩ^{44} 文	tueĩ^{44}	ɕyeĩ^{53} 白 / sueĩ^{53} 文	kueĩ^{53}	kʰueĩ^{53}	xueĩ^{44}	ueĩ^{53}	meĩ^{44}
河津	pʰẽ^{44} 白 / pẽ^{44} 文	tuẽ^{53}	ɕyẽ^{53} 白	kuẽ^{53}	kʰuẽ^{53}	xuẽ^{44}	uẽ^{53}	mẽ^{44}
平陆	pʰei^{33}	tuei^{33}	ɕyei^{55}/ suei^{55}	kuei^{55}	kʰuei^{55}	xuei^{33}	uei^{55}	mei^{33}
永济	pei^{44}	tuei^{44}	ɕyei^{53}	kuei^{53}	kʰuei^{44}	xuei^{44}	vei^{53}	mei^{44}
芮城	pʰeĩ^{44}	tueĩ^{44}	ɕyeĩ^{53}	kueĩ^{53}	kʰueĩ^{53}	xueĩ^{44}	ueĩ^{53}	meĩ^{44}
吉县	pʰei^{33}	tuei^{33}	ɕyei^{53}	kuei^{53}	kʰuəŋ^{53}	xuei^{33}	uei^{53}	mei^{33}
乡宁	pʰəŋ^{22} 白 / pəŋ^{22} 文	tuəŋ^{22}	suəŋ^{44}	kuəŋ^{44}	kuəŋ^{44}	xuəŋ^{22}	uəŋ^{44}	məŋ^{22}
广灵	pəŋ^{213}	tuŋ^{213}	suŋ^{44}	kuŋ^{44}	kʰuŋ^{44}	xuŋ^{44}	vəŋ^{213}	məŋ^{213}

字目	顿	遁	钝	嫩	论议~	寸	棍	困
中古音／方言点	都困 臻合一 去慁端	徒困 臻合一 去慁定	徒困 臻合一 去慁定	奴困 臻合一 去慁泥	卢困 臻合一 去慁来	仓困 臻合一 去慁清	胡本 臻合一 去慁见	苦闷 臻合一 去慁溪
北京	tuən^{51}	tuən^{51}	tuən^{51}	nən^{51}	luən^{51}	tsʰuən^{51}	kuən^{51}	kʰuən^{51}
小店	tuəŋ^{24}	tuəŋ^{24}	tuəŋ^{24}	nəŋ^{24}	luəŋ^{24}	tsʰuəŋ^{24}	kuəŋ^{24}	kʰuəŋ^{24}
尖草坪	tuʌŋ^{35}	tuʌŋ^{35}	tuʌŋ^{35}	nuʌŋ^{35} 白 / nʌŋ^{35} 文	luʌŋ^{35}	tsʰuʌŋ^{35}	kuʌŋ^{35}	kʰuʌŋ^{35}
晋源	tuŋ^{35}	tuŋ^{35}	tuŋ^{35}	nəŋ^{35}	luŋ^{35}	tsʰuŋ^{35}	kuŋ^{35}	kʰuŋ^{35}
阳曲	tuə̃^{454}	tuə̃^{454}	tuə̃^{454}	nə̃^{454}	luə̃^{454}	tsʰuə̃^{454}	kuə̃^{454}	kʰuə̃^{454}
古交	tuəŋ^{53}	tuəŋ^{53}	tuəŋ^{53}	nəŋ^{53}	luəŋ^{53}	tsʰuəŋ^{53}	kuəŋ^{53}	kʰuəŋ^{53}
清徐	tuəŋ^{45}	tuəŋ^{45}	tuəŋ^{45}	nəŋ^{45}	luəŋ^{45}	tsʰuəŋ^{45}	kuəŋ^{45}	kʰuəŋ^{45}
娄烦	tuəŋ^{54}	tuəŋ^{54}	tuəŋ^{54}	nəŋ^{54}	luəŋ^{54}	tsʰuəŋ^{54}	kuəŋ^{54}	kʰuəŋ^{54}
榆次	tuɤ̃^{35}	tuɤ̃^{35}	tuɤ̃^{35}	nuɤ̃^{35}	lyɤ̃^{35}	tsʰuɤ̃^{35}	kʰuɤ̃^{11}	kʰuɤ̃^{35}
交城	tuə̃^{24}	tuə̃^{24}	tuə̃^{24}	nə̃^{24}	lyə̃^{24}	tsʰuə̃^{24}	kuə̃^{24}	kʰuə̃^{24}
文水	tuɔŋ^{35}	tuɔŋ^{35}	tuɔŋ^{35}	nɔŋ^{35}	lyɔŋ^{35} 老 / luɔŋ^{35} 新	tsʰuɔŋ^{35}	kuɔŋ^{35}	kʰuɔŋ^{35}
祁县	təm^{45}	təm^{45}	təm^{45}	nɔõ^{45}	ləm^{45}	tsʰəm^{45}	kəm^{45}	kʰəm^{45}
太谷	tuə̃^{53}	tuə̃^{53}	tuə̃^{53}	nə̃^{53}	luə̃^{53}	tsʰuə̃^{53}	kuə̃^{53}	kʰuə̃^{53}
平遥	tuəŋ^{24}	——	tuəŋ^{24}	nəŋ^{24}	luəŋ^{24}	tsʰuəŋ^{24}	kuəŋ^{24}	kʰuəŋ^{24}
孝义	tuə̃^{454}	tuə̃^{454}	tuə̃^{454}	nuə̃^{454}	luə̃^{454}	tsʰuə̃^{454}	kuə̃^{454}	kʰuə̃^{454}
介休	tuŋ^{45}	tuŋ^{45}	tuŋ^{45}	nuŋ^{45}	luŋ^{45}	tsʰuŋ^{423}	kuŋ^{45}	kʰuŋ^{45}
灵石	tuŋ^{53}	tuŋ^{53}	tuŋ^{53}	nuŋ^{53}	luŋ^{53}	tsʰuŋ^{53}	kuŋ^{53}	kʰuŋ^{53}
盂县	tuə̃^{55}	tuə̃^{55}	tuə̃^{55}	nə̃^{55}	lyə̃^{22} 白 / luə̃^{55} 文	tsʰuə̃^{55}	kuə̃^{55}	kʰuə̃^{55}
寿阳	tuə̃^{45}	tuə̃^{45}	tuə̃^{45}	nə̃^{45}	luə̃^{45}	tsʰuə̃^{45}	kuə̃^{45}	kʰuə̃^{45}
榆社	tueɪ^{45}	tueɪ^{45}	tueɪ^{45}	neɪ^{45}	lueɪ^{45}	tsʰueɪ^{45}	kueɪ^{45}	kʰueɪ^{45}
离石	tuəŋ^{53}	tuəŋ^{53}	tuəŋ^{53}	nuəŋ^{53}	luəŋ^{53}	tsʰuəŋ^{312}	kuəŋ^{53}	kʰuəŋ^{53}
汾阳	tuŋ^{55}	tuŋ^{55}	tuŋ^{55}	nuŋ^{55}	luŋ^{55}	tsʰuŋ^{55}	kuŋ^{55}	kʰuŋ^{55}
中阳	tuə̃^{53}	tuə̃^{53}	tuə̃^{53}	nuə̃^{53}	luə̃^{53}	tʂʰuə̃^{423}	kuə̃^{53}	kʰuə̃^{53}
柳林	tuə̃^{53}	tuə̃^{53}	tuə̃^{53}	nuə̃^{53}	luə̃^{53}	tsʰuə̃^{312}	kuə̃^{53}	kʰuə̃^{53}
方山	tuə̃ŋ^{52}	tuə̃ŋ^{52}	tuə̃ŋ^{52}	nuə̃ŋ^{52}	luə̃ŋ^{52}	tsʰuə̃ŋ^{312}	kuə̃ŋ^{52}	kʰuə̃ŋ^{52}
临县	tuə̃^{52}	tuə̃^{52}	tuə̃^{52}	nə̃^{52}	luə̃^{52}	tsʰuə̃^{52}	kʰuə̃^{24}	kʰuə̃^{52}
兴县	tuəŋ^{53}	tuəŋ^{53}	tuəŋ^{53}	nuəŋ^{53}	luəŋ^{53}	tsʰuəŋ^{53}	kuəŋ^{53}	kʰuəŋ^{53}
岚县	tuəŋ^{53}	tuəŋ^{53}	tuəŋ^{53}	nəŋ^{53}	luəŋ^{53}	tsʰuəŋ^{53}	kuəŋ^{53}	kʰuəŋ^{53}
静乐	tuɤ̃^{53}	tuɤ̃^{53}	tuɤ̃^{53}	nɤ̃^{53}	luɤ̃^{53}	tsʰuɤ̃^{53}	kuɤ̃^{53}	kʰuɤ̃^{53}
交口	tuəŋ^{53}	tuəŋ^{53}	tuəŋ^{53}	nuəŋ^{53}	luəŋ^{53}	tsʰuəŋ^{53}	kuəŋ^{53}	kʰuəŋ^{53}

续表

字目	顿	遁	钝	嫩	论议~	寸	棍	困
中古音 方言点	都困 臻合一 去慁端	徒困 臻合一 去慁定	徒困 臻合一 去慁定	奴困 臻合一 去慁泥	卢困 臻合一 去慁来	仓困 臻合一 去慁清	胡本 臻合一 去慁见	苦闷 臻合一 去慁溪
石楼	tuəŋ^{51}	tuəŋ^{51}	tuəŋ^{51}	nuəŋ^{51}	luəŋ^{51}	tʂ^{h}uəŋ^{213}	kuəŋ^{51}	k^{h}uəŋ^{51}
隰县	tuəŋ^{44}	tuəŋ^{44}	tuəŋ^{44}	nəŋ^{44}	luəŋ^{44}	ts^{h}uəŋ^{44}	kuəŋ^{44}	k^{h}uəŋ^{44}
大宁	tuəŋ^{55}	tuəŋ^{55}	tuəŋ^{55}	nuəŋ^{31}	luəŋ^{55}	ts^{h}uəŋ^{55}	kuəŋ^{55}	k^{h}uəŋ^{55}
永和	tuəŋ^{53}	tuəŋ^{53}	tuəŋ^{53}	nuəŋ^{53}	luəŋ^{53}	ts^{h}uəŋ^{312}	kuəŋ^{53}	k^{h}uəŋ^{53}
汾西	tuəŋ^{55}	tuəŋ^{53}	tuəŋ^{53}	nəŋ^{53}	luəŋ^{53}	ts^{h}uəŋ^{55}	kuəŋ^{55}	k^{h}uəŋ^{55}
蒲县	tueĩ^{33}	tueĩ^{33}	tueĩ^{33}	nueĩ^{31} 白 / neĩ^{33} 文	lueĩ^{33}	ts^{h}ueĩ^{33}	kueĩ^{33}	k^{h}ueĩ^{33}
潞州	tuŋ^{44}	tuŋ^{54}	tuŋ^{54}	nuŋ^{54}	luŋ^{54}	ts^{h}uŋ^{44}	kuŋ^{44}	k^{h}uŋ^{44}
上党	tuŋ^{22}	tu^{42}	tu^{42}	nuŋ^{42}	luŋ^{42}	ts^{h}uŋ^{22}	kuŋ^{22}	k^{h}uŋ^{22}
长子	tuẼ^{53}	tuẼ^{53}	tuẼ^{53}	luẼ^{53}	luẼ^{53}	ts^{h}uẼ^{422}	kuẼ^{422}	k^{h}uẼ^{422}
屯留	tuẽ^{11}	tuẽ^{11}	tuẽ^{11}	luẽ^{11} 白 / nẽ^{11} 文	luẽ^{11}	ts^{h}uẽ^{53}	kuẽ^{53}	k^{h}uẽ^{53}
襄垣	tuəŋ^{45}	——	tuəŋ^{53}	nəŋ^{45}	luəŋ^{45}	ts^{h}uəŋ^{45}	kuəŋ^{53}	k^{h}uəŋ^{53}
黎城	tuei^{53}	tuei^{53}	tuei^{53}	nuei^{53}	luei^{53}	ts^{h}uei^{422}	kuei^{422}	k^{h}uei^{422}
平顺	tuẼ^{53}	tuẼ^{53}	tuẼ^{53}	nẼ^{53}	luẼ^{53}	ts^{h}uẼ^{53}	kuẼ^{53}	k^{h}uẼ^{53}
壶关	tuŋ^{42}	tuŋ^{353}	tuŋ^{353}	nuŋ^{353}	luŋ^{353}	tʂ^{h}uŋ^{42}	kuŋ^{42}	k^{h}uŋ^{42}
沁县	tuə̃^{53}	tuə̃^{53}	tuə̃^{53}	nə̃^{53}	luə̃^{53}	ts^{h}uə̃^{53}	kuə̃^{53}	k^{h}uə̃^{53}
武乡	tɐŋ^{55}	tɐŋ^{55}	tɐŋ^{55}	nɐŋ^{55}	lɐŋ^{55}	ts^{h}ɐŋ^{55}	kɐŋ^{55}	k^{h}ɐŋ^{55}
沁源	tuə̃^{53}	tuə̃^{53}	tuə̃^{53}	nə̃^{53}	luə̃^{53}	ts^{h}uə̃^{53}	kuə̃^{53}	k^{h}uə̃^{53}
安泽	tuəŋ^{53}	tuəŋ^{53}	tuəŋ^{53}	nuəŋ^{53}	lyəŋ^{35}/ lyəŋ^{53}	ts^{h}uəŋ^{53}	kuəŋ^{53}	k^{h}uəŋ^{53}
沁水端氏	tuai^{53}	——	tuai^{53}	nai^{53}	luai^{53}	ts^{h}uai^{53}	kuai^{53}	k^{h}uai^{53}
阳城	tuɑ̃ŋ^{51}	tuɑ̃ŋ^{51}	tuɑ̃ŋ^{51}	nɑ̃ŋ^{51}	luɑ̃ŋ^{51}	ts^{h}uɑ̃ŋ^{51}	kuɑ̃ŋ^{51}	k^{h}uɑ̃ŋ^{51}
高平	tuə̃ĩ^{53}	tuə̃ĩ^{53}	tuə̃ĩ^{53}	nuə̃ĩ^{53}	nuə̃ĩ^{53}	tʂ^{h}uə̃ĩ^{53}	kuə̃ĩ^{53}	k^{h}uə̃ĩ^{53}
陵川	tuə̃ĩ^{24}	tuə̃ĩ^{24}	tuə̃ĩ^{24}	luə̃ĩ^{24}	luə̃ĩ^{24}	tʂ^{h}uə̃ĩ^{24}	kuə̃ĩ^{24}	k^{h}uə̃ĩ^{24}
晋城	tuɐ̃^{53}	tuɐ̃^{53}	tuɐ̃^{53}	nɐ̃^{324}	luɐ̃^{53}	tʂ^{h}uɐ̃^{53}	kuɐ̃^{53}	k^{h}uɐ̃^{53}
忻府	tuəŋ^{53}	tuəŋ^{53}	tuəŋ^{53}	nəŋ^{53}	luəŋ^{53}	ts^{h}uəŋ^{53}	kuəŋ^{53}	k^{h}uəŋ^{53}
原平	tuəŋ^{53}	tuəŋ^{53}	tuəŋ^{53}	nəŋ^{53}	lyəŋ^{53}	ts^{h}uəŋ^{53}	kuəŋ^{53}	k^{h}uəŋ^{53}
定襄	tuəŋ^{53}	tuəŋ^{53}	tuəŋ^{53}	nəŋ^{53}	lyəŋ^{53}	ts^{h}uəŋ^{53}	kuəŋ^{53}	kuəŋ^{53}
五台	tuən^{52}	tuən^{52}	tuən^{52}	nən^{52}	lyən^{52}/ luən^{52}	ts^{h}uən^{52}	kuən^{52}	k^{h}uən^{52}
岢岚	tuəŋ^{52}	tuəŋ^{52}	tuəŋ^{52}	nəŋ^{52}	luəŋ^{52}	ts^{h}uəŋ^{52}	kuəŋ^{52}	k^{h}uəŋ^{52}

续表

字目 中古音 方言点	顿 [都困] 臻合一 去慁端	遁 [徒困] 臻合一 去慁定	钝 [徒困] 臻合一 去慁定	嫩 [奴困] 臻合一 去慁泥	论(议~) [卢困] 臻合一 去慁来	寸 [仓困] 臻合一 去慁清	棍 [胡本] 臻合一 去慁见	困 [苦闷] 臻合一 去慁溪
五寨	tuəỹ^{52}	tuəỹ^{52}	tuəỹ^{52}	nəỹ^{52}	lyəỹ^{52}	tsʰuəỹ^{52}	kuəỹ^{52}	kʰuəỹ^{52}
宁武	tuɤɯ^{52}	tuɤɯ^{52}	tuɤɯ^{52}	nɤɯ^{52}	lyɤɯ^{52}	tsʰuɤɯ^{52}	kuɤɯ^{52}	kʰuɤɯ^{52}
神池	tuə̃^{52}	tuə̃^{52}	tuə̃^{52}	nə̃^{52}	luə̃^{32}	tsʰuə̃^{52}	kuə̃^{52}	kʰuə̃^{52}
繁峙	tuəŋ^{24}	tuəŋ^{24}	tuəŋ^{24}	nəŋ^{24}	luəŋ^{24}	tsʰuəŋ^{24}	kuəŋ^{24}	kʰuəŋ^{24}
代县	tuɤŋ^{53}	tuɤŋ^{53}	tuɤŋ^{53}	nɤŋ^{53}	lyɤŋ^{44} 白 / luɤŋ^{44} 文	tsʰuɤŋ^{53}	kuɤŋ^{53}	kʰuɤŋ^{53}
河曲	tuŋ^{52}	tuŋ^{52}	tuŋ^{52}	nuŋ^{52}	luŋ^{44}	tsʰuŋ^{213}	kuŋ^{52}	kʰuŋ^{52}
保德	tuəŋ^{52}	tuəŋ^{52}	tuəŋ^{52}	nəŋ^{52}	lyəŋ^{52}	tsʰuəŋ^{52}	kuəŋ^{52}	kʰuəŋ^{52}
偏关	tuɤŋ^{52}	tuɤŋ^{52}	tuɤŋ^{52}	nɤŋ^{52}	luɤŋ^{52}	tsʰuɤŋ^{52}	kuɤŋ^{52}	kʰuɤŋ^{52}
朔城	tuə̃^{53}	tuə̃^{53}	tuə̃^{53}	nə̃^{53}	luə̃^{35}	——	kuə̃^{53}	kʰuə̃^{53}
平鲁	tuəɯ^{52}	tuəɯ^{52}	tuəɯ^{52}	nəɯ^{52}	luəɯ^{52}	tsʰuəɯ^{52}	kuəɯ^{52}	kʰuəɯ^{52}
应县	tuəŋ^{54}	tuəŋ^{24}	tuəŋ^{24}	nəŋ^{24}	luəŋ^{24}	tsʰuəŋ^{24}	kuəŋ^{24}	kʰuəŋ^{24}
灵丘	tuŋ^{53}	tuŋ^{53}	tuŋ^{53}	nəŋ^{53}	luŋ^{53}	tsʰuŋ^{53}	kuŋ^{53}	kʰuŋ^{53}
浑源	tuə̃^{13}	tuə̃^{13}	tuə̃^{13}	nə̃^{13}	luə̃^{13}	tsʰuə̃^{13}	kuə̃^{13}	kʰuə̃^{13}
云州	tuəɣ^{24}	tuəɣ^{24}	tuəɣ^{24}	nəɣ^{24}	luəɣ^{24}	tsʰuəɣ^{24}	kuəɣ^{24}	kʰuəɣ^{24}
新荣	tuɤɣ^{24}	tuɤɣ^{24}	tuɤɣ^{24}	nɤɣ^{24}	luɤɣ^{24}	tsʰuɤɣ^{24}	kuɤɣ^{24}	kʰuɤɣ^{24}
怀仁	tuəŋ^{24}	tuəŋ^{24}	tuəŋ^{24}	nəŋ^{24}	luəŋ^{24}	tsʰuəŋ^{24}	kuəŋ^{24}	kʰuəŋ^{24}
左云	tuəɣ^{24}	tuəɣ^{24}	tuəɣ^{24}	nəɣ^{24}	luəɣ^{24}	tsʰuəɣ^{24}	kuəɣ^{24}	kʰuəɣ^{24}
右玉	tuə̃ɣ^{24}	tuə̃ɣ^{24}	tuə̃ɣ^{24}	nə̃ɣ^{24}	luə̃ɣ^{24}	tsʰuə̃ɣ^{212}	kuə̃ɣ^{24}	kʰuə̃ɣ^{24}
阳高	tuəŋ^{24}	tuəŋ^{24}	tuəŋ^{24}	nəŋ^{24}	luəŋ^{24}	tsʰuəŋ^{24}	kuəŋ^{24}	kʰuəŋ^{24}
山阴	tuə̃^{335}	——	tuə̃^{335}	nə̃^{335}	luə̃^{335}	tsʰuə̃^{313}	kuə̃^{335}	kʰuə̃^{335}
天镇	tuɤɣ^{24}	tuɤɣ^{24}	tuɤɣ^{24}	nɤɣ^{24}	luɤɣ^{24}	tsʰuɤɣ^{24}	kuɤɣ^{24}	kʰuɤɣ^{24}
平定	tuɤŋ^{24}	tuɤŋ^{24}	tuɤŋ^{24}	nuɤŋ^{24}	luɤŋ^{24}	tsʰuɤŋ^{24}	kuɤŋ^{24}	kʰuɤŋ^{24}
昔阳	tuəŋ^{13}	tuəŋ^{13}	tuəŋ^{13}	nuəŋ^{13}	luəŋ^{13}	tsʰuəŋ^{13}	kuəŋ^{13}	kʰuəŋ^{13}
左权	tuəŋ^{53}	tuəŋ^{53}	tuəŋ^{53}	nuəŋ^{53}	luəŋ^{53}	tsʰuəŋ^{53}	kuəŋ^{53}	kʰuəŋ^{53}
和顺	tuəŋ^{13}	tuəŋ^{13}	tuəŋ^{13}	nuəŋ^{13}	luəŋ^{13}	tsʰuəŋ^{13}	kuəŋ^{13}	kʰuəŋ^{13}
尧都	tuə̃^{44}	tuə̃^{44}	tuə̃^{44}	nə̃^{44}	lyə̃^{44}	tsʰuə̃^{44}	kuə̃^{44}	kʰuə̃^{44}
洪洞	tuen^{33}	tuen^{33}	tuen^{33}	nen^{53}	lyen^{53}	tsʰuen^{33}	kuen^{33}	kʰuen^{42}
洪洞(赵城)	tueŋ^{53}	tueŋ^{53}	tueŋ^{53}	neŋ^{53}	lyeŋ^{53} 白 / lueŋ^{53} 文	tsʰueŋ^{24}	kueŋ^{24}	kʰueŋ^{24}
古县	tuen^{35}	tʰuen^{35}	tuen^{53}	nen^{53}	lyn^{35}/lyn^{53}	tsʰuen^{35}	kuen^{35}	kʰuen^{35}

续表

字目	顿	遁	钝	嫩	论议~	寸	棍	困
中古音 / 方言点	都困 臻合一 去慁端	徒困 臻合一 去慁定	徒困 臻合一 去慁定	奴困 臻合一 去慁泥	卢困 臻合一 去慁来	仓困 臻合一 去慁清	胡本 臻合一 去慁见	苦闷 臻合一 去慁溪
襄汾	tuen^{44} 白 / ten^{44} 文	tuen^{44}	tuen^{44}	nen^{53}	lyen^{24}	tsʰuen^{44}	kuen^{53}	kʰuen^{44}
浮山	tẽĩ^{44} 白 / tuẽĩ^{44} 文	tuẽĩ^{44}	tuẽĩ^{44}	nẽĩ^{44}	lyẽĩ^{42}	tsʰuẽĩ^{44}	kuẽĩ^{53}	kʰuẽĩ^{44}
霍州	tuŋ^{55}	tuŋ^{53}	tuŋ^{53}	ləŋ^{53}	lyŋ^{35}	tsʰuŋ^{55}	kuŋ^{55}	kʰuŋ^{55}
翼城	tuŋ^{53}	tuŋ^{53}	tuŋ^{53}	nəŋ^{53}	luŋ^{53}	tsʰuŋ^{12}	kuŋ^{53}	kʰuŋ^{53}
闻喜	tuẽĩ^{53}	——	tuẽĩ^{53}	lẽĩ^{13}	luẽĩ^{13}	tsʰuẽĩ^{53}	kuẽĩ^{53}	kʰuẽĩ^{53}
侯马	tueĩ^{53}	tueĩ^{53}	tueĩ^{53}	neĩ^{53}	lueĩ^{53}	tsʰueĩ^{53}	kueĩ^{53}	kʰueĩ^{53}
新绛	tuẽ^{53}	tʰuẽ^{13}	tuẽ^{53}	nẽ^{53}	luẽ^{13}	suẽ^{53}	kuẽ^{53}	kʰuẽ^{53}
绛县	tueĩ^{31}	tueĩ^{53}	tueĩ^{53}	nueĩ^{31}	lueĩ^{31}	tsʰueĩ^{31}	kueĩ^{31}	kʰueĩ^{31}
垣曲	tuə̃^{53}	tuə̃^{53}	tuə̃^{53}	nə̃^{44}	luə̃^{22}	tsʰuə̃^{53}	kuə̃^{53}	kʰuə̃^{53}
夏县	tuei^{31}	tuei^{31}	tuei^{31}	luei^{31} 白 / lei^{31} 文	luei^{31}	tɕʰyei^{31} 白 / tsʰuei^{31} 文	kuei^{31}	kʰuei^{31}
万荣	tuei^{33}	tuei^{33}	tuei^{33}	nei^{55}	luei^{213}	tsʰuei^{33}	kuei^{33}	kʰuei^{33}
稷山	tuə̃^{42}	tuə̃^{42}	tuə̃^{42}	nə̃^{42}	luə̃^{42}	tsʰuə̃^{42}	kuə̃^{42}	kʰuə̃^{42}
盐湖	tueĩ^{44}	tʰueĩ^{44}	tʰueĩ^{44}	lueĩ^{44}	lueĩ^{44}	tɕʰyeĩ^{44}	kueĩ^{44}	kʰueĩ^{44}
临猗	tueĩ^{44}	tueĩ^{44}	tueĩ^{44}	lueĩ^{44}	lueĩ^{44}	tɕʰyeĩ^{44} 白 / tsʰueĩ^{44} 文	kueĩ^{44}	kʰueĩ^{44}
河津	tuẽ^{44}	——	——	nẽ^{53}	yẽ^{44} 白 / luẽ^{44} 文	tɕʰyẽ^{44} 白	kuẽ^{44}	kʰuẽ^{44}
平陆	tuei^{33}	tuei^{33}	tuei^{33}	lei^{55}	luei^{33}	tsʰuei^{33}	kuei^{33}	kʰuei^{33}
永济	tuei^{44}	tuei^{44}	tuei^{44}	nei^{53}	yei^{44} 白 / luei^{44} 文	tɕʰyei^{44}	kuei^{44}	kʰuei^{44}
芮城	tueĩ^{44}	tueĩ^{44}	tueĩ^{44}	lyeĩ^{53}	lyeĩ^{44}	tsʰueĩ^{44}	kueĩ^{44}	kʰueĩ^{44}
吉县	tuei^{33}	tuei^{33}	tuei^{33}	nei^{53}	luei^{33}	tsʰuei^{53}	kuei^{33}	kʰuei^{33}
乡宁	tuəŋ^{22}	tuəŋ^{22}	tuəŋ^{22}	nəŋ^{22}	luəŋ^{22}	tsʰuəŋ^{22}	kuəŋ^{22}	kuəŋ^{22}
广灵	tuŋ^{213}	tuŋ^{213}	tuŋ^{213}	nəŋ^{213}	luŋ^{213}	tsʰuŋ^{213}	kuŋ^{213}	kʰuŋ^{213}

字目	勃	没沉~	突	卒士~	骨~头	窟	忽	核枣~儿
中古音 方言点	蒲没 臻合一 入没並	莫勃 臻合一 入没明	他骨 臻合一 入没透	臧没 臻合一 入没精	古忽 臻合一 入没见	苦骨 臻合一 入没溪	呼骨 臻合一 入没晓	户骨 臻合一 入没匣
北京	po^{35}	mo^{51}	tʰu^{55}	tsu^{35}	ku^{214}	kʰu^{55}	xu^{55}	xu^{35}
小店	paʔ$^{\underline{54}}$	maʔ$^{\underline{54}}$	tʰuəʔ^{1}	tsuəʔ^{1}	kuəʔ^{1}	kʰuəʔ^{1}	xuəʔ^{1}	kuəʔ^{1}
尖草坪	pəʔ^{2}	məʔ^{2}	tʰuəʔ^{2}	tsuəʔ^{2}	kuəʔ^{2}	kʰuəʔ^{2}	xuəʔ^{2}	xu^{33}
晋源	paʔ^{2}	məʔ^{2}	tʰuəʔ^{2}	tɕyəʔ^{2}	kuəʔ^{2}	kʰuəʔ^{2}	xuəʔ^{2}	kuaʔ$^{\underline{43}}$
阳曲	pəʔ^{4}	məʔ^{4}	tʰuəʔ^{4}	tsuəʔ^{4}	kuəʔ^{4}	kuəʔ^{4}	xuəʔ^{4}	kuəʔ^{4}
古交	pəʔ^{4}	məʔ^{4}	tʰuəʔ^{4}	tsuəʔ^{4}	kuəʔ^{4}	kʰuəʔ^{4}	xuəʔ^{4}	kuəʔ^{4}
清徐	paʔ$^{\underline{54}}$	məʔ^{1}	tʰuəʔ$^{\underline{54}}$	tɕyəʔ$^{\underline{54}}$	kuəʔ^{1}	kʰuəʔ^{1}	xuəʔ^{1}	xaʔ$^{\underline{54}}$ 白 / xəʔ$^{\underline{54}}$ 白 / xəʔ^{1} 文
娄烦	paʔ^{3}	məʔ^{3}	tʰuəʔ^{3}	tɕyəʔ^{3}	kuəʔ^{3}	kʰuəʔ^{3}	xuəʔ^{3}	kuəʔ^{3}
榆次	paʔ^{1}	maʔ^{1}	tʰuəʔ^{1}	tsuəʔ$^{\underline{53}}$	kuəʔ$^{\underline{53}}$	kʰuəʔ^{1}	xuəʔ^{1}	kəʔ$^{\underline{53}}$
交城	paʔ$^{\underline{53}}$	maʔ^{1}	tʰuəʔ^{1}	tɕyəʔ$^{\underline{53}}$	kuəʔ^{1}	kʰuəʔ^{1}	xuəʔ^{1}	kuəʔ^{1}
文水	paʔ^{2}	maʔ^{2}	tʰuəʔ^{2}	tɕyəʔ^{2} 老 / tsuəʔ^{2} 新	kuəʔ^{2}	kʰuəʔ^{2}	xuəʔ^{2}	kʰuəʔ$^{\underline{312}}$
祁县	pɑʔ$^{\underline{32}}$	mɑʔ$^{\underline{32}}$	tʰuəʔ$^{\underline{32}}$	tsuəʔ$^{\underline{32}}$	kuəʔ$^{\underline{32}}$	kʰuəʔ$^{\underline{32}}$	xuəʔ$^{\underline{32}}$	kuəʔ$^{\underline{32}}$
太谷	paʔ^{3}	məʔ^{3}	tʰuəʔ^{3}	tsuəʔ^{3}	kuəʔ^{3}	kʰuəʔ^{3}	xuəʔ^{3}	kuəʔ^{3}
平遥	pʰʌʔ$^{\underline{523}}$	mʌʔ$^{\underline{523}}$	tʰuʌʔ$^{\underline{212}}$	tɕyʌʔ$^{\underline{523}}$	kuʌʔ$^{\underline{212}}$	kʰuʌʔ$^{\underline{212}}$	xuʌʔ$^{\underline{212}}$	kʰʌʔ$^{\underline{212}}$
孝义	pəʔ^{3}	məʔ^{3} 白 / mei^{454} 文	tʰuəʔ^{3}	tsuəʔ$^{\underline{454}}$	kuəʔ^{3}	kʰuəʔ^{3}	xuəʔ^{3}	kʰuəʔ^{3}
介休	pʌʔ$^{\underline{12}}$	mʌʔ$^{\underline{312}}$	tʰuʌʔ$^{\underline{12}}$	tsuʌʔ$^{\underline{312}}$	kuʌʔ$^{\underline{12}}$	kʰuʌʔ$^{\underline{12}}$	xuʌʔ$^{\underline{12}}$	kʰuʌʔ$^{\underline{312}}$
灵石	paʔ^{4}	maʔ^{4}	tʰuəʔ$^{\underline{212}}$	tsuəʔ^{4}	kuəʔ^{4}	kʰuəʔ^{4}	xuəʔ^{4}	——
盂县	pʌʔ^{2}	mʌʔ^{2}/ məʔ$^{\underline{53}}$	tʰuəʔ^{2}	tɕyəʔ$^{\underline{53}}$	kuəʔ^{2}	kʰuəʔ^{2}	xuəʔ^{2}	xuəʔ^{2}
寿阳	paʔ$^{\underline{54}}$	məʔ$^{\underline{54}}$/maʔ^{2}	tʰuəʔ^{2}	tsuəʔ$^{\underline{54}}$	kuaʔ^{2}	kʰuəʔ^{2}	xuəʔ^{2}	xəʔ$^{\underline{54}}$
榆社	pʰaʔ^{2}	məʔ^{2}	tʰuəʔ^{2}	tsuəʔ$^{\underline{312}}$	kuəʔ^{2}	kʰuəʔ^{2}	xuəʔ^{2}	kuəʔ$^{\underline{312}}$
离石	pəʔ^{4}	məʔ$^{\underline{23}}$	tʰuəʔ^{4}	tsʰuəʔ$^{\underline{23}}$	kuəʔ^{4}	kʰuəʔ^{4}	xuəʔ^{4}	kuəʔ^{4}
汾阳	pəʔ$^{\underline{312}}$	məʔ$^{\underline{312}}$	tʰəʊ^{324}	tsuəʔ$^{\underline{312}}$	kuəʔ^{2}	kʰuəʔ^{2}	xuəʔ^{2}	kʰuəʔ$^{\underline{312}}$
中阳	pəʔ^{4}	məʔ$^{\underline{312}}$	tʰuəʔ^{4}	tʂʰuəʔ$^{\underline{312}}$	kuəʔ^{4}	kʰuəʔ^{4}	xuəʔ^{4}	kuəʔ^{4}
柳林	pʰəʔ^{4}	məʔ$^{\underline{423}}$	tʰuəʔ^{4}	tɕʰyɛʔ$^{\underline{423}}$	kuəʔ^{4}	kʰuəʔ^{4}	xuəʔ^{4}	kəʔ$^{\underline{423}}$
方山	pəʔ^{4}	məʔ$^{\underline{23}}$	tʰuəʔ^{4}	tsʰuəʔ$^{\underline{23}}$	kuəʔ^{4}	kʰuəʔ^{4} 白 / kuəʔ^{4}	xuəʔ^{4}	kuəʔ^{4}
临县	pɐʔ^{3}	mɐʔ^{3}	tʰuɐʔ^{3}	tsu^{24}	kuɐʔ^{3}	kʰuɐʔ^{3}	xuɐʔ^{3}	xu^{33}
兴县	pʰəʔ^{5}	məʔ$^{\underline{312}}$/ mɤ^{324}	——	tsuəʔ^{5}	kuəʔ^{5}	kʰuəʔ^{5}	xuəʔ^{5}	kuəʔ^{5}

续表

字目	勃	没沉～	突	卒士～	骨～头	窟	忽	核枣～儿
中古音 方言点	蒲没 臻合一 入没並	莫勃 臻合一 入没明	他骨 臻合一 入没透	臧没 臻合一 入没精	古忽 臻合一 入没见	苦骨 臻合一 入没溪	呼骨 臻合一 入没晓	户骨 臻合一 入没匣
岚县	pʰieʔ^{4}	məʔ^{4}	tʰuəʔ^{4}	tɕyeʔ^{4}	kuəʔ^{4}	kʰuəʔ^{4}	xuəʔ^{4}	xəʔ^{4}
静乐	paʔ$^{\underline{212}}$	məʔ$^{\underline{212}}$	tʰuəʔ^{4}	tɕyəʔ$^{\underline{212}}$	kuəʔ^{4}	kuəʔ^{4}	xuəʔ^{4}	xəʔ^{4}
交口	pʰəʔ^{4}	məʔ^{4}	tʰuəʔ^{4}	tsʰuəʔ^{4}	kuəʔ^{4}	kʰuəʔ^{4}	xuəʔ^{4}	kuəʔ^{4}
石楼	puəʔ$^{\underline{213}}$	mʌʔ^{4}	tʰuəʔ^{4}	tsuəʔ$^{\underline{213}}$	kəʔ^{4} 白 / kuəʔ^{4} 文	kʰuəʔ^{4}	xuəʔ^{4}	kuəʔ^{4}
隰县	paʔ^{3}	mɤ^{53}	tʰuəʔ^{3}	tsʰuəʔ^{3}	kəʔ^{3} 白 / kuəʔ^{3} 文	kʰuəʔ^{3}	xuəʔ^{3}	kəʔ^{3}
大宁	pʰɐʔ$^{\underline{31}}$	mɐʔ$^{\underline{31}}$	tʰuəʔ$^{\underline{31}}$	——	kuəʔ$^{\underline{31}}$ 文	kuəʔ$^{\underline{31}}$	xuəʔ$^{\underline{31}}$	xuəʔ^{4}
永和	pɐʔ$^{\underline{35}}$	məʔ$^{\underline{312}}$	tʰəʔ$^{\underline{312}}$	tsʰəʔ$^{\underline{35}}$	kəʔ$^{\underline{35}}$/ kuəʔ$^{\underline{35}}$	kəʔ$^{\underline{35}}$/ kʰuəʔ$^{\underline{35}}$	xuəʔ$^{\underline{35}}$	kuəʔ$^{\underline{312}}$
汾西	pɯ^{11} 白 / pʰɯ^{11} 白 / pʰəʔ^{3} 文	myəʔ^{3}	tʰuəʔ^{3}	tsʰou	kuəʔ^{1}	kuəʔ^{3}/ kʰuəʔ^{1}	xuəʔ^{1}	xβ^{35}
蒲县	po^{24}	məʔ$^{\underline{43}}$	tʰuo^{52}	tsu^{24}	ku^{52}	kʰu^{33}	xuo^{52}	xu^{24}
潞州	pəʔ$^{\underline{53}}$	məʔ$^{\underline{53}}$	tʰuəʔ$^{\underline{53}}$	tsuəʔ$^{\underline{53}}$	kəʔ$^{\underline{53}}$ 白 / kuəʔ$^{\underline{53}}$ 文	kuəʔ$^{\underline{53}}$	xuəʔ$^{\underline{53}}$	xuəʔ$^{\underline{53}}$
上党	pəʔ$^{\underline{21}}$	məʔ$^{\underline{21}}$	tʰuəʔ$^{\underline{21}}$	tsuəʔ$^{\underline{21}}$	kuəʔ$^{\underline{21}}$	kʰuəʔ$^{\underline{21}}$	xuəʔ$^{\underline{21}}$	xuəʔ$^{\underline{21}}$
长子	pəʔ^{4}	məʔ$^{\underline{212}}$	tʰuəʔ^{4}	tsuəʔ$^{\underline{212}}$	kuəʔ^{4}	kʰuəʔ^{4}	xuəʔ^{4}	xuəʔ$^{\underline{212}}$
屯留	pəʔ^{1}	məʔ$^{\underline{54}}$	tʰuəʔ^{1}	tsuəʔ$^{\underline{54}}$	kʌʔ^{1} 白 / kuəʔ^{1} 文	kəʔ$^{\underline{54}}$ 白 / kʰuəʔ^{1} 文	xuəʔ^{1}	xuəʔ$^{\underline{54}}$
襄垣	pʌʔ^{3}	mʌʔ^{3}	tʰuʌʔ^{3}	tsuʌʔ$^{\underline{43}}$	kuʌʔ^{3}	kʰʌʔ^{3} 白 / kʰuʌʔ^{3} 文	xuʌʔ^{3}	kʌʔ^{42} 白 / xei^{31} 文
黎城	pʌʔ^{2}	mɤʔ^{2}	tʰuɤʔ^{2}	tsuɤʔ^{2}	kuɤʔ^{2}	kʰuɤʔ^{2}	xuɤʔ^{2}	xɤʔ^{2}/xu^{53}
平顺	pəʔ$^{\underline{423}}$	məʔ$^{\underline{423}}$	tʰuəʔ$^{\underline{423}}$	tsuəʔ$^{\underline{212}}$	kəʔ$^{\underline{212}}$	kʰuəʔ$^{\underline{212}}$	xuəʔ$^{\underline{212}}$	xʌʔ$^{\underline{423}}$
壶关	pəʔ$^{\underline{21}}$	məʔ$^{\underline{21}}$	tʰuəʔ$^{\underline{21}}$	tʂuəʔ^{2}	kuəʔ^{2}	kʰuəʔ^{2}	xuəʔ^{2}	xuʌʔ$^{\underline{21}}$
沁县	paʔ$^{\underline{212}}$	məʔ$^{\underline{212}}$	tʰuəʔ$^{\underline{31}}$	tsuaʔ$^{\underline{212}}$	kuəʔ$^{\underline{31}}$	kəʔ$^{\underline{31}}$	xuəʔ$^{\underline{31}}$	xuaʔ$^{\underline{212}}$
武乡	pʌʔ$^{\underline{423}}$	məʔ$^{\underline{423}}$	tʰuəʔ^{3}	——	kuəʔ^{3}	kʰuəʔ^{3}	xuəʔ^{3}	——
沁源	pʌʔ$^{\underline{31}}$	məʔ$^{\underline{31}}$	tʰuəʔ$^{\underline{31}}$	tsuʌʔ$^{\underline{31}}$	kəʔ$^{\underline{31}}$ 白 / kuəʔ$^{\underline{31}}$ 文	kuəʔ$^{\underline{31}}$	xuəʔ$^{\underline{31}}$	xʌʔ$^{\underline{31}}$
安泽	po^{35}	məʔ$^{\underline{21}}$	tʰuəʔ$^{\underline{21}}$	tsəu^{35}/tsu^{35}	kuəʔ$^{\underline{21}}$	kʰuəʔ$^{\underline{21}}$	xu^{21}/ xuəʔ$^{\underline{21}}$	xu^{35}/ xɤ^{35}
沁水端氏	pɤ^{24}	məʔ^{2}	tʰuəʔ^{2}	tsuəʔ$^{\underline{54}}$	kəʔ^{2} 白 kuəʔ^{2} 白 / ku^{31} 文	kəʔ^{2}	xuəʔ^{2}	xuəʔ$^{\underline{54}}$

续表

字目	勃	没沉～	突	卒士～	骨～头	窟	忽	核枣～儿
中古音 / 方言点	蒲没 臻合一 入没並	莫勃 臻合一 入没明	他骨 臻合一 入没透	臧没 臻合一 入没精	古忽 臻合一 入没见	苦骨 臻合一 入没溪	呼骨 臻合一 入没晓	户骨 臻合一 入没匣
阳城	pʌʔ^{2}	mʌʔ^{2}	t^{h}uəʔ^{2}	tsuəʔ^{2}	kəʔ^{2}/kuəʔ^{2}	kəʔ^{2}	xuəʔ^{2}	xu^{2}
高平	pʌʔ^{2}	məʔ^{2}	t^{h}uəʔ^{2}	tʂuəʔ^{2}	kuəʔ^{2}	kuəʔ^{2}	xuəʔ^{2}	xʌʔ^{2}
陵川	pʌʔ$^{\underline{23}}$	mʌʔ$^{\underline{23}}$	t^{h}uəʔ^{3}	tʂuəʔ^{3}	kəʔ^{3} 白 / kuəʔ^{3} 文	k^{h}uəʔ^{3}	xuəʔ^{3}	xuʌʔ$^{\underline{23}}$
晋城	puə^{213}	məʔ^{2}	t^{h}uəʔ^{2}	tʂuəʔ^{2}	kuəʔ^{2}	k^{h}uəʔ^{2}	xuəʔ^{2}	xuəʔ^{2}
忻府	pəʔ$^{\underline{32}}$	məʔ$^{\underline{32}}$	t^{h}uəʔ$^{\underline{32}}$	tsu^{21}	kuəʔ$^{\underline{32}}$	k^{h}uəʔ$^{\underline{32}}$	xuəʔ$^{\underline{32}}$	kuəʔ$^{\underline{32}}$
原平	puɔʔ$^{\underline{34}}$	muɔʔ$^{\underline{34}}$	t^{h}uəʔ$^{\underline{34}}$	tsuəʔ$^{\underline{34}}$	kuəʔ$^{\underline{34}}$	k^{h}uəʔ$^{\underline{34}}$	xuəʔ$^{\underline{34}}$	kuəʔ$^{\underline{34}}$
定襄	paʔ^{1}	maʔ^{1}	t^{h}uəʔ^{1}	tsuəʔ^{1}	kuəʔ^{1}	k^{h}uəʔ^{1}	xuəʔ^{1}	xu^{33}
五台	pəʔ^{3}	məʔ^{3}	t^{h}uəʔ^{3}	tsu^{3}	kuəʔ^{3}	k^{h}uəʔ^{3}	xuəʔ^{3}	xəʔ^{3}
岢岚	paʔ^{4}	maʔ^{4}	t^{h}uəʔ^{4}	tʂuəʔ^{4}	kuəʔ^{4}	k^{h}uəʔ^{4}	xuəʔ^{4}	xu^{44}
五寨	paʔ^{4}	maʔ^{4}	t^{h}uəʔ^{4}	tsuəʔ^{4}	kuəʔ^{4}	k^{h}uəʔ^{4}	xuəʔ^{4}	xuəʔ^{4}
宁武	pəʔ^{4}	məʔ^{4}	t^{h}uəʔ^{4}	tsuəʔ^{4}	kuəʔ^{4}	k^{h}uəʔ^{4}	xuəʔ^{4}	——
神池	puəʔ$^{\underline{13}}$	muəʔ^{4}	t^{h}uəʔ^{4}	tsuəʔ^{4}	kuəʔ^{4}	k^{h}uəʔ^{4}	xuəʔ^{4}	xuəʔ^{4}
繁峙	pəʔ$^{\underline{13}}$	məʔ$^{\underline{13}}$	t^{h}uəʔ$^{\underline{13}}$	tsu^{31}	kuəʔ$^{\underline{13}}$	k^{h}uəʔ$^{\underline{13}}$	xuəʔ$^{\underline{13}}$	xaʔ$^{\underline{13}}$
代县	paʔ^{2}	maʔ^{2}	t^{h}uəʔ^{2}	tsu^{44}	kuəʔ^{2}	k^{h}uəʔ^{2}	xuəʔ^{2}	xu^{44}
河曲	paʔ^{4}	maʔ^{4}	t^{h}uəʔ^{4}	tsuəʔ^{4}	kuəʔ^{4}	k^{h}uəʔ^{4}	xuəʔ^{4}	xəʔ^{4}
保德	pɤ^{44}	məʔ^{4}	t^{h}uəʔ^{4}	tsuəʔ^{4}	kuəʔ^{4}	k^{h}uəʔ^{4}	xuəʔ^{4}	kuəʔ^{4}
偏关	pᴀʔ^{4}	məʔ^{4}	tuəʔ^{4}	tsuəʔ^{4}	kuəʔ^{4} 白 / ku^{213} 文	k^{h}uəʔ^{4}	xuəʔ^{4}	xuəʔ^{4}
朔城	pᴀʔ$^{\underline{35}}$	mᴀʔ$^{\underline{35}}$	——	tsu^{35}	kuəʔ$^{\underline{35}}$	k^{h}uəʔ$^{\underline{35}}$	xuəʔ$^{\underline{35}}$	xu^{35}
平鲁	pʌʔ$^{\underline{34}}$	məʔ$^{\underline{34}}$	tuəʔ$^{\underline{34}}$/ t^{h}uəʔ$^{\underline{34}}$	tsu^{44}	kuəʔ$^{\underline{34}}$	k^{h}uəʔ$^{\underline{34}}$	xuəʔ$^{\underline{34}}$	xu^{44}
应县	paʔ$^{\underline{43}}$	maʔ$^{\underline{43}}$	t^{h}uəʔ$^{\underline{43}}$	tsu^{31}	kuəʔ$^{\underline{43}}$	k^{h}uəʔ$^{\underline{43}}$	xuəʔ$^{\underline{43}}$	xəʔ$^{\underline{43}}$
灵丘	pᴀʔ^{5}	mue^{53}	t^{h}uəʔ^{5}	tsu^{31}	kuəʔ^{5}	k^{h}uəʔ^{5}	xuəʔ^{5}	xu^{31}
浑源	pʌʔ^{4}	məʔ^{4}/mʌʔ^{4}	t^{h}uəʔ^{4}	tsu^{22}	kuəʔ^{4}	k^{h}uəʔ^{4}	xuəʔ^{4}	xu^{22}
云州	pɑʔ^{4}	mɑʔ^{4}	t^{h}uəʔ^{4}	tsu^{312}	kuəʔ^{4}	k^{h}uəʔ^{4}	xuəʔ^{4}	xu^{312} 白 / xəʔ^{4} 文
新荣	paʔ^{4}	maʔ^{4}/məʔ^{4}	t^{h}uəʔ^{4}	tsu^{312}	kuəʔ^{4}	k^{h}uəʔ^{4}	xuəʔ^{4}	xu^{312}/xəʔ^{4}
怀仁	paʔ^{4}	maʔ^{4}	t^{h}uəʔ^{4}	tsu^{312}	kuəʔ^{4}	k^{h}uəʔ^{4}	xuəʔ^{4}	xu^{312}
左云	paʔ^{4}	maʔ^{4}/məʔ^{4}	t^{h}uəʔ^{4}	tsuəʔ^{4}	kuəʔ^{4}	k^{h}uəʔ^{4}	xuəʔ^{4}	xəʔ^{4}/xaʔ^{4}
右玉	paʔ^{4}	məʔ^{4}	t^{h}uəʔ^{4}	tsu^{212}	kuəʔ^{4}	k^{h}uəʔ^{4}	xuəʔ^{4}	xu^{212}
阳高	pɑʔ^{3}	məʔ^{3}	t^{h}uəʔ^{3}	tsu^{312}	kuəʔ^{3}	k^{h}uəʔ^{3}	xuəʔ^{3}	xuəʔ^{3}

续表

字目	勃	没沉~	突	卒士~	骨~头	窟	忽	核枣~儿
中古音 / 方言点	蒲没 臻合一 入没並	莫勃 臻合一 入没明	他骨 臻合一 入没透	臧没 臻合一 入没精	古忽 臻合一 入没见	苦骨 臻合一 入没溪	呼骨 臻合一 入没晓	户骨 臻合一 入没匣
山阴	pʌʔ4	mʌʔ4/məʔ4	tʰuəʔ4	tsu313	ku313/kuəʔ4	kʰuəʔ4	xuəʔ4	xu313
天镇	pɑʔ4	mɑʔ4	tʰuəʔ4	tsuəʔ4	kuəʔ4	kʰuəʔ4	xuə4	xuəʔ4
平定	pʰaʔ4 白 / paʔ4 文	maʔ23	tʰuəʔ4	tsu44	kuəʔ4	kʰuəʔ4	xuəʔ4	xaʔ4
昔阳	pʌʔ43	mʌʔ43	tʰʌʔ43	tsu33	kʌʔ43/kuʌʔ43	kʰuʌʔ43	xuʌʔ43	xʌʔ43
左权	pəʔ1	mɑʔ1	tu11 白 / tuəʔ1 文 / tʰuəʔ1 文	tsuəʔ1	kuəʔ1	kuəʔ1 白 / kʰuəʔ1 文	xuəʔ1	xu11
和顺	pəʔ21	məʔ21	tʰuəʔ21	tsuəʔ21	kuəʔ21	kʰuəʔ21	xuəʔ21	——
尧都	po24	mo44	tʰu21	tsʰou24	ku21	kʰu21	xu21	xu24
洪洞	pʰo21	mo21	tʰu21	tsʰou24	ku21	kʰu21	xu21	xu24
洪洞赵城	po24	mo24	tou21	tsʰou24	ku21	kʰu21	xu53	xu21
古县	po35	mo21	tʰu21	tsʰəu35	ku21	ku21	xu21	xu35
襄汾	pɔ24	mu53 白 / mei53 文	tʰu21	tsʰou21	ku21	ku21	xu21	ku21/xu24
浮山	pʰɤ13	mu13	tʰu13	tsʰou13	ku42	ku42	xu42	xu13
霍州	puɤ35	muɤ53	tʰu212	tsʰu35	ku33	kʰu212	xu212	xu35
翼城	po12	mo53	tʰu53	tsu12	kuɤ53	kʰuɤ53	xu53	xuɤ12
闻喜	pɤ13	mɤ53	tʰu53	tsuɤ53/ tsɤu13	ku53	kʰu53	xu53	xu13
侯马	pɤ213	mɤ53	tʰu213	tsou213	kuɤ44	kʰu213	xu213	u213
新绛	pɤ53	mɤ53	tʰu53	tsəu13	ku44	kʰu53	xu53	xu13
绛县	pʰɤ24	mɤ31	tʰəu31	tsʰəu24	ku53	ku53	xu53	xɑi24 白 / xu24 白 / xɤ24 文
垣曲	puo22	muo53	tʰou22	tsʰou22	ku44	kʰu22	xu22	xu22
夏县	puɤ42	mu31	tʰu42	tsʰəu42 白 / tsəu42 文	ku24	kʰu53	xu53	xɯ42
万荣	pʰɤ213	mu51	tʰu51	tsʰəu213	ku51	kʰu213	xu51	xu213
稷山	pɤ13	mɤ53	tʰu53	tsʰəu13	ku53	ku53	xu53	xu13
盐湖	po13	mo42	tʰu42	——	ku42	kʰu42	xu42	xu13
临猗	po13	mo42	tʰu42	tsʰəu13 白 / tsu13 文	ku42	kʰu42	xu42	xu13

续表

字目	勃	没沉~	突	卒士~	骨~头	窟	忽	核枣~儿
中古音／方言点	蒲没 臻合一 入没並	莫勃 臻合一 入没明	他骨 臻合一 入没透	臧没 臻合一 入没精	古忽 臻合一 入没见	苦骨 臻合一 入没溪	呼骨 臻合一 入没晓	户骨 臻合一 入没匣
河津	$p^hɤ^{324}$ 白 / $pɤ^{324}$ 文	mu^{31} 白 / $mɤ^{31}$ 文	t^hu^{53}	$ts^həu^{324}$ 文	ku^{31}	k^hu^{324}	xu^{53}	xu^{324}
平陆	$p^hə^{13}$	$mə^{31}$/mu^{13}	t^hu^{31}	$ts^həu^{13}$	ku^{31}	k^hu^{13}	xu^{31}	xu^{13}
永济	puo^{31}	muo^{31}	t^hu^{31}	$ts^həu^{24}$	ku^{31}	k^hu^{24}	xu^{31}	xai^{24} 白 / xu^{24} 文
芮城	po^{42}	$mɤ^{42}$	t^hu^{42}	$ts^həu^{13}$	ku^{53}	k^hu^{42}	xu^{42}	xu^{13}
吉县	$p^hə^{423}$	mu^{423}	t^hu^{33}	$ts^huə^{13}$	ku^{423}	ku^{33}	xu^{423}	xu^{423}
乡宁	$pɤ^{12}$	mu^{53}	——	——	ku^{53}	k^hu^{53}	——	ki^{53}
广灵	po^{53}	mu^{31}/mo^{31}/ mo^{213}	t^hu^{53}	tsu^{31}	ku^{53}	k^hu^{53}	xu^{53}	xu^{31}

字目	宾	贫	频	民	闽	邻	磷	鳞
中古音 方言点	必邻 臻开三 平真帮	符巾 臻开三 平真並	符真 臻开三 平真並	弥邻 臻开三 平真明	武巾 臻开三 平真明	力珍 臻开三 平真来	力珍 臻开三 平真来	力珍 臻开三 平真来
北京	pin^{55}	pʰin^{35}	pʰin^{35}	min^{35}	min^{214}	lin^{35}	lin^{35}	lin^{35}
小店	piə̃^{11}	pʰiə̃^{11}	pʰiə̃^{11}	miə̃^{11}	miə̃^{53}	liə̃^{11}	liə̃^{11}	liə̃^{11}
尖草坪	piʌŋ^{33}	piʌŋ^{33}	piʌŋ^{33}	miʌŋ^{33}	miʌŋ^{312}	liʌŋ^{33}	liʌŋ^{33}	liʌŋ^{33}
晋源	pin^{11}	pʰin^{11}	pʰin^{11}	min^{11}	min^{42}	lin^{11}	lin^{11}	lin^{11}
阳曲	piə̃^{312}	pʰiə̃^{43}	pʰiə̃^{43}	miə̃^{43}	miə̃^{312}	liə̃^{43}	liə̃^{43}	liə̃^{43}
古交	piəŋ^{44}	pʰiəŋ^{44}	pʰiəŋ^{44}	miəŋ^{44}	miəŋ^{312}	liəŋ^{44}	liəŋ^{44}	liəŋ^{44}
清徐	piəŋ^{11}	pʰiəŋ^{11}	pʰiəŋ^{11}	miəŋ^{11}	miəŋ^{54}	liəŋ^{11}	liəŋ^{11}	liəŋ^{11}
娄烦	piəŋ^{33}	pʰiəŋ^{33}	pʰiəŋ^{33}	miəŋ^{33}	miəŋ^{312}	liəŋ^{33}	liəŋ^{33}	liəŋ^{33}
榆次	piɤ̃^{11}	pʰiɤ̃^{11}	pʰiɤ̃^{11}	miɤ̃^{11}	miɤ̃^{53}	liɤ̃^{11}	liɤ̃^{11}	liɤ̃^{11}
交城	piə̃^{11}	pʰiə̃^{11}	pʰiə̃^{11}	miə̃^{11}	miə̃^{53}	liə̃^{11}	liə̃^{11}	liə̃^{11}
文水	piɔŋ^{22}	pʰiɔŋ^{22}	pʰiɔŋ^{22}	miɔŋ^{22}	miɔŋ^{423}	liɔŋ^{22}	liɔŋ^{22}	liɔŋ^{22}
祁县	piɔõ^{31}	pʰiɔõ^{31}	pʰiɔõ^{31}	miɔõ^{31}	miɔõ^{314}	liɔõ^{31}	liɔõ^{31}	liɔõ^{31}
太谷	piə̃^{33}	pʰiə̃^{33}	pʰiə̃^{33}	miə̃^{33}	miə̃^{312}	liə̃^{33}	liə̃^{33}	liə̃^{33}
平遥	piəŋ^{213}	pʰiəŋ^{213}	pʰiəŋ^{213}	miəŋ^{213}	miəŋ^{512}	liəŋ^{213}	liəŋ^{213}	liəŋ^{213}
孝义	piə̃^{33}	pʰiə̃^{33}	pʰiə̃^{33}	miə̃^{33}	miə̃^{312}	liə̃^{33}	liə̃^{33}	liə̃^{33}
介休	pin^{13}	pʰin^{13}	pʰin^{13}	min^{13}	min^{423}	lin^{13}	lin^{13}	lin^{13}
灵石	piŋ^{535}	pʰiŋ^{44}	pʰiŋ^{44}	miŋ^{44}	miŋ^{212}	liŋ^{44}	liŋ^{44}	liŋ^{44}
盂县	piə̃^{412}	pʰiə̃^{22}	pʰiə̃^{22}	miə̃^{22}	miə̃^{53}	liə̃^{22}	liə̃^{22}	liə̃^{22}
寿阳	piə̃^{31}	pʰiə̃^{22}	pʰiə̃^{22}	miə̃^{22}	miə̃^{53}	liə̃^{22}	liə̃^{22}	liə̃^{22}
榆社	pieɪ^{22}	pʰieɪ^{22}	pʰieɪ^{22}	mieɪ^{22}	mieɪ^{312}	lieɪ^{22}	lieɪ^{22}	lieɪ^{22}
离石	piəŋ^{24}	pʰiəŋ^{44}	pʰiəŋ^{44}	miəŋ^{44}	miəŋ^{312}	liəŋ^{44}	liəŋ^{44}	liəŋ^{44}
汾阳	piᴇ̃^{324}	pʰiᴇ̃^{22}	pʰiᴇ̃^{22}	miᴇ̃^{22}	miᴇ̃^{312}	liᴇ̃^{22}	liᴇ̃^{22}	liᴇ̃^{22}
中阳	piə̃^{24}	pʰiə̃^{33}	pʰiə̃^{33}	miə̃^{33}	miə̃^{423}	liə̃^{33}	liə̃^{33}	liə̃^{33}
柳林	piə̃^{24}	pʰiə̃^{44}	pʰiə̃^{44}	miə̃^{44}	miə̃^{312}	liə̃^{44}	liə̃^{44}	liə̃^{44}
方山	piə̃ŋ^{24}	pʰiə̃ŋ^{44}	pʰiə̃ŋ^{44}	miə̃ŋ^{44}	miə̃ŋ^{312}	liə̃ŋ^{44}	liə̃ŋ^{44}	liə̃ŋ^{44}
临县	piə̃^{24}	pʰiə̃^{33}	pʰiə̃^{33}	miə̃^{33}	miə̃^{312}	liə̃^{33}	liə̃^{33}	liə̃^{33}
兴县	piəŋ^{324}	pʰiəŋ^{55}	pʰiəŋ^{55}	miəŋ^{55}	miəŋ^{324}	liəŋ^{55}	——	liəŋ^{55}
岚县	piəŋ^{214}	piəŋ^{44}	pʰiəŋ^{44}	miəŋ^{44}	miəŋ^{214}	liəŋ^{44}	liəŋ^{44}	liəŋ^{44}
静乐	piɤ̃^{24}	pʰiɤ̃^{33}	pʰiɤ̃^{33}	miɤ̃^{33}	miɤ̃^{314}	liɤ̃^{33}	liɤ̃^{33}	liɤ̃^{33}
交口	piəŋ^{323}	pʰiəŋ^{44}	pʰiəŋ^{44}	miəŋ^{44}	miəŋ^{323}	liəŋ^{44}	liəŋ^{44}	liəŋ^{44}
石楼	piəŋ^{213}	pʰiəŋ^{44}	pʰiəŋ^{44}	miəŋ^{44}	miəŋ^{213}	liəŋ^{44}	liəŋ^{44}	liəŋ^{44}
隰县	piəŋ^{53}	pʰiəŋ^{24}	pʰiəŋ^{24}	miəŋ^{24}	miəŋ^{21}	liəŋ^{24}	liəŋ^{24}	liəŋ^{24}

续表

字目	宾	贫	频	民	闽	邻	磷	鳞
中古音／方言点	必邻 臻开三 平真帮	符巾 臻开三 平真並	符真 臻开三 平真並	弥邻 臻开三 平真明	武巾 臻开三 平真明	力珍 臻开三 平真来	力珍 臻开三 平真来	力珍 臻开三 平真来
大宁	piən^{31}	pʰiən^{24}	pʰiən^{24}	miən^{24}	miən^{31}	liən^{24}	liən^{24}	liən^{24}
永和	piəŋ^{33}	pʰiəŋ^{35}	pʰiəŋ^{35}	miəŋ^{35}	miəŋ^{312}	liəŋ^{33}	liəŋ^{33}	liəŋ^{33}
汾西	piəŋ^{11}	pʰiəŋ^{35}	pʰiəŋ^{35}	miəŋ^{35}	miəŋ^{35}	liəŋ^{35}	liəŋ^{35}	liəŋ^{35}
蒲县	pieĩ^{52}	pʰieĩ^{24}	pʰieĩ^{24}	mieĩ^{24}	mieĩ^{31}	lieĩ^{24}	lieĩ^{24}	lieĩ^{24}
潞州	piŋ^{312}	pʰiŋ^{24}	pʰiŋ^{24}	miŋ^{24}	miŋ^{535}	liŋ^{24}	liŋ^{24}	liŋ^{24}
上党	piŋ^{213}	pʰiŋ^{44}	pʰiŋ^{44}	miŋ^{213}	miŋ^{535}	liŋ^{213}	liŋ^{213}	liŋ^{213}
长子	pẼ^{312}	pʰẼ^{24}	pʰiŋ^{24}	mẼ^{24}	miẼ^{434}	lẼ^{24}	lẼ^{24}	lẼ^{24}
屯留	piẽ^{31}	pʰiəŋ^{11}	pʰiəŋ^{11}	miẽ^{11}	miẽ^{43}	liẽ^{11}	liẽ^{11}	liẽ^{11}
襄垣	piəŋ^{33}	pʰiəŋ^{31}	pʰiəŋ^{31}	miəŋ^{31}	miəŋ^{42}	liəŋ^{31}	liəŋ^{31}	liəŋ^{31}
黎城	piẽ^{33}	pʰiẽ^{53}	pʰiẽ^{53}	mi^{53}	miẽ^{213}	liẽ^{53}	liẽ^{53}	liẽ^{53}
平顺	piẼ^{213}	pʰiẼ^{13}	pʰiẼ^{13}	miẼ^{13}	miẼ^{434}	liẼ^{13}	liẼ^{13}	liẼ^{13}
壶关	piŋ^{33}	pʰiŋ^{44}	pʰiŋ^{44}	miŋ^{13}	miŋ^{535}	liŋ^{13}	liŋ^{13}	liŋ^{13}
沁县	piə̃^{224}	pʰiə̃^{33}	pʰiə̃^{33}	miə̃^{33}	——	liə̃^{33}	liə̃^{33}	liə̃^{33}
武乡	piɐŋ^{113}	pʰiɐŋ^{33}	pʰiɐŋ^{33}	miɐŋ^{33}	miɐŋ^{213}	liɐŋ^{33}	liɐŋ^{33}	liɐŋ^{33}
沁源	piə̃^{324}	pʰiə̃^{33}	pʰiə̃^{33}	miə̃^{33}	miə̃^{324}	liə̃^{33}	liə̃^{33}	liə̃^{33}
安泽	piəŋ^{21}	pʰiəŋ^{35}	pʰiəŋ^{35}	miəŋ^{35}	miəŋ^{35}	liəŋ^{35}	liəŋ^{35}	liəŋ^{35}
沁水端氏	piŋ^{21}	pʰiŋ^{24}	pʰiŋ^{24}	miŋ^{24}	miŋ^{31}	liŋ^{24}	liŋ^{24}	liŋ^{24}
阳城	piə̃ĩ^{224}	pʰiə̃ĩ^{22}	pʰiə̃ĩ^{22}	miə̃ĩ^{22}	miə̃ĩ^{22}	liə̃ĩ^{22}	liə̃ĩ^{22}	liə̃ĩ^{22}
高平	piə̃ĩ^{33}	pʰiə̃ĩ^{33}	pʰiə̃ĩ^{33}	miə̃ĩ^{33}	miə̃ĩ^{33}	niə̃ĩ^{33}	niə̃ĩ^{33}	niə̃ĩ^{33}
陵川	piə̃ĩ^{33}	pʰiə̃ĩ^{53}	pʰiə̃ĩ^{53}	miə̃ĩ^{53}	miə̃ĩ^{312}	liə̃ĩ^{53}	liə̃ĩ^{53}	liə̃ĩ^{53}
晋城	piẽ^{33}	pʰiẽ^{324}	pʰiẽ^{324}	mi^{324}	mi^{213}	liẽ^{324}	liẽ^{324}	liẽ^{324}
忻府	piəŋ^{313}	pʰiəŋ^{21}	pʰiəŋ^{21}	miəŋ^{21}	miəŋ^{313}	liəŋ^{21}	liəŋ^{21}	liəŋ^{21}
原平	piəŋ^{213}	pʰiəŋ^{33}	pʰiəŋ^{33}	miəŋ^{33}	miəŋ^{213}	liəŋ^{33}	liəŋ^{33}	liəŋ^{33}
定襄	piəŋ^{24}	pʰiəŋ^{11}	pʰiəŋ^{33}	miəŋ^{11}	miəŋ^{24}	liəŋ^{11}	liəŋ^{11}	liəŋ^{11}
五台	piən^{213}	pʰiən^{33}	pʰiən^{33}	miən^{33}	miən^{213}	liən^{33}	liən^{33}	liən^{33}
岢岚	piəŋ^{13}	pʰiəŋ^{44}	pʰiəŋ^{44}	miəŋ^{44}	miəŋ^{13}	liəŋ^{44}	liəŋ^{44}	liəŋ^{44}
五寨	piəɣ̃^{13}	pʰiəɣ̃^{44}	pʰiəɣ̃^{44}	miəɣ̃^{44}	miəɣ̃^{13}	liəɣ̃^{44}	liəɣ̃^{44}	liəɣ̃^{44}
宁武	piɤɯ^{23}	pʰiɤɯ^{33}	pʰiɤɯ^{33}	miɤɯ^{33}	miɤɯ^{213}	liɤɯ^{33}	liɤɯ^{33}	liɤɯ^{33}
神池	piə̃^{24}	pʰiə̃^{32}	pʰiə̃^{32}	miə̃^{32}	miə̃^{13}	liə̃^{32}	liə̃^{32}	liə̃^{32}
繁峙	piəŋ^{53}	pʰiəŋ^{31}	pʰiəŋ^{31}	miəŋ^{31}	miəŋ^{53}	liəŋ^{31}	liəŋ^{31}	liəŋ^{31}
代县	piɤŋ^{213}	pʰiɤŋ^{44}	pʰiɤŋ^{44}	miɤŋ^{44}	miɤŋ^{213}	liɤŋ^{44}	liɤŋ^{44}	liɤŋ^{44}

续表

字目	宾	贫	频	民	闽	邻	磷	鳞
中古音 方言点	必邻 臻开三 平真帮	符巾 臻开三 平真並	符真 臻开三 平真並	弥邻 臻开三 平真明	武巾 臻开三 平真明	力珍 臻开三 平真来	力珍 臻开三 平真来	力珍 臻开三 平真来
河曲	piŋ^{213}	pʰiŋ^{44}	pʰiŋ^{44}	miŋ^{44}	miŋ^{213}	liŋ^{44}	liŋ^{44}	liŋ^{44}
保德	piəŋ^{213}	pʰiəŋ^{44}	pʰiəŋ^{44}	miəŋ^{44}	miəŋ^{213}	liəŋ^{44}	liəŋ^{44}	liəŋ^{44}
偏关	piɤŋ^{24}	pʰiɤŋ^{44}	pʰiɤŋ^{44}	miɤŋ^{44}	miɤŋ^{213}	liɤŋ^{44}	liɤŋ^{44}	liɤŋ^{44}
朔城	piə̃^{312}	pʰiə̃^{35}	pʰiə̃^{35}	miə̃^{35}	miə̃^{312}	liə̃^{35}	——	liə̃^{35}
平鲁	piəɯ^{213}	pʰiəɯ^{44}	pʰiəɯ^{44}	miəɯ^{44}	——	liəɯ^{44}	liəɯ^{44}	liəɯ^{44}
应县	piəŋ^{43}	pʰiəŋ^{31}	pʰiəŋ^{31}	miəŋ^{31}	miəŋ^{54}	liəŋ^{31}	liəŋ^{31}	liəŋ^{31}
灵丘	piŋ^{442}	pʰiŋ^{442}	pʰiŋ^{31}	miŋ^{31}	miŋ^{442}	liŋ^{31}	liŋ^{31}	liŋ^{31}
浑源	piə̃^{52}	pʰiə̃^{22}	pʰiə̃^{22}	miə̃^{22}	miə̃^{52}	liə̃^{22}	liə̃^{22}	liə̃^{22}
云州	piəɣ^{21}	pʰiəɣ^{312}	pʰiəɣ^{312}	miəɣ^{312}	miəɣ^{55}	liəɣ^{312}	liəɣ^{312}	liəɣ^{312}
新荣	piɣ^{32}	pʰiɣ^{312}	pʰiɣ^{312}	miɣ^{312}	miɣ^{54}	liɣ^{312}	liɣ^{312}	liɣ^{312}
怀仁	piəŋ^{42}	pʰiəŋ^{312}	pʰiəŋ^{312}	miəŋ^{312}	miəŋ^{53}	liəŋ^{312}	liəŋ^{312}	liəŋ^{312}
左云	piəɣ^{31}	pʰiəɣ^{313}	pʰiəɣ^{313}	miəɣ^{313}	miəɣ^{54}	liəɣ^{313}	liəɣ^{313}	liəɣ^{313}
右玉	piə̃ɣ^{31}	pʰiə̃ɣ^{212}	pʰiə̃ɣ^{212}	miə̃ɣ^{212}	miə̃ɣ^{53}	liə̃ɣ^{212}	liə̃ɣ^{212}	liə̃ɣ^{212}
阳高	piəŋ^{31}	pʰiəŋ^{312}	pʰiəŋ^{312}	miəŋ^{31}	miəŋ^{31}	liəŋ^{312}	liəŋ^{312}	liəŋ^{312}
山阴	piə̃^{313}	pʰiə̃^{313}	pʰiə̃^{313}	miə̃^{313}	miə̃^{52}	liə̃^{313}	liə̃^{313}	liə̃^{313}
天镇	piɤɣ^{31}	pʰiɤɣ^{22}	pʰiɤɣ^{22}	miɤɣ^{22}	miɤɣ^{55}	liɤɣ^{22}	liɤɣ^{22}	liɤɣ^{22}
平定	piɤŋ^{31}	pʰiɤŋ^{44}	pʰiɤŋ^{44}	miɤŋ^{44}	miɤŋ^{53}	liɤŋ^{44}	liɤŋ^{44}	liɤŋ^{44}
昔阳	piəŋ^{42}	pʰiəŋ^{33}	pʰiəŋ^{33}	miəŋ^{33}	miəŋ^{55}	liəŋ^{33}	liəŋ^{33}	liəŋ^{33}
左权	piəŋ^{31}	pʰiəŋ^{11}	pʰiəŋ^{11}	miəŋ^{11}	miəŋ^{42}	liəŋ^{11}	liəŋ^{11}	liəŋ^{11}
和顺	piəŋ^{42}	pʰiəŋ^{22}	pʰiəŋ^{22}	miəŋ^{22}	miəŋ^{53}	liəŋ^{22}	liəŋ^{22}	liəŋ^{22}
尧都	piə̃^{21}	pʰiə̃^{24}	pʰiə̃^{24}	miə̃^{24}	miə̃^{53}	liə̃^{24}	liə̃^{24}	liə̃^{24}
洪洞	pien^{21}	pʰien^{24}	pʰien^{42}	mien^{24}	mien^{42}	lien^{24}	lien^{24}	lien^{24}
洪洞赵城	pieŋ^{21}	pʰieŋ^{24}	pʰieŋ^{24}	mieŋ^{24}	mieŋ^{24}	lieŋ^{24}	lieŋ^{24}	lieŋ^{24}
古县	pin^{21}	pʰin^{35}	pʰin^{35}	min^{35}	min^{35}	lin^{35}	lin^{35}	lin^{35}
襄汾	pien^{21}	pʰien^{24}	pʰien^{24}	mien^{24}	mien^{42}	lien^{24}	lien^{24}	lien^{24}
浮山	piẽĩ^{42}	pʰiẽĩ^{13}	pʰiẽĩ^{13}	miẽĩ^{13}	miẽĩ^{33}	liẽĩ^{13}	liẽĩ^{13}	liẽĩ^{13}
霍州	piŋ^{212}	pʰiŋ^{35}	pʰiŋ^{35}	miŋ^{35}	miŋ^{212}	liŋ^{35}	liŋ^{35}	liŋ^{35}
翼城	piŋ^{53}	pʰiŋ^{12}	pʰiŋ^{12}	miŋ^{12}	miŋ^{44}	liŋ^{12}	liŋ^{12}	liŋ^{12}
闻喜	piẽĩ^{53}	pʰiẽĩ^{13}	pʰiẽĩ^{13}	miẽĩ^{13}	miẽĩ^{13}	liẽĩ^{13}	liẽĩ^{13}	liẽĩ^{13}
侯马	pieĩ^{213}	pʰieĩ^{213}	pʰieĩ^{213}	mieĩ^{213}	mieĩ^{44}	lieĩ^{213}	lieĩ^{213}	lieĩ^{213}
新绛	piẽ^{53}	pʰiẽ^{13}	pʰiẽ^{13}	miẽ^{13}	miẽ^{13}	liẽ^{13}	liẽ^{13}	liẽ^{13}

续表

字目	宾	贫	频	民	闽	邻	磷	鳞
中古音 方言点	必邻 臻开三 平真帮	符巾 臻开三 平真並	符真 臻开三 平真並	弥邻 臻开三 平真明	武巾 臻开三 平真明	力珍 臻开三 平真来	力珍 臻开三 平真来	力珍 臻开三 平真来
绛县	pieĩ^{53}	pʰieĩ^{24}	pʰieĩ^{24}	mieĩ^{24}	mieĩ^{24}	lieĩ^{24}	lieĩ^{24}	lieĩ^{24}
垣曲	piə̃^{22}	pʰiə̃^{22}	pʰiə̃^{22}	miə̃^{22}	miə̃^{44}	liə̃^{22}	liə̃^{22}	liə̃^{22}
夏县	piei^{53}	pʰiei^{42}	pʰiei^{42}	mi^{42}	mi^{24}	lei^{42}	lei^{42}	lei^{42}
万荣	piei^{51}	pʰiei^{213}	pʰiei^{213}	miei^{213}	miei^{55}	liei^{213}	liei^{213}	liei^{213}
稷山	piə̃^{53}	pʰiə̃^{13}	pʰiə̃^{13}	miə̃^{13}	miə̃^{44}	liə̃^{13}	liə̃^{13}	liə̃^{13}
盐湖	pieĩ^{42}	pʰieĩ^{42}	pʰieĩ^{13}	mi^{13}	mieĩ^{53}	lieĩ^{13}	lieĩ^{13}	lieĩ^{13}
临猗	pieĩ^{42}	pʰieĩ^{13}	pʰieĩ^{13}	mieĩ^{13}	mieĩ^{53}	lieĩ^{13}	lieĩ^{13}	lieĩ^{13}
河津	piẽ^{31}	pʰiẽ^{324}	pʰiẽ^{324}	miẽ^{324}	miẽ^{53}	liẽ^{324}	liẽ^{324}	liẽ^{324}
平陆	piei^{31}	pʰiei^{13}	pʰiei^{13}	miei^{13}	miei^{55}	liei^{13}	liei^{13}	liei^{13}
永济	piei^{31}	pʰiei^{24}	pʰiei^{24}	miei^{24}	miei^{31}	liei^{24}	liei^{24}	liei^{24}
芮城	pieĩ^{42}	pʰeĩ^{13}	pʰieĩ^{13}	mieĩ^{13}	mieĩ^{53}	lieĩ^{13}	lieĩ^{13}	lieĩ^{13}
吉县	piəŋ^{423}	pʰiei^{13}	pʰiei^{13}	miei^{13}	mi^{53}	liei^{13}	liei^{13}	liei^{13}
乡宁	piəŋ^{53}	pʰiəŋ^{12}	pʰiəŋ^{12}	miəŋ^{12}	miəŋ^{44}	liəŋ^{12}	liəŋ^{12}	liəŋ^{12}
广灵	piŋ^{53}	pʰiŋ^{31}	pʰiŋ^{31}	miŋ^{31}	miŋ^{44}	liŋ^{31}	liŋ^{31}	liŋ^{31}

字目	津	亲~切	秦	辛	新	薪	珍	陈
中古音 方言点	将邻 臻开三 平真精	七人 臻开三 平真清	匠邻 臻开三 平真从	息邻 臻开三 平真心	息邻 臻开三 平真心	息邻 臻开三 平真心	陟邻 臻开三 平真知	直珍 臻开三 平真澄
北京	tɕin^{55}	tɕʰin^{55}	tɕin^{35}	ɕin^{55}	ɕin^{55}	ɕin^{55}	tʂən^{55}	tʂʰən^{35}
小店	——	tɕʰiə̃^{11}/ tɕʰiə̃^{24}	tɕʰiə̃^{11}	ɕiə̃^{11}	ɕiə̃^{11}	ɕiə̃^{11}	tsəŋ^{11}	tsʰəŋ^{11}
尖草坪	tɕiʌŋ^{33}	tɕʰiʌŋ^{33}	tɕʰiʌŋ^{33}	ɕiʌŋ^{33}	ɕiʌŋ^{33}	ɕiʌŋ^{33}	tsʌŋ^{33}	tsʰʌŋ^{33}
晋源	tɕin^{11}	tɕʰin^{11}	tɕʰin^{11}	ɕin^{11}	ɕin^{11}	ɕin^{11}	tsəŋ^{11}	tsʰəŋ^{11}
阳曲	tɕiə̃^{312}	tɕʰiə̃^{312}	tɕʰiə̃^{312}	ɕiə̃^{312}	ɕiə̃^{312}	ɕiə̃^{312}	tsə̃^{312}	tsʰə̃^{43}
古交	tɕiəŋ^{44}	tɕʰiəŋ^{44}	tɕʰiəŋ^{44}	ɕiəŋ^{44}	ɕiəŋ^{44}	ɕiəŋ^{44}	tsəŋ^{44}	tsʰəŋ^{44}
清徐	tɕiəŋ^{11}	tɕʰiəŋ^{11}	tɕʰiəŋ^{11}	ɕiəŋ^{11}	ɕiəŋ^{11}	ɕiəŋ^{11}	tsəŋ^{11}	tsʰəŋ^{11}
娄烦	tɕiəŋ^{33}	tɕʰiəŋ^{33}	tɕʰiəŋ^{33}	ɕiəŋ^{33}	ɕiəŋ^{33}	ɕiəŋ^{33}	tsəŋ^{33}	tsʰəŋ^{33}
榆次	tɕiɤ̃^{11}	tɕʰiɤ̃^{11}	tɕʰiɤ̃^{11}	ɕiɤ̃^{11}	ɕiɤ̃^{11}	ɕiɤ̃^{11}	tsɤ̃^{11}	tsʰɤ̃^{11}
交城	tɕiə̃^{11}	tɕʰiə̃^{11}	tɕʰiə̃^{11}	ɕiə̃^{11}	ɕiə̃^{11}	ɕiə̃^{11}	tsə̃^{11}	tsʰə̃^{11}
文水	tɕiɔŋ^{22}	tɕʰiɔŋ^{22}	tɕʰiɔŋ^{22}	ɕiɔŋ^{22}	ɕiɔŋ^{22}	ɕiɔŋ^{22}	tsɔŋ^{22}	tsʰɔŋ^{22}
祁县	tɕiɔõ^{31}	tɕʰiɔõ^{31}	tɕʰiɔõ^{31}	ɕiɔõ^{31}	ɕiɔõ^{31}	ɕiɔõ^{31}	tʂɔõ^{31}	tʂɔõ^{31} 白 / tʂʰɔõ^{31} 文
太谷	tɕiə̃^{33}	tɕʰiə̃^{33}	tɕʰiə̃^{33}	ɕiə̃^{33}	ɕiə̃^{33}	ɕiə̃^{33}	tsə̃^{33}	tsʰə̃^{33}
平遥	tɕiəŋ^{213}	tɕʰiəŋ^{213}	tɕʰiəŋ^{213}	ɕiəŋ^{213}	ɕiəŋ^{213}	ɕiəŋ^{213}	tʂəŋ^{213}	tʂʰəŋ^{213}
孝义	tɕiə̃^{33}	tɕʰiə̃^{33}	tɕʰiə̃^{33}	ɕiə̃^{33}	ɕiə̃^{33}	ɕiə̃^{33}	tʂə̃^{33}	tʂʰə̃^{33}
介休	tɕin^{13}	tɕʰin^{13}	tɕʰin^{13}	ɕin^{13}	ɕin^{13}	ɕin^{13}	tʂəŋ^{13}	tʂʰəŋ^{13}
灵石	tɕiŋ^{535}	tɕʰiŋ^{535}	tɕʰiŋ^{44}	ɕiŋ^{535}	ɕiŋ^{535}	ɕiŋ^{535}	tsəŋ^{535}	tsʰəŋ^{44}
盂县	tɕiə̃^{412}	tɕʰiə̃^{412}	tɕʰiə̃^{22}	ɕiə̃^{412}	ɕiə̃^{412}	ɕiə̃^{412}	tsə̃^{412}	tsʰə̃^{22}
寿阳	tɕiə̃^{31}	tɕʰiə̃^{31}	tɕʰiə̃^{22}	ɕiə̃^{31}	ɕiə̃^{31}	ɕiə̃^{31}	tsə̃^{31}	tsʰə̃^{22}
榆社	tɕiɛɪ^{22}	tɕʰiɛɪ^{22}	tɕʰiɛɪ^{22}	ɕiɛɪ^{22}	ɕiɛɪ^{22}	ɕiɛɪ^{22}	tsɛɪ^{22}	tsʰɛɪ^{22}
离石	tɕiəŋ^{24}	tɕʰiəŋ^{24}	tɕʰiəŋ^{44}	ɕiəŋ^{24}	ɕiəŋ^{24}	ɕiəŋ^{24}	tsəŋ^{24}	tsʰəŋ^{44}
汾阳	tɕiẼ^{324}	tɕʰiẼ^{324}	tɕʰiẼ^{22}	ɕiẼ^{324}	ɕiẼ^{324}	ɕiẼ^{324}	tʂəŋ^{324}	tʂʰəŋ^{22}
中阳	tɕiə̃^{24}	tɕʰiə̃^{24}	tɕʰiə̃^{33}	ɕiə̃^{24}	ɕiə̃^{24}	ɕiə̃^{24}	tsə̃^{24}	tsʰə̃^{33}
柳林	tɕiə̃^{24}	tɕʰiə̃^{24}	tɕʰiə̃^{44}	ɕiə̃^{24}	ɕiə̃^{24}	ɕiə̃^{24}	tsə̃^{24}	tsʰə̃^{44}
方山	tɕiə̃ŋ^{24}	tɕʰiə̃ŋ^{24}	tɕʰiə̃ŋ^{44}	ɕiə̃ŋ^{24}	ɕiə̃ŋ^{24}	ɕiə̃ŋ^{24}	tʂə̃ŋ^{24}	tʂʰə̃ŋ^{44}
临县	tɕiə̃^{24}	tɕʰiə̃^{24}	tɕʰiə̃^{33}	ɕiə̃^{24}	ɕiə̃^{24}	ɕiə̃^{24}	tʂə̃^{24}	tʂʰə̃^{33}
兴县	tɕiəŋ^{324}	tɕʰiəŋ^{324}	tɕʰiəŋ^{55}	ɕiəŋ^{324}	ɕiəŋ^{324}	ɕiəŋ^{324}	tʂəŋ^{324}	tʂʰəŋ^{55}
岚县	tɕiəŋ^{214}	tɕʰiəŋ^{214}	tɕʰiəŋ^{44}	ɕiəŋ^{214}	ɕiəŋ^{214}	ɕiəŋ^{214}	tsəŋ^{214}	tsʰəŋ^{44}
静乐	tɕiɤ̃^{24}	tɕʰiɤ̃^{24}	tɕʰiɤ̃^{33}	ɕiɤ̃^{24}	ɕiɤ̃^{24}	ɕiɤ̃^{24}	tsɤ̃^{24}	tsʰɤ̃^{33}
交口	tɕiəŋ^{323}	tɕʰiəŋ^{323}	tɕʰiəŋ^{44}	ɕiəŋ^{323}	ɕiəŋ^{323}	ɕiəŋ^{323}	tsəŋ^{323}	tsʰəŋ^{44}
石楼	tɕiəŋ^{213}	tɕʰiəŋ^{213}	tɕʰiəŋ^{44}	ɕiəŋ^{213}	ɕiəŋ^{213}	ɕiəŋ^{213}	tʂəŋ^{213}	tʂʰəŋ^{44}

续表

字目	津	亲~切	秦	辛	新	薪	珍	陈
中古音 / 方言点	将邻 臻开三 平真精	七人 臻开三 平真清	匠邻 臻开三 平真从	息邻 臻开三 平真心	息邻 臻开三 平真心	息邻 臻开三 平真心	陟邻 臻开三 平真知	直珍 臻开三 平真澄
隰县	tɕiəŋ^{53}	tɕʰiəŋ^{53}	tɕʰiəŋ^{24}	ɕiəŋ^{53}	ɕiəŋ^{53}	ɕiəŋ^{53}	tsəŋ^{53}	tsʰəŋ^{24}
大宁	tɕiən^{31}	tɕʰiən^{31}	tɕʰiən^{24}	ɕiən^{31}	ɕiən^{31}	ɕiən^{31}	tʂəŋ^{31}	tʂʰəŋ^{24}
永和	tɕiəŋ^{33}	tɕʰiəŋ^{33}	tɕʰiəŋ^{35}	ɕiəŋ^{33}	ɕiəŋ^{33}	ɕiəŋ^{33}	tʂəŋ^{33}	tʂʰəŋ^{35}
汾西	tɕiəŋ^{11}	tɕʰiəŋ^{11}	tɕʰiəŋ^{35}	ɕiəŋ^{11}	ɕiəŋ^{11}	ɕiəŋ^{11}	tsəŋ^{11}	tsʰəŋ^{35}
蒲县	tɕiŋ^{31}	tɕʰieĩ^{52}	tɕʰieĩ^{24}	ɕieĩ^{52}	ɕieĩ^{52}	ɕieĩ^{52}	tʂeĩ^{52}	tʂʰeĩ^{24}
潞州	tɕiŋ^{312}	tɕʰiŋ^{312}	tɕʰiŋ^{24}	ɕiŋ^{312}	ɕiŋ^{312}	ɕiŋ^{312}	tsəŋ^{312}	tsʰəŋ^{24}
上党	tɕiŋ^{213}	tɕʰiŋ^{213}	tɕʰiŋ^{44}	ɕiŋ^{213}	ɕiŋ^{213}	ɕiŋ^{213}	tsəŋ^{213}	tsʰəŋ^{44}
长子	tsẼ^{312}	tsʰẼ^{312}	tsʰẼ^{24}	sẼ^{312}	sẼ^{312}	sẼ^{312}	tsẼ^{312}	tsʰẼ^{24}
屯留	tɕiəŋ^{31}	tɕʰiẽ^{31}	tɕʰiẽ^{11}	ɕiẽ^{31}	ɕiẽ^{31}	ɕiẽ^{31}	tsẽ^{31}	tsʰẽ^{11}
襄垣	tɕiəŋ^{33}	tɕʰiəŋ^{33}	tɕʰiəŋ^{31}	ɕiəŋ^{33}	ɕiəŋ^{33}	ɕiəŋ^{33}	tsəŋ^{33}	tsʰəŋ^{31}
黎城	tɕiẽ^{33}	tɕʰiẽ^{33}	tɕʰiẽ^{53}	ɕiẽ^{33}	ɕiẽ^{33}	ɕiẽ^{33}	tɕiẽ^{33}	tɕʰiẽ^{53}
平顺	tɕiẼ^{213}	tɕʰiẼ^{213}	tɕʰiẼ^{13}	ɕiẼ^{213}	ɕiẼ^{213}	ɕiẼ^{213}	tɕẼ^{213}	tɕʰẼ^{13}
壶关	tsiŋ^{33}	tsʰiŋ^{33}	tsʰiŋ^{13}	siŋ^{33}	siŋ^{33}	siŋ^{33}	tʂəŋ^{33}	tʂʰəŋ^{13}
沁县	tɕiə̃^{224}	tɕʰiə̃^{224}	tɕʰiə̃^{33}	ɕiə̃^{224}	ɕiə̃^{224}	ɕiə̃^{224}	tsə̃^{224}	tsʰə̃^{33}
武乡	tɕiɐŋ^{113}	tɕʰiɐŋ^{113}	tɕʰiɐŋ^{33}	ɕiɐŋ^{113}	ɕiɐŋ^{113}	ɕiɐŋ^{113}	tsɐŋ^{113}	tsʰɐŋ^{33}
沁源	tɕiə̃^{324}	tɕʰiə̃^{324}	tɕʰiə̃^{33}	ɕiə̃^{324}	ɕiə̃^{324}	ɕiə̃^{324}	tʂə̃^{324}	tʂʰə̃^{33}
安泽	tɕiəŋ^{21}	tɕʰiəŋ^{21}	tɕʰiəŋ^{35}	ɕiəŋ^{21}	ɕiəŋ^{21}	ɕiəŋ^{21}	tsəŋ^{21}	tsʰəŋ^{35}
沁水端氏	tɕiŋ^{21}	tɕʰiŋ^{21}	tɕʰiŋ^{24}	ɕiŋ^{21}	ɕiŋ^{21}	ɕiŋ^{21}	tsəŋ^{21}	tsʰəŋ^{24}
阳城	tɕiə̃ĩ^{224}	tɕʰiə̃ĩ^{224}	tɕʰiə̃ĩ^{22}	ɕiə̃ĩ^{224}	ɕiə̃ĩ^{224}	ɕiə̃ĩ^{224}	tʂə̃ĩ^{224}	tʂʰə̃ĩ^{22}
高平	tɕiə̃ŋ^{33}	tɕʰiə̃ĩ^{33}	tɕʰiə̃ĩ^{33}	ɕiə̃ĩ^{33}	ɕiə̃ĩ^{33}	ɕiə̃ĩ^{33}	tʂə̃ĩ^{33}	tʂʰə̃ĩ^{33}
陵川	tɕiŋ^{33}	tɕʰiə̃ĩ^{33}	tɕʰiə̃ĩ^{53}	ɕiə̃ĩ^{33}	ɕiə̃ĩ^{33}	ɕiə̃ĩ^{33}	tʂə̃ĩ^{33}	tʂʰə̃ĩ^{53}
晋城	tɕiẽ^{33}	tɕʰiẽ^{33}	tɕʰiẽ^{324}	ɕiẽ^{33}	ɕiẽ^{33}	ɕiẽ^{33}	tʂɐ̃^{33}	tʂʰɐ̃^{324}
忻府	tɕiəŋ^{313}	tɕʰiəŋ^{313}	tɕʰiəŋ^{21}	ɕiəŋ^{313}	ɕiəŋ^{313}	ɕiəŋ^{313}	tʂəŋ^{313}	tʂʰəŋ^{21}
原平	tɕiəŋ^{213}	tɕʰiəŋ^{213}	tɕʰiəŋ^{33}	ɕiəŋ^{213}	ɕiəŋ^{213}	ɕiəŋ^{213}	tʂəŋ^{213}	tʂʰəŋ^{33}
定襄	tɕiəŋ^{24}	tɕʰiəŋ^{24}	tɕʰiəŋ^{24}	ɕiəŋ^{24}	ɕiəŋ^{24}	ɕiəŋ^{24}	tʂəŋ^{24}	tʂʰəŋ^{11}
五台	tɕiən^{213}	tɕʰiən^{213}	tɕʰiən^{33}	ɕiən^{213}	ɕiən^{213}	ɕiən^{213}	tsən^{213}	tsʰən^{33}
岢岚	tɕiəŋ^{13}	tɕʰiəŋ^{13}	tɕʰiəŋ^{44}	ɕiəŋ^{13}	ɕiəŋ^{13}	ɕiəŋ^{13}	tʂəŋ^{13}	tʂʰəŋ^{44}
五寨	tɕiəɣ̃^{13}	tɕʰiəɣ̃^{13}	tɕʰiəɣ̃^{44}	ɕiəɣ̃^{13}	ɕiəɣ̃^{13}	ɕiəɣ̃^{13}	tsəɣ̃^{13}	tsʰəɣ̃^{44}
宁武	tɕiɤɯ^{23}	tɕiɤɯ^{23}	tɕiɤɯ^{33}	ɕiɤɯ^{23}	ɕiɤɯ^{23}	ɕiɤɯ^{23}	tsɤɯ^{23}	tsʰɤɯ^{33}
神池	tɕiə̃^{24}	tɕʰiə̃^{24}	tɕʰiə̃^{32}	ɕiə̃^{24}	ɕiə̃^{24}	ɕiə̃^{24}	tsə̃^{24}	tsʰə̃^{52}

续表

字目	津	亲~切	秦	辛	新	薪	珍	陈
中古音 / 方言点	将邻 臻开三 平真精	七人 臻开三 平真清	匠邻 臻开三 平真从	息邻 臻开三 平真心	息邻 臻开三 平真心	息邻 臻开三 平真心	陟邻 臻开三 平真知	直珍 臻开三 平真澄
繁峙	tɕiəŋ^{53}	tɕʰiəŋ^{53}	tɕʰiəŋ^{31}	ɕiəŋ^{53}	ɕiəŋ^{53}	ɕiəŋ^{53}	tsəŋ^{53}	tsʰəŋ^{31}
代县	tɕiɤŋ^{213}	tɕʰiɤŋ^{213}	tɕʰiɤŋ^{44}	ɕiɤŋ^{213}	ɕiɤŋ^{213}	ɕiɤŋ^{213}	tsɤŋ^{213}	tsʰɤŋ^{44}
河曲	tɕiŋ^{213}	tɕʰiŋ^{213}	tɕʰiŋ^{44}	ɕiŋ^{213}	ɕiŋ^{213}	ɕiŋ^{213}	tʂɤŋ^{213}	tʂʰɤŋ^{44}
保德	tɕiəŋ^{213}	tɕʰiəŋ^{213}	tɕʰiəŋ^{44}	ɕiəŋ^{213}	ɕiəŋ^{213}	ɕiəŋ^{213}	tʂəŋ^{213}	tʂʰəŋ^{44}
偏关	tɕiɤŋ^{24}	tɕʰiɤŋ^{24}	tsʰɤŋ^{44}	ɕiɤŋ^{24}	ɕiɤŋ^{24}	ɕiɤŋ^{24}	tʂɤŋ^{24}	tʂʰɤŋ^{44}
朔城	tɕiə̃^{312}	tɕʰiə̃^{312}	tɕʰiə̃^{35}	ɕiə̃^{312}	——	ɕiə̃^{312}	tsə̃^{312}	tsʰə̃^{35}
平鲁	tɕiəɯ^{213}	tɕʰiəɯ^{213}	tɕʰiəɯ^{44}	ɕiəɯ^{213}	ɕiəɯ^{213}	——	tsəɯ^{213}	tsʰəɯ^{44}
应县	tɕiəŋ^{43}	tɕʰiəŋ^{43}	tɕʰiəŋ^{31}	ɕiəŋ^{43}	ɕiəŋ^{43}	ɕiəŋ^{43}	tsəŋ^{43}	tsʰəŋ^{31}
灵丘	tɕiŋ^{442}	tɕʰiŋ^{442}	tɕʰiŋ^{31}	ɕiŋ^{442}	ɕiŋ^{442}	ɕiŋ^{442}	tsəŋ^{442}	tsʰəŋ^{31}
浑源	tɕiə̃^{52}	tɕʰiə̃^{52}	tɕʰiə̃^{22}	ɕiə̃^{52}	ɕiə̃^{52}	ɕiə̃^{52}	tsə̃^{52}	tsʰə̃^{22}
云州	tɕiəɣ^{21}	tɕʰiəɣ^{21}	tɕʰiəɣ^{312}	ɕiəɣ^{21}	ɕiəɣ^{21}	ɕiəɣ^{21}	tʂəɣ^{21}	tʂʰəɣ^{312}
新荣	tɕiɣ^{32}	tɕʰiɣ^{32}	tɕʰiɣ^{312}	ɕiɣ^{32}	ɕiɣ^{32}	ɕiɣ^{32}	tʂɤɣ^{32}	tʂʰɤɣ^{312}
怀仁	tɕiəŋ^{42}	tɕʰiəŋ^{42}	tɕʰiəŋ^{312}	ɕiəŋ^{42}	ɕiəŋ^{42}	ɕiəŋ^{42}	tsəŋ^{42}	tsʰəŋ^{312}
左云	tɕiəɣ^{31}	tɕʰiəɣ^{31}	tɕʰiəɣ^{313}	ɕiəɣ^{31}	ɕiəɣ^{31}	ɕiəɣ^{31}	tsəɣ^{31}	tsʰəɣ^{313}
右玉	tɕiə̃ɣ^{31}	tʰɕiə̃ɣ^{31}	tʰɕiə̃ɣ^{212}	ɕiə̃ɣ^{31}	ɕiə̃ɣ^{31}	ɕiə̃ɣ^{31}	tʂə̃ɣ^{31}	tʂʰə̃ɣ^{212}
阳高	tɕiəŋ^{31}	tɕʰiəŋ^{31}	tɕʰiəŋ^{31}	ɕiəŋ^{31}	ɕiəŋ^{31}	ɕiəŋ^{31}	tsəŋ^{31}	tsʰəŋ^{31}
山阴	tɕiə̃^{313}	tɕʰiə̃^{313}	tɕʰiə̃^{313}	ɕiə̃^{313}	ɕiə̃^{313}	ɕiə̃^{313}	tʂə̃^{313}	tʂʰə̃^{313}
天镇	tɕiɤɣ^{31}	tɕʰiɤɣ^{31}	tɕʰiɤɣ^{22}	ɕiɤɣ^{31}	ɕiɤɣ^{31}	ɕiɤɣ^{31}	tsɤɣ^{31}	tsʰɤɣ^{22}
平定	tɕiɤŋ^{31}	tɕʰiɤŋ^{31}	tɕʰiɤŋ^{44}	ɕiɤŋ^{31}	ɕiɤŋ^{31}	ɕiɤŋ^{31}	tʂɤŋ^{31}	tʂʰɤŋ^{44}
昔阳	tɕiəŋ^{42}	tɕʰiəŋ^{42}	tɕʰiəŋ^{33}	ɕiəŋ^{42}	ɕiəŋ^{42}	ɕiəŋ^{42}	tʂəŋ^{42}	tʂʰəŋ^{33}
左权	tɕiəŋ^{31}	tɕʰiəŋ^{31}	tɕʰiəŋ^{11}	ɕiəŋ^{31}	ɕiəŋ^{31}	ɕiəŋ^{31}	tʂəŋ^{31}	tʂʰəŋ^{11}
和顺	tɕiəŋ^{42}	tɕʰiəŋ^{42}	tɕʰiəŋ^{22}	ɕiəŋ^{42}	ɕiəŋ^{42}	ɕiəŋ^{42}	tʂəŋ^{42}	tʂʰəŋ^{22}
尧都	tɕiəŋ^{21}	tɕʰiəŋ^{21}	tɕʰiəŋ^{24}	ɕiə̃^{21}	ɕiə̃^{21}	ɕiə̃^{21}	tʂə̃^{21}	tʂʰə̃^{24}
洪洞	tɕien^{21}	tɕʰien^{21}	tɕʰien^{24}	ɕien^{21}	ɕien^{21}	ɕien^{21}	tʂen^{21}	tʂʰen^{24}
洪洞赵城	tɕieŋ^{21}	tɕʰieŋ^{21}	tɕʰieŋ^{24}	ɕieŋ^{21}	ɕieŋ^{21}	ɕieŋ^{21}	tʂeŋ^{21}	tʂʰeŋ^{24}
古县	tɕin^{21}	tɕin^{21}	tɕin^{35}	ɕin^{21}	ɕin^{21}	ɕin^{21}	tʂen^{21}	tʂʰen^{35}
襄汾	tɕien^{21}	tɕʰien^{21}	tɕʰien^{24}	ɕien^{21}	ɕien^{21}	ɕien^{21}	tʂen^{21}	tʂʰen^{24}
浮山	tɕiẽĩ^{42}	tɕʰiẽĩ^{42}	tɕʰiẽĩ^{13}	ɕiẽĩ^{42}	ɕiẽĩ^{42}	ɕiẽĩ^{42}	tʂẽĩ^{42}	tʂʰẽĩ^{13}
霍州	tɕiŋ^{212}	tɕʰiŋ^{212}	tɕʰiŋ^{35}	ɕiŋ^{212}	ɕiŋ^{212}	ɕiŋ^{212}	tʂəŋ^{212}	tʂʰəŋ^{35}
翼城	tɕiŋ^{53}	tɕʰiŋ^{53}	tɕʰiŋ^{12}	ɕiŋ^{53}	ɕiŋ^{53}	ɕiŋ^{53}	tʂəŋ^{53}	tʂʰəŋ^{12}

续表

字目	津	亲~切	秦	辛	新	薪	珍	陈
中古音 / 方言点	将邻 臻开三 平真精	七人 臻开三 平真清	匠邻 臻开三 平真从	息邻 臻开三 平真心	息邻 臻开三 平真心	息邻 臻开三 平真心	陟邻 臻开三 平真知	直珍 臻开三 平真澄
闻喜	tɕiẽĩ^{53}	tɕʰiẽĩ^{53}/ tɕʰiẽĩ^{13}	tɕʰiẽĩ^{13}	ɕiẽĩ^{53}	ɕiẽĩ^{53}	ɕiẽĩ^{53}	tsẽĩ^{53}	tsʰẽĩ^{13}
侯马	tɕieĩ^{213}	tɕʰieĩ^{213}	ɕieĩ^{213}	ɕieĩ^{213}	ɕieĩ^{213}	ɕieĩ^{213}	tʂeĩ^{213}	tʂʰeĩ^{213}
新绛	tɕiɛ̃^{53}	tɕʰiɛ̃^{53}	tɕʰiɛ̃^{13}	ɕiɛ̃^{53}	ɕiɛ̃^{53}	ɕiɛ̃^{53}	tʂɛ̃^{53}	tʂʰɛ̃^{13}
绛县	tɕieĩ^{53}	tɕʰieĩ^{53}	tɕʰieĩ^{24}	ɕieĩ^{53}	ɕieĩ^{53}	ɕieĩ^{53}	tʂeĩ^{53}	tʂʰeĩ^{24}
垣曲	tɕiə̃^{22}	tɕʰiə̃^{22}	tɕʰiə̃^{22}	ɕiə̃^{22}	ɕiə̃^{22}	ɕiə̃^{22}	tʂə̃^{22}	tʂʰə̃^{22}
夏县	tɕiei^{53}	tɕʰiei^{53}	tɕʰiei^{42}	ɕiei^{53}	ɕiei^{53}	ɕiei^{53}	tʂei^{53}	tʂʰei^{42}
万荣	tɕiei^{33}	tɕʰiei^{33}	tɕʰiei^{213}	ɕiei^{51}	ɕiei^{51}	ɕiei^{51}	tʂei^{51}	tʂʰei^{213}
稷山	tɕiʌŋ^{53}白/ tɕiə̃^{53}文	tɕʰiə̃^{53}	tɕʰiə̃^{13}	ɕiə̃^{53}	ɕiə̃^{53}	ɕiə̃^{53}	tʂə̃^{53}	tʂʰə̃^{13}
盐湖	tɕieĩ^{42}	tɕʰieĩ^{42}	tɕʰieĩ^{13}	ɕieĩ^{42}	ɕieĩ^{42}	ɕieĩ^{42}	tʂeĩ^{42}	tʂʰeĩ^{13}
临猗	tɕieĩ^{42}	tɕʰieĩ^{42}	tɕʰieĩ^{13}	ɕieĩ^{42}	ɕieĩ^{42}	ɕieĩ^{42}	tʂeĩ^{42}	tʂʰeĩ^{13}
河津	tɕiẽ^{44}	tɕʰiẽ^{31}	tɕʰiẽ^{324}	ɕiẽ^{31}	ɕiẽ^{31}	ɕiẽ^{31}	tʂẽ^{31}	tʂʰẽ^{324}
平陆	tɕiei^{33}	tɕʰiei^{31}	tɕʰiei^{13}	ɕiei^{31}	ɕiei^{31}	ɕiei^{31}	tʂei^{31}	tʂʰei^{31}
永济	tɕiei^{31}	tɕʰiei^{31}/ tɕʰiei^{44}	tɕʰiei^{24}	ɕiei^{31}	ɕiei^{31}	ɕiei^{31}	tʂei^{31}	tʂʰei^{24}
芮城	tɕieĩ^{42}	tɕʰieĩ^{42}	tɕʰieĩ^{13}	ɕieĩ^{42}	ɕieĩ^{42}	ɕieĩ^{42}	tʂeĩ^{42}	tʂʰeĩ^{13}
吉县	tɕiei^{423}	tɕʰiei^{423}	tɕʰiei^{13}	ɕiei^{423}	ɕiei^{423}	ɕiei^{423}	tʂei^{423}	tʂʰei^{13}
乡宁	tɕiəŋ^{53}	tɕʰiəŋ^{53}	tɕʰiəŋ^{12}	ɕiəŋ^{53}	ɕiəŋ^{53}	ɕiəŋ^{53}	tʂəŋ^{53}	tʂʰəŋ^{12}
广灵	tɕiŋ^{53}	tɕʰiŋ^{53}	tɕʰiŋ^{31}	ɕiŋ^{53}	ɕiŋ^{53}	ɕiŋ^{53}	tsəŋ^{53}	tsʰəŋ^{31}

字目	尘	真	神	身	申	伸	晨	辰
中古音 / 方言点	直珍 臻开三 平真澄	职邻 臻开三 平真章	食邻 臻开三 平真船	失人 臻开三 平真书	失人 臻开三 平真书	失人 臻开三 平真书	植邻 臻开三 平真禅	植邻 臻开三 平真禅
北京	tʂʰən^{35}	tʂən^{55}	ʂən^{35}	ʂən^{55}	ʂən^{55}	ʂən^{55}	tʂʰən^{35}	tʂʰən^{35}
小店	tsʰəŋ^{11}	tsəŋ^{11}	səŋ^{11}	səŋ^{11}	səŋ^{11}	səŋ^{11}	tsʰəŋ^{11}	tsʰəŋ^{11}
尖草坪	tsʰʌŋ^{33}	tsʌŋ^{33}	sʌŋ^{33}	sʌŋ^{33}	sʌŋ^{33}	sʌŋ^{33}	tsʰʌŋ^{33}	tsʰʌŋ^{33}
晋源	tsʰəŋ^{11}	tsəŋ^{11}	səŋ^{11}	səŋ^{11}	səŋ^{11}	səŋ^{11}	tsʰəŋ^{11}	tsʰəŋ^{11}
阳曲	tsʰə̃^{43}	tsə̃^{312}	sə̃^{43}	sə̃^{312}	sə̃^{312}	sə̃^{312}	tsʰə̃^{43}	tsʰə̃^{43}
古交	tsʰəŋ^{44}	tsəŋ^{44}	səŋ^{44}	səŋ^{44}	səŋ^{44}	səŋ^{44}	tsʰəŋ^{44}	tsʰəŋ^{44}
清徐	tsʰəŋ^{11}	tsəŋ^{11}	səŋ^{11}	səŋ^{11}	səŋ^{11}	səŋ^{11}	tsʰəŋ^{11}	tsʰəŋ^{11}
娄烦	tsʰəŋ^{33}	tsəŋ^{33}	səŋ^{33}	səŋ^{33}	səŋ^{33}	səŋ^{33}	tsʰəŋ^{33}	tsʰəŋ^{33}
榆次	tsʰɤ̃^{11}	tsɤ̃^{11}	sɤ̃^{11}	sɤ̃^{11}	sɤ̃^{11}	sɤ̃^{11}	tsʰɤ̃^{11}	tsʰɤ̃^{11}
交城	tsʰə̃^{11} 文	tsə̃^{11}	sə̃^{11}	sə̃^{11}	sə̃^{11}	sə̃^{11}	tsʰə̃^{11}	tsʰə̃^{11}
文水	tsʰɔŋ^{22}	tsɔŋ^{22}	sɔŋ^{22}	sɔŋ^{22}	sɔŋ^{22}	sɔŋ^{22}	sɔŋ^{22} 白 / tsʰɔŋ^{22} 文	tsʰɔŋ^{22}
祁县	tʂɔõ^{31} 白 / tʂʰɔõ^{31} 文	tʂɔõ^{31}	ʂɔõ^{31}	ʂɔõ^{31}	ʂɔõ^{31}	ʂɔõ^{31}	tʂʰɔõ^{31}	tʂʰɔõ^{31}
太谷	tsə̃^{33} 白 / tsʰə̃^{33} 文	tsə̃^{33}	sə̃^{33}	sə̃^{33}	sə̃^{33}	sə̃^{33}	tsʰə̃^{33}	tsʰə̃^{33}
平遥	tʂʰəŋ^{213}	tʂəŋ^{213}	ʂəŋ^{213}	ʂəŋ^{213}	ʂəŋ^{213}	ʂəŋ^{213}	ʂəŋ^{213} 白 / tʂʰəŋ^{213} 文	tʂʰəŋ^{213}
孝义	tʂʰə̃^{33}	tʂə̃^{33}	ʂə̃^{33}	ʂə̃^{33}	ʂə̃^{33}	ʂə̃^{33}	tʂʰə̃^{33}	tʂʰə̃^{33}
介休	tʂʰəŋ^{13}	tʂəŋ^{13}	ʂəŋ^{13}	ʂəŋ^{13}	ʂəŋ^{13}	ʂəŋ^{13}	tʂʰəŋ^{13}	tʂʰəŋ^{13}
灵石	tsʰəŋ^{44}	tsəŋ^{535}	səŋ^{44}	səŋ^{535}	səŋ^{535}	səŋ^{535}	tsʰəŋ^{44}	tsʰəŋ^{44}
盂县	tsʰə̃^{22}	tsə̃^{412}	sə̃^{22}	sə̃^{412}	sə̃^{412}	sə̃^{412}	tsʰə̃^{22}	tsʰə̃^{22}
寿阳	tsʰə̃^{22}	tsə̃^{31}	sə̃^{22}	sə̃^{31}	sə̃^{31}	sə̃^{31}	tsʰə̃^{22}	tsʰə̃^{22}
榆社	tsʰɛɪ^{22}	tsɛɪ^{22}	sɛɪ^{22}	sɛɪ^{22}	sɛɪ^{22}	sɛɪ^{22}	tsʰɛɪ^{22}	tsʰɛɪ^{22}
离石	tsʰəŋ^{44}	tsəŋ^{24}	səŋ^{44}	səŋ^{24}	səŋ^{24}	səŋ^{24}	tsʰəŋ^{44}	tsʰəŋ^{44}
汾阳	tʂʰəŋ^{22}	tʂəŋ^{324}	ʂəŋ^{22}	ʂəŋ^{324}	ʂəŋ^{324}	ʂəŋ^{324}	tʂʰəŋ^{22}	tʂʰəŋ^{22}
中阳	tsʰə̃^{33}	tsə̃^{24}	sə̃^{33}	sə̃^{24}	sə̃^{24}	sə̃^{24}	tsʰə̃^{33}	tsʰə̃^{33}
柳林	tsʰə̃^{44}	tsə̃^{24}	sə̃^{44}	sə̃^{24}	sə̃^{24}	sə̃^{24}	tsʰə̃^{44}	tsʰə̃^{44}
方山	tʂʰə̃ŋ^{44}	tʂə̃ŋ^{24}	ʂə̃ŋ^{44}	ʂə̃ŋ^{24}	ʂə̃ŋ^{24}	ʂə̃ŋ^{24}	tʂʰə̃ŋ^{44}	tʂʰə̃ŋ^{44}
临县	tʂʰə̃^{33}	tʂə̃^{24}	ʂə̃^{33}	ʂə̃^{24}	ʂə̃^{24}	ʂə̃^{24}	tʂʰə̃^{33}	tʂʰə̃^{33}
兴县	tʂʰəŋ^{55}	tʂəŋ^{324}	ʂəŋ^{55}	ʂəŋ^{324}	ʂəŋ^{324}	ʂəŋ^{324}	tʂʰəŋ^{55}	tʂʰəŋ^{55}
岚县	tsʰəŋ^{44}	tsəŋ^{214}	səŋ^{44}	səŋ^{214}	səŋ^{214}	səŋ^{214}	tsʰəŋ^{44}	tsʰəŋ^{44}
静乐	tsʰɤ̃^{33}	tsɤ̃^{24}	sɤ̃^{33}	sɤ̃^{24}	sɤ̃^{24}	sɤ̃^{24}	tsʰɤ̃^{33}	tsʰɤ̃^{33}

续表

字目	尘	真	神	身	申	伸	晨	辰
中古音 / 方言点	直珍 臻开三 平真澄	职邻 臻开三 平真章	食邻 臻开三 平真船	失人 臻开三 平真书	失人 臻开三 平真书	失人 臻开三 平真书	植邻 臻开三 平真禅	植邻 臻开三 平真禅
交口	tsʰəŋ^{44}	tsəŋ^{323}	səŋ^{44}	səŋ^{323}	səŋ^{323}	səŋ^{323}	tsʰəŋ^{44}	tsʰəŋ^{44}
石楼	tʂʰəŋ^{44}	tʂəŋ^{213}	ʂəŋ^{44}	ʂəŋ^{213}	ʂəŋ^{213}	ʂəŋ^{213}	tʂʰəŋ^{44}	tʂʰəŋ^{44}
隰县	tsʰəŋ^{24}	tsəŋ^{53}	səŋ^{24}	səŋ^{53}	səŋ^{53}	səŋ^{53}	tsʰəŋ^{24}	tsʰəŋ^{24}
大宁	tʂʰəŋ^{24}	tʂəŋ^{31}	ʂəŋ^{31}	ʂəŋ^{31}	ʂəŋ^{31}	ʂəŋ^{31}	tʂʰəŋ^{24}	tʂʰəŋ^{24}
永和	tʂʰəŋ^{35}	tʂəŋ^{33}	ʂəŋ^{35}	ʂəŋ^{33}	ʂəŋ^{33}	ʂəŋ^{33}	tʂʰəŋ^{35}	tʂʰəŋ^{35}
汾西	——	tsəŋ^{11}	səŋ^{35}	səŋ^{11}	səŋ^{11}	səŋ^{11}	——	——
蒲县	tʂʰeĩ^{24}	tʂeĩ^{52}	ʂeĩ^{24}	ʂeĩ^{52}	ʂeĩ^{31}	ʂeĩ^{52}	tʂʰeĩ^{24}	tʂʰeĩ^{24}
潞州	tsʰəŋ^{24}	tsəŋ^{312}	səŋ^{24}	səŋ^{312}	səŋ^{312}	səŋ^{312}	tsʰəŋ^{24}	tsʰəŋ^{24}
上党	tsʰəŋ^{44}	tsəŋ^{213}	səŋ^{44}	səŋ^{213}	səŋ^{213}	səŋ^{213}	tsʰəŋ^{44}	tsʰəŋ^{44}
长子	tsʰẼ^{24}	tsẼ^{312}	sẼ^{24}	sẼ^{312}	sẼ^{312}	sẼ^{312}	tsʰẼ^{24}	tsʰẼ^{24}
屯留	tsʰẽ^{11}	tsẽ^{31}	sẽ^{11}	sẽ^{31}	sẽ^{31}	sẽ^{31}	tsʰẽ^{11}	tsʰẽ^{11}
襄垣	tsʰəŋ^{31}	tsəŋ^{33}	səŋ^{31}	səŋ^{33}	səŋ^{33}	səŋ^{33}	tsʰəŋ^{31}	tsʰəŋ^{31}
黎城	tɕʰiẽ^{53}	tɕiẽ^{33}	ɕiẽ^{53}	ɕiẽ^{33}	ɕiẽ^{33}	ɕiẽ^{33}	tɕʰiẽ^{53}	tɕʰiẽ^{53}
平顺	tɕʰẼ^{13}	tɕẼ^{213}	ɕẼ^{13}	ɕẼ^{213}	ɕẼ^{213}	ɕẼ^{213}	tɕʰẼ^{13}	tɕʰẼ^{13}
壶关	tʂʰəŋ^{13}	tʂəŋ^{33}	ʂəŋ^{13}	ʂəŋ^{33}	ʂəŋ^{33}	ʂəŋ^{33}	tʂʰəŋ^{13}	tʂʰəŋ^{13}
沁县	tsʰə̃^{33}	tsə̃^{224}	sə̃^{33}	sə̃^{214}	sə̃^{214}	sə̃^{214}	tsʰə̃^{224}	tsʰə̃^{224}
武乡	tsʰɐŋ^{33}	tsɐŋ^{113}	sɐŋ^{33}	sɐŋ^{113}	sɐŋ^{113}	sɐŋ^{113}	tsʰɐŋ^{33}	tsʰɐŋ^{33}
沁源	tʂʰə̃^{33}	tʂə̃^{324}	ʂə̃^{33}	ʂə̃^{324}	ʂə̃^{324}	ʂə̃^{324}	tʂʰə̃^{33}	tʂʰə̃^{33}
安泽	tsʰəŋ^{35}	tsəŋ^{21}	səŋ^{35}	səŋ^{21}	——	səŋ^{21}	tsʰəŋ^{35}	tsʰəŋ^{35}
沁水端氏	tsʰəŋ^{24}	tsəŋ^{21}	səŋ^{24}	səŋ^{21}	səŋ^{21}	səŋ^{21}	tsʰəŋ^{24}	tsʰəŋ^{24}
阳城	tʂʰə̃ĩ^{22}	tʂə̃ĩ^{224}	ʂə̃ĩ^{22}	ʂə̃ĩ^{224}	ʂə̃ĩ^{224}	ʂə̃ĩ^{224}	tʂʰə̃ĩ^{22}	tʂʰə̃ĩ^{22}
高平	tʂʰə̃ĩ^{33}	tʂə̃ĩ^{33}	ʂə̃ĩ^{33}	ʂə̃ĩ^{33}	ʂə̃ĩ^{33}	ʂə̃ĩ^{33}	tʂʰə̃ĩ^{33}	tʂʰə̃ĩ^{33}
陵川	tʂʰə̃ĩ^{53}	tʂə̃ĩ^{33}	ʂə̃ĩ^{53}	ʂə̃ĩ^{33}	ʂə̃ĩ^{33}	ʂə̃ĩ^{33}	tʂʰə̃ĩ^{53}	tʂʰə̃ĩ^{53}
晋城	tʂʰɐ̃^{324}	tʂɐ̃^{33}	ʂɐ̃^{324}	ʂɐ̃^{33}	ʂɐ̃^{33}	ʂɐ̃^{33}	tʂʰɐ̃^{324} 白 / ʂɐ̃^{33} 文	tʂʰɐ̃^{324}
忻府	tʂʰəŋ^{21}	tʂəŋ^{313}	ʂəŋ^{21}	ʂəŋ^{313}	ʂəŋ^{313}	ʂəŋ^{313}	tʂʰəŋ^{21}	tʂʰəŋ^{21}
原平	tʂʰəŋ^{33}	tʂəŋ^{213}	ʂəŋ^{33}	ʂəŋ^{213}	ʂəŋ^{213}	ʂəŋ^{213}	tʂʰəŋ^{33}	tʂʰəŋ^{33}
定襄	tʂʰəŋ^{11}	tʂəŋ^{24}	ʂəŋ^{11}	ʂəŋ^{24}	ʂəŋ^{24}	ʂəŋ^{24}	tʂʰəŋ^{11}	tʂʰəŋ^{11}
五台	tsʰən^{33}	tsən^{213}	sən^{33}	sən^{213}	sən^{213}	sən^{213}	tsʰən^{33}	tsʰən^{33}
岢岚	tʂʰəŋ^{44}	tʂəŋ^{13}	ʂəŋ^{44}	ʂəŋ^{13}	ʂəŋ^{13}	ʂəŋ^{13}	tʂʰəŋ^{44}	tʂʰəŋ^{44}
五寨	tsʰəɣ̃^{44}	tsəɣ̃^{13}	səɣ̃^{44}	səɣ̃^{13}	səɣ̃^{13}	səɣ̃^{13}	tsʰəɣ̃^{44}	tsʰəɣ̃^{44}

续表

字目	尘	真	神	身	申	伸	晨	辰
中古音 方言点	直珍 臻开三 平真澄	职邻 臻开三 平真章	食邻 臻开三 平真船	失人 臻开三 平真书	失人 臻开三 平真书	失人 臻开三 平真书	植邻 臻开三 平真禅	植邻 臻开三 平真禅
宁武	tsʰɤɯ^{33}	tsɤɯ^{23}	sɤɯ^{33}	sɤɯ^{23}	sɤɯ^{23}	sɤɯ^{23}	tsʰɤɯ^{33}	tsʰɤɯ^{33}
神池	tsʰə̃^{32}	tsə̃^{24}	sə̃^{32}	sə̃^{24}	sə̃^{24}	sə̃^{24}	tsʰə̃^{32}	tsʰə̃^{32}
繁峙	tsʰəŋ^{31}	tsəŋ^{53}	səŋ^{31}	səŋ^{53}	səŋ^{53}	səŋ^{53}	tsʰəŋ^{31}	tsʰəŋ^{31}
代县	tsʰɤŋ^{44}	tsɤŋ^{213}	sɤŋ^{44}	sɤŋ^{213}	sɤŋ^{213}	sɤŋ^{213}	tsʰɤŋ^{44}	tsʰɤŋ^{44}
河曲	tʂʰɤŋ^{44}	tʂɤŋ^{213}	ʂɤŋ^{44}	ʂɤŋ^{213}	ʂɤŋ^{213}	ʂɤŋ^{213}	tʂʰɤŋ^{44}	tʂʰɤŋ^{44}
保德	tʂʰəŋ^{44}	tʂəŋ^{213}	ʂəŋ^{44}	ʂəŋ^{213}	ʂəŋ^{213}	ʂəŋ^{213}	tʂʰəŋ^{44}	ʂəŋ^{44} 白 / tʂʰəŋ^{44} 文
偏关	tʂʰɤŋ^{44}	tʂɤŋ^{24}	ʂɤŋ^{44}	ʂɤŋ^{24}	ʂɤŋ^{24}	ʂɤŋ^{24}	tʂʰɤŋ^{44}	tʂʰɤŋ^{44}
朔城	tsʰə̃^{35}	tsə̃^{312}	sə̃^{35}	sə̃^{312}	sə̃^{312}	sə̃^{312}	tsʰə̃^{35}	tsʰə̃^{35}
平鲁	——	tsəɯ^{213}	səɯ^{44}	səɯ^{213}	səɯ^{213}	səɯ^{213}	tsʰəɯ^{44}	tsʰəɯ^{44}
应县	tsʰəŋ^{31}	tsəŋ^{43}	səŋ^{31}	səŋ^{43}	səŋ^{43}	səŋ^{43}	tsʰəŋ^{31}	tsʰəŋ^{31}
灵丘	tsʰəŋ^{31}	tsəŋ^{442}	səŋ^{31}	səŋ^{442}	səŋ^{442}	səŋ^{442}	tsʰəŋ^{31}	tsʰəŋ^{31}
浑源	tsʰə̃^{22}	tsə̃^{52}	sə̃^{22}	sə̃^{52}	sə̃^{52}	sə̃^{52}	tsʰə̃^{22}	tsʰə̃^{22}
云州	tʂʰəɣ^{312}	tʂəɣ^{21}	ʂəɣ^{312}	ʂəɣ^{21}	ʂəɣ^{21}	ʂəɣ^{21}	tʂʰəɣ^{31}	tʂʰəɣ^{31}
新荣	tʂʰɤɣ^{312}	tʂɤɣ^{32}	ʂɤɣ^{312}	sɤɣ^{32}	sɤɣ^{32}	sɤɣ^{32}	tʂʰɤɣ^{312}	tʂʰɤɣ^{312}
怀仁	tsʰəŋ^{312}	tsəŋ^{42}	səŋ^{312}	səŋ^{42}	səŋ^{42}	səŋ^{42}	tsʰəŋ^{312}	tsʰəŋ^{312}
左云	tsʰəɣ^{313}	tsəɣ^{31}	səɣ^{313}	səɣ^{31}	səɣ^{31}	səɣ^{31}	tsʰəɣ^{313}	tsʰəɣ^{313}
右玉	tʂʰə̃ɣ^{212}	tʂə̃ɣ^{31}	ʂə̃ɣ^{212}	ʂə̃ɣ^{31}	ʂə̃ɣ^{31}	ʂə̃ɣ^{31}	tʂʰə̃ɣ^{212}	tʂʰə̃ɣ^{212}
阳高	tsʰəŋ^{31}	tsəŋ^{31}	səŋ^{31}	səŋ^{31}	səŋ^{31}	səŋ^{31}	tsʰəŋ^{312}	tsʰəŋ^{312}
山阴	tʂʰə̃^{313}	tʂə̃^{313}	ʂə̃^{313}	ʂə̃^{313}	ʂə̃^{313}	ʂə̃^{313}	tʂʰə̃^{313}/ʂə̃^{313}	tʂʰə̃^{313}
天镇	tsʰɤɣ^{22}	tsɤɣ^{31}	sɤɣ^{22}	sɤɣ^{31}	sɤɣ^{31}	sɤɣ^{31}	tsʰɤɣ^{22}	tsʰɤɣ^{22}
平定	tʂʰɤŋ^{44}	tʂɤŋ^{31}	sʅ^{31} 白 / ʂɤŋ^{44} 文	ʂɤŋ^{31}	ʂɤŋ^{31}	ʂɤŋ^{31}	tʂʰɤŋ^{44}	tʂʰɤŋ^{44}
昔阳	tʂʰəŋ^{33}	tʂəŋ^{42}	ʂəŋ^{33}	ʂəŋ^{13}	ʂəŋ^{13}	ʂəŋ^{13}	tʂʰəŋ^{33}	tʂʰəŋ^{33}
左权	tʂəŋ^{31}	tʂəŋ^{31}	ʂəŋ^{11}	ʂəŋ^{31}	ʂəŋ^{31}	ʂəŋ^{31}	tʂʰəŋ^{11}	tʂʰəŋ^{11}
和顺	tʂʰəŋ^{22}	tʂəŋ^{42}	ʂəŋ^{22}	ʂəŋ^{42}	ʂəŋ^{42}	ʂəŋ^{42}	tʂʰəŋ^{22}	tʂʰəŋ^{22}
尧都	tʂʰə̃^{24}	tʂə̃^{21}	ʂə̃^{24}	ʂə̃^{21}	ʂə̃^{21}	ʂə̃^{21}	tʂʰə̃^{24}	tʂʰə̃^{24}
洪洞	tʂʰen^{24}	tʂen^{21}	ʂen^{24}	ʂen^{21}	ʂen^{42}	ʂen^{42}	tʂʰen^{24}/ çien^{24}	tʂʰen^{24}
洪洞赵城	tʂʰeŋ^{24}	tʂeŋ^{21}	ʂeŋ^{24}	ʂeŋ^{21}	ʂeŋ^{21}	ʂeŋ^{21}	tʂʰeŋ^{24}	tʂʰeŋ^{24}
古县	tʂʰen^{35}	tʂen^{21}	ʂen^{35}	ʂen^{21}	ʂen^{21}	ʂen^{21}	tʂʰen^{35}	tʂʰen^{35}

续表

字目	尘	真	神	身	申	伸	晨	辰
中古音／方言点	直珍 臻开三 平真澄	职邻 臻开三 平真章	食邻 臻开三 平真船	失人 臻开三 平真书	失人 臻开三 平真书	失人 臻开三 平真书	植邻 臻开三 平真禅	植邻 臻开三 平真禅
襄汾	tʂʰen^{24}	tʂen^{21}	ʂen^{24}	ʂen^{21}	ʂen^{21}	ʂen^{21}	tʂʰen^{24}/çien^{42}	tʂʰen^{24}
浮山	tʂʰẽĩ^{13}	tʂẽĩ^{42}	ʂẽĩ^{13}	ʂẽĩ^{42}	ʂẽĩ^{42}	ʂẽĩ^{42}	tʂʰẽĩ^{13}	tʂʰẽĩ^{13}
霍州	tʂʰəŋ^{35}	tʂəŋ^{212}	ʂəŋ^{35}	ʂəŋ^{212}	ʂəŋ^{212}	ʂəŋ^{212}	tʂʰəŋ^{35}	tʂʰəŋ^{35}
翼城	tʂʰəŋ^{12}	tʂəŋ^{53}	ʂəŋ^{12}	ʂəŋ^{53}	ʂəŋ^{53}	ʂəŋ^{53}	tʂʰəŋ^{12}	tʂʰəŋ^{12}
闻喜	tsʰẽĩ^{13}	tsẽĩ^{53}	sẽĩ^{13}	sẽĩ^{53}	sẽĩ^{53}	sẽĩ^{53}	——	tsʰẽĩ^{13}
侯马	tʂʰeĩ^{53}	tʂeĩ^{44}	ʂeĩ^{53}	ʂeĩ^{44}	ʂeĩ^{44}	ʂeĩ^{53}	tʂʰeĩ^{53}	seĩ ^{213}
新绛	tʂʰɛ̃^{13}	tʂɛ̃^{53}	ʂɛ̃^{13}	ʂɛ̃^{53}	ʂɛ̃^{13}	ʂɛ̃^{53}	tʂʰɛ̃^{13}	tʂʰɛ̃^{13}
绛县	tʂʰeĩ^{24}	tʂeĩ^{53}	ʂeĩ^{24}	ʂeĩ^{53}	ʂeĩ^{53}	ʂeĩ^{53}	tʂʰeĩ^{53}	tʂʰeĩ^{53}
垣曲	tʂʰə̃^{22}	tʂə̃^{22}	ʂə̃^{22}	ʂə̃^{22}	ʂə̃^{22}	ʂə̃^{22}	tʂʰə̃^{22}	tʂʰə̃^{22}
夏县	tʂʰei^{42}	tʂei^{53}	ʂei^{42}	ʂei^{53}	ʂei^{53}	ʂei^{53}	tʂʰei^{42}	tʂʰei^{42}
万荣	tʂʰei^{213}	tʂei^{51}	ʂei^{213}	ʂei^{51}	ʂei^{51}	ʂei^{213}	tʂʰei^{213}	tʂʰei^{213}
稷山	tʂʰə̃^{13}	tʂə̃^{53}	ʂə̃^{13}	ʂə̃^{53}	ʂə̃^{13}	ʂə̃^{13}	tʂʰə̃^{13}	tʂʰə̃^{13}
盐湖	tʂʰeĩ^{13}	tʂeĩ^{42}	ʂeĩ^{13}	ʂeĩ^{42}	ʂeĩ^{42}	ʂeĩ^{42}	tʂʰeĩ^{13}	tʂʰeĩ^{13}
临猗	tʂʰeĩ^{13}	tʂeĩ^{42}	ʂeĩ^{13}	ʂeĩ^{42}	ʂeĩ^{42}	ʂeĩ^{42}	tʂʰeĩ^{13}	tʂʰeĩ^{13}
河津	tʂʰẽ^{324}	tʂẽ^{31}	ʂẽ^{324}	ʂẽ^{31}	ʂẽ^{324}	ʂẽ^{324}	ʂẽ^{324}	tʂʰẽ^{324}
平陆	tʂʰei^{31}	tʂei^{31}	ʂei^{13}	ʂei^{31}	ʂei^{31}	ʂei^{31}	tʂʰei^{31}	tʂʰei^{31}
永济	tʂʰei^{24}	tʂei^{31}	ʂei^{24}	ʂei^{31}	ʂei^{31}	ʂei^{31}	tʂʰei^{24}	tʂʰei^{24}
芮城	tʂʰeĩ^{13}	tʂeĩ^{42}	ʂeĩ^{13}	ʂeĩ^{42}	ʂeĩ^{42}	ʂeĩ^{42}	tʂʰeĩ^{13}	tʂeĩ^{13}
吉县	tʂʰei^{13}	tʂei^{423}	ʂei^{13}	ʂei^{423}	ʂei^{13}	ʂei^{13}	tʂʰei^{13}	tʂʰei^{13}
乡宁	tʂʰəŋ^{12}	tʂəŋ^{53}	ʂəŋ^{12}	ʂəŋ^{53}	ʂəŋ^{53}	ʂəŋ^{53}	tʂʰəŋ^{12}	tʂʰəŋ^{12}
广灵	tsʰəŋ^{31}	tsəŋ^{53}	səŋ^{31}	səŋ^{53}	səŋ^{53}	səŋ^{53}	tsʰəŋ^{31}	tsʰəŋ^{31}

字目	臣	人	仁	巾	银	因	姻	寅
中古音 方言点	植邻 臻开三 平真禅	如邻 臻开三 平真日	如邻 臻开三 平真日	居银 臻开三 平真见	语巾 臻开三 平真疑	於真 臻开三 平真影	於真 臻开三 平真影	翼真 臻开三 平真以
北京	tʂʰən^{35}	ʐən^{35}	ʐən^{35}	tɕin^{55}	in^{35}	in^{55}	in^{55}	in^{35}
小店	tsʰəŋ^{11}	zəŋ^{11}	zəŋ^{11}	tɕiə̃^{11}	iə̃^{11}	iə̃^{11}	iə̃^{11}	iə̃^{11}
尖草坪	tsʰʌŋ^{33}	zʌŋ^{33}	zʌŋ^{33}	tɕiʌŋ^{33}	iʌŋ^{33}	iʌŋ^{33}	iʌŋ^{33}	iʌŋ^{33}
晋源	tsʰəŋ^{11}	zəŋ^{11}	zəŋ^{11}	tɕin^{11}	in^{11}	in^{11}	in^{11}	in^{42}
阳曲	tsʰə̃^{43}	zə̃^{43}	zə̃^{43}	tɕiə̃^{312}	iə̃^{43}	iə̃^{312}	iə̃^{312}	iə̃^{312}
古交	tsʰəŋ^{44}	zəŋ^{44}	zəŋ^{44}	tɕiəŋ^{44}	ȵiəŋ^{44}	iəŋ^{44}	iəŋ^{44}	iəŋ^{44}
清徐	tsʰəŋ^{11}	zəŋ^{11}	zəŋ^{11}	tɕiəŋ^{11}	niəŋ^{11} 白 / iəŋ^{11} 文	iəŋ^{11}	iəŋ^{11}	iəŋ^{11}
娄烦	tsʰəŋ^{33}	zəŋ^{33}	zəŋ^{33}	tɕiəŋ^{33}	ȵiəŋ^{33}	iəŋ^{33}	iəŋ^{33}	iəŋ^{33}
榆次	tsʰɤ̃^{11}	zɤ̃^{11}	zɤ̃^{11}	tɕiɤ̃^{11}	iɤ̃^{11}	iɤ̃^{11}	iɤ̃^{11}	iɤ̃^{11}
交城	tsʰə̃^{11}	ʐə̃^{11}	ʐə̃^{11}	tɕiə̃^{11}	niə̃^{11}	iə̃^{11}	iə̃^{11}	iə̃^{11}
文水	tsʰɔŋ^{22}	ʐɔŋ^{22}	ʐɔŋ^{22}	tɕiɔŋ^{22}	ȵiɔŋ^{22}	iɔŋ^{22}	iɔŋ^{22}	iɔŋ^{22}
祁县	tʂʰɔõ^{31}	ʐɔõ^{31}	ʐɔõ^{31}	tɕiɔõ^{31}	ȵiɔõ^{31}	iɔõ^{31}	iɔõ^{31}	iɔõ^{31}
太谷	tsʰə̃^{33}	zə̃^{33}	zə̃^{33}	tɕiə̃^{33}	ȵiə̃^{33}	iə̃^{33}	iə̃^{33}	iə̃^{33}
平遥	tʂʰəŋ^{213}	ʐəŋ^{213}	ʐəŋ^{213}	tɕiəŋ^{213}	ȵiəŋ^{213}	iəŋ^{213}	iəŋ^{213}	iəŋ^{213}
孝义	tʂʰə̃^{33}	ʐə̃^{33}	ʐə̃^{33}	ʂə̃^{33}	ȵiə̃^{33}	iə̃^{33}	iə̃^{33}	iə̃^{33}
介休	tʂʰəŋ^{13}	ʐəŋ^{13}	ʐəŋ^{13}	tɕin^{13}	ȵin^{13} 白 / in^{13} 文	in^{13}	in^{13}	in^{13}
灵石	tsʰəŋ^{44}	ʐəŋ^{44}	ʐəŋ^{44}	tɕiŋ^{535}	iŋ^{44}	iŋ^{535}	iŋ^{535}	iŋ^{44}
盂县	tsʰə̃^{22}	zə̃^{22}	zə̃^{22}	tɕiə̃^{412}	iə̃^{22}	iə̃^{412}	iə̃^{412}	iə̃^{22}
寿阳	tsʰə̃^{22}	zə̃^{22}	zə̃^{22}	tɕiə̃^{31}	iə̃^{22}	iə̃^{31}	iə̃^{31}	iə̃^{22}
榆社	tsʰɛɪ^{22}	zɛɪ^{22}	zɛɪ^{22}	tɕiɛɪ^{22}	niɛɪ^{22}	iɛɪ^{22}	iɛɪ^{22}	iɛɪ^{312}
离石	tsʰəŋ^{44}	zəŋ^{44}	zəŋ^{44}	tɕiəŋ^{24}	niəŋ^{44}	iəŋ^{24}	iəŋ^{24}	iəŋ^{44}
汾阳	tʂʰəŋ^{22}	ʐəŋ^{22}	ʐəŋ^{22}	tɕiẼ^{324}	ȵiẼ^{22}	iẼ^{324}	iẼ^{324}	iẼ^{22}
中阳	tsʰə̃^{33}	ʐə̃^{33}	ʐə̃^{33}	tɕiə̃^{24}	niə̃^{33}	iə̃^{24}	iə̃^{24}	iə̃^{33}
柳林	tsʰə̃^{44}	zə̃^{44}	zə̃^{44}	tɕiə̃^{24}	niə̃^{44}	iə̃^{24}	iə̃^{24}	iə̃^{44}
方山	tʂʰə̃ŋ^{44}	ʐə̃ŋ^{44}	ʐə̃ŋ^{44}	tɕiə̃ŋ^{24}	niə̃ŋ^{44}	iə̃ŋ^{24}	iə̃ŋ^{24}	iə̃ŋ^{44}
临县	tʂʰə̃^{33}	ʐə̃^{33}	ʐə̃^{33}	tɕiə̃^{24}	niə̃^{33}	iə̃^{24}	iə̃^{24}	iə̃^{33}
兴县	tʂʰəŋ^{55}	ʐəŋ^{55}	ʐəŋ^{55}	tɕiəŋ^{324}	niəŋ^{55} 白 / iəŋ^{55} 文	iəŋ^{324}	iəŋ^{324}	iəŋ^{55}
岚县	tsʰəŋ^{44}	ʐəŋ^{44}	ʐəŋ^{44}	tɕiəŋ^{214}	ȵiəŋ^{44}	iəŋ^{214}	iəŋ^{214}	iəŋ^{44}
静乐	tsʰɤ̃^{33}	zɤ̃^{33}	zɤ̃^{33}	tɕiɤ̃^{24}	ȵiɤ̃^{33}	iɤ̃^{24}	iɤ̃^{24}	iɤ̃^{24}
交口	tsʰəŋ^{44}	ʐəŋ^{44}	ʐəŋ^{44}	tɕiəŋ^{323}	ȵiəŋ^{44}	iəŋ^{323}	iəŋ^{323}	iəŋ^{323}

续表

字目 / 中古音 / 方言点	臣	人	仁	巾	银	因	姻	寅
中古音	植邻 臻开三 平真禅	如邻 臻开三 平真日	如邻 臻开三 平真日	居银 臻开三 平真见	语巾 臻开三 平真疑	於真 臻开三 平真影	於真 臻开三 平真影	翼真 臻开三 平真以
石楼	tʂʰəŋ^{44}	ʐəŋ^{44}	ʐəŋ^{44}	tɕiəŋ^{213}	ȵiəŋ^{44}	iəŋ^{213}	iəŋ^{213}	iəŋ^{213}
隰县	tsʰəŋ^{24}	zəŋ^{24}	zəŋ^{24}	tɕiəŋ^{53}	ȵiəŋ^{24}	iəŋ^{53}	iəŋ^{53}	iəŋ^{24}
大宁	tʂʰəŋ^{24}	ʐəŋ^{24}	ʐəŋ^{24}	tɕiən^{31}	ȵiən^{24}	iən^{31}	iən^{31}	iən^{24}
永和	tʂʰəŋ^{35}	ʐəŋ^{35}	ʐəŋ^{35}	tɕiəŋ^{33}	niəŋ^{35}	iəŋ^{33}	iəŋ^{33}	iəŋ^{35}
汾西	——	zəŋ^{35}	zəŋ^{35}	tɕiəŋ^{11}	——	iəŋ^{11}	iəŋ^{11}	iəŋ^{33}
蒲县	tʂʰeĩ^{24}	ʐeĩ^{24}	ʐeĩ^{24}	tɕieĩ^{52}	ȵieĩ^{24} 白 / ieĩ^{24} 文	ieĩ^{52}	ieĩ^{52}	ieĩ^{24}
潞州	tsʰəŋ^{24}	iŋ^{24}	iŋ^{24}	tɕiŋ^{312}	iŋ^{24}	iŋ^{312}	iŋ^{312}	iŋ^{24}
上党	tsʰəŋ^{44}	iŋ^{44}	iŋ^{44}	tɕiŋ^{213}	iŋ^{44}	iŋ^{213}	iŋ^{213}	iŋ^{44}
长子	tsʰẼ^{24}	iẼ^{24}	iẼ^{24}	tsẼ^{312}	iẼ^{24}	iẼ^{312}	iẼ^{312}	iẼ^{24}
屯留	tsʰẽ^{11}	iẽ^{11}	iẽ^{11}	tɕiẽ^{31}	iẽ^{11}	iẽ^{31}	iẽ^{31}	iẽ^{11}
襄垣	tsʰəŋ^{31}	ʐəŋ^{31}	ʐəŋ^{31}	tɕiəŋ^{33}	iəŋ^{31}	iəŋ^{33}	iəŋ^{33}	iəŋ^{31}
黎城	tɕʰiẽ^{53}	iẽ^{53}	iẽ^{53}	ciẽ^{33}	iẽ^{53}	iẽ^{33}	iẽ^{33}	iẽ^{53}
平顺	tɕʰẼ^{13}	iẼ^{13}	iẼ^{13}	ciẼ^{213}	iẼ^{13}	iẼ^{213}	iẼ^{213}	iẼ^{434}
壶关	tʂʰəŋ^{13}	iŋ^{13}	iŋ^{13}	ciŋ^{33}	iŋ^{13}	iŋ^{33}	iŋ^{33}	iŋ^{13}/iŋ^{535}
沁县	tsʰə̃^{224}	zə̃^{33}	zə̃^{224}	tɕiə̃^{224}	iə̃^{33}	iə̃^{224}	iə̃^{224}	iə̃^{33}
武乡	tsʰɐŋ^{33}	zɐŋ^{33}	zɐŋ^{33}	tɕiɐŋ^{113}	——	iɐŋ^{113}	iɐŋ^{113}	——
沁源	tʂʰə̃^{33}	ʐə̃^{33}	ʐə̃^{33}	tɕiə̃^{324}	ȵiə̃^{33}	iə̃^{324}	iə̃^{324}	iə̃^{33}
安泽	tsʰəŋ^{35}	zəŋ^{35}	zəŋ^{35}	tɕiəŋ^{21}	ȵiəŋ^{35}	iəŋ^{21}	iəŋ^{21}	iəŋ^{21}
沁水端氏	tsʰəŋ^{24}	zəŋ^{24}	zəŋ^{24}	tɕiŋ^{21}	iŋ^{24}	iŋ^{21}	iŋ^{21}	iŋ^{24}
阳城	tʂʰə̃ĩ^{22}	ʐə̃ĩ^{22}	ʐɑ̃ŋ^{22} 白 / ʐə̃ĩ^{22} 文	ciə̃ĩ^{224}	iə̃ĩ^{22}	iə̃ĩ^{224}	iə̃ĩ^{224}	iə̃ĩ^{22}
高平	tʂʰə̃ĩ^{33}	ʐə̃ĩ^{33}	ʐə̃ĩ^{33}	iə̃ĩ^{33}	iə̃ĩ^{33}	iə̃ĩ^{33}	iə̃ĩ^{33}	iə̃ĩ^{212}
陵川	tʂʰə̃ĩ^{53}	lə̃ĩ^{53}	lə̃ĩ^{53}	ciə̃ĩ^{33}	iə̃ĩ^{53} 白 / iæ̃^{53} 文	iə̃ĩ^{33}	iə̃ĩ^{33}	iə̃ĩ^{312}
晋城	tʂʰɐ̃^{324}	ʐɐ̃^{324}	ʐɐ̃^{324}	tɕiẽ^{33}	iẽ^{324}	iẽ^{33}	iẽ^{33}	iẽ^{33}
忻府	tʂʰəŋ^{21}	ʐəŋ^{21}	ʐəŋ^{21}	tɕiəŋ^{313}	iəŋ^{21}	iəŋ^{313}	iəŋ^{313}	iəŋ^{21}
原平	tʂʰəŋ^{33}	ʐəŋ^{33}	ʐəŋ^{33}	tɕiəŋ^{213}	iəŋ^{33}	iəŋ^{213}	iəŋ^{213}	iəŋ^{33}
定襄	tʂʰəŋ^{11}	ʐəŋ^{11}	ʐəŋ^{11}	tɕiəŋ^{24}	iəŋ^{11}	iəŋ^{24}	iəŋ^{24}	iəŋ^{24}
五台	tsʰən^{33}	zən^{33}	zən^{33}	tɕiən^{213}	iən^{33}	iən^{213}	iən^{213}	iən^{33}
岢岚	tʂʰəŋ^{44}	ʐəŋ^{44}	ʐəŋ^{44}	tɕiəŋ^{13}	iəŋ^{44}	iəŋ^{13}	iəŋ^{13}	iəŋ^{44}
五寨	tsʰəɣ̃^{44}	zəɣ̃^{44}	zəɣ̃^{44}	tɕiəɣ̃^{13}	iəɣ̃^{44}	iəɣ̃^{13}	iəɣ̃^{13}	iəɣ̃^{44}

续表

字目	臣	人	仁	巾	银	因	姻	寅
中古音 / 方言点	植邻 臻开三 平真禅	如邻 臻开三 平真日	如邻 臻开三 平真日	居银 臻开三 平真见	语巾 臻开三 平真疑	於真 臻开三 平真影	於真 臻开三 平真影	翼真 臻开三 平真以
宁武	tsʰɤɯ^{33}	zɤɯ^{33}	zɤɯ^{33}	tɕiɤɯ^{23}	iɤɯ^{33}	iɤɯ^{23}	iɤɯ^{23}	iɤɯ^{33}
神池	tsʰə̃^{32}	zə̃^{32}	zə̃^{32}	tɕiə̃^{24}	iə̃^{32}	iə̃^{24}	iə̃^{24}	iə̃^{32}
繁峙	tsʰəŋ^{31}	ʐəŋ^{31}	ʐəŋ^{31}	tɕiəŋ^{53}	iəŋ^{31}	iəŋ^{53}	iəŋ^{53}	iəŋ^{31}
代县	tsʰɤŋ^{44}	zɤŋ^{44}	zɤŋ^{44}	tɕiɤŋ^{213}	iɤŋ^{44}	iɤŋ^{213}	iɤŋ^{213}	iɤŋ^{44}
河曲	tʂʰɤŋ^{44}	ʐɤŋ^{44}	ʐɤŋ^{44}	tɕiŋ^{213}	iŋ^{44}	iŋ^{213}	iŋ^{213}	iŋ^{44}
保德	tʂʰəŋ^{44}	ʐəŋ^{44}	ʐəŋ^{44}	tɕiəŋ^{213}	iəŋ^{44}	iəŋ^{213}	iəŋ^{213}	iəŋ^{44}
偏关	tʂʰɤŋ^{44}	ʐɤŋ^{44}	ʐɤŋ^{44}	tɕiɤŋ^{24}	iɤŋ^{44}	iɤŋ^{24}	iɤŋ^{24}	iɤŋ^{213}
朔城	tsʰə̃^{35}	ʐə̃^{35}	ʐə̃^{35}	tɕiə̃^{312}	iə̃^{35}	iə̃^{312}	iə̃^{312}	iə̃^{35}
平鲁	tsʰəɯ^{44}	zəɯ^{44}	zəɯ^{44}	tɕiəɯ^{213}	iəɯ^{44}	iəɯ^{213}	iəɯ^{213}	iəɯ^{44}
应县	tsʰəŋ^{31}	zəŋ^{31}/ xuaʔ^{43}	zəŋ^{31}	tɕiəŋ^{43}	iəŋ^{31}	iəŋ^{43}	iəŋ^{43}	iəŋ^{31}
灵丘	tsʰəŋ^{31}	zəŋ^{31}	zəŋ^{31}	tɕiŋ^{442}	iŋ^{31}	iŋ^{442}	iŋ^{442}	iŋ^{31}
浑源	tsʰə̃^{22}	zə̃^{22}	zə̃^{22}	tɕiə̃^{52}	iə̃^{22}	iə̃^{52}	iə̃^{52}	iə̃^{22}
云州	tʂʰəɣ^{312}	ʐəɣ^{312}	ʐəɣ^{312}	tɕiəɣ^{21}	iəɣ^{312}	iəɣ^{21}	iəɣ^{21}	iəɣ^{312}
新荣	tʂʰɤɣ^{312}	ʐɤɣ^{312}	ʐɤɣ^{312}	tɕiɣ^{32}	iɣ^{312}	iɣ^{32}	iɣ^{32}	iɣ^{312}
怀仁	tsʰəŋ^{312}	zəŋ^{312}	zəŋ^{312}	tɕiəŋ^{42}	iəŋ^{312}	iəŋ^{42}	iəŋ^{42}	iəŋ^{312}
左云	tsʰəɣ^{313}	ʐəɣ^{313}	ʐəɣ^{313}	tɕiəɣ^{31}	iəɣ^{313}	iəɣ^{31}	iəɣ^{31}	iəɣ^{54}
右玉	tʂʰə̃ɣ^{212}	ʐə̃ɣ^{212}	ʐə̃ɣ^{212}	tɕiə̃ɣ^{31}	iə̃ɣ^{212}	iə̃ɣ^{31}	iə̃ɣ^{31}	iə̃ɣ^{212}
阳高	tsʰəŋ^{312}	ʐəŋ^{312}	ʐəŋ^{312}	tɕiəŋ^{31}	iəŋ^{31}	iəŋ^{31}	iəŋ^{31}	iəŋ^{312}
山阴	tʂʰə̃^{313}	ʐə̃^{313}	ʐə̃^{313}	tɕiə̃^{313}	iə̃^{313}	iə̃^{313}	iə̃^{313}	iə̃^{313}
天镇	tsʰɤɣ^{22}	zɤɣ^{22}	zɤɣ^{22}	tɕiɤɣ^{31}	iɤɣ^{31}/iɤɣ^{22}	iɤɣ^{31}	iɤɣ^{22}	iɤɣ^{55}
平定	tʂʰɤŋ^{44}	ʐɤŋ^{44}	ʐɤŋ^{44}	tɕiɤŋ^{31}	iɤŋ^{44}	iɤŋ^{31}	iɤŋ^{31}	iɤŋ^{44}
昔阳	tʂʰəŋ^{33}	ʐəŋ^{33}	ʐəŋ^{33}	tɕiəŋ^{42}	iəŋ^{33}	iəŋ^{42}	iəŋ^{42}	iəŋ^{33}
左权	tʂʰəŋ^{11}	ʐəŋ^{11}	ʐəŋ^{11}	tɕiəŋ^{31}	iəŋ^{11}	iəŋ^{31}	iəŋ^{31}	iəŋ^{11}
和顺	tʂʰəŋ^{22}	ʐəŋ^{22}	ʐəŋ^{22}	tɕiəŋ^{42}	iəŋ^{22}	iəŋ^{42}	iəŋ^{42}	iəŋ^{53}
尧都	tʂʰə̃^{24}	ʐə̃^{24}	ʐə̃^{24}	tɕiəŋ^{21}	iə̃^{24}	iə̃^{21}	iə̃^{21}	iə̃^{24}
洪洞	tʂʰen^{24}	ʐen^{24}	ʐen^{24}	tɕien^{21}	ȵien^{24}	ien^{21}	ien^{21}	ien^{42}
洪洞赵城	tʂʰeŋ^{24}	ʐeŋ^{24}	ʐeŋ^{24}	tɕieŋ^{21}	ȵieŋ^{24}	ieŋ^{21}	ieŋ^{21}	ieŋ^{21}
古县	tʂʰen^{35}	ʐen^{35}	ʐen^{35}	tɕin^{21}	ȵin^{35}	in^{21}	in^{21}	in^{35}
襄汾	tʂʰen^{24}	ʐen^{24}	ʐen^{24}	tɕien^{21}	ȵien^{24}	ien^{21}	ien^{21}	ien^{42}
浮山	tʂʰẽĩ^{13}	ʐẽĩ^{13}	ʐẽĩ^{13}	tɕiẽĩ^{42}	ȵiẽĩ^{13}	iẽĩ^{42}	iẽĩ^{42}	iẽĩ^{33}

续表

字目	臣	人	仁	巾	银	因	姻	寅
中古音 方言点	植邻 臻开三 平真禅	如邻 臻开三 平真日	如邻 臻开三 平真日	居银 臻开三 平真见	语巾 臻开三 平真疑	於真 臻开三 平真影	於真 臻开三 平真影	翼真 臻开三 平真以
霍州	tʂʰəŋ^{35}	ʐəŋ^{35}	ʐəŋ^{35}	tɕiŋ^{212}	ȵiŋ^{35}	iŋ^{212}	iŋ^{212}	iŋ^{33}
翼城	tʂʰəŋ^{12}	ʐəŋ^{12}	ʐəŋ^{12}	tɕiŋ^{53}	iŋ^{12}	iŋ^{53}	iŋ^{53}	iŋ^{12}
闻喜	tsʰẽĩ^{13}	zẽĩ^{13}	zẽĩ^{13}	tɕiẽĩ^{53}	ȵiẽĩ^{13}	iẽĩ^{53}	iẽĩ^{53}	iẽĩ^{13}
侯马	tʂʰeĩ^{213}	ʐeĩ^{213}	ʐeĩ^{213}	tɕieĩ^{213}	ieĩ^{213}	ȵieĩ^{213}	ieĩ^{213}	ieĩ^{44}
新绛	tʂʰɛ̃^{13}	ʐɛ̃^{13}	ʐɛ̃^{13}	tɕiɛ̃^{53}	ȵiɛ̃^{13}	iɛ̃^{53}	iɛ̃^{53}	iɛ̃^{13}
绛县	tʂʰeĩ^{53}	ʐei^{24}/ʐeĩ^{53}	ʐeĩ^{53}	tɕieĩ^{53}	ȵieĩ^{24}	ieĩ^{53}	ieĩ^{53}	ieĩ^{24}
垣曲	tʂʰə̃^{22}	ʐə̃^{22}	ʐə̃^{22}	tɕiə̃^{22}	ȵiə̃^{22} 白 / iə̃^{22} 文	iə̃^{22}	iə̃^{22}	iə̃^{22}
夏县	tʂʰei^{42}	ʐei^{42}	ʐei^{42}	tɕiei^{53}	ȵiei^{42} 白 / iei^{42} 文	iei^{53}	iei^{53}	ȵiei^{42} 白 / iei^{42} 文
万荣	tʂʰei^{213}	ʐei^{213}	ʐei^{213}	tɕiei^{33}	ȵiei^{213}	iei^{51}	iei^{51}	iei^{55}
稷山	tʂʰə̃^{13}	ʐə̃^{13}	ʐə̃^{13}	tɕiə̃^{53}	ȵiə̃^{13} 白 / iə̃^{13} 文	iə̃^{53}	iə̃^{53}	iɑ̃^{13}
盐湖	tʂʰeĩ^{13}	ʐeĩ^{13}	ʐeĩ^{13}	tɕieĩ^{42}	ȵieĩ^{13} 白 / ieĩ^{13} 文	ieĩ^{42}	ieĩ^{42}	ieĩ^{13}
临猗	tʂʰeĩ^{13}	ʐeĩ^{13}	ʐeĩ^{13}	tɕieĩ^{42}	ȵieĩ^{13}	ieĩ^{42}	ieĩ^{42}	ieĩ^{13}
河津	tʂʰẽ^{324}	ʐẽ^{324}	ʐẽ^{324}	tɕiẽ^{44}	ȵiẽ^{324}	iẽ^{31}	iẽ^{31}	iẽ^{31}
平陆	tʂʰei^{31}	ʐei^{13}	ʐei^{13}	tɕiei^{31}	ȵiei^{13}	iei^{31}	iei^{31}	iei^{13}
永济	tʂʰei^{24}	ʐei^{24}	ʐei^{24}	tɕiei^{31}	ȵiei^{24}	iei^{31}	iei^{31}	iei^{24}
芮城	tʂʰeĩ^{13}	ʐeĩ^{13}	ʐeĩ^{13}	tɕieĩ^{42}	ȵieĩ^{13}	ieĩ^{42}	ieĩ^{42}	ieĩ^{13}
吉县	tʂʰei^{13}	ʐei^{13}	ʐei^{13}	tɕiei^{423}	niei^{13}	iei^{423}	iei^{423}	iei^{423}
乡宁	tʂʰəŋ^{12}	ʐəŋ^{12}	ʐəŋ^{12}	tɕiəŋ^{53}	ȵiəŋ^{12} 白 / iəŋ^{12} 文	iəŋ^{53}	iəŋ^{53}	ȵiəŋ^{22}
广灵	tsʰəŋ^{31}	zəŋ^{31}	zəŋ^{31}	tɕiŋ^{53}	iŋ^{31}	iŋ^{53}	iŋ^{53}	iŋ^{31}

字目	斤	筋	勤	芹	欣	殷	敏	悯
中古音 / 方言点	举欣 臻开三 平殷见	举欣 臻开三 平殷见	巨斤 臻开三 平殷群	巨斤 臻开三 平殷群	许斤 臻开三 平殷晓	於斤 臻开三 平殷影	眉殒 臻开三 上轸明	眉殒 臻开三 上轸明
北京	tɕin^{55}	tɕin^{55}	tɕʰin^{35}	tɕʰin^{35}	ɕin^{55}	in^{55}	min^{214}	min^{214}
小店	tɕiə̃^{11}	tɕiə̃^{11}	tɕʰiə̃^{11}	tɕʰiə̃^{11}	ɕiə̃^{11}	iə̃^{11}	miə̃^{53}	miə̃^{53}
尖草坪	tɕiʌŋ^{33}	tɕiʌŋ^{33}	tɕʰiʌŋ^{33}	tɕʰiʌŋ^{33}	ɕiʌŋ^{33}	iʌŋ^{33}	miʌŋ^{312}	miʌŋ^{312}
晋源	tɕin^{11}	tɕin^{11}	tɕin^{11}	tɕin^{11}	ɕin^{11}	in^{11}	min^{42}	min^{42}
阳曲	tɕiə̃^{312}	tɕiə̃^{312}	tɕʰiə̃^{43}	tɕʰiə̃^{43}	ɕiə̃^{312}	iə̃^{312}	miə̃^{312}	miɛ^{312}
古交	tɕiəŋ^{44}	tɕiəŋ^{44}	tɕʰiəŋ^{44}	tɕʰiəŋ^{44}	ɕiəŋ^{44}	iəŋ^{44}	miəŋ^{312}	miəŋ^{312}
清徐	tɕiəŋ^{11}	tɕiəŋ^{11}	tɕiəŋ^{11} 白 / tɕʰiəŋ^{11} 文	tɕiəŋ^{11} 白 / tɕʰiəŋ^{11} 文	ɕiəŋ^{11}	iəŋ^{11}	miəŋ^{54}	miəŋ^{54}
娄烦	tɕiəŋ^{33}	tɕiəŋ^{33}	tɕʰiəŋ^{33}	tɕʰiəŋ^{33}	ɕiəŋ^{33}	iəŋ^{33}	miəŋ^{312}	miəŋ^{312}
榆次	tɕiɤ̃^{11}	tɕiɤ̃^{11}	tɕʰiɤ̃^{11}	tɕʰiɤ̃^{11}	ɕiɤ̃^{11}	iɤ̃^{11}	miɤ̃^{53}	miɤ̃^{53}
交城	tɕiə̃^{11}	tɕiə̃^{11}	tɕʰiə̃^{11}	tɕiə̃^{11} 白 / tɕʰiə̃^{11} 文	ɕiə̃^{11}	iə̃^{11}	miə̃^{53}	miə̃^{53}
文水	tɕiɔŋ^{22}	tɕiɔŋ^{22}	tɕiɔŋ^{22} 白 / tɕʰiɔŋ^{22} 文	tɕiɔŋ^{22} 白 / tɕʰiɔŋ^{22} 文	ɕiɔŋ^{22}	iɔŋ^{22}	miɔŋ^{423}	miɔŋ^{423}
祁县	tɕiɔõ^{31}	tɕiɔõ^{31}	tɕiɔõ^{31} 白 / tɕʰiɔõ^{31} 文	tɕiɔõ^{31} 白 / tɕʰiɔõ^{31} 文	ɕiɔõ^{31}	iɔõ^{31}	miɔõ^{314}	miɔõ^{314}
太谷	tɕiə̃^{33}	tɕiə̃^{33}	tɕiə̃^{33} 白 / tɕʰiə̃^{33} 文	tɕiə̃^{33} 白 / tɕʰiə̃^{33} 文	ɕiə̃^{33}	iə̃^{33}	miə̃^{312}	miə̃^{312}
平遥	tɕiəŋ^{213}	tɕiəŋ^{2131}	tɕiəŋ^{213} 白 / tɕʰiəŋ^{213} 文	tɕiəŋ^{213} 白 / tɕʰiəŋ^{213} 文	ɕiəŋ^{213}	iəŋ^{213}	miəŋ^{512}	miəŋ^{512}
孝义	tɕiə̃^{33}	tɕiə̃^{33}	tɕiə̃^{33} 白 / tɕʰiə̃^{33} 文	tɕʰiə̃^{33}	ɕiə̃^{33}	iə̃^{33}/iə̃^{312}	miə̃^{312}	miə̃^{312}
介休	tɕin^{13}	tɕin^{13}	tɕin^{13} 白 / tɕʰin^{13} 文	tɕin^{13} 白 / tɕʰin^{13} 文	ɕin^{13}	in^{13}	min^{423}	min^{423}
灵石	tɕiŋ^{535}	tɕiŋ^{535}	tɕʰiŋ^{44}	tɕʰiŋ^{44}	ɕiŋ^{535}	iŋ^{535}	miŋ^{212}	miŋ^{212}
盂县	tɕiə̃^{412}	tɕiə̃^{412}	tɕʰiə̃^{22}	tɕʰiə̃^{22}	ɕiə̃^{412}	iə̃^{412}	miə̃^{53}	miə̃^{53}
寿阳	tɕiə̃^{31}	tɕiə̃^{31}	tɕʰiə̃^{22}	tɕʰiə̃^{22}	ɕiə̃^{31}	iə̃^{31}	miə̃^{53}	miə̃^{53}
榆社	tɕieɪ^{22}	tɕieɪ^{22}	tɕʰieɪ^{22}	tɕʰieɪ^{22}	ɕieɪ^{22}	ieɪ^{22}	mieɪ^{312}	mieɪ^{312}
离石	tɕiəŋ^{24}	tɕiəŋ^{24}	tɕʰiəŋ^{44}	tɕʰiəŋ^{44}	ɕiəŋ^{24}	iəŋ^{24}	miəŋ^{312}	miəŋ^{312}
汾阳	tɕiẼ^{324}	tɕiẼ^{324}	tɕʰiẼ^{22}	tɕʰiẼ^{22}	ɕiẼ^{324}	iẼ^{324}	miẼ^{312}	miẼ^{312}
中阳	tɕiə̃^{24}	tɕiə̃^{24}	tɕʰiə̃^{33}	tɕʰiə̃^{33}	ɕiə̃^{24}	iə̃^{24}	miə̃^{423}	miə̃^{423}
柳林	tɕiə̃^{24}	tɕiə̃^{24}	tɕʰiə̃^{44}	tɕʰiə̃^{44}	ɕiə̃^{24}	iə̃^{24}	miə̃^{312}	miə̃^{312}
方山	tɕiə̃ŋ^{24}	tɕiə̃ŋ^{24}	tɕʰiə̃ŋ^{44}	tɕʰiə̃ŋ^{44}	ɕiə̃ŋ^{24}	iə̃ŋ^{24}	miə̃ŋ^{312}	miə̃ŋ^{312}
临县	tɕiə̃^{24}	tɕiə̃^{24}	tɕʰiə̃^{33}	tɕʰiə̃^{33}	ɕiə̃^{24}	iə̃^{24}	miə̃^{312}	miə̃^{312}

续表

字目	斤	筋	勤	芹	欣	殷	敏	悯
中古音 方言点	举欣 臻开三 平殷见	举欣 臻开三 平殷见	巨斤 臻开三 平殷群	巨斤 臻开三 平殷群	许斤 臻开三 平殷晓	於斤 臻开三 平殷影	眉殒 臻开三 上轸明	眉殒 臻开三 上轸明
兴县	tɕiəŋ^{324}	tɕiəŋ^{324}	tɕʰiəŋ^{55}	tɕʰiəŋ^{55}	——	——	miəŋ^{324}	miəŋ^{324}
岚县	tɕiəŋ^{214}	tɕiəŋ^{214}	tɕʰiəŋ^{44}	tɕʰiəŋ^{44}	ɕiəŋ^{214}	iəŋ^{214}	miəŋ^{214}	miəŋ^{214}
静乐	tɕiɣ̃^{24}	tɕiɣ̃^{24}	tɕʰiɣ̃^{33}	tɕʰiɣ̃^{24}	ɕiɣ̃^{24}	iɣ̃^{33}	miɣ̃^{314}	miɣ̃^{314}
交口	tɕiəŋ^{323}	tɕiəŋ^{323}	tɕʰiəŋ^{44}	tɕʰiəŋ^{44}	ɕiəŋ^{323}	iəŋ^{323}	miəŋ^{323}	miəŋ^{323}
石楼	tɕiəŋ^{213}	tɕiəŋ^{213}	tɕʰiəŋ^{44}	tɕʰiəŋ^{44}	ɕiəŋ^{213}	iəŋ^{213}	miəŋ^{213}	miəŋ^{213}
隰县	tɕiəŋ^{53}	tɕiəŋ^{53}	tɕʰiəŋ^{24}	tɕʰiəŋ^{24}	ɕiəŋ^{53}	iəŋ^{24}	miəŋ^{21}	miəŋ^{21}
大宁	tɕiən^{31}	tɕiən^{31}	tɕʰiən^{24}	tɕʰiən^{24}	ɕiən^{31}	iən^{31}	miən^{31}	miən^{31}
永和	tɕiəŋ^{33}	tɕiəŋ^{33}	tɕʰiəŋ^{35}	tɕʰiəŋ^{35}	ɕiəŋ^{33}	iəŋ^{35}	miəŋ^{312}	miəŋ^{312}
汾西	tɕiəŋ^{11}	tɕiəŋ^{11}	tɕʰiəŋ^{35}	tɕʰiəŋ^{35}	ɕiəŋ^{11}	iəŋ^{11}	miəŋ^{35}	miəŋ^{35}
蒲县	tɕieĩ^{52}	tɕieĩ^{52}	tɕʰieĩ^{24}	tɕʰieĩ^{24}	ɕieĩ^{52}	ieĩ^{52}	mieĩ^{31}	mieĩ^{31}
潞州	tɕiŋ^{312}	tɕiŋ^{312}	tɕʰiŋ^{24}	tɕʰiŋ^{24}	ɕiŋ^{312}	iŋ^{312}	miŋ^{535}	miŋ^{535}
上党	tɕiŋ^{213}	tɕiŋ^{213}	tɕʰiŋ^{44}	tɕʰiŋ^{44}	ɕiŋ^{213}	iŋ^{213}	miŋ^{535}	miŋ^{535}
长子	tsẼ^{312}	tsẼ^{312}	tsʰẼ^{24}	tsʰẼ^{24}	sẼ^{312}	iẼ^{312}	miẼ^{434}	miẼ^{434}
屯留	tɕiẽ^{31}	tɕiẽ^{31}	tɕʰiẽ^{11}	tɕʰiẽ^{11}	ɕiẽ^{31}	iẽ^{31}	miẽ^{43}	miẽ^{43}
襄垣	tɕiəŋ^{33}	tɕiəŋ^{33}	tɕʰiəŋ^{31}	tɕʰiəŋ^{31}	ɕiəŋ^{33}	iəŋ^{33}	miəŋ^{42}	miəŋ^{42}
黎城	ciẽ^{33}	ciẽ^{33}	cʰiẽ^{53}	cʰiẽ^{53}	ɕiẽ^{33}	iẽ^{33}	miẽ^{213}	mi^{53}
平顺	ciẼ^{213}	ciẼ^{213}	tɕʰiẼ^{13}	tɕʰiẼ^{13}	ɕiẼ^{213}	iẼ^{213}	miẼ^{434}	miẼ^{434}
壶关	ciŋ^{33}	ciŋ^{33}	cʰiŋ^{13}	cʰiŋ^{13}	çiŋ^{33}	iŋ^{33}	miŋ^{535}	miŋ^{535}
沁县	tɕiə̃^{224}	tɕiə̃^{224}	tɕʰiə̃^{33}	tɕʰiə̃^{33}	ɕiə̃^{224}	iə̃^{224}	miə̃^{214}	miə̃^{214}
武乡	tɕiɐŋ^{113}	tɕiɐŋ^{113}	tɕʰiɐŋ^{33}	tɕʰiɐŋ^{33}	ɕiɐŋ^{113}	——	miɐŋ^{213}	——
沁源	tɕiə̃^{324}	tɕiə̃^{324}	tɕʰiə̃^{33}	tɕʰiə̃^{33}	ɕiə̃^{324}	iə̃^{324}	miə̃^{324}	miə̃^{324}
安泽	tɕiəŋ^{21}	tɕiəŋ^{21}	tɕʰiəŋ^{35}	tɕʰiəŋ^{35}	ɕiəŋ^{21}	iəŋ^{21}	miəŋ^{42}	miəŋ^{42}
沁水端氏	tɕiŋ^{21}	tɕiŋ^{21}	tɕʰiŋ^{24}	tɕʰiŋ^{24}	ɕiŋ^{21}	iŋ^{21}	miŋ^{31}	miŋ^{31}
阳城	ciə̃ĩ^{224}	ciə̃ĩ^{224}	cʰiə̃ĩ^{22}	cʰiə̃ĩ^{22}	çiə̃ĩ^{224}	iə̃ĩ^{224}	miə̃ĩ^{212}	miə̃ĩ^{212}
高平	ciə̃ĩ^{33}	ciə̃ĩ^{33}	cʰiə̃ĩ^{33}	cʰiə̃ĩ^{33}	ɕiə̃ĩ^{33}	iə̃ĩ^{33}	miə̃ĩ^{212}	miə̃ĩ^{212}
陵川	ciə̃ĩ^{33}	ciə̃ĩ^{33}	cʰiə̃ĩ^{53}	cʰiə̃ĩ^{53}	ɕiə̃ĩ^{33}	iə̃ĩ^{33}	miə̃ĩ^{312}	miə̃ĩ^{312}
晋城	tɕiẽ^{33}	tɕiẽ^{33}	tɕʰiẽ^{324}	tɕʰiẽ^{324}	ɕiẽ^{33}	iẽ^{33}	mi^{213}	mi^{213}
忻府	tɕiəŋ^{313}	tɕiəŋ^{313}	tɕʰiəŋ^{21}	tɕʰiəŋ^{21}	ɕiəŋ^{313}	iəŋ^{313}	miəŋ^{313}	miəŋ^{313}
原平	tɕiəŋ^{213}	tɕiəŋ^{213}	tɕʰiəŋ^{33}	tɕʰiəŋ^{213}	ɕiəŋ^{213}	iəŋ^{213}	miəŋ^{213}	miəŋ^{213}
定襄	tɕiəŋ^{24}	tɕiəŋ^{24}	tɕʰiəŋ^{24}	tɕʰiəŋ^{24}	ɕiəŋ^{24}	iəŋ^{24}	miəŋ^{24}	miəŋ^{24}
五台	tɕiən^{213}	tɕiən^{213}	tɕʰiən^{33}	tɕʰiən^{33}	ɕiən^{213}	iən^{213}	miən^{213}	miən^{213}

续表

字目	斤	筋	勤	芹	欣	殷	敏	悯
中古音 / 方言点	举欣 臻开三 平殷见	举欣 臻开三 平殷见	巨斤 臻开三 平殷群	巨斤 臻开三 平殷群	许斤 臻开三 平殷晓	於斤 臻开三 平殷影	眉殒 臻开三 上轸明	眉殒 臻开三 上轸明
岢岚	tɕiəŋ^{13}	tɕiəŋ^{13}	tɕʰiəŋ^{44}	tɕʰiəŋ^{44}	ɕiəŋ^{13}	iəŋ^{13}	miəŋ^{13}	miəŋ^{13}
五寨	tɕiəɣ̃^{13}	tɕiəɣ̃^{13}	tɕʰiəɣ̃^{44}	tɕʰiəɣ̃^{44}	ɕiəɣ̃^{13}	iəɣ̃^{13}	miəɣ̃^{13}	miəɣ̃^{13}
宁武	tɕiɤɯ^{23}	tɕiɤɯ^{23}	tɕiɤɯ^{33}	tɕiɤɯ^{23}	ɕiɤɯ^{23}	iɤɯ^{23}	miɤɯ^{213}	miɤɯ^{213}
神池	tɕiə̃^{24}	tɕiə̃^{24}	tɕʰiə̃^{32}	tɕʰiə̃^{32}	ɕiə̃^{24}	iə̃^{24}	miə̃^{13}	miə̃^{13}
繁峙	tɕiəŋ^{53}	tɕiəŋ^{53}	tɕʰiəŋ^{31}	tɕʰiəŋ^{31}	ɕiəŋ^{53}	iəŋ^{53}	miəŋ^{53}	miəŋ^{53}
代县	tɕiɤŋ^{213}	tɕiɤŋ^{213}	tɕʰiɤŋ^{44}	tɕʰiɤŋ^{44}	ɕiɤŋ^{213}	iɤŋ^{213}	miɤŋ^{213}	miɤŋ^{213}
河曲	tɕiŋ^{213}	tɕiŋ^{213}	tɕʰiŋ^{44}	tɕʰiŋ^{44}	ɕiŋ^{213}	iŋ^{213}	miŋ^{213}	miŋ^{213}
保德	tɕiəŋ^{213}	tɕiəŋ^{213}	tɕʰiəŋ^{44}	tɕʰiəŋ^{44}	ɕiəŋ^{213}	iəŋ^{213}	miəŋ^{213}	miəŋ^{213}
偏关	tɕiɤŋ^{24}	tɕiɤŋ^{24}	tɕiɤŋ^{44}	tɕiɤŋ^{44}	ɕiɤŋ^{24}	iɤŋ^{24}	miɤŋ^{213}	miɤŋ^{213}
朔城	tɕiə̃^{312}	tɕiə̃^{312}	tɕʰiə̃^{35}	tɕʰiə̃^{35}	ɕiə̃^{312}	iə̃^{312}	miə̃^{312}	miə̃^{312}
平鲁	tɕiəɯ^{213}	tɕiəɯ^{213}	tɕʰiəɯ^{44}	tɕʰiəɯ^{44}	ɕiəɯ^{213}	iəɯ^{213}	miəɯ^{213}	miəɯ^{213}
应县	tɕiəŋ^{43}	tɕiəŋ^{43}	tɕʰiəŋ^{31}	tɕʰiəŋ^{31}	ɕiəŋ^{43}	iəŋ^{43}	miəŋ^{54}	miəŋ^{54}
灵丘	tɕiŋ^{442}	tɕiŋ^{442}	tɕʰiŋ^{31}	tɕʰiŋ^{31}	ɕiŋ^{442}	iŋ^{442}	miŋ^{442}	miŋ^{442}
浑源	tɕiə̃^{52}	tɕiə̃^{52}	tɕʰiə̃^{22}	tɕʰiə̃^{22}	ɕiə̃^{52}	iə̃^{52}	miə̃^{52}	miə̃^{52}
云州	tɕiəɣ^{21}	tɕiəɣ^{21}	tɕʰiəɣ^{24}	tɕʰiəɣ^{312}	ɕiəɣ^{21}	iəɣ^{21}	miəɣ^{55}	miəɣ^{55}
新荣	tɕiɣ^{32}	tɕiɣ^{32}	tɕʰiɣ^{312}	tɕʰiɣ^{312}	ɕiɣ^{32}	iɣ^{32}	miɣ^{54}	miɣ^{54}
怀仁	tɕiəŋ^{42}	tɕiəŋ^{42}	tɕʰiəŋ^{312}	tɕʰiəŋ^{312}	ɕiəŋ^{42}	iəŋ^{42}	miəŋ^{53}	miəŋ^{53}
左云	tɕiəɣ^{31}	tɕiəɣ^{31}	tɕʰiəɣ^{313}	tɕʰiəɣ^{313}	ɕiəɣ^{31}	iəɣ^{31}	miəɣ^{54}	miəɣ^{54}
右玉	tɕiə̃ɣ^{31}	tɕiə̃ɣ^{31}	tʰɕiə̃ɣ^{212}	tʰɕiə̃ɣ^{212}	ɕiə̃ɣ^{31}	iə̃ɣ^{53}	miə̃ɣ^{53}	miə̃ɣ^{53}
阳高	tɕiəŋ^{31}	tɕiəŋ^{31}	tɕʰiəŋ^{312}	tɕʰiəŋ^{312}	ɕiəŋ^{31}	iəŋ^{31}	miəŋ^{53}	miəŋ^{53}
山阴	tɕiə̃^{313}	tɕiə̃^{313}	tɕʰiə̃^{313}	tɕʰiə̃^{313}	ɕiə̃^{313}	iə̃^{313}	miə̃^{52}	miə̃^{52}
天镇	tɕiɤɣ^{31}	tɕiɤɣ^{31}	tɕʰiɤɣ^{22}	tɕʰiɤɣ^{22}	ɕiɤɣ^{31}	iɤɣ^{24}	mi^{22}/ miɤɣ^{55}	miɤɣ^{55}
平定	tɕiɤŋ^{31}	tɕiɤŋ^{31}	tɕʰiɤŋ^{44}	tɕʰiɤŋ^{44}	ɕiɤŋ^{31}	iɤŋ^{31}	miɤŋ^{53}	miɤŋ^{53}
昔阳	tɕiəŋ^{42}	tɕiəŋ^{42}	tɕʰiəŋ^{33}	tɕʰiəŋ^{33}	ɕiəŋ^{42}	iəŋ^{42}	miəŋ^{55}	miəŋ^{55}
左权	tɕiəŋ^{31}	tɕiəŋ^{31}	tɕʰiəŋ^{11}	tɕʰiəŋ^{11}	ɕiəŋ^{31}	iəŋ^{31}	miəŋ^{42}	miəŋ^{42}
和顺	tɕiəŋ^{42}	tɕiəŋ^{42}	tɕʰiəŋ^{22}	tɕʰiəŋ^{22}	ɕiəŋ^{42}	iəŋ^{42}	miəŋ^{53}	miəŋ^{53}
尧都	tɕiəŋ^{21}	tɕiəŋ^{21}	tɕʰiəŋ^{24}	tɕʰiəŋ^{24}	ɕiə̃^{21}	iə̃^{21}	miə̃^{53}	miə̃^{53}
洪洞	tɕien^{21}	tɕien^{21}	tɕʰien^{24}	tɕʰien^{24}	ɕien^{21}	ien^{42}	mien^{42}	mien^{42}
洪洞赵城	tɕieŋ^{21}	tɕieŋ^{21}	tɕʰieŋ^{24}	tɕʰieŋ^{24}	ɕieŋ^{21}	ieŋ^{21}	mieŋ^{42}	mieŋ^{42}
古县	tɕin^{21}	tɕin^{21}	tɕin^{35}	tɕin^{35}	ɕin^{21}	in^{21}	min^{42}	min^{42}

续表

字目	斤	筋	勤	芹	欣	殷	敏	悯
中古音 / 方言点	举欣 臻开三 平殷见	举欣 臻开三 平殷见	巨斤 臻开三 平殷群	巨斤 臻开三 平殷群	许斤 臻开三 平殷晓	於斤 臻开三 平殷影	眉殒 臻开三 上轸明	眉殒 臻开三 上轸明
襄汾	tɕien^{21}	tɕien^{21}	tɕʰien^{24}	tɕʰien^{24}	ɕien^{21}	ien^{24}	mien^{42}	mien^{42}
浮山	tɕiẽĩ^{42}	tɕiẽĩ^{42}	tɕʰiẽĩ^{13}	tɕʰiẽĩ^{13}	ɕiẽĩ^{42}	iẽĩ^{42}	miẽĩ^{33}	miẽĩ^{33}
霍州	tɕiŋ^{212}	tɕiŋ^{212}	tɕʰiŋ^{35}	tɕʰiŋ^{35}	ɕiŋ^{212}	iŋ^{212}	miŋ^{33}	miŋ^{33}
翼城	tɕiŋ^{53}	tɕiŋ^{53}	tɕʰiŋ^{12}	tɕʰiŋ^{12}	ɕiŋ^{53}	iŋ^{53}	miŋ^{44}	miŋ^{44}
闻喜	tɕiẽĩ^{53}	tɕiẽĩ^{53}	tɕʰiẽĩ^{13}	tɕʰiẽĩ^{13}	ɕiẽĩ^{53}	iẽĩ^{53}	miẽĩ^{33}	miẽĩ^{33}
侯马	tɕieĩ^{213}	tɕieĩ^{213}	tɕʰieĩ^{213}	tɕʰieĩ^{213}	ɕieĩ^{213}	ieĩ^{213}	mieĩ^{44}	mieĩ^{44}
新绛	tɕiɛ̃^{53}	tɕiɛ̃^{53}	tɕʰiɛ̃^{13}	tɕʰiɛ̃^{13}	ɕiɛ̃^{53}	iɛ̃^{53}	miɛ̃^{13}	miɛ̃^{13}
绛县	tɕieĩ^{53}	tɕieĩ^{53}	tɕʰieĩ^{24}	tɕʰieĩ^{24}	ɕieĩ^{53}	ieĩ^{53}	mieĩ^{33}	mieĩ^{33}
垣曲	tɕiə̃^{22}	tɕiə̃^{22}	tɕʰiə̃^{22}	tɕʰiə̃^{22}	ɕiə̃^{22}	iə̃^{22}	miə̃^{44}	miə̃^{44}
夏县	tɕiei^{53}	tɕiei^{53}	tɕʰiei^{42}	tɕʰiei^{42}	ɕiei^{53}	iei^{42}	mi^{24}	mi^{24}
万荣	tɕiei^{51}	tɕiei^{51}	tɕʰiei^{213}	tɕʰiei^{213}	ɕiei^{51}	iei^{51}	miei^{55}	miei^{55}
稷山	tɕiə̃^{53}	tɕiə̃^{53}	tɕʰiə̃^{13}	tɕʰiə̃^{13}	ɕiə̃^{53}	iə̃^{53}	mi^{44} 白 / miə̃^{44} 文	miə̃^{44}
盐湖	tɕieĩ^{42}	tɕieĩ^{42}	tɕʰieĩ^{13}	tɕʰieĩ^{13}	ɕieĩ^{42}	ieĩ^{42}	mi^{53}	mi^{53}
临猗	tɕieĩ^{42}	tɕieĩ^{42}	tɕʰieĩ^{13}	tɕʰieĩ^{13}	ɕieĩ^{42}	ieĩ^{42}	mieĩ^{53}	mieĩ^{53}
河津	tɕiẽ^{31}	tɕiẽ^{31}	tɕʰiẽ^{324}	tɕʰiẽ^{324}	ɕiẽ^{31}	iẽ^{31}	miẽ^{53}	miẽ^{53}
平陆	tɕiei^{31}	tɕʰi^{33} 白 / tɕiei^{31} 文	tɕʰiei^{13}	tɕʰiei^{13}	ɕiei^{31}	iei^{31}	mi^{55}/miei^{55}	mi^{55}/miei^{55}
永济	tɕiei^{31}	tɕiei^{31}	tɕʰiei^{24}	tɕʰiei^{24}	ɕiei^{31}	iei^{31}	miei^{53}	miei^{53}
芮城	tɕieĩ^{42}	tɕieĩ^{42}	tɕʰieĩ^{13}	tɕʰieĩ^{13}	ɕieĩ^{42}	ieĩ^{42}	mieĩ^{53}	mieĩ^{53}
吉县	tɕiei^{423}	tɕiei^{423}	tɕʰiei^{13}	tɕʰiei^{13}	ɕiei^{53}	iei^{423}	mi^{53}	mi^{53}
乡宁	tɕiəŋ^{53}	tɕiəŋ^{53}	tɕʰiəŋ^{12}	tɕʰiəŋ^{12}	ɕiəŋ^{53}	iəŋ^{53}	miəŋ^{44}	miəŋ^{44}
广灵	tɕiŋ^{53}	tɕiŋ^{53}	tɕʰiŋ^{31}	tɕʰiŋ^{31}	ɕiŋ^{53}	iŋ^{53}	miŋ^{44}	miŋ^{44}

字目	尽	诊	疹	肾	忍	紧	引	谨
中古音 方言点	慈忍 臻开三 上轸从	章忍 臻开三 上轸章	章忍 臻开三 上轸章	时忍 臻开三 上轸禅	而轸 臻开三 上轸日	居忍 臻开三 上轸见	余忍 臻开三 上轸以	居隐 臻开三 上隐见
北京	tɕin^{55}	tʂən^{214}	tʂən^{214}	ʂən^{51}	ʐən^{214}	tɕin^{214}	in^{214}	tɕin^{214}
小店	tɕiə̃^{53}/tɕiə̃^{24}	tsəŋ^{53}	tsəŋ^{53}	səŋ^{24}	zəŋ^{53}	tɕiə̃^{11}/tɕiə̃^{53}	iə̃^{53}	tɕiə̃^{53}
尖草坪	tɕiʌŋ^{35}	tsʌŋ^{312}	tsʌŋ^{312}	sʌŋ^{35}	zʌŋ^{33}	tɕiʌŋ^{312}	iʌŋ^{312}	tɕiʌŋ^{312}
晋源	tɕin^{35}	tsəŋ^{42}	tsəŋ^{42}	səŋ^{35}	zəŋ^{42}	tɕin^{42}	in^{42}	tɕin^{42}
阳曲	tɕiə̃^{454}	tsə̃^{312}	tsə̃^{312}	sə̃^{454}	zə̃^{312}	tɕiə̃^{312}	iə̃^{312}	tɕiə̃^{312}
古交	tɕiəŋ^{53}	tsəŋ^{312}	tsəŋ^{312}	səŋ^{53}	zəŋ^{312}	tɕiəŋ^{312}	iəŋ^{312}	tɕiəŋ^{312}
清徐	tɕiəŋ^{45}	tsəŋ^{54}	tsəŋ^{54}	səŋ^{45}	zəŋ^{54}	tɕiəŋ^{54}	iəŋ^{54}	tɕiəŋ^{54}
娄烦	tɕiəŋ^{54}	tsəŋ^{33}/ tsəŋ^{312}	tsəŋ^{33}	səŋ^{54}	zəŋ^{312}	tɕiəŋ^{33}	iəŋ^{312}	tɕiəŋ^{312}
榆次	tɕiɣ̃^{35}	tsɣ̃^{53}	tsɣ̃^{53}	sɣ̃^{35}	zɣ̃^{53}	tɕiɣ̃^{53}	iɣ̃^{53}	tɕiɣ̃^{53}
交城	tɕiə̃^{24}	tsə̃^{53}	tsə̃^{53}	sə̃^{24}	ʐə̃^{53}	tɕiə̃^{53}	iə̃^{53}	tɕiə̃^{53}
文水	tɕiɔŋ^{35}	tsɔŋ^{423}	tsɔŋ^{423}	sɔŋ^{35}	ʐɔŋ^{423}	tɕiɔŋ^{423}	iɔŋ^{423}	tɕiɔŋ^{423}
祁县	tɕiɔõ^{45}	tʂɔõ^{314}	tʂɔõ^{314}	ʂɔõ^{45}	ʐɔõ^{314}	tɕiɔõ^{314}	iɔõ^{314}	tɕiɔõ^{314}
太谷	tɕiə̃^{53}	tsə̃^{312}	tsə̃^{312}	sə̃^{53}	zə̃^{312}	tɕiə̃^{312}	iə̃^{312}	tɕiə̃^{312}
平遥	tɕiəŋ^{24}	tʂəŋ^{512}	tʂəŋ^{512}	ʂəŋ^{24}	ʐəŋ^{512}	tɕiəŋ^{512}	iəŋ^{512}	tɕiəŋ^{512}
孝义	tɕiə̃^{454}	tʂə̃^{33}	tʂə̃^{33}	ʂə̃^{454}	ʐə̃^{312}	tɕiə̃^{312}	iə̃^{312}	tɕiə̃^{312}
介休	tɕin^{45}	tʂəŋ^{423}	tʂəŋ^{423}	ʂəŋ^{45}	ʐəŋ^{423}	tɕin^{423}	in^{423}	tɕin^{423}
灵石	tɕiŋ^{53}	tsəŋ^{212}	tsəŋ^{212}	səŋ^{53}	ʐəŋ^{212}	tɕiŋ^{212}	iŋ^{212}	tɕiŋ^{212}
盂县	tɕiə̃^{55}	tsə̃^{53}	tsə̃^{53}	sə̃^{55}	zə̃^{53}	tɕiə̃^{53}	iə̃^{53}	tɕiə̃^{53}
寿阳	tɕiə̃^{45}	tsə̃^{53}	tsə̃^{53}	sə̃^{45}	zə̃^{53}	tɕiə̃^{53}	iə̃^{53}	tɕiə̃^{53}
榆社	tɕieɪ^{45}	tseɪ^{312}	tseɪ^{312}	seɪ^{45}	zeɪ^{312}	tɕieɪ^{312}	ieɪ^{312}	tɕieɪ^{312}
离石	tɕiəŋ^{53}	tsəŋ^{312}	tsəŋ^{312}	səŋ^{53}	zəŋ^{312}	tɕiəŋ^{312}	iəŋ^{312}	tɕiəŋ^{312}
汾阳	tɕiẽ^{55}	tʂəŋ^{312}	tʂəŋ^{312}	ʂəŋ^{55}	ʐəŋ^{312}	tɕiẽ^{312}	iẽ^{312}	tɕiẽ^{312}
中阳	tɕiə̃^{53}	tsə̃^{423}	tsə̃^{423}	sə̃^{53}	ʐə̃^{423}	tɕiə̃^{423}	iə̃^{423}	tɕiə̃^{423}
柳林	tɕiə̃^{53}	tsə̃^{312}	tsə̃^{312}	sə̃^{53}	zə̃^{312}	tɕiə̃^{312}	iə̃^{312}	tɕiə̃^{312}
方山	tɕiə̃ŋ^{52}	tʂə̃ŋ^{312}	tʂə̃ŋ^{312}	ʂə̃ŋ^{52}	ʐə̃ŋ^{312}	tɕiə̃ŋ^{312}	iə̃ŋ^{312}	tɕiə̃ŋ^{312}
临县	tɕiə̃^{52}	tʂə̃^{312}	tʂə̃^{312}	ʂə̃^{52}	ʐə̃^{312}	tɕiə̃^{312}	iə̃^{312}	tɕiə̃^{312}
兴县	tɕiəŋ^{53}	tʂəŋ^{324}	tʂəŋ^{324}	ʂəŋ^{53}	ʐəŋ^{324}	tɕiəŋ^{324}	iəŋ^{324}	tɕiəŋ^{324}
岚县	tɕiəŋ^{53}	tsəŋ^{214}	tsəŋ^{214}	səŋ^{53}	ʐəŋ^{312}	tɕiəŋ^{214}	iəŋ^{214}	tɕiəŋ^{214}
静乐	tɕiɣ̃^{53}	tsɣ̃^{314}	tsɣ̃^{314}	sɣ̃^{53}	zɣ̃^{314}	tɕiɣ̃^{314}	iɣ̃^{314}	tɕiɣ̃^{314}
交口	tɕiəŋ^{53}	tsəŋ^{323}	tsəŋ^{323}	səŋ^{53}	ʐəŋ^{323}	tɕiəŋ^{323}	iəŋ^{323}	tɕiəŋ^{323}
石楼	tɕiəŋ^{51}	tʂəŋ^{213}	tʂəŋ^{213}	ʂəŋ^{51}	ʐəŋ^{213}	tɕiəŋ^{213}	iəŋ^{213}	tɕiəŋ^{213}

续表

字目	尽	诊	疹	肾	忍	紧	引	谨
中古音 / 方言点	慈忍 臻开三 上轸从	章忍 臻开三 上轸章	章忍 臻开三 上轸章	时忍 臻开三 上轸禅	而轸 臻开三 上轸日	居忍 臻开三 上轸见	余忍 臻开三 上轸以	居隐 臻开三 上隐见
隰县	tɕiəŋ^{44}	tsəŋ^{21}	tsəŋ^{21}	səŋ^{44}	zəŋ^{21}	tɕiəŋ^{21}	iəŋ^{21}	tɕiəŋ^{21}
大宁	tɕʰiən^{55}	tʂəŋ^{31}	tʂəŋ^{31}	ʂəŋ^{55}	ʐəŋ^{31}	tɕiən^{31}	iən^{31}	tɕiən^{31}
永和	tɕiəŋ^{53}	tʂəŋ^{312}	tʂəŋ^{312}	ʂəŋ^{53}	ʐəŋ^{312}	tɕiəŋ^{312}	iəŋ^{312}	tɕiəŋ^{33}
汾西	tɕʰiəŋ^{53} 白 / tɕəŋ^{53} 文	tsəŋ^{33}	——	səŋ^{55}	zəŋ^{33}	tɕiəŋ^{33} 文	iəŋ^{33}	——
蒲县	tɕʰieĩ^{33} 白 / tɕieĩ^{33} 文	tʂeĩ^{31}	tʂeĩ^{31}	ʂeĩ^{33}	ʐeĩ^{31}	tieĩ^{31} 白 / tɕieĩ^{31} 文	ieĩ^{31}	tɕieĩ^{31}
潞州	tɕiŋ^{54}	tsəŋ^{535}	tsəŋ^{535}	səŋ^{54}	iŋ^{535}	tɕiŋ^{535}	iŋ^{535}	tɕiŋ^{535}
上党	tɕiŋ^{42}	tsəŋ^{535}	tsəŋ^{535}	səŋ^{42}	iŋ^{535}	tɕiŋ^{535}	iŋ^{535}	tɕiŋ^{535}
长子	tsẼ^{53}	tsẼ^{434}	tsẼ^{434}	sẼ^{53}	iẼ^{434}	tsẼ^{434}	iẼ^{434}	tsẼ^{434}
屯留	tɕiẽ^{11}	tsẽ^{43}	tsẽ^{43}	səŋ^{53}	iẽ^{43}	tɕiẽ^{43}	iẽ^{43}	tɕiẽ^{43}
襄垣	tɕiəŋ^{45}	tsəŋ^{33}	tsəŋ^{33}	dəŋ^{45}	ʐəŋ^{42}	tɕiəŋ^{42}	iəŋ^{42}	tɕiəŋ^{42}
黎城	tɕiẽ^{53}	tɕiẽ^{213}	tɕiẽ^{213}	çiẽ^{53}	iẽ^{213}	ciẽ^{213}	iẽ^{213}	ciẽ^{213}
平顺	tɕiẼ^{53}	tɕẼ^{434}	tɕẼ^{434}	çẼ^{53}	iẼ^{434}	ciẼ^{434}	iẼ^{434}	ciẼ^{434}
壶关	tsiŋ^{353}	tʂəŋ^{535}	tʂəŋ^{535}	ʂəŋ^{353}	iŋ^{535}	ciŋ^{535}	iŋ^{535}	ciŋ^{535}
沁县	tɕiə̃^{53}	tsə̃^{214}	tsə̃^{214}	sə̃^{53}	zə̃^{214}	tɕiə̃^{214}	iə̃^{214}	tɕiə̃^{214}
武乡	tɕiɐŋ^{55}	tsəŋ^{113}	tsɐŋ^{213}	sɐŋ^{55}	zɐŋ^{213}	tɕiɐŋ^{213}	iɐŋ^{213}	tɕiɐŋ^{213}
沁源	tɕiə̃^{53}	tʂə̃^{324}	tʂə̃^{324}	ʂə̃^{53}	ʐə̃^{324}	tɕiə̃^{324}	iə̃^{324}	tɕiə̃^{324}
安泽	tɕiəŋ^{42}/ tɕiəŋ^{53}	tsəŋ^{42}	tsəŋ^{42}	səŋ^{53}	zəŋ^{42}	tɕiəŋ^{42}	iəŋ^{42}	tɕiəŋ^{42}
沁水端氏	tɕiŋ^{53}	tsəŋ^{31}	tsəŋ^{31}	səŋ^{53}	zəŋ^{31}	tɕiŋ^{31}	iŋ^{31}	tɕiŋ^{31}
阳城	tɕiə̃ĩ^{212}/ tɕiə̃ĩ^{51}	tʂə̃ĩ^{224}	tʂə̃ĩ^{212}	ʂə̃ĩ^{51}	ʐə̃ĩ^{212}	ciə̃ĩ^{212}	iə̃ĩ^{212}	ciə̃ĩ^{51} 白 / ciə̃ĩ^{212} 文
高平	tɕiə̃ĩ^{53}	tʂə̃ĩ^{212}	tʂə̃ĩ^{212}	ʂə̃ŋ^{53}	ʐə̃ĩ^{212}	ciə̃ĩ^{212}	iə̃ĩ^{212}	ciə̃ĩ^{212}
陵川	tɕiə̃ĩ^{24}	tʂə̃ĩ^{312}	tʂə̃ĩ^{312}	ʂə̃ĩ^{24}	lə̃ĩ^{312}	ciə̃ĩ^{312}	iə̃ĩ^{312}	ciə̃ĩ^{312}
晋城	tɕiẽ^{53}	tʂɐ̃^{213}	tʂɐ̃^{213}	ʂɐ̃^{53}	ʐɐ̃^{213}	tɕiẽ^{213}	iẽ^{213}	tɕiẽ^{213}
忻府	tɕiəŋ^{53}	tʂəŋ^{313}	tʂəŋ^{313}	ʂəŋ^{53}	ʐəŋ^{313}	tɕiəŋ^{313}	iəŋ^{313}	tɕiəŋ^{313}
原平	tɕiəŋ^{53}	tʂəŋ^{213}	tʂəŋ^{213}	ʂəŋ^{53}	ʐəŋ^{213}	tɕiəŋ^{213}	iəŋ^{213}	tɕiəŋ^{213}
定襄	tɕiəŋ^{53}	tʂəŋ^{24}	tʂəŋ^{24}	ʂəŋ^{53}	ʐəŋ^{24}	tɕiəŋ^{24}	iəŋ^{24}	tɕiəŋ^{24}
五台	tɕiən^{52}	tsən^{213}	tsən^{213}	sən^{52}	zən^{213}	tɕiən^{213}	iən^{213}	tɕiən^{213}
岢岚	tɕiəŋ^{52}	tʂəŋ^{13}	tʂəŋ^{13}	ʂəŋ^{52}	ʐəŋ^{13}	tɕiəŋ^{13}	iəŋ^{13}	tɕiəŋ^{13}
五寨	tɕiəɣ̃^{52}	tsəɣ̃^{13}	tsəɣ̃^{13}	səɣ̃^{52}	zəɣ̃^{13}	tɕiəɣ̃^{13}	iəɣ̃^{13}	tɕiəɣ̃^{13}

续表

字目	尽	诊	疹	肾	忍	紧	引	谨
中古音 / 方言点	慈忍 臻开三 上轸从	章忍 臻开三 上轸章	章忍 臻开三 上轸章	时忍 臻开三 上轸禅	而轸 臻开三 上轸日	居忍 臻开三 上轸见	余忍 臻开三 上轸以	居隐 臻开三 上隐见
宁武	tɕiɤɯ^{52}	tsɤɯ^{213}	tsɤɯ^{213}	sɤɯ^{52}	zɤɯ^{213}	tɕiɤɯ^{213}	iɤɯ^{213}	tɕiɤɯ^{213}
神池	tɕiə̃^{52}	tsə̃^{13}	tsə̃^{13}	sə̃^{52}	zə̃^{13}	tɕiə̃^{13}	iə̃^{13}	tɕiə̃^{13}
繁峙	tɕiəŋ^{24}	tsəŋ^{53}	tsəŋ^{53}	səŋ^{24}	ʐəŋ^{53}	tɕiəŋ^{53}	iəŋ^{53}	tɕiəŋ^{53}
代县	tɕiɤŋ^{53}	tsɤŋ^{213}	tsɤŋ^{213}	sɤŋ^{53}	zɤŋ^{213}	tɕiɤŋ^{213}	iɤŋ^{213}	tɕiɤŋ^{213}
河曲	tɕiŋ^{52}	tʂɤŋ^{213}	tʂɤŋ^{213}	ʂɤŋ^{52}	ʐɤŋ^{213}	tɕiŋ^{213}	iŋ^{213}	tɕiŋ^{213}
保德	tɕiəŋ^{52}	tʂəŋ^{213}	tʂəŋ^{213}	ʂəŋ^{52}	ʐəŋ^{213}	tɕiəŋ^{213}	iəŋ^{213}	tɕiəŋ^{213}
偏关	tɕiɤŋ^{52}	tʂɤŋ^{213}	tʂɤŋ^{213}	ʂɤŋ^{52}	ʐɤŋ^{213}	tɕiɤŋ^{213}	iɤŋ^{213}	tɕiɤŋ^{213}
朔城	tɕiə̃^{53}	tsə̃^{312}	tsə̃^{312}	sə̃^{53}	ʐə̃^{312}	tɕiə̃^{312}	iə̃^{312}	——
平鲁	tɕiəɯ^{52}	tsəɯ^{213}	tsəɯ^{213}	səɯ^{52}	zəɯ^{213}	tɕiəɯ^{213}	iəɯ^{213}	tɕiəɯ^{213}
应县	tɕiəŋ^{54}/ tɕiəŋ^{24}	tsəŋ^{43}/ tsəŋ^{31}	tsəŋ^{31}	səŋ^{24}	zəŋ^{54}	tɕiəŋ^{54}	iəŋ^{54}	tɕiəŋ^{54}
灵丘	tɕiŋ^{53}	tsəŋ^{442}	tsəŋ^{442}	səŋ^{53}	zəŋ^{442}	tɕiŋ^{442}	iŋ^{442}	tɕiŋ^{442}
浑源	tɕiə̃^{13}	tsə̃^{52}	tsə̃^{52}	sə̃^{13}	zə̃^{52}	tɕiə̃^{52}	iə̃^{52}	tɕiə̃^{52}
云州	tɕiəɣ^{24}	tʂəɣ^{55}	tʂəɣ^{55}	ʂəɣ^{24}	ʐəɣ^{55}	tɕiəɣ^{55}	iəɣ^{55}	tɕiəɣ^{55}
新荣	tɕiɣ^{24}	tʂɤɣ^{32}/ tʂɤɣ^{54}	tʂɤɣ^{54}	ʂɤɣ^{24}	ʐɤɣ^{54}	tɕiɣ^{54}	iɣ^{54}	tɕiɣ^{54}
怀仁	tɕiəŋ^{24}	tsəŋ^{53}	tsəŋ^{53}	səŋ^{24}	zəŋ^{53}	tɕiəŋ^{53}	iəŋ^{53}	tɕiəŋ^{53}
左云	tɕiəɣ^{24}	tsəɣ^{54}	tsəɣ^{54}	səɣ^{24}	ʐəɣ^{54}	tɕiəɣ^{54}	iəɣ^{54}	tɕiəɣ^{54}
右玉	tɕiə̃ɣ^{24}	tʂə̃ɣ^{31}	tʂə̃ɣ^{53}	ʂə̃ɣ^{24}	ʐə̃ɣ^{53}	tɕiə̃ɣ^{53}	iə̃ɣ^{53}	tɕiə̃ɣ^{53}
阳高	tɕiəŋ^{24}	tsəŋ^{53}	tsəŋ^{53}	səŋ^{24}	ʐəŋ^{53}	tɕiəŋ^{53}	iəŋ^{53}	tɕiəŋ^{53}
山阴	tɕiə̃^{335}	tʂə̃^{313}	tʂə̃^{52}	ʂə̃^{335}	ʐə̃^{52}	tɕiə̃^{52}	iə̃^{52}	tɕiə̃^{52}
天镇	tɕiɤɣ^{24}	tsɤɣ^{31}	tsɤɣ^{31}	sɤɣ^{24}	zɤɣ^{55}	tɕiɤɣ^{55}	iɤɣ^{55}	tɕiɤɣ^{55}
平定	tɕiɤŋ^{53}/ tɕiɤŋ^{24}	tʂɤŋ^{53}	tʂɤŋ^{53}	ʂɤŋ^{24}	ʐɤŋ^{53}	tɕiɤŋ^{53}	iɤŋ^{53}	tɕiɤŋ^{53}
昔阳	tɕiəŋ^{13}	tʂəŋ^{55}	tʂəŋ^{55}	ʂəŋ^{13}	ʐəŋ^{55}	tɕiəŋ^{55}	iəŋ^{55}	tɕiəŋ^{55}
左权	tɕiəŋ^{53}/ tɕiəŋ^{42}	tʂəŋ^{42}	tʂəŋ^{42}	ʂəŋ^{53}	ʐəŋ^{42}	tɕiəŋ^{42}	iəŋ^{42}	tɕiəŋ^{42}
和顺	tɕiəŋ^{13}	tʂəŋ^{53}	tʂəŋ^{53}	ʂəŋ^{13}	ʐəŋ^{53}	tɕiəŋ^{53}	iəŋ^{53}	tɕiəŋ^{53}
尧都	tɕiəŋ^{53}	tʂə̃^{44}	tʂə̃^{44}	ʂə̃^{44}	ʐə̃^{53}	tɕiəŋ^{53}	iə̃^{53}	tɕiəŋ^{53}
洪洞	tɕʰien^{53} 白 / tɕien^{53} 文	tʂen^{21}	tʂen^{21}	ʂen^{42}	ʐen^{42}	tien^{42} 白 / tɕien^{42} 文	ien^{53}/ien^{42}	tɕien^{42}
洪洞赵城	tɕieŋ^{42}	tʂeŋ^{42}	tʂeŋ^{42}	ʂeŋ^{53}	ʐeŋ^{42}	tɕieŋ^{42}	ieŋ^{42}	tɕieŋ^{42}

续表

字目	尽	诊	疹	肾	忍	紧	引	谨
中古音 方言点	慈忍 臻开三 上轸从	章忍 臻开三 上轸章	章忍 臻开三 上轸章	时忍 臻开三 上轸禅	而轸 臻开三 上轸日	居忍 臻开三 上轸见	余忍 臻开三 上轸以	居隐 臻开三 上隐见
古县	tɕin^{42}/ tɕ^{h}in^{53} 白 / tɕin^{53} 文	tʂen^{42}	tʂen^{42}	ʂəŋ^{53}	ʐen^{42}	tɕin^{42}	in^{42}	tɕin^{42}
襄汾	tɕ^{h}ien^{53}/ tɕien^{53}	tʂen^{42}	tʂen^{42}	ʂen^{44}	ʐen^{42}	tien^{42} 白 / tɕien^{21} 文	ien^{42}	tɕien^{42}
浮山	tɕiẽĩ^{53}/ tɕ^{h}iẽĩ^{53}	tʂẽĩ^{33}	tʂẽĩ^{33}	ʂẽĩ^{33}	ʐẽĩ^{33}	tiẽĩ^{33}	iẽĩ^{33}	tɕiẽĩ^{33}
霍州	tɕ^{h}iŋ^{53} 白 / tɕiŋ^{53} 文	tʂəŋ^{33}	tʂəŋ^{33}	ʂəŋ^{53}	ʐəŋ^{33}	tɕiŋ^{33}	iŋ^{33}	tɕiŋ^{33}
翼城	tɕiŋ^{53}	tʂəŋ^{44}	tʂəŋ^{44}	ʂəŋ^{53}	ʐəŋ^{44}	tɕiŋ^{44}	iŋ^{44}	tɕiŋ^{44}
闻喜	tɕiẽĩ^{13}	tsẽĩ^{33}	tsẽĩ^{33}	sẽĩ^{13}	zẽĩ^{33}	tɕiẽĩ^{33}	iẽĩ^{33}	tɕiẽĩ^{33}
侯马	tɕieĩ^{53}	tʂeĩ^{44}	tʂ^{h}eĩ^{44}	ʂeĩ^{53}	ʐeĩ^{44}	tɕieĩ^{44}	ieĩ^{44}	tɕieĩ^{44}
新绛	tɕ^{h}iɛ̃^{53}	tʂɛ̃^{53}	tʂɛ̃^{53}	ʂɛ̃^{44}	ʐɛ̃^{44}	tɕiɛ̃^{44}	iɛ̃^{44}	tɕiɛ̃^{53}
绛县	tɕieĩ^{53}/ tɕieĩ^{31}	tʂeĩ^{33}	tʂeĩ^{33}	ʂeĩ^{33}	ʐeĩ^{33}	tɕieĩ^{33}	ieĩ^{33}	tɕieĩ^{33}
垣曲	tɕ^{h}iə̃^{53}	tʂə̃^{44}	tʂə̃^{44}	ʂə̃^{53}	ʐə̃^{44}	tɕiə̃^{44}	iə̃^{44}	tɕiə̃^{44}
夏县	tɕ^{h}iei^{31} 白 / tɕiei^{31} 文	tʂei^{24}	tʂei^{24}	ʂei^{31}	ʐei^{24}	tɕiei^{24}	iei^{24}	tɕiei^{24}
万荣	tɕ^{h}iei^{33}	tʂei^{55}	tʂei^{55}	ʂei^{33}	ʐei^{55}	tɕiei^{55}	iei^{55}	tɕiei^{55}
稷山	tɕ^{h}iə̃^{42} 白 / tɕiə̃^{42} 文	tʂə̃^{44}	tʂə̃^{44}	ʂə̃^{42}	ʐə̃^{44}	tɕiə̃^{44}	iə̃^{44}	tɕiə̃^{44}
盐湖	tɕ^{h}ieĩ^{44}	tʂeĩ^{53}	tʂeĩ^{53}	ʂeĩ^{44}	ʐeĩ^{53}	tɕieĩ^{53}	ieĩ^{53}	tɕieĩ^{53}
临猗	tɕ^{h}ieĩ^{44} 白 / tɕieĩ^{44} 文	tʂeĩ^{53}	tʂeĩ^{53}	ʂeĩ^{44}	ʐeĩ^{53}	tɕieĩ^{53}	ieĩ^{53}	tɕieĩ^{53}
河津	tɕ^{h}iẽ^{44}	tʂẽ^{53}	tʂẽ^{53}	ʂẽ^{44}	ʐẽ^{53}	tʂẽ^{53} 白 / tɕiẽ^{53} 文	iẽ^{53}	tɕiẽ^{53}
平陆	tɕ^{h}iei^{33}/ tɕiei^{33}	tʂei^{55}	tʂei^{55}	ʂei^{33}	ʐei^{55}	tɕiei^{55}	iei^{55}	tɕiei^{55}
永济	tɕ^{h}iei^{44}	tʂei^{53}	tʂei^{31}	ʂei^{44}	ʐei^{53}	tɕiei^{53}	iei^{53}	tɕiei^{53}
芮城	tɕ^{h}ieĩ^{44}	tʂeĩ^{42}	tʂeĩ^{42}	ʂeĩ^{44}	ʐeĩ^{53}	tɕieĩ^{53}	ieĩ^{53}	tɕieĩ^{53}
吉县	tɕ^{h}iei^{33}	tʂei^{423}	tʂei^{423}	ʂei^{33}	ʐei^{53}	tɕiei^{53}	iei^{53}	tɕiei^{53}
乡宁	tɕ^{h}iəŋ^{22} 白 / tɕiəŋ^{22} 文	tʂəŋ^{44}	——	ʂəŋ^{22}	ʐəŋ^{44}	tɕiəŋ^{44}	iəŋ^{44}	tɕiəŋ^{44}
广灵	tɕiŋ^{44}	tsəŋ^{53}	tsəŋ^{53}	səŋ^{213}	zəŋ^{44}	tɕiŋ^{44}	iŋ^{44}	tɕiŋ^{44}

字目	近	隐	进	晋	亲~家	信	讯	迅
中古音 / 方言点	其谨 臻开三 上隐群	於谨 臻开三 上隐影	即刃 臻开三 去震精	即刃 臻开三 去震精	七遴 臻开三 去震清	息晋 臻开三 去震心	息晋 臻开三 去震心	私闰 臻开三 去震心
北京	tɕin^{51}	in^{214}	tɕin^{51}	tɕin^{51}	tɕʰiəŋ^{51}	ɕin^{51}	ɕyn^{51}	ɕyn^{51}
小店	tɕiə̃^{24}	iə̃^{53}	tɕiə̃^{24}	tɕiə̃^{24}	tɕʰiə̃^{11}/ tɕʰiə̃^{24}	ɕiə̃^{24}	ɕyə̃^{24}	——
尖草坪	tɕiʌŋ^{35}	iʌŋ^{312}	tɕiʌŋ^{35}	tɕiʌŋ^{35}	tɕʰiʌŋ^{35}	ɕiʌŋ^{35}	ɕyʌŋ^{35}	ɕyʌŋ^{35}
晋源	tɕin^{11}	in^{42}	tɕin^{35}	tɕin^{35}	tɕʰin^{35}	ɕin^{35}	xyn^{35}	xyn^{35}
阳曲	tɕiə̃^{454}	iə̃^{312}	tɕiə̃^{454}	tɕiə̃^{454}	tɕʰiə̃^{454}	ɕiə̃^{454}	ɕyə̃^{454}	ɕyə̃^{454}
古交	tɕiəŋ^{53}	iəŋ^{312}	tɕiəŋ^{53}	tɕiəŋ^{53}	tɕʰiəŋ^{53}	ɕiəŋ^{53}	ɕyəŋ^{53}	ɕyəŋ^{53}
清徐	tɕiəŋ^{45}	iəŋ^{54}	tɕiəŋ^{45}	tɕiəŋ^{45}	tɕʰiəŋ^{11}	ɕiəŋ^{45}	ɕyəŋ^{45}	ɕyəŋ^{45}
娄烦	tɕiəŋ^{54}	iəŋ^{312}	tɕiəŋ^{54}	tɕiəŋ^{54}	tɕʰiəŋ^{54}	ɕiəŋ^{54}	ɕiəŋ^{54}	ɕiəŋ^{54}
榆次	tɕiɤ̃^{35}	iɤ̃^{51}	tɕiɤ̃^{35}	tɕiɤ̃^{35}	tɕʰiɤ̃^{11}	ɕiɤ̃^{35}	ɕyɤ̃^{35}	ɕyɤ̃^{35}
交城	tɕiə̃^{24}	iə̃^{53}	tɕiə̃^{24}	tɕiə̃^{24}	tɕʰiə̃^{24}	ɕiə̃^{24}	ɕiə̃^{24} 老 / ɕyə̃^{24} 新	ɕiə̃^{24}
文水	tɕiɔŋ^{35}	iɔŋ^{423}	tɕiɔŋ^{35}	tɕiɔŋ^{35}	tɕʰiɔŋ^{35}	ɕiɔŋ^{35}	ɕiɔŋ^{35} 白 / ɕyɔŋ^{35} 文	ɕyɔŋ^{35}
祁县	tɕiɔõ^{45}	iɔõ^{314}	tɕiɔõ^{45}	tɕiɔõ^{45}	tɕʰiɔõ^{31}	ɕiɔõ^{45}	ɕiəm^{45}	ɕiəm^{45}
太谷	tɕiə̃^{53}	iə̃^{312}	tɕiə̃^{53}	tɕiə̃^{53}	tɕʰiə̃^{33}	ɕiə̃^{53}	ɕiə̃^{53}	ɕyə̃^{53}
平遥	tɕiəŋ^{24}	iəŋ^{512}	tɕiəŋ^{24}	tɕiəŋ^{24}	tɕʰiəŋ^{24}	ɕiəŋ^{24}	ɕiəŋ^{24}	ɕiəŋ^{24}
孝义	tɕiə̃^{454}	iə̃^{312}	tɕiə̃^{454}	tɕiə̃^{454}	tɕʰiə̃^{33}	ɕiə̃^{454}	ɕiə̃^{454}	ɕyə̃^{454}
介休	tɕin^{45}	in^{423}	tɕin^{45}	tɕin^{45}	tɕʰin^{45}	ɕin^{45}	ɕin^{45} 白 / ɕyn^{45} 文	ɕyn^{45}
灵石	tɕiŋ^{53}	iŋ^{212}	tɕiŋ^{53}	tɕiŋ^{53}	tɕʰiŋ^{53}	ɕiŋ^{53}	ɕyŋ^{53}	ɕyŋ^{53}
盂县	tɕiə̃^{55}	iə̃^{53}	tɕiə̃^{55}	tɕiə̃^{55}	tɕʰiə̃^{55}	ɕiə̃^{55}	ɕyə̃^{55}	ɕiə̃^{55}
寿阳	tɕiə̃^{45}	iə̃^{53}	tɕiə̃^{45}	tɕiə̃^{45}	tɕʰiə̃^{45}	ɕiə̃^{45}	ɕyə̃^{45}	ɕyə̃^{45}
榆社	tɕieɪ^{45}	ieɪ^{312}	tɕieɪ^{45}	tɕieɪ^{45}	——	ɕieɪ^{45}	ɕyeɪ^{45}	ɕyeɪ^{45}
离石	tɕiəŋ^{53}	iəŋ^{312}	tɕiəŋ^{53}	tɕiəŋ^{53}	tɕʰiəŋ^{53}	ɕiəŋ^{53}	ɕyəŋ^{53}	ɕyəŋ^{53}
汾阳	tɕiᴇ̃^{55}	iᴇ̃^{312}	tɕiᴇ̃^{55}	tɕiᴇ̃^{55}	tɕʰiᴇ̃^{324}	ɕiᴇ̃^{55}	ɕyŋ^{55}	ɕyŋ^{55}
中阳	tɕiə̃^{53}	iə̃^{423}	tɕiə̃^{53}	tɕiə̃^{53}	tɕʰiə̃^{53}	ɕiə̃^{53}	ɕyə̃^{53}	ɕyə̃^{53}
柳林	tɕiə̃^{53}	iə̃^{312}	tɕiə̃^{53}	tɕiə̃^{53}	tɕʰiə̃^{53}	ɕiə̃^{53}	ɕyə̃^{53}	ɕyə̃^{53}
方山	tɕiə̃ŋ^{52}	iə̃ŋ^{312}	tɕiə̃ŋ^{52}	tɕiə̃ŋ^{52}	tɕʰiə̃ŋ^{52}	ɕiə̃ŋ^{52}	ɕyə̃ŋ^{52}	ɕyə̃ŋ^{52}
临县	tɕiə̃^{52}	iə̃^{312}	tɕiə̃^{52}	tɕiə̃^{52}	tɕʰiə̃^{24}	ɕiə̃^{52}	ɕyə̃^{52}	ɕyə̃^{52}
兴县	tɕiəŋ^{53}	iəŋ^{324}	tɕiəŋ^{53}	tɕiəŋ^{53}	tɕʰiəŋ^{53}	ɕiəŋ^{53}	ɕiəŋ^{53}	——
岚县	tɕiəŋ^{53}	iəŋ^{312}	tɕiəŋ^{53}	tɕiəŋ^{53}	tɕʰiəŋ^{53}	ɕiəŋ^{53}	ɕiəŋ^{53}	ɕiəŋ^{53}
静乐	tɕiɤ̃^{53}	iɤ̃^{314}	tɕiɤ̃^{53}	tɕiɤ̃^{53}	tɕʰiɤ̃^{53}	ɕiɤ̃^{53}	ɕiɤ̃^{53}	ɕiɤ̃^{53}

续表

字目	近	隐	进	晋	亲~家	信	讯	迅
中古音 / 方言点	其谨 臻开三 上隐群	於谨 臻开三 上隐影	即刃 臻开三 去震精	即刃 臻开三 去震精	七遴 臻开三 去震清	息晋 臻开三 去震心	息晋 臻开三 去震心	私闰 臻开三 去震心
交口	tɕiəŋ^{53}	iəŋ^{323}	tɕiəŋ^{53}	tɕiəŋ^{53}	tɕʰiəŋ^{53}	ɕiəŋ^{53}	ɕyəŋ^{53}	ɕyəŋ^{53}
石楼	tɕiəŋ^{51}	iəŋ^{213}	tɕiəŋ^{51}	tɕiəŋ^{51}	tɕʰiəŋ^{213}	ɕiəŋ^{51}	ɕyəŋ^{51}	ɕyəŋ^{51}
隰县	tɕʰiəŋ^{44} 白 / tɕiəŋ^{44} 文	iəŋ^{21}	tɕiəŋ^{44}	tɕiəŋ^{44}	tɕʰiəŋ^{53}	ɕiəŋ^{44}	ɕyəŋ^{44}	ɕyəŋ^{44}
大宁	tɕʰiən^{55}	iən^{31}	tɕiən^{55}	tɕiən^{55}	tɕʰiən^{55}	ɕiən^{55}	ɕiən^{55}	ɕiən^{55}
永和	tɕʰiəŋ^{53} 白 / tɕiəŋ^{53} 文	iəŋ^{312}	tɕiəŋ^{53}	tɕiəŋ^{53}	tɕʰiəŋ^{53}	ɕiəŋ^{53}	ɕiəŋ^{53}	ɕiəŋ^{53}
汾西	tɕiəŋ^{53} 文	iəŋ^{33}	——	tɕiəŋ^{55}	tɕʰiəŋ^{55}	ɕiəŋ^{55}	ɕyəŋ^{53}	ɕyəŋ^{53}
蒲县	tɕʰieĩ^{33}	ieĩ^{31}	tɕieĩ^{33}	tɕieĩ^{33}	tɕʰieĩ^{33}	ɕieĩ^{33}	ɕyeĩ^{33}	ɕyeĩ^{33}
潞州	tɕiŋ^{54}	iŋ^{535}	tɕiŋ^{44}	tɕiŋ^{44}	tɕʰiŋ^{44}	ɕiŋ^{44}	ɕyŋ^{44}	ɕyŋ^{44}
上党	tɕiŋ^{535}	iŋ^{535}	tɕiŋ^{22}	tɕiŋ^{22}	tɕʰiŋ^{22}	ɕiŋ^{22}	ɕiŋ^{22}	ɕiŋ^{42}
长子	tsẼ^{53}	iẼ^{434}	tsẼ^{422}	tsẼ^{422}	tsʰẼ^{53}	sẼ^{422}	suẼ^{422}	suẼ^{422}
屯留	tɕiẽ^{11}	iẽ^{43}	tɕiẽ^{53}	tɕiẽ^{53}	tɕʰiẽ^{53}	ɕiẽ^{53}	ɕyẽ^{53}	ɕyẽ^{53}
襄垣	tɕiəŋ^{45}	iəŋ^{42}	tɕiəŋ^{45}	tɕiəŋ^{45}	tɕʰiəŋ^{53}	ɕiəŋ^{53}	ɕiəŋ^{53}	ɕyəŋ^{45}
黎城	ciẽ^{53}	iẽ^{213}	tɕʰiẽ^{53}	tɕiẽ^{53}	tɕʰiəŋ^{33}	ɕiẽ^{53}	ɕyẽ^{53}	ɕyẽ^{53}
平顺	ciẼ^{53}	iẼ^{434}	tɕiẼ^{53}	tɕiẼ^{53}	tɕʰiŋ^{53}	ɕiẼ^{53}	ɕyẼ^{53}	ɕyẼ^{53}
壶关	ciŋ^{353}	iŋ^{535}	tsiŋ^{42}	tsiŋ^{42}	tsʰiŋ^{42}	siŋ^{42}	çiŋ^{42}/syŋ^{42}	syŋ^{42}
沁县	tɕiə̃^{53}	iə̃^{214}	tɕiə̃^{53}	tɕiə̃^{53}	tɕʰiə̃^{53}	ɕiə̃^{53}	ɕyə̃^{53}	ɕyə̃^{53}
武乡	tɕiɐŋ^{55}	——	tɕiɐŋ^{55}	tɕiɐŋ^{55}	tɕʰiɐŋ^{55}	ɕiɐŋ^{55}	ɕyɐŋ^{55}	ɕyɐŋ^{55}
沁源	tɕiə̃^{53}	iə̃^{324}	tɕiə̃^{53}	tɕiə̃^{53}	tɕʰiə̃^{53}	ɕiə̃^{53}	ɕyə̃^{53}	ɕyə̃^{53}
安泽	tɕiəŋ^{53}	iəŋ^{42}	tɕiəŋ^{53}	tɕiəŋ^{53}	tɕʰiəŋ^{53}	ɕiəŋ^{35}	ɕiəŋ^{35}	ɕyəŋ^{53}
沁水端氏	tɕiŋ^{53}	iŋ^{31}	tɕiŋ^{53}	tɕiŋ^{53}	tɕʰiŋ^{53}	ɕiŋ^{53}	ɕyŋ^{53}	ɕyŋ^{53}
阳城	ciə̃ĩ^{51}	iə̃ĩ^{212}	tɕiə̃ĩ^{51}	tɕiə̃ĩ^{51}	tɕʰiə̃ĩ^{51}	ɕiə̃ĩ^{51}	ɕiə̃ĩ^{51}	ɕyə̃ĩ^{51}
高平	ciə̃ĩ^{53}	iə̃ĩ^{212}	tɕiə̃ĩ^{53}	tɕiə̃ĩ^{53}	tɕʰiə̃ŋ^{53}	ɕiə̃ĩ^{53}	ɕiə̃ĩ^{53}	ɕiə̃ĩ^{53}
陵川	ciə̃ĩ^{24}	iə̃ĩ^{312}	tɕiə̃ĩ^{24}	tɕiə̃ĩ^{24}	tɕʰiŋ^{33}	ɕiə̃ĩ^{24}	ɕyə̃ĩ^{24}	ɕyə̃ĩ^{24}
晋城	tɕiẽ^{53}	iẽ^{213}	tɕiẽ^{53}	tɕiẽ^{53}	tɕʰiẽ^{53}	ɕiẽ^{53}	ɕyẽ^{53}	ɕyẽ^{53}
忻府	tɕiəŋ^{53}	iəŋ^{313}	tɕiəŋ^{53}	tɕiəŋ^{53}	tɕʰiəŋ^{53}	ɕiəŋ^{53}	ɕyəŋ^{53}	ɕyəŋ^{53}
原平	tɕiəŋ^{53}	iəŋ^{213}	tɕiəŋ^{53}	tɕiəŋ^{53}	tɕʰiəŋ^{53}	ɕiəŋ^{53}	ɕyəŋ^{53}	ɕyəŋ^{53}
定襄	tɕiəŋ^{53}	iəŋ^{24}	tɕiəŋ^{53}	tɕiəŋ^{53}	tɕʰiəŋ^{24}	ɕiəŋ^{53}	ɕyəŋ^{53}	ɕyəŋ^{53}
五台	tɕiən^{52}	iən^{213}	tɕiən^{52}	tɕiən^{52}	tɕʰiən^{213}	ɕiən^{52}	ɕiən^{52}	ɕiən^{52}
岢岚	tɕiəŋ^{52}	iəŋ^{13}	tɕiəŋ^{52}	tɕiəŋ^{52}	tɕʰiəŋ^{13}	ɕiəŋ^{52}	ɕyəŋ^{52}	ɕyəŋ^{52}
五寨	tɕiəɣ̃^{52}	iəɣ̃^{13}	tɕiəɣ̃^{52}	tɕiəɣ̃^{52}	tɕʰiəɣ̃^{13}	ɕiəɣ̃^{52}	ɕyəɣ̃^{52}	ɕyəɣ̃^{52}

续表

字目	近	隐	进	晋	亲~家	信	讯	迅
中古音 / 方言点	其谨 臻开三 上隐群	於谨 臻开三 上隐影	即刃 臻开三 去震精	即刃 臻开三 去震精	七遴 臻开三 去震清	息晋 臻开三 去震心	息晋 臻开三 去震心	私闰 臻开三 去震心
宁武	tɕiɤɯ^{52}	iɤɯ^{213}	tɕiɤɯ^{52}	tɕiɤɯ^{52}	tɕiɤɯ^{52}	ɕiɤɯ^{52}	ɕiɤɯ^{52}	ɕiɤɯ^{52}
神池	tɕiə̃^{52}	iə̃^{13}	tɕiə̃^{52}	tɕiə̃^{52}	tɕʰiə̃^{52}	ɕiə̃^{52}	ɕyə̃^{52}	ɕyə̃^{52}
繁峙	tɕiəŋ^{24}	iəŋ^{53}	tɕiəŋ^{24}	tɕiəŋ^{24}	tɕʰiəŋ^{24}	ɕiəŋ^{24}	ɕyəŋ^{24}	ɕyəŋ^{24}
代县	tɕiɤŋ^{53}	iɤŋ^{213}	tɕiɤŋ^{53}	tɕiɤŋ^{53}	tɕʰiɤŋ^{53}	ɕiɤŋ^{53}	ɕiɤŋ^{53}	ɕiɤŋ^{53}
河曲	tɕiŋ^{52}	iŋ^{213}	tɕiŋ^{52}	tɕiŋ^{52}	tɕʰiŋ^{52}	ɕiŋ^{52}	ɕiŋ^{52}	ɕyŋ^{52}
保德	tɕiəŋ^{52}	iəŋ^{213}	tɕiəŋ^{52}	tɕiəŋ^{52}	tɕʰiəŋ^{52}	ɕiəŋ^{52}	ɕyəŋ^{52}	ɕyəŋ^{52}
偏关	tɕiɤŋ^{52}	iɤŋ^{213}	tɕiɤŋ^{52}	tɕiɤŋ^{52}	tɕʰiɤŋ^{52}	ɕiɤŋ^{52}	ɕiɤŋ^{52}	ɕiɤŋ^{52}
朔城	tɕiə̃^{53}	iə̃^{312}	tɕiə̃^{53}	tɕiə̃^{53}	tɕʰiə̃^{53}	ɕiə̃^{53}	ɕyə̃^{53}	ɕyə̃^{53}
平鲁	tɕiəɯ^{52}	iəɯ^{213}	tɕiəɯ^{52}	tɕiəɯ^{52}	tɕʰiəɯ^{52}	ɕiəɯ^{52}	——	——
应县	tɕiəŋ^{24}	iəŋ^{54}	tɕiəŋ^{24}	tɕiəŋ^{24}	tɕʰiəŋ^{24}	ɕiəŋ^{24}	ɕiəŋ^{24}	ɕiəŋ^{24}
灵丘	tɕiŋ^{53}	iŋ^{442}	tɕiŋ^{53}	tɕiŋ^{53}	tɕʰiŋ^{442}	ɕiŋ^{53}	ɕyŋ^{53}	ɕyŋ^{53}
浑源	tɕʰiə̃^{13}	iə̃^{52}	tɕiə̃^{13}	tɕiə̃^{13}	tɕʰiə̃^{52}	ɕiə̃^{13}	ɕiə̃^{13}	ɕiə̃^{13}
云州	tɕiəɣ^{24}	iəɣ^{55}	tɕiəɣ^{24}	tɕiəɣ^{24}	tɕʰiəɣ^{21}	ɕiəɣ^{24}	ɕiəɣ^{24}	ɕiəɣ^{24}
新荣	tɕiɣ^{24}	iɣ^{54}	tɕiɣ^{24}	tɕiɣ^{24}	tɕʰiɣ^{32}	ɕiɣ^{24}	ɕyɣ^{24}/ɕiɣ^{24}	ɕyɣ^{24}/ɕiɣ^{54}
怀仁	tɕiəŋ^{24}	iəŋ^{53}	tɕiəŋ^{24}	tɕiəŋ^{24}	tɕʰiəŋ^{24}	ɕiəŋ^{24}	ɕiəŋ^{24}	ɕyəŋ^{24}
左云	tɕiəɣ^{24}	iəɣ^{54}	tɕiəɣ^{24}	tɕiəɣ^{24}	tɕʰiəɣ^{24}	ɕiəɣ^{24}	ɕyəɣ^{24}	ɕyəɣ^{24}
右玉	tɕiə̃ɣ^{24}	iə̃ɣ^{53}	tɕiə̃ɣ^{24}	tɕiə̃ɣ^{24}	tʰɕiə̃ɣ^{24}	ɕiə̃ɣ^{24}	ɕiə̃ɣ^{24}	ɕyə̃ɣ^{24}
阳高	tɕiəŋ^{24}	iəŋ^{53}	tɕiəŋ^{24}	tɕiəŋ^{24}	——	ɕiəŋ^{24}	ɕyəŋ^{24}	ɕyəŋ^{24}
山阴	tɕiə̃^{335}	iə̃^{52}	tɕiə̃^{335}	tɕiə̃^{335}	tɕiə̃^{335}	ɕiə̃^{335}	ɕiə̃^{313}	ɕiə̃^{313}
天镇	tɕiɤɣ^{24}	iɤɣ^{55}	tɕiɤɣ^{24}	tɕiɤɣ^{24}	tɕʰiɤɣ^{24}	ɕiɤɣ^{24}	ɕyɤɣ^{24}	ɕyɤɣ^{24}
平定	tɕiɤŋ^{24}	iɤŋ^{53}	tɕiɤŋ^{24}	tɕiɤŋ^{24}	tɕʰiɤŋ^{24}	ɕiɤŋ^{24}	ɕiɤŋ^{24}	ɕiɤŋ^{24}
昔阳	tɕiəŋ^{13}	iəŋ^{55}	tɕiəŋ^{13}	tɕiəŋ^{13}	tɕʰiəŋ^{13}	ɕiəŋ^{13}	ɕyəŋ^{13}	ɕyəŋ^{13}
左权	tɕiəŋ^{53}	iəŋ^{42}	tɕiəŋ^{53}	tɕiəŋ^{53}	tɕʰiəŋ^{53}	ɕiəŋ^{53}	ɕyəŋ^{53}	ɕyəŋ^{53}
和顺	tɕiəŋ^{13}	iəŋ^{53}	tɕiəŋ^{13}	tɕiəŋ^{13}	tɕʰiəŋ^{13}	ɕiəŋ^{13}	ɕiəŋ^{13}	ɕiəŋ^{13}
尧都	tɕiə̃^{44}	iə̃^{53}	tɕiəŋ^{53}	tɕiəŋ^{53}	tɕʰiəŋ^{21}	ɕiə̃^{44}	xuə̃^{24}	xuə̃^{44}
洪洞	tɕʰien^{53} 白 / tɕien^{53} 文	ien^{42}	tɕien^{33}	tɕien^{33}	tɕʰien^{33}	ɕien^{33}	ɕien^{33}	ɕyen^{23}
洪洞赵城	tɕʰieŋ^{53} 白 / tɕieŋ^{53} 文	ieŋ^{42}	tɕieŋ^{24}	tɕieŋ^{24}	tɕʰieŋ^{21}	ɕieŋ^{24}	ɕieŋ^{24}	ɕieŋ^{24}
古县	tɕʰin^{53} 白 / tɕin^{53} 文	in^{42}	tɕin^{35}	tɕin^{35}	tɕʰin^{53}	ɕin^{35}	ɕin^{35}	ɕin^{35}
襄汾	tɕʰien^{53}	ien^{42}	tɕien^{44}	tɕien^{44}	tɕʰien^{44}	ɕien^{44}	ɕyen^{44}	ɕien^{44}

续表

字目	近	隐	进	晋	亲~家	信	讯	迅
中古音 / 方言点	其谨 臻开三 上隐群	於谨 臻开三 上隐影	即刃 臻开三 去震精	即刃 臻开三 去震精	七遴 臻开三 去震清	息晋 臻开三 去震心	息晋 臻开三 去震心	私闰 臻开三 去震心
浮山	tɕʰiẽĩ^{53}	iẽĩ^{33}	tɕiẽĩ^{44}	tɕiẽĩ^{44}	tɕʰiẽĩ^{44}	ɕiẽĩ^{44}	ɕyẽĩ^{44}	ɕẽĩ^{44}
霍州	tɕʰiŋ^{53} 白 / tɕiŋ^{53} 文	iŋ^{33}	tɕiŋ^{55}	tɕiŋ^{53}	tɕʰiŋ^{33}	ɕiŋ^{55}	ɕiŋ^{55}	ɕyŋ^{53}
翼城	tɕiŋ^{53}	iŋ^{44}	tɕiŋ^{53}	tɕiŋ^{53}	tɕʰiᴇ^{53} 白 / tɕʰiŋ^{53} 文	ɕiŋ^{53}	ɕyŋ^{53}	ɕyŋ^{53}
闻喜	tɕʰiẽĩ^{13}	ȵiẽĩ^{33}	tɕiẽĩ^{53}	tɕiẽĩ^{53}	——	ɕiẽĩ^{53}	ɕyẽĩ^{33}/ ɕiẽĩ^{53}	ɕyẽĩ^{33}
侯马	tɕieĩ^{53}	ieĩ^{44}	tɕieĩ^{53}	tɕieĩ^{53}	tɕʰiɛ^{53} 白 / tɕʰiəŋ^{53} 文	ieĩ^{53}	yeĩ^{53}	yeĩ^{53}
新绛	tɕʰiẽ^{53}	iẽ^{44}	tɕiẽ^{53}	tɕiẽ^{53}	tɕʰiẽ^{53}	ɕiẽ^{53}	ɕiẽ^{53}	ɕiẽ^{53}
绛县	tɕieĩ^{53}/ tɕieĩ^{31}	ieĩ^{33}	tɕieĩ^{53}/ tɕieĩ^{31}	tɕieĩ^{53}	tɕʰieĩ^{53}	ɕieĩ^{31}	ɕieĩ^{31}	ɕieĩ^{31}
垣曲	tɕʰiə̃^{53}	iə̃^{44}	tɕiə̃^{53}	tɕiə̃^{53}	tɕʰiə̃^{53}	ɕiə̃^{53}	ɕiə̃^{53}	ɕyə̃^{53}
夏县	tɕʰiei^{31} 白 / tɕiei^{31} 文	iei^{24}	tɕiei^{31}	tɕiei^{31}	tɕʰiei^{31}	ɕiei^{31}	ɕiei^{42} 白 / ɕyei^{42} 文	ɕiei^{42} 白 / ɕyei^{42} 文
万荣	tɕʰiei^{33}	iei^{55}	tɕiei^{33}	tɕiei^{33}	tɕʰiei^{51}	ɕiei^{33}	ɕiei^{55}	ɕyei^{55}
稷山	tɕʰiə̃^{42} 白 / tɕiə̃^{42} 文	iə̃^{44}	tɕiə̃^{42}	tɕiə̃^{42}	tɕʰiə̃^{53}	ɕiə̃^{42}	ɕiə̃^{42}	ɕyə̃^{42}
盐湖	tɕʰieĩ^{44}	ieĩ^{53}	tɕʰieĩ^{44}	tɕieĩ^{44}	tɕʰieĩ^{44}	ɕieĩ^{44}	ɕyeĩ^{44}	ɕyeĩ^{44}
临猗	tɕʰieĩ^{44} 白 / tɕieĩ^{44} 文	ieĩ^{53}	tɕieĩ^{44}	tɕieĩ^{44}	tɕʰieĩ^{44}	ɕieĩ^{44}	ɕieĩ^{44}	ɕyeĩ^{44}
河津	tɕʰiẽ^{44}	iẽ^{53}	tɕiẽ^{44}	tɕiẽ^{44}	tɕʰiẽ^{44}	ɕiẽ^{44}	ɕiẽ^{44}	ɕiẽ^{53}
平陆	tɕʰiei^{33}	iei^{55}	tɕiei^{33}	tɕiei^{33}	tɕʰiei^{31}	ɕiei^{33}	ɕiei^{33}	ɕiei^{55}
永济	tɕʰiei^{44}	iei^{53}	tɕiei^{44}	tɕiei^{44}	tɕʰiei^{31}/ tɕʰiei^{44}	ɕiei^{44}	ɕiei^{44} 白 / ɕyei^{44} 文	ɕye^{44}
芮城	tɕʰieĩ^{44}	ieĩ^{53}	tɕieĩ^{44}	tɕieĩ^{44}	tɕʰieĩ^{44}	ɕieĩ^{44}	ɕyeĩ^{44}	ɕyeĩ^{44}
吉县	tɕʰiei^{33}	iei^{53}	tɕiei^{33}	tɕiei^{33}	tɕʰiei^{33}	ɕiei^{33}	ɕiei^{53}	ɕiei^{53}
乡宁	tɕʰiəŋ^{22} 白 / tɕiəŋ^{22} 文	iəŋ^{44}	tɕiəŋ^{22}	tɕiəŋ^{22}	tɕʰiəŋ^{53}	ɕiəŋ^{22}	ɕyəŋ^{22}	ɕyəŋ^{22}
广灵	tɕiŋ^{213}	iŋ^{44}	tɕiŋ^{213}	tɕiŋ^{213}	tɕʰiŋ^{213}	ɕiŋ^{213}	ɕiŋ^{213}	ɕiŋ^{213}

字目	镇	趁	阵	衬	振	震	慎	刃
中古音 / 方言点	陟刃 臻开三 去震知	丑刃 臻开三 去震彻	直刃 臻开三 去震澄	初觐 臻开三 去震初	章刃 臻开三 去震章	章刃 臻开三 去震章	时刃 臻开三 去震禅	而振 臻开三 去震日
北京	tʂən51	tʂʰən51	tʂən51	tʂʰən51	tʂən51	tʂən51	ʂən51	ʐən51
小店	tsəŋ24	tsʰəŋ24	tsəŋ24	tsʰəŋ24	tsəŋ24	tsəŋ24	səŋ24	zəŋ24
尖草坪	tsʌŋ35	tsʰʌŋ35	tsʌŋ35	tsʰʌŋ35	tsʌŋ35	tsʌŋ35	sʌŋ35	zʌŋ35
晋源	tsəŋ45	tsʰəŋ45	tsəŋ45	tsʰəŋ45	tsəŋ45	tsəŋ45	səŋ45	zəŋ45
阳曲	tsə̃454	tsʰə̃454	tsə̃454	tsʰə̃454	tsə̃454	tsə̃454	sə̃454	zə̃454
古交	tsəŋ53	tsʰəŋ53	tsəŋ53	tsʰəŋ53	tsəŋ53	tsəŋ53	səŋ53	zəŋ53
清徐	tsəŋ45	tsʰəŋ45	tsəŋ45	tsʰəŋ45	tsəŋ45	tsəŋ45	səŋ45	zəŋ45
娄烦	tsəŋ54	tsʰəŋ54	tsəŋ54	tsʰəŋ54	tsəŋ54	tsəŋ54	səŋ54	zəŋ54
榆次	tsɤ̃35	tsʰɤ̃35	tsɤ̃35	tsʰɤ̃35	tsɤ̃35	tsɤ̃35	sɤ̃35	zɤ̃35
交城	tsə̃24	tsʰə̃24	tsə̃24	tsʰə̃24	tsə̃24	tsə̃24	sə̃24	ʐə̃24
文水	tsɔŋ35	tsʰɔŋ35	tsɔŋ35	tsʰɔŋ35	tsɔŋ35	tsɔŋ423	sɔŋ35	ʐɔŋ35
祁县	tʂɔõ45	tʂʰɔõ45	tʂɔõ45	tʂʰɔõ45	tʂɔõ45	tʂɔõ45	ʂɔõ45	ʐɔõ45
太谷	tsə̃53	tsʰə̃53	tsə̃53	tsʰə̃53	tsə̃53	tsə̃53	sə̃53	zə̃53
平遥	tʂəŋ24	tʂʰəŋ213	tʂəŋ24	tʂʰəŋ24	tʂəŋ512	tʂəŋ24	tsʰəŋ512 白 / ʂəŋ24 文	ʐəŋ24
孝义	tʂə̃454	tʂə̃454	tʂə̃454	tʂʰə̃454	tʂə̃312	tʂə̃312	ʂə̃454	ʐə̃454
介休	tʂəŋ45	tʂʰəŋ45	tʂəŋ45	tsʰəŋ45	tʂəŋ45	tʂəŋ45	ʂəŋ45	ʐəŋ45
灵石	tsəŋ53	tsʰəŋ53	tsəŋ53	tsʰəŋ53	tsəŋ53	tsəŋ53	səŋ53	ʐəŋ53
盂县	tsə̃55	tsʰə̃55	tsə̃55	tsʰə̃55	tsə̃55	tsə̃55	tsʰə̃22 白 / sə̃55 文	zə̃55
寿阳	tsə̃45	tsʰə̃45	tsə̃45	tsʰə̃45	tsə̃45	tsə̃45	sə̃45	zə̃45
榆社	tsɛɾ45	tsʰɛɾ45	tsɛɾ45	tsʰɛɾ45	tsɛɾ45	tsɛɾ45	sɛɾ45	zɛɾ45
离石	tsəŋ53	tsʰəŋ53	tsəŋ53	tsʰəŋ53	tsəŋ53	tsəŋ312	səŋ53	zəŋ53
汾阳	tʂəŋ55	tʂʰəŋ55	tʂəŋ55	tʂʰəŋ55	tʂəŋ55	tʂəŋ55	ʂəŋ55	ʐəŋ55
中阳	tsə̃53	tsʰə̃53	tsə̃53	tsʰə̃53	tsə̃53	tsə̃423	sə̃53	ʐə̃53
柳林	tsə̃53	tsʰə̃53	tsə̃53	tsʰə̃53	tsə̃53	tsə̃53	sə̃53	zə̃53
方山	tʂə̃ŋ52	tʂʰə̃ŋ52	tʂə̃ŋ52	tʂʰə̃ŋ52	tʂə̃ŋ52	tʂə̃ŋ52	ʂə̃ŋ52	ʐə̃ŋ52
临县	tʂə̃52	tʂʰə̃52	tʂə̃52	tsʰə̃52	tʂə̃52	tʂə̃312	ʂə̃52	ʐə̃52
兴县	tʂəŋ53	tʂʰəŋ53	tʂəŋ53	tsʰəŋ53	tʂəŋ53	tʂəŋ53	ʂəŋ53	ʐəŋ53
岚县	tsəŋ53	tsʰəŋ53	tsəŋ53	tsʰəŋ53	tsəŋ53	tsəŋ53	səŋ53	ʐəŋ53
静乐	tsɤ̃53	tsʰɤ̃53	tsɤ̃53	tsʰɤ̃53	tsɤ̃53	tsɤ̃53	sɤ̃53	zɤ̃53
交口	tsəŋ53	tsʰəŋ53	tsəŋ53	tsʰəŋ53	tsəŋ53	tsəŋ53	səŋ53	ʐəŋ53
石楼	tʂəŋ51	tʂʰəŋ51	tʂəŋ51	tsʰəŋ51	tʂəŋ51	tʂəŋ51	ʂəŋ51	ʐəŋ51

续表

字目	镇	趁	阵	衬	振	震	慎	刃
中古音 / 方言点	陟刃 臻开三 去震知	丑刃 臻开三 去震彻	直刃 臻开三 去震澄	初觐 臻开三 去震初	章刃 臻开三 去震章	章刃 臻开三 去震章	时刃 臻开三 去震禅	而振 臻开三 去震日
隰县	tsəŋ^{44}	tsʰəŋ^{44}	tsʰəŋ^{44} 白 / tsəŋ^{44} 文	tsʰəŋ^{44}	tsəŋ^{44}	tsəŋ^{44}	səŋ^{44}	zəŋ^{44}
大宁	tʂəŋ^{55}	tʂʰəŋ^{55}	tʂʰəŋ^{55} 白 / tʂəŋ^{55} 文	tʂʰəŋ^{55}	tʂəŋ^{55}	tʂəŋ^{55}	ʂəŋ^{55}	ʐəŋ^{55}
永和	tʂəŋ^{53}	tʂʰəŋ^{53}	tʂʰəŋ^{53} 白 / tʂəŋ^{53} 文	tʂʰəŋ^{53}	tʂəŋ^{53}	tʂəŋ^{53}	ʂəŋ^{53}	ʐəŋ^{53}
汾西	tsəŋ^{53}	tsʰəŋ^{55}	tsʰəŋ^{53} 白 / tsəŋ^{53} 文	tsʰəŋ^{55}	tsəŋ^{55}	tsəŋ^{55}	səŋ^{55}	zəŋ^{53}
蒲县	tʂeĩ^{33}	tʂʰeĩ^{33}	tʂeĩ^{33}	tsʰeĩ^{33}	tʂeĩ^{33}	tʂeĩ^{33}	ʂeĩ^{33}	ʐeĩ^{33}
潞州	tsəŋ^{54}	tsʰəŋ^{44}	tsəŋ^{54}	tsʰəŋ^{44}	tsəŋ^{44}	tsəŋ^{44}	səŋ^{54}	iŋ^{54}
上党	tsəŋ^{42}	tsʰəŋ^{22}	tsəŋ^{42}	tsʰəŋ^{22}	tsəŋ^{22}	tsəŋ^{22}	səŋ^{42}	iŋ^{42}
长子	tsẼ^{53}	tsʰẼ^{422}	tsẼ^{53}	tsʰẼ^{422}	tsẼ^{422}	tsẼ^{422}	sẼ^{53}	iẼ^{53}
屯留	tsẽ^{53}	tsʰẽ^{53}	tsẽ^{11}	tsʰẽ^{53}	tsẽ^{53}	tsẽ^{53}	sẽ^{53}	iẽ^{53}
襄垣	tsəŋ^{45}	tsʰəŋ^{53}	tsəŋ^{53}	tsʰəŋ^{53}	tsəŋ^{53}	tsəŋ^{53}	səŋ^{53}	ʐəŋ^{45}
黎城	tɕiẽ^{53}	tɕʰiẽ^{53}	tɕiẽ^{53}	tsʰei^{53}	tɕiẽ^{422}	tɕiẽ^{53}	ɕiẽ^{53}	iẽ^{53}
平顺	tɕẼ^{53}	tɕʰẼ^{53}	tɕẼ^{53}	tɕʰẼ^{53}	tɕẼ^{53}	tɕẼ^{53}	ɕẼ^{53}	iẼ^{53}
壶关	tʂəŋ^{353}	tʂʰəŋ^{42}	tʂəŋ^{353}	tʂʰəŋ^{42}	tʂəŋ^{42}	tʂəŋ^{42}	ʂəŋ^{353}	iŋ^{353}
沁县	tsə̃^{53}	tsʰə̃^{53}	tsə̃^{53}	tsʰə̃^{53}	tsə̃^{53}	tsə̃^{53}	sə̃^{53}	zə̃^{53}
武乡	tsɐŋ^{55}	tsʰɐŋ^{55}	tsɐŋ^{55}	tsʰɐŋ^{55}	tsɐŋ^{55}	tsɐŋ^{55}	sɐŋ^{55}	zɐŋ^{55}
沁源	tʂə̃^{53}	tʂʰə̃^{53}	tʂə̃^{53}	tʂʰə̃^{53}	tʂə̃^{53}	tʂə̃^{53}	ʂə̃^{53}	ʐə̃^{53}
安泽	——	tsʰəŋ^{53}	tsəŋ^{53}	tsʰəŋ^{53}	——	tsəŋ^{53}	səŋ^{53}	zəŋ^{53}
沁水端氏	tsəŋ^{53}	tsʰəŋ^{53}	tsəŋ^{53}	tsʰai^{53}	tsəŋ^{21}	tsəŋ^{21}	səŋ^{53}	zəŋ^{53}
阳城	tʂə̃ĩ^{51}	tʂʰə̃ĩ^{51}	tʂə̃ĩ^{51}	tʂʰɑ̃ŋ^{51}	tʂə̃ĩ^{51}	tʂə̃ĩ^{51}	ʂə̃ĩ^{51}	ʐə̃ĩ^{51}
高平	tʂə̃ĩ^{53}	tʂʰə̃ĩ^{53}	tʂə̃ĩ^{53}	tʂʰə̃ĩ^{53}	tʂə̃ĩ^{53}	tʂə̃ĩ^{53}	ʂə̃ĩ^{53}	ʐə̃ĩ^{53}
陵川	tʂə̃ĩ^{24}	tʂʰə̃ĩ^{24}	tʂə̃ĩ^{24}	tʂʰə̃ĩ^{24}	tʂə̃ĩ^{24}	tʂə̃ĩ^{24}	ʂə̃ĩ^{24}	lə̃ĩ^{24}
晋城	tʂɐ̃^{53}	tʂʰɐ̃^{53}	tʂɐ̃^{53}	tʂʰɐ̃^{53}	tʂɐ̃^{53}	tʂɐ̃^{53}	ʂɐ̃^{53}	ʐɐ̃^{53}
忻府	tʂəŋ^{53}	tʂʰəŋ^{53}	tʂəŋ^{53}	tsʰəŋ^{53}	tʂəŋ^{53}	tʂəŋ^{53}	ʂəŋ^{53}	ʐəŋ^{53}
原平	tʂəŋ^{53}	tʂʰəŋ^{53}	tʂəŋ^{53}	tsʰəŋ^{53}	tʂəŋ^{53}	tʂəŋ^{53}	ʂəŋ^{53}	ʐəŋ^{53}
定襄	tʂəŋ^{53}	tʂʰəŋ^{53}	tʂəŋ^{53}	tʂʰəŋ^{53}	tʂəŋ^{53}	tʂəŋ^{53}	ʂəŋ^{53}	ʐəŋ^{53}
五台	tsən^{52}	tsʰən^{52}	tsən^{52}	tsʰən^{52}	tsən^{52}	tsən^{52}	sən^{52}	zən^{52}
岢岚	tʂəŋ^{52}	tʂʰəŋ^{52}	tʂəŋ^{52}	tsʰəŋ^{52}	tʂəŋ^{13}	tʂəŋ^{52}	tsʰəŋ^{52} 老 / ʂəŋ^{52} 新	ʐəŋ^{52}

续表

字目	镇	趁	阵	衬	振	震	慎	刃
中古音 / 方言点	陟刃 臻开三 去震知	丑刃 臻开三 去震彻	直刃 臻开三 去震澄	初觐 臻开三 去震初	章刃 臻开三 去震章	章刃 臻开三 去震章	时刃 臻开三 去震禅	而振 臻开三 去震日
五寨	tsəỹ^{52}	tsʰəỹ^{52}	tsəỹ^{52}	tsʰəỹ^{52}	tsəỹ^{52}	tsəỹ^{52}	tsʰəỹ^{52} 老 / səỹ^{52} 新	zəỹ^{52}
宁武	tsɤɯ^{52}	tsʰɤɯ^{52}	tsɤɯ^{52}	tsʰɤɯ^{52}	tsɤɯ^{52}	tsɤɯ^{52}	tsʰɤɯ^{52}	zɤɯ^{52}
神池	tsʰə̃^{52}	tsʰə̃^{52}	tsʰə̃^{32}	tsʰə̃^{52}	tsə̃^{52}	tsə̃^{52}	sə̃^{52}	zə̃^{52}
繁峙	tsəŋ^{24}	tsʰəŋ^{24}	tsəŋ^{24}	tsʰəŋ^{24}	tsəŋ^{24}	tsəŋ^{24}	səŋ^{24}	zəŋ^{24}
代县	tsɤŋ^{53}	tsʰɤŋ^{53}	tsɤŋ^{53}	tsʰɤŋ^{53}	tsɤŋ^{53}	tsɤŋ^{53}	tsʰɤŋ^{53}	zɤŋ^{53}
河曲	tʂɤŋ^{52}	tʂʰɤŋ^{52}	tʂʰɤŋ^{44}	tsʰɤŋ^{52}	tʂɤŋ^{213}	tʂɤŋ^{52}	ʂɤŋ^{52}	ʐɤŋ^{52}
保德	tʂəŋ^{52}	tʂʰəŋ^{52}	tʂəŋ^{52}	tʂʰəŋ^{52}	tʂəŋ^{52}	tʂəŋ^{52}	ʂəŋ^{52}	ʐəŋ^{52}
偏关	tʂɤŋ^{52}	tʂʰɤŋ^{52}	tʂɤŋ^{52}	tsʰɤŋ^{52}	tʂɤŋ^{52}	tʂɤŋ^{52}	ʂɤŋ^{52}	ʐɤŋ^{52}
朔城	tsə̃^{53}	tsʰə̃^{53}	tsə̃^{53}	tsʰə̃^{53}	tsə̃^{53}	tsə̃^{53}	sə̃^{53}	zə̃^{53}
平鲁	tsəɯ^{52}	tsʰəɯ^{52}	tsəɯ^{52}	tsʰəɯ^{52}	tsəɯ^{52}	tsəɯ^{52}	səɯ^{52}	zəɯ^{52}
应县	tsəŋ^{24}	tsʰəŋ^{24}	tsəŋ^{24}	tsʰəŋ^{24}	tsəŋ^{24}	tsəŋ^{24}/ tsəŋ^{31} 白	səŋ^{24}	zəŋ^{24}
灵丘	tsəŋ^{53}	tsʰəŋ^{53}	tsəŋ^{53}	tsʰəŋ^{53}	tsəŋ^{53}	tsəŋ^{53}	səŋ^{53}	zəŋ^{53}
浑源	tsə̃^{13}	tsʰə̃^{13}	tsə̃^{13}	tsʰə̃^{13}	tsə̃^{13}	tsə̃^{13}	sə̃^{13}	zə̃^{13}
云州	tʂəɣ^{24}	tʂʰəɣ^{24}	tʂəɣ^{24}	tʂʰəɣ^{24}	tʂəɣ^{24}	tʂəɣ^{55}	ʂəɣ^{24}	ʐəɣ^{24}
新荣	tʂɤɣ^{24}	tʂʰɤɣ^{24}	tʂɤɣ^{24}	tsʰɤɣ^{24}	tʂɤɣ^{54}	tʂɤɣ^{54}	ʂɤɣ^{24}	ʐɤɣ^{24}
怀仁	tsəŋ^{24}	tsʰəŋ^{24}	tsəŋ^{24}	tsʰəŋ^{24}	tsəŋ^{24}	tsəŋ^{53}	səŋ^{24}	zəŋ^{24}
左云	tsəɣ^{24}	tsʰəɣ^{24}	tsəɣ^{24}	tsʰəɣ^{24}	tsəɣ^{24}	tsəɣ^{24}	səɣ^{24}	zəɣ^{24}
右玉	tʂə̃ɣ^{24}	tʂʰə̃ɣ^{24}	tʂə̃ɣ^{24}	tsʰə̃ɣ^{24}	tʂə̃ɣ^{53}	tʂə̃ɣ^{24}	ʂə̃ɣ^{24}	ʐə̃ɣ^{24}
阳高	tsəŋ^{24}	tsʰəŋ^{24}	tsəŋ^{24}	tsʰəŋ^{24}	tsəŋ^{53}	tsəŋ^{53}	səŋ^{24}	zəŋ^{53}
山阴	tʂə̃^{335}	tʂʰə̃^{335}	tʂə̃^{335}	tsʰə̃^{335}	tʂə̃^{52}	tʂə̃^{52}	ʂə̃^{335}	ʐə̃^{335}
天镇	tsɤɣ^{24}	tsʰɤɣ^{24}	tsɤɣ^{24}	tsʰɤɣ^{24}	tsɤɣ^{55}	tsɤɣ^{55}	tsʰɤɣ^{24}/ sɤɣ^{24}	zɤɣ^{24}
平定	tʂɤŋ^{24}	tʂʰɤŋ^{24}	tʂɤŋ^{24}	tsʰɤŋ^{24}	tʂɤŋ^{53}	tʂɤŋ^{53}	ʂɤŋ^{24}	ʐɤŋ^{24}
昔阳	tʂəŋ^{13}	tʂʰəŋ^{13}	tʂəŋ^{13}	tʂʰəŋ^{13}	tʂəŋ^{13}	tʂəŋ^{13}	ʂəŋ^{13}	ʐəŋ^{13}
左权	tʂəŋ^{53}	tʂʰəŋ^{53}	tʂəŋ^{53}	tsʰəŋ^{53}	tʂəŋ^{53}	tʂəŋ^{53}	ʂəŋ^{53}	ʐəŋ^{53}
和顺	tʂəŋ^{13}	tʂʰəŋ^{13}	tʂəŋ^{13}	tʂʰəŋ^{13}	tʂəŋ^{13}	tʂəŋ^{13}	ʂəŋ^{13}	ʐəŋ^{13}
尧都	tʂə̃^{44}	tʂʰə̃^{44}	tʂʰə̃^{44} 白 / tʂə̃^{44} 文	tʂʰə̃^{44}	tʂə̃^{44}	tʂə̃^{44}	ʂə̃^{44}	ʐə̃^{44}
洪洞	tʂen^{53}	tʂʰen^{42}	tʂʰen 白 / tʂen^{53} 文	tʂʰen^{33}	tʂen^{33}	tʂen^{33}	ʂen^{42}	ʐen^{53}

续表

字目	镇	趁	阵	衬	振	震	慎	刃
中古音 方言点	陟刃 臻开三 去震知	丑刃 臻开三 去震彻	直刃 臻开三 去震澄	初觐 臻开三 去震初	章刃 臻开三 去震章	章刃 臻开三 去震章	时刃 臻开三 去震禅	而振 臻开三 去震日
洪洞赵城	tʂeŋ^{53}	tʂʰeŋ^{53}	tʂʰeŋ^{53}	tʂʰeŋ^{53}	tʂeŋ^{24}	tʂeŋ^{24}	ʂeŋ^{53}	ʐeŋ^{53}
古县	tʂen^{35}	tʂʰen^{53}	tʂʰen^{53} 白 / tʂen^{53} 文	tsʰen^{35}	tʂen^{35}	tʂen^{35}	ʂen^{53}	ʐen^{53}
襄汾	tʂen^{44}	tʂʰen^{44}	tʂʰen^{53}	tʂʰen^{44}	tʂen^{44}	tʂen^{44}	ʂen^{53}	ʐen^{53}
浮山	tʂẽĩ^{44}	tʂʰẽĩ^{53}	tʂʰẽĩ^{53}	tʂʰẽĩ^{44}	tʂẽĩ^{44}	tʂẽĩ^{44}	ʂẽĩ^{53}	ʐẽĩ^{53}
霍州	tʂəŋ^{55}	tʂʰəŋ^{55}	tʂʰəŋ^{53}	tsʰəŋ^{55}	tʂəŋ^{53}	tʂəŋ^{53}	ʂəŋ^{53}	ʐəŋ^{53}
翼城	tʂəŋ^{53}	tʂʰəŋ^{53}	tʂəŋ^{53}	tʂʰəŋ^{53}	tʂəŋ^{53}	tʂəŋ^{53}	ʂəŋ^{53}	ʐəŋ^{53}
闻喜	tsẽĩ^{53}	tsʰẽĩ^{53}	tsẽĩ^{13}	tsʰẽĩ^{53}	tsẽĩ^{53}	tsẽĩ^{53}	sẽĩ^{13}	zẽĩ^{13}
侯马	tʂeĩ^{53}	tʂʰeĩ^{53}	tʂeĩ^{53}	tʂʰeĩ^{53}	tʂeĩ^{53}	tʂeĩ^{53}	ʂeĩ^{53}	ʐeĩ^{53}
新绛	tʂɛ̃^{53}	tʂʰɛ̃^{53}	tʂɛ̃^{53}	tsʰɛ̃^{53}	tʂɛ̃^{53}	tʂɛ̃^{53}	ʂɛ̃^{53}	ʐɛ̃^{53}
绛县	tʂeĩ^{31}	tʂʰeĩ^{31}	tʂeĩ^{53}	tʂʰeĩ^{31}	tʂeĩ^{31}	tʂeĩ^{31}	ʂeĩ^{31}	ʐeĩ^{31}
垣曲	tʂə̃^{53}	tʂʰə̃^{53}	tʂə̃^{53}	tsə̃^{53}	tʂə̃^{53}	tʂə̃^{53}	ʂə̃^{53}	ʐə̃^{53}
夏县	pfei^{31}	pfʰei^{31}	pfei^{31}	pfʰei^{31}	pfei^{31}	pfei^{31}	ʂei^{31}	ʐei^{31}
万荣	tʂei^{33}	tʂʰei^{33}	tʂei^{33}	tɕʰiei^{55}	tʂei^{33}	tʂei^{33}	ʂei^{55}	ʐei^{33}
稷山	tʂə̃^{42}	tʂʰə̃^{42}	tʂə̃^{42}	tʂʰə̃^{42}	tʂə̃^{42}	tʂə̃^{42}	ʂə̃^{42}	ʐə̃^{42}
盐湖	tʂeĩ^{44}	tʂʰeĩ^{44}	tʂeĩ^{44}	tʂʰeĩ^{44}	tʂeĩ^{44}	tʂeĩ^{44}	ʂeĩ^{44}	ʐeĩ^{44}
临猗	tʂeĩ^{44}	tʂʰeĩ^{44}	tʂeĩ^{44}	tʂʰeĩ^{44}	tʂeĩ^{44}	tʂeĩ^{44}	ʂeĩ^{44}	ʐeĩ^{44}
河津	tʂẽ^{44}	tʂʰẽ^{44}	tsʰẽ^{44}	tsʰẽ^{44}	tʂẽ^{44}	tʂẽ^{44}	ʂẽ^{53}	ʐẽ^{44}
平陆	tʂei^{33}	tʂʰei^{33}	tʂei^{33}	tsʰei^{33}	tʂei^{33}	tʂei^{33}	ʂei^{55}	ʐei^{33}
永济	tʂei^{44}	tʂʰei^{44}	tʂei^{44}	tʂʰei^{44}	tʂei^{44}	tʂei^{44}	ʂei^{44}	ʐei^{53}
芮城	tʂeĩ^{44}	tʂʰeĩ^{44}	tʂeĩ^{44}	tsʰeĩ^{44}	tʂeĩ^{44}	tʂeĩ^{44}	ʂeĩ^{44}	ʐeĩ^{53}
吉县	tʂei^{33}	tʂʰei^{33}	tʂei^{33}	tsʰei^{33}	tʂei^{53}	tʂei^{33}	ʂei^{53}	ʐei^{33}
乡宁	tʂəŋ^{22}	tʂʰəŋ^{22}	tʂʰəŋ^{22} 白 / tʂəŋ^{22} 文	tʂʰəŋ^{22}	tʂəŋ^{22}	tʂəŋ^{22}	ʂəŋ^{22}	ʐəŋ^{22}
广灵	tsəŋ^{213}	tsʰəŋ^{213}	tsəŋ^{213}	tsʰəŋ^{213}	tsəŋ^{44}	tsəŋ^{44}	səŋ^{213}	zəŋ^{213}

字目	认	韧	仅	衅挑~	印	劲有~	笔	毕
中古音 方言点	而振 臻开三 去震日	而振 臻开三 去震日	渠遴 臻开三 去震群	许觐 臻开三 去震晓	於刃 臻开三 去震影	居焮 臻开三 去焮见	鄙密 臻开三 入质帮	卑吉 臻开三 入质帮
北京	ʐən^{51}	ʐən^{51}	tɕin^{214}	ɕin^{51}	in^{51}	tɕin^{51}	pi^{214}	pi^{51}
小店	zəŋ^{24}	zəŋ^{24}	tɕiə̃^{53}	ɕiə̃^{24}	iə̃^{24}	tɕiə̃^{24}	piəʔ^{1}	pi^{24}/piəʔ^{1}
尖草坪	zʌŋ^{35}	zʌŋ^{35}	tɕiʌŋ^{312}	ɕiʌŋ^{35}	iʌŋ^{35}	tɕiʌŋ^{35}	piəʔ^{2}	piəʔ^{2}
晋源	zəŋ^{35}	zəŋ^{35}	tɕin^{42}	ɕin^{35}	in^{35}	tɕin^{35}	piəʔ^{2}	piəʔ^{2}
阳曲	zə̃^{454}	zə̃^{454}	tɕiə̃^{312}	ɕiə̃^{454}	iə̃^{454}	tɕiə̃^{454}	piɛʔ^{4}	pi^{454}
古交	zəŋ^{53}	zəŋ^{53}	tɕiəŋ^{312}	ɕiəŋ^{53}	iəŋ^{53}	tɕiəŋ^{53}	piəʔ^{4}	piəʔ^{4}
清徐	zəŋ^{45}	zəŋ^{45}	tɕiəŋ^{54}	ɕiəŋ^{45}	iəŋ^{45}	tɕiəŋ^{45}	piəʔ^{1}	piəʔ^{1}
娄烦	zəŋ^{54}	zəŋ^{54}	tɕiəŋ^{312}	ɕiəŋ^{54}	iəŋ^{54}	tɕiəŋ^{54}	piəʔ^{3}	piəʔ^{3}
榆次	zɣ̃^{35}	zɣ̃^{35}	tɕiɣ̃^{53}	ɕiɣ̃^{35}	iɣ̃^{35}	tɕiɣ̃^{35}	piəʔ^{1}	piəʔ^{1}
交城	ʐə̃^{24}	ʐə̃^{53}	tɕiə̃^{53}	ɕiə̃^{24}	iə̃^{24}	tɕiə̃^{24}	piəʔ^{1}	piəʔ^{1}
文水	ʐɔŋ^{35}	ʐɔŋ^{35}	tɕiɔŋ^{423}	ɕiɔŋ^{35}	iɔŋ^{35}	tɕiɔŋ^{35}	piəʔ^{2}	piəʔ^{2}
祁县	ʐɔ̃^{45}	ʐɔ̃^{45}	tɕiɔ̃^{314}	ɕiɔ̃^{45}	iɔ̃^{45}	tɕiɔ̃^{45}	piəʔ$^{\underline{32}}$	piəʔ$^{\underline{32}}$
太谷	zə̃^{53}	zə̃^{53}	tɕiə̃^{312}	ɕiə̃^{53}	iə̃^{53}	tɕiə̃^{53}	piəʔ^{3}	piəʔ^{3}
平遥	ʐəŋ^{24}	ʐəŋ^{512}	tɕiəŋ^{512}	ɕiəŋ^{24}	iəŋ^{24}	tɕiəŋ^{24}	piʌʔ$^{\underline{212}}$	piʌʔ$^{\underline{212}}$
孝义	ʐə̃^{454}	ʐə̃^{454}	tɕiə̃^{312}	ɕiə̃^{454}	iə̃^{454}	tɕiə̃^{454}	piəʔ^{3}	piəʔ$^{\underline{423}}$
介休	ʐəŋ^{45}	ʐəŋ^{45}	tɕin^{423}	ɕin^{45}	in^{45}	tɕin^{45}	piʌʔ$^{\underline{12}}$	piʌʔ$^{\underline{12}}$
灵石	ʐəŋ^{53}	ʐəŋ^{53}	tɕiŋ^{212}	ɕiŋ^{535}	iŋ^{53}	tɕiŋ^{53}	piəʔ^{4}	piəʔ^{4}
盂县	zə̃^{55}	zə̃^{55}	tɕiə̃^{53}	ɕiə̃^{55}	iə̃^{55}	tɕiə̃^{55}	piəʔ^{2}	piəʔ^{2}
寿阳	zə̃^{45}	zə̃^{45}	tɕiə̃^{53}	ɕiə̃^{45}	iə̃^{45}	tɕiə̃^{45}	piəʔ^{2}	piəʔ^{2}
榆社	zeɪ^{45}	zeɪ^{45}	tɕieɪ^{312}	ɕieɪ^{45}	ieɪ^{45}	tɕieɪ^{45}	piəʔ^{2}	piəʔ^{2}
离石	zəŋ^{53}	zəŋ^{53}	tɕiəŋ^{312}	ɕiəŋ^{53}	iəŋ^{53}	tɕiəŋ^{53}	pieʔ^{4}	pieʔ^{4}
汾阳	ʐəŋ^{55}	ʐəŋ^{55}	tɕiẼ^{312}	ɕiẼ^{55}	iẼ^{55}	tɕiẼ^{55}	pieʔ^{2}	pieʔ^{2}
中阳	ʐə̃^{53}	ʐə̃^{53}	tɕiə̃^{423}	ɕiə̃^{53}	iə̃^{53}	tɕiə̃^{53}	pieʔ^{4}	pieʔ^{4}
柳林	zə̃^{53}	zə̃^{53}	tɕiə̃^{312}	ɕiə̃^{53}	iə̃^{53}	tɕiə̃^{53}	piɛʔ^{4}	pi^{53}
方山	ʐə̃ŋ^{52}	ʐə̃ŋ^{52}	tɕiə̃ŋ^{312}	ɕiə̃ŋ^{52}	iə̃ŋ^{52}	tɕiə̃ŋ^{52}	piɛʔ^{4}	piɛʔ^{4}
临县	ʐə̃^{52}	ʐə̃^{52}	tɕiə̃^{312}	ɕiə̃^{52}	iə̃^{52}	tɕiə̃^{52}	piɐʔ^{3}	piɐʔ^{3}
兴县	ʐəŋ^{53}	——	tɕiəŋ^{324}	——	iəŋ^{53}	tɕiəŋ^{53}	piəʔ^{5}	piəʔ^{5}
岚县	ʐəŋ^{53}	ʐəŋ^{312}	tɕiəŋ^{312}	ɕiəŋ^{53}	iəŋ^{53}	tɕiəŋ^{53}	piəʔ^{4}	piəʔ^{4}
静乐	zɣ̃^{53}	zɣ̃^{53}	tɕiɣ̃^{314}	ɕiɣ̃^{53}	iɣ̃^{53}	tɕiɣ̃^{53}	piəʔ^{4}	piəʔ^{4}
交口	ʐəŋ^{53}	ʐəŋ^{53}	tɕiəŋ^{323}	ɕiəŋ^{53}	iəŋ^{53}	tɕiəŋ^{53}	pieʔ^{4}	pieʔ^{4}
石楼	ʐəŋ^{51}	ʐəŋ^{51}	tɕiəŋ^{213}	ɕiəŋ^{51}	iəŋ^{51}	tɕiəŋ^{51}	piəʔ^{4}	piəʔ^{4}
隰县	zəŋ^{44}	zəŋ^{44}	tɕiəŋ^{21}	ɕiəŋ^{44}	iəŋ^{44}	tɕiəŋ^{44}	piəʔ^{3}	piəʔ^{3}

续表

字目	认	韧	仅	衅挑~	印	劲有~	笔	毕
中古音／方言点	而振 臻开三 去震日	而振 臻开三 去震日	渠遴 臻开三 去震群	许觐 臻开三 去震晓	於刃 臻开三 去震影	居焮 臻开三 去焮见	鄙密 臻开三 入质帮	卑吉 臻开三 入质帮
大宁	ʐəŋ^{55}	——	tɕiən^{55}	ɕiən^{55}	iən^{55}	tɕiən^{55}	piəʔ$^{\underline{31}}$	piəʔ$^{\underline{31}}$
永和	ʐəŋ^{53}	——	tɕiəŋ^{312}	ɕiəŋ^{53}	iəŋ^{53}	tɕiəŋ^{53}	piəʔ$^{\underline{35}}$	piəʔ$^{\underline{35}}$
汾西	zəŋ^{53}	zəŋ^{53}	tɕiəŋ^{33}	ɕiəŋ^{53}	iəŋ^{55}	tiəŋ^{55} 白 / tɕiəŋ^{55} 文	piəʔ^{1}	piəʔ^{1}
蒲县	ʐeĩ^{33}	ʐeĩ^{33}	tɕieĩ^{31}	ɕieĩ^{33}	ieĩ^{33}	tieĩ^{33}	piɛʔ$^{\underline{43}}$	pi^{33}
潞州	iŋ^{54}	iŋ^{54}	tɕiŋ^{535}	ɕiŋ^{44}	iŋ^{44}	tɕiŋ^{44}	piəʔ$^{\underline{53}}$	piəʔ$^{\underline{53}}$
上党	iŋ^{42}	iŋ^{42}	tɕiŋ^{42}	ɕiŋ^{42}	iŋ^{22}	tɕiŋ^{22}	piəʔ$^{\underline{21}}$	piəʔ$^{\underline{21}}$
长子	iẼ^{53}	iẼ^{53}	tsẼ^{434}	sẼ^{422}	iẼ^{422}	tsẼ^{422}	piəʔ^{4} 白 / pi^{434} 文	piəʔ^{4}
屯留	iẽ^{11}	iẽ^{53}	tɕiẽ^{43}	ɕiẽ^{53}	iẽ^{53}	tɕiẽ^{53}	piəʔ^{1}	piəʔ^{1}
襄垣	ʐəŋ^{45}	ʐəŋ^{45}	tɕiəŋ^{42}	ɕiəŋ^{53}	iəŋ^{53}	tɕiəŋ^{45}	piʌʔ^{3}	piʌʔ^{3}
黎城	iẽ^{53}	iẽ^{53}	tɕiẽ^{213}	çyẽ^{422}	iẽ^{422}	ciẽ^{53}	piɤʔ^{2}	piɤʔ^{2}
平顺	iẼ^{53}	iẼ^{53}	ciẼ^{434}	ɕiẼ^{53}	iŋ^{53}	ciẼ^{53}	piəʔ$^{\underline{212}}$	piəʔ$^{\underline{212}}$
壶关	iŋ^{353}	iŋ^{353}	ciŋ^{535}	çiŋ^{353}	iŋ^{42}	ciŋ^{353}	piəʔ^{2}	piəʔ^{2}
沁县	zə̃^{53}	zə̃^{53}	tɕiə̃^{214}	ɕiə̃^{53}	iə̃^{53}	tɕiə̃^{53}	piəʔ$^{\underline{31}}$	piəʔ$^{\underline{31}}$
武乡	zɐŋ^{55}	zɐŋ^{33}	tɕiɐŋ^{213}	ɕiɐŋ^{55}	iɐŋ^{55}	tɕiɐŋ^{55}	piəʔ^{3}	piəʔ^{3}
沁源	ʐə̃^{53}	ʐə̃^{53}	tɕiə̃^{324}	ɕiə̃^{53}	iə̃^{53}	tɕiə̃^{53}	piəʔ$^{\underline{31}}$	piəʔ$^{\underline{31}}$
安泽	zəŋ^{53}	zəŋ^{53}	——	——	iəŋ^{53}	tɕiəŋ^{53}	piəʔ$^{\underline{21}}$	pi^{21}
沁水端氏	zəŋ^{53}	zəŋ^{53}	tɕiŋ^{31}	ɕiŋ^{53}	iŋ^{53}	tɕiŋ^{53}	piəʔ^{2}	piəʔ^{2}
阳城	ʐãŋ^{51}	ʐə̃ĩ^{51}	ciə̃ĩ^{212}	cʰiə̃ĩ^{51}	iə̃ĩ^{51}	tɕiə̃ĩ^{212}	piəʔ^{2}	piəʔ^{2}
高平	ʐə̃ĩ^{53}	ʐə̃ĩ^{53}	ciə̃ĩ^{212}	ɕiə̃ĩ^{53}	iə̃ĩ^{53}	tɕiə̃ĩ^{53}	piəʔ^{2}	piəʔ^{2}
陵川	lə̃ĩ^{24}	lə̃ĩ^{24}	ciə̃ĩ^{312}	ɕiə̃ĩ^{24}	iə̃ĩ^{24}	ciə̃ĩ^{24}	piəʔ^{3}	piəʔ^{3}
晋城	ʐẽ^{53}	ʐẽ^{53}	tɕiẽ^{213}	ɕiẽ^{53}	iẽ^{53}	tɕiẽ^{53}	piəʔ^{2}	piəʔ^{2}
忻府	ʐəŋ^{53}	ʐəŋ^{53}	tɕiəŋ^{313}	ɕiəŋ^{53}	iəŋ^{53}	tɕiəŋ^{53}	piəʔ$^{\underline{32}}$	piəʔ$^{\underline{32}}$
原平	ʐəŋ^{53}	ʐəŋ^{53}	tɕiəŋ^{213}	ɕiəŋ^{53}	iəŋ^{53}	tɕiəŋ^{53}	piəʔ$^{\underline{34}}$	piəʔ$^{\underline{34}}$
定襄	ʐəŋ^{53}	ʐəŋ^{53}	tɕiəŋ^{24}	ɕiəŋ^{53}	iəŋ^{53}	tɕiəŋ^{53}	piəʔ^{1}	piəʔ^{1}
五台	zən^{52}	zən^{52}	tɕiən^{213}	ɕiən^{52}	iən^{52}	tɕiən^{52}	piəʔ^{3}	piəʔ^{3}
岢岚	ʐəŋ^{52}	ʐəŋ^{52}	tɕiəŋ^{13}	ɕiəŋ^{52}	iəŋ^{52}	tɕiəŋ^{52}	piɛʔ^{4}	piɛʔ^{4}
五寨	zəɣ̃^{52}	zəɣ̃^{52}	tɕiəɣ̃^{13}	ɕiəɣ̃^{52}	iəɣ̃^{52}	tɕiəɣ̃^{52}	piəʔ^{4}	piəʔ^{4}
宁武	zɤɯ^{52}	zɤɯ^{52}	tɕiɤɯ^{213}	——	iɤɯ^{52}	tɕiɤɯ^{52}	piəʔ^{4}	piəʔ^{4}
神池	zə^{52}	zə^{52}	tɕiə^{13}	ɕiə^{52}	iə^{52}	tɕiə^{52}	piəʔ^{4}	piəʔ^{4}

续表

字目	认	韧	仅	衅挑~	印	劲有~	笔	毕
中古音 / 方言点	而振 臻开三 去震日	而振 臻开三 去震日	渠遴 臻开三 去震群	许觐 臻开三 去震晓	於刃 臻开三 去震影	居焮 臻开三 去焮见	鄙密 臻开三 入质帮	卑吉 臻开三 入质帮
繁峙	ʐəŋ^{24}	ʐəŋ^{24}	tɕiəŋ^{53}	ɕiəŋ^{24}	iəŋ^{24}	tɕiəŋ^{24}	piəʔ$^{\underline{13}}$	pi^{24}
代县	zɤŋ^{53}	zɤŋ^{53}	tɕiɤŋ^{213}	——	iɤŋ^{53}	tɕiɤŋ^{53}	piəʔ^{2}	piəʔ^{2}
河曲	ʐəŋ^{52}	ʐəŋ^{52}	tɕiŋ^{213}	ɕiŋ^{52}	iŋ^{52}	tɕiŋ^{52}	piəʔ^{4}	piəʔ^{4}
保德	ʐəŋ^{52}	ʐəŋ^{52}	tɕiəŋ^{213}	ɕiəŋ^{52}	iəŋ^{52}	tɕiəŋ^{52}	piəʔ^{4}	piəʔ^{4}
偏关	ʐɤŋ^{52}	ʐɤŋ^{52}	tɕiɤŋ^{213}	ɕiɤŋ^{52}	iɤŋ^{52}	tɕiɤŋ^{52}	piəʔ^{4}	piəʔ^{4}
朔城	ʐə̃^{53}	ʐə̃^{312}	tɕiə̃^{312}	ɕiə̃^{53}	iə̃^{53}	tɕiə̃^{53}	piəʔ$^{\underline{35}}$	piəʔ$^{\underline{35}}$
平鲁	zəɯ^{52}	zəɯ^{213}	tɕiəɯ^{213}	——	iəɯ^{52}	tɕiəɯ^{52}	piəʔ$^{\underline{34}}$	piəʔ$^{\underline{34}}$
应县	zəŋ^{24}	zəŋ^{24}	tɕiəŋ^{54}	ɕiəŋ^{24}	iəŋ^{24}	tɕiəŋ^{24}	pi^{54}/piɛʔ$^{\underline{43}}$	piɛʔ$^{\underline{43}}$
灵丘	zəŋ^{53}	zəŋ^{53}	tɕiŋ^{442}	ɕiŋ^{53}	iŋ^{53}	tɕiŋ^{53}	piəʔ^{5}	pi^{53}
浑源	zə̃^{13}	zə̃^{13}	tɕiə̃^{52}	ɕiə̃^{13}	iə̃^{13}	tɕʰiə̃^{13}	piəʔ^{4}	piəʔ^{4}
云州	ʐəɣ^{24}	ʐəɣ^{24}	tɕiəɣ^{55}	ɕiəɣ^{24}	iəɣ^{24}	tɕiəɣ^{24}	piəʔ^{4}	piəʔ^{4}
新荣	ʐɤɣ^{24}	ʐɤɣ^{54}	tɕiɣ^{54}	tɕiɣ^{54}	iɣ^{24}	tɕiɣ^{24}	piəʔ^{4}	piəʔ^{4}
怀仁	zəŋ^{24}	zəŋ^{24}	tɕiəŋ^{53}	ɕiəŋ^{24}	iəŋ^{24}	tɕiəŋ^{24}	piəʔ^{4}	piəʔ^{4}
左云	ʐəɣ^{24}	ʐəɣ^{24}	tɕiəɣ^{54}	ɕiəɣ^{24}	iəɣ^{24}	tɕiəɣ^{24}	piəʔ^{4}	pi^{24}
右玉	ʐə̃ɣ^{24}	ʐəɣ^{24}	tɕiə̃ɣ^{53}	ɕiə̃ɣ^{53}	iə̃ɣ^{24}	tɕiə̃ɣ^{24}	piəʔ^{4}	piəʔ^{4}
阳高	ʐəŋ^{53}	ʐəŋ^{53}	tɕiəŋ^{53}	ɕiəŋ^{53}	iəŋ^{24}	tɕiəŋ^{24}	piəʔ^{3}	piəʔ^{3}
山阴	ʐə̃^{335}	ʐə̃^{335}	tɕiə̃^{52}	ɕiə̃^{313}	iə̃^{335}	tɕiə̃^{335}	piəʔ^{4}	piəʔ^{4}
天镇	zɤɣ^{24}	zɤɣ^{24}	tɕiɤɣ^{55}	ɕiɤɣ^{24}	iɤɣ^{24}	tɕiɤɣ^{24}	piəʔ^{4}	piəʔ^{4}
平定	ʐɤŋ^{24}	ʐɤŋ^{24}	tɕiɤŋ^{53}	ɕiɤŋ^{24}	iɤŋ^{24}	tɕiɤŋ^{24}	piəʔ^{4}	piæʔ^{4}
昔阳	ʐəŋ^{13}	ʐəŋ^{13}	tɕiəŋ^{55}	ɕiəŋ^{13}	iəŋ^{13}	tɕiəŋ^{13}	piʌʔ$^{\underline{43}}$	piʌʔ$^{\underline{43}}$
左权	ʐəŋ^{53}	ʐəŋ^{53}	tɕiəŋ^{42}	——	iəŋ^{53}	tɕiəŋ^{53}	pieʔ^{1}	pieʔ^{1}
和顺	ʐəŋ^{13}	ʐəŋ^{13}	tɕiəŋ^{53}	ɕiəŋ^{13}	iəŋ^{13}	tɕiəŋ^{13}	pieʔ$^{\underline{21}}$	pieʔ$^{\underline{21}}$
尧都	ʐə̃^{44}	ʐə̃^{44}	tɕiəŋ^{53}	ɕiə̃^{44}	iə̃^{44}	tɕiəŋ^{53}	pi^{21}	pi^{21}
洪洞	ʐen^{53}	ʐen^{53}	tɕien^{42}	ɕien^{42}	ien^{33}	tien^{33} 白 / tɕien^{33} 文	pi^{21}	pi^{21}
洪洞赵城	ʐeŋ^{53}	ʐeŋ^{53}	tɕieŋ^{53}	ɕieŋ^{53}	ieŋ^{53}	tieŋ^{24} 白 / tɕieŋ^{24} 文	pi^{21}	pi^{21}
古县	ʐen^{53}	ʐen^{53}	tɕin^{42}	ɕin^{35}	in^{35}	tɕin^{35}	pei^{21}	pi^{21}
襄汾	ʐen^{53}	ʐen^{53}	tɕʰien^{44}	ɕien^{53}	ien^{44}	tien^{44} 白 / tɕien^{44} 文	pie^{21} 白 / pi^{21} 文	pi^{21}
浮山	ʐẽĩ^{53}	ʐẽĩ^{53}	tɕʰiẽĩ^{44}	ɕiẽĩ^{53}	iẽĩ^{44}	tiẽĩ^{44}	pi^{42}	pi^{13}
霍州	ʐəŋ^{53}	ʐəŋ^{53}	tɕiŋ^{33}	ɕiŋ^{53}	iŋ^{55}	tɕiŋ^{55}	pi^{212}	pi^{53}

续表

字目	认	韧	仅	衅挑~	印	劲有~	笔	毕
中古音 方言点	而振 臻开三 去震日	而振 臻开三 去震日	渠遴 臻开三 去震群	许覲 臻开三 去震晓	於刃 臻开三 去震影	居焮 臻开三 去焮见	鄙密 臻开三 入质帮	卑吉 臻开三 入质帮
翼城	ʐəŋ^{53}	ʐəŋ^{53}	tɕiŋ^{44}	ɕiŋ^{53}	iŋ^{53}	tɕiŋ^{53}	pi^{53} 白 /pi^{44} 文	pi^{53}
闻喜	zẽĩ^{13}	——	tɕiẽĩ^{13}	ɕiẽĩ^{53}	——	tɕiẽĩ^{53}	pi^{53}	——
侯马	ʐeĩ^{53}	ʐeĩ^{53}	tɕieĩ^{44}	ɕieĩ^{53}	tueĩ^{53}	tɕʰieĩ^{53}	pi^{44}	pi^{53}
新绛	ʐɛ̃^{53}	ʐɛ̃^{44}	tɕiɛ̃^{44}	ɕiɛ̃^{53}	iɛ̃^{53}	tɕiɛ̃^{53}	pi^{44}	pi^{53}
绛县	ʐeĩ^{31}	ʐeĩ^{31}	tɕieĩ^{53}	ɕieĩ^{31}	ieĩ^{31}	tɕieĩ^{31}	pi^{53}	pi^{31}
垣曲	ʐə̃^{53}	ʐə̃^{53}	tɕiə̃^{44}	ɕi^{53} 白 / ɕiə̃^{53} 文	iə̃^{53}	tɕiə̃^{53}	pi^{44}	pi^{53}
夏县	ʐei^{31}	ʐei^{31}	tɕieĩ^{24}	ɕieĩ^{31}	iei^{31}	tɕiei^{31}	pi^{24}	pi^{31}
万荣	ʐei^{33}	ʐei^{33}	tɕiei^{55}	ɕiei^{55}	iei^{33}	tʂei^{33} 白 / tɕiei^{33} 文	pei^{51}	pei^{51}
稷山	ʐə̃^{42}	ʐə̃^{42}	tɕiə̃^{44}	——	iə̃^{42}	tɕiə̃^{42}	pi^{53}	pi^{53}
盐湖	ʐeĩ^{44}	ʐeĩ^{44}	tɕieĩ^{53}	ɕieĩ^{44}	ieĩ^{44}	tɕieĩ^{44}	pi^{42}	pi^{42}
临猗	ʐeĩ^{44}	ʐeĩ^{44}	tɕieĩ^{53}	ɕieĩ^{44}	ieĩ^{44}	tɕieĩ^{44}	pi^{42}	pi^{42}
河津	ʐẽ^{44}	ʐẽ^{53}	tɕiẽ^{53}	ɕiẽ^{53}	iẽ^{44}	tʂẽ^{44} 白 / tɕiẽ^{44} 文	pei^{31}	pei^{31}
平陆	ʐei^{33}	ʐei^{33}	tɕiei^{55}	ɕiei^{55}	iei^{33}	tɕiei^{33}	pi^{31}	pi^{33}
永济	ʐei^{53}	ʐei^{53}	tɕiei^{53}	ɕiəŋ^{44}	iei^{44}	tɕiei^{44}	pi^{31}	pi^{24}
芮城	ʐeĩ^{44}	ʐeĩ^{53}	tɕieĩ^{53}	ɕyeĩ^{44} 白 / ɕieĩ^{44} 文	ieĩ^{44}	tɕieĩ^{44}	pei^{53}	pei^{42}
吉县	ʐei^{33}	ʐei^{33}	tɕiei^{53}	——	iei^{33}	tɕiei^{423}/ tɕiei^{33}	pi^{423}	pi^{33}
乡宁	ʐəŋ^{22}	ʐəŋ^{22}	tɕiəŋ^{44}	ɕiəŋ^{22}	iəŋ^{22}	tɕiəŋ^{22}	pi^{53}	pi^{53}
广灵	zəŋ^{213}	zəŋ^{44}	tɕiŋ^{44}	ɕiŋ^{213}	iŋ^{213}	tɕiŋ^{213}	pei^{44}	pi^{53}

字目	必	匹	密	蜜	栗	七	漆	疾
中古音 / 方言点	卑吉 臻开三 入质帮	譬吉 臻开三 入质滂	美笔 臻开三 入质明	弥毕 臻开三 入质明	力质 臻开三 入质来	亲吉 臻开三 入质清	亲吉 臻开三 入质清	秦悉 臻开三 入质从
北京	pi^{51}	pʰi^{214}	mi^{51}	mi^{51}	li^{51}	tɕʰi^{55}	tɕʰi^{55}	tɕi^{35}
小店	piəʔ^{1}	pʰiəʔ^{1}	tiəʔ$^{\underline{54}}$	tiəʔ$^{\underline{54}}$	liəʔ^{1}	tɕʰiəʔ^{1}	tɕʰiəʔ^{1}	tɕiəʔ^{1}
尖草坪	piəʔ^{2}	pʰiəʔ^{2} 白 / pʰi^{312} 文	miəʔ^{2}	miəʔ^{2}	liəʔ^{2}	tɕʰiəʔ^{2}	tɕʰiəʔ^{2}	tɕiəʔ$^{\underline{43}}$
晋源	piəʔ^{2}	pʰiəʔ^{2}	miəʔ^{2}	miəʔ^{2}	liəʔ^{2}	tɕʰiəʔ^{2}	tɕʰiəʔ^{2}	tɕiəʔ^{2}
阳曲	pi^{454}	pʰiɛʔ^{4}	miɛʔ^{4}	mi^{454}	liɛʔ^{4}	tɕʰiɛʔ^{4}	tɕʰiɛʔ^{4}	tɕiɛʔ^{4}
古交	piəʔ^{4}	pʰiəʔ^{4}	miəʔ^{4}	miəʔ^{4}	liəʔ^{4}	tɕʰiəʔ^{4}	tɕʰiəʔ^{4}	tɕiəʔ$^{\underline{312}}$
清徐	piəʔ^{1}	pʰiəʔ^{1}	miəʔ^{1}	miəʔ^{1}	liəʔ^{1}	tɕʰiəʔ^{1}	tɕʰiəʔ^{1}	tɕiəʔ$^{\underline{54}}$
娄烦	piəʔ^{3}	pʰiəʔ^{3}	miəʔ^{3}	miəʔ^{3}	liəʔ^{3}	tɕʰiəʔ^{3}	tɕʰiəʔ^{3}	tɕiəʔ^{3}
榆次	piəʔ^{1}	pʰiəʔ^{1}	miəʔ^{1}	miəʔ^{1}	liəʔ^{1}	tɕʰiəʔ^{1}	tɕʰiəʔ^{1}	tɕiəʔ^{1}
交城	piəʔ^{1}	pʰiəʔ^{1}	miəʔ^{1}	miəʔ^{1}	liəʔ^{1}	tɕʰiəʔ^{1}	tɕʰiəʔ^{1}	tɕiəʔ^{1}
文水	miəʔ^{2}	pʰiəʔ^{2}	miəʔ^{2}	miəʔ^{2}	liəʔ^{2}	tɕʰiəʔ^{2}	tɕʰiəʔ^{2}	tɕiəʔ^{2}
祁县	piəʔ$^{\underline{32}}$	pʰiəʔ$^{\underline{32}}$	miəʔ$^{\underline{32}}$	miəʔ$^{\underline{32}}$	liəʔ$^{\underline{32}}$	tɕʰiəʔ$^{\underline{32}}$	tɕʰiəʔ$^{\underline{32}}$	tɕiəʔ$^{\underline{32}}$
太谷	piəʔ^{3}	pʰiəʔ^{3}	miəʔ^{3}	miəʔ^{3}	liəʔ^{3}	tɕʰiəʔ^{3}	tɕʰiəʔ^{3}	tɕiəʔ^{3}
平遥	piʌʔ$^{\underline{212}}$	pʰiʌʔ$^{\underline{212}}$	miʌʔ$^{\underline{523}}$	miʌʔ$^{\underline{523}}$	liʌʔ$^{\underline{523}}$	tɕʰiʌʔ$^{\underline{212}}$	tɕʰiʌʔ$^{\underline{212}}$	tɕiʌʔ$^{\underline{212}}$
孝义	piəʔ$^{\underline{423}}$	pʰiəʔ^{3}	miəʔ^{3}	miəʔ^{3}	liəʔ^{3}	tɕʰiəʔ^{3}	tɕʰiəʔ^{3}	tɕiəʔ^{3}
介休	miʌʔ$^{\underline{12}}$	pʰiʌʔ$^{\underline{12}}$	miʌʔ$^{\underline{312}}$	miʌʔ$^{\underline{312}}$	liʌʔ$^{\underline{312}}$	tɕʰiʌʔ$^{\underline{12}}$	tɕʰiʌʔ$^{\underline{12}}$	tɕiʌʔ$^{\underline{12}}$
灵石	piəʔ^{4}	pʰi^{212}	miəʔ^{4}	miəʔ^{4}	liəʔ^{4}	tɕʰiəʔ^{4}	tɕʰiəʔ^{4}	tɕiəʔ^{4}
盂县	piəʔ^{2}	pʰiəʔ^{2}	miəʔ^{2}	miəʔ^{2}	liəʔ^{2}	tɕʰiəʔ^{2}	tɕʰiəʔ^{2}	tɕiəʔ^{2}
寿阳	piəʔ^{2}	pʰiəʔ^{2}	miəʔ^{2}	miəʔ^{2}	liəʔ^{2}	tɕʰiəʔ^{2}	tɕʰiəʔ^{2}	tɕiəʔ^{2}
榆社	piəʔ^{2}	pʰiəʔ^{2}	miəʔ^{2}	miəʔ^{2}	liəʔ^{2}	tɕʰiəʔ^{2}	tɕʰiəʔ^{2}	tɕiəʔ^{2}
离石	pieʔ^{4}	pʰieʔ^{4}	mieʔ^{4}	mieʔ$^{\underline{23}}$	li^{53}	tɕʰieʔ^{4}	tɕʰieʔ^{4}	tɕieʔ^{4}
汾阳	pieʔ^{2}	pʰieʔ^{2}	mieʔ$^{\underline{312}}$	mieʔ$^{\underline{312}}$	lieʔ$^{\underline{312}}$	tɕʰieʔ^{2}	tɕʰieʔ^{2}	tɕieʔ^{2}
中阳	pieʔ^{4}	pʰieʔ^{4}	mieʔ^{4}	mieʔ$^{\underline{312}}$	li^{53}	tɕʰieʔ^{4}	tɕʰieʔ^{4}	tɕieʔ^{4}
柳林	pi^{53}	pʰiɛʔ^{4}	miɛʔ$^{\underline{423}}$	miɛʔ$^{\underline{423}}$	liɛʔ$^{\underline{423}}$	tɕʰiɛʔ^{4}	tɕʰiɛʔ^{4}	tɕiɛʔ^{4}
方山	piɛʔ^{4}	pʰiɛʔ^{4}	miɛʔ^{4}	miɛʔ$^{\underline{23}}$	li^{52}	tɕiɛʔ^{4}	tɕiɛʔ^{4}	tɕiɛʔ^{4}
临县	piɐʔ^{3}	pʰiɐʔ^{3}	miɐʔ$^{\underline{24}}$	miɐʔ$^{\underline{24}}$	liɐʔ$^{\underline{24}}$	tɕʰiɐʔ^{3}	tɕʰiɐʔ^{3}	tɕiɐʔ^{3}
兴县	piəʔ^{5}	pʰiəʔ^{5}	miəʔ^{5}	miəʔ^{5}	liəʔ^{5}	tɕʰiəʔ^{5}	tɕʰiəʔ^{5}	tɕiəʔ^{5}
岚县	piəʔ^{4}	pʰiəʔ^{4}	miəʔ^{4}	miəʔ^{4}	lieʔ^{4}/liəʔ^{4}	tɕʰiəʔ^{4}	tɕʰiəʔ^{4}	tɕiəʔ^{4}
静乐	piəʔ^{4}	pʰiəʔ^{4}	miəʔ^{4}	miəʔ^{4}	liəʔ^{4}	tɕʰiəʔ^{4}	tɕʰiəʔ^{4}	tɕiəʔ^{4}
交口	pieʔ^{4}	pʰieʔ^{4}	mieʔ^{4}	mieʔ^{4}	lieʔ^{4}/li^{53}	tɕʰieʔ^{4}	tɕʰieʔ^{4}	tɕieʔ^{4}
石楼	piəʔ^{4}	pʰiəʔ^{4}	miəʔ^{4}	miəʔ^{4}	li^{51}	tɕʰiəʔ^{4}	tɕʰiəʔ^{4}	tɕiəʔ^{4}

续表

字目	必	匹~	密	蜜	栗	七	漆	疾
中古音 / 方言点	卑吉 臻开三 入质帮	譬吉 臻开三 入质滂	美笔 臻开三 入质明	弥毕 臻开三 入质明	力质 臻开三 入质来	亲吉 臻开三 入质清	亲吉 臻开三 入质清	秦悉 臻开三 入质从
隰县	piəʔ^{3}	pʰiəʔ^{3}	miəʔ^{3}	miəʔ^{3}	liəʔ^{3}	tɕʰiəʔ^{3}	tɕʰiəʔ^{3}	tɕiəʔ^{3}
大宁	piəʔ$^{\underline{31}}$	pʰiəʔ$^{\underline{31}}$	miəʔ$^{\underline{31}}$	miəʔ$^{\underline{31}}$	li^{55}	tɕiəʔ$^{\underline{31}}$	tɕiəʔ$^{\underline{31}}$	tɕiəʔ$^{\underline{31}}$
永和	piəʔ$^{\underline{35}}$	pʰiəʔ$^{\underline{35}}$	miəʔ$^{\underline{312}}$	miəʔ$^{\underline{312}}$	liəʔ$^{\underline{312}}$	tɕʰiəʔ$^{\underline{35}}$	tɕʰiəʔ$^{\underline{35}}$	tɕiəʔ$^{\underline{35}}$
汾西	piəʔ^{1}	pʰʑ^{11}/pʰiəʔ^{1}	miəʔ^{1}	miəʔ^{1}	liəʔ^{1}	tɕʰiəʔ^{1}	tɕʰiəʔ^{1}	——
蒲县	pi^{33}	pʰi^{31}	mi^{52}	mi^{52}	liɛʔ$^{\underline{43}}$	tɕʰiɛʔ$^{\underline{43}}$	tɕʰi^{52}	tɕi^{24}
潞州	piəʔ$^{\underline{53}}$	pʰi^{312}	miəʔ$^{\underline{53}}$	miəʔ$^{\underline{53}}$	liəʔ$^{\underline{53}}$	tɕʰiəʔ$^{\underline{53}}$	tɕʰiəʔ$^{\underline{53}}$	tɕiəʔ$^{\underline{53}}$
上党	piəʔ$^{\underline{21}}$	pʰiəʔ$^{\underline{21}}$	miəʔ$^{\underline{21}}$	miəʔ$^{\underline{21}}$	liəʔ$^{\underline{21}}$	tɕʰiəʔ$^{\underline{21}}$	tɕʰiəʔ$^{\underline{21}}$	tɕiəʔ$^{\underline{21}}$
长子	piəʔ^{4}	pʰi^{434}	miəʔ^{4}	miəʔ^{4}	liəʔ^{4} 白 / li^{53} 文	tɕʰiəʔ^{4}	tɕʰiəʔ^{4}	tɕiəʔ^{4}
屯留	piəʔ^{1}	pʰi^{11}	miəʔ^{1}	miəʔ^{1}	liəʔ^{1}	tɕʰiəʔ^{1}	tɕʰiəʔ^{1}	tɕiəʔ^{1}
襄垣	piʌʔ^{3}	pʰi^{33}	miʌʔ^{3}	miʌʔ^{3}	li^{45}	tɕʰiʌʔ^{3}	tɕʰiʌʔ^{3}	tɕiʌʔ^{3}
黎城	piɤʔ^{2}	pʰi^{33}	miɤʔ^{2}	miɤʔ^{2}	liɤʔ$^{\underline{31}}$	tɕʰiɤʔ^{2}	tɕʰiɤʔ^{2}	tɕiɤʔ^{2}
平顺	piəʔ$^{\underline{212}}$	pʰi^{53}	miəʔ$^{\underline{423}}$	miəʔ$^{\underline{423}}$	liəʔ$^{\underline{423}}$	tɕʰiəʔ$^{\underline{212}}$	tɕʰiəʔ$^{\underline{212}}$	tɕiəʔ$^{\underline{423}}$
壶关	piəʔ^{2}	pʰi^{42}	miəʔ$^{\underline{21}}$	miəʔ$^{\underline{21}}$	liəʔ$^{\underline{21}}$	tsʰiəʔ^{2}	tsʰiəʔ^{2}	tsiəʔ$^{\underline{21}}$
沁县	piəʔ$^{\underline{31}}$	pʰiəʔ$^{\underline{31}}$ 白 / pʰɿ^{224} 文	miəʔ$^{\underline{31}}$	miəʔ$^{\underline{31}}$	liəʔ$^{\underline{31}}$	tɕʰiəʔ$^{\underline{31}}$	tɕʰiəʔ$^{\underline{31}}$	tɕiəʔ$^{\underline{31}}$
武乡	piəʔ^{3}	pʰiəʔ^{3}	miəʔ^{3}	miəʔ^{3}	liəʔ^{3}	tɕʰiəʔ^{3}	tɕʰiəʔ^{3}	tɕiəʔ^{423}
沁源	piəʔ$^{\underline{31}}$	pʰiəʔ$^{\underline{31}}$ 白 / pʰi^{324} 文	miəʔ$^{\underline{31}}$	miəʔ$^{\underline{31}}$	liəʔ$^{\underline{31}}$	tɕʰiəʔ$^{\underline{31}}$	tɕʰiəʔ$^{\underline{31}}$	tɕiəʔ$^{\underline{31}}$
安泽	pi^{21}	pʰi^{21} /pʰi^{42}	mi^{21}	mi^{21}	li^{53}	tɕʰiəʔ$^{\underline{21}}$	tɕʰiəʔ$^{\underline{21}}$	tɕi^{35}
沁水端氏	piəʔ$^{\underline{54}}$/piəʔ^{2}	pʰiəʔ^{2}/pi^{21}	miəʔ^{2}	miəʔ^{2}	li^{53}	tɕʰiəʔ^{2}	tɕʰiəʔ^{2}	tɕiəʔ^{2}
阳城	piəʔ^{2}	pʰiəʔ^{2}	miəʔ^{2}	miəʔ^{2}	liəʔ^{2}	tɕʰiəʔ^{2}	tɕʰiəʔ^{2}	tɕiəʔ^{2}
高平	piəʔ^{2}	pʰi^{33}	miəʔ^{2}	miəʔ^{2}	liəʔ^{2}	tɕʰiəʔ^{2}	tɕʰiəʔ^{2}	tɕiəʔ^{2}
陵川	piəʔ^{3}	pʰiəʔ^{3}	miəʔ$^{\underline{23}}$	miəʔ$^{\underline{23}}$	liəʔ$^{\underline{23}}$	tɕʰiəʔ^{3}	tɕʰiəʔ^{3}	tɕiəʔ$^{\underline{23}}$
晋城	piəʔ^{2}	pʰi^{33}	miəʔ^{2}	miəʔ^{2}	li^{53}	tɕʰiəʔ^{2}	tɕʰiəʔ^{2}	tɕiəʔ^{2}
忻府	piəʔ$^{\underline{32}}$	pʰiəʔ$^{\underline{32}}$	miəʔ$^{\underline{32}}$	miəʔ$^{\underline{32}}$	li^{53}	tɕʰiəʔ$^{\underline{32}}$	tɕʰiəʔ$^{\underline{32}}$	tɕiəʔ$^{\underline{32}}$
原平	piəʔ$^{\underline{34}}$	pʰiəʔ$^{\underline{34}}$	miəʔ$^{\underline{34}}$	miəʔ$^{\underline{34}}$	liəʔ$^{\underline{34}}$	tɕʰiəʔ$^{\underline{34}}$	tɕʰiəʔ$^{\underline{34}}$	tɕiəʔ$^{\underline{34}}$
定襄	piəʔ^{1}	pʰiəʔ^{1}	miəʔ^{1}	miəʔ^{1}	liəʔ^{1}	tɕʰiəʔ^{1}	tɕʰiəʔ^{1}	tɕiəʔ^{1}
五台	piəʔ^{3}	pʰiəʔ^{3}	miəʔ^{3}	miəʔ^{3}	liəʔ^{3}	tɕʰiəʔ^{3}	tɕʰiəʔ^{3}	tɕiəʔ^{3}
岢岚	piɛʔ^{4}	pʰiɛʔ^{4}	miɛʔ^{4}	miɛʔ^{4}	liɛʔ^{4}	tɕʰiɛʔ^{4}	tɕʰiɛʔ^{4}	tɕiɛʔ^{4}
五寨	piəʔ^{4}	pʰiəʔ^{4}	miəʔ^{4}	miəʔ^{4}	liəʔ^{4}	tɕʰiəʔ^{4}	tɕʰiəʔ^{4}	tɕiəʔ^{4}
宁武	piəʔ^{4}	——	miəʔ^{4}	miəʔ^{4}	liəʔ^{4}	tɕʰiəʔ^{4}	tɕʰiəʔ^{4}	tɕiəʔ^{4}

续表

字目	必	匹~	密	蜜	栗	七	漆	疾
中古音 方言点	卑吉 臻开三 入质帮	譬吉 臻开三 入质滂	美笔 臻开三 入质明	弥毕 臻开三 入质明	力质 臻开三 入质来	亲吉 臻开三 入质清	亲吉 臻开三 入质清	秦悉 臻开三 入质从
神池	piəʔ^{4}	pʰiəʔ^{4}	miəʔ^{4}	miəʔ^{4}	liəʔ^{4}	tɕʰiəʔ^{4}	tɕʰiəʔ^{4}	tɕiəʔ^{4}
繁峙	piəʔ$^{\underline{13}}$	pʰi^{53}	miəʔ$^{\underline{13}}$	miəʔ$^{\underline{13}}$	li^{24}	tɕʰiəʔ$^{\underline{13}}$	tɕʰiəʔ$^{\underline{13}}$	tɕiəʔ$^{\underline{13}}$
代县	piəʔ^{2}	pʰi^{213}	miəʔ^{2}	miəʔ^{2}	liəʔ^{2}	tɕiəʔ^{2}	tɕiəʔ^{2}	tɕiəʔ^{2}
河曲	piəʔ^{4}	pʰiəʔ^{4}	miəʔ^{4}	miəʔ^{4}	li^{52}	tɕʰiəʔ^{4}	tɕʰiəʔ^{4}	tɕiəʔ^{4}
保德	piəʔ^{4}	pʰiəʔ^{4}	miəʔ^{4}	miəʔ^{4}	li^{54}	tɕʰiəʔ^{4}	tɕʰiəʔ^{4}	tɕiəʔ^{4}
偏关	piəʔ^{4}	pʰiəʔ^{4}	miəʔ^{4}	mʅ^{52}	liəʔ^{4}	tɕʰiəʔ^{4}	tɕʰiəʔ^{4}	tɕiəʔ^{4}
朔城	piəʔ$^{\underline{35}}$	pʰi^{312}	miəʔ$^{\underline{35}}$	mi^{53}	liəʔ$^{\underline{35}}$	tɕiəʔ$^{\underline{35}}$	tɕiəʔ$^{\underline{35}}$	tɕiəʔ$^{\underline{35}}$
平鲁	piəʔ$^{\underline{34}}$	pʰi^{213}	miəʔ$^{\underline{34}}$	mi^{52}/miəʔ$^{\underline{34}}$	——	tɕʰiəʔ$^{\underline{34}}$	tɕʰiəʔ$^{\underline{34}}$	tɕiəʔ$^{\underline{34}}$
应县	pi^{24}/piɛʔ$^{\underline{43}}$	pʰi^{43}	miɛʔ$^{\underline{43}}$	miɛʔ$^{\underline{43}}$	li^{24}	tɕiɛʔ$^{\underline{43}}$	tɕʰiɛʔ$^{\underline{43}}$	tɕiɛʔ$^{\underline{43}}$
灵丘	piəʔ^{5}	pʰi^{442}	mi^{53}	mi^{53}	li^{53}	tɕʰiəʔ^{5}	tɕʰiəʔ^{5}	tɕiəʔ^{5}
浑源	piəʔ^{4}	pʰi^{52}	mi^{13}/miəʔ^{4}	mi^{13}	li^{13}	tɕʰiəʔ^{4}	tɕʰiəʔ^{4}	tɕiəʔ^{4}
云州	piəʔ^{4}	pʰi^{312}	miəʔ^{4}	miəʔ^{4}	li^{24}	tɕʰiəʔ^{4}	tɕʰiəʔ^{4}	tɕiəʔ^{4}
新荣	piəʔ^{4}	pʰi^{32}	mi^{24}/miəʔ^{4}	miəʔ^{4}	li^{24}	tɕʰiəʔ^{4}	tɕʰiəʔ^{4}	tɕiəʔ^{4}
怀仁	piəʔ^{4}	pʰi^{42}	miəʔ^{4}/mi^{24}	mi^{24}	li^{24}	tɕʰiəʔ^{4}	tɕʰiəʔ^{4}	tɕiəʔ^{4}
左云	pi^{24}	pʰi^{54}	miəʔ^{4}	miəʔ^{4}	li^{24}	tɕʰiəʔ^{4}	tɕʰiəʔ^{4}	tɕiəʔ^{4}
右玉	piəʔ^{4}	pʰi^{212}	miəʔ^{4}	miəʔ^{4}	liəʔ^{4}	tɕʰiəʔ^{4}	tɕʰiəʔ^{4}	tɕiəʔ^{4}
阳高	piəʔ^{3}	pʰi^{53}	miəʔ^{3}	miəʔ^{3}	li^{24}	tɕʰiəʔ^{3}	tɕʰiəʔ^{3}	tɕiəʔ^{3}
山阴	piəʔ^{4}	pʰi^{313}	miəʔ^{4}	miəʔ^{4}	liəʔ^{4}	tɕʰiəʔ^{4}	tɕʰiəʔ^{4}	tɕi^{313}
天镇	piəʔ^{4}	pʰiəʔ^{4}	miəʔ^{4}	miəʔ^{4}	li^{24}	tɕʰiəʔ^{4}	tɕʰiəʔ^{4}	tɕiəʔ^{4}
平定	piəʔ^{4}	pʰi^{44}/pʰi^{53}	miəʔ^{4}	miəʔ$^{\underline{23}}$	liəʔ$^{\underline{23}}$	tɕʰiəʔ^{4}	tɕʰiəʔ^{4}	tɕiəʔ^{4}
昔阳	piʌʔ$^{\underline{43}}$	pʰi^{55}	mi^{13}	mi^{13}	lei^{13}	tɕʰiʌʔ$^{\underline{43}}$	tɕʰiʌʔ$^{\underline{43}}$	tɕiʌʔ$^{\underline{43}}$
左权	pieʔ^{1}	pʰi^{31}	mieʔ^{1}	mi^{53}/mieʔ^{1}	lieʔ^{1}	tɕʰieʔ^{1}	tɕʰieʔ^{1}	tɕieʔ^{1}
和顺	pieʔ$^{\underline{21}}$	pʰieʔ$^{\underline{21}}$	mieʔ$^{\underline{21}}$	mieʔ$^{\underline{21}}$	lieʔ$^{\underline{21}}$	tɕʰieʔ$^{\underline{21}}$	tɕʰieʔ$^{\underline{21}}$	tɕieʔ$^{\underline{21}}$
尧都	pi^{21}	pʰi^{21}	miʌʔ$^{\underline{43}}$	miʌʔ$^{\underline{43}}$	li^{21}	tɕʰi^{21}	tɕʰi^{21}	tɕi^{21}
洪洞	pi^{21}	pʰi^{21}	mi^{21}	mi^{21}	li^{53}	tɕʰi^{21}	tɕʰi^{21}	tɕi^{21}
洪洞赵城	pi^{21}	pʰi^{21}	mi^{21}	mi^{21}	li^{21}	tɕʰi^{21}	tɕʰi^{21}	tɕi^{21}
古县	pi^{21}	pʰi^{21}	mi^{21}	mi^{21}	li^{21}	tɕʰi^{21}	tɕʰi^{21}	tɕi^{35}
襄汾	pi^{21}	pʰi^{21}	mi^{21}	mi^{21}	li^{21}	tɕʰi^{21}	tɕʰi^{21}	tɕi^{24}
浮山	pi^{42}	pʰi^{42}	mi^{42}	mi^{42}	li^{13}	tɕʰi^{42}	tɕʰi^{42}	tɕi^{13}
霍州	pi^{53}	pʰi^{33}	mi^{212}	mi^{212}	li^{53}	tɕʰi^{212}	tɕʰi^{212}	tɕi^{35}
翼城	pi^{53}	pʰi^{44}	mi^{53}	mi^{53}	li^{53}	tɕi^{53}	tɕi^{53}	tɕi^{12}

续表

字目	必	匹一~	密	蜜	栗	七	漆	疾
中古音 / 方言点	卑吉 臻开三 入质帮	譬吉 臻开三 入质滂	美笔 臻开三 入质明	弥毕 臻开三 入质明	力质 臻开三 入质来	亲吉 臻开三 入质清	亲吉 臻开三 入质清	秦悉 臻开三 入质从
闻喜	pi^{53}	p^{h}i^{53}	mi^{53}	li^{53} 白 / mi^{53} 文	li^{53}	tɕ^{h}i^{13}	tɕ^{h}i^{13}	tɕi^{13}
侯马	pi^{53}	p^{h}i^{44}	mi^{53}	mi^{53}	li^{53}	tɕ^{h}iɛ^{213}	tɕ^{h}i^{213}	tɕi^{213}
新绛	pi^{53}	p^{h}i^{44}	mi^{53}	mi^{53}	li^{53}	tɕ^{h}i^{53}	tɕ^{h}i^{53}	tɕi^{53}
绛县	pi^{31}	p^{h}i^{31}	mi^{53}	mi^{53}	li^{31}	tɕ^{h}i^{53}	tɕ^{h}i^{53}	tɕi^{24}
垣曲	pi^{44}	p^{h}i^{53}	mi^{53}	mi^{53}	li^{53}	tɕ^{h}i^{53}	tɕ^{h}i^{53}	tɕi^{53}
夏县	pi^{31}	p^{h}i^{42}	mi^{31}	mi^{31}	li^{31}	tɕ^{h}i^{53}	tɕ^{h}i^{53}	tɕi^{42}
万荣	pei^{51}	p^{h}ei^{213} 白 / pi^{213} 文	mei^{33}	mei^{33}	li^{33}	tɕ^{h}i^{51}	tɕi^{51}	tɕ^{h}i^{213} 白 / tɕi^{213} 文
稷山	pi^{42}	p^{h}i^{44}	mi^{42}	mi^{42}	li^{42}	tɕ^{h}i^{53}	tɕ^{h}i^{53}	tɕi^{13}
盐湖	pi^{42}	p^{h}i^{42}	mi^{42}	mi^{42}	li^{42}	tɕ^{h}i^{42}	tɕ^{h}i^{42}	tɕi^{13}
临猗	pi^{42}	p^{h}i^{42}	mi^{42}	mi^{42}	li^{42}	tɕ^{h}i^{42}	tɕ^{h}i^{42}	tɕi^{13}
河津	pei^{31}	p^{h}ei^{44}	mei^{31}	mei^{31}	li^{53}	tɕ^{h}i^{31}	tɕ^{h}i^{31}	tɕ^{h}i^{324} 白 / tɕi^{324} 文
平陆	pi^{33}	p^{h}i^{31}	p^{h}i^{33}/mi^{33}	p^{h}i^{33}/mi^{33}	li^{33}	tɕ^{h}i^{31}	tɕ^{h}i^{31}/tɕ^{h}i^{33}	tɕi^{31}
永济	pi^{44}	p^{h}i^{53}	mi^{31}	mi^{31}	li^{44}	tɕ^{h}i^{31}	tɕ^{h}i^{31}	tɕi^{24}
芮城	pei^{42}	p^{h}i^{53}	mei^{42}	mei^{42} 白 / mi^{42} 文	li^{13}	tɕ^{h}i^{42}	tɕ^{h}i^{42}	tɕ^{h}i^{13} 白 / tɕi^{13} 文
吉县	pi^{423}	p^{h}i^{33}	mi^{423}	mi^{423}	li^{13}	tɕ^{h}i^{423}	tɕ^{h}i^{423}	tɕ^{h}i^{13}
乡宁	pi^{53}	p^{h}i^{53}	mi^{53}	mi^{53}	li^{53}	tɕi^{53}	tɕ^{h}i^{53}	tɕi^{12}
广灵	pi^{53}	p^{h}i^{53}	mi^{213}	mi^{213}	li^{213}	tɕ^{h}i^{53}	tɕ^{h}i^{53}	tɕi^{31}

字目	悉	膝	侄	瑟	虱	质~量	实	失
中古音 / 方言点	息七 臻开三 入质心	息七 臻开三 入质心	直一 臻开三 入质澄	所栉 臻开三 入质生	所栉 臻开三 入质生	陟利 臻开三 入质章	神质 臻开三 入质船	式质 臻开三 入质书
北京	ɕi^{55}	ɕi^{55}	tʂʅ^{35}	sɤ^{51}	ʂʅ^{55}	tʂʅ^{51}	ʂʅ^{35}	ʂʅ^{55}
小店	ɕiəʔ^{1}	ɕiəʔ^{1}	tsəʔ$^{\underline{54}}$	saʔ^{1}	səʔ^{1}	tsəʔ^{1}	səʔ$^{\underline{54}}$	səʔ^{1}
尖草坪	ɕiəʔ^{2}	ɕiəʔ^{2}	tsəʔ$^{\underline{43}}$	sɤɯ^{35}	səʔ^{2}	tsəʔ^{2}	səʔ$^{\underline{43}}$	səʔ^{2}
晋源	ɕiəʔ^{2}	ɕiəʔ^{2}	tsəʔ^{2}	suaʔ^{2}	səʔ^{2}	tsəʔ^{2}	səʔ$^{\underline{43}}$	səʔ^{2}
阳曲	ȵiɛʔ^{4}	ȵiɛʔ^{4}	tsəʔ^{4}	səʔ^{4}	səʔ^{4}	tsəʔ^{4}	səʔ$^{\underline{212}}$	səʔ^{4}/səʔ$^{\underline{212}}$
古交	ɕiəʔ^{4}	ɕiəʔ^{4}	tsəʔ$^{\underline{312}}$	səʔ^{4}	sʅ^{44}	tsəʔ^{4}	səʔ$^{\underline{312}}$	səʔ^{4}
清徐	ɕiəʔ^{1}	tɕʰiəʔ^{1}	tsəʔ$^{\underline{54}}$	səʔ^{1}	səʔ^{1}	tsəʔ^{1}	səʔ$^{\underline{54}}$	səʔ^{1}
娄烦	ɕiəʔ^{3}	ɕiəʔ^{3}	tsəʔ^{3}	səʔ^{3}	səʔ^{3}	tsəʔ^{3}	səʔ^{3}	səʔ^{3}
榆次	ɕiəʔ^{1}	tɕʰiəʔ^{1} 白	tsəʔ$^{\underline{53}}$	saʔ^{1}	səʔ^{1}	tsʅ^{35}	səʔ$^{\underline{53}}$	səʔ^{1}
交城	ɕiəʔ$^{\underline{53}}$	tɕʰiəʔ^{1}	tsəʔ^{1}	saʔ^{1}	səʔ^{1}	tsəʔ^{1}	səʔ$^{\underline{53}}$	səʔ^{1}
文水	ɕiəʔ$^{\underline{312}}$	ɕiəʔ$^{\underline{312}}$	tsəʔ$^{\underline{312}}$	saʔ^{2}	səʔ^{2}	tsəʔ^{2}	səʔ$^{\underline{312}}$	səʔ^{2}
祁县	ɕiəʔ$^{\underline{32}}$	ɕiəʔ$^{\underline{32}}$	tʂəʔ$^{\underline{324}}$	səʔ$^{\underline{32}}$	ʂəʔ$^{\underline{32}}$	tʂəʔ$^{\underline{32}}$	ʂəʔ$^{\underline{324}}$	ʂəʔ$^{\underline{32}}$
太谷	ɕiəʔ$^{\underline{423}}$	ɕiəʔ^{3}	tsəʔ$^{\underline{423}}$	səʔ^{3}	səʔ^{3}	tsəʔ^{3}	səʔ$^{\underline{423}}$	səʔ^{3}
平遥	ɕiʌʔ$^{\underline{212}}$	ɕiʌʔ$^{\underline{212}}$	tʂʌʔ$^{\underline{523}}$	——	ʂʌʔ$^{\underline{212}}$	tʂʌʔ$^{\underline{212}}$	ʂʌʔ$^{\underline{523}}$	ʂʌʔ$^{\underline{212}}$
孝义	ɕiəʔ$^{\underline{423}}$	ɕiəʔ$^{\underline{423}}$	tʂəʔ$^{\underline{423}}$	saʔ^{3}	ʂaʔ^{3}	tʂəʔ^{3}	ʂəʔ$^{\underline{423}}$	ʂəʔ^{3}
介休	ɕiʌʔ$^{\underline{312}}$	ɕiʌʔ$^{\underline{312}}$	tʂʌʔ$^{\underline{312}}$	sʌʔ$^{\underline{12}}$	sʌʔ$^{\underline{12}}$	tʂʌʔ$^{\underline{12}}$	ʂʌʔ$^{\underline{312}}$	ʂʌʔ$^{\underline{12}}$
灵石	ɕʰiəʔ^{4}	ɕiəʔ^{4}	tsəʔ^{4}	saʔ^{4}	saʔ^{4}	tsəʔ^{4}	ʂəʔ$^{\underline{212}}$	səʔ^{4}
盂县	ɕiəʔ^{2}	tɕʰiəʔ^{2}	tsəʔ^{2}	sɑ^{33}	səʔ^{2}	tsəʔ^{2}	səʔ$^{\underline{53}}$	səʔ^{2}
寿阳	ɕiəʔ^{2}	tɕʰiəʔ$^{\underline{54}}$	tsəʔ$^{\underline{54}}$	——	saʔ^{2}	tsəʔ^{2}	səʔ$^{\underline{54}}$	səʔ^{2}
榆社	ɕiəʔ^{2}	tɕʰiəʔ$^{\underline{312}}$	tsəʔ^{2}	tsɤ^{45}	səʔ^{2}	tsəʔ$^{\underline{312}}$	səʔ$^{\underline{312}}$	səʔ$^{\underline{312}}$
离石	ɕieʔ^{4}	ɕieʔ^{4}	tsʰəʔ$^{\underline{23}}$	——	sɑʔ^{4}	tsəʔ^{4}	səʔ$^{\underline{23}}$	səʔ^{4}
汾阳	ɕieʔ^{2}	ɕieʔ^{2}	tʂəʔ$^{\underline{312}}$	saʔ^{2}	saʔ^{2}	tʂəʔ^{2}	ʂəʔ$^{\underline{312}}$	ʂəʔ^{2}
中阳	ɕieʔ^{4}	ɕieʔ^{4}	tsʰəʔ$^{\underline{312}}$	——	sɑʔ^{4}	tsəʔ^{4}	səʔ$^{\underline{312}}$	səʔ^{4}
柳林	ɕiɛʔ^{4}	ɕiɛʔ^{4}	tsʰəʔ$^{\underline{423}}$	sɑʔ^{4}	sɑʔ^{4}	tsəʔ^{4}	səʔ$^{\underline{423}}$	səʔ^{4}
方山	ɕiɛʔ^{4}	ɕiɛʔ^{4}	tʂʰəʔ^{4}	sɑʔ^{4}	ʂɑʔ^{4}	tʂəʔ	ʂəʔ$^{\underline{23}}$	ʂəʔ^{4}
临县	ɕiɐʔ^{3}	ɕiɐʔ^{3}	tʂʰɐʔ$^{\underline{24}}$	——	ʂaʔ^{3}	tʂɐʔ^{3}	ʂɐʔ$^{\underline{24}}$	ʂɐʔ^{3}
兴县	ɕiəʔ^{5}	ɕiəʔ^{5}	tʂʰəʔ^{5}	sᴀ^{33}	səʔ^{5}	tʂəʔ^{5}	ʂəʔ$^{\underline{312}}$	ʂəʔ^{5}
岚县	ɕiəʔ^{4}	ɕiəʔ^{4}	tsʰəʔ$^{\underline{312}}$	sieʔ^{4}	sieʔ^{4}	tsəʔ^{4}	səʔ$^{\underline{312}}$	səʔ^{4}
静乐	ɕiəʔ$^{\underline{212}}$	ɕiəʔ^{4}	tsəʔ$^{\underline{212}}$	səʔ^{4}	səʔ^{4}	tsəʔ^{4}	səʔ$^{\underline{212}}$	səʔ^{4}
交口	ɕieʔ^{4}	ɕieʔ^{4}	tsʰəʔ$^{\underline{212}}$	səʔ^{4}	saʔ^{4}	tsəʔ^{4}	səʔ$^{\underline{212}}$	səʔ^{4}
石楼	ɕiəʔ^{4}	ɕiəʔ^{4}	tʂʰəʔ$^{\underline{213}}$ 白 / tʂəʔ$^{\underline{213}}$ 文	sʌʔ^{4}	sʌʔ^{4}	tʂəʔ^{4}	ʂəʔ$^{\underline{213}}$	ʂəʔ^{4}

续表

字目	悉	膝	侄	瑟	虱	质~量	实	失
中古音 / 方言点	息七 臻开三 入质心	息七 臻开三 入质心	直一 臻开三 入质澄	所栉 臻开三 入质生	所栉 臻开三 入质生	陟利 臻开三 入质章	神质 臻开三 入质船	式质 臻开三 入质书
隰县	ɕiəʔ^{3}	ɕiəʔ^{3}	tsʰəʔ^{3}	——	saʔ^{3}	tsəʔ^{3}	səʔ^{3}	səʔ^{3}
大宁	ɕiəʔ^{4}	ɕiəʔ^{4}	tʂʰəʔ^{4}	sɐʔ$^{\underline{31}}$	ʂɐʔ$^{\underline{31}}$	tʂəʔ$^{\underline{31}}$	ʂəʔ^{4}	ʂəʔ$^{\underline{31}}$
永和	ɕiəʔ$^{\underline{312}}$	ɕiəʔ$^{\underline{312}}$	tʂʰəʔ$^{\underline{312}}$ 白 / tʂəʔ$^{\underline{312}}$ 文	sɐʔ$^{\underline{35}}$	ʂɐʔ$^{\underline{35}}$	tʂəʔ$^{\underline{35}}$	ʂəʔ$^{\underline{312}}$	ʂəʔ$^{\underline{312}}$
汾西	ɕiəʔ^{1}	ɕʑ̈^{35}	tsʰəʔ^{3}	——	sɪ^{11}	tsyəʔ^{1}	səʔ^{3}	səʔ^{1}
蒲县	ɕi^{31}	ɕi^{31}	tʂʰʅ^{33}	səʔ$^{\underline{43}}$	səʔ$^{\underline{43}}$	tʂʅ^{33}	ʂʅ^{33}	ʂəʔ$^{\underline{43}}$
潞州	ɕiəʔ$^{\underline{53}}$	ɕiəʔ$^{\underline{53}}$	tsəʔ$^{\underline{53}}$	səʔ$^{\underline{53}}$	səʔ$^{\underline{53}}$	tsəʔ$^{\underline{53}}$	səʔ$^{\underline{53}}$	səʔ$^{\underline{53}}$
上党	ɕiəʔ$^{\underline{21}}$	ɕiəʔ$^{\underline{21}}$	tɕiəʔ$^{\underline{21}}$	səʔ$^{\underline{21}}$	səʔ$^{\underline{21}}$	tsiəʔ$^{\underline{21}}$	ɕiəʔ$^{\underline{21}}$	ɕiəʔ$^{\underline{21}}$
长子	ɕiəʔ^{4}	ɕiəʔ^{4}	tsəʔ$^{\underline{212}}$	səʔ^{4}	səʔ^{4}	tsəʔ^{4}	səʔ$^{\underline{212}}$	səʔ^{4}
屯留	ɕiəʔ^{1}	ɕiəʔ^{1}	tsəʔ^{1}	səʔ^{1}	səʔ^{1}	tsəʔ^{1}	səʔ$^{\underline{54}}$	səʔ^{1}
襄垣	ɕiʌʔ^{3}	tɕʰiʌʔ^{3}	tsʌʔ$^{\underline{43}}$	sʌʔ^{3}	sʌʔ^{3}	tsʌʔ^{3}	sʌʔ^{3}	sʌʔ^{3}
黎城	ɕiɤʔ^{2}	ɕiɤʔ^{2}	tɕiɤʔ^{2}	sɤʔ^{2}	ɕiɤʔ^{2}	tɕiɤʔ^{2}	ɕiɤʔ$^{\underline{31}}$	ɕiɤʔ^{2}
平顺	ɕiəʔ$^{\underline{212}}$	ɕiəʔ$^{\underline{212}}$	tɕiəʔ$^{\underline{423}}$	səʔ$^{\underline{212}}$	səʔ$^{\underline{212}}$	tɕiəʔ$^{\underline{212}}$	ɕiəʔ$^{\underline{423}}$	ɕiəʔ$^{\underline{212}}$
壶关	siəʔ^{2}	siəʔ^{2}	tʃiəʔ$^{\underline{21}}$	ʂəʔ^{2}	ʂəʔ^{2}	tʃiəʔ^{2}	ʃiəʔ^{2}	ʃiəʔ^{2}
沁县	ɕiəʔ$^{\underline{31}}$	ɕiəʔ$^{\underline{31}}$	tsəʔ$^{\underline{212}}$	səʔ$^{\underline{31}}$	səʔ$^{\underline{31}}$	tsəʔ$^{\underline{31}}$	səʔ$^{\underline{212}}$	səʔ$^{\underline{31}}$
武乡	ɕiəʔ$^{\underline{423}}$	tɕʰiəʔ^{3}	tsəʔ^{3}	səʔ^{3}	səʔ^{3}	tsəʔ^{3}	səʔ^{3}	səʔ^{3}
沁源	ɕiəʔ$^{\underline{31}}$	ɕiəʔ$^{\underline{31}}$	tʂəʔ$^{\underline{31}}$	sʌʔ$^{\underline{31}}$	sʌʔ$^{\underline{31}}$	tʂʌʔ$^{\underline{31}}$	ʂəʔ$^{\underline{31}}$	ʂəʔ$^{\underline{31}}$
安泽	ɕi^{21}	ɕi^{21}	tsʅ^{35}	sʌʔ$^{\underline{21}}$	sʌʔ$^{\underline{21}}$	tsəʔ$^{\underline{21}}$	sʅ^{35}	sʅ^{21}
沁水端氏	ɕiəʔ^{2}	tɕʰiəʔ^{2}	tsəʔ$^{\underline{54}}$	——	saʔ^{2}	tsəʔ^{2}	səʔ$^{\underline{54}}$	səʔ^{2}
阳城	ɕiəʔ^{2}	ɕiəʔ^{2}	tʂəʔ^{2}	sʌʔ^{2}	ʂʌʔ^{2}	tʂəʔ^{2}	ʂəʔ^{2}	ʂəʔ^{2}
高平	ɕiəʔ^{2}	tɕʰiəʔ^{2}	tʂəʔ^{2}	ʂəʔ^{2}	ʂəʔ^{2}	tʂəʔ^{2}	ʂəʔ^{2}	ʂəʔ^{2}
陵川	cʰiəʔ^{3}	cʰiəʔ^{3}	tɕiəʔ^{3}	ʂəʔ^{3}	ɕiəʔ^{3}	——	ɕiəʔ^{23}	ɕiəʔ^{3}
晋城	ɕiəʔ^{2}	ɕiəʔ^{2}	tʂəʔ^{2}	ʂəʔ^{2}	ʂəʔ^{2}	tʂəʔ^{2}	ʂəʔ^{2}	ʂəʔ^{2}
忻府	ɕiəʔ$^{\underline{32}}$	ɕiəʔ$^{\underline{32}}$	tʂəʔ$^{\underline{32}}$	sɑʔ$^{\underline{32}}$	sɑʔ$^{\underline{32}}$	tʂəʔ$^{\underline{32}}$	ʂəʔ$^{\underline{32}}$	ʂəʔ$^{\underline{32}}$
原平	ɕiəʔ$^{\underline{34}}$	ɕiəʔ$^{\underline{34}}$	tʂʰəʔ$^{\underline{34}}$	——	sɔʔ$^{\underline{34}}$	tʂəʔ$^{\underline{34}}$	ʂəʔ$^{\underline{34}}$	ʂəʔ$^{\underline{34}}$
定襄	ɕiəʔ^{1}	ɕiəʔ^{1}	tsʰəʔ^{1}	saʔ^{1}	səʔ^{1}	tʂʅ^{53}/tʂəʔ^{1}	ʂəʔ^{1}	ʂə^{24}
五台	ɕiəʔ^{3}	tɕʰiəʔ^{3}	tsʰəʔ^{3}	sa^{3}	sɔʔ^{3}	tsəʔ^{3}	səʔ^{3}	səʔ^{3}
岢岚	ɕiɛʔ^{4}	ɕi^{13}	tʂəʔ^{4}	sɤ^{52}	sɑʔ^{4}	tʂəʔ^{4}	ʂəʔ^{4}	ʂəʔ^{4}
五寨	ɕiəʔ^{4}	ɕi^{13}	tsəʔ^{4}	saʔ^{4}	saʔ^{4}	tsəʔ^{4}	səʔ^{4}	səʔ^{4}
宁武	ɕiəʔ^{4}	ɕiəʔ^{4}	tsə^{4}	——	səʔ^{4}	tsəʔ^{4}	səʔ^{4}	səʔ^{4}
神池	ɕiəʔ^{4}	ɕiəʔ^{4}	tsəʔ^{4}	səʔ^{4}	saʔ^{4}	tsəʔ^{4}	səʔ^{4}	səʔ^{4}

续表

字目	悉	膝	侄	瑟	虱	质~量	实	失
中古音 / 方言点	息七 臻开三 入质心	息七 臻开三 入质心	直一 臻开三 入质澄	所栉 臻开三 入质生	所栉 臻开三 入质生	陟利 臻开三 入质章	神质 臻开三 入质船	式质 臻开三 入质书
繁峙	ɕiəʔ$^{\underline{13}}$	ɕiəʔ$^{\underline{13}}$	tsɿ^{31}	səʔ$^{\underline{13}}$	saʔ$^{\underline{13}}$	tsəʔ$^{\underline{13}}$	səʔ$^{\underline{13}}$	səʔ$^{\underline{13}}$
代县	ɕiəʔ^{2}	tɕʰiəʔ^{2}	tsɿ^{44}	saʔ^{2}	saʔ^{2}	tsəʔ^{2}	səʔ^{2}	səʔ^{2}
河曲	ɕiəʔ^{4}	ɕiəʔ^{4}	tʂəʔ^{4}	səʔ^{4}	tsʰɿ^{52}	tʂəʔ^{4}	ʂəʔ^{4}	sɿ^{44}
保德	ɕiəʔ^{4}	ɕiəʔ^{4}	tʂʰəʔ^{4}	sɤ^{52}	səʔ^{4}	tʂʅ^{52}	ʂəʔ^{4}	ʂəʔ^{4}
偏关	ɕiəʔ^{4}	ɕiəʔ^{4}	tʂəʔ^{4}	sᴀʔ^{4}	sa^{44}	tʂəʔ^{4}	ʂəʔ^{4}	ʂəʔ^{4}
朔城	ɕiəʔ$^{\underline{35}}$	ɕi^{312}	——	sᴀ^{35}	ʂəʔ$^{\underline{35}}$	tʂəʔ$^{\underline{35}}$	ʂəʔ$^{\underline{35}}$	ʂəʔ$^{\underline{35}}$
平鲁	ɕiəʔ$^{\underline{34}}$	tɕʰiəʔ$^{\underline{34}}$	tsɿ^{44}	——	səʔ$^{\underline{34}}$	——	səʔ$^{\underline{34}}$	səʔ$^{\underline{34}}$
应县	ɕiɛʔ$^{\underline{43}}$	ɕiɛʔ$^{\underline{43}}$	tsɿ^{31}	——	səʔ$^{\underline{43}}$	tsəʔ$^{\underline{43}}$	səʔ$^{\underline{43}}$	səʔ$^{\underline{43}}$
灵丘	ɕiəʔ^{5}	tɕʰi^{442}	tsɿ^{31}	sᴀʔ^{5}	səʔ^{5}	tsəʔ^{5}	sɿ^{31}	sɿ^{442}
浑源	ɕiəʔ^{4}	ɕiəʔ^{4}	tsɿ^{22}	——	sɿ^{13}/səʔ^{4}	tsəʔ^{4}	tsəʔ^{4}	tsəʔ^{4}
云州	ɕiəʔ^{4}	ɕiəʔ^{4}	tsʰəʔ^{4}	sɑ^{24}	sɑʔ^{4}	tʂəʔ^{4}	ʂəʔ^{4}	ʂəʔ^{4}
新荣	ɕiəʔ^{4}	tɕʰiəʔ^{4}	tʂʅ^{312}	saʔ^{4}	saʔ^{4}	tʂəʔ^{4}	ʂʅ^{312}/ʂəʔ^{4}	ʂəʔ^{4}
怀仁	ɕiəʔ^{4}	tɕʰi^{42}	tsɿ^{312}	saʔ^{4}	saʔ^{4}	tsəʔ^{4}	səʔ^{4}	səʔ^{4}
左云	ɕiəʔ^{4}	ɕiəʔ^{4}	tsɿ^{313}	saʔ^{4}	saʔ^{4}	tsəʔ^{4}	səʔ^{4}	səʔ^{4}
右玉	ɕiəʔ^{4}	tɕʰiəʔ^{4}	tʂʅ^{212}	saʔ^{4}	saʔ^{4}	tʂəʔ^{4}	ʂəʔ^{4}	ʂəʔ^{4}
阳高	ɕiəʔ^{3}	tɕʰiəʔ^{3}	tsɿ^{312}	sɑʔ^{3}	sɑʔ^{3}	tsəʔ^{3}	səʔ^{3}	səʔ^{3}
山阴	ɕiəʔ^{4}	tɕʰi^{313}/ tɕʰiəʔ^{4}	tʂʅ^{313}	sᴀʔ^{4}	sᴀʔ^{4}	tʂəʔ^{4}	ʂəʔ^{4}	ʂəʔ^{4}
天镇	ɕiəʔ^{4}	tɕʰiəʔ^{4}	tsəʔ^{4}	sɑ^{33}	sɑʔ^{4}	tsəʔ^{4}	səʔ^{4}	səʔ^{4}
平定	ɕiəʔ^{4}	tɕʰiəʔ^{4}	tʂəʔ^{4}	saʔ^{4}	saʔ^{4}	tʂəʔ^{4}	ʂəʔ^{4}	ʂaʔ^{4}
昔阳	ɕiʌʔ$^{\underline{43}}$	tɕiʌʔ$^{\underline{43}}$	tʂʌʔ$^{\underline{43}}$	——	sɑ^{42}	tʂʌʔ$^{\underline{43}}$	ʂʌʔ$^{\underline{43}}$	ʂʌʔ$^{\underline{43}}$
左权	ɕieʔ^{1}	ɕieʔ^{1}	tʂəʔ^{1}	——	sɑʔ^{1}/sɿ^{31}	tʂəʔ^{1}	ʂəʔ^{1}	ʂəʔ^{1}
和顺	ɕieʔ$^{\underline{21}}$	tɕʰieʔ$^{\underline{21}}$	tʂəʔ$^{\underline{21}}$	səʔ$^{\underline{21}}$	səʔ$^{\underline{21}}$	tʂəʔ$^{\underline{21}}$	ʂəʔ$^{\underline{21}}$	ʂəʔ$^{\underline{21}}$
尧都	ɕi^{21}	tɕʰi^{21}	tʂʅ^{24}	sɤ^{24}	ʂɤ^{21}	tʂʅ^{21}	ʂʅ^{24}	ʂʅ^{21}
洪洞	ɕi^{42}	tɕʰi^{24}/ɕieŋ^{24}	tʂʰʅ^{24} 白 / tʂʅ^{24} 文	se^{21}	se^{21}	tʂʅ^{21}	ʂʅ^{24}	ʂʅ^{21}
洪洞赵城	ɕi^{21}	ɕi^{21}	tʂʰʅ^{24} 白 / tʂʅ^{24} 文	ʂɤ^{53}	sɛ^{21} 白 / sɿ^{21} 文	tʂʅ^{21}	ʂʅ^{24}	ʂʅ^{21}
古县	ɕi^{21}	tɕʰi^{21}	tʂʰʅ^{35} 白 / tʂʅ^{35} 文	sɛ^{21} 白 / sɤ^{21} 文	sɛ^{21}	——	ʂʅ^{35}	ʂʅ^{21}
襄汾	ɕi^{21}	tɕʰi^{21}	tʂʰʅ^{24}	sə^{21}	ʂa^{21}	tʂʅ^{21}	ʂʅ^{21}	ʂʅ^{21}
浮山	ɕi^{42}	ɕi^{42}	tʂʰʅ^{13}	——	sæ^{42}	——	ʂʅ^{13}	ʂʅ^{42}

续表

字目	悉	膝	侄	瑟	虱	质~量	实	失
中古音 / 方言点	息七 臻开三 入质心	息七 臻开三 入质心	直一 臻开三 入质澄	所栉 臻开三 入质生	所栉 臻开三 入质生	陟利 臻开三 入质章	神质 臻开三 入质船	式质 臻开三 入质书
霍州	ɕi^{212}	ɕi^{212}	tʂʰʅ^{35}	sɤ^{212}	ʂʅ^{212}	tsɿ^{212}	ʂʅ^{35}	ʂʅ^{212}
翼城	ɕi^{53}	ɕi^{53}	tʂʅ^{12}	sɤ^{53}	ʂʅ^{53}	tʂʅ^{53}	ʂʅ^{12}	ʂʅ^{53}
闻喜	ɕi^{53}	ɕi^{53}	——	siᴇ^{53}	——	tsɿ^{53}	——	sɿ^{53}
侯马	ɕi^{213}	ɕi^{213}	tʂʅ^{213}	——	ʂiɛ^{53}	tʂʰʅ^{53}	sɿ^{213}	ʂʅ^{213}
新绛	ɕi^{44}	ɕi^{44}	tʂʰʅ^{13}	sei^{53}	sei^{53}	tʂʅ^{53}	ʂʅ^{53}	ʂʅ^{53}
绛县	ɕi^{53}	ɕi^{53}	tʂei^{33}	——	ʂei^{53}	tʂʅ^{31}	ʂʅ^{24}	ʂei^{53}
垣曲	ɕi^{22}	ɕi^{22}	tʂʰʅ^{22} 白 / tʂʅ^{22} 文	sɤ^{53}	sai^{53}	tʂʅ^{53}	ʂʅ^{22}	ʂʅ^{22}
夏县	ɕi^{42}	ɕi^{53}	tʂʰʅ^{42} 白 / tʂʅ^{42} 文	——	ʂiɛ^{53}	tʂʅ^{31}	ʂʅ^{42}	ʂʅ^{53}
万荣	ɕi^{33}	tɕʰi^{213}	tʂʰʅ^{213}	sɤ^{51}	ʂa^{51}	tʂʅ^{51}	ʂʅ^{213}	ʂʅ^{51}
稷山	ɕi^{53}	tɕʰi^{53} 白 / ɕi^{53} 文	tʂʰʅ^{13} 白 / tʂʅ^{13} 文	——	ʂiɛ^{42}	tʂʅ^{42}	ʂʅ^{13}	ʂʅ^{53}
盐湖	ɕi^{42}	tɕʰi^{42}	tʂʰʅ^{13}	sɤ^{42}	ʂʅ^{42}	tʂʅ^{42}	ʂʅ^{13}	ʂʅ^{42}
临猗	ɕi^{42}	tɕʰi^{42} 白 / ɕi^{42} 文	tʂʰʅ^{13} 白 / tʂʅ^{13} 文	sɤ^{42}	sei^{42}	tʂʅ^{42}	ʂʅ^{13}	ʂʅ^{42}
河津	ɕi^{31}	ɕi^{31}	tʂʰʅ^{324} 白 / tʂʅ^{324} 文	sɤ^{31}	sɤ^{31}	tʂʅ^{31}	ʂʅ^{324}	ʂʅ^{31}
平陆	ɕi^{31}	tɕʰi^{31} 白 / ɕi^{31} 文	tʂʰʅ^{13}	——	ʂa^{31}	tʂʅ^{33}	ʂʅ^{13}	ʂʅ^{31}
永济	ɕi^{31}	tɕʰi^{31} 白 / ɕi^{31} 文	tʂʰʅ^{24}	sa^{33}	ʂei^{31}	tʂʅ^{44}	ʂʅ^{24}	ʂʅ^{31}
芮城	ɕi^{42}	tʰi^{42} 白 / tɕʰi^{42} 文	tʂʰʅ^{13} 白 / tʂʅ^{13} 文	——	ʂa^{42}	tʂʅ^{42}	ʂʅ^{13}	ʂʅ^{42}
吉县	ɕi^{423}	ɕi^{13}	tʂʰʅ^{13}	——	ʂa^{423}	——	ʂʅ^{13}	ʂʅ^{423}
乡宁	ɕi^{53}	ɕi^{53}	tʂʰʅ^{12} 白 / tʂʅ^{12} 文	sɤ^{53}	ɕia^{53}	tʂʅ^{53}	ʂʅ^{12}	ʂʅ^{53}
广灵	ɕi^{53}	tɕʰi^{53}	tsɿ^{31}	sɤ^{53}	sɿ^{53}	tsɿ^{53}	sɿ^{31}	sɿ^{53}

字目	室	日	吉	一	乙	逸	乞	轮
中古音 方言点	式质 臻开三 入质书	人质 臻开三 入质日	居质 臻开三 入质见	於悉 臻开三 入质影	於笔 臻开三 入质影	夷质 臻开三 入质以	去讫 臻开三 入迄溪	力迍 臻合三 平谆来
北京	tʂʅ^{51}	ʐʅ^{51}	tɕi^{35}	i^{55}	i^{214}	i^{51}	tɕʰi^{214}	luən^{35}
小店	səʔ$^{\underline{54}}$	zəʔ^{1}	tɕiəʔ^{1}	iəʔ^{1}	iəʔ^{1}	iəʔ^{1}	tɕʰiəʔ^{1}	luəŋ^{11}/lyə̃^{11}
尖草坪	səʔ^{2}	zəʔ^{2}	tɕiəʔ^{2}	iəʔ^{2}	iəʔ^{2}	iəʔ^{2}	tɕʰiəʔ^{2}	luʌŋ^{33}
晋源	səʔ$^{\underline{43}}$	zəʔ^{2}	tɕiəʔ^{2}	iəʔ^{2}	iəʔ^{2}	i^{35}	tɕʰiəʔ^{2}	lyn^{11}
阳曲	səʔ$^{\underline{212}}$	zəʔ^{4}	tɕiɛʔ^{4}	iɛʔ^{4}	iɛʔ^{4}	iɛʔ^{4}	tɕʰiɛʔ^{4}	luə̃^{43}
古交	səʔ^{4}	zəʔ^{4}	tɕiəʔ^{4}	iəʔ^{4}	iəʔ^{4}	iəʔ^{4}	tɕʰiəʔ^{4}	luəŋ^{44}
清徐	səʔ^{1}	əʔ^{1} 白	tɕiəʔ^{1}	iəʔ^{1}	iəʔ^{1}	iəʔ^{1}	tɕʰiəʔ^{1}	luəŋ^{11}
娄烦	səʔ^{3}	zəʔ^{3}	tɕiəʔ^{3}	iəʔ^{3}	iəʔ^{3}	iəʔ^{3}	tɕʰiəʔ^{3}	luəŋ^{33}
榆次	səʔ$^{\underline{53}}$	zəʔ^{1}	tɕiəʔ^{1}	iəʔ^{1}	i^{53}	i^{35}	tɕʰiəʔ^{1}	lyɤ̃^{11} 白
交城	səʔ$^{\underline{53}}$	zə̧ʔ^{1}	tɕiəʔ^{1}	iəʔ^{1}	iəʔ^{1}	iəʔ^{1}	tɕʰiəʔ^{1}	lyə̃^{11}
文水	səʔ$^{\underline{312}}$	zə̧ʔ^{2}	tɕiəʔ^{2}	iəʔ^{2}	iəʔ^{2}	iəʔ^{2}	tɕʰiəʔ^{2}	lyɔŋ^{22} 老 / luɔŋ^{22} 新
祁县	ʂ̧əʔ$^{\underline{324}}$	zə̧ʔ$^{\underline{32}}$	tɕiəʔ$^{\underline{32}}$	iəʔ$^{\underline{32}}$	iəʔ$^{\underline{32}}$	iəʔ$^{\underline{32}}$	tɕʰiəʔ$^{\underline{32}}$	ləm^{31}
太谷	səʔ$^{\underline{423}}$	zəʔ^{3}	tɕiəʔ^{3}	iəʔ^{33}	iəʔ^{3}	iəʔ^{3}	tɕʰiəʔ^{3}	luə̃^{33}
平遥	ʂ̧ʌʔ$^{\underline{523}}$	z̧ʌʔ$^{\underline{523}}$	tɕiʌʔ$^{\underline{212}}$	iʌʔ$^{\underline{212}}$	iʌʔ$^{\underline{212}}$	iʌʔ$^{\underline{212}}$	tɕʰiʌʔ$^{\underline{212}}$	luəŋ^{213}
孝义	ʂ̧əʔ$^{\underline{423}}$	zə̧ʔ^{3}	tɕiəʔ^{3}	iəʔ^{3}	iəʔ^{3}	iəʔ^{3}	tɕʰiəʔ^{3}	luə̃^{33}
介休	ʂ̧ʌʔ$^{\underline{312}}$	z̧ʌʔ$^{\underline{12}}$	tɕiʌʔ$^{\underline{12}}$	iʌʔ$^{\underline{12}}$	iʌʔ$^{\underline{12}}$	iʌʔ$^{\underline{12}}$/i^{45}	tɕʰiʌʔ$^{\underline{12}}$	luŋ^{13}
灵石	ʂ̧əʔ^{4}	zə̧ʔ^{4}	tɕiəʔ^{4}	iəʔ^{4}	iəʔ^{4}	i^{53}	tɕʰiəʔ^{4}	luŋ^{44}
盂县	səʔ$^{\underline{53}}$	zəʔ$^{\underline{53}}$	tɕiəʔ^{2}	iəʔ^{2}	iəʔ^{2}	iəʔ^{2}	tɕʰiəʔ^{2}	lyə̃^{22} 白 / luə̃^{22} 文
寿阳	səʔ^{2}	zəʔ^{2}	tɕiəʔ^{2}	iəʔ^{2}	iəʔ^{2}	iəʔ^{2}	tsʰɿ^{53}	lyə̃^{22}
榆社	səʔ^{2}	zəʔ^{2}	tɕiəʔ^{2}	iəʔ^{2}	iəʔ^{2}	iəʔ^{2}	tsʰɿ^{22}/ tɕʰiəʔ^{2}	luɛɪ^{22}
离石	səʔ$^{\underline{23}}$	zəʔ$^{\underline{23}}$	tɕieʔ^{4}	ieʔ^{4}	ieʔ^{4}	ieʔ^{4}	tɕʰieʔ^{4}	luəŋ^{44}
汾阳	ʂ̧əʔ$^{\underline{312}}$	zə̧ʔ$^{\underline{312}}$	tɕieʔ^{2}	ieʔ^{2}	ieʔ^{2}	ieʔ^{2}	tsʰɿ^{312}	luŋ^{22}
中阳	səʔ$^{\underline{312}}$	zə̧ʔ$^{\underline{312}}$	tɕieʔ^{4}	ieʔ^{4}	ieʔ^{4}	i^{53}	tɕʰieʔ^{4}	luə̃^{33}
柳林	səʔ$^{\underline{423}}$	zəʔ$^{\underline{423}}$	tɕiɛʔ^{4}	iɛʔ^{4}	iɛʔ^{4}	iɛʔ^{4}	tɕʰi^{312}	luə̃^{44}
方山	ʂ̧əʔ^{4}	zə̧ʔ$^{\underline{23}}$	tɕiɛʔ^{4}	iəʔ^{4}	iɛʔ^{4}	i^{52}	tɕʰiɛʔ^{4}	luə̃ŋ^{44}
临县	ʂ̧ɐʔ^{3}	z̧ɐʔ^{3}	tɕiɐʔ^{3}	iɐʔ^{3}	iɐʔ^{3}	iɐʔ^{3}	tɕʰi^{312}	luəŋ^{24}
兴县	ʂ̧əʔ^{5}	zə̧ʔ^{5}	tɕiəʔ^{5}	iəʔ^{5}	iəʔ^{5}	i^{53}	tɕʰiəʔ^{5}	luəŋ^{55}
岚县	səʔ^{4}	zə̧ʔ^{4}	tɕieʔ^{4}	iəʔ^{4}	iəʔ^{4}	ieʔ^{4}	tɕʰieʔ^{4}	luəŋ^{44}
静乐	səʔ$^{\underline{212}}$	zəʔ^{4}	tɕiəʔ^{4}	iəʔ^{4}	iəʔ^{4}	iəʔ^{4}	tɕʰiəʔ^{4}	luɤ̃^{33}

续表

字目	室	日	吉	一	乙	逸	乞	轮
中古音 / 方言点	式质 臻开三 入质书	人质 臻开三 入质日	居质 臻开三 入质见	於悉 臻开三 入质影	於笔 臻开三 入质影	夷质 臻开三 入质以	去讫 臻开三 入迄溪	力迍 臻合三 平谆来
交口	səʔ^{4}	ʐaʔ^{4}/ʐəʔ^{4}	tɕieʔ^{4}	ieʔ^{4}	ieʔ^{4}	ieʔ^{4}	tɕʰi^{323}	luəŋ^{44}
石楼	ʂəʔ^{4}	ʐəʔ^{4}	tɕiəʔ^{4}	iəʔ^{4}	iəʔ^{4}	i^{51}	tɕʰi^{213}	lyəŋ^{44} 白 / luəŋ^{44} 文
隰县	səʔ^{3}	zəʔ^{3}	tɕiəʔ^{3}	iəʔ^{3}	iəʔ^{3}	i^{44}	tɕʰiəʔ^{3}	lyəŋ^{24} 白 / luəŋ^{24} 文
大宁	ʂəʔ^{4}	ʐɐʔ$^{\underline{31}}$/ʐəʔ$^{\underline{31}}$/ ʐəʔ^{4}	tɕiəʔ$^{\underline{31}}$	iəʔ$^{\underline{31}}$	i^{31}	i^{55}	tɕiəʔ^{4}	luei^{24} 白 / luəŋ^{24} 文
永和	ʂəʔ$^{\underline{312}}$	ʐəʔ$^{\underline{35}}$	tɕiəʔ$^{\underline{35}}$	iəʔ$^{\underline{35}}$	i^{33}	i^{33}	tɕʰiəʔ$^{\underline{35}}$	luəŋ^{35}
汾西	səʔ^{1}	zɿ^{1}	tɕiəʔ^{1}	iəʔ^{3}/ʑ̍^{55} 文	iəʔ^{1}/niəʔ^{1} 白 / ʑ̍^{55} 文	iəʔ^{1}	——	luəŋ^{35}
蒲县	ʂʅ^{52}	ʐʅ^{52}	tɕi^{52}	iɛʔ$^{\underline{43}}$	i^{31}	i^{52}	tɕʰi^{24}	lueĩ^{24}
潞州	səʔ$^{\underline{53}}$	i^{53} 白 /ʐʅ^{54} 文	tɕiəʔ$^{\underline{53}}$	iəʔ$^{\underline{53}}$	iəʔ$^{\underline{53}}$	i^{54}	tɕʰiəʔ$^{\underline{53}}$	luŋ^{24}
上党	ɕiəʔ$^{\underline{21}}$	i^{22}	tɕiəʔ$^{\underline{21}}$	iəʔ$^{\underline{21}}$	iəʔ$^{\underline{21}}$	iəʔ$^{\underline{21}}$	tɕʰiəʔ$^{\underline{21}}$	luŋ^{44}
长子	səʔ^{4}	i^{53}/iəʔ^{4}	tɕiəʔ^{4}	iəʔ^{4}	iəʔ^{4}	i^{422}	tɕʰiəʔ^{4} 白 / tɕʰi^{434} 文	luɛ̃^{24}
屯留	səʔ^{1}	iəʔ^{54} 白 / i^{11} 文	tɕiəʔ^{1}	iəʔ^{1}	i^{43}	i^{11}	tɕʰi^{43}	luẽ^{11}
襄垣	sʌʔ^{3}	ʐʌʔ^{3}	tɕiʌʔ^{3}	iʌʔ^{3}	iʌʔ^{3}	iʌʔ^{3} 白 / i^{53} 文	tɕʰiʌʔ^{3}	luəŋ^{31}
黎城	ɕiɤʔ^{2}	iɤʔ^{2}	ciɤʔ^{2}	iɤʔ^{2}	iɤʔ^{2}	i^{53}	cʰiɤʔ^{2}	luei^{53}
平顺	ɕiəʔ$^{\underline{212}}$	i^{53}	ciəʔ$^{\underline{423}}$	iəʔ$^{\underline{423}}$	i^{434}	i^{53}	cʰiəʔ$^{\underline{212}}$	luɛ̃^{13}
壶关	ʃiəʔ^{2}	iəʔ$^{\underline{21}}$/çi^{353}	ciəʔ$^{\underline{21}}$	iəʔ$^{\underline{21}}$	i^{535}	i^{353}	cʰi^{535}	luŋ^{13}
沁县	səʔ$^{\underline{31}}$	zəʔ$^{\underline{31}}$	tɕiəʔ$^{\underline{31}}$	iəʔ$^{\underline{31}}$	iəʔ$^{\underline{31}}$	iəʔ$^{\underline{31}}$	tɕʰiəʔ$^{\underline{31}}$	luə̃^{33}
武乡	səʔ^{3}	zɿ^{55}/zəʔ^{3}	tɕiəʔ^{3}	iəʔ^{3}	iəʔ^{3}	iəʔ^{3}	——	luɐŋ^{33}
沁源	ʂəʔ$^{\underline{31}}$	ʐəʔ$^{\underline{31}}$	tɕiəʔ$^{\underline{31}}$	iəʔ$^{\underline{31}}$	iəʔ$^{\underline{31}}$	iəʔ$^{\underline{31}}$	tɕʰiəʔ$^{\underline{31}}$	luə̃^{33}
安泽	sɿ^{35}	zɿ^{21}	tɕiəʔ$^{\underline{21}}$	i^{21}/ iəʔ^{3}	i^{42}	i^{53}	tɕʰi^{42}	lyəŋ^{35}
沁水端氏	səʔ^{2}	zaʔ^{2}	tɕiəʔ^{2}	iəʔ^{2}	iəʔ^{2}	i^{53}	tɕʰiəʔ^{2}	luai^{24}
阳城	ʂəʔ^{2}	ʐʌʔ^{2} 白 / ʐʅ^{51} 文	ciəʔ^{2}	iəʔ^{2}	iəʔ^{2}	i^{51}	cʰiəʔ^{2}	luɑ̃ŋ^{22}
高平	ʂəʔ^{2}	ʐəʔ^{2} 白 / ʐʅ^{53} 文	ciəʔ^{2}	iəʔ^{2}	iəʔ^{2}	i^{53}	cʰiəʔ^{2}	nuə̃ĩ^{33}
陵川	ɕiəʔ^{3}	i^{24}	ciəʔ^{3}	iəʔ^{3}	i^{312}	i^{24}	cʰiəʔ^{3}	luə̃ĩ^{53}
晋城	ʂəʔ^{2}	ʅ^{213}/ʐəʔ^{2}	tɕiəʔ^{2}	iʌʔ^{2}	i^{213}	i^{53}	tɕʰi^{213}	luɐ̃^{324}
忻府	ʂəʔ^{32} 白 / ʂʅ^{313} 文	ʐəʔ$^{\underline{32}}$	tɕiəʔ$^{\underline{32}}$	iəʔ$^{\underline{32}}$	iəʔ$^{\underline{32}}$	iəʔ$^{\underline{32}}$	tɕʰiəʔ$^{\underline{32}}$	luəŋ^{21}

续表

字目	室	日	吉	一	乙	逸	乞	轮
中古音 方言点	式质 臻开三 入质书	人质 臻开三 入质日	居质 臻开三 入质见	於悉 臻开三 入质影	於笔 臻开三 入质影	夷质 臻开三 入质以	去讫 臻开三 入迄溪	力迍 臻合三 平谆来
原平	ʂəʔ$^{\underline{34}}$	ʐəʔ$^{\underline{34}}$	tɕiəʔ$^{\underline{34}}$	iəʔ$^{\underline{34}}$	iəʔ$^{\underline{34}}$	iəʔ$^{\underline{34}}$	tɕʰiəʔ$^{\underline{34}}$	lyəŋ^{33}
定襄	səʔ^{1}	ʐəʔ^{1}	tɕiəʔ^{1}	iəʔ^{1}	i^{24}	i^{53}	tɕʰiəʔ^{1}	lyəŋ^{11}
五台	səʔ^{3}	zəʔ^{3}	tɕiəʔ^{3}	iəʔ^{3}	iəʔ^{3}	iəʔ^{3}	tɕʰiəʔ^{3}	luən^{33}/ lyən^{33}
岢岚	ʂəʔ^{4}	ʐəʔ^{4}	tɕiɛʔ^{4}	iɛʔ^{4}	iɛʔ^{4}	iɛʔ^{4}	tɕʰiɛʔ^{4}	luəŋ^{44}
五寨	səʔ^{4}	zəʔ^{4}	tɕiəʔ^{4}	iəʔ^{4}	iəʔ^{4}	i^{52}	tɕʰiəʔ^{4}	lyəɣ̃^{44}
宁武	səʔ^{4}	zəʔ^{4}	tɕiəʔ^{4}	iəʔ^{4}	iəʔ^{4}	iəʔ^{4}	tɕʰiəʔ^{4}	lyɤɯ^{33}
神池	səʔ^{4}	zəʔ^{4}	tɕiəʔ^{4}	iəʔ^{4}	iəʔ^{4}	iəʔ^{4}	tɕʰiəʔ^{4}	luə̃^{32}
繁峙	səʔ$^{\underline{13}}$	ʐəʔ$^{\underline{13}}$	tɕiəʔ$^{\underline{13}}$	iəʔ$^{\underline{13}}$	i^{53}	i^{24}	tɕʰi^{53}	luəŋ^{31}
代县	səʔ^{2}	zəʔ^{2}	tɕiəʔ^{2}	iəʔ^{2}	iəʔ^{2}	iəʔ^{2}	tɕiəʔ^{2}	lyɤŋ^{44} 白 / luɤŋ^{44} 文
河曲	ʂəʔ^{4}	ʐəʔ^{4}	tɕiəʔ^{4}	iəʔ^{4}	iəʔ^{4}	iəʔ^{4}	tɕʰiəʔ^{4}	luŋ^{44}
保德	ʂəʔ^{4}	ʐəʔ^{4}	tɕiəʔ^{4}	iəʔ^{4}	i^{213}	i^{52}	tɕʰi^{213}	lyəŋ^{44}
偏关	ʂəʔ^{4}	ʐəʔ^{4}	tɕiəʔ^{4}	iəʔ^{4}	iəʔ^{4}	iəʔ^{4}	tɕʰiəʔ^{4}	luɤŋ^{44}
朔城	ʂəʔ$^{\underline{35}}$	zʅ^{53}	tɕiəʔ$^{\underline{35}}$	iəʔ$^{\underline{35}}$	iəʔ$^{\underline{35}}$	i^{53}	tɕiəʔ$^{\underline{35}}$	luə̃^{35}
平鲁	səʔ$^{\underline{34}}$	zɿ^{52}/zəʔ$^{\underline{34}}$	tɕiəʔ$^{\underline{34}}$	iəʔ$^{\underline{34}}$	iəʔ$^{\underline{34}}$	——	tɕʰiəʔ$^{\underline{34}}$	luəɯ^{44}
应县	səʔ$^{\underline{43}}$	zɿ^{24}/zəʔ$^{\underline{43}}$	tɕiɛʔ$^{\underline{43}}$	iɛʔ$^{\underline{43}}$	iɛʔ$^{\underline{43}}$	i^{24}	tɕʰi^{54}	luəŋ^{31}
灵丘	səʔ^{5}	zɿ^{53}	tɕiəʔ^{5}	iəʔ^{5}	iəʔ^{5}	i^{53}	tɕʰiəʔ^{5}	luŋ^{31}
浑源	tsəʔ^{4}	zɿ^{13}/zəʔ^{4}	tɕiəʔ^{4}	iəʔ^{4}	iəʔ^{4}	iəʔ^{4}	tɕʰiəʔ^{4}	luə̃^{22}
云州	ʂəʔ^{4}	zʅ^{24}	tɕiəʔ^{4}	iəʔ^{4}	i^{55}	i^{24}	tɕʰiəʔ^{4}	luəɣ^{312}
新荣	ʂəʔ^{4}	zʅ^{24}	tɕiəʔ^{4}	iəʔ^{4}	iəʔ^{4}	i^{24}	tɕʰiəʔ^{4}	luɤɣ^{312}
怀仁	səʔ^{4}	zɿ^{24}	tɕiəʔ^{4}	iəʔ^{4}	iəʔ^{4}	i^{24}	tɕʰiəʔ^{4}	luəŋ^{312}
左云	səʔ^{4}	zʅ^{24}	tɕiəʔ^{4}	iəʔ^{4}	iəʔ^{4}	i^{24}	tɕʰi^{54}	luəɣ^{313}
右玉	ʂəʔ^{4}	zʅ^{24}	tɕiəʔ^{4}	iəʔ^{4}	iəʔ^{4}	i^{24}	tɕʰiəʔ^{4}	luə̃ɤ^{212}
阳高	səʔ^{3}	zʅ^{24}/ʐəʔ^{3}	tɕiəʔ^{3}	iəʔ^{3}	iəʔ^{3}	i^{24}	tɕʰiəʔ^{3}	luəŋ^{31}
山阴	sɿ^{335}	ʐəʔ^{4}	tɕi^{313}	iəʔ^{4}	iəʔ^{4}	i^{335}	tɕʰiəʔ^{4}	luə̃^{313}
天镇	səʔ^{4}	zɿ^{24}	tɕiəʔ^{4}	iəʔ^{4}	iəʔ^{4}	iəʔ^{4}	tɕʰiəʔ^{4}	luɤɣ^{22}
平定	ʂəʔ^{4}	ʐəʔ$^{\underline{23}}$	tɕiəʔ^{4}	iəʔ^{4}	iəʔ^{4}	i^{24}	tɕʰiəʔ^{4}	luəŋ^{44}
昔阳	sɿ^{13}	zʅ^{13}	tɕiʌʔ$^{\underline{43}}$	iʌʔ$^{\underline{43}}$	i^{55}	i^{13}	tɕʰi^{55}	luəŋ^{33}
左权	ʂəʔ^{1}	zʅ^{53}/ʅ^{53}/ʐəʔ^{1}	tɕieʔ^{1}	i^{31}/ieʔ^{1}	ieʔ^{1}	i^{53}	tɕʰieʔ^{1}	luəŋ^{11}
和顺	ʂəʔ$^{\underline{21}}$	ʐəʔ$^{\underline{21}}$	tɕieʔ$^{\underline{21}}$	ieʔ$^{\underline{21}}$	i^{53}	i^{13}	tɕʰieʔ$^{\underline{21}}$	luəŋ^{22}

续表

字目	室	日	吉	一	乙	逸	乞	轮
中古音 / 方言点	式质 臻开三 入质书	人质 臻开三 入质日	居质 臻开三 入质见	於悉 臻开三 入质影	於笔 臻开三 入质影	夷质 臻开三 入质以	去讫 臻开三 入迄溪	力迍 臻合三 平谆来
尧都	ʂʅ21	ʐʅ21	tɕi24	i24	i21	i21	tɕʰi53	lyə̃24
洪洞	ʂʅ21	ʐʅ21	tɕi21	i24	i21	i21	tɕʰi42	lyen24
洪洞赵城	ʂʅ21	ʐʅ21	tɕi21	i21	i21	i24	tɕʰi21	lyeŋ24
古县	ʂʅ21	ʐʅ21	tɕi35	i35	i21	i53	tɕʰi35	lyn35
襄汾	ʂʅ21	ʐʅ21	tɕi21	i21	i21	i21	tɕʰi24	lyen24
浮山	ʂʅ42	ʐʅ42	tɕi42	i13	i42	i42	tɕʰi13	lyẽi13
霍州	sɿ53	ʐʅ212	tɕi35	i35	i33	i53	tɕʰi33	lyŋ35
翼城	ʂʅ53	ʐɤ53	tɕi12	i53	i44	i53	tɕʰi44	luŋ12
闻喜	sɿ53	zɿ53	tɕi53	i53	i53	i53	tɕʰi13	luẽi13
侯马	ʐʅɛ53 白 / ʐɤ53 文	pi53	tɕi44	i213	ȵi53 白 /i53 文	i53	tɕʰi53	tsʰueĩ213
新绛	ʂʅ13	ʐʅ53	tɕi53	i53	i53	i53	tɕʰi53	luẽ13
绛县	ʂei53	ʐei53	tɕi53	i24	ȵi33	i53	tɕʰi53	lueĩ24
垣曲	ʂʅ53	ʐʅ53	tɕi22	i22	i44	i53	tɕʰi44	luə̃22
夏县	ʂʅ31	ʐʅ31	tɕi42	i53	i24	i31	tɕʰi24	luei42
万荣	ʂʅ213	ʐʅ51	tɕi213	i213	i55	i51	tɕʰi213	luei213
稷山	ʂʅ53	ʐʅ53	tɕi13	i53	i44	i53	tɕʰi44	luə̃13
盐湖	ʂʅ42	ʐʅ42	tɕi42	i42	i42	i42	tɕʰi42	lueĩ13
临猗	ʂʅ44	ʐʅ42	tɕi42 白 / tɕi13 文	i42	i53	i44	tɕʰi53	yeĩ13 白 / lueĩ13 文
河津	ʂʅ324	ʐʅ31	tɕi31	i324	i53	i324	tɕʰi324	yẽ324 白 / luẽ324 文
平陆	sɿ33	ər31 白 / ʐʅ31 文	tɕi31	i13	i55	i33	tɕʰi55	luei13
永济	ʂʅ44	ʐʅ31	tɕi24	i44	i44	i31	tɕʰi31	yei24 白 / luei24 文
芮城	ʂʅ42	ər42 白 / ʐʅ42 文	tɕi42	i42	i53	i44	tɕʰi53	yeĩ13
吉县	ʂʅ423	ʐei33 白 / ʐʅ423 文	tɕi423	i13	i423	——	——	luei13
乡宁	ʂʅ53	ʂʅ53	tɕi12	i12	i44	——	tɕʰi53	lyəŋ12 白 / luəŋ12 文
广灵	sɿ53	zɿ213	tɕi53/tɕi31	i53	i44	i44	tɕʰi53	lyŋ31

字目	伦	遵	循	旬	巡	椿	春	唇
中古音 / 方言点	力迍 臻合三 平谆来	将伦 臻合三 平谆精	祥遵 臻合三 平谆邪	祥遵 臻合三 平谆邪	祥遵 臻合三 平谆邪	丑伦 臻合三 平谆彻	昌唇 臻合三 平谆昌	食伦 臻合三 平谆船
北京	luən^{35}	tsuən^{55}	ɕyn^{35}	ɕyn^{35}	ɕyn^{35}	tʂʰuən^{55}	tʂʰuən^{55}	tʂʰuən^{35}
小店	luəŋ^{11}	tsuəŋ^{11}	ɕyə̃^{11}	ɕyə̃^{11}	ɕyə̃^{11}	tsʰuəŋ^{11}	tsʰuəŋ^{11}	tsʰuəŋ^{11}
尖草坪	luʌŋ^{33}	tsuʌŋ^{33}	ɕyʌŋ^{33}	ɕyʌŋ^{33}	ɕyʌŋ^{33}	tsʰuʌŋ^{33}	tsʰuʌŋ^{33}	tsʰuʌŋ^{33}
晋源	lyn^{11}	tsuŋ^{11}	xyn^{11}	xyn^{11}	xyn^{11}	tsʰuŋ^{11}	tsʰuŋ^{11}	tsʰuŋ^{11}
阳曲	luə̃^{43}	tsuə̃^{31}	ɕyə̃^{43}	ɕyə̃^{43}	ɕyə̃^{43}	tsʰuə̃^{312}	tsʰuə̃^{312}	tsʰuə̃^{43}
古交	luəŋ^{44}	tsuəŋ^{44}	ɕyəŋ^{44}	ɕyəŋ^{44}	ɕyəŋ^{44}	tsʰuəŋ^{44}	tsʰuəŋ^{44}	tsʰuəŋ^{44}
清徐	luəŋ^{11}	tsuəŋ^{11}	ɕyəŋ^{11}	ɕyəŋ^{11}	ɕyəŋ^{11}	tsʰuəŋ^{11}	tsʰuəŋ^{11}	suəŋ^{11} 白 / tsʰuəŋ^{11} 文
娄烦	luəŋ^{33}	tsuəŋ^{33}	ɕiəŋ^{33}	ɕiəŋ^{33}	ɕiəŋ^{33}	pfʰəŋ^{33}	pfʰəŋ^{33}	pfʰəŋ^{54}
榆次	lyɤ̃^{11}	tsuɤ̃^{11}	ɕyɤ̃^{11}	ɕyɤ̃^{11}	ɕyɤ̃^{11}	tsʰuɤ̃^{11}	tsʰuɤ̃^{11}	tsʰuɤ̃^{11}
交城	lyə̃^{24}	tsuə̃^{11}	ɕyə̃^{11}	ɕyə̃^{24}	ɕyə̃^{11}	tɕʰy^{11} 白 / tsʰuə̃^{11} 文	tsʰuə̃^{11}	suə̃^{11} 白 / tsʰuə̃^{11} 文
文水	luɔŋ^{22}	tsuɔŋ^{22}	ɕyɔŋ^{22}	ɕyɔŋ^{22}	ɕyɔŋ^{22}	tsʰuɔŋ^{22}	tsʰuɔŋ^{22}	suɔŋ^{22} 白 / tsʰuɔŋ^{22} 文
祁县	ləm^{31}	tsəm^{31}	ɕiəm^{31}	ɕiəm^{31}	ɕiəm^{31}	tsʰəm^{31}	tsʰəm^{31}	səm^{31}
太谷	luə̃^{33}	tsuə̃^{33}	ɕyə̃^{33}	ɕyə̃^{33}	ɕyə̃^{33}	tsʰuə̃^{33}	tsʰuə̃^{33}	fə̃^{33}
平遥	luəŋ^{213}	tsuəŋ^{213}	ɕyəŋ^{213}	ɕyəŋ^{213}	ɕyəŋ^{213}	tsʰuəŋ^{213}	tsʰuəŋ^{213}	suəŋ^{213}
孝义	luə̃^{33}	tsuə̃^{33}	ɕyə̃^{33}	ɕyə̃^{312}	ɕyə̃^{33}	tsʰuə̃^{33}	tsʰuə̃^{33}	suə̃^{33}
介休	luŋ^{13}	tsuŋ^{13}	ɕyn^{13}	ɕyn^{13}	ɕyn^{13}	tsʰuŋ^{13}	tsʰuŋ^{13}	suŋ^{13} 白 / tsʰuŋ^{13} 文
灵石	luŋ^{44}	tsuŋ^{535}	ɕyŋ^{44}	ɕyŋ^{44}	ɕyŋ^{44}	tsʰuŋ^{535}	tsʰuŋ^{535}	tsʰuŋ^{44}
盂县	lyə̃^{22}	tsuə̃^{412}	ɕyə̃^{22}	ɕyə̃^{22}	ɕyə̃^{22}	tsʰuə̃^{412}	tsʰuə̃^{412}	tsʰuə̃^{22}
寿阳	luə̃^{22}	tsuə̃^{31}	ɕyə̃^{22}	ɕyə̃^{22}	ɕyə̃^{22}	tsʰuə̃^{31}	tsʰuə̃^{31}	tsʰuə̃^{22}
榆社	luɛɪ^{22}	tsuɛɪ^{22}	ɕyeɪ^{22}	ɕyeɪ^{22}	ɕyeɪ^{22}	tsʰuɛɪ^{22}	tsʰuɛɪ^{22}	tsʰuɛɪ^{22}
离石	luəŋ^{44}	tsuəŋ^{24}	ɕyəŋ^{44}	ɕyəŋ^{44}	ɕyəŋ^{44}	tsʰuəŋ^{24}	tsʰuəŋ^{24}	tsʰuəŋ^{44}
汾阳	luŋ^{22}	tsuŋ^{324}	ɕyŋ^{22}	ɕyŋ^{22}	ɕyŋ^{22}	tʂʰuŋ^{324}	tʂʰuŋ^{324}	tʂʰuŋ^{22}
中阳	luə̃^{33}	tʂuə̃^{24}	ɕyə̃^{33}	ɕyə̃^{33}	ɕyə̃^{33}	tʂʰuə̃^{24}	tʂʰuə̃^{24}	tʂʰuə̃^{33}
柳林	luə̃^{44}	tsuə̃^{24}	ɕyə̃^{44}	ɕyə̃^{44}	ɕyə̃^{44}	tsʰuə̃^{24}	tsʰuə̃^{24}	tsʰuə̃^{44}
方山	luə̃ŋ^{44}	tsuə̃ŋ^{24}	ɕyə̃ŋ^{44}	ɕyə̃ŋ^{44}	ɕyə̃ŋ^{44}	tsʰuə̃ŋ^{24}	tsʰuə̃ŋ^{24}	tsʰuə̃ŋ^{44}
临县	luə̃^{52}	tsuə̃^{24}	ɕyə̃^{33}	ɕyə̃^{33}	ɕyə̃^{33}	tsʰuə̃^{24}	tsʰuə̃^{24}	tsʰuə̃^{33}
兴县	luəŋ^{55}	tsuəŋ^{324}	ɕyəŋ^{55}	ɕyəŋ^{55}	ɕyəŋ^{55}	tsʰuəŋ^{324}	tsʰuəŋ^{324}	tsʰuəŋ^{55}
岚县	luəŋ^{44}	tsuəŋ^{214}	ɕyəŋ^{44}	suəŋ^{44}	ɕyəŋ^{44}	tsʰuəŋ^{214}	tsʰuəŋ^{214}	tsʰuəŋ^{44}
静乐	luɤ̃^{33}	tsuɤ̃^{24}	ɕyɤ̃^{33}	ɕyɤ̃^{33}	ɕyɤ̃^{33}	pfʰɤ̃^{24}	pfʰɤ̃^{24}	fɤ̃^{53} 白

续表

字目	伦	遵	循	旬	巡	椿	春	唇
中古音 / 方言点	力迍 臻合三 平谆来	将伦 臻合三 平谆精	祥遵 臻合三 平谆邪	祥遵 臻合三 平谆邪	祥遵 臻合三 平谆邪	丑伦 臻合三 平谆彻	昌唇 臻合三 平谆昌	食伦 臻合三 平谆船
交口	luəŋ^{44}	tsuəŋ^{323}	ɕyəŋ^{44}	ɕyəŋ^{44}	ɕyəŋ^{44}	tɕʰy^{323} 白 / tsʰuəŋ^{323} 文	tsʰuəŋ^{323}	tsʰuəŋ^{44}
石楼	luəŋ^{44}	tsuəŋ^{213}	ɕyəŋ^{44}	ɕyəŋ^{44}	ɕyəŋ^{44}	tʂʰuəŋ^{213}	tʂʰuəŋ^{213}	tʂʰuə ŋ^{44}
隰县	luəŋ^{24}	tsuəŋ^{53}	ɕyəŋ^{24}	ɕyəŋ^{24}	ɕyəŋ^{24}	tsʰuəŋ^{53}	tsʰuəŋ^{53}	tsʰuo^{53}
大宁	luəŋ^{24}	tsuəŋ^{31}	ɕyən^{24}	ɕyən^{24}	ɕyən^{24}	tɕʰy^{31} 白 / tʂʰuəŋ^{31} 文	tʂʰuəŋ^{31}	tʂʰuəŋ^{24}
永和	luəŋ^{35}	tsuəŋ^{33}	ɕyəŋ^{35}	ɕyəŋ^{35}	ɕyəŋ^{35}	tʂʰuəŋ^{33}	tʂʰuəŋ^{33}	tʂʰuəŋ^{35}
汾西	luəŋ^{35}	tsuəŋ^{11}	ɕyəŋ^{35}	ɕyəŋ^{35}	ɕyəŋ^{35}	tɕʰy^{11} 白 / tsʰuəŋ^{11} 文	tsʰuəŋ^{11}	fəŋ^{35}/ tsʰuəŋ^{35}
蒲县	lueĩ^{24}	tsueĩ^{52}	ɕyeĩ^{24}	ɕyeĩ^{24}	ɕyeĩ^{24}	tʂʰueĩ^{52}	tʂʰueĩ^{52}	tʂʰueĩ^{24}
潞州	luŋ^{24}	tsuŋ^{312}	ɕyŋ^{24}	ɕyŋ^{24}	ɕyŋ^{24}	tsʰuŋ^{312}	tsʰuŋ^{312}	tsʰuŋ^{24}
上党	luŋ^{44}	tsuŋ^{213}	ɕyŋ^{44}	ɕyŋ^{44}	ɕyŋ^{44}	sʰuŋ^{213}	tsʰuŋ^{213}	tsʰuŋ^{44}
长子	luẼ^{24}	tsuẼ^{312}	suẼ^{24}	suẼ^{24}	suẼ^{24}	tsʰuẼ^{312}	tsʰuẼ^{312}	tsʰuẼ^{24}
屯留	luẽ^{11}	tsuẽ^{31}	ɕyẽ^{11}	ɕyẽ^{11}	ɕyẽ^{11}	tsʰuẽ^{31}	tsʰuẽ^{31}	tsʰuẽ^{11}
襄垣	luəŋ^{31}	tsuəŋ^{33}	ɕyəŋ^{31}	ɕyəŋ^{31}	ɕyəŋ^{31}	tsʰuəŋ^{33}	tsʰuəŋ^{33}	tsʰəŋ^{31}
黎城	luei^{53}	tsuei^{33}	ɕyẽ^{53}	ɕyẽ^{53}	ɕyẽ^{213}	tsʰuei^{33}	tsʰyẽ^{33}	tsʰuei^{53}
平顺	luẼ^{13}	tsuẼ^{213}	ɕyẼ^{13}	ɕyẼ^{13}	ɕyẼ^{13}	tsʰuẼ^{213}	tsʰuẼ^{213}	tsʰuẼ^{13}
壶关	luŋ^{13}	tʂuŋ^{33}	syŋ^{13}	syŋ^{13}	syŋ^{13}	tʂʰuŋ^{33}	tʂʰuŋ^{33}	tʂʰuŋ^{13}
沁县	luə̃^{33}	tsuə̃^{224}	ɕyə̃^{33}	ɕyə̃^{33}	ɕyə̃^{33}	tsʰuə̃^{224}	tsʰuə̃^{224}	tsʰuə̃^{33}
武乡	luɐŋ^{33}	tsuɐŋ^{113}	ɕyɐŋ^{33}	ɕyɐŋ^{33}	ɕyɐŋ^{33}	tsʰuɐŋ^{113}	tsʰuɐŋ^{113}	tsʰuɐŋ^{33}
沁源	luə̃^{33}	tsuə̃^{324}	ɕyə̃^{33}	ɕyə̃^{33}	ɕyə̃^{33}	tʂʰuə̃^{324}	tʂʰuə̃^{324}	tʂʰuə̃^{33}
安泽	lyəŋ^{35}	tsuəŋ^{21}	ɕyəŋ^{35}	ɕyəŋ^{35}	ɕyəŋ^{35}	tsʰuəŋ^{21}	tsʰuəŋ^{21}	tsʰuəŋ^{35}
沁水端氏	luai^{24}	tsuai^{21}	ɕyŋ^{24}	ɕyŋ^{24}	ɕyŋ^{24}	tsʰuai^{21}	tsʰuai^{21}	tsʰai^{24}
阳城	luə̃ŋ^{22}	tsuə̃ŋ^{224}	ɕyə̃ĩ^{22}	ɕyə̃ĩ^{22}	ɕyə̃ĩ^{22}	tʂʰuə̃ŋ^{224}	tʂʰuə̃ŋ^{224}	tʂʰuə̃ŋ^{22}
高平	nuə̃ĩ^{33}	tʂuə̃ĩ^{33}	ɕiə̃ĩ^{33}	ɕiə̃ĩ^{212}	ɕiə̃ĩ^{33}	tʂʰuə̃ĩ^{33}	tʂʰuə̃ĩ^{33}	tʂʰuə̃ĩ^{33}
陵川	luə̃ĩ^{53}	tʂuə̃ĩ^{33}	ɕyə̃ĩ^{53}	ɕyə̃ĩ^{53}	ɕyə̃ĩ^{53}	tʂʰuə̃ĩ^{33}	tʂʰuə̃ĩ^{33}	tʂʰuə̃ĩ^{53}
晋城	luɐ̃^{324}	tʂuɐ̃^{33}	ɕyẽ^{324}	ɕyẽ^{324}	ɕyẽ^{324}	tʂʰuɐ̃^{33}	tʂʰuɐ̃^{33}	tʂʰuɐ̃^{324}
忻府	luəŋ^{21}	tsuəŋ^{313}	ɕyəŋ^{21}	ɕyəŋ^{21}	ɕyəŋ^{21}	tsʰuəŋ^{313}	tsʰuəŋ^{313}	tsʰəŋ^{21} 白 / tʂʰuəŋ^{21} 文
原平	lyəŋ^{33}	tsuəŋ^{213}	ɕyəŋ^{33}	ɕyəŋ^{33}	ɕyəŋ^{33}	tsʰuəŋ^{213}	tsʰuəŋ^{213}	tsʰuəŋ^{33}
定襄	lyəŋ^{11}	tsuəŋ^{24}	ɕyəŋ^{11}	ɕyəŋ^{11}	ɕyəŋ^{11}	tsʰuəŋ^{24}	tsʰəŋ^{24}	tsʰuəŋ^{11}
五台	lyən^{33}	tsuən^{213}	ɕyən^{33}	ɕyən^{33}	ɕyən^{33}	tsʰuən^{213}	tsʰuən^{213}	tsʰuən^{33}

续表

字目	伦	遵	循	旬	巡	椿	春	唇
中古音 / 方言点	力迍 臻合三 平谆来	将伦 臻合三 平谆精	祥遵 臻合三 平谆邪	祥遵 臻合三 平谆邪	祥遵 臻合三 平谆邪	丑伦 臻合三 平谆彻	昌唇 臻合三 平谆昌	食伦 臻合三 平谆船
岢岚	luəŋ^{44}	tʂuəŋ^{13}	ɕyəŋ^{44}	ɕyəŋ^{44}	ɕyəŋ^{44}	tʂʰuəŋ^{13}	tʂʰuəŋ^{13}	tʂʰuəŋ^{44}
五寨	lyəɣ̃^{44}	tsuəɣ̃^{13}	ɕyəɣ̃^{44}	ɕyəɣ̃^{44}	ɕyəɣ̃^{44}	tsʰuəɣ̃^{13}	tsʰuəɣ̃^{13}	tsʰuəɣ̃^{44}
宁武	lyɤɯ^{33}	tsuɤɯ^{23}	ɕyɤɯ^{33}	ɕyɤɯ^{33}	ɕyɤɯ^{33}	tsʰuɤɯ^{23}	tsʰuɤɯ^{23}	tsʰuɤɯ^{33}
神池	luə̃^{32}	tsuə̃^{24}	ɕyə̃^{32}	ɕyə̃^{32}	ɕyə̃^{32}	tsʰuə̃^{24}	tsʰuə̃^{24}	tsʰuə̃^{32}
繁峙	luəŋ^{31}	tsuəŋ^{53}	ɕyəŋ^{31}	ɕyəŋ^{31}	ɕyəŋ^{31}	tsʰuəŋ^{53}	tsʰuəŋ^{53}	tsʰuəŋ^{31}
代县	lyɤŋ^{44} 白 / luɤŋ^{44} 文	tsuɤŋ^{213}	ɕyɤŋ^{44}	ɕyɤŋ^{44}	ɕyɤŋ^{44}	tsʰuɤŋ^{213}	tsʰuɤŋ^{213}	tsʰuɤŋ^{44}
河曲	luŋ^{44}	tsuŋ^{213}	ɕyŋ^{44}	ɕyŋ^{44}	ɕyŋ^{44}	tʂʰuŋ^{213}	tʂʰuŋ^{213}	tʂʰuŋ^{44}
保德	lyəŋ^{44}	tsuəŋ^{213}	ɕyəŋ^{44}	ɕyəŋ^{44}	ɕyəŋ^{44}	tʂʰuəŋ^{213}	tʂʰuəŋ^{213}	tʂʰuəŋ^{44}
偏关	luɤŋ^{44}	tsuɤŋ^{24}	ɕyɤŋ^{44}	ɕyɤŋ^{44}	ɕyɤŋ^{44}	tʂʰuɤŋ^{24}	tʂʰuɤŋ^{24}	tʂʰuɤŋ^{44}
朔城	luə̃^{35}	tsuə̃^{312}	ɕyə̃^{35}	ɕyə̃^{35}	ɕyə̃^{35}	tsʰuə̃^{312}	tsʰuə̃^{312}	tsʰuə̃^{35}
平鲁	luəɯ^{44}	tsuəɯ^{213}	ɕyəɯ^{44}	ɕyəɯ^{44}	ɕyəɯ^{44}	tsʰuəɯ^{213}	tsʰuəɯ^{213}	tsʰuəɯ^{44}
应县	luəŋ^{31}	tsuəŋ^{43}	ɕyəŋ^{31}	ɕyəŋ^{31}	ɕyəŋ^{31}	tsʰuəŋ^{43}	tsʰuəŋ^{43}	tsʰuəŋ^{31}
灵丘	luŋ^{31}	tsuŋ^{442}	ɕyŋ^{31}	ɕyŋ^{31}	ɕyŋ^{31}	tsʰuŋ^{442}	tsʰuŋ^{442}	tsʰuŋ^{31}
浑源	luə̃^{22}	tsuə̃^{52}	ɕyə̃^{22}	ɕyə̃^{22}	ɕyə̃^{22}	tsʰuə̃^{52}	tsʰuə̃^{52}	tsʰuə̃^{22}
云州	luəɣ^{312}	tsuəɣ^{21}	ɕiəɣ^{312}	ɕiəɣ^{312}	ɕiəɣ^{312}	tʂʰuəɣ^{21}	tʂʰuəɣ^{21}	tʂʰuəɣ^{312}
新荣	luɤɣ^{312}	tsuɤɣ^{32}	ɕyɣ^{312}	ɕyɣ^{312}	ɕyɣ^{312}	tʂʰuɤɣ^{32}	tʂʰuɤɣ^{32}	tʂʰuɤɣ^{312}
怀仁	luəŋ^{312}	tsuəŋ^{42}	ɕyəŋ^{312}	ɕyəŋ^{312}	ɕyəŋ^{312}	tsʰuəŋ^{42}	tsʰuəŋ^{42}	tsʰuəŋ^{312}
左云	luəɣ^{313}	tsuəɣ^{31}	ɕyəɣ^{313}	ɕyəɣ^{313}	ɕyəɣ^{313}	tsʰuəɣ^{31}	tsʰuəɣ^{31}	tsʰuəɣ^{313}
右玉	luə̃ɤ^{212}	tsuə̃ɤ^{31}	ɕyə̃ɤ^{212}	ɕyə̃ɤ^{212}	ɕyə̃ɤ^{212}	tsʰuə̃ɤ^{31}	tʂʰuə̃ɤ^{31}	tʂʰuə̃ɤ^{212}
阳高	luəŋ^{31}	tsuəŋ^{31}	ɕyəŋ^{312}	ɕyəŋ^{312}	ɕyəŋ^{312}	tsʰuəŋ^{31}	tsʰuəŋ^{31}	tsʰuəŋ^{312}
山阴	luə̃^{313}	tsuə̃^{313}	ɕyə̃^{313}	ɕyə̃^{313}	ɕyə̃^{313}	tʂʰuə̃^{313}	tʂʰuə̃^{313}	tʂʰuə̃^{313}
天镇	luɤɣ^{22}	tsuɤɣ^{31}	ɕyɤɣ^{22}	ɕyɤɣ^{22}	ɕyɤɣ^{22}	tsʰuɤɣ^{31}	tsʰuɤɣ^{31}	tsʰuɤɣ^{22}
平定	luɤŋ^{44}	tsuɤŋ^{31}	suɤŋ^{44} 白 / ɕyɤŋ^{44} 文	suɤŋ^{44} 白 / ɕyɤŋ^{44} 文	suɤŋ^{44} 白 / ɕyɤŋ^{44} 文	tsʰuɤŋ^{31}	tsʰuɤŋ^{31}	tsʰuɤŋ^{44}
昔阳	luəŋ^{33}	tsuəŋ^{42}	ɕyəŋ^{33}	ɕyəŋ^{33}	ɕyəŋ^{33}	tsʰuəŋ^{42}	tsʰuəŋ^{42}	tsʰuəŋ^{33}
左权	luəŋ^{11}	tsuəŋ^{31}	ɕyəŋ^{11}	ɕyəŋ^{11}	ɕyəŋ^{11}	tsʰuəŋ^{31}	tsʰuəŋ^{31}	tsʰuəŋ^{11}
和顺	luəŋ^{22}	tsuəŋ^{42}	ɕyəŋ^{22}	ɕyəŋ^{22}	ɕyəŋ^{22}	tsuəŋ^{42}	tsʰuəŋ^{42}	tsʰuəŋ^{22}
尧都	lyə̃^{24}	tsuə̃^{21}	xuə̃^{24}	xuə̃^{24}	xuə̃^{24}	tʂʰuə̃^{21}	tʂʰuə̃^{21}	tʂʰuə̃^{24}
洪洞	lyen^{24}	tsuen^{21}	ɕyen^{24}	ɕyen^{24}	ɕyen^{24}	tʂʰu^{21} 白 / tʂʰuen^{21} 文	tʂʰuen^{21}	fen^{24} 白 / tʂʰuen^{24} 文
洪洞赵城	lyeŋ^{24}	tsueŋ^{21}	ɕyeŋ^{24}	ɕyeŋ^{24}	ɕyeŋ^{24}	tʂʰueŋ^{21}	tʂʰueŋ^{21}	ʂueŋ^{24}

续表

字目	伦	遵	循	旬	巡	椿	春	唇
中古音 / 方言点	力迍 臻合三 平谆来	将伦 臻合三 平谆精	祥遵 臻合三 平谆邪	祥遵 臻合三 平谆邪	祥遵 臻合三 平谆邪	丑伦 臻合三 平谆彻	昌唇 臻合三 平谆昌	食伦 臻合三 平谆船
古县	lyn^{35}	tsuen^{21}	ɕyn^{21}	ɕyn^{21}	ɕyn^{21}	tʂʰu^{21} 白 / tʂʰuen^{21} 文	tʂʰuen^{21}	fen^{35} 白 / tʂʰuen^{35} 文
襄汾	lyen^{24}	tsuen^{21}	ɕyen^{24}	ɕyen^{24}	ɕyen^{24}	tʂʰu^{21}	tʂʰuen^{21}	fen^{24} 白 / tʂʰuen^{24} 文
浮山	lyẽĩ^{13}	tsuẽĩ^{42}	ɕyẽĩ^{13}	ɕyẽĩ^{13}	ɕyẽĩ^{13}	pfʰu^{42}	pfʰẽĩ^{42}	pfʰẽĩ^{13}
霍州	lyŋ^{35}	tsuŋ^{212}	ɕyŋ^{35}	ɕyŋ^{35}	ɕyŋ^{35}	tʂʰuŋ^{212}	tʂʰuŋ^{212}	tʂʰuŋ^{35}
翼城	luŋ^{12}	ʐuŋ^{53}	ɕyŋ^{12}	ɕyŋ^{12}	ɕyŋ^{12}	tsʰuŋ^{53}	tsʰuŋ^{53}	tʂʰuŋ^{12}
闻喜	luẽĩ^{13}	tsuẽĩ^{53}	ɕyẽĩ^{13}	ɕyẽĩ^{13}	ɕyẽĩ^{13}	fẽĩ^{53}/ pfʰẽĩ^{53}	pfʰẽĩ^{53}	pfʰẽĩ^{13} 白 / tsʰuẽĩ^{13} 文
侯马	lueĩ^{213}	ɕyueĩ^{213}	ɕyeĩ^{213}	yeĩ^{213}	yeĩ^{213}	feĩ^{213}	tʂʰueĩ^{213}	veĩ^{213} 白 / ʐuẽĩ^{213} 文
新绛	luẽ^{13}	tsuẽ^{53}	ɕyẽ^{13}	ɕyẽ^{13}	ɕyẽ^{13}	pfʰẽ^{44}	pfʰẽ^{53}	fẽ^{13}
绛县	lueĩ^{24}	tsueĩ^{53}	ɕyeĩ^{24}	ɕyeĩ^{24}	ɕyeĩ^{24}	pfʰu^{53}/ tʂʰueĩ^{53}	pfʰeĩ^{53}	pfʰeĩ^{24}
垣曲	luə̃^{22}	tsuə̃^{22}	ɕyə̃^{22}	ɕyə̃^{22}	ɕyə̃^{22}	tʂʰu^{22} 白 / tʂʰuə̃^{22} 文	tʂʰuə̃^{22}	ʂuə̃^{22}
夏县	luei^{42}	tɕyei^{53} 白 / tsuei^{53} 文	ɕyei^{42}	ɕyei^{42}	ɕyei^{42}	pfʰei^{53} 白 / tʂʰuei^{53} 文	pfʰei^{53} 白 / tʂʰuei^{53} 文	fei^{42} 白 / tʂʰuei^{42} 文
万荣	luei^{213}	tsuei^{51}	ɕyei^{213}	ɕyei^{213}	ɕyei^{213}	pfʰei^{51}	pfʰei^{51}	fei^{213} 白 / pfʰei^{213} 文
稷山	luə̃^{13}	tsuə̃^{53}	ɕyə̃^{13}	ɕyə̃^{13}	ɕyə̃^{13}	pfʰu^{53}	pfʰə̃^{53}	pfʰə̃^{13}
盐湖	lueĩ^{13}	——	ɕyeĩ^{13}	ɕyeĩ^{13}	ɕyeĩ^{13}	pfʰeĩ^{42}	pfʰeĩ^{42}	feĩ^{13}
临猗	lueĩ^{13}	tsueĩ^{42}	ɕyeĩ^{13}	ɕyeĩ^{13}	ɕyeĩ^{13}	pfʰu^{42} 白 / pfʰeĩ^{42} 文	pfʰeĩ^{42} 白 / tʂʰueĩ^{42} 文	feĩ^{13} 白 / tʂʰueĩ^{13} 文
河津	luẽ^{324}	tɕyẽ^{31} 白 / tsuẽ^{31} 文	ɕyẽ^{324}	ɕyẽ^{324}	ɕyẽ^{324}	pfʰu^{31} 白 / pfʰẽ^{31} 文	pfʰẽ^{31}	fẽ^{324} 白 / pfʰẽ^{324} 文
平陆	luei^{13}	tsuei^{31}	ɕyei^{13}	ɕyei^{13}	ɕyei^{13}	pfʰei^{31}	pfʰei^{31}	pfʰei^{13}
永济	yei^{24} 白 / luei^{24} 文	tɕyei^{31}	ɕyei^{24}	ɕyei^{24}	ɕyei^{24}	pfʰei^{31}	pfʰei^{31}	pfʰei^{24}
芮城	yeĩ^{13}	tɕyeĩ^{42}	ɕyeĩ^{13}	ɕyeĩ^{13}	ɕyeĩ^{13}	pfʰeĩ^{42} 白 / pfʰu^{42} 文	pfʰeĩ^{42}	feĩ^{13} 白 / pfʰeĩ^{13} 文
吉县	luei^{13}	tsuei^{423}	ɕyei^{13}	ɕyei^{13}	ɕyei^{13}	pfʰei^{53}/ pfʰu^{13}	pfʰei^{423}	fei^{13}
乡宁	luəŋ^{12}	tsuəŋ^{53}	ɕyəŋ^{12}	ɕyəŋ^{12}	ɕyəŋ^{12}	tʂʰuəŋ^{53}	tʂʰuəŋ^{53}	ʂuəŋ^{12} 白 / tʂʰuəŋ^{12} 文
广灵	lyŋ^{31}	tsuŋ^{53}	ɕyŋ^{31}	ɕyŋ^{31}	ɕyŋ^{31}	tsʰuŋ^{53}	tsʰuŋ^{53}	tsʰuŋ^{31}

字目	纯	均	钧	匀	分~开	芬	纷	坟
中古音 方言点	常伦 臻合三 平谆禅	居匀 臻合三 平谆见	居匀 臻合三 平谆见	羊伦 臻合三 平谆以	府文 臻合三 平文非	抚文 臻合三 平文敷	抚文 臻合三 平文敷	符分 臻合三 平文奉
北京	tʂʰuən^{35}	tɕyn^{55}	tɕyn^{55}	yn^{35}	fən^{55}	fən^{55}	fən^{55}	fən^{35}
小店	tsʰuəŋ^{11}	tɕyə̃^{11}	tɕyə̃^{11}	yə̃^{11}	fəŋ^{11}	fəŋ^{11}	fəŋ^{11}	fəŋ^{11}
尖草坪	tsʰuʌŋ^{33}	tɕyʌŋ^{33}	tɕyʌŋ^{33}	yʌŋ^{33}	fʌŋ^{33}	fʌŋ^{33}	fʌŋ^{33}	fʌŋ^{33}
晋源	tsʰuŋ^{11}	tɕyn^{11}	tɕyn^{11}	yn^{11}	fəŋ^{11}	fəŋ^{11}	fəŋ^{11}	fəŋ^{11}
阳曲	tsʰuə̃^{43}	tɕyə̃^{312}	tɕyə̃^{312}	yə̃^{43}	fə̃^{312}	fə̃^{312}	fə̃^{312}	fə̃^{43}
古交	tsʰuəŋ^{44}	tɕyəŋ^{44}	tɕyəŋ^{44}	yəŋ^{44}	fəŋ^{44}	fəŋ^{44}	fəŋ^{44}	fəŋ^{44}
清徐	tsʰuəŋ^{11}	tɕyəŋ^{11}	tɕyəŋ^{11}	yəŋ^{11}	fəŋ^{11}	fəŋ^{11}	fəŋ^{11}	fəŋ^{11}
娄烦	pfʰəŋ^{33}	tɕyəŋ^{33}	tɕyəŋ^{33}	yəŋ^{33}	fəŋ^{33}	fəŋ^{33}	fəŋ^{33}	fəŋ^{33}
榆次	tsʰuɤ̃^{11}	tɕyɤ̃^{11}	tɕyɤ̃^{11}	yɤ̃^{11}	fɤ̃^{11}	fɤ̃^{11}	fɤ̃^{11}	fɤ̃^{11}
交城	tsʰuə̃^{11}	tɕyə̃^{11}	tɕyə̃^{11}	yə̃^{11}	xuə̃^{11}	xuə̃^{11}	xuə̃^{11}	xuə̃^{11}
文水	tsʰuəŋ^{22}	tɕyəŋ^{22}	tɕyəŋ^{22}	tɕyəŋ^{22}	xuəŋ^{22}	xuəŋ^{22}	xuəŋ^{22}	xuəŋ^{22}
祁县	tsʰəm^{31}	tɕiəm^{31}	tɕiəm^{31}	iəm^{31}	xəm^{31}	xəm^{31}	xəm^{31}	xəm^{31}
太谷	tsʰuə̃^{33}	tɕyə̃^{33}	tɕyə̃^{33}	yə̃^{33}	fə̃^{33}	fə̃^{33}	fə̃^{33}	fə̃^{33}
平遥	tsʰuəŋ^{213}	tɕyəŋ^{213}	tɕyəŋ^{213}	yəŋ^{213}	xuəŋ^{213}	xuəŋ^{213}	xuəŋ^{213}	xuəŋ^{213}
孝义	tsʰuə̃^{33}	tɕyə̃^{33}	tɕyə̃^{33}	yə̃^{33}	xuə̃^{33}	xuə̃^{33}	xuə̃^{33}	xuə̃^{33}
介休	tsʰuŋ^{13}	tɕyn^{13}	tɕyn^{13}	tɕyn^{13}	xuŋ^{13}	xuŋ^{13}	xuŋ^{13}	xuŋ^{13}
灵石	tsʰuŋ^{44}	tɕyŋ^{535}	tɕyŋ^{535}	yŋ^{44}	xuŋ^{535}	xuŋ^{535}	xuŋ^{535}	xuŋ^{44}
盂县	tsʰuə̃^{22}	tɕyə̃^{412}	tɕyə̃^{412}	yə̃^{22}	fə̃^{412}	fə̃^{412}	fə̃^{412}	fə̃^{22}
寿阳	tsʰuə̃^{53}	tɕyə̃^{31}	tɕyə̃^{31}	yə̃^{22}	fə̃^{31}	fə̃^{31}	fə̃^{31}	fə̃^{22}
榆社	tsʰuɛɪ^{22}	tɕyeɪ^{22}	tɕyeɪ^{22}	yeɪ^{22}	fɛɪ^{22}	fɛɪ^{22}	fɛɪ^{22}	fɛɪ^{22}
离石	tsʰuəŋ^{44}	tɕyəŋ^{24}	tɕyəŋ^{24}	yəŋ^{44}	xuəŋ^{24}	xuəŋ^{24}	xuəŋ^{24}	xuəŋ^{44}
汾阳	tʂʰuŋ^{22}	tɕyŋ^{324}	tɕyŋ^{324}	yŋ^{22}	fəŋ^{324}	fəŋ^{324}	fəŋ^{324}	fəŋ^{22}
中阳	tʂʰuə̃^{33}	tɕyə̃^{24}	tɕyə̃^{24}	yə̃^{33}	xuə̃^{24}	xuə̃^{24}	xuə̃^{24}	xuə̃^{33}
柳林	tsʰuə̃^{44}	tɕyə̃^{24}	tɕyə̃^{24}	iə̃^{44}/yə̃^{44}	xuə̃^{24}	xuə̃^{24}	xuə̃^{24}	xuə̃^{44}
方山	tsʰuə̃ŋ^{44}	tɕyə̃ŋ^{24}	tɕyə̃ŋ^{24}	yə̃ŋ^{44}	xuə̃ŋ^{24}	xuə̃ŋ^{24}	xuə̃ŋ^{24}	xuə̃ŋ^{44}
临县	tsʰuə̃^{33}	tɕyə̃^{24}	tɕyə̃^{24}	yə̃^{33}	fə̃^{52}	fə̃^{24}	fə̃^{24}	fə̃^{33}
兴县	tsʰuəŋ^{55}	tɕyəŋ^{324}	tɕyəŋ^{324}	yəŋ^{55}	xuəŋ^{324}	xuəŋ^{324}	xuəŋ^{324}	xuəŋ^{55}
岚县	tsʰuəŋ^{44}	tɕyəŋ^{214}	tɕyəŋ^{214}	yəŋ^{44}	fəŋ^{214}	fəŋ^{214}	fəŋ^{214}	fəŋ^{44}
静乐	pfʰɤ̃^{314}	tɕyɤ̃^{24}	tɕyɤ̃^{24}	yɤ̃^{33}	fɤ̃^{24}	fɤ̃^{24}	fɤ̃^{24}	fɤ̃^{33}
交口	tsʰuəŋ^{44}	tɕyəŋ^{323}	tɕyəŋ^{323}	iəŋ^{44}/yəŋ^{44}	xuəŋ^{323}	xuəŋ^{323}	xuəŋ^{323}	xuəŋ^{44}
石楼	tʂʰuəŋ^{44}	tɕyəŋ^{213}	tɕyəŋ^{213}	yəŋ^{44}	xuəŋ^{213}	xuəŋ^{213}	xuəŋ^{213}	xuəŋ^{44}
隰县	tsʰuəŋ^{24}	tɕyəŋ^{53}	tɕyəŋ^{53}	yəŋ^{24}	xuəŋ^{53}	xuəŋ^{53}	xuəŋ^{53}	xuəŋ^{24}

续表

字目	纯	均	钧	匀	分~开	芬	纷	坟
中古音 / 方言点	常伦 臻合三 平谆禅	居匀 臻合三 平谆见	居匀 臻合三 平谆见	羊伦 臻合三 平谆以	府文 臻合三 平文非	抚文 臻合三 平文敷	抚文 臻合三 平文敷	符分 臻合三 平文奉
大宁	tʂʰuəŋ^{24}	tɕyən^{31}	tɕyən^{31}	iən^{24}	fəŋ^{31}	fəŋ^{31}	fəŋ^{31}	fəŋ^{24}
永和	tʂʰuəŋ^{35}	tɕyəŋ^{33}	tɕyəŋ^{33}	iəŋ^{35}	xuəŋ^{33}	xuəŋ^{53}	xuəŋ^{33}	xuəŋ^{35}
汾西	tsʰuəŋ^{35}	tɕyəŋ^{11}	tɕyəŋ^{11}	yəŋ^{35}	fəŋ^{11}	fəŋ^{11}	fəŋ^{11}	fəŋ^{35}
蒲县	tʂʰueĩ^{24}	tɕyeĩ^{52}	tɕyeĩ^{52}	yeĩ^{24}	feĩ^{52}	feĩ^{52}	feĩ^{52}	feĩ^{24}
潞州	tsʰuŋ^{24}	tɕyŋ^{312}	tɕyŋ^{312}	yŋ^{24}	fəŋ^{312}	fəŋ^{312}	fəŋ^{312}	fəŋ^{24}
上党	tsʰuŋ^{44}	tɕyŋ^{213}	tɕyŋ^{213}	yŋ^{44}	fəŋ^{213}	fəŋ^{44}	fəŋ^{44}	fəŋ^{44}
长子	tsʰuẼ^{24}	tsuẼ^{312}	tsuẼ^{312}	yẼ^{24}	fẼ^{312}	fẼ^{312}	fẼ^{312}	fẼ^{24}
屯留	tsʰuẽ^{11}	tɕyẽ^{31}	tɕyẽ^{31}	yẽ^{11}	fẽ^{31}	fẽ^{31}	fẽ^{31}	fẽ^{11}
襄垣	tsʰuəŋ^{33}	tɕyəŋ^{33}	tɕyəŋ^{33}	yəŋ^{31}	fəŋ^{33}	fəŋ^{33}	fəŋ^{33}	fəŋ^{31}
黎城	tsʰuei^{53}	cyẽ^{33}	cyẽ^{33}	yẽ^{53}	fei^{33}	fei^{33}	fei^{33}	fei^{53}
平顺	tsʰuẼ^{13}	tɕyẼ^{213}	tɕyẼ^{213}	yẼ^{13}	fẼ^{213}	fẼ^{213}	fẼ^{213}	fẼ^{13}
壶关	tʂʰuŋ^{13}	cyŋ^{33}	cyŋ^{33}	yŋ^{13}	fəŋ^{33}	fəŋ^{33}	fəŋ^{33}	fəŋ^{13}
沁县	tsʰuə̃^{33}	tɕyə̃^{224}	tɕyə̃^{224}	yə̃^{33}	fə̃^{224}	fə̃^{224}	fə̃^{224}	fə̃^{33}
武乡	tsʰuɐŋ^{33}	tɕyɐŋ^{113}	tɕyɐŋ^{113}	yɐŋ^{33}	fɐ^{113}	fɐ^{113}	fɐ^{113}	fɐ^{33}
沁源	tʂʰuə̃^{33}	tɕyə̃^{324}	tɕyə̃^{324}	yə̃^{33}	fə̃^{324}	fə̃^{324}	fə̃^{324}	fə̃^{33}
安泽	tsʰuəŋ^{35}	tɕyəŋ^{21}	tɕyəŋ^{21}	yəŋ^{35}	fəŋ^{21}	fəŋ^{21}	fəŋ^{21}	fəŋ^{35}
沁水端氏	tsʰuai^{24}	tɕyŋ^{21}	tɕyŋ^{21}	yŋ^{24}	fai^{21}	fai^{21}	fai^{21}	fai^{24}
阳城	tʂʰuɑ̃ŋ^{22}	cyə̃ĩ^{224}	cyə̃ĩ^{224}	yə̃ĩ^{22}	fɑ̃ŋ^{224}	fɑ̃ŋ^{224}	fɑ̃ŋ^{224}	fɑ̃ŋ^{22}
高平	tʂʰuə̃ĩ^{33}	ciə̃ĩ^{33}	ciə̃ĩ^{33}	iə̃ĩ^{33}	fə̃ĩ^{33}	fə̃ĩ^{33}	fə̃ĩ^{33}	fə̃ĩ^{33}
陵川	tʂʰuə̃ĩ^{53}	cyə̃ĩ^{33}	cyə̃ĩ^{33}	yə̃ĩ^{53}	fə̃ĩ^{33}	fə̃ĩ^{33}	fə̃ĩ^{33}	fə̃ĩ^{53}
晋城	tʂʰuɐ̃^{324}	tɕyẽ^{33}	tɕyẽ^{33}	yẽ^{324}	fɐ̃^{33}	fɐ̃^{33}	fɐ̃^{33}	fɐ̃^{324}
忻府	tsʰuəŋ^{21}	tɕyəŋ^{313}	tɕyəŋ^{313}	yəŋ^{21}	fəŋ^{313}	fəŋ^{313}	fəŋ^{313}	fəŋ^{21}
原平	tsʰuəŋ^{33}	tɕyəŋ^{213}	tɕyəŋ^{213}	yəŋ^{33}	fəŋ^{213}	fəŋ^{213}	fəŋ^{213}	fəŋ^{33}
定襄	tsʰuəŋ^{11}	tɕyəŋ^{24}	tɕyəŋ^{24}	yəŋ^{11}	fəŋ^{24}	fəŋ^{24}	fəŋ^{24}	fəŋ^{11}
五台	tsʰuən^{33}	tɕyən^{213}	tɕyən^{213}	yən^{33}	fən^{213}	fən^{213}	fən^{213}	fən^{33}
岢岚	tʂʰuəŋ^{44}	tɕyəŋ^{13}	tɕyəŋ^{13}	yəŋ^{44}	fəŋ^{13}	fəŋ^{13}	fəŋ^{13}	fəŋ^{44}
五寨	tsʰuəɣ̃^{44}	tɕyəɣ̃^{13}	tɕyəɣ̃^{13}	yəɣ̃^{44}	fəɣ̃^{13}	fəɣ̃^{13}	fəɣ̃^{13}	fəɣ̃^{44}
宁武	tsʰuɤɯ^{33}	tɕyɤɯ^{23}	tɕyɤɯ^{23}	yɤɯ^{33}	fɤɯ^{23}	fɤɯ^{23}	fɤɯ^{23}	fɤɯ^{33}
神池	tsʰuə̃^{32}	tɕyə̃^{24}	tɕyə̃^{24}	yə̃^{32}	fə̃^{24}	fə̃^{24}	fə̃^{24}	fə̃^{32}
繁峙	tsʰuəŋ^{31}	tɕyəŋ^{53}	tɕyəŋ^{53}	yəŋ^{31}	fəŋ^{53}	fəŋ^{53}	fəŋ^{53}	fəŋ^{31}
代县	tsʰuɤŋ^{44}	tɕyɤŋ^{213}	tɕyɤŋ^{213}	yɤŋ^{44}	fɤŋ^{213}	fɤŋ^{213}	fɤŋ^{213}	fɤŋ^{44}

续表

字目	纯	均	钧	匀	分~开	芬	纷	坟
中古音 方言点	常伦 臻合三 平谆禅	居匀 臻合三 平谆见	居匀 臻合三 平谆见	羊伦 臻合三 平谆以	府文 臻合三 平文非	抚文 臻合三 平文敷	抚文 臻合三 平文敷	符分 臻合三 平文奉
河曲	tʂʰuŋ^{44}	tɕyŋ^{213}	tɕyŋ^{213}	yŋ^{44}	fɤŋ^{213}	fɤŋ^{213}	fɤŋ^{213}	fɤŋ^{44}
保德	tʂʰuəŋ^{44}	tɕyəŋ^{213}	tɕyəŋ^{213}	yəŋ^{44}	fəŋ^{213}	fəŋ^{213}	fəŋ^{213}	fəŋ^{44}
偏关	tʂʰuɤŋ^{44}	tɕyɤŋ^{24}	tɕyɤŋ^{24}	yɤŋ^{44}	fɤŋ^{24}	fɤŋ^{24}	fɤŋ^{24}	fɤŋ^{24}
朔城	tsʰuə̃^{35}	tɕyə̃^{312}	tɕyə̃^{312}	yə̃^{35}	fə̃^{312}	fə̃^{312}	fə̃^{312}	fə̃^{35}
平鲁	tsʰuəɯ^{44}	tɕyəɯ^{213}	tɕyəɯ^{213}	yəɯ^{44}	fəɯ^{213}/ fəɯ^{52}	——	fəɯ^{213}	fəɯ^{44}
应县	tsʰuəŋ^{31}	tɕyəŋ^{43}	tɕyəŋ^{43}	yəŋ^{31}	fəŋ^{43}	fəŋ^{43}	fəŋ^{43}	fəŋ^{43}
灵丘	tsʰuŋ^{31}	tɕyŋ^{442}	tɕyŋ^{442}	yŋ^{31}	fəŋ^{442}	fəŋ^{442}	fəŋ^{442}	fəŋ^{31}
浑源	tsʰuə̃^{22}	tɕyə̃^{52}	tɕyə̃^{52}	yə̃^{22}	fə̃^{52}	fə̃^{52}	fə̃^{52}	fə̃^{22}
云州	tʂʰuəɣ^{312}	tɕyəɣ^{21}	tɕyəɣ^{21}	yəɣ^{312}	fəɣ^{21}	fəɣ^{21}	fəɣ^{21}	fəɣ^{312}
新荣	tʂʰuɤɣ^{312}	tɕyɣ^{32}	tɕyɣ^{32}	yɣ^{312}	fɤɣ^{32}/fɤɣ^{24}	fɤɣ^{32}	fɤɣ^{32}	fɤɣ^{312}
怀仁	tsʰuəŋ^{312}	tɕyəŋ^{42}	tɕyəŋ^{42}	yəŋ^{312}	fəŋ^{42}	fəŋ^{42}	fəŋ^{42}	fəŋ^{312}
左云	tsʰuəɣ^{313}	tɕyəɣ^{31}	tɕyəɣ^{31}	yəɣ^{313}	fəɣ^{31}	fəɣ^{31}	fəɣ^{54}	fəɣ^{313}
右玉	tʂʰuə̃ɣ^{212}	tɕyə̃ɣ^{31}	tɕyə̃ɣ^{31}	yə̃ɣ^{212}	fə̃ɣ^{31}	fə̃ɣ^{31}	fə̃ɣ^{31}	fə̃ɣ^{212}
阳高	tsʰuəŋ^{312}	tɕyəŋ^{31}	tɕyəŋ^{31}	yəŋ^{31}	fəŋ^{31}	fəŋ^{31}	fəŋ^{31}	fəŋ^{312}
山阴	tʂʰuə̃^{313}	tɕyə̃^{313}	tɕyə̃^{313}	yə̃^{313}	fə̃^{313}	fə̃^{313}	fə̃^{313}	fə̃^{313}
天镇	tsʰuɤɣ^{31}	tɕyɤɣ^{31}	tɕyɤɣ^{31}	yɤɣ^{22}	fɤɣ^{31}	fɤɣ^{31}	fɤɣ^{31}	fɤɣ^{22}
平定	tsʰuɤŋ^{44}	tɕyɤŋ^{31}	tɕyɤŋ^{31}	yɤŋ^{44}	fɤŋ^{31}	fɤŋ^{31}	fɤŋ^{31}	fɤŋ^{44}
昔阳	tsʰuəŋ^{33}	tɕyəŋ^{42}	tɕyəŋ^{42}	yəŋ^{33}	fəŋ^{42}	fəŋ^{42}	fəŋ^{42}	fəŋ^{33}
左权	tsʰuəŋ^{11}	tɕyəŋ^{31}	tɕyəŋ^{31}	yəŋ^{11}	fəŋ^{31}	fəŋ^{31}	fəŋ^{31}	fəŋ^{11}
和顺	tsʰuəŋ^{22}	tɕyəŋ^{42}	tɕyəŋ^{42}	yəŋ^{22}	fəŋ^{42}	fəŋ^{42}	fəŋ^{42}	fəŋ^{22}
尧都	tʂʰuə̃^{24}	tɕuə̃^{21}	tɕuə̃^{21}	yə̃^{24}	fə̃^{21}	fə̃^{21}	fə̃^{21}	fə̃^{24}
洪洞	tʂʰuen^{24}	tɕyen^{21}	tɕyen^{21}	yen^{24}	fen^{21}	fen^{21}	fen^{21}	fen^{24}
洪洞赵城	tʂʰueŋ^{24}	tɕyeŋ^{21}	tɕyeŋ^{21}	ɕyeŋ^{24}	feŋ^{21}	feŋ^{21}	feŋ^{21}	feŋ^{24}
古县	tʂʰuen^{35}	tɕyn^{21}	tɕyn^{21}	yn^{35}	fen^{21}	fen^{21}	fen^{21}	fen^{35}
襄汾	tʂʰuen^{24}	tɕyen^{21}	tɕyen^{21}	ien^{24}	fen^{21}/fen^{44}	fen^{21}	fen^{21}	fen^{24}
浮山	tʂʰuẽĩ^{13}	tɕyẽĩ^{42}	tɕyẽĩ^{42}	ẽĩ^{13}	fẽĩ^{42}	fẽĩ^{42}	fẽĩ^{42}	fẽĩ^{13}
霍州	tʂʰuŋ^{35}	yŋ^{212}	yŋ^{212}	iŋ^{35}	fəŋ^{212}	fəŋ^{212}	fəŋ^{212}	fəŋ^{35}
翼城	tʂuŋ^{12}	tɕyŋ^{12}	tɕyŋ^{12}	yŋ^{12}	fəŋ^{53}	fəŋ^{53}	fəŋ^{53}	fəŋ^{12}
闻喜	pfʰẽĩ^{13}	tɕyẽĩ^{53}	tɕyẽĩ^{53}	yẽĩ^{13}	fẽĩ^{53}/ fẽĩ^{13}	fẽĩ^{53}	fẽĩ^{53}	——
侯马	tʂʰueĩ^{213}	tɕyeĩ^{213}	tɕyeĩ^{213}	tɕyeĩ^{213}	feĩ^{213}	feĩ^{213}	feĩ^{213}	feĩ^{213}

续表

字目	纯	均	钧	匀	分~开	芬	纷	坟
中古音 / 方言点	常伦 臻合三 平谆禅	居匀 臻合三 平谆见	居匀 臻合三 平谆见	羊伦 臻合三 平谆以	府文 臻合三 平文非	抚文 臻合三 平文敷	抚文 臻合三 平文敷	符分 臻合三 平文奉
新绛	pfʰɛ̃^{13}	tɕyɛ̃^{53}	tɕyɛ̃^{53}	yɛ̃^{13}	fɛ̃^{53}	fɛ̃^{53}	fɛ̃^{53}	fɛ̃^{13}
绛县	tʂʰueĩ^{24}	tɕyeĩ^{53}	tɕyeĩ^{53}	ieĩ^{24}	feĩ^{53}	feĩ^{53}	feĩ^{53}	feĩ^{24}
垣曲	tʂʰuə̃^{22}	tɕyə̃^{22}	tɕyə̃^{22}	iə̃^{22} 白 / yə̃^{22} 文	fə̃^{22}	fə̃^{22}	fə̃^{22}	fə̃^{22}
夏县	pfʰei^{42} 白 / tʂʰuei^{42} 文	tɕyei^{53}	tɕyei^{53}	iei^{42} 白 / yei^{42} 文	fei^{53}	fei^{53}	fei^{53}	fei^{42}
万荣	pfʰei^{213}	tɕyei^{51}	tɕyei^{51}	iei^{213} 白 / yei^{213} 文	fei^{51}	fei^{51}	fei^{51}	fei^{213}
稷山	pfʰə̃^{13}	tɕyə̃^{53}	tɕyə̃^{53}	yə̃^{13}	fə̃^{53}	fə̃^{53}	fə̃^{53}	fə̃^{13}
盐湖	pfʰeĩ^{13}	tɕyeĩ^{42}	tɕyeĩ^{42}	yeĩ^{13}	feĩ^{42}	feĩ^{42}	feĩ^{42}	feĩ^{13}
临猗	pfʰeĩ^{13} 白 / tʂueĩ^{13} 文	tɕyeĩ^{42}	tɕyeĩ^{42}	ieĩ^{13} 白 / yeĩ^{13} 文	feĩ^{42}	feĩ^{42}	feĩ^{42}	feĩ^{13}
河津	pfʰɛ̃^{324}	tɕyɛ̃^{31}	tɕyɛ̃^{31}	iɛ̃^{324} 白	fɛ̃^{31}	fɛ̃^{31}	fɛ̃^{31}	fɛ̃^{324}
平陆	pfʰei^{13}	tɕyei^{31}	tɕyei^{31}	yei^{13}	fei^{31}	fei^{31}	fei^{31}	fei^{13}
永济	pfʰei^{24}	tɕyei^{31}	tɕyei^{31}	iei^{24} 白 / yei^{24} 文	fei^{31}	fei^{31}	fei^{31}	fei^{24}
芮城	pfʰeĩ^{13} 白 / tʰueĩ^{13} 文	tɕyeĩ^{42}	tɕyeĩ^{42}	ieĩ^{13} 白 / yeĩ^{13} 文	feĩ^{42}	feĩ^{42}	feĩ^{42}	feĩ^{13}
吉县	pfʰei^{13}	tɕyei^{423}	tɕyei^{423}	iei^{53} 白 / yei^{13} 文	fei^{423}	fei^{423}	fei^{423}	fei^{13}
乡宁	tʂʰuəŋ^{12}	tɕyəŋ^{53}	yəŋ^{12}	yəŋ^{12}	fəŋ^{53}	fəŋ^{53}	fəŋ^{53}	fəŋ^{12}
广灵	tsʰuŋ^{31}	tɕyŋ^{53}	tɕyŋ^{53}	yŋ^{31}	fəŋ^{53}	fəŋ^{53}	fəŋ^{53}	fəŋ^{31}

字目	文	蚊	纹	闻	君	军	群	裙
中古音 / 方言点	无分 臻合三 平文微	无分 臻合三 平文微	无分 臻合三 平文微	无分 臻合三 平文微	举云 臻合三 平文见	举云 臻合三 平文见	渠云 臻合三 平文群	渠云 臻合三 平文群
北京	uən^{35}	uən^{35}	uən^{35}	uən^{35}	tɕyn^{55}	tɕyn^{55}	tɕʰyn^{35}	tɕʰyn^{35}
小店	vəŋ^{11}	vəŋ^{11}	vəŋ^{11}	vəŋ^{11}	tɕyə̃^{11}	tɕyə̃^{11}	tɕʰyə̃^{11}	tɕʰyə̃^{11}
尖草坪	vʌŋ^{33}	vʌŋ^{33}	vʌŋ^{33}	vʌŋ^{33}	tɕyʌŋ^{33}	tɕyʌŋ^{33}	tɕʰyʌŋ^{33}	tɕʰyʌŋ^{33}
晋源	vəŋ^{11}	vəŋ^{11}	vəŋ^{11}	vəŋ^{11}	tɕyn^{11}	tɕyn^{11}	tɕʰyn^{11}	tɕʰyn^{11}
阳曲	və̃^{43}	və̃^{43}	və̃^{43}	və̃^{43}	tɕyə̃^{312}	tɕyə̃^{312}	tɕyə̃^{43}	tɕyə̃^{43}
古交	vəŋ^{44}	vəŋ^{44}	vəŋ^{44}	vəŋ^{44}	tɕyəŋ^{44}	tɕyəŋ^{44}	tɕʰyəŋ^{44}	tɕʰyəŋ^{44}
清徐	vəŋ^{11}	vəŋ^{11}	vəŋ^{11}	vəŋ^{11}	tɕyəŋ^{11}	tɕyəŋ^{11}	tɕyəŋ^{11} 白 / tɕʰyəŋ^{11} 文	tɕʰyəŋ^{11}
娄烦	vəŋ^{33}	vəŋ^{33}	vəŋ^{33}	vəŋ^{33}	tɕyəŋ^{33}	tɕyəŋ^{33}	tɕyəŋ^{33}	tɕyəŋ^{33}
榆次	vɤ̃^{11}	vɤ̃^{11}	vɤ̃^{11}	vɤ̃^{11}	tɕyɤ̃^{11}	tɕyɤ̃^{11}	tɕʰyɤ̃^{11}	tɕʰyɤ̃^{11}
交城	uə̃^{11}	uə̃^{11}	uə̃^{11}	uə̃^{11}	tɕyə̃^{11}	tɕyə̃^{11}	tɕyə̃^{11} 白 / tɕʰyə̃^{11} 文	tɕʰyə̃^{11}
文水	uəŋ^{22}	uəŋ^{22}	uəŋ^{22}	uəŋ^{22}	tɕyəŋ^{22}	tɕyəŋ^{22}	tɕyəŋ^{22} 白 / tɕʰyəŋ^{22} 文	tɕʰyəŋ^{22}
祁县	əm^{31}	əm^{31}	əm^{31}	əm^{31}	tɕiəm^{31}	tɕiəm^{31}	tɕiəm^{31} 白 / tɕʰiəm^{31} 文	tɕʰiəm^{31}
太谷	və̃^{33}	və̃^{33}	və̃^{33}	və̃^{33}	tɕyə̃^{33}	tɕyə̃^{33}	tɕyə̃^{33} 白 / tɕʰyə̃^{33} 文	tɕʰyə̃^{33}
平遥	uəŋ^{213}	uəŋ^{213}	uəŋ^{213}	uəŋ^{213}	tɕyəŋ^{213}	tɕyəŋ^{213}	tɕʰyəŋ^{213}	tɕʰyəŋ^{213}
孝义	uə̃^{33}	uə̃^{33}	uə̃^{33}	uə̃^{33}	tɕyə̃^{33}	tɕyə̃^{33}	tɕʰyə̃^{33}	tɕʰyə̃^{33}
介休	uŋ^{13}	uŋ^{13}	uŋ^{13}	uŋ^{13}	tɕyn^{13}	tɕyn^{13}	tɕyn^{13} 白 / tɕʰyn^{13} 文	tɕyn^{13} 白 / tɕʰyn^{13} 文
灵石	uŋ^{44}	uŋ^{44}	uŋ^{44}	uŋ^{44}	tɕyŋ^{535}	tɕyŋ^{535}	tɕʰyŋ^{44}	tɕʰyŋ^{44}
盂县	və̃^{22}	və̃^{53}	və̃^{22}	və̃^{22}	tɕyə̃^{412}	tɕyə̃^{412}	tɕʰyə̃^{22}	tɕʰyə̃^{22}
寿阳	və̃^{22}	və̃^{53}	və̃^{22}	və̃^{22}	tɕyə̃^{31}	tɕyə̃^{31}	tɕʰyə̃^{22}	tɕʰyə̃^{22}
榆社	veɪ^{22}	veɪ^{22}	veɪ^{22}	veɪ^{22}	tɕyeɪ^{22}	tɕyeɪ^{22}	tɕʰyeɪ^{22}	tɕʰyeɪ^{22}
离石	uəŋ^{44}	məŋ^{312} 白 / uəŋ^{44} 文	uəŋ^{44}	uəŋ^{44}	tɕyəŋ^{24}	tɕyəŋ^{24}	tɕʰyəŋ^{44}	tɕʰyəŋ^{44}
汾阳	vəŋ^{22}	vəŋ^{22}	vəŋ^{22}	vəŋ^{22}	tɕyŋ^{324}	tɕyŋ^{324}	tɕʰyŋ^{22}	tɕʰyŋ^{22}
中阳	uə̃^{33}	mə̃^{423} 白 / uə̃^{33} 文	uə̃^{33}	uə̃^{33}	tɕyə̃^{24}	tɕyə̃^{24}	tɕʰyə̃^{33}	tɕʰyə̃^{33}
柳林	uə̃^{44}	mə̃^{312}/ uə̃^{44}	uə̃^{44}	uə̃^{44}	tɕyə̃^{24}	tɕyə̃^{24}	tɕʰyə̃^{44}	tɕʰyə̃^{44}
方山	uə̃ŋ^{44}	mə̃ŋ^{312} 白 / uə̃ŋ^{44} 文	uə̃ŋ^{44}	uə̃ŋ^{44}	tɕyə̃ŋ^{24}	tɕyə̃ŋ^{24}	tɕʰyə̃ŋ^{44}	tɕʰyə̃ŋ^{44}
临县	uə̃^{33}	uə̃^{33}	uə̃^{33}	uə̃^{33}	tɕyə̃^{24}	tɕyə̃^{24}	ɕʰyə̃^{33}	ɕʰyə̃^{33}

续表

字目	文	蚊	纹	闻	君	军	群	裙
中古音 / 方言点	无分 臻合三 平文微	无分 臻合三 平文微	无分 臻合三 平文微	无分 臻合三 平文微	举云 臻合三 平文见	举云 臻合三 平文见	渠云 臻合三 平文群	渠云 臻合三 平文群
兴县	uəŋ^{55}	uəŋ^{55}	uəŋ^{55}	uəŋ^{55}	tɕyəŋ^{324}	tɕyəŋ^{324}	tɕʰyəŋ^{55}	tɕʰyəŋ^{55}
岚县	uəŋ^{44}	uəŋ^{44}	uəŋ^{44}	uəŋ^{44}	tɕyəŋ^{214}	tɕyəŋ^{214}	tɕʰyəŋ^{44}	tɕʰyəŋ^{44}
静乐	vɤ̃^{33}	vɤ̃^{314}	vɤ̃^{33}	vɤ̃^{33}	tɕyɤ̃^{24}	tɕyɤ̃^{24}	tɕʰyɤ̃^{33}	tɕʰyɤ̃^{33}
交口	uəŋ^{44}	məŋ^{323} 白 / uəŋ^{44} 文	uəŋ^{44}	uəŋ^{44}	tɕyəŋ^{323}	tɕyəŋ^{323}	tɕʰyəŋ^{44}	tɕʰyəŋ^{44}
石楼	uəŋ^{44}	məŋ^{213} 白 / uəŋ^{44} 文	uəŋ^{44}	uəŋ^{44}	tɕyəŋ^{213}	tɕyəŋ^{213}	tɕʰyəŋ^{44}	tɕʰyəŋ^{44}
隰县	uəŋ^{24}	məŋ^{24} 白 / uəŋ^{24} 文	uəŋ^{24}	uəŋ^{24}	tɕyən^{53}	tɕyən^{53}	tɕʰyən^{24}	tɕʰyən^{24}
大宁	vəŋ^{24}	vəŋ^{24}	vəŋ^{24}	vəŋ^{24}	tɕyən^{31}	tɕyən^{31}	tɕʰyən^{24}	tɕʰyən^{24}
永和	uəŋ^{35}	uəŋ^{35}	uəŋ^{35}	uəŋ^{35}	tɕyəŋ^{33}	tɕyəŋ^{33}	tɕʰyəŋ^{35}	tɕʰyəŋ^{35}
汾西	vəŋ^{35}	vəŋ^{35}	vəŋ^{35}	vəŋ^{35}	tɕyəŋ^{11}	tɕyəŋ^{11}	tɕʰyəŋ^{55}	tɕʰyəŋ^{55}
蒲县	ueĩ^{24}	ueĩ^{24}	ueĩ^{24}	ueĩ^{24}	tɕyeĩ^{52}	tɕyeĩ^{52}	tɕʰyeĩ^{24}	tɕʰyeĩ^{24}
潞州	vəŋ^{24}	vəŋ^{24}	vəŋ^{24}	vəŋ^{24}	tɕyŋ^{312}	tɕyŋ^{312}	tɕʰyŋ^{24}	tɕʰyŋ^{24}
上党	uŋ^{44}	uŋ^{44}	uŋ^{44}	uŋ^{44}	tɕyŋ^{213}	tɕyŋ^{213}	tɕʰyŋ^{44}	tɕʰyŋ^{44}
长子	vẼ^{24}	vẼ^{24}	vẼ^{24}	vẼ^{24}	tsuẼ^{312}	tsuẼ^{312}	tsʰuẼ^{24}	tsʰuẼ^{24}
屯留	vẽ^{11}	vẽ^{11}	vẽ^{11}	vẽ^{11}	tɕyẽ^{31}	tɕyẽ^{31}	tɕʰyẽ^{11}	tɕʰyẽ^{11}
襄垣	vəŋ^{31}	vəŋ^{31}	vəŋ^{31}	vəŋ^{31}	tɕyəŋ^{33}	tɕyəŋ^{33}	tɕʰyəŋ^{31}	tɕʰyəŋ^{31}
黎城	uei^{53}	uei^{53}	uei^{53}	uei^{53}	cyẽ^{33}	cyẽ^{33}	cʰyẽ^{53}	cʰyẽ^{53}
平顺	uẼ^{13}	uẼ^{13}	uẼ^{13}	uẼ^{13}	tɕyẼ^{213}	tɕyẼ^{213}	tɕʰyẼ^{13}	tɕʰyẼ^{13}
壶关	uŋ^{13}	uŋ^{13}	uŋ^{13}	uŋ^{13}	cyŋ^{33}	cyŋ^{33}	cʰyŋ^{13}	cʰyŋ^{13}
沁县	və̃^{33}	və̃^{33}	və̃^{33}	və̃^{33}	tɕyə̃^{24}	tɕyə̃^{224}	tɕʰyə̃^{33}	tɕʰyə̃^{33}
武乡	vɐŋ^{33}	vɐŋ^{33}	vɐŋ^{33}	vɐŋ^{33}	tɕyɐŋ^{113}	tɕyɐŋ^{113}	tɕʰyɐŋ^{33}	tɕʰyɐŋ^{33}
沁源	və̃^{33}	və̃^{33}	və̃^{33}	və̃^{33}	tɕyə̃^{324}	tɕyə̃^{324}	tɕʰyə̃^{33}	tɕʰyə̃^{33}
安泽	vəŋ^{35}	vəŋ^{35}	vəŋ^{35}	vəŋ^{35}	tɕyəŋ^{21}	tɕyəŋ^{21}	tɕʰyəŋ^{35}	tɕʰyəŋ^{35}
沁水端氏	vai^{24}	vai^{24}	vai^{24}	vai^{24}	tɕyŋ^{21}	tɕyŋ^{21}	tɕʰyŋ^{24}	tɕʰyŋ^{24}
阳城	vɑ̃ŋ^{22}	vɑ̃ŋ^{22}	vɑ̃ŋ^{22}	vɑ̃ŋ^{22}	cyə̃ĩ^{224}	cyə̃ĩ^{224}	cʰyə̃ĩ^{22}	cʰyə̃ĩ^{22}
高平	və̃ĩ^{33}	və̃ĩ^{33}	və̃ĩ^{33}	və̃ĩ^{33}	cið̃ĩ^{33}	ciə̃ĩ^{33}	cʰiə̃ĩ^{33}	cʰiə̃ĩ^{33}
陵川	uuə̃ĩ^{53}	uæ̃^{53}	uuə̃ĩ^{53}	uuə̃ĩ^{53}	cyə̃ĩ^{33}	cyə̃ĩ^{33}	cʰyə̃ĩ^{53}	cʰyə̃ĩ^{53}
晋城	uɐ̃^{324}	uɐ̃^{324}	uɐ̃^{324}	uɐ̃^{324}	tɕyẽ^{33}	tɕyẽ^{33}	tɕʰyẽ^{324}	tɕʰyẽ^{324}
忻府	vəŋ^{21}	vəŋ^{21}	vəŋ^{21}	vəŋ^{21}	tɕyəŋ^{313}	tɕyəŋ^{313}	tɕʰyəŋ^{21}	tɕʰyəŋ^{21}
原平	vəŋ^{33}	vəŋ^{33}	vəŋ^{33}	vəŋ^{33}	tɕyəŋ^{213}	tɕyəŋ^{213}	tɕʰyəŋ^{33}	tɕʰyəŋ^{33}

续表

字目	文	蚊	纹	闻	君	军	群	裙
中古音 / 方言点	无分 臻合三 平文微	无分 臻合三 平文微	无分 臻合三 平文微	无分 臻合三 平文微	举云 臻合三 平文见	举云 臻合三 平文见	渠云 臻合三 平文群	渠云 臻合三 平文群
定襄	vəŋ^{11}	vəŋ^{11}	vəŋ^{11}	vəŋ^{11}	tɕyəŋ^{24}	tɕyəŋ^{24}	tɕʰyəŋ^{11}	tɕʰyəŋ^{11}
五台	uən^{33}	uən^{213}	uən^{33}	uən^{33}	tɕyən^{213}	tɕyən^{213}	tɕʰyən^{33}	tɕʰyən^{33}
岢岚	vəŋ^{44}	vəŋ^{44}	vəŋ^{44}	vəŋ^{44}	tɕyəŋ^{13}	tɕyəŋ^{13}	tɕʰyəŋ^{44}	tɕʰyəŋ^{44}
五寨	vəɣ̃^{44}	vəɣ̃^{44}	vəɣ̃^{44}	vəɣ̃^{44}	tɕyəɣ̃^{13}	tɕyəɣ̃^{13}	tɕʰyəɣ̃^{44}	tɕʰyəɣ̃^{44}
宁武	uɤɯ^{33}	uɤɯ^{23}	uɤɯ^{33}	uɤɯ^{33}	tɕyɤɯ^{23}	tɕyɤɯ^{23}	tɕʰuɤɯ^{33}	tɕʰyɤɯ^{33}
神池	və̃^{32}	və̃^{32}	və̃^{32}	və̃^{32}	tɕyə̃^{24}	tɕyə̃^{24}	tɕʰyə̃^{24}	tɕʰyə̃^{32}
繁峙	vəŋ^{31}	vəŋ^{31}	vəŋ^{31}	vəŋ^{31}	tɕyəŋ^{53}	tɕyəŋ^{53}	tɕʰyəŋ^{31}	tɕʰyəŋ^{31}
代县	uɤŋ^{44}	uɤŋ^{44}	uɤŋ^{44}	uɤŋ^{44}	tɕyɤŋ^{213}	tɕyɤŋ^{213}	tɕʰyɤŋ^{44}	tɕʰyɤŋ^{44}
河曲	vəŋ^{44}	vəŋ^{44}	vəŋ^{44}	vəŋ^{44}	tɕyŋ^{213}	tɕyŋ^{213}	tɕʰiŋ^{44}	tɕʰyŋ^{44}
保德	vəŋ^{44}	vəŋ^{44}	vəŋ^{44}	vəŋ^{44}	tɕyəŋ^{213}	tɕyəŋ^{213}	tɕʰyəŋ^{44}	tɕʰyəŋ^{44}
偏关	vɤŋ^{44}	vɤŋ^{44}	vɤŋ^{44}	vɤŋ^{44}	tɕyɤŋ^{24}	tɕyɤŋ^{24}	tɕʰyɤŋ^{44}	tɕʰyɤŋ^{44}
朔城	və̃^{35}	və̃^{35}	və̃^{35}	və̃^{35}	tɕyə̃^{312}	tɕyə̃^{312}	tɕʰyə̃^{35}	tɕʰyə̃^{35}
平鲁	uəɯ^{44}	uəɯ^{44}	uəɯ^{44}	uəɯ^{44}	tɕyəɯ^{213}	tɕyəɯ^{213}	tɕʰyəɯ^{44}	tɕʰyəɯ^{44}
应县	vəŋ^{43}	vəŋ^{54}	vəŋ^{43}	vəŋ^{43}	tɕyəŋ^{43}	tɕyəŋ^{43}	tɕʰyəŋ^{31}	tɕʰyəŋ^{31}
灵丘	vəŋ^{31}	vəŋ^{31}	vəŋ^{31}	vəŋ^{31}	tɕyŋ^{442}	tɕyŋ^{442}	tɕʰyŋ^{31}	tɕʰyŋ^{31}
浑源	və̃^{22}	və̃^{22}	və̃^{22}	və̃^{22}	tɕyə̃^{52}	tɕyə̃^{52}	tɕʰyə̃^{22}	tɕʰyə̃^{22}
云州	vəɣ^{312}	vəɣ^{312}	vəɣ^{312}	vəɣ^{312}	tɕyəɣ^{21}	tɕyəɣ^{21}	tɕʰyəɣ^{312}	tɕʰyəɣ^{312}
新荣	vɤɣ^{312}	vɤɣ^{54}	vɤɣ^{312}	vɤɣ^{312}	tɕyɣ^{32}	tɕyɣ^{32}	tɕʰyɣ^{312}	tɕʰyɣ^{312}
怀仁	vəŋ^{312}	vəŋ^{312}	vəŋ^{312}	vəŋ^{312}	tɕyəŋ^{42}	tɕyəŋ^{42}	tɕʰyəŋ^{312}	tɕʰyəŋ^{312}
左云	vəɣ^{313}	vəɣ^{313}	vəɣ^{313}	vəɣ^{313}	tɕyəɣ^{31}	tɕyəɣ^{31}	tɕʰyəɣ^{313}	tɕʰyəɣ^{313}
右玉	və̃ɣ^{212}	və̃ɣ^{212}	vəɣ^{212}	və̃ɣ^{212}	tɕyə̃ɣ^{31}	tɕyə̃ɣ^{31}	tɕʰyə̃ɣ^{212}	tɕʰyə̃ɣ^{212}
阳高	vəŋ^{312}	vəŋ^{53}	vəŋ^{312}	vəŋ^{312}	tɕyəŋ^{31}	tɕyəŋ^{31}	tɕyəŋ^{312}	tɕyəŋ^{312}
山阴	uə̃^{313}	uə̃^{52}	uə̃^{313}	uə̃^{313}	tɕyə̃^{313}	tɕyə̃^{313}	tɕʰyə̃^{313}	tɕʰyə̃^{313}
天镇	vɤɣ^{22}	mɤɣ^{55} 白 / vɤɣ^{22} 文	vɤɣ^{22}	vɤɣ^{22}	tɕyɤɣ^{22}	tɕyɤɣ^{22}	tɕʰyɤɣ^{22}	tɕʰyɤɣ^{22}
平定	vɤŋ^{44}	vɤŋ^{44}	vɤŋ^{44}	vɤŋ^{44}	tɕyɤŋ^{31}	tɕyɤŋ^{31}	tɕʰyɤŋ^{44}	tɕʰyɤŋ^{44}
昔阳	vəŋ^{33}	vəŋ^{33}	vəŋ^{33}	vəŋ^{33}	tɕyəŋ^{42}	tɕyəŋ^{42}	tɕʰyəŋ^{33}	tɕʰyəŋ^{33}
左权	vəŋ^{11}	vəŋ^{11}	vəŋ^{11}	vəŋ^{11}	tɕyəŋ^{31}	tɕyəŋ^{31}	tʰɕyəŋ^{11}	tʰɕyəŋ^{11}
和顺	vəŋ^{22}	vəŋ^{22}	vəŋ^{22}	vəŋ^{22}	tɕyəŋ^{42}	tɕyəŋ^{42}	tɕʰyəŋ^{22}	tɕʰyəŋ^{22}
尧都	uə̃^{24}	uə̃^{24}	uə̃^{24}	uə̃^{24}	tɕyə̃^{21}	tɕyə̃^{21}	tɕʰyə̃^{24}	tɕʰyə̃^{24}
洪洞	ven^{24}	ven^{24}	ven^{24}	ven^{24}	tɕyen^{21}	tɕyen^{21}	tɕʰyen^{24}	tɕʰyen^{24}

续表

字目	文	蚊	纹	闻	君	军	群	裙
中古音 方言点	无分 臻合三 平文微	无分 臻合三 平文微	无分 臻合三 平文微	无分 臻合三 平文微	举云 臻合三 平文见	举云 臻合三 平文见	渠云 臻合三 平文群	渠云 臻合三 平文群
洪洞赵城	veŋ^{24}	veŋ^{24}	veŋ^{24}	veŋ^{24}	tɕyeŋ^{21}	tɕyeŋ^{21}	tɕʰyeŋ^{24}	tɕʰyeŋ^{24}
古县	uen^{35}	uen^{35}	uen^{35}	uen^{35}	tɕyn^{21}	tɕyn^{21}	tɕʰyn^{35}	tɕʰyn^{35}
襄汾	ven^{24}	ven^{24}	ven^{24}/uen^{24}	ven^{24}	tɕyen^{21}	tɕyen^{21}	tɕʰyen^{24}	tɕʰyen^{24}
浮山	uẽĩ^{13}	uẽĩ^{13}	uẽĩ^{13}/ uẽĩ^{53}	uẽĩ^{13}	tɕyẽĩ^{42}	tɕyẽĩ^{42}	tɕʰyẽĩ^{13}	tɕʰyẽĩ^{13}
霍州	vəŋ^{35} 白 / uəŋ^{35} 文	vəŋ^{35}	vəŋ^{35}	vəŋ^{35}	tɕyŋ^{212}	tɕyŋ^{212}	tɕʰyŋ^{35}	tɕʰyŋ^{35}
翼城	vəŋ	vəŋ^{12}	vəŋ^{12}	vəŋ^{12}	tɕyŋ^{53}	tɕyŋ^{53}	tɕʰyŋ^{12}	tɕʰyŋ^{12}
闻喜	vẽĩ^{13}	vẽĩ^{13}	vẽĩ^{13}	vẽĩ^{13}	tɕyẽĩ^{53}	tɕyẽĩ^{53}	tɕʰyẽĩ^{13}	tɕʰyẽĩ^{13}
侯马	veĩ^{213}	vyeĩ^{213}	veĩ^{213}	veĩ^{213}	tɕyeĩ^{213}	tɕyeĩ^{213}	tɕʰieĩ^{213}	tɕʰyeĩ^{213}
新绛	vẽ^{13}	vẽ^{13}	vẽ^{13}	vẽ^{13}	tɕyẽ^{53}	tɕyẽ^{53}	tɕʰyẽ^{13}	tɕʰyẽ^{13}
绛县	veĩ^{24}	veĩ^{24}	veĩ^{24}	veĩ^{24}	tɕyeĩ^{53}	tɕyeĩ^{53}	tɕʰyeĩ^{24}	tɕʰyeĩ^{24}
垣曲	və̃^{22}	və̃^{53}	və̃^{22}	və̃^{22}	tɕyə̃^{22}	tɕyə̃^{22}	tɕʰyə̃^{22}	tɕʰyə̃^{22}
夏县	vei^{42} 白 / uei^{42} 文	vei^{42} 白 / uei^{42} 文	vei^{42} 白 / uei^{42} 文	vei^{42} 白 / uei^{42} 文	tɕyei^{53}	tɕyei^{53}	tɕʰyei^{42}	tɕʰyei^{42}
万荣	vei^{213}	vei^{213}	vei^{213}	vei^{213}	tɕyei^{51}	tɕyei^{51}	tɕʰyei^{213}	tɕʰyei^{213}
稷山	və̃^{13}	və̃^{13}	və̃^{13}	və̃^{13}	tɕyə̃^{53}	tɕyə̃^{53}	tɕʰyə̃^{13}	tɕʰyə̃^{13}
盐湖	veĩ^{13}	veĩ^{13}	veĩ^{13}	veĩ^{13}	tɕyeĩ^{42}	tɕyeĩ^{42}	tɕʰyeĩ^{13}	tɕʰyeĩ^{13}
临猗	veĩ^{13}	veĩ^{13}	veĩ^{13}	veĩ^{13}	tɕyeĩ^{42}	tɕyeĩ^{42}	tɕʰyeĩ^{13}	tɕʰyeĩ^{13}
河津	vẽ^{324}	vẽ^{324}	vẽ^{324}	vẽ^{324}	tɕyẽ^{31}	tɕyẽ^{31}	tɕʰyẽ^{324}	tɕʰyẽ^{324}
平陆	uei^{13}	vei^{13}/uei^{13}	uei^{13}	uei^{13}	tɕyei^{31}	tɕyei^{31}	tɕʰyei^{31}	tɕʰyei^{31}
永济	vei^{24}	vei^{24}	vei^{24}	vei^{24}	tɕyei^{31}	tɕyei^{31}	tɕʰyei^{24}	tɕʰyei^{24}
芮城	veĩ^{13}	veĩ^{13}	veĩ^{13}	veĩ^{13}	tɕyeĩ^{42}	tɕyeĩ^{42}	tɕʰyeĩ^{13}	tɕʰyeĩ^{13}
吉县	vei^{13}	vei^{13}	vei^{13}	vei^{13}	tɕyei^{423}	tɕyei^{423}	tɕʰyei^{13}	tɕʰyei^{13}
乡宁	uəŋ^{12}	uəŋ^{12}	uəŋ^{12}	uəŋ^{12}	tɕyəŋ^{53}	tɕyəŋ^{53}	tɕʰyəŋ^{12}	tɕʰyəŋ^{12}
广灵	vəŋ^{31}	vəŋ^{31}	vəŋ^{31}	vəŋ^{31}	tɕyŋ^{53}	tɕyŋ^{53}	tɕʰyŋ^{53}	tɕʰyŋ^{53}

字目	荤	薰	勋	熏	云~彩	笋	隼	准批~
中古音 / 方言点	许云 臻合三 平文晓	许云 臻合三 平文晓	许云 臻合三 平文晓	许云 臻合三 平文晓	王分 臻合三 平文云	思尹 臻合三 上准心	思尹 臻合三 上准心	之尹 臻合三 上准章
北京	xuən^{55}	ɕyn^{55}	ɕyn^{55}	ɕyn^{55}	yn^{35}	suən^{214}	suən^{214}	tʂuən^{214}
小店	xuəŋ^{11}	ɕyə̃^{11}	ɕyə̃^{11}	ɕyə̃^{11}	yə̃^{43}	suəŋ^{53}	——	tsuəŋ^{53}
尖草坪	xuʌŋ^{33}	ɕyʌŋ^{33}	ɕyʌŋ^{33}	ɕyʌŋ^{33}	yʌŋ^{33}	suʌŋ^{312}	suʌŋ^{312}	tsuʌŋ^{312}
晋源	xuŋ^{11}	xyn^{11}	xyn^{11}	xyn^{11}	yn^{11}	ɕyn^{42}	suŋ^{42}	tsuŋ^{42}
阳曲	xuə̃^{312}	ɕyə̃^{312}	ɕyə̃^{312}	ɕyə̃^{312}	yə̃^{43}	suə̃^{312}	suə̃^{312}	tsuə̃^{312}
古交	xuəŋ^{44}	ɕyəŋ^{44}	ɕyəŋ^{44}	ɕyəŋ^{44}	yəŋ^{44}	suəŋ^{312}	suəŋ^{312}	tsuəŋ^{312}
清徐	xuəŋ^{11}	ɕyəŋ^{11}	ɕyəŋ^{11}	ɕyəŋ^{11}	yəŋ^{11}	suəŋ^{54}	suəŋ^{54}	tsuəŋ^{54}
娄烦	xuəŋ^{33}	ɕyəŋ^{33}	ɕyəŋ^{33}	ɕyəŋ^{33}	yəŋ^{33}	suəŋ^{312}	suəŋ^{312}	tsuəŋ^{312}
榆次	xuɤ̃^{11}	ɕyɤ̃^{11}	ɕyɤ̃^{11}	ɕyɤ̃^{11}	yɤ̃^{11}	suɤ̃^{53}	suɤ̃^{53}	tsuɤ̃^{53}
交城	xuə̃^{11}	ɕyə̃^{11}	ɕyə̃^{11}	ɕyə̃^{11}	yə̃^{11}	suə̃^{53}	suə̃^{53}	tsuə̃^{53}
文水	xuəŋ^{22}	ɕyəŋ^{22}	ɕyəŋ^{22}	ɕyəŋ^{22}	yəŋ^{22}	suəŋ^{423}	suəŋ^{423}	tsuəŋ^{423}
祁县	xəm^{31}	ɕiəm^{31}	ɕiəm^{31}	ɕiəm^{31}	iəm^{31}	səm^{314}	səm^{314}	tsəm^{314}
太谷	xuə̃^{33}	ɕyə̃^{33}	ɕyə̃^{33}	ɕyə̃^{33}	yə̃^{33}	suə̃^{312}	suə̃^{312}	tsuə̃^{312}
平遥	xuəŋ^{213}	ɕyəŋ^{24}	ɕyəŋ^{213}	ɕyəŋ^{213}	yəŋ^{213}	suəŋ^{512}	suəŋ^{512}	tsuəŋ^{512}
孝义	xuə̃^{33}	ɕyə̃^{33}	ɕyə̃^{33}	ɕyə̃^{33}	yə̃^{33}	suə̃^{312}	suə̃^{312}	tsuə̃^{312}
介休	xuŋ^{13}	ɕyn^{13}	ɕyn^{13}	ɕyn^{13}	yn^{13}	suŋ^{423}	suŋ^{423}	tsuŋ^{423}
灵石	xuŋ^{535}	ɕyŋ^{535}	ɕyŋ^{535}	ɕyŋ^{535}	yŋ^{44}	suŋ^{212}	suŋ^{212}	tsuŋ^{212}
盂县	xuə̃^{412}	ɕyə̃^{412}	ɕyə̃^{412}	ɕyə̃^{412}	yə̃^{22}	suə̃^{53}	suə̃^{53}	tsuə̃^{53}
寿阳	xuə̃^{31}	ɕyə̃^{31}	ɕyə̃^{31}	ɕyə̃^{31}	yə̃^{22}	suə̃^{53}	suə̃^{53}	tsuə̃^{53}
榆社	ueɪ^{22}	ɕyeɪ^{22}	ɕyeɪ^{22}	ɕyeɪ^{22}	yeɪ^{22}	sueɪ^{312}	sueɪ^{312}	tsueɪ^{312}
离石	xuəŋ^{24}	ɕyəŋ^{24}	ɕyəŋ^{44}	ɕyəŋ^{24}	yəŋ^{44}	suəŋ^{312}	suəŋ^{312}	tsuəŋ^{312}
汾阳	xuŋ^{324}	ɕyŋ^{324}	ɕyŋ^{324}	ɕyŋ^{324}	yŋ^{22}	suŋ^{312}	suŋ^{312}	tʂuŋ^{312}
中阳	xuə̃^{24}	ɕyə̃^{24}	ɕyə̃^{33}	ɕyə̃^{24}/ɕyə̃^{53}	yə̃^{33}	ʂuə̃^{423}	ʂuə̃^{423}	tʂuə̃^{423}
柳林	xuə̃^{24}	ɕyə̃^{24}	ɕyə̃^{24}	ɕyə̃^{24}	yə̃^{44}	suə̃^{312}	suə̃^{312}	tsuə̃^{312}
方山	xuə̃ŋ^{24}	ɕyə̃ŋ^{24}	ɕyə̃ŋ^{24}	ɕyə̃ŋ^{24}	yə̃ŋ^{44}	suə̃ŋ^{312}	suə̃ŋ^{312}	tsuə̃ŋ^{312}
临县	xuə̃^{24}	ɕyə̃^{24}	ɕyə̃^{24}	ɕyə̃^{24}	yə̃^{33}	suə̃^{312}	——	tsuə̃^{312}
兴县	xuəŋ^{324}	ɕyəŋ^{324}	——	ɕyəŋ^{324}	yəŋ^{55}	suəŋ^{324}	——	tsuəŋ^{324}
岚县	xuəŋ^{214}	ɕyəŋ^{214}	ɕyəŋ^{44}	ɕyəŋ^{214}	yəŋ^{44}	suəŋ^{312}	suəŋ^{312}	tsuəŋ^{312}
静乐	xuɤ̃^{24}	ɕyɤ̃^{53}	ɕyɤ̃^{33}	ɕyɤ̃^{53}	yɤ̃^{33}	ɕyɤ̃^{33}	——	tsuɤ̃^{314}
交口	xuəŋ^{323}	ɕyəŋ^{323}	ɕyəŋ^{323}	ɕyəŋ^{323}	yəŋ^{44}	suəŋ^{323}/ ɕyəŋ^{323}	suəŋ^{323}	tsuəŋ^{323}
石楼	xuəŋ^{213}	ɕyəŋ^{213}	ɕyəŋ^{213}	ɕyəŋ^{213}	yəŋ^{44}	ɕyəŋ^{44}	ʂuəŋ^{213}	tʂuəŋ^{213}

续表

字目	荤	薰	勋	熏	云~彩	笋	隼	准批~
中古音 / 方言点	许云 臻合三 平文晓	许云 臻合三 平文晓	许云 臻合三 平文晓	许云 臻合三 平文晓	王分 臻合三 平文云	思尹 臻合三 上准心	思尹 臻合三 上准心	之尹 臻合三 上准章
隰县	xuəŋ^{53}	ɕyəŋ^{53}	ɕyəŋ^{53}	ɕyəŋ^{53}	yəŋ^{24}	ɕyəŋ^{21} 白 / suəŋ^{21} 文	suəŋ^{21}	tsuəŋ^{21}
大宁	xuəŋ^{31}	ɕyən^{31}	ɕyən^{24}	ɕyən^{31}	yən^{24}	suəŋ^{31}	suəŋ^{31}	tʂuəŋ^{31}
永和	xuəŋ^{33}	ɕyəŋ^{35}	ɕyəŋ^{35}	ɕyəŋ^{312}	yəŋ^{35}	suəŋ^{312}	suəŋ^{312}	tʂuəŋ^{312}
汾西	xuəŋ^{11}	——	ɕyəŋ^{11}	ɕyəŋ^{11}/ ɕyəŋ^{55}	yəŋ^{35}	suəŋ^{33}/ ɕyəŋ^{33} 白	——	tsuəŋ^{33}
蒲县	xueĩ^{52}	ɕyeĩ^{52}	ɕyeĩ^{52}	ɕyeĩ^{52}	yeĩ^{24}	sueĩ^{31}	sueĩ^{31}	tʂueĩ^{52}
潞州	xuŋ^{312}	ɕyŋ^{312}	ɕyŋ^{312}	ɕyŋ^{312}	yŋ^{24}	ɕyŋ^{535}	ɕyŋ^{535}	tsuŋ^{535}
上党	xuŋ^{213}	ɕyŋ^{213}	ɕyŋ^{213}	ɕyŋ^{213}	yŋ^{44}	suŋ^{535}	suŋ^{535}	suŋ^{535}
长子	xuᴇ̃^{312}	suᴇ̃^{312}	suᴇ̃^{312}	suᴇ̃^{312}	yᴇ̃^{24}	suᴇ̃^{434}	suᴇ̃^{434}	tsuᴇ̃^{312}
屯留	xuẽ^{31}	ɕyẽ^{31}	ɕyẽ^{31}	ɕyẽ^{31}	yẽ^{11}	ɕyẽ^{43}	ɕyẽ^{43}	tsuẽ^{43}
襄垣	xuəŋ^{33}	ɕyəŋ^{33}	ɕyəŋ^{33}	ɕyəŋ^{33}	yəŋ^{31}	ɕyəŋ^{42}	ɕyəŋ^{42}	tsuəŋ^{42}
黎城	xuei^{33}	ɕyẽ^{33}	ɕyẽ^{33}	ɕyẽ^{33}	yẽ^{53}	ɕyẽ^{213}	ɕyẽ^{213}	tɕyẽ^{213}
平顺	xuᴇ̃^{213}	ɕyᴇ̃^{213}	ɕyᴇ̃^{213}	ɕyᴇ̃^{213}	yᴇ̃^{13}	suᴇ̃^{434}	suᴇ̃^{434}	tsuᴇ̃^{434}
壶关	xuŋ^{33}	ɕyŋ^{33}	ɕyŋ^{33}	ɕyŋ^{33}	yŋ^{13}	ʂuŋ^{535}	ʂuŋ^{535}	tʂuŋ^{535}
沁县	xuə̃^{224}	ɕyə̃^{224}	ɕyə̃^{224}	ɕyə̃^{224}	yə̃^{33}	suə̃^{214}	suə̃^{214}	tsuə̃^{214}
武乡	xuɐŋ^{113}	ɕyɐŋ^{113}	ɕyɐŋ^{113}	ɕyɐŋ^{113}	yɐŋ^{33}	suɐŋ^{213}	suɐŋ^{213}	tsuɐŋ^{213}
沁源	xuə̃^{324}	ɕyə̃^{324}	ɕyə̃^{324}	ɕyə̃^{324}	yə̃^{33}	suə̃^{324}	suə̃^{324}	tʂuə̃^{324}
安泽	xuəŋ^{21}	ɕyəŋ^{21}	——	ɕyəŋ^{21}	yəŋ^{35}	ɕyəŋ^{42}	ɕyəŋ^{42}	tsuəŋ^{42}
沁水端氏	xuai^{21}	ɕyŋ^{21}	ɕyŋ^{21}	ɕyŋ^{21}	yŋ^{24}	ɕyŋ^{31}	ɕyŋ^{31}	tsuai^{31}
阳城	xuɑ̃ŋ^{224}	yə̃ĩ^{224}	ɕyə̃ĩ^{224}	ɕyə̃ĩ^{224}	yə̃ĩ^{22}	ɕyə̃ĩ^{212}	ɕyə̃ĩ^{212}	tʂuɑ̃ŋ^{212}
高平	xuə̃ĩ^{33}	ɕiə̃ĩ^{33}	ɕiə̃ĩ^{33}	ɕiə̃ĩ^{33}/ ɕiuə̃ŋ^{33}	iə̃ĩ^{33}	ʂuə̃ĩ^{212}	ɕiə̃ĩ^{212}	tʂuə̃ĩ^{212}
陵川	xuə̃ĩ^{33}	ɕyə̃ĩ^{33}	ɕyə̃ĩ^{33}	ɕyə̃ĩ^{33}	yə̃ĩ^{53}	ʂuə̃ĩ^{312}	ʂuə̃ĩ^{312}	tʂuə̃ĩ^{312}
晋城	xuɐ̃^{33}	ɕyẽ^{33}	ɕyẽ^{33}	ɕyẽ^{33}	yẽ^{324}	ʂuɐ̃^{213}	ɕyẽ^{213}	tʂuɐ̃^{213}
忻府	xuəŋ^{313}	ɕyəŋ^{313}	ɕyəŋ^{313}	ɕyəŋ^{313}	yəŋ^{21}	suəŋ^{313}	suəŋ^{313}	tsuəŋ^{313}
原平	xuəŋ^{213}	ɕyəŋ^{213}	ɕyəŋ^{33}	ɕyəŋ^{213}	yəŋ^{33}	suəŋ^{213}	suəŋ^{213}	tsuəŋ^{213}
定襄	xuəŋ^{24}	ɕyəŋ^{24}	ɕyəŋ^{24}	ɕyəŋ^{24}	yəŋ^{11}	suəŋ^{24}	suəŋ^{24}	tsuəŋ^{24}
五台	xuən^{213}	ɕyən^{213}	ɕyən^{33}	ɕyən^{213}	yən^{33}	suən^{213}	suən^{213}	tsuən^{213}
岢岚	xuəŋ^{13}	ɕyəŋ^{13}	ɕyəŋ^{44}	ɕyəŋ^{13}	yəŋ^{44}	suəŋ^{13}	suəŋ^{13}	tʂuəŋ^{13}
五寨	xuəɣ̃^{13}	ɕyəɣ̃^{13}	ɕyəɣ̃^{44}	ɕyəɣ̃^{13}	yəɣ̃^{44}	suəɣ̃^{13}	suəɣ̃^{13}	tsuəɣ̃^{13}
宁武	——	ɕyɤɯ^{23}	ɕyɤɯ^{33}	ɕyɤɯ^{23}	yɤɯ^{33}	suɤɯ^{213}	suɤɯ^{213}	tsuɤɯ^{213}

续表

字目	荤	薰	勋	熏	云~彩	笋	隼	准批~
中古音 / 方言点	许云 臻合三 平文晓	许云 臻合三 平文晓	许云 臻合三 平文晓	许云 臻合三 平文晓	王分 臻合三 平文云	思尹 臻合三 上准心	思尹 臻合三 上准心	之尹 臻合三 上准章
神池	xuə̃^{24}	ɕyə̃^{24}	ɕyə̃^{24}	ɕyə̃^{24}	yə̃^{32}	suə̃^{13}	suə̃^{13}	tsʊə̃^{13}
繁峙	xuəŋ^{53}	ɕyəŋ^{53}	ɕyəŋ^{53}	ɕyəŋ^{53}	yəŋ^{31}	suəŋ^{53}	suəŋ^{53}	tsuəŋ^{53}
代县	xuɤŋ^{213}	ɕyɤŋ^{213}	ɕyɤŋ^{44}	ɕyɤŋ^{213}	yɤŋ^{44}	ts^{h}uɤŋ	ts^{h}uɤŋ	tsuɤŋ^{213}
河曲	uŋ^{44}	ɕyŋ^{213}	ɕyŋ^{213}	ɕyŋ^{213}	yŋ^{44}	suŋ^{213}	——	tʂuŋ^{213}
保德	xuəŋ^{213}	ɕyəŋ^{213}	ɕyəŋ^{213}	ɕyəŋ^{213}	yəŋ^{44}	suəŋ^{213}	suəŋ^{213}	tʂuəŋ^{213}
偏关	xuɤŋ^{24}	ɕyɤŋ^{24}	ɕyɤŋ^{24}	ɕyɤŋ^{24}	yɤŋ^{44}	suɤŋ^{213}	suɤŋ^{213}	tʂuɤŋ^{213}
朔城	xuə̃^{312}	——	ɕyə̃^{35}	ɕyə̃^{312}	yə̃^{35}	——	——	tsuə̃^{312}
平鲁	xuəɯ^{213}	——	ɕyəɯ^{44}	ɕyəɯ^{213}	yəɯ^{44}	suəɯ^{213}	——	tsuəɯ^{213}
应县	xuəŋ^{43}	ɕyəŋ^{31}	ɕyəŋ^{31}	ɕyəŋ^{43}	yəŋ^{31}	suəŋ^{54}	suəŋ^{54}	tsuəŋ^{54}
灵丘	xuŋ^{442}	ɕyŋ^{442}	ɕyŋ^{442}	ɕyŋ^{442}	yŋ^{31}	suŋ^{442}	suŋ^{442}	tsuŋ^{442}
浑源	xuə̃^{52}	ɕyə̃^{52}	ɕyə̃^{52}	ɕyə̃^{52}	yə̃^{22}	suə̃^{52}	suə̃^{52}	tsuə̃^{52}
云州	xuəɣ^{21}	ɕyəɣ^{21}	ɕyəɣ^{21}	ɕyəɣ^{21}	yəɣ^{312}	suəɣ^{55}	suəɣ^{55}	tsuəɣ^{55}
新荣	xuɤɣ^{32}	ɕyɣ^{32}	ɕyɣ^{312}	ɕyɣ^{32}	yɣ^{312}	suɤɣ^{54}	suɤɣ^{54}	tʂuɤɣ^{54}
怀仁	xuəŋ^{42}	ɕyəŋ^{42}	ɕyəŋ^{42}	ɕyəŋ^{42}	yəŋ^{312}	suəŋ^{53}	suəŋ^{53}	tsuəŋ^{53}
左云	xuəɣ^{31}	ɕyəɣ^{31}	ɕyəɣ^{31}	ɕyəɣ^{31}	yəɣ^{313}	suəɣ^{54}	suəɣ^{54}	tsuəɣ^{54}
右玉	xuə̃ɣ^{31}	ɕyə̃ɣ^{31}	ɕyə̃ɣ^{31}	ɕyə̃ɣ^{31}	yə̃ɣ^{212}	suə̃ɣ^{53}	suə̃ɣ^{53}	tʂuə̃ɣ^{53}
阳高	xuəŋ^{31}	ɕyəŋ^{31}	ɕyəŋ^{31}	ɕyəŋ^{31}	yəŋ^{31}	suəŋ^{53}	suəŋ^{53}	tsuəŋ^{53}
山阴	xuə̃^{313}	ɕyə̃^{313}	ɕyə̃^{313}	ɕyə̃^{313}	yə̃^{313}	suə̃^{52}	——	tʂuə̃^{313}
天镇	xuɤɣ^{31}	ɕyɤɣ^{31}	ɕyɤɣ^{22}	ɕyɤɣ^{31}	yɤɣ^{22}	suɤɣ^{22}	suɤɣ^{31}	tsuɤɣ^{55}
平定	xuɤŋ^{31}	——	ɕyɤŋ^{31}	ɕyɤŋ^{31}	yɤŋ^{44}	suɤŋ^{53}	suɤŋ^{53}	tsuɤŋ^{53}
昔阳	xuəŋ^{42}	ɕyəŋ^{13}	ɕyəŋ^{13}	ɕyəŋ^{13}	yəŋ^{33}	suəŋ^{55}	suəŋ^{55}	tsuəŋ^{55}
左权	xuəŋ^{31}	——	ɕyəŋ^{31}	ɕyəŋ^{31}	yəŋ^{11}	suəŋ^{42}	——	tsuəŋ^{42}
和顺	xuəŋ^{42}	ɕyəŋ^{42}	ɕyəŋ^{42}	ɕyəŋ^{42}	yəŋ^{22}	suəŋ^{53}	——	tsuəŋ^{53}
尧都	xuə̃^{21}	xuə̃^{21}	xuə̃^{21}	xuə̃^{21}	yə̃^{24}	suə̃^{53}	suə̃^{53}	tʂuə̃^{53}
洪洞	xuen^{21}	ɕyen^{21}	ɕyen^{24}	ɕyen^{21}	yen^{24}	ɕyen^{42}	ɕyen^{42}	tʂuen^{42}
洪洞赵城	xueŋ^{21}	ɕyeŋ^{21}	ɕyeŋ^{21}	ɕyeŋ^{21}	yeŋ^{24}	sueŋ^{24}	sueŋ^{24}	tʂueŋ^{42}
古县	xuen^{21}	ɕyn^{21}	ɕyn^{21}	ɕyn^{21}	yn^{35}	——	ɕyn^{42}	tʂuen^{42}
襄汾	xuen^{21}	ɕyen^{21}	ɕyen^{24}	ɕyen^{21}	yen^{24}	ɕyen^{42}	ɕyen^{42}	tʂuen^{42}
浮山	xuẽĩ^{42}	ɕyẽĩ^{42}	ɕyẽĩ^{13}	ɕyẽĩ^{42}	yẽĩ^{13}	ɕyẽĩ^{33}	ɕyẽĩ^{33}	pfẽĩ^{33}
霍州	xuŋ^{212}	ɕyŋ^{212}	ɕyŋ^{212}	ɕyŋ^{212}	yŋ^{35}	ɕyŋ^{33}	tʂuŋ^{212}	tʂuŋ^{212}
翼城	xuŋ^{53}	ɕyŋ^{53}	ɕyŋ^{53}	ɕyŋ^{53}	yŋ^{12}	yŋ^{44}	yŋ^{44}	tʂuŋ^{44}

续表

字目	荤	薰	勋	熏	云~彩	笋	隼	准批~
中古音 / 方言点	许云 臻合三 平文晓	许云 臻合三 平文晓	许云 臻合三 平文晓	许云 臻合三 平文晓	王分 臻合三 平文云	思尹 臻合三 上准心	思尹 臻合三 上准心	之尹 臻合三 上准章
闻喜	xueĩ^{53}	ɕyẽĩ^{53}	ɕyẽĩ^{53}	ɕyẽĩ^{53}	yẽĩ^{13}	suẽĩ^{33}	ɕyẽĩ^{33}	pfẽĩ^{33}
侯马	xueĩ^{213}	ɕyeĩ^{213}	ɕyeĩ^{213}	ɕieĩ^{213}	yeĩ^{213}	tsʰueĩ^{44}	feĩ^{44}	tʂʰueĩ^{44}
新绛	xuẽ^{53}	ɕyẽ^{53}	ɕyẽ^{44}	ɕyẽ^{53}	yẽ^{13}	ɕyẽ^{44}	ɕyẽ^{44}	pfẽ^{53}
绛县	xueĩ^{53}/ ɕyeĩ^{53}	ɕyeĩ^{53}	ɕyeĩ^{53}	ɕyeĩ^{53}	yeĩ^{24}	ɕyeĩ^{33}	——	pfeĩ^{33}
垣曲	xuə̃^{22}	ɕyə̃^{22}	ɕyə̃^{22}	ɕyə̃^{22}	yə̃^{22}	ɕyə̃^{44}	ɕyə̃^{44}	tʂuə̃^{44}
夏县	xuei^{53}	ɕyei^{53}	ɕyei^{53}	ɕyei^{53}	yei^{42}	ɕyei^{24} 白 / suei^{24} 文	——	pfei^{24} 白 / tʂuei^{24} 文
万荣	xuei^{51}	ɕyei^{51}	ɕyei^{51}	ɕyei^{51}	yei^{213}	ɕyei^{55}	ɕyei^{55}	pfei^{55}
稷山	xuə̃^{53}	ɕyə̃^{53}	ɕyə̃^{53}	ɕyə̃^{53}	yə̃^{13}	ɕyə̃^{44}	——	pfə̃^{44}
盐湖	xueĩ^{42}	ɕyeĩ^{42}	ɕyeĩ^{42}	ɕyeĩ^{42}	yeĩ^{13}	ɕyeĩ^{53}	ɕyeĩ^{53}	pfeĩ^{53}
临猗	xueĩ^{42}	ɕyeĩ^{42}	ɕyeĩ^{42}	ɕyeĩ^{42}	yeĩ^{13}	ɕyeĩ^{53} 白 / sueĩ^{53} 文	——	pfeĩ^{53} 白 / tʂueĩ^{53} 文
河津	xuẽ^{31}	ɕyẽ^{31}	ɕyẽ^{31}	ɕyẽ^{31}	yẽ^{324}	ɕyẽ^{53} 白	ɕyẽ^{53}	tɕʰyẽ^{53} 白 / pfẽ^{53} 文
平陆	xuei^{31}	ɕyei^{31}	ɕyei^{13}	ɕyei^{31}	yei^{13}	ɕyei^{55}	ɕyei^{55}	pfei^{55}/ tsuei^{55}
永济	xuei^{31}	ɕyei^{24}	ɕyei^{24}	ɕyei^{31}	yei^{24}	ɕyei^{53}	——	pfei^{53} 白 / tʂuei^{53} 文 / tʂuei^{44}
芮城	xueĩ^{42}	ɕyeĩ^{42}	ɕyeĩ^{13}	ɕyeĩ^{42}	yeĩ^{13}	ɕyeĩ^{53}	——	pfeĩ^{53} 白 / pfʰeĩ^{53} 文 / tsʰueĩ^{53} 文
吉县	xuei^{423}	ɕyei^{423}	ɕyei^{423}	tɕyei^{423}	yei^{13}	ɕyei^{53}	——	pfei^{53}
乡宁	xuəŋ^{53}	ɕyəŋ^{53}	ɕyəŋ^{53}	ɕyəŋ^{53}	yəŋ^{12}	ɕyəŋ^{44}	——	tʂuəŋ^{44}
广灵	xuŋ^{53}	ɕyŋ^{53}	ɕyŋ^{31}	ɕyŋ^{53}	yŋ^{31}	suŋ^{44}	suŋ^{44}	tsuŋ^{44}

字目	准标~	蠢	尹姓	允	粉	愤	俊
中古音 / 方言点	之尹 臻合三 上准章	尺尹 臻合三 上准昌	余准 臻合三 上准以	余准 臻合三 上准以	方吻 臻合三 上吻非	房吻 臻合三 上吻奉	子峻 臻合三 去稕精
北京	tʂuən^{214}	tʂʰuən^{214}	in^{214}	yn^{214}	fən^{214}	fən^{51}	tɕyn^{51}
小店	tsuəŋ^{53}	tsʰuəŋ^{53}	iə̃^{53}	iə̃^{53}	fəŋ^{53}	fəŋ^{24}	tɕyə̃^{24}
尖草坪	tsuʌŋ^{312}	tsʰuʌŋ^{312}	iʌŋ^{312}	yʌŋ^{312}	fʌŋ^{312}	fʌŋ^{35}	tɕyʌŋ^{35}
晋源	tsuŋ^{42}	tsʰuŋ^{42}	in^{42}	yn^{11}	fəŋ^{42}	fəŋ^{35}	tɕyn^{35}
阳曲	tsuə̃^{312}	tsʰuə̃^{312}	iə̃^{312}	yə̃^{312}	fə̃^{312}	fə̃^{454}	tɕyə̃^{454}
古交	tsuəŋ^{312}	tsʰuəŋ^{312}	iəŋ^{312}	yəŋ^{312}	fəŋ^{312}	fəŋ^{53}	tɕyəŋ^{53}
清徐	tsuəŋ^{54}	tsʰuəŋ^{54}	iəŋ^{54}	yəŋ^{54}	fəŋ^{54}	fəŋ^{45}	tɕyəŋ^{45}
娄烦	tsuəŋ^{312}	pfʰəŋ^{312}	iəŋ^{312}	yəŋ^{312}	fəŋ^{312}	fəŋ^{54}	tɕyəŋ^{54}
榆次	tsuɤ̃^{53}	tsʰuɤ̃^{53}	iɤ̃^{51}	yɤ̃^{53}	fɤ̃^{53}	fɤ̃^{35}	tɕyɤ̃^{35}
交城	tsuə̃^{53}	tsʰuə̃^{53}	iə̃^{53}	yə̃^{53}	xuə̃^{53}	xuə̃^{24}	tɕyə̃^{24}
文水	tsuɔŋ^{423}	tsʰuɔŋ^{423}	iɔŋ^{423}	yɔŋ^{423}	xuɔŋ^{423}	xuɔŋ^{35}	tɕyɔŋ^{35}
祁县	tsəm^{314}	tsʰəm^{314}	iɔ̃^{314}	iəm^{314}	xəm^{314}	xəm^{45}	tɕiəm^{45}
太谷	tsuə̃^{312}	tsʰuə̃^{312}	iə̃^{312}	yə̃^{312}	fə̃^{312}	fə̃^{53}	tɕyə̃^{53}
平遥	tsuəŋ^{512}	tsʰuəŋ^{512}	iəŋ^{512}	yəŋ^{512}	xuəŋ^{512}	xuəŋ^{24}	tɕyəŋ^{24}
孝义	tsuə̃^{312}	tsʰuə̃^{312}	iə̃^{312}	yə̃^{312}	xuə̃^{312}	xuə̃^{454}	tɕyə̃^{454}
介休	tsuŋ^{423}	tsʰuŋ^{423}	in^{423}	yn^{423}	xuŋ^{423}	xuŋ^{45}	tɕyn^{45}
灵石	tsuŋ^{212}	tsʰuŋ^{212}	iŋ^{212}	yŋ^{212}	xuŋ^{212}	xuŋ^{53}	tɕyŋ^{53}
盂县	tsuə̃^{53}	tsʰuə̃^{53}	iə̃^{53}	yə̃^{53}	fə̃^{53}	fə̃^{55}	tɕyə̃^{55}
寿阳	tsuə̃^{53}	tsʰuə̃^{53}	iə̃^{53}	yə̃^{53}	fə̃^{53}	fə̃^{45}	tɕyə̃^{45}
榆社	tsueɪ^{312}	tsʰueɪ^{312}	ieɪ^{312}	yeɪ^{312}	feɪ^{312}	feɪ^{45}	tɕyeɪ^{45}
离石	tsuəŋ^{312}	tsʰuəŋ^{312}	iəŋ^{312}	yəŋ^{312}	xuəŋ^{312}	xuəŋ^{53}	tɕyəŋ^{53}
汾阳	tʂuŋ^{312}	tʂʰuŋ^{312}	iᴇ̃^{312}	yŋ^{312}	fəŋ^{312}	fəŋ^{55}	tɕyŋ^{55}
中阳	tʂuə̃^{423}	tʂʰuə̃^{423}	iə̃^{423}	yə̃^{423}	xuə̃^{423}	xuə̃^{53}	tɕyə̃^{53}
柳林	tsuə̃^{312}	tsʰuə̃^{312}	iə̃^{312}	yə̃^{312}	xuə̃^{312}	xuə̃^{53}	tɕyə̃^{53}
方山	tsuə̃ŋ^{312}	tsʰuə̃ŋ^{312}	iə̃ŋ^{312}	yə̃ŋ^{312}	xuə̃ŋ^{312}	xuə̃ŋ^{52}	tɕyə̃ŋ^{52}
临县	tsuə̃^{312}	tsʰuə̃^{312}	iə̃^{312}	yə̃^{312}	fə̃^{312}	fə̃^{52}	tɕyə̃^{52}
兴县	——	tsʰuəŋ^{324}	iəŋ^{324}	yəŋ^{324}	xuəŋ^{324}	xuəŋ^{324}	tɕyəŋ^{53}
岚县	tsuəŋ^{312}	tsʰuəŋ^{312}	iəŋ^{312}	yəŋ^{312}	fəŋ^{312}	fəŋ^{53}	tɕyəŋ^{53}
静乐	tsuɤ̃^{314}	pfʰɤ̃^{314}	iɤ̃^{314}	yɤ̃^{314}	fɤ̃^{314}	fɤ̃^{53}	tɕyɤ̃^{53}
交口	tsuəŋ^{323}	tsʰuəŋ^{323}	iəŋ^{323}	yəŋ^{323}	xuəŋ^{323}	xuəŋ^{53}	tɕyəŋ^{53}
石楼	tʂuəŋ^{213}	tʂʰuəŋ^{213}	iəŋ^{213}	yəŋ^{213}	xuəŋ^{213}	xuəŋ^{51}	tɕyəŋ^{51}
隰县	tsuəŋ^{21}	tsʰuəŋ^{21}	iəŋ^{21}	yəŋ^{21}	xuəŋ^{21}	xuəŋ^{44}	tɕyəŋ^{44}

续表

字目	准标~	蠢	尹姓	允	粉	愤	俊
中古音 / 方言点	之尹 臻合三 上准章	尺尹 臻合三 上准昌	余准 臻合三 上准以	余准 臻合三 上准以	方吻 臻合三 上吻非	房吻 臻合三 上吻奉	子峻 臻合三 去稕精
大宁	tʂuəŋ³¹	tʂʰuəŋ³¹	i⁵⁵	yən³¹	fəŋ³¹	fəŋ⁵⁵	tɕyən⁵⁵
永和	tʂuəŋ³¹²	tʂʰuəŋ³¹²	iəŋ³⁵	yəŋ³⁵	xuəŋ³¹²	xuəŋ⁵³	tɕyəŋ⁵³
汾西	——	tsʰuəŋ³³	iəŋ¹¹	yəŋ³³	fəŋ³³	fəŋ⁵³	tɕyəŋ⁵⁵
蒲县	tʂueĩ⁵²	tʂʰueĩ³¹	ieĩ³¹	yŋ³¹	feĩ³¹	feĩ³³	tɕyeĩ³³
潞州	tsuŋ⁵³⁵	tsʰuŋ⁵³⁵	iŋ⁵³⁵	yŋ⁵³⁵	fəŋ⁵³⁵	fəŋ⁵⁴	tɕyŋ⁴⁴
上党	suŋ⁵³⁵	tsʰuŋ⁵³⁵	iŋ⁵³⁵	yŋ⁵³⁵	fəŋ⁵³⁵	fəŋ²²	tɕyŋ²²
长子	tsuẼ³¹²	tsʰuẼ⁴³⁴	iẼ⁴³⁴	yẼ⁴³⁴	fẼ⁴³⁴	fẼ⁴²²	tsuẼ⁴²²
屯留	tsuẽ⁴³	tsʰuẽ⁴³	iẽ⁴³	yẽ⁴³	fẽ⁴³	fẽ⁵³	tɕyẽ⁵³
襄垣	tsuəŋ⁴²	tsʰuəŋ⁴²	iəŋ³³	yəŋ⁴²	fəŋ⁴²	fəŋ⁴⁵	tɕyəŋ⁴²
黎城	tɕyẽ²¹³	tsʰuei²¹³	i⁵³	yẽ²¹³	fei²¹³	fei⁵³	tɕyẽ⁴²²
平顺	tsuẼ⁴³⁴	tsʰuẼ⁴³⁴	iẼ⁴³⁴	yẼ⁴³⁴	fẼ⁴³⁴	fẼ⁵³	tɕyẼ⁵³
壶关	tʂuŋ⁵³⁵	tʂʰuŋ⁵³⁵	iŋ⁵³⁵	yŋ⁵³⁵	fəŋ⁵³⁵	fəŋ³⁵³	tsyŋ⁴²
沁县	tsuə̃²¹⁴	tsʰuə̃²¹⁴	iə̃²¹⁴	yə̃²¹⁴	fə̃²¹⁴	fə̃⁵³	tɕyə̃⁵³
武乡	tsuɐŋ²¹³	tsʰuɐŋ²¹³	iɐŋ²¹³	yɐŋ²¹³	fɐŋ²¹³	fɐŋ⁵⁵	tɕyɐŋ⁵⁵
沁源	tʂuə̃³²⁴	tʂʰuə̃³²⁴	iə̃³²⁴	yə̃³²⁴	fə̃³²⁴	fə̃⁵³	tɕyə̃⁵³
安泽	tsuəŋ⁴²	tsʰuəŋ⁴²	iəŋ⁴²	yəŋ⁴²	fəŋ⁴²	fəŋ⁵³	tɕyəŋ⁵³
沁水端氏	tsuai³¹	tsʰuai³¹	iŋ³¹	yŋ³¹	fai³¹	fai⁵³	tɕyŋ⁵³
阳城	tʂuɑ̃ŋ²¹²	tʂʰuɑ̃ŋ²¹²	iə̃ĩ²¹²	iə̃ĩ²¹²	fɑ̃ŋ²¹²	fɑ̃ŋ⁵¹	tɕyə̃ĩ⁵¹
高平	tʂuə̃ĩ²¹²	tʂʰuə̃ĩ²¹²	iə̃ĩ²¹²	iə̃ĩ²¹²	fə̃ĩ²¹²	fə̃ĩ⁵³	tɕiə̃ĩ⁵³
陵川	tʂuə̃ĩ³¹²	tʂʰuə̃ĩ³¹²	iə̃ĩ³¹²	yə̃ĩ³¹²	fə̃ĩ³¹²	fə̃ĩ²⁴	tɕyə̃ĩ²⁴
晋城	tʂuɐ̃²¹³	tʂʰuɐ̃²¹³	iẽ²¹³	yẽ²¹³	fɐ̃²¹³	fɐ̃⁵³	tɕyẽ⁵³
忻府	tsuəŋ³¹³	tsʰuəŋ³¹³	iəŋ³¹³	yəŋ³¹³	fəŋ³¹³	fəŋ⁵³	tɕyəŋ⁵³
原平	tsuəŋ²¹³	tsʰuəŋ²¹³	iəŋ²¹³	yəŋ²¹³	fəŋ²¹³	fəŋ⁵³	tɕyəŋ⁵³
定襄	tsuəŋ²⁴	tsʰuəŋ²⁴	iəŋ²⁴	yəŋ²⁴	fəŋ²⁴	fəŋ⁵³	tɕyəŋ⁵³
五台	tsuən²¹³	tsʰuən²¹³	iən²¹³	yən²¹³	fən²¹³	fən⁵²	tɕyən⁵²
岢岚	tʂuəŋ¹³	tʂʰuəŋ¹³	iəŋ¹³	yəŋ¹³	fəŋ¹³	fəŋ⁵²	tɕyəŋ⁵²
五寨	tsuəɣ̃¹³	tsʰuəɣ̃¹³	iəɣ̃¹³	yəɣ̃¹³	fəɣ̃¹³	fəɣ̃⁵²	tɕyəɣ̃⁵²
宁武	tsuɤɯ²¹³	tsʰuɤɯ²¹³	iɤɯ²¹³	yɤɯ²¹³	fɤɯ²¹³	fɤɯ⁵²	tɕyɤɯ⁵²
神池	tsuə̃¹³	tsʰuə̃¹³	iə̃¹	yə̃¹³	fə̃¹³	fə̃⁵²	tɕyə̃⁵²
繁峙	tsuəŋ⁵³	tsʰuəŋ⁵³	iəŋ⁵³	yəŋ⁵³	fəŋ⁵³	fəŋ²⁴	tɕyəŋ²⁴
代县	tsuɤŋ²¹³	tsʰuɤŋ²¹³	iɤŋ²¹³	yɤŋ²¹³	fɤŋ²¹³	fɤŋ⁵³	tɕyɤŋ⁵³

续表

字目	准标~	蠢	尹姓	允	粉	愤	俊
中古音／方言点	之尹 臻合三 上准章	尺尹 臻合三 上准昌	余准 臻合三 上准以	余准 臻合三 上准以	方吻 臻合三 上吻非	房吻 臻合三 上吻奉	子峻 臻合三 去稕精
河曲	tʂuŋ^{213}	tʂʰuŋ^{213}	iŋ^{213}	iŋ^{213}	fəŋ^{213}	fəŋ^{52}	tɕyŋ^{52}
保德	tʂuəŋ^{213}	tʂʰuəŋ^{213}	iəŋ^{213}	yəŋ^{213}	fəŋ^{213}	fəŋ^{52}	tɕyəŋ^{52}
偏关	tʂuɤŋ^{213}	tʂʰuɤŋ^{213}	iɤŋ^{213}	yɤŋ^{213}	fɤŋ^{213}	fɤŋ^{52}	tɕyɤŋ^{52}
朔城	——	tsʰuə̃^{312}	iə̃^{312}	yə̃^{312}	fə̃^{312}	fə̃^{53}	tɕyə̃^{53}
平鲁	——	tsʰuəɯ^{213}	iəɯ^{213}	——	fəɯ^{213}	fəɯ^{52}	tsuəɯ^{52}
应县	tsuəŋ^{54}	tsʰuəŋ^{43}	iəŋ^{54}	yəŋ^{31}	fəŋ^{54}	fəŋ^{24}	tsuəŋ^{24}
灵丘	tsuŋ^{442}	tsʰuŋ^{442}	iŋ^{442}	yŋ^{442}	fəŋ^{442}	fəŋ^{53}	tɕyŋ^{53}
浑源	tsuə̃^{52}	tsʰuə̃^{52}	iə̃^{52}	yə̃^{52}	fə̃^{52}	fə̃^{13}	tsuə̃^{13}
云州	tsuəɣ^{55}	tʂʰuəɣ^{55}	iəɣ^{55}	yəɣ^{312}	fəɣ^{55}	fəɣ^{24}	tsuəɣ^{24} 白 / tɕyəɣ^{24} 文
新荣	tʂuɤɣ^{54}	tʂʰuɤɣ^{54}	iɣ^{54}	yɣ^{54}	fɤɣ^{54}	fɤɣ^{24}	tsuɤɣ^{24}
怀仁	tsuəŋ^{53}	tsʰuəŋ^{53}	iəŋ^{53}	yəŋ^{53}	fəŋ^{53}	fəŋ^{24}	tsuəŋ^{24} 老 / tɕyəŋ^{24} 新
左云	tsuəɣ^{54}	tsʰuəɣ^{54}	iəɣ^{54}	yəɣ^{54}	fəɣ^{54}	fəɣ^{24}	tɕyəɣ^{24}
右玉	tʂuə̃ɣ^{53}	tʂʰuə̃ɣ^{53}	iə̃ɣ^{53}	yə̃ɣ^{31}	fə̃ɣ^{53}	fə̃ɣ^{24}	tsuə̃ɣ^{24}
阳高	tsuəŋ^{53}	tsʰuəŋ^{53}	iəŋ^{53}	yəŋ^{31}	fəŋ^{53}	fəŋ^{24}	tɕyəŋ^{24}
山阴	——	tʂʰuə̃^{52}	iə̃^{52}	yə̃^{313}	fə̃^{52}	fə̃^{335}	tsuə̃^{335}
天镇	tsuɤɣ^{55}	tsʰuɤɣ^{55}	iɤɣ^{55}	yɤɣ^{22}	fɤɣ^{55}	fɤɣ^{24}	tɕyɤɣ^{24}
平定	tsuɤŋ^{53}	tsʰuɤŋ^{53}	iɤŋ^{53}	——	fɤŋ^{53}	fɤŋ^{24}	tsuɤŋ^{24} 白 / tɕyɤŋ^{24} 文
昔阳	tsuəŋ^{55}	tsʰuəŋ^{55}	iəŋ^{55}	yəŋ^{55}	fəŋ^{55}	fəŋ^{13}	tɕyəŋ^{13}
左权	tsuəŋ^{42}	tʂʰuəŋ^{42}	iəŋ^{42}	yəŋ^{42}	fəŋ^{42}	fəŋ^{53}	tɕyəŋ^{53}
和顺	tsuəŋ^{53}	tsʰuəŋ^{53}	iəŋ^{53}	yəŋ^{53}	fəŋ^{53}	fəŋ^{13}	tsuəŋ^{13} 白 / tɕyəŋ^{13} 文
尧都	——	tʂʰuə̃^{53}	iə̃^{53}	yə̃^{53}	fə̃^{53}	fə̃^{44}	tɕuə̃^{44}
洪洞	tʂuen^{42}	tʂʰuen^{24}	i^{21}	yen^{42}	fen^{42}	fen^{42}	tɕyen^{33}
洪洞赵城	tʂueŋ^{42}	tʂʰueŋ^{42}	ieŋ^{42}	yeŋ^{42}	feŋ^{42}	feŋ^{53}	tɕyeŋ^{24}
古县	tʂuen^{42}	tʂʰuen^{42}	in^{42}	yn^{42}	fen^{42}	fen^{53}	tɕyn^{35}
襄汾	tʂuen^{42}	tʂʰuen^{42}	ien^{42}	ien^{42}	fen^{42}	fen^{53}	tɕyen^{44}
浮山	pfẽĩ^{33}	tʂʰuẽĩ^{33}	iẽĩ^{33}	ẽĩ^{33}	fẽĩ^{33}	fẽĩ^{53}	tɕyẽĩ^{44}
霍州	tʂuŋ^{212}	tʂʰuŋ^{33}	iŋ^{33}	yŋ^{33}	fəŋ^{33}	fəŋ^{53}	yŋ^{55}
翼城	tsʰuŋ^{44}	tʂʰuŋ^{44}	iŋ^{44}	yŋ^{44}	fəŋ^{44}	fəŋ^{53}	tɕyŋ^{53}

续表

字目	准标~	蠢	尹姓	允	粉	愤	俊
中古音 / 方言点	之尹 臻合三 上准章	尺尹 臻合三 上准昌	余准 臻合三 上准以	余准 臻合三 上准以	方吻 臻合三 上吻非	房吻 臻合三 上吻奉	子峻 臻合三 去稕精
闻喜	pfẽĩ^{33}	tsʰuẽĩ^{33}	ȵiẽĩ^{33}	yẽĩ^{33}	fẽĩ^{33}	fẽĩ^{13}	tɕyẽĩ^{53}
侯马	tʂueĩ^{44}	tʂʰueĩ^{44}	ieĩ^{44}	yeĩ^{44}	feĩ^{44}	feĩ^{53}	ɕyeĩ^{53}
新绛	tʂuẽ^{44}	tʂʰuẽ^{13}	iẽ^{44}	yẽ^{13}	fẽ^{44}	fẽ^{53}	tɕyẽ^{53}
绛县	pfeĩ^{33}	pfʰeĩ^{33}	ieĩ^{31}	yeĩ^{33}	feĩ^{33}	feĩ^{53}	tɕyeĩ^{31}
垣曲	tʂuə̃^{44}	tʂʰuə̃^{44}	i^{44}	yə̃^{44}	fə̃^{44}	fə̃^{53}	tɕyə̃^{53}
夏县	pfei^{24} 白 / tʂuei^{24} 文	pfʰei^{42} 白 / tʂʰuei^{42} 文	——	yei^{24}	fei^{24}	fei^{31}	tɕyei^{31}
万荣	pfei^{55}	pfʰei^{55}	iei^{55}	yei^{51}	fei^{55}	fei^{33}	tɕyei^{33}
稷山	pfə̃^{44}	tsʰuə̃^{44}	iə̃^{44}	yə̃^{44}	fə̃^{44}	fə̃^{42}	tɕyə̃^{42}
盐湖	pfeĩ^{53}	pfʰeĩ^{53}	ieĩ^{53}	yeĩ^{53}	feĩ^{53}	feĩ^{44}	tɕyeĩ^{44}
临猗	pfeĩ^{53} 白 / tʂueĩ^{53} 文	pfʰeĩ^{53} 白 / tʂʰueĩ^{53} 文	ieĩ^{53}	yeĩ^{53}	feĩ^{53}	feĩ^{44}	tɕyeĩ^{44}
河津	tɕʰyẽ^{53} 白 / pfẽ^{53} 文	pfʰẽ^{44}	iẽ^{53}	yẽ^{53}	fẽ^{53}	fẽ^{44}	tɕyẽ^{44}
平陆	pfei^{55}/tsuei^{55}	pfʰei^{55}	i^{13}	yei^{31}/yei^{55}	fei^{55}	fei^{33}	tɕyei^{33}
永济	pfei^{53} 白 / tʂuei^{53} 文 / tʂuei^{44}	pfʰei^{53} 白 / tsʰuei^{53} 白 / tʂʰuei^{53} 文	i^{31}	yei^{53}	fei^{53}	fei^{44}	tɕyei^{44}
芮城	pfeĩ^{53} 白 / pfʰeĩ^{53} 文 / tsʰueĩ^{53} 文	pfʰeĩ^{13}	i^{13}	yeĩ^{53}	feĩ^{53}	feĩ^{53}	tɕyeĩ^{44}
吉县	pfei^{53}	pfʰei^{13}	i^{33}	yei^{53}	fei^{53}	fei^{33}	tɕyei^{33}
乡宁	tʂuəŋ^{44}	tʂʰuəŋ^{44}	iəŋ^{44}	yəŋ^{44}	fəŋ^{44}	fəŋ^{22}	tɕyəŋ^{22}
广灵	tsuŋ^{44}	tsʰuŋ^{44}	iŋ^{44}	yŋ^{53}	fəŋ^{44}	fəŋ^{213}	tsuŋ^{213}

字目	顺	润	闰	粪	奋	忿	份	问
中古音 / 方言点	食闰 臻合三 去稕船	如顺 臻合三 去稕日	如顺 臻合三 去稕日	方问 臻合三 去问非	方问 臻合三 去问非	敷粉 臻合三 去问敷	扶问 臻合三 去问奉	亡运 臻合三 去问微
北京	ʂuən^{51}	ʐuən^{51}	ʐuən^{51}	fən^{51}	fən^{51}	fən^{51}	fən^{51}	uən^{51}
小店	fəŋ^{24}白 / suəŋ^{24}文	zuəŋ^{24}	zuəŋ^{24}	fəŋ^{24}	fəŋ^{24}	——	fəŋ^{24}	vəŋ^{24}
尖草坪	suʌŋ^{35}	zuʌŋ^{35}	zuʌŋ^{35}	fʌŋ^{35}	fʌŋ^{35}	fʌŋ^{35}	fʌŋ^{35}	vʌŋ^{35}
晋源	suŋ^{45}	zuŋ^{35}	zuŋ^{35}	fəŋ^{35}	fəŋ^{35}	fəŋ^{35}	fəŋ^{35}	vəŋ^{35}
阳曲	suə̃^{454}	zuə̃^{454}	zuə̃^{454}	fə̃^{454}	fə̃^{454}	fə̃^{454}	fə̃^{454}	və̃^{454}
古交	suəŋ^{53}	zuəŋ^{53}	zuəŋ^{53}	fəŋ^{53}	fəŋ^{53}	fəŋ^{53}	fəŋ^{53}	vəŋ^{53}
清徐	suəŋ^{45}	zuəŋ^{45}	zuəŋ^{45}	fəŋ^{45}	fəŋ^{45}	fəŋ^{45}	fəŋ^{45}	vəŋ^{45}
娄烦	fəŋ^{54}	vəŋ^{54}	vəŋ^{54}	fəŋ^{54}	fəŋ^{54}	fəŋ^{54}	fəŋ^{54}	vəŋ^{54}
榆次	suɤ̃^{35}	zuɤ̃^{35}	zuɤ̃^{35}	fɤ̃^{35}	fɤ̃^{35}	fɤ̃^{35}	fɤ̃^{35}	vɤ̃^{35}
交城	suə̃^{24}	ʐuə̃^{24}	ʐuə̃^{24}	xuə̃^{24}	xuə̃^{24}	xuə̃^{24}	xuə̃^{24}	uə̃^{24}
文水	suɔŋ^{35}	ʐuɔŋ^{35}	ʐuɔŋ^{35}	xuɔŋ^{35}	xuɔŋ^{35}	xuɔŋ^{35}	xuɔŋ^{35}	uɔŋ^{35}
祁县	səm^{45}	ʐəm^{45}	ʐəm^{45}	xəm^{45}	xəm^{45}	xəm^{45}	xəm^{45}	əm^{45}
太谷	fə̃^{53}	və̃^{53}	və̃^{53}	fə̃^{53}	fə̃^{53}	fə̃^{53}	fə̃^{53}	və̃^{53}
平遥	suəŋ^{24}	zuəŋ^{24}	zuəŋ^{24}	xuəŋ^{24}	xuəŋ^{24}	xuəŋ^{24}	xuəŋ^{24}	uəŋ^{24}
孝义	suə̃^{33}	zuə̃^{454}	zuə̃^{454}	xuə̃^{454}	xuə̃^{454}	xuə̃^{454}	xuə̃^{454}	uə̃^{454}
介休	suŋ^{45}	zuŋ^{45}	zuŋ^{45}	xuŋ^{45}	xuŋ^{45}	xuŋ^{45}	xuŋ^{45}	uŋ^{45}
灵石	suŋ^{53}	zuŋ^{53}	zuŋ^{53}	xuŋ^{53}	xuŋ^{53}	xuŋ^{53}	xuŋ^{53}	uŋ^{53}
盂县	suə̃^{55}	zuə^{55}	zuə^{55}	fə̃^{55}	fə̃^{55}	fə̃^{55}	fə̃^{55}	və̃^{55}
寿阳	suə̃^{45}	zuə̃^{45}	zuə̃^{45}	fə̃^{45}	fə̃^{45}	fə̃^{45}	fə̃^{45}	və̃^{45}
榆社	sueɪ^{45}	zueɪ^{45}	zueɪ^{45}	feɪ^{45}	feɪ^{45}	feɪ^{45}	feɪ^{45}	veɪ^{45}
离石	suəŋ^{53}	zuəŋ^{53}	zuəŋ^{53}	xuəŋ^{53}	xuəŋ^{53}	xuəŋ^{53}	xuəŋ^{53}	uəŋ^{53}
汾阳	ʂuŋ^{55}	ʐuŋ^{55}	ʐuŋ^{55}	fəŋ^{55}	fəŋ^{55}	fəŋ^{55}	fəŋ^{55}	vəŋ^{55}
中阳	ʂuə̃^{53}	ʐuə̃^{53}	ʐuə̃^{53}	xuə̃^{53}	xuə̃^{53}	xuə̃^{53}	xuə̃^{53}	uə̃^{53}
柳林	suə̃^{53}	zuə̃^{53}	zuə̃^{53}	xuə̃^{53}	xuə̃^{53}	xuə̃^{53}	xuə̃^{53}	uə̃^{53}
方山	suə̃ŋ^{52}	zuə̃ŋ^{52}	zuə̃ŋ^{52}	xuə̃ŋ^{52}	xuə̃ŋ^{52}	xuə̃ŋ^{52}	xuə̃ŋ^{52}	uə̃ŋ^{52}
临县	suə̃^{52}	zuə̃^{52}	zuə̃^{52}	fə̃^{52}	fə̃^{52}	fə̃^{52}	fə̃^{52}	uə̃^{52}
兴县	suəŋ^{53}	zuəŋ^{53}	zuəŋ^{53}	xuəŋ^{324}	xuəŋ^{324}	xuəŋ^{324}	xuəŋ^{324}	uəŋ^{53}
岚县	suəŋ^{53}	ʐuəŋ^{53}	ʐuəŋ^{53}	fəŋ^{53}	fəŋ^{53}	fəŋ^{53}	fəŋ^{53}	uəŋ^{53}
静乐	fɤ̃^{53}白	zuɤ̃^{53}	zuɤ̃^{53}	fɤ̃^{53}	fɤ̃^{53}	fɤ̃^{53}	fɤ̃^{53}	vɤ̃^{53}
交口	suəŋ^{53}	ʐuəŋ^{53}	ʐuəŋ^{53}	xuəŋ^{53}	xuəŋ^{53}	xuəŋ^{53}	xuəŋ^{53}	uəŋ^{53}
石楼	ʂuəŋ^{51}	ʐuəŋ^{51}	ʐuəŋ^{51}	xuəŋ^{51}	xuəŋ^{51}	xuəŋ^{51}	xuəŋ^{51}	uəŋ^{51}

续表

字目	顺	润	闰	粪	奋	忿	份	问
中古音 / 方言点	食闰 臻合三 去稕船	如顺 臻合三 去稕日	如顺 臻合三 去稕日	方问 臻合三 去问非	方问 臻合三 去问非	敷粉 臻合三 去问敷	扶问 臻合三 去问奉	亡运 臻合三 去问微
隰县	suəŋ^{44}	zuəŋ^{44}	zuəŋ^{44}	xuəŋ^{44}	xuəŋ^{44}	xuəŋ^{44}	xuəŋ^{44}	uəŋ^{44}
大宁	ʂuəŋ^{55}	ʐuəŋ^{55}	ʐuəŋ^{55}	fəŋ^{55}	——	fəŋ^{55}	fəŋ^{55}	vəŋ^{55}
永和	ʂuəŋ^{53}	ʐuəŋ^{53}	ʐuəŋ^{53}	xuəŋ^{53}	xuəŋ^{53}	xuəŋ^{53}	xuəŋ^{53}	uəŋ^{53}
汾西	fəŋ^{53} 白 / suəŋ^{53} 文	vəŋ^{53} 白 / zuəŋ^{53} 文	vəŋ^{53} 白 / zuəŋ^{53} 文	fəŋ^{55}	fəŋ^{53}	fəŋ^{53}	fəŋ^{53}	vəŋ^{53}
蒲县	ʂueĩ^{33}	ʐueĩ^{33}	ʐueĩ^{33}	feĩ^{33}	feĩ^{33}	feĩ^{33}	feĩ^{33}	ueĩ^{33}
潞州	suŋ^{54}	yŋ^{54}	iŋ^{44}	fəŋ^{44}	fəŋ^{44}	fəŋ^{44}	fəŋ^{54}	vəŋ^{44}
上党	suŋ^{42}	yŋ^{42}	yŋ^{42}	fəŋ^{22}	fəŋ^{22}	fəŋ^{22}	fəŋ^{22}	uŋ^{42}
长子	suẼ^{53}	yẼ^{53}	luẼ^{53}	fẼ^{422}	fẼ^{422}	fẼ^{53}	fẼ^{53}	vẼ^{53}
屯留	suẽ^{11}	yẽ^{11}	yẽ^{11}	fẽ^{53}	fẽ^{11}	fẽ^{53}	fẽ^{53}	vẽ^{11}
襄垣	suəŋ^{45}	ʐuəŋ^{45}	ʐuəŋ^{45}	fəŋ^{53}	fəŋ^{53}	fəŋ^{45}	fəŋ^{53}	vəŋ^{45}
黎城	ɕyẽ^{53}	yẽ^{53}	yẽ^{53}	fei^{53}	fei^{53}	fei^{53}	fei^{53}	uei^{53}
平顺	suẼ^{53}	yẼ^{53}	yẼ^{53}	fẼ^{53}	fẼ^{53}	fẼ^{53}	fẼ^{53}	uẼ^{53}
壶关	ʂuŋ^{353}	yŋ^{353}	yŋ^{353}	fəŋ^{42}	fəŋ^{42}	fəŋ^{353}	fəŋ^{353}	uŋ^{353}
沁县	suə̃^{53}	zuə̃^{53}	zuə̃^{53}	fə̃^{53}	fə̃^{53}	fə̃^{53}	fə̃^{53}	və̃^{53}
武乡	suɐŋ^{55}	zuɐŋ^{55}	zuɐŋ^{55}	fɐ^{55}	fɐ^{55}	fɐ^{55}	fɐ^{55}	vɐ^{55}
沁源	ʂuə̃^{53}	ʐuə̃^{53}	ʐuə̃^{53}	fə̃^{53}	fə̃^{53}	fə̃^{53}	fə̃^{53}	və̃^{53}
安泽	suəŋ^{53}	zuəŋ^{53}	zuəŋ^{53}	fəŋ^{53}	fəŋ^{53}	fəŋ^{53}	fəŋ^{53}	vəŋ^{53}
沁水端氏	suai^{53}	zuai^{53}	zuai^{53}	fai^{53}	fai^{53}	fai^{53}	fai^{53}	vai^{31}
阳城	ʂuãŋ^{51}	ʐuãŋ^{51}	ʐuãŋ^{51}	fãŋ^{51}	fãŋ^{51}	fãŋ^{51}	fãŋ^{51}	vãŋ^{51}
高平	ʂuə̃ĩ^{53}	ʐuə̃ĩ^{53}	ʐuə̃ĩ^{53}	fə̃ĩ^{53}	fə̃ĩ^{53}	fə̃ĩ^{53}	fə̃ĩ^{53}	və̃ĩ^{53}
陵川	ʂuə̃ĩ^{24}	yə̃ĩ^{24}	yə̃ĩ^{24}	fə̃ĩ^{24}	fə̃ĩ^{24}	fə̃ĩ^{24}	fə̃ĩ^{24}	uə̃ĩ^{24}
晋城	ʂuɐ̃^{53}	ʐuɐ̃^{53}	ʐuɐ̃^{53}	fɐ̃^{53}	fɐ̃^{53}	——	fɐ̃^{53}	uɐ̃^{53}
忻府	suəŋ^{53}	zuəŋ^{53}	zuəŋ^{53}	fəŋ^{53}	fəŋ^{53}	fəŋ^{53}	fəŋ^{53}	vəŋ^{53}
原平	suəŋ^{53}	zuəŋ^{53}	zuəŋ^{53}	fəŋ^{53}	fəŋ^{53}	fəŋ^{53}	fəŋ^{53}	vəŋ^{53}
定襄	suəŋ^{53}	ʐuəŋ^{53}	ʐuəŋ^{53}	fəŋ^{53}	fəŋ^{53}	fəŋ^{53}	fəŋ^{53}	vəŋ^{53}
五台	suən^{52}	zuən^{52}	zuən^{52}	fən^{52}	fən^{52}	fən^{52}	fən^{52}	uən^{52}
岢岚	ʂuəŋ^{52}	zuəŋ^{52}	zuəŋ^{52}	fəŋ^{52}	fəŋ^{52}	fəŋ^{52}	fəŋ^{52}	vəŋ^{52}
五寨	suəỹ^{52}	zuəỹ^{52}	zuəỹ^{52}	fəỹ^{52}	fəỹ^{52}	fəỹ^{52}	fəỹ^{52}	vəỹ^{52}
宁武	suɤɯ^{52}	zuɤɯ^{52}	zuɤɯ^{52}	fɤɯ^{52}	fɤɯ^{52}	fɤɯ^{52}	fɤɯ^{52}	vɤɯ^{52}
神池	suə̃^{52}	zuə̃^{52}	zuə̃^{52}	fə̃^{52}	fə̃^{52}	fə̃^{52}	fə̃^{52}	və̃^{52}

续表

字目	顺	润	闰	粪	奋	忿	份	问
中古音 方言点	食闰 臻合三 去稕船	如顺 臻合三 去稕日	如顺 臻合三 去稕日	方问 臻合三 去问非	方问 臻合三 去问非	敷粉 臻合三 去问敷	扶问 臻合三 去问奉	亡运 臻合三 去问微
繁峙	suəŋ^{24}	ʐuəŋ^{24}	ʐuəŋ^{24}	fəŋ^{24}	fəŋ^{24}	fəŋ^{24}	fəŋ^{24}	vəŋ^{24}
代县	suɤŋ^{53}	zuɤŋ^{53}	zuɤŋ^{53}	fɤŋ^{53}	fɤŋ^{53}	fɤŋ^{53}	fɤŋ^{53}	uɤŋ^{53}
河曲	ʂuŋ^{52}	ʐuŋ^{52}	ʐuŋ^{52}	fɤŋ^{52}	fɤŋ^{52}	fɤŋ^{52}	fɤŋ^{52}	vɤŋ^{52}
保德	ʂuəŋ^{52}	ʐuəŋ^{52}	ʐuəŋ^{52}	fəŋ^{52}	fəŋ^{52}	fəŋ^{52}	fəŋ^{52}	vəŋ^{52}
偏关	ʂuɤŋ^{52}	ʐuɤŋ^{52}	ʐuɤŋ^{52}	fɤŋ^{52}	fɤŋ^{52}	fɤŋ^{52}	fɤŋ^{52}	vɤŋ^{52}
朔城	suə̃^{53}	ʐuə̃^{53}	ʐuə̃^{53}	fə̃^{53}	fə̃^{53}	fə̃^{53}	fə̃^{53}	və̃^{53}
平鲁	suəɯ^{52}	zuəɯ^{52}	zuəɯ^{52}	fəɯ^{52}	fəɯ^{52}	fəɯ^{52}	fəɯ^{52}	uəɯ^{52}
应县	suəŋ^{24}	zuəŋ^{24}	zuəŋ^{24}	fəŋ^{24}	fəŋ^{24}	fəŋ^{24}	fəŋ^{24}	vəŋ^{24}
灵丘	suŋ^{53}	zuŋ^{53}	zuŋ^{53}	fəŋ^{53}	fəŋ^{53}	fəŋ^{53}	fəŋ^{53}	vəŋ^{53}
浑源	suə̃^{13}	zuə̃^{13}	zuə̃^{13}	fə̃^{13}	fə̃^{13}	fə̃^{13}	fə̃^{13}	və̃^{13}
云州	ʂuəɣ^{24}	ʐuəɣ^{24}	ʐuəɣ^{24}	fəɣ^{24}	fəɣ^{24}	fəɣ^{24}	fəɣ^{24}	vəɣ^{24}
新荣	ʂuɤɣ^{24}	ʐuɤɣ^{24}	ʐuɤɣ^{24}	fɤɣ^{24}	fɤɣ^{24}	fɤɣ^{24}	fɤɣ^{24}	vɣɤ^{24}
怀仁	suəŋ^{24}	zuəŋ^{24}	zuəŋ^{24}	fəŋ^{24}	fəŋ^{24}	fəŋ^{53}	fəŋ^{24}	vəŋ^{24}
左云	suəɣ^{24}	ʐuəɣ^{24}	ʐuəɣ^{24}	fəɣ^{24}	fəɣ^{24}	fəɣ^{24}	fəɣ^{24}	vəɣ^{24}
右玉	ʂuə̃ɣ^{24}	ʐuə̃ɣ^{24}	ʐuə̃ɣ^{24}	fə̃ɣ^{24}	fə̃ɣ^{24}	fə̃ɣ^{24}	fə̃ɣ^{24}	və̃ɣ^{24}
阳高	suəŋ^{24}	ʐuəŋ^{24}	ʐuəŋ^{24}	fəŋ^{24}	fəŋ^{24}	fəŋ^{24}	fəŋ^{24}/ xuəŋ^{24}	vəŋ^{24}
山阴	ʂuə̃^{335}	ʐuə̃^{313}	ʐuə̃^{313}	fə̃^{335}	fə̃^{335}	fə̃^{335}	fə̃^{335}	uə̃^{335}
天镇	suɤɣ^{24}	zuɤɣ^{24}	zuɤɣ^{24}	fɤɣ^{24}	fɤɣ^{24}	fɤɣ^{24}	fɤɣ^{24}	vɤɣ^{24}
平定	suɤŋ^{24}	zuɤŋ^{24}	zuɤŋ^{24}	fɤŋ^{24}	fɤŋ^{24}	fɤŋ^{24}	fɤŋ^{24}	vɤŋ^{24}
昔阳	suəŋ^{13}	zuəŋ^{13}	zuəŋ^{13}	fəŋ^{13}	fəŋ^{13}	fəŋ^{13}	fəŋ^{13}	vəŋ^{13}
左权	ʂuəŋ^{53}	ʐuəŋ^{53}	ʐəŋ^{53} 白 / ʐuəŋ^{53} 文	fəŋ^{53}	fəŋ^{53}	——	fəŋ^{53}	vəŋ^{53}
和顺	suəŋ^{13}	zuəŋ^{13}	zuəŋ^{13}	fəŋ^{13}	fəŋ^{13}	fəŋ^{13}	fəŋ^{13}	vəŋ^{13}
尧都	ʂuəŋ^{44}	vuəŋ^{44}	vuəŋ^{44}	fəŋ^{44}	fəŋ^{44}	fəŋ^{53}	fəŋ^{44}	vəŋ^{44}
洪洞	fen^{53}	ven^{53}	ven^{53}	fen^{33}	fen^{42}	fen^{42}	fen^{53}	ven^{53}
洪洞赵城	ʂueŋ^{53}	ʐueŋ^{53}	ʐueŋ^{53}	feŋ^{24}	feŋ^{21}	feŋ^{53}	feŋ^{53}	veŋ^{53} 白 / ueŋ^{53} 文
古县	fen^{53} 白 / ʂuen^{53} 文	ʐuen^{53}	ven^{53}	fen^{35}	fen^{35}	fen^{53}	fen^{53}	uen^{53}
襄汾	fen^{53}	ven^{53} 白 / ʐuen^{53} 文	ven^{53} 白 / ʐuen^{53} 文	fen^{44}	fen^{53}	fen^{53}	fen^{53}	ven^{53}

续表

字目	顺	润	闰	粪	奋	忿	份	问
中古音 方言点	食闰 臻合三 去稕船	如顺 臻合三 去稕日	如顺 臻合三 去稕日	方问 臻合三 去问非	方问 臻合三 去问非	敷粉 臻合三 去问敷	扶问 臻合三 去问奉	亡运 臻合三 去问微
浮山	fẽĩ^{53}	uẽĩ^{53}	uẽĩ^{53}	fẽĩ^{44}	fẽĩ^{53}	——	fẽĩ^{53}	uẽĩ^{53}
霍州	ʂuŋ^{53}	ʐuŋ^{53}	ʐuŋ^{53}	fəŋ^{55}	fəŋ^{53}	fəŋ^{53}	fəŋ^{53}	vəŋ^{53}
翼城	ʂuŋ^{53}	ʐuŋ^{53}	ʐuŋ^{53}	fəŋ^{53}	fəŋ^{53}	fəŋ^{53}	fəŋ^{53}	vuŋ^{53}
闻喜	suẽĩ^{13}	vẽĩ^{13}	vẽĩ^{13}	fẽĩ^{53}	fẽĩ^{53}	fẽĩ^{13}	fẽĩ^{13}	vẽĩ^{13}
侯马	feĩ^{53}	vueĩ^{53}	vueĩ^{53}	feĩ^{53}	feĩ^{53}	feĩ^{53}	feĩ^{53}	eĩ^{53} 白 / veĩ^{53} 文
新绛	fɛ̃^{53}	vɛ̃^{53}	vɛ̃^{53}	fɛ̃^{53}	fɛ̃^{53}	fɛ̃^{53}	fɛ̃^{53}	vɛ̃^{53}
绛县	feĩ^{31}	veĩ^{31}	veĩ^{31}	feĩ^{24}/fʌŋ^{53}	feĩ^{24}	——	feĩ^{53}	veĩ^{31}
垣曲	ʂuə̃^{53}	ʐuə̃^{53}	ʐuə̃^{53}	fə̃^{53}	fə̃^{53}	fə̃^{53}	fə̃^{53}	və̃^{53}
夏县	fei^{31} 白 / ʂuei^{31} 文	vei^{31} 白 / ʐuei^{31} 文	vei^{31} 白 / ʐuei^{31} 文	fei^{31}	fei^{31}	fei^{31}	fei^{31}	vei^{42} 白 / uei^{42} 文
万荣	fei^{33}	vei^{33}	vei^{33}	fei^{33}	fei^{33}	fei^{33}	fei^{33}	vei^{33}
稷山	fə̃^{42}	və̃^{42}	və̃^{42}	fə̃^{42}	fə̃^{42}	fə̃^{42}	fə̃^{42}	və̃^{42}
盐湖	feĩ^{44}	veĩ^{44}	veĩ^{44}	feĩ^{44}	feĩ^{44}	feĩ^{44}	feĩ^{44}	veĩ^{44}
临猗	feĩ^{44} 白 / ʂueĩ^{44} 文	veĩ^{44}	veĩ^{44}	feĩ^{44}	feĩ^{44}	feĩ^{44}	feĩ^{44}	veĩ^{44}
河津	fẽ^{44}	vẽ^{44}	vẽ^{44}	fẽ^{44}	fẽ^{44}	fẽ^{44}	fẽ^{44}	vẽ^{44}
平陆	fei^{33}	vei^{33}	vei^{33}	fei^{33}	fei^{33}	fei^{33}	fei^{33}	uei^{33}
永济	fei^{44} 白 / ʂuei^{44} 文	vei^{44} 白 / ʐuei^{44} 文	vei^{44} 白 / ʐuei^{44} 文	fei^{44}	fei^{44}	fei^{44}	fei^{44}	vei^{44}
芮城	feĩ^{44}	veĩ^{44}	veĩ^{44}	feĩ^{44}	feĩ^{53}	feĩ^{53}	feĩ^{42}	veĩ^{44}
吉县	fei^{33}	vei^{33}	vei^{33}	fei^{33}	fei^{33}	——	fei^{33}	vei^{33}
乡宁	ʂuəŋ^{22}	ʐuəŋ^{22}	ʐuəŋ^{22}	fəŋ^{22}	fəŋ^{22}	fəŋ^{22}	fəŋ^{22}	uəŋ^{22}
广灵	suŋ^{213}	zuŋ^{213}	zuŋ^{213}	fəŋ^{213}	fəŋ^{213}	fəŋ^{213}	fəŋ^{213}	vəŋ^{213}

字目	训	晕	韵	运	率效~	律	恤	出
中古音 方言点	许运 臻合三 去问晓	王问 臻合三 去问云	王问 臻合三 去问云	王问 臻合三 去问云	所律 臻合三 入术来	吕邺 臻合三 入术来	辛聿 臻合三 入术心	赤律 臻合三 入术昌
北京	ɕyn^{51}	yn^{55}	yn^{51}	yn^{51}	ly^{51}	ly^{51}	ɕy^{51}	tʂʰu^{55}
小店	ɕyə̃^{24}	yə̃^{11}	yə̃^{24}	yə̃^{24}	suɛ^{24}	lyəʔ^{1}	ɕy^{11}	tsʰuəʔ^{1}
尖草坪	ɕyʌŋ^{35}	yʌŋ^{33}	yʌŋ^{35}	yʌŋ^{35}	lyəʔ^{1}	lyəʔ^{1}	ɕyəʔ^{1}	tsʰuəʔ^{1}
晋源	xyn^{35}	yn^{11}	yn^{35}	yn^{35}	lyəʔ^{2}	lyəʔ^{2}	ɕyəʔ^{2}	tsʰuəʔ^{2}
阳曲	ɕyə̃^{454}	yə̃^{454}	yə̃^{454}	yə̃^{454}	lyɛʔ^{4}	lyɛʔ^{4}	ɕyɛʔ^{4}	tsʰuəʔ^{4}
古交	ɕyəŋ^{53}	yəŋ^{44}	yəŋ^{53}	yəŋ^{53}	lyəʔ^{4}	lyəʔ^{4}	ɕyəʔ^{4}	tsʰuəʔ^{4}
清徐	ɕyəŋ^{45}	yəŋ^{45}	yəŋ^{45}	yəŋ^{45}	lyəʔ^{1}	lyəʔ^{1}	ɕyəʔ^{1}	tsʰuəʔ^{1}
娄烦	ɕiəŋ^{54}	yəŋ^{54}	yəŋ^{54}	yəŋ^{54}	luəʔ^{3}	luəʔ^{3}	ɕyəʔ^{3}	pfʰəʔ^{3}
榆次	ɕyɤ̃^{35}	yɤ̃^{35}	yɤ̃^{35}	yɤ̃^{35}	lyəʔ^{1}	lyəʔ^{1}	ɕyəʔ^{1}	tsʰuəʔ^{1}
交城	ɕyə̃^{24}	yə̃^{11}	yə̃^{24}	yə̃^{24}	lyəʔ^{1}	lyəʔ^{1}	ɕyaʔ^{1}	tsʰuəʔ^{1}
文水	ɕyɔŋ^{35}	yɔŋ^{22}	yɔŋ^{35}	yɔŋ^{35}	lyəʔ^{2}	lyəʔ^{2}	ɕyəʔ^{2}	tsʰuəʔ^{2}
祁县	ɕiəm^{45}	iəm^{31}	iəm^{45}	iəm^{45}	lyəʔ$^{\underline{32}}$	lyəʔ$^{\underline{32}}$	ɕyəʔ$^{\underline{32}}$	tsʰuəʔ$^{\underline{32}}$
太谷	ɕyə̃^{53}	yə̃^{33}	yə̃^{53}	yə̃^{53}	lyəʔ^{3}	lyəʔ^{3}	ɕyəʔ^{3}	faʔ^{3} 白 / tsʰuəʔ^{3} 文
平遥	ɕyəŋ^{24}	ɕyəŋ^{24}	yəŋ^{24}	yəŋ^{24}	lyʌʔ$^{\underline{523}}$	lyʌʔ$^{\underline{523}}$	ɕyʌʔ$^{\underline{212}}$	tsʰuʌʔ$^{\underline{212}}$
孝义	ɕyə̃^{454}	yə̃^{33}	yə̃^{454}	yə̃^{454}	luəʔ$^{\underline{423}}$	luəʔ$^{\underline{423}}$	ɕyəʔ^{3}	tsʰuəʔ^{3}
介休	ɕyn^{45}	yn^{13}	yn^{45}	yn^{45}	luʌʔ$^{\underline{12}}$	luʌʔ$^{\underline{12}}$	ɕyʌʔ$^{\underline{12}}$	tsʰuʌʔ$^{\underline{12}}$
灵石	ɕyŋ^{53}	yŋ^{535}	yŋ^{53}	yŋ^{53}	luəʔ^{4}	luəʔ^{4}	ɕy^{53}	tsʰuəʔ^{4}
盂县	ɕyə̃^{55}	yə̃^{412}	yə̃^{55}	yə̃^{55}	lyəʔ^{2}	lyəʔ^{2}	ɕyəʔ$^{\underline{53}}$	tsʰuəʔ^{2}
寿阳	ɕyə̃^{45}	yə̃^{45}	yə̃^{45}	yə̃^{45}	lyəʔ^{2}	lyəʔ^{2}	sʮ^{45}	tsʰuəʔ^{2}
榆社	ɕyer^{45}	yer^{22}	yer^{45}	yer^{45}	lyəʔ^{2}	lyəʔ^{2}	ɕyaʔ^{2}	tsʰuəʔ^{2}
离石	ɕyəŋ^{53}	yəŋ^{24}	yəŋ^{53}	yəŋ^{53}	luəʔ^{4}	luəʔ^{4}	ɕyeʔ^{4}	tsʰuəʔ^{4}
汾阳	ɕyŋ^{55}	yŋ^{324}	yŋ^{55}	yŋ^{55}	luəʔ$^{\underline{312}}$	luəʔ$^{\underline{312}}$	ɕyeʔ^{2}	tʂʰuəʔ^{2}
中阳	ɕyə̃^{53}	yə̃^{24}	yə̃^{53}	yə̃^{53}	luəʔ^{4}	luəʔ^{4}	ɕyeʔ^{4}	tʂʰuəʔ^{4}
柳林	ɕyə̃^{53}	yə̃^{24}	yə̃^{53}	yə̃^{53}	luəʔ$^{\underline{423}}$	luəʔ$^{\underline{423}}$	ɕyeʔ^{4}	tsʰuəʔ^{4}
方山	ɕyə̃ŋ^{52}	yə̃ŋ^{24}	yə̃ŋ^{52}	yə̃ŋ^{52}	luəʔ^{4}	luəʔ^{4}	ɕyeʔ^{4}	tsuəʔ^{4}
临县	ɕyə̃^{52}	yə̃^{24}	yə̃^{52}	yə̃^{52}	luɐʔ^{3}	luɐʔ^{3}	ɕy^{52}	tsʰuɐʔ^{3}
兴县	ɕyəŋ^{53}	yəŋ^{324}	yəŋ^{53}	yəŋ^{53}	luəʔ^{5}	luəʔ^{5}	ɕyəʔ^{5}	tsʰuəʔ^{5}
岚县	ɕyəŋ^{53}	yəŋ^{214}	yəŋ^{53}	yəŋ^{53}	luəʔ^{4}	luəʔ^{4}	ɕyeʔ^{4}	tsʰuəʔ^{4}
静乐	ɕyɤ̃^{53}	yɤ̃^{24}	yɤ̃^{53}	yɤ̃^{53}	luəʔ^{4}	luəʔ^{4}	ɕy^{53}	tsʰuəʔ^{4}
交口	ɕyəŋ^{53}	yəŋ^{323}	yəŋ^{53}	yəŋ^{53}	——	luəʔ^{4}	ɕyeʔ^{4}	tsʰuəʔ^{4}
石楼	ɕyəŋ^{51}	yəŋ^{44}	yəŋ^{51}	yəŋ^{51}	lyəʔ^{4}	luəʔ^{4}	ɕyəʔ^{4}	tʂʰuəʔ^{4}

续表

字目	训	晕	韵	运	率效~	律	恤	出
中古音 / 方言点	许运 臻合三 去问晓	王问 臻合三 去问云	王问 臻合三 去问云	王问 臻合三 去问云	所律 臻合三 入术来	吕邮 臻合三 入术来	辛聿 臻合三 入术心	赤律 臻合三 入术昌
隰县	ɕyəŋ^{44}	yəŋ^{53}	yəŋ^{44}	yəŋ^{44}	lyəʔ^{3}	lyəʔ^{3}	ɕyəʔ$^{\underline{31}}$	tsʰuəʔ^{3}
大宁	ɕyən^{55}	yən^{31}	yən^{55}	yən^{55}	lyəʔ^{4}	lyəʔ^{4}	ɕyɐʔ$^{\underline{31}}$	tʂʰuəʔ$^{\underline{31}}$
永和	ɕyəŋ^{53}	yəŋ^{53}	yəŋ^{53}	yəŋ^{53}	luəʔ^{312}	luəʔ$^{\underline{312}}$	ɕyəʔ$^{\underline{35}}$	tʂʰuəʔ$^{\underline{35}}$
汾西	ɕyəŋ^{55}/ ɕyəŋ^{53} 文	yəŋ^{11}	yəŋ^{53}	yəŋ^{53}	ly^{53} 文	ly^{35} 文	ɕyəʔ^{1}/ɕyɪ^{11}	tsʰuəʔ^{1}
蒲县	ɕyeĩ^{33}	yeĩ^{52}	yeĩ^{33}	yeĩ^{33}	ly^{33}	ly^{52}	ɕy^{52}	tʂʰuəʔ$^{\underline{43}}$
潞州	ɕyŋ^{44}	yŋ^{312}	yŋ^{54}	yŋ^{54}	ly^{54}	ly^{54}	ɕyəʔ$^{\underline{53}}$	tsʰuəʔ$^{\underline{53}}$
上党	ɕyŋ^{42}	yŋ^{42}	yŋ^{42}	yŋ^{42}	lyəʔ^{21}	lyəʔ$^{\underline{21}}$	ɕyəʔ$^{\underline{21}}$	tsʰuəʔ$^{\underline{21}}$
长子	suᴇ̃^{422}	yᴇ̃^{312}	yᴇ̃^{53}	yᴇ̃^{53}	ly^{53}	luəʔ^{4} 白 / ly^{53} 文	ɕyəʔ^{4}	tsʰuəʔ^{4}
屯留	ɕyẽ^{53}	yẽ^{31}	yẽ^{11}	yẽ^{11}	luəʔ^{1}	luəʔ^{1} 白 / ly^{11} 文	ɕyəʔ^{1}	tsʰuəʔ^{1}
襄垣	ɕyəŋ^{53}	yəŋ^{33}	yəŋ^{45}	yəŋ^{45}	suᴇɪ^{53}	lyʌʔ^{3}	ɕiʌʔ^{3} 白 / ɕyʌʔ$^{\underline{43}}$ 文	tsʰuʌʔ^{3}
黎城	ɕyẽ^{422}	yẽ^{53}	yẽ^{53}	yẽ^{53}	luɤʔ^{2}	luɤʔ^{2}	ɕy^{53}	tɕʰyɤʔ^{2}
平顺	ɕyᴇ̃^{53}	yᴇ̃^{53}	yᴇ̃^{53}	yᴇ̃^{53}	lyəʔ$^{\underline{423}}$	lyəʔ$^{\underline{423}}$	syəʔ$^{\underline{212}}$	tsʰuəʔ$^{\underline{212}}$
壶关	syŋ^{353}	yŋ^{353}	yŋ^{353}	yŋ^{353}	lyəʔ$^{\underline{21}}$	lyəʔ$^{\underline{21}}$	syəʔ^{2}	tʂʰuəʔ^{2}
沁县	ɕyə̃^{53}	yə̃^{224}	yə̃^{53}	yə̃^{53}	luəʔ$^{\underline{31}}$	luəʔ$^{\underline{31}}$	ɕyəʔ$^{\underline{31}}$	tsʰuəʔ$^{\underline{31}}$
武乡	ɕyɐŋ^{55}	yɐŋ^{113}	yɐŋ^{55}	yɐŋ^{55}	lyəʔ^{3}	lyəʔ^{3}	ɕyəʔ^{3}	tsʰuəʔ^{3}
沁源	ɕyə̃^{53}	yə̃^{324}	yə̃^{53}	yə̃^{53}	lyəʔ$^{\underline{31}}$	luəʔ$^{\underline{31}}$	ɕyəʔ^{31}	tʂʰuəʔ$^{\underline{31}}$
安泽	ɕyəŋ^{53}	yəŋ^{21}	yəŋ^{53}	yəŋ^{53}	ly^{53}/suai^{53}	ly^{53}	ɕy^{21}	tsʰuəʔ$^{\underline{21}}$
沁水端氏	ɕyŋ^{53}	yŋ^{21}	yŋ^{53}	yŋ^{53}	ly^{21}	lyəʔ^{2}	ɕyəʔ^{2}	tʂʰuəʔ^{2} 白 / tʂʰuɤ^{21} 文
阳城	ɕyə̃ɪ̃^{51}	yə̃ɪ̃^{224}	yə̃ɪ̃^{51}	yə̃ɪ̃^{51}	lyʌʔ^{2}	luəʔ^{2}/lyəʔ^{2}	ɕyʌʔ^{2}	tʂʰuəʔ^{2}
高平	ɕiə̃ɪ̃^{53}	iə̃ɪ̃^{33}	iə̃ɪ̃^{53}	iə̃ɪ̃^{53}	li^{53}	li^{53}	ɕiɛʔ^{2}	tʂʰuəʔ^{2}
陵川	ɕyə̃ɪ̃^{24}	yə̃ɪ̃^{24}	yə̃ɪ̃^{24}	yə̃ɪ̃^{24}	lyəʔ$^{\underline{23}}$	lyəʔ$^{\underline{23}}$	ɕyəʔ^{3}	tʂʰuəʔ^{3}
晋城	ɕyẽ^{53}	yẽ^{33}	yẽ^{53}	yẽ^{53}	lyəʔ^{2}	lyəʔ^{2}	ɕiʌʔ^{2}	tʂʰuəʔ^{2}
忻府	ɕyəŋ^{53}	xuəŋ^{313} 白 / yəŋ^{313} 文	yəŋ^{53}	yəŋ^{53}	lyɛʔ$^{\underline{32}}$	lyɛʔ$^{\underline{32}}$	ɕyɛʔ$^{\underline{32}}$	tsʰuəʔ$^{\underline{32}}$
原平	ɕyəŋ^{53}	yəŋ^{213}	yəŋ^{53}	yəŋ^{53}	lyəʔ$^{\underline{34}}$	lyəʔ$^{\underline{34}}$	ɕyəʔ$^{\underline{34}}$	tsʰuəʔ$^{\underline{34}}$
定襄	ɕyəŋ^{53}	yəŋ^{24}	yəŋ^{53}	yəŋ^{53}	lyəʔ^{1}	lyəʔ^{1}	ɕyəʔ^{1}	tsʰuəʔ^{1}
五台	ɕyən^{52}	yən^{213}	yən^{52}	yən^{52}	lyəʔ^{3}	lyəʔ^{3}	ɕy^{52}	tsʰuəʔ^{3}
岢岚	ɕyəŋ^{52}	yəŋ^{52}	yəŋ^{52}	yəŋ^{52}	lyɛʔ^{4}	lyɛʔ^{4}	ɕyɛʔ^{4}	tsʰuəʔ^{4}

续表

字目	训	晕	韵	运	率效~	律	恤	出
中古音 / 方言点	许运 臻合三 去问晓	王问 臻合三 去问云	王问 臻合三 去问云	王问 臻合三 去问云	所律 臻合三 入术来	吕邮 臻合三 入术来	辛聿 臻合三 入术心	赤律 臻合三 入术昌
五寨	ɕyəɣ̃^{52}	yəɣ̃^{52}	yəɣ̃^{52}	yəɣ̃^{52}	lyəʔ^{4}	lyəʔ^{4}	ɕyəʔ^{4}	tsʰuəʔ^{4}
宁武	ɕyɤɯ^{52}	yɤɯ^{23}	yɤɯ^{52}	yɤɯ^{52}	lyəʔ^{4}	lyəʔ^{4}	ɕyəʔ^{4}	tsʰuəʔ^{4}
神池	ɕyə̃^{52}	yə̃^{52}	yə̃^{52}	yə̃^{52}	lyəʔ^{4}	lyəʔ^{4}	ɕyəʔ^{4}	tsʰuəʔ^{4}
繁峙	ɕyəŋ^{24}	yəŋ^{24}	yəŋ^{24}	yəŋ^{24}	lyəʔ$^{\underline{13}}$	lyəʔ$^{\underline{13}}$	ɕyəʔ$^{\underline{13}}$	tsʰuəʔ$^{\underline{13}}$
代县	ɕyɤŋ^{53}	yɤŋ^{213}	yɤŋ^{53}	yɤŋ^{53}	lyəʔ^{2}	lyəʔ^{2}	ɕyəʔ^{2}	tʰsuəʔ^{2}
河曲	ɕyŋ^{52}	yŋ^{213}	yŋ^{52}	yŋ^{52}	lyəʔ^{4}	lyəʔ^{4}	ɕyəʔ^{4}	tʂʰuəʔ^{4}
保德	ɕyəŋ^{52}	yəŋ^{213}	yəŋ^{52}	yəŋ^{52}	lyəʔ^{4}	lyəʔ^{4}	ɕyəʔ^{4}	tʂʰuəʔ^{4}
偏关	ɕyɤŋ^{52}	yɤŋ^{52}	yɤŋ^{52}	yɤŋ^{52}	lyəʔ^{4}	lyəʔ^{4}	ɕyəʔ^{4}	tʂʰuəʔ^{4}
朔城	ɕyə̃^{53}	yə̃^{53}	yə̃^{53}	yə̃^{53}	ly^{53}	lyəʔ$^{\underline{35}}$	ɕyəʔ$^{\underline{35}}$	tsʰuəʔ$^{\underline{35}}$
平鲁	ɕyəɯ^{52}	yəɯ^{52}	yəɯ^{52}	yəɯ^{52}	lyəʔ$^{\underline{34}}$	lyəʔ$^{\underline{34}}$	ɕyʌʔ$^{\underline{34}}$	——
应县	ɕyəŋ^{31}	yəŋ^{24}	yəŋ^{24}	yəŋ^{24}	ly^{24}	ly^{24}	ɕy^{24}	tsʰuəʔ$^{\underline{43}}$
灵丘	ɕyŋ^{53}	yŋ^{53}	yŋ^{53}	yŋ^{53}	ly^{53}	ly^{53}	ɕy^{53}	tsʰuəʔ^{5}
浑源	ɕyə̃^{13}	yə̃^{13}	yə̃^{13}	yə̃^{13}	lyʌʔ^{4}	lyʌʔ^{4}	ɕyʌʔ^{4}	tsʰiəʔ^{4}
云州	ɕiəɣ^{24}	yəɣ^{21}	yəɣ^{24}	yəɣ^{24}	ly^{24}	ly^{24}	ɕy^{24}	tʂʰuəʔ^{4}
新荣	ɕyɣ^{24}	yɣ^{24}	yɣ^{24}	yɣ^{24}	ly^{24}	ly^{24}	ɕy^{24}	tʂʰuəʔ^{4}
怀仁	ɕyəŋ^{24}	yəŋ^{24}	yəŋ^{24}	yəŋ^{24}	ly^{24}	ly^{24}	ɕyəʔ^{4}	tsʰuəʔ^{4}
左云	ɕyəɣ^{24}	yəɣ^{24}	yəɣ^{24}	yəɣ^{24}	suɛi^{24}	lyəʔ^{4}	ɕyəʔ^{4}	tsʰuəʔ^{4}
右玉	ɕyə̃ɣ^{24}	yə̃ɣ^{24}	yə̃ɣ^{24}	yə̃ɣ^{24}	ly^{24}	ly^{24}	——	tʂʰuaʔ^{4} tʂʰuəʔ^{4}
阳高	ɕyəŋ^{24}	yəŋ^{31}	yəŋ^{24}	yəŋ^{24}	lyəʔ^{3}	ly^{24}/lyəʔ^{3}	ɕyəʔ^{3}	tsuɤ^{312}/ tsʰuəʔ^{3}
山阴	ɕyə̃^{335}	yə̃^{313}/yə̃^{335}	yə̃^{335}	yə̃^{335}	lyəʔ^{4}	lyəʔ^{4}	——	tʂʰuəʔ^{4}
天镇	ɕyɤɣ^{24}	yɤɣ^{24}	yɤɣ^{24}	yɤɣ^{24}	lyəʔ^{4}	lyəʔ^{4}	ɕy^{22}	tsʰuəʔ^{4}
平定	ɕyɤŋ^{24}	yɤŋ^{31}	yɤŋ^{24}	yɤŋ^{24}	luei^{24}	luei^{24}	ɕy^{24}	tsʰuəʔ^{4}
昔阳	ɕyəŋ^{13}	yəŋ^{13}	yəŋ^{13}	yəŋ^{13}	luei^{13}	luei^{13}	ɕyʌʔ$^{\underline{43}}$	tsʰuʌʔ$^{\underline{43}}$
左权	ɕyəŋ^{53}	yəŋ^{31}	yəŋ^{53}	yəŋ^{53}	luəʔ^{1}	lyəʔ^{1}	ɕyəʔ^{1}	tsʰu^{11}/ tsʰuəʔ^{1}
和顺	ɕyəŋ^{13}	yəŋ^{42}	yəŋ^{13}	yəŋ^{13}	lyeʔ$^{\underline{21}}$	lyeʔ$^{\underline{21}}$	ɕyeʔ$^{\underline{21}}$	tsʰuɤ^{22}/ tsʰuəʔ$^{\underline{21}}$
尧都	xuə̃^{44}	yə̃^{44}	yə̃^{44}	yə̃^{44}	ly^{21}	ly^{21}	ɕy^{21}	tʂʰu^{21}
洪洞	ɕyen^{42}	yen^{21}	yen^{53}	yen^{53}	ly^{21}	ly^{53}	ɕye^{21}	tʂʰu^{21}
洪洞赵城	ɕyeŋ^{53}	yeŋ^{53}	yeŋ^{53}	yeŋ^{53}	ly^{53}	ly^{53}	ɕy^{21}	tʂʰu^{21}

续表

字目	训	晕	韵	运	率效~	律	恤	出
中古音 / 方言点	许运 臻合三 去问晓	王问 臻合三 去问云	王问 臻合三 去问云	王问 臻合三 去问云	所律 臻合三 入术来	吕邮 臻合三 入术来	辛聿 臻合三 入术心	赤律 臻合三 入术昌
古县	ɕyn^{53}	yn^{21}	yn^{53}	yn^{53}	ly^{21}	ly^{21}	ɕy^{21}	tʂ^{h}u^{21}
襄汾	ɕyen^{44}	yen^{53}	yen^{53}	yen^{53}	ly^{21}	ly^{21}	ɕy^{21}	fu^{21} 白 / tʂ^{h}u^{21} 文
浮山	ɕyẽĩ^{44}	yẽĩ^{53}	yẽĩ^{53}	yẽĩ^{53}	ly^{42}	ly^{42}	ɕy^{42}	pf^{h}u^{42}
霍州	ɕyŋ^{55}	yŋ^{33}	yŋ^{53}	yŋ^{53}	ly^{212}	ly^{53}	ɕy^{53}	tʂ^{h}u^{212}
翼城	ɕyŋ^{53}	yŋ^{53}	yŋ^{53}	yŋ^{53}	ly^{53}	ly^{53}	ɕy^{53}	tʂ^{h}ɤ^{53}
闻喜	——	yẽĩ^{13}	yẽĩ^{13}	yẽĩ^{13}	ly^{53}	ly^{53}	ɕy^{53}	pf^{h}u^{53} 白 / ts^{h}u^{53} 文
侯马	yeĩ^{53}	yeĩ^{213}	yeĩ^{53}	yeĩ^{53}	tɕy^{53}	tɕy^{213}	y^{53}	tɕ^{h}yɛ^{44}
新绛	ɕyɛ̃^{53}	yɛ̃^{53}	yɛ̃^{53}	yɛ̃^{53}	ly^{53}	ly^{53}	ɕy^{53}	pf^{h}u^{53}
绛县	ɕyeĩ^{31}	yeĩ^{31}	yeĩ^{31}	yeĩ^{31}	ly^{53}	ly^{53}	ɕy^{31}	pf^{h}ei^{31}
垣曲	ɕyə̃^{53}	yə̃^{53}	yə̃^{53}	yə̃^{53}	ly^{53}	ly^{53}	ɕy^{53}	tʂ^{h}u^{22}
夏县	ɕyei^{31}	yei^{53}	yei^{31}	yei^{31}	y^{31}	y^{31}	ɕy^{31}	pf^{h}u^{53} 白 / tʂ^{h}u^{53} 文
万荣	ɕyei^{33}	yei^{55}	yei^{33}	yei^{33}	ly^{33}	ly^{33}	ɕy^{51}	pf^{h}u^{51}
稷山	ɕyə̃^{42}	yə̃^{53}	yə̃^{42}	yə̃^{42}	luei^{42}	luei^{42}	ɕy^{42}	pf^{h}u^{53} 白 / tʂ^{h}u^{53} 文
盐湖	ɕyeĩ^{44}	yeĩ^{44}	yeĩ^{44}	yeĩ^{44}	ly^{42}	ly^{42}	ɕy^{42}	pf^{h}u^{42} 白 / tʂ^{h}u^{42} 文
临猗	ɕyeĩ^{44}	yeĩ^{42}	yeĩ^{44}	yeĩ^{44}	ly^{44}	y^{44} 白 /ly^{44} 文	ɕy^{44}	pf^{h}u^{42} 白 / tʂ^{h}u^{42} 文
河津	ɕyẽ^{44}	yẽ^{44}	yẽ^{44}	yẽ^{44}	y^{44}	y^{53}	ɕy^{31}	pf^{h}u^{31}
平陆	ɕyei^{33}	yei^{31}	yei^{33}	yei^{33}	y^{33}	y^{31}/y^{33}	ɕy^{31}	pf^{h}u^{31} 白 / tʂ^{h}u^{31} 文
永济	ɕyei^{44}	yei^{44}	yei^{44}	yei^{44}	ly^{44}	ly^{44}	ɕy^{31}	pf^{h}u^{31}
芮城	ɕyeĩ^{44}	yeĩ^{42}	yeĩ^{44}	yeĩ^{44}	y^{44}	y^{44} 白 /ly^{44} 文	ɕy^{42}	pfu^{42}
吉县	ɕyei^{33}	yei^{33}	yei^{33}	yei^{33}	——	y^{13}	——	pf^{h}u^{423}
乡宁	ɕyəŋ^{22}	yəŋ^{53}	yəŋ^{22}	yəŋ^{22}	ʂuai^{53}	ly^{53}	ɕy^{53}	tʂ^{h}u^{53}
广灵	ɕyŋ^{213}	yŋ^{213}	yŋ^{213}	yŋ^{213}	ly^{213}	ly^{213}	ɕy^{53}	ts^{h}u^{53}

字目	术算~	述	橘	不	佛	物	勿	屈
中古音 / 方言点	食聿 臻合三 入术船	食聿 臻合三 入术船	居聿 臻合三 入术见	分勿 臻合三 入物非	符弗 臻合三 入物奉	文弗 臻合三 入物微	文弗 臻合三 入物微	区勿 臻合三 入物溪
北京	ʂu^{51}	ʂu^{51}	tɕy^{35}	pu^{51}	fo^{35}	u^{51}	u^{51}	tɕʰy^{55}
小店	suəʔ^{1}	su^{24}/suəʔ^{1}	tɕyəʔ$^{\underline{54}}$	pəʔ^{1}	fəʔ$^{\underline{54}}$	vəʔ^{1}	vəʔ^{1}	tɕʰyəʔ^{1}
尖草坪	tsuəʔ$^{\underline{43}}$	suəʔ$^{\underline{43}}$	tɕyəʔ^{2}	pəʔ^{2}	fəʔ$^{\underline{43}}$	vəʔ^{2}	vəʔ^{2}	tɕʰyəʔ^{2}
晋源	suəʔ$^{\underline{43}}$	suəʔ^{2}	tɕyəʔ^{2}	pəʔ^{2}	fəʔ^{2}	vəʔ^{2}	vəʔ^{2}	tɕʰyəʔ^{1}
阳曲	suəʔ^{4}	suəʔ^{4}	tɕyɛʔ^{4}	pəʔ^{4}	fəʔ^{4}	vəʔ^{4}	vəʔ^{4}	tɕʰyɛʔ^{4}
古交	suəʔ$^{\underline{312}}$	suəʔ$^{\underline{312}}$	tɕyəʔ^{4}	pəʔ^{4}	fəʔ^{4}	vəʔ^{4}	vəʔ^{4}	tɕʰyəʔ^{4}
清徐	suəʔ$^{\underline{54}}$	suəʔ$^{\underline{54}}$	tɕyəʔ^{1}	pəʔ^{1}	fəʔ$^{\underline{54}}$	vəʔ^{1}	vəʔ^{1}	tɕʰyəʔ^{1}
娄烦	pfəʔ^{3}	fəʔ^{3}	tɕyəʔ^{3}	pəʔ^{3}	fəʔ^{3}	vəʔ^{3}	vəʔ^{3}	tɕʰyəʔ^{3}
榆次	suəʔ^{1}	suəʔ^{1}	tɕyəʔ$^{\underline{53}}$	pəʔ^{1}	fəʔ^{1}	vuəʔ^{1}	vuəʔ^{1}	tɕʰyəʔ^{1}
交城	suəʔ^{1}	suəʔ^{1}	tɕyəʔ$^{\underline{53}}$	pəʔ^{1}	xuəʔ^{1}/ xuəʔ$^{\underline{53}}$	uəʔ^{1}	uəʔ^{1}	tɕʰyəʔ^{1}
文水	suəʔ^{2}	suəʔ^{2}	tɕyəʔ$^{\underline{312}}$	pəʔ^{2}	xuəʔ$^{\underline{312}}$	uəʔ^{2}	uəʔ^{2}	tɕʰyəʔ^{2}
祁县	suəʔ$^{\underline{324}}$	suəʔ$^{\underline{324}}$	tɕyəʔ$^{\underline{324}}$	pəʔ$^{\underline{32}}$	xuəʔ$^{\underline{324}}$	uəʔ$^{\underline{32}}$	uəʔ$^{\underline{32}}$	tɕʰyəʔ$^{\underline{32}}$
太谷	fəʔ$^{\underline{423}}$	fəʔ$^{\underline{423}}$	tɕyəʔ$^{\underline{423}}$	pəʔ^{3}	fəʔ$^{\underline{423}}$	vəʔ^{3}	vəʔ^{3}	tɕʰyəʔ^{3}
平遥	suʌʔ$^{\underline{523}}$	suʌʔ$^{\underline{523}}$	tɕyʌʔ$^{\underline{212}}$	pʌʔ$^{\underline{212}}$	xuʌʔ$^{\underline{523}}$	uʌʔ$^{\underline{523}}$	uʌʔ$^{\underline{212}}$	tɕyʌʔ$^{\underline{212}}$
孝义	ʂuəʔ^{3}	ʂuəʔ^{3}	tɕyəʔ^{3}	pəʔ^{3}	xuəʔ^{3}	uaʔ^{3}	uaʔ^{3}	tɕʰyəʔ^{3}
介休	suʌʔ$^{\underline{12}}$	suʌʔ$^{\underline{12}}$	tɕyʌʔ$^{\underline{312}}$	pʌʔ$^{\underline{12}}$	xuʌʔ$^{\underline{312}}$	uʌʔ$^{\underline{12}}$	uʌʔ$^{\underline{12}}$	tɕyʌʔ$^{\underline{12}}$
灵石	suəʔ^{4}	suəʔ^{4}	——	pəʔ^{4}	xuəʔ^{4}	uəʔ^{4}	u^{53}	tɕʰyəʔ^{4}
盂县	tsu^{412}/suəʔ^{2}	suəʔ^{2}	tɕyəʔ$^{\underline{53}}$	pəʔ^{2}	fəʔ$^{\underline{53}}$	vəʔ^{2}	vəʔ^{2}	tɕʰyəʔ^{2}
寿阳	suəʔ$^{\underline{54}}$	sɥ^{45}	tɕyəʔ$^{\underline{54}}$	pəʔ^{2}	fəʔ^{2}	vaʔ^{2}	vəʔ^{2}	tɕʰyəʔ^{2}
榆社	suəʔ$^{\underline{312}}$	suəʔ$^{\underline{312}}$	——	pəʔ^{2}	fəʔ^{2}	vəʔ^{2}	vəʔ^{2}	tɕʰyəʔ^{2}
离石	suəʔ^{4}	suəʔ^{4}	tɕyeʔ^{4}	pəʔ^{4}	xuəʔ^{4}	uəʔ$^{\underline{23}}$	u^{53}	tɕʰyeʔ^{4}
汾阳	ʂuəʔ^{2}	ʂuəʔ^{2}	tɕyeʔ^{2}	pəʔ^{2}	fəʔ$^{\underline{312}}$	vəʔ$^{\underline{312}}$	əʊ^{55}	tɕʰyeʔ^{2}
中阳	ʂuəʔ^{4}	ʂuəʔ^{4}	tɕyeʔ^{4}	pəʔ^{4}	xuəʔ^{4}	uəʔ$^{\underline{312}}$	u^{53}	tɕʰyeʔ^{4}
柳林	suəʔ$^{\underline{423}}$	suəʔ^{4}	tɕyɛʔ^{4}	pəʔ^{4}	xuəʔ^{4}	uəʔ$^{\underline{423}}$	uəʔ$^{\underline{423}}$	tɕʰyɛʔ^{4}
方山	suəʔ^{4}	suəʔ^{4}	tɕyɛʔ^{4}	pəʔ^{4}	xuəʔ^{4}	uəʔ^{4}	u^{52}	tɕʰyɛʔ^{4}
临县	suɐʔ^{3}	suɐʔ^{3}	tɕyɐʔ^{3}	pɐʔ^{3}	fɐʔ^{3}	uɐʔ$^{\underline{24}}$	uɐʔ$^{\underline{24}}$	tɕʰyɐʔ^{3}
兴县	suəʔ^{5}	suəʔ^{5}	tɕyəʔ^{5}	pəʔ^{5}	xuəʔ^{5}	uəʔ^{5}	uəʔ^{5}	tɕʰyəʔ^{5}
岚县	suəʔ^{4}	suəʔ^{4}	tɕyeʔ^{4}	pəʔ^{4}	fəʔ^{4}	uəʔ^{4}	uəʔ^{4}	tɕʰyəʔ^{4}
静乐	suəʔ$^{\underline{212}}$	suəʔ^{4}	tɕyəʔ$^{\underline{212}}$	pəʔ^{4}	fəʔ^{4}	vəʔ^{4}	vu^{53}	tɕʰyəʔ^{4}
交口	suəʔ^{4}	suəʔ^{4}	tɕyeʔ^{4}	pəʔ^{4}	xuə^{44}	uaʔ^{4}	uaʔ^{4}	tɕʰyeʔ^{4}
石楼	ʂuəʔ^{4}	ʂuəʔ^{4}	tɕyəʔ^{4}	pəʔ^{4}	xuəʔ^{4}	uəʔ^{4}	u^{51}	tɕʰyəʔ^{4}
隰县	suəʔ^{3}	suəʔ^{3}	tɕyəʔ^{3}	pəʔ^{3}	xuəʔ^{3}	uaʔ^{3}	uaʔ^{3}	tɕʰyəʔ^{3}

续表

字目	术(算～)	述	橘	不	佛	物	勿	屈
中古音 / 方言点	食聿 臻合三 入术船	食聿 臻合三 入术船	居聿 臻合三 入术见	分勿 臻合三 入物非	符弗 臻合三 入物奉	文弗 臻合三 入物微	文弗 臻合三 入物微	区勿 臻合三 入物溪
大宁	ʂuəʔ^{4}	ʂuəʔ^{4}	tɕyəʔ$^{\underline{31}}$	pəʔ^{4}	fəʔ^{4}	vɐʔ$^{\underline{31}}$	vɐʔ$^{\underline{31}}$	tɕʰyəʔ$^{\underline{31}}$
永和	ʂuəʔ$^{\underline{312}}$	ʂuəʔ$^{\underline{35}}$	tɕyəʔ$^{\underline{35}}$	pəʔ$^{\underline{35}}$	xuəʔ$^{\underline{35}}$	uɐʔ$^{\underline{312}}$	uɐʔ$^{\underline{312}}$	tɕʰyəʔ$^{\underline{35}}$
汾西	suəʔ^{3}	suəʔ^{3}	tɕyəʔ^{1}	pyəʔ^{3} 白	fyəʔ^{3}	vyəʔ^{1}	vyəʔ^{1}	tɕʰyəʔ^{1}
蒲县	ʂuəʔ^{3} 白 / ʂu^{52} 文	ʂu^{52}	tɕy^{52} 文 / tɕyɛʔ$^{\underline{43}}$	pu^{52}	fo^{24}	u^{33}	u^{33}	tɕʰy^{52}
潞州	suəʔ$^{\underline{53}}$	suəʔ$^{\underline{53}}$	tɕyəʔ$^{\underline{53}}$	pəʔ$^{\underline{53}}$	fəʔ$^{\underline{53}}$	uəʔ$^{\underline{53}}$	uəʔ$^{\underline{53}}$	tɕʰyəʔ$^{\underline{53}}$
上党	tsʰuəʔ$^{\underline{21}}$/ suəʔ$^{\underline{21}}$	tsʰuəʔ$^{\underline{21}}$	tɕyəʔ$^{\underline{21}}$	pəʔ$^{\underline{21}}$	fɑʔ$^{\underline{21}}$	uəʔ$^{\underline{21}}$	uəʔ$^{\underline{21}}$	tɕʰyəʔ$^{\underline{21}}$
长子	suəʔ$^{\underline{212}}$	suəʔ^{4}	tɕyəʔ$^{\underline{212}}$	pəʔ^{4}	fəʔ$^{\underline{212}}$	vəʔ^{4}	vəʔ^{4}	tɕʰyəʔ^{4}
屯留	suəʔ^{1}	suəʔ^{1}	tɕyəʔ^{1}	pəʔ^{1}	fəʔ^{1}	vəʔ^{1}	vəʔ^{1}	tɕʰyəʔ^{1}
襄垣	su^{45}	suʌʔ$^{\underline{43}}$	tɕyʌʔ$^{\underline{43}}$	pʌʔ^{3}	fʌʔ$^{\underline{43}}$	vʌʔ^{3}	vʌʔ^{3}	tɕʰyʌʔ^{3}
黎城	suɤʔ^{2}	suɤʔ^{2}	cyɤʔ^{2}	pɤʔ^{2}	fɤʔ$^{\underline{31}}$	uɤʔ$^{\underline{31}}$	uɤʔ^{2}	cʰyɤʔ^{2}
平顺	suəʔ$^{\underline{423}}$	suəʔ$^{\underline{423}}$	cyəʔ$^{\underline{212}}$	pəʔ$^{\underline{212}}$	fo^{213}	uəʔ$^{\underline{423}}$	uəʔ$^{\underline{423}}$	cʰyəʔ$^{\underline{212}}$
壶关	ʂuəʔ$^{\underline{21}}$	ʂuəʔ$^{\underline{21}}$	cyəʔ^{2}	pəʔ^{2}	fəʔ$^{\underline{21}}$	uəʔ$^{\underline{21}}$	uəʔ$^{\underline{21}}$	cʰyəʔ^{2}
沁县	suəʔ$^{\underline{212}}$	suəʔ$^{\underline{31}}$	tɕyəʔ$^{\underline{212}}$	pəʔ$^{\underline{31}}$	fəʔ$^{\underline{212}}$	vəʔ$^{\underline{31}}$	vəʔ$^{\underline{31}}$	tɕʰyəʔ$^{\underline{31}}$
武乡	suəʔ^{3}	suəʔ^{3}	tɕyəʔ$^{\underline{423}}$	pəʔ^{3}	fəʔ^{3}	vəʔ^{3}	vəʔ^{3}	tɕʰyəʔ^{3}
沁源	ʂuəʔ$^{\underline{31}}$	ʂuəʔ$^{\underline{31}}$	tɕyəʔ$^{\underline{31}}$	pəʔ$^{\underline{31}}$	fəʔ$^{\underline{31}}$	vʌʔ$^{\underline{31}}$	vʌʔ$^{\underline{31}}$	tɕʰyəʔ$^{\underline{31}}$
安泽	tsu^{35}/ su^{35}	su^{53}	tɕyəʔ$^{\underline{21}}$	pəʔ$^{\underline{21}}$	fo^{35}/fu^{35}	u^{21}	vəʔ$^{\underline{21}}$	tɕʰyəʔ$^{\underline{21}}$
沁水端氏	suəʔ^{2} 白 / su^{53} 文	suəʔ^{2}	tɕyəʔ$^{\underline{54}}$	pəʔ^{2}	fəʔ^{2}	vəʔ^{2}	vəʔ^{2}	tɕʰyəʔ^{2}
阳城	ʂuəʔ^{2}	ʂuəʔ^{2}	tɕyəʔ^{2}	pəʔ^{2}	fəʔ^{2}	vəʔ^{2}	vəʔ^{2}	cʰyəʔ^{2}
高平	ʂuəʔ^{2}	ʂuəʔ^{2}	ciəʔ^{2}	pəʔ^{2}	fəʔ^{2}	vəʔ^{2}	vəʔ^{2}	cʰiəʔ^{2}
陵川	ʂuəʔ^{3}	ʂuəʔ^{3}	cyəʔ^{3}	pəʔ^{3}	fəʔ^{3}	u^{24}	——	cʰyəʔ^{3}
晋城	ʂuəʔ^{2}	ʂuəʔ^{2}	tɕyəʔ^{2}	pəʔ^{2}	fəʔ^{2}	uəʔ^{2}	u^{53}	tɕʰyəʔ^{2}
忻府	suəʔ$^{\underline{32}}$	suəʔ$^{\underline{32}}$	tɕyɛʔ$^{\underline{32}}$	pəʔ$^{\underline{32}}$	fəʔ$^{\underline{32}}$	vəʔ$^{\underline{32}}$	u^{53}	tɕʰyɛʔ$^{\underline{32}}$
原平	suəʔ$^{\underline{34}}$	suəʔ$^{\underline{34}}$	tɕyəʔ$^{\underline{34}}$	pəʔ$^{\underline{34}}$	fəʔ$^{\underline{34}}$	vəʔ$^{\underline{34}}$	vəʔ$^{\underline{34}}$	tɕʰyəʔ$^{\underline{34}}$
定襄	suəʔ^{1}	suəʔ^{1}	tɕyəʔ^{1}	pəʔ^{1}	fəʔ^{1}	uəʔ^{1}	uəʔ^{1}	tɕʰyəʔ^{1}
五台	suəʔ^{3}	suəʔ^{3}	tɕyəʔ^{3}	pəʔ^{3}	fəʔ^{3}	uəʔ^{3}	uəʔ^{3}	tɕʰyəʔ^{3}
岢岚	suəʔ^{4}	suəʔ^{4}	tɕyɛʔ^{4}	pəʔ^{4}	fəʔ^{4}	vəʔ^{4}	vəʔ^{4}	tɕʰyɛʔ^{4}
五寨	suəʔ^{4}	suəʔ^{4}	tɕyəʔ^{4}	pəʔ^{4}	fəʔ^{4}	vəʔ^{4}	vəʔ^{4}	tɕʰyəʔ^{4}
宁武	tsuəʔ^{4}/ suəʔ^{4}	suəʔ^{4}	tɕyəʔ^{4}	pəʔ^{4}	fəʔ^{4}	vəʔ^{4}	vəʔ^{4}	tɕyəʔ^{4}

续表

字目	术算~	述	橘	不	佛	物	勿	屈
中古音 方言点	食聿 臻合三 入术船	食聿 臻合三 入术船	居聿 臻合三 入术见	分勿 臻合三 入物非	符弗 臻合三 入物奉	文弗 臻合三 入物微	文弗 臻合三 入物微	区勿 臻合三 入物溪
神池	suəʔ^{4}	suəʔ^{4}	tɕyəʔ^{4}	puəʔ^{4}	fəʔ^{4}	vəʔ^{4}	vəʔ^{4}	tɕʰyəʔ^{4}
繁峙	suəʔ$^{\underline{13}}$	suəʔ$^{\underline{13}}$	tɕyəʔ$^{\underline{13}}$	pəʔ$^{\underline{13}}$	fɤ^{31}	vəʔ$^{\underline{13}}$	vəʔ$^{\underline{13}}$	tɕʰyəʔ$^{\underline{13}}$
代县	suəʔ^{2}	suəʔ^{2}	tɕyəʔ^{2}	pəʔ^{2}	fɤ^{44}	uəʔ^{2}	uəʔ^{2}	tɕʰyəʔ^{2}
河曲	ʂuəʔ^{4}	ʂuəʔ^{4}	tɕyəʔ^{4}	pəʔ^{4}	tuɤ^{213}	vəʔ^{4}	vəʔ^{4}	tɕʰyəʔ^{4}
保德	ʂuəʔ^{4}	ʂuəʔ^{4}	tɕyəʔ^{4}	pəʔ^{4}	fəʔ^{4}	vəʔ^{4}	vu^{52}	tɕʰyəʔ^{4}
偏关	ʂuəʔ^{4}	ʂuəʔ^{4}	tɕyəʔ^{4}	pəʔ^{4}	fəʔ^{4}	vəʔ^{4}	vəʔ^{4}	tɕʰyəʔ^{4}
朔城	suəʔ$^{\underline{35}}$	suəʔ$^{\underline{35}}$	——	pəʔ$^{\underline{35}}$	fəʔ$^{\underline{35}}$	vəʔ$^{\underline{35}}$	vəʔ$^{\underline{35}}$	tɕʰyəʔ$^{\underline{35}}$
平鲁	tsuəʔ$^{\underline{34}}$/ suəʔ$^{\underline{34}}$	——	——	pəʔ$^{\underline{34}}$	fuə^{44}	uəʔ$^{\underline{34}}$	uəʔ$^{\underline{34}}$	tɕʰyəʔ$^{\underline{34}}$
应县	su^{24}	su^{24}	tɕyɛʔ$^{\underline{43}}$	pəʔ$^{\underline{43}}$	fuɤ^{31}/ fuəʔ$^{\underline{43}}$	vu^{24}/vəʔ$^{\underline{43}}$	vu^{24}/vəʔ$^{\underline{43}}$	tɕʰyɛʔ$^{\underline{43}}$
灵丘	suəʔ^{5}	su^{53}	tɕyəʔ^{5}	pue^{31}/ pue^{442}/ pɔo^{442}	fue^{31}	vu^{53}	vəʔ^{5}	tɕʰyəʔ^{5}
浑源	su^{13}	su^{13}	tɕyəʔ^{4}	pəʔ^{4}	fuo^{22}	vu^{13}/vəʔ^{4}	vu^{13}	tɕʰyəʔ^{4}
云州	ʂuəʔ^{4}	ʂu^{24}	tɕyəʔ^{4}	puəʔ^{4}	fo^{312}	vəʔ^{4}	vəʔ^{4}	tɕʰyəʔ^{4}
新荣	ʂu^{24}/tʂuəʔ^{4}	ʂu^{24}	tɕyəʔ^{4}	pəʔ^{4}	fo^{312}	vəʔ^{4}/u^{24}	vəʔ^{4}	tɕʰyəʔ^{4}
怀仁	suəʔ^{4}	suəʔ^{4}	tɕyəʔ^{4}	pəʔ^{4}	fuɤ^{312}	vəʔ^{4}	vəʔ^{4}	tɕʰyəʔ^{4}
左云	suəʔ^{4} 白/ su^{24} 文	suəʔ^{4}	tɕyəʔ^{4}	pəʔ^{4}	fəʔ^{4}	vəʔ^{4}	vəʔ^{4}	tɕʰyəʔ^{4}
右玉	tʂuəʔ^{4}	ʂuəʔ^{4}	tɕyəʔ^{4}	pəʔ^{4}	fəʔ^{4}	vəʔ^{4}	vəʔ^{4}	tɕʰyəʔ^{4}
阳高	su^{24}/suəʔ^{3}	suəʔ^{3}	tɕyəʔ^{3}	pəʔ^{3}	fɤ^{312}	vəʔ^{3}	vəʔ^{3}	tɕʰyəʔ^{3}
山阴	ʂuəʔ^{4}	——	——	pəʔ^{4}	fəʔ^{4}	uəʔ^{4}	uəʔ^{4}	tɕʰyəʔ^{4}
天镇	suəʔ^{4}	suəʔ^{4}	tɕyəʔ^{4}	pəʔ^{4}/pɑʔ^{4}	fɤ^{22}	vəʔ^{4}	vəʔ^{4}	tɕʰyəʔ^{4}
平定	suəʔ^{4}	suəʔ^{4}	tɕyəʔ^{4}	pəʔ^{4}/pʰəʔ^{4}	fɤ^{44}/fəʔ^{4}	vəʔ$^{\underline{23}}$	vəʔ$^{\underline{23}}$	tɕʰyəʔ^{4}
昔阳	suʌʔ$^{\underline{43}}$	suʌʔ$^{\underline{43}}$	tɕyʌʔ$^{\underline{43}}$	pʌʔ$^{\underline{43}}$	fʌʔ$^{\underline{43}}$	vʌʔ$^{\underline{43}}$	vu^{13}	tɕʰyʌʔ$^{\underline{43}}$
左权	——	suəʔ^{1}	tɕye^{11}	pəʔ^{1}	fəʔ^{1}	vəʔ^{1}	vəʔ^{1}	tɕʰyeʔ^{1}
和顺	suəʔ$^{\underline{21}}$	suəʔ$^{\underline{21}}$	tɕyeʔ$^{\underline{21}}$	pəʔ$^{\underline{21}}$	fəʔ$^{\underline{21}}$	vəʔ$^{\underline{21}}$	vəʔ$^{\underline{21}}$	tɕʰyeʔ$^{\underline{21}}$
尧都	fu^{21} 白/ ʂu^{21} 文	ʂu^{21}	tɕy^{21}	pu^{24}	fo^{24}	vu^{21}	vu^{21}	tɕʰy^{21}
洪洞	fu^{21} 白/ ʂu^{21} 文	fu^{24} 白/ ʂu^{21} 文	tɕy^{21}	pʰu^{24}/pʰu^{33}	fu^{24}	vu^{21}	vu^{24}	tɕʰy^{21}
洪洞赵城	ʂu^{21}	ʂu^{21}	tɕy^{24}	pu^{21}	fu^{24}	u^{53}	u^{53}	tɕʰy^{21}

续表

字目	术算～	述	橘	不	佛	物	勿	屈
中古音 / 方言点	食聿 臻合三 入术船	食聿 臻合三 入术船	居聿 臻合三 入术见	分勿 臻合三 入物非	符弗 臻合三 入物奉	文弗 臻合三 入物微	文弗 臻合三 入物微	区勿 臻合三 入物溪
古县	fu^{21}	fu^{35}	tɕy^{21}	pu^{35}	fu^{35}	u^{21}	u^{21}	tɕʰy^{21}
襄汾	fu^{21} 白 / ʂu^{21} 文	fu^{21} 白 / ʂu^{21} 文	tɕy^{21}	pu^{21}	fu^{21}/fu^{24}	vɔ^{53}	u^{53}	tɕʰy^{21}
浮山	pfʰu^{42}	fu^{42}	tɕy^{42}	pu^{13}	fu^{13}/fu^{44}	u^{53}	u^{53}	tɕʰy^{42}
霍州	ʂu^{53}	ʂu^{35}	tɕy^{212}	pu^{35}	fuɤ^{35}	u^{53}	u^{53}	tɕʰy^{212}
翼城	fu^{12}	ʂu^{53}	tɕy^{12}	pu^{53}	fɤ^{12}	vɤ^{44}	vɤ^{44}	tɕʰy^{53}
闻喜	fu^{33} 白 / su^{13} 文	——	tɕy^{53}	pu^{53}	fɤ^{13}	u^{53}	u^{53}/ v̩^{53}/fu^{53}	tɕʰy^{53}
侯马	ʂu^{53}	ʂu^{53}	tɕy^{213}	pʰu^{53}/pu^{53}	fɤ^{213}	ly^{53}	ly^{53}	tɕʰy^{213}
新绛	fu^{13}	fu^{44}	tɕy^{13}	pu^{13}	fuɤ^{13}	v̩^{53}	vu^{44}	tɕʰy^{13}
绛县	pfu^{33}	pfu^{33}	tɕy^{31}	pɤ^{31}/pu^{33}	fɤ^{24}	vɤ^{53}	vɤ^{53}	tɕʰy^{31}
垣曲	ʂu^{53}	ʂu^{53}	tɕy^{53}	pu^{53}	fɤ^{22}	u^{53}	u^{53}	tɕʰy^{22}
夏县	fu^{31} 白 / ʂu^{31} 文	fu^{31} 白 / ʂu^{31} 文	tɕy^{42}	pu^{31}	fɤ^{42}	vɤ^{31}	——	tɕʰy^{53}
万荣	fu^{33}	fu^{33}	tɕy^{51}	pu^{213}	fɤ^{213}	vɤ^{55}	vɤ^{55}	tɕʰy^{51}
稷山	fu^{42}	fu^{42}	tɕy^{53}	pu^{13}	fɤ^{13}	u^{53}	vu^{53}	tɕʰy^{53}
盐湖	fu^{53} 白 / ʂu^{53} 文	ʂu^{42}	tɕy^{13}	pu^{42}	fo^{13}	vu^{42}	vu^{42}	tɕʰy^{42}
临猗	fu^{42}	fu^{42}	tɕy^{42}	pu^{42}	fo^{13}	vo^{42}	u^{44}	tɕʰy^{42}
河津	fu^{53}	fu^{53}	tɕy^{31}	pu^{324}	fɤ^{324}/fu^{324}	vɤ^{31}	vɤ^{31}	tɕʰy^{31}
平陆	fu^{55}	fu^{55}	tɕy^{31}	pu^{13}	fə^{13}	və^{31}	u^{33}	tɕʰy^{31}
永济	fu^{31}	fu^{31}	tɕy^{31}	pu^{31}	fu^{24} 白 / fuo^{24} 文	u^{31}	u^{31}	tɕʰy^{31}
芮城	fu^{44}	fu^{44}	tɕy^{42}	pu^{42}	fo^{13}	vo^{42}	vɤ^{42}	tɕʰy^{42}
吉县	fu^{423}	fu^{423}	tɕy^{423}	pu^{13}	fu^{13}	vu^{423}	vu^{423}	tɕʰy^{423}
乡宁	ʂu^{53}	ʂu^{53}	tɕy^{53}	pɤ^{22} 白 / pu^{22} 文	fɤ^{12}	u^{53}	u^{53}	tɕy^{53}
广灵	su^{31}	su^{213}	tɕy^{31}	pu^{53}	fu^{53}/fo^{31}	vu^{213}	vu^{213}	tɕʰy^{53}

字目	郁忧~	熨	帮	旁	忙	芒	茫	当应~
中古音 方言点	纡物 臻合三 入物影	纡问 臻合三 去问影	博旁 宕开一 平唐帮	步光 宕开一 平唐並	莫郎 宕开一 平唐明	莫郎 宕开一 平唐明	莫郎 宕开一 平唐明	都郎 宕开一 平唐端
北京	y^{51}	yn^{51}	paŋ^{55}	pʰaŋ^{35}	maŋ^{35}	maŋ^{35}	maŋ^{35}	taŋ^{55}
小店	——	yə̃^{24}	po^{11}	pʰo^{11}	mo^{11}	mo^{11}	mo^{11}	to^{11}
尖草坪	yəʔ^{2}	yʌŋ^{35}	pɔ^{33}	pʰɔ^{33}	mɔ^{33}	mɔ^{33}	mɔ^{33}	tɔ^{33}
晋源	y^{35}	yn^{35}	pɔ^{11}	pʰɔ^{11} 白 / pʰaŋ^{11} 文	mɔ^{11}	mɔ^{11}	mɔ^{11}	tɔ^{11}/taŋ^{11} 文
阳曲	y^{454}	yə̃^{454}	pɔ^{312}	pʰɔ^{43}	mɔ^{43}	mɔ^{43}	mɔ^{43}	tɔ^{312}
古交	yəʔ^{4}	yəʔ^{4}	pɔ^{44}	pʰɔ^{44}	mɔ^{44}	mɔ^{44}	mɔ^{44}	tɔ^{44}
清徐	yəʔ^{1}	yəŋ^{45}	pɒ^{11}	pɒ^{11} 白 / pʰɒ^{11} 文	mɒ^{11}	vɒ^{11} 白 / mɒ^{11} 文	mɒ^{11}	tɒ^{11}
娄烦	y^{54}	yəŋ^{54}	pə^{33}	pʰə^{33}	mə^{33}	mə^{33}	mə^{33}	tɑ̃^{33}
榆次	y^{35}	yɤ̃^{35}	pɒ^{11}	pʰɒ^{11}	mɒ^{11}	mɒ^{11}	mɒ^{11}	tɒ^{11}
交城	yəʔ^{1}	yə̃^{24}	pɤ^{11}	pʰɤ^{11}	mɤ^{11}	uɤ^{11} 白 / mɤ^{11} 文	mɤ^{11}	tɤ^{11}
文水	yəʔ^{2}/ɥ^{35}	yəŋ^{35}	pu^{22} 白 / paŋ^{22} 文	pʰaŋ^{22}	mu^{22} 白 / maŋ^{22} 文	maŋ^{22}	maŋ^{22}	tu^{22} 白 / taŋ^{22} 文
祁县	yəʔ$^{\underline{32}}$	iəm^{45}	pɑ̃^{31}	pʰɑ̃^{31}	mɯ^{31} 白 / mɑ̃^{31} 文	u^{31} 白 / mɑ̃^{31} 文	mɑ̃^{31}	ta^{31} 白 / tɑ̃^{31} 文
太谷	yəʔ^{3}	yə̃^{53}	puo^{33}	pʰuo^{33}	muo^{33}	vuo^{33}/ muo^{33}	muo^{33}	tɒ^{33}
平遥	y^{213}	yʌʔ$^{\underline{212}}$ 白 / yəŋ^{24} 文	pɑ̃^{213}	pʰɑ̃^{213}	muə^{213} 白 / mɑ̃^{213} 文	mɑ̃^{213}	mɑ̃^{213}	tɑ̃^{213}
孝义	y^{454}	yə̃^{454}	puə^{33}	pʰuə^{33}	muə^{33}	muə^{33}	mɑ̃^{33}	tɒ^{33}/ 白 tɑ̃^{33} 文
介休	y^{45}	yn^{45}	puɤ 白 / pæ̃^{13} 文	pʰæ̃^{13}	muɤ^{13} 白 / mæ̃^{13} 文	uɤ^{13} 白 / mæ̃^{13} 文	mæ̃^{13}	tuɤ^{13} 白 / tæ̃^{13} 文
灵石	y^{53}	yŋ^{53}	pɒ̃^{535}	pʰɒ̃^{44}	mɤ^{44} 白 / mɒ̃^{44} 文	mɒ̃^{44}	mɒ̃^{44}	tɒ̃^{535}
盂县	y^{55}	yə̃^{55}	puo^{412} 白 / pæ̃^{412} 文	pʰæ̃^{22}	muo^{22} 白 / mæ̃^{22} 文	muo^{22} 白 / uo^{22} 白 / mæ̃^{22} 文	mæ̃^{22}	tɤo^{412} 白 / tæ̃^{412} 文
寿阳	zɥ^{45}	yə̃^{45}	pɒo^{31}	pʰɒo^{22}	mɒo^{22}	mɒo^{22}	mɒo^{22}	tɒo^{31}
榆社	——	yer^{45}	pɔu^{22}	pʰɔu^{22}	mɔu^{22}	mɔu^{22}	mɔu^{22}	tɔu^{22}
离石	yeʔ^{4}	yəŋ^{53}	puə^{24}	pʰuə^{44}	muə^{44}	muə^{44}	muə^{44}	tɔ^{24}
汾阳	ɥ^{55}	yŋ^{55}/yaʔ^{2}	puɔ^{324}	pʰuɔ^{22}	muɔ^{22}	muɔ^{22}	muɔ^{22}	tuɔ^{324}
中阳	yeʔ^{4}	yə̃^{53}	pɒ^{24}	pʰɒ^{33}	mɒ^{33}/mɤ^{33}	mɒ^{33}	mɒ^{33}	tɒ^{24}

续表

字目	郁忧~	熨	帮	旁	忙	芒	茫	当应~
中古音 / 方言点	纡物 臻合三 入物影	纡问 臻合三 去问影	博旁 宕开一 平唐帮	步光 宕开一 平唐並	莫郎 宕开一 平唐明	莫郎 宕开一 平唐明	莫郎 宕开一 平唐明	都郎 宕开一 平唐端
柳林	——	yə̃^{53}	po^{24}	pʰo^{44}	mo^{44}	mo^{44}	mo^{44}	tɔ^{24}
方山	y^{52}	yə̃ŋ^{52}	puə^{24}	pʰuə^{44}	muə^{44}	muə^{44}	muə^{44}	tɔ^{24}
临县	yɐʔ^{3}	yə̃^{52}	puɤ^{24}	puɤ^{33}	muɤ^{33}	muɤ^{33}	muɤ^{33}	tɒ^{24}
兴县	y^{53}	yəʔ^{5}	pɤ^{324}	pʰɤ^{55}	muɤ^{55}	muɤ^{55}	muɤ^{55}	tɤ^{324}
岚县	y^{53}	yəŋ^{53}/yəʔ^{4}	puə^{214}	pʰuə^{44}	muə^{44}	muə^{44}	muə^{44}	tuə^{214}
静乐	yəʔ^{4}	yɤ̃^{53}	pɑ̃^{24}	pʰɑ̃^{33}	mɑ̃^{33}	mɑ̃^{33}	mɑ̃^{33}	tɑ̃^{24}
交口	y^{53}	yəŋ^{53}	pə^{323} 白 / pɑ̃^{323} 文	pʰɑ̃^{323}	mə^{44} 白 / mɑ̃^{44} 文	mə^{44} 白 / mɑ̃^{44} 文	mɑ̃^{44}	tɑ̃^{323}
石楼	y^{51}	yəŋ^{51}	puə^{213} 白 / paŋ^{213} 文	pʰaŋ^{44}	muə^{44} 白 / maŋ^{44} 文	maŋ^{44}	maŋ^{44}	taŋ^{213}
隰县	y^{44}	yəŋ^{44}	pæ^{53}	pʰaŋ^{24}	maŋ^{24}	maŋ^{24}	maŋ^{24}	tæ^{53}
大宁	——	yən^{55}	pɛ̃^{31}	pʰɛ̃^{24}	mɛ̃^{24}	uo^{24} 白 / mɛ̃^{24} 文	mɛ̃^{24}	tɛ̃^{31}
永和	——	yəŋ^{53}	pɑ̃^{33}	pʰɑ̃^{35}	muɤ^{35} 白 / mɑ̃^{35} 文	mɑ̃^{35}	mɑ̃^{35}	tɑ̃^{33}
汾西	ny^{53} 文 /y^{53}	yəŋ^{53}	pɑ̃^{11}	pʰɑ̃^{35}	mɯ^{35} 白 / mɑ̃^{35} 文	mɯ^{35} 白 / mɑ̃^{35}	mɑ̃^{35}	tɯ^{11} 白 / tɯ^{55} 白 /tɑ̃^{11}
蒲县	y^{33}	yeĩ^{33}	pɑŋ^{52}	pʰɑŋ^{24}	mɑŋ^{24}	mɑŋ^{24}	mɑŋ^{24}	tɑŋ^{52}
潞州	y^{44}	yŋ^{54}	paŋ^{54}	pʰaŋ^{24}	maŋ^{24}	maŋ^{24}	maŋ^{24}	taŋ^{312}
上党	y^{42}	yŋ^{22}	pɑŋ^{213}	pʰɑŋ^{44}	mɑŋ^{44}	mɑŋ^{44}	mɑŋ^{44}	tɑŋ^{213}
长子	y^{53}	yɛ̃^{53}	paŋ^{312}	pʰaŋ^{24}	maŋ^{24}	maŋ^{24}	maŋ^{24}	taŋ^{312}
屯留	y^{11}	yəʔ^{1}	pɑŋ^{31}	pʰɑŋ^{11}	mɑŋ^{11}	mɑŋ^{11}	mɑŋ^{11}	tɑŋ^{31}
襄垣	yʌʔ$^{\underline{45}}$	yʌʔ^{53}	pɒ^{33}	pʰɒ^{31}	mɒ^{31}	mɒ^{31}	mɒ^{31}	tɒ^{33}
黎城	y^{53}	yẽ^{53}	pɑŋ^{33}	pɑŋ^{53}	mɑŋ^{53}	mɑŋ^{53}	mɑŋ^{53}	tɑŋ^{33}
平顺	y^{53}	yɛ̃^{53}	paŋ^{213}	pʰaŋ^{13}	maŋ^{13}	maŋ^{13}	maŋ^{13}	taŋ^{213}
壶关	y^{353}	yŋ^{42}	paŋ^{33}	pʰaŋ^{13}	maŋ^{13}	maŋ^{13}	maŋ^{13}	taŋ^{33}
沁县	yəʔ$^{\underline{31}}$	yə̃^{53}	pɔ^{224}	pʰɔ^{33}	mɔ^{33}	mɔ^{33}	mɔ^{214}	tɔ^{224}
武乡	yəʔ^{3}	yɐŋ^{55}	pɔ̃^{113}	pʰɔ̃^{33}	mɔ̃^{33}	mɔ̃^{33}	mɔ̃^{33}	tɔ̃^{113}
沁源	y^{53}	yə̃^{53}	puə^{324}	pʰuə^{33}	muə^{33}	muə^{33}	muə^{33}	tʌ̃^{324}
安泽	y^{53}	yəŋ^{53}	pʌŋ^{21}	pʰʌŋ^{35}	mʌŋ^{35}	mʌŋ^{35}	mʌŋ^{35}	tʌŋ^{21}
沁水端氏	y^{53}	yŋ^{53}	pɑŋ^{21}	pʰɑŋ^{24}	mɑŋ^{24}	mɑŋ^{24}/ vɑŋ^{24}	mɑŋ^{24}	tɑŋ^{21}

续表

字目	郁忧～	熨	帮	旁	忙	芒	茫	当应～
中古音／方言点	纡物 臻合三 入物影	纡问 臻合三 去问影	博旁 宕开一 平唐帮	步光 宕开一 平唐並	莫郎 宕开一 平唐明	莫郎 宕开一 平唐明	莫郎 宕开一 平唐明	都郎 宕开一 平唐端
阳城	y^{51}	yə̃ĩ^{51}	pɑ̃ŋ^{224}	pʰɑ̃ŋ^{22}	mɑ̃ŋ^{22} 文	vɑ̃ŋ^{22} 白／mɑ̃ŋ^{22} 文	mɑ̃ŋ^{22}	tɑ̃ŋ^{224}
高平	i^{53}	iə̃ĩ^{53}	pɔ̃^{33}	pʰɔ̃^{33}	mɔ̃^{33}	vɔ̃^{33} 白／mɔ̃^{33} 文	mɔ̃^{33}	tɔ̃^{33}
陵川	ỵ^{24}	yə̃ĩ^{24}	pɑŋ^{33}	pʰɑŋ^{53}	mɑŋ^{53}	mɑŋ^{53}	mɑŋ^{53}	tɑŋ^{33}
晋城	y^{53}	yẽ^{53}	pɒ̃^{33}	pʰɒ̃^{324}	mɒ̃^{324}	mɒ̃^{324}/uɒ̃^{324}	mɒ̃^{324}	tɒ̃^{33}
忻府	y^{53}	yəŋ^{53}	pɛ^{313} 白／pɑ̃^{313} 文	pʰɑ̃^{21}	mɛ^{21} 白／mɑ̃^{21} 文	mɛ^{21} 白／mɑ̃^{21} 文	mɑ̃^{21}	tɑ̃^{313}
原平	yʉ^{53}	yəŋ^{53}	puɔ^{213}	pʰuɔ^{33}	muɔ^{33}	muɔ^{33}	muɔ^{33}	tɔ^{213}
定襄	y^{53}	yəŋ^{53}	puə^{24}	pʰuə^{33}	muə^{33}	muə^{33}	muə^{33}	tæ^{24}
五台	y^{52}	yən^{52}	puɔ^{213}	pʰuɔ^{33}/pʰæn^{33}	muɔ^{33}	mæn^{33}	mæn^{33}	tɔ^{213}/tæn^{213}
岢岚	yɛʔ^{4}	yəŋ^{52}	pɔ^{13}	pʰɔ^{44}	mɔ^{44}	mɔ^{44}	mɔ^{44}	tɔ^{13}
五寨	yɛʔ^{4}	yəɣ̃^{52}	pɒ^{13}	pʰɒ^{44}	mɒ^{44}	mɒ^{44}	mɒ^{44}	tɒ^{13}
宁武	yəʔ^{4}	yɤɯ^{52}	pɒ^{23}	pʰɒ^{33}	mɒ^{33}	mɒ^{33}	mɒ^{33}	tɒ^{23}
神池	yəʔ^{4}	yə̃^{52}	pɒ^{24}	pʰɒ^{32}	mɒ^{32}	mɒ^{32}	mɒ^{32}	tɒ^{24}
繁峙	y^{24}	yəŋ^{24}	pɔ^{53}	pʰɔ^{31}	mɔ^{31}	mɔ^{31}	mɔ^{31}	tɔ^{53}
代县	yəʔ^{2}	yɤŋ^{53}	puɔ^{213}	puɔ^{53}	muɔ^{44}	muɔ^{44}	muɔ^{44}	tuɔ^{213}
河曲	yəʔ^{4}	yŋ^{52}	pɒ^{213}	pʰɒ^{44}	mɒ^{44}	mɒ^{44}	mɒ^{44}	tɒ^{213}
保德	y^{52}	yəŋ^{52}	pɔ^{213}	pʰɔ^{44}	mɔ^{44}	mɔ^{44}	mɔ^{44}	tɔ^{213}
偏关	ɥ^{52}	yɤŋ^{52}	pɒ^{24}	pʰɒ^{44}	mɒ^{44}	mɒ^{44}	mɒ^{44}	tɒ^{24}
朔城	y^{53}	yə̃^{53}	pɑ̃^{312}	pʰɑ̃^{35}	mɑ̃^{35}	mɑ̃^{35}	mɑ̃^{35}	tɑ̃^{312}
平鲁	——	yəɯ^{52}	pɒ^{213}	pʰɒ^{44}	mɒ^{44}	mɒ^{44}/uɒ^{44}	mɒ^{44}	tɒ^{213}
应县	yɛ^{43}	——	paŋ^{43}	pʰaŋ^{31}	maŋ^{31}	maŋ^{31}/vaŋ^{31}	maŋ^{31}	taŋ^{43}
灵丘	y^{53}	yŋ^{53}	pɒ^{442}	pʰɒ^{31}	mɒ^{31}	mɒ^{31}	mɒ^{31}	tɒ^{442}
浑源	y^{13}	yə̃^{13}	poʌ^{52}	pʰoʌ^{22}	moʌ^{22}	moʌ^{22}	moʌ^{22}	toʌ^{52}
云州	y^{24}	yəɣ^{24}	pɔ^{21}	pʰɔ^{312}	mɔ^{312}	mɔ^{312}	mɔ^{312}	tɔ^{21}
新荣	y^{24}	yɣ^{24}	pɔ^{32}	pʰɔ^{312}	mɔ^{312}	mɔ^{312}/vɔ^{312}	mɔ^{312}	tɔ^{32}
怀仁	yəʔ^{4}	yəŋ^{24}	pɒ^{42}	pʰɒ^{312}	mɒ^{312}	mɒ^{312}	mɒ^{312}	tɒ^{42}
左云	y^{24}	yəɣ^{24}	pɒ^{31}	pʰɒ^{313}	mɒ^{313}	mɒ^{313}	mɒ^{313}	tɒ^{31}
右玉	yəʔ^{4}	yə̃ɣ^{24}	pɒ^{31}	pʰɒ^{212}	mɒ^{212}	mɒ^{212}	mɒ^{212}	tɒ^{31}

续表

字目	郁忧~	熨	帮	旁	忙	芒	茫	当应~
中古音 方言点	纡物 臻合三 入物影	纡问 臻合三 去问影	博旁 宕开一 平唐帮	步光 宕开一 平唐並	莫郎 宕开一 平唐明	莫郎 宕开一 平唐明	莫郎 宕开一 平唐明	都郎 宕开一 平唐端
阳高	y^{24}	yəŋ^{24}	pɔ^{31}	p^{h}ɔ^{312}	mɔ^{312}	mɔ^{312}	mɔ^{312}	tɔ^{31}
山阴	——	——	pɒ^{313}	p^{h}ɒ^{313}	mɒ^{313}	mɒ^{313}/uɒ^{313}	mɒ^{313}	tɒ^{313}
天镇	yəʔ^{4}	yɤɣ^{22}	pɒ^{31}	p^{h}ɒ^{22}	mɒ^{22}	mɒ^{22}	mɒ^{22}	tɒ^{31}
平定	y^{24}	yɤŋ^{24}	pɑŋ^{31}	p^{h}ɑŋ^{44}	mɑŋ^{44}	mɑŋ^{44}	mɑŋ^{44}	tɑŋ^{31}
昔阳	yʌʔ$^{\underline{43}}$	yəŋ^{13}	pɔ̃u^{42}	p^{h}ɔ̃u^{33}	mɔ̃u^{33}	mɔ̃u^{33}	mɔ̃u^{33}	tɔ̃u^{42}
左权	y^{53}	iəŋ^{53} 白 / yəŋ^{53} 文	pɔ^{31}	p^{h}ɔ^{11}	mɔ^{11}	mɔ^{11}/vɔ^{11}	mɔ^{11}	tɔ^{31}
和顺	y^{13}	yəŋ^{13}	pɔ^{42}	p^{h}ɔ^{22}	mɔ^{22}	vɔ^{22} 白 / mɔ^{22} 文	mɔ^{22}	tɔ^{42}
尧都	y^{21}	yə̃^{44}	pɑŋ^{21}	p^{h}ɑŋ^{24}	mɑŋ^{24}	mɑŋ^{24} 文 / ʐ̩uo^{24} 白	mɑŋ^{24}	tɑŋ^{21}
洪洞	y^{21}	yen^{53}	po^{21} 白 / pɑŋ^{21} 文	p^{h}ɑŋ^{24}	mɑŋ^{24}	vo^{24} 白 / mɑŋ^{24} 文	mɑŋ^{24}	tɑŋ^{21} 白 / tɑŋ^{21} 文
洪洞赵城	y^{53}	yeŋ^{53}	po^{21} 白 / pɑ̃^{21} 文	pɑ̃^{24}	mɑ̃^{24}	mɑ̃^{24}	mɑ̃^{24}	tɑ̃^{53}
古县	y^{21}	yn^{53}	po^{21} 白 / pɑŋ^{21} 文	p^{h}ɑŋ^{35}	mɑŋ^{35}	vo^{35} 白 / mɑŋ^{35} 文	mɑŋ^{35}	tuo^{21} 白 / tɑŋ^{21} 文
襄汾	y^{21}	yen^{53}	pɑŋ^{21}	p^{h}ɑŋ^{24}	mɑŋ^{24}	mɑŋ^{24}	mɑŋ^{24}	tɑŋ^{21} 白 / tɔ^{21} 文
浮山	y^{42}	yẽĩ^{53}	pɑŋ^{42}	p^{h}ɑŋ^{13}	mɑŋ^{13}	mɑŋ^{13}	mɑŋ^{13}	tuo^{42} 白 / tɑŋ^{42} 文
霍州	y^{53}	yŋ^{212}	pɔ^{212} 白 / pɑŋ^{212} 文	p^{h}ɔ^{35} 白 / p^{h}ɑŋ^{35} 文	mɔ^{35} 白 / mɑŋ^{35} 文	mɔ^{35} 白 / mɑŋ^{35} 文	mɑŋ^{35}	tɑŋ^{212}
翼城	y^{53}	yŋ^{53}	pɔ^{53}	p^{h}ɔ^{12}	mɔ^{12}	mɔ^{12}	mɔ^{12}	tɔ^{53}
闻喜	y^{53}	——	pᴀŋ^{53}	p^{h}ᴀŋ^{13}	mᴀŋ^{13}	vɤ^{13} 白 / mᴀŋ^{13} 文	mᴀŋ^{13}	tᴀŋ^{53}
侯马	y^{213}	yeĩ^{53}	pɑŋ^{213}	mɑŋ^{213}	mɑŋ^{213}	fɑŋ^{213}	fɑŋ^{213}	t^{h}ɤ^{213} 白 / t^{h}ɑŋ^{213} 文
新绛	y^{53}	yɛ̃^{53}	pəŋ^{53}	p^{h}əŋ^{13}	məŋ^{13}	məŋ^{13}	məŋ^{13}	təŋ^{53}
绛县	y^{31}	yeĩ^{31}	pʌŋ^{53}	p^{h}ʌŋ^{24}	mʌŋ^{24}	mʌŋ^{24}/vʌŋ^{24}	mʌŋ^{24}	tʌŋ^{53}
垣曲	y^{53}	yə̃^{53}	pəŋ^{22}	p^{h}əŋ^{22}	məŋ^{22}	məŋ^{22}	məŋ^{22}	təŋ^{22}
夏县	y^{31}	yei^{31}	pəŋ^{53}	p^{h}əŋ^{42}	məŋ^{42}	məŋ^{42}	məŋ^{42}	təŋ^{53}
万荣	y^{33}	yei^{33}	paŋ^{51}	paŋ^{213}	maŋ^{213}	maŋ^{213}	maŋ^{213}	taŋ^{51}
稷山	y^{53}	yə̃^{53}	pʌŋ^{53}	p^{h}ʌŋ^{13}	mʌŋ^{13}	mʌŋ^{13}	mʌŋ^{13}	tʌŋ^{42}

续表

字目	**郁**忧~	**熨**	**帮**	**旁**	**忙**	**芒**	**茫**	**当**应~
中古音 方言点	纡物 臻合三 入物影	纡问 臻合三 去问影	博旁 宕开一 平唐帮	步光 宕开一 平唐並	莫郎 宕开一 平唐明	莫郎 宕开一 平唐明	莫郎 宕开一 平唐明	都郎 宕开一 平唐端
盐湖	y^{42}	yeĩ^{44}	paŋ^{42}	p^{h}aŋ^{13}	maŋ^{13}	maŋ^{13}	maŋ^{13}	taŋ^{42}
临猗	y^{42}	yeĩ^{44}	pɑŋ^{42}	p^{h}ɑŋ^{13}	mɑŋ^{13}	mɑŋ^{13}	mɑŋ^{13}	tɑŋ^{42}
河津	y^{44}	yẽ^{44}	paŋ^{31}	p^{h}aŋ^{324}	maŋ^{324}	vɤ^{324}白/ maŋ^{324}文	maŋ^{324}	taŋ^{31}
平陆	y^{33}	yei^{33}	paŋ^{31}	p^{h}aŋ^{13}	maŋ^{13}	maŋ^{13}	maŋ^{13}	taŋ^{31}
永济	y^{44}	yei^{44}	paŋ^{31}	p^{h}aŋ^{24}	maŋ^{31}	vo^{24}白/ maŋ^{24}文	maŋ^{31}	taŋ^{31}
芮城	y^{44}	yeĩ^{44}	paŋ^{42}	p^{h}aŋ^{13}	maŋ^{13}	maŋ^{13}	maŋ^{13}	taŋ^{42}
吉县	y^{53}	yei^{33}	pəŋ^{423}	p^{h}əŋ^{13}	məŋ^{13}	və^{13}白/ məŋ^{13}文	məŋ^{13}	təŋ^{423}
乡宁	y^{53}	yəŋ^{22}	paŋ^{53}	p^{h}aŋ^{12}	maŋ^{12}	maŋ^{12}	maŋ^{12}	taŋ^{53}
广灵	y^{213}	yŋ^{213}	pɔ^{53}	p^{h}ɔ^{31}	mɔ^{31}	mɔ^{31}	mɔ^{31}	tɔ^{53}

字目	汤	堂	棠	唐	塘	糖	囊	狼
中古音 / 方言点	吐郎 宕开一 平唐透	徒郎 宕开一 平唐定	徒郎 宕开一 平唐定	徒郎 宕开一 平唐定	徒郎 宕开一 平唐定	徒郎 宕开一 平唐定	奴当 宕开一 平唐泥	鲁当 宕开一 平唐来
北京	tʰaŋ^{55}	tʰaŋ^{35}	tʰaŋ^{35}	tʰaŋ^{35}	tʰaŋ^{35}	tʰaŋ^{35}	naŋ^{35}	laŋ^{35}
小店	tʰo^{11}	tʰo^{11}	tʰo^{11}	tʰo^{11}	tʰo^{11}	tʰo^{11}	no^{11}	lo^{11}
尖草坪	tʰɔ^{33}	tʰɔ^{33}	tʰɔ^{33}	tʰɔ^{33}	tʰɔ^{33}	tʰɔ^{33}	nɔ^{33}	lɔ^{33}
晋源	tʰɔ^{11}	tʰɔ^{11}	tʰɔ^{11}	tʰɔ^{11}	tʰɔ^{11}	tʰɔ^{11}	nɔ^{11}	lɔ^{11}
阳曲	tʰɔ^{312}	tʰɔ^{43}	tʰɔ^{43}	tʰɔ^{43}	tʰɔ^{43}	tʰɔ^{43}	nɔ^{43}	lɔ^{43}
古交	tʰɔ^{44}	tʰɔ^{44}	tʰɔ^{44}	tʰɔ^{44}	tʰɔ^{44}	tʰɔ^{44}	nɔ^{44}	lɔ^{44}
清徐	tʰɒ^{11}	tʰɒ^{11}	tʰɒ^{11}	tʰɒ^{11}	tʰɒ^{11}	tʰɒ^{11}	nɒ^{54}	lɒ^{11}
娄烦	tʰɑ̃^{33}	tʰɑ̃^{33}	tʰɑ̃^{33}	tʰɑ̃^{33}	tʰɑ̃^{33}	tʰɑ̃^{33}	nɑ̃^{33}	lɑ̃^{33}
榆次	tʰɒ^{11}	tʰɒ^{11}	tʰɒ^{11}	tʰɒ^{11}	tʰɒ^{11}	tʰɒ^{11}	nɒ^{11}	lɒ^{11}
交城	tʰɤ^{11}	tɤ^{11} 白 / tʰɤ^{11} 文	tʰɤ^{11}	tʰɤ^{11}	tʰɤ^{11}	tʰɤ^{11}	nɤ^{11}	lɤ^{11}
文水	tʰu^{22} 白 / tʰaŋ^{22} 文	tu^{22} 白 / tʰaŋ^{22} 文	tʰaŋ^{22}	tʰaŋ^{22}	tʰaŋ^{22}	tʰu^{22} 白 / tʰaŋ^{22} 文	naŋ^{22}	lu^{22} 白 / laŋ^{22} 文
祁县	tʰa^{31} 白 / tʰɑ̃^{31} 文	tʰɑ̃^{31}	tʰɑ̃^{31}	tʰɑ̃^{31}	tʰɑ̃^{31}	tʰɑ̃^{31}	nɑ̃^{31}	lɑ̃^{31}
太谷	tʰɒ^{33}	tʰɒ^{33}	tʰɒ^{33}	tʰɒ^{33}	tʰɒ^{33}	tʰɒ^{33}	nɒ^{33}	lɒ^{33}
平遥	tʰuə^{213} 白 / tʰɑ̃^{213} 文	tʰɑ̃^{24}	tʰɑ̃^{24}	tʰɑ̃^{24}	tʰɑ̃^{24}	tʰɑ̃^{213}	nɑ̃^{512}	lɑ̃^{213}
孝义	tʰɒ^{33}	tʰɒ^{33}	tʰa^{33}	tʰa^{33}	tʰa^{33}	tʰa^{33}	nᴇ^{33}	lɒ^{33}
介休	tʰuɤ^{13} 白 / tʰæ̃^{13} 文	tʰæ̃^{13}	tuɤ^{13} 白 / tʰæ̃^{13} 文	tʰæ̃^{13}	tʰæ̃^{13}	tʰæ̃^{13}	næ̃^{13}	luɤ^{13} 白 / læ̃^{13} 文
灵石	tʰuɤ^{535} 白 / tʰɒ̃^{535} 文	tʰɒ̃^{44}	tʰɒ̃^{44}	tʰɒ̃^{44}	tʰɒ̃^{44}	tʰɒ̃^{44}	nɒ̃^{44}	luɤ^{44}
盂县	tʰɤo^{412} 白 / tʰæ̃^{412} 文	tʰɤo^{22} 白 / tʰæ̃^{22} 文	tʰæ̃^{22}	tʰæ̃^{22}	tʰɤo^{22} 白 / tʰæ̃^{22} 文	tʰɤo^{22}	nɤo^{22} 白 / næ̃^{22} 文 / næ̃^{53} 文	læ̃^{22}
寿阳	tʰɒo^{31}	tʰɒo^{22}	tʰɒo^{22}	tʰɒo^{22}	tʰɒo^{22}	tʰɒo^{22}	nɒo^{22}	lɒo^{22}
榆社	tʰɔu^{22}	tʰɔu^{22}	tʰɔu^{22}	tʰɔu^{22}	tʰɔu^{22}	tʰɔu^{22}	nɔu^{22}	nɔu^{22}
离石	tʰɔ^{24}	tʰɔ^{44}	tʰɔ^{44}	tʰɔ^{44}	tʰɔ^{44}	tʰɔ^{44}	nɔ^{44}	lɔ^{44}
汾阳	tʰuɔ^{324}	tʰuɔ^{22}	tʰuɔ^{22}	tʰuɔ^{22}	tʰuɔ^{22}	tʰuɔ^{22}	nuɔ^{22}	luɔ^{22}
中阳	tʰɒ^{24}	tʰɒ^{33}	tʰɒ^{33}	tʰɒ^{33}	tʰɒ^{33}	tʰɒ^{33}	nɒ^{33}	lɒ^{33}
柳林	tʰɔ^{24}	tʰɔ^{44}	tʰɔ^{44}	tʰɔ^{44}	tʰɔ^{44}	tʰɔ^{44}	nɔ^{44}	lɔ^{44}
方山	tʰɔ^{24}	tʰɔ^{44}	tʰɔ^{44}	tʰɔ^{44}	tʰɔ^{44}	tʰɔ^{44}	nɔ^{44}	lɔ^{44}
临县	tʰɒ^{24}	tʰɒ^{33}	tʰɒ^{33}	tʰɒ^{33}	tʰɒ^{33}	tʰɒ^{33}	nɒ^{24}	lɒ^{33}

续表

字目	汤	堂	棠	唐	塘	糖	囊	狼
中古音 / 方言点	吐郎 宕开一 平唐透	徒郎 宕开一 平唐定	徒郎 宕开一 平唐定	徒郎 宕开一 平唐定	徒郎 宕开一 平唐定	徒郎 宕开一 平唐定	奴当 宕开一 平唐泥	鲁当 宕开一 平唐来
兴县	tʰɤ^{324}	tʰɤ^{55}	tʰɤ^{55}	tʰɤ^{55}	tʰɤ^{55}	tʰɤ^{55}	nɤ^{55}	lɤ^{55}
岚县	tʰuə^{214}	tʰuə^{44}	tʰuə^{44}	tʰuə^{44}	tʰuə^{44}	tʰuə^{44}	nuə^{44}	luə^{44}
静乐	tʰɑ̃^{24}	tʰɑ̃^{33}	tʰɑ̃^{33}	tʰɑ̃^{33}	tʰɑ̃^{33}	tʰɑ̃^{33}	nɑ̃^{33}	lɑ̃^{33}
交口	tʰə^{323} 白 / tʰɑ̃^{323} 文	tʰɑ̃^{44}	tʰɑ̃^{44}	tʰɑ̃^{44}	tʰɑ̃^{44}	tʰɑ̃^{44}	nɑ̃^{44}	lə^{44}
石楼	tʰuə^{213} 白 / tʰɑŋ^{213} 文	tʰɑŋ^{44}	tʰɑŋ^{44}	tʰɑŋ^{44}	tʰɑŋ^{44}	tʰɑŋ^{44}	nɑŋ^{213}	luə^{44} 白 / lɑŋ^{44} 文
隰县	tʰɤ^{53} 白 / tʰæ^{44} 文	tʰaŋ^{24}	tʰaŋ^{24}	tʰaŋ^{24}	tʰaŋ^{24}	tʰaŋ^{24}	naŋ^{24}	lɤ^{24} 白 / laŋ^{24} 文
大宁	tʰuo^{31} 白 / tʰɛ̃^{31} 文	tʰɛ̃^{24}	tʰɛ̃^{24}	tʰɛ̃^{24}	tʰɛ̃^{24}	tʰɛ̃^{24}	nɛ̃^{31}	luo^{24} 白 / lɛ̃^{24} 文
永和	tʰuɤ^{35} 白 / tʰɑ̃^{33} 文	tʰɑ̃^{35}	tʰɑ̃^{35}	tʰɑ̃^{35}	tʰɑ̃^{35}	tʰɑ̃^{35}	nɑ̃^{35}	lɑ̃^{35}
汾西	tʰɯ^{11} 白 / tʰɑ̃^{11} 文	tɯ^{35} 白 / tʰɑ̃^{35}	tʰɑ̃^{35}	tʰɑ̃^{35}	tʰɑ̃^{35}	tʰɑ̃^{35}	nɑ̃^{11}	lɯ^{35} 白 /lɑ̃^{11}
蒲县	tʰuo^{52} 白 / tʰɑŋ^{52} 文	tʰɑŋ^{24}	tʰɑŋ^{24}	tʰɑŋ^{24}	tʰɑŋ^{24}	tʰɑŋ^{24}	nɑŋ^{31}	lɑŋ^{24}
潞州	tʰaŋ^{312}	tʰaŋ^{24}	tʰaŋ^{24}	tʰaŋ^{24}	tʰaŋ^{24}	tʰaŋ^{24}	naŋ^{24}	laŋ^{24}
上党	tʰɑŋ^{213}	tʰɑŋ^{44}	tʰɑŋ^{44}	tʰɑŋ^{44}	tʰɑŋ^{44}	tʰɑŋ^{44}	nɑŋ^{44}	lɑŋ^{44}
长子	tʰaŋ^{312}	tʰaŋ^{24}	tʰaŋ^{24}	tʰaŋ^{24}	tʰaŋ^{24}	tʰaŋ^{24}	naŋ^{24}	laŋ^{24}
屯留	tʰɑŋ^{31}	tʰɑŋ^{11}	tʰɑŋ^{11}	tʰɑŋ^{11}	tʰɑŋ^{11}	tʰɑŋ^{11}	nɑŋ^{11}	lɑŋ^{11}
襄垣	tʰɒ^{33}	tʰɒ^{31}	tʰɒ^{31}	tʰɒ^{31}	tʰɒ^{31}	tʰɒ^{31}	nɒ^{31}	lɒ^{31}
黎城	tʰɑŋ^{33}	tʰɑŋ^{53}	tʰɑŋ^{53}	tʰɑŋ^{53}	tʰɑŋ^{53}	tʰɑŋ^{53}	nɑŋ^{33}	lɑŋ^{53}
平顺	tʰaŋ^{213}	tʰaŋ^{13}	tʰaŋ^{13}	tʰaŋ^{13}	tʰaŋ^{13}	tʰaŋ^{13}	naŋ^{13}	laŋ^{13}
壶关	tʰaŋ^{33}	tʰaŋ^{13}	tʰaŋ^{13}	tʰaŋ^{13}	tʰaŋ^{13}	tʰaŋ^{13}	naŋ^{13}	laŋ^{13}
沁县	tʰɔ^{224}	tʰɔ^{33}	tʰɔ^{33}	tʰɔ^{33}	tʰɔ^{33}	tʰɔ^{33}	nɔ^{33}	lɔ^{33}
武乡	tʰɔ̃^{113}	tʰɔ̃^{33}	tʰɔ̃^{33}	tʰɔ̃^{33}	tʰɔ̃^{33}	tʰɔ̃^{33}	nɔ̃^{33}	lɔ̃^{33}
沁源	tʰʌ̃^{324}	tʰʌ̃^{33}	tʰʌ̃^{33}	tʰʌ̃^{33}	tʰʌ̃^{33}	tʰʌ̃^{33}	nʌ̃^{33}	lʌ̃^{33}
安泽	tʰʌŋ^{21}	tʰʌŋ^{35}	tʰʌŋ^{35}	tʰʌŋ^{35}	tʰʌŋ^{35}	tʰʌŋ^{35}	nʌŋ^{21}	lʌŋ^{35}
沁水端氏	tʰɑŋ^{21}	tʰɑŋ^{24}	tʰɑŋ^{24}	tʰɑŋ^{24}	tʰɑŋ^{24}	tʰɑŋ^{24}	nɑŋ^{24}	lɑŋ^{24}
阳城	tʰɑ̃ŋ^{224}	tʰɑ̃ŋ^{22}	tʰɑ̃ŋ^{22}	tʰɑ̃ŋ^{22}	tʰɑ̃ŋ^{22}	tʰɑ̃ŋ^{22}	nɑ̃ŋ^{22}	lɑ̃ŋ^{22}
高平	tʰɔ̃^{33}	tʰɔ̃^{33}	tʰɔ̃^{33}	tʰɔ̃^{33}	tʰɔ̃^{33}	tʰɔ̃^{33}	nɔ̃^{33}	nɔ̃^{33}
陵川	tʰɑŋ^{33}	tʰɑŋ^{53}	tʰɑŋ^{53}	tʰɑŋ^{53}	tʰɑŋ^{53}	tʰɑŋ^{53}	nɑŋ^{53}	lɑŋ^{53}

续表

字目	汤	堂	棠	唐	塘	糖	囊	狼
中古音／方言点	吐郎 宕开一 平唐透	徒郎 宕开一 平唐定	徒郎 宕开一 平唐定	徒郎 宕开一 平唐定	徒郎 宕开一 平唐定	徒郎 宕开一 平唐定	奴当 宕开一 平唐泥	鲁当 宕开一 平唐来
晋城	tʰɒ̃^{33}	tʰɒ̃^{213}	tʰɒ̃^{213}	tʰɒ̃^{213}	tʰɒ̃^{213}	tʰɒ̃^{213}	nɒ̃^{324}	lɒ̃^{324}
忻府	tʰe^{313} 白 / tʰɑ̃^{313} 文	tʰɑ̃^{21}	tʰɑ̃^{21}	tʰɑ̃^{21}	tʰɑ̃^{21}	tʰɑ̃^{21}	nɑ̃^{21}	lɑ̃^{21}
原平	tʰɔ^{213}	tʰɔ^{33}	tʰɔ^{33}	tʰɔ^{33}	tʰɔ^{33}	tʰɔ^{33}	nɔ^{213}	lɔ^{33}
定襄	tʰɔ^{24}	tʰɔ^{11}	tʰɔ^{11}	tʰæ^{11}	tʰæ^{11}	tʰæ^{11}	nɔ^{11}	lɔ^{11}
五台	tʰɔ^{213}	tʰæn^{33}	tʰæn^{33}	tʰæn^{33}	tʰæn^{33}	tʰæn^{33}	næn^{33}	lɔ^{33}
岢岚	tʰɔ^{13}	tʰɔ^{44}	tʰɔ^{44}	tʰɔ^{44}	tʰɔ^{44}	tʰɔ^{44}	nɔ^{44}	lɔ^{44}
五寨	tʰɒ^{13}	tʰɒ^{44}	tʰɒ^{44}	tʰɒ^{44}	tʰɒ^{44}	tʰɒ^{44}	nɒ^{44}	lɒ^{44}
宁武	tʰɒ^{23}	tʰɒ^{33}	tʰɒ^{33}	tʰɒ^{33}	tʰɒ^{33}	tʰɒ^{33}	nɒ^{23}	lɒ^{33}
神池	tʰɒ^{24}	tʰɒ^{32}	tʰɒ^{32}	tʰɒ^{32}	tʰɒ^{32}	tʰɒ^{32}	nɒ^{32}	lɒ^{32}
繁峙	tʰɔ^{53}	tʰɔ^{31}	tʰɔ^{31}	tʰɔ^{31}	tʰɔ^{31}	tʰɔ^{31}	nɔ^{31}	lɔ^{31}
代县	tʰuɔ^{213}	tʰuɔ^{44}	tʰuɔ^{44}	tʰuɔ^{44}	tʰuɔ^{44}	tʰuɔ^{44}	nuɔ^{44}	luɔ^{44}
河曲	tʰɒ^{213}	tʰɒ^{44}	tʰɒ^{44}	tʰɒ^{44}	tʰɒ^{44}	tʰɒ^{44}	nɒ^{44}	lɒ^{44}
保德	tʰɔ^{213}	tʰɔ^{44}	tʰɔ^{44}	tʰɔ^{44}	tʰɔ^{44}	tʰɔ^{44}	nɔ^{44}	lɔ^{44}
偏关	tʰɒ^{24}	tʰɒ^{44}	tʰɒ^{44}	tʰɒ^{44}	tʰɒ^{44}	tʰɒ^{44}	nɒ^{44}	lɒ^{44}
朔城	tʰɑ̃^{312}	tʰɑ̃^{35}	tʰɑ̃^{35}	tʰɑ̃^{35}	tʰɑ̃^{35}	tʰɑ̃^{35}	nɑ̃^{35}	lɑ̃^{35}
平鲁	tʰɒ^{213}	tʰɒ^{44}	tʰɒ^{44}	tʰɒ^{44}	tʰɒ^{44}	tʰɒ^{44}	nɒ^{44}	lɒ^{44}
应县	tʰaŋ^{43}	tʰaŋ^{31}	tʰaŋ^{31}	tʰaŋ^{31}	tʰaŋ^{31}	tʰaŋ^{31}	naŋ^{43}	laŋ^{31}
灵丘	tʰɒ^{442}	tʰɒ^{31}	tʰɒ^{31}	tʰɒ^{31}	tʰɒ^{31}	tʰɒ^{31}	nɒ^{31}	lɒ^{31}
浑源	tʰoʌ^{52}	tʰoʌ^{22}	tʰoʌ^{22}	tʰoʌ^{22}	tʰoʌ^{22}	tʰoʌ^{22}	noʌ^{22}	loʌ^{22}
云州	tʰɔ^{21}	tʰɔ^{312}	tʰɔ^{312}	tʰɔ^{312}	tʰɔ^{312}	tʰɔ^{312}	nɔ^{312}	lɔ^{312}
新荣	tʰɔ^{32}	tʰɔ^{312}	tʰɔ^{312}	tʰɔ^{312}	tʰɔ^{312}	tʰɔ^{312}	nɔ^{312}	lɔ^{312}
怀仁	tʰɒ^{42}	tʰɒ^{312}	tʰɒ^{312}	tʰɒ^{312}	tʰɒ^{312}	tʰɒ^{312}	nɒ^{42}	lɒ^{312}
左云	tʰɒ^{31}	tʰɒ^{313}	tʰɒ^{313}	tʰɒ^{313}	tʰɒ^{313}	tʰɒ^{313}	nɒ^{313}	lɒ^{313}
右玉	tʰɒ^{31}	tʰɒ^{212}	tʰɒ^{212}	tʰɒ^{212}	tʰɒ^{212}	tʰɒ^{212}	nɒ^{31}	lɒ^{212}
阳高	tʰɔ^{31}	tʰɔ^{312}	tʰɔ^{312}	tʰɔ^{312}	tʰɔ^{312}	tʰɔ^{312}	nɔ^{31}	lɔ^{312}
山阴	tʰɒ^{313}	tʰɒ^{313}	tʰɒ^{313}	tʰɒ^{313}	tʰɒ^{313}	tʰɒ^{313}	nɒ^{313}	lɒ^{313}
天镇	tʰɒ^{31}	tʰɒ^{22}	tʰɒ^{22}	tʰɒ^{22}	tʰɒ^{22}	tʰɒ^{22}	nɒ^{55}	lɒ^{22}
平定	tʰɑŋ^{31}	tʰɑŋ^{44}	tʰɑŋ^{44}	tʰɑŋ^{44}	tʰɑŋ^{44}	tʰɑŋ^{44}	nɑŋ^{44}	lɑŋ^{44}
昔阳	tʰɔ̃u^{42}	tʰɔ̃u^{33}	tʰɔ̃u^{33}	tʰɔ̃u^{33}	tʰɔ̃u^{33}	tʰɔ̃u^{33}	nɔ̃u^{33}	lɔ̃u^{33}
左权	tʰɔ^{31}	tʰɔ^{11}	tʰɔ^{11}	tʰɔ^{11}	tʰɔ^{11}	tʰɔ^{11}	nɔ^{11}	lɔ^{11}

续表

字目	汤	堂	棠	唐	塘	糖	囊	狼
中古音 / 方言点	吐郎 宕开一 平唐透	徒郎 宕开一 平唐定	徒郎 宕开一 平唐定	徒郎 宕开一 平唐定	徒郎 宕开一 平唐定	徒郎 宕开一 平唐定	奴当 宕开一 平唐泥	鲁当 宕开一 平唐来
和顺	tʰɔ^{42}	tʰɔ^{22}	tʰɔ^{22}	tʰɔ^{22}	tʰɔ^{22}	tʰɔ^{22}	nɔ^{42}	lɔ^{22}
尧都	tʰɑŋ^{21} 文 / tʰuo^{21} 白	tʰɑŋ^{24}	tʰɑŋ^{24}	tʰɑŋ^{24}	tʰɑŋ^{24}	tʰɑŋ^{24}	nɑŋ^{24}	luo^{24} 白 / lɑŋ^{24} 文
洪洞	tʰo^{21} 白 / tʰɑŋ^{21} 文	tʰo^{24} 白 / tʰɑŋ^{24} 文	tʰɑŋ^{24}	tʰɑŋ^{24}	tʰɑŋ^{24}	tʰɑŋ^{24}	nɑŋ^{21}	lo^{24} 白 / lɑŋ^{24} 文
洪洞赵城	tʰo^{21} 白 / tʰɑ̃^{21} 文	tʰɑ̃^{24}	tʰɑ̃^{24}	tʰɑ̃^{24}	tʰɑ̃^{24}	tʰɑ̃^{24}	nɑ̃^{21}	lo^{24}
古县	tʰuo^{21} 白 / tʰɑŋ^{21} 文	tʰɑŋ^{35}	tʰɑŋ^{35}	tʰɑŋ^{35}	tʰɑŋ^{35}	tʰɑŋ^{35}	nɑŋ^{21}	luo^{35} 白 / lɑŋ^{35} 文
襄汾	tʰɔ^{21} 白 / tʰaŋ^{21} 文	tʰaŋ^{24}	tʰaŋ^{24}	tʰaŋ^{24}	tʰaŋ^{24}	tʰɔ^{24} 白 / tʰaŋ^{24} 文	naŋ^{24}	luɔ^{21} 白 / laŋ^{24} 文
浮山	tʰuo^{42}	tʰaŋ^{13}	tʰaŋ^{13}	tʰaŋ^{13}	tʰaŋ^{13}	tʰaŋ^{13}	naŋ^{13}	luo^{42} 白 / laŋ^{13} 文
霍州	tʰɔ^{212} 白 / tʰaŋ^{212} 文	tʰaŋ^{35}	tʰaŋ^{35}	tʰaŋ^{35}	tʰaŋ^{35}	tʰaŋ^{35}	laŋ^{212}	lɔ^{35} 白 / laŋ^{35} 文
翼城	tʰɔ^{53}	tɔ^{12}	tɔ^{12}	tɔ^{12}	tɔ^{12}	tɔ^{12}	nɔ^{12}	lɔ^{12}
闻喜	tʰɤ^{53} 白 / tʰᴀŋ^{53} 文	tʰᴀŋ^{13}	tʰᴀŋ^{13}	tʰᴀŋ^{13}	tʰᴀŋ^{13}	tʰᴀŋ^{13}	lᴀŋ^{13}	lᴀŋ^{13}/ luɤ^{13}
侯马	tʰɑŋ^{213}	tʰɑŋ^{213}	tʰɑŋ^{213}	tʰɑŋ^{53}	tʰɑŋ^{213}	tʰɤ^{213} 白 / tʰɑŋ^{213} 文	nɑŋ^{213}	lɑŋ^{53}
新绛	tʰɤ^{53}	tʰəŋ^{13}	tʰəŋ^{13}	tʰəŋ^{13}	tʰəŋ^{13}	tʰəŋ^{13}	nəŋ^{13}	lɤ^{13}
绛县	tʰʌŋ^{53}	tʰʌŋ^{24}	tʰʌŋ^{24}	tʰʌŋ^{24}	tʰʌŋ^{24}	tʰʌŋ^{24}	nʌŋ^{24}	lɤ^{24} 白 / lʌŋ^{24} 文
垣曲	tʰɤ^{22} 白 / tʰəŋ^{22} 文	tʰəŋ^{22}	tʰəŋ^{22}	tʰəŋ^{22}	tʰəŋ^{22}	tʰəŋ^{22}	nəŋ^{22}	lɤ^{22}
夏县	tʰɤ^{53} 白 / tʰəŋ^{53} 文	tʰəŋ^{42}	tʰəŋ^{42}	tʰəŋ^{42}	tʰəŋ^{42}	tʰəŋ^{42}	ləŋ^{24}	luɤ^{42} 白 / ləŋ^{42} 文
万荣	tʰɤ^{51} 白 / tʰaŋ^{51} 文	tʰaŋ^{213}	tʰaŋ^{213}	tʰaŋ^{213}	tʰaŋ^{213}	tʰaŋ^{213}	naŋ^{213}	luɤ^{213}
稷山	tʰɤ^{53}	tʰʌŋ^{13}	tʰʌŋ^{13}	tʰʌŋ^{13}	tʰʌŋ^{13}	tʰʌŋ^{13}	nʌŋ^{13}	luɤ^{13}
盐湖	tʰuo^{42} 白 / tʰaŋ^{42} 文	tʰaŋ^{13}	tʰaŋ^{13}	tʰaŋ^{13}	tʰaŋ^{13}	tʰaŋ^{13}	laŋ^{13}	luo^{13} 白 / laŋ^{13} 文
临猗	tʰuo^{42} 白 / tʰɑŋ^{42} 文	tʰɑŋ^{13}	tʰɑŋ^{13}	tʰɑŋ^{13}	tʰɑŋ^{13}	tʰɑŋ^{13}	lɑŋ^{13}	luo^{13} 白 / lɑŋ^{13} 文
河津	tʰɤ^{31} 白 / tʰaŋ^{31} 文	tʰaŋ^{324}	tʰaŋ^{324}	tʰaŋ^{324}	tʰaŋ^{324}	tʰaŋ^{324}	naŋ^{31}	luɤ^{324} 白 / laŋ^{324} 文

续表

字目	汤	堂	棠	唐	塘	糖	囊	狼
中古音 / 方言点	吐郎 宕开一 平唐透	徒郎 宕开一 平唐定	徒郎 宕开一 平唐定	徒郎 宕开一 平唐定	徒郎 宕开一 平唐定	徒郎 宕开一 平唐定	奴当 宕开一 平唐泥	鲁当 宕开一 平唐来
平陆	$t^hu\partial^{31}$ 白 / $t^ha\eta^{31}$ 文	$t^ha\eta^{13}$	$t^ha\eta^{13}$	$t^ha\eta^{13}$	$t^ha\eta^{13}$	$t^ha\eta^{13}$	$la\eta^{31}$	$lu\partial^{13}$ 白 / $la\eta^{13}$ 文
永济	$t^ha\eta^{31}$	$t^ha\eta^{24}$	$t^ha\eta^{24}$	$t^ha\eta^{24}$	$t^ha\eta^{24}$	$t^ha\eta^{24}$	$na\eta^{24}$	luo^{24} 白 / $la\eta^{31}$ 文
芮城	t^huo^{42} 白 / $t^ha\eta^{42}$ 文	$t^ha\eta^{13}$	$t^ha\eta^{13}$	$t^ha\eta^{13}$	$t^ha\eta^{13}$	$t^ha\eta^{13}$	$la\eta^{13}$	luo^{13} 白 / $la\eta^{13}$ 文
吉县	$t^h\partial^{423}$	$t^h\partial\eta^{13}$	$t^h\partial\eta^{13}$	$t^h\partial\eta^{13}$	$t^h\partial\eta^{13}$	$t^h\partial\eta^{13}$	$n\partial\eta^{423}$	$lu\partial^{13}$ 白 / $l\partial\eta^{13}$ 文
乡宁	$t^h\gamma^{53}$ 白 / $t^ha\eta^{53}$ 文	$t^ha\eta^{12}$	$t^ha\eta^{12}$	$t^ha\eta^{12}$	$t^ha\eta^{12}$	$t^ha\eta^{12}$	$na\eta^{12}$	$lu\gamma^{12}$ 白 / $la\eta^{12}$ 文
广灵	$t^h\text{ɔ}^{53}$	$t^h\text{ɔ}^{31}$	$t^h\text{ɔ}^{31}$	$t^h\text{ɔ}^{31}$	$t^h\text{ɔ}^{31}$	$t^h\text{ɔ}^{31}$	$n\text{ɔ}^{53}$/$n\text{ɔ}^{31}$	$l\text{ɔ}^{31}$

字目	郎	廊	赃	仓	苍	藏隐~	桑	丧婚~
中古音 方言点	鲁当 宕开一 平唐来	鲁当 宕开一 平唐来	则郎 宕开一 平唐精	七冈 宕开一 平唐清	七冈 宕开一 平唐清	昨郎 宕开一 平唐从	息郎 宕开一 平唐心	息郎 宕开一 平唐心
北京	laŋ^{35}	laŋ^{35}	tsaŋ^{55}	tsʰaŋ^{55}	tsʰaŋ^{55}	tsʰaŋ^{35}	saŋ^{55}	saŋ^{55}
小店	lo^{11} 白 / lɑ^{11} 文	lo^{11}	tso^{11}	tsʰo^{11}	tsʰo^{11}	tsʰo^{11}	so^{11}	so^{11}
尖草坪	lɔ^{33}	lɔ^{33}	tsɔ^{33}	tsʰɔ^{33}	tsʰɔ^{33}	tsʰɔ^{33}	sɔ^{33}	sɔ^{33}
晋源	lɔ^{11}	lɔ^{11}	tsɔ^{11}	tsʰɔ^{11}	tsʰɔ^{11}	tsʰɔ^{11}	ɕiɔ^{11}	sɔ^{11}
阳曲	lɔ^{43}	lɔ^{43}	tsɔ^{312}	tsʰɔ^{312}	tsʰɔ^{312}	tsʰɔ^{43}	sɔ^{312}	sɔ^{312}
古交	lɔ^{44}	lɔ^{44}	tsɔ^{44}	tsʰɔ^{44}	tsʰɔ^{44}	tsʰɔ^{44}	sɔ^{44}	sɔ^{44}
清徐	lɒ^{11}	lɒ^{11}	tsɒ^{11}	tsʰɒ^{11}	tsʰɒ^{11}	tsʰɒ^{11}	sɒ^{11}	sɒ^{11}
娄烦	lɑ̃^{33}	lɑ̃^{33}	tsɑ̃^{33}	tsʰɑ̃^{33}	tsʰɑ̃^{33}	tsʰɑ̃^{33}	sɑ̃^{33}	sɑ̃^{33}
榆次	lɒ^{11}	lɒ^{11}	tsɒ^{11}	tsʰɒ^{11}	tsʰɒ^{11}	tsʰɒ^{11}	sɒ^{11}	sɒ^{35}
交城	lɤ^{11}	lɤ^{11}	tsɤ^{11}	tsʰɤ^{11}	tsʰɤ^{11}	tɕiɤ^{11} 白 / tsʰɤ^{11} 文	sɤ^{11}	sɤ^{11}
文水	laŋ^{22}	laŋ^{22}	tsaŋ^{22}	tsʰu^{22} 白 / tsʰaŋ^{22} 文	tsʰaŋ^{22}	tɕiu^{22} 白 / tsʰaŋ^{22} 文	su^{22} 白 / saŋ^{22} 文	saŋ^{22}
祁县	lɑ̃^{31}	lɑ̃^{31}	tsɑ̃^{31}	tsʰa^{31} 白 / tsʰɑ̃^{31} 文	tsʰɑ̃^{31}	tsʰɑ̃^{31}	sa^{31} 白 / sɑ̃^{31} 文	sa^{31} 白 / sɑ̃^{31} 文
太谷	lɒ^{33}	lɒ^{33}	tsɒ^{33}	tsʰɒ^{33}	tsʰɒ^{33}	tsʰɒ^{33}	sɒ^{33}	sɒ^{33}
平遥	lɑ̃^{213}	lɑ̃^{213}	tsɑ̃^{213}	tsyə^{213} 白 / tsɑ̃^{213} 文	tsɑ̃^{213}	tɕyə^{24}	suə^{213} 白 / sɑ̃^{213} 文	sɑ̃^{213}
孝义	lã^{33}	lã^{33}	tsã^{33}	tsʰuə^{33} 白 / tsʰã^{33} 文	tsʰã^{33}	tsuə^{33}	suə^{33}	suə^{33} 白 / sã^{33} 文
介休	læ̃^{13}	læ̃^{13}	tsæ̃^{13}	tɕʰyɤ^{13} 白 / tsʰæ̃^{13} 文	tsʰæ̃^{13}	tɕyɤ^{13} 白 / tsʰæ̃^{13} 文	ɕyɤ^{13} 白 / sæ̃^{13} 文	sæ̃^{13}
灵石	lɒ̃^{44}	lɒ̃^{44}	tsɒ̃^{535}	tsʰɒ̃^{535}	tsʰɒ̃^{535}	tsʰɒ̃^{44}	sɒ̃^{535}	sɒ̃^{535}
盂县	læ̃^{22}	læ̃^{22}	tsæ̃^{412}	tsʰæ̃^{412}	tsʰæ̃^{412}	tsʰɤo^{22} 白	sæ̃^{412}	sæ̃^{412}
寿阳	lɒo^{22}	lɒo^{22}	tsɒo^{31}	tsʰɒo^{31}	tsʰɒo^{31}	tsʰɒo^{22}	sɒo^{31}	sɒo^{31}
榆社	lɔu^{22}	lɔu^{22}	tsɔu^{22}	tsʰɔu^{22}	tsʰɔu^{22}	tsʰɔu^{22}	sɔu^{22}	sɔu^{22}
离石	lɔ^{44}	lɔ^{44}	tsɔ^{24}	tsʰɔ^{24}	tsʰɔ^{24}	tsʰɔ^{44}	sɔ^{24}	sɔ^{24}
汾阳	luɔ^{22}	luɔ^{22}	tsuɔ^{324}	tsʰuɔ^{324}	tsʰuɔ^{324}	tsʰuɔ^{22}	suɔ^{324}	suɔ^{324}
中阳	lɒ^{33}	lɒ^{33}	tsɒ^{24}	tsʰɒ^{24}	tsʰɒ^{24}	tsʰɒ^{33}	sɒ^{24}	sɒ^{24}
柳林	lɔ^{44}	lɔ^{44}	tsɔ^{24}	tsʰɔ^{24}	tsʰɔ^{24}	tsʰɔ^{44}	sɔ^{24}	sɔ^{24}
方山	lɔ^{44}	lɔ^{44}	tsɔ^{24}	tsʰɔ^{24}	tsʰɔ^{24}	tsʰɔ^{44}	sɔ^{24}	sɔ^{24}
临县	lɒ^{33}	lɒ^{33}	tsɒ^{24}	tsʰɒ^{24}	tsʰɒ^{24}	tsʰɒ^{33}	sɒ^{24}	sɒ^{52}
兴县	lɤ^{55}	lɤ^{55}	tsɤ^{324}	tsʰɤ^{324}	tsʰɤ^{324}	tsʰɤ^{55}	sɤ^{324}	sɤ^{324}

续表

字目	郎	廊	赃	仓	苍	藏隐~	桑	丧婚~
中古音 方言点	鲁当 宕开一 平唐来	鲁当 宕开一 平唐来	则郎 宕开一 平唐精	七冈 宕开一 平唐清	七冈 宕开一 平唐清	昨郎 宕开一 平唐从	息郎 宕开一 平唐心	息郎 宕开一 平唐心
岚县	luə^{44}	luə^{44}	tsuə^{214}	tsʰuə^{214}	tsʰuə^{214}	tsʰuə^{44}	suə^{214}	suə^{214}
静乐	lɑ̃^{33}	lɑ̃^{33}	tsɑ̃^{24}	tsʰɑ̃^{24}	tsʰɑ̃^{24}	tsʰɑ̃^{33}	sɑ̃^{24}	sɑ̃^{314}
交口	lɑ̃^{44}	lə^{44} 白 /lɑ̃^{44} 文	tsɑ̃^{323}	tsʰɑ̃^{323}	tsʰɑ̃^{323}	tsʰuə^{44}	sɑ̃^{323}	sɑ̃^{323}
石楼	lɑŋ^{44}	lɑŋ^{44}	tsɑŋ^{213}	tsʰɑŋ^{213}	tsʰɑŋ^{213}	tsʰuə^{44} 白 / tsɑŋ^{44} 文	sɑŋ^{213}	sɑŋ^{51}
隰县	laŋ^{24}	laŋ^{24}	tsæ^{53}	tsʰuo^{53} 白 / tsʰæ^{53} 文	tsʰuo^{53} 白 / tsʰæ^{53} 文	tsʰuo^{24} 白 / tsʰaŋ^{24} 文	suo^{53} 白 / saŋ^{53} 文	sæ^{53}
大宁	lɛ̃^{24}	lɛ̃^{24}	——	tsʰɛ̃^{31}	tsʰɛ̃^{31}	tsɛ̃^{55} 文	sɛ̃^{31} 文	——
永和	lɑ̃^{35}	lɑ̃^{35}	tsɑ̃^{33}	tsʰɑ̃^{33}	tsʰɑ̃^{33}	tsʰɑ̃^{35}	suɤ^{35} 白	sɑ̃^{53}
汾西	lɑ̃^{11}	lɑ̃^{11}	tsɑ̃^{11}	tsʰɑ̃^{11}	tsɯ^{11} 白 / tsʰɑ̃^{11} 文	tsʰɑ̃^{35} 文	sɯ^{11} 白 / sɑ̃^{11} 文	sei^{33}
蒲县	lɑŋ^{24}	lɑŋ^{24}	tsɑŋ^{52}	tsʰɑŋ^{52}	tsʰɑŋ^{52}	tsʰɑŋ^{24}	sɑŋ^{52}	sɑŋ^{52}
潞州	laŋ^{24}	laŋ^{24}	tsaŋ^{312}	tsʰaŋ^{312}	tsʰaŋ^{312}	tsʰaŋ^{24}	saŋ^{312}	saŋ^{312}
上党	lɑŋ^{44}	lɑŋ^{44}	tsɑŋ^{213}	tsʰɑŋ^{213}	tsʰɑŋ^{213}	tsʰɑŋ^{44}	sɑŋ^{213}	sɑŋ^{213}
长子	laŋ^{24}	laŋ^{24}	tsaŋ^{312}	tsʰaŋ^{312}	tsʰaŋ^{312}	tsʰaŋ^{24}	saŋ^{312}	saŋ^{312}
屯留	lɑŋ^{11}	lɑŋ^{11}	tsɑŋ^{31}	tsʰɑŋ^{31}	tsʰɑŋ^{31}	tsʰɑŋ^{11}	sɑŋ^{31}	sɑŋ^{31}
襄垣	lɒ^{31}	lɒ^{31}	tsɒ^{33}	tsʰɒ^{33}	tsʰɒ^{33}	tsʰɒ^{31}	sɒ^{33}	sɒ^{33}
黎城	lɑŋ^{53}	lɑŋ^{53}	tsɑŋ^{33}	tsʰɑŋ^{33}	tsʰɑŋ^{33}	tsʰɑŋ^{53}	sɑŋ^{33}	sɑŋ^{33}
平顺	laŋ^{13}	laŋ^{13}	tsaŋ^{213}	tsʰaŋ^{213}	tsʰaŋ^{213}	tsʰaŋ^{13}	saŋ^{213}	saŋ^{213}
壶关	laŋ^{13}	laŋ^{13}	tʂaŋ^{33}	tʂʰaŋ^{33}	tʂʰaŋ^{33}	tʂʰaŋ^{13}	ʂaŋ^{33}	ʂaŋ^{42}
沁县	lɔ^{33}	lɔ^{33}	tsɔ^{224}	tsʰɔ^{224}	tsʰɔ^{224}	tsʰɔ^{33}	sɔ^{224}	sɔ^{224}
武乡	lɔ̃^{33}	lɔ̃^{33}	tsɔ̃^{113}	tsʰɔ̃^{113}	tsʰɔ̃^{113}	tsʰɔ̃^{33}	sɔ̃^{113}	sɔ̃^{113}
沁源	lʌ̃^{33}	lʌ̃^{33}	tsʌ̃^{324}	tsʰʌ̃^{324}	tsʰʌ̃^{324}	tsʰʌ̃^{33}	sʌ̃^{324}	sʌ̃^{324}
安泽	lʌŋ^{35}	lʌŋ^{35}	——	tsʰʌŋ^{21}	tsʰʌŋ^{21}	tsʰʌŋ^{35}	sʌŋ^{21}	sʌŋ^{21}
沁水端氏	lɑŋ^{24}	lɑŋ^{24}	tsɑŋ^{21}	tsʰɑŋ^{21}	tsʰɑŋ^{21}	tsʰɑŋ^{24}	sɑŋ^{21}	sɑŋ^{21}
阳城	lɑ̃ŋ^{22}	lɑ̃ŋ^{22}	tsɑ̃ŋ^{224}	tsʰɑ̃ŋ^{224}	tsʰɑ̃ŋ^{224}	tsʰɑ̃ŋ^{22}	sɑ̃ŋ^{224}	sɑ̃ŋ^{224}
高平	nɔ̃^{33}	nɔ̃^{33}	tʂɔ̃^{33}	tʂʰɔ̃^{33}	tʂʰɔ̃^{33}	tʂʰɔ̃^{33}	ʂɔ̃^{33}	ʂɔ̃^{33}
陵川	lɑŋ^{53}	lɑŋ^{53}	tʂɑŋ^{33}	tʂʰɑŋ^{33}	tʂʰɑŋ^{33}	tʂʰɑŋ^{53}	ʂɑŋ^{33}	ʂɑŋ^{33}
晋城	lɒ̃^{324}	lɒ̃^{324}	tʂɒ̃^{33}	tʂʰɒ̃^{33}	tʂʰɒ̃^{33}	tʂʰɒ̃^{324}	ʂɒ̃^{33}	ʂɒ̃^{33}
忻府	lɑ̃^{21}	lɑ̃^{21}	tsɑ̃^{313}	tsʰɛ^{313} 白 / tsʰɑ̃^{313} 文	tsʰɑ̃^{313}	tsʰɑ̃^{21}	sɑ̃^{313}	sɑ̃^{313}
原平	lɔ^{213}	lɔ^{33}	tsɔ^{213}	tsʰɔ^{213}	tsʰɔ^{213}	tsʰɔ^{33}	sɔ^{213}	sɔ^{53}
定襄	lɔ^{11}	lɔ^{11}	tsæ^{24}	tsʰæ^{24}	tsʰæ^{24}	tsʰæ^{24}	sɔ^{24}	sɔ^{24}

续表

字目	郎	廊	赃	仓	苍	藏隐~	桑	丧婚~
中古音 / 方言点	鲁当 宕开一 平唐来	鲁当 宕开一 平唐来	则郎 宕开一 平唐精	七冈 宕开一 平唐清	七冈 宕开一 平唐清	昨郎 宕开一 平唐从	息郎 宕开一 平唐心	息郎 宕开一 平唐心
五台	lɔ^{33}/læn^{33}	lɔ^{33}/læn^{33}	tsæn^{213}	tsʰɔ^{213}	tsʰæn^{213}	tsʰæn^{33}	sɔ^{213}	sɔ^{213}
岢岚	lɔ^{44}	lɔ^{44}	tsɔ^{13}	tsʰɔ^{13}	tsʰɔ^{13}	tsʰɔ^{44}	sɔ^{13}	sɔ^{52}
五寨	lɒ^{44}	lɒ^{44}	tsɒ^{13}	tsʰɒ^{13}	tsʰɒ^{13}	tsʰɒ^{44}	sɒ^{13}	sɒ^{52}
宁武	lɒ^{33}	lɒ^{33}	tsɒ^{23}	tsʰɒ^{23}	tsʰɒ^{23}	tsʰɒ^{33}	sɒ^{213}	——
神池	lɒ^{32}	lɒ^{32}	tsɒ^{24}	tsʰɒ^{24}	tsʰɒ^{24}	tsʰɒ^{32}	sɒ^{24}	sɒ^{24}
繁峙	lɔ^{31}	lɔ^{31}	tsɔ^{53}	tsʰɔ^{53}	tsʰɔ^{53}	tsʰɔ^{31}	sɔ^{53}	sɔ^{53}
代县	luɔ^{44}	luɔ^{44}	tsuɔ^{213}	tsʰuɔ^{213}	tsʰuɔ^{213}	tsʰuɔ^{44}	suɔ^{213}	suɔ^{213}
河曲	lɒ^{44}	lɒ^{44}	tsɒ^{213}	tsʰɒ^{213}	tsʰɒ^{213}	tsɒ^{52}	sɒ^{44}	sɒ^{213}/sɒ^{52}
保德	lɔ^{44}	lɔ^{44}	tsɔ^{213}	tsʰɔ^{213}	tsʰɔ^{213}	tsʰɔ^{44}	sɔ^{213}	sɔ^{213}
偏关	lɒ^{44}	lɒ^{44}	tsɒ^{24}	tsʰɒ^{24}	tsʰɒ^{24}	tsʰɒ^{44}	sɒ^{24}	sɒ^{24}
朔城	lɑ̃^{35}	lɑ̃^{35}	tsɑ̃^{312}	tsʰɑ̃^{312}	tsʰɑ̃^{312}	tsʰɑ̃^{35}	sɑ̃^{312}	sɑ̃^{312}
平鲁	lɒ^{44}	lɒ^{44}	tsɒ^{213}	tsʰɒ^{213}	tsʰɒ^{213}	tsʰɒ^{44}	——	——
应县	lɑŋ^{31}	lɑŋ^{31}	tsɑŋ^{43}	tsʰɑŋ^{43}	tsʰɑŋ^{43}	tsʰɑŋ^{31}	sɑŋ^{43}	sɑŋ^{43}
灵丘	lɒ^{31}	lɒ^{31}	tsɒ^{442}	tsʰɒ^{442}	tsʰɒ^{442}	tsʰɒ^{31}	sɒ^{442}	sɒ^{442}
浑源	loʌ^{22}	loʌ^{22}	tsoʌ^{13}	tsʰoʌ^{52}	tsʰoʌ^{52}	tsʰoʌ^{22}	soʌ^{52}	soʌ^{52}
云州	lɔ^{312}	lɔ^{312}	tsɔ^{21}	tsʰɔ^{21}	tsʰɔ^{21}	tsʰɔ^{312}	sɔ^{21}	sɔ^{21}
新荣	lɔ^{24}/lɔ^{312}	lɔ^{312}	tsɔ^{32}	tsʰɔ^{32}	tsʰɔ^{32}	tsʰɔ^{312}	sɔ^{32}	sɔ^{32}
怀仁	lɒ^{312}	lɒ^{312}	tsɒ^{42}	tsʰɒ^{42}	tsʰɒ^{42}	tsʰɒ^{312}	sɒ^{42}	sɒ^{42}
左云	lɒ^{313}	lɒ^{313}	tsɒ^{31}	tsʰɒ^{31}	tsʰɒ^{31}	tsʰɒ^{313}	sɒ^{31}	sɒ^{31}
右玉	lɒ^{212}	lɒ^{212}	tsɒ^{31}	tsʰɒ^{31}	tsʰɒ^{31}	tsʰɒ^{212}	sɒ^{31}	sɒ^{31}
阳高	lɔ^{312}	lɔ^{312}	tsɔ^{31}	tsʰɔ^{312}	tsʰɔ^{312}	tsʰɔ^{312}	sɔ^{31}	sɔ^{31}
山阴	lɒ^{313}	lɒ^{313}	tsɒ^{313}	tsʰɒ^{313}	tsʰɒ^{313}	tsʰɒ^{313}	sɒ^{313}	sɒ^{313}
天镇	lɒ^{22}	lɒ^{22}	tsɒ^{31}	tsʰɒ^{31}	tsʰɒ^{22}	tsʰɒ^{22}	sɒ^{31}	sɒ^{31}
平定	lɑŋ^{44}	lɑŋ^{44}	——	tsʰɑŋ^{31}	tsʰɑŋ^{31}	tsʰɑŋ^{44}	sɑŋ^{31}	sɑŋ^{24}
昔阳	lɔ̃u^{33}	lɔ̃u^{33}	tsɔ̃u^{42}	tsʰɔ̃u^{42}	tsʰɔ̃u^{42}	tsʰɔ̃u^{33}	sɔ̃u^{42}	sɔ̃u^{42}
左权	lɔ^{11}	lɔ^{11}	tsɔ^{11}	tsʰɔ^{31}	tsʰɔ^{31}	tsʰɔ^{11}	sɔ^{31}	sɔ^{31}
和顺	lɔ^{22}	lɔ^{22}	tsɔ^{42}	tsʰɔ^{42}	tsʰɔ^{42}	tsʰɔ^{22}	sɔ^{42}	sɔ^{42}
尧都	lɑŋ^{24}	lɑŋ^{24}	tsɑŋ^{21}	tsʰɑŋ^{21}	tsʰɑŋ^{21}	tsʰɑŋ^{24}	suo^{21}	suo^{21}
洪洞	lɑŋ^{24}/lɑŋ^{53}	lɑŋ^{24}	tsɑŋ^{21}	tʂʰɑŋ^{21}	tsʰo^{21} 白 / tʂʰɑŋ^{21} 文	tsʰo^{24} 白 / tʂʰɑŋ^{24} 文	vo^{21} 白 / sɑŋ^{21} 文	sɑŋ^{42}
洪洞赵城	lɑ̃^{24}	lɑ̃^{24}	tsɑ̃^{21}	tsʰɑ̃^{21}	tsʰɑ̃^{21}	tsʰɑ̃^{24}	suɤ^{21}	sɑ̃^{21}

续表

字目	郎	廊	赃	仓	苍	藏隐~	桑	丧婚~
中古音 方言点	鲁当 宕开一 平唐来	鲁当 宕开一 平唐来	则郎 宕开一 平唐精	七冈 宕开一 平唐清	七冈 宕开一 平唐清	昨郎 宕开一 平唐从	息郎 宕开一 平唐心	息郎 宕开一 平唐心
古县	lɑŋ^{35}	lɑŋ^{35}	tsɑŋ^{21}	tsʰuo^{21} 白 / tsʰɑŋ^{21} 文	tsʰɑŋ^{21}	tsʰuo^{35} 白 / tsʰɑŋ^{35} 文	suo^{21} 白 / sɑŋ^{21} 文	sɑŋ^{21}
襄汾	laŋ^{24}	laŋ^{24}	tsaŋ^{21}	tsaŋ^{21}/ tsʰaŋ^{21}	tsaŋ^{21}/ tsʰaŋ^{21}	tsʰuɔ^{24} 白 / tsʰaŋ^{21} 文	suɔ^{21} 白 / saŋ^{21} 文	saŋ^{21}
浮山	laŋ^{13}	laŋ^{13}	tsaŋ^{42}	tsʰaŋ^{42}	tsaŋ^{42}	tsʰuo^{13}	suo^{42} 白 / saŋ^{42} 文	saŋ^{42}
霍州	laŋ^{35}	laŋ^{35}	tsɔ^{212} 白 / tsaŋ^{212} 文	tsʰɔ^{212} 白 / tsʰaŋ^{212} 文	tsʰaŋ^{212}	tsʰɔ^{35} 白 / tsʰaŋ^{35} 文	sɔ^{212} 白 / saŋ^{212} 文	sɔ^{212} 白 / saŋ^{212} 文
翼城	lɔ^{12}	lɔ^{12}	tsɔ^{53}	tsʰɔ^{53}	tsʰɔ^{53}	tsʰɔ^{12}	sɔ^{53}	sɔ^{5}
闻喜	lʌŋ^{13}	lʌŋ^{13}	——	tsʰʌŋ^{53}	tsʰʌŋ^{53}	tsʰʌŋ^{13}	suɤ^{53}	sʌŋ^{53}
侯马	lɑŋ^{213}	lɑŋ^{213}	tsɑŋ^{213}	tsʰɑŋ^{213}	tsʰɑŋ^{213}	tsʰɤ^{213} 白 / tsʰɑŋ^{213} 文	sɑŋ^{213}	sɑŋ^{213}
新绛	ləŋ^{13}	ləŋ^{13}	tsəŋ^{53}	tsʰəŋ^{53}	tsʰəŋ^{13}	tsʰəŋ^{13}	səŋ^{53}	səŋ^{53}
绛县	lʌŋ^{24}	lʌŋ^{24}	tsʌŋ^{53}	tsʰʌŋ^{53}	tʂʰuɤ^{53}/ tsʰʌŋ^{53}	tsʰʌŋ^{24}	suɤ^{53} 白 / sʌŋ^{53} 文	sʌŋ^{53}
垣曲	ləŋ^{22}	ləŋ^{22}	tsəŋ^{22}	tsʰəŋ^{22}	tsʰəŋ^{22}	tsʰəŋ^{22}	səŋ^{22}	səŋ^{22}
夏县	ləŋ^{42}	ləŋ^{42}	tsəŋ^{53}	tsʰəŋ^{53}	tsʰəŋ^{53}	tsʰəŋ^{42}	səŋ^{53}	səŋ^{31}
万荣	laŋ^{213}	laŋ^{213}	tsaŋ^{51}	tsʰaŋ^{51}	tsʰaŋ^{51}	tsʰaŋ^{213}	suɤ^{51}	saŋ^{51}
稷山	lʌŋ^{13}	lʌŋ^{13}	tsʌŋ^{53}	tsʰʌŋ^{53}	tsʰʌŋ^{53}	tsʰʌŋ^{13}	sʌŋ^{53}	sʌŋ^{53}
盐湖	laŋ^{13}	laŋ^{13}	tsaŋ^{42}	tsʰaŋ^{42}	tsʰaŋ^{42}	tsʰaŋ^{13}	saŋ^{42}	saŋ^{42}
临猗	lɑŋ^{13}	lɑŋ^{13}	tsɑŋ^{42}	tsʰɑŋ^{42}	tsʰɑŋ^{42}	tsʰɑŋ^{13}	suo^{42} 白 / sɑŋ^{42} 文	sɑŋ^{42}
河津	laŋ^{324}	laŋ^{324}	tsaŋ^{31}	tsʰaŋ^{31} 文	tsʰuɤ^{31} 白 / tsʰaŋ^{31} 文	tsʰaŋ^{324}	suɤ^{31} 白 / saŋ^{31} 文	saŋ^{31}
平陆	laŋ^{13}	laŋ^{13}	tsaŋ^{31}	tsʰaŋ^{31}/ tsʰaŋ^{55}	tsʰaŋ^{31}	tsʰaŋ^{13}	saŋ^{31}	saŋ^{31}
永济	laŋ^{31}	laŋ^{31}	tsaŋ^{31}	tsʰaŋ^{31}	tsʰaŋ^{31}	tsʰaŋ^{24}	suo^{31} 白 / saŋ^{31} 文	saŋ^{31}/saŋ^{44}
芮城	laŋ^{13}	laŋ^{13}	tsaŋ^{42}	tsʰaŋ^{42}	tsʰaŋ^{42}	tsʰaŋ^{13}	saŋ^{42}	saŋ^{42}
吉县	ləŋ^{13}	ləŋ^{13}	tsəŋ^{423}	tsʰəŋ^{423}	tsʰuə^{423} 白 / tsʰəŋ^{423} 文	tsʰəŋ^{13}	suə^{423}	——
乡宁	laŋ^{12}	laŋ^{12}	tsaŋ^{53}	tsʰaŋ^{53}	tsʰaŋ^{53}	tsʰaŋ^{12}	saŋ^{12}	saŋ^{22}
广灵	lɔ^{31}	lɔ^{31}	tsɔ^{53}	tsʰɔ^{53}	tsʰɔ^{53}	tsʰɔ^{31}	sɔ^{53}	sɔ^{53}

字目	冈	刚	纲	钢	缸	康	糠	昂
中古音 方言点	古郎 宕开一 平唐见	古郎 宕开一 平唐见	古郎 宕开一 平唐见	古郎 宕开一 平唐见	古郎 宕开一 平唐见	苦冈 宕开一 平唐溪	苦冈 宕开一 平唐溪	五刚 宕开一 平唐疑
北京	kaŋ^{55}	kaŋ^{55}	kaŋ^{55}	kaŋ^{55}	kaŋ^{55}	kʰaŋ^{55}	kʰaŋ^{55}	aŋ^{35}
小店	——	ko^{11}	ko^{11}	kɑ^{11}/ko^{11}/ ko^{24}	kɑ^{11}	kʰo^{11}	kʰo^{11}	mɔo^{53}
尖草坪	kɔ^{33}	kɔ^{33}	kɔ^{33}	kɔ^{33}	kɔ^{33}	kʰɔ^{33}	kʰɔ^{33}	ɣɔ^{33}
晋源	kaŋ^{42}	kɔ^{11}	kɔ^{11}	kɔ^{11}	kɔ^{11}	kʰɔ^{11}	kʰɔ^{11}	ŋɔ^{11}
阳曲	kɔ^{312}	kɔ^{312}	kɔ^{312}	kɔ^{312}	kɔ^{312}	kʰɔ^{312}	kʰɔ^{312}	ŋɔ^{43}
古交	kɔ^{44}	kɔ^{44}	kɔ^{44}	kɔ^{44}	kɔ^{44}	kʰɔ^{44}	kʰɔ^{44}	ŋɔ^{44}
清徐	kɒ^{11}	kɒ^{11}	kɒ^{11}	kɒ^{11}	kɒ^{11}	kʰɒ^{11}	kʰɒ^{11}	ŋɒ^{11}
娄烦	kɑ̃^{33}	kɑ̃^{33}	kɑ̃^{33}	kɑ̃^{33}	kɑ̃^{33}	kʰɑ̃^{33}	kʰɑ̃^{33}	ŋɑ̃^{33}
榆次	kɒ^{53}	kɒ^{11}	kɒ^{11}	kɒ^{11}	kɒ^{11}	kʰɒ^{11}	kʰɒ^{11}	ŋɒ^{11}
交城	kɤ^{11}	kɤ^{11}	kɤ^{11}	kɤ^{11}	kaʔ^{1} 白 / kɤ^{11} 文	kʰɤ^{11}	kʰɤ^{11}	ŋɤ^{11}
文水	kaŋ^{22}	ku^{22} 白 / kaŋ^{22} 文	kaŋ^{22}	kaŋ^{22}	kaŋ^{22}	kʰaŋ^{22}	kʰu^{22} 白 / kʰaŋ^{22} 文	ŋaŋ^{22}
祁县	kɑ̃^{31}	ka^{31}	ka^{31} 白 / kɑ̃^{31} 文	ka^{31} 白 / kɑ̃^{31} 文	ka^{31} 白 / kɑ̃^{31} 文	kʰa^{31} 白 / kʰɑ̃^{31} 文	kʰa^{31} 白 / kʰɑ̃^{31} 文	ŋɑ̃^{31}
太谷	kɒ^{312}	kɒ^{33}	kɒ^{33}	kɒ^{33}	kɒ^{33}	kʰɒ^{33}	kʰɒ^{33}	ŋɒ^{33}
平遥	kɑ̃^{512}	kɑ̃^{213}	kɑ̃^{213}	kɑ̃^{213}	kɑ̃^{213}	kʰɑ̃^{213}	kʰuə^{213}	——
孝义	kɑ̃^{33}	tɕiɑ̃^{33}	kɑ̃^{33}	kɑ̃^{33}	kɑ̃^{33}	kʰɑ̃^{33}	kʰɒ^{33}	ŋɑ̃^{454}
介休	kæ̃^{13}	kæ̃^{13}	kæ̃^{13}	kæ̃^{13}	kæ̃^{13}	kʰæ̃^{13}	kʰuɤ^{13} 白 / kʰæ̃^{13} 文	ŋæ̃^{13}
灵石	kɒ̃^{212}	kɒ̃^{535}	kɒ̃^{535}	kɒ̃^{535}	kɒ̃^{535}	kʰɒ̃^{535}	kʰɒ̃^{535}	ŋɒ̃^{44}
盂县	——	kɤo^{412} 白 / kæ̃^{412} 文	kæ̃^{412}	kɤo^{412} 白 / kæ̃^{412} 文 / kɤo^{55}	kɤo^{55}	kʰɤo^{412} 白 / kʰæ̃^{412} 文	kʰɤo^{412} 白 / kʰæ̃^{412} 文	ȵio^{53}
寿阳	kɒo^{31}	kɒo^{31}	kɒo^{31}	kɒo^{31}	kɒo^{31}	kʰɒo^{31}	kʰɒo^{31}	ŋɒo^{22}
榆社	kɔu^{22}	kɔu^{22}	kɔu^{22}	kɔu^{22}	kɔu^{22}	kʰɔu^{22}	kʰɔu^{22}	ŋɔu^{22}
离石	kɔ^{24}	kɔ^{24}	kɔ^{24}	kɔ^{24}	kɔ^{24}	kʰɔ^{24}	kʰɔ^{24}	ŋɔ^{44}
汾阳	kuɔ^{324}	kuɔ^{324}	kuɔ^{324}	kuɔ^{324}	kuɔ^{324}	kʰuɔ^{324}	kʰuɔ^{324}	ŋuɔ^{22}
中阳	kɒ^{24}	kɒ^{24}	kɒ^{24}	kɒ^{24}	kɒ^{24}	kʰɒ^{24}	kʰɒ^{24}	ŋɒ^{33}
柳林	kɔ^{24}	kɔ^{24}	kɔ^{24}	kɔ^{24}	kɔ^{24}	kʰɔ^{24}	kʰɔ^{24}	ŋɔ^{44}
方山	kɔ^{24}	kɔ^{24}	kɔ^{24}	kɔ^{24}	kɔ^{24}	kʰɔ^{24}	kʰɔ^{24}	ŋɔ^{44}
临县	kɒ^{24}	kɒ^{24}	kɒ^{312}	kɒ^{33}	kɒ^{33}	kʰɒ^{24}	kʰɒ^{24}	ɒ^{33}
兴县	kɤ^{324} /kẽn^{324}	kɤ^{324}	kɤ^{324}	kɤ^{324}	kɤ^{324}	kʰɤ^{324}	kʰɤ^{324}	——

续表

字目	冈	刚	纲	钢	缸	康	糠	昂
中古音 方言点	古郎 宕开一 平唐见	古郎 宕开一 平唐见	古郎 宕开一 平唐见	古郎 宕开一 平唐见	古郎 宕开一 平唐见	苦冈 宕开一 平唐溪	苦冈 宕开一 平唐溪	五刚 宕开一 平唐疑
岚县	kuə^{214}	kuə^{214}	kuə^{214}	kuə^{214}	kuə^{214}	kʰuə^{214}	kʰuə^{214}	ŋuə^{44}
静乐	kɑ̃^{24}	kɑ̃^{24}	kɑ̃^{24}	kɑ̃^{24}	kɑ̃^{24}	kʰɑ̃^{24}	kʰɑ̃^{24}	ŋɑ̃^{24}
交口	kɑ̃^{323}	kɑ̃^{323}	kɑ̃^{323}	kɑ̃^{323}	kɑ̃^{323}	kʰɑ̃^{323}	kʰiɛ^{323}	ŋɑ̃^{44}
石楼	kɑŋ^{213}	tɕiɑŋ^{213} 白 / kɑŋ^{213} 文	kɑŋ^{213}	kɑŋ^{213}	kɑŋ^{213}	kʰɑŋ^{213}	kʰuə^{213} 白 / kʰɑŋ^{213} 文	ŋɑŋ^{213}
隰县	kæ^{53}	kæ^{53}	kæ^{53}	kæ^{53}	kæ^{53}	kʰæ^{53}	kʰɤ^{53}	ŋaŋ^{24}
大宁	kɛ̃^{31}	kɛ̃^{31}	kɛ̃^{31}	kɛ̃^{31}	kɛ̃^{31}	kʰɛ̃^{31}	kʰuo^{31} 白 / kʰɛ̃^{31} 文	ŋɛ̃^{24}
永和	kɑ̃^{33}	kɑ̃^{33}	kɑ̃^{33}	kɑ̃^{33}	kɑ̃^{33}	kʰɑ̃^{33}	kʰuɤ^{33} 白 / kʰɑ̃^{33} 文	ŋɑ̃^{33}/ŋɑ̃^{53}
汾西	kɑ̃^{11}	kɑ̃^{11}/kʰɑ̃^{55} 文	kɑ̃^{11}	kɯ^{11} 白 /kɑ̃^{11}	kɑ̃^{11}	kʰɯ^{11}/kʰɑ̃^{11}	kʰɯ^{11} 白 / kʰu^{11} 白 / kʰɑ̃^{11} 文	ŋɑ̃^{35}
蒲县	kɑŋ^{31}	kɑŋ^{52}	kɑŋ^{52}	kɑŋ^{52}	kɑŋ^{52}	kʰɑŋ^{52}	kʰɑŋ^{52}	ŋɑŋ^{24}
潞州	kɑŋ^{312}	tɕiɑŋ^{312} 白 / kɑŋ^{312} 文	kɑŋ^{312}	kɑŋ^{312}	kɑŋ^{312}	kʰɑŋ^{312}	kʰɑŋ^{312}	aŋ^{24}
上党	kɑŋ^{213}	kɑŋ^{213}	kɑŋ^{213}	kɑŋ^{213}	kɑŋ^{213}	kʰɑŋ^{213}	kʰɑŋ^{213}	ɑŋ^{44}
长子	kɑŋ^{434}	tɕiɑŋ^{312} 白 / kɑŋ^{312} 文	kɑŋ^{312}	kɑŋ^{312}	kɑŋ^{312}	kʰɑŋ^{312}	kʰɑŋ^{312}	ŋɑŋ^{24}
屯留	kɑŋ^{31}	kɑŋ^{31}	kɑŋ^{31}	kɑŋ^{31}	kɑŋ^{31}	kʰɑŋ^{31}	kʰɑŋ^{31}	ŋɑŋ^{11}
襄垣	kɒ^{33}	kɒ^{33}	kɒ^{33}	kɒ^{33}	kɒ^{33}	kʰɒ^{33}	kʰɒ^{33}	ɒ^{33}
黎城	kɑŋ^{33}	kɑŋ^{33}	kɑŋ^{33}	kɑŋ^{33}	kɑŋ^{33}	kʰɑŋ^{33}	kʰɑŋ^{33}	ɑŋ^{33}
平顺	kaŋ^{213}	kaŋ^{213}	kaŋ^{213}	kaŋ^{213}	kaŋ^{213}	kʰaŋ^{213}	kʰaŋ^{213}	aŋ^{13}
壶关	kaŋ^{33}	kaŋ^{33}	kaŋ^{33}	kaŋ^{33}	kaŋ^{33}	kʰaŋ^{33}	kʰaŋ^{33}	ɣaŋ^{13}
沁县	kɔ^{224}	kɔ^{224}	kɔ^{224}	kɔ^{224}	kɔ^{224}	kʰɔ^{224}	kʰɔ^{224}	ŋɔ^{33}
武乡	kɔ̃^{113}	kɔ̃^{113}	kɔ̃^{113}	kɔ̃^{113}	kɔ̃^{113}	kʰɔ̃^{113}	kʰɔ̃^{113}	ŋɔ̃^{33}
沁源	kʌ̃^{324}	kʌ̃^{324}	kʌ̃^{324}	kʌ̃^{324}	kʌ̃^{324}	kʰʌ̃^{324}	kʰʌ̃^{324}	ŋʌ̃^{33}
安泽	kʌŋ^{21}	kʌŋ^{21}	kʌŋ^{21}	kʌŋ^{21}	kʌŋ^{21}	kʰʌŋ^{21}	kʰʌŋ^{21}	ŋʌŋ^{35}
沁水端氏	kɑŋ^{21}	kɑŋ^{21}	kɑŋ^{21}	kɑŋ^{21}	kɑŋ^{21}	kʰɑŋ^{21}	kʰɑŋ^{21}	ɑŋ^{24}
阳城	kɑ̃ŋ^{224}	kɑ̃ŋ^{224}	kɑ̃ŋ^{224}	kɑ̃ŋ^{224}	kɑ̃ŋ^{224}	kʰɑ̃ŋ^{224}	kʰɑ̃ŋ^{224}	ɣɑ̃ŋ^{22}
高平	kɔ̃^{33}	kɔ̃^{33}	kɔ̃^{33}	kɔ̃^{33}	kɔ̃^{33}	kʰɔ̃^{33}	kʰɔ̃^{33}	ɔ̃^{33}
陵川	kɑŋ^{33}	kɑŋ^{33}	kɑŋ^{33}	kɑŋ^{33}	kɑŋ^{33}	kʰɑŋ^{33}	kʰɑŋ^{33}	ɣɑŋ^{53}
晋城	kɒ̃^{33}	kɒ̃^{33}	kɒ̃^{33}	kɒ̃^{33}	kɒ̃^{33}	kʰɒ̃^{33}	kʰɒ̃^{33}	ɣɒ̃^{33}

续表

字目	冈	刚	纲	钢	缸	康	糠	昂
中古音 方言点	古郎 宕开一 平唐见	古郎 宕开一 平唐见	古郎 宕开一 平唐见	古郎 宕开一 平唐见	古郎 宕开一 平唐见	苦冈 宕开一 平唐溪	苦冈 宕开一 平唐溪	五刚 宕开一 平唐疑
忻府	kã^{313}	kã^{313}	kã^{313}	kɛ^{313}白 / kã^{313}文	kã^{313}	kʰɛ^{313}白 / kʰã^{313}文	kʰɛ^{313}白 / kʰã^{313}文	ã^{21}
原平	kɔ^{213}	kɔ^{213}	kɔ^{213}	kɔ^{213}	kɔ^{213}	kʰɔ^{213}	kʰɔ^{213}	ŋɔ^{33}
定襄	kɔ^{11}	kɔ^{24}	kɔ^{24}	kɔ^{24}	kɔ^{24}	kʰɔ^{24}	kʰɔ^{24}	ŋɔ^{11}
五台	kɔ^{213}	kɔ^{213}	kɔ^{213}	kɔ^{213}	kɔ^{213}	kʰɔ^{213}/ kʰæn^{213}	kʰɔ^{213}	ŋæn^{213}
岢岚	kɔ^{13}	kɔ^{13}	kɔ^{13}	kɔ^{13}	kɔ^{13}	kʰɔ^{13}	kʰɔ^{13}	ɔ^{44}
五寨	kɒ^{13}	kɒ^{13}	kɒ^{13}	kɒ^{13}	kɒ^{13}	kʰɒ^{13}	kʰɒ^{13}	ŋɒ^{44}
宁武	kɒ^{23}	kɒ^{23}	kɒ^{23}	kɒ^{23}	kɒ^{23}	kʰɒ^{23}	kʰɒ^{23}	ŋɒ^{33}
神池	kɒ^{24}	kɒ^{24}	kɒ^{24}	kɒ^{24}	kɒ^{24}	kʰɒ^{24}	kʰɒ^{24}	ŋɒ^{32}
繁峙	kɔ^{53}	kɔ^{53}	kɔ^{53}	kɔ^{53}	kɔ^{53}	kʰɔ^{53}	kʰɔ^{53}	ŋɔ^{31}
代县	kuɔ^{213}	kuɔ^{213}	kuɔ^{213}	kuɔ^{213}	kuɔ^{213}	kʰuɔ^{213}	kʰuɔ^{213}	ŋuɔ^{213}
河曲	kɒ^{213}	kɒ^{213}	kɒ^{213}	kɒ^{213}	kɒ^{213}	kʰɒ^{213}	kʰɒ^{213}	ŋɒ^{44}
保德	kɔ^{213}	kɔ^{213}	kɔ^{213}	kɔ^{213}	kɔ^{213}	kʰɔ^{213}	kʰɔ^{213}	ɔ^{44}
偏关	kɒ^{24}	kɒ^{24}	kɒ^{24}	kɒ^{24}	kɒ^{24}	kʰɒ^{24}	kʰɒ^{24}	ŋɒ^{44}
朔城	kã^{312}	kã^{312}	kã^{312}	kã^{312}	kã^{312}	kʰã^{312}	kʰã^{312}	ã^{35}
平鲁	kɒ^{213}	kɒ^{213}	kɒ^{213}	kɒ^{213}/kɒ^{52}	kɒ^{213}	kʰɒ^{213}	kʰɒ^{213}	nɒ^{44}/ɒ^{44}
应县	kaŋ^{43}	kaŋ^{43}	kaŋ^{43}	kaŋ^{43}/kaŋ^{24}	kaŋ^{43}	kʰaŋ^{43}	kʰaŋ^{43}	naŋ^{31}
灵丘	kɒ^{442}	kɒ^{442}	kɒ^{442}	kɒ^{442}	kɒ^{442}	kʰɒ^{442}	kʰɒ^{442}	ɒ^{31}
浑源	koʌ^{52}	koʌ^{52}	koʌ^{52}	koʌ^{52}	koʌ^{52}	kʰoʌ^{52}	kʰoʌ^{52}	oʌ^{22}
云州	kɔ^{21}	kɔ^{21}	kɔ^{21}	kɔ^{21}	kɔ^{21}	kʰɔ^{21}	kʰɔ^{21}	nɔ^{312}
新荣	kɔ^{32}/kɔ^{54}	kɔ^{32}	kɔ^{32}	kɔ^{32}	kɔ^{32}	kʰɔ^{32}	kʰɔ^{32}	ŋɔ^{312}
怀仁	kɒ^{42}	kɒ^{42}	kɒ^{42}	kɒ^{42}	kɒ^{42}	kʰɒ^{42}	kʰɒ^{42}	nɒ^{53}
左云	kɒ^{31}	kɒ^{31}	kɒ^{31}	kɒ^{31}	kɒ^{31}	kʰɒ^{31}	kʰɒ^{31}	ɒ^{313}
右玉	kɒ^{31}	kɒ^{31}	kɒ^{31}	kɒ^{31}	kɒ^{31}	kʰɒ^{31}	kʰɒ^{31}	ŋɒ^{31}
阳高	kɔ^{31}	kɔ^{31}	kɔ^{31}	kɔ^{31}	kɔ^{31}	kʰɔ^{31}	kʰɔ^{31}	ɔ^{312}
山阴	kɒ^{313}	kɒ^{313}	kɒ^{313}	kɒ^{313}	kɒ^{313}	kʰɒ^{313}	kʰɒ^{313}	nɒ^{313}
天镇	kɒ^{31}	kɒ^{31}	kɒ^{31}	kɒ^{24}/kɒ^{31}	kɒ^{31}	kʰɒ^{31}	kʰɒ^{31}	ɒ^{22}
平定	kaŋ^{53}	kaŋ^{31}	kaŋ^{31}	kaŋ^{31}/kaŋ^{24}	kaŋ^{31}	kʰaŋ^{31}	kʰaŋ^{31}	ŋaŋ^{44}
昔阳	kɔ̃u^{42}	kɔ̃u^{42}	kɔ̃u^{42}	kɔ̃u^{42}	kɔ̃u^{42}	kʰɔ̃u^{42}	kʰɔ̃u^{42}	ɔ̃u^{33}
左权	kɔ^{31}	kɔ^{31}	kɔ^{31}	kɔ^{31}	kɔ^{31}	kʰɔ^{31}	kʰɔ^{31}	ŋɔ^{11}
和顺	kɔ^{42}	kɔ^{42}	kɔ^{42}	kɔ^{42}	kɔ^{42}	kʰɔ^{42}	kʰɔ^{42}	ŋɔ^{22}

续表

字目	冈	刚	纲	钢	缸	康	糠	昂
中古音 / 方言点	古郎 宕开一 平唐见	古郎 宕开一 平唐见	古郎 宕开一 平唐见	古郎 宕开一 平唐见	古郎 宕开一 平唐见	苦冈 宕开一 平唐溪	苦冈 宕开一 平唐溪	五刚 宕开一 平唐疑
尧都	kɑŋ^{21}	kɑŋ^{21}	kɑŋ^{21}	kɑŋ^{21}	kɑŋ^{21}	kʰɑŋ^{21}	kʰuo^{21} 白 / kʰɑŋ^{21} 文	ɑŋ^{24}
洪洞	kɑŋ^{21}	kɑŋ^{21}	kɑŋ^{21}	ko^{33} 白 / kɑŋ^{21} 文	kɑŋ^{21}	kʰɑŋ^{21}	kʰo^{21} 白 / kʰɑŋ^{21} 文	ŋɑŋ^{21}
洪洞赵城	kɑ̃^{21}	kɑ̃^{21}	kɑ̃^{21}	kɑ̃^{21}	kɑ̃^{21}	kʰo^{21}	kʰɑ̃^{21}	ŋɑŋ^{21}
古县	kɑŋ^{21}	kɑŋ^{21}	kɑŋ^{21}	kɑŋ^{21}	kɑŋ^{21}	kʰɑŋ^{21}	kʰuo^{21} 白 / kɑŋ^{21} 文	ɑŋ^{35}
襄汾	kaŋ^{21}	kaŋ^{21}	kaŋ^{21}	kə^{44}/kaŋ^{21}	kaŋ^{21}	kʰaŋ^{21}	kuə^{21} 白 / kʰaŋ^{21} 文	aŋ^{24}
浮山	kaŋ^{42}	kaŋ^{42}	kaŋ^{42}	kɤ^{44}/kaŋ^{42}	kaŋ^{42}	kʰaŋ^{42}	kʰɤ^{42}	aŋ^{42}
霍州	kaŋ^{212}	kɔ^{212} 白 / kaŋ^{212} 文	kaŋ^{212}	kaŋ^{212}	kaŋ^{212}	kʰaŋ^{212}	kʰɔ^{212} 白 / kʰaŋ^{212} 文	aŋ^{35}
翼城	kɔ^{44}	kɔ^{53}	kɔ^{53}	kɔ^{53}	kɔ^{53}	kʰɔ^{44}	kʰɔ^{44}	ŋɔ^{12}
闻喜	kʌŋ^{53}	kʌŋ^{53}	kʌŋ^{53}	kʌŋ^{53}	——	kʰɤ^{53}/ kʰʌŋ^{53}	kʰʌŋ^{53}	ŋʌŋ^{13}
侯马	kɑŋ^{44}	kɑŋ^{213}	kɑŋ^{213}	kɑŋ^{213}	kɑŋ^{213}	kʰɑŋ^{213}	kʰɑŋ^{213}	ŋaŋ^{213}
新绛	kəŋ^{53}	kəŋ^{53}	kəŋ^{53}	kəŋ^{53}	kəŋ^{53}	kʰəŋ^{53}	kʰɤ^{53} 白 / kʰəŋ^{53} 文	əŋ^{13}
绛县	kʌŋ^{53}	kʌŋ^{53}	kʌŋ^{53}	kʌŋ^{53}	kʌŋ^{24}	kʰʌŋ^{53}	kʰɤ^{53} 白 / kʰʌŋ^{53} 文	ŋʌŋ^{24}
垣曲	kəŋ^{44}	kəŋ^{22}	kəŋ^{22}	kəŋ^{22}	kəŋ^{22}	kʰəŋ^{22}	kʰɤ^{22} 白 / kʰəŋ^{22} 文	ŋəŋ^{22}
夏县	kəŋ^{53}	kəŋ^{53}	kəŋ^{53}	kəŋ^{53}	kəŋ^{53}	kʰəŋ^{53}	kʰəŋ^{53}	ŋəŋ^{42}
万荣	kaŋ^{51}	kaŋ^{51}	kaŋ^{51}	kaŋ^{51}	kaŋ^{51}	kʰaŋ^{51}	kʰaŋ^{51}	aŋ^{213}
稷山	kʌŋ^{53}	kʌŋ^{53}	kʌŋ^{53}	kʌŋ^{53}	kʌŋ^{53}	kʰʌŋ^{53}	kʰʌŋ^{53}	ŋʌŋ^{13}
盐湖	kaŋ^{42}	kaŋ^{42}	kaŋ^{42}	kaŋ^{42}	kaŋ^{42}	kʰaŋ^{42}	kʰaŋ^{42} 文	ŋaŋ^{13}
临猗	kɑŋ^{42}	kɑŋ^{42}	kɑŋ^{42}	kɑŋ^{42}	kɑŋ^{42}	kʰɑŋ^{42}	kʰɑŋ^{42}	ŋɑŋ^{13}
河津	kaŋ^{31}	kaŋ^{31}	kaŋ^{31}	kaŋ^{31}	kaŋ^{31}	kʰɤ^{31} 白 / kʰaŋ^{31} 文	kʰɤ^{31} 白 / kʰaŋ^{31} 文	ŋaŋ^{31}
平陆	kaŋ^{31}	kaŋ^{31}	kaŋ^{31}	kaŋ^{31}	kaŋ^{31}	kʰaŋ^{31}	kʰaŋ^{31}	ŋaŋ^{13}
永济	kaŋ^{31}	tɕiaŋ^{31} 白 / kaŋ^{31} 文	kaŋ^{31}	kaŋ^{31}/aŋ^{44}	kaŋ^{31}	kʰaŋ^{31}	kʰuo^{31} 白 / kʰaŋ^{31} 文	ŋaŋ^{24}
芮城	kaŋ^{42}	kaŋ^{42}	kaŋ^{42}	kaŋ^{42}	kaŋ^{42}	kʰaŋ^{42}	kʰuo^{42} 白 / kʰaŋ^{42} 文	ŋaŋ^{42}

续表

字目	冈	刚	纲	钢	缸	康	糠	昂
中古音 / 方言点	古郎 宕开一 平唐见	古郎 宕开一 平唐见	古郎 宕开一 平唐见	古郎 宕开一 平唐见	古郎 宕开一 平唐见	苦冈 宕开一 平唐溪	苦冈 宕开一 平唐溪	五刚 宕开一 平唐疑
吉县	kəŋ423	kəŋ423	kəŋ423	kəŋ423	kəŋ423	kʰəŋ423	kʰə423	ŋəŋ13
乡宁	kaŋ44	kaŋ53	kaŋ53	kaŋ53	kaŋ53	kʰaŋ53	kʰɤ53 白 / kʰaŋ53 文	ŋaŋ12
广灵	kɔ53	kɔ53	kɔ53	kɔ53	kɔ53	kʰɔ53	kʰɔ53	ɔ312

字目	行银~	杭	航	榜	莽	蟒	党	挡阻~
中古音／方言点	胡郎 宕开一 平唐匣	胡郎 宕开一 平唐匣	胡郎 宕开一 平唐匣	北郎 宕开一 上荡帮	模朗 宕开一 上荡明	模朗 宕开一 上荡明	多朗 宕开一 上荡端	丁浪 宕开一 上荡端
北京	xaŋ^{35}	xaŋ^{35}	xaŋ^{35}	paŋ^{214}	maŋ^{214}	maŋ^{214}	taŋ^{214}	taŋ^{214}
小店	xo^{11}	xo^{11}	xo^{11}	po^{53}	mo^{53}	mo^{53}	tɑ^{53}/to^{53}	tɑ^{11}/to^{24}
尖草坪	xɔ^{33}	xɔ^{33}	xɔ^{33}	pɔ^{312}	mɔ^{312}	mɔ^{312}	tɔ^{312}	tɔ^{312}
晋源	xɔ^{11}	xɔ^{11}	xɔ^{11}	pɔ^{42}	mɔ^{42}	mɔ^{42}	tɔ^{42}	tɔ^{42}
阳曲	xɔ^{43}	xɔ^{43}	xɔ^{43}	pɔ^{312}	mɔ^{312}	mɔ^{312}	tɔ^{312}	tɔ^{312}
古交	xɔ^{44}	xɔ^{44}	xɔ^{44}	pɔ^{312}	mɔ^{312}	mɔ^{312}	tɔ^{312}	tɔ^{312}
清徐	xɒ^{11}	xɒ^{11}	xɒ^{11}	pʰɒ^{54}	mɒ^{54}	mɒ^{54}	tɒ^{54}	tɒ^{54}
娄烦	xɑ̃^{33}	xɑ̃^{33}	xɑ̃^{33}	pə^{312}	mə^{312}	mə^{312}	tɑ̃^{312}	tɑ̃^{312}
榆次	xɒ^{11}	xɒ^{11}	xɒ^{11}	pɒ^{53}	mɒ^{53}	mɒ^{53}	tɒ^{53}	tɒ^{53}
交城	xɤ^{11}	xɒ̃^{11} 白 / xɤ^{11} 文	xɤ^{11}	pɤ^{53}	mɤ^{53}	mɤ^{53}	tɤ^{53}	tɤ^{53}
文水	xaŋ^{22}	xaŋ^{22}	xaŋ^{22}	pu^{423} 白 / paŋ^{423} 文	maŋ^{423}	maŋ^{423}	taŋ^{423}	tu^{423} 白 / taŋ^{423} 文
祁县	xa^{31} 白 / xɑ̃^{31} 文	xɑ̃^{31}	xɑ̃^{31}	pɑ̃^{314}	mɑ̃^{314}	mɑ̃^{314}	tɑ̃^{314}	tɑ̃^{314}
太谷	xɒ^{33}	xɒ^{33}	xɒ^{33}	puo^{312}	muo^{312}	muo^{312}	tɒ^{312}	tɒ^{312}
平遥	ɕiəŋ^{213}	xɑ̃^{213}	xɑ̃^{213}	pɑ̃^{512}	mɑ̃^{512}	mɑ̃^{512}	tɑ̃^{512}	tɑ̃^{512}
孝义	xã^{33}	xã^{33}	xã^{33}	pã^{312}	mã^{312}	mã^{312}	tã^{312}	tã^{312}
介休	xæ̃^{13}	xæ̃^{13}	xæ̃^{13}	pæ̃^{423}	mæ̃^{423}	mæ̃^{423}	tæ̃^{423}	tæ̃^{423}
灵石	xɒ̃^{44}	xɒ̃^{44}	xɒ̃^{44}	pɒ̃^{212}	mɒ̃^{212}	mɒ̃^{212}	tɒ̃^{212}	tɒ̃^{212}
盂县	xɤo^{22} 白 / xæ̃^{22} 文 / xɤo^{55}	xæ̃^{22}	xæ̃^{22}	puo^{53} 白 / pæ̃^{53} 文	muo^{53} 白 / mæ̃^{53} 文	muo^{53} 白 / mæ̃^{53} 文	tæ̃^{53}	tæ̃^{53}
寿阳	xɒo^{22}	xɒo^{22}	xɒo^{22}	pɒo^{53}	mɒo^{53}	mɒo^{53}	tɒo^{53}	tɒo^{53}
榆社	xɔu^{22}	xɔu^{22}	xɔu^{22}	pɔu^{312}	mɔu^{312}	mɔu^{312}	tɔu^{312}	tɔu^{312}
离石	xɔ^{44}	xɔ^{44}	xɔ^{44}	puə^{312}	muə^{312}	muə^{312}	tɔ^{312}	tɔ^{312}
汾阳	xuɔ^{22}	xuɔ^{22}	xuɔ^{22}	puɔ^{312}	muɔ^{312}	muɔ^{312}	tuɔ^{312}	tuɔ^{312}
中阳	xɒ^{33}	xɒ^{33}	xɒ^{33}	pɒ^{423}	mɒ^{423}	mɒ^{423}	tɒ^{423}	tɒ^{423}
柳林	xɔ^{44}	xɔ^{44}	xɔ^{44}	po^{312}	mo^{312}	mo^{312}	tɔ^{312}	tɔ^{312}
方山	xɔ^{44}	xɔ^{44}	xɔ^{44}	puə^{312}	muə^{312}	muə^{312}	tɔ^{312}	tɔ^{312}
临县	xɒ^{33}	xɒ^{33}	xɒ^{33}	puɤ^{312}	muɤ^{312}	muɤ^{33}	tɒ^{312}	tɒ^{312}
兴县	xɤ^{55}	xɤ^{55}	xɤ^{55}	pɤ^{324}	mɤ^{324}	mɤ^{324}	tɤ^{324}	tɤ^{324}
岚县	xuə^{44}	xuə^{44}	xuə^{44}	puə^{312}	muə^{312}	muə^{312}	tuə^{312}	tuə^{312}
静乐	xɑ̃^{33}	xɑ̃^{33}	xɑ̃^{33}	pɑ̃^{314}	mɑ̃^{314}	mɑ̃^{314}	tɑ̃^{314}	tɑ̃^{314}

续表

字目	行银~	杭	航	榜	莽	蟒	党	挡阻~
中古音/方言点	胡郎 宕开一 平唐匣	胡郎 宕开一 平唐匣	胡郎 宕开一 平唐匣	北郎 宕开一 上荡帮	模朗 宕开一 上荡明	模朗 宕开一 上荡明	多朗 宕开一 上荡端	丁浪 宕开一 上荡端
交口	xã^{44}	xã^{44}	xã^{44}	pã^{323}	mã^{323}	mã^{323}	tã^{323}	tã^{323}
石楼	xaŋ^{44}	xaŋ^{44}	xaŋ^{44}	paŋ^{213}	maŋ^{213}	maŋ^{213}	taŋ^{213}	taŋ^{213}
隰县	xaŋ^{24}	xaŋ^{24}	xaŋ^{24}	paŋ^{21}	maŋ^{21}	maŋ^{21}	taŋ^{21}	taŋ^{21}
大宁	xɛ̃^{24}	xɛ̃^{24}	xɛ̃^{24}	pɛ̃^{31}	mɛ̃^{31}	mɛ̃^{31}	tɛ̃^{31}	tɛ̃^{55}
永和	xuɤ^{33}	xuɤ^{33}	xuɤ^{33}	pã^{312}	mã^{35}	mã^{35}	tã^{312}	tã^{312}
汾西	xɯ^{35}白/xã^{35}	xã^{35}	xã^{35}	pã^{33}	mã^{33}	——	tã^{33}	tɯ^{55}白/tã^{33}
蒲县	xaŋ^{24}	xaŋ^{24}	xaŋ^{24}	paŋ^{31}	maŋ^{31}	maŋ^{31}	taŋ^{31}	taŋ^{31}
潞州	xaŋ^{24}	xaŋ^{24}	xaŋ^{24}	paŋ^{535}	maŋ^{535}	maŋ^{535}	taŋ^{535}	taŋ^{535}
上党	xaŋ^{44}	xaŋ^{44}	xaŋ^{44}	paŋ^{535}/ pʰaŋ^{535}	maŋ^{535}	maŋ^{535}	taŋ^{535}	taŋ^{535}
长子	xaŋ^{24}	xaŋ^{24}	xaŋ^{24}	paŋ^{434}	maŋ^{434}	maŋ^{434}	taŋ^{434}	taŋ^{434}
屯留	xaŋ^{11}	xaŋ^{11}	xaŋ^{11}	paŋ^{43}	maŋ^{43}	maŋ^{43}	taŋ^{43}	taŋ^{43}
襄垣	ɕiəŋ^{31}	xɒ^{31}	xɒ^{31}	pɒ^{42}	mɒ^{42}	mɒ^{42}	tɒ^{42}	tɒ^{42}
黎城	xaŋ^{53}	xaŋ^{53}	xaŋ^{53}	paŋ^{213}	maŋ^{213}	maŋ^{213}	taŋ^{213}	taŋ^{213}
平顺	xaŋ^{13}	xaŋ^{13}	xaŋ^{13}	paŋ^{434}	maŋ^{434}	maŋ^{434}	taŋ^{434}	taŋ^{434}
壶关	xaŋ^{13}	xaŋ^{13}	xaŋ^{13}	paŋ^{535}/ pʰaŋ^{535}	maŋ^{535}	maŋ^{535}	taŋ^{535}	taŋ^{535}
沁县	xɔ^{33}	xɔ^{33}	xɔ^{33}	pɔ^{214}	mɔ^{214}	mɔ^{214}	tɔ^{214}	tɔ^{214}
武乡	xɔ̃^{33}	xɔ̃^{33}	xɔ̃^{33}	pɔ̃^{213}	mɔ̃^{213}	mɔ̃^{213}	tɔ̃^{213}	tɔ̃^{213}
沁源	xʌ̃^{33}	xʌ̃^{33}	xʌ̃^{33}	puə^{324}	muə^{324}	muə^{324}	tʌ̃^{324}	tʌ̃^{324}
安泽	xʌŋ^{35}/ ɕiəŋ^{35}	xʌŋ^{35}	xʌŋ^{35}	pʌŋ^{42}	mʌŋ^{42}	mʌŋ^{42}	tʌŋ^{42}	tʌŋ^{42}
沁水端氏	xaŋ^{24}	xaŋ^{24}	xaŋ^{24}	paŋ^{31}	maŋ^{31}	maŋ^{31}	taŋ^{31}	taŋ^{31}
阳城	xãŋ^{22}	xãŋ^{22}	xãŋ^{22}	pãŋ^{212}	mãŋ^{212}	mãŋ^{212}	tãŋ^{212}	tãŋ^{212}
高平	xɔ̃^{33}	xɔ̃^{33}	xɔ̃^{33}	pɔ̃^{212}	mɔ̃^{212}	mɔ̃^{212}	tɔ̃^{212}	tɔ̃^{212}
陵川	xaŋ^{53}	xaŋ^{53}	xaŋ^{53}	paŋ^{312}	maŋ^{312}	maŋ^{312}	taŋ^{312}	taŋ^{312}
晋城	xɒ̃^{324}	xɒ̃^{324}	xɒ̃^{324}	pɒ̃^{213}	mɒ̃^{213}	mɒ̃^{213}	tɒ̃^{213}	tɒ̃^{213}
忻府	xɑ̃^{21}	xɑ̃^{21}	xɑ̃^{21}	pɑ̃^{313}	mɑ̃^{313}	mɑ̃^{313}	tɑ̃^{313}	tɑ̃^{313}
原平	xɔ^{33}	xɔ^{33}	xɔ^{33}	puɔ^{213}	muɔ^{213}	muɔ^{213}	tɔ^{213}	tɔ^{213}
定襄	xɔ^{11}	xɔ^{11}	xɔ^{11}	puə^{213}	muə^{213}	muə^{213}	tæ^{213}	tæ^{213}
五台	xɔ^{33}	xæn^{33}	xæn^{33}	pæn^{213}/ puɔ^{213}	mæn^{213}	mæn^{213}	tæn^{213}	tæn^{213}/tɔ^{213}

续表

字目	行银～	杭	航	榜	莽	蟒	党	挡阻～
中古音／方言点	胡郎 宕开一 平唐匣	胡郎 宕开一 平唐匣	胡郎 宕开一 平唐匣	北郎 宕开一 上荡帮	模朗 宕开一 上荡明	模朗 宕开一 上荡明	多朗 宕开一 上荡端	丁浪 宕开一 上荡端
岢岚	xɔ^{44}	xɔ^{44}	xɔ^{44}	pɔ^{13}	mɔ^{13}	mɔ^{13}	tɔ^{13}	tɔ^{13}
五寨	xɒ^{44}	xɒ^{44}	xɒ^{44}	pɒ^{13}	mɒ^{13}	mɒ^{13}	tɒ^{13}	tɒ^{13}
宁武	xɒ^{33}	xɒ^{33}	xɒ^{33}	pɒ^{23}	mɒ^{213}	mɒ^{213}	tɒ^{213}	tɒ^{213}
神池	xɒ^{32}	xɒ^{32}	xɒ^{32}	pɒ^{13}	mɒ^{13}	mɒ^{13}	tɒ^{13}	tɒ^{13}
繁峙	xɔ^{31}	xɔ^{31}	xɔ^{31}	pɔ^{53}	mɔ^{31}	mɔ^{31}	tɔ^{53}	tɔ^{53}
代县	xuɔ^{44}	xuɔ^{44}	xuɔ^{44}	puɔ^{213}	muɔ^{213}	muɔ^{213}	tuɔ^{213}	tuɔ^{213}
河曲	xɒ^{44}	xɒ^{44}	xɒ^{44}	pɒ^{213}	mɒ^{213}	mɒ^{213}	tɒ^{213}	tɒ^{213}
保德	xɔ^{44}	xɔ^{44}	xɔ^{44}	pɔ^{213}	mɔ^{213}	mɔ^{213}	tɔ^{213}	tɔ^{213}
偏关	xɒ^{44}	xɒ^{44}	xɒ^{44}	pɒ^{213}	mɒ^{213}	mɒ^{213}	tɒ^{213}	tɒ^{213}
朔城	xã^{35}	xã^{35}	xã^{35}	pã^{312}	mã^{312}	mã^{312}	tã^{312}	tã^{312}
平鲁	xɒ^{44}	xɒ^{44}	xɒ^{44}	pɒ^{213}	mɒ^{213}	mɒ^{213}	tɒ^{213}	tɒ^{213}
应县	xaŋ^{31}	xaŋ^{31}	xaŋ^{31}	paŋ^{54}	maŋ^{54}	maŋ^{54}	taŋ^{54}	taŋ^{54}
灵丘	xɒ^{31}	xɒ^{31}	xɒ^{31}	pɒ^{442}	mɒ^{442}	mɒ^{442}	tɒ^{442}	tɒ^{442}
浑源	xoʌ^{22}	xoʌ^{22}	xoʌ^{22}	poʌ^{52}	moʌ^{52}	moʌ^{52}	toʌ^{52}	toʌ^{52}
云州	xɔ^{312}	xɔ^{312}	xɔ^{312}	pɔ^{55}	mɔ^{55}	mɔ^{55}	tɔ^{55}	tɔ^{55}
新荣	xɔ^{312}	xɔ^{312}	xɔ^{312}	pɔ^{54}	mɔ^{54}	mɔ^{54}	tɔ^{54}	tɔ^{54}
怀仁	xɒ^{312}	xɒ^{312}	xɒ^{312}	pɒ^{53}	mɒ^{53}	mɒ^{53}	tɒ^{53}	tɒ^{53}
左云	xɒ^{313}	xɒ^{313}	xɒ^{313}	pɒ^{54}	mɒ^{54}	mɒ^{54}	tɒ^{54}	tɒ^{54}
右玉	xɒ^{212}	xɒ^{212}	xɒ^{212}	pɒ^{53}	mɒ^{53}	mɒ^{53}	tɒ^{53}	tɒ^{53}
阳高	xɔ^{312}	xɔ^{312}	xɔ^{312}	pɔ^{53}	mɔ^{53}	mɔ^{53}	tɔ^{53}	tɔ^{53}
山阴	xɒ^{313}	xɒ^{313}	xɒ^{313}	pɒ^{52}	mɒ^{52}	mɒ^{52}	tɒ^{52}	tɒ^{52}
天镇	xɒ^{22}	xɒ^{22}/kʰɒ^{24}	xɒ^{22}	pɒ^{55}	mɒ^{55}	mɒ^{55}	tɒ^{55}	tɒ^{55}
平定	xaŋ^{44}	xaŋ^{44}	xaŋ^{44}	paŋ^{53}	maŋ^{53}	maŋ^{53}	taŋ^{53}	taŋ^{53}
昔阳	xɔ̃u^{33}	xɔ̃u^{33}	xɔ̃u^{33}	pɔ̃u^{55}	mɔ̃u^{55}	mɔ̃u^{55}	tɔ̃u^{55}	tɔ̃u^{55}
左权	xɔ^{11}	xɔ^{11}	xɔ^{11}	pɔ^{42}	mɔ^{42}	mɔ^{42}	tɔ^{42}	tɔ^{42}
和顺	xɔ^{22}	xɔ^{22}	xɔ^{22}	pɔ^{53}	mɔ^{53}	mɔ^{53}	tɔ^{53}	tɔ^{53}
尧都	xaŋ^{24}	xaŋ^{24}	xaŋ^{24}	paŋ^{53}	maŋ^{53}	maŋ^{53}	taŋ^{21}	taŋ^{53}
洪洞	xo^{53}白／xaŋ^{53}文	xaŋ^{24}	xaŋ^{24}	paŋ^{42}	maŋ^{42}	maŋ^{42}	taŋ^{33}	taŋ^{33}
洪洞赵城	xo^{53}白／xaŋ^{53}文	xaŋ^{24}	xaŋ^{24}	pã^{42}	mã^{42}	mã^{42}	tã^{42}	tã^{42}

续表

字目	行银~	杭	航	榜	莽	蟒	党	挡阻~
中古音 / 方言点	胡郎 宕开一 平唐匣	胡郎 宕开一 平唐匣	胡郎 宕开一 平唐匣	北郎 宕开一 上荡帮	模朗 宕开一 上荡明	模朗 宕开一 上荡明	多朗 宕开一 上荡端	丁浪 宕开一 上荡端
古县	xuo^{53} 白 / xɑŋ^{35} 文	xɑŋ^{35}	xɑŋ^{35}	pɑŋ^{42}	mɑŋ^{42}	mɑŋ^{42}	tɑŋ^{42}	tɑŋ^{35}
襄汾	xaŋ^{24}	xaŋ^{24}	xaŋ^{24}	paŋ^{42}	maŋ^{42}	maŋ^{42}	taŋ^{42}	taŋ^{42}
浮山	xaŋ^{13}	xaŋ^{13}	xaŋ^{13}	paŋ^{33}	maŋ^{33}	maŋ^{33}	taŋ^{33}	taŋ^{33}
霍州	xaŋ^{35}	xaŋ^{35}	xaŋ^{35}	pɔ^{53} 白 / paŋ^{53} 文	maŋ^{35}	maŋ^{33}	taŋ^{33}	tɔ^{55} 白 / taŋ^{55} 文
翼城	xɔ^{12}	xɔ^{12}	xɔ^{12}	pɔ^{44}	mɔ^{44}	mɔ^{44}	tɔ^{44}	tɔ^{44}
闻喜	xɤ^{53} 白 / xʌŋ^{13} 文	xʌŋ^{13}	xʌŋ^{13}	pʌŋ^{33}/ pʰʌŋ^{13}	mʌŋ^{33}	mʌŋ^{33}	tʌŋ^{33}	tʌŋ^{33}
侯马	xɑŋ^{213}	xɑŋ^{213}	xɑŋ^{213}	pɑŋ^{44}	mɑŋ^{44}	mɑŋ^{44}	tɑŋ^{44}	tɑŋ^{44}
新绛	xəŋ^{13}	xəŋ^{13}	xəŋ^{13}	pəŋ^{44}	məŋ^{44}	məŋ^{44}	təŋ^{13}	tɤ^{53}/təŋ^{44}
绛县	xʌŋ^{24}	xʌŋ^{24}	xʌŋ^{24}	pʌŋ^{33}	mʌŋ^{33}	mʌŋ^{33}	tʌŋ^{33}	tʌŋ^{33}
垣曲	xəŋ^{22}	xəŋ^{22}	xəŋ^{22}	pəŋ^{44}	məŋ^{44}	məŋ^{44}	təŋ^{44}	təŋ^{44}
夏县	xəŋ^{42}	xəŋ^{42}	xəŋ^{42}	pəŋ^{24}	məŋ^{42}	məŋ^{42}	təŋ^{24}	təŋ^{24}
万荣	xaŋ^{213}	xaŋ^{213}	xaŋ^{213}	paŋ^{55}	maŋ^{55}	maŋ^{55}	taŋ^{55}	taŋ^{33}
稷山	xʌŋ^{13}	xʌŋ^{13}	xʌŋ^{13}	pʌŋ^{44}	mʌŋ^{44}	mʌŋ^{44}	tʌŋ^{44}	tɤ^{53} 白 / tʌŋ^{53} 文
盐湖	xaŋ^{13}	xaŋ^{13}	xaŋ^{13}	paŋ^{53}	maŋ^{53}	maŋ^{53}	taŋ^{53}	taŋ^{53}
临猗	xɑŋ^{13}	xɑŋ^{13}	xɑŋ^{13}	pɑŋ^{53}	mɑŋ^{53}	mɑŋ^{53}	tɑŋ^{53}	tɑŋ^{44}
河津	xaŋ^{324}	xaŋ^{324}	xaŋ^{324}	paŋ^{53}	maŋ^{53}	maŋ^{53}	taŋ^{53}	taŋ^{53}
平陆	xaŋ^{13}	xaŋ^{13}	xaŋ^{13}	paŋ^{55}	maŋ^{55}	maŋ^{55}	taŋ^{55}	taŋ^{55}
永济	xaŋ^{24}	xaŋ^{24}	xaŋ^{24}	paŋ^{53}	maŋ^{53}	maŋ^{53}	taŋ^{53}	taŋ^{53}
芮城	xaŋ^{13}	xaŋ^{13}	xaŋ^{13}	paŋ^{53}	maŋ^{53}	maŋ^{53}	taŋ^{53}	taŋ^{44}
吉县	xəŋ^{13}	xəŋ^{13}	xəŋ^{13}	pəŋ^{53}	məŋ^{53}	məŋ^{53}	təŋ^{53}/təŋ^{33}	təŋ^{33}
乡宁	xaŋ^{12}	xaŋ^{12}	xaŋ^{12}	paŋ^{44}	maŋ^{44}	maŋ^{44}	taŋ^{44}	taŋ^{44}
广灵	xɔ^{31}	xɔ^{31}	xɔ^{31}	pɔ^{44}	mɔ^{44}	mɔ^{44}	tɔ^{44}	tɔ^{44}

字目	躺	荡浩~	嗓	慷	当上~	烫	趟	浪
中古音 方言点	坦朗 宕开一 上荡透	徒朗 宕开一 上荡定	写朗 宕开一 上荡心	苦朗 宕开一 上荡溪	丁浪 宕开一 去宕端	他浪 宕开一 去宕透	他浪 宕开一 去宕透	来宕 宕开一 去宕来
北京	tʰaŋ^{214}	taŋ^{51}	saŋ^{214}	kʰaŋ^{55}	taŋ^{51}	tʰaŋ^{51}	tʰaŋ^{51}	laŋ^{51}
小店	tʰo^{53}	to^{24}	so^{53}	kʰo^{11}	to^{24}	tʰo^{24}	tʰo^{24}	lo^{24}
尖草坪	tʰɔ^{312}	tɔ^{35}	sɔ^{312}	kʰɔ^{33}	tɔ^{35}	tʰɔ^{35}	tʰɔ^{35}	lɔ^{35}
晋源	tʰɔ^{42}	tɔ^{35}	ɕiɔ^{42}	kʰɔ^{11}	tɔ^{35} 白	tʰɔ^{35}	tʰɔ^{35}	lɔ^{35}
阳曲	tʰɔ^{312}	tɔ^{454}	sɔ^{312}	kʰɔ^{312}	tɔ^{454}	tʰɔ^{454}	tʰɔ^{454}	lɔ^{454}
古交	tʰɔ^{312}	tɔ^{53}	sɔ^{312}	kʰɔ^{44}	tɔ^{53}	tʰɔ^{53}	tʰɔ^{53}	lɔ^{53}
清徐	tʰɒ^{54}	tɒ^{45}	sɒ^{54}	kʰɒ^{11}	tɒ^{45}	tʰɒ^{45}	tʰɒ^{45}	lɒ^{45}
娄烦	tʰɑ̃^{312}	tɑ̃^{54}	sɑ̃^{312}	kʰɑ̃^{33}	tɑ̃^{54}	tʰɑ̃^{54}	tʰɑ̃^{54}	lɑ̃^{54}
榆次	tʰɒ^{53}	tɒ^{35}	sɒ^{53}	kʰɒ^{11}	tɒ^{35}	tʰɒ^{35}	tʰɒ^{35}	lɒ^{35}
交城	tʰɤ^{53}	tɤ^{24}	sɤ^{53}	kʰɤ^{11}	tɤ^{24}	tʰɤ^{24}	tʰɤ^{24}	lɤ^{24}
文水	tʰu^{423} 白 / tʰɪi^{423} 白 / tʰaŋ^{423} 文	tu^{35} 白 / taŋ^{35} 文	su^{423} 白 / saŋ^{423} 文	kʰaŋ^{22}	taŋ^{35}	tʰu^{35} 白 / tʰaŋ^{35} 文	tʰaŋ^{35}	lu^{35} 白 / laŋ^{35} 文
祁县	tʰɑ̃^{314}	tɑ̃^{45}	sa^{314} 白 / sɑ̃^{314} 文	kʰɑ̃^{31}	tɑ̃^{45}	tʰa^{45} 白 / tʰɑ̃^{45} 文	tʰɑ̃^{45}	la^{45}/ȵiɑ̃^{45}/ lɑ̃^{45}
太谷	tʰɒ^{312}	tɒ^{53}	sɒ^{312}	kʰɒ^{33}	tɒ^{53}	tʰɒ^{53}	tʰɒ^{53}	lɒ^{53}
平遥	tʰuɑ̃^{512}	tɑ̃^{24}	sɑ̃^{512}	kʰɑ̃^{213}	tɑ̃^{24}	tʰuə^{24} 白 / tʰɑ̃^{24} 文	tʰɑ̃^{24}	lɑ̃^{24}
孝义	tʰᴇ^{312}	tã^{454}	sã^{312}	kʰã^{312}	tã^{454}	tʰɒ^{454}	tʰã^{454}	lɒ^{454}
介休	tʰiᴇ^{423} 白 / tʰæ̃^{423} 文	tuɤ^{45} 白 / tæ̃^{45} 文	sæ̃^{423}	kʰæ̃^{13}	tæ̃^{45}	tʰuɤ^{45} 白 / tʰæ̃^{45} 文	tʰæ̃^{45}	læ̃^{45}
灵石	tʰɒ̃^{212}	tɒ̃^{53}	sɒ̃^{212}	kʰɒ̃^{535}	tɒ̃^{53}	tʰɒ̃^{53}	tʰɒ̃^{53}	lɒ̃^{53}
盂县	tʰɤo^{53}	tɤo^{55} 白 / tæ̃^{55} 文	sɤo^{53}	kʰæ̃^{412}	tɤo^{55} 白 / tæ̃^{55} 文	tʰɤo^{55}	tʰɤo^{55}	lɤo^{55}/læ̃^{55} 文
寿阳	tʰɒo^{53}	tɒo^{45}	sɒo^{53}	kʰɒo^{31}	tɒo^{45}	tʰɒo^{45}	tʰɒo^{45}	lɒo^{45}
榆社	tʰɔu^{312}	tɔu^{45}	sɔu^{312}	kʰɔu^{22}	tɔu^{45}	tʰɔu^{45}	tʰɔu^{45}	lɔu^{45}
离石	tʰɔ^{312}	tɔ^{53}	sɔ^{312}	kʰɔ^{24}	tɔ^{53}	tʰɔ^{53}	tʰɔ^{53}	lɔ^{44}
汾阳	tʰuɔ^{312}	tuɔ^{55}	suɔ^{312}	kʰuɔ^{324}	tuɔ^{55}	tʰuɔ^{55}	tʰuɔ^{55}	luɔ^{55}
中阳	tʰɒ^{423}	tɒ^{53}	sɒ^{423}	kʰɒ^{24}	tɒ^{53}	tʰɒ^{53}	tʰɒ^{53}	lɒ^{33}
柳林	tʰɔ^{312}	tɔ^{53}	sɔ^{312}	kʰɔ^{24}	tɔ^{53}	tʰɔ^{53}	tʰɔ^{53}	lɔ^{53}
方山	tʰɔ^{312}	tɔ^{52}	sɔ^{312}	kʰɔ^{24}	tɔ^{52}	tʰɔ^{52}	tʰɔ^{52}	lɔ^{52}
临县	tʰɒ^{312}	tɒ^{52}	sɒ^{312}	kʰɒ^{24}	tɒ^{24}	tʰɒ^{52}	tʰɒ^{52}	lɒ^{52}
兴县	tʰɤ^{324}	tɤ^{53}	sɤ^{324}	kʰɤ^{324}	tɤ^{53}	tʰɤ^{53}	tʰɤ^{53}	lɤ^{53}

续表

字目	躺	荡浩~	嗓	慷	当上~	烫	趟	浪
中古音 方言点	坦朗 宕开一 上荡透	徒朗 宕开一 上荡定	写朗 宕开一 上荡心	苦朗 宕开一 上荡溪	丁浪 宕开一 去宕端	他浪 宕开一 去宕透	他浪 宕开一 去宕透	来宕 宕开一 去宕来
岚县	tʰuə^{312}	tuə^{53}	suə^{312}	kʰuə^{312}	tuə^{53}	tʰuə^{53}	tʰuə^{53}	luə^{53}
静乐	tʰɑ̃^{314}	tɑ̃^{53}	sɑ̃^{314}	kʰɑ̃^{314}	tɑ̃^{53}	tʰɑ̃^{53}	tʰɑ̃^{53}	lɑ̃^{53}
交口	tʰɑ̃^{323}	tɑ̃^{53}	sə^{323} 白 / sɑ̃^{323} 文	kʰɑ̃^{323}	tɑ̃^{53}	tʰɑ̃^{53}	tʰɑ̃^{53}	lɑ̃^{53}
石楼	tʰɑŋ^{213}	tɑŋ^{51}	sɑŋ^{213}	kʰɑŋ^{213}	tɑŋ^{213}	tʰɑŋ^{51}	tʰɑŋ^{51}	lɑŋ^{51}
隰县	tʰaŋ^{21}	tæ^{44}	saŋ^{21}	kʰaŋ^{53}	tæ^{44}	tʰɤ^{44} 白 / tʰæ^{44} 文	tʰæ^{44}	lɤ^{44} 白 / laŋ^{44} 文
大宁	tʰɛ̃^{55}	tɛ̃^{55}	sɛ̃^{31}	kʰɛ̃^{55}	tɛ̃^{55}	tʰɛ̃^{55}	tʰɛ̃^{55}	luo^{55} 白 / lɛ̃^{55} 文
永和	tʰɑ̃^{312}	tɑ̃^{53}	sɑ̃^{312}	kʰɑ̃^{312}	tɑ̃^{53}	tʰɑ̃^{53}	tʰɑ̃^{53}	lɑ̃^{53}
汾西	tʰɑ̃^{33}	——	sɑ̃^{33}	kʰɑ̃^{11}	——	tɯ^{55}	tʰɑ̃^{55}	lɯ^{53} 白 /lɑ̃^{53}
蒲县	tʰɑŋ^{31}	tɑŋ^{33}	sɑŋ^{31}	kʰɑŋ^{52}	tɑŋ^{33}	tʰɑŋ^{33}	tʰɑŋ^{33}	lɑŋ^{33}
潞州	tʰaŋ^{535}	taŋ^{54}	saŋ^{535}	kʰaŋ^{312}	taŋ^{44}	tʰaŋ^{44}	tʰaŋ^{44}	laŋ^{54}
上党	tʰɑŋ^{535}	tɑŋ^{42}	sɑŋ^{535}	kʰɑŋ^{213}	tɑŋ^{22}	tʰɑŋ^{22}	tʰɑŋ^{22}	lɑŋ^{42}
长子	tʰaŋ^{434}	taŋ^{53}	saŋ^{434}	kʰaŋ^{434}	taŋ^{53}	tʰaŋ^{422}	tʰaŋ^{53}	laŋ^{53}
屯留	tʰɑŋ^{43}	tɑŋ^{11}	sɑŋ^{43}	kʰɑŋ^{31}	tɑŋ^{11}	tʰɑŋ^{53}	tʰɑŋ^{53}	lɑŋ^{11}
襄垣	tʰɒ^{42}	tɒ^{45}	sɒ^{42}	kʰɒ^{33}	tɒ^{53}	tʰɒ^{53}	tʰɒ^{53}	lɒ^{45}
黎城	tʰɑŋ^{213}	tɑŋ^{53}	sɑŋ^{213}	kʰɑŋ^{33}	tɑŋ^{422}	tʰɑŋ^{53}	tʰɑŋ^{53}	lɑŋ^{53}
平顺	tʰaŋ^{434}	taŋ^{53}	saŋ^{434}	kʰaŋ^{213}	taŋ^{53}	tʰaŋ^{53}	tʰaŋ^{53}	laŋ^{53}
壶关	tʰaŋ^{535}	taŋ^{353}	ʂaŋ^{535}	kʰaŋ^{33}	taŋ^{42}	tʰaŋ^{42}	tʰaŋ^{42}	laŋ^{353}
沁县	tʰɔ^{214}	tɔ^{53}	sɔ^{214}	kʰɔ^{224}	tɔ^{53}	tʰɔ^{53}	tʰɔ^{53}	lɔ^{33}
武乡	tʰɔ̃^{213}	tɔ̃^{55}	sɔ̃^{213}	kʰɔ̃^{113}	tɔ̃^{55}	tʰɔ̃^{55}	tʰɔ̃^{55}	lɔ̃^{55}
沁源	tʰʌ̃^{324}	tʌ̃^{53}	sʌ̃^{324}	kʰʌ̃^{324}	tʌ̃^{53}	tʰʌ̃^{53}	tʰʌ̃^{53}	lʌ̃^{53}
安泽	tʰʌŋ^{42}	tʌŋ^{53}	sʌŋ^{42}	kʰʌŋ^{21}	tʌŋ^{53}	tʰʌŋ^{53}	tʰʌŋ^{53}	lʌŋ^{53}
沁水端氏	tʰɑŋ^{31}	tɑŋ^{53}	sɑŋ^{31}	kʰɑŋ^{21}	tɑŋ^{53}	tʰɑŋ^{53}	tʰɑŋ^{53}	lɑŋ^{53}
阳城	tʰɑ̃ŋ^{212}	tɑ̃ŋ^{51}	sɑ̃ŋ^{212}	kʰɑ̃ŋ^{212}	tɑ̃ŋ^{51}	tʰɑ̃ŋ^{51}	tʰɑ̃ŋ^{51}	lɑ̃ŋ^{51}
高平	tʰɔ̃^{212}	tɔ̃^{53}	ʂɔ̃^{212}	kʰɔ̃^{212}	tɔ̃^{53}	tʰɔ̃^{53}	tʰɔ̃^{53}	nɔ̃^{53}
陵川	tʰɑŋ^{312}	tɑŋ^{24}	ʂɑŋ^{312}	kʰɑŋ^{33}	tɑŋ^{24}	tʰɑŋ^{24}	tʰɑŋ^{24}	lɑŋ^{24}
晋城	tʰɒ̃^{213}	tɒ̃^{53}	ʂɒ̃^{213}	kʰɒ̃^{33}	tɒ̃^{53}	tʰɒ̃^{53}	tʰɒ̃^{53}	lɒ̃^{53}
忻府	tʰɛ^{313} 白 / tʰɑ̃^{313} 文	tɑ̃^{53}	sɛ^{313} 白 / sɑ̃^{313} 文	kʰɑ̃^{313}	tɑ̃^{53}	tʰɛ^{53} 白 / tʰɑ̃^{53} 文	tʰɑ̃^{53}	lɛ^{53} 白 /lɑ̃^{53} 文
原平	tʰɔ^{213}	tɔ^{53}	sɔ^{213}	kʰɔ^{213}	tɔ^{53}	tʰɔ^{53}	tʰɔ^{53}	lɔ^{53}

续表

字目	躺	荡浩~	嗓	慷	当上~	烫	趟	浪
中古音 方言点	坦朗 宕开一 上荡透	徒朗 宕开一 上荡定	写朗 宕开一 上荡心	苦朗 宕开一 上荡溪	丁浪 宕开一 去宕端	他浪 宕开一 去宕透	他浪 宕开一 去宕透	来宕 宕开一 去宕来
定襄	tʰæ^{11}	tɔ^{53}	sɔ^{11}	kʰɔ^{24}	tæ^{53}	tʰæ^{53}	tʰæ^{53}	lɔ^{53}
五台	tʰɔ^{213}	tæn^{52}	sɔ^{213}	kʰæn^{213}	tæn^{52}	tʰɔ^{52}	tʰɔ^{52}	læn^{52}
岢岚	tʰɔ^{13}	tɔ^{52}	sɔ^{13}	kʰɔ^{13}	tɔ^{52}	tʰɔ^{52}	tʰɔ^{52}	lɔ^{52}
五寨	tʰɒ^{13}	tɒ^{52}	sɒ^{13}	kʰɒ^{13}	tɒ^{52}	tʰɒ^{52}	tʰɒ^{52}	lɒ^{52}
宁武	tʰɒ^{213}	tɒ^{52}	sɒ^{213}	kʰɒ^{23}	tɒ^{52}	tʰɒ^{52}	tʰɒ^{52}	lɒ^{52}
神池	tʰɒ^{13}	tɒ^{52}	sɒ^{13}	kʰɒ^{24}	tɒ^{52}	tʰɒ^{52}	tʰɒ^{52}	lɒ^{52}
繁峙	tʰɔ^{53}	tɔ^{24}	sɔ^{53}	kʰɔ^{53}	tɔ^{24}	tʰɔ^{24}	tʰɔ^{24}	lɔ^{24}
代县	tʰuɔ^{213}	tuɔ^{53}	suɔ^{213}	kʰuɔ^{213}	tuɔ^{53}	tʰuɔ^{53}	tʰuɔ^{53}	luɔ^{53}
河曲	tʰɒ^{213}	tɒ^{52}	sɒ^{213}	kʰɒ^{213}	tɒ^{213}	tʰɒ^{52}	tʰɒ^{52}	nɒ^{52}
保德	tʰɔ^{213}	tɔ^{52}	sɔ^{213}	kʰɔ^{213}	tɔ^{52}	tʰɔ^{52}	tʰɔ^{52}	lɔ^{52}
偏关	tʰɒ^{213}	tɒ^{52}	sɒ^{213}	kʰɒ^{24}	tɒ^{52}	tʰɒ^{52}	tʰɒ^{52}	lɒ^{52}
朔城	tʰɑ̃^{312}	tɑ̃^{53}	sɑ̃^{312}	kʰɑ̃^{312}	tɑ̃^{53}	tʰɑ̃^{53}	tʰɑ̃^{53}	lɑ̃^{53}
平鲁	tʰɒ^{213}	tɒ^{52}	——	kʰɒ^{213}	tɒ^{52}	tʰɒ^{52}	tʰɒ^{52}	lɒ^{52}
应县	tʰaŋ^{54}	taŋ^{24}	saŋ^{54}	kʰaŋ^{43}	taŋ^{24}	tʰaŋ^{24}	tʰaŋ^{24}	laŋ^{24}
灵丘	tʰɒ^{442}	tɒ^{53}	sɒ^{442}	kʰɒ^{442}	tɒ^{53}	tʰɒ^{53}	tʰɒ^{53}	lɒ^{53}
浑源	tʰoʌ^{52}	toʌ^{13}	soʌ^{52}	kʰoʌ^{52}	toʌ^{13}	tʰoʌ^{13}	tʰoʌ^{13}	loʌ^{13}
云州	tʰɔ^{55}	tɔ^{24}	sɔ^{55}	kʰɔ^{21}	tɔ^{24}	tʰɔ^{24}	tʰɔ^{24}	lɔ^{24}
新荣	tʰɔ^{54}	tɔ^{24}	sɔ^{54}	kʰɔ^{32}	tɔ^{24}	tʰɔ^{24}	tʰɔ^{24}	lɔ^{24}
怀仁	tʰɒ^{53}	tɒ^{24}	sɒ^{53}	kʰɒ^{42}	tɒ^{24}	tʰɒ^{24}	tʰɒ^{24}	lɒ^{24}
左云	tʰɒ^{54}	tɒ^{24}	sɒ^{54}	kʰɒ^{31}	tɒ^{31}	tʰɒ^{24}	tʰɒ^{24}	lɒ^{24}
右玉	tʰɒ^{53}	tɒ^{24}	sɒ^{53}	kʰɒ^{31}	tɒ^{24}	tʰɒ^{24}	tʰɒ^{24}	lɒ^{24}
阳高	tʰɔ^{53}	tɔ^{24}	sɔ^{53}	kʰɔ^{31}	——	tʰɔ^{24}	tʰɔ^{53}	lɔ^{24}
山阴	tʰɒ^{52}	tɒ^{335}	sɒ^{52}	kʰɒ^{313}	tɒ^{335}	tʰɒ^{335}	tʰɒ^{335}	lɒ^{335}
天镇	tʰɒ^{55}	tɒ^{24}	sɒ^{55}	kʰɒ^{31}	tɒ^{24}	tʰɒ^{24}	tʰɒ^{24}	lɒ^{24}
平定	tʰaŋ^{53}	taŋ^{24}	saŋ^{53}	kʰaŋ^{31}	taŋ^{24}	tʰaŋ^{24}	tʰaŋ^{24}	laŋ^{24}
昔阳	tʰɔ̃u^{55}	tɔ̃u^{13}	sɔ̃u^{55}	kʰɔ̃u^{42}	tɔ̃u^{13}	tʰɔ̃u^{13}	tʰɔ̃u^{13}	lɔ̃u^{13}
左权	tʰɔ^{42}	tɔ^{53}	sɔ^{42}	kʰɔ^{31}	tɔ^{53}	tʰɔ^{53}	tʰɔ^{53}	lɔ^{53}
和顺	tʰɔ^{53}	tɔ^{13}	sɔ^{53}	kʰɔ^{42}	tɔ^{13}	tʰɔ^{13}	tʰɔ^{13}	lɔ^{13}
尧都	tʰaŋ^{53}	taŋ^{44}	suo^{53}	kʰaŋ^{21}	taŋ^{44}	tʰaŋ^{44}	tʰaŋ^{44}	laŋ^{44}
洪洞	tʰaŋ^{42}	taŋ^{42}	saŋ^{42}	kʰaŋ^{21}	taŋ^{33}	tʰaŋ^{33}	tʰaŋ^{33}	laŋ^{53}

续表

字目	躺	荡浩~	嗓	慷	当上~	烫	趟	浪
中古音 / 方言点	坦朗 宕开一 上荡透	徒朗 宕开一 上荡定	写朗 宕开一 上荡心	苦朗 宕开一 上荡溪	丁浪 宕开一 去宕端	他浪 宕开一 去宕透	他浪 宕开一 去宕透	来宕 宕开一 去宕来
洪洞赵城	tʰã^{21}	tʰã^{53} 白 / tã^{53} 文	sã^{42}	kʰã^{42}	tã^{53}	tʰã^{53}	tʰã^{24}	lo^{53} 白 / lã^{53} 文
古县	tʰɑŋ^{42}	tɑŋ^{53}	sɑŋ^{42}	kʰɑŋ^{42}	tɑŋ^{35}	tʰuo^{35} 白 / tʰɑŋ^{21} 文	tʰɑŋ^{35}	lɑŋ^{53}
襄汾	tʰaŋ^{42}	taŋ^{42}	suɔ^{42} 白 / saŋ^{42} 文	kʰaŋ^{21}	taŋ^{44}	tʰaŋ^{44}	tʰaŋ^{44}	laŋ^{53}
浮山	tʰaŋ^{33}	taŋ^{33}	saŋ^{33}	kʰaŋ^{42}	taŋ^{44}	tʰaŋ^{44}	tʰaŋ^{44}	laŋ^{53}
霍州	tʰaŋ^{33}	taŋ^{53}	sɔ^{33} 白 / saŋ^{33} 文	kʰaŋ^{33}	tɔ^{212} 白 / taŋ^{212} 文	tʰɔ^{55} 白 / tʰaŋ^{55} 文	tʰaŋ^{55}	laŋ^{53}
翼城	tʰɔ^{44}	tɔ^{53}	sɔ^{44}	kʰɔ^{53}	tɔ^{53}	tʰɔ^{53}	tʰɔ^{53}	lɔ^{53}
闻喜	——	tʰʌŋ^{53}	sʌŋ^{33}	kʰʌŋ^{33}	tʌŋ^{53}	tʰʌŋ^{53}	tʰʌŋ^{53}	lʌŋ^{13}
侯马	tʰɑŋ^{44}	tɑŋ^{53}	sɑŋ^{44}	kʰɑŋ^{213}	tɑŋ^{53}	tʰɑŋ^{53}	tʰɑŋ^{53}	lʰɑŋ^{53}
新绛	tʰəŋ^{44}	tʰəŋ^{13}	səŋ^{44}	kʰəŋ^{53}	təŋ^{44}	tʰəŋ^{53}	tʰəŋ^{53}	ləŋ^{53}
绛县	tʰʌŋ^{33}	tʌŋ^{53}	sʌŋ^{31}	kʰʌŋ^{33}	tʌŋ^{31}	tʰʌŋ^{31}	tʰʌŋ^{31}	lʌŋ^{31}
垣曲	tʰəŋ^{44}	tʰəŋ^{53} 白 / təŋ^{53} 文	səŋ^{44}	kʰəŋ^{22}	təŋ^{53}	tʰəŋ^{53}	tʰəŋ^{53}	ləŋ^{53}
夏县	tʰəŋ^{24}	təŋ^{31}	səŋ^{24}	kʰəŋ^{53}	təŋ^{31}	tʰəŋ^{31}	tʰəŋ^{24}	ləŋ^{31}
万荣	tʰiɛ^{55}	taŋ^{33}	saŋ^{55}	kʰaŋ^{51}	taŋ^{33}	tʰaŋ^{33}	tʰaŋ^{33}	laŋ^{33}
稷山	tʰʌŋ^{44}	tʌŋ^{42}	sʌŋ^{44}	kʰʌŋ^{53}	tʌŋ^{42}	tʰʌŋ^{42}	tʰʌŋ^{42}	lʌŋ^{42}
盐湖	tʰaŋ^{53}	taŋ^{44}	saŋ^{53}	kʰaŋ^{53}	taŋ^{44}	tʰaŋ^{44}	tʰaŋ^{44}	laŋ^{44}
临猗	tʰɑŋ^{53}	tɑŋ^{44}	sɑŋ^{53}	kʰɑŋ^{42}	tɑŋ^{44}	tʰɑŋ^{44}	tʰɑŋ^{53}	lɑŋ^{44}
河津	tʰaŋ^{53}	taŋ^{44}	saŋ^{53}	kʰaŋ^{31}	taŋ^{44}	tʰaŋ^{44}	tʰaŋ^{44}	laŋ^{44}
平陆	tʰaŋ^{55}	taŋ^{33}	saŋ^{55}	kʰaŋ^{31}	taŋ^{33}	tʰaŋ^{33}	tʰaŋ^{55}	laŋ^{33}
永济	tʰaŋ^{53}	taŋ^{44}	saŋ^{53}	kʰaŋ^{53}	taŋ^{31}	tʰaŋ^{44}	tʰaŋ^{44}	laŋ^{44}
芮城	tʰaŋ^{53}	taŋ^{44}	saŋ^{53}	kʰaŋ^{42}	taŋ^{44}	tʰaŋ^{44}	tʰaŋ^{53}	laŋ^{44}
吉县	tʰəŋ^{33}	təŋ^{33}	səŋ^{53}	kʰəŋ^{423}	təŋ^{33}	tʰəŋ^{423}	——	luə 白 / ləŋ^{33} 文
乡宁	tʰaŋ^{44}	taŋ^{22}	saŋ^{442}	kʰaŋ^{53}	taŋ^{22}	tʰaŋ^{22}	tʰaŋ^{22}	laŋ^{22}
广灵	tʰɔ^{44}	tɔ^{213}	sɔ^{44}	kʰɔ^{44}	tɔ^{213}	tʰɔ^{213}	tʰɔ^{213}	lɔ^{213}

字目	葬	藏西～	脏五～	丧～失	杠～杆	抗	博	薄
中古音 / 方言点	则浪 宕开一 去宕精	徂浪 宕开一 去宕从	徂浪 宕开一 去宕从	苏浪 宕开一 去宕心	古双 宕开一 去宕见	苦浪 宕开一 去宕溪	补各 宕开一 入铎帮	傍各 宕开一 入铎並
北京	tsaŋ^{51}	tsaŋ^{51}	tsaŋ^{51}	saŋ^{51}	kaŋ^{51}	kʰaŋ^{51}	po^{35}	po^{35}
小店	tso^{24}	tso^{24}	tso^{11}	so^{24}	ko^{24}	kʰo^{24}	paʔ$^{\underline{54}}$	pəɯ^{24}/paʔ$^{\underline{54}}$
尖草坪	tsɔ^{35}	tsɔ^{35}	tsɔ^{35}	sɔ^{35}	kɔ^{35}	kʰɔ^{35}	paʔ^{2} 白 / pəʔ^{2} 文	pəʔ$^{\underline{43}}$
晋源	mɔ^{42}	tsaŋ^{435}	tsaŋ^{35}	saŋ^{35}	kaŋ^{35}	kʰaŋ^{35}	pəʔ^{2}	pəʔ^{2}
阳曲	tsɔ^{454}	tsɔ^{454}	tsɔ^{312}/tsɔ^{454}	sɔ^{454}	kɔ^{454}	kʰɔ^{454}	pɔʔ^{4}	pəʔ^{4}
古交	tsɔ^{53}	tsɔ^{53}	tsɔ^{53}	sɔ^{53}	kɔ^{53}	kʰɔ^{53}	pəʔ^{4}	pəʔ^{4}
清徐	tsɒ^{45}	tsɒ^{45}	tsɒ^{11}	sɒ^{45}	kɒ^{45}	kʰɒ^{45}	paʔ^{1}	pəʔ$^{\underline{54}}$ 白 / pɤɯ^{45} 文
娄烦	tsɑ̃^{54}	tsɑ̃^{54}	tsɑ̃^{54}	sɑ̃^{54}	kʰɑ̃^{33}	kʰɑ̃^{54}	paʔ^{3}	pəʔ$^{\underline{21}}$
榆次	tsɒ^{35}	tsɒ^{35}	tsɒ^{35}	sɒ^{35}	kɒ^{35}	kʰɒ^{35}	paʔ^{1}	pəʔ^{1}
交城	tsɤ^{24}	tsɤ^{24}	tsɤ^{24}	sɤ^{24}	kɤ^{24}	kʰɤ^{53}	paʔ$^{\underline{53}}$	paʔ$^{\underline{53}}$ 白 / pəʔ$^{\underline{53}}$ 文
文水	tsaŋ^{35}	tsaŋ^{35}	tsu^{22} 白 / tsau^{22} 白 / tsaŋ^{22} 文	saŋ^{35}	kaŋ^{35}	kʰaŋ^{35}	paʔ$^{\underline{312}}$	paʔ$^{\underline{312}}$/ pəʔ$^{\underline{312}}$
祁县	tsɑ̃^{45}	tsɑ̃^{45}	tsɑ̃^{45}	sa^{45} 白 / sɑ̃^{45} 文	ka^{45} 白 / kɑ̃^{45} 文	kʰa^{45} 白 / kʰɑ̃^{45} 文	pɑʔ$^{\underline{324}}$	pəʔ$^{\underline{32}}$
太谷	tsɒ^{53}	tsɒ^{53}	tsɒ^{53}	sɒ^{53}	kɒ^{53}	kʰɒ^{53}	paʔ$^{\underline{423}}$	pəʔ$^{\underline{423}}$
平遥	tsɑ̃^{24}	tsɑ̃^{24}	tsɑ̃^{24}	sɑ̃^{213}	kɑ̃^{24}	kɑ̃^{213}	pʌʔ$^{\underline{523}}$	pʌʔ$^{\underline{523}}$
孝义	tsã^{454}	tsã^{454}	tsã^{454}	sã^{454}	kã^{454}	kʰã^{312}	pəʔ$^{\underline{423}}$	pəʔ$^{\underline{423}}$
介休	tsæ̃^{45}	tsæ̃^{45}	tsɔo^{13} 白 / tsæ̃^{13} 文	sæ̃^{45}	kæ̃^{45}	kʰæ̃^{45}	pʌʔ$^{\underline{312}}$	pʌʔ$^{\underline{312}}$
灵石	tsɒ̃^{53}	tsɒ̃^{53}	tsɒ̃^{535}	sɒ̃^{53}	kɒ̃^{53}	kʰɒ̃^{53}	paʔ$^{\underline{212}}$	pʰəʔ$^{\underline{212}}$
盂县	tsɤo^{55} 白 / tsæ̃^{55} 文	tsæ̃^{55}/ tsʰæ̃^{22} 文	tsɤo^{412} 白 / tsæ̃^{412} 文 / tsæ̃^{55} 文	sæ̃^{55} 文	kɤo^{55} 白 / kæ̃^{55} 文	kʰɤo^{53} 白 / kʰæ̃^{53} 文	pʌʔ^{2}	pʌʔ^{2} 白 / piɑu^{22} 文
寿阳	tsɒo^{45}	tsɒo^{45}	tsɒo^{45}	sɒo^{45}	kɒo^{45}	kʰɒo^{45}	paʔ$^{\underline{54}}$	piɔo^{22}
榆社	tsɔu^{45}	tsɔu^{45}	tsɔu^{22}	sɔu^{22}	kɔu^{45}	kʰɔu^{45}	paʔ$^{\underline{312}}$	paʔ^{2}
离石	tsɔ^{53}	tsɔ^{53}	tsɔ^{24}	sɔ^{53}	kɔ^{53}	kʰɔ^{53}	pəʔ^{4}	pʰəʔ$^{\underline{23}}$
汾阳	tsuɔ^{55}	tsuɔ^{55}	tsuɔ^{55}	suɔ^{55}	kuɔ^{55}	kʰuɔ^{55}	pəʔ$^{\underline{312}}$	pəʔ$^{\underline{312}}$
中阳	tsɒ^{53}	tsɒ^{53}	tsɒ^{24}	sɒ^{53}	kɒ^{53}	kʰɒ^{53}	pəʔ^{4}	pʰəʔ$^{\underline{312}}$
柳林	tsɔ^{53}	tsɔ^{53}	tsɔ^{53}	sɔ^{53}	kɔ^{53}	kʰɔ^{53}	pəʔ^{4}	pʰəʔ$^{\underline{423}}$
方山	tsɔ^{52}	tsɔ^{52}	tsɔ^{52}	sɔ^{52}	kɔ^{52}	kʰɔ^{52}	pəʔ^{4}	pʰəʔ$^{\underline{23}}$

续表

字目	葬	藏西～	脏五～	丧～失	杠～杆	抗	博	薄
中古音／方言点	则浪 宕开一 去宕精	徂浪 宕开一 去宕从	徂浪 宕开一 去宕从	苏浪 宕开一 去宕心	古双 宕开一 去宕见	苦浪 宕开一 去宕溪	补各 宕开一 入铎帮	傍各 宕开一 入铎並
临县	tsɒ^{52}	tsɒ^{52}	tsɒ^{24}	sɒ^{52}	kɒ^{52}	kʰɒ^{52}	pɐʔ^{3}	pʰɐʔ^{3}
兴县	tsɤ^{53}	tsɤ^{53}	tsɤ^{324}	sɤ^{53}	kɤ^{53}	kʰɤ^{53}	pəʔ^{5}	pʰəʔ$^{\underline{312}}$
岚县	tsuə^{53}	tsuə^{53}	tsuə^{53}	suə^{53}	kuə^{53}	kʰuə^{53}	pɤʔ^{4}	pʰɔʔ$^{\underline{312}}$ 白 / pɤʔ^{4} 文
静乐	tsɑ̃^{53}	tsɑ̃^{53}	tsɑ̃^{24}	sɑ̃^{314}	kɑ̃^{53}	kʰɑ̃^{53}	paʔ$^{\underline{212}}$	pəʔ$^{\underline{212}}$
交口	tsɑ̃^{53}	tsɑ̃^{53}	tsɑ̃^{53}	sɑ̃^{53}	kɑ̃^{53}	kʰɑ̃^{53}	pə^{44}	pʰəʔ$^{\underline{212}}$
石楼	tsɑŋ^{51}	tsɑŋ^{51}	tsɑŋ^{213}	sɑŋ^{51}	kɑŋ^{44}	kʰɑŋ^{51}	pəʔ^{4}	pʰəʔ$^{\underline{213}}$
隰县	tsæ^{44}	tsæ^{44}	tsæ^{44}	sæ^{44}	kæ^{44}	kʰɤ^{44}	paʔ^{3}	pʰəʔ^{3}
大宁	——	tsɛ̃^{55}	tsɛ̃^{55}	sɛ̃^{55}	kɛ̃^{31}	——	pɐʔ$^{\underline{31}}$	pʰəʔ^{4}
永和	tsɑ̃^{53}	tsɑ̃^{53}	tsɑ̃^{53}	sɑ̃^{53}	kɑ̃^{53}	kʰɑ̃^{53}	pɐʔ$^{\underline{35}}$	pʰəʔ$^{\underline{312}}$ 白 / pəʔ$^{\underline{312}}$ 文
汾西	tsɑ̃^{55}	tsɑ̃^{53}	tsɑ̃^{53}/ tsɑo^{11} 白	sɑ̃^{33}	kɑ̃^{55}	kʰɑ̃^{55}	pu^{11}	pʰyəʔ^{3}
蒲县	tsɑŋ^{33}	tsɑŋ^{33}	tsɑŋ^{33}	sɑŋ^{33}	kɑŋ^{33}	kʰɑŋ^{33}	po^{24}	pʰo^{33}
潞州	tsaŋ^{44}	tsaŋ^{54}	tsaŋ^{54}	saŋ^{44}	kaŋ^{44}	kʰaŋ^{44}	pəʔ$^{\underline{53}}$	pəʔ$^{\underline{53}}$
上党	tsɑŋ^{22}	tsɑŋ^{42}	tsɑŋ^{213}	sɑŋ^{22}	kɑŋ^{22}	kʰɑŋ^{22}	pəʔ$^{\underline{21}}$	pəʔ$^{\underline{21}}$
长子	tsaŋ^{53}	tsaŋ^{53}	tsaŋ^{53}	saŋ^{422}	kaŋ^{422}	kʰaŋ^{422}	pəʔ^{4}	pəʔ$^{\underline{212}}$
屯留	tsɑŋ^{53}	tsɑŋ^{11}	tsɑŋ^{11}	sɑŋ^{53}	kɑŋ^{53}	kʰɑŋ^{53}	pəʔ$^{\underline{54}}$	pəʔ$^{\underline{54}}$
襄垣	tsɒ^{53}	tsɒ^{45}	tsɒ^{33}	sɒ^{53}	——	kʰɒ	pʌʔ$^{\underline{43}}$	pʌʔ$^{\underline{43}}$
黎城	tsɑŋ^{53}	tsɑŋ^{53}	tsɑŋ^{53}	sɑŋ^{53}	kɑŋ^{53}	kʰɑŋ^{213}	puɤ^{53}	pʌʔ$^{\underline{31}}$
平顺	tsaŋ^{53}	tsaŋ^{53}	tsaŋ^{213}	saŋ^{53}	kaŋ^{53}	kʰaŋ^{53}	pʌʔ$^{\underline{423}}$	pʌʔ$^{\underline{423}}$
壶关	tʂaŋ^{42}	tʂaŋ^{42}	tʂaŋ^{33}	ʂaŋ^{42}	kaŋ^{42}	kʰaŋ^{13}/ kʰaŋ^{42}	pʌʔ$^{\underline{21}}$	pʌʔ$^{\underline{21}}$/pə^{13}
沁县	tsɔ^{53}	tsɔ^{53}	tsɔ^{53}	sɔ^{53}	kɔ^{53}	kʰɔ^{53}	paʔ$^{\underline{212}}$	paʔ$^{\underline{212}}$/pɤ^{53}
武乡	tsɔ̃^{55}	tsɔ̃^{55}	tsɔ̃^{55}	sɔ̃^{55}	kɔ̃^{55}	kʰɔ̃^{213}	pʌʔ$^{\underline{423}}$	pʌʔ$^{\underline{423}}$
沁源	tsʌ̃^{53}	tsʌ̃^{53}	tsʌ̃^{53}	sʌ̃^{53}	kʌ̃^{53}	kʰʌ̃^{53}	pʌʔ$^{\underline{31}}$	pʌʔ$^{\underline{31}}$
安泽	tsʌŋ^{53}	tsʌŋ^{53}	tsʌŋ^{21}	sʌŋ^{53}	kʌŋ^{53}	kʰʌŋ^{35}	po^{35}	po^{21}
沁水端氏	tsɑŋ^{53}	tsɑŋ^{53}	tsɑŋ^{53}	sɑŋ^{21}	kɑŋ^{53}	kʰɑŋ^{31}	pɤ^{24}	pəʔ^{2}
阳城	tsãŋ^{51}	tsãŋ^{51}	tsãŋ^{51}	sãŋ^{51}	kãŋ^{51}	kʰãŋ^{51}	pʌʔ^{2}	puə^{22}
高平	tʂɔ̃^{53}	tʂɔ̃^{53}	tʂɔ̃^{53}	ʂɔ̃^{53}	kɔ̃^{33}	kʰɔ̃^{53}	pʌʔ^{2}	pʌʔ^{2} 白 / pɤ^{53} 文
陵川	tʂɑŋ^{24}	tʂɑŋ^{24}	tʂɑŋ^{24}	ʂɑŋ^{24}	kɒŋ^{24}	kʰɑŋ^{24}	pʌʔ^{3}	pʌʔ$^{\underline{23}}$

续表

字目	葬	藏西~	脏五~	丧~失	杠~杆	抗	博	薄
中古音／方言点	则浪 宕开一 去宕精	徂浪 宕开一 去宕从	徂浪 宕开一 去宕从	苏浪 宕开一 去宕心	古双 宕开一 去宕见	苦浪 宕开一 去宕溪	补各 宕开一 入铎帮	傍各 宕开一 入铎並
晋城	tʂɒ̃^{53}	tʂɒ̃^{53}	tʂɒ̃^{33}	ʂɒ̃^{53}	kɒ̃^{53}	kʰɒ̃^{324}	pʌʔ^{2}	pʌʔ^{2}
忻府	tsɑ̃^{53}	tsɑ̃^{53}	tsɛ^{53} 白 / tsɑ̃^{53} 文	sɑ̃^{53}	kɑ̃^{53}	kʰɑ̃^{53}	pʌʔ$^{\underline{32}}$	pʌʔ$^{\underline{32}}$
原平	tsɔ^{53}	tsɔ^{53}	tsɔ^{53}	sɔ^{53}	kɔ^{53}	kʰɔ^{53}	puɔʔ$^{\underline{34}}$	puɔʔ$^{\underline{34}}$ 白 / pʰuɔ^{213} 文
定襄	tsæ^{24}	tsʰæ^{53}	tsæ^{53}	sɔ^{53}	kɔ^{53}	kʰɔ^{53}	paʔ^{1}	pəʔ^{1}
五台	tsæn^{52}	tsæn^{52}	tsæn^{52}/tsɔ^{52}	sæn^{52}	kɔ^{52}	kʰɔ^{52}/kʰæn^{52}	pəʔ^{3}	pəʔ^{3}/pʰəʔ^{3}
岢岚	tsɔ^{52}	tsɔ^{52}	tʂɔ^{52}	sɔ^{52}	kɔ^{52}	kʰɔ^{52}	paʔ^{4}	paʔ^{4} 白 / pɤ^{44} 文
五寨	tsɒ^{52}	tsɒ^{52}	tsɒ^{13}	sɒ^{52}	kɒ^{52}	kʰɒ^{52}	paʔ^{4}	paʔ^{4}
宁武	tsɒ^{52}	tsɒ^{52}	tsɒ^{52}	sɒ^{52}	kʰɒ^{33}	kʰɒ^{52}	pəʔ^{4}	pəʔ^{4}
神池	tsɒ^{52}	tsɒ^{52}	tsɒ^{24}	sɒ^{52}	kɒ^{24}	kʰɒ^{52}	pᴀʔ^{4}	puᴀʔ^{4}
繁峙	tsɔ^{24}	tsɔ^{24}	tsɔ^{53}	sɔ^{24}	kɔ^{24}	kʰɔ^{31}	paʔ$^{\underline{13}}$	pɤ^{31}
代县	tsuɔ^{53}	tsuɔ^{53}	tsuɔ^{213}	suɔ^{53}	kuɔ^{53}	kʰuɔ^{53}	paʔ^{2}	pɤ^{44}
河曲	tsɒ^{52}	tsʰɒ^{44}/tsɒ^{52}	tsɒ^{52}	sɒ^{52}	kɒ^{52}	kʰɒ^{52}	paʔ^{4}	pʰaʔ^{4} 白 / pu^{44} 文
保德	tsɔ^{52}	tsɔ^{52}	tsɔ^{52}	sɔ^{52}	kɔ^{52}	kʰɔ^{52}	pəʔ^{4}	pɤ^{44}
偏关	tsɒ^{52}	tsɒ^{52}	tsɒ^{52}	sɒ^{52}	kɒ^{52}	kʰɒ^{52}	pᴀʔ^{4}	pə^{44}
朔城	tsɑ̃^{53}	tsɑ̃^{53}	tsɑ̃^{53}	sɑ̃^{53}	kɑ̃^{53}	kʰɑ̃^{53}	pᴀʔ$^{\underline{35}}$	pəʔ$^{\underline{35}}$
平鲁	tsɒ^{52}	tsɒ^{52}	tsɒ^{213}/tsɒ^{52}	——	kɒ^{52}	kʰɒ^{52}	pʌʔ$^{\underline{34}}$	puə^{44}
应县	tsaŋ^{24}	tsaŋ^{24}	tsaŋ^{43}/tsaŋ^{24}	saŋ^{24}	kaŋ^{24}	kʰaŋ^{31}	paʔ$^{\underline{43}}$	puɤ^{31}
灵丘	tsɒ^{53}	tsɒ^{53}	tsɒ^{53}	sɒ^{53}	kɒ^{53}	kʰɒ^{442}	pᴀʔ^{5}	pue^{31}/pɔo^{31}
浑源	tsoʌ^{13}	tsoʌ^{13}	tsoʌ^{13}	soʌ^{13}	koʌ^{13}	kʰoʌ^{13}	pʌʔ^{4}	pʌʔ^{4}
云州	tsɔ^{24}	tsɔ^{24}	tsɔ^{21}	sɔ^{24}	kɔ^{24}	kʰɔ^{24}	pɑʔ^{4}	po^{312}
新荣	tsɔ^{24}	tsɔ^{24}	tsɔ^{24}	sɔ^{24}	kɔ^{24}	kʰɔ^{54}	paʔ^{4}	po^{312}
怀仁	tsɒ^{24}	tsɒ^{24}	tsɒ^{24}	sɒ^{24}	kɒ^{24}	kʰɒ^{24}	paʔ^{4}	puɤ^{312}
左云	tsɒ^{24}	tsɒ^{24}	tsɒ^{24}	sɒ^{24}	kɒ^{24}	kʰɒ^{313}	paʔ^{4}	pɔu^{313}
右玉	tsɒ^{24}	tsɒ^{24}	tsɒ^{31}	sɒ^{24}	——	kʰɒ^{53}	paʔ^{4}	po^{212}
阳高	tsɔ^{24}	tsɔ^{24}	tsɔ^{31}	——	kɔ^{24}	kʰɔ^{24}	pɤ^{53}	pɤ^{31}
山阴	tsɒ^{335}	tsɒ^{335}	tsɒ^{335}	sɒ^{335}	kɒ^{335}	kʰɒ^{52}	pᴀʔ^{4}	puə^{313}
天镇	tsɒ^{24}	tsɒ^{24}	tsɒ^{31}	sɒ^{55}	kɒ^{24}	kʰɒ^{55}	pɑʔ^{4}	pɔu^{22}
平定	tsɑŋ^{24}	tsɑŋ^{24}	tsɑŋ^{24}	sɑŋ^{24}	kɑŋ^{24}	kʰɑŋ^{24}	paʔ^{4}	piɔ^{44}/paʔ^{4}

续表

字目	葬	藏西～	脏五～	丧～失	杠～杆	抗	博	薄
中古音 / 方言点	则浪 宕开一 去宕精	徂浪 宕开一 去宕从	徂浪 宕开一 去宕从	苏浪 宕开一 去宕心	古双 宕开一 去宕见	苦浪 宕开一 去宕溪	补各 宕开一 入铎帮	傍各 宕开一 入铎並
昔阳	tsɔ̃u^{13}	tsɔ̃u^{13}	tsɔ̃u^{13}	sɔ̃u^{13}	kɔ̃u^{13}	kʰɔ̃u^{13}	pʌʔ$^{\underline{43}}$	piɔo^{33} 白 / pə^{33} 文
左权	tsɔ^{53}	tsɔ^{53}	tsɔ^{53}	sɔ^{53}	kɔ^{53}	kʰɔ^{53}	pəʔ^{1}	pəʔ^{1}
和顺	tsɔ^{13}	tsɔ^{13}	——	sɔ^{13}	kɔ^{13}	kʰɔ^{13}	pəʔ$^{\underline{21}}$	pəʔ$^{\underline{21}}$
尧都	tsɑŋ^{44}	tsɑŋ^{44}	tsɑŋ^{44}	suo^{44}	kɑŋ^{44}	kʰɑŋ^{44}	po^{24}	pʰo^{24} 白 / po^{44} 文
洪洞	tsɑŋ^{33}	tsɑŋ^{53}	tsɑŋ^{53}	——	kɑŋ^{33}	kʰɑŋ^{42}	po^{21}	pʰu^{53} 白 / pu^{53} 文 /pʰo^{24}
洪洞赵城	tsɑ̃^{24}	tsɑ̃^{53}	tsɑ̃^{53}	sɑ̃^{21}	kɑ̃^{21}	kʰɑ̃^{53}	po^{24}	pʰu^{24}/ pʰo^{24} 文
古县	tsɑŋ^{35}	tsɑŋ^{53}	tsɑŋ^{53}	sɑŋ^{35}	kɑŋ^{35}	kʰɑŋ^{53}	po^{35}	po^{53}/pʰo^{35}
襄汾	tsaŋ^{44}	tsaŋ^{53}	tsaŋ^{53}	saŋ^{21}	kaŋ^{44}	kʰaŋ^{53}	pɔ^{21}	pʰɔ^{21}/pʰɔ^{53}
浮山	tsaŋ^{44}	tsaŋ^{53}	tsaŋ^{53}	——	kaŋ^{44}	kʰaŋ^{44}	pɤ^{42}	pʰɤ^{42} /pʰɤ^{53}
霍州	tsaŋ^{55}	tsaŋ^{53}	tsaŋ^{33}	saŋ^{55}	kaŋ^{33}	kʰaŋ^{55}	puɤ^{35}	pʰu^{35} 白 / pau^{35} 文
翼城	tsɔ^{53}	tsɔ^{53}	tsɔ^{53}	sɔ^{53}	kɔ^{53}	kʰɔ^{53}	pɔ^{12}	pʰɔ^{12}
闻喜	tsʌŋ^{53}	tsʌŋ^{13}	tsʌŋ^{53}	sʌŋ^{53}	kʌŋ^{53}	kʰʌŋ^{53}	pɤ^{53}	pʰɤ^{13} 白 / pao^{13} 文 / pɤ^{13}
侯马	tsɑŋ^{53}	tsɑŋ^{53}	tsɑŋ^{53}	sɑŋ^{53}	kɑŋ^{53}	kʰaŋ^{53}	pɤ^{213}	pau^{213}
新绛	tsəŋ^{53}	tsəŋ^{53}	tsəŋ^{53}	səŋ^{53}	kəŋ^{53}	kʰəŋ^{44}	pɤ^{53}	pʰuɤ^{13}
绛县	tsʌŋ^{31}	tsʌŋ^{53}	tsʌŋ^{53}	sʌŋ^{31}	kʌŋ^{31}	kʰʌŋ^{31}	pɤ^{53}	pʰɤ^{24}/pʰɤ^{31}
垣曲	tsəŋ^{53}	tsəŋ^{53}	tsəŋ^{53}	səŋ^{53}	kəŋ^{53}	kʰəŋ^{44}	puo^{22}	pʰɤ^{22}
夏县	tsəŋ^{31}	tsəŋ^{31}	tsəŋ^{31}	səŋ^{31}	kəŋ^{24}	kʰəŋ^{31}	puɤ^{42}	pʰuɤ^{42}
万荣	tsaŋ^{33}	tsaŋ^{33}	tsaŋ^{51}	saŋ^{33}	kaŋ^{33}	kʰaŋ^{33}	pɤ^{51}	pʰɤ^{213}
稷山	tsʌŋ^{42}	tsʌŋ^{42}	tsʌŋ^{42}	sʌŋ^{42}	kʌŋ^{42}	kʰʌŋ^{42}	pɤ^{13}	pʰɤ^{13}
盐湖	tsaŋ^{44}	tsaŋ^{44}	tsaŋ^{44}	saŋ^{44}	kaŋ^{44}	kʰaŋ^{44}	po^{42}	pʰo^{13}/po^{44}
临猗	tsɑŋ^{44}	tsɑŋ^{44}	tsɑŋ^{44}	sɑŋ^{44}	kɑŋ^{44}	kʰɑŋ^{44}	po^{13}	pʰo^{13} 白 / pɑu^{13} 文
河津	tsaŋ^{44}	tsaŋ^{44}	tsaŋ^{44}	saŋ^{44}	kaŋ^{44}	kʰaŋ^{44}	pɤ^{31}	pʰɤ^{324} 白 / pɤ^{324} 文 / pʰɤ^{53}
平陆	tsaŋ^{33}	tsaŋ^{33}	tsaŋ^{31}/tsaŋ^{33}	saŋ^{33}	kaŋ^{33}	kʰaŋ^{33}	pə^{31}	pʰə^{13}

续表

字目	葬	藏西~	脏五~	丧~失	杠~杆	抗	博	薄
中古音 / 方言点	则浪 宕开一 去宕精	徂浪 宕开一 去宕从	徂浪 宕开一 去宕从	苏浪 宕开一 去宕心	古双 宕开一 去宕见	苦浪 宕开一 去宕溪	补各 宕开一 入铎帮	傍各 宕开一 入铎並
永济	$tsaŋ^{44}$	$ts^haŋ^{24}$	$tsaŋ^{31}/tsaŋ^{44}$	$saŋ^{31}/saŋ^{44}$	$kaŋ^{44}$	$k^haŋ^{44}$	puo^{24}	p^huo^{44} 白 / puo^{24} 文
芮城	$tsaŋ^{44}$	$tsaŋ^{44}$	$tsaŋ^{44}$	$saŋ^{44}$	$kaŋ^{44}$	$k^haŋ^{53}$	po^{42}	p^ho^{13}
吉县	$tsəŋ^{33}$	$tsəŋ^{33}$	$tsəŋ^{423}$	$səŋ^{33}$	$kəŋ^{33}$	$k^həŋ^{33}$	$pə^{423}$	$p^hə^{13}/p^hə^{33}$
乡宁	$tsaŋ^{22}$	$tsaŋ^{22}$	$tsaŋ^{22}$	$saŋ^{22}$	$kaŋ^{22}$	$k^haŋ^{22}$	$pɤ^{53}$	$p^hɤ^{12}$ 白 / $pɤ^{12}$ 文
广灵	$tsɔ^{213}$	$tsɔ^{213}$	$tsɔ^{213}$	$sɔ^{213}$	$kɔ^{213}$	$k^hɔ^{44}$	po^{31}	$po^{53}/pʌu^{31}$

字目	摸	膜	莫	漠	幕	托委～	托～盘	诺
中古音 / 方言点	慕各 宕开一 入铎明	慕各 宕开一 入铎明	慕各 宕开一 入铎明	慕各 宕开一 入铎明	慕各 宕开一 入铎明	他各 宕开一 入铎透	他各 宕开一 入铎透	奴各 宕开一 入铎泥
北京	mo^{55}	mo^{35}	mo^{51}	mo^{51}	mu^{51}	tʰuo^{55}	tʰuo^{55}	nuo^{51}
小店	maʔ^{1}	——	maʔ^{1}	maʔ^{1}	mu^{24}	tʰuaʔ^{1}	tʰuaʔ^{1}	——
尖草坪	məʔ^{2}	maʔ^{2} 白 / məʔ^{2} 文	məʔ^{2}	məʔ^{2}	mu^{35}	tʰuaʔ^{2} 白 / tʰuəʔ^{2} 文	tʰuaʔ^{2} 白 / tʰuəʔ^{2} 文	nuaʔ^{2}
晋源	maʔ^{2}	maʔ^{2}	maʔ^{2}	maʔ^{2}	mu^{35}	tʰaʔ^{2}/tʰuaʔ^{2}	tʰaʔ^{2}/tʰuaʔ^{2}	nuɤ^{35}
阳曲	məʔ^{4}	məʔ^{4}	məʔ^{4}	məʔ^{4}	mu^{454}	tʰuɤ^{312}	tʰuɤ^{312}	nuɤ^{454}
古交	məʔ^{4}	məʔ^{4}	məʔ^{4}	məʔ^{4}	mu^{53}	tʰəʔ^{4}	tʰəʔ^{4}	nuəʔ^{4}
清徐	məʔ^{1}	məʔ^{1}	məʔ^{1}	məʔ^{1}	mu^{45}	tʰuaʔ^{1}	tʰuaʔ^{1}	nuəʔ^{1}
娄烦	mə^{33}	maʔ^{3}	maʔ^{3}	maʔ^{3}	mu^{54}	tʰaʔ^{3}	tʰaʔ^{3}	naʔ^{3}
榆次	maʔ^{1}	maʔ^{1}	maʔ^{1}	maʔ^{1}	mu^{35}	tʰuaʔ^{1}	tʰuaʔ^{1}	nuaʔ^{1}
交城	maʔ^{1}	maʔ^{1}	maʔ^{1}	maʔ^{1}	mu^{24}	tʰaʔ^{1} 白 / tʰəʔ^{1} 文	tʰaʔ^{1} 白 / tʰəʔ^{1} 文	naʔ^{1} 老 / nuaʔ^{1} 新
文水	maʔ^{2}	maʔ^{2}	maʔ^{2}	maʔ^{2}	məɸ^{35}	tʰəʔ^{2}	tʰəʔ^{2}	naʔ^{2}
祁县	mɑʔ^{32}	mɑʔ^{32}	mɑʔ^{32}	mɑʔ^{32}	muβ^{45}	tʰəʔ^{32}	tʰəʔ^{32}	nɑʔ^{32}
太谷	maʔ^{3}/məʔ^{3}	maʔ^{3}	miaʔ^{3}	miaʔ^{3}	mu^{53}	tʰəʔ^{3}	tʰəʔ^{3}	naʔ^{3}
平遥	mʌʔ^{212}	mu^{24}	mʌʔ^{523}	mu^{24}	mu^{24}	tʰʌʔ^{212}	tʰʌʔ^{212}	nuʌʔ^{523}
孝义	məʔ^{3}	mu^{33}	məʔ^{3}	məʔ^{3}	mu^{454}	tʰaʔ^{3}	tʰaʔ^{3}	nuə^{454}
介休	mʌʔ^{12}	mu^{13}	mʌʔ^{12}	mʌʔ^{12}	mu^{45}	tʰuʌʔ^{12} 文	tʰuʌʔ^{12} 文	nʌʔ^{12}
灵石	maʔ^{4}	maʔ^{4}	maʔ^{4}	maʔ^{4}	mu^{53}	tʰuaʔ^{4}	tʰuaʔ^{4}	nuɤ^{53}
盂县	mɑu^{412}/ʌʔ^{2}	muo^{2}	mʌʔ^{2}	muo^{53}	mu^{55}	tʰuʌʔ^{2}	tʰuʌʔ^{2}	nʌʔ^{2}
寿阳	maʔ^{2}	məɯ^{22}	maʔ^{2}	maʔ^{2}	mu^{45}	tuaʔ^{2}/tʰuaʔ^{2}	tuaʔ^{2}/tʰuaʔ^{2}	naʔ^{2}
榆社	maʔ^{2}	maʔ^{2}	maʔ^{2}	——	mɣ^{45}	tʰuaʔ^{2}	tʰuaʔ^{2}	naʔ^{2}
离石	məʔ^{23}	muə^{44}	məʔ^{23}	məʔ^{23}	mu^{53}	tʰɑʔ^{4}	tʰɑʔ^{4}	nɑʔ^{23}
汾阳	məʔ^{312}	məʊ^{22}	məʔ^{312}	məʔ^{312}	məʊ^{55}	tʰuəʔ^{2}	tʰaʔ^{2}	nuəʔ^{312}
中阳	məʔ^{4}	mɤ^{33}	məʔ^{312}	məʔ^{4}	mu^{53}	tʰɑʔ^{4}	tʰɑʔ^{4}	nɑʔ^{312}
柳林	məʔ^{423}	məʔ^{423}	məʔ^{423}	mə^{53}	mu^{53}	tʰɑʔ^{4}	tʰɑʔ^{4}	nɑʔ^{423}
方山	məʔ^{23}	muə^{44}	məʔ^{23}	muə^{52}	mu^{52}	tʰɑʔ^{4}	tʰɑʔ^{4}	nuə^{52}
临县	mɐʔ^{3}	muɤ^{33}	——	mɐʔ^{3}	mu^{52}	tʰuɐʔ^{3}	tʰuɐʔ^{3}	nuɤ^{52}
兴县	maʔ^{5}	məʔ^{5}	məʔ^{5}	məʔ^{5}	mu^{53}	tʰaʔ^{5}	tʰaʔ^{5}	——
岚县	mɤʔ^{4}	mɤʔ^{4}	mɤʔ^{4}	mɤʔ^{4}	mu^{53}	tʰɤʔ^{4}	tʰɤʔ^{4}	nɤʔ^{4}
静乐	maʔ^{4}	maʔ^{4}	maʔ^{4}	——	mu^{53}	tʰaʔ^{4}	tʰaʔ^{4}	naʔ^{4}
交口	məʔ^{4}	məʔ^{4}	məʔ^{4}	məʔ^{4}	mu^{53}	tʰəʔ^{4}	——	nə^{53}

续表

字目	摸	膜	莫	漠	幕	托委~	托~盘	诺
中古音 / 方言点	慕各 宕开一 入铎明	慕各 宕开一 入铎明	慕各 宕开一 入铎明	慕各 宕开一 入铎明	慕各 宕开一 入铎明	他各 宕开一 入铎透	他各 宕开一 入铎透	奴各 宕开一 入铎泥
石楼	mʌʔ^{4}	muə^{44}	muə^{51}	muə^{51}	mu^{51}	tʰʌʔ^{4} 白 / tʰuʌʔ^{4} 文	tʰʌʔ^{4} 白 / tʰuʌʔ^{4} 文	nuə^{51}
隰县	maʔ^{3}	maʔ^{3}	mɤ^{53}	mɤ^{53}	mu^{44}	tʰuaʔ^{3} 白 / tʰɤ^{53} 文	tʰuaʔ^{3} 白 / tʰɤ^{53} 文	nuo^{44}
大宁	mɐʔ$^{\underline{31}}$	muo^{24}	mɐʔ$^{\underline{31}}$	mɐʔ$^{\underline{31}}$	mu^{55}	tʰuo^{31}	tʰuo^{31}	nuo^{31}
永和	mɐʔ$^{\underline{312}}$	muɤ^{35}	mɐʔ$^{\underline{312}}$	mɐʔ$^{\underline{312}}$	mu^{53}	tʰɐʔ$^{\underline{35}}$	tʰɐʔ$^{\underline{35}}$	nuɤ^{53}
汾西	mu^{11}	mu^{35}	——	məʔ^{3}	mβ̩^{53}	tʰu^{11}	——	nɯ^{11}
蒲县	mo^{52}	mo^{24}	mo^{33}	məʔ$^{\underline{43}}$	mu^{52}	tʰuo^{52}	tʰuo^{52}	nuo^{52}
潞州	məʔ$^{\underline{53}}$	mə^{24}	məʔ$^{\underline{53}}$	mə^{54}	məʔ$^{\underline{53}}$ 白 / mu^{54} 文	tʰuəʔ$^{\underline{53}}$	tʰuəʔ$^{\underline{53}}$	nuəʔ$^{\underline{53}}$ 白 / nuə^{54} 文
上党	məʔ$^{\underline{21}}$	mɑʔ$^{\underline{21}}$	məʔ$^{\underline{21}}$	məʔ$^{\underline{21}}$	mu^{42}	tʰuo^{213}/ tʰuəʔ$^{\underline{21}}$	tʰuo^{213}/ tʰuəʔ$^{\underline{21}}$	nuəʔ$^{\underline{21}}$
长子	məʔ^{4}	məʔ$^{\underline{212}}$	məʔ^{4}	məʔ^{4}	m̩^{53} 白 / mu^{53} 文	tʰuəʔ^{4}	tʰuəʔ^{4}	nuə^{53}
屯留	məʔ^{1}	muɤ^{43}	məʔ^{1}	məʔ^{1}	mu^{11}	tʰuəʔ^{1}	tʰuəʔ^{1}	nuɤ^{11}
襄垣	mʌʔ^{3}	muə^{31}	mʌʔ^{3}	——	muə^{42}	tʰuʌʔ^{3}	tʰuʌʔ^{3}	nuə^{45}
黎城	mʌʔ$^{\underline{31}}$	muɤ^{33}	muɤ^{53}	muɤ^{53}	muɤ^{213}	tʰuʌʔ^{2}	tʰuʌʔ^{2}	nuɤ^{53}
平顺	mʌʔ$^{\underline{212}}$	mʌʔ$^{\underline{423}}$	mo^{53}	mo^{53}	mu^{53}	tʰuʌʔ$^{\underline{212}}$	tʰuʌʔ$^{\underline{212}}$	nuʌʔ$^{\underline{423}}$
壶关	mʌʔ$^{\underline{21}}$	mə^{13}	mʌʔ$^{\underline{21}}$	mʌʔ$^{\underline{21}}$	mu^{353}	tʰuʌʔ^{2}	tʰuə^{33}	nuʌʔ$^{\underline{21}}$
沁县	maʔ$^{\underline{31}}$	maʔ$^{\underline{31}}$	maʔ$^{\underline{31}}$	——	mu^{53}	tʰuaʔ$^{\underline{31}}$	tʰuaʔ$^{\underline{31}}$	nuɤ^{53}
武乡	mʌʔ^{3}	mʌʔ^{3}	mʌʔ^{3}	mʌʔ^{3}	mu^{55}	tʰuʌʔ^{3}	tʰuʌʔ^{3}	nuɤ^{55}
沁源	mʌʔ$^{\underline{31}}$	məʔ$^{\underline{31}}$	məʔ$^{\underline{31}}$	məʔ$^{\underline{31}}$	mu^{53}	tʰʌʔ$^{\underline{31}}$ 白 / tʰuʌʔ$^{\underline{31}}$ 文	tʰʌʔ$^{\underline{31}}$ 白 / tʰuʌʔ$^{\underline{31}}$ 文	nuə^{53}
安泽	mo^{21}	mo^{35}	mo^{35}	mo^{53}	mu^{53}	tʰuo^{21}	tʰuəʔ$^{\underline{21}}$	nuo^{21}
沁水端氏	maʔ^{2}	mɤ^{24}	mɤ^{53}	maʔ^{2}	moŋ^{53}	tʰuaʔ$^{\underline{54}}$	tʰuaʔ$^{\underline{54}}$	nuɤ^{53}
阳城	mʌʔ^{2}	mʌʔ^{2}	mʌʔ^{2}	mʌʔ^{2}	muoŋ^{51}	tʰuʌʔ^{2}	tʰuʌʔ^{2}	nuʌʔ^{2}
高平	mʌʔ^{2}	mʌʔ^{2}	mʌʔ^{2}	mɤ^{53}	m̩^{53}	tʰuʌʔ^{2}	tʰuʌʔ^{2}	nuɤ^{53}
陵川	mʌʔ$^{\underline{23}}$	mʌʔ$^{\underline{23}}$	mʌʔ$^{\underline{23}}$	mʌʔ$^{\underline{23}}$	mu^{24}	tʰuʌʔ^{3}	tʰuʌʔ^{3}	nuʌʔ$^{\underline{23}}$
晋城	mʌʔ^{2}	muə^{324}	muə^{324}	muə^{53}	mu^{53}	tʰuʌʔ^{2}	tʰuʌʔ^{2}	nuʌʔ^{2}
忻府	mʌʔ$^{\underline{32}}$	mʌʔ$^{\underline{32}}$	mʌʔ$^{\underline{32}}$	mʌʔ$^{\underline{32}}$	mu^{53}	tʰuʌʔ$^{\underline{32}}$	tʰuʌʔ$^{\underline{32}}$	nuɛ^{53}
原平	məʔ$^{\underline{34}}$	mɤ^{33}	muɔʔ$^{\underline{34}}$	mɤ^{53}	məʔ$^{\underline{34}}$	tʰuɔʔ$^{\underline{34}}$	tʰuɔʔ$^{\underline{34}}$	nɔʔ$^{\underline{34}}$
定襄	məʔ^{1}	muəʔ^{1}	maʔ^{1}	maʔ^{1}	mu^{53}	tʰuəʔ^{1}	tʰuəʔ^{1}	nuəʔ^{1}
五台	məʔ^{3}	məʔ^{3}	məʔ^{3}	məʔ^{3}	mu^{52}	tʰuəʔ^{3}	tʰuəʔ^{3}	nɔʔ^{3}

续表

字目	摸	膜	莫	漠	幕	托委~	托~盘	诺
中古音 / 方言点	慕各 宕开一 入铎明	慕各 宕开一 入铎明	慕各 宕开一 入铎明	慕各 宕开一 入铎明	慕各 宕开一 入铎明	他各 宕开一 入铎透	他各 宕开一 入铎透	奴各 宕开一 入铎泥
岢岚	maʔ^{4}	maʔ^{4}	maʔ^{4}	maʔ^{4}	mu^{52}	tʰuaʔ^{4}	tʰuaʔ^{4}	nuɤ^{52}
五寨	maʔ^{4}	mɤ^{44}	maʔ^{4}	maʔ^{4}	mu^{52}	tʰuaʔ^{4}	tʰuaʔ^{4}	nuo^{52}
宁武	məʔ^{4}	mɒ^{33}	məʔ^{4}	——	məʔ^{4}	tʰuᴀʔ^{4}	tʰuᴀʔ^{4}	nuəʔ^{4}
神池	mᴀʔ^{4}	mᴀʔ^{4}	mᴀʔ^{4}	miəʔ^{4}	məʔ^{4}	tʰuᴀʔ^{4}	tʰuᴀʔ^{4}	nuᴀʔ^{4}
繁峙	maʔ$^{\underline{13}}$	maʔ$^{\underline{13}}$	maʔ$^{\underline{13}}$	maʔ$^{\underline{13}}$	mu^{24}	tʰuaʔ$^{\underline{13}}$	tʰuaʔ$^{\underline{13}}$	nuaʔ$^{\underline{13}}$
代县	maʔ^{2}	maʔ^{2}	maʔ^{2}	maʔ^{2}	mu^{53}	tʰuaʔ^{2}	tʰuaʔ^{2}	naʔ^{2}
河曲	maʔ^{4}	maʔ^{4}	maʔ^{4}	maʔ^{4}	maʔ^{4}	tuaʔ^{4}	tʰuaʔ^{4}	nuɤ^{52}
保德	məʔ^{4}	mɤ^{44}	məʔ^{4}	məʔ^{4}	mu^{52}	tʰuəʔ^{4}	tʰuəʔ^{4}	nuɤ^{52}
偏关	mᴀʔ^{4}	mᴀʔ^{4}	mᴀʔ^{4}	mə^{52}	mᴀʔ^{4}	tʰuᴀʔ^{4}	tʰuə^{44}	nuᴀʔ^{4}
朔城	mᴀʔ$^{\underline{35}}$	muə$^{\underline{35}}$	mᴀʔ$^{\underline{35}}$	——	mu^{53}	tʰuᴀʔ$^{\underline{35}}$	——	nuᴀʔ$^{\underline{35}}$
平鲁	mʌʔ$^{\underline{34}}$	——	mʌʔ$^{\underline{34}}$	mʌʔ$^{\underline{34}}$	mu^{52}	tuʌʔ$^{\underline{34}}$	——	nuə^{52}
应县	maʔ$^{\underline{43}}$	maʔ$^{\underline{43}}$	maʔ$^{\underline{43}}$	maʔ$^{\underline{43}}$	mu^{24}	tʰuaʔ$^{\underline{43}}$	tʰuaʔ$^{\underline{43}}$	nuaʔ$^{\underline{43}}$
灵丘	mᴀʔ^{5}	mᴀʔ^{5}	mue^{53}	mɑʔ^{5}	mu^{53}	tʰuᴀʔ^{5}	tʰuᴀʔ^{5}	nue^{53}
浑源	pʌʔ^{4}/mʌʔ^{4}	pʌʔ^{4}/mʌʔ^{4}	pʌʔ^{44}	pʌʔ^{4}/mʌʔ^{4}	mu^{13}	tʰuʌʔ^{4}	tʰuʌʔ^{4}	noʌ^{22}/nʌʔ^{4}
云州	mɑʔ^{4}	mo^{312}	mɑʔ^{4}	mɑʔ^{4}	mu^{24}	tʰuɑʔ^{4}	tuɑʔ^{4}	nuɑʔ^{4}
新荣	maʔ^{4}	mo^{312}	maʔ^{4}	maʔ^{4}	mu^{24}	tʰuaʔ^{4}	tʰuaʔ^{4}	naʔ^{4}/nuo^{24}
怀仁	maʔ^{4}	muɤ^{312}	maʔ^{4}	maʔ^{4}	mu^{24}	tʰuaʔ^{4}	tʰuaʔ^{4}	nuaʔ^{4}
左云	maʔ^{4}	muo^{313}	maʔ^{4}	mə^{24}	mu^{24}	tʰuaʔ^{4}	tʰuaʔ^{4}	nuaʔ^{4}
右玉	maʔ^{4}	mo^{212}	maʔ^{4}	——	mu^{24}	tʰuaʔ^{4}	tʰuaʔ^{4}	nuaʔ^{4}
阳高	mɑʔ^{3}	mɤ^{312}	mɑʔ^{3}	——	mu^{24}	tʰuɑʔ^{3}	tʰuɑʔ^{3}	nuɤ^{24}
山阴	mᴀʔ^{4}	——	mᴀʔ^{4}	mᴀʔ^{4}	mu^{335}	tʰuᴀʔ^{4}	——	——
天镇	mɑʔ^{4}	mɑʔ^{4}	mɑʔ^{4}	——	mu^{24}	tʰuɑʔ^{4}/tuɑʔ^{4}	tʰuɑʔ^{4}/tuɑʔ^{4}	nuɤ^{24}
平定	maʔ$^{\underline{23}}$	maʔ$^{\underline{23}}$	maʔ$^{\underline{23}}$	——	mu^{24}	tʰuaʔ^{4}	tʰuaʔ^{4}	nuɤ^{24}
昔阳	mʌʔ$^{\underline{43}}$	mə^{33}	mʌʔ$^{\underline{43}}$	mʌʔ$^{\underline{43}}$	mu^{13}	tʰuʌʔ$^{\underline{43}}$	tʰuʌʔ$^{\underline{43}}$	nuə^{33}
左权	mɤ^{31}	məʔ^{1}	məʔ^{1}	məʔ^{1}	mu^{53}/məʔ^{1}	tʰuəʔ^{1}	tʰuəʔ^{1}	nəʔ^{1}
和顺	məʔ$^{\underline{21}}$	məʔ$^{\underline{21}}$	məʔ$^{\underline{21}}$	məʔ^{21}	mu^{13}	tʰuəʔ$^{\underline{21}}$	——	nuəʔ$^{\underline{21}}$
尧都	mo^{21}	mo^{24}	mo^{44}	mo^{44}	mu^{44}	tʰuo^{21}	tʰuo^{24}	nuo^{44}
洪洞	mo^{21}	mo^{24}	mo^{24}	mo^{24}	mu^{53}	tʰo^{21}	tʰo^{21}	no^{21}
洪洞赵城	mo^{21}	mo^{21}	mo^{21}	mo^{21}	mu^{53}	tʰuɤ^{21}	tʰo^{21}	nuɤ^{24}
古县	mo^{21}	mo^{35}	mo^{21}	mo^{21}	mu^{42}	tʰuo^{21}	tʰuo^{21}	nuo^{21}

续表

字目	摸	膜	莫	漠	幕	托委~	托~盘	诺
中古音 方言点	幕各 宕开一 入铎明	幕各 宕开一 入铎明	幕各 宕开一 入铎明	幕各 宕开一 入铎明	幕各 宕开一 入铎明	他各 宕开一 入铎透	他各 宕开一 入铎透	奴各 宕开一 入铎泥
襄汾	mɔ^{21}	mɔ^{21}	mɔ^{21}	mɔ^{53}	mu^{53}	tʰɔ^{24} 白 / tʰuɔ^{21} 文	tʰɔ^{24} 白 / tʰuɔ^{21} 文	nuɔ^{44}
浮山	mɤ^{42}	mɤ^{13}	mɤ^{42}	mɤ^{53}	mu^{42}	tʰuo^{42}	tʰuo^{42}	nuo^{53}
霍州	muɤ^{212}	muɤ^{35}	muɤ^{212}	muɤ^{212}	mu^{212}	tʰuɤ^{212}	tʰuɤ^{212}	luɤ^{53}
翼城	mo^{53}	mo^{12}	mo^{53}	mo^{53}	mɤ^{53}	tʰuɤ^{53}	tʰuɤ^{53}	nuɤ^{53}
闻喜	mɤ^{53}	mɤ^{53}	mɤ^{53}	——	mu^{53}	tʰɤ^{53}	tʰɤ^{53}	luɤ^{53}
侯马	mɤ^{213}	mɤ^{213}	mɤ^{53}	mɤ^{53}	mu^{53}	tʰɪ^{213} 白 / tʰuɤ^{213} 文	tʰuɤ^{213} 文	nuɤ^{53}
新绛	muɤ^{53}	mɤ^{53}	mɤ^{53}	mɤ^{53}	mu^{53}	tʰɤ^{13}	tʰɤ^{53}	nɤ^{53}
绛县	mɤ^{53}	mɤ^{53}	mɤ^{53}	mɤ^{31}	mu^{31}	tʰɤ^{53}	tʰɤ^{53}	nɤ^{53} 白 / nuɤ^{53} 文
垣曲	mɤ^{22}	muo^{22}	muo^{53}	mo^{53}	mu^{53}	tʰuo^{22}	tʰuo^{22}	nuo^{44}
夏县	mɤ^{53}	mɤ^{42}	mɤ^{31}	mɤ^{31}	mu^{31}	tʰuɤ^{53}	tʰuɤ^{53}	luɤ^{31}
万荣	mɤ^{51}	mɤ^{55}	mɤ^{51}	mɤ^{51}	mu^{33}	tʰɤ^{51}	tʰɤ^{51}	nɤ^{55}
稷山	mɤ^{53}	mɤ^{13}	mɤ^{53}	mɤ^{53}	mu^{53}	tʰɤ^{53}	tʰɤ^{53}	nuɤ^{42}
盐湖	mo^{42}	mo^{42}	mo^{42}	mo^{42}	mu^{44}	tʰuo^{42}	tʰuo^{42}	luo^{42}
临猗	mɑu^{42} 白 / mo^{42} 文	mo^{13}	mo^{42}	mo^{42}	mu^{44}	tʰuo^{42}	tʰuo^{42}	luo^{42}
河津	mɤ^{31}	mɤ^{31}/mɤ^{53}	mɤ^{31}	mɤ^{53}	mu^{44}	tʰɤ^{31}	tʰɤ^{31}	nɤ^{53}
平陆	mə^{31}	mə^{13}	mə^{33}	mə^{55}	mu^{33}	tʰuə^{31}	tʰuə^{31}	luə^{55}
永济	mau^{31} 白 / muo^{31} 文	muo^{24}	muo^{31}	muo^{31}	mu^{44}	tʰuo^{31}	tʰuo^{31}	nuo^{44}
芮城	mau^{42} 白 / mo^{42} 文	mɤ^{42}	mɤ^{42}	mɤ^{42}	mu^{44}	tʰuo^{42}	tʰuo^{42}	luo^{42}
吉县	mu^{33}	mə^{423}	mə^{423}	——	mu^{33}	tʰə^{423}	tʰə^{423}	nə^{53}
乡宁	mɤ^{53}	mɤ^{53}	mɤ^{53}	mɤ^{53}	mu^{53}	tʰuɤ^{53}	tʰuɤ^{53}	——
广灵	mʌu^{53}	mo^{31}	mo^{213}	mo^{31}	mu^{44}	tʰuo^{53}	tʰuo^{53}	nuo^{213}

字目	乐快～	洛	落	骆	络	烙	酪	作
中古音 方言点	卢各 宕开一 入铎来	卢各 宕开一 入铎来	卢各 宕开一 入铎来	卢各 宕开一 入铎来	卢各 宕开一 入铎来	卢各 宕开一 入铎来	卢各 宕开一 入铎来	则落 宕开一 入铎精
北京	lɤ^{51}	luo^{51}	luo^{51}	luo^{51}	luo^{51}	lao^{51}	lao^{51}	tsuo^{51}
小店	luaʔ^{1}	luaʔ^{1}	lu^{24}/lɔo^{24}/ luaʔ^{1}	lɔo^{24}	luaʔ^{1}	lɔo^{24}	lɔo^{24}	tsaʔ^{1}/tsuaʔ^{1}
尖草坪	luaʔ^{2} 白/ luəʔ^{2} 文	luaʔ^{2} 白/ luəʔ^{2} 文	luaʔ^{2} 白/ luəʔ^{2} 文/ la^{35} 文/ lau^{35} 文	lau^{35}	luaʔ^{2} 白/ luəʔ^{2} 文	lau^{35}	lau^{35}	tsuaʔ^{2} 白/ tsuəʔ^{2} 文
晋源	luaʔ^{2}	luaʔ^{2}	luaʔ^{2}	lau^{35}	luaʔ^{2}	lau^{35}	lau^{35}	tsaʔ^{2}
阳曲	luəʔ^{4}	luəʔ^{4}	luəʔ^{4}	luəʔ^{4}	luəʔ^{4}	luəʔ^{4}	luəʔ^{4}	tsuəʔ^{4}
古交	ləʔ^{4}	luəʔ^{4}	luəʔ^{4}	luəʔ^{4}	luəʔ^{4}	lau^{53}	lau^{53}	tsuəʔ^{4}
清徐	iaʔ$^{\underline{54}}$	luaʔ$^{\underline{54}}$	luaʔ$^{\underline{54}}$	lɔu^{45} 白	ləʔ^{1}	lɔu^{45} 白	luaʔ^{1}	tsaʔ^{1}
娄烦	lɔ^{u54}/laʔ^{3}	laʔ^{3}	lã^{54}/laʔ^{3}	lɔ^{u54}	laʔ^{3}	lɔ^{u54}	lɔ^{u54}	tsaʔ^{3}
榆次	luaʔ^{1}	luaʔ^{1}	luaʔ^{1}	luaʔ^{1}	luaʔ^{1}	lɔu^{35}	lɔu^{35}	tsaʔ^{1}
交城	laʔ^{1}	laʔ^{1}	laʔ^{1}	lɔu^{24}	laʔ^{1}	ləʔ^{1} 白/ lɔu^{24} 文	lɔu^{24}	tsaʔ^{1}/tsaʔ$^{\underline{53}}$
文水	laʔ^{2}	laʔ^{2} 老/ luəʔ^{2} 新	ləʔ^{2}/la^{35}	lau^{35}	luəʔ^{2}	lau^{35}	lau^{35}	tsaʔ^{2}
祁县	lɑʔ$^{\underline{32}}$	lɑʔ$^{\underline{32}}$	ləʔ$^{\underline{32}}$/lɑʔ$^{\underline{32}}$	lɒɔ^{45}	lɑʔ$^{\underline{32}}$	lɒɔ^{45}	lɒɔ^{45}	tsuɑʔ$^{\underline{32}}$
太谷	laʔ^{3}	laʔ^{3}	laʔ^{3}/luəʔ^{3}	lɑɯ^{53}	laʔ^{3}	lɑɯ^{53}	lɑɯ^{53}	tsaʔ^{3}
平遥	lʌʔ$^{\underline{523}}$	lʌʔ$^{\underline{523}}$	lʌʔ$^{\underline{523}}$ 白/ lɔ^{24} 文	lʌʔ$^{\underline{523}}$	lʌʔ$^{\underline{523}}$	lʌʔ$^{\underline{523}}$	——	tsʌʔ$^{\underline{212}}$/ tsʌʔ$^{\underline{523}}$
孝义	laʔ^{3}	laʔ^{3}	laʔ^{3} 白/ lɒ^{454} 文	lɒ^{454}	laʔ^{3}	lɒ^{454}	lɒ^{454}	tsaʔ^{3}/suəʔ$^{\underline{423}}$
介休	lʌʔ$^{\underline{312}}$	luʌʔ$^{\underline{12}}$	lʌʔ$^{\underline{12}}$	lɔo^{45}	luʌʔ$^{\underline{12}}$	lɔo^{45}	lɔo^{45}	tsʌʔ$^{\underline{12}}$
灵石	laʔ$^{\underline{212}}$	laʔ^{4}	laʔ^{4}	luɤ^{53}	laʔ^{4}	lɔ^{53}	lɔ^{53}	tsuaʔ$^{\underline{212}}$
盂县	luʌʔ^{2} 白/ lɑu^{55} 文	luʌʔ^{2}	lɑ^{55}/lɑu^{55}/ luʌʔ^{2}	lʌʔ^{2} 白/ luʌʔ^{2} 白/ lɑu^{55} 文	luʌʔ^{2}	luʌʔ^{2} 白/ lɑu^{55} 文	lɑu^{55}	tsʌʔ^{2}
寿阳	luaʔ^{2}	luaʔ^{2}	luaʔ^{2}/lɔo^{45}	luaʔ^{2}/lɔo^{45}	luaʔ^{2}	lɔo^{45}	lɔo^{45}	tsaʔ^{2}/tsuaʔ^{2}
榆社	laʔ^{2}	laʔ^{2}	laʔ^{2}	——	laʔ^{2}	——	——	——
离石	lɑʔ^{4}	lɑʔ$^{\underline{23}}$	lɑʔ$^{\underline{23}}$	lɑʔ$^{\underline{23}}$	lɑʔ$^{\underline{23}}$	lou^{53}	lou^{53}	tsɑʔ^{4}
汾阳	ləʔ$^{\underline{312}}$	ləʔ$^{\underline{312}}$	laʔ$^{\underline{312}}$	lau^{55}	ləʔ$^{\underline{312}}$	lau^{55}	lau^{55}	tsuəʔ^{2}
中阳	lɑʔ^{4}	lɑʔ$^{\underline{312}}$	lɑʔ$^{\underline{312}}$	lɑʔ$^{\underline{312}}$	lɑʔ$^{\underline{312}}$	lɔo^{53}	lɔo^{53}	tsɑʔ^{4}
柳林	lɑʔ$^{\underline{423}}$	lɑʔ$^{\underline{423}}$	lɑʔ$^{\underline{423}}$	lou^{53}	lɑʔ$^{\underline{423}}$	lou^{53}	lou^{53}	tsuəʔ^{4}
方山	lɑʔ^{4}	luə^{52}	lɑʔ$^{\underline{23}}$	luə^{52}	luə^{52}	lou^{52}	lou^{52}	tsɑʔ^{4}

续表

字目	乐快~	洛	落	骆	络	烙	酪	作
中古音 / 方言点	卢各 宕开一入铎来	卢各 宕开一入铎来	卢各 宕开一入铎来	卢各 宕开一入铎来	卢各 宕开一入铎来	卢各 宕开一入铎来	卢各 宕开一入铎来	则落 宕开一入铎精
临县	lɐʔ^{3}	luɤ^{52}	laʔ^{3}	lɔu^{52}	lɔu^{52}	lɔu^{52}	lɔu^{52}	tsuaʔ^{3}
兴县	lɤ^{53}	luəʔ^{5}	luəʔ$^{\underline{312}}$/lai^{53}	——	luəʔ^{5}	lɔu^{53}	lɔu^{53}	tsəʔ^{5}
岚县	lɤʔ^{4}	lɤʔ^{4}	lɤʔ^{4}	lɤʔ^{4}白/lau^{53}文	lɤʔ^{4}	lɤʔ^{4}白/lau^{53}文	lau^{53}	tsieʔ^{4}
静乐	laʔ^{4}	laʔ^{4}	laʔ^{4}	lɑo^{53}	laʔ^{4}	lɑo^{53}	lɑo^{53}	tsaʔ^{4}
交口	laʔ^{4}	luəʔ^{4}	laʔ^{4}/luəʔ^{4}/la^{53}/lɑo^{53}	lɑo^{53}	laʔ^{4}	lɑo^{53}	lɑo^{53}	tsaʔ^{4}
石楼	lʌʔ^{4}	lʌʔ^{4}	lʌʔ^{4}	lɔo^{51}	luʌʔ^{4}白/lʌʔ^{4}文	lɔo^{51}	lɔo^{51}	tsʌʔ^{4}
隰县	ləʔ^{3}	ləʔ^{3}	luaʔ^{3}白/la^{53}文	ləʔ^{3}	ləʔ^{3}	ləʔ^{3}	——	tsuəʔ^{3}
大宁	ləʔ$^{\underline{31}}$	ləʔ$^{\underline{31}}$	ləʔ$^{\underline{31}}$	lɐu^{55}	ləʔ$^{\underline{31}}$	ləʔ$^{\underline{31}}$	ləʔ$^{\underline{31}}$	tsɐʔ$^{\underline{31}}$
永和	lɐʔ$^{\underline{35}}$	lɐʔ$^{\underline{312}}$	lɐʔ$^{\underline{312}}$	lɑo^{53}	lɐʔ$^{\underline{312}}$	lɑo^{53}	lɑo^{53}	tsɐʔ$^{\underline{35}}$
汾西	lu^{11}	——	lu^{11}	lɯ^{53}	lɑo^{53}/lu^{11}	lɑo^{53}/lu^{11}	lɑo^{53}	tsu^{11}
蒲县	luo^{52}	luo^{52}	ləʔ$^{\underline{43}}$白/luo^{52}文	luo^{52}	luo^{52}	lɑu^{33}	lɑu^{52}	tsuo^{52}
潞州	luəʔ$^{\underline{53}}$白/lə^{54}文	luəʔ$^{\underline{53}}$	luəʔ$^{\underline{53}}$	luəʔ$^{\underline{53}}$	luəʔ$^{\underline{53}}$	luəʔ$^{\underline{53}}$	lɑo^{54}	tsuəʔ$^{\underline{53}}$
上党	luəʔ$^{\underline{21}}$	luəʔ$^{\underline{21}}$	luəʔ$^{\underline{21}}$	luəʔ$^{\underline{21}}$	luəʔ$^{\underline{21}}$	luəʔ$^{\underline{21}}$	luəʔ$^{\underline{21}}$	tsuəʔ$^{\underline{21}}$
长子	ləʔ^{4}	luəʔ^{4}	luəʔ^{4}	luəʔ^{4}	luəʔ^{4}	luəʔ^{4}	lɔ^{53}	tsuəʔ^{4}
屯留	ləʔ^{1}	luəʔ^{1}	luəʔ^{1}	luəʔ$^{\underline{54}}$	luəʔ$^{\underline{54}}$	luəʔ$^{\underline{54}}$	lɔo^{11}	tsuəʔ$^{\underline{54}}$
襄垣	luʌʔ^{3}	luʌʔ^{3}	luʌʔ^{3}	luʌʔ^{3}	luʌʔ^{3}	luʌʔ^{3}	——	tsuʌʔ^{3}
黎城	luʌʔ^{2}/yʌʔ^{2}	luʌʔ^{2}	luʌʔ$^{\underline{31}}$	luʌʔ$^{\underline{31}}$	luʌʔ^{2}	luʌʔ$^{\underline{31}}$	luʌʔ$^{\underline{31}}$/lɔo^{53}	tsuʌʔ^{2}
平顺	luʌʔ$^{\underline{423}}$	luʌʔ$^{\underline{423}}$	luʌʔ$^{\underline{423}}$	luʌʔ$^{\underline{423}}$	luʌʔ$^{\underline{423}}$	luʌʔ$^{\underline{423}}$	luʌʔ$^{\underline{423}}$	tsuʌʔ$^{\underline{212}}$
壶关	luʌʔ$^{\underline{21}}$	luʌʔ$^{\underline{21}}$	luʌʔ$^{\underline{21}}$/la^{353}	luʌʔ$^{\underline{21}}$	luʌʔ$^{\underline{21}}$	luʌʔ$^{\underline{21}}$	luʌʔ$^{\underline{21}}$	tṣuʌʔ^{2}
沁县	luaʔ$^{\underline{31}}$	luaʔ$^{\underline{31}}$	luaʔ$^{\underline{31}}$	lɔo^{53}	luaʔ$^{\underline{31}}$	luaʔ$^{\underline{31}}$	lɔo^{53}	tsuaʔ$^{\underline{31}}$
武乡	luʌʔ^{3}	luʌʔ^{3}	la^{55}/luʌʔ^{3}	luʌʔ^{3}	luʌʔ^{3}	luʌʔ^{3}	luʌʔ^{3}	tsuʌʔ^{3}
沁源	ləʔ$^{\underline{31}}$	luəʔ$^{\underline{31}}$	lʌʔ$^{\underline{31}}$	luʌʔ$^{\underline{31}}$	luəʔ$^{\underline{31}}$	lɔo^{53}	lɔo^{53}	tsʌʔ$^{\underline{31}}$
安泽	luo^{21}	luo$^{\underline{21}}$	lau^{53}/luəʔ$^{\underline{21}}$	luo^{21}	luo^{21}	luəʔ$^{\underline{21}}$	——	tsuəʔ$^{\underline{21}}$
沁水端氏	luaʔ^{2}	luaʔ^{2}	luaʔ^{2}	luɤ^{21}	luaʔ^{2}	luaʔ^{2}	lɔ^{53}	tsuaʔ^{2}
阳城	luʌʔ^{2}	luʌʔ^{2}	luʌʔ^{2}	luʌʔ^{2}	luʌʔ^{2}	luʌʔ^{2}	lo^{51}	tsuʌʔ^{2}
高平	luʌʔ^{2}	luʌʔ^{2}	luʌʔ^{2}白	luɤ^{33}	luʌʔ^{2}	luʌʔ^{2}	——	tṣuʌʔ^{2}

续表

字目	乐快~	洛	落	骆	络	烙	酪	作
中古音 / 方言点	卢各 宕开一 入铎来	卢各 宕开一 入铎来	卢各 宕开一 入铎来	卢各 宕开一 入铎来	卢各 宕开一 入铎来	卢各 宕开一 入铎来	卢各 宕开一 入铎来	则落 宕开一 入铎精
陵川	yʌʔ$^{\underline{23}}$	luʌʔ$^{\underline{23}}$	luʌʔ$^{\underline{23}}$	luʌʔ$^{\underline{23}}$	luʌʔ$^{\underline{23}}$	luʌʔ$^{\underline{23}}$	luʌʔ$^{\underline{23}}$	tʂuʌʔ^{3}
晋城	luʌʔ^{2}	luʌʔ^{2}	luʌʔ^{2}	luʌ^{33}	luʌʔ^{2}	lo^{53}/luʌʔ^{2}	luʌʔ^{2}	tʂuəʔ^{2}
忻府	ləʔ$^{\underline{32}}$	lɑʔ$^{\underline{32}}$	lɑʔ$^{\underline{32}}$ 白 / lɑ^{53} 文	lɔo^{53}	lɔo^{53}	lɔo^{53}	lɔo^{53}	tsəʔ$^{\underline{32}}$
原平	lɔʔ$^{\underline{34}}$	lɔʔ$^{\underline{34}}$	lɔʔ$^{\underline{34}}$	lɔo^{53}	lɔʔ$^{\underline{34}}$	lɔo^{53}	lɔo^{53}	tsɔʔ$^{\underline{34}}$
定襄	laʔ^{3}	luə^{53}	luaʔ^{1}	luə^{53}	luə^{53}	lɔu^{53}	lɔu^{53}	tsuəʔ^{1}
五台	luəʔ^{3}	lɔʔ^{3}	luaʔ^{3}	lɔ^{52}	lɔʔ^{3}	lɑɔ^{52}	lɑɔ^{52}	tsuəʔ^{3}
岢岚	luaʔ^{4}	luaʔ^{4}	luaʔ^{4}	luɤ^{52}	luaʔ^{4}	lɑu^{52}	lɑu^{52}	tʂuaʔ^{4}
五寨	luəʔ^{4}	luəʔ^{4}	luəʔ^{4}	luo^{52}	luəʔ^{4}	luaʔ^{4}	lɑu^{52}	tsuəʔ^{4}
宁武	luəʔ^{4}	luəʔ^{4}	luəʔ^{4}	luo^{52}	luəʔ^{4}	lɔu^{52}	——	tsəʔ^{4}
神池	lᴀʔ^{4}	luᴀʔ^{4}	luᴀʔ^{4}	luᴀʔ^{4}	luᴀʔ^{4}	lᴀʔ^{4}	lᴀʔ^{4}	tsuəʔ^{4}
繁峙	laʔ$^{\underline{13}}$	luaʔ$^{\underline{13}}$	luaʔ$^{\underline{13}}$/lao^{24}	luɤ^{24}	laʔ$^{\underline{13}}$	lɑo^{24}	lɑo^{24}	tsuəʔ$^{\underline{13}}$
代县	luaʔ^{2}	luaʔ^{2}	luaʔ^{2}	luaʔ^{2}	luaʔ^{2}	lau^{53}	lau^{53}	tsuaʔ^{2}
河曲	luaʔ^{4}	luaʔ^{4}	luɤ^{52}	lɔu^{52}	luaʔ^{4}	luɤ^{52}	lɔu^{52}	tsuaʔ^{4}
保德	lɤ^{44}	luəʔ^{4}	luəʔ^{4}	luɤ^{52}	luəʔ^{4}	ləu^{52}	ləu^{52}	tsuəʔ^{4}
偏关	luᴀʔ^{4}	luᴀʔ^{4}	lɔo^{52}/luᴀʔ^{4}/ la^{52}	lɔo^{52}/luɤ^{52}	luᴀʔ^{4}	lɔo^{52}	lɔo^{52}	tsuᴀʔ^{4}
朔城	luᴀ^{35}	luᴀʔ$^{\underline{35}}$	luᴀʔ$^{\underline{35}}$	luə^{53}	luᴀʔ$^{\underline{35}}$	lɔo^{53}	lɔo^{53}	tsuᴀʔ$^{\underline{35}}$
平鲁	tʰuʌʔ$^{\underline{34}}$	——	lɔ^{52}/tʰuʌʔ$^{\underline{34}}$	luə^{52}	tʰuʌʔ$^{\underline{34}}$	lɔ^{52}	——	tsuʌʔ$^{\underline{34}}$
应县	luaʔ$^{\underline{43}}$	luaʔ$^{\underline{43}}$	la^{24}/lau^{24}/ luaʔ$^{\underline{43}}$	luɤ^{24}	lau^{24}/luaʔ$^{\underline{43}}$	lau^{24}	lau^{24}	tsuaʔ$^{\underline{43}}$
灵丘	lɤ^{53}	lɔo^{53}	lɔo^{53}	lue^{53}	lɔo^{53}	lɔo^{442}	——	tsuᴀʔ^{5}
浑源	luʌʔ^{4}	luʌʔ^{4}	lʌu^{13}/luʌʔ^{4}	luo^{13}	luʌʔ^{4}	lʌu^{13}	lʌu^{13}	tsə^{52}/tsuʌʔ^{4}
云州	yɑʔ^{4}	luɑʔ^{4}	luɑʔ^{4}	luɤ^{24}	luɑʔ^{4}	lɑu^{24}	lɑu^{24}	tsuɑʔ^{4}
新荣	luaʔ^{4}	luaʔ^{4}	lᴀ^{24}/ luaʔ^{4}/lɔu^{24}	luaʔ^{4}/luo^{24}	luaʔ^{4}	lɔu^{24}	lɔu^{24}	tsuaʔ^{4}
怀仁	luaʔ^{4}	luaʔ^{4}	luaʔ^{4}	luɤ^{24}	luaʔ^{4}	lɔu^{24}	lɔu^{24}	tsuaʔ^{4}
左云	lə^{24}	luaʔ^{4}	luaʔ^{4} 白 / la^{24} 文 / lɔu^{24} 文	luaʔ^{4}	luaʔ^{4}	lɔu^{24}	lɔu^{24}	tsuəʔ^{4}
右玉	luaʔ^{4}	luaʔ^{4}	luaʔ^{4}	luo^{24}	luaʔ^{4}	lɐo^{24}	luaʔ^{4}	tsuaʔ^{4}
阳高	lɤ^{24}/luəʔ^{3}	luɑʔ^{3}	luɑʔ^{3}	luɤ^{24}	luɤ^{24}/luɑʔ^{3}	lɔu^{24}/luɑʔ^{3}	——	tsuəʔ^{3}

续表

字目	乐快~	洛	落	骆	络	烙	酪	作
中古音 / 方言点	卢各 宕开一 入铎来	卢各 宕开一 入铎来	卢各 宕开一 入铎来	卢各 宕开一 入铎来	卢各 宕开一 入铎来	卢各 宕开一 入铎来	卢各 宕开一 入铎来	则落 宕开一 入铎精
山阴	luʌʔ^{4}	luʌʔ^{4}	luʌʔ^{4}	luə^{335}	luʌʔ^{4}	——	——	tsuʌʔ^{4}
天镇	luɑʔ^{4}	luɑʔ^{4}	luɑʔ^{4}	luɑʔ^{4}	luɑʔ^{4}	lɔu^{24}	lɔu^{24}	tsuɑʔ^{4}
平定	luaʔ$^{\underline{23}}$	luɤ^{24}	luɤ^{24}/lɔ^{24}/ laʔ$^{\underline{23}}$/luaʔ$^{\underline{23}}$	lɔ^{24}	luɤ^{24}	lɔ^{24}	lɔ^{24}	tsuaʔ^{4}
昔阳	luʌʔ$^{\underline{43}}$/lə^{13}	luə^{13}	lɔo^{13} 白/ luə^{13} 文	luə^{13}	luə^{13}	lɔo^{13}	lɔo^{13}	tsuʌʔ$^{\underline{43}}$
左权	lueʔ^{1}	luəʔ^{1}	lu^{53}/luɤ^{53}/ luəʔ^{1}	luəʔ^{1}	luəʔ^{1}	ləu^{53}	luəʔ^{1}	tsuəʔ^{1}
和顺	luəʔ$^{\underline{21}}$	luəʔ$^{\underline{21}}$	luəʔ$^{\underline{21}}$	luɤ^{13}	luəʔ$^{\underline{21}}$	lɔu^{13}	lɔu^{13}	tsuəʔ$^{\underline{21}}$
尧都	yo^{21} 白/ lɤ^{21} 文	luo^{21}	luo^{21}	luo^{21}	luo^{21}	lɑu^{44}	lɑu^{53}	tsuo^{44}
洪洞	lo^{21}	lo^{21}	lo^{21}	lo^{21}	lo^{21}/lɑo^{53}	lo^{21}	lo^{21}	tso^{21}
洪洞赵城	lɤ^{21}	liɛ^{21}	liɛ^{21}	liɛ^{21}	liɛ^{21}	liɛ^{21}	liɛ^{21}	tsuɤ^{21}
古县	luo^{21}	luo^{21}	lɑ^{21}/luo^{21}/ lɛ^{21}/lɑu^{53}	luo^{42}	luo^{21}	lɛ^{21}/lɑu^{53}	——	tsuo^{21}/tsɛ^{35}
襄汾	luɔ^{21}	luɔ^{21}	luɔ^{21}	luɔ^{21}	luɔ^{21}	luɔ^{21}	luɔ^{21}	tsuɔ^{21}
浮山	luo^{42}	luo^{42}	luo^{42}	luo^{42}	luo^{42}	luo^{42}	——	tsʰuo^{42} 白/ tsuo^{42} 文
霍州	luɤ^{33}/lɤ^{33}	luɤ^{53}	luɤ^{212}	luɤ^{53}	luɤ^{53}	lɑu^{53}	lɑu^{53}	tsuɤ^{53}
翼城	luʌ^{53}	luɤ^{53}	luɤ^{53}	luɤ^{53}	luɤ^{53}	lɔo^{53}	lɔo^{53}	tsuɤ^{53}
闻喜	lɤ^{53}/luɤ^{13}	luɤ^{13}	luɤ^{13}/lɑ^{53}/ lɑo^{53}	luɤ^{13}	——	lɑo^{53}/ luɤ^{13}	lɑo^{53}	tsuɤ^{53}
侯马	lɤ^{53}	luɤ^{53}	luɤ^{53}	luɤ^{53}	luɤ^{53}	lɑu^{53}	lɑu^{53}	tsuɤ^{53}
新绛	lɤ^{53}	lɤ^{53}	lɤ^{53}	lɤ^{53}	lɤ^{53}	lɤ^{53}	lɑo^{53}	tsuɤ^{53}
绛县	lɤ^{53}	luɤ^{31}	lɤ^{53}/luɤ^{24}	lɤ^{31}	lɤ^{53}	lɤ^{53}	lɤ^{53}	tsuɤ^{53}
垣曲	luo^{53}	luo^{53}	lɤ^{53} 白/ luo^{53} 文	luo^{53}	luo^{53}	lu^{53} 白/ lɑu^{53} 文	lɑu^{53}	tsuo^{53}
夏县	luɤ^{53}	luɤ^{31}	luɤ^{31}	luɤ^{31}	luɤ^{31}	luɤ^{31}	lɑu^{31}	tsuɤ^{31}
万荣	luɤ^{51}	luɤ^{51}	luɤ^{51}	luɤ^{51}	luɤ^{51}	lɑu^{51}	lɑu^{51}	tsuɤ^{51}
稷山	luɤ^{53} 白/ lɤ^{53} 文	luɤ^{53}	luɤ^{53}	luɤ^{53}	luɤ^{53}	lɑu^{53}	lɑu^{53}	tsuɤ^{53}
盐湖	lɤ^{42}	luo^{42}	luo^{42}	luo^{42}	luo^{42}	luo^{42}	luo^{42}	tsuo^{42}
临猗	luo^{42} 白/ lɤ^{42} 文	luo^{42}	luo^{44}	luo^{42}	luo^{42}	lɑu^{42}	lɑu^{42}	tsəu^{42} 白/ tsuo^{42} 文

续表

字目	乐快~	洛	落	骆	络	烙	酪	作
中古音 方言点	卢各 宕开一 入铎来	卢各 宕开一 入铎来	卢各 宕开一 入铎来	卢各 宕开一 入铎来	卢各 宕开一 入铎来	卢各 宕开一 入铎来	卢各 宕开一 入铎来	则落 宕开一 入铎精
河津	$iɤ^{31}$	$luɤ^{31}$	$luɤ^{31}$	$luɤ^{31}$	$luɤ^{31}$	$luɤ^{31}$	$luɤ^{31}$	$tsuɤ^{31}$
平陆	$luə^{31}$	$luə^{55}$	$luə^{31}$/$luə^{55}$	$luə^{55}$	$luə^{55}$	$luə^{31}$	$luə^{31}$	$tsuə^{31}$
永济	luo^{31}/ye^{31}	luo^{31}	la^{44}/luo^{31}	luo^{31}	luo^{31}	luo^{31}	luo^{31}	$tsuo^{31}$
芮城	luo^{42}	luo^{42}	luo^{42}	luo^{42}	luo^{42}	luo^{42}	luo^{42}	$tsuo^{42}$
吉县	$luə^{423}$	$luə^{423}$	$luə^{423}$	$luə^{423}$	$luə^{423}$	$luə^{423}$	$luə^{423}$	$tsəu^{33}$
乡宁	$lɤ^{53}$白/ $luɤ^{53}$文	$luɤ^{53}$	$luɤ^{53}$	$luɤ^{53}$	$luɤ^{53}$	$luɤ^{53}$	——	$tsuɤ^{53}$
广灵	$lʌu^{213}$白/ luo^{213}文	luo^{213}	$lɑ^{53}$/$lʌu^{213}$白/ luo^{31}文	luo^{213}	luo^{213}	$lʌu^{213}$	$lʌu^{213}$	$tsuo^{53}$

字目	挫	错~误	错交~	昨	凿	索绳~	阁	搁
中古音 方言点	则卧 果合一 去过精	仓故 遇合一 去暮清	仓各 宕开一 入铎精	在各 宕开一 入铎从	在各 宕开一 入铎从	苏各 宕开一 入铎心	古落 宕开一 入铎见	古落 宕开一 入铎见
北京	tsʰuo^{51}	tsʰuo^{51}	tsʰuo^{51}	tsuo^{35}	tsau^{35}	suo^{214}	kɤ^{35}	kɤ^{55}
小店	tsʰo^{11}	tsʰo^{24}	tsʰo^{24}	tso^{24}	tsɔo^{11}	saʔ^{1} 白 / suaʔ^{1} 文	kaʔ^{1}	kaʔ^{1}
尖草坪	tsʰuɤɯ^{35}	tsʰuɤɯ^{35}	tsʰuɤɯ^{35}	tsuəʔ$^{\underline{43}}$	tsau^{33}	suəʔ^{2}	kaʔ^{2} 白 / kəʔ^{2} 文	kaʔ^{2} 白 / kəʔ^{2} 文
晋源	tsʰu^{35}	tsʰɔ^{35}	tsʰɔ^{35}	tsuəʔ^{2}	tsau^{11}	fəʔ$^{\underline{43}}$ 白 / suəʔ$^{\underline{43}}$ 文	kəʔ^{2}	kaʔ^{2}
阳曲	tsʰuɤ^{454}	tsʰuɤ^{454}	tsʰuɤ^{454}	tsuɤ^{454}	tsɔo^{312}	suəʔ^{4}	kɔʔ^{4}	kɔʔ^{4}
古交	tsʰuəʔ^{4}	tsʰuɯ^{53}	tsʰuɯ^{53}	tsuəʔ$^{\underline{312}}$	tsau^{44}	suəʔ^{4}	kaʔ^{4}	kaʔ^{4}
清徐	tsʰuaʔ^{1}	tsʰuɤɯ^{45}	tsʰuɤɯ^{45}	tsuaʔ$^{\underline{54}}$	tsuaʔ$^{\underline{54}}$	suɤɯ^{54}	kəʔ^{1}	kəʔ^{1}
娄烦	tsʰɷ^{54}	tsʰɷ^{54}	tsʰɷ^{54}	tsaʔ^{3}	tsɔᵘ^{33}	saʔ^{3}	kaʔ^{3}	kaʔ^{3}
榆次	tsʰuaʔ^{1}	tsʰɯ^{35}	tsʰɯ^{35}	tsaʔ$^{\underline{53}}$	tsɔu^{1}	suaʔ^{1}	kaʔ^{1}	kaʔ^{1}
交城	tsʰuɤɯ^{24}	tsʰuɤɯ^{24}	tsʰuɤɯ^{24}	tsaʔ$^{\underline{53}}$	tsuəʔ^{1}	saʔ^{1}	kaʔ^{1}	kaʔ^{1}
文水	tsʰɪi^{35}	tsʰɪi^{35}	tsʰɪi^{35}	tsuəʔ^{2}	tsaʔ$^{\underline{312}}$ 白 / tsau^{22} 文	suaʔ^{2}/suɪi^{423}	kaʔ^{2}	kaʔ^{2}
祁县	tsʰu^{45}	tsʰɯ^{45}	tsʰɯ^{45}	tsɑʔ$^{\underline{32}}$	tsɒɔ^{31}	sɑʔ$^{\underline{32}}$	kɑʔ$^{\underline{32}}$	kɑʔ$^{\underline{32}}$
太谷	tsʰuo^{53}	tsʰuo^{53}	tsʰuo^{53}	tsaʔ^{3}	tsɑɯ^{33}	suo^{312}	kiaʔ^{3}	kiaʔ^{3}
平遥	tsʰuə^{24}	tsʰuə^{24}	tsʰuə^{24}	tsuə^{512}	tsʌʔ$^{\underline{523}}$	sʌʔ$^{\underline{212}}$	kʌʔ$^{\underline{212}}$	kʌʔ$^{\underline{212}}$
孝义	tsʰuəʔ^{3}	tsʰᴇ^{454}	tsʰᴇ^{454}	——	tsuəʔ^{3}	suə^{312}	kəʔ^{3}	kəʔ^{3}
介休	tsʰuɤ^{45}	tɕʰyɤ^{45} 白 / tsʰuɤ^{45} 文	tsʰuɤ^{45}	tsuʌʔ$^{\underline{12}}$	tsʌʔ$^{\underline{312}}$ 白 / tsɔo^{13} 文	sʌʔ$^{\underline{12}}$	kʌʔ$^{\underline{12}}$	kʌʔ$^{\underline{12}}$
灵石	tsʰuɤ^{53}	tsʰuɤ^{53}	tsʰuɤ^{53}	——	tsɔ^{44}	suaʔ^{4}	kaʔ^{4}	kaʔ^{4}
盂县	tsʰuo^{55}	tsʰuo^{55}	tsʰuo^{55}	tsuʌʔ^{2}	tsʌʔ$^{\underline{53}}$	sʌʔ^{2}	kʌʔ^{2}	kʌʔ^{2}
寿阳	tsʰuəɯ^{45}	tsʰuəɯ^{45}	tsʰuəɯ^{45}	tsuaʔ^{2}	tsɔo^{22}	suaʔ^{2}	kaʔ^{2}	kaʔ^{2}
榆社	tsʰu^{45}	tsʰu^{22}	tsʰu^{22}	tsuaʔ^{2}	tsuaʔ$^{\underline{312}}$	saʔ^{2}	kaʔ^{2}	kaʔ^{2}
离石	tsʰuə^{53}	tsʰuə^{53}	tsʰuə^{53}	tsuə^{312}	tsou^{24}	suə^{312}	kəʔ^{4}	kəʔ^{4}
汾阳	tsʰu^{55}	tsʰɯ^{55}	tsʰɯ^{55}	tsu^{312}	tsau^{324}	ʂu^{312}	kəʔ^{2}	kəʔ^{2}
中阳	tʂʰuɤ^{53}	tʂʰuɤ^{53}	tʂʰuɤ^{53}	tʂuɤ^{423}	tsɔo^{24}	ʂuɤ^{423}	kəʔ^{4}	kəʔ^{4}
柳林	tsʰuo^{53}	tsʰɑ^{53}	——	tsɑ^{53}	tsɑʔ$^{\underline{423}}$	sɑʔ^{4}	kəʔ^{4}	kəʔ^{4}
方山	tsʰuə^{52}	tsʰuə^{52}	tsʰa^{52}	tsuə^{312}	tsou^{24}	suə^{312}	kəʔ^{4}	kəʔ^{4}
临县	tsʰuɐʔ^{3}	tsʰɥə^{52}	tsʰɥə^{52}	——	tsɔu^{33}	su^{312}	kɐʔ^{3}	kɐʔ^{3}
兴县	——	tsʰuɤ^{53}	tsʰuɤ^{53}	——	tsuəʔ^{5}	suɤ^{324}	kəʔ^{5}	kəʔ^{5}
岚县	tsʰue^{53}	tsʰue^{53}	tsʰue^{53}	tsieʔ^{4}	tsʰieʔ$^{\underline{312}}$	sieʔ^{4}	kieʔ^{4}	kieʔ^{4}

续表

字目	挫	错~误	错交~	昨	凿	索绳~	阁	搁
中古音 / 方言点	则卧 果合一 去过精	仓故 遇合一 去暮清	仓各 宕开一 入铎精	在各 宕开一 入铎从	在各 宕开一 入铎从	苏各 宕开一 入铎心	古落 宕开一 入铎见	古落 宕开一 入铎见
静乐	——	tsʰuɤ^{53}	tsʰuɤ^{53}	tsaʔ^{4}	tsaʔ^{4}	saʔ^{4}	kaʔ^{4}	kaʔ^{4}
交口	tsʰuə^{53}	tsʰuə^{53}	tsʰuə^{53}	tsuə^{53}	tsɑo^{323}	saʔ^{4}	kəʔ^{4}	kəʔ^{4}
石楼	tʂʰuʌʔ^{4} 白 / tʂuə^{51} 文	tʂʰuə^{51}	tʂʰuə^{51}	tsuəʔ$^{\underline{213}}$	tsɔo^{44}	sʌʔ^{4} 白 / ʂuə^{213} 文	kʌʔ^{4}	kʌʔ^{4}
隰县	——	tsʰuo^{44}	tsʰuo^{44}	tsuəʔ^{3}	——	suo^{21}	kəʔ^{3}	kəʔ^{3}
大宁	——	tsʰɑ^{55} 白 / tsʰuo^{55} 文	tsʰɑ^{55} 白 / tsʰuo^{55} 文	——	tsʰɐʔ^{4}	——	kɐʔ$^{\underline{31}}$	kɐʔ$^{\underline{31}}$
永和	——	tsʰuɤ^{33}	tsʰuɤ^{35}	tsa^{53}	tsɐʔ$^{\underline{312}}$	sɐʔ$^{\underline{35}}$	kɐʔ$^{\underline{35}}$	kɐʔ$^{\underline{35}}$
汾西	tsʰu^{11}	tsɯ^{55}/tsʰu^{11}	tsu^{55}	——	tsɑo^{35} 文	suəʔ^{1}	ku^{11}	kəʔ^{1}
蒲县	tsʰuo^{52}	tsʰuo^{33}	tsʰuo^{33}	tsuo^{24}	tsɑu^{24}	suo^{31}	kɤ^{52}	kəʔ$^{\underline{43}}$
潞州	tsʰuəʔ$^{\underline{53}}$ 白 / tsʰuə^{44} 文	tsʰuə^{44}	tsʰuə^{44}	tsuəʔ$^{\underline{53}}$	tsuəʔ$^{\underline{53}}$	suəʔ$^{\underline{53}}$ 白 / suə^{535} 文	kəʔ$^{\underline{53}}$	kəʔ$^{\underline{53}}$
上党	tsʰuəʔ$^{\underline{21}}$	tsʰuəʔ$^{\underline{21}}$	tsʰuəʔ$^{\underline{21}}$	tsuəʔ$^{\underline{21}}$	tsuəʔ$^{\underline{21}}$	suəʔ$^{\underline{21}}$	kəʔ$^{\underline{21}}$	kəʔ$^{\underline{21}}$
长子	tsʰuəʔ^{4}	tsʰuə^{422}	tsʰuə^{422}	tsuəʔ$^{\underline{212}}$	tsuəʔ$^{\underline{212}}$	suəʔ^{4}	kəʔ^{4}	kəʔ^{4}
屯留	tsʰuɤ^{53}	tsʰuɤ^{53}	tsʰuɤ^{53}	tsuəʔ$^{\underline{54}}$	tsuəʔ$^{\underline{54}}$	suəʔ^{1}	kəʔ^{1}	kəʔ^{1}
襄垣	——	tsʰuə^{53}	tsʰuə^{53}	tsuʌʔ^{3}	tsuʌʔ$^{\underline{43}}$	suʌʔ^{3}	kʌʔ^{3}	kʌʔ^{3}
黎城	tsʰuɤ^{213}	tsʰuɤ^{422}	tsʰuɤ^{422}	tsuʌʔ^{2}	tsuʌʔ$^{\underline{31}}$	suʌʔ^{2}	kʌʔ^{2}	kʌʔ^{2}
平顺	tsʰuɤ^{434}	tsʰuɤ^{434}	tsʰuɤ^{434}	tsuʌʔ$^{\underline{423}}$	——	suʌʔ$^{\underline{423}}$	kʌʔ$^{\underline{212}}$	kʌʔ$^{\underline{212}}$
壶关	tʂʰuə^{535}	tʂʰuə^{535}	tʂʰuə^{535}	tʂuʌʔ$^{\underline{21}}$	tʂɔ^{13}	ʂuʌʔ^{2}	kʌʔ^{2}	kʌʔ^{2}
沁县	tsʰuɤ^{53}	tsʰuɤ^{53}	tsʰuɤ^{53}	tsuaʔ$^{\underline{31}}$	tsuaʔ$^{\underline{212}}$	suaʔ$^{\underline{31}}$	kaʔ$^{\underline{31}}$	kaʔ$^{\underline{31}}$
武乡	——	tsʰuɤ^{55}	tsʰuɤ^{55}	tsuʌʔ$^{\underline{423}}$	tsuʌʔ$^{\underline{423}}$	suəʔ^{3}	kʌʔ^{3}	kʰʌʔ^{3}
沁源	tsʰuə^{53}	tsʰuə^{53}	tsʰuə^{53}	tsuʌʔ$^{\underline{31}}$	tsʌʔ$^{\underline{31}}$	suʌʔ$^{\underline{31}}$	kʌʔ$^{\underline{31}}$	kʌʔ$^{\underline{31}}$
安泽	tsʰuo^{53}	tsʰuo^{53}	tsʰuo^{53}	tsuo^{35}	tsuo^{35}	suəʔ$^{\underline{21}}$	kəʔ$^{\underline{21}}$	kəʔ$^{\underline{21}}$
沁水端氏	tsʰuəʔ^{2}	tsʰuɤ^{53}	tsʰuɤ^{53}	tsuaʔ^{2}	tsuaʔ$^{\underline{54}}$	suɤ^{31}	kaʔ^{2}	kaʔ^{2}
阳城	tsʰuə^{2}	tsʰuə^{51}	tsʰuə^{51}	tsuʌʔ^{2}	tso^{22}	suə^{212}	kʌʔ^{2}	kʌʔ^{2}
高平	tʂʰuəʔ^{2}	tʂʰuɤ^{53}	tʂʰuɤ^{53}	tʂuʌʔ^{2}	tʂuəʔ^{2}	ʂuʌʔ^{2}	kʌʔ^{2}	kʌʔ^{2}
陵川	tʂʰuʌʔ^{3}	tʂʰuɤ^{24}	tʂʰuɤ^{24}	tʂuʌʔ$^{\underline{23}}$	tʂuəʔ^{3}	ʂuʌʔ^{3}	kʌʔ^{3}	kʌʔ^{3}
晋城	tʂʰuə^{33}	tʂʰuə^{53}	tʂʰuə^{53}	tʂuʌʔ^{2}	tʂuəʔ^{2}	ʂuə^{213}	kʌʔ^{2}	kʌʔ^{2}
忻府	tsʰuɛ^{53}	tsʰuɛ^{53}	tsʰuɛ^{53}	tsəʔ$^{\underline{32}}$	tsɔo^{21}	səʔ$^{\underline{32}}$	kəʔ$^{\underline{32}}$	kəʔ$^{\underline{32}}$
原平	tsuɤ^{53}	tsuɤ^{53}	tsuɤ^{53}	tsɔʔ$^{\underline{34}}$	tsɔo^{33}	suɤ^{213}	kɔʔ$^{\underline{34}}$	kɔʔ$^{\underline{34}}$
定襄	tsʰuəʔ^{1}	tsʰuə^{53}	tsʰuə^{53}	tsuaʔ^{1}	tsɔu^{24}	suəʔ^{1}	kaʔ^{1}	kaʔ^{1}
五台	tsʰuɔ^{52}	tsʰuɔ^{52}	tsʰuɔ^{52}	tsuəʔ^{3}	tsɑɔ^{213}	sɔʔ^{33}	kɔʔ^{33}	kɔʔ^{3}

续表

字目	挫	错~误	错交~	昨	凿	索绳~	阁	搁
中古音 / 方言点	则卧 果合一 去过精	仓故 遇合一 去暮清	仓各 宕开一 入铎精	在各 宕开一 入铎从	在各 宕开一 入铎从	苏各 宕开一 入铎心	古落 宕开一 入铎见	古落 宕开一 入铎见
岢岚	tsʰuɤ^{52}	tʂʰuɤ^{52}	tʂʰuɤ^{52}	tsuaʔ^{4}	tsɑu^{44}	suaʔ^{4}	kaʔ^{4}	kaʔ^{4}
五寨	tsʰuo^{52}	tsʰuo^{52}	tsʰuo^{52}	tsuəʔ^{4}	tsɑu^{44}	suaʔ^{4}	kaʔ^{4}	kaʔ^{4}
宁武	——	tsuo^{52}	tsuo^{52}	tsəʔ^{4}	tsɔu^{33}	suᴀʔ^{4}	kᴀʔ^{4}	kᴀʔ^{4}
神池	tsʰuɔ^{52}	tsʰuɔ^{52}	tsʰuɔ^{52}	tsuᴀʔ^{4}	tsɔo^{32}	suᴀʔ^{4}	kᴀʔ^{4}	kᴀʔ^{4}
繁峙	tsʰuɤ^{53}	tsʰuɤ^{24}	tsʰuɤ^{24}	tsuaʔ$^{\underline{13}}$	tsɑo^{31}	suaʔ$^{\underline{13}}$	kaʔ$^{\underline{13}}$	kaʔ$^{\underline{13}}$
代县	tsʰuɤ^{53}	tsʰuɤ^{53}	tsʰuɤ^{53}	tsuaʔ^{2}	tsau^{44}	suɤ^{213}	kaʔ^{2}	kaʔ^{2}
河曲	——	tsʰuɤ^{52}	tsʰuɤ^{52}	tsuaʔ^{4}	tsɔu^{44}	suaʔ^{4}	kaʔ^{4}	kaʔ^{4}
保德	tsuɤ^{213}	tsʰuɤ^{52}	——	tsuəʔ^{4}	tsəu^{44}	suɤ^{213}	kəʔ^{4}	kəʔ^{4}
偏关	tsʰuə^{52}	tsʰuə^{52}	tsʰuə^{52}	tsuᴀʔ^{4}	tsɔo^{24}	suəʔ^{4}	kᴀʔ^{4}	kᴀʔ^{4}
朔城	——	tsʰuə^{53}	——	tsuᴀʔ$^{\underline{35}}$	tsɔo$^{\underline{35}}$	suᴀʔ$^{\underline{35}}$	kᴀʔ$^{\underline{35}}$	kᴀʔ$^{\underline{35}}$
平鲁	tsʰuə^{52}	tsʰuə^{52}	——	tsuʌʔ$^{\underline{34}}$	tsɔ^{44}	suʌʔ$^{\underline{34}}$	kʌʔ$^{\underline{34}}$	kʌʔ$^{\underline{34}}$
应县	tsʰuɤ^{24}	tsʰuɤ^{24}	——	——	tsau^{31}/ tsuaʔ$^{\underline{43}}$	suaʔ$^{\underline{43}}$	kaʔ$^{\underline{43}}$	kaʔ$^{\underline{43}}$
灵丘	tsʰue^{53}	tsʰue^{53}	tsʰue^{53}	tsuᴀʔ^{5}	tsɔo^{31}	suᴀʔ^{5}	kᴀʔ^{5}	kᴀʔ^{5}
浑源	tsʰuo^{13}	tsʰuo^{13}	tsʰuo^{13}	tsuo^{22}/ tsuʌʔ^{4}	tsʌu^{22}	suo^{52}	kʌʔ^{4}	kʌʔ^{4}
云州	tsʰuɤ^{21}	tsʰuɤ^{24}	tsʰuɤ^{24}	tsuɑʔ^{4}	tsɑu^{312}	suɑʔ^{4}	kɑʔ^{4}	kɑʔ^{4}
新荣	tsʰuo^{32}	tsʰuo^{24}	tsʰuo^{24}	tsuaʔ^{4}	tsɔu^{312}	suaʔ^{4}	kaʔ^{4}	kaʔ^{4}
怀仁	tsʰuɤ^{42}	tsʰuɤ^{24}	tsʰuɤ^{24}	tsuaʔ^{4}	tsɔu^{312}	suaʔ^{4}	kaʔ^{4}	ka^{24}
左云	tʰuo^{31}	tsʰuo^{24}	tsʰuo^{24}	tsuaʔ^{4}	tsɔu^{313}	suo^{54}	kaʔ^{4}	kaʔ^{4}
右玉	——	tsʰuəʔ^{4} tsʰuo^{24}	tsʰuəʔ^{4} tsʰuo^{24}	tsuaʔ^{4}	——	suaʔ^{4}	kaʔ^{4}	kaʔ^{4}
阳高	——	tsʰuɤ^{24}/ tsʰuɑʔ^{3}	tsʰuɤ^{24}	tsuəʔ^{3}	tsɔu^{312}	suɤ^{53}	kɑʔ^{3}	kɑ^{312}/kɑʔ^{3}
山阴	tsʰuə^{313}	tsʰuə^{335}	——	tsuᴀʔ^{4}	tsɔo^{313}	suᴀʔ^{4}	kᴀʔ^{4}	kᴀʔ^{4}
天镇	——	tsʰuɤ^{24}	tsʰuɤ^{24}	tsuɑʔ^{4}	tsɔu^{22}	suɑʔ^{4}	kɑʔ^{4}	kɑʔ^{4}
平定	tsʰuɤ^{31}	tsʰɑ^{24} 白 / tsʰuɤ^{24} 文	tsʰɑ^{24} 白 / tsʰuɤ^{24} 文	tsuaʔ^{4}	tsɔ^{44}	suaʔ^{4}	kaʔ^{4}	kaʔ^{4}
昔阳	tsʰuə^{13}	tʰsuə^{13}	tʰsuə^{13}	tsuə^{33}	tsɔo^{33}	suʌʔ$^{\underline{43}}$	kʌʔ$^{\underline{43}}$	kʌʔ$^{\underline{43}}$
左权	——	tsʰuɤ^{53}	tsʰuɤ^{53}/ tsʰɑ^{53}	tsuəʔ^{1}	tsuəʔ^{1}	sɑʔ^{1}/suəʔ^{1}	kəʔ^{1}	kəʔ^{1}
和顺	tsʰuɤ^{13}	tsʰuɤ^{13}	——	tsuəʔ$^{\underline{21}}$	tsɔu^{22}	suəʔ$^{\underline{21}}$	kəʔ$^{\underline{21}}$	kəʔ$^{\underline{21}}$
尧都	tsʰuo^{21}	tsʰuo^{44}	tsʰuo^{44}	tsuo^{24}	tsɑu^{24}	suo^{53}	kɤ^{21}	kɤ^{21}

续表

字目	挫	错~误	错交~	昨	凿	索绳~	阁	搁
中古音 / 方言点	则卧 果合一 去过精	仓故 遇合一 去暮清	仓各 宕开一 入铎精	在各 宕开一 入铎从	在各 宕开一 入铎从	苏各 宕开一 入铎心	古落 宕开一 入铎见	古落 宕开一 入铎见
洪洞	tso^{21}	tsʰo^{21}	tsʰo^{33}	tso^{33}	tsʰo^{24} 白 / tsɑo^{24} 文	so^{21}	ko^{21}	ko^{21}
洪洞赵城	tsʰuɤ^{24}	tsʰuɤ^{24}	tsʰuɤ^{24}	tsuɤ^{53}	tsɑo^{53}	suɤ^{21}	kɤ^{21}	kɤ^{21}
古县	tsuo^{21}	tsʰuo^{21}	tsʰuo^{35}	——	——	sɛ^{21}	kɤ^{35}	kɛ^{21} 白 / kɤ^{21} 文
襄汾	tsʰuɔ^{53}	tsʰuɔ^{44}/ tsʰuɔ^{21}	tsʰuɔ^{44}/ tsʰuɔ^{21}	tsuɔ^{21}	tsʰuɔ^{21}	suɔ^{21}	kə^{21}	kə^{21}
浮山	tsʰuo^{53}	tsʰuo^{44}	tsʰuo^{42}	tsuo^{33}	tsʰuo^{42}	suo^{42}	kɤ^{42}	kɤ^{42}
霍州	tsʰuɤ^{55}	tsʰuɤ^{55}	tsʰuɤ^{55}	tsuɤ^{35}	tsau^{35}	suɤ^{33}	kɤ^{35}	kɤ^{33}
翼城	tsʰuɤ^{53}	tsʰuɤ^{53}	tsʰou^{12}/ tsʰuɤ^{53}	tsuɤ^{12}	tsɔo^{12}	suɤ^{53}	kɤ^{53}	kɤ^{44}
闻喜	——	tsʰuɤ^{53}	tsʰuɤ^{53}	tsuɤ^{13}	tsɑo^{13}/ tsʰuɤ^{53}	suɤ^{53}	kɤ^{53}	kɤ^{53}
侯马	tsʰuɤ^{213}	tsʰuɤ^{53}	tsʰuɤ^{53}	——	tsɑu^{213} 白 / tsʰɑu^{213} 文	suɤ^{44}	kɤ^{213}	kɤ^{213}
新绛	tsʰuɤ^{53}	tsʰuɤ^{53}	tsʰuɤ^{53}	tsuɤ^{53}	tsɑo^{13}	suɤ^{44}	kɤ^{53}	kɤ^{53}
绛县	tsʰuɤ^{31}	tsʰuɤ^{53}	tsʰuɤ^{53}	tsuɤ^{24}	tʂʰuɤ^{24}	suɤ^{53}	kɤ^{53}	kɤ^{53}
垣曲	tsʰuo^{22}	tsʰuo^{53}	tsʰuo^{53}	tsuo^{22}	tsʰuo^{22}	suo^{44}	kɤ^{22}	kɤ^{22}
夏县	tsʰuɤ^{31}	tsʰuɤ^{31}	tsʰuɤ^{31}	tsuɤ^{42}	tsʰuɤ^{31}	suɤ^{24}	kɤ^{42}	kɤ^{53}
万荣	tsʰuɤ^{213}	tsʰuɤ^{51}	tsʰuɤ^{51}	tsuɤ^{33}	tsʰuɤ^{213}	suɤ^{33}	kɤ^{51}	kɤ^{51}
稷山	tsʰuɤ^{53}	tsʰuɤ^{42}	tsʰuɤ^{42}	tsuɤ^{13}	tsɑu^{53}	suɤ^{44}	kɤ^{13}	kɤ^{53}
盐湖	——	tsʰuo^{42}	tsʰuo^{42}	tsuo^{13}	tsʰuo^{13}	suo^{53}	kɤ^{42}	kɤ^{42}
临猗	tsʰuo^{42}	tsʰuo^{42}	tsʰuo^{42}	tsuo^{13}	tsɑu^{13}	suo^{42}	kɤ^{13}	kɤ^{42}
河津	tsʰuɤ^{31}	tsʰuɤ^{31}	tsʰuɤ^{31}	tsuɤ^{44}	tsʰuɤ^{31}	suɤ^{53}	kɤ^{31}	kɤ^{31}
平陆	tsʰuə^{31}	tsʰuə^{31}	tsʰuə^{31}	tsuə^{13}	tsʰuə^{13}	suə^{55}	kə^{31}	kə^{31}
永济	tsʰuo^{31}	tsʰuo^{31}	tsʰuo^{31}	tsuo^{24}	tsau^{24}	suo^{31}	kuo^{31}	kuo^{31}
芮城	tsʰuo^{13}	tsʰuo^{42}	tsʰuo^{42}	tsuo^{42}	tsʰuo^{42}	suo^{53}	kɤ^{42}	kɤ^{42}
吉县	——	tsʰa^{33} 白 / tsʰuə^{33} 文	tsʰuə^{33}	tsuə^{33}	——	suə^{423}	kə^{423}	kə^{423}
乡宁	tsʰuɤ^{53}	tsʰuɤ^{53}	tsʰuɤ^{53}	tsuɤ^{12}	——	suɤ^{53}	kɤ^{53}	kɤ^{53}
广灵	tsʰuo^{53}	tsʰuo^{213}	tsʰuo^{213}	tsuo^{44}	tsʌu^{31}	suo^{53}	kʌu^{53} 白 / kɤ^{53} 文	kɤ^{53}

字目	各	腭	鹤	恶善~	光	荒	慌	黄
中古音 / 方言点	古落 宕开一 入铎见	五各 宕开一 入铎疑	下各 宕开一 入铎匣	乌各 宕开一 入铎影	古黄 宕合一 平唐见	呼光 宕合一 平唐晓	胡晃 宕合一 平唐晓	胡光 宕合一 平唐匣
北京	kɤ^{51}	ɤ^{51}	xɤ^{51}	ɤ^{51}	kuaŋ^{55}	xuaŋ^{55}	xuaŋ^{55}	xuaŋ^{35}
小店	kaʔ^{1}	——	xaʔ^{1}	aʔ^{1}	ko^{11}	xo^{11}	xo^{11}	xo^{11}
尖草坪	kaʔ^{2} 白 / kəʔ^{2} 文	ɣaʔ^{2}	xaʔ$^{\underline{43}}$ 白 / xəʔ^{2} 文	ɣaʔ^{2}	kɔ^{33}	xɔ^{33}	xɔ^{33}	xɔ^{33}
晋源	kaʔ^{2}	ɣɤ^{35}	xɤ^{35}	aʔ^{2}	kɔ^{11}	xɔ^{11}	xɔ^{11}	xɔ^{11}
阳曲	kɔʔ^{4}	ŋɤ^{454}	xɔʔ^{4}	ŋɔʔ^{4}	kuɔ^{312}	xuɔ^{312}	xuɔ^{312}	xuɔ^{43}
古交	kaʔ^{4}	ŋaʔ^{4}	xaʔ^{4}	ŋaʔ^{4}	kuɔ^{44}	xuɔ^{44}	xuɔ^{44}	xuɔ^{44}
清徐	kəʔ^{1}	ŋaʔ^{1}	xəʔ$^{\underline{54}}$	ŋaʔ^{1}	kuɒ^{11}	xuɒ^{11}	xuɒ^{11}	xuɒ^{11}
娄烦	kaʔ^{3}	ŋaʔ^{3}	xaʔ^{3}	ŋaʔ^{3}	kɷ^{33} 白 / kuɑ̃^{33} 文	xɷ^{33}	xɷ^{33}	xɷ^{33}
榆次	kaʔ^{1}	ŋaʔ^{1}	xaʔ^{1}	ŋaʔ^{1}	kuɒ^{11}	xuɒ^{11}	xuɒ^{11}	xuɒ^{11}
交城	kaʔ^{1}	ŋaʔ^{1}	xaʔ$^{\underline{53}}$	ŋaʔ^{1}	kuɤ^{11}	xuɤ^{11}	xuɤ^{11}	xuɤ^{11}
文水	kaʔ^{2}	ŋaʔ^{2}	xɪi^{35}/xaʔ^{2}	ŋaʔ^{2}	ku^{22} 白 / kuaŋ^{22} 文	xu^{22} 白 / xuaŋ^{22} 文	xu^{22} 白 / xuaŋ^{22} 文	xu^{22} 白 / xuaŋ^{22} 文
祁县	kɑʔ$^{\underline{32}}$	ŋɑʔ$^{\underline{32}}$	xɑʔ$^{\underline{324}}$	ŋɑʔ$^{\underline{32}}$	ku^{31} 白 / kuɑ̃^{31} 文	xu^{31} 白 / xuɑ̃^{31} 文	xu^{31} 白 / xuɑ̃^{31} 文	xu^{31} 白 / xuɑ̃^{31} 文
太谷	kiaʔ^{3}	ŋiaʔ^{3}	xiaʔ$^{\underline{423}}$	ŋiaʔ^{3}	kuo^{33}	xuo^{33}	xuo^{33}	xuo^{33}
平遥	kʌʔ$^{\underline{212}}$	kʰʌʔ$^{\underline{212}}$	xʌʔ$^{\underline{523}}$	ŋʌʔ$^{\underline{212}}$	kuə^{213} 白 / kũɑ̃^{213} 文	xũɑ̃^{213}	xuə^{213} 白 / xũɑ̃^{213} 文	xuə^{213}
孝义	kəʔ^{3}	ŋəʔ^{3}	xəʔ^{423}	ŋəʔ^{3}	kuə^{33}	xuə^{33} 白 / xuɑ̃^{33} 文	xuə^{33}	xuə^{33}
介休	kʌʔ$^{\underline{12}}$	ŋʌʔ$^{\underline{12}}$	xʌʔ$^{\underline{312}}$	ŋʌʔ$^{\underline{12}}$	kuɤ^{13} 白 / kuæ̃^{13} 文	xuæ̃^{13}	xuɤ^{13} 白 / xuæ̃^{13} 文	xuɤ^{13} 白 / xuæ̃^{13} 文
灵石	kaʔ^{4}	——	xaʔ^{4}	aʔ^{4}	kuɤ^{535}	xuɒ̃^{535}	xuɒ̃^{535}	xuɤ^{44}
盂县	kɤo^{55}	ɕiɑ^{55}	xʌʔ^{2}/xəʔ$^{\underline{53}}$	ŋʌʔ^{2}	kuo^{412} 白 / kuæ̃^{412} 文	xuo^{412}	xuo^{412}	xuo^{22} 白 / xuæ̃^{22} 文
寿阳	kaʔ^{2}	ŋaʔ^{2}	xaʔ^{2}	pəɯ^{31}	kɒo^{31}	xɒo^{31}	xɒo^{31}	xɒo^{22}
榆社	kaʔ^{2}	——	xaʔ$^{\underline{312}}$	ŋaʔ^{2}	kuɔu^{22}	xuɔu^{22}	xuɔu^{22}	xuɔu^{22}
离石	kəʔ^{4}	ŋəʔ^{4}	xəʔ^{4}	ŋəʔ^{4}	kuə^{24}	xuə^{24}	xuə^{24}	xuə^{44}
汾阳	kəʔ^{2}	ŋəʔ^{2}	xəʔ$^{\underline{312}}$	ŋəʔ^{2}	kuɜ^{324}	xuɜ^{324}	xuɜ^{324}	xuɜ^{22}
中阳	kəʔ^{4}	ŋəʔ^{4}	xəʔ^{4}	ŋəʔ^{4}	kɒ^{24}	xɒ^{24}	xuɤ^{24}	xuɤ^{33}
柳林	kəʔ^{4}	ŋəʔ^{4}	xəʔ$^{\underline{423}}$	ŋəʔ^{4}	kuo^{24}	xuo^{24}	xuo^{24}	xuo^{44}
方山	kəʔ^{4}	ŋəʔ^{4}	xə^{52}	ŋəʔ^{4}	kuə^{24}	xuə^{24}	xuə^{24}	xuə^{44}
临县	kɐʔ^{3}	ŋɐʔ^{3}	kʰɐʔ^{3}	ŋɐʔ^{3}	kuɤ^{24}	xuɤ^{24}	xuɤ^{24}	xu^{33}

续表

字目	各	腭	鹤	恶善~	光	荒	慌	黄
中古音 方言点	古落 宕开一 入铎见	五各 宕开一 入铎疑	下各 宕开一 入铎匣	乌各 宕开一 入铎影	古黄 宕合一 平唐见	呼光 宕合一 平唐晓	胡晃 宕合一 平唐晓	胡光 宕合一 平唐匣
兴县	kəʔ^{5}/kɤ^{324}	ŋɤ^{53}	xɤ^{53}	ŋəʔ^{5}	kuɤ^{324}	xuɤ^{324}	xuɤ^{324}	xuɤ^{55}
岚县	kieʔ^{4}	ŋieʔ^{4}	xieʔ^{4}	ŋieʔ^{4}	kuə^{214}	xuə^{214}	xuə^{214}	xuə^{44}
静乐	kaʔ^{4}	——	kʰaʔ$^{\underline{212}}$	ŋaʔ^{4}	kuɤ^{24} 白 / kuɑ̃^{24} 文	xuɑ̃^{24}	xuɑ̃^{24}	xuɑ̃^{33}
交口	kəʔ^{4}	ŋəʔ^{4}	xə^{53}	ŋəʔ^{4}	kuə^{323} 白 / kuɑ̃^{323} 文	xuɑ̃^{323}	xuɑ̃^{323}	xuə^{44} 白 / xuɑ̃^{44} 文
石楼	kʌʔ^{4}	ŋʌʔ^{4}	xə^{51}	ŋʌʔ^{4}	kuə^{213} 白 / kuɑŋ^{213} 文	xuɑŋ^{213}	xuə^{213} 白 / xuɑŋ^{213} 文	xuə^{44} 白 / xuɑŋ^{44} 文
隰县	kəʔ^{3}	——	xɤ^{53}	ŋaʔ^{3}	kuo^{53} 白 / kuæ^{53} 文	xuæ^{53}	xuo^{53}	xuo^{24}
大宁	kɐʔ$^{\underline{31}}$	ŋɐʔ$^{\underline{31}}$	xɐʔ^{4}	ŋɐʔ$^{\underline{31}}$	kuo^{31} 白 / kuẽ^{31} 文	xuo^{31} 白 / xuẽ^{31} 文	xuẽ^{31}	xuo^{24} 白 / xuẽ^{24} 文
永和	kɐʔ$^{\underline{35}}$	——	xɐʔ$^{\underline{312}}$	ŋɐʔ$^{\underline{312}}$	kuɤ^{35} 白 / kuɑ̃^{35} 文	xuɤ^{53} 白 / xuɑ̃^{33} 文	xuɤ^{33} 白 / xuɑ̃^{33} 文	xuɤ^{35} 白 / xuɑ̃^{35} 文
汾西	ku^{11}	——	xəʔ^{3}	ŋu^{11}/ŋəʔ^{1}	ku^{11} 白 / kuɑ̃^{11} 文	xuɑ̃^{11}	xuɑ̃^{11}/xu^{11} 白	xu^{35} 白 / xuɑ̃^{35} 文
蒲县	kɤ^{52}	ŋɤ^{52}	xɤ^{52}	ŋɤ^{52}	kuɑŋ^{52}	xuɑŋ^{52}	xuɑŋ^{52}	xuo^{24} 白 / xuɑŋ^{24} 文
潞州	kəʔ$^{\underline{53}}$	ə^{54}	xəʔ$^{\underline{53}}$ 白 / xə^{54} 文	əʔ$^{\underline{53}}$	kuɑŋ^{312}	xuɑŋ^{312}	xuɑŋ^{312}	xuɑŋ^{24}
上党	kəʔ$^{\underline{21}}$	əʔ$^{\underline{21}}$	xəʔ$^{\underline{21}}$	əʔ$^{\underline{21}}$	kuɑŋ^{213}	xuɑŋ^{213}	xuɑŋ^{213}	xuɑŋ^{44}
长子	kəʔ^{4}	ŋə^{53}	xə^{53}	ŋəʔ^{4}	kuɑŋ^{312}	xuɑŋ^{312}	xuɑŋ^{312}	xuɑŋ^{24}
屯留	kəʔ^{1}	ŋɤ^{11}	xəʔ^{1}	ŋəʔ^{1}	kuɑŋ^{31}	xuɑŋ^{31}	xuɑŋ^{31}	xuɑŋ^{11}
襄垣	kʌʔ^{3}	——	xʌʔ$^{\underline{43}}$	ʌʔ^{3}	kuɒ^{33}	xuɒ^{33}	xuɒ^{33}	xuɒ^{31}
黎城	kʌʔ^{2}	ɤ^{53}	xʌʔ^{2}	ʌʔ^{2}	kuɑŋ^{33}	xuɑŋ^{33}	xuɑŋ^{33}	xuɑŋ^{53}
平顺	kʌʔ$^{\underline{212}}$	ʌʔ$^{\underline{423}}$	xʌʔ$^{\underline{423}}$	ʌʔ$^{\underline{212}}$	kuɑŋ^{213}	xuɑŋ^{213}	xuɑŋ^{213}	xuɑŋ^{13}
壶关	kəʔ^{2}	ɣʌʔ$^{\underline{21}}$	xə^{353}/xʌʔ$^{\underline{21}}$	ɣʌʔ^{2}	kuɑŋ^{33}	xuɑŋ^{33}	xuɑŋ^{33}	xuɑŋ^{13}
沁县	kaʔ$^{\underline{31}}$	——	xɤ^{53}	ŋaʔ$^{\underline{31}}$	kuɔ^{224}	xuɔ^{224}	xuɔ^{224}	xuɔ^{33}
武乡	kʌʔ^{3}	ŋʌʔ^{3}	xʌʔ^{3}	ŋʌʔ^{3}	kuɔ̃^{113}	xuɔ̃^{113}	xuɔ̃^{113}	xuɔ̃^{33}
沁源	kʌʔ$^{\underline{31}}$	ŋɨᴇ^{53}	xʌʔ$^{\underline{31}}$	ŋʌʔ$^{\underline{31}}$	kuə^{324}	xuə^{324}	xuə^{324}	xuə^{33}
安泽	kəʔ$^{\underline{21}}$	ŋɤ^{21}	xɤ^{53}	ŋəʔ$^{\underline{21}}$	kuʌŋ^{21}	xuʌŋ^{21}	xuʌŋ^{21}	xuʌŋ^{35}
沁水端氏	kaʔ^{2}	——	xɤ^{53}	aʔ^{2}	kuɑŋ^{21}	xuɑŋ^{21}	xuɑŋ^{21}	xuɑŋ^{24}
阳城	kʌʔ^{2}	ɣə^{51}	xʌʔ^{2}	ɣʌʔ^{2}	kuɑ̃ŋ^{224}	xɑ̃ŋ^{22} 白 / xuɑ̃ŋ^{224} 文	xuɑ̃ŋ^{224}	xɑ̃ŋ^{22} 白 / xuɑ̃ŋ^{22} 文

续表

字目	各	腭	鹤	恶善~	光	荒	慌	黄
中古音 / 方言点	古落 宕开一 入铎见	五各 宕开一 入铎疑	下各 宕开一 入铎匣	乌各 宕开一 入铎影	古黄 宕合一 平唐见	呼光 宕合一 平唐晓	胡晃 宕合一 平唐晓	胡光 宕合一 平唐匣
高平	kʌʔ^{2}	——	xʌʔ^{2}	ʌʔ^{2}	kuɔ̃^{33}	xuɔ̃^{33}	xuɔ̃^{33}	xuɔ̃^{33}
陵川	kʌʔ^{3}	ɣɤ^{33}	xʌʔ^{23}	ɣɤ^{24}	kuɑŋ^{33}	xuɑŋ^{33}	xuɑŋ^{33}	xuɑŋ^{53}
晋城	kʌʔ^{2}	——	xɤ^{53}	ɣʌʔ^{2}	kuɒ̃^{33}	xuɒ̃^{33}	xuɒ̃^{33}	xuɒ̃^{324}
忻府	kəʔ$^{\underline{32}}$	ŋəʔ$^{\underline{32}}$	xəʔ$^{\underline{32}}$	ŋəʔ$^{\underline{32}}$	kuɛ^{313} 白 / kuɑ̃^{313} 文	xuɛ^{313} 白 / xuɑ̃^{313} 文	xuɛ^{313} 白 / xuɑ̃^{313} 文	xuɛ^{21} 白 / xuɑ̃^{21} 文
原平	kɔʔ$^{\underline{34}}$	ŋɔʔ$^{\underline{34}}$	xɔʔ$^{\underline{34}}$	ŋɔʔ$^{\underline{34}}$	kuɔ^{213}	xuɔ^{213}	xuɔ^{213}	xuɔ^{33}
定襄	kəʔ^{1}	ŋaʔ^{1}	xaʔ^{1}	ŋaʔ^{1}	kuæ^{24}	xuæ^{24}	xuæ^{24}	xuæ^{1}
五台	kɔʔ^{3}	çiɑ^{213}	xɔʔ^{3}	ŋɔʔ^{3}	kuɔ^{213}	xuɔ^{213}	xuɔ^{213}/ xuæn^{213}	xuɔ^{33}
岢岚	kaʔ^{4}	ŋaʔ^{4}	xɤ^{52}	ŋaʔ^{4}	kɔ^{13}	xɔ^{13}	xɔ^{13}	xɔ^{44}
五寨	kaʔ^{4}	ŋaʔ^{4}	xaʔ^{4}	ŋaʔ^{4}	kɒ^{13}	xɒ^{13}	xɒ^{13}	xɒ^{44}
宁武	kᴀʔ^{4}	——	xᴀʔ^{4}	ŋᴀʔ^{4}	kuo^{23}	xuo^{23}	xuo^{23}	xuo^{33}
神池	kᴀʔ^{4}	xᴀʔ^{4}	xᴀʔ^{4}	xᴀʔ^{4}	kuɒ^{24}	xuɒ^{24}	xuɒ^{24}	xuɒ^{32}
繁峙	kaʔ$^{\underline{13}}$	ŋɤ^{24}	xaʔ$^{\underline{13}}$	ŋaʔ$^{\underline{13}}$	kuɔ^{53}	xuɔ^{53}	xuɔ^{53}	xuɔ^{31}
代县	kaʔ^{2}	ŋaʔ^{2}	xaʔ^{2}	ŋaʔ^{2}	kuɔ^{213}	xuɔ^{213}	xuɔ^{213}	xuɔ^{44}
河曲	kaʔ^{4}	——	xəʔ^{4}	ŋaʔ^{4}	kuɒ^{213}	xuɒ^{213}	xuɒ^{213}	xuɒ^{44}
保德	kəʔ^{4}	ɤ^{52}	xɤ^{52}	ɤ^{44}	kuɔ^{213}	xuɔ^{213}	xuɔ^{213}	xɔ^{44} 白 / xuɔ^{44} 文
偏关	kᴀʔ^{4}	ɤ^{52}	xᴀʔ^{4}	ŋᴀʔ^{4}	kɒ^{24}	xɒ^{24}	xɒ^{24}	xɒ^{44}
朔城	kᴀʔ$^{\underline{35}}$	nᴀʔ$^{\underline{35}}$	xᴀʔ$^{\underline{35}}$	nᴀʔ$^{\underline{35}}$	kuɑ̃^{312}	xuɑ̃^{312}	xuɑ̃^{312}	xuɑ̃^{35}
平鲁	kʌʔ$^{\underline{34}}$	nʌʔ$^{\underline{34}}$	xʌʔ$^{\underline{34}}$	nʌʔ$^{\underline{34}}$	kuɒ^{213}/kuɒ^{52}	xuɒ^{213}	xuɒ^{213}	xuɒ^{44}
应县	kaʔ$^{\underline{43}}$	——	——	naʔ$^{\underline{43}}$	kuaŋ^{43}	xuaŋ^{43}	xuaŋ^{43}/ xuəʔ$^{\underline{43}}$	xuaŋ^{31}
灵丘	kᴀʔ^{5}	nᴀʔ^{5}	xᴀʔ^{5}	nᴀʔ^{5}	kue^{442}	xue^{442}	xue^{442}	xue^{31}
浑源	kʌʔ^{4}	nʌʔ^{4}	xʌʔ^{4}	nʌʔ^{4}	koʌ^{52}	xoʌ^{52}	xoʌ^{52}	xoʌ^{22}
云州	kɑʔ^{4}	nɑʔ^{4}	xɑʔ^{4}	nɑʔ^{4}	kuɔ^{21}	xuɔ^{21}	xuɔ^{21}	xuɔ^{312}
新荣	kaʔ^{4}	ŋaʔ^{4}	xaʔ^{4}	naʔ^{4}	kuɔ^{32}	xuɔ^{32}	xuɔ^{32}	kuɔ^{312}
怀仁	kaʔ^{4}	naʔ^{4}	xaʔ^{4}	naʔ^{4}	kɒ^{42}	xɒ^{42}	xɒ^{42}	xɒ^{312}
左云	kaʔ^{4}	nə^{313}	xəʔ^{4}	naʔ^{4}	kuɒ^{31}	xuɒ^{31}	xuɒ^{54}	xuɒ^{313}
右玉	kaʔ^{4}	çia^{212}	xaʔ^{4}	ŋaʔ^{4}	kuɒ^{31}	xuɒ^{31}	xuɒ^{31}	xuɒ^{212}
阳高	kɑʔ^{3}	——	xɑʔ^{3}	ŋɑʔ^{3}	kɔ^{31}	xɔ^{31}	xɔ^{31}	xɔ^{312}
山阴	kᴀʔ^{4}	çiᴀ^{213}	xᴀʔ^{4}	nᴀʔ^{4}	kuɒ^{313}	xuɒ^{313}	xuɒ^{313}	xuɒ^{313}

续表

字目	各	腭	鹤	恶善~	光	荒	慌	黄
中古音 / 方言点	古落 宕开一 入铎见	五各 宕开一 入铎疑	下各 宕开一 入铎匣	乌各 宕开一 入铎影	古黄 宕合一 平唐见	呼光 宕合一 平唐晓	胡晃 宕合一 平唐晓	胡光 宕合一 平唐匣
天镇	kɑʔ^{4}	——	xɑʔ^{4}	ŋɑʔ^{4}	kɒ^{31}	xɒ^{22}	xɒ^{22}	xɒ^{22}
平定	kaʔ^{4}	——	xaʔ^{4}	ŋaʔ^{4}	kuɑŋ^{31}	xuɑŋ^{31}	xuɑŋ^{31}	xuɑŋ^{44}
昔阳	kʌʔ$^{\underline{43}}$	ŋʌʔ$^{\underline{43}}$	xʌʔ$^{\underline{43}}$	ŋʌʔ$^{\underline{43}}$	kuɔ̃^{42}	xuɔ̃^{13}	xuɔ̃^{13}	xuɔ̃^{33}
左权	kəʔ^{1}	——	xəʔ^{1}	ŋəʔ^{1}	kɔ^{31}	xɔ^{31}	xɔ^{31}	xɔ^{11}
和顺	kəʔ$^{\underline{21}}$	ŋəʔ$^{\underline{21}}$	xəʔ$^{\underline{21}}$	ŋəʔ$^{\underline{21}}$	kuɔ^{42}	xuɔ^{42}	xuɔ^{42}	xuɔ^{22}
尧都	kɤ^{44}	ɤ^{53}	xɤ^{44}	ɤ^{53}	kuɑŋ^{21}	xɑŋ^{44}	xɑŋ^{44}	xuo^{24} 白 / xuɑŋ^{24} 文
洪洞	ko^{21}	ŋo^{21}	xo^{53}	ŋo^{21}	kuɑŋ^{21}	xuɑŋ^{21}	xuɑŋ^{21}	xuo^{24} 白 / xuɑŋ^{24} 文
洪洞赵城	kɤ^{21}	ŋɤ^{53}	xɤ^{53}	ŋɤ^{53}	kuɑ̃^{21}	xuɑ̃^{21}	xuɑ̃^{21}	xuɤ^{24}
古县	kɛ^{21} 白 / kɤ^{21} 文	——	xuo^{35}	ŋɛ^{21} 白 / ŋɤ^{21} 文	kuɑŋ^{21}	xuɑŋ^{21}	xuɑŋ^{21}	xuo^{35} 白 / xuɑŋ^{35} 文
襄汾	kə^{21}	——	xə^{21}	ŋɔ^{24}	kuɔ^{21} 白 / kuaŋ^{21} 文	xuɔ^{21} 白 / xuaŋ^{21} 文	xuaŋ^{21}	xuɔ^{24} 白 / xuaŋ^{24} 文
浮山	kɤ^{42}	——	xɤ^{42}	ɤ^{42}	kuo^{42} 白 / kuaŋ^{42} 文	xuo^{42} 白 / xuaŋ^{42} 文	xuaŋ^{42}	xuo^{42} 白 / xuaŋ^{13} 文
霍州	kie^{212} 老 / kɤ^{212} 新	ŋɤ^{53}	xɤ^{53}	ŋɤ^{53}	kɔ^{212} 白 / kuaŋ^{212} 文	xɔ^{212} 白 / xuaŋ^{212} 文	xɔ^{212} 白 / xuaŋ^{212} 文	xɔ^{35} 白 / xuaŋ^{35} 文
翼城	kuᴀ^{53} 白 / kɤ^{53} 文	ŋɤ^{53}	xuɤ^{12}	ŋɤ^{53}	kuɔ^{53}	xuɔ^{53}	xuɔ^{44}	xuɔ^{12}
闻喜	kɤ^{53}	——	xɤ^{13}	ŋɤ^{13}	kuɤ^{53} 白 / kuəŋ 文	xuᴀŋ^{53}	xuᴀŋ^{53}	xuɤ^{53} 白 / xuᴀŋ^{13} 文
侯马	kɤ^{53}	——	xɤ^{53}	ŋɤ^{53}	kuɑŋ^{213}	xuɑŋ^{213}	xuɑŋ^{213}	xuɑŋ^{213}
新绛	kɤ^{53}	ŋɤ^{53}	xɤ^{53}	ŋɤ^{53}	kuɤ^{53} 白 / kuəŋ^{53} 文	xuəŋ^{53}	xuəŋ^{53}	xuɤ^{13}
绛县	kɤ^{53}	ŋɤ^{53}	xɤ^{53}	ŋɤ^{53}	kuʌŋ^{53}	xuʌŋ^{53}	xuʌŋ^{53}	xuɤ^{24} 白 / xuʌŋ^{24} 文
垣曲	kɤ^{53}	ŋɤ^{53}	xɤ^{53}	ŋɤ^{53}	kuəŋ^{53}	xuəŋ^{53}	xuəŋ^{53}	xuo^{22} 白 / xuəŋ^{22} 文
夏县	kɤ^{53}	ŋɤ^{31} 白 / ɤ^{31} 文	xɤ^{53}	ŋuɤ^{31} 白 / ɤ^{31} 文	kuəŋ^{53}	xuəŋ^{53}	xuəŋ^{53}	xuəŋ^{42}
万荣	kɤ^{51}	ŋɤ^{213}	xɤ^{33}	ŋɤ^{51}	kuaŋ^{51}	xuaŋ^{51}	xuaŋ^{51}	xuɤ^{213} 白 / xuaŋ^{213} 文
稷山	kɤ^{53}	——	xɤ^{53}	ŋɤ^{53}	kuʌŋ^{53}	xuə̃^{53} 白 / xuʌŋ^{53} 文	xuʌŋ^{53}	xuɤ^{13}

续表

字目	各	腭	鹤	恶善~	光	荒	慌	黄
中古音 / 方言点	古落 宕开一 入铎见	五各 宕开一 入铎疑	下各 宕开一 入铎匣	乌各 宕开一 入铎影	古黄 宕合一 平唐见	呼光 宕合一 平唐晓	胡晃 宕合一 平唐晓	胡光 宕合一 平唐匣
盐湖	kɤ42	——	xɤ13	ŋɤ42	kuaŋ42	xuaŋ42	xuaŋ42	xuaŋ13
临猗	kɤ42	ŋɤ44	xɤ42	ŋɤ42	kuɑŋ42	xuɑŋ42	xuɑŋ42	xuɑŋ13
河津	kɤ53	ŋɤ53	xɤ324	ŋɤ324 白 / ŋɤ31	kuɤ31 白 / kuaŋ31 文	xuaŋ31	xuaŋ31	xuɤ324 白 / xuaŋ324
平陆	kə31	ŋə13	xuə31	ŋuə31	kuaŋ31	xuaŋ31	xuaŋ31	xuaŋ13
永济	kuo31	——	xuo24 白 / xə24 文	ŋuo31 白 / ŋə31 文 / ŋuo53	kuaŋ31	xuaŋ31	xuaŋ31	xuo24 白 / xuaŋ24 文
芮城	kuo42 白 / kɤ42 文	ŋɤ13	xuo42	ŋuo42	kuaŋ42	xuaŋ42	xuaŋ42	xuaŋ13
吉县	kə423	——	xə33	ŋə33	kuəŋ33	xuəŋ423	xuəŋ423	xuə13 白 / xuəŋ13 文
乡宁	kɤ53	——	xɤ53	ŋɤ53	kuɤ53 白 / kuaŋ53 文	xuaŋ53	xuaŋ53	xuɤ12 白 / xuaŋ24 文
广灵	kɤ213	ŋɤ213	xɤ213	ŋɤ53	kɔ53	xɔ53	xɔ53	xɔ312

字目	簧	皇	蝗	汪	广	谎	恍	晃~眼
中古音 方言点	胡光 宕合一 平唐匣	胡光 宕合一 平唐匣	胡光 宕合一 平唐匣	乌光 宕合一 平唐影	古晃 宕合一 上荡见	呼晃 宕合一 上荡晓	虎晃 宕合一 上荡晓	胡广 宕合一 上荡匣
北京	xuaŋ^{35}	xuaŋ^{35}	xuaŋ^{35}	uaŋ^{55}	kuaŋ^{214}	xuaŋ^{214}	xuaŋ^{214}	xuaŋ^{214}
小店	xo^{11}	xo^{11}	xo^{11}	o^{11}	ko^{53}	xo^{53}	xo^{53}	xo^{24}
尖草坪	xɔ^{33}	xɔ^{33}	xɔ^{33}	vɔ^{33}	kɔ^{312}	xɔ^{312}	xɔ^{312}	xɔ^{35}
晋源	xɔ^{11}	xɔ^{11}	xɔ^{11}	vɔ^{11}	kɔ^{42}	xɔ^{42}	xuaŋ^{42}	xuaŋ^{35}
阳曲	xuɔ^{43}	xuɔ^{43}	xuɔ^{43}	vɔ^{312}	kuɔ^{312}	xuɔ^{43}	xuɔ^{312}	xuɔ^{43}
古交	xuɔ^{44}	xuɔ^{44}	xuɔ^{44}	vɔ^{44}	kuɔ^{312}	xuɔ^{312}	xuɔ^{312}	xuɔ^{312}
清徐	xuɒ^{11}	xuɒ^{11}	xuɒ^{11}	vɒ^{11}	kuɒ^{54}	xuɒ^{54}	xuɒ^{54}	xuɒ^{45}
娄烦	xɷ^{33}	xɷ^{33}	xɷ^{33}	və^{33}	kuɑ̃^{312}	xɷ^{312}	xɷ^{312}	xɷ^{54}
榆次	xuɒ^{11}	xuɒ^{11}	xuɒ^{11}	vɒ^{11}	kuɒ^{53}	xuɒ^{53}	xuɒ^{53}	xuɒ^{35}
交城	xuɤ^{11}	xuɤ^{11}	xuɤ^{11}	uɤ^{11}	kuɤ^{53}	xuɤ^{53}	xuɤ^{53}	xuɤ^{24}
文水	xuaŋ^{22}	xuaŋ^{22}	xuaŋ^{22}	uaŋ^{22}	kuaŋ^{423}	xuaŋ^{22}	xu^{423} 白 / xuaŋ^{423} 文	xu^{35} 白 / xuaŋ^{35} 文
祁县	xu^{31} 白 / xuɑ̃^{31} 文	xu^{31} 白 / xuɑ̃^{31} 文	xu^{31} 白 / xuɑ̃^{31} 文	uɑ̃^{31}	kuɑ̃^{314}	xuɑ̃^{314}	xuɑ̃^{314}	xu^{45} 白 / xuɑ̃^{45} 文
太谷	xuo^{33}	xuo^{33}	xuo^{33}	uo^{33}	kuo^{312}	xuo^{312}	xuo^{312}	xuo^{53}
平遥	xũɑ̃^{213}	xũɑ̃^{213}	xũɑ̃^{213}	ũɑ̃^{213}	kʰũɑ̃^{512}	xũɑ̃^{512}	xũɑ̃^{512}	xuə^{24} 白 / xũɑ̃^{512} 文
孝义	xuã^{312}	xuã^{33}	xuə^{33}	uã^{33}	kuã^{312}	xuə^{312}	xuã^{312}	xuə^{454}
介休	xuæ̃^{13}	xuæ̃^{13}	xuæ̃^{13}	uæ̃^{13}	kuæ̃^{423}	xuæ̃^{13}	xuɤ^{423} 白 / xuæ̃^{423} 文	xuɤ^{45} 白 / xuæ̃^{45} 文
灵石	xuɒ̃^{44}	xuɒ̃^{44}	xuɒ̃^{44}	uɒ̃^{44}	kuɒ̃^{212}	xuɒ̃^{212}	xuɒ̃^{212}	xuɒ̃^{53}
盂县	xuæ̃^{22}	xuo^{22} 白 / xuæ̃^{22} 文	xuo^{22}	uo^{412} 白 / væ̃^{412} 文	kuæ̃^{53}	xuo^{55}	xuo^{55}	xuo^{55} 白 / xuæ̃^{55} 文
寿阳	xɒo^{22}	xɒo^{22}	xɒo^{22}	vɒo^{31}	kɒo^{53}	xɒo^{53}	xɒo^{53}	xɒo^{53}
榆社	xuəu^{22}	xuəu^{22}	xuəu^{22}	vəu^{22}	kuəu^{312}	xuəu^{312}	——	xuəu^{312}
离石	xuə^{44}	xuə^{44}	xuə^{44}	uə^{44}	kuə^{312}	xuə^{312}	xuə^{312}	xuə^{312}
汾阳	xuɔ^{22}	xuɔ^{22}	xuɔ^{22}	uɔ^{324}	kuɔ^{312}	xuɔ^{312}	xuɔ^{312}	xuɔ^{55}
中阳	xɒ^{33}	xɒ^{33}	xɒ^{33}	uɒ^{24}	kɒ^{423}	xɒ^{423}	xɒ^{423}	xɒ^{53}
柳林	xuo^{44}	xuo^{44}	xuo^{44}	uo^{53}	kuo^{312}	xuo^{312}	xuo^{312}	xuo^{53}
方山	xuə^{44}	xuə^{44}	xuə^{44}	uə^{24}	kuə^{312}	xuə^{312}	xuə^{312}	xuə^{312}
临县	xu^{33}	xuɤ^{24}	xuɤ^{24}	uɤ^{52}	kuɤ^{312}	xuɤ^{24}	xuɤ^{312}	xuɤ^{52}
兴县	xuɤ^{55}	xuɤ^{55}	xuɤ^{55}	uɤ^{324}	kuɤ^{324}	xuɤ^{55}	xuɤ^{55}	xuɤ^{53}
岚县	xuə^{44}	xuə^{44}	xuə^{44}	uə^{214}	kuə^{312}	xuə^{312}	xuə^{312}	xuə^{312}
静乐	xuɑ̃^{33}	xuɑ̃^{33}	xuɑ̃^{33}	vɤɯ^{24} 白	kuɑ̃^{314}	xuɑ̃^{314}	xuɑ̃^{314}	xuɑ̃^{314}

续表

字目	簧	皇	蝗	汪	广	谎	恍	晃~眼
中古音／方言点	胡光 宕合一 平唐匣	胡光 宕合一 平唐匣	胡光 宕合一 平唐匣	乌光 宕合一 平唐影	古晃 宕合一 上荡见	呼晃 宕合一 上荡晓	虎晃 宕合一 上荡晓	胡广 宕合一 上荡匣
交口	xuə^{44}白/ xuɑ̃^{44}文	xuɑ̃^{323}	xuɑ̃^{323}	uɑ̃^{323}	kuɑ̃^{323}	xuɑ̃^{323}	xuɑ̃^{323}	xuɑ̃^{323}
石楼	xuɑŋ^{44}	xuɑŋ^{44}	xuɑŋ^{44}	uɑŋ^{51}	kuɑŋ^{213}	xuɑŋ^{213}	xuɑŋ^{213}	xuɑŋ^{213}/ xuɑŋ^{51}
隰县	xuaŋ^{24}	xuaŋ^{24}	xuaŋ^{24}	uæ^{53}	kuaŋ^{21}	xuaŋ^{24}	——	xuæ^{44}
大宁	xuɛ̃^{24}	xuɛ̃^{24}	xuɛ̃^{24}	vɛ̃^{31}	kuɛ̃^{31}	xuɛ̃^{31}	xuɛ̃^{31}	xuɛ̃^{55}
永和	xuɑ̃^{35}	xuɑ̃^{35}	xuɑ̃^{35}	uɑ̃^{33}	kuɑ̃^{312}	xuɑ̃^{312}	——	xuɑ̃^{53}
汾西	xuɑ̃^{35}	xuɑ̃^{35}	xuɑ̃^{35}	uɑ̃^{53}	kuɑ̃^{33}	xuɑ̃^{11}	xuɑ̃^{33}	xuɑ̃^{33}
蒲县	xuɑŋ^{24}	xuɑŋ^{24}	xuɑŋ^{24}	uɑŋ^{52}	kuɑŋ^{31}	xuɑŋ^{31}	xuɑŋ^{31}	xuɑŋ^{33}
潞州	xuaŋ^{24}	xuaŋ^{24}	xuaŋ^{24}	uaŋ^{312}	kuaŋ^{535}	xuaŋ^{535}	xuaŋ^{535}	xuaŋ^{54}
上党	xuɑŋ^{44}	xuɑŋ^{44}	xuɑŋ^{44}	uɑŋ^{213}	kuɑŋ^{535}	xuɑŋ^{535}	xuɑŋ^{535}	xuɑŋ^{535}
长子	xuaŋ^{24}	xuaŋ^{24}	xuaŋ^{24}	vaŋ^{312}	kuaŋ^{434}	xuaŋ^{434}	xuaŋ^{434}	xuaŋ^{53}
屯留	xuɑŋ^{11}	xuɑŋ^{11}	xuɑŋ^{11}	vɑŋ^{31}	kuɑŋ^{43}	xuɑŋ^{43}	xuɑŋ^{43}	xuɑŋ^{11}
襄垣	xuɒ^{31}	xuɒ^{31}	xuɒ^{31}	vɒ^{33}	kuɒ^{42}	xuɒ^{42}	——	xuɒ^{45}
黎城	xuɑŋ^{53}	xuɑŋ^{53}	xuɑŋ^{33}	uɑŋ^{33}	kuɑŋ^{213}	xuɑŋ^{213}	xuɑŋ^{213}	xuɑŋ^{213}
平顺	xuaŋ^{13}	xuaŋ^{13}	xuaŋ^{13}	uaŋ^{213}	kuaŋ^{434}	xuaŋ^{434}	xuaŋ^{434}	xuaŋ^{434}
壶关	xuaŋ^{13}	xuaŋ^{13}	xuaŋ^{13}	uaŋ^{33}	kuaŋ^{535}	xuaŋ^{535}	xuaŋ^{535}	xuaŋ^{353}
沁县	xuɔ^{33}	xuɔ^{33}	xuɔ^{33}	vɔ^{224}	kuɔ^{214}	xuɔ^{214}	——	xuɔ^{53}
武乡	xuɔ̃^{33}	xuɔ̃^{33}	xuɔ̃^{33}	vɔ̃^{113}	kuɔ̃^{213}	xuɔ̃^{213}	xuɔ̃^{213}	xuɔ̃^{213}
沁源	xuə^{33}	xuə^{33}	xuə^{33}	uə^{324}	kuə^{324}	xuə^{324}	xuə^{324}	xuə^{53}
安泽	xuʌŋ^{35}	xuʌŋ^{35}	xuʌŋ^{35}	uʌŋ^{21}	kuʌŋ^{42}	xuʌŋ^{42}	——	xuʌŋ^{53}
沁水端氏	xuɑŋ^{24}	xuɑŋ^{24}	xuɑŋ^{24}	uɑŋ^{21}	kuɑŋ^{31}	xuɑŋ^{31}	xuɑŋ^{31}	xuɑŋ^{53}
阳城	xuɑ̃ŋ^{22}	xuɑ̃ŋ^{22}	xuɑ̃ŋ^{22}	vɑ̃ŋ^{224}	kuɑ̃ŋ^{212}	xuɑ̃ŋ^{212}	xuɑ̃ŋ^{212}	xuɑ̃ŋ^{51}
高平	xuɔ̃^{33}	xuɔ̃^{33}	xuɔ̃^{33}	vɔ̃^{33}	kuɔ̃^{212}	xuɔ̃^{212}	xuɔ̃^{212}	xuɔ̃^{53}
陵川	xuɑŋ^{53}	xuɑŋ^{53}	xuɑŋ^{53}	uɑŋ^{33}	kuɑŋ^{312}	xuɑŋ^{312}	xuɑŋ^{312}	xuɑŋ^{312}
晋城	xuɒ̃^{324}	xuɒ̃^{324}	xuɒ̃^{324}	uɒ̃^{33}	kuɒ̃^{213}	xuɒ̃^{213}	xuɒ̃^{213}	xuɒ̃^{53}
忻府	xuɑ̃^{21}	xuɑ̃^{21}	xuɑ̃^{21}	vɑ̃^{313}	kuɑ̃^{313}	xuɑ̃^{313}	xuɑ̃^{313}	xuɛ^{313}白/ xuɑ̃^{313}文
原平	xuɔ^{33}	xuɔ^{33}	xuɔ^{33}	vɔ^{213}	kuɔ^{213}	xuɔ^{213}	xuɔ^{213}	xuɔ^{53}
定襄	xuæ^{11}	xuæ^{11}	xuæ^{11}	væ^{53}	kuæ^{24}	xuæ^{24}	xuæ^{24}	xuæ^{24}
五台	xuɔ^{33}	xuæn^{33}	xuɔ^{33}	uɔ^{33}	kuɔ^{213}	xuɔ^{213}/ xuæn^{213}	xuæn^{213}	xuæn^{52}/ xuɔ^{52}

续表

字目	簧	皇	蝗	汪	广	谎	恍	晃~眼
中古音 / 方言点	胡光 宕合一 平唐匣	胡光 宕合一 平唐匣	胡光 宕合一 平唐匣	乌光 宕合一 平唐影	古晃 宕合一 上荡见	呼晃 宕合一 上荡晓	虎晃 宕合一 上荡晓	胡广 宕合一 上荡匣
岢岚	xɔ^{44}	xɔ^{44}	xɔ^{44}	vɔ^{13}	kɔ^{13}	xɔ^{13}	xɔ^{13}	xɔ^{52}
五寨	xɒ^{44}	xɒ^{44}	xɒ^{44}	vɒ^{13}	kɒ^{13}	xɒ^{13}	xɒ^{13}	xɒ^{52}
宁武	xuo^{33}	xuo^{33}	xuo^{33}	vɒ^{213}	kuo^{213}	xuo^{213}	xuo^{213}	xuo^{213}
神池	xuɒ^{32}	xuɒ^{32}	xuɒ^{32}	vuɒ^{24}	kuɒ^{13}	xuɒ^{13}	xuɒ^{13}	xuɒ^{13}
繁峙	xuɔ^{31}	xuɔ^{31}	xuɔ^{31}	vɔ^{53}	kuɔ^{53}	xuɔ^{53}	xuɔ^{53}	xuɔ^{24}
代县	xuɔ^{44}	xuɔ^{44}	xuɔ^{44}	uɔ^{44}	kuɔ^{213}	xuɔ^{213}	xuɔ^{213}	xuɔ^{53}
河曲	xuɒ^{44}	xuɒ^{44}	xuɒ^{44}	vɒ^{213}	kuɒ^{213}	xuɒ^{213}	xuɒ^{213}	xuɒ^{52}
保德	xuɔ^{44}	xuɔ^{44}	xuɔ^{44}	vɔ^{44}	kuɔ^{213}	xuɔ^{213}	xuɔ^{213}	xuɔ^{213}
偏关	xɒ^{44}	xɒ^{44}	xɒ^{44}	vɒ^{24}	kɒ^{213}	xɒ^{213}	xɒ^{213}	xɒ^{213}
朔城	xuã^{35}	xuã^{35}	xuã^{35}	——	kuã^{312}	xuã^{312}	——	——
平鲁	xuɒ^{44}	xuɒ^{44}	xuɒ^{44}	uɒ^{52}	kuɒ^{213}	xuɒ^{213}	——	xuɒ^{52}
应县	xuaŋ^{31}	xuaŋ^{31}	xuaŋ^{31}	vaŋ^{43}	kuaŋ^{54}	xuaŋ^{54}	xuaŋ^{54}	xuaŋ^{54}
灵丘	xue^{31}	xue^{31}	xue^{31}	vɒ^{53}	kue^{442}	xue^{442}	xue^{442}	xue^{53}
浑源	xoʌ^{22}	xoʌ^{22}	xoʌ^{22}	uoʌ^{22}	koʌ^{52}	xoʌ^{52}	xoʌ^{52}	xoʌ^{13}
云州	xuɔ^{312}	xuɔ^{312}	xuɔ^{312}	vɔ^{21}	kuɔ^{55}	xuɔ^{55}	xuɔ^{55}	xuɔ^{55}
新荣	xuɔ^{312}	xuɔ^{312}	xuɔ^{312}	vɔ^{312}	kuɔ^{54}	xuɔ^{54}	xuɔ^{54}	xuɔ^{24}
怀仁	xɒ^{312}	xɒ^{312}	xɒ^{312}	vɒ^{42}	kɒ^{53}	xɒ^{53}	xɒ^{53}	xɒ^{24}
左云	xuɒ^{313}	xuɒ^{313}	xuɒ^{313}	vɒ^{31}	kuɒ^{54}	xuɒ^{54}	xuɒ^{54}	xuɒ^{24}
右玉	xuɒ^{212}	xuɒ^{212}	xuɒ^{212}	vɒ^{31}	kuɒ^{53}	xuɒ^{53}	——	xuɒ^{24}
阳高	xɔ^{312}	xɔ^{312}	xɔ^{312}	vɔ^{31}	kɔ^{53}	xɔ^{53}	xɔ^{53}	xɔ^{24}
山阴	xuɒ^{313}	xuɒ^{313}	xuɒ^{313}	uɒ^{313}	kuɒ^{52}	xuɒ^{52}	——	xuɒ^{335}
天镇	xɒ^{22}	xɒ^{22}	xɒ^{22}	vɒ^{31}	kɒ^{55}	xɒ^{55}	——	xɒ^{24}
平定	faŋ^{31}白 / xuaŋ^{44}文	xuaŋ^{44}	xuaŋ^{44}	vaŋ^{44}	kuaŋ^{53}	xuaŋ^{53}	xuaŋ^{53}	xuaŋ^{24}
昔阳	xuɔ̃^{33}	xuɔ̃^{33}	xuɔ̃^{33}	vɔ̃^{42}	kuɔ̃^{55}	xuɔ̃^{55}	xuɔ̃^{55}	xuɔ̃^{13}
左权	xɔ^{11}	xɔ^{11}	xɔ^{11}	vɔ^{31}	kɔ^{42}	xɔ^{42}	——	xɔ^{53}
和顺	xuɔ^{22}	xuɔ^{22}	xuɔ^{22}	vɔ^{22}	kuɔ^{53}	xuɔ^{53}	xuɔ^{53}	xuɔ^{13}
尧都	xuaŋ^{24}	xuaŋ^{24}	xuaŋ^{24}	uaŋ^{21}	kuaŋ^{53}	xuaŋ^{53}	xuaŋ^{53}	xuaŋ^{44}
洪洞	xuaŋ^{24}	xuaŋ^{24}	xuaŋ^{24}	uaŋ^{24}	kuaŋ^{42}	xuaŋ^{21}	xuaŋ^{42}	xuaŋ^{53}
洪洞赵城	xuã^{24}	xuã^{24}	xuã^{24}	uã^{21}	kuã^{42}	xuã^{42}	xuã^{42}	xuã^{53}
古县	xuaŋ^{35}	xuaŋ^{35}	xuaŋ^{35}	uaŋ^{21}	kuaŋ^{42}	xuaŋ^{42}	xuaŋ^{42}	xuaŋ^{53}

续表

字目 中古音 方言点	簧	皇	蝗	汪	广	谎	恍	晃~眼
	胡光 宕合一 平唐匣	胡光 宕合一 平唐匣	胡光 宕合一 平唐匣	乌光 宕合一 平唐影	古晃 宕合一 上荡见	呼晃 宕合一 上荡晓	虎晃 宕合一 上荡晓	胡广 宕合一 上荡匣
襄汾	xuaŋ^{24}	xuaŋ^{24}	xuaŋ^{24}	uɔ^{21} 白 / uaŋ^{24} 文	kuaŋ^{42}	xuaŋ^{42}	xuaŋ^{42}	xuaŋ^{42}
浮山	xuaŋ^{13}	xuaŋ^{13}	xuaŋ^{13}	uaŋ^{33}	kuaŋ^{33}	xuaŋ^{33}	kʰuaŋ^{53}	xuaŋ^{33}
霍州	xɔ^{35} 白 / xuaŋ^{35} 文	xuaŋ^{35}	xuaŋ^{35}	uaŋ^{212}	kuaŋ^{212}	xɔ^{33} 白 / xuaŋ^{33} 文	xuaŋ^{33}	xuaŋ^{35}
翼城	kʰuɔ^{53}	kʰuɔ^{53}	kʰuɔ^{53}	xuɔ^{12}	pfʰɔ^{53} 白 / tʂʰuɔ^{53} 文	kʰuɔ^{53}	kʰuɔ^{53}	xuɔ^{53}
闻喜	xuᴀŋ^{13}	xuᴀŋ^{13}	xuᴀŋ^{13}	uᴀŋ^{53}/ vᴀŋ^{53}	kuᴀŋ^{33}	xuᴀŋ^{13}	——	xuᴀŋ^{13}
侯马	xuɑŋ^{213}	——	xuɑŋ^{213}	uɑŋ^{53}	kuɑŋ^{44}	xuɑŋ^{44}	xuɑŋ^{44}	xuɑŋ^{44}
新绛	xuəŋ^{13}	xuəŋ^{13}	xuẽ^{13}	uəŋ^{53}	kuəŋ^{44}	xuəŋ^{44}	xuəŋ^{53}	xuəŋ^{53}
绛县	xuʌŋ^{24}	xuʌŋ^{24}	xuʌŋ^{24}	uʌŋ^{31}	kuʌŋ^{33}	xuʌŋ^{33}	xuʌŋ^{33}	xuʌŋ^{53}
垣曲	xuəŋ^{22}	xuəŋ^{22}	xuəŋ^{22}	uəŋ^{53}	kuəŋ^{44}	xuəŋ^{44}	xuəŋ^{44}	xuəŋ^{44}
夏县	xuəŋ^{42}	xuəŋ^{42}	xuəŋ^{42}	uəŋ^{53}	kuəŋ^{24}	xuəŋ^{24}	xuəŋ^{24}	xuəŋ^{24}
万荣	xuaŋ^{213}	xuaŋ^{213}	xuaŋ^{213}	uaŋ^{33}	kuaŋ^{55}	xuaŋ^{55}	xuaŋ^{55}	xuaŋ^{33}
稷山	xuʌŋ^{13}	xuʌŋ^{13}	xuʌŋ^{13}	uʌŋ^{53}	kuʌŋ^{44}	xuʌŋ^{44}	xuʌŋ^{44}	xuʌŋ^{42}
盐湖	xuaŋ^{13}	xuaŋ^{13}	xuaŋ^{13}	uaŋ^{42}	kuaŋ^{53}	xuaŋ^{53}	——	xuaŋ^{44}
临猗	xuɑŋ^{13}	xuɑŋ^{13}	xuɑŋ^{13}	uɑŋ^{42}	kuɑŋ^{53}	xuɑŋ^{53}	xuɑŋ^{53}	xuɑŋ^{44}
河津	xuaŋ^{324}	xuaŋ^{324}	xuaŋ^{324}	uaŋ^{44}	kuaŋ^{53}	xuaŋ^{53}	——	xuaŋ^{44}
平陆	xuaŋ^{13}	xuaŋ^{13}	xuaŋ^{13}	uaŋ^{13}	kuaŋ^{55}	xuaŋ^{55}	xuaŋ^{55}	xuaŋ^{55}
永济	xuaŋ^{24}	xuaŋ^{24}	xuaŋ^{24}	vaŋ^{31} 白 / uaŋ^{31} 文	kuaŋ^{53}	xuaŋ^{53}	xuaŋ^{53}	xuaŋ^{53}
芮城	xuaŋ^{13}	xuaŋ^{13}	xuaŋ^{13}	uaŋ^{42}	kuaŋ^{53}	xuaŋ^{53}	xuaŋ^{53}	xuaŋ^{44}
吉县	xuəŋ^{13}	xuəŋ^{13}	xuəŋ^{13}	uəŋ^{33}	kuəŋ^{53}	xuəŋ^{53}	——	xuəŋ^{53}
乡宁	xuaŋ^{12}	xuaŋ^{12}	xuaŋ^{12}	uaŋ^{53}	kuaŋ^{44}	xuaŋ^{44}	xuaŋ^{44}	xuaŋ^{22}
广灵	xɔ^{31}	xɔ^{31}	xɔ^{31}	vɔ^{53}	kɔ^{44}	xɔ^{44}	xɔ^{44}	xɔ^{44}

字目	旷	郭	扩	廓	霍	获	娘爹~
中古音 / 方言点	苦谤 宕合一 去宕溪	古博 宕合一 入铎见	阔镬 宕合一 入铎溪	苦郭 宕合一 入铎溪	虚郭 宕合一 入铎晓	胡郭 宕合一 入铎匣	女良 宕开三 平阳泥
北京	kʰuaŋ^{51}	kuo^{55}	kʰuo^{51}	kʰuo^{51}	xuo^{51}	xuo^{51}	niaŋ^{35}
小店	kʰo^{24}	kuəʔ^{1}	kʰuaʔ^{1}	kʰuaʔ^{1}	xuəʔ^{1}	xuaʔ^{1}	nio^{11}
尖草坪	kʰɔ^{35}	kuaʔ^{2} 白 / kuəʔ^{2} 文	kʰuaʔ^{2} 白 / kʰuəʔ^{2} 文	kʰuaʔ^{2} 白 / kʰuəʔ^{2} 文	xuaʔ^{2} 白 / xuəʔ^{2} 文	xuaʔ$^{\underline{43}}$ 白 / xuəʔ$^{\underline{43}}$ 文	niɔ^{33}
晋源	kʰua^{35}	kuəʔ^{2}	kʰuaʔ^{2}	kʰuaʔ^{2}	xuəʔ^{2}	xuaʔ$^{\underline{43}}$	ȵiɔ^{11}
阳曲	kʰuɔ^{454}	kuəʔ^{4}	kʰuəʔ^{4}	kʰuəʔ^{4}	xuəʔ^{4}	xuəʔ^{4}	ȵiɔ^{43}
古交	kʰuɔ^{53}	kuəʔ^{4}	kʰuəʔ^{4}	kʰuəʔ^{4}	xuəʔ^{4}	xuəʔ^{4}	ȵiɔ^{44}
清徐	kʰuɒ^{45}	kuəʔ^{1}	kuaʔ^{1}	kuaʔ^{1}	xuəʔ^{1}	xuəʔ^{1}	nɒ^{11}
娄烦	kʰɷ^{54}	kuəʔ^{3}	kʰuaʔ^{3}	kuaʔ^{3}	xuaʔ^{3}	xuaʔ^{3}	ȵiɑ̃^{33}
榆次	kʰuɒ^{35}	kuəʔ^{1}	kuaʔ^{1}	kuaʔ^{1}	xuəʔ$^{\underline{53}}$	xuaʔ^{1}	niɒ^{11}
交城	kʰuɤ^{24}	kuəʔ^{1}	kʰuaʔ^{1}	kʰuaʔ^{1}	xuəʔ^{1}	xuaʔ^{1}	niɤ^{11}
文水	kʰuaŋ^{35}	kuəʔ^{2}	kʰuaʔ^{2}	kʰuaʔ^{2}	xuəʔ^{2}	xuəʔ^{2}	ȵiu^{22} 白 / ȵiaŋ^{22} 文
祁县	kʰuɑ̃^{45}	kuəʔ$^{\underline{32}}$	kʰuɑʔ$^{\underline{32}}$	kuəʔ$^{\underline{32}}$	xuɑʔ$^{\underline{32}}$	xuɑʔ$^{\underline{324}}$	ȵia^{31} 白 / ȵiɑ̃^{31} 文
太谷	kʰuɒ^{53}	kuəʔ^{3}	kʰuaʔ^{3}	kuəʔ^{3}	xuəʔ^{3}	xuaʔ$^{\underline{423}}$	ȵiɒ^{33}
平遥	kʰuɑ̃^{24}	kuʌʔ$^{\underline{212}}$	kʰuʌʔ$^{\underline{212}}$	kuʌʔ$^{\underline{212}}$	xuʌʔ$^{\underline{212}}$	xuʌʔ$^{\underline{523}}$	ȵyə^{213} 白 / ȵiɑ̃^{213} 文
孝义	kʰuɑ̃^{454}	kuəʔ^{3}	kʰuəʔ^{3}	kʰuəʔ^{3}	xuəʔ^{3}	xuəʔ^{3}	ȵiᴇ^{33} 白 / ȵiɑ̃^{33} 文
介休	kʰuæ̃^{45}	kuʌʔ$^{\underline{12}}$	kʰuʌʔ$^{\underline{12}}$	kʰuʌʔ$^{\underline{12}}$	xuʌʔ$^{\underline{12}}$	xuʌʔ$^{\underline{12}}$	ȵyɤ^{13} 白 / ȵia^{13} 白 /ȵiẽ^{13} 文
灵石	kʰuɒ̃^{53}	kuəʔ^{4}	kuaʔ^{4}	kuaʔ^{4}	xuaʔ^{4}	xuaʔ^{4}	niɒ̃^{44}
盂县	kʰuæ̃^{55}	kuəʔ^{2}	kʰuʌʔ^{2}	kʰuʌʔ^{2}	xuəʔ$^{\underline{53}}$	xuʌʔ^{2}	ȵio^{22} 白 / ȵiæ̃^{22} 文
寿阳	kʰɒo^{45}	kuəʔ^{2}	kʰuaʔ^{2}	kʰuaʔ^{2}	xuəʔ^{2}	xuaʔ^{2}	ȵiɒo^{22}
榆社	kʰuɔu^{45}	kuəʔ^{2}	kuaʔ^{2}	kuaʔ^{2}	xuaʔ^{2}	xuaʔ^{2}	niɔu^{22}
离石	kʰuə^{53}	kuəʔ^{4}	kʰuəʔ^{4}	kʰuəʔ^{4}	xuəʔ^{4}	xuɑʔ^{4}	niɔ^{44}
汾阳	kʰuɔ^{55}	kuəʔ^{2}	kʰuaʔ^{2}	kuəʔ^{2}	xuəʔ^{2}	xuaʔ$^{\underline{312}}$	ȵiɔ^{22}
中阳	kʰɒ^{53}	kuəʔ^{4}	kʰuəʔ^{4}	kʰuəʔ^{4}	xuəʔ^{4}	xuəʔ^{4}	nie^{33} 白 / niɒ^{33} 文
柳林	kʰuo^{53}	kuəʔ^{4}	kʰuəʔ^{4}	kʰuəʔ^{4}	xuəʔ^{4}	xuɑʔ$^{\underline{423}}$	niɔ^{44}
方山	kʰuə^{52}	kuəʔ^{4}	kʰuəʔ^{4}	kʰuəʔ^{4}	xuəʔ^{4}	xuəʔ^{4}	niɔ^{44}
临县	kʰuɤ^{52}	kuaʔ^{3}	kuaʔ^{3}	kuaʔ^{3}	xuaʔ$^{\underline{24}}$	xaʔ^{3}	niɒ^{33}
兴县	kʰuɤ^{53}	kuəʔ^{5}	kʰuəʔ^{5}	kʰuəʔ^{5}	xuəʔ^{5}	xuəʔ^{5}	niɛ^{55}

续表

字目	旷	郭	扩	廓	霍	获	娘爹~
中古音 方言点	苦谤 宕合一 去宕溪	古博 宕合一 入铎见	阔镬 宕合一 入铎溪	苦郭 宕合一 入铎溪	虚郭 宕合一 入铎晓	胡郭 宕合一 入铎匣	女良 宕开三 平阳泥
岚县	kʰuə^{53}	kuəʔ^{4}	kʰueʔ^{4}	kʰueʔ^{4}	xuəʔ^{4}	xuəʔ^{4}	ȵyə^{44}
静乐	kʰuɑ̃^{53}	kuəʔ^{4}	kʰuaʔ^{4}	kʰuaʔ^{4}	xuaʔ^{4}	xuaʔ^{4}	ȵiɑ̃^{33}
交口	kʰuɑ̃^{53}	kuəʔ^{4}	kʰuəʔ^{4}	kʰuəʔ^{4}	xuəʔ^{4}	xuaʔ^{4}	ȵiɛ^{44} 白 / ȵiɑ̃^{44} 文
石楼	kʰuɑŋ^{51}	kuəʔ^{4}	kʰuʌʔ^{4}	kʰuʌʔ^{4}	xuəʔ^{4}	xuʌʔ^{4}	ȵiɛ^{44} 白 / ȵiɑŋ^{44} 文
隰县	kʰuæ^{44}	kuəʔ^{3}	kʰuaʔ^{3}	kʰuaʔ^{3}	xuaʔ^{3}	xuaʔ^{3}	ȵiɛ^{24} 白 / ȵiaŋ^{24} 文
大宁	kʰuɛ̃^{55}	kuɐʔ$^{\underline{31}}$	kʰuɐʔ$^{\underline{31}}$	kʰuɐʔ$^{\underline{31}}$	xuɐʔ$^{\underline{31}}$	xuɐʔ^{4}	ȵie^{24} 白 / niɛ̃^{24} 文
永和	kʰuɑ̃^{53}	kuəʔ$^{\underline{35}}$	kʰuɐʔ$^{\underline{35}}$	kʰuɐʔ$^{\underline{35}}$	xuəʔ$^{\underline{35}}$	——	nie^{35} 白 / niɑ̃^{35} 文
汾西	kʰuɑ̃^{55}	kuəʔ^{1}	kʰuəʔ^{1}	kʰuəʔ^{1}	xuəʔ^{1}	xuəʔ^{3} 白 / xu^{53} 文	niɯ^{35} 白 / niɑ̃^{35} 文
蒲县	kʰuɑŋ^{33}	kuəʔ$^{\underline{43}}$	kʰuəʔ$^{\underline{43}}$	kʰuəʔ$^{\underline{43}}$	xuəʔ$^{\underline{43}}$	xuəʔ$^{\underline{43}}$	ȵiɛ^{24} 白 / ȵiɑŋ^{24} 文
潞州	kʰuaŋ^{44}	kuəʔ$^{\underline{53}}$	kʰuəʔ$^{\underline{53}}$	kʰuəʔ$^{\underline{53}}$	xuəʔ$^{\underline{53}}$	xuəʔ$^{\underline{53}}$	ȵia^{312} 白 / ȵiaŋ^{24} 文
上党	kʰuɑŋ^{22}	kuəʔ$^{\underline{21}}$	kʰuəʔ$^{\underline{21}}$	kʰuəʔ$^{\underline{21}}$	xuəʔ$^{\underline{21}}$	xuəʔ$^{\underline{21}}$	niɑ^{44} 白 / ȵiɑŋ^{44} 文
长子	kʰuaŋ^{422}	kuəʔ^{4}	kʰuəʔ^{53}	kʰuəʔ$^{\underline{212}}$	xəʔ$^{\underline{212}}$/xuəʔ$^{\underline{212}}$	xuəʔ$^{\underline{212}}$	ȵia^{312}
屯留	kʰuɑŋ^{53}	kuəʔ^{1}	kʰuəʔ^{1}	kʰuəʔ^{1}	xuəʔ^{1}	xuəʔ^{1}	ȵia^{31} 白 / ȵiɑŋ^{11} 文
襄垣	kʰuɒ^{53}	kuʌʔ^{3}	kʰuʌʔ^{3}	kʰuʌʔ^{3}	xuʌʔ^{3}	xuʌʔ$^{\underline{43}}$	ȵia^{53}/ȵiɒ^{31}
黎城	kʰuɑŋ^{53}	kuʌʔ^{2}	kʰuʌʔ^{2}	kʰuʌʔ^{2}	xuʌʔ^{2}	xuɤʔ$^{\underline{31}}$	niɑŋ^{53}
平顺	kʰuaŋ^{53}	kuʌʔ$^{\underline{212}}$	kʰuʌʔ$^{\underline{212}}$	kʰuʌʔ$^{\underline{212}}$	xuʌʔ$^{\underline{212}}$	xuʌʔ$^{\underline{423}}$	ȵia^{13}
壶关	kʰuaŋ^{42}	kuʌʔ^{2}	kʰuʌʔ^{2}	kʰuʌʔ^{2}	xuʌʔ^{2}/xuə^{42}	xuəʔ$^{\underline{21}}$	ȵiaŋ^{13}
沁县	kʰuɔ^{53}	kuaʔ$^{\underline{31}}$	kʰuaʔ$^{\underline{31}}$	kʰuaʔ$^{\underline{31}}$	xuaʔ$^{\underline{31}}$	xuaʔ$^{\underline{31}}$	ȵiɔ^{33}
武乡	kʰuɔ̃^{55}	kuʌʔ^{3}	kʰuʌʔ^{3}	kʰuʌʔ^{3}	xuʌʔ^{3}	xuʌʔ^{3}	ȵiɔ̃^{33}
沁源	kʰuə^{53}	kuʌʔ$^{\underline{31}}$	kʰuəʔ$^{\underline{31}}$	kʰuəʔ$^{\underline{31}}$	xuʌʔ$^{\underline{31}}$	xuʌʔ$^{\underline{31}}$	ŋuə^{33} 白 / ȵiʌ̃^{33} 文
安泽	kʰuʌŋ^{53}	kuəʔ$^{\underline{21}}$	kʰuəʔ$^{\underline{21}}$	kʰuəʔ$^{\underline{21}}$	xuo$^{\underline{21}}$/xuəʔ$^{\underline{21}}$	xuo^{53}	ȵiʌŋ^{35}
沁水端氏	kʰuɑŋ^{53}	kuaʔ^{2}	kʰuaʔ^{2}	kʰuaʔ^{2}	xuəʔ^{2}	xuəʔ^{2}	ȵiɑŋ^{24}
阳城	kʰuɑ̃ŋ^{51}	kuʌʔ^{2}	kʰuʌʔ^{2}	kʰuʌʔ^{2}	xuʌʔ^{2}	xuʌʔ^{2}	niɑ^{22} 白 / niɑ̃ŋ^{22} 文

续表

字目	旷	郭	扩	廓	霍	获	娘爹～
中古音 / 方言点	苦谤 宕合一 去宕溪	古博 宕合一 入铎见	阔镬 宕合一 入铎溪	苦郭 宕合一 入铎溪	虚郭 宕合一 入铎晓	胡郭 宕合一 入铎匣	女良 宕开三 平阳泥
高平	kʰuɔ̃^{53}	kuʌʔ^{2}	kʰuʌʔ^{2}	kʰuʌʔ^{2}	xuəʔ^{2}	xuəʔ^{2}	niɔ̃^{33}
陵川	kʰuɑŋ^{24}	kuʌʔ^{3}	kʰuʌʔ^{3}	kʰuʌʔ^{3}	xuʌʔ^{3}	xuʌʔ$^{\underline{23}}$	niɑŋ^{53}
晋城	kʰuɒ̃^{53}	kuʌʔ^{2}	kʰuʌʔ^{2}	kʰuʌʔ^{2}	xuə^{53}	xuʌʔ^{2}	niɒ̃^{213}
忻府	kʰuɑ̃^{53}	kuəʔ$^{\underline{32}}$	kʰuʌʔ$^{\underline{32}}$	kʰuʌʔ$^{\underline{32}}$	xuʌʔ$^{\underline{32}}$	xuʌʔ$^{\underline{32}}$	niɛ^{21} 白 / niɑ̃^{21} 文
原平	kʰuɔ^{53}	kuəʔ$^{\underline{34}}$	kuɔʔ$^{\underline{34}}$	kuɔʔ$^{\underline{34}}$	xuɔʔ$^{\underline{34}}$	xuɔʔ$^{\underline{34}}$	niɔ^{33}
定襄	kʰuæ^{53}	kuəʔ^{1}	kʰuəʔ^{1}	kʰuəʔ^{1}	xuəʔ^{1}	xuəʔ^{1}	niɔ^{11}
五台	kʰuæn^{52}	kuəʔ^{3}	kʰuəʔ^{3}	kʰuəʔ^{3}	xuɔ^{52}	xuəʔ^{3}	niɔ^{33}
岢岚	kʰɔ^{52}	kuəʔ^{4}	kʰuaʔ^{4}	kʰuaʔ^{4}	xuəʔ^{4}	xuaʔ^{4}	niɔ^{44}
五寨	kʰɒ^{52}	kuaʔ^{4}	kʰuaʔ^{4}	kʰuaʔ^{4}	xuəʔ^{4}	xuəʔ^{4}	niɒ^{44}
宁武	kʰuo^{52}	kuᴀʔ^{4}	kʰuəʔ^{4}	kʰuəʔ^{4}	xuəʔ^{4}	xuəʔ^{4}	niɒ^{33}
神池	kʰuɒ^{52}	kuᴀʔ^{4}	kʰyᴀʔ^{4}	kʰyᴀʔ^{4}	xuəʔ^{4}	xuᴀʔ^{4}	ŋiɒ^{32}
繁峙	kʰuɔ^{24}	kuəʔ$^{\underline{13}}$	kʰuəʔ$^{\underline{13}}$	kʰuəʔ$^{\underline{13}}$	xuəʔ$^{\underline{13}}$	xuaʔ$^{\underline{13}}$	ȵiɔ^{31}
代县	kʰuɔ^{53}	kuəʔ^{2}	kʰuaʔ^{2}	kʰuaʔ^{2}	xuəʔ^{2}	xuaʔ^{2}	niɔ^{44}
河曲	kʰɒ^{52}	kuəʔ^{4}	kʰuəʔ^{4}	kʰuəʔ^{4}	xuaʔ^{4}	xuaʔ^{4}	niɒ^{44}
保德	kʰuɔ^{52}	kuəʔ^{4}	kʰuəʔ^{4}	kʰuəʔ^{4}	xuəʔ^{4}	xuəʔ^{4}	niɔ^{44}
偏关	kʰɒ^{52}	kuᴀʔ^{4}	kʰuᴀʔ^{4}	kʰuᴀʔ^{4}	xuəʔ^{4}	xuᴀʔ^{4}	niɒ^{44}
朔城	kʰuɑ̃^{53}	kuᴀʔ$^{\underline{35}}$	kʰuᴀʔ$^{\underline{35}}$	kʰuᴀʔ$^{\underline{35}}$	——	xuᴀʔ$^{\underline{35}}$	niɑ̃^{35}
平鲁	kʰuɒ^{52}	kuʌʔ$^{\underline{34}}$	kʰuʌʔ$^{\underline{34}}$	kʰuʌʔ$^{\underline{34}}$	xuəʔ$^{\underline{34}}$	xuʌʔ$^{\underline{34}}$	niɒ^{44}
应县	kʰuaŋ^{24}	kuaʔ$^{\underline{43}}$	kʰuaʔ$^{\underline{43}}$	kʰuaʔ$^{\underline{43}}$	xuaʔ$^{\underline{43}}$	xuaʔ$^{\underline{43}}$	niaŋ^{31}
灵丘	kʰue^{53}	kuəʔ^{5}	kʰuᴀʔ^{5}	kʰuᴀʔ^{5}	xuᴀʔ^{5}	xuᴀʔ^{5}	niᴀ^{31}
浑源	kʰoʌ^{13}	kiəʔ^{4}	kʰuʌʔ^{4}	kʰuʌʔ^{4}	xuo^{13}	xuʌʔ^{4}	nioʌ^{22}
云州	kʰuɔ^{24}	kuɑʔ^{4}	kʰuɑʔ^{4}	kʰuɑʔ^{4}	xuɑʔ^{4}	xuɑʔ^{4}	niɔ^{312}
新荣	kʰuɔ^{24}	kuaʔ^{4}	kʰuaʔ^{4}	kʰuaʔ^{4}	xuəʔ^{4}	xuaʔ^{4}	niɔ^{312}
怀仁	kʰɒ^{24}	kuaʔ^{4}	kʰuaʔ^{4}	kʰuaʔ^{4}	xuəʔ^{4}	xuaʔ^{4}	niɒ^{312}
左云	kʰuɒ^{24}	kuaʔ^{4}	kʰuaʔ^{4}	kʰuaʔ^{4}	xuaʔ^{4}	xuaʔ^{4}	niɒ^{313}
右玉	kʰuɒ^{24}	kuaʔ^{4}	kʰuaʔ^{4}	kʰuaʔ^{4}	xuəʔ^{4}	xuaʔ^{4}	niɒ^{212}
阳高	kʰɔ^{24}	kuɑʔ^{3}	kʰuɑʔ^{3}	kʰuɑʔ^{3}	——	xuɑʔ^{3}	niɔ^{312}
山阴	kʰuɒ^{335}	kuᴀʔ^{4}	kʰuᴀʔ^{4}	kʰuᴀʔ^{4}	xuəʔ^{4}	xuᴀʔ^{4}	niɒ^{313}
天镇	kʰɒ^{24}	kuɑʔ^{4}	kʰuɑʔ^{4}	kʰuɑʔ^{4}	——	xuɑʔ^{4}	niɒ^{22}
平定	kʰuɑŋ^{24}	kuaʔ^{4}	kʰuaʔ^{4}	——	xuəʔ^{4}	xuaʔ^{4}	niɑŋ^{44}/niəʔ$^{\underline{23}}$

续表

字目	旷	郭	扩	廓	霍	获	娘爹~
中古音 方言点	苦谤 宕合一 去宕溪	古博 宕合一 入铎见	阔镬 宕合一 入铎溪	苦郭 宕合一 入铎溪	虚郭 宕合一 入铎晓	胡郭 宕合一 入铎匣	女良 宕开三 平阳泥
昔阳	kʰuɔ̃u^{13}	kuʌʔ$^{\underline{43}}$	kʰuʌʔ$^{\underline{43}}$	kʰuʌʔ$^{\underline{43}}$	xuʌʔ$^{\underline{43}}$白 / xuə^{13}文	xuʌʔ$^{\underline{43}}$	niɔ̃u^{33}
左权	kʰɔ^{53}	kuəʔ^{1}	kʰuəʔ^{1}	kʰuəʔ^{1}	xuəʔ^{1}	xuɑʔ^{1}	ȵiɔ^{11}
和顺	kʰuɔ^{13}	kuəʔ$^{\underline{21}}$	kʰuəʔ$^{\underline{21}}$	kʰuəʔ$^{\underline{21}}$	xuəʔ$^{\underline{21}}$	xuəʔ$^{\underline{21}}$	ȵiɔ^{22}
尧都	kʰɑŋ^{44}	kuo^{21}	kʰuo^{21}	kʰuo^{21}	xuo^{44}	xuo^{44}	ȵiɑŋ^{24}
洪洞	kʰuɑŋ^{42}	kuo^{21}	kʰuo^{21}	kʰuo^{21}	xuo^{21}	xuo^{21}	ȵio^{24}白 / ȵiɑŋ^{24}文
洪洞赵城	kʰuɑ̃^{53}	kuɤ^{21}	kʰuɤ^{21}	kʰuɤ^{21}	xuɤ^{53}	xuɤ^{53}	ȵio^{24}白 / ȵiɑ̃^{24}文
古县	kʰuɑŋ^{53}	kuo^{21}	kʰuo^{21}	kuo^{21}	xuo^{21}	xuɛ^{21}	ȵyo^{35}白 / ȵiɑŋ^{35}文
襄汾	kʰuaŋ^{44}	kuɔ^{21}	kʰuɔ^{21}	kʰuɔ^{21}	xuɔ^{21}	xuɔ^{21}	ȵyɔ^{24}
浮山	kʰuaŋ^{44}	kuo^{42}	kʰuo^{42}	kʰuo^{42}	xuo^{42}	xuo^{42}	ȵyo^{13}白 / ȵiaŋ^{13}文
霍州	kʰuaŋ^{55}	kuɤ^{212}	kʰuɤ^{53}	kʰuɤ^{212}	xuɤ^{53}	xuɤ^{53}	ȵie^{35}/ȵyo^{35}
翼城	kʰuɔ^{53}	kuɤ^{53}	kʰuɤ^{53}	kʰuɤ^{53}	xuɤ^{53}	xuɤ^{53}	ȵiɔ^{12}
闻喜	kʰuᴀŋ^{53}	kuɤ^{53}	kʰuɤ^{53}	kʰuɤ^{53}	xuɤ^{53}	xuei^{13}	ȵiɤ^{13}白 / ȵiᴀŋ^{13}文
侯马	kʰuɑŋ^{53}	kuɤ^{213}	kʰuɤ^{53}	kʰuɤ^{53}	xuɤ^{53}	xuɤ^{53}	ȵiɑŋ^{213}
新绛	kʰuəŋ^{44}	kuɤ^{53}	kʰuɤ^{53}	kʰuɤ^{53}	xuɤ^{53}	xuɤ^{53}	ȵiɤ^{13}白 / ȵiəŋ^{13}文
绛县	kʰuʌŋ^{31}	kuɤ^{53}	kʰuɤ^{53}	kʰuɤ^{31}	xuɤ^{31}	xuɤ^{31}	ȵuɤ^{53}白 / ȵiʌŋ^{53}文
垣曲	kʰuəŋ^{53}	kuo^{22}	kʰuo^{53}	kʰuo^{53}	xuo^{53}	xuo^{53}	ȵyo^{22}白 / ȵiəŋ^{22}文
夏县	kʰuəŋ^{31}	kuɤ^{53}	kʰuɤ^{53}	kʰuɤ^{53}	xuɤ^{31}	——	ȵiɤ^{42}白 / ȵəŋ^{42}文
万荣	kʰuaŋ^{33}	kuɤ^{51}	kʰuɤ^{51}	kʰuɤ^{51}	xuɤ^{55}	xuɤ^{33}	ȵiɤ^{213}白 / ȵiaŋ^{213}文
稷山	kʰuʌŋ^{42}	kuɤ^{53}	kʰuɤ^{42}	kʰuɤ^{42}	xuɤ^{53}	xuɤ^{53}	ȵiɤ^{13}
盐湖	kʰuaŋ^{44}	kuo^{42}	kʰuo^{42}	kʰuo^{42}	xuo^{42}	xuo^{42}	ȵyo^{13}白 / ȵiaŋ^{42}文
临猗	kʰuɑŋ^{44}	kuo^{42}	kʰuo^{42}	kʰuo^{42}	xuo^{42}	xuo^{44}	ȵyo^{13}白 / ȵiɑŋ^{13}文

续表

字目	旷	郭	扩	廓	霍	获	娘爹~
中古音 / 方言点	苦谤 宕合一 去宕溪	古博 宕合一 入铎见	阔镬 宕合一 入铎溪	苦郭 宕合一 入铎溪	虚郭 宕合一 入铎晓	胡郭 宕合一 入铎匣	女良 宕开三 平阳泥
河津	kʰuaŋ44	kuɤ31	kʰuɤ31	kʰuɤ31	xuɤ31	xuɤ44	n̠iɤ324 白 / n̠iaŋ324 文
平陆	kʰuaŋ33	kuə31	kʰuə31	kʰuə31	xuə31	xuə31	n̠yə13 白 / n̠iaŋ13 文
永济	kʰuaŋ44	xuo31	kʰuo31	kʰuo31	xuo44	xuo44	n̠yo24 白 / n̠iaŋ24 文
芮城	kʰuaŋ44	kuo42	kʰuo42	kʰuo42	xuo42	xua42 白 / xuo42 文	n̠yo13 白 / n̠iaŋ13 文
吉县	kʰuəŋ53	kuə423	kʰuə423	kʰuə423	xuə33	xu33	niəŋ13
乡宁	kʰuaŋ22	kuɤ53	kʰuɤ53	kʰuɤ53	xuɤ53	xuɤ53	n̠iɤ12 白 / n̠iaŋ12 文
广灵	kʰɔ213	kuo53	kʰuo53	kʰuo53	xuo53	xuo31	niɑ53/niɔ31

字目	良	凉	梁	粱	粮	量~长短	将~来	浆
中古音 方言点	吕张 宕开三 平阳来	吕张 宕开三 平阳来	吕张 宕开三 平阳来	吕张 宕开三 平阳来	吕张 宕开三 平阳来	吕张 宕开三 平阳来	即良 宕开三 平阳精	即良 宕开三 平阳精
北京	liaŋ^{35}	liaŋ^{35}	liaŋ^{35}	liaŋ^{35}	liaŋ^{35}	liaŋ^{35}	tɕiaŋ^{55}	tɕiaŋ^{55}
小店	lio^{11}	lio^{11}	lio^{11}	lio^{11}	lio^{11}	lio^{11}	tso^{11} 白 / tɕio^{11} 文	tɕio^{53}
尖草坪	liɔ^{33}	liɔ^{33}	liɔ^{33}	liɔ^{33}	liɔ^{33}	liɔ^{33}	tɕiɔ^{33}	tɕiɔ^{33}
晋源	liɔ^{11}	liɔ^{11}	liɔ^{11}	liɔ^{11}	liɔ^{11}	liɔ^{11}	tɕiɔ^{11}	tɕiɔ^{35}
阳曲	liɔ^{43}	liɔ^{43}	liɔ^{43}	liɔ^{43}	liɔ^{43}	liɔ^{43}	tɕiɔ^{312}	tɕiɔ^{312}
古交	liɔ^{44}	liɔ^{44}	liɔ^{44}	liɔ^{44}	liɔ^{44}	liɔ^{44}	tɕiɔ^{44}	tɕiɔ^{44}
清徐	liɒ^{11}	liɒ^{11}	liɒ^{11}	liɒ^{11}	liɒ^{11}	liɒ^{11}	tɕiɒ^{11} 文	tɕiɒ^{11}
娄烦	liɑ̃^{33}	liɑ̃^{33}	liɑ̃^{33}	liɑ̃^{33}	liɑ̃^{33}	liɑ̃^{33}	tɕiɑ̃^{33}	tɕiɑ̃^{33}
榆次	liɒ^{11}	liɒ^{11}	liɒ^{11}	liɒ^{11}	liɒ^{11}	liɒ^{35}	tɕiɒ^{11}	tɕiɒ^{53}
交城	liɤ^{11}	liɤ^{11}	liɤ^{11}	liɤ^{11}	liɤ^{11}	liɤ^{11}	tsɤ^{11} 白 / tɕiɤ^{11} 文	tɕiɤ^{11}
文水	liaŋ^{22}	liu^{22} 白 / liaŋ^{22} 文	liu^{22} 白 / liaŋ^{22} 文	liaŋ^{22}	liu^{22} 白 / liaŋ^{22} 文	liu^{22} 白 / liaŋ^{22} 文	tsu^{22} 白 / tɕiaŋ^{22} 文	tɕiu^{35} 白 / tɕiaŋ^{35} 文
祁县	lia^{31} 白 / liɑ̃^{31} 文	lia^{31} 白 / liɑ̃^{31} 文	lia^{31} 白 / liɑ̃^{31} 文	lia^{31} 白 / liɑ̃^{31} 文	lia^{31} 白 / liɑ̃^{31} 文	lia^{31} 白 / liɑ̃^{31} 文	tʂa^{31} 白 / tɕiɑ̃^{31} 文	tɕia^{45} 白 / tɕiɑ̃^{45} 文
太谷	liɒ^{33}	liɒ^{33}	liɒ^{33}	liɒ^{33}	liɒ^{33}	liɒ^{33}	tsɒ^{33}/tɕiɒ^{33}	tɕiɒ^{33}
平遥	luə^{213} 白 / liɑ̃^{213} 文	luə^{213}	liɑ̃^{213}	liɑ̃^{213}	luə^{213} 白 / liɑ̃^{213} 文	luə^{213} 白 / liɑ̃^{213} 文	tɕiɑ̃^{213}	tɕyə^{213} 白 / tɕiɑ̃^{213} 文
孝义	liã^{33}	liᴇ^{33}	liᴇ^{33} 白 / liã^{33} 文	liᴇ^{33}	liᴇ^{33}	liᴇ^{33}	tɕiã^{33}	tɕiᴇ^{33}
介休	liɛ̃^{13}	luɤ^{13} 白 / liɛ̃^{13} 文	luɤ^{13} 白 / liɛ̃^{13} 文	liɛ̃^{13}	luɤ^{13} 白 / liɛ̃^{13} 文	luɤ^{13} 白 / liɛ̃^{13} 文	tɕiɛ̃^{13}	tɕyɤ^{45} 白 / tɕiɛ̃^{45} 文
灵石	liɒ̃^{44}	liɒ̃^{44}	liɒ̃^{44}	liɒ̃^{44}	liɒ̃^{44}	liɒ̃^{44}	tɕiɒ̃^{535}	tɕiɒ̃^{53}
盂县	lio^{22} 白 / liæ̃^{22} 文	lio^{22} 白 / liæ̃^{22} 文 /lio^{55}	lio^{22} 白 / liæ̃^{22} 文	lio^{22} 白 / liæ̃^{22} 文	lio^{22} 白 / liæ̃^{22} 文	lio^{22} 白	tsɤo^{412} 白 / tɕio^{412} 白 / tɕiæ̃^{412} 文	tɕio^{412}
寿阳	liɒo^{22}	liɒo^{22}	liɒo^{22}	liɒo^{22}	liɒo^{22}	liɒo^{22}	tɕiɒo^{31}	tɕiɒo^{31}
榆社	liɔu^{22}	liɔu^{22}	liɔu^{22}	liɔu^{22}	liɔu^{22}	liɔu^{22}	tɕiɔu^{22}	tɕiɔu^{22}
离石	liɔ^{44}	liɔ^{44}	liɔ^{44}	liɔ^{44}	liɔ^{44}	liɔ^{44}	tɕiɔ^{24}	tɕiɔ^{53}
汾阳	liɔ^{22}	liɔ^{22}	liɔ^{22}	liɔ^{22}	liɔ^{22}	liɔ^{22}	tɕiɔ^{324}	tɕiɔ^{324}
中阳	liɒ^{33}	lie^{33}	liɒ^{33}	liɒ^{33}	liɒ^{33}	liɒ^{33}	tɕiɒ^{24}	tɕiɒ^{53}
柳林	liɔ^{44}	liɔ^{44}	liɔ^{44}	liɔ^{44}	liɔ^{44}	liɔ^{44}	tɕiɔ^{24}	tɕiɔ^{24}
方山	liɔ^{44}	liɔ^{44}	liɔ^{44}	liɔ^{44}	liɔ^{44}	liɔ^{44}	tɕiɔ^{24}	tɕiɔ^{24}

续表

字目	良	凉	梁	粱	粮	量~长短	将~来	浆
中古音 方言点	吕张 宕开三 平阳来	吕张 宕开三 平阳来	吕张 宕开三 平阳来	吕张 宕开三 平阳来	吕张 宕开三 平阳来	吕张 宕开三 平阳来	即良 宕开三 平阳精	即良 宕开三 平阳精
临县	liɒ^{33}	lia^{312}白/ liɒ^{33}文	liɒ^{33}	liɒ^{33}	liɒ^{33}	liɒ^{33}	tɕiɒ^{24}	tɕiɒ^{52}
兴县	liɛ^{55}	liɛ^{55}	liɛ^{55}	liɛ^{55}	liɛ^{55}	liɛ^{55}	tɕiɛ^{324}	tɕiɛ^{324}
岚县	lyə^{44}	lyə^{44}	lyə^{44}	lyə^{44}	lyə^{44}	lyə^{44}	tɕyə^{214}	tɕyə^{214}/ tɕyə^{53}
静乐	liã^{33}	liã^{33}	liã^{33}	liã^{33}	liã^{33}	liã^{33}	tɕiã^{53}	tɕiã^{24}
交口	liã^{44}	liɛ^{44}	liɛ^{44}白/ liã^{44}文	liã^{44}	liɛ^{44}白/ liã^{44}文	liɛ^{44}白/ liã^{44}文	tɕiã^{323}	tɕiɛ^{323}白/ tɕiã^{323}文
石楼	liaŋ^{44}	liɛ^{44}白/ liaŋ^{44}文	liaŋ^{44}	liaŋ^{44}	liɛ^{44}白/ liaŋ^{44}文	liɛ^{44}白/ liaŋ^{44}文	tɕiaŋ^{213}	tɕiaŋ^{213}
隰县	liaŋ^{24}	lie^{24}白/ liaŋ^{24}文	liaŋ^{24}	liaŋ^{24}	lie^{24}白/ liaŋ^{24}文	lie^{24}白/ liaŋ^{24}文	tɕie^{53}白/ tɕiaŋ^{53}文	tɕie^{53}白/ tɕiaŋ^{53}文
大宁	liẽ^{24}	lie^{24}白/ liẽ^{24}文	lie^{24}白/ liẽ^{24}文	liẽ^{24}	lie^{24}白/ liẽ^{24}文	lie^{24}白/ liẽ^{24}文	tɕiẽ^{31}	tɕie^{55}白/ tɕiẽ^{31}文
永和	liã^{35}	lie^{35}白/ liã^{35}文	lie^{35}白/ liã^{35}文	liã^{35}	liã^{35}	liã^{35}	tɕiã^{33}	tɕie^{53}白/ tɕiã^{53}文
汾西	liã^{35}	li^{35}白/ liã^{35}文	liã^{35}/li^{35}白	liã^{35}/li^{35}白	li^{35}白/ liã^{35}文	liã^{35}文	——	tɕiã^{55}/tɕi^{55}白
蒲县	liaŋ^{24}	lie^{24}白/ liaŋ^{24}文	liaŋ^{24}	liaŋ^{24}	liaŋ^{24}	liaŋ^{24}	tɕiaŋ^{52}	tɕiaŋ^{52}
潞州	liaŋ^{24}	liaŋ^{24}	liaŋ^{24}	liaŋ^{24}	liaŋ^{24}	liaŋ^{24}	tɕiaŋ^{312}	tɕiaŋ^{312}
上党	liaŋ^{44}	liaŋ^{44}	liaŋ^{44}	liaŋ^{44}	liaŋ^{44}	liaŋ^{44}	tɕiaŋ^{213}	tɕiaŋ^{213}
长子	liaŋ^{24}	liaŋ^{24}	liaŋ^{24}	liaŋ^{24}	liaŋ^{24}	liaŋ^{24}	tɕiaŋ^{312}	tɕiaŋ^{312}
屯留	liaŋ^{11}	liaŋ^{11}	liaŋ^{11}	liaŋ^{11}	liaŋ^{11}	liaŋ^{11}	tɕiaŋ^{31}	tɕiaŋ^{31}
襄垣	liɒ^{31}	liɒ^{31}	liɒ^{31}	liɒ^{31}	liɒ^{31}	liɒ^{31}	tɕiɒ^{33}	tɕiɒ^{33}/tɕiɒ^{53}
黎城	liaŋ^{53}	liaŋ^{53}	liaŋ^{53}	liaŋ^{53}	liaŋ^{53}	liaŋ^{53}	tɕiaŋ^{33}	tɕiaŋ^{33}
平顺	liaŋ^{13}	liaŋ^{13}	liaŋ^{13}	liaŋ^{13}	liaŋ^{13}	liaŋ^{13}	tɕiaŋ^{213}	tɕiaŋ^{213}
壶关	liaŋ^{13}	liaŋ^{13}	liaŋ^{13}	liaŋ^{13}	liaŋ^{13}	liaŋ^{13}	tsiaŋ^{33}	tsiaŋ^{33}
沁县	liɔ^{33}	liɔ^{33}	liɔ^{33}	liɔ^{33}	liɔ^{33}	liɔ^{33}	tɕiɔ^{224}	tɕiɔ^{224}
武乡	liɔ̃^{33}	liɔ̃^{33}	liɔ̃^{33}	liɔ̃^{33}	liɔ̃^{33}	liɔ̃^{33}	tɕiɔ̃^{113}	tɕiɔ̃^{113}
沁源	liʌ̃^{33}	liʌ̃^{33}	liʌ̃^{33}	liʌ̃^{33}	liʌ̃^{33}	liʌ̃^{33}	tɕiʌ̃^{324}	tɕiʌ̃^{324}
安泽	liʌŋ^{35}	liʌŋ^{35}	liʌŋ^{35}	liʌŋ^{35}	liʌŋ^{35}	liʌŋ^{35}	tɕiʌŋ^{21}	tɕiʌŋ^{21}
沁水端氏	liaŋ^{24}	liaŋ^{24}	liaŋ^{24}	liaŋ^{24}	liaŋ^{24}	liaŋ^{24}	tɕiaŋ^{21}	tɕiaŋ^{21}/ tɕiaŋ^{53}

续表

字目	良	凉	梁	粱	粮	量~长短	将~来	浆
中古音 / 方言点	吕张 宕开三 平阳来	吕张 宕开三 平阳来	吕张 宕开三 平阳来	吕张 宕开三 平阳来	吕张 宕开三 平阳来	吕张 宕开三 平阳来	即良 宕开三 平阳精	即良 宕开三 平阳精
阳城	liɑ̃ŋ²²	liɑ̃ŋ²²	liɑ̃ŋ²²	liɑ̃ŋ²²	liɑ̃ŋ²²	liɑ̃ŋ²²	tɕiɑ̃ŋ²²⁴	tɕiɑ̃ŋ²²⁴
高平	niɔ̃³³	niɔ̃³³	niɔ̃³³	niɔ̃³³	niɔ̃³³	niɔ̃³³	tɕiɔ̃³³	tɕiɔ̃³³
陵川	liɑŋ⁵³	liɑŋ⁵³	liɑŋ⁵³	liɑŋ⁵³	liɑŋ⁵³	liɑŋ⁵³	tɕiɑŋ³³	tɕiɑŋ³¹²
晋城	liɒ̃³²⁴	liɒ̃³²⁴	liɒ̃³²⁴	liɒ̃³²⁴	liɒ̃³²⁴	liɒ̃³²⁴	tɕiɒ̃³³	tɕiɒ̃³²⁴
忻府	liɑ̃²¹	liɛ²¹白 / liɑ̃²¹文	liɛ²¹白 / liɑ̃²¹文	liɑ̃²¹	liɛ²¹白 / liɑ̃²¹文	liɛ²¹白 / liɑ̃²¹文	tɕiɑ̃³¹³	tɕiɛ³¹³白 / tɕiɑ̃³¹³文
原平	liɔ³³	liɔ³³	liɔ³³	liɔ³³	liɔ³³	liɔ⁵³	tɕiɔ²¹³	tɕiɔ²¹³
定襄	liɔ¹¹	liæ¹¹	liæ¹¹	liæ¹¹	liæ¹¹	liæ¹¹	tɕiæ²⁴	tɕiɔ²⁴
五台	liɔ³³/liæn³³	liɔ³³	liɔ³³	liɔ³³	liɔ³³	liɔ³³	tɕiɔ³³/ tɕiæn³³	tɕiɔ³³
岢岚	liɔ⁴⁴	liɔ⁴⁴	liɔ⁴⁴	liɔ⁴⁴	liɔ⁴⁴	liɔ⁴⁴	tɕiɔ¹³	tɕiɔ¹³
五寨	liɒ⁴⁴	liɒ⁴⁴	liɒ⁴⁴	liɒ⁴⁴	liɒ⁴⁴	liɒ⁴⁴	tɕiɒ¹³	tɕiɒ¹³
宁武	liɒ³³	liɒ³³	liɒ³³	liɒ³³	liɒ³³	liɒ³³	tɕiɒ²³	——
神池	liɒ³²	liɒ³²	liɒ³²	liɒ³²	liɒ³²	liɒ³²	tɕiɒ²⁴	tɕiɒ¹³
繁峙	liɔ³¹	liɔ³¹	liɔ³¹	liɔ³¹	liɔ³¹	liɔ³¹	tɕiɔ⁵³	tɕiɔ⁵³
代县	liɔ⁴⁴	liɔ⁴⁴	liɔ⁴⁴	liɔ⁴⁴	liɔ⁴⁴	liɔ⁵³	tɕiɔ²¹³	tɕiɔ²¹³
河曲	liɒ⁴⁴	liɒ⁵²	tɕiɒ²¹³	liɒ⁴⁴	tɕiɒ²¹³	liɒ⁴⁴	liɒ⁴⁴	tɕiɒ²¹³
保德	liɔ⁴⁴	liɔ⁴⁴	liɔ⁴⁴	liɔ⁴⁴	liɔ⁴⁴	liɔ⁴⁴	tɕiɔ²¹³	tɕiɔ²¹³
偏关	liɒ⁴⁴	liɒ⁴⁴	liɒ⁴⁴	liɒ⁴⁴	liɒ⁴⁴	liɒ⁴⁴	tɕiɒ²⁴	tɕiɒ²⁴/tɕiɒ⁵²
朔城	liɑ̃³⁵	liɑ̃³⁵	liɑ̃³⁵	liɑ̃³⁵	liɑ̃³⁵	liɑ̃³⁵	tɕiɑ̃³¹²	tɕiɑ̃³¹²
平鲁	liɒ⁴⁴	liɒ⁴⁴	liɒ⁴⁴	liɒ⁴⁴	liɒ⁴⁴	liɒ⁴⁴	tɕiɒ²¹³	tɕiɒ²¹³
应县	liaŋ³¹	liaŋ³¹/liaŋ²⁴	liaŋ³¹	liaŋ³¹	liaŋ³¹	liaŋ³¹	tɕiaŋ⁴³	tɕiaŋ⁴³/ tɕiaŋ²⁴
灵丘	liɒ³¹	liɒ³¹	liɒ³¹	liɒ³¹	liɒ³¹	liɒ³¹	tɕiɒ⁴⁴²	tɕiɒ⁴⁴²
浑源	lioʌ²²	lioʌ²²	lioʌ²²	lioʌ²²	lioʌ²²	lioʌ²²	tɕioʌ⁵²	tɕioʌ⁵²
云州	liɔ³¹²	liɔ³¹²	liɔ³¹²	liɔ³¹²	liɔ³¹²	liɔ³¹²	tɕiɔ²¹	tɕiɔ²¹
新荣	liɔ³¹²	liɔ³¹²	liɔ³¹²	liɔ³¹²	liɔ³¹²	liɔ³¹²	tɕiɔ³²	tɕiɔ³²
怀仁	liɒ³¹²	liɒ³¹²	liɒ³¹²	liɒ³¹²	liɒ³¹²	liɒ³¹²	tɕiɒ⁴²	tɕiɒ⁴²/tɕiɒ²⁴
左云	liɒ³¹³	liɒ³¹³	liɒ³¹³	liɒ³¹³	liɒ³¹³	liɒ³¹³	tɕiɒ³¹	tɕiɒ³¹
右玉	liɒ²¹²	liɒ²¹²	liɒ²¹²	liɒ²¹²	liɒ²¹²	liɒ²¹²	tɕiɒ³¹	tɕiɒ³¹
阳高	liɔ³¹²	liɔ³¹²	liɔ³¹²	liɔ³¹²	liɔ³¹²	liɔ³¹²	tɕiɔ³¹	tɕiɔ³¹
山阴	liɒ³¹³	liɒ³¹³	liɒ³¹³	liɒ³¹³	liɒ³¹³	liɒ³¹³	tɕiɒ³¹³	tɕiɒ³¹³

续表

字目	良	凉	梁	粱	粮	量~长短	将~来	浆
中古音 方言点	吕张 宕开三 平阳来	吕张 宕开三 平阳来	吕张 宕开三 平阳来	吕张 宕开三 平阳来	吕张 宕开三 平阳来	吕张 宕开三 平阳来	即良 宕开三 平阳精	即良 宕开三 平阳精
天镇	liɒ^{22}	liɒ^{22}	liɒ^{22}	liɒ^{22}	liɒ^{22}	liɒ^{24}	tɕiɒ^{31}	tɕiɒ^{31}
平定	lɑŋ^{44}/liɑŋ^{44}	liɑŋ^{44}	liɑŋ^{44}	liɑŋ^{44}	liɑŋ^{44}	liɑŋ^{44}	tʂɑŋ^{31} 白 / tɕiɑŋ^{31} 文	tɕiɑŋ^{24}
昔阳	liɜ̃u^{33}	liɜ̃u^{33}	liɜ̃u^{33}	liɜ̃u^{33}	liɜ̃u^{33}	liɜ̃u^{33}	tɕiɜ̃u^{42}	tɕiɜ̃u^{42}
左权	liɔ^{11}	liɔ^{11}	liɔ^{11}	liɔ^{11}	liɔ^{11}	liɔ^{11}	tɕiɔ^{31}	tɕiɔ^{31}
和顺	liɔ^{22}	liɔ^{22}	liɔ^{22}	liɔ^{22}	liɔ^{22}	liɔ^{22}	tɕiɔ^{42}	tɕiɔ^{42}
尧都	liɑŋ^{24}	lyo^{24} 白 / liɑŋ^{24} 文	liɑŋ^{24}	liɑŋ^{24}	lyo^{24} 白 / liɑŋ^{24} 文	liɑŋ^{24}	tɕiɑŋ^{21}	tɕyo^{53} 白 / tɕiɑŋ^{21} 文
洪洞	liɑŋ^{24}	lo^{24} 白 / liɑŋ^{24} 文	lo^{24} 白 / liɑŋ^{24} 文	liɑŋ^{24}	lo^{24} 白 / liɑŋ^{24} 文	lo^{24} 白 / liɑŋ^{24} 文	tɕiɑŋ^{21}	tɕo^{33} 白 / tɕiɑŋ^{33} 文
洪洞赵城	liɑ̃^{24}	lio^{24}	liɑ̃^{24}	liɑ̃^{24}	liɑ̃^{24}	lio^{24} 白 / liɑ̃^{24} 文	tɕio^{21}	tɕio^{53}
古县	liɑŋ^{35}	lyo^{35} 白 / liɑŋ^{35} 文	lyo^{35} 白 / liɑŋ^{35} 文	liɑŋ^{35}	lyo^{35} 白 / liɑŋ^{35} 文	lyo^{35} 白 / liɑŋ^{35} 文	tɕiɑŋ^{21}	tɕyo^{21} 白 / tɕiɑŋ^{21} 文
襄汾	liɑŋ^{24}	lyɔ^{24} 白 / liɑŋ^{24} 文	liɑŋ^{24}	liɑŋ^{24}	lyɔ^{24} 白 / liɑŋ^{24} 文	liɑŋ^{24}	tɕiɑŋ^{21}	tɕyɔ^{21} 白 / tɕiɑŋ^{44} 文
浮山	liɑŋ^{13}	lyo^{13} 白 / liɑŋ^{13} 文	liɑŋ^{13}	liɑŋ^{13}	lyo^{13} 白 / liɑŋ^{13} 文	liɑŋ^{13}	tɕiɑŋ^{42}	tɕyo^{44} 白 / tɕiɑŋ^{44} 文
霍州	liɑŋ^{35}	lie^{35} 白 / liɑŋ^{35} 文	lie^{35} 白 / liɑŋ^{35} 文	lie^{35} 白 / liɑŋ^{35} 文	lie^{35} 白 / liɑŋ^{35} 文	liɑŋ^{35}	tɕiɑŋ^{212}	tɕiɑŋ^{55}
翼城	liɔ^{12}	liɔ^{12}	liɔ^{12}	liɔ^{12}	liɔ^{12}	liɔ^{12}	tɕiɔ^{53}	tɕiɔ^{53}
闻喜	liɤ^{13} 白 / liʌŋ^{13} 文	liɤ^{13}/liʌŋ^{13}	liɤ^{13}/liʌŋ^{13}/ liẽĩ^{13}	liɤ^{13}/liʌŋ^{13}/ liẽĩ^{13}	liɤ^{13}/liʌŋ^{13}	liɤ^{13}/liʌŋ^{13}	tɕiʌŋ^{53}	——
侯马	liɑŋ^{213} 文 / liɤ^{213} 白	liɑŋ^{213} 文 / liɤ^{213} 白	liɑŋ^{213} 文 / liɤ^{213} 白	liɑŋ^{213}	liɑŋ^{213}	liɑŋ^{213}	tɕiɑŋ^{213}	tɕiɑŋ^{213}
新绛	liəŋ^{13}	liəŋ^{13}	liəŋ^{13}	liəŋ^{13}	liəŋ^{13}	liəŋ^{13}	tɕiəŋ^{53}	tɕie^{53}
绛县	liʌŋ^{24}	lyɤ^{24} 白 / liʌŋ^{24} 文	fu^{24}/liʌŋ^{24}	liʌŋ^{24}	liʌŋ^{24}	lyɤ^{24} 白 / liʌŋ^{24} 文	tɕiʌŋ^{53}	tɕiʌŋ^{53}
垣曲	liəŋ^{22}	liəŋ^{22}	liəŋ^{22}	liəŋ^{22}	liəŋ^{22}	liəŋ^{22}	tɕiəŋ^{22}	tɕyo^{22} 白 / tɕiəŋ^{22} 文
夏县	liəŋ^{42}	liəŋ^{42}	liəŋ^{42}	liəŋ^{42}	liəŋ^{42}	liɤ^{31}	tɕiəŋ^{42}	tɕiəŋ^{31}
万荣	liɑŋ^{213}	liɑŋ^{213}	liɑŋ^{213}	liɑŋ^{213}	liɑŋ^{213}	liɤ^{213}	tɕiɑŋ^{51}	tɕiɤ^{33} 白 / tɕiɑŋ^{33} 文
稷山	liʌŋ^{13}	liʌŋ^{13}	liʌŋ^{13}	liʌŋ^{13}	liʌŋ^{13}	liɤ^{13}	tɕiʌŋ^{53}	tɕiʌŋ^{42}
盐湖	liɑŋ^{13}	liɑŋ^{13}	liɑŋ^{13}	liɑŋ^{13}	liɑŋ^{13}	liɑŋ^{13}	tɕiɑŋ^{42}	tɕiɑŋ^{42}

续表

字目	良	凉	梁	粱	粮	量~长短	将~来	浆
中古音 / 方言点	吕张 宕开三 平阳来	吕张 宕开三 平阳来	吕张 宕开三 平阳来	吕张 宕开三 平阳来	吕张 宕开三 平阳来	吕张 宕开三 平阳来	即良 宕开三 平阳精	即良 宕开三 平阳精
临猗	$liaŋ^{13}$	$liaŋ^{13}$	$liaŋ^{13}$	$liaŋ^{13}$	$liaŋ^{13}$	lyo^{13} 白 / $liaŋ^{13}$ 文	$tɕiaŋ^{42}$	$tɕyo^{44}$ 白 / $tɕiaŋ^{44}$ 文
河津	$liaŋ^{324}$	$liɤ^{324}$ 白 / $liaŋ^{324}$ 文	$liaŋ^{324}$	$liaŋ^{324}$	$liaŋ^{324}$	$liɤ^{324}$ 白 / $liaŋ^{324}$ 文	$tɕiaŋ^{31}$	$tɕiɤ^{44}$ 白 / $tɕiaŋ^{44}$ 文
平陆	$liaŋ^{13}$	$liaŋ^{13}$	$liaŋ^{13}$	$liaŋ^{13}$	$liaŋ^{13}$	$liaŋ^{13}$	$tɕiaŋ^{31}$	$tɕiaŋ^{31}$
永济	$liaŋ^{24}$	$liaŋ^{24}$	$liaŋ^{24}$	$liaŋ^{24}$	$liaŋ^{24}$	lyo^{24} 白 / $liaŋ^{24}$ 文	$tɕiaŋ^{31}$/$iaŋ^{44}$	$tɕiaŋ^{31}$
芮城	$liaŋ^{13}$	$liaŋ^{13}$	$liaŋ^{13}$	$liaŋ^{13}$	$liaŋ^{13}$	lyo^{13} 白 / $liaŋ^{13}$ 文	$tɕiaŋ^{42}$	$tɕ^hyo^{44}$ 白 / $tɕiaŋ^{44}$ 文
吉县	$liəŋ^{13}$	$liə^{13}$ 白 / $liəŋ^{13}$ 文	$liəŋ^{13}$	$liəŋ^{13}$	$liəŋ^{13}$	$liə^{13}$	$tɕiəŋ^{423}$	$tɕiəŋ^{33}$
乡宁	$liaŋ^{12}$	$liɤ^{12}$ 白 / $liaŋ^{12}$ 文	$liɤ^{12}$ 白 / $liaŋ^{12}$ 文	$liɤ^{12}$ 白 / $liaŋ^{12}$ 文	$liɤ^{12}$ 白 / $liaŋ^{12}$ 文	$liɤ^{12}$ 白 / $liaŋ^{12}$ 文	$tɕiaŋ^{53}$	$tɕiɤ^{53}$ 白 / $tɕiaŋ^{53}$ 文
广灵	$liɔ^{31}$	$liɔ^{31}$	$liɔ^{31}$	$liɔ^{31}$	$liɔ^{31}$	$liɔ^{31}$	$tɕiɔ^{53}$	$tɕiɔ^{53}$

字目	枪	墙	相~互	箱	厢	详	祥	翔
中古音／方言点	七羊 宕开三 平阳清	在良 宕开三 平阳从	息良 宕开三 平阳心	息良 宕开三 平阳心	息良 宕开三 平阳心	似羊 宕开三 平阳邪	似羊 宕开三 平阳邪	似羊 宕开三 平阳邪
北京	tɕʰiaŋ55	tɕʰiaŋ35	ɕiaŋ55	ɕiaŋ55	ɕiaŋ55	ɕiaŋ35	ɕiaŋ35	ɕiaŋ35
小店	tɕʰio11	tɕio11 白 / tɕʰio11 文	ɕio11	ɕio11	ɕio11	ɕio11	ɕio11	ɕio11
尖草坪	tɕʰiɔ33	tɕʰiɔ33	ɕiɔ33	ɕiɔ33	ɕiɔ33	ɕiɔ33	ɕiɔ33	ɕiɔ33
晋源	tɕʰiɔ11	tɕiɔ11	ɕiɔ11	ɕiɔ11	ɕiɔ11	ɕiaŋ11	ɕia11	ɕia11
阳曲	tɕʰiɔ312	tɕʰiɔ43	ɕiɔ312	ɕiɔ312	ɕiɔ312	ɕiɔ43	ɕiɔ43	ɕiɔ43
古交	tɕʰiɔ44	tɕiɔ44	ɕiɔ44	ɕiɔ44	ɕiɔ44	ɕiɔ44	ɕiɔ44	ɕiɔ44
清徐	tɕʰiɒ11	tɕiɒ11 白 / tɕʰiɒ11 文	ɕiɒ11 文	ɕiɒ11	ɕiɒ11	ɕiɒ11	ɕiɒ11	ɕiɒ11
娄烦	tɕʰiɑ̃33	tɕʰiɑ̃33	ɕiɑ̃33	ɕiɑ̃33	ɕiɑ̃33	ɕiɑ̃33	ɕiɑ̃33	ɕiɑ̃33
榆次	tɕʰiɒ11	tɕʰiɒ11	ɕiɒ35	ɕiɒ11	ɕiɒ11	ɕiɒ11	ɕiɒ11	ɕiɒ11
交城	tɕʰiɤ11	tɕiɤ11 白 / tɕʰiɤ11 文	ɕiɤ11	ɕiɤ11	ɕiɤ11	ɕiɤ11	ɕiɤ11	ɕiɤ11
文水	tɕʰiu22 白 / tɕʰiaŋ22 文	tɕiu22 白 / tɕʰiaŋ22 文	ɕiaŋ22	ɕiu22 白 / ɕiaŋ22 文	ɕiu22 白 / ɕiaŋ22 文	ɕiaŋ22	ɕiaŋ22	ɕiaŋ22
祁县	tɕʰia31 白 / tɕʰiɑ̃31 文	tɕia31 白 / tɕʰiɑ̃31 文	səʔ32 白 / ɕia31 白 / ɕiɑ̃31 文	ɕia31 白 / ɕiɑ̃31 文	ɕia31 白 / ɕiɑ̃31 文	ɕia31 白 / ɕiɑ̃31 文	ɕia31 白 / ɕiɑ̃31 文	ɕiɑ̃31
太谷	tɕʰiɒ33	tɕiɒ33 白 / tɕʰiɒ33 文	səʔ3 白 / ɕiɒ33 文	ɕiɒ33	ɕiɒ33	ɕiɒ33	ɕiɒ33	ɕiɒ33
平遥	tɕʰiɑ̃512	tɕyə213	ɕyə213 白 / ɕiɑ̃213 文	ɕiɑ̃213	ɕiɑ̃213	ɕiɑ̃213	ɕiɑ̃213	ɕiɑ̃213
孝义	tɕʰiã33	tɕiᴇ33	ɕiã33	ɕiᴇ33 白 / ɕiã33 文	ɕiã33	ɕiã33	ɕiã33	ɕiã33
介休	tɕyɤ13 白 / tɕiɛ̃13 文	tɕyɤ13 白 / tɕʰiɛ̃13 文	ɕiɛ̃13	ɕiɛ̃13	ɕyɤ13 白 / ɕiɛ̃13 文	ɕiɛ̃13	ɕiɛ̃13	ɕiɛ̃13
灵石	tɕʰiɒ̃535	tɕʰyɤ44/ tɕʰiɒ̃535	ɕyɤ535/ɕiɒ̃535	ɕyɤ535	ɕiɒ̃44	ɕiɒ̃44	ɕiɒ̃44	ɕiɒ̃44
盂县	tɕʰio412 白 / tɕʰiæ̃412 文	tɕʰio22 白 / tɕʰiæ̃22 文	ɕio412 白 / ɕiæ̃412 文	ɕio412	ɕio412 白 / ɕiæ̃412 文	ɕiæ̃22	ɕiæ̃22	ɕiæ̃22
寿阳	tɕʰiɒo31	tɕʰiɒo22	ɕiɒo31	ɕiɒo31	ɕiɒo31	ɕiɒo22	ɕiɒo22	ɕiɒo22
榆社	tɕʰiɔu22	tɕʰiɔu22	ɕiɔu22	ɕiɔu22	ɕiɔu22	ɕiɔu22	ɕiɔu22	ɕiɔu22
离石	tɕʰiɔ24	tɕʰiɔ44	ɕiɔ24	ɕiɔ24	ɕiɔ24	ɕiɔ44	ɕiɔ44	ɕiɔ44
汾阳	tɕʰiɔ324	tɕʰiɔ22	ɕiɔ324	ɕiɔ324	ɕiɔ324	ɕiɔ22	ɕiɔ22	ɕiɔ22
中阳	tɕʰiɒ24	tɕʰiɒ33	ɕie24	ɕiɒ24	ɕiɒ24	ɕiɒ33	ɕiɒ33	ɕiɒ33
柳林	tɕʰiɔ24	tɕʰiɔ44	ɕiɔ24	ɕiɔ24	ɕiɔ24	ɕiɔ44	ɕiɔ44	ɕiɔ44

续表

字目	枪	墙	相~互	箱	厢	详	祥	翔
中古音 方言点	七羊 宕开三 平阳清	在良 宕开三 平阳从	息良 宕开三 平阳心	息良 宕开三 平阳心	息良 宕开三 平阳心	似羊 宕开三 平阳邪	似羊 宕开三 平阳邪	似羊 宕开三 平阳邪
方山	tɕʰiɔ^{24}	tɕʰiɔ^{44}	ɕiɔ^{24}	ɕiɔ^{24}	ɕiɔ^{24}	ɕiɔ^{44}	ɕiɔ^{44}	ɕiɔ^{44}
临县	tɕʰiɒ^{24}	tɕʰiɒ^{33}	ɕiɒ^{24}	ɕiɒ^{24}	ɕiɒ^{24}	ɕiɒ^{33}	ɕiɒ^{33}	ɕiɒ^{33}
兴县	tɕʰiɛ^{324}	tɕʰiɛ^{55}	ɕiɛ^{324}	ɕiɛ^{324}	ɕiɛ^{324}	ɕiɛ^{55}	ɕiɛ^{55}	ɕiɛ^{55}
岚县	tɕʰyə^{214}	tɕʰyə^{44}	ɕyə^{214}	ɕyə^{214}	ɕyə^{214}	ɕyə^{44}	ɕyə^{44}	ɕyə^{44}
静乐	tɕʰiɑ̃^{24}	tɕʰiɑ̃^{33}	ɕiɑ̃^{33}	ɕiɑ̃^{24}	ɕiɑ̃^{24}	ɕiɑ̃^{33}	ɕiɑ̃^{33}	ɕiɑ̃^{24}
交口	tɕʰiɑ̃^{323}	tɕʰiɛ^{44}	ɕiɑ̃^{323}	ɕiɑ̃^{323}	ɕiɑ̃^{323}	ɕiɑ̃^{44}	ɕiɑ̃^{44}	ɕiɑ̃^{44}
石楼	tɕʰiɑŋ^{213}	tɕʰiɛ^{44} 白 / tɕʰiɑŋ^{44} 文	ɕiɑŋ^{213} 白 / ɕiɑŋ^{51} 文	ɕiɑŋ^{213}	ɕiɑŋ^{213}	ɕiɑŋ^{44}	ɕiɑŋ^{44}	ɕiɑŋ^{44}
隰县	tɕʰiɛ^{53}	tɕʰiɛ^{24}	ɕiɛ^{53}	ɕiɛ^{53}	ɕiɛ^{53}	ɕiɑŋ^{24}	ɕiɑŋ^{24}	ɕiɑŋ^{24}
大宁	tɕʰiɛ̃^{31}	tɕʰie^{24} 白 / tɕʰiɛ̃^{24} 文	səʔ$^{\underline{31}}$ 白 / ɕiɛ̃^{31} 文	ɕiɛ̃^{31}	ɕiɛ̃^{31}	ɕiɛ̃^{24}	ɕiɛ̃^{24}	——
永和	tɕʰiɑ̃^{33}	tɕʰie^{33} 白 / tɕʰiɑ̃^{33} 文	ɕiɑ̃^{33}	ɕiɑ̃^{33}	ɕiɑ̃^{33}	ɕiɑ̃^{35}	ɕiɑ̃^{35}	——
汾西	tɕʰiɑ̃^{11}	tɕʰiəʔ^{3} 白 / tɕʰi^{35} 白 / tɕʰiɑ̃^{35} 文	ɕiɑ̃^{11}/syəʔ^{3}	ɕi^{11} 白 / ɕiɑ̃^{11} 文	ɕi^{11} 白 / ɕiɑ̃^{11} 文	ɕiɑ̃^{35}	ɕiɑ̃^{35}	ɕiɑ̃^{35}
蒲县	tɕʰiɑŋ^{52}	tɕʰiɑŋ^{24}	ɕiɑŋ^{52}	ɕiɑŋ^{52}	ɕiɑŋ^{52}	ɕiɑŋ^{24}	ɕiɑŋ^{24}	ɕiɑŋ^{24}
潞州	tɕʰiɑŋ^{312}	tɕʰiɑŋ^{24}	ɕiɑŋ^{312}	ɕiɑŋ^{312}	ɕiɑŋ^{312}	ɕiɑŋ^{24}	ɕiɑŋ^{24}	ɕiɑŋ^{24}
上党	tɕʰiɑŋ^{213}	tɕʰiɑŋ^{44}	ɕiɑŋ^{213}	ɕiɑŋ^{213}	ɕiɑŋ^{213}	ɕiɑŋ^{44}	ɕiɑŋ^{44}	ɕiɑŋ^{44}
长子	tɕʰiɑŋ^{312}	tɕʰiɑŋ^{24}	ɕiɑŋ^{312}	ɕiɑŋ^{312}	ɕiɑŋ^{312}	ɕiɑŋ^{24}	ɕiɑŋ^{24}	ɕiɑŋ^{24}
屯留	tɕʰiɑŋ^{31}	tɕʰiɑŋ^{11}	ɕiɑŋ^{31}	ɕiɑŋ^{31}	ɕiɑŋ^{31}	ɕiɑŋ^{11}	ɕiɑŋ^{11}	ɕiɑŋ^{11}
襄垣	tɕʰiɒ^{33}	tɕʰiɒ^{31}	ɕiɒ^{33}	ɕiɒ^{33}	ɕiɒ^{33}	ɕiɒ^{31}	ɕiɒ^{31}	——
黎城	tɕʰiɑŋ^{33}	tɕʰiɑŋ^{53}	ɕiɑŋ^{33}	ɕiɑŋ^{33}	ɕiɑŋ^{33}	ɕiɑŋ^{33}	ɕiɑŋ^{213}	ɕiɑŋ^{213}
平顺	tɕʰiæ̃^{213}	tɕʰiɑŋ^{13}	ɕiɑŋ^{213}	ɕiɑŋ^{213}	ɕiɑŋ^{213}	ɕiɑŋ^{13}	ɕiɑŋ^{13}	——
壶关	tsʰiɑŋ^{33}	tsʰiɑŋ^{13}	siɑŋ^{33}	siɑŋ^{33}	siɑŋ^{33}	siɑŋ^{13}	siɑŋ^{13}	siɑŋ^{13}
沁县	tɕʰiɔ^{224}	tɕʰiɔ^{33}	ɕiɔ^{224}	ɕiɔ^{224}	ɕiɔ^{224}	ɕiɔ^{33}	ɕiɔ^{33}	——
武乡	tɕʰiɔ̃^{113}	tɕʰiɔ̃^{33}	ɕiɔ̃^{113}	ɕiɔ̃^{113}	ɕiɔ̃^{113}	ɕiɔ̃^{33}	ɕiɔ̃^{33}	ɕiɔ̃^{33}
沁源	tɕʰiʌ̃^{324}	tɕʰiʌ̃^{33}	ɕiʌ̃^{324}	ɕiʌ̃^{324}	ɕiʌ̃^{324}	ɕiʌ̃^{33}	ɕiʌ̃^{33}	ɕiʌ̃^{33}
安泽	tɕiʌŋ^{21}	tɕiʌŋ^{35}	ɕiʌŋ^{21}	ɕiʌŋ^{21}	ɕiʌŋ^{21}	ɕiʌŋ^{35}	ɕiʌŋ^{21}	——
沁水端氏	tɕʰiɑŋ^{21}	tɕʰiɑŋ^{24}	ɕiɑŋ^{21}	ɕiɑŋ^{21}	ɕiɑŋ^{21}	ɕiɑŋ^{24}	ɕiɑŋ^{24}	ɕiɑŋ^{24}
阳城	tɕʰiɑ̃ŋ^{224}	tɕʰiɑ̃ŋ^{22}	ɕiɑ̃ŋ^{224}	ɕiɑ̃ŋ^{224}	ɕiɑ̃ŋ^{224}	ɕiɑ̃ŋ^{22}	ɕiɑ̃ŋ^{22}	ɕiɑ̃ŋ^{22}
高平	tɕʰiɔ̃^{33}	tɕʰiɔ̃^{33}	ɕiɔ̃^{33}	ɕiɔ̃^{33}	ɕiɔ̃^{33}	ɕiɔ̃^{33}	ɕiɔ̃^{33}	ɕiɔ̃^{33}
陵川	tɕʰiɑŋ^{33}	tɕʰiɑŋ^{53}	ɕiɑŋ^{33}	ɕiɑŋ^{33}	ɕiɑŋ^{33}	ɕiɑŋ^{53}	ɕiɑŋ^{53}	ɕiɑŋ^{53}

续表

字目	枪	墙	相~互	箱	厢	详	祥	翔
中古音 / 方言点	七羊 宕开三 平阳清	在良 宕开三 平阳从	息良 宕开三 平阳心	息良 宕开三 平阳心	息良 宕开三 平阳心	似羊 宕开三 平阳邪	似羊 宕开三 平阳邪	似羊 宕开三 平阳邪
晋城	tɕʰiõ^{33}	tɕʰiõ^{324}	ɕiõ^{33}	ɕiõ^{33}	ɕiõ^{33}	ɕiõ^{213}	ɕiõ^{213}	ɕiõ^{324}
忻府	tɕʰiã^{313}	tɕʰiɛ^{21}白 / tɕʰiã^{21}文	ɕiã^{313}	ɕiɛ^{313}白 / ɕiã^{313}文	ɕiã^{313}	ɕiã^{21}	ɕiã^{21}	ɕiã^{21}
原平	tɕʰiɔ^{213}	tɕʰiɔ^{33}	ɕiɔ^{213}	ɕiɔ^{213}	ɕiɔ^{213}	ɕiɔ^{33}	ɕiɔ^{33}	ɕiɔ^{33}
定襄	tɕʰiæ^{24}	tɕʰiæ^{11}	ɕiɔ^{24}	ɕiɔ^{24}	ɕiɔ^{24}	ɕiɔ^{11}	ɕiɔ^{11}	ɕiɔ^{11}
五台	tɕʰiɔ^{213}	tɕʰiɔ^{33}	ɕiæn^{213}	ɕiɔ^{213}	ɕiɔ^{213}	ɕiæn^{33}	ɕiæn^{33}	ɕiæn^{33}
岢岚	tɕʰiɔ^{13}	tɕʰiɔ^{44}	ɕiɔ^{13}	ɕiɔ^{13}	ɕiɔ^{13}	ɕiɔ^{44}	ɕiɔ^{44}	ɕiɔ^{44}
五寨	tɕʰiɒ^{13}	tɕʰiɒ^{44}	ɕiɒ^{13}	ɕiɒ^{13}	ɕiɒ^{13}	ɕiɒ^{44}	ɕiɒ^{44}	ɕiɒ^{44}
宁武	tɕʰiɒ^{23}	tɕʰiɒ^{33}	ɕiɒ^{23}	ɕiɒ^{23}	ɕiɒ^{23}	ɕiɒ^{33}	ɕiɒ^{33}	ɕiɒ^{33}
神池	tɕʰiɒ^{24}	tɕʰiɒ^{32}	ɕiɒ^{24}	ɕiɒ^{24}	ɕiɒ^{24}	ɕiɒ^{32}	ɕiɒ^{32}	ɕiɒ^{32}
繁峙	tɕʰiɔ^{53}	tɕʰiɔ^{31}	ɕiɔ^{53}	ɕiɔ^{53}	ɕiɔ^{53}	ɕiɔ^{31}	ɕiɔ^{31}	ɕiɔ^{31}
代县	tɕʰiɔ^{213}	tɕʰiɔ^{44}	ɕiɔ^{53}	ɕiɔ^{213}	ɕiɔ^{213}	ɕiɔ^{44}	ɕiɔ^{44}	ɕiɔ^{44}
河曲	tɕʰiɒ^{213}	tɕʰiɒ^{213}	ɕiɒ^{213}	ɕiɒ^{213}	ɕiɒ^{213}	ɕiɒ^{213}	ɕiɒ^{44}	——
保德	tɕʰiɔ^{213}	tɕʰiɔ^{44}	ɕiɔ^{213}	ɕiɔ^{213}	ɕiɔ^{213}	ɕiɔ^{44}	ɕiɔ^{44}	ɕiɔ^{44}
偏关	tɕʰiɒ^{24}	tɕʰiɒ^{44}	ɕiɒ^{24}	ɕiɒ^{24}	ɕiɒ^{24}	ɕiɒ^{44}	ɕiɒ^{44}	ɕiɒ^{44}
朔城	tɕʰiã^{312}	tɕʰiã^{35}	ɕiã^{312}	ɕiã^{312}	ɕiã^{312}	ɕiã^{312}	ɕiã^{312}	——
平鲁	tɕʰiɒ^{213}	tɕʰiɒ^{44}	ɕiɒ^{52}	ɕiɒ^{213}	ɕiɒ^{213}	ɕiɒ^{44}	ɕiɒ^{44}	ɕiɒ^{44}
应县	tɕʰiaŋ^{43}	tɕʰiaŋ^{31}	ɕiaŋ^{43}	ɕiaŋ^{43}	ɕiaŋ^{43}	ɕiaŋ^{31}	ɕiaŋ^{31}	ɕiaŋ^{31}
灵丘	tɕʰiɒ^{442}	tɕʰiɒ^{31}	ɕiɒ^{442}	ɕiɒ^{442}	ɕiɒ^{442}	ɕiɒ^{31}	ɕiɒ^{31}	ɕiɒ^{31}
浑源	tɕʰioʌ^{52}	tɕʰioʌ^{22}	ɕioʌ^{52}	ɕioʌ^{52}	ɕioʌ^{52}	ɕioʌ^{22}	ɕioʌ^{22}	ɕioʌ^{22}
云州	tɕʰiɔ^{21}	tɕʰiɔ^{312}	ɕiɔ^{21}	ɕiɔ^{21}	ɕiɔ^{21}	ɕiɔ^{312}	ɕiɔ^{312}	ɕiɔ^{312}
新荣	tɕʰiɔ^{32}	tɕʰiɔ^{312}	ɕiɔ^{32}	ɕiɔ^{32}	ɕiɔ^{32}/ɕiɔ^{54}	ɕiɔ^{312}	ɕiɔ^{312}	ɕiɔ^{312}
怀仁	tɕʰiɒ^{42}	tɕʰiɒ^{312}	ɕiɒ^{42}	ɕiɒ^{42}	ɕiɒ^{42}	ɕiɒ^{312}	ɕiɒ^{312}	ɕiɒ^{312}
左云	tɕʰiɒ^{31}	tɕʰiɒ^{313}	ɕiɒ^{31}	ɕiɒ^{31}	ɕiɒ^{31}	ɕiɒ^{313}	ɕiɒ^{313}	ɕiɒ^{313}
右玉	tɕʰiɒ^{31}	tɕʰiɒ^{212}	ɕiɒ^{31}	ɕiɒ^{31}	ɕiɒ^{31}	ɕiɒ^{212}	ɕiɒ^{212}	ɕiɒ^{212}
阳高	tɕʰiɔ^{31}	tɕʰiɔ^{31}	ɕiɔ^{24}	ɕiɔ^{24}	ɕiɔ^{31}	ɕiɔ^{312}	ɕiɔ^{312}	——
山阴	tɕʰiɒ^{313}	tɕʰiɒ^{313}	ɕiɒ^{313}	ɕiɒ^{313}	ɕiɒ^{313}	ɕiɒ^{313}	ɕiɒ^{313}	ɕiɒ^{313}
天镇	tɕʰiɒ^{31}	tɕʰiɒ^{22}	ɕiɒ^{31}	ɕiɒ^{31}	ɕiɒ^{31}	ɕiɒ^{22}	ɕiɒ^{22}	——
平定	tɕʰiaŋ^{31}	tɕʰiaŋ^{44}	ɕiaŋ^{31}	ɕiaŋ^{31}	ɕiaŋ^{31}	ɕiaŋ^{44}	ɕiaŋ^{44}	ɕiaŋ^{44}
昔阳	tɕʰiɔ̃u^{13}	tɕʰiɔ̃u^{33}	ɕiɔ̃u^{42}	ɕiɔ̃u^{42}	ɕiɔ̃u^{42}	ɕiɔ̃u^{33}	ɕiɔ̃u^{33}	ɕiɔ̃u^{33}
左权	tɕʰiɔ^{31}	tɕʰiɔ^{11}	ɕiɔ^{31}	ɕiɔ^{31}	ɕiɔ^{31}	ɕiɔ^{11}	ɕiɔ^{11}	——

续表

字目	枪	墙	相~互	箱	厢	详	祥	翔
中古音 方言点	七羊 宕开三 平阳清	在良 宕开三 平阳从	息良 宕开三 平阳心	息良 宕开三 平阳心	息良 宕开三 平阳心	似羊 宕开三 平阳邪	似羊 宕开三 平阳邪	似羊 宕开三 平阳邪
和顺	tɕʰiɔ^{42}	tɕʰiɔ^{22}	ɕiɔ^{42}	ɕiɔ^{42}	ɕiɔ^{42}	ɕiɔ^{22}	ɕiɔ^{22}	ɕiɔ^{22}
尧都	tɕʰiaŋ^{21}	tɕʰyo^{24} 白 / tɕʰiaŋ^{24} 文	ɕiaŋ^{21}	ɕiaŋ^{21}	ɕiaŋ^{21}	ɕiaŋ^{24}	ɕiaŋ^{24}	ɕiaŋ^{24}
洪洞	tɕʰiaŋ^{21}	tɕʰo^{24} 白 / tɕʰiaŋ^{24} 文	ɕiaŋ^{21}	ɕo^{21} 白 / ɕiaŋ^{21} 文	ɕo^{21} 白 / ɕiaŋ^{21} 文	ɕiaŋ^{24}	ɕiaŋ^{24}	ɕiaŋ^{24}
洪洞赵城	tɕʰio^{21} 白 / tɕʰiã^{21} 文	tɕʰio^{24}	ɕiã^{21}	ɕiã^{21}	ɕiã^{21}	ɕiã^{21}	ɕiã^{21}	ɕiã^{24}
古县	tɕʰiaŋ^{21}	tɕʰyo^{35} 白 / tɕʰiaŋ^{35} 文	ɕyo^{21} 白 / ɕiaŋ^{21} 文	ɕiaŋ^{21}	ɕiaŋ^{21}	ɕiaŋ^{35}	ɕiaŋ^{35}	ɕiaŋ^{35}
襄汾	tɕʰyɔ^{21} 白 / tɕʰiaŋ^{21} 文	tɕʰyɔ^{24} 白 / tɕʰiaŋ^{24} 文	ɕiaŋ^{21}	ɕiaŋ^{21}	ɕiaŋ^{21}	ɕiaŋ^{24}	ɕiaŋ^{24}	ɕiaŋ^{24}
浮山	tɕʰyo^{42} 白 / tɕʰiaŋ^{42} 文	tɕʰyo^{13} 白 / tɕʰiaŋ^{13} 文	ɕiaŋ^{42}	ɕiaŋ^{42}	ɕiaŋ^{42}	ɕiaŋ^{13}	ɕiaŋ^{13}	ɕiaŋ^{13}
霍州	tɕʰie^{212} 白 / tɕʰiaŋ^{212} 文	tɕʰie^{35} 白 / tɕʰiaŋ^{35} 文	ɕiaŋ^{212}	ɕie^{212} 白 / ɕiaŋ^{212} 文	ɕiaŋ^{212}	ɕiaŋ^{35}	ɕiaŋ^{35}	ɕiaŋ^{35}
翼城	tɕʰiɔ^{53}	tɕʰiɔ^{12}	ɕiɔ^{53}	ɕiɔ^{53}	ɕiɔ^{53}	ɕiɔ^{12}	ɕiɔ^{12}	ɕiɔ^{12}
闻喜	tɕʰiᴀŋ^{53}	tɕʰiɤ^{13} 白 / tɕʰiᴀŋ^{13} 文	ɕiᴀŋ^{53}	ɕiᴀŋ^{53}	ɕiᴀŋ^{53}	ɕiᴀŋ^{13}	ɕiᴀŋ^{13}	ɕiᴀŋ^{13}
侯马	tɕʰiaŋ^{213}	tɕʰiaŋ^{213} 文 / tɕʰiɤ^{213} 白	ɕiaŋ^{213}	ɕiaŋ^{213}	ɕiaŋ^{213}	ɕiaŋ^{213}	ɕiɤ^{213} 白 / ɕiaŋ^{213} 文	ɕiaŋ^{213}
新绛	tɕʰiəŋ^{53}	tɕʰiəŋ^{13}	ɕiəŋ^{53}	ɕiəŋ^{53}	ɕiəŋ^{53}	ɕiəŋ^{13}	ɕiəŋ^{13}	ɕiəŋ^{13}
绛县	tɕʰiʌŋ^{53}	tɕyɤ^{24} 白 / tɕiʌŋ^{24} 文	ɕiʌŋ^{53}	ɕiʌŋ^{53}	ɕiʌŋ^{53}	ɕiʌŋ^{24}	ɕiʌŋ^{24}	ɕiʌŋ^{24}
垣曲	tɕʰiəŋ^{53}	tɕʰyo^{22}	ɕiəŋ^{53}	ɕiəŋ^{53}	ɕiəŋ^{53}	ɕiəŋ^{22}	ɕiəŋ^{22}	ɕiəŋ^{22}
夏县	tɕʰiəŋ^{53}	tɕʰiɤ^{42}/ tɕʰiəŋ^{42}	ɕiəŋ^{53}	ɕiəŋ^{53}	ɕiəŋ^{53}	ɕiəŋ^{42}	ɕiəŋ^{42}	ɕiəŋ^{42}
万荣	tɕʰiaŋ^{51}	tɕʰiɤ^{213} 白 / tɕʰiaŋ^{213} 文	ɕiaŋ^{51}	ɕiaŋ^{51}	ɕiaŋ^{51}	ɕiaŋ^{213}	ɕiaŋ^{213}	ɕiaŋ^{213}
稷山	tɕʰiʌŋ^{53}	tɕʰiɤ^{13}	ɕiʌŋ^{53}	ɕiʌŋ^{53}	ɕiʌŋ^{53}	ɕiʌŋ^{13}	ɕiʌŋ^{13}	ɕiʌŋ^{13}
盐湖	tɕʰiaŋ^{42}	tɕʰiaŋ^{13}	ɕiaŋ^{42}	ɕiaŋ^{42}	ɕiaŋ^{42}	ɕiaŋ^{13}	ɕiaŋ^{13}	ɕiaŋ^{13}
临猗	tɕʰiaŋ^{42}	tɕʰyo^{13} 白 / tɕʰiaŋ^{13} 文	ɕiaŋ^{42}	ɕiaŋ^{42}	ɕiaŋ^{42}	ɕiaŋ^{13}	ɕiaŋ^{13}	ɕiaŋ^{13}
河津	tɕʰiaŋ^{31}	tɕʰiɤ^{324} 白 / tɕʰiaŋ^{324} 文	ɕiaŋ^{31}	ɕiaŋ^{31}	ɕiaŋ^{31}	ɕiaŋ^{324}	ɕiaŋ^{324}	ɕiaŋ^{324}
平陆	tɕʰiaŋ^{31}	tɕʰyə^{13}	ɕiaŋ^{31}	ɕiaŋ^{31}	ɕiaŋ^{31}	ɕiaŋ^{13}	ɕiaŋ^{13}	ɕiaŋ^{13}

续表

字目	枪	墙	相~互	箱	厢	详	祥	翔
中古音/方言点	七羊 宕开三 平阳清	在良 宕开三 平阳从	息良 宕开三 平阳心	息良 宕开三 平阳心	息良 宕开三 平阳心	似羊 宕开三 平阳邪	似羊 宕开三 平阳邪	似羊 宕开三 平阳邪
永济	$tɕ^hiaŋ^{31}$	$tɕ^hyo^{24}$ 白 / $tɕ^hiaŋ^{24}$ 文	$ɕiaŋ^{31}$/$ɕiaŋ^{44}$	$ɕiaŋ^{31}$	$ɕiaŋ^{31}$	$ɕiaŋ^{24}$	$ɕiaŋ^{24}$	$ɕiaŋ^{24}$
芮城	$tɕ^hiaŋ^{42}$	$tɕ^hyo^{13}$ 白 / $tɕ^hiaŋ^{13}$ 文	$ɕiaŋ^{42}$	$ɕiaŋ^{42}$	$ɕiaŋ^{42}$	$ɕiaŋ^{13}$	$ɕiaŋ^{13}$	$ɕiaŋ^{13}$
吉县	$tɕ^hiəŋ^{423}$	$tɕ^hiə^{13}$ 白 / $tɕ^hiəŋ^{13}$ 文	$ɕiəŋ^{53}$	$ɕiəŋ^{423}$	$ɕiəŋ^{423}$	$ɕiəŋ^{13}$	$ɕiəŋ^{13}$	——
乡宁	$tɕ^hiɤ^{53}$ 白 / $tɕ^hiaŋ^{53}$ 文	$tɕ^hiɤ^{12}$ 白 / $tɕ^hiaŋ^{12}$ 文	$ɕiɤ^{53}$ 白 / $ɕiaŋ^{53}$ 文	$ɕiaŋ^{53}$	$ɕiaŋ^{53}$	$ɕiaŋ^{44}$	$ɕiaŋ^{12}$	$ɕiaŋ^{12}$
广灵	$tɕ^hiɔ^{53}$	$tɕ^hiɔ^{31}$	$ɕiɔ^{53}$	$ɕiɔ^{53}$	$ɕiɔ^{53}$	$ɕiɔ^{31}$	$ɕiɔ^{31}$	$ɕiɔ^{31}$

字目	张	长~短	肠	场	庄	装	疮	创~伤
中古音 / 方言点	陟良 宕开三 平阳知	直良 宕开三 平阳澄	直良 宕开三 平阳澄	直良 宕开三 平阳澄	侧羊 宕开三 平阳庄	侧羊 宕开三 平阳庄	初良 宕开三 平阳初	初良 宕开三 平阳初
北京	tʂaŋ^{55}	tʂʰaŋ^{35}	tʂʰaŋ^{35}	tʂʰaŋ^{214}	tʂuaŋ^{55}	tʂuaŋ^{55}	tʂʰuaŋ^{55}	tʂʰuaŋ^{55}
小店	tso^{11}	tso^{11}	tso^{53} 白 / tsʰo^{11} 文	tsʰo^{53}	tso^{11}	tso^{11}	tsʰo^{11}	tsʰo^{24}
尖草坪	tsɔ^{33}	tsʰɔ^{33}	tsʰɔ^{33}	tsʰɔ^{312}	tsɔ^{33}	tsɔ^{33}	tsʰɔ^{33}	tsʰɔ^{33}
晋源	tsɔ^{11}	tsɔ^{11}	tsɔ^{11}	tsʰɔ^{42}	tsɔ^{11}	tsɔ^{11}	tsʰɔ^{11}	tsʰɔ^{11}
阳曲	tsɔ^{312}	tsʰɔ^{43}	tsʰɔ^{43}	tsʰɔ^{312}	tsuɔ^{312}	tsuɔ^{312}	tsʰuɔ^{312}	tsʰuɔ^{454}
古交	tsɔ^{44}	tsɔ^{44}	tsɔ^{44}	tsʰɔ^{312}	tsuɔ^{44}	tsuɔ^{44}	tsʰuɔ^{44}	tsʰuɔ^{44}
清徐	tsɒ^{11}	tsɒ^{11} 白 / tsʰɒ^{11} 文	tsɒ^{11} 白 / tsʰɒ^{11} 文	tsʰɒ^{11}	tsuɒ^{11}	tsuɒ^{11}	suɒ^{11} 白 / tsʰuɒ^{11} 文	tsʰuɒ^{45}
娄烦	tsɑ̃^{33}	tsʰɑ̃^{33}	tsʰɑ̃^{33}	tsʰɑ̃^{33}	pfə^{33}	pfə^{33} 白 / tsɑ̃^{33} 文	pfʰə^{33}	pfʰə^{33} 白 / tsʰɑ̃^{33} 文
榆次	tsɒ^{11}	tsʰɒ^{11}	tsɒ^{11}	tsʰɒ^{11}	tsuɒ^{11}	tsɒ^{11}	tsʰɒ^{11}	tsɒ^{35}
交城	tsɤ^{11}	tsɤ^{11} 白 / tsʰɤ^{11} 文	tsɤ^{11} 白 / tsʰɤ^{11} 文	tsɤ^{11} 白 / tsʰɤ^{53} 文	tsuɤ^{11}	tsuɤ^{11}	suɤ^{11} 白 / tsʰuɤ^{11} 文	tsʰuɤ^{11}
文水	tsu^{22} 白 / tsaŋ^{22} 文	tsu^{22} 白 / tsʰaŋ^{22} 文	tsu^{22} 白 / tsʰaŋ^{22} 文	tsu^{22} 白 / tsʰaŋ^{423} 文	tsu^{22} 白 / tsuaŋ^{22} 文	tsu^{22} 白 / tsuaŋ^{22} 文	su^{22} 白 / tsʰuaŋ^{22} 文	tsʰuaŋ^{22}
祁县	tʂa^{31} 白 / tʂɑ̃^{31} 文	tʂa^{31} 白 / tʂʰɑ̃^{31} 文	tʂa^{31} 白 / tʂʰɑ̃^{31} 文	tʂa^{31} 白 / tʂʰɑ̃^{31} 文	tsu^{31} 白 / tsuɑ̃^{31} 文	tsu^{31} 白 / tsuɑ̃^{31} 文	su^{31} 白 / tsʰuɑ̃^{31} 文	tsʰuɑ̃^{31}
太谷	tsɒ^{33}	tsɒ^{33} 白 / tsʰɒ^{33} 文	tsɒ^{33} 白 / tsʰɒ^{33} 文	tsɒ^{33} 白 / tsʰɒ^{33} 文	tsuo^{33}	tsuo^{33}	fuo^{33} 白 / tsʰuo^{33} 文	tsʰuo^{33}
平遥	tʂɑ̃^{213}	tsuə^{213} 白 / tʂʰɑ̃^{213} 文	tsuə^{213} 白 / tʂʰɑ̃^{213} 文	ʂuə^{512} 白 / tʂʰɑ̃^{512} 文	tsuə^{213} 白 / tʂũɑ̃^{213} 文	tsuə^{213} 白 / tsũɑ̃^{213} 文	suə^{213} 白 / tsʰuə^{213} 白 / tsʰũɑ̃^{213} 文	tsʰũɑ̃^{213}
孝义	tʂE^{33} 白 / tʂã^{33} 文	tʂʰã^{33}	tʂE^{33}	tʂE^{33}	tʂuə^{33}	tsuə^{33}	suə^{33}	tsʰuã^{454}
介休	tɕyɤ^{13} 白 / tʂæ̃^{13} 文	tɕyɤ^{13} 白 / tʂʰæ̃^{13} 文	tɕyɤ^{13} 白 / tʂʰæ̃^{13} 文	tɕyɤ^{13} 白 / tʂʰæ̃^{423} 文	tɕyɤ^{13} 白 / tsuæ̃^{13} 文	tɕyɤ^{13} 白 / tsuæ̃^{13} 文	ɕyɤ^{13} 白 / tsʰuæ̃^{13} 文	tsʰuæ̃^{13}
灵石	tsɒ̃^{535}	tsʰuɤ^{44} 白	tsʰuɤ^{44}	tsʰuɒ̃^{212}	tsuɒ̃^{535}	tsuɒ̃^{535}	tsʰuɤ^{535}	tsʰuɒ̃^{535}
盂县	tsɤo^{412} 白 / tsæ̃^{412} 文	tsʰɤo^{22} 白 / tsʰæ̃^{22} 文	tsʰɤo^{22} 白 / tsʰæ̃^{22} 文	tsʰɤo^{22} 白 / tsʰɤo^{53} 白 / tsʰæ̃^{53} 文	tsuo^{412} 白 / tsuæ̃^{412} 文	tsuo^{412} 白 / tsuæ̃^{412} 文	tsʰuo^{412} 白 / tsʰuæ̃^{412} 文	tsʰuo^{412} 白 / tsʰuæ̃^{412} 文
寿阳	tsɒo^{31}	tsʰɒo^{31}	tsʰɒo^{22}	tsʰɒo^{22}	tsɒo^{31}	tsɒo^{31}	sɒo^{31}/tsʰɒo^{31}	tsʰɒo^{45}
榆社	tsɔu^{22}	tsʰɔu^{22}	tsʰɔu^{22}	tsʰɔu^{312}	tsuɔu^{22}	tsuɔu^{22}	tsʰuɔu^{22}	tsʰuɔu^{45}
离石	tʂə^{24}	tsʰə^{44}	tsʰə^{44}	tsʰə^{312}	tsuə^{24}	tsuə^{24}	tsʰuə^{24}	tsʰuə^{53}
汾阳	tʂuɔ^{324}	tʂʰuɔ^{22}	tʂʰuɔ^{22}	tʂʰuɔ^{312}	tʂuɔ^{324}	tʂuɔ^{324}	tʂʰuɔ^{324}	tʂʰuɔ^{55}

续表

字目	张	长~短	肠	场	庄	装	疮	创~伤
中古音 方言点	陟良 宕开三 平阳知	直良 宕开三 平阳澄	直良 宕开三 平阳澄	直良 宕开三 平阳澄	侧羊 宕开三 平阳庄	侧羊 宕开三 平阳庄	初良 宕开三 平阳初	初良 宕开三 平阳初
中阳	tʂɤ^{24} 白 / tsɒ^{24} 文	tʂʰɤ^{33}	tʂʰɤ^{33}	tsʰɒ^{423}	tsɒ^{24}	tsɒ^{24}	tsʰɒ^{24}	tsʰɒ^{53}
柳林	tsɔ^{24}	tsʰɔ^{44}	tsʰɔ^{44}	tsʰɔ^{312}	tsuo^{24}	tsuo^{24}	tsʰuo^{24}	tsʰuo^{53}
方山	tʂɔ^{24}	tʂʰɔ^{44}	tʂʰɔ^{44}	tʂʰɔ^{312}	tsuə^{24}	tsuə^{24}	tsʰuə^{24}	tsʰuə^{24}
临县	tʂɒ^{24}	tʂʰɒ^{33}	tʂʰɒ^{33}	tʂʰɒ^{312}	tsɥə^{24}	tsɥə^{24}	tsʰɥə^{24}	tsʰɥə^{52}
兴县	tʂɤ^{324}	tʂʰɤ^{55}	tʂʰɤ^{55}	tʂʰɤ^{324}	tsuɤ^{324}	tsuɤ^{324}	tsʰuɤ^{324}	——
岚县	tsuə^{214}	tsʰuə^{44}	tsʰuə^{44}	tsʰuə^{312}	tsuə^{214}	tsuə^{214}	tsʰuə^{214}	tsʰuə^{53}
静乐	tsɑ̃^{24}	tsʰɑ̃^{33}	tsʰɑ̃^{33}	tsʰɑ̃^{314}	tsuɑ̃^{24}	pfɑ̃^{24} 白 / tsuɑ̃^{24} 文	pfʰɑ̃^{33} 白 / tsʰuɑ̃^{33} 文	tsʰuɑ̃^{53}
交口	tsə^{323} 白 / tsɑ̃^{323} 文	tsʰə^{44} 白 / tsʰɑ̃^{44} 文	tsʰə^{44}/ 白 tsʰɑ̃^{44} 文	tsʰə^{44} 白 / tsʰɑ̃^{44} 文	tsuə^{323} 白 / tsuɑ̃^{323} 文	tsuə^{323} 白 / tsuɑ̃^{323} 文	tsʰuə^{323}	tsʰuɑ̃^{53}
石楼	tʂə^{213} 白 / tʂɑŋ^{213} 文	tʂʰə^{44} 白 / tʂʰɑŋ^{44} 文	tʂʰə^{44} 白 / tʂɑŋ^{44} 文	tʂʰɑŋ^{213}	tʂuə^{213}/ tʂʰuə^{44}	tʂuə^{213} 白 / tʂuɑŋ^{213} 文	tʂʰuə^{213} 白 / tʂʰuɑŋ^{213} 文	tʂʰuɑŋ^{51}
隰县	tsɤ^{53} 白 / tsaŋ^{53} 文	tsʰɤ^{24} 白 / tsʰaŋ^{24} 文	tsʰɤ^{24} 白 / tsʰaŋ^{24} 文	tsʰɤ^{21} 白 / tsʰaŋ^{21} 文	tsuo^{53} 白 / tsuæ^{53} 文	tsuo^{53} 白 / tsuæ^{53} 文	tsuo^{53} 白 / tsuæ^{53} 文	tsʰuæ^{44}
大宁	tʂɤ^{31} 白	tʂʰɤ^{24} 白 / tʂʰɛ̃^{24} 文	tʂʰɤ^{24} 白 / tʂʰɛ̃^{24} 文	tʂʰɤ^{24} 白	tsuo^{24}	tʂuo^{55}	tsʰuo^{31} 白	——
永和	tʂɑ̃^{33}	tʂʰʅə^{35} 白 / tʂʰɑ̃^{35} 文	tʂʰʅə^{35} 白 / tʂʰɑ̃^{35} 文	tʂʰʅə^{35} 白 / tʂʰɑ̃^{35} 文	tʂuɤ^{33} 白 / tʂuɑ̃^{33} 文	tʂuɤ^{33} 白 / tʂuɑ̃^{33} 文	tʂʰuɤ^{33} 白 / tʂʰuɑ̃^{33} 文	——
汾西	tsɯ^{11} 白 / tsɑ̃^{11}	tsʰɯ^{55} 白 / tsɯ^{33} 白 / tsʰɑ̃^{35}	tsʰɯ^{55} 白 / tsʰɑ̃^{35} 文	tsʰɯ^{55} 白 / tsʰɑ̃^{33}	tsu^{11} 白 / tsuɑ̃^{11} 文	tsu^{11} 白 / tsuɑ̃^{11} 文	tsʰu^{11} 白 / tsuɑ̃^{11} 文	——
蒲县	tʂɑŋ^{52}	tʂɤ^{24} 白 / tʂʰɑŋ^{31} 文	tʂɤ^{24} 白 / tʂʰɑŋ^{31} 文	tʂʰɑŋ^{31}	tsuo^{31} 白 / tʂuɑŋ^{52} 文	tsuo^{52} 白 / tʂuɑŋ^{52} 文	tsʰuo^{52}	tsʰuɑŋ^{33}
潞州	tsaŋ^{312}	tsʰaŋ^{24}	tsʰaŋ^{24}	tsʰaŋ^{24}	tsuaŋ^{312}	tsuaŋ^{312}	tsʰuaŋ^{312}	tsʰuaŋ^{312}
上党	tsɑŋ^{213}	tsʰɑŋ^{44}	tsʰɑŋ^{44}	tsʰɑŋ^{44}	tsuɑŋ^{213}	tsuɑŋ^{213}	tsʰuɑŋ^{213}	tsʰuɑŋ^{22}
长子	tsaŋ^{312}	tsʰaŋ^{24}	tsʰaŋ^{24}	tsʰaŋ^{24}	tsuaŋ^{312}	tsuaŋ^{312}	tsʰuaŋ^{312}	tsʰuaŋ^{312}
屯留	tsɑŋ^{31}	tsʰɑŋ^{11}	tsʰɑŋ^{11}	tsʰɑŋ^{11}	tsuɑŋ^{31}	tsuɑŋ^{31}	tsʰuɑŋ^{31}	tsʰuɑŋ^{43}
襄垣	tsɒ^{33}	tsʰɒ^{31}	tsʰɒ^{31}	tsʰɒ^{31}	tsuɒ^{33}	tsuɒ^{33}	tsʰuɒ^{33}	tsʰuɒ^{33}
黎城	tɕiɑŋ^{33}	tɕʰiɑŋ^{53}	tɕʰiɑŋ^{53}	tɕʰiɑŋ^{213}	tsuɑŋ^{33}	tsuɑŋ^{33}	tsʰuɑŋ^{33}	tsʰuɑŋ^{53}
平顺	tsaŋ^{213}	tsʰaŋ^{13}	tsʰaŋ^{13}	tsʰaŋ^{13}	tsuaŋ^{213}	tsuaŋ^{213}	tsʰuaŋ^{213}	tsʰuaŋ^{53}
壶关	tʂaŋ^{33}	tʂaŋ^{535}	tʂʰaŋ^{13}	tʂʰaŋ^{13}	tʂuaŋ^{33}	tʂuaŋ^{33}	tʂʰuaŋ^{33}	tʂʰuaŋ^{42}
沁县	tsɔ^{224}	tsʰɔ^{33}	tsʰɔ^{33}	tsʰɔ^{214}	tsuɔ^{224}	tsuɔ^{224}	tsʰuɔ^{224}	——
武乡	tsɔ̃^{113}	tsʰɔ̃^{33}	tsʰɔ̃^{33}	tsʰɔ̃^{33}/tsʰɔ̃^{213}	tsuɔ̃^{113}	tsuɔ̃^{113}	tsʰuɔ̃^{113}	tsʰuɔ̃^{113}

续表

字目	张	长~短	肠	场	庄	装	疮	创~伤
中古音 / 方言点	陟良 宕开三 平阳知	直良 宕开三 平阳澄	直良 宕开三 平阳澄	直良 宕开三 平阳澄	侧羊 宕开三 平阳庄	侧羊 宕开三 平阳庄	初良 宕开三 平阳初	初良 宕开三 平阳初
沁源	tʂʌ̃^{324}	tʂʰʌ̃^{33}	tʂʰʌ̃^{33}	tʂʰʌ̃^{33}	tʂuə^{324}	tʂuə^{324}	tʂʰuə^{324}	tʂʰuə^{324}
安泽	tsʌŋ^{21}	tsʰʌŋ^{35}	tsʰʌŋ^{35}	tsʰʌŋ^{35}	tsuʌŋ^{21}	tsuʌŋ^{21}	tsʰuʌŋ^{21}	tsʰuʌŋ^{21}
沁水端氏	tsɑŋ^{21}	tsʰɑŋ^{24}	tsʰɑŋ^{24}	tsʰɑŋ^{24}/ tsʰɑŋ^{31}	tsuɑŋ^{21}	tsuɑŋ^{21}	suɑŋ^{21} 白/ tsʰuɑŋ^{21} 文	tsʰuɑŋ^{53}
阳城	tʂɑ̃ŋ^{224}	tʂʰɑ̃ŋ^{22}	tʂʰɑ̃ŋ^{22}	tʂʰɑ̃ŋ^{22}/ tʂʰɑ̃ŋ^{212}	tʂuɑ̃ŋ^{224}	tʂuɑ̃ŋ^{224}	ʂuɑ̃ŋ^{224} 白/ tʂʰuɑ̃ŋ^{224} 文	tʂʰuɑ̃ŋ^{51}
高平	tʂɔ̃^{33}	tʂʰɔ̃^{33}	tʂʰɔ̃^{33}	tʂʰɔ̃^{212}	tʂuɔ̃^{33}	tʂuɔ̃^{33}	ʂuɔ̃^{33}	tʂʰuɔ̃^{53}
陵川	tʂɑŋ^{33}	tʂʰɑŋ^{53}	tʂʰɑŋ^{53}	tʂʰɑŋ^{312}	tʂuɑŋ^{33}	tʂuɑŋ^{33}	tʂʰuɑŋ^{33}	tʂʰuɑŋ^{33}
晋城	tʂɒ̃^{33}	tʂʰɒ̃^{324}	tʂʰɒ̃^{324}	tʂʰɒ̃^{324}	tʂuɒ̃^{33}	tʂuɒ̃^{33}	tʂʰuɒ̃^{33} 白/ ʂuɒ̃^{33} 文	tʂʰuɒ̃^{53}
忻府	tʂɛ^{21} 白/ tʂɑ̃^{313} 文	tʂʰɛ^{21} 白/ tʂʰɑ̃^{21} 文	tʂʰɑ̃^{21}	tʂʰɑ̃^{313}	tsuɛ^{313} 白/ tsuɑ̃^{313} 文	tsuɛ^{313} 白/ tsuɑ̃^{313} 文	tsʰuɛ^{313} 白/ tsʰuɑ̃^{313} 文	tsʰuɑ̃^{313}
原平	tʂɔ^{213}	tʂʰɔ^{33}	tʂʰɔ^{33}	tʂʰɔ^{213}	tsuɔ^{213}	tsuɔ^{213}	tsʰuɔ^{213}	tsʰuɔ^{53}
定襄	tsɔ^{24} 白/ tʂɔ^{24} 文	tʂʰɔ^{11}	tʂʰɔ^{11}	tʂʰɔ^{24}	iɔ^{24}	tsɔ^{24}	tsʰɔ^{53}	tsʰɔ^{53}
五台	tsɔ^{213}	tsʰɔ^{33}	tsʰɔ^{33}	tsʰɔ^{213}	tsuɔ^{213}	tsuɔ^{213}	tsʰuɔ^{213}	tsʰuæn^{52}
岢岚	tʂɔ^{13}	tʂʰɔ^{44}	tʂʰɔ^{44}	tʂʰɔ^{13}	tʂɔ^{13}	tʂɔ^{13}	tsʰɔ^{13}	tsʰɔ^{52}
五寨	tsɒ^{13}	tsʰɒ^{44}	tsʰɒ^{44}	tsʰɒ^{13}	tsɒ^{13}	tsɒ^{13}	tsʰɒ^{13}	tsʰɒ^{52}
宁武	tsɒ^{23}	tsʰɒ^{33}	tsʰɒ^{33}	tsʰɒ^{213}	tsuo^{23}	tsuo^{23}	tsʰuo^{23}	tsʰuo^{52}
神池	tsɒ^{24}	tsʰɒ^{32}	tsʰɒ^{32}	tsʰɒ^{32}	tsuɒ^{24}	tsuɒ^{24}	tsʰuɒ^{24}	tsʰuɒ^{52}
繁峙	tsɔ^{53} 白	tsʰɔ^{31}	tsʰɔ^{31}	tsʰɔ^{53}	tsuɔ^{53}	tsuɔ^{53}	tsʰuɔ^{53}	tsʰuɔ^{24}
代县	tsuɔ^{213}	tsʰuɔ^{44}	tsʰuɔ^{44}	tsʰuɔ^{44}	tsuɔ^{213}	tsuɔ^{213}	tsʰuɔ^{213}	tsʰuɔ^{53}
河曲	tʂɒ^{213}	tʂʰɒ^{44}	tʂʰɒ^{44}	tʂʰɒ^{213}	tʂɒ^{52}	tʂɒ^{213}	tsʰuɒ^{213}	tʂʰuɒ^{52}
保德	tʂɔ^{213}	tʂʰɔ^{44}	tʂʰɔ^{44}	tʂʰɔ^{213}	tʂuɔ^{213}	tʂuɔ^{213}	tʂʰuɔ^{213}	tʂʰuɔ^{213}
偏关	tʂɒ^{24}	tʂʰɒ^{44}	tʂʰɒ^{44}	tʂʰɒ^{44}	tʂɒ^{24}	tʂɒ^{24}	tʂʰɒ^{24}	tʂʰɒ^{52}
朔城	tsɑ̃^{312}	tsʰɑ̃^{35}	tsʰɑ̃^{35}	tsʰɑ̃^{312}	tsuɑ̃^{312}	tsuɑ̃^{312}	tsʰuɑ̃^{312}	——
平鲁	tsɒ^{213}	tsʰɒ^{44}	tsʰɒ^{44}	tsʰɒ^{44}/tsʰɒ^{213}	tsuɒ^{213}	tsuɒ^{213}	tsʰuɒ^{213}	——
应县	tsaŋ^{43}	tsʰaŋ^{31}	tsʰaŋ^{31}	tsʰaŋ^{31}/ tsʰaŋ^{54}	tsuaŋ^{43}	tsuaŋ^{43}	tsʰuaŋ^{43}	tsʰuaŋ^{43}
灵丘	tsɒ^{442}	tsʰɒ^{31}	tsʰɒ^{31}	tsʰɒ^{442}	tsue^{442}	tsue^{442}	tsʰue^{442}	tsʰue^{53}
浑源	tsoʌ^{52}	tsʰoʌ^{22}	tsʰoʌ^{22}	tsʰoʌ^{22}	tsoʌ^{52}	tsoʌ^{52}	tsʰoʌ^{52}	tsʰoʌ^{13}
云州	tʂɔ^{21}	tʂʰɔ^{312}	tʂʰɔ^{312}	tʂʰɔ^{55}	tʂuɔ^{21}	tʂuɔ^{21}	tʂʰuɔ^{21}	tʂʰuɔ^{24}

续表

字目	张	长~短	肠	场	庄	装	疮	创~伤
中古音 / 方言点	陟良 宕开三 平阳知	直良 宕开三 平阳澄	直良 宕开三 平阳澄	直良 宕开三 平阳澄	侧羊 宕开三 平阳庄	侧羊 宕开三 平阳庄	初良 宕开三 平阳初	初良 宕开三 平阳初
新荣	tʂɔ^{32}	tʂʰ^{312}	tʂʰ^{312}	tʂʰ^{312}	tʂɔ^{32}	tʂɔ^{32}	tʂʰɔ^{32}	tsʰɔ^{24}
怀仁	tsɒ^{42}	tsʰɒ^{312}	tsʰɒ^{312}	tsʰɒ^{53}	tsɒ^{42}	tsɒ^{42}	tsʰɒ^{42}	tsʰɒ^{24}
左云	tsɒ^{31}	tsʰɒ^{313}	tsʰɒ^{313}	tsʰɒ^{54}	tsɒ^{31}	tsuɒ^{31}	tsʰɒ^{31} 白 / tsʰuɒ^{31} 文	tsʰuɒ^{24}
右玉	tʂɒ^{31}	tʂʰɒ^{212}	tʂʰɒ^{212}	tʂʰɒ^{212}	tʂuɒ^{31}	tʂuɒ^{31}	tʂʰuɒ^{31}	tʂʰuɒ^{31}
阳高	tsɔ^{31}	tsʰɔ^{31}	tsʰɔ^{31}	tsʰɔ^{31}	tsɔ^{31}	tsɔ^{31}	tsʰɔ^{31}	——
山阴	tʂɒ^{313}	tʂʰɒ^{313}	tʂʰɒ^{313}	tʂʰɒ^{313}	tʂuɒ^{313}	tʂuɒ^{313}	tʂʰuɒ^{313}	tʂʰuɒ^{335}
天镇	tsɒ^{31}	tsʰɒ^{22}	tsʰɒ^{22}	tsʰɒ^{55}	tsɒ^{31}	tsɒ^{31}	tsʰɒ^{31}	tsʰɒ^{24}
平定	tʂɑŋ^{31}	tʂʰɑŋ^{44}	tʂʰɑŋ^{44}	tʂʰɑŋ^{44}/ tʂʰɑŋ^{53}	tsuɑŋ^{31}	tsuɑŋ^{31}	tsʰuɑŋ^{31}	tsʰuɑŋ^{24}
昔阳	tʂɔ̃u^{42}	tʂʰɔ̃u^{33}	tʂʰɔ̃u^{33}	tʂʰɔ̃u^{55}	tsuɔ̃u^{42}	tsuɔ̃u^{42}	tsʰuɔ̃u^{42}	tsʰuɔ̃u^{13}
左权	tʂɔ^{31}	tʂʰɔ^{11}	tʂʰɔ^{11}	tʂʰɔ^{42}	tsɔ^{11}	tsɔ^{11}	sɔ^{31} 白 / tsʰɔ^{31} 文	tsʰɔ^{53}
和顺	tʂɔ^{42}	tʂʰɔ^{22}	tʂʰɔ^{22}	tʂʰɔ^{53}	tsuɔ^{42}	tsuɔ^{42}	tsʰuɔ^{42}	tsʰuɔ^{13}
尧都	tʂuo^{21} 白 / tʂɑŋ^{21} 文	tʂʰuo^{24} 白 / tʂʰɑŋ^{24} 文	tʂʰuo^{24} 白 / tʂʰɑŋ^{24} 文	tʂʰuo^{53} 白 / tʂʰɑŋ^{53} 文	tʂuo^{21} 白 / tʂuɑŋ^{21} 文	tʂuo^{21} 白 / tʂuɑŋ^{21} 文	tʂʰuo^{21}	tʂʰuo^{21}
洪洞	tʂo^{21} 白 / tʂɑŋ^{21} 文	tʂʰo^{24} 白 / tʂʰɑŋ^{24} 文	tʂʰo^{24} 白 / tʂʰɑŋ^{24} 文	tʂʰo^{24} 白 / tʂʰɑŋ^{24} 文	tʂo^{21} 白 / tʂuɑŋ^{21} 文	tʂo^{21} 白 / tʂuɑŋ^{21} 文	tʂʰo^{21} 白 / tʂʰuɑŋ^{21} 文	——
洪洞赵城	tʂo^{21} 白 / tʂã^{21} 文	tʂʰo^{24}	tʂʰo^{24}	tʂʰo^{24}	tʂuɤ^{21} 白 / tʂuã^{21} 文	tʂuɤ^{21} 白 / tʂuã^{21} 文	tʂʰuɤ^{21}	tʂʰuɤ^{21}
古县	tʂuo^{21} 白 / tʂɑŋ^{21} 文	tʂʰuo^{35} 白 / tʂʰɑŋ^{35} 文	tʂʰuo^{35} 白 / tʂʰɑŋ^{35} 文	tʂʰuo^{35} 白 / tʂʰɑŋ^{35} 文 / tʂɑŋ^{42}	tʂuo^{21} 白 / tʂuɑŋ^{21} 文	tʂuo^{21} 白 / tʂuɑŋ^{21} 文	tʂʰuo^{21} 白 / tʂʰuɑŋ^{21} 文	tʂʰuɑŋ^{53}
襄汾	tʂuɔ^{21}/tʂaŋ^{21}	tʂʰuɔ^{24}/ tʂʰaŋ^{24}	tʂʰuɔ^{24}	tʂʰuɔ^{24}/ tʂʰaŋ^{24}	tsuɔ^{21} 白 / tʂuaŋ^{21} 文	tʂuɔ 白 / tʂuaŋ^{21} 文	tsʰuɔ^{21} 白 / tʂʰaŋ^{21} 文	tʂuaŋ^{44}
浮山	tʂuo^{42} 白 / tʂaŋ^{42} 文	tʂʰuo^{13}	tʂʰuo^{13}	tʂʰuo^{33} 白 / tʂʰaŋ^{33} 文 / tʂʰaŋ^{13}/ tʂʰuo^{13}	pfɤ^{42} 白 pfaŋ^{42} 白 / tʂuaŋ^{42} 文	pfɤ^{42} 白 / pfaŋ^{42} 文	pfʰɤ^{42}	——
霍州	tʂɔ^{212} 白 / tʂaŋ^{212} 文	tʂʰɔ^{35} 白 / tʂʰaŋ^{35} 文	tʂʰɔ^{35} 白 / tʂʰaŋ^{35} 文	tʂʰɔ^{212} 白 / tʂʰaŋ^{212} 文	tsɔ^{212} 白 / tsuaŋ^{212} 文	tsɔ^{212} 白 / tsuaŋ^{212} 文	tsʰɔ^{212}	tsʰuaŋ^{212}
翼城	tʂɔ^{53}	tʂʰɔ^{12}	tʂʰɔ^{12}	tʂʰɔ^{44}	pfuɔ^{53} 白	pfuɔ^{53} 白	pfʰɔ^{53} 白 / tʂʰuɔ^{53} 文	pfʰɔ^{53}
闻喜	tsɤ^{53} 白 / tsʌŋ^{53} 文 / tɕiᴇ^{53}	tsʰɤ^{13}/ tsʰʌŋ^{13}	tsʰʌŋ^{13}/ tsʰɤ^{13}	tsʰɤ^{13}	pfɤ^{53}	pfʌŋ^{53}	pfʰʌŋ^{53} 白 / tsʰʌŋ^{53} 文	pfʰʌŋ^{53}

续表

字目	张	长~短	肠	场	庄	装	疮	创~伤
中古音 / 方言点	[陟良] 宕开三 平阳知	[直良] 宕开三 平阳澄	[直良] 宕开三 平阳澄	[直良] 宕开三 平阳澄	[侧羊] 宕开三 平阳庄	[侧羊] 宕开三 平阳庄	[初良] 宕开三 平阳初	[初良] 宕开三 平阳初
侯马	tʂɑŋ^{213}	tʂʰɑŋ^{213}	tʂʰɑŋ^{213}	ʂɑŋ^{44}	tʂuɑŋ^{213}	tʂuɤ^{213}	tʂuɑŋ^{213}	tʂʰuɑŋ^{213}
新绛	tʂɤ^{53}	tʂʰɤ^{13}	tʂʰɤ^{13}	tʂʰəŋ^{44}	pfɤ^{53}/pfəŋ^{53}	pfɤ^{53}	pfʰɤ^{53} 白 / pfʰəŋ^{53} 文	tʂʰuəŋ^{44}
绛县	ɕiʌŋ^{53}	tʂʰɤ^{24} 白 / tʂʰʌŋ^{24} 文	tʂʰɤ^{24} 白 / tʂʰʌŋ^{24} 文	tʂʰɤ^{24} 白 / tʂʰʌŋ^{24} 文	pfɤ^{53} 白 / pfʌŋ^{53} 文	pfɤ^{53} 白 / pfʌŋ^{53} 文	pfʰɤ^{53} 白 / tʂʌŋ^{53} 文	pfʰʌŋ^{31}
垣曲	tʂuo^{22} 白 / tʂəŋ^{22} 文	tʂʰɤ^{22} 白 / tʂʰuo^{22} 文	tʂʰɤ^{22}	tʂʰəŋ^{44}	tʂuəŋ^{53}	tʂuo^{53}	tʂʰuo^{53}	tʂʰuəŋ^{53}
夏县	tʂəŋ^{53}	tʂʰuɤ^{42}	tʂʰuɤ^{42}	tʂʰiɤ^{42}	pfəŋ^{53} 白 / tʂuəŋ^{53} 文	pfəŋ^{53} 白 / tʂuəŋ^{53} 文	pfʰəŋ^{53} 白 / tʂʰuəŋ^{53} 文	pfʰəŋ^{53} 白 / tʂʰuəŋ^{53} 文
万荣	tʂɤ^{51} 白 / tʂaŋ^{51} 文	tʂʰɤ^{213}	tʂʰɤ^{213}	tʂʰɤ^{213} 白 / tʂʰaŋ^{213} 文	pfɤ^{51} 白 / pfaŋ^{51} 文	pfaŋ^{51}	pfʰɤ^{51} 白 / pfʰaŋ^{51} 文	pfʰaŋ^{55}
稷山	tʂɤ^{53}	tʂʰɤ^{13}	tʂʰɤ^{13}	tʂʰɤ^{13} 白 / tʂʰʌŋ^{44} 文	pfɤ^{53}	pfɤ^{53}	pfʰɤ^{53}	pfʰʌŋ^{42}
盐湖	tʂaŋ^{42}	tʂʰaŋ^{13}	tʂʰaŋ^{13}	tʂʰaŋ^{13}	pfo^{42} 白 / pfaŋ^{42} 文	pfaŋ^{42} 白 / tʂuaŋ^{42} 文	pfʰo^{42} 白 / pfʰaŋ^{42} 文	pfʰaŋ^{53} 白 / tʂʰuaŋ^{53} 文
临猗	tʂɑŋ^{42}	tʂʰuo^{13} 白 / tʂʰɑŋ^{13} 文	tʂʰuo^{13} 白 / tʂʰɑŋ^{13} 文	tʂʰuo^{13} 白 / tʂʰɑŋ^{13} 文	pfo^{42} 白 / pfɑŋ^{42} 文	pfɑŋ^{42} 白 / tʂuɑŋ^{42} 文	pfʰɑŋ^{42}	pfʰɑŋ^{44}
河津	tʂɤ^{31} 白 / tʂaŋ^{31} 文	tʂʰɤ^{324} 白 / tʂʰaŋ^{324} 文	tʂʰɤ^{324} 白 / tʂʰaŋ^{324} 文	tʂʰɤ^{324} 白 / tʂʰaŋ^{324} 文	pfɤ^{31} 白 / pfaŋ^{31} 文	pfɤ^{44} 白 / pfaŋ^{31}	pfʰɤ^{31} 白 / pfʰaŋ^{31} 文	pfʰaŋ^{53}
平陆	tʂaŋ^{31}	tʂʰuə^{13} 白 / tʂʰaŋ^{13} 文	tʂʰuə^{13} 白 / tʂʰaŋ^{13} 文	tʂʰuə^{13} 白 / tʂʰaŋ^{13} 文	pfaŋ^{31}	pfaŋ^{31}	pfʰaŋ^{31}	pfʰaŋ^{33}
永济	tʂuo^{31} 白 / tʂaŋ^{31} 文	tʂʰuo^{24} 白 / tʂʰaŋ^{24} 文	tʂʰuo^{24} 白 / tʂʰaŋ^{24} 文	tʂʰuo^{24} 白 / tʂʰaŋ^{53} 文	pfuo^{31} 白 / pfaŋ^{31} 文	pfuo^{44} 白 / pfaŋ^{31} 文	pfʰaŋ^{31}	pfʰaŋ^{53}
芮城	tʂaŋ^{42}	tʂʰuo^{13} 白 / tiau^{44} 文 / tʂʰaŋ^{13} 文	tʂʰuo^{13} 白 / tʂʰaŋ^{13} 文	tʂʰuo^{13} 白 / tʂʰaŋ^{13} 文	pfaŋ^{42} 白 / tʂuaŋ^{42} 文	pfaŋ^{44} 白 / tʂuaŋ^{42} 文	pfʰo^{42} 白 / pfʰaŋ^{42} 文	pfʰaŋ^{53}
吉县	tʂəŋ^{423}	tʂʰəŋ^{13}	tʂʰə^{13} 白 / tʂʰəŋ^{13} 文	tʂʰə^{13} 白 / tʂʰəŋ^{53} 文	pfə^{423} 文 / pfəŋ^{423} 白	pfə^{423}	pfʰə^{13}	——
乡宁	tʂɤ^{53} 白 / tʂaŋ^{53} 文	tʂʰɤ^{12} 白 / tʂʰaŋ^{12} 文	tʂʰɤ^{12} 白 / tʂʰaŋ^{12} 文	tʂʰaŋ^{44}	tʂuɤ^{53} 白 / tʂuaŋ^{53} 文	tʂuɤ^{53} 白 / tʂuaŋ^{53} 文	tʂʰuɤ^{53} 白 / tʂʰuaŋ^{53} 文	tʂʰuaŋ^{53}
广灵	tsɔ^{53}	tsʰɔ^{31}	tsʰɔ^{31}	tsʰɔ^{31}	tsɔ^{53}	tsɔ^{53}	tsʰɔ^{53}	tsʰɔ^{53}

字目	床	霜	章	樟	昌	商	伤	常
中古音 方言点	上庄 宕开三 平阳崇	色庄 宕开三 平阳生	诸良 宕开三 平阳章	诸良 宕开三 平阳章	尺良 宕开三 平阳昌	式羊 宕开三 平阳书	式羊 宕开三 平阳书	市羊 宕开三 平阳禅
北京	tʂʰuaŋ35	ʂuaŋ55	tʂaŋ55	tʂaŋ55	tʂʰaŋ55	ʂaŋ55	tʂaŋ55	tʂʰaŋ35
小店	tsʰo11	so11	tso11	tso11	tsʰo11	so11	so11	tsʰo11
尖草坪	tsʰɔ33	sɔ33	tsɔ33	tsɔ33	tsʰɔ33	sɔ33	sɔ33	tsʰɔ33
晋源	tsʰɔ11	tsʰɔ11	tsɔ11	tsɔ11	tsʰɔ11	sa11	sɔ11	tsʰɔ11
阳曲	tsʰuɔ43	suɔ312	tsɔ312	tsɔ312	tsʰɔ312	sɔ312	sɔ312	tsʰɔ43
古交	suɔ44 白 / tsʰuɔ44 文	suɔ44	tsɔ44	tsɔ44	tsʰɔ44	sɔ44	sɔ44	tsʰɔ44
清徐	suɒ11 白 / tsʰuɒ11 文	tsʰuɒ11	tsɒ11	tsɒ11	tsʰɒ11	sɒ11	sɒ11	sɒ11 白 / tsʰɒ11 文
娄烦	pfʰə33	fə33 白 / sɑ̃33 文	tsɑ̃33	tsɑ̃33	tsʰɑ̃33	sɑ̃33	sɑ̃33	tsʰɑ̃33
榆次	sɒ11/tsʰuɒ11	suɒ11	tsɒ11	tsɒ11	tsʰɒ11	sɒ35	sɒ35	tsʰɒ11
交城	suɤ11 白 / tsʰuɤ11 文	suɤ11	tsɤ11	tsɤ11	tsʰɤ11	sɤ11	sɤ11	sɤ11 白 / tsʰɤ11 文
文水	su22 白 / tsʰuaŋ22 文	suaŋ22	tsaŋ22	tsu22 白 / tsaŋ22 文	tsʰaŋ22	saŋ22	saŋ22	tsʰu22 白 / tsʰaŋ22 文
祁县	su31 白 / tsʰuɑ̃31 文	su31 白 / suɑ̃31 文	tʂɑ̃31	tʂɑ̃31	tʂʰɑ̃31	ʂa31 白 / ʂɑ̃31 文	ʂa31 白 / ʂɑ̃31 文	tʂʰa31 白 / tʂʰɑ̃31 文
太谷	fuo33 白 / tsʰuo33 文	fuo33 白 / suo33 文	tsɒ33	tsɒ33	tsʰɒ33	sɒ33	sɒ33	sɒ33 白 / tsʰɒ33 文
平遥	suə213 白 / tsũɑ̃213 文	sũɑ̃213	tʂɑ̃213	tʂɑ̃213	tʂɑ̃213	ʂɑ̃213	ʂɑ̃213	tʂɑ̃213
孝义	suə33 白 / tsʰuã33 文	suã33	tʂã33	tʂã33	tʂʰã33	ʂã33	ʂE454 白 / ʂã33 文	tʂʰã33
介休	ɕyɤ13 白 / tsʰuæ̃13 文	suæ̃13	tʂæ̃13	tʂæ̃13	tʂʰæ̃13	ʂæ̃13	ʂæ̃13	tʂʰæ̃13
灵石	tsʰuɒ̃44	suɒ̃535	tsɒ̃535	tsɒ̃535	tsʰɒ̃535	sɒ̃535	sɒ̃535	tsʰɒ̃44
盂县	tsʰuo22 白 / tsʰuæ̃22 文	suo412 白 / suæ̃412 文	tsɤo412 白 / tsæ̃412 文	tsæ̃412 文	tsʰæ̃412	sɤo412 白 / sæ̃412 文	sɤo412 白 / sæ̃412 文	tsʰɤo22 白 / tsʰæ̃22 文
寿阳	sɒo22/tsʰɒo22	sɒo31	tsɒo31	tsɒo31	tsʰɒo31	sɒo31	sɒo31	tsʰɒo22
榆社	tsʰuɔu22	suɔu22	tsɔu22	tsɔu22	tsʰɔu22	sɔu22	sɔu22	tsʰɔu22
离石	tsʰuə44	suə24	tsɔ24	tsɔ24	tsʰɔ24	sɔ24	sɔ24	tsʰɔ44
汾阳	tʂʰuɔ22	ʂuɔ324	tʂuɔ324	tʂuɔ324	tʂʰuɔ324	ʂuɔ324	ʂuɔ324	tʂʰuɔ22
中阳	tsʰɒ33	sɒ24	tsɒ24	tsɒ24	tsʰɒ24	sɒ24	ʂɤ24 白 / sɒ24 文	tsʰɒ33

续表

字目	床	霜	章	樟	昌	商	伤	常
中古音 / 方言点	上庄 宕开三 平阳崇	色庄 宕开三 平阳生	诸良 宕开三 平阳章	诸良 宕开三 平阳章	尺良 宕开三 平阳昌	式羊 宕开三 平阳书	式羊 宕开三 平阳书	市羊 宕开三 平阳禅
柳林	tsʰuo^{44}	suo^{24}	tsɔ^{24}	tsɔ^{24}	tsʰɔ^{24}	sɔ^{24}	sɔ^{24}	tsʰɔ^{44}
方山	tsʰuə^{44}	suə^{24}	tʂɔ^{24}	tʂɔ^{24}	tʂʰɔ^{24}	ʂɔ^{24}	ʂɔ^{24}	tʂʰɔ^{44}
临县	tsʰʮə^{33}	sʮə^{24}	tʂɒ^{24}	tʂɒ^{24}	tʂʰɒ^{24}	ʂɒ^{24}	ʂɒ^{24}	tʂʰɒ^{33}
兴县	tsʰuæ̃^{55}	suɤ^{324}	tʂɤ^{324}	tʂɤ^{324}	tʂʰɤ^{324}	sɤ^{324}	sɤ^{324}	tʂʰɤ^{55}
岚县	tsʰuə^{44}	suə^{214}	tsuə^{214}	tsuə^{214}	tsʰuə^{214}	suə^{214}	suə^{214}	tsʰuə^{44}
静乐	tsʰuɑ̃^{33}	suɑ̃^{24}	tsɑ̃^{24}	tsɑ̃^{24}	tsʰɑ̃^{24}	sɑ̃^{24}	sɑ̃^{24}	tsʰɑ̃^{33}
交口	tsʰuə^{44} 白 / tsʰuɑ̃^{44} 文	suə^{323} 白 / suɑ̃^{323} 文	tsɑ̃^{323}	tsɑ̃^{323}	tsʰɑ̃^{323}	sɑ̃^{323}	sɑ̃^{323}	tsʰɑ̃^{44}
石楼	tʂʰuə^{44} 白 / tʂʰuɑŋ^{44} 文	ʂuə^{213} 白 / ʂuɑŋ^{213} 文	tʂɑŋ^{213}	tʂɑŋ^{213}	tʂʰɑŋ^{213}	ʂɑŋ^{213}	ʂɑŋ^{213}	tʂɑŋ^{44}
隰县	tsʰuo^{24} 白 / tsʰuaŋ^{24} 文	suo^{53} 白 / suæ^{53} 文	tsæ^{53}	tsæ^{53}	tsʰæ^{53}	sæ^{53}	sæ^{53}	tsʰaŋ^{24}
大宁	tʂʰuo^{24} 白	suo^{31} 白	——	——	——	——	——	tʂʰɛ̃^{24}
永和	tʂʰuɤ^{35} 白 / tʂʰuɑ̃^{35} 文	ʂuɤ^{33} 白 / ʂuɑ̃^{33} 文	tʂʅə^{33} 白 / tʂɑ̃^{33} 文	tʂɑ̃^{33}	tʂʰɑ̃^{33}	ʂɑ̃^{33}	ʂɑ̃^{33}	tʂʰɑ̃^{35}
汾西	su^{35} 白 / tsuɑ̃^{35} 文	su^{11} 白 / suɑ̃^{11} 文	tsɑ̃^{11}	tsɑ̃^{11}	tsʰɑ̃^{11}	sɑ̃^{11}/sɯ^{11}	sɑ̃^{11}/sɯ^{11}	tsʰɑ̃^{35}
蒲县	tsʰuo^{24} 白 / tsʰuɑŋ^{24} 文	suo^{52} 白 / ʂuɑŋ^{52} 文	tʂɑŋ^{52}	tʂɑŋ^{52}	tʂʰɑŋ^{52}	ʂɑŋ^{52}	ʂɑŋ^{52}	tʂʰɑŋ^{24}
潞州	tsʰuaŋ^{24}	suaŋ^{312}	tsaŋ^{312}	tsaŋ^{312}	tsʰaŋ^{312}	saŋ^{312}	saŋ^{312}	tsʰaŋ^{24}
上党	tsʰuɑŋ^{44}	suɑŋ^{213}	tsɑŋ^{213}	tsɑŋ^{213}	tsʰɑŋ^{213}	sɑŋ^{213}	sɑŋ^{213}	tsʰɑŋ^{44}
长子	tsʰuaŋ^{24}	suaŋ^{312}	tsaŋ^{312}	tsaŋ^{312}	tsʰaŋ^{312}	saŋ^{312}	saŋ^{312}	tsʰaŋ^{24}
屯留	tsʰuɑŋ^{11}	suɑŋ^{31}	tsɑŋ^{31}	tsɑŋ^{31}	tsʰɑŋ^{31}	sɑŋ^{31}	sɑŋ^{31}	tsʰɑŋ^{11}
襄垣	tsʰuɒ^{31}	suɒ^{33}	tsɒ^{33}	tsɒ^{33}	tsʰɒ^{33}	sɒ^{33}	sɒ^{33}	tsʰɒ^{31}
黎城	tsʰuɑŋ^{53}	suɑŋ^{33}	tɕiɑŋ^{33}	tɕiɑŋ^{33}	tɕʰiɑŋ^{33}	ɕiɑŋ^{33}	ɕiɑŋ^{33}	tɕʰiɑŋ^{53}
平顺	tsʰuaŋ^{13}	suaŋ^{213}	tsaŋ^{213}	tsaŋ^{213}	tsʰaŋ^{213}	saŋ^{213}	saŋ^{213}	tsʰaŋ^{13}
壶关	tʂʰuaŋ^{13}	ʂuaŋ^{33}	tʂaŋ^{33}	tʂaŋ^{33}	tʂʰaŋ^{33}	ʂaŋ^{33}	ʂaŋ^{33}	tʂʰaŋ^{13}
沁县	tsʰuɔ^{33}	suɔ^{224}	tsɔ^{224}	tsɔ^{224}	tsʰɔ^{224}	sɔ^{224}	sɔ^{224}	tsʰɔ^{33}
武乡	tsʰuɔ̃^{33}	suɔ̃^{113}	tsɔ̃^{113}	tsɔ̃^{113}	tsʰɔ̃^{113}	sɔ̃^{113}	sɔ̃^{113}	tsʰɔ̃^{33}
沁源	tʂʰuə^{33}	ʂuə^{324}	tʂʌ̃^{324}	tʂʌ̃^{324}	tʂʰʌ̃^{324}	ʂʌ̃^{324}	ʂʌ̃^{324}	tʂʰʌ̃^{33}
安泽	tsʰuʌŋ^{35}	suʌŋ^{21}	tsʌŋ^{21}	tsʌŋ^{21}	tsʰʌŋ^{21}	sʌŋ^{21}	sʌŋ^{21}	tsʰʌŋ^{35}
沁水端氏	tsʰuɑŋ^{24}	suɑŋ^{21}	tsɑŋ^{21}	tsɑŋ^{21}	tsʰɑŋ^{21}	sɑŋ^{21}	sɑŋ^{21}	tsʰɑŋ^{24}
阳城	tʂʰuãŋ^{22}	ʂuãŋ^{224}	tʂãŋ^{224}	tʂãŋ^{224}	tʂʰãŋ^{224}	ʂãŋ^{224}	ʂãŋ^{224}	tʂʰãŋ^{22}

续表

字目	床	霜	章	樟	昌	商	伤	常
中古音 / 方言点	上庄 宕开三 平阳崇	色庄 宕开三 平阳生	诸良 宕开三 平阳章	诸良 宕开三 平阳章	尺良 宕开三 平阳昌	式羊 宕开三 平阳书	式羊 宕开三 平阳书	市羊 宕开三 平阳禅
高平	tʂʰuɔ̃^{33}	ʂuɔ̃^{33}	tʂɔ̃^{33}	tʂɔ̃^{33}	tʂʰɔ̃^{33}	ʂɔ̃^{33}	ʂɔ̃^{33}	tʂʰɔ̃^{33}
陵川	tʂʰuɑŋ^{53}	ʂuɑŋ^{33}	tʂɑŋ^{33}	tʂɑŋ^{33}	tʂʰɑŋ^{33}	ʂɑŋ^{33}	ʂɑŋ^{33}	tʂʰɑŋ^{53}
晋城	tʂʰuɒ̃^{324}	ʂuɒ̃^{33}	tʂɒ̃^{33}	tʂɒ̃^{33}	tʂʰɒ̃^{33}	ʂɒ̃^{33}	ʂɒ̃^{33}	tʂʰɒ̃^{324}
忻府	tsʰuɛ^{21} 白 / tsʰuɑ̃^{21} 文	suɛ^{313} 白 / suɑ̃^{313} 文	tʂɑ̃^{313}	tʂɑ̃^{313}	tʂʰɑ̃^{313}	ʂɑ̃^{313}	ʂɛ^{313} 白 / ʂɑ̃^{313} 文	tʂʰɑ̃^{21}
原平	tsʰuɔ^{33}	suɔ^{213}	tʂɔ^{213}	tʂɔ^{213}	tʂʰɔ^{213}	ʂɔ^{213}	ʂɔ^{213}	tʂʰɔ^{33}
定襄	tsʰɔ^{11}	sɔ^{24}	tʂæ^{24}	tʂæ^{24}	tʂʰɔ^{24}	ʂɔ^{24}	ʂɔ^{24}	tʂʰɔ^{11}
五台	tsʰuɔ^{33}	suɔ^{213}	tsɔ^{213}/ tsæn^{213}	tsɔ^{213}/ tsæn^{213}	tsʰɔ^{213}	sɔ^{213}/sæn^{213}	sɔ^{213}	tsʰæn^{33}
岢岚	tʂʰɔ^{44}	ʂɔ^{13}	tʂɔ^{13}	tʂɔ^{13}	tʂʰɔ^{44}	ʂɔ^{13}	ʂɔ^{13}	tʂʰɔ^{44}
五寨	tsʰɒ^{44}	sɒ^{13}	tsɒ^{13}	tsɒ^{13}	tsʰɒ^{44}	sɒ^{13}	sɒ^{13}	tsʰɒ^{44}
宁武	tsʰuo^{33}	suo^{23}	tsɒ^{23}	tsɒ^{23}	tsʰɒ^{23}	sɒ^{23}	sɒ^{23}	tsʰɒ^{33}
神池	tsʰuɒ^{32}	suɒ^{24}	tsɒ^{24}	tsɒ^{24}	tsʰɒ^{24}	sɒ^{24}	sɒ^{24}	tsʰɒ^{32}
繁峙	tsʰuɔ^{31}	suɔ^{53}	tsɔ^{53}	tsɔ^{53}	tsʰɔ^{53}	sɔ^{53}	sɔ^{53}	tsʰɔ^{31}
代县	tsʰuɔ^{44}	suɔ^{213}	tsuɔ^{213}	tsuɔ^{213}	tsʰuɔ^{213}	suɔ^{213}	suɔ^{213}	tsʰuɔ^{44}
河曲	tʂʰɒ^{44}	ʂɒ^{213}	tʂɒ^{213}	tʂɒ^{213}	tʂʰɒ^{213}	ʂɒ^{213}	ʂɒ^{213}	tʂʰɒ^{44}
保德	tʂʰuɔ^{44}	ʂuɔ^{213}	tʂɔ^{213}	tʂɔ^{213}	tʂʰɔ^{213}	ʂɔ^{213}	ʂɔ^{213}	tʂʰɔ^{44}
偏关	tʂʰɒ^{44}	ʂɒ^{24}	tʂɒ^{24}	tʂɒ^{24}	tʂʰɒ^{24}	ʂɒ^{24}	ʂɒ^{24}	tʂʰɒ^{44}
朔城	tsʰuɑ̃^{35}	suɑ̃^{312}	tsɑ̃^{312}	tsɑ̃^{312}	tsʰɑ̃^{312}	sɑ̃^{312}	sɑ̃^{312}	tsʰɑ̃^{35}
平鲁	tsʰuɒ^{44}	suɒ^{44}	tsɒ^{213}	tsɒ^{213}	——	sɒ^{213}	sɒɒ^{213}	tsʰɒ^{44}
应县	tsʰuaŋ^{31}	suaŋ^{43}	tsaŋ^{43}	tsaŋ^{43}	tsʰaŋ^{43}	saŋ^{43}	saŋ^{43}	tsʰaŋ^{31}
灵丘	tsʰue^{31}	sue^{442}	tsɒ^{442}	tsɒ^{442}	tsʰɒ^{442}	sɒ^{442}	sɒ^{442}	tsʰɒ^{31}
浑源	tsʰoʌ^{22}	soʌ^{52}	tsoʌ^{52}	tsoʌ^{52}	tsʰoʌ^{52}	soʌ^{52}	soʌ^{52}	tsʰoʌ^{22}
云州	tʂʰɔ^{312}	ʂuɔ^{21}	tʂɔ^{21}	tʂɔ^{21}	tʂʰɔ^{21}	ʂɔ^{21}	ʂɔ^{21}	tʂʰɔ^{312}
新荣	tsʰɔ^{312}	ʂɔ^{32}	tʂɔ^{32}	tʂɔ^{32}	tʂ^{h32}	ʂɔ^{32}	ʂɔ^{32}	tʂʰɔ^{312}
怀仁	tsʰɒ^{312}	sɒ^{42}	tsɒ^{42}	tsɒ^{42}	tsʰɒ^{42}	sɒ^{42}	sɒ^{42}	tsʰɒ^{312}
左云	tsʰɒ^{313}	suɒ^{31}	tsɒ^{31}	tsɒ^{31}	tsʰɒ^{31}	sɒ^{31}	sɒ^{31}	tsʰɒ^{313}
右玉	tʂʰuɒ^{212}	ʂuɒ^{31}	tʂɒ^{31}	tʂɒ^{31}	tʂʰɒ^{31}	ʂɒ^{31}	ʂɒ^{31}	tʂʰɒ^{212}
阳高	tsʰɔ^{312}	sɔ^{31}	tsɔ^{31}	tsɔ^{31}	tsʰɔ^{31}	sɔ^{31}	sɔ^{31}	tsʰɔ^{31}
山阴	tʂʰuɒ^{313}	ʂuɒ^{313}	tʂɒ^{313}	tʂɒ^{313}	tʂʰɒ^{313}	ʂɒ^{313}	ʂɒ^{313}	tʂʰɒ^{313}
天镇	tsʰɒ^{22}	sɒ^{31}	tsɒ^{31}	tsɒ^{31}	tsʰɒ^{22}	sɒ^{31}	sɒ^{31}	tsʰɒ^{22}
平定	tsʰuaŋ^{44}	suaŋ^{31}	tʂaŋ^{31}	tʂaŋ^{31}	tʂʰaŋ^{31}	ʂaŋ^{31}	ʂaŋ^{31}	tʂʰaŋ^{44}

续表

字目	床	霜	章	樟	昌	商	伤	常
中古音 / 方言点	上庄 宕开三 平阳崇	色庄 宕开三 平阳生	诸良 宕开三 平阳章	诸良 宕开三 平阳章	尺良 宕开三 平阳昌	式羊 宕开三 平阳书	式羊 宕开三 平阳书	市羊 宕开三 平阳禅
昔阳	tsʰuɔ̃u^{33}	suɔ̃u^{42}	tʂɔ̃u^{42}	tʂɔ̃u^{42}	tʂʰɔ̃u^{42}	ʂɔ̃u^{42}	ʂɔ̃u^{42}	tʂʰɔ̃u^{33}
左权	tsʰɔ^{11}	sɔ^{31}	tʂɔ^{31}	tʂɔ^{31}	tʂʰɔ^{31}	ʂɔ^{31}	ʂɔ^{31}	tʂʰɔ^{11}
和顺	tsʰuɔ^{22}	suɔ^{42}	tʂɔ^{42}	tʂɔ^{42}	tʂʰɔ^{42}	ʂɔ^{42}	ʂɔ^{42}	tʂʰɔ^{22}
尧都	fo^{24} 白 / tʂʰuɑŋ^{24} 文	fɑŋ^{21}	tʂɑŋ^{21}	tʂɑŋ^{21}	tʂʰɑŋ^{21}	ʂɑŋ^{21}	ʂuo^{21} 白 / ʂɑŋ^{21} 文	tʂʰɑŋ^{24}
洪洞	fo^{24} 白 / tʂʰuɑŋ^{24} 文	fo^{21} 白 / fɑŋ^{21} 文	tʂɑŋ^{21}	tʂɑŋ^{21}	tʂʰɑŋ^{21}	ʂo^{21} 白 / ʂɑŋ^{21} 文	ʂo^{21} 白 / ʂɑŋ^{21} 文	tʂʰɑŋ^{24}
洪洞赵城	ʂuɤ^{24} 白 / tʂʰuɑ̃^{24} 文	ʂuɤ^{21} 白 / ʂuɑ̃^{21} 文	tʂɑ̃^{21}	tʂɑ̃^{21}	tʂʰɑ̃^{21}	ʂo^{21} 白 / ʂɑ̃^{21} 文	ʂo^{21} 白 / ʂɑ̃^{21} 文	tʂʰɑ̃^{24}
古县	tʂʰuɑŋ^{35}	fo^{21} 白 / ʂuɑŋ^{21} 文	tʂɑŋ^{21}	tʂɑŋ^{21}	tʂʰɑŋ^{21}	ʂɑŋ^{21}	ʂɑŋ^{21}	tʂʰɑŋ^{35}
襄汾	suɔ^{42} 白 / tʂʰuaŋ^{24} 文	suɔ^{21} 白 / ʂuaŋ^{21} 文	tʂaŋ^{21}	tʂaŋ^{21}	tʂʰaŋ^{21}	ʂaŋ^{21}	ʂuɔ^{21} 白 / ʂaŋ^{21} 文	tʂʰaŋ^{24}
浮山	pfʰaŋ^{13} 白 / tʂʰuaŋ^{13} 文	fɤ^{42} 白 / faŋ^{42} 文	tʂaŋ^{42}	tʂaŋ^{42}	tʂʰaŋ^{42}	ʂaŋ^{42}	ʂuo^{42} 白 / ʂaŋ^{42} 文	tʂʰaŋ^{13}
霍州	tsʰuaŋ^{35}	sɔ^{212} 白 / suaŋ^{212} 文	tʂaŋ^{212}	tʂaŋ^{212}	tʂʰaŋ^{212}	ʂaŋ^{212}	ʂɔ^{212} 白 / ʂaŋ^{212} 文	tʂʰɔ^{35} 白 / tʂʰaŋ^{35} 文
翼城	pfʰɔ^{12} 白 / tʂʰuɔ^{12} 文	ʂuɔ^{53}	tʂɔ^{53}	tʂɔ^{53}	tʂʰɔ^{53}	ʂɔ^{53}	ʂɔ^{53}	tʂʰɔ^{12}
闻喜	pfʰɤ^{13} 白 / pfʰᴀŋ^{13} 文	fᴀŋ^{53} 白	tsᴀŋ^{53}/ tsɤ^{53}	tsᴀŋ^{53}/ tsɤ^{53}	tsʰɤ^{53}/ tsʰᴀŋ^{13}	sɤ^{53}/sᴀŋ^{53}	sɤ^{53}/sᴀŋ^{53}	tsʰᴀŋ^{13}/ tsʰɤ^{13}
侯马	fɤ^{44} 白 / ʂuɑŋ^{44} 文	ʂuɑŋ^{213}	——	tʂɑŋ^{53}	tʂʰɑŋ^{213}	——	ʂɑŋ^{213} 文 / ʂɤ^{213} 白	tʂʰɑŋ^{213}
新绛	pfʰəŋ^{13}	fɤ^{53}	tʂəŋ^{53}	tʂəŋ^{53}	tʂʰəŋ^{44}	ʂəŋ^{53}	ʂəŋ^{53}	tʂʰəŋ^{13}
绛县	pfʰʌŋ^{24}	fɤ^{53}	tʂʌŋ^{53}	tʂʌŋ^{53}	tʂʰʌŋ^{53}	ʂʌŋ^{53}	ʂɤ^{53}/ʂʌŋ^{53}	tʂʰʌŋ^{24}
垣曲	ʂuo^{22} 白 / tʂʰuəŋ^{22} 文	ʂuo^{22}	tʂəŋ^{22}	tʂəŋ^{22}	tʂʰəŋ^{22}	ʂəŋ^{22}	ʂɤ^{22} 白 / ʂəŋ^{22} 文	tʂʰəŋ^{22}
夏县	pfʰəŋ^{42} 白 / tʂʰuəŋ^{42} 文	fəŋ^{53} 白 / ʂuəŋ^{53} 文	tʂəŋ^{53}	tʂəŋ^{53}	tʂʰəŋ^{53}	ʂəŋ^{53}	ʂəŋ^{53}	tʂʰəŋ^{42}/ʂɤ^{42}
万荣	pfʰɤ^{213} 白 / pfʰaŋ^{213} 文	faŋ^{51}	tʂaŋ^{33}	tʂaŋ^{51}	tʂʰaŋ^{51}	ʂaŋ^{51}	ʂaŋ^{51}	tʂʰaŋ^{213}
稷山	pfʰʌŋ^{13}	fɤ^{53}	tʂʌŋ^{53}	tʂʌŋ^{53}	tʂʰʌŋ^{53}	ʂʌŋ^{53}	ʂʌŋ^{53}	tʂʰʌŋ^{13}
盐湖	pfʰaŋ^{13} 白 / tʂʰuaŋ^{13} 文	faŋ^{42} 白 / ʂuaŋ^{42} 文	tʂaŋ^{42}	tʂaŋ^{42}	tʂʰaŋ^{42}	ʂaŋ^{42}	ʂaŋ^{42}	tʂʰaŋ^{13}

续表

字目	床	霜	章	樟	昌	商	伤	常
中古音／方言点	上庄 宕开三 平阳崇	色庄 宕开三 平阳生	诸良 宕开三 平阳章	诸良 宕开三 平阳章	尺良 宕开三 平阳昌	式羊 宕开三 平阳书	式羊 宕开三 平阳书	市羊 宕开三 平阳禅
临猗	pfʰɑŋ^{13} 白 / tʂʰuɑŋ^{13} 文	fɑŋ^{42}	tʂɑŋ^{42}	tʂɑŋ^{42}	tʂʰɑŋ^{42}	ʂɑŋ^{42}	ʂɑŋ^{42}	tʂʰɑŋ^{13}
河津	pfʰɤ^{324} 白 / pfʰaŋ^{324} 文	faŋ^{31}	tʂaŋ^{31} 文	tʂaŋ^{31}	tʂʰaŋ^{31}	ʂaŋ^{31}	ʂɤ^{31} 白 / ʂaŋ^{31} 文	tʂʰaŋ^{324}
平陆	pfʰaŋ^{13}	faŋ^{31}	tʂaŋ^{31}	tʂaŋ^{31}	tʂʰaŋ^{55}	ʂaŋ^{31}	ʂaŋ^{31}	tʂʰaŋ^{13}
永济	pfʰaŋ^{24}	faŋ^{31} 白 / ʂuaŋ^{31} 文	tʂaŋ^{31}	tʂaŋ^{31}	tʂʰaŋ^{31}	ʂaŋ^{31}	ʂaŋ^{31}	tʂʰaŋ^{24}
芮城	pfʰaŋ^{13}	faŋ^{42}	tʂaŋ^{42}	tʂaŋ^{42}	tʂʰaŋ^{53}	ʂaŋ^{42}	ʂaŋ^{42}	tʂʰaŋ^{13}
吉县	pfʰəŋ^{13}	fə^{423} 白 / fəŋ^{423} 文	tʂəŋ^{423}	——	tʂʰəŋ^{53}	ʂəŋ^{423}	ʂəŋ^{423}	tʂʰəŋ^{13}
乡宁	tʂʰuɤ^{12} 白 / tʂʰuaŋ^{12} 文	ʂuɤ^{53} 白 / ʂuaŋ^{53} 文	tʂaŋ^{53}	tʂaŋ^{53}	tʂʰaŋ^{53}	ʂaŋ^{53}	ʂaŋ^{53}	tʂʰaŋ^{12}
广灵	tsʰɔ^{31}	sɔ^{53}	tsɔ^{53}	tsɔ^{53}	tsʰɔ^{53}	sɔ^{53}	sɔ^{53}	tsʰɔ^{31}

字目	尝	偿	瓤	疆	僵	姜生~	姜姓	羌
中古音 方言点	市羊 宕开三 平阳禅	市羊 宕开三 平阳禅	汝阳 宕开三 平阳日	居良 宕开三 平阳见	居良 宕开三 平阳见	居良 宕开三 平阳见	居良 宕开三 平阳见	去羊 宕开三 平阳溪
北京	tʂʰaŋ35	tʂʰaŋ35	zaŋ35	tɕiaŋ55	tɕiaŋ55	tɕiaŋ55	tɕiaŋ55	tɕʰiaŋ55
小店	tsʰo11	tsʰo11	zo11	tɕio11	tɕio11	tɕio11	tɕiɑ11	tɕʰio11
尖草坪	tsʰɔ33	tsʰɔ33	zɔ33	tɕiɔ33	tɕiɔ33	tɕiɔ33	tɕiɔ33	tɕʰiɔ33
晋源	sɔ11	tsʰɔ11	zɔ11	tɕiɔ35	tɕiɔ35	tɕiɔ11	tɕiɔ11	tɕʰiɔ11
阳曲	tsʰɔ43	tsʰɔ43	zɔ43	tɕiɔ312	tɕiɔ312	tɕiɔ312	tɕiɔ312	tɕʰiɔ312
古交	sɔ44	tsʰɔ44	zɔ44	tɕiɔ44	tɕiɔ44	tɕiɔ44	tɕiɔ44	tɕʰiɔ44
清徐	sɒ11 白 / tsʰɒ11 文	tsʰɒ11	zɒ11	tɕiɒ11	tɕiɒ11	tɕiɒ11	tɕiɒ11	tɕʰiɒ11
娄烦	tsʰɑ̃33	tsʰɑ̃33	zɑ̃33	tɕiɑ̃33	tɕiɑ̃33	tɕiɑ̃33	tɕiɑ̃33	tɕʰiɑ̃33
榆次	sɒ11	tsʰɒ11	zɒ11	tɕiɒ11	tɕiɒ11	tɕiɒ11	tɕiɒ11	tɕʰiɒ11
交城	sɤ53 白 / tsʰɤ11 文	sɤ53 白 / tsʰɤ11 文	zɤ11	tɕiɤ11/ tɕʰiɤ11	tɕiɤ11	tɕiɤ11	tɕiɤ11	tɕʰiɤ11
文水	su22 白 / tsʰaŋ22 文	tsʰaŋ22	zu22	tɕiaŋ22	tɕya423 白 / tɕiaŋ22 文	tɕiu22 白 / tɕiaŋ22 文	tɕiaŋ22	tɕʰiaŋ22
祁县	ʂa31 白 / tʂʰɑ̃31 文	tʂʰɑ̃31	ʐa31 白 / ʐɑ̃31 文	tɕiɑ̃31	tɕiɑ̃31	tɕia45 白 / tɕiɑ̃31 文	tɕia45 白 / tɕiɑ̃31 文	tɕʰiɑ̃31
太谷	sɒ33 白 / tsʰɒ33 文	tsʰɒ33	zɒ33	tɕiɒ33	tɕiɒ33	tɕiɒ33	tɕiɒ33	tɕʰiɒ33
平遥	ʂuə213 白 / tʂʰɑ̃213 文	ʂɑ̃213	zuə213	tɕiɑ̃213	tɕiɑ̃213	tɕiɑ̃213	tɕiɑ̃213	tɕʰyə213 白 / tɕʰiɑ̃213 文
孝义	tʂʰã33	ʂã33	ʐᴇ33	tɕiã33	tɕiᴇ33	tɕiã33	tɕiã33	tɕʰiã33
介休	ɕyɤ13 白 / tʂʰæ̃13 文	tʂʰæ̃13	yɤ13	tɕiɛ̃13	tɕya423 白 / tɕiɛ̃13 文	tɕyɤ13 白 / tɕiɛ̃13 文	tɕiɛ̃13	tɕʰiɛ̃13
灵石	——	——	ʐɒ̃44	tɕiɒ̃535	tɕiɒ̃535	tɕiɒ̃535	tɕiɒ̃535	tɕʰiɒ̃44
盂县	tsʰɤo22 白 / tsʰæ̃22 文	tsʰɤo22 白	zɤo22	tɕiæ̃412	tɕio412	tɕio412	tɕio412	tɕio53
寿阳	tsʰɒo22	tsʰɒo22	zɒo22	tɕiɒo31	tɕiɒo31	tɕiɒo31	tɕiɒo31	tɕʰiɒo31
榆社	tsʰɔu22	tsʰɔu22	zɔu22	tɕiɔu22	tɕiɔu22	tɕiɔu22	tɕiɔu22	tɕʰiɔu22
离石	sɔ44	sɔ312	zɔ44	tɕiɔ24	tɕiɔ24	tɕiɔ24	tɕiɔ24	tɕʰiɔ35
汾阳	tʂʰuɔ22	tʂʰuɔ22	ʐuɔ22	tɕiɔ324	tɕiɔ324	tɕiɔ324	tɕiɔ324	tɕʰiɔ324
中阳	ʂɤ33	sɒ423	ʐɔ33	tɕiɒ24	tɕiɒ24	tɕiɒ24	tɕiɒ24	tɕʰiɒ35
柳林	tsʰɔ44	tsʰɔ44	zɔ44	tɕiɔ24	tɕiɔ24	tɕiɔ24	tɕiɔ24	tɕʰiɔ24
方山	ʂɔ44	ʂɔ312	ʐɔ44	tɕiɔ24	tɕiɔ24	tɕiɔ24	tɕiɔ24	tɕʰiɔ24
临县	ʂɒ33	tʂʰɒ33	ʐɒ33	tɕiɒ24	tɕiɒ24	tɕiɒ24	tɕiɒ24	tɕʰiɒ24

续表

字目	尝	偿	瓤	疆	僵	姜生～	姜姓	羌
中古音 / 方言点	市羊 宕开三 平阳禅	市羊 宕开三 平阳禅	汝阳 宕开三 平阳日	居良 宕开三 平阳见	居良 宕开三 平阳见	居良 宕开三 平阳见	居良 宕开三 平阳见	去羊 宕开三 平阳溪
兴县	ʂɤ^{55} 白 / tʂ^{h}ɤ^{55} 文	tʂ^{h}ɤ^{55}	ʐɤ^{55}	tɕiɛ^{324}	tɕiɛ^{324}	tɕiɛ^{324}	tɕiɛ^{324}	tɕ^{h}iɛ^{324}
岚县	ts^{h}uə^{44}	suə^{312}	ʐuə^{44}	tɕyə^{214}	tɕyə^{214}	tɕyə^{214}	tɕyə^{214}	tɕ^{h}yə^{214}
静乐	ts^{h}ɑ̃^{33}	ts^{h}ɑ̃^{33}	zɑ̃^{33}	tɕiɑ̃^{24}	tɕiɑ̃^{24}	tɕiɑ̃^{24}	tɕiɑ̃^{24}	tɕiɑ̃^{24}
交口	sə^{44} 白 / ts^{h}ɑ̃^{44} 文	ts^{h}ɑ̃^{44}	ʐə^{44}	tɕiɑ̃^{323}	tɕiɑ̃^{323}	tɕiɑ̃^{323}	tɕiɑ̃^{323}	tɕ^{h}iɑ̃^{323}
石楼	ʂə^{44} 白 / ʂɑŋ^{44} 文	ʂɑŋ^{44} 白 / tʂ^{h}ɑŋ^{44} 文	ʐə^{44} 白 / ʐɑŋ^{213} 文	tɕiɑŋ^{213}	tɕiɑŋ^{213}	tɕiɑŋ^{213}	tɕiɑŋ^{213}	tɕ^{h}iɑŋ^{213}
隰县	sɤ^{24}	ts^{h}aŋ^{24}	zɤ^{24} 白 / zaŋ^{24} 文	tɕiaŋ^{53}	tɕiaŋ^{53}	tɕiɛ^{53}	tɕiɛ^{53}	tɕ^{h}iɛ^{53}
大宁	ʂɤ^{24} 白 / tʂ^{h}ɛ̃^{24} 文	tʂ^{h}ɤ^{24} 白 / tʂ^{h}ɛ̃^{24} 文	ʐɤ^{24} 白 / ʐɛ̃^{24} 文	tɕiɛ̃^{31}	tɕiɛ̃^{31}	tɕiɛ̃^{31}	tɕiɛ̃^{31}	tɕ^{h}iɛ̃^{31}
永和	ʂʅə^{35} 白 / tʂ^{h}ɑ̃^{35} 文	tʂ^{h}ɑ̃^{35}	ʐʅə^{35} 白 / ʐɑ̃^{35} 文	tɕiɑ̃^{33}	tɕiɑ̃^{33}	tɕiɑ̃^{33}	——	tɕiɑ̃^{53}
汾西	sɯ^{35} 白 / ts^{h}ɑ̃^{35}	sɑ̃^{33} 白 / ts^{h}ɑ̃^{35} 文	zɯ^{35} 白 /zɑ̃^{35}	tɕiɑ̃^{11}	tɕiɑ̃^{11}	tɕi^{11}	tɕiɑ̃^{11}	tɕ^{h}iɑ̃^{11}
蒲县	ʂɤ^{31} 白 / tʂ^{h}ɑŋ^{24} 文	tʂ^{h}ɑŋ^{24}	ʐɑŋ^{24}	tɕiɑŋ^{52}	tɕiɑŋ^{52}	tɕiɑŋ^{52}	tɕiɑŋ^{52}	tɕ^{h}iɑŋ^{52}
潞州	ts^{h}aŋ^{24}	ts^{h}aŋ^{24}	iaŋ^{24}	tɕiaŋ^{312}	tɕiaŋ^{312}	tɕiaŋ^{312}	tɕiaŋ^{312}	tɕ^{h}iaŋ^{312}
上党	ts^{h}ɑŋ^{44}	ts^{h}ɑŋ^{44}	iɑŋ^{44}	tɕiɑŋ^{213}	tɕiɑŋ^{213}	tɕiɑŋ^{213}	tɕiɑŋ^{213}	tɕ^{h}iɑŋ^{213}
长子	ts^{h}aŋ^{24}	ts^{h}aŋ^{24}	iaŋ^{24}	tɕiaŋ^{312}	tɕiaŋ^{312}	tɕiaŋ^{312}	tɕiaŋ^{312}	tɕ^{h}iaŋ^{312}
屯留	ts^{h}ɑŋ^{11}	ts^{h}ɑŋ^{11}	iɑŋ^{11}	tɕiɑŋ^{31}	tɕiɑŋ^{31}	tɕiɑŋ^{31}	tɕiɑŋ^{31}	tɕ^{h}iɑŋ^{31}
襄垣	ts^{h}ɒ^{31}	ts^{h}ɒ^{31}	ʐɒ^{42}	tɕiɒ^{33}	tɕiɒ^{33}	tɕiɒ^{33}	tɕiɒ^{33}	tɕ^{h}iɒ^{33}
黎城	tɕ^{h}iɑŋ^{53}	tɕ^{h}iɑŋ^{53}	iɑŋ^{53}	ciɑŋ^{33}	ciɑŋ^{33}	ciɑŋ^{33}	ciɑŋ^{33}	tɕ^{h}iɑŋ^{33}
平顺	ts^{h}aŋ^{13}	ts^{h}aŋ^{13}	iaŋ^{13}	ciaŋ^{213}	ciaŋ^{213}	ciaŋ^{213}	ciaŋ^{213}	c^{h}iaŋ^{213}
壶关	tʂ^{h}aŋ^{13}	tʂ^{h}aŋ^{13}	iaŋ^{13}	ciaŋ^{33}	ciaŋ^{33}	ciaŋ^{33}	ciaŋ^{33}	c^{h}iaŋ^{33}
沁县	ts^{h}ɔ^{33}	ts^{h}ɔ^{33}	zɔ^{33}	tɕiɔ^{224}	tɕiɔ^{224}	tɕiɔ^{224}	tɕiɔ^{224}	tɕ^{h}iɔ^{224}
武乡	ts^{h}ɔ̃^{33}	ts^{h}ɔ̃^{33}/sɔ̃^{213}	zɔ̃^{33}	tɕiɔ̃^{113}	tɕiɔ̃^{113}	tɕiɔ̃^{113}	tɕiɔ̃^{113}	tɕ^{h}iɔ̃^{113}
沁源	ʂʌ̃^{33} 白 / tʂ^{h}ʌ̃^{33} 文	tʂ^{h}ʌ̃^{33}	ʐʌ̃^{33}	tɕiʌ̃^{324}	tɕiʌ̃^{324}	tɕiʌ̃^{324}	tɕiʌ̃^{324}	tɕ^{h}iʌ̃^{324}
安泽	ts^{h}ʌŋ^{35}	ts^{h}ʌŋ^{35}	zʌŋ^{35}	tɕiʌŋ^{21}	tɕiʌŋ^{21}	tɕiʌŋ^{21}	tɕiʌŋ^{21}	tɕiʌŋ^{21}
沁水端氏	ts^{h}ɑŋ^{24}	sɑŋ^{21}	zɑŋ^{24}	tɕiɑŋ^{21}	tɕiɑŋ^{21}	tɕiɑŋ^{21}	tɕiɑŋ^{21}	tɕ^{h}iɑŋ^{21}
阳城	tʂ^{h}ɑ̃ŋ^{22}	tʂ^{h}ɑ̃ŋ^{22}	ʐɑ̃ŋ^{22}	ciɑ̃ŋ^{224}	ciɑ̃ŋ^{224}	ciɑ̃ŋ^{224}	ciɑ̃ŋ^{224}	c^{h}iɑ̃ŋ^{224}

续表

字目	尝	偿	瓤	疆	僵	姜生~	姜姓	羌
中古音 / 方言点	市羊 宕开三 平阳禅	市羊 宕开三 平阳禅	汝阳 宕开三 平阳日	居良 宕开三 平阳见	居良 宕开三 平阳见	居良 宕开三 平阳见	居良 宕开三 平阳见	去羊 宕开三 平阳溪
高平	tʂʰɔ̃^{33}	ʂɔ̃^{212}	ʐɔ̃^{33}	ciɔ̃^{33}	ciɔ̃^{33}	ciɔ̃^{33}	ciɔ̃^{33}	——
陵川	tʂʰɑŋ^{53}	tʂʰɑŋ^{53}	lɑŋ^{312}	ciɑŋ^{33}	ciɑŋ^{33}	ciɑŋ^{33}	ciɑŋ^{33}	cʰiɑŋ^{33}
晋城	tʂʰɒ̃^{324}	tʂʰɒ̃^{324}	ʐɒ̃^{213}	tɕiɒ̃^{33}	tɕiɒ̃^{33}	tɕiɒ̃^{33}	tɕiɒ̃^{33}	tɕʰiɒ̃^{33}
忻府	tʂʰɛ^{21} 白 / tʂʰɑ̃^{21} 文	tʂʰɑ̃^{21}	ʐɛ^{21} 白 / ʐɑ̃^{21} 文	tɕiɑ̃^{313}	tɕiɛ^{313} 白 / tɕiɑ̃^{313} 文	tɕiɛ^{313} 白 / tɕiɑ̃^{313} 文	tɕiɛ^{313} 白 / tɕiɑ̃^{313} 文	tɕʰiɑ̃^{313}
原平	tʂʰɔ^{33}	tʂʰɔ^{33}	ʐɔ^{33}	tɕiɔ^{213}	tɕiɔ^{213}	tɕiɔ^{213}	tɕiɔ^{213}	tɕʰiɔ^{213}
定襄	tʂʰɔ^{11}	tʂʰɔ^{11}	ʐɔ^{11}	tɕiɔ^{24}	tɕiɔ^{24}	tɕiɔ^{24}	tɕiɔ^{24}	tɕʰiæ^{24}
五台	tsʰɔ^{33}	tsʰɔ^{33}/ tsʰæn^{33}	zɔ^{33}	tɕiɔ^{213}/ tɕiæn^{213}	tɕiɔ^{213}	tɕiɔ^{213}	tɕiɔ^{213}	tɕʰiɔ^{213}/ tɕʰiæn^{213}
岢岚	tʂʰɔ^{44}	ʂɔ^{13}	ʐɔ^{44}	tɕiɔ^{13}	tɕiɔ^{13}	tɕiɔ^{13}	tɕiɔ^{13}	tɕʰiɔ^{13}
五寨	tsʰɒ^{44}	tsʰɒ^{44}	zɒ^{44}	tɕiɒ^{13}	tɕiɒ^{13}	tɕiɒ^{13}	tɕiɒ^{13}	tɕʰiɒ^{13}
宁武	tsʰɒ^{33}	tsʰɒ^{33}	zɒ^{33}	tɕiɒ^{23}	——	——	——	tɕʰiɒ^{23}
神池	tsʰɒ^{32}	tsʰɒ^{32}	zɒ^{32}	tɕiɒ^{24}	tɕiɒ^{24}	tɕiɒ^{24}	tɕiɒ^{24}	tɕʰiɒ^{24}
繁峙	tsʰɔ^{31}	tsʰɔ^{31}	ʐɔ^{31}	tɕiɔ^{53}	tɕiɔ^{53}	tɕiɔ^{53}	tɕiɔ^{53}	tɕʰiɔ^{53}
代县	tsʰuɔ^{44}	suɔ^{213}	zuɔ^{44}	tɕiɔ^{213}	tɕiɔ^{213}	tɕiɔ^{213}	tɕiɔ^{213}	tɕʰiɔ^{213}
河曲	tʂʰɒ^{44}	tʂʰɒ^{44}	ʐɒ^{44}	liɒ^{213}	kɒ^{213}	liɒ^{213}	tɕiɒ^{213}	tɕiɒ^{213}
保德	tʂʰɔ^{44}	tʂʰɔ^{44}	ʐɔ^{44}	tɕiɔ^{213}	tɕiɔ^{213}	tɕiɔ^{213}	tɕiɔ^{213}	tɕʰiɔ^{213}
偏关	tʂʰɒ^{44}	tʂʰɒ^{44}	ʐɒ^{44}	tɕiɒ^{24}	tɕiɒ^{24}	tɕiɒ^{24}	tɕiɒ^{24}	tɕʰiɒ^{24}
朔城	tsʰɑ̃^{35}	——	zɑ̃^{35}	tɕiɑ̃^{312}	tɕiɑ̃^{312}	tɕiɑ̃^{312}	——	tɕʰiɑ̃^{312}
平鲁	tsʰɒ^{44}	tsʰɒ^{44}	zɒ^{44}	tɕiɒ^{213}	tɕiɒ^{213}	tɕiɒ^{213}	——	——
应县	tsʰaŋ^{31}	tsʰaŋ^{31}	zaŋ^{31}	tɕiaŋ^{43}	tɕiaŋ^{43}	tɕiaŋ^{43}	tsʰaŋ^{31}	tsʰaŋ^{31}
灵丘	tsʰɒ^{31}	tsʰɒ^{31}	zɒ^{31}	tɕiɒ^{442}	tɕiɒ^{442}	tɕiɒ^{442}	tɕiɒ^{442}	tɕʰiɒ^{442}
浑源	tsʰoʌ^{22}	tsʰoʌ^{22}	zoʌ^{22}	tɕioʌ^{52}	tɕioʌ^{52}	tɕioʌ^{52}	tɕioʌ^{52}	tɕʰioʌ^{52}
云州	tʂʰɔ^{312}	tʂʰɔ^{312}	ʐɔ^{312}	tɕiɔ^{21}	tɕiɔ^{21}	tɕiɔ^{21}	tɕiɔ^{21}	tɕʰiɔ^{21}
新荣	tʂʰɔ^{312}	ʂɔ^{54}	ʐɔ^{312}	tɕiɔ^{32}	tɕiɔ^{32}	tɕiɔ^{32}	tɕiɔ^{32}	tɕʰiɔ^{32}
怀仁	tsʰɒ^{312}	tsʰɒ^{312}	zɒ^{312}	tɕiɒ^{42}	tɕiɒ^{42}	tɕiɒ^{42}	tɕiɒ^{42}	tɕʰiɒ^{42}
左云	tsʰɒ^{313}	tsʰɒ^{313}	ʐɒ^{313}	tɕiɒ^{31}	tɕiɒ^{31}	tɕiɒ^{31}	tɕiɒ^{31}	tɕʰiɒ^{31}
右玉	tʂʰɒ^{212}	tʂʰɒ^{212}	ʐɒ^{212}	tɕiɒ^{31}	tɕiɒ^{31}	tɕiɒ^{31}	tɕiɒ^{31}	tɕʰiɒ^{31}
阳高	tsʰɔ^{31}	tsʰɔ^{31}	ʐɔ^{312}	tɕiɔ^{31}	tɕiɔ^{31}	tɕiɔ^{31}	tɕiɔ^{31}	tɕʰiɔ^{31}
山阴	tʂʰɒ^{313}	ʂɒ^{52}	ʐɒ^{313}	tɕiɒ^{313}	tɕiɒ^{313}	tɕiɒ^{313}	——	——
天镇	tsʰɒ^{22}	tsʰɒ^{22}	zɒ^{22}	tɕiɒ^{31}	tɕiɒ^{31}	tɕiɒ^{31}	tɕiɒ^{31}	tɕʰiɒ^{22}
平定	tʂʰaŋ^{44}	tʂʰaŋ^{44}	ʐaŋ^{44}	tɕiaŋ^{31}	tɕiaŋ^{31}	tɕiaŋ^{31}	tɕiaŋ^{31}	tɕʰiaŋ^{44}

续表

字目	尝	偿	瓤	疆	僵	姜生~	姜姓	羌
中古音 / 方言点	市羊 宕开三 平阳禅	市羊 宕开三 平阳禅	汝阳 宕开三 平阳日	居良 宕开三 平阳见	居良 宕开三 平阳见	居良 宕开三 平阳见	居良 宕开三 平阳见	去羊 宕开三 平阳溪
昔阳	tʂʰɔ̃u^{33}	tʂʰɔ̃u^{33}	ʐɔ̃u^{33}	tɕiɔ̃u^{42}	tɕiɔ̃u^{42}	tɕiɔ̃u^{42}	tɕiɔ̃u^{42}	tɕʰiɔ̃u^{13}
左权	tʂʰɔ^{11}	ʂɔ^{11}	ʐɔ^{11}	tɕiɔ^{31}	tɕiɔ^{31}	tɕiɔ^{31}	tɕiɔ^{31}	tɕʰiɔ^{31}
和顺	tʂʰɔ^{22}	tʂʰɔ^{22}	ʐɔ^{22}	tɕiɔ^{42}	tɕiɔ^{42}	tɕiɔ^{42}	tɕiɔ^{42}	tɕʰiɔ^{42}
尧都	tʂʰɑŋ^{24}	tʂʰɑŋ^{24}	ʐɑŋ^{24} 文 / ʐuo^{24} 白	tɕiɑŋ^{21}	tɕiɑŋ^{21}	tɕiɑŋ^{21}	tɕiɑŋ^{21}	tɕʰiɑŋ^{21}
洪洞	ʂo^{21} 白 / ʂɑŋ^{24} 文	ʂɑŋ^{42}	ʐɑŋ^{24}/ʐo^{24} 白 / ʐɑŋ^{33} 文	tɕiɑŋ^{21}	tɕiɑŋ^{21}	tɕiɑŋ^{21}	tɕiɑŋ^{21}	tɕʰiɑŋ^{24}
洪洞赵城	ʂo^{24}	tʂʰɑ̃^{24}	ʐuɤ^{24}	tɕiɑ̃^{21}	tɕiɑ̃^{21}	tɕio^{21} 白 / tɕiɑ̃^{21} 文	tɕio^{21} 白 / tɕiɑ̃^{21} 文	tɕʰiɑ̃^{21}
古县	ʂuo^{35} 白 / tʂʰɑŋ^{35} 文	tʂʰuo^{35} 白 / tʂʰɑŋ^{35} 文	ʐuo^{35} 白 / ʐɑŋ^{35} 文	tɕiɑŋ^{21}	tɕyo^{21} 白 / tɕiɑŋ^{21} 文	tɕiɑŋ^{21}	tɕiɑŋ^{21}	tɕʰiɑŋ^{21}
襄汾	ʂuɔ^{24}	ʂaŋ^{24}	ʐuɔ^{24} 白 / ʐaŋ^{24} 文	tɕiaŋ^{21}	tɕiaŋ^{21}	tɕiaŋ^{21}	tɕiaŋ^{21}	tɕʰiaŋ^{21}
浮山	ʂuo^{13}	ʂaŋ^{13}	ʐuo^{13}	tɕiaŋ^{42}	tɕiaŋ^{42}	tɕiaŋ^{42}	tɕiaŋ^{42}	tɕʰiaŋ^{42}
霍州	ʂɔ^{35} 白 / tʂʰaŋ^{35} 文	tʂʰɔ^{35} 白 / tʂʰaŋ^{35} 文	ʐɔ^{35} 白 / ʐaŋ^{35} 文	tɕiaŋ^{212}	tɕiaŋ^{212}	tɕiaŋ^{212}	tɕiaŋ^{212}	tɕʰiaŋ^{212}
翼城	tʂʰɔ^{12}	tʂʰɔ^{12}	ʐɔ^{12}	tɕiɔ^{53}	tɕiɔ^{53}	tɕiɔ^{53}	tɕiɔ^{53}	tɕʰiɔ^{53}
闻喜	sɤ^{13} 白 / tsʰᴀŋ^{13} 文	sᴀŋ^{53}	zɤ^{13}	tɕiᴀŋ^{53}	tɕiᴀŋ^{53}	tɕiᴀŋ^{53}	tɕiᴀŋ^{53}	tɕʰiᴀŋ^{53}
侯马	tʂʰɑŋ^{213}	tʂʰɑŋ^{213}	ʐɑŋ^{213}	tɕiɑŋ^{213}	tɕiɑŋ^{213}	tɕiɑŋ^{213}	tɕiɑŋ^{213}	tɕʰiɑŋ^{213} 白 / tɕʰiɑŋ^{213} 文
新绛	ʂɤ^{13}	ʂəŋ^{13}	ʐəŋ^{44}	tɕiəŋ^{53}	tɕiəŋ^{53}	tɕiəŋ^{53}	tɕiəŋ^{53}	tɕʰiəŋ^{53}
绛县	ʂɤ^{53}/tʂʰʌŋ^{53}	ʂʌŋ^{53}	ʐɤ^{24}	tɕiʌŋ^{53}	tɕiʌŋ^{53}	tɕiʌŋ^{53}	tɕiʌŋ^{53}	tɕiʌŋ^{53}
垣曲	ʂuo^{22}	tʂʰəŋ^{22}	zəŋ^{22}	tɕiəŋ^{22}	tɕiəŋ^{22}	tɕiəŋ^{22}	tɕiəŋ^{22}	tɕʰiəŋ^{22}
夏县	ʂɤ^{42} 白 / tʂʰəŋ^{42} 文	——	ʐɤ^{42}	tɕiəŋ^{53}	tɕiəŋ^{53}	tɕiəŋ^{53}	tɕiəŋ^{53}	tɕʰiəŋ^{31}
万荣	ʂɤ^{213} 白 / tʂʰaŋ^{213} 文	tʂʰaŋ^{213}	ʐɤ^{213}	tɕiaŋ^{51}	tɕiaŋ^{51}	tɕiaŋ^{51}	tɕiaŋ^{51}	tɕʰiaŋ^{51}
稷山	ʂɤ^{13}	ʂʌŋ^{13}	ʐʌŋ^{13}	tɕiʌŋ^{53}	tɕiʌŋ^{53}	tɕiʌŋ^{53}	tɕiʌŋ^{53}	tɕʰiʌŋ^{53}
盐湖	tʂʰaŋ^{13}	tʂʰaŋ^{13}	ʐaŋ^{13}	tɕiaŋ^{42}	tɕiaŋ^{42}	tɕiaŋ^{42}	tɕiaŋ^{42}	tɕʰiaŋ^{42}
临猗	ʂuo^{13} 白 / tʂʰɑŋ^{13} 文	tʂʰɑŋ^{13}	ʐɑŋ^{13}	tɕiɑŋ^{42}	tɕiɑŋ^{42}	tɕiɑŋ^{42}	tɕiɑŋ^{42}	tɕʰiɑŋ^{42}
河津	ʂɤ^{324}/ tʂʰaŋ^{324} 文	tʂʰaŋ^{324}	ʐɤ^{324} 白 / ʐaŋ^{324} 文	tɕiaŋ^{31}	tɕiaŋ^{31}	tɕiaŋ^{31}	tɕiaŋ^{31}	tɕʰiaŋ^{31}

续表

字目	尝	偿	瓤	疆	僵	姜生~	姜姓	羌
中古音 / 方言点	市羊 宕开三 平阳禅	市羊 宕开三 平阳禅	汝阳 宕开三 平阳日	居良 宕开三 平阳见	居良 宕开三 平阳见	居良 宕开三 平阳见	居良 宕开三 平阳见	去羊 宕开三 平阳溪
平陆	tʂʰaŋ13	tʂʰaŋ13	zaŋ13	tɕiaŋ31	tɕiaŋ31	tɕiaŋ31	tɕiaŋ31	tɕʰiaŋ31
永济	ʂuo24 白 / tʂʰaŋ24 文	tʂʰaŋ24	zaŋ24	tɕiaŋ31	tɕiaŋ31	tɕiaŋ31	tɕiaŋ31	tɕʰiaŋ31
芮城	ʂuo13 白 / ʂaŋ13 文 / tʂʰaŋ13 文	ʂuo13 白 / tʂʰaŋ13 文	zaŋ53	tɕiaŋ42	tɕiaŋ42	tɕiaŋ42	tɕiaŋ42	tɕʰiaŋ42
吉县	ʂə13	tʂʰəŋ13	zə13	tɕiəŋ423	tɕiəŋ423	tɕiəŋ423	tɕiəŋ423	——
乡宁	ʂɤ12 白 / ʂaŋ12 白 / tʂʰaŋ12 文	tʂʰaŋ12	zɤ12 白 / zaŋ12 文	tɕiaŋ53	tɕiaŋ53	tɕiaŋ53	tɕiaŋ53	tɕʰiaŋ53
广灵	tsʰɔ31	tsʰɔ31	zɔ31	tɕiɔ53	tɕiɔ53	tɕiɔ53	tɕiɔ53	tɕʰiɔ53

字目	强~大	香	乡	央	秧	殃	羊	洋
中古音 方言点	巨良 宕开三 平阳群	许良 宕开三 平阳晓	许良 宕开三 平阳晓	於良 宕开三 平阳影	於良 宕开三 平阳影	於良 宕开三 平阳影	与章 宕开三 平阳以	与章 宕开三 平阳以
北京	tɕʰiaŋ^{35}	ɕiaŋ^{55}	ɕiaŋ^{55}	iaŋ^{55}	iaŋ^{55}	iaŋ^{55}	iaŋ^{35}	iaŋ^{35}
小店	tɕio^{11} 白 / tɕʰio^{11} 文	ɕio^{11}	ɕio^{11}	io^{11}	io^{11}	io^{11}	io^{11}	io^{11}
尖草坪	tɕʰiɔ^{33}	ɕiɔ^{33}	ɕiɔ^{33}	iɔ^{33}	iɔ^{33}	iɔ^{33}	iɔ^{33}	iɔ^{33}
晋源	tɕʰiɔ^{11}	ɕiɔ^{11}	ɕiɔ^{11}	iaŋ^{11}	iɔ^{11}	iaŋ^{11}	iɔ^{11}	iɔ^{11}
阳曲	tɕʰiɔ^{43}	ɕiɔ^{312}	ɕiɔ^{312}	iɔ^{312}	iɔ^{312}	iɔ^{312}	iɔ^{43}	iɔ^{43}
古交	tɕʰiɔ^{44}	ɕiɔ^{44}	ɕiɔ^{44}	iɔ^{44}	iɔ^{44}	iɔ^{44}	iɔ^{44}	iɔ^{44}
清徐	tɕiɒ^{11} 白 / tɕʰiɒ^{11} 文	ɕiɒ^{11}	ɕiɒ^{11}	iɒ^{11}	iɒ^{11}	iɒ^{11}	iɒ^{11}	iɒ^{11}
娄烦	tɕʰiɑ̃^{33}	ɕiɑ̃^{33}	ɕiɑ̃^{33}	iɑ̃^{33}	iɑ̃^{33}	iɑ̃^{33}	iɑ̃^{33}	iɑ̃^{33}
榆次	tɕʰiɒ^{11}	ɕiɒ^{11}	ɕiɒ^{11}	iɒ^{11}	iɒ^{11}	iɒ^{11}	iɒ^{11}	iɒ^{11}
交城	tɕiɤ^{24} 白 / tɕʰiɤ^{11} 文	ɕiɤ^{11}	ɕiɤ^{11}	iɤ^{11}	iɤ^{11}	iɤ^{11}	iɤ^{11}	iɤ^{11}
文水	tɕiu^{22} 白 / tɕʰiaŋ^{22} 文	ɕiu^{22} 白 / ɕiaŋ^{22} 文	ɕiaŋ^{22}	iaŋ^{22}	iu^{22} 白 / iaŋ^{22} 文	iaŋ^{22}	iu^{22} 白 / iaŋ^{22} 文	iaŋ^{22}
祁县	tɕia^{31} 白 / tɕʰiɑ̃^{31} 文	ɕia^{31} 白 / ɕiɑ̃^{31} 文	ɕia^{31} 白 / ɕiɑ̃^{31} 文	ia^{31} 白 / iɑ̃^{31} 文	ia^{31} 白 / iɑ̃^{31} 文	ia^{31} 白 / iɑ̃^{31} 文	ia^{31} 白 / iɑ̃^{31} 文	ia^{31} 白 / iɑ̃^{31} 文
太谷	tɕiɒ^{33} 白 / tɕʰiɒ^{33} 文	ɕiɒ^{33}	ɕiɒ^{33}	iɒ^{33}	iɒ^{33}	iɒ^{33}	iɒ^{33}	iɒ^{33}
平遥	tɕʰiɑ̃^{213}	ɕiɑ̃^{213}	ɕiɑ̃^{213}	iɑ̃^{213}	yə^{213} 白 / iɑ̃^{213} 文	iɑ̃^{213}	yə^{213}	iɑ̃^{213}
孝义	tɕiɑ̃^{33}	ɕiɑ̃^{33}	ɕiɑ̃^{33}	iɑ̃^{33}	iɑ̃^{33}	iɑ̃^{33}	iᴇ^{33}	iɑ̃^{33}
介休	tɕyɤ^{13} 白 / tɕʰiɛ̃^{13} 文	ɕyɤ^{13} 白 / ɕiɛ̃^{13} 文	ɕiɛ̃^{13}	iɛ̃^{13}	yɤ^{13} 白 / iɛ̃^{13} 文	iɛ̃^{13}	yɤ^{13} 白 / iɛ̃^{13} 文	iɛ̃^{13}
灵石	tɕʰiɒ̃^{44}	ɕyɤ^{535} 白 / ɕiɒ̃^{535} 文	ɕiɒ̃^{535}	iɒ̃^{535}	yɤ^{535}	iɒ̃^{535}	yɤ^{44}	iɒ̃^{44}
盂县	tɕʰio^{22} 白 / tɕʰiæ̃^{22} 文	ɕio^{412} 白 / ɕiæ̃^{412} 文	ɕio^{412} 白 / ɕiæ̃^{412} 文	io^{412} 白 / iæ̃^{412} 文	io^{412} 白 / iæ̃^{412} 文	io^{412} 白 / iæ̃^{412} 文	io^{22} 白 / iæ̃^{22} 文	io^{22} 白 / iæ̃^{22} 文
寿阳	tɕʰiɒo^{22}	ɕiɒo^{31}	ɕiɒo^{31}	iɒo^{31}	iɒo^{31}	iɒo^{31}	iɒo^{22}	iɒo^{22}
榆社	tɕʰiɔu^{22}	ɕiɔu^{22}	ɕiɔu^{22}	iɔu^{22}	iɔu^{22}	iɔu^{22}	iɔu^{22}	iɔu^{22}
离石	tɕʰiɔ^{44}	ɕiɔ^{24}	ɕiɔ^{24}	iɔ^{24}	iɔ^{24}	iɔ^{24}	iɔ^{44}	iɔ^{44}
汾阳	tɕʰiɔ^{22}	ɕiɔ^{324}	ɕiɔ^{324}	iɔ^{324}	iɔ^{324}	iɔ^{324}	iɔ^{22}	iɔ^{22}
中阳	tɕʰiɒ^{33}	ɕiɒ^{24}	ɕiɒ^{24}	iɒ^{24}	ie^{24} 白 /iɒ^{24} 文	iɒ^{24}	ie^{33}	iɒ^{33}
柳林	tɕʰiɔ^{44}	ɕiɔ^{24}	ɕiɔ^{24}	iɔ^{24}	iɔ^{24}	iɔ^{24}	i^{44}	iɔ^{44}
方山	tɕʰiɔ^{44}	ɕiɔ^{24}	ɕiɔ^{24}	iɔ^{24}	iɔ^{24}	iɔ^{24}	iɔ^{44}	iɔ^{44}

续表

字目	强~大	香	乡	央	秧	殃	羊	洋
中古音 / 方言点	巨良 宕开三 平阳群	许良 宕开三 平阳晓	许良 宕开三 平阳晓	於良 宕开三 平阳影	於良 宕开三 平阳影	於良 宕开三 平阳影	与章 宕开三 平阳以	与章 宕开三 平阳以
临县	tɕʰiɒ^{312}	ɕiɒ^{24}	ɕiɒ^{24}	iɒ^{33}	iɒ^{33}	iɒ^{24}	iɒ^{33}	iɒ^{33}
兴县	tɕʰiɛ^{55}	ɕiɛ^{324}	ɕiɛ^{324}	iɛ^{55}	iɛ^{55}	iɛ^{55}	iɛ^{55}	iɛ^{55}
岚县	tɕʰyə^{44}	ɕyə^{214}	ɕyə^{214}	yə^{214}	yə^{214}	yə^{214}	yə^{44}	yə^{44}
静乐	tɕʰiã^{33}	ɕiã^{24}	ɕiã^{24}	iã^{33}	iã^{33}	iã^{33}	iã^{33}	iã^{33}
交口	tɕʰiɛ^{44}白 / tɕʰiã^{44}文	ɕiɛ^{323}白 / ɕiã^{323}文	ɕiã^{323}	iã^{323}	iã^{323}	iã^{323}	iɛ^{53}白 /iã^{44}文	iã^{44}
石楼	tɕʰiɛ^{44}白 / tɕʰiaŋ文	ɕiaŋ^{213}	ɕiaŋ^{213}	iaŋ^{44}	iaŋ^{213}	iaŋ^{213}	iɛ^{51}白 / iaŋ^{44}文	iaŋ^{44}
隰县	tɕʰiaŋ^{24}	ɕiɛ^{53}	ɕiɛ^{53}	iɛ^{53}	iɛ^{53}	iɛ^{53}	iɛ^{24}	iaŋ^{24}
大宁	tɕʰie^{24}白 / tɕʰiẽ^{24}文	ɕiẽ^{31}文	ɕiẽ^{31}	iẽ^{31}	iẽ^{31}	iẽ^{31}	ie^{24}白 /iẽ^{24}文	iẽ^{24}
永和	tɕʰie^{35}白 / tɕʰiã^{35}文	ɕiã^{33}	ɕiã^{33}	iã^{35}	iã^{33}	iã^{33}	ie^{35}白 / iã^{35}文	iã^{35}
汾西	tɕʰi^{35}白 / tɕiu^{35}白 / tɕʰiã^{35}文	ɕi^{11}白 / ɕiã^{11}文	ɕiã^{11}	iã^{11}	iã^{11}/ni^{11}白	iã^{11}	i^{35}白 /iã^{35}文	iã^{35}
蒲县	tɕʰiaŋ^{24}	ɕiaŋ^{52}	ɕiaŋ^{52}	iaŋ^{52}	iaŋ^{52}	iaŋ^{52}	iaŋ^{24}	iaŋ^{24}
潞州	tɕʰiaŋ^{24}	ɕiaŋ^{312}	ɕiaŋ^{312}	iaŋ^{312}	iaŋ^{312}	iaŋ^{312}	iaŋ^{24}	iaŋ^{24}
上党	tɕʰiaŋ^{44}	ɕiaŋ^{213}	ɕiaŋ^{213}	iaŋ^{213}	iaŋ^{213}	iaŋ^{213}	iaŋ^{44}	iaŋ^{44}
长子	tɕʰiaŋ^{24}	ɕiaŋ^{312}	ɕiaŋ^{312}	iaŋ^{312}	iaŋ^{312}	iaŋ^{312}	iaŋ^{24}	iaŋ^{24}
屯留	tɕʰiaŋ^{11}	ɕiaŋ^{31}	ɕiaŋ^{31}	iaŋ^{31}	iaŋ^{31}	iaŋ^{31}	iaŋ^{11}	iaŋ^{11}
襄垣	tɕʰiɒ^{31}	ɕiɒ^{33}	ɕiɒ^{33}	iɒ^{33}	iɒ^{33}	iɒ^{33}	iɒ^{31}	iɒ^{31}
黎城	cʰiaŋ^{53}	çiaŋ^{33}	çiaŋ^{33}	iaŋ^{33}	iaŋ^{33}	iaŋ^{33}	iaŋ^{53}	iaŋ^{33}
平顺	tɕʰiaŋ^{13}	ɕiaŋ^{213}	ɕiaŋ^{213}	iaŋ^{213}	iaŋ^{213}	iaŋ^{213}	iaŋ^{13}	iaŋ^{13}
壶关	cʰiaŋ^{13}	çiaŋ^{33}	çiaŋ^{33}	iaŋ^{33}	iaŋ^{33}	iaŋ^{33}	iaŋ^{13}	iaŋ^{13}
沁县	tɕʰiɔ^{33}	ɕiɔ^{224}	ɕiɔ^{224}	iɔ^{224}	iɔ^{224}	iɔ^{224}	iɔ^{33}	iɔ^{33}
武乡	tɕʰiɔ̃^{33}	ɕiɔ̃^{113}	ɕiɔ̃^{113}	iɔ̃^{113}	iɔ̃^{113}	iɔ̃^{113}	iɔ̃^{33}	iɔ̃^{33}
沁源	tɕʰiʌ̃^{33}	ɕiʌ̃^{324}	ɕiʌ̃^{324}	iʌ̃^{324}	iʌ̃^{324}	iʌ̃^{324}	iʌ̃^{33}	iʌ̃^{33}
安泽	tɕiʌŋ^{35}	ɕiʌŋ^{21}	ɕiʌŋ^{21}	iʌŋ^{21}	iʌŋ^{21}	iʌŋ^{21}	iʌŋ^{35}	iʌŋ^{35}
沁水端氏	tɕʰiaŋ^{24}	ɕiaŋ^{21}	ɕiaŋ^{21}	iaŋ^{21}	iaŋ^{21}	iaŋ^{21}	iaŋ^{24}	iaŋ^{24}
阳城	cʰiãŋ^{22}	çiãŋ^{224}	çiãŋ^{224}	iãŋ^{224}	iãŋ^{224}	iãŋ^{224}	iãŋ^{22}	iãŋ^{22}
高平	cʰiɔ̃^{33}	ɕiɔ̃^{33}	ɕiɔ̃^{33}	iɔ̃^{33}	iɔ̃^{33}	iɔ̃^{33}	iɔ̃^{33}	iɔ̃^{33}
陵川	cʰiaŋ^{53}	ɕiaŋ^{33}	ɕiɒŋ^{33}	iaŋ^{33}	iaŋ^{33}	iaŋ^{33}	iaŋ^{53}	iaŋ^{53}

续表

字目	强~大	香	乡	央	秧	殃	羊	洋
中古音 方言点	巨良 宕开三 平阳群	许良 宕开三 平阳晓	许良 宕开三 平阳晓	於良 宕开三 平阳影	於良 宕开三 平阳影	於良 宕开三 平阳影	与章 宕开三 平阳以	与章 宕开三 平阳以
晋城	tɕʰiɒ̃^{324}	ɕiɒ̃^{33}	ɕiɒ̃^{33}	iɒ̃^{33}	iɒ̃^{33}	iɒ̃^{33}	iɒ̃^{324}	iɒ̃^{324}
忻府	tɕʰiɛ^{21} 白 / tɕʰiɑ̃^{21} 文	ɕiɛ^{313} 白 / ɕiɑ̃^{313} 文	ɕiɑ̃^{313}	iɑ̃^{313}	iɛ^{313} 白 / iɑ̃^{313} 文	iɑ̃^{313}	iɑ̃^{21}	iɑ̃^{21}
原平	tɕʰiɔ^{33}	ɕiɔ^{213}	ɕiɔ^{213}	iɔ^{213}	iɔ^{213}	iɔ^{213}	iɔ^{33}	iɔ^{33}
定襄	tɕʰiæ^{11}	ɕiɔ^{24}	ɕiɔ^{24}	iæ^{24}	iɔ^{24}	iɔ^{213}	iɔ^{11}	iɔ^{11}
五台	tɕʰiɔ^{33}/ tɕʰiæn^{213}	ɕiɔ^{213}/ ɕiæn^{213}	ɕiɔ^{213}/ ɕiæn^{213}	iɔ^{213}/iæn^{213}	iæn^{33}/iɔ^{213}	iɔ^{213}	iɔ^{33}	iæn^{33}
岢岚	tɕʰiɔ^{44}	ɕiɔ^{13}	ɕiɔ^{13}	iɔ^{13}	iɔ^{13}	iɔ^{13}	iɔ^{44}	iɔ^{44}
五寨	tɕʰiɒ^{44}	ɕiɒ^{13}	ɕiɒ^{13}	iɒ^{13}	iɒ^{13}	iɒ^{13}	iɒ^{44}	iɒ^{44}
宁武	tɕʰiɒ^{33} 白	ɕiɒ^{23}	ɕiɒ^{23}	iɒ^{23}	iɒ^{23}	iɒ^{23}	iɒ^{33}	iɒ^{33}
神池	tɕʰiɒ^{32}	ɕiɒ^{24}	ɕiɒ^{24}	iɒ^{24}	iɒ^{24}	iɒ^{24}	iɒ^{32}	iɒ^{32}
繁峙	tɕʰiɔ^{31}	ɕiɔ^{53}	ɕiɔ^{53}	iɔ^{53}	iɔ^{53}	iɔ^{53}	iɔ^{31}	iɔ^{31}
代县	tɕʰiɔ^{44}	ɕiɔ^{213}	ɕiɔ^{213}	iɔ^{213}	iɔ^{213}	iɔ^{213}	iɔ^{44}	iɔ^{44}
河曲	tɕʰiɒ^{44}	ɕiɒ^{213}	ɕiɒ^{213}	iɒ^{213}	iɒ^{213}	iɒ^{213}	iɒ^{44}	iɒ^{44}
保德	tɕʰiɔ^{44}	ɕiɔ^{213}	ɕiɔ^{213}	iɔ^{44}	iɔ^{213}	iɔ^{44}	iɔ^{44}	iɔ^{44}
偏关	tɕʰiɒ^{44}	ɕiɒ^{24}	ɕiɒ^{24}	iɒ^{24}	iɒ^{24}/iɒ^{44}	iɒ^{24}	iɒ^{44}	iɒ^{44}
朔城	tɕʰiɑ̃^{35}	ɕiɑ̃^{312}	ɕiɑ̃^{312}	iɑ̃^{312}	iɑ̃^{312}	iɑ̃^{312}	iɑ̃^{35}	iɑ̃^{35}
平鲁	tɕʰiɒ^{44}	ɕiɒ^{213}	ɕiɒ^{213}	iɒ^{213}	iɒ^{213}	iɒ^{213}	iɒ^{44}	iɒ^{44}
应县	tɕiaŋ^{43}	ɕiaŋ^{43}	ɕiaŋ^{43}	iaŋ^{43}	iaŋ^{43}	iaŋ^{43}	iaŋ^{31}	iaŋ^{31}
灵丘	tɕiɒ^{53}	ɕiɒ^{442}	ɕiɒ^{442}	iɒ^{442}	iɒ^{442}	iɒ^{442}	iɒ^{31}	iɒ^{31}
浑源	tɕʰioʌ^{22}	ɕioʌ^{52}	ɕioʌ^{52}	ioʌ^{52}	ioʌ^{52}	ioʌ^{52}	ioʌ^{22}	ioʌ^{22}
云州	tɕʰiɔ^{312}	ɕiɔ^{21}	ɕiɔ^{21}	iɔ^{21}	iɔ^{21}	iɔ^{21}	iɔ^{312}	iɔ^{312}
新荣	tɕʰiɔ^{312}	ɕiɔ^{32}	ɕiɔ^{32}	iɔ^{32}	iɔ^{32}	iɔ^{32}	iɔ^{312}	iɔ^{312}
怀仁	tɕʰiɒ^{312}	ɕiɒ^{42}	ɕiɒ^{42}	iɒ^{42}	iɒ^{42}	iɒ^{42}	iɒ^{312}	iɒ^{312}
左云	tɕʰiɒ^{313}	ɕiɒ^{31}	ɕiɒ^{31}	iɒ^{31}	iɒ^{31}	iɒ^{31}	iɒ^{313}	iɒ^{313}
右玉	tɕʰiɒ^{212}	ɕiɒ^{31}	ɕiɒ^{31}	iɒ^{31}	iɒ^{31}	iɒ^{31}	iɒ^{212}	iɒ^{212}
阳高	tɕʰiɔ^{31}	ɕiɔ^{31}	ɕiɔ^{31}	iɔ^{31}	iɔ^{31}	iɔ^{31}	iɔ^{312}	iɔ^{312}
山阴	tɕʰiɒ^{313}	ɕiɒ^{313}	ɕiɒ^{313}	iɒ^{313}	iɒ^{313}	iɒ^{313}	iɒ^{313}	iɒ^{313}
天镇	tɕʰiɒ^{22}	ɕiɒ^{31}	ɕiɒ^{31}	iɒ^{31}	iɒ^{31}	iɒ^{31}	iɒ^{22}	iɒ^{22}
平定	tɕʰiaŋ^{44}	ɕiaŋ^{31}	ɕiaŋ^{31}	iaŋ^{31}	iaŋ^{31}	iaŋ^{31}	iaŋ^{44}	iaŋ^{44}
昔阳	tɕʰiɔ̃u^{33}	ɕiɔ̃u^{42}	ɕiɔ̃u^{42}	iɔ̃u^{42}	iɔ̃u^{42}	iɔ̃u^{42}	iɔ̃u^{33}	iɔ̃u^{33}
左权	tɕʰiɔ^{11}	ɕiɔ^{31}	ɕiɔ^{31}	iɔ^{11}	iɔ^{11}	iɔ^{11}	iɔ^{11}	iɔ^{11}

续表

字目	强~大	香	乡	央	秧	殃	羊	洋
中古音 / 方言点	巨良 宕开三 平阳群	许良 宕开三 平阳晓	许良 宕开三 平阳晓	於良 宕开三 平阳影	於良 宕开三 平阳影	於良 宕开三 平阳影	与章 宕开三 平阳以	与章 宕开三 平阳以
和顺	tɕʰiɔ^{22}	ɕiɔ^{42}	ɕiɔ^{42}	iɔ^{42}	iɔ^{42}	iɔ^{42}	iɔ^{22}	iɔ^{22}
尧都	tɕʰiɑŋ^{24}	ɕiɑŋ^{21}	ɕiɑŋ^{21}	iɑŋ^{21}	iɑŋ^{21}	iɑŋ^{21}	iɑŋ^{24}	iɑŋ^{24}
洪洞	tɕʰio^{24}	ɕiɑŋ^{21}	ɕiɑŋ^{21}	iɑŋ^{21}	ȵo^{21} 白 / iɑŋ^{21} 文	iɑŋ^{21}	o^{24} 白 / iɑŋ^{24} 文	iɑŋ^{24}
洪洞赵城	tɕʰio^{24}	ɕio^{21} 白 / ɕiɑ̃^{21} 文	ɕiɑ̃^{21}	iɑ̃^{21}	ȵio^{21}	iɑ̃^{21}	io^{24}	iɑ̃^{24}
古县	tɕʰiɑŋ^{35}	ɕiɑŋ^{21}	ɕiɑŋ^{21}	iɑŋ^{21}	ȵyo^{21} 白 / ɕiɑŋ^{21} 文	iɑŋ^{21}	yo^{35} 白 / iɑŋ^{35} 文	iɑŋ^{35}
襄汾	tɕʰyɔ^{24} 白 / tɕʰiaŋ^{24} 文	ɕyɔ^{21} 白 / ɕiaŋ^{21} 文	ɕiaŋ^{21}	iaŋ^{21}	ȵyɔ^{21} 白 / iaŋ^{21} 文	iaŋ^{21}	yɔ^{24} 白 / iaŋ 文	iaŋ^{24}
浮山	tɕʰyo^{13} 白 / tɕʰiaŋ^{13} 文	ɕyo^{42} 白 / ɕiaŋ^{42} 文	ɕiaŋ^{42}	iaŋ^{42}	iaŋ^{42}	iaŋ^{42}	yo^{13}	iaŋ^{13}
霍州	tɕʰiaŋ^{35}	ɕie^{212} 白 / ɕiaŋ^{212} 文	ɕiaŋ^{212}	iaŋ^{212}	iaŋ^{212}	iaŋ^{212}	ie^{35} 白 / iaŋ^{35} 文	iaŋ^{35}
翼城	tɕʰiɔ^{12}	ɕiɔ^{53}	ɕiɔ^{12}	iɔ^{53}	iɔ^{53}	iɔ^{53}	iɔ^{12}	iɔ^{12}
闻喜	tcʰiᴀŋ^{13}	ɕiᴀŋ^{53}	ɕiᴀŋ^{53}	iᴀŋ^{53}/ iɤ^{53}	iᴀŋ^{53}/ iɤ^{53}	iᴀŋ^{53}	iᴀŋ^{13}/ iɤ^{13}	iᴀŋ^{13}/ iɤ^{13}
侯马	tɕʰiɑŋ^{213}	ɕiɑŋ^{213}	ɕiɑŋ^{213}	iɑŋ^{213}	iɤ^{213} 白 / iɑŋ^{213} 文	iɑŋ^{213}	iɤ^{213} 白 / iɑŋ^{213} 文	iɤ^{213} 白 / iɑŋ^{213} 文
新绛	tɕʰiəŋ^{13}	ɕiəŋ^{53}	ɕiəŋ^{53}	iəŋ^{53}	iəŋ^{53}	iəŋ^{53}	iɤ^{13}	iəŋ^{13}
绛县	tɕʰiʌŋ^{24}	ɕiʌŋ^{53}	ɕiʌŋ^{53}	iʌŋ^{53}	iʌŋ^{53}	iʌŋ^{53}	yɤ^{24} 白 / iʌŋ^{24} 文	yɤ^{24} 白 / iʌŋ^{24} 文
垣曲	tɕʰiəŋ^{22}	ɕiəŋ^{22}	ɕiəŋ^{22}	iəŋ^{22}	iəŋ^{22}	iəŋ^{22}	yo^{22}	iəŋ^{22}
夏县	tɕʰiəŋ^{42}	ɕiəŋ^{53}	ɕiəŋ^{53}	iəŋ^{53}	iəŋ^{53}	iəŋ^{53}	iəŋ^{42}	iəŋ^{42}
万荣	tɕʰiaŋ^{213}	ɕiaŋ^{51}	ɕiaŋ^{51}	iaŋ^{51}	iaŋ^{51}	iaŋ^{51}	iaŋ^{213}	iaŋ^{213}
稷山	tɕʰiɤ^{13} 白 / tɕʰiʌŋ^{13} 文	ɕiʌŋ^{53}	ɕiʌŋ^{53}	iʌŋ^{53}	iʌŋ^{53}	iʌŋ^{53}	iɤ^{13}	iʌŋ^{13}
盐湖	tɕʰyo^{44} 白 / tɕʰiaŋ^{13} 文	ɕiaŋ^{42}	ɕiaŋ^{42}	iaŋ^{42}	iaŋ^{42}	iaŋ^{42}	iaŋ^{13}	iaŋ^{13}
临猗	tɕʰyo^{13} 白 / tɕʰiɑŋ^{13} 文	ɕiɑŋ^{42}	ɕiɑŋ^{42}	iɑŋ^{42}	ȵiɑŋ^{42} 白 / iɑŋ^{42} 文	ȵiɑŋ^{42} 白 / iɑŋ^{42} 文	iɑŋ^{13}	iɑŋ^{13}
河津	tɕʰiaŋ^{324}	ɕiaŋ^{31}	ɕiaŋ^{31}	iaŋ^{31}	ȵiɤ^{31}/ iaŋ^{31} 文	ȵiaŋ^{31} 白 / iaŋ^{31} 文	iɤ^{324} 白 / iaŋ^{324} 文	iaŋ^{324}
平陆	tɕʰiaŋ^{13}	ɕiaŋ^{31}	ɕiaŋ^{31}	iaŋ^{31}	ȵiaŋ^{31}	ȵiaŋ^{31}	iaŋ^{13}	iaŋ^{13}

续表

字目	强~大	香	乡	央	秧	殃	羊	洋
中古音 / 方言点	巨良 宕开三 平阳群	许良 宕开三 平阳晓	许良 宕开三 平阳晓	於良 宕开三 平阳影	於良 宕开三 平阳影	於良 宕开三 平阳影	与章 宕开三 平阳以	与章 宕开三 平阳以
永济	$tɕ^hyo^{24}$ 白 / $tɕ^hiaŋ^{24}$ 文	$ɕiaŋ^{31}$	$ɕiaŋ^{31}$	$iaŋ^{31}$	$ȵiaŋ^{31}$ 白 / $iaŋ^{31}$ 文	$ȵiaŋ^{31}$ 白 / $iaŋ^{31}$ 文	$iaŋ^{24}$	$iaŋ^{24}$
芮城	$tɕ^hyo^{13}$ 白 / $tɕ^hiaŋ^{13}$ 文	$ɕiaŋ^{42}$	$ɕiaŋ^{42}$	$iaŋ^{42}$	$ȵiaŋ^{42}$ 白 / $iaŋ^{42}$ 文	$iaŋ^{42}$	$iaŋ^{13}$	$iaŋ^{13}$
吉县	$tɕ^hiəŋ^{13}$	$ɕiəŋ^{423}$	$ɕiəŋ^{423}$	$iəŋ^{423}$	$iəŋ^{423}$	$iəŋ^{423}$	$iə^{13}$	$iəŋ^{13}$
乡宁	$tɕ^hiɤ^{12}$ 白 / $tɕ^hiaŋ^{12}$ 文	$ɕiaŋ^{53}$	$ɕiaŋ^{53}$	$iaŋ^{53}$	$iaŋ^{53}$	$iaŋ^{53}$	$iɤ^{12}$ 白 / $iaŋ^{12}$ 文	$iaŋ^{12}$
广灵	$tɕ^hiɔ^{31}$	$ɕiɔ^{53}$	$ɕiɔ^{53}$	$iɔ^{53}$	$iɔ^{53}$	$iɔ^{53}$	$iɔ^{31}$	$iɔ^{53}$

字目	杨	扬	阳	两~个	两斤~	蒋	浆	奖
中古音 方言点	与章 宕开三 平阳以	与章 宕开三 平阳以	与章 宕开三 平阳以	良奖 宕开三 上养来	良奖 宕开三 上养来	即两 宕开三 上养精	即两 宕开三 上养精	即两 宕开三 上养精
北京	iaŋ^{35}	iaŋ^{35}	iaŋ^{35}	liaŋ^{214}	liaŋ^{214}	tɕiaŋ^{214}	tɕiaŋ^{214}	tɕiaŋ^{214}
小店	io^{11}	io^{11}	io^{11}	lio^{53} 白 / liɑ^{53} 文	lio^{53} 白 / liɑ^{53} 文	tɕio^{53}	tɕio^{53}	tɕio^{53}
尖草坪	iɔ^{33}	iɔ^{33}	iɔ^{33}	liɔ^{312}	liɔ^{312}	tɕiɔ^{312}	tɕiɔ^{312}	tɕiɔ^{312}
晋源	iɔ^{11}	iɔ^{11} 白 / iaŋ^{11} 文	iɔ^{11} 白 / iaŋ^{11} 文	æ^{35}	lia^{42}	tɕiɔ^{42}	tɕiɔ^{42}	tɕiɔ^{42}
阳曲	iɔ^{43}	iɔ^{43}	iɔ^{43}	lia^{312}	lia^{312}	tɕiɔ^{312}	tɕiɔ^{312}	tɕiɔ^{312}
古交	iɔ^{44}	iɔ^{44}	iɔ^{44}	liɔ^{312}	liɔ^{312}	tɕiɔ^{312}	tɕiɔ^{312}	tɕiɔ^{312}
清徐	iɒ^{11}	iɒ^{11}	iɒ^{11}	liɒ^{54}	liɒ^{54}	tɕiɒ^{54}	tɕiɒ^{54}	tɕiɒ^{54}
娄烦	iɑ̃^{33}	iɑ̃^{33}	iɑ̃^{33}	liɑ̃^{312}	liɑ̃^{312}	tɕiɑ̃^{312}	tɕiɑ̃^{312}	tɕiɑ̃^{312}
榆次	iɒ^{11}	iɒ^{11}	iɒ^{11}	liɒ^{53}	liɒ^{53}	tɕiɒ^{53}	tɕiɒ^{53}	tɕiɒ^{53}
交城	iɤ^{11}	iɤ^{11}	iɤ^{11}	liaʔ^{1}	liɑ^{53}	tɕiɤ^{11}	tɕiɤ^{24}	tɕiɤ^{11}
文水	iu^{22} 白 / iaŋ^{22} 文	iu^{22} 白 / iaŋ^{22} 文	iaŋ^{22}	lia^{423}	lia^{423}	tɕiaŋ^{423}	tɕiaŋ^{423}	tɕiaŋ^{423}
祁县	ia^{31} 白 / iɑ̃^{31} 文	ia^{31} 白 / iɑ̃^{31} 文	ia^{31} 白 / iɑ̃^{31} 文	lia^{314} 白 / liɑ̃^{314} 文	lia^{314} 白 / liɑ̃^{314} 文	tɕiɑ̃^{314}	tɕiɑ̃^{314}	tɕiɑ̃^{314}
太谷	iɒ^{33}	iɒ^{33}	iɒ^{33}	liɒ^{312}	liɒ^{312}	tɕiɒ^{312}	tɕiɒ^{312}	tɕiɒ^{312}
平遥	yə^{213} 白 / iɑ̃^{213} 文	yə^{213} 白 / iɑ̃^{213} 文	iɑ̃^{213}	liɑ^{512}/liɑ̃^{512}	liɑ^{512}/liɑ̃^{512}	tɕiɑ̃^{512}	——	tɕiɑ̃^{512}
孝义	iᴇ^{33} 白 / iã^{33} 文	iᴇ^{33}	iᴇ^{33} 白 / iã^{33} 文	liᴇ^{312}	liᴇ^{312}	tɕiã^{312}	tɕiã^{312}	tɕiã^{312}
介休	iɛ̃^{13}	iɛ̃^{13}	iɛ̃^{13}	luɤ^{423}	luɤ^{423}	tɕiɛ̃^{423}	tɕiɛ̃^{423}	tɕiɛ̃^{423}
灵石	iõ^{44}	iõ^{44}	iõ^{44}	luɤ^{212}	luɤ^{212}	tɕiõ^{212}	tɕiõ^{53}	tɕiõ^{212}
盂县	io^{22} 白 / iæ̃^{22} 文	io^{22} 白 / iæ̃^{22} 文	io^{22} 白 / iæ̃^{22} 文	liæ̃^{22} 文	liɑ^{53}/liæ̃^{53} 文	tɕio^{53} 白 / tɕiæ̃^{53} 文	tɕio^{53}	tɕiæ̃^{53}
寿阳	iɒo^{22}	iɒo^{22}	iɒo^{22}	——	liɑ^{53}	tɕiɒo^{53}	tɕiɒo^{53}	tɕiɒo^{53}
榆社	iɔu^{22}	iɔu^{22}	iɔu^{22}	liɔu^{312}	liɔu^{312}	tɕiɔu^{312}	tɕiɔu^{312}	tɕiɔu^{312}
离石	iɔ^{44}	iɔ^{44}	iɔ^{44}	liɑ^{312}	liɑ^{312}	tɕiɔ^{312}	tɕiɔ^{312}	tɕiɔ^{312}
汾阳	iɔ^{22}	iɔ^{22}	iɔ^{22}	——	liɔ^{312}	tɕiɔ^{312}	tɕiɔ^{312}	tɕiɔ^{312}
中阳	iɒ^{33}	iɒ^{33}	iɒ^{33}	lie^{423}	lie^{423}	tɕiɒ^{423}	tɕiɒ^{423}	tɕiɒ^{423}
柳林	iɔ^{44}	iɔ^{44}	iɔ^{44}	liɔ^{312}	liɔ^{312}	tɕiɔ^{312}	tɕiɔ^{312}	tɕiɔ^{312}
方山	iɔ^{44}	iɔ^{44}	iɔ^{44}	liɔ^{312}	liɔ^{312}	tɕiɔ^{312}	tɕiɔ^{312}	tɕiɔ^{312}
临县	iɒ^{33}	iɒ^{33}	iɒ^{33}	liɒ^{312}	liɒ^{312}	tɕiɒ^{312}	tɕiɒ^{312}	tɕiɒ^{312}
兴县	iɛ^{55}	iɛ^{55}	iɛ^{55}	liᴀ^{324}	liᴀ^{324}	tɕie^{324}	tɕie^{324}	tɕie^{324}

续表

字目	杨	扬	阳	两~个	两斤~	蒋	桨	奖
中古音 / 方言点	与章 宕开三 平阳以	与章 宕开三 平阳以	与章 宕开三 平阳以	良奖 宕开三 上养来	良奖 宕开三 上养来	即两 宕开三 上养精	即两 宕开三 上养精	即两 宕开三 上养精
岚县	yə^{44}	yə^{44}	yə^{44}	lia^{312}	lia^{312}	tɕyə^{312}	tɕyə^{312}	tɕyə^{312}
静乐	iã^{33}	iã^{33}	iã^{33}	liã^{314}	liã^{314}	tɕiã^{314}	tɕiã^{314}	tɕiã^{314}
交口	iã^{44}	iɛ^{44}白/iã^{44}文	iɛ^{44}白/iã^{44}文	——	liɛ^{323}白/liã^{323}文	tɕiã^{323}	tɕiã^{323}	tɕiã^{323}
石楼	iaŋ^{44}	iaŋ^{44}	iaŋ^{44}	——	liɛ^{213}	tɕiaŋ^{213}	tɕiaŋ^{213}	tɕiaŋ^{213}
隰县	iaŋ^{24}	iaŋ^{24}	iɛ^{24}	liɛ^{21}白/liaŋ^{21}文	liɛ^{21}白/liaŋ^{21}文	tɕiaŋ^{21}	tɕiaŋ^{21}	tɕiaŋ^{21}
大宁	iẽ^{24}	ie^{24}白/iẽ^{24}文	iẽ^{24}	lie^{31}白/liẽ^{31}文	lie^{31}白/liẽ^{31}文	tɕiẽ^{31}	tɕiẽ^{55}	tɕiẽ^{31}
永和	iã^{35}	ie^{35}白/iã^{35}文	iã^{35}	lie^{312}白/liã^{312}文	lie^{312}白/liã^{312}文	tɕiã^{312}	tɕiã^{53}	tɕiã^{312}
汾西	i^{35}白	iã^{35}/i^{35}白	i^{35}白/iã^{35}文	——	li^{33}白/liã^{33}文	tɕiã^{11}	tɕiã^{33}	tɕiã^{33}
蒲县	iaŋ^{24}	iaŋ^{24}	iaŋ^{24}	liaŋ^{33}	lie^{31}白/liaŋ^{31}文	tɕiaŋ^{31}	tɕiaŋ^{31}	tɕiaŋ^{31}
潞州	iaŋ^{24}	iaŋ^{24}	iaŋ^{24}	liaŋ^{535}	liaŋ^{535}	tɕiaŋ^{535}	tɕiaŋ^{535}	tɕiaŋ^{535}
上党	iaŋ^{44}	iaŋ^{44}	iaŋ^{44}	liaŋ^{535}	liaŋ^{535}	tɕiaŋ^{535}	tɕiaŋ^{535}	tɕiaŋ^{535}
长子	iaŋ^{24}	iaŋ^{24}	iaŋ^{24}	liaŋ^{434}	liaŋ^{434}	tɕiaŋ^{434}	tɕiaŋ^{434}	tɕiaŋ^{434}
屯留	iaŋ^{11}	iaŋ^{11}	iaŋ^{11}	liaŋ^{43}	liaŋ^{43}	tɕiaŋ^{43}	tɕiaŋ^{43}	tɕiaŋ^{43}
襄垣	iɒ^{31}	iɒ^{31}	iɒ^{31}	——	liɒ^{42}	tɕiɒ^{33}	tɕiɒ^{42}	tɕiɒ^{42}
黎城	iaŋ^{33}	iaŋ^{33}	iaŋ^{53}	liaŋ^{213}	liaŋ^{213}	tɕiaŋ^{33}	tɕiaŋ^{213}	tɕiaŋ^{213}
平顺	iaŋ^{13}	iaŋ^{13}	iaŋ^{13}	liaŋ^{434}	liaŋ^{434}	ciaŋ^{434}	ciaŋ^{434}	ciaŋ^{434}
壶关	iaŋ^{13}	iaŋ^{13}	iaŋ^{13}	liaŋ^{535}	liaŋ^{535}	ciaŋ^{535}	ciaŋ^{535}	ciaŋ^{535}
沁县	iɔ^{33}	iɔ^{33}	iɔ^{33}	liɔ^{214}	——	tɕiɔ^{214}	tɕiɔ^{214}	tɕiɔ^{214}
武乡	iɔ̃^{33}	iɔ̃^{33}	iɔ̃^{33}	liɔ̃^{213}	liɔ̃^{213}	tɕiɔ̃^{213}	tɕiɔ̃^{213}	tɕiɔ̃^{213}
沁源	iʌ̃^{33}	iʌ̃^{33}	iʌ̃^{33}	liʌ̃^{324}	liʌ̃^{324}	tɕiʌ̃^{324}	tɕiʌ̃^{324}	tɕiʌ̃^{324}
安泽	iʌŋ^{35}	iʌŋ^{35}	iʌŋ^{35}	liʌŋ^{42}	liʌŋ^{42}	tɕiʌŋ^{42}	tɕiʌŋ^{42}	tɕiʌŋ^{42}
沁水端氏	iaŋ^{24}	iaŋ^{24}	iaŋ^{24}	liaŋ^{31}	liaŋ^{31}	tɕiaŋ^{31}	tɕiaŋ^{31}	tɕiaŋ^{31}
阳城	iãŋ^{22}	iãŋ^{22}	iãŋ^{22}	liãŋ^{212}	liãŋ^{212}	tɕiãŋ^{212}	tɕiãŋ^{212}	tɕiãŋ^{212}
高平	iɔ̃^{33}	iɔ̃^{33}	iɔ̃^{33}	niɔ̃^{212}	niɔ̃^{212}	tɕiɔ̃^{212}	tɕiɔ̃^{212}	tɕiɔ̃^{212}
陵川	iaŋ^{53}	iaŋ^{53}	iaŋ^{53}	liaŋ^{312}	liaŋ^{312}	tɕiaŋ^{312}	tɕiaŋ^{312}	tɕiaŋ^{312}
晋城	iɒ̃^{324}	iɒ̃^{324}	iɒ̃^{324}	liɒ̃^{213}	liɒ̃^{213}	tɕiɒ̃^{213}	tɕiɒ̃^{213}	tɕiɒ̃^{213}
忻府	iã^{21}	iɛ^{21}白/iã^{21}文	iɛ^{21}白/iã^{21}文	lia^{313}	lia^{313}	tɕiã^{313}	tɕiã^{313}	tɕiã^{313}

续表

字目	杨	扬	阳	两~个	两斤~	蒋	桨	奖
中古音 / 方言点	与章 宕开三 平阳以	与章 宕开三 平阳以	与章 宕开三 平阳以	良奖 宕开三 上养来	良奖 宕开三 上养来	即两 宕开三 上养精	即两 宕开三 上养精	即两 宕开三 上养精
原平	iɔ^{33}	iɔ^{33}	iɔ^{33}	liɑ^{213}	liɔ^{213}	tɕiɔ^{213}	tɕiɔ^{213}	tɕiɔ^{213}
定襄	iɔ^{11}	iɔ^{11}	iæ^{11}	lia^{24}	lia^{24}	tɕiæ^{24}	tɕiæ^{24}	tɕiæ^{24}
五台	iɔ^{33}	iɔ^{33}/iæn^{33}	iɔ^{33}/iæn^{33}	liæn^{213}	liæn^{213}	tɕiæn^{213}/tɕiɔ^{52}	tɕiɔ^{213}	tɕiɔ^{213}/tɕiæn^{213}
岢岚	iɔ^{44}	iɔ^{44}	iɔ^{44}	liɔ^{13}	liɔ^{13}	tɕiɔ^{13}	tɕiɔ^{13}	tɕiɔ^{13}
五寨	iɒ^{44}	iɒ^{44}	iɒ^{44}	liɒ^{13}	liɒ^{13}	tɕiɒ^{13}	tɕiɒ^{13}	tɕiɒ^{13}
宁武	iɒ^{33}	iɒ^{33}	iɒ^{33}	——	liɒ^{213}	tɕiɒ^{213}	——	tɕiɒ^{213}
神池	iɒ^{32}	iɒ^{32}	iɒ^{32}	liɒ^{13}	liɒ^{13}	tɕiɒ^{13}	tɕiɒ^{13}	tɕiɒ^{13}
繁峙	iɔ^{31}	iɔ^{31}	iɔ^{31}	liɔ^{53}	liɔ^{53}	tɕiɔ^{53}	tɕiɔ^{53}	tɕiɔ^{53}
代县	iɔ^{44}	iɔ^{44}	iɔ^{44}	liɔ^{213}	liɔ^{213}	tɕiɔ^{213}	tɕiɔ^{213}	tɕiɔ^{213}
河曲	iɒ^{44}	iɒ^{44}	iɒ^{44}	tɕiɒ^{213}	liɒ^{44}	tɕiɒ^{213}	liɒ^{52}	tɕiɒ^{213}
保德	iɔ^{44}	iɔ^{44}	iɔ^{44}	liɔ^{213}	liɔ^{213}	tɕiɔ^{213}	tɕiɔ^{213}	tɕiɔ^{213}
偏关	iɒ^{44}	iɒ^{44}	iɒ^{44}	liɒ^{213}	liɒ^{213}	tɕiɒ^{213}	tɕiɒ^{213}	tɕiɒ^{213}
朔城	iɑ̃^{35}	——	iɑ̃^{35}	——	liᴀ^{312}/liɑ̃^{312}	tɕiɑ̃^{312}	tɕiɑ̃^{312}	tɕiɑ̃^{312}
平鲁	iɒ^{44}	iɒ^{44}	iɒ^{44}	liɑ^{213}	liʌʔ$^{\underline{34}}$	tɕiɒ^{213}	——	tɕiɒ^{213}
应县	iaŋ^{31}	iaŋ^{31}	iaŋ^{31}	liaŋ^{31}	liaŋ^{31}	tɕiaŋ^{54}	tɕiaŋ^{54}	tɕiaŋ^{54}
灵丘	iɒ^{31}	iɒ^{31}	iɒ^{31}	liᴀ^{442}	liɒ^{31}	tɕiɒ^{442}	tɕiɒ^{442}	tɕiɒ^{442}
浑源	ioʌ^{22}	ioʌ^{22}	ioʌ^{22}	lioʌ^{52}	lioʌ^{52}	tɕioʌ^{52}	tɕioʌ^{52}	tɕioʌ^{52}
云州	iɔ^{312}	iɔ^{312}	iɔ^{312}	liɔ^{55}	liɔ^{55}	tɕiɔ^{55}	tɕiɔ^{55}	tɕiɔ^{55}
新荣	iɔ^{312}	iɔ^{312}	iɔ^{312}	liɔ^{54}	liɔ^{54}	tɕiɔ^{54}	tɕiɔ^{32}	tɕiɔ^{54}
怀仁	iɒ^{312}	iɒ^{312}	iɒ^{312}	liɒ^{53}	liɒ^{53}	tɕiɒ^{53}	tɕiɒ^{53}	tɕiɒ^{53}
左云	iɒ^{313}	iɒ^{313}	iɒ^{313}	liɒ^{54}	liɒ^{54}	tɕiɒ^{31}	tɕiɒ^{54}	tɕiɒ^{54}
右玉	iɒ^{212}	iɒ^{212}	iɒ^{212}	liɒ^{53}	liɒ^{53}	tɕiɒ^{53}	tɕiɒ^{53}	tɕiɒ^{53}
阳高	iɔ^{312}	iɔ^{312}	iɔ^{312}	liɔ^{53}	liɔ^{53}	tɕiɔ^{53}	tɕiɔ^{53}	tɕiɔ^{53}
山阴	iɒ^{313}	iɒ^{313}	iɒ^{313}	liᴀʔ^{4}	liɒ^{52}	——	tɕiɒ^{313}	tɕiɒ^{52}
天镇	iɒ^{22}	iɒ^{22}	iɒ^{22}	liɒ^{55}	liɒ^{55}	tɕiɒ^{31}	tɕiɒ^{31}	tɕiɒ^{55}
平定	iɑŋ^{44}	iɑŋ^{44}	iɑŋ^{44}	liɑŋ^{53}	liɑŋ^{53}	tɕiɑŋ^{53}	——	tɕiɑŋ^{53}
昔阳	iɔ̃u^{33}	iɔ̃u^{33}	iɔ̃u^{33}	liɔ̃u^{55}	liɔ̃u^{55}	tɕiɔ̃u^{55}	tɕiɔ̃u^{55}	tɕiɔ̃u^{55}
左权	iɔ^{11}	iɔ^{11}	iɔ^{11}	liɔ^{42}	liɔ^{42}	tɕiɔ^{42}	tɕiɔ^{42}	tɕiɔ^{42}
和顺	iɔ^{22}	iɔ^{22}	iɔ^{22}	liɔ^{53}	liɔ^{53}	tɕiɔ^{53}	tɕiɔ^{53}	tɕiɔ^{53}
尧都	yo^{24}白/iɑŋ^{24}文	iɑŋ^{24}	iɑŋ^{24}	lyo^{24}白/liɑŋ^{24}文	lyo^{53}	tɕiɑŋ^{53}	tɕiɑŋ^{53}	tɕiɑŋ^{53}

续表

字目	杨	扬	阳	两~个	两斤~	蒋	桨	奖
中古音 / 方言点	与章 宕开三 平阳以	与章 宕开三 平阳以	与章 宕开三 平阳以	良奖 宕开三 上养来	良奖 宕开三 上养来	即两 宕开三 上养精	即两 宕开三 上养精	即两 宕开三 上养精
洪洞	o^{24}白 / iɑŋ^{24}文	o^{24}白 / iɑŋ^{24}文	iɑŋ^{24}	lio^{42}白 / liɑŋ^{42}文	lio^{42}白 / liɑŋ^{42}文	tɕiɑŋ^{21}	tɕiɑŋ^{21}	tɕiɑŋ^{42}
洪洞赵城	io^{24}白 / iã^{24}文	io^{24}	iã^{24}	lio^{42}白 / liã^{42}文	lio^{42}白 / liã^{42}文	tɕiã^{42}	tɕiã^{42}	tɕiã^{42}
古县	yo^{35}白 / iɑŋ^{35}文	yo^{35}白 / iɑŋ^{35}文	ȵyo白 / yo^{35}白 / iɑŋ^{35}文	lyo^{42}白 / liɑŋ^{42}文	lyo^{42}白 / liɑŋ^{42}文	tɕiɑŋ^{42}	tɕiɑŋ^{42}	tɕiɑŋ^{42}
襄汾	iaŋ^{24}白 / yɔ^{24}文	yɔ^{24}白 / iaŋ^{24}文	yɔ^{24}白 / iaŋ^{24}文	lyɔ^{42}白 / liaŋ^{42}文	lyɔ^{42}白 / liaŋ^{42}文	tɕiaŋ^{42}	tɕiaŋ^{42}	tɕiaŋ^{42}
浮山	iaŋ^{13}/ yo^{13}	iaŋ^{13}	iaŋ^{13}	lyo^{33}/ liaŋ^{33}文	lia^{33}	tɕiaŋ^{53}	tɕiaŋ^{33}	tɕiaŋ^{33}
霍州	ie^{35}白 / iaŋ^{35}文	ie^{35}白 / iaŋ^{35}文	iaŋ^{35}	lie^{35}	lie^{33}白 / liaŋ^{33}文	tɕiaŋ^{33}	tɕiaŋ^{33}	tɕiaŋ^{33}
翼城	iɔ^{12}	iɔ^{12}	iɔ^{12}	liɔ^{44}	liɔ^{44}	tɕiɔ^{44}	tɕiɔ^{44}	tɕiɔ^{44}
闻喜	iᴀŋ^{13}/ iᴀŋ^{53}/ iɤ^{13}	iᴀŋ^{13}	iᴀŋ^{13}/ iɤ^{13}	liᴇ^{33}白 / liᴀŋ^{33}文	liᴇ^{33}白 / liᴀŋ^{33}文	tɕiᴀŋ^{33}	——	tɕiᴀŋ^{33}
侯马	iɤ^{213}白 / iɑŋ^{213}文	iɑŋ^{213}	iɤ^{213}白 / iɑŋ^{213}文	liɤ^{44}	liɤ^{44}	tɕiɑŋ^{44}	tɕiɑŋ^{44}	tɕiɑŋ^{44}
新绛	iəŋ^{13}	iəŋ^{13}	iəŋ^{13}	lie^{44}白 / liɤ^{44}文	liɤ^{13}	tɕiəŋ^{44}	tɕiəŋ^{53}	tɕiəŋ^{44}
绛县	iʌŋ^{24}	iʌŋ^{24}	iʌŋ^{24}	lyɤ^{33}/liʌŋ^{33}	liʌŋ^{33}	tɕiʌŋ^{33}	tɕiʌŋ^{33}	tɕiʌŋ^{33}
垣曲	iəŋ^{22}	iəŋ^{22}	iəŋ^{22}	lyo^{44}	lyo^{44}	tɕiəŋ^{44}	tɕiəŋ^{44}	tɕiəŋ^{44}
夏县	iəŋ^{42}	iəŋ^{42}	iəŋ^{42}	liɤ^{24}	liəŋ^{24}	tɕiəŋ^{24}	tɕiəŋ^{24}	tɕiəŋ^{24}
万荣	iaŋ^{213}	iaŋ^{213}	iaŋ^{213}	liaŋ^{51}	liaŋ^{55}	tɕiaŋ^{55}	tɕiaŋ^{33}	tɕiaŋ^{55}
稷山	iɤ^{13}白 / iʌŋ^{13}文	iɤ^{13}白 / iʌŋ^{13}文	iɤ^{13}白 / iʌŋ^{13}文	lɤ^{44}白 / liɛ^{44}白 / liʌŋ^{44}文	liʌŋ^{44}	tɕiʌŋ^{44}	tɕiʌŋ^{44}	tɕiʌŋ^{44}
盐湖	iaŋ^{13}	iaŋ^{13}	iaŋ^{13}	——	liaŋ^{53}	tɕiaŋ^{53}	tɕiaŋ^{53}	tɕiaŋ^{53}
临猗	yo^{13}白 / iɑŋ^{13}文	yo^{13}白 / iɑŋ^{13}文	yo^{13}白 / iɑŋ^{13}文	liɑŋ^{53}	liɑŋ^{53}	tɕiɑŋ^{53}	tɕiɑŋ^{53}	tɕiɑŋ^{53}
河津	iaŋ^{324}	iaŋ^{324}文	iɤ^{324}白 / iaŋ^{324}文	liɤ^{31}	liɤ^{53}白 / liaŋ^{53}	tɕiaŋ^{53}	tɕiaŋ^{53}	tɕiaŋ^{53}
平陆	iaŋ^{13}	iaŋ^{13}	iaŋ^{13}	liaŋ^{55}	liaŋ^{55}	tɕiaŋ^{55}	tɕiaŋ^{33}	tɕiaŋ^{55}
永济	iaŋ^{24}	iaŋ^{24}	iaŋ^{24}	liaŋ^{31}	liaŋ^{53}	tɕiaŋ^{53}	tɕiaŋ^{53}	tɕiaŋ^{53}
芮城	iaŋ^{13}	iaŋ^{13}	iaŋ^{13}	liaŋ^{53}	liaŋ^{53}	tɕiaŋ^{53}	tɕiaŋ^{44}	tɕiaŋ^{53}

续表

字目	杨	扬	阳	两~个	两斤~	蒋	桨	奖
中古音 / 方言点	与章 宕开三 平阳以	与章 宕开三 平阳以	与章 宕开三 平阳以	良奖 宕开三 上养来	良奖 宕开三 上养来	即两 宕开三 上养精	即两 宕开三 上养精	即两 宕开三 上养精
吉县	iəŋ13	iə13 白 / iəŋ13 文	iə13 白 / iəŋ13 文	liəŋ53	liəŋ53	tɕiəŋ53	tɕiəŋ33	tɕiəŋ33
乡宁	iaŋ12	iaŋ12	iaŋ12	liᴇ12 白 / liaŋ12 文	liᴇ12 白 / liaŋ12 文	tɕiaŋ44	tɕiaŋ44	tɕiaŋ44
广灵	iɔ31	iɔ31	iɔ31	liɔ44	liɔ44	tɕiɔ53	tɕiɔ44	tɕiɔ44

字目	抢~夺	想	像	橡	象	长生~	涨~价	丈
中古音 / 方言点	七两 宕开三 上养清	息两 宕开三 上养心	徐两 宕开三 上养邪	徐两 宕开三 上养邪	徐两 宕开三 上养邪	知丈 宕开三 上养知	展两 宕开三 上漾知	直两 宕开三 上养澄
北京	tɕʰiaŋ^{214}	ɕiaŋ^{214}	ɕiaŋ^{51}	ɕiaŋ^{51}	ɕiaŋ^{51}	tʂaŋ^{214}	tʂaŋ^{214}	tʂaŋ^{51}
小店	tɕʰio^{53}	ɕio^{53}	ɕio^{24}	ɕio^{24}	ɕio^{24}	tso^{53}	tso^{314}	tso^{24}
尖草坪	tɕʰiɔ^{312}	ɕiɔ^{312}	ɕiɔ^{35}	ɕiɔ^{35}	ɕiɔ^{35}	tsɔ^{312}	tsɔ^{312}	tsɔ^{35}
晋源	tɕʰiɔ^{42}	ɕiɔ^{42}	ɕiɔ^{35}	ɕiɔ^{35}	ɕiɔ^{35}	tsɔ^{42}	tsaŋ^{42}	tsɔ^{35}
阳曲	tɕiɔ^{312}	ɕiɔ^{312}	ɕiɔ^{454}	ɕiɔ^{454}	ɕiɔ^{454}	tsɔ^{312}	tsɔ^{312}	tsɔ^{454}
古交	tɕʰiɔ^{312}	ɕiɔ^{312}	ɕiɔ^{53}	ɕiɔ^{53}	ɕiɔ^{53}	tsɔ^{312}	tsɔ^{312}	tsɔ^{53}
清徐	tɕʰiɒ^{54}	ɕiɒ^{54}	ɕiɒ^{45}	ɕiɒ^{45}	ɕiɒ^{45}	tsɒ^{54}	tsɒ^{54}	tsɒ^{45}
娄烦	tɕʰiɑ̃^{312}	ɕiɑ̃^{312}	ɕiɑ̃^{54}	ɕiɑ̃^{54}	ɕiɑ̃^{54}	tsɑ̃^{312}	tsɑ̃^{312}	tsɑ̃^{54}
榆次	tɕʰiɒ^{53}	ɕiɒ^{53}	ɕiɒ^{35}	ɕiɒ^{35}	ɕiɒ^{35}	tsɒ^{53}	tsɒ^{53}	tsɒ^{35}
交城	tɕʰiɤ^{53}	ɕiɤ^{53}	ɕiɤ^{24}	ɕiɤ^{24}	ɕiɤ^{24}	tsɤ^{53}	tsɤ^{53}	tsɤ^{24}
文水	tɕʰiu^{423} 白 / tɕʰiaŋ^{423} 文	ɕiu^{423} 白 / ɕiaŋ^{423} 文	ɕiu^{35} 白 / ɕiaŋ^{35} 文	ɕiaŋ^{35}	ɕiu^{35} 白 / ɕiaŋ^{35} 文	tsu^{423} 白 / tsaŋ^{423} 文	tsu^{423} 白 / tsaŋ^{423} 文	tsu^{35} 白 / tsaŋ^{35} 文
祁县	tɕʰia^{314} 白 / tɕʰiɑ̃^{314} 文	ɕia^{314} 白 / ɕiɑ̃^{314} 文	ɕia^{45} 白 / ɕiɑ̃^{45} 文	ɕia^{45} 白 / ɕiɑ̃^{45} 文	ɕia^{45} 白 / ɕiɑ̃^{45} 文	tʂa^{314} 白 / tʂɑ̃^{314} 文	tsɑ̃^{314}	tʂa^{45} 白 / tʂɑ̃^{45} 文
太谷	tɕʰiɒ^{312}	ɕiɒ^{312}	ɕiɒ^{53}	ɕiɒ^{53}	ɕiɒ^{53}	tsɒ^{312}	tsɒ^{312}	tsɒ^{53}
平遥	tɕʰyə^{512} 白 / tɕʰiɑ̃^{512} 文	ɕyə^{512} 白 / ɕiɑ̃^{512} 文	ɕyə^{24} 白 / ɕiɑ̃^{24} 文	ɕiɑ̃^{24}	ɕiɑ̃^{24}	tsuə^{512}	tsuə^{512} 白 / tʂɑ̃^{512} 文	tʂɑ̃^{24}
孝义	tɕʰiᴇ^{312}	ɕiᴇ^{312}	ɕiᴇ^{454}	ɕiã^{454}	ɕiᴇ^{454}	tʂᴇ^{312}	tʂã^{312}	tʂᴇ^{454}
介休	tɕʰyɤ^{423} 白 / tɕʰiɛ̃^{423} 文	ɕyɤ^{423} 白 / ɕiɛ̃^{423} 文	ɕyɤ^{45} 白 / ɕiɛ̃^{45} 文	ɕiɛ̃^{45}	ɕiɛ̃^{45}	tɕyɤ^{423} 白 / tʂæ̃^{423} 文	tʂæ̃^{423}	tɕyɤ^{45} 白 / tsæ̃^{45} 文
灵石	tɕʰyɤ^{212}	ɕyɤ^{212} 白 / ɕiɒ̃^{212} 文	ɕiɒ̃^{53}	ɕiɒ̃^{53}	ɕiɒ̃^{53}	tsuɤ^{535}	tʂɒ̃^{212}	tsɒ̃^{53}
盂县	tɕʰio^{53} 白 / tɕʰiæ̃^{53} 文	ɕio^{53} 白 / ɕiæ̃^{53} 文	ɕio^{55} 白 / ɕiæ̃^{55} 文	ɕiæ̃^{55}/ ɕio^{55} 白	ɕio^{55} 白 / ɕiæ̃^{55} 文	tsɤo^{53} 白 / tsæ̃^{53} 文	tsɤo^{53} 白 / tsæ̃^{53} 文	tsɤo^{55} 白 / tsæ̃^{55} 文
寿阳	tɕʰiɒo^{53}	ɕiɒo^{53}	ɕiɒo^{45}	ɕiɒo^{45}	ɕiɒo^{45}	tsɒo^{53}	tsɒo^{53}	tsɒo^{45}
榆社	tɕʰiɔu^{312}	ɕiɔu^{312}	ɕiɔu^{45}	ɕiɔu^{45}	ɕiɔu^{45}	tsɔu^{312}	tsɔu^{312}	tsɔu^{45}
离石	tɕʰiɔ^{312}	ɕiɔ^{312}	ɕiɔ^{53}	ɕiɔ^{53}	ɕiɔ^{53}	tsɔ^{312}	tsɔ^{312}	tsɔ^{53}
汾阳	tɕʰiɔ^{312}	ɕiɔ^{312}	ɕiɔ^{55}	ɕiɔ^{55}	ɕiɔ^{55}	tʂuɔ^{312}	tʂuɔ^{312}	tʂuɔ^{55}
中阳	tɕʰie^{423}	ɕiɒ^{423}	ɕie^{53} 白 / ɕiɒ^{53} 文	ɕiɒ^{53}	ɕiɒ^{53}	tsɒ^{423}	tʂɒ^{423}	tʂɤ^{53}
柳林	tɕʰiɔ^{312}	ɕiɔ^{312}	ɕiɔ^{53}	ɕiɔ^{53}	ɕiɔ^{53}	tsɔ^{312}	tsɔ^{312}	tsɔ^{53}
方山	tɕʰiɔ^{312}	ɕiɔ^{312}	ɕiɔ^{52}	ɕiɔ^{52}	ɕiɔ^{52}	tʂɔ^{312}	tʂɔ^{312}	tʂɔ^{52}
临县	tɕʰiɒ^{312}	ɕiɒ^{312}	ɕiɒ^{52}	ɕiɒ^{52}	ɕiɒ^{52}	tʂɒ^{312}	tʂɒ^{312}	tʂɒ^{52}
兴县	tɕʰiɛ^{324}	ɕiɛ^{324}	ɕiɛ^{53}	ɕiɛ^{53}	ɕiɛ^{53}	tʂɤ^{324}	tʂɤ^{324}	tʂɤ^{53}

续表

字目	抢~夺	想	像	橡	象	长生~	涨~价	丈
中古音 方言点	七两 宕开三 上养清	息两 宕开三 上养心	徐两 宕开三 上养邪	徐两 宕开三 上养邪	徐两 宕开三 上养邪	知丈 宕开三 上养知	展两 宕开三 上漾知	直两 宕开三 上养澄
岚县	tɕʰyə^{312}	ɕyə^{312}	ɕyə^{53}	ɕyə^{53}	ɕyə^{53}	tsuə^{312}	tsuə^{312}	tsuə^{53}
静乐	tɕʰiɑ̃^{314}	ɕiɑ̃^{314}	ɕiɑ̃^{53}	ɕiɑ̃^{53}	ɕiɑ̃^{53}	tsɑ̃^{314}	tsɑ̃^{314}	tsɑ̃^{53}
交口	tɕʰiɛ^{323} 白 / tɕʰiɑ̃^{323} 文	ɕiɛ^{323} 白 / ɕiɑ̃^{323} 文	ɕiɛ^{53} 白 / ɕiɑ̃^{53} 文	ɕiɛ^{53} 白 / ɕiɑ̃^{53} 文	ɕiɑ̃^{53}	tsə^{323} 白 / tsɑ̃^{323} 文	tsɑ̃^{323}	tsə^{53} 白 / tsɑ̃^{53} 文
石楼	tɕʰiɛ^{213} 白 / tɕʰiɑŋ^{213} 文	ɕiɛ^{213} 白 / ɕiɑŋ^{213} 文	ɕiɑŋ^{51}	ɕiɑŋ^{51}	ɕiɛ^{51} 白 / ɕiɑŋ^{51} 文	tʂɑŋ^{213}	tʂɑŋ^{213}	tʂə^{51} 白 / tʂɑŋ^{51} 文
隰县	tɕʰiɛ^{21}	ɕiɛ^{21}	ɕiɛ^{44}	ɕiɛ^{44}	ɕiɛ^{44}	tsɤ^{21} 白 / tsaŋ^{21} 文	tsaŋ^{21}	tsʰɤ^{44} 白 / tsæ^{44} 文
大宁	tɕʰiɛ̃^{31}	ɕie^{31} 白 / ɕiɛ̃^{31} 文	ɕie^{55} 白 / ɕiɛ̃^{55} 文	ɕiɛ̃^{55}	ɕiɛ̃^{55}	tʂɤ^{31} 白 / tʂɛ̃^{31} 文	tʂɛ̃^{31}	tʂʰɤ^{55} 白 / tʂɛ̃^{55} 文
永和	tɕʰiɑ̃^{312}	ɕiɑ̃^{312}	ɕiɑ̃^{53}	ɕiɑ̃^{53}	ɕiɑ̃^{53}	tʂʅə^{312} 白 / tʂɑ̃^{312} 文	tʂʅə^{312} 白 / tʂɑ̃^{312} 文	tʂʅə^{53} 白 / tʂɑ̃^{53} 文
汾西	tɕʰi^{33} 白 / tɕʰiɑ̃^{33} 文	ɕi^{33} 白 /ɕiɑ̃^{33}	ɕiɑ̃^{55}	ɕiɑ̃^{53}	ɕiɑ̃^{53}/ɕi^{53} 白	tsɑ̃^{33} 文	tsɑ̃^{33}	tsʰɯ^{55} 白 / tsʰɑ̃^{53} 文
蒲县	tɕʰiɑŋ^{31}	ɕiɑŋ^{31}	ɕiɑŋ^{33}	ɕiɑŋ^{33}	ɕiɑŋ^{33}	tʂɑŋ^{31}	tʂɑŋ^{31}	tʂɑŋ^{33}
潞州	tɕʰiaŋ^{535}	ɕiaŋ^{535}	ɕiaŋ^{54}	ɕiaŋ^{54}	ɕiaŋ^{54}	tsaŋ^{535}	tsaŋ^{535}	tsaŋ^{54}
上党	tɕʰiɑŋ^{535}	ɕiɑŋ^{535}	ɕiɑŋ^{42}	ɕiɑŋ^{42}	ɕiɑŋ^{42}	tsɑŋ^{535}	tsɑŋ^{535}	tsɑŋ^{42}
长子	tɕʰiaŋ^{434}	ɕiaŋ^{434}	ɕiaŋ^{53}	ɕiaŋ^{53}	ɕiaŋ^{53}	tsaŋ^{434}	tsaŋ^{434}	tsaŋ^{53}
屯留	tɕʰiɑŋ^{43}	ɕiɑŋ^{43}	ɕiɑŋ^{11}	ɕiɑŋ^{11}	ɕiɑŋ^{43}	tsɑŋ^{43}	——	tsɑŋ^{11}
襄垣	tɕʰiɒ^{42}	ɕiɒ^{42}	ɕiɒ^{45}	ɕiɒ^{45}	ɕiɒ^{45}	tsɒ^{42}	——	tsɒ^{45}
黎城	tɕʰiɑŋ^{213}	ɕiɑŋ^{213}	ɕiɑŋ^{53}	ɕiɑŋ^{53}	ɕiɑŋ^{53}	tɕiɑŋ^{213}	tsɑŋ^{213}	tɕiɑŋ^{53}
平顺	cʰiaŋ^{434}	ɕiaŋ^{434}	ɕiaŋ^{53}	ɕiaŋ^{53}	ɕiaŋ^{434}	tsaŋ^{434}	tsaŋ^{434}	tsaŋ^{53}
壶关	cʰiaŋ^{535}	siaŋ^{535}/ ɕiaŋ^{535}	siaŋ^{353}	siaŋ^{353}	siaŋ^{353}	tsaŋ^{535}	tʂaŋ^{535}	tʂaŋ^{42}
沁县	tɕʰiɔ^{214}	ɕiɔ^{214}	ɕiɔ^{53}	ɕiɔ^{53}	ɕiɔ^{53}	tsɔ^{214}	tsɔ^{214}	tsɔ^{53}
武乡	tɕʰiɔ̃^{213}	ɕiɔ̃^{213}	ɕiɔ̃^{55}	ɕiɔ̃^{55}	ɕiɔ̃^{55}	tsɔ̃^{213}	tsɔ̃^{213}	tsɔ̃^{55}
沁源	tɕʰiʌ̃^{324}	ɕiʌ̃^{324}	ɕiʌ̃^{53}	ɕiʌ̃^{53}	ɕiʌ̃^{53}	tʂʌ̃^{324}	tʂʌ̃^{324}	tʂʌ̃^{53}
安泽	tɕiʌŋ^{42}	ɕiʌŋ^{42}	ɕiʌŋ^{53}	ɕiʌŋ^{53}	ɕiʌŋ^{42}	tsʌŋ^{42}	tsʌŋ^{42}	tsʌŋ^{53}
沁水端氏	tɕʰiɑŋ^{31}	ɕiɑŋ^{31}	ɕiɑŋ^{53}	ɕiɑŋ^{53}	ɕiɑŋ^{53}	tsɑŋ^{31}	tsɑŋ^{31}	tsɑŋ^{53}
阳城	tɕʰiɑ̃ŋ^{212}	ɕiɑ̃ŋ^{212}	ɕiɑ̃ŋ^{51}	ɕiɑ̃ŋ^{51}	ɕiɑ̃ŋ^{51}	tʂɑ̃ŋ^{212}	tʂɑ̃ŋ^{212}	tʂɑ̃ŋ^{51}
高平	tɕʰiɔ̃^{212}	ɕiɔ̃^{212}	ɕiɔ̃^{53}	ɕiɔ̃^{53}	ɕiɔ̃^{53}	tʂɔ̃^{212}	tʂɔ̃^{212}	tʂɔ̃^{53}
陵川	tɕʰiɑŋ^{312}	ɕiɒŋ^{312}	ɕiɑŋ^{24}	ɕiɑŋ^{24}	ɕiɑŋ^{24}	tʂɑŋ^{312}	tʂɑŋ^{312}	tʂɑŋ^{24}
晋城	tɕʰiɒ̃^{213}	ɕiɒ̃^{213}	ɕiɒ̃^{53}	ɕiɒ̃^{53}	ɕiɒ̃^{53}	tʂɒ̃^{213}	tʂɒ̃^{213}	tʂɒ̃^{53}

续表

字目	抢~夺	想	像	橡	象	长生~	涨~价	丈
中古音 / 方言点	七两 宕开三 上养清	息两 宕开三 上养心	徐两 宕开三 上养邪	徐两 宕开三 上养邪	徐两 宕开三 上养邪	知丈 宕开三 上养知	展两 宕开三 上漾知	直两 宕开三 上养澄
忻府	tɕʰiɛ^{313} 白 / tɕʰiɑ̃^{313} 文	ɕiɛ^{313} 白 / ɕiɑ̃^{313} 文	ɕiɛ^{53} 白 / ɕiɑ̃^{53} 文	ɕiɑ̃^{53}	ɕiɑ̃^{53}	tʂɛ^{313} 白 / tʂʰɑ̃^{313} 文	tʂɑ̃^{313}	tʂɑ̃^{53}
原平	tɕʰiɔ^{213}	ɕiɔ^{213}	ɕiɔ^{53}	ɕiɔ^{53}	ɕiɔ^{53}	tʂɔ^{213}	tʂɔ^{213}	tʂɔ^{53}
定襄	tɕʰiæ^{24}	ɕiɔ^{24}	ɕiɔ^{53}	ɕiɔ^{53}	ɕiɔ^{53}	tʂɔ^{24}	tʂɔ^{24}	tʂɔ^{53}
五台	tɕʰiɔ^{213}	ɕiɔ^{213}	ɕiɔ^{52}	ɕiɔ^{52}	ɕiɔ^{52}	tsɔ^{213}	tsɔ^{213}	——
岢岚	tɕʰiɔ^{13}	ɕiɔ^{13}	ɕiɔ^{52}	ɕiɔ^{52}	ɕiɔ^{52}	tʂɔ^{13}	tʂɔ^{13}	tʂɔ^{52}
五寨	tɕʰiɒ^{13}	ɕiɒ^{13}	ɕiɒ^{52}	ɕiɒ^{52}	ɕiɒ^{52}	tsɒ^{13}	tsɒ^{52}	tsɒ^{52}
宁武	tɕʰiɒ^{213}	ɕiɒ^{213}	ɕiɒ^{52}	ɕiɒ^{52}	ɕiɒ^{52}	tsɒ^{213}	tsɒ^{213}	tsɒ^{52}
神池	tɕʰiɒ^{13}	ɕiɒ^{13}	ɕiɒ^{52}	ɕiɒ^{52}	ɕiɒ^{52}	tsɒ^{13}	tsɒ^{13}	tsɒ^{52}
繁峙	tɕʰiɔ^{53}	ɕiɔ^{53}	ɕiɔ^{24}	ɕiɔ^{24}	ɕiɔ^{24}	tsɔ^{53}	tsɔ^{53}	tsɔ^{24}
代县	tɕʰiɔ^{213}	ɕiɔ^{213}	ɕiɔ^{53}	ɕiɔ^{53}	ɕiɔ^{53}	tsuɔ^{213}	tsuɔ^{213}	tsuɔ^{53}
河曲	tɕʰiɒ^{213}	ɕiɒ^{213}	ɕiɒ^{52}	ɕiɒ^{52}	ɕiɒ^{52}	tʂɒ^{213}	tʂɒ^{213}	tʂɒ^{52}
保德	tɕʰiɔ^{213}	ɕiɔ^{213}	ɕiɔ^{52}	ɕiɔ^{52}	ɕiɔ^{52}	tʂɔ^{213}	tʂɔ^{52}	tʂɔ^{52}
偏关	tɕʰiɒ^{213}	ɕiɒ^{213}	ɕiɒ^{52}	ɕiɒ^{52}	ɕiɒ^{52}	tʂɒ^{213}	tʂɒ^{213}	tʂɒ^{52}
朔城	tɕʰiɑ̃^{312}	ɕiɑ̃^{312}	ɕiɑ̃^{53}	ɕiɑ̃^{53}	ɕiɑ̃^{53}	tsɑ̃^{312}	——	tsɑ̃^{53}
平鲁	tɕʰiɒ^{213}	ɕiɒ^{213}	ɕiɒ^{52}	ɕiɒ^{52}	ɕiɒ^{52}	tsɒ^{213}	——	tsɒ^{52}
应县	tɕʰiaŋ^{54}	ɕiaŋ^{54}	ɕiaŋ^{24}	ɕiaŋ^{24}	ɕiaŋ^{24}	tsaŋ^{54}	tsaŋ^{54}	tsaŋ^{24}
灵丘	tɕʰiɒ^{442}	ɕiɒ^{442}	ɕiɒ^{53}	ɕiɒ^{53}	ɕiɒ^{53}	tsɒ^{31}	tsɒ^{442}	tsɒ^{442}
浑源	tɕʰioʌ^{52}	ɕioʌ^{52}	ɕioʌ^{13}	ɕioʌ^{13}	ɕioʌ^{13}	tsoʌ^{52}	tsoʌ^{52}	tsoʌ^{13}
云州	tɕʰiɔ^{55}	ɕiɔ^{55}	ɕiɔ^{24}	ɕiɔ^{24}	ɕiɔ^{24}	tʂɔ^{55}	tʂɔ^{24}	tʂɔ^{24}
新荣	tɕʰiɔ^{54}	ɕiɔ^{54}	ɕiɔ^{24}	ɕiɔ^{24}	ɕiɔ^{24}	tʂɔ^{54}	tʂɔ^{24}	tʂɔ^{24}
怀仁	tɕʰiɒ^{53}	ɕiɒ^{53}	ɕiɒ^{24}	ɕiɒ^{24}	ɕiɒ^{24}	tsɒ^{53}	tsɒ^{24}	tsɒ^{24}
左云	tɕʰiɒ^{54}	ɕiɒ^{54}	ɕiɒ^{24}	ɕiɒ^{24}	ɕiɒ^{24}	tsɒ^{54}	tsɒ^{54}	tsɒ^{24}
右玉	tɕʰiɒ^{53}	ɕiɒ^{53}	ɕiɒ^{24}	ɕiɒ^{24}	ɕiɒ^{24}	tʂɒ^{53}	tʂɒ^{53}	tʂɒ^{24}
阳高	tɕʰiɔ^{312}	ɕiɔ^{53}	ɕiɔ^{24}	ɕiɔ^{24}	ɕiɔ^{24}	tsɔ^{312}	tsɔ^{24}	tsɔ^{24}
山阴	tɕʰiɒ^{52}	ɕiɒ^{52}	ɕiɒ^{335}	ɕiɒ^{335}	ɕiɒ^{335}	tʂɒ^{52}	tʂɒ^{335}	tʂɒ^{335}
天镇	tɕʰiɒ^{55}	ɕiɒ^{55}	ɕiɒ^{24}	ɕiɒ^{24}	ɕiɒ^{24}	tsɒ^{55}	tsɒ^{55}	tsɒ^{24}
平定	tɕʰiaŋ^{53}	ɕiaŋ^{53}	ɕiaŋ^{24}	ɕiaŋ^{24}	ɕiaŋ^{24}	tʂaŋ^{53}	tʂaŋ^{24}	tʂaŋ^{24}
昔阳	tɕʰiɔ̃u^{55}	ɕiɔ̃u^{55}	ɕiɔ̃u^{13}	ɕiɔ̃u^{13}	ɕiɔ̃u^{13}	tʂɔ̃u^{55}	tʂɔ̃u^{55}	tʂɔ̃u^{13}
左权	tɕʰiɔ^{42}	ɕiɔ^{42}	ɕiɔ^{53}	ɕiɔ^{53}	ɕiɔ^{53}	tʂɔ^{42}	tʂɔ^{42}	tʂɔ^{53}
和顺	tɕʰiɔ^{53}	ɕiɔ^{53}	ɕiɔ^{13}	ɕiɔ^{13}	ɕiɔ^{13}	tʂɔ^{53}	tʂɔ^{53}	tʂɔ^{13}

续表

字目	抢~夺	想	像	橡	象	长生~	涨~价	丈
中古音 方言点	七两 宕开三 上养清	息两 宕开三 上养心	徐两 宕开三 上养邪	徐两 宕开三 上养邪	徐两 宕开三 上养邪	知丈 宕开三 上养知	展两 宕开三 上漾知	直两 宕开三 上养澄
尧都	tɕʰyo^{53} 白 / tɕʰiɑŋ^{53} 文	ɕiɑŋ^{53}	ɕiɑŋ^{44}	ɕiɑŋ^{44}	ɕiɑŋ^{44}	tʂɑŋ^{53}	tʂɑŋ^{53}	tʂɑŋ^{44}
洪洞	tɕʰiɑŋ^{42}	ɕio^{42} 白 / ɕiɑŋ^{42} 文	ɕiɑŋ^{33}/ ɕiɑŋ^{53}	ɕiɑŋ^{53}	ɕiɑŋ^{53}	tʂo^{42} 白 / tʂɑŋ^{42} 文	tʂo^{42} 白 / tʂɑŋ^{42} 文	tʂʰo^{53} 白 / tʂɑŋ^{53} 文
洪洞赵城	tɕʰio^{42}	ɕio^{42}	ɕio^{53} 白 / ɕiɑ̃^{53} 文	ɕiɑ̃^{53}	ɕiɑ̃^{53}	tʂuɤ^{53}	tʂuɤ^{42}	tʂʰɑ̃^{53} 白 / tʂɑ̃^{53} 文
古县	tɕʰyo^{42} 白 / tɕʰiɑŋ^{42} 文	ɕyo^{42} 白 / ɕiɑŋ^{42} 文	ɕiɑŋ^{53}	ɕyo^{53} 白 / ɕiɑŋ^{53} 文	ɕiɑŋ^{42}	tʂuo^{42}	tʂuo^{42}	tʂʰuo^{53} 白 / tʂɑŋ^{53} 文
襄汾	tɕʰiaŋ^{42}	ɕiaŋ^{42}	ɕiaŋ^{53}	ɕiaŋ^{53}	ɕiaŋ^{53}	tʂuɔ^{42}	tʂuɔ^{42}	tʂʰuɔ^{53}
浮山	tɕʰiaŋ^{33}	ɕiaŋ^{33}	ɕiaŋ^{53}	ɕiaŋ^{53}	ɕiaŋ^{53}	tʂuo^{33}	tʂuo^{33}	tʂʰuo^{33}
霍州	tɕʰie^{33} 白 / tɕʰiaŋ^{33} 文	ɕie^{33} 白 / ɕiaŋ^{33} 文	ɕie^{53} 白 / ɕiaŋ^{53} 文	ɕie^{53} 白 / ɕiaŋ^{53} 文	ɕiaŋ^{53}	tʂaŋ^{33}	tʂɔ^{55} 白 / tʂaŋ^{55} 文	tʂʰɔ^{53} 白 / tʂaŋ^{53} 文
翼城	tɕʰiɔ^{44}	ɕiɔ^{44}	ɕiɔ^{53}	ɕiɔ^{53}	ɕiɔ^{53}	tsɔ^{44}	tʂɔ^{44}	tʂɔ^{53}
闻喜	tcʰiᴀŋ^{33}	ɕiᴀŋ^{33}	ɕiᴀŋ^{13}	ɕiᴀŋ^{13}	ɕiᴀŋ^{13}	tsᴀŋ^{33}/ tsɤ^{33}	tsᴀŋ^{33}/ tsɤ^{33}	tsʰɤ^{13}/ tsʰᴀŋ^{13}
侯马	tɕʰiɑŋ^{44}	ɕiɑŋ^{44}	ɕiɤ^{51} 白 / ɕiɑŋ^{51} 文	ɕiɑŋ^{51}	ɕiɤ^{51} 白 / ɕiɑŋ^{51} 文	tʂɑŋ^{213}	tʂɤ^{44} 白 / tʂɑŋ^{44} 文	tʂɑŋ^{51}
新绛	tɕʰiəŋ^{44}	ɕiəŋ^{44}	ɕiəŋ^{53}	ɕiəŋ^{53}	ɕiəŋ^{53}	tʂəŋ^{44}	tʂəŋ^{44}	tʂəŋ^{53}
绛县	tɕʰiʌŋ^{33}	ɕiʌŋ^{31}	ɕiʌŋ^{31}	ɕiʌŋ^{31}	ɕiʌŋ^{31}	tʂʌŋ^{33}	tʂʌŋ^{33}	tʂʰɤ^{53}/tʂʌŋ^{53}
垣曲	tɕʰiəŋ^{44}	ɕiəŋ^{44}	ɕiəŋ^{53}	ɕiəŋ^{53}	ɕiəŋ^{53}	tʂəŋ^{22}	tʂəŋ^{44}	tʂʰəŋ^{53}
夏县	tɕʰiəŋ^{24}	ɕiəŋ^{24}	ɕiəŋ^{31}	ɕiəŋ^{31}	ɕiəŋ^{31}	tʂɤ^{24}	tʂəŋ^{31}	tʂʰɤ^{31} 白 / tʂəŋ^{31} 文
万荣	tɕʰiaŋ^{55}	ɕiaŋ^{55}	ɕiaŋ^{33}	ɕiaŋ^{33}	ɕiaŋ^{33}	tʂɤ^{55}	tʂɤ^{55} 白 / tʂaŋ^{55} 文	tʂʰaŋ^{33}
稷山	tɕʰiʌŋ^{44}	ɕiʌŋ^{44}	ɕiɤ^{42}	ɕiʌŋ^{42}	ɕiʌŋ^{42}	tʂʌŋ^{44}	tʂɤ^{44} 白 / tʂʌŋ^{44} 文	tʂʰɤ^{42} 白 / tʂʌŋ^{42} 文
盐湖	tɕʰiaŋ^{53}	ɕiaŋ^{53}	ɕiaŋ^{44}	ɕiaŋ^{44}	ɕiaŋ^{44}	tʂaŋ^{53}	tʂaŋ^{53}	tʂaŋ^{44}
临猗	tɕʰiɑŋ^{53}	ɕiɑŋ^{53}	ɕiɑŋ^{44}	ɕiɑŋ^{44}	ɕiɑŋ^{44}	tʂuo^{53} 白 / tʂɑŋ^{53} 文	tʂuo^{53} 白 / tʂɑŋ^{53} 文	tʂʰuo^{44} 白 / tʂɑŋ^{44} 文
河津	tɕʰiaŋ^{53}	ɕiɤ^{53} 白 / ɕiaŋ^{53} 文	ɕiɤ^{44} 白 / ɕiaŋ^{44} 文	ɕiaŋ^{44}	ɕiaŋ^{44}	tʂɤ^{53} 白 / tʂaŋ^{53} 文	tʂɤ^{53} 白 / tʂaŋ^{53} 文	tʂʰɤ^{44} 白 / tʂʰaŋ^{44} 白 / tʂaŋ^{44} 文
平陆	tɕʰiaŋ^{55}	ɕiaŋ^{55}	ɕiaŋ^{33}	ɕiaŋ^{33}	ɕiaŋ^{33}	tʂuə^{55} 白 / tʂaŋ^{55} 文	tʂuə^{55} 白 / tʂaŋ^{55} 文	tʂaŋ^{33}

续表

字目	抢~夺	想	像	橡	象	长生~	涨~价	丈
中古音 / 方言点	七两 宕开三 上养清	息两 宕开三 上养心	徐两 宕开三 上养邪	徐两 宕开三 上养邪	徐两 宕开三 上养邪	知丈 宕开三 上养知	展两 宕开三 上漾知	直两 宕开三 上养澄
永济	tɕʰiaŋ^{53}	ɕiaŋ^{53}	ɕiaŋ^{44}	ɕiaŋ^{44}	ɕiaŋ^{44}	tʂuo^{53} 白 / tʂaŋ^{53} 文	tʂaŋ^{53}	tʂʰuo^{44} 白 / tʂaŋ^{44} 文
芮城	tɕiaŋ^{53}	ɕiaŋ^{53}	ɕiaŋ^{44}	ɕiaŋ^{44}	ɕiaŋ^{44}	tʂaŋ^{53}	tʂaŋ^{53}	tʂʰaŋ^{44} 白 / tʂaŋ^{44} 文
吉县	tɕʰiəŋ^{53}	ɕiə^{53} 白 / ɕiəŋ^{53} 文	ɕiəŋ^{33}	ɕiəŋ^{33}	ɕiə^{33}	tʂʰə^{13}/ tʂəŋ^{53}	——	tʂʰəŋ^{33}
乡宁	tɕʰiɤ^{44} 白 / tɕʰiaŋ^{44} 文	ɕiɤ^{44} 白 / ɕiaŋ^{44} 文	ɕiɤ^{22} 白 / ɕiaŋ^{22} 文	ɕiaŋ^{22}	ɕiaŋ^{22}	tʂʰɤ^{12} 白 / tʂʰaŋ^{12} 文	tʂɤ^{44} 白 / tʂaŋ^{44} 文	tʂʰɤ^{22} 白 / tʂaŋ^{22} 文
广灵	tɕʰiɔ^{53}	ɕiɔ^{44}	ɕiɔ^{213}	ɕiɔ^{213}	ɕiɔ^{213}	tsɔ^{44}	tsɔ^{44}	tsɔ^{213}

字目	杖	仗依~	闯	爽	掌	厂	赏	上~山
中古音 / 方言点	直两 宕开三 上养澄	直亮 宕开三 上养澄	初两 宕开三 上养初	疎两 宕开三 上养生	诸两 宕开三 上养章	昌两 宕开三 上养昌	书两 宕开三 上养书	时掌 宕开三 上养禅
北京	tʂaŋ^{51}	tʂaŋ^{51}	tʂʰuaŋ^{214}	ʂuaŋ^{214}	tʂaŋ^{214}	tʂʰaŋ^{214}	ʂaŋ^{214}	ʂaŋ^{51}
小店	tso^{24}	tso^{24}	tsʰo^{53}	so^{53}	tso^{53}	tsʰo^{53}	so^{53}	so^{24}
尖草坪	tsɔ^{35}	tsɔ^{35}	tsʰɔ^{312}	sɔ^{312}	tsɔ^{312}	tsʰɔ^{312}	sɔ^{312}	sɔ^{35}
晋源	tsɔ^{35}	tsɔ^{35}	tsʰɔ^{35}	suaŋ^{42}	tsɔ^{42}	tsʰɔ^{42}	sɔ^{42}	sɔ^{35}
阳曲	tsɔ^{454}	tsɔ^{454}	tsʰuɔ^{312}	suɔ^{312}	tsɔ^{312}	tsʰɔ^{312}	sɔ^{454}	sɔ^{454}
古交	tsɔ^{53}	tsɔ^{53}	tsʰuɔ^{312}	suɔ^{312}	tsɔ^{312}	tsʰɔ^{312}	sɔ^{312}	sɔ^{53}
清徐	tsɒ^{45}	tsɒ^{45}	tsʰuɒ^{54}	tsʰuɒ^{54} 白 / suɒ^{54} 文	tsɒ^{54}	tsʰɒ^{54}	sɒ^{54}	sɒ^{45}
娄烦	tsɑ̃^{54}	tsɑ̃^{54}	pfʰə^{312} 白 / tsʰɑ̃^{312} 文	fə^{312}	tsɑ̃^{312}	tsʰɑ̃^{312}	sɑ̃^{312}	sɑ̃^{54}
榆次	tsɒ^{35}	tsɒ^{35}	tsʰuɒ^{53}	suɒ^{53}	tsɒ^{53}	tsʰɒ^{53}	sɒ^{53}	sɒ^{53}
交城	tsɤ^{24}	tsɤ^{24}	tsʰuɤ^{53}	suɤ^{53}	tsɤ^{53}	tsʰɤ^{53}	sɤ^{53}	sɤ^{24}
文水	tsu^{35} 白 / tsaŋ^{35} 文	tsu^{35} 白 / tsaŋ^{35} 文	tsʰuaŋ^{423}	suaŋ^{423}	tsu^{35} 白 / tsaŋ^{35} 文	tsʰu^{423} 白 / tsʰaŋ^{423} 文	saŋ^{423}	su^{35} 白 / saŋ^{35} 文
祁县	tʂa^{45} 白 / tʂɑ̃^{45} 文	tʂa^{45} 白 / tʂɑ̃^{45} 文	tsʰuɑ̃^{314}	suɑ̃^{314}	tʂa^{314} 白 / tʂɑ̃^{314} 文	tʂʰa^{314} 白 / tʂʰɑ̃^{314} 文	ʂa^{314} 白 / ʂɑ̃^{314} 文	ʂa^{45} 白 / ʂɑ̃^{45} 文
太谷	tsɒ^{53}	tsɒ^{53}	tsʰuo^{312}	suɒ^{312}	tsɒ^{312}	tsʰɒ^{312}	sɒ^{312}	sɒ^{53}
平遥	tʂɑ̃^{24}	tʂɑ̃^{24}	tʂʰũɑ̃^{512}	sũɑ̃^{512}	tʂɑ̃^{512}	tʂʰɑ̃^{513}	ʂɑ̃^{512}	suə^{24}
孝义	tʂã^{454}	tʂã^{454}	tsʰuã^{312}	suã^{312}	tʂE^{312}	tʂʰã^{312}	ʂã^{312}	ʂE^{454}
介休	tɕyɤ^{45} 白 / tsæ̃^{45} 文	tɕyɤ^{45} 白 / tsæ̃^{45} 文	tsʰuæ̃^{423}	suæ̃^{423}	tɕyɤ^{423} 白 / tʂæ̃^{423} 文	tʂʰæ̃^{423}	ʂæ̃^{423}	ɕyɤ^{45} 白 / ʂæ̃^{45} 文
灵石	tsuɤ^{53}	tsɒ̃^{53}	tsʰuɒ̃^{212}	suɒ̃^{212}	tsɒ̃^{212}	tsʰɒ̃^{212}	sɒ̃^{212}	suɤ^{53} 白 / sɒ̃^{53} 文
盂县	tsɤo^{55} 白 / tsæ̃^{55} 文	——	tsʰuo^{53}	suæ̃^{53}	tsɤo^{53} 白 / tsæ̃^{53} 文	tsʰɤo^{53} 白 / tsʰæ̃^{53} 文	sɤo^{53} 白 / sæ̃^{53} 文	sɑ^{55} 白
寿阳	tsɒo^{45}	tsɒo^{45}	tsʰɒo^{53}	sɒo^{53}	tsɒo^{53}	tsʰɒo^{53}	sɒo^{53}	sɒo^{45}
榆社	tsɔu^{45}	tsɔu^{45}	tsʰuɔu^{312}	tsʰuɔu^{312} 白 / suɔu^{312} 文	tsɔu^{312}	tsʰɔu^{312}	sɔu^{312}	——
离石	tsɔ^{53}	tsɔ^{53}	tsʰuə^{312}	suə^{312}	tsɔ^{312}	tsʰɔ^{312}	sɔ^{312}	sɔ^{53}
汾阳	tʂuɔ^{55}	——	tʂʰuɔ^{312}	ʂuɔ^{312}	tʂuɔ^{312}	tʂʰuɔ^{312}	ʂuɔ^{312}	ʂuɔ^{55}
中阳	tsɒ^{53}	tsɒ^{53}	tsʰɒ^{423}	sɒ^{423}	tsɒ^{423}	tʂʰɤ^{423} 白 / tsʰɒ^{423} 文	sɒ^{423}	ʂɤ^{53}
柳林	tsɔ^{53}	tsɔ^{53}	tsʰuo^{312}	suo^{312}	tsɔ^{312}	tsʰɔ^{312}	sɔ^{312}	sɔ^{53}
方山	tʂɔ^{52}	tʂɔ^{52}	tsʰuə^{312}	suə^{312}	tʂɔ^{312}	tʂʰɔ^{312}	ʂɔ^{312}	ʂɔ^{52}

续表

字目	杖	仗依～	闯	爽	掌	厂	赏	上～山
中古音 / 方言点	直两 宕开三 上养澄	直亮 宕开三 上养澄	初两 宕开三 上养初	疎两 宕开三 上养生	诸两 宕开三 上养章	昌两 宕开三 上养昌	书两 宕开三 上养书	时掌 宕开三 上养禅
临县	tʂɿə^{52}	tʂɒ^{52}	tsʰɥə^{312}	sɥə^{312}	tʂɒ^{312}	tʂʰɒ^{312}	ʂɒ^{312}	ʂɒ^{52}
兴县	tʂɤ^{53}	tʂɤ^{53}	tsʰuɤ^{324}	——	tʂɤ^{324}	tsʰɤ^{324}	sɤ^{324}	sɤ^{53}
岚县	tsuə^{53}	tsuə^{53}	tsʰuə^{312}	suə^{312}	tsuə^{312}	tsʰuə^{312}	suə^{312}	suə^{53}
静乐	tsɑ̃^{53}	tsɑ̃^{53}	tsʰuɑ̃^{314}	suɑ̃^{314}	tsɑ̃^{314}	tsʰɑ̃^{314}	sɑ̃^{314}	sɑ̃^{53}
交口	tsə^{53} 白 / tsɑ̃^{53} 文	tsɑ̃^{53}	tsʰuɑ̃^{323}	suɑ̃^{323}	tsə^{323} 白 / tsɑ̃^{323} 文	tsʰɑ̃^{323}	sɑ̃^{323}	sə^{53} 白 / sɑ̃^{53} 文
石楼	tʂɑŋ^{51}	tʂɑŋ^{51}	tʂuɑŋ^{213}	ʂuɑŋ^{213}	tʂɑŋ^{213}	tʂʰɑŋ^{213}	ʂɑŋ^{213}	ʂə^{51} 白 / ʂɑŋ^{51} 文
隰县	tsɤ^{44} 白 / tsæ^{44} 文	tsæ^{44}	tsʰuaŋ^{21}	suaŋ^{21}	tsaŋ^{21}	tsʰaŋ^{21}	saŋ^{21}	sɤ^{44} 白 / sæ^{44} 文
大宁	tʂɛ̃^{55}	——	tʂuɛ̃^{31}	ʂuɛ̃^{55}	tʂɤ^{31} 白 / tʂɛ̃^{31} 文	tʂʰɛ̃^{31}	ʂɛ̃^{31}	ʂɤ^{55}
永和	tʂɿə^{53} 白 / tʂɑ̃^{53} 文	——	tʂʰuɑ̃^{312}	ʂuɑ̃^{312}	tʂɑ̃^{312}	tʂʰɑ̃^{312}	ʂɑ̃^{312}	ʂɿə^{53} 白 / ʂɑ̃^{53} 文
汾西	——	tsɯ^{53}	tsuɑ̃^{33}	suɑ̃^{33}	tsɯ^{55} 白 / tsɑ̃^{33} 文	tsʰɑ̃^{33}	——	sɑ̃^{53}
蒲县	tʂɑŋ^{33}	tʂɑŋ^{33}	tsʰuɑŋ^{33}	ʂuɑŋ^{31}	tʂɑŋ^{31}	tʂʰɑŋ^{31}	ʂɑŋ^{31}	ʂɤ^{33} 白 / ʂɑŋ^{33} 文
潞州	tsaŋ^{54}	tsaŋ^{54}	tsʰuaŋ^{535}	suaŋ^{535}	tsaŋ^{535}	tsʰaŋ^{535}	saŋ^{535}	saŋ^{54}
上党	tsɑŋ^{42}	tsɑŋ^{42}	tsʰuɑŋ^{535}	suɑŋ^{535}	tsɑŋ^{535}	tsʰɑŋ^{535}	sɑŋ^{535}	sɑŋ^{535}
长子	tsaŋ^{53}	tsaŋ^{53}	tsʰuaŋ^{434}	suaŋ^{434}	tsaŋ^{434}	tsʰaŋ^{434}	saŋ^{434}	saŋ^{53}
屯留	tsɑŋ^{11}	tsɑŋ^{11}	tsʰuɑŋ^{43}	suɑŋ^{43}	tsɑŋ^{43}	tsʰɑŋ^{43}	sɑŋ^{43}	sɑŋ^{11}
襄垣	tsɒ^{45}	tsɒ^{45}	tsʰuɒ^{42}	suɒ^{42}	tsɒ^{42}	tsʰɒ^{42}	sɒ^{42}	sɒ^{45}
黎城	tɕiɑŋ^{53}	tɕiɑŋ^{53}	tsʰuɑŋ^{213}	suɑŋ^{213}	tɕiɑŋ^{213}	tɕʰiɑŋ^{213}	ɕiɑŋ^{213}	ɕiɑŋ^{53}
平顺	tsaŋ^{53}	tsaŋ^{434}	tsʰuaŋ^{434}	suaŋ^{434}	tsaŋ^{434}	tsʰaŋ^{434}	saŋ^{434}	saŋ^{53}
壶关	tʂaŋ^{353}	tʂaŋ^{353}	tʂʰuaŋ^{535}	ʂuaŋ^{535}	tʂaŋ^{535}	tʂʰaŋ^{535}	ʂaŋ^{535}	ʂaŋ^{353}
沁县	tsɔ^{53}	tsɔ^{53}	tsʰuɔ^{214}	suɔ^{214}	tsɔ^{214}	tsʰɔ^{214}	sɔ^{214}	sɔ^{53}
武乡	tsɔ̃^{55}	tsɔ̃^{55}	tsʰuɔ̃^{213}	suɔ̃^{213}	tsɔ̃^{213}	tsʰɔ̃^{213}	sɔ̃^{213}	sɔ̃^{55}
沁源	tʂʌ̃^{53}	tʂʌ̃^{53}	tʂʰuə^{324}	ʂuə^{324}	tʂʌ̃^{324}	tʂʰʌ̃^{324}	ʂʌ̃^{324}	ʂʌ̃^{53}
安泽	tsʌŋ^{53}	tsʌŋ^{53}	tsʰuʌŋ^{42}	suʌŋ^{42}	tsʌŋ^{42}	tsʰʌŋ^{42}	sʌŋ^{42}	sʌŋ^{53}
沁水端氏	tsɑŋ^{53}	tsɑŋ^{53}	tsʰuɑŋ^{31}	suɑŋ^{31}	tsɑŋ^{31}	tsʰɑŋ^{31}	sɑŋ^{31}	sɑŋ^{53}
阳城	tʂɑ̃ŋ^{51}	tʂɑ̃ŋ^{51}	tʂʰuɑ̃ŋ^{212}	ʂuɑ̃ŋ^{212}	tʂɑ̃ŋ^{212}	tʂʰɑ̃ŋ^{212}	ʂɑ̃ŋ^{212}	ʂɑ̃ŋ^{51}
高平	tʂɔ̃^{53}	tʂɔ̃^{53}	tʂʰuɔ̃^{212}	ʂuɔ̃^{212}	tʂɔ̃^{212}	tʂʰɔ̃^{212}	ʂɔ̃^{212}	ʂɔ̃^{53}

续表

字目	杖	仗依~	闯	爽	掌	厂	赏	上~山
中古音 方言点	直两 宕开三 上养澄	直亮 宕开三 上养澄	初两 宕开三 上养初	疎两 宕开三 上养生	诸两 宕开三 上养章	昌两 宕开三 上养昌	书两 宕开三 上养书	时掌 宕开三 上养禅
陵川	tʂɑŋ^{24}	tʂɑŋ^{24}	tʂʰuɑŋ^{312}	ʂuɑŋ^{312}	tʂɑŋ^{312}	tʂʰɑŋ^{312}	ʂɑŋ^{312}	ʂɑŋ^{24}
晋城	tʂɒ̃^{53}	tʂɒ̃^{53}	tʂʰuɒ̃^{213}	ʂuɒ̃^{213}	tʂɒ̃^{213}	tʂʰɒ̃^{324}	ʂɒ̃^{213}	ʂɒ̃^{53}
忻府	tʂɑ̃^{53}	tʂɑ̃^{53}	tsʰuɑ̃^{313}	suɑ̃^{313}	tʂɛ^{313} 白 / tʂɑ̃^{313} 文	tʂʰɑ̃^{313}	ʂɑ̃^{313}	ʂɛ^{53} 白 /ʂɑ̃^{53} 文
原平	tʂɔ^{53}	tʂɔ^{53}	tsʰuɔ^{213}	suɔ^{213}	tʂɔ^{213}	tʂʰɔ^{213}	ʂɔ^{213}	ʂɔ^{53}
定襄	tʂɔ^{53}	tʂɔ^{53}	tsʰɔ^{24}	sɔ^{24}	tʂæ^{24}	tʂʰɔ^{24}	ʂɔ^{24}	ʂɔ^{53}
五台	tsɔ^{52}	tsɔ^{52}	tsʰuɔ^{213}	suɔ^{213}/ suæn^{213}	tsɔ^{213}	tsʰɔ^{213}	sɔ^{213}	sɔ^{52}
岢岚	tʂɔ^{52}	tʂɔ^{52}	tʂʰɔ^{13}	ʂɔ^{13}	tʂɔ^{13}	tʂʰɔ^{13}	ʂɔ^{13}	ʂɔ^{52}
五寨	tsɒ^{52}	tsɒ^{52}	tsʰɒ^{13}	sɒ^{13}	tsɒ^{13}	tsʰɒ^{13}	sɒ^{13}	sɒ^{52}
宁武	——	——	tsʰuo^{213}	suo^{23}	tsɒ^{213}	tsʰɒ^{213}	sɒ^{213}	sɒ^{52}
神池	tsɒ^{52}	tsɒ^{52}	tsʰuɒ^{13}	suɒ^{13}	tsɒ^{13}	tsʰɒ^{13}	sɒ^{13}	sɒ^{52}
繁峙	tsɔ^{24}	tsɔ^{24}	tsʰuɔ^{53}	suɔ^{53}	tsɔ^{53}	tsʰɔ^{53}	sɔ^{53}	sɔ^{24}
代县	tsuɔ^{53}	tsuɔ^{53}	tsʰuɔ^{213}	suɔ^{213}	tsuɔ^{213}	tsʰuɔ^{213}	suɔ^{213}	suɔ^{53}
河曲	tʂɒ^{52}	tʂɒ^{52}	tʂʰɒ^{213}	ʂɒ^{213}	tʂɒ^{213}	tʂʰɒ^{213}	ʂɒ^{213}	ʂɒ^{52}
保德	tʂɔ^{52}	tʂɔ^{52}	tʂʰuɔ^{213}	ʂuɔ^{213}	tʂɔ^{213}	tʂʰɔ^{213}	ʂɔ^{213}	ʂɔ^{52}
偏关	tʂɒ^{52}	tʂɒ^{52}	tʂʰɒ^{213}	ʂɒ^{213}	tʂɒ^{213}	tʂʰɒ^{213}	ʂɒ^{213}	ʂɒ^{52}
朔城	tsɑ̃^{53}	——	tsʰuɑ̃^{312}	suɑ̃^{312}	tsɑ̃^{312}	tsʰɑ̃^{312}	sɑ̃^{312}	sɑ̃^{53}
平鲁	tsɒ^{52}	tsɒ^{52}	tsʰuɒ^{213}	suɒ^{44}	tsɒ^{213}	tsʰɒ^{213}	sɒ^{213}	sɒ^{52}
应县	tsaŋ^{24}	tsaŋ^{24}	tsʰuaŋ^{31}	suaŋ^{54}	tsaŋ^{54}	tsʰaŋ^{54}	saŋ^{54}	saŋ^{24}
灵丘	tsɒ^{442}	tsɒ^{442}	tsʰue^{442}	sue^{442}	tsɒ^{442}	tsʰɒ^{442}	sɒ^{442}	sɒ^{53}
浑源	tsoʌ^{13}	tsoʌ^{13}	tsʰoʌ^{52}	soʌ^{52}	tsoʌ^{52}	tsʰoʌ^{52}	soʌ^{52}	soʌ^{13}/səʔ^{4}
云州	tʂɔ^{24}	tʂɔ^{24}	tʂʰuɔ^{55}	ʂuɔ^{55}	tʂɔ^{55}	tʂʰɔ^{55}	ʂɔ^{55}	ʂɔ^{24}
新荣	tʂɔ^{24}	tʂɔ^{24}	tsʰɔ^{54}	ʂɔ^{54}	tʂɔ^{54}	tʂʰɔ^{54}	ʂɔ^{54}	ʂɔ^{24}
怀仁	tsɒ^{24}	tsɒ^{24}	tsʰɒ^{53}	sɒ^{53}	tsɒ^{53}	tsʰɒ^{53}	sɒ^{53}	sɒ^{24}
左云	tsɒ^{24}	tsɒ^{24}	tsʰɒ^{54} 白 / tsʰuɒ^{54} 文	suɒ^{54}	tsɒ^{54}	tsʰɒ^{54}	sɒ^{54}	sɒ^{24}
右玉	tʂɒ^{24}	tʂɒ^{24}	tʂʰuɒ^{53}	ʂuɒ^{53}	tʂɒ^{53}	tʂʰɒ^{53}	ʂɒ^{53}	——
阳高	tsɔ^{24}	tsɔ^{24}	tsʰɔ^{53}	sɔ^{53}	tsɔ^{53}	tsʰɔ^{53}	sɔ^{53}	sɔ^{24}
山阴	tʂɒ^{335}	——	tʂʰuɒ^{52}	ʂuɒ^{52}	tʂɒ^{52}	tʂʰɒ^{52}	ʂɒ^{52}	——
天镇	tsɒ^{24}	tsɒ^{24}	tsʰɒ^{55}	sɒ^{55}	tsɒ^{55}	tsʰɒ^{55}	sɒ^{55}	sɒ^{24}
平定	tʂɑŋ^{24}	tʂɑŋ^{24}	tsʰuɑŋ^{53}	suɑŋ^{53}	tʂɑŋ^{53}	tʂʰɑŋ^{53}	ʂɑŋ^{53}	ʂɑŋ^{24}

续表

字目	杖	仗依～	闯	爽	掌	厂	赏	上～山
中古音 / 方言点	直两 宕开三 上养澄	直亮 宕开三 上养澄	初两 宕开三 上养初	疎两 宕开三 上养生	诸两 宕开三 上养章	昌两 宕开三 上养昌	书两 宕开三 上养书	时掌 宕开三 上养禅
昔阳	tʂɔ̃u13	tʂɔ̃u13	tsʰuɔ̃u55	suɔ̃u55	tʂɔ̃u55	tʂʰɔ̃u55	ʂɔ̃u55	ʂɔ̃u13
左权	tʂɔ53	tʂɔ53	tsʰɔ42	sɔ42	tʂɔ42	tʂʰɔ42	ʂɔ42	ʂɔ53 文
和顺	tʂɔ13	tʂɔ13	tʂʰuɔ53	suɔ53	tʂɔ53	tʂʰɔ53	ʂɔ53	ʂɔ13
尧都	tʂɑŋ44	tʂɑŋ44	tʂʰuo53	fɑŋ53	tʂɑŋ53	tʂʰɑŋ53	ʂɑŋ53	ʂuo53
洪洞	tʂɑŋ53 文	tʂɑŋ53	tʂʰuɑŋ53	fɑŋ42	tʂʰo42 白 / tʂɑŋ42 文	tʂʰɑŋ42	ʂɑŋ24	ʂo53 白 / ʂaŋ 文
洪洞赵城	tʂɑ̃53	tʂɑ̃53	tʂʰuɑ̃42	ʂuɑ̃42	tʂɑ̃42	tʂʰɑ̃42	ʂɑ̃42	ʂo53
古县	tʂʰuo53 白 / tʂɑŋ53 文	tʂɑŋ53	tʂʰuo42 白 / tʂʰuɑŋ42 文	ʂuɑŋ42	tʂuo42 白 / tʂɑŋ42 文	tʂɑŋ42	ʂɑŋ42	ʂuo53 白 / ʂɑŋ53 文
襄汾	tʂaŋ53	tʂʰuɔ42	tʂʰuaŋ42	ʂuaŋ42	tʂuɔ42 白 / tʂaŋ42 文	tʂʰaŋ42	ʂaŋ53	ʂuɔ53 白 / ʂaŋ53 文
浮山	——	tʂʰuo33	pfʰaŋ33 白 / tʂʰuaŋ33 文	faŋ33	tʂuo33 白 / tʂaŋ33 文	tʂʰaŋ33	ʂaŋ53	ʂuo53 白 / ʂaŋ53 文
霍州	tʂaŋ53	tʂaŋ55	tsʰuaŋ33	suaŋ33	tʂɔ33 白 / tʂaŋ33 文	tʂʰɔ33 白 / tʂʰaŋ33 文	ʂaŋ33	ʂɔ53 白 / ʂaŋ53 文
翼城	tʂɔ53	tʂɔ53	pfʰɔ44 白 / tʂʰuɔ44 文	ʂɔ44	tʂɔ44	tʂʰɔ44	ʂɔ44	ʂɔ53
闻喜	tsɤ13/tsᴀŋ13	tsᴀŋ13	pfʰᴀŋ33	fᴀŋ53	tsᴀŋ33/ tsɤ33	tsʰᴀŋ13	sɤ33/sᴀŋ33	sɤ13/sᴀŋ13
侯马	tʂɤ51	tʂɤ53 白 / tʂɑŋ53 文	tʂʰuɑŋ44	ʂʰuɑŋ44	——	tʂʰɑŋ44	ʂɑŋ44	ʂɑŋ53
新绛	tʂəŋ53	tʂəŋ53	tʂʰuəŋ44	fəŋ53	tʂəŋ44	tʂʰəŋ13	ʂəŋ44	ʂɤ53
绛县	tsʌŋ31	tsʌŋ31	pfʰʌŋ31	fʌŋ31	tʂʌŋ33	tʂʰʌŋ33	ʂɤ33 白 / ʂʌŋ31 文	ʂʌŋ31
垣曲	tʂəŋ53	tʂəŋ53	tʂʰuəŋ44	ʂuəŋ44	tʂəŋ44	tʂʰəŋ44	ʂəŋ44	ʂɤ53 白 / ʂəŋ53 文
夏县	tʂʰɤ31 白 / tʂəŋ31 文	tʂəŋ31	pfʰəŋ24 白 / tʂʰuəŋ24 文	fəŋ24 白 / ʂuəŋ24 文	tʂəŋ24	tʂʰəŋ24	ʂəŋ24	ʂɤ31
万荣	tʂaŋ33	tʂaŋ33	pfʰaŋ55	faŋ55	tʂaŋ55	tʂʰaŋ55	ʂaŋ55	ʂɤ33
稷山	tʂʌŋ42	tʂʌŋ42	pfʰʌŋ44	ʂuʌŋ44	tʂʌŋ44	tʂʰʌŋ44	ʂʌŋ44	ʂɤ42 白 / ʂʌŋ42 文
盐湖	tʂaŋ44	tʂaŋ44	pfʰaŋ53 白 / tʂʰuaŋ53 文	faŋ53 白 / ʂuaŋ53 文	tʂaŋ53	tʂʰaŋ53	ʂaŋ53	ʂuo44 白 / ʂaŋ44 文
临猗	tʂɑŋ44	tʂɑŋ44	pfʰɑŋ53 白 / tʂʰuɑŋ53 文	fɑŋ53 白 / ʂuɑŋ53 文	tʂɑŋ53	tʂʰɑŋ53	ʂɑŋ53	ʂuo44 白 / ʂɑŋ44 文

续表

字目	杖	仗依~	闯	爽	掌	厂	赏	上~山
中古音 / 方言点	直两 宕开三 上养澄	直亮 宕开三 上养澄	初两 宕开三 上养初	疎两 宕开三 上养生	诸两 宕开三 上养章	昌两 宕开三 上养昌	书两 宕开三 上养书	时掌 宕开三 上养禅
河津	tʂʰɤ^{44} 白 / tʂaŋ^{44}	tʂaŋ^{44}	pfʰaŋ^{53}	faŋ^{53}	tʂaŋ^{53}	tʂʰaŋ^{53}	ʂaŋ^{53}	ʂɤ^{44} 白 / ʂaŋ^{44} 文
平陆	tʂaŋ^{33}	tʂaŋ^{33}	pfʰaŋ^{55}	faŋ^{55}	tʂaŋ^{55}	tʂʰaŋ^{55}	ʂaŋ^{55}	ʂuə^{33}
永济	tʂʰuo^{44} 白 / tʂaŋ^{44} 文	tʂaŋ^{44}	pfʰaŋ^{53}	faŋ^{53} 白 / ʂuaŋ^{53} 文	tʂaŋ^{53}	tʂʰaŋ^{53}	ʂaŋ^{24}	ʂuo^{44} 白 / ʂaŋ^{24} 文
芮城	tʂaŋ^{44}	tʂaŋ^{44}	pfʰaŋ^{53}	faŋ^{53}	tʂaŋ^{53}	tʂʰaŋ^{53}	ʂaŋ^{53}	ʂuo^{44} 白 / ʂaŋ^{44} 文
吉县	——	tʂəŋ^{33}	pfʰəŋ^{53}	fəŋ^{53}	tʂə^{53} 白 / tʂəŋ^{53} 文	tʂʰəŋ^{53}	ʂəŋ^{53}	ʂə^{33}
乡宁	tʂʰɤ^{22} 白 / tʂaŋ^{22} 文	tʂaŋ^{22}	tʂʰuaŋ^{44}	ʂuaŋ^{44}	tʂaŋ^{44}	tʂʰaŋ^{44}	ʂaŋ^{44}	ʂɤ^{22} 白 / ʂaŋ^{22} 文
广灵	tsɔ^{213}	tsɔ^{213}	tsʰɔ^{44}	sɔ^{44}	tsɔ^{44}	tsʰɔ^{44}	sɔ^{44}	sɔ^{213}

字目	强勉~	仰	享	响	养	痒	酿	亮
中古音 / 方言点	其两 宕开三 上养群	鱼两 宕开三 上养疑	许两 宕开三 上养晓	许两 宕开三 上养晓	馀两 宕开三 上养以	馀两 宕开三 上养以	女亮 宕开三 去漾泥	力让 宕开三 去漾来
北京	tɕiaŋ^{214}	iaŋ^{214}	ɕiaŋ^{214}	ɕiaŋ^{214}	iaŋ^{214}	iaŋ^{214}	niaŋ^{51}	liaŋ^{51}
小店	tɕio^{11} 白 / tɕʰio^{11} 文	io^{53}	ɕio^{53}	ɕio^{53}	io^{53}	io^{53}	——	lio^{24}
尖草坪	tɕʰiɔ^{312}	niɔ^{312} 白 / iɔ^{312} 文	ɕiɔ^{312}	ɕiɔ^{312}	iɔ^{312}	iɔ^{312}	niɔ^{35}	liɔ^{35}
晋源	tɕʰiɔ^{42}	iaŋ^{42}	ɕiɔ^{42}	ɕiɔ^{42}	iɔ^{11}	iau^{42}	ȵiɔ^{35}	liɔ^{35}
阳曲	tɕiɔ^{454}/tɕʰiɔ^{43}	iɔ^{312}	ɕiɔ^{312}	ɕiɔ^{312}	iɔ^{312}	iɔ^{312}	ȵiɔ^{312}	liɔ^{454}
古交	tɕʰiɔ^{44}	iɔ^{312}	ɕiɔ^{312}	ɕiɔ^{312}	iɔ^{312}	iɔ^{312}	ȵiɔ^{53}	liɔ^{53}
清徐	tɕʰiɒ^{54}	iɒ^{54}	ɕiɒ^{54}	ɕiɒ^{54}	iɒ^{54}	iɒ^{54}	niɒ^{45}	liɒ^{45}
娄烦	tɕʰiɑ̃^{312}	ȵiɑ̃^{312}	ɕiɑ̃^{312}	ɕiɑ̃^{312}	iɑ̃^{312}	iɑ̃^{312}	ȵiɑ̃^{54}	liɑ̃^{54}
榆次	tɕiɒ^{35}	iɒ^{53}	ɕiɒ^{53}	ɕiɒ^{53}	iɒ^{53}	iɒ^{53}	niɒ^{35}	liɒ^{35}
交城	tɕʰiɤ^{53}	niɤ^{53}	ɕiɤ^{53}	ɕiɤ^{53}	iɤ^{53}	iɤ^{53}	niɤ^{24}	liɤ^{24}
文水	tɕiaŋ^{423}	iaŋ^{423}	ɕiaŋ^{423}	ɕiu^{423} 白 / ɕiaŋ^{423} 文	iu^{423} 白 / iaŋ^{423} 文	ȵiau^{423}	ȵiaŋ^{35}	liu^{35} 白 / liaŋ^{35} 文
祁县	tɕia^{45} 白 / tɕʰiɑ̃^{45} 文	ŋia^{314} 白 / ŋiɑ̃^{31} 文	ɕia^{314} 白 / ɕiɑ̃^{314} 文	ɕia^{314} 白 / ɕiɑ̃^{314} 文	ia^{314} 白 / iɑ̃^{314} 文	ia^{314} 白 / iɑ̃^{314} 文	ȵiɑ̃^{45}	lia^{45} 白 / liɑ̃^{45} 文
太谷	tɕiɒ^{53}	ŋiɒ^{33}	ɕiɒ^{312}	ɕiɒ^{312}	iɒ^{312}	iɒ^{312}	ȵiɒ^{53}	liɒ^{53}
平遥	tɕʰiɑ̃^{213}	iɑ̃^{512}	ɕiɑ̃^{512}	ɕiɑ̃^{512}	yə^{512} 白 / iɑ̃^{512} 文	iɑ̃^{512}	ȵ^{24}iɑ̃	liɑ̃^{24}
孝义	tɕʰiã^{33}	iã^{312}/ȵiã^{312}	ɕiã^{312}	ɕiᴇ^{312}	iᴇ^{312}	iã^{312}	ʐᴇ^{454}	liᴇ^{45}
介休	tɕiɛ̃^{423}	iɛ̃^{423}	ɕiɛ̃^{423}	ɕyɤ^{423} 白 / ɕiɛ̃^{423} 文	yɤ^{423} 白 / iɛ̃^{423} 文	yɤ^{423} 白 / iɛ̃^{423} 文	ȵiɛ̃^{45}	luɤ^{45} 白 / liɛ̃^{45} 文
灵石	——	iɒ̃^{212}	ɕiɒ̃^{212}	ɕyɤ^{212}	yɤ^{212}	iɒ̃^{212}	niɒ^{53} 新	liɒ̃^{53}
盂县	tɕʰio^{53}	ȵio^{53} 白 / iæ^{53} 文	ɕio^{53} 白 / ɕiæ̃^{53} 文	ɕio^{53}/ ɕiæ̃^{53} 文	io^{53} 白 / iæ^{53} 文	io^{53} 白 / iæ^{53} 文	ȵio^{53}	lio^{55} 白 / liæ̃^{55} 文
寿阳	tɕʰiɒo^{22}	iɒo^{53}	ɕiɒo^{53}	ɕiɒo^{53}	iɒo^{53}	iɒo^{53}	ȵiɒo^{45}	liɒo^{45}
榆社	tɕʰiɔu^{312}	——	ɕiɔu^{312}	ɕiɔu^{312}	iɔu^{312}	iɔu^{312}	niɔu^{45}	liɔu^{45}
离石	tɕʰiɔ^{312}	niɔ^{312} 白 / iɔ^{312} 文	ɕiɔ^{312}	ɕiɔ^{312}	iɔ^{312}	iɔ^{312}	niɔ^{53}	liɔ^{53}
汾阳	tɕʰiɔ^{312}	iɔ^{312}	ɕiɔ^{312}	ɕiɔ^{312}	iɔ^{312}	iɔ^{312}	ȵiɔ^{55}	liɔ^{55}
中阳	tɕʰiɒ^{423}	niɒ^{423} 白 / iɒ^{423} 文	ɕiɒ^{423}	ɕiɒ^{423}	iɒ^{423}	iɒ^{423}	niɒ^{53}	liɒ^{53}
柳林	tɕʰiɔ^{312}	niɔ^{312}	ɕiɔ^{312}	ɕiɔ^{312}	iɔ^{312}	iɔ^{312}	niɔ^{53}	liɔ^{53}
方山	tɕʰiɔ^{312}	nia^{312} 白 / iɔ^{312} 文	ɕiɔ^{312}	ɕiɔ^{312}	iɔ^{312}	iɔ^{312}	niɔ^{52}	liɔ^{52}

续表

字目	强勉~	仰	享	响	养	痒	酿	亮
中古音 方言点	其两 宕开三 上养群	鱼两 宕开三 上养疑	许两 宕开三 上养晓	许两 宕开三 上养晓	馀两 宕开三 上养以	馀两 宕开三 上养以	女亮 宕开三 去漾泥	力让 宕开三 去漾来
临县	tɕʰiɒ^{33}	iɒ^{312}	ɕiɒ^{312}	ɕiɒ^{312}	iɒ^{312}	iɒ^{312}	niɒ^{52}	liɒ^{52}
兴县	tɕʰiɛ^{55}	iɛ^{324}	ɕiɛ^{324}	ɕiɛ^{324}	iɛ^{324}	iɛ^{324}	niæ̃^{53}	liɛ^{53}
岚县	tɕʰyə^{312}	ȵyə^{312} 白 / ia^{312} 文	ɕyə^{312}	ɕyə^{312}	yə^{312}	yə^{312}	ʐuə^{53}	lyə^{53}
静乐	tɕʰiɑ̃^{33}	iɑ̃^{314}	ɕiɑ̃^{314}	ɕiɑ̃^{314}	iɑ̃^{314}	iɑ̃^{314}	ȵiɑ̃^{53}	liɑ̃^{53}
交口	tɕʰiɑ̃^{323}	ȵia^{323}	ɕiɑ̃^{323}	ɕie^{323} 白 / ɕiɑ̃^{323} 文	ie^{323} 白 / iɑ̃^{323} 文	ȵiɑo^{323}/iɑ̃^{323}	ȵiɑ̃^{53}	liɑ̃^{53}
石楼	tɕiɛ^{44} 白 / tɕʰiɑŋ^{44} 文	iɑŋ^{213}	ɕiɑŋ^{213}	ɕiɛ^{213} 白 / ɕiɑŋ^{213} 文	ȵiɔo^{213} 白 / iɑŋ^{213} 文	ȵiɔo^{213} 白 / iɑŋ^{213} 文	ȵiɑŋ^{51}	liɑŋ^{51}
隰县	tɕʰiɛ^{21}	iɑŋ^{21}	ɕiɑŋ^{21}	ɕiɑŋ^{21}	iɛ^{21}	iɛ^{21}	ȵiɛ^{44}	liɛ^{44} 白 / liɑŋ^{44} 文
大宁	tɕʰiẽ^{31}	ȵie^{24} 白 / iẽ^{31} 文	ɕiẽ^{31}	ɕie^{31} 白 / ɕiẽ^{31} 文	ie^{31} 白 /iẽ^{31} 文	——	niẽ^{55}	liẽ^{55}
永和	tɕie^{53} 白 / tɕiɑ̃^{53} 文	niɑ̃^{312}	ɕiɑ̃^{312}	ɕiɑ̃^{312}	ie^{312} 白 / iɑ̃^{312} 文	iɑ̃^{312}	niɑ̃^{35}	liɑ̃^{53}
汾西	tɕʰiɑ̃^{33}	iɑ̃^{33}	ɕi^{33} 白 /ɕiɑ̃^{33}	ɕi^{33} 白 /ɕiɑ̃^{33}	i^{33} 白 /iɑ̃^{33} 文	iɑ̃^{33}	niɑ̃^{53}	liɑ̃^{53}
蒲县	tɕʰiɑŋ^{31}	iɑŋ^{31}	ɕiɑŋ^{31}	ɕiɑŋ^{31}	iɑŋ^{31}	iɑŋ^{31}	ȵiɑŋ^{33}	liɑŋ^{33}
潞州	tɕiaŋ^{54}	iaŋ^{535}	ɕiaŋ^{535}	ɕiaŋ^{535}	iaŋ^{535}	iaŋ^{535}	ȵiaŋ^{54}	liaŋ^{54}
上党	tɕʰiɑŋ^{535}	iɑŋ^{535}	ɕiɑŋ^{535}	ɕiɑŋ^{535}	iɑŋ^{535}	iɑŋ^{535}	liɑŋ^{44}	liɑŋ^{42}
长子	tɕiaŋ^{53}	iaŋ^{434}	ɕiaŋ^{434}	ɕiaŋ^{434}	iaŋ^{434}	iaŋ^{434}	ȵiaŋ^{53}	liaŋ^{53}
屯留	tɕʰiɑŋ^{43}	iɑŋ^{43}	ɕiɑŋ^{43}	ɕiɑŋ^{43}	iɑŋ^{43}	iɑŋ^{43}	ȵiɑŋ^{11}	liɑŋ^{11}
襄垣	——	iɒ^{42}	ɕiɒ^{42}	ɕiɒ^{42}	iɒ^{42}	iɒ^{42}	——	liɒ^{45}
黎城	cʰiɑŋ^{53}	iɑŋ^{213}	çiɑŋ^{213}	çiɑŋ^{213}	ɑŋ^{213}	iɑŋ^{213}	niɑŋ^{53}	liɑŋ^{53}
平顺	tɕʰiaŋ^{13}	iaŋ^{434}	ɕiaŋ^{434}	ɕiaŋ^{434}	iaŋ^{434}	iaŋ^{434}	ȵia^{53}	liaŋ^{53}
壶关	cʰiaŋ^{13}	iaŋ^{535}	siaŋ^{535}/ çiaŋ^{535}	siaŋ^{535}/ çiaŋ^{535}	iaŋ^{535}	iaŋ^{535}	ȵiaŋ^{353}	liaŋ^{353}
沁县	tɕʰiɔ^{214}	——	ɕiɔ^{214}	ɕiɔ^{214}	iɔ^{214}	iɔ^{214}	ȵiɔ^{53}	liɔ^{53}
武乡	tɕʰiɔ̃^{33}	ȵiɔ̃^{55}	ɕiɔ̃^{213}	ɕiɔ̃^{213}	iɔ̃^{213}	iɔ̃^{213}	——	liɔ̃^{55}
沁源	tɕʰiʌ̃^{324}	iʌ̃^{324}	ɕiʌ̃^{324}	ɕiʌ̃^{324}	iʌ̃^{324}	iʌ̃^{324}	ȵiʌ̃^{53}	liʌ̃^{53}
安泽	tɕʰiɑ̃ŋ^{21}	iʌŋ^{42}	ɕiʌŋ^{42}	ɕiʌŋ^{42}	iʌŋ^{42}	iʌŋ^{42}	——	liʌŋ^{53}
沁水端氏	tɕʰiɑŋ^{24}	iɑŋ^{31}	ɕiɑŋ^{31}	ɕiɑŋ^{31}	iɑŋ^{31}	iɑŋ^{31}	liɑŋ^{53}	liɑŋ^{53}
阳城	tɕʰiɑ̃ŋ^{212}	iɑ̃ŋ^{212}	çiɑ̃ŋ^{212}	çiɑ̃ŋ^{212}	iɑ̃ŋ^{212}	iɑ̃ŋ^{212}	niɑ̃ŋ^{51}	liɑ̃ŋ^{51}
高平	cʰiɔ̃^{212}	iɔ̃^{212}	çiɔ̃^{212}	çiɔ̃^{212}	iɔ̃^{212}	iɔ̃^{212}	zɔ̃^{53}	niɔ̃^{53}

续表

字目	强勉～	仰	享	响	养	痒	酿	亮
中古音 / 方言点	其两 宕开三 上养群	鱼两 宕开三 上养疑	许两 宕开三 上养晓	许两 宕开三 上养晓	馀两 宕开三 上养以	馀两 宕开三 上养以	女亮 宕开三 去漾泥	力让 宕开三 去漾来
陵川	tɕʰiaŋ^{312}	iaŋ^{312}	ɕiaŋ^{312}	ɕiaŋ^{312}	iaŋ^{312}	iaŋ^{312}	niaŋ^{24}	liaŋ^{24}
晋城	tɕʰiɒ̃^{213}	iɒ̃^{213}	ɕiɒ̃^{213}	ɕiɒ̃^{213}	iɒ̃^{213}	iɒ̃^{213}	niɒ̃^{53}	liɒ̃^{53}
忻府	tɕʰiɑ̃^{313}	iɑ̃^{313}	ɕiɑ̃^{313}	ɕiɛ^{313} 白 / ɕiɑ̃^{313} 文	iɛ^{313} 白 / iɑ̃^{313} 文	iɛ^{21} 白 / iɑ̃^{313} 文	niɑ̃^{53}	liɑ̃^{53}
原平	tɕʰiɔ^{33}	iɔ^{213}	ɕiɔ^{213}	ɕiɔ^{213}	iɔ^{213}	iɔ^{213}	niɔ^{53}	liɔ^{53}
定襄	tɕiæ^{53}	iæ^{24}	ɕiɔ^{24}	ɕiɔ^{24}	iæ^{24}	iɔ^{24}	niɔ^{53}	liɔ^{53}
五台	tɕʰiɔ^{213}/ tɕʰiæn^{213}	iɔ^{213}/iɔ^{33}	ɕiæn^{213}	ɕiɔ^{213}	iɔ^{213}/iæn^{213}	iɔ^{213}	niɔ^{52}/niæn^{52}	liɔ^{52}
岢岚	tɕʰiɔ^{44}	niɔ^{13}/iɔ^{13}	ɕiɔ^{13}	ɕiɔ^{13}	iɔ^{13}	iɔ^{13}	niɔ^{52}	liɔ^{52}
五寨	tɕʰiɒ^{44}	niɒ^{13}	ɕiɒ^{13}	ɕiɒ^{13}	iɒ^{13}	iɒ^{13}	niɒ^{52}	liɒ^{52}
宁武	——	iɒ^{23}	ɕiɒ^{213}	ɕiɒ^{213}	iɒ^{23}	iɒ^{213}	niɒ^{52}	liɒ^{52}
神池	tɕʰiɒ^{13}	iɒ^{13}	ɕiɒ^{13}	ɕiɒ^{13}	iɒ^{13}	iɒ^{13}	ɲiɒ^{52}	liɒ^{52}
繁峙	tɕiɔ^{24}	iɔ^{53}	ɕiɔ^{31}	ɕiɔ^{53}	iɔ^{53}	iɔ^{53}	n̠iɔ^{24}	liɔ^{24}
代县	tɕʰiɔ^{213}	iɔ^{213}	ɕiɔ^{213}	ɕiɔ^{213}	iɔ^{213}	iɔ^{213}	niɔ^{53}	liɔ^{53}
河曲	tɕʰiɒ^{213}	iɒ^{213}	ɕiɒ^{213}	ɕiɒ^{213}	iɒ^{213}	iɒ^{213}	niɒ^{52}	tɕiɒ^{213}
保德	tɕʰiɔ^{44}	iɔ^{213}	ɕiɔ^{213}	ɕiɔ^{213}	iɔ^{213}	iɔ^{213}	niɔ^{52}	liɔ^{52}
偏关	tɕʰiɒ^{213}	iɒ^{213}	ɕiɒ^{24}	ɕiɒ^{24}	iɒ^{213}	iɒ^{213}	niɒ^{52}	liɒ^{52}
朔城	——	iɑ̃^{312}/niɑ̃^{312}	ɕiɑ̃^{35}	ɕiɑ̃^{312}	iɑ̃^{312}	iɑ̃^{312}	niɑ̃^{53}	liɑ̃^{53}
平鲁	——	iɒ^{213}	ɕiɒ^{213}	ɕiɒ^{213}	iɒ^{213}	iɒ^{213}	——	liɒ^{52}
应县	tɕʰiaŋ^{54}	niaŋ^{54} 白 / iaŋ^{54} 文	ɕiaŋ^{31}	ɕiaŋ^{54}	iaŋ^{54}	iaŋ^{54}	niaŋ^{24}	liaŋ^{24}
灵丘	tɕʰiɒ^{31}	niɒ^{442}/iɒ^{442}	ɕiɒ^{442}	ɕiɒ^{442}	iɒ^{442}	iɒ^{442}	niɒ^{53}	liɒ^{53}
浑源	tɕʰioʌ^{52}	ioʌ^{52}	ɕioʌ^{52}	ɕioʌ^{52}	ioʌ^{52}	ioʌ^{52}	zoʌ^{13}	lioʌ^{13}
云州	tɕʰiɔ^{24}	iɔ^{55}	ɕiɔ^{55}	ɕiɔ^{55}	iɔ^{55}	iɔ^{55}	niɔ^{24}	liɔ^{24}
新荣	tɕʰiɔ^{54}	iɔ^{54}	ɕiɔ^{54}	ɕiɔ^{312}/ɕiɔ^{54}	iɔ^{54}	iɔ^{54}	niɔ^{54}	liɔ^{24}
怀仁	tɕʰiɒ^{312}	iɒ^{53}	ɕiɒ^{53}	ɕiɒ^{53}	iɒ^{53}	iɒ^{53}	niɒ^{24}	liɒ^{24}
左云	tɕiɒ^{24}	iɒ^{54}	ɕiɒ^{313}	ɕiɒ^{54}	iɒ^{54}	iɒ^{54}	niɒ^{24}	liɒ^{24}
右玉	——	iɒ^{53}	ɕiɒ^{53}	ɕiɒ^{53}	iɒ^{53}	iɒ^{53}	niɒ^{53}	liɒ^{24}
阳高	tɕʰiɔ^{312}	iɔ^{53}	ɕiɔ^{312}	ɕiɔ^{53}	iɔ^{53}	iɔ^{53}	niɔ^{53}	liɔ^{24}
山阴	tɕʰiɒ^{52}	iɒ^{52}	ɕiɒ^{52}	ɕiɒ^{52}	iɒ^{52}	iɒ^{52}	niɒ^{335}	liɒ^{335}
天镇	——	iɒ^{55}	ɕiɒ^{22}	ɕiɒ^{55}	iɒ^{55}	iɒ^{55}	niɒ^{24}	liɒ^{24}

续表

字目	强勉~	仰	享	响	养	痒	酿	亮
中古音 / 方言点	其两 宕开三 上养群	鱼两 宕开三 上养疑	许两 宕开三 上养晓	许两 宕开三 上养晓	馀两 宕开三 上养以	馀两 宕开三 上养以	女亮 宕开三 去漾泥	力让 宕开三 去漾来
平定	tɕʰiɑŋ^{53}	iɑŋ^{53}	ɕiɑŋ^{53}	ɕiɑŋ^{53}	iɑŋ^{53}	iɑŋ^{53}	ʐɑŋ^{53}老/niɑŋ^{24}新	liɑŋ^{24}
昔阳	tɕʰiɔ̃u^{55}	iɔ̃u^{55}	ɕiɔ̃u^{55}	ɕiɔ̃u^{55}	iɔ̃u^{55}	iɔ̃u^{55}	niɔ̃u^{13}	liɔ̃u^{13}
左权	tɕʰiɔ^{11}	ȵiɔ^{1}白/iɔ^{42}文	ɕiɔ^{42}	ɕiɔ^{42}	iɔ^{42}	ʐɔ^{42}白/iɔ^{42}文	ʐɔ^{53}	liɔ^{53}
和顺	——	ȵiɔ^{53}/iɔ^{53}	ɕiɔ^{53}	ɕiɔ^{53}	iɔ^{53}	ʐɔ^{53}白/iɔ^{53}文	ȵiɔ^{13}	liɔ^{13}
尧都	tɕʰiɑŋ^{53}	iɑŋ^{53}	ɕiɑŋ^{53}	ɕyo^{53}白/ɕiɑŋ^{53}文	yo^{53}白/iɑŋ^{53}文	iɑŋ^{53}	ȵiɑŋ^{44}	liɑŋ^{44}
洪洞	tɕʰio^{53}白/tɕʰiɑŋ^{53}文	iɑŋ^{24}	ɕiɑŋ^{42}	ɕiɑŋ^{42}	o^{42}白/iɑŋ^{42}文	iɑŋ^{42}	ȵiɑŋ^{53}	liɑŋ^{53}
洪洞赵城	tɕʰio^{53}	iɑ̃^{42}	ɕiɑ̃^{42}	ɕio^{42}白/ɕiɑ̃^{42}文	io^{42}白/iɑ̃^{42}文	iɑ̃^{42}	ȵiɑ̃^{53}	liɑ̃^{53}
古县	tɕʰyo^{42}	iɑŋ^{42}	ɕiɑŋ^{42}	ɕiɑŋ^{42}	yo^{42}白/iɑŋ^{42}文	iɑŋ^{42}	ȵiɑŋ^{53}	liɑŋ^{53}
襄汾	——	ȵiɑŋ^{42}	ɕiɑŋ^{42}	ɕyo^{42}白/ɕiɑŋ^{42}文	yo^{42}白/iɑŋ^{42}文	iɑŋ^{42}	ȵiɑŋ^{53}	liɑŋ^{53}
浮山	——	ȵiɑŋ^{33}	ɕiɑŋ^{33}	ɕyo^{33}白/ɕiɑŋ^{33}文	iɑŋ^{33}	iɑŋ^{33}	ʐɑŋ^{53}	liɑŋ^{53}
霍州	tɕʰiɑŋ^{35}	iɑŋ^{33}	ɕiɑŋ^{33}	ɕie^{33}白/ɕiɑŋ^{33}文	ie^{33}白/iɑŋ^{33}文	ie^{33}白/iɑŋ^{33}文	ȵiɑŋ^{53}	liɑŋ^{53}
翼城	tɕʰiɔ^{44}	iɔ^{44}	ɕiɔ^{44}	ɕiɔ^{44}	iɔ^{44}	iɔ^{44}	ȵiɔ^{53}	liɔ^{53}
闻喜	tciʌŋ^{13}	iɤ^{33}/ ȵiɑ^{33}	ɕiʌŋ^{33}	ɕiʌŋ^{33}	iɤ^{33}	——	ȵiɤ^{13}/liʌŋ^{13}	liɤ^{13}/liʌŋ^{13}
侯马	tɕʰiɑŋ^{44}	iɑŋ^{44}	ɕiɑŋ^{44}	ɕir白/ɕiɑŋ^{44}文	iɑŋ^{44}	iɑŋ^{44}	liɤ^{51}白/liɑŋ^{51}文	liɑŋ^{51}
新绛	tɕʰiəŋ^{13}	iəŋ^{13}	ɕiəŋ^{44}	ɕiɤ^{44}	iəŋ^{44}	iɤ^{44}	ʐəŋ^{13}	liəŋ^{53}
绛县	tɕʰiʌŋ^{53}	iʌŋ^{31}	ɕiʌŋ^{33}	ɕiʌŋ^{33}	yɤ^{33}白/iʌŋ^{31}文	yɤ^{33}白/iʌŋ^{31}文	ȵiʌŋ^{31}	liʌŋ^{31}
垣曲	tɕʰiəŋ^{44}	iəŋ^{44}	ɕiəŋ^{44}	ɕyo^{44}	yo^{44}	yo^{44}	liəŋ^{53}	liəŋ^{53}
夏县	tɕʰiəŋ^{24}	iəŋ^{42}	ɕiəŋ^{24}	ɕiəŋ^{24}	iɤ^{24}白/iəŋ^{24}文	iəŋ^{24}	——	liəŋ^{31}
万荣	tɕʰiɤ^{55}白/tɕʰiɑŋ^{55}文	ȵiɤ^{55}/iɤ^{55}/iɤ^{213}	ɕiɑŋ^{55}	ɕiɑŋ^{55}	iɤ^{55}白/iɑŋ^{55}文	iɑŋ^{55}	ȵiɑŋ^{213}	liɑŋ^{33}
稷山	tɕʰiʌŋ^{44}	iɤ^{44}白/iʌŋ^{44}文	ɕiʌŋ^{44}	ɕiɤ^{44}白/ɕiʌŋ^{44}文	iɤ^{44}白/iʌŋ^{44}文	iɤ^{44}	ȵiʌŋ^{42}	liʌŋ^{42}

续表

字目	强勉~	仰	享	响	养	痒	酿	亮
中古音 方言点	其两 宕开三 上养群	鱼两 宕开三 上养疑	许两 宕开三 上养晓	许两 宕开三 上养晓	馀两 宕开三 上养以	馀两 宕开三 上养以	女亮 宕开三 去漾泥	力让 宕开三 去漾来
盐湖	tɕʰiaŋ^{44}	iaŋ^{53}	ɕiaŋ^{53}	ɕiaŋ^{53}	iaŋ^{53}	iaŋ^{53}	ȵiaŋ^{44}	liaŋ^{44}
临猗	tɕʰiɑŋ^{13}	yo^{53}白/ iɑŋ^{53}文	ɕiɑŋ^{53}	ɕiɑŋ^{53}	yo^{53}白/ iɑŋ^{53}文	yo^{53}白/ iɑŋ^{53}文	ȵiɑŋ^{44}	liɑŋ^{44}
河津	tɕʰiaŋ^{53}	iɤ^{53}白/ iaŋ^{53}文/ ȵiaŋ^{53}文	ɕiaŋ^{53}	ɕiɤ^{53}白/ ɕiaŋ^{53}文	iɤ^{53}白/ iaŋ^{53}文	iɤ^{53}白/ iaŋ^{53}文	ʐaŋ^{53}	liaŋ^{44}
平陆	tɕʰiaŋ^{55}	iaŋ^{55}	ɕiaŋ^{55}	ɕiaŋ^{55}	yə^{55}白/ iaŋ^{55}文	iaŋ^{55}	ȵiaŋ^{55}	liaŋ^{33}
永济	tɕʰyo^{24}白/ tɕʰiaŋ^{24}文	yo^{44}白/ iaŋ文^{53}/ iaŋ^{44}	ɕiaŋ^{53}	ɕiaŋ^{53}	yo^{53}白/ iaŋ^{53}文	iaŋ^{53}	ʐaŋ^{53}	liaŋ^{44}
芮城	tɕiaŋ^{53}	iaŋ^{53}	ɕiaŋ^{53}	ɕiaŋ^{53}	yo^{53}白/ iaŋ^{53}文	iaŋ^{53}	ʐaŋ^{53}	liaŋ^{44}
吉县	tɕʰiəŋ^{33}	iəŋ^{13}	ɕiəŋ^{53}	sɿ^{13}白/ ɕiəŋ^{53}文	iəŋ^{33}	iəŋ^{33}	ʐəŋ^{33}	liəŋ^{33}
乡宁	tɕʰiɤ^{22}白/ tɕʰiaŋ^{22}文	iaŋ^{44}	ɕiaŋ^{44}	ɕiɤ^{44}白/ ɕiaŋ^{44}文	iɤ^{44}白/ iaŋ^{44}文	iɤ^{44}白/ iaŋ^{44}文	ȵiaŋ^{22}	liaŋ^{22}
广灵	tɕʰiɔ^{53}	iɔ^{44}	ɕiɔ^{44}	ɕiɔ^{44}	iɔ^{44}	iɔ^{44}	niɔ^{213}	liɔ^{213}

字目	量数~	谅	酱	将大~	匠	相~貌	涨~大	帐蚊~
中古音 方言点	力让 宕开三 去漾来	力让 宕开三 去漾来	子亮 宕开三 去漾精	子亮 宕开三 去漾精	疾亮 宕开三 去漾从	息亮 宕开三 去漾心	知亮 宕开三 去漾知	知亮 宕开三 去漾知
北京	liaŋ^{51}	liaŋ^{51}	tɕiaŋ^{51}	tɕiaŋ^{51}	tɕiaŋ^{51}	ɕiaŋ^{51}	tʂaŋ^{51}	tʂaŋ^{51}
小店	lio^{24}/lio^{11}	lio^{53}	tɕio^{53}	tɕio^{53}	tɕio^{53}	ɕio^{53}	tso^{24}	tso^{53}
尖草坪	liɔ^{35}	liɔ^{35}	tɕiɔ^{35}	tɕiɔ^{35}	tɕiɔ^{35}	ɕiɔ^{35}	tsɔ^{35}	tsɔ^{35}
晋源	liɔ^{35}	liɔ^{35}	tɕiɔ^{35}	tɕiɔ^{35}	tɕiɔ^{35}	ɕiɔ^{35}	tsɔ^{35}	tsɔ^{35}
阳曲	liɔ^{454}	liɔ^{454}	tɕiɔ^{454}	tɕiɔ^{454}	tɕiɔ^{454}	ɕiɔ^{454}	tsɔ^{454}	tsɔ^{454}
古交	liɔ^{53}	liɔ^{53}	tɕiɔ^{53}	tɕiɔ^{53}	tɕiɔ^{53}	ɕiɔ^{53}	tsɔ^{53}	tsɔ^{53}
清徐	liɒ^{45}	liɒ^{45}	tɕiɒ^{45}	tɕiɒ^{45}	tɕiɒ^{45}	ɕiɒ^{45}	tsɒ^{45}	tsɒ^{45}
娄烦	liã^{54}	liã^{54}	tɕiã^{54}	tɕiã^{54}	tɕiã^{54}	ɕiã^{54}	tsã^{54}	tsã^{54}
榆次	liɒ^{35}	liɒ^{35}	tɕiɒ^{35}	tɕiɒ^{35}	tɕiɒ^{35}	ɕiɒ^{35}	tsɒ^{35}	tsɒ^{35}
交城	liɤ^{24}	liɤ^{24}	tɕiɤ^{24}	tɕiɤ^{24}	tɕiɤ^{24}	ɕiɤ^{24}	tsɤ^{24}	tsɤ^{24}
文水	liaŋ^{35}	liaŋ^{35}	tɕiu^{35} 白 / tɕiaŋ^{35} 文	tɕiaŋ^{35}	tsu^{22} 白 / tɕiaŋ^{35} 文	ɕiu^{35} 白 / ɕiaŋ^{35} 文	tsaŋ^{35}	tsu^{35} 白 / tsaŋ^{35} 文
祁县	lia^{45} 白 / liã^{45} 文	liã^{45}	tɕiã^{45}	tɕiã^{45}	tsa^{31} 白 / tsa^{45} 文	ɕiã^{45}	tsã^{45}	tsã^{45}
太谷	liɒ^{53}	liɒ^{53}	tɕiɒ^{53}	tɕiɒ^{53}	tɕiɒ^{53}	ɕiɒ^{53}	tsɒ^{53}	tsɒ^{53}
平遥	liã^{213}	liã^{24}	tɕiã^{24}	tɕiã^{24}	tɕyə^{24} 白 / tɕiã^{24} 文	ɕiã^{24}	tʂã^{24}	tʂã^{24}
孝义	liã^{454}	liã^{454}	tɕiã^{454}	tɕiã^{454}	tɕiᴇ^{454}	ɕiã^{454}	tʂã^{454}	tʂã^{454}
介休	liẽ^{45}	liẽ^{45}	tɕyɤ^{45} 白 / tɕiẽ^{45} 文	tɕiẽ^{45}	tɕyɤ^{45} 白 / tɕiẽ^{45} 文	ɕyɤ^{45} 白 / ɕiẽ^{45} 文	tʂæ̃^{45}	tʂæ̃^{45}
灵石	liɒ̃^{53}	liɒ̃^{53}	tɕiɒ̃^{53}	ɕiɒ̃^{53}	tɕyɤ^{53} 白 / tɕiɒ̃^{53} 文	ɕiɒ̃^{53}	tʂɒ̃^{53}	tʂɒ̃^{53}
盂县	liæ̃^{55}	lio^{55}	tɕio^{55}	tɕio^{55} 白 / tɕiæ̃^{55} 文	tɕio^{55}	ɕio^{55}	tsɤo^{55} 白 / tsæ̃^{55} 文	tsɤo^{55} 白 / tsæ̃^{55} 文
寿阳	liɒo^{45}	liɒo^{45}	tɕiɒo^{45}	tɕiɒo^{45}	tɕiɒo^{45}	ɕiɒo^{45}	tsɒo^{45}	tsɒo^{45}
榆社	liɔu^{45}	liɔu^{45}	tɕiɔu^{45}	tɕiɔu^{45}	tɕiɔu^{45}	ɕiɔu^{45}	tsɔu^{45}	tsɔu^{45}
离石	liɔ^{53}	liɔ^{53}	tɕiɔ^{53}	tɕiɔ^{53}	tsɔ^{53} 白 / tɕiɔ^{53} 文	ɕiɔ^{53}	tsɔ^{53}	tsɔ^{53}
汾阳	liɔ^{55}	liɔ^{55}	tɕiɔ^{55}	tɕiɔ^{55}	tɕiɔ^{55}	ɕiɔ^{55}	tʂuɔ^{55}	tʂuɔ^{55}
中阳	liɒ^{53}	liɒ^{53}	tɕiɒ^{53}	tɕiɒ^{53}	tsɒ^{53}	ɕiɒ^{53}	tʂɒ^{53}	tʂɒ^{53}
柳林	liɔ^{53}	liɔ^{53}	tɕiɔ^{53}	tɕiɔ^{53}	tsɔ^{53} 白 / tɕiɔ^{53} 文	ɕiɔ^{53}	tsɔ^{212}	tsɔ^{53}
方山	liɔ^{52}	liɔ^{52}	tɕiɔ^{52}	tɕiɔ^{52}	tɕiɔ^{52}	ɕiɔ^{52}	tʂɔ^{52}	tʂɔ^{52}
临县	liɒ^{52}	liɒ^{52}	tɕiɒ^{52}	tɕiɒ^{52}	tsɒ^{52}	ɕiɒ^{52}	tʂɒ^{52}	tʂɒ^{52}

续表

字目	量数~	谅	酱	将大~	匠	相~貌	涨~大	帐蚊~
中古音 / 方言点	力让 宕开三 去漾来	力让 宕开三 去漾来	子亮 宕开三 去漾精	子亮 宕开三 去漾精	疾亮 宕开三 去漾从	息亮 宕开三 去漾心	知亮 宕开三 去漾知	知亮 宕开三 去漾知
兴县	liɛ^{53}	liɛ^{53}	tɕiɛ^{53}	tɕiɛ^{53}	tɕiɛ^{53}	ɕiɛ^{53}	tʂɤ^{53}	tʂɤ^{53}
岚县	lyə^{53}	lyə^{53}	tɕyə^{53}	tɕyə^{53}	tɕyə^{53}	ɕyə^{53}	tsuə^{53}	tsuə^{53}
静乐	liã^{33}	liã^{53}	tɕiã^{53}	tɕia^{53}	tɕiã^{53}	ɕiã^{53}	tsã^{53}	tsã^{53}
交口	liã^{53}	liã^{53}	tɕiã^{53}	tɕiã^{53}	tɕiɛ^{53}	ɕiã^{53}	tsã^{53}	tsã^{53}
石楼	liaŋ^{51}	liaŋ^{51}	tɕiaŋ^{51}	tɕiaŋ^{51}	tɕiɛ^{51}	ɕiaŋ^{51}	tʂaŋ^{51}	tʂaŋ^{51}
隰县	liaŋ^{44}	liaŋ^{44}	tɕiɛ^{44}	tɕiaŋ^{44}	tɕiɛ^{44}	ɕiaŋ^{44}	tsaŋ^{44}	tsaŋ^{44}
大宁	liẽ^{55}	liẽ^{55}	tɕie^{55} 白 / tɕiẽ^{55} 文	tɕiẽ^{55}	tɕie^{55} 白 / tɕiẽ^{55} 文	ɕiẽ^{55}	tʂẽ^{55}	tʂẽ^{55}
永和	liã^{53}	liã^{53}	tɕiã^{53}	tɕiã^{53}	tɕiã^{53}	ɕiã^{53}	tʂʅə^{53} 白 / tʂã^{53} 文	tʂã^{53}
汾西	——	liã^{55}	tɕiã^{55}	tɕiã^{55}	tɕiã^{53}	ɕiã^{55}	tsã^{55}	tsã^{55}
蒲县	liaŋ^{33}	liaŋ^{33}	tɕiaŋ^{33}	tɕiaŋ^{33}	tɕʰiɛ^{31}	ɕiaŋ^{33}	tʂaŋ^{33}	tʂaŋ^{33}
潞州	liaŋ^{54}	liaŋ^{44}	tɕiaŋ^{44}	tɕiaŋ^{44}	tɕiaŋ^{54}	ɕiaŋ^{44}	tsaŋ^{44}	tsaŋ^{44}
上党	liaŋ^{42}	liaŋ^{42}	tɕiaŋ^{22}	tɕiaŋ^{22}	tɕiaŋ^{42}	ɕiaŋ^{22}	tsaŋ^{22}	tsaŋ^{22}
长子	liaŋ^{53}	liaŋ^{53}	tɕiaŋ^{422}	tɕiaŋ^{422}	tɕiaŋ^{53}	ɕiaŋ^{422}	tsaŋ^{422}	tsaŋ^{422}
屯留	liaŋ^{53}	liaŋ^{53}	tɕiaŋ^{53}	tɕiaŋ^{53}	tɕiaŋ^{53}	ɕiaŋ^{53}	tsaŋ^{53}	tsaŋ^{53}
襄垣	liɒ^{45}	liɒ^{53}	tɕiɒ^{53}	tɕiɒ^{53}	tɕiɒ^{45}	ɕiɒ^{53}	tsɒ^{53}	tsɒ^{53}
黎城	liaŋ^{53}	liaŋ^{422}	tɕiaŋ^{422}	tɕiaŋ^{422}	tɕiaŋ^{422}	ɕiaŋ^{422}	tsaŋ^{422}	tsaŋ^{422}
平顺	liaŋ^{53}	liaŋ^{53}	tɕiaŋ^{53}	tɕiaŋ^{53}	tɕiaŋ^{53}	ɕiaŋ^{53}	tsaŋ^{53}	tsaŋ^{53}
壶关	liaŋ^{353}	liaŋ^{353}	tsiaŋ^{42}	tsiaŋ^{42}	tsiaŋ^{353}	siaŋ^{353}	tʂaŋ^{42}	tʂaŋ^{42}
沁县	liɔ^{53}	liɔ^{53}	tɕiɔ^{53}	tɕiɔ^{53}	tɕiɔ^{53}	ɕiɔ^{53}	tsɔ^{53}	tsɔ^{53}
武乡	liɔ̃^{55}	liɔ̃^{55}	tɕiɔ̃^{55}	tɕiɔ̃^{55}	tɕiɔ̃^{55}	ɕiɔ̃^{55}	tsɔ̃^{55}	tsɔ̃^{55}
沁源	liʌ̃^{53}	liʌ̃^{53}	tɕiʌ̃^{53}	tɕiʌ̃^{53}	tɕiʌ̃^{53}	ɕiʌ̃^{53}	tʂʌ̃^{53}	tʂʌ̃^{53}
安泽	liʌŋ^{53}	liʌŋ^{53}	tɕiʌŋ^{53}	tɕiʌŋ^{53}	tɕiʌŋ^{53}	ɕiʌŋ^{53}	tsʌŋ^{53}	tsʌŋ^{53}
沁水端氏	liaŋ^{53}	liaŋ^{53}	tɕiaŋ^{53}	tɕiaŋ^{53}	tɕiaŋ^{53}	ɕiaŋ^{53}	tsaŋ^{53}	tsaŋ^{53}
阳城	liãŋ^{51}	liãŋ^{51}	tɕiãŋ^{51}	tɕiãŋ^{51}	tɕiãŋ^{51}	ɕiãŋ^{51}	tʂãŋ^{51}	tʂãŋ^{51}
高平	niɔ̃^{53}	liɔ̃^{53}	tɕiɔ̃^{53}	tɕiɔ̃^{53}	tɕiɔ̃^{53}	ɕiɔ̃^{53}	tʂɔ̃^{53}	tʂɔ̃^{53}
陵川	liaŋ^{24}	liaŋ^{24}	tɕiaŋ^{24}	tɕiaŋ^{24}	tɕiaŋ^{24}	ɕiaŋ^{24}	tʂaŋ^{24}	tʂaŋ^{24}
晋城	liɒ̃^{53}	liɒ̃^{53}	tɕiɒ̃^{53}	tɕiɒ̃^{53}	tɕiɒ̃^{53}	ɕiɒ̃^{53}	tʂɒ̃^{53}	tʂɒ̃^{53}
忻府	liã^{53}	liã^{53}	tɕiã^{53}	tɕiã^{53}	tɕie^{53} 白 / tɕie^{21} 文 / tɕiã^{53} 文	ɕiã^{53}	tʂã^{53}	tʂã^{13}

续表

字目	量数~	谅	酱	将大~	匠	相~貌	涨~大	帐蚊~
中古音 / 方言点	力让 宕开三 去漾来	力让 宕开三 去漾来	子亮 宕开三 去漾精	子亮 宕开三 去漾精	疾亮 宕开三 去漾从	息亮 宕开三 去漾心	知亮 宕开三 去漾知	知亮 宕开三 去漾知
原平	liɔ^{53}	liɔ^{53}	tɕiɔ^{53}	tɕiɔ^{53}	tɕiɔ^{53}	ɕiɔ^{53}	tʂɔ^{53}	tʂɔ^{53}
定襄	liɔ^{11}	liɔ^{53}	tɕiɔ^{53}	tɕiɔ^{213}	tɕiɔ^{53}	ɕiɔ^{53}	tʂɔ^{53}	tʂæ^{53}
五台	liɔ^{52}/liæn^{52}	liɔ^{52}/liæn^{52}	tɕiɔ^{52}	tɕiæn^{52}	tɕiɔ^{52}	ɕiæn^{52}	tsɔ^{52}	tsɔ^{52}
岢岚	liɔ^{52}	liɔ^{52}	tɕiɔ^{52}	tɕiɔ^{52}	tɕiɔ^{52}	ɕiɔ^{52}	tʂɔ^{52}	tʂɔ^{52}
五寨	liɒ^{52}	liɒ^{52}	tɕiɒ^{52}	tɕiɒ^{52}	tɕiɒ^{52}	ɕiɒ^{52}	tsɒ^{52}	tsɒ^{52}
宁武	liɒ^{52}	liɒ^{52}	tɕiɒ^{52}	tɕiɒ^{52}	tɕiɒ^{52}	ɕiɒ^{52}	tsɒ^{213}	tsɒ^{52}
神池	liɒ^{52}	liɒ^{52}	tɕiɒ^{52}	tɕiɒ^{52}	tɕiɒ^{52}	ɕiɒ^{52}	tsɒ^{13}	tsɒ^{52}
繁峙	liɔ^{24}	liɔ^{24}	tɕiɔ^{24}	tɕiɔ^{24}	tɕiɔ^{24}	ɕiɔ^{24}	tsɔ^{53}	tsɔ^{24}
代县	liɔ^{53}	liɔ^{53}	tɕiɔ^{53}	tɕiɔ^{53}	tɕiɔ^{53}	ɕiɔ^{213}	tsuɔ^{213}	tsuɔ^{53}
河曲	liɒ^{44}	tɕiɒ^{213}	tɕiɒ^{52}	tɕiɒ^{52}	tɕiɒ^{52}	ɕiɒ^{52}	tʂɒ^{213}	tʂɒ^{52}
保德	liɔ^{52}	liɔ^{52}	tɕiɔ^{52}	tɕiɔ^{52}	tɕiɔ^{52}	ɕiɔ^{52}	tʂɔ^{52}	tʂɔ^{52}
偏关	liɒ^{52}	liɒ^{52}	tɕiɒ^{52}	tɕiɒ^{52}	tɕiɒ^{52}	ɕiɒ^{52}	tʂɒ^{213}	tʂɒ^{52}
朔城	liɑ̃^{53}	liɑ̃^{53}	tɕiɑ̃^{35}	tɕiɑ̃^{35}	tɕiɑ̃^{35}	ɕiɑ̃^{53}	tsɑ̃^{53}	tsɑ̃^{53}
平鲁	liɒ^{52}	liɒ^{52}	tɕiɒ^{52}	tɕiɒ^{52}	tɕiɒ^{52}	ɕiɒ^{52}	tsɒ^{52}	tsɒ^{52}
应县	liaŋ^{24}	liaŋ^{24}	tɕiaŋ^{24}	tɕiaŋ^{24}	tɕiaŋ^{24}	ɕiaŋ^{24}	tsaŋ^{24}	tsaŋ^{24}
灵丘	liɒ^{53}	liɒ^{53}	tɕiɒ^{53}	tɕiɒ^{53}	tɕiɒ^{53}	ɕiɒ^{53}	tsɒ^{442}	tsɒ^{442}
浑源	lioʌ^{13}	lioʌ^{13}	tɕioʌ^{13}	tɕioʌ^{13}	tɕioʌ^{13}	ɕioʌ^{13}	tsoʌ^{52}	tsoʌ^{13}
云州	liɔ^{24}	liɔ^{24}	tɕiɔ^{24}	tɕiɔ^{24}	tɕiɔ^{24}	ɕiɔ^{24}	tʂɔ^{24}	tʂɔ^{24}
新荣	liɔ^{24}	liɔ^{24}	tɕiɔ^{24}	tɕiɔ^{24}	tɕiɔ^{24}	ɕiɔ^{24}	tʂɔ^{24}	tʂɔ^{24}
怀仁	liɒ^{24}	liɒ^{24}	tɕiɒ^{24}	tɕiɒ^{24}	tɕiɒ^{24}	ɕiɒ^{24}	tsɒ^{24}	tsɒ^{24}
左云	liɒ^{24}	liɒ^{24}	tɕiɒ^{24}	tɕiɒ^{24}	tɕiɒ^{24}	ɕiɒ^{24}	tsɒ^{54}	tsɒ^{24}
右玉	liɒ^{24}	liɒ^{24}	tɕiɒ^{24}	tɕiɒ^{24}	tɕiɒ^{24}	ɕiɒ^{24}	tʂɒ^{53}	tʂɒ^{24}
阳高	liɔ^{24}	liɔ^{24}	tɕiɔ^{24}	tɕiɔ^{24}	tɕiɔ^{24}	ɕiɔ^{24}	tsɔ^{24}	tsɔ^{24}
山阴	liɒ^{335}	liɒ^{335}	——	tɕiɒ^{335}	tɕiɒ^{335}	ɕiɒ^{335}	——	tʂɒ^{335}
天镇	liɒ^{24}	liɒ^{24}	tɕiɒ^{24}	tɕiɒ^{24}	tɕiɒ^{24}	ɕiɒ^{24}	tsɒ^{55}	tsɒ^{24}
平定	liaŋ^{24}	liaŋ^{24}	tɕiaŋ^{24}	tɕiaŋ^{24}	tɕiaŋ^{24}	ɕiaŋ^{24}	tʂaŋ^{24}	tʂaŋ^{24}
昔阳	liɔ̃u^{13}	liɔ̃u^{13}	tɕiɔ̃u^{13}	tɕiɔ̃u^{13}	tɕiɔ̃u^{13}	ɕiɔ̃u^{13}	tʂɔ̃u^{13}	tʂɔ̃u^{13}
左权	liɔ^{53}	liɔ^{53}	tɕiɔ^{53}	tɕia^{53}	tɕiɔ^{53}	ɕiɔ^{53}	tʂɔ^{42}	tʂɔ^{53}
和顺	liɔ^{13}	liɔ^{13}	tɕiɔ^{13}	tɕiɔ^{13}	tɕiɔ^{13}	ɕiɔ^{13}	tʂɔ^{53}	tʂɔ^{13}
尧都	liaŋ^{44}	liaŋ^{44}	tɕiaŋ^{44}	tɕiaŋ^{44}	tɕʰyo^{44} 白 / tɕiaŋ^{44} 文	ɕiaŋ^{44}	tʂaŋ^{53}	tʂaŋ^{44}

续表

字目	量数～	谅	酱	将大～	匠	相～貌	涨～大	帐蚊～
中古音 / 方言点	力让 宕开三 去漾来	力让 宕开三 去漾来	子亮 宕开三 去漾精	子亮 宕开三 去漾精	疾亮 宕开三 去漾从	息亮 宕开三 去漾心	知亮 宕开三 去漾知	知亮 宕开三 去漾知
洪洞	lio^{24} 白 / liɑŋ^{24} 文	liɑŋ^{53}	tɕiɑŋ^{33}	tɕiɑŋ^{33}	tɕ^{h}o^{53} 白 / tɕ^{h}iɑŋ^{53} 文	ɕiɑŋ^{33}	tʂo^{42} 白 / tʂɑŋ^{42} 文	tʂɑŋ^{33}
洪洞赵城	liɑ̃^{24}	liɑ̃^{53}	tɕiɑ̃^{24}	tɕiɑ̃^{24}	tɕ^{h}io^{21} 白 / tɕ^{h}iɑ̃^{53} 文	ɕiɑ̃^{24}	tʂuɤ^{42}	tʂɑ̃^{53}
古县	liɑŋ^{53}	liɑŋ^{53}	tɕyo^{53}	tɕiɑŋ^{35}	tɕ^{h}yo^{53} 白 / tɕiɑŋ^{53} 文	ɕiɑŋ^{35}	tʂuo^{42}	tʂɑŋ^{35}
襄汾	liaŋ^{53}	liaŋ^{53}	tɕyɔ^{44} 白 / tɕiaŋ^{44} 文	tɕiaŋ^{44}	tɕ^{h}iaŋ^{53}	ɕiaŋ^{44}	tʂuɔ^{42}	tʂaŋ^{44}
浮山	liaŋ^{53}	liaŋ^{53}	tɕyo^{44} 白 / tɕiaŋ^{44} 文	tɕiaŋ^{44}	tɕ^{h}yo^{53}	ɕiaŋ^{44}	——	tʂaŋ^{44}
霍州	liaŋ^{53}	liaŋ^{53}	tɕie^{55} 白 / tɕiaŋ^{55} 文	tɕiaŋ^{55}	tɕ^{h}ie^{212} 白 / tɕiaŋ^{53} 文	ɕiaŋ^{55}	tʂɔ^{55} 白 / tʂaŋ^{55} 文	tʂɔ^{55} 白 / tʂaŋ^{55} 文
翼城	liɔ^{12}	liɔ^{53}	tɕiɔ^{53}	tɕiɔ^{53}	tɕiɔ^{53}	ɕiɔ^{53}	tʂɔ^{44}	tʂɔ^{53}
闻喜	liɤ^{13}/liʌŋ^{13}	liʌŋ^{13}	——	tɕiʌŋ^{33}	tɕ^{h}iɤ^{53} 白 / tɕ^{h}iʌŋ^{33} 文	ɕiʌŋ^{13}	tsʌŋ^{33}/ tsɤ^{33}	tsʌŋ^{53}/ tsɤ^{53}
侯马	liaŋ^{213}	liaŋ^{53}	tɕiaŋ^{53}	tɕiaŋ^{53}	tɕiaŋ^{53}	ɕiaŋ^{53}	tʂaŋ^{44}	tʂaŋ^{53}
新绛	liəŋ^{13}	liəŋ^{53}	tɕiəŋ^{53}	tɕiəŋ^{53}	tɕ^{h}iəŋ^{53}	ɕiəŋ^{53}	tʂəŋ^{44}	tʂəŋ^{53}
绛县	liʌŋ^{24}	liʌŋ^{31}	tɕiʌŋ^{31}	tɕiʌŋ^{31}	tɕ^{h}iʌŋ^{53}	ɕiʌŋ^{31}	tsʌŋ^{31}	tʂʌŋ^{31}
垣曲	liəŋ^{22}	liəŋ^{53}	tɕiəŋ^{53}	tɕiəŋ^{53}	tɕ^{h}iəŋ^{53}	ɕiəŋ^{53}	tʂəŋ^{53}	tʂəŋ^{53}
夏县	liəŋ^{31}	liəŋ^{31}	tɕiəŋ^{31}	tɕiəŋ^{31}	tɕ^{h}iəŋ^{31} 白 / tɕiəŋ^{31} 文	ɕiəŋ^{31}	tʂəŋ^{31}	tʂəŋ^{31}
万荣	liaŋ^{33}	liaŋ^{33}	tɕiaŋ^{33}	tɕiaŋ^{33}	tɕ^{h}iaŋ^{33}	ɕiaŋ^{33}	tʂaŋ^{33}	tʂaŋ^{33}
稷山	liʌŋ^{42}	liʌŋ^{42}	tɕiʌŋ^{42}	tɕiʌŋ^{42}	tɕ^{h}iʌŋ^{42}	ɕiʌŋ^{42}	tʂʌŋ^{42}	tʂʌŋ^{42}
盐湖	liaŋ^{44}	liaŋ^{44}	tɕiaŋ^{44}	tɕiaŋ^{44}	tɕ^{h}iaŋ^{44} 白 / tɕiaŋ^{44} 文	ɕyo^{44} 白 / ɕiaŋ^{44} 文	tʂaŋ^{53}	tʂaŋ^{44}
临猗	liaŋ^{44}	liaŋ^{44}	tɕiaŋ^{44}	tɕiaŋ^{44}	tɕ^{h}iaŋ^{44} 白 / tɕiaŋ^{44} 文	ɕiaŋ^{44}	tʂaŋ^{44}	tʂaŋ^{44}
河津	liaŋ^{44}	liaŋ^{44}	tɕiaŋ^{44}	tɕiaŋ^{44}	tɕ^{h}iaŋ^{44}	ɕiaŋ^{44}	tʂɤ^{44} 白 / tʂaŋ^{44} 文	tʂaŋ^{44}
平陆	liaŋ^{33}	liaŋ^{33}	tɕiaŋ^{33}	tɕiaŋ^{33}	tɕ^{h}iaŋ^{33} 白 / tɕiaŋ^{33} 文	ɕiaŋ^{33}	tʂaŋ^{33}	tʂaŋ^{33}
永济	liaŋ^{44}	liaŋ^{44}	tɕiaŋ^{44}	tɕiaŋ^{31}/ tɕiaŋ^{44}	tɕ^{h}iaŋ^{44} 白 / tɕiaŋ^{44} 文	ɕiaŋ^{31}/ ɕiaŋ^{44}	tʂaŋ^{53}	tʂaŋ^{44}
芮城	liaŋ^{42}	liaŋ^{44}	tɕiaŋ^{44}	tɕiaŋ^{44}	tɕiaŋ^{44}	ɕiaŋ^{44}	tʂaŋ^{44}	tʂaŋ^{44}

续表

字目	量数~	谅	酱	将大~	匠	相~貌	涨~大	帐蚊~
中古音 / 方言点	力让 宕开三 去漾来	力让 宕开三 去漾来	子亮 宕开三 去漾精	子亮 宕开三 去漾精	疾亮 宕开三 去漾从	息亮 宕开三 去漾心	知亮 宕开三 去漾知	知亮 宕开三 去漾知
吉县	liəŋ³³	liəŋ³³	tɕiəŋ⁴²³	——	tɕʰiəŋ³³	——	tʂʰə⁵³	tʂəŋ³³
乡宁	liaŋ²²	liaŋ²²	tɕiaŋ²²	tɕiaŋ²²	tɕʰiaŋ²²	ɕiɤ²² 白 / ɕiaŋ²² 文	tʂaŋ²²	tʂaŋ²²
广灵	liɔ²¹³	liɔ²¹³	tɕiɔ²¹³	tɕiɔ²¹³	tɕiɔ²¹³	ɕiɔ²¹³	tsɔ²¹³	tsɔ²¹³

字目	账~目	胀膨~	畅	仗打~	壮	创~造	状	障
中古音 方言点	知亮 宕开三 去漾知	知亮 宕开三 去漾知	丑亮 宕开三 去漾彻	直亮 宕开三 去漾澄	侧亮 宕开三 去漾庄	初亮 宕开三 去漾初	锄亮 宕开三 去漾崇	之亮 宕开三 去漾章
北京	tʂaŋ^{51}	tʂaŋ^{51}	tʂʰaŋ^{51}	tʂaŋ^{51}	tʂuaŋ^{51}	tʂʰuaŋ^{51}	tʂuaŋ^{51}	tʂaŋ^{51}
小店	tso^{24}	tso^{24}	tsʰo^{24}	tso^{24}	tso^{24}	tsʰo^{24}	tso^{24}	tso^{24}
尖草坪	tsɔ^{35}	tsɔ^{35}	tsʰɔ^{35}	tsɔ^{35}	tsɔ^{35}	tsʰɔ^{35}	tsɔ^{35}	tsɔ^{35}
晋源	tsɔ^{35}	tsɔ^{35}	tsʰaŋ^{35}	tsaŋ^{35}	tsɔ^{35}	tsɔ^{35}	tsɔ^{35}	tsɔ^{35}
阳曲	tsɔ^{454}	tsɔ^{454}	tsʰɔ^{454}	tsɔ^{454}	tsuɔ^{454}	tsʰuɔ^{454}	tsuɔ^{454}	tsɔ^{454}
古交	tsɔ^{53}	tsɔ^{53}	tsʰɔ^{53}	tsɔ^{53}	tsuɔ^{53}	tsʰuɔ^{53}	tsuɔ^{53}	tsɔ^{53}
清徐	tsɒ^{45}	tsɒ^{45}	tsʰɒ^{45}	tsɒ^{45}	tsuɒ^{45}	tsʰuɒ^{45}	tsuɒ^{45}	tsɒ^{45}
娄烦	tsɑ̃^{54}	tsɑ̃^{54}	tsʰɑ̃^{54}	tsɑ̃^{54}	pfə^{54} 白 / tsɑ̃^{54} 文	pfʰə^{54}	pfə^{54}	tsɑ̃^{54}
榆次	tsɒ^{35}	tsɒ^{35}	tsʰɒ^{35}	tsɒ^{35}	tsuɒ^{35}	tsʰuɒ^{35}	tsuɒ^{35}	tsɒ^{35}
交城	tsɤ^{24}	tsɤ^{24}	tsʰɤ^{24}	tsɤ^{24}	tsuɤ^{24}	tsʰuɤ^{24}	tsuɤ^{24}	tsɤ^{24}
文水	tsu^{35} 白 / tsaŋ^{35} 文	tsu^{35} 白 / tsaŋ^{35} 文	tsaŋ^{35}	tsu^{35} 白 / tsaŋ^{35} 文	tsuaŋ^{35}	tsʰuaŋ^{35}	tsuaŋ^{35}	tsaŋ^{35}
祁县	tʂa^{45} 白 / tʂɑ̃^{45} 文	tʂa^{45} 白 / tʂɑ̃^{45} 文	tʂʰa^{45} 白 / tʂʰɑ̃^{45} 文	tʂa^{45} 白 / tʂɑ̃^{45} 文	tsuɑ̃^{45}/ tsuɑ̃^{314}	tsʰuɑ̃^{45}	tsuɑ̃^{45}	tʂɑ̃^{45}
太谷	tsɒ^{53}	tsɒ^{53}	tsʰɒ^{53}	tsɒ^{53}	tsuo^{53}	tsʰuo^{53}	tsuo^{53}	tsɒ^{53}
平遥	tʂɑ̃^{24}	tʂɑ̃^{24}	tʂʰɑ̃^{24}	tʂɑ̃^{24}	tɕyə^{24} 白 / tsũɑ̃^{24} 文	tʂũɑ̃^{512}	tsuə^{24}	tʂɑ̃^{213}
孝义	tʂE^{454}	tʂE^{454}	tʂʰã^{454}	tʂã^{454}	tsuə^{33}	tsʰuã^{454}	tsuə^{454} 白 / tsuã^{454} 文	tʂã^{454}
介休	tʂæ̃^{45}	tʂæ̃^{45}	tʂæ̃^{45}	tɕyɤ^{45} 白 / tsæ̃^{45} 文	tsuæ̃^{45}	tsʰuæ̃^{45}	tsuæ̃^{45}	tʂæ̃^{45}
灵石	——	——	——	——	tsuɒ̃^{53}	tsʰuɒ̃^{53}	tsuɒ̃^{53}	tsɒ̃^{53}
盂县	tsɤo^{55} 白 / tsæ̃^{55} 文	tsɤo^{55} 白 / tsæ̃^{55} 文	tsʰæ̃^{55}	tsɤo^{55} 白 / tsæ̃^{55} 文	tsuo^{55} 白 / tsuæ̃^{55} 文	tsʰuæ̃^{55}	tsuo^{55} 白 / tsuæ̃^{55} 文	tsæ̃^{55}
寿阳	tsɒo^{45}	tsɒo^{45}	tsʰɒo^{45}	tsɒo^{45}	tsɒo^{45}	tsʰɒo^{45}	tsɒo^{45}	tsɒo^{45}
榆社	tsɔu^{45}	tsɔu^{45}	tsʰɔu^{45}	tsɔu^{45}	tsuɔu^{45}	tsʰuɔu^{45}	tsuɔu^{45}	tsɔu^{45}
离石	tsɔ^{53}	tsɔ^{53}	tsʰɔ^{53}	tsɔ^{53}	tsuə^{53}	tsʰuə^{53}	tsuə^{53}	tsɔ^{53}
汾阳	tʂuɔ^{55}	tʂuɔ^{55}	tʂʰuɔ^{55}	tʂuɔ^{55}	tʂuɔ^{55}	tʂʰuɔ^{55}	tʂuɔ^{55}	tʂuɔ^{55}
中阳	tsɒ^{53}	tsɒ^{53}	tsʰɒ^{53}	tsɒ^{53}	tsɒ^{53}	tsʰɒ^{53}	tsɒ^{53}	tsɒ^{53}
柳林	tsɔ^{53}	tsɔ^{53}	tsʰɔ^{53}	tsɔ^{53}	tsuo^{53}	tsʰuo^{53}	tsuo^{53}	tsɔ^{53}
方山	tʂɔ^{52}	tʂɔ^{52}	tʂʰɔ^{52}	tʂɔ^{52}	tsuə^{52}	tsʰuə^{52}	tsuə^{52}	tʂɔ^{52}
临县	tʂɒ^{52}	tʂɒ^{52}	tʂʰɒ^{312}	tʂɒ^{52}	tsɥə^{52}	tsʰɥə^{52}	tsɥə^{52}	tʂɒ^{52}
兴县	tʂɤ^{53}	tʂɤ^{53}	tʂʰɤ^{53}	tʂɤ^{53}	tsuɤ^{53}	tsʰuɤ^{53}	tsuɤ^{53}	tʂɤ^{53}
岚县	tsuə^{53}	tsuə^{53}	tsʰuə^{53}	tsuə^{53}	tsuə^{53}	tsʰuə^{53}	tsuə^{53}	tsuə^{53}

续表

字目	账~目	胀膨~	畅	仗打~	壮	创~造	状	障
中古音 方言点	知亮 宕开三 去漾知	知亮 宕开三 去漾知	丑亮 宕开三 去漾彻	直亮 宕开三 去漾澄	侧亮 宕开三 去漾庄	初亮 宕开三 去漾初	锄亮 宕开三 去漾崇	之亮 宕开三 去漾章
静乐	——	tsɑ̃^{53}	tsʰɑ̃^{53}	tsɑ̃^{53}	tsuɑ̃^{53}	tsʰuɑ̃^{53}	tsuɑ̃^{53}	tsɑ̃^{53}
交口	tsə^{53} 白 / tsɑ̃^{53} 文	tsə^{53} 白 / tsɑ̃^{53} 文	tsʰɑ̃^{53}	tsɑ̃^{53}	tsuə^{53} 白 / tsuɑ̃^{53} 文	tsʰuɑ̃^{53}	tsuɑ̃^{53}	tsɑ̃^{53}
石楼	tʂɑŋ^{51}	tʂɑŋ^{51}	tʂʰɑŋ^{51}	tʂɑŋ^{51}	tʂuə^{51} 白 / tʂuɑŋ^{51} 文	tʂʰuɑŋ^{51}	tʂuɑŋ^{51}	tʂɑŋ^{51}
隰县	tsæ^{44}	tsɤ^{44} 白 / tsæ^{44} 文	tsʰæ^{44}	tsæ^{44}	tsuo^{44} 白 / tsuæ^{44} 文	tsʰuæ^{44}	tsuæ^{44}	tsæ^{44}
大宁	tʂɛ̃^{55}	tʂɤ^{55} 白 / tʂɛ̃^{55} 文	tʂʰɛ̃^{55}	tʂɛ̃^{55}	tʂuɛ̃^{55}	tʂuɛ̃^{55}	tʂuɛ̃^{55}	tʂɛ̃^{55}
永和	tʂɑ̃^{53}	tʂʅə^{53} 白 / tʂɑ̃^{53} 文	tʂʰɑ̃^{312}	tʂʅə^{53} 白 / tʂɑ̃^{53} 文	tʂuɑ̃^{35}	tʂʰuɑ̃^{53}	tʂuɤ^{53} 白 / tʂuɑ̃^{53} 文	tʂɑ̃^{53}
汾西	——	tsɯ^{55} 白 / tsɑ̃^{55}	tsʰɑ̃^{33}	tsɑ̃^{55}	tsuɑ̃^{55} 文	tsuɑ̃^{33}	tsuɑ̃^{53}	tsɑ̃^{55}
蒲县	tʂɑŋ^{33}	tʂɑŋ^{33}	tʂʰɑŋ^{33}	tʂɑŋ^{33}	tsuɑŋ^{33}	tsʰuɑŋ^{33}	tsuɑŋ^{33}	tʂɑŋ^{33}
潞州	tsaŋ^{44}	tsaŋ^{44}	tsʰaŋ^{44}	tsaŋ^{54}	tsuaŋ^{44}	tsʰuaŋ^{44}	tsuaŋ^{54}	tsaŋ^{44}
上党	tsɑŋ^{22}	tsɑŋ^{22}	tsʰɑŋ^{22}	tsɑŋ^{42}	tsuɑŋ^{22}	tsʰuɑŋ^{42}	tsuɑŋ^{42}	tsɑŋ^{22}
长子	tsaŋ^{422}	tsaŋ^{422}	tsʰaŋ^{422}	tsaŋ^{53}	tsuaŋ^{422}	tsʰuaŋ^{422}	tsuaŋ^{53}	tsaŋ^{422}
屯留	tsɑŋ^{53}	tsɑŋ^{53}	tsʰɑŋ^{53}	tsɑŋ^{11}	tsuɑŋ^{53}	tsʰuɑŋ^{53}	tsuɑŋ^{11}	tsɑŋ^{53}
襄垣	tsɒ^{53}	tsɒ^{53}	tsʰɒ^{53}	tsɒ^{45}	tsuɒ^{53}	tsʰuɒ^{45}	tsuɒ^{53}	tsɒ^{53}
黎城	tɕiɑŋ^{53}	tɕiɑŋ^{53}	tɕʰiɑŋ^{33}	tɕiɑŋ^{53}	tsuɑŋ^{53}	tsʰuɑŋ^{53}	tsuɑŋ^{53}	tɕiɑŋ^{53}
平顺	tsaŋ^{53}	tsaŋ^{53}	tsʰaŋ^{53}	tsaŋ^{53}	tsuaŋ^{53}	tsʰuaŋ^{53}	tsuaŋ^{53}	tsaŋ^{53}
壶关	tʂaŋ^{42}	tʂaŋ^{42}	tʂʰaŋ^{42}	tʂaŋ^{353}	tʂuaŋ^{42}	tʂʰuaŋ^{42}	tʂuaŋ^{353}	tʂaŋ^{42}
沁县	tsɔ^{53}	tsɔ^{53}	tsʰɔ^{53}	tsɔ^{53}	tsuɔ^{53}	tsʰuɔ^{53}	tsuɔ^{53}	tsɔ^{53}
武乡	tsɔ̃^{55}	tsɔ̃^{55}	tsʰɔ̃^{55}	tsɔ̃^{55}	tsuɔ̃^{55}	tsʰuɔ̃^{55}	tsuɔ̃^{55}	tsɔ̃^{55}
沁源	tʂʌ̃^{53}	tʂʌ̃^{53}	tʂʰʌ̃^{53}	tʂʌ̃^{53}	tʂuə^{33}	tʂʰuə^{53}	tʂuə^{33}	tʂʌ̃^{53}
安泽	tsʌŋ^{53}	tsʌŋ^{53}	tsʰʌŋ^{53}	tsʌŋ^{53}	tsuʌŋ^{53}	tsʰuʌŋ^{53}	tsuʌŋ^{53}	tsʌŋ^{53}
沁水端氏	tsɑŋ^{53}	tsɑŋ^{53}	tsʰɑŋ^{53}	tsɑŋ^{53}	tsuɑŋ^{53}	tsʰuɑŋ^{53}	tsuɑŋ^{53}	tsɑŋ^{21}
阳城	tʂãŋ^{51}	tʂãŋ^{51}	tʂʰãŋ^{51}	tʂãŋ^{51}	tʂuãŋ^{51}	tʂʰuãŋ^{51}	tʂuãŋ^{51}	tʂãŋ^{51}
高平	tʂɔ̃^{53}	tʂɔ̃^{53}	tʂʰɔ̃^{53}	tʂɔ̃^{53}	tʂuɔ̃^{53}	tʂʰuɔ̃^{53}	tʂuɔ̃^{53}	tʂɔ̃^{33}
陵川	tʂɑŋ^{24}	tʂɑŋ^{24}	tʂʰɑŋ^{24}	tʂɑŋ^{24}	tʂuɑŋ^{24}	tʂʰuɑŋ^{24}	tʂuɑŋ^{24}	tʂɑŋ^{24}
晋城	tʂɒ̃^{53}	tʂɒ̃^{53}	tʂʰɒ̃^{53}	tʂɒ̃^{53}	tʂuɒ̃^{53}	tʂʰuɒ̃^{53}	tʂuɒ̃^{53}	tʂɒ̃^{53}
忻府	tʂɑ̃^{53}	tʂɑ̃^{53}	tʂʰɑ̃^{53}	tʂɑ̃^{53}	tsuɑ̃^{53}	tsʰuɑ̃^{53}	tsuɑ̃^{53}	tʂɑ̃^{53}
原平	tʂɔ^{53}	tʂɔ^{53}	tʂʰɔ^{53}	tʂɔ^{53}	tsuɔ^{53}	tsʰuɔ^{53}	tsuɔ^{53}	tʂɔ^{53}
定襄	tʂɔ^{53}	tʂɔ^{53}	tʂʰɔ^{53}	tʂɔ^{53}	tsɔ^{53}	tsʰɔ^{53}	tsɔ^{53}	tʂɔ^{53}

续表

字目	账~目	胀膨~	畅	仗打~	壮	创~造	状	障
中古音 / 方言点	知亮 宕开三 去漾知	知亮 宕开三 去漾知	丑亮 宕开三 去漾彻	直亮 宕开三 去漾澄	侧亮 宕开三 去漾庄	初亮 宕开三 去漾初	锄亮 宕开三 去漾崇	之亮 宕开三 去漾章
五台	tsɔ^{52}	tsɔ^{52}	tsʰɔ^{52}	tsɔ^{52}	tsuɔ^{52}/ tsuæn^{52}	tsʰuæn^{52}	tsuɔ^{52}/ tsuæn^{52}	tsɔ^{52}
岢岚	tʂɔ^{52}	tʂɔ^{52}	tʂʰɔ^{52}	tʂɔ^{52}	tʂɔ^{52}	tʂʰɔ^{52}	tʂɔ^{52}	tʂɔ^{52}
五寨	tsɒ^{52}	tsɒ^{52}	tsʰɒ^{52}	tsɒ^{52}	tsɒ^{52}	tsʰɒ^{52}	tsɒ^{52}	tsɒ^{52}
宁武	tsɒ^{52}	tsɒ^{52}	tsʰɒ^{52}	tsɒ^{52}	tsuo^{52}	tsʰuo^{52}	tsuo^{52}	tsɒ^{52}
神池	tsɒ^{52}	tsɒ^{52}	tsʰɒ^{52}	tsɒ^{52}	tsuɒ^{52}	tsʰuɒ^{52}	tsuɒ^{52}	tsɒ^{52}
繁峙	tsɔ^{24}	tsɔ^{24}	tsʰɔ^{24}	tsɔ^{24}	tsuɔ^{24}	tsʰuɔ^{24}	tsuɔ^{24}	tsɔ^{24}
代县	tsuɔ^{53}	tsuɔ^{53}	tsʰuɔ^{53}	tsuɔ^{53}	tsuɔ^{53}	tsʰuɔ^{53}	tsuɔ^{53}	tsuɔ^{53}
河曲	tʂɒ^{52}	tʂɒ^{52}	tʂʰɒ^{52}	tʂɒ^{52}	tʂuɒ^{52}	tʂʰuɒ^{52}	tʂuɒ^{52}	tʂɒ^{52}
保德	tʂɔ^{52}	tʂɔ^{52}	tʂʰɔ^{52}	tʂɔ^{52}	tʂuɔ^{52}	tʂʰuɔ^{52}	tʂuɔ^{52}	tʂɔ^{52}
偏关	tʂɒ^{52}	tʂɒ^{52}	tʂʰɒ^{52}	tʂɒ^{52}	tʂɒ^{52}	tʂʰɒ^{52}	tʂɒ^{52}	tʂɒ^{52}
朔城	tsɑ̃^{53}	tsɑ̃^{53}	tsʰɑ̃^{53}	tsɑ̃^{53}	tsuɑ̃^{53}	tsʰuɑ̃^{53}	tsuɑ̃^{53}	tsɑ̃^{53}
平鲁	tsɒ^{52}	tsɒ^{52}	tsʰɒ^{213}	——	tsuɒ^{52}	tsʰuɒ^{52}	tsuɒ^{52}	tsɒ^{52}
应县	tsaŋ^{24}	tsaŋ^{24}	tsʰaŋ^{24}	tsaŋ^{24}	tsuaŋ^{24}	tsʰuaŋ^{43}	tsuaŋ^{24}	tsaŋ^{24}
灵丘	tsɒ^{442}	tsɒ^{442}	tsʰɒ^{53}	tsɒ^{442}	tsue^{53}	tsʰue^{442}	tsue^{53}	tsɒ^{53}
浑源	tsoʌ^{13}	tsoʌ^{13}	tsʰoʌ^{13}	tsoʌ^{13}	tsoʌ^{13}	tsʰoʌ^{13}	tsoʌ^{13}	tsoʌ^{13}
云州	tʂɔ^{24}	tʂɔ^{24}	tʂʰɔ^{24}	tʂɔ^{24}	tʂuɔ^{24}	tʂʰuɔ^{24}	tʂuɔ^{24}	tʂɔ^{24}
新荣	tʂɔ^{24}	tʂɔ^{24}	tʂʰɔ^{24}	tʂɔ^{24}	tʂɔ^{24}	tsʰɔ^{24}	tʂɔ^{24}	tʂɔ^{32}/tʂɔ^{24}
怀仁	tsɒ^{24}	tsɒ^{24}	tsʰɒ^{24}	tsɒ^{24}	tsɒ^{24}	tsʰɒ^{24}	tsɒ^{24}	tsɒ^{24}
左云	tsɒ^{24}	tsɒ^{24}	tsʰɒ^{24}	tsɒ^{24}	tsuɒ^{24}	tsʰuɒ^{24}	tsɒ^{24}白 / tsuɒ^{24}文	tsɒ^{24}
右玉	tʂɒ^{24}	tʂɒ^{24}	tʂʰɒ^{24}	tʂɒ^{24}	tʂuɒ^{24}	tʂʰuɒ^{24}	tʂuɒ^{24}	tʂɒ^{24}
阳高	tsɔ^{24}	tsɔ^{24}	tsʰɔ^{24}	tsɔ^{24}	tsɔ^{24}	tsʰɔ^{24}	tsɔ^{24}	tsɔ^{31}
山阴	tʂɒ^{335}	tʂɒ^{335}	tʂʰɒ^{335}	tʂɒ^{335}	tʂuɒ^{335}	tʂʰuɒ^{335}	tʂuɒ^{335}	tʂɒ^{313}
天镇	tsɒ^{24}	tsɒ^{24}	tsʰɒ^{24}	tsɒ^{24}	tsɒ^{24}	tsʰɒ^{24}	tsɒ^{24}	tsɒ^{24}
平定	tʂaŋ^{24}	tʂaŋ^{24}	tʂʰaŋ^{24}	tʂaŋ^{24}	tsuaŋ^{24}	tsʰuaŋ^{24}	tsuaŋ^{24}	tʂaŋ^{24}
昔阳	tʂɔ̃u^{13}	tʂɔ̃u^{13}	tʂʰɔ̃u^{13}	tʂɔ̃u^{13}	tsuɔ̃u^{13}	tsʰuɔ̃u^{13}	tsuɔ̃u^{13}	tʂɔ̃u^{13}
左权	tʂɔ^{53}	tʂɔ^{53}	tʂʰɔ^{53}	tʂɔ^{53}	tsɔ^{53}	tsʰɔ^{53}	tsɔ^{53}	tʂɔ^{53}
和顺	tʂɔ^{13}	tʂɔ^{13}	tʂʰɔ^{13}	tʂɔ^{13}	tsuɔ^{13}	tsʰuɔ^{13}	tsuɔ^{13}	tʂɔ^{13}
尧都	tʂaŋ^{44}	tʂaŋ^{44}	tʂʰaŋ^{44}	tʂaŋ^{44}	tʂuaŋ^{44}	tʂʰuo^{44}	tʂuaŋ^{44}	tʂaŋ^{44}
洪洞	tʂaŋ^{33}	tʂo^{33}白 / tʂaŋ^{33}文	tʂʰaŋ^{42}	tʂaŋ^{33}	tʂo^{33}白 / tʂuaŋ^{33}文	tʂʰuaŋ^{42}	tʂuaŋ^{53}	tʂaŋ^{42}

续表

字目	账~目	胀膨~	畅	仗打~	壮	创~造	状	障
中古音 方言点	知亮 宕开三 去漾知	知亮 宕开三 去漾知	丑亮 宕开三 去漾彻	直亮 宕开三 去漾澄	侧亮 宕开三 去漾庄	初亮 宕开三 去漾初	锄亮 宕开三 去漾崇	之亮 宕开三 去漾章
洪洞赵城	tʂã^{24}	tʂuɤ^{53}	tʂʰã^{24}	tʂã^{53}	tʂuã^{24}	tʂʰuã^{24}	tʂuã^{53}	tʂã^{24}
古县	tʂɑŋ^{35}	tʂuo^{35}	tʂɑŋ^{53}	——	tʂuɑŋ^{35}	tʂʰuɑŋ^{53}	tʂuɑŋ^{53}	tʂɑŋ^{35}
襄汾	tʂaŋ^{44}	tʂaŋ^{44}	tʂʰaŋ^{44}	tʂʰuɔ^{42}	tʂuaŋ^{44}	tʂʰuaŋ^{44}	tʂʰuaŋ^{53}	tʂaŋ^{53}
浮山	tʂaŋ^{44}	tʂaŋ^{44}	tʂʰaŋ^{44}	——	pfɤ^{44}/ tʂuaŋ^{44} 文	pfʰaŋ^{44} 白 / tʂʰuaŋ^{44} 文	pfʰaŋ^{53} 白 / tʂʰuaŋ^{53} 文	tʂaŋ^{53}
霍州	tʂɔ^{55} 白 / tʂaŋ^{55} 文	tʂɔ^{55} 白 / tʂaŋ^{55} 文	tʂʰaŋ^{53}	tʂaŋ^{55}	tsɔ^{55} 白 / tsuaŋ^{55} 文	tsʰuaŋ^{55}	tsuaŋ^{53}	tʂaŋ^{53}
翼城	tʂɔ^{53}	tʂɔ^{53}	tʂʰɔ^{53}	tʂɔ^{53}	tʂuɔ^{53}	pfʰɔ^{53} 白 / tʂʰuɔ^{53} 文	tʂuɔ^{53}	tʂɔ^{53}
闻喜	tsʌŋ^{53}	tsɤ^{53}	tsʰɤ^{53}/ tsʰʌŋ^{53}	tsʌŋ^{13}	pfʌŋ^{53}	pfʰʌŋ^{53}	pfʰʌŋ^{13}	tsʌŋ^{33}/ tsɤ^{33}
侯马	tʂɑŋ^{53}	tʂɑŋ^{53}	tʂʰɑŋ^{53}	tʂɑŋ^{53}	tʂʰuɤ^{53} 白 / tʂuɑŋ^{53} 文	tʂʰuɑŋ^{53}	fɤ^{53} 白 / tʂuɑŋ^{53} 文	tʂɑŋ^{53}
新绛	tʂəŋ^{53}	tʂəŋ^{53}	tʂʰəŋ^{53}	tʂəŋ^{53}	pfəŋ^{53}	pfəŋ^{13}	tʂuəŋ^{53}	tʂəŋ^{53}
绛县	tʂʌŋ^{31}	tʂʌŋ^{31}	tʂʰʌŋ^{31}	tsʌŋ^{31}	pfʌŋ^{31}	pfʰʌŋ^{31}	pfʌŋ^{53}	tʂʌŋ^{31}
垣曲	tʂəŋ^{53}	tʂəŋ^{53}	tʂʰəŋ^{53}	tʂəŋ^{53}	tʂuəŋ^{53}	tʂʰuəŋ^{53}	tʂuəŋ^{53}	tʂəŋ^{53}
夏县	tʂəŋ^{31}	tʂəŋ^{31}	tʂʰəŋ^{24}	tʂəŋ^{31}	pfəŋ^{31} 白 / tʂuəŋ^{31} 文	pfʰəŋ^{31} 白 / tʂʰuəŋ^{31} 文	pfʰəŋ^{31} 白 / tʂuəŋ^{31} 文	tʂəŋ^{31}
万荣	tʂaŋ^{33}	tʂaŋ^{33}	tʂʰaŋ^{33}	tʂaŋ^{33}	pfaŋ^{33}	pfʰaŋ^{33}	pfʰaŋ^{33}	tʂaŋ^{33}
稷山	tʂʌŋ^{42}	tʂʌŋ^{42}	tʂʰʌŋ^{42}	tʂʌŋ^{42}	pfʌŋ^{42}	pfʰʌŋ^{42}	pfʰʌŋ^{42}	tʂʌŋ^{42}
盐湖	tʂaŋ^{44}	tʂaŋ^{44}	tʂʰaŋ^{44}	tʂaŋ^{44}	pfaŋ^{44} 白 / tʂuaŋ^{44} 文	pfʰaŋ^{53} 白 / tʂʰuaŋ^{53} 文	pfʰaŋ^{44} 白 / tʂʰuaŋ^{44} 文	tʂaŋ^{44}
临猗	tʂɑŋ^{44}	tʂɑŋ^{44}	tʂʰɑŋ^{44}	tʂɑŋ^{44}	pfɑŋ^{44} 白 / tʂuɑŋ^{44} 文	pfʰɑŋ^{44} 白 / tʂʰuɑŋ^{44} 文	pfʰɑŋ^{44} 白 / tʂuɑŋ^{44} 文	tʂɑŋ^{44}
河津	tʂaŋ^{44}	tʂɤ^{44} 白 / tʂaŋ^{44} 文	tʂʰaŋ^{53}	tʂaŋ^{44}	pfaŋ^{44}	pfʰaŋ^{53}	pfʰaŋ^{44} 白 / pfaŋ^{44} 文	tʂaŋ^{44}
平陆	tʂaŋ^{33}	tʂaŋ^{33}	tʂʰaŋ^{55}/ tʂʰaŋ^{33}	tʂaŋ^{33}	pfaŋ^{33}	pfʰaŋ^{31}	pfaŋ^{33}	tʂaŋ^{33}
永济	tʂaŋ^{44}	tʂaŋ^{44}	tʂʰaŋ^{53}	tʂaŋ^{44}	pfaŋ^{44}	pfʰaŋ^{53}	pfaŋ^{44}	tʂaŋ^{44}
芮城	tʂaŋ^{44}	tʂaŋ^{44}	tʂʰaŋ^{53}	tʂaŋ^{44}	pfaŋ^{44} 白 / tʂuaŋ^{44} 文	pfʰaŋ^{53}	pfʰaŋ^{44}	tʂaŋ^{44}
吉县	tʂəŋ^{33}	tʂə^{33}	tʂʰəŋ^{53}	tʂəŋ^{33}	pfəŋ^{33}	pfʰəŋ^{53}	pfəŋ^{423}	tʂəŋ^{33}
乡宁	tʂaŋ^{22}	tʂɤ^{22} 白 / tʂaŋ^{22} 文	tʂʰaŋ^{22}	tʂaŋ^{22}	tʂuaŋ^{22}	tʂʰuaŋ^{22}	tʂuaŋ^{22}	tʂaŋ^{22}
广灵	tsɔ^{213}	tsɔ^{213}	tsʰɔ^{213}	tsɔ^{213}	tsɔ^{213}	tsʰɔ^{213}	tsɔ^{213}	tsɔ^{213}

山西方音字汇

（第五卷）

乔全生 著

SSAP
社会科学文献出版社
SOCIAL SCIENCES ACADEMIC PRESS (CHINA)

字目	唱	倡提~	上在~	尚	让	向	恙	样
中古音 方言点	尺亮 宕开三 去漾昌	尺亮 宕开三 去漾昌	时亮 宕开三 去漾禅	时亮 宕开三 去漾禅	人样 宕开三 去漾日	许亮 宕开三 去漾晓	馀亮 宕开三 去漾以	馀亮 宕开三 去漾以
北京	tʂʰaŋ^{51}	tʂʰaŋ^{51}	ʂaŋ^{51}	ʂaŋ^{51}	ʐaŋ^{51}	ɕiaŋ^{51}	iaŋ^{51}	iaŋ^{51}
小店	tsʰo^{24}	tsʰo^{24}	so^{24}	so^{24}	zo^{24}	ɕio^{24}	io^{24}	io^{24}
尖草坪	tsʰɔ^{35}	tsʰɔ^{35}	sɔ^{35}	sɔ^{35}	zɔ^{35}	ɕiɔ^{35}	iɔ^{35}	iɔ^{35}
晋源	tsʰɔ^{35}	tsʰɔ^{35}	sɔ^{35}	sɔ^{35}	zɔ^{35}	ɕiɔ^{35}	iaŋ^{35}	iɔ^{11}
阳曲	tsʰɔ^{454}	tsʰɔ^{454}	sɔ^{454}	sɔ^{454}	zɔ^{454}	ɕiɔ^{454}	iɔ^{454}	iɔ^{454}
古交	tsʰɔ^{53}	tsʰɔ^{53}	sɔ^{53}	sɔ^{53}	zɔ^{53}	ɕiɔ^{53}	iɔ^{53}	iɔ^{53}
清徐	tsʰɒ^{45}	tsʰɒ^{45}	sɒ^{45}	sɒ^{45}	zɒ^{45}	ɕiɒ^{45}	iɒ^{54}	iɒ^{45}
娄烦	tsʰɑ̃^{54}	tsʰɑ̃^{54}	sɑ̃^{54}	sɑ̃^{54}	zɑ̃^{54}	ɕiɑ̃^{54}	iɑ̃^{54}	iɑ̃^{54}
榆次	tsʰɒ^{35}	tsʰɒ^{35}	sɒ^{35}	sɒ^{35}	zɒ^{35}	ɕiɒ^{35}	iɒ^{35}	iɒ^{35}
交城	tsʰɤ^{24}	tsʰɤ^{24}	sɤ^{24}	sɤ^{24}	ʐɤ^{24}	ɕiɤ^{24}	iɤ^{24}	iɤ^{24}
文水	tsʰu^{35} 白 / tsʰaŋ^{35} 文	tsʰaŋ^{35}	su^{35} 白 / saŋ^{35} 文	sɿi^{35} 白 / saŋ^{35} 文	ʐu^{35} 白 / ʐaŋ^{35} 文	ɕiu^{35} 白 / ɕiaŋ^{35} 文	iaŋ^{35}	iu^{35} 白 / iaŋ^{35} 文
祁县	tʂʰa^{45} 白 / tʂʰɑ̃^{45} 文	tʂʰa^{45} 白 / tʂʰɑ̃^{45} 文	ʂa^{45} 白 / ʂɑ̃^{45} 文	ʂa^{45} 白 / ʂɑ̃^{45} 文	ʐa^{45} 白 / ʐɑ̃^{45} 文	ɕia^{45} 白 / ɕiɑ̃^{45} 文	ia^{45} 白 / iɑ̃^{45} 文	ia^{45} 白 / iɑ̃^{45} 文
太谷	tsʰɒ^{53}	tsʰɒ^{53}	sɒ^{53}/xɒ^{53}	sɒ^{53}	zɒ^{53}	ɕiɒ^{53}	iɒ^{53}	iɒ^{53}
平遥	tʂʰɑ̃^{24}	tʂʰɑ̃^{24}	suə^{24} 白 / ʂɑ̃^{24} 文	ʂɑ̃^{24}	ʐɑ̃^{24}	ɕiɑ̃^{24}	iɑ̃^{24}	yə^{24} 白 / iɑ̃^{24} 文
孝义	tʂʰã^{454}	tʂʰã^{454}	ʂᴇ^{454}	ʂᴇ^{454} 白 / ʂã^{454} 文	ʐã^{454}	ɕiã^{454}	——	iᴇ^{454} 白 / iã^{454} 文
介休	tʂʰæ̃^{45}	tʂʰæ̃^{45}	ɕyɤ^{45} 白 / ʂæ̃^{45} 文	ɕyɤ^{45} 白 / ʂæ̃^{45} 文	ʐæ̃^{45}	ɕyɤ^{45} 白 / ɕiɛ̃^{45} 文	iɛ̃^{45}	yɤ^{45} 白 / iɛ̃^{45} 文
灵石	——	——	——	——	ʐɒ̃^{53}	ɕyɤ^{53}/ɕiɒ̃^{53}	——	yɤ^{53}/iɒ̃^{53}
盂县	tsʰɤo^{55} 白 / tsʰæ̃^{55} 文	tsʰæ̃^{55}	sɑ^{55} 白 / sæ̃^{55} 文	sɑ^{55} 白 / sæ̃^{55} 文	zɤo^{55} 白 / zæ̃^{55} 文	ɕio^{55} 白 / ɕiæ̃^{55} 文	io^{53} 白 / iæ^{53} 文	io^{55} 白 / iæ^{55} 文
寿阳	tsʰɒo^{45}	tsʰɒo^{45}	sɒo^{45}	sɒo^{45}	zɒo^{45}	ɕiɒo^{45}	iɒo^{45}	iɒo^{45}
榆社	tsʰɔu^{45}	tsʰɔu^{45}	sɔu^{45}	sɔu^{45}	zɔu^{45}	ɕiɔu^{45}	iɔu^{45}	iɔu^{45}
离石	tsʰɔ^{53}	tsʰɔ^{53}	sɔ^{53}	sɔ^{53}	zɔ^{53}	ɕiɔ^{53}	iɔ^{53}	iɔ^{53}
汾阳	tʂʰuɔ^{55}	tʂʰuɔ^{55}	ʂuɔ^{55}	ʂuɔ^{55}	ʐuɔ^{55}	ɕiɔ^{55}	iɔ^{55}	iɔ^{55}
中阳	tʂʰɤ^{53} 白 / tsʰɒ^{53} 文	tsʰɒ^{53}	ʂɤ^{53}	ʂɤ^{53}	ʐɒ^{53}	ɕiɒ^{53}	iɒ^{53}	ie^{53}
柳林	tsʰɔ^{53}	tsʰɔ^{53}	sɔ^{53}	sɔ^{53}	zɔ^{53}	ɕiɔ^{53}	iɔ^{53}	iɔ^{53}
方山	tʂʰɔ^{52}	tʂʰɔ^{52}	ʂɔ^{52}	ʂɔ^{52}	ʐɔ^{52}	ɕiɔ^{52}	iɔ^{52}	iɔ^{52}
临县	tʂʰɒ^{52}	tʂʰɒ^{52}	ʂɒ^{52}	ʂɒ^{52}	ʐɒ^{52}	ɕiɒ^{52}	iɒ^{5}	iɒ^{52}
兴县	tʂʰɤ^{53}	tʂʰɤ^{53}	ʂɤ^{53}	sɤ^{53}	ʐɤ^{53}	ɕiæ̃^{53}	iɛ^{53}	iɛ^{53}

续表

字目	唱	倡提~	上在~	尚	让	向	恙	样
中古音 / 方言点	尺亮 宕开三 去漾昌	尺亮 宕开三 去漾昌	时亮 宕开三 去漾禅	时亮 宕开三 去漾禅	人样 宕开三 去漾日	许亮 宕开三 去漾晓	馀亮 宕开三 去漾以	馀亮 宕开三 去漾以
岚县	tsʰuə^{53}	tsʰuə^{53}	suə^{53}	suə^{53}	ʐuə^{53}	ɕyə^{53}	yə^{53}	yə^{53}
静乐	tsʰɑ̃^{53}	tsʰɑ̃^{53}	sɑ̃^{53}	sɑ̃^{53}	zɑ̃^{53}	ɕiɑ̃^{53}	iɑ̃^{53}	iɑ̃^{53}
交口	tsʰɑ̃^{53}	tsʰɑ̃^{323}	sɑ̃^{53}	sə^{53} 白 / sɑ̃^{53} 文	ʐɑ̃^{53}	ɕiɑ̃^{53}	iɑ̃^{53}	iɛ^{53} 白 /iɑ̃^{53} 文
石楼	tʂʰɑŋ^{51}	tʂʰɑŋ^{213}	ʂə^{51} 白 / ʂɑŋ^{51} 文	ʂɑŋ^{51}	ʐɑŋ^{51}	ɕiɛ^{51} 白 / ɕiɑŋ^{51} 文	iɑŋ^{51}	iɛ^{51} 白 / iɑŋ^{51} 文
隰县	tsʰæ^{44}	tsʰæ^{44}	sɤ^{44} 白 / sæ^{44} 文	sæ^{44}	zæ^{44}	ɕiɛ^{44}	iɛ^{44}	iɛ^{44}
大宁	tʂʰɛ̃^{55}	tʂʰɛ̃^{31}	ʂɤ^{55} 白 / ʂɛ̃^{55} 文	ʂɛ̃^{55}	——	ɕiɛ̃^{55}	——	ie^{55} 白 /iɛ̃^{55} 文
永和	tʂʰɑ̃^{53}	tʂʰɑ̃^{312}	ʂʅə^{53} 白 / ʂɑ̃^{53} 文	ʂɑ̃^{312}/ʂɑ̃^{53}	ʐɑ̃^{53}	ɕie^{53} 白 / ɕiɑ̃^{53} 文	——	ie^{53} 白 / iɑ̃^{53} 文
汾西	tsʰɯ^{55} 白 / tsʰɑ̃^{55} 文	tsʰɑ̃^{33}	sɯ^{53} 白 / sɑ̃^{53} 文	su^{53} 白 / sɑ̃^{53} 文	zɑ̃^{33}	ɕiɑ̃^{55}	——	i^{53} 白 /iɑ̃^{53} 文
蒲县	tʂʰɑŋ^{33}	tʂʰɑŋ^{33}	ʂɤ^{33}	ʂɑŋ^{33}	ʐɑŋ^{33}	ɕiɑŋ^{33}	iɑŋ^{33}	iɑŋ^{33}
潞州	tsʰaŋ^{44}	tsʰaŋ^{44}	saŋ^{54}	saŋ^{54}	iaŋ^{54}	ɕiaŋ^{54}	iaŋ^{54}	iaŋ^{54}
上党	tsʰɑŋ^{22}	tsʰɑŋ^{22}	sɑŋ^{42}	sɑŋ^{42}	iɑŋ^{42}	ɕiɑŋ^{42}	iɑŋ^{42}	iɑŋ^{42}
长子	tsʰaŋ^{422}	tsʰaŋ^{422}	saŋ^{53}	saŋ^{53}	iaŋ^{53}	ɕiaŋ^{422}	iaŋ^{53}	iaŋ^{53}
屯留	tsʰɑŋ^{53}	tsʰɑŋ^{53}	sɑŋ^{11}	sɑŋ^{53}	iɑŋ^{11}	ɕiɑŋ^{53}	iɑŋ^{11}	iɑŋ^{11}
襄垣	tsʰɒ^{53}	tsʰ^{53}	sɒ^{45}	sɒ^{45}	zɒ^{45}	ɕiɒ^{45}	——	iɒ^{45}
黎城	tɕʰiɑŋ^{53}	tɕʰiɑŋ^{53}	ɕiɑŋ^{53}	ɕiɑŋ^{53}	iɑŋ^{53}	ɕiɑŋ^{53}	iɑŋ^{53}	iɑŋ^{53}
平顺	tsʰaŋ^{53}	tsʰaŋ^{53}	saŋ^{53}	saŋ^{53}	iaŋ^{53}	ɕiaŋ^{53}	iaŋ^{53}	iaŋ^{53}
壶关	tʂʰaŋ^{42}	tʂʰaŋ^{42}	ʂaŋ^{353}	ʂaŋ^{353}	iaŋ^{353}	ɕiaŋ^{353}	iaŋ^{535}	iaŋ^{353}
沁县	tsʰɔ^{53}	tsʰɔ^{53}	——	sɔ^{53}	zɔ^{53}	ɕiɔ^{53}	——	iɔ^{53}
武乡	tsʰɔ̃^{55}	tsʰɔ̃^{55}	sɔ̃^{55}	sɔ̃^{55}	zɔ̃^{55}	ɕiɔ̃^{55}	——	iɔ̃^{55}
沁源	tʂʰʌ̃^{53}	tʂʰʌ̃^{53}	ʂʌ̃^{53}	ʂʌ̃^{53}	ʐʌ̃^{53}	ɕiʌ̃^{53}	iʌ̃^{53}	iʌ̃^{53}
安泽	tsʰʌŋ^{53}	tsʰʌŋ^{53}	sʌŋ^{53}	sʌŋ^{53}	zʌŋ^{53}	ɕiʌŋ^{53}	——	iʌŋ^{53}
沁水端氏	tsʰɑŋ^{53}	tsʰɑŋ^{53}	sɑŋ^{53}	sɑŋ^{53}	zɑŋ^{53}	ɕiɑŋ^{53}	——	iɑŋ^{31}
阳城	tʂʰɑ̃ŋ^{51}	tʂʰɑ̃ŋ^{51}	ʂɑ̃ŋ^{51}	ʂɑ̃ŋ^{51}	ʐɑ̃ŋ^{51}	ɕiɑ̃ŋ^{51}	iɑ̃ŋ^{51}	iɑ̃ŋ^{51}
高平	tʂʰɔ̃^{53}	tʂʰɔ̃^{53}	ʂɔ̃^{53}	ʂɔ̃^{53}	ʐɔ̃^{53}	ɕiɔ̃^{53}	——	iɔ̃^{53}
陵川	tʂʰɑŋ^{24}	tʂʰɑŋ^{24}	ʂɑŋ^{24}	ʂɑŋ^{24}	lɑŋ^{24}	ɕiɑŋ^{24}	iɑŋ^{24}	iɑŋ^{24}
晋城	tʂʰɒ̃^{53}	tʂʰɒ̃^{53}	ʂɒ̃^{53}	ʂɒ̃^{53}	ʐɒ̃^{53}	ɕiɒ̃^{53}	——	iɒ̃^{53}

续表

字目	唱	倡提~	上在~	尚	让	向	恙	样
中古音 / 方言点	尺亮 宕开三 去漾昌	尺亮 宕开三 去漾昌	时亮 宕开三 去漾禅	时亮 宕开三 去漾禅	人样 宕开三 去漾日	许亮 宕开三 去漾晓	馀亮 宕开三 去漾以	馀亮 宕开三 去漾以
忻府	tʂʰɛ^{53} 白 / tʂʰɑ̃^{53} 文	tʂʰɑ̃^{53}	ʂɛ^{53} 白 / ʂɑ̃^{53} 文	ʂɛ^{53} 白 / ʂɑ̃^{53} 文	ʐɛ^{53} 白 / ʐɑ̃^{53} 文	ɕiɛ^{53} 白 / ɕiɑ̃^{53} 文	iɑ̃^{53}	iɛ^{53} 白 /iɑ̃^{53} 文
原平	tʂʰɔ^{53}	tʂʰɔ^{53}	ʂɔ^{53}	ʂɔ^{53}	ʐɔ^{53}	ɕiɔ^{53}	iɔ^{53}	iɔ^{53}
定襄	tʂʰɔ^{53}	tʂʰɔ^{53}	ʂɔ^{53}	ʂɔ^{53}	ʐɔ^{53}	ɕiæ^{53}	iɔ^{53}	iɔ^{53}
五台	tsʰɔ^{52}	tsʰɔ^{52}/ tsʰæn^{52}	sɔ^{52}	sɔ^{52}/sæn^{52}	zɔ^{52}	ɕiɔ^{52}	iɔ^{52}/iæn^{52}	iɔ^{52}
岢岚	tʂʰɔ^{52}	tʂʰɔ^{52}	ʂɔ^{52}	ʂɔ^{52}	ʐɔ^{52}	ɕiɔ^{52}	iɔ^{52}	iɔ^{52}
五寨	tsʰɒ^{52}	tsʰɒ^{52}	sɒ^{52}	sɒ^{52}	zɒ^{52}	ɕiɒ^{52}	iɒ^{52}	iɒ^{52}
宁武	tsʰɒ^{52}	tsʰɒ^{52}	sɒ^{52}	sɒ^{52}	——	ɕiɒ^{52}	iɒ^{52}	iɒ^{52}
神池	tsʰɒ^{52}	tsʰɒ^{52}	sɒ^{52}	sɒ^{52}	zɒ^{52}	ɕiɒ^{52}	iɒ^{52}	iɒ^{52}
繁峙	tsʰɔ^{24}	tsʰɔ^{24}	sɔ^{24}	sɔ^{24}	ʐɔ^{24}	ɕiɔ^{24}	iɔ^{24}	iɔ^{24}
代县	tsʰuɔ^{53}	tsʰuɔ^{53}	suɔ^{53}	suɔ^{53}	zuɔ^{53}	ɕiɔ^{53}	iɔ^{53}	iɔ^{53}
河曲	tʂʰɒ^{52}	tʂʰɒ^{52}	ʂɒ^{52}	ʂɒ^{52}	ʐɒ^{52}	ɕiɒ^{52}	——	iɒ^{52}
保德	tʂʰɔ^{52}	tʂʰɔ^{52}	ʂɔ^{52}	ʂɔ^{52}	ʐɔ^{52}	ɕiɔ^{52}	iɔ^{52}	iɔ^{52}
偏关	tʂʰɒ	tʂʰɒ	ʂɒ^{52}	ʂɒ^{52}	ʐɒ^{52}	ɕiɒ^{52}	iɒ^{52}	iɒ^{52}
朔城	tsʰɑ̃^{53}	tsʰɑ̃^{53}	——	sɑ̃^{53}	ʐɑ̃^{53}	ɕiɑ̃^{53}	——	iɑ̃^{53}
平鲁	tsʰɒ^{52}	tsʰɒ^{213}	səʔ$^{\underline{34}}$	sɒ^{52}	zɒ^{52}	ɕiɒ^{52}		iɒ^{52}
应县	tsʰaŋ^{24}	tsʰaŋ^{24}	səʔ$^{\underline{43}}$	saŋ^{24}	zaŋ^{24}	ɕiaŋ^{24}	iaŋ^{24}	iaŋ^{24}
灵丘	tsʰɒ^{53}	tsʰɒ^{53}	sɒ^{53}	sɒ^{53}	zɒ^{53}	ɕiɒ^{53}	iɒ^{53}	iɒ^{53}
浑源	tsʰoʌ^{13}	tsʰoʌ^{13}	soʌ^{13}/səʔ^{4}	soʌ^{13}	zoʌ^{13}	ɕioʌ^{13}	ioʌ^{13}	ioʌ^{13}
云州	tʂʰɔ^{24}	tʂʰɔ^{24}	ʂɔ^{24}	ʂɔ^{24}	ʐɔ^{24}	ɕiɔ^{24}	iɔ^{24}	iɔ^{24}
新荣	tʂʰɔ^{24}	tʂʰɔ^{24}	ʂɔ^{24}	ʂɔ^{24}	ʐɔ^{24}	ɕiɔ^{24}	iɔ^{24}	iɔ^{24}
怀仁	tsʰɒ^{24}	tsʰɒ^{24}	sɒ^{24}	sɒ^{24}	zɒ^{24}	ɕiɒ^{24}	iɒ^{42}	iɒ^{24}
左云	tsʰɒ^{24}	tsʰɒ^{24}	sɒ^{24}	sɒ^{24}	ʐɒ^{24}	ɕiɒ^{24}	iɒ^{24}	iɒ^{24}
右玉	tʂʰɒ^{24}	tʂʰɒ^{24}	ʂɒ^{24}	ʂɒ^{24}	ʐɒ^{24}	ɕiɒ^{24}	ɕiɒ^{24}	iɒ^{24}
阳高	tsʰɔ^{24}	tsʰɔ^{24}	sɔ^{24}	sɔ^{24}	ʐɔ^{24}	ɕiɔ^{24}	iɔ^{24}	iɔ^{24}
山阴	tʂʰɒ^{335}	tʂʰɒ^{335}	ʂɒ^{335}	ʂɒ^{335}	ʐɒ^{335}	ɕiɒ^{335}	iɒ^{335}	iɒ^{335}
天镇	tsʰɒ^{24}	tsʰɒ^{24}	sɒ^{24}	sɒ^{24}	zɒ^{24}	ɕiɒ^{24}	——	iɒ^{24}
平定	tʂʰɑŋ^{24}	tʂʰɑŋ^{24}	ʂɑŋ^{24}	ʂɑŋ^{53}/ʂɑŋ^{24}	ʐɑŋ^{24}	ɕiɑŋ^{24}	——	iɑŋ^{24}
昔阳	tʂʰɔ̃u^{13}	tʂʰɔ̃u^{13}	ʂɔ̃u^{13}	ʂɔ̃u^{13}	ʐɔ̃u^{13}	ɕiɔ̃u^{13}	iɔ̃u^{13}	iɔ̃u^{13}
左权	tʂʰɔ^{53}	tʂʰɔ^{53}	tʂɔ^{53} 白	ʂɔ^{53}	tʂɔ^{53} 白 / ʐɔ^{53} 文	ɕiɔ^{53}	——	iɔ^{53}

续表

字目	唱	倡提~	上在~	尚	让	向	恙	样
中古音 / 方言点	尺亮 宕开三 去漾昌	尺亮 宕开三 去漾昌	时亮 宕开三 去漾禅	时亮 宕开三 去漾禅	人样 宕开三 去漾日	许亮 宕开三 去漾晓	徐亮 宕开三 去漾以	徐亮 宕开三 去漾以
和顺	tʂʰɔ^{13}	tʂʰɔ^{13}	ʂɔ^{13}	ʂɔ^{13}	ʐɔ^{13}	ɕiɔ^{13}	iɔ^{13}	iɔ^{13}
尧都	tʂʰɑŋ^{44}	tʂʰɑŋ^{44}	ʂɑŋ^{44}	ʂɑŋ^{44}	ʐɑŋ^{44}	ɕiɑŋ^{44}	iɑŋ^{44}	iɑŋ^{44}
洪洞	tʂʰɑŋ^{33}	tʂʰɑŋ^{42}	ʂo^{21} 白 / ʂɑŋ^{53} 文	ʂɑŋ^{42}	ʐɑŋ^{53}	ɕiɑŋ^{42}	iɑŋ^{42}	o^{53} 白 / iɑŋ^{53} 文
洪洞赵城	tʂʰɑ̃^{24}	tʂʰɑ̃^{24}	ʂo^{53}	ʂɑo^{24} 白 / ʂɑ̃^{24} 文	ʐɑ̃^{53}	ɕiɑ̃^{24}	iɑ̃^{53}	io^{53} 白 /iɑ̃^{53} 文
古县	tʂɑŋ^{35}	tʂɑŋ^{35}	ʂuo^{53} 白 / ʂɑŋ^{53} 文	ʂɑŋ^{53}	ʐɑŋ^{53}	ɕyo^{53} 白 / ɕiɑŋ^{53} 文	——	yo^{53} 白 / iɑŋ^{53} 文
襄汾	tʂʰaŋ^{44}	tʂʰaŋ^{53}	ʂuɔ^{53} 白 / ʂaŋ^{53} 文	ʂuɔ^{44}/ʂaŋ^{53}	ʐuɔ^{53} 白 / ʐaŋ^{53} 文	ɕiaŋ^{53}	iaŋ^{53}	yɔ^{53} 白 / iaŋ^{53} 文
浮山	tʂʰaŋ^{44}	tʂʰaŋ^{53}	ʂuo^{53} 白 / ʂaŋ^{53} 文	ʂaŋ^{53}	ʐaŋ^{53}	ɕiaŋ^{53}	iaŋ^{53}	yo^{53} 白 / iaŋ^{53} 文
霍州	tʂʰɔ^{55} 白 / tʂʰaŋ^{55} 文	tʂʰaŋ^{53}	ʂaŋ^{55}	ʂaŋ^{55}	ʐɔ^{53} 白 / ʐaŋ^{53} 文	ɕie^{55} 白 / ɕiaŋ^{55} 文	iaŋ^{53}	ie^{53} 白 / iaŋ^{53} 文
翼城	tʂʰɔ^{53}	tʂʰɔ^{53}	ʂɔ^{53}	ʂɔ^{53}	ʐɔ^{53}	ɕiɔ^{44}	iɔ^{53}	iɔ^{53}
闻喜	tsʰɤ^{53}/ tsʰᴀŋ^{53}	tsʰɤ^{53}/ tsʰᴀŋ^{53}/ tsʰᴀŋ^{13}	sɤ^{13}/sᴀŋ^{13}	sɤ^{13} 白 / sao^{13} 白 / sᴀŋ^{13} 文	zɤ^{13}/ zᴀŋ^{13}	ɕiᴀŋ^{53}	iᴀŋ^{13}/ iɤ^{13}	iᴀŋ^{13}/ iɤ^{13}
侯马	tʂʰɤ^{53}	tʂʰɤ^{53}	ʂɑŋ^{53}	ʂɑŋ^{53}	ʐɑŋ^{53}	ɕiɑŋ^{53}	iɑŋ^{53}	iɑŋ^{53}
新绛	tʂʰəŋ^{53}	tʂʰəŋ^{53}	ʂəŋ^{53}	ʂəŋ^{53}	ʐəŋ^{53}	ɕiəŋ^{53}	iəŋ^{53}	iəŋ^{53}
绛县	tʂʰʌŋ^{31}	tʂʰʌŋ^{31}	ʂɤ^{31}	ʂʌŋ^{31}	ʐʌŋ^{31}	ɕiʌŋ^{31}	iʌŋ^{31}	yɤ^{31} 白 / iʌŋ^{31} 文
垣曲	tʂʰəŋ^{53}	tʂʰəŋ^{53}	ʂɤ^{53}	ʂəŋ^{53}	ʐəŋ^{53}	ɕiəŋ^{53}	iəŋ^{53}	iəŋ^{53}
夏县	tʂʰəŋ^{31}	tʂʰəŋ^{31}	ʂɤ^{31}	ʂəŋ^{31}	ʐəŋ^{31}	ɕiəŋ^{31}	iəŋ^{31}	iəŋ^{31}
万荣	tʂʰaŋ^{33}	tʂʰaŋ^{55}	ʂaŋ^{33}	ʂaŋ^{33}	ʐaŋ^{33}	ɕiaŋ^{33}	iaŋ^{33}	iaŋ^{33}
稷山	tʂʰʌŋ^{42}	tʂʰʌŋ^{42}	ʂɤ^{42} 白 / ʂʌŋ^{42} 文	ʂʌŋ^{42}	ʐʌŋ^{42}	ɕiʌŋ^{42}	iʌŋ^{42}	iʌŋ^{42}
盐湖	tʂʰaŋ^{44}	tʂʰaŋ^{44}	ʂuo^{44} 白 / ʂaŋ^{44} 文	ʂaŋ^{44}	ʐaŋ^{44}	ɕiaŋ^{44}	iaŋ^{44}	iaŋ^{44}
临猗	tʂʰɑŋ^{44}	tʂʰɑŋ^{44}	ʂuo^{44} 白 / ʂɑŋ^{44} 文	ʂɑŋ^{44}	ʐɑŋ^{44}	ɕiɑŋ^{44}	iɑŋ^{44}	iɑŋ^{44}
河津	tʂʰaŋ^{44}	tʂʰaŋ^{44}	ʂɤ^{44} 白 / ʂaŋ^{44} 文	ʂaŋ^{44}	ʐaŋ^{44}	ɕiaŋ^{44}	iaŋ^{44} 文	iɤ^{44} 白 / iaŋ^{44} 文
平陆	tʂʰaŋ^{33}	tʂʰaŋ^{33}	ʂuə^{33} 白 / ʂaŋ^{33} 文	ʂaŋ^{33}	ʐaŋ^{33}	ɕiaŋ^{33}	iaŋ^{31}	iaŋ^{33}

续表

字目	唱	倡提~	上在~	尚	让	向	恙	样
中古音 / 方言点	尺亮 宕开三 去漾昌	尺亮 宕开三 去漾昌	时亮 宕开三 去漾禅	时亮 宕开三 去漾禅	人样 宕开三 去漾日	许亮 宕开三 去漾晓	馀亮 宕开三 去漾以	馀亮 宕开三 去漾以
永济	tʂʰaŋ44	tʂʰaŋ44	ʂuo44 白 / ʂaŋ24 文	ʂuo44 白 / ʂaŋ24 文	ʐaŋ44	çiaŋ44	iaŋ44	iaŋ44
芮城	tʂʰaŋ44	tʂʰaŋ53	ʂuo44 白 / ʂaŋ44 文	ʂaŋ44	ʐaŋ44	çiaŋ44	iaŋ44	iaŋ44
吉县	tʂʰəŋ33	tʂʰəŋ53	ʂəŋ33	ʂəŋ33	ʐəŋ33	çiəŋ33	——	iə33 白 / iəŋ33 文
乡宁	tʂʰaŋ22	tʂʰaŋ22	ʂɤ22 白 / ʂaŋ22 文	ʂɤ22 白 / ʂaŋ22 文	ʐaŋ22	çiaŋ22	iaŋ22	iɤ22 白 / iaŋ22 文
广灵	tsʰɔ213	tsʰɔ213	sɔ213	sɔ213	sɔ44	çiɔ213	——	iɔ213

字目	略	雀	鹊	嚼	削	着衣~	着~手	绰
中古音／方言点	离灼 宕开三 入药来	即略 宕开三 入药精	七雀 宕开三 入药清	在爵 宕开三 入药从	息约 宕开三 入药心	张略 宕开三 入药知	直略 宕开三 入药澄	昌约 宕开三 入药昌
北京	lye^{51}	tɕʰye^{51}	tɕʰye^{51}	tɕye^{35}	ɕye^{55}	tʂuo^{35}	tʂuo^{35}	tʂʰuo^{51}
小店	lyəʔ^{1}	tɕʰyəʔ^{1}	tɕʰyəʔ^{1}	tɕiɔo^{11}	ɕyəʔ^{1}	tsaʔ^{54}	tsaʔ$^{\underline{54}}$	tsʰaʔ^{1}
尖草坪	lyəʔ^{2}	tɕʰye^{35}	tɕʰyəʔ^{2}	tɕiau^{33}	ɕyəʔ^{2}	tsuəʔ^{2}	tsuəʔ^{2}	tsʰaʔ^{2} 白 / tsʰəʔ^{2} 文
晋源	lyəʔ^{2}	tɕʰyəʔ^{2}	tɕʰyəʔ^{2}	tɕiau^{42}	ɕyəʔ^{2}	tsaʔ$^{\underline{43}}$/ tsʰuaʔ$^{\underline{43}}$	tsaʔ$^{\underline{43}}$/ tsʰuaʔ$^{\underline{43}}$	tsʰaʔ^{2}
阳曲	lyɛ^{454}	tɕʰiaʔ^{4}	tɕʰiaʔ^{4}	tɕiɔo^{43}	ɕyɛʔ^{4}	tsɔʔ^{4}	tsɔʔ^{4}	tsʰuəʔ^{4}
古交	lyəʔ^{4}	tɕʰyəʔ^{4}	tɕʰyəʔ^{4}	tɕyəʔ$^{\underline{312}}$	ɕyəʔ^{4}	tsuəʔ^{4}	tsuəʔ^{4}	tsʰuəʔ^{4}
清徐	lyaʔ^{1}	tɕʰyaʔ^{1}	tɕʰyaʔ^{1}	tɕyaʔ$^{\underline{54}}$	ɕyaʔ^{1}	tsuaʔ^{1}	tsaʔ^{1}	tsuaʔ^{1}
娄烦	liəʔ^{3}	tɕʰiəʔ^{3}	tɕʰiəʔ^{3}	tɕiɔu^{33}	ɕyəʔ^{3}	tsaʔ^{21}	tsaʔ^{3}	tsʰaʔ^{3}
榆次	lyaʔ^{1}	tɕʰiaʔ^{1}	tɕʰyaʔ^{1}	tɕyaʔ^{1}	ɕyəʔ^{1}	tsaʔ$^{\underline{53}}$	tsaʔ$^{\underline{53}}$	tsʰuaʔ^{1}
交城	liaʔ^{1}	tɕʰiɔu^{53} 白 / tɕʰiaʔ^{1} 文	tɕʰiaʔ^{1}	tɕiɔu^{53}	ɕyəʔ^{1}	tsɔu^{11}	tsɔu^{11}	tsʰaʔ^{1}
文水	liaʔ^{2}	tɕʰyaʔ^{2}/ tɕʰiu^{423}	tɕʰiaʔ^{2}	tɕiau^{423}	ɕyəʔ^{2}/ɕyaʔ^{2}	tsaʔ$^{\underline{312}}$	tsaʔ$^{\underline{312}}$	tsʰaʔ^{2}
祁县	lyɑʔ$^{\underline{32}}$	tɕʰiɑʔ$^{\underline{32}}$	tɕʰyɑʔ$^{\underline{32}}$	tɕiu^{45}/ tɕyəʔ$^{\underline{324}}$	ɕyəʔ$^{\underline{32}}$	tʂuɑʔ$^{\underline{32}}$	tʂuɑʔ$^{\underline{324}}$	tsʰɑʔ$^{\underline{32}}$
太谷	lyaʔ^{3}	tɕʰiaʔ^{3}/ tɕʰyaʔ^{3}	tɕʰyaʔ^{3}	tɕyəʔ$^{\underline{423}}$/ tɕio^{53}	ɕyəʔ^{3}	tsuəʔ^{3}	tsuəʔ$^{\underline{423}}$	tsʰaʔ^{3}
平遥	liʌʔ$^{\underline{212}}$	tɕʰiɔ^{512}	tɕʰyʌʔ$^{\underline{212}}$	tɕyʌʔ$^{\underline{523}}$	ɕyʌʔ$^{\underline{212}}$	tʂʌʔ$^{\underline{212}}$	tsuʌʔ$^{\underline{523}}$	tɕyʌʔ$^{\underline{212}}$
孝义	liəʔ^{3}	tɕʰiaʔ^{3}	tɕʰiaʔ^{3}	tɕyaʔ^{3}	ɕyəʔ^{3}	tʂəʔ$^{\underline{423}}$	tʂʰəʔ^{3}	tʂəʔ^{3}
介休	lyʌʔ$^{\underline{12}}$	tɕʰyʌʔ$^{\underline{12}}$/ tɕʰiɔo^{423}	tɕʰyʌʔ$^{\underline{12}}$	tɕiɔo^{423}	ɕyʌʔ$^{\underline{12}}$ 白 / ɕiɔo^{13} 文	tsʰuʌʔ$^{\underline{312}}$	tsʌʔ$^{\underline{312}}$	tsʰʌʔ$^{\underline{12}}$
灵石	liəʔ^{4}	tɕʰyaʔ^{4}	tɕʰyaʔ^{4}	tɕio^{44}	ɕyəʔ^{4}	——	——	——
盂县	liʌʔ^{2}	tɕʰiʌʔ^{2}	tɕʰiʌʔ^{2}	tɕiɑu^{22}	ɕyəʔ^{2} 白 / ɕyʌʔ$^{\underline{53}}$ 文	tsɑu^{412}/ tsɑu^{22}/ tsuʌʔ^{2}	tsɑu^{412}/ tsɑu^{22}/ tsuʌʔ^{2}	tsʰuʌʔ^{2}
寿阳	liɛʔ^{2}	tɕʰiɔo^{53}/ tɕʰyɛʔ^{2}	tɕʰyɛʔ^{2}	tɕyɛʔ^{2}	ɕyɛʔ$^{\underline{54}}$	tsuəʔ$^{\underline{54}}$	tsuaʔ$^{\underline{54}}$	tsʰaʔ^{2}/ tsʰuaʔ^{2}
榆社	lyəʔ^{2}	tɕʰiəʔ^{2}	tɕʰiəʔ^{2}	tɕiou^{22}	ɕyəʔ^{2}	tsaʔ^{2}	tsaʔ$^{\underline{312}}$	tsʰaʔ^{2}
离石	lyeʔ^{4}	tɕʰyeʔ^{4} 白 / tɕʰiou^{312} 文	tɕʰyeʔ^{4}	——	ɕyeʔ^{4}	tsuəʔ^{4}	tsuəʔ^{4}	tsʰɑʔ^{4}
汾阳	lieʔ$^{\underline{312}}$	tɕʰiaʔ^{2}	tɕʰiaʔ^{2}	——	ɕyeʔ^{2}	tʂəʔ$^{\underline{312}}$	tʂʰəʔ^{2}	tʂʰuaʔ^{2}
中阳	lyeʔ^{4}	tɕʰyeʔ^{4} 白 / tɕʰiɔo^{423} 文	tɕʰyeʔ^{4}	——	ɕyeʔ^{4}	tsuəʔ^{4}	tsuəʔ^{4}	tsʰɑʔ^{4}

续表

字目	略	雀	鹊	嚼	削	着衣~	着~手	绰
中古音 方言点	离灼 宕开三 入药来	即略 宕开三 入药精	七雀 宕开三 入药清	在爵 宕开三 入药从	息约 宕开三 入药心	张略 宕开三 入药知	直略 宕开三 入药澄	昌约 宕开三 入药昌
柳林	lieʔ^{4}	tɕʰiɛʔ^{4}	tɕʰyɛʔ$^{\underline{423}}$	——	ɕyɛʔ^{4}	tsəʔ^{4}	tsəʔ^{4}	tsʰuəʔ^{4}
方山	liɛʔ^{4}	tɕʰyɛʔ^{4}	tɕʰyɛʔ^{4} 白 / tɕʰiou^{52} 文	tɕiou^{24}	ɕyɛʔ^{4}	tsuəʔ^{4}	tsuəʔ^{4}	tsʰuɑʔ^{4}
临县	lyɐʔ^{3}	tɕʰyɐʔ^{3}	tɕʰyɐʔ^{3}	tɕyɐʔ^{3}	ɕyɐʔ^{3}	tṣʰɐʔ^{3}	tṣou^{24}	tsʰuaʔ^{3}
兴县	liəʔ^{5}	tɕʰiuɯ^{55}	tɕʰiɛʔ^{5}	tɕiuɯ^{55}	ɕyəʔ^{5}	——	——	tṣʰəʔ^{5}
岚县	lieʔ^{4}	tɕʰiau^{312}	tɕʰieʔ^{4}	tɕʰyeʔ$^{\underline{312}}$ 白	ɕyeʔ^{4}	tsieʔ^{4}	tsʰieʔ$^{\underline{312}}$	tsʰieʔ^{4}
静乐	liəʔ^{4}	tɕʰiəʔ^{4}	tɕʰiəʔ^{4}	tɕyəʔ$^{\underline{212}}$	ɕyəʔ^{4}	tsaʔ$^{\underline{212}}$	tsaʔ$^{\underline{212}}$	tsʰaʔ$^{\underline{212}}$
交口	lieʔ^{4}	tɕʰiɑo^{323}/ tɕʰiaʔ^{4}	tɕʰieʔ^{4}	tɕiɑo^{323}	ɕyeʔ^{4}	——	tsʰəʔ$^{\underline{212}}$	——
石楼	lyəʔ^{4}/liəʔ^{4}	tɕʰiɔo^{213} 白 / tɕʰyɛ^{51} 文	tɕyəʔ^{4}	tɕyəʔ^{4}	ɕyəʔ^{4}	——	tsʰəʔ$^{\underline{213}}$	tṣʰuəʔ^{4}
隰县	lyəʔ^{3}	ɕyəʔ^{3} 白 / tɕʰiɑo^{53} 白 / tʰiɑo^{21} 文	ɕyəʔ^{3}	tɕʰiəʔ^{3}	ɕyəʔ^{3} 白 / ɕiɑo^{53} 文	tsəʔ^{3}	tsʰəʔ^{3}	tsʰuo^{44}
大宁	liɐʔ$^{\underline{31}}$	tɕyɐʔ$^{\underline{31}}$	tɕyɐʔ$^{\underline{31}}$	tɕʰiɐʔ^{4} 白 / tɕʰyɐʔ^{4} 文	ɕyɐʔ$^{\underline{31}}$	tṣɐʔ$^{\underline{31}}$	tṣʰɐʔ$^{\underline{31}}$	tṣʰɐʔ$^{\underline{31}}$
永和	liɐʔ$^{\underline{35}}$	tɕʰiɐʔ$^{\underline{35}}$	tɕʰiɐʔ$^{\underline{35}}$	tɕyɐʔ$^{\underline{35}}$	ɕyɐʔ$^{\underline{35}}$	tṣʰɐʔ$^{\underline{312}}$ 白 / tṣɐʔ$^{\underline{3112}}$ 文	tṣʰɐʔ$^{\underline{312}}$ 白 / tṣɐʔ$^{\underline{312}}$ 文	tṣʰuɐʔ$^{\underline{35}}$
汾西	liu^{11}	tɕʰiu^{55}/ tʰiɑo^{55}	tɕʰiu^{53} 文	tɕyəʔ^{3}	ɕiu^{11}/ɕyɪ^{11}	tsβ̍^{55}/tsʰyəʔ^{3}	——	——
蒲县	liɛʔ$^{\underline{43}}$	tɕʰyɛ^{52}	tɕʰyɛ^{52}	tɕyɛ^{24}	ɕyɛʔ$^{\underline{43}}$	tṣuo^{24}	tṣuo^{24}	tsʰuo^{52}
潞州	liəʔ$^{\underline{53}}$	tɕʰyəʔ$^{\underline{53}}$	tɕʰyəʔ$^{\underline{53}}$	tɕiɑo^{33}	ɕyəʔ$^{\underline{53}}$	tsuəʔ$^{\underline{53}}$	tsuəʔ$^{\underline{53}}$	tsʰəʔ$^{\underline{53}}$
上党	lyəʔ$^{\underline{21}}$	tɕʰiɑʔ$^{\underline{21}}$	tɕʰyəʔ$^{\underline{21}}$	tɕiəʔ$^{\underline{21}}$	ɕyəʔ$^{\underline{21}}$	tɕiəʔ$^{\underline{21}}$	tɕiəʔ$^{\underline{21}}$	tsʰəʔ$^{\underline{21}}$
长子	liəʔ^{4}	tɕʰiəʔ^{4}	tɕʰyəʔ^{4}	tɕiɔ^{24}/ tɕyəʔ$^{\underline{212}}$	ɕyəʔ$^{\underline{212}}$	tsuəʔ^{4}	tsuəʔ^{4}	tsʰuəʔ^{4}
屯留	liəʔ^{1} 白 / lyəʔ^{1} 文	tɕʰyəʔ^{1}	tɕʰiəʔ^{1} 白 / tɕʰyəʔ^{1} 文	tɕiɔo^{11}	ɕyəʔ$^{\underline{54}}$	tsəʔ^{1}	tsəʔ$^{\underline{54}}$	tsʰuəʔ^{1}
襄垣	liʌʔ^{3}	tɕʰiʌʔ^{3}	tɕʰiʌʔ^{3}	tɕiɔo^{31}	ɕyʌʔ^{3}	tsuʌʔ^{3}	tsuʌʔ^{3}	tsʰʌʔ^{3}
黎城	liʌʔ^{2}	tɕʰiʌʔ^{2}	tɕʰiʌʔ^{2}	tɕiɔo^{213}	ɕyʌʔ^{2}	tsɤʔ^{2}	tsɤʔ^{2}	tsʰuɤ^{53}
平顺	liʌʔ$^{\underline{423}}$	tɕʰyʌʔ$^{\underline{212}}$	tɕʰyʌʔ$^{\underline{212}}$	tɕyʌʔ$^{\underline{423}}$	ɕyʌʔ$^{\underline{212}}$	tɕiʌʔ$^{\underline{212}}$	——	tsʰuʌʔ$^{\underline{423}}$
壶关	liʌʔ$^{\underline{21}}$	tsʰyʌʔ^{2}	tsʰyʌʔ^{2}	ciɔ^{42}/tsyʌʔ$^{\underline{21}}$	syʌʔ^{2}	tʃiʌʔ^{2}	tṣɔ^{13}	tṣʰuʌʔ^{2}
沁县	liəʔ$^{\underline{31}}$	tɕʰyəʔ$^{\underline{31}}$	tɕʰiəʔ$^{\underline{31}}$	tɕio^{33}	ɕyəʔ$^{\underline{31}}$	——	tsaʔ$^{\underline{31}}$	tsʰaʔ$^{\underline{31}}$
武乡	lyʌʔ^{3}	tɕʰiʌʔ^{3}/ tɕʰyʌʔ^{3}	tɕʰyʌʔ^{3}	tɕyʌʔ^{3}	ɕyʌʔ^{3}	——	——	——

续表

字目	略	雀	鹊	嚼	削	着衣~	着~手	绰
中古音／方言点	离灼 宕开三 入药来	即略 宕开三 入药精	七雀 宕开三 入药清	在爵 宕开三 入药从	息约 宕开三 入药心	张略 宕开三 入药知	直略 宕开三 入药澄	昌约 宕开三 入药昌
沁源	liəʔ$^{\underline{31}}$	tɕ^{h}yʌʔ$^{\underline{31}}$	tɕ^{h}iʌʔ$^{\underline{31}}$	tɕiɔo^{33}	ɕyəʔ$^{\underline{31}}$	tʂʌʔ$^{\underline{31}}$	tʂʌʔ$^{\underline{31}}$	tʂ^{h}uʌʔ$^{\underline{31}}$
安泽	lyɛ^{21}	tɕ^{h}yəʔ$^{\underline{21}}$	tɕ^{h}yəʔ$^{\underline{21}}$	tɕyɛ^{35}	ɕyɛ$^{\underline{21}}$	tsuəʔ$^{\underline{21}}$	tsəʔ$^{\underline{21}}$	ts^{h}uo^{21}
沁水端氏	liaʔ^{2}	ɕyəʔ^{2}	tɕ^{h}yaʔ^{2}	tɕiɔ^{31}	ɕyaʔ^{2} 白 / ɕiɔ^{21} 文	tsaʔ$^{\underline{54}}$ 白 / tsɤ^{24} 文	tsaʔ$^{\underline{54}}$ 白 / tsɤ^{24} 文	ts^{h}aʔ^{2}
阳城	lyʌʔ^{2}	tɕ^{h}yʌʔ^{2}	tɕ^{h}yʌʔ^{2}	tɕio^{22}	ɕyʌʔ^{2}	tʂʌʔ^{2}	tʂuʌʔ^{2}	ts^{h}ʌʔ^{2}
高平	liɛʔ^{2}	tɕ^{h}iɛʔ^{2}	tɕ^{h}iɛʔ^{2}	tɕiɔo^{33}	ɕiɛʔ^{2}	——	tʂɛʔ^{2}	——
陵川	lyʌʔ^{3}	tɕ^{h}yəʔ^{3}	tɕ^{h}yʌʔ^{3}	tɕiɔo^{24}	ɕyʌʔ^{3}	tɕiʌʔ^{3}	tɕiʌʔ$^{\underline{23}}$	tʂ^{h}uʌʔ^{3}
晋城	liʌʔ^{2}	tɕ^{h}yɛ^{53}	tɕ^{h}io^{53} 白 / tɕ^{h}yʌʔ^{2} 文	tɕio^{213}	ɕyʌʔ^{2}	tʂuʌʔ^{2}	tʂəʔ^{2}	——
忻府	liɛʔ$^{\underline{32}}$	tɕ^{h}iɑʔ$^{\underline{32}}$	tɕ^{h}iɑʔ$^{\underline{32}}$	tɕiɔo^{21}	ɕyʌʔ$^{\underline{32}}$	——	——	ts^{h}uɛ^{53}
原平	liəʔ$^{\underline{34}}$	tɕ^{h}iəʔ$^{\underline{34}}$	tɕ^{h}iəʔ$^{\underline{34}}$	tɕiɔo^{33}	ɕyəʔ$^{\underline{34}}$	tsuɔʔ$^{\underline{34}}$	tsuɔʔ$^{\underline{34}}$	ts^{h}uɔʔ$^{\underline{34}}$
定襄	lyəʔ^{1}	tɕ^{h}yəʔ^{1}	tɕ^{h}iəʔ^{1}	tɕiɔu^{213}	ɕyəʔ^{1}	tʂɔu^{213}	tʂəʔ^{1}	——
五台	liəʔ^{3}	tɕ^{h}yəʔ^{3}	tɕ^{h}yəʔ^{3}	tɕiɑɔ^{33}	ɕyəʔ^{3}	ts^{h}əʔ^{3}	ts^{h}əʔ^{3}	——
岢岚	liɛʔ^{4}	tɕ^{h}iɛʔ^{4}	tɕ^{h}iɛʔ^{4}	tɕiɑu^{44}	ɕyɛʔ^{4}	tsaʔ^{4}	tsaʔ^{4}	ts^{h}uɤ^{52}
五寨	liɛʔ^{4}	tɕ^{h}iɛʔ^{4}	tɕ^{h}iɛʔ^{4}	tɕiɑu^{44}	ɕyəʔ^{4}	tsaʔ^{4}	tsaʔ^{4}	ts^{h}uo^{52}
宁武	liəʔ^{4}	tɕ^{h}yəʔ^{4}	tɕ^{h}yəʔ^{4}	tɕiɔu^{33}	ɕyəʔ^{4}	ts^{h}əʔ^{4}	ts^{h}əʔ^{4}	——
神池	lyᴀʔ^{4}	tɕ^{h}iᴀʔ^{4}	tɕ^{h}yᴀʔ^{4}	tɕiɔo^{24}	ɕyəʔ$^{\underline{24}}$	tsᴀʔ^{4}	tsuᴀʔ^{4}	ts^{h}uᴀʔ^{4}
繁峙	lyaʔ$^{\underline{13}}$	tɕ^{h}yaʔ$^{\underline{13}}$	tɕ^{h}yaʔ$^{\underline{13}}$	tɕiɑo^{31}	ɕyəʔ$^{\underline{13}}$ 白 / ɕiɑo^{53} 文	tsɑo^{31}	tsɑo^{31}	ts^{h}uəʔ$^{\underline{13}}$
代县	laʔ^{2}	tɕ^{h}aʔ^{2}	tɕ^{h}aʔ^{2}	tɕiau^{44}	ɕyaʔ^{2}	tsau^{213}	tsau^{44}	——
河曲	lyɛʔ^{4}	tɕyɛʔ^{4}	tɕ^{h}yɛʔ^{4}	tɕiɔu^{44}	ɕyɛʔ^{4}	——	tʂaʔ^{4}	tsuɤ^{52}
保德	lyɛ^{44}	tɕ^{h}yəʔ^{4}	tɕ^{h}yəʔ^{4}	tɕiəu^{44}	ɕyəʔ^{4}	tʂəʔ^{4}	tʂəʔ^{4}	tʂ^{h}uəʔ^{4}
偏关	lyɛʔ^{4}	tɕyɛʔ^{4}	tɕyɛʔ^{4}	tɕyɛʔ^{4}	ɕyɛʔ^{4}	tʂᴀʔ^{4}	tʂᴀʔ^{4}	tʂ^{h}uᴀʔ^{4}
朔城	liᴀʔ$^{\underline{35}}$	tɕ^{h}iᴀʔ$^{\underline{35}}$	tɕ^{h}iᴀʔ$^{\underline{35}}$	tɕiɔo^{35}	ɕyᴀʔ$^{\underline{35}}$	tsuᴀʔ$^{\underline{35}}$	——	ts^{h}uᴀʔ$^{\underline{35}}$
平鲁	liʌʔ$^{\underline{34}}$	tɕ^{h}iɔ^{213}/ tɕ^{h}iʌʔ$^{\underline{34}}$	tɕ^{h}iʌʔ$^{\underline{34}}$	tɕiɔ^{44}	ɕyʌʔ$^{\underline{34}}$	tsuə^{44}	tsʌʔ$^{\underline{34}}$	——
应县	lyaʔ$^{\underline{43}}$	tɕ^{h}iau^{54}/ tɕ^{h}yaʔ$^{\underline{43}}$	tɕ^{h}yaʔ$^{\underline{43}}$	tɕiau^{31}	ɕyaʔ$^{\underline{43}}$/ ɕyɛʔ$^{\underline{43}}$	tsɤ^{43}	tsau^{43}	——
灵丘	lyᴀʔ^{5}	tɕ^{h}yᴀʔ^{5} 白 / tɕ^{h}iɔo^{442} 文	tɕ^{h}yᴀʔ^{5}	tɕiɔo^{31}	ɕyᴀʔ^{5} 白 / ɕyəʔ^{5} 文	tsɔo^{31}	tsɔo^{31}	ts^{h}ue^{53}
浑源	liʌʔ^{4}	tɕ^{h}iʌʔ^{4}	tɕ^{h}iʌʔ^{4}	tɕiʌu^{22}	ɕyʌʔ^{4}	tsʌu^{52}/tsəʔ^{4}	tsʌu^{52}/tsəʔ^{4}	——
云州	lyɑʔ^{4}	tɕ^{h}yɑʔ^{4}	tɕ^{h}yɑʔ^{4}	tɕiɑu^{312}	ɕyəʔ^{4}/ɕyɑʔ^{4}	tʂɑu^{312}	tʂɑʔ^{4}	tʂ^{h}uɑʔ^{4}

续表

字目	略	雀	鹊	嚼	削	着衣~	着~手	绰
中古音 / 方言点	离灼 宕开三 入药来	即略 宕开三 入药精	七雀 宕开三 入药清	在爵 宕开三 入药从	息约 宕开三 入药心	张略 宕开三 入药知	直略 宕开三 入药澄	昌约 宕开三 入药昌
新荣	liaʔ^{4}/lyaʔ^{4}	tɕʰyaʔ^{4}	tɕʰyaʔ^{4}/ tɕʰiɔu^{312}	tɕiɔu^{312}	ɕiɔu^{32}/ ɕyaʔ^{4}/ɕyəʔ^{4}	tʂɔu^{312}	tsaʔ^{4}	tʂʰuaʔ^{4}/ tʂʰaʔ^{4}
怀仁	lyaʔ^{4}	tɕʰyaʔ^{4}	tɕʰiɔu^{42} 老 / tɕʰyaʔ^{4} 新	tɕiɔu^{312}	ɕyaʔ^{4}	tsaʔ^{4}	tsɔu^{312}	tsʰaʔ^{4}
左云	lyaʔ^{4}	tɕʰyaʔ^{4}	tɕʰyaʔ^{4}	tɕiɔu^{313}	ɕyaʔ^{4}/ɕyəʔ^{4}	tsɔu^{313}	tsuaʔ^{4} 白 / tsɔu^{313} 文	tsʰuaʔ^{4}
右玉	liaʔ^{4}/lyaʔ^{4}	tɕʰyaʔ^{4}	tɕʰyaʔ^{4}	tɕiɐo^{212}	ɕyaʔ^{4}/ ɕyəʔ^{4}	tʂaʔ^{4}	tʂaʔ^{4}	tʂʰuaʔ^{4}
阳高	liɑʔ^{3}	tɕʰyɑʔ^{3}	tɕʰyɑʔ^{3}	——	ɕyəʔ^{3}	tsɔu^{312}	tsɑʔ^{3}	tsʰuɤ^{24}
山阴	liᴀʔ^{4}	tɕʰyᴀʔ^{4}	tɕʰiɔo^{313} 白 / tɕʰyᴀʔ^{4} 文	tɕiɔo^{335}	ɕyᴀʔ^{4}/ɕyəʔ^{4}	tʂɔo^{313}	tʂuə^{313}	——
天镇	lɑʔ^{4}	——	tɕʰiɑʔ^{4}	tɕiɔu^{22}	ɕyɑʔ^{4}/ɕyəʔ^{4}	tsɑʔ^{4}	tsɑʔ^{4}	tsʰuɑʔ^{4}
平定	liæʔ$^{\underline{23}}$	tɕʰiæʔ^{4}	tɕʰiɔ^{24}/ tɕʰiæʔ^{4}	tɕiɔ^{44}	ɕyæʔ^{4}	tʂɔ^{444}	tʂɔ^{44}	tʂʰɔ^{44}
昔阳	lyʌʔ$^{\underline{43}}$	tɕʰyʌʔ$^{\underline{43}}$	tɕʰyʌʔ$^{\underline{43}}$	tɕiɔo^{33}	ɕyʌʔ$^{\underline{43}}$ 白 / ɕiɔo^{42} 文	tʂɔo^{42}	tʂɔo^{42}	tsʰʌʔ$^{\underline{43}}$
左权	lyeʔ^{1}	tɕʰiəu^{42}/ tɕʰieʔ^{1}	tɕʰi^{53}/tɕʰieʔ^{1}	tɕiəu^{11}	ɕyeʔ^{1}	tʂʰəʔ^{1} 白 / tʂəʔ^{1} 文 / tʂəu^{31}	tʂʰəʔ^{1} 白	——
和顺	lyɛ^{13}	tɕʰieʔ$^{\underline{21}}$	tɕʰieʔ$^{\underline{21}}$	——	ɕyeʔ$^{\underline{21}}$	tʂəʔ$^{\underline{21}}$	——	——
尧都	lyɛ^{21}	tʰyo^{53} 白 / tɕʰyɛ^{53} 文	tɕʰyo^{21}	tɕʰyɛ^{24}	ɕyo^{21}	tʂuo^{21}	tʂuo^{24}	tʂʰuo^{44}
洪洞	lio^{21}	tɕʰio^{21}	tɕʰo^{21}	tɕʰio^{24}	ɕio^{21}	tʂo^{21}	tʂo^{21}	tʂʰo^{21}/tʂɑn^{21}
洪洞赵城	lio^{53}	tɕʰyɛ^{53}	tɕʰiɑo^{21} 白 / tɕʰyɛ^{21} 文	tɕʰyɛ^{21}	ɕio^{21}	tʂʰɤ^{21}	tʂʰɤ^{21}	tʂʰɤ^{53}
古县	lyɛ^{21}	tɕʰyɛ^{21}	tɕʰyɛ^{21}	tɕiɑu^{35}	ɕyɛ^{21}	tʂuo^{35}	tʂuo^{21}	——
襄汾	lye^{21}	tɕʰye^{21}/ tɕʰyɔ^{21}	tɕʰye^{21}/ tɕʰyɔ^{21}	tɕyɔ^{24} 白 / tɕiao^{24} 文	ɕye^{21}/ɕyɔ^{21}	tʂuɔ^{21}	tʂuɔ^{24}	tʂʰuɔ^{21}/ tsʰuɔ^{24}
浮山	lyɛ^{42}	tɕʰyɛ^{42}	tɕʰyɛ^{42}	tɕiao^{13}	ɕyɛ^{42}	——	tʂʰuo^{13}	tʂʰuo^{13}
霍州	lye^{212}	tɕʰye^{53}	tɕʰye^{33}	tɕʰye^{35}/ tɕiau^{35}	ɕye^{212}/ ɕiau^{212}	tʂuɤ^{35}	tʂuɤ^{35}	tʂʰuɤ^{33}
翼城	lyɤ^{53}	tɕʰyɤ^{53}	tɕʰyɤ^{53}	tɕiɔo^{12}	ɕyɤ^{53}	tʂuɤ^{12}	tʂuɤ^{12}	tʂʰuɤ^{53}
闻喜	liɤ^{53}	tɕʰyᴇ^{53}/ tɕʰiɑo^{53}/ tɕʰiɤ^{53}	tɕʰyᴇ^{53}	tɕiɤ^{53}/ tɕiɑo^{13}	ɕyᴇ^{53}/ ɕiɑo^{53}/ɕiɤ^{53}	——	tsʰɤ^{13}	pfʰɤ^{53} 白 / tsʰuɤ^{53} 文

续表

字目	略	雀	鹊	嚼	削	着衣~	着~手	绰
中古音 / 方言点	离灼 宕开三 入药来	即略 宕开三 入药精	七雀 宕开三 入药清	在爵 宕开三 入药从	息约 宕开三 入药心	张略 宕开三 入药知	直略 宕开三 入药澄	昌约 宕开三 入药昌
侯马	lyɛ^{53}	tɕʰiɑu^{53} 白 / tɕʰyɛ^{53} 文	tɕʰyɛ^{53}	tɕiɤ^{213}	ɕyɛ^{213}	tʂɑu^{213} 白 / tʂɑu^{213} 文	tʂɑu^{213}	——
新绛	luɤ^{53}	tɕʰiɤ^{53}	tɕʰyɛ^{53}	tɕiɑo^{53}	ɕiɤ^{53}	tʂɤ^{13}	tʂɤ^{13}	tʂʰɤ^{53}
绛县	lyɤ^{53}	tɕʰyɤ^{53}	tɕʰyɤ^{53}	tɕyɤ^{24}	ɕyɤ^{53}	tʂʰɤ^{24}	tʂʰɤ^{24}	tʂuɤ^{53}
垣曲	lyo^{53}	tɕʰiau^{22} 白 / tɕʰyɛ^{53} 文	tɕʰyɛ^{53}	tɕʰyo^{22}	ɕyo^{22}	tʂɤ^{22}	tʂuo^{22}	tʂʰuo^{53}
夏县	liɤ^{31}/liɛ^{31}	tɕʰiɑu^{31} 白 / tɕʰyɛ^{31} 文	tɕʰiɑu^{31} 白 / tɕʰyɛ^{31} 文	tɕiɤ^{42} 白 / tɕyɛ^{42} 文	ɕiɤ^{53} 白 / ɕyɛ^{53} 文	——	tʂʰiɛ^{42}	——
万荣	liɤ^{51}	tɕʰiɤ^{51}	tɕʰiɤ^{51}	tɕʰiɤ^{213}	ɕiɤ^{51}	——	tʂʰɤ^{33}	pfʰɤ^{213}
稷山	lyɛ^{53}	tɕʰiɑu^{42} 白 / tɕʰiɤ^{42} 白 / tɕʰyɛ^{42} 文	tɕʰyɛ^{53}	tɕʰiɤ^{13}	ɕiɤ^{53}	tʂɤ^{13}	tʂʰɤ^{13}	pfʰɤ^{53}
盐湖	lyɛ^{42}	tɕʰyɛ^{42}	tɕʰyɛ^{42}	tɕyɛ^{13}	ɕyɛ^{42}	tʂʰuo^{13}	tʂɤ^{0}	tʂʰuo^{42}
临猗	lyɛ^{42}	tɕʰiɑu^{42} 白 / tɕʰyɛ^{42} 文	tɕʰyɛ^{42}	tɕʰyo^{13} 白 / tɕiɑu^{13} 文	ɕyɛ^{42} 白 / ɕiɑu^{42} 文	tʂuo^{13}	tʂʰuo^{13}/ tʂɑu^{13}	pfʰo^{42} 白 / tʂʰuo^{42} 文
河津	liɤ^{31}	tɕʰiɤ^{31}	tɕʰiɤ^{31}	tɕʰiɤ^{324}	ɕiɤ^{31}	tʂuɤ^{324}	tʂʰɤ^{324}/tʂʰɤ^{0}	tʂʰɤ^{31}
平陆	luə^{31}	tɕʰyə^{31}	tɕʰyə^{33}	tɕʰyə^{13}	ɕyə^{31}/ɕyə^{33}	tʂuə^{13}	tʂʰuə^{13}	tʂʰuə^{31}
永济	lye^{31}	tɕʰiau^{31} 白 / tɕʰye^{44} 文	tɕʰiau^{31} 白 / tɕʰye^{31} 文	tɕʰyo^{24}	ɕyo^{31}	tʂʰuo^{24} 白 / tʂuo^{24} 文	tʂuo^{53}	tʂʰau^{31} 白 / tʂʰuo^{31} 文
芮城	luo^{42}	tɕʰyo^{42} 白 / tɕʰiau^{42} 文	tɕʰyo^{42}	tɕʰyo^{13} 白 / tɕiau^{13} 文	ɕyo^{42}	tʂʰuo^{13}	tʂʰuo^{13}	pfʰɤ^{42}
吉县	liə^{423}	tɕiə^{13}/ tɕiəŋ^{33}	——	tɕʰiə^{13}	ɕiə^{423}	tʂə^{13}	tʂʰə^{13}	——
乡宁	lyᴇ^{53}	tɕʰiaŋ^{53} 白 / tɕʰyᴇ^{53} 文	tɕʰyᴇ^{53}	tɕʰyᴇ^{12} 白 / tɕyᴇ^{12} 文	ɕiɤ^{53} 白 / ɕyᴇ^{53} 文	tʂʰɤ^{12}	tʂʰɤ^{12}	tsʰuɤ^{53}
广灵	liʌu^{213}	tɕʰiʌu^{53}/ tɕʰiʌu^{44}	tɕʰiʌu^{44}	tɕiʌu^{31}	ɕiʌu^{53} 白 / ɕyɤ^{53} 文	tsʌu^{53}/tsʌu^{31}	tsʌu^{53}/tsʌu^{31}	tsʰuo^{53}

字目	勺	若	弱	脚	却	虐	疟	约
中古音 方言点	市若 宕开三 入药禅	而灼 宕开三 入药日	而灼 宕开三 入药日	居勺 宕开三 入药见	去约 宕开三 入药溪	鱼约 宕开三 入药疑	鱼约 宕开三 入药疑	於略 宕开三 入药影
北京	ʂau^{35}	ʐuo^{51}	ʐuo^{51}	tɕiau^{214}	tɕʰye^{51}	nye^{51}	nye^{51}	ye^{55}
小店	sɔo^{11}	suaʔ$^{\underline{54}}$	suaʔ$^{\underline{54}}$	tɕyəʔ^{1}	tɕʰyəʔ^{1}	nyəʔ^{1}	nyəʔ^{1}	iɔo^{11}/yəʔ^{1}
尖草坪	sau^{33}	zaʔ^{2} 白 / zəʔ^{2} 文	zaʔ^{2} 白 / zəʔ^{2} 文	tɕiəʔ^{2} 白 / tɕiau^{312} 文	tɕʰyəʔ^{2}	nyəʔ^{2}	nyəʔ^{2}	yəʔ^{2}
晋源	sau^{11}	zuəʔ^{2}	zuəʔ^{2}	tɕyəʔ^{2}	tɕʰyəʔ^{2}	ȵiəʔ^{2}	ȵiəʔ^{2}	iaʔ^{2}
阳曲	sɔo^{312}	zuəʔ^{4}	zuəʔ^{4}	tɕiɛʔ^{4}	tɕʰyɛʔ^{4}	ȵiɛʔ^{4}	ȵiɛʔ^{4}	iɔo^{312} 白 / iɛʔ^{4} 文
古交	suəʔ^{4}	zəʔ^{4}	zəʔ^{4}	tɕyəʔ^{4}	tɕʰyəʔ^{4}	ȵyəʔ^{4}	ȵyəʔ^{4}	yəʔ^{4}
清徐	suəʔ^{1}	zuaʔ^{1}	zuaʔ^{1}	tɕyəʔ^{1}	tɕʰyaʔ^{1}	nyaʔ^{1}	nyaʔ^{1}	yaʔ^{1}
娄烦	sɔ^{u33}	zaʔ^{3}	zaʔ^{3}	tɕyəʔ^{3}	tɕʰiəʔ^{3}	ȵiəʔ^{3}	iɔ^{u54}	iaʔ^{3}
榆次	suəʔ$^{\underline{53}}$	zaʔ^{1}	zaʔ^{1}	tɕyəʔ^{1}	tɕʰyaʔ^{1}	niaʔ^{1}	niaʔ^{1}	iaʔ^{1}
交城	suəʔ$^{\underline{53}}$	ʐaʔ^{1}	ʐaʔ^{1}	tɕyəʔ^{1}	tɕʰiaʔ$^{\underline{53}}$	iaʔ^{1}	niaʔ^{1}	iaʔ^{1}
文水	suəʔ$^{\underline{312}}$	ʐaʔ^{2} 老 / ʐuaʔ 新	ʐaʔ^{2} 老 / ʐuaʔ 新	tɕyəʔ^{2}	tɕʰyaʔ^{2}	ȵiaʔ^{2} 老 / ȵyaʔ^{2} 新	ȵiaʔ^{2} 老 / ȵyaʔ^{2} 新	iaʔ^{2} 老 / yaʔ^{2} 新
祁县	suəʔ$^{\underline{324}}$	ʐɑʔ$^{\underline{32}}$	ʐɑʔ$^{\underline{32}}$	tɕyəʔ$^{\underline{32}}$	tɕʰiɑʔ$^{\underline{32}}$	ȵiɑʔ$^{\underline{32}}$	ȵiɑʔ$^{\underline{32}}$	yɑʔ$^{\underline{32}}$
太谷	fəʔ$^{\underline{423}}$	zaʔ^{3}	zaʔ^{3}	tɕyəʔ^{3}	tɕʰyaʔ^{3}	ȵiaʔ^{3}	ȵiaʔ^{3}	yaʔ^{3}
平遥	suʌʔ$^{\underline{523}}$	ʐɤ^{512}	zuʌʔ$^{\underline{212}}$	tɕyʌʔ$^{\underline{212}}$	tɕʰyʌʔ$^{\underline{212}}$	ȵiʌʔ$^{\underline{212}}$	ȵiʌʔ$^{\underline{212}}$	yʌʔ$^{\underline{212}}$
孝义	suəʔ$^{\underline{423}}$	ʐəʔ$^{\underline{423}}$	ʐaʔ^{3}	tɕyəʔ^{3}	tɕʰyəʔ^{3}	ȵiəʔ^{3}	ȵiəʔ^{3}	yaʔ^{3}
介休	suʌʔ$^{\underline{312}}$	zuʌʔ$^{\underline{12}}$	zuʌʔ$^{\underline{12}}$	tɕyʌʔ$^{\underline{12}}$	tɕʰyʌʔ$^{\underline{12}}$	ȵyʌʔ$^{\underline{12}}$	ȵyʌʔ$^{\underline{12}}$	yʌʔ$^{\underline{12}}$
灵石	——	——	zuaʔ^{4}	tɕyəʔ^{4}	——	nyəʔ^{4}	nyaʔ^{4}	yaʔ^{4}
盂县	suʌʔ$^{\underline{53}}$	zʌʔ^{2}	zʌʔ^{2}	tɕyəʔ^{2}	tɕʰiʌʔ^{2}	iɛ^{55}	iɛ^{55}	iɑu^{412}/iʌʔ^{2}
寿阳	suəʔ$^{\underline{54}}$	zaʔ^{2}	zaʔ^{2}	tɕyəʔ^{2}	tɕʰyɛʔ^{2}	ȵiɛʔ^{2}	ȵiɛʔ^{2}	iɛʔ^{2}
榆社	——	zaʔ^{2}	zaʔ^{2}	tɕiaʔ^{2}	tɕʰiaʔ^{2}	——	——	iaʔ^{2}
离石	suəʔ$^{\underline{23}}$	zuəʔ$^{\underline{23}}$	zuəʔ$^{\underline{23}}$	tɕieʔ^{4}	tɕʰyeʔ^{4}	nyeʔ^{4}	nyɛ^{53}	ieʔ^{4}
汾阳	ʂəʔ$^{\underline{312}}$	ʐəʔ$^{\underline{312}}$	ʐuəʔ$^{\underline{312}}$	tɕieʔ^{2}	tɕʰiaʔ^{2}	ȵieʔ$^{\underline{312}}$	ȵieʔ$^{\underline{312}}$	iaʔ^{2}
中阳	ʂuəʔ$^{\underline{312}}$	ʐuəʔ$^{\underline{312}}$	ʐuəʔ$^{\underline{312}}$	tɕieʔ^{4}	tɕʰyeʔ^{4}	nyeʔ^{4}	nye^{53}	ieʔ^{4}
柳林	suəʔ$^{\underline{423}}$	zəʔ$^{\underline{423}}$	zəʔ$^{\underline{423}}$	tɕiɛʔ^{4}	tɕʰiɑʔ^{4}	iɛʔ^{4}	iɛʔ^{4}	iɑʔ^{4}
方山	suəʔ$^{\underline{23}}$	zuə^{52}	zuəʔ^{4}	tɕiɛʔ^{4}	tɕʰyɛʔ^{4}	yɛʔ^{4}	——	yɛʔ^{4}
临县	suɐʔ^{3} 白 / ʂɔu^{24} 文	ʐuɐʔ^{3}	ʐuɤ^{33}	tɕiɐ^{3}	tɕʰyaʔ^{3}	nye^{52}	nye^{52}	yɐʔ^{3}
兴县	suəʔ$^{\underline{312}}$	ʐəʔ^{5}	ʐəʔ^{5}	tɕiəʔ^{5}	tɕʰyəʔ^{5}	niəʔ^{5}	——	iəʔ$^{\underline{312}}$
岚县	suəʔ$^{\underline{312}}$	ʐɤʔ^{4}	ʐɤʔ^{4}	tɕyeʔ^{4}	tɕʰyeʔ$^{\underline{312}}$	ȵieʔ^{4}	ȵieʔ^{4}	ieʔ^{4}
静乐	fəʔ$^{\underline{212}}$	zaʔ^{4}	zaʔ^{4}	tɕyəʔ^{4}	tɕʰiəʔ^{4}	ȵiəʔ^{4}	ȵiəʔ^{4}	iəʔ^{4}

续表

字目	勺	若	弱	脚	却	虐	疟	约
中古音／方言点	市若 宕开三 入药禅	而灼 宕开三 入药日	而灼 宕开三 入药日	居勺 宕开三 入药见	去约 宕开三 入药溪	鱼约 宕开三 入药疑	鱼约 宕开三 入药疑	於略 宕开三 入药影
交口	suəʔ$^{\underline{212}}$	——	ʐuəʔ^{4}	tɕieʔ^{4}	tɕʰyeʔ^{4}	ȵyeʔ^{4}	ȵyeʔ^{4}	yeʔ^{4}/iɑo^{323}
石楼	ʂəʔ$^{\underline{213}}$	ʐuʌʔ^{4}	ʐuʌʔ^{4}	tɕiəʔ^{4}	tɕyəʔ^{4}	nyəʔ^{4}	nyəʔ^{4}	yəʔ^{4}
隰县	səʔ^{3}	zuaʔ^{3}	zəʔ^{3}	tɕiəʔ^{3}	tɕʰyəʔ^{3}	ȵyəʔ^{3}	ȵyəʔ^{3}	yəʔ^{3} 白 / iɑo^{53} 文
大宁	sɤ^{31}	ʐɐʔ$^{\underline{31}}$	ʐɤ^{24}	tɕiɐʔ$^{\underline{31}}$	tɕyɐʔ$^{\underline{31}}$	iɐʔ$^{\underline{31}}$	iɐʔ$^{\underline{31}}$	iɐʔ$^{\underline{31}}$
永和	ʂuɐʔ$^{\underline{35}}$	ʐɐʔ$^{\underline{312}}$	ʐɐʔ$^{\underline{312}}$	tɕiɐʔ$^{\underline{35}}$	tɕʰiɐʔ$^{\underline{35}}$	niɐʔ$^{\underline{312}}$	niɐʔ$^{\underline{312}}$	iɐʔ$^{\underline{35}}$
汾西	sɑo^{35}/syəʔ^{3}	zuəʔ^{1}	zuəʔ^{1}	tɕiu^{11}	tɕʰiu^{11}	iu^{11}/niɪ^{11}	iu^{11}	iɑo^{11}/ niu^{11} 白
蒲县	ʂɤ^{33} 白 / ʂɑu^{24} 文	ʐuo^{52}	ʐɑŋ^{24} 白 / ʐuo^{52} 文	tɕiɛʔ$^{\underline{43}}$	tɕʰyɛ^{52}	ȵyɛ^{52}	ȵyɛ^{52}	yɛʔ$^{\underline{43}}$
潞州	səʔ$^{\underline{53}}$	iəʔ$^{\underline{53}}$	iəʔ$^{\underline{53}}$	tɕiəʔ$^{\underline{53}}$	tɕʰyəʔ$^{\underline{53}}$	ȵyəʔ$^{\underline{53}}$	ȵyəʔ$^{\underline{53}}$	yəʔ$^{\underline{53}}$
上党	ɕiəʔ$^{\underline{21}}$	yəʔ$^{\underline{21}}$	yəʔ$^{\underline{21}}$	tɕiəʔ$^{\underline{21}}$	tɕʰyəʔ$^{\underline{21}}$	nyəʔ$^{\underline{21}}$	nyəʔ$^{\underline{21}}$	yəʔ$^{\underline{21}}$
长子	səʔ$^{\underline{212}}$	yəʔ^{4}	yəʔ^{4}	tɕiəʔ^{4}	tɕʰiəʔ^{4}	ȵiəʔ^{4}	iəʔ^{4}	yəʔ^{4}
屯留	tsʰɔo^{31}/səʔ$^{\underline{54}}$	yəʔ^{1}	yəʔ^{1}	tɕiəʔ^{1}	tɕʰyəʔ^{1}	ȵyəʔ^{1}	ȵyəʔ^{1}	yəʔ^{1}
襄垣	tsʰɔo^{33}	ʐuə^{45}	ʐʌʔ^{3}	tɕiʌʔ^{3}	tɕʰiʌʔ^{3}	ȵiʌʔ^{3}	ȵiʌʔ^{3}	iʌʔ^{3}
黎城	sɤʔ$^{\underline{31}}$	iʌʔ^{2}	iʌʔ^{2}	ciʌʔ^{2}	cʰiʌʔ^{2}	yʌʔ^{2}	yʌʔ^{2}	yʌʔ^{2}
平顺	ɕiʌʔ$^{\underline{423}}$	iʌʔ$^{\underline{423}}$	iʌʔ$^{\underline{423}}$	cyʌʔ$^{\underline{212}}$	cʰyʌʔ$^{\underline{212}}$	iʌʔ$^{\underline{423}}$	iʌʔ$^{\underline{423}}$	iʌʔ$^{\underline{212}}$
壶关	ʃiʌʔ$^{\underline{21}}$	iʌʔ$^{\underline{21}}$	iʌʔ$^{\underline{21}}$	tsiəʔ$^{\underline{21}}$/ cyʌʔ^{2}	cʰyʌʔ^{2}	iʌʔ$^{\underline{21}}$	iʌʔ$^{\underline{21}}$	iʌʔ$^{\underline{21}}$
沁县	sɔ^{33}	zaʔ$^{\underline{31}}$	zaʔ$^{\underline{31}}$	tɕiæʔ$^{\underline{31}}$	tɕʰiyɛ^{53}	ȵiæʔ$^{\underline{31}}$	ȵiæʔ$^{\underline{31}}$	yæʔ$^{\underline{31}}$
武乡	sʌʔ^{3}	zʌʔ^{3}	zʌʔ^{3}	tɕiʌʔ^{3}	tɕʰiʌʔ^{3}	ȵiʌʔ^{3}	ȵiʌʔ^{3}	iʌʔ^{3}
沁源	ʂʌʔ$^{\underline{31}}$	ʐʌʔ$^{\underline{31}}$	ʐʌʔ$^{\underline{31}}$	tɕiəʔ$^{\underline{31}}$	tɕʰiəʔ$^{\underline{31}}$	niəʔ$^{\underline{31}}$	niəʔ$^{\underline{31}}$	iəʔ$^{\underline{31}}$
安泽	səʔ$^{\underline{21}}$	zuo^{21}/ zuəʔ$^{\underline{21}}$	zuo^{21}/ zuəʔ$^{\underline{21}}$	tɕyəʔ$^{\underline{21}}$	tɕʰyəʔ$^{\underline{21}}$	ȵyəʔ$^{\underline{21}}$	ȵyəʔ$^{\underline{21}}$	yəʔ$^{\underline{21}}$
沁水端氏	səʔ$^{\underline{54}}$	——	zaʔ^{2}	tɕyaʔ^{2}	tɕʰyaʔ^{2}	ȵiaʔ^{2}	iɔ^{21}	yaʔ^{2}
阳城	ʂʅə^{22}	ʐʌʔ^{2}	ʐʌʔ^{2}	ciʌʔ^{2}	cʰiʌʔ^{2}	yʌʔ^{2}	yʌʔ^{2}	yʌʔ^{2}
高平	ʂəʔ^{2}	ʐɛʔ^{2}	ʐɛʔ^{2}	ciɛʔ^{2}	cʰiɛʔ^{2}	iɛʔ^{2}	iɛʔ^{2}	iɛʔ^{2}
陵川	ɕie^{24}	iʌʔ$^{\underline{23}}$	iʌʔ$^{\underline{23}}$	ciʌʔ^{3}	cʰyʌʔ^{3}	nyʌʔ$^{\underline{23}}$	nyʌʔ$^{\underline{23}}$	yʌʔ^{3}
晋城	ʂʌʔ^{2}	ʐuʌʔ^{2}	ʐuʌʔ^{2}	tɕiʌʔ^{2}	tɕʰiʌʔ^{2}	niʌʔ^{2}	——	iʌʔ^{2}
忻府	ʂɔo^{21}	ʐuʌʔ$^{\underline{32}}$	ʐuʌʔ$^{\underline{32}}$	tɕiɛʔ$^{\underline{32}}$	tɕʰyɛ^{53}	niɛʔ$^{\underline{32}}$	niɛʔ$^{\underline{32}}$	iɛʔ$^{\underline{32}}$
原平	ʂɔo^{33}	ʐɔʔ$^{\underline{34}}$	ʐɔʔ$^{\underline{34}}$	tɕiəʔ$^{\underline{34}}$	tɕʰiəʔ$^{\underline{34}}$	niəʔ$^{\underline{34}}$	nyɤ^{53}	iəʔ$^{\underline{34}}$
定襄	suəʔ^{1}	ʐuəʔ^{1}	ʐuə^{53}	tɕyəʔ^{1}	tɕʰiəʔ^{1}	nyəʔ^{1}	nyəʔ^{1}	yəʔ^{1}

续表

字目	勺	若	弱	脚	却	虐	疟	约
中古音 方言点	市若 宕开三 入药禅	而灼 宕开三 入药日	而灼 宕开三 入药日	居勺 宕开三 入药见	去约 宕开三 入药溪	鱼约 宕开三 入药疑	鱼约 宕开三 入药疑	於略 宕开三 入药影
五台	sɑɔ^{33}	zuəʔ^{3}	zuəʔ^{3}	tɕiəʔ^{3}	tɕʰyəʔ^{3}	ȵiəʔ^{3}	ȵiəʔ^{3}	iəʔ^{3}
岢岚	saʔ^{4} 老 / ʂɑu^{44} 新	ʐaʔ^{4}	ʐaʔ^{4}	tɕiɛʔ^{4}	tɕʰiɛʔ^{4}	niɛʔ^{4}	nyɛ^{52}	iɛʔ^{4}
五寨	saʔ^{4} 老 / sɑu^{44} 新	zaʔ^{4}	zaʔ^{4}	tɕiɛʔ^{4}	tɕʰiɛʔ^{4}	nyɪ^{52}	lyɪ^{52}	iɛʔ^{4}
宁武	sɔu^{33}	zᴀʔ^{4}	zᴀʔ^{4}	tɕiəʔ^{4}	tɕʰyəʔ^{4}	niəʔ^{4}	——	iəʔ^{4}
神池	sɔo^{32}	zᴀʔ^{4}	zᴀʔ^{4}	tɕiᴀʔ^{4}	tɕʰyᴀʔ^{4}	ȵyᴀʔ^{4}	ȵyᴀʔ^{4}	iᴀʔ^{4}
繁峙	sɑo^{31}	ʐuəʔ$^{\underline{13}}$	ʐaʔ$^{\underline{13}}$	tɕiaʔ$^{\underline{13}}$	tɕʰyaʔ$^{\underline{13}}$	ȵyaʔ$^{\underline{13}}$	ȵyaʔ$^{\underline{13}}$	iaʔ$^{\underline{13}}$
代县	sau^{44}	zaʔ^{2}	zaʔ^{2}	tɕiaʔ^{2}	tɕʰaʔ^{2}	niaʔ^{2}	niaʔ^{2}	iaʔ^{2}
河曲	sɔu^{44}	ʐuaʔ^{4}	ʐuaʔ^{4}	tɕiɛʔ^{4}	tɕʰyɛʔ^{4}	nyɛʔ^{4}	niɛʔ^{4}	iɛʔ^{4}
保德	ʂəu^{44}	ʐuəʔ^{4}	ʐuəʔ^{4}	tɕiɛ^{44}	tɕʰyɛ^{52}	nyɛ^{52}	nyɛ^{52}	iɛ^{44}
偏关	ʂɔo^{44}	ʐᴀʔ^{4}	ʐᴀʔ^{4}	tɕiɛʔ^{4}	tɕʰiɛʔ^{4}	niɛʔ^{4}	niɛʔ^{4}	iɛʔ^{4}
朔城	sɔo$^{\underline{35}}$	ʐᴀʔ$^{\underline{35}}$	ʐᴀʔ$^{\underline{35}}$	tɕiᴀʔ$^{\underline{35}}$	tɕʰiᴀʔ$^{\underline{35}}$	niᴀʔ$^{\underline{35}}$	——	iᴀʔ$^{\underline{35}}$
平鲁	sɔ^{44}	zʌʔ$^{\underline{34}}$	zʌʔ$^{\underline{34}}$	tɕiʌʔ$^{\underline{34}}$	tɕʰyᴇ^{52}/ tɕʰyʌʔ$^{\underline{34}}$	niʌʔ$^{\underline{34}}$	niʌʔ$^{\underline{34}}$	iʌʔ$^{\underline{34}}$
应县	sau^{31}	zaʔ$^{\underline{43}}$	zuaʔ$^{\underline{43}}$	tɕyaʔ$^{\underline{43}}$	tɕiaʔ$^{\underline{43}}$/ tɕʰyaʔ$^{\underline{43}}$	niaʔ$^{\underline{43}}$	iau^{31}/niaʔ$^{\underline{43}}$/ nyaʔ$^{\underline{43}}$	iau^{43}/yaʔ$^{\underline{43}}$
灵丘	sɔo^{31}	zuᴀʔ^{5}	zɔo^{53}	tɕiɔo^{442}	tɕʰyᴀʔ^{5}	niᴀʔ^{5}	niᴀʔ^{5}	iɔo^{442}
浑源	sʌu^{22}	zʌʔ^{4}	zʌʔ^{4}	tɕiʌʔ^{4}/ tɕyʌʔ^{4}	tɕyʌʔ^{4}	niʌʔ^{4}	niʌʔ^{4}	ɕiʌʔ^{4}
云州	ʂɑu^{312}	ʐuɑʔ^{4}	ʐuɑʔ^{4}	tɕyɑʔ^{4}	tɕʰyɑʔ^{4}	nyɑʔ^{4}	nyɑʔ^{4}	yɑʔ^{4}
新荣	ʂɔu^{312}	ʐaʔ^{4}	ʐuaʔ^{4}	tɕyaʔ^{4}/ tɕiɔu^{54}	tɕʰiaʔ^{4}	niaʔ^{4}	nyᴇ^{24}	yaʔ^{4}
怀仁	sɔu^{312}	zuaʔ^{4}	zuaʔ^{4}	tɕyaʔ^{4}	tɕʰyaʔ^{4}	niaʔ^{4}	niaʔ^{4}	yaʔ^{4}
左云	sɔu^{313}	ʐuaʔ^{4}	ʐuaʔ^{4}	tɕyaʔ^{4}	tɕʰyaʔ^{4}	nyaʔ^{4}	nyaʔ^{4}	yaʔ^{4}
右玉	ʂɐo^{212}	ʐuaʔ^{4}	ʐuaʔ^{4}	tɕyaʔ^{4}	tɕʰiaʔ^{4}/ tɕʰyaʔ^{4}	niaʔ^{4}	niaʔ^{4}	yaʔ^{4}
阳高	——	ʐuɑ^{24}/ʐɑʔ^{3}	ʐuɑ^{24}/ʐɑʔ^{3}	tɕyɑʔ^{3}	tɕʰyɑʔ^{3}	niɑʔ^{3}	——	yɑʔ^{3}
山阴	ʂɔo^{313}	ʐᴀʔ^{4}	ʐᴀʔ^{4}	tɕiᴀʔ^{4}	tɕʰyᴀʔ^{4}	niᴀʔ^{4}	niᴀʔ^{4}	iᴀʔ^{4}
天镇	sɑʔ^{4}	zɑʔ^{4}	zɑʔ^{4}	——	tɕʰiɑʔ^{4}	niɑʔ^{4}	niɑʔ^{4}	iɑʔ^{4}
平定	ʂɔ^{44}	ʐaʔ$^{\underline{23}}$	ʐɔ^{24}	tɕyəʔ^{4}	tɕʰyəʔ^{4}	niæʔ$^{\underline{23}}$	niæʔ$^{\underline{23}}$	iɔ^{31}/yæʔ^{4}
昔阳	ʂɔo^{33}	ʐʌʔ$^{\underline{43}}$	ʐə^{13}	tɕyʌʔ$^{\underline{43}}$	tɕʰyʌʔ$^{\underline{43}}$	nyʌʔ$^{\underline{43}}$	nyʌʔ$^{\underline{43}}$	iʌʔ$^{\underline{43}}$
左权	tʂʰəu^{31}	ʐəʔ^{1}	ʐəʔ^{1}	tɕieʔ^{1}	tɕʰiɑʔ^{1}	ȵieʔ^{1}	iɑʔ^{1}	ieʔ^{1}

续表

字目	勺	若	弱	脚	却	虐	疟	约
中古音 方言点	市若 宕开三 入药禅	而灼 宕开三 入药日	而灼 宕开三 入药日	居勺 宕开三 入药见	去约 宕开三 入药溪	鱼约 宕开三 入药疑	鱼约 宕开三 入药疑	於略 宕开三 入药影
和顺	ʂɔu^{22}	zə̩ʔ$^{\underline{21}}$	zə̩ʔ$^{\underline{21}}$	tɕieʔ$^{\underline{21}}$	tɕʰieʔ$^{\underline{21}}$	ȵieʔ$^{\underline{21}}$	——	ieʔ$^{\underline{21}}$
尧都	ʂuo^{24}	ʐuo^{21}	ʐuo^{21}	tɕʰyo^{21}	tɕʰyɛ^{21}	ȵyo^{21}	ȵyo^{21}	ȵyo^{21}
洪洞	ʂo^{24}	ʐo^{21}	ʐo^{21}	tɕo^{21}/tɕo^{5}	tɕʰio^{24}	io^{21}	ȵio^{21}	ȵo^{21} 白 /o^{21} 文
洪洞赵城	ʂɤ^{24}	ʐuɤ^{53}	ʐɤ^{21}	tɕiɛ^{21} 白 / tɕio^{21} 文	tɕʰyɛ^{53}	ȵiɛ^{21}	ȵiɛ^{53}	ɕyɛ^{21}
古县	ʂɤ^{35}	ʐuo^{21}	ʐuo^{21}	tɕyo^{21} 白 / tɕiɛ^{21} 文	tɕʰyɛ^{21}	yo^{21}	ȵiɛ^{21}	ȵyo^{21} 白 / yo^{21} 文
襄汾	ʂuɔ^{24}	ʐuɔ^{21}	ʐuɔ^{21}	tɕyɔ^{21} 白 / tɕiao^{42} 文	tɕʰyɔ^{21}	ȵyɔ^{21}	ȵyɔ^{42}	ȵyɔ^{21} 白 / yɔ^{21} 文
浮山	ʂuo^{13}	ʐuo^{42}	ʐuo^{42}	tɕyo^{42} 白 / tɕiao^{33} 文	tɕʰyo^{42}	ȵyo^{42}	ȵyo^{33}	yo^{42}
霍州	ʂau^{35}	ʐuɤ^{212}	ʐuɤ^{212}	tɕye^{212}	tɕʰye^{53}	lye^{212}	lye^{212}	ye^{212}
翼城	ʂɔo^{12}	ʐuɤ^{53}	ʐuɤ^{12}	tɕiɔo^{44}	tɕʰyɤ^{53}	ȵyɤ^{53}	ȵyɤ^{53}	ȵyɤ^{53}
闻喜	sɤ^{13} 白 / sɑo^{13} 文	zɤ^{53}	zɤ^{53}	tiɤ^{53}	tɕʰyᴇ^{53}/ tɕʰiɤ^{53}	liɤ^{53}/iɤ^{53}	——	iɑo^{53}/ ȵiɤ^{53}/ iɤ^{53}
侯马	ʂɑu^{213}	ʐuɤ^{53}	ʐuɤ^{53}	tɕiɑu^{44}	tɕʰyɛ^{53}	lyɛ^{53} 白 / ȵyɛ^{53} 文	lyɛ^{53} 白 / ȵyɛ^{53} 文	yɛ^{213}
新绛	ʂɤ^{13}	ʐɤ^{13}	ʐɤ^{53}	tɕiɤ^{53}	tɕʰye^{53}	yɤ^{53}	ye^{53}	ȵiɤ^{53} 白 / iɤ^{53} 文
绛县	ʂɤ^{24}	ʐɤ^{53}	ʐɤ^{53}	tɕyɤ^{33}	tɕʰyɤ^{53}	yɤ^{53}	yɤ^{53}	yɤ^{53}
垣曲	ʂuo^{22}	ʐuo^{53}	ʐuo^{53}	tɕyo^{44}	tɕʰyɛ^{53}	yɛ^{53}	yɛ^{53}	yo^{22}
夏县	ʂɤ^{42}	——	vuɤ^{31} 白 / ʐuɤ^{31} 文	tɕiɤ^{24} 白 / tɕiɑu^{24} 文	tɕʰyɛ^{31}	iɤ^{31} 白 / liɤ^{31} 文	——	iɤ^{53} 白 /yɛ^{53} 文
万荣	ʂɤ^{213}	ʐɤ^{55}	ʐɤ^{213}	tɕiɤ^{51}	tɕʰiɤ^{51}	iɤ^{51}	ȵyɛ^{51}	iɤ^{51}
稷山	ʂɤ^{13}	ʐuɤ^{53}	ʐɤ^{13}	tɕiɤ^{53}	tɕʰyɛ^{53}	ȵyɛ^{53}	ŋyɛ^{53}	iɤ^{53}
盐湖	ʂuo^{13}	ʐuo^{42}	ʐuo^{42}	tɕyo^{42}	tɕʰyo^{42}	ȵyɛ^{42}	——	ȵyo^{42} 白 / yɛ^{42} 文
临猗	ʂuo^{13} 白 / ʂɑu^{13} 文	ʐuo^{42}	ʐuo^{42}	tɕyo^{42} 白 / tɕiɑu^{42} 文	tɕʰyɛ^{42}	ȵyɛ^{42}	ŋyɛ^{42}	yɛ^{42}
河津	ʂɤ^{324}	ʐɤ^{31}	ʐɤ^{324}	tɕiɤ^{31}	tɕʰiɤ^{31}	iɤ^{31}	iɤ^{31}	iɤ^{31}
平陆	ʂə^{13}	ʐuə^{31}	ʐuə^{13}	tɕyə^{31}	tɕʰyə^{31}	ȵyə^{31}	ȵyə^{31}	yə^{31}
永济	ʂuo^{24}	ʐuo^{31}	ʐuo^{24}	tɕyo^{31}	tɕʰyo^{31}	yo^{31}	yo^{31}	ȵyo^{31} 白 / yo^{31} 文
芮城	ʂuo^{13}	ʐuo^{42}	ʐuo^{13}	tɕyo^{53}	tɕʰyo^{42}	yɛ^{42} 白 / ȵyɛ^{42} 文	yɛ^{42} 白 / ȵyɛ^{42} 文	yo^{42}

续表

字目	勺	若	弱	脚	却	虐	疟	约
中古音 / 方言点	市若 宕开三 入药禅	而灼 宕开三 入药日	而灼 宕开三 入药日	居勺 宕开三 入药见	去约 宕开三 入药溪	鱼约 宕开三 入药疑	鱼约 宕开三 入药疑	於略 宕开三 入药影
吉县	ʂə13	ʐə423	ʐə13	tɕiə423	tɕʰiə423	iə423	iə423	niə423 白 / iə423 文
乡宁	ʂɤ12	——	ʐɤ12	tɕiɤ53	tɕʰyᴇ53	ȵiᴇ53	ȵiᴇ53	iɤ53 白 / yᴇ53 文
广灵	sʌu31	——	——	tɕiʌu53	tɕʰyɤ53	niɤ213/yɤ213/ iʌu213	iʌu213	iʌu53

字目	跃	药	钥	方	芳	妨	防	房
中古音 / 方言点	以灼 宕开三 入药以	以灼 宕开三 入药以	以灼 宕开三 入药以	府良 宕合三 平阳非	敷方 宕合三 平阳敷	敷方 宕合三 平阳敷	符方 宕合三 平阳奉	符方 宕合三 平阳奉
北京	ye^{51}	iau^{51}	iau^{51}	faŋ^{55}	faŋ^{55}	faŋ^{35}	faŋ^{35}	faŋ^{35}
小店	——	yəʔ^{1}	yəʔ^{1}	fo^{11}	fo^{11}	fo^{11}	fo^{11}	——
尖草坪	yəʔ^{2}	iəʔ^{2} 白 / iau^{35} 文	iəʔ^{2} 白 / iau^{35} 文	fɔ^{33}	fɔ^{33}	fɔ^{33}	fɔ^{33}	fɔ^{33}
晋源	yəʔ^{2}	iəʔ^{2}/yəʔ^{2}	yəʔ^{2}	fɔ^{11}	faŋ^{11}	fɔ^{11}	fɔ^{11}	fɔ^{11}
阳曲	iɔo^{454}	iɛʔ^{4}	iɛʔ^{4}	fɔ^{43}	fɔ^{312}	fɔ^{43}	fɔ^{43}	fɔ^{43}
古交	yəʔ^{4}	iəʔ^{4}	yəʔ^{4}	fɔ^{44}	fɔ^{44}	fɔ^{44}	fɔ^{44}	fɔ^{44}
清徐	yaʔ^{1}	yəʔ^{1}	yəʔ^{1}	fɒ^{11}	fɒ^{11}	fɒ^{11}	fɒ^{11}	fɒ^{11}
娄烦	iɔu^{54}	iaʔ^{3}	iaʔ^{3}	fə^{33}	fə^{33}	fə^{33}	fə^{312}	fə^{33}
榆次	yaʔ^{1}	iaʔ^{1}	iaʔ^{1}	fɒ^{11}	fɒ^{11}	fɒ^{11}	fɒ^{11}	fɒ^{11}
交城	iɔu^{24}	iaʔ^{1} 白 / yəʔ^{1} 文	yəʔ$^{\underline{53}}$	xuɤ^{11}	xuɤ^{11}	xuɤ^{11}	xuɤ^{11}	p^{h}ɤ^{11} 白 / xuɤ^{11} 文
文水	yaʔ^{2}	iu^{35}/yəʔ^{2}	yəʔ^{2}	xu^{22} 白 / xuaŋ^{22} 文	xuaŋ^{22}	xu^{22} 白 / xuaŋ^{22} 文	xu^{22} 白 / xuaŋ^{22} 文	xu^{22} 白 / xuaŋ^{22} 文
祁县	yɑʔ$^{\underline{32}}$	yəʔ$^{\underline{32}}$ 白 / iɑʔ$^{\underline{32}}$ 文	yəʔ$^{\underline{32}}$	xu^{31} 白 / xuɑ̃^{31} 文	xuɑ̃^{31}	xu^{31} 白 / xuɑ̃^{31} 文	xu^{31} 白 / xuɑ̃^{31} 文	xu^{31} 白 / xuɑ̃^{31} 文
太谷	yaʔ^{3}	yəʔ^{3}	yəʔ^{3}	fuo^{33}	fuo^{33}	fuo^{33}	fuo^{33}	fuo^{33}
平遥	iɔ^{213}	yʌʔ$^{\underline{523}}$	yʌʔ$^{\underline{523}}$	xuə^{213}	xũɑ̃^{213}	xũɑ̃^{213}	xuə^{213} 白 / xũɑ̃^{213} 文	xuə^{213} 白 / xũɑ̃^{213} 文
孝义	yəʔ^{3} 白 / iɒ^{454} 文	yəʔ^{3}/iəʔ^{3}	yəʔ^{3}	xuə^{33}	xuã^{33}	xuə^{312}	xuə^{33}	xuə^{33}
介休	yʌʔ$^{\underline{12}}$	yʌʔ$^{\underline{12}}$	yʌʔ$^{\underline{12}}$	xuɤ^{13} 白 / xuæ̃^{13} 文	xuæ̃^{13}	xuæ̃^{13}	xuɤ^{13} 白 / xuæ̃^{13} 文	xuɤ^{13} 白 / xuæ̃^{13} 文
灵石	——	yəʔ^{4}	yəʔ^{4}	xuɒ̃^{535}	——	——	——	xuɤ^{44}
盂县	iɑu^{55}	iʌʔ^{2}	iʌʔ^{2}	fɤo^{412} 白 / fæ̃^{412} 文	fæ̃^{412} 文	fɤo^{22} 白	fɤo^{22} 白 / fæ̃^{412} 文	fɤo^{22} 白 / fæ̃^{412} 文
寿阳	yɛʔ^{2}	iɛʔ^{2}	yɛʔ^{2}	fɒo^{31}	fɒo^{31}	fɒo^{22}	fɒo^{22}	fɒo^{22}
榆社	——	iaʔ^{2}	i^{22}	fɔu^{22}	fɔu^{22}	fɔu^{22}	fɔu^{22}	fɔu^{22}
离石	iou^{53}	ieʔ$^{\underline{23}}$	ieʔ$^{\underline{23}}$	xuə^{24}	xuə^{24}	xuə^{44}	xuə^{44}	xuə^{44}
汾阳	yaʔ^{2}	ieʔ$^{\underline{312}}$	ieʔ$^{\underline{312}}$	fuɔ^{324}	fuɔ^{324}	fuɔ^{22}	fuɔ^{22}	fuɔ^{22}
中阳	iɔo^{53}	ieʔ$^{\underline{312}}$	ieʔ$^{\underline{312}}$	xɒ^{24}	xɒ^{24}	xɒ^{33}	xɒ^{33}	xɒ^{33}
柳林	iou^{53}	iɛʔ$^{\underline{423}}$	iɛʔ$^{\underline{423}}$	xuo^{24}	xuo^{24}	xuo^{44}	xuo^{44}	xuo^{44}
方山	iou^{52}	iɛʔ$^{\underline{23}}$	iɛʔ$^{\underline{23}}$	xuə^{24}	xuə^{24}	xuə^{44}	xuə^{44}	xuə^{44}
临县	yɐʔ^{3}	iɐʔ$^{\underline{24}}$	iɐʔ^{3}	fuɤ^{24}	fuɤ^{24}	fuɤ^{33}	fuɤ^{33}	fu^{33}

续表

字目	跃	药	钥	方	芳	妨	防	房
中古音 方言点	以灼 宕开三 入药以	以灼 宕开三 入药以	以灼 宕开三 入药以	府良 宕合三 平阳非	敷方 宕合三 平阳敷	敷方 宕合三 平阳敷	符方 宕合三 平阳奉	符方 宕合三 平阳奉
兴县	——	iəʔ$^{\underline{312}}$	iəʔ$^{\underline{312}}$	xuɤ^{324}	xuɤ^{324}	xuɤ^{55}	xuɤ^{55}	xuɤ^{55}
岚县	iɤu^{53}	ieʔ^{4}	ieʔ^{4}	fuə^{214}	fuə^{214}	fuə^{214}	fuə^{44}	fuə^{44}
静乐	yəʔ^{4}	yəʔ^{4}	iəʔ^{4}	fɑ̃^{24}	fɑ̃^{24}	fɑ̃^{314}	fɑ̃^{33}	fɑ̃^{33}
交口	yeʔ^{4}	ieʔ^{4}	ieʔ^{4}	xuɑ̃^{323}	xuɑ̃^{323}	xuɑ̃^{323}	xuə^{44} 白 / xuɑ̃^{44} 文	xuə^{44} 白 / xuɑ̃^{44} 文
石楼	yəʔ^{4} 白 / iɔo^{51} 文	iəʔ^{4}	iəʔ$^{\underline{213}}$	xuə^{213} 白 / xuɑŋ^{213} 文	xuɑŋ^{213}	xuɑŋ^{44}	xuɑŋ^{44}	xuə^{44} 白 / xuɑŋ^{44} 文
隰县	yəʔ^{3}	iəʔ^{3}	iəʔ^{3}	xuo^{53} 白 / xuæ^{53} 文	xuæ^{53}	xuaŋ^{24}	xuo^{24} 白 / xuaŋ^{24} 文	xuo^{24} 白 / xuaŋ^{24} 文
大宁	iɐu^{55}	iɐʔ$^{\underline{31}}$	iɐʔ$^{\underline{31}}$	fuo^{31} 白 / fɛ̃^{31} 文	fɛ̃^{31}	fɛ̃^{24}	fɛ̃^{24} 文	fuo^{24} 白 / fɛ̃^{24} 文
永和	iɑo^{53}	iɐʔ$^{\underline{312}}$	iɐʔ^{35}	xuɑ̃^{33}	xuɑ̃^{33}	xuɑ̃^{33}	xuɑ̃^{35}	xuɤ^{35} 白 / xuɑ̃^{35} 文
汾西	iɑo^{53}	iu^{11}	i^{53}	fɯ^{11} 白 / fɑ̃^{11} 文	fɑ̃^{11}	fɑ̃^{35}	fɯ^{35} 白 /fɑ̃^{35}	fɯ^{35} 白 / fɑ̃^{35} 文
蒲县	yɛʔ$^{\underline{43}}$	iɛʔ$^{\underline{43}}$ 白 / iɑu^{52} 文	iɛʔ$^{\underline{43}}$	fɑŋ^{52}	fɑŋ^{52}	fɑŋ^{24}	fɑŋ^{24}	fo^{24} 白 / fɑŋ^{24} 文
潞州	yəʔ$^{\underline{53}}$/iɑo^{54}	yəʔ$^{\underline{53}}$ 白 / iɑo^{54} 文	iəʔ$^{\underline{53}}$	fɑŋ^{312}	fɑŋ^{312}	fɑŋ^{24}	fɑŋ^{24}	fɑŋ^{24}
上党	iɔ^{42}/yəʔ$^{\underline{21}}$	iəʔ$^{\underline{21}}$	iəʔ$^{\underline{21}}$	fɑŋ^{213}	fɑŋ^{213}	fɑŋ^{44}	fɑŋ^{44}	fɑŋ^{44}
长子	yəʔ^{4}/iɔ^{53}	iəʔ$^{\underline{212}}$ 白 / yəʔ$^{\underline{212}}$ 文	iəʔ^{4}	fɑŋ^{312}	fɑŋ^{312}	fɑŋ^{24}	fɑŋ^{24}	fɑŋ^{24}
屯留	yəʔ^{1}	iəʔ^{1}/yəʔ^{1}	iəʔ^{1}	fɑŋ^{31}	fɑŋ^{31}	fɑŋ^{11}	fɑŋ^{11}	fɑŋ^{11}
襄垣	iɔo^{45}	iʌʔ^{3}	iʌʔ^{3}	fɒ^{33}	fɒ^{33}	fɒ^{31}	fɒ^{31}	fɒ^{31}
黎城	yɤʔ^{31}/iɔ^{53}	yʌʔ^{2}	yʌʔ^{2}	fɑŋ^{33}	fɑŋ^{33}	fɑŋ^{53}	fɑŋ^{53}	fɑŋ^{53}
平顺	iʌʔ$^{\underline{423}}$	iʌʔ$^{\underline{423}}$	iʌʔ$^{\underline{423}}$	fɑŋ^{213}	fɑŋ^{213}	fɑŋ^{13}	fɑŋ^{13}	fɑŋ^{13}
壶关	iʌʔ$^{\underline{21}}$	iʌʔ$^{\underline{21}}$	iʌʔ$^{\underline{21}}$	fɑŋ^{33}	fɑŋ^{33}	fɑŋ^{13}	fɑŋ^{13}	fɑŋ^{13}
沁县	io^{53}	iæʔ$^{\underline{31}}$	iæʔ$^{\underline{31}}$	fɔ^{224}	fɔ^{224}	fɔ^{33}	fɔ^{33}	fɔ^{33}
武乡	——	——	iʌʔ^{3}	fɔ̃^{113}	fɔ̃^{113}	fɔ̃^{33}	fɔ̃^{33}	fɔ̃^{33}
沁源	iɔo^{53}	iəʔ$^{\underline{31}}$	iəʔ$^{\underline{31}}$	fuə^{324}	fuə^{324}	fuə^{33}	fuə^{33}	fuə^{33}
安泽	iau^{53}	yəʔ$^{\underline{21}}$	yəʔ$^{\underline{21}}$	fʌŋ^{21}	fʌŋ^{21}	fʌŋ^{35}	fʌŋ^{35}	fʌŋ^{35}
沁水端氏	iɔ^{53}	iaʔ^{2}	iaʔ^{2}	fɑŋ^{21}	fɑŋ^{21}	fɑŋ^{21}	fɑŋ^{24}	fɑŋ^{24}
阳城	yʌʔ^{2}	yʌʔ^{2}	yʌʔ^{2}	fɑ̃ŋ^{224}	fɑ̃ŋ^{224}	fɑ̃ŋ^{22}	fɑ̃ŋ^{22}	fɑ̃ŋ^{22}

续表

字目	跃	药	钥	方	芳	妨	防	房
中古音 / 方言点	以灼 宕开三 入药以	以灼 宕开三 入药以	以灼 宕开三 入药以	府良 宕合三 平阳非	敷方 宕合三 平阳敷	敷方 宕合三 平阳敷	符方 宕合三 平阳奉	符方 宕合三 平阳奉
高平	iɔo^{53}	iɛʔ^{2}	iɛʔ^{2}	fɔ̃^{33}	fɔ̃^{33}	fɔ̃^{33}	fɔ̃^{33}	fɔ̃^{33}
陵川	yʌʔ$^{\underline{23}}$	yʌʔ$^{\underline{23}}$	yʌʔ$^{\underline{23}}$	fɑŋ^{33}	fɑŋ^{33}	fɑŋ^{53}	fɑŋ^{53}	fɒŋ^{53}
晋城	io^{53}	iʌʔ^{2}	iʌʔ^{2}	fɒ̃^{33}	fɒ̃^{33}	fɒ̃^{324}	fɒ̃^{324}	fɒ̃^{324}
忻府	iɔo^{53}	iɛʔ$^{\underline{32}}$	iɛʔ$^{\underline{32}}$	fɛ^{313} 白 / fɑ̃^{313} 文	fɑ̃^{313}	fɛ^{21} 白 / fɑ̃^{21} 文	fɛ^{21} 白 / fɑ̃^{21} 文	fɛ^{21} 白 / fɑ̃^{21} 文
原平	iəʔ$^{\underline{34}}$ 白 / iɔo^{53} 文	iəʔ$^{\underline{34}}$	iəʔ$^{\underline{34}}$	fɔ^{213}	fuɔ^{213}	fuɔ^{33}	fuɔ^{33}	fuɔ^{33}
定襄	yəʔ^{1}	iɛʔ^{1}	iɛʔ^{1}	fuə^{24}	fuə^{24}	fuə^{11}	fæ^{11}	fuə^{11}
五台	iɑɔ^{52}	iəʔ^{3}	iəʔ^{3}	fuɔ^{213}	fæn^{33}	fuɔ^{213}	fæn^{33}/fuɔ^{33}	fuɔ^{33}
岢岚	iɑu^{52}	iɛʔ^{4}	iɛʔ^{4}	fɔ^{13}	fɔ^{13}	fɔ^{13}	fɔ^{44}	fɔ^{44}
五寨	iɑu^{52}	iɛʔ^{4}	iɛʔ^{4}	fɒ^{13}	fɒ^{13}	fɒ^{44}	fɒ^{44}	fɒ^{44}
宁武	iɔu^{52}	iᴀʔ^{4}	iəʔ^{4}	fɒ^{23}	fɒ^{23}	fɒ^{33}	fɒ^{33}	fɒ^{33}
神池	yᴀʔ^{4}	iᴀʔ^{4}	iᴀʔ^{4}	fɒ^{24}	fɒ^{24}	fɒ^{32}	fɒ^{32}	fɒ^{32}
繁峙	yaʔ$^{\underline{13}}$	yaʔ$^{\underline{13}}$	iɑo^{24}	fɔ^{53}	fɔ^{53}	fɔ^{31}	fɔ^{31}	fɔ^{31}
代县	iau^{53}	iaʔ^{2}	iau^{53}	fuɔ^{213}	fuɔ^{213}	fuɔ^{213}	fuɔ^{44}	fuɔ^{44}
河曲	iɛʔ^{4}	iɛʔ^{4}	iɛʔ^{4}	fɒ^{213}	fɒ^{213}	fɒ^{213}	fɒ^{44}	fɒ^{44}
保德	yɛ^{44}	iɛ^{44}	iəʔ^{4}	fɔ^{213}	fɔ^{213}	fɔ^{44}	fɔ^{44}	fɔ^{44}
偏关	iɔo^{52}	iɛʔ^{4}	iɛʔ^{4}	fɒ^{24}	fɒ^{24}	fɒ^{44}	fɒ^{44}	fɒ^{24}
朔城	iɔo^{53}	iɔo^{53}	iɔo^{53}	fɑ̃^{312}	fɑ̃^{312}	fɑ̃^{312}	fɑ̃^{35}	fɑ̃^{35}
平鲁	yəʔ^{34}	iɔ^{52}/iʌʔ$^{\underline{34}}$	iɔ^{52}	fɒ^{213}/fəʔ$^{\underline{34}}$	fɒ^{213}	fɒ^{213}	fɒ^{44}	fɒ^{44}
应县	——	yaʔ$^{\underline{43}}$	iau^{24}	faŋ^{43}/fəʔ$^{\underline{43}}$	faŋ^{43}	faŋ^{43}/faŋ^{31}	faŋ^{31}	faŋ^{31}
灵丘	yᴀʔ^{5}	iɔo^{53}	iɔo^{53}	fɒ^{442}	fɒ^{442}	fɒ^{442}	fɒ^{31}	fɒ^{31}
浑源	iʌu^{13}	iʌu^{13}	iʌu^{13}	foʌ^{52}	foʌ^{52}	foʌ^{52}	foʌ^{22}	foʌ^{22}
云州	yɑʔ^{4}	yɑʔ^{4} 白 / iɑu^{24} 文	iɑu^{24}	fɔ^{21}	fɔ^{21}	fɔ^{312}	fɔ^{312}	fɔ^{312}
新荣	yaʔ^{4}/iɔu^{24}	yaʔ^{4} 白 / iɔu^{24} 文	iɔu^{24}	fɔ^{32}	fɔ^{54}	fɔ^{312}	fɔ^{312}	fɔ^{312}
怀仁	iɔu^{24}	yaʔ^{4} 白 / iɔu^{24} 文	iɔu^{24}	fɒ^{42}	fɒ^{42}	fɒ^{312}	fɒ^{312}	fɒ^{312}
左云	yaʔ^{4}	yaʔ^{4}	iɔu^{24}	fɒ^{31}	fɒ^{31}	fɒ^{313}	fɒ^{313}	fɒ^{313}
右玉	iɐo^{24}	yaʔ^{4}	iɐo^{24}	fɒ^{31}	fɒ^{31}	fɒ^{212}	fɒ^{212}	fɒ^{212}
阳高	yɑʔ^{3}	iɔu^{24}/yɑʔ^{3}	yɑʔ^{3}	fɔ^{31}	fɔ^{31}	fɔ^{31}	fɔ^{312}	fɔ^{312}

续表

字目 中古音 方言点	跃	药	钥	方	芳	妨	防	房
	以灼 宕开三 入药以	以灼 宕开三 入药以	以灼 宕开三 入药以	府良 宕合三 平阳非	敷方 宕合三 平阳敷	敷方 宕合三 平阳敷	符方 宕合三 平阳奉	符方 宕合三 平阳奉
山阴	iɔo^{335}	iᴀʔ^{4}	iɔo^{335}	fɒ^{313}	fɒ^{52}	fɒ^{313}	fɒ^{313}	fɒ^{313}
天镇	iɔu^{24}	iɑʔ^{4}/iɔu^{24}	yɑʔ^{4}	fɒ^{31}	fɒ^{55}	fɒ^{31}	fɒ^{31}	fɒ^{22}
平定	iɔ^{24}	iɔ^{24}	iɔ^{24}	fɑŋ^{31}	fɑŋ^{31}	fɑŋ^{31}	fɑŋ^{44}	fɑŋ^{44}
昔阳	yʌʔ$^{\underline{43}}$	iɔo^{13}	iɔo^{13}	fɔ̃u^{42}	fɔ̃u^{42}	fɔ̃u^{33}	fɔ̃u^{33}	fɔ̃u^{33}
左权	iəu^{53}	iəu^{53}/i^{11}/ y^{53}/ieʔ^{1}	iəu^{53}/ieʔ^{1}	fɔ^{31}	fɔ^{31}	fɔ^{31}	fɔ^{11}	fɔ^{11}
和顺	iɔu^{13}	ieʔ$^{\underline{21}}$	i^{13}	fɔ^{42}	fɔ^{42}	fɔ^{22}	fɔ^{22}	fɔ^{22}
尧都	yo^{21}	yo^{21} 白 / ɑu^{21} 文	yo^{21}	fɑŋ^{21}	fɑŋ^{21}	fɑŋ^{24}	fɑŋ^{24}	fo^{24} 白 / fɑŋ^{24} 文
洪洞	iɑo^{53}	io^{21}	o^{21}	fɑŋ^{21}	fɑŋ^{21}	fɑŋ^{24}	fɑŋ^{21}	fo^{24} 白 / fɑŋ^{21} 文
洪洞赵城	iɑo^{24}	iɛ^{21} 白 /io^{21} 文	iɛ^{21}	fɤ^{21} 白 /fɑ̃^{21} 文	fɑ̃^{21}	fɑ̃^{21}	fɑ̃^{24}	fɤ^{24}
古县	iɑu^{21}	iɑu^{21}	iɛ^{21}/yo^{21}	fɑŋ^{21}	fɑŋ^{21}	fɑŋ^{35}	fɑŋ^{35}	fo^{35} 白 / fɑŋ^{35} 文
襄汾	ye^{21}	yɔ^{21} 白 / iao^{21} 文	yɔ^{21}	faŋ^{21}	faŋ^{21}	faŋ^{24}	faŋ^{42}	faŋ^{24}
浮山	yɛ^{42}	yo^{42} 白 / iao^{42} 文	yo^{42}	fɤ^{42} 白 / faŋ^{42} 文	faŋ^{42}	faŋ^{42}	faŋ^{13}	fɤ^{13} 白 / faŋ^{13} 文
霍州	ye^{212}	ye^{212}	ye^{53}	fɔ^{212} 白 / faŋ^{212} 文	faŋ^{212}	fɔ^{35} 白 / faŋ^{35} 文	fɔ^{35} 白 / faŋ^{35} 文	fɔ^{35} 白 / faŋ^{35} 文
翼城	yɤ^{53}	yɤ^{53}	iɔo^{53}	fɔ^{53}	fɔ^{53}	fɔ^{12}	fɔ^{12}	fɔ^{12}
闻喜	——	iɑo^{53}/ iɤ^{53}	iɤ^{53}	fᴀŋ^{53}	fᴀŋ^{53}	fᴀŋ^{53}	fᴀŋ^{13}	fᴀŋ^{13}
侯马	yɛ^{53}	iɤ^{53}	iɑu^{53}	fɑŋ^{213}	fɤ^{213} 白 / fɑŋ^{213} 文	fɑŋ^{213}	fɑŋ^{213}	fɤ^{213} 白 / fɑŋ^{213} 文
新绛	ye^{53}/iɑo^{13}	iɤ^{53}	iɤ^{53}	fəŋ^{53}	fəŋ^{53}	fəŋ^{53}	fəŋ^{13}	fəŋ^{13}
绛县	iau^{31} 白 / yɤ^{31} 文	yɤ^{53}	yɤ^{53}	fʌŋ^{53}	fʌŋ^{53}	fʌŋ^{53}	fʌŋ^{24}	fɤ^{24}/fʌŋ^{24}
垣曲	yɛ^{53}	yo^{53}	yo^{53}	fəŋ^{22}	fəŋ^{22}	fəŋ^{22}	fəŋ^{22}	fəŋ^{22}
夏县	iɑu^{31} 白 / yɛ^{31} 文	iɤ^{31}	iɤ^{31} 白 / iɑu^{31} 文	fəŋ^{53}	fəŋ^{53}	fəŋ^{42}	fəŋ^{42}	fəŋ^{42}
万荣	iau^{33}	iɤ^{51}	iɤ^{51}	faŋ^{51}	faŋ^{55}	faŋ^{51}	faŋ^{213}	faŋ^{213}
稷山	yɛ^{53}	iɤ^{53}	iɤ^{53}	fʌŋ^{53}	fʌŋ^{53}	fʌŋ^{13}	fʌŋ^{13}	fʌŋ^{13}
盐湖	yo^{42} 白 / iɔ^{42} 文	yo^{42}	yo^{42}	faŋ^{42}	faŋ^{42}	faŋ^{42}	faŋ^{13}	faŋ^{13}

续表

字目	跃	药	钥	方	芳	妨	防	房
中古音 / 方言点	以灼 宕开三 入药以	以灼 宕开三 入药以	以灼 宕开三 入药以	府良 宕合三 平阳非	敷方 宕合三 平阳敷	敷方 宕合三 平阳敷	符方 宕合三 平阳奉	符方 宕合三 平阳奉
临猗	iɑu^{42} 白 / yɛ^{42} 文	yo^{42} 白 / iɑu^{42} 文	yo^{42} 白 / iɑu^{42} 文	fɑŋ^{42}	fɑŋ^{42}	fɑŋ^{13}	fɑŋ^{13}	fo^{13} 白 / fɑŋ^{13} 文
河津	iau^{44}	iau^{44}	——	fɤ^{31} 白 / faŋ^{31} 文	faŋ^{31}	faŋ^{31}	faŋ^{324}	fɤ^{324} 白 / faŋ^{324} 文
平陆	iau^{33}	yə^{31}	yə^{31}	faŋ^{31}	faŋ^{55}	faŋ^{55}	faŋ^{13}	faŋ^{13}
永济	iau^{44}	yo^{31}	yo^{44}	faŋ^{31}	faŋ^{31}	faŋ^{24}	faŋ^{24}	faŋ^{24}
芮城	iau^{44} 白 / yɛ^{44} 文	yo^{42}	yo^{44}	faŋ^{42}	faŋ^{53}	faŋ^{53}	faŋ^{13}	faŋ^{13}
吉县	iau^{53}	iə^{423}	iə^{423}	fəŋ^{423}	fəŋ^{423}	fəŋ^{423}	fəŋ^{13}	fəŋ^{13}
乡宁	yᴇ^{53}	iɤ^{53} 白 / iau^{53} 文	iɤ^{53}	fɤ^{53} 白 / faŋ^{53} 文	faŋ^{53}	faŋ^{12}	faŋ^{12}	fɤ^{12} 白 / faŋ^{12} 文
广灵	iʌu^{213}	iʌu^{213}	iʌu^{213}	fɔ^{53}	fɔ^{53}	fɔ^{53}	fɔ^{31}	fɔ^{31}

字目	亡	筐	框	狂	王	仿~效	纺	仿相~
中古音 / 方言点	武方 宕合三 平阳微	去王 宕合三 平阳溪	去王 宕合三 平阳溪	巨王 宕合三 平阳群	雨方 宕合三 平阳云	分两 宕合三 上养非	妃两 宕合三 上养敷	妃两 宕合三 上养敷
北京	uaŋ^{35}	kʰuaŋ^{55}	kʰuaŋ^{55}	kʰuaŋ^{35}	uaŋ^{35}	faŋ^{214}	faŋ^{214}	faŋ^{214}
小店	o^{11}	kʰuɑ^{11}	kʰuɑ^{11}	kʰo^{11}	o^{11}	fo^{53}	fo^{53}	fo^{53}
尖草坪	vɔ^{33}	kʰɔ^{33}	kʰɔ^{33}	kʰɔ^{33}	vɔ^{33}	fɔ^{312}	fɔ^{312}	fɔ^{312}
晋源	ɔ^{11}	kʰuaŋ^{11}	kʰuaŋ^{11}	kʰuaŋ^{11}	ɔ^{11}	fɔ^{42}	fɔ^{42}	fɔ^{42}
阳曲	vɔ^{43}	kʰuɔ^{312}	kʰuɔ^{454}	kʰuɔ^{43}	uɔ^{43}	fɔ^{312}	fɔ^{312}	fɔ^{312}
古交	uɔ^{44}	kʰuɔ^{44}	kʰuɔ^{44}	kʰuɔ^{44}	uɔ^{44}	fɔ^{312}	fɔ^{312}	fɔ^{312}
清徐	vɒ^{11}	kʰuɒ^{11}	kʰuɒ^{11}	kʰuɒ^{11}	vɒ^{11}	fɒ^{54}	fɒ^{54}	fɒ^{54}
娄烦	və^{33}	kʰuɑ̃^{33}	kʰɷ^{54}	kʰɷ^{33}	və^{33}	fə^{312}	fə^{312}	fə^{312}
榆次	vɒ^{11}	kʰuɒ^{11}	kʰuɒ^{11}	kʰuɒ^{11}	vɒ^{11}	fɒ^{53}	fɒ^{53}	fɒ^{53}
交城	uɤ^{11}	kʰuɤ^{11}	kʰuɤ^{11}	kʰuɤ^{11}	uɤ^{11}	xuɤ^{53}	xuɤ^{53}	xuɤ^{53}
文水	uaŋ^{22}	kʰu^{22} 白 / kʰuaŋ^{22} 文	kʰuaŋ^{22}	kʰuaŋ^{22}	u^{22} 白 /uaŋ^{22} 文	xu^{423} 白 / xuaŋ^{423} 文	xu^{423} 白 / xuaŋ^{423} 文	xu^{423} 白 / xuaŋ^{423} 文
祁县	uɑ̃^{31}	kʰuɑ̃^{31}	kʰuɑ̃^{45}	kʰuɑ̃^{31}	u^{31} 白 /uɑ̃^{31} 文	xu^{314} 白 / xuɑ̃^{314} 文	xu^{314} 白 / xuɑ̃^{314} 文	xu^{314} 白 / xuɑ̃^{314} 文
太谷	uo^{33}	kʰuɒ^{33}	kʰuɒ^{33}	kʰuɒ^{33}	uo^{33}	fuo^{312}	fuo^{312}	fuo^{312}
平遥	ũɑ̃^{213}	kʰũɑ̃^{213}	kʰũɑ̃^{213}	kʰũɑ̃^{213}	uə^{213} 白 / ũɑ̃^{213} 文	xũɑ̃^{512}	xuə^{512} 白 / xũɑ̃^{512} 文	xũɑ̃^{512}
孝义	uã^{33}	kʰuã^{33}	kuã^{33}	kʰuã^{33}	uə^{33}	xuã^{312}	xuə^{312}	xuã^{312}
介休	uæ̃^{13}	kʰuæ̃^{13}	kʰuæ̃^{13}	kʰuæ̃^{13}	uɤ^{13} 白 / uæ̃^{13} 文	xuæ̃^{423}	xuɤ^{423} 白 / xuæ̃^{423} 文	xuæ̃^{423}
灵石	——	kʰuɒ̃^{535}	kʰuɒ̃^{535}	kʰuɒ̃^{44}	uɤ^{44}	——	——	——
盂县	væ̃^{22}	kʰuæ̃^{412}	kʰuæ̃^{412}	kʰuæ̃^{22}	uo^{22} 白 / væ̃^{22} 文	fɤo^{53} 白 / fæ̃^{53} 文	fɤo^{53} 白 / fæ̃^{53} 文	fɤo^{53} 白
寿阳	vɒo^{22}	kʰɒo^{31}	kʰɒo^{45}	kʰɒo^{22}	vɒo^{22}	fɒo^{22}/fɒo^{53}	fɒo^{53}	fɒo^{53}
榆社	vɔu^{22}	kʰuɔu^{22}	kʰuɔu^{22}	kʰuɔu^{22}	vɔu^{22}	fɔu^{312}	fɔu^{312}	fɔu^{312}
离石	uə^{44}	kʰuə^{24}	kʰuə^{24}	kʰuə^{44}	uə^{44}	xuə^{312}	xuə^{312}	xuə^{312}
汾阳	uɔ^{22}	kʰuɔ^{324}	kʰuɔ^{324}	kʰuɔ^{324}	uɔ^{22}	fuɔ^{312}	fuɔ^{312}	fuɔ^{312}
中阳	uɒ^{44}	kʰɒ^{24}	kʰɒ^{24}	kʰɒ^{33}	xuɤ^{33}	xɒ^{423}	xɒ^{423}	xɒ^{423}
柳林	uo^{44}	kʰuo^{24}	kʰuo^{24}	kʰuo^{44}	uo^{44}	xuo^{312}	xuo^{312}	xuo^{312}
方山	uə^{44}	kʰuə^{24}	kʰuə^{24}	kʰuə^{44}	uə^{44}	xuə^{312}	xuə^{312}	xuə^{312}
临县	uɤ^{33}	kʰuɤ^{24}	kʰuɤ^{24}	kʰuɤ^{33}	uɤ^{33}	fuɤ^{312}	fuɤ^{312}	fuɤ^{312}
兴县	uɤ^{55}	kʰuɤ^{324}	kʰuɤ^{324}	kʰuɤ^{324}	uɤ^{55}	xuɤ^{324}	xuɤ^{324}	xuɤ^{324}
岚县	uə^{44}	kʰuə^{214}	kʰuə^{214}	kʰuə^{44}	uə^{44}	fuə^{312}	fuə^{312}	fuə^{312}

续表

字目	亡	筐	框	狂	王	仿~效	纺	仿相~
中古音 / 方言点	武方 宕合三 平阳微	去王 宕合三 平阳溪	去王 宕合三 平阳溪	巨王 宕合三 平阳群	雨方 宕合三 平阳云	分两 宕合三 上养非	妃两 宕合三 上养敷	妃两 宕合三 上养敷
静乐	vɤɯ^{314} 白	kʰuã^{24}	kʰuã^{53}	kʰuã^{24}	vɤɯ^{33} 白	fã^{314}	fã^{314}	fã^{314}
交口	uã^{44}	kʰuã^{323}	kʰuã^{323}	kʰuã^{323}	uə^{44} 白 / uã^{44} 文	xuã^{323}	xuə^{323} 白 / xuã^{323} 文	xuã^{323}
石楼	uaŋ^{4}	kʰuaŋ^{213}	kʰuaŋ^{213}	kʰuaŋ^{213}	uaŋ^{44}	xuaŋ^{213}	xuə^{213} 白 / xuaŋ^{213} 文	xuaŋ^{213}
隰县	uaŋ^{24}	kʰuæ^{53}	kʰuæ^{53}	kʰuaŋ^{24}	uo^{24} 白 / uaŋ^{24} 文	xuaŋ^{21}	xuo^{21} 白 / xuaŋ^{21} 文	xuaŋ^{21}
大宁	vɛ̃^{24}	kʰuɛ̃^{31}	kʰuɛ̃^{55}	kʰuɛ̃^{24}	uo^{24} 白 / vɛ̃^{24} 文	fɛ̃^{31}	fɛ̃^{31}	fɛ̃^{24}
永和	uã^{312}	kʰuã^{33}	——	kʰuã^{35}	uɤ^{35} 白 / uã^{35} 文	xuã^{312}	xuɤ^{312} 白 / xuã^{312} 文	xuã^{312}
汾西	vã^{35}	kʰuã^{11}	kʰuã^{11}	kʰuã^{35}	u^{35} 白 / uã^{35} 文	fɯ^{35} 白 / fɪ^{11} 白 /fã^{33}	fɯ^{33} 白 / fã^{33} 文	fɪ^{11} 白 /fɯ^{33}/ fã^{33}
蒲县	uaŋ^{24}	kʰuaŋ^{52}	kʰuaŋ^{31}	kʰuaŋ^{24}	uaŋ^{24}	faŋ^{31}	faŋ^{31}	faŋ^{31}
潞州	uaŋ^{24}	kʰuaŋ^{312}	kʰuaŋ^{312}	kʰuaŋ^{24}	uaŋ^{24}	faŋ^{535}	faŋ^{535}	faŋ^{535}
上党	uaŋ^{44}	kʰuaŋ^{213}	kʰuaŋ^{22}	kʰuaŋ^{44}	uaŋ^{44}	faŋ^{44}	faŋ^{535}	faŋ^{535}
长子	vaŋ^{24}	kʰuaŋ^{312}	kʰuaŋ^{312}	kʰuaŋ^{24}	vaŋ^{24}	faŋ^{434}	faŋ^{434}	faŋ^{434}
屯留	vaŋ^{11}	kʰuaŋ^{31}	kʰuaŋ^{31}	kʰuaŋ^{11}	vaŋ^{11}	faŋ^{43}	faŋ^{43}	faŋ^{43}
襄垣	vɒ^{31}	kʰuɒ^{33}	——	kʰuɒ^{31}	vɒ^{31}	fɒ^{42}	fɒ^{42}	fɒ^{42}
黎城	uaŋ^{213}	kʰuaŋ^{33}	kʰuaŋ^{33}	kʰuaŋ^{53}	uaŋ^{53}	faŋ^{213}	faŋ^{213}	faŋ^{213}
平顺	uaŋ^{13}	kʰuaŋ^{213}	kʰuaŋ^{213}	kʰuaŋ^{13}	uaŋ^{13}	faŋ^{434}	faŋ^{434}	faŋ^{434}
壶关	uaŋ^{13}	kʰuaŋ^{33}	kʰuaŋ^{33}	kʰuaŋ^{13}	uaŋ^{13}	faŋ^{535}	faŋ^{535}	faŋ^{535}
沁县	vɔ^{33}	kʰuɔ^{224}	——	kʰuɔ^{33}	vɔ^{33}	fɔ^{214}	fɔ^{214}	fɔ^{214}
武乡	vɔ̃^{33}	kʰuɔ̃^{113}	kʰuɔ̃^{113}	kʰuɔ̃^{33}	vɔ̃^{33}	fɔ̃^{213}	fɔ̃^{213}	fɔ̃^{213}
沁源	uə^{33}	kʰuə^{324}	kʰuə^{324}	kʰuə^{33}	uə^{33}	fuə^{324}	fuə^{324}	fuə^{324}
安泽	uʌŋ^{35}	kʰuʌŋ^{21}	kʰuʌŋ^{21}	kʰuʌŋ^{35}	uʌŋ^{35}	fʌŋ^{42}	——	fʌŋ^{42}
沁水端氏	vaŋ^{24}	kʰuaŋ^{21}	kʰuaŋ^{21}	kʰuaŋ^{24}	uaŋ^{24}	faŋ^{31}	faŋ^{31}	faŋ^{31}
阳城	vãŋ^{22}	kʰuãŋ^{224}	kuãŋ^{51}	kʰuãŋ^{22}	vãŋ^{22}	fãŋ^{212}	fãŋ^{212}	fãŋ^{212}
高平	vɔ̃^{33}	kʰuɔ̃^{33}	kʰuɔ̃^{33}	kʰuɔ̃^{33}	vɔ̃^{33}	fɔ̃^{212}	fɔ̃^{212}	fɔ̃^{212}
陵川	uaŋ^{53}	kʰuaŋ^{33}	kʰuaŋ^{24}	kʰuaŋ^{53}	uaŋ^{53}	faŋ^{312}	faŋ^{312}	faŋ^{312}
晋城	uɒ̃^{324}	kʰuɒ̃^{33}	kʰuɒ̃^{53}	kʰuɒ̃^{324}	uɒ̃^{324}	fɒ̃^{213}	fɒ̃^{213}	fɒ̃^{213}
忻府	vã^{21}	kʰuã^{313}	kʰuã^{53}	kʰuã^{21}	vã^{21}	fã^{313}	fã^{313}	fã^{313}

续表

字目	亡	筐	框	狂	王	仿~效	纺	仿相~
中古音 方言点	武方 宕合三 平阳微	去王 宕合三 平阳溪	去王 宕合三 平阳溪	巨王 宕合三 平阳群	雨方 宕合三 平阳云	分两 宕合三 上养非	妃两 宕合三 上养敷	妃两 宕合三 上养敷
原平	vɔ^{33}	kʰuɔ^{213}	kʰuɔ^{53}	kʰuɔ^{33}	vɔ^{33}	fuɔ^{213}	fuɔ^{213}	fuɔ^{213}
定襄	væ^{11}	kʰuæ^{24}	kʰuæ^{11}	kʰuæ^{11}	uə^{11}	fuə^{24}	fuə^{24}	fuə^{24}
五台	uɔ^{33}/uæn^{33}	kʰuæn^{213}	kʰuæn^{33}	kʰuæn^{33}	uɔ^{33}	fuɔ^{213}/fæn^{213}	fuɔ^{213}/fæn^{213}	fuɔ^{213}/fæn^{213}
岢岚	vɔ^{44}	kʰɔ^{13}	kʰɔ^{44}	kʰɔ^{44}	vɔ^{44}	fɔ^{13}	fɔ^{13}	fɔ^{13}
五寨	vɒ^{44}	kʰɒ^{13}	kʰɒ^{44}	kʰɒ^{44}	vɒ^{44}	fɒ^{13}	fɒ^{13}	fɒ^{13}
宁武	vɒ^{33}	kʰuo^{23}	kʰuo^{23}	kʰuo^{33}	vɒ^{33}	fɒ^{213}	fɒ^{213}	fɒ^{213}
神池	vɒ^{32}	kʰuɒ^{24}	kʰuɒ^{52}	kʰuɒ^{32}	vɒ^{32}	fɒ^{13}	fɒ^{13}	fɒ^{13}
繁峙	vɔ^{31}	kʰuɔ^{53}	kʰuɔ^{53}	kʰuɔ^{31}	vɔ^{31}	fɔ^{53}	fɔ^{53}	fɔ^{53}
代县	uɔ^{44}	kʰuɔ^{213}	kʰuɔ^{53}	kʰuɔ^{44}	uɔ^{44}	fuɔ^{213}	fuɔ^{213}	fuɔ^{213}
河曲	vɒ^{44}	kʰɒ^{213}	kʰɒ^{213}	kʰɒ^{44}	vɒ^{44}	fɒ^{213}	fɒ^{213}	fɒ^{213}
保德	vɔ^{44}	kʰɔ^{213}	kʰuɔ^{52}	kʰuɔ^{44}	vɔ^{44}	fɔ^{213}	fɔ^{213}	fɔ^{213}
偏关	vɒ^{44}	kʰɒ^{24}	kʰɒ^{24}	kʰɒ^{44}	vɒ^{44}	fɒ^{213}	fɒ^{213}	fɒ^{213}
朔城	vã^{35}	kʰuã^{312}	——	kʰuã^{35}	vã^{35}	fã^{312}	fã^{312}	——
平鲁	uɒ^{44}	kʰuɒ^{213}	kʰuɒ^{52}	kʰuɒ^{44}	uɒ^{44}	fɒ^{213}	——	——
应县	vaŋ^{31}	kʰuaŋ^{43}	kʰuaŋ^{24}	kʰuaŋ^{31}	vaŋ^{31}	faŋ^{54}	faŋ^{54}	faŋ^{54}
灵丘	vɒ^{31}	kʰue^{442}	kʰue^{53}	kʰue^{31}	vɒ^{31}	fɒ^{442}	fɒ^{442}	fɒ^{442}
浑源	voʌ^{22}	kʰoʌ^{52}	kʰoʌ^{52}	kʰoʌ^{22}	voʌ^{22}	foʌ^{52}	foʌ^{52}	foʌ^{52}
云州	vɔ^{312}	kʰuɔ^{213}	kʰuɔ^{24}	kʰuɔ^{312}	vɔ^{312}	fɔ^{55}	fɔ^{55}	fɔ^{55}
新荣	vɔ^{312}	kʰuɔ^{32}	kʰuɔ^{24}	kʰuɔ^{312}	vɔ^{312}	fɔ^{54}	fɔ^{54}	fɔ^{54}
怀仁	vɒ^{312}	kʰɒ^{42}	kʰɒ^{24}	kʰɒ^{312}	vɒ^{312}	fɒ^{53}	fɒ^{53}	fɒ^{53}
左云	vɒ^{313}	kʰuɒ^{31}	kʰuɒ^{24}	kʰuɒ^{313}	vɒ^{313}	fɒ^{54}	fɒ^{54}	fɒ^{54}
右玉	vɒ^{212}	kʰuɒ^{31}	kʰuɒ^{31}	kʰuɒ^{31}	vɒ^{212}	fɒ^{53}	fɒ^{53}	fɒ^{53}
阳高	vɔ^{31}	kʰɔ^{31}	kʰɔ^{31}	kʰɔ^{31}	vɔ^{312}	fɔ^{53}	fɔ^{53}	fɔ^{53}
山阴	uɒ^{313}	kʰuɒ^{313}	kʰuɒ^{335}	kʰuɒ^{313}	uɒ^{313}	fɒ^{52}	fɒ^{52}	——
天镇	vɒ^{22}	kʰɒ^{31}	——	kʰɒ^{22}	vɒ^{22}	fɒ^{55}	fɒ^{55}	fɒ^{55}
平定	vaŋ^{44}	kʰuaŋ^{31}	kʰuaŋ^{31}	kʰuaŋ^{44}	vaŋ^{44}	faŋ^{53}	faŋ^{53}	faŋ^{53}
昔阳	vɔ̃u^{33}	kʰuɔ̃u^{42}	kʰuɔ̃u^{13}	kʰuɔ̃u^{33}	vɔ̃u^{33}	fɔ̃u^{55}	fɔ̃u^{55}	fɔ̃u^{55}
左权	vɔ^{11}	kʰɔ^{31}	——	kʰɔ^{11}	vɔ^{11}	fɔ^{42}	fɔ^{42}	fɔ^{42}
和顺	vɔ^{22}	kʰuɔ^{42}	——	——	vɔ^{22}	fɔ^{53}	fɔ^{53}	fɔ^{53}
尧都	uaŋ^{24}	kʰaŋ^{21}	kʰaŋ^{44}	kʰaŋ^{24}	uaŋ^{24}	faŋ^{53}	faŋ^{53}	faŋ^{53}

续表

字目	亡	筐	框	狂	王	仿~效	纺	仿相~
中古音 / 方言点	武方 宕合三 平阳微	去王 宕合三 平阳溪	去王 宕合三 平阳溪	巨王 宕合三 平阳群	雨方 宕合三 平阳云	分两 宕合三 上养非	妃两 宕合三 上养敷	妃两 宕合三 上养敷
洪洞	vɑŋ^{24}	kʰuɑŋ^{21}	kʰuɑŋ^{21}	kʰuɑŋ^{24}	uo^{24}白 / uɑŋ^{24}文	fɑŋ^{42}	fo^{42}白 / fɑŋ^{42}文	fɑŋ^{42}
洪洞赵城	vɑ̃^{24}	kʰuɑ̃^{21}	kʰuɑ̃^{21}	kʰuɑ̃^{24}	uɑ̃^{24}	fɑ̃^{42}	fɤ^{42}白 / fɑ̃^{42}文	fɑ̃^{42}
古县	uɑŋ^{35}	kʰuɑŋ^{21}	kʰuɑŋ^{21}	kʰuɑŋ^{35}	uɑŋ^{35}	fɑŋ^{35}	fo^{42}	fɑŋ^{42}
襄汾	vɔ^{24}白 / uaŋ^{24}文	kʰuaŋ^{21}	kʰuaŋ^{21}	kʰuaŋ^{24}	uɔ^{24}白 / uaŋ^{24}文	faŋ^{42}	faŋ^{42}	faŋ^{42}
浮山	uaŋ^{13}	kʰuo^{42}白 / kʰuaŋ^{42}文	kʰuaŋ^{42}	kʰuaŋ^{13}	uo^{13}白 / uaŋ^{13}文	faŋ^{13}	fɤ^{33}白 / faŋ^{33}文	faŋ^{13}
霍州	uaŋ^{35}	kʰuaŋ^{212}	kʰuaŋ^{212}	kʰuaŋ^{35}	ɔ^{35}白 / uaŋ^{35}文	pɔ^{53}	faŋ^{33}	faŋ^{33}
翼城	uɔ^{12}	kʰuɔ^{53}	kʰuɔ^{53}	kʰɔ^{12}	uɔ^{12}	fɔ^{44}	fɔ^{44}	fɔ^{44}
闻喜	uᴀŋ^{13}/ vᴀŋ^{13}	kʰuᴀŋ^{53}	kʰuᴀŋ^{53}	kʰuᴀŋ^{13}	yᴇ^{53}白 / uᴀŋ^{13}文	fᴀŋ^{33}	fɤ^{33}白 / fᴀŋ^{33}文	fᴀŋ^{33}
侯马	uɑŋ^{213}	kʰuɑŋ^{213}	kʰuɤ^{213}白 / kʰuɑŋ^{213}文	kʰuɑŋ^{213}	yɛ^{53}白 / uɑŋ^{213}文	——	fɑŋ^{44}	fɑŋ^{44}
新绛	vəŋ^{13}	kʰuəŋ^{44}	kʰuəŋ^{44}	kʰuəŋ^{13}	ye^{13}白 / uəŋ^{13}文	fəŋ^{13}	fɤ^{44}白 / fəŋ^{44}文	fəŋ^{13}
绛县	vʌŋ^{24}	kʰuʌŋ^{53}	kʰuʌŋ^{53}	kʰuʌŋ^{24}	uʌŋ^{24}	fʌŋ^{33}	fɤ^{33}/fʌŋ^{33}	fʌŋ^{33}
垣曲	uəŋ^{22}	kʰuəŋ^{22}	kʰuəŋ^{22}	kʰuəŋ^{22}	uəŋ^{22}	fəŋ^{44}	fɤ^{44}白 / fəŋ^{44}文	fəŋ^{44}
夏县	vəŋ^{42}白 / uəŋ^{42}文	kʰuəŋ^{53}	kʰuəŋ^{31}	kʰuəŋ^{42}	uəŋ^{42}	fəŋ^{42}	fɤ^{42}	fəŋ^{42}
万荣	uaŋ^{213}	kʰuaŋ^{51}	kʰuaŋ^{51}	kʰuaŋ^{213}	uaŋ^{213}	faŋ^{55}	fɤ^{55}	faŋ^{55}
稷山	uʌŋ^{53}	kʰuʌŋ^{53}	kʰuʌŋ^{53}	kʰuʌŋ^{13}	uʌŋ^{13}	fʌŋ^{44}	fʌŋ^{44}	fʌŋ^{44}
盐湖	uaŋ^{13}	kʰuaŋ^{42}	kʰuaŋ^{42}	kʰuaŋ^{13}	yɛ^{13}白 / uaŋ^{13}文	faŋ^{53}	faŋ^{53}	faŋ^{53}
临猗	vɑŋ^{13}	kʰuɑŋ^{42}	kʰuɑŋ^{42}	kʰuɑŋ^{13}	uɑŋ^{13}	fɑŋ^{53}	fo^{53}白 / fɑŋ^{53}文	fɑŋ^{53}
河津	vaŋ^{324}	kʰuaŋ^{31}	kʰuaŋ^{31}	kʰuaŋ^{324}	iɛ^{324}白 / yɛ^{324}白 / uaŋ^{324}文	vaŋ^{53}白 / faŋ^{53}文	fɤ^{53}白 / faŋ^{53}文	vaŋ^{53}白 / faŋ^{53}文
平陆	vaŋ^{13}	kʰuaŋ^{31}	kʰuaŋ^{31}	kʰuaŋ^{13}	uaŋ^{13}	faŋ^{55}	faŋ^{55}	faŋ^{55}

续表

字目	亡	筐	框	狂	王	仿~效	纺	仿相~
中古音 / 方言点	武方 宕合三 平阳微	去王 宕合三 平阳溪	去王 宕合三 平阳溪	巨王 宕合三 平阳群	雨方 宕合三 平阳云	分两 宕合三 上养非	妃两 宕合三 上养敷	妃两 宕合三 上养敷
永济	vaŋ^{24}	kʰuaŋ^{31}	kʰuaŋ^{31}	kʰuaŋ^{24}	ye^{24}白 / vaŋ^{24}文	faŋ^{53}	faŋ^{53}	faŋ^{53}
芮城	vaŋ^{13}	kʰuaŋ^{42}	kʰuaŋ^{42}	kʰuaŋ^{13}	uaŋ^{13}	faŋ^{53}	fo^{53}白 / faŋ^{53}文	faŋ^{53}
吉县	vəŋ^{13}	kʰuəŋ^{423}	——	kʰuəŋ^{53}	uəŋ^{13}	fəŋ^{53}	fəŋ^{53}	fəŋ^{53}
乡宁	uaŋ^{12}	kʰuaŋ^{53}	kʰuaŋ^{53}	kʰuaŋ^{12}	uaŋ^{12}	faŋ^{44}	fɤ^{44}白 / faŋ^{44}文	faŋ^{44}
广灵	vɔ^{31}	kʰɔ^{53}	kʰɔ^{213}	kʰɔ^{31}	vɔ^{31}	fɔ^{44}	fɔ^{44}	fɔ^{44}

字目	网	枉	往	放	访	忘	望	况
中古音 / 方言点	文两 宕合三 上养微	纡往 宕合三 上养影	于两 宕合三 上养云	甫妄 宕合三 去漾非	敷亮 宕合三 去漾敷	巫放 宕合三 去漾微	巫放 宕合三 去漾微	许访 宕合三 去漾晓
北京	uaŋ^{214}	uaŋ^{214}	uaŋ^{214}	faŋ^{51}	faŋ^{214}	uaŋ^{51}	uaŋ^{51}	kʰuaŋ^{51}
小店	o^{53}	o^{53}	o^{53}	fo^{24}	fo^{53}	o^{24}	o^{24}	kʰo^{24}
尖草坪	vɔ^{312}	vɔ^{312}	vɔ^{312}	fɔ^{35}	fɔ^{312}	vɔ^{35}	vɔ^{35}	kʰɔ^{35}
晋源	ɔ^{42}	ɔ^{11}	ɔ^{42}	fɔ^{35}	fɔ^{42}	ɔ^{35}	ɔ^{35}	kʰuaŋ^{35}
阳曲	vɔ^{312}	uɔ^{312}	uɔ^{312}	fɔ^{454}	fɔ^{454}	vɔ^{454}	vɔ^{454}	kʰuɔ^{454}
古交	vɔ^{312}	vɔ^{312}	vɔ^{312}	fɔ^{53}	fɔ^{312}	vɔ^{53}	vɔ^{53}	kʰuɔ^{53}
清徐	vɒ^{54}	vɒ^{54}	vɒ^{54}	fɒ^{45}	fɒ^{54}	vɒ^{45}	vɒ^{45}	kʰuɒ^{45}
娄烦	və^{312}	və^{312}	və^{312}	fə^{54}	fə^{312}	və^{54}	və^{54}	kʰɷ^{54}
榆次	vɒ^{53}	vɒ^{53}	vɒ^{53}	fɒ^{35}	fɒ^{53}	vɒ^{35}	vɒ^{35}	kʰuɒ^{35}
交城	uɤ^{53}	uɤ^{11}	uəʔ$^{\underline{53}}$ 白 / uɤ^{53} 文	xuɤ^{24}	xuɤ^{53}	uɤ^{24}	uɤ^{24}	kʰuɤ^{24}
文水	u^{423} 白 / uaŋ^{423} 文	uaŋ^{35}	u^{423} 白 / uaŋ^{423} 文	xu^{35} 白 / xuaŋ^{35} 文	xuaŋ^{423}	u^{35} 白 / uaŋ^{35} 文	uaŋ^{35}	kʰuaŋ^{35}
祁县	u^{314} 白 / uɑ̃^{314} 文	u^{31} 白 / uɑ̃^{31} 文	u^{314} 白 / uɑ̃^{314} 文	xu^{45} 白 / xuɑ̃^{45} 文	xuɑ̃^{314}	u^{45} 白 / uɑ̃^{45} 文	u^{45} 白 / uɑ̃^{45} 文	kʰuɑ̃^{45}
太谷	uo^{312}	uo^{33}	uo^{312}	fuo^{53}	fuo^{312}	uo^{53}	uo^{53}	kʰuɒ^{53}
平遥	ũɑ̃^{512}	uə^{213}	ũɑ̃^{512}	xuə^{24} 白 / xũɑ̃^{24} 文	xũɑ̃^{512}	uə^{24}	uə^{24} 白 / ũɑ̃^{24} 文	kʰũɑ̃^{512}
孝义	uə^{312}	uə^{454}	uə^{312}	xuə^{454}	xuə^{312}	uə^{454}	uã^{454}	kʰuã^{454}
介休	uæ̃^{423}	uæ̃^{45}	uɤ^{423} 白 / uæ̃^{423} 文	xuɤ^{45} 白 / xuæ̃^{45} 文	xuæ̃^{423}	uɤ^{45} 白 / uæ̃^{45} 文	uæ̃^{45}	kʰuæ̃^{45}
灵石	——	——	——	——	——	uɤ^{53}	——	kʰuɒ̃^{53}
盂县	uo^{53} 白 / væ̃^{53} 文	uo^{55} 白 / væ̃^{53} 文	uo^{53} 白 / væ̃^{53} 文	fɤo^{55} 白 / fæ̃^{55} 文	fɤo^{53} 白 / fæ̃^{53} 文	uo^{55} 白 / væ̃^{55} 文	vɑ^{55} 白 / uo^{55} 白 / væ̃^{55} 文	kʰuæ̃^{55}
寿阳	vɒo^{53}	vɒo^{53}	vɒo^{53}	fɒo^{45}	fɒo^{53}	vɒo^{45}	vɒo^{45}	kʰɒo^{45}
榆社	vɔu^{312}	vɔu^{22}	vɔu^{312}	fɔu^{45}	fɔu^{312}	vɔu^{45}	vɔu^{45}	kʰuɔu^{45}
离石	uə^{312}	uə^{312}	uə^{53}	xuə^{53}	xuə^{312}	uə^{53}	uə^{53}	kʰuə^{53}
汾阳	uɔ^{312}	uɔ^{312}	uɔ^{312}	fuɔ^{55}	fuɔ^{312}	uɔ^{55}	uɔ^{55}	kʰuɔ^{55}
中阳	uɒ^{423}	uɒ^{423}	uɒ^{423}	xɒ^{53}	xɒ^{423}	uɒ^{53}	uɒ^{53}	kʰɒ^{53}
柳林	uo^{312}	uo^{312}	uo^{312}	xuo^{53}	xuo^{312}	uo^{53}	uo^{53}	kʰuo^{53}
方山	uə^{312}	uə^{312}	uə^{312}	xuə^{52}	xuə^{312}	uə^{52}	uə^{52}	kʰuə^{52}
临县	uɤ^{312}	uɤ^{312}	uɤ^{312}	fu^{52}	fuɤ^{312}	uɤ^{52}	uɤ^{52}	kʰuɤ^{52}
兴县	uɤ^{324}	uɤ^{324}	uɤ^{324} 白 / uæ̃^{324} 文	xuɤ^{53}	xuɤ^{324}	uɤ^{53}	uɤ^{53}	kʰuɤ^{53}

续表

字目	网	枉	往	放	访	忘	望	况
中古音 / 方言点	文两 宕合三 上养微	纡往 宕合三 上养影	于两 宕合三 上养云	甫妄 宕合三 去漾非	敷亮 宕合三 去漾敷	巫放 宕合三 去漾微	巫放 宕合三 去漾微	许访 宕合三 去漾晓
岚县	uə^{312}	uə^{312}	uə^{312}	fuə^{53}	fuə^{312}	uə^{53}	uə^{53}	kʰuə^{53}
静乐	vɤɯ^{314} 白	vɤɯ^{314} 白	vɤɯ^{314} 白	fɤɯ^{53}	fã^{314}	vɤɯ^{53} 白	vɤɯ^{53} 白	kʰuã^{53}
交口	uə^{323} 白 / uã^{323} 文	uã^{323}	uã^{323}	xuə^{53} 白 / xuã^{53} 文	xuã^{323}	uə^{53} 白 / uã^{53} 文	uã^{53}	kʰuã^{53}
石楼	uaŋ^{213}	uaŋ^{213}	uaŋ^{213}	xuə^{51} 白 / xuaŋ^{51} 文	xuaŋ^{213}	uə^{51} 白 / uaŋ^{51} 文	uaŋ^{51}	kʰuaŋ^{51}
隰县	uaŋ^{21}	uaŋ^{21}	uaŋ^{21}	xuo^{44} 白 / xuæ^{44} 文	xuaŋ^{21}	uo^{44}	uæ^{44}	kʰuæ^{44}
大宁	vɛ̃^{31}	vɛ̃^{31}	uo^{24} 白 / vɛ̃^{31} 文	fuo^{55} 白 / fɛ̃^{55} 文	fɛ̃^{24}	uo^{55} 白 / vɛ̃^{55} 文	vɛ̃^{55}	kʰuɛ̃^{55}
永和	uã^{312}	uã^{312}	uã^{312}	xuɤ^{53} 白 / xuã^{53} 文	xuã^{312}	uɤ^{53} 白 / uã^{53} 文	uã^{53}	kʰuã^{53}
汾西	vɯ^{35} 白 / vã^{33} 文	uã^{11} 文	uã^{33}	fu^{55} 白 / fã^{55} 文	fã^{33}	vɯ^{53} 白 / vã^{53} 文	vɯ^{53} 白 / vã^{53} 文	kʰuã^{55}
蒲县	uaŋ^{31}	uaŋ^{31}	uaŋ^{31}	fo^{33} 白 / faŋ^{33} 文	faŋ^{31}	uo^{33} 白 / uaŋ^{33} 文	uaŋ^{33}	kʰuaŋ^{33}
潞州	uaŋ^{535}	uaŋ^{535}	uaŋ^{535}	faŋ^{44}	faŋ^{535}	uaŋ^{44}	uaŋ^{44}	kʰuaŋ^{54}
上党	uaŋ^{535}	uaŋ^{535}	uaŋ^{535}	faŋ^{22}	faŋ^{535}	uaŋ^{42}	uaŋ^{42}	kʰuaŋ^{42}
长子	vaŋ^{434}	vaŋ^{434}	vaŋ^{434}	faŋ^{422}	faŋ^{434}	vaŋ^{53}	vaŋ^{53}	kʰuaŋ^{422}
屯留	vaŋ^{43}	vaŋ^{43}	vaŋ^{43}	faŋ^{53}	faŋ^{43}	vaŋ^{11}	vaŋ^{11}	kʰuaŋ^{53}
襄垣	vɒ^{42}	vɒ^{42}	vɒ^{42}	fɒ^{53}	fɒ^{42}	vɒ^{45}	vɒ^{45}	kʰuɒ^{53}
黎城	uaŋ^{213}	uaŋ^{213}	uaŋ^{213}	faŋ^{53}	faŋ^{213}	uaŋ^{53}	uaŋ^{53}	kʰuaŋ^{53}
平顺	uaŋ^{434}	uaŋ^{434}	uaŋ^{434}	faŋ^{53}	faŋ^{434}	uaŋ^{53}	uaŋ^{53}	kʰuaŋ^{53}
壶关	uaŋ^{535}	uaŋ^{535}	uaŋ^{535}	faŋ^{42}	faŋ^{535}	uaŋ^{353}	uaŋ^{353}	kʰuaŋ^{42}
沁县	vɔ^{214}	vɔ^{214}	vɔ^{214}	fɔ^{53}	fɔ^{214}	vɔ^{53}	vɔ^{53}	kʰuɔ^{53}
武乡	vɔ̃^{213}	vɔ̃^{213}	vɔ̃^{213}	fɔ̃^{55}	fɔ̃^{213}	vɔ̃^{55}	vɔ̃^{55}	kʰuɔ̃^{55}
沁源	uə^{324}	uə^{324}	uə^{324}	fuə^{53}	fuə^{324}	uə^{53}	uə^{53}	kʰuə^{53}
安泽	uʌŋ^{42}	uʌŋ^{42}	uʌŋ^{42}	fʌŋ^{53}	fʌŋ^{42}	uʌŋ^{53}	uʌŋ^{53}	kʰuʌŋ^{53}
沁水端氏	vaŋ^{31}	uaŋ^{53}	uaŋ^{31}	faŋ^{53}	faŋ^{31}	vaŋ^{53}	vaŋ^{53}	kʰuaŋ^{53}
阳城	vãŋ^{212}	vãŋ^{212}	vãŋ^{212}	fãŋ^{51}	fãŋ^{212}	vãŋ^{51}	vãŋ^{51}	kʰuãŋ^{51}
高平	vɔ̃^{212}	vɔ̃^{212}	vɔ̃^{212}	fɔ̃^{53}	fɔ̃^{212}	vɔ̃^{53}	vɔ̃^{53}	kʰuɔ̃^{53}
陵川	uaŋ^{312}	uaŋ^{312}	uaŋ^{312}	faŋ^{24}	faŋ^{312}	uaŋ^{24}	uaŋ^{24}	kʰuaŋ^{24}
晋城	uɒ̃^{213}	uɒ̃^{213}	uɒ̃^{213}	fɒ̃^{53}	fɒ̃^{213}	uɒ̃^{53}	uɒ̃^{53}	kʰuɒ̃^{53}

续表

字目	网	枉	往	放	访	忘	望	况
中古音 方言点	文两 宕合三 上养微	纡往 宕合三 上养影	于两 宕合三 上养云	甫妄 宕合三 去漾非	敷亮 宕合三 去漾敷	巫放 宕合三 去漾微	巫放 宕合三 去漾微	许访 宕合三 去漾晓
忻府	vɛ^{313} 白 / vã^{313} 文	vã^{313}	vã^{313}	fɛ^{53} 白 /fã^{53} 文	fã^{313}	vɛ^{53} 白 /vã^{53} 文	vã^{53}	kʰuã^{53}
原平	vɔ^{213}	vɔ^{213}	vɔ^{213}	fuɔ^{53}	fuɔ^{213}	vɔ^{53}	vɔ^{53}	kʰuɔ^{53}
定襄	væ^{24}	væ^{24}	væ^{24}	fuə^{53}	fuə^{24}	væ^{53}	væ^{53}	kʰuæ^{53}
五台	uɔ^{213}	uɔ^{213}/uæn^{213}	uɔ^{213}/uæn^{213}	fuɔ^{52}	fuɔ^{213}/fæn^{213}	uɔ^{52}	uɔ^{52}	kʰuæn^{52}
岢岚	vɔ^{13}	vɔ^{13}	vɔ^{13}	fɔ^{52}	fɔ^{13}	vɔ^{52}	vɔ^{52}	kʰɔ^{52}
五寨	vɒ^{13}	vɒ^{13}	vɒ^{13}	fɒ^{52}	fɒ^{13}	vɒ^{52}	vɒ^{52}	kʰɒ^{52}
宁武	vɒ^{213}	vɒ^{213}	vɒ^{213}	fɒ^{52}	fɒ^{213}	vɒ^{52}	vɒ^{52}	kʰuo^{52}
神池	vɒ^{13}	vɒ^{13}	vɒ^{13}	fɒ^{52}	fɒ^{13}	vɒ^{52}	vɒ^{52}	kʰuɒ^{52}
繁峙	vɔ^{53}	vɔ^{53}	vɔ^{53}	fɔ^{24}	fɔ^{53}	vɔ^{24}	vɔ^{24}	kʰuɔ^{24}
代县	uɔ^{213}	uɔ^{213}	uɔ^{213}	fuɔ^{53}	fuɔ^{213}	uɔ^{53}	uɔ^{53}	kʰuɔ^{53}
河曲	vɒ^{213}	vɒ^{213}	vɒ^{213}	fɒ^{52}	fɒ^{213}	vɒ^{52}	vɒ^{52}	kʰɒ^{52}
保德	vɔ^{213}	vɔ^{213}	vɔ^{213}	fɔ^{52}	fɔ^{213}	vɔ^{52}	vɔ^{52}	kʰuɔ^{52}
偏关	vɒ^{213}	vɒ^{213}	vɒ^{213}	fɒ^{213}	fɒ^{213}	vɒ^{52}	vɒ^{52}	kʰɒ^{52}
朔城	——	vã^{53}	vã^{312}	fã^{53}	fã^{312}	vã^{53}	vã^{53}	kʰuã^{53}
平鲁	uɒ^{213}	uɒ^{213}	uɒ^{213}/uəʔ$^{\underline{34}}$	fɒ^{52}	fɒ^{213}	uɒ^{52}	uɒ^{52}	kʰuɒ^{52}
应县	vaŋ^{54}	vaŋ^{54}	vaŋ^{54}/vəʔ$^{\underline{43}}$	faŋ^{24}	faŋ^{54}	vaŋ^{24}	vaŋ^{24}	kʰuaŋ^{24}
灵丘	vɒ^{442}	vɒ^{442}	vɒ^{442}	fɒ^{53}	fɒ^{442}	vɒ^{53}	vɒ^{442}	kʰue^{53}
浑源	voʌ^{52}	voʌ^{52}	voʌ^{52}	foʌ^{13}	foʌ^{52}	voʌ^{13}	voʌ^{13}	kʰoʌ^{13}
云州	vɔ^{55}	vɔ^{55}	vɔ^{55}	fɔ^{24}	fɔ^{55}	vɔ^{24}	vɔ^{24}	kʰuɔ^{24}
新荣	vɔ^{54}	vɔ^{312}	vɔ^{54}	fɔ^{24}	fɔ^{54}	vɔ^{24}	vɔ^{24}	kʰuɔ^{24}
怀仁	vɒ^{53}	vɒ^{42}	vɒ^{53}	fɒ^{24}	fɒ^{53}	vɒ^{24}	vɒ^{24}	kʰɒ^{24}
左云	vɒ^{54}	vɒ^{31}	vɒ^{54}	fɒ^{24}	fɒ^{54}	vɒ^{24}	vɒ^{24}	kʰuɒ^{24}
右玉	vɒ^{53}	vɒ^{53}	vɒ^{53}	fɒ^{24}	fɒ^{53}	vɒ^{24}	vɒ^{24}	kʰuɒ^{24}
阳高	——	vɔ^{31}	vɔ^{53}/vaʔ^{3}	fɔ^{24}	fɔ^{53}	vɔ^{24}	vɔ^{24}	kʰɔ^{24}
山阴	uɒ^{52}	uɒ^{313}	uɒ^{52}	fɒ^{335}	fɒ^{52}	uɒ^{335}	uɒ^{335}	kʰuɒ^{335}
天镇	vɒ^{55}	vɒ^{22}	vɒ^{55}	fɒ^{24}	fɒ^{55}	vɒ^{24}	vɒ^{24}	kʰɒ^{24}
平定	vaŋ^{53}	vaŋ^{53}	vaŋ^{53}	faŋ^{24}	faŋ^{53}	vaŋ^{24}	vaŋ^{24}	kʰuaŋ^{24}
昔阳	võu^{55}	võu^{55}	võu^{55}	fõu^{13}	fõu^{55}	võu^{13}	võu^{13}	kʰuõu^{13}
左权	vɔ^{42}	vɔ^{42}	vɔ^{42}	fɔ^{53}	fɔ^{42}	vɔ^{53}	vɔ^{53}	kʰɔ^{53}
和顺	vɔ^{53}	vɔ^{53}	vɔ^{53}	fɔ^{13}	fɔ^{53}	vɔ^{13}	vɔ^{13}	kʰuɔ^{13}

续表

字目	网	枉	往	放	访	忘	望	况
中古音 / 方言点	文两 宕合三 上养微	纡往 宕合三 上养影	于两 宕合三 上养云	甫妄 宕合三 去漾非	敷亮 宕合三 去漾敷	巫放 宕合三 去漾微	巫放 宕合三 去漾微	许访 宕合三 去漾晓
尧都	uaŋ^{53}	uaŋ^{53}	uaŋ^{53}	faŋ^{44}	faŋ^{53}	vɤ^{44}白 / uaŋ^{53}文	uaŋ^{54}	kʰaŋ^{44}
洪洞	vaŋ^{42}	uaŋ^{42}	uaŋ^{42}	fo^{33}白 / faŋ^{33}文	faŋ^{42}	vo^{53}白 / vaŋ^{53}文	vo 白 / vaŋ^{53}文	kʰuaŋ^{33}
洪洞赵城	vɤ^{42}	uã^{21}	uã^{42}	fɤ^{24}白 / fã^{24}文	fɤ^{24}	vɤ^{53}白 / vã^{53}文	vã^{53}	kʰuã^{24}
古县	uaŋ^{42}	uaŋ^{42}	uaŋ^{42}	fo^{21}白 / faŋ^{21}文	faŋ^{42}	vo^{53}白 / uaŋ^{53}文	uo^{53}白 / uaŋ^{53}文	kʰuaŋ^{53}
襄汾	uɔ^{24}	uaŋ^{42}	uaŋ^{42}	faŋ^{44}	faŋ^{42}	vɔ^{53}	vɔ^{53}白 / vaŋ^{53}文	kʰuaŋ^{53}
浮山	uo^{33}	uaŋ^{33}	uaŋ^{33}	fɤ^{44}白 / faŋ^{44}文	faŋ^{33}	uo^{53}	uo^{53}白 / uaŋ^{53}文	kʰuaŋ^{53}
霍州	uaŋ^{33}	uaŋ^{33}	uaŋ^{33}	fɔ^{55}白 / faŋ^{55}文	faŋ^{33}	ɔ^{53}白 / uaŋ^{53}文	uaŋ^{53}	kʰuaŋ^{53}
翼城	uɔ^{44}	uɔ^{44}	uɔ^{44}	fɔ^{53}	fɔ^{44}	uɔ^{53}	uɔ^{53}	kʰuɔ^{53}
闻喜	vʌŋ^{13}	uʌŋ^{33}/ mʌŋ^{33}	uʌŋ^{33}/ mʌŋ^{33}	fʌŋ^{53}	fʌŋ^{53}	vʌŋ^{13}/vɤ^{13}/ uʌŋ^{13}	vʌŋ^{13}/ uʌŋ^{13}	kʰuʌŋ^{53}
侯马	uaŋ^{44}	uaŋ^{44}	uaŋ^{44}	faŋ^{53}	——	uaŋ^{53}	uaŋ^{53}	kʰuaŋ^{53}
新绛	vəŋ^{44}	uəŋ^{13}	uəŋ^{13}	fəŋ^{53}	fəŋ^{13}	vɤ^{53}	vəŋ^{53}	kʰuəŋ^{53}
绛县	vʌŋ^{33}	uʌŋ^{33}	uʌŋ^{33}	fʌŋ^{31}	fʌŋ^{31}	vʌŋ^{31}	vʌŋ^{31}	kʰuʌŋ^{31}
垣曲	uəŋ^{44}	uəŋ^{44}	uəŋ^{44}	fɤ^{53}白 / fəŋ^{53}文	fəŋ^{44}	uəŋ^{53}	uəŋ^{53}	kʰuəŋ^{53}
夏县	vəŋ^{24}白 / uəŋ^{24}文	uəŋ^{31}	uəŋ^{24}	fɤ^{31}/fəŋ^{24}	fəŋ^{24}	vɤ^{31}白 / uəŋ^{31}文	——	kʰuəŋ^{31}
万荣	vaŋ^{55}	uaŋ^{55}	uaŋ^{55}	fɤ^{33}白 / faŋ^{33}文	faŋ^{55}	vɤ^{33}	pfɤ^{33}白 / vaŋ^{33}文	kʰuaŋ^{33}
稷山	vʌŋ^{44}	vʌŋ^{44}	uaŋ^{44}	fʌŋ^{42}	fʌŋ^{44}	vɤ^{42}	vɤ^{42}白 / uʌŋ^{42}文	kʰuʌŋ^{42}
盐湖	vaŋ^{53}	uaŋ^{53}	uaŋ^{53}	faŋ^{44}	faŋ^{53}	vaŋ^{44}	vaŋ^{44}	kʰuaŋ^{44}
临猗	vaŋ^{53}	uaŋ^{53}	uaŋ^{53}	faŋ^{44}	faŋ^{53}	vo^{44}白 / vaŋ^{44}文	vo^{44}白 / vaŋ^{44}文	kʰuaŋ^{44}
河津	vɤ^{53}白 / vaŋ^{53}文	uaŋ^{53}	uaŋ^{53}	fɤ^{44}白 / faŋ^{44}文	faŋ^{53}	vɤ^{44}白 / vaŋ^{44}文	pfɤ^{44}白 / vaŋ^{44}文	kʰuaŋ^{44}
平陆	vaŋ^{55}	uaŋ^{55}	uaŋ^{55}	faŋ^{33}	faŋ^{55}	və^{33}	uaŋ^{33}	kʰuaŋ^{33}

续表

字目	网	枉	往	放	访	忘	望	况
中古音 / 方言点	文两 宕合三 上养微	纡往 宕合三 上养影	于两 宕合三 上养云	甫妄 宕合三 去漾非	敷亮 宕合三 去漾敷	巫放 宕合三 去漾微	巫放 宕合三 去漾微	许访 宕合三 去漾晓
永济	vaŋ53	vaŋ31	vaŋ53	faŋ44	faŋ53	uo44 白 / vaŋ44 文	vaŋ44	kʰuaŋ44
芮城	vaŋ53	uaŋ53	uaŋ53	faŋ44	faŋ53	uaŋ44	vaŋ44	kʰuaŋ44
吉县	vəŋ53	uəŋ53	uəŋ53	fə423 白 / fəŋ33 文	fəŋ53	və33 白 / vəŋ33 文	vəŋ33	kʰuəŋ33
乡宁	uaŋ44	uaŋ44	uaŋ44	fɤ22 白 / faŋ22 文	faŋ44	uɤ22 白 / uaŋ44 文	uaŋ22	kʰuaŋ22
广灵	vɔ44	vɔ44	vɔ44	fɔ213	fɔ44	vɔ213	vɔ213	kʰɔ213

字目	旺	缚	邦	庞	桩木~	窗	双	江
中古音 方言点	于放 宕合三 去漾云	符镬 宕合三 入药奉	博江 江开二 平江帮	薄江 江开二 平江並	株江 江开二 平江知	楚江 江开二 平江初	所江 江开二 平江生	古双 江开二 平江见
北京	uaŋ^{51}	fu^{51}	paŋ^{55}	pʰaŋ^{35}	tʂuaŋ^{55}	tʂʰuaŋ^{55}	ʂuaŋ^{55}	tɕiaŋ^{55}
小店	o^{24}	fəʔ^{54}	po^{11}	po^{11}/pʰo^{11}	tso^{11}	tsʰo^{11}	tsʰo^{11} 白 / tsʰo^{24} 白 / so^{11} 文	tɕio^{11}
尖草坪	vɔ^{35}	fəʔ^{2}	pɔ^{33}	pʰɔ^{33}	tsɔ^{33}	tsʰɔ^{33}	tsʰɔ^{35} 白 / sɔ^{33} 文	tɕiɔ^{33}
晋源	uaŋ^{35}	fu^{35}	paŋ^{11}	pʰaŋ^{11}	tsɔ^{11}	tsʰɔ^{11}	tsʰɔ^{11}	tɕiɔ^{35}
阳曲	uɔ^{454}	fɛʔ^{4}	pɔ^{312}	pʰɔ^{43}	tsuɔ^{312}	tsʰuɔ^{312}	tsʰuɔ^{454} 白 / suɔ^{312} 文	tɕiɔ^{312}
古交	vɔ^{53}	fəʔ$^{\underline{312}}$	pɔ^{44}	pʰɔ^{44}	tsuɔ^{44}	suɔ^{44}	suɔ^{44}	tɕiɔ^{44}
清徐	vɒ^{45}	fəʔ$^{\underline{54}}$	pɒ^{11}	pʰɒ^{11}	tsuɒ^{11}	suɒ^{11} 白 / tsʰuɒ^{11} 文	tsʰuɒ^{11} 白 / suɒ^{11} 文	tɕiɒ^{11}
娄烦	və^{54}	fu^{54}	pə^{33}	pʰə^{33}	pfə^{33}	pfʰə^{33}	fə^{33}	tɕiɑ̃^{33}
榆次	vɒ^{35}	fəʔ^{1}	pɒ^{11}	pʰɒ^{11}	tsuɒ^{11}	sɒ^{11}	suɒ^{11}	tɕiɒ^{11}
交城	uɤ^{24}	xu^{24}	pɤ^{11}	pʰɤ^{11}	tsuɤ^{11}	suɤ^{11} 白 / tsʰuɤ^{11} 文	tsʰuɤ^{11} 白 / suɤ^{11} 文	tɕiɤ^{11}
文水	uaŋ^{35}	xuəʔ$^{\underline{312}}$/ xəɸ^{35}	paŋ^{22}	pʰaŋ^{22}	tsu^{22} 白 / tsuaŋ^{22} 文	su^{22} 白 / tsʰuaŋ^{22} 文	tsʰu^{22} 白 / suaŋ^{22} 文	tɕiaŋ^{22}
祁县	u^{45} 白 / uɑ̃^{45} 文	xuəʔ$^{\underline{324}}$	pɑ̃^{31}	pʰɑ̃^{31}	tsu^{31} 白 / tsuɑ̃^{31} 文	su^{31} 白 / tsʰuɑ̃^{31} 文	tsʰu^{31} 白 / tsʰu^{45} 白 / suɑ̃^{31} 文	tɕiɑ̃^{31}
太谷	uo^{53}	fəʔ$^{\underline{423}}$	puo^{33}	puo^{33} 白 / pʰuo^{33} 文	tsuo^{33}	fuo^{33} 白 / tsʰuo^{33} 文	fuo^{33} 白 / tsʰuo^{33} 文	tɕiɒ^{33}
平遥	uə^{24} 白 / ũɑ̃^{24} 文	pʌʔ$^{\underline{523}}$ 白 / xuʌʔ$^{\underline{523}}$ 白 / xu^{24} 文	pɑ̃^{213}	pʰɑ̃^{213}	tsuə^{213} 白 / tsũɑ̃^{213} 文	suə^{213} 白 / tsũɑ̃^{213} 文	tsʰuə^{213} 白 / ɕyɛ^{213} 白 / sũɑ̃^{213} 文	tɕiɑ̃^{213}
孝义	uə^{454}	xuəʔ^{3}	pã^{33}	pʰã^{33}	tsuə^{33}	suə^{33}	tsʰuə^{33} 白 / suã^{33} 文	tɕiã^{33}
介休	uæ̃^{45}	xuʌʔ$^{\underline{312}}$	pæ̃^{13}	pʰæ̃^{13}	tsuæ̃^{13}	ɕyɤ^{13} 白 / tsʰuæ̃^{13} 文	tɕʰyɤ^{13} 白 / suæ̃^{13} 文	tɕiɛ̃^{13}
灵石	——	xu^{53}	pɒ̃^{535}	pʰɒ̃^{44}	tsuɒ̃^{535}	——	——	tɕiɒ̃^{535}
盂县	uo^{55} 白 / væ̃^{55} 文	fəʔ$^{\underline{53}}$	pæ̃^{412}	pʰæ̃^{22}	tsuo^{412}	tsʰuo^{412} 白 / tsʰuæ̃^{412} 文	suo^{412} 白 / suæ̃^{412} 文	tɕiæ̃^{412}
寿阳	vɒo^{45}	fəʔ$^{\underline{54}}$	pɒo^{31}	pʰɒo^{22}	tsɒo^{31}	sɒo^{31}/tsʰɒo^{31}	tsʰɒo^{31}/sɒo^{31}	tɕiɒo^{31}
榆社	vɔu^{45}	fəʔ^{2}	pɔu^{22}	pʰɔu^{22}	tsuɔu^{22}	tsʰuɔu^{22}	fɔu^{45}	tɕiɔu^{22}
离石	uə^{53}	xuəʔ^{4}	puə^{24}	pʰuə^{44}	tsuə^{24}	tsʰuə^{24}	suə^{24}	tɕiɔ^{24}

续表

字目	旺	缚	邦	庞	桩木~	窗	双	江
中古音 / 方言点	于放 宕合三 去漾云	符镬 宕合三 入药奉	博江 江开二 平江帮	薄江 江开二 平江並	株江 江开二 平江知	楚江 江开二 平江初	所江 江开二 平江生	古双 江开二 平江见
汾阳	uɔ^{55}	fəʔ$^{\underline{312}}$	puɔ^{324}	pʰuɔ^{22}	tʂuɔ^{324}	tʂʰuɔ^{324}	tʂʰuɔ^{324}	tɕiɔ^{324}
中阳	uɒ^{53}	xuəʔ^{4}	pɒ^{24}	pʰɒ^{33}	tsɒ^{24}	tsʰɒ^{24}	sɒ^{24}	tɕiɒ^{24}
柳林	uo^{53}	xuəʔ^{4}	po^{24}	pʰo^{44}	tsuo^{24}	tsʰuo^{24}	suo^{24}	tɕiɔ^{24}
方山	uə^{52}	xuəʔ$^{\underline{23}}$	puə^{24}	pʰuə^{44}	tsuə^{24}	tsʰuə^{24}	suə^{24}	tɕiɔ^{24}
临县	uɤ^{52}	fɐʔ^{3}	puɤ^{24}	puɤ^{33}	tsʮə^{24}	tsʰʮə^{24}	sʮə^{24}	tɕiɒ^{24}
兴县	uɤ^{53}	xuəʔ^{5}	pɤ^{324}	pʰɤ^{55}	tsuɤ^{324}	tsʰuɤ^{324}	suɤ^{324}/suɤ^{53}	tɕiɛ^{324}
岚县	uə^{53}	fu^{53}	puə^{214}	pʰuə^{44}	tsuə^{214}	tsʰuə^{214}	suə^{214}	tɕyə^{214}
静乐	vɤɯ^{53} 白	fəʔ^{4}	pã^{24}	pʰã^{33}	tsuã^{24}	tsʰuã^{24}	suã^{24}	tɕiã^{24}
交口	uã^{53}	xuəʔ$^{\underline{212}}$	pã^{323}	pʰã^{44}	tsuə^{323} 白 / tsuã^{323} 文	tsʰuə^{323} 白 / tsʰuã^{323} 文	suə^{323} 白 / suã^{44} 文	tɕiã^{323}
石楼	uə^{51} 白 / uɑŋ^{51} 文	xuəʔ$^{\underline{213}}$	pɑŋ^{213}	pʰɑŋ^{44}	tuə^{213} 白 / tʂuɑŋ^{213} 文	tʂʰuə^{213} 白 / tʂʰuɑŋ^{213} 文	ʂuə^{213} 白 / ʂuɑŋ^{213} 文	tɕiɑŋ^{213}
隰县	uæ^{44}	xu^{44}	pæ^{53}	pʰaŋ^{24}	tsuæ^{53}	tsuo^{53} 白 / tsuæ^{53} 文	suo^{53} 白 / suæ^{53} 文	tɕiɛ^{53}
大宁	vɛ̃^{55}	fu^{24}	pɛ̃^{31}	pʰɛ̃^{24}	——	tsʰuo^{31} 白 / tʂuɛ̃^{31} 文	suo^{31} 白 / ʂuɛ̃^{31} 文	tɕiɛ̃^{31}
永和	uã^{53}	xuəʔ$^{\underline{35}}$	pã^{33}	pʰã^{35}	——	tʂʰuɤ^{33} 白 / tʂʰuã^{33} 文	ʂuɤ^{33} 白 / ʂuã^{33} 文	tɕiã^{33}
汾西	uã^{53}	fəʔ^{1}	pã^{11}	pʰã^{35}	tsuã^{11}	tsʰu^{11} 白 / tsuã^{11} 文	su^{11} 白 / suã^{11} 文	tɕiã^{11}
蒲县	uɑŋ^{33}	fu^{33}	pɑŋ^{52}	pʰɑŋ^{24}	tsuɑŋ^{52}	tsʰuo^{52} 白 / tsʰuɑŋ^{52} 文	suo^{52} 白 / suɑŋ^{52} 文	tɕiɑŋ^{52}
潞州	uaŋ^{54}	pəʔ$^{\underline{53}}$	paŋ^{54}	pʰaŋ^{24}	tsuaŋ^{312}	tsʰuaŋ^{312}	suaŋ^{312}	tɕiaŋ^{312}
上党	uɑŋ^{42}	fuəʔ$^{\underline{21}}$	pɑŋ^{213}	pʰɑŋ^{44}	tsuɑŋ^{213}	tsʰuɑŋ^{213}	suɑŋ^{213}	tɕiɑŋ^{213}
长子	vaŋ^{53}	fu^{53}	paŋ^{312}	pʰaŋ^{24}	tsuaŋ^{312}	tsʰuaŋ^{312}	suaŋ^{312}	tɕiaŋ^{312}
屯留	vɑŋ^{11}	fəʔ^{1}	pɑŋ^{31}	pʰɑŋ^{11}	tsuɑŋ^{31}	tsʰuɑŋ^{31}	suɑŋ^{31}	tɕiɑŋ^{31}
襄垣	vɒ^{45}	fʌʔ$^{\underline{43}}$	pɒ^{33}	pʰɒ^{33}	tsuɒ^{33}	tsʰuɒ^{33}	tsʰuɒ^{33} 白 / suɒ^{33} 文	tɕiɒ^{33}
黎城	uɑŋ^{53}	fu^{213}	pɑŋ^{33}	pɑŋ^{53}	tsuɑŋ^{33}	tsʰuɑŋ^{33}	suɑŋ^{33}	ciɑŋ^{33}
平顺	uɑŋ^{53}	fʌʔ$^{\underline{423}}$	pɑŋ^{213}	pʰɑŋ^{13}	tsuɑŋ^{213}	tsʰuɑŋ^{213}	suɑŋ^{213}	ciɑŋ^{213}
壶关	uɑŋ^{353}	fʌʔ$^{\underline{21}}$	pɑŋ^{33}	pʰɑŋ^{13}	tʂuɑŋ^{33}	tʂʰuɑŋ^{33}	ʂuɑŋ^{33}	ciɑŋ^{33}
沁县	vɔ^{53}	fu^{53}	pɔ^{224}	pʰɔ^{33}	tsuɔ^{224}	tsʰuɔ^{224}	tsʰuɔ^{224} 白 / suɔ^{224} 文	tɕiɔ^{224}

续表

字目	旺	缚	邦	庞	桩木~	窗	双	江
中古音 / 方言点	于放 宕合三 去漾云	符镬 宕合三 入药奉	博江 江开二 平江帮	薄江 江开二 平江並	株江 江开二 平江知	楚江 江开二 平江初	所江 江开二 平江生	古双 江开二 平江见
武乡	vɔ̃^{55}	——	pɔ̃^{113}	pʰɔ̃^{113}	tsuɔ̃^{113}	tsʰuɔ̃^{113}	tsʰuɔ̃^{113} 白 / suɔ̃^{113} 文 / suɔ̃^{55} 文	tɕiɔ̃^{113}
沁源	uə^{53}	fu^{53}	puə^{324}	pʰuə^{33}	tʂuə^{324}	tʂʰuə^{324}	tʂʰuə^{324} 白 / ʂuə^{324} 文	tɕiʌ̃^{324}
安泽	uʌŋ^{53}	fu^{53}	pʌŋ^{21}	pʰʌŋ^{35}	——	tsʰuʌŋ^{21}	suʌŋ^{21}	tɕiʌŋ^{21}
沁水端氏	uɑŋ^{53}	fəʔ^{2}	pɑŋ^{21}	pʰɑŋ^{24}	tsuɑŋ^{21}	suɑŋ^{21}	suɑŋ^{21}	tɕiɑŋ^{21}
阳城	vãŋ^{51}	fəʔ^{2}	pãŋ^{224}	pʰãŋ^{22}	tʂuãŋ^{224}	ʂuãŋ^{224}	ʂuãŋ^{224}/ ʂuãŋ^{51}	ciãŋ^{224}
高平	vɔ̃^{53}	fu^{53}	pɔ̃^{33}	pʰɔ̃^{33}	tʂʰuɔ̃^{33}	ʂuɔ̃^{33}	ʂuɔ̃^{33}	ciɔ̃^{33}
陵川	uɑŋ^{24}	fəʔ^{3}	pɑŋ^{33}	pʰɑŋ^{53}	tʂuɑŋ^{33}	tʂʰuɒŋ^{33}	ʂuɑŋ^{33}	ciɑŋ^{33}
晋城	uɒ̃^{53}	fu^{53}	pɒ̃^{33}	pʰɒ̃^{324}	tʂuɒ̃^{33}	tʂʰuɒ̃^{33} 白 / ʂuɒ̃^{324} 文	ʂuɒ̃^{33}	tɕiɒ̃^{33}
忻府	vɑ̃^{53}	fu^{53}	pɑ̃^{313}	pʰɑ̃^{21}	tsuɛ^{313} 白 / tsuɑ̃^{313} 文	tsʰuɛ^{313} 白 / tsʰuɑ̃^{313} 文	suɛ^{313} 白 / suɑ̃^{313} 文	tɕiɑ̃^{313}
原平	vɔ^{53}	fəʔ$^{\underline{34}}$	puɔ^{213}	pʰuɔ^{33}	tsuɔ^{213}	tsʰuɔ^{213}	suɔ^{213}	tɕiɔ^{213}
定襄	væ^{53}	fəʔ^{1}	puə^{24}	pʰuə^{24}	tsɔ^{24}	tsʰɔ^{24}	sɔ^{24}	tɕiæ^{24}
五台	uɔ^{52}/uæn^{52}	fəʔ^{3}	puɔ^{213}/ pæn^{213}	pʰuɔ^{33}/ pʰæn^{213}	tsuɔ^{213}	tsʰuɔ^{213}	suɔ^{213}	tɕiæn^{213}
岢岚	vɔ^{52}	fu^{52}	pɔ^{13}	pʰɔ^{44}	tʂɔ^{13}	tsʰɔ^{13}	ʂɔ^{13}	tɕiɔ^{13}
五寨	vɒ^{52}	fu^{52}	pɒ^{13}	pʰɒ^{44}	tsɒ^{13}	tsʰɒ^{13}	sɒ^{13}	tɕiɒ^{13}
宁武	vɒ^{52}	fəʔ^{4}	pɒ^{23}	pʰɒ^{33}	tsuo^{23}	tsʰuo^{23}	suo^{23}	tɕiɒ^{213}
神池	vɒ^{52}	fu^{52}	pɒ^{24}	pʰɒ^{32}	tsuɒ^{24}	tsʰuɒ^{24}	suɒ^{24}	tɕiɒ^{24}
繁峙	vɔ^{24}	fəʔ$^{\underline{13}}$	pɔ^{53}	pʰɔ^{31}	tsuɔ^{53}	tsʰuɔ^{53}	suɔ^{53}	tɕiɔ^{53}
代县	uɔ^{53}	fəʔ^{2}	puɔ^{213}	pʰuɔ^{44}	tsuɔ^{213}	tsʰuɔ^{213}	suɔ^{213}	tɕiɔ^{213}
河曲	vɒ^{52}	fəʔ^{4}	pɒ^{213}	pʰɒ^{44}	——	tʂʰɒ^{213}	ʂɒ^{213}	liɒ^{52}
保德	vɔ^{52}	fəʔ^{4}	pɔ^{213}	pʰɔ^{44}	tʂuɔ^{213}	tʂʰuɔ^{213}	ʂuɔ^{213}	tɕiɔ^{213}
偏关	vɒ^{52}	fəʔ^{4}	pɒ^{24}	pʰɒ^{44}	tʂɒ^{24}	tʂʰɒ^{24}	ʂɒ^{24}	tɕiɒ^{24}
朔城	vɑ̃^{53}	fəʔ$^{\underline{35}}$	pɑ̃^{312}	pʰɑ̃^{35}	tsuɑ̃^{312}	tsʰuɑ̃^{312}	suɑ̃^{312}	tɕiɑ̃^{312}
平鲁	uɒ^{52}	——	pɒ^{213}	pʰɒ^{44}	tsuɒ^{213}	tsʰuɒ^{213}	suɒ^{44}	tɕiɒ^{213}
应县	vaŋ^{24}	——	paŋ^{43}	pʰaŋ^{31}	tsuaŋ^{43}	tsʰuaŋ^{43}	suaŋ^{43}/ suaŋ^{24}	tɕiaŋ^{43}
灵丘	vɒ^{442}	fu^{53}	pɒ^{442}	pʰɒ^{31}	tsue^{442}	tsʰue^{442}	sue^{442}	tɕiɒ^{442}

续表

字目	旺	缚	邦	庞	桩木~	窗	双	江
中古音 / 方言点	于放 宕合三 去漾云	符钁 宕合三 入药奉	博江 江开二 平江帮	薄江 江开二 平江並	株江 江开二 平江知	楚江 江开二 平江初	所江 江开二 平江生	古双 江开二 平江见
浑源	voʌ^{13}	fu^{13}	poʌ^{52}	pʰoʌ^{22}	tsoʌ^{52}	tsʰoʌ^{52}	soʌ^{52}	tɕioʌ^{52}
云州	vɔ^{24}	fu^{24}	pɔ^{21}	pʰɔ^{312}	tʂuɔ^{21}	tʂʰuɔ^{21}	ʂɔ^{21}	tɕiɔ^{21}
新荣	vɔ^{24}	fu^{24}	pɔ^{32}	pʰɔ^{312}	tʂɔ^{32}	tsʰɔ^{32}	ʂɔ^{32}	tɕiɔ^{32}
怀仁	vɒ^{24}	fu^{24}	pɒ^{42}	pʰɒ^{312}	tsɒ^{42}	tsʰɒ^{42}	sɒ^{42}	tɕiɒ^{42}
左云	vɒ^{24}	fəʔ^{4}	pɒ^{31}	pʰɒ^{313}	tsɒ^{31} 白 / tsuɒ^{31} 文	tsʰuɒ^{31}	sɒ^{31} 白 / suɒ^{31} 文	tɕiɒ^{31}
右玉	vɒ^{24}	fu^{53}	pɒ^{31}	pʰɒ^{212}	tʂuɒ^{31}	tʂʰuɒ^{31}	ʂuɒ^{31}	tɕiɒ^{31}
阳高	vɔ^{24}	fu^{24}	pɔ^{31}	pʰɔ^{312}	tsɔ^{31}	tsʰɔ^{31}	sɔ^{31}	tɕiɔ^{31}
山阴	uɒ^{335}	——	pɒ^{313}	pʰɒ^{313}	tʂuɒ^{313}	tʂʰuɒ^{313}	ʂuɒ^{313}	tɕiɒ^{313}
天镇	vɒ^{24}	fu^{24}	pɒ^{32}	pʰɒ^{22}	tsɒ^{31}	tsʰɒ^{31}	sɒ^{31}	tɕiɒ^{31}
平定	vaŋ^{24}	fu^{44}	paŋ^{31}	pʰaŋ^{44}	tsuaŋ^{31}	tsʰaŋ^{31}	suaŋ^{31}/ suaŋ^{24}	tɕiaŋ^{31}
昔阳	vɔ̃u^{13}	fu^{13}	pɔ̃u^{42}	pʰɔ̃u^{33}	tsuɔ̃u^{42}	tsʰɔ̃u^{42} 白 / tsʰuɔ̃u^{42} 文	suɔ̃u^{42}	tɕiɔ̃u^{13}
左权	vɔ^{53}	pəʔ^{1}/fəʔ^{1}	pɔ^{31}	pʰɔ^{11}	tsɔ^{11}	sɔ^{31} 白 / tsʰɔ^{31} 文	tsʰɔ^{31} 白 / sɔ^{31} 文	tɕiɔ^{31}
和顺	vɔ^{13}	——	pɔ^{42}	pʰɔ^{22}	tsuɔ^{42}	tsʰuɔ^{42}	tsʰuɔ^{42} 白 / suɔ^{42} 文	tɕiɔ^{42}
尧都	uaŋ^{54}	fu^{21}	paŋ^{21}	pʰaŋ^{24}	tʂuaŋ^{21}	fo^{21} 白 / tʂʰuo^{21} 文	fo^{24} 白 / faŋ^{21} 白 / ʂuaŋ^{21} 文	tɕiaŋ^{21}
洪洞	uaŋ^{53}	fu^{21}	paŋ^{21}	pʰaŋ^{24}	tʂo^{21} 白 / tʂuaŋ^{21} 文	tʂʰo^{21} 白 / tʂʰuaŋ^{21} 文	fo^{21} 白 / faŋ^{21} 文	tɕiaŋ^{21}
洪洞赵城	uã^{53}	fu^{53}	pã^{21}	pʰã^{24}	tʂuã^{21}	tʂʰuɤ^{21} 白 / tʂʰuã^{21} 文	ʂuɤ^{21} 白 / ʂuã^{21} 文	tɕiã^{21}
古县	uaŋ^{53}	——	paŋ^{21}	pʰaŋ^{35}	tʂuaŋ^{21}	tʂʰuo^{21} 白 / tʂʰuaŋ^{21} 文	fo^{21} 白 / ʂuaŋ^{21} 文	tɕyo^{21} 白 / tɕiaŋ^{21} 文
襄汾	uɔ^{53} 白 / uaŋ^{53} 文 / uaŋ^{44}	fu^{21}	paŋ^{21}	pʰaŋ^{24}	tʂuaŋ^{21}	fuɔ^{21} 白 / tʂʰuɔ^{21} 文	ʂuaŋ^{21}	tɕiaŋ^{21}
浮山	uo^{53} 白 / uaŋ^{53} 文 / uaŋ^{44}	fu^{13}	paŋ^{42}	pʰaŋ^{13}	pfaŋ^{42} 白 / tʂuaŋ^{42} 文	pfʰɤ^{42}	fɤ^{42} 白 / faŋ^{42} 文	tɕiaŋ^{42}
霍州	ɔ^{53} 白 / uaŋ^{53} 文	fu^{212}	paŋ^{212}	pʰaŋ^{35}	tsɔ^{212} 白 / tsuaŋ^{212} 文	tsʰɔ^{212} 白 / tsʰuaŋ^{212} 文	sɔ^{212} 白 / suaŋ^{212} 文	tɕiaŋ^{212}

续表

字目	旺	缚	邦	庞	桩木~	窗	双	江
中古音 方言点	于放 宕合三 去漾云	符镬 宕合三 入药奉	博江 江开二 平江帮	薄江 江开二 平江並	株江 江开二 平江知	楚江 江开二 平江初	所江 江开二 平江生	古双 江开二 平江见
翼城	uɔ^{53}	fu^{53}	po^{53}	pʰɔ^{12}	tʂuɔ^{53}	pfʰɔ^{53}	ʂɔ^{53}	tɕiɔ^{53}
闻喜	vᴀŋ^{13}/ uᴀŋ^{13}	fɤ^{13}	——	pʰᴀŋ^{13}	pfᴀŋ^{53}	pfʰᴀŋ^{53}	fᴀŋ^{53}	tɕiᴇ^{53}/ tɕiᴀŋ^{53}
侯马	uɑŋ^{53}	fu^{53}	pɑŋ^{213}	pʰɑŋ^{213}	tʂʰuɑŋ^{213}	tʂʰɤ^{213} 白 / tʂʰuɑŋ^{213} 文	fɤ^{213} 白 / fuɑŋ^{213} 文	tɕiɑŋ^{213}
新绛	uəŋ^{53}	fu^{53}	pəŋ^{53}	pʰəŋ^{13}	pfəŋ^{53}	pfʰɤ^{53}	fɤ^{53} 白 / fəŋ^{53} 文	tɕiəŋ^{53}
绛县	uʌŋ^{31}	fu^{24}	pʌŋ^{53}	pʰʌŋ^{24}	pfʌŋ^{53}	pfʰɤ^{53}	fɤ^{53} 白 / fɤ^{31} 白 / fʌŋ^{53} 文	tɕiʌŋ^{53}
垣曲	uəŋ^{53}	fu^{53}	pəŋ^{22}	pʰəŋ^{22}	tʂuəŋ^{22}	tʂʰuo^{22}	ʂuəŋ^{22}	tɕiəŋ^{22}
夏县	uəŋ^{31}	fu^{42}	pəŋ^{53}	——	pfəŋ^{53} 白 / tʂuəŋ^{53} 文	pfʰəŋ^{53} 白 / tʂʰuəŋ^{53} 文	fəŋ^{53} 白 / ʂuəŋ^{53} 文	tɕiəŋ^{53}
万荣	uaŋ^{33}	fu^{33}	paŋ^{51}	paŋ^{213}	pfaŋ^{51}	pfʰaŋ^{51}	faŋ^{51}	tɕiaŋ^{51}
稷山	uʌŋ^{42}	fu^{53}	pʌŋ^{53}	pʰʌŋ^{13}	pfʌŋ^{53}	pfʰɤ^{53}	fɤ^{53} 白 / fʌŋ^{53} 文	tɕiʌŋ^{53}
盐湖	uaŋ^{44}	fu^{13}	paŋ^{42}	pʰaŋ^{13}	pfaŋ^{42} 白 / tʂuaŋ^{42} 文	pfʰaŋ^{42} 白 / tʂʰuaŋ^{42} 文	faŋ^{42} 白 / faŋ^{44} 白 / ʂuaŋ^{42} 文	tɕiaŋ^{42}
临猗	uɑŋ^{44}	fo^{42}	pɑŋ^{42}	pʰɑŋ^{13}	pfɑŋ^{42} 白 / tʂuɑŋ^{42} 文	pfʰɑŋ^{42} 白 / tʂʰuɑŋ^{42} 文	fɑŋ^{42} 白 / ʂuɑŋ^{42} 文	tɕiɑŋ^{42}
河津	yɛ^{44} 白 / uaŋ^{44} 文 / uaŋ^{31}	fu^{324}	paŋ^{31}	pʰaŋ^{324}	pfaŋ^{31}	pfʰaŋ^{31}	faŋ^{31}/faŋ^{44}	tɕiaŋ^{31}
平陆	uaŋ^{33}	fu^{33}	paŋ^{31}	pʰaŋ^{13}	pfaŋ^{31}	pfʰaŋ^{31}	faŋ^{31}	tɕiaŋ^{31}
永济	ye^{44} 白 / vaŋ^{44} 文	fu^{31}	paŋ^{31}	pʰaŋ^{24}	pfuo^{44} 白 / pfaŋ^{31} 文	pfʰaŋ^{31}	faŋ^{31} 白 / ʂuaŋ^{31} 文 / faŋ^{44}	tɕiaŋ^{31}
芮城	uaŋ^{44}	fo^{42}	paŋ^{42}	pʰaŋ^{13}	pfaŋ^{42} 白	pfaŋ^{42}	faŋ^{42}	tɕiaŋ^{42}
吉县	uəŋ^{53}	fu^{33}	pəŋ^{423}	pʰəŋ^{13}	pfəŋ^{423}	pfʰə^{13}	fə^{423} 白 / fəŋ^{33} 文	tɕiəŋ^{423}
乡宁	uaŋ^{22}	fu^{22}	paŋ^{53}	pʰaŋ^{12}	tʂuɤ^{53} 白 / tʂuaŋ^{53} 文	tʂʰuɤ^{53} 白 / tʂʰuaŋ^{53} 文	ʂuɤ^{53} 白 / ʂuaŋ^{53} 文	tɕiaŋ^{53}
广灵	vɔ^{213}	fu^{31}	pɔ^{53}	pʰɔ^{31}	tsɔ^{53}	tsʰɔ^{53}	sɔ^{53}	tɕiɔ^{53}

字目	腔	降投~	绑	棒	蚌	港	讲	项
中古音 / 方言点	苦江 江开二 平江溪	下江 江开二 平江匣	逋莽 江开二 上讲帮	步项 江开二 上讲並	步项 江开二 上讲並	古项 江开二 上讲见	古项 江开二 上讲见	胡讲 江开二 上讲匣
北京	tɕʰiaŋ^{55}	ɕiaŋ^{35}	paŋ^{214}	paŋ^{51}	paŋ^{51}	kaŋ^{214}	tɕiaŋ^{214}	ɕiaŋ^{51}
小店	tɕʰio^{11}	ɕio^{11}	po^{53}	po^{24}	po^{24}	kɑ^{53}/ko^{53}	tɕio^{53}	ɕio^{24}
尖草坪	tɕʰiɔ^{33}	ɕiɔ^{33}	pɔ^{312}	pɔ^{35}	pɔ^{35}	kɔ^{312}	tɕiɔ^{312}	ɕiɔ^{35}
晋源	tɕʰiɔ^{11}	ɕiɔ^{11}	paŋ^{42}	paŋ^{35}	paŋ^{35}	kaŋ^{423}	tɕiɔ^{42}	ɕia^{35}
阳曲	tɕiɔ^{312}	ɕiɔ^{43}	pɔ^{312}	pɔ^{454}	pɔ^{454}/pɔ̃^{454}	kɔ^{312}	tɕiɔ^{312}	ɕiɔ^{454}
古交	tɕʰiɔ^{44}	ɕiɔ^{44}	pɔ^{312}	pɔ^{53}	pɔ^{53}	kɔ^{312}	tɕiɔ^{312}	ɕiɔ^{53}
清徐	tɕʰiɒ^{11}	ɕiɒ^{11}	pɒ^{54}	pɒ^{54}	pɒ^{11}	kɒ^{54}	tɕiɒ^{54}	ɕiɒ^{45}
娄烦	tɕʰiɑ̃^{33}	ɕiɑ̃^{33}	pə^{312}	pə^{54}	pə^{54}	kɑ̃^{312}	tɕiɑ̃^{312}	ɕiɑ̃^{54}
榆次	tɕʰiɒ^{11}	ɕiɒ^{11}	pɒ^{53}	pɒ^{35}	pɒ^{35}	kɒ^{53}	tɕiɒ^{53}	ɕiɒ^{35}
交城	tɕʰiɤ^{11}	ɕiɤ^{11}	pɤ^{53}	pɤ^{24}	pɤ^{24}/pə̃^{24}	kɤ^{53}	tɕiɤ^{53}	ɕiɤ^{24}
文水	tɕʰiaŋ^{22}	ɕiaŋ^{22}	pu^{423} 白 / paŋ^{423} 文	pu^{35} 白 / paŋ^{35} 文	pu^{35} 白 / paŋ^{35} 文	kaŋ^{423}	tɕiu^{423} 白 / tɕiaŋ^{423} 文	xu^{35} 白 / ɕiaŋ^{35} 文
祁县	tɕʰia^{31} 白 / tɕʰiɑ̃^{31} 文	ɕiɑ̃^{45}	pɯ^{314} 白 / pɑ̃^{314} 文	pɯ^{45} 白 / pɑ̃^{45} 文	pɑ̃^{45}	ka^{314} 白 / kɑ̃^{314} 文	tɕia^{314} 白 / tɕiɑ̃^{314} 文	ɕia^{45} 白 / ɕiɑ̃^{45} 文
太谷	tɕʰiɒ^{33}	ɕiɒ^{33}	puo^{312}	puo^{53}	puo^{53}	kɒ^{312}	tɕiɒ^{312}	ɕiɒ^{53}
平遥	tɕʰiɑ̃^{213}	ɕiɑ̃^{24}	pɑ̃^{512}	puə^{24} 白 / pɑ̃^{24} 文	——	kɑ̃^{512}	tɕiɑ̃^{213}	ɕiɑ̃^{24}
孝义	tɕʰiã^{33}	ɕiã^{33}	puə^{312}	puə^{454}	pu^{454}	kã^{312}	tɕiã^{312}	ɕiã^{454}
介休	tɕʰiɛ̃^{13}	ɕiɛ̃^{13}	puɤ^{423} 白 / pæ̃^{423} 文	puɤ^{45} 白 / pæ̃^{45} 文	puɤ^{45} 白 / pæ̃^{45} 文	kæ̃^{423}	tɕiɛ̃^{423}	ɕiɛ̃^{45}
灵石	tɕʰiɒ̃^{535}	ɕiɒ̃^{44}	pɒ̃^{212}/puɤ^{212}	pɒ̃^{53}	pɒ̃^{53}	kɒ̃^{212}	tɕiɒ̃^{212}	ɕiɒ̃^{53}
盂县	tɕʰio^{412}	ɕio^{22}/ ɕiæ̃^{22} 文	puo^{53}	puo^{55}	puo^{55}	kæ̃^{53}	tɕio^{53} 白 / tɕiæ̃^{53} 文	ɕiæ̃^{55}
寿阳	tɕʰiɒo^{31}	ɕiɒo^{22}	pɒo^{53}	pɒo^{45}	pɒo^{45}	kɒo^{53}	tɕiɒo^{53}	ɕiɒo^{45}
榆社	tɕʰiɔu^{22}	ɕiɔu^{22}	pɔu^{312}	pɔu^{45}	pɔu^{45}	kɔu^{312}	tɕiɔu^{312}	ɕiɔu^{45}
离石	tɕʰiɔ^{35}	ɕiɔ^{44}	puə^{312}	puə^{312}	puə^{312}	kɔ^{312}	tɕiɔ^{312}	ɕiɔ^{53}
汾阳	tɕʰiɔ^{324}	tɕʰiɔ^{22}	puɔ^{312}	puɔ^{55}	pəŋ^{55}	kuɔ^{312}	tɕiɔ^{312}	ɕiɔ^{55}
中阳	tɕʰiɒ^{35}	ɕiɒ^{33}	pɒ^{423}	pɒ^{423}	pɒ^{423}	kɒ^{423}	tɕiɒ^{423}	ɕiɒ^{53}
柳林	tɕʰiɔ^{24}	ɕiɔ^{44}	po^{312}	po^{53}	po^{53}	kɔ^{312}	tɕiɔ^{312}	ɕiɔ^{53}
方山	tɕʰiɔ^{24}	ɕiɔ^{44}	puə^{312}	puə^{52}	puə^{52}	kɔ^{312}	tɕiɔ^{312}	ɕiɔ^{52}
临县	tɕʰiɒ^{24}	ɕiɒ^{33}	puɤ^{312}	puɤ^{52}	puɤ^{52}	kɒ^{312}	tɕiɒ^{312}	ɕiɒ^{52}
兴县	——	ɕiɛ^{55}	pɤ^{324}	pɤ^{53}	pɤ^{53}	kɤ^{324}	tɕiɛ^{324}	ɕiæ̃^{53}
岚县	tɕʰyə^{214}	ɕyə^{44}	puə^{312}	puə^{53}	——	kuə^{312}	tɕyə^{312}	ɕyə^{53}
静乐	tɕʰiɑ̃^{24}	ɕiɑ̃^{24}	pɑ̃^{314}	pɤɯ^{53}	pɑ̃^{53}	kɑ̃^{53}	tɕiɑ̃^{314}	ɕiɑ̃^{53}

续表

字目	腔	降投~	绑	棒	蚌	港	讲	项
中古音 / 方言点	苦江 江开二 平江溪	下江 江开二 平江匣	逋莽 江开二 上讲帮	步项 江开二 上讲並	步项 江开二 上讲並	古项 江开二 上讲见	古项 江开二 上讲见	胡讲 江开二 上讲匣
交口	tɕʰiã^{323}	ɕiã^{44}	pã^{323}	pə^{53} 白 / pã^{53} 文	pã^{53}	kã^{323}	tɕiã^{323}	ɕiã^{53}
石楼	tɕʰiaŋ^{213}	ɕiaŋ^{44}	paŋ^{213}	puə^{51} 白 / paŋ^{51} 文	paŋ^{51}	kaŋ^{213}	tɕiaŋ^{213}	ɕiaŋ^{51}
隰县	tɕʰiɛ^{53}	ɕiaŋ^{24}	paŋ^{21}	pɤ^{44} 白 / pæ^{44} 文	——	kaŋ^{21}	tɕiaŋ^{21}	ɕiɛ^{44}
大宁	tɕʰiɛ̃^{31}	ɕiɛ̃^{24}	pɛ̃^{31}	pʰuo^{55} 白 / pʰɛ̃^{55} 文	pɛ̃^{55}	kɛ̃^{31}	tɕiɛ̃^{31}	ɕiɛ̃^{55}
永和	tɕʰiã^{33}	ɕiã^{33}	pã^{312}	pʰã^{53} 白 / pã^{53} 文	pʰã^{53} 白 / pã^{53} 文	kã^{53}	tɕiã^{312}	ɕiã^{53}
汾西	tɕʰiã^{11}	ɕiã^{35}	pã^{33}	pã^{53}	pã^{53} 文 /pʰu^{53}	kã^{33}	tɕiã^{33}	ɕiã^{53}
蒲县	tɕʰiaŋ^{52}	ɕiaŋ^{24}	paŋ^{31}	paŋ^{33}	paŋ^{33}	kaŋ^{31}	tɕiaŋ^{31}	ɕiaŋ^{33}
潞州	tɕʰiaŋ^{312}	ɕiaŋ^{24}	paŋ^{535}	paŋ^{54}	paŋ^{54}	kaŋ^{535}	tɕiaŋ^{535}	ɕiaŋ^{54}
上党	tɕʰiaŋ^{213}	ɕiaŋ^{44}	paŋ^{535}	paŋ^{42}	paŋ^{42}	kaŋ^{535}	tɕiaŋ^{535}	ɕiaŋ^{42}
长子	tɕʰiaŋ^{312}	ɕiaŋ^{24}	paŋ^{434}	paŋ^{53}	paŋ^{53}	kaŋ^{434}	tɕiaŋ^{434}	ɕiaŋ^{53}
屯留	tɕʰiaŋ^{31}	ɕiaŋ^{11}	paŋ^{43}	paŋ^{11}	paŋ^{11}	kaŋ^{43}	tɕiaŋ^{43}	ɕiaŋ^{53}
襄垣	tɕʰiɒ^{33}	ɕiɒ^{31}	pɒ^{42}	pɒ^{42}	pɒ^{45}	kɒ^{42}	tɕiɒ^{42}	ɕiɒ^{45}
黎城	cʰiaŋ^{33}	ɕiaŋ^{213}	paŋ^{213}	paŋ^{53}	paŋ^{53}/pəŋ^{53}	kaŋ^{213}	ciaŋ^{213}	ɕiaŋ^{53}
平顺	cʰiaŋ^{213}	ɕiaŋ^{13}	paŋ^{434}	paŋ^{53}	paŋ^{53}	kaŋ^{434}	ciaŋ^{434}	ɕiaŋ^{53}
壶关	cʰiaŋ^{33}	çiaŋ^{13}	paŋ^{535}	paŋ^{353}	paŋ^{353}	kaŋ^{535}	ciaŋ^{535}	çiaŋ^{353}
沁县	——	ɕiɔ^{33}	pɔ^{214}	pɔ^{53}	pɔ^{53}	kɔ^{214}	tɕiɔ^{214}	ɕiɔ^{53}
武乡	tɕʰiɔ̃^{113}	ɕiɔ̃^{33}	pɔ̃^{213}	pɔ̃^{55}	——	kɔ̃^{213}	tɕiɔ̃^{213}	ɕiɔ̃^{55}
沁源	tɕʰiʌ̃^{324}	ɕiʌ̃^{33}	puə^{324}	puə^{53}	puə^{53}	kʌ̃^{324}	tɕiʌ̃^{324}	ɕiʌ̃^{53}
安泽	tɕiʌŋ^{21}	ɕiʌŋ^{35}	pʌŋ^{42}	pʌŋ^{53}	pʌŋ^{53}	kʌŋ^{42}	tɕiʌŋ^{42}	ɕiʌŋ^{53}
沁水端氏	tɕʰiaŋ^{21}	ɕiaŋ^{24}	paŋ^{31}	paŋ^{53}	——	kaŋ^{31}	tɕiaŋ^{31}	xaŋ^{53} 白 / ɕiaŋ^{53} 文
阳城	cʰiãŋ^{224}	çiãŋ^{22}	pãŋ^{212}	pãŋ^{51}	pãŋ^{51}	kãŋ^{51}	ciãŋ^{212}	xãŋ^{51} 白 / çiãŋ^{51} 文
高平	cʰiɔ̃^{33}	ɕiɔ̃^{33}	pɔ̃^{212}	pɔ̃^{53}	——	kɔ̃^{212}	ciɔ̃^{212}	ɕiɔ̃^{53}
陵川	cʰiaŋ^{33}	ɕiaŋ^{53}	paŋ^{312}	paŋ^{24}	paŋ^{24}	kaŋ^{312}	ciaŋ^{312}	ɕiaŋ^{24}
晋城	tɕʰiɒ̃^{33}	ɕiɒ̃^{324}	pɒ̃^{213}	pɒ̃^{53}	pɒ̃^{53}	kɒ̃^{213}	tɕiɒ̃^{213}	ɕiɒ̃^{53}
忻府	tɕʰiã^{313}	ɕiã^{21}	pɛ^{313} 白 / pã^{313} 文	pɛ^{53} 白 / pã^{53} 文	pã^{53}	kã^{313}	tɕiã^{313}	ɕiã^{53}

续表

字目	腔	降投～	绑	棒	蚌	港	讲	项
中古音 方言点	苦江 江开二 平江溪	下江 江开二 平江匣	逋莽 江开二 上讲帮	步项 江开二 上讲並	步项 江开二 上讲並	古项 江开二 上讲见	古项 江开二 上讲见	胡讲 江开二 上讲匣
原平	tɕʰiɔ^{213}	ɕiɔ^{33}	puɔ^{213}	puɔ^{53}	puɔ^{53}	kɔ^{213}	tɕiɔ^{213}	ɕiɔ^{53}
定襄	tɕʰiæ^{24}	ɕiæ^{11}	puə^{24}	puə^{53}	puə^{53}	kɔ^{24}	tɕiæ^{24}	ɕiæ^{53}
五台	tɕʰiɔ^{213}/ tɕʰiæn^{213}	ɕiæn^{33}	puɔ^{213}	puɔ^{52}	pæn^{52}/puɔ^{52}	kæn^{213}	tɕiæn^{213}	ɕiæn^{52}
岢岚	tɕʰiɔ^{13}	ɕiɔ^{44}	pɔ^{13}	pɔ^{52}	pɔ^{52}	kɔ^{13}	tɕiɔ^{13}	ɕiɔ^{52}
五寨	tɕʰiɒ^{13}	ɕiɒ^{44}	pɒ^{13}	pɒ^{52}	pɒ^{52}	kɒ^{13}	tɕiɒ^{13}	ɕiɒ^{52}
宁武	tɕʰiɒ^{23}	ɕiɒ^{33}	pɒ^{213}	——	pɒ^{52}	kɒ^{213}	tɕiɒ^{213}	ɕiɒ^{52}
神池	tɕʰiɒ^{24}	ɕiɒ^{32}	pɒ^{13}	pɒ^{52}	pɒ^{52}	kɒ^{13}	tɕiɒ^{13}	ɕiɒ^{52}
繁峙	tɕʰiɔ^{53}	ɕiɔ^{31}	pɔ^{53}	pɔ^{24}	pɔ^{24}	kɔ^{53}	tɕiɔ^{53}	ɕiɔ^{24}
代县	tɕʰiɔ^{213}	tɕiɔ^{53}	puɔ^{213}	puɔ^{53}	puɔ^{53}	kuɔ^{213}	tɕiɔ^{213}	ɕiɔ^{53}
河曲	tɕʰiɒ^{213}	ɕiɒ^{44}	pɒ^{213}	pɒ^{52}	pɒ^{52}	kɒ^{213}	tɕiɒ^{213}	ɕiɒ^{52}
保德	tɕʰiɔ^{213}	ɕiɔ^{44}	pɔ^{213}	pɔ^{52}	pɔ^{52}	kɔ^{213}	tɕiɔ^{213}	ɕiɔ^{52}
偏关	tɕʰiɒ^{24}	ɕiɒ^{44}	pɒ^{213}	pɒ^{52}	pɒ^{52}	kɒ^{213}	tɕiɒ^{213}	ɕiɒ^{52}
朔城	tɕʰiɑ̃^{312}	ɕiɑ̃^{35}	pɑ̃^{312}	pɑ̃^{53}	pɑ̃^{53}	kɑ̃^{312}	tɕiɑ̃^{312}	ɕiɑ̃^{53}
平鲁	tɕʰiɒ^{213}	ɕiɒ^{44}	pɒ^{213}	pɒ^{52}	pɒ^{52}	kɒ^{213}	tɕiɒ^{213}	ɕiɒ^{52}
应县	tɕʰiaŋ^{43}	ɕiaŋ^{31}	paŋ^{54}	paŋ^{24}	paŋ^{24}/pəŋ^{24}	kaŋ^{54}	tɕiaŋ^{54}	ɕiaŋ^{24}
灵丘	tɕʰiɒ^{442}	ɕiɒ^{31}	pɒ^{442}	pɒ^{53}	pɒ^{53}	kɒ^{442}	tɕiɒ^{442}	ɕiɒ^{53}
浑源	tɕʰioʌ^{52}	ɕioʌ^{22}	poʌ^{52}	poʌ^{13}	poʌ^{13}	koʌ^{52}	tɕioʌ^{52}	ɕioʌ^{13}
云州	tɕʰiɔ^{21}	ɕiɔ^{312}	pɔ^{55}	pɔ^{24}	pɔ^{24}	kɔ^{55}	tɕiɔ^{55}	ɕiɔ^{24}
新荣	tɕʰiɔ^{32}	ɕiɔ^{312}	pɔ^{54}	pɔ^{24}	pɔ^{24}	kɔ^{54}	tɕiɔ^{54}	xɔ^{24}/ɕiɔ^{24}
怀仁	tɕʰiɒ^{42}	ɕiɒ^{312}	pɒ^{53}	pɒ^{24}	pɒ^{24}	kɒ^{53}	tɕiɒ^{53}	ɕiɒ^{24}
左云	tɕʰiɒ^{31}	ɕiɒ^{313}	pɒ^{54}	pɒ^{24}	pɒ^{24}	kɒ^{54}	tɕiɒ^{54}	ɕiɒ^{24}
右玉	tɕʰiɒ^{31}	ɕiɒ^{24}	pɒ^{53}	pɒ^{24}	pɒ^{24}	kɒ^{53}	tɕiɒ^{53}	ɕiɒ^{24}
阳高	tɕʰiɔ^{31}	ɕiɔ^{312}	pɔ^{53}	pɔ^{24}	pɔ^{24}	kɔ^{53}	tɕiɔ^{53}	ɕiɔ^{24}
山阴	tɕʰiɒ^{313}	ɕiɒ^{313}	pɒ^{52}	pɒ^{335}	pɒ^{335}	kɒ^{52}	tɕiɒ^{52}	ɕiɒ^{335}
天镇	tɕʰiɒ^{31}	ɕiɒ^{22}	pɒ^{55}	pɒ^{24}	pɒ^{24}	kɒ^{55}	tɕiɒ^{55}	ɕiɒ^{24}
平定	tɕʰiaŋ^{31}	ɕiaŋ^{44}	paŋ^{53}	paŋ^{24}	paŋ^{24}	kaŋ^{53}	tɕiaŋ^{53}	ɕiaŋ^{24}
昔阳	tɕʰiɔ̃u^{13}	tɕiɔ̃u^{13}	pɔ̃u^{55}	pɔ̃u^{13}	pɔ̃u^{13}	kɔ̃u^{55}	tɕiɔ̃u^{55}	ɕiɔ̃u^{13}
左权	tɕʰiɔ^{31}	ɕiɔ^{11}	pɔ^{42}	pɔ^{53}	pɔ^{53}	tɕiɔ^{42} 白 / kɔ^{42} 文	tɕiɔ^{42}	ɕiɔ^{53}
和顺	tɕʰiɔ^{42}	ɕiɔ^{22}	pɔ^{53}	pɔ^{13}	pɔ^{13}	kɔ^{53}	tɕiɔ^{53}	ɕiɔ^{13}

续表

字目	腔	降投~	绑	棒	蚌	港	讲	项
中古音 / 方言点	苦江 江开二 平江溪	下江 江开二 平江匣	逋莽 江开二 上讲帮	步项 江开二 上讲並	步项 江开二 上讲並	古项 江开二 上讲见	古项 江开二 上讲见	胡讲 江开二 上讲匣
尧都	tɕʰiɑŋ^{21}	ɕiɑŋ^{24}	pɑŋ^{53}	pɑŋ^{44}	pɑŋ^{44}	kɑŋ^{53}	tɕiɑŋ^{53}	ɕiɑŋ^{44}
洪洞	tɕʰiɑŋ^{21}	ɕiɑŋ^{24}	pɑŋ^{42}	pɑŋ^{53}	pʰɑŋ^{24}	kɑŋ^{21}	tɕiɑŋ^{42}	xo 白 / ɕiɑŋ^{53} 文
洪洞赵城	tɕʰiã^{21}	ɕiã^{24}	pã^{42}	pã^{53}	pã^{53}	kã^{42}	tɕiã^{42}	ɕiã^{53}
古县	tɕʰiɑŋ^{21}	ɕiɑŋ^{35}	pɑŋ^{42}	pɑŋ^{53}	pɑŋ^{53}	kɑŋ^{42}	tɕiɑŋ^{42}	xuo^{53} 白 / ɕiɑŋ^{53} 文
襄汾	tɕʰiɑŋ^{21}	ɕiɑŋ^{24}	pɑŋ^{42}	pɑŋ^{53}	pɑŋ^{53}	kɑŋ^{42}	tɕiɑŋ^{42}	ɕyɔ^{53} 白 / ɕiɑŋ^{53} 文
浮山	tɕʰiɑŋ^{42}	ɕiɑŋ^{13}	pɑŋ^{33}	pɑŋ^{53}	——	kɑŋ^{33}	tɕiɑŋ^{33}	ɕyo^{53} 白 / ɕiɑŋ^{53} 文 / xuo^{33}
霍州	tɕʰiɑŋ^{212}	ɕiɑŋ^{35}	pɔ^{33} 白 / pɑŋ^{33} 文	pɑŋ^{53}	pɑŋ^{53}	kɑŋ^{212}	tɕiɑŋ^{33}	ɕiɑŋ^{53}
翼城	tɕʰiɔ^{53}	ɕiɔ^{12}	pɔ^{44}	pɔ^{53}	pɔ^{53}	kɔ^{44}	tɕiɔ^{44}	ɕiɔ^{53}
闻喜	tɕʰiᴀŋ^{53}	ɕiᴀŋ^{13}	pᴀŋ^{33}	pʰᴀŋ^{13}	pəŋ^{13}	kᴀŋ^{33}	tɕiᴀŋ^{33}	xᴀŋ^{13}
侯马	tɕʰiɑŋ^{213}	ɕiɑŋ^{213}	pɑŋ^{44}	pɑŋ^{53}	pɑŋ^{53}	kɑŋ^{44}	tɕiɑŋ^{44}	ɕiɑŋ^{53}
新绛	tɕʰiəŋ^{53}	ɕiəŋ^{13}	pəŋ^{44}	pəŋ^{53}	pəŋ^{53}	kəŋ^{44}	tɕiəŋ^{44}	ɕiəŋ^{53}
绛县	tɕʰiʌŋ^{53}	ɕiʌŋ^{24}	pʌŋ^{33}	pʌŋ^{53}	pʌŋ^{53}	kʌŋ^{33}	tɕʰiʌŋ^{33}	ɕiʌŋ^{53}
垣曲	tɕʰiəŋ^{22}	ɕiəŋ^{22}	pəŋ^{44}	pʰəŋ^{53} 白 / pəŋ^{53} 文	pəŋ^{53}	kəŋ^{44}	tɕiəŋ^{44}	ɕiəŋ^{53}
夏县	tɕʰiəŋ^{53}	ɕiəŋ^{42}	pəŋ^{24}	pəŋ^{31}	pʰəŋ^{31}	kəŋ^{24}	tɕiəŋ^{24}	xəŋ^{31} 白 / ɕiəŋ^{31} 文
万荣	tɕʰiɑŋ^{51}	ɕiɑŋ^{213}	pɑŋ^{55}	pʰɑŋ^{33} 白 / pɑŋ^{33} 文	pɑŋ^{33}	kɑŋ^{55}	tɕiɑŋ^{55}	xɑŋ^{33} 白 / ɕiɑŋ^{33} 文
稷山	tɕʰiᴀŋ^{53}	ɕiᴀŋ^{13}	pᴀŋ^{44}	pᴀŋ^{42}	pᴀŋ^{42}	kᴀŋ^{44}	tɕiᴀŋ^{44}	xɤ^{42} 白 / ɕiᴀŋ^{42} 文
盐湖	tɕʰiɑŋ^{42}	ɕiɑŋ^{13}	pɑŋ^{53}	pɑŋ^{44}	pɑŋ^{44}	kɑŋ^{53}	tɕiɑŋ^{53}	xɑŋ^{44} 白 / ɕiɑŋ^{53} 文
临猗	tɕʰiɑŋ^{42}	ɕiɑŋ^{13}	pɑŋ^{53}	pɑŋ^{44}	pɑŋ^{44}	kɑŋ^{53}	tɕiɑŋ^{53}	xɑŋ^{44} 白 / ɕiɑŋ^{44} 文
河津	tɕʰiɑŋ^{31}	ɕiɑŋ^{324}	pɑŋ^{53}	pʰɑŋ^{44} 白 / pɑŋ^{44} 文	pɑŋ^{44}	kɑŋ^{53}	tɕiɑŋ^{53}	xɑŋ^{44} 白
平陆	tɕʰiɑŋ^{31}	ɕiɑŋ^{13}	pɑŋ^{55}	pɑŋ^{33}	pɑŋ^{33}	kɑŋ^{55}	tɕiɑŋ^{55}	xɑŋ^{33}
永济	tɕʰiɑŋ^{31}	ɕiɑŋ^{24}	pɑŋ^{53}	pɑŋ^{44}	pɑŋ^{44}	kɑŋ^{53}	tɕiɑŋ^{53}	xɑŋ^{44} 白 / ɕiɑŋ^{44} 文

续表

字目	腔	降投~	绑	棒	蚌	港	讲	项
中古音／方言点	苦江 江开二 平江溪	下江 江开二 平江匣	逋莽 江开二 上讲帮	步项 江开二 上讲並	步项 江开二 上讲並	古项 江开二 上讲见	古项 江开二 上讲见	胡讲 江开二 上讲匣
芮城	$tɕ^hiaŋ^{42}$	$ɕiaŋ^{13}$	$paŋ^{53}$	$paŋ^{44}$	$paŋ^{44}$	$kaŋ^{53}$	$tɕiaŋ^{53}$	$xaŋ^{44}$ 白 / $ɕiaŋ^{44}$ 文
吉县	$tɕ^hiəŋ^{423}$	$ɕiəŋ^{13}$	$pəŋ^{53}$	$p^hə^{33}$ 白 / $p^həŋ^{33}$ 文	——	$kəŋ^{53}$	$tɕiəŋ^{53}$	$xəŋ^{33}$ 白 / $ɕiəŋ^{33}$ 文
乡宁	$tɕ^hiaŋ^{53}$	$ɕiaŋ^{12}$	$paŋ^{44}$	$p^haŋ^{22}$ 白 / $paŋ^{22}$ 文	$paŋ^{22}$	$kaŋ^{44}$	$tɕiaŋ^{44}$	$ɕiaŋ^{22}$
广灵	$tɕ^hiɔ^{53}$	$ɕiɔ^{31}$	$pɔ^{44}$	$pɔ^{213}$	$pɔ^{213}$	$kɔ^{44}$	$tɕiɔ^{44}$	$ɕiɔ^{213}$

字目	撞	胖	降~落	巷	剥	驳	朴~素	雹
中古音 / 方言点	直绛 江开二 去绛澄	匹绛 江开二 去绛滂	古巷 江开二 去绛见	胡绛 江开二 去绛匣	北角 江开二 入觉帮	北角 江开二 入觉帮	匹角 江开二 入觉滂	蒲角 江开二 入觉並
北京	tʂuaŋ^{51}	pʰaŋ^{51}	tɕiaŋ^{51}	ɕiaŋ^{51}	po^{55}	po^{35}	pʰu^{214}	pau^{35}
小店	tso^{24}	pʰo^{24}	tɕio^{24}	ɕio^{24}	paʔ^{1}	paʔ^{1}	pʰaʔ^{1}	pɔo^{11}
尖草坪	tsɔ^{35}	pʰɔ^{35}	tɕiɔ^{35}	ɕiɔ^{35}	paʔ^{2} 白 / pəʔ^{2} 文	paʔ^{2} 白 / pəʔ^{2} 文	pʰəʔ^{2}	pau^{33}
晋源	tsʰuaʔ^{2}	pʰɔ^{35}	tɕia^{35}	xɔ^{35}	paʔ^{2}	paʔ^{2}	pʰaʔ^{2}	pau^{11}
阳曲	tsʰuɔ^{454} 白 / tsuɔ^{454} 文	pʰɔ^{454}	tɕiɔ^{454}	xɔ^{454}/ɕiɔ^{454}/ tɕiɔ^{454}	pɔʔ^{4}	pɔʔ^{4}	pʰɔʔ^{4}	pɔo^{43}
古交	tsuɔ^{53}	pʰɔ^{53}	tɕiɔ^{53}	ɕiɔ^{53}	paʔ^{4}	paʔ^{4}	pʰəʔ^{4}	pau^{44}
清徐	tsuɒ^{45}	pʰɒ^{45}	tɕiɒ^{45}	xɒ^{45}	paʔ^{1}	paʔ^{1}	pʰiɔu^{11} 白 / pʰaʔ^{1} 文	pɔu^{11}
娄烦	pfə^{54}	pʰə^{33}	tɕiɑ̃^{54}	xɑ̃^{54}	paʔ^{3}	paʔ^{3}	pʰaʔ^{3}	pɔu^{33}
榆次	tsʰɒ^{35}	pʰɒ^{35}	tɕiɒ^{35}	ɕiɒ^{35}	paʔ^{1}	paʔ^{1}	pʰaʔ^{1}	pɔu^{11}
交城	tsʰuaʔ^{1} 白 / tsuɤ^{24} 文	pʰaʔ^{1} 白 / pʰɤ^{24} 文	tɕiɤ^{24}	xɤ^{24} 白 / ɕiɤ^{24} 文	paʔ^{1}	paʔ^{1}	pʰaʔ^{1}	pɔu^{11}
文水	tsʰuaʔ^{2}/ tsuaŋ^{35}	pʰaʔ^{2}	tɕiaŋ^{35}	xu^{35} 白 / ɕiaŋ^{35} 文	paʔ^{2}	paʔ^{2}	pʰəʔ^{2}	pau^{22}
祁县	tsuɑ̃^{45}	pʰɑ̃^{31}	tɕiɑ̃^{45}	ɕia^{45} 白 / ɕiɑ̃^{45} 文	pɑʔ$^{\underline{32}}$	pɑʔ$^{\underline{32}}$	pʰɑʔ$^{\underline{32}}$	pɑʔ$^{\underline{324}}$ 白 / pɒɔ^{31} 文
太谷	tsʰuo^{312}	pʰuo^{53}	tɕiɒ^{53}	ɕiɒ^{53}	paʔ^{3}	paʔ^{3}	pʰaʔ^{3}	paʔ$^{\underline{423}}$
平遥	tsũɑ̃^{24}	pʰɑ̃^{24}	tɕiɑ̃^{24}	xuə^{24} 白 / ɕiɑ̃^{24} 文	pʌʔ$^{\underline{212}}$	pʌʔ$^{\underline{523}}$	pʰʌʔ$^{\underline{212}}$	pɔ^{213}
孝义	tsʰuaʔ^{3}	pʰɑ̃^{454}	tɕiɑ̃^{454}	xuə^{454}	paʔ^{3}	pəʔ$^{\underline{423}}$	pʰəʔ^{3}	pao^{454}
介休	tsʰuʌʔ$^{\underline{12}}$/ tsuæ̃^{45}	pʰʌʔ$^{\underline{12}}$	tɕiɛ̃^{45}	xuɤ^{45} 白 / ɕiɛ̃^{45} 文	pʌʔ$^{\underline{12}}$	pʌʔ$^{\underline{12}}$	pʰʌʔ$^{\underline{12}}$	pɔo^{13}
灵石	——	pʰɒ̃^{53}	tɕiɒ̃^{53}	xuɤ^{53}	paʔ^{4}	paʔ^{4}	——	pɔ^{44}
盂县	tsuo^{412} 白 / tsʰuæ̃^{412} 文	pʰæ̃^{55}	tɕio^{55} 白 / tɕiæ̃^{55} 文	tɕio^{53} 白 / ɕiæ̃^{55} 文	pʌʔ^{2}	pʌʔ^{2}	pʰʌʔ^{2}	pʌʔ$^{\underline{53}}$ 白 / pɑu^{22} 文
寿阳	tsuaʔ^{2}/ tsɒo^{45}	pʰɒo^{45}	tɕiɒo^{45}	ɕiɒo^{45}	paʔ^{2}	paʔ^{54}	pʰu^{53}	pɔo^{22}
榆社	tsʰuɔu^{45} 白 / tsuɔu^{45} 文	pʰɔu^{45}	tɕiɔu^{45}	ɕiɔu^{45}	paʔ^{2}	paʔ^{2}	paʔ^{2}	pou^{22}
离石	tsʰuɑʔ^{4}	pʰɑʔ^{4}	tɕiɔ^{53}	xɔ^{53}	pɑʔ^{4}	pəʔ^{4}	pʰəʔ^{4}	pou^{24}
汾阳	tʂuɔ^{55}	pʰuɔ^{55}	tɕiɔ^{55}	xuɔ^{55}	paʔ^{2}	pəʔ^{2}	pʰəʊ^{312}	pau^{324}
中阳	tʂʰuɑʔ^{4}	pʰɑʔ^{4}	tɕiɒ^{53}	xɒ^{53}	pɑʔ^{4}	pəʔ^{4}	pʰəʔ^{4}	pɔo^{24}
柳林	tsʰuo^{53}	pʰɑʔ^{4}	tɕiɔ^{53}	ɕiɔ^{53}	pɑʔ^{4}	pɑʔ^{4}	pʰəʔ^{4}	pou^{53}
方山	tsuə^{52}	pʰɑʔ^{4}	tɕiɔ^{52}	xɔ^{52}	pɑʔ^{4}	pəʔ^{4}	pʰu^{312}	pou^{24}

续表

字目	撞	胖	降~落	巷	剥	驳	朴~素	雹
中古音 / 方言点	直绛 江开二 去绛澄	匹绛 江开二 去绛滂	古巷 江开二 去绛见	胡绛 江开二 去绛匣	北角 江开二 入觉帮	北角 江开二 入觉帮	匹角 江开二 入觉滂	蒲角 江开二 入觉並
临县	tsʰɥə^{52}	puɤ^{52}	tɕiɒ^{52}	ɕiɒ^{52}	pɐʔ^{3}	pɐʔ^{3}	pʰu^{312}	pʰuɤ^{52}
兴县	tsʰuɤ^{53}	pʰɤ^{53}	tɕiɛ^{53}	xɤ^{53}	paʔ^{5}	pəʔ^{5}	pʰəʔ^{5}	pɔu^{324}
岚县	tsʰuə^{53}	pʰuə^{53}	tɕyə^{53}	ɕyə^{53}	pɤʔ^{4}	pɤʔ^{4}	pʰɤʔ^{4}	pau^{44}
静乐	tsuɑ̃^{53}	pʰɑ̃^{53}	tɕiɑ̃^{53}	ɕiɑ̃^{53}	paʔ^{4}	paʔ^{4}	pʰaʔ^{4}	pɑo^{53}
交口	tsʰuaʔ^{4}/ tsuɑ̃^{53}	pʰaʔ^{4}/pʰɑ̃^{53}	tɕiɑ̃^{53}	xiɛ^{53}	paʔ^{4}	paʔ^{4}	pʰəʔ^{4}	pɑo^{323}
石楼	tsʰuʌʔ^{4}白/ tʂuɑŋ^{51}文	pʰʌʔ^{4}白/ pʰɑŋ^{51}文	tɕiɑŋ^{51}	ɕiɑŋ^{51}	pʌʔ^{4}	pʌʔ^{4}	pʰʌʔ^{4}	pɔo^{213}
隰县	tsʰuæ^{44}	pʰæ^{44}	tɕiɛ^{44}	xɤ^{44}白/ ɕiɛ^{44}文	paʔ^{3}	paʔ^{3}	pʰu^{21}	pɑo^{24}
大宁	tʂuɛ̃^{55}	pʰɛ̃^{55}	tɕiɛ̃^{55}	——	pɐʔ$^{\underline{31}}$	pɐʔ$^{\underline{31}}$	pʰɐʔ$^{\underline{31}}$	pɐu^{31}
永和	tʂʰuɑ̃^{35}	pʰɑ̃^{53}	tɕiɑ̃^{53}	xuɤ^{53}白/ ɕiɑ̃^{53}文	pɐʔ$^{\underline{35}}$	pɐʔ$^{\underline{35}}$	pʰɐʔ$^{\underline{35}}$	pɑo^{312}
汾西	——	pʰɑ̃^{55}	tɕiɑ̃^{55}	xɯ^{53}白	pu^{11}	——	pʰβ̍^{11}	——
蒲县	tʂuɑŋ^{33}	pʰɑŋ^{33}	tɕiɑŋ^{33}	ɕiɑŋ^{33}	po^{52}	po^{52}	pʰu^{31}	pɑu^{24}
潞州	tsʰuaŋ^{54}白/ tsuaŋ^{54}文	pʰaŋ^{44}	tɕiaŋ^{44}	ɕiaŋ^{54}	pəʔ$^{\underline{53}}$	pəʔ$^{\underline{53}}$	pʰəʔ$^{\underline{53}}$	pɑo^{24}
上党	tsuɑŋ^{42}	pʰɑŋ^{22}	tɕiɑŋ^{22}	ɕiɑŋ^{42}	pəʔ$^{\underline{21}}$	pəʔ$^{\underline{21}}$	pʰəʔ$^{\underline{21}}$	pɔ^{44}
长子	tsʰuaŋ^{53}白/ tsuaŋ^{53}文	pʰaŋ^{422}	tɕiaŋ^{53}	ɕiaŋ^{53}	pə^{312}	pəʔ^{4}	pʰəʔ^{4}	pɔ^{312}
屯留	tsuɑŋ^{11}/ tsʰuɑŋ^{53}	pʰɑŋ^{53}	tɕiɑŋ^{53}	ɕiɑŋ^{53}	pəʔ^{1}	pəʔ^{1}	pʰəʔ^{1}	pɔo^{11}
襄垣	tsʰuɒ^{53}白/ tsuɒ^{45}文	pʰɒ^{53}	tɕiɒ^{53}	ɕiɒ^{45}	pʌʔ^{3}	pʌʔ^{3}	pʰʌʔ^{3}	pʰɔo^{33}
黎城	tsʰuɑŋ^{53}/ tsʰuɑŋ^{53}	pɑŋ^{53}	ciɑŋ^{53}	ɕiɑŋ^{53}	pʌʔ^{2}	pʌʔ^{2}	pʰu^{213}	pɔo^{33}
平顺	tsuaŋ^{53}	pʰaŋ^{53}	ciaŋ^{53}	ɕiaŋ^{53}	pʌʔ$^{\underline{423}}$	pʌʔ$^{\underline{423}}$	pʰʌʔ$^{\underline{423}}$	pɔ^{13}
壶关	tʂuaŋ^{353}	pʰaŋ^{42}	ciaŋ^{42}/çiaŋ^{13}	çiaŋ^{353}	pʌʔ$^{\underline{21}}$	pʌʔ$^{\underline{21}}$	pʰʌʔ$^{\underline{21}}$	pɔ^{13}
沁县	tsuɔ^{53}	pʰɔ^{53}	tɕiɔ^{53}	ɕiɔ^{53}	paʔ$^{\underline{31}}$	paʔ$^{\underline{31}}$	pʰəʔ$^{\underline{31}}$	pɔo^{33}
武乡	tsuɔ̃^{55}	pʰɔ̃^{55}	tɕiɔ̃^{55}	ɕiɔ̃^{55}	pʌʔ^{3}	pʌʔ^{3}	pʰʌʔ^{3}	pɔ^{113}
沁源	tʂuə^{53}	pʰuə^{53}	tɕiʌ̃^{53}	ɕiʌ̃^{53}	pʌʔ$^{\underline{31}}$	pʌʔ$^{\underline{31}}$	pʰʌʔ$^{\underline{31}}$	pɔo^{33}
安泽	tsuʌŋ^{53}	pʰʌŋ^{53}	tɕiʌŋ^{53}	xʌŋ^{53}/白 ɕiʌŋ^{53}文	po^{21}/ pʌʔ$^{\underline{21}}$	po^{35}/ pəʔ$^{\underline{21}}$	pʰu^{42}	pau^{21}

续表

字目	撞	胖	降~落	巷	剥	驳	朴~素	雹
中古音 / 方言点	直绛 江开二 去绛澄	匹绛 江开二 去绛滂	古巷 江开二 去绛见	胡绛 江开二 去绛匣	北角 江开二 入觉帮	北角 江开二 入觉帮	匹角 江开二 入觉滂	蒲角 江开二 入觉並
沁水端氏	tsuɑŋ^{53}	p^{h}ɑŋ^{53}	tɕiɑŋ^{53}	xɑŋ^{53} 白 / ɕiɑŋ^{53} 文	paʔ^{2}	paʔ^{2}	p^{h}aʔ^{2}	pɔ^{21}
阳城	tʂuɑ̃ŋ^{51}	p^{h}ɑ̃ŋ^{51}	ciɑ̃ŋ^{51}	xɑ̃ŋ^{51}/ɕiɑ̃ŋ^{51}	pʌʔ^{2}	pʌʔ^{2}	p^{h}ʌʔ^{2}	po^{22}
高平	tʂuɔ̃^{53}	p^{h}ɔ̃^{53}	ciɔ̃^{53}	ɕiɔ̃^{53}	p^{h}ʌʔ^{2}	p^{h}ʌʔ^{2}	p^{h}əʔ^{2}	pɔo^{53}
陵川	tʂuɑŋ^{24}	p^{h}ɑŋ^{24}	ciɑŋ^{24}	ɕiɑŋ^{24}	pʌʔ^{3}	pʌʔ^{3}	p^{h}əʔ^{3}	pɔo^{53}
晋城	tʂuɒ̃^{53}	p^{h}ɒ̃^{53}	tɕiɒ̃^{53}	xɒ̃^{53}/ɕiɒ̃^{53}	pʌʔ^{2}	pʌʔ^{2}	p^{h}əʔ^{2}	po^{33}
忻府	tsuɑ̃^{53}	p^{h}ɑ̃^{53}	tɕiɑ̃^{53}	ɕiɑ̃^{53}	pʌʔ$^{\underline{32}}$	pʌʔ$^{\underline{32}}$	p^{h}əʔ$^{\underline{32}}$	pɔo^{313}
原平	ts^{h}uɔ^{53}	p^{h}uɔ^{53}	tɕiɔ^{53}	ɕiɔ^{53}	puɔʔ$^{\underline{34}}$	puɔʔ$^{\underline{34}}$	p^{h}uɔʔ$^{\underline{34}}$	pɔo^{213}
定襄	tsɔ^{53}	p^{h}æ^{53}	tɕiæ^{53}	ɕiæ^{53}	paʔ^{1}	paʔ^{1}	p^{h}əʔ^{1}	pɔu^{11}
五台	ts^{h}uɔ^{52}	p^{h}æn^{52}	tɕiæn^{52}	ɕiæn^{52}	pəʔ^{3}	pəʔ^{3}	p^{h}əʔ^{3}	pɑɔ^{213}
岢岚	tʂɔ^{52}	p^{h}ɔ^{52}	tɕiɔ^{52}	xɔ^{52}	paʔ^{4}	paʔ^{4}	p^{h}aʔ^{4}	pɑu^{13}
五寨	tsɒ^{52}	p^{h}ɒ^{52}	tɕiɒ^{52}	xɒ^{52}	paʔ^{4}	paʔ^{4}	p^{h}aʔ^{4}	pɑu^{52}
宁武	tsuo^{52}	p^{h}ɒ^{52}	tɕiɒ^{52}	ɕiɒ^{52}	pəʔ^{4}	pəʔ^{4}	p^{h}əʔ^{4}	pɔu^{33}
神池	tsuɒ^{52}	p^{h}ɒ^{52}	tɕiɒ^{52}	ɕiɒ^{52}	pᴀʔ^{4}	pᴀʔ^{4}	p^{h}əʔ^{4}	puᴀʔ^{4}
繁峙	ts^{h}uɔ^{24} 白 / tsuɔ^{24} 文	p^{h}ɔ^{24}	tɕiɔ^{24}	xɔ^{24}	paʔ$^{\underline{13}}$	paʔ$^{\underline{13}}$	p^{h}u^{53}	pɑo^{53}
代县	tsuɔ^{53}	p^{h}uɔ^{53}	tɕiɔ^{53}	ɕiɔ^{53}	paʔ^{2}	paʔ^{2}	p^{h}aʔ^{2}	pau^{213}
河曲	tʂɒ^{52}	p^{h}ɒ^{52}	tɕiɒ^{52}	ɕiɒ^{52}	paʔ^{4}	paʔ^{4}	p^{h}u^{213}	pɔu^{213}
保德	tʂuɔ^{52}	p^{h}ɔ^{52}	tɕiɔ^{52}	ɕiɔ^{52}	pᴀ^{44}	pəʔ^{4}	p^{h}əʔ^{4}	pəu^{44}
偏关	tʂɒ^{52}	p^{h}ɒ^{52}	tɕiɒ^{52}	ɕiɒ^{52}/xɒ^{52}	pᴀʔ^{4}	pᴀʔ^{4}	p^{h}ᴀʔ^{4}	pɔo^{52}
朔城	ts^{h}uɑ̃^{53}	p^{h}ɑ̃^{53}	tɕiɑ̃^{35}	xɑ̃^{53}	pᴀʔ$^{\underline{35}}$	pᴀʔ$^{\underline{35}}$	pᴀʔ$^{\underline{35}}$	pɔo^{35}
平鲁	tsuɒ^{52}	p^{h}ɒ^{52}	tɕiɒ^{52}	xɒ^{52}	pʌʔ$^{\underline{34}}$	pʌʔ$^{\underline{34}}$	p^{h}ʌʔ$^{\underline{34}}$	pɔ^{213}
应县	tsuaŋ^{24}/ ts^{h}uaŋ^{24}	p^{h}ɛ̃^{31}/p^{h}aŋ^{24}	tɕiaŋ^{24}	xaŋ^{24}	paʔ^{43}	paʔ$^{\underline{43}}$	p^{h}aʔ$^{\underline{43}}$	pau^{24}
灵丘	tsue^{53}	p^{h}ɒ^{53}	tɕiɒ^{53}	xɒ^{53}	pᴀʔ^{5}	pᴀʔ^{5}	p^{h}u^{442}	pɔo^{53}
浑源	tsoʌ^{13}	p^{h}oʌ^{13}	tɕioʌ^{13}	xoʌ^{13}	pʌʔ^{4}	pʌʔ^{4}	p^{h}u^{52}	——
云州	tʂ^{h}uɔ^{24} 白 / tʂuɔ^{24} 文	p^{h}ɔ^{24}	tɕiɔ^{24}	xɔ^{24}	pɑʔ^{4}	pɑʔ^{4}	p^{h}u^{55}	pɑu^{312}
新荣	tʂɔ^{24}	p^{h}ɔ^{24}	tɕiɔ^{24}	xɔ^{24}	paʔ^{4}	paʔ^{4}	p^{h}aʔ^{4}	pɔu^{24}
怀仁	tsɒ^{24}	p^{h}ɒ^{24}	tɕiɒ^{24}	xɒ^{24}	paʔ^{4}	paʔ^{4}	p^{h}aʔ^{4}	pɔu^{24}
左云	ts^{h}ɒ^{24} 白 / tsɒ^{24} 文	p^{h}ɒ^{24}	tɕiɒ^{24}	xɒ^{24}	paʔ^{4}	paʔ^{4}	p^{h}u^{54}	pɔu^{313}
右玉	tʂuɒ^{24}	p^{h}ɒ^{24}	tɕiɒ^{24}	ɕiɒ^{24}	paʔ^{4}	paʔ^{4}	p^{h}aʔ^{4}	pɐo^{24}

续表

字目	撞	胖	降~落	巷	剥	驳	朴~素	雹
中古音 / 方言点	直绛 江开二 去绛澄	匹绛 江开二 去绛滂	古巷 江开二 去绛见	胡绛 江开二 去绛匣	北角 江开二 入觉帮	北角 江开二 入觉帮	匹角 江开二 入觉滂	蒲角 江开二 入觉並
阳高	tsɔ^{24}/tsʰɔ^{24}	pʰɔ^{24}	tɕiɔ^{24}	ɕiɔ^{24}	pɑʔ^{3}	pɑʔ^{3}	——	pɔu^{24}
山阴	tʂuɒ^{335}	pʰɒ^{335}	tɕiɒ^{335}	xɒ^{335}	pᴀʔ^{4}	pᴀʔ^{4}	pʰᴀʔ^{4}	pɔo^{313}
天镇	tsɒ^{24}	pʰɒ^{24}	tɕiɒ^{24}	xɒ^{24}	pɑʔ^{4}	pɑʔ^{4}	pʰɑʔ^{4}	pɔu^{24}
平定	tsʰuɑŋ^{24}	pʰɑŋ^{24}	tɕiɑŋ^{24}	tɕiɑŋ^{53} 白 / ɕiɑŋ^{24} 文	paʔ^{4}	paʔ^{4}	paʔ^{4}	pɔ^{44}
昔阳	tsuɔ̃u^{13}	pʰɔ̃u^{13}	tɕiɔ̃u^{13}	ɕiɔ̃u^{13}	pʌʔ$^{\underline{43}}$	pʌʔ$^{\underline{43}}$	pʰʌʔ$^{\underline{43}}$	pɔo^{33}
左权	tsʰɔ^{53} 白 / tsɔ^{53} 文	pʰɔ^{53}	tɕiɔ^{53}	ɕiɔ^{53}	pɑʔ^{1}	pɑʔ^{1}	pʰəʔ^{1}	pəu^{31}
和顺	tsʰuɔ^{13} 白 / tsuɔ^{13} 文	pʰɔ^{13}	tɕiɔ^{13}	ɕiɔ^{13}	paʔ$^{\underline{21}}$	paʔ$^{\underline{21}}$	pʰəʔ$^{\underline{21}}$	pɔu^{22}
尧都	tʂuɑŋ^{44}	pʰɑŋ^{44}	tɕiɑŋ^{44}	ɕiɑŋ^{44}	po^{21}	po^{24}	pʰu^{21}	pɑu^{21}
洪洞	tʂʰo^{42} 白 / tʂʰuɑŋ^{42} 文	pʰɑŋ^{33}	tɕiɑŋ^{33}	xo^{53} 白 / xɑŋ^{53} 文 / ɕiɑŋ^{53} 文	po^{21}	po^{24}	pʰu^{33}	pʰɑo^{21}
洪洞赵城	tʂuɑ̃^{53}	pʰɑ̃^{24}	tɕiɑ̃^{53}	xo^{53}	po^{21}	po^{21}	pʰu^{24}	pɑo^{24}
古县	tʂʰuo^{53} 白 / tʂuɑŋ^{53} 文	pʰo^{53} 白 / pʰɑŋ^{35} 文	tɕiɑŋ^{35}	xuo^{53} 白 / ɕiɑŋ^{53} 文	po^{21}	po^{35}	pʰu^{21}	pɑu^{35}
襄汾	tʂuaŋ^{53}	pʰaŋ^{44}	tɕiaŋ^{44}	ɕyɔ^{53}/xaŋ^{53}	pɔ^{21}	pɔ^{21}	pʰu^{42}	pao^{24}
浮山	pfʰaŋ^{53} 白 / tʂuaŋ^{53} 文	pʰaŋ^{44}	tɕiaŋ^{44}	ɕyo^{53}/xaŋ^{53}	pɤ^{42}	pɤ^{42}	pʰu^{33}	pɤ^{13}
霍州	tsʰɔ^{55} 白 / tsʰuaŋ^{55} 文	pʰɔ^{55} 白 / pʰaŋ^{55} 文	tɕiaŋ^{55}	xɔ^{53} 白 / ɕiaŋ^{53} 文	puɤ^{212}	puɤ^{35}	pʰu^{33}	pau^{35}
翼城	tʂuɔ^{53}	pʰɔ^{53}	tɕiɔ^{53}	ɕiɔ^{53}	pɤ^{53}	po^{12}	pʰu^{44}	pɔo^{12}
闻喜	pfᴀŋ^{13} 白 / tsuəŋ^{53} 文	pʰᴀŋ^{53}	——	xᴀŋ^{13}	pɤ^{53}/pɑo^{53}	pɤ^{53}	pʰu^{53}	pɑo^{13}
侯马	tʂuɑŋ^{53}	pʰɑŋ^{53}	tɕiɑŋ^{53}	ɕiɑŋ^{53}	pɤ^{213}	pɤ^{213}	pʰu^{44}	pɑu^{213}
新绛	pfʰɤ^{53} 白 / tʂuəŋ^{53} 文	pʰəŋ^{53}	tɕiəŋ^{53}	ɕəŋ^{53}	puɤ^{53}	pɤ^{53}	pʰu^{13}	pɑo^{53}
绛县	pfʌŋ^{53}	pʰʌŋ^{31}	tɕiʌŋ^{31}	xɤ^{31} 白 / xʌŋ^{31} 文	pɤ^{53}	pɤ^{53}	pʰu^{33}	pau^{53}
垣曲	tʂʰuəŋ^{53}	pʰəŋ^{53}	tɕiəŋ^{53}	xəŋ^{53} 白 / ɕiəŋ^{53} 文	pɤ^{22}	pɤ^{22}	pʰu^{44}	pau^{22}
夏县	pfʰəŋ^{31} 白 / tʂuəŋ^{31} 文	pʰəŋ^{53}	tɕiəŋ^{31}	xəŋ^{31} 白 / ɕiəŋ^{31} 文	puɤ^{53}	puɤ^{42}	pʰu^{24}	pɑu^{42}
万荣	pfʰaŋ^{33}	paŋ^{33}	tɕiaŋ^{33}	xaŋ^{33}	pɤ^{51}	pɤ^{51}	pʰu^{55}	pau^{51}

续表

字目	撞	胖	降~落	巷	剥	驳	朴~素	雹
中古音 / 方言点	直绛 江开二 去绛澄	匹绛 江开二 去绛滂	古巷 江开二 去绛见	胡绛 江开二 去绛匣	北角 江开二 入觉帮	北角 江开二 入觉帮	匹角 江开二 入觉滂	蒲角 江开二 入觉並
稷山	pfʰʌŋ42	pʰʌŋ42	tɕiʌŋ42	xɤ42 白 / ɕiʌŋ42 文	pɤ53	pɤ13	pʰu53	pɑu53
盐湖	pfʰaŋ44 白 / tʂʰuaŋ44 文	pʰaŋ44	tɕiaŋ44	xaŋ44 白 / ɕiaŋ53 文	po42	po13	pʰu42	pɔ13
临猗	pfʰɑŋ44 白 / tʂuɑŋ44 文	pʰɑŋ44	tɕiɑŋ44	xɑŋ44	po42	po13	pʰu53	pɑu42
河津	pfʰaŋ44 白 / pfaŋ44 文	pʰaŋ44	tɕiaŋ44	xaŋ44 白	pɤ31	pɤ31	pʰu53	pau31 文
平陆	pfʰaŋ33	pʰaŋ31	tɕiaŋ33	xaŋ33	pə31	pə13	pʰu55	pau31
永济	pfʰaŋ44	pʰaŋ44	ɕiaŋ24	xaŋ44	puo31	puo31	pu53	pau53
芮城	pfaŋ53	pʰaŋ44	tɕiaŋ44	xaŋ44	po42	po42	pʰu53	pʰau42
吉县	pfəŋ53	pʰəŋ33	tɕiəŋ33	xəŋ33	pə423	pə423	pʰu53	pʰau423
乡宁	tʂʰuaŋ22	pʰaŋ22	tɕiaŋ22	xɤ22 白 / ɕiaŋ22 文	pɤ53	pɤ12	pʰu44	pau12
广灵	tsɔ213	pʰɔ213	tɕiɔ213	xɔ213	pʌu53 白 / po53 文	po53	pʰo53	pʌu31

字目	桌	啄	戳	浊	捉	镯	朔	觉感～
中古音 方言点	竹角 江开二 入觉知	竹角 江开二 入觉知	敕角 江开二 入觉彻	直角 江开二 入觉澄	侧角 江开二 入觉庄	士角 江开二 入觉崇	所角 江开二 入觉生	古岳 江开二 入觉见
北京	tʂuo^{55}	tʂuo^{35}	tʂʰuo^{55}	tʂuo^{35}	tʂuo^{55}	tʂuo^{35}	ʂuo^{51}	tɕye^{35}
小店	tsuaʔ^{1}	tsuaʔ^{1}	tsʰuaʔ^{1}	tsuaʔ^{1}	tsuaʔ^{1}	tsuaʔ$^{\underline{54}}$	suaʔ^{1}	tɕyəʔ^{1}
尖草坪	tsuaʔ^{2}	tsuaʔ^{2} 白 / tsuəʔ^{2} 文	tsʰuaʔ^{2}	tsuaʔ$^{\underline{43}}$ 白 / tsuəʔ$^{\underline{43}}$ 文	tsuaʔ^{2} 白 / tsuəʔ^{2} 文	tsuaʔ^{2} 白 / tsuəʔ^{2} 文	suəʔ^{2}	tɕyəʔ^{2}
晋源	tsuaʔ^{2}	tsuəʔ^{2}	tsʰuaʔ^{2}	tsuəʔ^{2}	tsuaʔ^{2}	tsuaʔ$^{\underline{43}}$	suəʔ^{2}	tɕyəʔ^{2}
阳曲	tsuəʔ^{4}	tsuəʔ^{4}	tsʰuəʔ^{4}	tsuəʔ^{4}	tsuəʔ^{4}	tsuəʔ^{4}	suəʔ^{4}	tɕyɛʔ^{4}
古交	tsuaʔ^{4}	tsuaʔ^{4}	tsʰuaʔ^{4}	tsuaʔ$^{\underline{312}}$	tsuaʔ^{4}	tsuaʔ^{4}	suaʔ^{4}	tɕyəʔ^{4}
清徐	tsuaʔ^{1}	tsuaʔ^{1}	tsʰuaʔ^{1}	tsuaʔ$^{\underline{54}}$	tsuaʔ^{1}	tsuaʔ$^{\underline{54}}$	suaʔ^{1}	tɕyaʔ^{1}
娄烦	pfaʔ^{3}	pfaʔ^{3}	pfʰaʔ^{3}	pfaʔ$^{\underline{21}}$	pfaʔ^{3}	pfaʔ^{3}	suaʔ^{3}	tɕyəʔ^{3}
榆次	tsuaʔ^{1}	tsuaʔ^{1}	tsʰuaʔ^{1}	tsuaʔ^{1}	tsuaʔ^{1}	tsuaʔ^{1}	suaʔ^{1}	tɕyaʔ^{1}
交城	tsuaʔ^{1}	tsuəʔ^{1}	tsʰuaʔ^{1}	tsuəʔ^{1}	tsuaʔ^{1}	suaʔ^{1}	suaʔ^{1}	tɕyaʔ^{1}
文水	tsuaʔ^{2}	tsuaʔ^{2}	tsʰuaʔ^{2}	tsuaʔ^{2}	tsuaʔ^{2}	suaʔ^{2}/tsuaʔ^{2}	suaʔ^{2}	tɕyaʔ^{2}
祁县	tsuɑʔ$^{\underline{32}}$	tsuɑʔ$^{\underline{32}}$	tsʰuɑʔ$^{\underline{32}}$	tsuɑʔ$^{\underline{324}}$	tsuɑʔ$^{\underline{32}}$	suɑʔ$^{\underline{32}}$ 白 / tsuəʔ$^{\underline{32}}$ 文	suɑʔ$^{\underline{32}}$	tɕyɑʔ$^{\underline{32}}$
太谷	tsuaʔ^{3}	tsuaʔ^{3}	tsʰuaʔ^{3}	tsuəʔ$^{\underline{423}}$	tsuaʔ^{3}	tsuaʔ$^{\underline{423}}$	suaʔ^{3} 白 / suo^{53} 文	tɕiaʔ^{3}/ tɕyaʔ^{3}
平遥	tsuʌʔ$^{\underline{212}}$	tsuʌʔ$^{\underline{212}}$	tsʰuʌʔ$^{\underline{212}}$	tsuʌʔ$^{\underline{523}}$	tsuʌʔ$^{\underline{212}}$	suʌʔ$^{\underline{212}}$ 白 / tsuʌʔ$^{\underline{523}}$ 文	suʌʔ$^{\underline{212}}$	tɕyʌʔ$^{\underline{212}}$
孝义	tsuaʔ^{3}	tsuaʔ^{3}	tsʰuaʔ^{3}	tsuaʔ$^{\underline{423}}$	tsuaʔ^{3}	suaʔ^{3}	suaʔ^{3}	tɕyaʔ^{3}
介休	tsuʌʔ$^{\underline{12}}$	tsuʌʔ$^{\underline{12}}$	tsʰuʌʔ$^{\underline{12}}$	tsuʌʔ$^{\underline{12}}$	tsuʌʔ$^{\underline{12}}$	suʌʔ$^{\underline{12}}$/ tsuʌʔ$^{\underline{12}}$	suʌʔ$^{\underline{12}}$	tɕyʌʔ$^{\underline{12}}$
灵石	tsuaʔ$^{\underline{212}}$	tsuaʔ^{4}	tsʰuaʔ^{4}	tsuaʔ$^{\underline{212}}$	tsuaʔ^{4}	suaʔ$^{\underline{212}}$	suaʔ^{4}	tɕyaʔ^{4}
盂县	tsuʌʔ^{2}	tsuʌʔ^{2}	tsʰuʌʔ^{2}	tsuəʔ$^{\underline{53}}$	tsuʌʔ^{2}	tsuʌʔ^{2}	suʌʔ^{2}	tɕyʌʔ^{2}
寿阳	tsuaʔ^{2}	tsuaʔ^{2}	tsʰuaʔ^{2}	tsuaʔ^{2}	tsuaʔ^{2}	tsuaʔ^{2}	suaʔ^{2}	tɕyɛʔ^{2}
榆社	tsuaʔ^{2}	tsuaʔ^{312}	tsʰuaʔ^{2}	tsuəʔ$^{\underline{312}}$	tsuaʔ^{2}	tsuaʔ$^{\underline{312}}$	suaʔ^{2}	tɕiaʔ^{2}
离石	tsuɑʔ^{4}	tsuəʔ^{4}	tsʰuɑʔ^{4}	tsuəʔ^{4}	tsuɑʔ^{4}	tsʰuɑʔ^{4}	suɑʔ$^{\underline{23}}$	tɕiɑʔ^{4}
汾阳	tʂuɑʔ^{2}	tʂuəʔ^{2}	tʂʰuɑʔ^{2}	tʂuəʔ$^{\underline{312}}$	tʂuɑʔ^{2}	ʂuɑʔ^{2}	ʂuɑʔ^{2}	tɕiɑʔ^{2}
中阳	tʂuɑʔ^{4}	tʂuəʔ^{4}	tʂʰuɑʔ^{4}	tʂuəʔ^{4}	tʂuɑʔ^{4}	tʂʰuɑʔ^{4}	ʂuəʔ$^{\underline{312}}$	tɕiɑʔ^{4}
柳林	tsuɑʔ^{4}	tsuɑʔ^{4}	tsʰuɑʔ^{4}	tsuəʔ^{4}	tsuɑʔ^{4}	tsʰuɑʔ^{4}	suɑʔ^{4}	tɕiɑʔ^{4}
方山	tsuɑʔ^{4}	tsuəʔ^{4}	tsʰuɑʔ^{4}	tsuəʔ^{4}	tsuɑʔ^{4}	tsʰuɑʔ^{4}	suɑʔ$^{\underline{23}}$	tɕyɑʔ^{4}
临县	tsuaʔ^{3}	tsuaʔ^{3}	tsʰuaʔ^{3}	tsuɐʔ^{3}	tsuaʔ^{3}	tsʰuaʔ^{3}	suaʔ$^{\underline{24}}$	tɕyɐʔ^{3}
兴县	tsuaʔ^{5}	tsuəʔ^{5}	tsʰuaʔ^{5}	tsuəʔ^{5}	tsuaʔ^{5}	tsʰuaʔ^{5}	suaʔ^{5}	tɕyəʔ^{5}

续表

字目	桌	啄	戳	浊	捉	镯	朔	觉感~
中古音 / 方言点	竹角 江开二 入觉知	竹角 江开二 入觉知	敕角 江开二 入觉彻	直角 江开二 入觉澄	侧角 江开二 入觉庄	士角 江开二 入觉崇	所角 江开二 入觉生	古岳 江开二 入觉见
岚县	tsuaʔ^{4}	tsuaʔ^{4}	tsʰuaʔ^{4}	tsuəʔ^{4}	tsuaʔ^{4}	tsuaʔ^{4}	suaʔ^{4}	tɕyeʔ^{4}
静乐	pfaʔ^{4} 白 / tsuaʔ^{4} 文	tsuəʔ^{4}	pfʰaʔ^{4} 白 / tsʰuaʔ^{4} 文	tsuəʔ^{4}	pfaʔ^{4} 白	pfaʔ^{4} 白	saʔ^{4}	tɕyəʔ$^{\underline{212}}$
交口	tsuaʔ^{4}	tsuaʔ^{4}	tsʰuaʔ^{4}	——	tsuaʔ^{4}	suaʔ^{4}	suaʔ^{4}	tɕyaʔ^{4}
石楼	tʂuʌʔ^{4}	tʂuʌʔ^{4}	tʂʰuə^{213}	tʂuə^{213}	tʂuʌʔ^{4}	tʂʰuʌʔ^{4}	ʂuʌʔ^{4}	tɕyəʔ^{4}
隰县	tsuaʔ^{3}	tsuaʔ^{3}	tsʰuaʔ^{3}	tsuaʔ^{3}	tsuaʔ^{3}	tsʰuaʔ^{3}	suaʔ^{3}	tɕiɑo^{44}
大宁	tʂuɐʔ$^{\underline{31}}$	tʂuɐʔ$^{\underline{31}}$	tʂʰuɐʔ$^{\underline{31}}$	tʂuəʔ$^{\underline{31}}$	tʂuɐʔ$^{\underline{31}}$	tʂʰuɐʔ^{4}	ʂʊɐʔ$^{\underline{31}}$	tɕiɐʔ$^{\underline{31}}$
永和	tʂuɐʔ$^{\underline{35}}$	tʂuəʔ$^{\underline{35}}$	tsʰuɐʔ$^{\underline{35}}$	tsuɐʔ$^{\underline{35}}$	tsuɐʔ$^{\underline{35}}$	tsuɐʔ$^{\underline{35}}$	suɐʔ$^{\underline{35}}$	tɕiɐʔ$^{\underline{35}}$
汾西	tsu^{11}	tsuəʔ^{3}	——	tsuəʔ^{3}	tsu^{11}	——	suəʔ^{1}	——
蒲县	tsuəʔ$^{\underline{43}}$	tʂuo^{24}	tʂʰuo^{52}	tʂuo^{24}	tsuo^{52}	tʂuo^{24}	suəʔ$^{\underline{43}}$	tɕyɛʔ$^{\underline{43}}$
潞州	tsuəʔ$^{\underline{53}}$	tsuəʔ$^{\underline{53}}$	tsʰuəʔ$^{\underline{53}}$	tsuəʔ$^{\underline{53}}$	tsuəʔ$^{\underline{53}}$	tsuəʔ$^{\underline{53}}$	suəʔ$^{\underline{53}}$	tɕyəʔ$^{\underline{53}}$
上党	tsuəʔ$^{\underline{21}}$	tsuəʔ$^{\underline{21}}$	tsʰuəʔ$^{\underline{21}}$	tsuəʔ$^{\underline{21}}$	tsuəʔ$^{\underline{21}}$	tsuəʔ$^{\underline{21}}$	suəʔ$^{\underline{21}}$	tɕyəʔ$^{\underline{21}}$
长子	tsuəʔ^{4}	tsuəʔ^{4}	tsʰuəʔ^{4}	tsuəʔ^{4}	tsuəʔ^{4}	tsuəʔ^{4}	suəʔ^{4}	tɕiəʔ^{4}
屯留	tsuəʔ^{1}	tsuəʔ^{1}	tsʰuəʔ^{1}	tsuəʔ^{1}	tsuəʔ^{1}	tsuəʔ^{1}	suəʔ^{1}	tɕyəʔ^{1}
襄垣	tsuʌʔ^{3}	tsuʌʔ^{3}	tsʰuʌʔ^{3}	tsuʌʔ^{3}	tsuʌʔ^{3}	tsuʌʔ^{3}	suʌʔ^{3}	tɕiʌʔ^{3}
黎城	tsuʌʔ$^{\underline{31}}$	tsuʌʔ^{2}	tsʰuʌʔ$^{\underline{31}}$	tsuʌʔ^{2}	tsuʌʔ^{2}	tsuɤʔ^{2}	suʌʔ^{2}	ciʌʔ^{2}
平顺	tsuʌʔ$^{\underline{212}}$	tsuʌʔ$^{\underline{212}}$	tsʰuʌʔ$^{\underline{423}}$	tsuʌʔ$^{\underline{423}}$	tsuʌʔ$^{\underline{212}}$	tsuʌʔ$^{\underline{423}}$	suɤ^{53}	cyʌʔ$^{\underline{212}}$
壶关	tʂuʌʔ^{2}	tʂuʌʔ^{2}	tʂʰuʌʔ^{2}	tʂuʌʔ$^{\underline{21}}$	tʂuʌʔ^{2}	tʂuʌʔ$^{\underline{21}}$	ʂuə^{353}	cyʌʔ$^{\underline{21}}$
沁县	tsuaʔ$^{\underline{31}}$	tsuəʔ$^{\underline{212}}$	tsʰuaʔ$^{\underline{31}}$	tsuəʔ$^{\underline{212}}$	tsuaʔ$^{\underline{31}}$	tsuaʔ$^{\underline{31}}$	suaʔ$^{\underline{31}}$	tɕiæʔ$^{\underline{31}}$
武乡	tsuʌʔ^{3}	tsuʌʔ^{3}	tsʰuʌʔ^{3}	tsuʌʔ^{3}	tsuʌʔ^{3}	tsuʌʔ$^{\underline{423}}$	——	tɕiʌʔ^{3}
沁源	tʂuʌʔ$^{\underline{31}}$	tʂuʌʔ$^{\underline{31}}$	tʂʰuəʔ$^{\underline{31}}$	tʂuəʔ$^{\underline{31}}$	tʂuəʔ$^{\underline{31}}$	ʂuʌʔ$^{\underline{31}}$	ʂuəʔ$^{\underline{31}}$	tɕyəʔ$^{\underline{31}}$
安泽	tsuəʔ$^{\underline{21}}$	tsuo^{35}	tsʰuo^{21}/ tsʰuəʔ$^{\underline{21}}$	tsuo^{35}	tsuəʔ$^{\underline{21}}$	tsuo^{35}	suo^{53}	tɕyɛ^{35}
沁水端氏	tsuəʔ^{2}	tsuəʔ^{2}	tsʰuaʔ^{2}	——	tsuaʔ^{2}	tsuəʔ$^{\underline{54}}$	suaʔ^{2}	tɕyaʔ^{2}
阳城	tʂuəʔ^{2}	tʂuəʔ^{2}	tʂʰuʌʔ^{2}	tʂuʌʔ^{2}	tʂuʌʔ^{2}	tʂuə^{22}	ʂuʌʔ^{2}	cyʌʔ^{2}
高平	tʂuʌʔ^{2}	tʂuəʔ^{2}	tʂʰuəʔ^{2}	tʂuəʔ^{2}	tʂuʌʔ^{2}	tʂuʌʔ^{2}	ʂuʌʔ^{2}	ciɛʔ^{2}
陵川	tʂuʌʔ^{3}	tʂuʌʔ^{3}	tʂʰuʌʔ^{3}	tʂuʌʔ$^{\underline{23}}$	tʂuʌʔ^{3}	tʂuʌʔ$^{\underline{23}}$	ʂuɤ^{24}	tɕyʌʔ$^{\underline{23}}$
晋城	tʂuʌʔ^{2}	tʂuʌʔ^{2}	tʂʰuʌʔ^{2}	tʂuəʔ^{2}	tʂuʌʔ^{2}	tʂuʌʔ^{2}	ʂuʌʔ^{2}	tɕyʌʔ^{2}
忻府	tsʌʔ$^{\underline{32}}$	tsʌʔ$^{\underline{32}}$	tsʰʌʔ$^{\underline{32}}$	tsʌʔ$^{\underline{32}}$	tsʌʔ$^{\underline{32}}$	suəʔ$^{\underline{32}}$ 白 / tsuʌʔ$^{\underline{32}}$ 文	suʌʔ$^{\underline{32}}$	tɕiɛʔ$^{\underline{32}}$ 白 / tɕyʌʔ$^{\underline{32}}$ 文
原平	tsuɔʔ$^{\underline{34}}$	tsuɔʔ$^{\underline{34}}$	tsʰuɔʔ$^{\underline{34}}$	tsuɔʔ$^{\underline{34}}$	tsuɔʔ$^{\underline{34}}$	tsuəʔ$^{\underline{34}}$	suɔʔ$^{\underline{34}}$	tɕiəʔ$^{\underline{34}}$

续表

字目	桌	啄	戳	浊	捉	镯	朔	觉感~
中古音 / 方言点	竹角 江开二 入觉知	竹角 江开二 入觉知	敕角 江开二 入觉彻	直角 江开二 入觉澄	侧角 江开二 入觉庄	士角 江开二 入觉崇	所角 江开二 入觉生	古岳 江开二 入觉见
定襄	tʂuəʔ^{1}	tʂuəʔ^{1}	tʂʰuəʔ^{1}	tʂuəʔ^{1}	tʂuəʔ^{1}	tʂuəʔ^{1}	suəʔ^{1}	tɕyəʔ^{1}
五台	tsuəʔ^{3}	tsuəʔ^{3}	tsʰɔʔ^{3}	tsuəʔ^{3}	tsuəʔ^{3}	suəʔ^{3}	suɔʔ^{3}	tɕiəʔ^{3}
岢岚	tʂuaʔ^{4}	tʂuaʔ^{4}	tsʰuaʔ^{4}	tʂuəʔ^{4}	tʂuaʔ^{4}	tsʰua^{13}	suaʔ^{4}	tɕyɛʔ^{4}
五寨	tsuaʔ^{4}	tsuaʔ^{4}	tsʰuaʔ^{4}	tsuəʔ^{4}	tsuaʔ^{4}	tsua^{13}	suaʔ^{4}	tɕiɛʔ^{4}
宁武	tsuᴀʔ^{4}	tsuᴀʔ^{4}	tsʰuᴀʔ^{4}	tsuəʔ^{4}/ tsuᴀʔ^{4}	tsuᴀʔ^{4}	suəʔ^{4}	suᴀʔ^{4}	tɕiəʔ^{4}
神池	tsuᴀʔ^{4}	tsuᴀʔ^{4}	tsʰuᴀʔ^{4}	tsuᴀʔ^{4}	tsuᴀʔ^{4}	tsuᴀʔ^{4}	suᴀʔ^{4}	tɕyᴀʔ^{4}
繁峙	tsuaʔ$^{\underline{13}}$	tsuaʔ$^{\underline{13}}$	tsʰuaʔ$^{\underline{13}}$	tsuaʔ$^{\underline{13}}$	tsuaʔ$^{\underline{13}}$	tsuɤ^{31}	suaʔ$^{\underline{13}}$	tɕyaʔ$^{\underline{13}}$
代县	tsuaʔ^{2}	tsuaʔ^{2}	tsʰuaʔ^{2}	tsuəʔ^{2}	tsuaʔ^{2}	tsuɤ^{44}	suaʔ^{2}	tɕaʔ^{2}
河曲	tʂuaʔ^{4}	tʂuaʔ^{4}	tsʰu^{213}	tʂuəʔ^{4}	tʂuaʔ^{4}	tʂuaʔ^{4}	suaʔ^{4}	tɕyaʔ^{4}
保德	tʂuᴀ^{44}	tʂuəʔ^{4}	tʂʰuəʔ^{4}	tʂuəʔ^{4}	tʂuəʔ^{4}	tʂuəʔ^{4}	ʂuəʔ^{4}	tɕyɛ^{44}
偏关	tʂua^{44}	tʂʰuᴀʔ^{4}	tʂʰuᴀʔ^{4}	tʂuᴀʔ^{4}	tʂuᴀʔ^{4}	tʂuᴀʔ^{4}	ʂuᴀʔ^{4}	tɕyɛʔ^{4}
朔城	tsuᴀʔ$^{\underline{35}}$	tsuᴀʔ$^{\underline{35}}$	tsʰuᴀʔ$^{\underline{35}}$	tsuᴀʔ$^{\underline{35}}$	tsuᴀʔ$^{\underline{35}}$	tsuə$^{\underline{35}}$	suᴀʔ$^{\underline{35}}$	tɕyᴀʔ$^{\underline{35}}$
平鲁	tsuʌʔ$^{\underline{34}}$	tsuəʔ$^{\underline{34}}$	tsʰuʌʔ$^{\underline{34}}$/ tsʰuəʔ$^{\underline{34}}$	tsuəʔ$^{\underline{34}}$	tsuʌʔ$^{\underline{34}}$	——	suʌʔ$^{\underline{34}}$	tɕiʌʔ$^{\underline{34}}$/ tɕyʌʔ$^{\underline{34}}$
应县	tsuaʔ$^{\underline{43}}$	tsuaʔ$^{\underline{43}}$	tsʰuaʔ$^{\underline{43}}$	tsuaʔ$^{\underline{43}}$	tsuaʔ$^{\underline{43}}$	tsuɤ^{31}	suaʔ$^{\underline{43}}$	tɕyaʔ$^{\underline{43}}$
灵丘	tsuᴀʔ^{5}	tsuᴀʔ^{5}	tsʰuᴀʔ^{5}	tsue^{31}	tsuᴀʔ^{5}	tsue^{31}	suᴀʔ^{5}	tɕyᴀʔ^{5}
浑源	tsuʌʔ^{4}	tsuʌʔ^{4}	tsʰuʌʔ^{4}	tsuʌʔ^{4}	tsuʌʔ^{4}	tsuo^{22}	suʌʔ^{4}	tɕyʌʔ^{4}
云州	tʂuɑʔ^{4}	tʂuɑʔ^{4}	tʂʰuɑʔ^{4}	tʂuɑʔ^{4}	tʂuɑʔ^{4}	tʂuɤ^{312}	ʂuɑʔ^{4}	tɕyɑʔ^{4}
新荣	tʂuaʔ^{4}	tʂuaʔ^{4}	tʂʰuaʔ^{4}	tʂuaʔ^{4}	tʂuaʔ^{4}	tʂuo^{312}	ʂuaʔ^{4}	tɕiɔu^{24}/ tɕyaʔ^{4}
怀仁	tsuaʔ^{4}	tsuəʔ^{4}	tsʰuaʔ^{4}	tsuaʔ^{4}	tsuaʔ^{4}	tsuɤ^{312}	suaʔ^{4}	tɕyaʔ^{4}
左云	tsuaʔ^{4}	tsuaʔ^{4}	tsʰuaʔ^{4} 白 / tsʰuo^{31} 文	tsuaʔ^{4}	tsuaʔ^{4}	tsuo^{313}	suaʔ^{4}	tɕyaʔ^{4}
右玉	tʂuaʔ^{4}	tʂuəʔ^{4}	tʂʰuaʔ^{4}	tʂuəʔ^{4}	tʂuaʔ^{4}	tʂuo^{31}	ʂuaʔ^{4}	tɕyaʔ^{4}
阳高	tsuɑʔ^{3}	tsuɑʔ^{3}	tsʰuɑʔ^{3}	——	tsuɑʔ^{3}	——	suɑʔ^{3}	tɕyɑʔ^{3}
山阴	tʂuᴀʔ^{4}	tʂuᴀʔ^{4}	tʂʰuᴀʔ^{4}	tʂuəʔ^{4}	tʂuᴀʔ^{4}	tʂuə^{313}	ʂuᴀʔ^{4}	tɕyᴀʔ^{4}/ tɕiᴀʔ^{4}
天镇	tsuɑʔ^{4}	tsuəʔ^{4}	tsʰuɑʔ^{4}	tsuəʔ^{4}	tsuɑʔ^{4}	tsuɤ^{22}	suɑʔ^{4}	tɕyɑʔ^{4}
平定	——	tsuaʔ^{4}	tsʰuaʔ^{4}	tsuəʔ^{4}	tsuaʔ^{4}	——	suaʔ^{4}	tɕyæʔ^{4}
昔阳	tsuʌʔ$^{\underline{43}}$	tsuʌʔ$^{\underline{43}}$	tsʰuʌʔ$^{\underline{43}}$	tsuʌʔ$^{\underline{43}}$	tsuʌʔ$^{\underline{43}}$	tsu^{33}	suʌʔ$^{\underline{43}}$	tɕyʌʔ$^{\underline{43}}$

续表

字目	桌	啄	戳	浊	捉	镯	朔	觉感~
中古音 / 方言点	竹角 江开二 入觉知	竹角 江开二 入觉知	敕角 江开二 入觉彻	直角 江开二 入觉澄	侧角 江开二 入觉庄	士角 江开二 入觉崇	所角 江开二 入觉生	古岳 江开二 入觉见
左权	tsuɑʔ^{1}	tsuəʔ^{1}	tsʰuɑʔ^{1}/ tsʰuəʔ^{1}	tsuəʔ^{1}	tsuɑʔ^{1}	tsuɑ^{31}/ tsuɑʔ^{1}	suəʔ^{1}	tɕiɑʔ^{1}
和顺	tsuaʔ$^{\underline{21}}$	tsuəʔ$^{\underline{21}}$	tsʰuaʔ$^{\underline{21}}$	tsuəʔ$^{\underline{21}}$	tsuaʔ$^{\underline{21}}$	tsuaʔ$^{\underline{21}}$	suaʔ$^{\underline{21}}$	tɕieʔ$^{\underline{21}}$
尧都	tʂuo^{21}	tʂuo^{21}	tʂʰuo^{21}	tʂuo^{24}	tʂuo^{21}	tʂʰuo^{24}	ʂuo^{44}	tɕyo^{21}
洪洞	tʂo^{21}	tʂo^{24}	tʂʰo^{21}	tʂo^{24}	tʂo^{24}	tʂo^{24}	so^{21}	tɕo^{21} 白
洪洞赵城	tʂuɤ^{21}	tʂuɤ^{24}	tuɤ^{21} 白 / tʂʰuɤ^{24} 文	——	tʂuɤ^{21}	tʂuɤ^{24}	suɤ^{53}	tɕio^{24}
古县	tʂuo^{21}	tʂuo^{35}	tʂʰuo^{21}	tʂu^{35}	tʂuo^{21}	tʂʰuo^{35}	suo^{21}	tɕyo^{21}
襄汾	tsuɔ^{21}	tsuɔ^{21} 白 / tʂuɔ^{21} 文	tsʰuɔ^{21}	tʂuɔ^{21}/tʂuɔ^{24}	tsuɔ^{21}	tsuɔ^{24} 白 / tʂuɔ^{24} 文	ʂuɔ^{21}	tɕyɔ^{21}
浮山	pfa^{42} 白 / pfɤ^{42} 文	tʂuo^{42}	pfʰɤ^{42}	tʂuo^{13}	pfa^{42} 白 / tʂʰuo^{42} 文	tʂuo^{42}	ʂuo^{13}	tɕyo^{42}
霍州	tsuɤ^{212}	tsuɤ^{35}	tʂʰuɤ^{212}	tʂuɤ^{212}	tsuɤ^{212}	tsuɤ^{35}	ʂuɤ^{53}	tɕye^{35}
翼城	tʂuɤ^{53}	tʂuɤ^{12}	tʂʰuɤ^{53}	tʂuɤ^{12}	tʂuɤ^{53}	tʂuɤ^{12}	ʂuɤ^{53}	tɕyɤ^{12}
闻喜	pfɤ^{53} 白 / tsuɤ^{53} 文	pfɤ^{53} 白 / tsuɤ^{53} 文	pfʰɤ^{53}	pfɤ^{53} 白 / tsuɤ^{13} 文	pfɤ^{53} 白 / tsuɤ^{53} 文	pfɤ^{13}/ tsuɤ^{13}	fɤ^{53} 白 / suɤ^{53} 文	tɕyᴇ^{53}/ tɕiɤ^{53}
侯马	tʂuɤ^{213}	tʂuɤ^{213}	tʂʰuɤ^{213}	tʂuɤ^{213}	tʂuɤ^{213}	tʂuɤ^{213}	ʂuɤ^{53}	tɕɑu^{213}
新绛	pfɤ^{53}	tʂuɤ^{13}	tʂʰuɤ^{53}	tʂuɤ^{13}	tʂuɤ^{53}	pfɤ^{13}	suɤ^{53}	tɕye^{53}
绛县	pfɤ^{53}	tʂuɤ^{53}	pfʰɤ^{31}	pfɤ^{24}	pfɤ^{24}	pfɤ^{24}	ʂuɤ^{53}	tɕyɤ^{53}
垣曲	tʂuo^{22}	tʂuo^{22}	tʂʰuo^{22}	tʂuo^{22}	tʂuo^{22}	tʂuo^{53}	suo^{53}	tɕyo^{22}
夏县	pfɤ^{53} 白 / tʂuɤ^{53} 文	pfɤ^{42} 白 / tʂuɤ^{42} 文	pfʰɤ^{53} 白 / tʂuɤ^{53} 文	pfɤ^{42} 白 / tʂuɤ^{42} 文	pfɤ^{53} 白 / tʂuɤ^{53} 文	pfʰɤ^{42} 白 / tʂuɤ^{42} 文	——	tɕiɤ^{42} 白 / tɕyɛ^{42} 文
万荣	pfɤ^{51}	pfɤ^{213}	pfʰɤ^{51}	pfɤ^{213}	pfɤ^{51}	pfʰɤ^{213}	ʂuɤ^{51}	tɕiɤ^{51}
稷山	pfɤ^{53}	pfɤ^{13}	pfʰɤ^{53}	pfɤ^{13}	pfɤ^{53}	pfʰɤ^{13}	ʂuɤ^{53}	tʂɤ^{53} 白 / tɕyɛ^{53} 文
盐湖	pfo^{42} 白 / tʂuo^{42} 文	——	pfʰo^{42} 白 / tsʰuo^{42} 文	tʂuo^{13}	pfo^{42} 白 / tʂuo^{42} 文	pfʰo^{13} 白 / tʂuo^{13} 文	——	tɕyɛ^{42}
临猗	pfo^{42} 白 / tʂuo^{42} 文	pfo^{13}	pfʰo^{42}	pfo^{13}	pfo^{42}	pfʰo^{13} 白 / tʂuo^{13} 文	ʂuo^{42}	tɕyo^{42} 白 / tɕyɛ^{42} 文
河津	pfɤ^{31}	pfɤ^{31}	pfʰɤ^{31}	pfɤ^{324}	pfɤ^{31}	pfɤ^{324} 文	——	tʂɤ^{31} 白 / tɕiɛ^{31}
平陆	pfuə^{31}	tʂuə^{13}	pfʰuə^{31}	pfuə^{13}	pfuə^{31}	pfʰuə^{13}	ʂuə^{31}	tɕyə^{31}

续表

字目	桌	啄	戳	浊	捉	镯	朔	觉感~
中古音 / 方言点	竹角 江开二 入觉知	竹角 江开二 入觉知	敕角 江开二 入觉彻	直角 江开二 入觉澄	侧角 江开二 入觉庄	士角 江开二 入觉崇	所角 江开二 入觉生	古岳 江开二 入觉见
永济	pfya^{31}	pfʰuo^{31}	pfʰuo^{31}	tʂʰuo^{24}	pfya^{31}	pfuo^{24}	ʂuo^{44}	tɕye^{24}/ tɕiau^{44}
芮城	pfɤ^{42}	pfɤ^{13}	pfʰɤ^{42}	pfɤ^{13}	pfɤ^{42}	pfɤ^{13}	fɤ^{42}	tɕyo^{42}
吉县	pfa^{423} 白 / pfə^{423} 文	pfə^{13}	pfʰə^{13}	pfə^{13}	pfə^{423}	pfə^{13}	fə^{13}	tɕiə^{423}
乡宁	tʂuɤ^{53}	tʂuɤ^{53}	tʂʰuɤ^{53}	tʂuɤ^{12}	tʂuɤ^{53}	tʂuɤ^{12}	ʂuɤ^{53}	tɕyᴇ^{12}
广灵	tsuo^{53}	tsuo^{31}	tsʰuo^{53}	tsu^{53}/tsuo^{53}	tsuo^{53}	tsuo^{31}	suo^{53}	tɕiʌu^{53}

字目	角	饺	壳	确	岳	乐音~	学	握
中古音 方言点	古岳 江开二 入觉见	古岳 江开二 入觉见	苦角 江开二 入觉溪	苦角 江开二 入觉溪	五角 江开二 入觉疑	五角 江开二 入觉疑	胡觉 江开二 入觉匣	於角 江开二 入觉影
北京	tɕiau^{214}	tɕiau^{214}	kʰɤ^{35}	tɕʰye^{51}	ye^{51}	ye^{51}	ɕye^{35}	uo^{51}
小店	tɕyəʔ^{1}	tɕiɔo^{53}	kʰaʔ^{1}	tɕʰyəʔ^{1}	yəʔ^{1}	yəʔ^{1}	ɕiəʔ$^{\underline{54}}$	vaʔ^{1}
尖草坪	tɕyəʔ^{2}	tɕiau^{312}	kʰəʔ^{2}	tɕʰyəʔ^{2}	yəʔ^{2}	yəʔ^{2}	ɕyəʔ$^{\underline{43}}$	vaʔ^{2} 白 / vəʔ^{2} 文
晋源	tɕyəʔ^{2}	tɕiau^{42}	kʰaʔ^{2}	tɕʰyəʔ^{2}	yəʔ^{2}	iaʔ^{2}	ɕiəʔ^{2}/ɕiau^{11}	vaʔ^{2}
阳曲	tɕyɛʔ^{4}	tɕiɔo^{312}	kʰəʔ^{4}	tɕʰyɛʔ^{4}	yɛʔ^{4}	yɛʔ^{4}	ɕiɛʔ^{4}	vəʔ^{4}
古交	tɕyəʔ^{4}	tɕiau^{312}	kʰuəʔ^{4}	tɕʰyəʔ^{4}	yəʔ^{4}	yəʔ^{4}	ɕyəʔ^{4}	vaʔ^{4}
清徐	tɕyaʔ$^{\underline{54}}$	tɕiɔu^{54}	kʰaʔ^{1}	tɕʰyaʔ^{1}	yaʔ^{1}	iaʔ^{1}	ɕiaʔ$^{\underline{54}}$	vaʔ^{1}
娄烦	tɕyɛ^{33}	tɕiɔu^{312}	kʰaʔ^{3}	tɕʰiaʔ^{3}	yəʔ^{3}	iəʔ^{3}	ɕiaʔ$^{\underline{21}}$	vaʔ^{3}
榆次	tɕiaʔ^{1}	tɕiaʔ^{1}	kʰaʔ^{1}	tɕʰiaʔ^{1}	yaʔ^{1}	yaʔ^{1}	ɕiaʔ$^{\underline{53}}$	vaʔ^{1}
交城	tɕyaʔ^{1} 白 / tɕiɔu^{53} 文	tɕyaʔ^{1} 白 / tɕiɔu^{53} 文	kʰaʔ^{1}	tɕʰyaʔ^{1}	yaʔ^{1}	iaʔ^{1}	ɕiɔu^{11} 白 / ɕiaʔ$^{\underline{53}}$ 文	uaʔ^{1}
文水	tɕyaʔ^{2}/ tɕiau^{423}	tɕiau^{423}	kʰaʔ^{2}/ tɕʰiau^{35}	tɕʰiaʔ^{2} 老 / tɕʰyaʔ^{2} 新	yaʔ^{2}	iaʔ^{2}	ɕiaʔ$^{\underline{312}}$/ ɕiəʔ$^{\underline{312}}$/ ɕiau^{22}	nuaʔ^{2} 白 / uaʔ^{2} 文
祁县	tɕyɑʔ$^{\underline{32}}$	tɕyɑʔ$^{\underline{32}}$	kʰɑʔ$^{\underline{32}}$	tɕʰiɑʔ$^{\underline{32}}$	yɑʔ$^{\underline{32}}$	yɑʔ$^{\underline{32}}$	ɕiɑʔ$^{\underline{324}}$	uɑʔ$^{\underline{32}}$
太谷	tɕiaʔ^{3}	tɕiaʔ^{3}	kʰiaʔ^{3}	tɕʰyaʔ^{3}	yaʔ^{3}	iaʔ^{3}	ɕiaʔ$^{\underline{423}}$	vaʔ^{3}
平遥	tɕyʌʔ$^{\underline{212}}$	tɕiɔ^{512}	kʰʌʔ$^{\underline{212}}$	tɕʰyʌʔ$^{\underline{212}}$	yʌʔ$^{\underline{212}}$	iʌʔ$^{\underline{212}}$	ɕiʌʔ$^{\underline{523}}$	uʌʔ$^{\underline{212}}$
孝义	tɕyaʔ^{3}	tɕiɒ^{312}	kʰaʔ^{3}	tɕʰaʔ^{3}	yaʔ$^{\underline{423}}$	yaʔ$^{\underline{423}}$	ɕiaʔ$^{\underline{423}}$	yaʔ^{3}
介休	tɕyʌʔ$^{\underline{12}}$/ tɕiɔo^{423}	tɕiɔo^{423}	kʰʌʔ$^{\underline{12}}$/ tɕʰiɔo^{45}	tɕʰyʌʔ$^{\underline{12}}$	yʌʔ$^{\underline{12}}$	yʌʔ$^{\underline{12}}$	ɕiʌʔ$^{\underline{312}}$/ ɕiɔo^{13}	ȵyʌʔ$^{\underline{12}}$/ uʌʔ$^{\underline{12}}$
灵石	——	——	kʰaʔ^{4}	tɕʰyaʔ^{4}	yaʔ^{4}	yaʔ^{4}	tɕʰyaʔ$^{\underline{212}}$	uaʔ^{4}
盂县	tɕyʌʔ^{2} 白 / tɕiau^{22} 文	tɕiau^{53}	kʰʌʔ^{2}	tɕʰiʌʔ^{2} 白 / tɕʰyʌʔ^{2} 文	iʌʔ^{2}	yʌʔ^{2}	ɕiʌʔ$^{\underline{53}}$ 白 / ɕiau^{22} 文	vʌʔ^{2}
寿阳	tɕyɛʔ^{2}	tɕiɔo^{53}	kʰaʔ^{2}	tɕʰyɛʔ^{2}	yɛʔ^{2}	yɛʔ^{2}	ɕiɛʔ$^{\underline{54}}$	vaʔ^{2}
榆社	tɕiaʔ^{2}	tɕiou^{312}/ tɕiaʔ^{2}	kʰaʔ^{2}	tɕʰiaʔ^{2}	——	iaʔ^{2}	ɕyaʔ$^{\underline{312}}$	vaʔ^{2}
离石	tɕiɑʔ^{4}	tɕiou^{312}	kʰəʔ^{4}	tɕʰiɑʔ^{4}	yeʔ^{4}	ieʔ^{4}	ɕieʔ$^{\underline{23}}$	uɑʔ^{4}
汾阳	tɕiaʔ^{2}	tɕiau^{312}	kʰəʔ^{2}	tɕʰiaʔ^{2}	yaʔ^{2}	yaʔ$^{\underline{312}}$	ɕiau^{22} 白 / ɕiaʔ$^{\underline{312}}$ 文	uaʔ^{2}
中阳	tɕiɑʔ^{4}	tɕiɔo^{423}	kʰəʔ^{4}	tɕʰiɑʔ^{4}	yeʔ^{4}	ieʔ^{4}	ɕieʔ$^{\underline{312}}$	uɑʔ^{4}
柳林	tɕiɑʔ^{4}	tɕiou^{312}	kʰəʔ^{4}	tɕʰiɑʔ^{4}	yɛʔ^{4}	iɑʔ^{4}	ɕiɛʔ$^{\underline{423}}$/ ɕiou^{44}	uɑʔ^{4}
方山	tɕyɑʔ^{4}/ tɕya^{312}	tɕiou^{312}	kʰəʔ^{4}	tɕʰyɑʔ^{4}	yɛʔ$^{\underline{23}}$	yɛʔ^{4}	ɕiou^{44} 白 / ɕiɛʔ$^{\underline{23}}$ 文	uɑʔ^{4}

续表

字目	角	饺	壳	确	岳	乐音～	学	握
中古音 / 方言点	古岳 江开二 入觉见	古岳 江开二 入觉见	苦角 江开二 入觉溪	苦角 江开二 入觉溪	五角 江开二 入觉疑	五角 江开二 入觉疑	胡觉 江开二 入觉匣	於角 江开二 入觉影
临县	tɕyaʔ^{3}	tɕiɔu^{312}	kʰɐʔ^{3}	tɕʰyaʔ^{3}	yɐʔ^{3}	yɐʔ^{3}	ɕiɔu^{33} 白 / ɕiɐʔ^{24} 文	uɐʔ^{3}
兴县	tɕʰyəʔ^{5} 白 / tɕyəʔ^{5} 文	tɕiɯu^{324}	kʰəʔ^{5}	tɕʰiɛʔ^{5} 白 / tɕʰyɛʔ^{5} 文	yəʔ^{5}	iəʔ$^{\underline{312}}$	xəʔ$^{\underline{312}}$ 白 / ɕiəʔ^{5} 文	uaʔ^{5}
岚县	tɕyeʔ^{4} 白 / tɕye^{53} 文	tɕiau^{312}	kʰieʔ^{4}	tɕʰieʔ^{4}	ieʔ^{4}	ieʔ^{4}	ɕieʔ^{4} 白 / ɕiɤu^{44} 文	uaʔ^{4}
静乐	tɕyəʔ^{4}	tɕyəʔ^{4}	kʰaʔ^{4}	tɕʰyəʔ^{4}	yəʔ^{4}	iəʔ^{4}	ɕyəʔ$^{\underline{212}}$	vaʔ^{4}
交口	tɕyaʔ^{4}/ tɕyeʔ^{4}	tɕiɑo^{323}	kʰəʔ^{4}	tɕʰyaʔ^{4}	yeʔ^{4}	yeʔ^{4}	ɕieʔ$^{\underline{212}}$ 白 / ɕiɑo^{44} 文	uaʔ^{4}
石楼	tɕiəʔ^{4} 白 / tɕya^{44} 白 / tɕyəʔ^{4} 文	tɕiɔo^{213}	kʰʌʔ^{4}	tɕʰyʌʔ^{4}	yɛ^{51}	yɛ^{51}	ɕyəʔ$^{\underline{213}}$ 白 / ɕiɔo^{44} 文	uʌʔ^{4}
隰县	tɕiəʔ^{3}	tɕiɑo^{21}	kʰaʔ^{3}	tɕʰyəʔ^{3}	yəʔ^{3}	yəʔ^{3}	ɕiəʔ^{3} 白 / ɕiɑo^{24} 文	uaʔ^{3}
大宁	tɕiɐʔ$^{\underline{31}}$	tɕiɐu^{31}	kʰɐʔ$^{\underline{31}}$	tɕyɐʔ$^{\underline{31}}$	——	——	ɕiɐʔ^{4}	vɐʔ$^{\underline{31}}$
永和	tɕiɐʔ$^{\underline{35}}$	tɕiɐʔ$^{\underline{35}}$	——	tɕʰiɐʔ$^{\underline{35}}$	iɐʔ$^{\underline{35}}$	iɐʔ$^{\underline{35}}$	ɕiɐʔ$^{\underline{35}}$	uɐʔ$^{\underline{35}}$
汾西	tiu^{11} 白 / tɕiu^{11} 文 / tiu^{53}	——	kʰəʔ^{1}	tɕʰiu^{11}	iu^{11}/yɪ^{53}	iu^{11}	ɕiu^{11}	——
蒲县	tiɛʔ$^{\underline{43}}$ 白 / tɕiɑu^{31} 文	tɕiɑu^{31}	kʰɣ^{52}	tɕʰyɛ^{52}	yɛʔ$^{\underline{43}}$	yɛ^{52}	ɕiɛʔ$^{\underline{43}}$ 白 / ɕyɛʔ^{3} 文	uo^{52}
潞州	tɕiəʔ$^{\underline{53}}$	tɕiɑo^{535}	kʰəʔ$^{\underline{53}}$	tɕʰyəʔ$^{\underline{53}}$	yəʔ$^{\underline{53}}$	yəʔ$^{\underline{53}}$	ɕyəʔ$^{\underline{53}}$	uəʔ$^{\underline{53}}$
上党	tɕiɑʔ$^{\underline{21}}$	tɕiɑʔ$^{\underline{21}}$	kʰəʔ$^{\underline{21}}$	tɕʰyəʔ$^{\underline{21}}$	yəʔ$^{\underline{21}}$	yəʔ$^{\underline{21}}$	ɕyəʔ$^{\underline{21}}$	uəʔ$^{\underline{21}}$
长子	tɕyəʔ^{4}	tɕiɔ^{312}	kʰəʔ^{4}	tɕʰyəʔ^{4}	yəʔ^{4}	yəʔ^{4}	ɕyəʔ$^{\underline{212}}$	vəʔ^{4}
屯留	tɕiəʔ^{1}	tɕiəʔ^{1}/ tɕiɔo^{43}	kʰəʔ^{1}	tɕʰyəʔ^{1}	yəʔ^{1}	yəʔ^{1}	ɕyəʔ$^{\underline{54}}$	vəʔ^{1}
襄垣	tɕiʌʔ^{3}	tɕiʌʔ^{3}	kʰʌʔ^{3}	tɕʰyʌʔ^{3}	iʌʔ^{3}	iʌʔ^{3}	ɕiʌʔ$^{\underline{43}}$	vʌʔ^{3}
黎城	ciʌʔ^{2}	ciɔo^{213}	kʰɣʔ$^{\underline{31}}$	cʰiʌʔ^{2}	yɣʔ^{2}	yʌʔ^{2}	çiʌʔ$^{\underline{31}}$ 白 / çyʌʔ$^{\underline{31}}$ 文	ua^{33}
平顺	ciʌʔ$^{\underline{212}}$	ciʌʔ$^{\underline{212}}$	kʰʌʔ$^{\underline{212}}$	cʰyʌʔ$^{\underline{212}}$	yʌʔ$^{\underline{423}}$	yʌʔ$^{\underline{423}}$	ɕyʌʔ$^{\underline{212}}$	uʌʔ$^{\underline{212}}$
壶关	ciʌʔ$^{\underline{21}}$/ciɔ^{535}	ciʌʔ^{2}	kʰəʔ^{2}	cʰyʌʔ^{2}	yʌʔ$^{\underline{21}}$	yʌʔ$^{\underline{21}}$	çyʌʔ$^{\underline{21}}$	uʌʔ^{2}
沁县	tɕiæʔ$^{\underline{31}}$ / tɕio^{214}	tɕio^{214}	kʰaʔ$^{\underline{31}}$ / tɕʰio^{53}	tɕʰyæʔ$^{\underline{31}}$	iæʔ$^{\underline{31}}$	iæʔ$^{\underline{31}}$	ɕyɛ^{33}	vaʔ$^{\underline{31}}$
武乡	tɕiʌʔ^{3}	tɕiɔ^{213}	kʰʌʔ^{3}	tɕʰiʌʔ^{3}	yʌʔ^{3}	yʌʔ^{3}	ɕiʌʔ$^{\underline{423}}$	vʌʔ^{3}

续表

字目	角	饺	壳	确	岳	乐音~	学	握
中古音 方言点	古岳 江开二 入觉见	古岳 江开二 入觉见	苦角 江开二 入觉溪	苦角 江开二 入觉溪	五角 江开二 入觉疑	五角 江开二 入觉疑	胡觉 江开二 入觉匣	於角 江开二 入觉影
沁源	tɕiʌʔ$^{\underline{31}}$	tɕiɔo^{324}	kʰʌʔ$^{\underline{31}}$	tɕʰyəʔ$^{\underline{31}}$	yəʔ$^{\underline{31}}$	ləʔ$^{\underline{31}}$	ɕiəʔ$^{\underline{31}}$	vʌʔ$^{\underline{31}}$
安泽	tɕyɛ^{35}/ tɕiau^{42}	tɕiau^{42}	kʰəʔ$^{\underline{21}}$	tɕʰyəʔ$^{\underline{21}}$	yəʔ$^{\underline{21}}$	yəʔ$^{\underline{21}}$	ɕyɛ^{35}	vəʔ$^{\underline{21}}$
沁水端氏	tɕiaʔ^{2}	tɕiəʔ^{2}/tɕiɔ^{31}	kʰaʔ^{2}	tɕʰyaʔ^{2}	yaʔ^{2}	yaʔ^{2}	ɕiaʔ^{54}	vaʔ^{2}
阳城	ciʌʔ^{2} 白 / cio^{212} 文	cio^{212}	tɕʰyʌʔ^{2} 白 / kʰə^{224} 文	cʰyʌʔ^{2}	yʌʔ^{2}	uʌʔ^{2}	çyʌʔ^{2}	vʌʔ^{2}
高平	ciɛʔ^{2} 白 / tɕiɛʔ^{2} 白 / kɔo^{33} 文	tɕiɔo^{212}	kɤ^{33}/tɕʰiɔo^{53}	cʰiɛʔ^{2}	iɛʔ^{2}	iɛʔ^{2}	ɕiɛʔ^{2}	vʌʔ^{2}
陵川	tuyəʔ^{3}	tuyəʔ^{3}	kʰɤ^{53}	cʰyʌʔ^{3}	yʌʔ$^{\underline{23}}$	yʌʔ$^{\underline{23}}$	ɕyʌʔ$^{\underline{23}}$/ ɕye^{53}	uʌʔ^{3}
晋城	tɕiʌʔ^{2}	tɕio^{213}	ɕio^{53}	tɕʰyʌʔ^{2}	yʌʔ^{2}	yʌʔ^{2}	ɕyʌʔ^{2}/ 白 ɕiʌʔ^{2} 文	uʌʔ^{2}
忻府	tɕiɛʔ$^{\underline{32}}$ 白 / tɕiɔo^{313} 文	tɕiɛʔ$^{\underline{32}}$ 白 / tɕiɔo^{313} 文	kʰʌʔ$^{\underline{32}}$	tɕʰiɛʔ$^{\underline{32}}$	yʌʔ$^{\underline{32}}$	iɛʔ$^{\underline{32}}$	ɕiɔo^{21} 白 / ɕiɛʔ$^{\underline{32}}$ 文	vʌʔ$^{\underline{32}}$
原平	tɕiəʔ$^{\underline{34}}$ 白 / tɕiɔo^{213} 文	tɕiɔo^{213}	kʰɔʔ$^{\underline{34}}$	tɕʰiəʔ$^{\underline{34}}$	iəʔ$^{\underline{34}}$	iəʔ$^{\underline{34}}$	ɕiəʔ$^{\underline{34}}$	vɔʔ$^{\underline{34}}$
定襄	tɕyəʔ^{1}	tɕiaʔ^{1}	kʰuəʔ^{1}	tɕʰyəʔ^{1}	yəʔ^{1}	yəʔ^{1}	ɕyəʔ^{1}	uəʔ^{1}
五台	tɕiəʔ^{3}	tɕiaɔ^{213}	kʰɔʔ^{3}	tɕʰyəʔ^{3}	iəʔ^{3}	iəʔ^{3}	ɕyəʔ^{3}	uəʔ^{3}
岢岚	tɕiɛʔ^{4}	tɕiɛʔ^{4} 老 / tɕiɑu^{13} 新	kʰaʔ^{4}	tɕʰyɛʔ^{4}	iɛʔ^{4}	iɛʔ^{4}	ɕyɛʔ^{4} 白 / ɕiɑu^{44} 文	vaʔ^{4}
五寨	tɕiɛʔ^{4}	tɕiɛʔ^{4} 老 / tɕiɑu^{13} 新	kʰaʔ^{4}	tɕʰiɛʔ^{4}	iɛʔ^{4}	iɛʔ^{4}	ɕiɑu^{44} 白 / ɕyɛʔ^{4} 文	vaʔ^{4}
宁武	tɕiəʔ^{4}	tɕiɔu^{213}	kʰAʔ^{4}	tɕʰyəʔ^{4}	iəʔ^{4}	yəʔ^{4}	ɕyAʔ^{4}	pAʔ^{4}/vəʔ^{4}
神池	tɕiAʔ^{4}	tɕiAʔ^{4}	kʰAʔ^{4}	tɕʰyAʔ^{4}	yAʔ^{4}	yAʔ^{4}	ɕiAʔ^{4} 白 / ɕiɔo^{32} 白 / ɕyAʔ^{4} 文	vAʔ^{4}
繁峙	tɕiaʔ$^{\underline{13}}$ 白 / tɕyaʔ$^{\underline{13}}$ 白 / tɕiɑo^{53} 文	tɕiɑo^{53}	kʰaʔ$^{\underline{13}}$	tɕʰyaʔ$^{\underline{13}}$	yaʔ$^{\underline{13}}$	yaʔ$^{\underline{13}}$	ɕyaʔ$^{\underline{13}}$ 白 / ɕiɑo^{31} 文	vaʔ$^{\underline{13}}$
代县	tɕiaʔ^{2}	tɕiau^{213}	kʰaʔ^{2}	tɕʰaʔ^{2}	iaʔ^{2}	iaʔ^{2}	ɕyaʔ^{2}	uaʔ^{2}
河曲	tɕyaʔ^{4}	tɕiɔu^{213}	kʰaʔ^{4}	tɕʰyeʔ^{4}	ʂy^{213}	iɛʔ^{4}	ɕyɛʔ^{4} 白 / ɕiɔu^{44} 文	vaʔ^{4}
保德	tɕyA^{213}	tɕiəu^{213}	kʰɤ^{44}	tɕʰye^{44}	ye^{52}	yəʔ^{4}	ɕie^{44} 白 / ɕiəu^{44} 文	vA^{44}

续表

字目	角	饺	壳	确	岳	乐音~	学	握
中古音 / 方言点	古岳 江开二 入觉见	古岳 江开二 入觉见	苦角 江开二 入觉溪	苦角 江开二 入觉溪	五角 江开二 入觉疑	五角 江开二 入觉疑	胡觉 江开二 入觉匣	於角 江开二 入觉影
偏关	tɕiɛʔ^{4} 白 / tɕyɛʔ^{4} 文	tɕiɔo^{213}	kʰᴀʔ^{4}	tɕʰyɛʔ^{4}	iɛʔ^{4}	iɛʔ^{4}	ɕyɛʔ^{4} 白 / ɕiɛʔ^{4} 白 / ɕiɔo^{44} 文	vᴀʔ^{4}
朔城	tɕiɛ^{53}	tɕiɔo^{312}	kʰᴀʔ$^{\underline{35}}$	tɕʰyᴀʔ$^{\underline{35}}$	yᴀʔ$^{\underline{35}}$	yᴀʔ$^{\underline{35}}$	ɕyᴀʔ$^{\underline{35}}$	vᴀʔ$^{\underline{35}}$
平鲁	tɕiʌʔ$^{\underline{34}}$/ tɕyʌʔ$^{\underline{34}}$	——	kʰʌʔ$^{\underline{34}}$	tɕʰyʌʔ$^{\underline{34}}$	iʌʔ$^{\underline{34}}$	——	ɕiɔ^{44}/ɕyʌʔ$^{\underline{34}}$	uʌʔ$^{\underline{34}}$
应县	tɕiau^{54}/ tɕiau^{43}/ tɕyaʔ$^{\underline{43}}$	tɕiau^{54}	tɕʰiau^{31}	tɕʰyaʔ^{43} 文	yaʔ$^{\underline{43}}$	yaʔ$^{\underline{43}}$	ɕyaʔ$^{\underline{43}}$	vaʔ$^{\underline{43}}$
灵丘	tɕiɔo^{442}	tɕiɔo^{442}	kʰᴀʔ^{5}	tɕʰyᴀʔ^{5}	yᴀʔ^{5}	yᴀʔ^{5}	ɕyᴀʔ^{5} 白 / ɕiɔo^{31} 文	vᴀʔ^{5}
浑源	tɕyʌʔ^{4}	——	kʰʌʔ^{4}	tɕʰyʌʔ^{4}	yʌʔ^{4}	yʌʔ^{4}	ɕiʌu^{22}/ɕiʌʔ^{4}/ ɕyʌʔ^{4}	vəʔ^{4}/vəʔ^{4}
云州	tɕiɑu^{55}	tɕiɑu^{55}	kʰɤ^{312}	tɕʰyɑʔ^{4}	yɑʔ^{4}	yɑʔ^{4}	ɕyɑʔ^{4} 白 / ɕiɑu^{312} 文	vɑʔ^{4}
新荣	tɕiɔu^{54}	tɕiɔu^{54}	kʰaʔ^{4}	tɕʰyaʔ^{4}	yaʔ^{4}	yaʔ^{4}	ɕyaʔ^{4} 白 / ɕiɔu^{312} 文	vaʔ^{4}
怀仁	tɕyaʔ^{4}/ tɕiɔu^{53}	tɕiɔu^{53}	kʰiɔu^{312} 白 / kʰɤ^{312} 文	tɕʰyaʔ^{4}	yaʔ^{4}	yaʔ^{4}	ɕiɔu^{312} 白 / ɕyaʔ^{4} 文	vaʔ^{4}
左云	tɕyaʔ^{4} 白 / tɕiɔu^{54} 文	tɕiɔu^{54}	kʰaʔ^{4}	tɕʰyaʔ^{4}	yaʔ^{4}	yaʔ^{4}	ɕyaʔ^{4} 白 / ɕiɔo^{313} 文	vaʔ^{4}
右玉	tɕiaʔ^{4}	tɕiɐo^{53}	——	tɕʰyaʔ^{4}	yaʔ^{4}	yaʔ^{4}	ɕyaʔ^{4}	vaʔ^{4}
阳高	tɕiɔu^{312}/ tɕiɑʔ^{3}/ tɕyɑʔ^{3}	tɕiɔu^{53}	——	tɕʰyɑʔ^{3}	yɑʔ^{3}	yɑʔ^{3}	ɕyɑʔ^{3}	vɑʔ^{3}
山阴	tɕiᴀʔ^{4}	tɕiɔo^{52}	kʰᴀʔ^{4}	tɕʰyᴀʔ^{4}	iᴀʔ^{4}	iᴀʔ^{4}	ɕyᴀʔ^{4}	uᴀʔ^{4}
天镇	tɕiɑʔ^{4}/ tɕiɔu^{55}	tɕiɔu^{55}	kʰɑʔ^{4}	tɕʰyɑʔ^{4}	yɑʔ^{4}	yɑʔ^{4}	ɕyɑʔ^{4}	vɑʔ^{4}
平定	tɕyæʔ^{4}	——	kʰaʔ^{4}	tɕʰyæʔ^{4}	iɔ^{24}	iæʔ$^{\underline{23}}$	ɕiɔ^{44}/ɕiæʔ^{4}	vaʔ$^{\underline{23}}$
昔阳	tɕyʌʔ$^{\underline{43}}$	tɕiɔo^{55}	kʰʌʔ$^{\underline{43}}$	tɕʰyʌʔ$^{\underline{43}}$	yʌʔ$^{\underline{43}}$	yʌʔ$^{\underline{43}}$	ɕyʌʔ$^{\underline{43}}$ 白 / ɕiɔo^{42} 文	vʌʔ$^{\underline{43}}$
左权	tɕiəu^{42}/ tɕiɑʔ^{1}/tɕieʔ^{1}	tɕiəu^{42}	kʰəʔ^{1}/kʰɑʔ^{1}	tɕʰiɑʔ^{1}	yeʔ^{1}	yeʔ^{1} 文	ɕiɑʔ^{1}	vɑʔ^{1}/vəʔ^{1}
和顺	tɕieʔ$^{\underline{21}}$	tɕiɔu^{53}	kʰɔ^{22}	tɕʰieʔ$^{\underline{21}}$	ieʔ$^{\underline{21}}$	yeʔ$^{\underline{21}}$/ ieʔ$^{\underline{21}}$	ɕyeʔ$^{\underline{21}}$	vəʔ$^{\underline{21}}$
尧都	tɕiɑu^{53}/ tɕyo^{53}	tɕiɑu^{44}	kʰɤ^{21}	tɕʰyo^{21}	yo^{21}	yo^{21}	ɕyo^{24}	uo^{44}

续表

字目	角	饺	壳	确	岳	乐音~	学	握
中古音 / 方言点	古岳 江开二 入觉见	古岳 江开二 入觉见	苦角 江开二 入觉溪	苦角 江开二 入觉溪	五角 江开二 入觉疑	五角 江开二 入觉疑	胡觉 江开二 入觉匣	於角 江开二 入觉影
洪洞	to^{21} 白 / tɕo^{21} 文 /to^{53}	tɕiɑo^{42} 文 / tɕiɑo^{33}	kʰo^{53}	tɕʰio^{21}	o^{21}	o^{21}	ɕo^{21}	uo^{21} 文 /uɛ^{21}
洪洞赵城	tio^{21} 白 / tɕio^{21} 文	tio^{21}	kɤ^{21}	tɕʰyɛ^{21}	yɛ^{53}	yɛ^{21}	ɕio^{24} 白 / ɕyɛ^{24} 文	uɤ^{53}
古县	tɕyo^{21}	tɕiɑu^{21}	kʰɛ^{21}	tɕʰyo^{21} 白 / tɕʰyɛ^{21} 文	yɛ^{21}	yo^{21}	ɕyo^{35}	vɛ^{21}/uɛ^{21} 白
襄汾	tyɔ^{21} 白 / tɕyɔ^{21} 文	tɕiao^{42}	kʰɔ^{24}	tɕʰyɔ^{21}	yɔ^{21}	yɔ^{21}	ɕyɔ^{24}	uɔ^{21}
浮山	tɕyo^{42} 白 /	tɕiao^{33}	——	tɕʰyo^{42}	yo^{42}	yo^{42}	ɕyo^{13}	uæ^{42}
霍州	tɕye^{212}	tɕiau^{33}	kʰɤ^{35}	tɕʰye^{53}	ye^{212}	ye^{212}	ɕye^{35}	uɤ^{212}
翼城	tɕiɔo^{44}	tɕiɔo^{44}	kɤ^{12}	tɕʰyɤ^{53}	yɤ^{53}	yɤ^{53}	ɕyɤ^{12}	uɤ^{53}
闻喜	tɕiɤ^{53} 白 / tɕiɑo^{33} 文	tɕiɑo^{53}	kʰɤ^{53}	tɕʰyᴇ^{53}/ tɕʰiɤ^{53}	yᴇ^{53}/ ȵiɤ^{53}	yᴇ^{53}/iɤ^{53}	ɕyᴇ^{13}/ɕiɤ^{13}	uɤ^{33}
侯马	tɕiɑu^{44}	tɕiɑu^{44}	kʰɤ^{213}	tɕʰyɛ^{53}	yɛ^{53}	yɛ^{53}	ɕiɤ^{213}	uɤ^{53}
新绛	tɕiɤ^{53} 白 / tɕiɑo^{53} 文	tɕiɑo^{44}	kʰɤ^{13}	tɕʰyɤ^{53}	iɤ^{53}	iɤ^{53}	ɕiɤ^{13}	uɤ^{53}
绛县	tɕiɑ^{33}	tɕiɑ^{33}	kʰɤ^{53}	tɕʰyɤ^{53}	yɤ^{53}	yɤ^{53}	ɕyɤ^{24}	uo^{53}
垣曲	tɕyo^{44}	tɕyo^{44}	kʰɤ^{22}	tɕʰyɛ^{53}	yɤ^{53}	yɛ^{53}	ɕyo^{22} 白 / ɕiɑu^{22} 文	uo^{53}
夏县	tɕiɤ^{24} 白 / tɕiɑu^{24} 文	tɕiɑu^{24}	——	tɕʰyɛ^{31}	iɤ^{31} 白 / yɛ^{31} 文	uɤ^{31} 白 / yɛ^{31} 文	ɕiɤ^{42}/ɕyɛ^{42}	uɤ^{53}
万荣	tʂɤ^{51} 白 / tɕiɤ^{51} 文	tɕiau^{55}	kʰɤ^{51}	tɕʰiɤ^{51}	iɤ^{51}	iɤ^{51}	ɕiɤ^{213}	uɤ^{51}
稷山	tɕiɤ^{53}	tɕiɑu^{44}	kʰɤ^{53}	tɕʰye^{53}	yɛ^{53}	yɛ^{53}	ɕiɤ^{13}	uɤ^{53}
盐湖	tɕyo^{42} 白 / tɕiɔ^{42} 文	tɕyo^{42} 白 / tɕiɔ^{42} 文	kʰɤ^{13}	tɕʰyɛ^{42}	yɛ^{42}	yɛ^{42}	ɕyɛ^{13}	uo^{42}
临猗	tɕyo^{42} 白 / tɕiɑu^{42} 文	tɕiɑu^{53}	tɕʰiɑu^{44}/ kʰɤ^{42}	tɕʰyo^{42} 白 / tɕʰyɛ^{42} 文	yɛ^{42}	yɛ^{42}	ɕyɛ^{13}	uo^{42}
河津	tʂɤ^{31} 白	——	kʰɤ^{31}	tɕʰiɤ^{31}	iɤ^{31}	iɤ^{31}	ɕiɤ^{324}	uɤ^{31}
平陆	tɕyə^{31}	tɕiau^{55}	tɕʰiau^{33}	tɕʰyə^{31}	yə^{31}	yə^{31}	ɕyə^{13}	uə^{31}
永济	tɕyo^{31}	tɕiau^{53}	tɕʰyo^{31}	tɕʰyo^{53} 白 / tɕʰye^{44} 文	ye^{31}	ye^{31}	ɕyo^{44}	uo^{31}
芮城	tɕyo^{53}	tɕiau^{53}	kʰuo^{42} 白 / kʰɤ^{42} 文	tɕʰyo^{42}	yo^{42}	luo^{42}/yo^{42}	ɕyo^{13}	uo^{42}

续表

字目	角	饺	壳	确	岳	乐音~	学	握
中古音 / 方言点	古岳 江开二 入觉见	古岳 江开二 入觉见	苦角 江开二 入觉溪	苦角 江开二 入觉溪	五角 江开二 入觉疑	五角 江开二 入觉疑	胡觉 江开二 入觉匣	於角 江开二 入觉影
吉县	tɕia^{423} 白 / tɕiə^{423} 文	tɕia^{423}	kʰə^{423}	tɕʰiə^{423}	iə^{423}	iə^{423}	ɕiə^{13}	uə^{423}
乡宁	tɕia^{53} 白 / tɕiɤ^{53} 文	tɕiau^{44}	kʰɤ^{12}	tɕʰyᴇ^{53}	yᴇ^{53}	yᴇ^{53}	ɕiɤ^{12} 白 / ɕyᴇ^{12} 文	uɤ^{53}
广灵	tɕiʌu^{44}	tɕiʌu^{44}	tɕʰiʌu^{53} 白 / kʰɤ^{53} 文	tɕʰiʌu^{53} 白 / tɕʰyɤ^{53} 文	yɤ^{213}/iʌu^{213}	yɤ^{213}/iʌu^{213}	ɕiʌu^{31} 白 / ɕyɤ^{31} 文	vo^{53}

字目	崩	朋	鹏	登	灯	腾	誊	藤
中古音／方言点	北滕 曾开一 平登帮	步崩 曾开一 平登並	步崩 曾开一 平登並	都滕 曾开一 平登端	都滕 曾开一 平登端	徒登 曾开一 平登定	徒登 曾开一 平登定	徒登 曾开一 平登定
北京	pəŋ^{55}	pʰəŋ^{35}	pʰəŋ^{35}	təŋ^{55}	təŋ^{55}	tʰəŋ^{35}	tʰəŋ^{35}	tʰəŋ^{35}
小店	pəŋ^{11}	pʰəŋ^{11}	pʰəŋ^{11}	təŋ^{11}	təŋ^{11}	təŋ^{11} 白 / tʰəŋ^{11} 文	təŋ^{11} 白 / tʰəŋ^{11} 文	tʰəŋ^{11}
尖草坪	pʌŋ^{33}	pʰʌŋ^{33}	pʰʌŋ^{33}	tʌŋ^{33}	tʌŋ^{33}	tʰʌŋ^{33}	tʰʌŋ^{33}	tʰʌŋ^{33}
晋源	pəŋ^{11}	pʰəŋ^{11}	pʰəŋ^{11}	təŋ^{11}	təŋ^{11}	tʰəŋ^{11}	tʰəŋ^{11}	tʰəŋ^{11}
阳曲	pə̃^{312}	pʰə̃^{43}	pʰə̃^{43}	tə̃^{312}	tə̃^{312}	tʰə̃^{43}	tʰə̃^{43}	tʰə̃^{43}
古交	pəŋ^{44}	pʰəŋ^{44}	pʰəŋ^{44}	təŋ^{44}	təŋ^{44}	tʰəŋ^{44}	tʰəŋ^{44}	tʰəŋ^{44}
清徐	pəŋ^{11}	pʰəŋ^{11}	pʰəŋ^{11}	təŋ^{11}	təŋ^{11}	təŋ^{11} 白 / tʰəŋ^{11} 文	tʰəŋ^{11}	tʰəŋ^{11}
娄烦	pəŋ^{33}	pʰəŋ^{33}	pʰəŋ^{33}	təŋ^{33}	təŋ^{33}	tʰəŋ^{33}	tʰəŋ^{33}	tʰəŋ^{33}
榆次	pɣ̃^{11}	pʰɣ̃^{11}	pʰɣ̃^{11}	tɣ̃^{11}	tɣ̃^{11}	tʰɣ̃^{11}	tʰɣ̃^{11}	tʰɣ̃^{11}
交城	pə̃^{11}	pʰə̃^{11}	pʰə̃^{11}	tə̃^{11}	tə̃^{11}	tʰə̃^{11}	tʰə̃^{11}	tʰə̃^{11}
文水	pia^{35} 白 / pəŋ^{22} 文	pʰəŋ^{22}	pʰəŋ^{22}	təŋ^{22}	təŋ^{22}	təŋ^{22} 白 / tʰəŋ^{22} 文	təŋ^{22} 白 / tʰəŋ^{22} 文	tʰəŋ^{22}
祁县	pɔõ^{31}	pʰɔõ^{31}	pʰɔõ^{31}	tɔõ^{31}	tɔõ^{31}	tɔõ^{31} 白 / tʰɔõ^{31} 文	tɔõ^{31} 白 / tʰɔõ^{31} 文	tʰɔõ^{31}
太谷	pə̃^{33}	pʰə̃^{33}	pʰə̃^{33}	tə̃^{33}	tə̃^{33}	tə̃^{33} 白 / tʰə̃^{33} 文	tə̃^{33} 白 / tʰə̃^{33} 文	tʰə̃^{33}
平遥	pəŋ^{213}	pʰəŋ^{213}	pʰəŋ^{213}	təŋ^{213}	təŋ^{213}	tʰəŋ^{213}	təŋ^{213}	tʰəŋ^{213}
孝义	pə̃^{33}	pʰə̃^{33}	pʰə̃^{33}	tə̃^{33}	tə̃^{33}	tʰə̃^{33}	tə̃^{33}	tʰə̃^{33}
介休	pia^{45} 白 / pəŋ^{13} 文	pʰəŋ^{13}	pʰəŋ^{13}	təŋ^{13}	təŋ^{13}	təŋ^{13} 白 / tʰəŋ^{13} 文	tʰəŋ^{13}	tʰəŋ^{13}
灵石	pəŋ^{535}	pʰəŋ^{44}	——	təŋ^{535}	təŋ^{535}	tʰəŋ^{44}	——	tʰəŋ^{44}
盂县	pə̃^{412}	pʰə̃^{22}	pʰə̃^{22}	tə̃^{412}	tə̃^{412}	tʰə̃^{22}	tʰə̃^{22}	tʰə̃^{22}
寿阳	pə̃^{31}	pʰə̃^{22}	pʰə̃^{22}	tə̃^{31}	tə̃^{31}	tʰə̃^{22}	tʰə̃^{22}	tʰə̃^{22}
榆社	pɛɪ^{22}	pʰɛɪ^{22}	pʰɛɪ^{22}	tɛɪ^{22}	tɛɪ^{22}	tʰɛɪ^{22}	tʰɛɪ^{22}	tʰɛɪ^{22}
离石	pəŋ^{24}	pʰəŋ^{44}	pʰəŋ^{44}	təŋ^{24}	təŋ^{24}	təŋ^{44}	təŋ^{44}	təŋ^{44}
汾阳	pəŋ^{324}	pʰəŋ^{22}	pʰəŋ^{22}	təŋ^{324}	təŋ^{324}	tʰəŋ^{22}	tʰəŋ^{22}	tʰəŋ^{22}
中阳	pə̃^{24}	pʰə̃^{33}	pʰə̃^{33}	tə̃^{24}	tə̃^{24}	tə̃^{33}	tə̃^{33}	tə̃^{33}
柳林	pə̃^{24}	pʰə̃^{44}	pʰə̃^{44}	tə̃^{24}	tə̃^{24}	tʰə̃^{24}	tʰə̃^{44}	tʰə̃^{44}
方山	pə̃ŋ^{24}	pʰə̃ŋ^{44}	pʰə̃ŋ^{44}	tə̃ŋ^{24}	tə̃ŋ^{24}	tʰə̃ŋ^{44}	tʰə̃ŋ^{44}	tʰə̃ŋ^{44}
临县	pə̃^{24}	pʰə̃^{33}	pʰə̃^{33}	tə̃^{24}	tə̃^{24}	tʰə̃^{24}	tʰə̃^{24}	tʰə̃^{24}
兴县	pəŋ^{324}	pʰəŋ^{55}	pʰəŋ^{55}	təŋ^{324}	təŋ^{324}	tʰəŋ^{55}	tʰəŋ^{55}	tʰəŋ^{324}
岚县	pəŋ^{214}	pʰəŋ^{44}	pʰəŋ^{44}	təŋ^{214}	təŋ^{214}	tʰəŋ^{214}	tʰəŋ^{44}	tʰəŋ^{214}

续表

字目	崩	朋	鹏	登	灯	腾	誊	藤
中古音 / 方言点	北滕 曾开一 平登帮	步崩 曾开一 平登並	步崩 曾开一 平登並	都滕 曾开一 平登端	都滕 曾开一 平登端	徒登 曾开一 平登定	徒登 曾开一 平登定	徒登 曾开一 平登定
静乐	pɤ̃^{24}	pʰɤ̃^{33}	pʰɤ̃^{33}	tɤ̃^{24}	tɤ̃^{24}	tʰɤ̃^{24}	tʰɤ̃^{33}	tʰɤ̃^{24}
交口	pəŋ^{323}	pʰəŋ^{44}	pʰəŋ^{44}	təŋ^{323}	təŋ^{323}	tʰəŋ^{44}	tʰəŋ^{44}	tʰəŋ^{44}
石楼	pəŋ^{213}	pʰəŋ^{44}	pʰəŋ^{44}	təŋ^{213}	təŋ^{213}	tʰəŋ^{44}	tʰəŋ^{44}	pʰəŋ^{213}
隰县	pəŋ^{53}	pʰəŋ^{24}	pʰəŋ^{24}	təŋ^{53}	təŋ^{53}	tʰəŋ^{24}	tʰəŋ^{24}	tʰəŋ^{24}
大宁	pəŋ^{55}	pʰəŋ^{24}	——	təŋ^{31}	təŋ^{31}	tʰəŋ^{31}	tʰəŋ^{24}	tʰəŋ^{24}
永和	pəŋ^{33}	pʰəŋ^{35}	——	təŋ^{33}	təŋ^{33}	tʰəŋ^{35}	tʰəŋ^{35}	tʰəŋ^{35}
汾西	pəŋ^{11}	pʰəŋ^{35}	pʰəŋ^{35}	təŋ^{11}	təŋ^{11}	tʰəŋ^{11}	tʰəŋ^{35}	tʰəŋ^{11}
蒲县	pəŋ^{52}	pʰəŋ^{24}	pʰəŋ^{24}	təŋ^{52}	teĩ^{52}	tʰəŋ^{24}	tʰəŋ^{24}	tʰəŋ^{24}
潞州	pəŋ^{312}	pʰəŋ^{24}	pʰəŋ^{24}	təŋ^{312}	təŋ^{312}	tʰəŋ^{24}	tʰəŋ^{24}	tʰəŋ^{24}
上党	pəŋ^{213}	pʰəŋ^{44}	pʰəŋ^{44}	təŋ^{213}/təŋ^{22}	təŋ^{213}	tʰəŋ^{44}	tʰəŋ^{44}	tʰəŋ^{44}
长子	pəŋ^{312}	pʰəŋ^{24}	pʰəŋ^{24}	təŋ^{312}	təŋ^{312}	tʰəŋ^{24}	tʰəŋ^{24}	tʰəŋ^{24}
屯留	pəŋ^{31}	pʰəŋ^{11}	pʰəŋ^{11}	təŋ^{31}	təŋ^{31}	tʰəŋ^{11}	tʰəŋ^{11}	tʰəŋ^{11}
襄垣	pəŋ^{33}	pʰəŋ^{31}	pʰəŋ^{31}	təŋ^{33}	təŋ^{33}	tʰəŋ^{31}	tʰəŋ^{31}	tʰəŋ^{33}
黎城	pəŋ^{33}	pʰəŋ^{53}	pʰəŋ^{53}	təŋ^{33}	təŋ^{33}	tʰəŋ^{33}	tʰəŋ^{53}	tʰəŋ^{33}
平顺	pəŋ^{213}	pʰəŋ^{13}	pʰəŋ^{13}	təŋ^{213}	təŋ^{213}	tʰəŋ^{13}	tʰəŋ^{13}	tʰəŋ^{13}
壶关	pəŋ^{33}	pʰəŋ^{13}	pʰəŋ^{13}	təŋ^{33}/təŋ^{42}	təŋ^{33}	tʰəŋ^{13}	tʰəŋ^{13}	tʰəŋ^{13}
沁县	pẽ^{224}	pʰẽ^{33}	——	tẽ^{224}	tẽ^{224}	tʰẽ^{33}	tʰẽ^{33}	tʰẽ^{33}
武乡	pɐŋ^{113}	pʰɐŋ^{33}	pʰɐŋ^{33}	tɐŋ^{113}	tɐŋ^{113}	tʰɐŋ^{113}	tʰɐŋ^{113}	tʰɐŋ^{33}
沁源	pə̃^{324}	pʰə̃^{33}	pʰə̃^{33}	tə̃^{324}	tə̃^{324}	tʰə̃^{33}	tʰə̃^{33}	tʰə̃^{33}
安泽	pəŋ^{21}	pʰəŋ^{35}	——	——	təŋ^{21}	tʰəŋ^{35}	tʰəŋ^{35}	tʰəŋ^{35}
沁水端氏	pai^{21}	pʰoŋ^{21}	pʰoŋ^{24}	tai^{21}	tai^{21}	tʰai^{21}	tʰai^{21}	tʰai^{21}
阳城	puoŋ^{224}	pʰuoŋ^{22}	pʰuoŋ^{22}	tɑ̃ŋ^{224}	tɑ̃ŋ^{224}	tʰɑ̃ŋ^{22}	tʰɑ̃ŋ^{22}	tʰɑ̃ŋ^{22}
高平	pə̃ŋ^{33}	pʰə̃ŋ^{33}	pʰə̃ŋ^{33}	tə̃ŋ^{33}	tə̃ŋ^{33}	tʰə̃ŋ^{33}	tʰə̃ŋ^{33}	tʰə̃ŋ^{33}
陵川	pəŋ^{33}	pʰəŋ^{53}	pʰəŋ^{53}	təŋ^{33}	təŋ^{33}	tʰəŋ^{53}	tʰəŋ^{53}	tʰəŋ^{53}
晋城	poŋ^{33}	pʰoŋ^{324}	pʰoŋ^{324}	tɐ̃^{33}	tɐ̃^{33}	tʰɐ̃^{324}	tʰɐ̃^{324}	tʰɐ̃^{324}
忻府	pəŋ^{313}	pʰəŋ^{21}	pʰəŋ^{21}	təŋ^{313}	təŋ^{313}	tʰəŋ^{21}	tʰəŋ^{21}	tʰəŋ^{21}
原平	pəŋ^{213}	pʰəŋ^{33}	pʰəŋ^{33}	təŋ^{213}	təŋ^{213}	tʰəŋ^{33}	tʰəŋ^{33}	tʰəŋ^{33}
定襄	pəŋ^{24}	pʰəŋ^{24}	pʰəŋ^{11}	təŋ^{24}	təŋ^{24}	tʰəŋ^{11}	tʰəŋ^{24}	tʰəŋ^{11}
五台	pən^{213}	pʰən^{33}	pʰən^{33}	tən^{213}	tən^{213}	tʰən^{33}	tʰən^{33}	tʰən^{33}
岢岚	pəŋ^{13}	pʰəŋ^{44}	pʰəŋ^{44}	təŋ^{13}	təŋ^{13}	tʰəŋ^{13}	tʰəŋ^{44}	tʰəŋ^{44}

续表

字目	崩	朋	鹏	登	灯	腾	誊	藤
中古音 / 方言点	北滕 曾开一 平登帮	步崩 曾开一 平登並	步崩 曾开一 平登並	都滕 曾开一 平登端	都滕 曾开一 平登端	徒登 曾开一 平登定	徒登 曾开一 平登定	徒登 曾开一 平登定
五寨	pəỹ^{13}	pʰəỹ^{44}	pʰəỹ^{44}	təỹ^{13}	təỹ^{13}	tʰəỹ^{13}	tʰəỹ^{44}	tʰəỹ^{44}
宁武	pɤɯ^{23}	pʰɤɯ^{33}	pʰɤɯ^{33}	tɤɯ^{23}	tɤɯ^{23}	tʰɤɯ^{33}	tʰɤɯ^{33}	tʰɤɯ^{33}
神池	pə̃^{24}	pʰə̃^{32}	pʰə̃^{32}	tə̃^{24}	tə̃^{24}	tʰə̃^{32}	tʰə̃^{32}	tʰə̃^{32}
繁峙	pəŋ^{53}	pʰəŋ^{31}	pʰəŋ^{31}	təŋ^{53}	təŋ^{53}	tʰəŋ^{31}	tʰəŋ^{31}	tʰəŋ^{31}
代县	pɤŋ^{213}	pʰɤŋ^{44}	pʰɤŋ^{44}	tɤŋ^{213}	tɤŋ^{213}	tʰɤŋ^{44}	tʰɤŋ^{44}	tʰɤŋ^{44}
河曲	puŋ^{52}	pʰɤŋ^{44}	pʰɤŋ^{44}	tɤŋ^{213}	tɤŋ^{213}	tʰɤŋ^{44}	tʰɤŋ^{44}	tʰɤŋ^{44}
保德	pəŋ^{213}	pʰəŋ^{44}	pʰəŋ^{44}	təŋ^{213}	təŋ^{213}	tʰəŋ^{44}	tʰəŋ^{44}	tʰəŋ^{44}
偏关	pɤŋ^{24}	pʰɤŋ^{44}	pʰɤŋ^{44}	tɤŋ^{24}	tɤŋ^{24}	tʰɤŋ^{44}	tʰɤŋ^{44}	tʰɤŋ^{44}
朔城	pə̃^{312}	pʰə̃^{35}	——	tə̃^{312}	tə̃^{312}	tʰə̃^{312}	tʰə̃^{312}	tʰə̃^{312}
平鲁	——	pʰəɯ^{44}	pʰəɯ^{44}	təɯ^{213}	təɯ^{213}	tʰəɯ^{44}	tʰəɯ^{44}	tʰəɯ^{44}
应县	pəŋ^{43}	pʰəŋ^{31}	pʰəŋ^{31}	təŋ^{43}	təŋ^{43}	tʰəŋ^{31}	tʰəŋ^{31}	tʰəŋ^{31}
灵丘	pəŋ^{442}	pʰəŋ^{31}	pʰəŋ^{31}	təŋ^{442}	təŋ^{442}	tʰəŋ^{31}	tʰəŋ^{31}	tʰəŋ^{31}
浑源	pə̃^{52}	pʰə̃^{22}	pʰə̃^{22}	tə̃^{52}	tə̃^{52}	tʰə̃^{22}	tʰə̃^{22}	tʰə̃^{22}
云州	pəɣ^{21}	pʰəɣ^{312}	pʰəɣ^{312}	təɣ^{21}	təɣ^{21}	tʰəɣ^{312}	tʰəɣ^{312}	tʰəɣ^{312}
新荣	pɤɣ^{32}	pʰɤɣ^{312}	pʰɤɣ^{312}	tɤɣ^{32}	tɤɣ^{32}	tʰɤɣ^{32}	tʰɤɣ^{312}	tʰɤɣ^{32}
怀仁	pəŋ^{42}	pʰəŋ^{312}	pʰəŋ^{312}	təŋ^{42}	təŋ^{42}	tʰəŋ^{312}	tʰəŋ^{312}	tʰəŋ^{312}
左云	pəɣ^{31}	pʰəɣ^{313}	pʰəɣ^{313}	təɣ^{31}	təɣ^{31}	tʰəɣ^{313}	tʰəɣ^{313}	tʰəɣ^{313}
右玉	pə̃ɣ^{31}	pʰə̃ɣ^{212}	pʰə̃ɣ^{212}	tə̃ɣ^{31}	tə̃ɣ^{31}	tʰə̃ɣ^{31}	tʰə̃ɣ^{212}	tʰə̃ɣ^{31}
阳高	pəŋ^{31}	pʰəŋ^{31}	pʰəŋ^{312}	təŋ^{31}	təŋ^{31}	tʰəŋ^{312}	tʰəŋ^{312}	tʰəŋ^{312}
山阴	pə̃^{313}	pʰə̃^{313}	pʰə̃^{313}	tə̃^{313}	tə̃^{313}	tʰə̃^{313}	tʰə̃^{313}	tʰə̃^{313}
天镇	pɤɣ^{31}	pʰɤɣ^{22}	——	tɤɣ^{31}	tɤɣ^{31}	tʰɤɣ^{22}	tʰɤɣ^{22}	tʰɤɣ^{22}
平定	pɤŋ^{31}	pʰɤŋ^{44}	——	tɤŋ^{31}	tɤŋ^{31}	tʰɤŋ^{44}	tʰɤŋ^{44}	tʰɤŋ^{44}
昔阳	pəŋ^{42}	pʰəŋ^{33}	pʰəŋ^{33}	təŋ^{42}	təŋ^{42}	tʰəŋ^{33}	tʰəŋ^{33}	tʰəŋ^{33}
左权	pəŋ^{31}	pʰəŋ^{11}	——	təŋ^{31}	təŋ^{31}	tʰəŋ^{11}	tʰəŋ^{11}	tʰəŋ^{11}
和顺	pəŋ^{42}	pʰəŋ^{22}	pʰəŋ^{22}	təŋ^{42}	təŋ^{42}	tʰəŋ^{42}	tʰəŋ^{22}	tʰəŋ^{22}
尧都	pəŋ^{21}	pʰəŋ^{24}	pʰəŋ^{24}	təŋ^{21}	tə̃^{21} 白 / təŋ^{21} 文	tʰə̃^{24} 白 / tʰəŋ^{24} 文	tʰəŋ^{24}	tʰəŋ^{24}
洪洞	peŋ^{21}/peŋ^{33}	pʰeŋ^{24}	pʰeŋ^{24}	teŋ^{21}	ten^{21} 白 / teŋ^{21} 文	tʰen^{21} 白 / tʰeŋ^{21} 文	tʰen^{24} 白 / tʰeŋ^{24} 文	tʰeŋ^{21}
洪洞赵城	peŋ^{21}	pʰeŋ^{24}	pʰeŋ^{24}	teŋ^{21}	teŋ^{21}	tʰeŋ^{24}	tʰeŋ^{21}	tʰeŋ^{24}
古县	pəŋ^{21}	pʰəŋ^{35}	pʰəŋ^{35}	təŋ^{21}	ten^{21} 白 / təŋ^{21} 文	tʰəŋ^{35}	tʰen^{35} 白 / tʰəŋ^{35} 文	tʰəŋ^{35}

续表

字目	崩	朋	鹏	登	灯	腾	誊	藤
中古音 / 方言点	北滕 曾开一 平登帮	步崩 曾开一 平登並	步崩 曾开一 平登並	都滕 曾开一 平登端	都滕 曾开一 平登端	徒登 曾开一 平登定	徒登 曾开一 平登定	徒登 曾开一 平登定
襄汾	peŋ^{21}	pʰeŋ^{21}	pʰeŋ^{24}	teŋ^{21}	ten^{21} 白 / teŋ^{21} 文	tʰen^{24}/tʰeŋ^{24}	tʰen^{24}	tʰeŋ^{24}
浮山	peŋ^{42}	pʰeŋ^{13}	pʰeŋ^{13}	teŋ^{42}	tẽĩ^{42} 白 / teŋ^{42} 文	tʰeŋ^{42}	tʰẽĩ^{13}	tʰeŋ^{42}
霍州	pəŋ^{212}	pʰəŋ^{35}	pʰəŋ^{35}	təŋ^{212}	təŋ^{212}	tʰəŋ^{35}	tʰəŋ^{35}	tʰəŋ^{35}
翼城	pəŋ^{53}	pʰəŋ^{12}	pʰəŋ^{12}	təŋ^{53}	təŋ^{53}	tʰəŋ^{12}	tʰəŋ^{12}	tʰəŋ^{12}
闻喜	pəŋ^{53}	pʰəŋ^{13}	pʰəŋ^{14}	tẽĩ^{53}/təŋ^{53}	tẽĩ^{53} 白 / təŋ^{53} 文	tʰəŋ^{13}/ tʰẽĩ^{13}	tʰẽĩ^{13}	tʰəŋ^{13}/ tʰẽĩ^{13}
侯马	pəŋ^{213}	pʰəŋ^{213}	pʰəŋ^{213}	təŋ^{213}	teĩ^{213} 白 / təŋ^{213} 文	tʰiɛ^{213} 白 / tʰəŋ^{213} 文	tʰəŋ^{213}	tʰəŋ^{213}
新绛	pəŋ^{53}	pʰəŋ^{13}	pʰəŋ^{13}	təŋ^{53}	tɛ̃^{53}	tʰəŋ^{53}	tʰəŋ^{13}	tʰəŋ^{13}
绛县	pʌŋ^{53}	pʰʌŋ^{53}	pʰʌŋ^{24}	tʌŋ^{53}	teĩ^{53}	tʰʌŋ^{53}	tʰʌŋ^{53}	tʰʌŋ^{53}
垣曲	pəŋ^{22}	pʰəŋ^{22}	pʰəŋ^{22}	təŋ^{22}	tə̃^{22}	tʰəŋ^{22}	tʰəŋ^{22}	tʰəŋ^{22}
夏县	pəŋ^{53}	pʰəŋ^{42}	pʰəŋ^{42}	təŋ^{53}	tei^{53} 白 / təŋ^{53} 文	tʰei^{42}	tʰei^{42} 白 / tʰəŋ^{42} 文	tʰəŋ^{42}
万荣	paŋ^{51}	pʰaŋ^{213}	pʰaŋ^{213}	taŋ^{51}	tei^{51} 白 / taŋ^{51} 文	tʰaŋ^{213}	tʰaŋ^{213}	tʰaŋ^{213}
稷山	pʌŋ^{53}	pʰʌŋ^{13}	pʰʌŋ^{13}	tʌŋ^{42}	tə̃^{53} 白 / tʌŋ^{53} 文	tʰʌŋ^{13}	tʰə̃^{13}	tʰʌŋ^{13}
盐湖	pəŋ^{42}	pʰəŋ^{13}	pʰəŋ^{13}	təŋ^{42}	təŋ^{42}	tʰəŋ^{13}	tʰəŋ^{13}	tʰəŋ^{13}
临猗	pəŋ^{42}	pʰəŋ^{13}	pʰəŋ^{13}	təŋ^{42}	təŋ^{42}	tʰəŋ^{13}	tʰeĩ^{13} 白 / tʰəŋ^{13} 文	tʰəŋ^{13}
河津	pəŋ^{31}	pʰəŋ^{324}	pʰəŋ^{324}	təŋ^{31}	tẽ^{31} 白 / təŋ^{31} 文	tʰəŋ^{31}	tʰẽ^{324} 白 / tʰəŋ^{324} 文	tʰəŋ^{324}
平陆	peŋ^{31}	pʰeŋ^{13}	pʰeŋ^{13}	tei^{33} 白 / teŋ^{31} 文	tei^{13} 白 / teŋ^{31} 文	tʰeŋ^{31}	tʰeŋ^{13}	tʰeŋ^{31}
永济	pəŋ^{31}	pʰəŋ^{24}	pʰəŋ^{24}	təŋ^{31}	təŋ^{31}	tʰəŋ^{24}	tʰəŋ^{24}	tʰəŋ^{31}
芮城	pəŋ^{42}	pʰəŋ^{13}	pʰəŋ^{13}	təŋ^{42}	teĩ^{42} 白 / təŋ^{42} 文	tʰəŋ^{42}	tʰeĩ^{13}	tʰəŋ^{42}
吉县	pəŋ^{423}	pʰəŋ^{13}	——	təŋ^{423}	tei^{423} 白 / təŋ^{423} 文	tʰəŋ^{13}	tʰəŋ^{13}	tʰəŋ^{13}
乡宁	pəŋ^{53}	pʰəŋ^{12}	pʰəŋ^{12}	təŋ^{53}	təŋ^{53}	tʰəŋ^{12}	tʰəŋ^{12}	tʰəŋ^{12}
广灵	pəŋ^{53}	pʰəŋ^{31}	pʰəŋ^{31}	təŋ^{53}	təŋ^{53}	tʰəŋ^{53}	tʰəŋ^{31}	tʰəŋ^{31}

字目	能	楞	增	曾~孙	曾~经	层	僧	恒
中古音 方言点	奴登 曾开一 平登泥	鲁登 曾开一 平登来	作滕 曾开一 平登精	作滕 曾开一 平登精	昨棱 曾开一 平登从	昨棱 曾开一 平登从	苏增 曾开一 平登心	胡登 曾开一 平登匣
北京	nəŋ^{35}	ləŋ^{35}	tsəŋ^{55}	tsəŋ^{55}	ts^{h}əŋ^{35}	ts^{h}əŋ^{35}	səŋ^{55}	xəŋ^{35}
小店	nəŋ^{11}	ləŋ^{11}	tsəŋ^{11}	tsəŋ^{11}	ts^{h}əŋ^{11}	ts^{h}əŋ^{11}	səŋ^{11}	xəŋ^{11}
尖草坪	nʌŋ^{33}	lʌŋ^{33}	tsʌŋ^{33}	tsʌŋ^{33}	ts^{h}ʌŋ^{33}	ts^{h}ʌŋ^{33}	sʌŋ^{33}	xʌŋ^{33}
晋源	nəŋ^{11}	ləŋ^{11}	tsəŋ^{11}	tsəŋ^{11}	ts^{h}əŋ^{11}	ts^{h}əŋ^{11}	səŋ^{11}	xəŋ^{11}
阳曲	nə̃^{43}	lə̃^{312}	tsə̃^{312}	tsə̃^{312}	ts^{h}ə̃^{43}	ts^{h}ə̃^{43}	sə̃^{312}	xə̃^{43}
古交	nəŋ^{44}	ləŋ^{44}	tsəŋ^{44}	tsəŋ^{44}	ts^{h}əŋ^{44}	ts^{h}əŋ^{44}	səŋ^{44}	xəŋ^{44}
清徐	nəŋ^{11}	ləŋ^{11}	tsəŋ^{11}	tsəŋ^{11}	tsəŋ^{11}	ts^{h}əŋ^{11}	səŋ^{11}	xəŋ^{11}
娄烦	nəŋ^{33}	ləŋ^{33}	tsəŋ^{33}	tsəŋ^{33}	ts^{h}əŋ^{33}	ts^{h}əŋ^{33}	səŋ^{33}	xəŋ^{33}
榆次	nɤ̃^{11}	lɤ̃^{11}	tsɤ̃^{11}	tsɤ̃^{11}	ts^{h}ɤ̃^{11}	ts^{h}ɤ̃^{11}	sɤ̃^{11}	xɤ̃^{11}
交城	nə̃^{11}	lə̃^{11}	tsə̃^{11}	tsə̃^{11}	ts^{h}ə̃^{11}	ts^{h}ə̃^{11}	sə̃^{11}	xə̃^{11}
文水	nɔŋ^{22}	lɔŋ^{22}	tsɔŋ^{22}	ts^{h}ɔŋ^{22}	ts^{h}ɔŋ^{22}	tsɔŋ^{22} 白 / ts^{h}ɔŋ^{22} 文	sɔŋ^{22}	xɔŋ^{22}
祁县	nɔõ^{31}	lɔõ^{31}	tsɔõ^{31}	tsɔõ^{31}	ts^{h}ɔõ^{31}	ts^{h}ɔõ^{31}	sɔõ^{31}	xɔõ^{31}
太谷	nə̃^{33}	lə̃^{33}	tsə̃^{33}	tsə̃^{33}	ts^{h}ə̃^{33}	ts^{h}ə̃^{33}	sə̃^{33}	xə̃^{33}
平遥	nəŋ^{213}	ləŋ^{213}	tsəŋ^{213}	tsəŋ^{213}	ts^{h}əŋ^{213}	ts^{h}əŋ^{213}	səŋ^{213}	xəŋ^{213}
孝义	nə̃^{33}	lə̃^{33}	tsə̃^{33}	tsə̃^{33}	ts^{h}ə̃^{33}	ts^{h}ə̃^{22}	tsə̃^{33}	xə̃^{33}
介休	nəŋ^{13}	ləŋ^{13}	tsəŋ^{13}	ts^{h}əŋ^{13}	ts^{h}əŋ^{13}	ts^{h}əŋ^{13}	səŋ^{13}	xəŋ^{13}
灵石	nəŋ^{44}	ləŋ^{44}	tsəŋ^{535}	tsəŋ^{535}	ts^{h}əŋ^{44}	ts^{h}əŋ^{44}	səŋ^{535}	xəŋ^{44}
盂县	nə̃^{22}	liə̃^{22}	tsə̃^{412}	tsə̃^{412}	——	ts^{h}ə̃^{22}	sə̃^{412}	xə̃^{55}
寿阳	nə̃^{22}	lə̃^{22}	tsə̃^{31}	tsə̃^{31}	ts^{h}ə̃^{22}	ts^{h}ə̃^{22}	sə̃^{31}	xə̃^{22}
榆社	nɛɪ^{22}	lɛɪ^{22}	tsɛɪ^{22}	tsɛɪ^{22}	tsɛɪ^{22}	ts^{h}ɛɪ^{22}	sɛɪ^{22}	xɛɪ^{22}
离石	nəŋ^{44}	ləŋ^{44}	tsəŋ^{24}	tsəŋ^{24}	ts^{h}əŋ^{44}	ts^{h}əŋ^{44}	səŋ^{44}	xəŋ^{44}
汾阳	nəŋ^{22}	ləŋ^{22}	tsəŋ^{324}	tsəŋ^{324}	ts^{h}əŋ^{22}	ts^{h}əŋ^{22}	səŋ^{324}	xəŋ^{22}
中阳	nə̃^{33}	lə̃^{33}	tsə̃^{24}	tsə̃^{24}	ts^{h}ə̃^{33}	ts^{h}ə̃^{33}	sə̃^{33}	xə̃^{33}
柳林	nə̃^{44}	lə̃^{44}	tsə̃^{24}	tsə̃^{24}	ts^{h}ə̃^{44}	ts^{h}ə̃^{44}	sə̃^{24}	xə̃^{44}
方山	nə̃ŋ^{44}	lə̃ŋ^{44}	tsə̃ŋ^{24}	tsə̃ŋ^{24}	ts^{h}ə̃ŋ^{24}	ts^{h}ə̃ŋ^{24}	sə̃ŋ^{24}	xə̃ŋ^{44}
临县	nə̃^{24}	lə̃^{24}	tsə̃^{24}	ts^{h}ə̃^{24}	ts^{h}ə̃^{24}	ts^{h}ə̃^{24}	sə̃^{24}	xə̃^{24}
兴县	nəŋ^{55}	——	tsəŋ^{324}	tsəŋ^{324}	ts^{h}əŋ^{55}	ts^{h}əŋ^{55}	səŋ^{324}	xəŋ^{55}
岚县	nəŋ^{44}	ləŋ^{44}	tsəŋ^{214}	tsəŋ^{214}	ts^{h}əŋ^{44}	ts^{h}əŋ^{44}	səŋ^{214}	xəŋ^{44}
静乐	nɤ̃^{33}	lɤ̃^{33}	tsɤ̃^{24}	tsɤ̃^{24}	tsɤ̃^{24}	ts^{h}ɤ̃^{33}	sɤ̃^{24}	xɤ̃^{33}
交口	nəŋ^{44}	ləŋ^{44}	tsəŋ^{323}	tsəŋ^{323}	ts^{h}əŋ^{44}	ts^{h}əŋ^{44}	səŋ^{323}	xəŋ^{44}
石楼	nəŋ^{44}	ləŋ^{44}	tsəŋ^{213}	ts^{h}əŋ^{44}	ts^{h}əŋ^{44}	ts^{h}əŋ^{44}	səŋ^{213}	xəŋ^{44}

续表

字目	能	棱	增	曾~孙	曾~经	层	僧	恒
中古音／方言点	奴登 曾开一 平登泥	鲁登 曾开一 平登来	作滕 曾开一 平登精	作滕 曾开一 平登精	昨棱 曾开一 平登从	昨棱 曾开一 平登从	苏增 曾开一 平登心	胡登 曾开一 平登匣
隰县	nəŋ^{24}	ləŋ^{24}	tsəŋ^{53}	tsəŋ^{53}	tsʰəŋ^{24}	tsʰəŋ^{24}	səŋ^{53}	xəŋ^{24}
大宁	nəŋ^{24}	ləŋ^{24}	tsəŋ^{31}	tsəŋ^{31}	tsʰəŋ^{24}	tsʰəŋ^{24}	səŋ^{31}	xəŋ^{24}
永和	nəŋ^{35}	luəŋ^{35}	tsəŋ^{33}	tsəŋ^{33}	tsʰəŋ^{35}	tsʰəŋ^{35}	səŋ^{33}	xəŋ^{35}
汾西	nəŋ^{35}	ləŋ^{35}	tsəŋ^{11}	——	tsʰəŋ^{35}	tsʰəŋ^{35}	səŋ^{11}	xuɑ̃^{35}
蒲县	nəŋ^{24}	ləŋ^{24}	tsəŋ^{52}	tsəŋ^{52}	tsəŋ^{24}	tsəŋ^{24}	səŋ^{52}	xəŋ^{24}
潞州	nəŋ^{24}	ləŋ^{24}	tsəŋ^{312}	tsəŋ^{312}	tsʰəŋ^{24}	tsʰəŋ^{24}	səŋ^{312}	xəŋ^{24}
上党	nəŋ^{44}	ləŋ^{44}	tsəŋ^{213}	tsəŋ^{213}/ tsʰəŋ^{44}	tsəŋ^{213}	tsʰəŋ^{44}	səŋ^{213}	xəŋ^{44}
长子	nəŋ^{24}	ləŋ^{24}	tsəŋ^{312}	tsəŋ^{312}	tsʰəŋ^{24}	tsʰəŋ^{53}	səŋ^{53}	xəŋ^{24}
屯留	nəŋ^{11}	ləŋ^{11}	tsəŋ^{31}	tsəŋ^{31}	tsʰəŋ^{11}	tsʰəŋ^{11}	səŋ^{31}	xəŋ^{11}
襄垣	nəŋ^{31}	——	tsəŋ^{33}	tsəŋ^{33}	tsʰəŋ^{31}	tsʰəŋ^{45}	səŋ^{33}	xəŋ^{33}
黎城	nəŋ^{53}	ləŋ^{53}	tsəŋ^{33}	tsʰəŋ^{33}	tsʰəŋ^{33}	tsʰəŋ^{33}	səŋ^{33}	xəŋ^{53}
平顺	nəŋ^{13}	ləŋ^{13}	tsəŋ^{213}	tsəŋ^{213}	tsʰəŋ^{13}	tsʰəŋ^{13}	səŋ^{213}	xəŋ^{13}
壶关	nəŋ^{13}	ləŋ^{13}	tʂəŋ^{33}	tʂəŋ^{33}	tʂʰəŋ^{13}	tʂʰəŋ^{13}	ʂəŋ^{33}/tʂəŋ^{33}	xəŋ^{13}
沁县	nə̃^{33}	lə̃^{53}	tsə̃^{224}	tsə̃^{224}	tsʰə̃^{33}	tsʰə̃^{33}	sə̃^{224}	xə̃^{33}
武乡	nɐŋ^{33}	lɐŋ^{33}	tsɐŋ^{113}	tsɐŋ^{113}	tsʰɐŋ^{33}	tsʰɐŋ^{33}	tsɐŋ^{113}/sɐŋ^{113}	xɐŋ^{33}
沁源	n̩^{33}	lə̃^{33}	tsə̃^{324}	tsə̃^{324}	tsʰə̃^{33}	tsʰə̃^{33}	sə̃^{324}	xə̃^{33}
安泽	nəŋ^{35}	ləŋ^{35}	tsəŋ^{21}	tsəŋ^{21}	tsʰəŋ^{35}	tsʰəŋ^{35}	səŋ^{21}	xəŋ^{35}
沁水端氏	nai^{21}	lai^{24}	tsai^{21}	tsai^{21}	tsʰəŋ^{21}	tsʰuai^{24}	sai^{21}	xai^{21}
阳城	nɑ̃ŋ^{22}	lɑ̃ŋ^{22}	tsɑ̃ŋ^{224}	tsɑ̃ŋ^{224}	tsʰɑ̃ŋ^{22}	tsʰɑ̃ŋ^{22}	sɑ̃ŋ^{224}	xɑ̃ŋ^{22}
高平	nə̃ŋ^{33}	lə̃ŋ^{33}	tʂə̃ŋ^{33}	tʂə̃ŋ^{33}	tʂʰə̃ŋ^{33}	tʂʰə̃ŋ^{33}	ʂə̃ŋ^{33}	xə̃ŋ^{33}
陵川	nəŋ^{53}	ləŋ^{53}	tʂəŋ^{33}	tʂəŋ^{33}	tʂʰəŋ^{53}	tʂʰəŋ^{53}	ʂəŋ^{33}	xəŋ^{53}
晋城	nɐ̃^{324}	lɐ̃^{324}	tʂɐ̃^{33}	tʂɐ̃^{33}	tʂʰɐ̃^{324}	tʂʰɐ̃^{324}	ʂɐ̃^{33}	xɐ̃^{324}
忻府	nəŋ^{21}	ləŋ^{21}	tsəŋ^{313}	tsəŋ^{313}	tsʰəŋ^{21}	tsʰəŋ^{21}	səŋ^{313}	xəŋ^{21}
原平	nəŋ^{33}	ləŋ^{33}	tsəŋ^{213}	tsəŋ^{213}	tsʰəŋ^{213}	tsʰəŋ^{33}	səŋ^{213}	xəŋ^{33}
定襄	nəŋ^{11}	ləŋ^{11}	tsəŋ^{24}	tsəŋ^{24}	tsʰəŋ^{11}	tsʰəŋ^{11}	səŋ^{24}	xəŋ^{11}
五台	nən^{33}	lən^{33}	tsən^{213}	tsən^{213}	tsʰən^{213}	tsʰən^{33}	tsən^{53}	xən^{33}
岢岚	nəŋ^{33}	ləŋ^{33}	tsəŋ^{213}	tsəŋ^{213}	tsʰəŋ^{33}	tsʰəŋ^{33}	səŋ^{213}	xəŋ^{33}
五寨	nə̃ɣ̃^{44}	lə̃ɣ̃^{44}	tsə̃ɣ̃^{13}	tsə̃ɣ̃^{13}	tsʰə̃ɣ̃^{44}	tsʰə̃ɣ̃^{44}	sə̃ɣ̃^{13}	xə̃ɣ̃^{44}
宁武	nəɣ̃^{44}	ləɣ̃^{44}	tsəɣ̃^{13}	tsəɣ̃^{13}	tsʰəɣ̃^{44}	tsʰəɣ̃^{44}	səɣ̃^{13}	xəɣ̃^{44}
神池	nɤɯ^{32}	lɤɯ^{32}	tsɤɯ^{24}	tsɤɯ^{24}	tsʰɤɯ^{32}	tsʰɤɯ^{32}	sɤɯ^{24}	xɤɯ^{32}

续表

字目	能	棱	增	曾~孙	曾~经	层	僧	恒
中古音 方言点	奴登 曾开一 平登泥	鲁登 曾开一 平登来	作滕 曾开一 平登精	作滕 曾开一 平登精	昨棱 曾开一 平登从	昨棱 曾开一 平登从	苏增 曾开一 平登心	胡登 曾开一 平登匣
繁峙	nəŋ^{31}	ləŋ^{31}	tsəŋ^{53}	tsəŋ^{53}	tsʰəŋ^{31}	tsʰəŋ^{31}	səŋ^{53}	xəŋ^{31}
代县	nɤŋ^{31}	lɤŋ^{31}	tsɤŋ^{53}	tsɤŋ^{53}	tsɤŋ^{24}	tsʰɤŋ^{31}	sɤŋ^{53}	xɤŋ^{31}
河曲	nɤŋ^{44}	lɤŋ^{44}	tsɤŋ^{213}	tsɤŋ^{213}	tsɤŋ^{213}	tsʰɤŋ^{44}	tsɤŋ^{53}	xɤŋ^{44}
保德	nəŋ^{44}	ləŋ^{52}	tsəŋ^{213}	tsəŋ^{213}	tsʰəŋ^{44}	tsʰəŋ^{44}	səŋ^{213}	xəŋ^{44}
偏关	nɤŋ^{44}	lɤŋ^{44}	tsɤŋ^{213}	tsɤŋ^{213}	tsʰɤŋ^{44}	tsʰɤŋ^{44}	sɤŋ^{213}	xɤŋ^{44}
朔城	nə̃^{35}	lə̃^{35}	tsə̃^{312}	tsə̃^{312}	tsʰə̃^{35}	tsʰə̃^{35}	sə̃^{312}	xə̃^{35}
平鲁	nəɯ^{44}	——	tsəɯ^{213}	tsəɯ^{213}	tsʰəɯ^{44}	tsʰəɯ^{44}	səɯ^{213}	xəɯ^{44}
应县	nəŋ^{31}	ləŋ^{31}	tsəŋ^{43}	tsəŋ^{43}	tsʰəŋ^{31}	tsʰəŋ^{31}	səŋ^{43}	xəŋ^{31}
灵丘	nəŋ^{31}	ləŋ^{31}	tsəŋ^{442}	tsəŋ^{442}	tsʰəŋ^{31}	tsʰəŋ^{31}	səŋ^{442}/səŋ^{442}	xəŋ^{31}
浑源	nə̃^{22}	lə̃^{22}	tsə̃^{52}	tsə̃^{52}	tsʰə̃^{22}	tsʰə̃^{22}	sə̃^{52}	xə̃^{22}
云州	nə̃^{22}	lə̃^{22}	tsə̃^{52}	tsə̃^{52}	tsə̃^{13}	tsʰə̃^{22}	sə̃^{52}	xə̃^{52}
新荣	nəɣ^{312}	ləɣ^{312}	tsəɣ^{32}	tsəɣ^{213}	tsʰəɣ^{312}	tsʰəɣ^{312}	səɣ^{32}	xəɣ^{312}
怀仁	nəŋ^{312}	ləŋ^{312}	tsəŋ^{32}	tsəŋ^{32}	tsʰəŋ^{312}	tsʰəŋ^{312}	səŋ^{32}	xəŋ^{32}
左云	nəɣ^{31}	ləɣ^{313}	tsəɣ^{31}	tsəɣ^{31}	tsʰəɣ^{313}	tsʰəɣ^{313}	səɣ^{31}	xəɣ^{313}
右玉	nə̃ɣ^{212}	——	tsə̃ɣ^{31}	tsə̃ɣ^{31}	tsʰə̃ɣ^{212}	tsʰə̃ɣ^{212}	sə̃ɣ^{31}	xə̃ɣ^{212}
阳高	nəŋ^{312}	ləŋ^{312}	tsəŋ^{31}	tsəŋ^{31}	tsʰəŋ^{312}	tsʰəŋ^{312}	səŋ^{31}	xəŋ^{312}
山阴	nə̃^{313}	lə̃^{313}	tsə̃^{313}	tsə̃^{313}	tsʰə̃^{313}	tsʰə̃^{313}	sə̃^{313}	xə̃^{313}
天镇	nɤɣ^{22}	——	tsɤɣ^{31}	tsɤɣ^{31}	tsʰɤɣ^{22}	tsʰɤɣ^{22}	sɤɣ^{31}	xɤɣ^{22}
平定	nɤŋ^{44}	ɤŋ^{44}	tsɤŋ^{31}	tsɤŋ^{31}	tsʰɤŋ^{44}	tsʰɤŋ^{44}	sɤŋ^{31}	xɤŋ^{44}
昔阳	nəŋ^{44}	ləŋ^{44}	tsəŋ^{31}	tsəŋ^{31}	tsʰəŋ^{44}	tsʰəŋ^{44}	səŋ^{31}	xəŋ^{44}
左权	nəŋ^{11}	ləŋ^{11}	tsəŋ^{31}	tsəŋ^{31}	tsʰəŋ^{11}	tsʰəŋ^{11}	səŋ^{31}	xəŋ^{11}
和顺	nəŋ^{22}	ləŋ^{22}	tsəŋ^{42}	tsəŋ^{42}	tsʰəŋ^{22}	tsʰəŋ^{22}	səŋ^{42}	xəŋ^{22}
尧都	nə̃^{24} 白 / nəŋ^{24} 文	ləŋ^{24}	tsəŋ^{21}	tsəŋ^{21}	tsʰəŋ^{24}	tsʰəŋ^{24}	tsəŋ^{21}	xəŋ^{24}
洪洞	neŋ^{24}	leŋ^{24}	tseŋ^{21}	tseŋ^{21}	tsʰeŋ^{24}	tsʰeŋ^{24}	seŋ^{21}	xeŋ^{24}
洪洞赵城	neŋ^{24}	leŋ^{24}	tseŋ^{21}	tseŋ^{21}	tsʰeŋ^{24}	tsʰeŋ^{24}	seŋ^{21}	xeŋ^{24}
古县	nəŋ^{35}	ləŋ^{35}	tsəŋ^{21}	tsəŋ^{21}	tsʰəŋ^{35}	tsʰəŋ^{35}	səŋ^{21}	xəŋ^{21}
襄汾	neŋ^{24}	len^{24}	tseŋ^{21}	tseŋ^{21}	tsʰeŋ^{24}	tsʰeŋ^{24}	seŋ^{21}	xeŋ^{24}
浮山	neŋ^{13}	lẽĩ^{13}	tseŋ^{42}	tseŋ^{42}	tsʰeŋ^{13}	tsʰeŋ^{13}	seŋ^{42}	xeŋ^{13}
霍州	ləŋ^{35}	ləŋ^{35}	tsəŋ^{212}	tsəŋ^{212}	tsʰəŋ^{35}	tsʰəŋ^{35}	səŋ^{212}	xəŋ^{35}
翼城	nəŋ^{12}	ləŋ^{12}	tsəŋ^{53}	tsəŋ^{53}	tsʰəŋ^{12}	tsʰəŋ^{12}	səŋ^{53}	xəŋ^{12}

续表

字目 / 中古音 / 方言点	能	棱	增	曾~孙	曾~经	层	僧	恒
中古音	奴登 曾开一 平登泥	鲁登 曾开一 平登来	作滕 曾开一 平登精	作滕 曾开一 平登精	昨棱 曾开一 平登从	昨棱 曾开一 平登从	苏增 曾开一 平登心	胡登 曾开一 平登匣
闻喜	ləŋ13	ləŋ13	tsəŋ53	tsəŋ53	tshəŋ13	tshəŋ13	səŋ53	xəŋ13
侯马	nəŋ213	ləŋ213	tsəŋ213	tsəŋ213	tshəŋ213	tshəŋ213	səŋ213	xəŋ213
新绛	nəŋ13	ləŋ13	tsəŋ53	tsəŋ53	tshəŋ13	tshẽ13	səŋ53	xəŋ13
绛县	lʌŋ53	leĩ24	tsʌŋ53	tsʌŋ53	tshʌŋ53	tshʌŋ53	sʌŋ53	xʌŋ24
垣曲	nəŋ22	liəŋ22	tsəŋ22	tsəŋ22	tshəŋ22	tshə̃22 白 / tshəŋ22 文	siɛ22	xəŋ22
夏县	ləŋ42	ləŋ42	tsəŋ53	tsəŋ53	tshəŋ42	tshei42	səŋ31	xəŋ42
万荣	naŋ213	laŋ33	tsaŋ51	tsaŋ51	tshaŋ213	tshei213 白 / tshaŋ213 文	saŋ51	xaŋ213
稷山	nʌŋ13	lʌŋ13	tsʌŋ53	tsʌŋ53	tshʌŋ13	tshə̃13	sʌŋ53	xʌŋ13
盐湖	ləŋ13	ləŋ13	tsəŋ42	tsəŋ42	tshəŋ13	tshəŋ13	səŋ42	xəŋ42
临猗	ləŋ13	leĩ13 白 / ləŋ13 文	tsəŋ42	tsəŋ42	tshəŋ13	tsheĩ13 白 / tshəŋ13 文	səŋ42	xəŋ13
河津	nəŋ324	lẽ324 白 / ləŋ324 文	tsəŋ31	tsəŋ31	tshəŋ324	tshəŋ324	səŋ31	xəŋ324
平陆	naŋ13/neŋ13	liŋ13	tseŋ31	tseŋ31	tsheŋ13	tshei13 白 / tsheŋ13 文	seŋ13	xeŋ13
永济	nəŋ31	ləŋ44	tsəŋ31	tsəŋ31 白 / tshəŋ24 文	tsəŋ31 白 / tshəŋ24 文	tshəŋ24	səŋ31	xəŋ24
芮城	ləŋ13	ləŋ13	tsəŋ42	tshəŋ13	tshəŋ13	tshəŋ13	səŋ42	xəŋ13
吉县	nəŋ13	——	tsəŋ423	tsəŋ423	tshəŋ13	tshəŋ13	səŋ423	xəŋ13
乡宁	nəŋ12	ləŋ12	tsəŋ53	tsəŋ53	tshəŋ12	tshəŋ12	səŋ53	xəŋ12
广灵	nəŋ31	ləŋ31	tsəŋ53	tsəŋ53	tshəŋ31	——	səŋ53	xəŋ31

字目	等	肯	凳	邓姓	赠	北	墨	默
中古音 / 方言点	都肯 曾开一 上等端	苦等 曾开一 上等溪	都邓 曾开一 去嶝端	徒亘 曾开一 去嶝定	昨亘 曾开一 去嶝从	博黑 曾开一 入德帮	莫北 曾开一 入德明	莫北 曾开一 入德明
北京	təŋ^{214}	kən^{214}	təŋ^{51}	təŋ^{51}	tsəŋ^{51}	pei^{214}	mo^{51}	mo^{51}
小店	təŋ^{53}	kʰəŋ^{53}	təŋ^{24}	təŋ^{24}	tsəŋ^{24}	piəʔ^{1} 白 / pei^{53} 文	tiəʔ$^{\underline{54}}$	maʔ^{1}
尖草坪	tʌŋ^{312}	kʰʌŋ^{312}	tʌŋ^{35}	tʌŋ^{35}	tsʌŋ^{35}	piəʔ^{2}	miəʔ^{2}	miəʔ^{2}
晋源	təŋ^{42}	kʰəŋ^{42}	təŋ^{35}	təŋ^{35}	tsəŋ^{35}	piəʔ^{2}	miəʔ^{2}	məʔ^{2}/miəʔ^{2}
阳曲	tə̃^{312}	kʰə̃^{312}	tə̃^{454}	tə̃^{454}	tsə̃^{454}	piɛʔ^{4}	miɛʔ^{4}	miɛʔ^{4}
古交	təŋ^{312}	kʰəŋ^{312}	təŋ^{53}	təŋ^{53}	tsəŋ^{53}	piəʔ^{4} 白 / pai^{312} 文	miəʔ^{4}	maʔ^{4} 白 / məʔ^{4} 文
清徐	təŋ^{54}	kʰəŋ^{54}	təŋ^{45}	təŋ^{45}	tsəŋ^{11}	piəʔ^{1}	miəʔ^{1}	miəʔ^{1}
娄烦	təŋ^{312}	kʰəŋ^{312}	təŋ^{54}	təŋ^{54}	tsəŋ^{54}	piəʔ^{3}	miəʔ^{3}	miəʔ^{3}
榆次	tɤ̃^{53}	kʰɤ̃^{53}	tɤ̃^{35}	tɤ̃^{35}	tsɤ̃^{35}	piəʔ^{1}	miəʔ^{1}	maʔ^{1}
交城	tə̃^{53}	kʰə̃^{53}	tə̃^{24}	tə̃^{24}	tsə̃^{11}	piəʔ^{1}	miəʔ^{1}	miəʔ^{1}
文水	tɔŋ^{423}	kʰɔŋ^{423}	tɔŋ^{35}	tɔŋ^{35}	tsɔŋ^{35}	piəʔ^{2}	miəʔ^{2}	miəʔ^{2}
祁县	tɔõ^{314}	kʰɔõ^{314}	tɔõ^{45}	tɔõ^{45}	tsɔõ^{45}	piəʔ$^{\underline{32}}$ 白 / pəɨ^{314} 文	miəʔ$^{\underline{32}}$	miəʔ$^{\underline{32}}$
太谷	tə̃^{312}	kʰə̃^{312}	tə̃^{53}	tə̃^{53}	tsə̃^{53}	piəʔ^{3}	miəʔ^{3}	miəʔ^{3}
平遥	təŋ^{512}	kʰəŋ^{512}	təŋ^{24}	təŋ^{24}	tsəŋ^{213}	pʌʔ$^{\underline{212}}$ 白 / piʌʔ$^{\underline{212}}$ 文	mʌʔ$^{\underline{523}}$/ miʌʔ$^{\underline{523}}$	mʌʔ$^{\underline{212}}$
孝义	tə̃^{312}	kʰə̃^{312}	tə̃^{454}	tə̃^{454}	tsə̃^{33}	pəʔ^{3}/piəʔ^{3}	miəʔ^{3}	miəʔ^{3}
介休	təŋ^{423}	kʰəŋ^{423}	təŋ^{45}	təŋ^{53}	tsəŋ^{45}	pʌʔ$^{\underline{12}}$ 白 piʌʔ$^{\underline{12}}$ 文	miʌʔ$^{\underline{312}}$	miʌʔ$^{\underline{12}}$
灵石	təŋ^{212}	kʰəŋ^{212}	təŋ^{53}	təŋ^{53}	tsəŋ^{53}	pei^{212}	miəʔ^{4}	maʔ^{4}
盂县	tə̃^{53}	kʰə̃^{53}	tə̃^{55}	tə̃^{55}	tsə̃^{55}	piəʔ^{2}	miəʔ^{2} 白 / muo^{55} 文	miəʔ^{2}
寿阳	tə̃^{53}	kʰə̃^{53}	tə̃^{45}	tə̃^{45}	tsə̃^{45}	piəʔ^{2}	miəʔ^{2}	miəʔ^{2}/maʔ^{2}
榆社	teɪ^{312}	kʰeɪ^{312}	teɪ^{45}	teɪ^{45}	tseɪ^{45}	piəʔ$^{\underline{312}}$	miəʔ^{2}	miəʔ^{2}
离石	təŋ^{312}	kʰəŋ^{312}	təŋ^{53}	təŋ^{53}	tsəŋ^{53}	pieʔ^{4}	miɛʔ$^{\underline{23}}$	miɛʔ$^{\underline{23}}$
汾阳	təŋ^{312}	kʰəŋ^{312}	təŋ^{55}	təŋ^{55}	tsəŋ^{55}	pəʔ^{2}	mieʔ$^{\underline{312}}$	məʔ$^{\underline{312}}$
中阳	tə̃^{423}	kʰə̃^{423}	tə̃^{53}	tə̃^{53}	tsə̃^{53}	pieʔ^{4}	mieʔ$^{\underline{312}}$	məʔ^{4}
柳林	tə̃^{312}	kʰə̃^{312}	tə̃^{53}	tə̃^{53}	tsə̃^{53}	piɛʔ^{4}	miɛʔ$^{\underline{423}}$	miɛʔ$^{\underline{423}}$
方山	tə̃ŋ^{312}	kʰə̃ŋ^{312}	tə̃ŋ^{52}	tə̃ŋ^{52}	tsə̃ŋ^{52}	piɛʔ^{4}	miɛʔ$^{\underline{23}}$	mou^{52}
临县	tə̃^{312}	kʰə̃^{312}	tə̃^{52}	tə̃^{52}	tsə̃^{52}	piɐʔ^{3}	mi^{24}	——
兴县	təŋ^{324}	kʰəŋ^{324}	təŋ^{53}	təŋ^{53}	tsəŋ^{53}	piəʔ^{5}	miəʔ^{5}	miəʔ^{5}
岚县	təŋ^{312}	kʰəŋ^{312}	təŋ^{53}	təŋ^{53}	tsəŋ^{53}	pieʔ^{4}	mieʔ^{4}	mieʔ^{4}

续表

字目	等	肯	凳	邓姓	赠	北	墨	默
中古音／方言点	都肯 曾开一 上等端	苦等 曾开一 上等溪	都邓 曾开一 去嶝端	徒亘 曾开一 去嶝定	昨亘 曾开一 去嶝从	博黑 曾开一 入德帮	莫北 曾开一 入德明	莫北 曾开一 入德明
静乐	tɤ̃^{314}	kʰɤ̃^{314}	tɤ̃^{53}	tɤ̃^{53}	tsɤ̃^{53}	piəʔ^{4}	miəʔ^{4}	miəʔ^{4}
交口	təŋ^{323}	kʰəŋ^{323}	təŋ^{53}	təŋ^{53}	tsəŋ^{53}	pieʔ^{4}	mieʔ^{4}	məʔ^{4}
石楼	təŋ^{213}	kʰəŋ^{213}	təŋ^{51}	təŋ^{51}	tsəŋ^{51}/tsəŋ^{213}	piəʔ^{4}	miəʔ^{4}	məʔ^{4}
隰县	təŋ^{21}	kʰəŋ^{21}	təŋ^{44}	təŋ^{44}	tsəŋ^{44}	piəʔ^{3}白/ pei^{21}文	miəʔ^{3}	miəʔ^{3}
大宁	təŋ^{31}	kʰəŋ^{31}	təŋ^{55}	təŋ^{55}	tsəŋ^{55}	piəʔ$^{\underline{31}}$	mei^{24}	miɐʔ$^{\underline{31}}$
永和	təŋ^{312}	kʰəŋ^{312}	təŋ^{53}	təŋ^{53}	tsəŋ^{312}/ tsəŋ^{53}	piəʔ$^{\underline{35}}$	mei^{35}/ miəʔ$^{\underline{35}}$	miəʔ$^{\underline{35}}$
汾西	təŋ^{33}	kʰəŋ^{33}	təŋ^{55}	təŋ^{53}	tsəŋ^{55}	pəʔ^{1}白/ pei^{33}文	muəʔ^{1}/mɪ^{11}	——
蒲县	təŋ^{33}	kʰeĩ^{31}	təŋ^{33}	təŋ^{33}	tsəŋ^{33}	pu^{52}白/ pei^{52}文	mei^{31}白/ mo^{52}文	mo^{52}
潞州	təŋ^{535}	kʰəŋ^{535}	təŋ^{44}	təŋ^{54}	tsəŋ^{54}	pəʔ$^{\underline{53}}$白/ pei^{535}文	miəʔ$^{\underline{53}}$/ məʔ$^{\underline{53}}$	məʔ$^{\underline{53}}$
上党	təŋ^{535}	kʰəŋ^{535}	təŋ^{22}	təŋ^{42}	tsəŋ^{213}	pei^{535}	miəʔ$^{\underline{21}}$	miəʔ$^{\underline{21}}$
长子	təŋ^{434}	kʰẼ^{434}	təŋ^{422}	təŋ^{53}	tsʰəŋ^{422}	pəʔ^{4}白/ pei^{434}文	məʔ^{4}	məʔ^{4}
屯留	təŋ^{43}	kʰẽ^{43}	təŋ^{53}	təŋ^{11}	tsəŋ^{31}	pəʔ^{1}白/ pei^{31}文	məʔ^{1}	məʔ^{1}
襄垣	təŋ^{42}	kʰəŋ^{42}	təŋ^{53}	təŋ^{45}	tsəŋ^{45}	pʌʔ^{3}白/ piʌʔ^{3}文	miʌʔ^{3}	miʌʔ^{3}
黎城	təŋ^{213}	kʰẽ^{213}	təŋ^{53}	təŋ^{53}	tsəŋ^{33}	piɤʔ^{2}	miɤʔ^{31}	miɤʔ$^{\underline{31}}$/ muɤ^{53}
平顺	təŋ^{434}	kʰẼ^{434}	təŋ^{53}	təŋ^{53}	tsəŋ^{53}	pei^{434}	mo^{53}	mo^{53}
壶关	təŋ^{535}	kʰəŋ^{535}	təŋ^{42}	təŋ^{353}	tʂəŋ^{42}	pei^{535}	miəʔ$^{\underline{21}}$	miəʔ$^{\underline{21}}$
沁县	tə̃^{214}	kʰə̃^{214}	tə̃^{53}	tə̃^{53}	tsə̃^{33}	piəʔ$^{\underline{31}}$	miəʔ$^{\underline{31}}$	miəʔ$^{\underline{31}}$
武乡	tɐŋ^{213}	kʰɐŋ^{213}	tɐŋ^{55}	tɐŋ^{55}	tsɐŋ^{113}	piəʔ^{3}	miəʔ^{3}	mʌʔ^{3}
沁源	tə̃^{324}	kʰə̃^{324}	tə̃^{53}	tə̃^{53}	tsə̃^{53}	pəʔ$^{\underline{31}}$白/ piəʔ$^{\underline{31}}$文	miəʔ$^{\underline{31}}$	miəʔ$^{\underline{31}}$
安泽	təŋ^{42}	kʰəŋ^{42}	təŋ^{53}	təŋ^{53}	tsəŋ^{53}	pei^{42}	mei^{53}	mo^{21}
沁水端氏	tai^{31}	ai^{31}	tai^{53}	tai^{53}	tsai^{21}	pai^{21}	mai^{53}	maʔ^{2}
阳城	tãŋ^{212}	kʰãŋ^{212}	tuoŋ^{51}白/ tãŋ^{224}文	tãŋ^{51}	tsãŋ^{51}	pəʔ^{2}白/ pai^{22}文	mai^{51}	mʌʔ^{2}

续表

字目	等	肯	凳	邓姓	赠	北	墨	默
中古音 方言点	都肯 曾开一 上等端	苦等 曾开一 上等溪	都邓 曾开一 去嶝端	徒亘 曾开一 去嶝定	昨亘 曾开一 去嶝从	博黑 曾开一 入德帮	莫北 曾开一 入德明	莫北 曾开一 入德明
高平	tə̃ŋ^{212}	kʰə̃ĩ^{212}	tə̃ŋ^{53}	tə̃ŋ^{53}	tʂə̃ŋ^{53}	pəʔ^{2} 白 / pei^{33} 文	mɛʔ^{2} 白 / mei^{53} 文	mɛʔ^{2}
陵川	təŋ^{312}	kʰə̃ĩ^{312}	təŋ^{24}	təŋ^{24}	tʂəŋ^{24}	pei^{312}	mʌʔ$^{\underline{23}}$	mʌʔ$^{\underline{23}}$
晋城	tẽ^{213}	kʰẽ^{213}	tẽ^{53}	tẽ^{53}	tʂẽ^{53}	pʰɤɯ^{33}/ pʰɤɯ^{213}	mɤɯ^{2}	mʌʔ^{2}
忻府	təŋ^{313}	kʰəŋ^{313}	təŋ^{53}	təŋ^{53}	tsəŋ^{53}	piəʔ$^{\underline{32}}$	miəʔ$^{\underline{32}}$	miəʔ$^{\underline{32}}$
原平	təŋ^{213}	kʰəŋ^{213}	təŋ^{53}	təŋ^{53}	səŋ^{213}	piəʔ$^{\underline{34}}$	miəʔ$^{\underline{34}}$	miəʔ$^{\underline{34}}$
定襄	təŋ^{24}	kʰəŋ^{24}	təŋ^{53}	təŋ^{53}	tsəŋ^{53}	piəʔ^{1}	miəʔ^{1}	maʔ^{1}
五台	tən^{213}	kʰən^{213}	tən^{52}	tən^{52}	tsən^{52}	piəʔ^{3}	miəʔ^{3}	miəʔ^{3}
岢岚	təŋ^{13}	kʰəŋ^{13}	təŋ^{52}	təŋ^{52}	tsəŋ^{52}	piɛʔ^{4}	miɛʔ^{4}/mɤ^{52}	miɛʔ^{4}
五寨	təɣ̃^{13}	kʰəɣ̃^{13}	təɣ̃^{52}	təɣ̃^{52}	tsəɣ̃^{52}	piəʔ^{4}	miəʔ^{4}	miəʔ^{4}
宁武	tɤɯ^{213}	kʰɤɯ^{213}	tɤɯ^{52}	tɤɯ^{52}	——	piəʔ^{4}	miəʔ^{4}	miəʔ^{4}
神池	tə̃^{13}	kʰə̃^{13}	tə̃^{52}	tə̃^{52}	tsə̃^{24}	piəʔ^{4}	miəʔ^{4}	miəʔ^{4}
繁峙	təŋ^{53}	kʰəŋ^{53}	təŋ^{24}	təŋ^{24}	tsəŋ^{24}	piəʔ$^{\underline{13}}$	miəʔ$^{\underline{13}}$	mɤ^{24}
代县	tɤŋ^{213}	kʰɤŋ^{213}	tɤŋ^{53}	tɤŋ^{53}	tsɤŋ^{53}	piəʔ^{2}	mei^{53}	miəʔ^{2}
河曲	tɤŋ^{213}	kʰɤŋ^{213}	tɤŋ^{52}	tɤŋ^{52}	tsɤŋ^{52}	piəʔ^{4}	miə^{4} 白 / mei^{44} 文	miəʔ^{4}
保德	təŋ^{213}	kʰəŋ^{213}	təŋ^{52}	təŋ^{52}	tsəŋ^{52}	piəʔ^{4}	miəʔ^{4}	məʔ^{4}
偏关	tɤŋ^{213}	kʰɤŋ^{213}	tɤŋ^{52}	tɤŋ^{52}	tsɤŋ^{52}	piəʔ^{4}	miəʔ^{4}	miəʔ^{4}
朔城	tə̃^{312}	kʰə̃^{312}	tə̃^{53}	tə̃^{53}	tsə̃^{53}	piəʔ$^{\underline{35}}$	miəʔ$^{\underline{35}}$	——
平鲁	təɯ^{213}	kʰəɯ^{213}	təɯ^{52}	təɯ^{52}	tsəɯ^{52}	piəʔ$^{\underline{34}}$	mɛi^{44}/ miəʔ$^{\underline{34}}$	miəʔ$^{\underline{34}}$
应县	tɛ̃i^{24}/təŋ^{54}	kʰəŋ^{31}	təŋ^{24}	təŋ^{24}	tsəŋ^{24}	piɛʔ$^{\underline{43}}$	miɛ̃/miɛ̃ʔ$^{\underline{43}}$	miɛʔ$^{\underline{43}}$
灵丘	təŋ^{442}	kʰəŋ^{442}	təŋ^{53}	təŋ^{53}	tsəŋ^{53}	piəʔ^{5}	mᴀʔ^{5}	mᴀʔ^{5}
浑源	tə̃^{52}	kʰə̃^{52}	tə̃^{13}	tə̃^{13}	tsə̃^{13}	piəʔ^{4}	mɛe^{13}	mʌʔ^{4}
云州	təɣ^{55}	kʰəɣ^{55}	təɣ^{213} 白 / təɣ^{24} 文	təɣ^{24}	tsəɣ^{24}	piəʔ^{4}	miəʔ^{4}	mɑʔ^{4}
新荣	tɤɣ^{54}	kʰɤɣ^{54}	tɤɣ^{24}	tɤɣ^{24}	tsɤɣ^{24}	piəʔ^{4}	mɛe^{24}/ miəʔ^{4}/mo^{24}	mo^{24}/miəʔ^{4}
怀仁	təŋ^{53}	kʰəŋ^{53}	təŋ^{24}	təŋ^{24}	tsəŋ^{24}	piəʔ^{4}	miəʔ^{4}	miaʔ^{4}
左云	təɣ^{54}	kʰəɣ^{54}	təɣ^{24}	təɣ^{24}	tsəɣ^{24}	piəʔ^{4}	miəʔ^{4} 白 / muo^{24} 文	maʔ^{4} 白 / muo^{24} 文

续表

字目	等	肯	凳	邓姓	赠	北	墨	默
中古音／方言点	都肯 曾开一 上等端	苦等 曾开一 上等溪	都邓 曾开一 去嶝端	徒亘 曾开一 去嶝定	昨亘 曾开一 去嶝从	博黑 曾开一 入德帮	莫北 曾开一 入德明	莫北 曾开一 入德明
右玉	tə̃ɣ^{53}	kʰə̃ɣ^{53}	tə̃ɣ^{24}	tə̃ɣ^{24}	tsə̃ɣ^{31}	piəʔ^{4}	miəʔ^{4}	miəʔ^{4}
阳高	təŋ^{53}	kʰəŋ^{53}	təŋ^{24}	təŋ^{24}	tsəŋ^{24}	piəʔ^{3}	miəʔ^{3}	——
山阴	tə̃^{52}	kʰə̃^{52}	tə̃^{335}	tə̃^{335}	tsə̃^{313}	piəʔ^{4}	miəʔ^{4}	miəʔ^{4}
天镇	tɤɣ^{55}	kʰɤɣ^{55}	tɤɣ^{24}	tɤɣ^{24}	tsɤɣ^{31}	piəʔ^{4}	miəʔ^{4}	——
平定	tɤŋ^{53}	kʰɤŋ^{53}	tɤŋ^{24}	tɤŋ^{24}	tsɤŋ^{31}	piəʔ^{4}	miəʔ^{4}	miəʔ^{4}
昔阳	təŋ^{55}	kʰəŋ^{55}	təŋ^{13}	təŋ^{13}	tsəŋ^{13}	piʌʔ$^{\underline{43}}$	mi^{13}	mʌʔ$^{\underline{43}}$
左权	təŋ^{42}	kʰəŋ^{42}	təŋ^{53}	təŋ^{53}	tsəŋ^{53}	pei^{42}/pieʔ^{1}	mi^{53}/miɛ^{53}/ mieʔ^{1}	mieʔ^{1}
和顺	təŋ^{53}	kʰəŋ^{53}	təŋ^{13}	təŋ^{13}	tsəŋ^{13}	pieʔ$^{\underline{21}}$	mieʔ$^{\underline{21}}$	mieʔ$^{\underline{21}}$
尧都	tə̃^{53} 白/təŋ^{53} 文	kʰə̃^{53}	təŋ^{44}	təŋ^{44}	tsəŋ^{44}	pu^{21} 白/ pei^{21} 文	mo^{44}	mo^{44}
洪洞	ten^{42} 白/ teŋ^{42} 文	kʰen^{42}	ten^{42} 白/ teŋ^{42} 文	teŋ^{53}	tseŋ^{21}	pu^{21} 白/ pei^{21} 文	mo^{21} 白/ mei^{21} 文	mɛ^{33}/mye^{33}
洪洞赵城	teŋ^{42}	kʰeŋ^{42}	teŋ^{53}	teŋ^{53}	tsʰeŋ^{53}	pu^{21} 白/ pei^{42} 文	mɛ^{21}	mo^{21}
古县	ten^{42} 白/ təŋ^{42} 文	kʰen^{42}	ten^{53} 白/ təŋ^{53} 文	təŋ^{53}	tsəŋ^{53}	pu^{53} 白/ pei^{21} 文	mu^{21} 白/ mei^{21} 白/ mo^{21} 文	mɛ^{21}
襄汾	teŋ^{42}	kʰen^{42}	ten^{44}/teŋ^{53}	tʰen^{53}	tseŋ^{44}	pu^{21} 白/ pei^{21} 文	mei^{21}	mɔ^{21}
浮山	teŋ^{33}	kʰẽĩ^{33}	teŋ^{53}	tʰeŋ^{53}	tseŋ^{42}	pei^{42}	mei^{42}	mai^{13}
霍州	təŋ^{33}	kʰəŋ^{33}	təŋ^{55}	təŋ^{55}	tsəŋ^{55}	pu^{33} 老/ pei^{33} 新	mie^{212} 老/ muɤ^{212} 新	mie^{212} 老/ muɤ^{212} 新
翼城	təŋ^{44}	kʰəŋ^{44}	təŋ^{53}	təŋ^{53}	tsəŋ^{53}	pi^{53} 白/ pei^{53} 文	mo^{53}	mo^{53}
闻喜	tẽĩ^{33} 白/ təŋ^{33} 文	kʰẽĩ^{33}	tʰuẽĩ^{53} 白/ təŋ^{53} 文	tʌŋ^{13}	tsəŋ^{13}	pi^{53} 白/ pẽĩ^{53} 文	mi^{53}	mɤ^{53}/ mi^{53}
侯马	təŋ^{44}	kʰeĩ^{44}	təŋ^{53}	təŋ^{53}	tsəŋ^{53}	pei^{44}	mɤ^{53}	mɤ^{53}
新绛	tẽ^{44}	kʰẽ^{44}	təŋ^{53}	təŋ^{53}	tsəŋ^{53}	pei^{44}	mei^{53}	mei^{53}
绛县	teĩ^{33}	kʰeĩ^{33}	tʌŋ^{31}	tʌŋ^{53}	tsʌŋ^{31}	pei^{53}	mi^{31} 白/ mei^{31} 文	mi^{31} 白/ mei^{31} 文
垣曲	tə̃^{44} 白/ təŋ^{44} 文	kʰə̃^{44}	təŋ^{53}	təŋ^{53}	tsəŋ^{53}	pei^{53}	mei^{53} 白/ mɤ^{53} 文	mei^{53}
夏县	tei^{24} 白/ təŋ^{24} 文	kʰei^{24}	təŋ^{31}	təŋ^{31}	tsəŋ^{31}	pu^{42} 白/ pei^{42} 文	mei^{31}	mei^{31}

续表

字目	等	肯	凳	邓姓	赠	北	墨	默
中古音 / 方言点	都肯 曾开一 上等端	苦等 曾开一 上等溪	都邓 曾开一 去嶝端	徒亘 曾开一 去嶝定	昨亘 曾开一 去嶝从	博黑 曾开一 入德帮	莫北 曾开一 入德明	莫北 曾开一 入德明
万荣	tei^{55}	kʰei^{55}	tei^{33}	taŋ^{33}	tsaŋ^{33}	pu^{51} 白 / pei^{51} 文	mu^{51} 白 / mei^{51} 文	mɤ^{51}
稷山	tə̃^{44} 白 / tʌŋ^{44} 文	kʰə̃^{44}	tʌŋ^{42}	tʌŋ^{42}	tsʌŋ^{42}	pu^{53} 白 / pi^{53} 文	mi^{53} 白 / mɤ^{53} 文	mɤ^{53}
盐湖	təŋ^{53}	kʰeĩ^{53}	təŋ^{44}	təŋ^{44}	tsəŋ^{44}	pu^{42} 白 / pei^{42} 文	mei^{42} 白 / mo^{42} 文	mo^{42}
临猗	təŋ^{53}	kʰeĩ^{53}	təŋ^{44}	təŋ^{44}	tsəŋ^{44}	pu^{42} 白 / pei^{42} 文	mei^{42} 白 / mo^{42} 文	mo^{42}
河津	tẽ^{324} 白 / tẽ^{53} 白 / təŋ^{53} 文	kʰẽ^{53}	təŋ^{44}	təŋ^{44}	tsəŋ^{44}	pu^{31}/pei^{31} 文	mei^{31}	mei^{31}
平陆	tei^{55}	kʰei^{55}	teŋ^{33}	teŋ^{33}	tseŋ^{33}	pu^{31} 白 / pei^{31} 文	mei^{31} 白 / mə^{31} 文	mə^{31}
永济	təŋ^{53}	kʰei^{53}	təŋ^{44}	təŋ^{44}	tsəŋ^{44}	pei^{31}	mei^{24}	muo^{31}
芮城	teĩ^{53} 白 / təŋ^{53} 文	kʰeĩ^{53}	teĩ^{44} 白 / təŋ^{44} 文	təŋ^{44}	tsəŋ^{44}	pu^{42} 白 / pei^{42} 文	mei^{42}	mei^{42}
吉县	tei^{53} 白 / təŋ^{53} 文	kʰei^{53}	təŋ^{33}	təŋ^{33}	tsəŋ^{33}	pi^{423} 白 / pei^{423} 文	mei^{423}	mei^{423}
乡宁	təŋ^{44}	kəŋ^{44}	təŋ^{22}	təŋ^{22}	tsəŋ^{22}	pei^{53}	mɤ^{53} 白 / mei^{53} 文	mɤ^{53}
广灵	təŋ^{44}	kʰəŋ^{44}	təŋ^{213}	təŋ^{213}	tsəŋ^{213}	pei^{31}	mei^{213}	mei^{213}

字目	得	德	特	勒	肋	则	贼	塞闭~
中古音 / 方言点	多则 曾开一 入德端	多则 曾开一 入德端	徒得 曾开一 入德定	卢则 曾开一 入德来	卢则 曾开一 入德来	子德 曾开一 入德精	昨则 曾开一 入德从	苏则 曾开一 入德心
北京	tɤ^{35}	tɤ^{35}	tʰɤ^{51}	lɤ^{55}	lei^{51}	tsɤ^{35}	tsei^{35}	sɤ^{51}
小店	tiəʔ^{1}	tiəʔ^{1}	tʰəʔ^{1}	liəʔ^{1}	liəʔ^{1}	tsaʔ^{1}	tsei^{11}	saʔ^{1}
尖草坪	tiəʔ^{2}	təʔ^{2}	tʰəʔ^{2}	liəʔ^{2}	liəʔ^{2}	tsəʔ^{2}	tsai^{33}	səʔ^{2}
晋源	tiəʔ^{2}	tiəʔ^{2}	tʰəʔ^{2}	ləʔ^{2}	liɤu^{35}	tsaʔ^{2}	tsei^{11}	sai^{35}
阳曲	tieʔ^{4}	tieʔ^{4}	tʰəʔ^{4}	lyɛʔ^{4} 白 / ləʔ^{4} 文	liɛʔ^{4}	tsəʔ^{4}	tsai^{43}	sai^{312}/sai^{454}
古交	təʔ^{4}	təʔ^{4}	tʰəʔ^{4}	ləʔ^{4}	ləʔ^{4}	tsəʔ^{4}	tsai^{44}	səʔ^{4}
清徐	təʔ^{1}/ tiəʔ^{1}	tiəʔ^{1}	tʰəʔ^{1}	ləʔ^{1}	ləʔ^{1}	tsəʔ^{1}	tsai^{11}	ɕiəʔ^{1} 白 / sai^{45} 文
娄烦	tiəʔ^{3}	tiəʔ^{3}	tʰaʔ$^{\underline{21}}$	liəʔ^{3}/luəʔ^{3}	luəʔ^{3}	tsəʔ^{3}	tsei^{33}	sɛi^{54}
榆次	tiəʔ^{1}	tiəʔ^{1}	təʔ^{1}	liəʔ^{1}	liəʔ^{1}	tsaʔ^{1}	tsɛe^{11}	ɕiəʔ^{1}/sɛe^{35} 文
交城	təʔ^{1}/tiəʔ^{1}	tiəʔ^{1}	tʰəʔ^{1}	ləʔ^{1}	ləʔ^{1}	tsəʔ^{1}	tsɛ^{11}	sɤɯ^{24}
文水	tiəʔ^{2}	tiəʔ^{2}	tʰəʔ^{2}	ləʔ^{2}	ləʔ^{2}	tsaʔ^{2}	tseɪ^{22}	ɕiəʔ^{2} 白 / səʔ^{2} 文
祁县	təʔ$^{\underline{32}}$/tiəʔ$^{\underline{32}}$	təʔ$^{\underline{32}}$	tʰəʔ$^{\underline{32}}$	ləʔ$^{\underline{32}}$	ləʔ$^{\underline{324}}$	tsəʔ$^{\underline{32}}$	tsəɨ^{31}	səʔ$^{\underline{32}}$
太谷	tiəʔ^{3}/təʔ^{3}	tiəʔ^{3}	tʰəʔ^{3}	ləʔ^{3}	liəʔ^{3}	tsəʔ^{3}	tsei^{33}	səʔ^{3}
平遥	tʌʔ$^{\underline{212}}$/tiʌʔ$^{\underline{212}}$	tʌʔ$^{\underline{212}}$	tʰʌʔ$^{\underline{212}}$	lʌʔ$^{\underline{212}}$	lʌʔ$^{\underline{212}}$	tsʌʔ$^{\underline{212}}$	tsei^{213}	sʌʔ$^{\underline{212}}$
孝义	təʔ^{3}	təʔ^{3}	tʰaʔ^{3}	laʔ^{3}	laʔ^{3}	tsaʔ^{3}	tsei^{33}	səʔ^{3}
介休	tʌʔ$^{\underline{12}}$	tʌʔ$^{\underline{12}}$	tʰʌʔ$^{\underline{12}}$	lʌʔ$^{\underline{12}}$	lei^{45}	tsʌʔ$^{\underline{12}}$	tsei^{13}	sʌʔ$^{\underline{12}}$
灵石	təʔ^{4}	təʔ^{4}	taʔ^{4}	laʔ^{4}	laʔ^{4}	tsaʔ^{4}	——	saʔ^{4}
盂县	təʔ^{2}/tiəʔ^{2}	tiəʔ^{2}	tʰəʔ^{2}	lyəʔ^{2}	liəʔ^{2}	tsəʔ^{2}	tsei^{22}	ɕiəʔ^{2} 白 / sɑɛ^{55} 文
寿阳	tiəʔ^{2}	tiəʔ^{2}	tʰəʔ^{2}	liəʔ^{2}/ləʔ^{2}	liəʔ^{2}	tsəʔ^{2}	tsei^{22}	ɕiəʔ^{2}/sai^{22}
榆社	tiəʔ^{2}	tiəʔ^{2}	tiəʔ$^{\underline{312}}$	liəʔ^{2}	liəʔ^{2}	tsəʔ$^{\underline{312}}$	——	ɕiəʔ^{2}
离石	təʔ^{4}	təʔ^{4}	tʰɑʔ^{4}	ləʔ^{4}	lɑʔ$^{\underline{23}}$	tsɑʔ^{4}	tsɛe^{24}	səʔ^{4}
汾阳	təʔ^{2}	təʔ^{2}	tʰəʔ^{2}	ləʔ$^{\underline{312}}$	laʔ$^{\underline{312}}$	tsaʔ^{2}	tsei^{324}	səʔ^{2}
中阳	təʔ^{4}	təʔ^{4}	tʰəʔ^{4}	ləʔ^{4}	lɑʔ$^{\underline{312}}$	tsɑʔ^{4}	tsɛe^{24}	səʔ^{4}
柳林	təʔ^{4}	təʔ^{4}	tʰɑʔ^{4}	luəʔ$^{\underline{423}}$	luəʔ$^{\underline{423}}$	tsɑʔ^{4}	tsɛe^{24}	səʔ^{4}
方山	təʔ^{4}	təʔ^{4}	tʰəʔ^{4}	lɑʔ^{4}	luəʔ^{4}	tsɑʔ^{4}	tsei^{24}	ɕiɛʔ^{4}
临县	tɐʔ^{3}	tɐʔ^{3}	tʰɐʔ^{3}	luɐʔ^{3}	luɐʔ^{3} 白 / lei^{52} 文	tsɐʔ^{3}	tsei^{24}	ɕiaʔ^{3}
兴县	təʔ^{5}/tiəʔ^{5}	təʔ^{5}	tʰəʔ^{5}	ləʔ^{5}/luəʔ$^{\underline{312}}$	luəʔ$^{\underline{312}}$	tsəʔ^{5}	tsei^{324}	səʔ^{5}

续表

字目	得	德	特	勒	肋	则	贼	塞闭~
中古音 / 方言点	多则 曾开一 入德端	多则 曾开一 入德端	徒得 曾开一 入德定	卢则 曾开一 入德来	卢则 曾开一 入德来	子德 曾开一 入德精	昨则 曾开一 入德从	苏则 曾开一 入德心
岚县	tieʔ^{4}	tieʔ^{4}	tʰəʔ^{4}	lieʔ^{4}	lieʔ^{4}	tsəʔ^{4}	tsəʔ^{4} 白 / tsei^{312} 文	səʔ^{4}
静乐	tiəʔ^{4}	tiəʔ^{4}	tʰaʔ^{4}	ləʔ^{4}	luəʔ$^{\underline{212}}$	——	tsæ^{24}	ɕiəʔ^{4}
交口	təʔ^{4}	təʔ^{4}	tʰaʔ$^{\underline{212}}$	luəʔ^{4}	luəʔ^{4}	tsaʔ^{4}	tsei^{44}	səʔ^{4}
石楼	təʔ^{4}	təʔ^{4}	tʰəʔ^{4}	luəʔ^{4} 白 / ləʔ^{4} 文	ləʔ$^{\underline{213}}$	tsəʔ^{4}	tsei^{44}	səʔ^{4} 白 / sɛi^{51} 文
隰县	təʔ^{3}	təʔ^{3}	tʰəʔ^{3}	ləʔ^{3}	ləʔ^{3}	tsəʔ^{3}	tsei^{24}	səʔ^{3}
大宁	təʔ$^{\underline{31}}$	təʔ$^{\underline{31}}$	tʰɐʔ$^{\underline{31}}$	ləʔ$^{\underline{31}}$	ləʔ$^{\underline{31}}$	tsɐʔ$^{\underline{31}}$	tsuei^{24} 白 / tsei^{24} 文	ɕiəʔ$^{\underline{31}}$ 白 / səʔ$^{\underline{31}}$ 文
永和	təʔ$^{\underline{35}}$	təʔ$^{\underline{35}}$	tʰɐʔ$^{\underline{35}}$	lɐʔ$^{\underline{35}}$	lɐʔ$^{\underline{35}}$	tsɐʔ$^{\underline{35}}$	tsei$^{\underline{35}}$	səʔ$^{\underline{35}}$
汾西	təʔ^{1}	təʔ^{1}	tʰəʔ^{3}	lu^{11}	lu^{11}	tsəʔ^{1}	tsei^{35}	sɑi^{53} 白
蒲县	tɤ^{52}	təʔ$^{\underline{43}}$	tʰəʔ$^{\underline{43}}$	ləʔ$^{\underline{43}}$	ləʔ$^{\underline{43}}$	tsɤ^{24}	tsei^{24}	səʔ$^{\underline{43}}$
潞州	təʔ$^{\underline{53}}$/tiəʔ$^{\underline{53}}$/ ti^{312}	təʔ$^{\underline{53}}$/tiəʔ$^{\underline{53}}$	tʰəʔ$^{\underline{53}}$	ləʔ$^{\underline{53}}$	liəʔ$^{\underline{53}}$	təʔ$^{\underline{53}}$ 白 / tsəʔ$^{\underline{53}}$ 文	tsei^{312}	səʔ$^{\underline{53}}$
上党	tiəʔ$^{\underline{21}}$	tiəʔ$^{\underline{21}}$	tʰɑʔ$^{\underline{21}}$	liəʔ$^{\underline{21}}$	liəʔ$^{\underline{21}}$	tsəʔ$^{\underline{21}}$	tsei^{44}	səʔ$^{\underline{21}}$
长子	tiəʔ^{4}	tiəʔ^{4}	tʰaʔ$^{\underline{212}}$ 白 / tʰəʔ$^{\underline{212}}$ 文	laʔ^{4} 白 /ləʔ^{4} 文	laʔ^{4} 白 /ləʔ^{4} 文	tsəʔ^{4}	tsuei^{312}	səʔ^{4}
屯留	tiəʔ^{1} 白 / təʔ^{1} 文	tiəʔ^{1} 白 / təʔ^{1} 文	tʰəʔ^{1}	ləʔ^{1}	ləʔ^{54}	tsəʔ^{1}	tsei^{31}	səʔ^{1}
襄垣	tiʌʔ^{3}	tiʌʔ^{3}	tʰʌʔ^{3}	liʌʔ^{3}	liʌʔ^{3}	tsʌʔ^{3}	tsuei^{33} 白 / tsei^{33} 文	sʌʔ^{3}
黎城	tiɤʔ^{2}	tʌʔ^{2}	tʰʌʔ^{2}	lʌʔ^{2}	lɤʔ^{2}	tsɤʔ^{2}	tsuei^{33}	sɤʔ^{2}
平顺	tiəʔ$^{\underline{212}}$	tiəʔ$^{\underline{212}}$	tʰəʔ$^{\underline{423}}$	ləʔ$^{\underline{423}}$	tei^{13}	tsəʔ$^{\underline{212}}$	tsei^{13}	səʔ$^{\underline{212}}$
壶关	tiəʔ^{2}	tiəʔ^{2}	tʰəʔ$^{\underline{21}}$/tʰʌʔ$^{\underline{21}}$	lʌʔ$^{\underline{21}}$	luei^{353}	tʂəʔ^{2}	tʂei^{13}	ʂəʔ^{2}
沁县	təʔ$^{\underline{31}}$	təʔ$^{\underline{31}}$	tʰəʔ$^{\underline{31}}$	laʔ$^{\underline{31}}$	luaʔ$^{\underline{31}}$	tsəʔ$^{\underline{212}}$	tɕi^{33}	səʔ$^{\underline{31}}$
武乡	tiəʔ^{3}	tiəʔ^{3}	tʰiəʔ^{3}	——	——	tsəʔ^{3}	——	səʔ^{3}
沁源	təʔ$^{\underline{31}}$	təʔ$^{\underline{31}}$	tʰʌʔ$^{\underline{31}}$	ləʔ$^{\underline{31}}$	lei^{53}	tsʌʔ$^{\underline{31}}$	tsei^{324}	sʌʔ$^{\underline{31}}$
安泽	tei^{42}/ təʔ$^{\underline{21}}$	təʔ$^{\underline{21}}$	tʰəʔ$^{\underline{21}}$	ləʔ$^{\underline{21}}$	ləʔ$^{\underline{21}}$	tsəʔ$^{\underline{21}}$	tsei^{35}	sʌʔ$^{\underline{21}}$
沁水端氏	taʔ^{2}	taʔ^{2}	tʰaʔ^{2}	laʔ^{2}	laʔ^{2}	tsaʔ^{2}	tsai^{21}	saʔ^{2}
阳城	tʌʔ^{2}	tʌʔ^{2}	tʰʌʔ^{2}	lʌʔ^{2}	lʌʔ^{2}	tsʌʔ^{2}	tsuai^{22}	sʌʔ^{2}
高平	tɛʔ^{2}	tɛʔ^{2}	tʰəʔ^{2}	lʌʔ^{2}	lʌʔ^{2}	tʂəʔ^{2}	tʂəʔ^{2} 白 / tʂuei^{33} 文	ʂəʔ^{2}
陵川	tiʌʔ^{3}	tiʌʔ^{3}	tʰʌʔ^{3}	ləʔ$^{\underline{23}}$	lie^{24}	tʂəʔ^{3}	tʂəʔ^{3}	ʂəʔ^{3}

续表

字目	得	德	特	勒	肋	则	贼	塞闭~
中古音 / 方言点	多则 曾开一 入德端	多则 曾开一 入德端	徒得 曾开一 入德定	卢则 曾开一 入德来	卢则 曾开一 入德来	子德 曾开一 入德精	昨则 曾开一 入德从	苏则 曾开一 入德心
晋城	tʌʔ^{2}	təʔ^{2}	t^{h}əʔ^{2}	ləʔ^{2}	lʌʔ^{2}	tʂəʔ^{2}	tʂuɤɯ^{324}	ʂəʔ^{2}
忻府	tiəʔ$^{\underline{32}}$	tiəʔ$^{\underline{32}}$	t^{h}əʔ$^{\underline{32}}$	lyɛʔ$^{\underline{32}}$/ləʔ$^{\underline{32}}$	liəʔ$^{\underline{32}}$	tsɑʔ$^{\underline{32}}$	tsei^{21}	səʔ$^{\underline{32}}$
原平	tiəʔ$^{\underline{34}}$	tiəʔ$^{\underline{34}}$	t^{h}ɔʔ$^{\underline{34}}$	lyəʔ$^{\underline{34}}$	liəʔ$^{\underline{34}}$	tsɔʔ$^{\underline{34}}$	tsæɛ^{213}	sɔʔ$^{\underline{34}}$
定襄	tiəʔ^{1}	tiəʔ^{1}	t^{h}əʔ^{1}	liəʔ^{1}	ləʔ^{1}	tsaʔ^{1}	tsei^{11}	ɕiəʔ^{1}
五台	tiəʔ^{3}	tiəʔ^{3}	t^{h}uəʔ^{3}	lyəʔ^{3}	luəʔ^{3}	tsɔʔ^{3}	tsɛ^{213}	ɕiəʔ^{3}
岢岚	tiɛʔ^{4}	tiɛʔ^{4}	t^{h}əʔ^{4}	laʔ^{4}	ləʔ^{4}	tsaʔ^{4}	tsɛi^{44}	sɛi^{13}
五寨	tiəʔ^{4}	tiəʔ^{4}	t^{h}əʔ^{4}	liəʔ^{4}	liəʔ^{4}	tsaʔ^{4}	tsei^{44}	sei^{13}
宁武	tiəʔ^{4}	tiəʔ^{4}	t^{h}əʔ^{4}	lyəʔ^{4}	liəʔ^{4}	tsəʔ^{4}	tsᴇe^{23}	ɕiəʔ^{4} 白 / səʔ^{4} 文
神池	tiəʔ^{4}	tiəʔ^{4}	t^{h}əʔ^{4}	ləʔ^{4}	lɛe^{52}	tsəʔ^{4}	tsɛe^{32}	sɛe^{52}
繁峙	tiəʔ$^{\underline{13}}$	tiəʔ$^{\underline{13}}$	t^{h}əʔ$^{\underline{13}}$	lei^{53}	lei^{24}	tsəʔ$^{\underline{13}}$	tsei^{31}	sei^{53}
代县	tiəʔ^{2}	tiəʔ^{2}	t^{h}əʔ^{2}	liəʔ^{2}	liəʔ^{2}	tsaʔ^{2}	tsai^{44}	ɕiəʔ^{2}
河曲	tiəʔ^{4}	tiəʔ^{4}	t^{h}əʔ^{4}	lyəʔ^{4}	luəʔ^{4}	tsəʔ^{4}	tsɛe^{44}	sɛe^{213}
保德	tiəʔ^{4}	tiəʔ^{4}	t^{h}əʔ^{4}	lyəʔ^{4}	luei^{52}	tsəʔ^{4}	tsei^{44}	səʔ^{4} 白 / sai^{52} 文
偏关	tiəʔ^{4}	tiəʔ^{4}	t^{h}ᴀʔ^{4}	lə^{52}	lə^{52}	tsᴀʔ^{4}	tsei^{44}	ɕiəʔ^{4} 白 / sei 文
朔城	tiəʔ$^{\underline{35}}$	tiəʔ$^{\underline{35}}$	t^{h}əʔ$^{\underline{35}}$	lyəʔ$^{\underline{35}}$	li^{53}	tsᴀʔ$^{\underline{35}}$	tsɛi^{35}	sɛi^{53}
平鲁	təʔ$^{\underline{34}}$/tiəʔ$^{\underline{34}}$	tiəʔ$^{\underline{34}}$	t^{h}əʔ$^{\underline{34}}$	ləʔ$^{\underline{34}}$/luəʔ$^{\underline{34}}$	kɛi^{52}	tsʌʔ$^{\underline{34}}$	tsɛi^{44}	sɛi^{52}
应县	tiɛʔ$^{\underline{43}}$	tiɛʔ$^{\underline{43}}$	t^{h}əʔ$^{\underline{43}}$	ləʔ$^{\underline{43}}$	ləi^{24}	tsaʔ$^{\underline{43}}$	tsəi^{31}	sɛ̃i^{24}
灵丘	tiəʔ^{5}	tiəʔ^{5}	t^{h}ᴀʔ^{5}	ləʔ^{5}	lei^{53}	tsᴀʔ^{5}	tsei^{31}	sɛe^{53}
浑源	tiəʔ^{4}	tiəʔ^{4}	t^{h}əʔ^{4}	luʌʔ^{4}	lɛe^{13}	tsʌʔ^{4}	tsɛe^{22}	səʔ^{4}
云州	tiəʔ^{4}	tiəʔ^{4}	t^{h}əʔ^{4}	lɛi	lɛi^{24}	tsɑʔ^{4}	tsɛi^{312}	səʔ^{4}
新荣	tiəʔ^{4}	tiəʔ^{4}	t^{h}ɤ^{24}/t^{h}əʔ^{4}	ləʔ^{4}/laʔ^{4}	lɛe^{24}	tsaʔ^{4}	tʂɛe^{312}	sɛe^{24}/sɛe^{32}/ səʔ^{4}
怀仁	tiəʔ^{4}	tiəʔ^{4}	t^{h}əʔ^{4}	ləʔ^{4}	lɛe^{24}	tsaʔ^{4}	tsɛe^{312}	səʔ^{4}
左云	tiəʔ^{4}	tiəʔ^{4}	t^{h}əʔ^{4}	lɛi^{24}	lɛi^{31}	tsaʔ^{4}	tsɛi^{313}	saʔ^{4}
右玉	tiəʔ^{4}	tiəʔ^{4}	t^{h}əʔ^{4}	laʔ^{4}/ləʔ^{4}	lɛe^{24}	tsaʔ^{4}	tsɛe^{212}	sɛe^{24}
阳高	tiəʔ^{3}	tiəʔ^{3}	t^{h}ɑʔ^{3}	lɑʔ^{3}	lei^{24}/luəʔ^{3}	tsɑʔ^{3}	tsei^{312}	sei^{24}
山阴	tiəʔ^{4}	tiəʔ^{4}	t^{h}əʔ^{4}	ləʔ^{4}/luəʔ^{4}	lɛe^{335}	tsᴀʔ^{4}	tsɛe^{313}	sɛe^{313}/sɛe^{335}
天镇	tiəʔ^{4}	tiəʔ^{4}	t^{h}əʔ^{4}	lɑʔ^{4}	tsu^{24}	tsɑʔ^{4}	tsɛe^{22}	səʔ^{4}
平定	təʔ^{4}/tiəʔ^{4}	tiəʔ^{4}	t^{h}aʔ^{4}	——	liəʔ$^{\underline{23}}$	tsaʔ^{4}	tsei^{44}	sɛe^{24}/ɕiəʔ^{4}

续表

字目	得	德	特	勒	肋	则	贼	塞闭~
中古音 方言点	多则 曾开一 入德端	多则 曾开一 入德端	徒得 曾开一 入德定	卢则 曾开一 入德来	卢则 曾开一 入德来	子德 曾开一 入德精	昨则 曾开一 入德从	苏则 曾开一 入德心
昔阳	tiʌʔ$^{\underline{43}}$	tiʌʔ$^{\underline{43}}$	tʰʌʔ$^{\underline{43}}$	liʌʔ$^{\underline{43}}$	luei^{13}/liʌʔ$^{\underline{43}}$	tsʌʔ$^{\underline{43}}$	tsei^{33}	ɕiʌʔ$^{\underline{43}}$/sɛe^{42}
左权	tieʔ^{1}	tieʔ^{1}	tʰɑʔ^{1}	lieʔ^{1}	li^{53}	tsəʔ^{1}	tsɛi^{11}	sɛi^{53}/səʔ^{1}
和顺	təʔ$^{\underline{21}}$	təʔ$^{\underline{21}}$	tʰəʔ$^{\underline{21}}$	lieʔ$^{\underline{21}}$	lieʔ$^{\underline{21}}$	tsəʔ$^{\underline{21}}$	tsei^{22}	ɕieʔ$^{\underline{21}}$
尧都	tɤ^{21}	tɤ^{21}	tʰɤ^{21}	lɤ^{21}	lei^{21}	tsɤ^{21}	tsei^{24}	sɤ^{44}
洪洞	tyɛ^{21} 文 /tei^{42}	tyɛ^{21} 文	tʰɛ^{24}	lɛ^{21}	lyɛ^{21}	tsɛ^{21}	tsei^{24}	sɿ^{21}
洪洞赵城	tiɛ^{21}	tiɛ^{21}	tʰiɛ^{24}	liɛ^{21}	liɛ^{21}	tsɤ^{24}	tsuei^{24}	ʂɤ^{21}
古县	tɕi^{21}/tɛ^{21}/tɛ^{35}	tɛ^{21}	tʰɤ^{35}	lɛ^{21}	lɛ^{21}	tse^{35}	tsei^{35}	sɑi^{21}
襄汾	tei^{21}	tei^{21}	tʰei^{21}	li^{21}/lei^{21}	lei^{21}	tsei^{21}	tsei^{24}	sei^{21}
浮山	tei^{42}	tei^{42}	tʰei^{13}	lei^{42}/li^{42}	lei^{42}	tsei^{42}	tsei^{13}	sei^{42}
霍州	tie^{212} 白 / tɤ^{212} 文	tie^{212} 白 / tɤ^{212} 文	tʰie^{212} 老 / tʰɤ^{212} 新	lɤ^{212}	lei^{53}	tsɤ^{212}	tsei^{35}	sɤ^{212}
翼城	tɤ^{12}	tɤ^{12}	tʰɤ^{53}	lɤ^{53}	luei^{53}	tsɤ^{12}	tsuei^{12}	sɤ^{53}
闻喜	ti^{53}/tɤ^{53}/ tẽĩ^{53}	ti^{53}	tʰɤ^{53}/ tʰɤ^{13}	lui^{53}	li^{53}	tsei^{53}	tsʰei^{13}	sɿ^{53} 白 /sei^{53} 文
侯马	tɤ^{213}	tɤ^{213}	tʰɤ^{53}	lɤ^{213}	lei^{213}	tsɤ^{213}	tsei^{213}	sɤ^{53}
新绛	tei^{44}	tei^{53}	tʰɤ^{53}	lɤ^{53}	li^{53}	tsei^{53}	tsʰei^{13}	sei^{53}
绛县	tei^{53}	tei^{53}	tʰɤ^{53}	lei^{24}	lei^{31}	tsei^{53}	tsʰei^{24}	sei^{31}
垣曲	tɤ^{22}	tei^{22}	tʰei^{22} 白 / tʰɤ^{22} 文	luo^{22}	lei^{53}	tʰɤ^{22}	tsʰei^{22}	suei^{53} 白 / sai^{53} 文
夏县	tei^{42}	tei^{42}	tʰɤ^{31}	lei^{53}	luei^{31}	tʂɛ^{24}	tsʰei^{42}	sɿ^{53}
万荣	tei^{51}	tei^{51}	tʰɤ^{51}	laŋ^{51}	laŋ^{51} 白 / lei^{55} 文	tsei^{55}	tsʰei^{213}	sɿ^{51}
稷山	ti^{53} 白 /tɤ^{53} 文	ti^{53} 白 /tɤ^{53} 文	tʰɤ^{53}	lei^{53} 白 / lɤ^{53} 文	lei^{53}	tsɤ^{13}	tsʰei^{13}	sɿ^{53}
盐湖	tɤ^{42}	tɤ^{42}	tʰɤ^{13}	lɤ^{42}	ləŋ^{42}	tsʰɤ^{13}	tsʰei^{13}	sei^{42}
临猗	tei^{42} 白 / tɤ^{42} 文	tei^{42} 白 / tɤ^{42} 文	tʰɤ^{42}	lei^{42} 白 /lɤ^{42} 文	lei^{44}	tsei^{53} 白 / tsɤ^{13} 文	tsʰei^{13} 白 / tsei^{13} 文	sɿ^{42} 白 / sai^{42} 文
河津	tei^{31}	ti^{53} 白 /tei^{31} 文	tʰei^{31}	lɤ^{31}/ləŋ^{31}/ luəŋ^{31} 白	lẽ^{324} 白 /ləŋ^{31}	tsei^{53}	tsʰɿ^{324} 白 / tsei^{324} 文	sai^{31} 文
平陆	tei^{13}	tei^{13}	tə^{31}	lə^{33}	lei^{33}	tsai^{31}	tsʰei^{13} 白 / tsei^{13} 文	sai^{31}/sɿ^{31}
永济	tei^{31}	tei^{31}	tʰei^{31}	lei^{31}	lei^{31}	tsei^{31}	tsʰei^{24}	tsʰei^{31}

续表

字目	得	德	特	勒	肋	则	贼	塞闭~
中古音 方言点	多则 曾开一 入德端	多则 曾开一 入德端	徒得 曾开一 入德定	卢则 曾开一 入德来	卢则 曾开一 入德来	子德 曾开一 入德精	昨则 曾开一 入德从	苏则 曾开一 入德心
芮城	tei^{42}	tei^{42}	tʰɤ^{42}	lei^{42}	lei^{44}	tsɤ^{42}/tsei^{42}	tsʰei^{13}	sɿ^{42}白/ sai^{42}文
吉县	tei^{423}	tei^{423}	tʰə^{423}	lə^{423}	lei^{423}	tse^{13}	tsʰei^{13}白/ tsei^{13}文	sɿ^{423}
乡宁	tei^{53}白/ ti^{53}文	tɤ^{53}	tʰɤ^{53}	lɤ^{53}	lei^{53}	tsɤ^{12}	tsʰei^{12}白/ tsei^{12}文	sɿ^{53}白/ sei^{53}文
广灵	tei^{31}	tei^{31}	tɤ^{53}	lɤ^{213}/lei^{213}	lei^{213}	tsεe^{31}	tsei^{31}	sεe^{213}/sei^{53}

字目	克	刻	黑	弘	国	或	冰	凭~据
中古音 方言点	苦得 曾开一 入德溪	苦得 曾开一 入德溪	呼北 曾开一 入德晓	息夷 曾合一 平登匣	古或 曾合一 入德见	胡国 曾合一 入德匣	笔陵 曾开三 平蒸帮	扶冰 曾开三 平蒸並
北京	kʰɤ^{51}	kʰɤ^{51}	xei^{55}	xuŋ^{55}	kuo^{35}	xuo^{51}	piŋ^{55}	pʰiŋ^{35}
小店	kʰaʔ^{1}	kʰaʔ^{1}	xəʔ^{1}	xuəŋ^{11}	kuəʔ^{1}	xuaʔ^{1}	piə̃^{11}	pʰiə̃^{11}
尖草坪	kʰaʔ^{2} 白 / kʰəʔ^{2} 文	kʰaʔ^{2} 白 / kʰəʔ^{2} 文	xəʔ^{2}	xʌŋ^{33}	kuəʔ^{2}	xuɤɯ^{35}	piʌŋ^{33}	pʰiʌŋ^{33}
晋源	kʰəʔ^{2}/kʰaʔ^{2}	kʰəʔ^{2}	xəʔ^{2}	xuŋ^{11}	kuəʔ^{2}	xuəʔ^{2}	pin^{11}	pʰin^{11}
阳曲	kʰəʔ^{4}	kʰəʔ^{4}	xəʔ^{4}	xuə̃^{43}	kuəʔ^{4}	xuəʔ^{4}	pi^{312} 白 / piə̃^{312} 文	pʰiə̃^{43}
古交	kʰəʔ^{4}	kʰəʔ^{4}	xəʔ^{4}	xuəŋ^{44}	kuəʔ^{4}	xuəʔ$^{\underline{312}}$	piəŋ^{44}	pʰiəŋ^{44}
清徐	kʰɤɯ^{45}	kʰɤɯ^{45}	xəʔ^{1}	xuəŋ^{11}	kuəʔ^{1}	xuəʔ^{1}	piəŋ^{11}	pʰiəŋ^{11}
娄烦	kʰaʔ^{3}	kʰaʔ^{3}	xəʔ^{3}	xuəŋ^{33}	kuəʔ^{3}	xuaʔ^{3}	piəŋ^{33}	pʰiəŋ^{33}
榆次	kʰaʔ^{1}	kʰaʔ^{1}	xəʔ^{1}	xuɤ̃^{11}	kuəʔ^{1}	xuaʔ^{1}	piɤ̃^{11}	pʰiɤ̃^{11}
交城	kʰəʔ^{1}	kʰəʔ^{1}	xəʔ^{1}	xuə̃^{11}	kuəʔ^{1}	xuaʔ^{1}	piə̃^{11}	pʰiə̃^{11}
文水	kʰaʔ^{2}	kʰəʔ^{2}	xəʔ^{2}	xuəŋ^{22}	kuəʔ^{2}	xuəʔ^{2}	piəŋ^{22}	pʰiəŋ^{22}
祁县	kʰɑʔ$^{\underline{32}}$	kʰɑʔ$^{\underline{32}}$	xəʔ$^{\underline{32}}$	xəm^{31}	kuəʔ$^{\underline{32}}$	xuəʔ$^{\underline{32}}$	piəõ^{31}	pʰiəõ^{31}
太谷	kʰəʔ^{3}	kʰəʔ^{3}	xəʔ^{3}	xuə̃^{33}	kuəʔ^{3}	xuəʔ^{3}	piə̃^{33}	pʰiə̃^{33}
平遥	kʌʔ$^{\underline{212}}$	kʰʌʔ$^{\underline{212}}$	xʌʔ$^{\underline{212}}$	xuəŋ^{213}	kuʌʔ$^{\underline{212}}$	xuʌʔ$^{\underline{212}}$	piəŋ^{213}	pʰiəŋ^{213}
孝义	kʰaʔ^{3}	kʰaʔ^{3}	xəʔ^{3}	xuə̃^{33}	kuəʔ^{3}	xuəʔ^{3}	piə̃^{33}	pʰiə̃^{33}
介休	kʰʌʔ$^{\underline{12}}$	kʰʌʔ$^{\underline{12}}$	xʌʔ$^{\underline{12}}$	xuŋ^{13}	kuʌʔ$^{\underline{12}}$	xuʌʔ$^{\underline{12}}$	pin^{13}	pʰin^{13}
灵石	kʰaʔ^{4}	kʰaʔ^{4}	xəʔ^{4}	xuŋ^{44}	kuəʔ^{4}	——	piŋ^{535}	pʰiŋ^{44}
盂县	kʰəʔ^{2}	kʰəʔ^{2}	xəʔ^{2}	xuə̃^{22}	kuəʔ^{2}	xuʌʔ^{2}	piə̃^{412}	pʰiə̃^{22}
寿阳	kʰaʔ^{2}	kʰaʔ^{2}	xəʔ^{2}	xuə̃^{22}	kuəʔ^{2}	xuaʔ^{2}	piə̃^{31}	pʰiə̃^{22}
榆社	kʰaʔ^{2}	kʰəʔ^{2}/kʰaʔ^{2}	xəʔ^{2}	uɛɪ^{22}	kuaʔ^{2}	——	piɛɪ^{22}	pʰiɛɪ^{22}
离石	kʰəʔ^{4}	kʰəʔ^{4}	xəʔ^{4}	xuəŋ^{44}	kuəʔ^{4}	xuəʔ^{4}	piəŋ^{24}	pʰiəŋ^{44}
汾阳	kʰəʔ^{2}	kʰəʔ^{2}	xəʔ^{2}	xuŋ^{22}	kuəʔ^{2}	xuəʔ^{2}	piẽ^{324}	pʰiẽ^{22}
中阳	kʰəʔ^{4}	kʰəʔ^{4}	xəʔ^{4}	xuə̃^{33}	kuəʔ^{4}	xuəʔ^{4}	piə̃^{24}	pʰiə̃^{33}
柳林	kʰəʔ^{4}	kʰəʔ^{4}	xəʔ^{4}	xuə̃^{44}	kuəʔ^{4}	xuəʔ^{4}	piə̃^{24}	pʰiə̃^{44}
方山	kʰəʔ^{4}	kʰəʔ^{4}	xəʔ^{4}	xuə̃^{44}	kuəʔ^{4}	xuəʔ^{4}	piə̃^{24}	pʰiə̃^{44}
临县	kʰɐʔ^{3}	kʰɐʔ^{3}	xɐʔ^{3}	xuə̃^{33}	kuɐʔ^{3}	xuaʔ^{3}	piə̃^{24}	pʰiə̃^{33}
兴县	kʰəʔ^{5}	kʰəʔ^{5}	xəʔ^{5}	xuəŋ^{55}	kuəʔ^{5}	xuəʔ^{5}	piəŋ^{324}	pʰiəŋ^{55}
岚县	kʰəʔ^{4}	kʰəʔ^{4}	xəʔ^{4}	xuəŋ^{44}	kuəʔ^{4}	xueʔ^{4}	piəŋ^{214}	pʰiəŋ^{44}
静乐	kʰəʔ^{4}	kʰəʔ^{4}	xəʔ^{4}	xuəŋ^{44}	kuəʔ^{4}	xuəʔ^{4}	piəŋ^{24}	pʰiəŋ^{44}
交口	kʰəʔ^{4}	kʰəʔ^{4}	xəʔ^{4}	xuəŋ^{44}	kuəʔ^{4}	xuəʔ^{4}	piəŋ^{323}	pʰiəŋ^{44}

续表

字目	克	刻	黑	弘	国	或	冰	凭~据
中古音 / 方言点	苦得 曾开一 入德溪	苦得 曾开一 入德溪	呼北 曾开一 入德晓	息夷 曾合一 平登匣	古或 曾合一 入德见	胡国 曾合一 入德匣	笔陵 曾开三 平蒸帮	扶冰 曾开三 平蒸並
石楼	kʰəʔ^{4}	kʰəʔ^{4}	xəʔ^{4}	xuəŋ^{44}	kuʌʔ^{4}	xuʌʔ^{4}	piəŋ^{213}	pʰiəŋ^{44}
隰县	kʰəʔ^{3}	kʰəʔ^{3}	xəʔ^{3}	xuəŋ^{24}	kuəʔ^{3}	xuaʔ^{3}	piəŋ^{53}	pʰiəŋ^{24}
大宁	kʰɐʔ$^{\underline{31}}$	kʰɐʔ$^{\underline{31}}$	xəʔ$^{\underline{31}}$	xuəŋ^{24}	kuɐʔ$^{\underline{31}}$	xuəʔ^{4}	pʰie^{31} 白 / piən^{31} 文	pʰiən^{24}
永和	kʰɐʔ$^{\underline{35}}$	kʰɐʔ$^{\underline{35}}$	xəʔ$^{\underline{35}}$	xuəŋ^{35}	kuəʔ$^{\underline{35}}$	xuəʔ$^{\underline{35}}$	pie^{33} 白 / piəŋ^{33} 文	pʰiəŋ^{35}
汾西	kʰəʔ^{1}	kʰəʔ^{1}	xəʔ^{1}	xuəŋ^{35}	kuəʔ^{1}	xuəʔ^{3} 文	pi^{11} 白 / piəŋ^{11} 文	pʰiəŋ^{35}
蒲县	kʰɤ^{33}	kʰəʔ$^{\underline{43}}$	xəʔ$^{\underline{43}}$	xuŋ^{24}	kuəʔ$^{\underline{43}}$	xuəʔ$^{\underline{43}}$	piɛ^{52} 白 / piŋ^{52} 文	pʰiŋ^{24}
潞州	kʰəʔ$^{\underline{53}}$	kʰəʔ$^{\underline{53}}$	xəʔ$^{\underline{53}}$	xuŋ^{24}	kuəʔ$^{\underline{53}}$	xuəʔ$^{\underline{53}}$	piŋ^{312}	pʰiŋ^{24}
上党	kɑʔ$^{\underline{21}}$	kɑʔ$^{\underline{21}}$	xɑʔ$^{\underline{21}}$	xuŋ^{44}	kuəʔ$^{\underline{21}}$	xuəʔ$^{\underline{21}}$	piŋ^{213}	pʰiŋ^{44}
长子	kʰaʔ^{4}	kʰaʔ^{4}	xaʔ^{4}	xuŋ^{24}	kuəʔ^{4}	xuəʔ^{4}	piŋ^{312}	pʰiŋ^{24}
屯留	kʰəʔ^{1}	kʰəʔ^{1}	xəʔ^{1}	xuəŋ^{11}	kuəʔ^{1}	xuəʔ^{1}	piəŋ^{11}	pʰiəŋ^{11}
襄垣	kʰʌʔ^{3}	kʰʌʔ^{3}	xei^{33}	xuəŋ^{31}	kuʌʔ^{3}	xuʌʔ^{3}	piəŋ^{33}	pʰiəŋ^{31}
黎城	kʰʌʔ^{2}	kʰʌʔ^{2}	xʌʔ^{2}	xuəŋ^{33}	kuɤʔ^{2}	xuɤʔ$^{\underline{31}}$	piəŋ^{33}	pʰiəŋ^{53}
平顺	kʰʌʔ$^{\underline{212}}$	kʰʌʔ$^{\underline{212}}$	xʌʔ$^{\underline{212}}$	xuŋ^{13}	kuəʔ$^{\underline{212}}$	xuəʔ$^{\underline{423}}$	piŋ^{213}	pʰiŋ^{13}
壶关	kʰʌʔ^{2}	kʰʌʔ^{2}	xʌʔ^{2}	xuŋ^{13}	kuəʔ^{2}	xuəʔ$^{\underline{21}}$	piŋ^{33}	pʰiŋ^{44}
沁县	kʰaʔ$^{\underline{31}}$	kʰaʔ$^{\underline{31}}$	xəʔ$^{\underline{31}}$	xuə̃^{33}	kuəʔ$^{\underline{31}}$	xuəʔ$^{\underline{31}}$	piə̃^{224}	pʰiə̃^{33}
武乡	kʰʌʔ^{3}	kʰʌʔ^{3}	xʌʔ^{3}	——	kuəʔ^{3}	xuəʔ^{3}	piɐŋ^{113}	pʰiɐŋ^{33}
沁源	kʰʌʔ$^{\underline{31}}$	kʰʌʔ$^{\underline{31}}$	xʌʔ$^{\underline{31}}$	xuə̃^{33}	kuəʔ$^{\underline{31}}$	xuʌʔ$^{\underline{31}}$	piə̃^{324}	pʰiə̃^{33}
安泽	kʰəʔ$^{\underline{21}}$	kʰəʔ$^{\underline{21}}$	xəʔ$^{\underline{21}}$	xuəŋ^{35}	kuəʔ$^{\underline{21}}$	xuəʔ$^{\underline{21}}$	piəŋ^{21}	pʰiəŋ^{35}
沁水端氏	kʰaʔ^{2}	kʰaʔ^{2}	xaʔ^{2}	xoŋ^{24}	kuəʔ^{2}	xuəʔ^{2}	piŋ^{21}	piŋ^{53}
阳城	kʰʌʔ^{2}	kʰʌʔ^{2}	xʌʔ^{2}	xuoŋ^{22}	kuəʔ^{2}	xuəʔ^{2}	piə̃ĩ^{224}	pʰiə̃ĩ^{22}
高平	kʰʌʔ^{2}	kʰʌʔ^{2}	xʌʔ^{2}	xuə̃ŋ^{33}	kuəʔ^{2}	xuəʔ^{2}	piə̃ŋ^{33}	pʰiə̃ĩ^{33}
陵川	kʰʌʔ^{3}	kʰʌʔ^{3}	xe^{33}	xuŋ^{53}	kuəʔ^{3}	xuʌʔ$^{\underline{23}}$	piŋ^{33}	pʰiŋ^{53}
晋城	kʰəʔ^{2}	kʰəʔ^{2}	kʰəʔ^{2}	xuoŋ^{324}	kuəʔ^{2}	xuəʔ^{2}	piẽ^{33}	pʰiẽ^{324}
忻府	kʰəʔ$^{\underline{32}}$	kʰəʔ$^{\underline{32}}$	xəʔ$^{\underline{32}}$	xuəŋ^{21}	kuʌʔ$^{\underline{32}}$	xuʌʔ$^{\underline{32}}$	piəŋ^{313}	pʰiəŋ^{21}
原平	kʰɔʔ$^{\underline{34}}$	kɔʔ$^{\underline{34}}$	xəʔ$^{\underline{34}}$	xuəŋ^{33}	kuəʔ$^{\underline{34}}$	xuɔʔ$^{\underline{34}}$	piəŋ^{213}	pʰiəŋ^{33}
定襄	kʰə^{53}	kʰəʔ^{1}	xəʔ^{1}	xuəŋ^{33}	kuəʔ^{1}	xuəʔ^{1}	piəŋ^{24}	pʰiəŋ^{11}
五台	kʰə^{33}	kʰə^{33}	xəʔ^{3}	xuən^{33}	kuəʔ^{3}	xuəʔ^{3}	piən^{213}	pʰiən^{33}
岢岚	kʰaʔ^{4}	kʰaʔ^{4}	xəʔ^{4}	xuəŋ^{44}	kuaʔ^{4}	xuaʔ^{4}	piəŋ^{13}	pʰiəŋ^{44}

续表

字目	克	刻	黑	弘	国	或	冰	凭~据
中古音 方言点	苦得 曾开一 入德溪	苦得 曾开一 入德溪	呼北 曾开一 入德晓	息夷 曾合一 平登匣	古或 曾合一 入德见	胡国 曾合一 入德匣	笔陵 曾开三 平蒸帮	扶冰 曾开三 平蒸並
五寨	kʰəʔ^{4}	kʰəʔ^{4}	xəʔ^{4}	xuəɣ̃^{44}	kuəʔ^{4}	xuəʔ^{4}	piəɣ̃^{13}	pʰiəɣ̃^{44}
宁武	kʰAʔ^{4}	kAʔ^{4}	xəʔ^{4}	xuɤɯ^{33}	kuəʔ^{4}	xuAʔ^{4}	piɤɯ^{23}	pʰiɤɯ^{33}
神池	kʰəʔ^{4}	kʰəʔ^{4}	xəʔ^{4}	xuə̃^{32}	kuAʔ^{4}	xuAʔ^{4}	piə̃^{24}	pʰiə̃^{32}
繁峙	kʰəʔ$^{\underline{13}}$	kʰəʔ$^{\underline{13}}$	xəʔ$^{\underline{13}}$	xuəŋ^{31}	kuaʔ$^{\underline{13}}$	xuaʔ$^{\underline{13}}$	piəŋ^{53}	pʰiəŋ^{31}
代县	kʰəʔ^{2}	kʰəʔ^{2}	xəʔ^{2}	xuɤŋ^{44}	kuaʔ^{2}	xuaʔ^{2}	piɤŋ^{213}	pʰiɤŋ^{44}
河曲	kəʔ^{4}	kəʔ^{4}	xəʔ^{4}	xuŋ^{44}	kuəʔ^{4}	xuəʔ^{4}	piŋ^{213}	pʰiŋ^{44}
保德	kʰəʔ^{4}	kʰəʔ^{4}	xəʔ^{4}	xuəŋ^{44}	kuəʔ^{4}	xuəʔ^{4}	piəŋ^{213}	pʰiəŋ^{44}
偏关	kʰəʔ^{4}	kʰəʔ^{4}	xəʔ^{4}	xuɤŋ^{44}	kuəʔ^{4}	xuAʔ^{4}	piɤŋ^{24}	pʰiɤŋ^{44}
朔城	kʰəʔ$^{\underline{35}}$	kʰəʔ$^{\underline{35}}$	xəʔ$^{\underline{35}}$	xuə̃^{35}	kuAʔ$^{\underline{35}}$	xuAʔ$^{\underline{35}}$	piə̃^{312}	pʰiə̃^{35}
平鲁	kʰəʔ$^{\underline{34}}$	kʰəʔ$^{\underline{34}}$	xəʔ$^{\underline{34}}$	xuəɯ^{44}	kuʌʔ$^{\underline{34}}$	xuʌʔ$^{\underline{34}}$	piəɯ^{213}	pʰiəɯ^{44}
应县	kʰəʔ$^{\underline{43}}$	kʰəʔ$^{\underline{43}}$	xəʔ$^{\underline{43}}$	xuəŋ^{31}	kuaʔ$^{\underline{43}}$	xuaʔ$^{\underline{43}}$	piəŋ^{43}	——
灵丘	kʰAʔ^{5}	kʰAʔ^{5}	xəʔ^{5}	xuŋ^{31}	kuAʔ^{5}	xuAʔ^{5}	piŋ^{442}	pʰiŋ^{31}
浑源	kʰəʔ^{4}	kʰəʔ^{4}	xəʔ^{4}	xuə̃^{22}	kuʌʔ^{4}	xuʌʔ^{4}	piə̃^{52}	pʰiə̃^{13}
云州	kʰɑʔ^{4}	kʰəʔ^{4}	xəʔ^{4}	xuəɣ^{312}	kuɑʔ^{4}	xuɑʔ^{4}	piəɣ^{21}	pʰiəɣ^{312}
新荣	kʰəʔ^{4}	kʰəʔ^{4}	xəʔ^{4}	xuɤɣ^{312}	kuaʔ^{4}	xuaʔ^{4}	piɣ^{32}	pʰiɣ^{312}
怀仁	kʰəʔ^{4}	kʰəʔ^{4}	xəʔ^{4}	xuəŋ^{312}	kuaʔ^{4}	xuaʔ^{4}	piəŋ^{42}	pʰiəŋ^{312}
左云	kʰəʔ^{4}	kʰəʔ^{4}	xəʔ^{4}	xuəɣ^{313}	kuaʔ^{4}	xuaʔ^{4}	piəɣ^{31}	pʰiəɣ^{313}
右玉	kʰəʔ^{4}	kʰəʔ^{4}	xəʔ^{4}	xuə̃ɣ^{212}	kuaʔ^{4}	xuaʔ^{4}	piə̃ɣ^{31}	pʰiə̃ɣ^{212}
阳高	kʰɤ^{24}	kʰɑʔ^{3}	xəʔ^{3}	xuəŋ^{312}	kuɑʔ^{3}	xuɑʔ^{3}	piəŋ^{31}	pʰiəŋ^{312}
山阴	kʰəʔ^{4}	kʰəʔ^{4}	xəʔ^{4}	xuə̃^{313}	kuAʔ^{4}	xuAʔ^{4}	piə̃^{313}	pʰiə̃^{313}
天镇	kʰəʔ^{4}	kʰəʔ^{4}	xəʔ^{4}	xuɤɣ^{22}	kuɑʔ^{4}	xuɑʔ^{4}	piɤɣ^{31}	pʰiɤɣ^{22}
平定	kʰaʔ^{4}	kʰaʔ^{4}	xəʔ^{4}	xuɤŋ^{44}	kuəʔ^{4}	xuaʔ^{4}	piɤŋ^{31}	pʰiɤŋ^{44}
昔阳	kʰʌʔ$^{\underline{43}}$	kʰʌʔ$^{\underline{43}}$	xʌʔ$^{\underline{43}}$	xuəŋ^{33}	kuʌʔ$^{\underline{43}}$	xuʌʔ$^{\underline{43}}$	piəŋ^{42}	pʰiəŋ^{33}
左权	kʰəʔ^{1}	kʰəʔ^{1}	xəʔ^{1}	xuəŋ^{11}	kuəʔ^{1}	xuəʔ^{1}	piəŋ^{31}	pʰiəŋ^{11}
和顺	kʰəʔ$^{\underline{21}}$	kʰəʔ$^{\underline{21}}$	xəʔ$^{\underline{21}}$	xuəŋ^{22}	kuəʔ$^{\underline{21}}$	xuəʔ$^{\underline{21}}$	piəŋ^{42}	piəŋ^{22}
尧都	kʰɤ^{44}	kʰɤ^{21}	xɯ^{21} 白 / xei^{21} 文	xuəŋ^{24}	kuo^{24}	xuo^{44}	piɛ^{21} 白 / piəŋ^{21} 文	piəŋ^{24}
洪洞	kʰɛ^{21}	kʰɛ^{21}	xei^{21}/xɯ^{21}	xueŋ^{24}	kuo^{21} 文 / kuɛ^{21}	xuɛ^{33}	pie^{21} 白 / pieŋ^{21} 文	pʰieŋ^{24}
洪洞赵城	kʰɤ^{21}	kʰɤ^{21}	xɤ^{21}	xueŋ^{24}	kuɛ^{21}	xuɛ^{24}	pieŋ^{21}	pʰieŋ^{42}

续表

字目	克	刻	黑	弘	国	或	冰	凭~据
中古音 / 方言点	苦得 曾开一 入德溪	苦得 曾开一 入德溪	呼北 曾开一 入德晓	息夷 曾合一 平登匣	古或 曾合一 入德见	胡国 曾合一 入德匣	笔陵 曾开三 平蒸帮	扶冰 曾开三 平蒸並
古县	kʰɛ^{21} 白 / kʰɤ^{21} 文	kɛ^{21} 白 / kɤ^{21} 文	xɛ^{21} 白 / xɤ^{21} 文	xuəŋ^{35}	kuɛ^{35} 白 / kuo^{35} 文	xuɛ^{53}	piŋ^{21}	pʰin^{35}
襄汾	kʰə^{21}	kʰə^{21}	xə^{21} 白 / xei^{21} 文	xueŋ^{24}	kuə^{21}	xuei^{21}	pie^{21} 白 / pieŋ^{21} 文	pʰieŋ^{24}
浮山	kʰɤ^{42}	kʰæ^{42} 白 / kʰɤ^{42} 文	xei^{42}	xueŋ^{13}	kuo^{42}	xuei^{42}	pieŋ^{42}	pʰieŋ^{13}
霍州	kʰie^{212} 老 / kʰɤ^{212} 新	kʰie^{212} 老 / kʰɤ^{212} 新	xie^{212}	xuŋ^{35}	kye^{212} 白 / kuɤ^{212} 文	xuɤ^{55}	pi^{212} 白 / piŋ^{212} 文	pʰiŋ^{35}
翼城	kʰɤ^{53}	kʰɤ^{53}	xei^{53}	xuŋ^{12}	kuei^{12} 白 / kuɤ^{12} 文	xuɤ^{53}	piŋ^{53}	pʰiŋ^{12}
闻喜	kʰɤ^{53}/ kʰi^{53}	kʰi^{53}	xi^{53}	xuəŋ^{13}	kui^{53}	xui^{13}	tiəŋ^{53} 白 / piəŋ^{53} 文	pʰiəŋ^{13}/ pʰiẽĩ^{13}
侯马	kʰɤ^{53}	kʰɤ^{53}	xei^{213}	xuəŋ^{213}	kuei^{213} 白 / kuɤ^{213} 文	xuɤ^{53}	piəŋ^{213}	pʰiəŋ^{213}
新绛	kʰɤ^{53}	kʰɤ^{53}	xei^{53}	xuəŋ^{13}	kuei^{53} 白 / kuɤ^{53} 文	xuɤ^{53}	piəŋ^{53}	pʰiɛ̃^{13}
绛县	kʰei^{53}	kʰei^{53}	xei^{53}	xuʌŋ^{24}	kuei^{53}	xuei^{24}	piʌŋ^{53}	pʰiʌŋ^{24}/ pʰieĩ^{24}
垣曲	kʰɤ^{53}	kʰei^{53}	xei^{22}	xuəŋ^{22}	kuo^{22}	xuo^{44}	piəŋ^{22}	pʰiəŋ^{22}
夏县	kʰɤ^{53}	kʰɛ^{31}	xɯ^{53}	xuəŋ^{42}	kuɤ^{42}	xuei^{42}	piəŋ^{53}	pʰiəŋ^{42}
万荣	kʰɤ^{51}	kʰei^{51}	xɯ^{51} 白 / xei^{51} 文	xuaŋ^{213}	kuei^{51} 白 / kuɤ^{51} 文	xuei^{213} 白 / xuɤ^{213} 文	piaŋ^{51}	pʰiei^{213}
稷山	kʰiɛ^{53} 白 / kʰɤ^{53} 文	kʰiɛ^{53} 白 / kʰɤ^{53} 文	xi^{53}	xuŋ^{13}	kuɤ^{13}	xuei^{53}	piʌŋ^{53}	pʰiə̃^{13}
盐湖	kʰɤ^{42}	kʰɤ^{42}	xɯ^{42}	xuəŋ^{13}	kuo^{42}	xuo^{44}	piŋ^{42}	pʰieĩ^{13}
临猗	kʰei^{42} 白 / kʰɤ^{42} 文	kʰei^{42} 白 / kʰɯ^{42} 文	xɯ^{42} 白 / xei^{42} 文	xuəŋ^{13}	kuei^{13} 白 / kuo^{13} 文	xuei^{42} 白 / xuo^{42} 文	piəŋ^{42}	pʰieĩ^{13}
河津	kʰɤ^{31}/kʰɯ^{31}	kʰɯ^{31} 白 / kʰɤ^{31} 文	xɯ^{31} 白 / xei^{31} 文	xuəŋ^{324}	kuei^{31}	xuei^{324}	piəŋ^{324}	pʰiẽ^{324}
平陆	kʰai^{33}	kʰə^{31}	xə^{31}	xoŋ^{13}	kuə^{31}	xuei^{13}/xuə^{33}	piŋ^{31}	pʰiei^{13}
永济	kʰei^{31}	kʰei^{31} 白 / kʰə^{31} 文 / kʰei^{24}	xɯ^{31} 白 / xei^{31} 文	xuŋ^{24}	kuei^{31} 白 / kuo^{31} 文	xuei^{31} 白 / xuo^{31} 文	piŋ^{31}	pʰiei^{24}
芮城	kʰɤ^{42}	kʰei^{42}/kʰɤ^{42}	xɯ^{42} 白 / xei^{42} 文	xuəŋ^{13}	kuo^{42}	xuei^{13}	piəŋ^{42}	pʰieĩ^{13}

续表

字目	克	刻	黑	弘	国	或	冰	凭~据
中古音／方言点	苦得 曾开一 入德溪	苦得 曾开一 入德溪	呼北 曾开一 入德晓	息夷 曾合一 平登匣	古或 曾合一 入德见	胡国 曾合一 入德匣	笔陵 曾开三 平蒸帮	扶冰 曾开三 平蒸並
吉县	kʰɛ⁴²³	kʰɛ⁴²³	xə⁴²³	xuəŋ¹³	kuei¹³ 白 / kuə⁴²³ 文	xuei⁵³	piəŋ⁴²³	pʰiei¹³
乡宁	kʰɤ⁵³	kʰɤ⁵³	xei⁵³	xuəŋ¹²	kuei⁵³ 白 / kuɤ⁵³ 文	xuei²² 白 / xuɤ²² 文	piəŋ⁵³	pʰiəŋ¹²
广灵	kʰɯ⁵³	kʰɯ⁵³	xɯ⁵³	xuŋ³¹	kuo³¹	xuo³¹/xuei³¹	piŋ⁵³	pʰiŋ³¹

字目	凭~靠	陵	凌	菱	征~求	惩	蒸	称~呼
中古音 方言点	扶冰 曾开三 平蒸並	力膺 曾开三 平蒸来	力膺 曾开三 平蒸来	力膺 曾开三 平蒸来	陟陵 曾开三 平蒸知	直陵 曾开三 平蒸澄	煮仍 曾开三 平蒸章	处陵 曾开三 平蒸昌
北京	pʰiŋ^{35}	liŋ^{35}	liŋ^{35}	liŋ^{35}	tʂəŋ^{55}	tʂʰəŋ^{35}	tʂəŋ^{55}	tʂʰəŋ^{55}
小店	pʰiə̃^{11}	li^{11} 白 / liə̃^{11} 文	li^{11} 白 / liə̃^{11} 文	liə̃^{11}	tsəŋ^{11}	tsʰəŋ^{53}	tsɿ^{11} 白 / tsəŋ^{11} 文	tsʰəŋ^{11}
尖草坪	pʰiʌŋ^{33}	li^{33} 白 / liʌŋ^{33} 文	li^{33} 白 / liʌŋ^{33} 文	liʌŋ^{33}	tsʌŋ^{33}	tsʰʌŋ^{33}	tsɿ^{33} 白 / tsʌŋ^{33} 文	tsʰʌŋ^{33}
晋源	pʰin^{11}	lin^{11}	lin^{11}	lin^{11}	tsəŋ^{11}	tsʰəŋ^{11}	tsəŋ^{11}	tsʰəŋ^{11}
阳曲	pʰiə̃^{43}	liə̃^{312}	liə̃^{312}	liə̃^{312}	tsə̃^{312}	tsʰə̃^{43}	tsɿ^{312} 白 / tsə̃^{312} 文	tsʰə̃^{312}
古交	pʰiəŋ^{44}	liəŋ^{44}	li^{44} 白 / liəŋ^{44} 文	liəŋ^{44}	tsəŋ^{44}	tsʰəŋ^{44}	tsɿ^{44} 白 / tsəŋ^{44} 文	tsʰəŋ^{44}
清徐	pʰiəŋ^{11}	liəŋ^{11}	li^{11} 白 / liəŋ^{11} 文	liəŋ^{11}	tsəŋ^{11}	tsʰəŋ^{11}	tsɿ^{11} 白 / tsəŋ^{11} 文	tsʰəŋ^{11}
娄烦	pʰiəŋ^{33}	liəŋ^{33}	liɑ̃^{33}/liəŋ^{33}	liəŋ^{33}	tsəŋ^{33}	tsʰəŋ^{312}	tsɿ^{33} 白 / tsəŋ^{33} 文	tsɿ^{54} 白 / tsʰəŋ^{33} 文
榆次	pʰiɤ̃^{11}	liɤ̃^{11}	liɤ̃^{11}	liɤ̃^{11}	tsɤ̃^{11}	tsʰɤ̃^{11}	tsɿ^{11}	tsʰɤ̃^{11}/tsɿ^{35}
交城	pʰiə̃^{11}	liə̃^{11}	liɤ^{24} 白 / liə̃^{11} 文	liə̃^{11}	tsə̃^{11}	tsʰə̃^{53}	tsɤɯ^{11} 白 / tsə̃^{11} 文	tsʰə̃^{11}
文水	pʰiɔŋ^{22}	liɔŋ^{22}	lɿ^{22} 白 / liɔŋ^{22} 文	liɔŋ^{22}	tsɔŋ^{22}	tsʰɔŋ^{423}	tsɿ^{22} 白 / tsɔŋ^{22} 文	tsʰɔŋ^{22}
祁县	pʰiɔõ^{31}	liɔõ^{31}	lɿ^{31} 白 / liɔõ^{31} 文	liɔõ^{31}	tʂɔõ^{31}	tʂʰɔõ^{31}	tʂʅ^{31} 白 / tʂɔõ^{31} 文	tʂʰɔõ^{31}
太谷	pʰiə̃^{33}	liə̃^{33}	li^{33} 白 / liə̃^{33} 文	liə̃^{33}	tsə̃^{33}	tsʰə̃^{33}	tsɿ^{33} 白 / tsə̃^{33} 文	tsʰə̃^{33}
平遥	pʰiəŋ^{213}	liəŋ^{213}	liəŋ^{213}	liəŋ^{213}	tʂəŋ^{213}	tsəŋ^{213}	tʂʅ^{213} 白 / tʂəŋ^{213} 文	tsʰəŋ^{213}
孝义	pʰiə̃^{33}	liə̃^{33}	liə̃^{33}	liə̃^{33}	tʂə̃^{33}	tʂʰə̃^{33}	tʂʅ^{33}	tʂʰə̃^{33}
介休	pʰin^{13}	lin^{13}	lei^{13} 白 / lin^{13} 文	lin^{13}	tʂəŋ^{13}	tʂʰəŋ^{423}	tʂei^{13} 白 / tʂəŋ^{13} 文	tʂʰəŋ^{13}
灵石	pʰiŋ^{44}	liŋ^{44}	liŋ^{44}	liŋ^{44}	——	tsʰəŋ^{44}	tʂəŋ^{535}	tsʰəŋ^{535}
盂县	pʰiə̃^{22}	liə̃^{22}	li^{53}/liə̃^{22} 文	liə̃^{22}	tsə̃^{412}	tsʰə̃^{53}	tsɿ^{412}/ tsə̃^{412} 文	tsʰɿ^{412} 白 / tsʰə̃^{412} 文
寿阳	pʰiə̃^{22}	liə̃^{22}	lei^{45}/liə̃^{22}	liə̃^{22}	tsə̃^{31}	tsʰə̃^{53}	tsɿ^{31}/tsə̃^{31}	tsʰə̃^{31}
榆社	pʰieɪ^{22}	lei^{22}	lei^{22}	lei^{22}	tsɛɪ^{22}	tsʰɛɪ^{312}	tsɛɪ^{22}	tsʰɛɪ^{22}
离石	pʰɿ^{44}	liəŋ^{44}	liəŋ^{44}	liəŋ^{44}	tsəŋ^{24}	tsʰəŋ^{312}	tʂʅr^{24} 白 / tsəŋ^{24} 文	tsʰəŋ^{24}

续表

字目	凭~靠	陵	凌	菱	征~求	惩	蒸	称~呼
中古音 方言点	扶冰 曾开三 平蒸並	力膺 曾开三 平蒸来	力膺 曾开三 平蒸来	力膺 曾开三 平蒸来	陟陵 曾开三 平蒸知	直陵 曾开三 平蒸澄	煮仍 曾开三 平蒸章	处陵 曾开三 平蒸昌
汾阳	pʰiẼ^{22}	liẼ^{22}	liẼ^{22}	liẼ^{22}	tʂəŋ^{324}	tʂʰəŋ^{324}	tʂʅ^{324} 白 / tʂəŋ^{324} 文	tʂʰəŋ^{324}
中阳	pʰi^{33}	liə̃^{33}	liə̃^{33}	liə̃^{33}	tsə̃^{24}	tsʰə̃^{423}	tʂɤ^{24} 白 / tsə̃^{24} 文	tsʰə̃^{24}
柳林	pʰiə̃^{44}	liə̃^{44}	liə̃^{44}	liə̃^{44}	tsə̃^{24}	tsʰə̃^{312}	tsɛe^{24}	tsʰɛe^{24} 白 / tsʰə̃^{24} 文
方山	pʰi^{44}	liə̃ŋ^{44}	liə̃ŋ^{44}	liə̃ŋ^{44}	tʂə̃ŋ^{24}	tsʰə̃ŋ^{44}	tʂʅ^{24} 白 / tʂə̃ŋ^{24} 文	tsʰə̃ŋ^{24}
临县	pʰiə̃^{33}	liə̃^{33}	liə̃^{33}	liə̃^{33}	tʂə̃^{24}	tʂʰə̃^{24}	tʂei^{24}	tʂʰə̃^{24}/tʂʰei^{24}
兴县	pʰiəŋ^{55}	liəŋ^{55}	li^{55} 白 / liəŋ^{55} 文	liəŋ^{55}	tʂəŋ^{324}	——	tʂʅ^{324} 白 / tʂəŋ^{324} 文	tʂʰəŋ^{324}
岚县	pʰiəŋ^{44}	liəŋ^{44}	liəŋ^{44}	liəŋ^{44}	tsəŋ^{214}	tsʰəŋ^{312}	tsɿ^{214} 白 / tsəŋ^{214} 文	tsʰəŋ^{214}
静乐	pʰiɤ̃^{33}	liɤ̃^{33}	liɤ̃^{33}	liɤ̃^{33}	tsɤ̃^{24}	tsʰɤ̃^{314}	tsɤ̃^{24}	tsʰɤ̃^{314}
交口	pʰiəŋ^{44}	liəŋ^{44}	liɛ^{44} 白 / liəŋ^{44} 文	liəŋ^{44}	tsəŋ^{323}	tsʰəŋ^{323}	tsə^{323} 白 / tsəŋ^{323} 文	tsʰə^{323} 白 / tsʰəŋ^{323} 文
石楼	pʰiəŋ^{44}	liəŋ^{44}	liəŋ^{44}	liəŋ^{44}	tʂəŋ^{213}	tʂʰəŋ^{213}	tʂə^{213} 白 / tʂəŋ^{213} 文	tʂʰəŋ^{213}
隰县	pʰiəŋ^{24}	liəŋ^{24}	liɛ^{24}	liəŋ^{24}	tsəŋ^{53}	tsʰəŋ^{24}	tsɤ^{53} 白 / tsəŋ^{53} 文	tsʰɤ^{53} 白 / tsʰəŋ^{53} 文
大宁	——	liən^{24}	lie^{24} 白 / liən^{24} 文	liən^{24}	tʂəŋ^{31}	tʂʰəŋ^{24}	tʂɤ^{31} 白 / tʂəŋ^{31} 文	tʂʰɤ^{31} 白 / tʂʰəŋ^{31} 文
永和	pʰiəŋ^{35}	liəŋ^{33}	lie^{33} 白 / liəŋ^{33} 文	liəŋ^{33}	tʂəŋ^{33}	tʂʰəŋ^{33}	tʂʅə^{312} 白 / tʂəŋ^{312} 文	tʂʰʅə^{33} 白 / tʂʰəŋ^{33} 文
汾西	——	liəŋ^{35}	liəŋ^{35}	liəŋ^{35}	tsəŋ^{11}	tsəŋ^{33}	tsei^{11} 白 / tsəŋ^{11} 文	tsʰei^{11} 白 / tsʰəŋ^{11} 文
蒲县	pʰiŋ^{24}	liŋ^{24}	liŋ^{24}	liŋ^{24}	tʂəŋ^{52}	tʂʰəŋ^{31}	tʂɤ^{52} 白 / tʂəŋ^{52} 文	tʂʰəŋ^{52}
潞州	pʰiŋ^{24}	liŋ^{24}	liŋ^{24}	liŋ^{24}	tsəŋ^{312}	tsʰəŋ^{312}	tsəŋ^{312}	tsʰəŋ^{312}
上党	pʰiŋ^{44}	liŋ^{213}	ləŋ^{44}/liŋ^{213}	liŋ^{213}	tsəŋ^{213}	tsʰəŋ^{44}	tsəŋ^{213}	tsʰəŋ^{213}
长子	pʰiŋ^{24}	liŋ^{24}	liŋ^{24}	liŋ^{24}	tsəŋ^{312}	tsʰəŋ^{434}	tsəŋ^{312}	tsʰəŋ^{312}
屯留	pʰiəŋ^{11}	liəŋ^{11}	liəŋ^{11}	liəŋ^{11}	tsəŋ^{31}	tsʰəŋ^{43}	tsəŋ^{31}	tsʰəŋ^{31}
襄垣	pʰiəŋ^{31}	liəŋ^{31}	liəŋ^{31}	liəŋ^{31}	tsəŋ^{33}	tsʰəŋ^{42}	tsəŋ^{33}	tsʰəŋ^{53}
黎城	pʰiəŋ^{53}	liəŋ^{33}	liəŋ^{213}	ləŋ^{53}	tɕiəŋ^{33}	tɕʰiəŋ^{213}	tɕiəŋ^{33}	tɕʰiəŋ^{33}

续表

字目	凭~靠	陵	凌	菱	征~求	惩	蒸	称~呼
中古音 / 方言点	扶冰 曾开三 平蒸並	力膺 曾开三 平蒸来	力膺 曾开三 平蒸来	力膺 曾开三 平蒸来	陟陵 曾开三 平蒸知	直陵 曾开三 平蒸澄	煮仍 曾开三 平蒸章	处陵 曾开三 平蒸昌
平顺	pʰiŋ^{13}	liŋ^{13}	liŋ^{13}	liŋ^{13}	tsəŋ^{213}	tsʰəŋ^{13}	tsəŋ^{213}	tsʰəŋ^{213}
壶关	pʰiŋ^{44}	liŋ^{13}	ləŋ^{13}/liŋ^{13}	liŋ^{13}	tʂəŋ^{33}	tʂʰəŋ^{13}	tʂəŋ^{33}	tʂʰəŋ^{33}
沁县	pʰiə̃^{33}	liə̃^{33}	liə̃^{33}	liə̃^{33}	tsə̃^{224}	tsʰə̃^{214}	tsə̃^{224}	tsʰə̃^{224}
武乡	pʰiɐŋ^{33}	liɐŋ^{33}	liɐŋ^{33}	liɐŋ^{33}	tsɐŋ^{113}	tsʰɐŋ^{113}	tsɐŋ^{113}	tsʰɐŋ^{113}
沁源	pʰiə̃^{33}	liə̃^{33}	liə̃^{33}	liə̃^{33}	tʂə̃^{324}	tʂʰə̃^{324}	tʂə̃^{324}	tʂʰə̃^{324}
安泽	pʰiəŋ^{35}	liəŋ^{35}	liəŋ^{35}	liəŋ^{35}	tsəŋ^{21}	tsʰəŋ^{35}	tsəŋ^{21}	tsʰəŋ^{21}
沁水端氏	pʰiŋ^{24}	liŋ^{24}	liŋ^{24}	liŋ^{24}	tsəŋ^{21}	tsʰəŋ^{31}	tsəŋ^{21}	tsʰəŋ^{21}
阳城	pʰiə̃ĩ^{22}	liə̃ĩ^{22}	liə̃ĩ^{22}	liə̃ĩ^{22}	tʂɑ̃ŋ^{224}	tʂʰɑ̃ŋ^{212}	tʂɑ̃ŋ^{224}	tʂʰə̃ĩ^{224}
高平	pʰiə̃ĩ^{33}	niə̃ŋ^{33}	niə̃ŋ^{33}	niə̃ŋ^{33}	tʂə̃ŋ^{33}	tʂʰə̃ŋ^{212}	tʂə̃ŋ^{33}	tʂʰə̃ŋ^{33}
陵川	pʰiŋ^{53}	liŋ^{53}	liŋ^{53}	liŋ^{53}	tʂəŋ^{33}	tʂʰəŋ^{53}	tʂəŋ^{33}	tʂʰəŋ^{33}
晋城	pʰiẽ^{324}	liẽ^{324}	liẽ^{324}	liẽ^{324}	tʂɐ̃^{33}	tʂʰɐ̃^{324}	tʂɐ̃^{33}	tʂʰɐ̃^{33}
忻府	pʰiəŋ^{21}	liəŋ^{21}	liəŋ^{21}	liəŋ^{21}	tʂəŋ^{313}	tʂʰəŋ^{21}	tʂʅ^{313} 白 / tʂəŋ^{313} 文	tsɿ^{53} 白 / tʂʰəŋ^{313} 文
原平	pʰiəŋ^{33}	liəŋ^{33}	liəŋ^{33}	liəŋ^{33}	tʂəŋ^{213}	tʂʰəŋ^{213}	tʂʅ^{213} 白 / tʂəŋ^{213} 文	tʂʰəŋ^{213}
定襄	pʰiəŋ^{11}	liəŋ^{11}	liəŋ^{11}	liəŋ^{11}	tsəŋ^{24}	tsʰəŋ^{11}	tsəŋ^{24}	tsʰəŋ^{24}
五台	pʰiən^{33}	liən^{33}	liən^{33}	liən^{33}	tsən^{213}	tsʰən^{213}	tsɿ^{213}	tsʰən^{213}
岢岚	pʰiəŋ^{44}	liəŋ^{44}	liəŋ^{44}	liəŋ^{44}	tʂəŋ^{13}	tʂʰəŋ^{13}	tʂəŋ^{13}	tʂʰəŋ^{13}
五寨	pʰiəɣ̃^{44}	liəɣ̃^{44}	liəɣ̃^{44}	liəɣ̃^{44}	tsəɣ̃^{13}	tsʰəɣ̃^{13}	tsəɣ̃^{13}	tsʰəɣ̃^{13}
宁武	pʰiɤɯ^{33}	liɤɯ^{33}	liɤɯ^{33}	liɤɯ^{33}	tsɤɯ^{23}	tsʰɤɯ^{213}	tsɤɯ^{23}	tsʰɤɯ^{23}
神池	pʰiə̃^{32}	liə̃^{32}	liə̃^{32}	liə̃^{32}	tsə̃^{24}	tsʰə̃^{32}	tsə̃^{24}	tsʰə̃^{24}
繁峙	pʰiəŋ^{31}	liəŋ^{31}	liəŋ^{31}	liəŋ^{31}	tsəŋ^{53}	tsʰəŋ^{31}	tsəŋ^{53}	tsʰəŋ^{53}
代县	pʰiɤŋ^{44}	liɤŋ^{44}	liɤŋ^{44}	liɤŋ^{44}	tsɤŋ^{213}	tsʰɤŋ^{213}	tsɤŋ^{213}	tsɿ^{53} 白 / tsʰɤŋ^{213} 文
河曲	pʰiŋ^{44}	liŋ^{44}	liŋ^{44}	liŋ^{44}	tʂŋ^{213}	tʂʰɤŋ^{213}	tʂɤŋ^{213}	tʂɤŋ^{213}
保德	pʰiəŋ^{44}	liəŋ^{44}	liəŋ^{44}	liəŋ^{44}	tʂəŋ^{213}	tʂʰəŋ^{44}	tʂəŋ^{213}	tʂʰəŋ^{213}
偏关	pʰiɤŋ^{44}	liɤŋ^{44}	liɤŋ^{44}	liɤŋ^{44}	tʂɤŋ^{24}	tʂʰɤŋ^{44}	tʂɤŋ^{24}	tʂʰɤŋ^{24}
朔城	——	liə̃^{35}	liə̃^{35}	liə̃^{35}	tsə̃^{312}	tsʰə̃^{35}	tsə̃^{312}	tsʰə̃^{312}
平鲁	——	liəɯ^{44}	liəɯ^{44}	——	tsəɯ^{213}	tsʰəɯ^{44}	tsəɯ^{213}	tsʰəɯ^{213}
应县	pʰiəŋ^{31}	liəŋ^{31}	liəŋ^{31}	liəŋ^{31}	tsəŋ^{43}	tsʰəŋ^{54}	tsəŋ^{43}	tsʰəŋ^{43}/ tsʰəŋ^{54}
灵丘	pʰiŋ^{31}	liŋ^{31}	liŋ^{31}	liŋ^{31}	tsəŋ^{442}	tsʰəŋ^{31}	tsəŋ^{442}	tsʰəŋ^{442}

续表

字目	凭~靠	陵	凌	菱	征~求	惩	蒸	称~呼
中古音 / 方言点	扶冰 曾开三 平蒸並	力膺 曾开三 平蒸来	力膺 曾开三 平蒸来	力膺 曾开三 平蒸来	陟陵 曾开三 平蒸知	直陵 曾开三 平蒸澄	煮仍 曾开三 平蒸章	处陵 曾开三 平蒸昌
浑源	pʰiə̃^{22}	liə̃^{22}	liə̃^{22}	liə̃^{22}	tsʰə̃^{52}	tsʰə̃^{22}	tsə̃^{52}	tsʰə̃^{52}
云州	pʰiəɣ^{312}	liəɣ^{312}	liəɣ^{312}	liəɣ^{312}	tsəɣ^{21}	tʂʰəɣ^{312}	tsəɣ^{213}	tʂʰəɣ^{21}
新荣	pʰiɣ^{312}	liɣ^{312}	liɣ^{312}	liɣ^{312}	tʂɤɣ^{32}	tʂʰɤɣ^{312}	tʂɤɣ^{32}	tʂʰɤɣ^{32}
怀仁	pʰiəŋ^{312}	liəŋ^{312}	liəŋ^{312}	liəŋ^{312}	tsəŋ^{42}	tsʰəŋ^{312}	tsəŋ^{42}	tsʰəŋ^{42}
左云	pʰiəɣ^{313}	liəɣ^{313}	liəɣ^{313}	liəɣ^{313}	tsəɣ^{31}	tsʰəɣ^{54}	tsəɣ^{31}	tsʰəɣ^{31}
右玉	pʰiə̃ɣ^{212}	liə̃ɣ^{212}	liə̃ɣ^{212}	liə̃ɣ^{212}	tʂə̃ɣ^{31}	tʂʰə̃ɣ^{212}	tʂə̃ɣ^{31}	tʂʰə̃ɣ^{31}
阳高	pʰiəŋ^{312}	liəŋ^{312}	liəŋ^{312}	liəŋ^{312}	tsəŋ^{31}	tsʰəŋ^{53}	tsəŋ^{31}	tsʰəŋ^{31}
山阴	——	liə̃^{313}	liə̃^{313}	liə̃^{313}	tʂə̃^{313}	tʂʰə̃^{313}	tʂə̃^{313}	tʂʰə̃^{52}
天镇	pʰiɤɣ^{22}	liɤɣ^{22}	liɤɣ^{22}	liɤɣ^{22}	tsɤɣ^{31}	tsʰɤɣ^{55}	tsɤɣ^{31}	tsʰɤɣ^{55}
平定	pʰiɤŋ^{44}	liɤŋ^{44}	liɤŋ^{44}	liɤŋ^{44}	tʂɤŋ^{53}	tʂʰɤŋ^{53}	tʂɤŋ^{31}	tʂʰɤŋ^{31}
昔阳	pʰiəŋ^{33}	liəŋ^{33}	liəŋ^{33}	liəŋ^{33}	tʂəŋ^{42}	tʂʰəŋ^{33}	tʂəŋ^{42}	tʂʰəŋ^{42}
左权	pʰiəŋ^{11}	liəŋ^{11}	liəŋ^{11}	liəŋ^{11}	tʂəŋ^{31}	tʂəŋ^{42} 白 / tʂʰəŋ^{42} 文	tʂəŋ^{31}	tʂʰəŋ^{31}
和顺	piəŋ^{22}	liəŋ^{22}	liəŋ^{22}	liəŋ^{22}	tʂəŋ^{42}	tʂʰəŋ^{22}	tɕiəŋ^{42} 白 / tʂəŋ^{42} 文	tʂʰəŋ^{42}
尧都	piəŋ^{24}	liəŋ^{24}	lie^{24} 白 / liəŋ^{24} 文	liəŋ^{24}	tsəŋ^{21}	tʂʰəŋ^{24}	tʂɤ^{21} 白 / tsəŋ^{21} 文	tʂʰəŋ^{21}
洪洞	pʰieŋ^{24}	lieŋ^{24}	lieŋ^{24}	lieŋ^{24}	tʂeŋ^{21}	tʂʰeŋ^{24}	tʂe^{21} 白 / tʂeŋ^{21} 文	tʂʰe^{21} 白 / tʂʰeŋ^{21} 文
洪洞赵城	pʰieŋ^{42}	lieŋ^{24}	lieŋ^{24}	lieŋ^{24}	tʂeŋ^{21}	tʂʰeŋ^{24}	tʂɤ^{21}	tʂʰɤ^{21} 白 / tʂʰeŋ^{21} 文
古县	——	liŋ^{35}	lie^{35} 白 / liŋ^{35} 文	liŋ^{35}	tʂəŋ^{21}	tʂəŋ^{21}	tʂɛ^{21} 白 / tʂəŋ^{21} 文	tʂʰɛ^{21} 白 / tʂʰəŋ^{21} 文
襄汾	pʰieŋ^{24}	lieŋ^{24}	lie^{24} 白 / lieŋ^{24} 文	lieŋ^{24}	tʂeŋ^{21}	tʂʰeŋ^{24}	tʂə^{21} 白 / tʂeŋ^{21} 文	tʂʰə^{21}/tʂʰeŋ^{21}
浮山	pʰieŋ^{13}	lieŋ^{13}	lieŋ^{13}	lieŋ^{13}	tʂeŋ^{42}	tʂʰeŋ^{13}	tʂɤ^{42}	tʂʰeŋ^{42}/ tʂʰɤ^{42}
霍州	pʰiŋ^{35}	liŋ^{35}	li^{35} 白 / liŋ^{35} 文	liŋ^{35}	tʂəŋ^{212}	tʂʰəŋ^{35}	tʂʅ^{212} 白 / tʂəŋ^{212} 文	tʂʰəŋ^{212}
翼城	pʰiŋ^{12}	liŋ^{12}	liŋ^{12}	liŋ^{12}	tʂəŋ^{53}	tʂʰəŋ^{44}	tʂɔ^{53} 白 / tʂəŋ^{53} 文	tʂʰəŋ^{53}
闻喜	pʰiəŋ^{213}/ pʰiẽĩ^{213}	liəŋ^{13}	liᴇ^{13} 白 / liəŋ^{13} 文	liəŋ^{13}	tsəŋ^{53}	tsʰəŋ^{13}	tsẽĩ^{53} 白 / tsəŋ^{53} 文	tsʰəŋ^{53}

续表

字目	凭~靠	陵	凌	菱	征~求	惩	蒸	称~呼
中古音 / 方言点	扶冰 曾开三 平蒸並	力膺 曾开三 平蒸来	力膺 曾开三 平蒸来	力膺 曾开三 平蒸来	陟陵 曾开三 平蒸知	直陵 曾开三 平蒸澄	煮仍 曾开三 平蒸章	处陵 曾开三 平蒸昌
侯马	pʰiəŋ^{213}	liɛ^{213}白 / liəŋ^{213}文	liɛ^{213}白 / liəŋ^{213}文	liɛ^{213}白 / liəŋ^{213}文	tʂəŋ^{213}	tʂʰəŋ^{213}	tʂəŋ^{213}	tʂʰəŋ^{213}
新绛	pʰiẽ^{13}	liəŋ^{13}	liəŋ^{13}	liəŋ^{13}	tʂəŋ^{53}	tʂʰəŋ^{13}	tʂəŋ^{44}	tʂʰəŋ^{53}
绛县	pʰiʌŋ^{24}/ pʰieĩ^{24}	liʌŋ^{24}	liʌŋ^{24}	liʌŋ^{24}	tʂʌŋ^{53}	tʂʌŋ^{53}	tʂeĩ^{53}	tʂʰʌŋ^{24}/ tʂʰʌŋ^{33}
垣曲	pʰiəŋ^{22}	liəŋ^{22}	liəŋ^{22}	liəŋ^{22}	tʂəŋ^{22}	tʂʰəŋ^{44}	tʂiɛ^{22}	tʂʰəŋ^{22}
夏县	pʰiəŋ^{42}	liəŋ^{42}	liəŋ^{42}	liəŋ^{42}	tʂəŋ^{53}	tʂʰəŋ^{42}	tʂei^{53}白 / tʂəŋ^{53}文	tʂʰəŋ^{53}
万荣	pʰiei^{213}	liaŋ^{213}	liaŋ^{213}	liaŋ^{213}	tʂaŋ^{51}	tʂʰaŋ^{213}	tʂei^{51}	tʂʰei^{51}白 / tʂʰaŋ^{51}文
稷山	pʰiə̃^{13}	liʌŋ^{13}	liʌŋ^{13}	liʌŋ^{13}	tʂʌŋ^{53}	tʂʰʌŋ^{13}	tʂiɛ^{53}	tʂʰʌŋ^{53}
盐湖	pʰieĩ^{13}	liŋ^{13}	liŋ^{13}	liŋ^{13}	tʂəŋ^{42}	tʂʰəŋ^{13}	tʂəŋ^{42}	tʂʰəŋ^{42}
临猗	pʰieĩ^{13}	liəŋ^{13}	liəŋ^{13}	liəŋ^{13}	tʂəŋ^{42}	tʂʰəŋ^{13}	tʂeĩ^{42}白 / tʂəŋ^{42}文	tʂʰəŋ^{42}
河津	pʰiẽ^{324}	liəŋ^{324}	liəŋ^{324}	liəŋ^{324}	tʂəŋ^{31}	tʂʰəŋ^{53}	tʂẽ^{31}白	tʂʰẽ^{31}白 / tʂʰəŋ^{31}
平陆	pʰiei^{13}	liŋ^{13}	liaŋ^{13}/liŋ^{13}	liei^{13}白 / leŋ^{13}文	tʂeŋ^{31}	tʂʰeŋ^{13}	tʂei^{31}/tʂeŋ^{31}	tʂʰeŋ^{31}
永济	pʰiei^{24}	liŋ^{24}	liŋ^{24}	liŋ^{24}	tʂəŋ^{31}	tʂʰəŋ^{24}	tʂəŋ^{31}	tʂʰei^{44}/ tʂʰəŋ^{31}
芮城	pʰieĩ^{13}	liəŋ^{13}	liəŋ^{13}	liəŋ^{13}	tʂəŋ^{42}	tʂʰəŋ^{13}	tʂeĩ^{42}白 / tʂəŋ^{42}文	tʂʰəŋ^{42}
吉县	pʰiei^{13}	liəŋ^{13}	liɛ^{13}白 / liəŋ^{13}文	liəŋ^{13}	tʂəŋ^{423}	tʂəŋ^{423}	tʂɛ^{423}白 / tʂəŋ^{423}文	tʂʰɛ^{423}白 / tʂʰəŋ^{423}文
乡宁	pʰiəŋ^{12}	liəŋ^{12}	liəŋ^{12}	liəŋ^{12}	tʂəŋ^{53}	tʂʰəŋ^{12}	tʂɤ^{53}白 / tʂəŋ^{53}文	tʂʰəŋ^{53}
广灵	pʰiŋ^{31}	liŋ^{31}	liŋ^{31}	liŋ^{31}	tsəŋ^{53}	tsʰəŋ^{44}	tsəŋ^{53}	tsʰəŋ^{53}

字目	乘	绳	升	承	仍	凝	兴~旺	应~当
中古音 / 方言点	食陵 曾开三 平蒸船	食陵 曾开三 平蒸船	识蒸 曾开三 平蒸书	署陵 曾开三 平蒸禅	如乘 曾开三 平蒸日	鱼陵 曾开三 平蒸疑	虚陵 曾开三 平蒸晓	於陵 曾开三 平蒸影
北京	tʂʰəŋ^{35}	ʂəŋ^{35}	ʂəŋ^{55}	tʂʰəŋ^{35}	ʐəŋ^{35}	niŋ^{35}	ɕiŋ^{55}	iŋ^{55}
小店	tsʰəŋ^{11}	sɿ^{11} 白 / səŋ^{11} 文	sɿ^{11} 白 / səŋ^{11} 文	tsʰəŋ^{11}	zəŋ^{11}	ȵiə̃^{11}	ɕiə̃^{11}	iə̃^{11}
尖草坪	tsʰʌŋ^{33}/ tsʰʌŋ^{35}	sʌŋ^{33}	sʌŋ^{33}	tsʰʌŋ^{33}	zʌŋ^{312}	niʌŋ^{33}	ɕi^{33} 白 / ɕiʌŋ^{33} 文	iʌŋ^{33}
晋源	tsʰəŋ^{11}	sɿ^{11}	səŋ^{11}	tsʰəŋ^{11}	zəŋ^{11}	nin^{11}	ɕin^{11}	in^{35}
阳曲	tsʰə̃^{43}	sɿ^{43} 白 / sə̃^{43} 文	sɿ^{312} 白 / sə̃^{312} 文	tsʰə̃^{43}	zə̃^{312}	ȵiə̃^{43}/ȵiə̃^{454}	ɕiə̃^{312}	iə̃^{312}
古交	tsʰəŋ^{44}	sɿ^{44} 白 / səŋ^{44} 文	sɿ^{44} 白 / səŋ^{44} 文	tsʰəŋ^{44}	zəŋ^{44}	ȵiəŋ^{44}	ɕiəŋ^{44}	iəŋ^{44}
清徐	tsʰəŋ^{11}	sɿ^{11} 白 / səŋ^{11} 文	sɿ^{11} 白 / səŋ^{11} 文	tsʰəŋ^{11}	zəŋ^{11}	niəŋ^{11}	ɕiəŋ^{11}	ɕi^{11} 白 / iəŋ^{11} 文
娄烦	tsʰəŋ^{33}	sɿ^{33} 白 / səŋ^{33} 文	səŋ^{33}	tsʰəŋ^{33}	zəŋ^{33}	ȵiəŋ^{33}	ɕiəŋ^{33}	iəŋ^{33}
榆次	tsʰɤ̃^{11}	sɿ^{11}	sɿ^{11}	tsʰɤ̃^{11}	zɤ̃^{11}	niɤ̃^{11}	ɕiɤ̃^{35}	iɤ̃^{11}
交城	tsʰə̃^{11}	sɤɯ^{11} 白 / sə̃^{11} 文	sɤɯ^{11}/sə̃^{11}	tsʰə̃^{11}	ʐə̃^{53}	niə̃^{11}	ɕiə̃^{24}	i^{11} 白 /iə̃^{24} 文
文水	tsʰɔŋ^{22}	sɿ^{22} 白 / sɔŋ^{22} 文	sɔŋ^{22}	tsʰɔŋ^{22}	ʐɔŋ^{22}	ȵiɔŋ^{22}	ɕiɔŋ^{35}	iɔŋ^{22}
祁县	tʂʰɔõ^{31}	ʂʅ^{31} 白 / ʂɔõ^{31} 文	ʂʅ^{31} 白 / ʂɔõ^{31} 文	tʂʰɔõ^{31}	ʐɔõ^{314}	ȵiɔõ^{31}	ɕiɔõ^{45}	iɔõ^{31}
太谷	tsʰə̃^{33}	sɿ^{33} 白 / sə̃^{33} 文	sɿ^{33} 白 / sə̃^{33} 文	tsʰə̃^{33}	zə̃^{33}	ȵiə̃^{33}	ɕiə̃^{53}	iə̃^{33}
平遥	tsʰəŋ^{213}	ʂʅ^{213} 白 / ʂəŋ^{213} 文	ʂʅ^{213} 白 / ʂəŋ^{213} 文	tsəŋ^{213}	ʐəŋ^{213}	ȵi^{213}	ɕiəŋ^{24}	iəŋ^{213}
孝义	tʂʰə̃^{33}	ʂə̃^{33}/ʂʅ^{33}	ʂʅ^{33} 白 / ʂə̃^{33} 文	tʂʰə̃^{33}	ʐə̃^{33}	ȵiə̃^{33}	ɕiə̃^{33}	iə̃^{454}
介休	tʂʰəŋ^{13}	ʂʌʔ$^{\underline{12}}$ 白 / ʂəŋ^{13} 文	ʂei^{13} 白 / ʂəŋ^{13} 文	tʂʰəŋ^{13}	ʐəŋ^{13}	ȵin^{13}	ɕin^{45}	in^{13}
灵石	tsʰəŋ^{44}	——	səŋ^{535}	tsʰəŋ^{44}	ʐəŋ^{535}	niŋ^{44}	ɕiŋ^{535}	——
盂县	tsʰə̃^{22}	sɿ^{22} 白 / sə̃^{22} 文	sɿ^{412} 白 / sə̃^{412} 文	tsʰə̃^{22}	zə̃^{53}	ȵiə̃^{22}	ɕiə̃^{412}/ɕi^{412} 白	ɕi^{55} 白 / ɕiə̃^{55} 文
寿阳	tsʰə̃^{22}	sɿ^{22}/sə̃^{22}	sɿ^{31} 白 /sə̃^{31} 文	tsʰə̃^{22}	zə̃^{53}	ȵiə̃^{22}	ɕiə̃^{31}	iə̃^{45}
榆社	tsʰɛɪ^{22}	sɛɪ^{22}	sɛɪ^{22}	tsʰɛɪ^{22}	zɛɪ^{22}	niɛɪ^{22}	ɕiɛɪ^{22}	iɛɪ^{22}
离石	tsʰəŋ^{44}	ʂɻ^{44}	ʂɻ^{24} 白 / səŋ^{24} 文	tsʰəŋ^{44}	zəŋ^{24}	niəŋ^{44}	ɕiəŋ^{24}	iəŋ^{53}

续表

字目	乘	绳	升	承	仍	凝	兴~旺	应~当
中古音 / 方言点	食陵 曾开三 平蒸船	食陵 曾开三 平蒸船	识蒸 曾开三 平蒸书	署陵 曾开三 平蒸禅	如乘 曾开三 平蒸日	鱼陵 曾开三 平蒸疑	虚陵 曾开三 平蒸晓	於陵 曾开三 平蒸影
汾阳	tʂʰəŋ^{22}	ʅ^{22} 白 / ʂəŋ^{22} 文	ʂʅ^{324} 白 / ʂəŋ^{324} 文	tʂʰəŋ^{22}	ʐəŋ^{22}	ȵiẼ^{22}	ɕiẼ^{324}	iẼ^{55}
中阳	tsʰə̃^{33}	ʂɤ^{33}	ʂɤ^{24} 白 / sə̃^{24} 文	tsʰə̃^{33}	ʐə̃^{24}	niə̃^{33}	ɕiə̃^{53}	iə̃^{24}
柳林	tsʰə̃^{44}	sɛe^{44}	sə̃^{24}	tsʰə̃^{44}	zə̃^{24}	niə̃^{44}	tɕʰiə̃^{24}	iə̃^{53}
方山	tsʰə̃ŋ^{44}	ʂʅ^{44}	ʂʅ^{24} 白 / ʂə̃ŋ^{24} 文	tsʰə̃ŋ^{44}	ʐə̃ŋ^{24}	niə̃ŋ^{44}	ɕiə̃ŋ^{24}	iə̃ŋ^{24}
临县	tʂʰə̃^{24}	ʂei^{24}	ʂə̃^{24}	tʂʰə̃^{24}	ʐə̃^{24}	niə̃^{33}	ɕiə̃^{24}	iə̃^{24}
兴县	tʂʰəŋ^{55}	ʂʅ^{55} 白 / ʂəŋ^{55} 文	ʂʅ^{55} 白 / ʂəŋ^{324} 文	tʂʰəŋ^{55}	ʐəŋ^{324}	niəŋ^{55}	ɕiəŋ^{324}	iəŋ^{55}
岚县	tsʰəŋ^{44}	sɿ^{44} 白 / seŋ^{44} 文	sɿ^{214} 白 / tsəŋ^{214} 文	tsʰəŋ^{44}	zəŋ^{312}	ȵiəŋ^{44}	ɕiəŋ^{214}	iəŋ^{214}
静乐	tsʰɤ̃^{24}	sɤ̃^{33}	sɤ̃^{24}	——	zɤ̃^{314}	ȵiɤ̃^{33}	ɕiɤ̃^{53}	iɤ̃^{53}
交口	tsʰəŋ^{44}	səŋ^{44}	sə^{323} 白 / səŋ^{323} 文	tsʰəŋ^{44}	ʐəŋ^{323}	ȵiəŋ^{44}	ɕiəŋ^{323}	iəŋ^{53}
石楼	tʂʰəŋ^{44}	ʂəŋ^{44}	ʂə^{213} 白 / ʂəŋ^{213} 文	tʂʰəŋ^{44}	ʐəŋ^{213}	ȵi^{44} 白 / ȵiəŋ^{44} 文	ɕiəŋ^{51}	iəŋ^{51}
隰县	tsʰəŋ^{24}	səŋ^{24}	sɤ^{53} 白 / səŋ^{53} 文	tsʰəŋ^{24}	zəŋ^{24}	ȵiəŋ^{24}	ɕiəŋ^{44}	iəŋ^{44}
大宁	tʂʰəŋ^{24}	ʂɤ^{24} 白 / ʂəŋ^{24} 文	ʂəŋ^{31} 文	tʂʰəŋ^{24}	ʐuəŋ^{24}	ȵiən^{24}	ɕiən^{31}	iən^{31}
永和	tʂʰəŋ^{35}	ʂʅə^{35} 白 / ʂəŋ^{35} 文	ʂʅə^{33} 白 / ʂəŋ^{33} 文	tʂʰəŋ^{35}	——	niəŋ^{35}	ɕiəŋ^{53}	ie^{53} 白 / iəŋ^{53} 文
汾西	tsəŋ^{55}	səŋ^{35}	səŋ^{11} 文	tsəŋ^{35}	zəŋ^{35}	niəŋ^{35}	——	iəŋ^{11}
蒲县	tʂʰəŋ^{24}	ʂəŋ^{24}	ʂəŋ^{52}	tʂʰəŋ^{24}	ʐəŋ^{24}	ȵiŋ^{24}	ɕiŋ^{52}	iŋ^{33}
潞州	tsʰəŋ^{24}	səŋ^{24}	səŋ^{312}	tsʰəŋ^{24}	ləŋ^{312}	ȵiŋ^{24}	ɕiŋ^{312}	iŋ^{312}
上党	tsʰəŋ^{44}	səŋ^{44}	səŋ^{213}	tsʰəŋ^{44}	ləŋ^{44}/iŋ^{44}	niŋ^{44}	ɕiŋ^{213}	iŋ^{213}
长子	tsʰəŋ^{24}	səŋ^{24}	səŋ^{312}	tsʰəŋ^{24}	ləŋ^{312}	ȵiŋ^{24}	ɕiŋ^{312}	iŋ^{312}
屯留	tsʰəŋ^{11}	səŋ^{11}	səŋ^{31}	tsʰəŋ^{11}	iəŋ^{31}	ȵiəŋ^{11}	ɕiəŋ^{31}	iəŋ^{31}
襄垣	tsʰəŋ^{31}	səŋ^{31}	səŋ^{33}	tsʰəŋ^{31}	ʐəŋ^{31}	ȵiəŋ^{31}	ɕiəŋ^{33}	tɒ^{33}
黎城	tɕʰiəŋ^{53}	ɕiəŋ^{53}	ɕiəŋ^{33}	tɕʰiəŋ^{213}	ləŋ^{33}	niəŋ^{53}	çiəŋ^{33}	iəŋ^{33}
平顺	tsʰəŋ^{13}	səŋ^{13}	səŋ^{213}	tsʰəŋ^{13}	iŋ^{13}	niŋ^{13}	ɕiŋ^{213}	iŋ^{213}
壶关	tʂʰəŋ^{13}	ʂəŋ^{13}	ʂəŋ^{33}	tʂʰəŋ^{13}	ləŋ^{13}/iŋ^{13}	ȵiŋ^{13}	çiŋ^{33}	iŋ^{33}
沁县	tsʰə̃^{33}	sə̃^{33}	sə̃^{224}	tsʰə̃^{33}	zə̃^{33}	ȵiə̃^{33}	ɕiə̃^{224}	iə̃^{53}

续表

字目	乘	绳	升	承	仍	凝	兴~旺	应~当
中古音 / 方言点	食陵 曾开三 平蒸船	食陵 曾开三 平蒸船	识蒸 曾开三 平蒸书	署陵 曾开三 平蒸禅	如乘 曾开三 平蒸日	鱼陵 曾开三 平蒸疑	虚陵 曾开三 平蒸晓	於陵 曾开三 平蒸影
武乡	tsʰɐŋ^{113}	sɐŋ^{33}	sɐŋ^{113}	tsʰɐŋ^{33}	zɐŋ^{33}	ȵiɐŋ^{33}	ɕiɐŋ^{113}	iɐŋ^{113}
沁源	tʂʰə̃^{33}	ʂə̃^{33}	ʂʅ^{324} 白 / ʂə̃^{324} 文	tʂʰə̃^{33}	ʐə̃^{33}	ȵiə̃^{33}	ɕiə̃^{324}	iə̃^{324}
安泽	tsʰəŋ^{35}	səŋ^{35}	səŋ^{21}	tsʰəŋ^{35}	zəŋ^{35}	ȵieŋ^{35}	ɕiəŋ^{21}	iəŋ^{21}
沁水端氏	tsʰəŋ^{24}	səŋ^{24}	səŋ^{21}	tsʰəŋ^{24}	zəŋ^{24}	ȵiŋ^{24}	ɕiŋ^{21}	iŋ^{53}
阳城	tʂʰɑ̃ŋ^{22}	ʂɑ̃ŋ^{22}	ʂɑ̃ŋ^{224}	tʂʰə̃ĩ^{22}	ʐɑ̃ŋ^{224}	niə̃ĩ^{22}	ɕiə̃ĩ^{224}	iə̃ĩ^{51}
高平	tʂʰə̃ŋ^{33}	ʂə̃ŋ^{33}	ʂə̃ŋ^{33}	tʂʰə̃ŋ^{33}	ʐə̃ŋ^{33}	iə̃ŋ^{53}	ɕiə̃ŋ^{33}	iə̃ŋ^{33}
陵川	tʂʰəŋ^{53}	ʂəŋ^{53}	ʂəŋ^{33}	tʂʰəŋ^{53}	iŋ^{53}	niŋ^{53}	ɕiŋ^{33}	iŋ^{33}
晋城	tʂʰɐ̃^{324}	ʂɐ̃^{324}	ʂɐ̃^{33}	tʂʰɐ̃^{324}	ʐɐ̃^{33}	ni^{324}	ɕiẽ^{33}	iẽ^{33}
忻府	tʂʰəŋ^{21}	ʂʅ^{21}	ʂʅ^{313} 白 / ʂəŋ^{313} 文	tʂʰəŋ^{21}	ʐəŋ^{313}	niəŋ^{21}	ɕiəŋ^{313}	iəŋ^{313}
原平	tʂʰəŋ^{33}	ʂʅ^{33} 白 / ʂəŋ^{33} 文	ʂʅ^{213} 白 / ʂəŋ^{213} 文	tʂʰəŋ^{33}	ʐəŋ^{213}	niəŋ^{33}	ɕiəŋ^{213}	iəŋ^{53}
定襄	tsʰəŋ^{11}	ʂʅ^{11}	səŋ^{24}	tsʰəŋ^{11}	ʐəŋ^{11}	niəŋ^{11}	ɕiəŋ^{24}	ɕiəŋ^{24}
五台	tsʰən^{213}	sɿ^{213}	sən^{213}	tsʰən^{33}	zən^{213}	niən^{33}	ɕiən^{213}	iən^{52}/i^{52}
岢岚	tʂʰəŋ^{44}	ʂəŋ^{44}	ʂəŋ^{13}	tʂʰəŋ^{44}	zəŋ^{13}	niəŋ^{44}	ɕiəŋ^{13}	iəŋ^{52}
五寨	tsʰəɣ̃^{44}	səɣ̃^{44}	səɣ̃^{13}	tsʰəɣ̃^{44}	zəɣ̃^{13}	niəɣ̃^{44}	ɕiəɣ̃^{13}	iəɣ̃^{52}
宁武	tsʰɤɯ^{33}	——	sɤɯ^{23}	tsʰɤɯ^{33}	zɤɯ^{23}	niɤɯ^{33}	ɕiɤɯ^{23}	——
神池	tsʰə̃^{32}	sə̃^{32}	sə̃^{24}	tsʰə̃^{32}	zə̃^{32}	ȵiə̃^{32}	ɕiə̃^{24}	iə̃^{24}
繁峙	tsʰəŋ^{31}	səŋ^{31}	səŋ^{53}	tsʰəŋ^{31}	ʐəŋ^{31}	ȵiəŋ^{31}	ɕiəŋ^{53}	iəŋ^{53}
代县	tsʰɤŋ^{44}	sɤŋ^{44}	sɤŋ^{213}	tsʰɤŋ^{44}	zuɤŋ^{44}	niɤŋ^{44}	ɕiɤŋ^{213}	iɤŋ^{53}
河曲	tʂʰɤŋ^{44}	ʂɤŋ^{44}	ʂɤŋ^{213}	tʂʰɤŋ^{44}	ʐɤŋ^{213}	niɤŋ^{44}	ɕiɤŋ^{213}	iɤŋ^{52}/iɤŋ^{213}
保德	tʂʰəŋ^{44}	ʂəŋ^{44}	ʂəŋ^{213}	tʂʰəŋ^{44}	ʐəŋ^{213}	niəŋ^{44}	ɕiəŋ^{213}	iəŋ^{213}
偏关	tʂʰɤŋ^{44}	tʂʰɤŋ^{44}	ʂɤŋ^{52}	tʂʰɤŋ^{44}	ʐɤŋ^{44}	niɤŋ^{44}	ɕiɤŋ^{24}	iɤŋ^{24}
朔城	tsʰə̃^{53}	sə̃^{35}	sə̃^{312}	tsʰə̃^{35}	ʐuə̃^{35}	niə̃^{35}	ɕiə̃^{312}	iə̃^{53}
平鲁	tsʰəɯ^{44}	səɯ^{44}	səɯ^{213}	tsʰəɯ^{44}	zəɯ^{44}	niəɯ^{44}	ɕiəɯ^{213}	iəɯ^{52}
应县	tsʰəŋ^{24}	səŋ^{31}	səŋ^{43}	tsʰəŋ^{31}	zəŋ^{31}/zuəŋ^{43}	niəŋ^{31}	ɕiəŋ^{43}	iəŋ^{43}
灵丘	tsʰəŋ^{31}	səŋ^{31}	səŋ^{442}	tsʰəŋ^{31}	zəŋ^{31}	niŋ^{31}	ɕiŋ^{442}	iŋ^{442}
浑源	tsʰə̃^{22}	sə̃^{22}	sə̃^{52}	tsʰə̃^{22}	zə̃^{22}	niə̃^{22}	ɕiə̃^{52}	iə̃^{22}
云州	tʂʰəɣ^{312}	ʂəɣ^{312}	ʂəɣ^{21}	tʂʰəɣ^{312}	ʐəɣ^{312}	niəɣ^{312}	ɕiəɣ^{21}	iəɣ^{21}
新荣	tʂʰɤɣ^{24}	ʂɤɣ^{312}	ʂɤɣ^{32}	tʂʰɤɣ^{312}	ʐɤɣ^{312}	niɣ^{312}	ɕiɣ^{32}	iɣ^{24}
怀仁	tsʰəŋ^{24}	səŋ^{312}	səŋ^{42}	tsʰəŋ^{312}	zəŋ^{42}	niəŋ^{312}	ɕiəŋ^{42}	iəŋ^{24}

续表

字目	乘	绳	升	承	仍	凝	兴~旺	应~当
中古音 / 方言点	食陵 曾开三 平蒸船	食陵 曾开三 平蒸船	识蒸 曾开三 平蒸书	署陵 曾开三 平蒸禅	如乘 曾开三 平蒸日	鱼陵 曾开三 平蒸疑	虚陵 曾开三 平蒸晓	於陵 曾开三 平蒸影
左云	tsʰəɣ^{313}	səɣ^{313}	səɣ^{31}	tsʰəɣ^{313}	ʐəɣ^{313}	niəɣ^{313}	ɕiəɣ^{31}	iəɣ^{31}
右玉	tʂʰə̃ɣ^{212}	ʂə̃ɣ^{212}	ʂə̃ɣ^{31}	tʂʰə̃ɣ^{212}	ʐə̃ɣ^{31}	niə̃ɣ^{212}	ɕiə̃ɣ^{31}	——
阳高	tsʰəŋ^{24}	səŋ^{31}	səŋ^{31}	tsʰəŋ^{31}	ʐəŋ^{312}	niəŋ^{312}	——	iəŋ^{31}
山阴	tʂʰə̃^{335}	ʂə̃^{313}	ʂə̃^{313}	tʂʰə̃^{313}	ʐə̃^{52}	niə̃^{313}	ɕiə̃^{313}	——
天镇	tsʰɤɣ^{24}	sɤɣ^{22}	sɤɣ^{31}	tsʰɤɣ^{22}	zɤɣ^{55}	niɤɣ^{22}	ɕiɤɣ^{31}	iɤɣ^{24}
平定	tʂʰɤŋ^{44}	ʂɤŋ^{44}	ʂɤŋ^{31}	tʂʰɤŋ^{44}	ʐɤŋ^{31}	niɤŋ^{44}	ɕiɤŋ^{31}	iɤŋ^{31}
昔阳	tʂʰəŋ^{33}	ʂəŋ^{33}	ʂəŋ^{42}	tʂʰəŋ^{33}	ʐəŋ^{33}	niəŋ^{33}	ɕiəŋ^{42}	iəŋ^{42}
左权	tʂʰəŋ^{11}	ʂəŋ^{11}	ʂəŋ^{31}	tʂʰəŋ^{11}	ʐəŋ^{31}	ȵiəŋ^{11}	ɕiəŋ^{53}	iəŋ^{31}
和顺	tʂʰəŋ^{22}	ʂʅ^{22} 白 / ʂəŋ^{22} 文	ʂəŋ^{42}	tʂʰəŋ^{22}	ʐəŋ^{22}	ȵiəŋ^{22}	ɕiəŋ^{42}	iəŋ^{42}
尧都	tʂʰəŋ^{24}	ʂəŋ^{24}	ʂɤ^{21} 白 / ʂəŋ^{21} 文	tʂʰəŋ^{24}	ʐəŋ^{21}	niəŋ^{24}	ɕiəŋ^{21}	iəŋ^{21}
洪洞	tʂʰeŋ^{42}	ʂeŋ^{24}	ʂe^{21} 白 / ʂeŋ^{21} 文	tʂʰeŋ^{24}	veŋ^{24} 白 / ʐeŋ^{24} 文	——	ɕieŋ^{21}	ieŋ^{21}
洪洞赵城	tʂʰeŋ^{24}	ʂeŋ^{24}	ʂɤ^{21} 白 / ʂeŋ^{21} 文	tʂʰeŋ^{24}	ʐeŋ^{53}	ȵi^{24} 白 / ȵieŋ^{24} 文	ɕieŋ^{53}	iɛ^{53}
古县	tʂʰəŋ^{35}	ʂəŋ^{35}	ʂəŋ^{21}	tʂʰəŋ^{35}	ʐəŋ^{21}	ȵiŋ^{35}	ɕiŋ^{21}	iɛ^{21} 白 /iŋ^{21} 文
襄汾	tʂʰeŋ^{24}	ʂeŋ^{24}	ʂeŋ^{21}	tʂʰeŋ^{24}	veŋ^{24} 白 / ʐeŋ^{24} 文	tʰie^{24} 白 / ȵieŋ^{24} 文	ɕieŋ^{21}	taŋ^{21} 白 / tɔ^{21} 文
浮山	tʂʰeŋ^{13}	ʂeŋ^{13}	ʂeŋ^{42}	tʂʰeŋ^{13}	ʐeŋ^{13}	ȵi^{13} 白 / ȵieŋ^{42} 文	ɕieŋ^{42}	ieŋ^{42}
霍州	tʂʰəŋ^{35}	ʂʅ^{35} 白 / ʂəŋ^{35} 文	ʂʅ^{212} 白 / ʂəŋ^{212} 文	tʂʰəŋ^{35}	ʐəŋ^{35}	ȵiŋ^{35}	ɕiŋ^{55}	iŋ^{212} 文
翼城	tʂʰəŋ^{12}	ʂəŋ^{12}	ʂəŋ^{53}	tʂʰəŋ^{12}	ʐəŋ^{53}	ȵiŋ^{12}	ɕiŋ^{53}	iŋ^{55}
闻喜	tsʰəŋ^{13}	səŋ^{13}/səŋ^{53}	sɤ^{53} 白 / səŋ^{53} 文	tsʰəŋ^{13}	zəŋ^{13}	liəŋ^{13}/ ȵiəŋ^{13}	ɕiəŋ^{53}	ȵiəŋ^{53}/ ȵiʌŋ^{53}
侯马	tʂʰəŋ^{213} 文 / ʂiɛ^{213} 白	ʂəŋ^{213}	siɛ^{213} 白 / səŋ^{213} 文	tʂʰəŋ^{213}	ʐəŋ^{213}	ȵiəŋ^{213}	ɕiəŋ^{213}	iəŋ^{213}
新绛	tʂʰəŋ^{13}	ʂəŋ^{13}	ʂəŋ^{53}	tʂʰəŋ^{13}	ʐəŋ^{13}	ȵiəŋ^{13}	ɕiəŋ^{53}	ȵiəŋ^{53}
绛县	tʂʰʌŋ^{24}	ʂʌŋ^{24}	ʂʌŋ^{24}	tʂʰʌŋ^{24}	ʐʌŋ^{24}	ȵiʌŋ^{24}/ ȵiʌŋ^{31}	ɕiʌŋ^{53}	iʌŋ^{53}
垣曲	tʂʰəŋ^{22}	ʂəŋ^{22}	ʂəŋ^{22}	tʂʰəŋ^{22}	ʐəŋ^{22}	ȵiəŋ^{22}	ɕiəŋ^{53}	iəŋ^{53}
夏县	tʂʰəŋ^{42}	ʂəŋ^{42}	ʂəŋ^{53}	tʂʰəŋ^{42}	vəŋ^{42} 白 / ʐəŋ^{42} 文	ȵiɛ^{42} 白 / ȵiəŋ^{42} 文	ɕiəŋ^{53}	iəŋ^{53}

续表

字目	乘	绳	升	承	仍	凝	兴~旺	应~当
中古音 / 方言点	食陵 曾开三 平蒸船	食陵 曾开三 平蒸船	识蒸 曾开三 平蒸书	署陵 曾开三 平蒸禅	如乘 曾开三 平蒸日	鱼陵 曾开三 平蒸疑	虚陵 曾开三 平蒸晓	於陵 曾开三 平蒸影
万荣	tʂʰaŋ^{213}	ʂaŋ^{213}	ʂei^{51} 白 / ʂaŋ^{51} 文	tʂʰaŋ^{213}	ʐaŋ^{213}	ȵiaŋ^{213}	ɕiaŋ^{51}	iaŋ^{51}
稷山	tʂʰʌŋ^{13}	ʂʌŋ^{13}	ʂʌŋ^{53}	tʂʰʌŋ^{13}	ʐʌŋ^{13}	ȵiʌŋ^{13}	ɕiʌŋ^{53}	iʌŋ^{53}
盐湖	tʂʰəŋ^{13}	ʂəŋ^{13}	ʂəŋ^{42}	tʂʰəŋ^{13}	ʐəŋ^{42}	tɕiɛ^{44} 白 / ȵiŋ^{13} 文	ɕiŋ^{42}	taŋ^{42}
临猗	tʂʰəŋ^{13}	ʂəŋ^{13}	ʂəŋ^{42}	tʂʰəŋ^{13}	vəŋ^{13}	ȵiəŋ^{13}	ɕiəŋ^{42}	iəŋ^{42}
河津	tʂʰəŋ^{44}	ʂəŋ^{324}	ʂəŋ^{31}	tʂʰəŋ^{324}	vəŋ^{324}/ ʐəŋ^{324} 文	ȵiəŋ^{324}	ɕiəŋ^{31}	iəŋ^{324}
平陆	tʂʰeŋ^{13}	ʂeŋ^{13}	ʂeŋ^{31}	tʂʰeŋ^{13}	ʐeŋ^{13}	ȵiŋ^{13}	ɕiŋ^{31}	iŋ^{31}
永济	tʂʰəŋ^{24}	tʂʰei^{44} 白 / ʂəŋ^{24} 文	ʂəŋ^{31}	tʂʰəŋ^{24}	ʐʅ^{53} 白 / vəŋ^{24} 文	ȵiŋ^{31}	ɕiŋ^{31}/ɕiŋ^{44}	iŋ^{24}/iŋ^{44}
芮城	tʂʰəŋ^{13}	ʂəŋ^{13}	ʂeĩ^{42} 白 / ʂəŋ^{42} 文	tʂʰəŋ^{13}	vəŋ^{13}	ȵi^{13}	ɕiəŋ^{42}	iəŋ^{13}
吉县	tʂʰəŋ^{13}	ʂəŋ^{13}	ʂəŋ^{423}	tʂʰəŋ^{13}	vəŋ^{13}	niəŋ^{13}	ɕiəŋ^{423}	iəŋ^{423}
乡宁	tʂʰəŋ^{12}	ʂəŋ^{12}	ʂiᴇ^{53} 白 / ʂəŋ^{53} 文	tʂʰəŋ^{12}	ʐəŋ^{12}	——	ɕiəŋ^{53}	iəŋ^{53}
广灵	tsʰəŋ^{213}	səŋ^{31}	səŋ^{53}	tsʰəŋ^{31}	zəŋ^{44}	——	ɕiŋ^{53}	iŋ^{53}

字目	鹰	蝇	证~明	症病~	称相~	秤	剩	胜~利
中古音 / 方言点	於陵 曾开三 平蒸影	余陵 曾开三 平蒸以	诸应 曾开三 去证章	诸应 曾开三 去证章	昌孕 曾开三 去证昌	昌孕 曾开三 去证昌	实证 曾开三 去证船	诗证 曾开三 去证书
北京	iŋ^{55}	iŋ^{35}	tʂəŋ^{51}	tʂəŋ^{51}	tʂʰən^{51}	tʂʰəŋ^{51}	ʂəŋ^{51}	ʂəŋ^{51}
小店	iə̃^{11}	i^{11} 白 /iə̃^{11} 文	tsəŋ^{24}	tsəŋ^{24}	tsʰəŋ^{24}	tsʰəŋ^{24}	sɿ^{24} 白 / səŋ^{24} 文	səŋ^{24}
尖草坪	iʌŋ^{33}	i^{33} 白 / iʌŋ^{33} 文	tsʌŋ^{35}	tsʌŋ^{35}	tsʰʌŋ^{35}	tsʰʌŋ^{35}	sʌŋ^{35}	sʌŋ^{35}
晋源	in^{11}	i^{11}	tsəŋ^{35}	tsəŋ^{35}	tsʰəŋ^{35}	tsʰəŋ^{35}	sɿ^{11}	səŋ^{35}
阳曲	iə̃^{312}	i^{43} 白 /iə̃^{43} 文	tsə̃^{454}	tsə̃^{454}	tsʰə̃^{454}	tsʰə̃^{454}	sɿ^{454} 白 / sə̃^{454} 文	sə̃^{454}
古交	iəŋ^{44}	i^{44} 白 / iəŋ^{44} 文	tsəŋ^{53}	tsəŋ^{53}	tsʰəŋ^{53}	tsʰəŋ^{53}	sɿ^{53} 白 / səŋ^{53} 文	səŋ^{53}
清徐	iəŋ^{11}	çi^{11} 白 / iəŋ^{11} 文	tsəŋ^{45}	tsəŋ^{45}	tsʰəŋ^{45}	tsʰəŋ^{45}	sɿ^{45} 白 / səŋ^{45} 文	səŋ^{45}
娄烦	iəŋ^{33}	i^{33} 白 /iəŋ^{33} 文	tsəŋ^{54}	tsəŋ^{54}	tsʰəŋ^{54}	tsʰɿ^{54} 白 / tsʰəŋ^{54} 文	sɿ^{54} 白 / səŋ^{54} 文	səŋ^{54}
榆次	iɣ̃^{11}	iɣ̃^{11}/i^{11}	tsɣ̃^{35}	tsɣ̃^{35}	tsʰɣ̃^{35}	tsʰɣ̃^{35}	sɣ̃^{35}	sɣ̃^{35}
交城	iə̃^{11}	i^{11} 白 /iə̃^{11} 文	tsə̃^{24}	tsə̃^{24}	tsʰə̃^{24}	tsʰə̃^{24}	sɣɯ^{24} 白 / sə̃^{24} 文	sə̃^{24}
文水	iɔŋ^{22}	ɿ^{22} 白 / iɔŋ^{22} 文	tsɔŋ^{35}	tsɔŋ^{35}	tsʰɔŋ^{35}	tsʰɔŋ^{35}	sɿ^{35} 白 / sɔŋ^{35} 文	sɔŋ^{35}
祁县	iɔõ^{31}	ɿ^{31} 白 / iɔõ^{31} 文	tʂʅ^{45} 白 / tʂɔõ^{45} 文	tʂʅ^{45} 白 / tʂɔõ^{45} 文	tʂʰɔõ^{45}	tʂʰɔõ^{45}	ʂʅ^{45} 白 / ʂɔõ^{45} 文	ʂɔõ^{45}
太谷	iə̃^{33}	i^{33} 白 /iə̃^{33} 文	tsɿ^{53} 白 / tsə̃^{53} 文	tsɿ^{53} 白 / tsə̃^{53} 文	tsʰə̃^{53}	tsʰə̃^{53}	sɿ^{53} 白 / sə̃^{53} 文	sə̃^{53}
平遥	iəŋ^{213}	i^{213} 白	tʂəŋ^{24}	tʂəŋ^{24}	tʂʰəŋ^{24}	ʂʅ^{24} 白 / tʂʰəŋ^{24} 文	ʂʅ^{24}	ʂəŋ^{24}
孝义	iə̃^{33}	i^{33}	tʂə̃^{454}	tʂə̃^{454}	tʂʰə̃^{454}	tʂʰʅ^{454}	ʂʅ^{454}	ʂə̃^{454}
介休	in^{13}	i^{13} 白 /in^{13} 文	tʂəŋ^{45}	tʂəŋ^{45}	tʂʰəŋ^{45}	ʂei^{45} 白 tʂʰəŋ^{45} 文	ʂei^{45} 白 / səŋ^{45} 文	ʂəŋ^{45}
灵石	iŋ^{535}	i^{44}/iŋ^{44}	tsəŋ^{53}	tsəŋ^{53}	tsʰəŋ^{53}	tsʰəŋ^{53}	——	səŋ^{53}
盂县	iə̃^{412}	i^{22} 白 /iə̃^{22} 文	tsə̃^{55}	tsei^{55} 白 / tsə̃^{55} 文	tsʰɿ^{55} 白 / tsʰə̃^{55}	tsʰə̃^{22}	sɿ^{55} 白 / sə̃^{22} 文	sə̃^{55}
寿阳	iə̃^{31}	zɿ^{22}/iə̃^{22}	tsə̃^{45}	tsə̃^{45}	tsʰə̃^{45}	tsʰə̃^{45}	sɿ^{45}/sə̃^{45}	sə̃^{45}
榆社	ieɪ^{22}	ieɪ^{22}	tsɛɪ^{45}	tsɛɪ^{45}	tsʰɛɪ^{45}	tsʰɛɪ^{45}	sɛɪ^{45}	sɛɪ^{45}
离石	iəŋ^{24}	ɿ^{44} 白 /iəŋ^{44} 文	tsəŋ^{53}	tsəŋ^{53}	tsʰəŋ^{53}	tʂʰʅr^{53}	ʂʅr^{53}	səŋ^{53}
汾阳	iẼ^{324}	zɿ^{22} 白 / iẼ^{22} 文	tʂəŋ^{55}	tʂəŋ^{55}	tʂʰəŋ^{55}	tʂʰəŋ^{55}	ʂʅ^{55} 白 / ʂəŋ^{55} 文	ʂəŋ^{55}

续表

字目	鹰	蝇	证~明	症病~	称相~	秤	剩	胜~利
中古音 / 方言点	於陵 曾开三 平蒸影	余陵 曾开三 平蒸以	诸应 曾开三 去证章	诸应 曾开三 去证章	昌孕 曾开三 去证昌	昌孕 曾开三 去证昌	实证 曾开三 去证船	诗证 曾开三 去证书
中阳	iə̃^{24}	i^{33} 白 /iə̃^{33} 文	tsə̃^{53}	tsə̃^{53}	tsʰə̃^{53}	tʂʰɤ^{53}	ʂɤ^{53}	sə̃^{53}
柳林	iə̃^{24}	iə̃^{44}	tsə̃^{53}	tsə̃^{53}	tsʰə̃^{53}	tsʰɛe^{53}	sɛe^{53}	sə̃^{53}
方山	iə̃ŋ^{24}	i^{44} 白 / iə̃ŋ^{44} 文	tʂə̃ŋ^{52}	tʂə̃ŋ^{52}	tʂʰə̃ŋ^{52}	tʂʰʅ^{52}	ʂʅ^{52}	ʂə̃ŋ^{52}
临县	iə̃^{24}	iə̃^{33}	tʂə̃^{52}	tʂə̃^{52}	tʂʰei^{52}	tʂʰə̃^{52}	ʂə̃^{52}	ʂə̃^{52}
兴县	iəŋ^{324}	i^{55} 白 / iəŋ^{55} 文	tʂəŋ^{53}	tʂəŋ^{53}	tʂʰəŋ^{324}	tʂʰʅ^{53} 白 / tʂʰəŋ^{53} 文	ʂʅ^{53} 白 / ʂəŋ^{53} 文	ʂəŋ^{53}
岚县	iəŋ^{214}	sɿ^{44} 白 /səŋ^{44} 文	tsəŋ^{53}	tsəŋ^{53}	tsʰəŋ^{53}	tsʰɿ^{53}	sɿ^{53} 白 /səŋ^{53} 文	səŋ^{53}
静乐	iɤ̃^{24}	iɤ̃^{33}	tsɤ̃^{53}	tsɤ̃^{53}	tsʰɤ̃^{53}	tsʰɤ̃^{53}	sɤ̃^{53}	sɤ̃^{53}
交口	iəŋ^{323}	iɛ^{44}	tsəŋ^{53}	tsəŋ^{53}	tsʰəŋ^{53}	tsʰə^{53} 白 / tsʰəŋ^{53} 文	sə^{53} 白 / səŋ^{53} 文	səŋ^{53}
石楼	iəŋ^{213}	iɛ^{44} 白 / iəŋ^{44} 文	tʂəŋ^{51}	tʂəŋ^{51}	tʂʰəŋ^{51}	tʂʰə^{51} 白 / tʂʰəŋ^{51} 文	ʂə^{51} 白 / ʂəŋ^{51} 文	ʂəŋ^{51}
隰县	iəŋ^{53}	iɛ^{24} 白 / iəŋ^{24} 文	tsəŋ^{44}	tsəŋ^{44}	tsʰɤ^{44} 白 / tsʰəŋ^{44} 文	tsʰɤ^{44} 白 / tsʰəŋ^{44} 文	sɤ^{44} 白 / səŋ^{44} 文	səŋ^{44}
大宁	iən^{31}	ie^{24} 白 / iən^{24} 文	tʂəŋ^{55}	tʂəŋ^{55}	tʂʰəŋ^{31}	tʂʰɤ^{55} 白 / tʂʰəŋ^{55} 文	ʂɤ^{55} 白 / ʂəŋ^{55} 文	ʂəŋ^{55}
永和	iəŋ^{33}	ie^{35} 白 / iəŋ^{35} 文	tʂəŋ^{53}	tʂəŋ^{53}	tʂʰəŋ^{53}	tʂʰʅə^{53} 白 / tʂʰəŋ^{53} 文	ʂʅə^{53} 白 / ʂəŋ^{53} 文	ʂəŋ^{53}
汾西	iəŋ^{11}	i^{35} 白 / iəŋ^{35} 文	tsəŋ^{55}	tsəŋ^{55}	tsʰəŋ^{55} 文	tsʰei^{55} 白	sei^{53} 白 / səŋ^{53} 文	səŋ^{33}
蒲县	iŋ^{52}	iɛ^{24} 白 /iŋ^{24} 文	tʂəŋ^{33}	tʂəŋ^{33}	tʂʰeĩ^{33}	tʂʰɤ^{52} 白 / tʂʰəŋ^{33} 文	ʂɤ^{33} 白 / ʂəŋ^{33} 文	ʂəŋ^{33}
潞州	iŋ^{312}	iŋ^{24}	tsəŋ^{44}	tsəŋ^{44}	tsʰəŋ^{44}	tsʰəŋ^{44}	səŋ^{54}	səŋ^{44}
上党	iŋ^{213}	iŋ^{44}	tsəŋ^{22}	tsəŋ^{22}	tsʰəŋ^{22}	tsʰəŋ^{22}	səŋ^{42}	səŋ^{42}
长子	iŋ^{312}	iŋ^{24}	tsəŋ^{422}	tsəŋ^{422}	tsʰẼ^{422}	tsʰẼ^{422}	səŋ^{53}	səŋ^{53}
屯留	iəŋ^{31}	iəŋ^{11}	tsəŋ^{53}	tsəŋ^{53}	tsʰẽ^{53}	tsʰəŋ^{53}	səŋ^{11}	səŋ^{11}
襄垣	iəŋ^{33}	iəŋ^{31}	tsəŋ^{53}	tsəŋ^{53}	tsʰəŋ^{53}	tsʰəŋ^{53}	səŋ^{45}	səŋ^{53}
黎城	iəŋ^{33}	iəŋ^{53}	tɕiəŋ^{53}	tɕiəŋ^{422}	tɕʰiẽ^{53}	tɕʰiəŋ^{53}	ɕiəŋ^{53}	ɕiəŋ^{53}
平顺	iŋ^{213}	iŋ^{13}	tsəŋ^{53}	tsəŋ^{53}	tɕʰẼ^{53}	tsʰəŋ^{53}	səŋ^{53}	səŋ^{53}
壶关	iŋ^{33}	iŋ^{13}	tʂəŋ^{42}	tʂəŋ^{42}	tʂʰəŋ^{42}	tʂʰəŋ^{42}	ʂəŋ^{353}	ʂəŋ^{353}
沁县	——	iə̃^{33}	tsə̃^{53}	tsə̃^{53}	tsʰə̃^{53}	tsʰə̃^{53}	sə̃^{53}	sə̃^{53}
武乡	iɐŋ^{113}	iɐŋ^{33}	tsɐŋ^{55}	tsɐŋ^{55}	tsʰɐŋ^{55}	tsʰɐŋ^{55}	sɐŋ^{55}	sɐŋ^{55}

续表

字目	鹰	蝇	证~明	症病~	称相~	秤	剩	胜~利
中古音 / 方言点	於陵 曾开三 平蒸影	余陵 曾开三 平蒸以	诸应 曾开三 去证章	诸应 曾开三 去证章	昌孕 曾开三 去证昌	昌孕 曾开三 去证昌	实证 曾开三 去证船	诗证 曾开三 去证书
沁源	iə̃^{324}	i^{33} 白 /iə̃^{33} 文	tʂə̃^{53}	tʂə̃^{53}	tʂʰə̃^{53}	tʂʰʅ^{53}	ʂʅ^{53} 白 / ʂə̃^{53} 文	ʂə̃^{53}
安泽	iəŋ^{21}	iəŋ^{35}	tsəŋ^{53}	tsəŋ^{53}	tsʰəŋ^{53}	tsʰəŋ^{53}	səŋ^{53}	səŋ^{53}
沁水端氏	iŋ^{21}	iŋ^{24}	tsəŋ^{53}	tsəŋ^{53}	tsʰai^{53}	tsʰəŋ^{53}	səŋ^{53}	səŋ^{53}
阳城	iə̃ĩ^{224}	iə̃ĩ^{22}	tʂãŋ^{51}	tʂãŋ^{51}	tʂʰə̃ĩ^{51}/ tʂʰãŋ^{51}	tʂʰə̃ĩ^{51}	ʂãŋ^{212}	ʂãŋ^{51}
高平	iə̃ŋ^{33}	iə̃ŋ^{33}	tʂə̃ŋ^{53}	tʂə̃ŋ^{53}	tʂʰə̃ĩ^{53}	tʂʰə̃ŋ^{53}	ʂə̃ŋ^{53}	ʂə̃ŋ^{53}
陵川	iŋ^{33}	iɒŋ^{33}	tʂəŋ^{24}	tʂəŋ^{24}	tʂʰə̃ĩ^{24}	tʂʰəŋ^{24}	ʂəŋ^{24}	ʂəŋ^{24}
晋城	iẽ^{33}	iẽ^{324}	tʂɐ̃^{53}	tʂɐ̃^{53}	tʂʰɐ̃^{53}	tʂʰɐ̃^{53}	ʂɐ̃^{53}	ʂɐ̃^{53}
忻府	iəŋ^{313}	i^{21} 白 /iəŋ^{21} 文	tʂəŋ^{53}	tʂəŋ^{53}	tʂʰəŋ^{53}	tʂʰʅ^{53} 白 / tʂʰəŋ^{53} 文	ʂʅ^{53}	ʂəŋ^{53}
原平	iəŋ^{213}	i^{33} 白 / iəŋ^{33} 文	tʂʅ^{53}	tʂəŋ^{53}	tʂəŋ^{53}	tʂʅ^{53} 白 / tʂʰəŋ^{53} 文	ʂʅ^{53} 白 / ʂəŋ^{53} 文	ʂəŋ^{53}
定襄	iəŋ^{24}	i^{11}	tsəŋ^{53}	tsəŋ^{53}	tʂʰəŋ^{53}	tʂʅ^{53}/tsɿ^{53}	ʂʅ^{53}	ʂʅ^{53}
五台	iən^{213}	i^{33}	tsən^{52}	tsən^{52}	tsʰən^{52}	tsʰɿ^{52}	sən^{52}/sɿ^{52}	sən^{52}
岢岚	iəŋ^{13}	iəŋ^{44}	tʂəŋ^{52}	tʂəŋ^{52}	tʂʰəŋ^{52}	tʂʰəŋ^{52}	ʂəŋ^{52}	ʂəŋ^{52}
五寨	iəɣ̃^{13}	iəɣ̃^{44}	tsəɣ̃^{52}	tsəɣ̃^{52}	tsʰəɣ̃^{52}	tsʰəɣ̃^{52}	səɣ̃^{52}	səɣ̃^{52}
宁武	iɤɯ^{23}	iɤɯ^{33}	tsɤɯ^{52}	tsɤɯ^{52}	tsʰɤɯ^{52}	tsʰɤɯ^{52} 文	sɤɯ^{52}	sɤɯ^{52}
神池	iə̃^{24}	iə̃^{24}	tsə̃^{52}	tsə̃^{52}	tsʰə̃^{52}	tsʰə̃^{52}	sə̃^{24}	sə̃^{52}
繁峙	iəŋ^{53}	iəŋ^{31}	tsəŋ^{24}	tsəŋ^{24}	tsʰəŋ^{24}	tsʰəŋ^{24}	səŋ^{24}	səŋ^{24}
代县	iɤŋ^{213}	iɤŋ^{44}	tsɤŋ^{53}	tsɤŋ^{53}	tsɿ^{53} 白 / tsʰɤŋ^{213} 文	tsʰɤŋ^{53}	sɤŋ^{53}	sɤŋ^{53}
河曲	——	iŋ^{44}	tʂɤŋ^{52}	tʂɤŋ^{52}	tʂɤŋ^{213}	tʂʰɤŋ^{52}	ʂɤŋ^{52}	ʂɤŋ^{52}
保德	iəŋ^{213}	iəŋ^{44}	tʂəŋ^{52}	tʂəŋ^{52}	tʂʰəŋ^{52}	tʂʰəŋ^{52}	ʂəŋ^{52}	ʂəŋ^{52}
偏关	iɤŋ^{24}	iɤŋ^{44}	tʂɤŋ^{52}	tʂɤŋ^{52}	tsʰɤŋ^{52}	tsʰɤŋ^{52}	ʂɤŋ^{52}	ʂɤŋ^{52}
朔城	iə̃^{312}	iə̃^{35}	tsə̃^{53}	tsə̃^{53}	tsʰə̃^{53}	tsʰə̃^{53}	sə̃^{53}	sə̃^{53}
平鲁	iəɯ^{213}	iəɯ^{44}	tsəɯ^{52}	tsəɯ^{52}	——	tsʰəɯ^{52}	səɯ^{52}	səɯ^{52}
应县	iəŋ^{43}	iəŋ^{31}	tsəŋ^{24}	tsəŋ^{24}	tsʰəŋ^{43}/ tsʰəŋ^{24}	tsʰəŋ^{24}	səŋ^{24}	səŋ^{24}
灵丘	iŋ^{442}	iŋ^{31}	tsəŋ^{53}	tsəŋ^{53}	tsʰəŋ^{442}	tsʰəŋ^{53}	səŋ^{53}	səŋ^{53}
浑源	iə̃^{52}	iə̃^{22}	tsə̃^{13}	tsə̃^{13}	tsʰə̃^{13}	tsʰə̃^{13}	sə̃^{13}	sə̃^{13}
云州	iəɣ^{21}	iəɣ^{312}	tʂəɣ^{24}	tʂəɣ^{24}	tʂʰəɣ^{24}	tʂʰəɣ^{24}	ʂəɣ^{24}	ʂəɣ^{24}

续表

字目	鹰	蝇	证~明	症病~	称相~	秤	剩	胜~利
中古音 / 方言点	於陵 曾开三 平蒸影	余陵 曾开三 平蒸以	诸应 曾开三 去证章	诸应 曾开三 去证章	昌孕 曾开三 去证昌	昌孕 曾开三 去证昌	实证 曾开三 去证船	诗证 曾开三 去证书
新荣	iɣ^{32}	iɣ^{312}	tʂɤɣ^{24}	tʂɤɣ^{24}	tʂʰɤɣ^{54}/ tʂʰɤɣ^{24}	tʂʰɤɣ^{24}	ʂɤɣ^{24}	ʂɤɣ^{24}
怀仁	iəŋ^{42}	iəŋ^{312}	tsəŋ^{24}	tsəŋ^{24}	tsʰəŋ^{24}	tsʰəŋ^{24}	səŋ^{24}	səŋ^{24}
左云	iəɣ^{31}	iəɣ^{313}	tsəɣ^{24}	tsəɣ^{24}	tsʰəɣ^{24}	tsʰəɣ^{24}	səɣ^{24}	səɣ^{24}
右玉	iə̃ɣ^{31}	iə̃ɣ^{212}	tʂə̃ɣ^{24}	tʂə̃ɣ^{24}	tʂʰə̃ɣ^{24}	tʂʰə̃ɣ^{24}	ʂə̃ɣ^{24}	ʂə̃ɣ^{24}
阳高	iəŋ^{31}	iəŋ^{312}	tsəŋ^{24}	tsəŋ^{24}	tsʰəŋ^{24}	tsʰəŋ^{24}	səŋ^{24}	səŋ^{24}
山阴	iə̃^{313}	iə̃^{313}	tʂə̃^{335}	tʂə̃^{335}	tʂʰə̃^{335}/tsʅ^{335}	tʂʰə̃^{335}	ʂə̃^{335}	ʂə̃^{335}
天镇	iɤɣ^{31}	iɤɣ^{22}	tsɤɣ^{24}	tsɤɣ^{24}	tsʰɤɣ^{55}	tsʰɤɣ^{24}	sɤɣ^{24}	sɤɣ^{24}
平定	iɤŋ^{31}	iɤŋ^{44}	tʂɤŋ^{24}	tʂɤŋ^{24}	tʂʰɤŋ^{24}	tʂʰɤŋ^{24}	ʂɤŋ^{24}	ʂɤŋ^{24}
昔阳	iəŋ^{42}	iəŋ^{33}	tʂəŋ^{13}	tʂəŋ^{13}	tʂʰəŋ^{13}	tʂʰəŋ^{13}	ʂəŋ^{13}	ʂəŋ^{13}
左权	iəŋ^{31}	iəŋ^{11}	tʂəŋ^{53}	tʂəŋ^{53}	tʂʰəŋ^{53}	tʂʰəŋ^{53}	ʂəŋ^{53}	ʂəŋ^{53}
和顺	iəŋ^{42}	iəŋ^{22}	tʂəŋ^{13}	tʂəŋ^{13}	tʂʰəŋ^{13}	tʂʰəŋ^{13}	ʂəŋ^{13}	ʂəŋ^{13}
尧都	iəŋ^{21}	iəŋ^{24}	tsəŋ^{54}	tsəŋ^{44}	tʂʰə̃^{44}	tʂʰɤ^{24} 白 / tsʰəŋ^{44} 文	ʂɤ^{44} 白 / ʂəŋ^{44} 文	ʂəŋ^{44}
洪洞	ieŋ^{21}	ie^{24} 白 / ieŋ^{24} 文	tʂeŋ^{21}	tʂe 白 /tʂeŋ^{33} 文	tʂʰen^{42}	tʂʰe^{33} 白 / tʂʰeŋ^{33} 文	ʂe^{53} 白 / ʂeŋ^{53} 文	ʂeŋ^{33}
洪洞赵城	ieŋ^{21}	iɛ^{24}	tʂeŋ^{53}	tʂeŋ^{53}	tʂʰɤ^{24}	tʂʰɤ^{24}	ʂɤ^{53}	ʂeŋ^{24}
古县	iŋ^{21}	iɛ^{35} 白 /iŋ^{35} 文	tʂəŋ^{35}	tʂəŋ^{35}	tʂʰəŋ^{53}	tʂʰɛ^{35} 白 / tʂʰəŋ^{35} 文	ʂɤ^{53} 白 / ʂəŋ^{53} 文	ʂəŋ^{35}
襄汾	ieŋ^{21}	ie^{24} 白 / ieŋ^{21} 文	tʂeŋ^{44}	tʂeŋ^{53}	tʂʰen^{44}/ tʂʰeŋ^{44}	tʂʰə^{44} 白 / tʂʰeŋ^{24} 文	ʂə^{53} 白 / ʂeŋ^{53} 文	ʂeŋ^{44}
浮山	ieŋ^{42}	iɛ^{13}	tʂeŋ^{44}	tʂeŋ^{53}	——	tʂʰɤ^{44}	ʂɤ^{53}	ʂeŋ^{44}
霍州	iŋ^{212}	i^{35} 白 /iŋ^{35} 文	tʂəŋ^{55}	tʂəŋ^{55}	tʂʰʅ^{55}	tʂʰʅ^{55} 白 / tʂʰəŋ^{55} 文	ʂʅ^{53} 白 / ʂəŋ^{253} 文	ʂəŋ^{55}
翼城	iŋ^{12}	iŋ^{12}	tʂəŋ^{53}	tʂəŋ^{53}	tʂʰəŋ^{53}	tʂʰəŋ^{53}	ʂuo^{53} 白 / ʂəŋ^{53} 文	ʂəŋ^{53}
闻喜	iəŋ^{53}	iəŋ^{13}	tsəŋ^{53}	tsəŋ^{53}	tsʰẽĩ^{53}	tsʰəŋ^{53}/ tsʰẽĩ^{53}	siᴇ^{53} 白 / səŋ^{13} 文	səŋ^{13}/səŋ^{53}
侯马	iəŋ^{213}	iəŋ^{213}	tʂeĩ^{53}	tʂəŋ^{53}	tʂʰeĩ^{53}	ʂiɛ^{53} 白 / səŋ^{53} 文	ʂəŋ^{53}	ʂəŋ^{53}
新绛	iəŋ^{53}	iɤ^{13}	tʂəŋ^{53}	tʂəŋ^{53}	tʂʰəŋ^{53}	tʂʰɛ̃^{53}	ʂie^{53}	ʂəŋ^{53}
绛县	iʌŋ^{53}	ie^{24}/iʌŋ^{24}	tʂʌŋ^{31}	tʂʌŋ^{31}	tʂʰeĩ^{31}	tʂʰʌŋ^{31}	ʂiɪ^{31}	ʂʌŋ^{31}
垣曲	iəŋ^{22}	iɛ^{22}	tʂəŋ^{53}	tʂəŋ^{53}	tʂʰə̃^{53}	tʂʰiɛ^{53}	ʂiɛ^{53}	ʂəŋ^{53}
夏县	iəŋ^{53}	iei^{42}	tʂəŋ^{31}	tʂəŋ^{31}	tʂʰei^{31}	tʂʰei^{31}	ʂei^{31}	ʂəŋ^{31}

续表

字目	鹰	蝇	证~明	症病~	称相~	秤	剩	胜~利
中古音 方言点	於陵 曾开三 平蒸影	余陵 曾开三 平蒸以	诸应 曾开三 去证章	诸应 曾开三 去证章	昌孕 曾开三 去证昌	昌孕 曾开三 去证昌	实证 曾开三 去证船	诗证 曾开三 去证书
万荣	iaŋ^{51}	iei^{213}	tʂaŋ^{33}	tʂaŋ^{33}	tʂʰei^{33}	tʂʰei^{33}	ʂei^{33}	ʂaŋ^{33}
稷山	iʌŋ^{53}	iɛ^{13}	tʂʌŋ^{42}	tʂʌŋ^{42}	tʂʰə̃^{42}	tʂʰiɛ^{42} 白 / tʂʰʌŋ^{42} 文	ʂiɛ^{42}	ʂʌŋ^{42}
盐湖	iŋ^{42}	iŋ^{13}	tʂəŋ^{44}	tʂəŋ^{44}	tʂʰeĩ^{44}	tʂʰəŋ^{44}	ʂəŋ^{44}	ʂəŋ^{44}
临猗	iəŋ^{42}	ieĩ^{13} 白 / iəŋ^{13} 文	tʂəŋ^{44}	tʂəŋ^{44}	tʂʰeĩ^{44}	tʂʰeĩ^{42} 白 / tʂʰəŋ^{42} 文	ʂəŋ^{44}	ʂəŋ^{44}
河津	iəŋ^{31}	iẽ^{324} 白	tʂəŋ^{44}	tʂəŋ^{44}	tʂʰẽ^{44}	tʂʰẽ^{44} 白 / tʂʰəŋ^{44} 文	ʂẽ^{44} 白 / ʂəŋ^{44} 文	ʂəŋ^{44}
平陆	iŋ^{31}	iei^{13}/iŋ^{13}	tʂeŋ^{33}	tʂeŋ^{33}	tʂʰei^{33}	tʂʰeŋ^{33}	ʂei^{33}/ʂeŋ^{33}	ʂeŋ^{33}
永济	iŋ^{31}	iŋ^{31}	tʂəŋ^{44}	tʂəŋ^{44}	tʂʰəŋ^{31}	tʂʰəŋ^{44}	ʂa^{44} 白 / ʂəŋ^{44} 文	ʂəŋ^{31} 白 / ʂəŋ^{44} 文
芮城	iəŋ^{42}	ieĩ^{13} 白 / iəŋ^{13} 文	tʂəŋ^{44}	tʂəŋ^{44}	tʂʰeĩ^{44}	tʂʰeĩ^{44} 白 / tʂʰəŋ^{44} 文	ʂəŋ^{44}	ʂəŋ^{44}
吉县	iəŋ^{423}	iɛ^{13} 白 / iəŋ^{13} 文	tʂəŋ^{33}	tʂəŋ^{33}	——	tʂɛ^{33}	ʂɛ^{33}	ʂəŋ^{423}/ʂəŋ^{33}
乡宁	iəŋ^{53}	iɤ^{12} 白 / iəŋ^{12} 文	tʂəŋ^{22}	tʂəŋ^{22}	——	tʂɤ^{22} 白 / tʂʰəŋ^{22} 文	ʂiE^{22} 白 / ʂɤ^{22} 白 / ʂəŋ^{22} 文	ʂəŋ^{22}
广灵	iŋ^{53}	iŋ^{31}	tsəŋ^{213}	tsəŋ^{213}	tsʰəŋ^{44}	tsʰəŋ^{213}	səŋ^{213}	səŋ^{213}

字目	应响~	兴高~	孕	逼	力	即	息	熄
中古音 / 方言点	於证 曾开三 去证影	许应 曾开三 去证晓	以证 曾开三 去证以	彼侧 曾开三 入职帮	林直 曾开三 入职来	子力 曾开三 入职精	相即 曾开三 入职心	相即 曾开三 入职心
北京	iŋ^{51}	ɕiŋ^{51}	yn^{51}	pi^{55}	li^{51}	tɕi^{35}	ɕi^{55}	ɕi^{55}
小店	iə̃^{24}	ɕiə̃^{24}	yə̃^{24}	piəʔ^{1}	liəʔ^{1}	tɕiəʔ^{1}	ɕiəʔ^{1}	ɕiəʔ^{1}
尖草坪	iʌŋ^{35}	ɕiʌŋ^{35}	yʌŋ^{35}	piəʔ^{2}	li^{35}	tɕiəʔ^{2}	ɕiəʔ^{2}	ɕiəʔ^{2}
晋源	in^{35}	ɕin^{35}	yn^{35}	piəʔ^{2}	liəʔ^{2}	tɕiəʔ^{2}	ɕiəʔ^{2}	ɕiəʔ^{2}
阳曲	i^{454} 白 / iə̃^{454} 文	ɕiə̃^{454}	yə̃^{454}	piɛʔ^{4}	liɛʔ^{4}	tɕiɛʔ^{4}	ɕiɛʔ^{4}	ɕiɛʔ^{4}
古交	iəŋ^{53}	ɕiəŋ^{53}	yəŋ^{53}	piəʔ^{4}	liəʔ^{4}	tɕiəʔ^{4}	ɕiəʔ^{4}	ɕiəʔ^{4}
清徐	iəŋ^{11}	ɕiəŋ^{45}	iəŋ^{45}	piəʔ^{1}	liəʔ^{1}	tɕiəʔ^{1}	ɕi^{54}	ɕiəʔ^{1}
娄烦	iəŋ^{54}	ɕiəŋ^{54}	yəŋ^{54}	piəʔ^{3}	liəʔ^{3}	tɕiəʔ^{3}	ɕiəʔ^{3}	ɕiəʔ^{3}
榆次	iɤ̃^{35}/i^{35}	ɕiɤ̃^{35}	yɤ̃^{35}	piəʔ^{1}	liəʔ^{1}	tɕiəʔ^{1}	ɕiəʔ^{1}	ɕiəʔ^{1}
交城	i^{11} 白 /iə̃^{24} 文	ɕiə̃^{24}	yə̃^{24} 新	piəʔ^{1}	liəʔ^{1}	tɕiaʔ^{1}	ɕi^{11} 白 / ɕiəʔ^{1} 文	ɕiəʔ^{1}
文水	iɔŋ^{35}	ɕiɔŋ^{35}	yɔŋ^{35}	piəʔ^{2}	liəʔ^{2}	tɕiəʔ^{2}	ɕiəʔ^{2}	ɕiəʔ[illegible]
祁县	ʅ^{31} 白 / iɔ̃^{45} 文	ɕiɔ̃^{45}	iəm^{45}	piəʔ$^{\underline{32}}$	liəʔ$^{\underline{32}}$	tɕiəʔ$^{\underline{32}}$	ɕiəʔ$^{\underline{32}}$	ɕiəʔ$^{\underline{32}}$
太谷	i^{33} 白 /iə̃^{53} 文	ɕiə̃^{53}	yə̃^{53}	piəʔ^{3}	liəʔ^{3}	tɕiəʔ^{3}	ɕiəʔ^{3}/ɕi^{312}	ɕiəʔ^{3}
平遥	i^{24} 白 / iəŋ^{24} 文	ɕiəŋ^{24}	iəŋ^{213}	piʌʔ$^{\underline{212}}$	liʌʔ$^{\underline{212}}$	tɕiʌʔ$^{\underline{212}}$	ɕiʌʔ$^{\underline{212}}$	ɕiʌʔ$^{\underline{212}}$
孝义	iə̃^{454}	ɕiə̃^{454}	iə̃^{454}	piəʔ^{3}	liəʔ^{3}	tɕiəʔ^{3}	ɕiəʔ^{3}	ɕiəʔ^{3}
介休	in^{45}	ɕin^{45}	yn^{45}	piʌʔ$^{\underline{12}}$	liʌʔ$^{\underline{312}}$	tɕiʌʔ$^{\underline{12}}$	ɕiʌʔ$^{\underline{12}}$	ɕiʌʔ$^{\underline{12}}$
灵石	iŋ^{53}	ɕiŋ^{53}	yŋ^{53}	piəʔ^{4}	liəʔ^{4}	tɕiəʔ^{4}	ɕʰiəʔ^{4}	ɕʰiəʔ^{4}
盂县	i^{55} 白 /iə̃^{55} 文	/ɕiə̃^{55} 文	yə̃^{55}	piəʔ^{2}	liəʔ^{2}	tɕiəʔ^{2}	ɕiəʔ^{2}	ɕiəʔ^{2}
寿阳	zʅ^{45}/iə̃^{45}	ɕiə̃^{45}	yə̃^{45}	piəʔ^{2}	liəʔ^{2}	tɕiəʔ^{2}	ɕiəʔ^{2}	ɕiəʔ^{2}
榆社	ieɪ^{45}	ɕieɪ^{45}	yeɪ^{45}	piəʔ^{2}	liəʔ^{2}	tɕiəʔ^{2}	ɕiəʔ$^{\underline{312}}$	ɕiəʔ$^{\underline{312}}$
离石	iəŋ^{53}	ɕiəŋ^{53}	yəŋ^{53}	pieʔ^{4}	lieʔ$^{\underline{23}}$	tɕieʔ^{4}	ɕieʔ^{4}	ɕieʔ^{4}
汾阳	iẽ^{55}	ɕiẽ^{55}	iẽ^{55} 白 /yŋ^{55} 文	pieʔ^{2}	lieʔ$^{\underline{312}}$	tɕieʔ^{2}	ɕieʔ^{2}	ɕieʔ^{2}
中阳	iə̃^{53}	ɕiə̃^{53}	yə̃^{53}	pieʔ^{4}	lieʔ$^{\underline{312}}$	tɕieʔ^{4}	ɕieʔ^{4}	ɕieʔ^{4}
柳林	iə̃^{53}	ɕiə̃^{53}	yə̃^{53}	piɛʔ^{4}	liɛʔ$^{\underline{423}}$	tɕiɛʔ^{4}	ɕiɛʔ^{4}	ɕiɛʔ^{4}
方山	iə̃ŋ^{52}	ɕiə̃ŋ^{52}	yə̃ŋ^{52}	piɛʔ^{4}	liɛʔ$^{\underline{23}}$	tɕiɛʔ^{4}	ɕiɛʔ^{4}	ɕiɛʔ^{4}
临县	iə̃^{52}	ɕiə̃^{52}	yə̃^{52}	piɐʔ^{3}	liɐʔ$^{\underline{24}}$	tɕiɐʔ^{3}	ɕiɐʔ^{3}	ɕiɐʔ^{3}
兴县	iəŋ^{53}	ɕiəŋ^{53}	yəŋ^{53}	piəʔ^{5}	liəʔ$^{\underline{312}}$	tɕiəʔ^{5}	ɕiəʔ^{5}	ɕiəʔ^{5}
岚县	iəŋ^{53}	ɕiəŋ^{53}	iəŋ^{53}	piəʔ^{4}	liəʔ^{4}	tɕiəʔ^{4}	ɕiəʔ^{4}	ɕiəʔ^{4}
静乐	iɤ̃^{53}	ɕiɤ̃^{53}	iɤ̃^{53}	piəʔ^{4}	liəʔ^{4}	tɕiəʔ^{4}	ɕiəʔ^{4}	ɕiəʔ^{4}

续表

字目	应响~	兴高~	孕	逼	力	即	息	熄
中古音 / 方言点	於证 曾开三 去证影	许应 曾开三 去证晓	以证 曾开三 去证以	彼侧 曾开三 入职帮	林直 曾开三 入职来	子力 曾开三 入职精	相即 曾开三 入职心	相即 曾开三 入职心
交口	iəŋ^{53}	ɕiəŋ^{53}	yəŋ^{53}	pieʔ^{4}	lieʔ^{4}	tɕieʔ^{4}	ɕieʔ^{4}	ɕieʔ^{4}
石楼	iəŋ^{51}	ɕiəŋ^{51}	yəŋ^{51}	piəʔ^{4}	liəʔ^{4}	tɕiəʔ^{4}	ɕiəʔ^{4}	ɕiəʔ^{4}
隰县	iəŋ^{44}	ɕiəŋ^{44}	yəŋ^{44}	piəʔ^{3}	liəʔ^{3}	tɕi^{44}	ɕiəʔ^{3}	ɕiəʔ^{3}
大宁	iən^{55}	ɕiən^{55}	yən^{55}	piəʔ$^{\underline{31}}$	liəʔ$^{\underline{31}}$	tɕiɐʔ$^{\underline{31}}$	ɕiəʔ^{4}	ɕiəʔ$^{\underline{31}}$
永和	ie^{53}白 / əŋ^{53}文	ɕiəŋ^{53}	iəŋ^{312}	piəʔ$^{\underline{35}}$	liəʔ$^{\underline{35}}$	tɕiəʔ$^{\underline{35}}$	ɕiəʔ$^{\underline{35}}$	ɕiəʔ$^{\underline{35}}$
汾西	iəŋ^{55}	ɕiəŋ^{55}	yəŋ^{53}	piəʔ^{1}	liəʔ^{1}	tɕiəʔ^{1}	ɕiəʔ^{1}	ɕiəʔ^{1}
蒲县	iŋ^{33}	ɕiŋ^{33}	yeĩ^{33}	pi^{52}	li^{33}	tɕi^{52}	ɕi^{31}	ɕi^{31}
潞州	iŋ^{44}	ɕiŋ^{54}	yŋ^{54}	piəʔ$^{\underline{53}}$	liəʔ$^{\underline{53}}$	tɕiəʔ$^{\underline{53}}$	ɕiəʔ$^{\underline{53}}$	ɕiəʔ$^{\underline{53}}$
上党	iŋ^{22}	ɕiŋ^{22}	yŋ^{42}	piəʔ$^{\underline{21}}$	liəʔ$^{\underline{21}}$	tɕiəʔ$^{\underline{21}}$	ɕiəʔ$^{\underline{21}}$	ɕiəʔ$^{\underline{21}}$
长子	iŋ^{422}	ɕiŋ^{53}	yẼ^{53}	piəʔ^{4}	li^{53}	tɕiəʔ^{4}	ɕiəʔ^{4}	ɕiəʔ^{4}
屯留	iəŋ^{53}	ɕiəŋ^{53}	yẽ^{11}	piəʔ^{1}	liəʔ^{1}	tɕiəʔ^{1}	ɕiəʔ^{1}	ɕiəʔ^{1}
襄垣	iəŋ^{53}	ɕiəŋ^{45}	yəŋ^{53}	piʌʔ^{3}	liʌʔ^{3}	tɕiʌʔ^{3}	ɕiʌʔ^{3}	ɕiʌʔ^{3}
黎城	iəŋ^{422}	çiəŋ^{53}	yẽ^{53}	piɤʔ^{2}	liɤʔ$^{\underline{31}}$	tɕiɤʔ^{2}	ɕiɤʔ^{2}	ɕiɤʔ^{2}
平顺	iŋ^{213}	ɕiŋ^{53}	yẼ^{53}	piəʔ$^{\underline{212}}$	liəʔ$^{\underline{423}}$	tɕiəʔ$^{\underline{212}}$	ɕiəʔ$^{\underline{212}}$	ɕiəʔ$^{\underline{212}}$
壶关	iŋ^{33}	çiŋ^{42}	yŋ^{353}	piəʔ^{2}	liəʔ$^{\underline{21}}$	tsiəʔ^{2}	siəʔ^{2}	siəʔ^{2}
沁县	iə̃^{53}	ɕiə̃^{53}	iə̃^{53}	piəʔ$^{\underline{31}}$	liəʔ$^{\underline{31}}$	tɕiəʔ$^{\underline{31}}$	ɕiəʔ$^{\underline{31}}$	ɕiəʔ$^{\underline{31}}$
武乡	iɐŋ^{55}	ɕiɐŋ^{55}	yɐŋ^{55}	piəʔ^{3}	liəʔ^{3}	tɕiəʔ^{3}	ɕiəʔ^{3}	ɕiəʔ^{3}
沁源	iə̃^{53}	ɕiə̃^{53}	yə̃^{53}	piəʔ$^{\underline{31}}$	liəʔ$^{\underline{31}}$	tɕiəʔ$^{\underline{31}}$	ɕiəʔ$^{\underline{31}}$	ɕiəʔ$^{\underline{31}}$
安泽	iəŋ^{53}	ɕiəŋ^{53}	iəŋ^{53}白 / yəŋ^{53}文	pi^{21}/piəʔ$^{\underline{21}}$	liəʔ$^{\underline{21}}$	tɕi^{35}	ɕiəʔ$^{\underline{21}}$	ɕi^{21}
沁水端氏	iŋ^{53}	ɕiŋ^{53}	yŋ^{53}	piəʔ$^{\underline{54}}$	liəʔ^{2}	tɕiəʔ^{2}	ɕiəʔ^{2}	ɕiəʔ^{2}
阳城	iə̃ĩ^{51}	çiə̃ĩ^{51}	iə̃ĩ^{51}	piəʔ^{2}	liəʔ^{2}	tɕiəʔ^{2}	ɕiəʔ^{2}	ɕiəʔ^{2}
高平	iə̃ŋ^{53}	ɕiə̃ŋ^{53}	iə̃ĩ^{53}	piəʔ^{2}	liəʔ^{2}	tɕiəʔ^{2}	ɕiəʔ^{2}	ɕiəʔ^{2}
陵川	iŋ^{24}	ɕiŋ^{24}	yə̃ĩ^{24}	piəʔ^{3}	liəʔ^{3}	tɕiəʔ^{3}	cʰiəʔ^{3}	cʰiəʔ^{3}
晋城	iẽ^{53}	ɕiẽ^{53}	yẽ^{53}	piəʔ^{2}	liəʔ^{2}	tɕiəʔ^{2}	ɕiəʔ^{2}	ɕiəʔ^{2}
忻府	i^{53}白 / iəŋ^{53}文	ɕiəŋ^{53}	yəŋ^{53}	piəʔ$^{\underline{32}}$	liəʔ$^{\underline{32}}$	tɕiəʔ$^{\underline{32}}$	ɕiəʔ$^{\underline{32}}$	ɕiəʔ$^{\underline{32}}$
原平	iəŋ^{53}	ɕiəŋ^{53}	yəŋ^{53}	piəʔ$^{\underline{34}}$	liəʔ$^{\underline{34}}$	tɕiəʔ$^{\underline{34}}$	ɕiəʔ$^{\underline{34}}$	ɕiəʔ$^{\underline{34}}$
定襄	iəŋ^{53}	ɕiəŋ^{53}	yəŋ^{53}	piəʔ^{1}	liəʔ^{1}	tɕiəʔ^{1}	ɕiəʔ^{1}	ɕiəʔ^{1}
五台	iən^{52}	ɕiən^{52}	yən^{52}	piəʔ^{3}	liəʔ^{3}	tɕiəʔ^{3}	ɕiəʔ^{3}	ɕiəʔ^{3}
岢岚	iəŋ^{52}	ɕiəŋ^{52}	yəŋ^{52}	piɛʔ^{4}	liɛʔ^{4}	tɕiɛʔ^{4}	ɕiɛʔ^{4}	ɕiɛʔ^{4}

续表

字目	应响~	兴高~	孕	逼	力	即	息	熄
中古音 方言点	於证 曾开三 去证影	许应 曾开三 去证晓	以证 曾开三 去证以	彼侧 曾开三 入职帮	林直 曾开三 入职来	子力 曾开三 入职精	相即 曾开三 入职心	相即 曾开三 入职心
五寨	iəỹ^{52}	ɕiəỹ^{52}	iəỹ^{52}	piəʔ^{4}	liəʔ^{4}	tɕiɛʔ^{4}	ɕiəʔ^{4}	ɕiəʔ^{4}
宁武	iɤɯ^{52}	ɕiɤɯ^{52}	yɤɯ^{52}	piəʔ^{4}	liəʔ^{4}	tɕiəʔ^{4}	ɕiəʔ^{4}	ɕiəʔ^{4}
神池	iɔ̃^{52}	ɕiɔ̃^{52}	yɔ̃^{52}	piəʔ^{4}	liəʔ^{4}	tɕiəʔ^{4}	ɕiəʔ^{4}	ɕiəʔ^{4}
繁峙	iəŋ^{24}	ɕiəŋ^{24}	yəŋ^{24}	piəʔ$^{\underline{13}}$	liəʔ$^{\underline{13}}$ 白 / li^{24} 文	tɕiəʔ$^{\underline{13}}$	ɕiəʔ$^{\underline{13}}$	ɕiəʔ$^{\underline{13}}$
代县	iɤŋ^{53}	ɕiɤŋ^{53}	iɤŋ^{53}	piəʔ^{2}	liəʔ^{2}	tɕiəʔ^{2}	ɕiəʔ^{2}	ɕiəʔ^{2}
河曲	iŋ^{52}	ɕiŋ^{52}	yŋ^{52}	piəʔ^{4}	liəʔ^{4}	tɕiəʔ^{4}	ɕiəʔ^{4}	ɕiəʔ^{4}
保德	iəŋ^{52}	ɕiəŋ^{52}	yəŋ^{52}	piəʔ^{4}	liəʔ^{4}	tɕiəʔ^{4}	ɕiəʔ^{4}	ɕiəʔ^{4}
偏关	iɤŋ^{52}	ɕiɤŋ^{52}	yɤŋ^{52}	piəʔ^{4}	liəʔ^{4}	tɕiəʔ^{4}	ɕiəʔ^{4}	ɕiəʔ^{4}
朔城	iɔ̃^{53}	ɕiɔ̃^{53}	yɔ̃^{53}	piəʔ$^{\underline{35}}$	liəʔ$^{\underline{35}}$	tɕiəʔ$^{\underline{35}}$	ɕiəʔ$^{\underline{35}}$	ɕiəʔ$^{\underline{35}}$
平鲁	——	ɕiəɯ^{52}	——	piəʔ$^{\underline{34}}$	liəʔ$^{\underline{34}}$	tɕiəʔ$^{\underline{34}}$	ɕiəʔ$^{\underline{34}}$	ɕiəʔ$^{\underline{34}}$
应县	iəŋ^{24}	ɕiəŋ^{24}	yəŋ^{24}	piɛʔ$^{\underline{43}}$	li^{24}/liɛʔ$^{\underline{43}}$	tɕiɛʔ$^{\underline{43}}$	ɕiɛʔ$^{\underline{43}}$	ɕiɛʔ$^{\underline{43}}$
灵丘	iŋ^{53}	ɕiŋ^{53}	yŋ^{53}	piəʔ^{5}	li^{53}	tɕiəʔ^{5}	ɕiəʔ^{5}	ɕiəʔ^{5}
浑源	iɔ̃^{22}	ɕiɔ̃^{13}	yɔ̃^{13}	piəʔ^{4}	li^{13}	tɕiəʔ^{4}	ɕiəʔ^{4}	ɕiəʔ^{4}
云州	iəɣ^{24}	ɕiəɣ^{24}	yəɣ^{24}	piəʔ^{4}	liəʔ^{4}	tɕiəʔ^{4}	ɕiəʔ^{4}	ɕiəʔ^{4}
新荣	iɣ^{24}	ɕiɣ^{24}	yɣ^{24}/iɣ^{24}	piəʔ^{4}	liəʔ^{4}	tɕiəʔ^{4}	ɕiəʔ^{4}	ɕiəʔ^{4}
怀仁	iəŋ^{24}	ɕiəŋ^{24}	yəŋ^{24}	piəʔ^{4}	liəʔ^{4}	tɕiəʔ^{4}	ɕiəʔ^{4}	ɕiəʔ^{4}
左云	iəɣ^{24}	ɕiəɣ^{24}	yəɣ^{24}	piəʔ^{4}	liəʔ^{4}	tɕiəʔ^{4}	ɕiəʔ^{4}	ɕiəʔ^{4}
右玉	iɔ̃ɣ^{24}	ɕiɔ̃ɣ^{24}	——	piəʔ^{4}	liəʔ^{4}	tɕiəʔ^{4}	ɕiəʔ^{4}	ɕiəʔ^{4}
阳高	iəŋ^{24}	ɕiəŋ^{24}	yəŋ^{24}	piəʔ^{3}	liəʔ^{3}	tɕiəʔ^{3}	ɕiəʔ^{3}	ɕiəʔ^{3}
山阴	iɔ̃^{313}	ɕiɔ̃^{335}	yɔ̃^{335}	piəʔ^{4}	liəʔ^{4}	——	ɕiəʔ^{4}	ɕiəʔ^{4}
天镇	iɤɣ^{24}	ɕiɤɣ^{24}	yɤɣ^{24}/iɤɣ^{31}	piəʔ^{4}	liəʔ^{4}	tɕi^{24}	ɕiəʔ^{4}	ɕiəʔ^{4}
平定	iɤŋ^{24}	ɕiɤŋ^{24}	yɤŋ^{24}	piæʔ^{4}	liəʔ$^{\underline{23}}$	tɕiəʔ^{4}	ɕiəʔ^{4}	ɕiəʔ^{4}
昔阳	iəŋ^{13}	ɕiəŋ^{13}	yəŋ^{13}	piʌʔ$^{\underline{43}}$	lei^{13}	tɕiʌʔ$^{\underline{43}}$	ɕiʌʔ$^{\underline{43}}$	ɕiʌʔ$^{\underline{43}}$
左权	iəŋ^{53}	ɕiəŋ^{53}	iəŋ^{53}	pieʔ^{1}	lieʔ^{1}	tɕieʔ^{1}	ɕieʔ^{1}	ɕieʔ^{1}
和顺	iəŋ^{13}	ɕiəŋ^{13}	yəŋ^{13}	pieʔ$^{\underline{21}}$	lieʔ$^{\underline{21}}$	tɕieʔ$^{\underline{21}}$	ɕieʔ^{21}	ɕieʔ$^{\underline{21}}$
尧都	iəŋ^{44}	ɕiəŋ^{44}	yɔ̃^{44}	pi^{21}	li^{21}	tɕi^{21}	ɕi^{21}	ɕi^{21}
洪洞	ieŋ^{33}	ɕieŋ^{53}	——	pi^{21}	li^{21}	tɕi^{24}	ɕi^{21}	ɕi^{21}
洪洞赵城	ieŋ^{24}	ɕieŋ^{53}	yeŋ^{24}	pi^{21}	li^{21}	tɕi^{21}	ɕi^{21}	ɕi^{21}
古县	iŋ^{53}	ɕiŋ^{53}	in^{53} 白 / yn^{53} 文	pi^{21}	li^{21}	tɕi^{21}	ɕi^{21}	ɕi^{21}

续表

字目	应响~	兴高~	孕	逼	力	即	息	熄
中古音／方言点	於证 曾开三 去证影	许应 曾开三 去证晓	以证 曾开三 去证以	彼侧 曾开三 入职帮	林直 曾开三 入职来	子力 曾开三 入职精	相即 曾开三 入职心	相即 曾开三 入职心
襄汾	ieŋ^{44}	ɕieŋ^{44}	ien^{44} 白 / yen^{53} 文	pi^{21}	li^{21}	tɕi^{21}	ɕi^{21}	ɕi^{21}
浮山	ieŋ^{44}/ i^{53}	ɕieŋ^{44}	ẽĩ^{44}	pi^{42}	li^{42}	tɕi^{42}	ɕi^{42}	ɕi^{42}
霍州	iŋ^{55}	ɕiŋ^{55}	yŋ^{53}	pi^{212}	li^{212}	tɕi^{35}	ɕi^{212}	ɕi^{212}
翼城	iᴇ^{53} 白 / iŋ^{53} 文	ɕiŋ^{53}	yŋ^{53}	pi^{53}	li^{53}	tɕi^{12}	ɕi^{53}	ɕi^{53}
闻喜	iəŋ^{53}/ ȵiʌŋ^{53}	ɕiəŋ^{53}	yẽĩ^{13}	pi^{53}	li^{53}	tɕi^{53}	ɕi^{53}	ɕi^{53}
侯马	iəŋ^{53}	iəŋ^{53}	yeĩ^{53}	pi^{53}	li^{53}	tɕi^{42}	ɕi^{213}	ɕi^{213}
新绛	ȵiəŋ^{53}	ɕiəŋ^{53}	yɛ̃^{13}	pi^{53}	li^{53}	tɕi^{13}	ɕi^{53}	ɕi^{44}
绛县	iʌŋ^{31}	ɕiʌŋ^{31}	iʌŋ^{31}	pi^{53}	li^{31}	tɕi^{53}	ɕi^{31}	ɕi^{31}
垣曲	iəŋ^{53}	ɕiəŋ^{53}	iə̃^{53}	pi^{53}	li^{53}	tɕi^{22}	ɕi^{22}	ɕi^{22}
夏县	iəŋ^{31}	ɕiəŋ^{31}	y^{31} 白 / yei^{31} 文	pi^{53}	li^{31}	tɕi^{42}	ɕi^{53}	ɕi^{53}
万荣	iaŋ^{33}	ɕiaŋ^{33}	yei^{33}	pei^{51}	li^{51}	tɕi^{33}	ɕi^{51}	ɕi^{51}
稷山	iʌŋ^{42}	ɕiʌŋ^{42}	yə̃^{42}	pi^{53}	li^{53}	tɕi^{53}	ɕi^{53}	ɕi^{53}
盐湖	iŋ^{44}	ɕiŋ^{44}	yeĩ^{44}	pi^{42}	li^{42}	tɕi^{42}	ɕi^{42}	ɕi^{42}
临猗	iəŋ^{44}	ɕiəŋ^{44}	yeĩ^{44}	pi^{42}	li^{42}	tɕi^{42}	ɕi^{42}	ɕi^{42}
河津	ȵiɛ^{324} 白 / iəŋ^{44} 文	ɕiəŋ^{44}	iẽ^{44} 白	pei^{31}	li^{31}	tɕi^{324}	ɕi^{31}	ɕi^{53}
平陆	ȵiŋ^{33}	ɕiŋ^{33}	iei^{33}	pi^{31}	li^{31}/li^{33}	tɕi^{33}	ɕi^{31}	ɕi^{31}
永济	iŋ^{24}/iŋ^{44}	ɕiŋ^{31}/ɕiŋ^{44}	yei^{44}	pie^{53} 白 / pi^{31} 文	li^{31}	tɕi^{31}	ɕi^{31}	ɕi^{31}
芮城	iəŋ^{44}	ɕiəŋ^{44}	yeĩ^{44}	pei^{42} 白 / pi^{42} 文	li^{42}	tɕi^{44}	ɕi^{42}	ɕi^{42}
吉县	iəŋ^{33}	ɕiəŋ^{33}	iei^{33}	pi^{423}	li^{13}	tɕi^{423}	ɕi^{423}	ɕi^{423}
乡宁	iəŋ^{22}	ɕiəŋ^{22}	yəŋ^{22}	pi^{53}	li^{53}	tɕi^{53}	ɕi^{53}	ɕi^{53}
广灵	iŋ^{213}	ɕiŋ^{213}	yŋ^{213}	pi^{53}	li^{213}	tɕi^{53}/tɕi^{213}	ɕi^{53}	ɕi^{53}

字目	直	值	侧	测	啬	色	织	职
中古音 方言点	除力 曾开三 入职澄	逐力 曾开三 入职澄	阻力 曾开三 入职庄	初力 曾开三 入职初	所力 曾开三 入职生	所力 曾开三 入职生	之翼 曾开三 入职章	之翼 曾开三 入职章
北京	tʂʅ^{35}	tʂʅ^{35}	tʂai^{55} 白 / tsʰɤ^{51} 文	tsʰɤ^{51}	sɤ^{51}	ʂai^{214} 白 / sɤ^{51} 文	tʂʅ^{55}	tʂʅ^{35}
小店	tsəʔ$^{\underline{54}}$	tsəʔ$^{\underline{54}}$	tsəʔ^{1} 白 / tsʰaʔ^{1} 白 / tsʰəɯ^{24} 文	tsʰaʔ^{1}	saʔ^{1}	saʔ^{1}	tsəʔ^{1}	tsəʔ^{1}
尖草坪	tsəʔ$^{\underline{43}}$	tsəʔ$^{\underline{43}}$	tsaʔ^{2} 白 / tsʰəʔ^{2} 文	tsʰaʔ^{2} 白 / tsʰəʔ^{2} 文	saʔ^{2}	saʔ^{2}	tsəʔ^{2}	tsəʔ^{2}
晋源	tsəʔ^{2}	tsəʔ^{2}	tsʰaʔ^{2}	tsʰaʔ^{2}	saʔ^{2}	saʔ^{2}	tsəʔ^{2}	tsəʔ^{2}
阳曲	tsəʔ^{4}	tsəʔ^{4}	tsəʔ^{4} 白 / tsʰəʔ^{4} 文	tsʰɔʔ^{4}	sɔʔ^{4}	sɔʔ^{4}	tsəʔ^{4}	tsəʔ^{4}
古交	tsəʔ$^{\underline{312}}$	tsəʔ$^{\underline{312}}$	tsʰaʔ^{4}	tsʰaʔ^{4}	saʔ^{4}	saʔ^{4}	tsəʔ^{4}	tsəʔ^{4}
清徐	tsəʔ$^{\underline{54}}$	tsəʔ$^{\underline{54}}$	tsʰaʔ^{1}	tsʰaʔ^{1}	saʔ^{1}	saʔ^{1}	tsəʔ^{1}	tsəʔ^{1}
娄烦	tsəʔ^{3}	tsəʔ^{3}	tsʰaʔ^{3}	tsʰaʔ^{3}	saʔ^{3}	saʔ^{3}	tsəʔ^{3}	tsəʔ^{3}
榆次	tsəʔ$^{\underline{53}}$	tsəʔ^{1}	tsʰaʔ^{1}	tsʰaʔ^{1}	saʔ^{1}	saʔ^{1}	tsəʔ^{1}	tsəʔ^{1}
交城	tsəʔ$^{\underline{53}}$	tsəʔ^{1}	tsʰaʔ^{1}	tsʰaʔ^{1}	saʔ^{1}/səʔ^{1}	saʔ^{1}	tsəʔ^{1}	tsəʔ^{1}
文水	tsʅ^{22}/tsəʔ$^{\underline{312}}$	tsəʔ^{2}	tsəʔ^{2} 白 / tsʰaʔ^{2} 文	tsʰaʔ^{2}	saʔ^{2}	saʔ^{2}	tsəʔ^{2}	tsəʔ^{2}
祁县	tʂəʔ$^{\underline{324}}$	tʂəʔ$^{\underline{32}}$	tsʰɑʔ$^{\underline{32}}$/ tsəʔ$^{\underline{32}}$	tsʰɑʔ$^{\underline{32}}$	səʔ$^{\underline{32}}$	səʔ$^{\underline{32}}$	tʂəʔ$^{\underline{32}}$	tʂəʔ$^{\underline{32}}$
太谷	tsəʔ$^{\underline{423}}$	tsəʔ^{3}	tsʰəʔ^{3}/tsəʔ^{3}	tsʰəʔ^{3}	səʔ^{3}	səʔ^{3}	tsəʔ^{3}	tsəʔ^{3}
平遥	tʂʌʔ$^{\underline{523}}$	tʂʌʔ$^{\underline{212}}$	tsʰʌʔ$^{\underline{212}}$/ tsʌʔ$^{\underline{212}}$	tsʰʌʔ$^{\underline{212}}$	li^{213}	sʌʔ$^{\underline{212}}$	tʂʌʔ$^{\underline{212}}$	tʂʌʔ$^{\underline{212}}$
孝义	tʂəʔ$^{\underline{423}}$	tʂəʔ$^{\underline{423}}$	tsaʔ^{3} 白 / tsʰaʔ^{3} 文	tsʰaʔ^{3}	saʔ^{3}	saʔ^{3}	tʂəʔ^{3}	tʂəʔ^{3}
介休	tʂʌʔ$^{\underline{312}}$	tʂʌʔ$^{\underline{12}}$	tsʌʔ$^{\underline{12}}$ 白 / tsʰʌʔ$^{\underline{12}}$ 文	tsʰʌʔ$^{\underline{12}}$	sʌʔ$^{\underline{12}}$	sai^{45}	tʂʌʔ$^{\underline{12}}$	tʂʌʔ$^{\underline{12}}$
灵石	tsəʔ$^{\underline{212}}$	tsəʔ^{4}	tsʰaʔ^{4}	tsʰaʔ^{4}	saʔ^{4}	saʔ^{4}	tsəʔ^{4}	tsəʔ^{4}
盂县	tsəʔ$^{\underline{53}}$	tsəʔ$^{\underline{53}}$	tsʰʌʔ^{2}	tsʰʌʔ^{2}	sʌʔ^{2}	sʌʔ^{2}	tsəʔ^{2}	tsəʔ^{2}
寿阳	tsəʔ$^{\underline{54}}$	tsəʔ$^{\underline{54}}$	tsʰaʔ^{2}	tsʰaʔ^{2}	saʔ^{2}	saʔ^{2}	tsəʔ^{2}	tsəʔ$^{\underline{54}}$
榆社	tsəʔ$^{\underline{312}}$	tsəʔ$^{\underline{312}}$	tsəʔ^{2}	——	səʔ^{2}	səʔ^{2}	tsəʔ^{2}	tsəʔ$^{\underline{312}}$
离石	tsʰəʔ$^{\underline{23}}$ 白 / tsəʔ^{4} 文	tsəʔ^{4}	tsʰɑʔ^{4}	tsʰɑʔ^{4}	sɑʔ^{4}	sɑʔ^{4}	tsəʔ^{4}	tsəʔ^{4}
汾阳	tʂəʔ$^{\underline{312}}$	tʂəʔ^{2}	tsʰaʔ^{2}	tsʰaʔ^{2}	saʔ^{2}	saʔ^{2}	tʂəʔ^{2}	tʂəʔ^{2}
中阳	tsʰəʔ$^{\underline{312}}$ 白 / tsəʔ^{4} 文	tsəʔ^{4}	tsʰɑʔ^{4}	tsʰɑʔ^{4}	səʔ^{4}	sɑʔ^{4}	tsəʔ^{4}	tsəʔ^{4}

续表

字目	直	值	侧	测	啬	色	织	职
中古音 方言点	除力 曾开三 入职澄	逐力 曾开三 入职澄	阻力 曾开三 入职庄	初力 曾开三 入职初	所力 曾开三 入职生	所力 曾开三 入职生	之翼 曾开三 入职章	之翼 曾开三 入职章
柳林	ts^{h}əʔ$^{\underline{423}}$ 白 / tsəʔ^{4} 文	tsəʔ$^{\underline{423}}$	ts^{h}ɑʔ^{4}	ts^{h}ɑʔ^{4}	sɑʔ^{4}	sɑʔ^{4}	tsəʔ^{4}	tsəʔ^{4}
方山	tʂəʔ^{4}	tʂəʔ^{4}	ts^{h}ɑʔ^{4}	ts^{h}ɑʔ^{4}	sɑʔ^{4}	sɑʔ^{4}	tʂəʔ^{4}	tʂəʔ^{4}
临县	tʂ^{h}ɐʔ$^{\underline{24}}$	tʂɐʔ$^{\underline{24}}$	ts^{h}aʔ^{3}	ts^{h}aʔ^{3}	——	saʔ^{3}	tʂɐʔ^{3}	tʂɐʔ^{3}
兴县	tʂ^{h}əʔ^{5} 白 / tʂəʔ^{5} 文	tʂ^{h}əʔ^{5} 白 / tʂəʔ^{5} 文	ts^{h}əʔ^{5}	ts^{h}əʔ^{5}	——	səʔ^{5}	tʂəʔ^{5}	tʂəʔ^{5}
岚县	ts^{h}əʔ$^{\underline{312}}$ 白 / tsəʔ^{4} 文	ts^{h}əʔ$^{\underline{312}}$ 白 / tsəʔ^{4} 文	tsieʔ^{4} 白 / ts^{h}ieʔ^{4} 文	ts^{h}ieʔ^{4}	sieʔ^{4}	sieʔ^{4}	tsəʔ^{4}	tsəʔ^{4}
静乐	tsəʔ$^{\underline{212}}$	tsəʔ$^{\underline{212}}$	ts^{h}aʔ^{4}	ts^{h}aʔ^{4}	saʔ^{4}	saʔ^{4}	tsəʔ^{4}	tsəʔ$^{\underline{212}}$
交口	ts^{h}əʔ$^{\underline{212}}$ 白 / tsəʔ^{4} 文	ts^{h}əʔ$^{\underline{212}}$ 白 / tsəʔ^{4} 文	tsaʔ^{4} 白 / ts^{h}aʔ^{4} 文	ts^{h}aʔ^{4}	saʔ^{4}	sai^{323}/saʔ^{4}	tsəʔ^{4}	tsəʔ^{4}
石楼	tʂ^{h}əʔ$^{\underline{213}}$ 白 / tʂəʔ^{4} 文	tʂəʔ^{4}	ts^{h}ʌʔ^{4}	ts^{h}ʌʔ^{4}	liəŋ^{51}	sʌʔ^{4}	tʂəʔ^{4}	tʂəʔ^{4}
隰县	ts^{h}əʔ^{3}	tsəʔ^{3}	tsəʔ^{3} 白 / ts^{h}əʔ^{3} 文	ts^{h}əʔ^{3}	——	saʔ^{3}	tsəʔ^{3}	tsəʔ^{3}
大宁	tʂ^{h}əʔ^{4}	tʂ^{h}əʔ^{4}	tsɐʔ^{4} 白 / ts^{h}ɐʔ^{4} 文	ts^{h}ɐʔ^{4}	sɐʔ$^{\underline{31}}$	sɐʔ$^{\underline{31}}$	tʂəʔ$^{\underline{31}}$	tʂəʔ$^{\underline{31}}$
永和	tʂəʔ$^{\underline{35}}$	tʂəʔ$^{\underline{35}}$	ts^{h}ɐʔ$^{\underline{35}}$/ tsɐʔ$^{\underline{35}}$	ts^{h}ɐʔ$^{\underline{35}}$	sɐʔ$^{\underline{35}}$	sɐʔ$^{\underline{35}}$	tʂəʔ$^{\underline{35}}$	tʂəʔ$^{\underline{35}}$
汾西	ts^{h}əʔ^{3}	ts^{h}əʔ^{3}	ts^{h}ɪ^{11}	ts^{h}ɪ^{11}	sɪ^{11} 文	sɪ^{11} 文	tsəʔ^{1}	tsəʔ^{3}
蒲县	tʂ^{h}ʅ^{33} 白 / tʂʅ^{33} 文	tʂʅ^{52}	tsəʔ$^{\underline{43}}$ 白 / ts^{h}ɤ^{52} 文	ts^{h}ɤ^{52}	sɤ^{52}	səʔ$^{\underline{43}}$	tʂʅ^{52}	tʂʅ^{52}
潞州	tsəʔ$^{\underline{53}}$	tsəʔ$^{\underline{53}}$	tsəʔ$^{\underline{53}}$ 白 / ts^{h}əʔ$^{\underline{53}}$ 文	ts^{h}əʔ$^{\underline{53}}$	səʔ$^{\underline{53}}$	səʔ$^{\underline{53}}$	tsəʔ$^{\underline{53}}$	tsəʔ$^{\underline{53}}$
上党	tɕiəʔ$^{\underline{21}}$	tɕiəʔ$^{\underline{21}}$	ts^{h}əʔ$^{\underline{21}}$	ts^{h}əʔ$^{\underline{21}}$	səʔ$^{\underline{21}}$	səʔ$^{\underline{21}}$	tɕiəʔ$^{\underline{21}}$	tɕiəʔ$^{\underline{21}}$
长子	tsəʔ$^{\underline{212}}$	tsəʔ$^{\underline{212}}$	tsəʔ^{4}/ts^{h}əʔ^{4}	ts^{h}əʔ^{4}	səʔ^{4}	səʔ^{4}	tsəʔ^{4}	tsəʔ^{4}
屯留	tsəʔ$^{\underline{54}}$	tsəʔ$^{\underline{54}}$	ts^{h}əʔ^{1}	ts^{h}əʔ^{1}	səʔ^{1}	səʔ^{1}	tsəʔ^{1}	tsəʔ^{1}
襄垣	tsʌʔ$^{\underline{43}}$	tsʌʔ$^{\underline{43}}$	tsʌʔ^{3} 白 / ts^{h}ʌʔ^{3} 文	ts^{h}ʌʔ^{3}	sʌʔ^{3}	sʌʔ^{3}	tsʌʔ^{3}	tsʌʔ^{3}
黎城	tɕiɤʔ$^{\underline{31}}$	tɕiɤʔ^{2}	tsɤʔ$^{\underline{31}}$/ ts^{h}ɤʔ$^{\underline{31}}$	ts^{h}ɤʔ$^{\underline{31}}$	sɤʔ^{2}	sɤʔ^{2}	tɕiɤʔ$^{\underline{31}}$	tɕiɤʔ^{2}
平顺	tɕiəʔ$^{\underline{423}}$	tɕiəʔ$^{\underline{423}}$	ts^{h}əʔ$^{\underline{212}}$	ts^{h}əʔ$^{\underline{212}}$	səʔ$^{\underline{212}}$	səʔ$^{\underline{212}}$	tɕiəʔ$^{\underline{212}}$	tɕiəʔ$^{\underline{212}}$
壶关	tʃiəʔ$^{\underline{21}}$	tʃiəʔ$^{\underline{21}}$	tʂ^{h}əʔ^{2}	tʂ^{h}əʔ^{2}	ʂəʔ^{2}	ʂəʔ^{2}	tʃiəʔ^{2}	tʃiəʔ^{2}
沁县	tsəʔ$^{\underline{212}}$	tsəʔ$^{\underline{212}}$	tsəʔ$^{\underline{31}}$ 白 / ts^{h}əʔ$^{\underline{31}}$ 文	ts^{h}əʔ$^{\underline{31}}$	səʔ$^{\underline{31}}$	səʔ$^{\underline{31}}$	tsəʔ$^{\underline{31}}$	tsəʔ$^{\underline{31}}$

续表

字目	直	值	侧	测	啬	色	织	职
中古音 / 方言点	除力 曾开三 入职澄	逐力 曾开三 入职澄	阻力 曾开三 入职庄	初力 曾开三 入职初	所力 曾开三 入职生	所力 曾开三 入职生	之翼 曾开三 入职章	之翼 曾开三 入职章
武乡	tsʌʔ^{3}	tsʌʔ^{3}	tsʰʌʔ^{3}	tsʰəʔ^{3}	səʔ^{3}	səʔ^{3}	tsəʔ^{3}	tsəʔ^{3}
沁源	tʂəʔ$^{\underline{31}}$	tʂəʔ$^{\underline{31}}$	tsʌʔ$^{\underline{31}}$ 白 / tsʰʌʔ$^{\underline{31}}$ 文	tsʰʌʔ$^{\underline{31}}$	sʌʔ$^{\underline{31}}$	sʌʔ$^{\underline{31}}$	tʂəʔ$^{\underline{31}}$	tʂəʔ$^{\underline{31}}$
安泽	tsɿ^{35}	tsɿ^{21}/tsɿ^{35}	tsʰəʔ$^{\underline{21}}$	tsʰəʔ$^{\underline{21}}$	səʔ$^{\underline{21}}$	səʔ$^{\underline{21}}$	tsɿ^{21}	tsɿ^{35}
沁水端氏	tsəʔ$^{\underline{54}}$	tsəʔ$^{\underline{54}}$	tsʰaʔ^{2}	tsʰaʔ^{2}	——	saʔ^{2}	tsəʔ^{2}	tsəʔ^{2}
阳城	tʂəʔ^{2}	tʂəʔ^{2}	tsʌʔ^{2} 白 / tsʰʌʔ^{2} 文	tsʰʌʔ^{2}	——	sʌʔ^{2}	tʂəʔ^{2}	tʂəʔ^{2}
高平	tʂəʔ^{2}	tʂəʔ^{2}	tʂʰəʔ^{2}	tʂʰəʔ^{2}	——	ʂəʔ^{2}	tʂəʔ^{2}	tʂəʔ^{2}
陵川	tɕiəʔ^{3}	tɕiəʔ^{3}	tʂʰəʔ^{3}	tʂʰəʔ^{3}	ʂəʔ^{3}	ʂəʔ^{3}	tɕiəʔ^{3}	tɕiəʔ^{3}
晋城	tʂəʔ^{2}	tʂəʔ^{2}	tʂʰəʔ^{2}	tʂʰəʔ^{2}	ʂəʔ^{2}	ʂəʔ^{2}	tʂəʔ^{2}	tʂəʔ^{2}
忻府	tʂʰəʔ$^{\underline{32}}$ 白 / tʂəʔ$^{\underline{32}}$ 文	tʂʰəʔ$^{\underline{32}}$ 白 / tʂəʔ$^{\underline{32}}$ 文	tsʰɑʔ$^{\underline{32}}$	tsʰɑʔ$^{\underline{32}}$	sʌʔ$^{\underline{32}}$	sʌʔ$^{\underline{32}}$	tʂəʔ$^{\underline{32}}$	tʂəʔ$^{\underline{32}}$
原平	tʂʰəʔ$^{\underline{34}}$ 白 / tʂəʔ$^{\underline{34}}$ 文	tʂəʔ$^{\underline{34}}$	tsʰɔʔ$^{\underline{34}}$	tsʰɔʔ$^{\underline{34}}$	sɔʔ$^{\underline{34}}$	sɔʔ$^{\underline{34}}$	tʂəʔ$^{\underline{34}}$	tʂəʔ$^{\underline{34}}$
定襄	tsəʔ^{1}	tsəʔ^{1}	tsʰaʔ^{1}	tsʰaʔ^{1}	——	saʔ^{1}	tsəʔ^{1}	tsəʔ^{1}
五台	tsʰəʔ^{3}	tsəʔ^{3}	tsʰɔʔ^{3}	tsʰɔʔ^{3}	sɔʔ^{3}	sɔʔ^{3}	tsəʔ^{3}	tsəʔ^{3}
岢岚	tʂəʔ^{4}	tʂəʔ^{4}	tsaʔ^{4} 老 / tsʰaʔ^{4} 新	tsʰaʔ^{4}	saʔ^{4}	saʔ^{4}	tsəʔ^{4}	tʂəʔ^{4}
五寨	tsəʔ^{4}	tsəʔ^{4}	tsʰaʔ^{4}/tsaʔ^{4}	tsʰaʔ^{4}	saʔ^{4}	saʔ^{4}	tsəʔ^{4}	tsəʔ^{4}
宁武	tsʰəʔ^{4} 白 / tsəʔ^{4} 文	tsəʔ^{4}	tsʰəʔ^{4}	tsʰəʔ^{4}	səʔ^{4}	səʔ^{4}	tsəʔ^{4}	tsəʔ^{4}
神池	tsəʔ^{4}	tsəʔ^{4}	tsʰᴀʔ^{4}	tsʰᴀʔ^{4}	sᴀʔ^{4}	sᴀʔ^{4}	tsəʔ^{4}	tsəʔ^{4}
繁峙	tsəʔ$^{\underline{13}}$ 白 / tsɿ^{31} 文	tsəʔ$^{\underline{13}}$	tsʰaʔ$^{\underline{13}}$/ tsaʔ$^{\underline{13}}$	tsʰaʔ$^{\underline{13}}$	saʔ$^{\underline{13}}$	saʔ$^{\underline{13}}$	tsɿ^{53}	tsəʔ$^{\underline{13}}$
代县	tsəʔ^{2}	tsəʔ^{2}	tsʰaʔ^{2}	tsʰaʔ^{2}	saʔ^{2}	saʔ^{2}	tsəʔ^{2}	tsəʔ^{2}
河曲	tʂəʔ^{4}	tʂəʔ^{4}	tsʰəʔ^{4}	tsʰəʔ^{4}	səʔ^{4}	səʔ^{4}	tʂəʔ^{4}	tʂəʔ^{4}
保德	tʂʰəʔ^{4}	tʂʰəʔ^{4}	tsəʔ^{4} 白 / tsʰəʔ^{4} 文	tsʰəʔ^{4}	səʔ^{4}	sɤ^{44}	tʂəʔ^{4}	tʂʰəʔ^{4}
偏关	tʂəʔ^{4}	tʂəʔ^{4}	tsəʔ^{4} 白 / tsʰᴀʔ^{4} 文	tsʰᴀʔ^{4}	sᴀʔ^{4}	sᴀʔ^{4}	tʂəʔ^{4}	tʂəʔ^{4}
朔城	tʂəʔ$^{\underline{35}}$	tʂəʔ$^{\underline{35}}$	tsʰᴀʔ$^{\underline{35}}$	tsʰᴀʔ$^{\underline{35}}$	——	sᴀʔ$^{\underline{35}}$	tʂəʔ$^{\underline{35}}$	tʂəʔ$^{\underline{35}}$
平鲁	tsɿ^{44}/tsəʔ$^{\underline{34}}$	tsɿ^{44}/tsəʔ$^{\underline{34}}$	tsʌʔ$^{\underline{34}}$/ tsʰʌʔ$^{\underline{34}}$	tsʰʌʔ$^{\underline{34}}$	sʌʔ$^{\underline{34}}$	sʌʔ$^{\underline{34}}$	tsəʔ$^{\underline{34}}$	tsəʔ$^{\underline{34}}$
应县	tsəʔ$^{\underline{43}}$	tsɿ^{31}/tsəʔ$^{\underline{43}}$	tsʰəʔ$^{\underline{43}}$	tsʰəʔ$^{\underline{43}}$	səʔ$^{\underline{43}}$	səʔ$^{\underline{43}}$	tsəʔ$^{\underline{43}}$	tsəʔ$^{\underline{43}}$

续表

字目	直	值	侧	测	啬	色	织	职
中古音 方言点	除力 曾开三 入职澄	逐力 曾开三 入职澄	阻力 曾开三 入职庄	初力 曾开三 入职初	所力 曾开三 入职生	所力 曾开三 入职生	之翼 曾开三 入职章	之翼 曾开三 入职章
灵丘	tsɿ^{31}	tsɿ^{31}	tsʰᴀʔ^{5}	tsʰᴀʔ^{5}	sᴀʔ^{5}	səʔ^{5}	tsəʔ^{5}	tsəʔ^{5}
浑源	tsɿ^{22}/tsəʔ^{4}	tsɿ^{22}/tsəʔ^{4}	tsʰʌʔ^{4}	tsʰʌʔ^{4}	sʌʔ^{4}	sʌʔ^{4}	tsəʔ^{4}	tsəʔ^{4}
云州	tʂəʔ^{4} 白 / tʂʅ^{312} 文	tʂəʔ^{4}	tsʰɑʔ^{4}	tsʰɑʔ^{4}	sɑʔ^{4}	sɑʔ^{4}	tʂəʔ^{4}	tʂəʔ^{4}
新荣	tʂʅ^{312}/tʂəʔ^{4}	tʂəʔ^{4}	tsʰaʔ^{4}	tsʰaʔ^{4}	saʔ^{4}	saʔ^{4}/sɛe^{32}	tʂəʔ^{4}	tʂəʔ^{4}
怀仁	tsəʔ^{4}	tsəʔ^{4}	tsaʔ^{4} 老 / tsʰaʔ^{4} 新	tsʰaʔ^{4}	saʔ^{4}	saʔ^{4}	tsəʔ^{4}	tsəʔ^{4}
左云	tsəʔ^{4} 白 / tsɿ^{313} 文	tsəʔ^{4}	tsʰaʔ^{4}/tsaʔ^{4}	tsʰaʔ^{4}	saʔ^{4}	saʔ^{4}	tsəʔ^{4}	tsəʔ^{4}
右玉	tʂəʔ^{4}	tʂəʔ^{4}	tsʰaʔ^{4}	tsʰaʔ^{4}	saʔ^{4}	saʔ^{4}	tʂəʔ^{4}	tʂəʔ^{4}
阳高	tsəʔ^{3}	tsəʔ^{3}	tsʰɑʔ^{3}	tsʰɑʔ^{3}	sɑʔ^{3}	sɑʔ^{3}	tsəʔ^{3}	tsəʔ^{3}
山阴	tʂəʔ^{4}	tʂəʔ^{4}	tsᴀʔ^{4}/tsʰᴀʔ^{4}	tsʰᴀʔ^{4}	sᴀʔ^{4}	sᴀʔ^{4}	tʂəʔ^{4}	tʂəʔ^{4}
天镇	tsəʔ^{4}	tsəʔ^{4}	tsʰɑʔ^{4}	tsʰɑʔ^{4}	——	sɑʔ^{4}	tsəʔ^{4}	tsəʔ^{4}
平定	tʂəʔ^{4}	tʂʅ^{44}/tʂəʔ^{4}	tsʰaʔ^{4}	tsʰaʔ^{4}	saʔ^{4}	saʔ^{4}	tʂəʔ^{4}	tʂəʔ^{4}
昔阳	tʂʌʔ$^{\underline{43}}$ 白 / tʂʅ^{33} 文	tʂʌʔ$^{\underline{43}}$	tsʰʌʔ$^{\underline{43}}$	tsʰʌʔ$^{\underline{43}}$	sʌʔ$^{\underline{43}}$	sʌʔ$^{\underline{43}}$	tʂʌʔ$^{\underline{43}}$	tʂʌʔ$^{\underline{43}}$
左权	tʂəʔ^{1}	tʂəʔ^{1}	tsʰɑʔ^{1}/tsəʔ^{1}	tsʰəʔ^{1}	——	səʔ^{1}	tʂəʔ^{1}	tʂəʔ^{1}
和顺	tʂəʔ$^{\underline{21}}$	tʂəʔ$^{\underline{21}}$	tsəʔ$^{\underline{21}}$ 白 / tsʰəʔ$^{\underline{21}}$ 文	tsʰəʔ$^{\underline{21}}$	səʔ$^{\underline{21}}$	səʔ$^{\underline{21}}$	tʂəʔ$^{\underline{21}}$	tʂəʔ$^{\underline{21}}$
尧都	tʂʅ^{24}	tʂʅ^{24}	tʂʰɤ^{21}	tʂʰɤ^{21}	sɤ^{24}	sɤ^{24}	tʂʅ^{21}	tʂʅ^{24}
洪洞	tʂʰʅ^{24} 白 / tʂʅ^{24} 文	——	tsʰɛ^{21}	tsʰɛ^{21}	sɛ^{42}	sɛ^{21}	tʂʅ^{21}	tʂʅ^{21}
洪洞赵城	tʂʅ^{24}	tʂʅ^{24}	tsʰɤ^{21}	tsʰɤ^{21}	——	sɛ^{21} 白 / sɑi^{21} 文	tʂʅ^{21}	tʂʅ^{21}
古县	tʂɑu^{35} 白 / tʂʅ^{35} 文	tʂʰʅ^{35} 白 / tʂʅ^{35} 文	tsʰɛ^{21} 白 / tsʰɤ^{21} 文	tsʰɛ^{21} 白 / tsʰɤ^{21} 文	sɛ^{21}	sɛ^{21} 白 / sɤ^{21} 文	tʂʅ^{21}	tʂʅ^{21}
襄汾	tʂʰʅ^{24}	tʂʰʅ^{24}	tsʰə^{21}	tsʰə^{21}	——	ʂa^{21}	tʂʅ^{21}	tʂʅ^{21}
浮山	tʂʰʅ^{13}	tʂʰʅ^{13}	tsæ^{42}/ tsʰæ^{42}	tsʰæ^{42}	——	sæ^{44}	tʂʅ^{42}	tʂʅ^{42}
霍州	tʂʰʅ^{35}	tʂʅ^{35}	tsʰɤ^{212}	tsʰɤ^{212}	sɤ^{212}	sɤ^{212}	tʂʅ^{212}	tʂʅ^{35}
翼城	tʂʅ^{12}	tʂʅ^{12}	tsʰɤ^{53}	tsʰɤ^{53}	sɤ^{53}	sei^{53} 白 / sɤ^{53} 文	tʂʅ^{53}	tʂʅ^{12}
闻喜	tsʰɿ^{13} 白 /	tsʰɿ^{13} 白 /	tsʰiᴇ^{53}	tsʰiᴇ^{53}	siᴇ^{53}	sɤ^{53}	tsɿ^{53}	tsɿ^{53}
侯马	tʂʅ^{44}	tʂʅ^{44}	tsʰɤ^{53}	tsʰɤ^{53}	siɛ^{53}	sei^{53}	tʂʅ^{213}	tʂʅ^{44}
新绛	tʂʰʅ^{13}	tʂʰʅ^{13}	tsʰɤ^{53}	tsʰei^{53}	sɤ^{53}	sei^{53}	tʂʅ^{53}	tʂʅ^{44}

续表

字目	直	值	侧	测	啬	色	织	职
中古音 方言点	除力 曾开三 入职澄	逐力 曾开三 入职澄	阻力 曾开三 入职庄	初力 曾开三 入职初	所力 曾开三 入职生	所力 曾开三 入职生	之翼 曾开三 入职章	之翼 曾开三 入职章
绛县	tʂʅ^{24}	tʂʰʅ^{31}	tsʰɤ^{53}	tsʰɤ^{53}	——	ʂiɪ^{53}	tʂʅ^{53}	tʂʅ^{53}
垣曲	tʂʰʅ^{22}	tʂʰʅ^{22}	tsʰɤ^{53}	tsʰɤ^{53}	sɤ^{53}	sai^{53} 白 / sɤ^{53} 文	tʂʅ^{22}	tʂʅ^{22}
夏县	tʂʰʅ^{42} 白 / tʂʅ^{42} 文	tʂʰʅ^{42} 白 / tʂʅ^{42} 文	tʂʰiɛ^{31}	tʂʰiɛ^{31}	——	ʂɛ^{31}	tʂʅ^{53}	tʂʅ^{42}
万荣	tʂʰʅ^{213}	tʂʰʅ^{213}	tsʰɤ^{51}	tsʰɤ^{51}	sɤ^{51}	ʂa^{33} 白 / sai^{51} 文	tʂʅ^{51}	tʂʰʅ^{213}
稷山	tʂʰʅ^{13}	tʂʰʅ^{13}	tʂʰiɛ^{53}	tsʰɤ^{53}	sɤ^{42}	ʂiɛ^{53}	tʂʅ^{53}	tʂʅ^{13}
盐湖	tʂʅ^{13}	tʂʅ^{13}	tsʰɤ^{42}	tsʰɤ^{42}	sɤ^{42}	sɤ^{42}	tʂʅ^{42}	tʂʅ^{42}
临猗	tʂʰʅ^{13} 白 / tʂʅ^{13} 文	tʂʰʅ^{13} 白 / tʂʅ^{13} 文	tsʰɤ^{42}	tsʰɤ^{42}	sei^{42} 白 / sɤ^{42} 文	sei^{42} 白 / sɤ^{42} 文	tʂʅ^{42}	tʂʅ^{42}
河津	tʂʰʅ^{324} 白 / tʂʅ^{324} 文	tʂʰʅ^{324} 白 / tʂʅ^{324} 文	tsʰɤ^{31} 文	tsʰɤ^{31} 文	sɤ^{31} 文	ʂa^{31}/sɤ^{31} 文	tʂʅ^{31}	tʂʅ^{31}
平陆	tʂʰʅ^{13} 白 / tʂʅ^{13} 文	tʂʰʅ^{13} 白 / tʂʅ^{13} 文	tsʰai^{31}	tsʰai^{31}	sai^{31}	sai^{31}	tʂʅ^{31}	tʂʅ^{13}
永济	tʂʰʅ^{24}	tʂʰʅ^{24}	tsʰei^{31}	tsʰei^{31}	ʂei^{31}	ʂei^{31}	tʂʅ^{31}	tʂʅ^{31}
芮城	tʂʰʅ^{13}	tʂʰʅ^{13}	tsʰɤ^{42}	tsʰɤ^{42}	——	sɤ^{42}	tʂʅ^{42}	tʂʅ^{42}
吉县	tʂʰʅ^{13}	tʂʰʅ^{13}	tsʰɛ^{13}	tsʰɛ^{13}	——	ʂa^{33} 白 / sɛ^{423} 文	tʂʅ^{423}	tʂʅ^{423}
乡宁	tʂʰʅ^{12} 白 / tʂʅ^{12} 文	tʂʅ^{12}	tsʰɤ^{53}	tsʰɤ^{53}	sɤ^{53}	ɕia^{53} 白 / sei^{53} 白 / sɤ^{53} 文	tʂʅ^{53}	tʂʅ^{12}
广灵	tsʅ^{31}	tsʅ^{31}	tsʰɛe^{53} 白 / tsʰɤ^{53} 文	tsʰɛe^{53} 白 / tsʰɤ^{53} 文	sɤ^{53}	sɛe^{53}	tsʅ^{53}	tsʅ^{53}

字目	食	蚀	识	饰	式	植	极	忆
中古音 / 方言点	乘力 曾开三 入职船	乘力 曾开三 入职船	赏职 曾开三 入职书	赏职 曾开三 入职书	赏职 曾开三 入职书	常职 曾开三 入职禅	渠力 曾开三 入职群	於力 曾开三 入职影
北京	ʂʅ^{35}	ʂʅ^{35}	ʂʅ^{35}	ʂʅ^{51}	ʂʅ^{51}	tʂʅ^{35}	tɕi^{35}	i^{51}
小店	səʔ$^{\underline{54}}$	səʔ$^{\underline{54}}$	səʔ$^{\underline{54}}$	səʔ^{1}	səʔ$^{\underline{54}}$	tsəʔ^{1}	tɕiəʔ^{1}	i^{24}
尖草坪	səʔ$^{\underline{43}}$	səʔ$^{\underline{43}}$	səʔ^{2}	səʔ^{2}	səʔ^{2}	tsəʔ$^{\underline{43}}$	tɕiəʔ$^{\underline{43}}$	i^{35}
晋源	səʔ$^{\underline{43}}$	səʔ^{2}	səʔ^{2}	səʔ^{2}	səʔ^{2}	tsəʔ^{2}	tɕiəʔ^{2}	i^{35}
阳曲	səʔ^{4}	səʔ^{4}	səʔ^{4}	səʔ^{4}	səʔ$^{\underline{212}}$	tsəʔ^{4}	tɕiɛʔ^{4}	i^{454}
古交	səʔ$^{\underline{312}}$	səʔ$^{\underline{312}}$	səʔ^{4}	səʔ^{4}	səʔ^{4}	tsəʔ$^{\underline{312}}$	tɕiəʔ$^{\underline{312}}$	i^{53}
清徐	səʔ$^{\underline{54}}$	səʔ$^{\underline{54}}$	səʔ^{1}	səʔ^{1}	səʔ^{1}	tsəʔ$^{\underline{54}}$	tɕiəʔ$^{\underline{54}}$	i^{45}
娄烦	səʔ$^{\underline{21}}$	səʔ^{3}	səʔ^{3}	səʔ^{3}	səʔ^{3}	tsəʔ^{3}	tɕiəʔ^{3}	i^{54}
榆次	səʔ$^{\underline{53}}$	səʔ$^{\underline{53}}$	səʔ$^{\underline{53}}$	səʔ$^{\underline{53}}$	səʔ$^{\underline{53}}$	tsəʔ^{1}	tɕiəʔ^{1}	i^{35}
交城	səʔ$^{\underline{53}}$	səʔ$^{\underline{53}}$	səʔ$^{\underline{53}}$	səʔ$^{\underline{53}}$	səʔ$^{\underline{53}}$	tsəʔ^{1}	tɕiəʔ^{1}	i^{24}
文水	səʔ$^{\underline{312}}$	səʔ$^{\underline{312}}$	səʔ^{2}	səʔ^{2}/sɿ^{35}	səʔ$^{\underline{312}}$	tsəʔ^{2}	tɕiəʔ^{2}	ɿ^{35}
祁县	ʂəʔ$^{\underline{324}}$	ʂəʔ$^{\underline{324}}$	ʂəʔ$^{\underline{324}}$	ʂəʔ$^{\underline{32}}$	ʂəʔ$^{\underline{32}}$	tʂəʔ$^{\underline{32}}$	tɕiəʔ$^{\underline{32}}$	ɿ^{45}
太谷	səʔ$^{\underline{423}}$	səʔ^{3}	səʔ$^{\underline{423}}$	səʔ^{3}	səʔ^{3}	tsəʔ^{3}	tɕiəʔ^{3}	i^{53}
平遥	ʂʌʔ$^{\underline{523}}$	ʂʌʔ$^{\underline{523}}$	ʂʌʔ$^{\underline{212}}$	ʂʌʔ$^{\underline{212}}$	ʂʌʔ$^{\underline{212}}$	tʂʌʔ$^{\underline{212}}$	tɕiʌʔ$^{\underline{523}}$	i^{24}
孝义	ʂəʔ$^{\underline{423}}$	ʂəʔ^{3}	ʂaʔ^{3}	ʂaʔ^{3}	ʂaʔ^{3}	tʂəʔ^{3}	tɕiəʔ^{3}	i^{454}
介休	ʂʌʔ$^{\underline{312}}$	ʂʌʔ$^{\underline{12}}$	ʂʌʔ$^{\underline{12}}$	ʂʌʔ$^{\underline{12}}$	ʂʌʔ$^{\underline{312}}$	tʂʌʔ$^{\underline{12}}$	tɕiʌʔ$^{\underline{12}}$	i^{45}
灵石	ʂəʔ$^{\underline{212}}$	ʂəʔ^{4}	ʂəʔ^{4}	ʂəʔ^{4}	ʂəʔ^{4}	tsəʔ^{4}	tɕiəʔ$^{\underline{212}}$	i^{53}
盂县	səʔ$^{\underline{53}}$	səʔ$^{\underline{53}}$	səʔ^{2}	səʔ$^{\underline{53}}$	səʔ^{2}	tsəʔ^{2}	tɕiəʔ^{2}	i^{55}
寿阳	səʔ$^{\underline{54}}$	səʔ$^{\underline{54}}$	səʔ$^{\underline{54}}$	səʔ^{2}	səʔ$^{\underline{54}}$	tsəʔ$^{\underline{54}}$	tɕiəʔ$^{\underline{54}}$	zɿ^{45}
榆社	səʔ$^{\underline{312}}$	səʔ$^{\underline{312}}$	səʔ^{2}	səʔ^{2}	səʔ^{2}	tsəʔ$^{\underline{312}}$	tɕiəʔ^{2}	zɿ^{45}
离石	səʔ$^{\underline{23}}$	səʔ$^{\underline{23}}$	səʔ^{4}	səʔ^{4}	səʔ^{4}	tsəʔ^{4}	tɕieʔ^{4}	zɿ^{53}
汾阳	ʂəʔ$^{\underline{312}}$	ʂəʔ$^{\underline{312}}$	ʂəʔ^{2}	ʂəʔ^{2}	ʂəʔ^{2}	tʂəʔ^{2}	tɕieʔ^{2}	zɿ^{55}
中阳	səʔ$^{\underline{312}}$	səʔ$^{\underline{312}}$	səʔ^{4}	səʔ^{4}	səʔ^{4}	tsəʔ^{4}	tɕieʔ^{4}	i^{53}
柳林	səʔ$^{\underline{423}}$	səʔ$^{\underline{423}}$	səʔ^{4}	səʔ^{4}	səʔ^{4}	tsəʔ^{4}	tɕiɛʔ$^{\underline{423}}$	i^{53}
方山	ʂəʔ$^{\underline{23}}$	ʂəʔ$^{\underline{23}}$	ʂəʔ$^{\underline{23}}$	ʂəʔ^{4}	ʂəʔ^{4}	tʂəʔ^{4}	tɕiɛʔ^{4}	i^{52}
临县	ʂɐʔ$^{\underline{24}}$	ʂɐʔ$^{\underline{24}}$	ʂɐʔ^{3}	ʂɐʔ^{3}	ʂɐʔ^{3}	tʂɐʔ^{3}	tɕiɐʔ^{3}	i^{52}
兴县	ʂəʔ^{5}	ʂəʔ^{5}	ʂəʔ^{5}	ʂəʔ^{5}	ʂəʔ^{5}	tʂəʔ^{5}	tɕiəʔ^{5}	i^{53}
岚县	səʔ^{4}	səʔ^{4}	səʔ^{4}	səʔ^{4}	səʔ^{4}	tsəʔ^{4}	tɕiəʔ^{4}	i^{53}
静乐	səʔ$^{\underline{212}}$	səʔ^{4}	səʔ$^{\underline{212}}$	səʔ$^{\underline{212}}$	səʔ$^{\underline{212}}$	tsəʔ$^{\underline{212}}$	tɕiəʔ^{4}	i^{53}
交口	səʔ$^{\underline{212}}$	səʔ$^{\underline{212}}$	səʔ^{4}	səʔ^{4}	səʔ^{4}	tsəʔ^{4}/səʔ$^{\underline{212}}$	tɕieʔ$^{\underline{212}}$	i^{53}
石楼	ʂəʔ$^{\underline{213}}$	ʂəʔ^{4}/ʂə$^{\underline{213}}$	tʂəʔ^{4}	ʂəʔ^{4}	ʂəʔ^{4}	tʂəʔ^{4}	tɕiəʔ^{4}	i^{51}

续表

字目	食	蚀	识	饰	式	植	极	忆
中古音／方言点	乘力 曾开三 入职船	乘力 曾开三 入职船	赏职 曾开三 入职书	赏职 曾开三 入职书	赏职 曾开三 入职书	常职 曾开三 入职禅	渠力 曾开三 入职群	於力 曾开三 入职影
隰县	səʔ^{3}	səʔ^{3}	səʔ^{3}	səʔ^{3}	səʔ^{3}	tsəʔ^{3}	tɕiəʔ^{3}	i^{44}
大宁	ʂəʔ^{4}	ʂəʔ^{4}	ʂəʔ$^{\underline{31}}$	ʂəʔ^{4}	ʂəʔ$^{\underline{31}}$	tʂʰəʔ^{4}	tɕiəʔ^{4}	i^{55}
永和	ʂəʔ$^{\underline{312}}$	ʂəʔ$^{\underline{312}}$	ʂəʔ$^{\underline{312}}$	ʂəʔ$^{\underline{312}}$	ʂəʔ$^{\underline{312}}$	——	tɕiəʔ$^{\underline{35}}$	i^{53}
汾西	səʔ^{3}/ tsʰyəʔ^{3} 白	səʔ^{3}	səʔ^{1}	səʔ^{1}	səʔ^{1}	tsʰəʔ^{3}	tɕʰiəʔ^{3} 白 / tɕiəʔ^{3}	niəʔ^{1} 白 / ʑ^{55} 文
蒲县	ʂəʔ^{3}	ʂʅ^{52}	ʂʅ^{52}	ʂʅ^{33}	ʂəʔ$^{\underline{43}}$	tʂʅ^{24}	tɕi^{24}	i^{33}
潞州	səʔ$^{\underline{53}}$	səʔ$^{\underline{53}}$	səʔ$^{\underline{53}}$	səʔ$^{\underline{53}}$	səʔ$^{\underline{53}}$	tsəʔ$^{\underline{53}}$	tɕiəʔ$^{\underline{53}}$	i^{44}
上党	ɕiəʔ$^{\underline{21}}$	ɕiəʔ$^{\underline{21}}$	ɕiəʔ$^{\underline{21}}$	ɕiəʔ$^{\underline{21}}$	ɕiəʔ$^{\underline{21}}$	tɕiəʔ$^{\underline{21}}$	tɕiəʔ$^{\underline{21}}$	iəʔ$^{\underline{21}}$
长子	səʔ^{4}	səʔ^{4}	səʔ^{4}	səʔ^{4}	səʔ^{4}	tsəʔ$^{\underline{212}}$	tɕiəʔ^{4}	i^{53}
屯留	səʔ$^{\underline{54}}$	səʔ$^{\underline{54}}$	səʔ^{1}	səʔ^{1}	səʔ^{1}	tsəʔ^{1}	tɕiəʔ^{1}	i^{11}
襄垣	sʌʔ$^{\underline{43}}$	sʌʔ$^{\underline{43}}$	sʌʔ^{3}	sʌʔ^{3}	sʌʔ^{3}	tsʌʔ$^{\underline{43}}$	tɕiʌʔ^{3}	i^{53}
黎城	ɕiɤʔ$^{\underline{31}}$	ɕiɤʔ^{2}	ɕiɤʔ^{31}	ɕiɤʔ^{2}	ɕiɤʔ^{2}	tɕiɤʔ^{2}	ciɤʔ^{2}	i^{53}
平顺	ɕiəʔ$^{\underline{423}}$	ɕiəʔ$^{\underline{423}}$	ɕiəʔ$^{\underline{212}}$	ɕiəʔ$^{\underline{212}}$	ɕiəʔ$^{\underline{212}}$	tɕiəʔ$^{\underline{423}}$	ciəʔ$^{\underline{423}}$	i^{53}
壶关	ʃiəʔ$^{\underline{21}}$	ʃiəʔ$^{\underline{21}}$	ʃiəʔ^{2}	ʃiəʔ^{2}	ʃiəʔ^{2}	tʃiəʔ$^{\underline{21}}$	ciəʔ$^{\underline{21}}$	i^{42}
沁县	səʔ$^{\underline{31}}$	səʔ$^{\underline{31}}$	səʔ$^{\underline{31}}$	səʔ$^{\underline{31}}$	səʔ$^{\underline{31}}$	tsəʔ$^{\underline{31}}$	tɕiəʔ$^{\underline{212}}$	zʅ^{53}
武乡	səʔ$^{\underline{423}}$	səʔ^{3}	səʔ^{3}	səʔ^{3}	səʔ^{3}	tsəʔ^{3}	tɕiəʔ^{3}	——
沁源	ʂəʔ$^{\underline{31}}$	ʂəʔ$^{\underline{31}}$	ʂəʔ$^{\underline{31}}$	ʂəʔ$^{\underline{31}}$	ʂəʔ$^{\underline{31}}$	tʂəʔ$^{\underline{31}}$	tɕiəʔ$^{\underline{31}}$	i^{53}
安泽	sʅ^{35}	sʅ^{35}	sʅ^{35}	sʅ^{53}	sʅ^{35}/sʅ^{53}	tsʅ^{35}	tɕi^{35}	i^{53}
沁水端氏	səʔ$^{\underline{54}}$	səʔ$^{\underline{54}}$	səʔ$^{\underline{54}}$	səʔ$^{\underline{54}}$	sʅ^{53}	tsəʔ^{2}	tɕiəʔ^{2}	i^{53}
阳城	ʂəʔ^{2}	ʂəʔ^{2}	ʂəʔ^{2}	ʂəʔ^{2}	ʂəʔ^{2}	tʂəʔ^{2}	ciəʔ^{2}	i^{51}
高平	ʂəʔ^{2}	ʂəʔ^{2}	ʂəʔ^{2}	ʂəʔ^{2}	ʂəʔ^{2}	tʂəʔ^{2}	ciəʔ^{2}	i^{53}
陵川	ɕiəʔ$^{\underline{23}}$	ɕiəʔ$^{\underline{23}}$	ɕiəʔ^{3}	ɕiəʔ^{3}	ɕiəʔ^{3}	ɕiəʔ^{3}	ciəʔ$^{\underline{23}}$	i^{24}
晋城	ʂəʔ^{2}	ʂəʔ^{2}	ʂəʔ^{2}	ʂəʔ^{2}	ʂəʔ^{2}	tʂəʔ^{2}	tɕiəʔ^{2}	i^{53}
忻府	ʂəʔ$^{\underline{32}}$	ʂəʔ$^{\underline{32}}$	ʂəʔ$^{\underline{32}}$	ʂəʔ$^{\underline{32}}$	ʂəʔ$^{\underline{32}}$	tʂəʔ$^{\underline{32}}$	tɕiəʔ$^{\underline{32}}$	i^{53}
原平	ʂəʔ$^{\underline{34}}$	ʂəʔ$^{\underline{34}}$	ʂəʔ$^{\underline{34}}$	ʂəʔ$^{\underline{34}}$	ʂəʔ$^{\underline{34}}$	tʂəʔ$^{\underline{34}}$	tɕiəʔ$^{\underline{34}}$	i^{53}
定襄	ʂəʔ^{1}	ʂəʔ^{1}	səʔ^{1}	səʔ^{1}	səʔ^{1}	tʂəʔ^{1}	tɕiəʔ^{1}	i^{53}
五台	səʔ^{1}	——	səʔ^{1}	səʔ^{1}	səʔ^{1}	tsəʔ^{1}	tɕiəʔ^{1}	i^{52}
岢岚	ʂəʔ^{4}	ʂəʔ^{4}	ʂəʔ^{4}	ʂəʔ^{4}	ʂəʔ^{4}	tʂəʔ^{4}	tɕiɛʔ^{4}	i^{52}
五寨	səʔ^{4}	səʔ^{4}	səʔ^{4}	səʔ^{4}	səʔ^{4}	tsəʔ^{4}	tɕiəʔ^{4}	i^{52}
宁武	səʔ^{4}	——	səʔ^{4}	səʔ^{4}	səʔ^{4}	tsəʔ^{4}	tɕiəʔ^{4}	i^{52}
神池	səʔ^{4}	səʔ^{4}	səʔ^{4}	səʔ^{4}	səʔ^{4}	tsəʔ^{4}	tɕiəʔ^{4}	əʔ

续表

字目	食	蚀	识	饰	式	植	极	忆
中古音 / 方言点	乘力 曾开三 入职船	乘力 曾开三 入职船	赏职 曾开三 入职书	赏职 曾开三 入职书	赏职 曾开三 入职书	常职 曾开三 入职禅	渠力 曾开三 入职群	於力 曾开三 入职影
繁峙	səʔ$^{\underline{13}}$	səʔ$^{\underline{13}}$	səʔ$^{\underline{13}}$	səʔ$^{\underline{13}}$	səʔ$^{\underline{13}}$	tsəʔ$^{\underline{13}}$	tɕiəʔ$^{\underline{13}}$	i^{24}
代县	səʔ^{2}	sɤ^{44}	səʔ^{2}	səʔ^{2}	səʔ^{2}	tsəʔ^{2}	tɕiəʔ^{2}	i^{53}
河曲	ʂʅ^{4}	ʂəʔ^{4}	ʂəʔ^{4}	ʂəʔ^{4}	ʂəʔ^{4}	tʂəʔ^{4}	tɕiəʔ^{4}	i^{52}
保德	ʂəʔ^{4}	ʂəʔ^{4}	ʂəʔ^{4}	ʂəʔ^{4}	ʂəʔ^{4}	tʂʰəʔ^{4}	tɕiəʔ^{4}	i^{52}
偏关	ʂəʔ^{4}	ʂəʔ^{4}	ʂəʔ^{4}	ʂəʔ^{4}	ʂəʔ^{4}	tʂəʔ^{4}	tɕiəʔ^{4}	ɿ^{52}
朔城	ʂəʔ$^{\underline{35}}$	sɿ$^{\underline{35}}$	ʂəʔ$^{\underline{35}}$	ʂəʔ$^{\underline{35}}$	ʂəʔ$^{\underline{35}}$	tʂəʔ$^{\underline{35}}$	tɕiəʔ$^{\underline{35}}$	i^{53}
平鲁	sɿ^{44}/səʔ$^{\underline{34}}$	sɿ^{44}/səʔ$^{\underline{34}}$	səʔ$^{\underline{34}}$	səʔ$^{\underline{34}}$	səʔ$^{\underline{34}}$	tsəʔ$^{\underline{34}}$	tɕiəʔ$^{\underline{34}}$	i^{213}
应县	sɿ^{31}/siɛʔ$^{\underline{43}}$	səʔ$^{\underline{43}}$	səʔ$^{\underline{43}}$	səʔ$^{\underline{43}}$	səʔ$^{\underline{43}}$	tsəʔ$^{\underline{43}}$	tɕiɛʔ$^{\underline{43}}$	i^{24}
灵丘	səʔ^{5}	sɿ^{31}	səʔ^{5}	sɿ^{53}	sɿ^{442}	tsəʔ^{5}	tɕiəʔ^{5}	i^{53}
浑源	sɿ^{22}/səʔ^{4}	sɿ^{22}	səʔ^{4}	səʔ^{4}	səʔ^{4}	tsəʔ^{4}	tɕiəʔ^{4}	i^{13}
云州	ʂəʔ^{4} 白 / ʂʅ$^{\underline{312}}$ 文	ʂəʔ^{4}	ʂəʔ^{4}	ʂəʔ^{4}	ʂəʔ^{4}	tʂəʔ^{4}	tɕiəʔ^{4}	i^{24}
新荣	ʂəʔ^{4}/ʂʅ$^{\underline{312}}$	ʂəʔ^{4}/ʂʅ$^{\underline{312}}$	ʂəʔ^{4}	ʂəʔ^{4}	ʂəʔ^{4}	tʂəʔ^{4}	tɕiəʔ^{4}	i^{24}
怀仁	səʔ^{4}	sɿ$^{\underline{312}}$	səʔ^{4}	səʔ^{4}	səʔ^{4}	tsəʔ^{4}	tɕiəʔ^{4}	i^{24}
左云	səʔ^{4}	səʔ^{4}	səʔ^{4}	səʔ^{4}	səʔ^{4}	tsəʔ^{4}	tɕiəʔ^{4}	i^{24}
右玉	ʂəʔ^{4}	ʂəʔ^{4}	ʂəʔ^{4}	ʂəʔ^{4}	ʂəʔ^{4}	tʂəʔ^{4}	tɕiəʔ^{4}	i^{24}
阳高	sɿ$^{\underline{312}}$/səʔ^{3}	səʔ^{3}	səʔ^{3}	səʔ^{3}	səʔ^{3}	tsəʔ^{3}	tɕiəʔ^{3}	i^{24}
山阴	ʂəʔ^{4}	ʂəʔ^{4}	——	sɿ^{335}	sɿ^{335}	tʂəʔ^{4}	tɕiəʔ^{4}	i^{335}
天镇	səʔ^{4}	səʔ^{4}	səʔ^{4}	səʔ^{4}	səʔ^{4}	tsəʔ^{4}	tɕiəʔ^{4}	i^{24}
平定	ʂʅ^{44}/ʂəʔ^{4}	ʂəʔ^{4}	ʂəʔ^{4}	ʂəʔ^{4}	ʂəʔ^{4}	tʂəʔ^{4}	tɕiəʔ^{4}	i^{24}
昔阳	ʂʌʔ$^{\underline{43}}$/ʂʅ^{33}	ʂʌʔ$^{\underline{43}}$	ʂʌʔ$^{\underline{43}}$	sɿ^{13}	sɿ^{13}	tʂʌʔ$^{\underline{43}}$	tɕiʌʔ$^{\underline{43}}$	i^{13}
左权	——	ʂəʔ^{1}	ʂəʔ^{1}	ʂəʔ^{1}	ʂəʔ^{1}	tʂəʔ^{1}	tɕieʔ^{1}	i^{53}
和顺	ʂəʔ$^{\underline{21}}$	ʂəʔ$^{\underline{21}}$	ʂəʔ$^{\underline{21}}$	sɿ^{13}	sɿ^{13}	tʂəʔ$^{\underline{21}}$	tɕieʔ$^{\underline{21}}$	i^{13}
尧都	ʂʅ^{24}	ʂʅ^{24}	ʂʅ^{21}	ʂʅ^{21}	ʂʅ^{21}	tʂʅ^{24}	tɕi^{24}	i^{21}
洪洞	ʂʅ^{24}	ʂʅ^{24}	ʂʅ^{21}	ʂʅ^{21}	ʂʅ^{33}	tʂʰʅ^{24} 白 / tʂʅ^{24} 文	tɕi^{24}	i^{53}
洪洞赵城	ʂʅ^{21}	ʂʅ^{21}	ʂʅ^{21}	ʂʅ^{21}	ʂʅ^{21}	tʂʅ^{21}	tɕi^{21}	i^{21}
古县	ʂʅ^{35}	ʂʅ^{35}	ʂʅ^{21}	ʂʅ^{21}	ʂʅ^{21}	tʂʰʅ^{35} 白 / tʂʅ^{35} 文	tɕi^{35}	i^{21}
襄汾	ʂʅ^{24}	——	ʂʅ^{21}	ʂʅ^{21}	ʂʅ^{21}	tʂʅ^{24}	tɕi^{24}	i^{21}
浮山	ʂʅ^{13}	——	ʂʅ^{42}	ʂʅ^{42}	ʂʅ^{42}	tʂʅ^{13}	tɕi^{13}	i^{42}
霍州	ʂʅ^{35}	ʂʅ^{35}	ʂʅ^{212}	ʂʅ^{212}	ʂʅ^{212}	tʂʅ^{35}	tɕi^{35}	i^{53}

续表

字目	食	蚀	识	饰	式	植	极	忆
中古音 方言点	乘力 曾开三 入职船	乘力 曾开三 入职船	赏职 曾开三 入职书	赏职 曾开三 入职书	赏职 曾开三 入职书	常职 曾开三 入职禅	渠力 曾开三 入职群	於力 曾开三 入职影
翼城	ʂʅ^{12}	ʂʅ^{44}	ʂʅ^{12}	ʂʅ^{53}	ʂʅ^{53}	tʂʅ^{12}	tɕi^{12}	i^{53}
闻喜	sɿ^{53}	——	sɿ^{53}	sɿ^{53}	sɿ^{53}	tsʰɿ^{13} 白 /	tɕi^{13}	——
侯马	ʂʅ^{213}	ʂʅ^{213}	ʂʅ^{213}	ʂʅ^{53}	ʂʅ^{53}	tʂʅ^{213}	tɕi^{213}	i^{53}
新绛	ʂʅ^{13}	ʂʅ^{13}	ʂʅ^{13}	sɿ^{53}	ʂʅ^{53}	tʂʰʅ^{13}	tɕi^{13}	i^{53}
绛县	ʂʅ^{24}	ʂʅ^{24}	ʂʅ^{53}	ʂʅ^{53}	ʂʅ^{53}	tʂʰʅ^{53}	tɕi^{24}	i^{53}
垣曲	ʂʅ^{44}	ʂʅ^{22}	ʂʅ^{22}	ʂʅ^{53}	ʂʅ^{53}	tʂʰʅ^{22}	tɕi^{22}	i^{53}
夏县	ʂʅ^{42}	ʂʅ^{42}	ʂʅ^{42}	ʂʅ^{31}	ʂʅ^{31}	tʂʰʅ^{42} 白 / tʂʅ^{42} 文	tɕi^{42}	i^{31}
万荣	ʂʅ^{213}	ʂʅ^{213}	ʂʅ^{51}	ʂʅ^{51}	ʂʅ^{51}	tʂʰʅ^{213}	tɕi^{213}	i^{33}
稷山	ʂʅ^{13}	ʂʅ^{13}	ʂʅ^{13}	ʂʅ^{53}	ʂʅ^{53}	tʂʅ^{13}	tɕi^{13}	i^{53}
盐湖	ʂʅ^{13}	ʂʅ^{13}	ʂʅ^{13}	ʂʅ^{42}	ʂʅ^{42}	tʂʅ^{13}	tɕi^{13}	i^{42}
临猗	ʂʅ^{13}	ʂʅ^{13}	ʂʅ^{13}	ʂʅ^{44}	ʂʅ^{42}	tʂʰʅ^{13} 白 / tʂʅ^{13} 文	tɕʰi^{13} 白 / tɕi^{13} 文	i^{44}
河津	ʂʅ^{324}	ʂʅ^{324}	ʂʅ^{324}	ʂʅ^{31}	ʂʅ^{324}	tʂʰʅ^{324} 白 / tʂʅ^{324} 文	tɕi^{324}	i^{44}
平陆	ʂʅ^{13}	ʂʅ^{13}	ʂʅ^{31}	ʂʅ^{31}	ʂʅ^{33}	tʂʰʅ^{13} 白 / tʂʅ^{13} 文	tɕʰi^{13} 白 / tɕi^{13} 文	i^{33}
永济	ʂʅ^{24}	ʂʅ^{31}	ʂʅ^{31}	ʂʅ^{31}	ʂʅ^{31}	tʂʰʅ^{24}	tɕʰi^{24}	i^{44}
芮城	ʂʅ^{13}	ʂʅ^{13}	ʂʅ^{13}	ʂʅ^{42}	ʂʅ^{42}	tʂʰʅ^{13}	tɕʰi^{13} 白 / tɕi^{13} 文	i^{44}
吉县	ʂʅ^{13}	ʂʅ^{13}	ʂʅ^{423}	ʂʅ^{13}	ʂʅ^{423}	tʂʰʅ^{13}	tɕi^{13}	i^{33}
乡宁	ʂʅ^{12}	ʂʅ^{12}	ʂʅ^{53}	ʂʅ^{53}	ʂʅ^{53}	tʂʅ^{12}	tɕi^{12}	i^{53}
广灵	sɿ^{31}	sɿ^{31}	sɿ^{31}	sɿ^{31}/sɿ^{213}	sɿ^{44}	tsɿ^{31}	tɕi^{31}	i^{44}

字目	亿	抑	翼	域	彭	膨	盲	撑支~
中古音 方言点	於力 曾开三 入职影	於力 曾开三 入职影	与职 曾开三 入职以	雨逼 曾合三 入职云	薄庚 梗开二 平庚並	薄庚 梗开二 平庚並	武庚 梗开二 平庚明	丑庚 梗开二 平庚彻
北京	i^{51}	i^{51}	i^{51}	y^{51}	pʰəŋ^{35}	pʰəŋ^{35}	maŋ^{35}	tʂʰəŋ^{55}
小店	i^{24}	i^{24}	iəʔ^{1}	yəʔ^{1}	pʰəŋ^{11}	pʰəŋ^{11}	mo^{11}	tsʰəŋ^{11}
尖草坪	i^{35}	iəʔ^{2}	i^{35}	y^{35}	pʰʌŋ^{33}	pʰʌŋ^{33}	mɔ^{33}	tsʰɿ^{33} 白 / tsʰʌŋ^{33} 文
晋源	i^{35}	i^{35}	i^{35}	yəʔ^{2}	pʰəŋ^{11}	pʰəŋ^{11}	maŋ^{11}	tsʰəŋ^{11}
阳曲	i^{454}	i^{454}	i^{454}	yɛʔ^{4} 白 / y^{454} 文	pʰə̃^{43}	pʰə̃^{43}	mɔ^{43}	tsʰə̃^{43}
古交	i^{53}	iəʔ^{4}	iəʔ^{4}	yəʔ^{4}	pʰəŋ^{44}	pʰəŋ^{44}	mɔ^{44}	tsʰəŋ^{44}
清徐	i^{45}	i^{45}	i^{45}	yəʔ^{1}	pʰəŋ^{11}	pʰəŋ^{11}	mɒ^{11}	tsʰɿ^{11} 白 / tsʰəŋ^{11} 文
娄烦	i^{54}	i^{54}	i^{54}	yəʔ^{3}	pʰəŋ^{33}	pʰəŋ^{33}	mə^{33}	tsʰəŋ^{33}
榆次	i^{35}/iəʔ^{1}	iəʔ^{1}	iəʔ^{1}	y^{35}/yəʔ^{1}	pʰɣ̃^{11}	pʰɣ̃^{11}	mɒ^{11}	tsʰɣ̃^{11}
交城	i^{24}	iaʔ^{1}	i^{24}	yəʔ^{1}	pʰə̃^{11}	pʰə̃^{11}	mɤ^{11}	tsʰə̃^{11}
文水	ɿ^{35}	iəʔ^{2}	ɿ^{35}	yəʔ^{2}	pʰɔŋ^{22}	pʰɔŋ^{22}	maŋ^{22}	tsɔŋ^{22}
祁县	ɿ^{45}	iəʔ$^{\underline{32}}$	ɿ^{45}	yəʔ$^{\underline{32}}$	pʰɔõ^{31}	pʰɔõ^{31}	mɑ̃^{31}	tʂʰɔõ^{31}
太谷	i^{53}	iəʔ^{3}	i^{53}	yəʔ^{3}	pʰə̃^{33}	pʰə̃^{33}	muo^{33}	tsʰə̃^{33}
平遥	i^{24}	i^{213}	i^{24}	yəʔ$^{\underline{212}}$	pʰəŋ^{213}	pʰəŋ^{213}	mɑ̃^{213}	tsəŋ^{213}
孝义	i^{454}	i^{454}	i^{454}	yəʔ$^{\underline{423}}$	pʰə̃^{33}	pʰə̃^{33}	mɑ̃^{33}	tsʰə̃^{33}
介休	i^{45}	iʌʔ$^{\underline{12}}$	i^{45}	yʌʔ$^{\underline{12}}$	pʰəŋ^{13}	pʰəŋ^{13}	mæ̃^{13}	tʂʰəŋ^{13}
灵石	i^{53}	i^{53}	i^{53}	y^{53}	pʰəŋ^{44}	pʰəŋ^{44}	mɒ̃^{44}	tsʰəŋ^{535}
盂县	i^{55}	iəʔ^{2}	i^{55}	yəʔ^{2}	pʰə̃^{22}	pʰə̃^{22}	mæ̃^{22}	tsʰə̃^{412}
寿阳	zɿ^{45}	iəʔ^{2}	zɿ^{45}	yəʔ^{2}	pʰə̃^{22}	pʰə̃^{22}	mɒo^{22}	tsʰə̃^{31}
榆社	zɿ^{45}	——	zɿ^{45}	yəʔ^{2}	pʰɛɪ^{22}	pʰɛɪ^{22}	mɔu^{22}	tsʰɛɪ^{22}
离石	zɿ^{53}	ieʔ^{4}	zɿ^{53}	yeʔ^{4}	pʰəŋ^{44}	pʰəŋ^{44}	muə^{44}	tsʰəŋ^{24}
汾阳	zɿ^{55}	ieʔ^{2}	zɿ^{55}	yaʔ^{2}	pʰəŋ^{22}	pʰəŋ^{22}	muɔ^{22}	tʂʰəŋ^{324}
中阳	i^{53}	ieʔ^{4}	i^{53}	yeʔ^{4}	pʰə̃^{33}	pʰə̃^{33}	mɒ^{33}	tsʰə̃^{24}
柳林	i^{53}	i^{53}	i^{53}	yɛʔ^{4}	pʰə̃^{44}	pʰə̃^{44}	mo^{44}	tsʰə̃^{24}
方山	i^{52}	i^{52}	i^{52}	yɛʔ^{4}	pʰə̃ŋ^{44}	pʰə̃ŋ^{44}	muə^{44}	tsʰə̃ŋ^{24}
临县	i^{52}	iɐʔ^{3}	i^{52}	yɐʔ^{3}	pʰə̃^{33}	pʰə̃^{33}	muɤ^{33}	tsʰə̃^{24}
兴县	i^{53}	i^{53}	i^{53}	yəʔ^{5}	pʰəŋ^{55}	pʰəŋ^{55}	mɤ^{55}	——
岚县	i^{53}	i^{53}	i^{53}	yəʔ^{4}	pʰəŋ^{44}	pʰəŋ^{44}	muə^{44}	tsʰəŋ^{214}
静乐	i^{53}	iəʔ^{4}	i^{53}	yəʔ^{4}	pʰɣ̃^{33}	pʰɣ̃^{33}	mɑ̃^{33}	tsʰɣ̃^{24}
交口	i^{53}	i^{53}	i^{53}	yeʔ^{4}	pʰəŋ^{44}	pʰəŋ^{44}	mɑ̃^{44}	tsʰəŋ^{323}

续表

字目	亿	抑	翼	域	彭	膨	盲	撑文~
中古音 / 方言点	於力 曾开三 入职影	於力 曾开三 入职影	与职 曾开三 入职以	雨逼 曾合三 入职云	薄庚 梗开二 平庚並	薄庚 梗开二 平庚並	武庚 梗开二 平庚明	丑庚 梗开二 平庚彻
石楼	i^{51}	i^{51}	iəʔ^{4}白/i^{51}文	y^{51}	pʰəŋ^{44}	pʰəŋ^{44}	maŋ^{44}	tsʰəŋ^{213}
隰县	i^{44}	iəʔ^{3}	i^{44}	y^{44}	pʰəŋ^{24}	pʰəŋ^{24}	maŋ^{24}	tsʰəŋ^{53}
大宁	i^{55}	niəʔ^{31}白	i^{55}	yəʔ$^{\underline{31}}$	pʰəŋ^{24}	pʰəŋ^{24}	——	tsʰəŋ^{31}
永和	i^{53}	i^{312}	i^{53}	yəʔ$^{\underline{35}}$	pʰəŋ^{33}	pʰəŋ^{33}	mã^{35}	tsʰəŋ^{33}
汾西	ʑ^{55}文	——	——	yəʔ^{1}	pʰəŋ^{35}	pʰəŋ^{35}	mã^{35}	tsəŋ^{11}
蒲县	i^{33}	i^{33}	i^{33}	y^{33}	pʰəŋ^{24}	pʰəŋ^{24}	mɑŋ^{24}	tʂʰəŋ^{52}
潞州	i^{44}	i^{44}	i^{54}	y^{54}	pʰəŋ^{24}	pʰəŋ^{24}	maŋ^{24}	tsʰəŋ^{312}
上党	iəʔ$^{\underline{21}}$	iəʔ$^{\underline{21}}$	iəʔ$^{\underline{21}}$	y^{42}	pʰəŋ^{44}	pʰəŋ^{44}	mɑŋ^{44}	tsʰəŋ^{213}
长子	i^{53}	i^{53}	i^{53}	y^{53}	pʰəŋ^{24}	pʰəŋ^{24}	maŋ^{24}	tsʰəŋ^{312}
屯留	i^{11}	i^{11}	i^{11}	y^{11}	pʰəŋ^{11}	pʰəŋ^{11}	mɑŋ^{31}	tsʰəŋ^{31}
襄垣	i^{53}	i^{53}	i^{53}	yʌʔ^{3}	pʰəŋ^{31}	pʰəŋ^{31}	mɒ^{31}	tsʰəŋ^{33}
黎城	i^{53}	iẽ^{213}	i^{53}	y^{53}	pʰəŋ^{53}	pʰəŋ^{53}	mɑŋ^{33}	tɕʰiəŋ^{33}
平顺	i^{53}	i^{53}	i^{53}	y^{53}	pʰəŋ^{13}	pʰəŋ^{13}	maŋ^{13}	tsʰəŋ^{213}
壶关	i^{42}	i^{353}	i^{353}	y^{353}	pʰəŋ^{13}	pʰəŋ^{13}	maŋ^{13}	tʂʰəŋ^{33}
沁县	zɿ^{53}	iəʔ$^{\underline{31}}$	zɿ^{53}	yəʔ$^{\underline{31}}$	pʰə̃^{33}	pʰə̃^{33}	mɔ^{33}	tsʰə̃^{224}
武乡	zɿ^{55}	——	——	yəʔ^{3}	pʰɐŋ^{33}	pʰɐŋ^{33}	mə̃^{33}	tsʰɐŋ^{113}
沁源	i^{53}	i^{53}	i^{53}	yəʔ$^{\underline{31}}$	pʰə̃^{33}	pʰə̃^{33}	muə^{33}	tʂʰə̃^{324}
安泽	i^{53}	i^{35}	i^{35}	y^{53}	pʰəŋ^{35}	pʰəŋ^{35}	mʌŋ^{35}	tsʰəŋ^{21}
沁水端氏	i^{53}	i^{53}	i^{53}	y^{53}	pʰoŋ^{24}	pʰoŋ^{24}	mɑŋ^{24}	tsɑŋ^{21}
阳城	i^{51}	i^{51}	i^{51}	y^{51}	pʰuoŋ^{22}	pʰuoŋ^{22}	muoŋ^{22}	tʂãŋ^{212}白/tʂʰãŋ^{224}文
高平	i^{53}	i^{53}	i^{53}	iəʔ^{2}	pʰə̃ŋ^{33}	pʰə̃ŋ^{33}	mə̃^{33}	tʂʰə̃ŋ^{33}
陵川	i^{24}	i^{24}	i^{24}	y^{24}	pʰəŋ^{53}	pʰəŋ^{53}	mɑŋ^{53}	tʂʰəŋ^{33}
晋城	i^{53}	i^{53}	i^{213}	y^{53}	pʰoŋ^{324}	pʰoŋ^{324}	mɒ̃^{324}	tʂʰẽ^{33}
忻府	i^{53}	iəʔ$^{\underline{32}}$	i^{53}	y^{53}	pʰəŋ^{21}	pʰəŋ^{21}	mã^{21}	tʂʰəŋ^{313}
原平	i^{53}	iəʔ$^{\underline{34}}$	i^{53}	yəʔ$^{\underline{34}}$	pʰəŋ^{33}	pʰəŋ^{33}	muɔ^{33}	tsʰəŋ^{213}
定襄	i^{53}	i^{53}	iəʔ^{1}	yəʔ^{1}	pʰəŋ^{11}	pʰəŋ^{11}	muə^{11}	tsʰəŋ^{24}
五台	i^{52}	iəʔ^{3}	i^{52}	yəʔ^{3}	pʰən^{33}	pʰən^{33}	mæn^{33}	tsʰən^{213}
岢岚	i^{52}	i^{52}	i^{52}	yɛʔ^{4}	pʰəŋ^{44}	pʰəŋ^{44}	mɔ^{44}	tsʰəŋ^{13}
五寨	i^{52}	i^{52}	i^{52}	yəʔ^{4}	pʰəɣ̃^{44}	pʰəɣ̃^{44}	mɒ^{44}	tsʰəɣ̃^{13}
宁武	i^{52}	iəʔ^{4}	i^{52}	yəʔ^{4}	pʰɤɯ^{33}	pʰɤɯ^{33}	mɒ^{33}	tsʰɤɯ^{23}

续表

字目	亿	抑	翼	域	彭	膨	盲	撑支~
中古音 方言点	於力 曾开三 入职影	於力 曾开三 入职影	与职 曾开三 入职以	雨逼 曾合三 入职云	薄庚 梗开二 平庚並	薄庚 梗开二 平庚並	武庚 梗开二 平庚明	丑庚 梗开二 平庚彻
神池	iəʔ^{4}	iəʔ^{4}	əʔ^{4}	yəʔ^{4}	pʰə^{24}	pʰə^{32}	mɒ^{32}	tsʰə^{24}
繁峙	i^{24}	i^{24}	i^{24}	yəʔ$^{\underline{13}}$	pʰəŋ^{31}	pʰəŋ^{31}	mɔ^{31}	tsʰəŋ^{53}
代县	i^{53}	iəʔ^{2}	i^{53}	yəʔ^{2}	pʰɤŋ^{44}	pʰɤŋ^{44}	muɔ^{44}	tsʰɤŋ^{213}
河曲	i^{52}	i^{52}	i^{52}	yəʔ^{4}	pʰɤŋ^{44}	pʰɤŋ^{44}	mɔu^{44}	tʂʰɤŋ^{213}
保德	i^{52}	i^{52}	i^{52}	y^{52}	pʰəŋ^{44}	pʰəŋ^{44}	mɔ^{44}	tʂʰəŋ^{213}
偏关	ɿ^{52}	ɿ^{52}	ɿ^{52}	yəʔ^{4}	pʰɤŋ^{44}	pʰɤŋ^{44}	mɒ^{44}	tsʰɤŋ^{24}
朔城	i^{53}	i^{53}	i^{53}	yəʔ^{35}	pʰə̃^{35}	pʰə̃^{35}	mɑ̃^{35}	tsʰə̃^{312}
平鲁	i^{213}	i^{213}/iəʔ$^{\underline{34}}$	——	yəʔ$^{\underline{34}}$	——	pʰəɯ^{44}	mɒ^{44}	tsʰəɯ^{213}
应县	i^{24}	i^{24}/iɛʔ$^{\underline{43}}$	i^{24}	y^{24}/yɛʔ$^{\underline{43}}$	pʰəŋ^{31}	pʰəŋ^{31}	maŋ^{31}	tsʰəŋ^{43}
灵丘	i^{53}	i^{53}	i^{53}	y^{53}	pʰəŋ^{31}	pʰəŋ^{31}	mɒ^{31}	tsʰəŋ^{442}
浑源	i^{13}	i^{13}	i^{13}	y^{13}	pʰə̃^{22}	pʰə̃^{22}	moʌ^{22}	tsʰə̃^{52}
云州	i^{24}	i^{24}	i^{24}	y^{24}	pʰəɣ^{312}	pʰəɣ^{312}	mɔ^{312}	tʂʰəɣ^{21}
新荣	i^{24}	i^{24}	i^{24}	y^{24}	pʰɤɣ^{312}	pʰɤɣ^{312}	mɔ^{312}	tʂʰɤɣ^{32}
怀仁	i^{24}	i^{24}	i^{24}	yəʔ^{4}	pʰəŋ^{312}	pʰəŋ^{312}	mɒ^{312}	tsʰəŋ^{42}
左云	i^{24}	i^{24}	i^{24}	yəʔ^{4}	pʰəɣ^{313}	pʰəɣ^{313}	mɒ^{313}	tsʰəɣ^{31}
右玉	i^{24}	iəʔ^{4}	i^{24}	yəʔ^{4}	pʰə̃ɣ^{212}	pʰə̃ɣ^{212}	mɒ^{212}	tsʰə̃ɣ^{31}
阳高	i^{24}	iəʔ^{3}	i^{24}	yəʔ^{3}	pʰəŋ^{312}	pʰəŋ^{312}	mɔ^{31}	tsʰəŋ^{31}
山阴	i^{335}	iəʔ^{4}	i^{335}	tɕyəʔ^{4}	pʰə̃^{313}	pʰə̃^{313}	mɒ^{313}	tsʰə̃^{313}
天镇	i^{24}	iəʔ^{4}	i^{24}	yəʔ^{4}	pʰɤɣ^{22}	pʰɤɣ^{22}	mɒ^{22}	tsʰɤɣ^{31}
平定	i^{24}	i^{24}	i^{24}	y^{24}	pʰɤŋ^{44}	pʰɤŋ^{44}	mɑŋ^{44}	tsʰɤŋ^{31}
昔阳	i^{13}	iʌʔ$^{\underline{43}}$	i^{13}	yʌʔ$^{\underline{43}}$	pʰəŋ^{33}	pʰəŋ^{33}	mɔ̃u^{33}	tʂʰəŋ^{42}
左权	i^{53}	i^{53}	i^{53}	y^{53}	pʰəŋ^{11}	pʰəŋ^{11}	mɔ^{11}	tsʰəŋ^{31}
和顺	i^{13}	i^{13}	i^{13}	yeʔ$^{\underline{21}}$	pʰəŋ^{22}	pʰəŋ^{22}	mɔ^{22}	tsʰəŋ^{42}
尧都	i^{21}	i^{21}	i^{21}	y^{21}	pʰəŋ^{24}	pʰəŋ^{24}	mɑŋ^{24}	tʂʰəŋ^{21}
洪洞	i^{21}	i^{1}	i^{53}	y^{21}	pʰeŋ^{24}	pʰeŋ^{24}	mɑŋ^{24}/ɑŋ^{21}	tsʰeŋ^{21}
洪洞赵城	i^{21}	i^{21}	i^{21}	y^{53}	pʰeŋ^{24}	pʰeŋ^{24}	mɑ̃^{24}	tʂʰeŋ^{21}
古县	i^{21}	——	i^{53}	y^{21}	pʰəŋ^{35}	pʰəŋ^{35}	mɑŋ^{35}	tsʰəŋ^{21}
襄汾	i^{21}	i^{21}	i^{21}/i^{24}	y^{21}	pʰeŋ^{21}	pʰeŋ^{21}	maŋ^{24}	tʂʰeŋ^{21}
浮山	i^{42}	i^{42}	i^{13}	y^{42}	pʰeŋ^{42}	pʰeŋ^{42}	maŋ^{13}	tʂʰeŋ^{42}
霍州	i^{53}	i^{53}	i^{53}	y^{53}	pʰəŋ^{35}	pʰəŋ^{35}	maŋ^{35}	tsʰəŋ^{212}
翼城	i^{53}	i^{53}	i^{53}	y^{53}	pʰəŋ^{12}	pʰəŋ^{12}	mɔ^{12}	tʂʰəŋ^{53}

续表

字目	亿	抑	翼	域	彭	膨	盲	撑文~
中古音 / 方言点	於力 曾开三 入职影	於力 曾开三 入职影	与职 曾开三 入职以	雨逼 曾合三 入职云	薄庚 梗开二 平庚並	薄庚 梗开二 平庚並	武庚 梗开二 平庚明	丑庚 梗开二 平庚彻
闻喜	——	i⁵³	i⁵³	——	pʰəŋ¹³	pʰəŋ¹³	mʌŋ¹³	tsʰəŋ⁵³
侯马	i⁵³	i⁵³	i⁵³	y⁵³	pʰəŋ²¹³	pʰəŋ²¹³	mɑŋ²¹³	tʂʰəŋ²¹³文 / tʂʰiɛ²¹³白
新绛	i⁵³	i⁵³	i⁵³	y⁵³	pʰəŋ¹³	pʰəŋ¹³	məŋ¹³	tʂʰəŋ⁵³
绛县	i⁵³	ȵi²⁴	i³¹	y³¹	pʰʌŋ²⁴	pʰʌŋ²⁴	mʌŋ²⁴	tʂʰʌŋ⁵³
垣曲	i⁵³	i⁵³	i⁵³	y⁵³	pʰəŋ²²	pʰəŋ²²	məŋ²²	tʂʰəŋ²¹³
夏县	i³¹	——	i³¹	y³¹	pʰəŋ⁴²	pʰəŋ⁴²	məŋ⁴²	tʂʰəŋ⁵³
万荣	i⁵¹	ȵi⁵¹	i⁵¹	y³³	pʰaŋ²¹³	pʰaŋ²¹³	maŋ²¹³	tsʰaŋ⁵¹
稷山	i⁵³	i⁵³	i⁵³	y⁵³	pʰʌŋ¹³	pʰʌŋ¹³	mʌŋ¹³	tʂʰʌŋ⁵³
盐湖	i⁴²	i⁴²	i⁴²	y⁴²	pʰəŋ¹³	pʰəŋ¹³	maŋ¹³	tʂʰəŋ⁴²
临猗	i⁴⁴	i⁴⁴	i⁴⁴	y⁴²	pʰəŋ¹³	pʰəŋ¹³	mɑŋ¹³	tsʰəŋ⁴²
河津	i⁴⁴	i³¹	i³¹	y⁴⁴	pʰəŋ³²⁴	pʰəŋ³²⁴	maŋ³²⁴	tsʰəŋ³¹
平陆	i³³	ȵi³³	i¹³	y³³	pʰeŋ¹³	pʰeŋ¹³	maŋ¹³	tsʰeŋ³¹
永济	i⁴⁴	i⁴⁴	i⁴⁴	y⁴⁴	pʰəŋ²⁴	pʰəŋ²⁴	maŋ²⁴	tʂʰəŋ³¹
芮城	i⁴⁴	ȵi⁴⁴	i⁴⁴	y⁴⁴	pʰəŋ¹³	pʰəŋ¹³	maŋ¹³	tʂʰəŋ⁴²
吉县	i³³	i⁴²³	i³³	y³³	pʰəŋ¹³	pʰəŋ¹³	məŋ¹³	tsʰəŋ⁴²³
乡宁	i⁵³	i⁵³	i⁵³	y⁵³	pʰəŋ¹²	pʰəŋ¹²	maŋ¹²	tʂʰəŋ⁵³
广灵	i⁴⁴	i⁴⁴	i⁴⁴	y²¹³	pʰəŋ³¹	pʰəŋ³¹	mɔ³¹	tsʰəŋ⁵³

字目	生	甥	牲	更~改	更打~	羹	庚	粳
中古音 方言点	所庚 梗开二 平庚生	所庚 梗开二 平庚生	所庚 梗开二 平庚生	古行 梗开二 平庚见	古行 梗开二 平庚见	古行 梗开二 平庚见	古行 梗开二 平庚见	古行 梗开二 平庚见
北京	ʂəŋ^{55}	ʂəŋ^{55}	ʂəŋ^{55}	kəŋ^{55}	tɕiŋ^{55} 白 / kəŋ^{55} 文	kəŋ^{55}	kəŋ^{55}	tɕiŋ^{55}
小店	sɿ^{11} 白 / səŋ^{11} 文	sɿ^{11} 白 / səŋ^{11} 文	səŋ^{11}	kəŋ^{11}	tɕiə̃^{11}	kəŋ^{11}	kəŋ^{11}	——
尖草坪	sʌŋ^{33}	sʌŋ^{33}	sʌŋ^{33}	tɕiʌŋ^{33} 白 / kʌŋ^{33} 文	kʌŋ^{33}	kʌŋ^{33}	kʌŋ^{33}	kʌŋ^{33}
晋源	səŋ^{11}	sɿ^{11}	səŋ^{11}	kəŋ^{11}	kəŋ^{11}	kəŋ^{11}	kəŋ^{11}	tɕin^{11}
阳曲	sɿ^{312} 白 / sə̃^{312} 文	sɿ^{312} 白 / sə̃^{312} 文	sə̃^{312}	kə̃^{312}	tɕiə̃^{312} 白 / kə̃^{312} 文	kə̃^{312}	kə̃^{312}	tɕiə̃^{312}
古交	səŋ^{44}	sɿ^{44} 白 / səŋ^{44} 文	səŋ^{44}	kəŋ^{44}	tɕiəŋ^{44} 白 / kəŋ^{11} 文	kəŋ^{44}	kəŋ^{44}	tɕiəŋ^{44}
清徐	sɿ^{11} 白 / səŋ^{11} 文	sɿ^{11} 白 / səŋ^{11} 文	səŋ^{11}	tɕiɒ^{11} 白 / kəŋ^{11} 文	tɕiɒ^{11} 白 / kəŋ^{11} 文	kəŋ^{11}	kəŋ^{11}	tɕiəŋ^{11}
娄烦	sɿ^{33} 白 / səŋ^{33} 文	sɿ^{33} 白 / səŋ^{33} 文	səŋ^{33}	kəŋ^{33}	kəŋ^{33}	kəŋ^{33}	kəŋ^{33}	tɕiəŋ^{33}
榆次	sɿ^{11}	sɿ^{11}	sɤ̃^{11}	tɕiɤ̃^{11}/kɤ̃^{35}	tɕiɤ̃^{11}/kɤ̃^{35}	kɤ̃^{11}	kɤ̃^{53}	tɕiɤ̃^{11}
交城	sɔu^{11}/sɤ^{11} 白 / sə̃^{11} 文	sɤ^{53} 白 / sə̃^{53} 文	sə̃^{11}	kə̃^{11}	tɕiə̃^{11} 白 / kə̃^{11} 文	kə̃^{11}	kə̃^{53}	tɕiə̃^{11}
文水	sɿ^{22} 白 / sɔŋ^{22} 文	sɿ^{22} 白 / sɔŋ^{22} 文	sɔŋ^{22}	kɔŋ^{22}	tɕiɔŋ^{22}	kɔŋ^{22}	kɔŋ^{22}	tɕiɔŋ^{22}
祁县	sɿ^{31} 白 / sɔõ^{31} 文	sɿ^{31} 白 / sɔõ^{31} 文	sɔõ^{31}	kɔõ^{31}	tɕiɔõ^{31} 白 / kɔõ^{31} 文	kɔõ^{31}	kɔõ^{31}	tɕiɔõ^{31}
太谷	sɿ^{33} 白 / sə̃^{33} 文	sə̃^{33}	sə̃^{33}	kə̃^{33}	tɕiə̃^{33} 白 / kə̃^{33} 文	kə̃^{33}	kə̃^{33}	tɕiə̃^{33}
平遥	ʂʅ^{213} 白 / səŋ^{213} 文	ʂɤ^{213}	səŋ^{213}	tɕiəŋ^{213}	kəŋ^{213}	kəŋ^{213}	kəŋ^{213}	——
孝义	ʂa^{33} 白 / sə̃^{33} 文	ʂa^{33}	sə̃^{33}	kə̃^{33}/tɕiə̃^{33}	kə̃^{33}/tɕiə̃^{33}	kə̃^{312}	kə̃^{33}	——
介休	ʂa^{13} 白 / ʂəŋ^{13} 文	ʂa^{13} 白 / ʂəŋ^{13} 文	ʂəŋ^{13}	kəŋ^{13}	tɕin^{13}	kəŋ^{13}	kəŋ^{13}	tɕin^{13}
灵石	——	——	səŋ^{535}	kəŋ^{535}	kəŋ^{535}	kəŋ^{535}	kəŋ^{535}	——
盂县	sei^{412} 白 / suei^{412} 白 / sə̃^{412} 文	suei^{412} 白 / sə̃^{412} 文	sə̃^{412}	kə̃^{412}/tɕiə̃^{412}	kə̃^{412}/tɕiə̃^{412}	kə̃^{412}	kə̃^{412}	tɕiə̃^{412}
寿阳	sei^{31}/sə̃^{31}	sei^{31}	sə̃^{31}	tɕiə̃^{31}/kə̃^{31}	tɕiə̃^{31}/kə̃^{31}	kə̃^{31}	kə̃^{31}	tɕiə̃^{31}
榆社	sɛɪ^{22}	sɛɪ^{22}	sɛɪ^{22}	kɛɪ^{22}	kɛɪ^{22}	kɛɪ^{22}	kɛɪ^{22}	——
离石	ɕiɛ^{24} 白 / səŋ^{24} 文	ɕiɛ^{24}	səŋ^{24}	kəŋ^{24}	kəŋ^{24}	kəŋ^{24}	kəŋ^{312}	tɕiəŋ^{24}

续表

字目	生	甥	牲	更~改	更打~	羹	庚	粳
中古音／方言点	所庚 梗开二 平庚生	所庚 梗开二 平庚生	所庚 梗开二 平庚生	古行 梗开二 平庚见	古行 梗开二 平庚见	古行 梗开二 平庚见	古行 梗开二 平庚见	古行 梗开二 平庚见
汾阳	ʂa^{324}白／ ʂəŋ^{324}文	ʂa^{324}	ʂəŋ^{324}	kəŋ^{324}	tɕiᴇ̃^{324}	tɕia^{324}白／ kəŋ^{324}文	kəŋ^{324}	tɕiᴇ̃^{324}
中阳	sɑ^{24}白／sə̃^{24}文	sɑ^{24}	sə̃^{24}	kə̃^{24}	kə̃^{24}	kə̃^{24}	kə̃^{423}	tɕiə̃^{24}
柳林	sɑ^{24}白／ sə̃^{24}文	sɑ^{312}	sə̃^{24}	kə̃^{24}	kə̃^{24}	kə̃^{24}	kə̃^{24}	tɕiə̃^{24}
方山	ʂa^{24}白／ sə̃ŋ^{24}文	ʂa^{24}	sə̃ŋ^{24}	kə̃ŋ^{24}	kə̃ŋ^{24}	kə̃ŋ^{24}	kə̃ŋ^{24}	tɕiə̃ŋ^{24}
临县	sə̃^{24}	ʂə̃^{24}	sə̃^{24}	kə̃^{52}	kə̃^{52}	kə̃^{24}	kə̃^{24}	tɕiə̃^{24}
兴县	ʂɤ^{324}白／ səŋ^{324}文	——	səŋ^{324}	kəŋ^{324}	kəŋ^{324}	kəŋ^{324}	kəŋ^{324}	——
岚县	suə^{214}白／ səŋ^{214}文	suə^{214}	səŋ^{214}	kəŋ^{214}	tɕiəŋ^{214}	kəŋ^{214}	kəŋ^{214}	tɕiəŋ^{214}
静乐	sɤ̃^{24}	sɤ̃^{24}	sɤ̃^{24}	kɤ̃^{53}	kɤ̃^{53}	kɤ̃^{24}	kɤ̃^{24}	——
交口	sa^{323}白／ səŋ^{323}文	saʔ^{4}	səŋ^{323}	kəŋ^{323}	kəŋ^{323}／ tɕiəŋ^{323}	kəŋ^{323}	kəŋ^{323}	tɕiəŋ^{323}
石楼	sɛi^{213}白／ səŋ^{213}文	sɛi^{213}白	səŋ^{213}	kəŋ^{213}	kəŋ^{213}	kəŋ^{213}	kəŋ^{213}	kəŋ^{213}
隰县	sɤ^{53}白／ səŋ^{53}文	sɤ^{53}白／ səŋ^{53}文	səŋ^{53}	kəŋ^{53}	kəŋ^{53}	kəŋ^{53}	kəŋ^{53}	kəŋ^{53}
大宁	ɕie^{31}白／ səŋ^{31}文	ɕie^{31}白／ səŋ^{31}文	səŋ^{31}	kəŋ^{31}	——	kəŋ^{31}	kəŋ^{31}	——
永和	sɿə^{33}白／ ʂəŋ^{33}文	sɿə^{33}白／ ʂəŋ^{33}文	ʂəŋ^{33}	kəŋ^{33}	kəŋ^{33}	kəŋ^{33}	kəŋ^{33}	kəŋ^{33}
汾西	sei^{11}白／ səŋ^{11}文	sei^{11}白／ səŋ^{11}文	səŋ^{11}文	kəŋ^{11}	——	kəŋ^{11}	kəŋ^{11}	——
蒲县	səŋ^{52}	səʔ$^{\underline{43}}$	səŋ^{52}	tɕiŋ^{52}	tɕiŋ^{52}	kəŋ^{52}	kəŋ^{52}	tɕiŋ^{52}
潞州	səŋ^{312}	səŋ^{312}	səŋ^{312}	kəŋ^{312}	kəŋ^{312}	kəŋ^{312}	kəŋ^{312}	tɕiŋ^{312}
上党	səŋ^{213}	səŋ^{213}	səŋ^{213}	kəŋ^{213}	kəŋ^{213}	kəŋ^{213}	kəŋ^{213}	tɕiŋ^{213}
长子	səŋ^{312}	səŋ^{312}	səŋ^{312}	kəŋ^{312}	kəŋ^{312}	kəŋ^{312}	kəŋ^{312}	tɕiŋ^{312}
屯留	səŋ^{31}	səŋ^{31}	səŋ^{31}	kəŋ^{31}	kəŋ^{31}	kəŋ^{31}	kəŋ^{31}	tɕiəŋ^{31}
襄垣	səŋ^{33}	səŋ^{33}	səŋ^{33}	tɕiəŋ^{33}/kəŋ^{33}	tɕiəŋ^{33}/kəŋ^{33}	kəŋ^{33}	kəŋ^{33}	kəŋ^{33}
黎城	səŋ^{33}	səŋ^{33}	ɕiəŋ^{33}	kəŋ^{33}/ciəŋ^{33}	kəŋ^{33}/ciəŋ^{33}	kəŋ^{33}	kəŋ^{33}	kəŋ^{33}
平顺	səŋ^{213}	səŋ^{213}	səŋ^{213}	kəŋ^{213}	kəŋ^{213}	kəŋ^{213}	kəŋ^{213}	ciŋ^{213}
壶关	ʂəŋ^{33}	ʂəŋ^{33}	ʂəŋ^{33}	kəŋ^{33}	kəŋ^{33}	kəŋ^{33}	kəŋ^{33}	ciŋ^{33}

续表

字目	生	甥	牲	更~改	更打~	羹	庚	粳
中古音 / 方言点	所庚 梗开二 平庚生	所庚 梗开二 平庚生	所庚 梗开二 平庚生	古行 梗开二 平庚见	古行 梗开二 平庚见	古行 梗开二 平庚见	古行 梗开二 平庚见	古行 梗开二 平庚见
沁县	sə̃^{224}	sə̃^{224}	sə̃^{224}	kə̃^{224}	——	kə̃^{224}	kə̃^{224}	kə̃^{224}
武乡	sɐŋ^{113}	sɐŋ^{113}	sɐŋ^{113}	kɐŋ^{113}	kɐŋ^{113}	kɐŋ^{113}	kɐŋ^{113}	——
沁源	ʂə̃^{324}	ʂə̃^{324}	ʂə̃^{324}	kə̃^{324}	kə̃^{324}	kə̃^{324}	kə̃^{324}	tɕiə̃^{324}
安泽	səŋ^{21}	səŋ^{21}	səŋ^{21}	tɕiəŋ^{21}/ kəŋ^{21}	kəŋ^{21}	kəŋ^{21}	kəŋ^{21}	kəŋ^{21}
沁水端氏	sai^{21}	sai^{21}	sai^{21}	kai^{21}	kai^{21}	kai^{21}	kai^{21}	——
阳城	ʂɑ̃ŋ^{224}	ʂɑ̃ŋ^{224}	ʂɑ̃ŋ^{224}	kɑ̃ŋ^{224}	kɑ̃ŋ^{224}	kɑ̃ŋ^{224}	kɑ̃ŋ^{224}	kɑ̃ŋ^{224}
高平	ʂə̃ŋ^{33}	ʂə̃ŋ^{33}	ʂə̃ŋ^{33}	kə̃ŋ^{33}	tɕiə̃ŋ^{33}	kə̃ŋ^{33}	kə̃ŋ^{33}	——
陵川	ʂəŋ^{33}	ʂəŋ^{33}	ʂəŋ^{33}	kəŋ^{33}	kəŋ^{33}	kəŋ^{33}	kəŋ^{33}	ciŋ^{33}
晋城	ʂɐ̃^{33}	ʂɐ̃^{33}	ʂɐ̃^{33}	kɐ̃^{33}	kɐ̃^{33}	kɐ̃^{33}	kɐ̃^{33}	——
忻府	sɿ^{313}白/ səŋ^{313}文	sɿ^{313}	səŋ^{313}	kəŋ^{313}	tɕiəŋ^{313}白/ kəŋ^{313}文	kəŋ^{313}	kəŋ^{313}	kəŋ^{313}
原平	səŋ^{213}	səŋ^{213}	səŋ^{213}	kəŋ^{213}	kəŋ^{213}	kəŋ^{213}	kəŋ^{213}	tɕiəŋ^{213}
定襄	səŋ^{24}	səŋ^{24}	səŋ^{24}	kəŋ^{24}	kəŋ^{24}	kəŋ^{24}	kəŋ^{24}	tɕiəŋ^{24}
五台	sən^{213}	sən^{213}	sən^{213}	tɕiən^{213}	tɕiən^{213}	kən^{213}	kən^{213}	tɕiən^{213}
岢岚	səŋ^{13}	səŋ^{13}	səŋ^{13}	kəŋ^{13}	tɕiəŋ^{13}	kəŋ^{13}	kəŋ^{13}	tɕiəŋ^{13}
五寨	səɣ̃^{13}	səɣ̃^{13}	səɣ̃^{13}	kəɣ̃^{13}	tɕiəɣ̃^{13}	kəɣ̃^{13}	kəɣ̃^{13}	tɕiəɣ̃^{13}
宁武	sɤɯ^{23}	sɤɯ^{23}	sɤɯ^{23}	kɤɯ^{23}	kɤɯ^{23}	kɤɯ^{23}	kɤɯ^{23}	tɕiɤɯ^{213}
神池	sə̃^{24}	sə̃^{24}	sə̃^{24}	tɕiə̃^{24}	kə̃^{52}	kə̃^{24}	kə̃^{24}	tɕiə̃^{24}
繁峙	səŋ^{53}	səŋ^{53}	səŋ^{53}	kəŋ^{53}	kəŋ^{53}	kəŋ^{53}	kəŋ^{53}	tɕiəŋ^{53}
代县	sɤŋ^{213}	sɤŋ^{213}	sɤŋ^{213}	tɕiɤŋ^{213}白/ kɤŋ^{213}文	tɕiɤŋ^{213}白/ kɤŋ^{213}文	kɤŋ^{213}	kɤŋ^{213}	tɕiɤŋ^{213}
河曲	ʂɤŋ^{213}	ʂɤŋ^{213}	ʂɤŋ^{213}	tɕiŋ^{213}白/ kɤŋ^{213}文	kɤŋ^{52}	kɤŋ^{213}	kɤŋ^{213}	——
保德	səŋ^{213}	səŋ^{213}	səŋ^{213}	kəŋ^{213}	kəŋ^{213}	kəŋ^{213}	kəŋ^{213}	tɕiəŋ^{213}
偏关	sɤŋ^{24}	sɤŋ^{24}	sɤŋ^{24}	kɤŋ^{24}	kɤŋ^{24}	kɤŋ^{24}	kɤŋ^{24}	tɕiɤŋ^{24}
朔城	sə̃^{312}	sə̃^{312}	sə̃^{312}	kə̃^{312}	——	kə̃^{312}	kə̃^{312}	kə̃^{312}
平鲁	səɯ^{213}	səɯ^{213}	səɯ^{213}	——	——	kʰəɯ^{213}	kʰəɯ^{213}	——
应县	səŋ^{43}	səŋ^{43}	səŋ^{43}	kəŋ^{43}	kəŋ^{43}	kəŋ^{43}	kəŋ^{43}	kəŋ^{43}
灵丘	səŋ^{442}	səŋ^{442}	səŋ^{442}	kəŋ^{442}	kəŋ^{442}	kəŋ^{442}	kəŋ^{442}	tɕiŋ^{442}
浑源	sə̃^{52}	sə̃^{52}	sə̃^{52}	kə̃^{52}	kə̃^{52}	kə̃^{52}	kə̃^{52}	kə̃^{52}
云州	səɣ^{21}	səɣ^{21}	səɣ^{21}	kəɣ^{21}	kəɣ^{21}	kəɣ^{21}	kəɣ^{21}	tɕiəɣ^{21}

续表

字目	生	甥	牲	更~改	更打~	羹	庚	粳
中古音 / 方言点	所庚 梗开二 平庚生	所庚 梗开二 平庚生	所庚 梗开二 平庚生	古行 梗开二 平庚见	古行 梗开二 平庚见	古行 梗开二 平庚见	古行 梗开二 平庚见	古行 梗开二 平庚见
新荣	sɤɣ32	sɤɣ32	sɤɣ32	tɕiɣ32/kɤɣ32	kɤɣ32	kɤɣ54	kɤɣ32	tɕiɣ32
怀仁	səŋ42	səŋ42	səŋ42	kəŋ42	tɕiəŋ42	kəŋ42	kəŋ42	tɕiəŋ42
左云	səɣ31	səɣ31	səɣ31	kəɣ31	kəɣ31	kəɣ31	kəɣ31	tɕiəɣ31
右玉	sə̃ɣ31	sə̃ɣ31	sə̃ɣ31	kə̃ɣ31	kə̃ɣ31	kə̃ɣ31	kə̃ɣ53	——
阳高	səŋ31/	səŋ31/	səŋ31	kəŋ31	kəŋ31	kəŋ31	kəŋ31	——
山阴	sə̃313	sə̃313	sə̃313	kə̃313	——	——	——	——
天镇	sɤɣ31	sɤɣ31	sɤɣ31	——	——	kɤɣ55	kɤɣ24	tɕiɤɣ31
平定	sɤŋ31	sɤŋ31	sɤŋ31	kɤŋ31	tɕiɤŋ31	kɤŋ31	kɤŋ31	——
昔阳	ʂəŋ42	ʂəŋ42	ʂəŋ42	tɕiəŋ42/ kəŋ42	tɕiəŋ42/ kəŋ42	kəŋ42	kəŋ42	tɕiəŋ42
左权	səŋ31	səŋ31	səŋ31	kəŋ31	kəŋ31	kəŋ31	kəŋ31	kəŋ31
和顺	səŋ42	səŋ42	səŋ42	tɕiəŋ42 白/ kəŋ42 文	kəŋ53	kəŋ42	kəŋ42	tɕiəŋ42
尧都	ʂəŋ21	ʂəŋ21	ʂəŋ21	kəŋ21	kəŋ21	kəŋ21	kəŋ21	kəŋ21
洪洞	sye21 白/ seŋ21 文	sye21 白/ seŋ21 文	scŋ21	kcŋ21	kcŋ21	kcŋ21	kcŋ21	kcŋ21
洪洞赵城	sɛ21 白/ seŋ21 文	sɛ21	sɛ21	keŋ21	keŋ21	keŋ21	keŋ21	keŋ21
古县	sɛ21 白/ səŋ21 文	sɛ21 白/ səŋ21 文	səŋ21	kəŋ21	tɕiŋ21	——	kəŋ21	——
襄汾	ʂa21	ʂa21/seŋ21	ʂeŋ21	keŋ21	keŋ21	keŋ21	keŋ21	keŋ21
浮山	ʂæ42 白/ seŋ42 文	sæ42	ʂeŋ42	keŋ42	keŋ42	keŋ42	keŋ42	keŋ42
霍州	sɔ212 白/ səŋ212 文	səŋ212	səŋ212	kəŋ212	kəŋ212	kəŋ212	kəŋ212	tɕiŋ212
翼城	ʂəŋ53	ʂɤ12 白/ ʂəŋ12 文	ʂəŋ53	kɤ12 白/ kəŋ53 文	kəŋ53	kɤ44 白/ kəŋ44 文	kɤ53 白/ kəŋ53 文	tɕiŋ53
闻喜	siᴇ53 白/ səŋ53 文	səŋ53	səŋ53	kəŋ53/ tɕiəŋ53	kəŋ53/ tɕiəŋ53	kəŋ53	kəŋ53	kəŋ33/ tɕiəŋ53
侯马	ʂəŋ213	ʂəŋ213	ʂəŋ213	kəŋ213	kəŋ213	kəŋ213	kəŋ213	——
新绛	ɕie53 白/ səŋ53 文	tʂʰəŋ13	səŋ53	kəŋ53	kəŋ53	kəŋ44	kəŋ53	tɕiəŋ44
绛县	ʂiɪ24	ʂiɪ53	ʂʌŋ53	kʌŋ53	kʌŋ53	kʌŋ53	kʌŋ53	kʌŋ53
垣曲	siɛ22 白/ səŋ22 文	siɛ22	səŋ22	kəŋ22	kəŋ22	kəŋ22	kəŋ22	tɕiəŋ22

续表

字目	生	甥	牲	更~改	更打~	羹	庚	粳
中古音 / 方言点	所庚 梗开二 平庚生	所庚 梗开二 平庚生	所庚 梗开二 平庚生	古行 梗开二 平庚见	古行 梗开二 平庚见	古行 梗开二 平庚见	古行 梗开二 平庚见	古行 梗开二 平庚见
夏县	ʂiɛ^{53}	ʂiɛ^{53}	səŋ^{53}	kəŋ^{53}	kəŋ^{53}	kəŋ^{53}	kəŋ^{53}	kəŋ^{53}
万荣	ʂa^{51}白/ saŋ^{51}文	ʂa^{33}	saŋ^{51}	kaŋ^{51}	kaŋ^{51}	kaŋ^{51}	kaŋ^{55}	tɕiaŋ^{51}
稷山	ʂiɛ^{53}白/ sʌŋ^{53}文	ʂiɛ^{53}	ʂiɛ^{53}白/ ʂʌŋ^{53}文	kʌŋ^{53}	kʌŋ^{53}	kʌŋ^{53}	kʌŋ^{53}	tɕiʌŋ^{53}
盐湖	ʂa^{42}白/ ʂəŋ^{42}文	ʂa^{42}白/ ʂəŋ^{42}文	ʂəŋ^{42}	kəŋ^{42}	kəŋ^{42}	kəŋ^{42}	kəŋ^{42}	tɕiŋ^{42}
临猗	ʂa^{42}白/ seĩ^{42}白/ səŋ^{42}文	ʂa^{42}白/ səŋ^{42}文	səŋ^{42}	kəŋ^{42}	tɕiəŋ^{42}白/ kəŋ^{42}文	kəŋ^{42}	kəŋ^{42}	tɕiəŋ^{42}
河津	ʂa^{31}白/səŋ^{31}	ʂa^{44}白/səŋ^{31}	səŋ^{31}	kəŋ^{31}	kəŋ^{31}	kəŋ^{31}	kəŋ^{31}	——
平陆	ʂa^{31}白/ seŋ^{13}文	ʂa^{31}白/ seŋ^{13}文	seŋ^{13}	keŋ^{31}	keŋ^{31}	keŋ^{31}	keŋ^{31}	keŋ^{31}
永济	ʂʅe^{31}白/ ʂəŋ^{31}文	ʂʅe^{31}白/ ʂəŋ^{31}文	ʂəŋ^{31}	kəŋ^{31}白/ kəŋ^{44}文	kəŋ^{31}/kəŋ^{44}	kəŋ^{31}	kəŋ^{31}	kəŋ^{31}
芮城	ʂa^{42}白/ seĩ^{42}文/ səŋ^{42}文	ʂa^{42}白/ seĩ^{42}文	seĩ^{42}	kəŋ^{42}	kəŋ^{42}	kəŋ^{42}	kəŋ^{42}	kəŋ^{44}
吉县	sa^{423}白/ ʂəŋ^{423}文	ʂa^{53}	səŋ^{423}	kəŋ^{423}	kəŋ^{423}	kəŋ^{53}	kəŋ^{423}	——
乡宁	ɕia^{53}白/ səŋ^{53}文	ɕia^{53}白/ ʂəŋ^{53}文	ʂəŋ^{53}	kəŋ^{53}	kəŋ^{22}	kəŋ^{53}	kəŋ^{53}	tɕiəŋ^{53}
广灵	səŋ^{53}	səŋ^{53}	səŋ^{53}	kəŋ^{53}	kəŋ^{53}	kəŋ^{53}	kəŋ^{53}	——

字目	坑	衡	行~为	绷~紧	棚	萌	争	筝
中古音 方言点	客庚 梗开二 平庚溪	户庚 梗开二 平庚匣	户庚 梗开二 平庚匣	北萌 梗开二 平耕帮	薄庚 梗开二 平耕並	莫耕 梗开二 平耕明	侧茎 梗开二 平耕庄	侧茎 梗开二 平耕庄
北京	kʰəŋ^{55}	xəŋ^{35}	ɕiŋ^{35}	pəŋ^{55}	pʰəŋ^{35}	məŋ^{35}	tʂəŋ^{55}	tʂəŋ^{55}
小店	kʰəŋ^{11}	xəŋ^{11}	ɕiə̃^{11}	pəŋ^{11}	pʰie^{53}/pʰəŋ^{11}	məŋ^{11}	tsɿ^{11} 白 /tsəŋ^{11}	tsəŋ^{11}
尖草坪	kʰʌŋ^{33}	xʌŋ^{33}	ɕiʌŋ^{33}	pʌŋ^{33}	pʰie^{33} 白 / pʰʌŋ^{33} 文	mʌŋ^{33}	tsʌŋ^{33}	tsʌŋ^{33}
晋源	kʰəŋ^{11}	xəŋ^{11}	ɕin^{11}	pəŋ^{11}	pʰəŋ^{11}	məŋ^{11}	tsəŋ^{11}	tsəŋ^{11}
阳曲	kʰə̃^{312}	xə̃^{43}	ɕiə̃^{43}	pə̃^{312}	pʰə̃^{43}	mə̃^{43}	tsə̃^{312}	tsə̃^{312}
古交	kʰəŋ^{44}	xəŋ^{44}	ɕiəŋ^{44}	pəŋ^{44}	pʰəŋ^{44}	məŋ^{44}	tsɿ^{44} 白 / tsəŋ^{44} 文	tsəŋ^{44}
清徐	kʰəŋ^{11}	xəŋ^{11}	ɕiəŋ^{11}	pəŋ^{11}	pʰəŋ^{11}	məŋ^{11}	tsɿ^{11} 白 / tsəŋ^{11} 文	tsəŋ^{11}
娄烦	kʰəŋ^{33}	xəŋ^{33}	ɕiəŋ^{33}	pəŋ^{33}	pʰəŋ^{33}	məŋ^{33}	tsəŋ^{33}	tsəŋ^{33}
榆次	kʰɣ̃^{11}	xɣ̃^{11}	ɕiɣ̃^{11}	pɣ̃^{11}	pʰɣ̃^{11}	mɣ̃^{11}	tsɣ̃^{11}	tsɣ̃^{11}
交城	kʰə̃^{11}	xə̃^{11}	ɕiə̃^{11}	pə̃^{11}	piɑ^{11} 白 / pʰə̃^{11} 文	mə̃^{11}	tsə̃^{11}	tsə̃^{11}
文水	kʰəŋ^{22}	xəŋ^{22}	ɕiəŋ^{22}	pəŋ^{22}	pia^{22} 白 / pʰəŋ^{22} 文	məŋ^{22}	tsəŋ^{22}	tsəŋ^{22}
祁县	kʰɔõ^{31}	xɔõ^{31}	ɕiɔõ^{31}	pɔõ^{31}	pia^{31} 白 / pʰɔõ^{31} 文	mɔõ^{31}	tsɔõ^{31}	tʂʰɔõ^{31}
太谷	kʰə̃^{33}	xə̃^{33}	ɕiə̃^{33}	pə̃^{33}	pʰə̃^{33}	mə̃^{33}	tsə̃^{33}	tsə̃^{33}
平遥	tɕʰiʌʔ^{212} 白 / kʰɑ̃^{213} 白 / kʰəŋ^{213} 文	xəŋ^{213}	xɑ̃^{213}	pəŋ^{213}	piɛ^{213} 白 / pʰəŋ^{213} 文	məŋ^{213}	tsəŋ^{213}	tʂʰəŋ^{213} 白 / tsəŋ^{213} 文
孝义	kʰə̃^{33}	ɕiə̃^{33}	ɕiə̃^{33}	pə̃^{33}	pia^{33} 白 / pʰə̃^{33} 文	mə̃^{33}	tʂa^{33} 白 / tsə̃^{33} 文	tʂə̃^{33}
介休	kʰəŋ^{13}	xəŋ^{13}	ɕin^{13}	pəŋ^{13}	pia^{13} 白 / pʰəŋ^{13} 文	məŋ^{13}	tʂəŋ^{13}	tʂəŋ^{13}
灵石	kʰəŋ^{535}	xəŋ^{44}	ɕiŋ^{44}	——	pʰəŋ^{44}	məŋ^{44}	tsəŋ^{535}	tsəŋ^{535}
盂县	kʰə̃^{412}	xə̃^{55}	ɕiə̃^{22}	pə̃^{412}/pə̃^{53}	pʰə̃^{22}	mə̃^{22}	tsei^{412} 白 / tsə̃^{412} 文	tsə̃^{412}
寿阳	kʰə̃^{53}	xə̃^{22}	ɕiə̃^{22}	pə̃^{31}	pʰə̃^{22}	mə̃^{22}	tsei^{31} 白 / tsə̃^{31} 文	tsə̃^{31}
榆社	kʰɛɪ^{22}	xɛɪ^{22}	ɕieɪ^{22}	pɛɪ^{22}	pʰɛɪ^{22}	mɛɪ^{22}	tsɛɪ^{22}	tsɛɪ^{22}
离石	kʰəŋ^{24}	xəŋ^{44}	ɕiəŋ^{44}	pəŋ^{24}	pʰiɛ^{44} 白 / pʰəŋ^{44} 文	məŋ^{44}	tsəŋ^{24}	tsəŋ^{24}
汾阳	kʰəŋ^{324}	xəŋ^{22}	ɕiẼ^{22}	pia^{324} 白 / pəŋ^{324} 文	pʰia^{22} 白 / pʰəŋ^{22} 文	məŋ^{22}	tʂa^{324} 白 / tʂəŋ^{324} 文	tʂəŋ^{324}

续表

字目	坑	衡	行~为	绷~紧	棚	萌	争	筝
中古音 方言点	客庚 梗开二 平庚溪	户庚 梗开二 平庚匣	户庚 梗开二 平庚匣	北萌 梗开二 平耕帮	薄庚 梗开二 平耕並	莫耕 梗开二 平耕明	侧茎 梗开二 平耕庄	侧茎 梗开二 平耕庄
中阳	kʰə̃^{24}	xə̃^{33}	ɕiə̃^{33}	pə̃^{24}	pʰiɑ^{33} 白 / pʰə̃^{33} 文	mə̃^{33}	tsə̃^{24}	tsə̃^{24}
柳林	kʰə̃^{24}	xə̃^{44}	ɕiə̃^{44}	pə̃^{24}	pʰiɑ^{44} 白 / pʰə̃^{44} 文	mə̃^{44}	tsə̃^{24}	tsə̃^{24}
方山	kʰə̃ŋ^{24}	xə̃ŋ^{44}	ɕiə̃ŋ^{44}	pə̃ŋ^{24}	pʰia^{44} 白 / pʰə̃ŋ^{44} 文	mə̃ŋ^{44}	tʂə̃ŋ^{24}	tʂə̃ŋ^{52}
临县	kʰə̃^{24}	xə̃^{24}	ɕiə̃^{33}	pə̃^{24}	pʰə̃^{33}	mə̃^{33}	tsə̃^{24}	tsə̃^{52}
兴县	kʰəŋ^{324}	xəŋ^{55}	ɕiəŋ^{55}	pəŋ^{324}	pʰəŋ^{55}	məŋ^{55}	tsəŋ^{324}	tsəŋ^{53}
岚县	kʰəŋ^{214}	xəŋ^{44}	ɕiəŋ^{44}	pəŋ^{214}	pʰie^{44} 白 / pʰəŋ^{44} 文	məŋ^{44}	tsəŋ^{214}	tsəŋ^{53}
静乐	kʰɤ̃^{314}	xɤ̃^{33}	ɕiɤ̃^{33}	pɤ̃^{24}	pʰɤ̃^{33}	mɤ̃^{24}	tsɤ̃^{24}	tsɤ̃^{53}
交口	kʰəŋ^{323}	xəŋ^{44}	ɕiəŋ^{44}	pəŋ^{323}	pʰia^{44} 白 / pʰəŋ^{44} 文	məŋ^{44}	tsəŋ^{323}	tsəŋ^{323}
石楼	kəŋ^{213}	xəŋ^{44}	ɕiəŋ^{44}	pəŋ^{213}	pʰia^{44} 白 / pʰəŋ^{44} 文	məŋ^{44}	tsɛi^{213} 白 / tsəŋ^{213} 文	tsəŋ^{213}
隰县	kʰəŋ^{53}	xəŋ^{24}	ɕiəŋ^{24}	pəŋ^{53}	pʰie^{24} 白 / pʰəŋ^{24} 文	məŋ^{24}	tsɤ^{53} 白 / tsəŋ^{53} 文	tsəŋ^{53}
大宁	kʰəŋ^{31}	xəŋ^{24}	ɕiən^{24}	pie^{31} 白 / pəŋ^{31} 文	pʰie^{24} 白 / pʰəŋ^{24} 文	məŋ^{24}	tɕie^{31} 白 / tsəŋ^{31}	tʂəŋ^{31}
永和	kʰəŋ^{33}	xəŋ^{35}	ɕiəŋ^{35}	——	pia^{35} 白 / pʰəŋ^{33} 文	məŋ^{35}	tsɿə^{35} 白 / tsəŋ^{35} 文	tsəŋ^{33}
汾西	kʰəŋ^{11}	xəŋ^{35}	ɕiəŋ^{35}	pəŋ^{11}	pʰəŋ^{35}/ pʰei^{35} 白	məŋ^{35}	tsei^{11} 白 / tsəŋ^{11}	tsəŋ^{11}
蒲县	kʰəŋ^{52}	xəŋ^{24}	ɕiŋ^{24}	pəŋ^{52}	pʰəŋ^{24}	məŋ^{24}	tsɤ^{52} 白 / tsəŋ^{52} 文	tʂəŋ^{52}
潞州	kʰəŋ^{312}	xəŋ^{24}	ɕiŋ^{24}	pəŋ^{312}	pʰəŋ^{24}	məŋ^{24}	tsəŋ^{312}	tsəŋ^{312}
上党	kʰəŋ^{213}	xəŋ^{44}	ɕiŋ^{44}	pəŋ^{213}	pʰəŋ^{44}	məŋ^{44}	tsəŋ^{213}	tsəŋ^{213}
长子	kʰəŋ^{312}	xəŋ^{24}	ɕiŋ^{24}	pəŋ^{312}	pʰəŋ^{24}	məŋ^{24}	tsəŋ^{312}	tsəŋ^{312}
屯留	kʰəŋ^{31}	xəŋ^{11}	ɕiəŋ^{11}	pəŋ^{31}	pʰəŋ^{11}	məŋ^{11}	tsəŋ^{31}	tsəŋ^{31}
襄垣	kʰəŋ^{33}	xəŋ^{31}	ɕiəŋ^{31}	——	pʰəŋ^{31}	məŋ^{31}	tsəŋ^{33}	tsəŋ^{33}
黎城	kʰəŋ^{33}	xəŋ^{53}	çiəŋ^{53}	pəŋ^{33}	pʰəŋ^{53}	məŋ^{33}	tsəŋ^{33}	tsəŋ^{33}
平顺	kʰəŋ^{213}	xəŋ^{13}	ɕiŋ^{13}	pəŋ^{213}	pəŋ^{13}	məŋ^{13}	tsəŋ^{213}	tsəŋ^{213}
壶关	kʰəŋ^{33}	xəŋ^{13}	çiŋ^{13}	pəŋ^{33}	pʰəŋ^{13}	məŋ^{13}	tʂəŋ^{33}	tʂəŋ^{33}
沁县	——	xə̃^{33}	ɕiə̃^{33}	——	pʰə̃^{33}	mə̃^{33}	tsə̃^{224}	tsə̃^{224}
武乡	kʰɐŋ^{113}	xɐŋ^{33}	ɕiɐŋ^{33}	pɐŋ^{113}	pʰæŋ^{33}	mɐŋ^{33}	tsɐŋ^{113}	tsɐŋ^{113}

续表

字目	坑	衡	行~为	绷~紧	棚	萌	争	筝
中古音 / 方言点	客庚 梗开二 平庚溪	户庚 梗开二 平庚匣	户庚 梗开二 平庚匣	北萌 梗开二 平耕帮	薄庚 梗开二 平耕並	莫耕 梗开二 平耕明	侧茎 梗开二 平耕庄	侧茎 梗开二 平耕庄
沁源	kʰə̃^{324}	xə̃^{33}	ɕiə̃^{33}	pə̃^{324}	pʰə̃^{33}	mə̃^{33}	tʂə̃^{324}	tʂə̃^{324}
安泽	kʰəŋ^{21}	xəŋ^{35}	ɕiəŋ^{35}	pəŋ^{21}	pʰəŋ^{35}	məŋ^{35}	tsəŋ^{21}	tsəŋ^{21}
沁水端氏	kʰai^{21}	xai^{21}	ɕiŋ^{24}	poŋ^{21}	pʰoŋ^{24}	moŋ^{24}	tsai^{21}	tsai^{21}
阳城	kʰɑ̃ŋ^{224}	xɑ̃ŋ^{22}	ɕiə̃ĩ^{22}	puoŋ^{224}	pʰuoŋ^{22}	muoŋ^{22}	tʂɑ̃ŋ^{224}	tsɑ̃ŋ^{224}
高平	kʰə̃ŋ^{33}	xə̃ŋ^{33}	ɕiə̃ŋ^{33}	pə̃ŋ^{33}	pʰə̃ŋ^{33}	mə̃ŋ^{33}	tʂə̃ŋ^{33}	tʂə̃ŋ^{33}
陵川	kʰəŋ^{33}	xəŋ^{53}	ɕiŋ^{53}	pəŋ^{33}	pʰəŋ^{53}	məŋ^{53}	tʂəŋ^{33}	tʂəŋ^{33}
晋城	kʰɐ̃^{33}	xɐ̃^{324}	ɕiẽ^{324}	poŋ^{33}	pʰoŋ^{324}	moŋ^{324}	tʂɐ̃^{33}	tʂɐ̃^{33}
忻府	kʰəŋ^{313}	xəŋ^{21}	ɕiəŋ^{21}	pəŋ^{313}	pʰəŋ^{21}	məŋ^{21}	tʂəŋ^{313}	tʂəŋ^{313}
原平	kʰəŋ^{213}	xəŋ^{33}	ɕiəŋ^{33}	pəŋ^{213}	pʰiɤ^{33} 白 / pʰəŋ^{33} 文	məŋ^{33}	tsəŋ^{213}	——
定襄	kʰəŋ^{24}	xəŋ^{11}	ɕiəŋ^{11}	pəŋ^{24}	pʰəŋ^{11}	məŋ^{11}	tsəŋ^{24}	tsəŋ^{24}
五台	kʰən^{213}	xən^{33}	ɕiən^{33}	pən^{213}	pʰən^{33}	mən^{33}	tsən^{213}	tsən^{213}
岢岚	kʰəŋ^{13}	xəŋ^{44}	ɕiəŋ^{44}	pəŋ^{13}	pʰəŋ^{44}	məŋ^{44}	tsəŋ^{13}	tsəŋ^{13}
五寨	kʰəɣ̃^{13}	xəɣ̃^{44}	ɕiəɣ̃^{44}	pəɣ̃^{13}	pʰəɣ̃^{44}	məɣ̃^{44}	tsəɣ̃^{13}	tsəɣ̃^{13}
宁武	kʰɤɯ^{23}	xɤɯ^{33}	ɕiɤɯ^{33}	pɤɯ^{23}	pʰiɛ^{33} 白 / pʰɤɯ^{33} 文	mɤɯ^{33}	tsɤɯ^{23}	tsɤɯ^{23}
神池	kʰə̃^{24}	xə̃^{32}	ɕiə̃^{32}	pə̃^{24}	pʰə̃^{32}	mə̃^{32}	tsə̃^{24}	tsə̃^{24}
繁峙	kʰəŋ^{53}	xəŋ^{31}	ɕiəŋ^{31}	pəŋ^{53}	pʰəŋ^{31}	məŋ^{31}	tsəŋ^{53}	tsəŋ^{53}
代县	kʰɤŋ^{213}	xɤŋ^{44}	ɕiɤŋ^{44}	pɤŋ^{213}	pʰɤŋ^{44}	mɤŋ^{44}	tsɤŋ^{213}	tsɤŋ^{213}
河曲	tɕʰiŋ^{213} 白 / kʰɤŋ^{213} 文	xɤŋ^{44}	xɤŋ^{44}	pɤŋ^{44}	pʰɤŋ^{44}	mɤŋ^{31}	tʂɤŋ^{213}	tʂɤŋ^{213}
保德	kʰəŋ^{213}	xəŋ^{44}	ɕiəŋ^{44}	pəŋ^{213}	pʰəŋ^{44}	məŋ^{44}	tsəŋ^{213}	tsəŋ^{213}
偏关	kʰɤŋ^{24}	xɤŋ^{44}	ɕiɤŋ^{44}	pɤŋ^{24}	pʰɤŋ^{44}	mɤŋ^{44}	tsɤŋ^{24}	tsɤŋ^{24}
朔城	kʰə̃^{312}	xə̃^{35}	ɕiə̃^{35}	——	pʰə̃^{35}	mə̃^{35}	tsə̃^{312}	tsə̃^{312}
平鲁	kʰəɯ^{213}	xəɯ^{44}	ɕiəɯ^{44}	pəɯ^{44}	pʰəɯ^{44}	məɯ^{44}	tsəɯ^{213}	tsəɯ^{213}
应县	kʰəŋ^{43}	xəŋ^{31}	ɕiəŋ^{31}	pəŋ^{43}/pəŋ^{54}	pʰəŋ^{31}	məŋ^{31}	tsəŋ^{43}	tsəŋ^{43}
灵丘	kʰəŋ^{442}	xəŋ^{31}	ɕiŋ^{31}	pəŋ^{442}	pʰəŋ^{31}	məŋ^{31}	tsəŋ^{442}	tsəŋ^{442}
浑源	kʰə̃^{52}	xə̃^{22}	ɕiə̃^{22}	pə̃^{52}	pʰə̃^{22}	mə̃^{22}	tsə̃^{52}	tsə̃^{52}
云州	kʰəɣ^{21}	xəɣ^{312}	ɕiəɣ^{312}	pəɣ^{21}	pʰəɣ^{312}	məɣ^{312}	tsəɣ^{21}	tsəɣ^{21}
新荣	kʰɤɣ^{32}	xɤɣ^{312}	ɕiɣ^{312}	pɤɣ^{32}	pʰɤɣ^{312}	mɤɣ^{312}	tsɤɣ^{32}	tsɤɣ^{32}
怀仁	kʰəŋ^{42}	xəŋ^{312}	ɕiəŋ^{312}	pəŋ^{42}	pʰəŋ^{312}	məŋ^{312}	tsəŋ^{42}	tsəŋ^{42}
左云	kʰəɣ^{31}	xəɣ^{313}	ɕiəɣ^{313}	pəɣ^{31}	pʰəɣ^{313}	məɣ^{313}	tsəɣ^{31}	tsəɣ^{31}

续表

字目	坑	衡	行~为	绷~紧	棚	萌	争	筝
中古音 方言点	客庚 梗开二 平庚溪	户庚 梗开二 平庚匣	户庚 梗开二 平庚匣	北萌 梗开二 平耕帮	薄庚 梗开二 平耕並	莫耕 梗开二 平耕明	侧茎 梗开二 平耕庄	侧茎 梗开二 平耕庄
右玉	kʰə̃ɣ^{31}	xə̃ɣ^{212}	ɕiə̃ɣ^{31} ɕiə̃ɣ^{212}	pə̃ɣ^{212}	pʰə̃ɣ^{212}	mə̃ɣ^{212}	tsə̃ɣ^{31}	tʂə̃ɣ^{31}
阳高	kʰəŋ^{31}	xəŋ^{312}	ɕiəŋ^{312}	pəŋ^{31}	pʰəŋ^{312}	məŋ^{312}	tsəŋ^{31}	tsəŋ^{31}
山阴	kʰə̃^{313}	xə̃^{313}	ɕiə̃^{313}	pə̃^{313}	pʰə̃^{313}	mə̃^{313}	tsə̃^{313}	tsə̃^{313}
天镇	kʰɤɣ^{31}	xɤɣ^{22}	ɕiɤɣ^{22}	——	pʰɤɣ^{22}	mɤɣ^{22}	tsɤɣ^{31}	tsɤɣ^{31}
平定	kʰɤŋ^{31}	xɤŋ^{44}	ɕiɤŋ^{44}	——	pʰɤŋ^{44}	mɤŋ^{44}	tsɤŋ^{31}	tsɤŋ^{31}
昔阳	kʰəŋ^{42}	xəŋ^{33}	ɕiəŋ^{33}	pəŋ^{42}	pʰəŋ^{33}	məŋ^{33}	tʂəŋ^{42}	tʂəŋ^{42}
左权	kʰəŋ^{31}	xəŋ^{11}	ɕiəŋ^{11}	——	pʰəŋ^{11}	məŋ^{11}	tsəŋ^{31}	tsəŋ^{31}
和顺	tɕʰiəŋ^{42} 白 / kʰəŋ^{42} 文	xəŋ^{22}	ɕiəŋ^{22}	pəŋ^{42}	pʰəŋ^{22}	məŋ^{22}	tʂəŋ^{42}	tʂəŋ^{42}
尧都	kʰəŋ^{21}	xəŋ^{24}	ɕiəŋ^{24}	pəŋ^{21}	pʰɤ^{24} 白 / pʰəŋ^{24} 文	məŋ^{24}	tʂɤ^{21} 白 / tsəŋ^{21} 文	tʂʰəŋ^{21}
洪洞	kʰeŋ^{21}	xeŋ^{24}	ɕieŋ^{24}	peŋ^{21}	pʰye^{24} 白 / pʰeŋ^{24} 文	meŋ^{24}	tsye^{21} 白 / tseŋ^{21} 文	tseŋ^{21}
洪洞赵城	kʰeŋ^{21}	xeŋ^{24}	ɕieŋ^{24}	pɑ̃^{21}	pʰiɑ^{24} 白 / pʰeŋ^{24} 文	meŋ^{24}	tseŋ^{21}	tseŋ^{21}
古县	kʰəŋ^{21}	xəŋ^{21}	ɕiŋ^{35}	pəŋ^{21}	pʰəŋ^{35}	məŋ^{35}	tsɛ^{21} 白 / tʂəŋ^{21} 文	tsəŋ^{21}
襄汾	kʰeŋ^{21}	xeŋ^{24}	ɕieŋ^{24}	peŋ^{21}	pia^{24} 白 / peŋ^{21} 文	meŋ^{24}	tseŋ^{21}	teŋ^{21}
浮山	kʰeŋ^{42}	xeŋ^{13}	ɕieŋ^{13}	peŋ^{42}	peŋ^{42}	meŋ^{13}	tseŋ^{42}	tseŋ^{42}
霍州	kʰəŋ^{212}	xəŋ^{35}	ɕiŋ^{35}	pəŋ^{212}	pʰɔ^{35} 白 / pʰəŋ^{35} 文	məŋ^{35}	tsɔ^{212} 白 / tʂəŋ^{212} 文	tʂəŋ^{212}
翼城	kʰəŋ^{53}	xəŋ^{12}	ɕiŋ^{12}	pəŋ^{53}	pʰəŋ^{12}	məŋ^{12}	tʂɔ^{53} 白 / tʂəŋ^{53} 文	tʂəŋ^{53}
闻喜	tɕʰiᴇ^{53} / kʰəŋ^{53}	xəŋ^{13}	ɕiəŋ^{13}	——	pʰiᴇ^{13} 白 / pʰəŋ^{13} 文	pʰəŋ^{22}	tsəŋ^{53}	tsəŋ^{53}
侯马	kʰəŋ^{213}	xəŋ^{213}	ɕiəŋ^{213}	piɛ^{213} 白 / pəŋ^{213} 文	pʰəŋ^{213}	məŋ^{213}	tsəŋ^{213}	tʂəŋ^{213}
新绛	kʰəŋ^{53}	xəŋ^{13}	ɕiəŋ^{13}	pəŋ^{44}	pʰəŋ^{13}	məŋ^{13}	tsəŋ^{53}	tʂəŋ^{44}
绛县	kʰʌŋ^{24}	xuʌŋ^{24}	ɕiʌŋ^{24}	pʌŋ^{53}	pʰiɪ^{24} 白 / pʰʌŋ^{24} 文	mʌŋ^{24}	tʂʌŋ^{53}	tʂʌŋ^{53}
垣曲	kʰəŋ^{22}	xəŋ^{22}	ɕiəŋ^{22}	pəŋ^{22}	pʰiɛ^{22} 白 / pʰəŋ^{22} 文	məŋ^{22}	tsəŋ^{22}	tsəŋ^{22}
夏县	kʰəŋ^{53}	xəŋ^{42}	ɕiəŋ^{42}	pəŋ^{53}	pʰəŋ^{42}	——	tʂəŋ^{53}	tʂəŋ^{53}

续表

字目	坑	衡	行~为	绷~紧	棚	萌	争	筝
中古音／方言点	客庚 梗开二 平庚溪	户庚 梗开二 平庚匣	户庚 梗开二 平庚匣	北萌 梗开二 平耕帮	薄庚 梗开二 平耕並	莫耕 梗开二 平耕明	侧茎 梗开二 平耕庄	侧茎 梗开二 平耕庄
万荣	kʰaŋ^{51}	xaŋ^{213}	ɕiaŋ^{213}	paŋ^{51}	pʰia^{213} 白 / pʰaŋ^{213} 文	maŋ^{213}	tʂa^{51} 白 / tsaŋ^{51} 文	tsaŋ^{33}
稷山	kʰʌŋ^{53}	xʌŋ^{13}	ɕiʌŋ^{13}	pʌŋ^{53}	pʰʌŋ^{13}	mʌŋ^{13}	tʂie^{53} 白 / tʂʌŋ^{53} 文	tʂʌŋ^{53}
盐湖	kʰəŋ^{42}	xəŋ^{13}	ɕiŋ^{13}	pəŋ^{42}	pʰəŋ^{13}	məŋ^{13}	tʂa^{42} 白 / tʂəŋ^{42} 文	tʂəŋ^{42}
临猗	kʰəŋ^{42}	xəŋ^{13}	ɕiəŋ^{13}	pəŋ^{42}	pʰəŋ^{13}	məŋ^{13}	tʂa^{42} 白 / tsəŋ^{42} 文	tʂəŋ^{42}
河津	kʰəŋ^{31}	xəŋ^{324}	ɕiəŋ^{324}	pəŋ^{31}	pʰia^{324} 白 / pʰəŋ^{324} 文	məŋ^{324}	tʂa^{31} 白 / tsəŋ^{31} 文	tsəŋ^{44}
平陆	kʰeŋ^{31}	xeŋ^{13}	ɕiŋ^{13}	peŋ^{31}	pʰeŋ^{13}	meŋ^{13}	tseŋ^{31}	tʂeŋ^{31}
永济	kʰəŋ^{31}	xəŋ^{24}	xaŋ^{24} 名词 / ɕiŋ^{24} 形容词	pəŋ^{31}	pʰəŋ^{24}	məŋ^{24}	tʂəŋ^{31}	tʂəŋ^{3} 白 / tʂəŋ^{44} 文
芮城	kʰəŋ^{42}	xuəŋ^{13} 白 / xəŋ^{13} 文	ɕiəŋ^{13}	pəŋ^{42}	pʰia^{13} 白 / pʰəŋ^{13} 文	məŋ^{13}	tsəŋ^{42}	tʂəŋ^{42}
吉县	kʰəŋ^{423}	xəŋ^{13}	ɕiəŋ^{13}	——	pʰəŋ^{13}	məŋ^{13}	tsəŋ^{423}	tsəŋ^{423}
乡宁	kʰəŋ^{53}	xəŋ^{12}	ɕiəŋ^{12}	pəŋ^{53}	pʰia^{12} 白 / pʰəŋ^{12} 文	məŋ^{12}	tɕʅ^{53} 白 / tʂəŋ^{53} 文	tʂəŋ^{53}
广灵	kʰəŋ^{53}	xəŋ^{31}	ɕiŋ^{31}	pəŋ^{53}	pʰəŋ^{31}	məŋ^{31}	tsəŋ^{53}	tsəŋ^{53}

字目	睁	耕	茎	樱	莺	鹦	猛	打~击
中古音 / 方言点	侧茎 梗开二 平耕庄	古茎 梗开二 平耕见	户耕 梗开二 平耕匣	乌茎 梗开二 平耕影	乌茎 梗开二 平耕影	乌茎 梗开二 平耕影	莫杏 梗开二 上梗明	德冷 梗开二 上梗端
北京	tʂəŋ^{55}	kəŋ^{55}	tɕiŋ^{55}	iŋ^{55}	iŋ^{55}	iŋ^{55}	məŋ^{214}	ta^{214}
小店	tsɿ^{11} 白 / tsəŋ^{11} 文	tɕie^{11} 白 / kəŋ^{11} 文	tɕiə̃^{11}	iə̃^{11}	iə̃^{11}	iə̃^{11}	məŋ^{53}	tɑ^{53}
尖草坪	tsɿ^{33} 白 / tsʌŋ^{33} 文	tɕie^{33} 白 / kʌŋ^{33} 文	tɕiʌŋ^{33}	iʌŋ^{33}	iʌŋ^{33}	iʌŋ^{33}	mʌŋ^{312}	ta^{312}
晋源	tsɿ^{11}	tɕin^{11}	tɕin^{11}	in^{11}	in^{11}	in^{11}	məŋ^{42}	ta^{42}
阳曲	tsɿ^{312} 白 / tsə̃^{312} 文	tɕiɛ^{454} 白 / kə̃^{312} 文	tɕiə̃^{312}	iə̃^{312}	iə̃^{312}	iə̃^{312}	mə̃^{312}	ta^{312}
古交	tsɿ^{44} 白 / tsəŋ^{44} 文	tɕiɛ^{44} 白 / kəŋ^{44} 文	tɕiəŋ^{44}	iəŋ^{44}	iəŋ^{44}	iəŋ^{44}	məŋ^{312}	tɑ^{312}
清徐	tsɿ^{11} 白 / tsəŋ^{11} 文	tɕiɛ^{11} 白 / kəŋ^{11} 文	tɕiəŋ^{11}	iəŋ^{11}	iəŋ^{11}	iəŋ^{11}	məŋ^{54}	tɒ^{54}
娄烦	tsɿ^{33}	kəŋ^{33}	tɕiəŋ^{33}	iəŋ^{33}	iəŋ^{33}	iəŋ^{33}	məŋ^{312}	tɑ̃^{312}
榆次	tsɤ̃^{11}	tɕie^{11}	tɕiɤ̃^{11}	iɤ̃^{11}	iɤ̃^{11}	iɤ̃^{11}	mɤ̃^{53}	tɒ^{53}
交城	tsɿ^{11} 白 / tsə̃^{11} 文	tɕiɑ^{11} 白 / kə̃^{11} 文	tɕiə̃^{24}	iə̃^{11}	iə̃^{11}	iə̃^{11}	miɑ^{53} 白 / mə̃^{53} 文	tɑ^{53}
文水	tsɿ^{22} 白 / tsɔŋ^{22} 文	tɕia^{22} 白 / kɔŋ^{22} 文	tɕiɔŋ^{22}	iɔŋ^{22}	iɔŋ^{22}	iɔŋ^{22}	mia^{423} 白 / mɔŋ^{423} 文	ta^{423}
祁县	tsɿ^{31} 白 / tsɔõ^{31} 文	tɕiɪ^{31} 白 / kɔõ^{31} 文	tɕiɔõ^{31}	iɔõ^{31}	iɔõ^{31}	iɔõ^{31}	mɔõ^{314}	ta^{314}
太谷	tsə̃^{33}	tɕiə̃^{33} 白 / kə̃^{33} 文	tɕiə̃^{33}	iə̃^{33}	iə̃^{33}	iə̃^{33}	mə̃^{312}	tɒ^{312}
平遥	tsəŋ^{213}	tɕiɛ^{213} 白 / kəŋ^{213} 文	tɕiəŋ^{213}	iəŋ^{213}	iəŋ^{213}	iəŋ^{213}	məŋ^{512}	tɑ^{512}
孝义	tʂa^{33}	tɕia^{33}	tɕiə̃^{33}	iə̃^{33}	iə̃^{33}	iə̃^{33}	mia^{33} 白 / mə̃^{312} 文	ta^{312}
介休	tʂəŋ^{13}	tɕia^{13} 白 / kəŋ^{13} 文	tɕin^{13}	in^{13}	in^{13}	in^{13}	mia^{423} 白 / məŋ^{423} 文	ta^{423}
灵石	tsəŋ^{535}	tɕia^{535}	tɕiŋ^{535}	iŋ^{535}	iŋ^{535}	iŋ^{535}	məŋ^{212}	ta^{212}
盂县	tsuei^{412}	tɕi^{412} 白 / kə̃^{412} 文	tɕiə̃^{412}	iə̃^{412}	iə̃^{412}	iə̃^{412}	mə̃^{53}	tɑ^{53}
寿阳	tsɿ^{31}/tsə̃^{31}	tsɿ^{31}/kə̃^{31}	tɕiə̃^{31}	iə̃^{31}	iə̃^{31}	iə̃^{31}	mə̃^{53}	tɑ^{53}
榆社	tsɛɪ^{22}	kɛɪ^{22}	tɕieɪ^{22}	ieɪ^{22}	ieɪ^{22}	ieɪ^{22}	mɛɪ^{312}	tɒ^{312}
离石	tɕiɛ^{24}	tɕiɛ^{24} 白 / kəŋ^{24} 文	tɕiəŋ^{24}	iəŋ^{24}	iəŋ^{24}	iəŋ^{24}	məŋ^{312}	tɑ^{312}
汾阳	tʂa^{324} 白 / tʂəŋ^{324} 文	tɕia^{324} 白 / kəŋ^{324} 文	tɕiᴇ̃^{324}	iᴇ̃^{324}	iᴇ̃^{324}	iᴇ̃^{324}	mia^{312} 白 / məŋ^{312} 文	ta^{312}

续表

字目	睁	耕	茎	樱	莺	鹦	猛	打~击
中古音 / 方言点	侧茎 梗开二 平耕庄	古茎 梗开二 平耕见	户耕 梗开二 平耕匣	乌茎 梗开二 平耕影	乌茎 梗开二 平耕影	乌茎 梗开二 平耕影	莫杏 梗开二 上梗明	德冷 梗开二 上梗端
中阳	tsɑ^{24}	tɕiɑ^{24}白 / kə̃^{24}文	tɕiə̃^{24}	iə̃^{24}	iə̃^{24}	iə̃^{24}	mə̃^{423}	tɑ^{423}
柳林	tsɑ^{24}	tɕiɑ^{24}白 / kə̃^{24}文	tɕiə̃^{24}	iə̃^{24}	iə̃^{24}	iə̃^{24}	mə̃^{312}	tɑ^{312}
方山	tʂa^{24}	tɕia^{24}白 / kə̃ŋ^{24}文	tɕiə̃ŋ^{24}	iə̃ŋ^{24}	iə̃ŋ^{24}	iə̃ŋ^{24}	mə̃ŋ^{312}	ta^{312}
临县	tʂə̃^{24}	kə̃^{24}	tɕiə̃^{24}	iə̃^{24}	iə̃^{24}	iə̃^{24}	mə̃^{312}	ta^{312}
兴县	tsɤ^{324}白 / tsəŋ^{324}文	kəŋ^{324}	tɕiəŋ^{324}	iəŋ^{324}	iəŋ^{324}	iəŋ^{324}	məŋ^{324}	tᴀ^{324}
岚县	tsəŋ^{214}	tɕie^{214}白 / kəŋ^{214}文	tɕiəŋ^{214}	iəŋ^{214}	iəŋ^{44}	iəŋ^{214}	mie^{312}白 / məŋ^{312}文	ta^{312}
静乐	tsɤ̃^{24}	kɤ̃^{24}	tɕiɤ̃^{24}	iɤ̃^{24}	iɤ̃^{24}	iɤ̃^{24}	mɤ̃^{314}	tɑ̃^{314}
交口	tsa^{323}	tɕia^{323}白 / kəŋ^{323}文	tɕiəŋ^{323}	iəŋ^{323}	iəŋ^{323}	iəŋ^{323}	mia^{323}白 / məŋ^{323}文	ta^{323}
石楼	tsei^{213}	tɕiɛ^{213}白 / kəŋ^{213}文	tɕiəŋ^{213}	iəŋ^{213}	iəŋ^{213}	iəŋ^{213}	məŋ^{213}	ta^{213}
隰县	tsɤ^{53}白 / tsəŋ^{53}文	tɕiɛ^{53}	tɕiəŋ^{53}	iəŋ^{53}	iəŋ^{53}	iəŋ^{53}	miɛ^{21}白 / məŋ^{21}文	ta^{21}
大宁	tɕie^{31}白 / tsɤ^{31}白 / tsəŋ^{31}文	tɕie^{31}白 / kəŋ^{31}文	tɕiən^{31}	iən^{31}	iən^{31}	iən^{31}	mie^{31}白 / məŋ^{31}文	tɑ^{31}
永和	tsʅə^{35}白 / tsəŋ^{35}文	kəŋ^{33}	tɕiəŋ^{33}	iəŋ^{33}	iəŋ^{33}	iəŋ^{33}	məŋ^{312}	ta^{312}
汾西	tsei^{11}白 / tsəŋ^{11}文	kəŋ^{11}/ti^{11}	tɕiəŋ^{11}	iəŋ^{11}	iəŋ^{11}	iəŋ^{11}	məŋ^{33}	tɑ^{33}
蒲县	tsɤ^{52}白 / tsəŋ^{52}文	kəŋ^{52}	tɕiŋ^{52}	iŋ^{52}	iŋ^{52}	iŋ^{52}	məŋ^{31}	ta^{31}
潞州	tsəŋ^{312}	kəŋ^{312}	tɕiŋ^{312}	iŋ^{312}	iŋ^{312}	iŋ^{312}	məŋ^{535}	ta^{535}
上党	tsəŋ^{213}	kəŋ^{213}	tɕiŋ^{213}	iŋ^{213}	iŋ^{213}	iŋ^{213}	məŋ^{535}	tɑ^{535}
长子	tsəŋ^{312}	kəŋ^{312}	tɕiŋ^{312}	iŋ^{312}	iŋ^{312}	iŋ^{312}	məŋ^{434}	ta^{434}
屯留	tsəŋ^{31}	kəŋ^{31}	tɕiəŋ^{31}	iəŋ^{31}	iəŋ^{31}	iəŋ^{31}	məŋ^{43}	ta^{43}
襄垣	tsəŋ^{33}	tɕiəŋ^{33}白 / kəŋ^{33}文	tɕiəŋ^{33}	iəŋ^{33}	iəŋ^{33}	iəŋ^{33}	məŋ^{42}	ta^{42}
黎城	tsəŋ^{33}	tɕiəŋ^{33}/ kəŋ^{33}	ciəŋ^{33}	iəŋ^{33}	iəŋ^{33}	iəŋ^{33}	məŋ^{213}	ta^{213}

续表

字目	睁	耕	茎	樱	莺	鹦	猛	打~击
中古音 / 方言点	侧茎 梗开二 平耕庄	古茎 梗开二 平耕见	户耕 梗开二 平耕匣	乌茎 梗开二 平耕影	乌茎 梗开二 平耕影	乌茎 梗开二 平耕影	莫杏 梗开二 上梗明	德冷 梗开二 上梗端
平顺	tsəŋ^{213}	kəŋ^{213}	ciŋ^{53}	iŋ^{213}	iŋ^{213}	iŋ^{213}	məŋ^{434}	ta^{434}
壶关	tʂəŋ^{33}	kəŋ^{33}	ciŋ^{353}	iŋ^{33}	iŋ^{33}	iŋ^{33}	məŋ^{535}	ta^{535}
沁县	tsə̃^{224}	tɕiə̃^{224} 白 / kə̃^{224} 文	tɕiə̃^{224}	iə̃^{224}	iə̃^{224}	iə̃^{224}	mə̃^{214}	ta^{214}
武乡	tsɐŋ^{113}	kɐŋ^{113}	tɕiɐŋ^{113}	iɐŋ^{113}	iɐŋ^{113}	iɐŋ^{113}	mɐŋ^{213}	ta^{213}
沁源	tʂə̃^{324}	tɕiə̃^{324} 白 / kə̃^{324} 文	tɕiə̃^{324}	iə̃^{324}	iə̃^{324}	iə̃^{324}	mə̃^{324}	tɑ^{324}
安泽	tsəŋ^{21}	tɕiəŋ^{21} 白 / kəŋ^{21} 文	tɕiəŋ^{21}	iəŋ^{21}	iəŋ^{21}	iəŋ^{21}	məŋ^{42}	tɑ^{42}
沁水端氏	tsai^{21}	kai^{21}	——	iŋ^{21}	iŋ^{21}	iŋ^{21}	moŋ^{31}	tɒ^{31}
阳城	tʂɑ̃ŋ^{224}	kɑ̃ŋ^{224}	ciə̃ĩ^{51}	iə̃ĩ^{224}	iə̃ĩ^{224}	iə̃ĩ^{224}	muoŋ^{212}	tɑ^{212}
高平	tʂə̃ŋ^{33}	kə̃ŋ^{33}	ciə̃ŋ^{33}	iə̃ŋ^{33}	iə̃ŋ^{33}	iə̃ŋ^{33}	mə̃ŋ^{212}	tɑ^{212}
陵川	tʂəŋ^{33}	kəŋ^{33}	ciŋ^{33}	iŋ^{33}	iŋ^{33}	iŋ^{33}	məŋ^{312}	ta^{312}
晋城	tʂɐ̃^{33}	kɐ̃^{33}	tɕiẽ^{53}	iẽ^{33}	iẽ^{33}	iẽ^{33}	moŋ^{213}	tɑ^{213}
忻府	tsʅ^{313} 白 / tsəŋ^{313} 文	tɕiɛ^{313} 白 / kəŋ^{313} 文	tɕiəŋ^{53}	iəŋ^{313}	iəŋ^{313}	iəŋ^{313}	məŋ^{313}	tɑ^{313}
原平	tsɔ^{213}	tɕiɤ^{213} 白 / kəŋ^{213} 文	tɕiəŋ^{53}	iəŋ^{213}	iəŋ^{213}	iəŋ^{213}	məŋ^{213}	tɑ^{213}
定襄	tsəŋ^{24}	tɕiɛi^{24}	tɕiəŋ^{24}	iəŋ^{24}	iəŋ^{24}	iəŋ^{24}	məŋ^{24}	taʔ^{1}
五台	tsʅɛ^{213}/ tsən^{213}	kən^{213}/tɕi^{213}	tɕiən^{52}	iən^{213}	iən^{213}	iən^{213}	mən^{213}	ta^{213}
岢岚	tsəŋ^{13}	tɕiəŋ^{13} 老 / kəŋ^{13} 新	tɕiəŋ^{13}	iəŋ^{13}	iəŋ^{44}	iəŋ^{13}	məŋ^{13}	ta^{13}
五寨	tsəɣ̃^{13}	tɕiəɣ̃^{13}	tɕiəɣ̃^{52}	iəɣ̃^{13}	iəɣ̃^{44}	iəɣ̃^{13}	məɣ̃^{13}	ta^{13}
宁武	tsɤɯ^{23}	tɕiɛ^{213} 白 / kɤɯ^{23} 文	tɕiɤɯ^{52}	iɤɯ^{23}	iɤɯ^{23}	iɤɯ^{23}	mɤɯ^{213}	tᴀ^{213}
神池	tsə̃^{24}	kə̃^{24}	tɕiə̃^{24}	iə̃^{24}	iə̃^{24}	iə̃^{24}	mə̃^{13}	tᴀ^{13}
繁峙	tsəŋ^{53}	tɕiəŋ^{53} 白 / kəŋ^{53} 文	tɕiəŋ^{53}	iəŋ^{53}	iəŋ^{53}	iəŋ^{53}	məŋ^{53}	ta^{53}
代县	tsɤŋ^{213}	kɤŋ^{213} 文	tɕiɤŋ^{53}	iɤŋ^{213}	iɤŋ^{213}	iɤŋ^{213}	mɤŋ^{213}	ta^{213}
河曲	tʂɤŋ^{213}	kɤŋ^{213}	tɕiŋ^{213}	iŋ^{213}	iŋ^{213}	iŋ^{213}	mɤŋ^{213}	ta^{213}
保德	tsəŋ^{213}	kəŋ^{213}	tɕiəŋ^{213}	iəŋ^{213}	iəŋ^{213}	iəŋ^{213}	məŋ^{213}	tᴀ^{213}
偏关	tsɤŋ^{24}	tɕiɤŋ^{24} 白 / kɤŋ^{24} 文	tɕiɤŋ^{52}	iɤŋ^{24}	iɤŋ^{24}	iɤŋ^{24}	mɤŋ^{213}	ta^{213}

续表

字目	睁	耕	茎	樱	莺	鹦	猛	打~击
中古音 / 方言点	侧茎 梗开二 平耕庄	古茎 梗开二 平耕见	户耕 梗开二 平耕匣	乌茎 梗开二 平耕影	乌茎 梗开二 平耕影	乌茎 梗开二 平耕影	莫杏 梗开二 上梗明	德冷 梗开二 上梗端
朔城	tsə̃^{312}	tɕiə̃^{312}	tɕiə̃^{312}	iə̃^{312}	iə̃^{35}	iə̃^{312}	mə̃^{312}	tA^{312}
平鲁	tsəɯ^{213}	kʰəɯ^{213}	tɕiəɯ^{213}	iəɯ^{213}	iəɯ^{213}	iəɯ^{213}	məɯ^{213}	——
应县	tsəŋ^{43}	kəŋ^{43}/ tɕiəŋ^{43}	tɕiəŋ^{43}	iəŋ^{43}	iəŋ^{43}	iəŋ^{43}	məŋ^{54}	ta^{54}
灵丘	tsəŋ^{442}	tɕiɒ^{442}	tɕiŋ^{442}	iŋ^{442}	iŋ^{442}	iŋ^{442}	məŋ^{442}	tA^{442}
浑源	tsə̃^{52}	kə̃^{52}	tɕiə̃^{52}	iə̃^{52}	iə̃^{52}	iə̃^{52}	mə̃^{52}	tA^{52}
云州	tsəɣ^{21}	tɕiəɣ^{21} 白 / kəɣ^{21} 文	tɕiəɣ^{21}	iəɣ^{21}	iəɣ^{21}	iəɣ^{21}	məɣ^{55}	tɑ^{55}
新荣	tsɤɣ^{32}	tɕiɣ^{32}/kɤɣ^{32}	tɕiɣ^{32}	iɣ^{32}	iɣ^{32}	iɣ^{32}	mɤɣ^{54}	tA^{54}
怀仁	tsəŋ^{42}	tɕiəŋ^{42} 老 / kəŋ^{42} 新	tɕiəŋ^{42}	iəŋ^{42}	iəŋ^{312}	iəŋ^{42}	məŋ^{53}	ta^{53}
左云	tsəɣ^{31}	tɕiəɣ^{31}	tɕiəɣ^{31}	iəɣ^{31}	iəɣ^{31}	iəɣ^{31}	məɣ^{54}	ta^{54}
右玉	tsə̃ɣ^{31}	kə̃ɣ^{31}	tɕiə̃ɣ^{31}	iə̃ɣ^{31}	iə̃ɣ^{31}	iə̃ɣ^{31}	mə̃ɣ^{53}	ta^{53}
阳高	tsəŋ^{31}	——	tɕiəŋ^{31}	iəŋ^{31}	iəŋ^{31}	iəŋ^{31}	məŋ^{53}	tɑ^{53}
山阴	tsə̃^{313}	tɕʰiə̃^{313} 白 / kə̃^{313} 文	tɕiə̃^{313}	iə̃^{313}	iə̃^{313}	iə̃^{313}	mə̃^{52}	tA^{52}
天镇	tsɤɣ^{31}	tɕiɤɣ^{31} 白 / kɤɣ^{31} 文	tɕiɤɣ^{31}	iɤɣ^{22}	iɤɣ^{22}	iɤɣ^{22}	mɤɣ^{55}	tɑ^{55}
平定	tsəŋ^{31}	tɕiəŋ^{31}	tɕiəŋ^{31}	iəŋ^{31}	iəŋ^{31}	iəŋ^{31}	məŋ^{53}	tɑ^{53}
昔阳	tʂəŋ^{42}	kəŋ^{42}	tɕiəŋ^{42}	iəŋ^{42}	iəŋ^{42}	iəŋ^{42}	məŋ^{55}	tɑ^{55}
左权	tsəŋ^{31}	tɕiəŋ^{31} 白 / kəŋ^{31} 文	tɕiəŋ^{31}	iəŋ^{31}	——	iəŋ^{31}	məŋ^{42}	tɑ^{42}
和顺	tʂəŋ^{42}	tɕiəŋ^{42} 白 / kəŋ^{42} 文	tɕiəŋ^{42}	iəŋ^{42}	iəŋ^{42}	iəŋ^{42}	məŋ^{53}	tɑ^{53}
尧都	tʂɤ^{21} 白 / tsəŋ^{21} 文	tiɛ^{21} 白 / kəŋ^{21} 文	tɕiəŋ^{21}	iəŋ^{21}	iəŋ^{21}	iəŋ^{21}	məŋ^{53}	tɑ^{53}
洪洞	tsye^{21} 白 / tseŋ^{21} 文	keŋ^{21} 文	tɕie^{53}/ tɕieŋ^{21}	ieŋ^{21}	ieŋ^{21}	ieŋ^{21}	mye^{42} 白 / meŋ^{42} 文	tɑ^{21}/tɑ^{42}/tɑ^{24}
洪洞赵城	tsɛ^{21}	tiɛ^{21}	tɕieŋ^{21}	ieŋ^{21}	ieŋ^{21}	ieŋ^{21}	mo^{42} 白 / meŋ^{42} 文	tɑ^{42}
古县	tsɛ^{21} 白 / tʂəŋ^{21} 文	tɕiɛ^{21} 白 / kəŋ^{21} 文	tɕiŋ^{21}	iŋ^{21}	iŋ^{21}	iŋ^{21}	mɛ^{42} 白 / məŋ^{42} 文	tɑ^{42}
襄汾	tʂa^{21} 白 / tseŋ^{21} 文	keŋ^{21}	tɕien^{21}	ieŋ^{21}	ieŋ^{21}	ieŋ^{21}	meŋ^{42}	tɑ^{42}

续表

字目	睁	耕	茎	樱	莺	鹦	猛	打~击
中古音 / 方言点	侧茎 梗开二 平耕庄	古茎 梗开二 平耕见	户耕 梗开二 平耕匣	乌茎 梗开二 平耕影	乌茎 梗开二 平耕影	乌茎 梗开二 平耕影	莫杏 梗开二 上梗明	德冷 梗开二 上梗端
浮山	tseŋ^{42}	keŋ^{42}	tɕiẽĩ^{42}	ieŋ^{42}	ieŋ^{42}	ieŋ^{42}	meŋ^{33}	ta^{33}
霍州	tsɔ^{212} 白 / tʂəŋ^{212} 文	tɕi^{212} 白 / kəŋ^{212} 文	tɕiŋ^{212}	iŋ^{212}	iŋ^{212}	iŋ^{212}	məŋ^{33}	ta^{33}
翼城	tʂəŋ^{53}	kəŋ^{53}	tɕiŋ^{53}	iŋ^{53}	iŋ^{53}	iŋ^{53}	mɔ^{44} 白 / məŋ^{44} 文	tᴀ^{44}
闻喜	tsiᴇ^{53} 白 / tsəŋ^{53} 文	kəŋ^{53}	——	iəŋ^{53}	iəŋ^{53}	iəŋ^{53}	pʰəŋ^{25}	tɑ^{33}
侯马	tʂəŋ^{213}	kəŋ^{213}	tɕiəŋ^{213}	iəŋ^{213}	iəŋ^{213}	iəŋ^{213}	məŋ^{44}	tɑ^{44}
新绛	tʂəŋ^{53}	kəŋ^{53}	tɕiəŋ^{53}	iəŋ^{53}	iəŋ^{53}	iəŋ^{53}	məŋ^{44}	tɑ^{44}
绛县	tʂiɪ^{53} 白 / tʂʌŋ^{53} 文	kʌŋ^{53}	tɕiʌŋ^{24}	iʌŋ^{53}	iʌŋ^{53}	iʌŋ^{53}	mʌŋ^{33}	tɑ^{33}
垣曲	tsiɛ^{22}	kəŋ^{22}	tɕiəŋ^{53}	iəŋ^{22}	iəŋ^{22}	iəŋ^{22}	məŋ^{44}	ta^{44}
夏县	tʂɤ^{53} 白 / tʂəŋ^{53} 文	kəŋ^{53}	tɕiəŋ^{31}	iəŋ^{53}	iəŋ^{53}	iəŋ^{53}	məŋ^{24}	ta^{24}
万荣	tʂa^{51} 白 / tʂɤ^{51} 白 / tsaŋ^{51} 文	kaŋ^{51}	tɕiaŋ^{33}	iaŋ^{51}	iaŋ^{51}	iaŋ^{51}	maŋ^{55}	ta^{55}
稷山	tʂiɛ^{53}	kʌŋ^{53}	tɕiʌŋ^{53}	iʌŋ^{53}	iʌŋ^{53}	iʌŋ^{53}	mʌŋ^{44}	tɑ^{44}
盐湖	tʂəŋ^{42}	kəŋ^{42}	tɕiŋ^{42}	iŋ^{42}	iŋ^{42}	iŋ^{42}	məŋ^{53}	ta^{53}
临猗	tʂa^{42} 白 / tsəŋ^{42} 文	kəŋ^{42}	tɕiəŋ^{42}	iəŋ^{42}	iəŋ^{42}	iəŋ^{42}	məŋ^{53}	ta^{53}
河津	tʂa^{31} 白 / tsəŋ^{31} 文	kəŋ^{31} 文	tɕiəŋ^{44}	iəŋ^{31}	iəŋ^{31}	iəŋ^{31}	mia^{53} 白 / məŋ^{53} 文	ta^{53}
平陆	tʂa^{31} 白 / tseŋ^{31} 文	keŋ^{31}	tɕiŋ^{31}	iŋ^{31}	iŋ^{31}	iŋ^{31}	meŋ^{55}	ta^{55}
永济	tʂəŋ^{31}	kəŋ^{31}	tɕiŋ^{31}	iŋ^{31}	iŋ^{31}	iŋ^{31}	məŋ^{53}	ta^{53}
芮城	tʂa^{42} 白 / tʂəŋ^{42} 文	kəŋ^{42}	tɕiəŋ^{44}	iəŋ^{42}	iəŋ^{42}	iəŋ^{42}	məŋ^{53}	ta^{53}
吉县	tʂəŋ^{423}	tɕiɛ^{423} 白 / kəŋ^{423} 文	tɕiəŋ^{423}	iəŋ^{33}	iəŋ^{33}	iəŋ^{33}	məŋ^{53}	ta^{53}
乡宁	tɕia^{53} 白 / tsəŋ^{53} 文	kəŋ^{53}	tɕiəŋ^{53}	iəŋ^{53}	iəŋ^{53}	iəŋ^{53}	mia^{44} 白 / məŋ^{44} 文	ta^{44}
广灵	tsəŋ^{53}	tɕiŋ^{53}	tɕiŋ^{53}	iŋ^{53}	iŋ^{53}	iŋ^{53}	məŋ^{44}	tɑ^{44}

字目	冷	省节~	梗	杏	耿	幸	孟姓	更~加
中古音 / 方言点	鲁打 梗开二 上梗来	所景 梗开二 上梗生	古杏 梗开二 上梗见	何梗 梗开二 上梗匣	古幸 梗开二 上耿见	胡耿 梗开二 上耿匣	莫更 梗开二 去映明	古孟 梗开二 去映见
北京	ləŋ^{214}	ʂəŋ^{214}	kəŋ^{214}	ɕiŋ^{51}	kəŋ^{214}	ɕiŋ^{51}	məŋ^{51}	kəŋ^{51}
小店	ləŋ^{53}	səŋ^{53}	kəŋ^{53}	ɕiə̃^{24}	kəŋ^{53}	ɕiə̃^{24}	məŋ^{24}	kəŋ^{24}
尖草坪	lʌŋ^{312}	sʌŋ^{312}	kʌŋ^{33}	ɕiʌŋ^{35}	kʌŋ^{312}	ɕiʌŋ^{35}	mʌŋ^{35}	kʌŋ^{35}
晋源	ləŋ^{42}	səŋ^{42}	kəŋ^{42}	ɕie^{35}	kəŋ^{42}	ɕin^{35}	məŋ^{35}	kəŋ^{35}
阳曲	lə̃^{312}	sə̃^{312}	kə̃^{312}	ɕiə̃^{454}	kə̃^{312}	ɕiə̃^{454}	mə̃^{454}	kə̃^{454}
古交	ləŋ^{312}	səŋ^{312}	kəŋ^{312}	ɕiɑ^{53} 白 / ɕiəŋ^{53} 文	kəŋ^{312}	ɕiəŋ^{53}	məŋ^{53}	kəŋ^{53}
清徐	ləŋ^{54}	səŋ^{54}	kəŋ^{54}	ɕiɒ^{45} 白 / ɕiəŋ^{45} 文	kəŋ^{54}	ɕiəŋ^{45}	məŋ^{45}	kəŋ^{45}
娄烦	ləŋ^{312}	səŋ^{312}	kəŋ^{312}	ɕiɑ̃^{54}	kəŋ^{312}	ɕiəŋ^{54}	məŋ^{54}	kəŋ^{54}
榆次	lɤ̃^{53}	sɤ̃^{53}	kɤ̃^{53}	ɕie^{35} 白 / ɕiɤ̃^{35} 文	kɤ̃^{53}	ɕiɤ̃^{35}	mɤ̃^{35}	kɤ̃^{35}
交城	lə̃^{53}	sə̃^{53}	kə̃^{53}	ɕiɑ^{24} 白 / ɕiə̃^{24} 文	kə̃^{53}	ɕiə̃^{24}	mə̃^{24}	kə̃^{24}
文水	lɔŋ^{423}	sɔŋ^{423}	kɔŋ^{423}	ɕia^{35} 白 / ɕiɔŋ^{35} 文	kɔŋ^{423}	ɕiɔŋ^{35}	mɔŋ^{35}	kɔŋ^{35}
祁县	lia^{314} 白 / lɔõ^{314} 文	sɔõ^{314}	kɔõ^{314}	ɕiɪ^{45}	kɔõ^{314}	ɕiɔõ^{45}	mɔõ^{45}	kɔõ^{45}
太谷	lə̃^{312}	sə̃^{312}	kə̃^{312}	ɕiə̃^{53}	kə̃^{312}	ɕiə̃^{53}	mə̃^{53}	kə̃^{53}
平遥	liɑ^{512} 白 / ləŋ^{512} 文	səŋ^{512}	kəŋ^{213}	ɕiɛ^{24}	kəŋ^{512}	ɕiəŋ^{213}	məŋ^{24}	kəŋ^{24}
孝义	lia^{312}	sə̃^{312}	kə̃^{312}	ɕia^{454} 白 / ɕiə̃^{454} 文	kə̃^{312}	ɕiə̃^{545}	mə̃^{454}	kə̃^{454}
介休	lia^{423} 白 / ləŋ^{423} 文	ʂəŋ^{423}	kəŋ^{423}	ɕia^{45} 白 / ɕin^{45} 文	kəŋ^{423}	ɕin^{45}	məŋ^{45}	kəŋ^{45}
灵石	lia^{212}	səŋ^{212}	kəŋ^{212}	ɕiŋ^{53}	kəŋ^{212}	ɕiŋ^{53}	məŋ^{53}	kəŋ^{53}
盂县	lə̃^{53}	sə̃^{53}	kə̃^{53}	xɑɛ^{55} 白 / ɕiɛ^{55} 白 / ɕiə̃^{55} 文	kə̃^{53}	ɕiə̃^{55}	mə̃^{55}	kə̃^{55}
寿阳	lə̃^{53}	sə̃^{53}	kə̃^{53}	xei^{45}/ɕiə̃^{45}	kə̃^{53}	ɕiə̃^{45}	mə̃^{45}	kə̃^{45}
榆社	lɛɪ^{312}	sɛɪ^{312}	kɛɪ^{312}	ɕieɪ^{45}	kɛɪ^{312}	ɕieɪ^{45}	mɛɪ^{45}	kɛɪ^{45}
离石	liɛ^{312} 白 / ləŋ^{312} 文	səŋ^{312}	kəŋ^{312}	ɕiəŋ^{53}	kəŋ^{312}	ɕiəŋ^{53}	məŋ^{53}	kəŋ^{53}
汾阳	ləŋ^{312}	ʂəŋ^{312}	kəŋ^{312}	ɕia^{55} 白 / ɕiẼ^{55} 文	kəŋ^{312}	ɕiẼ^{55}	məŋ^{55}	kəŋ^{55}

续表

字目	冷	省节~	梗	杏	耿	幸	孟姓	更~加
中古音 方言点	鲁打 梗开二 上梗来	所景 梗开二 上梗生	古杏 梗开二 上梗见	何梗 梗开二 上梗匣	古幸 梗开二 上耿见	胡耿 梗开二 上耿匣	莫更 梗开二 去映明	古孟 梗开二 去映见
中阳	liɑ^{423}白/ lə̃^{423}文	sə̃ŋ^{423}	kə̃^{423}	ɕiə̃^{53}	kə̃^{423}	ɕiə̃^{53}	mə̃^{53}	kə̃^{53}
柳林	liɑ^{312}白/ lə̃^{312}文	sə̃^{312}	kə̃^{312}	ɕiɑ^{53}	kə̃^{312}	ɕiə̃^{53}	mə̃^{53}	kə̃^{53}
方山	lia^{312}白/ lə̃ŋ^{312}文	sɿ^{312}白/ sə̃ŋ^{312}文	kə̃ŋ^{312}	ɕia^{52}	kə̃ŋ^{312}	ɕiə̃ŋ^{52}	mə̃ŋ^{52}	kə̃ŋ^{52}
临县	lia^{312}白/ lə̃^{312}文	ʂə̃^{312}	kə̃^{312}	ɕiə̃^{52}	kə̃^{312}	ɕiə̃^{52}	mə̃^{52}	kə̃^{52}
兴县	lᴀ^{324}白/ ləŋ^{324}文	səŋ^{324}	kəŋ^{324}	ɕiɛ^{53}	kəŋ^{324}	ɕiəŋ^{53}	məŋ^{53}	kəŋ^{53}
岚县	la^{312}白/ ləŋ^{312}文	səŋ^{312}	kəŋ^{312}	ɕie^{53}	kəŋ^{312}	ɕiəŋ^{53}	məŋ^{53}	kəŋ^{53}
静乐	lɤ̃^{314}	sɤ̃^{314}	kɤ̃^{314}	ɕiɑ̃^{53}	kɤ̃^{314}	ɕiɤ̃^{53}	mɤ̃^{53}	kɤ̃^{53}
交口	lia^{323}白/ ləŋ^{323}文	səŋ^{323}	kəŋ^{323}	ɕia^{53}	kəŋ^{323}	ɕiəŋ^{53}	məŋ^{53}	kəŋ^{53}
石楼	lɛi^{213}白/ ləŋ^{213}文	səŋ^{213}	kəŋ^{213}	xɛi^{51}	kəŋ^{213}	ɕiəŋ^{51}	məŋ^{51}	kəŋ^{51}
隰县	liɛ^{21}白/ ləŋ^{21}文	sɤ^{21}白/ səŋ^{21}文	kəŋ^{21}	ɕia^{44}	kəŋ^{21}	ɕiəŋ^{44}	məŋ^{44}	kəŋ^{44}
大宁	ləŋ^{31}	səŋ^{31}	kəŋ^{31}	ɕie^{55}白/ ɕiən^{55}文	kəŋ^{31}	ɕiən^{55}	məŋ^{55}	kəŋ^{55}
永和	ləŋ^{312}	ʂəŋ^{312}	kəŋ^{312}	ɕie^{53}白/ ɕiəŋ^{53}文	kəŋ^{33}	ɕiəŋ^{53}	məŋ^{53}	kəŋ^{53}
汾西	lei^{33}白/ ləŋ^{33}文	səŋ^{33}/sei^{33}白	kəŋ^{11}	xei^{53}白/ ɕiəŋ^{53}文	kəŋ^{33}	ɕiəŋ^{53}	məŋ^{53}	kəŋ^{55}
蒲县	ləŋ^{31}	səŋ^{31}	kəŋ^{31}	ɕiŋ^{33}	kəŋ^{31}	ɕiŋ^{33}	məŋ^{33}	tɕiŋ^{33}
潞州	ləŋ^{535}	səŋ^{535}	kəŋ^{535}	ɕiŋ^{54}	kəŋ^{535}	ɕiŋ^{54}	məŋ^{54}	kəŋ^{44}
上党	ləŋ^{535}	səŋ^{535}	kəŋ^{535}	ɕiŋ^{42}	kəŋ^{535}	ɕiŋ^{42}	məŋ^{42}	kəŋ^{42}
长子	ləŋ^{434}	səŋ^{434}	kəŋ^{434}	ɕiŋ^{53}	kəŋ^{434}	ɕiŋ^{53}	məŋ^{53}	kəŋ^{422}
屯留	ləŋ^{43}	səŋ^{43}	kəŋ^{43}	ɕiəŋ^{11}	kəŋ^{43}	ɕiəŋ^{11}	məŋ^{11}	kəŋ^{53}
襄垣	ləŋ^{42}	səŋ^{33}	kəŋ^{42}	ɕiəŋ^{45}	kəŋ^{42}	ɕiəŋ^{45}	məŋ^{45}	kəŋ^{53}
黎城	ləŋ^{213}	səŋ^{213}	kəŋ^{213}	ɕiəŋ^{53}	kəŋ^{213}	çiəŋ^{53}	məŋ^{53}	kəŋ^{53}
平顺	ləŋ^{434}	səŋ^{434}	kəŋ^{434}	ɕiŋ^{53}	kəŋ^{434}	ɕiŋ^{53}	məŋ^{53}	kəŋ^{53}
壶关	ləŋ^{535}	ʂəŋ^{535}	kəŋ^{535}	çiŋ^{353}	kəŋ^{535}	çiŋ^{353}	məŋ^{353}	kəŋ^{353}

续表

字目	冷	省节~	梗	杏	耿	幸	孟姓	更~加
中古音 / 方言点	鲁打 梗开二 上梗来	所景 梗开二 上梗生	古杏 梗开二 上梗见	何梗 梗开二 上梗匣	古幸 梗开二 上耿见	胡耿 梗开二 上耿匣	莫更 梗开二 去映明	古孟 梗开二 去映见
沁县	lə̃^{214}	sə̃^{214}	kə̃^{214}	ɕiə̃^{53}	kə̃^{214}	ɕiə̃^{53}	mə̃^{53}	kə̃^{53}
武乡	lɐŋ^{213}	sɐŋ^{213}	kɐŋ^{213}	ɕiɐŋ^{55}	kɐŋ^{213}	ɕiɐŋ^{55}	mɐŋ^{55}	kɐŋ^{55}
沁源	lə̃^{324}	ʂə̃^{324}	kə̃^{324}	ɕiə̃^{53}	kə̃^{324}	ɕiə̃^{53}	mə̃^{53}	kə̃^{53}
安泽	ləŋ^{42}	səŋ^{42}	kəŋ^{53}	ɕiəŋ^{53}	kəŋ^{42}	ɕiəŋ^{53}	məŋ^{53}	kəŋ^{53}
沁水端氏	lai^{31}	sai^{31}	kai^{31}	ɕiŋ^{53}	kai^{31}	ɕiŋ^{53}	moŋ^{53}	kai^{53}
阳城	lɑ̃ŋ^{212}	ʂɑ̃ŋ^{212}	kɑ̃ŋ^{212}	xɑ̃ŋ^{51}	kɑ̃ŋ^{212}	ɕiə̃ĩ^{51}	muoŋ^{51}	kɑ̃ŋ^{51}
高平	nə̃ŋ^{212}	ʂə̃ŋ^{212}	kə̃ŋ^{212}	xə̃ŋ^{53}	kə̃ŋ^{212}	ɕiə̃ŋ^{53}	mə̃ŋ^{53}	kə̃ŋ^{53}
陵川	ləŋ^{312}	ʂəŋ^{312}	kəŋ^{312}	ɕiŋ^{24}	kəŋ^{312}	ɕiŋ^{24}	məŋ^{24}	kəŋ^{24}
晋城	lɐ̃^{213}	ʂɐ̃^{213}	kɐ̃^{213}	xɐ̃^{53}	kɐ̃^{213}	ɕiẽ^{53}	moŋ^{53}	kɐ̃^{53}
忻府	lɑ^{313} 白 / ləŋ^{313} 文	səŋ^{313}	kəŋ^{313}	ɕiəŋ^{53}	kəŋ^{313}	ɕiəŋ^{53}	məŋ^{53}	kəŋ^{53}
原平	ləŋ^{213}	səŋ^{213}	kəŋ^{213}	xɔ^{53} 白 / ɕiəŋ^{53} 文	kəŋ^{213}	ɕiəŋ^{53}	məŋ^{53}	kəŋ^{53}
定襄	ləŋ^{24}	ʂʅ^{24}	kəŋ^{24}	ɕiəŋ^{53}	kəŋ^{24}	ɕiəŋ^{53}	məŋ^{53}	kəŋ^{53}
五台	liɛ^{213}	sən^{213}	kən^{213}	ɕiən^{52}	kən^{213}	ɕiən^{52}	mən^{52}	kən^{52}
岢岚	ləŋ^{13}	səŋ^{13}	kəŋ^{13}	ɕiəŋ^{52}	kəŋ^{13}	ɕiəŋ^{52}	məŋ^{52}	kəŋ^{52}
五寨	ləɣ̃^{13}	səɣ̃^{13}	kəɣ̃^{13}	ɕiəɣ̃^{52}	kəɣ̃^{13}	ɕiəɣ̃^{52}	məɣ̃^{52}	kəɣ̃^{52}
宁武	lɤɯ^{213}	sɤɯ^{33}	kɤɯ^{213}	ɕiɤɯ^{52}	kɤɯ^{213}	ɕiɤɯ^{52}	mɤɯ^{52}	kɤɯ^{52}
神池	lə̃^{13}	sə̃^{23}	kə̃^{13}	ɕiə̃^{52}	kə̃^{13}	ɕiə̃^{52}	mə̃^{52}	kə̃^{52}
繁峙	ləŋ^{53}	səŋ^{53}	kəŋ^{53}	ɕiəŋ^{24}	kəŋ^{53}	ɕiəŋ^{24}	məŋ^{24}	kəŋ^{24}
代县	lɤŋ^{213}	sɤŋ^{213}	tɕiɤŋ^{213}	ɕiɤŋ^{53}	kɤŋ^{213}	ɕiɤŋ^{53}	mɤŋ^{53}	kɤŋ^{53}
河曲	lɤŋ^{213}	ʂɤŋ^{213}	kɤŋ^{213}	ɕia^{52} 白 / ɕiŋ^{52} 文	kɤŋ^{213}	ɕiŋ^{52}	mɤŋ^{52}	kɤŋ^{52}
保德	ləŋ^{213}	səŋ^{213}	kəŋ^{213}	ɕiəŋ^{52}	kəŋ^{213}	ɕiəŋ^{52}	məŋ^{52}	kəŋ^{52}
偏关	lɤŋ^{213}	sɤŋ^{213}	kɤŋ^{213}	ɕiɤŋ^{52}	kɤŋ^{213}	ɕiɤŋ^{52}	mɤŋ^{52}	kɤŋ^{52}
朔城	lə̃^{312}	sə̃^{312}	kə̃^{312}	ɕiə̃^{53}	kə̃^{312}/tɕiə̃^{312}	ɕiə̃^{53}	mə̃^{53}	kə̃^{53}
平鲁	ləɯ^{213}	səɯ^{213}	kʰəɯ^{213}	ɕiəɯ^{52}	kʰəɯ^{213}	ɕiəɯ^{52}	məɯ^{52}	kəɯ^{52}
应县	ləŋ^{54}	səŋ^{54}	kəŋ^{54}	ɕiəŋ^{24}	kəŋ^{54}	ɕiəŋ^{54}	məŋ^{24}	kəŋ^{24}
灵丘	ləŋ^{442}	səŋ^{442}	kəŋ^{442}	ɕiŋ^{53}	kəŋ^{442}	ɕiŋ^{53}	məŋ^{53}	kəŋ^{53}
浑源	lə̃^{52}	sə̃^{52}	kə̃^{52}	ɕiə̃^{13}	kə̃^{52}	ɕiə̃^{13}	mə̃^{13}	kə̃^{13}
云州	ləɣ^{55}	səɣ^{55}	kəɣ^{55}	ɕiəɣ^{24}	kəɣ^{55}	ɕiəɣ^{24}	məɣ^{24}	kəɣ^{24}

续表

字目	冷	省节~	梗	杏	耿	幸	孟姓	更~加
中古音 方言点	鲁打 梗开二 上梗来	所景 梗开二 上梗生	古杏 梗开二 上梗见	何梗 梗开二 上梗匣	古幸 梗开二 上耿见	胡耿 梗开二 上耿匣	莫更 梗开二 去映明	古孟 梗开二 去映见
新荣	lɤɣ^{54}	ɕiɣ^{54}/sɤɣ^{54}	kɤɣ^{54}	ɕiɣ^{24}	kɤɣ^{54}	ɕiɣ^{54}	mɤɣ^{24}	kɤɣ^{24}
怀仁	ləŋ^{53}	səŋ^{53}	kəŋ^{53}	ɕiəŋ^{24}	kəŋ^{53}	ɕiəŋ^{24}	məŋ^{24}	kəŋ^{24}
左云	ləɣ^{54}	səɣ^{54}	kəɣ^{54}	ɕiəɣ^{24}	kəɣ^{54}	ɕiəɣ^{24}	məɣ^{24}	kəɣ^{24}
右玉	lə̃ɣ^{53}	sə̃ɣ^{53}	kə̃ɣ^{24}	ɕiə̃ɣ^{24}	kə̃ɣ^{53}	ɕiə̃ɣ^{24}	mə̃ɣ^{24}	kə̃ɣ^{24}
阳高	ləŋ^{53}	səŋ^{53}	kəŋ^{53}	——	kəŋ^{53}	ɕiəŋ^{24}	məŋ^{24}	——
山阴	lə̃^{52}	sə̃^{52}	——	ɕiə̃^{335}	kə̃^{52}	ɕiə̃^{52}	mə̃^{335}	kə̃^{335}
天镇	lɤɣ^{55}	sɤɣ^{55}	kɤɣ^{24}	ɕiɤɣ^{24}	kɤɣ^{55}	ɕiɤɣ^{55}	mɤɣ^{24}	kɤɣ^{24}
平定	lɤŋ^{53}	sɤŋ^{53}	kɤŋ^{53}	ɕiɤŋ^{24}	kɤŋ^{53}	ɕiɤŋ^{24}	mɤŋ^{24}	kɤŋ^{24}
昔阳	ləŋ^{55}	ʂəŋ^{55}	kəŋ^{55}	ʂəŋ^{13}	kəŋ^{55}	ɕiəŋ^{13}	məŋ^{13}	kəŋ^{13}
左权	ləŋ^{42}	səŋ^{42}	——	ɕiəŋ^{53}	kəŋ^{42}	ɕiəŋ^{53}	məŋ^{53}	kəŋ^{53}
和顺	ləŋ^{53}	səŋ^{53}	——	ɕiəŋ^{13}	kəŋ^{53}	ɕiəŋ^{13}	məŋ^{13}	kəŋ^{13}
尧都	lɤ^{53}白/ ləŋ^{53}文	ʂɤ^{53}白/ ʂəŋ^{53}文	kəŋ^{53}	xɤ^{44}白/ ɕiəŋ^{44}文	kəŋ^{53}	ɕiəŋ^{44}	məŋ^{44}	kəŋ^{53}
洪洞	lye^{42}白/ leŋ^{42}文	seŋ^{42}	keŋ^{21}	xye^{53}白/ ɕieŋ^{53}文	keŋ^{21}	ɕieŋ^{53}	meŋ^{53}	keŋ^{42}
洪洞赵城	lɛ^{42}白/ leŋ^{42}文	sɛ^{42}白/ seŋ^{42}文	keŋ^{42}	xɛ^{53}	keŋ^{42}	ɕieŋ^{53}	meŋ^{53}	keŋ^{24}
古县	liɛ^{42}白/lɛ^{42}白/ ləŋ^{42}文	sɛ^{42}白/ səŋ^{42}文	——	xɤ^{53}白/ ɕiŋ^{53}文	kəŋ^{42}	ɕiŋ^{53}	məŋ^{53}	kəŋ^{53}
襄汾	lə^{42}	ʂeŋ^{42}	keŋ^{42}	xa^{53}白/ ɕieŋ^{53}文	keŋ^{42}	ɕieŋ^{21}	meŋ^{44}	keŋ^{44}
浮山	luæ^{33}	ɕiɛ^{33}白/ ʂeŋ^{33}	keŋ^{33}	xæ^{53}	keŋ^{33}	ɕieŋ^{42}	meŋ^{44}	keŋ^{44}
霍州	lɔ^{212}白/ ləŋ^{212}文	sɔ^{212}白/ səŋ^{212}文	kəŋ^{33}	xɔ^{53}白/ ɕiŋ^{53}文	kəŋ^{33}	ɕiŋ^{53}	məŋ^{33}	kəŋ^{55}
翼城	ləŋ^{44}	ʂəŋ^{44}	kəŋ^{44}	ɕiŋ^{53}	kəŋ^{44}	ɕiŋ^{53}	məŋ^{53}	kəŋ^{53}
闻喜	liᴇ^{33}白/ ləŋ^{33}文	səŋ^{33}	kəŋ^{33}	xiᴇ^{53}白/ ɕiəŋ^{13}文	kəŋ^{33}	ɕiəŋ^{13}	pʰəŋ^{13}	kəŋ^{53}
侯马	ləŋ^{44}	ʂəŋ^{44}	kəŋ^{44}	ɕiəŋ^{53}	kəŋ^{44}	ɕiəŋ^{53}	məŋ^{53}	kəŋ^{53}
新绛	ləŋ^{44}	səŋ^{44}	kəŋ^{44}	xie^{53}/ɕiəŋ^{53}	kəŋ^{44}	ɕiəŋ^{53}	məŋ^{53}	kəŋ^{53}
绛县	liɪ^{31}白/ lʌŋ^{33}文	ʂʌŋ^{33}	kʌŋ^{53}	ɕiɪ^{53}白/ ɕiʌŋ^{53}文	kʌŋ^{33}	ɕiʌŋ^{53}	mʌŋ^{31}	kʌŋ^{31}
垣曲	liɛ^{44}白/ ləŋ^{44}文	səŋ^{44}	kəŋ^{44}	xiɛ^{53}	kəŋ^{44}	ɕiəŋ^{53}	məŋ^{53}	kəŋ^{53}

续表

字目	冷	省节~	梗	杏	耿	幸	孟姓	更~加
中古音 / 方言点	鲁打 梗开二 上梗来	所景 梗开二 上梗生	古杏 梗开二 上梗见	何梗 梗开二 上梗匣	古幸 梗开二 上耿见	胡耿 梗开二 上耿匣	莫更 梗开二 去映明	古孟 梗开二 去映见
夏县	liɛ²⁴白/ləŋ²⁴文	ʂəŋ²⁴	kəŋ²⁴	xiɛ³¹	kəŋ²⁴	ɕiəŋ³¹	məŋ³¹	kəŋ³¹
万荣	lia⁵⁵白/laŋ⁵⁵文	ʂa⁵⁵白/saŋ⁵⁵文	——	xa³³白/ɕiaŋ³³文	kaŋ⁵⁵	ɕiaŋ³³	maŋ³³	kaŋ³³
稷山	liɛ⁴⁴白/lʌŋ⁴⁴文	ʂʌŋ⁴⁴	kʌŋ⁴⁴	ɕiɛ⁴²	kʌŋ⁴⁴	ɕiʌŋ⁴⁴	mʌŋ⁴²	kʌŋ⁴²
盐湖	lia⁵³白/ləŋ⁵³文	ʂəŋ⁵³	kəŋ⁵³	xa⁴⁴白/ɕiŋ⁴⁴文	kəŋ⁵³	ɕiŋ⁴⁴	məŋ⁴⁴	kəŋ⁴⁴
临猗	lia⁵³白/ləŋ⁵³文	ʂa⁵³白/səŋ⁵³文	kəŋ⁵³	xa⁴⁴白/ɕiəŋ⁴⁴文	kəŋ⁵³	ɕiəŋ⁴⁴	məŋ⁴⁴	kəŋ⁴⁴
河津	lia⁵³白/ləŋ⁵³文	ʂa⁵³白/səŋ⁵³文	kəŋ⁵³	xa⁴⁴白/ɕiəŋ⁴⁴文	kəŋ⁵³	ɕiəŋ⁴⁴	məŋ⁴⁴	kəŋ⁴⁴
平陆	lia⁵⁵白/leŋ⁵⁵文	ʂa⁵⁵白/seŋ⁵⁵文	keŋ⁵⁵	xiŋ³³	keŋ⁵⁵	ɕiŋ³³	meŋ³³	keŋ³³
永济	lie⁵³白/ləŋ⁵³文	ʂa⁵³白/ʂəŋ⁵³文/ɕiŋ⁵³	kəŋ⁵³	xa⁴⁴白/ɕiŋ⁴⁴	kəŋ⁵³	ɕiŋ⁵³	məŋ⁴⁴	kəŋ³¹/kəŋ⁴⁴
芮城	lia⁵³白/ləŋ⁵³文	səŋ⁵³	kəŋ⁵³	xa⁴²	kəŋ⁵³	ɕiəŋ⁴⁴	məŋ⁴⁴	kəŋ⁴⁴
吉县	lia⁴²³白/ləŋ⁵³文	ʂa³³白/səŋ⁵³文	——	xiə³³	kəŋ⁵³	ɕiəŋ³³	məŋ³³	kəŋ³³
乡宁	lia⁴⁴白/ləŋ⁴⁴文	ʂəŋ⁴⁴	kəŋ⁴⁴	ɕia²²白/ɕiəŋ²²文	kəŋ⁴⁴	ɕiəŋ²²	məŋ²²	kəŋ²²
广灵	ləŋ⁴⁴	səŋ⁴⁴	kəŋ⁴⁴	ɕiŋ²¹³	kəŋ⁴⁴	ɕiŋ⁴⁴	məŋ²¹³	kəŋ²¹³

字目	硬	伯	迫	百	柏	魄	拍	白
中古音 / 方言点	五孟 梗开二 去映疑	博陌 梗开二 入陌帮	博陌 梗开二 入陌帮	博陌 梗开二 入陌帮	博陌 梗开二 入陌帮	普伯 梗开二 入陌滂	普伯 梗开二 入陌滂	傍陌 梗开二 入陌並
北京	iŋ^{51}	pai^{55} 白 / po^{35} 文	pʰai^{214} 白 / pʰo^{51} 文	pai^{214}	pai^{214}	pʰo^{51}	pʰai^{55}	pai^{35}
小店	ȵiə̃^{24} 白 / iə̃^{24} 文	piəʔ^{1}	pʰaʔ^{1}	pɛ^{53}/piəʔ^{1}	piəʔ^{1}	pʰəɯ^{24}	pʰɛ^{11}	pəʔ$^{\underline{54}}$
尖草坪	niʌŋ^{35} 白 / iʌŋ^{35} 文	piəʔ^{2}	pʰiəʔ^{2}	piəʔ^{2}	piəʔ^{2}	pʰiəʔ^{2}	pʰiəʔ^{2} 白 / pʰai^{33} 文	piəʔ$^{\underline{43}}$
晋源	ȵin^{11}	piəʔ^{2}	pʰəʔ^{2}	piəʔ^{2}	piəʔ^{2}	pʰəʔ^{2}	pʰiəʔ^{2}	piəʔ$^{\underline{43}}$ 白 / pai^{11} 文
阳曲	ȵiə̃^{454}	piɛʔ^{4}	pʰiɛʔ^{4}	piɛʔ^{4}	piɛʔ^{4}	pʰiɛʔ^{4}	pʰiɛʔ^{4} 白 / pʰai^{312} 文	pai^{43} 白 / piɛʔ$^{\underline{212}}$ 文
古交	ȵiəŋ^{53}	piəʔ^{4}	pʰiəʔ^{4}	piəʔ^{4}	piəʔ^{4}	pʰəʔ^{4}	piəʔ^{4}	piəʔ$^{\underline{312}}$
清徐	niəŋ^{45} 白 / iəŋ^{45} 文	pai^{54}/ pai^{11}	pʰaʔ^{1}	piaʔ^{1}	piaʔ^{1}/paʔ^{1}	pʰaʔ^{1}	pʰiaʔ^{1}	piaʔ$^{\underline{54}}$
娄烦	ȵiəŋ^{54}	piaʔ^{3}	pʰiəʔ^{3}	piaʔ^{3}	piaʔ^{3}	pʰiəʔ^{3}	pʰiaʔ^{3}	piaʔ$^{\underline{21}}$/pɛe^{11} 文
榆次	iɤ̃^{35}/niɤ̃^{35}	piaʔ^{1}	pʰaʔ^{1}	piaʔ^{1}	piaʔ$^{\underline{53}}$	pʰaʔ^{1}	pʰiaʔ^{1}	piaʔ$^{\underline{53}}$ 白
交城	niɑ^{24} 白 / niə̃^{24} 文	piaʔ^{1} 白 / pɛ^{53} 文	pʰiaʔ^{1}	piaʔ^{1} 白 / pɛ^{53} 文	piaʔ^{1}	pʰiaʔ^{1}	pʰiaʔ^{1} 白 / pʰɛ^{11} 文	piaʔ$^{\underline{53}}$ 白 / pɛ^{11} 文
文水	ȵia^{35} 白 / ȵiɔŋ^{35} 文	piaʔ^{2}	pʰiaʔ^{2}	piaʔ^{2}	piaʔ^{2}	pʰaʔ^{2}/pʰɪi^{35}	pʰiaʔ^{2}	piɑʔ$^{\underline{312}}$ 白 / pai^{22} 文
祁县	ȵiɪ^{45} 白 / ȵiɔõ^{45} 文	pæɛ^{314}	pʰiɑʔ$^{\underline{32}}$	piɑʔ$^{\underline{32}}$	piɑʔ$^{\underline{32}}$	pʰɑʔ$^{\underline{32}}$	pʰiɑʔ$^{\underline{32}}$	piɑʔ$^{\underline{324}}$
太谷	ȵie^{53} 白 / ȵiə̃^{53} 文	piaʔ^{3} 白 / pɑi^{312} 文	pʰiaʔ^{3}	piaʔ^{3}	piaʔ^{3}	pʰiaʔ^{3}	pʰiaʔ^{3}	piaʔ$^{\underline{423}}$ 白 / pai^{33} 文
平遥	ȵiəŋ^{24}	piʌʔ$^{\underline{212}}$	pʰiʌʔ$^{\underline{212}}$	piʌʔ$^{\underline{212}}$	piʌʔ$^{\underline{212}}$	pʰʌʔ$^{\underline{212}}$	pʰiʌʔ$^{\underline{212}}$	piʌʔ$^{\underline{523}}$ 白 / pæe^{213} 文
孝义	ȵia^{454} 白 / ȵiə̃^{454} 文	piaʔ^{3}	pʰiaʔ^{3}	piaʔ^{3}	piaʔ^{3}	pʰiaʔ^{3}	pʰiaʔ^{3}	piaʔ$^{\underline{423}}$ 白 / pai^{33} 文
介休	ȵia^{45} 白 / ȵin^{45} 文	piʌʔ$^{\underline{12}}$	pʰiʌʔ$^{\underline{12}}$	piʌʔ$^{\underline{12}}$	piʌʔ$^{\underline{12}}$	pʰʌʔ$^{\underline{12}}$	pʰiʌʔ$^{\underline{12}}$	piʌʔ$^{\underline{312}}$ 白 / pai^{13} 文
灵石	iŋ^{53}	paʔ^{4}	pʰaʔ^{4}	piaʔ^{4}	piaʔ^{4}	pʰaʔ^{4}	pʰiaʔ^{4}	pɛ^{44}
盂县	ȵiə̃^{55} 白 / iə̃^{55} 文	piʌʔ^{2}	pʰiʌʔ^{2}	piʌʔ^{2}	piʌʔ^{2}	pʰiʌʔ^{2}	pʰiʌʔ^{2}	piʌʔ$^{\underline{53}}$ 白 / pɑɛ^{22} 文
寿阳	ȵiə̃^{45}	pai^{53}/piɛʔ^{2}	pʰiɛʔ^{2}	piɛʔ^{2}	piɛʔ^{2}	pʰiɛʔ^{2}	pʰiɛʔ^{2}	piɛʔ$^{\underline{54}}$ 白 / pai^{22} 文
榆社	nieɪ^{45}	piaʔ^{2}	pʰiaʔ$^{\underline{312}}$	piaʔ^{2}	piaʔ^{2}	pʰiaʔ$^{\underline{312}}$	pʰiaʔ^{2}	piaʔ$^{\underline{312}}$

续表

字目	硬	伯	迫	百	柏	魄	拍	白
中古音 方言点	五孟 梗开二 去映疑	博陌 梗开二 入陌帮	博陌 梗开二 入陌帮	博陌 梗开二 入陌帮	博陌 梗开二 入陌帮	普伯 梗开二 入陌滂	普伯 梗开二 入陌滂	傍陌 梗开二 入陌並
离石	niəŋ^{53}	piɛʔ^{4}	pʰieʔ^{4}	pieʔ^{4}	pieʔ^{4}	pʰiɛʔ^{4}	pʰieʔ^{4}	pʰieʔ$^{\underline{23}}$ 白 / pɛe^{24} 文
汾阳	ȵia^{55} 白 / iẼ^{55} 文	piaʔ^{2}	pʰiaʔ^{2}	piaʔ^{2}	piaʔ^{2}	pʰəʔ^{2}	pʰiaʔ^{2}	piaʔ$^{\underline{312}}$ 白 / pai^{2} 文
中阳	niə̃^{53}	pieʔ^{4}	pʰieʔ^{4}	pieʔ^{4}	pieʔ^{4}	pʰieʔ^{4}	pʰieʔ^{4}	pʰieʔ$^{\underline{312}}$ 白 / pɛe^{24} 文
柳林	niə̃^{53}	piɛʔ^{4}	piɛʔ^{4}	piɛʔ^{4}	piɛʔ^{4}	pʰiɛʔ^{4}	pʰiɛʔ^{4}	pʰiɛʔ$^{\underline{423}}$
方山	niə̃ŋ^{52}	piɛʔ^{4}	pʰəʔ^{4}	piɛʔ^{4}	piɛʔ^{4}	pʰuə^{52}	pʰiɛʔ^{4}	pʰiɛʔ$^{\underline{23}}$ 白 / pɛe^{24} 文
临县	niə̃^{52}	piaʔ^{3}	pʰiaʔ^{3}	piaʔ^{3}	piaʔ^{3}	pɐʔ^{3}	pʰiaʔ^{3}	pʰiaʔ^{3} pʰiaʔ$^{\underline{24}}$ 白 / pɛe^{33} 文
兴县	niəŋ^{53}	piəʔ^{5}	pʰiəʔ^{5}	piəʔ^{5}	piəʔ^{5}	pʰiəʔ^{5}/pʰɤ^{53}	pʰiəʔ^{5}/piɛ^{324}	pʰiəʔ$^{\underline{312}}$ 白 / pai$^{\underline{324}}$ 文
岚县	ȵiəŋ^{53}	pieʔ^{4}	pʰieʔ^{4}	pieʔ^{4}	pieʔ^{4}	pʰieʔ^{4}	pʰieʔ^{4}	pʰieʔ^{312} 白 / pai^{44} 文
静乐	ȵiɤ̃^{53}	paʔ$^{\underline{212}}$	pʰiəʔ^{4}	piəʔ^{4}	piəʔ^{4}	pʰiəʔ^{4}	pʰiəʔ^{4}	piəʔ$^{\underline{212}}$
交口	ȵiəŋ^{53}	pieʔ^{4}	pʰieʔ^{4}	piaʔ^{4}	piaʔ^{4}	pʰiaʔ^{4}	pʰiaʔ^{4}	pʰiaʔ$^{\underline{212}}$ 白 / pai^{323} 文
石楼	ȵiɑŋ^{51} 白 / ȵiəŋ^{51} 文	piʌʔ^{4}	pʰiʌʔ^{4}	piəʔ^{4}	piəʔ^{4}	pʰʌʔ^{4}	pʰiəʔ^{4}	pʰiəʔ$^{\underline{213}}$ 白 / pɛi^{44} 文
隰县	ȵiɛ^{44} 白 / iəŋ^{44} 文	piəʔ^{3}	——	piəʔ^{3}	piəʔ^{3}	pʰɤ^{44}	pʰiəʔ^{3}	pʰiəʔ^{3} 白 / pɛe^{53} 文
大宁	nien^{55}	piɐʔ$^{\underline{31}}$	pʰiɐʔ$^{\underline{31}}$	piɐʔ$^{\underline{31}}$	piɐʔ$^{\underline{31}}$	pʰɐʔ$^{\underline{31}}$	pʰiɐʔ$^{\underline{31}}$	pʰiɐʔ^{4}
永和	nie^{53} 白 / niəŋ^{53} 文	piɐʔ$^{\underline{35}}$	pʰiɐʔ$^{\underline{35}}$	piɐʔ$^{\underline{35}}$	piɐʔ$^{\underline{35}}$	pʰiɐʔ$^{\underline{35}}$	pʰiɐʔ$^{\underline{35}}$	pʰiɐʔ$^{\underline{312}}$ 白 / piɐʔ$^{\underline{312}}$ 文
汾西	niəŋ^{53} 文	pɪ^{11} 白 / pɑi^{11} 文	——	pɪ^{11}	pɪ^{11}	——	pʰɪ^{11}	pʰyəʔ^{3} 白 / pɑi^{35} 文
蒲县	ȵiɛ^{33} 白 / ȵiŋ^{33} 文	po^{24}	pʰɛʔ$^{\underline{43}}$	pai^{31}	piʌʔ$^{\underline{43}}$	pʰo^{52}	pʰai^{52}	pʰɛ^{33} 白 / pai^{24} 文
潞州	iŋ^{54}	piəʔ$^{\underline{53}}$ 白 / pə^{24} 文	pʰəʔ$^{\underline{53}}$ 白 / pʰə^{54} 文	piəʔ$^{\underline{53}}$	piəʔ$^{\underline{53}}$	pʰəʔ$^{\underline{53}}$ 白 / pʰə^{54} 文	pʰiəʔ$^{\underline{53}}$	piəʔ$^{\underline{53}}$ 白 / pai^{312} 文
上党	iŋ^{42}	piəʔ$^{\underline{21}}$	pʰiəʔ$^{\underline{21}}$	piəʔ$^{\underline{21}}$	piəʔ$^{\underline{21}}$	pʰiəʔ$^{\underline{21}}$	pʰiəʔ$^{\underline{21}}$	piəʔ$^{\underline{21}}$
长子	iŋ^{53}	piəʔ^{4}	pʰiəʔ^{4}	piəʔ^{4} 白 / peᴇ^{434} 文	piəʔ^{4}	pʰiəʔ^{4}	pʰiəʔ^{4}	pəʔ$^{\underline{212}}$ 白 / piəʔ$^{\underline{212}}$ 白 / peᴇ^{312} 文

续表

字目	硬	伯	迫	百	柏	魄	拍	白
中古音 / 方言点	五孟 梗开二 去映疑	博陌 梗开二 入陌帮	博陌 梗开二 入陌帮	博陌 梗开二 入陌帮	博陌 梗开二 入陌帮	普伯 梗开二 入陌滂	普伯 梗开二 入陌滂	傍陌 梗开二 入陌並
屯留	iəŋ^{11}	pəʔ^{1}	pʰəʔ^{1}	pəʔ^{1}	pəʔ^{1}	pʰəʔ^{1}	pʰiəʔ^{1} 白 / pʰɛe^{11} 文	pʌʔ$^{\underline{54}}$ 白 / pɛe^{53} 文
襄垣	iəŋ^{45}	piʌʔ^{3}	piʌʔ^{3}	piʌʔ^{3}	pʰiʌʔ^{3}	pʰiʌʔ^{3}	pʰiʌʔ^{3}	piʌʔ$^{\underline{43}}$
黎城	iəŋ^{53}	piʌʔ^{2}	pʰiʌʔ^{2}	piʌʔ^{2}	piʌʔ^{2}	pʰiʌʔ^{2}	pʰiʌʔ^{2}	piʌʔ$^{\underline{31}}$
平顺	iŋ^{53}	piʌʔ$^{\underline{212}}$	pʰiʌʔ$^{\underline{212}}$	piʌʔ$^{\underline{212}}$	piʌʔ$^{\underline{212}}$	pʰiʌʔ$^{\underline{212}}$	pʰiʌʔ$^{\underline{212}}$	piʌʔ$^{\underline{423}}$
壶关	iŋ^{353}	piʌʔ^{2}	pʰiʌʔ^{2}	piʌʔ^{2}	piʌʔ^{2}	pʰiʌʔ^{2}	pʰiʌʔ^{2}	piʌʔ^{2}/piʌʔ$^{\underline{21}}$
沁县	ȵiɚ̃^{53}	piæʔ$^{\underline{31}}$	——	piæʔ$^{\underline{31}}$	piæʔ$^{\underline{31}}$	pʰiæʔ$^{\underline{31}}$	pʰiæʔ$^{\underline{31}}$	piæʔ$^{\underline{212}}$ 白 / pɛe^{33} 文
武乡	ȵiɐŋ^{55}	piʌʔ^{3}	pʰiʌʔ^{3}	piʌʔ^{3}	piʌʔ^{3}	pʰiʌʔ^{3}	pʰiʌʔ^{3}	piʌʔ$^{\underline{423}}$
沁源	ȵiɚ̃^{53}	piəʔ$^{\underline{31}}$	pʰiəʔ$^{\underline{31}}$	piəʔ$^{\underline{31}}$	piəʔ$^{\underline{31}}$	pʰiəʔ$^{\underline{31}}$	pʰiəʔ$^{\underline{31}}$	piəʔ$^{\underline{31}}$ 白 / pɛe^{33} 文
安泽	iəŋ^{53}	piəʔ$^{\underline{21}}$	pʰo^{21}	piəʔ$^{\underline{21}}$	pai^{42}	pʰo^{21}	pʰai^{21}	pai^{35}/piəʔ$^{\underline{21}}$
沁水端氏	ai^{53}	paʔ^{2} 白 / pai^{53} 文	pʰaʔ^{2}	paʔ^{2}	paʔ$^{\underline{54}}$	pʰaʔ^{2}	pʰaʔ^{2}	paʔ$^{\underline{54}}$ 白 / pu^{24} 文 / pɛe^{24} 文
阳城	ɣãŋ^{51}	pai^{51}	pʰʌʔ^{2}	pʌʔ^{2}	pʌʔ^{2}	pʰʌʔ^{2}	pʰʌʔ^{2}	pʌʔ^{2}
高平	ə̃ŋ^{53}	pɛʔ^{2}	pʰɛʔ^{2}	pɛʔ^{2}	pɛʔ^{2}	pʰɛʔ^{2}	pʰɛʔ^{2} 白 / pʰɛe^{33} 文	pɛʔ^{2}
陵川	ɣəŋ^{24}	pʌʔ^{3}	pʰiʌʔ^{3}	piʌʔ^{3}	piʌʔ^{3}	pʰiʌʔ^{3}	pʰiʌʔ^{3}	piʌʔ$^{\underline{23}}$
晋城	ɣẽ^{53}	pʌʔ^{2}	pʰʌʔ^{2}	pʌʔ^{2}	pʌʔ^{2}	pʰʌʔ^{2}	pʰʌʔ^{2}	pʌ^{324} 白 / pʌʔ^{2} 文
忻府	niɛ^{53} 白 / niəŋ^{53} 文	piəʔ$^{\underline{32}}$	pʰiəʔ$^{\underline{32}}$/ pʰæe^{313}	piɛʔ$^{\underline{32}}$	piɛʔ$^{\underline{32}}$	pʰɛ^{53}	pʰiɛʔ$^{\underline{32}}$	pʰiɛʔ$^{\underline{32}}$ 白 / pæe^{21} 文
原平	niəŋ^{53}	piəʔ$^{\underline{34}}$	pʰiəʔ$^{\underline{34}}$	piəʔ$^{\underline{34}}$	piəʔ$^{\underline{34}}$	pʰiəʔ$^{\underline{34}}$	piəʔ$^{\underline{34}}$	pʰiəʔ$^{\underline{34}}$ 白 / pæɛ^{213} 文
定襄	ie^{53}	paʔ^{1}	puəʔ^{1}	piəʔ^{1}	piəʔ^{1}	puəʔ^{1}	pɛe^{24}	piəʔ^{1} 白 / pɛi^{11}
五台	ni^{52}	piəʔ^{3}	pʰiəʔ^{3}	piəʔ^{3}	piəʔ^{3}	pʰiəʔ^{3}	pʰiəʔ^{3}	pʰiəʔ^{3}/pɛ^{33}
岢岚	ŋiəŋ^{52}	piɛʔ^{4}	pʰiɛʔ^{4}	piɛʔ^{4}	piɛʔ^{4}	pʰiɛʔ^{4}	pʰiɛʔ^{4}	piɛʔ^{4} 白 / pɛi^{44} 文
五寨	niəɣ̃^{52}	piɛʔ^{4}	pʰiɛʔ^{4}	piɛʔ^{4}	piɛʔ^{4}	pʰiɛʔ^{4}	pʰiɛʔ^{4}	pei^{44} 白 / piɛʔ^{4} 文
宁武	niɤɯ^{52}	piəʔ^{4}	pʰiəʔ^{4}	piəʔ^{4}	piəʔ^{4}	pʰiəʔ^{4}	pʰiəʔ^{4}	pʰiəʔ^{4} 白 / pᴇe^{23} 文
神池	ȵiɚ̃^{52}	piʌʔ^{4}	pʰiʌʔ^{4}	piʌʔ^{4}	piʌʔ^{4}	pʰiʌʔ^{4}	pʰiʌʔ^{4}	piɛ^{32} 白 / pɛe^{32} 文

续表

字目	硬	伯	迫	百	柏	魄	拍	白
中古音 / 方言点	五孟 梗开二 去映疑	博陌 梗开二 入陌帮	博陌 梗开二 入陌帮	博陌 梗开二 入陌帮	博陌 梗开二 入陌帮	普伯 梗开二 入陌滂	普伯 梗开二 入陌滂	傍陌 梗开二 入陌並
繁峙	iəŋ^{24}	piaʔ$^{\underline{13}}$	pʰiaʔ$^{\underline{13}}$	piaʔ$^{\underline{13}}$	piaʔ$^{\underline{13}}$	pʰiaʔ$^{\underline{13}}$	pʰiaʔ$^{\underline{13}}$	pai^{31}
代县	niɤŋ^{53}	piaʔ^{2}	pʰiaʔ^{2}	piaʔ^{2}	piaʔ^{2}	pʰiaʔ^{2}	pʰiaʔ^{2}	pai^{44}
河曲	niŋ^{52}	piɛʔ^{4}	pʰiɛʔ^{4}	piɛʔ^{4}	piɛʔ^{4}	pʰiɛʔ^{4}	pʰiɛʔ^{4}	piɛʔ^{4} 白 / pɛe^{44} 文
保德	niəŋ^{52}	piɛ^{44}/pəʔ^{4}	pʰiəʔ^{4}	piəʔ^{4}	piəʔ^{4}	pʰiəʔ^{4}	pʰiəʔ^{4}	piəʔ^{4} 白 / pai^{44} 文
偏关	niɤŋ^{52}	piɛʔ^{4}	pʰiɛʔ^{4}	piɛʔ^{4}	piɛʔ^{4}	piɛʔ^{4}	pʰiɛʔ^{4}	piɛʔ^{4} 白 / pei^{44} 文
朔城	niə̃^{53}	piʌʔ$^{\underline{35}}$	pʰiʌʔ$^{\underline{35}}$	piʌʔ$^{\underline{35}}$	piʌʔ$^{\underline{35}}$	pʰiʌʔ$^{\underline{35}}$	pʰiʌʔ$^{\underline{35}}$	pɛi^{35}
平鲁	niəɯ^{52}	piʌʔ$^{\underline{34}}$	pʰiʌʔ$^{\underline{34}}$	piʌʔ$^{\underline{34}}$	piʌʔ$^{\underline{34}}$	pʰiʌʔ$^{\underline{34}}$	pʰiʌʔ$^{\underline{34}}$	pɛi^{44}/piʌʔ$^{\underline{34}}$
应县	niəŋ^{24}	paʔ$^{\underline{43}}$	pʰiaʔ$^{\underline{43}}$	pʰiaʔ$^{\underline{43}}$	pɛi^{54}	pʰaʔ$^{\underline{43}}$	pʰɛi^{31}/pʰaʔ$^{\underline{43}}$	pɛi^{43}
灵丘	niŋ^{53}	pɛe^{442}	pʰʌʔ^{5}	piʌʔ^{5}	pʌʔ^{5}	pʰʌʔ^{5}	pʰiʌʔ^{5} 白 / pʰɛe^{442} 文	pɛe^{31}
浑源	niə̃^{13}	pʌʔ^{4}	pʰʌʔ^{4}	piʌʔ^{4}	pɛe^{52}	pʰʌʔ^{4}	pʰiʌʔ^{4}	pɛe^{22}/pʌʔ^{4}
云州	niəɣ^{24}	pɑʔ^{4}	pʰɑʔ^{4}	piɑʔ^{4}	piɑʔ^{4}	pʰɑʔ^{4}	pʰiɑʔ^{4} 白 / pʰɛi^{21} 文	piɑʔ^{4}
新荣	niɣ^{24}	paʔ^{4}	pʰiaʔ^{4}	piaʔ^{4}	paʔ^{4}	pʰaʔ^{4}	pʰɛe^{32} 白 / pʰiaʔ^{4} 文	pɛe^{312}
怀仁	niəŋ^{24}	paʔ^{4}	pʰiaʔ^{4}	piaʔ^{4}	paʔ^{4}	pʰiaʔ^{4}	pɛe^{42}	pɛe^{312}
左云	niəɣ^{24}	paʔ^{4}	pʰaʔ^{4}	piaʔ^{4}	piaʔ^{4}	pʰaʔ^{4}	pʰiaʔ^{4}	pei^{313}
右玉	niə̃ɣ^{24}	paʔ^{4}	pʰiaʔ^{4}	piaʔ^{4}	piaʔ^{4}	pʰiaʔ^{4}	pʰiaʔ^{4}	pɛe^{212}
阳高	niəŋ^{24}	pɤ^{312}	pʰiɑʔ^{3}	piɑʔ^{3}	piɑʔ^{3}	pʰɤ^{24}	pʰiɑʔ^{3}	pei^{312}
山阴	niə̃^{335}	pɛe^{313}/piʌʔ^{4}	pʰiʌʔ^{4}	piʌʔ^{4}	piʌʔ^{4}	pʰiʌʔ^{4}	pʰiʌʔ^{4}	pɛe^{313}
天镇	niɤɣ^{24}	——	pʰiɑʔ^{4}	piɑʔ^{4}	piɑʔ^{4}	pʰiɑʔ^{4}	pʰiɑʔ^{4}	pɛe^{22}
平定	iɤŋ^{24}	piæʔ^{4}	pʰiæʔ^{4}	piæʔ^{4}	piæʔ^{4}	——	pʰiæʔ^{4}	pɛe^{44}/piæʔ^{4}
昔阳	iəŋ^{13}	piʌʔ$^{\underline{43}}$	pʰʌʔ$^{\underline{43}}$	piʌʔ$^{\underline{43}}$	piʌʔ$^{\underline{43}}$	pʰʌʔ$^{\underline{43}}$	pʰiʌʔ$^{\underline{43}}$	pɛe^{33}
左权	ȵiəŋ^{53}	pɛi^{11}/pieʔ^{1}	pʰieʔ^{1}	pɛi^{42}/pieʔ^{1}	pɛi^{42}/pieʔ^{1}	pʰieʔ^{1}	pʰieʔ^{1}	pɛi^{31}/pieʔ^{1}
和顺	ȵiəŋ^{13}	pieʔ$^{\underline{21}}$	pʰieʔ$^{\underline{21}}$	pieʔ$^{\underline{21}}$	pieʔ$^{\underline{21}}$	pʰieʔ$^{\underline{21}}$	pʰieʔ$^{\underline{21}}$	pai^{22} 文
尧都	ȵie^{44} 白 / iəŋ^{44} 文	po^{24}	pʰo^{44}	pɑi^{21}	pɑi^{21}	pʰo^{44}	pʰɑi^{21}	pʰɤ^{24} 白 / pɑi^{24} 文
洪洞	ȵie^{53} 白 / ȵieŋ^{53} 文	pɛ^{21}/pɛ^{53}	pʰɛ^{21}	pɛ^{21}	pɛ^{21}	pʰɛ^{21}	pʰɛ^{21}	pʰɛ^{24} 白 / pɑi^{24} 文
洪洞赵城	ȵie^{53} 白 / ȵieŋ^{53} 文	pɛ^{21}	pʰɛ^{21}	pɛ^{21}	pɛ^{21}	pʰo^{53}	pʰɛ^{21}	pʰɛ^{24} 白 / pɑi^{24} 文

续表

字目	硬	伯	迫	百	柏	魄	拍	白
中古音／方言点	五孟 梗开二 去映疑	博陌 梗开二 入陌帮	博陌 梗开二 入陌帮	博陌 梗开二 入陌帮	博陌 梗开二 入陌帮	普伯 梗开二 入陌滂	普伯 梗开二 入陌滂	傍陌 梗开二 入陌並
古县	ȵiɛ^{53}白／iŋ^{53}文	pɛ^{21}	pʰɛ^{21}	pɛ^{21}	pɛ^{21}	pʰɛ^{21}	pʰɛ^{21}	pʰɛ^{35}白／pɛ^{35}文
襄汾	ȵiɛ^{53}白／ȵieŋ^{53}文	pai^{21}	pʰɔ^{21}	pɔ^{21}白／pai^{44}文	pia^{21}	pʰɔ^{21}	pʰia^{21}	pʰia^{24}白／pai^{24}文
浮山	ȵieŋ^{53}	pæ^{42}	pʰɤ^{42}	pæ^{42}	pæ^{42}	pʰɤ^{42}	pʰæ^{42}	pʰæ^{13}
霍州	iŋ^{53}	pie^{212}	pʰuɤ^{55}	pie^{212}	pie^{212}	pʰuɤ^{53}	pʰie^{212}	pʰie^{35}
翼城	ȵiᴇ^{12}白／iŋ^{12}文	po^{12}	po^{53}	pei^{44}	pei^{44}	pʰo^{53}	pʰei^{53}	pei^{12}
闻喜	liᴇ^{13}白／iəŋ^{13}文	piᴇ^{53}/pɤ^{53}	——	piᴇ^{53}	piᴇ^{53}	pʰɤ^{53}	pʰiᴇ^{53}	pʰiᴇ^{13}白／pɛe^{53}文
侯马	iɛ^{53}白／iəŋ^{53}文	pɤ^{213}	pʰae^{53}	pʰei^{44}	pʰae^{44}	pʰɤ^{53}	mae^{213}	pae^{213}
新绛	ȵie^{53}	pei^{13}	pʰie^{53}	pei^{44}	pei^{53}	pʰɤ^{53}	pʰei^{53}	pʰei^{13}
绛县	ȵiɪ^{31}	pei^{24}/pei^{31}	pʰɑi^{31}	pei^{31}	pei^{31}/pʰei^{33}	pʰɤ^{31}	pʰei^{53}	pei^{24}
垣曲	ȵiɛ^{53}白／ȵiəŋ^{53}文	pai^{44}	pʰai^{53}	pai^{44}	pai^{44}	pʰai^{53}	pʰai^{53}	pai^{22}
夏县	ȵiɛ^{31}白／iəŋ^{31}文	pæe^{42}	——	piɛ^{24}	piɛ^{24}	pʰuɤ^{31}	pʰiɛ^{53}白／pʰæe^{53}文	pʰiɛ^{42}
万荣	ȵiɛ^{33}白／iaŋ^{33}文	pai^{213}白／pei^{213}白／pɤ^{213}文	pʰai^{55}白／pʰɤ^{55}文	pei^{51}白／pai^{51}文	pia^{51}	pʰɤ^{55}	pʰia^{51}白／pʰai^{51}文	pʰia^{213}白／pai^{213}文
稷山	ȵiɛ^{42}白／ȵiʌŋ^{42}文	pɤ^{13}	pʰɤ^{53}	piɛ^{53}白／pai^{53}文	pei^{53}白／pai^{53}文	pʰɤ^{53}	pʰei^{53}白／pʰai^{53}文	pʰiɛ^{13}白／pai^{13}文
盐湖	ȵiɛ^{44}	pɛi^{42}	pʰɛi^{44}	pia^{42}白／pɛi^{42}文	pɛi^{42}	pʰɛi^{44}	pʰɛi^{42}	pʰia^{13}白／pɛi^{13}文
临猗	ȵiɛ^{44}白／ȵiəŋ^{44}文	pei^{13}白／po^{13}文	pʰo^{44}	pei^{42}白／pai^{42}文	pei^{42}白／pai^{42}文	pʰo^{44}	pʰia^{42}白／pʰei^{42}白／pʰai^{42}文	pʰia^{13}白／pʰei^{13}文／pai^{13}文
河津	ȵiɛ^{44}白／ȵiəŋ^{44}文	pia^{31}白／pai^{31}文	pʰai^{53}	pia^{31}白／pai^{31}文	pia^{31}白／pai^{31}文	pʰai^{53}	pʰia^{31}白／pʰai^{31}文	pʰia^{324}白／pai^{324}文
平陆	ȵiɛ^{33}白／ȵiŋ^{33}文	pia^{31}白／pə^{13}白／pai^{31}文	pʰai^{55}	pia^{31}白／pai^{31}文	pia^{31}	pʰai^{55}	pʰia^{31}白／pai^{31}文	pʰia^{13}白／pai^{13}文
永济	ȵie^{44}白／ȵiŋ^{44}文	pei^{31}	pei^{31}	pei^{31}	pei^{31}	pʰai^{53}	pʰei^{31}白／pʰai^{24}文	pʰei^{24}白／pai^{24}文
芮城	ȵiɛ^{44}白／ȵiəŋ^{44}文	pei^{13}白／po^{13}文	pei^{42}白／pai^{42}文	pia^{53}白／pai^{53}文	pia^{42}白／pai^{42}文	pʰo^{42}	pʰia^{42}白／pʰai^{42}文	pʰia^{13}白／pai^{13}文

续表

字目	硬	伯	迫	百	柏	魄	拍	白
中古音 / 方言点	五孟 梗开二 去映疑	博陌 梗开二 入陌帮	博陌 梗开二 入陌帮	博陌 梗开二 入陌帮	博陌 梗开二 入陌帮	普伯 梗开二 入陌滂	普伯 梗开二 入陌滂	傍陌 梗开二 入陌並
吉县	$\mathrm{ni\varepsilon^{33}}$ 白 / $\mathrm{nia\eta^{33}}$ 文	$\mathrm{pia^{423}}$ 白 / $\mathrm{p\text{ə}^{423}}$ 文	$\mathrm{p\varepsilon^{423}}$	$\mathrm{pia^{53}}$ 白 / $\mathrm{pei^{423}}$ 文	$\mathrm{pia^{423}}$	$\mathrm{p^h\varepsilon^{53}}$	$\mathrm{p^hia^{423}}$	$\mathrm{p^hia}$ 白 / $\mathrm{pai^{13}}$ 文
乡宁	$\mathrm{\text{ȵ}i\text{ᴇ}^{22}}$ 白 / $\mathrm{\text{ȵ}i\text{ə}\eta^{22}}$ 文	$\mathrm{p^hia^{53}}$ 白 / $\mathrm{pia^{53}}$ 文	——	$\mathrm{pei^{53}}$	$\mathrm{pei^{53}}$	——	$\mathrm{p^hia^{53}}$ 白 / $\mathrm{p^hei^{53}}$ 文	$\mathrm{p^hia^{12}}$ 白 / $\mathrm{p^hai^{12}}$ 文
广灵	$\mathrm{ni\eta^{213}}$	$\mathrm{p\varepsilon e^{31}}$	$\mathrm{p^h\varepsilon e^{53}}$	$\mathrm{p\varepsilon e^{53}}$	$\mathrm{p\varepsilon e^{53}}$	$\mathrm{p^h\varepsilon e^{44}}$	$\mathrm{p^h\varepsilon e^{53}}$	$\mathrm{p\varepsilon e^{31}}$

字目	陌~生	拆	择	泽	宅	窄	格	客
中古音 / 方言点	莫白 梗开二 入陌明	丑格 梗开二 入陌彻	场伯 梗开二 入陌澄	场伯 梗开二 入陌澄	场伯 梗开二 入陌澄	侧伯 梗开二 入陌庄	古伯 梗开二 入陌见	苦格 梗开二 入陌溪
北京	mo^{51}	tʂʰai^{55}	tʂai^{35} 白 / tsɤ^{35} 文	tsɤ^{35}	tʂai^{35}	tʂai^{214}	kɤ^{35}	kʰɤ^{51}
小店	maʔ$^{\underline{54}}$	tsʰəʔ^{1}	tsaʔ^{1}	tsaʔ$^{\underline{54}}$	tsɛ^{11}	tsəʔ^{1}	kaʔ^{1}	kʰaʔ^{1}
尖草坪	məʔ^{2}	tsʰaʔ^{2} 白 / tsʰai^{33} 文	tsaʔ$^{\underline{43}}$	tsaʔ$^{\underline{43}}$	tsaʔ$^{\underline{43}}$	tsaʔ^{2}	kaʔ^{2} 白 / kəʔ^{2} 文	kʰaʔ^{2} 白 / kʰəʔ^{2} 文
晋源	məʔ^{2}	tsʰəʔ^{2}	tsaʔ^{2}	tsaʔ^{2}	tsai^{11}	tsəʔ^{2}	kaʔ^{2}	kʰaʔ^{2}
阳曲	mɔʔ^{4}	tsʰɔʔ^{4}	tsɔʔ^{4}	tsɔʔ^{4}	tsɔʔ^{4} 白 / tsai^{43} 文	tsɔʔ^{4}	kɔʔ^{4}	tɕʰiaʔ^{4} 白 / kʰɔʔ^{4} 文
古交	məʔ^{4}	tsʰaʔ^{4}	tsaʔ$^{\underline{312}}$	tsaʔ$^{\underline{312}}$	tsaʔ$^{\underline{312}}$	tsaʔ^{4}	kaʔ^{4}	kʰaʔ^{4}
清徐	məʔ^{1}	tsəʔ^{1}	tsəʔ$^{\underline{54}}$	tsəʔ$^{\underline{54}}$	tsəʔ$^{\underline{54}}$	tsəʔ^{1}	kaʔ^{1}	kʰaʔ^{1}
娄烦	maʔ^{3}	tsʰəʔ^{3}	tsaʔ^{3}	tsaʔ^{3}	tsaʔ$^{\underline{21}}$	tsəʔ^{3}	kaʔ^{3}	kʰaʔ^{3}
榆次	maʔ^{1}	tsʰəʔ^{1}	tsaʔ^{1}	tsaʔ^{1}	tsee^{11}/tsəʔ^{1}	tsəʔ^{1}	kaʔ^{1}	tɕʰiaʔ^{1} 白 / kʰaʔ^{1} 文
交城	maʔ^{1}	tsʰəʔ^{1}	tsəʔ^{1}	tsaʔ$^{\underline{53}}$	tsɛ^{11}	tsəʔ^{1}	kaʔ^{1}	tɕʰiaʔ^{1} 白 / kʰaʔ^{1} 文
文水	maʔ^{2}	tsʰəʔ^{2}	tsaʔ^{2}	tsaʔ^{2}	tsaʔ$^{\underline{312}}$ 白 / tsai^{22} 文	tsaʔ^{2} 老 / tsəʔ^{2} 新	kaʔ^{2}	tɕʰiaʔ^{2} 白 / kʰaʔ^{2} 文
祁县	mɑʔ$^{\underline{32}}$	tsʰəʔ$^{\underline{32}}$	tsɑʔ$^{\underline{32}}$	tsɑʔ$^{\underline{32}}$	tsɑʔ$^{\underline{32}}$ 白 / tsæɛ^{31} 文	tsəʔ$^{\underline{32}}$	kɑʔ$^{\underline{32}}$	kʰɑʔ$^{\underline{32}}$
太谷	maʔ^{3}	tsʰəʔ^{3}	tsəʔ^{3}	tsəʔ^{3}	tsɑi^{33}	tsəʔ^{3}	kiaʔ^{3}	kʰiaʔ^{3}
平遥	muə^{213}	tʂʰʌʔ$^{\underline{212}}$	tsʌʔ$^{\underline{523}}$/ tʂʌʔ$^{\underline{523}}$	tsʌʔ$^{\underline{523}}$	tsʌʔ$^{\underline{523}}$ 白 / tsæe^{213} 文	tʂʌʔ$^{\underline{212}}$	kʌʔ$^{\underline{212}}$	kʰʌʔ$^{\underline{212}}$ 白 / tɕʰʌʔ$^{\underline{212}}$ 文
孝义	məʔ^{3}	tʂʰaʔ^{3}	tʂaʔ$^{\underline{423}}$/tsaʔ^{3}	tsaʔ$^{\underline{423}}$	tʂʰaʔ$^{\underline{423}}$/ tsaʔ$^{\underline{423}}$	tʂaʔ^{3}	kəʔ^{3}	kʰaʔ^{3}/tɕʰiaʔ^{3}
介休	miʌʔ$^{\underline{12}}$ 老 / mʌʔ$^{\underline{12}}$ 新	tsʰʌʔ$^{\underline{12}}$	tsʌʔ$^{\underline{12}}$	tsʌʔ$^{\underline{12}}$	tsʌʔ$^{\underline{312}}$ 白 / tsai^{13} 文	tsʌʔ$^{\underline{12}}$	kʌʔ$^{\underline{12}}$	tɕʰiʌʔ$^{\underline{12}}$ 白 / kʰʌʔ$^{\underline{12}}$ 文
灵石	maʔ^{4}	tsʰɛ^{535}	tsaʔ^{4}	tsaʔ^{4}	tsɛ^{535}	tsɛ^{212}	kaʔ^{4}	tɕʰiaʔ^{4}
盂县	mʌʔ^{2}	tsʰʌʔ^{2}	tsʌʔ^{2}	tsʌʔ^{2}	tsʌʔ$^{\underline{53}}$	tsʌʔ^{2}	kʌʔ^{2}	tɕʰiʌʔ^{2} 白 / kʰʌʔ^{2} 文
寿阳	maʔ^{2}	tsʰaʔ^{2}	tsaʔ^{2}/tsaʔ$^{\underline{54}}$	tsaʔ$^{\underline{54}}$	tsai^{22}	tsaʔ^{2}	kaʔ^{2}	tɕʰiɛʔ^{2}/kʰaʔ^{2}
榆社	miaʔ^{2}	tsʰaʔ^{2}	tsaʔ^{2}	tsaʔ^{2}	——	tsaʔ^{2}	kaʔ^{2}	kʰaʔ^{2}
离石	miɛʔ^{23}	tsʰɑʔ^{4}	tsɑʔ^{4}	tsɑʔ^{4}	tsʰɑʔ$^{\underline{23}}$	tsɑʔ^{4}	kəʔ^{4}	kʰiɑʔ^{4}
汾阳	məʔ$^{\underline{312}}$	tsʰaʔ^{2}	tsaʔ^{2}	tsaʔ$^{\underline{312}}$	tsaʔ$^{\underline{312}}$	tsaʔ^{2}	kəʔ^{2}	tɕʰiaʔ^{2} 白 / kʰiaʔ^{2} 文
中阳	məʔ$^{\underline{312}}$	tsʰɑʔ^{4}	tsɑʔ^{4}	tsɑʔ^{4}	tsʰɑʔ$^{\underline{312}}$	tsɑʔ^{4}	kəʔ^{4}	kʰəʔ^{4}

续表

字目	陌~生	拆	择	泽	宅	窄	格	客
中古音 方言点	莫白 梗开二 入陌明	丑格 梗开二 入陌彻	场伯 梗开二 入陌澄	场伯 梗开二 入陌澄	场伯 梗开二 入陌澄	侧伯 梗开二 入陌庄	古伯 梗开二 入陌见	苦格 梗开二 入陌溪
柳林	miɛʔ$^{\underline{423}}$	tsʰɑʔ^{4}	tsɑʔ^{4}	tsɑʔ^{4}	tsʰɑʔ$^{\underline{423}}$	tsɑʔ^{4}	kəʔ^{4}	kʰəʔ^{4}
方山	miɛʔ$^{\underline{23}}$	tʂʰɑʔ^{4}	tsɑʔ^{4}	tsɑʔ^{4}	tʂʰɑʔ$^{\underline{23}}$	tʂɑʔ^{4}	kəʔ^{4}	tɕʰiɑʔ^{4}
临县	mɐʔ^{3}	tʂʰaʔ^{3}	tsaʔ^{3}	tsaʔ^{3}	tsaʔ^{3}	tʂaʔ^{3}	kɐʔ^{3}	kʰɐʔ^{3}
兴县	mɤ^{53}	tsʰəʔ^{5}	tsəʔ^{5}	tsəʔ^{5}	tsʰaʔ^{5} 白 / tsai^{324} 文	tsəʔ^{5}	kəʔ^{5}	kʰəʔ^{5}
岚县	mieʔ^{4}	tsʰieʔ^{4}	tsʰaʔ$^{\underline{312}}$ 白 / tsieʔ^{4} 文	tsieʔ^{4}	tsʰieʔ$^{\underline{312}}$	tsieʔ^{4}	kieʔ^{4}	kʰieʔ^{4}
静乐	maʔ$^{\underline{212}}$	tsʰəʔ^{4}	tsaʔ^{4}	tsaʔ^{4}	tsaʔ$^{\underline{212}}$	tsəʔ^{4}	kaʔ^{4}	kʰaʔ^{4}
交口	məʔ^{4}	tsʰaʔ^{4}	tsʰaʔ$^{\underline{212}}$ 白 / tsaʔ^{4} 文	tsaʔ^{4}	tsʰaʔ$^{\underline{212}}$	tsaʔ^{4}	kəʔ^{4}	tɕʰiaʔ^{4} 白 / kʰəʔ^{4} 文
石楼	muə^{51}	tsʰʌʔ^{4}	tsʌʔ^{4}	tsʌʔ^{4}	tsɛi^{44}	tsʌʔ^{4}	kʌʔ^{4}	kʰʌʔ^{4}
隰县	mɤ^{44}	tsʰaʔ^{3}	tsaʔ^{3}	tsaʔ^{3}	tsaʔ^{3}	tsaʔ^{3}	kaʔ^{3}	kʰaʔ^{3}
大宁	miɐʔ$^{\underline{31}}$	tsʰɐʔ$^{\underline{31}}$	tsʰɐʔ^{4}	tsʰɐʔ^{4}	tsʰɐʔ^{4}	tsɐʔ$^{\underline{31}}$	kɐʔ$^{\underline{31}}$	kʰɐʔ$^{\underline{31}}$ 文
永和	muɤ^{35}	tsʰɐʔ$^{\underline{35}}$	tsʰɐʔ$^{\underline{35}}$ 白 / tsɐʔ$^{\underline{35}}$ 文	tsɐʔ$^{\underline{35}}$	tsɐʔ$^{\underline{35}}$	tsɐʔ$^{\underline{35}}$	kɐʔ$^{\underline{35}}$	kʰɐʔ$^{\underline{35}}$
汾西	——	tsʰɪ^{11}	tsʰyəʔ^{3}/ tsʰyəʔ^{3} 白	tsəʔ^{3}/ tsʰyəʔ^{3} 白	tsɑi^{35}/ tsʰyəʔ^{3}	tsɪ^{11}	ku^{11}	kʰɪ^{11}/kʰɪ^{53}
蒲县	məʔ$^{\underline{43}}$	tsʰəʔ$^{\underline{43}}$	tsəʔ$^{\underline{43}}$	tsəʔ$^{\underline{43}}$	tsai^{24}	tsəʔ$^{\underline{43}}$ 白 / tsai^{31} 文	kəʔ$^{\underline{43}}$	kʰəʔ$^{\underline{43}}$
潞州	məʔ$^{\underline{53}}$	tsʰəʔ$^{\underline{53}}$	tsəʔ$^{\underline{53}}$	tsəʔ$^{\underline{53}}$	tsai^{24}	tsəʔ$^{\underline{53}}$	kəʔ$^{\underline{53}}$	kʰəʔ$^{\underline{53}}$
上党	miəʔ$^{\underline{21}}$	tsʰəʔ$^{\underline{21}}$	tsəʔ$^{\underline{21}}$	tsəʔ$^{\underline{21}}$	tsəʔ$^{\underline{21}}$	tsəʔ$^{\underline{21}}$	kəʔ$^{\underline{21}}$	kɑʔ$^{\underline{21}}$
长子	məʔ^{4}	tsʰəʔ^{4}	tsəʔ^{4}	tsəʔ^{4}	tsəʔ^{4}	tsəʔ^{4}	kəʔ^{4}	kʰaʔ^{4}
屯留	məʔ^{1}	tsʰəʔ^{1}	tsəʔ^{1}	tsəʔ^{1}	tsɛe^{11}	tsəʔ^{1}	kəʔ^{1}	kʰəʔ^{1}
襄垣	muə^{45}	tsʰʌʔ^{3}	tsʌʔ$^{\underline{43}}$	tsʌʔ$^{\underline{43}}$	tsʌʔ$^{\underline{43}}$	tsʌʔ^{3}	kʌʔ^{3}	kʰʌʔ^{3}
黎城	muɤ^{53}	tsʰɤʔ^{2}	tsɤʔ^{2}	tsɤʔ^{2}	tsɤʔ$^{\underline{31}}$	tsɤʔ^{2}	kʌʔ^{2}	kʰʌʔ^{2}
平顺	mo^{53}	tsʰəʔ$^{\underline{212}}$	tsəʔ$^{\underline{423}}$	tsəʔ$^{\underline{423}}$	tsəʔ$^{\underline{423}}$	tsəʔ$^{\underline{212}}$	kʌʔ$^{\underline{212}}$	kʰʌʔ$^{\underline{212}}$
壶关	miʌʔ$^{\underline{21}}$	tʂʰəʔ^{2}	tʂəʔ$^{\underline{21}}$	tʂəʔ$^{\underline{21}}$	tʂəʔ$^{\underline{21}}$	tʂəʔ^{2}	kʌʔ^{2}	kʰʌʔ^{2}
沁县	mɤ^{53}	tsʰəʔ$^{\underline{31}}$	tsəʔ$^{\underline{212}}$	tsəʔ$^{\underline{31}}$	tsəʔ$^{\underline{31}}$	tsəʔ$^{\underline{31}}$	kaʔ$^{\underline{31}}$	tɕʰiæʔ$^{\underline{31}}$ 白 / kʰaʔ$^{\underline{31}}$ 文
武乡	miʌʔ^{3}	——	——	——	——	tsəʔ^{3}	kʌʔ^{3}	kʰʌʔ^{3}
沁源	mʌʔ$^{\underline{31}}$	tsʰʌʔ$^{\underline{31}}$	tsʌʔ$^{\underline{31}}$	tsʌʔ$^{\underline{31}}$	tsʌʔ$^{\underline{31}}$	tsʌʔ$^{\underline{31}}$	kʌʔ$^{\underline{31}}$	tɕʰiʌʔ$^{\underline{31}}$ 白 / kʰʌʔ$^{\underline{31}}$ 文
安泽	mo^{21}	tsʰəʔ$^{\underline{21}}$	tsɤ^{35}/tsəʔ$^{\underline{21}}$	tsɤ^{35}	tsəʔ$^{\underline{21}}$	tsəʔ$^{\underline{21}}$	kəʔ$^{\underline{21}}$	kʰəʔ$^{\underline{21}}$

续表

字目	陌~生	拆	择	泽	宅	窄	格	客
中古音 / 方言点	莫白 梗开二 入陌明	丑格 梗开二 入陌彻	场伯 梗开二 入陌澄	场伯 梗开二 入陌澄	场伯 梗开二 入陌澄	侧伯 梗开二 入陌庄	古伯 梗开二 入陌见	苦格 梗开二 入陌溪
沁水端氏	maʔ^{2}	tsʰaʔ^{2}	tsaʔ$^{\underline{54}}$	tsaʔ$^{\underline{54}}$	tsɛe^{21}	tsaʔ^{2}	kaʔ^{2}	kʰaʔ^{2}
阳城	mʌʔ^{2}	tʂʰʌʔ^{2}	tsʌʔ^{2}	tsʌʔ^{2}	tʂai^{2}	tʂʌʔ^{2}	kʌʔ^{2}	kʰʌʔ^{2}
高平	mɛʔ^{2}	tʂʰəʔ^{2}	tʂəʔ^{2}	tʂəʔ^{2}	tʂəʔ^{2}	tʂəʔ^{2}	kʌʔ^{2}	kʰʌʔ^{2}
陵川	mʌʔ$^{\underline{23}}$	tʂʰəʔ^{3}	tʂəʔ^{3}	tʂəʔ^{3}	tʂəʔ^{3}	tʂəʔ^{3}	kʌʔ^{3}	kʰʌʔ^{3}
晋城	mʌʔ^{2}	tʂʰəʔ^{2}	tʂəʔ^{2}	tʂəʔ^{2}	tʂəʔ^{2}	tʂəʔ^{2}	kəʔ^{2}	kʰəʔ^{2}
忻府	mɛ^{53}	tsʰɑʔ$^{\underline{32}}$	tsɑʔ$^{\underline{32}}$	tsɑʔ$^{\underline{32}}$	tsʰɑʔ$^{\underline{32}}$ 白 / tsæe^{21} 文	tsɑʔ$^{\underline{32}}$	kɑʔ$^{\underline{32}}$	tɕʰiɛʔ$^{\underline{32}}$ 白 / kʰɑʔ$^{\underline{32}}$ 文
原平	muɔʔ$^{\underline{34}}$	tsʰɔʔ$^{\underline{34}}$	tsɔʔ$^{\underline{34}}$	tsɔʔ$^{\underline{34}}$	tsæɛ^{33}	tsɔʔ$^{\underline{34}}$ 白 / tsæɛ^{213} 文	kɔʔ$^{\underline{34}}$	tɕʰiəʔ$^{\underline{34}}$ 白 / kʰɔʔ$^{\underline{34}}$ 文
定襄	maʔ^{1}	tsʰəʔ^{1}	tsaʔ^{1}	tsaʔ^{1}	tsɛi^{213}/tsəʔ^{1}	tsəʔ^{1}	kaʔ^{1}	tɕʰiaʔ^{1}
五台	məʔ^{3}	tsʰɔʔ^{3}	tsaʔ^{3}	tsɔʔ^{3}	tsɛ^{33}	tsɔʔ^{3}	kɔʔ^{3}	kʰɔʔ^{3}
岢岚	maʔ^{4}	tsʰaʔ^{4}	tsaʔ^{4}	tsaʔ^{4}	tsaʔ^{4}	tsaʔ^{4}	kaʔ^{4}	tɕʰiɛʔ^{4} 老 / kʰaʔ^{4} 新
五寨	maʔ^{4}	tsʰaʔ^{4}	tsaʔ^{4}	tsaʔ^{4}	tsaʔ^{4}	tsaʔ^{4}	kaʔ^{4}	kʰaʔ^{4}/tɕʰiaʔ^{4}
宁武	——	tsʰəʔ^{4}	——	tsəʔ^{4}	tsᴇe^{33}	tsəʔ^{4}	kᴀʔ^{4}	tɕiəʔ^{4} 白 / kʰᴀʔ^{4} 文
神池	miᴀʔ^{4}	tsʰᴀʔ^{4}	tsᴀʔ^{4}	tsɤ^{32}	tsᴀʔ^{4}	tsɛe^{32}	kᴀʔ^{4}	tɕʰiᴀʔ^{4}
繁峙	mɤ^{24}	tsʰaʔ$^{\underline{13}}$	tsaʔ$^{\underline{13}}$	tsaʔ$^{\underline{13}}$	tsaʔ$^{\underline{13}}$	tsaʔ$^{\underline{13}}$	kaʔ$^{\underline{13}}$	tɕʰiaʔ$^{\underline{13}}$/ kʰaʔ$^{\underline{13}}$
代县	maʔ^{2}	tsʰaʔ^{2}	tsaʔ^{2}	tsaʔ^{2}	tsai^{44}	tsaʔ^{2}	kaʔ^{2}	kʰiaʔ^{2} 白 / kʰaʔ^{2} 文
河曲	maʔ^{4}	tsʰəʔ^{4}	tsəʔ^{4}	tsəʔ^{4}	tsəʔ^{4}	tsəʔ^{4}	kaʔ^{4}	kʰaʔ^{4}
保德	mɤ^{52}	tsʰəʔ^{4}	tʰəʔ^{4}	tʰəʔ^{4}	tsai^{44}	tsəʔ^{4}	kəʔ^{4}	tɕʰiəʔ^{4} 白 / kʰəʔ^{4} 文
偏关	mᴀʔ^{4}	tsʰəʔ^{4}	tsᴀʔ^{4}	tsᴀʔ^{4}	tsᴀʔ^{4}	tsəʔ^{4}	kᴀʔ^{4}	kʰᴀʔ^{4}/tɕʰiɛʔ^{4}
朔城	——	tsʰᴀʔ$^{\underline{35}}$	tsᴀʔ$^{\underline{35}}$	tsᴀʔ$^{\underline{35}}$	——	tsᴀʔ$^{\underline{35}}$	kᴀʔ$^{\underline{35}}$	kʰᴀʔ$^{\underline{35}}$/ tɕiᴀʔ$^{\underline{35}}$
平鲁	——	tsʰʌʔ$^{\underline{34}}$	tsʌʔ$^{\underline{34}}$	tsʌʔ$^{\underline{34}}$	tsʌʔ$^{\underline{34}}$	tsʌʔ$^{\underline{34}}$	kʌʔ$^{\underline{34}}$	tɕʰiʌʔ$^{\underline{34}}$
应县	——	tsʰaʔ$^{\underline{43}}$	tsaʔ$^{\underline{43}}$	tsaʔ$^{\underline{43}}$	tsəi^{43}	tsaʔ$^{\underline{43}}$	kaʔ$^{\underline{43}}$	kʰaʔ$^{\underline{43}}$
灵丘	mᴀʔ^{5}	tsʰᴀʔ^{5}	tsɛe^{31}	tsᴀʔ^{5}	tsɛe^{31}	tsᴀʔ^{5}	kᴀʔ^{5}	kʰᴀʔ^{5}
浑源	mʌʔ^{4}	tsʰʌʔ^{4}	tsʌʔ^{4}	tsʌʔ^{4}	tsɛe^{52}	tsʌʔ^{4}	kʌʔ^{4}	kʰʌʔ^{4}
云州	mɑʔ^{4}	tʂʰɑʔ^{4}	tsɑʔ^{4}	tsɑʔ^{4}	tsɛi^{312}	tsɑʔ^{4}	kɑʔ^{4}	kʰɑʔ^{4}
新荣	mo^{24}/miəʔ^{4}	tsʰɛe^{32}	tsaʔ^{4}	tsaʔ^{4}	tsɛe^{32}	tsaʔ^{4}	kaʔ^{4}	tɕʰiaʔ^{4}/kʰaʔ^{4}

续表

字目	陌~生	拆	择	泽	宅	窄	格	客
中古音 / 方言点	莫白 梗开二 入陌明	丑格 梗开二 入陌彻	场伯 梗开二 入陌澄	场伯 梗开二 入陌澄	场伯 梗开二 入陌澄	侧伯 梗开二 入陌庄	古伯 梗开二 入陌见	苦格 梗开二 入陌溪
怀仁	maʔ^{4}	ts^{h}aʔ^{4}	tsaʔ^{4}	tsaʔ^{4}	tsɛe^{53}	tsaʔ^{4}	kaʔ^{4}	tɕ^{h}iaʔ^{4}老 / k^{h}aʔ^{4}新
左云	maʔ^{4}	ts^{h}aʔ^{4}	tsaʔ^{4}	tsaʔ^{4}	tsɛi^{313}	tsaʔ^{4}	kaʔ^{4}	tɕ^{h}iaʔ^{4}/k^{h}aʔ^{4}
右玉	maʔ^{4}	ts^{h}aʔ^{4}	tsaʔ^{4}	tsaʔ^{4}	tsɛe^{24}	tsaʔ^{4}	kaʔ^{4}	k^{h}aʔ^{4}/tɕ^{h}iaʔ^{4}
阳高	mɑʔ^{3}	ts^{h}ɑʔ^{3}	tsɑʔ^{3}	tsɑʔ^{3}	tsei^{31}	tsɑʔ^{3}	kɑʔ^{3}	k^{h}ɑʔ^{3}
山阴	mᴀʔ^{4}	tʂᴀʔ^{4}	tsᴀʔ^{4}	tsᴀʔ^{4}	——	tsᴀʔ^{4}	kᴀʔ^{4}	k^{h}ᴀʔ^{4}/ tɕ^{h}iᴀʔ^{4}
天镇	mɑʔ^{4}	——	tsɑʔ^{4}	tsɑʔ^{4}	tsɛe^{24}	tsɑʔ^{4}	kɑʔ^{4}	k^{h}ɑʔ^{4}
平定	maʔ$^{\underline{23}}$	ts^{h}aʔ^{4}	tsɛe^{44}/ tsaʔ^{4}白	tsaʔ^{4}	tsɛe^{44}	tsɛe^{44}	kaʔ^{4}	tɕ^{h}iæʔ^{4}白 / k^{h}aʔ^{4}文
昔阳	mʌʔ$^{\underline{43}}$	ts^{h}ʌʔ$^{\underline{43}}$	tsʌʔ$^{\underline{43}}$	tsʌʔ$^{\underline{43}}$	tsɛe^{33}	tsɛe^{55}	kʌʔ$^{\underline{43}}$	k^{h}ʌʔ$^{\underline{43}}$
左权	——	ts^{h}əʔ^{1}	tsəʔ^{1}	tsəʔ^{1}	tsəʔ^{1}	tsəʔ^{1}	kəʔ^{1}	tɕ^{h}ieʔ^{1}白 / k^{h}əʔ^{1}文
和顺	məʔ$^{\underline{21}}$	ts^{h}əʔ$^{\underline{21}}$	tsəʔ$^{\underline{21}}$	tsəʔ$^{\underline{21}}$	tsəʔ$^{\underline{21}}$	tsəʔ$^{\underline{21}}$	kəʔ$^{\underline{21}}$	tɕ^{h}ieʔ$^{\underline{21}}$白 / k^{h}əʔ$^{\underline{21}}$文
尧都	mo^{44}	tʂ^{h}ɑi^{21}	tsɤ^{21}	tsɤ^{21}	tʂɑi^{24}	tʂɤ^{21}	kɤ^{24}	k^{h}ɤ^{44}
洪洞	——	ts^{h}ye^{21}	ts^{h}ɛ^{24}白 / tsɛ^{21}文	——	tsye^{21}白 / tsɑi^{24}文	tsye^{21}	kɛ^{21}	k^{h}ɛ^{21}
洪洞赵城	mo^{21}	ts^{h}ɛ^{21}	ts^{h}ɛ^{24}	tsɛ^{24}	tsɛ^{24}	tsɛ^{21}	kɤ^{21}	k^{h}ɤ^{21}
古县	——	ts^{h}ɛ^{21}	ts^{h}ɛ^{35}白 / tsɤ^{35}文	tsɛ^{35}	tsɛ^{35}	tsɛ^{21}	kɛ^{21}白 / kɤ^{21}文	kɛ^{21}白 / kɤ^{21}文
襄汾	mɔ^{21}	ts^{h}ə^{21}	ts^{h}a^{21}白 / tsa^{21}文	tsə^{24}	tʂai^{24}	tʂa^{21}白 / tʂə^{21}文	kə^{21}	k^{h}ə^{21}
浮山	mɤ^{13}	tʂ^{h}æ^{42}	tsæ^{13}	tsæ^{13}	tsæ^{13}	tʂæ^{42}	kæ^{42}	k^{h}æ^{42}
霍州	muɤ^{33}	ts^{h}ɤ^{212}	ts^{h}ɤ^{212}	tsɤ^{35}	tsai^{35}	tsɤ^{212}	kɤ^{35}	k^{h}ɤ^{53}
翼城	mo^{53}	tʂ^{h}ᴇe^{53}	tʂᴇe^{53}	tsɤ^{12}	tʂᴇe^{12}	tʂᴇe^{44}	kɤ^{12}	k^{h}ɤ^{53}
闻喜	mɤ^{53}	ts^{h}ɛe^{53}/ ts^{h}iᴇ^{53}	ts^{h}iᴇ^{53}	ts^{h}iᴇ^{53}/ ts^{h}ɛe^{53}	ts^{h}iᴇ^{13}白 / tsɛe^{13}文	tsiᴇ^{53}/tsɛe^{53}	kɤ^{53}	k^{h}iᴇ^{53}
侯马	mɤ^{53}	ts^{h}ae^{213}	ts^{h}ei^{213}白 / tsei^{213}文	tsɤ^{213}	tʂae^{213}	tʂae^{44}	kɤ^{213}	k^{h}ɤ^{53}
新绛	mɤ^{53}	ts^{h}ei^{53}	tsei^{13}	tsɤ^{13}	tsaɛ^{13}	tsei^{53}	kɤ^{13}	k^{h}ɤ^{53}
绛县	mei^{31}	tʂei^{53}	tʂei^{24}	tʂei^{24}	tʂei^{24}	tʂei^{31}	kei^{31}	k^{h}ei^{31}
垣曲	muo^{53}	ts^{h}ai^{22}	ts^{h}ei^{22}白 / tsɤ^{22}文	ts^{h}ɤ^{22}	tsai^{44}	tsei^{44}	kɤ^{22}	k^{h}iɛ^{53}

续表

字目	陌~生	拆	择	泽	宅	窄	格	客
中古音 方言点	莫白 梗开二 入陌明	丑格 梗开二 入陌彻	场伯 梗开二 入陌澄	场伯 梗开二 入陌澄	场伯 梗开二 入陌澄	侧伯 梗开二 入陌庄	古伯 梗开二 入陌见	苦格 梗开二 入陌溪
夏县	mæe^{31}	tʂʰæe^{53}	tʂɛ^{42}/tʂʰɛ^{42}	tsɛ^{42}	tʂæe^{42}	tʂæe^{24}	kɤ^{42}	kʰɤ^{31}
万荣	mɤ^{213}	tʂa^{51} 白 / tsʰei^{51} 文	tʂʰa^{213} 白 / tsai^{213} 文	tsai^{213}	tsai^{213}	tʂa^{51}	kɤ^{51}	tɕʰiɛ^{51} 白 / kʰei^{51} 白 / kʰɤ^{51} 文
稷山	mɤ^{53}	tʂʰiɛ^{53} 白 / tʂʰai^{53} 文	tɕʰiɛ^{13} 白 / tsɤ^{13} 文	tsɤ^{13}	tʂiɛ^{13} 白 / tsai^{13} 文	tʂiɛ^{53} 白 / tʂai^{53} 文	kiɛ^{13}	kʰiɛ^{53} 白 / kʰɤ^{53} 文
盐湖	mo^{42}	tsʰei^{42}	tsɤ^{42}	tsɤ^{42}	tsɛi^{13}	tʂa^{42} 白 / tʂei^{42} 文	kɤ^{42}	kɤ^{42} 白 / kʰɤ^{42} 文
临猗	mo^{42}	tsʰei^{42} 白 / tsʰai^{42} 文	tsʰei^{13} 白 / tsɤ^{13} 文	tsɤ^{13}	tsai^{13}	tsei^{42} 白 / tsai^{42} 文	kɤ^{42}	tɕʰiɛ^{42} 白 / kʰɤ^{42} 文
河津	mɤ^{31} 文	tsʰai^{31}	tʂʰa^{324}/ tsɤ^{324} 文	tsai^{324}/ tsɤ^{324} 文	tsai^{324}	tʂa^{31} 白 / tsai^{31} 文 / tsei^{31} 文	kɤ^{31}	kʰei^{31} 白 / kʰɤ^{31} 文
平陆	mə^{31}	tʂʰa^{31}/tʂʰə^{31}	tsʰei^{13} 白 / tsai^{13} 文	tsai^{13}	tsai^{13}	tʂa^{31} 白 / tsai^{31} 文	kə^{31}/kuə^{31}	kʰə^{31}/kʰə^{33}
永济	mei^{24}	tʂʰei^{31}	tʂʰei^{31}	tʂʰei^{24}	tʂʰei^{24}	tʂei^{31}	kuo^{31} 白 / kə^{24} 文	kʰuo^{31} 白 / kʰə^{31} 文
芮城	mai^{42} 白 / mo^{42} 文	tʂʰa^{42} 白 / tsʰɤ^{42} 文	tsɤ^{13} 白 / tʂʰa^{13} 文	tsʰɤ^{13}	tsɤ^{13}	tʂa^{42} 白 / tsɤ^{42} 文	kɤ^{42}	kʰei^{42} 白 / kʰɤ^{42} 文
吉县	mei^{13}	tʂʰa^{423}	tse^{13}	tse^{13}	tse^{13}	tʂa^{53}	kɛ^{423}	tɕʰiɛ^{423} 白 / kʰɛ^{423} 文
乡宁	——	tɕʰia^{53} 白 / tsʰei^{53} 白 / tsʰai^{53} 文	tsɤ^{12}	tsɤ^{12}	tsai^{12}	tɕia^{53} 白 / tsei^{53} 白 / tsai^{53} 文	ŋɤ^{53} 白 / kɤ^{53} 文	kʰɤ^{53}
广灵	mo^{213}	tsʰɛe^{53}	tsɛe^{31}	tsɛe^{31}	tsɛe^{31}	tsɛe^{53}	kɤ^{53}	tɕʰiɤ^{53}

字目	额	吓	麦	脉	摘	责	策	册
中古音 / 方言点	五陌 梗开二 入陌疑	呼格 梗开二 入陌晓	莫获 梗开二 入麦明	莫获 梗开二 入麦明	陟革 梗开二 入麦知	侧革 梗开二 入麦庄	楚革 梗开二 入麦初	楚革 梗开二 入麦初
北京	ɣ^{35}	ɕia^{51} 白 / xɣ^{51} 文	mai^{51}	mai^{51} 白 / mo^{51} 文	tʂai^{55}	tsɣ^{35}	ts^{h}ɣ^{51}	ts^{h}ɣ^{51}
小店	aʔ^{1}	xɑ^{24}/xaʔ^{1}	miəʔ^{1}	tiəʔ$^{\underline{54}}$	tsəʔ^{1}	tsaʔ^{1}	ts^{h}aʔ^{1}	ts^{h}aʔ^{1}
尖草坪	ɣaʔ^{2}	xa^{35} 白 / ɕia^{35} 文	miəʔ^{2}	miəʔ^{2}	tsaʔ^{2}	tsaʔ^{2}	ts^{h}aʔ^{2} 白 / ts^{h}əʔ^{2} 文	ts^{h}aʔ^{2} 白 / ts^{h}əʔ^{2} 文
晋源	a^{11}/aʔ^{2}	xa^{35}	miəʔ^{2}	miəʔ^{2}	tsai^{11}	tsaʔ^{2}	ts^{h}aʔ^{2}	ts^{h}aʔ^{2}
阳曲	ŋɔʔ^{4}	xa^{454}/xɔʔ^{4}	miɛʔ^{4} 白 / mai^{454} 文	miɛʔ^{4}	tsɔʔ^{4}	tsɔʔ^{4}	ts^{h}ɔʔ^{4}	ts^{h}ɔʔ^{4}
古交	ŋaʔ^{4}	xɑ^{53} 白 / ɕiɑ^{53} 文	miəʔ^{4}	miəʔ^{4}	tsaʔ^{4}	tsaʔ^{4}	ts^{h}aʔ^{4}	ts^{h}aʔ^{4}
清徐	ŋaʔ^{1}	xɒ^{45} 白 / ɕiɒ^{45} 文	mai^{45} 文	miaʔ^{1}	tsəʔ^{1}	tsaʔ^{1}	ts^{h}aʔ^{1}	ts^{h}aʔ^{1}
娄烦	ŋə^{33}/ŋaʔ^{3}	xã^{54}	miaʔ^{3}	miaʔ^{3}	tsəʔ^{3}	tsaʔ^{3}	ts^{h}aʔ^{3}	t^{h}aʔ^{3}
榆次	ŋɯ^{11}	xa^{35}	miaʔ^{1}	miaʔ^{1}	tsəʔ^{1}	tsaʔ^{1}	ts^{h}aʔ^{1}	ts^{h}aʔ^{1}
交城	ŋaʔ^{1}	xaʔ^{1}	miaʔ^{1}	miaʔ^{1}	tsəʔ^{1}	tsaʔ^{1}	ts^{h}aʔ^{1}	ts^{h}aʔ^{1}
文水	ŋaʔ^{2}	xaʔ^{2}/xa^{35}	miaʔ^{2}	miaʔ^{2} 白 / mai^{35} 文	tsəʔ$^{\underline{312}}$	tsaʔ^{2}	ts^{h}aʔ^{2}	ts^{h}aʔ^{2}
祁县	ŋɑʔ$^{\underline{32}}$	xa^{45}	miɑʔ$^{\underline{32}}$	miɑʔ$^{\underline{32}}$	tsəʔ$^{\underline{32}}$	tsɑʔ$^{\underline{324}}$	ts^{h}ɑʔ$^{\underline{32}}$	ts^{h}ɑʔ$^{\underline{32}}$
太谷	ŋiaʔ^{3}	xɒ^{53}	miaʔ^{3}	miaʔ^{3}	tsəʔ^{3}	tsəʔ$^{\underline{423}}$	ts^{h}əʔ^{3}	ts^{h}əʔ^{3}
平遥	ŋʌʔ$^{\underline{212}}$	xʌʔ$^{\underline{212}}$	miʌʔ$^{\underline{523}}$	miʌʔ$^{\underline{523}}$	tʂʌʔ$^{\underline{212}}$	tsʌʔ$^{\underline{523}}$	ts^{h}ʌʔ$^{\underline{212}}$	tsʌʔ$^{\underline{212}}$
孝义	ŋəʔ^{3}	xəʔ^{3}	miaʔ^{3}	miaʔ^{3}	tʂaʔ^{3}	tsaʔ^{3}	ts^{h}aʔ^{3}	ts^{h}aʔ^{3}
介休	ŋʌʔ$^{\underline{12}}$/ŋiᴇ^{13}	xa^{45}	miʌʔ$^{\underline{312}}$	miʌʔ$^{\underline{12}}$ 白 / mai^{45} 文	tsʌʔ$^{\underline{312}}$	tsʌʔ$^{\underline{12}}$	ts^{h}ʌʔ$^{\underline{12}}$	ts^{h}ʌʔ$^{\underline{12}}$
灵石	——	——	miaʔ^{4}	mɛ^{53}	tsɛ^{535}	tsaʔ^{4}	ts^{h}aʔ^{4}	ts^{h}aʔ^{4}
盂县	ŋʌʔ^{2}	xɑ^{55} 白 / ɕiɑ^{55} 文	miʌʔ^{2}	miʌʔ^{2}	tsʌʔ^{2}	tsʌʔ^{2}	ts^{h}ʌʔ^{2}	ts^{h}ʌʔ^{2}
寿阳	ŋaʔ^{2}	xaʔ^{2}/xɑ^{45}	miɛʔ^{2}	miɛʔ^{2}	tsaʔ^{2}	tsaʔ^{2}	ts^{h}aʔ^{2}	ts^{h}aʔ^{2}
榆社	ŋaʔ^{2}	ɕiɒ^{2}	miaʔ^{2}	miaʔ^{2}	tsəʔ^{2}	tsəʔ$^{\underline{312}}$	ts^{h}əʔ$^{\underline{312}}$	ts^{h}aʔ^{2}
离石	ŋəʔ^{4}	xɑ^{53}	mieʔ^{4}	mieʔ$^{\underline{23}}$	tsɑʔ^{4}	tsɑʔ^{4}	ts^{h}ɑʔ^{4}	ts^{h}ɑʔ^{4}
汾阳	ŋəʔ^{2}	xəʔ^{2}	miaʔ$^{\underline{312}}$	miaʔ$^{\underline{312}}$	tsaʔ^{2}	tsaʔ^{2}	ts^{h}aʔ^{2}	ts^{h}aʔ^{2}
中阳	ŋəʔ^{4}	xɑ^{53}	mieʔ^{4}	mieʔ$^{\underline{312}}$	tsɑʔ^{4}	tsɑʔ^{4}	ts^{h}ɑʔ^{4}	ts^{h}ɑʔ^{4}
柳林	ŋəʔ^{4}	xɑ^{53}	miɛʔ$^{\underline{423}}$	miɛʔ$^{\underline{423}}$	tsɑʔ^{4}	tsɑʔ^{4}	ts^{h}ɑʔ^{4}	ts^{h}ɑʔ^{4}
方山	ŋəʔ^{4}	xə^{52}	miɛʔ$^{\underline{23}}$	miɛʔ$^{\underline{23}}$	tʂɑʔ^{4}	tsɑʔ^{4}	ts^{h}ɑʔ^{4}	ts^{h}ɑʔ^{4}
临县	ŋɐʔ^{3}	xa^{52}	miɐʔ$^{\underline{24}}$	miɐʔ$^{\underline{24}}$	tʂaʔ^{3}	tsaʔ^{3}	ts^{h}aʔ^{3}	ts^{h}aʔ^{3}

续表

字目	额	吓	麦	脉	摘	责	策	册
中古音 / 方言点	五陌 梗开二 入陌疑	呼格 梗开二 入陌晓	莫获 梗开二 入麦明	莫获 梗开二 入麦明	陟革 梗开二 入麦知	侧革 梗开二 入麦庄	楚革 梗开二 入麦初	楚革 梗开二 入麦初
兴县	ŋəʔ^{5}	xʌ^{53}	miəʔ^{5}	miəʔ$^{\underline{312}}$	tsəʔ^{5}	tsəʔ^{5}	ts^{h}əʔ^{5}	ts^{h}əʔ^{5}
岚县	ŋieʔ^{4}	xa^{53}	mieʔ^{4}	mieʔ^{4}	tsieʔ^{4}	tsieʔ^{4}	ts^{h}ieʔ^{4}	ts^{h}ieʔ^{4}
静乐	ŋaʔ^{4}	xã^{53}白/ɕiã^{53}	miəʔ^{4}	miəʔ^{4}	tsəʔ^{4}	tsaʔ^{4}	ts^{h}aʔ^{4}	ts^{h}aʔ^{4}
交口	ŋəʔ^{4}	xa^{53}白/ ɕia^{53}文	miaʔ^{4}	miaʔ^{4}	tsaʔ^{4}	tsaʔ^{4}	ts^{h}aʔ^{4}	ts^{h}aʔ^{4}
石楼	ŋʌʔ^{4}白/ ə^{44}文	xa^{51}白/ ɕia^{51}文	miəʔ^{4}白/ mɛi^{51}文	miəʔ^{4}	tsʌʔ^{4}	tsʌʔ^{4}	ts^{h}ʌʔ^{4}	ts^{h}ʌʔ^{4}
隰县	ŋaʔ^{3}	xaʔ^{3}	miəʔ^{3}	miəʔ^{3}	tsaʔ^{3}	tsaʔ^{3}	ts^{h}aʔ^{3}	ts^{h}aʔ^{3}
大宁	ŋɐʔ$^{\underline{31}}$	xɑ^{55}	miɐʔ$^{\underline{31}}$	miɐʔ$^{\underline{31}}$	tsɐʔ$^{\underline{31}}$	tsɐʔ^{4}	ts^{h}ɐʔ$^{\underline{31}}$	ts^{h}ɐʔ$^{\underline{31}}$
永和	ŋɐʔ$^{\underline{312}}$	——	miɐʔ$^{\underline{312}}$	miɐʔ$^{\underline{312}}$	tsɐʔ$^{\underline{35}}$	tsɐʔ$^{\underline{35}}$	ts^{h}ɐʔ$^{\underline{35}}$	ts^{h}ɐʔ$^{\underline{35}}$
汾西	nɑi^{35}/ŋei^{11}	xɑ^{55}文	mɪ^{11}	mɪ^{11}	tsɑi^{11}	——	ts^{h}ɪ^{11}	ts^{h}ɪ^{11}
蒲县	ŋɤ^{24}	xa^{33}	mɛ^{52}	mɛ^{52}	tsəʔ^{43}	tsəʔ^{3}	ts^{h}ɤ^{52}	ts^{h}əʔ$^{\underline{43}}$
潞州	əʔ$^{\underline{53}}$白/ə^{24}文	xəʔ$^{\underline{53}}$	miəʔ$^{\underline{53}}$	miəʔ$^{\underline{53}}$	tsəʔ$^{\underline{53}}$	tsəʔ$^{\underline{53}}$	ts^{h}əʔ$^{\underline{53}}$	ts^{h}əʔ$^{\underline{53}}$
上党	əʔ$^{\underline{21}}$	ɕiɑ^{22}	miəʔ$^{\underline{21}}$	miəʔ$^{\underline{21}}$	tsəʔ$^{\underline{21}}$	tsəʔ$^{\underline{21}}$	ts^{h}əʔ$^{\underline{21}}$	ts^{h}əʔ$^{\underline{21}}$
长子	ŋəʔ^{4}	xə^{53}	məʔ^{4}/miəʔ^{4}	miəʔ^{4}	tsəʔ^{4}	tsəʔ^{4}	ts^{h}əʔ^{4}	ts^{h}əʔ^{4}
屯留	ŋɤ^{11}	xəʔ^{1}	məʔ$^{\underline{54}}$	məʔ^{1}	tsəʔ^{1}	tsəʔ^{1}	ts^{h}əʔ^{1}	ts^{h}əʔ^{1}
襄垣	ʌʔ^{3}	xʌʔ^{3}	miʌʔ^{3}	miʌʔ^{3}	tsʌʔ^{3}	tsʌʔ$^{\underline{43}}$	ts^{h}ʌʔ^{3}	ts^{h}ʌʔ^{3}
黎城	ɤ^{53}	ɕia^{53}	miʌʔ$^{\underline{31}}$	miʌʔ$^{\underline{31}}$	tsɤʔ^{2}	tsɤʔ$^{\underline{31}}$	ts^{h}ɤʔ$^{\underline{31}}$	ts^{h}ɤʔ$^{\underline{31}}$
平顺	ɤ^{13}	xʌʔ$^{\underline{212}}$	mʌʔ$^{\underline{423}}$	mʌʔ$^{\underline{423}}$	tsəʔ$^{\underline{212}}$	tsəʔ$^{\underline{212}}$	ts^{h}əʔ$^{\underline{212}}$	ts^{h}əʔ$^{\underline{212}}$
壶关	ɣə^{13}/ɣʌʔ$^{\underline{21}}$	xʌʔ^{2}	mʌʔ$^{\underline{21}}$	mai^{353}	tʂəʔ^{2}	tʂəʔ^{2}	tʂ^{h}əʔ^{2}	tʂ^{h}əʔ^{2}
沁县	ŋaʔ$^{\underline{31}}$	ɕia^{53}	miæʔ$^{\underline{31}}$	miæʔ$^{\underline{31}}$	tsəʔ$^{\underline{212}}$	tsəʔ$^{\underline{212}}$	ts^{h}əʔ$^{\underline{31}}$	ts^{h}əʔ$^{\underline{31}}$
武乡	——	ɕia^{55}	miʌʔ^{3}	miʌʔ^{3}	——	——	ts^{h}ʌʔ^{3}	ts^{h}əʔ^{3}
沁源	ŋʌʔ$^{\underline{31}}$	xɨᴇ^{53}	miəʔ$^{\underline{31}}$	miəʔ$^{\underline{31}}$	tsʌʔ$^{\underline{31}}$	tsʌʔ$^{\underline{31}}$	ts^{h}ʌʔ$^{\underline{31}}$	ts^{h}ʌʔ$^{\underline{31}}$
安泽	ŋɤ^{35}	xɑ^{53}	miəʔ$^{\underline{21}}$	miəʔ$^{\underline{21}}$	tsʌʔ$^{\underline{21}}$	tsəʔ$^{\underline{21}}$	ts^{h}əʔ$^{\underline{21}}$	ts^{h}əʔ$^{\underline{21}}$
沁水端氏	aʔ^{2}	ɕiɒ^{53}	maʔ^{2}	maʔ^{2}	tsaʔ^{2}	tsaʔ^{2}	ts^{h}aʔ^{2}	ts^{h}aʔ^{2}
阳城	ɣʌʔ^{2}	ɕiɑ^{51}	mʌʔ^{2}	mʌʔ^{2}	tʂʌʔ^{2}	tsʌʔ^{2}	ts^{h}ʌʔ^{2}	ts^{h}ʌʔ^{2}
高平	ʌʔ^{2}	ɕiɑ^{53}	mɛʔ^{2}	mɛʔ^{2}	tʂəʔ^{2}	tʂəʔ^{2}	tʂ^{h}əʔ^{2}	tʂ^{h}əʔ^{2}
陵川	ɣɤ^{33}	xʌʔ^{3}	miʌʔ$^{\underline{23}}$	miʌʔ$^{\underline{23}}$	tʂəʔ^{3}	tʂəʔ^{3}	tʂ^{h}əʔ^{3}	tʂ^{h}əʔ^{3}
晋城	ɣəʔ^{2}	xɤ^{53}	mʌʔ^{2}	mʌʔ^{2}	tʂəʔ^{2}	tʂəʔ^{2}	tʂ^{h}əʔ^{2}	tʂ^{h}əʔ^{2}
忻府	ŋɑʔ$^{\underline{32}}$	xɑ^{53}	miɛʔ$^{\underline{32}}$	miɛʔ$^{\underline{32}}$	tsuʌʔ$^{\underline{32}}$白/ tsæe^{313}文	tsɑʔ$^{\underline{32}}$	ts^{h}ɑʔ$^{\underline{32}}$	ts^{h}ɑʔ$^{\underline{32}}$

续表

字目	额	吓	麦	脉	摘	责	策	册
中古音 方言点	五陌 梗开二 入陌疑	呼格 梗开二 入陌晓	莫获 梗开二 入麦明	莫获 梗开二 入麦明	陟革 梗开二 入麦知	侧革 梗开二 入麦庄	楚革 梗开二 入麦初	楚革 梗开二 入麦初
原平	ŋɔʔ$^{\underline{34}}$	xɑ^{53}	miəʔ$^{\underline{34}}$	miəʔ$^{\underline{34}}$	tsɔʔ$^{\underline{34}}$ 白 / tsæɛ^{213} 文	tsɔʔ$^{\underline{34}}$	tsʰɔʔ$^{\underline{34}}$	tsʰɔʔ$^{\underline{34}}$
定襄	ŋaʔ^{1}	xa^{53}/ɕia^{53}	miəʔ^{1}	miəʔ^{1}	tsəʔ^{1}	tsaʔ^{1}	tsʰaʔ^{1}	tsʰaʔ^{1}
五台	ŋɔʔ^{3}	xa^{52}	miəʔ^{3}	miəʔ^{3}	tsuəʔ^{3}	tsɔʔ^{3}	tsʰɔʔ^{3}	tsʰɔʔ^{3}
岢岚	ŋaʔ^{4}	ɕia^{52}	miɛʔ^{4}	miɛʔ^{4}	tsaʔ^{4}	tsaʔ^{4}	tsʰaʔ^{4}	tsʰaʔ^{4}
五寨	ŋaʔ^{4}	ɕia^{52}	miɛʔ^{4}	miɛʔ^{4}	tsaʔ^{4}	tsaʔ^{4}	tsʰaʔ^{4}	tsʰaʔ^{4}
宁武	ŋᴀʔ^{4}	xɒ^{52}	miəʔ^{4}	miəʔ^{4}	tsəʔ^{4}	tsəʔ^{4}	tsʰəʔ^{4}	tsʰəʔ^{4}
神池	ŋᴀʔ^{4}	xᴀʔ^{4}	miᴀʔ^{4}	mɛe^{52}	tsᴀʔ^{4}	tsɤ^{32}	tsʰᴀʔ^{4}	tsʰɤ^{52}
繁峙	ŋaʔ$^{\underline{13}}$	xaʔ$^{\underline{13}}$	miaʔ$^{\underline{13}}$	miaʔ$^{\underline{13}}$	tsaʔ$^{\underline{13}}$	tsaʔ$^{\underline{13}}$	tsʰaʔ$^{\underline{13}}$	tsʰaʔ$^{\underline{13}}$
代县	ŋaʔ^{2}	xɤ^{53}	miaʔ^{2}	miaʔ^{2}	tsaʔ^{2}	tsaʔ^{2}	tsʰaʔ^{2}	tsʰaʔ^{2}
河曲	ŋaʔ^{4}	xia^{52}	miaʔ^{4}	miaʔ^{4}	tsəʔ^{4}	tsəʔ^{4}	tsʰəʔ^{4}	tsʰəʔ^{4}
保德	ɤ^{44}	xᴀ^{52}	miəʔ^{4}	miəʔ^{4}	tsəʔ^{4}	tʰəʔ^{4}	tsʰəʔ^{4}	tsʰəʔ^{4}
偏关	ŋᴀʔ^{4}	xəʔ^{4}	miɛʔ^{4}	miɛʔ^{4}	tsəʔ^{4}	tsei^{213}	tsʰᴀʔ^{4}	tsʰᴀʔ^{4}
朔城	nᴀʔ$^{\underline{35}}$	ɕiᴀ^{53}	mɛi^{53}	miᴀʔ$^{\underline{35}}$	tsᴀʔ$^{\underline{35}}$	tsᴀʔ$^{\underline{35}}$	tsʰᴀʔ$^{\underline{35}}$	tsʰᴀʔ$^{\underline{35}}$
平鲁	nʌʔ$^{\underline{34}}$	ɕiɑ^{52}	mɛi^{52}/ miʌʔ$^{\underline{34}}$	mɛi^{52}/ miʌʔ$^{\underline{34}}$	tsʌʔ$^{\underline{34}}$	tsʌʔ$^{\underline{34}}$	tsʰʌʔ$^{\underline{34}}$	tsʰʌʔ$^{\underline{34}}$
应县	nɤ^{31}/naʔ$^{\underline{43}}$	xəʔ$^{\underline{43}}$	mɛi^{24} 文 / miaʔ$^{\underline{43}}$	miaʔ$^{\underline{43}}$	tsaʔ$^{\underline{43}}$	tsaʔ$^{\underline{43}}$	tsʰaʔ$^{\underline{43}}$	tsʰaʔ$^{\underline{43}}$
灵丘	nᴀʔ^{5}	xᴀʔ^{5}	mɛe^{53}	miᴀʔ^{5}	tsɛe^{442}	tsᴀʔ^{5}	tsʰᴀʔ^{5}	tsʰᴀʔ^{5}
浑源	nʌʔ^{4}	xiᴀ^{13}	miᴀʔ^{4}	mɛe^{13}	tsʌʔ^{4}	tsʌʔ^{4}	tsʰʌʔ^{4}	tsʰʌʔ^{4}
云州	nɑʔ^{4}	xɑʔ^{4}	miɑʔ^{4} 白 / mɛi^{24} 文	mɛi^{24}	tsɑʔ^{4}	tsɑʔ^{4}	tsʰɑʔ^{4}	tsʰɑʔ^{4}
新荣	ŋaʔ^{4}	ɕiᴀ^{24}/xɤ^{24}	miaʔ^{4}/mɛe^{24}	miaʔ^{4}/mɛe^{24}	tsɛe^{32}/tsaʔ^{4}	tsaʔ^{4}	tsʰaʔ^{4}	tsʰaʔ^{4}
怀仁	naʔ^{4}	xəʔ^{4}	miaʔ^{4}/mɛe^{24}	miaʔ^{4}	tsaʔ^{4}	tsaʔ^{4}	tsʰaʔ^{4}	tsʰaʔ^{4}
左云	ə^{313}	xaʔ^{4}	miaʔ^{4}	miaʔ^{4}	tsaʔ^{4}	tsaʔ^{4}	tsʰaʔ^{4}	tsʰaʔ^{4}
右玉	ŋaʔ^{4}	xəʔ^{4}	miaʔ^{4}	miaʔ^{4}	tsaʔ^{4}	tsaʔ^{4}	tsʰaʔ^{4}	tsʰaʔ^{4}
阳高	ɤ^{312}/ŋɑʔ^{3}	——	miɑʔ^{3}	miɑʔ^{3}	tsɑʔ^{3}	tsɑʔ^{3}	tsʰɑʔ^{3}	tsʰɑʔ^{3}
山阴	nᴀʔ^{4}	ɕiᴀʔ^{4}	mɛe^{335}	miᴀʔ^{4}	tsᴀʔ^{4}	tsᴀʔ^{4}	tsʰᴀʔ^{4}	tsʰᴀʔ^{4}
天镇	ŋɑʔ^{4}	xəʔ^{4}	miɑʔ^{4}	miɑʔ^{4}	tsɑʔ^{4}	tsɑʔ^{4}	tsʰɑʔ^{4}	tsʰɑʔ^{4}
平定	ŋaʔ^{4}	ɕiɑ^{24}/xaʔ^{4}	mɛe^{24}	mɛe^{24}	tsaʔ^{4}	tsaʔ^{4}	tsʰaʔ^{4}	tsʰaʔ^{4}
昔阳	ŋʌʔ$^{\underline{43}}$	xʌʔ$^{\underline{43}}$	mɛe^{13}	mɛe^{13}	tsʌʔ$^{\underline{43}}$	tsʌʔ$^{\underline{43}}$	tsʰʌʔ$^{\underline{43}}$	tsʰʌʔ$^{\underline{43}}$

续表

字目	额	吓	麦	脉	摘	责	策	册
中古音 / 方言点	五陌 梗开二 入陌疑	呼格 梗开二 入陌晓	莫获 梗开二 入麦明	莫获 梗开二 入麦明	陟革 梗开二 入麦知	侧革 梗开二 入麦庄	楚革 梗开二 入麦初	楚革 梗开二 入麦初
左权	ŋəʔ^{1}/ȵi^{11}	ɕia^{53}	mɛi^{53}/mi^{53}/ mieʔ^{1}	mɛi^{53}/mi^{53}/ mieʔ^{1}	tsəʔ^{1}	tsəʔ^{1}	tsʰi^{53}	tsʰəʔ^{1}
和顺	ŋəʔ$^{\underline{21}}$	xəʔ$^{\underline{21}}$	mieʔ$^{\underline{21}}$	mieʔ$^{\underline{21}}$	tsəʔ$^{\underline{21}}$	tsəʔ$^{\underline{21}}$	tsʰəʔ$^{\underline{21}}$	tsʰəʔ$^{\underline{21}}$
尧都	ɣ^{24}	xɣ^{44}	mɑi^{21}	mɑi^{21}	——	tsɣ^{21}	tʂʰɣ^{21}	tʂʰɣ^{21}
洪洞	ȵie^{53} 白 / ŋe^{21} 文	xɑ^{33} 白 / ɕiɑ^{33} 文	mɛ^{21}	mɛ^{21}	tsye^{21}	tsɛ^{21}	tsʰɛ^{21}	tsʰɛ^{21}
洪洞赵城	ȵiɛ^{21} 白 / ŋɣ^{21} 文	xɑ^{21}	mɛ^{21}	mɛ^{21}	tsɛ^{21}	tsɛ^{21}	tsʰɛ^{21}	tsʰɛ^{21}
古县	ŋɣ^{35}	xɑ^{35}	mɛ^{21}	mɛ^{21}	tsɛ^{21}	tsɛ^{35}	tsʰɛ^{21}	tsʰɛ^{21}
襄汾	ŋə^{21}/ŋə^{24}	xa^{44} 白 / ɕia^{53} 文	mia^{21} 白 / mai^{21} 文	mia^{21}	tʂa^{21}	tsə^{21}	tsʰə^{21}	tsʰa^{21}
浮山	ŋɣ^{42}	xa^{44}	mæ^{42}	mæ^{42}	tʂæ^{42}	tsæ^{42}	tsʰæ^{42}	tsʰæ^{42}
霍州	ɣ^{35}	xa^{55}	mie^{212}	mie^{212}	tsɣ^{212} 老 / tsai^{212} 新	tsɣ^{35}	tsʰɣ^{212}	tsʰɣ^{212}
翼城	ŋɣ^{53}	xiᴀ^{53}	mᴇe^{53}	mᴇe^{53}	tʂᴇe^{53}	tsɣ^{12}	tsʰɣ^{53}	tsʰɣ^{53}
闻喜	ŋiᴇ^{53}	xɑ^{53}	miᴇ^{53}	——	tsɛe^{53}	tsiᴇ^{53}	tsʰiᴇ^{53}	tsʰiᴇ^{53}
侯马	ȵie^{213} 白 / ŋɣ^{213} 文	xa^{53}	mae^{53}	tae^{53}	tsʰae^{53} 白 / tsʰae^{213} 文	tsɣ^{213}	tsʰɣ^{53}	tsʰɣ^{53}
新绛	ȵie^{53} 白 / ŋɣ^{53} 文	xɑ^{53}	mei^{53}	mei^{53}	tsei^{53}	tsɣ^{13}	tsʰei^{53}	tsʰei^{53}
绛县	ŋiɪ^{31}	xɑ^{31} 白 / xɣ^{31} 文	mei^{24}	mei^{31}	tʂei^{53}	tʂei^{24}	tsʰi^{53}	tsʰiɪ^{31}
垣曲	ȵiɛ^{22} 白 / ŋɣ^{22} 文	xa^{53}	mei^{53} 白 / mai^{53} 文	mai^{22}	tsai^{22}	tsɣ^{22}	tsʰɣ^{53}	tsʰɣ^{53}
夏县	ȵiɛ^{42} 白 / ɣ^{42} 文	xa^{31} 白 / ɕia^{31} 文	miɛ^{53} 白 / mæe^{53} 文	miɛ^{53} 白 / mæe^{53} 文	tʂæe^{53}	tʂɛ^{42}	tʂʰɛ^{31}	tʂʰɛ^{31}
万荣	ȵiɛ^{51}	xɣ^{33}	mia^{51} 白 / mai^{51} 文	mai^{51}	tʂa^{51}	tsei^{213}	tsʰai^{213} 白 / tsʰei^{33} 白 / tsʰɣ^{33} 文	tsʰai^{51} 白 / tsʰɣ^{51} 文
稷山	ȵiɛ^{53}	xa^{42} 白 / ɕia^{42} 文	miɛ^{53} 白 / mai^{53} 文	mei^{53} 白 / mai^{53} 文	tʂiɛ^{53} 白 / tʂai^{53} 文	tsɣ^{53}	tsʰiɛ^{53} 白 / tsʰɣ^{53} 文	tsʰiɛ^{53} 白 / tsʰɣ^{53} 文
盐湖	ȵiɛ^{42} 白 / ŋɣ^{42} 文	xɣ^{42}	mia^{42} 白 / mɛi^{42} 文	mia^{42} 白 / mɛi^{42} 文	tʂa^{42} 白 / tʂɛi^{42} 文	tsɣ^{42}	tsʰɣ^{42}	tsʰɣ^{42}
临猗	ȵiɛ^{42} 白 / ŋɣ^{13} 文	xa^{44} 白 / ɕia^{44} 文	mia^{42} 白 / mei^{42} 白 / mai^{42} 文	mei^{42} 白 / mai^{42} 文	tsei^{42} 白 / tʂai^{42} 文	tsei^{42} 白 / tsɣ^{42} 文	tsʰɣ^{42}	tsʰɣ^{42}

续表

字目	额	吓	麦	脉	摘	责	策	册
中古音 / 方言点	五陌 梗开二 入陌疑	呼格 梗开二 入陌晓	莫获 梗开二 入麦明	莫获 梗开二 入麦明	陟革 梗开二 入麦知	侧革 梗开二 入麦庄	楚革 梗开二 入麦初	楚革 梗开二 入麦初
河津	ȵiɛ^{44} 白 / ŋɤ^{324} 文	xa^{44} 白 / ɕia^{44} 文	mia^{31} 白 / mai^{31} 文	mia^{31} 白 / mai^{31} 文	tʂa^{31} 白 / tsai^{31} 文	tsai^{324}/ tsɤ^{324} 文	tsʰai^{31}	tsʰai^{31}
平陆	ŋuə^{13}/ŋai^{55}	xa^{33}	mia^{31}	mia^{31} 白 / mai^{31} 文	tʂa^{31} 白 / tsai^{31} 文	tsai^{13}	tsʰai^{31}	tsʰai^{31}
永济	ŋuo^{24} 白 /ə^{24} 文	xa^{44} 白 / ɕia^{44} 文	mei^{31}	mai^{44}	tʂei^{31}	tsei^{31} 白 / tsə^{31} 文	tsei^{31}	tʂʰei^{31}
芮城	ȵiɛ^{13} 白 / ŋɤ^{13} 文	xa^{44}	mia^{42} 白 / mai^{42} 文	mai^{42}	tsɤ^{42} 白 / tʂa^{42} 文	tsɤ^{42}	tsʰɤ^{42}	tsʰɤ^{42}
吉县	ŋie^{423} 白 / ŋɛ^{423} 文	xa^{33}	mia^{13}	mia^{423} 白 / mai^{423} 文	tʂa^{423} 白 / tsɛ^{423} 文	tsɛ^{13}	tsʰɛ^{423}	tsʰɛ^{423}
乡宁	ȵiᴇ^{53} 白 / ŋɤ^{53} 文	xa^{22}	mia^{53}	mia^{53}	tɕia^{53} 白 / tsɤ^{53} 文	tsɤ^{12}	tsʰɤ^{53}	tsʰɤ^{53}
广灵	nɤ^{31}	ɕiɑ^{213}	mɛe^{213}	mɛe^{213}	tsɛe^{53}	tsɛe^{53}	tsʰɛe^{53}	tsʰɛe^{53}

字目	隔	革	核~桃，~心	核~对	横~竖	轰	宏	矿
中古音 / 方言点	古核 梗开二 入麦见	古核 梗开二 入麦见	下革 梗开二 入麦匣	下革 梗开二 入麦匣	户盲 梗合二 平庚匣	呼宏 梗合二 平耕晓	户萌 梗合二 平耕匣	古猛 梗合二 上梗见
北京	kɤ^{35}	kɤ^{35}	xɤ^{35}	xɤ^{35}	xəŋ^{35}	xuŋ^{55}	xuŋ^{35}	kʰuaŋ^{51}
小店	tɕiəʔ^{1} 白 / kaʔ$^{\underline{54}}$ 文	kaʔ^{1}	kuəʔ^{1}	xaʔ$^{\underline{54}}$	xuɑ^{11} 白 / xəŋ^{11} 文	xuəŋ^{11}	xuəŋ^{11}	kʰo^{24}
尖草坪	kaʔ^{2} 白 / kəʔ^{2} 文	kaʔ^{2} 白 / kəʔ^{2} 文	xaʔ$^{\underline{43}}$	xaʔ^{2}	xua^{33} 白 / xʌŋ^{33} 文	xʌŋ^{33}	xʌŋ^{33}	kʰɔ^{35}
晋源	kaʔ^{2}	kaʔ^{2}	xaʔ^{2}/xəʔ^{2}	xəʔ^{2}	xəŋ^{11}	xuŋ^{11}	xuŋ^{11}	kʰua^{35}
阳曲	tɕiɛʔ^{4} 白 / tɕiɛ^{312} 白 / kɔʔ^{4} 文	kɔʔ^{4}	xəʔ^{4}	xəʔ^{4}	xə̃^{43}	xuə̃^{312}	xuə̃^{43}	kʰuɔ^{454}
古交	kaʔ^{4}	kaʔ^{4}	xaʔ^{4}	xaʔ^{4}	xəŋ^{44}	xuəŋ^{44}	xuəŋ^{44}	kʰuɔ^{53}
清徐	tɕiaʔ^{1} 白 / kaʔ^{1} 文	kaʔ^{11}	xaʔ^{54} 白 / xəʔ$^{\underline{54}}$ 白 / xəʔ^{1} 文	xa^{54} 白 / xəʔ$^{\underline{54}}$ 白 / xəʔ^{1} 文	xəŋ^{11}	xuəŋ^{11}	xuəŋ^{11}	kʰuɒ^{45}
娄烦	kaʔ^{3}	kaʔ^{3}	kəʔ^{3}	xəʔ$^{\underline{21}}$	xəŋ^{33}	xuəŋ^{33}	xuəŋ^{33}	kʰɷ^{54}
榆次	kaʔ^{1}/tɕiaʔ^{1}	kaʔ^{1}	xaʔ^{1}	xaʔ^{1}	xɤ̃^{11}/ɕye^{11}	xuɤ̃^{11}	xuɤ̃^{11}	kʰuɒ^{35}
交城	tɕiaʔ^{1} 白 / kaʔ^{1} 文	kaʔ^{1}	kəʔ$^{\underline{53}}$	xəʔ^{1}	xuɑ^{11} 白 / xə̃^{11} 文	xuə̃^{11}	xuə̃^{11}	kʰuɤ^{24}
文水	tɕiaʔ^{2} 白 / kaʔ^{2} 文	kaʔ^{2}	kəʔ$^{\underline{312}}$/ kʰuəʔ$^{\underline{312}}$/ xaʔ^{2}	xaʔ$^{\underline{312}}$	ɕya^{22} 白 / xɔŋ^{22} 文	xuɔŋ^{22}	xuɔŋ^{22}	kʰuaŋ^{35}
祁县	tɕiɑʔ$^{\underline{32}}$ 白 / kɑʔ$^{\underline{32}}$ 文	kɑʔ$^{\underline{32}}$	kɑʔ$^{\underline{32}}$/xəʔ$^{\underline{32}}$	xəʔ$^{\underline{32}}$	ɕyɪ^{31} 白 / xɔõ^{31} 文	xəm^{31}	xəm^{31}	kʰuɑ̃^{45}
太谷	tɕiaʔ^{3} 白 / kiaʔ^{3} 文	kiaʔ^{3}	kəʔ^{3}/xəʔ^{3}	xəʔ^{3}	xue^{33} 白 / xə̃^{33} 文	xuə̃^{33}	xuə̃^{33}	kʰuɒ^{53}
平遥	kʌʔ$^{\underline{212}}$	kʌʔ$^{\underline{212}}$	xʌʔ$^{\underline{523}}$	kʰuʌʔ$^{\underline{523}}$	ɕyɛ^{213} 白 / xəŋ^{213} 文	xuəŋ^{213}	xuəŋ^{213}	kʰũɑ̃^{24}
孝义	kəʔ^{3}/tɕiaʔ^{3}	kəʔ^{3}	xəʔ$^{\underline{423}}$	kʰuəʔ^{3}	ɕya^{33}	xuə̃^{33}	xuə̃^{33}	kʰuã^{454}
介休	tɕiʌʔ$^{\underline{12}}$ 白 / kʌʔ$^{\underline{12}}$ 文	kʌʔ$^{\underline{12}}$	xʌʔ$^{\underline{312}}$/ kʰuʌʔ$^{\underline{312}}$/ xʌʔ$^{\underline{312}}$	xʌʔ$^{\underline{312}}$	ɕya^{13} 白 / xəŋ^{13} 文	xuŋ^{13}	xuŋ^{13}	kʰuæ̃^{45}
灵石	kaʔ^{4}	kaʔ^{4}	xaʔ^{4}	xaʔ^{4}	xəŋ^{44}	xuŋ^{535}	xuŋ^{44}	kʰuɒ̃^{53}
盂县	kʌʔ^{2}	kʌʔ^{2}	xəʔ^{2}	xəʔ^{2}	xuei^{22} 白 / xə̃^{22} 文 / xuə̃^{22} 文	xuə̃^{412}	xuə̃^{22}	kʰuæ̃^{55}
寿阳	kaʔ^{2}/tɕiɛʔ^{2}	kaʔ^{2}	kəʔ$^{\underline{54}}$/xəʔ$^{\underline{54}}$	kəʔ$^{\underline{54}}$/xəʔ$^{\underline{54}}$	xuei^{22} 白 / xuə̃^{22} 白 / xə̃^{22} 文	xuə̃^{31}	xuə̃^{22}	kʰɒo^{45}

续表

字目	隔	革	核~桃，~心	核~对	横~竖	轰	宏	矿
中古音 / 方言点	古核 梗开二 入麦见	古核 梗开二 入麦见	下革 梗开二 入麦匣	下革 梗开二 入麦匣	户盲 梗合二 平庚匣	呼宏 梗合二 平耕晓	户萌 梗合二 平耕匣	古猛 梗合二 上梗见
榆社	kaʔ^{2}	kaʔ^{2}	xəʔ^{2}	xəʔ^{2}	xɛɪ^{22}	uɛɪ^{22}	uɛɪ^{22}	k^{h}uɔu^{45}
离石	ɕiɑʔ^{4}	kəʔ^{4}	kəʔ^{4}/xəʔ^{4}	xəʔ^{4}	xəŋ^{44}	xuəŋ^{24}	xuəŋ^{44}	k^{h}uə^{53}
汾阳	kəʔ^{2}	kəʔ^{2}	xəʔ$^{\underline{312}}$	kəʔ$^{\underline{312}}$	ɕya^{22} 白 / xəŋ^{22} 文	xuŋ^{324}	xuŋ^{22}	k^{h}uɔ^{55}
中阳	ɕiɑʔ^{4}	kəʔ^{4}	kəʔ^{4}/xəʔ^{4}	xəʔ^{4}	xə̃^{33}	xuə̃^{24}	xuə̃^{33}	k^{h}ɒ^{53}
柳林	tɕiɑʔ$^{\underline{423}}$ 白 / kəʔ^{4} 文	kəʔ^{4}	xəʔ^{4}	xəʔ^{4}	xə̃^{4}	xuə̃^{24}	xuə̃^{44}	k^{h}uo^{53}
方山	tɕiɑʔ^{4} 白 / əʔ^{4} 文	kəʔ^{4}	xəʔ^{4}	xɔ^{44}	ɕya^{44} 白 / xə̃ŋ^{44} 文	xuə̃ŋ^{24}	xuə̃ŋ^{44}	k^{h}uə^{52}
临县	kɐʔ^{3}	kɐʔ^{3}	k^{h}ɐʔ^{3}	k^{h}ɐʔ^{3}	ɕya^{24} 白 / xə̃^{24} 文	xuə̃^{24}	xuə̃^{33}	k^{h}uɤ^{52}
兴县	kəʔ^{5}	kəʔ^{5}	kəʔ^{5}	xəʔ^{5}	xəŋ^{55}	xuəŋ^{324}	xuəŋ^{55}	k^{h}uɤ^{53}
岚县	kieʔ^{4}	kieʔ^{4}	xəʔ^{4}	xəʔ^{4}	ɕye^{44} 白 / xuəŋ^{44} 文	xuəŋ^{214} xuəŋ^{53}	xuəŋ^{44}	k^{h}uə^{53}
静乐	kaʔ$^{\underline{212}}$	kaʔ^{4}	xəʔ^{4}	xəʔ^{4}	xɤ̃^{33}	xuɤ̃^{33}	xuɤ̃^{33}	k^{h}uɑ̃^{53}
交口	tɕiaʔ^{4} 白 / kəʔ^{4} 文	kəʔ^{4}	kəʔ^{4}/xəʔ$^{\underline{212}}$	xəʔ$^{\underline{212}}$	ɕya^{44} 白 / xəŋ^{44} 文	xuəŋ^{323}	xuəŋ^{44}	k^{h}uɑ̃^{53}
石楼	tɕiʌʔ^{4} 白 / kʌʔ^{4} 文	kʌʔ^{4}	xʌʔ^{4}	kuəʔ^{4}	ɕya^{44} 白 / xəŋ^{44} 文	xuəŋ^{213}	xuəŋ^{44}	k^{h}uaŋ^{51}
隰县	tɕiəʔ^{3} 白 / kaʔ^{3} 文	kaʔ^{3}	kaʔ^{3}	kaʔ^{3}	xəŋ^{24}	xuəŋ^{53}	xuəŋ^{24}	k^{h}uæ^{44}
大宁	kɐʔ$^{\underline{31}}$	kɐʔ$^{\underline{31}}$	kɐʔ$^{\underline{31}}$	xuəʔ^{4}	ɕye^{24} 白 / xəŋ^{24} 文	xuəŋ^{31}	xuəŋ^{24}	k^{h}uɛ̃^{55}
永和	kɐʔ$^{\underline{35}}$	kɐʔ$^{\underline{35}}$	kəʔ$^{\underline{35}}$	xuəʔ$^{\underline{35}}$	xəŋ^{35}	xuəŋ^{53}	xuəŋ^{53}	k^{h}uɑ̃^{53}
汾西	kɪ^{11}/kɪ^{53}	kɪ^{11}	xβ^{35}/xɑi^{35} 白	——	xəŋ^{35}	xuəŋ^{11}	xuəŋ^{35}	k^{h}uɑ̃^{55}
蒲县	kəʔ$^{\underline{43}}$	kəʔ$^{\underline{43}}$	xɤ^{33}	xəʔ$^{\underline{43}}$	xəŋ^{24}	xuŋ^{52}	xuŋ^{24}	k^{h}uɑŋ^{33}
潞州	kəʔ$^{\underline{53}}$	kəʔ$^{\underline{53}}$	xəʔ$^{\underline{53}}$	xəʔ$^{\underline{53}}$	xuŋ^{24}	xuŋ^{312}	xuŋ^{24}	k^{h}uaŋ^{44}
上党	kɑʔ$^{\underline{21}}$	kəʔ$^{\underline{21}}$	xəʔ$^{\underline{21}}$	xəʔ$^{\underline{21}}$	xuŋ^{44} 白 / xəŋ^{44} 文	xuŋ^{213}	xuŋ^{44}	k^{h}uɑŋ^{22}
长子	kəʔ^{4} 白 / kaʔ^{4} 文	kəʔ^{4} 白 / kaʔ^{4} 文	xuəʔ$^{\underline{212}}$	xəʔ^{4}	xəŋ^{24}	xuŋ^{312}	xuŋ^{24}	k^{h}uaŋ^{422}
屯留	kəʔ^{1}	kəʔ^{1}	kəʔ^{1} 白 / xəʔ^{1} 文	xəʔ$^{\underline{54}}$	xuẽ^{11} 白 / xəŋ^{11} 文	xuəŋ^{31}	xuəŋ^{11}	k^{h}uɑŋ^{53}
襄垣	kʌʔ^{3}	kʌʔ^{3}	xʌʔ$^{\underline{43}}$	xu^{31}	xuəŋ^{45}	xuəŋ^{33}	xuəŋ^{31}	k^{h}uɒ^{45}

续表

字目	隔	革	核~桃，~心	核~对	横~竖	轰	宏	矿
中古音 方言点	古核 梗开二 入麦见	古核 梗开二 入麦见	下革 梗开二 入麦匣	下革 梗开二 入麦匣	户盲 梗合二 平庚匣	呼宏 梗合二 平耕晓	户萌 梗合二 平耕匣	古猛 梗合二 上梗见
黎城	kʌʔ^{2}	kʌʔ^{2}	xæ^{213}	xʌʔ$^{\underline{31}}$	xəŋ^{53}/xuəŋ^{33}	xuəŋ^{33}	xuəŋ^{33}	kʰuɑŋ^{53}
平顺	kʌʔ$^{\underline{212}}$	kʌʔ$^{\underline{212}}$	xʌʔ$^{\underline{423}}$	xʌʔ$^{\underline{423}}$	xəŋ^{13}	xuŋ^{213}	xuŋ^{13}	kʰuaŋ^{53}
壶关	kʌʔ^{2}	kəʔ^{2}	xuʌʔ$^{\underline{21}}$	xuʌʔ$^{\underline{21}}$	xəŋ^{13}	xuŋ^{33}	xuŋ^{13}	kʰuaŋ^{42}
沁县	kaʔ$^{\underline{31}}$	kaʔ$^{\underline{31}}$	xuəʔ$^{\underline{212}}$	xəʔ$^{\underline{31}}$	xə̃^{33}	xuə̃^{224}	xuə̃^{33}	kʰuɔ^{53}
武乡	kʌʔ^{3}	kʌʔ^{3}	kʌʔ^{3}	——	xɐŋ^{33}	xuɐŋ^{113}	xuɐŋ^{33}	kʰuɔ̃^{55}
沁源	kʌʔ$^{\underline{31}}$	kʌʔ$^{\underline{31}}$	kʰuəʔ$^{\underline{31}}$	xɛe^{33}	xə̃^{33}	xuə̃^{324}	xuə̃^{33}	kʰuə^{53}
安泽	kəʔ$^{\underline{21}}$	kəʔ$^{\underline{21}}$	xɤ^{35}	xɤ^{35}	xəŋ^{21}	xuəŋ^{21}	xuəŋ^{35}	kʰuʌŋ^{53}
沁水端氏	kaʔ^{2}	kaʔ^{2}	xai^{51}	xuəʔ$^{\underline{54}}$	xai^{24}	xoŋ^{21}	xoŋ^{24}	kʰuɑŋ^{53}
阳城	kʌʔ^{2}	kʌʔ^{2}	kəʔ^{2}	xʌʔ^{2}	xuɑ̃ŋ^{22}白/ xɑ̃ŋ^{22}文	xuoŋ^{224}	xuoŋ^{22}	kʰuɑ̃ŋ^{51}
高平	kʌʔ^{2}	kʌʔ^{2}	kəʔ^{2}	xʌʔ^{2}	xə̃ŋ^{33}	xuə̃ŋ^{33}	xuə̃ŋ^{33}	kʰuɔ̃^{53}
陵川	kʌʔ^{3}	kʌʔ^{3}	xʌʔ$^{\underline{23}}$	xʌʔ^{23}	xuŋ^{53}	xuŋ^{33}	xuŋ^{53}	kʰuɑŋ^{24}
晋城	kʌʔ^{2}	kəʔ^{2}	kəʔ^{2}	xəʔ^{2}	xuẽ^{324}	xuoŋ^{33}	xuoŋ^{324}	kʰuɒ̃^{53}
忻府	tɕiɛʔ$^{\underline{32}}$白/ kɑʔ$^{\underline{32}}$文	kɑʔ$^{\underline{32}}$	kəʔ$^{\underline{32}}$/xəʔ$^{\underline{32}}$	xəʔ$^{\underline{32}}$	xəŋ^{21}	xuəŋ^{313}	xuəŋ^{21}	kʰuɑ̃^{53}
原平	kɔʔ$^{\underline{34}}$	kɔʔ$^{\underline{34}}$	kəʔ$^{\underline{34}}$	xɔʔ$^{\underline{34}}$	xəŋ^{33}	xuəŋ^{213}	xuəŋ^{33}	kuɔ^{53}
定襄	kaʔ^{1}/tɕiəʔ^{1}	kaʔ^{1}	xaʔ^{1}	xaʔ^{1}	xuəŋ^{24}	xuəŋ^{24}	xuəŋ^{24}	kʰuæ^{53}
五台	kɔʔ^{3}	kɔʔ^{3}	xəʔ^{3}/kəʔ^{3}	xəʔ^{3}	xən^{33}/ xuən^{33}	xuən^{213}	xuən^{33}	kʰuæn^{52}
岢岚	tɕiɛʔ^{4}老/ kaʔ^{4}新	kaʔ^{4}	xəʔ^{4}	xəʔ^{4}	xəŋ^{44}	xuəŋ^{52}	xuəŋ^{44}	kʰɔ^{52}
五寨	kaʔ^{4}/ tɕiɛʔ^{4}	kaʔ^{4}	xaʔ^{4}	xuəʔ^{4}	xəɣ̃^{44}白/ xuəɣ̃^{44}文	xuəɣ̃^{52}	xuəɣ̃^{44}	kʰɒ^{52}
宁武	tɕiəʔ^{4}白/ kᴀʔ^{4}文	kᴀʔ^{4}	kəʔ^{4}	xᴀʔ^{4}	xɤɯ^{33}	xuɤɯ^{23}	xuɤɯ^{33}	kʰuo^{52}
神池	kiᴀʔ^{4}	kɤ^{32}	xᴀʔ^{4}	xᴀʔ^{4}	xuə̃^{32}白/ xə̃^{32}文	xuə̃^{24}	xuə̃^{32}	kʰuɒ^{52}
繁峙	kaʔ$^{\underline{13}}$/tɕiaʔ$^{\underline{13}}$	kaʔ$^{\underline{13}}$	xaʔ$^{\underline{13}}$	xaʔ$^{\underline{13}}$	xəŋ^{31}	xuəŋ^{53}	xuəŋ^{31}	kʰuɔ^{24}
代县	kaʔ^{2}	kaʔ^{2}	xəʔ^{2}	xɤ^{44}	xuɤŋ^{44}白/ xɤŋ^{44}文	xuɤŋ^{213}	xuɤŋ^{44}	kʰuɔ^{53}
河曲	kaʔ^{4}	kaʔ^{4}	xəʔ^{4}	xəʔ^{4}	xɤŋ^{44}	xuɤŋ^{52}	xʰɤŋ^{44}	kʰɒ^{52}
保德	tɕiᴀ^{44}白/ kəʔ^{4}文	kəʔ^{4}	xəʔ^{4}	——	xəŋ^{44}	xuəŋ^{213}	xuəŋ^{44}	kʰuɔ^{52}

续表

字目	隔	革	核~桃，~心	核~对	横~竖	轰	宏	矿
中古音 / 方言点	古核 梗开二 入麦见	古核 梗开二 入麦见	下革 梗开二 入麦匣	下革 梗开二 入麦匣	户盲 梗合二 平庚匣	呼宏 梗合二 平耕晓	户萌 梗合二 平耕匣	古猛 梗合二 上梗见
偏关	kʌʔ^{4}	kʌʔ^{4}	xuə^{33}	xə^{33}	xɤŋ^{24}	xuɤŋ^{24}	xuɤŋ^{44}	kʰɒ^{52}
朔城	kʌʔ$^{\underline{35}}$	kʌʔ$^{\underline{35}}$	xəʔ$^{\underline{35}}$	——	xə̃^{35}	xuə̃^{312}	xuə̃^{35}	kʰuɑ̃^{53}
平鲁	kʌʔ$^{\underline{34}}$	kʌʔ$^{\underline{34}}$	xəʔ$^{\underline{34}}$	xəʔ$^{\underline{34}}$	xəɯ^{44}	xuəɯ^{213}	xuəɯ^{44}	kʰuɒ^{52}
应县	kaʔ$^{\underline{43}}$	kaʔ$^{\underline{43}}$	xu^{31}	xəʔ$^{\underline{43}}$	xəŋ^{31}	xuəŋ^{43}	xuəŋ^{31}	kʰuaŋ^{24}
灵丘	kʌʔ^{5}	kʌʔ^{5}	xʌʔ^{5}	xʌʔ^{5}	xuŋ^{31}	xuŋ^{442}	xuŋ^{31}	kʰue^{53}
浑源	kʌʔ^{4}	kʌʔ^{4}	kəʔ^{4}/xəʔ^{4}	xəʔ^{4}	xə̃^{22}	xuə̃^{52}	xuə̃^{22}	kʰoʌ^{13}
云州	kɑʔ^{4}/tɕiɑʔ^{4}	kɑʔ^{4}	xɑʔ^{4}	xu^{312}	xəɣ^{312}	xuəɣ^{21}	xuəɣ^{312}	kʰuɔ^{24}
新荣	kaʔ^{4}/tɕiaʔ^{4}	kaʔ^{4}	xəʔ^{4}	xu^{312}	xɤɣ^{312}/ xuɤɣ^{312} 白	xuɤɣ^{32}	xuɤɣ^{312}	kʰuɔ^{24}
怀仁	tɕiaʔ^{4} 老 / kaʔ^{4} 新	kaʔ^{4}	xəʔ^{4}	xəʔ^{4}	xəŋ^{312}	xuəŋ^{42}	xuəŋ^{312}	kʰɒ^{24}
左云	kaʔ^{4}	kaʔ^{4}	xəʔ^{4}	xəʔ^{4}	xəɣ^{313} 白 / xəɣ^{313} 文	xuəɣ^{31}	xuəɣ^{313}	kʰuɒ^{24}
右玉	kaʔ^{4}	kaʔ^{4}	xəʔ^{4}	xəʔ^{4}	xə̃ɣ^{212}	xuə̃ɣ^{31}	xuə̃ɣ^{212}	kʰuɒ^{53}
阳高	kɑʔ^{3}/tɕiɑʔ^{3}	kɑʔ^{3}	xəʔ^{3}/xuəʔ^{3}	xəʔ^{3}/xuəʔ^{3}	xəŋ^{31}	xuəŋ^{31}	xuəŋ^{312}	kʰɔ^{24}
山阴	kʌʔ^{4}/tɕiʌʔ^{4}	kʌʔ^{4}	xəʔ^{4}	——	xə̃^{313}/xuə̃^{313}	xuə̃^{313}	xuə̃^{313}	kʰuɒ^{335}
天镇	tɕiɑʔ^{4}/kɑʔ^{4}	kɑʔ^{4}	xəʔ^{4}	xəʔ^{4}	xɤɣ^{22}	xuɤɣ^{31}	xuɤɣ^{22}	kʰɒ^{24}
平定	kaʔ^{4}	kaʔ^{4}	xaʔ^{4}	xaʔ^{4}	xuəŋ^{24} 白 / xəŋ^{44} 文	xuəŋ^{31}	xuəŋ^{44}	kʰuɑŋ^{24}
昔阳	kʌʔ$^{\underline{43}}$	kʌʔ$^{\underline{43}}$	xʌʔ$^{\underline{43}}$	xʌʔ$^{\underline{43}}$	xuəŋ^{33} 白 / xəŋ^{33} 文	xuəŋ^{42}	xuəŋ^{33}	kʰuə̃u^{13}
左权	kəʔ^{1}	kəʔ^{1}	kəʔ^{1}	xɛi^{11}/xəʔ^{1}	xɔ^{11} 白 / xəŋ^{11} 文	xuəŋ^{31}	xuəŋ^{11}	kʰɔ^{53}
和顺	kəʔ$^{\underline{21}}$	kəʔ$^{\underline{21}}$	xəʔ$^{\underline{21}}$	xəʔ$^{\underline{21}}$	xəŋ^{22}	xuəŋ^{42}	xuəŋ^{22}	kʰuɔ^{13}
尧都	kɤ^{24}	kɤ^{21}	xɤ^{24}	xɤ^{24}	xəŋ^{24}	xuəŋ^{21}	xuəŋ^{24}	kʰɑŋ^{44}
洪洞	kɛ^{21}	kɛ^{21}	kɛ^{21}	——	xuɛ^{24} 白 / xeŋ^{24} 文 / xueŋ^{24} 文	xueŋ^{21}	xueŋ^{24}	kʰuɑŋ^{33}
洪洞赵城	kɤ^{21}	kɤ^{21}	kɤ^{21}	xu^{24}	xuɛ^{24} 白 / xeŋ^{24} 文	xueŋ^{53}	xueŋ^{24}	kʰuɑ̃^{24}
古县	kɛ^{21} 白 / kɤ^{35} 文	kɛ^{21} 白 / kɤ^{21} 文	kɤ^{21}	xɛ^{35}	xuɛ^{35}	xuəŋ^{21}	xuəŋ^{35}	kʰuɑŋ^{42}
襄汾	kə^{21}	kə^{21}	ku^{21}/xu^{24}	ku^{21}/xu^{24}	ɕya^{24} 白 / xeŋ^{24} 文	xueŋ^{21}	xueŋ^{24}	kʰuɑŋ^{44}

续表

字目	隔	革	核~桃，~心	核~对	横~竖	轰	宏	矿
中古音 方言点	古核 梗开二 入麦见	古核 梗开二 入麦见	下革 梗开二 入麦匣	下革 梗开二 入麦匣	户盲 梗合二 平庚匣	呼宏 梗合二 平耕晓	户萌 梗合二 平耕匣	古猛 梗合二 上梗见
浮山	kæ^{42}	kɤ^{42}	——	xai^{13}	xuæ^{42} 白 / xeŋ^{13} 文	xueŋ^{42}	xueŋ^{13}	kʰuaŋ^{44}
霍州	kɤ^{35}	kie^{212} 白 / kɤ^{212} 文	xɤ^{35}	xɤ^{35}	xɔ^{35} 白 / xəŋ^{35} 文	xuŋ^{212}	xuŋ^{35}	kʰuaŋ^{53}
翼城	kɤ^{12}	kɤ^{12}	xɤ^{12}	xɤ^{12}	xuA^{12} 白 / xəŋ^{12} 文	xuŋ^{53}	xuŋ^{12}	kʰuɔ^{53}
闻喜	kiE^{53}	kiE^{53}	xi^{13}/xu^{13}/ xɛe^{13}/	xi^{13}/xu^{13}/ xɛe^{13}/	xuE^{13} 白 / xəŋ^{13} 文	xuəŋ^{53}	xuəŋ^{13}	——
侯马	kɤ^{213}	kɤ^{213}	xɤ^{213}	xɤ^{213}	xuɤ^{213} 白 / xuəŋ^{213} 文	xuəŋ^{213}	xuəŋ^{213}	xuɑŋ^{213}
新绛	kie^{53}	kɤ^{44}	xɤ^{13}	xɤ^{13}	xie^{13} 白 / xuəŋ^{13} 文	xuəŋ^{53}	xuəŋ^{13}	kʰuəŋ^{44}
绛县	kɤ^{24}/kei^{31}	kei^{31}	kei^{53} 白 / kɤ^{53} 白 / xɤ^{24} 文	xɑi^{24}	xʌŋ^{24}	xuʌŋ^{31}	xuʌŋ^{31}	kʰuʌŋ^{31}
垣曲	kai^{22}	kɤ^{22}	kɤ^{22}	xai^{22} 白 / xu^{22} 文	xəŋ^{22}	xuəŋ^{22}	xuəŋ^{22}	kʰuəŋ^{53}
夏县	kɤ^{42}	kɤ^{42}	xɯ^{42}	——	xəŋ^{42}	xuəŋ^{53}	xuəŋ^{42}	kʰuəŋ^{31}
万荣	kɤ^{51}	kɤ^{51}	xɤ^{51}	xu^{213}	xuaŋ^{33} 白 / xaŋ^{33} 文	xuaŋ^{51}	xuaŋ^{213}	kʰuaŋ^{33}
稷山	kiɛ^{53}	kɤ^{42}	xi^{53}	xɤ^{13}	xʌŋ^{13}	xuŋ^{53}	xuŋ^{13}	kʰuʌŋ^{42}
盐湖	kɤ^{42}	kɤ^{42}	kɤ^{13}/xɛi^{13}	xɛi^{42}	ɕya^{42} 白 / xəŋ^{13} 文	xuəŋ^{42}	xuəŋ^{13}	kʰuaŋ^{44}/ kʰuaŋ^{53}
临猗	kei^{42} 白 / kɤ^{42} 文	kɤ^{42}	kʰɯ^{13} 白 / xɤ^{13} 文	xai^{42} 白 / xɤ^{13} 文	xuəŋ^{13} 白 / xəŋ^{13} 文	xuəŋ^{42}	xuəŋ^{13}	kʰuɑŋ^{44}
河津	tɕiɛ^{31}/kɤ^{31} 文	kɤ^{31}	xɯ^{324}	xai^{31}	xuəŋ^{44} 文	xuəŋ^{53}	xuəŋ^{324}	kʰuaŋ^{44}
平陆	kə^{31}	kə^{31}	xu^{13} 白 / xai^{13} 白 / xə^{13} 文	xai^{31}	xeŋ^{13}	xoŋ^{31}	xoŋ^{13}	kʰuaŋ^{33}
永济	kei^{31}	kei^{31} 白 / kə^{24} 文	kə^{31} 白 / kʰə^{24} 文	xu^{24}/xai^{24}	xəŋ^{24} 白 / xuŋ^{44} 文	xuŋ^{31}	xuŋ^{24}	kʰuaŋ^{44}
芮城	kɤ^{42}	kɤ^{42}	kʰɯ^{13}	xai^{42}	ɕya^{42} 白 / xuəŋ^{42} 文	xuəŋ^{53}	xuəŋ^{13}	kʰuaŋ^{44}
吉县	kɛ^{423}	kɛ^{423}	kə^{423}	xai^{13}	xuəŋ^{13}	xuəŋ^{33}	xuəŋ^{13}	kʰuəŋ^{33}

续表

字目	隔	革	核~桃，~心	核~对	横~竖	轰	宏	矿
中古音 / 方言点	古核 梗开二 入麦见	古核 梗开二 入麦见	下革 梗开二 入麦匣	下革 梗开二 入麦匣	户盲 梗合二 平庚匣	呼宏 梗合二 平耕晓	户萌 梗合二 平耕匣	古猛 梗合二 上梗见
乡宁	kɤ⁵³	kɤ⁵³	xu¹²	xu¹²	xuəŋ¹² 白 / xəŋ¹² 文	xuəŋ⁵³	xuəŋ¹²	kʰuaŋ²²
广灵	tɕiɤ⁵³ 白 / kɤ⁵³ 文	kɤ⁵³	xɯ³¹/xɛe⁵³	xɯ³¹/xɛe⁵³	xuŋ³¹	xuŋ⁵³	xuŋ³¹	kʰɔ²¹³

字目	横蛮～	划计～	获～得	兵	平	评	坪	盟
中古音 / 方言点	户孟 梗合二 去映匣	胡麦 梗合二 入麦匣	胡麦 梗合二 入麦匣	甫明 梗开三 平庚帮	符兵 梗开三 平庚並	符兵 梗开三 平庚並	符兵 梗开三 平庚並	武兵 梗开三 平庚明
北京	xəŋ^{51}	xua^{51}	xuo^{51}	piŋ^{55}	pʰiŋ^{35}	pʰiŋ^{35}	pʰiŋ^{35}	məŋ^{35}
小店	xəŋ^{24}/xuɑ^{24} 白	xuɑ^{24}	xuaʔ^{1}	piə̃^{11}	pʰiə̃^{11}	pʰiə̃^{11}	pʰi^{11} 白 / pʰiə̃^{11} 文	məŋ^{11}
尖草坪	xʌŋ^{35}	xua^{35}	xuaʔ$^{\underline{43}}$ 白 / xuəʔ$^{\underline{43}}$ 文	piʌŋ^{33}	pʰiʌŋ^{33}	pʰiʌŋ^{33}	pʰiʌŋ^{33}	mʌŋ^{33}
晋源	xəŋ^{35}	xua^{35}	xuaʔ$^{\underline{43}}$	pin^{11}	pʰin^{11}	pʰin^{11}	pʰin^{11}	məŋ^{11}
阳曲	xə̃^{454}	xua^{454}	xuəʔ^{4}	piə̃^{312}	pʰi^{43} 白 / pʰiə̃^{43} 文	pʰiə̃^{43}	pʰi^{43}/pʰiə̃^{43}	mə̃^{43}
古交	xəŋ^{44}	xuaʔ^{4}	xuaʔ^{4}	piəŋ^{44}	pʰi^{44} 白 / pʰiəŋ^{44} 文	pʰiəŋ^{44}	pʰi^{44} 白 / pʰiəŋ^{44} 文	məŋ^{44}
清徐	xəŋ^{45}	xuɒ^{45}	xuəʔ^{1}	piəŋ^{11}	pʰiəŋ^{11}	pʰiəŋ^{11}	pʰiəŋ^{11}	məŋ^{11}
娄烦	xəŋ^{54}	xuɑ̃^{54}	xuaʔ^{3}	piəŋ^{33}	pʰi^{33} 白 / pʰiəŋ^{33} 文	pʰiəŋ^{33}	pʰi^{33} 白 / pʰiəŋ^{33} 文	məŋ^{33}
榆次	xɤ̃^{11}/ɕye^{11}	xuaʔ^{1}	xuaʔ^{1}	piɤ̃^{11}	pʰiɤ̃^{11}/pʰi^{11}	pʰiɤ̃^{11}	pʰiɤ̃^{11}/pʰi^{11}	mɤ̃^{11}
交城	xə̃^{11}	xuɑ^{24}	xuaʔ^{1}	piə̃^{11}	pʰiə̃^{11}	pʰiə̃^{11}	pʰi^{11} 白	mə̃^{11}
文水	ɕya^{22} 白 / xɔŋ^{35} 文	xua^{35}	xuaʔ^{2} 老 / xuəʔ^{2} 新	piɔŋ^{22}	pʰiɔŋ^{22}	pʰiɔŋ^{22}	pʰiɔŋ^{22}	mɔŋ^{22}
祁县	xɔõ^{45}	xua^{45}	xuɑʔ$^{\underline{324}}$	piɔõ^{31}	pʰiɔõ^{31}	pʰiɔõ^{31}	pʰɿ^{31} 白 / pʰiɔõ^{31} 文	mɔõ^{31}
太谷	xə̃^{53}	xuɒ^{53}	xuaʔ$^{\underline{423}}$	piə̃^{33}	pʰiə̃^{33}	pʰiə̃^{33}	pʰiə̃^{33}	mə̃^{33}
平遥	xəŋ^{24}	xuʌʔ$^{\underline{212}}$	xuʌʔ$^{\underline{523}}$	piəŋ^{213}	pʰiəŋ^{213}	pʰiəŋ^{213}	pʰiəŋ^{213}	məŋ^{213}
孝义	ɕya^{33}	xua^{454}	xuaʔ$^{\underline{423}}$	piə̃^{33}	pʰiə̃^{33}	pʰiə̃^{33}	pʰiə̃^{33}	mə̃^{33}
介休	ɕya^{13} 白 / xəŋ^{45} 文	xua^{45}	xuʌʔ$^{\underline{12}}$	pin^{13}	pʰin^{13}	pʰin^{13}	pʰin^{13}	məŋ^{13}
灵石	xəŋ^{53}	xuaʔ^{4}	xuaʔ^{4}	piŋ^{535}	pʰiŋ^{44}	pʰiŋ^{44}	pʰiŋ^{44}	məŋ^{44}
盂县	xə̃^{55}	xuɑ^{55}	xuʌʔ^{2}	piə̃^{412}	pʰi^{22} 白 / pʰiə̃^{22} 文	pʰiə̃^{22}	pʰi^{22}	mə̃^{22}
寿阳	xə̃^{45}	xuɑ^{45}	xuaʔ^{2}	piə̃^{31}	pʰɿ^{22}/pʰiə̃^{22}	pʰiə̃^{22}	pʰɿ^{22}/pʰiə̃^{22}	mə̃^{22}
榆社	xeɪ^{45}	xuaʔ^{2}	xuaʔ^{2}	pieɪ^{22}	pʰieɪ^{22}	pʰieɪ^{22}	pʰieɪ^{22}	meɪ^{22}
离石	ɕyɛ^{44}	xuɑ^{53}	xuɑʔ^{4}	piəŋ^{24}	pʰɿ^{44} 白 / pʰiəŋ^{44} 文	pʰiəŋ^{44}	pʰɿ^{44} 白 / pʰiəŋ^{44} 文	məŋ^{44}
汾阳	xəŋ^{22}	xua^{55}	xuaʔ$^{\underline{312}}$	piẼ^{324}	pʰɿ^{22} 白 / pʰiẼ^{22} 文	pʰiẼ^{22}	pʰiẼ^{22}	məŋ^{22}
中阳	ɕyə^{33}	xuɑ^{53}	xuəʔ^{4}	piə̃^{24}	pʰi^{33} 白 / pʰiə̃^{33} 文	pʰiə̃^{33}	pʰi^{33} 白 / pʰiə̃^{33} 文	mə̃^{33}

续表

字目	横蛮~	划计~	获~得	兵	平	评	坪	盟
中古音 方言点	户孟 梗合二 去映匣	胡麦 梗合二 入麦匣	胡麦 梗合二 入麦匣	甫明 梗开三 平庚帮	符兵 梗开三 平庚並	符兵 梗开三 平庚並	符兵 梗开三 平庚並	武兵 梗开三 平庚明
柳林	ɕyɑ^{44}	xuɑ^{53}	xuɑʔ^{423}	piə̃^{24}	pʰi^{44} 白 / pʰiə̃^{44} 文	pʰiə̃^{44}	pʰi^{44}	mə̃^{44}
方山	xə̃ŋ^{52}	xua^{52}	xuə^{52}	piə̃ŋ^{24}	pʰi^{44} 白 / pʰiə̃ŋ^{44} 文	pʰiə̃ŋ^{44}	pʰi^{44} 白 / pʰiə̃ŋ^{44} 文	mə̃ŋ^{44}
临县	ɕya^{33} 白 / xə̃^{52} 文	xua^{52}	xaʔ^{3}	piə̃^{24}	pʰi^{33}	pʰiə̃^{33}	pʰi^{33}	mə̃^{24}
兴县	xəŋ^{53}	xuᴀ^{53}	xuəʔ^{5}	piəŋ^{324}	pʰi^{55} 白 / pʰiəŋ^{55} 文	pʰiəŋ^{55}	pi^{55}	məŋ^{55}
岚县	xəŋ^{53}	xua^{53}	xuəʔ^{4}	piəŋ^{214}	pʰi^{44} 白 / pʰiəŋ^{44} 文	pʰiəŋ^{44}	pʰi^{44} 白 / pʰiəŋ^{44} 文	məŋ^{44}
静乐	xɤ̃^{33}	xuaʔ$^{\underline{212}}$	xuaʔ^{4}	piɤ̃^{24}	pʰi^{33} 白 / pʰiɤ̃^{33} 文	pʰiɤ̃^{33}	pʰiɤ̃^{33}	mɤ̃^{24}
交口	ɕya^{44}	xua^{53}	xuaʔ^{4}	piəŋ^{323}	pʰiɛ^{44} 白 / pʰiəŋ^{44} 文	pʰiəŋ^{44}	pʰiəŋ^{44}	məŋ^{44}
石楼	xəŋ^{51}	xua^{51}	xuʌʔ^{4}	piəŋ^{213}	pʰiɛ^{44} 白 / pʰiəŋ^{44} 文	pʰiəŋ^{44}	pʰiɛ^{44} 白 / pʰiəŋ^{44} 文	məŋ^{44}
隰县	xəŋ^{44}	xua^{24}	xuaʔ^{3}	piəŋ^{53}	pʰiɛ^{24} 白 / pʰiəŋ^{24} 文	pʰiəŋ^{24}	pʰiɛ^{24} 白 / pʰiəŋ^{24} 文	məŋ^{24}
大宁	xuəŋ^{55}	xuɐʔ$^{\underline{31}}$	xuɐʔ^{4}	piən^{31}	pʰie^{24} 白 / pʰiən^{24} 文	pʰiən^{24}	pʰie^{24} 白 / pʰiən^{24} 文	məŋ^{24}
永和	xəŋ^{312}	xuɐʔ$^{\underline{312}}$	xuəʔ$^{\underline{35}}$	piəŋ^{33}	pʰi^{35} 白 / piəŋ^{35} 文	pʰiəŋ^{35}	pʰie^{35} 白 / piəŋ^{35} 文	məŋ^{35}
汾西	xuəŋ^{53} 白 / xəŋ^{53} 文	xuɪ^{53} 白 / xuɑ^{53} 文	xuɪ^{53} 白	piəŋ^{11}	pʰi^{35} 白 / tʰi^{35} 白 / pʰiəŋ^{35} 文	pʰiəŋ^{35}	pʰiəŋ^{35}/pʰi^{35}	məŋ^{35}
蒲县	xəŋ^{24}	xuʌʔ^{3}	xuəʔ$^{\underline{43}}$	piŋ^{52}	pʰiɛ^{24} 白 / pʰiŋ^{24} 文	pʰiŋ^{24}	pʰiŋ^{24}	məŋ^{24}
潞州	xuŋ^{54}	xua^{54}	xuəʔ$^{\underline{53}}$	piŋ^{312}	pʰiŋ^{24}	pʰiŋ^{24}	pʰiŋ^{24}	məŋ^{24}
上党	xuŋ^{44} 白 / xəŋ^{44} 文	xuɑʔ$^{\underline{21}}$	xuəʔ$^{\underline{21}}$	piŋ^{213}	pʰiŋ^{44}	pʰiŋ^{44}	pʰiŋ^{44}	məŋ^{44}
长子	xəŋ^{53}	xua^{53}	xuəʔ^{4}	piŋ^{312}	pʰiŋ^{24}	pʰiŋ^{24}	pʰiŋ^{24}	məŋ^{24}
屯留	xəŋ^{11} 文	xua^{53}	xuəʔ^{1}	piəŋ^{11}	pʰiəŋ^{11}	pʰiəŋ^{11}	pʰiəŋ^{11}	məŋ^{11}
襄垣	xuəŋ^{53}	xua^{45}	xuʌʔ$^{\underline{43}}$	piəŋ^{33}	pʰiəŋ^{31}	pʰiəŋ^{31}	pʰiəŋ^{31}	məŋ^{31}
黎城	xuəŋ^{53}	xua^{53}	xuɤʔ$^{\underline{31}}$	piəŋ^{33}	pʰiəŋ^{53}	pʰiəŋ^{53}	pʰiəŋ^{53}	məŋ^{53}
平顺	xəŋ^{53}	xuəʔ$^{\underline{423}}$	xuəʔ$^{\underline{423}}$	piŋ^{213}	pʰiŋ^{13}	pʰiŋ^{13}	pʰiŋ^{13}	məŋ^{13}

续表

字目	横蛮～	划计～	获～得	兵	平	评	坪	盟
中古音 / 方言点	户孟 梗合二 去映匣	胡麦 梗合二 入麦匣	胡麦 梗合二 入麦匣	甫明 梗开三 平庚帮	符兵 梗开三 平庚並	符兵 梗开三 平庚並	符兵 梗开三 平庚並	武兵 梗开三 平庚明
壶关	xuŋ^{13}	xuʌʔ$^{\underline{21}}$	xuəʔ$^{\underline{21}}$	piŋ^{33}	pʰiŋ^{44}	pʰiŋ^{44}	pʰiŋ^{44}	məŋ^{13}
沁县	xɑ̃^{53}	xua^{53}	xuaʔ$^{\underline{31}}$	piɑ̃^{224}	pʰiɑ̃^{33}	pʰiɑ̃^{33}	pʰiɑ̃^{33}	mɑ̃^{33}
武乡	xuɐŋ^{55}	xua^{55}	——	piɐŋ^{113}	pʰiɐŋ^{33}	pʰiɐŋ^{33}	pʰiɐŋ^{33}	mɐŋ^{33}
沁源	xɑ̃^{53}	xuɑ^{53}	xuʌʔ^{31}	piɑ̃^{324}	pʰiɑ̃^{33}	pʰiɑ̃^{33}	pʰiɑ̃^{33}	mɑ̃^{33}
安泽	xəŋ^{53}	xua^{53}	xuo^{53}	piəŋ^{21}	pʰiəŋ^{35}	pʰiəŋ^{35}	pʰiəŋ^{35}	məŋ^{35}
沁水端氏	xuai^{24}	xɒ^{24}	xuəʔ^{2} 白 / xuɤ^{53} 文	piŋ^{21}	pʰiŋ^{24}	pʰiŋ^{24}	pʰiŋ^{24}	moŋ^{24}
阳城	xɑ̃ŋ^{51}	xuɑ^{51}	xuʌʔ^{2}	piə̃ĩ^{224}	pʰiə̃ĩ^{22}	pʰiə̃ĩ^{22}	pʰiə̃ĩ^{22}	muoŋ^{22}
高平	xə̃ŋ^{53}	xuɑ^{33}	xuəʔ^{2}	piə̃ŋ^{33}	pʰiə̃ŋ^{33}	pʰiə̃ŋ^{33}	pʰiə̃ŋ^{33}	mə̃ŋ^{33}
陵川	xuəŋ^{24}	xuʌʔ$^{\underline{23}}$	xuʌʔ$^{\underline{23}}$	piŋ^{33}	pʰiŋ^{53}	pʰiŋ^{53}	pʰiŋ^{53}	məŋ^{53}
晋城	xɐ̃^{53}	xuɑ^{53}	xuʌʔ^{2}	piẽ^{33}	pʰiẽ^{213}	pʰiẽ^{324}	pʰiẽ^{324}	moŋ^{324}
忻府	xəŋ^{53}	xuɑ^{53}	xuʌʔ$^{\underline{32}}$	piəŋ^{313}	pʰi^{21} 白 / pʰiəŋ^{21} 文	pʰiəŋ^{21}	pʰiəŋ^{21}	məŋ^{21}
原平	xəŋ^{53}	xuɑ^{53}	xuɔʔ$^{\underline{34}}$	piəŋ^{213}	pʰi^{33} 白 / pʰiəŋ^{33} 文	pʰiəŋ^{33}	pʰiəŋ^{33}	məŋ^{33}
定襄	xuəŋ^{53}	xua^{53}	xuəʔ^{1}	piəŋ^{24}	pʰi^{11}/pʰiəŋ^{11}	pʰiəŋ^{11}	pʰiəŋ^{11}	məŋ^{11}
五台	xən^{33}	xua^{52}	xuəʔ^{3}	piən^{213}	pʰiən^{33}/pʰi^{33}	pʰiən^{33}	pʰiən^{33}/pʰi^{33}	mən^{33}
岢岚	xəŋ^{44}	xua^{52}	xuaʔ^{4}	piəŋ^{13}	pʰiəŋ^{44}	pʰiəŋ^{44}	pʰiəŋ^{44}	məŋ^{44}
五寨	xuəɣ̃^{44}	xua^{44}	xuəʔ^{4}	piəɣ̃^{13}	pʰiəɣ̃^{44}	pʰiəɣ̃^{44}	pʰiəɣ̃^{44}	məɣ̃^{44}
宁武	xɤɯ^{52}	xuA^{52}	xuəʔ^{4}	piɤɯ^{23}	pʰiɤɯ^{33}	pʰiɤɯ^{33}	pʰiɤɯ^{33}	mɤɯ^{33}
神池	xɑ̃^{52}	xuAʔ^{4}	xuAʔ^{4}	piɑ̃^{24}	pʰiɑ̃^{32}	pʰiɑ̃^{32}	pʰiɑ̃^{32}	mɑ̃^{32}
繁峙	xəŋ^{24}	xua^{24}	xuaʔ$^{\underline{13}}$	piəŋ^{53}	pʰiəŋ^{31}	pʰiəŋ^{31}	pʰiəŋ^{31}	məŋ^{31}
代县	xuɤŋ^{44} 白 / xɤŋ^{44} 文	xua^{53}	xuaʔ^{2}	piɤŋ^{213}	pʰiɤŋ^{44}	pʰiɤŋ^{44}	pʰiɤŋ^{44}	mɤŋ^{44}
河曲	xɤŋ^{52}	xua^{52}/xua^{44}	xuaʔ^{4}	piŋ^{213}	pʰiŋ^{44}	pʰiŋ^{44}	pʰiŋ^{44}	mɤŋ^{44}
保德	xəŋ^{44}	xuA^{52}	xuəʔ^{4}	piəŋ^{213}	pʰiəŋ^{44}	pʰiəŋ^{44}	pʰiəŋ^{44}	məŋ^{44}
偏关	xɤŋ^{44}	xua^{52}	xuAʔ^{4}	piɤŋ^{24}	pʰiɤŋ^{44}	pʰiɤŋ^{44}	pʰiɤŋ^{44}	mɤŋ^{44}
朔城	xɑ̃^{53}	——	——	piɑ̃^{312}	pʰiɑ̃^{35}	pʰiɑ̃^{35}	pʰiɑ̃^{35}	mɑ̃^{35}
平鲁	——	xuɑ^{52}	xuʌʔ$^{\underline{34}}$	piəɯ^{213}	pʰiəɯ^{44}	pʰiəɯ^{44}	pʰiəɯ^{44}	məɯ^{44}
应县	xəŋ^{31}	xua^{24}	xuaʔ$^{\underline{43}}$	piəŋ^{43}	pʰiəŋ^{31}	pʰiəŋ^{31}	pʰiəŋ^{31}	məŋ^{31}
灵丘	xuŋ^{53}	xuA^{53}	xuAʔ^{5}	piŋ^{442}	pʰiŋ^{31}	pʰiŋ^{31}	pʰiŋ^{31}	məŋ^{31}
浑源	xɑ̃^{22}	xuA^{22}	xuʌʔ^{4}	piɑ̃^{52}	pʰiɑ̃^{22}	pʰiɑ̃^{22}	pʰiɑ̃^{22}	mɑ̃^{22}

续表

字目	横蛮~	划计~	获~得	兵	平	评	坪	盟
中古音 / 方言点	户孟 梗合二 去映匣	胡麦 梗合二 入麦匣	胡麦 梗合二 入麦匣	甫明 梗开三 平庚帮	符兵 梗开三 平庚並	符兵 梗开三 平庚並	符兵 梗开三 平庚並	武兵 梗开三 平庚明
云州	xəɣ^{312}	xuɑ^{24}	xuɑʔ^{4}	piəɣ^{21}	pʰiəɣ^{312}	pʰiəɣ^{312}	pʰiəɣ^{312}	məɣ^{312}
新荣	sɤɣ^{24}	xuA^{24}	xuaʔ^{4}	piɣ^{32}	pʰiɣ^{312}	pʰiɣ^{312}	pʰiɣ^{312}	mɤɣ^{312}
怀仁	xəŋ^{24}	xua^{24}	xuaʔ^{4}	piəŋ^{42}	pʰiəŋ^{312}	pʰiəŋ^{312}	pʰiəŋ^{312}	məŋ^{312}
左云	xəɣ^{24}	xuaʔ^{4} 白 / xua^{313} 文	xuaʔ^{4}	piəɣ^{31}	pʰiəɣ^{313}	pʰiəɣ^{313}	pʰiəɣ^{313}	məɣ^{313}
右玉	——	xua^{24}	xuaʔ^{4}	piə̃ɣ^{31}	pʰiə̃ɣ^{212}	pʰiə̃ɣ^{212}	pʰiə̃ɣ^{212}	mə̃ɣ^{212}
阳高	xəŋ^{24}	xuɑ^{312}	xuɑʔ^{3}	piəŋ^{31}	pʰiəŋ^{312}	pʰiəŋ^{312}	pʰiəŋ^{312}	məŋ^{312}
山阴	——	xuAʔ^{4}	——	piə̃^{313}	pʰiə̃^{313}	pʰiə̃^{313}	pʰiə̃^{313}	mə̃^{313}
天镇	——	xuɑ^{24}	xuɑʔ^{4}	piɤɣ^{31}	pʰiɤɣ^{22}	pʰiɤɣ^{22}	pʰiɤɣ^{22}	mɤɣ^{22}
平定	xɤŋ^{24}	xuɑ^{24}	xuaʔ^{4}	piəŋ^{31}	pʰiəŋ^{44}	pʰiəŋ^{44}	pʰiəŋ^{44}	məŋ^{44}
昔阳	xuəŋ^{33}/ xəŋ^{33}	xuɑ^{13}	xuʌʔ$^{\underline{43}}$	piəŋ^{42}	pʰiəŋ^{33}	pʰiəŋ^{33}	pʰiəŋ^{33}	məŋ^{33}
左权	kʰɔ^{53} 白 / xəŋ^{11} 文	xuɑʔ^{1}	xuɑʔ^{1}	piəŋ^{31}	pʰiəŋ^{11}	pʰiəŋ^{11}	pʰi^{11} 白 / pʰiəŋ^{11} 文	məŋ^{11}
和顺	xəŋ^{53}	xuɑ^{13}	——	piəŋ^{42}	pʰiəŋ^{22}	piəŋ^{22}	piəŋ^{22}	məŋ^{22}
尧都	xəŋ^{44}	xuɑ^{44}	xuo^{44}	piəŋ^{21}	piɛ^{24} 白 / piəŋ^{24} 文	piɛ^{24} 白 / piəŋ^{24} 文	piəŋ^{24}	məŋ^{24}
洪洞	xeŋ^{53} 文	xuɛ^{33} 白 / xuɑ^{53} 文	xuɛ^{21}	pieŋ^{21}	pʰie^{24} 白 / pʰieŋ^{24} 文	pʰieŋ^{24}	pʰieŋ^{24}	meŋ^{24}
洪洞赵城	xeŋ^{53}	xuɑ^{24}	xuɤ^{53}	pieŋ^{21}	pʰiɛ^{24}	pʰiɛ^{24}	pʰiɛ^{24}	mieŋ^{24}
古县	xuɛ^{53}	xuɑ^{35}	xuɛ^{21}	piŋ^{21}	pʰiɛ^{35} 白 / piŋ^{35} 文	pʰiŋ^{35}	pʰiŋ^{35}	məŋ^{35}
襄汾	xeŋ^{53}	xua^{21}	xuɔ^{21}	pieŋ^{21}	pʰie^{24} 白 / pʰieŋ^{24} 文	pʰieŋ^{24}	pʰieŋ^{24}	meŋ^{24}
浮山	xeŋ^{53}	xua^{42}	xuo^{42}	pieŋ^{42}	pʰiɛ^{13} 白 / pʰieŋ^{13} 文	pʰieŋ^{13}	pʰiɛ^{13} 白 / pʰieŋ^{13} 文	meŋ^{13}
霍州	xəŋ^{53}	xua^{53}	xuɤ^{53}	piŋ^{212}	pʰi^{35} 白 / pʰiŋ^{35} 文	pʰiŋ^{35}	pʰi^{35} 白 / pʰiŋ^{35} 文	məŋ^{35}
翼城	xəŋ^{12}	xuA^{53}	xuɤ^{53}	piŋ^{53}	pʰiŋ^{12}	pʰiŋ^{12}	pʰiŋ^{12}	məŋ^{12}
闻喜	xuE^{13} 白 / xəŋ^{13} 文	——	xui^{13}	piəŋ^{53}	tʰiE^{13} 白 / pʰiəŋ^{13} 文	pʰiəŋ^{13}	tʰiE^{13}/ pʰiəŋ^{13}	pʰəŋ^{23}
侯马	xəŋ^{53}	xuɑ^{53}	xuɤ^{53}	piəŋ^{213}	pʰiəŋ^{213}	pʰiəŋ^{213}	——	məŋ^{213}
新绛	xəŋ^{53}	xuɑ^{53}	xuɤ^{53}	piəŋ^{53}	pʰie^{13} 白 / pʰiəŋ^{13} 文	pʰiəŋ^{13}	pʰiəŋ^{13}	məŋ^{13}

续表

字目 \ 中古音 / 方言点	横蛮~	划计~	获~得	兵	平	评	坪	盟
	户孟 梗合二 去映匣	胡麦 梗合二 入麦匣	胡麦 梗合二 入麦匣	甫明 梗开三 平庚帮	符兵 梗开三 平庚並	符兵 梗开三 平庚並	符兵 梗开三 平庚並	武兵 梗开三 平庚明
绛县	xuʌŋ^{53}	xuɑ^{31}	xuɤ^{31}	piʌŋ^{53}	pʰiɪ^{24}/ pʰiʌŋ^{24}	pʰiʌŋ^{24}	pʰiʌŋ^{24}	mʌŋ^{24}
垣曲	xuəŋ^{53} 白 / xəŋ^{53} 文	xua^{53}	xuo^{53}	piəŋ^{53}	pʰiəŋ^{22}	pʰiəŋ^{22}	pʰiəŋ^{22}	məŋ^{22}
夏县	xəŋ^{31}	xua^{31}	——	piəŋ^{53}	pʰie^{42} 白 / piəŋ^{42} 文	pʰiəŋ^{42}	pʰiəŋ^{42}	məŋ^{42}
万荣	xuaŋ^{33}	xua^{33}	xuɤ^{33}	piaŋ^{51}	pʰiɛ^{213} 白 / pʰiaŋ^{213} 文	pʰiaŋ^{213}	pʰiaŋ^{213}	maŋ^{55}
稷山	xʌŋ^{42}	xuɑ^{53}	xuɤ^{53}	piʌŋ^{53}	pʰiɛ^{13} 白 / pʰiʌŋ^{13} 文	pʰiʌŋ^{13}	pʰiʌŋ^{13}	mʌŋ^{13}
盐湖	xəŋ^{44}	——	xuo^{44}	piŋ^{42}	pʰiŋ^{13}	pʰiŋ^{13}	pʰiŋ^{13}	məŋ^{13}
临猗	xəŋ^{44}	xua^{44}	xuo^{44}	piəŋ^{42}	pʰiɛ^{13} 白 / pʰiəŋ^{13} 文	pʰiəŋ^{13}	pʰiəŋ^{13}	məŋ^{13}
河津	xuəŋ^{44}	xua^{44}	xuɤ^{44}	piəŋ^{31}	pʰiɛ^{324} 白 / pʰiəŋ^{324}	pʰiəŋ^{324}	pʰiəŋ^{324}	məŋ^{53}
平陆	xeŋ^{33}	xua^{33}	xuə^{33}	piŋ^{31}	pʰiŋ^{13}	pʰiŋ^{13}	pʰiŋ^{13}	meŋ^{13}
永济	xəŋ^{24} 白 / xuŋ^{44} 文	xua^{44}	xuo^{44}	piŋ^{31}	pʰie^{24} 白 / pʰiŋ^{24} 文	pʰiŋ^{24}	pʰie^{24} 白 / pʰiŋ^{24} 文	miŋ^{53} 白 / məŋ^{24} 文
芮城	ɕya^{42} 白 / xuəŋ^{42} 文	xua^{42}	xuai^{42}	piəŋ^{42}	pʰiəŋ^{13}	pʰiəŋ^{13}	pʰiəŋ^{13}	məŋ^{53}
吉县	xuəŋ^{33}	——	xu^{33}	piəŋ^{423}	pʰiɛ^{13} 白 / pʰiəŋ^{13} 文	pʰiəŋ^{13}	pʰiɛ^{13}	məŋ^{13}
乡宁	xəŋ^{22}	xua^{22}	xuɤ^{53}	piəŋ^{53}	pʰiᴇ^{12} 白 / pʰiəŋ^{12} 文	pʰiəŋ^{12}	pʰiəŋ^{12}	məŋ^{12}
广灵	xuŋ^{31}	xuɑ^{213}	xuo^{31}	piŋ^{53}	pʰiŋ^{31}	pʰiŋ^{31}	pʰiŋ^{31}	məŋ^{31}

字目	明	鸣	京	荆	惊	卿	迎	英
中古音 / 方言点	武兵 梗开三 平庚明	武兵 梗开三 平庚明	举卿 梗开三 平庚见	举卿 梗开三 平庚见	举卿 梗开三 平庚见	去京 梗开三 平庚溪	语京 梗开三 平庚疑	於惊 梗开三 平庚影
北京	miŋ^{35}	miŋ^{35}	tɕiŋ^{55}	tɕiŋ^{55}	tɕiŋ^{55}	tɕʰiŋ^{55}	iŋ^{35}	iŋ^{55}
小店	mi^{11} 白 / miə̃^{11} 文	miə̃^{11}	tɕiə̃^{11}	tɕiə̃^{11}	tɕiə̃^{11}	tɕʰiə̃^{11}	iə̃^{11}	iə̃^{11}
尖草坪	mi^{33} 白 / miʌŋ^{33} 文	miʌŋ^{33}	tɕiʌŋ^{33}	tɕiʌŋ^{33}	tɕiʌŋ^{33}	tɕʰiʌŋ^{33}	iʌŋ^{33}	iʌŋ^{33}
晋源	min^{11}	min^{11}	tɕin^{11}	tɕin^{11}	tɕin^{11}	tɕʰin^{11}	in^{11}	in^{11}
阳曲	mi^{43} 白 / miə̃^{43} 文	mi^{43} 白 / miə̃^{4} 文	tɕiə̃^{312}	tɕiə̃^{312}	tɕiə̃^{312}	tɕʰiə̃^{312}	iə̃^{43}	iə̃^{312}
古交	mi^{44} 白 / miəŋ^{11} 文	miəŋ^{44}	tɕiəŋ^{44}	tɕiəŋ^{44}	tɕiəŋ^{44}	tɕʰiəŋ^{44}	iəŋ^{44}	iəŋ^{44}
清徐	mi^{11} 白 / miəŋ^{11} 文	miəŋ^{11}	tɕiəŋ^{11}	tɕiəŋ^{11}	tɕiəŋ^{11}	tɕiəŋ^{45}	i^{54} 白 / iəŋ^{11} 文	iəŋ^{11}
娄烦	mi^{33} 白 / miəŋ^{33} 文	miəŋ^{33}	tɕiəŋ^{33}	tɕiəŋ^{33}	tɕiəŋ^{33}	tɕʰiəŋ^{33}	iəŋ^{33}	iəŋ^{33}
榆次	miɤ̃^{11}/mi^{11}	miɤ̃^{11}	tɕiɤ̃^{11}	tɕiɤ̃^{11}	tɕiɤ̃^{11}	tɕʰiɤ̃^{11}	iɤ̃^{11}	iɤ̃^{11}
交城	mi^{11} 白 / miə̃^{11} 文	mi^{11} 白 / miə̃^{11} 文	tɕiə̃^{11}	tɕi^{11} 白 / tɕiə̃^{11} 文	tɕiə̃^{11}	tɕʰiə̃^{11}	iə̃^{11}	iə̃^{11}
文水	mɿ^{22} 白 / miɔŋ^{22} 文	miɔŋ^{22}	tɕiɔŋ^{22}	tɕiɔŋ^{22}	tɕiɔŋ^{22}	tɕʰiɔŋ^{22}	iɔŋ^{22}	iɔŋ^{22}
祁县	mɿ^{31} 白 / miɔõ^{31} 文	mɿ^{31} 白 / miɔõ^{31} 文	tɕiɔõ^{31}	tɕiɔõ^{31}	tɕiɔõ^{31}	tɕʰiɔõ^{31}	iɔõ^{31}	iɔõ^{31}
太谷	mi^{33} 白 / miə̃^{33} 文	mi^{33} 白 / miə̃^{33} 文	tɕiə̃^{33}	tɕiə̃^{33}	tɕiə̃^{33}	tɕʰiə̃^{33}	iə̃^{33}	iə̃^{33}
平遥	mi^{213} 白 / miəŋ^{213} 文	mi^{213}	tɕiəŋ^{213}	tɕiəŋ^{213}	tɕiəŋ^{213}	tɕiəŋ^{213}	iəŋ^{213}	iəŋ^{213}
孝义	miə̃^{33}	miə̃^{33}	tɕiə̃^{33}	ti^{33}	tɕiə̃^{33}	tɕʰiə̃^{33}	iə̃^{33}	iə̃^{33}
介休	mi^{13} 白 / min^{13} 文	min^{13}	tɕin^{13}	tɕin^{13}	tɕin^{13}	tɕʰin^{13}	in^{13}	in^{13}
灵石	miŋ^{44} 白 / mi^{44} 文	miŋ^{44}	tɕiŋ^{535}	tɕiŋ^{535}	tɕiŋ^{535}	tɕʰiŋ^{44}	iŋ^{44}	iŋ^{535}
盂县	mi^{22} 白 / miə̃^{22} 文	miə̃^{22}	tɕiə̃^{412}	tɕi^{412}	tɕi^{412} 白 / tɕiə̃^{412} 文	tɕiə̃^{55}	iə̃^{22}	iə̃^{412}
寿阳	mɿ^{22}/miə̃^{22}	mɿ^{22}/miə̃^{22}	tɕiə̃^{31}	tɕiə̃^{31}	tɕiə̃^{31}	tɕʰiə̃^{31}	iə̃^{22}	iə̃^{31}
榆社	mieɪ^{22}	mieɪ^{22}	tɕieɪ^{22}	tɕieɪ^{22}	tɕieɪ^{22}	tɕʰieɪ^{22}	ieɪ^{22}	ieɪ^{22}
离石	mɿ^{44} 白 / miəŋ^{44} 文	mɿ^{44}	tɕiəŋ^{24}	tɕiəŋ^{24}	tɕiəŋ^{24}	tɕʰiəŋ^{24}	iəŋ^{44}	iəŋ^{24}

续表

字目	明	鸣	京	荆	惊	卿	迎	英
中古音／方言点	武兵 梗开三 平庚明	武兵 梗开三 平庚明	举卿 梗开三 平庚见	举卿 梗开三 平庚见	举卿 梗开三 平庚见	去京 梗开三 平庚溪	语京 梗开三 平庚疑	於惊 梗开三 平庚影
汾阳	mɿ^{22}白/ miẼ^{22}文	miẼ^{22}	tɕiẼ^{324}	tɕiẼ^{324}	tɕiẼ^{324}	tɕʰiẼ^{324}	iẼ^{22}	iẼ^{324}
中阳	mi^{33}白/ miə̃^{33}文	mi^{33}	tɕiə̃^{24}	tɕiə̃^{24}	tɕiə̃^{24}	tɕʰiə̃^{24}	iə̃^{33}	iə̃^{24}
柳林	mi^{44}白/ miə̃^{44}文	miə̃^{44}	tɕiə̃^{24}	tɕiə̃^{24}	tɕiə̃^{24}	tɕʰiə̃^{24}	iə̃^{44}	iə̃^{24}
方山	mi^{44}白/ miə̃ŋ^{44}文	miə̃ŋ^{44}	tɕiə̃ŋ^{24}	tɕiə̃ŋ^{24}	tɕiə̃ŋ^{24}	tɕʰiə̃ŋ^{24}	iə̃ŋ^{44}	iə̃ŋ^{24}
临县	miə̃^{33}	miə̃^{33}	tɕiə̃^{24}	tɕiə̃^{24}	tɕiə̃^{24}	tɕʰiə̃^{24}	iə̃^{33}	iə̃^{24}
兴县	mi^{55}/mi^{53}白/ miəŋ^{55}文	mi^{55}白/ miəŋ^{55}文	tɕiəŋ^{324}	tɕiəŋ^{324}	tɕiəŋ^{324}	tɕʰiəŋ^{324}	iəŋ^{55}	iəŋ^{324}
岚县	mi^{44}白/ miəŋ^{44}文	miəŋ^{44}	tɕiəŋ^{214}	tɕi^{214}白/ tɕiəŋ^{214}文	tɕiəŋ^{214}	tɕʰiəŋ^{44}	iəŋ^{44}	iəŋ^{214}
静乐	miɤ̃^{33}	miɤ̃^{33}	tɕiɤ̃^{24}	tɕiɤ̃^{24}	tɕiɤ̃^{24}	tɕʰiɤ̃^{24}	iɤ̃^{24}	iɤ̃^{24}
交口	miɛ^{44}白/ miəŋ^{44}文	miəŋ^{44}	tɕiəŋ^{323}	tɕiəŋ^{323}	tɕiɛ^{323}白/ tɕiəŋ^{323}文	tɕʰiəŋ^{323}	ȵiəŋ^{44}/iəŋ^{44}	iəŋ^{323}
石楼	miɛ^{44}白/ miəŋ^{44}文	miəŋ^{44}	tɕiəŋ^{213}	tɕiəŋ^{213}	tɕiəŋ^{213}	tɕʰiəŋ^{213}	iəŋ^{44}	iəŋ^{213}
隰县	miɛ^{24}白/ miəŋ^{24}文	miɛ^{24}白/ miəŋ^{24}文	tɕiəŋ^{53}	tɕiəŋ^{53}	tɕiɛ^{53}白/ tɕiəŋ^{53}文	tɕʰiəŋ^{53}	iəŋ^{24}	iəŋ^{53}
大宁	mie^{24}白/ miən^{24}文	mie^{24}白/ miən^{24}文	tɕiən^{31}	tɕiən^{31}	tɕie^{31}白/ tɕiən^{31}文	tɕʰiən^{31}	ȵie^{55}白/ iən^{24}文	iən^{31}
永和	mie^{35}白/ miəŋ^{35}文	miəŋ^{35}	tɕiəŋ^{33}	tɕiəŋ^{33}	tɕie^{33}白/ tɕiəŋ^{33}文	tɕʰiəŋ^{33}	iəŋ^{35}	iəŋ^{33}
汾西	mi^{35}白/ miəŋ^{35}文	miəŋ^{35}	tɕiəŋ^{11}	tɕi^{11}白/ tɕiəŋ^{11}文	tɕi^{11}白/ tɕiəŋ^{11}文	tɕʰiəŋ^{55}	iəŋ^{35}/ni^{35}	iəŋ^{11}
蒲县	miɛ^{24}白/ miŋ^{24}文	miŋ^{24}	tɕiŋ^{52}	tɕiŋ^{52}	tɕiŋ^{52}	tɕʰiŋ^{52}	iŋ^{24}	iŋ^{52}
潞州	mi^{24}白/ miŋ^{24}文	miŋ^{24}	tɕiŋ^{312}	tɕiŋ^{312}	tɕiŋ^{312}	tɕʰiŋ^{312}	iŋ^{24}	iŋ^{312}
上党	miŋ^{213}	miŋ^{213}	tɕiŋ^{213}	tɕiŋ^{213}	tɕiŋ^{213}	tɕʰiŋ^{213}	iŋ^{44}	iŋ^{213}
长子	miŋ^{24}	miŋ^{24}	tɕiŋ^{312}	tɕiŋ^{312}	tɕiŋ^{312}	tɕʰiŋ^{312}	iŋ^{24}	iŋ^{312}
屯留	miəŋ^{11}	miəŋ^{11}	tɕiəŋ^{31}	tɕiəŋ^{31}	tɕiəŋ^{31}	tɕʰiəŋ^{31}	iəŋ^{11}	iəŋ^{31}
襄垣	miəŋ^{31}	miəŋ^{31}	tɕiəŋ^{33}	tɕiəŋ^{33}	tɕiəŋ^{33}	tɕʰiəŋ^{33}	iəŋ^{31}	iəŋ^{33}
黎城	miəŋ^{53}	miəŋ^{53}	ciəŋ^{33}	ciəŋ^{33}	ciəŋ^{33}	cʰiəŋ^{33}	iəŋ^{53}	iəŋ^{33}

续表

字目	明	鸣	京	荆	惊	卿	迎	英
中古音 方言点	武兵 梗开三 平庚明	武兵 梗开三 平庚明	举卿 梗开三 平庚见	举卿 梗开三 平庚见	举卿 梗开三 平庚见	去京 梗开三 平庚溪	语京 梗开三 平庚疑	於惊 梗开三 平庚影
平顺	miŋ^{13}	miŋ^{13}	ciŋ^{213}	ciŋ^{213}	ciŋ^{213}	cʰiŋ^{213}	iŋ^{13}	iŋ^{213}
壶关	miŋ^{13}	miŋ^{13}	ciŋ^{33}	ciŋ^{33}	ciŋ^{33}	cʰiŋ^{33}	iŋ^{13}	iŋ^{33}
沁县	miə̃^{33}	miə̃^{33}	tɕiə̃^{224}	tɕiə̃^{224}	tɕiə̃^{224}	tɕʰiə̃^{224}	iə̃^{33}	iə̃^{224}
武乡	miɐŋ^{33}	miɐŋ^{33}	tɕiɐŋ^{113}	tɕiɐŋ^{113}	tɕiɐŋ^{113}	tɕʰiɐŋ^{113}	iɐŋ^{33}	iɐŋ^{33}
沁源	mi^{33} 白 / miə̃^{33} 文	miə̃^{33}	tɕiə̃^{324}	tɕiə̃^{324}	tɕiə̃^{324}	tɕʰiə̃^{324}	iə̃^{33}	iə̃^{324}
安泽	miəŋ^{35}	miəŋ^{35}	tɕiəŋ^{21}	tɕiɛ^{21} 白 / tɕiəŋ^{21} 文	tɕiəŋ^{21}	tɕʰiəŋ^{21}	iəŋ^{35}	iəŋ^{21}
沁水端氏	miŋ^{24}	miŋ^{24}	tɕiŋ^{21}	tɕiŋ^{21}	tɕiŋ^{21}	tɕʰiŋ^{21}	iŋ^{24}	iŋ^{21}
阳城	mo^{51} 白 / miə̃ĩ^{22} 文	miə̃ĩ^{22}	ciə̃ĩ^{224}	ciə̃ĩ^{224}	ciə̃ĩ^{224}	cʰiə̃ĩ^{224}	iə̃ĩ^{22}	iə̃ĩ^{22}
高平	miə̃ŋ^{33}	miə̃ŋ^{33}	ciə̃ŋ^{33}	ciə̃ŋ^{33}	ciə̃ŋ^{33}	cʰiə̃ŋ^{212}	iə̃ŋ^{33}	iə̃ŋ^{33}
陵川	miŋ^{53}	miŋ^{53}	ciŋ^{33}	ciŋ^{33}	ciŋ^{33}	cʰiŋ^{33}	iŋ^{53}	iŋ^{33}
晋城	mi^{324}	mi^{324}	tɕiẽ^{33}	tɕiẽ^{33}	tɕiẽ^{33}	tɕʰiẽ^{33}	iẽ^{324}	iẽ^{33}
忻府	mi^{21} 白 / miəŋ^{21} 文	mi^{21} 白 / miəŋ^{21} 文	tɕiəŋ^{313}	tɕiəŋ^{313}	tɕiəŋ^{313}	tɕʰiəŋ^{313}	iəŋ^{21}	iəŋ^{313}
原平	mi^{33} 白 / miəŋ^{33} 文	miəŋ^{33}	tɕiəŋ^{213}	tɕiəŋ^{213}	tɕi^{213} 白 / tɕiəŋ^{213} 文	tɕʰiəŋ^{213}	iəŋ^{33}	iəŋ^{213}
定襄	mi^{11}/miəŋ^{11}	miəŋ^{11}	tɕiəŋ^{24}	tɕiəŋ^{24}	tɕiəŋ^{24}	tɕʰiəŋ^{24}	iəŋ^{11}	iəŋ^{11}
五台	miən^{33}/mi^{33}	miən^{33}	tɕiən^{213}	tɕiən^{213}	tɕiən^{213}/ tɕi^{213}	tɕʰiən^{213}	iən^{33}	iən^{213}
岢岚	miəŋ^{44}	miəŋ^{44}	tɕiəŋ^{13}	tɕiəŋ^{13}	tɕiəŋ^{13}	tɕʰiəŋ^{44}	iəŋ^{44}	iəŋ^{13}
五寨	miəɣ̃^{44}	miəɣ̃^{44}	tɕiəɣ̃^{13}	tɕiəɣ̃^{13}	tɕiəɣ̃^{13}	tɕʰiəɣ̃^{44}	iəɣ̃^{44}	iəɣ̃^{13}
宁武	miɤɯ^{33}	miɤɯ^{33}	tɕiɤɯ^{23}	tɕiɤɯ^{23}	tɕiɤɯ^{23}	tɕiɤɯ^{23}	iɤɯ^{33}	iɤɯ^{23}
神池	miə̃^{32}	miə̃^{32}	tɕiə̃^{24}	tɕiə̃^{24}	tɕiə̃^{24}	tcʰiə̃^{24}	iə̃^{32}	iə̃^{24}
繁峙	miəŋ^{31}	miəŋ^{31}	tɕiəŋ^{53}	tɕiəŋ^{53}	tɕiəŋ^{53}	tɕʰiəŋ^{53}	iəŋ^{31}	iəŋ^{53}
代县	miɤŋ^{44}	miɤŋ^{44}	tɕiɤŋ^{213}	tɕiɤŋ^{213}	tɕiɤŋ^{213}	tɕʰiɤŋ^{213}	iɤŋ^{44}	iɤŋ^{213}
河曲	miŋ^{44}	miŋ^{44}	tɕiŋ^{213}	tɕiŋ^{213}	tɕiŋ^{213}	tɕʰiŋ^{213}	iŋ^{44}	iŋ^{213}
保德	miəŋ^{44}	miəŋ^{44}	tɕiəŋ^{213}	tɕiəŋ^{213}	tɕiəŋ^{213}	tɕʰiəŋ^{213}	iəŋ^{44}	iəŋ^{213}
偏关	miɤŋ^{44}	miɤŋ^{44}	tɕiɤŋ^{24}	tɕiɤŋ^{24}	tɕiɤŋ^{24}	tɕʰiɤŋ^{24}	iɤŋ^{44}	iɤŋ^{24}
朔城	miə̃^{35}	miə̃^{35}	tɕiə̃^{312}	tɕiə̃^{312}	tɕiə̃^{312}	tɕʰiə̃^{312}	iə̃^{35}	iə̃^{312}
平鲁	miəɯ^{44}	miəɯ^{44}	tɕiəɯ^{213}	tɕiəɯ^{213}	tɕiəɯ^{213}	——	iəɯ^{44}	iəɯ^{213}

续表

字目 中古音 方言点	明	鸣	京	荆	惊	卿	迎	英
	武兵 梗开三 平庚明	武兵 梗开三 平庚明	举卿 梗开三 平庚见	举卿 梗开三 平庚见	举卿 梗开三 平庚见	去京 梗开三 平庚溪	语京 梗开三 平庚疑	於惊 梗开三 平庚影
应县	miəŋ^{54}	miəŋ^{31}	tɕiəŋ^{43}	tɕiəŋ^{43}	tɕiəŋ^{43}	tɕʰiəŋ^{43}	iəŋ^{31}	iəŋ^{43}
灵丘	miŋ^{31}	miŋ^{31}	tɕiŋ^{442}	tɕiŋ^{442}	tɕiŋ^{442}	tɕʰiŋ^{442}	iŋ^{31}	iŋ^{442}
浑源	miə̃^{22}	miə̃^{22}	tɕiə̃^{52}	tɕiə̃^{52}	tɕiə̃^{52}/tsəʔ^{4}	tɕʰiə̃^{52}	iə̃^{22}	iə̃^{52}
云州	miəɣ^{312}	miəɣ^{312}	tɕiəɣ^{21}	tɕiəɣ^{21}	tɕiəɣ^{21}	tɕʰiəɣ^{21}	iəɣ^{312}	iəɣ^{21}
新荣	miɣ^{312}	miɣ^{312}	tɕiɣ^{32}	tɕiɣ^{32}	tɕiɣ^{32}	tɕʰiɣ^{32}	iɣ^{312}	iɣ^{32}
怀仁	miəŋ^{312}	miəŋ^{312}	tɕiəŋ^{42}	tɕiəŋ^{42}	tɕiəŋ^{42}	tɕʰiəŋ^{42}	iəŋ^{312}	iəŋ^{42}
左云	miəɣ^{313}	miəɣ^{313}	tɕiəɣ^{31}	tɕiəɣ^{31}	tɕiəɣ^{31}	tɕʰiəɣ^{31}	iəɣ^{313}	iəɣ^{31}
右玉	miə̃ɣ^{212}	miə̃ɣ^{212}	tɕiə̃ɣ^{31}	tɕiə̃ɣ^{31}	tɕiə̃ɣ^{31}	tʰɕiə̃ɣ^{31}	iə̃ɣ^{212}	iə̃ɣ^{31}
阳高	miəŋ^{312}	miəŋ^{312}	tɕiəŋ^{31}	tɕiəŋ^{31}	tɕiəŋ^{31}	tɕʰiəŋ^{31}	iəŋ^{312}	iəŋ^{31}
山阴	miə̃^{313}	miə̃^{313}	tɕiə̃^{313}	tɕiə̃^{313}	tɕʌr^{313}	——	iə̃^{313}/niə̃^{313}	iə̃^{313}
天镇	miɤɣ^{22}	miɤɣ^{22}	tɕiɤɣ^{31}	tɕiɤɣ^{31}	tɕiɤɣ^{31}	tɕʰiɤɣ^{31}	iɤɣ^{22}	iɤɣ^{31}
平定	mi^{44} 白 / miəŋ^{44} 文	miəŋ^{44}	tɕiəŋ^{31}	tɕiəŋ^{31}	tɕiəŋ^{31}	tɕʰiəŋ^{44}	iəŋ^{44}	iəŋ^{31}
昔阳	miəŋ^{33}	miəŋ^{33}	tɕiəŋ^{42}	tɕiəŋ^{42}	tɕiəŋ^{42}	tɕʰiəŋ^{42}	iəŋ^{33}	iəŋ^{42}
左权	mi^{11} 白 / miəŋ^{11} 文	miəŋ^{11}	tɕiəŋ^{31}	tɕiəŋ^{31}	tɕiəŋ^{31}	tɕʰiəŋ^{31}	iəŋ^{11}	iəŋ^{31}
和顺	mi^{22} 白 / miəŋ^{22} 文	miəŋ^{22}	tɕiəŋ^{42}	tɕiəŋ^{42}	tɕiəŋ^{42}	tɕʰiəŋ^{42}	iəŋ^{22}	iəŋ^{22}
尧都	miɛ^{24} 白 / miəŋ^{24} 文	miəŋ^{24}	tɕiəŋ^{21}	tɕiɛ^{21} 白 / tɕiəŋ^{21} 文	tɕiəŋ^{21}	tɕʰiəŋ^{21}	iəŋ^{24}	iəŋ^{21}
洪洞	mie^{24} 白 / mieŋ^{24} 文	mieŋ^{24}	tɕieŋ^{21}	tɕie^{21} 白 / tɕieŋ^{21} 文	tɕieŋ^{21}	tɕʰieŋ^{33}	ieŋ^{24}	ieŋ^{21}
洪洞赵城	miɛ^{24} 白 / mieŋ^{24} 文	miɛ^{24} 白 / mieŋ^{24} 文	tɕieŋ^{21}	tɕiɛ^{21}	tɕieŋ^{21}	tɕʰieŋ^{21}	ieŋ^{24}	ieŋ^{21}
古县	miɛ^{35} 白 / miŋ^{35} 文	miŋ^{35}	tɕiŋ^{21}	tɕiɛ^{21} 白 / tɕiŋ^{21} 文	tɕiŋ^{21}	tɕiŋ^{21}	iŋ^{35}	iŋ^{21}
襄汾	mie^{24} 白 / mieŋ^{24} 文	mieŋ^{24}	tɕieŋ^{21}	tɕie^{21} 白 / tɕieŋ^{21} 文	tɕieŋ^{21}	tɕʰieŋ^{21}	ieŋ^{24}	ieŋ^{21}
浮山	miɛ^{13} 白	mieŋ^{13}	tɕieŋ^{42}	tɕiɛ^{42} 白 / tɕieŋ^{42} 文	tɕieŋ^{42}	tɕʰieŋ^{42}	ieŋ^{13}	ieŋ^{42}
霍州	mi^{35} 白 / miŋ^{35} 文	miŋ^{35}	tɕiŋ^{212}	tɕiŋ^{212}	tɕiŋ^{212}	tɕʰiŋ^{212}	iŋ^{35}	iŋ^{212}
翼城	miŋ^{12}	miᴇ^{12} 白 / miŋ^{12} 文	tɕiŋ^{53}	tɕiŋ^{53}	tɕiᴇ^{53} 白 / tɕiŋ^{53} 文	tɕʰiŋ^{53}	iŋ^{12}	iŋ^{53}

续表

字目	明	鸣	京	荆	惊	卿	迎	英
中古音 方言点	武兵 梗开三 平庚明	武兵 梗开三 平庚明	举卿 梗开三 平庚见	举卿 梗开三 平庚见	举卿 梗开三 平庚见	去京 梗开三 平庚溪	语京 梗开三 平庚疑	於惊 梗开三 平庚影
闻喜	liᴇ^{13} 白 / miəŋ^{13} 文	miəŋ^{13}	tɕiəŋ^{53}	tɕiəŋ^{53}	tɕiəŋ^{53}	tɕʰiəŋ^{53}	iəŋ^{13}/ ȵiəŋ^{13}	iəŋ^{53}
侯马	miɛ^{213} 白 / miəŋ^{213} 文	miəŋ^{213}	tɕiəŋ^{213}	tɕiəŋ^{213}	tɕiəŋ^{213}	tɕʰiəŋ^{213}	iɤ^{213} 白 / iəŋ^{213} 文	iəŋ^{213}
新绛	mie^{13}	miəŋ^{13}	tɕiəŋ^{53}	tɕiəŋ^{53}	tɕiɛ̃^{53}/tɕiəŋ^{53}	tɕʰiəŋ^{53}	iəŋ^{13}	iəŋ^{53}
绛县	miʌŋ^{24}	miɪ^{24}/ miʌŋ^{24}	tɕiʌŋ^{53}	tɕiʌŋ^{33}	tɕiʌŋ^{53}	tɕʰiʌŋ^{53}	iʌŋ^{24}	iʌŋ^{53}
垣曲	miɛ^{22} 白 / miəŋ^{22} 文	miəŋ^{22}	tɕiəŋ^{22}	tɕiəŋ^{22}	tɕiəŋ^{22}	tɕʰiəŋ^{22}	iəŋ^{22}	iəŋ^{22}
夏县	miɛ^{42} 白 / miəŋ^{42} 文	miɛ^{42} 白 / miəŋ^{42} 文	tɕiəŋ^{53}	tɕiəŋ^{53}	tɕiəŋ^{53}	tɕʰiəŋ^{53}	iəŋ^{42}	iəŋ^{53}
万荣	miɛ^{213} 白 / miaŋ^{213} 文	miɛ^{213} 白 / miaŋ^{213} 文	tɕiaŋ^{51}	tɕiɛ^{51} 白 / tɕiaŋ^{51} 文	tɕiɛ^{51} 白 / tɕiaŋ^{51} 文	tɕʰiaŋ^{51}	iaŋ^{213}	iaŋ^{51}
稷山	miɛ^{13} 白 / miʌŋ^{13} 文	miʌŋ^{13}	tɕiʌŋ^{53}	tɕiʌŋ^{44}	tɕiɛ^{53} 白 / tɕiʌŋ^{53} 文	tɕʰiʌŋ^{53}	iʌŋ^{13}	iʌŋ^{53}
盐湖	mie^{13} 白 / miŋ^{13} 文	miŋ^{13}	tɕiŋ^{42}	tɕiŋ^{42}	tɕie^{42} 白 / tɕiŋ^{42} 文	tɕʰiŋ^{42}	iŋ^{13}	iŋ^{42}
临猗	mie^{13} 白 / miəŋ^{13} 文	miəŋ^{13}	tɕiəŋ^{42}	tɕiəŋ^{42}	tɕie^{42} 白 / tɕiəŋ^{42} 文	tɕʰiəŋ^{42}	ȵie^{13} 白 / iəŋ^{13} 文	iəŋ^{42}
河津	mie^{324} 白 / miəŋ^{324} 文	mie^{324} 白 / miəŋ^{53} 文	tɕiəŋ^{31}	tɕiəŋ^{31}	tɕie^{31} 白 / tɕiəŋ^{31} 文	tɕʰiəŋ^{31}/ tɕʰiəŋ^{53} 文	iəŋ^{324}	iəŋ^{31}
平陆	mie^{13} 白 / miŋ^{13} 文	mie^{13} 白 / miŋ^{13} 文	tɕiŋ^{31}	tɕiŋ^{31}	tɕie^{31} 白 / tɕiŋ^{31} 文	tɕʰiŋ^{31}	iŋ^{13}	iŋ^{31}
永济	mie^{24} 白 / miŋ^{24} 文	mie^{24} 白 / miŋ^{24} 文	tɕiŋ^{31}	tɕiŋ^{31}	tɕie^{31} 白 / tɕiŋ^{31} 文	tɕʰiŋ^{31}	ȵiɛ^{24} 白 / iŋ^{24} 文	iŋ^{31}
芮城	miɛ^{13} 白 / miəŋ^{13} 文	miəŋ^{13}	tɕiəŋ^{42}	tɕiəŋ^{42}	tɕie^{42} 白 / tɕiəŋ^{42} 文	tɕʰiəŋ^{42}	iəŋ^{13}	iəŋ^{42}
吉县	miɛ^{13} 白 / miəŋ^{13} 文	miəŋ^{13}	tɕiəŋ^{423}	tɕiəŋ^{423}	tɕiəŋ^{423}	tɕʰiəŋ^{423}	niɛ^{13} 白 / iəŋ^{13} 文	iəŋ^{423}
乡宁	miᴇ^{12} 白 / miəŋ^{12} 文	miᴇ^{12} 白 / miəŋ^{12} 文	tɕiəŋ^{53}	tɕiᴇ^{53} 白 / tɕiəŋ^{53} 文	tɕiᴇ^{53} 白 / tɕiəŋ^{53} 文	tɕʰiəŋ^{53}	iəŋ^{12}	iəŋ^{53}
广灵	miŋ^{31}	miŋ^{31}	tɕiŋ^{53}	tɕiŋ^{53}	tɕiŋ^{53}	tɕʰiŋ^{53}	iŋ^{31}	iŋ^{53}

字目	名	精	晶	睛	清	情	晴	贞
中古音 / 方言点	武并 梗开三 平清明	子盈 梗开三 平清精	子盈 梗开三 平清精	子盈 梗开三 平清精	七情 梗开三 平清清	疾盈 梗开三 平清从	疾盈 梗开三 平清从	陟盈 梗开三 平清知
北京	miŋ^{35}	tɕiŋ^{55}	tɕiŋ^{55}	tɕiŋ^{55}	tɕʰiŋ^{55}	tɕʰiŋ^{35}	tɕʰiŋ^{35}	tʂən^{55}
小店	mi^{11}白/ miə̃^{11}文	tɕi^{11}白/ tɕiə̃^{11}文	tɕiə̃^{11}	tɕiə̃^{11}	tɕʰi^{11}白/ tɕʰiə̃^{11}文	tɕʰiə̃^{11}	tɕʰi^{11}白/ tɕʰiə̃^{11}文	tsəŋ^{11}
尖草坪	mi^{33}白/ miʌŋ^{33}文	tɕi^{33}白/ tɕiʌŋ^{33}文	tɕiʌŋ^{33}	tɕiʌŋ^{33}	tɕʰi^{33}白/ tɕʰiʌŋ^{33}文	tɕʰiʌŋ^{33}	tɕʰi^{33}白/ tɕʰiʌŋ^{33}文	tsʌŋ^{33}
晋源	min^{11}	tɕin^{11}	tɕin^{11}	tɕi^{11}	tɕʰin^{11}	tɕʰin^{11}	tɕʰi^{11}	tsəŋ^{11}
阳曲	miə̃^{43}	tɕi^{312}白/ tɕiə̃^{312}文	tɕiə̃^{312}	tɕi^{312}白/ tɕiə̃^{312}文	tɕʰi^{312}白/ tɕʰiə̃^{312}文	tɕʰiə̃^{43}	tɕʰi^{43}白/ tɕʰiə̃^{43}文	tsə̃^{312}
古交	mi^{44}白/ miəŋ^{44}文	tɕi^{44}白/ tɕiəŋ^{44}文	tɕiəŋ^{44}	tɕiəŋ^{44}	tɕʰi^{44}白/ tɕʰiəŋ^{44}文	tɕʰiəŋ^{44}	tɕʰi^{44}白/ tɕʰiəŋ^{44}文	tsəŋ^{44}
清徐	mi^{11}白/ miəŋ^{11}文	tɕi^{11}白/ tɕiəŋ^{11}文	tɕi^{11}白/ tɕiəŋ^{11}文	tɕi^{11}白/ tɕiəŋ^{11}文	tɕʰi^{11}白/ tɕʰiəŋ^{11}文	tɕʰiəŋ^{11}	tɕʰi^{11}白/ tɕʰiəŋ^{11}文	tsəŋ^{11}
娄烦	miəŋ^{33}	tɕi^{33}白/ tɕiəŋ^{33}文	tɕiəŋ^{33}	tɕi^{33}	tɕʰi^{33}白/ tɕʰiəŋ^{33}文	tɕʰiəŋ^{33}	tɕʰi^{33}白/ tɕʰiəŋ^{33}文	tsəŋ^{33}
榆次	miɤ̃^{11}/mi^{11}	tɕiɤ̃^{11}/tɕi^{11}	tɕiɤ̃^{11}	tɕiɤ̃^{11}/tɕi^{11}	tɕʰiɤ̃^{11}/tɕʰi^{11}	tɕʰiɤ̃^{11}	tɕʰiɤ̃^{11}/tɕʰi^{11}	tsɤ̃^{11}
交城	mi^{11}白/ miə̃^{11}文	tɕi^{11}白/ tɕiə̃^{11}文	tɕiə̃^{11}	tɕi^{11}白/ tɕiə̃^{11}文	tɕʰiə̃^{11}	tɕʰiə̃^{11}	tɕi^{11}白/ tɕʰiə̃^{11}文	tsə̃^{11}
文水	mɿ^{22}白/ miɔŋ^{22}文	tsɿ^{22}白/ tɕiɔŋ^{22}文	tɕiɔŋ^{22}	tsɿ^{22}白/ tɕiɔŋ^{22}文	tɕʰiɔŋ^{22}	tɕʰiɔŋ^{22}	tsɿ^{22}白/ tɕiɔŋ^{22}文	tsɔŋ^{22}
祁县	mɿ^{31}白/ miɔɔ̃^{31}文	tsɿ^{31}白/ tɕiɔɔ̃^{31}文	tɕiɔɔ̃^{31}	tsɿ^{31}白/ tɕiɔɔ̃^{31}文	tsʰɿ^{31}白/ tɕʰiɔɔ̃^{31}文	tɕʰiɔɔ̃^{31}	tɕʰiɔɔ̃^{31}	tʂɔɔ̃^{31}
太谷	miə̃^{33}	tɕi^{33}白/ tɕiə̃^{33}文	tɕiə̃^{33}	tɕi^{33}白/ tɕiə̃^{33}文	tɕʰi^{33}白/ tɕʰiə̃^{33}文	tɕʰiə̃^{33}	tɕi^{33}白/ tɕʰiə̃^{33}文	tsə̃^{33}
平遥	mi^{213}白/ miəŋ^{213}文	tsei^{213}白/ tɕiəŋ^{213}文	tɕiəŋ^{213}	tɕiəŋ^{213}	tsʰei^{213}白/ tɕʰiəŋ^{213}文	tɕʰiəŋ^{213}	tɕʰiəŋ^{213}	tʂəŋ^{213}
孝义	mi^{454}	tɕiə̃^{33}	tɕiə̃^{33}	tɕiə̃^{33}	tɕʰiə̃^{33}	tɕʰiə̃^{33}	tɕi^{33}白/ tɕʰiə̃^{33}文	tʂə̃^{33}
介休	mi^{13}白/ min^{13}文	tɕin^{13}	tɕin^{13}	tsei^{13}白/ tɕin^{13}文	tsʰei^{13}白/ tɕʰin^{13}文	tɕʰin^{13}	tsei^{13}白/ tɕʰin^{13}文	tʂəŋ^{13}
灵石	mi^{44}/miŋ^{44}	tɕi^{535}/tɕiŋ^{535}	tɕiŋ^{535}	tɕiŋ^{535}	tɕʰiŋ^{535}	tɕʰiŋ^{44}	tɕʰiŋ^{44}	tsəŋ^{535}
盂县	miə̃^{22}	tɕi^{412}白/ tɕiə̃^{412}文	tɕiə̃^{412}	tɕi^{412}白/ tɕiə̃^{412}文	tɕʰi^{412}白/ tɕʰiə̃^{412}文	tɕʰiə̃^{22}	tɕʰi^{22}白/ tɕʰiə̃^{22}文	tsə̃^{412}
寿阳	miə̃^{22}	tɕiə̃^{31}	tɕiə̃^{31}	tsɿ^{31}/tɕiə̃^{31}	tsʰɿ^{31}/tɕʰiə̃^{31}	tɕʰiə̃^{22}	tsʰɿ^{22}/tɕʰiə̃^{22}	tsə̃^{31}
榆社	mieɪ^{22}	tɕieɪ^{22}	tɕieɪ^{22}	tɕieɪ^{22}	tɕʰieɪ^{22}	tɕʰieɪ^{22}	tɕʰieɪ^{22}	tsɛɪ^{22}
离石	mɿ^{44}白/ miəŋ^{44}文	tsɿ^{24}白/ tɕiəŋ^{24}文	tɕiəŋ^{24}	tsɿ^{24}	tsʰɿ^{24}白/ tɕʰiəŋ^{24}文	tɕʰiəŋ^{44}	tɕʰiəŋ^{44}	tsəŋ^{24}

续表

字目	名	精	晶	睛	清	情	晴	贞
中古音 / 方言点	武并 梗开三 平清明	子盈 梗开三 平清精	子盈 梗开三 平清精	子盈 梗开三 平清精	七情 梗开三 平清清	疾盈 梗开三 平清从	疾盈 梗开三 平清从	陟盈 梗开三 平清知
汾阳	miẼ^{22}	tsʅ^{22} 白 / tɕiẼ^{22} 文	tɕiẼ^{324}	tɕiẼ^{324}	tsʰʅ^{324} 白 / tɕʰiẼ^{324} 文	tɕʰiẼ^{22}	tɕʰiẼ^{22}	tʂəŋ^{324}
中阳	mi^{33} 白 / miə̃^{33} 文	tɕi^{24} 白 / tɕiə̃^{24} 文	tɕiə̃^{24}	tɕi^{24}	tɕʰi^{24} 白 / tɕʰiə̃^{24} 文	tɕʰiə̃^{33}	tɕʰiə̃^{33}	tsə̃^{24}
柳林	mi^{44} 白 / miə̃^{44} 文	tɕiə̃^{24}	tɕiə̃^{24}	tɕi^{24}	tɕʰi^{24} 白 / tɕʰiə̃^{24} 文	tɕʰiə̃^{24}	tɕʰi^{24}	tsə̃^{24}
方山	miə̃ŋ^{44}	tɕi^{24} 白 / tɕiə̃ŋ^{24} 文	tɕiə̃ŋ^{24}	tɕi^{24}	tɕʰi^{24} 白 / tɕʰiə̃ŋ^{24} 文	tɕʰiə̃ŋ^{44}	tɕʰiə̃ŋ^{24}	tʂə̃ŋ^{24}
临县	miə̃^{33}	tɕiə̃^{24}	tɕiə̃^{24}	tɕiə̃^{24}	tsʰei^{24} 白 / tɕʰiə̃^{24} 文	tɕʰiə̃^{33}	tɕʰiə̃^{33}	tʂə̃^{24}
兴县	mi^{55} 白 / miəŋ^{324} 文	tɕi^{324} 白 / tɕiəŋ^{324} 文	tɕiəŋ^{324}	tɕi^{324} 白 / tɕiəŋ^{324} 文	tɕʰi^{324} 白 / tɕʰiəŋ^{324} 文	tɕʰiəŋ^{55}	tɕʰi^{55} 白 / tɕʰiəŋ^{324} 文	tʂəŋ^{324}
岚县	mi^{44} 白 / miəŋ^{44} 文	tɕi^{214} 白 / tɕiəŋ^{214} 文	tɕiəŋ^{214}	tɕʰi^{44} 白 / tɕʰiəŋ^{44} 文	tɕʰi^{214} 白 / tɕʰiəŋ^{214} 文	tɕʰiəŋ^{44}	tɕʰi^{44} 白 / tɕʰiəŋ^{44} 文	tsəŋ^{214}
静乐	miɤ̃^{33}	tɕiɤ̃^{24}	tɕiɤ̃^{24}	tɕiɤ̃^{24}	tɕʰiɤ̃^{24}	tɕʰiɤ̃^{24}	tɕʰiɤ̃^{24}	tsɤ̃^{33}
交口	miɛ^{44} 白 / miəŋ^{44} 文	tɕiɛ^{323} 白 / tɕiəŋ^{323} 文	tɕiəŋ^{323}	tɕiɛ^{323} 白 / tɕiəŋ^{323} 文	tɕʰiɛ^{323} 白 / tɕʰiəŋ^{323} 文	tɕʰiəŋ^{44}	tɕʰiɛ^{323} 白 / tɕʰiəŋ^{323} 文	tsəŋ^{323}
石楼	miɛ^{44} 白 / miəŋ^{44} 文	tɕʰiɛ^{213} 白 / tɕiəŋ^{213} 文	tɕiəŋ^{213}	tɕʰiɛ^{44} 白 / tɕʰiəŋ^{44} 文	tɕʰiɛ^{213} 白 / tɕʰiəŋ^{213} 文	tɕʰiəŋ^{44}	tɕʰiɛ^{44} 白 / tɕʰiəŋ^{44} 文	tʂəŋ^{213}
隰县	miɛ^{24} 白 / miəŋ^{24} 文	tɕiəŋ^{53}	tɕiəŋ^{53}	tɕiəŋ^{53}	tɕʰiɛ^{53} 白 / tɕʰiəŋ^{53} 文	tɕʰiəŋ^{24}	tɕʰiɛ^{24} 白 / tɕʰiəŋ^{24} 文	tsəŋ^{53}
大宁	miən^{24}	tɕiən^{31} 文	tɕiən^{31}	tɕiən^{31} 文	tɕʰie^{31} 白 / tɕʰiən^{31} 文	tɕʰiən^{24}	tɕʰie^{24} 白 / tɕʰiən^{24} 文	tʂəŋ^{31}
永和	mie^{35} 白 / miəŋ^{35} 文	tɕiəŋ^{33}	tɕiəŋ^{33}	tɕie^{33} 白 / tɕiəŋ^{33} 文	tɕʰie^{33} 白 / tɕʰiəŋ^{33} 文	tɕʰiəŋ^{33}	tɕʰie^{35} 白 / tɕʰiəŋ^{35} 文	tʂəŋ^{33}
汾西	mi^{35} 白 / miəŋ^{35} 文	tɕi^{11} 白 / tɕiəŋ^{11} 文	tɕiəŋ^{11}	tɕiəŋ^{11}	tɕʰi^{11} 白 / tɕʰiəŋ^{11} 文	tɕʰiəŋ^{35}	tɕʰi^{35} 白 / tɕʰiəŋ^{35} 文	tsəŋ^{11}
蒲县	miɛ^{24} 白 / miŋ^{24} 文	tɕiŋ^{52}	tɕiŋ^{52}	tɕʰiɛ^{24} 白 / tɕʰiŋ^{24} 文	tɕʰiɛ^{52} 白 / tɕʰiŋ^{52} 文	tɕʰiŋ^{24}	tɕʰiɛ^{24} 白 / tɕʰiŋ^{24} 文	tʂeĩ^{52}
潞州	miŋ^{24}	tɕiŋ^{312}	tɕiŋ^{312}	tɕiŋ^{312}	tɕʰiŋ^{312}	tɕʰiŋ^{24}	tɕʰiŋ^{24}	tsəŋ^{312}
上党	miŋ^{44}	tɕiŋ^{213}	tɕiŋ^{213}	tɕiŋ^{213}	tɕʰiŋ^{213}	tɕʰiŋ^{44}	tɕʰiŋ^{44}	tsəŋ^{213}
长子	miŋ^{24}	tɕiŋ^{312}	tɕiŋ^{312}	tɕiŋ^{312}	tɕʰiŋ^{312}	tɕʰiŋ^{24}	tɕʰiŋ^{24}	tsẼ^{312}
屯留	miəŋ^{11}	tɕiəŋ^{31}	tɕiəŋ^{31}	tɕiəŋ^{31}	tɕʰiəŋ^{31}	tɕʰiəŋ^{11}	tɕʰiəŋ^{11}	tsẽ^{31}
襄垣	miəŋ^{31}	tɕiəŋ^{33}	tɕiəŋ^{33}	tɕiəŋ^{33}	tɕʰiəŋ^{33}	tɕʰiəŋ^{31}	tɕʰiəŋ^{31}	tsəŋ^{33}
黎城	miəŋ^{53}	tɕiəŋ^{33}	tɕiəŋ^{33}	tɕiəŋ^{33}	tɕʰiəŋ^{33}	tɕʰiəŋ^{53}	tɕʰiəŋ^{53}	tɕiẽ^{33}

续表

字目	名	精	晶	睛	清	情	晴	贞
中古音 方言点	武并 梗开三 平清明	子盈 梗开三 平清精	子盈 梗开三 平清精	子盈 梗开三 平清精	七情 梗开三 平清清	疾盈 梗开三 平清从	疾盈 梗开三 平清从	陟盈 梗开三 平清知
平顺	miŋ^{13}	tɕiŋ^{213}	tɕiŋ^{213}	tɕʰiŋ^{13}	tɕʰiŋ^{213}	tɕʰiŋ^{13}	tɕʰiŋ^{13}	tɕẽ^{213}
壶关	miŋ^{13}	tsiŋ^{33}	tsiŋ^{33}	tsiŋ^{33}	tsʰiŋ^{33}	tsʰiŋ^{13}	tsʰiŋ^{13}	tʂəŋ^{33}
沁县	miə̃^{33}	tɕiə̃^{224}	tɕiə̃^{224}	tɕiə̃^{224}	tɕʰiə̃^{224}	tɕʰiə̃^{33}	tɕʰiə̃^{33}	tsə̃^{224}
武乡	mieŋ^{33}	tɕieŋ^{113}	tɕieŋ^{113}	tɕieŋ^{113}	tɕʰieŋ^{113}	tɕʰieŋ^{33}	tɕʰieŋ^{33}	tseŋ^{113}
沁源	miə̃^{33}	tɕiə̃^{324}	tɕiə̃^{324}	tɕiə̃^{324}	tɕʰiə̃^{324}	tɕʰiə̃^{33}	tɕʰiə̃^{33}	tʂə̃^{324}
安泽	miəŋ^{35}	tɕiəŋ^{21}	tɕiəŋ^{21}	tɕiəŋ^{21}	tɕʰiəŋ^{21}	tɕʰiəŋ^{35}	tɕʰiəŋ^{35}	tsəŋ^{21}
沁水端氏	miŋ^{24}	tɕiŋ^{21}	tɕiŋ^{21}	tɕiŋ^{21}	tɕʰiŋ^{21}	tɕʰiŋ^{24}	tɕʰiŋ^{24}	tsəŋ^{21}
阳城	miə̃ĩ^{22}	tɕiə̃ĩ^{224}	tɕiə̃ĩ^{224}	tɕiə̃ĩ^{224}	tɕʰiə̃ĩ^{224}	tɕʰiə̃ĩ^{22}	tɕʰiə̃ĩ^{22}	tʂə̃ĩ^{224}
高平	miə̃ŋ^{33}	tɕiə̃ŋ^{33}	tɕiə̃ŋ^{33}	tɕiə̃ŋ^{33}	tɕʰiə̃ŋ^{33}	tɕʰiə̃ŋ^{33}	tɕʰiə̃ŋ^{33}	tʂə̃ĩ^{33}
陵川	miŋ^{53}	tɕiŋ^{33}	tɕiŋ^{33}	tɕiŋ^{33}	tɕʰiŋ^{33}	tɕʰiŋ^{53}	tɕʰiŋ^{53}	tʂə̃ĩ^{33}
晋城	mi^{324}	tɕiẽ^{33}	tɕiẽ^{33}	tɕiẽ^{33}	tɕʰiẽ^{33}	tɕʰiẽ^{324}	tɕʰiẽ^{324}	tʂẽ^{33}
忻府	mi^{21} 白 / miəŋ^{21} 文	tɕi^{313} 白 / tɕiəŋ^{313} 文	tɕiəŋ^{313}	tɕi^{313} 白 / tɕiəŋ^{313} 文	tɕʰi^{313} 白 / tɕʰiəŋ^{313} 文	tɕʰiəŋ^{21}	tɕʰi^{21} 白 / tɕʰiəŋ^{21} 文	tʂəŋ^{313}
原平	mi^{33} 白 / miəŋ^{33} 文	tɕi^{213} 白 / tɕiəŋ^{213} 文	tɕiəŋ^{213}	tɕi^{213} 白 / tɕiəŋ^{213} 文	tɕʰi^{213} 白 / tɕʰiəŋ^{213} 文	tɕʰiəŋ^{33}	tɕʰi^{33} 白 / tɕʰiəŋ^{213} 文	tʂəŋ^{213}
定襄	miəŋ^{11}	tɕi^{24}	tɕiəŋ^{24}	tɕi^{11}	tɕʰiəŋ^{24}	tɕʰiəŋ^{11}	tɕʰiəŋ^{11}	tʂəŋ^{24}
五台	miən^{33}	tɕiən^{213}/ tɕi^{213}	tɕiən^{213}	tɕiən^{213}/ tɕi^{213}	tɕʰiən^{213}	tɕʰiən^{33}	tɕʰiən^{213}/ tɕʰi^{33}	tsən^{213}
岢岚	miəŋ^{44}	tɕiəŋ^{13}	tɕiəŋ^{13}	tɕiəŋ^{13}	tɕʰiəŋ^{13}	tɕʰiəŋ^{44}	tɕʰiəŋ^{44}	tʂəŋ^{13}
五寨	miəɣ̃^{44}	tɕiəɣ̃^{13}	tɕiəɣ̃^{13}	tɕiəɣ̃^{13}	tɕʰiəɣ̃^{13}	tɕʰiəɣ̃^{44}	tɕʰiəɣ̃^{44}	tsəɣ̃^{13}
宁武	miɤɯ^{33}	tɕiɤɯ^{23}	tɕiɤɯ^{23}	tɕiɤɯ^{23}	tɕiɤɯ^{23}	tɕiɤɯ^{33}	tɕiɤɯ^{23}	tsɤɯ^{23}
神池	miə̃^{32}	tɕiə̃^{24}	tɕiə̃^{24}	tɕiə̃^{24}	tɕʰiə̃^{24}	tɕʰiə̃^{32}	tɕʰiə̃^{32}	tsə̃^{24}
繁峙	miəŋ^{31}	tɕiəŋ^{53}	tɕiəŋ^{53}	tɕiəŋ^{53}	tɕʰiəŋ^{53}	tɕʰiəŋ^{31}	tɕʰiəŋ^{31}	tsəŋ^{53}
代县	miɤŋ^{44}	tɕiɤŋ^{213}	tɕiɤŋ^{213}	tɕiɤŋ^{213}	tɕʰiɤŋ^{213}	tɕʰiɤŋ^{44}	tɕʰiɤŋ^{44}	tsɤŋ^{213}
河曲	miŋ^{44}	tɕiŋ^{213}	tɕiŋ^{213}	tɕiŋ^{213}	tɕʰiŋ^{213}	tɕʰiŋ^{44}	tɕʰiŋ^{44}	tʂɤŋ^{213}
保德	miəŋ^{44}	tɕiəŋ^{213}	tɕiəŋ^{213}	tɕiəŋ^{213}	tɕʰiəŋ^{213}	tɕʰiəŋ^{44}	tɕʰiəŋ^{44}	tʂəŋ^{213}
偏关	miɤŋ^{44}	tɕiɤŋ^{24}	tɕiɤŋ^{24}	tɕiɤŋ^{24}	tɕʰiɤŋ^{24}	tɕʰiɤŋ^{44}	tɕʰiɤŋ^{44}	tʂɤŋ^{24}
朔城	miə̃^{35}	tɕiə̃^{312}	tɕiə̃^{312}	tɕiə̃^{312}	tɕʰiə̃^{312}	tɕʰiə̃^{35}	tɕʰiə̃^{35}	tsə̃^{312}
平鲁	miəɯ^{44}	tɕiəɯ^{213}	tɕiəɯ^{213}	tɕiəɯ^{213}	tɕʰiəɯ^{213}	tɕʰiəɯ^{44}	tɕʰiəɯ^{44}	tsəɯ^{213}
应县	miəŋ^{31}	tɕiəŋ^{43}	tɕiəŋ^{43}	tɕiəŋ^{43}	tɕʰiəŋ^{43}	tɕʰiəŋ^{31}	tɕʰiəŋ^{31}	tsəŋ^{43}
灵丘	miŋ^{31}	tɕiŋ^{442}	tɕiŋ^{442}	tɕiŋ^{442}	tɕʰiŋ^{442}	tɕʰiŋ^{31}	tɕʰiŋ^{31}	tsəŋ^{442}
浑源	miə̃^{22}	tɕiə̃^{52}	tɕiə̃^{52}	tɕiə̃^{52}	tɕʰiə̃^{52}	tɕʰiə̃^{22}	tɕʰiə̃^{22}	tsə̃^{52}

续表

字目	名	精	晶	睛	清	情	晴	贞
中古音 方言点	武并 梗开三 平清明	子盈 梗开三 平清精	子盈 梗开三 平清精	子盈 梗开三 平清精	七情 梗开三 平清清	疾盈 梗开三 平清从	疾盈 梗开三 平清从	陟盈 梗开三 平清知
云州	miəɣ^{312}	tɕiəɣ^{21}	tɕiəɣ^{21}	tɕiəɣ^{21}	tɕʰiəɣ^{21}	tɕʰiəɣ^{312}	tɕʰiəɣ^{312}	tʂəɣ^{21}
新荣	miɣ^{312}	tɕiɣ^{32}	tɕiɣ^{32}	tɕiɣ^{32}	tɕʰiɣ^{32}	tɕʰiɣ^{312}	tɕʰiɣ^{312}	tʂɤɣ^{32}
怀仁	miəŋ^{312}	tɕiəŋ^{42}	tɕiəŋ^{42}	tɕiəŋ^{42}	tɕʰiəŋ^{42}	tɕʰiəŋ^{312}	tɕʰiəŋ^{312}	tsəŋ^{42}
左云	miəɣ^{313}	tɕiəɣ^{31}	tɕiəɣ^{31}	tɕʰiəɣ^{313}	tɕʰiəɣ^{31}	tɕʰiəɣ^{313}	tɕʰiəɣ^{313}	tsəɣ^{31}
右玉	miə̃ɣ^{212}	tɕiə̃ɣ^{31}	tɕiə̃ɣ^{31}	tɕiə̃ɣ^{31}	tʰɕiə̃ɣ^{31}	tʰɕiə̃ɣ^{212}	tʰɕiə̃ɣ^{212}	tʂə̃ɣ^{31}
阳高	miəŋ^{312}	tɕiəŋ^{31}	tɕiəŋ^{31}	tɕiəŋ^{31}	tɕʰiəŋ^{31}	tɕʰiəŋ^{312}	tɕʰiəŋ^{312}	tsəŋ^{31}
山阴	miə̃^{313}	tɕiə̃^{313}	tɕiə̃^{313}	tɕiə̃^{313}	tɕiə̃^{313}	tɕiə̃^{313}	tɕiə̃^{313}	tʂə̃^{313}
天镇	miɤɣ^{22}	tɕiɤɣ^{31}	tɕiɤɣ^{31}	tɕiɤɣ^{31}	tɕʰiɤɣ^{31}	tɕʰiɤɣ^{22}	tɕʰiɤɣ^{22}	tsɤɣ^{31}
平定	miəŋ^{44}	tɕi^{31} 白 / tɕiəŋ^{31} 文	tɕiəŋ^{31}	tɕiəŋ^{31}	tɕʰiəŋ^{31}	tɕʰiəŋ^{44}	tɕʰiəŋ^{44}	tʂəŋ^{31}
昔阳	miəŋ^{33}	tɕiəŋ^{42}	tɕiəŋ^{42}	tɕiəŋ^{42}	tɕʰiəŋ^{42}	tɕʰiəŋ^{33}	tɕʰiəŋ^{33}	tʂəŋ^{42}
左权	miəŋ^{11}	tɕi^{31} 白 / tɕiəŋ^{31} 文	tɕiəŋ^{31}	tɕiəŋ^{31}	tɕʰiəŋ^{31}	tɕʰiəŋ^{11}	tɕʰiəŋ^{11}	tʂəŋ^{31}
和顺	miəŋ^{22}	tɕi^{42} 白 / tɕiəŋ^{42} 文	tɕiəŋ^{42}	tɕiəŋ^{42}	tɕʰiəŋ^{42}	tɕʰiəŋ^{22}	tɕʰiəŋ^{22}	tʂəŋ^{42}
尧都	miɛ^{24} 白 / miəŋ^{24} 文	tɕiɛ^{21} 白 / tɕiəŋ^{21} 文	tɕiəŋ^{21}	tɕiəŋ^{21}	tɕʰiɛ^{21} 白 / tɕʰiəŋ^{21} 文	tɕʰiəŋ^{21}	tɕʰiəŋ^{21}	tʂə̃^{21}
洪洞	mie^{24} 白 / mieŋ^{24} 文	tɕie^{21} 白 / tɕieŋ^{21} 文	tɕieŋ^{42}	tɕieŋ^{21}	tɕʰie^{21} 白 / tɕʰieŋ^{21} 文	——	tɕʰie^{24} 白 / tɕʰieŋ^{24} 文	tʂen^{33}
洪洞赵城	mie^{24} 白 / mieŋ^{24} 文	tɕie^{21}	tɕieŋ^{21}	tɕieŋ^{21}	tɕʰie^{21}	tɕʰieŋ^{24}	tɕʰie^{24}	tʂeŋ^{21}
古县	miŋ^{35}	tɕie^{21} 白 / tɕiŋ^{21} 文	tɕiŋ^{21}	tɕiŋ^{21}	tɕʰie^{21} 白 / tɕʰiŋ^{21} 文	tɕʰiŋ^{35}	tɕʰie^{35} 白 / tɕʰiŋ^{35} 文	tʂen^{21}
襄汾	mie^{24} 白 / mieŋ^{24} 文	tɕieŋ^{21}	tɕieŋ^{21}	tɕieŋ^{21}	tɕʰie^{21} 白 / tɕʰieŋ^{21} 文	tɕʰieŋ^{24}	tɕʰie^{24} 白 / tɕʰieŋ^{24} 文	tʂen^{21}
浮山	mie^{42} 白 / mieŋ^{42} 文	tɕʰie^{42} 白 / tɕieŋ^{42} 文	tɕieŋ^{42}	tɕieŋ^{42}	tɕʰie^{42} 白 / tɕʰieŋ^{42} 文	tɕʰieŋ^{13}	tɕʰieŋ^{13}	tʂẽĩ^{42}
霍州	mi^{35} 白 / miŋ^{35} 文	tɕi^{212} 白 / tɕiŋ^{212} 文	tɕiŋ^{212}	tɕiŋ^{212}	tɕʰi^{212} 白 / tɕʰiŋ^{212} 文	tɕʰiŋ^{35}	tɕʰi^{35} 白 / tɕʰiŋ^{35} 文	tʂəŋ^{212}
翼城	miᴇ^{12} 白 / miŋ^{12} 文	tɕiᴇ^{44}	tɕiŋ^{53}	tɕʰiŋ^{12}	tɕʰiŋ^{53}	tɕʰiŋ^{12}	tɕʰiᴇ^{12}	tʂəŋ^{53}
闻喜	liᴇ^{13} 白 / miəŋ^{13} 文	tɕiəŋ^{53}	tɕiəŋ^{53}	tɕiəŋ^{53}	tɕʰiᴇ^{53} 白 / tɕʰiəŋ^{53} 文	tɕʰiəŋ^{13}	tɕʰiᴇ^{13} 白 / tɕʰiəŋ^{13} 文	tsẽĩ^{53}

续表

字目	名	精	晶	睛	清	情	晴	贞
中古音 / 方言点	武并 梗开三 平清明	子盈 梗开三 平清精	子盈 梗开三 平清精	子盈 梗开三 平清精	七情 梗开三 平清清	疾盈 梗开三 平清从	疾盈 梗开三 平清从	陟盈 梗开三 平清知
侯马	miəŋ^{213}	tɕiəŋ^{213}	tɕie^{213} 白 / tɕiəŋ^{213} 文	tɕiəŋ^{213}	tɕʰiɛ^{213} 白 / tɕʰiəŋ^{213} 文	tɕʰiəŋ^{213}	——	tʂeĩ^{213}
新绛	mie^{13}	tɕiəŋ^{53}	tɕiəŋ^{53}	tɕiəŋ^{53}	tɕʰie^{53}	tɕʰiəŋ^{13}	tɕʰiẽ^{13}/ tɕʰiəŋ^{13}	tʂẽ^{53}
绛县	miɪ^{24} 白 / mieĩ^{24} 白 / miʌŋ^{24} 文	tɕiʌŋ^{53}	tɕiʌŋ^{53}	tɕiʌŋ^{53}	tɕʰiʌŋ^{53}	tɕʰiʌŋ^{24}	tɕʰiʌŋ^{24}	tʂʌŋ^{53}
垣曲	miɛ^{22} 白 / miəŋ^{22} 文	tɕiəŋ^{22}	tɕiəŋ^{22}	tɕiəŋ^{22}	tɕʰiɛ^{22} 白 / tɕʰiəŋ^{22} 文	tɕʰiəŋ^{22}	tɕʰiɛ^{22}	tʂə̃^{22}
夏县	miɛ^{42} 白 / miəŋ^{42} 文	tɕiəŋ^{53}	tɕiəŋ^{53}	tɕiəŋ^{53}	tɕʰiɛ^{53} 白 / tɕʰiəŋ^{53} 文	tɕʰiəŋ^{42}	tɕʰiɛ^{42} 白 / tɕʰiəŋ^{42} 文	tʂəŋ^{53}
万荣	miɛ^{213} 白 / miaŋ^{213} 文	tɕiaŋ^{51}	tɕiaŋ^{33}	tɕiaŋ^{33}	tɕʰiɛ^{51} 白 / tɕiaŋ^{51} 文	tɕʰiaŋ^{213}	tɕʰiɛ^{213} 白 / tɕʰiaŋ^{213} 文	tʂei^{51}
稷山	miɛ^{13} 白 / miəŋ^{13} 文	tɕiʌŋ^{53}	tɕiʌŋ^{53}	tɕiʌŋ^{53}	tɕʰiɛ^{53} 白 / tɕʰiʌŋ^{53} 文	tɕʰiʌŋ^{13}	tɕʰiɛ^{13} 白 / tɕʰiʌŋ^{13} 文	tʂə̃^{53}
盐湖	miɛ^{13} 白 / miŋ^{13} 文	tɕiŋ^{42}	tɕiŋ^{42}	tɕiŋ^{42}	tɕʰiɛ^{42} 白 / tɕʰiŋ^{42} 文	tɕʰiŋ^{13}	tɕʰiɛ^{13} 白 / tɕʰiŋ^{13} 文	tʂeĩ^{42}
临猗	miɛ^{13} 白 / miəŋ^{13} 文	tɕiəŋ^{42}	tɕiəŋ^{42}	tɕiəŋ^{42}	tɕʰiɛ^{42} 白 / tɕʰiəŋ^{42} 文	tɕʰiəŋ^{13}	tɕʰiɛ^{13} 白 / tɕʰiəŋ^{13} 文	tʂeĩ^{42}
河津	miɛ^{324} 白 / miəŋ^{324} 文	tɕiəŋ^{31}	tɕiəŋ^{31}	tɕiəŋ^{31}	tɕʰiɛ^{31} 白 / tɕʰiəŋ^{31} 文	tɕʰiəŋ^{324}	tɕʰiɛ^{324} 白 / tɕʰiəŋ^{324} 文	tʂəŋ^{31}
平陆	miɛ^{13} 白 / miŋ^{13} 文	tɕiŋ^{31}	tɕiŋ^{31}	tɕiŋ^{31}	tɕʰiɛ^{31} 白 / tɕʰiŋ^{31} 文	tɕʰiŋ^{13}	tɕʰiɛ^{13} 白 / tɕʰiŋ^{13} 文	tʂei^{31}
永济	mie^{24} 白 / miŋ^{24} 文	tɕiŋ^{31}	tɕiŋ^{31}	tɕiŋ^{31}	tɕʰie^{31} 白 / tɕʰiŋ^{31} 文	tɕʰiŋ^{24}	tɕʰie^{24} 白 / tɕʰiŋ^{24} 文	tʂəŋ^{31}
芮城	miəŋ^{13}	tɕiəŋ^{42}	tɕiəŋ^{42}	tɕiəŋ^{42}	tɕʰiɛ^{42} 白 / tɕʰiəŋ^{42} 文	tɕʰiəŋ^{13}	tɕʰiɛ^{13} 白 / tɕʰiəŋ^{13} 文	tʂəŋ^{42} 白 / tʂeĩ^{42} 文
吉县	miɛ^{33} 白 / miəŋ^{13} 文	tɕiəŋ^{423}	tɕiəŋ^{423}	tɕiəŋ^{423}	tɕʰiɛ^{423} 白 / tɕʰiəŋ^{423} 文	tɕʰiəŋ^{13}	tɕʰiɛ^{13} 白	tʂei^{423}
乡宁	miᴇ^{12} 白 / miəŋ^{12} 文	tɕiᴇ^{53} 白 / tɕiəŋ^{53} 文	tɕiəŋ^{53}	tɕiəŋ^{53}	tɕʰiᴇ^{53} 白 / tɕʰiəŋ^{53} 文	tɕʰiəŋ^{12}	tɕʰiᴇ^{12} 白 / tɕʰiəŋ^{12} 文	tʂəŋ^{53}
广灵	miŋ^{31}	tɕiŋ^{53}	tɕiŋ^{53}	tɕiŋ^{53}	tɕʰiŋ^{53}	tɕʰiŋ^{31}	tɕʰiŋ^{31}	tsəŋ^{53}

字目	侦	呈	程	正~月	征~伐	声	成	城
中古音 / 方言点	丑贞 梗开三 平清彻	直贞 梗开三 平清澄	直贞 梗开三 平清澄	诸盈 梗开三 平清章	诸盈 梗开三 平清章	书盈 梗开三 平清书	是征 梗开三 平清禅	是征 梗开三 平清禅
北京	tʂən55	tʂʰəŋ35	tʂʰəŋ35	tʂəŋ55	tʂəŋ55	ʂəŋ55	tʂʰəŋ35	tʂʰəŋ35
小店	tsəŋ11	tsʰəŋ11	tsʰəŋ11	tsəŋ11	tsəŋ11	sɿ11 白 / səŋ11 文	tsʰəŋ11/ tsʰəŋ24	tsʰɿ11 白 / tsʰəŋ11 文
尖草坪	tsʌŋ33	tsʰʌŋ33	tsʰʌŋ33	tsʌŋ33	tsʌŋ33	sʌŋ33	tsʰʌŋ33	tsʰɿ33 白 / tsʰʌŋ33 文
晋源	tsəŋ11	tsʰəŋ11	tsʰəŋ11	tsəŋ11	tsəŋ11	səŋ11	tsʰəŋ11	tsʰəŋ11
阳曲	tsə̃312	tsʰə̃43	tsʰə̃43	tsə̃312	tsə̃312	sə̃312	tsʰə̃43	tsʰə̃43
古交	tsəŋ44	tsʰəŋ44	tsʰəŋ44	tsəŋ44	tsəŋ44	sɿ44 白 / səŋ44 文	tsʰəŋ44	tsʰəŋ44
清徐	tsəŋ11	tsʰəŋ11	tsɿ11 白 / tsʰəŋ11 文	tsɿ11 白 / tsəŋ11 文	tsəŋ11	sɿ11 白 / səŋ11 文	sɿ11 白 / tsʰəŋ11 文	tsʰəŋ11
娄烦	tsəŋ33	tsʰəŋ33	tsʰəŋ33	tsɿ33	tsəŋ33	sɿ33 白 / səŋ33 文	tsʰəŋ33	tsʰəŋ33
榆次	tsɤ̃11	tsʰɤ̃11	tsʰɤ̃11	tsɿ11	tsɤ̃11	sɿ11	tsʰɤ̃11	tsʰɤ̃11
交城	tsə̃11	tsʰə̃11	tsʰə̃11	tsɤɯ11 白 / tsə̃ 文	tsə̃11	sɤɯ11 白 / sə̃11 文	sɤɯ11 白 / tsʰə̃11 文	sɤɯ11 白 / tsʰə̃11 文
文水	tsɔŋ22	tsʰɔŋ22	tsʰɔŋ22	tsɔŋ22	tsɔŋ22	sɿ22 白 / sɔŋ22 文	tsʰɔŋ22	sɿ22 白 / tsʰɔŋ22 文
祁县	tʂɔõ31	tʂʰɔõ31	tʂʰɔõ31	tʂʅ31 白 / tʂɔõ31 文	tʂɔõ31	ʂʅ31 白 / ʂɔõ31 文	tʂʰɔõ31	ʂʅ31 白 / tʂʰɔõ31 文
太谷	tsə̃33	tsʰə̃33	tsʰə̃33	tsɿ33 白 / tsə̃33 文	tsə̃33	sɿ33 白 / sə̃33 文	tsʰə̃33	sɿ33 白 / tsʰə̃33 文
平遥	tʂəŋ213	tʂʰəŋ213	tʂʰəŋ213	tʂəŋ213/ tʂʅ213 白	tʂəŋ213	ʂʅ213 白 / ʂəŋ123 文	tʂəŋ213	ʂʅ213 白 / tʂʰəŋ213 文
孝义	tʂə̃33	tʂʰə̃33	tʂə̃33	tʂə̃33	tʂə̃33	ʂʅ33	tʂʰə̃33	ʂʅ33 白 / tʂʰə̃33 文
介休	tʂəŋ13	tʂʰəŋ13	tʂʰəŋ13	tʂəŋ13	tʂəŋ13	ʂei13 白 / ʂəŋ13 文	tʂʰəŋ13	ʂei13 白 / tʂʰəŋ13 文
灵石	tsəŋ535	tsʰəŋ44	tsʰəŋ44	tsəŋ535	tsəŋ535	səŋ535	tsʰəŋ44	tsʰəŋ44
盂县	tsə̃412	tsʰə̃22	tsʰɿ22 白 / tsʰə̃22 文	tsɿ412/ tsə̃412 文	tsə̃412	sɿ412 白 / sə̃412 文	tsʰə̃22	tsʰɿ22 白 / tsʰə̃22 文
寿阳	tsə̃31	tsʰə̃22	tsʰə̃22	tsɿ31/tsə̃31	tsə̃31	sɿ31/sə̃31	tsʰə̃22/tsʰə̃45	tsʰə̃22
榆社	tsɛɪ22	tsʰɛɪ22	tsʰɛɪ22	tsɛɪ22	tsɛɪ22	sɛɪ22	tsʰɛɪ22	tsʰɛɪ22
离石	tsəŋ24	tsʰəŋ44	tsʰəŋ44	tʂʅr24 白 / tsəŋ24 文	tsəŋ24	ʂʅr24 白 / səŋ24 文	ʂʅr44 白 / tsʰəŋ44 文	tsʰəŋ44

续表

字目	侦	呈	程	正~月	征~伐	声	成	城
中古音 / 方言点	丑贞 梗开三 平清彻	直贞 梗开三 平清澄	直贞 梗开三 平清澄	诸盈 梗开三 平清章	诸盈 梗开三 平清章	书盈 梗开三 平清书	是征 梗开三 平清禅	是征 梗开三 平清禅
汾阳	tʂəŋ^{324}	tʂʰəŋ^{22}	tʂʰəŋ^{22}	tʂəŋ^{324}	tʂəŋ^{324}	ʂʅ^{324} 白 / ʂəŋ^{324} 文	tʂʰəŋ^{22}	tʂʰəŋ^{22}
中阳	tsə̃^{24}	tsʰə̃^{33}	tsʰə̃^{33}	tʂɤ^{24} 白 / tsə̃^{24} 文	tsə̃^{24}	ʂɤ^{24} 白 / sə̃^{24} 文	ʂɤ^{33} 白 / tsʰə̃^{33} 文	tsʰə̃^{33}
柳林	tsə̃^{24}	tsʰə̃^{44}	tsʰə̃^{44}	tsɛe^{24}	tsə̃^{24}	sɛe^{24} 白 / sə̃^{24} 文	tsʰə̃^{44}	tsʰə̃^{44}
方山	tʂə̃ŋ^{24}	tsʰə̃ŋ^{44}	tsʰə̃ŋ^{44}	tʂʅ^{52} 白 / tʂə̃ŋ^{52} 文	tʂə̃ŋ^{24}	ʂʅ^{24} 白 / ʂə̃ŋ^{24} 文	tsʰə̃ŋ^{44}	tsʰə̃ŋ^{44}
临县	tʂə̃^{24}	tʂʰə̃^{24}	tʂʰə̃^{24}	tʂə̃^{52}	tʂə̃^{24}	ʂei^{24} 白 / ʂə̃^{24} 文	tʂʰə̃^{24}	tʂʰə̃^{24}
兴县	tʂəŋ^{324}	tʂʰəŋ^{55}	tʂʰəŋ^{55}	tʂʅ^{324}	tʂəŋ^{324}	ʂʅ^{324} 白 / ʂəŋ^{324} 文	tʂʰəŋ^{55}	tʂʰəŋ^{55}
岚县	tsəŋ^{214}	tsʰəŋ^{44}	tsʰɿ^{44} 白 / tsʰəŋ^{44} 文	tsɿ^{214}	tsəŋ^{214}	sɿ^{214} 白 / səŋ^{214} 文	tsʰəŋ^{44}	tsʰɿ^{44} 白 / tsʰəŋ^{44} 文
静乐	tsɤ̃^{33}	tsʰɤ̃^{33}	tsʰɤ̃^{33}	tsɿ^{24} 白 / tsɤ̃^{24} 文	tsɤ̃^{24}	sɤ̃^{24}	tsʰɤ̃^{33}	tsʰɤ̃^{33}
交口	tsəŋ^{323}	tsʰəŋ^{44}	tsʰəŋ^{44}	tsə^{323} 白 / tsəŋ^{323} 文	tsəŋ^{323}	sə^{323} 白 / səŋ^{323} 文	tsʰəŋ^{44}	sə^{44} 白 / tsʰəŋ^{44} 文
石楼	tʂəŋ^{213}	tʂʰəŋ^{44}	tʂʰəŋ^{44}	tʂə^{51} 白 / tʂəŋ^{51} 文	tʂəŋ^{213}	ʂə^{213} 白 / ʂəŋ^{213} 文	tʂʰəŋ^{44}	tsɛi^{213} 白 / tʂʰəŋ^{44} 文
隰县	tsəŋ^{53}	tsʰəŋ^{24}	tsʰəŋ^{24}	tsɤ^{53} 白 / tsəŋ^{53} 文	tsəŋ^{53}	sɤ^{53} 白 / səŋ^{53} 文	tsʰəŋ^{24}	sɤ^{24} 白 / tsʰəŋ^{24} 文
大宁	tʂəŋ^{31}	tʂʰəŋ^{24}	tʂʰəŋ^{24}	tsɤ^{31} 白	tʂəŋ^{31}	ʂɤ^{31} 白	tʂʰəŋ^{24}	ʂɤ^{31} 白
永和	tʂəŋ^{33}	tʂʰəŋ^{35}	tʂʰəŋ^{35}	tʂʅə^{33} 白 / tʂəŋ^{33} 文	tʂəŋ^{33}	ʂʅə^{33} 白 / ʂəŋ^{33} 文	tʂʰəŋ^{35}	tʂʰəŋ^{35}
汾西	tsəŋ^{11}	tsəŋ^{35}	tsəŋ^{35}	tsei^{11} 白	——	sei^{11} 白 / səŋ^{11} 文	tsəŋ^{35}/ sei^{35} 白	tsəŋ^{35}/ sei^{35} 白
蒲县	tʂeĩ^{52}	tʂʰəŋ^{24}	tʂʰəŋ^{24}	tʂɤ^{52} 白 / tʂəŋ^{52} 文	tʂəŋ^{52}	ʂəŋ^{52}	tʂʰəŋ^{24}	tʂʰəŋ^{24}
潞州	tsəŋ^{24}	tsʰəŋ^{24}	tsʰəŋ^{24}	tsəŋ^{312}	tsəŋ^{312}	səŋ^{312}	tsʰəŋ^{24}	tsʰəŋ^{24}
上党	tsəŋ^{213}	tsʰəŋ^{44}	tsʰəŋ^{44}	tsəŋ^{213}	tsəŋ^{213}	səŋ^{213}	tsʰəŋ^{44}	tsʰəŋ^{44}
长子	tsẼ^{312}	tsʰəŋ^{24}	tsʰəŋ^{24}	tsəŋ^{312}	tsəŋ^{312}	səŋ^{312}	tsʰəŋ^{24}	tsʰəŋ^{24}
屯留	tsẽ^{31}	tsʰəŋ^{11}	tsʰəŋ^{11}	tsəŋ^{31}	tsəŋ^{31}	səŋ^{31}	tsʰəŋ^{11}	tsʰəŋ^{11}
襄垣	tsəŋ^{33}	tsʰəŋ^{33}	tsʰəŋ^{31}	tsəŋ^{33}	tsəŋ^{33}	səŋ^{33}	tsʰəŋ^{31}	tsʰəŋ^{31}

续表

字目	侦	呈	程	正~月	征~伐	声	成	城
中古音 / 方言点	丑贞 梗开三 平清彻	直贞 梗开三 平清澄	直贞 梗开三 平清澄	诸盈 梗开三 平清章	诸盈 梗开三 平清章	书盈 梗开三 平清书	是征 梗开三 平清禅	是征 梗开三 平清禅
黎城	tɕiəŋ^{33}	tɕʰiəŋ^{213}	tɕʰiəŋ^{53}	tɕiəŋ^{33}	tɕiəŋ^{33}	ɕiəŋ^{33}	tɕʰiəŋ^{53}	tɕʰiəŋ^{53}
平顺	tɕẼ^{213}	tsʰəŋ^{13}	tsʰəŋ^{13}	tsəŋ^{213}	tsəŋ^{213}	səŋ^{213}	tsʰəŋ^{13}	tsʰəŋ^{13}
壶关	tʂəŋ^{33}	tʂʰəŋ^{13}	tʂʰəŋ^{13}	tʂəŋ^{33}	tʂəŋ^{33}	ʂəŋ^{33}	tʂʰəŋ^{13}	tʂʰəŋ^{13}
沁县	tsə̃^{224}	tsʰə̃^{33}	tsʰə̃^{33}	tsə̃^{224}	tsə̃^{224}	sə̃^{224}	tsʰə̃^{33}	tsʰə̃^{33}
武乡	tsɐŋ^{113}	tsʰɐŋ^{33}	tsʰɐŋ^{33}	tsɐŋ^{113}	tsɐŋ^{113}	sɐŋ^{113}	tsʰɐŋ^{33}	tsʰɐŋ^{33}
沁源	tʂə̃^{324}	tʂʰə̃^{33}	tʂʰə̃^{33}	tʂə̃^{324}	tʂə̃^{324}	ʂʅ^{324} 白 / ʂə̃^{324} 文	tʂʰə̃^{33}	tʂʰə̃^{33}
安泽	tsəŋ^{21}	tsʰəŋ^{35}	tsʰəŋ^{35}	tsəŋ^{21}	tsəŋ^{21}	səŋ^{21}	tsʰəŋ^{35}	tsʰəŋ^{35}
沁水端氏	tsəŋ^{21}	tsʰəŋ^{24}	tsʰəŋ^{24}	tsəŋ^{21}	tsəŋ^{21}	səŋ^{21}	tsʰəŋ^{24}	tsʰəŋ^{24}
阳城	tʂə̃ĩ^{224}	tʂʰə̃ĩ^{22}	tʂʰə̃ĩ^{22}	tʂə̃ĩ^{224}	tʂɑ̃ŋ^{224}	ʂə̃ĩ^{224}	tʂʰə̃ĩ^{22}	tʂʰɑ̃ŋ^{22}
高平	tʂə̃ĩ^{33}	tʂʰə̃ŋ^{33}	tʂʰə̃ŋ^{33}	tʂə̃ŋ^{33}	tʂə̃ŋ^{33}	ʂə̃ŋ^{33}	tʂʰə̃ŋ^{33}	tʂʰə̃ŋ^{33}
陵川	tʂə̃ĩ^{33}	tʂʰəŋ^{53}	tʂʰəŋ^{53}	tʂəŋ^{33}	tʂəŋ^{33}	ʂəŋ^{33}	tʂʰəŋ^{53}	tʂʰəŋ^{53}
晋城	tʂɐ̃^{33}	tʂʰɐ̃^{324}	tʂʰɐ̃^{324}	tʂɐ̃^{33}	tʂɐ̃^{33}	ʂɐ̃^{33}	tʂʰɐ̃^{324}	tʂʰɐ̃^{324}
忻府	tʂəŋ^{313}	tʂʰəŋ^{21}	tʂʰəŋ^{21}	tsɿ^{313} 白 / tsəŋ^{313} 文	tʂəŋ^{313}	ʂʅ^{313} 白 / ʂəŋ^{313} 文	tʂʰəŋ^{21}	tʂʰʅ^{21} 白 / tʂʰəŋ^{21} 文
原平	tʂəŋ^{213}	tʂʰəŋ^{33}	tʂʰəŋ^{33}	tʂʅ^{213} 白 / tʂəŋ^{213} 文	tʂəŋ^{213}	ʂʅ^{213} 白 / ʂəŋ^{213} 文	tʂʰəŋ^{33}	tʂʰəŋ^{33}
定襄	tʂəŋ^{24}	tsʰəŋ^{11}	tsʰəŋ^{11}	tsəŋ^{24}	tsəŋ^{24}	ʂʅ^{24}	tsʰəŋ^{11}	tʂʰəŋ^{11}
五台	tsən^{213}	tsʰən^{33}	tsʰən^{33}	tsɿ^{213}	tsən^{213}	sən^{213}/sɿ^{213}	tsʰən^{33}	tsʰən^{33}
岢岚	tsəŋ^{13}	tʂʰəŋ^{44}	tʂʰəŋ^{44}/tsʰɿ^{44}	tʂəŋ^{13}	tʂəŋ^{13}	səŋ^{13}	tʂʰəŋ^{44}	tʂʰəŋ^{44}
五寨	tsəɣ̃^{13}	tsʰəɣ̃^{44}	tsʰəɣ̃^{44}/ tsʰɿ^{44} 姓	tsəɣ̃^{13}	tsəɣ̃^{13}	səɣ̃^{13}	tsʰəɣ̃^{44}	tsʰəɣ̃^{44}
宁武	tsɤɯ^{23}	tsʰɤɯ^{33}	tsʰɤɯ^{33}	——	tsɤɯ^{23}	sɤɯ^{23}	tsʰɤɯ^{33}	tsʰɤɯ^{33}
神池	tsə̃^{24}	tsʰə̃^{32}	tsʰə̃^{32}	tsə̃^{24}	tsə̃^{24}	sə̃^{24}	tsʰə̃^{32}	tsʰə̃^{32}
繁峙	tsəŋ^{53}	tsʰəŋ^{31}	tsʰəŋ^{31}	tsəŋ^{53}	tsəŋ^{53}	səŋ^{53}	tsʰəŋ^{31}	tsʰəŋ^{31}
代县	tsɤŋ^{213}	tsʰɤŋ^{44}	tsʰɤŋ^{44}	tsɤŋ^{213}	tsɤŋ^{213}	sɤŋ^{213}	tsʰɤŋ^{44}	tsʰɤŋ^{44}
河曲	tʂɤŋ^{213}	tʂʰɤŋ^{44}	tʂʰɤŋ^{44}	tʂɤŋ^{213}	tʂɤŋ^{213}	ʂɤŋ^{213}	tʂʰɤŋ^{44}	tʂʰɤŋ^{44}
保德	tʂəŋ^{213}	tʂʰəŋ^{44}	tʂʰəŋ^{44}	tʂəŋ^{213}	tʂəŋ^{213}	ʂəŋ^{213}	tʂʰəŋ^{44}	tʂʰəŋ^{44}
偏关	tʂɤŋ^{24}	tʂʰɤŋ^{44}	tʂʰɤŋ^{44}	tʂɤŋ^{24}	tʂɤŋ^{24}	ʂɤŋ^{24}	tʂʰɤŋ^{44}	tʂʰɤŋ^{44}
朔城	tsə̃^{312}	tsʰə̃^{35}	tsʰə̃^{35}	tsə̃^{312}	tsə̃^{312}	sə̃^{312}	tsʰə̃^{35}	tsʰə̃^{35}
平鲁	tsəɯ^{213}	tsʰəɯ^{44}	tsʰəɯ^{44}	tsəɯ^{213}	——	——	tsʰəɯ^{44}	tsʰəɯ^{44}
应县	tsəŋ^{43}	tsʰəŋ^{31}	tsʰəŋ^{31}	tsəŋ^{24}	tsəŋ^{24}	səŋ^{43}/səŋ^{24}	tsʰəŋ^{31}	tsʰəŋ^{31}

续表

字目	侦	呈	程	正~月	征~伐	声	成	城
中古音 方言点	丑贞 梗开三 平清彻	直贞 梗开三 平清澄	直贞 梗开三 平清澄	诸盈 梗开三 平清章	诸盈 梗开三 平清章	书盈 梗开三 平清书	是征 梗开三 平清禅	是征 梗开三 平清禅
灵丘	tsəŋ^{442}	tsʰəŋ^{31}	tsʰəŋ^{31}	tsəŋ^{442}	tsəŋ^{442}	səŋ^{442}	tsʰəŋ^{31}	tsʰəŋ^{31}
浑源	tsə̃^{52}	tsʰə̃^{22}	tsʰə̃^{22}	tsə̃^{52}	tsə̃^{52}	sə̃^{52}	tsʰə̃^{22}	tsʰə̃^{22}
云州	tʂəɣ^{21}	tʂʰəɣ^{312}	tʂʰəɣ^{312}	tsəɣ^{24}	tsəɣ^{21}	ʂəɣ^{21}	tʂʰəɣ^{312}	tʂʰəɣ^{312}
新荣	tʂɤɣ^{32}	tʂʰɤɣ^{312}	tʂʰɤɣ^{312}	tʂɤɣ^{32}	tʂɤɣ^{32}	ʂɤɣ^{32}	tʂʰɤɣ^{312}	tʂʰɤɣ^{312}
怀仁	tsəŋ^{42}	tsʰəŋ^{312}	tsʰəŋ^{312}	tsəŋ^{42}	tsəŋ^{42}	səŋ^{42}	tsʰəŋ^{312}	tsʰəŋ^{312}
左云	tsəɣ^{31}	tsʰəɣ^{313}	tsʰəɣ^{313}	tsəɣ^{31}	tsəɣ^{31}	səɣ^{31}	tsʰəɣ^{313}	tsʰəɣ^{313}
右玉	tʂə̃ɣ^{31}	tʂʰə̃ɣ^{212}	tʂʰə̃ɣ^{212}	tʂə̃ɣ^{31}	tʂə̃ɣ^{31}	ʂə̃ɣ^{31}	tʂʰə̃ɣ^{212}	tʂʰə̃ɣ^{212}
阳高	tsəŋ^{31}	tsʰəŋ^{312}	tsʰəŋ^{312}	tsəŋ^{31}	tsəŋ^{31}	səŋ^{31}	tsʰəŋ^{312}	tsʰəŋ^{312}
山阴	tʂə̃^{313}	tʂʰə̃^{313}	tʂʰə̃^{313}	tʂə̃^{313}	——	ʂə̃^{313}	tʂʰə̃^{313}	tʂʰə̃^{313}
天镇	tsɤɣ^{31}	tsʰɤɣ^{22}	tsʰɤɣ^{22}	tsɤɣ^{31}	tsɤɣ^{31}	sɤɣ^{31}	tsʰɤɣ^{22}	tsʰɤɣ^{22}
平定	tʂɤŋ^{31}	tʂʰɤŋ^{44}	tʂʰɤŋ^{44}	tʂɤŋ^{31}	tʂɤŋ^{53}	ʂɤŋ^{31}	tʂʰɤŋ^{44}	tʂʰɤŋ^{44}
昔阳	tʂəŋ^{42}	tʂʰəŋ^{33}	tʂʰəŋ^{33}	tʂəŋ^{42}	tʂəŋ^{42}	ʂəŋ^{42}	tʂʰəŋ^{33}	tʂʰəŋ^{33}
左权	——	tʂʰəŋ^{11}	tʂʰəŋ^{11}	tʂəŋ^{31}	tʂəŋ^{31}	ʂəŋ^{31}	tʂʰəŋ^{11}	tʂʰəŋ^{11}
和顺	tʂəŋ^{42}	tʂʰəŋ^{22}	tʂʰəŋ^{22}	tʂəŋ^{42}	tʂəŋ^{42}	ʂəŋ^{42}	tʂʰəŋ^{22}	tʂʰəŋ^{22}
尧都	tʂə̃^{21}	tʂʰəŋ^{24}	tʂʰəŋ^{24}	tʂɤ^{21}	tsəŋ^{21}	ʂəŋ^{21}	tʂʰəŋ^{24}	tʂʰɤ^{24} 白 / tʂʰəŋ^{24} 文
洪洞	tʂen^{33}	tʂʰeŋ^{42}	tʂʰe^{24} 白 / tʂʰeŋ^{24} 文	tʂe^{21} 白 / tʂeŋ^{21} 文	tʂeŋ^{21}	ʂe^{21} 白 / ʂeŋ^{21} 文	tʂʰeŋ^{24}	tʂʰeŋ^{24} 文
洪洞赵城	tʂeŋ^{21}	tʂʰeŋ^{24}	tʂʰɤ^{24} 白 / tʂʰeŋ^{24} 文	tʂɤ^{21} 白 / tʂeŋ^{21} 文	tʂeŋ^{21}	ʂɤ^{21} 白 / ʂeŋ^{21} 文	tʂʰeŋ^{24}	tʂʰeŋ^{24}
古县	tʂen^{21}	tʂʰəŋ^{35}	tʂʰəŋ^{35}	tʂəŋ^{21}	tʂəŋ^{21}	sɛ^{21} 白 / ʂəŋ^{21} 文	tʂʰəŋ^{35}	tʂʰəŋ^{35}
襄汾	tʂen^{24}	tʂʰeŋ^{24}	tʂʰeŋ^{24}	tʂə^{21}	tʂeŋ^{21}	ʂeŋ^{21}	tʂʰeŋ^{24}	tʂʰeŋ^{24}
浮山	tʂẽĩ^{13}	tʂʰeŋ^{42}	tʂʰɤ^{13} 文	tʂɤ^{42}	tʂeŋ^{42}	ʂeŋ^{42}	tʂʰeŋ^{13}	tʂʰeŋ^{13}
霍州	tʂəŋ^{212}	tʂʰəŋ^{35}	tʂʰəŋ^{35}	tʂʅ^{212} 白 / tʂəŋ^{212} 文	tʂəŋ^{212}	ʂʅ^{212} 白 / ʂəŋ^{212} 文	ʂʅ^{35} 白 / tʂʰəŋ^{35} 文	tʂʰəŋ^{35}
翼城	tʂəŋ^{53}	tʂʰɤ^{53}/ tʂʰəŋ^{53}	tʂʰəŋ^{53}	tʂəŋ^{53}	tʂəŋ^{53}	tʂʰəŋ^{53}	tʂʰəŋ^{12}	tʂʰɤ^{12}/ tʂʰəŋ^{12}
闻喜	tsẽĩ^{53}	tsʰəŋ^{13}	tsʰəŋ^{13}	tsəŋ^{53}	tsəŋ^{53}	səŋ^{53}	tsʰəŋ^{13}	sɿ^{13} 白 / tsʰəŋ^{13} 文
侯马	tʂeĩ^{213}	tʂʰɤ^{213}	tʂʰeĩ^{213}	tʂəŋ^{213}	tʂəŋ^{213}	ʂəŋ^{213}	ʂiɛ^{213} 白 / səŋ^{213} 文	ʂiɛ^{213} 白 / tʂʰəŋ^{213} 文
新绛	tʂɛ̃^{53}	tʂʰəŋ^{13}	tʂʰəŋ^{13}	tʂəŋ^{53}	tʂəŋ^{53}	ʂie^{53}	tʂʰəŋ^{13}	tʂʰəŋ^{13}

续表

字目	侦	呈	程	正~月	征~伐	声	成	城
中古音 / 方言点	丑贞 梗开三 平清彻	直贞 梗开三 平清澄	直贞 梗开三 平清澄	诸盈 梗开三 平清章	诸盈 梗开三 平清章	书盈 梗开三 平清书	是征 梗开三 平清禅	是征 梗开三 平清禅
绛县	tʂʌŋ^{53}	tʂʰʌŋ^{24}	tʂʰʌŋ^{24}	tʂʌŋ^{53}	tʂʌŋ^{53}	ʂiɪ^{53} 白 / ʂʌŋ^{53} 文	tʂʰʌŋ^{24}	tʂeĩ^{24}/tʂʰʌŋ^{24}
垣曲	tʂə̃^{22}	tʂʰəŋ^{22}	tʂʰəŋ^{22}	tʂəŋ^{22}	tʂəŋ^{22}	ʂiɛ^{22} 白 / ʂəŋ^{22} 文	tʂʰəŋ^{22}	tʂʰəŋ^{22}
夏县	tʂəŋ^{53}	tʂʰəŋ^{42}	tʂʰəŋ^{42}	tʂəŋ^{53}	tʂəŋ^{53}	ʂəŋ^{53}	tʂʰəŋ^{42}	tʂʰəŋ^{42}
万荣	tʂei^{51}	tʂʰaŋ^{213}	tʂʰaŋ^{213}	tʂaŋ^{51}	tʂaŋ^{51}	ʂiɛ^{51} 白 / ʂaŋ^{51} 文	tʂʰaŋ^{213}	tʂʰaŋ^{213}
稷山	tʂə̃^{53}	tʂʰʌŋ^{13}	tʂʰʌŋ^{13}	tʂʌŋ^{53}	tʂʌŋ^{53}	ʂiɛ^{53} 白 / ʂʌŋ^{53} 文	tʂʰʌŋ^{13}	tʂʰʌŋ^{13}
盐湖	tʂeĩ^{42}	tʂʰəŋ^{13}	tʂʰəŋ^{13}	tʂəŋ^{42}	tʂəŋ^{42}	ʂəŋ^{42}	tʂʰəŋ^{13}	tʂʰəŋ^{13}
临猗	tʂeĩ^{42}	tʂʰəŋ^{13}	tʂʰəŋ^{13}	tʂəŋ^{42}	tʂəŋ^{42}	ʂɤ^{42} 白 / ʂəŋ^{42} 文	tʂʰəŋ^{13}	tʂʰəŋ^{13}
河津	tʂəŋ^{31}	tʂʰəŋ^{324}	tʂʰəŋ^{324}	tʂəŋ^{31}	tʂəŋ^{31}	ʂɤ^{31} 白 / ʂəŋ^{31} 文	tʂʰəŋ^{324}	tʂʰəŋ^{324}
平陆	tʂei^{31}	tʂʰeŋ^{13}	tʂʰeŋ^{13}	tʂeŋ^{31}	tʂeŋ^{31}	ʂeŋ^{31}	tʂʰeŋ^{13}	tʂʰeŋ^{13}
永济	tʂəŋ^{31}	tʂʰəŋ^{24}	tʂʰəŋ^{24}/ tʂʰəŋ^{44}	tʂʅe^{44} 白 / tʂəŋ^{31} 文 / tʂəŋ^{44}	tʂəŋ^{31}	ʂʅe^{31} 白 / ʂəŋ^{31} 文	tʂʰəŋ^{24}	tʂʰəŋ^{24}
芮城	tʂəŋ^{42}	tʂʰəŋ^{13}	tʂəŋ^{13}	tʂəŋ^{42}	tʂəŋ^{42}	ʂɤ^{42} 白 / ʂəŋ^{42} 文	tʂʰəŋ^{13}	tʂʰəŋ^{13}
吉县	tʂei^{423}	tʂʰəŋ^{13}	tʂʰəŋ^{13}	tʂəŋ^{423}	tʂəŋ^{423}	ʂɛ^{423} 白 / ʂəŋ^{423} 文	tʂʰəŋ^{13}	ʂɛ^{13} 白 / tʂʰəŋ^{13} 文
乡宁	tʂəŋ^{53}	tʂʰəŋ^{12}	tʂʰəŋ^{12}	tʂəŋ^{53}	tʂəŋ^{53}	ʂiᴇ^{53} 白 / ʂəŋ^{53} 文	tʂʰɤ^{12} 白 / tʂʰəŋ^{12} 文	tʂʰəŋ^{12}
广灵	tsəŋ^{53}	tsʰəŋ^{31}	tsʰəŋ^{31}	tsəŋ^{53}	tsəŋ^{53}	səŋ^{53}	tsʰəŋ^{31}	tsʰəŋ^{31}

字目	诚	盛~满	轻	婴	缨	盈	赢	秉
中古音 / 方言点	是征 梗开三 平清禅	是征 梗开三 平清禅	去盈 梗开三 平清溪	於盈 梗开三 平清影	於盈 梗开三 平清影	以成 梗开三 平清以	以成 梗开三 平清以	兵永 梗开三 上梗帮
北京	tʂʰəŋ^{35}	tʂʰəŋ^{35}	tɕʰiŋ^{55}	iŋ^{55}	iŋ^{55}	iŋ^{35}	iŋ^{35}	piŋ^{214}
小店	tsʰəŋ^{11}	sʅ^{11}白/səŋ^{24}文	tɕʰi^{11}白/tɕʰiə̃^{11}文	iə̃^{11}	——	iə̃^{11}	iə̃^{11}	piə̃^{53}
尖草坪	tsʰʌŋ^{33}	tsʰʌŋ^{33}	tɕʰi^{33}白/tɕʰiʌŋ^{33}文	iʌŋ^{33}	iʌŋ^{33}	iʌŋ^{33}	iʌŋ^{33}	piʌŋ^{312}
晋源	tsʰəŋ^{11}	tsʰəŋ^{11}	tɕʰin^{11}	in^{11}	in^{11}	in^{11}	i^{11}	pin^{42}
阳曲	tsʰə̃^{43}	tsʰə̃^{43}	tɕʰi^{312}白/tɕʰiə̃^{312}文	iə̃^{312}	iə̃^{312}	iə̃^{43}	y^{43}白/iə̃^{43}文	piə̃^{312}
古交	tsʰəŋ^{44}	tsʰəŋ^{44}	tɕʰi^{44}白/tɕʰiəŋ^{44}文	iəŋ^{44}	iəŋ^{44}	iəŋ^{44}	i^{44}白/iəŋ^{44}文	piəŋ^{312}
清徐	tsʰəŋ^{11}	sʅ^{11}白/tsʰəŋ^{11}文	tɕʰiəŋ^{11}	iəŋ^{11}	iəŋ^{11}	iəŋ^{11}	i^{11}白/iəŋ^{11}文	piəŋ^{54}
娄烦	tsʰəŋ^{33}	——	tɕʰiəŋ^{33}	iəŋ^{33}	iəŋ^{33}	iəŋ^{33}	iəŋ^{33}	piəŋ^{312}
榆次	tsʰɤ̃^{11}	sɤ̃^{35}	tɕʰiɤ̃^{11}/tɕʰi^{11}	iɤ̃^{11}	iɤ̃^{11}	iɤ̃^{11}	iɤ̃^{11}	piɤ̃^{53}
交城	tsʰə̃^{11}	sɤɯ^{11}	tɕʰi^{11}白/tɕʰiə̃^{11}文	iə̃^{11}	iə̃^{11}	iə̃^{11}	iə̃^{11}	piə̃^{53}
文水	tsʰɔŋ^{22}	sʅ^{22}白/tsʰɔŋ^{22}文	tɕʰiɔŋ^{22}	iɔŋ^{22}	iɔŋ^{22}	iɔŋ^{22}	ʅ^{22}白/iɔŋ^{22}文	piɔŋ^{423}
祁县	tʂʰɔõ^{31}	ʂʅ^{31}白/tʂʰɔõ^{31}文	tʂʰʅ^{31}白/tɕʰiɔõ^{31}文	iɔõ^{31}	iɔõ^{31}	iɔõ^{31}	ʅ^{31}白/iɔõ^{31}文	piɔõ^{314}
太谷	tsʰə̃^{33}	sʅ^{33}白/tsʰə̃^{33}文	tɕʰiə̃^{33}	iə̃^{33}	iə̃^{33}	iə̃^{33}	i^{33}白/iə̃^{33}文	piə̃^{312}
平遥	tʂəŋ^{213}	ʂʅ^{213}	tɕʰiəŋ^{213}	iəŋ^{213}	iəŋ^{213}	iəŋ^{213}	i^{213}	piəŋ^{512}
孝义	tʂʰə̃^{33}	ʂʅ^{33}	tɕʰiə̃^{33}	iə̃^{33}	iə̃^{33}	iə̃^{33}	i^{33}	piə̃^{312}
介休	tʂʰəŋ^{13}	tʂʰəŋ^{13}文	tɕʰin^{13}	in^{13}	in^{13}	in^{13}	i^{13}白/in^{13}文	pin^{423}
灵石	tsʰəŋ^{44}	——	tɕʰiŋ^{535}	iŋ^{535}	iŋ^{535}	iŋ^{44}	i^{44}/iŋ^{44}	piŋ^{212}
盂县	tsʰə̃^{22}	tsʰə̃^{22}	tɕʰiə̃^{412}	iə̃^{412}	iə̃^{412}	iə̃^{22}	i^{22}白/iə̃^{22}文	piə̃^{53}
寿阳	tsʰə̃^{22}	sʅ^{22}/tsʰə̃^{22}	tɕʰiə̃^{31}	iə̃^{31}	iə̃^{31}	iə̃^{22}	iə̃^{22}	piə̃^{53}
榆社	tsʰɛɪ^{22}	tsʰɛɪ^{22}	tɕʰieɪ^{22}	ieɪ^{22}	ieɪ^{22}	ieɪ^{22}	ieɪ^{22}	pieɪ^{312}
离石	tsʰəŋ^{44}	ʂʅr^{44}	tɕʰiəŋ^{24}	iəŋ^{24}	iəŋ^{24}	iəŋ^{44}	ʅ^{44}白/iəŋ^{44}文	piəŋ^{312}
汾阳	tʂʰəŋ^{22}	ʂʅ^{22}白/tʂʰəŋ^{22}文	tɕʰiẼ^{324}	iẼ^{324}	iẼ^{324}	iẼ^{22}	zʅ^{22}白/iẼ^{22}文	piẼ^{312}
中阳	tsʰə̃^{33}	ʂɤ^{33}	tɕʰiə̃^{24}	iə̃^{24}	iə̃^{24}	iə̃^{33}	i^{33}白/iə̃^{33}文	piə̃^{423}
柳林	tsʰə̃^{44}	sɛe^{44}	tɕʰiə̃^{24}	iə̃^{24}	iə̃^{24}	iə̃^{44}	i^{24}	piə̃^{312}
方山	tsʰə̃ŋ^{44}	ʂʅ^{44}	tɕʰiə̃ŋ^{24}	iə̃ŋ^{24}	iə̃ŋ^{24}	iə̃ŋ^{44}	iə̃ŋ^{44}	piə̃ŋ^{312}

续表

字目	诚	盛~满	轻	婴	缨	盈	赢	秉
中古音 方言点	是征 梗开三 平清禅	是征 梗开三 平清禅	去盈 梗开三 平清溪	於盈 梗开三 平清影	於盈 梗开三 平清影	以成 梗开三 平清以	以成 梗开三 平清以	兵永 梗开三 上梗帮
临县	tʂʰə̃^{24}	tʂʰə̃^{24}	tɕʰiə̃^{24}	iə̃^{24}	iə̃^{24}	iə̃^{33}	iə̃^{33}	piə̃^{312}
兴县	tʂʰəŋ^{55}	tʂʰəŋ^{324}	tɕʰi^{324}白 / tɕʰiəŋ^{324}文	iəŋ^{324}	i^{53}白 / iəŋ^{324}文	iəŋ^{55}	i^{55}白 / iəŋ^{55}文	piəŋ^{324}
岚县	tsʰəŋ^{44}	sɿ^{53}白 / səŋ^{53}文	tɕʰi^{214}白 / tɕʰiəŋ^{214}文	iəŋ^{214}	iəŋ^{214}	iəŋ^{44}	i^{44}	piəŋ^{312}
静乐	tsʰɤ̃^{33}	sɤ̃^{53}	tɕʰiɤ̃^{24}	iɤ̃^{24}	iɤ̃^{24}	iɤ̃^{33}	iɤ̃^{24}	piɤ̃^{314}
交口	tsʰəŋ^{44}	sə^{44}白 / tsʰəŋ^{44}文	tɕʰiɛ^{323}白 / tɕʰiəŋ^{323}文	iəŋ^{323}	iəŋ^{323}	iəŋ^{44}	iɛ^{44}白 / iəŋ^{44}文	piəŋ^{323}
石楼	tʂʰəŋ^{44}	ʂə^{44}	tɕʰiɛ^{213}白 / tɕʰiəŋ^{213}文	iəŋ^{213}	iəŋ^{213}	iəŋ^{44}	iɛ^{44}白 / iəŋ^{44}文	piəŋ^{213}
隰县	tsʰəŋ^{24}	tsʰəŋ^{24}	tɕʰiɛ^{53}白 / tɕʰiəŋ^{53}文	iəŋ^{53}	iəŋ^{53}	iəŋ^{24}	iɛ^{24}白 / iəŋ^{24}文	piəŋ^{21}
大宁	——	ʂɤ^{24}白	tɕʰie^{31}白 / tɕʰiən^{31}文	iən^{31}	iən^{31}	iən^{24}	ie^{24}白 / iən^{24}文	piən^{31}
永和	tʂʰəŋ^{35}	——	tɕʰie^{33}白 / tɕʰiəŋ^{33}文	iəŋ^{33}	iəŋ^{33}	iəŋ^{35}	iəŋ^{35}	piəŋ^{312}
汾西	tsəŋ^{35}/sei^{35}	sei^{35}白	tɕʰi^{11}白 / tɕʰiəŋ^{11}文	iəŋ^{11}	iəŋ^{11}	iəŋ^{35}	i^{35}白 / iəŋ^{35}文	——
蒲县	tʂʰəŋ^{24}	tʂʰəŋ^{24}	tɕʰiɛ^{52}白 / tɕʰiŋ^{52}文	iŋ^{52}	iŋ^{52}	iŋ^{24}	iɛ^{24}	piŋ^{31}
潞州	tsʰəŋ^{24}	tsʰəŋ^{24}	tɕʰiŋ^{312}	iŋ^{312}	iŋ^{312}	iŋ^{24}	iŋ^{24}	piŋ^{535}
上党	tsʰəŋ^{44}	tsʰəŋ^{44}	tɕʰiŋ^{213}	iŋ^{213}	iŋ^{213}	iŋ^{44}	iŋ^{44}	piŋ^{535}
长子	tsʰəŋ^{24}	tsʰəŋ^{24}	tɕʰiŋ^{312}	iŋ^{312}	iŋ^{312}	iŋ^{24}	iŋ^{24}	piŋ^{312}
屯留	tsʰəŋ^{11}	tsʰəŋ^{11}	tɕʰiəŋ^{31}	iəŋ^{31}	iəŋ^{31}	iəŋ^{11}	iəŋ^{11}	piəŋ^{43}
襄垣	tsʰəŋ^{31}	tsʰəŋ^{31}	tɕʰiəŋ^{33}	iəŋ^{33}	iəŋ^{33}	iəŋ^{31}	iəŋ^{31}	piəŋ^{42}
黎城	tɕʰiəŋ^{53}	ɕiəŋ^{53}	cʰiəŋ^{33}	iəŋ^{33}	iəŋ^{33}	iəŋ^{33}	iəŋ^{53}	piəŋ^{213}
平顺	tsʰəŋ^{13}	səŋ^{53}	cʰiŋ^{213}	iŋ^{213}	iŋ^{213}	iŋ^{13}	iŋ^{13}	piŋ^{434}
壶关	tʂʰəŋ^{13}	tʂʰəŋ^{13}	cʰiŋ^{33}	iŋ^{33}	iŋ^{33}	iŋ^{13}	iŋ^{13}	piŋ^{535}
沁县	tsʰə̃^{33}	tsʰə̃^{214}	tɕʰiə̃^{224}	iə̃^{224}	iə̃^{224}	iə̃^{33}	iə̃^{33}	piə̃^{214}
武乡	tsʰɐŋ^{33}	tsʰɐŋ^{33}	tɕʰiɐŋ^{113}	iɐŋ^{113}	iɐŋ^{113}	iɐŋ^{33}	iɐŋ^{33}	piɐŋ^{213}
沁源	tʂʰə̃^{33}	tʂʰə̃^{33}	tɕʰiə̃^{324}	iə̃^{324}	iə̃^{324}	iə̃^{33}	i^{33}白 /iə̃^{33}文	piə̃^{324}
安泽	tsʰəŋ^{35}	tsʰəŋ^{35}	tɕʰiəŋ^{21}	iəŋ^{21}	iəŋ^{21}	iəŋ^{35}	iəŋ^{35}	piəŋ^{42}
沁水端氏	tsʰəŋ^{24}	səŋ^{53}	tɕʰiŋ^{21}	iŋ^{21}	iŋ^{21}	iŋ^{24}	iŋ^{24}	piŋ^{31}

续表

字目	诚	盛~满	轻	婴	缨	盈	赢	秉
中古音 / 方言点	是征 梗开三 平清禅	是征 梗开三 平清禅	去盈 梗开三 平清溪	於盈 梗开三 平清影	於盈 梗开三 平清影	以成 梗开三 平清以	以成 梗开三 平清以	兵永 梗开三 上梗帮
阳城	tʂʰə̃ĩ^{22}	ɕiə̃ĩ^{22}白 / tʂʰə̃ĩ^{22}文	cʰiə̃ĩ^{224}	iə̃ĩ^{224}	iə̃ĩ^{224}	iə̃ĩ^{22}	iə̃ĩ^{22}	piə̃ĩ^{212}
高平	tʂʰə̃ŋ^{33}	tʂʰə̃ŋ^{33}	cʰiə̃ŋ^{33}	iə̃ŋ^{33}	iə̃ŋ^{33}	iə̃ŋ^{33}	iə̃ŋ^{33}	piə̃ŋ^{212}
陵川	tʂʰəŋ^{53}	tʂʰəŋ^{53}	cʰiɒŋ^{33}	iŋ^{33}	iŋ^{33}	iŋ^{53}	iŋ^{53}	piŋ^{312}
晋城	tʂʰɐ̃^{324}	tʂʰɐ̃^{324}	tɕʰiẽ^{33}	iẽ^{33}	iẽ^{33}	iẽ^{324}	iẽ^{324}	piẽ^{213}
忻府	tʂʰəŋ^{21}	tʂʰəŋ^{21}	tɕʰi^{313}白 / tɕʰiəŋ^{313}文	iəŋ^{313}	iəŋ^{313}	iəŋ^{21}	i^{21}白 /iəŋ^{21}文	piəŋ^{313}
原平	tʂʰəŋ^{33}	tʂʰəŋ^{33}	tɕʰi^{213}白 / tɕʰiəŋ^{213}文	iəŋ^{213}	iəŋ^{213}	iəŋ^{33}	i^{33}白 /iəŋ^{33}文	piəŋ^{213}
定襄	tsʰəŋ^{11}	tsʰəŋ^{11}	tɕʰiəŋ^{24}	iəŋ^{24}	iəŋ^{24}	iəŋ^{11}	y^{11}	piəŋ^{24}
五台	tsʰən^{33}	sən^{52}	tɕʰiən^{213}/ tɕʰi^{213}	iən^{213}	iən^{213}	iən^{33}	iən^{33}	piən^{213}
岢岚	tʂʰəŋ^{44}	tʂʰəŋ^{44}	tɕʰiəŋ^{13}	iəŋ^{13}	iəŋ^{13}	iəŋ^{44}	iəŋ^{44}	piəŋ^{13}
五寨	tsʰəɣ̃^{44}	tsʰəɣ̃^{44}	tɕʰiəɣ̃^{13}	iəɣ̃^{13}	iəɣ̃^{13}	iəɣ̃^{44}	iəɣ̃^{44}	piəɣ̃^{13}
宁武	tsʰɤɯ^{33}	——	tɕiɤɯ^{23}	iɤɯ^{23}	iɤɯ^{23}	iɤɯ^{33}	iɤɯ^{33}	piɤɯ^{213}
神池	tsʰə̃^{32}	tsʰə̃^{32}	tɕʰiə̃^{24}	iə̃^{24}	iə̃^{24}	iə̃^{32}	iə̃^{32}	piə̃^{13}
繁峙	tsʰəŋ^{31}	tsʰəŋ^{31}	tɕʰiəŋ^{53}	iəŋ^{53}	iəŋ^{53}	iəŋ^{31}	iəŋ^{31}	piəŋ^{53}
代县	tsʰɤŋ^{44}	sɤŋ^{53}	tɕʰiɤŋ^{213}	iɤŋ^{213}	iɤŋ^{213}	iɤŋ^{44}	iɤŋ^{44}	piɤŋ^{213}
河曲	tʂʰɤŋ^{44}	tʂʰɤŋ^{44}	tɕʰiŋ^{213}	iŋ^{213}	iŋ^{213}	tʂʰəŋ^{44}	iŋ^{44}	piŋ^{213}
保德	tʂʰəŋ^{44}	tʂʰəŋ^{44}	tɕʰiəŋ^{213}	iəŋ^{213}	iəŋ^{213}	iəŋ^{44}	iəŋ^{44}	piəŋ^{213}
偏关	tʂʰɤŋ^{44}	tʂʰɤŋ^{44}	tɕʰiɤŋ^{24}	iɤŋ^{24}	iɤŋ^{24}	iɤŋ^{44}	iɤŋ^{44}	piɤŋ^{213}
朔城	tsʰə̃^{35}	tsʰə̃^{35}	tɕʰiə̃^{312}	iə̃^{312}	iə̃^{312}	iə̃^{35}	iə̃^{35}	piə̃^{312}
平鲁	tsʰəɯ^{44}	tsʰəɯ^{44}	tɕʰiəɯ^{213}	iəɯ^{213}	iəɯ^{213}	iəɯ^{44}	iəɯ^{44}	piəɯ^{213}
应县	tsʰəŋ^{31}	tsʰəŋ^{31}	tɕʰiəŋ^{43}	iəŋ^{43}	iəŋ^{43}	iəŋ^{43}	iəŋ^{31}	piəŋ^{54}
灵丘	tsʰəŋ^{31}	tsʰəŋ^{31}	tɕʰiŋ^{442}	iŋ^{442}	iŋ^{442}	iŋ^{31}	iŋ^{31}	piŋ^{442}
浑源	tsʰə̃^{22}	tsʰə̃^{22}	tɕʰiə̃^{52}	iə̃^{52}	iə̃^{52}	iə̃^{22}	iə̃^{22}	piə̃^{52}
云州	tʂʰəɣ^{312}	tʂʰəɣ^{312}	tɕʰiəɣ^{21}	iəɣ^{21}	iəɣ^{21}	iəɣ^{312}	iəɣ^{312}	piəɣ^{55}
新荣	tʂʰɤɣ^{312}	tʂʰɤɣ^{312}	tɕʰiɣ^{32}	iɣ^{32}	iɣ^{32}	iɣ^{312}	iɣ^{312}	piɣ^{54}
怀仁	tsʰəŋ^{312}	tsʰəŋ^{312}	tɕʰiəŋ^{42}	iəŋ^{42}	iəŋ^{42}	iəŋ^{312}	iəŋ^{312}	piəŋ^{53}
左云	tsʰəɣ^{313}	tsʰəɣ^{313}	tɕʰiəɣ^{31}	iəɣ^{31}	iəɣ^{31}	iəɣ^{313}	iəɣ^{313}	piəɣ^{54}
右玉	tʂʰə̃ɣ^{212}	tʂʰə̃ɣ^{212}	tʰɕiə̃ɣ^{31}	iə̃ɣ^{31}	iə̃ɣ^{31}	iə̃ɣ^{212}	iə̃ɣ^{212}	piə̃ɣ^{53}
阳高	tsʰəŋ^{312}	tsʰəŋ^{312}	tɕʰiəŋ^{31}	iəŋ^{31}	iəŋ^{31}	iəŋ^{312}	iəŋ^{312}	piəŋ^{53}

续表

字目	诚	盛~满	轻	婴	缨	盈	嬴	秉
中古音 / 方言点	是征 梗开三 平清禅	是征 梗开三 平清禅	去盈 梗开三 平清溪	於盈 梗开三 平清影	於盈 梗开三 平清影	以成 梗开三 平清以	以成 梗开三 平清以	兵永 梗开三 上梗帮
山阴	tʂʰə̃^{313}	tʂʰə̃^{313}	tɕiə̃^{313}	iə̃^{313}	iə̃^{313}	iə̃^{313}	iə̃^{313}	piə̃^{52}
天镇	tsʰɤɣ^{22}	tsʰɤɣ^{22}	tɕʰiɤɣ^{31}	iɤɣ^{31}	iɤɣ^{31}	iɤɣ^{31}	iɤɣ^{22}	piɤɣ^{55}
平定	tʂʰɤŋ^{44}	tʂʰɤŋ^{44}	tɕʰiɤŋ^{31}	iɤŋ^{31}	iɤŋ^{31}	iɤŋ^{44}	iɤŋ^{44}	piɤŋ^{53}
昔阳	tʂʰəŋ^{33}	tʂʰəŋ^{33}	tɕʰiəŋ^{42}	iəŋ^{42}	iəŋ^{42}	iəŋ^{33}	iəŋ^{33}	piəŋ^{55}
左权	tʂʰəŋ^{11}	ʂəŋ^{11}	tɕʰiəŋ^{31}	iəŋ^{31}	iəŋ^{31}	iəŋ^{11}	iəŋ^{11}	piəŋ^{42}
和顺	tʂʰəŋ^{22}	tʂʰəŋ^{22}	tɕʰiəŋ^{42}	iəŋ^{22}	iəŋ^{22}	iəŋ^{22}	iəŋ^{22}	piəŋ^{53}
尧都	tʂʰəŋ^{24}	tʂʰəŋ^{24}	tɕʰiɛ^{21} 白 / tɕʰiəŋ^{21} 文	iəŋ^{21}	iəŋ^{21}	iəŋ^{24}	iəŋ^{24}	piəŋ^{53}
洪洞	tʂʰeŋ^{24}	tʂʰeŋ^{24}	tʰie^{21} 白 / tɕʰieŋ^{21} 文	ieŋ^{21}	ieŋ^{21}	ieŋ^{24}	ie^{24} 白 / ieŋ^{24} 文	pieŋ^{42}
洪洞赵城	tʂʰeŋ^{24}	tʂʰeŋ^{24}	tʰiɛ^{21} 白 / tɕʰieŋ^{21} 文	ieŋ^{21}	ieŋ^{21}	ieŋ^{24}	iɛ^{24} 白 / ieŋ^{24} 文	pieŋ^{42}
古县	tʂʰəŋ^{35}	ʂəŋ^{35}	tɕʰiɛ^{21} 白 / tɕʰiŋ^{21} 文	iŋ^{21}	iŋ^{21}	iŋ^{35}	iŋ^{35}	pin^{42}
襄汾	tʂʰeŋ^{24}	tʂeŋ^{24}	tɕʰie^{21} 白 / tɕʰieŋ^{21} 文	ieŋ^{21}	ieŋ^{21}	ieŋ^{24}	ie^{24} 白 / ieŋ^{24} 文	pieŋ^{42}
浮山	tʂʰeŋ^{13}	——	tɕʰieŋ^{42}	ieŋ^{42}	ieŋ^{42}	ieŋ^{13}	ieŋ^{13}	pieŋ^{33}
霍州	tʂʰəŋ^{35}	tʂʰəŋ^{35}	tɕʰi^{212} 白 / tɕʰiŋ^{212} 文	iŋ^{212}	iŋ^{212}	iŋ^{35}	ȵi^{35} 白 / iŋ^{35} 文	piŋ^{33}
翼城	tʂʰəŋ^{12}	tʂʰəŋ^{12}	tɕʰiᴇ^{53}	iŋ^{53}	iŋ^{53}	iŋ^{12}	iŋ^{12}	pəŋ^{44}
闻喜	tsʰəŋ^{13}	siᴇ^{53}	tɕʰiᴇ^{53} 白 / tɕʰiəŋ^{53} 文	iəŋ^{53}	iəŋ^{53}	iəŋ^{13}	iəŋ^{13}/ iɤ^{53}	piəŋ^{33}
侯马	tʂʰəŋ^{213}	tʂʰəŋ^{213}	tɕʰiəŋ^{213}	iəŋ^{213} 白 / iɛ^{213} 文	iəŋ^{213}	iəŋ^{213}	iəŋ^{213}	piəŋ^{44}
新绛	tʂʰəŋ^{13}	tʂʰəŋ^{13}	tɕʰie^{53}	iəŋ^{53}	iəŋ^{53}	iəŋ^{13}	iɤ^{13}	piəŋ^{44}
绛县	tʂʰʌŋ^{24}	tʂʰʌŋ^{24}	tɕʰiʌŋ^{53}	iʌŋ^{53}	iʌŋ^{53}	iʌŋ^{24}	iʌŋ^{24}	piʌŋ^{33}
垣曲	tʂʰəŋ^{22}	tʂʰəŋ^{22}	tɕʰiəŋ^{22}	iəŋ^{22}	iəŋ^{22}	iəŋ^{22}	iɛ^{22}	piəŋ^{44}
夏县	tʂʰəŋ^{42}	ʂəŋ^{31}	tɕʰiɛ^{53} 白 / tɕʰiəŋ^{53} 文	iəŋ^{53}	iəŋ^{53}	iəŋ^{42}	iɛ^{42}	piəŋ^{24}
万荣	tʂʰaŋ^{213}	ʂaŋ^{213}	tɕʰiɛ^{51} 白 / tɕiaŋ^{51} 文	iaŋ^{51}	iaŋ^{51}	iaŋ^{213}	iɤ^{213} 白 / iaŋ^{213} 文	piaŋ^{55}
稷山	tʂʰʌŋ^{13}	ʂiɛ^{53}	tɕʰiɛ^{53} 白 / tɕʰiʌŋ^{53} 文	iʌŋ^{53}	iʌŋ^{53}	iʌŋ^{13}	iɤ^{13} 白 / iʌŋ^{13} 文	piʌŋ^{44}

续表

字目	诚	盛~满	轻	婴	缨	盈	赢	秉
中古音 / 方言点	是征 梗开三 平清禅	是征 梗开三 平清禅	去盈 梗开三 平清溪	於盈 梗开三 平清影	於盈 梗开三 平清影	以成 梗开三 平清以	以成 梗开三 平清以	兵永 梗开三 上梗帮
盐湖	tʂʰəŋ^{13}	tʂʰəŋ^{13}	tɕʰiɛ^{42} 白 / tɕʰiŋ^{42} 文	iŋ^{42}	iŋ^{42}	iŋ^{13}	iŋ^{13}	piŋ^{53}
临猗	tʂʰəŋ^{13}	ʂəŋ^{13}	tɕʰiɛ^{42} 白 / tɕʰiəŋ^{42} 文	iəŋ^{42}	iəŋ^{42}	iəŋ^{13}	iɛ^{13} 白 / iəŋ^{13} 文	piəŋ^{53}
河津	tʂʰəŋ^{324}	ʂɤ^{324} 白 / tʂʰəŋ^{324} 文	tɕʰiɛ^{31} 白 / tɕʰiəŋ^{31} 文	iəŋ^{31}	iəŋ^{31}	iəŋ^{324}	iɛ^{324} 白 / iəŋ^{324} 文	piəŋ^{53}
平陆	tʂʰeŋ^{13}	tʂʰeŋ^{13}	tɕʰiɛ^{31} 白 / tɕʰiŋ^{31} 文	iŋ^{31}	iŋ^{31}	iŋ^{13}	iɛ^{13} 白 / iŋ^{13} 文	piŋ^{55}
永济	tʂʰəŋ^{24}	tʂʰəŋ^{24} 动词 / ʂəŋ^{44} 形容词	tɕʰie^{31} 白 / tɕʰiŋ^{31} 文	iŋ^{31}	iŋ^{31}	iŋ^{24}	ie^{24} 白 / iŋ^{24} 文	piŋ^{53}
芮城	tʂʰəŋ^{13}	ʂeĩ^{13}	tɕʰie^{42} 白 / tɕʰiəŋ^{42} 文	iəŋ^{42}	iəŋ^{42}	iəŋ^{13}	iɛ^{13} 白 / iəŋ^{13} 文	piəŋ^{53}
吉县	tʂʰəŋ^{13}	——	tɕʰiɛ^{423} 白 / tɕʰiəŋ^{423} 文	iəŋ^{423}	iəŋ^{423}	iəŋ^{13}	iɛ^{13}	piəŋ^{53}
乡宁	tʂʰəŋ^{12}	tʂʰəŋ^{12}	tɕʰiE^{53} 白 / tɕʰiəŋ^{53} 文	iəŋ^{53}	iəŋ^{53}	iəŋ^{12}	iɤ^{12} 白 / iəŋ^{12} 文	piəŋ^{44}
广灵	tsʰəŋ^{31}	tsʰəŋ^{31}	tɕʰiŋ^{53}	iŋ^{53}	iŋ^{53}	iŋ^{31}	iŋ^{31}	piŋ^{44}

字目	丙	景	警	境	影	饼	领	岭
中古音 / 方言点	兵永 梗开三 上梗帮	居影 梗开三 上梗见	居影 梗开三 上梗见	居影 梗开三 上梗见	於丙 梗开三 上梗影	必郢 梗开三 上静帮	良郢 梗开三 上静来	良郢 梗开三 上静来
北京	piŋ^{214}	tɕiŋ^{214}	tɕiŋ^{214}	tɕiŋ^{51}	iŋ^{214}	piŋ^{214}	liŋ^{214}	liŋ^{214}
小店	piə̃^{53}	tɕiə̃^{53}	tɕiə̃^{53}	tɕiə̃^{24}	i^{11}白/iə̃^{53}文	piə̃^{53}	li^{53}白/iə̃^{53}文	liə̃^{53}
尖草坪	piʌŋ^{312}	tɕiʌŋ^{312}	tɕiʌŋ^{312}	tɕiʌŋ^{35}	iʌŋ^{312}	piʌŋ^{312}	liʌŋ^{312}	liʌŋ^{312}
晋源	pin^{42}	tɕin^{11}	tɕin^{11}	tɕin^{35}	i^{42}	pin^{42}	li^{42}	lin^{42}
阳曲	piə̃^{312}	tɕiə̃^{312}	tɕiə̃^{312}	tɕiə̃^{454}	iə̃^{312}	pi^{312}白/piə̃^{312}文	liə̃^{312}	liə̃^{312}
古交	piəŋ^{312}	tɕiəŋ^{312}	tɕiəŋ^{312}	tɕiəŋ^{53}	i^{312}白/iəŋ^{312}文	piəŋ^{312}	liəŋ^{312}	liəŋ^{312}
清徐	piəŋ^{54}	tɕiəŋ^{54}	tɕiəŋ^{54}	tɕiəŋ^{45}	i^{54}白/iəŋ^{54}文	pi^{54}白/piəŋ^{54}文	li^{54}白/liəŋ^{54}文	liəŋ^{54}
娄烦	piəŋ^{312}	tɕiəŋ^{312}	tɕiəŋ^{312}	tɕiəŋ^{54}	iəŋ^{312}	piəŋ^{312}	li^{312}白/liəŋ^{312}文	liəŋ^{312}
榆次	piɤ̃^{53}	tɕiɤ̃^{53}	tɕiɤ̃^{53}	tɕiɤ̃^{35}	iɤ̃^{11}/i^{53}	piɤ̃^{53}	liɤ̃^{53}	liɤ̃^{53}
交城	piə̃^{53}	tɕiə̃^{53}	tɕiə̃^{53}	tɕiə̃^{24}	i^{53}白/iə̃^{53}文	pi^{53}白/piə̃^{53}文	li^{53}白/liə̃^{53}文	li^{53}白/liə̃^{53}文
文水	piəŋ^{423}	tɕiəŋ^{423}	tɕiəŋ^{423}	tɕiəŋ^{35}	ɿ^{423}白/iəŋ^{423}文	pɿ^{423}白/piəŋ^{423}文	liəŋ^{22}	liəŋ^{22}
祁县	piɔõ^{314}	tɕiɔõ^{314}	tɕiɔõ^{314}	tɕiɔõ^{45}	ɿ^{314}白/iɔõ^{314}文	pɿ^{314}白/piɔõ^{314}文	lɿ^{314}白/liɔõ^{314}文	lɿ^{314}白/liɔõ^{314}文
太谷	piə̃^{312}	tɕiə̃^{312}	tɕiə̃^{312}	tɕiə̃^{53}	i^{312}白/iə̃^{312}文	pi^{312}白/piə̃^{312}文	li^{312}白/liə̃^{312}文	liə̃^{312}
平遥	piəŋ^{512}	tɕiəŋ^{512}	tɕiəŋ^{512}	tɕiəŋ^{512}	i^{512}白/iəŋ^{512}文	pi^{512}白/piəŋ^{512}文	li^{512}白/liəŋ^{512}文	li^{512}白/liəŋ^{512}文
孝义	piə̃^{312}	tɕiə̃^{312}	tɕiə̃^{312}	tɕiə̃^{454}	i^{454}白/iə̃^{312}文	pi^{312}白/piə̃^{312}文	liə̃^{312}	liə̃^{312}
介休	pin^{423}	tɕin^{423}	tɕin^{423}	tɕin^{45}	i^{423}白/in^{423}文	pi^{423}白/pin^{423}文	lei^{423}白/lin^{423}文	lin^{13}
灵石	piŋ^{212}	tɕiŋ^{212}	tɕiŋ^{212}	tɕiŋ^{53}	iŋ^{212}	piŋ^{212}	liŋ^{212}	liŋ^{212}
盂县	piə̃^{53}	tɕiə̃^{53}	tɕiə̃^{53}	tɕiə̃^{55}	i^{53}白/iə̃^{53}文	pi^{53}白/piə̃^{53}文	lei^{53}白/liə̃^{53}文	lei^{53}白/liə̃^{53}文
寿阳	piə̃^{53}	tɕiə̃^{53}	tɕiə̃^{53}	tɕiə̃^{45}	zɿ^{53}/iə̃^{53}	pɿ^{53}/piə̃^{53}	lei^{53}/liə̃^{53}	lei^{53}/liə̃^{53}
榆社	pieɪ^{312}	tɕieɪ^{312}	tɕieɪ^{312}	tɕieɪ^{45}	ieɪ^{312}	pieɪ^{312}	lei^{312}	lei^{312}
离石	piəŋ^{312}	tɕiəŋ^{312}	tɕiəŋ^{312}	tɕiəŋ^{53}	ɿ^{53}白/iəŋ^{312}文	piəŋ^{312}	li^{312}白/liəŋ^{312}文	liəŋ^{312}
汾阳	piẼ^{312}	tɕiẼ^{312}	tɕiẼ^{312}	tɕiẼ^{55}	i^{312}白/iẼ^{312}文	piẼ^{312}	liẼ^{312}	liẼ^{312}

续表

字目	丙	景	警	境	影	饼	领	岭
中古音 / 方言点	兵永 梗开三 上梗帮	居影 梗开三 上梗见	居影 梗开三 上梗见	居影 梗开三 上梗见	於丙 梗开三 上梗影	必郢 梗开三 上静帮	良郢 梗开三 上静来	良郢 梗开三 上静来
中阳	piə̃^{423}	tɕiə̃^{423}	tɕiə̃^{423}	tɕiə̃^{53}	i^{53} 白 / iə̃^{423} 文	piə̃^{423}	li^{423} 白 / liə̃^{423} 文	liə̃^{423}
柳林	piə̃^{312}	tɕiə̃^{312}	tɕiə̃^{312}	tɕiə̃^{53}	i^{312} 白 / iə̃^{312} 文	pi^{312} 白 / piə̃^{312} 文	liə̃^{312}	liə̃^{312}
方山	piə̃ŋ^{312}	tɕiə̃ŋ^{312}	tɕiə̃ŋ^{312}	tɕiə̃ŋ^{52}	i^{52} 白 / iə̃ŋ^{312} 文	pi^{312} 白 / piə̃ŋ^{312} 文	li^{312} 白 / liə̃ŋ^{312} 文	liə̃ŋ^{312}
临县	piə̃^{312}	tɕiə̃^{312}	tɕiə̃^{312}	tɕiə̃^{52}	iə̃^{312}	piə̃^{312}	liə̃^{312}	liə̃^{312}
兴县	piəŋ^{324}	tɕiəŋ^{324}	tɕiəŋ^{324}	tɕiəŋ^{53}	i^{53} 白 / iəŋ^{324} 文	pi^{324} 白 / piəŋ^{324} 文	li^{324} 白 / liəŋ^{324} 文	li^{324} 白 / liəŋ^{324} 文
岚县	piəŋ^{312}	tɕiəŋ^{312}	tɕiəŋ^{312}	tɕiəŋ^{53}	iəŋ^{312}	piəŋ^{312}	li^{312} 白 / liəŋ^{312} 文	li^{312} 白 / liəŋ^{312} 文
静乐	piɤ̃^{314}	tɕiɤ̃^{314}	tɕiɤ̃^{314}	tɕiɤ̃^{53}	iɤ̃^{314}	piɤ̃^{314}	liɤ̃^{314}	liɤ̃^{314}
交口	piəŋ^{323}	tɕiəŋ^{323}	tɕiəŋ^{323}	tɕiəŋ^{53}	iɛ^{53} 白 / iəŋ^{323} 文	piəŋ^{323}	liɛ^{323} 白 / liəŋ^{323} 文	liəŋ^{323}
石楼	piəŋ^{213}	tɕiəŋ^{213}	tɕiəŋ^{123}	tɕiəŋ^{51}	iɛ^{51} 白 / iəŋ^{213} 文	piəŋ^{213}	liɛ^{213} 白 / liəŋ^{213} 文	liɛ^{44}/liəŋ^{213}
隰县	piəŋ^{21}	tɕiəŋ^{53}	tɕiəŋ^{21}	tɕiəŋ^{44}	iɛ^{21} 白 / iəŋ^{21} 文	piəŋ^{21}	liɛ^{21} 白 / liəŋ^{21} 文	liɛ^{21} 白 / liəŋ^{21} 文
大宁	piən^{31}	tɕiən^{55}	tɕiən^{31}	tɕiən^{55}	ȵie^{31} 白 / iən^{31} 文	piən^{31}	lie^{31} 白 / liən^{31} 文	lie^{55} 白 / liən^{31} 文
永和	piəŋ^{312}	tɕiəŋ^{312}	tɕiəŋ^{312}	tɕiəŋ^{53}	nie^{312} 白 / iəŋ^{312} 文	piəŋ^{312}	lie^{312} 白 / liəŋ^{312} 文	lie^{312} 白 / liəŋ^{312} 文
汾西	piəŋ^{11}	tɕiəŋ^{33}	tɕiəŋ^{11}	tɕiəŋ^{33}	iəŋ^{33} 文 /ni^{33}	piəŋ^{33}	li^{33} 白 / liəŋ^{33} 文	liəŋ^{33}/li^{33} 白
蒲县	piŋ^{31}	tɕiŋ^{31}	tɕiŋ^{31}	tɕiŋ^{33}	ȵiɛ^{31} 白 / iŋ^{31} 文	piŋ^{31}	liɛ^{31} 白 / liŋ^{31} 文	liŋ^{31}
潞州	piŋ^{535}	tɕiŋ^{535}	tɕiŋ^{535}	tɕiŋ^{44}	iŋ^{535}	piŋ^{535}	liŋ^{535}	liŋ^{535}
上党	piŋ^{535}	tɕiŋ^{535}	tɕiŋ^{535}	tɕiŋ^{535}	iŋ^{535}	piŋ^{535}	liŋ^{535}	liŋ^{535}
长子	piŋ^{434}	tɕiŋ^{434}	tɕiŋ^{434}	tɕiŋ^{422}	iŋ^{434}	piŋ^{434}	liŋ^{434}	liŋ^{434}
屯留	piəŋ^{43}	tɕiəŋ^{43}	tɕiəŋ^{43}	tɕiəŋ^{53}	iəŋ^{43}	piəŋ^{43}	liəŋ^{43}	liəŋ^{43}
襄垣	piəŋ^{42}	tɕiəŋ^{42}	tɕiəŋ^{42}	tɕiəŋ^{45}	iəŋ^{42}	piəŋ^{42}	liəŋ^{42}	liəŋ^{42}
黎城	piəŋ^{213}	ciəŋ^{213}	ciəŋ^{213}	ciəŋ^{53}	iəŋ^{213}	piəŋ^{213}	liəŋ^{213}	liəŋ^{213}
平顺	piŋ^{434}	ciŋ^{434}	ciŋ^{434}	ciŋ^{434}	iŋ^{434}	piŋ^{434}	liŋ^{434}	liŋ^{434}
壶关	piŋ^{535}	ciŋ^{535}	ciŋ^{535}	ciŋ^{42}	iŋ^{535}	piŋ^{535}	liŋ^{535}	liŋ^{535}
沁县	piə̃^{214}	tɕiə̃^{214}	tɕiə̃^{214}	tɕiə̃^{53}	iə̃^{214}	piə̃^{214}	liə̃^{214}	liə̃^{214}

续表

字目	丙	景	警	境	影	饼	领	岭
中古音 / 方言点	兵永 梗开三 上梗帮	居影 梗开三 上梗见	居影 梗开三 上梗见	居影 梗开三 上梗见	於丙 梗开三 上梗影	必郢 梗开三 上静帮	良郢 梗开三 上静来	良郢 梗开三 上静来
武乡	piɐŋ^{213}	tɕiɐŋ^{213}	tɕiɐŋ^{213}	tɕiɐŋ^{55}	iɐŋ^{213}	piɐŋ^{213}	liɐŋ^{213}	liɐŋ^{213}
沁源	piə̃^{324}	tɕiə̃^{324}	tɕiə̃^{324}	tɕiə̃^{53}	i^{324}白/ iə̃^{324}文	piə̃^{324}	li^{324}白/ liə̃^{324}文	liə̃^{324}
安泽	piəŋ^{42}	tɕiəŋ^{42}	tɕiəŋ^{42}	tɕiəŋ^{53}	iəŋ^{42}	piəŋ^{42}	liəŋ^{42}	liəŋ^{42}
沁水端氏	piŋ^{31}	tɕiŋ^{31}	tɕiŋ^{31}	tɕiŋ^{53}	iŋ^{31}	piŋ^{31}	liŋ^{31}	liŋ^{31}
阳城	piə̃ĩ^{212}	ciə̃ĩ^{212}	ciə̃ĩ^{212}	ciə̃ĩ^{51}	iə̃ĩ^{212}	piə̃ĩ^{212}	liə̃ĩ^{212}	liə̃ĩ^{212}
高平	piə̃ŋ^{212}	ciə̃ŋ^{212}	ciə̃ŋ^{212}	ciə̃ŋ^{53}	iə̃ŋ^{212}	piə̃ŋ^{212}	niə̃ŋ^{212}	niə̃ŋ^{212}
陵川	piŋ^{312}	ciŋ^{312}	ciŋ^{312}	ciŋ^{24}	iŋ^{312}	piŋ^{312}	liŋ^{312}	liŋ^{312}
晋城	piẽ^{213}	tɕiẽ^{213}	tɕiẽ^{213}	tɕiẽ^{53}	iẽ^{324}	piẽ^{213}	liẽ^{213}	liẽ^{213}
忻府	piəŋ^{313}	tɕiəŋ^{313}	tɕiəŋ^{313}	tɕiəŋ^{53}	i^{313}白/ iəŋ^{313}文	pi^{313}白/ piəŋ^{313}文	li^{313}白/ liəŋ^{313}文	liəŋ^{313}
原平	piəŋ^{213}	tɕiəŋ^{213}	tɕiəŋ^{213}	tɕiəŋ^{53}	i^{213}白/ iəŋ^{213}文	piəŋ^{213}	li^{213}白/ liəŋ^{213}文	liəŋ^{213}
定襄	piəŋ^{24}	tɕiəŋ^{24}	tɕiəŋ^{24}	tɕi^{53}	iəŋ^{24}	piəŋ^{24}	liəŋ^{24}	liəŋ^{24}
五台	piən^{213}	tɕiən^{213}	tɕiən^{213}	tɕiən^{52}	iən^{213}	piən^{213}/pi^{213}	liən^{213}	liən^{213}
岢岚	piəŋ^{13}	tɕiəŋ^{13}	tɕiəŋ^{13}	tɕiəŋ^{52}	iəŋ^{13}	piəŋ^{13}	liəŋ^{13}	liəŋ^{13}
五寨	piəɣ̃^{13}	tɕiəɣ̃^{13}	tɕiəɣ̃^{13}	tɕiəɣ̃^{52}	iəɣ̃^{13}	piəɣ̃^{13}	liəɣ̃^{13}	liəɣ̃^{13}
宁武	piɤɯ^{213}	tɕiɤɯ^{213}	tɕiɤɯ^{213}	tɕiɤɯ^{52}	iɤɯ^{213}	piɤɯ^{213}	liɤɯ^{213}	liɤɯ^{213}
神池	piə̃^{13}	tɕiə̃^{13}	tɕiə̃^{13}	tɕiə̃^{52}	iə̃^{13}	piə̃^{52}	liə̃^{13}	liə̃^{13}
繁峙	piəŋ^{53}	tɕiəŋ^{53}	tɕiəŋ^{53}	tɕiəŋ^{24}	iəŋ^{53}	piəŋ^{53}	liəŋ^{53}	liəŋ^{53}
代县	piɤŋ^{213}	tɕiɤŋ^{213}	tɕiɤŋ^{213}	tɕiɤŋ^{53}	iɤŋ^{213}	piɤŋ^{213}	liɤŋ^{213}	liɤŋ^{213}
河曲	piŋ^{213}	tɕiŋ^{213}	tɕiŋ^{213}	tɕiŋ^{52}	iŋ^{213}	piŋ^{213}	liŋ^{213}	liŋ^{213}
保德	piəŋ^{213}	tɕiəŋ^{213}	tɕiəŋ^{213}	tɕiəŋ^{52}	iəŋ^{213}	piəŋ^{213}	liəŋ^{213}	liəŋ^{213}
偏关	piɤŋ^{213}	tɕiɤŋ^{213}	tɕiɤŋ^{213}	tɕiɤŋ^{52}	iɤŋ^{213}	piɤŋ^{213}	liɤŋ^{213}	liɤŋ^{213}
朔城	piə̃^{312}	tɕiə̃^{312}	tɕiə̃^{312}	tɕiə̃^{53}	——	piə̃^{312}	liə̃^{312}	liə̃^{312}
平鲁	piəɯ^{213}	tɕiəɯ^{213}	tɕiəɯ^{213}	tɕiəɯ^{52}	iəɯ^{213}	——	liəɯ^{213}	liəɯ^{213}
应县	piəŋ^{54}	tɕiəŋ^{54}	tɕiəŋ^{54}	tɕiəŋ^{54}	iəŋ^{54}	piəŋ^{54}	liəŋ^{54}	liəŋ^{54}
灵丘	piŋ^{442}	tɕiŋ^{442}	tɕiŋ^{442}	tɕiŋ^{53}	iŋ^{442}	piŋ^{442}	liŋ^{442}	liŋ^{442}
浑源	piə̃^{52}	tɕiə̃^{52}	tɕə̃^{52}	tɕiə̃^{13}	iə̃^{52}	piə̃^{52}	liə̃^{52}	liə̃^{52}
云州	piəɣ^{55}	tɕiəɣ^{55}	tɕiəɣ^{55}	tɕiəɣ^{24}	iəɣ^{55}	piəɣ^{55}	liəɣ^{55}	liəɣ^{55}
新荣	piɣ^{54}	tɕiɣ^{54}	tɕiɣ^{54}	tɕiɣ^{54}	iɣ^{54}	piɣ^{54}	liɣ^{54}	liɣ^{54}
怀仁	piəŋ^{53}	tɕiəŋ^{53}	tɕiəŋ^{53}	tɕiəŋ^{24}	iəŋ^{53}	piəŋ^{53}	liəŋ^{53}	liəŋ^{53}

续表

字目	丙	景	警	境	影	饼	领	岭
中古音／方言点	兵永 梗开三 上梗帮	居影 梗开三 上梗见	居影 梗开三 上梗见	居影 梗开三 上梗见	於丙 梗开三 上梗影	必郢 梗开三 上静帮	良郢 梗开三 上静来	良郢 梗开三 上静来
左云	piəɣ^{54}	tɕiəɣ^{54}	tɕiəɣ^{54}	tɕiəɣ^{24}	iəɣ^{54}	piəɣ^{54}	liəɣ^{54}	liəɣ^{54}
右玉	piə̃ɣ^{53}	tɕiə̃ɣ^{53}	tɕiə̃ɣ^{53}	tɕiə̃ɣ^{53}	iə̃ɣ^{53}	piə̃ɣ^{53}	liə̃ɣ^{53}	liə̃ɣ^{53}
阳高	piəŋ^{53}	tɕiəŋ^{53}	tɕiəŋ^{53}	tɕiəŋ^{53}	iəŋ^{53}	piəŋ^{53}	liəŋ^{53}	liəŋ^{53}
山阴	piə̃^{52}	tɕiə̃^{52}	tɕiə̃^{52}	tɕiə̃^{52}	iə̃^{52}	piə̃^{52}	liə̃^{52}	liə̃^{52}
天镇	piɤɣ^{55}	tɕiɤɣ^{55}	tɕiɤɣ^{55}	tɕiɤɣ^{55}	iɤɣ^{55}	piɤɣ^{55}	liɤɣ^{55}	liɤɣ^{55}
平定	piɤŋ^{53}	tɕiɤŋ^{53}	tɕiɤŋ^{53}	tɕiɤŋ^{24}	iɤŋ^{53}	piɤŋ^{53}	liɤŋ^{53}	liɤŋ^{53}
昔阳	piəŋ^{55}	tɕiəŋ^{55}	tɕiəŋ^{55}	tɕiəŋ^{13}	iəŋ^{55}	piəŋ^{55}	liəŋ^{55}	liəŋ^{55}
左权	piəŋ^{42}	tɕiəŋ^{42}	tɕiəŋ^{42}	tɕiəŋ^{53}	iəŋ^{42}	piəŋ^{42}	liəŋ^{42}	liəŋ^{42}
和顺	piəŋ^{53}	tɕiəŋ^{53}	tɕiəŋ^{53}	tɕiəŋ^{13}	iəŋ^{53}	piəŋ^{53}	liəŋ^{53}	liəŋ^{53}
尧都	piəŋ^{53}	tɕiəŋ^{44}	tɕiəŋ^{44}	tɕiəŋ^{44}	ȵiε^{21}白/ iəŋ^{21}文	piəŋ^{53}	liε^{24}白/ liəŋ^{53}文	liε^{24}白/ liəŋ^{53}文
洪洞	pieŋ^{21}	tɕieŋ^{42}	tɕieŋ^{21}	tɕieŋ^{42}	ȵie^{42}白/ ieŋ^{42}文	pieŋ^{42}	lie^{42}白/ lieŋ^{42}文	lie^{42}白/ lieŋ^{42}文
洪洞赵城	pieŋ^{42}	tɕieŋ^{42}	tɕieŋ^{42}	tɕieŋ^{42}	ȵiε^{24}白/ ieŋ^{24}文	pieŋ^{42}	liε^{42}白/ lieŋ^{42}文	lieŋ^{42}
古县	piŋ^{42}	tɕiŋ^{42}	tɕiŋ^{42}	tɕiŋ^{53}	iŋ^{42}	piŋ^{42}	liε^{42}白/ liŋ^{42}文	liε^{42}白/ liŋ^{42}文
襄汾	pieŋ^{42}	tɕie^{42}白/ tɕieŋ^{42}文	tɕieŋ^{42}	tɕieŋ^{42}	ȵie^{42}白/ ieŋ^{42}文	pieŋ^{42}	lie^{42}白/ lieŋ^{42}文	lie^{42}白/ lieŋ^{42}文
浮山	pieŋ^{33}	tɕieŋ^{33}	tɕieŋ^{33}	tɕieŋ^{33}	ȵiε^{33}	pieŋ^{33}	lieŋ^{33}	liε^{33}白/ lieŋ^{33}文
霍州	piŋ^{33}	tɕiŋ^{33}	tɕiŋ^{33}	tɕiŋ^{33}	i^{33}白/iŋ^{33}文	pi^{33}白/ piŋ^{33}文	li^{33}白/ liŋ^{33}文	liŋ^{33}
翼城	pəŋ^{44}	tɕiŋ^{44}	tɕiŋ^{44}	tɕiŋ^{53}	iŋ^{44}	piŋ^{44}	liᴇ^{44}	liŋ^{44}
闻喜	piəŋ^{33}	tɕiəŋ^{33}	tɕiəŋ^{33}	tɕiəŋ^{33}	ȵiᴇ^{33}白/ iəŋ^{33}文	tiəŋ^{33}白/ piəŋ^{33}文	liᴇ^{33}白/ liəŋ^{33}文	liᴇ^{33}白/ liəŋ^{33}文
侯马	piəŋ^{44}	tɕiəŋ^{44}	tɕiε^{44}白/ tɕiəŋ^{44}文	tɕiəŋ^{53}	iəŋ^{44}	piəŋ^{44}	liəŋ^{44}	liəŋ^{44}
新绛	piəŋ^{44}	tɕiəŋ^{44}	tɕiəŋ^{44}	tɕiəŋ^{53}	ȵie^{53}白/ iəŋ^{44}文	piəŋ^{44}	liəŋ^{44}	liε^{44}/liəŋ^{44}
绛县	piʌŋ^{33}	tɕiʌŋ^{33}	tɕiʌŋ^{33}	tɕiʌŋ^{33}	ȵiʌŋ^{33}	piʌŋ^{33}/pieĩ^{33}	liʌŋ^{33}	liɪ^{33}白/ liʌŋ^{33}文
垣曲	piəŋ^{44}	tɕiəŋ^{44}	tɕiəŋ^{44}	tɕiəŋ^{53}	iəŋ^{44}	piəŋ^{44}	liε^{44}白/ liəŋ^{44}文	liəŋ^{44}

续表

字目	丙	景	警	境	影	饼	领	岭
中古音 / 方言点	兵永 梗开三 上梗帮	居影 梗开三 上梗见	居影 梗开三 上梗见	居影 梗开三 上梗见	於丙 梗开三 上梗影	必郢 梗开三 上静帮	良郢 梗开三 上静来	良郢 梗开三 上静来
夏县	piəŋ²⁴	tɕiəŋ²⁴	tɕiəŋ²⁴	tɕiəŋ³¹	ȵiɛ²⁴ 白 / iəŋ²⁴ 文	piəŋ²⁴	liɛ²⁴ 白 / liəŋ²⁴ 文	liɛ⁴² 白 / liəŋ⁴² 文
万荣	piaŋ⁵⁵	tɕiaŋ⁵⁵	tɕiaŋ⁵⁵	tɕiaŋ³³	ȵiɛ⁵⁵ 白 / iaŋ⁵⁵ 文	pʰia⁵⁵ 白 / piaŋ⁵⁵ 文	liɛ⁵⁵ 白 / liaŋ⁵⁵ 文	liɛ⁵⁵ 白 / liaŋ⁵⁵ 文
稷山	piʌŋ⁴⁴	tɕiʌŋ⁴⁴	tɕiʌŋ⁴⁴	tɕiʌŋ⁴²	ȵiɛ⁴⁴ 白 / iʌŋ⁵³ 文	piʌŋ⁴⁴	liɛ⁴⁴ 白 / liʌŋ⁴⁴ 文	liʌŋ⁴⁴
盐湖	piŋ⁵³	tɕiŋ⁵³	tɕiŋ⁵³	tɕiŋ⁴⁴	iŋ⁵³	piŋ⁵³	liɛ⁵³ 白 / liŋ⁵³ 文	liɛ⁵³ 白 / liŋ⁵³ 文
临猗	piəŋ⁵³	tɕiɛ⁵³ 白 / tɕiəŋ⁵³ 文	tɕiəŋ⁵³	tɕiəŋ⁴⁴	ȵiɛ⁵³ 白 / iəŋ⁵³ 文	piəŋ⁵³	liɛ⁵³ 白 / liəŋ⁵³ 文	liəŋ⁵³
河津	piəŋ⁵³	tɕiəŋ⁴⁴	tɕiəŋ⁵³	tɕiəŋ⁴⁴	ȵiɛ⁵³ 白 / iəŋ⁵³ 文	piəŋ⁵³	liɛ⁵³ 白 / liəŋ⁵³ 文	liɛ⁵³ 白 / liəŋ⁵³ 文
平陆	piŋ⁵⁵	tɕiŋ⁵⁵	tɕiŋ⁵⁵	tɕiŋ³³	ȵiɛ⁵⁵ 白 / iŋ⁵⁵ 文	piŋ⁵⁵	liŋ⁵⁵	liŋ⁵⁵
永济	piŋ⁵³	tɕiŋ⁵³	tɕiŋ⁵³	tɕiŋ⁵³	iŋ⁵³	piŋ⁵³	liŋ⁵³	liɛ⁵³ 白 / liŋ⁵³ 文
芮城	piəŋ⁵³	tɕiəŋ⁵³	tɕiəŋ⁵³	tɕiəŋ⁴⁴	ȵiɛ⁵³ 白 / iəŋ⁵³ 文	piəŋ⁵³	liɛ⁵³ 白 / liəŋ⁵³ 文	liəŋ⁵³
吉县	piəŋ⁵³	tɕiəŋ⁵³	tɕiəŋ⁵³	tɕiəŋ⁵³	niɛ⁵³ 白 / iəŋ⁵³ 文	piəŋ⁵³	liəŋ⁵³	liəŋ⁵³
乡宁	piəŋ⁴⁴	tɕiəŋ⁴⁴	tɕiəŋ⁴⁴	tɕiəŋ²²	ȵiᴇ⁴⁴ 白 / iəŋ⁴⁴ 文	piəŋ⁴⁴	liᴇ⁴⁴ 白 / liəŋ⁴⁴ 文	liᴇ⁴⁴ 白 / liəŋ⁴⁴ 文
广灵	piŋ⁴⁴	tɕiŋ⁴⁴	tɕiŋ⁴⁴	tɕiŋ⁴⁴	iŋ⁴⁴	piŋ⁴⁴	liŋ⁴⁴	liŋ⁴⁴

字目	井	请	静	省反～	整	颈	病	命
中古音 / 方言点	子郢 梗开三 上静精	七静 梗开三 上静清	疾郢 梗开三 上静从	息井 梗开三 上静心	之郢 梗开三 上静章	居郢 梗开三 上静见	皮命 梗开三 去映並	眉病 梗开三 去映明
北京	tɕiŋ^{214}	tɕʰiŋ^{214}	tɕiŋ^{51}	ɕiŋ^{214}	tʂəŋ^{214}	kəŋ^{214} 白 / tɕiŋ^{214} 文	piŋ^{51}	miŋ^{51}
小店	tɕi^{11} 白 / tɕiə̃^{53} 文	tɕʰiə̃^{53}	tɕiə̃^{24}	ɕiə̃^{53}	tsəŋ^{53}	tɕiə̃^{53}	pi^{24} 白 / piə̃^{53} 文	mi^{24} 白 / miə̃^{24} 文
尖草坪	tɕi^{312} 白 / tɕiʌŋ^{312} 文	tɕʰiʌŋ^{312}	tɕiʌŋ^{35}	ɕiʌŋ^{312}	tsʌŋ^{312}	tɕiʌŋ^{312}	piʌŋ^{35}	mi^{35} 白 / miʌŋ^{35} 文
晋源	tɕi^{42}	tɕʰin^{42}	tɕin^{11}	ɕin^{42}	tsəŋ^{42}	tɕin^{11}	pin^{35} 白	mi^{35}
阳曲	tɕi^{312} 白 / tɕiə̃^{312} 文	tɕʰiə̃^{312}	tɕi^{454}/tɕiə̃^{454}	ɕiə̃^{312}	tsə̃^{312}	tɕiə̃^{312}	piə̃^{454}	mi^{454} 白 / miə̃^{454} 文
古交	tɕi^{312} 白 / tɕiəŋ^{312} 文	tɕʰiəŋ^{312}	tɕiəŋ^{53}	ɕiəŋ^{312}	tsəŋ^{312}	tɕiəŋ^{312}	pi^{53} 白 / piəŋ^{53} 文	mi^{53} 白 / miəŋ^{53} 文
清徐	tɕi^{54} 白 / tɕiəŋ^{54} 文	tɕʰiəŋ^{54}	tɕiəŋ^{45}	ɕiəŋ^{54}	tsɿ^{54} 白 / tsəŋ^{54} 文	tɕiəŋ^{11}	pi^{45} 白 / piəŋ^{45} 文	mi^{45} 白 / miəŋ^{45} 文
娄烦	tɕi^{312} 白 / tɕiəŋ^{312} 文	tɕʰiəŋ^{312}	tɕiəŋ^{54}	ɕi^{312} 白 / ɕiəŋ^{312} 文	tsəŋ^{312}	tɕiəŋ^{312}	pi^{54} 白 / piəŋ^{54} 文	mi^{54} 白 / miəŋ^{54} 文
榆次	tɕiɣ̃^{53}/tɕi^{53}	tɕʰiɣ̃^{53}	tɕiɣ̃^{35}	ɕiɣ̃^{53}	tsɣ̃^{53}	tɕiɣ̃^{53}	piɣ̃^{35}/pi^{35}	miɣ̃^{35}/mi^{35}
交城	tɕi^{53} 白 / tɕiə̃^{53} 文	tɕʰiə̃^{53}	tɕiə̃^{24}	ɕiə̃^{53}	tsɣɯ^{53} 白 / tsə̃^{53} 文	tɕiə̃^{24}	pi^{24} 白 / piə̃^{24} 文	mi^{24} 白 / miə̃^{24} 文
文水	tsɿ^{423} 白 / tɕiɔŋ^{423} 文	tɕʰiɔŋ^{423}	tsɿ^{35} 白 / tɕiɔŋ^{35} 文	ɕiɔŋ^{423}	tsɔŋ^{423}	tɕiɔŋ^{423}	pɿ^{53} 白 / piɔŋ^{35} 文	mɿ^{35} 白 / miɔŋ^{35} 文
祁县	tsɿ^{314} 白 / tɕiɔ̃^{314} 文	tɕʰiɔ̃^{314}	tɕiɔ̃^{45}	sɿ^{314} 白 / ɕiɔ̃^{314} 文	tʂʅ^{314} 白 / tʂɔ̃^{314} 文	tɕiɔ̃^{31}	pɿ^{45} 白 / piɔ̃^{45} 文	mɿ^{45} 白 / miɔ̃^{45} 文
太谷	tɕi^{312} 白 / tɕiə̃^{312} 文	tɕʰiə̃^{312}	tɕiə̃^{53}	ɕi^{312} 白 / ɕiə̃^{312} 文	tsɿ^{312} 白 / tsə̃^{312} 文	tɕiə̃^{33}	pi^{53} 白 / piə̃^{53} 文	mi^{53} 白 / miə̃^{53} 文
平遥	tsei^{512} 白 / tɕiəŋ^{512} 文	tɕʰiəŋ^{512}	tɕiəŋ^{24}	səŋ^{512}	tʂʅ^{512} 白 / tʂəŋ^{512} 文	tɕiəŋ^{213}	pi^{213} 白 / piəŋ^{24} 文	i^{24} 白 / miəŋ^{24} 文
孝义	tɕi^{312}	tɕʰiə̃^{312}	tɕiə̃^{454}	ɕiə̃^{312}	tʂʅ^{312} 白 / tʂə̃^{312} 文	tɕiə̃^{312}	pi^{454}	mi^{454}
介休	tɕi^{423} 白 / tɕin^{423} 文	tɕʰin^{423}	tɕin^{45}	ɕin^{423}	tʂei^{423} 白 / tʂəŋ^{423} 文	tɕin^{423}	pi^{45} 白 / pin^{45} 文	mi^{45} 白 / min^{45} 文
灵石	——	tɕʰiŋ^{212}	tɕiŋ^{53}	ɕiŋ^{212}	tsəŋ^{212}	tɕiŋ^{212}	piŋ^{53}	mi^{53}/miŋ^{53}
盂县	tɕi^{53} 白 / tɕiə̃^{53} 文	tɕʰiə̃^{53}	tɕiə̃^{55}	ɕiə̃^{53}	tsə̃^{53}	tɕiə̃^{412}	pi^{55} 白 /piə̃^{55} 文	mi^{55} 白 / miə̃^{55} 文
寿阳	tsɿ^{53}/tɕiə̃^{53}	tɕʰiə̃^{53}	tɕiə̃^{45}	ɕiə̃^{53}	tsə̃^{53}	tɕiə̃^{31}	piə̃^{45}	mɿ^{45}/miə̃^{45}
榆社	tɕieɪ^{312}	tɕʰieɪ^{312}	tɕieɪ^{45}	ɕieɪ^{312}	tsɛɪ^{312}	tɕiɛɪ^{312}	pieɪ^{45}	mieɪ^{45}

续表

字目	井	请	静	省反~	整	颈	病	命
中古音 方言点	子郢 梗开三 上静精	七静 梗开三 上静清	疾郢 梗开三 上静从	息井 梗开三 上静心	之郢 梗开三 上静章	居郢 梗开三 上静见	皮命 梗开三 去映並	眉病 梗开三 去映明
离石	tɕiəŋ^{312}	tɕʰiəŋ^{312}	tɕiəŋ^{53}	ɕiəŋ^{312}	tʂʅr^{312} 白 / tsəŋ^{312} 文	tɕiəŋ^{312}	pɿ^{53} 白 / piəŋ^{53} 文	mɿ^{53} 白 / miəŋ^{53} 文
汾阳	tsɿ^{312} 白 / tɕiẼ^{312} 文	tɕʰiẼ^{312}	tɕiẼ^{55}	ɕiẼ^{312}	tʂʅ^{312} 白 / tʂəŋ^{312} 文	tɕiẼ^{312}	piẼ^{55}	mɿ^{55} 白 / miẼ^{55} 文
中阳	tɕiə̃^{423}	tɕʰiə̃^{423}	tɕiə̃^{53}	ɕiə̃^{423}	tʂɤ^{423} 白 / tsə̃^{423} 文	tɕiə̃^{423}	pi^{53} 白 / piə̃^{53} 文	mi^{53} 白 / miə̃^{53} 文
柳林	tɕi^{312}	tɕʰiə̃^{312}	tɕiə̃^{53}	ɕiə̃^{312}	tsə̃^{312}	tɕiə̃^{53}	pi^{53} 白 / piə̃^{53} 文	mi^{53}
方山	tɕi^{312} 白 / tɕiə̃ŋ^{312} 文	tɕʰiə̃ŋ^{312}	tɕiə̃ŋ^{52}	ɕiə̃ŋ^{312}	tʂʅ^{312} 白 / tʂə̃ŋ^{312} 文	tɕiə̃ŋ^{312}	pi^{52} 白 / piə̃ŋ^{52} 文	mi^{52} 白 / miə̃ŋ^{52} 文
临县	tsiə̃^{312}	tɕʰiə̃^{312}	tɕiə̃^{52}	ɕiə̃^{312}	tʂei^{24} 白 / tʂə̃^{312} 文	tɕiə̃^{52}	pi^{52} 白 / piə̃^{52} 文	mi^{52}
兴县	tɕi^{324} 白 / tɕiəŋ^{324} 文	tɕʰiəŋ^{324}	tɕiəŋ^{53}	ɕiəŋ^{324}	tʂəŋ^{324}	tɕiəŋ^{324}	pi^{53} 白 / piəŋ^{53} 文	mi^{53} 白 / miəŋ^{53} 文
岚县	tɕi^{312} 白 / tɕiəŋ^{312} 文	tɕʰiəŋ^{312}	tɕiəŋ^{53}	ɕiəŋ^{312}	tsəŋ^{312}	tɕiəŋ^{312}	pi^{53} 白 / piəŋ^{53} 文	mi^{53} 白 / miəŋ^{53} 文
静乐	tɕiɤ̃^{314}	tɕʰiɤ̃^{314}	tɕiɤ̃^{53}	ɕiɤ̃^{314}	tsɤ̃^{314}	——	piɤ̃^{53}	miɤ̃^{53}
交口	tɕiɛ^{323} 白 / tɕiəŋ^{323} 文	tɕʰiəŋ^{323}	tɕiəŋ^{53}	ɕiəŋ^{323}	tsə^{323} 白 / tsəŋ^{323} 文	tɕiəŋ^{323}	pi^{53} 白 / piəŋ^{53} 文	miɛ^{53} 白 / miəŋ^{53} 文
石楼	tɕiɛ^{213} 白 / tɕiəŋ^{213} 文	tɕʰiəŋ^{213}	tɕiəŋ^{51}	səŋ^{213}	tʂə^{213} 白 / tʂəŋ^{213} 文	tɕiəŋ^{213}	piɛ^{51} 白 / piəŋ^{51} 文	miɛ^{51} 白 / miəŋ^{51} 文
隰县	tɕiɛ^{21} 白 / tɕiəŋ^{21} 文	tɕʰiəŋ^{21}	tɕiəŋ^{44}	ɕiəŋ^{21}	tsəŋ^{21}	tɕiəŋ^{21}	pʰiɛ^{53} 白 / piəŋ^{21} 文	miɛ^{44} 白 / miəŋ^{44} 文
大宁	tɕie^{31} 白 / tɕiən^{31} 文	tɕʰiən^{31}	tɕiən^{55} 文	ɕiən^{31}	tsɤ^{31} 白 / tsəŋ^{31} 文	tɕiən^{31}	pʰie^{55} 白 / piən^{55} 文	mie^{55} 白 / miən^{55} 文
永和	tɕie^{312} 白 / tɕiəŋ^{312} 文	tɕʰiəŋ^{312}	tɕiəŋ^{53}	ɕiəŋ^{312}	tʂʅə^{312} 白 / tʂəŋ^{312} 文	tɕiəŋ^{312}	pʰie^{53} 白 / piəŋ^{53} 文	mie^{53} 白 / miəŋ^{53} 文
汾西	tɕi^{33} 白 / tɕiəŋ^{33} 文	tɕʰiəŋ^{33}	tɕi^{53} 白 / tɕiəŋ^{55} 文	ɕiəŋ^{33}	tsəŋ^{33}/ tsei^{55} 白	tɕiəŋ^{11}	pʰi^{53} 白 / piəŋ^{53} 文	mi^{53} 白 / miəŋ^{53} 文
蒲县	tɕiŋ^{31}	tɕʰiŋ^{31}	tɕiŋ^{33}	ɕiŋ^{31}	tʂɤ^{31} 白 / tʂəŋ^{31} 文	tɕiŋ^{31}	pʰiɛ^{33} 白 / piŋ^{33} 文	miɛ^{33} 白 / miŋ^{33} 文
潞州	tɕiŋ^{535}	tɕʰiŋ^{535}	tɕiŋ^{54}	ɕiŋ^{535}	tsəŋ^{535}	tɕiŋ^{535}	piŋ^{54}	miŋ^{54}
上党	tɕiŋ^{535}	tɕʰiŋ^{535}	tɕiŋ^{42}	ɕiŋ^{535}	tsəŋ^{535}	tɕiŋ^{535}	piŋ^{42}	miŋ^{42}
长子	tɕiŋ^{434}	tɕʰiŋ^{434}	tɕiŋ^{53}	ɕiŋ^{434}	tsəŋ^{434}	tɕiŋ^{434}	piŋ^{53}	miŋ^{53}
屯留	tɕiəŋ^{43}	tɕʰiəŋ^{43}	tɕiəŋ^{11}	ɕiəŋ^{43}	tsəŋ^{43}	tɕiəŋ^{31}	piəŋ^{11}	miəŋ^{11}

续表

字目	井	请	静	省反～	整	颈	病	命
中古音／方言点	子郢 梗开三 上静精	七静 梗开三 上静清	疾郢 梗开三 上静从	息井 梗开三 上静心	之郢 梗开三 上静章	居郢 梗开三 上静见	皮命 梗开三 去映並	眉病 梗开三 去映明
襄垣	tɕiəŋ^{42}	tɕʰiəŋ^{42}	tɕiəŋ^{45}	ɕiəŋ^{42}	tsəŋ^{42}	tɕiəŋ^{33}	piəŋ^{45}	miəŋ^{45}
黎城	tɕiəŋ^{213}	tɕʰiəŋ^{213}	tɕiəŋ^{53}	səŋ^{213}	tɕiəŋ^{213}	ciəŋ^{213}	pʰiəŋ^{53} 白／ piəŋ^{53} 文	miəŋ^{53}
平顺	tɕiŋ^{434}	tɕʰiŋ^{434}	tɕiŋ^{53}	ɕiŋ^{434}	tsəŋ^{434}	tɕiŋ^{434}	piŋ^{53}	miŋ^{53}
壶关	tsiŋ^{535}	tsʰiŋ^{535}	tsiŋ^{353}	ʂəŋ^{535}	tʂəŋ^{535}	ciŋ^{535}	piŋ^{42}	miŋ^{353}
沁县	tɕiə̃^{214}	tɕʰiə̃^{214}	tɕiə̃^{53}	ɕiə̃^{214}	tsə̃^{214}	——	piə̃^{53}	miə̃^{53}
武乡	tɕiɐŋ^{213}	tɕʰiɐŋ^{213}	tɕiɐŋ^{55}	ɕiɐŋ^{213}	tsɐŋ^{213}	tɕiɐŋ^{113}	piɐŋ^{55}	miɐŋ^{55}
沁源	tɕi^{324} 白／ tɕiə̃^{324} 文	tɕʰiə̃^{324}	tɕiə̃^{53}	ɕiə̃^{324}	tʂə̃^{324}	tɕiə̃^{324}	piə̃^{53}	mi^{53} 白／ miə̃^{53} 文
安泽	tɕiəŋ^{42}	tɕʰiəŋ^{42}	tɕiəŋ^{53}	ɕiəŋ^{42}	tsəŋ^{42}	tɕiəŋ^{42}	piəŋ^{53}	miəŋ^{53}
沁水端氏	tɕiŋ^{31}	tɕʰiŋ^{31}	tɕiŋ^{53}	ɕiŋ^{31}	tsəŋ^{31}	tɕiŋ^{21}	piŋ^{53}	miŋ^{53}
阳城	tɕiə̃ĩ^{212}	tɕʰiə̃ĩ^{212}	tɕiə̃ĩ^{51}	ɕiə̃ĩ^{212}	tʂɑ̃ŋ^{224}	ciə̃ĩ^{212}	piə̃ĩ^{51}	miə̃ĩ^{212}
高平	tɕiə̃ŋ^{212}	tɕʰiə̃ŋ^{212}	tɕiə̃ŋ^{53}	ɕiə̃ŋ^{212}	tʂə̃ŋ^{212}	ciə̃ŋ^{53}	piə̃ŋ^{53}	miə̃ŋ^{53}
陵川	tɕiŋ^{312}	tɕʰiŋ^{312}	tɕiŋ^{24}	ɕiŋ^{312}	tʂəŋ^{312}	ciŋ^{312}	piŋ^{24}	miŋ^{24}
晋城	tɕiẽ^{213}	tɕʰiẽ^{213}	tɕiẽ^{53}	ɕiẽ^{213}	tʂɐ̃^{213}	tɕiẽ^{213}	piẽ^{53}	mi^{53}
忻府	tɕi^{313} 白／ tɕiəŋ^{313} 文	tɕʰiəŋ^{313}	tɕiəŋ^{53}	ɕiəŋ^{313}	tʂʅ^{313} 白／ tʂəŋ^{313} 文	tɕiəŋ^{313}	pi^{53} 白／ piəŋ^{53} 文	mi^{53} 白／ miəŋ^{53} 文
原平	tɕi^{213} 白／ tɕiəŋ^{213} 文	tɕʰiəŋ^{213}	tɕiəŋ^{53}	ɕiəŋ^{213}	tʂəŋ^{213}	tɕiəŋ^{213}	pyɤ^{53} 白／ piəŋ^{53} 文	mi^{53} 白／ miəŋ^{53} 文
定襄	tɕi^{24}	tɕʰiəŋ^{24}	tɕiəŋ^{53}	ɕiəŋ^{24}	tsəŋ^{24}	tɕi^{24}	piəŋ^{53}	miəŋ^{53}
五台	tɕiən^{213}/ tɕi^{213}	tɕʰiən^{213}	tɕiən^{52}	ɕiən^{213}	tsən^{213}	tɕiən^{52}	pi^{52}	miən^{52}/mi^{52}
岢岚	tɕiəŋ^{13}	tɕʰiəŋ^{13}	tɕiəŋ^{52}	ɕiəŋ^{13}	tʂəŋ^{13}	tɕiəŋ^{13}	piəŋ^{52}	miəŋ^{52}
五寨	tɕiəɣ̃^{13}	tɕʰiəɣ̃^{13}	tɕiəɣ̃^{52}	ɕiəɣ̃^{13}	tsəɣ̃^{13}	tɕiəɣ̃^{13}	piəɣ̃^{52}	miəɣ̃^{52}
宁武	tɕiɤɯ^{213}	tɕiɤɯ^{23}	tɕiɤɯ^{52}	ɕiɤɯ^{213}	tsɤɯ^{213}	tɕiɤɯ^{52}	piɤɯ^{52}	miɤɯ^{52}
神池	tɕiə̃^{13}	tɕʰiə̃^{13}	tɕiə̃^{52}	ɕiə̃^{13}	tsə̃^{13}	tɕiə̃^{13}	piə̃^{52}	miə̃^{52}
繁峙	tɕiəŋ^{53}	tɕʰiəŋ^{53}	tɕiəŋ^{24}	ɕiəŋ^{53}	tsəŋ^{53}	tɕiəŋ^{53}	piəŋ^{24}	miəŋ^{24}
代县	tɕiɤŋ^{213}	tɕʰiɤŋ^{213}	tɕiɤŋ^{53}	ɕiɤŋ^{213}	tsɤŋ^{213}	tɕiɤŋ^{53}	piɤŋ^{53}	miɤŋ^{53}
河曲	tɕiŋ^{213}	tɕʰiŋ^{213}	tɕiŋ^{52}	ɕiŋ^{213}	tʂɤŋ^{213}	tɕiŋ^{213}	piŋ^{52}	miŋ^{52}
保德	tɕiəŋ^{213}	tɕʰiəŋ^{213}	tɕiəŋ^{52}	ɕiəŋ^{213}	tʂəŋ^{213}	tɕiəŋ^{213}	piəŋ^{52}	miəŋ^{52}
偏关	tɕiɤŋ^{213}	tɕʰiɤŋ^{213}	tɕiɤŋ^{52}	ɕiɤŋ^{213}	tʂɤŋ^{213}	tɕiɤŋ^{213}	piɤŋ^{52}	miɤŋ^{52}
朔城	tɕiə̃^{312}	tɕʰiə̃^{312}	tɕiə̃^{53}	ɕiə̃^{312}	tsə̃^{312}	tɕiə̃^{312}	piə̃^{53}	miə̃^{53}
平鲁	tɕiəɯ^{213}	tɕʰiəɯ^{213}	tɕiəɯ^{52}	ɕiəɯ^{213}	tsəɯ^{213}	tɕiəɯ^{213}	piəɯ^{52}	miəɯ^{52}

续表

字目	井	请	静	省反~	整	颈	病	命
中古音 / 方言点	子郢 梗开三 上静精	七静 梗开三 上静清	疾郢 梗开三 上静从	息井 梗开三 上静心	之郢 梗开三 上静章	居郢 梗开三 上静见	皮命 梗开三 去映並	眉病 梗开三 去映明
应县	tɕiəŋ^{54}	tɕʰiəŋ^{54}	tɕiəŋ^{24}	ɕiəŋ^{54}	tsəŋ^{54}	kəŋ^{54}/ tɕiəŋ^{54}	piəŋ^{24}	miəŋ^{24}
灵丘	tɕiŋ^{442}	tɕʰiŋ^{442}	tɕiŋ^{53}	ɕiŋ^{442}	tsəŋ^{442}	tɕiŋ^{442}	piŋ^{53}	miŋ^{53}
浑源	tɕiə̃^{52}	tɕʰiə̃^{52}	tɕiə̃^{13}	ɕiə̃^{52}	tsə̃^{52}	tɕiə̃^{52}	piə̃^{13}	miə̃^{13}
云州	tɕiəɣ^{55}	tɕʰiəɣ^{55}	tɕiəɣ^{24}	ɕiəɣ^{55}	tʂəɣ^{55}	tɕiəɣ^{55}	piəɣ^{24}	miəɣ^{24}
新荣	tɕiɣ^{54}	tɕʰiɣ^{54}	tɕiɣ^{24}	ɕiɣ^{54}	tʂɤɣ^{54}	tɕiɣ^{32}	piɣ^{24}	miɣ^{24}
怀仁	tɕiəŋ^{53}	tɕʰiəŋ^{53}	tɕiəŋ^{24}	ɕiəŋ^{53}	tsəŋ^{53}	tɕiəŋ^{53}	piəŋ^{24}	miəŋ^{24}
左云	tɕiəɣ^{54}	tɕʰiəɣ^{54}	tɕiəɣ^{24}	ɕiəɣ^{54}	tsəɣ^{54}	tɕiəɣ^{54}	piəɣ^{24}	miəɣ^{24}
右玉	tɕiə̃ɣ^{53}	tʰɕiə̃ɣ^{53}	tɕiə̃ɣ^{24}	ɕiə̃ɣ^{53}	tʂə̃ɣ^{53}	tɕiə̃ɣ^{31}	piə̃ɣ^{24}	miə̃ɣ^{24}
阳高	tɕiəŋ^{53}	tɕʰiəŋ^{53}	tɕiəŋ^{24}	ɕiəŋ^{53}	tsəŋ^{53}	tɕiəŋ^{31}	piəŋ^{24}	miəŋ^{24}
山阴	tɕiə̃^{52}	tɕiə̃^{52}	tɕiə̃^{335}	ɕiə̃^{52}	tʂə̃^{52}	tɕiə̃^{313}	piə̃^{335}	miə̃^{335}
天镇	tɕiɤɣ^{55}	tɕʰiɤɣ^{55}	tɕiɤɣ^{24}	ɕiɤɣ^{55}	tsɤɣ^{55}	tɕiɤɣ^{31}	piɤɣ^{24}	miɤɣ^{24}
平定	tɕiɤŋ^{53}	tɕʰiɤŋ^{53}	tɕiɤŋ^{24}	ɕiɤŋ^{53}	tʂɤŋ^{53}	tɕiɤŋ^{53}	piɤŋ^{24}	miɤŋ^{24}
昔阳	tɕiəŋ^{55}	tɕʰiəŋ^{55}	tɕiəŋ^{13}	ɕiəŋ^{55}	tʂəŋ^{55}	tɕiəŋ^{55}	piəŋ^{13}	miəŋ^{13}
左权	tɕiəŋ^{42}	tɕʰiəŋ^{42}	tɕiəŋ^{53}	ɕiəŋ^{42}	tʂəŋ^{42}	tɕiəŋ^{42}	piəŋ^{53}	miəŋ^{53}
和顺	tɕiəŋ^{53}	tɕʰiəŋ^{53}	tɕiəŋ^{13}	ɕiəŋ^{53}	tʂəŋ^{53}	tɕiəŋ^{53}	pʰiəŋ^{13}	miəŋ^{13}
尧都	tɕiɛ^{21} 白 / tɕiəŋ^{53} 文	tɕʰiəŋ^{53}	tɕiəŋ^{44}	ɕiəŋ^{53}	tsəŋ^{53}	tɕiəŋ^{53}	pʰiɛ^{44} 白 / piəŋ^{44} 文	miɛ^{44} 白 / miəŋ^{44} 文
洪洞	tɕie^{42} 白 / tɕieŋ^{42} 文	tɕʰie^{42} 白 / tɕʰieŋ^{42} 文	tɕieŋ^{53}	sye^{42} 白	tʂe^{33} 白 / tʂeŋ^{33} 文	tɕieŋ^{21}	pʰie^{53} 白 / pieŋ^{53} 文	mie^{53} 白 / mieŋ^{53} 文
洪洞赵城	tɕiɛ^{42} 白 / tɕieŋ^{42} 文	tɕʰiɛ^{42} 白 / tɕʰieŋ^{42} 文	tɕieŋ^{53}	——	tʂeŋ^{42}	tɕieŋ^{42}	pʰiɛ^{53} 白 / pieŋ^{53} 文	miɛ^{53} 白 / mieŋ^{53} 文
古县	tɕiɛ^{42} 白 / tɕin^{42} 文	tɕʰiɛ^{42} 白 / tɕʰiŋ^{42} 文	tɕʰiɛ^{53} 白 / tɕiŋ^{53} 文	ɕiŋ^{42}	tʂəŋ^{42}	tɕiŋ^{42}	pʰiɛ^{53} 白 / piŋ^{53} 文	miɛ^{53} 白 / miŋ^{53} 文
襄汾	tɕie^{42} 白 / tɕieŋ^{42} 文	tɕʰieŋ^{42}	tɕʰie^{53} 白 / tɕieŋ^{53} 文	ɕieŋ^{42}	tʂeŋ^{42}	tɕieŋ^{42}	pʰie^{53} 白 / pieŋ^{53} 文	mie^{53} 白 / mieŋ^{53} 文
浮山	tɕiɛ^{33}	tɕʰieŋ^{33}	tɕieŋ^{53}	ɕieŋ^{33} 文	tʂeŋ^{33}	tɕieŋ^{33}	pieŋ^{53}	miɛ^{53} 白 / mieŋ^{53} 文
霍州	tɕi^{33} 白 / tɕiŋ^{33} 文	tɕʰi^{33} 白 / tɕʰiŋ^{33} 文	tɕʰi^{53} 白 / tɕiŋ^{53} 文	ɕi^{33} 白 /ɕiŋ^{33} 文	tʂʅ^{212} 白 / tʂəŋ^{212} 文	tɕiŋ^{33}	pʰi^{53} 白 / piŋ^{53} 文	mi^{53} 白 / miŋ^{53} 文
翼城	tɕiŋ^{44}	tɕʰiŋ^{44}	tɕiŋ^{53}	ɕiŋ^{44}	tʂəŋ^{44}	tɕiᴇ^{44} 白 / tɕiŋ^{44} 文	piᴇ^{53} 白 / piŋ^{53} 文	miŋ^{53}
闻喜	tɕiᴇ^{33}	tɕʰiəŋ^{33}	tɕiəŋ^{13}	ɕiəŋ^{13}	tsəŋ^{33}	tɕiəŋ^{33}	tʰiᴇ^{13} 白 / piəŋ^{13} 文	liᴇ^{13} 白 / miəŋ^{13} 文

续表

字目	井	请	静	省反~	整	颈	病	命
中古音 方言点	子郢 梗开三 上静精	七静 梗开三 上静清	疾郢 梗开三 上静从	息井 梗开三 上静心	之郢 梗开三 上静章	居郢 梗开三 上静见	皮命 梗开三 去映並	眉病 梗开三 去映明
侯马	tɕiəŋ^{44}	tɕʰiəŋ^{44}	tɕʰiɛ^{53} 白 / tɕiəŋ^{53} 文	ɕiəŋ^{44}	tʂəŋ^{44}	tɕiəŋ^{44}	piɛ^{53} 白 / piəŋ^{53} 文	miəŋ^{53}
新绛	tɕie^{44}	tɕʰiəŋ^{44}	tɕʰie^{53} 白 / tɕiəŋ^{53} 文	ɕiəŋ^{44}	tʂəŋ^{44}	tɕiəŋ^{53}	pʰie^{53} 白 / piəŋ^{53} 文	mie^{53}
绛县	tɕie^{33}	tɕʰiʌŋ^{33}	tɕiʌŋ^{33}	ʂɿr^{33} 白 / ɕiʌŋ^{33} 文	tʂʌŋ^{33}	tɕiʌŋ^{31}	piʌŋ^{53}/ pʰieĩ^{31}	miɪ^{31} 白 / mieĩ^{31} 白 / miʌŋ^{31} 文
垣曲	tɕie^{44}	tɕʰiəŋ^{44}	tɕʰiəŋ^{53}	ɕiəŋ^{44}	tʂəŋ^{44}	tɕiəŋ^{44}	pʰiɛ^{53} 白 / pʰiəŋ^{53} 文	miɛ^{53} 白 / miəŋ^{53} 文
夏县	tɕiɛ^{24}	tɕʰiəŋ^{24}	tɕiəŋ^{31}	——	tʂəŋ^{24}	——	pʰiɛ^{31} 白 / piəŋ^{31} 文	miɛ^{31} 白 / miəŋ^{31} 文
万荣	tɕiɛ^{55} 白 / tɕiaŋ^{55} 文	tɕʰiaŋ^{55}	tɕʰiaŋ^{33}	ɕiaŋ^{55}	tʂiɛ^{55} 白 / tʂaŋ^{55} 文	xaŋ^{33} 白 / tɕiaŋ^{33} 文	pʰiɛ^{33} 白 / piaŋ^{33} 文	miɛ^{33} 白 / miaŋ^{33} 文
稷山	tɕiɛ^{44} 白 / tɕiʌŋ^{44} 文	tɕʰiʌŋ^{44}	tɕiʌŋ^{42}	ɕiʌŋ^{44}	tʂʌŋ^{44}	tɕiʌŋ^{42}	pʰiɛ^{42} 白 / piʌŋ^{44} 文	miɛ^{42} 白 / miʌŋ^{42} 文
盐湖	tɕie^{13} 白 / tɕiŋ^{53} 文	tɕʰiŋ^{53}	tɕiŋ^{44}	ɕiŋ^{53}	tʂəŋ^{53}	tɕiŋ^{53}	pʰie^{44} 白 / piŋ^{44} 文	mie^{44} 白 / miŋ^{44} 文
临猗	tɕiɛ^{53} 白 / tɕiəŋ^{53} 文	tɕʰiəŋ^{53}	tɕʰiɛ^{44} 白 / tɕiəŋ^{44} 文	ɕiəŋ^{53}	tʂɤ^{53} 白 / tʂəŋ^{53} 文	tɕiəŋ^{53}	pʰiɛ^{44} 白 / piəŋ^{44} 文	miɛ^{44} 白 / miəŋ^{44} 文
河津	tɕiɛ^{53} 白 / tɕiəŋ^{53} 文	tɕʰiəŋ^{53}	tɕʰiəŋ^{44} 文	ɕiəŋ^{53}	tʂɤ^{31} 白 / tʂɤ^{53} 白 / tʂəŋ^{53} 文	tɕiəŋ^{31}	pʰiɛ^{44} 白 / piəŋ^{44} 文	miɛ^{44} 白 / miəŋ^{44} 文
平陆	tɕiɛ^{55} 白 / tɕiŋ^{55} 文	tɕʰiŋ^{55}	tɕʰiŋ^{33} 白 / tɕiŋ^{33} 文	ɕiŋ^{55}	tʂə^{55} 白 / tʂeŋ^{55} 文	tɕiŋ^{55}	pʰiɛ^{33} 白 / piŋ^{33} 文	miɛ^{33} 白 / miŋ^{33} 文
永济	tɕie^{53} 白 / tɕiŋ^{53} 文	tɕʰiŋ^{53}	tɕʰiŋ^{44}	ʂa^{53} 白 / ʂəŋ^{53} 文 / ɕiŋ^{53} 又	tʂʅe^{53} 白 / tʂəŋ^{53} 文	tɕiŋ^{44}	pʰiei^{44} 白 / pʰiŋ^{44} 文	mie^{44} 白 / miŋ^{44} 文
芮城	tɕiɛ^{53} 白 / tɕiəŋ^{53} 文	tɕʰiəŋ^{53}	tɕʰiəŋ^{44}	ɕiəŋ^{53}	tʂəŋ^{53}	tɕiəŋ^{44}	pʰiɛ^{44} 白 / piəŋ^{44} 文	miɛ^{44} 白 / miəŋ^{44} 文
吉县	tɕiɛ^{53} 白 / tɕiəŋ^{53} 文	tɕʰiəŋ^{53}	tɕʰiəŋ^{33} 白 / tɕiəŋ^{33} 文	——	tʂə^{33} 白 / tʂəŋ^{53} 文	tɕiəŋ^{423}	pʰiɛ^{13} 白 / piəŋ^{33} 文	miɛ^{33} 白 / miəŋ^{33} 文
乡宁	tɕiᴇ^{44} 白 / tɕiəŋ^{44} 文	tɕʰiəŋ^{44}	tɕiəŋ^{22}	ɕiəŋ^{44}	tʂɤ^{44} 白 / tʂəŋ^{44} 文	tɕiəŋ^{44}	pʰiᴇ^{22} 白 / piəŋ^{22} 文	miᴇ^{22} 白 / miəŋ^{22} 文
广灵	tɕiŋ^{44}	tɕʰiŋ^{44}	tɕiŋ^{213}	ɕiŋ^{44}	tsəŋ^{44}	kəŋ^{44} 白 / tɕiŋ^{213} 文	piŋ^{213}	miŋ^{213}

字目	竞	镜	敬	庆	竞	并合~	聘	令
中古音 / 方言点	居庆 梗开三 去映见	居庆 梗开三 去映见	居庆 梗开三 去映见	丘敬 梗开三 去映溪	渠敬 梗开三 去映群	畀政 梗开三 去劲帮	匹正 梗开三 去劲滂	力政 梗开三 去劲来
北京	tɕiŋ^{51}	tɕiŋ^{51}	tɕiŋ^{51}	tɕʰiŋ^{51}	tɕiŋ^{51}	piŋ^{51}	pʰin^{51}	liŋ^{51}
小店	tɕiə̃^{24}	tɕi^{11} 白 / tɕiə̃^{24} 文	tɕiə̃^{24}	tɕʰiə̃^{24}	tɕiə̃^{24}	piə̃^{11}/piə̃^{24}	pʰiə̃^{24}	liə̃^{24}
尖草坪	tɕiʌŋ^{35}	tɕi^{35} 白 / tɕiʌŋ^{35} 文	tɕiʌŋ^{35}	tɕʰiʌŋ^{35}	tɕiʌŋ^{33}	piʌŋ^{35}	piʌŋ^{35}	liʌŋ^{35}
晋源	tɕin^{35}	tɕi^{35}	tɕin^{35}	tɕʰin^{35}	tɕin^{35}	pin^{35}	pʰin^{35}	lin^{35}
阳曲	tɕiə̃^{454}	tɕi^{454} 白 / tɕiə̃^{454} 文	tɕiə̃^{454}	tɕʰiə̃^{454}	tɕiə̃^{454}	piə̃^{454}	pʰiə̃^{454}	liə̃^{454}
古交	tɕiəŋ^{53}	tɕi^{53} 白 / tɕiəŋ^{53} 文	tɕiəŋ^{53}	tɕʰiəŋ^{53}	tɕiəŋ^{53}	piəŋ^{53}	pʰiəŋ^{53}	liəŋ^{53}
清徐	tɕiəŋ^{45}	tɕi^{45} 白 / tɕiəŋ^{45} 文	tɕiəŋ^{45}	tɕʰiəŋ^{45}	tɕiəŋ^{45}	piəŋ^{45}	pʰiəŋ^{45}	liəŋ^{45}
娄烦	tɕiəŋ^{54}	tɕi^{54} 白 / tɕiəŋ^{54} 文	tɕiəŋ^{54}	tɕʰiəŋ^{54}	tɕiəŋ^{54}	piəŋ^{54}	pʰiəŋ^{54}	liəŋ^{54}
榆次	tɕiɤ̃^{35}	tɕiɤ̃^{35}/tɕi^{35}	tɕiɤ̃^{35}	tɕʰiɤ̃^{35}	tɕiɤ̃^{35}	piɤ̃^{35}/pi^{35}	pʰiɤ̃^{35}	liɤ̃^{35}
交城	tɕiə̃^{24}	tɕi^{24} 白 / tɕiə̃^{24} 文	tɕiə̃^{24}	tɕʰiə̃^{24}	tɕiə̃^{24}	piə̃^{24}	pʰiə̃^{24}	li^{24} 白 / liə̃^{24} 文
文水	tɕiəŋ^{35}	tsɿ^{35} 白 / tɕiəŋ^{35} 文	tɕiəŋ^{35}	tɕʰiəŋ^{35}	tɕiəŋ^{35}	pʰiaʔ^{2} 白 / piəŋ^{35} 文	pʰiəŋ^{35}	liəŋ^{35}
祁县	tɕiɔõ^{45}	tsɿ^{45} 白 / tɕiɔõ^{45} 文	tɕiɔõ^{45}	tɕʰiɔõ^{45}	tɕiɔõ^{45}	pɿ^{314} 白 / piɔõ^{45} 文	pʰiɔõ^{45}	liɔõ^{45}
太谷	tɕiə̃^{53}	tɕi^{53} 白 / tɕiə̃^{53} 文	tɕiə̃^{53}	tɕʰiə̃^{53}	tɕiə̃^{53}	pi^{312} 白 / piə̃^{53} 文	pʰiə̃^{53}	liə̃^{53}
平遥	tɕiəŋ^{24}	tɕi^{24} 白 / tɕiəŋ^{24} 文	tɕiəŋ^{24}	tɕʰiəŋ^{24}	tɕiəŋ^{24}	piəŋ^{24}	piəŋ^{24}	liəŋ^{24}
孝义	tɕiə̃^{454}	tɕi^{454}	tɕiə̃^{454}	tɕʰiə̃^{454}	tɕiə̃^{33}	piə̃^{454}	pʰiə̃^{454}	liə̃^{454}
介休	tɕin^{45}	tɕi^{45} 白 / tɕin^{45} 文	tɕin^{45}	tɕʰin^{45}	tɕin^{45}	pʰiʌʔ$^{\underline{12}}$ 白 / pin^{45} 文	pʰin^{45}	lin^{45}
灵石	tɕiŋ^{53}	tɕiŋ^{53}	tɕiŋ^{53}	tɕʰiŋ	tɕiŋ^{53}	piŋ^{53}	pʰiŋ^{53}	liŋ^{53}
盂县	tɕiə̃^{55}	tɕi^{55} 白 / tɕiə̃^{55} 文	tɕiə̃^{55}	tɕʰiə̃^{55}	tɕiə̃^{55}	piə̃^{55}	pi^{55} 白 / pʰiə̃^{55} 文	liə̃^{55}
寿阳	tɕiə̃^{45}	tsɿ^{45}/tɕiə̃^{45}	tɕiə̃^{45}	tɕʰiə̃^{45}	tɕiə̃^{45}	piə̃^{45}	pʰiə̃^{45}	liə̃^{45}
榆社	tɕier^{45}	tɕier^{45}	tɕier^{45}	tɕʰier^{45}	tɕier^{45}	pier^{45}	pʰier^{45}	lei^{45}
离石	tɕiəŋ^{53}	tsɿ^{53} 白 / tɕiəŋ^{53} 文	tɕiəŋ^{53}	tɕʰiəŋ^{53}	tɕiəŋ^{53}	piəŋ^{53}	pʰiəŋ^{53}	liəŋ^{53}

续表

字目	竟	镜	敬	庆	竞	并合~	聘	令
中古音 / 方言点	居庆 梗开三 去映见	居庆 梗开三 去映见	居庆 梗开三 去映见	丘敬 梗开三 去映溪	渠敬 梗开三 去映群	畀政 梗开三 去劲帮	匹正 梗开三 去劲滂	力政 梗开三 去劲来
汾阳	tɕiᴇ̃^{55}	tsɿ^{55}白/tɕiᴇ̃^{55}文	tɕiᴇ̃^{55}	tɕ^{h}iᴇ̃^{55}	tɕiᴇ̃^{55}	piᴇ̃^{55}	p^{h}iᴇ̃^{55}	liᴇ̃^{55}
中阳	tɕiə̃^{53}	tɕi^{53}白/tɕiə̃^{53}文	tɕiə̃^{53}	tɕ^{h}iə̃^{53}	tɕiə̃^{53}	piə̃^{53}	p^{h}iə̃^{53}	liə̃^{53}
柳林	tɕiə̃^{53}	tɕi^{53}	tɕiə̃^{53}	tɕ^{h}iə̃^{53}	tɕiə̃^{53}	piə̃^{53}	p^{h}iə̃^{53}	liə̃^{53}
方山	tɕiə̃ŋ^{52}	tɕi^{52}白/tɕiə̃ŋ^{52}文	tɕiə̃ŋ^{52}	tɕ^{h}iə̃ŋ^{52}	tɕiə̃ŋ^{52}	piə̃ŋ^{52}	p^{h}iə̃ŋ^{52}	liə̃ŋ^{52}
临县	tɕiə̃^{52}	tɕiə̃^{52}	tɕiə̃^{52}	tɕ^{h}iə̃^{52}	tɕiə̃^{52}	piə̃^{52}	p^{h}iə̃^{52}	liə̃^{52}
兴县	tɕiəŋ^{53}	tɕi^{53}白/tɕiəŋ^{53}文	——	tɕ^{h}iəŋ^{53}	tɕiəŋ^{53}	piəŋ^{53}	p^{h}iəŋ^{53}	li^{53}白/liəŋ^{53}文
岚县	tɕiəŋ^{53}	tɕi^{53}	tɕiəŋ^{53}	tɕ^{h}iəŋ^{53}	tɕiəŋ^{53}	piəŋ^{53}	p^{h}iəŋ^{53}	liəŋ^{53}
静乐	tɕiɤ̃^{53}	tɕiɤ̃^{53}	tɕiɤ̃^{53}	tɕ^{h}iɤ̃^{53}	tɕiɤ̃^{53}	piɤ̃^{53}	p^{h}iɤ̃^{53}	liɤ̃^{53}
交口	tɕiəŋ^{53}	tɕiɛ^{53}白/tɕiəŋ^{53}文	tɕiəŋ^{53}	tɕ^{h}iəŋ^{53}	tɕiəŋ^{53}	piəŋ^{53}	p^{h}iəŋ^{53}	liəŋ^{53}
石楼	tɕiəŋ^{51}	tɕiɛ^{51}白/tɕiəŋ^{51}文	tɕiəŋ^{51}	tɕ^{h}iəŋ^{51}	tɕiəŋ^{51}	piəŋ^{51}	p^{h}iəŋ^{51}	liəŋ^{51}
隰县	tɕiəŋ^{44}	tɕiɛ^{44}白/tɕiəŋ^{44}文	tɕiəŋ^{44}	tɕ^{h}iəŋ^{44}	tɕiəŋ^{44}	piəŋ^{44}	p^{h}iəŋ^{44}	liəŋ^{44}
大宁	tɕiən^{55}	tɕie^{55}白/tɕiən^{55}文	tɕiən^{55}	tɕ^{h}iən^{55}	tɕiən^{55}	piən^{55}	p^{h}iən^{55}	liən^{55}
永和	tɕiəŋ^{53}	tɕie^{53}白/tɕiəŋ^{53}文	tɕiəŋ^{53}	tɕ^{h}iəŋ^{53}	——	piəŋ^{53}	p^{h}iəŋ^{53}	——
汾西	tɕiəŋ^{33}	tɕi^{55}白/tɕiəŋ^{55}文	tɕiəŋ^{55}	tɕ^{h}iəŋ^{55}	tɕiəŋ^{55}	piəŋ^{55}	p^{h}iəŋ^{55}	——
蒲县	tɕiŋ^{33}	tɕiɛ^{33}白/tɕiŋ^{33}文	tɕiŋ^{33}	tɕ^{h}iŋ^{33}	tɕiŋ^{33}	piŋ^{33}	p^{h}ieĩ^{31}	liŋ^{33}
潞州	tɕiŋ^{44}	tɕiŋ^{44}	tɕiŋ^{44}	tɕ^{h}iŋ^{54}	tɕiŋ^{54}	piŋ^{54}	p^{h}iŋ^{44}	liŋ^{54}
上党	tɕiŋ^{42}	tɕiŋ^{42}	tɕiŋ^{42}	tɕ^{h}iŋ^{42}	tɕiŋ^{42}	piŋ^{22}	p^{h}iŋ^{22}	liŋ^{42}
长子	tɕiŋ^{422}	tɕiŋ^{422}	tɕiŋ^{422}	tɕ^{h}iŋ^{422}	tɕiŋ^{422}	piŋ^{422}	piᴇ̃^{422}	liŋ^{53}
屯留	tɕiəŋ^{53}	tɕiəŋ^{53}	tɕiəŋ^{53}	tɕ^{h}iəŋ^{53}	tɕiəŋ^{53}	piəŋ^{53}	p^{h}iẽ^{53}	liəŋ^{11}
襄垣	tɕiəŋ^{45}	tɕiəŋ^{45}	tɕiəŋ^{45}	tɕ^{h}iəŋ^{53}	tɕiəŋ^{45}	piəŋ^{45}	p^{h}iəŋ^{45}	liəŋ^{45}
黎城	ciəŋ^{53}	ciəŋ^{53}	ciəŋ^{53}	ciəŋ^{53}	ciəŋ^{422}	piəŋ^{53}	p^{h}iẽ^{53}	liəŋ^{53}
平顺	ciŋ^{53}	ciŋ^{53}	ciŋ^{53}	c^{h}iŋ^{53}	ciŋ^{53}	piŋ^{53}	p^{h}iᴇ̃^{53}	liŋ^{53}
壶关	ciŋ^{353}	ciŋ^{353}	ciŋ^{353}	c^{h}iŋ^{353}	ciŋ^{353}	piŋ^{42}	p^{h}iŋ^{42}	liŋ^{353}

续表

字目	竟	镜	敬	庆	竞	并合~	聘	令
中古音 / 方言点	居庆 梗开三 去映见	居庆 梗开三 去映见	居庆 梗开三 去映见	丘敬 梗开三 去映溪	渠敬 梗开三 去映群	畀政 梗开三 去劲帮	匹正 梗开三 去劲滂	力政 梗开三 去劲来
沁县	tɕiə̃^{53}	tɕiə̃^{53}	tɕiə̃^{53}	tɕʰiə̃^{53}	——	piə̃^{53}	pʰiə̃^{53}	liə̃^{53}
武乡	tɕiɐŋ^{55}	tɕiɐŋ^{55}	tɕiɐŋ^{55}	tɕʰiɐŋ^{55}	tɕiɐŋ^{55}	piɐŋ^{55}	pʰiɐŋ^{55}	liɐŋ^{55}
沁源	tɕiə̃^{53}	tɕi^{53} 白 / tɕiə̃^{53} 文	tɕiə̃^{53}	tɕʰiə̃^{53}	tɕiə̃^{53}	piə̃^{53}	pʰiə̃^{53}	liə̃^{53}
安泽	tɕiəŋ^{53}	tɕiəŋ^{53}	tɕiəŋ^{53}	tɕʰiəŋ^{53}	tɕiəŋ^{53}	piəŋ^{53}	pʰiəŋ^{53}	liəŋ^{53}
沁水端氏	tɕiŋ^{53}	tɕiŋ^{53}	tɕiŋ^{53}	tɕʰiŋ^{53}	tɕiŋ^{53}	piŋ^{53}	pʰiŋ^{31}	liŋ^{53}
阳城	ciə̃ĩ^{51}	ciə̃ĩ^{51}	ciə̃ĩ^{51}	cʰiə̃ĩ^{51}	ciə̃ĩ^{51}	piə̃ĩ^{51}	pʰiə̃ĩ^{51}	liə̃ĩ^{51}
高平	ciə̃ŋ^{53}	ciə̃ŋ^{53}	ciə̃ŋ^{53}	cʰiə̃ŋ^{53}	tɕiə̃ŋ^{33}	piə̃ŋ^{53}	pʰiə̃ĩ^{53}	niə̃ŋ^{53}
陵川	ciŋ^{24}	ciɒŋ^{24}	ciŋ^{24}	cʰiŋ^{24}	ciŋ^{24}	piŋ^{24}	pʰiə̃ĩ^{24}	liŋ^{24}
晋城	tɕiẽ^{53}	tɕiẽ^{53}	tɕiẽ^{53}	tɕʰiẽ^{53}	tɕiẽ^{53}	piẽ^{53}	pʰiẽ^{53}	liẽ^{53}
忻府	tɕiəŋ^{53}	tɕi^{53} 白 / tɕiəŋ^{53} 文	tɕiəŋ^{53}	tɕʰiəŋ^{53}	tɕiəŋ^{53}	piəŋ^{53}	pʰi^{53} 白 / pʰiəŋ^{53} 文	liəŋ^{53}
原平	tɕiəŋ^{53}	tɕiəŋ^{53}	tɕiəŋ^{53}	tɕʰiəŋ^{53}	tɕiəŋ^{53}	piəŋ^{53}	pʰiəŋ^{53}	liəŋ^{53}
定襄	tɕi^{53}	tɕi^{53}	tɕiəŋ^{53}	tɕʰiəŋ^{53}	tɕiəŋ^{53}	pi^{53}	pʰiəŋ^{53}	liəŋ^{53}
五台	tɕiən^{52}	tɕiən^{52}	tɕiən^{52}	tɕʰiən^{52}	tɕiən^{52}	piən^{52}	pʰiən^{52}	liən^{52}
岢岚	tɕiəŋ^{52}	tɕiəŋ^{52}	tɕiəŋ^{52}	tɕʰiəŋ^{52}	tɕiəŋ^{52}	piəŋ^{52}	pʰiəŋ^{52}	liəŋ^{52}
五寨	tɕiəɣ̃^{52}	tɕiəɣ̃^{52}	tɕiəɣ̃^{52}	tɕʰiəɣ̃^{52}	tɕiəɣ̃^{52}	piəɣ̃^{52}	pʰiəɣ̃^{52}	liəɣ̃^{52}
宁武	tɕiɤɯ^{52}	tɕiɤɯ^{52}	tɕiɤɯ^{52}	tɕiɤɯ^{52}	tɕiɤɯ^{52}	piɤɯ^{52}	pʰiɤɯ^{52}	liɤɯ^{52}
神池	tɕiə̃^{52}	tɕiə̃^{52}	tɕiə̃^{52}	tɕʰiə̃^{52}	tɕiə̃^{52}	piə̃^{52}	pʰiə̃^{52}	liə̃^{52}
繁峙	tɕiəŋ^{24}	tɕiəŋ^{24}	tɕiəŋ^{24}	tɕʰiəŋ^{24}	tɕiəŋ^{24}	piəŋ^{24}	pʰiəŋ^{24}	liəŋ^{24}
代县	tɕiɤŋ^{53}	tɕiɤŋ^{53}	tɕiɤŋ^{53}	tɕʰiɤŋ^{53}	tɕiɤŋ^{53}	piɤŋ^{53}	pʰiɤŋ^{53}	liɤŋ^{53}
河曲	tɕiŋ^{52}	tɕiŋ^{52}	tɕiŋ^{52}	tɕʰiŋ^{52}	tɕiŋ^{52}	piŋ^{52}	pʰiŋ^{52}	liŋ^{52}
保德	tɕiəŋ^{52}	tɕiəŋ^{52}	tɕiəŋ^{52}	tɕʰiəŋ^{52}	tɕiəŋ^{52}	piəŋ^{52}	pʰiəŋ^{52}	liəŋ^{52}
偏关	tɕiɤŋ^{24}	tɕiɤŋ^{24}	tɕiɤŋ^{52}	tɕʰiɤŋ^{52}	tɕiɤŋ^{52}	piɤŋ^{52}	pʰiɤŋ^{52}	liɤŋ^{52}
朔城	tɕiə̃^{53}	tɕiə̃^{53}	tɕiə̃^{53}	tɕʰiə̃^{53}	tɕiə̃^{53}	piə̃^{53}	pʰiə̃^{53}	liə̃^{53}
平鲁	tɕiəɯ^{52}	tɕiəɯ^{52}	tɕiəɯ^{52}	tɕʰiəɯ^{52}	tɕiəɯ^{52}	piəɯ^{52}	pʰiəɯ^{52}	liəɯ^{52}
应县	tɕiəŋ^{24}	tɕiəŋ^{24}	tɕiəŋ^{24}	tɕʰiəŋ^{24}	tɕiəŋ^{24}	piəŋ^{24}	pʰiəŋ^{24}	liəŋ^{54}/liəŋ^{24}
灵丘	tɕiŋ^{455}	tɕiŋ^{53}	tɕiŋ^{53}	tɕʰiŋ^{53}	tɕiŋ^{53}	piŋ^{53}	pʰiŋ^{53}	liŋ^{53}
浑源	tɕiə̃^{13}	tɕiə̃^{13}	tɕiə̃^{13}	tɕʰiə̃^{13}	tɕiə̃^{13}	piə̃^{13}	pʰiə̃^{13}	liə̃^{13}
云州	tɕiəɣ^{24}	tɕiəɣ^{24}	tɕiəɣ^{24}	tɕʰiəɣ^{24}	tɕiəɣ^{24}	piəɣ^{24}	pʰiəɣ^{24}	liəɣ^{24}
新荣	tɕiɣ^{24} 又 / tɕiɣ^{54}	tɕiɣ^{24}	tɕiɣ^{24}	tɕʰiɣ^{24}	tɕiɣ^{24}	piɣ^{24}	pʰiɣ^{24}	liɣ^{24}

续表

字目	竟	镜	敬	庆	竞	并合~	聘	令
中古音 方言点	居庆 梗开三 去映见	居庆 梗开三 去映见	居庆 梗开三 去映见	丘敬 梗开三 去映溪	渠敬 梗开三 去映群	畀政 梗开三 去劲帮	匹正 梗开三 去劲滂	力政 梗开三 去劲来
怀仁	tɕiəŋ^{24}	tɕiəŋ^{24}	tɕiəŋ^{24}	tɕʰiəŋ^{24}	tɕiəŋ^{24}	piəŋ^{24}	pʰiəŋ^{24}	liəŋ^{24}
左云	tɕiəɣ^{24}	tɕiəɣ^{24}	tɕiəɣ^{24}	tɕʰiəɣ^{24}	tɕiəɣ^{24}	piəɣ^{24}	pʰiəɣ^{24}	liəɣ^{24}
右玉	tɕiə̃ɣ^{24}	tɕiə̃ɣ^{24}	tɕiə̃ɣ^{24}	tʰɕiə̃ɣ^{24}	tɕiə̃ɣ^{24}	piə̃ɣ^{24}	pʰiə̃ɣ^{24}	liə̃ɣ^{24}
阳高	tɕiəŋ^{24}	tɕiəŋ^{24}	tɕiəŋ^{24}/ tɕiəʔ^{3}	tɕʰiəŋ^{24}	tɕiəŋ^{24}	piəŋ^{24}	pʰiəŋ^{24}	liəŋ^{24}
山阴	tɕiə̃^{335}	tɕiə̃^{335}	tɕiə̃^{335}	tɕiə̃^{335}	tɕiə̃^{335}	piə̃^{335}	pʰiə̃^{335}	liə̃^{335}
天镇	tɕiɤɣ^{24}	tɕiɤɣ^{24}	tɕiɤɣ^{24}	tɕʰiɤɣ^{24}	——	piɤɣ^{24}	pʰiɤɣ^{24}	liɤɣ^{24}
平定	tɕiɤŋ^{24}	tɕiɤŋ^{24}	tɕiɤŋ^{24}	tɕʰiɤŋ^{24}	tɕiɤŋ^{24}	piɤŋ^{24}	pʰiɤŋ^{24}	liɤŋ^{24}
昔阳	tɕiəŋ^{13}	tɕiəŋ^{13}	tɕiəŋ^{13}	tɕʰiəŋ^{13}	tɕiəŋ^{13}	piəŋ^{13}	pʰiəŋ^{13}	liəŋ^{13}
左权	tɕiəŋ^{53}	tɕiəŋ^{53}	tɕiəŋ^{53}	tɕʰiəŋ^{53}	tɕiəŋ^{53}	piəŋ^{53}	pʰiəŋ^{53}	liəŋ^{53}
和顺	tɕiəŋ^{13}	tɕiəŋ^{13}	tɕiəŋ^{13}	tɕʰiəŋ^{13}	tɕiəŋ^{13}	piəŋ^{13}	pʰiəŋ^{13}	liəŋ^{13}
尧都	tɕiəŋ^{44}	tɕiɛ^{44} 白 / tɕiəŋ^{44} 文	tɕiəŋ^{44}	tɕʰiəŋ^{44}	tɕiəŋ^{44}	piəŋ^{44}	pʰiə̃^{44}	liəŋ^{44}
洪洞	tɕieŋ^{33}	tɕie^{33} 白 / tɕieŋ^{33} 文	tɕieŋ^{33}	tɕʰieŋ^{33}	tɕieŋ^{21}	pieŋ^{42}	pʰien^{42}	lieŋ^{53}
洪洞赵城	tɕieŋ^{24}	tɕiɛ^{53} 白 / tɕieŋ^{53} 文	tɕieŋ^{24}	tɕʰieŋ^{24}	tɕieŋ^{53}	pieŋ^{53}	pʰieŋ^{24}	lieŋ^{53}
古县	tɕiŋ^{35}	tɕiɛ^{53} 白 / tɕiŋ^{35} 文	tɕiŋ^{35}	tɕʰiŋ^{35}	tɕiŋ^{53}	piŋ^{35}	pʰin^{35}	liŋ^{53}
襄汾	tɕieŋ^{44}	tɕie^{44}	tɕieŋ^{44}	tɕʰieŋ^{53}	tɕieŋ^{44}	pieŋ^{44}	pʰien^{44}	lieŋ^{44}
浮山	tɕieŋ^{44}	tɕiɛ^{53}	tɕieŋ^{44}	tɕʰieŋ^{53}	tɕieŋ^{44}	pieŋ^{44}	pʰiẽĩ^{44}	lieŋ^{44}
霍州	tɕiŋ^{55}	tɕi^{55} 白 / tɕiŋ^{55} 文	tɕiŋ^{55}	tɕʰiŋ^{55}	tɕiŋ^{55}	piŋ^{55}	pʰiŋ^{55}	liŋ^{53}
翼城	tɕiŋ^{53}	tɕiŋ^{53}	tɕiŋ^{53}	tɕʰiŋ^{53}	tɕiŋ^{53}	xiŋ^{53}	piŋ^{53}	liᴇ^{53}/liŋ^{53}
闻喜	——	tɕiəŋ^{53}	tɕiəŋ^{53}	tɕʰiəŋ^{53}	——	piəŋ^{53}	pʰiẽĩ^{53}/ pʰiəŋ^{53}	liəŋ^{13} 文
侯马	——	tɕiəŋ^{53}	tɕiəŋ^{53}	tɕʰiəŋ^{53}	tɕiɛ^{53} 白 / tɕiəŋ^{53} 文	piəŋ^{53}	pʰieĩ^{53}	tɕiɛ^{53} 白 / tɕiəŋ^{53} 文
新绛	tɕiəŋ^{53}	tɕiɛ^{53}	tɕiəŋ^{53}	tɕʰiəŋ^{53}	tɕiəŋ^{53}	piẽ^{53}	pʰiẽ^{13}	liəŋ^{53}
绛县	tɕiʌŋ^{53}	tɕʰiɛ^{31}	tɕieĩ^{31}/ tɕiʌŋ^{53}	tɕʰiʌŋ^{31}	tɕiʌŋ^{31}	piʌŋ^{31}	pʰiʌŋ^{31}	liʌŋ^{31}
垣曲	tɕiəŋ^{44}	tɕiɛ^{53}	tɕiəŋ^{53}	tɕʰiəŋ^{53}	tɕiəŋ^{53}	piəŋ^{44}	pʰiə̃^{44}	liəŋ^{53}
夏县	tɕiəŋ^{31}	tɕiəŋ^{31}	tɕiəŋ^{31}	tɕʰiəŋ^{31}	tɕiəŋ^{31}	piəŋ^{31}	pʰiei^{31}	liəŋ^{31}

续表

字目	竟	镜	敬	庆	竞	并合~	聘	令
中古音 / 方言点	居庆 梗开三 去映见	居庆 梗开三 去映见	居庆 梗开三 去映见	丘敬 梗开三 去映溪	渠敬 梗开三 去映群	畀政 梗开三 去劲帮	匹正 梗开三 去劲滂	力政 梗开三 去劲来
万荣	tɕiaŋ33	tɕie33 白 / tɕiaŋ33 文	tɕiaŋ33	tɕʰiaŋ33	tɕiaŋ33	piaŋ33	pʰiei33	liaŋ33
稷山	tɕiʌŋ42	tɕie42 白 / tɕiʌŋ42 文	tɕiʌŋ42	tɕʰiʌŋ42	tɕiʌŋ42	piʌŋ42	pʰiə̃42	liʌŋ42
盐湖	tɕiŋ44	tɕie44 白 / tɕiŋ44 文	tɕiŋ44	tɕʰiŋ44	tɕiŋ44	piŋ44	pʰieĩ44	liŋ44
临猗	tɕiəŋ44	tɕiɛ44 白 / tɕiəŋ44 文	tɕiəŋ44	tɕʰiəŋ44	tɕiəŋ44	piəŋ44	pʰieĩ44	liəŋ44
河津	tɕiəŋ44	tɕiɛ44 白 / tɕiəŋ44 文	tɕiəŋ44	tɕʰiəŋ44	tɕiəŋ44	piəŋ44	pʰiẽ44	liəŋ44
平陆	tɕiŋ33	tɕiŋ33	tɕiŋ33	tɕʰiŋ33	tɕiŋ33	piŋ33	pʰiei33	liŋ33
永济	tɕiŋ44	tɕiŋ44	tɕiŋ44	tɕʰiŋ44	tɕiŋ44	piŋ44	pʰiei53	liŋ44
芮城	tɕiəŋ44	tɕiɛ44 白 / tɕiəŋ44 文	tɕiəŋ44	tɕʰiəŋ44	tɕiəŋ44	piəŋ44	pʰieĩ44	liəŋ44
吉县	tɕiəŋ33	tɕiɛ33 白 / tɕiəŋ53 文	tɕiəŋ33	tɕʰiəŋ33	——	piəŋ33	pʰiei53	liəŋ33
乡宁	tɕiəŋ22	tɕiᴇ22 白 / tɕiəŋ22 文	tɕiəŋ22	tɕʰiəŋ22	tɕiəŋ22	piəŋ22	pʰiəŋ22	liᴇ22 白 / liəŋ22 文
广灵	tɕiŋ213	tɕiŋ213	tɕiŋ213	tɕʰiŋ213	tɕiŋ213	piŋ213	pʰiŋ213	liŋ44

字目	净	性	姓	郑	正公~	政	圣	盛兴~
中古音 / 方言点	疾政 梗开三 去劲从	息正 梗开三 去劲心	息正 梗开三 去劲心	直正 梗开三 去劲澄	之盛 梗开三 去劲章	之盛 梗开三 去劲章	式正 梗开三 去劲书	承政 梗开三 去劲禅
北京	tɕiŋ^{51}	ɕiŋ^{51}	ɕiŋ^{51}	tʂəŋ^{51}	tʂəŋ^{51}	tʂəŋ^{51}	ʂəŋ^{51}	ʂəŋ^{51}
小店	tɕi^{11} 白 / tɕiə̃^{24} 文	ɕiə̃^{24}	ɕiə̃^{24}	tsəŋ^{24}	tsəŋ^{24}/tsəŋ^{11}	tsəŋ^{24}	səŋ^{24}	sɿ^{11} 白 / səŋ^{24} 文
尖草坪	tɕi^{35} 白 / tɕiʌŋ^{35} 文	ɕiʌŋ^{35}	ɕiʌŋ^{35}	tsʌŋ^{35}	tsɿ^{35} 白 / tsʌŋ^{35} 文	tsʌŋ^{35}	sʌŋ^{35}	sʌŋ^{35}
晋源	tɕin^{35}	ɕin^{35}	ɕin^{35}	tsəŋ^{35}	tsəŋ^{35}	tsəŋ^{35}	səŋ^{35}	səŋ^{35}
阳曲	tɕi^{454} 白 / tɕiə̃^{454} 文	ɕiə̃^{454}	ɕiə̃^{454}	tsə̃^{454}	tsɿ^{454} 白 / tsə̃^{454} 文	tsə̃^{454}	sə̃^{454}	sə̃^{454}
古交	tɕi^{53} 白 / tɕiəŋ^{53} 文	ɕiəŋ^{53}	ɕiəŋ^{53}	tsəŋ^{53}	tsəŋ^{53}	tsəŋ^{53}	səŋ^{53}	səŋ^{53}
清徐	tɕiəŋ^{45}	ɕiəŋ^{45}	ɕiəŋ^{45}	tsɿ^{45} 白 / tsəŋ^{45} 文	tsəŋ^{45}	tsəŋ^{45}	səŋ^{45}	səŋ^{45}
娄烦	tɕi^{54} 白 / tɕiəŋ^{54} 文	ɕiəŋ^{54}	ɕiəŋ^{54}	tsəŋ^{54}	tsəŋ^{54}	tsəŋ^{54}	səŋ^{54}	səŋ^{54}
榆次	tɕiɣ̃^{35}/tɕi^{35}	ɕiɣ̃^{35}	ɕiɣ̃^{35}	tsɣ̃^{35}	tsɣ̃^{35}	tsɣ̃^{35}	sɣ̃^{35}	sɣ̃^{35}
交城	tɕi^{24} 白 / tɕiə̃^{24} 文	ɕiə̃^{24}	ɕiə̃^{24}	tsɤɯ^{24} 白 / tsə̃^{24} 文	tsə̃^{24}	tsə̃^{24}	sə̃^{24}	sə̃^{24}
文水	tsɿ^{35} 白 / tɕiəŋ^{35} 文	ɕiəŋ^{35}	ɕiəŋ^{35}	tsəŋ^{35}	tsəŋ^{35}	tsəŋ^{35}	səŋ^{35}	səŋ^{35}
祁县	tsɿ^{45} 白 / tɕiɔõ^{45} 文	ɕiɔõ^{45}	ɕiɔõ^{45}	tʂɔõ^{45}	tʂʅ^{45} 白 / tʂɔõ^{45} 文	tʂɔõ^{45}	ʂɔõ^{45}	ʂɔõ^{45}
太谷	tɕi^{53} 白 / tɕiə̃^{53} 文	ɕiə̃^{53}	ɕiə̃^{53}	tsə̃^{53}	tsɿ^{53} 白 / tsə̃^{53} 文	tsə̃^{53}	sə̃^{53}	sə̃^{53}
平遥	tsei^{24}	ɕiəŋ^{24}	ɕiəŋ^{24}	tʂəŋ^{24}	tʂʅ^{24} 白 / tʂəŋ^{24} 文	tʂʅ^{24} 白 / tsəŋ^{24} 文	ʂəŋ^{24}	ʂəŋ^{24}
孝义	tɕi^{454}	ɕiə̃^{454}	ɕiə̃^{454}	tʂə̃^{454}	tʂə̃^{33}	tʂə̃^{33}	ʂə̃^{454}	ʂə̃^{454}
介休	tsei^{45} 白 / tɕin^{45} 文	ɕin^{45}	ɕin^{45}	tʂəŋ^{45}	tʂəŋ^{45}	tʂəŋ^{45}	ʂəŋ^{45}	ʂəŋ^{45}
灵石	tɕi^{53}/tɕiŋ^{53}	ɕiŋ^{53}	ɕiŋ^{53}	tsəŋ^{53}	tsəŋ^{53}	tsəŋ^{53}	səŋ^{53}	səŋ^{53}
盂县	tɕi^{55} 白 / tɕiə̃^{55} 文	ɕiə̃^{55}	ɕi^{55} 白 / ɕiə̃^{55} 文	tsə̃^{55} 文	tsɿ^{55}/tsə̃^{55} 文	tsə̃^{55}	sə̃^{55}	sə̃^{55}
寿阳	tsɿ^{45}/tɕiə̃^{45}	ɕiə̃^{45}	ɕiə̃^{45}	tsɿ^{45}/tsə̃^{45}	tsɿ^{45}/tsə̃^{45}	tsə̃^{45}	sə̃^{45}	sə̃^{45}
榆社	tɕier^{45}	ɕier^{45}	ɕier^{45}	tseɪ^{45}	tseɪ^{45}	tseɪ^{45}	seɪ^{45}	seɪ^{45}
离石	tsɿ^{53} 白 / tɕiəŋ^{53} 文	ɕiəŋ^{53}	ɕiəŋ^{53}	təŋ^{53}	tsəŋ^{53}	tsəŋ^{53}	səŋ^{53}	səŋ^{53}

续表

字目	净	性	姓	郑	正公~	政	圣	盛兴~
中古音 方言点	疾政 梗开三 去劲从	息正 梗开三 去劲心	息正 梗开三 去劲心	直正 梗开三 去劲澄	之盛 梗开三 去劲章	之盛 梗开三 去劲章	式正 梗开三 去劲书	承政 梗开三 去劲禅
汾阳	tɕiẼ^{55}	ɕiẼ^{55}	ɕiẼ^{55}	tʂəŋ^{55}	tʂʅ^{55} 白 / tʂəŋ^{55} 文	tʂəŋ^{55}	ʂəŋ^{55}	ʂəŋ^{55}
中阳	tɕi^{53} 白 / tɕiə̃^{53} 文	ɕiə̃^{53}	ɕiə̃^{53}	tə̃^{53}	tʂɤ^{53} 白 / tsə̃^{53} 文	tsə̃^{53}	sə̃^{53}	sə̃^{53}
柳林	tɕi^{53}	ɕiə̃^{53}	ɕiə̃^{53}	tsə̃^{53}	tsə̃^{53}	tsə̃^{53}	sə̃^{53}	sə̃^{53}
方山	tɕi^{52} 白 / tɕiə̃ŋ^{52} 文	ɕiə̃ŋ^{52}	ɕiə̃ŋ^{52}	tʂə̃ŋ^{52}	tʂə̃ŋ^{52}	tʂə̃ŋ^{52}	ʂə̃ŋ^{52}	ʂə̃ŋ^{52}
临县	tɕiə̃^{52}	ɕiə̃^{52}	ɕiə̃^{52}	tʂə̃^{52}	tʂə̃^{52}	tʂə̃^{52}	ʂə̃^{52}	ʂə̃^{52}
兴县	tɕi^{53} 白 / tɕiəŋ^{53} 文	ɕiəŋ^{53}	ɕiəŋ^{53}	tʂʅ^{53} 白 / tʂəŋ^{53} 文	tʂəŋ^{53}	tʂəŋ^{53}	ʂəŋ^{53}	ʂəŋ^{53}
岚县	tɕi^{53} 白 / tɕiəŋ^{53} 文	ɕiəŋ^{53}	ɕiəŋ^{53}	tsəŋ^{53}	tsɿ^{53} 白 / tsəŋ^{53} 文	tsəŋ^{53}	səŋ^{53}	səŋ^{53}
静乐	tɕiɤ̃^{53}	ɕiɤ̃^{53}	ɕiɤ̃^{53}	tsɤ̃^{53}	tsɿ^{53} 白 / tsɤ̃^{53} 文	tsɤ̃^{53}	sɤ̃^{53}	sɤ̃^{53}
交口	tɕiɛ^{53} 白 / tɕiəŋ^{53} 文	ɕiəŋ^{53}	ɕiəŋ^{53}	tsəŋ^{53}	tsə^{53} 白 / tsəŋ^{53} 文	tsəŋ^{53}	səŋ^{53}	səŋ^{53}
石楼	tɕiɛ^{51} 白 / tɕiəŋ^{51} 文	ɕiəŋ^{51}	ɕiəŋ^{51}	tʂəŋ^{51}	tʂə^{51} 白 / tʂəŋ^{51} 文	tʂəŋ^{51}	ʂəŋ^{51}	ʂəŋ^{51}
隰县	tɕʰiɛ^{44}	ɕiəŋ^{44}	ɕiəŋ^{44}	tsəŋ^{44}	tsɤ^{44} 白 / tsəŋ^{44} 文	tsəŋ^{44}	səŋ^{44}	səŋ^{44}
大宁	tɕʰie^{55} 白 / tɕiən^{55} 文	ɕie^{55} 白 / ɕiən^{55} 文	ɕiən^{55}	——	tsɤ^{55} 白 / tsəŋ^{55} 文	tʂəŋ^{55}	ʂəŋ^{55}	ʂəŋ^{55}
永和	tɕʰie^{53} 白 / tɕʰiəŋ^{53} 文	ɕiəŋ^{53}	ɕiəŋ^{53}	tʂʰʅə^{53} 白 / tʂʅə^{53} 白 / tʂəŋ^{53} 文	tsʅə^{53} 白 / tʂəŋ^{53} 文	tʂəŋ^{53}	ʂəŋ^{53}	ʂəŋ^{53}
汾西	tɕʰiəŋ^{53} 白 / tɕi^{53} 白 / tɕiəŋ^{55} 文	ɕiəŋ^{55}	ɕiəŋ^{55}	tsʰəŋ^{53} 白 / tsəŋ^{53}	tsəŋ^{55}	tsəŋ^{55}	səŋ^{33}	səŋ^{55}
蒲县	tɕʰiɛ^{31} 白 / tɕiŋ^{33} 文	ɕiŋ^{33}	ɕiŋ^{33}	tʂəŋ^{33}	tʂəŋ^{33}	tʂəŋ^{33}	ʂəŋ^{33}	ʂəŋ^{33}
潞州	tɕiŋ^{54}	ɕiŋ^{44}	ɕiŋ^{44}	tsəŋ^{54}	tsəŋ^{44}	tsəŋ^{44}	səŋ^{44}	səŋ^{54}
上党	tɕiŋ^{42}	ɕiŋ^{22}	ɕiŋ^{22}	tsəŋ^{42}	tsəŋ^{22}	tsəŋ^{22}	səŋ^{42}	səŋ^{42}
长子	tɕiŋ^{53}	ɕiŋ^{422}	ɕiŋ^{422}	tsəŋ^{53}	tsəŋ^{422}	tsəŋ^{422}	səŋ^{53}	səŋ^{53}
屯留	tɕiəŋ^{11}	ɕiəŋ^{53}	ɕiəŋ^{53}	tsəŋ^{53}	tsəŋ^{53}	tsəŋ^{53}	səŋ^{53}	səŋ^{11}
襄垣	tɕiəŋ^{45}	ɕiəŋ^{53}	ɕiəŋ^{45}	tsəŋ^{45}	tsəŋ^{53}	tsəŋ^{53}	səŋ^{45}	səŋ^{45}

续表

字目	净	性	姓	郑	正公~	政	圣	盛兴~
中古音 / 方言点	疾政 梗开三 去劲从	息正 梗开三 去劲心	息正 梗开三 去劲心	直正 梗开三 去劲澄	之盛 梗开三 去劲章	之盛 梗开三 去劲章	式正 梗开三 去劲书	承政 梗开三 去劲禅
黎城	tɕiəŋ^{53}	ɕiəŋ^{53}	ɕiəŋ^{53}	tɕiəŋ^{53}	tɕiəŋ^{53}	tɕiəŋ^{53}	ɕiəŋ^{53}	ɕiəŋ^{53}
平顺	tɕiŋ^{53}	ɕiŋ^{53}	ɕiŋ^{53}	tsəŋ^{53}	tsəŋ^{53}	tsəŋ^{53}	səŋ^{53}	səŋ^{53}
壶关	tsiŋ^{353}	siŋ^{42}	siŋ^{42}	tʂəŋ^{353}	tʂəŋ^{42}	tʂəŋ^{42}	ʂəŋ^{353}	ʂəŋ^{353}
沁县	tɕiə̃^{53}	ɕiə̃^{53}	ɕiə̃^{53}	tsə̃^{53}	tsə̃^{53}	tsə̃^{53}	sə̃^{53}	sə̃^{53}
武乡	tɕiɐŋ^{55}	ɕiɐŋ^{55}	ɕiɐŋ^{55}	tsɐŋ^{55}	tsɐŋ^{55}	tsɐŋ^{55}	sɐŋ^{55}	sɐŋ^{55}
沁源	tɕiə̃^{53}	ɕiə̃^{53}	ɕiə̃^{53}	tʂə̃^{53}	tʂʅ^{53} 白 / tʂə̃^{53} 文	tʂə̃^{53}	ʂə̃^{53}	ʂə̃^{53}
安泽	tɕiəŋ^{53}	ɕiəŋ^{53}	ɕiəŋ^{53}	tsəŋ^{53}	tsəŋ^{53}	tsəŋ^{53}	səŋ^{53}	səŋ^{53}
沁水端氏	tɕiŋ^{53}	ɕiŋ^{53}	ɕiŋ^{53}	tsəŋ^{53}	tsəŋ^{53}	tsəŋ^{53}	səŋ^{53}	səŋ^{53}
阳城	tɕiə̃ĩ^{51}	ɕiə̃ĩ^{51}	ɕiə̃ĩ^{51}	tʂə̃ĩ^{51}	tʂɑ̃ŋ^{51}	tʂɑ̃ŋ^{51}	ʂɑ̃ŋ^{51}	ʂɑ̃ŋ^{51}
高平	tɕiə̃ŋ^{53}	ɕiə̃ŋ^{53}	ɕiə̃ŋ^{53}	tʂə̃ŋ^{53}	tʂə̃ŋ^{53}	tʂə̃ŋ^{53}	ʂə̃ŋ^{53}	ʂə̃ŋ^{53}
陵川	tɕiŋ^{24}	ɕiŋ^{24}	ɕiŋ^{24}	tʂəŋ^{24}	tʂəŋ^{24}	tʂəŋ^{24}	ʂəŋ^{24}	ʂəŋ^{24}
晋城	tɕiẽ^{53}	ɕiẽ^{53}	ɕiẽ^{53}	tʂɐ̃^{53}	tʂɐ̃^{53}	tʂɐ̃^{53}	ʂɐ̃^{53}	ʂɐ̃^{53}
忻府	tɕi^{53} 白 / tɕiəŋ^{53} 文	ɕiəŋ^{53}	ɕi^{53} 白 / ɕiəŋ^{53} 文	tʂəŋ^{53}	tʂəŋ^{53} 文	tʂəŋ^{53}	ʂəŋ^{53}	ʂəŋ^{53}
原平	tɕi^{53} 白 / tɕiəŋ^{53}	ɕiəŋ^{53}	ɕiəŋ^{53}	tʂəŋ^{53}	tʂəŋ^{53}	tʂəŋ^{53}	ʂəŋ^{53}	ʂəŋ^{53}
定襄	tɕi^{53}	ɕiəŋ^{53}	ɕiəŋ^{53}	tsəŋ^{53}	tsəŋ^{53}	tsəŋ^{53}	səŋ^{53}	səŋ^{53}
五台	tɕi^{52}	ɕiən^{52}	ɕiən^{52}	tsən^{52}	tsən^{52}	tsən^{52}	sən^{52}	sən^{52}
岢岚	tɕiəŋ^{52}	ɕiəŋ^{52}	ɕiəŋ^{52}	tʂəŋ^{52}	tʂəŋ^{52}	tʂəŋ^{52}	ʂəŋ^{52}	ʂəŋ^{52}
五寨	tɕiəỹ^{52}	ɕiəỹ^{52}	ɕiəỹ^{52}	tsəỹ^{52}	tsəỹ^{52}	tsəỹ^{52}	səỹ^{52}	səỹ^{52}
宁武	——	ɕiɤɯ^{52}	ɕiɤɯ^{52}	tsɤɯ^{52}	tsɤɯ^{52}	tsɤɯ^{52}	sɤɯ^{52}	sɤɯ^{52}
神池	tɕiə̃^{52}	ɕiə̃^{52}	ɕiə̃^{52}	tsə̃^{52}	tsə̃^{52}	tsə̃^{52}	sə̃^{24}	sə̃^{52}
繁峙	tɕiəŋ^{24}	ɕiəŋ^{24}	ɕiəŋ^{24}	tsəŋ^{24}	tsəŋ^{24}	tsəŋ^{24}	səŋ^{24}	səŋ^{24}
代县	tɕiɤŋ^{53}	ɕiɤŋ^{53}	ɕiɤŋ^{53}	tsɤŋ^{53}	tsɤŋ^{53}	tsɤŋ^{53}	sɤŋ^{53}	sɤŋ^{53}
河曲	tɕiŋ^{52}	ɕiŋ^{52}	ɕiŋ^{52}	tʂɤŋ^{52}	tɕɤŋ^{213}	tʂɤŋ^{52}	ʂɤŋ^{52}	tʂʰɤŋ^{44}
保德	tɕiəŋ^{52}	ɕiəŋ^{52}	ɕiəŋ^{52}	tʂəŋ^{52}	tʂəŋ^{52}	tʂəŋ^{52}	ʂəŋ^{52}	ʂəŋ^{52}
偏关	tɕiɤŋ^{52}	ɕiɤŋ^{52}	ɕiɤŋ^{52}	tʂɤŋ^{52}	tʂɤŋ^{52}	tʂɤŋ^{52}	ʂɤŋ^{52}	ʂɤŋ^{52}
朔城	tɕiə̃^{53}	ɕiə̃^{53}	ɕiə̃^{53}	tsə̃^{53}	tsə̃^{53}	tsə̃^{53}	sə̃^{53}	sə̃^{53}
平鲁	tɕiəɯ^{52}	ɕiəɯ^{52}	ɕiəɯ^{52}	tsəɯ^{52}	tsəɯ^{52}	tsəɯ^{52}	səɯ^{52}	səɯ^{52}
应县	tɕiəŋ^{24}	ɕiəŋ^{24}	ɕiəŋ^{24}	tsəŋ^{24}	tsəŋ^{24}	tsəŋ^{24}	səŋ^{24}	səŋ^{24}
灵丘	tɕiŋ^{53}	ɕiŋ^{53}	ɕiŋ^{53}	tsəŋ^{53}	tsəŋ^{53}	tsəŋ^{53}	səŋ^{53}	səŋ^{53}

续表

字目	净	性	姓	郑	正公～	政	圣	盛兴～
中古音 / 方言点	疾政 梗开三 去劲从	息正 梗开三 去劲心	息正 梗开三 去劲心	直正 梗开三 去劲澄	之盛 梗开三 去劲章	之盛 梗开三 去劲章	式正 梗开三 去劲书	承政 梗开三 去劲禅
浑源	tɕiə̃^{13}	ɕiə̃^{13}	ɕiə̃^{13}	tsə̃^{13}	tsə̃^{13}	tsə̃^{13}	sə̃^{13}	sə̃^{13}
云州	tɕiəɣ^{24}	ɕiəɣ^{24}	ɕiəɣ^{24}	tʂəɣ^{24}	tʂəɣ^{24}	tʂəɣ^{24}	ʂəɣ^{24}	ʂəɣ^{24}
新荣	tɕiɣ^{24}	ɕiɣ^{24}	ɕiɣ^{24}	tʂɤɣ^{24}	tʂɤɣ^{24}	tʂɤɣ^{24}	ʂɤɣ^{24}	ʂɤɣ^{24}
怀仁	tɕiəŋ^{24}	ɕiəŋ^{24}	ɕiəŋ^{24}	tsəŋ^{24}	tsəŋ^{24}	tsəŋ^{24}	səŋ^{24}	səŋ^{24}
左云	tɕiəɣ^{24}	ɕiəɣ^{24}	ɕiəɣ^{24}	tsəɣ^{24}	tsəɣ^{24}	tsəɣ^{24}	səɣ^{24}	səɣ^{24}
右玉	tɕiə̃ɣ^{24}	ɕiə̃ɣ^{24}	ɕiə̃ɣ^{24}	tʂə̃ɣ^{24}	tʂə̃ɣ^{24}	tʂə̃ɣ^{24}	ʂə̃ɣ^{24}	ʂə̃ɣ^{24}
阳高	tɕiəŋ^{24}	ɕiəŋ^{53}	ɕiəŋ^{53}	tsəŋ^{24}	tsəŋ^{24}	tsəŋ^{24}	səŋ^{24}	səŋ^{24}
山阴	tɕiə̃^{335}	ɕiə̃^{335}	ɕiə̃^{335}	tʂə̃^{335}	tʂə̃^{335}	tʂə̃^{335}	ʂə̃^{335}	ʂə̃^{335}
天镇	tɕiɤɣ^{24}	ɕiɤɣ^{24}	ɕiɤɣ^{24}	tsɤɣ^{24}	tsɤɣ^{24}	tsɤɣ^{24}	sɤɣ^{24}	sɤɣ^{24}
平定	tɕiɤŋ^{24}	ɕiɤŋ^{24}	ɕiɤŋ^{24}	tʂɤŋ^{24}	tʂɤŋ^{24}	tʂɤŋ^{24}	ʂɤŋ^{24}	ʂɤŋ^{24}
昔阳	tɕiəŋ^{13}	ɕiəŋ^{13}	ɕiəŋ^{13}	tʂəŋ^{13}	tʂəŋ^{13}	tʂəŋ^{13}	ʂəŋ^{13}	ʂəŋ^{13}
左权	tɕiəŋ^{53}	ɕiəŋ^{53}/ ɕyəŋ^{53}	ɕiəŋ^{53}	tʂəŋ^{53}	tʂəŋ^{53}	tʂəŋ^{53}	ʂəŋ^{53}	ʂəŋ^{53}
和顺	tɕiəŋ^{13}	ɕiəŋ^{13}	ɕiəŋ^{13}	tʂəŋ^{13}	tʂəŋ^{13}	tʂəŋ^{13}	ʂəŋ^{13}	ʂəŋ^{13}
尧都	tɕiɛ^{44} 白 / tɕiəŋ^{44} 文	ɕiəŋ^{44}	ɕiəŋ^{44}	tsəŋ^{44}	tsəŋ^{44}	tsəŋ^{44}	ʂəŋ^{44}	ʂəŋ^{44}
洪洞	tɕʰie^{53} 白 / tɕieŋ^{53} 文	ɕieŋ^{33}	ɕieŋ^{33}	tʂeŋ^{53}/ tʂʰeŋ^{53} 姓	tʂeŋ^{33}	tʂeŋ^{33}	ʂeŋ^{33}	ʂeŋ^{33}
洪洞赵城	tɕʰiɛ^{53}	ɕieŋ^{24}	ɕieŋ^{24}	tʂeŋ^{53}	tʂɤ^{24} 白 / tʂeŋ^{53} 文	tʂɤ^{24} 白 / tʂeŋ^{53} 文	ʂeŋ^{53}	tʂʰeŋ^{53}
古县	tɕʰie^{53} 白 / tɕiŋ^{53} 文	ɕiŋ^{35}	ɕiŋ^{35}	tʂəŋ^{53}	tʂəŋ^{35}	tʂəŋ^{35}	ʂəŋ^{35}	ʂəŋ^{35}
襄汾	tɕʰie^{53} 白 / tɕieŋ^{53} 文	ɕieŋ^{44}	ɕieŋ^{44}	tʂʰeŋ^{53}	tʂeŋ^{44}	tʂeŋ^{44}	ʂeŋ^{44}	ʂeŋ^{44}
浮山	tɕʰiɛ^{53}	ɕieŋ^{44}	ɕieŋ^{44}	tʂʰeŋ^{53}	tʂʅ^{44} 白 / tʂeŋ^{44} 文	tʂeŋ^{44}	ʂeŋ^{44}	ʂeŋ^{44}
霍州	tɕʰi^{53} 白 / tɕiŋ^{53} 文	ɕiŋ^{55}	ɕi^{55} 白 / ɕiŋ^{55} 文	tʂəŋ^{53}	tʂəŋ^{55}	tʂəŋ^{55}	ʂəŋ^{55}	ʂəŋ^{55}
翼城	tɕiᴇ^{53}	ɕiŋ^{53}	ɕiŋ^{53}	tʂɔ^{53} 白 / tʂəŋ^{53} 文	tʂɔ^{53} 白 / tʂəŋ^{53} 文	tʂɔ^{53} 白 / tʂəŋ^{53} 文	ʂɔ^{53} 白 / ʂəŋ^{53} 文	ʂəŋ^{53}
闻喜	tɕʰiᴇ^{13} 白 / tɕiəŋ^{53} 文	ɕiəŋ^{53}	ɕiəŋ^{53}	tsəŋ^{13}/ tseĩ^{13}	tsəŋ^{53}	tsəŋ^{53}	səŋ^{53}	səŋ^{13}
侯马	tɕie^{53} 白 / tɕiəŋ^{53} 文	ɕiəŋ^{53}	ɕiəŋ^{53}	tʂəŋ^{53}	tʂəŋ^{53}	tʂəŋ^{53}	ʂəŋ^{53}	ʂəŋ^{53}

续表

字目	净	性	姓	郑	正公~	政	圣	盛兴~
中古音 / 方言点	疾政 梗开三 去劲从	息正 梗开三 去劲心	息正 梗开三 去劲心	直正 梗开三 去劲澄	之盛 梗开三 去劲章	之盛 梗开三 去劲章	式正 梗开三 去劲书	承政 梗开三 去劲禅
新绛	tɕiəŋ^{53}	ɕiəŋ^{53}	ɕiəŋ^{53}	tʂəŋ^{53}	tʂie^{53} 白 / tʂəŋ^{53} 文	tʂəŋ^{53}	ʂəŋ^{53}	ʂəŋ^{53}
绛县	tɕiʌŋ^{31}	ɕiʌŋ^{31}	ɕiʌŋ^{31}	tʂʌŋ^{31}	tʂʌŋ^{31}	tʂʌŋ^{31}	ʂʌŋ^{31}	ʂʌŋ^{31}
垣曲	tɕʰiɛ^{53}	ɕiəŋ^{53}	ɕiəŋ^{53}	tʂʰəŋ^{53} 白 / tʂəŋ^{53} 文	tʂəŋ^{53}	tʂəŋ^{53}	ʂəŋ^{53}	ʂəŋ^{53}
夏县	tɕʰiɛ^{31}	ɕiəŋ^{31}	ɕiəŋ^{31}	tʂʰəŋ^{31}	tʂəŋ^{31}	tʂəŋ^{31}	ʂəŋ^{31}	ʂəŋ^{31}
万荣	tɕʰiɛ^{33} 白 / tɕiaŋ^{33} 文	ɕiaŋ^{33}	ɕiaŋ^{33}	tʂaŋ^{33}	tʂiɛ^{33} 白 / tʂaŋ^{33} 文	tʂaŋ^{33}	ʂaŋ^{33}	ʂaŋ^{33}
稷山	tɕʰiɛ^{42} 白 / tɕiʌŋ^{44} 文	ɕiʌŋ^{42}	ɕiʌŋ^{42}	tʂʌŋ^{42}	tʂʌŋ^{42}	tʂʌŋ^{42}	ʂʌŋ^{42}	ʂʌŋ^{42}
盐湖	tɕʰiɛ^{44} 白 / tɕiŋ^{44} 文	ɕiŋ^{44}	ɕiŋ^{44}	tʂəŋ^{44}	tʂəŋ^{44}	tʂəŋ^{44}	ʂəŋ^{44}	ʂəŋ^{44}
临猗	tɕʰiɛ^{44} 白 / tɕiəŋ^{44} 文	ɕiəŋ^{44}	ɕiəŋ^{44}	tʂəŋ^{44}	tʂɤ^{44} 白 / tʂəŋ^{44} 文	tʂəŋ^{44}	ʂəŋ^{44}	ʂəŋ^{44}
河津	tɕʰiɛ^{44} 白 / tɕʰiəŋ^{44} 文	ɕiəŋ^{44}	ɕiəŋ^{44}	tʂʰəŋ^{44}	tʂɤ^{44} 白 / tʂəŋ^{44} 文	tʂəŋ^{44}	ʂəŋ^{44}	ʂəŋ^{44}
平陆	tɕiɛ^{33} 白 / tɕʰiŋ^{33} 文	ɕiŋ^{33}	ɕiŋ^{33}	tʂeŋ^{33}	tʂeŋ^{33}	tʂeŋ^{33}	ʂeŋ^{33}	ʂeŋ^{33}
永济	tɕʰie^{44} 白 / tɕʰiŋ^{44} 文	ɕiŋ^{44}	ɕiŋ^{44}	tʂəŋ^{44} 白 / tʂʰəŋ^{44} 文	tʂʅe^{44} 白 / tʂəŋ^{31} 文 / tʂəŋ^{44} 又	tʂəŋ^{44}	ʂəŋ^{44}	tʂʰəŋ^{24} 白 / ʂəŋ^{44} 文
芮城	tɕʰiɛ^{44} 白 / tɕʰiəŋ^{44} 文	ɕiəŋ^{44}	ɕiəŋ^{44}	tʂʰəŋ^{44}	tʂɤ^{44} 白 / tʂəŋ^{44} 文	tʂəŋ^{44}	ʂəŋ^{44}	ʂəŋ^{44}
吉县	tɕʰiɛ^{423} 白 / tɕʰiəŋ^{33} 文	ɕiəŋ^{33}	tɕia^{53}/ ɕiəŋ^{33}/ tɕʰiəŋ^{33}	tʂʰəŋ^{33}	tʂɛ^{33} 白 / tʂəŋ^{33} 文	tʂəŋ^{33}	ʂəŋ^{33}	ʂəŋ^{33}
乡宁	tɕʰiᴇ^{22} 白 / tɕʰiəŋ^{22} 文	ɕiəŋ^{22}	ɕiəŋ^{22}	tʂəŋ^{22}	tʂɤ^{22} 白 / tʂəŋ^{22} 文	tʂəŋ^{22}	ʂəŋ^{22}	ʂəŋ^{22}
广灵	tɕiŋ^{213}	ɕiŋ^{213}	ɕiŋ^{213}	tsəŋ^{213}	tsəŋ^{213}	tsəŋ^{213}	səŋ^{213}	səŋ^{213}

字目	劲~敌	碧	剧	逆	璧	僻	辟开~	积
中古音 / 方言点	居正 梗开三 去劲见	彼役 梗开三 入陌帮	奇逆 梗开三 入陌群	宜戟 梗开三 入陌疑	必益 梗开三 入昔帮	芳辟 梗开三 入昔滂	房益 梗开三 入昔並	资昔 梗开三 入昔精
北京	tɕiŋ^{51}	pi^{51}	tɕy^{51}	ni^{51}	pi^{51}	pʰi^{51}	pʰi^{51}	tɕi^{55}
小店	tɕiə̃^{24}	piəʔ^{1}	tɕy^{24}	niəʔ^{1}	pi^{24}	——	pʰiəʔ^{1}	tɕiəʔ^{1}
尖草坪	tɕiʌŋ^{33}	piəʔ^{2}	tɕy^{35}	ni^{35}	piəʔ^{2}	pʰiəʔ^{2}	pʰiəʔ^{2}	tɕiəʔ^{2}
晋源	tɕin^{35}	pi^{35}	tɕy^{35}	ȵiəʔ^{2}	piəʔ^{2}	pʰiəʔ^{2}	piəʔ^{2} 白 / pʰiəʔ^{2} 文	tɕiəʔ^{2}
阳曲	tɕiə̃^{454}	piɛʔ^{4}	tɕy^{454}	ȵiɛʔ^{4}	piɛʔ^{4}	pʰiɛʔ^{4}	piɛʔ^{4}	tɕiɛʔ^{4}
古交	tɕiəŋ^{53}	piəʔ^{4}	tɕy^{53}	ȵiəʔ^{4}	piəʔ^{4}/pi^{53}	pʰiəʔ^{4}	pʰiəʔ^{4}	tɕiəʔ^{4}
清徐	tɕiəŋ^{45}	piəʔ^{1}	tɕy^{45}	niəʔ^{1}	piəʔ^{1}	pʰiəʔ^{1}	pʰiəʔ$^{\underline{54}}$	tɕiəʔ^{1}
娄烦	tɕiəŋ^{54}	piəʔ^{3}	tɕy^{54}	ȵiəʔ^{3}	piəʔ^{3}	pʰiəʔ^{3}	pʰiəʔ^{3}	tɕiəʔ^{3}
榆次	tɕiɣ̃^{35}	piəʔ^{1}	tɕy^{35}	ni^{35}	piəʔ^{1}	pʰi^{35}	pʰi^{35}	tɕiəʔ^{1}
交城	tɕiə̃^{24}	piəʔ^{1} 白 / pi^{24} 文	tɕy^{24}	niəʔ^{1}	piəʔ^{1}	pʰiəʔ^{1}	pʰiəʔ^{1}	tɕiəʔ^{1}
文水	tɕiɔŋ^{35}	piəʔ^{2}	tsɥ^{35}	ȵiəʔ^{2}	piəʔ^{2}	pʰiəʔ^{2}	pʰiəʔ^{2}	tɕiəʔ^{2}
祁县	tɕiɔ̃^{45}	piəʔ$^{\underline{32}}$	tɕiəβ^{45}	ȵiəʔ$^{\underline{32}}$	piəʔ$^{\underline{32}}$	pʰiəʔ$^{\underline{32}}$	pʰiəʔ$^{\underline{32}}$	tɕiəʔ$^{\underline{32}}$
太谷	tɕiə̃^{53}	piəʔ^{3}	tɕy^{53}	ȵiəʔ^{3}	piəʔ^{3}	pʰiəʔ^{3}	pʰiəʔ^{3}	tɕiəʔ^{3}
平遥	tɕiəŋ^{24}	piʌʔ$^{\underline{212}}$	tɕy^{24}	ȵiʌʔ$^{\underline{523}}$	piʌʔ$^{\underline{212}}$	pʰiʌʔ$^{\underline{212}}$	pʰiʌ^{212}	tɕiʌʔ$^{\underline{212}}$
孝义	tɕiə̃^{454}	piəʔ^{3}	tɕy^{454}	ȵiəʔ^{3}	piəʔ^{3}	pʰiəʔ^{3}	pʰiəʔ^{3}	tɕiəʔ^{3}
介休	tɕin^{45}	piʌʔ$^{\underline{12}}$	tɕy^{45}	ȵiʌʔ$^{\underline{12}}$	piʌʔ$^{\underline{12}}$	pʰiʌʔ$^{\underline{12}}$	pʰiʌʔ$^{\underline{12}}$	tɕiʌʔ$^{\underline{12}}$
灵石	tɕiŋ^{53}	piəʔ^{4}	tɕy^{53}	niəʔ^{4}	piəʔ^{4}	pʰiəʔ^{4}	pʰiəʔ^{4}	tɕiəʔ^{4}
盂县	tɕiə̃^{55}	piəʔ^{2} 白 / pi^{55} 文	tɕy^{55}	ȵiəʔ^{2}	pʰiəʔ^{2}	pʰiəʔ^{2}	pʰiəʔ^{2} 白 / pi^{55}	tɕiəʔ^{2}
寿阳	tɕiə̃^{45}	piəʔ^{2}	tsu^{45}	ȵiəʔ^{2}	piəʔ^{2}	pʰiəʔ^{2}	pʰiəʔ^{2}	tɕiəʔ^{2}
榆社	tɕier^{45}	piəʔ^{2}	tsɥ^{45}	niəʔ^{2}	piəʔ^{2}	pʰiəʔ^{2}	pʰiəʔ^{2}	tɕiəʔ^{2}
离石	tɕiəŋ^{53}	pieʔ^{4}	tsu^{53}	nieʔ^{4}	pieʔ^{4}	pʰieʔ^{4}	pʰieʔ^{4}	tɕieʔ^{4}
汾阳	tɕiẼ^{55}	pieʔ^{2}	tsɥ^{55}	ȵieʔ$^{\underline{312}}$	pieʔ^{2}	pʰieʔ^{2}	pʰieʔ^{2}	tɕieʔ^{2}
中阳	tɕiə̃^{53}	pieʔ^{4}	tɕy^{53}	nieʔ^{4}	pieʔ^{4}	pʰieʔ^{4}	pʰieʔ^{4}	tɕieʔ^{4}
柳林	tɕiə̃^{53}	piɛʔ^{4}	tɕy^{53}	niɛʔ$^{\underline{423}}$	piɛʔ^{4}	pʰi^{312}	pʰiɛʔ^{4}	tɕiɛʔ^{4}
方山	tɕiə̃ŋ^{52}	pi^{52}	tɕy^{52}	liɛʔ$^{\underline{23}}$	pi^{52}	pʰi^{52}	piɛʔ^{4}	tɕiɛʔ^{4}
临县	tɕiə̃^{52}	piɐʔ^{3}	tɕy^{52}	niɐʔ$^{\underline{24}}$	piɐʔ^{3}	pʰiɐʔ^{3}	pʰiɐʔ^{3}	tɕiɐʔ^{3}
兴县	tɕiəŋ^{5}	piəʔ^{5}	tɕy^{53}	niəʔ^{5}	——	pʰiəʔ^{5}	——	tɕiəʔ^{5}
岚县	tɕiəŋ^{53}	piəʔ^{4}	tɕy^{53}	ȵiəʔ^{4}	piəʔ^{4}	pʰiəʔ^{4}	pʰiəʔ^{4}	tɕiəʔ^{4}
静乐	tɕiɣ̃^{53}	piəʔ^{4}	tɕy^{53}	ȵiəʔ^{4}	piəʔ^{4}	pʰiəʔ^{4}	pʰiəʔ^{4}	tɕiəʔ^{4}
交口	tɕiəŋ^{53}	pi^{53}	tɕy^{53}	ȵieʔ^{4}	pi^{53}	pʰieʔ^{4}	pʰieʔ^{4}	tɕieʔ^{4}

续表

字目	劲~敌	碧	剧	逆	璧	僻	辟开~	积
中古音 / 方言点	居正 梗开三 去劲见	彼役 梗开三 入陌帮	奇逆 梗开三 入陌群	宜戟 梗开三 入陌疑	必益 梗开三 入昔帮	芳辟 梗开三 入昔滂	房益 梗开三 入昔並	资昔 梗开三 入昔精
石楼	tɕiəŋ^{51}	pi^{51}	tɕy^{51}	ȵiəʔ^{4}白 / ȵi^{51}文	pi^{51}	pʰiəʔ^{4}白 / pʰi^{51}文	piəʔ^{4}白 / pʰi^{51}文	tɕiəʔ^{4}
隰县	tɕiəŋ^{44}	piəʔ^{3}	tɕy^{44}	ȵiəʔ^{3}	piəʔ^{3}	pʰiəʔ^{3}	pʰiəʔ^{3}	tɕiəʔ^{3}
大宁	tɕiən^{55}	piəʔ$^{\underline{31}}$	tɕy^{55}	niəʔ$^{\underline{31}}$	piəʔ$^{\underline{31}}$	pʰiəʔ$^{\underline{31}}$	pʰiəʔ$^{\underline{31}}$	tɕiəʔ$^{\underline{31}}$白 / tɕi^{31}文
永和	tɕiəŋ^{53}	piəʔ$^{\underline{35}}$	tɕy^{53}	niəʔ$^{\underline{312}}$	piəʔ$^{\underline{35}}$	pʰiəʔ$^{\underline{35}}$	pʰiəʔ$^{\underline{35}}$	tɕiəʔ$^{\underline{35}}$
汾西	——	piəʔ^{1}	tɕy^{55}文	nʑ^{53}/niəʔ^{1}	piəʔ^{1}	pʰʑ^{55}/pʰiəʔ^{1}	——	tɕiəʔ^{1}
蒲县	tɕieĩ^{33}	pi^{33}	tɕy^{33}	ȵi^{33}	pi^{33}	pʰi^{52}	pʰi^{52}	tɕi^{52}
潞州	tɕiŋ^{44}	piəʔ$^{\underline{53}}$	tɕy^{54}	ȵi^{54}	piəʔ$^{\underline{53}}$	pʰiəʔ$^{\underline{53}}$	pʰiəʔ$^{\underline{53}}$	tɕiəʔ$^{\underline{53}}$
上党	tɕiŋ^{42}	piəʔ$^{\underline{21}}$	tɕy^{42}	i^{42}	piəʔ$^{\underline{21}}$	pʰiəʔ$^{\underline{21}}$	pʰiəʔ$^{\underline{21}}$	tɕiəʔ$^{\underline{21}}$
长子	tɕiŋ^{422}	piəʔ^{4}	tɕy^{422}	ȵi^{53}	piəʔ^{4}	pʰiəʔ^{4}	pʰiəʔ^{4}	tɕiəʔ^{4}
屯留	tɕʰiẽ^{53}	piəʔ^{1}	tɕy^{11}	i^{11}白 / ȵi^{11}文	piəʔ^{1}	pʰiəʔ^{1}	pʰiəʔ^{1}	tɕiəʔ^{1}
襄垣	tɕiəŋ^{53}	piʌʔ^{3}	tɕy^{45}	ȵiʌʔ^{3}	piʌʔ^{3}	pʰiʌʔ^{3}	pʰiʌʔ$^{\underline{43}}$	tɕiʌʔ^{3}
黎城	ciəŋ^{422}	piɤʔ^{2}	cy^{53}	ni^{53}	piɤʔ^{2}	pʰiɤʔ^{2}	pʰiɤʔ^{2}	tɕiɤʔ^{2}
平顺	ciŋ^{53}	piəʔ$^{\underline{212}}$	cy^{53}	ni^{53}	piəʔ$^{\underline{212}}$	pʰiəʔ$^{\underline{212}}$	pʰiəʔ$^{\underline{212}}$	ciəʔ$^{\underline{212}}$
壶关	ciŋ^{353}	piəʔ^{2}	cy^{353}	ȵi^{353}/çi^{353}	piəʔ^{2}	pʰiəʔ^{2}	pʰiəʔ^{2}	tsiəʔ^{2}
沁县	tɕiə̃^{53}	piəʔ$^{\underline{31}}$	tsɥ^{53}	ȵiəʔ$^{\underline{31}}$	piəʔ$^{\underline{31}}$	pʰiəʔ$^{\underline{31}}$	pʰiəʔ$^{\underline{31}}$	tɕiəʔ$^{\underline{31}}$
武乡	tɕiɐŋ^{55}	piəʔ^{3}	tsɥ^{55}	nzɿ^{55}	piəʔ^{3}	pʰiəʔ^{3}	piəʔ^{3}	tɕiəʔ^{3}
沁源	tɕiə̃^{53}	piəʔ$^{\underline{31}}$	tɕy^{53}	ȵiʌʔ$^{\underline{31}}$	piəʔ$^{\underline{31}}$	pʰiəʔ$^{\underline{31}}$	pʰiəʔ$^{\underline{31}}$	tɕiəʔ$^{\underline{31}}$
安泽	tɕiəŋ^{53}	pi^{53}	tɕy^{53}	ȵi^{53}	pi^{53}	pʰi^{53}	pʰi^{53}	tɕiəʔ$^{\underline{21}}$
沁水端氏	tɕiŋ^{53}	pi^{53}	tɕy^{53}	ȵi^{53}	piəʔ^{2}	pʰiəʔ^{2}	pʰiəʔ^{2}	tɕiəʔ^{2}
阳城	ciə̃ĩ^{51}	piəʔ^{2}	cy^{51}	ni^{51}	piəʔ^{2}	pʰiəʔ^{2}	pʰiəʔ^{2}	tɕiəʔ^{2}
高平	tɕiə̃ŋ^{53}	piəʔ^{2}	ci^{53}	niə̃ĩ^{53}	piəʔ^{2}	pʰiəʔ^{2}	pʰiəʔ^{2}	tɕiəʔ^{2}
陵川	ciŋ^{24}	piəʔ^{3}	cy^{24}	ni^{24}	piəʔ^{3}	pʰiəʔ^{3}	pʰiəʔ^{3}	tɕiəʔ^{3}
晋城	çiẽ^{53}	piəʔ^{2}	tɕy^{53}	i^{53}	piəʔ^{2}	pʰiəʔ^{2}	pʰiəʔ^{2}	tɕiəʔ^{2}
忻府	tɕiəŋ^{53}	pi^{53}	tɕy^{53}	niəʔ$^{\underline{32}}$	pi^{53}	pʰiəʔ$^{\underline{32}}$	pʰiəʔ$^{\underline{32}}$	tɕiəʔ$^{\underline{32}}$
原平	tɕiəŋ^{53}	piəʔ$^{\underline{34}}$	tɕyʉ^{53}	niəʔ$^{\underline{34}}$	piəʔ$^{\underline{34}}$	pʰiəʔ$^{\underline{34}}$	pʰiəʔ$^{\underline{34}}$	tɕiəʔ$^{\underline{34}}$
定襄	tɕiəŋ^{53}	piəʔ^{1}	tɕy^{53}	niəʔ^{1}	piəʔ^{1}	pʰiəʔ^{1}	pʰiəʔ^{1}	tɕiəʔ^{1}
五台	tɕiən^{52}	piəʔ^{3}	tɕy^{52}	niəʔ^{3}	piəʔ^{3}	pʰiəʔ^{3}	pʰiəʔ^{3}	tɕiəʔ^{3}
岢岚	tɕiəŋ^{52}	pi^{52}	tɕy^{52}	niɛʔ^{4}	pi^{52}	pʰiɛʔ^{4}	pʰiɛʔ^{4}	tɕiɛʔ^{4}
五寨	tɕiəỹ^{52}	piəʔ^{4}	tɕy^{52}	niəʔ^{4}	pi^{52}	pʰiəʔ^{4}	pʰiəʔ^{4}	tɕiəʔ^{4}
宁武	——	piəʔ^{4}	tɕy^{52}	niəʔ^{4}	piəʔ^{4}	pʰiəʔ^{4}	pʰiəʔ^{4}	tɕiəʔ^{4}

续表

字目	劲~敌	碧	剧	逆	璧	僻	辟开~	积
中古音 / 方言点	居正 梗开三 去劲见	彼役 梗开三 入陌帮	奇逆 梗开三 入陌群	宜戟 梗开三 入陌疑	必益 梗开三 入昔帮	芳辟 梗开三 入昔滂	房益 梗开三 入昔並	资昔 梗开三 入昔精
神池	tɕiã^{52}	pi^{52}	tɕy^{52}	ni^{52}	pi^{52}	pʰi^{52}	pʰi^{52}	tɕiəʔ^{4}
繁峙	tɕiəŋ^{24}	pi^{24}	tɕy^{24}	ȵi^{24}	pi^{24}	pʰi^{24}	pʰi^{24}	tɕiəʔ$^{\underline{13}}$
代县	tɕiɤŋ^{53}	piəʔ^{2}	tɕy^{53}	niəʔ^{2}	piəʔ^{2}	pʰiəʔ^{2}	pʰiəʔ^{2}	tɕiəʔ^{2}
河曲	tɕiɤŋ^{52}	piəʔ^{4}	tɕy^{52}	niəʔ^{4}	piəʔ^{4}	pʰiəʔ^{4}	pʰiəʔ^{4}	tʂʅ^{52}
保德	tɕiəŋ^{52}	pi^{52}	tɕy^{52}	niəʔ^{4}	pi^{52}	pʰi^{52}	pʰi^{52}	tɕiəʔ^{4}
偏关	tɕiɤŋ^{52}	piəʔ^{4}	tʰɥ^{52}	niɛʔ^{4}	piəʔ^{4}	pʰiəʔ^{4}	pʰʅ^{52}	tɕiəʔ^{4}
朔城	tɕiã^{53}	piəʔ$^{\underline{35}}$	tɕy^{53}	niəʔ$^{\underline{35}}$	piəʔ$^{\underline{35}}$	piəʔ$^{\underline{35}}$	piəʔ$^{\underline{35}}$	tɕiəʔ$^{\underline{35}}$
平鲁	——	piəʔ$^{\underline{34}}$	tɕy^{52}	niəʔ$^{\underline{34}}$	piəʔ$^{\underline{34}}$	pʰiəʔ$^{\underline{34}}$	pʰiəʔ$^{\underline{34}}$	tɕiəʔ$^{\underline{34}}$
应县	tɕiəŋ^{24}	piɛʔ$^{\underline{43}}$	tɕy^{24}	ni^{24}/niɛʔ$^{\underline{43}}$	piɛʔ$^{\underline{43}}$	pʰiɛʔ$^{\underline{43}}$	pʰiɛʔ$^{\underline{43}}$	tɕiɛʔ$^{\underline{43}}$
灵丘	tɕiŋ^{53}	piəʔ^{5}	tɕy^{53}	ni^{53}	piəʔ^{5}	pʰiəʔ^{5}	pʰiəʔ^{5}	tɕiəʔ^{5}
浑源	tɕiã^{13}	piəʔ^{4}	tɕy^{13}	ni^{13}	piəʔ^{4}	pʰiəʔ^{4}	pʰiəʔ^{4}	tɕiəʔ^{4}
云州	tɕiəɣ^{24}	pi^{24}	tɕy^{24}	ni^{24}	pi^{24}	pʰiəʔ^{4}	pʰiəʔ^{4}	tɕiəʔ^{4}
新荣	tɕiɣ^{24}	piəʔ^{4}	tɕy^{24}	niəʔ^{4}	piəʔ^{4}	pʰiəʔ^{4}	pʰiəʔ^{4}	tɕiəʔ^{4}
怀仁	tɕiəŋ^{24}	piəʔ^{4}	tɕy^{24}	niəʔ^{4}	piəʔ^{4}	pʰiəʔ^{4}	pʰiəʔ^{4}	tɕiəʔ^{4}
左云	tɕiəɣ^{24}	pi^{24}	tɕy^{24}	ni^{24}	piəʔ^{4}	pʰi^{24}	pʰi^{24}	tɕiəʔ^{4}
右玉	tɕiə̃ɣ^{24}	piəʔ^{4}	tɕy^{24}	niəʔ^{4}	piəʔ^{4}	pʰiəʔ^{4}	pʰiəʔ^{4}	tɕiəʔ^{4}
阳高	tɕiəŋ^{24}	piəʔ^{3}	tɕy^{24}	niəʔ^{3}	pi^{24}	pʰiəʔ^{3}	pʰiəʔ^{3}	tɕiəʔ^{3}
山阴	——	piəʔ^{4}	tɕy^{335}	niəʔ^{4}	piəʔ^{4}	pʰiəʔ^{4}	pʰiəʔ^{4}	tɕiəʔ^{4}
天镇	tɕiɤɣ^{24}	piəʔ^{4}	tɕy^{24}	ni^{24}	piəʔ^{4}	pʰiəʔ^{4}	pʰiəʔ^{4}	tɕiəʔ^{4}
平定	tɕiɤŋ^{24}	piəʔ^{4}	tɕy^{24}	niæʔ$^{\underline{23}}$	piəʔ^{4}	pʰiəʔ^{4}	pʰiəʔ^{4}	tɕiəʔ^{4}
昔阳	tɕiəŋ^{13}	piʌʔ^{43}	tɕy^{13}	ni^{13}	piʌʔ^{43}	pʰi^{13}	pʰi^{13}	tɕiʌʔ$^{\underline{43}}$
左权	tɕiəŋ^{53}	pieʔ^{1}	tɕy^{53}	ȵieʔ^{1}	pieʔ^{1}	pʰieʔ^{1}	pʰieʔ^{1}	tɕieʔ^{1}
和顺	tɕiəŋ^{13}	pieʔ$^{\underline{21}}$	tɕy^{13}	ȵieʔ$^{\underline{21}}$	pieʔ$^{\underline{21}}$	pʰieʔ$^{\underline{21}}$	pʰieʔ$^{\underline{21}}$	tɕieʔ$^{\underline{21}}$
尧都	tɕiə̃^{44}	pi^{21}	tɕy^{21} 白 / tɕy^{44} 文	i^{21}	pi^{21}	pʰi^{21}	pi^{53}	tɕi^{21}
洪洞	tien^{53}	pi^{42}	tɕy^{33}	ȵi^{53}	pi^{21}	pʰi^{21}	pʰi^{21}	tɕi^{21}
洪洞赵城	tieŋ^{24} 白 / tɕieŋ^{24} 文	pi^{21}	tɕʰy^{24}	ȵiɛ^{53}	pi^{53}	pʰi^{53}	pi^{24}	tɕi^{21}
古县	tɕin^{35}	pi^{21}	tɕy^{35}	ȵi^{21}	pi^{21}	pʰi^{21}	pʰi^{53}	tɕi^{21}
襄汾	tien^{44} 白 / tɕien^{44} 文	pi^{21}	tɕy^{24}	ȵi^{21}	pi^{21}	pʰi^{24}	pʰi^{21}	tɕi^{21}
浮山	tɕiẽĩ^{44}	pi^{42}	tɕy^{13}	ȵi^{13}	pi^{42}	pʰi^{13}	——	tɕi^{42}

续表

字目	劲~敌	碧	剧	逆	璧	僻	辟开~	积
中古音 / 方言点	居正 梗开三 去劲见	彼役 梗开三 入陌帮	奇逆 梗开三 入陌群	宜戟 梗开三 入陌疑	必益 梗开三 入昔帮	芳辟 梗开三 入昔滂	房益 梗开三 入昔並	资昔 梗开三 入昔精
霍州	tɕiŋ^{55}	pi^{53}	tɕy^{53}	ȵi^{53}	pi^{53}	pʰi^{53}	pʰi^{53}	tɕi^{212}
翼城	tɕiŋ^{53}	pi^{53}	tɕy^{53}	ȵi^{53}	pi^{53}	pʰi^{53} 白 / pʰei^{53} 文	pʰi^{53}	tɕi^{53}
闻喜	——	pi^{53}	tɕy^{53}	ȵi^{13}/ li^{53}	pi^{53}	pʰi^{53}	pi^{53}	——
侯马	tɕiəŋ^{53}	pi^{53}	tɕy^{53}	ȵi^{53}	pi^{53}	pʰi^{53}	pʰi^{53}	tɕi^{213}
新绛	tɕiɛ̃^{53}	pi^{53}	tɕy^{53}	ȵi^{13}	pi^{53}	pʰi^{13}	pʰi^{13}	tɕi^{53}
绛县	tɕiʌŋ^{31}	pi^{53}	tɕy^{31}	ȵy^{31}	pi^{53}	pʰi^{31}	pʰi^{53}	tɕi^{53}
垣曲	tɕiə̃^{53}	pi^{53}	tɕy^{53}	ȵi^{53}	pʰi^{53}	pʰi^{53}	pʰi^{22}	tɕi^{22}
夏县	tɕiei^{31}	——	tɕy^{31}	ȵi^{31}	——	pʰi^{31}	pʰi^{31}	tɕi^{53}
万荣	tɕiaŋ^{33}	pei^{51}	tɕy^{33}	ȵi^{33}	pei^{213}	pʰei^{51}/pʰei^{33}	pʰei^{51}/pʰi^{51}	tɕi^{51}
稷山	tɕiə̃^{44}	pi^{53}	tɕy^{53}	ȵi^{53}	pi^{53}	pʰi^{53}	pʰi^{53}	tɕi^{53}
盐湖	tɕiŋ^{44}	pi^{42}	tɕy^{44}	ȵi^{42}	pi^{42}	pʰi^{42}	——	tɕi^{42}
临猗	tɕiəŋ^{44}	pi^{42}	tɕy^{44}	ȵi^{44}	pi^{42}	pʰi^{44}	pʰi^{44}	tɕi^{42}
河津	tʂẽ^{44} 白 / tɕiẽ^{44} 文	pi^{53} 文	tɕy^{44}	ȵiɛ^{324} 白 / ȵi^{324} 文	pi^{53} 文	pʰei^{53}	pʰei^{53}	tɕi^{31}
平陆	tɕiŋ^{33}	pi^{33}	tɕy^{33}	ȵi^{31}	pi^{31}	pʰi^{31}	pʰi^{31}	tɕi^{31}
永济	tɕiei^{44}	pi^{44}	tɕy^{44}	ȵi^{44}	pi^{31}	pʰi^{53}	pʰi^{53}	tɕi^{31}
芮城	tɕieĩ^{42}	pei^{42}	tɕy^{44}	ȵi^{42}	pei^{42}	pʰi^{42}	pʰei^{42} 白 / pʰi^{42} 文	tɕi^{42}
吉县	——	pi^{33}	tɕy^{33}	ni^{33}	pi^{423}	pʰi^{53}	pʰi^{53}	tɕi^{423}
乡宁	tɕiəŋ^{22}	pi^{53}	tɕy^{22}	ȵi^{53}	pi^{53}	pʰi^{53}	pʰi^{53}	tɕi^{53}
广灵	tɕiŋ^{213}	pi^{213}	tɕy^{24}	ni^{213}	pi^{213}	pʰi^{53}	pʰi^{31}	tɕi^{53}

字目	脊	迹	籍~贯	惜	昔	夕	席	只一~
中古音 方言点	资昔 梗开三 入昔精	资昔 梗开三 入昔精	秦昔 梗开三 入昔从	思积 梗开三 入昔心	思积 梗开三 入昔心	祥易 梗开三 入昔邪	祥易 梗开三 入昔邪	之石 梗开三 入昔章
北京	tɕi^{214}	tɕi^{51}	tɕi^{35}	ɕi^{55}	ɕi^{55}	ɕi^{55}	ɕi^{35}	tʂʅ^{55}
小店	tsəʔ^{1}	tɕi^{24}	tɕiəʔ^{1}	ɕiəʔ^{1}	——	ɕiəʔ^{1}	ɕiə^{1}	tsəʔ^{1}
尖草坪	tsəʔ^{2} 白 / tɕiəʔ^{2} 文	tɕiəʔ^{2}	tɕiəʔ^{2}	ɕiəʔ^{2}	ɕiəʔ^{2}	ɕiəʔ$^{\underline{43}}$	ɕiəʔ$^{\underline{43}}$	tsəʔ^{2}
晋源	tɕiəʔ^{2}	tɕiəʔ^{2}	tɕiəʔ^{2}	ɕiəʔ^{2}	ɕiəʔ^{2}	ɕiəʔ^{2}	ɕiəʔ^{2}	tsəʔ^{2}
阳曲	tɕiɛʔ^{4}	tɕiɛʔ^{4}	tɕiɛʔ^{4}	ɕiɛʔ^{4}	ɕiɛʔ^{4}	ɕiɛʔ^{4}	ɕiɛʔ^{4}	tsəʔ^{4}
古交	tɕiəʔ^{4}	tɕiəʔ^{4}	tɕiəʔ^{4}	ɕiəʔ^{4}	ɕiəʔ^{4}	ɕiəʔ^{4}	ɕiəʔ^{4}	tsəʔ^{4}
清徐	tɕəʔ^{1}	tɕiəʔ^{1}	tɕiəʔ$^{\underline{54}}$	ɕiəʔ^{1}	ɕiəʔ^{1}	ɕiəʔ$^{\underline{54}}$	ɕiəʔ$^{\underline{54}}$	tsʅ^{54}
娄烦	tɕiəʔ^{3}	tɕiəʔ^{3}	tɕiəʔ^{3}	ɕiəʔ^{3}	ɕiəʔ^{3}	ɕiəʔ^{3}	ɕiaʔ^{3}	tsəʔ^{3}
榆次	tsəʔ^{1}	tɕi^{35}	tɕiəʔ^{1}	ɕiəʔ^{1}	ɕiəʔ^{1}	ɕiəʔ^{1}	ɕiəʔ$^{\underline{53}}$	tsəʔ^{1}
交城	tsəʔ^{1} 白 / tɕiəʔ^{1} 文	tɕiəʔ^{1}	tɕiəʔ^{1}	ɕiəʔ^{1}	ɕiəʔ^{1}	ɕi^{11}/ɕiəʔ^{1}	ɕiəʔ$^{\underline{53}}$	tsəʔ^{1}
文水	tɕiəʔ^{2}	tɕiəʔ^{2}	tɕiəʔ^{2}	ɕiəʔ^{2}	ɕiəʔ^{2}	ɕiəʔ^{2}	ɕiəʔ$^{\underline{312}}$	tsəʔ^{2}
祁县	tsəʔ$^{\underline{324}}$ 文 / tɕiəʔ$^{\underline{32}}$ 文	tɕiəʔ$^{\underline{32}}$	tɕiəʔ$^{\underline{32}}$	ɕiəʔ$^{\underline{32}}$	ɕiəʔ$^{\underline{32}}$	ɕiəʔ$^{\underline{32}}$	ɕiəʔ$^{\underline{324}}$	tʂəʔ$^{\underline{32}}$
太谷	tsəʔ$^{\underline{423}}$/ tɕiəʔ^{3}	tɕiəʔ^{3}	tɕiəʔ^{3}	ɕiəʔ^{3}	ɕiəʔ^{3}	ɕiəʔ^{3}	ɕiəʔ^{3}/ɕiəʔ^{3}	tsəʔ^{3}
平遥	tɕiʌʔ$^{\underline{212}}$	tɕiʌʔ$^{\underline{212}}$	tɕiʌʔ$^{\underline{523}}$	ɕiʌʔ$^{\underline{523}}$	ɕiʌʔ$^{\underline{523}}$	ɕiʌʔ$^{\underline{212}}$	ɕiʌʔ$^{\underline{523}}$	tʂʌʔ$^{\underline{212}}$
孝义	tɕiəʔ^{3}	tɕiəʔ^{3}	tɕiəʔ^{3}	ɕiəʔ^{3}	ɕiəʔ^{3}	ɕiəʔ^{3}	ɕiaʔ$^{\underline{423}}$/ɕiəʔ^{3}	tʂəʔ^{3}
介休	tɕiʌʔ$^{\underline{12}}$	tɕiʌʔ$^{\underline{12}}$	tɕiʌʔ$^{\underline{12}}$	ɕiʌʔ$^{\underline{12}}$	ɕiʌʔ$^{\underline{12}}$	ɕiʌʔ$^{\underline{12}}$	ɕiʌʔ$^{\underline{12}}$	tʂʌʔ$^{\underline{12}}$
灵石	tɕiəʔ^{4}	tɕiəʔ^{4}	tɕiəʔ^{4}	ɕiəʔ^{4}	ɕiəʔ^{4}	ɕiəʔ^{4}	ɕiəʔ$^{\underline{212}}$	tsəʔ^{4}
盂县	tsəʔ$^{\underline{53}}$ 白 / tɕiəʔ^{2} 文	tɕiəʔ^{2}	tɕiəʔ^{2}	ɕiəʔ^{2} 白 /ɕi^{55} 文	ɕiəʔ^{2}	ɕiəʔ^{2}	ɕiəʔ$^{\underline{53}}$	tsəʔ^{2}/tsəʔ$^{\underline{53}}$
寿阳	tɕiəʔ^{2}	tɕiəʔ^{2}	tɕiəʔ^{2}	ɕiəʔ^{2}	ɕiəʔ^{2}	ɕiəʔ^{2}	ɕiəʔ$^{\underline{54}}$	tsəʔ^{2}
榆社	tɕiəʔ^{2}	tɕiəʔ^{2}	tɕiəʔ^{2}	ɕiəʔ^{2}	ɕiəʔ^{2}	——	ɕiəʔ$^{\underline{312}}$	tsəʔ^{2}
离石	tɕieʔ^{4}	tɕieʔ^{4}	tɕieʔ^{4}	ɕieʔ^{4}	ɕieʔ^{4}	ɕieʔ^{4}	ɕieʔ$^{\underline{23}}$	tsəʔ^{4}
汾阳	tɕieʔ^{2}	tɕieʔ^{2}	tɕieʔ^{2}	ɕieʔ^{2}	ɕieʔ^{2}	ɕieʔ^{2}	ɕieʔ$^{\underline{312}}$	tʂəʔ^{2}
中阳	tɕieʔ^{4}	tɕieʔ^{4}	tɕieʔ^{4}	ɕieʔ^{4}	ɕieʔ^{4}	ɕieʔ^{4}	ɕieʔ$^{\underline{312}}$	tsəʔ^{4}
柳林	tɕiɛʔ^{4}	tɕiɛʔ^{4}	tɕiɛʔ^{4}	ɕiɛʔ^{4}	ɕiɛʔ^{4}	ɕiɛʔ^{4}	ɕiɛʔ$^{\underline{423}}$	tsəʔ^{4}
方山	tsəʔ^{4} 白 / tɕiɛʔ^{4} 文	tɕiɛʔ^{4}	tɕiɛʔ^{4}	ɕiɛʔ^{4}	ɕiɛʔ^{4}	ɕiɛʔ^{4}	ɕiɛʔ$^{\underline{23}}$	tʂəʔ^{4}
临县	tɕiɐʔ^{3}	tɕiɐʔ^{3}	tɕiɐʔ^{3}	ɕiɐʔ^{3}	ɕiɐʔ^{3}	ɕiɐʔ^{3}	ɕiɐʔ$^{\underline{24}}$	tsʅ^{312}

续表

字目	脊	迹	籍~贯	惜	昔	夕	席	只一~
中古音 方言点	资昔 梗开三 入昔精	资昔 梗开三 入昔精	秦昔 梗开三 入昔从	思积 梗开三 入昔心	思积 梗开三 入昔心	祥易 梗开三 入昔邪	祥易 梗开三 入昔邪	之石 梗开三 入昔章
兴县	tsəʔ^{5}白/ tɕiəʔ^{5}文	——	tɕiəʔ^{5}	tɕʰiəʔ^{5}白/ ɕiəʔ^{5}文	ɕiəʔ^{5}	ɕiəʔ^{5}	ɕiəʔ$^{\underline{312}}$	tʂəʔ^{5}
岚县	tɕiəʔ^{4}	tɕiəʔ^{4}	tɕiəʔ^{4}	ɕiəʔ^{4}	ɕiəʔ^{4}	ɕiəʔ^{4}	ɕiəʔ$^{\underline{312}}$	tsəʔ^{4}
静乐	tɕiəʔ^{4}	tɕiəʔ^{4}	tɕiəʔ^{4}	ɕiəʔ^{4}	ɕiəʔ^{4}	ɕiəʔ^{4}	ɕiəʔ$^{\underline{212}}$	tsəʔ^{4}
交口	tɕieʔ^{4}	tɕieʔ^{4}	tɕieʔ^{4}	ɕieʔ^{4}	ɕieʔ^{4}	ɕieʔ^{4}	ɕieʔ$^{\underline{212}}$	tsəʔ^{4}
石楼	tɕiəʔ^{4}	tɕiəʔ^{4}	tɕiəʔ^{4}	ɕiəʔ^{4}	ɕiəʔ^{4}	ɕiəʔ^{4}	ɕiəʔ^{4}	tʂəʔ^{4}
隰县	tsəʔ^{3}白/ tɕiəʔ^{3}文	tɕiəʔ^{3}	tɕiəʔ^{3}	ɕiəʔ^{3}	ɕiəʔ^{3}	ɕiəʔ^{3}	ɕiəʔ^{3}	tsəʔ^{3}
大宁	tsəʔ$^{\underline{31}}$白	tɕiəʔ$^{\underline{31}}$	——	ɕiəʔ^{4}	ɕiəʔ^{4}	ɕiəʔ^{4}	ɕiəʔ^{4}	tʂəʔ$^{\underline{31}}$
永和	tɕiəʔ$^{\underline{35}}$	tɕiəʔ$^{\underline{35}}$	tɕʰiəʔ$^{\underline{312}}$白/ tɕiəʔ$^{\underline{312}}$文	ɕiəʔ$^{\underline{35}}$	ɕiəʔ$^{\underline{35}}$	ɕiəʔ$^{\underline{35}}$	ɕiəʔ$^{\underline{35}}$	tʂəʔ$^{\underline{35}}$
汾西	tɕiəʔ^{1}/tɕiəʔ^{3}	tɕiəʔ^{1}	tɕiəʔ^{1}/ tɕʰiəʔ^{3}	ɕiəʔ^{1}	——	ɕʑ̩^{11}	ɕiəʔ^{3}	tsəʔ^{1}
蒲县	tɕi^{31}	tɕi^{24}	tɕi^{24}	ɕi^{52}	ɕi^{52}	ɕi^{52}	ɕi^{24}	tsʅ^{33}
潞州	tɕiəʔ$^{\underline{53}}$	tɕiəʔ$^{\underline{53}}$	tɕiəʔ$^{\underline{53}}$	ɕiəʔ$^{\underline{53}}$	ɕiəʔ$^{\underline{53}}$	ɕiəʔ$^{\underline{53}}$	ɕiəʔ$^{\underline{53}}$	tsəʔ$^{\underline{53}}$
上党	tɕiəʔ$^{\underline{21}}$	tɕiəʔ$^{\underline{21}}$	tɕiəʔ$^{\underline{21}}$	ɕiəʔ$^{\underline{21}}$	ɕiəʔ$^{\underline{21}}$	ɕiəʔ$^{\underline{21}}$	ɕiəʔ$^{\underline{21}}$	tɕiəʔ$^{\underline{21}}$
长子	tɕiəʔ^{4}	tɕiəʔ^{4}	tɕiəʔ^{4}	ɕiəʔ^{4}	ɕiəʔ^{4}	ɕiəʔ^{4}	ɕiəʔ^{4}	tsəʔ^{4}
屯留	tɕiəʔ^{1}	tɕiəʔ^{1}	tɕiəʔ^{1}	ɕiəʔ^{1}	ɕiəʔ^{1}	ɕiəʔ^{1}	ɕiəʔ$^{\underline{54}}$	tsəʔ^{1}
襄垣	tɕiʌʔ^{3}	tɕiʌʔ^{3}	tsiʌʔ^{3}	ɕiʌʔ^{3}	ɕiʌʔ^{3}	ɕiʌʔ$^{\underline{43}}$	ɕiʌʔ$^{\underline{43}}$	tsʌʔ^{3}
黎城	tɕiɤʔ^{2}	tɕi^{53}	tɕiɤʔ^{2}	ɕiɤʔ^{2}	ɕiɤʔ^{2}	ɕiɤʔ^{2}	ɕiɤʔ^{2}	tsʅ^{33}/tɕiɤʔ$^{\underline{31}}$
平顺	ci^{434}	tɕiəʔ$^{\underline{212}}$	tɕiəʔ$^{\underline{423}}$	ɕiəʔ$^{\underline{212}}$	ɕiəʔ$^{\underline{212}}$	ɕi^{213}	ɕiəʔ$^{\underline{423}}$	tɕiəʔ$^{\underline{212}}$
壶关	ci^{535}/tsiəʔ^{2}	tsiəʔ^{2}	tsiəʔ$^{\underline{21}}$	siəʔ^{2}	siəʔ^{2}	çi^{33}/siəʔ$^{\underline{21}}$	siəʔ$^{\underline{21}}$	tʃiəʔ^{2}
沁县	tɕiəʔ$^{\underline{31}}$	tɕiəʔ$^{\underline{31}}$	tɕiəʔ$^{\underline{31}}$	ɕiəʔ$^{\underline{31}}$	ɕiəʔ$^{\underline{31}}$	ɕiəʔ$^{\underline{31}}$	ɕiəʔ$^{\underline{212}}$	tsəʔ$^{\underline{31}}$
武乡	tɕiəʔ^{3}	tɕiəʔ^{3}	tɕiəʔ$^{\underline{423}}$	ɕiəʔ^{3}	ɕiəʔ^{3}	ɕiəʔ^{3}	ɕiəʔ$^{\underline{423}}$	tsəʔ^{3}
沁源	tsəʔ$^{\underline{31}}$白/ tɕiəʔ$^{\underline{31}}$文	tɕiəʔ$^{\underline{31}}$	tɕiəʔ$^{\underline{31}}$	ɕiəʔ$^{\underline{31}}$	ɕiəʔ$^{\underline{31}}$	ɕiəʔ$^{\underline{31}}$	ɕiəʔ$^{\underline{31}}$	tʂəʔ$^{\underline{31}}$
安泽	tɕi^{21}/ tɕiəʔ$^{\underline{21}}$	tɕi^{21}	tɕiɛ^{35}	ɕiəʔ$^{\underline{21}}$	ɕi^{21}	ɕi^{21}/ɕiəʔ$^{\underline{21}}$	ɕi^{35}	tsəʔ$^{\underline{21}}$
沁水端氏	tɕiəʔ^{2}	tɕiəʔ^{2}	tɕiəʔ^{2}	ɕiəʔ^{2}	ɕiəʔ^{2}	ɕiəʔ^{2}	ɕiəʔ^{2}	tsəʔ^{2}
阳城	tɕiəʔ^{2}	tɕiəʔ^{2}	tɕiəʔ^{2}	ɕiəʔ^{2}	ɕiəʔ^{2}	ɕiəʔ^{2}	ɕi^{2}	tʂəʔ^{2}
高平	tɕiəʔ^{2}	tɕiəʔ^{2}	tɕiəʔ^{2}	ɕiɛʔ^{2}	ɕiəʔ^{2}	ɕi^{33}	ɕiəʔ^{2}	tʂəʔ^{2}
陵川	tɕiəʔ^{3}	ci^{24}	tɕiəʔ$^{\underline{23}}$	cʰiəʔ^{3}	cʰiəʔ^{3}	cʰiəʔ$^{\underline{23}}$	cʰiəʔ$^{\underline{23}}$	tɕiəʔ^{3}
晋城	tɕiəʔ^{2}	tɕiəʔ^{2}	tɕiəʔ^{2}	ɕiəʔ^{2}	ɕiəʔ^{2}	ɕi^{33}/ɕiəʔ^{2}	ɕiəʔ^{2}	tʂəʔ^{2}

续表

字目	脊	迹	籍~贯	惜	昔	夕	席	只一~
中古音／方言点	资昔 梗开三 入昔精	资昔 梗开三 入昔精	秦昔 梗开三 入昔从	思积 梗开三 入昔心	思积 梗开三 入昔心	祥易 梗开三 入昔邪	祥易 梗开三 入昔邪	之石 梗开三 入昔章
忻府	tɕiəʔ$^{\underline{32}}$	tɕiəʔ$^{\underline{32}}$	tɕiəʔ$^{\underline{32}}$	ɕiəʔ$^{\underline{32}}$	ɕiəʔ$^{\underline{32}}$	ɕiəʔ$^{\underline{32}}$	ɕiəʔ$^{\underline{32}}$	tʂəʔ$^{\underline{32}}$
原平	tɕiəʔ$^{\underline{34}}$	tɕiəʔ$^{\underline{34}}$	tɕiəʔ$^{\underline{34}}$	ɕiəʔ$^{\underline{34}}$	ɕiəʔ$^{\underline{34}}$	ɕiəʔ$^{\underline{34}}$	ɕiəʔ$^{\underline{34}}$	tʂəʔ$^{\underline{34}}$
定襄	tɕiəʔ^{1}	tɕiəʔ^{1}	tɕiəʔ^{1}	ɕiəʔ^{1}	ɕiəʔ^{1}	ɕiəʔ^{1}	ɕiəʔ^{1}	tsəʔ^{1}
五台	tɕiəʔ^{3}	tɕiəʔ^{3}	tɕiəʔ^{3}	ɕiəʔ^{3}	ɕiəʔ^{3}	ɕiəʔ^{3}	ɕiəʔ^{3}	tsəʔ^{3}
岢岚	tɕiɛʔ^{4}	tɕiɛʔ^{4}	tɕiɛʔ^{4}	ɕiɛʔ^{4}	ɕiɛʔ^{4}	ɕiɛʔ^{4}	ɕiɛʔ^{4}	tsəʔ^{4}
五寨	tɕiəʔ^{4}	tɕiəʔ^{4}	tɕiəʔ^{4}	ɕiəʔ^{4}	ɕiəʔ^{4}	ɕiəʔ^{4}	ɕiəʔ^{4}	tsəʔ^{4}
宁武	tɕiəʔ^{4}/tɕəʔ^{4}	tɕiəʔ^{4}	tɕiəʔ^{4}	ɕiəʔ^{4}	ɕiəʔ^{4}	ɕiəʔ^{4}	ɕiəʔ^{4}	tsəʔ^{4}
神池	tɕi^{13}	tɕi^{52}	tɕi^{32}	ɕiəʔ^{4}	ɕi^{24}	ɕi^{24}	ɕiəʔ^{4}	tsəʔ^{4}
繁峙	tsəʔ$^{\underline{13}}$ 白 / tɕi^{53} 文	tɕiəʔ$^{\underline{13}}$	tɕiəʔ$^{\underline{13}}$	ɕiəʔ$^{\underline{13}}$	ɕiəʔ$^{\underline{13}}$	ɕiəʔ$^{\underline{13}}$	ɕiəʔ$^{\underline{13}}$	tsəʔ$^{\underline{13}}$ 白 / tsɿ^{53} 文
代县	tɕiəʔ^{2}	tɕiəʔ^{2}	tɕiəʔ^{2}	ɕiəʔ^{2}	ɕiəʔ^{2}	ɕiəʔ^{2}	ɕi^{44}	tsəʔ^{2}
河曲	tɕiəʔ^{4}	tɕiəʔ^{4}	tɕiəʔ^{4}	ɕiəʔ^{4}	ɕiəʔ^{4}	ɕiəʔ^{4}	ɕiəʔ^{4}	tsɿ^{213}
保德	tɕiəʔ^{4}	tɕi^{52}	tɕiəʔ^{4}	ɕiəʔ^{4}	ɕi^{213}	ɕi^{213}	ɕiəʔ^{4}	tʂəʔ^{4}
偏关	tɕiəʔ^{4}	tɕiəʔ^{4}	tɕiəʔ^{4}	ɕiəʔ^{4}	ɕiəʔ^{4}	ɕiəʔ^{4}	ɕiəʔ^{4}	tʂəʔ^{4}
朔城	tɕiəʔ$^{\underline{35}}$	tɕiəʔ$^{\underline{35}}$	tɕiəʔ$^{\underline{35}}$	ɕiəʔ$^{\underline{35}}$	ɕiəʔ$^{\underline{35}}$	——	ɕiəʔ$^{\underline{35}}$	——
平鲁	tɕiəʔ$^{\underline{34}}$	tɕiəʔ$^{\underline{34}}$	tɕiəʔ$^{\underline{34}}$	ɕiəʔ$^{\underline{34}}$	ɕiəʔ$^{\underline{34}}$	ɕiəʔ$^{\underline{34}}$	ɕi^{44}/ɕiəʔ$^{\underline{34}}$	tsɿ^{213}
应县	tɕiɛʔ$^{\underline{43}}$	tɕiɛʔ$^{\underline{43}}$	tɕiɛʔ$^{\underline{43}}$	ɕiɛʔ$^{\underline{43}}$	ɕiɛʔ$^{\underline{43}}$	ɕiɛʔ$^{\underline{43}}$	ɕi^{31}/ɕiɛʔ$^{\underline{43}}$	tsəʔ$^{\underline{43}}$
灵丘	tɕiəʔ^{5}	tɕi^{53}	tɕiəʔ^{5}	ɕiəʔ^{5}	ɕiəʔ^{5}	ɕiəʔ^{5}	ɕi^{31}	tsəʔ^{5}
浑源	tɕiəʔ^{4}	tɕiəʔ^{4}	tɕiəʔ^{4}	ɕiəʔ^{4}	ɕiəʔ^{4}	ɕiəʔ^{4}	ɕiəʔ^{4}	tsəʔ^{4}
云州	tɕiəʔ^{4}	tɕi^{24}	tɕiəʔ^{4}	ɕiəʔ^{4}	ɕiəʔ^{4}	ɕiəʔ^{4}	ɕiəʔ^{4} 白 / ɕi^{312} 文	tʂəʔ^{4}
新荣	tɕiəʔ^{4}	tɕiəʔ^{4}	tɕiəʔ^{4}	ɕiəʔ^{4}	ɕiəʔ^{4}	ɕiəʔ^{4}	ɕi^{312}	tʂəʔ^{4}
怀仁	tɕiəʔ^{4}	tɕiəʔ^{4}	tɕiəʔ^{4}	ɕiəʔ^{4}	ɕiəʔ^{4}	ɕiəʔ^{4}	ɕiəʔ^{4}/ɕi^{312}	tsəʔ^{4}
左云	tɕiəʔ^{4}	tɕiəʔ^{4}	tɕiəʔ^{4}	ɕiəʔ^{4}	ɕiəʔ^{4}	ɕiəʔ^{4}	ɕiəʔ^{4}	tsəʔ^{4}
右玉	tsəʔ^{4}/tɕiəʔ^{4}	tɕiəʔ^{4}	tɕiəʔ^{4}	ɕiəʔ^{4}	ɕiəʔ^{4}	ɕiəʔ^{4}	ɕiəʔ^{4}	tʂəʔ^{4}
阳高	tɕiəʔ^{3}	tɕiəʔ^{3}	tɕiəʔ^{3}	——	——	ɕi^{31}/ɕiəʔ^{3}	ɕiəʔ^{3}	tsəʔ^{3}
山阴	tɕiəʔ^{4}	tɕiəʔ^{4}	tɕiəʔ^{4}	ɕiəʔ^{4}	ɕiəʔ^{4}	ɕiəʔ^{4}	ɕiəʔ^{4}	tʂəʔ^{4}
天镇	tɕiəʔ^{4}	tɕiəʔ^{4}	tɕiəʔ^{4}	ɕiəʔ^{4}	ɕiəʔ^{4}	ɕiəʔ^{4}	ɕiəʔ^{4}	tsəʔ^{4}
平定	tsəʔ^{4}/tɕiəʔ^{4}	tɕiəʔ^{4}	tɕiəʔ^{4}	ɕiəʔ^{4}	ɕiəʔ^{4}	ɕiəʔ^{4}	ɕi^{44}	tʂəʔ^{4}
昔阳	tsʌʔ$^{\underline{43}}$/tɕi^{55}	tɕiʌʔ$^{\underline{43}}$	tɕiʌʔ$^{\underline{43}}$	ɕiʌʔ$^{\underline{43}}$	ɕiʌʔ$^{\underline{43}}$	ɕiʌʔ$^{\underline{43}}$	ɕiʌʔ$^{\underline{43}}$	tʂʌʔ$^{\underline{43}}$

续表

字目	脊	迹	籍~贯	惜	昔	夕	席	只一~
中古音 / 方言点	资昔 梗开三 入昔精	资昔 梗开三 入昔精	秦昔 梗开三 入昔从	思积 梗开三 入昔心	思积 梗开三 入昔心	祥易 梗开三 入昔邪	祥易 梗开三 入昔邪	之石 梗开三 入昔章
左权	tɕi^{31}/tsəʔ^{1}/ tɕieʔ^{1}	tɕieʔ^{1}	tɕieʔ^{1}	ɕieʔ^{1}	ɕieʔ^{1}	ɕieʔ^{1}	ɕi^{42}	tʂəʔ^{1}
和顺	tʂəʔ$^{\underline{21}}$ 白 / tɕieʔ$^{\underline{21}}$ 文	tɕieʔ$^{\underline{21}}$	tɕieʔ$^{\underline{21}}$	ɕieʔ$^{\underline{21}}$	ɕieʔ$^{\underline{21}}$	ɕieʔ$^{\underline{21}}$	ɕieʔ$^{\underline{21}}$	tʂəʔ$^{\underline{21}}$
尧都	tɕi^{21}	tɕi^{21}	tɕie^{24}	ɕi^{21}	ɕi^{21}	ɕiɛ^{21}	ɕi^{24}	tʂʅ^{21}
洪洞	tɕi^{21}	tɕi^{21}	tɕi^{21}	ɕi^{42}	ɕi^{42}	ɕie^{24}	ɕi^{24}	tsʅ^{21}
洪洞赵城	tɕi^{21}	tɕi^{21}	tɕʰi^{24} 白 / tɕi^{24} 文	ɕi^{53}	ɕi^{53}	ɕi^{21}	ɕi^{24}	tsʅ^{21}
古县	tɕi^{21}	tɕi^{21}	tɕʰi^{35} 白 / tɕi^{35} 文	ɕi^{21}	ɕi^{21}	ɕi^{21}	ɕi^{35}	tsɛ^{21} 白 / tʂʅ^{21} 文
襄汾	tɕi^{21}	tɕi^{21}	tɕie^{21}	ɕi^{21}	ɕi^{21}	ɕi^{21}	ɕi^{21}	tsʅ^{24}/tʂʅ^{42}
浮山	tɕi^{42}	tɕi^{42}	tɕi^{42}	ɕi^{42}	ɕi^{42}	ɕi^{42}	ɕi^{42}	tsʅ^{13}
霍州	tɕi^{212}	tɕi^{212}	tɕi^{35}	ɕi^{212}	ɕi^{212}	ɕi^{212}	ɕi^{35}	tsʅ^{212}
翼城	tɕi^{44}	tɕi^{53}	tɕiᴇ^{12}	ɕi^{53}	ɕi^{53}	ɕi^{53}	ɕi^{12}	tʂʅ^{44}
闻喜	——	tɕi^{53}	tɕiᴇ^{53}	ɕi^{53}	ɕi^{53}	ɕi^{13}	ɕi^{13}	tsʅ^{33}
侯马	tɕi^{44}	tɕʰi^{53}	tɕi^{213}	ɕi^{213}	ɕi^{213}	ɕi^{213}	ɕi^{213}	tʂʅ^{213}
新绛	tɕi^{53}	tɕi^{53}	tɕie^{53}	ɕi^{53}	ɕi^{53}	ɕi^{53}	ɕi^{13}	tʂʅ^{44}
绛县	tɕi^{53}	tɕi^{53}	tɕi^{24}	ɕi^{53}	ɕi^{53}	ɕi^{53}	ɕi^{24}	tʂʅ^{53}
垣曲	tɕi^{44}	tɕi^{53}	tɕi^{22}	ɕi^{22}	ɕi^{22}	ɕi^{22}	ɕi^{22}	tʂʅ^{44}
夏县	tɕi^{24}	tɕi^{31}	tɕi^{42}	ɕi^{53}	ɕi^{53}	——	ɕi^{42}	tʂʅ^{53}
万荣	tɕi^{51}	tɕi^{51}	tɕi^{33}	ɕiɛ^{33} 白 / ɕi^{33} 文	ɕi^{33}	ɕi^{51}	ɕi^{213}	tsʅ^{33}
稷山	tɕi^{44}	tɕi^{53}	tɕi^{13}	ɕi^{53}	ɕi^{53}	ɕi^{53}	ɕi^{13}	tʂʅ^{53}
盐湖	tɕi^{42}	tɕi^{42}	tɕi^{13}/tɕiɛ^{42}	ɕi^{42}	ɕi^{42}	ɕi^{42}	ɕi^{42}	——
临猗	tɕi^{42}	tɕi^{44}	tɕi^{13}	ɕiɛ^{42} 白 / ɕi^{42} 文	ɕi^{42}	ɕi^{42}	ɕi^{13}	tsʅ^{44}
河津	tɕi^{31}	tɕi^{31}	tɕʰie^{53}	ɕi^{31}	ɕi^{31}	ɕi^{31}	ɕi^{324}	tsʅ^{324}
平陆	tɕi^{55}	tɕi^{31}	tɕʰiɛ^{31}	ɕiɛ^{31} 白 / ɕi^{31} 文	ɕi^{31}	ɕi^{31}	ɕi^{13}	tsʅ^{13}
永济	tɕi^{31}	tɕi^{31}	tɕi^{24}	ɕi^{31}	ɕi^{31}	ɕi^{31}	ɕi^{24}	tsʰʅ^{53} 白 / tʂʅ^{31} 文
芮城	tɕi^{42}	tɕʰi^{44}	tɕiɛ^{44}/tɕʰi^{13}	ɕiɛ^{42} 白 / ɕi^{42} 文	ɕi^{42}	ɕi^{42}	ɕi^{13}	tsʅ^{42}

续表

字目	脊	迹	籍~贯	惜	昔	夕	席	只一~
中古音 / 方言点	资昔 梗开三 入昔精	资昔 梗开三 入昔精	秦昔 梗开三 入昔从	思积 梗开三 入昔心	思积 梗开三 入昔心	祥易 梗开三 入昔邪	祥易 梗开三 入昔邪	之石 梗开三 入昔章
吉县	tɕi⁴²³	tɕi⁴²³	tɕiɛ³³	ɕi⁴²³	ɕi⁴²³	ɕi⁴²³	ɕi⁴²³	tʂʅ⁴²³
乡宁	tɕi¹²	tɕi⁵³	tɕi¹²	ɕi⁵³	ɕi⁵³	ɕi⁵³	ɕi¹²	tsɿ⁵³
广灵	tɕi⁵³	tɕi⁵³	tɕi³¹	ɕi⁵³	ɕi⁵³	ɕi³¹	ɕi⁴⁴	tsɿ⁵³

字目	尺	赤	适	释	石	益	液	亦
中古音 方言点	昌石 梗开三 入昔昌	昌石 梗开三 入昔昌	施只 梗开三 入昔书	施只 梗开三 入昔书	常只 梗开三 入昔禅	伊昔 梗开三 入昔影	羊益 梗开三 入昔以	羊益 梗开三 入昔以
北京	tʂʰʅ^{214}	tʂʰʅ^{51}	ʂʅ^{51}	ʂʅ^{51}	ʂʅ^{35}	i^{51}	ie^{51}	i^{51}
小店	tsʰəʔ^{1}	tsʰəʔ^{1}/səʔ^{1}	sɿ^{24}	sɿ^{24}	səʔ$^{\underline{54}}$	iəʔ^{1}	iəʔ^{1}	iəʔ^{1}
尖草坪	tsʰəʔ^{2}	səʔ^{2} 白 / tsʰəʔ^{2} 文	səʔ^{2}	səʔ^{2}	səʔ$^{\underline{43}}$	iəʔ^{2}	ie^{35}	i^{35}
晋源	tsʰəʔ^{2}	tsʰəʔ^{2}	səʔ^{2}	səʔ^{2}	səʔ^{43}	iəʔ^{2}	ie^{35}	iəʔ$^{\underline{43}}$
阳曲	tsʰəʔ^{4}	tsʰɔʔ^{4}	səʔ^{4}	səʔ^{4}	səʔ$^{\underline{212}}$	iɛʔ^{4}	iɛ^{454}	iɛʔ^{4}
古交	tsʰəʔ^{4}	tsʰəʔ^{4}	səʔ^{4}	səʔ^{4}	səʔ$^{\underline{312}}$	iəʔ^{4}	iəʔ^{4}	iəʔ^{4} 白 /i^{53} 文
清徐	tsʰəʔ^{1}	tsʰəʔ^{1}	səʔ^{1}	səʔ^{1}	səʔ$^{\underline{54}}$	iəʔ^{1}	iəʔ^{1}	iəʔ^{1}
娄烦	tsʰəʔ^{3}	səʔ^{3}	səʔ^{3}	səʔ^{3}	səʔ^{3}	iəʔ^{3}	iəʔ^{3}	iəʔ^{3}
榆次	tsʰəʔ^{1}	tsʰɿ^{35}/səʔ^{1}	səʔ$^{\underline{53}}$	səʔ$^{\underline{53}}$	səʔ$^{\underline{53}}$	iəʔ^{1}	ie^{35}	iəʔ^{1}
交城	tsʰəʔ^{1}	səʔ^{1} 白 / tsʰəʔ^{1} 文	səʔ^{1}/səʔ^{53}	səʔ^{1}	səʔ$^{\underline{53}}$	iəʔ^{1}	iɛ^{24}	i^{24}/iəʔ^{1}
文水	tsʰəʔ^{2}	səʔ^{2} 白 / tsʰɿ^{35} 文	səʔ^{2}	saʔ^{2} 老 / səʔ^{2} 新	səʔ$^{\underline{312}}$	iəʔ^{2}	i^{35}	iəʔ^{2}
祁县	tʂʰəʔ$^{\underline{32}}$	ʂʅ^{45}	ʂəʔ$^{\underline{32}}$	ʂəʔ$^{\underline{32}}$	ʂəʔ$^{\underline{324}}$	iəʔ$^{\underline{32}}$	iɪ^{45}	iəʔ$^{\underline{32}}$
太谷	tsʰəʔ^{3}	tsʰəʔ^{3}/səʔ^{3}	səʔ^{3}	səʔ^{3}	səʔ$^{\underline{423}}$	iəʔ^{3}	ie^{53}	iəʔ^{3}
平遥	tʂʰʌʔ$^{\underline{212}}$	tʂʌʔ$^{\underline{212}}$	ʂʌʔ$^{\underline{212}}$	ʂʌʔ$^{\underline{212}}$	ʂʌʔ$^{\underline{523}}$	iʌʔ$^{\underline{523}}$	iɛ^{24}	iɛ^{512}
孝义	tʂʰəʔ^{3}	tʂʰəʔ^{3}	ʂəʔ$^{\underline{423}}$	ʂəʔ^{3}	ʂəʔ$^{\underline{423}}$	iəʔ^{3}	iᴇ^{454}	i^{454}
介休	tʂʰʌʔ$^{\underline{12}}$	ʂʌʔ$^{\underline{12}}$ 白 / tʂʰʌʔ$^{\underline{12}}$ 文	ʂʌʔ$^{\underline{12}}$	ʂʌʔ$^{\underline{12}}$	ʂʌʔ$^{3\underline{12}}$	iʌʔ$^{\underline{12}}$	iᴇ^{45}	iʌʔ$^{\underline{12}}$
灵石	tsəʔ^{4}	tsʰɿ^{53}	ʂəʔ^{4}	ʂəʔ^{4}	ʂəʔ$^{\underline{212}}$	i^{53}	——	i^{53}
盂县	tsʰəʔ^{2}	tsʰɿ^{55}	səʔ^{2}	səʔ^{2}	tæ̃^{55}/səʔ$^{\underline{53}}$	iəʔ^{2}	iɛ^{55}	i^{55}
寿阳	tsʰəʔ^{2}	tsʰəʔ^{2}	səʔ$^{\underline{54}}$	səʔ$^{\underline{54}}$	səʔ$^{\underline{54}}$	iəʔ^{2}	iɛʔ^{2}	iəʔ^{2}
榆社	tsʰəʔ^{2}	tsʰəʔ^{2}	səʔ^{2}	səʔ^{2}	səʔ$^{\underline{312}}$	iəʔ^{2}	——	iəʔ^{2}
离石	tsʰəʔ^{4}	tsʰəʔ^{4}	səʔ^{4}	səʔ^{4}	səʔ$^{\underline{23}}$	ieʔ^{4}	iɛ^{53}	ieʔ^{4}
汾阳	tʂʰəʔ^{2}	ʂəʔ^{2}/tʂʰəʔ^{2}	ʂəʔ^{2}	ʂəʔ^{2}	ʂəʔ$^{\underline{312}}$	ieʔ^{2}	i^{55}	i^{312}
中阳	tsʰəʔ^{4}	tsʰəʔ^{4}	səʔ^{4}	səʔ^{4}	səʔ$^{\underline{312}}$	ieʔ^{4}	ie^{53}	ieʔ^{4}
柳林	tsʰəʔ^{4}	tsʰəʔ^{4}	səʔ^{4}	səʔ^{4}	səʔ$^{\underline{423}}$	iɛʔ^{4}	ie^{53}	iɛʔ^{4}
方山	tʂəʔ^{4}	tʂəʔ^{4}	ʂəʔ^{4}	ʂəʔ^{4}	ʂəʔ$^{\underline{23}}$	iɛʔ^{4}	iɛ^{52}	i^{52}
临县	tʂʰɐʔ^{3}	tʂʰɐʔ^{3}	ʂɐʔ^{3}	ʂɐʔ^{3}	ʂɐʔ$^{\underline{24}}$	iɐʔ^{3}	ie^{52}	i^{52}
兴县	tʂʰəʔ^{5}	tʂʰəʔ^{5}	ʂəʔ^{5}	ʂəʔ^{5}	ʂəʔ$^{\underline{312}}$	i^{53}	iai^{53}	i^{53}
岚县	tsʰəʔ^{4}	tsʰəʔ^{4}	səʔ^{4}	səʔ^{4}	səʔ$^{\underline{312}}$	iəʔ^{4}	ie^{53}	i^{53}
静乐	tsʰəʔ^{4}	tsʰəʔ^{4}	səʔ$^{\underline{212}}$	səʔ^{4}	səʔ$^{\underline{212}}$	iəʔ^{4}	i^{53}	——

续表

字目	尺	赤	适	释	石	益	液	亦
中古音／方言点	昌石 梗开三 入昔昌	昌石 梗开三 入昔昌	施只 梗开三 入昔书	施只 梗开三 入昔书	常只 梗开三 入昔禅	伊昔 梗开三 入昔影	羊益 梗开三 入昔以	羊益 梗开三 入昔以
交口	tsʰəʔ^{4}	tsʰɿ^{53}	səʔ^{4}	səʔ^{4}	səʔ^{4}	ieʔ^{4}	iɛ^{53}	i^{53}
石楼	tʂʰəʔ^{4}	tʂəʔ^{4}	ʂəʔ^{4}	ʂəʔ^{4}	ʂəʔ$^{\underline{213}}$	iəʔ^{4}	iɛ^{51}	i^{51}
隰县	tsʰəʔ^{3}	tsʰəʔ^{3}	səʔ^{3}	səʔ^{3}	səʔ^{3}	iəʔ^{3}	iɛ^{44}	iəʔ^{3}
大宁	tʂʰəʔ$^{\underline{31}}$ 白	tʂʰəʔ$^{\underline{31}}$	ʂəʔ^{4}	ʂəʔ^{4}	ʂəʔ^{4}	iəʔ$^{\underline{31}}$	ie^{55}	iəʔ^{4}
永和	tʂʰəʔ$^{\underline{35}}$	tʂʰəʔ$^{\underline{35}}$	ʂəʔ$^{\underline{35}}$	ʂəʔ$^{\underline{35}}$	ʂəʔ$^{\underline{35}}$	i^{35}	ie^{53}	i^{53}
汾西	tsʰyəʔ^{1}	tsʰyəʔ^{1}	səʔ^{1}	səʔ^{1}	səʔ^{3}	iəʔ^{1}	i^{53}	iəʔ^{1}
蒲县	tʂʰəʔ$^{\underline{43}}$	tʂʰʅ^{33}	ʂʅ^{52}	ʂʅ^{33}	səʔ^{3}	i^{33}	iɛʔ$^{\underline{43}}$	i^{33}
潞州	tsʰəʔ$^{\underline{53}}$	tsʰəʔ$^{\underline{53}}$	səʔ$^{\underline{53}}$	səʔ$^{\underline{53}}$	səʔ$^{\underline{53}}$	i^{54}	ie^{54}	i^{54}
上党	tɕʰiəʔ$^{\underline{21}}$	tɕʰiəʔ$^{\underline{21}}$	ɕiəʔ$^{\underline{21}}$	ɕiəʔ$^{\underline{21}}$	ɕiəʔ$^{\underline{21}}$	i^{42}	ie^{42}	i^{42}
长子	tsʰəʔ^{4}	tsʰəʔ^{4}	səʔ^{4}	səʔ^{4}	səʔ$^{\underline{212}}$	i^{53}	iɛ^{53}	i^{53}
屯留	tsʰʌʔ^{1}	tsʰəʔ^{1}	səʔ^{1}	səʔ^{1}	səʔ$^{\underline{54}}$	i^{11}	iəʔ^{1}	i^{11}
襄垣	tsʰʌʔ^{3}	tsʰʌʔ^{3}	sʌʔ^{3}	sʌʔ^{3}	sʌʔ$^{\underline{43}}$	iʌʔ^{3}	ie^{45}	iʌʔ^{3}
黎城	tɕʰiɤʔ^{2}	tsʰɿ^{422}	ɕiɤʔ^{2}	ɕiɤʔ^{2}	ɕiɤʔ$^{\underline{31}}$	i^{53}	iɤ^{53}	i^{33}
平顺	tɕʰiəʔ$^{\underline{212}}$	tɕʰiəʔ$^{\underline{212}}$	ɕiəʔ$^{\underline{212}}$	ɕiəʔ$^{\underline{212}}$	ɕiəʔ$^{\underline{423}}$	i^{53}	iəʔ$^{\underline{423}}$	i^{53}
壶关	tʃʰiəʔ^{2}	tʃʰiəʔ^{2}	ʃiəʔ^{2}	ʃiəʔ^{2}	ʃiəʔ$^{\underline{21}}$	i^{42}	iəʔ$^{\underline{21}}$	i^{353}
沁县	tsʰəʔ$^{\underline{31}}$	tsʰəʔ$^{\underline{31}}$	səʔ$^{\underline{31}}$	səʔ$^{\underline{31}}$	səʔ$^{\underline{212}}$	iəʔ$^{\underline{31}}$	iɛ^{53}	i^{53}
武乡	tsʰəʔ^{3}	tsʰəʔ^{3}	səʔ^{3}	səʔ^{3}	səʔ^{3}	iəʔ^{3}	iɛ^{55}	——
沁源	tʂʰəʔ$^{\underline{31}}$	tʂʰəʔ$^{\underline{31}}$	ʂəʔ$^{\underline{31}}$	ʂəʔ$^{\underline{31}}$	ʂəʔ$^{\underline{31}}$ 白 / ʂʅ^{33} 文	iəʔ$^{\underline{31}}$	ie^{53}	iəʔ$^{\underline{31}}$
安泽	tsʰəʔ$^{\underline{21}}$	tsʰɿ^{53}	sɿ^{35}	sɿ^{21}	sɿ^{35}	i^{35}	iɛ^{53}	i^{35}
沁水端氏	tsʰəʔ^{2}	tsʰəʔ^{2}	səʔ$^{\underline{54}}$	səʔ^{2}	səʔ$^{\underline{54}}$	i^{53}	iɛ^{53}	——
阳城	tʂʰəʔ^{2}	tʂʰəʔ^{2}	ʂəʔ^{2}	ʂəʔ^{2}	ʂəʔ^{2}	iəʔ^{2}	iɛ^{51}	i^{51}
高平	tʂʰəʔ^{2}	tʂʰəʔ^{2}	ʂəʔ^{2}	ʂəʔ^{2}	ʂəʔ^{2}	iəʔ^{2}	iɛ^{53}	i^{53}
陵川	tɕʰiəʔ^{3}	tɕʰiəʔ^{3}	ɕiəʔ^{3}	ɕiəʔ^{3}	ɕiəʔ$^{\underline{23}}$	i^{24}	iʌʔ$^{\underline{23}}$	i^{24}
晋城	tʂʰəʔ^{2}	tʂʰəʔ^{2}	ʂəʔ^{2}	ʂəʔ^{2}	ʂəʔ^{2}	i^{53}	iɛ^{53}	i^{213}
忻府	tʂʰəʔ$^{\underline{32}}$	tʂʰəʔ$^{\underline{32}}$	ʂəʔ$^{\underline{32}}$	ʂəʔ$^{\underline{32}}$	ʂəʔ$^{\underline{32}}$	iəʔ$^{\underline{32}}$	iɛ^{53}	i^{53}
原平	tʂʰəʔ$^{\underline{34}}$	ʂəʔ$^{\underline{34}}$ 白 / tʂʰəʔ$^{\underline{34}}$ 文	ʂəʔ$^{\underline{34}}$	ʂəʔ$^{\underline{34}}$	ʂəʔ$^{\underline{34}}$	iəʔ$^{\underline{34}}$	iɤ^{53}	iəʔ$^{\underline{34}}$
定襄	tʂʰʅ^{24}	tʂʰʅ^{53}	səʔ^{1}	səʔ^{1}	ʂəʔ^{1}	i^{53}/iəʔ^{1}	iəʔ^{1}	iəʔ^{1}
五台	tsʰəʔ^{3}	tsʰəʔ^{3}	səʔ^{3}	səʔ^{3}	səʔ^{3}	iəʔ^{3}	iɛ^{52}	iəʔ^{3}
岢岚	tʂʰəʔ^{4}	tʂʰəʔ^{4}	ʂəʔ^{4}	ʂəʔ^{4}	ʂəʔ^{4}	i^{52}	iɛ^{52}	i^{52}
五寨	tsʰəʔ^{4}	tsʰəʔ^{4}	səʔ^{4}	səʔ^{4}	səʔ^{4}	i^{52}	iæ^{52}	iəʔ^{4}

续表

字目	尺	赤	适	释	石	益	液	亦
中古音 方言点	昌石 梗开三 入昔昌	昌石 梗开三 入昔昌	施只 梗开三 入昔书	施只 梗开三 入昔书	常只 梗开三 入昔禅	伊昔 梗开三 入昔影	羊益 梗开三 入昔以	羊益 梗开三 入昔以
宁武	tsʰəʔ^{4}	tsʰəʔ^{4}	səʔ^{4}	səʔ^{4}	səʔ^{4}	iəʔ^{4}	iɛ^{52}	iəʔ^{4}
神池	tsʰəʔ^{4}	tsʰi^{52}	si^{52}	si^{52}	səʔ^{4}	i^{52}	iᴀʔ^{4}	i^{52}
繁峙	tsʰəʔ$^{\underline{13}}$	tsʰəʔ$^{\underline{13}}$	səʔ$^{\underline{13}}$	səʔ$^{\underline{13}}$	səʔ$^{\underline{13}}$	iəʔ$^{\underline{13}}$	iɛ^{24}	i^{24}
代县	tsʰəʔ^{2}	tsʰəʔ^{2}	səʔ^{2}	səʔ^{2}	səʔ^{2}	iəʔ^{2}	ie^{53}	iəʔ^{2}
河曲	səʔ^{4}	sɿ^{213}	ʂəʔ^{4}	ʂəʔ^{4}	ʂəʔ^{4}	iɛ^{52}	iɛ^{52}	i^{52}
保德	tʂʰəʔ^{4}	tʂʰəʔ^{4}	ʂəʔ^{4}	ʂəʔ^{4}	ʂəʔ^{4}	i^{52}	iɛ^{44}	i^{52}
偏关	tʂʰəʔ^{4}	tʂʰəʔ^{4}	ʂəʔ^{4}	ʂəʔ^{4}	ʂəʔ^{4}	iəʔ^{4}	iᴇ^{52}	iəʔ^{4}
朔城	tʂʰəʔ$^{\underline{35}}$	tʂʰəʔ$^{\underline{35}}$	ʂəʔ$^{\underline{35}}$	ʂəʔ$^{\underline{35}}$	ʂəʔ$^{\underline{35}}$	i^{53}	iɛ^{53}	i^{53}
平鲁	tsʰɿ^{44}/tsʰəʔ$^{\underline{34}}$	tsʰəʔ$^{\underline{34}}$	səʔ$^{\underline{34}}$	səʔ$^{\underline{34}}$	səʔ$^{\underline{34}}$	i^{213}/iəʔ$^{\underline{34}}$	iᴇ^{52}	iəʔ$^{\underline{34}}$
应县	sɿ^{43}/tsʰəʔ$^{\underline{43}}$	tsʰəʔ$^{\underline{43}}$	səʔ$^{\underline{43}}$	səʔ$^{\underline{43}}$	səʔ$^{\underline{43}}$	i^{24}	iɛ^{24}	i^{24}/iɛʔ$^{\underline{43}}$
灵丘	tsʰəʔ^{5}	tsʰəʔ^{5}	sɿ^{53}	səʔ^{5}	sɿ^{31}	i^{53}	ie^{53}	i^{53}
浑源	tsʰəʔ^{4}	tsʰəʔ^{4}	səʔ^{4}	səʔ^{4}	sɿ^{22}/səʔ^{4}	i^{13}	iɛ^{13}	i^{13}
云州	tʂʰəʔ^{4}	tʂʰəʔ^{4}	ʂəʔ^{4}	ʂəʔ^{4}	ʂəʔ^{4}	i^{24}	iɛ^{24}	i^{24}
新荣	tʂʰəʔ^{4}	tʂʰəʔ^{4}	ʂəʔ^{4}	ʂəʔ^{4}	ʂəʔ^{4}/ʂʅ^{312}	i^{24}	iᴇ^{24}	iəʔ^{4}
怀仁	tsʰəʔ^{4}	tsʰəʔ^{4}	səʔ^{4}	səʔ^{4}	səʔ^{4}	i^{24}	iɛ^{24}	i^{312}
左云	tsʰəʔ^{4}	tsʰəʔ^{4}	səʔ^{4}	səʔ^{4}	səʔ^{4}	i^{24}	iɛ^{24}	i^{24}
右玉	tʂʰəʔ^{4}	tʂʰəʔ^{4}	ʂəʔ^{4}	ʂəʔ^{4}	ʂəʔ^{4}	i^{24}	iɛ^{24}	iəʔ^{4}
阳高	tsʰəʔ^{3}	tsʰəʔ^{3}	——	sɑʔ^{3}	səʔ^{3}	i^{24}	iɛ^{24}	i^{24}
山阴	tʂəʔ^{4}	tʂəʔ^{4}	——	sɿ^{335}	ʂəʔ^{4}	i^{335}	iᴇ^{335}	iəʔ^{4}
天镇	tsʰəʔ^{4}	tsʰəʔ^{4}	səʔ^{4}	səʔ^{4}	səʔ^{4}	iəʔ^{4}	iæ^{24}	iəʔ^{4}
平定	tʂʰəʔ^{4}	tʂʰəʔ^{4}	ʂəʔ^{4}	ʂəʔ^{4}	ʂʅ^{44}/ʂəʔ^{4}	i^{24}	iᴇ^{24}	i^{24}
昔阳	tʂʰʌʔ$^{\underline{43}}$	tʂʰʌʔ$^{\underline{43}}$	ʂʌʔ$^{\underline{43}}$	ʂʌʔ$^{\underline{43}}$	ʂʌʔ$^{\underline{43}}$ 白 / ʂʅ^{33} 文	iʌʔ$^{\underline{43}}$	iᴇ^{13}	i^{13}
左权	tʂəʔ^{1} 白 / tʂʰəʔ^{1} 文	tʂʰəʔ^{1}	ʂəʔ^{1}	ʂəʔ^{1}	ʂʅ^{11}/ʂəʔ^{1}	i^{53}	i^{53}	i^{53}
和顺	tʂʰəʔ$^{\underline{21}}$	tʂʰəʔ$^{\underline{21}}$	ʂəʔ$^{\underline{21}}$	ʂəʔ$^{\underline{21}}$	ʂəʔ$^{\underline{21}}$	ieʔ$^{\underline{21}}$	i^{13}	i^{13}
尧都	tʂʰʅ^{21}	tʂʰʅ^{21}	ʂɤ^{21}	ʂɤ^{21}	ʂʅ^{24}	i^{21}	iɛ^{21}	i^{21}
洪洞	tʂʰʅ^{21}	tʂʰʅ^{21}	ʂʅ^{21}	ʂʅ^{21}	ʂʅ^{24}/tɑn^{33}	i^{21}	ie^{53}	ie^{21}
洪洞赵城	tʂʰʅ^{21}	tʂʰʅ^{21}	ʂʅ^{24}	ʂʅ^{21}	ʂʅ^{21}	i^{53}	iɛ^{53}	i^{53}
古县	tʂʰʅ^{21}	tʂʰʅ^{21}	ʂʅ^{35}	ʂʅ^{35}	ʂʅ^{35}	i^{21}	iɛ^{53}	i^{21}
襄汾	tʂʰʅ^{21}	tʂʰʅ^{21}	ʂʅ^{21}	ʂʅ^{21}	ʂʅ^{21}	i^{21}	ȵie^{44} 白 / ie^{21} 文	i^{21}

续表

字目	尺	赤	适	释	石	益	液	亦
中古音 / 方言点	昌石 梗开三 入昔昌	昌石 梗开三 入昔昌	施只 梗开三 入昔书	施只 梗开三 入昔书	常只 梗开三 入昔禅	伊昔 梗开三 入昔影	羊益 梗开三 入昔以	羊益 梗开三 入昔以
浮山	tʂʰʅ^{33}	tʂʰʅ^{13}	ʂʅ^{42}	ʂʅ^{42}	ʂʅ^{13}	i^{42}	ȵ̥iɛ^{44}	i^{42}
霍州	tʂʰʅ^{212}	tʂʰʅ^{53}	ʂʅ^{212}	ʂʅ^{212}	ʂʅ^{35}	i^{53}	ie^{53}	i^{53}
翼城	tʂʰʅ^{44}	tʂʰʅ^{53}	ʂʅ^{53}	ʂʅ^{53}	ʂʅ^{12}	i^{53}	iᴇ^{53}	i^{53}
闻喜	tsʰɿ^{53}/ tsʰiᴇ^{53}	tsʰɿ^{53}	——	sɿ^{53}	tsʰɿ^{13} 白 / sɿ^{13} 文	——	iᴇ^{53}	i^{53}
侯马	tʂʰʅ^{44}	tʂʰʅ^{53}	ʂʅ^{53}	ʂʅ^{53}	ʂʅ^{213}	i^{53}	iɛ^{53}	i^{53}
新绛	tʂʰʅ^{13}	tʂʰʅ^{13}	ʂʅ^{53}	ʂʅ^{53}	ʂʅ^{13}	i^{53}	ie^{53}	i^{53}
绛县	tʂʅ^{53}	tʂʅ^{53}	ʂʅ^{31}	ʂʅ^{31}	ʂɤ^{24}/ʂʅ^{24}	i^{31}	iɪ^{31}	i^{31}
垣曲	tʂʰʅ^{44}	tʂʰʅ^{53}	ʂʅ^{53}	ʂʅ^{53}	ʂʅ^{22}	i^{53}	iɛ^{53}	i^{53}
夏县	tʂʰʅ^{24}	tʂʰʅ^{31}	ʂʅ^{31}	ʂʅ^{31}	ʂʅ^{42}	i^{31}	iɛ^{31}	——
万荣	tʂʰʅ^{51}	tʂʰʅ^{213}	ʂʅ^{55}	ʂʅ^{55}	ʂʅ^{213}	i^{51}	iɛ^{33}	i^{55}
稷山	tʂʰʅ^{53}	tʂʰʅ^{53}	ʂʅ^{53}	ʂʅ^{53}	ʂʅ^{13}	i^{53}	iɛ^{42}	i^{53}
盐湖	tʂʰʅ^{42}	tʂʰʅ^{42}	ʂʅ^{42}	sɿ^{42}	ʂʅ^{13}	i^{42}	iɛ^{42}	i^{42}
临猗	tʂʰʅ^{42}	tʂʰʅ^{42}	ʂʅ^{44}	ʂʅ^{44}	ʂʅ^{13}	i^{42}	iɛ^{44}	i^{44}
河津	tʂʰʅ^{31}	tʂʰʅ^{324}	ʂʅ^{324}	ʂʅ^{53}	ʂʅ^{324}	i^{44}	iɛ^{44}	i^{53}
平陆	tʂʰʅ^{31}	tʂʰʅ^{33}	ʂʅ^{55}	ʂʅ^{55}	ʂʅ^{13}	i^{33}	iɛ^{33}	——
永济	tʂʰʅ^{31}	tʂʰʅ^{44}	ʂʅ^{31}	ʂʅ^{31}	ʂʅ^{24}/tai^{44}	i^{31}	ie^{44}	i^{31}
芮城	tʂʰʅ^{53}	tʂʰʅ^{44}	ʂʅ^{42}	ʂʅ^{42}	ʂʅ^{13}	i^{42}	iɛ^{42}	i^{44}
吉县	tʂʰʅ^{423}	tʂʰʅ^{13}	ʂʅ^{13}	ʂʅ^{13}	ʂʅ^{13}	i^{423}	iɛ^{33}	——
乡宁	tʂʰʅ^{53}	tʂʰʅ^{53}	ʂʅ^{53}	ʂʅ^{53}	ʂʅ^{12}	i^{53}	iᴇ^{53}	i^{53}
广灵	tsʰɿ^{53}	tsʰɿ^{53}	sɿ^{53}	sɿ^{53}	sɿ^{31}/tæ^{213}	i^{44}	iɤ^{213}	i^{44}

字目	译	易交~	兄	荣	倾	琼	营	顷
中古音 方言点	羊益 梗开三 入昔以	羊益 梗开三 入昔以	许荣 梗合三 平庚晓	永兵 梗合三 平庚云	去营 梗合三 平清溪	渠营 梗合三 平清群	余倾 梗合三 平清以	去颖 梗合三 上静溪
北京	i^{51}	i^{51}	ɕyŋ^{55}	ʐuŋ^{35}	tɕʰiŋ^{55}	tɕʰyŋ^{35}	iŋ^{35}	tɕʰiŋ^{214}/ tɕʰiŋ^{55}
小店	iəʔ^{1}	iəʔ^{1}	ɕy^{11}白/ ɕyə̃^{11}文	yə̃^{11}白/ zuəŋ^{11}文	tɕʰiə̃^{11}	tɕʰyə̃^{11}	i^{11}白/iə̃^{11}文	tɕʰiə̃^{53}
尖草坪	i^{35}	i^{35}	ɕyʌŋ^{33}	zuʌŋ^{33}	tɕʰiʌŋ^{33}	tɕʰyʌŋ^{33}	i^{33}白/ iʌŋ^{33}文	tɕʰi^{33}白/ tɕʰiʌŋ^{33}文
晋源	i^{35}	i^{35}	ɕy^{11}/ɕyn^{11}	——	tɕʰin^{42}	tɕʰyn^{11}	in^{35}	tɕʰin^{42}
阳曲	i^{454}	i^{454}	ɕy^{312}白/ ɕyə̃^{312}文	yə̃^{43}白/ zuə̃^{43}文	tɕʰiə̃^{312}	tɕʰyə̃^{43}	y^{43}白/iə̃^{43}文	tɕʰiə̃^{312}
古交	iəʔ^{4}白/i^{53}文	iəʔ^{4}白/i^{53}文	ɕyəŋ^{44}	zuəŋ^{44}	tɕʰiəŋ^{44}	tɕʰyəŋ^{44}	iəŋ^{44}	tɕʰiəŋ^{312}
清徐	iəʔ^{1}	iəʔ^{1}	ɕy^{11}白	yəŋ^{11}	tɕʰiəŋ^{54}	tɕʰyəŋ^{11}	i^{11}白/ iəŋ^{11}文	tɕʰi^{54}白
娄烦	iəʔ^{3}	iəʔ^{3}	ɕy^{33}白/ ɕyəŋ^{33}文	yəŋ^{33}	tɕʰiəŋ^{33}	tɕʰyəŋ^{33}	iəŋ^{33}	tɕʰiəŋ^{312}
榆次	iəʔ^{1}	iəʔ^{1}	ɕy^{11}白/ ɕyɤ̃^{11}文	yɤ̃^{11}	tɕʰiɤ̃^{11}	tɕʰiɤ̃^{11}	iɤ̃^{11}	tɕʰiɤ̃^{53}
交城	iəʔ^{1}	i^{24}	ɕy^{11}白/ ɕyə̃^{11}文	y^{11}白/yə̃^{11}文	tɕʰi^{11}白/ tɕʰiə̃^{53}文	tɕʰyə̃^{11}	i^{11}白/iə̃^{11}文	tɕʰi^{53}白/ tɕʰiə̃^{53}文
文水	iəʔ^{2}/ɿ^{35}	ɿ^{35}	sʯ^{22}白/ ɕyəŋ^{22}文	yəŋ^{22}老/ ʐuəŋ^{22}新	tɕʰiəŋ^{22}	tɕʰyəŋ^{22}	ɿ^{22}白/ iəŋ^{22}文	tɕʰiəŋ^{423}
祁县	iəʔ$^{\underline{32}}$	ɿ^{45}	ɕiəβ^{31}白/ ɕiəm^{31}文	iəm^{31}	tɕʰiɔ̃^{31}	tɕiəm^{31}	ɿ^{31}白/ iɔ̃^{31}文	tɕʰiɔ̃^{314}
太谷	iəʔ^{3}	i^{53}	ɕy^{33}白/ ɕyə̃^{33}文	yə̃^{33}/zuə̃^{33}	tɕʰi^{33}白/ tɕʰiə̃^{33}文	tɕʰyə̃^{33}	iə̃^{33}	tɕʰiə̃^{312}
平遥	iʌʔ$^{\underline{523}}$	i^{24}	ɕy^{213}白/ ɕyəŋ^{213}文	yəŋ^{213}	tɕʰiəŋ^{213}	tɕyəŋ^{213}	i^{213}白/ iəŋ^{213}文	tɕʰiəŋ^{213}
孝义	i^{454}	i^{454}	ɕy^{33}	yə̃^{33}	tɕʰiə̃^{312}	tɕʰyə̃^{33}	i^{33}白/iə̃^{33}文	tɕʰiə̃^{312}
介休	i^{45}	i^{45}	ɕy^{13}白/ ɕyn^{13}文	yn^{13}	tɕʰin^{13}	tɕʰyn^{13}	in^{13}	tɕʰin^{423}
灵石	i^{53}	i^{53}	ɕyŋ^{535}	——	tɕʰiŋ^{44}	tɕʰyŋ^{44}	iŋ^{44}	tɕʰiŋ^{44}
盂县	iəʔ^{2}	iəʔ^{2}	ɕy^{412}白/ ɕyə̃^{412}文	yə̃^{22}	tɕʰiə̃^{412}	tɕʰyə̃^{22}	iə̃^{22}	tɕʰiə̃^{53}
寿阳	iəʔ^{2}	zɿ^{45}	sʯ^{31}/ɕyə̃^{31}	yə̃^{22}	tɕʰiə̃^{53}	tɕʰyə̃^{22}	zɿ^{22}/iə̃^{22}	tɕʰiə̃^{53}
榆社	iəʔ^{2}	zɿ^{45}	ɕyeɪ^{22}	zuɛɪ^{22}	tɕʰieɪ^{22}	tɕʰyeɪ^{22}	ieɪ^{22}	tɕʰieɪ^{22}
离石	ieʔ^{4}	ieʔ^{4}	su^{24}白/ ɕyəŋ^{24}文	yəŋ^{44}	tɕʰiəŋ^{24}	tɕʰyəŋ^{44}	iəŋ^{44}	tɕʰiəŋ^{312}

续表

字目	译	易交~	兄	荣	倾	琼	营	顷
中古音 / 方言点	羊益 梗开三 入昔以	羊益 梗开三 入昔以	许荣 梗合三 平庚晓	永兵 梗合三 平庚云	去营 梗合三 平清溪	渠营 梗合三 平清群	余倾 梗合三 平清以	去颍 梗合三 上静溪
汾阳	ieʔ^{2}	ʐʅ^{55}	ɕyŋ^{324}	yŋ^{22}老 / ʐuŋ^{22}新	tɕʰiᴇ̃^{324}	tɕʰyŋ^{22}	iᴇ̃^{22}	tɕʰiᴇ̃^{312}
中阳	ieʔ^{4}	ieʔ^{4}	ɕy^{24}白 / ɕyə̃^{24}文	yə̃^{33}	tɕʰiə̃^{24}	tɕʰyə̃^{33}	iə̃^{33}	tɕʰiə̃^{423}
柳林	iɛʔ^{4}	i^{53}	ɕy^{24}白 / ɕyə̃^{24}文	zuə̃^{44}	tɕʰiə̃^{312}	tɕʰyə̃^{44}	iə̃^{44}	tɕʰiə̃^{312}
方山	iɛʔ^{4}	i^{52}	ɕy^{24}白 / ɕyə̃ŋ^{24}文	yə̃ŋ^{44}	tɕʰiə̃ŋ^{24}	tɕʰyə̃ŋ^{24}	iə̃ŋ^{44}	tɕʰiə̃ŋ^{312}
临县	iɐʔ^{3}	iɐʔ^{3}	ɕy^{24}白 / ɕyə̃^{24}文	zuə̃^{33}	tɕʰiə̃^{24}	tɕʰyə̃^{33}	iə̃^{33}	tɕʰiə̃^{312}
兴县	i^{53}	i^{53}	ɕy^{324}白 / ɕyəŋ^{324}文	yəŋ^{55}	tɕʰiəŋ^{324}	tɕʰyəŋ^{55}	iəŋ^{55}	tɕʰiəŋ^{324}
岚县	iəʔ^{4}	i^{53}	ɕy^{214}白 / ɕyəŋ^{214}文	yəŋ^{44}	tɕʰiəŋ^{214}	tɕʰyəŋ^{44}	i^{53}白 / iəŋ^{44}文	tɕʰiəŋ^{214}
静乐	iəʔ^{4}	i^{53}	ɕy^{24}白 / ɕyɤ̃^{24}文	zyɤ̃^{33}	tɕʰiɤ̃^{314}	tɕʰyɤ̃^{33}	iɤ̃^{33}	tɕʰiɤ̃^{314}
交口	ieʔ^{4}	i^{53}	ɕy^{323}白 / ɕyɛ^{323}白 / ɕyəŋ^{323}文	ʐuəŋ^{44}	tɕʰiəŋ^{323}	tɕʰyəŋ^{44}	ie^{44}白 / iəŋ^{44}文	tɕʰiəŋ^{323}
石楼	i^{51}	i^{51}	ɕyɛ^{213}白 / ɕyəŋ^{213}文	yəŋ^{44}白 / ʐuəŋ^{44}文	tɕʰiəŋ^{213}	tɕyəŋ^{44}	ie^{44}白 / iəŋ^{44}文	tɕʰiəŋ^{213}
隰县	iəʔ^{3}	i^{44}	ɕye^{53}白 / ɕyəŋ^{53}文	yəŋ^{24}	tɕʰiəŋ^{53}	tɕʰyəŋ^{24}	ie^{24}白 / iəŋ^{24}文	tɕʰiəŋ^{53}
大宁	i^{55}	——	ɕyən^{31}	yən^{24}	tɕʰiən^{55}	tɕʰyən^{24}	iən^{24}	tɕʰiən^{55}
永和	i^{53}	i^{53}	ɕye^{33}白 / ɕy^{35}白 / ɕyəŋ^{33}文	yəŋ^{35}	tɕʰiəŋ^{33}	tɕʰyəŋ^{35}	iəŋ^{35}	tɕʰiəŋ^{312}
汾西	iəʔ^{1}	——	ɕyəŋ^{11}	zuəŋ^{35}	tɕʰiəŋ^{55}	tɕʰyəŋ^{35}	iəŋ^{35}	tɕʰiəŋ^{55}
蒲县	i^{33}	i^{33}	ɕye^{52}白 / ɕyŋ^{52}文	ʐuŋ^{24}	tɕʰiŋ^{52}	tɕʰyŋ^{24}	iŋ^{24}	tɕʰiŋ^{52}
潞州	i^{54}	i^{54}	ɕyŋ^{312}	yŋ^{24}	tɕʰiŋ^{312}	tɕʰyŋ^{24}	iŋ^{24}	tɕʰiŋ^{535}
上党	i^{42}	i^{42}	ɕyŋ^{213}	yŋ^{44}	tɕʰiŋ^{213}	tɕʰyŋ^{44}	iŋ^{44}	tɕʰiŋ^{213}
长子	i^{53}	i^{53}	ɕyŋ^{312}	yŋ^{24}	tɕʰiŋ^{434}	tɕʰyŋ^{24}	iŋ^{24}	tɕʰiŋ^{434}
屯留	i^{11}	i^{11}	ɕyəŋ^{31}	yəŋ^{11}	tɕʰiəŋ^{31}	tɕʰyəŋ^{11}	iəŋ^{11}	tɕʰiəŋ^{43}
襄垣	i^{45}	i^{45}	ɕyəŋ^{33}	yəŋ^{31}	tɕʰiəŋ^{33}	tɕʰyəŋ^{31}	iəŋ^{31}	tɕʰiəŋ^{33}

续表

字目	译	易交~	兄	荣	倾	琼	营	顷
中古音 / 方言点	羊益 梗开三 入昔以	羊益 梗开三 入昔以	许荣 梗合三 平庚晓	永兵 梗合三 平庚云	去营 梗合三 平清溪	渠营 梗合三 平清群	余倾 梗合三 平清以	去颍 梗合三 上静溪
黎城	i^{53}	i^{53}	ɕyəŋ^{33}	luəŋ^{53}	c^{h}iəŋ^{33}	c^{h}yəŋ^{53}	iəŋ^{53}	c^{h}iəŋ^{213}
平顺	i^{53}	i^{53}	ɕyŋ^{213}	yŋ^{13}	c^{h}iŋ^{213}	c^{h}yŋ^{13}	iŋ^{13}	c^{h}iŋ^{213}
壶关	i^{353}	i^{353}	ɕyŋ^{33}	yŋ^{13}	c^{h}iŋ^{33}	c^{h}yŋ^{13}	iŋ^{13}	c^{h}iŋ^{33}
沁县	iəʔ$^{\underline{31}}$	zʅ^{53}	ɕyə̃^{224}	yə̃^{33}	tɕ^{h}iə̃^{224}	tɕ^{h}iə̃^{33}	iə̃^{33}	tɕ^{h}iə̃^{224}
武乡	zʅ^{55}	——	ɕyɐŋ^{113}	yɐŋ^{33}	tɕ^{h}iɐŋ^{33}	tɕ^{h}yɐŋ^{33}	iɐŋ^{33}	tɕ^{h}iɐŋ^{213}
沁源	iəʔ$^{\underline{31}}$	i^{53}	ɕy^{324} 白 / ɕyə̃^{324} 文	yə̃^{33} 白 / ʐuə̃^{33} 文	tɕ^{h}iə̃^{324}	tɕ^{h}yə̃^{33}	iə̃^{33}	tɕ^{h}iə̃^{324}
安泽	i^{35}	i^{53}	ɕyəŋ^{21}	yəŋ^{35}	——	tɕ^{h}yəŋ^{35}	iəŋ^{35}	tɕ^{h}iəŋ^{42}
沁水端氏	i^{53}	i^{53}	ɕyŋ^{21}	zoŋ^{24}	tɕ^{h}iŋ^{21}	tɕ^{h}yŋ^{24}	iŋ^{24}	tɕ^{h}iŋ^{31}
阳城	i^{51}	i^{51}	ɕyoŋ^{224}	ʐuoŋ^{22}	c^{h}iə̃ĩ^{22}	c^{h}yoŋ^{22}	iə̃ĩ^{22}	c^{h}iə̃ĩ^{22}
高平	i^{53}	i^{53}	ɕiuə̃ŋ^{33}	ʐuə̃ŋ^{33}	tɕ^{h}iə̃ŋ^{33}	c^{h}iuə̃ŋ^{33}	iə̃ŋ^{33}	c^{h}iə̃ŋ^{212}
陵川	i^{24}	i^{24}	ɕyŋ^{33}	yŋ^{53}	c^{h}iŋ^{33}	c^{h}yŋ^{53}	Øiŋ^{53}	c^{h}iŋ^{312}
晋城	i^{53}	i^{53}	ɕyoŋ^{33}	ʐuoŋ^{33}	tɕ^{h}iẽ^{33}	tɕ^{h}yoŋ^{324}	iẽ^{324}	tɕ^{h}iẽ^{33}
忻府	iəʔ$^{\underline{32}}$	i^{53}	ɕy^{313} 白 / ɕyəŋ^{313} 文	yəŋ^{21}	tɕ^{h}iəŋ^{313}	tɕ^{h}yəŋ^{21}	iəŋ^{21}	tɕ^{h}iəŋ^{313}
原平	iəʔ$^{\underline{34}}$	i^{53}	ɕyʉ^{213} 白 / ɕyəŋ^{213} 文	yəŋ^{33} 白 / zuəŋ^{33} 文	tɕ^{h}iəŋ^{213}	tɕyəŋ^{33}	iəŋ^{33}	tɕ^{h}iəŋ^{213}
定襄	i^{53}/iəʔ^{1}	iəʔ^{1}	ɕy^{24}	ʐuəŋ^{11}	tɕ^{h}iəŋ^{24}	tɕyəŋ^{11}	iəŋ^{11}	tɕ^{h}iəŋ^{24}
五台	iəʔ^{3}	i^{52}	ɕyən^{213}/ ɕy^{213}	yən^{33}	tɕ^{h}iən^{213}	tɕ^{h}yən^{33}	iən^{33}	tɕ^{h}iən^{213}
岢岚	iɛʔ^{4}	i^{52}	ɕyəŋ^{13}	yəŋ^{44}	tɕ^{h}iəŋ^{13}	tɕ^{h}yəŋ^{44}	iəŋ^{44}	tɕ^{h}iəŋ^{13}
五寨	iəʔ^{4}	i^{52}	ɕyəɣ̃^{13}	yəɣ̃^{44}	tɕ^{h}iəɣ̃^{13}	tɕ^{h}yəɣ̃^{44}	iəɣ̃^{44}	tɕ^{h}iəɣ̃^{13}
宁武	iəʔ^{4}	i^{52}	ɕyɤɯ^{23}	yɤɯ^{33}	tɕiɤɯ^{23}	tɕ^{h}yɤɯ^{33}	iɤɯ^{33}	tɕiɤɯ^{23}
神池	i^{52}	i^{52}	ɕyə̃^{24}	yə̃^{32}	tɕ^{h}iə̃^{24}	tɕ^{h}uə̃^{32}	iə̃^{32}	tɕ^{h}iə̃^{13}
繁峙	i^{24}	i^{24}	ɕyəŋ^{53}	zyəŋ^{31} 白 / ʐuəŋ^{31} 文	tɕ^{h}iəŋ^{53}	tɕ^{h}yəŋ^{31}	iəŋ^{31}	tɕ^{h}iəŋ^{53}
代县	iəʔ^{2}	i^{53}	ɕyɤŋ^{213}	yɤŋ^{44}	tɕ^{h}iɤŋ^{213}	tɕ^{h}yɤŋ^{44}	iɤŋ^{44}	tɕ^{h}iɤŋ^{213}
河曲	i^{52}	i^{52}	ɕyŋ^{213}	yŋ^{44}	tɕ^{h}iŋ^{213}	tɕ^{h}ɤŋ^{44}	iŋ^{44}	tɕ^{h}iŋ^{213}
保德	i^{52}	i^{52}	ɕyəŋ^{213}	yəŋ^{44}	tɕ^{h}iəŋ^{213}	tɕ^{h}yəŋ^{44}	iəŋ^{44}	tɕ^{h}iəŋ^{213}
偏关	iəʔ^{4}	ʅ^{52}	ɕyɤŋ^{24}	yɤŋ^{44}	tɕ^{h}iɤŋ^{24}	tɕ^{h}yɤŋ^{44}	iɤŋ^{44}	tɕ^{h}iɤŋ^{213}
朔城	i^{53}	——	ɕyə̃^{312}	yə̃^{35}	tɕ^{h}iə̃^{312}	tɕ^{h}yə̃^{312}	iə̃^{35}	tɕ^{h}iə̃^{312}
平鲁	i^{213}	i^{213}	ɕyəɯ^{213}/ ɕyəʔ$^{\underline{34}}$	yəɯ^{44}	tɕ^{h}iəɯ^{213}	tɕ^{h}yəɯ^{44}	iəɯ^{44}	tɕ^{h}iəɯ^{213}

续表

字目	译	易交~	兄	荣	倾	琼	营	顷
中古音 / 方言点	羊益 梗开三 入昔以	羊益 梗开三 入昔以	许荣 梗合三 平庚晓	永兵 梗合三 平庚云	去营 梗合三 平清溪	渠营 梗合三 平清群	余倾 梗合三 平清以	去颍 梗合三 上静溪
应县	i^{24}	——	ɕyəŋ^{43}	yəŋ^{31}	tɕʰiəŋ^{54}	tɕʰyəŋ^{31}	iəŋ^{31}	tɕʰiəŋ^{54}
灵丘	i^{53}	i^{53}	ɕyŋ^{442}	zuŋ^{31}	tɕʰiŋ^{442}	tɕʰyŋ^{31}	iŋ^{31}	tɕʰiŋ^{442}
浑源	i^{13}	i^{13}	ɕyə̃^{52}	yə̃^{22}	tɕʰiə̃^{52}	tɕʰyə̃^{22}	iə̃^{22}	tɕʰiə̃^{52}
云州	i^{24}	i^{24}	ɕyəɣ^{21}	yəɣ^{312} 白 / ʐuəɣ^{312} 文	tɕʰiəɣ^{21}	tɕʰyəɣ^{312}	iəɣ^{312}	tɕʰiəɣ^{55}
新荣	i^{24}	i^{24}	ɕyɣ^{32}	yɣ^{312}	tɕʰiɣ^{54}	tɕʰyɣ^{312}	iɣ^{312}	tɕʰiɣ^{54}
怀仁	i^{24}	i^{24}	ɕyəŋ^{42}	yəŋ^{312}	tɕʰiəŋ^{53}	tɕʰyəŋ^{312}	iəŋ^{312}	tɕʰiəŋ^{53}
左云	i^{24}	i^{24}	ɕyəɣ^{31}	ʐuəɣ^{313}	tɕʰiəɣ^{31}	tɕʰyəɣ^{313}	iəɣ^{313}	tɕʰiəɣ^{54}
右玉	i^{24}	i^{24}	ɕyə̃ɣ^{31}	yə̃ɣ^{212}	tʰɕiə̃ɣ^{31}	tɕʰyə̃ɣ^{212}	iə̃ɣ^{212}	tʰɕiə̃ɣ^{53}
阳高	i^{24}	i^{24}	ɕy^{31}/ɕyəŋ^{312}/ ɕyəʔ^{33}	ʐuəŋ^{312}	tɕʰiəŋ^{53}	tɕʰyəŋ^{312}	iəŋ^{31}	tɕʰiəŋ^{53}
山阴	i^{335}	——	ɕyə̃^{313}	yə̃^{313}	tɕiə̃^{52}	tɕʰyə̃^{313}	iə̃^{313}	tɕiə̃^{52}
天镇	i^{24}	i^{24}	ɕyɤɣ^{31}	zuɤɣ^{22}	tɕʰiɤɣ^{55}	tɕʰyɤɣ^{22}	iɤɣ^{22}	tɕʰiɤɣ^{55}
平定	i^{24}	i^{24}	ɕyɤŋ^{31}	yɤŋ^{44}	tɕʰiɤŋ^{53}	tɕʰyɤŋ^{44}	iɤŋ^{44}	tɕʰiɤŋ^{53}
昔阳	iʌʔ$^{\underline{43}}$	i^{13}	ɕyəŋ^{42}	yəŋ^{33}	tɕʰiəŋ^{42}	tɕʰyəŋ^{33}	iəŋ^{33}	tɕʰiəŋ^{55}
左权	i^{53}	i^{53}	ɕyəŋ^{31}	yəŋ^{11}	tɕʰiəŋ^{42}	tʰɕyəŋ^{11}	yəŋ^{11}	tɕʰiəŋ^{42}
和顺	i^{13}	i^{13}	ɕyəŋ^{42}	yəŋ^{22}	tɕʰiəŋ^{42}	tɕʰyəŋ^{22}	iəŋ^{22}	tɕʰiəŋ^{42}
尧都	i^{21}	i^{21}	ɕyɛ^{21} 白 / ɕyəŋ^{21} 文	ʐuəŋ^{24}	tɕʰiəŋ^{21}	tɕʰyəŋ^{24}	iəŋ^{24}	tɕʰiəŋ^{21}
洪洞	i^{21}	i^{21}	ɕye 白 / ɕyeŋ^{21} 文	yeŋ^{24}	tɕʰieŋ^{33}	tɕʰyeŋ^{24}	ie^{24} 白 / ieŋ^{24} 文	tɕʰieŋ^{33}
洪洞赵城	i^{53}	i^{53}	ɕyɛ^{21} 白 / ɕyeŋ^{21} 文	yeŋ^{24} 白 / ʐueŋ^{24} 文	tɕʰieŋ^{21}	tɕʰyeŋ^{24}	iɛ^{24} 白 / ieŋ^{24} 文	tɕʰieŋ^{21}
古县	i^{21}	i^{21}	ɕyŋ^{21}	yŋ^{35}	tɕʰiŋ^{21}	tɕʰyŋ^{35}	iŋ^{35}	tɕʰiŋ^{42}
襄汾	i^{21}	i^{44}	ɕyeŋ^{21}	yeŋ^{24}	tɕʰieŋ^{21}	tɕʰyeŋ^{24}	ieŋ^{24}	tɕʰieŋ^{42}
浮山	i^{42}	i^{53}	ɕyeŋ^{42}	yeŋ^{13}	tɕʰieŋ^{42}	tɕyeŋ^{13}	ieŋ^{13}	tɕʰieŋ^{33}
霍州	i^{53}	i^{53}	ɕyŋ^{212}	ʐuŋ^{35}	tɕʰiŋ^{212}	tɕʰyŋ^{35}	iŋ^{35}	tɕʰiŋ^{33}
翼城	i^{53}	i^{53}	ɕyŋ^{53}	yŋ^{12}	tɕiŋ^{53}	tɕʰyŋ^{12}	iŋ^{12}	tɕʰiŋ^{53}
闻喜	i^{53}	i^{53}	ɕyᴇ^{53} 白 / ɕyəŋ^{53} 文	yəŋ^{13} 白 / zuəŋ^{13} 文	tɕʰiəŋ^{53}	tɕʰyəŋ^{13}	iəŋ^{13}	tɕʰiəŋ^{53}/ tɕʰiəŋ^{33}
侯马	i^{53}	i^{53}	ɕyəŋ^{213}	yəŋ^{213}	tɕʰiəŋ^{213}	tɕʰyəŋ^{213}	iəŋ^{213}	tɕʰiəŋ^{213}
新绛	i^{53}	i^{53}	ɕyəŋ^{53}	yəŋ^{13} 白 / ʐuəŋ^{13} 文	tɕʰiəŋ^{53}	tɕʰyəŋ^{13}	iəŋ^{13}	tɕʰiəŋ^{13}

续表

字目	译	易交~	兄	荣	倾	琼	营	顷
中古音／方言点	羊益 梗开三 入昔以	羊益 梗开三 入昔以	许荣 梗合三 平庚晓	永兵 梗合三 平庚云	去营 梗合三 平清溪	渠营 梗合三 平清群	余倾 梗合三 平清以	去颖 梗合三 上静溪
绛县	i^{53}	i^{53}	ɕyʌŋ^{53}/ ɕyeĩ^{53}	yʌŋ^{24}	tɕʰiʌŋ^{53}	tɕʰyʌŋ^{24}	iʌŋ^{24}	tɕʰiʌŋ^{33}
垣曲	i^{53}	i^{53}	ɕyəŋ^{22}	ʐuəŋ^{22}	tɕʰiəŋ^{22}	tɕʰyəŋ^{22}	iəŋ^{22}	tɕʰiəŋ^{22}
夏县	i^{31}	i^{31}	ɕyəŋ^{53}	yəŋ^{42}	tɕʰiəŋ^{24}	tɕʰyəŋ^{42}	iəŋ^{42}	tɕʰiəŋ^{24}
万荣	i^{51}	i^{33}	ɕyaŋ^{51}	yaŋ^{213}	tɕʰiɤ^{55} 白 / tɕʰiaŋ^{55} 文	tɕʰiaŋ^{213}	iaŋ^{213}	tɕʰiaŋ^{55}
稷山	i^{53}	i^{53}	ɕyŋ^{53}	ʐuŋ^{13}	tɕʰiʌŋ^{53}	tɕʰyŋ^{13}	iʌŋ^{13}	tɕʰiʌŋ^{44}
盐湖	i^{42}	i^{42}	ɕyŋ^{42}	yŋ^{13}	tɕʰiŋ^{53}	tɕʰyŋ^{13}	iŋ^{13}	tɕʰiŋ^{53}
临猗	i^{44}	i^{44}	ɕyəŋ^{42}	yəŋ^{13} 白 / ʐuəŋ^{13} 文	tɕʰiəŋ^{42}	tɕʰyəŋ^{13}	iəŋ^{13}	tɕʰiəŋ^{42}
河津	i^{31}	i^{44}	suəŋ^{31} 白 / ɕyəŋ^{31} 文	yəŋ^{324}	tɕʰiɤ^{31}/ tɕʰiəŋ^{53} 文	tɕʰyəŋ^{324} 文	iəŋ^{324}	tʂʰɤ^{324} 白 / tɕʰiəŋ^{53} 文
平陆	i^{33}	i^{13}	ɕioŋ^{31}	ioŋ^{13}	tɕʰiŋ^{55}	tɕʰioŋ^{13}	iŋ^{13}	tɕʰiŋ^{55}
永济	i^{44}	i^{44}	ɕyŋ^{31}	yŋ^{24}	tɕʰiŋ^{31}	tɕʰyŋ^{24}	iŋ^{24}	tɕʰiŋ^{31}
芮城	i^{44}	i^{44}	ɕyəŋ^{42}	yəŋ^{13}	tɕʰiəŋ^{42}	tɕʰyəŋ^{13}	iəŋ^{13}	tɕʰiəŋ^{53}
吉县	i^{423}	i^{33}	ɕyəŋ^{423}	yəŋ^{13}	tɕʰiəŋ^{53}	tɕʰyəŋ^{13}	iəŋ^{13}	tɕʰiəŋ^{53}
乡宁	i^{53}	i^{53}	ɕyəŋ^{53}	yəŋ^{12} 白 / ʐuəŋ^{12} 文	tɕʰiəŋ^{53}	tɕʰyəŋ^{12}	iɤ^{12} 白 / iəŋ^{12} 文	tɕʰiəŋ^{44}
广灵	i^{44}	i^{213}	ɕyŋ^{53}	zuŋ^{31}	tɕʰiŋ^{53}	tɕʰyŋ^{53}	iŋ^{31}	tɕʰiŋ^{44}

字目	颖	永	咏	泳	疫	役	瓶	屏~风
中古音 / 方言点	馀顷 梗合三 上静以	于憬 梗合三 上梗云	为命 梗合三 去映云	为命 梗合三 去映云	营只 梗合三 入昔以	营只 梗合三 入昔以	薄经 梗开四 平青並	薄经 梗开四 平青並
北京	iŋ^{214}	yŋ^{214}	yŋ^{214}	yŋ^{214}	i^{51}	i^{51}	pʰiŋ^{35}	pʰiŋ^{35}
小店	iə̃^{53}	yə̃^{53}	yə̃^{53}	yə̃^{53}	iəʔ^{1}	iəʔ^{1}	pʰiə̃^{11}	pʰiə̃^{11}
尖草坪	iʌŋ^{312}	yʌŋ^{312}	yʌŋ^{312}	yʌŋ^{312}	iəʔ^{2}	iəʔ^{2}	pʰiʌŋ^{33}	pʰiʌŋ^{33}
晋源	in^{42}	yn^{42}	yn^{42}	yn^{42}	iəʔ^{2}	iəʔ^{2}	pʰin^{11}	pʰin^{11}
阳曲	iə̃^{312}	yə̃^{312}	yə̃^{312}	yə̃^{312}	iɛʔ^{4}	iɛʔ^{4}	pʰiə̃^{43}	pʰiə̃^{43}
古交	iəŋ^{312}	yəŋ^{312}	yəŋ^{312}	yəŋ^{312}	iəʔ^{4}	iəʔ^{4}	pʰiəŋ^{44}	pʰiəŋ^{44}
清徐	iəŋ^{11}	yəŋ^{54}	yəŋ^{54}	yəŋ^{54}	iəʔ^{1}	iəʔ^{1}	pʰiəŋ^{11}	pʰiəŋ^{11}
娄烦	iəŋ^{312}	yəŋ^{312}	yəŋ^{312}	yəŋ^{312}	iəʔ^{3}	iəʔ^{3}	pʰi^{33} 白 / pʰiəŋ^{33} 文	pʰiəŋ^{33}
榆次	iɤ̃^{53}	yɤ̃^{53}	yɤ̃^{53}	yɤ̃^{53}	iəʔ^{1}	iəʔ^{1}	pʰiɤ̃^{11}/pʰi^{11}	pʰiɤ̃^{11}
交城	iə̃^{53}	yə̃^{53}	yə̃^{53}	yə̃^{53}	iəʔ^{1}/yəʔ^{1}	iəʔ^{1}	pʰiə̃^{11}	pʰiə̃^{11}
文水	iəŋ^{423}	yəŋ^{423}	yəŋ^{423}	yəŋ^{423}	iəʔ^{2}/ʅ^{35}	iəʔ^{2}/ʅ^{35}	pʰiəŋ^{22}	pʰiəŋ^{22}
祁县	iəõ^{314}	iəm^{314}	iəm^{314}	iəm^{314}	iəʔ$^{\underline{32}}$	iəʔ$^{\underline{32}}$	pʰiəõ^{31}	pʰiəõ^{31}
太谷	iə̃^{312}	yə̃^{312}	yə̃^{312}	yə̃^{312}	iəʔ^{3}	iəʔ^{3}	pʰiə̃^{33}	pʰiə̃^{33}
平遥	iəŋ^{213}	yəŋ^{512}	yəŋ^{512}	yəŋ^{512}	iʌʔ$^{\underline{523}}$	iʌʔ$^{\underline{523}}$	pʰiəŋ^{213}	pʰiəŋ^{213}
孝义	iə̃^{312}	yə̃^{312}	yə̃^{312}	yə̃^{312}	iəʔ^{3}	iəʔ^{3}	pʰiə̃^{33}	pʰiə̃^{33}
介休	in^{423}	yn^{423}	yn^{423}	yn^{423}	iʌʔ^{12}	iʌʔ^{12}	pʰin^{13}	pʰin^{13}
灵石	iŋ^{212}	yŋ^{212}	yŋ^{212}	yŋ^{212}	i^{53}	i^{53}	——	pʰiŋ^{44}
盂县	iə̃^{53}	yə̃^{53}	yə̃^{53}	yə̃^{53}	iəʔ^{2}	iəʔ^{2}	pʰi^{22} 白 / pʰiə̃^{22} 文	pi^{55}/pʰiə̃^{22}
寿阳	iə̃^{53}	yə̃^{53}	yə̃^{53}	yə̃^{53}	iəʔ^{2}	iəʔ^{2}	pʰiə̃^{22}	pʰiə̃^{22}
榆社	ieɪ^{312}	yeɪ^{312}	yeɪ^{312}	yeɪ^{312}	iəʔ^{2}	iəʔ^{2}	pʰieɪ^{22}	pʰieɪ^{22}
离石	iəŋ^{312}	yəŋ^{312}	yəŋ^{312}	yəŋ^{312}	ieʔ^{4}	ieʔ^{4}	pʰʅ^{44} 白 / pʰiəŋ^{44} 文	pʰiəŋ^{44}
汾阳	iẼ^{312}	yŋ^{312}	yŋ^{312}	yŋ^{312}	ieʔ^{2}	ieʔ^{2}	pʰiẼ^{22}	pʰiẼ^{22}
中阳	iə̃^{423}	yə̃^{423}	yə̃^{423}	yə̃^{423}	ieʔ^{4}	ieʔ^{4}	pʰi^{33} 白 / pʰiə̃^{33} 文	pʰiə̃^{33}
柳林	iə̃^{312}	yə̃^{312}	yə̃^{312}	yə̃^{312}	i^{53}	iɛʔ^{4}	pʰi^{44}	pʰiə̃^{44}
方山	iə̃ŋ^{312}	yə̃ŋ^{312}	yə̃ŋ^{312}	yə̃ŋ^{312}	i^{44}	i^{52}	pʰi^{44} 白 / pʰiə̃ŋ^{44} 文	pʰiə̃ŋ^{44}
临县	iə̃^{24}	yə̃^{312}	yə̃^{312}	yə̃^{312}	iɐʔ^{3}	iɐʔ^{3}	pʰi^{33}	pʰiə̃^{33}
兴县	iəŋ^{324}	yəŋ^{324}	yəŋ^{324}	yəŋ^{324}	iəʔ^{5}	iəʔ^{5}	pi^{55}	pʰiəŋ^{55}
岚县	iəŋ^{312}	yəŋ^{312}	yəŋ^{312}	yəŋ^{312}	iəʔ^{4}	iəʔ^{4}	pʰi^{44}	pʰiəŋ^{44}
静乐	iɤ̃^{314}	yɤ̃^{314}	yɤ̃^{314}	yɤ̃^{314}	iəʔ^{4}	iəʔ^{4}	pʰiɤ̃^{33}	pʰiɤ̃^{33}

续表

字目	颖	永	咏	泳	疫	役	瓶	屏~风
中古音 / 方言点	馀顷 梗合三 上静以	于憬 梗合三 上梗云	为命 梗合三 去映云	为命 梗合三 去映云	营只 梗合三 入昔以	营只 梗合三 入昔以	薄经 梗开四 平青並	薄经 梗开四 平青並
交口	iəŋ^{323}	yəŋ^{323}	yəŋ^{323}	yəŋ^{323}	i^{53}	ieʔ^{4}	pʰiəŋ^{44}	pʰiəŋ^{44}
石楼	iəŋ^{213}	yəŋ^{213}	yəŋ^{213}	yəŋ^{213}	i^{51}	i^{51}	piəŋ^{44}	pʰiəŋ^{44}
隰县	iəŋ^{21}	yəŋ^{21}	yəŋ^{21}	yəŋ^{21}	iəʔ^{3}	iəʔ^{3}	pʰiəŋ^{24}	pʰiəŋ^{24}
大宁	——	yən^{31}	yən^{31}	yən^{31}	i^{55}	i^{55}	pʰiən^{24}	pʰiən^{24}
永和	iəŋ^{312}	yəŋ^{312}	yəŋ^{35}	yəŋ^{35}	i^{33}	i^{33}	pʰiəŋ^{35}	pʰiəŋ^{35}
汾西	iəŋ^{33}	ɕyəŋ^{33}	ɕyəŋ^{33}	ɕyəŋ^{33}	iəʔ^{1}/ʑ^{53}	iəʔ^{1}	pʰi^{35} 白	pʰiəŋ^{35}
蒲县	iŋ^{31}	yŋ^{31}	yŋ^{31}	yŋ^{31}	i^{33}	i^{33}	pʰiŋ^{24}	pʰiŋ^{24}
潞州	iŋ^{535}	yŋ^{535}	yŋ^{535}	yŋ^{535}	i^{54}	i^{54}	pʰiŋ^{24}	pʰiŋ^{24}
上党	iŋ^{535}	yŋ^{535}	yŋ^{535}	yŋ^{535}	i^{42}	i^{42}	pʰiŋ^{44}	pʰiŋ^{44}
长子	iŋ^{434}	yŋ^{434}	yŋ^{434}	yŋ^{434}	i^{53}	i^{53}	pʰiŋ^{24}	pʰiŋ^{24}
屯留	iəŋ^{43}	yəŋ^{43}	yəŋ^{43}	yəŋ^{43}	i^{11}	i^{11}	pʰiəŋ^{11}	pʰiəŋ^{11}
襄垣	iəŋ^{42}	yəŋ^{42}	yəŋ^{42}	yəŋ^{42}	i^{53}	i^{53}	pʰiəŋ^{31}	pʰiəŋ^{31}
黎城	iəŋ^{33}	yəŋ^{213}	yəŋ^{213}	yəŋ^{213}	i^{53}	i^{53}	pʰiəŋ^{53}	pʰiəŋ^{53}
平顺	iŋ^{434}	yŋ^{434}	yŋ^{434}	yŋ^{434}	i^{53}	i^{53}	pʰiŋ^{13}	pʰiŋ^{13}
壶关	iŋ^{535}	yŋ^{535}	yŋ^{535}	yŋ^{535}	i^{42}	i^{42}	pʰiŋ^{44}	pʰiŋ^{44}
沁县	iə̃^{214}	yə̃^{214}	yə̃^{214}	yə̃^{214}	iəʔ$^{\underline{31}}$	iəʔ$^{\underline{31}}$	pʰiə̃^{33}	pʰiə̃^{33}
武乡	iɐŋ^{213}	yɐŋ^{213}	yɐŋ^{213}	yɐŋ^{213}	iəʔ^{3}	iəʔ^{3}	pʰiɐŋ^{33}	pʰiɐŋ^{33}
沁源	iə̃^{324}	yə̃^{324}	yə̃^{324}	yə̃^{324}	iəʔ$^{\underline{31}}$	iəʔ$^{\underline{31}}$	pʰiə̃^{33}	pʰiə̃^{33}
安泽	iəŋ^{42}	yəŋ^{42}	——	yəŋ^{42}	i^{35}	i^{35}	pʰiəŋ^{35}	pʰiəŋ^{35}
沁水端氏	iŋ^{31}	yŋ^{31}	yŋ^{31}	yŋ^{31}	i^{53}	i^{53}	pʰiŋ^{24}	pʰiŋ^{24}
阳城	iə̃ĩ^{212}	yoŋ^{212}	yoŋ^{212}	yoŋ^{212}	iəʔ^{2}	i^{51}	pʰiə̃ĩ^{22}	pʰiə̃ĩ^{22}
高平	iə̃ŋ^{212}	iuə̃ŋ^{212}	iuə̃ŋ^{212}	iuə̃ŋ^{212}	i^{53}	i^{53}	pʰiə̃ŋ^{33}	pʰiə̃ŋ^{33}
陵川	iŋ^{312}	yŋ^{312}	yŋ^{312}	yŋ^{312}	i^{24}	i^{24}	pʰiɒŋ^{53}	pʰiŋ^{53}
晋城	iẽ^{213}	yoŋ^{213}	yoŋ^{213}	yoŋ^{213}	i^{53}	i^{53}	pʰiẽ^{324}	pʰiẽ^{324}
忻府	iəŋ^{313}	yəŋ^{313}	yəŋ^{313}	yəŋ^{313}	iəʔ$^{\underline{32}}$	iəʔ$^{\underline{32}}$	pʰiəŋ^{21}	pʰiəŋ^{21}
原平	iəŋ^{213}	yəŋ^{213}	yəŋ^{213}	yəŋ^{213}	iəʔ$^{\underline{34}}$	iəʔ$^{\underline{34}}$	pʰi^{33} 白 / pʰiəŋ^{33} 文	pʰiəŋ^{33}
定襄	iəŋ^{24}	yəŋ^{24}	yəŋ^{24}	yəŋ^{24}	iəʔ^{1}	iəʔ^{1}	pʰiəŋ^{11}	pʰiəŋ^{11}
五台	iən^{213}	yən^{213}	yən^{213}	yən^{213}	iəʔ^{3}	iəʔ^{3}	pʰiən^{33}/pʰi^{33}	pʰiən^{33}
岢岚	iəŋ^{13}	yəŋ^{13}	yəŋ^{13}	yəŋ^{13}	iɛʔ^{4}	iɛʔ^{4}	pʰiəŋ^{44}	pʰiəŋ^{44}
五寨	iəɣ̃^{13}	yəɣ̃^{13}	yəɣ̃^{13}	yəɣ̃^{13}	iəʔ^{4}	i^{52}	pʰiəɣ̃^{44}	pʰiəɣ̃^{44}

续表

字目	颖	永	咏	泳	疫	役	瓶	屏~风
中古音 方言点	馀顷 梗合三 上静以	于憬 梗合三 上梗云	为命 梗合三 去映云	为命 梗合三 去映云	营只 梗合三 入昔以	营只 梗合三 入昔以	薄经 梗开四 平青並	薄经 梗开四 平青並
宁武	iɤɯ^{213}	yɤɯ^{213}	yɤɯ^{213}	yɤɯ^{213}	iəʔ^{4}	iəʔ^{4}	pʰiɤɯ^{33}	pʰiɤɯ^{33}
神池	iə̃^{13}	yə̃^{13}	yə̃^{13}	yə̃^{13}	i^{52}	i^{52}	pʰiə̃^{32}	pʰiə̃^{32}
繁峙	iəŋ^{53}	yəŋ^{53}	yəŋ^{53}	yəŋ^{53}	iəʔ$^{\underline{13}}$	iəʔ$^{\underline{13}}$	pʰiəŋ^{31}	pʰiəŋ^{31}
代县	iɤŋ^{213}	yɤŋ^{213}	yɤŋ^{213}	yɤŋ^{213}	iəʔ^{2}	iəʔ^{2}	pʰiɤŋ^{44}	pʰiɤŋ^{44}
河曲	iŋ^{213}	yŋ^{213}	yŋ^{213}	yŋ^{213}	i^{52}	i^{52}	pʰiŋ^{44}	pʰiŋ^{44}
保德	iəŋ^{213}	yəŋ^{213}	yəŋ^{213}	yəŋ^{213}	i^{52}	iəʔ^{4}	pʰiəŋ^{44}	pʰiəŋ^{44}
偏关	iɤŋ^{213}	ɕyɤŋ^{213}	ɕyɤŋ^{213}	ɕyɤŋ^{213}	iəʔ^{4}	iəʔ^{4}	pʰiɤŋ^{44}	pʰiɤŋ^{44}
朔城	iə̃^{312}	yə̃^{312}	——	yə̃^{312}	i^{53}	i^{53}	pʰiə̃^{35}	pʰiə̃^{35}
平鲁	——	yəɯ^{213}	yəɯ^{213}	yəɯ^{213}	i^{213}	i^{213}	pʰiəɯ^{44}	pʰiəɯ^{44}
应县	iəŋ^{54}	yəŋ^{54}	yəŋ^{54}	yəŋ^{54}	i^{24}	i^{24}	pʰiəŋ^{31}	pʰiəŋ^{31}
灵丘	iŋ^{442}	yŋ^{442}	yŋ^{442}	yŋ^{442}	i^{53}	i^{53}	pʰiŋ^{31}	pʰiŋ^{31}
浑源	iə̃^{52}	yə̃^{52}	yə̃^{52}	yə̃^{52}	——	——	pʰiə̃^{22}	pʰiə̃^{22}
云州	iəɣ^{55}	yəɣ^{55}	yəɣ^{55}	yəɣ^{55}	i^{24}	i^{24}	pʰiəɣ^{312}	pʰiəɣ^{312}
新荣	iɣ^{54}	yɣ^{54}	yɣ^{54}	yɣ^{54}	i^{24}	i^{24}	pʰiɣ^{312}	pʰiɣ^{312}
怀仁	iəŋ^{53}	yəŋ^{53}	yəŋ^{53}	yəŋ^{53}	i^{24}	i^{24}	pʰiəŋ^{312}	pʰiəŋ^{312}
左云	iəɣ^{54}	yəɣ^{54}	yəɣ^{54}	yəɣ^{54}	i^{24}	i^{24}	pʰiəɣ^{313}	pʰiəɣ^{313}
右玉	iə̃ɣ^{53}	yə̃ɣ^{53}	yə̃ɣ^{53}	yə̃ɣ^{53}	i^{24}	i^{24}	pʰiə̃ɣ^{212}	pʰiə̃ɣ^{212}
阳高	iəŋ^{53}	yəŋ^{53}	yəŋ^{53}	yəŋ^{53}	i^{24}	i^{24}	pʰiəŋ^{312}	pʰiəŋ^{312}
山阴	iə̃^{52}	yə̃^{313}	yə̃^{313}	yə̃^{313}	i^{335}	i^{335}	pʰiə̃^{313}	pʰiə̃^{313}
天镇	iɤɣ^{55}	yɤɣ^{55}	yɤɣ^{55}	yɤɣ^{55}	i^{24}	i^{24}	pʰiɤɣ^{22}	pʰiɤɣ^{22}
平定	iɤŋ^{53}	yɤŋ^{53}	yɤŋ^{53}	yɤŋ^{53}	i^{24}	i^{24}	pʰiɤŋ^{44}	pʰiɤŋ^{44}
昔阳	iəŋ^{55}	yəŋ^{55}	yəŋ^{55}	yəŋ^{55}	i^{13}	iʌʔ$^{\underline{43}}$	pʰiəŋ^{33}	pʰiəŋ^{33}
左权	iəŋ^{42}	yəŋ^{42}	yəŋ^{42}	yəŋ^{42}	i^{53}	i^{53}	pʰiəŋ^{11}	pʰiəŋ^{11}
和顺	iəŋ^{53}	yəŋ^{53}	yəŋ^{53}	yəŋ^{53}	i^{13}	i^{13}	piəŋ^{22}	piəŋ^{22}
尧都	iəŋ^{44}	yəŋ^{53}	yəŋ^{44}	yəŋ^{44}	i^{21}	iɑ^{21}	piəŋ^{24}	piəŋ^{24}
洪洞	ieŋ^{42}	yeŋ^{42}	yeŋ^{42}	yeŋ^{42}	i^{21}	i^{21}	pʰieŋ^{24}	pʰieŋ^{24}
洪洞赵城	ieŋ^{42}	yeŋ^{42}	yeŋ^{42}	yeŋ^{42}	i^{53}	i^{53}	pʰieŋ^{24}	pʰieŋ^{24}
古县	iŋ^{42}	yŋ^{42}	yŋ^{53}	yŋ^{53}	i^{53}	i^{53}	pʰiŋ^{35}	pʰiŋ^{35}
襄汾	ieŋ^{42}	yeŋ^{42}	yeŋ^{44}	yeŋ^{44}	i^{21}	i^{21}	pʰieŋ^{24}	pʰieŋ^{24}
浮山	ieŋ^{33}	yeŋ^{33}	yeŋ^{44}	yeŋ^{44}	i^{42}	i^{42}	pʰieŋ^{13}	pʰieŋ^{13}
霍州	iŋ^{33}	yŋ^{33}	yŋ^{33}	yŋ^{33}	i^{53}	i^{53}	pʰi^{35}白 / pʰiŋ^{35}文	pʰiŋ^{35}

续表

字目 / 中古音 / 方言点	颖	永	咏	泳	疫	役	瓶	屏~风
中古音	馀顷 梗合三 上静以	于憬 梗合三 上梗云	为命 梗合三 去映云	为命 梗合三 去映云	营只 梗合三 入昔以	营只 梗合三 入昔以	薄经 梗开四 平青並	薄经 梗开四 平青並
翼城	iŋ⁴⁴	yŋ⁴⁴	yŋ⁴⁴	yŋ⁴⁴	i⁵³	i⁵³	pʰiŋ¹²	pʰiŋ¹²
闻喜	iəŋ³³	yəŋ³³	yəŋ³³	yəŋ³³	——	i⁵³	tʰiəŋ¹³ 白 / pʰiəŋ¹³ 文	pʰiəŋ¹³
侯马	iəŋ⁴⁴	yəŋ⁴⁴	yəŋ⁴⁴	yəŋ⁴⁴	i⁵³	i⁵³	pʰiəŋ²¹³	pʰiəŋ²¹³
新绛	iəŋ⁵³	yəŋ⁴⁴	yəŋ¹³	yəŋ¹³	i⁵³	i⁵³	pʰiəŋ¹³	pʰiəŋ¹³
绛县	iʌŋ³³	yʌŋ²⁴	yʌŋ³¹	yʌŋ³¹	i³¹	i³¹	pʰiʌŋ²⁴	pʰiʌŋ²⁴
垣曲	iəŋ⁴⁴	yəŋ⁴⁴	yəŋ⁴⁴	yəŋ⁴⁴	i⁵³	i⁵³	pʰiəŋ²²	pʰiəŋ²²
夏县	——	yəŋ²⁴	yəŋ²⁴	yəŋ²⁴	i³¹	i³¹	pʰiəŋ⁴²	pʰiəŋ⁴²
万荣	iaŋ²¹³	yaŋ⁵⁵	yaŋ⁵⁵	yaŋ⁵⁵	i⁵¹	i⁵¹	pʰiaŋ²¹³	pʰiaŋ²¹³
稷山	iʌŋ⁴⁴	yŋ⁴⁴	yŋ⁴⁴	yŋ⁴⁴	i⁵³	i⁵³	pʰiʌŋ¹³	pʰiʌŋ¹³
盐湖	iŋ¹³	yŋ⁵³	yŋ⁵³	yŋ⁵³	i⁴²	i⁴²	pʰiŋ¹³	pʰiŋ¹³
临猗	iəŋ⁵³	yəŋ⁵³	yəŋ⁵³	yəŋ⁵³	i⁴⁴	i⁴⁴	pʰiəŋ¹³	pʰiəŋ¹³
河津	iəŋ³¹	yəŋ⁵³	yəŋ⁵³	yəŋ⁵³	i³¹	i³¹	pʰiəŋ³²⁴	pʰiəŋ³²⁴
平陆	iŋ⁵⁵	ioŋ⁵⁵	ioŋ⁵⁵	ioŋ⁵⁵	i³¹	i³¹	pʰiŋ¹³	pʰiŋ¹³
永济	iŋ²⁴	yŋ⁵³	yŋ⁵³	yŋ⁵³	i⁴⁴	i³¹	pʰiŋ²⁴	pʰiŋ²⁴
芮城	iəŋ⁵³	yəŋ⁵³	yəŋ⁵³	yəŋ⁵³	i⁴⁴	i⁴⁴	pʰiəŋ¹³	pʰiəŋ¹³
吉县	iəŋ⁵³	yəŋ⁵³	yəŋ⁵³	yəŋ⁵³	i⁴²³	i⁴²³	pʰiəŋ¹³	pʰiəŋ¹³
乡宁	iəŋ⁴⁴	yəŋ⁴⁴	yəŋ⁴⁴	yəŋ⁴⁴	i⁵³	i⁵³	pʰiəŋ¹²	pʰiəŋ¹²
广灵	iŋ²¹³	yŋ⁴⁴	yŋ⁴⁴	yŋ⁴⁴	i⁴⁴	i⁴⁴	pʰiŋ³¹	pʰiŋ³¹

字目	萍	铭	冥	丁	钉铁~	听~见	厅	汀
中古音 方言点	薄经 梗开四 平青並	莫经 梗开四 平青明	莫经 梗开四 平青明	当经 梗开四 平青端	当经 梗开四 平青端	他丁 梗开四 平青透	他丁 梗开四 平青透	他丁 梗开四 平青透
北京	pʰiŋ^{35}	miŋ^{35}	miŋ^{35}	tiŋ^{55}	tiŋ^{55}	tʰiŋ^{55}	tʰiŋ^{55}	tʰiŋ^{55}
小店	pʰiə̃^{11}	miə̃^{11}	miə̃^{11}	tiə̃^{11}	ti^{11} 白 / tiə̃^{11} 文	tʰiə̃^{11} 文	tʰiə̃^{11}	tʰiə̃^{11}
尖草坪	pʰiʌŋ^{33}	miʌŋ^{33}	miʌŋ^{33}	tiʌŋ^{33}	tiʌŋ^{33}	tʰi^{33} 白 / tʰiʌŋ^{33} 文	tʰiʌŋ^{33}	tʰiʌŋ^{33}
晋源	pʰin^{11}	min^{11}	min^{11}	tin^{11}	ti^{11}	ti^{11}	tʰin^{11}	tʰin^{11}
阳曲	pʰiə̃^{43}	miə̃^{43}	miə̃^{43}	tiə̃^{312}	ti^{312} 白 / tiə̃^{312} 文	tʰi^{312} 白 / tʰiə̃^{312} 文	tʰiə̃^{312}	tiə̃^{312}
古交	pʰiəŋ^{44}	miəŋ^{44}	miəŋ^{44}	tiəŋ^{44}	ti^{44} 白 / tiəŋ^{44} 文	tʰi^{44} 白 / tʰiəŋ^{44} 文	tʰiəŋ^{44}	tʰiəŋ^{44}
清徐	pʰiəŋ^{11}	miəŋ^{11}	miəŋ^{54}	tiəŋ^{11}	ti^{11} 白 / tiəŋ^{11} 文	tʰi^{11} 白 / tʰiəŋ^{11} 文	tʰiəŋ^{11}	tiəŋ^{11} 白 / tʰiəŋ^{11} 文
娄烦	pʰiəŋ^{33}	miəŋ^{33}	miəŋ^{33}	tiəŋ^{33}	ti^{33} 白 / tiəŋ^{33} 文	tɕʰi^{33} 白 / tɕʰiəŋ^{33} 文	tɕʰiəŋ^{33}	tɕʰiəŋ^{33}
榆次	pʰiɤ̃^{11}	miɤ̃^{11}	miɤ̃^{53}	tiɤ̃^{11}/ti^{11}	ti^{11} 白 / tiɤ̃^{11} 文	ti^{11} 白 / tʰiɤ̃^{11} 文	tʰiɤ̃^{11}/tʰi^{11}	tʰiɤ̃^{11}
交城	pʰiə̃^{11}	miə̃^{11}	miə̃^{11}	tiə̃^{11}	ti^{11} 白 / tiə̃^{11} 文	tʰi^{11} 白 / tʰiə̃^{11} 文	tʰiə̃^{11}	——
文水	pʰiɔŋ^{22}	miɔŋ^{22}	miɔŋ^{22}	tiɔŋ^{22}	tʅ^{22} 白 / tiɔŋ^{22} 文	tʰʅ^{22} 白 / tʰiɔŋ^{22} 文	tʰiɔŋ^{22}	tʰiɔŋ^{22}
祁县	pʰiɔõ^{31}	miɔõ^{31}	miɔõ^{31}	tiɔõ^{31}	tʅ^{31} 白 / tiɔõ^{31} 文	tʰʅ^{31} 白 / tʰiɔõ^{31} 文	tʰiɔõ^{31}	tʰiɔõ^{31}
太谷	pʰiə̃^{33}	miə̃^{33}	miə̃^{33}	tiə̃^{33}	ti^{33} 白 / tiə̃^{33} 文	tʰi^{33} 白 / tʰiə̃^{33} 文	tʰiə̃^{33}	tʰiə̃^{33}
平遥	pʰiəŋ^{213}	miəŋ^{213}	miəŋ^{512}	tiəŋ^{213}	ti^{213}	tʰi^{213} 白 / tʰiəŋ^{213} 文	tʰiəŋ^{213}	——
孝义	pʰiə̃^{33}	miə̃^{33}	mi^{33}	tiə̃^{33}	ti^{33}	tʰi^{33}	tʰiə̃^{33}	——
介休	pʰin^{13}	min^{13}	min^{13}	tin^{13}	tei^{13} 白 / tin^{13} 文	tʰei^{13} 白 / tʰin^{13} 文	tʰin^{13}	tʰin^{13}
灵石	pʰiŋ^{44}	miŋ^{44}	miŋ^{44}	tiŋ^{535}	ti^{535}	tʰiŋ^{535}	tʰiŋ^{535}	tʰiŋ^{535}
盂县	pʰiə̃^{22}	miə̃^{22}	miə̃^{53}	ti^{55} 白 / tiə̃^{412} 文 /ti^{55}	ti^{412} 白 / tiə̃^{412} 文	tʰi^{412} 白 / tʰiə̃^{412} 文	tʰiə̃^{412}	tʰiə̃^{412}
寿阳	pʰiə̃^{22}	miə̃^{22}	miə̃^{22}	tiə̃^{31}	tsʅ^{31}/tiə̃^{31}	tsʰʅ^{31}/tʰiə̃^{31}	tʰiə̃^{31}	tʰiə̃^{31}
榆社	pʰieɪ^{22}	mieɪ^{22}	mieɪ^{22}	tei^{22}	tei^{22}	tʰei^{22}	tʰei^{22}	tʰei^{22}
离石	pʰiəŋ^{44}	miəŋ^{44}	miəŋ^{312}	tiəŋ^{24}	tʅ^{24} 白 / tiəŋ^{24} 文	tʰʅ^{24} 白 / tʰiəŋ^{24} 文	tʰiəŋ^{24}	tʰiəŋ^{24}

续表

字目	萍	铭	冥	丁	钉铁~	听~见	厅	汀
中古音 / 方言点	薄经 梗开四 平青並	莫经 梗开四 平青明	莫经 梗开四 平青明	当经 梗开四 平青端	当经 梗开四 平青端	他丁 梗开四 平青透	他丁 梗开四 平青透	他丁 梗开四 平青透
汾阳	pʰiᴇ̃^{22}	miᴇ̃^{22}	miᴇ̃^{22}	tiᴇ̃^{324}	tʅ^{324}白 / tiᴇ̃^{324}文	tʰʅ^{324}白 / tʰiᴇ̃^{324}文	tʰiᴇ̃^{324}	——
中阳	pʰiə̃^{33}	miə̃^{33}	miə̃^{423}	tiə̃^{24}	ti^{24}白 / tiə̃^{24}文	tʰi^{24}白 / tʰiə̃^{24}文	tʰiə̃^{24}	tʰiə̃^{24}
柳林	pʰiə̃^{44}	miə̃^{44}	miə̃^{44}	tiə̃^{24}	ti^{24}	ti^{24}	tʰiə̃^{24}	tʰiə̃^{24}
方山	pʰiə̃ŋ^{44}	miə̃ŋ^{44}	miə̃ŋ^{44}	tiə̃ŋ^{24}	ti^{24}白 / tiə̃ŋ^{24}文	ti^{24}白 / tiə̃ŋ^{24}文	tʰiə̃ŋ^{24}	——
临县	pʰiə̃^{33}	tiə̃^{33}	miə̃^{312}	tiə̃^{24}	ti^{24}	tʰi^{24}	tʰiə̃^{24}	——
兴县	pʰiəŋ^{55}	miəŋ^{55}	——	tiəŋ^{324}	ti^{324}白 / tiəŋ^{324}文	tiəŋ^{324}白 / tʰi^{324}白 / tʰiəŋ^{324}文	tiəŋ^{55}	tiəŋ^{324}
岚县	pʰiəŋ^{44}	miəŋ^{44}	miəŋ^{44}	ti^{214}白 / tiəŋ^{214}文	ti^{214}	tʰi^{214}	tɕʰiəŋ^{214}	tɕʰiəŋ^{214}
静乐	pʰiɤ̃^{33}	miɤ̃^{33}	miɤ̃^{33}	tiɤ̃^{24}	tiɤ̃^{24}	tɕʰiɤ̃^{24}	tɕʰiɤ̃^{24}	tɕʰiɤ̃^{24}
交口	pʰiəŋ^{44}	miəŋ^{44}	miəŋ^{44}	tiəŋ^{323}	tiɛ^{323}白 / tiəŋ^{323}文	tʰiɛ^{323}白 / tʰiəŋ^{323}文	tʰiəŋ^{323}	——
石楼	pʰiəŋ^{44}	miəŋ^{44}	miəŋ^{44}	tiəŋ^{213}	tiɛ^{213}白 / tiəŋ^{213}文	tʰiɛ^{213}白 / tʰiəŋ^{213}文	tʰiəŋ^{44}	tiəŋ^{213}
隰县	pʰiəŋ^{24}	miəŋ^{24}	miəŋ^{24}	tiəŋ^{53}	tiɛ^{53}白 / tiəŋ^{53}文	tʰiɛ^{53}白 / tʰiəŋ^{53}文	tiəŋ^{53}	——
大宁	pʰiən^{24}	miən^{24}	——	tiən^{31}	tie^{31}白 / tiən^{31}文	tʰie^{31}白 / tʰiən^{31}文	tʰie^{31}白 / tʰiən^{24}文	——
永和	pʰiəŋ^{35}	miəŋ^{35}	——	tie^{33}白 / tiəŋ^{33}文	tie^{33}白 / tiəŋ^{33}文	tʰie^{33}白 / tʰiəŋ^{33}文	tʰiəŋ^{35}	——
汾西	pʰiəŋ^{35}	miəŋ^{35}	miəŋ^{35}	tiəŋ^{11}	ti^{11}白 / tiəŋ^{11}文	tʰi^{11}白 / tʰiəŋ^{11}文	tʰi^{11}白 / tʰiəŋ^{11}文	tʰiəŋ^{11}
蒲县	pʰiŋ^{24}	miŋ^{24}	miŋ^{24}	tiŋ^{52}	tiɛ^{52}白 / tiŋ^{52}文	tʰiɛ^{52}	tʰiŋ^{52}	tʰiŋ^{52}
潞州	pʰiŋ^{24}	miŋ^{24}	miŋ^{24}	tiŋ^{312}	tiŋ^{312}	tʰiŋ^{312}	tʰiŋ^{312}	tʰiŋ^{312}
上党	pʰiŋ^{44}	miŋ^{213}	miŋ^{44}	tiŋ^{213}	tiŋ^{213}	tʰiŋ^{213}	tʰiŋ^{213}	tʰiŋ^{213}
长子	pʰiŋ^{24}	miŋ^{24}	miŋ^{24}	tiŋ^{312}	tiŋ^{312}	tʰiŋ^{312}	tʰiŋ^{312}	tʰiŋ^{312}
屯留	pʰiəŋ^{11}	miəŋ^{11}	miəŋ^{11}	tiəŋ^{31}	tiəŋ^{31}	tʰiəŋ^{31}	tʰiəŋ^{31}	tʰiəŋ^{31}
襄垣	pʰiəŋ^{31}	miəŋ^{31}	——	tiəŋ^{33}	tiəŋ^{33}	tʰiəŋ^{33}	tʰiəŋ^{33}	tʰiəŋ^{33}
黎城	pʰiəŋ^{53}	miəŋ^{53}	mi^{213}	tiəŋ^{33}	tiəŋ^{33}	tʰiəŋ^{33}	tʰiəŋ^{33}	tiəŋ^{33}
平顺	pʰiŋ^{13}	miŋ^{13}	miŋ^{13}	tiŋ^{213}	tiŋ^{213}	tʰiŋ^{213}	tʰiŋ^{213}	tʰiŋ^{213}

续表

字目	萍	铭	冥	丁	钉铁~	听~见	厅	汀
中古音 / 方言点	薄经 梗开四 平青並	莫经 梗开四 平青明	莫经 梗开四 平青明	当经 梗开四 平青端	当经 梗开四 平青端	他丁 梗开四 平青透	他丁 梗开四 平青透	他丁 梗开四 平青透
壶关	pʰiŋ^{44}	miŋ^{13}	miŋ^{13}	tiŋ^{33}	tiŋ^{33}	tʰiŋ^{33}	tʰiŋ^{33}	tʰiŋ^{33}
沁县	pʰiə̃^{33}	miə̃^{33}	——	tiə̃^{224}	tiə̃^{224}	tɕʰiə̃^{224}	tɕʰiə̃^{224}	tɕʰiə̃^{224}
武乡	pʰiɐŋ^{33}	miɐŋ^{33}	miɐŋ^{33}	tiɐŋ^{113}	tiɐŋ^{113}	tʰiɐŋ^{113}	tʰiɐŋ^{113}	tʰiɐŋ^{113}
沁源	pʰiə̃^{33}	miə̃^{33}	miə̃^{33}	tiə̃^{324}	ti^{324}白/ tiə̃^{324}文	tʰi^{324}白/ tʰiə̃^{324}文	tʰiə̃^{324}	tʰiə̃^{324}
安泽	pʰiəŋ^{35}	——	——	tiəŋ^{21}	tiəŋ^{21}	tʰiəŋ^{21}	tʰiəŋ^{21}	tʰiəŋ^{21}
沁水端氏	pʰiŋ^{24}	miŋ^{24}	——	tiŋ^{21}	tiŋ^{21}	tʰiŋ^{21}	tʰiŋ^{21}	——
阳城	pʰiə̃ĩ^{224}	miə̃ĩ^{22}	miə̃ĩ^{212}	tiə̃ĩ^{224}	tiə̃ĩ^{224}	tʰiə̃ĩ^{224}	tʰiə̃ĩ^{224}	——
高平	pʰiə̃ŋ^{33}	miə̃ŋ^{33}	miə̃ŋ^{33}	tiə̃ŋ^{33}	tiə̃ŋ^{33}	tʰiə̃ŋ^{33}	tʰiə̃ŋ^{33}	——
陵川	pʰiŋ^{53}	miŋ^{53}	miŋ^{53}	tiŋ^{33}	tiŋ^{33}	tʰiŋ^{33}	tʰiŋ^{33}	tʰiŋ^{33}
晋城	pʰiẽ^{324}	mi^{324}	miẽ^{213}	tiẽ^{33}	tiẽ^{324}	tʰiẽ^{33}	tʰiẽ^{33}	——
忻府	pʰiəŋ^{21}	miəŋ^{21}	miəŋ^{21}	tiəŋ^{313}	ti^{313}	tʰi^{313}白/ tʰiəŋ^{313}文	tʰiəŋ^{313}	tʰiəŋ^{21}
原平	pʰiəŋ^{33}	miəŋ^{33}	miəŋ^{213}	tiəŋ^{213}	ti^{213}白/ tiəŋ^{213}文	tʰi^{213}白/ tʰiəŋ^{213}文	tʰiəŋ^{213}	tʰiəŋ^{213}
定襄	pʰiəŋ^{11}	miəŋ^{11}	miəŋ^{11}	tiəŋ^{24}	ti^{24}/tiəŋ^{24}	tʰiəŋ^{24}	tʰiəŋ^{24}	——
五台	pʰiən^{33}	miən^{33}	miən^{213}	tiən^{213}	ti^{213}	tɕʰi^{213}	tɕʰiən^{33}	tɕʰiən^{33}
岢岚	pʰiəŋ^{44}	miəŋ^{44}	miəŋ^{13}	tiəŋ^{13}	tiəŋ^{13}	tʰiəŋ^{13}	tʰiəŋ^{13}	tʰiəŋ^{13}
五寨	pʰiəɣ̃^{44}	miəɣ̃^{44}/ miəɣ̃^{13}	miəɣ̃^{13}	tiəɣ̃^{13}	tiəɣ̃^{13}	tʰiəɣ̃^{13}	tʰiəɣ̃^{13}	tʰiəɣ̃^{13}
宁武	pʰiɤɯ^{33}	miɤɯ^{33}	miɤɯ^{33}	tiɤɯ^{23}	——	tɕʰiɤɯ^{23}	tɕʰiɤɯ^{23}	——
神池	pʰiə̃^{32}	miə̃^{32}	miə̃^{32}	tiə̃^{24}	tiə̃^{24}	tɕʰiə̃^{24}	tɕʰiə̃^{24}	tʰiə̃^{24}
繁峙	pʰiəŋ^{31}	miəŋ^{31}	miəŋ^{31}	tiəŋ^{53}	tiəŋ^{53}	tʰiəŋ^{53}	tʰiəŋ^{53}	tʰiəŋ^{53}
代县	pʰiɤŋ^{44}	miɤŋ^{44}	miɤŋ^{44}	tiɤŋ^{213}	tiɤŋ^{213}	tʰiɤŋ^{213}	tʰiɤŋ^{213}	tʰiɤŋ^{213}
河曲	pʰiŋ^{44}	miŋ^{44}	——	tiŋ^{213}	tiŋ^{213}	tʰiŋ^{213}	tʰiŋ^{213}	tʰiŋ^{213}
保德	pʰiəŋ^{44}	miəŋ^{44}	miəŋ^{44}	tiəŋ^{213}	tiəŋ^{213}	tʰiəŋ^{213}	tʰiəŋ^{213}	tʰiəŋ^{213}
偏关	pʰiɤŋ^{44}	miɤŋ^{44}	miɤŋ^{44}	tiɤŋ^{24}	tiɤŋ^{24}	tʰiɤŋ^{24}	tʰiɤŋ^{24}	tʰiɤŋ^{24}
朔城	pʰiə̃^{35}	miə̃^{35}	——	tiə̃^{312}	tiə̃^{312}	tɕʰiə̃^{312}	tɕʰiə̃^{312}	tɕʰiə̃^{53}
平鲁	——	miəɯ^{44}	miəɯ^{213}	tiəɯ^{213}	tiəɯ^{213}	——	tɕʰiəɯ^{213}	——
应县	pʰiəŋ^{31}	miəŋ^{31}	miəŋ^{54}	tiəŋ^{43}	tiəŋ^{43}	tɕʰiəŋ^{43}	tɕʰiəŋ^{43}	tɕʰiəŋ^{43}
灵丘	pʰiŋ^{31}	miŋ^{31}	miŋ^{31}	tiŋ^{442}	tiŋ^{441}	tʰiŋ^{442}	tʰiŋ^{442}	tʰiŋ^{442}
浑源	pʰiə̃^{22}	miə̃^{22}	miə̃^{22}	tiə̃^{52}	tiə̃^{52}	tʰiə̃^{52}	tʰiə̃^{52}	tʰiə̃^{52}

续表

字目	萍	铭	冥	丁	钉铁~	听~见	厅	汀
中古音／方言点	薄经 梗开四 平青並	莫经 梗开四 平青明	莫经 梗开四 平青明	当经 梗开四 平青端	当经 梗开四 平青端	他丁 梗开四 平青透	他丁 梗开四 平青透	他丁 梗开四 平青透
云州	pʰiəɣ^{312}	miəɣ^{312}	miəɣ^{312}	tiəɣ^{21}	tiəɣ^{21}	tʰiəɣ^{21}	tʰiəɣ^{21}	tʰiəɣ^{21}
新荣	pʰiɣ^{312}	miɣ^{312}	miɣ^{54}	tiɣ^{32}	tiɣ^{32}	tʰiɣ^{32}	tʰiɣ^{32}	tʰiɣ^{32}
怀仁	pʰiəŋ^{312}	miəŋ^{53}	miəŋ^{53}	tiəŋ^{42}	tiəŋ^{42}	tʰiəŋ^{42}	tʰiəŋ^{42}	tʰiəŋ^{42}
左云	pʰiəɣ^{313}	miəɣ^{313}	miəɣ^{313}	tiəɣ^{31}	tiəɣ^{31}	tʰiəɣ^{31}	tʰiəɣ^{31}	tʰiəɣ^{31}
右玉	pʰiə̃ɣ^{212}	miə̃ɣ^{212}	miə̃ɣ^{212}	tiə̃ɣ^{31}	tiə̃ɣ^{31}	tʰiə̃ɣ^{31}	tʰiə̃ɣ^{31}	tʰiə̃ɣ^{31}
阳高	pʰiəŋ^{31}	miəŋ^{312}	miəŋ^{312}	tiəŋ^{31}	tiəŋ^{31}	tʰiəŋ^{31}	tʰiəŋ^{31}	tʰiəŋ^{31}
山阴	pʰiə̃^{313}	miə̃^{313}	miə̃^{52}	tiə̃^{313}	tiə̃^{313}	tɕiə̃^{313}	tɕiə̃^{313}	——
天镇	pʰiɤɣ^{22}	miɤɣ^{22}	——	tiɤɣ^{31}	tiɤɣ^{31}	tʰiɤɣ^{31}	tʰiɤɣ^{31}	tʰiɤɣ^{31}
平定	pʰiɤŋ^{44}	miɤŋ^{44}	miɤŋ^{44}	tiɤŋ^{31}	tiɤŋ^{31}	tʰiɤŋ^{31}	tʰiɤŋ^{44}	——
昔阳	pʰiəŋ^{33}	miəŋ^{33}	miəŋ^{33}	tiəŋ^{42}	tiəŋ^{42}	tʰiəŋ^{42}	tʰiəŋ^{42}	tʰiəŋ^{42}
左权	pʰiəŋ^{11}	miəŋ^{11}	——	tiəŋ^{31}	tiəŋ^{31}	tʰiəŋ^{31}	tʰiəŋ^{31}	——
和顺	piəŋ^{22}	miəŋ^{22}	——	tiəŋ^{42}	tiəŋ^{42}	tʰiəŋ^{42}	tʰiəŋ^{42}	——
尧都	piəŋ^{24}	miəŋ^{24}	miəŋ^{24}	tiəŋ^{21}	tiɛ^{21} 白／ tiəŋ^{21} 文	tʰiəŋ^{21}	tʰiɛ^{21} 白／ tʰiəŋ^{21} 文	tʰiəŋ^{21}
洪洞	pʰieŋ^{24}	mieŋ^{24}	mien^{24}	tieŋ^{21}	tie^{21} 白／ tieŋ^{21} 文	tʰie^{21} 白／ tʰieŋ^{21} 文	tʰie^{21} 白／ tʰieŋ^{21} 文	tʰieŋ^{21}
洪洞赵城	pʰieŋ^{24}	mieŋ^{24}	mieŋ^{24}	tieŋ^{21}	tiɛ^{21}	tʰiɛ^{21}	tʰiɛ^{21} 白／ tʰieŋ^{21} 文	——
古县	pʰiŋ^{35}	miŋ^{35}	miŋ^{35}	tɕiŋ^{21}	tɕiɛ^{21} 白／ tɕiŋ^{21} 文	tɕʰiɛ^{21} 白／ tɕʰiŋ^{21} 文	tɕʰiɛ^{21} 白／ tɕʰiŋ^{21} 文	——
襄汾	pʰieŋ^{24}	mieŋ^{24}	mieŋ^{24}	tieŋ^{21}	tie^{21} 白／ tieŋ^{21} 文	tʰie^{21} 白／ tʰieŋ^{21} 文	tʰieŋ^{21}	tieŋ^{21}
浮山	pʰieŋ^{13}	mieŋ^{13}	mieŋ^{42}	tiɛ^{42}	tiɛ^{42}	tʰie^{42} 白／ tʰieŋ^{42} 文	tʰieŋ^{42}	tieŋ^{42}
霍州	pʰiŋ^{35}	miŋ^{35}	mi^{35} 白／ miŋ^{35} 文	tiŋ^{212}	tɕi^{212} 白／ tiŋ^{212} 文	tɕʰi^{212} 白／ tʰiŋ^{212} 文	tʰiŋ^{212}	tʰiŋ^{212}
翼城	pʰiŋ^{53}	miŋ^{12}	miŋ^{12}	tiŋ^{53}	tiŋ^{53}	tʰiᴇ^{53} 白／ tʰiŋ^{53} 文	tʰiŋ^{53}	tʰiᴇ^{53} 白／ tʰiŋ^{53} 文
闻喜	pʰiəŋ^{13}	miəŋ^{13}	miəŋ^{13}	tiəŋ^{53}	tiᴇ^{53} 白／ tiəŋ^{53} 文	tʰiᴇ^{53} 白／ tʰiəŋ^{53} 文	tʰiəŋ^{53}	——
侯马	pʰiəŋ^{213}	miəŋ^{213}	miəŋ^{213}	tiɛ^{213} 白／ tiəŋ^{213} 文	tiəŋ^{213}	tʰiɛ^{213} 白／ tʰiəŋ^{213} 文	tʰiəŋ^{213}	tʰiəŋ^{213}
新绛	pʰiəŋ^{13}	miəŋ^{13}	miẽ^{13}	tiəŋ^{44}	tie^{53}	tʰie^{53}	tʰiəŋ^{53}	tʰiəŋ^{53}

续表

字目	萍	铭	冥	丁	钉铁~	听~见	厅	汀
中古音 方言点	薄经 梗开四 平青並	莫经 梗开四 平青明	莫经 梗开四 平青明	当经 梗开四 平青端	当经 梗开四 平青端	他丁 梗开四 平青透	他丁 梗开四 平青透	他丁 梗开四 平青透
绛县	pʰiʌŋ^{24}	miʌŋ^{53}	mi^{24}	tiʌŋ^{53}	tiɛ^{53}	tʰiɪ^{53} 白 / tʰiʌŋ^{53} 文	tʰiɪ^{53} 白 / tʰiʌŋ^{53} 文	tʰiɪ^{53} 白 / tʰiʌŋ^{53} 文
垣曲	pʰiəŋ^{22}	miəŋ^{22}	miəŋ^{22}	tiəŋ^{22}	tiɛ^{22}	tʰiɛ^{22} 白 / tʰiəŋ^{22} 文	tʰiəŋ^{22}	tiəŋ^{22}
夏县	pʰiəŋ^{42}	miəŋ^{24}	miəŋ^{24}	tiəŋ^{53}	tiɛ^{53} 白 / tiəŋ^{53} 文	tʰiɛ^{53} 白 / tʰiəŋ^{53} 文	tʰiəŋ^{53}	——
万荣	pʰiaŋ^{213}	miaŋ^{213}	miaŋ^{213}	tiaŋ^{51}	tiɛ^{51}	tʰiɛ^{51} 白 / tʰiaŋ^{51} 文	tʰiaŋ^{51}	tʰiaŋ^{51}
稷山	pʰiʌŋ^{13}	miʌŋ^{13}	miʌŋ^{13}	tiʌŋ^{53}	tiɛ^{53}	tʰiɛ^{53} 白 / tʰiʌŋ^{53} 文	tʰiʌŋ^{53}	——
盐湖	pʰiŋ^{13}	miŋ^{13}	miŋ^{13}	tiɛ^{42} 白 / tiŋ^{42} 文	tiɛ^{42} 白 / tiŋ^{42} 文	tʰiɛ^{42} 白 / tʰiŋ^{42} 文	tʰiŋ^{42}	tʰiŋ^{42}
临猗	pʰiəŋ^{13}	miəŋ^{13}	miəŋ^{13}	tiəŋ^{42}	tiɛ^{42} 白 / tiəŋ^{42} 文	tʰiɛ^{42} 白 / tʰiəŋ^{42} 文	tʰiəŋ^{42}	——
河津	pʰiəŋ^{324}	miəŋ^{53}	miəŋ^{53}	tiəŋ^{324}	tiɛ^{31} 白 / tiəŋ^{31} 文	tʰiɛ^{31} 白 / tʰiəŋ^{31} 文	tʰiəŋ^{31}	tʰiəŋ^{31}
平陆	pʰiŋ^{13}	miŋ^{13}	miŋ^{13}	tiŋ^{31}	tiɛ^{31} 白 / tiŋ^{31} 文	tʰiɛ^{31} 白 / tʰiŋ^{31} 文	tiŋ^{31}	——
永济	pʰiŋ^{24}	miŋ^{24} 白 / miŋ^{53} 文	miŋ^{24}	tiŋ^{31}	tie^{44} 白 / tiŋ^{31} 文	tʰie^{31} 白 / tʰiŋ^{31} 文	tʰiŋ^{31}	——
芮城	pʰiəŋ^{13}	miəŋ^{53}	miəŋ^{53}	tiəŋ^{42}	tiɛ^{42} 白 / tiəŋ^{42} 文	tʰiɛ^{42} 白 / tʰiəŋ^{42} 文	tʰiəŋ^{13}	tiəŋ^{42}
吉县	pʰiəŋ^{13}	miəŋ^{13}	——	tiəŋ^{423}	tiei^{423} 白 / tiəŋ^{423} 文	tʰiəŋ^{423}	tʰiei^{423} 白 / tʰiəŋ^{423} 文	——
乡宁	pʰiəŋ^{12}	miəŋ^{12}	miəŋ^{12}	tiəŋ^{53}	tiᴇ^{53} 白 / tiəŋ^{53} 文	tʰiᴇ^{53} 白 / tʰiəŋ^{53} 文	tʰiᴇ^{53} 白 / tʰiəŋ^{53} 文	——
广灵	pʰiŋ^{31}	miŋ^{31}	miŋ^{31}	tiŋ^{53}	tiŋ^{53}	tʰiŋ^{53}	tʰiŋ^{53}	tʰiŋ^{53}

字目	亭	停~止	廷	庭	宁安~	灵	铃	零
中古音 方言点	特丁 梗开四 平青定	特丁 梗开四 平青定	特丁 梗开四 平青定	特丁 梗开四 平青定	奴丁 梗开四 平青泥	郎丁 梗开四 平青来	郎丁 梗开四 平青来	郎丁 梗开四 平青来
北京	tʰiŋ^{35}	tʰiŋ^{35}	tʰiŋ^{35}	tʰiŋ^{35}	niŋ^{35}	liŋ^{35}	liŋ^{35}	liŋ^{35}
小店	tʰiə̃^{11}	tʰi^{11} 白 / tʰiə̃^{11} 文	tʰiə̃^{11}	tʰiə̃^{11}	ȵiə̃^{11}	liə̃^{11}	li^{11} 白 / liə̃^{11} 文	liə̃^{11}
尖草坪	tʰiʌŋ^{33}	tʰiʌŋ^{33}	tʰiʌŋ^{33}	tʰiʌŋ^{33}	niʌŋ^{33}	liʌŋ^{33}	liʌŋ^{33}	liʌŋ^{33}
晋源	tʰin^{11}	tʰi^{11}	tʰin^{11}	tʰin^{11}	nin^{11}	lin^{11}	lin^{11}	lin^{11}
阳曲	tʰiə̃^{43}	tʰiə̃^{43}	tʰiə̃^{43}	tʰiə̃^{43}	ȵiə̃^{43}	liə̃^{43}	liə̃^{43}	li^{43} 白 / liə̃^{43} 文
古交	tʰiəŋ^{44}	tʰiəŋ^{44}	tʰiəŋ^{44}	tʰiəŋ^{44}	ȵiəŋ^{44}	liəŋ^{44}	liəŋ^{44}	liəŋ^{44}
清徐	tʰiəŋ^{11}	tʰi^{11} 白 / tʰiəŋ^{11} 文	tʰiəŋ^{11}	tʰiəŋ^{11}	niəŋ^{11}	liəŋ^{11}	li^{11} 白 / liəŋ^{11} 文	liəŋ^{11}
娄烦	tɕʰiəŋ^{33}	tɕʰiəŋ^{33}	tɕʰiəŋ^{33}	tɕʰiəŋ^{33}	ȵiəŋ^{33}	liəŋ^{33}	li^{33} 白 / liəŋ^{33} 文	li^{33} 白 / liəŋ^{33} 文
榆次	tʰiɤ̃^{11}	tʰiɤ̃^{11}/tʰi^{11}	tʰiɤ̃^{11}	tʰiɤ̃^{11}	niɤ̃^{11}	liɤ̃^{11}	liɤ̃^{11}	liɤ̃^{11}
交城	tʰiə̃^{11}	tʰi^{11} 白	tʰiə̃^{11}	tʰiə̃^{11}	niə̃^{11}	liə̃^{11}	li^{11} 白 / liə̃^{11} 文	li^{11} 白 / liə̃^{11} 文
文水	tʰiɔŋ^{22}	tʰɿ^{22} 白 / tʰiɔŋ^{22} 文	tʰiɔŋ^{22}	tʰiɔŋ^{22}	ȵiɔŋ^{22}	liɔŋ^{22}	lɿ^{22} 白 / liɔŋ^{22} 文	liɔŋ^{22}
祁县	tʰiɔõ^{31}	tʰɿ^{31} 白 / tʰiɔõ^{31} 文	tʰiɔõ^{31}	tʰiɔõ^{31}	ȵiɔõ^{31}	liɔõ^{31}	lɿ^{31} 白 / liɔõ^{31} 文	liɔõ^{31}
太谷	tʰiə̃^{33}	tʰi^{33} 白 / tʰiə̃^{33} 文	tʰiə̃^{33}	tʰiə̃^{33}	ȵiə̃^{33}	li^{33} 白 / liə̃^{33} 文	li^{33} 白 / liə̃^{33} 文	liə̃^{33}
平遥	tʰiəŋ^{213}	tʰi^{213} 白 / tʰiəŋ^{213} 文	tʰiəŋ^{213}	tʰiəŋ^{213}	ȵiəŋ^{213}	liəŋ^{213}	liəŋ^{213}	li^{213} 白 / liəŋ^{213} 文
孝义	tʰiə̃^{33}	tʰiə̃^{33}	tʰiə̃^{33}	tʰiə̃^{33}	ȵiə̃^{33}	liə̃^{33}	lei^{33}	liə̃^{33}
介休	tʰin^{13}	tʰei^{13} 白 / tʰin^{13} 文	tʰin^{13}	tʰin^{13}	ȵin^{13}	lin^{13}	lei^{13} 白 / lin^{13} 文	lei^{13} 白 / lin^{13} 文
灵石	tʰiŋ^{44}	tʰiŋ^{44}	tʰiŋ^{44}	tʰiŋ^{44}	niŋ^{44}	liŋ^{44}	liŋ^{44}	liŋ^{44}
盂县	tʰiə̃^{22}	tʰi^{22} 白 / tʰiə̃^{22} 文	tʰiə̃^{22}	tʰiə̃^{22}	nə̃^{55} 白 / ȵiə̃^{55} 文 /ȵiə̃^{22}	liə̃^{22}	liə̃^{22}	lei^{22} 白 / liə̃^{22} 文
寿阳	tʰiə̃^{22}	tʰiə̃^{22}	tʰiə̃^{22}	tʰiə̃^{22}	ȵiə̃^{22}	liə̃^{22}	lei^{22}/liə̃^{22}	liə̃^{22}
榆社	tʰei^{22}	tʰei^{22}	tʰei^{22}	tʰei^{22}	niei^{22}	lei^{22}	lei^{22}	lei^{22}
离石	tʰiəŋ^{44}	tʰɿ^{24} 白 / tʰiəŋ^{44} 文	tʰiəŋ^{44}	tʰiəŋ^{44}	niəŋ^{44}	liəŋ^{44}	li^{44} 白 / liəŋ^{44} 文	liəŋ^{44}
汾阳	tʰiẼ^{324}	tʰiẼ^{22}	tʰiẼ^{324}	tʰiẼ^{324}	ȵiẼ^{22}	liẼ^{22}	lɿ^{22} 白 / liẼ^{22} 文	liẼ^{22}
中阳	tʰiə̃^{33}	tʰiə̃^{33}	tʰiə̃^{33}	tʰiə̃^{33}	niə̃^{33}	liə̃^{33}	li^{33} 白 /liə̃^{33} 文	liə̃^{33}

续表

字目	亭	停~止	廷	庭	宁安~	灵	铃	零
中古音 / 方言点	特丁 梗开四 平青定	特丁 梗开四 平青定	特丁 梗开四 平青定	特丁 梗开四 平青定	奴丁 梗开四 平青泥	郎丁 梗开四 平青来	郎丁 梗开四 平青来	郎丁 梗开四 平青来
柳林	tʰiə̃^{44}	tʰiə̃^{44}	tʰiə̃^{44}	tʰiə̃^{44}	niə̃^{44}	liə̃^{44}	li^{44}	liə̃^{44}
方山	tʰiə̃ŋ^{44}	tʰi^{24} 白 / tʰiəŋ^{44} 文	tʰiə̃ŋ^{44}	tʰiə̃ŋ^{44}	niə̃ŋ^{44}	liə̃ŋ^{44}	li^{44} 白 / liə̃ŋ^{44} 文	liə̃ŋ^{44}
临县	tʰiə̃^{33}	tʰiə̃^{33}	tʰiə̃^{33}	tʰiə̃^{33}	niə̃^{33}	liə̃^{33}	liə̃^{33}	liə̃^{33}
兴县	tiəŋ^{55}	tʰi^{324} 白 / tiəŋ^{55} 文	tiəŋ^{55}	tiəŋ^{55}	niəŋ^{55}/ niəŋ^{53}	liəŋ^{55}	li^{55} 白 / liəŋ^{55} 文	li^{55} 白 /liəŋ^{55} 文
岚县	tɕʰiəŋ^{44}	tɕʰi^{44} 白 / tɕʰiəŋ^{44} 文	tɕʰiəŋ^{44}	tɕʰiəŋ^{44}	ȵiəŋ^{44}	li^{44} 白 / liəŋ^{44} 文	li^{44} 白 / liəŋ^{44} 文	liəŋ^{44}
静乐	tɕʰiɤ̃^{24}	tɕʰiɤ̃^{33}	tɕʰiɤ̃^{33}	tɕʰiɤ̃^{24}	ȵiɤ̃^{33}	liɤ̃^{33}	liɤ̃^{33}	liɤ̃^{33}
交口	tʰiəŋ^{44}	tʰiɛ^{323} 白 / tʰiəŋ^{44} 文	tʰiəŋ^{44}	tʰiəŋ^{44}	ȵiəŋ^{44}	liəŋ^{44}	liəŋ^{44}	liɛ^{44} 白 / liəŋ^{44} 文
石楼	tʰiəŋ^{44}	tʰiəŋ^{44}	tʰiəŋ^{44}	tʰiəŋ^{44}	ȵiəŋ^{44}	liəŋ^{44}	liə^{44} 白 / liəŋ^{44} 文	liɛ^{44} 白 / liəŋ^{44} 文
隰县	tʰiəŋ^{24}	tʰiɛ^{24} 白 / tʰiəŋ^{24} 文	tʰiəŋ^{24}	tʰiəŋ^{24}	ȵiəŋ^{24}	liəŋ^{24}	liɛ^{24}	liɛ^{24} 白 / liəŋ^{24} 文
大宁	tʰie^{31} 白 / tʰiən^{24} 文	tʰie^{24} 白 / tʰiən^{24} 文	tʰiən^{31}	tʰiən^{31}	ȵie^{24} 白 / ȵiən^{24} 文	li^{55} 白 /lie^{24} 白 /liən^{24} 文	lie^{24} 白 / liən^{24} 文	lie^{24} 白 / liən^{24} 文
永和	tʰiəŋ^{35}	tʰie^{35} 白 / tʰiəŋ^{35} 文	tʰiəŋ^{35}	tʰiəŋ^{35}	niəŋ^{35}	liəŋ^{35}	lie^{35} 白 / liəŋ^{35} 文	lie^{35} 白 / liəŋ^{35} 文
汾西	tʰiəŋ^{35}	tʰiəŋ^{35}/ tʰi^{35} 白	tʰiəŋ^{35}	tʰiəŋ^{35}	niəŋ^{35}	liəŋ^{35}	li^{35} 白 / liəŋ^{35} 文	li^{35} 白 / liəŋ^{35} 文
蒲县	tʰiŋ^{24}	tʰiŋ^{24}	tʰiŋ^{24}	tʰiŋ^{24}	ȵiŋ^{24}	liŋ^{24}	liŋ^{24}	liŋ^{24}
潞州	tʰiŋ^{24}	tʰiŋ^{24}	tʰiŋ^{24}	tʰiŋ^{24}	ȵiŋ^{24}	liŋ^{24}	liŋ^{24}	liŋ^{24}
上党	tʰiŋ^{44}	tʰiŋ^{44}	tʰiŋ^{44}	tʰiŋ^{44}	niŋ^{44}	liŋ^{213}	liŋ^{213}	liŋ^{213}
长子	tʰiŋ^{24}	tʰiŋ^{24}	tʰiŋ^{24}	tʰiŋ^{24}	ȵiŋ^{24}	liŋ^{24}	liŋ^{24}	liŋ^{24}
屯留	tʰiəŋ^{11}	tʰiəŋ^{11}	tʰiəŋ^{11}	tʰiəŋ^{11}	ȵiəŋ^{11}	liəŋ^{11}	liəŋ^{11}	liəŋ^{11}
襄垣	tʰiəŋ^{31}	tʰiəŋ^{31}	tʰiəŋ^{31}	tʰiəŋ^{31}	ȵiəŋ^{31}	liəŋ^{31}	liəŋ^{31}	liəŋ^{31}
黎城	tʰiəŋ^{33}	tʰiəŋ^{33}	tʰiəŋ^{33}	tʰiəŋ^{213}	niəŋ^{53}	liəŋ^{53}	liəŋ^{53}	liəŋ^{53}
平顺	tʰiŋ^{13}	tʰiŋ^{13}	tʰiŋ^{13}	tʰiŋ^{13}	niŋ^{13}	liŋ^{13}	liŋ^{13}	liŋ^{13}
壶关	tʰiŋ^{13}	tʰiŋ^{13}	tʰiŋ^{13}	tʰiŋ^{13}	ȵiŋ^{13}	liŋ^{13}	liŋ^{13}	liŋ^{13}
沁县	tɕʰiə̃^{33}	tɕʰiə̃^{33}	tɕʰiə̃^{33}	tɕʰiə̃^{33}	ȵiə̃^{33}	liə̃^{33}	liə̃^{33}	liə̃^{33}
武乡	tʰiɐŋ^{113}	tʰiɐŋ^{33}	tʰiɐŋ^{33}	tʰiɐŋ^{33}	ȵiɐŋ^{33}	liɐŋ^{33}	liɐŋ^{33}	liɐŋ^{33}
沁源	tʰiə̃^{33}	tʰiə̃^{33}	tʰiə̃^{33}	tʰiə̃^{33}	ȵiə̃^{33}	liə̃^{33}	liə̃^{33}	li^{33} 白 /liə̃^{33} 文

续表

字目	亭	停~止	廷	庭	宁安~	灵	铃	零
中古音／方言点	特丁 梗开四 平青定	特丁 梗开四 平青定	特丁 梗开四 平青定	特丁 梗开四 平青定	奴丁 梗开四 平青泥	郎丁 梗开四 平青来	郎丁 梗开四 平青来	郎丁 梗开四 平青来
安泽	tʰiəŋ^{35}	tʰiəŋ^{35}	tʰiəŋ^{35}	tʰiəŋ^{35}	ȵieŋ^{35}	liəŋ^{35}	liəŋ^{35}	liəŋ^{35}
沁水端氏	tʰiŋ^{21}	tʰiŋ^{24}	tʰiŋ^{21}	tʰiŋ^{21}	ȵiŋ^{24}/ȵiŋ^{53}	liŋ^{24}	liŋ^{24}	liŋ^{24}
阳城	tʰiə̃ĩ^{22}	tʰiə̃ĩ^{22}	tʰiə̃ĩ^{22}	tʰiə̃ĩ^{22}	niə̃ĩ^{22}	liə̃ĩ^{22}	liə̃ĩ^{22}	liə̃ĩ^{22}
高平	tʰiə̃ŋ^{33}	tʰiə̃ŋ^{33}	tʰiə̃ŋ^{33}	tʰiə̃ŋ^{33}	niə̃ŋ^{33}	niə̃ŋ^{33}	niə̃ŋ^{33}	niə̃ŋ^{33}
陵川	tʰiŋ^{53}	tʰiŋ^{53}	tʰiŋ^{53}	tʰiŋ^{53}	niŋ^{53}	liŋ^{53}	liŋ^{53}	liŋ^{53}
晋城	tʰiẽ^{324}	tʰiẽ^{324}	tʰiẽ^{324}	tʰiẽ^{324}	ni^{324}	liẽ^{324}	liẽ^{324}	liẽ^{324}
忻府	tʰiəŋ^{21}	tʰiəŋ^{21}	tʰiəŋ^{21}	tʰiəŋ^{21}	niəŋ^{21}	liəŋ^{21}	liəŋ^{21}	li^{21} 白 / liəŋ^{21} 文
原平	tʰiəŋ^{33}	tʰiəŋ^{33}	tʰiəŋ^{33}	tʰiəŋ^{33}	niəŋ^{33}	liəŋ^{33}	li^{33} 白 / liəŋ^{33} 文	li^{33} 白 / liəŋ^{33} 文
定襄	tʰiəŋ^{11}	tʰiəŋ^{11}	tʰiəŋ^{11}	tʰiəŋ^{11}	niəŋ^{11}	liəŋ^{11}	liəŋ^{11}	liəŋ^{11}
五台	tɕʰiən^{33}	tɕʰiən^{33}	tɕʰiən^{33}	tɕʰiən^{33}	ȵiən^{33}	liən^{33}	liən^{33}	liən^{33}
岢岚	tʰiəŋ^{44}	tʰiəŋ^{44}	tʰiəŋ^{13}	tʰiəŋ^{13}	niəŋ^{44}	liəŋ^{44}	liəŋ^{44}	liəŋ^{44}
五寨	tʰiəɣ̃^{44}	tʰiəɣ̃^{44}	tʰiəɣ̃^{13}	tʰiəɣ̃^{13}	niəɣ̃^{44}	liəɣ̃^{44}	liəɣ̃^{44}	liəɣ̃^{44}
宁武	tɕʰiɤɯ^{33}	tɕʰiɤɯ^{33}	tɕʰiɤɯ^{23}	tɕʰiɤɯ^{23}	niɤɯ^{33}	liɤɯ^{33}	liɤɯ^{33}	liɤɯ^{33}
神池	tʰiə̃^{32}	tɕʰiə̃^{32}	tʰiə̃^{32}	tʰiə̃^{32}	ȵiə̃^{32}	liə̃^{32}	liə̃^{32}	liə̃^{32}
繁峙	tʰiəŋ^{31}	tʰiəŋ^{31}	tʰiəŋ^{31}	tʰiəŋ^{31}	ȵiəŋ^{31}	liəŋ^{31}	liəŋ^{31}	liəŋ^{31}
代县	tʰiɤŋ^{44}	tʰiɤŋ^{44}	tʰiɤŋ^{213}	tʰiɤŋ^{213}	niɤŋ^{44}	liɤŋ^{44}	liɤŋ^{44}	liɤŋ^{44}
河曲	tʰiŋ^{213}	tʰiŋ^{44}	tʰiŋ^{213}	tʰiŋ^{44}	tʰiŋ^{52}	liŋ^{44}	liŋ^{44}	liŋ^{44}
保德	tʰiəŋ^{44}	tʰiəŋ^{44}	tʰiəŋ^{44}	tʰiəŋ^{44}	niəŋ^{44}	liəŋ^{44}	liəŋ^{44}	liəŋ^{44}
偏关	tʰiɤŋ^{24}	tʰiɤŋ^{24}	tʰiɤŋ^{24}	tʰiɤŋ^{24}	niɤŋ^{44}	liɤŋ^{44}	liɤŋ^{44}	liɤŋ^{44}
朔城	tɕʰiə̃^{35}	tɕʰiə̃^{35}	tɕʰiə̃^{312}	tɕʰiə̃^{35}	niə̃^{35}	liə̃^{35}	liə̃^{35}	liə̃^{35}
平鲁	tɕʰiəɯ^{213}	tɕʰiəɯ^{213}	tɕʰiəɯ^{213}	tɕʰiəɯ^{213}	niəɯ^{44}	liəɯ^{44}	liəɯ^{44}	liəɯ^{44}
应县	tɕʰiəŋ^{43}	tɕʰiəŋ^{31}	tɕʰiəŋ^{31}	tɕʰiəŋ^{43}	niəŋ^{31}	liəŋ^{31}	liəŋ^{31}	liəŋ^{31}
灵丘	tʰiŋ^{31}	tʰiŋ^{31}	tʰiŋ^{31}	tʰiŋ^{31}	niŋ^{31}	liŋ^{31}	liŋ^{31}	liŋ^{31}
浑源	tʰiə̃^{52}	tʰiə̃^{22}	tʰiə̃^{52}	tʰiə̃^{52}	niə̃^{52}	liə̃^{22}	liə̃^{22}	liə̃^{22}
云州	tʰiəɣ^{312}	tʰiəɣ^{312}	tʰiəɣ^{312}	tʰiəɣ^{312}	niəɣ^{312}	liəɣ^{312}	liəɣ^{312}	liəɣ^{312}
新荣	tʰiɣ^{32}	tʰiɣ^{312}	tʰiɣ^{312}	tʰiɣ^{32}	niɣ^{312}	liɣ^{312}	liɣ^{312}	liɣ^{312}
怀仁	tʰiəŋ^{312}	tʰiəŋ^{312}/ tʰiəŋ^{24}	tʰiəŋ^{312}	tʰiəŋ^{312}	niəŋ^{312}	liəŋ^{312}	liəŋ^{312}	liəŋ^{312}
左云	tʰiəɣ^{313}	tʰiəɣ^{313}	tʰiəɣ^{313}	tʰiəɣ^{54}	niəɣ^{313}	liəɣ^{313}	liəɣ^{313}	liəɣ^{313}
右玉	tʰiə̃ɣ^{212}	tʰiə̃ɣ^{212}	tʰiə̃ɣ^{212}	tʰiə̃ɣ^{212}	niə̃ɣ^{212}	liə̃ɣ^{212}	liə̃ɣ^{212}	liə̃ɣ^{212}

续表

字目	亭	停~止	廷	庭	宁安~	灵	铃	零
中古音 方言点	特丁 梗开四 平青定	特丁 梗开四 平青定	特丁 梗开四 平青定	特丁 梗开四 平青定	奴丁 梗开四 平青泥	郎丁 梗开四 平青来	郎丁 梗开四 平青来	郎丁 梗开四 平青来
阳高	tʰiəŋ^{312}	tʰiəŋ^{312}	tʰiəŋ^{312}	tʰiəŋ^{312}	niəŋ^{312}	liəŋ^{312}	liəŋ^{312}	liəŋ^{312}
山阴	tɕiə̃^{313}	tɕiə̃^{313}	tɕiə̃^{313}	tɕiə̃^{313}	niə̃^{313}	liə̃^{313}	liə̃^{313}	liə̃^{313}
天镇	tʰiɤɣ^{31}	tʰiɤɣ^{55}	tʰiɤɣ^{31}	tʰiɤɣ^{31}	niɤɣ^{22}	liɤɣ^{22}	liɤɣ^{22}	liɤɣ^{22}
平定	tʰiɤŋ^{44}	tʰiɤŋ^{44}	tʰiɤŋ^{44}	tʰiɤŋ^{44}	niɤŋ^{44}/ niɤŋ^{24}	liɤŋ^{44}	liɤŋ^{44}	liɤŋ^{44}
昔阳	tʰiəŋ^{33}	tʰiəŋ^{33}	tʰiəŋ^{33}	tʰiəŋ^{33}	niəŋ^{33}	liəŋ^{33}	liəŋ^{33}	liəŋ^{33}
左权	tʰiəŋ^{11}	tʰiəŋ^{11}	tʰiəŋ^{11}	tʰiəŋ^{11}	ȵiəŋ^{11}	liəŋ^{11}	liəŋ^{11}	liəŋ^{11}
和顺	tʰiəŋ^{22}	tʰiəŋ^{22}	tʰiəŋ^{22}	tʰiəŋ^{22}	ȵiəŋ^{22}	liəŋ^{22}	liəŋ^{22}	liəŋ^{22}
尧都	tʰiəŋ^{24}	tʰiəŋ^{24}	tʰiəŋ^{24}	tʰiəŋ^{24}	niəŋ^{24}	liəŋ^{24}	liəŋ^{24}	liɛ^{24} 白 / liəŋ^{24} 文
洪洞	tʰieŋ^{24}	tʰieŋ^{24}	tʰieŋ^{24}	tʰieŋ^{21}	ȵieŋ^{24}	lieŋ^{24}	lie^{24} 白 / lieŋ^{24} 文	lie^{24} 白 / lieŋ^{24} 文
洪洞赵城	tʰieŋ^{24}	tʰieŋ^{24}	tʰieŋ^{24}	tʰieŋ^{24}	ȵieŋ^{24}	liɛ^{24}	liɛ^{24}	liɛ^{24}
古县	tɕʰiŋ^{35}	tɕʰiŋ^{35}	tɕʰiŋ^{35}	tɕʰiŋ^{35}	ȵiŋ^{35}	liŋ^{35}	liɛ^{35} 白 / liŋ^{35} 文	liɛ^{35} 白 / liŋ^{35} 文
襄汾	tʰieŋ^{24}	tʰie^{24} 白 / tʰieŋ^{24} 文	tʰieŋ^{24}	tʰieŋ^{24}	ȵieŋ^{24}	lieŋ^{24}	lieŋ^{24}	lie^{24} 白 / lieŋ^{24} 文
浮山	tʰieŋ^{13}	tʰiɛ^{13} 白 / tʰieŋ^{13} 文	tʰieŋ^{13}	tʰieŋ^{13}	ȵieŋ^{42}/ ȵieŋ^{53}	lieŋ^{13}	lieŋ^{13}	lieŋ^{13}
霍州	tɕʰiŋ^{35}	tɕʰiŋ^{35}	tʰiŋ^{35}	tɕʰiŋ^{35}	ȵiŋ^{35}	li^{35} 白 / liŋ^{35} 文	li^{35} 白 / liŋ^{35} 文	li^{35} 白 / liŋ^{35} 文
翼城	tʰiŋ^{44}	tʰiŋ^{53}	tʰiŋ^{53}	tʰiŋ^{53}	ȵiŋ^{53}	liŋ^{12}	liŋ^{12}	liᴇ^{12} 白 / liŋ^{12} 文
闻喜	tʰiəŋ^{13}	tʰiəŋ^{13}	tʰiəŋ^{13}	tʰiəŋ^{13}	liəŋ^{13}/ ȵiəŋ^{13}	liəŋ^{13}	——	liəŋ^{13}
侯马	tʰiəŋ^{213}	tʰiəŋ^{213}	tʰiəŋ^{213}	tʰiəŋ^{213}	ȵiəŋ^{213}	liəŋ^{213}	liəŋ^{213}	liəŋ^{213}
新绛	tʰiəŋ^{53}	tʰiəŋ^{13}	tʰiəŋ^{13}	tʰiəŋ^{13}	ȵiəŋ^{13}	liəŋ^{13}	liəŋ^{13}	lie^{13} 白 / liəŋ^{13} 文
绛县	tʰiʌŋ^{24}	tʰiʌŋ^{24}/ tʰieĩ^{24}	tʰiʌŋ^{24}	tʰiʌŋ^{24}	ȵiɛ^{24}/ȵiʌŋ^{24}	liʌŋ^{24}	liʌŋ^{24}	liʌŋ^{24}
垣曲	tiəŋ^{22}	tʰiəŋ^{22}	tʰiəŋ^{22}	tʰiəŋ^{22}	ȵiəŋ^{22}	liəŋ^{22}	liəŋ^{22}	liɛ^{22} 白 / liəŋ^{22} 文
夏县	tʰiəŋ^{42}	tʰiəŋ^{42}	tʰiəŋ^{42}	tʰiəŋ^{42}	ȵiɛ^{42} 白 / ȵiəŋ^{42} 文	liəŋ^{42}	liɛ^{42} 白 / liəŋ^{42} 文	liəŋ^{42}

续表

字目	亭	停~止	廷	庭	宁安~	灵	铃	零
中古音 / 方言点	特丁 梗开四 平青定	特丁 梗开四 平青定	特丁 梗开四 平青定	特丁 梗开四 平青定	奴丁 梗开四 平青泥	郎丁 梗开四 平青来	郎丁 梗开四 平青来	郎丁 梗开四 平青来
万荣	tʰiaŋ^{213}	tʰiɛ^{213} 白 / tʰiaŋ^{213} 文	tʰiaŋ^{33}	tʰiaŋ^{55}	ȵiɛ^{213} 白 / ȵiaŋ^{213} 文	liɛ^{213} 白 / liaŋ^{213} 文	liɛ^{213}	liɛ^{213} 白 / liaŋ^{213} 文
稷山	tʰiʌŋ^{13}	tʰiʌŋ^{13}	tʰiʌŋ^{53}	tʰiʌŋ^{53}	ȵiʌŋ^{13}	liʌŋ^{13}	liɛ^{13} 白 / liʌŋ^{13} 文	liɛ^{13} 白 / liʌŋ^{13} 文
盐湖	tʰiŋ^{13}	tʰiŋ^{13}	tʰiŋ^{13}	tʰiŋ^{13}	ȵiŋ^{13}	liŋ^{13}	liɛ^{13} 白 / liŋ^{13} 文	liŋ^{13}
临猗	tʰiəŋ^{13}	tʰiəŋ^{13}	tʰiəŋ^{13}	tʰiəŋ^{13}	ȵiəŋ^{13}	liəŋ^{13}	liɛ^{13} 白 / liəŋ^{13} 文	liɛ^{13} 白 / liəŋ^{13} 文
河津	tʰiəŋ^{31}	tʰiɛ^{324} 白 / tʰiəŋ^{324} 文	tʰiəŋ^{31}	tʰiəŋ^{31}	ȵiɛ^{324} 白 / ȵiəŋ^{324} 文	liəŋ^{324}	liɛ^{324} 白 / liəŋ^{324} 文	liɛ^{324} 白 / liəŋ^{324} 文
平陆	tiŋ^{31}	tiŋ^{13}	tiŋ^{31}	tʰiŋ^{13}	ȵiŋ^{13}	liŋ^{13}	liɛ^{13} 白 / liŋ^{13} 文	liŋ^{13}
永济	tʰiŋ^{24}	tʰie^{24} 白 / tʰiŋ^{24} 文	tʰiŋ^{24}	tʰiŋ^{24}	ȵiŋ^{24}/ȵiŋ^{44}	lie^{24} 白 / liŋ^{24} 文	lie^{24} 白 / liŋ^{24} 文	liŋ^{24}
芮城	tʰiəŋ^{13}	tʰiəŋ^{13}	tʰiəŋ^{13}	tʰiəŋ^{13}	ȵiəŋ^{13}	liəŋ^{13}	liɛ^{13} 白 / liəŋ^{13} 文	liəŋ^{13}
吉县	tʰiəŋ^{13}	tʰiəŋ^{13}	tʰiəŋ^{13}	tʰiəŋ^{13}	niəŋ^{13}	liəŋ^{13}	liɛ^{13}	liəŋ^{13}
乡宁	tʰiəŋ^{12}	tʰiəŋ^{12}	tʰiəŋ^{12}	tʰiəŋ^{12}	ȵiəŋ^{12}	liəŋ^{12}	liəŋ^{12}	liᴇ^{12} 白 / liəŋ^{12} 文
广灵	tʰiŋ^{53}	tʰiŋ^{31}	tʰiŋ^{53}	tʰiŋ^{53}	niŋ^{31}	liŋ^{31}	liŋ^{31}	liŋ^{31}

字目	青	星	腥	猩	经	形	刑	型
中古音 / 方言点	仓经 梗开四 平青清	桑径 梗开四 平青心	桑径 梗开四 平青心	桑径 梗开四 平青心	古灵 梗开四 平青见	户径 梗开四 平青匣	户径 梗开四 平青匣	户径 梗开四 平青匣
北京	tɕʰiŋ^{55}	ɕiŋ^{55}	ɕiŋ^{55}	ɕiŋ^{55}	tɕiŋ^{55}	ɕiŋ^{35}	ɕiŋ^{35}	ɕiŋ^{35}
小店	tɕʰi^{11} 白 / tɕʰiə̃^{11} 文	ɕi^{11} 白 / ɕiə̃^{11} 文	ɕiə̃^{11}	ɕiə̃^{11}	tɕiə̃^{11}	ɕiə̃^{11}	ɕiə̃^{11}	ɕiə̃^{11}
尖草坪	tɕʰi^{33} 白 / tɕʰiʌŋ^{33} 文	ɕi^{33} 白 / ɕiʌŋ^{33} 文	ɕi^{33} 白 / ɕiʌŋ^{33} 文	ɕiʌŋ^{33}	tɕi^{33} 白 / tɕiʌŋ^{33} 文	ɕiʌŋ^{33}	ɕiʌŋ^{33}	ɕiʌŋ^{33}
晋源	tɕʰi^{11}	ɕi^{11}	ɕin^{11}	ɕin^{11}	tɕin^{11}	ɕin^{11}	ɕin^{11}	ɕin^{11}
阳曲	tɕʰi^{312} 白 / tɕʰiə̃^{312} 文	ɕi^{312} 白 / ɕiə̃^{312} 文	ɕiə̃^{312}	ɕiə̃^{312}	tɕiə̃^{312}	ɕiə̃^{43}	ɕiə̃^{43}	ɕiə̃^{43}
古交	tɕʰi^{44} 白 / tɕʰiəŋ^{44} 文	ɕi^{44} 白 / ɕiəŋ^{44} 文	ɕiəŋ^{44}	ɕiəŋ^{44}	tɕiəŋ^{44}	ɕiəŋ^{44}	ɕiəŋ^{44}	ɕiəŋ^{44}
清徐	tɕʰi^{11} 白 / tɕʰiəŋ^{11} 文	ɕi^{11} 白 / ɕiəŋ^{11} 文	ɕiəŋ^{11}	ɕiəŋ^{11}	tɕiəŋ^{11}	ɕiəŋ^{11}	ɕiəŋ^{11}	ɕiəŋ^{11}
娄烦	tɕʰi^{33} 白 / tɕʰiəŋ^{33} 文	ɕi^{33} 白 / ɕiəŋ^{33} 文	ɕiəŋ^{33}	ɕiəŋ^{33}	tɕiəŋ^{33}	ɕiəŋ^{33}	ɕiəŋ^{33}	ɕiəŋ^{33}
榆次	tɕʰiɤ̃^{11}/tɕʰi^{11}	ɕiɤ̃^{11}/ɕi^{11}	ɕiɤ̃^{11}/ɕi^{11}	ɕiɤ̃^{11}	tɕiɤ̃^{11}	ɕiɤ̃^{11}	ɕiɤ̃^{11}	ɕiɤ̃^{11}
交城	tɕʰi^{11} 白 / tɕʰiə̃^{11} 文	ɕi^{11} 白 / ɕiə̃^{11} 文	ɕi^{11} 老 / ɕiə̃^{11} 新	ɕiə̃^{11}	tɕiə̃^{11}	ɕiə̃^{11}	ɕiə̃^{11}	ɕiə̃^{11}
文水	tsʰɿ^{22} 白 / tɕʰiɔŋ^{35} 文	sɿ^{22} 白 / ɕiɔŋ^{22} 文	sɿ^{22} 白 / ɕiɔŋ^{22} 文	ɕiɔŋ^{22}	tɕiɔŋ^{22}	ɕiɔŋ^{22}	ɕiɔŋ^{22}	ɕiɔŋ^{22}
祁县	tsʰɿ^{31} 白 / tɕʰiɔõ^{31} 文	sɿ^{31} 白 / ɕiɔõ^{31} 文	sɿ^{31} 白 / ɕiɔõ^{31} 文	ɕiɔõ^{31}	tsɿ^{31} 白 / tɕiɔõ^{31} 文	ɕiɔõ^{31}	ɕiɔõ^{31}	ɕiɔõ^{31}
太谷	tɕʰi^{33} 白 / tɕʰiə̃^{33} 文	ɕi^{33} 白 / ɕiə̃^{33} 文	ɕi^{33} 白 / ɕiə̃^{33} 文	ɕiə̃^{33}	tɕi^{33} 白 / tɕiə̃^{33} 文	ɕiə̃^{33}	ɕiə̃^{33}	ɕiə̃^{33}
平遥	tsʰei^{213} 白 / tɕʰiəŋ^{213} 文	sei^{213} 白 / ɕiəŋ^{213} 文	sei^{213} 白 / ɕiəŋ^{213} 文	ɕiəŋ^{213}	tɕiəŋ^{213}	ɕiəŋ^{213}	ɕiəŋ^{213}	ɕiəŋ^{213}
孝义	tɕʰi^{33}	ɕi^{33} 白 / ɕiə̃^{33} 文	ɕi^{33}	ɕiə̃^{33}	tɕiə̃^{33}	ɕiə̃^{33}	ɕiə̃^{33}	ɕiə̃^{33}
介休	tsʰei^{13} 白 / tɕʰin^{45} 文	sei^{13} 白 / ɕin^{13} 文	sei^{13} 白 / ɕin^{13} 文	ɕin^{13}	tɕin^{13}	ɕin^{13}	ɕin^{13}	ɕin^{13}
灵石	tɕʰiŋ^{535}	ɕiŋ^{535}	ɕiŋ^{535}	——	tɕiŋ^{535}	ɕiŋ^{44}	ɕiŋ^{44}	ɕiŋ^{44}
盂县	tɕʰi^{412} 白 / tɕʰiə̃^{412} 文	ɕi^{412} 白 / ɕiə̃^{412} 文	ɕi^{412} 白 / ɕiə̃^{412} 文	ɕiə̃^{55}	tɕi^{412} 白 / tɕiə̃^{412} 文	ɕiə̃^{22}	ɕiə̃^{22}	ɕiə̃^{22}
寿阳	tsʰɿ^{31}/tɕʰiə̃^{31}	sɿ^{31} 白 / ɕiə̃^{31} 文	ɕiə̃^{31}	ɕiə̃^{31}	tɕiə̃^{31}	ɕiə̃^{22}	ɕiə̃^{22}	ɕiə̃^{22}
榆社	tɕʰieɪ^{22}	ɕieɪ^{22}	ɕieɪ^{22}	ɕieɪ^{22}	tɕieɪ^{22}	ɕieɪ^{22}	ɕieɪ^{22}	ɕieɪ^{22}
离石	tsʰɿ^{24} 白 / tɕʰiəŋ^{24} 文	sɿ^{24} 白 / ɕiəŋ^{24} 文	ɕiəŋ^{24}	ɕiəŋ^{24}	tɕiəŋ^{24}	ɕiəŋ^{44}	ɕiəŋ^{44}	ɕiəŋ^{44}

续表

字目	青	星	腥	猩	经	形	刑	型
中古音／方言点	仓经 梗开四 平青清	桑径 梗开四 平青心	桑径 梗开四 平青心	桑径 梗开四 平青心	古灵 梗开四 平青见	户经 梗开四 平青匣	户经 梗开四 平青匣	户经 梗开四 平青匣
汾阳	tsʰɿ^{324} 白 / tɕʰiẼ^{324} 文	sɿ^{324} 白 / ɕiẼ^{324} 文	sɿ^{324} 白 / ɕiẼ^{324} 文	ɕiẼ^{324}	tɕiẼ^{324}	ɕiẼ^{22}	ɕiẼ^{22}	ɕiẼ^{22}
中阳	tɕʰi^{24} 白 / tɕʰiə̃^{24} 文	ɕi^{24} 白 / ɕiə̃^{24} 文	ɕiə̃^{24}	ɕiə̃^{24}	tɕiə̃^{24}	ɕiə̃^{33}	ɕiə̃^{33}	ɕiə̃^{33}
柳林	tɕʰi^{24} 白 / tɕʰiə̃^{24} 文	ɕi^{24} 白 / ɕiə̃^{24} 文	sei^{24}	ɕiə̃^{24}	tɕiə̃^{24}	ɕiə̃^{44}	ɕiə̃^{44}	ɕiə̃^{44}
方山	tɕʰi^{24} 白 / tɕʰiə̃ŋ^{24} 文	ɕi^{24} 白 / ɕiə̃ŋ^{24} 文	ɕiə̃ŋ^{24}	ɕiə̃ŋ^{24}	tɕiə̃ŋ^{24}	ɕiə̃ŋ^{44}	ɕiə̃ŋ^{44}	ɕiə̃ŋ^{44}
临县	tɕʰiə̃^{24}	ɕei^{24} 白 / ɕiə̃^{24} 文	ɕiə̃^{24}	ɕiə̃^{24}	tɕiə̃^{24}	ɕiə̃^{33}	ɕiə̃^{33}	ɕiə̃^{33}
兴县	tɕʰi^{324} 白 / tɕʰiəŋ^{324} 文	ɕi^{324} 白 / ɕiəŋ^{324} 文	ɕi^{53} 白 / ɕiəŋ^{324} 文	——	tɕi^{324} 白 / tɕiəŋ^{324} 文	ɕiəŋ^{55}	ɕiəŋ^{55}	ɕiəŋ^{55}
岚县	tɕʰi^{214} 白 / tɕʰiəŋ^{214} 文	ɕi^{214} 白 / ɕiəŋ^{214} 文	ɕi^{214}	ɕiəŋ^{214}	tɕiəŋ^{214}	ɕiəŋ^{44}	ɕiəŋ^{44}	ɕiəŋ^{44}
静乐	tɕʰiɤ̃^{24}	ɕiɤ̃^{24}	ɕiɤ̃^{24}	ɕiɤ̃^{24}	tɕiɤ̃^{24}	ɕiɤ̃^{33}	ɕiɤ̃^{33}	ɕiɤ̃^{33}
交口	tɕʰiɛ^{323} 白 / tɕʰiəŋ^{323} 文	ɕiɛ^{323} 白 / ɕiəŋ^{323} 文	ɕiɛ^{323} 白 / ɕiəŋ^{323} 文	ɕiəŋ^{323}	tɕiəŋ^{323}	ɕiəŋ^{44}	ɕiəŋ^{44}	ɕiəŋ^{44}
石楼	tɕʰiɛ^{213} 白 / tɕʰiəŋ^{213} 文	ɕiɛ^{213} 白 / ɕiəŋ^{213} 文	ɕiəŋ^{213}	ɕiəŋ^{213}	tɕiəŋ^{213}	ɕiəŋ^{44}	ɕiəŋ^{44}	ɕiəŋ^{44}
隰县	tɕʰiɛ^{53} 白 / tɕʰiəŋ^{53} 文	ɕiɛ^{53} 白 / ɕiəŋ^{53} 文	ɕiɛ^{53} 白 / ɕiəŋ^{53} 文	ɕiəŋ^{53}	tɕiəŋ^{53}	ɕiəŋ^{24}	ɕiəŋ^{24}	ɕiəŋ^{24}
大宁	tɕʰie^{31} 白 / tɕʰiən^{31} 文	ɕie^{31} 白 / ɕiən^{31} 文	ɕie^{31} 白 / ɕiən^{31} 文	——	tɕiən^{31}	ɕiən^{24}	ɕiən^{24}	ɕiən^{24}
永和	tɕʰie^{33} 白 / tɕʰiəŋ^{33} 文	ɕie^{33} 白 / ɕiəŋ^{33} 文	ɕie^{33} 白 / ɕiəŋ^{33} 文	——	tɕiəŋ^{33}	ɕiəŋ^{35}	ɕiəŋ^{35}	ɕiəŋ^{35}
汾西	tɕʰi^{11} 白 / tɕʰiəŋ^{11} 文	ɕiəŋ^{11}/ɕi^{11} 白	ɕiəŋ^{11}/ɕi^{11} 白	ɕiəŋ^{11}	ti^{55} 白 / tɕiəŋ^{11}	ɕiəŋ^{35}	ɕiəŋ^{35}	ɕiəŋ^{35}
蒲县	tɕʰiŋ^{52}	ɕie^{52} 白 / ɕiŋ^{52} 文	ɕiŋ^{52}	ɕiŋ^{52}	tɕiŋ^{52}	ɕiŋ^{24}	ɕiŋ^{24}	ɕiŋ^{24}
潞州	tɕʰiŋ^{312}	ɕiŋ^{312}	ɕiŋ^{312}	ɕiŋ^{312}	tɕiŋ^{312}	ɕiŋ^{24}	ɕiŋ^{24}	ɕiŋ^{24}
上党	tɕʰiŋ^{213}	ɕiŋ^{213}	ɕiŋ^{213}	ɕiŋ^{213}	tɕiŋ^{213}/tɕiŋ^{22}	ɕiŋ^{44}	ɕiŋ^{44}	ɕiŋ^{44}
长子	tɕʰiŋ^{312}	ɕiŋ^{312}	ɕiŋ^{312}	ɕiŋ^{312}	tɕiŋ^{312}	ɕiŋ^{24}	ɕiŋ^{24}	ɕiŋ^{24}
屯留	tɕʰiəŋ^{31}	ɕiəŋ^{31}	ɕiəŋ^{31}	ɕiəŋ^{31}	tɕiəŋ^{31}	ɕiəŋ^{11}	ɕiəŋ^{11}	ɕiəŋ^{11}
襄垣	tɕʰiəŋ^{33}	ɕiəŋ^{33}	ɕiəŋ^{33}	ɕiəŋ^{33}	tɕiəŋ^{33}	ɕiəŋ^{31}	ɕiəŋ^{31}	ɕiəŋ^{31}
黎城	tɕʰiəŋ^{33}	ɕiəŋ^{33}	ɕiəŋ^{33}	ɕiəŋ^{33}	ciəŋ^{33}	çiəŋ^{53}	çiəŋ^{53}	çiəŋ^{53}

续表

字目	青	星	腥	猩	经	形	刑	型
中古音 / 方言点	仓经 梗开四 平青清	桑径 梗开四 平青心	桑径 梗开四 平青心	桑径 梗开四 平青心	古灵 梗开四 平青见	户径 梗开四 平青匣	户径 梗开四 平青匣	户径 梗开四 平青匣
平顺	tɕʰiŋ213	ɕiŋ213	ɕiŋ213	ɕiŋ213	ciŋ213	ɕiŋ13	ɕiŋ13	ɕiŋ13
壶关	tsʰiŋ33	siŋ33	siŋ33	siŋ33	ciŋ33	ciŋ13	ciŋ13	ciŋ13
沁县	tɕʰiə̃224	ɕiə̃224	ɕiə̃224	——	tɕiə̃224	ɕiə̃214	ɕiə̃214	ɕiə̃214
武乡	tɕʰiɐŋ113	ɕiɐŋ113	ɕiɐŋ113	ɕiɐŋ113	tɕiɐŋ113	ɕiɐŋ33	ɕiɐŋ33	ɕiɐŋ33
沁源	tɕʰi324 白 / tɕʰiə̃324 文	ɕi324 白 / ɕiə̃324 文	ɕiə̃324	ɕiə̃324	tɕiə̃324	ɕiə̃33	ɕiə̃33	ɕiə̃33
安泽	tɕʰiəŋ21	ɕiəŋ21	ɕiəŋ21	——	tɕiəŋ21	ɕiəŋ35	ɕiəŋ35	ɕiəŋ35
沁水端氏	tɕʰiŋ21	ɕiŋ21	ɕiŋ21	ɕiŋ21	tɕiŋ21	ɕiŋ24	ɕiŋ24	ɕiŋ24
阳城	tɕʰiə̃ĩ224	ɕiə̃ĩ224	ɕiə̃ĩ224	ɕiə̃ĩ224	ciə̃ĩ224	çiə̃ĩ22	çiə̃ĩ22	çiə̃ĩ22
高平	tɕʰiə̃ŋ33	ɕiə̃ŋ33	ɕiə̃ŋ33	ɕiə̃ŋ33	ciə̃ŋ33	ɕiə̃ŋ33	ɕiə̃ŋ33	ɕiə̃ŋ33
陵川	tɕʰiŋ33	ɕiŋ33	ɕiŋ33	ɕiŋ33	ciŋ33	ɕiŋ53	ɕiŋ53	ɕiŋ53
晋城	tɕʰiẽ33	ɕiẽ33	ɕiẽ33	ɕiẽ33	tɕiẽ33	ɕiẽ324	ɕiẽ324	ɕiẽ324
忻府	tɕʰi313 白 / tɕʰiəŋ313 文	ɕi313 白 / ɕiəŋ313 文	ɕiəŋ313	ɕiəŋ313	tɕiəŋ313	ɕiəŋ21	ɕiəŋ21	ɕiəŋ21
原平	ɕi213 白 tɕʰiəŋ213 文	ɕi213 白 / ɕiəŋ213 文	ɕi213 白 / ɕiəŋ213 文	ɕiəŋ213	tɕiəŋ213	ɕiəŋ33	ɕiəŋ33	ɕiəŋ33
定襄	tɕʰiəŋ24/ tɕʰi24	ɕi24 白 / ɕiəŋ24 文	ɕi24	ɕiəŋ24	tɕiəŋ24	ɕiəŋ11	ɕiəŋ11	ɕiəŋ11
五台	tɕʰiən213	ɕiən213/ɕi213	ɕiən213/ɕi213	ɕiən213	tɕiən213	ɕiən33	ɕiən33	ɕiən33
岢岚	tɕʰiəŋ13	ɕiəŋ13	ɕiəŋ13	ɕiəŋ13	tɕiəŋ13	ɕiəŋ44	ɕiəŋ44	ɕiəŋ44
五寨	tɕʰiəɣ̃13	ɕiəɣ̃13	ɕiəɣ̃13	ɕiəɣ̃13	tɕiəɣ̃13	ɕiəɣ̃44	ɕiəɣ̃44	ɕiəɣ̃44
宁武	tɕiɤɯ23	ɕiɤɯ23 文	ɕiɤɯ23 文	——	tɕiɤɯ23	ɕiɤɯ33	ɕiɤɯ33	ɕiɤɯ33
神池	tcʰiə̃24	ɕiə̃24	ɕiə̃24	ɕiə̃24	tɕiə̃24	ɕiə̃32	ɕiə̃32	ɕiə̃32
繁峙	tɕʰiəŋ53	ɕiəŋ53	ɕiəŋ53	ɕiəŋ53	tɕiəŋ53	ɕiəŋ31	ɕiəŋ31	ɕiəŋ31
代县	tɕʰiɤŋ213	ɕiɤŋ213	ɕiɤŋ213	ɕiɤŋ213	tɕiɤŋ213	ɕiɤŋ44	ɕiɤŋ44	ɕiɤŋ44
河曲	tɕʰiŋ213	ɕiŋ213	ɕiŋ213	ɕiŋ44	tɕiŋ213	ɕiŋ44	ɕiŋ44	ɕiŋ44
保德	tɕʰiəŋ213	ɕiəŋ213	ɕiəŋ213	ɕiəŋ213	tɕiəŋ213	ɕiəŋ44	ɕiəŋ44	ɕiəŋ44
偏关	tɕʰiɤŋ24	ɕiɤŋ24	ɕiɤŋ24	ɕiɤŋ24	tɕiɤŋ24	ɕiɤŋ44	ɕiɤŋ44	ɕiɤŋ44
朔城	tɕʰiə̃312	ɕiə̃312	ɕiə̃312	——	tɕiə̃312	ɕiə̃35	ɕiə̃35	ɕiə̃35
平鲁	——	ɕiəɯ213	ɕiəɯ213	ɕiəɯ213	tɕiəɯ213	ɕiəɯ44	ɕiəɯ44	ɕiəɯ44
应县	tɕʰiəŋ43	ɕiəŋ43	ɕiəŋ54	ɕiəŋ54	tɕiəŋ43	ɕiəŋ31	ɕiəŋ31	ɕiəŋ31
灵丘	tɕʰiŋ442	ɕiŋ442	ɕiŋ442	ɕiŋ442	tɕiŋ442	ɕiŋ31	ɕiŋ31	ɕiŋ31

续表

字目	青	星	腥	猩	经	形	刑	型
中古音 / 方言点	仓经 梗开四 平青清	桑径 梗开四 平青心	桑径 梗开四 平青心	桑径 梗开四 平青心	古灵 梗开四 平青见	户径 梗开四 平青匣	户径 梗开四 平青匣	户径 梗开四 平青匣
浑源	tɕʰiə̃^{52}	ɕiə̃^{52}	ɕiə̃^{52}	ɕiə̃^{52}	tɕiə̃^{52}	ɕiə̃^{52}	ɕiə̃^{52}	ɕiə̃^{52}
云州	tɕʰiəɣ^{21}	ɕiəɣ^{21}	ɕiəɣ^{21}	ɕiəɣ^{21}	tɕiəɣ^{21}	ɕiəɣ^{312}	ɕiəɣ^{312}	ɕiəɣ^{312}
新荣	tɕʰiɣ^{32}	ɕiɣ^{32}	ɕiɣ^{54}	ɕiɣ^{32}	tɕiɣ^{32}	ɕiɣ^{312}	ɕiɣ^{312}	ɕiɣ^{312}
怀仁	tɕʰiəŋ^{42}	ɕiəŋ^{42}	ɕiəŋ^{53}	ɕiəŋ^{42}	tɕiəŋ^{42}	ɕiəŋ^{312}	ɕiəŋ^{312}	ɕiəŋ^{312}
左云	tɕʰiəɣ^{31}	ɕiəɣ^{31}	ɕiəɣ^{31}	ɕiəɣ^{31}	tɕiəɣ^{31}	ɕiəɣ^{313}	ɕiəɣ^{313}	ɕiəɣ^{313}
右玉	tʰɕiə̃ɣ^{31}	ɕiə̃ɣ^{31}	ɕiə̃ɣ^{31}	ɕiə̃ɣ^{31}	tɕiə̃ɣ^{31}	ɕiə̃ɣ^{212}	ɕiə̃ɣ^{212}	ɕiə̃ɣ^{212}
阳高	tɕʰiəŋ^{31}	ɕiəŋ^{31}	ɕiəŋ^{31}	ɕiəŋ^{31}	tɕiəŋ^{31}	ɕiəŋ^{312}	ɕiəŋ^{312}	ɕiəŋ^{312}
山阴	tɕiə̃^{313}	ɕiə̃^{313}	ɕiə̃^{313}	ɕiə̃^{313}	tɕiə̃^{313}	ɕiə̃^{313}	ɕiə̃^{313}	ɕiə̃^{313}
天镇	tɕʰiɤɣ^{31}	ɕiɤɣ^{31}	ɕiɤɣ^{31}	——	tɕiɤɣ^{31}	ɕiɤɣ^{22}	ɕiɤɣ^{22}	ɕiɤɣ^{22}
平定	tɕʰiɤŋ^{31}	ɕiɤŋ^{31}	ɕiɤŋ^{31}	——	tɕiɤŋ^{31}	ɕiɤŋ^{44}	ɕiɤŋ^{44}	ɕiɤŋ^{44}
昔阳	tɕʰiəŋ^{42}	ɕiəŋ^{42}	ɕiəŋ^{42}	ɕiəŋ^{42}	tɕiəŋ^{13}	ɕiəŋ^{33}	ɕiəŋ^{33}	ɕiəŋ^{33}
左权	tɕʰiəŋ^{31}	ɕiəŋ^{31}	ɕiəŋ^{31}	——	tɕiəŋ^{31}	ɕiəŋ^{11}	ɕiəŋ^{11}	ɕiəŋ^{11}
和顺	tɕʰiəŋ^{42}	ɕiəŋ^{42}	ɕiəŋ^{42}	ɕiəŋ^{42}	tɕiəŋ^{42}	ɕiəŋ^{22}	ɕiəŋ^{22}	ɕiəŋ^{22}
尧都	tɕʰiε^{21} 白 / tɕʰiəŋ^{21} 文	ɕiε^{21} 白 / ɕiəŋ^{21} 文	ɕiε^{21} 白 / ɕiəŋ^{21} 文	ɕiəŋ^{24}	tɕiəŋ^{21}	ɕiəŋ^{24}	ɕiəŋ^{24}	ɕiəŋ^{24}
洪洞	tɕʰie^{21} 白 / tɕʰieŋ^{21} 文	ɕie^{21} 白 / ɕieŋ^{21} 文 / ɕye^{21}	ɕie^{21} 白 / ɕieŋ^{21} 文	ɕieŋ^{21}	tɕieŋ^{21} 文	ɕieŋ^{24}	ɕieŋ^{24}	ɕieŋ^{24}
洪洞赵城	tɕʰiε^{21} 白 / tɕʰieŋ^{21} 文	ɕyε^{21} 白 / ɕieŋ^{21} 文	ɕiε^{21}	ɕieŋ^{21}	tɕieŋ^{21}	ɕieŋ^{24}	ɕieŋ^{24}	ɕieŋ^{24}
古县	tɕʰiε^{21} 白 / tɕʰiŋ^{21} 文	ɕiŋ^{21}	ɕiε^{21} 白 / ɕiŋ^{21} 文	——	tɕiε^{21} 白 / tɕiŋ^{21} 文	ɕiŋ^{35}	ɕiŋ^{35}	ɕiŋ^{35}
襄汾	tɕʰie^{21} 白 / tɕʰieŋ^{21} 文	ɕie^{21} 白 / ɕieŋ^{21} 文	ɕieŋ^{21}	ɕieŋ^{21}	tɕieŋ^{21}	ɕieŋ^{24}	ɕieŋ^{24}	ɕieŋ^{24}
浮山	tɕʰiε^{42} 白 / tɕʰieŋ^{42} 文	ɕiε^{42} 白 / ɕieŋ^{42} 文	ɕieŋ^{42}	ɕieŋ^{42}	tɕieŋ^{42}	ɕieŋ^{13}	ɕieŋ^{13}	ɕieŋ^{13}
霍州	tɕʰi^{212} 白 / tɕʰiŋ^{212} 文	ɕiŋ^{212} 文	ɕiŋ^{212}	ɕiŋ^{212}	tɕi^{212} 白 / tɕiŋ^{212} 文	ɕiŋ^{35}	ɕiŋ^{35}	ɕiŋ^{35}
翼城	tɕʰiᴇ^{53} 白 / tɕʰiŋ^{53} 文	ɕiᴇ^{53} 白 / ɕiŋ^{53} 文	ɕiᴇ^{53} 白 / ɕiŋ^{53} 文	tɕʰiŋ^{44}	tɕiŋ^{53}	ɕiŋ^{12}	ɕiŋ^{12}	ɕiŋ^{12}
闻喜	tɕʰiᴇ^{53} 白 / tɕʰiəŋ^{53} 文	ɕiᴇ^{53} 白 / ɕiəŋ^{53} 文	ɕiᴇ^{13}	ɕiəŋ^{53}	tɕiəŋ^{53}	ɕiəŋ^{13}	ɕiəŋ^{13}	ɕiəŋ^{13}
侯马	tɕʰiəŋ^{213}	ɕiε^{213} 白 / ɕiəŋ^{213} 文	ɕiəŋ^{213}	ɕiəŋ^{213}	tɕiəŋ^{213}	ɕiəŋ^{213}	xiε^{213} 白 / ɕiəŋ^{213} 文	xɤ^{213} 白 / ɕiəŋ^{213} 文

续表

字目	青	星	腥	猩	经	形	刑	型
中古音 / 方言点	仓经 梗开四 平青清	桑径 梗开四 平青心	桑径 梗开四 平青心	桑径 梗开四 平青心	古灵 梗开四 平青见	户径 梗开四 平青匣	户径 梗开四 平青匣	户径 梗开四 平青匣
新绛	tɕʰie^{53}	ɕie^{53} 白 / ɕiəŋ^{53} 文	ɕiɛ̃^{53} 白 / ɕiəŋ^{53} 文	ɕiəŋ^{53}	tɕiəŋ^{53}	ɕiəŋ^{13}	ɕiəŋ^{13}	ɕiəŋ^{13}
绛县	tɕʰiɛ^{53}	ɕiɪ^{53} 白 / ɕiʌŋ^{53} 文	ɕiɛ^{53}	ɕiʌŋ^{53}	tɕiʌŋ^{53}/ tɕiʌŋ^{31}	ɕiʌŋ^{24}	ɕiʌŋ^{24}	ɕiʌŋ^{24}
垣曲	tɕʰiɛ^{22} 白 / tɕʰiəŋ^{22} 文	ɕiɛ^{22} 白 / ɕiəŋ^{22} 文	ɕiəŋ^{22}	ɕiəŋ^{22}	tɕiəŋ^{22}	ɕiəŋ^{22}	ɕiəŋ^{22}	ɕiəŋ^{22}
夏县	tɕʰiɛ^{53} 白 / tɕʰiəŋ^{53} 文	ɕiɛ^{53} 白 / ɕiəŋ^{53} 文	ɕiɛ^{53} 白 / ɕiəŋ^{53} 文	ɕiəŋ^{53}	tɕiəŋ^{53}	ɕiəŋ^{42}	ɕiəŋ^{42}	ɕiəŋ^{42}
万荣	tɕʰiɛ^{51} 白 / tɕiaŋ^{51} 文	ɕyɛ^{51} 白 / ɕiaŋ^{51} 文	ɕiaŋ^{51}	ɕiaŋ^{51}	tɕiaŋ^{51}	ɕiaŋ^{213}	ɕiaŋ^{213}	ɕiaŋ^{213}
稷山	tɕʰiɛ^{53} 白 / tɕʰiʌŋ^{53} 文	ɕiɛ^{53} 白 / ɕiʌŋ^{53} 文	ɕiɛ^{53} 白 / ɕiʌŋ^{53} 文	ɕiʌŋ^{53}	tɕiʌŋ^{53}	ɕiʌŋ^{13}	ɕiʌŋ^{13}	ɕiʌŋ^{13}
盐湖	tɕʰiɛ^{42} 白 / tɕʰiŋ^{42} 文	ɕiŋ^{42}	ɕiŋ^{42}	ɕiŋ^{42}	tɕiŋ^{42}	ɕiŋ^{13}	ɕiŋ^{13}	ɕiŋ^{13}
临猗	tɕʰiɛ^{42} 白 / tɕʰiəŋ^{42} 文	ɕiəŋ^{42}	ɕiəŋ^{42}	ɕiəŋ^{42}	tɕiəŋ^{42}	ɕiəŋ^{13}	ɕiəŋ^{13}	ɕiəŋ^{13}
河津	tɕʰiɛ^{31} 白 / tɕʰiəŋ^{31} 文	ɕiəŋ^{31}	ɕiɛ^{31} 白 / ɕiəŋ^{31} 文	ɕiəŋ^{31}	tɕiəŋ^{31}	ɕiəŋ^{324}	ɕiəŋ^{324}	ɕiəŋ^{324}
平陆	tɕʰiɛ^{31} 白 / tɕʰiŋ^{31} 文	ɕyə^{31} 白 / ɕiŋ^{31} 文	ɕiŋ^{31}	ɕiŋ^{31}	tɕiŋ^{31}	ɕiŋ^{13}	ɕiŋ^{13}	ɕiŋ^{13}
永济	tɕʰie^{31} 白 / tɕʰiŋ^{31} 文	ɕie^{31} 白 / ɕiŋ^{31} 文	ɕie^{31} 白 / ɕiŋ^{31} 文	ɕiŋ^{53}	tɕie^{54} 白 / tɕiŋ^{31} 文 / tɕiŋ^{44}	ɕiŋ^{24}	ɕiŋ^{24}	ɕiŋ^{24}
芮城	tɕʰiɛ^{42} 白 / tɕʰiəŋ^{42} 文	ɕiɛ^{42} 白 / ɕiəŋ^{42} 文	ɕiəŋ^{42}	ɕiəŋ^{42}	tɕiəŋ^{42}	ɕiəŋ^{13}	ɕiəŋ^{13}	ɕiəŋ^{13}
吉县	tɕʰiɛ^{423} 白 / tɕʰiəŋ^{423} 文	ɕyɛ^{423} 白 / ɕiəŋ^{423} 文	ɕiəŋ^{423}	——	tɕiəŋ^{423}	ɕiəŋ^{13}	ɕiəŋ^{13}	ɕiəŋ^{13}
乡宁	tɕʰiᴇ^{53} 白 / tɕʰiəŋ^{53} 文	ɕiᴇ^{53} 白 / ɕyᴇ^{53} 白 / ɕiəŋ^{53} 文	ɕiᴇ^{53} 白 / ɕiəŋ^{53} 文	ɕiəŋ^{53}	tɕiəŋ^{53}	ɕiəŋ^{12}	ɕiəŋ^{12}	ɕiəŋ^{12}
广灵	tɕʰiŋ^{53}	ɕiŋ^{53}	ɕiŋ^{53}	ɕiŋ^{53}	tɕiŋ^{53}	ɕiŋ^{31}	ɕiŋ^{31}	ɕiŋ^{31}

字目	并~且	顶	鼎	艇	挺	醒	订	钉~住
中古音 / 方言点	蒲迥 梗开四 上迥並	都挺 梗开四 上迥端	都挺 梗开四 上迥端	徒鼎 梗开四 上迥定	徒鼎 梗开四 上迥定	苏挺 梗开四 上迥心	丁定 梗开四 去径端	丁定 梗开四 去径端
北京	piŋ^{51}	tiŋ^{214}	tiŋ^{214}	tʰiŋ^{214}	tʰiŋ^{214}	ɕiŋ^{214}	tiŋ^{51}	tiŋ^{51} 动词
小店	piə̃^{24}	ti^{53} 白 / tiə̃^{53} 文	tiə̃^{53}	tʰi^{11} 白 / tʰiə̃^{11} 文	tʰiə̃^{53}	ɕiə̃^{53}	tiə̃^{24}	ti^{24} 白 /tiə̃^{24} 文
尖草坪	piʌŋ^{33}	ti^{312} 白 / tiʌŋ^{312} 文	tiʌŋ^{312}	tʰiʌŋ^{312}	tʰiʌŋ^{312}	ɕiʌŋ^{312}	tiʌŋ^{35}	tiʌŋ^{35}
晋源	pin^{35}	ti^{42}	tin^{42}	tʰin^{11}	tʰin^{42}	ɕin^{42}	tin^{35}	ti^{35}
阳曲	piə̃^{454}	ti^{312} 白 / tiə̃^{312} 文	tiə̃^{312}	tʰiə̃^{312}	tʰiə̃^{312}	ɕiə̃^{312}	ti^{454} 白 / tiə̃^{454} 文	ti^{454} 白 / tiə̃^{454} 文
古交	piəŋ^{53}	ti^{312} 白 / tiəŋ^{312} 文	tiəŋ^{312}	tʰiəŋ^{312}	tʰiəŋ^{312}	ɕiəŋ^{312}	tiəŋ^{53}	tiəŋ^{53}
清徐	piəŋ^{45}	ti^{54} 白 / tiəŋ^{11} 文	tiəŋ^{54}	tʰiəŋ^{11}	tʰiəŋ^{54}	ɕiəŋ^{54}	tiəŋ^{45}	ti^{45} 白 / tiəŋ^{45} 文
娄烦	piəŋ^{54}	ti^{312} 白 / tiəŋ^{312} 文	tiəŋ^{312}	tɕʰiəŋ^{312}	tɕʰiəŋ^{312}	ɕi^{312} 白 / ɕiəŋ^{312} 文	tiəŋ^{54}	ti^{54} 白 / tiəŋ^{54} 文
榆次	piɤ̃^{35}/pi^{35}	tiɤ̃^{53}/ti^{53}	tiɤ̃^{53}	tʰiɤ̃^{53}	tʰiɤ̃^{53}	ɕiɤ̃^{53}/ɕi^{53}	tiɤ̃^{35}/ti^{35}	tiɤ̃^{35}/ti^{35}
交城	piə̃^{24}	tiə̃^{53} 文	tiə̃^{53}	tʰiə̃^{53}	tʰiə̃^{53}	ɕiə̃^{53}	tiə̃^{24}	ti^{24}
文水	piəŋ^{35}	tiəŋ^{423}	tiəŋ^{423}	tʰiəŋ^{423}	tʰiəŋ^{423}	ɕiəŋ^{423}	tiəŋ^{423}	tɿ^{35} 白 / tiəŋ^{35} 文
祁县	piɔə̃^{45}	tɿ^{314} 白 / tiɔə̃^{314} 文	tiɔə̃^{314}	tʰiɔə̃^{314}	tʰɿ^{314} 白 / tʰiɔə̃^{314} 文	ɕiɔə̃^{314}	tiɔə̃^{45}	tɿ^{45} 白 / tiɔə̃^{45} 文
太谷	piə̃^{53}	ti^{312} 白 / tiə̃^{312} 文	tiə̃^{312}	tʰiə̃^{312}	tʰi^{312} 白 / tʰiə̃^{312} 文	ɕiə̃^{312}	tiə̃^{53}	ti^{53} 白 / tiə̃^{53} 文
平遥	piəŋ^{24}	tiəŋ^{512}	tiəŋ^{512}	tʰiəŋ^{512}	tʰiəŋ^{512}	ɕiəŋ^{512}	tiəŋ^{24}	tiəŋ^{24}
孝义	piə̃^{454}	ti^{312} 白 / tiə̃^{312} 文	tiə̃^{312}	tʰiə̃^{312}	tʰiə̃^{312}	ɕiə̃^{312}	tiə̃^{454}	ti^{454}
介休	pin^{45}	tei^{423} 白 / tin^{423} 文	tin^{423}	tʰin^{423}	tʰin^{423}	ɕin^{423}	tin^{423}	tei^{45} 白 / tin^{45} 文
灵石	——	tiŋ^{53}	tiŋ^{53}	tʰiŋ^{44}	tʰiŋ^{212}	ɕiŋ^{212}	tiŋ^{53}	ti^{53}
盂县	pi^{53} 白 / piə̃^{53} 文	ti^{53} 白 / tiə̃^{53} 文	tiə̃^{53}	tʰiə̃^{53}	tʰiə̃^{53}	ɕiə̃^{53}	tiə̃^{55}	ti^{412} 白 / tiə̃^{412} 文
寿阳	piə̃^{45}	tsɿ^{53}/tiə̃^{53}	tiə̃^{53}	tʰiə̃^{53}	tsʰɿ^{53}/tʰiə̃^{53}	ɕiə̃^{53}	tiə̃^{45}	tsɿ^{45}/tiə̃^{45}
榆社	pier^{45}	tei^{312}	tei^{312}	tʰei^{312}	tʰei^{312}	ɕier^{312}	tei^{45}	tei^{45}
离石	piəŋ^{53}	tɿ^{312} 白 / tiəŋ^{312} 文	tiəŋ^{312}	tʰiəŋ^{312}	tʰiəŋ^{312}	ɕiəŋ^{312}	tiəŋ^{53}	tɿ^{24}
汾阳	——	tɿ^{312} 白 / tiẼ^{312} 文	tiẼ^{312}	tʰiẼ^{312}	tʰiẼ^{312}	sɿ^{312} 白 / ɕiẼ^{312} 文	tiẼ^{55}	tɿ^{55} 白 / tiẼ^{55} 文

续表

字目	并~且	顶	鼎	艇	挺	醒	订	钉~住
中古音 / 方言点	蒲迥 梗开四 上迥並	都挺 梗开四 上迥端	都挺 梗开四 上迥端	徒鼎 梗开四 上迥定	徒鼎 梗开四 上迥定	苏挺 梗开四 上迥心	丁定 梗开四 去径端	丁定 梗开四 去径端
中阳	piə̃^{53}	ti^{423} 白 / tiə̃^{423} 文	tiə̃^{423}	tʰiə̃^{423}	tʰiə̃^{423}	ɕiə̃^{423}	tiə̃^{53}	ti^{24}
柳林	piə̃^{53}	ti^{312} 白 / tiə̃^{312} 文	tiə̃^{312}	tʰiə̃^{312}	tʰiə̃^{312}	ɕiə̃^{312}	tiə̃^{53}	ti^{53}
方山	piə̃ŋ^{52}	ti^{312} 白 / tiə̃ŋ^{312} 文	tiə̃ŋ^{312}	tʰiə̃ŋ^{312}	tʰiə̃ŋ^{312}	ɕiə̃ŋ^{312}	tiə̃ŋ^{52}	ti^{52}
临县	piə̃^{52}	tiə̃^{312}	tiə̃^{312}	tʰiə̃^{312}	tʰiə̃^{312}	ɕiə̃^{312}	tiə̃^{52}	ti^{24}
兴县	piəŋ^{53}	ti^{324} 白 / tiəŋ^{324} 文	——	tiəŋ^{324}	tiəŋ^{324}	ɕi^{53} 白 / ɕiəŋ^{324} 文	tiəŋ^{324} / tiəŋ^{53}	ti^{324} 白 /ti^{52} 白 / tiəŋ^{324} 文
岚县	piəŋ^{53}	ti^{312} 白 / tiəŋ^{312} 文	tiəŋ^{312}	tɕʰiəŋ^{312}	tɕʰiəŋ^{312}	ɕi^{312} 白 / ɕiəŋ^{312} 文	tiəŋ^{53}	ti^{53} 白 / tiəŋ^{53} 文
静乐	piɤ̃^{53}	tiɤ̃^{314}	tiɤ̃^{314}	tɕʰiɤ̃^{314}	tɕʰiɤ̃^{314}	ɕiɤ̃^{314}	tiɤ̃^{53}	tiɤ̃^{53}
交口	piəŋ^{53}	tiɛ^{323} 白 / tiəŋ^{323} 文	tiəŋ^{323}	tʰiəŋ^{323}	tʰiəŋ^{323}	ɕiəŋ^{323}	tiəŋ^{53}	tiɛ^{53} 白 / tiəŋ^{53} 文
石楼	piəŋ^{51}	tiɛ^{213}/ 白 tiəŋ^{213} 文	tiəŋ^{213}	tʰiəŋ^{213}	tiəŋ^{213}	ɕiɛ^{213} 白 / ɕiəŋ^{213} 文	tiɛ^{51} 白 / tiəŋ^{51} 文	tiɛ^{51} 白 / tiəŋ^{51} 文
隰县	piəŋ^{44}	tiəŋ^{21}	tiəŋ^{21}	tʰiəŋ^{21}	tʰiəŋ^{21}	ɕiəŋ^{21}	tiəŋ^{44}	tiɛ^{44} 白 / tiɛŋ^{44} 文
大宁	——	tiən^{24}	tiən^{31}	tʰiən^{31}	tʰie^{31} 白 / tʰiən^{31} 文	ɕie^{55} 白 / ɕiən^{31} 文	tie^{55} 白 / tiən^{55} 文	tie^{55} 白 / tiən^{55} 文
永和	piəŋ^{53}	tiəŋ^{312}	tiəŋ^{312}	tʰiəŋ^{312}	tʰiəŋ^{312}	ɕie^{312} 白 / ɕiəŋ^{312} 文	tiəŋ^{53}	tie^{53} 白 / tiəŋ^{53} 文
汾西	——	ti^{33} 白 / tiəŋ^{33} 文	tiəŋ^{11}	tʰiəŋ^{33}	tʰi^{33} 白 / tʰiəŋ^{33} 文	xei^{35} 白 /ɕi^{55} 白 / ɕiəŋ^{55} 文	tʰiəŋ^{53} 白 / tiəŋ^{53} 文	ti^{55} 白 / tiəŋ^{55} 文
蒲县	piŋ^{33}	tiŋ^{31}	tiŋ^{31}	tʰiŋ^{31}	tʰiŋ^{31}	ɕiɛ^{33} 白 / ɕiŋ^{33} 文	tiɛ^{33} 白 / tiŋ^{33} 文	tiɛ^{33} 白 / tiŋ^{33} 文
潞州	piŋ^{54}	tiŋ^{535}	tiŋ^{535}	tʰiŋ^{535}	tʰiŋ^{535}	ɕiŋ^{535}	tiŋ^{44}	tiŋ^{44}
上党	piŋ^{535}	tiŋ^{535}	tiŋ^{535}	tʰiŋ^{535}	tʰiŋ^{535}	ɕiŋ^{535}	tiŋ^{22}	tiŋ^{22}
长子	piŋ^{422}	tiŋ^{434}	tiŋ^{434}	tʰiŋ^{434}	tʰiŋ^{434}	ɕiŋ^{434}	tiŋ^{422}	tiŋ^{422}
屯留	piəŋ^{53}	tiəŋ^{43}	tiəŋ^{43}	tʰiəŋ^{43}	tʰiəŋ^{43}	ɕiəŋ^{43}	tiəŋ^{11}	tiəŋ^{53}
襄垣	piəŋ^{45}	tiəŋ^{42}	tiəŋ^{42}	tʰiəŋ^{42}	tʰiəŋ^{42}	ɕiəŋ^{42}	tiəŋ^{53}	tiəŋ^{45}
黎城	piəŋ^{53}	tiəŋ^{213}	tiəŋ^{213}	tʰiəŋ^{213}	tʰiəŋ^{213}	ɕiəŋ^{213}	tiəŋ^{422}	tiəŋ^{422}
平顺	piŋ^{434}	tiŋ^{434}	tiŋ^{434}	tʰiŋ^{434}	tʰiŋ^{434}	ɕiŋ^{434}	tiŋ^{53}	tiŋ^{53}
壶关	piŋ^{42}	tiŋ^{535}	tiŋ^{535}	tʰiŋ^{535}	tʰiŋ^{535}	siŋ^{535}	tiŋ^{42}	tiŋ^{42}

续表

字目	并~且	顶	鼎	艇	挺	醒	订	钉~住
中古音 方言点	蒲迥 梗开四 上迥並	都挺 梗开四 上迥端	都挺 梗开四 上迥端	徒鼎 梗开四 上迥定	徒鼎 梗开四 上迥定	苏挺 梗开四 上迥心	丁定 梗开四 去径端	丁定 梗开四 去径端
沁县	piə̃^{53}	tiə̃^{214}	tiə̃^{214}	tɕʰiə̃^{214}	tɕʰiə̃^{214}	ɕiə̃^{214}	tiə̃^{53}	tiə̃^{53}
武乡	piɐŋ^{55}	tiɐŋ^{213}	tiɐŋ^{213}	tʰiɐŋ^{213}	tʰiɐŋ^{213}	ɕiɐŋ^{213}	tiɐŋ^{55}	tiɐŋ^{55}
沁源	piə̃^{53}	ti^{324}白 / tiə̃^{324}文	tiə̃^{324}	tʰiə̃^{324}	tʰiə̃^{324}	ɕiə̃^{324}	tiə̃^{53}	tiə̃^{53}
安泽	piəŋ^{53}	tiəŋ^{42}	tiəŋ^{42}	tʰiəŋ^{42}	tʰiəŋ^{42}	——	tiəŋ^{53}	tiəŋ^{53}
沁水端氏	piŋ^{53}	tiŋ^{31}	tiŋ^{31}	tʰiŋ^{31}	tʰiŋ^{31}	ɕiŋ^{31}	tiŋ^{53}	tiŋ^{53}
阳城	piə̃ĩ^{51}	tiə̃ĩ^{212}	tiə̃ĩ^{212}	tʰiə̃ĩ^{212}	tʰiə̃ĩ^{212}	ɕiə̃ĩ^{212}	tiə̃ĩ^{51}	tiə̃ĩ^{51}
高平	piə̃ŋ^{53}	tiə̃ŋ^{212}	tiə̃ŋ^{212}	tʰiə̃ŋ^{212}	tʰiə̃ŋ^{212}	ɕiə̃ŋ^{212}	tiə̃ŋ^{53}	tiə̃ŋ^{53}
陵川	piŋ^{24}	tiŋ^{312}	tiŋ^{312}	tʰiŋ^{312}	tʰiŋ^{312}	ɕiŋ^{312}	tiŋ^{24}	tiŋ^{24}
晋城	piẽ^{53}	tiẽ^{213}	tiẽ^{213}	tʰiẽ^{213}	tʰiẽ^{213}	ɕiẽ^{213}	tiẽ^{53}	tiẽ^{53}
忻府	piəŋ^{53}	ti^{313}白 / tiəŋ^{313}文	tiəŋ^{313}	tʰiəŋ^{313}	tʰiəŋ^{313}	ɕiəŋ^{313}	tiəŋ^{53}	ti^{53}
原平	piəŋ^{53}	tiəŋ^{213}	tiəŋ^{213}	tʰiəŋ^{213}	tʰiəŋ^{213}	ɕiəŋ^{213}	tiəŋ^{53}	ti^{53}白 / tiəŋ^{53}文
定襄	piəŋ^{53}	tiəŋ^{24}	tiəŋ^{24}	tʰiəŋ^{24}	tʰiəŋ^{24}	ɕiəŋ^{24}	tiəŋ^{53}	tiəŋ^{24}
五台	piən^{52}	tiən^{213}	tiən^{213}	tɕʰiən^{33}	tɕʰiən^{33}	ɕiən^{213}	tiən^{52}/ti^{52}	ti^{52}
岢岚	piəŋ^{52}	tiəŋ^{13}	tiəŋ^{13}	tʰiəŋ^{13}	tʰiəŋ^{13}	ɕiəŋ^{13}	tiəŋ^{52}	tiəŋ^{52}
五寨	piəɣ̃^{52}	tiəɣ̃^{13}	tiəɣ̃^{13}	tʰiəɣ̃^{13}	tʰiəɣ̃^{13}	ɕiəɣ̃^{13}	tiəɣ̃^{52}	tiəɣ̃^{52}
宁武	piɤɯ^{52}	tiɤɯ^{213}	tiɤɯ^{213}	tɕʰiɤɯ^{213}	tɕʰiɤɯ^{213}	ɕiɤɯ^{213}	tiɤɯ^{52}	tiɤɯ^{52}
神池	piə̃^{52}	tiə̃^{13}	tiə̃^{13}	tʰiə̃^{13}	tɕʰiə̃^{13}	ɕiə̃^{13}	tiə̃^{52}	tiə̃^{52}
繁峙	piəŋ^{24}	tiəŋ^{53}	tiəŋ^{53}	tʰiəŋ^{53}	tʰiəŋ^{53}	ɕiəŋ^{53}	tiəŋ^{24}	tiəŋ^{24}
代县	piɤŋ^{53}	tiɤŋ^{213}	tiɤŋ^{213}	tʰiɤŋ^{213}	tʰiɤŋ^{213}	ɕiɤŋ^{213}	tiɤŋ^{53}	tiɤŋ^{53}
河曲	piŋ^{52}	tiŋ^{213}	tiŋ^{213}	tʰiŋ^{213}	tʰiŋ^{213}	ɕiŋ^{213}	tiɤŋ^{213}	tiɤŋ^{52}
保德	piəŋ^{52}	tiəŋ^{213}	tiəŋ^{213}	tʰiəŋ^{213}	tʰiəŋ^{213}	ɕiəŋ^{213}	tiəŋ^{52}	tiəŋ^{52}
偏关	piɤŋ^{52}	tiɤŋ^{213}	tiɤŋ^{213}	tʰiɤŋ^{213}	tʰiɤŋ^{213}	ɕiɤŋ^{213}	tiɤŋ^{52}	tiɤŋ^{52}
朔城	——	tiə̃^{312}	tiə̃^{312}	tɕʰiə̃^{312}	tɕʰiə̃^{312}	ɕiə̃^{312}	tiə̃^{53}	tiə̃^{53}
平鲁	——	tiəɯ^{213}	tiəɯ^{213}	tɕʰiəɯ^{213}	tɕʰiəɯ^{213}	ɕiəɯ^{213}	tiəɯ^{52}	tiəɯ^{52}
应县	——	tiəŋ^{43}/tiəŋ^{24}/ tiəŋ^{54}	tiəŋ^{54}	tʰiəŋ^{54}	tɕʰiəŋ^{54}	ɕiəŋ^{54}	tiəŋ^{24}	tiəŋ^{24}
灵丘	piŋ^{53}	tiŋ^{442}	tiŋ^{442}	tʰiŋ^{31}	tʰiŋ^{442}	ɕiŋ^{442}	tiŋ^{53}	tiŋ^{53}
浑源	piə̃^{13}	tiə̃^{52}	tiə̃^{52}	tʰiə̃^{52}	tʰiə̃^{52}	ɕiə̃^{52}	tiə̃^{13}	tiə̃^{13}
云州	piəɣ^{24}	tiəɣ^{55}	tiəɣ^{55}	tʰiəɣ^{55}	tʰiəɣ^{55}	ɕiəɣ^{55}	tiəɣ^{24}	tiəɣ^{24}

续表

字目	并~且	顶	鼎	艇	挺	醒	订	钉~住
中古音 方言点	蒲迥 梗开四 上迥並	都挺 梗开四 上迥端	都挺 梗开四 上迥端	徒鼎 梗开四 上迥定	徒鼎 梗开四 上迥定	苏挺 梗开四 上迥心	丁定 梗开四 去径端	丁定 梗开四 去径端
新荣	piɣ^{24}	tiɣ^{54}	tiɣ^{54}	tʰiɣ^{54}	tʰiɣ^{54}	ɕiɣ^{54}	tiɣ^{24}	tiɣ^{24}
怀仁	piəŋ^{24}	tiəŋ^{53}	tiəŋ^{53}	tʰiəŋ^{53}	tʰiəŋ^{53}	ɕiəŋ^{53}	tiəŋ^{24}	tiəŋ^{24}
左云	piəɣ^{24}	tiəɣ^{54}	tiəɣ^{54}	tʰiəɣ^{54}	tʰiəɣ^{54}	ɕiəɣ^{54}	tiəɣ^{24}	tiəɣ^{24}
右玉		tiə̃ɣ^{53}	tiə̃ɣ^{53}	tʰiə̃ɣ^{53}	tʰiə̃ɣ^{53}	ɕiə̃ɣ^{53}	tiə̃ɣ^{24}	tʰiə̃ɣ^{31}
阳高	piəŋ^{24}	tiəŋ^{31}/tiəŋ^{53}	tiəŋ^{53}	tʰiəŋ^{53}	tʰiəŋ^{53}	ɕiəŋ^{53}	tiəŋ^{24}	tiəŋ^{24}
山阴	——	tiə̃^{52}	tiə̃^{52}	tɕiə̃^{52}	tɕiə̃^{52}	ɕiə̃^{52}	tiə̃^{335}	tiə̃^{335}
天镇	piɤɣ^{24}	tiɤɣ^{55}	tiɤɣ^{55}	tʰiɤɣ^{55}	tʰiɤɣ^{55}	ɕiɤɣ^{55}	tiɤɣ^{24}	tiɤɣ^{24}
平定	piɤŋ^{24}	tiɤŋ^{53}	tiɤŋ^{53}	tʰiɤŋ^{44}	tʰiɤŋ^{53}	ɕiɤŋ^{53}	tiɤŋ^{24}	tiɤŋ^{31}
昔阳	piəŋ^{13}	tiəŋ^{55}	tiəŋ^{55}	tʰiəŋ^{55}	tʰiəŋ^{55}	ɕiəŋ^{55}	tiəŋ^{13}	tiəŋ^{13}
左权	piəŋ^{53}	tiəŋ^{42}	tiəŋ^{42}	tʰiəŋ^{42}	tʰiəŋ^{42}	ɕiəŋ^{42}	tiəŋ^{53}	tiəŋ^{53}
和顺	piəŋ^{13}	tiəŋ^{53}	tiəŋ^{53}	tʰiəŋ^{22}	tʰiəŋ^{53}	ɕiəŋ^{53}	tiəŋ^{13}	tiəŋ^{13}
尧都	piəŋ^{44}	tiəŋ^{53}	tiəŋ^{53}	tʰiəŋ^{53}	tʰiəŋ^{53}	ɕiɛ^{53} 白 / ɕiəŋ^{53} 文	tiəŋ^{44}	tiɛ^{44} 白 / tiəŋ^{44} 文
洪洞	pieŋ^{42}	tieŋ^{42}	tieŋ^{21}	tʰieŋ^{24}	tʰie^{42} 白 / tʰieŋ^{42} 文	ɕie^{33} 白 / ɕieŋ^{33} 文 / xye^{24} 白	tieŋ^{53}	tie^{33} 白 / tieŋ^{33} 文
洪洞赵城	pieŋ^{53}	tieŋ^{42}	tieŋ^{42}	tʰieŋ^{42}	tʰie^{42} 白 / tʰieŋ^{42} 文	ɕie^{42} 白 / ɕieŋ^{42} 文	tiɛ^{24}	tiɛ^{24}
古县	piŋ^{35}	tɕie^{42} 白 / tɕiŋ^{42} 文	tɕiŋ^{42}	tɕʰiŋ^{53}	tɕʰiŋ^{53}	ɕiŋ^{42}	tɕiŋ^{53}	tɕiɛ^{35} 白 / tɕiŋ^{53} 文
襄汾	pieŋ^{44}	tie^{42} 白 / tieŋ^{42} 文	tieŋ^{42}	tʰieŋ^{42}	tʰieŋ^{42}	tɕʰye^{42} 白 / ɕieŋ^{42} 文	tieŋ^{53}	tie^{44}
浮山	pieŋ^{44}	tiɛ^{33} 白 / tieŋ^{33} 文	tieŋ^{33}	tʰieŋ^{33}	tʰieŋ^{33}	ɕiɛ^{33}	tieŋ^{53}	tiɛ^{44}
霍州	piŋ^{53}	tɕi^{33} 白 / tiŋ^{33} 文	tiŋ^{212}	tʰiŋ^{53}	tʰiŋ^{33}	ɕi^{33} 白 / ɕiŋ^{33} 文	tɕi^{55} 白 / tiŋ^{55} 文	tɕi^{55} 白 / tiŋ^{55} 文
翼城	piŋ^{53}	tiᴇ^{44} 白 /tiŋ^{44} 文	tiŋ^{44}	tʰiᴇ^{44} 白 / tʰiŋ^{44} 文	tʰiŋ^{44}	ɕiᴇ^{44} 白 / ɕiŋ^{44} 文	tiᴇ^{53} 白 /tiŋ^{53} 文	tiŋ^{53}
闻喜	piəŋ^{13}	tiəŋ^{33}	tiəŋ^{33}	tʰiəŋ^{33}	tʰiəŋ^{33}	ɕiᴇ^{33} 白 / ɕiəŋ^{33} 文	tiəŋ^{53}	tiᴇ^{53} 白 / tiəŋ^{53} 文
侯马	piəŋ^{53}	tiəŋ^{44}	tiəŋ^{44}	tʰie^{44} 白 / tʰiəŋ^{44} 文	——	ɕiəŋ^{44}	——	tiɛ^{213}
新绛	piẽ^{53}	tiəŋ^{44}	tiəŋ^{44}	tʰiəŋ^{13}	tʰiəŋ^{44}	ɕiəŋ^{44}	tiəŋ^{53}	tiẽ^{53}/tiəŋ^{53}
绛县	piʌŋ^{31}	tiʌŋ^{31}/tieĩ^{33}	tiʌŋ^{31}	tʰiʌŋ^{53}	tʰiʌŋ^{53}	ɕiʌŋ^{33}	tiʌŋ^{31}	tiɛ^{31}

续表

字目	并~且	顶	鼎	艇	挺	醒	订	钉~住
中古音 / 方言点	蒲迥 梗开四 上迥並	都挺 梗开四 上迥端	都挺 梗开四 上迥端	徒鼎 梗开四 上迥定	徒鼎 梗开四 上迥定	苏挺 梗开四 上迥心	丁定 梗开四 去径端	丁定 梗开四 去径端
垣曲	piəŋ^{22}	tiəŋ^{44}	tiəŋ^{44}	t^{h}iəŋ^{44}	t^{h}iəŋ^{44}	ɕie^{44}	tiəŋ^{53}	tiɛ^{53} 白 / tiəŋ^{53} 文
夏县	piəŋ^{31}	tiəŋ^{24}	tiəŋ^{24}	t^{h}iəŋ^{24}	t^{h}iəŋ^{24}	ɕiɛ^{53} 白 / ɕiəŋ^{53} 文	tiəŋ^{31}	tiɛ^{31} 白 / tiəŋ^{31} 文
万荣	piaŋ^{33}	tiaŋ^{55}	tiaŋ^{55}	t^{h}iaŋ^{55}	t^{h}iaŋ^{55}	ɕiɛ^{55} 白 / ɕiaŋ^{55} 文	tiaŋ^{33}	tiɛ^{33}
稷山	piʌŋ^{42}	tiʌŋ^{44}	tiʌŋ^{44}	t^{h}iʌŋ^{44}	t^{h}iʌŋ^{44}	ɕiɤ^{44} 白 / ɕiʌŋ^{44} 文	tiɛ^{42} 白 / tiʌŋ^{42} 文	tiɛ^{42} 白 / tiʌŋ^{42} 文
盐湖	piŋ^{44}	tiŋ^{53}	tiŋ^{53}	t^{h}iŋ^{44}	t^{h}iŋ^{44}	ɕiŋ^{53}	tiŋ^{44}	tiɛ^{44} 白 /tiŋ^{44} 文
临猗	piəŋ^{44}	tiəŋ^{53}	tiəŋ^{53}	t^{h}iəŋ^{53}	t^{h}iəŋ^{53}	ɕiɛ^{53} 白 / ɕiəŋ^{53} 文	tiəŋ^{44}	tiɛ^{44} 白 / tiəŋ^{44} 文
河津	piəŋ^{44}	tiəŋ^{53}	tiəŋ^{53}	t^{h}iəŋ^{53}	t^{h}iɛ^{53} 白 / t^{h}iəŋ^{53} 文	ɕiɛ^{53} 白 / ɕiəŋ^{53} 文	tiəŋ^{44}	tiɛ^{44} 白 / tiəŋ^{44} 文
平陆	piŋ^{33}	tiŋ^{55}	tiŋ^{55}	tiŋ^{31}	tiŋ^{55}	ɕiɛ^{55} 白 / ɕiŋ^{55} 文	tiŋ^{33}	tiɛ^{31} 白 /tiŋ^{31} 文
永济	piŋ^{44}	tiŋ^{24} 白 / tiŋ^{53} 文	tiŋ^{53}	t^{h}iŋ^{53}	t^{h}iŋ^{53}	ɕie^{53} 白 / ɕiŋ^{53} 文	tiŋ^{44}	tie^{44} 白 / tiŋ^{31} 文
芮城	piəŋ^{44}	tiəŋ^{53}	tiəŋ^{53}	t^{h}iəŋ^{53}	t^{h}iəŋ^{53}	ɕiəŋ^{53}	tiəŋ^{44}	tiɛ^{44} 白 / tiəŋ^{44} 文
吉县	piəŋ^{33}	tiəŋ^{53}	tiəŋ^{53}	t^{h}iəŋ^{423}	t^{h}iəŋ^{53}	ɕiɛ^{53} 白 / ɕiəŋ^{53} 文	tiəŋ^{33}	tiei^{33}
乡宁	piəŋ^{22}	tiəŋ^{44}	tiəŋ^{44}	t^{h}iəŋ^{44}	t^{h}iəŋ^{44}	ɕiᴇ^{44} 白 / ɕiəŋ^{44} 文	tiəŋ^{22}	tiᴇ^{53} 白 / tiəŋ^{53} 文
广灵	piŋ^{213}	tiŋ^{44}	tiŋ^{44}	t^{h}iŋ^{44}	t^{h}iŋ^{44}	ɕiŋ^{44}	tiŋ^{213}	tiŋ^{213}

字目	听~从	定	另	磬	壁	劈	觅	滴
中古音 / 方言点	他丁 梗开四 去径透	徒径 梗开四 去径定	力政 梗开四 去径来	苦定 梗开四 去径溪	北激 梗开四 入锡帮	普击 梗开四 入锡滂	莫狄 梗开四 入锡明	都历 梗开四 入锡端
北京	tʰiŋ^{55}	tiŋ^{51}	liŋ^{51}	tɕʰiŋ^{51}	pi^{51}	pʰi^{55}	mi^{51}	ti^{55}
小店	tʰi^{11} 白	tiə̃^{24}	liə̃^{24}	tɕʰiə̃^{24}	piəʔ^{1}	pʰiəʔ^{1}	miəʔ^{1} 白 / mi^{24} 文	tiəʔ^{1}
尖草坪	tʰi^{35} 白 / tʰiʌŋ^{35} 文	ti^{35} 白 / tiʌŋ^{35} 文	liʌŋ^{35}	tɕʰiʌŋ^{35}	piəʔ^{2}	pʰiəʔ^{2}	mi^{35}	tiəʔ^{2}
晋源	ti^{11}	tin^{35}	lin^{11}	tɕʰin^{35}	piəʔ^{2}	pʰiəʔ^{2}	mi^{35}	tiəʔ^{2}
阳曲	tʰiə̃^{312}	tiə̃^{454}	li^{454} 白 / liə̃^{454} 文	tɕʰiə̃^{454}	piɛʔ^{4}	pʰiɛʔ^{4}	mi^{454}	tiɛʔ^{4}
古交	tʰiəŋ^{44}	tiəŋ^{53}	liəŋ^{53}	tɕʰiəŋ^{53}	piəʔ^{4}	pʰiəʔ^{4}	miəʔ^{4}/mi^{53}	tiəʔ^{4}
清徐	tʰiəŋ^{45}	tiəŋ^{45}	liəŋ^{45}	tɕʰiəŋ^{45}	piəʔ^{1}	pʰi^{11}	miəʔ^{1}	tiəʔ^{1}
娄烦	tɕʰi^{33} 白 / tɕʰiəŋ^{33} 文	tiəŋ^{54}	liəŋ^{54}	tɕʰiəŋ^{54}	piəʔ^{3}	pʰiəʔ^{3}	miəʔ^{3}	tiəʔ^{3}
榆次	tsʰuɤ̃^{11}	tiɤ̃^{35}	liɤ̃^{35}	tɕʰiɤ̃^{35}	piəʔ^{1}	pʰiəʔ^{1}	miəʔ^{1}	tiəʔ^{1}
交城	tʰi^{11} 白 / tʰiə̃^{11} 文	ti^{24} 白 / tiə̃^{24} 文	li^{24} 白 / liə̃^{24} 文	tɕʰiə̃^{24}	piəʔ^{1}	pʰiəʔ^{1} 文	miəʔ^{1}	tiaʔ^{1}
文水	tʰɿ^{22} 白 / tʰiəŋ^{22} 文	tiəŋ^{35}	liəŋ^{35}	tɕʰiəŋ^{35}	piəʔ^{2}	pʰiəʔ^{2}/ pʰiæĩ^{35}	miəʔ^{2}	tiaʔ^{2} 老 / tiəʔ^{2} 新
祁县	tʰiɔ̃^{45}	tɿ^{45} 白 / tiɔ̃^{45} 文	lɿ^{45} 白 / liɔ̃^{45} 文	tɕʰiɔ̃^{45}	piəʔ$^{\underline{32}}$	pʰiəʔ$^{\underline{32}}$	miəʔ$^{\underline{32}}$	tiɑʔ$^{\underline{32}}$/tiəʔ$^{\underline{32}}$
太谷	tʰiə̃^{53}	ti^{53} 白 / tiə̃^{53} 文	li^{53} 白 / liə̃^{53} 文	tɕʰiə̃^{53}	piəʔ^{3}	pʰiəʔ^{3}	miəʔ^{3}	tiəʔ^{3}
平遥	tʰi^{213}	tiəŋ^{24}	liəŋ^{24}	——	piʌʔ$^{\underline{212}}$	pʰiʌʔ$^{\underline{212}}$	——	tiʌʔ$^{\underline{212}}$
孝义	tʰi^{33}	ti^{454} 白 / tiə̃^{454} 文	liə̃^{454}	tɕʰiə̃^{454}	piəʔ^{3}	pʰiəʔ^{3}	——	tɕiəʔ^{3}
介休	tʰei^{13} 白 / tʰin^{13} 文	tei^{45} 白 / tin^{45} 文	lin^{45}	tɕʰin^{45}	piʌʔ$^{\underline{12}}$	pʰiʌʔ$^{\underline{12}}$/ pʰiᴇ^{45}	miʌʔ$^{\underline{12}}$	tiʌʔ$^{\underline{12}}$
灵石	ti^{535}/tʰiŋ^{535}	tiŋ^{53}	liŋ^{53}	tɕʰiŋ^{53}	piəʔ^{4}	pʰiəʔ^{4}	mi^{53}/miəʔ^{4}	tiəʔ^{4}
盂县	tʰi^{412} 白 / tʰiə̃^{412} 文	tiə̃^{55}	liə̃^{55}	tɕʰiə̃^{55}	piəʔ^{2}	pʰiəʔ^{2}	miəʔ^{2}	tiʌʔ^{2}
寿阳	tʰiə̃^{45}	tiə̃^{45}	liə̃^{45}	tɕʰiə̃^{45}	piəʔ^{2}	pʰiəʔ^{2}	miəʔ^{2}	tiɛʔ^{2}
榆社	tʰei^{22}	tei^{45}	lei^{45}	tɕʰier^{45}	piəʔ^{2}	pʰiəʔ^{2}	miəʔ^{2}	tiaʔ^{2}
离石	tʰiəŋ^{24}	tiəŋ^{53}	liəŋ^{53}	tɕʰiəŋ^{53}	pieʔ^{4}	pʰieʔ^{4}	mieʔ$^{\underline{23}}$	tieʔ^{4}
汾阳	tʰiᴇ̃^{324} 文	tɿ^{55} 白 / tiᴇ̃^{55} 文	liᴇ̃^{55}	tɕʰiᴇ̃^{55}	pieʔ^{2}	pʰieʔ^{2}	mieʔ$^{\underline{312}}$	tieʔ^{2}
中阳	tʰiə̃^{53}	tiə̃^{53}	liə̃^{53}	tɕʰiə̃^{53}	pieʔ^{4}	pʰieʔ^{4}	mieʔ$^{\underline{312}}$	tieʔ^{4}

续表

字目	听~从	定	另	磬	壁	劈	觅	滴
中古音 方言点	他丁 梗开四 去径透	徒径 梗开四 去径定	力政 梗开四 去径来	苦定 梗开四 去径溪	北激 梗开四 入锡帮	普击 梗开四 入锡滂	莫狄 梗开四 入锡明	都历 梗开四 入锡端
柳林	tʰiə̃^{24}	tiə̃^{53}	liə̃^{53}	tɕʰiə̃^{53}	piɛʔ^{4}	pʰiɛʔ^{4}/ pʰie^{53}	miɛʔ$^{\underline{423}}$	tiɛʔ^{4}
方山	tʰiə̃ŋ^{24}	tiə̃ŋ^{52}	liə̃ŋ^{52}	tɕʰiə̃ŋ^{52}	piɛʔ^{4}	pʰiɛʔ^{4}	mi^{52}	tiɛʔ^{4}
临县	tʰi^{24}	tiə̃^{52}	liə̃^{52}	ɕiə̃^{24}	piɐʔ^{3}	pʰiɐʔ^{3}	miɐʔ$^{\underline{24}}$	tiɐʔ^{3}
兴县	tʰiəŋ^{324}	tiəŋ^{53}	li^{53} 白 / liəŋ^{53} 文	tɕʰiəŋ^{53}	piəʔ^{5}	pʰiəʔ^{5}	——	tiəʔ^{5}
岚县	tɕʰi^{214} 白 / tʰiəŋ^{214} 文	ti^{53} 白 / tiəŋ^{53} 文	li^{53} 白 /liəŋ^{53}	tɕʰiəŋ^{53}	piəʔ^{4}	pʰiəʔ^{4}	miəʔ^{4}	tiəʔ^{4}
静乐	tɕʰiɤ̃^{24}	tiɤ̃^{53}	liɤ̃^{53}	tɕʰiɤ̃^{53}	piəʔ^{4}	pʰiəʔ^{4}	miəʔ^{4}	tiəʔ^{4}
交口	tʰiəŋ^{323}	tiəŋ^{53}	liɛ^{53} 白 / liəŋ^{53} 文	tɕʰiəŋ^{53}	pieʔ^{4}	pʰieʔ^{4}/pʰi^{53}	mieʔ^{4}	tieʔ^{4}
石楼	tʰiɛ^{213} 白 / tɕʰiəŋ^{213} 文	tiəŋ^{213}	liəŋ^{51}	ɕiəŋ^{51}	piəʔ^{4}	pʰiaŋ^{51} 白 / pʰi^{213} 文	mi^{51}	tiəʔ^{4}
隰县	——	tiɛ^{44} 白 / tiɛŋ^{44} 文	liəŋ^{44}	tɕʰiəŋ^{44}	piəʔ^{3}	pʰiəʔ^{3}	miəʔ^{3}	tiəʔ^{3}
大宁	tʰie^{31} 白 / tʰiən^{31} 文	tʰie^{55} 白 / tiən^{55} 文	lie^{55} 白 / liən^{55} 文	tɕʰiən^{55}	piəʔ$^{\underline{31}}$	pʰiəʔ$^{\underline{31}}$	mi^{55}	tiɐʔ$^{\underline{31}}$
永和	tʰie^{33} 白 / tʰiəŋ^{33} 文	tiəŋ^{53}	li^{53} 白 / liəŋ^{53} 文	tɕʰiəŋ^{53}	piəʔ$^{\underline{35}}$	pʰiəʔ$^{\underline{35}}$	mi^{35}	tiəʔ$^{\underline{35}}$
汾西	——	tʰiəŋ^{53} 白 / tʰi^{53} 白 / tiəŋ^{53} 文	liəŋ^{53}	tɕʰiəŋ^{55}	piəʔ^{1}	pʰz̵̩^{33}/pʰiəʔ^{1}	mi^{53} 白 / mz̵̩^{53}/miəʔ^{1}	tiəʔ^{1}
蒲县	tʰiɛ^{52}	tiŋ^{33}	liŋ^{33}	tɕʰiŋ^{52}	pi^{33}	pʰi^{52}	mi^{52}	tiɛʔ$^{\underline{43}}$
潞州	tʰiŋ^{312}	tiŋ^{54}	liŋ^{54}	tɕʰiŋ^{44}	piəʔ^{53}	pʰiəʔ$^{\underline{53}}$ 白 / pʰi^{312} 文	miəʔ$^{\underline{53}}$	tiəʔ$^{\underline{53}}$
上党	tʰiŋ^{22}	tiŋ^{42}	liŋ^{42}	tɕʰiŋ^{42}	piəʔ$^{\underline{21}}$	pʰiəʔ$^{\underline{21}}$	miəʔ$^{\underline{21}}$	tiəʔ$^{\underline{21}}$
长子	tʰiŋ^{422}	tiŋ^{53}	liŋ^{53}	tɕʰiŋ^{422}	piəʔ^{4}	pʰiəʔ^{4}	miəʔ^{4}	tiəʔ^{4}
屯留	tʰiəŋ^{31}	tiəŋ^{11}	liəŋ^{11}	tɕʰiəŋ^{53}	piəʔ^{1}	pʰi^{31}/pʰiəʔ^{1}	miəʔ^{1}	tiəʔ^{1}
襄垣	tʰiəŋ^{33}	tiəŋ^{45}	——	tɕʰiəŋ^{53}	piʌʔ^{3}	pʰiʌʔ^{3}	mi^{42}	tiʌʔ^{3}
黎城	tʰiəŋ^{33}	tiəŋ^{53}	liəŋ^{53}	cʰiəŋ^{53}	piɤʔ^{2}	pʰiɤʔ^{2}	mi^{53}	tiɤʔ^{2}
平顺	tʰiŋ^{53}	tiŋ^{53}	liŋ^{53}	ɕiẼ^{213}	piəʔ$^{\underline{212}}$	pʰiəʔ$^{\underline{212}}$	miəʔ$^{\underline{423}}$	tiəʔ$^{\underline{212}}$
壶关	tʰiŋ^{33}	tiŋ^{353}	liŋ^{353}	çiŋ^{33}	piəʔ^{2}	pʰiəʔ^{2}	miəʔ$^{\underline{21}}$	tiəʔ^{2}
沁县	tɕʰiə̃^{224}	tiə̃^{53}	liə̃^{53}	tɕʰiə̃^{53}	piəʔ$^{\underline{31}}$	pʰiəʔ$^{\underline{31}}$	miəʔ$^{\underline{31}}$	tiəʔ$^{\underline{31}}$
武乡	tiɐŋ^{113}	tiɐŋ^{55}	liɐŋ^{55}	tɕʰiɐŋ^{55}	piəʔ^{3}	pʰiəʔ^{3}	miəʔ^{3}	tiəʔ^{3}

续表

字目	听~从	定	另	磬	壁	劈	觅	滴
中古音／方言点	他丁 梗开四 去径透	徒径 梗开四 去径定	力政 梗开四 去径来	苦定 梗开四 去径溪	北激 梗开四 入锡帮	普击 梗开四 入锡滂	莫狄 梗开四 入锡明	都历 梗开四 入锡端
沁源	tʰiɔ̃324	tiɔ̃53	liɔ̃53	tɕʰiɔ̃53	piəʔ31 白 / pi53 文	pʰiəʔ31	miəʔ31	tiəʔ31
安泽	tʰiəŋ21	tiəŋ53	liəŋ53	——	pi53	pʰi21	mi35	ti21
沁水端氏	tʰiŋ21	tiŋ53	liŋ53	——	piəʔ2	pʰiəʔ2	——	tiəʔ2
阳城	tʰiə̃ĩ224	tiə̃ĩ51	liə̃ĩ51	tɕʰiə̃ĩ51	piəʔ2	pʰiəʔ2	miəʔ2	tiəʔ2
高平	tʰiə̃ŋ33	tiə̃ŋ53	niə̃ŋ53	——	piəʔ2	pʰiəʔ2	miə̃ĩ53	tiəʔ2
陵川	tʰiŋ33	tiŋ24	liŋ24	cʰiŋ24	piəʔ3	pʰiəʔ3	miəʔ23	tiəʔ3
晋城	tʰiẽ33	tiẽ53	liẽ53	tɕʰiẽ53	piəʔ2	pʰiəʔ2	mi53	tiəʔ2
忻府	tʰi313 白 / tʰiəŋ313 文	ti53 白 / tiəŋ53 文	liəŋ53	tɕʰiəŋ53	piəʔ32 白 / pi53 文	pʰiəʔ32	miɛʔ32	tiəʔ32
原平	tʰi213 白 / tʰiəŋ213 文	tiəŋ53	li53 白 / liəŋ53 文	tɕʰiəŋ53	piəʔ34	pʰiəʔ34	miəʔ34	tiəʔ34
定襄	tʰiəŋ24	tiəŋ53	liəŋ53	tɕʰiəŋ53	piəʔ1	pʰiəʔ1	miəʔ1	tiəʔ1
五台	tɕʰi213	tiən52	liən52	tɕʰiən52	piəʔ3	pʰiəʔ3	miəʔ3	tiəʔ3
岢岚	tʰiəŋ13	tiəŋ52	liəŋ52	tɕʰiəŋ52	piɛʔ4	pʰiɛʔ4	mi52	tiɛʔ4
五寨	tʰiəɣ̃52	tiəɣ̃52	liəɣ̃52	tɕʰiəɣ̃52	piəʔ4	pʰiəʔ4	mi52	tiɛʔ4
宁武	tɕʰiɤɯ23	tiɤɯ52	liɤɯ52	——	piəʔ4	pʰiəʔ4	miəʔ4	tiəʔ4
神池	tʰiɔ̃24	tiɔ̃52	liɔ̃52	tɕʰiɔ̃52	piəʔ4	pʰiɛ24	mi52	ti52
繁峙	tʰiəŋ53	tiəŋ24	liəŋ24	tɕʰiəŋ24	pi24	pʰiəʔ13	miəʔ13	ti53
代县	tʰiɤŋ213	tiɤŋ53	liɤŋ53	——	piəʔ2	pʰiəʔ2	miəʔ2	tiaʔ2
河曲	tʰiŋ213	tiŋ52	liŋ52	tɕʰia52	piəʔ4	pʰiəʔ4	mi52	tiəʔ4
保德	tʰiəŋ213	tiəŋ52	liəŋ52	tɕʰiəŋ52	piəʔ4	pʰiəʔ4	miəʔ4	tiəʔ4
偏关	tʰiɤŋ213	tiɤŋ52	liɤŋ52	tɕʰiɤŋ52	piəʔ4	pʰiəʔ4	miəʔ4	tiəʔ4
朔城	——	——	liɔ̃53	tɕʰiɔ̃53	piəʔ35	piəʔ35	——	——
平鲁	tɕʰiəɯ213	tiəɯ52	liəɯ44	——	piəʔ34	pʰiəʔ34	mi52	tiəʔ34
应县	tɕʰiəŋ43	tiəŋ24	liəŋ24	tɕʰiəŋ24	piɛʔ43	pʰiɛʔ43	mi31/miɛʔ43	tiaʔ43
灵丘	tʰiŋ442	tiŋ53	liŋ53	tɕʰiŋ53	piəʔ5	pʰiəʔ5	mi53	tiəʔ5
浑源	tʰiɔ̃52	ti13/tiɔ̃13	liɔ̃13	——	piəʔ4/piʌʔ4	pʰiəʔ4	——	tiʌʔ4
云州	tʰiəɣ213	tiəɣ24	liəɣ24	tɕʰiəɣ24	piəʔ4	pʰiəʔ4	miəʔ4	tiɑʔ4 白 / tiəʔ4 文
新荣	tʰiɣ24	tiɣ24	liɣ24	tɕʰiɣ24	piəʔ4	pʰiəʔ4	mi24	tiaʔ4/tiəʔ4
怀仁	tʰiəŋ42	tiəŋ24	liəŋ24	tɕʰiəŋ24	piəʔ4	pʰiəʔ4	mi24	tiaʔ4

续表

字目	听~从	定	另	磬	壁	劈	觅	滴
中古音 / 方言点	他丁 梗开四 去径透	徒径 梗开四 去径定	力政 梗开四 去径来	苦定 梗开四 去径溪	北激 梗开四 入锡帮	普击 梗开四 入锡滂	莫狄 梗开四 入锡明	都历 梗开四 入锡端
左云	tʰiəɣ^{31}	tiəɣ^{24}	liəɣ^{24}	tɕʰiəɣ^{24}	piəʔ^{4}	pʰiəʔ^{4}	miəʔ^{4}	tiəʔ^{4}
右玉	tiə̃ɣ^{24}	tiə̃ɣ^{24}	liə̃ɣ^{24}	tʰɕiə̃ɣ^{24}	piəʔ^{4}	pʰiəʔ^{4}	mi^{53}	tiaʔ^{4}
阳高	tʰiəŋ^{31}	tiəŋ^{24}	liəŋ^{24}	——	pi^{24}/piəʔ^{3}	pʰiəʔ^{3}	miəʔ^{3}	tiəʔ^{3}
山阴	tʰiə̃^{313}	tiə̃^{335}	liə̃^{335}	——	piəʔ^{4}	pʰiəʔ^{4}	——	tiəʔ^{4}
天镇	tʰiɤɣ^{24}	tiɤɣ^{24}	liɤɣ^{24}	tɕʰiɤɣ^{24}	piəʔ^{4}	pʰiəʔ^{4}	miəʔ^{4}	tiɑʔ^{4}
平定	tʰiɤŋ^{31}	tiɤŋ^{24}	liɤŋ^{24}	tɕʰiɤŋ^{24}	piəʔ^{4}	piəʔ^{4}	mi^{24}/miəʔ^{4}	tiæʔ^{4}
昔阳	tʰiəŋ^{13}	tiəŋ^{13}	liəŋ^{13}	tɕʰiəŋ^{13}	piʌʔ$^{\underline{43}}$	pʰiʌʔ$^{\underline{43}}$	mi^{13}	tiʌʔ$^{\underline{43}}$
左权	tʰiəŋ^{31}	tiəŋ^{53}	liəŋ^{53}	——	pieʔ^{1}	pʰi^{31}/pʰiɛ^{31}/pʰieʔ^{1}	mi^{42}	tieʔ^{1}
和顺	tʰiəŋ^{13}	tiəŋ^{13}	liəŋ^{13}	tɕʰiəŋ^{13}	pieʔ$^{\underline{21}}$	pʰieʔ$^{\underline{21}}$	mieʔ$^{\underline{21}}$	tieʔ$^{\underline{21}}$
尧都	tʰie^{44}	tiəŋ^{44}	liəŋ^{44}	ɕiəŋ^{21}	pi^{21}	pʰi^{21}	mi^{21}	tiɛ^{21}
洪洞	tʰie^{21}白/tieŋ^{21}文	tʰie^{53}白/tieŋ^{53}文	lie^{53}白/lieŋ^{42}文	——	pi^{53}	pʰi^{21}	mi^{24}	ti^{21}
洪洞赵城	tʰie^{21}	tieŋ^{53}	lieŋ^{24}	tɕʰieŋ^{24}	pei^{21}白/pi^{21}文	pʰi^{21}	mi^{21}	ti^{21}
古县	tɕʰiɛ^{21}白/tɕʰiŋ^{21}文	tɕiŋ^{53}	liŋ^{53}	——	pi^{21}	pʰi^{21}	mi^{21}	tɕi^{21}
襄汾	tʰie^{21}白/tʰieŋ^{21}文	tieŋ^{53}	lie^{53}白/lieŋ^{53}文	tɕʰieŋ^{44}	pi^{21}	pʰi^{21}	mi^{21}	ti^{21}
浮山	tʰie^{42}白/tʰieŋ^{42}文	tieŋ^{53}	lie^{53}白/lieŋ^{53}文	tɕʰieŋ^{44}	pi^{42}	pʰi^{42}	mi^{42}	ti^{42}
霍州	tʰiŋ^{55}	tiŋ^{53}	liŋ^{53}	tɕʰiŋ^{55}	pi^{53}	pʰi^{212}	mi^{53}	ti^{212}/tie^{212}
翼城	tʰiŋ^{53}	tiŋ^{53}	liŋ^{53}	tɕʰiŋ^{53}	pi^{53}	pʰi^{53}	mi^{53}	ti^{53}
闻喜	tʰiᴇ^{53}白/tʰiəŋ^{53}文	tiəŋ^{13}	liᴇ^{13}/liəŋ^{13}	tɕʰiəŋ^{53}	pi^{53}	tʰi^{53}	——	ti^{53}
侯马	tʰiəŋ^{213}	tiəŋ^{53}	liəŋ^{53}	tɕʰiəŋ^{53}	pi^{53}	——	mi^{53}	ti^{213}
新绛	tʰiəŋ^{53}	tʰiəŋ^{53}	liəŋ^{53}	tɕʰiəŋ^{53}	pi^{53}	pʰi^{53}	mi^{53}	ti^{53}
绛县	tʰiʌŋ^{31}	tiʌŋ^{53}	liɪ^{31}白/liʌŋ^{31}文	tɕʰiʌŋ^{31}	pei^{31}白/pi^{31}文	pʰi^{53}	mi^{31}	ti^{53}
垣曲	tʰiɛ^{213}	tʰiəŋ^{53}	liəŋ^{53}	ɕiəŋ^{53}	pi^{53}	pʰi^{53}	mi^{53}	tʰi^{22}
夏县	tʰiɛ^{53}白/tʰiəŋ^{53}文	tiəŋ^{31}	lie^{31}白/liəŋ^{31}文	——	pi^{31}	pʰi^{31}	——	tiɛ^{53}白/ti^{53}文
万荣	tʰiɛ^{51}白/tʰiaŋ^{51}文	tiaŋ^{33}	liaŋ^{33}	tɕʰiaŋ^{33}	pei^{33}	pʰei^{51}白/pʰi^{51}文	mi^{213}	tiɛ^{51}白/ti^{51}文

续表

字目	听~从	定	另	磬	壁	劈	觅	滴
中古音 方言点	他丁 梗开四 去径透	徒径 梗开四 去径定	力政 梗开四 去径来	苦定 梗开四 去径溪	北激 梗开四 入锡帮	普击 梗开四 入锡滂	莫狄 梗开四 入锡明	都历 梗开四 入锡端
稷山	tʰiɛ^{53}白/ tʰiʌŋ^{53}文	tiʌŋ^{42}	liʌŋ^{42}	tɕʰiʌŋ^{42}	pi^{53}	pʰi^{53}	mi^{53}	ti^{53}
盐湖	tʰiɛ^{42}白/ tʰiŋ^{42}文	tiŋ^{44}	liŋ^{44}	——	pi^{42}	pʰi^{42}	mi^{44}	ti^{42}
临猗	tʰiɛ^{42}白/ tʰiəŋ^{42}文	tiəŋ^{44}	liɛ^{44}白/ liəŋ^{44}文	tɕʰiəŋ^{44}	pi^{42}	pʰi^{42}	mi^{42}	tiɛ^{42}白/ ti^{42}文
河津	tʰiɛ^{31}白/ tʰiəŋ^{31}文/ tʰiəŋ^{44}	tiəŋ^{44}	liəŋ^{44}	——	pei^{44}	pʰei^{31}	mei^{324}	tiɛ^{31}
平陆	tʰiɛ^{31}白/ tʰiŋ^{31}文	tiŋ^{33}	liŋ^{33}	tɕʰiŋ^{33}	pi^{33}	pʰi^{31}	mi^{13}	tiɛ^{31}
永济	tʰie^{31}白/ tʰiŋ^{31}文	tiŋ^{44}	lie^{44}白/ liŋ^{44}文	tɕʰiŋ^{44}	pi^{44}	pʰi^{31}/pʰi^{53}	mi^{44}	tie^{31}白/ ti^{31}文
芮城	tʰiɛ^{42}白/ tʰiəŋ^{42}文	tiəŋ^{44}	liɛ^{44}白/ liəŋ^{44}文	tɕʰiəŋ^{42}	pei^{42}	pʰi^{42}	mei^{42}白/ mi^{42}文	tiɛ^{42}白/ ti^{42}文
吉县	tʰiəŋ^{423}	tiəŋ^{33}	liəŋ^{33}	tɕʰiəŋ^{423}	pi^{423}	pʰi^{53}	——	tiei^{423}
乡宁	tʰiᴇ^{53}白/ tʰiəŋ^{53}文	tiəŋ^{22}	liəŋ^{22}	——	pi^{53}	pʰi^{53}	mi^{53}	tiᴇ^{53}
广灵	tʰiŋ^{53}	tiŋ^{213}	liŋ^{44}	——	pi^{213}	pʰi^{53}	mi^{213}	ti^{53}

字目	的~确	踢	剔	惕	敌	狄	笛	溺
中古音 / 方言点	都历 梗开四 入锡端	他历 梗开四 入锡透	他历 梗开四 入锡透	他历 梗开四 入锡透	徒历 梗开四 入锡定	徒历 梗开四 入锡定	徒历 梗开四 入锡定	奴历 梗开四 入锡泥
北京	ti^{35}	tʰi^{55}	tʰi^{55}	tʰi^{51}	ti^{35}	ti^{35}	ti^{35}	ni^{51}
小店	tiəʔ^{1}	tʰiəʔ^{1}	tʰiəʔ^{1}	tʰiəʔ^{1}	tiəʔ$^{\underline{54}}$	tiəʔ$^{\underline{54}}$	tiəʔ$^{\underline{54}}$	niəʔ^{1}
尖草坪	tiəʔ^{2}	tʰiəʔ^{2}	tʰiəʔ^{2}	tʰiəʔ^{2}	tiəʔ$^{\underline{43}}$	tiəʔ$^{\underline{43}}$	tiəʔ$^{\underline{43}}$	ni^{35}
晋源	tiəʔ^{2}	tʰiəʔ^{2}	tʰi^{35}	tʰiəʔ^{2}	tiəʔ^{2}	tiəʔ^{2}	tiəʔ^{2}	ȵi^{35}
阳曲	tiɛʔ^{4}	tʰiɛʔ^{4}	tʰiɛʔ^{4}	tiɛʔ^{4}	tiɛʔ^{4}	tiɛʔ^{4}	tiɛʔ^{4}	ni^{454}
古交	tiəʔ^{4}	tʰiəʔ^{4}	tʰiəʔ^{4}	tʰiəʔ^{4}	tiəʔ$^{\underline{312}}$	tiəʔ$^{\underline{312}}$	tiəʔ$^{\underline{312}}$	ȵiəʔ^{4}
清徐	təʔ^{1}	tʰiəʔ^{1}	tʰiəʔ^{1}	tʰiəʔ^{1}	tiəʔ$^{\underline{54}}$	tiəʔ$^{\underline{54}}$	tiəʔ$^{\underline{54}}$	niəʔ^{1}
娄烦	tiəʔ^{3}	tɕʰiəʔ^{3}	tɕʰiəʔ^{3}	tɕʰiəʔ^{3}	tiəʔ^{3}	tiəʔ^{3}	tiəʔ^{3}	ȵiəʔ^{3}
榆次	tiəʔ^{1}/təʔ^{1}	tʰiəʔ^{1}	tʰiəʔ^{1}	tʰiəʔ^{1}	tiəʔ$^{\underline{53}}$	tiəʔ$^{\underline{53}}$	tiəʔ$^{\underline{53}}$	ni^{35}
交城	təʔ^{1}	tʰiəʔ^{1}	tʰi^{24}	tʰiəʔ^{1}	tiəʔ$^{\underline{53}}$	tiəʔ$^{\underline{53}}$	tiəʔ$^{\underline{53}}$	niəʔ^{1}
文水	tiəʔ^{2}	tʰiəʔ^{2}	tʰiəʔ^{2}	tʰɿ^{35}	tiaʔ$^{\underline{312}}$老 / tiəʔ$^{\underline{312}}$新	tiəʔ$^{\underline{312}}$	tiaʔ$^{\underline{312}}$老 / tiəʔ$^{\underline{312}}$新	ȵiəʔ^{2}
祁县	tiəʔ$^{\underline{32}}$	tʰiəʔ$^{\underline{32}}$	tʰiəʔ$^{\underline{32}}$	tʰiəʔ$^{\underline{32}}$	tiəʔ$^{\underline{324}}$	tiəʔ$^{\underline{324}}$	tiəʔ$^{\underline{324}}$	ȵiəʔ$^{\underline{32}}$
太谷	tiəʔ^{3}	tʰiəʔ^{3}	tʰiəʔ^{3}	tʰiəʔ^{3}	tiəʔ$^{\underline{423}}$	tiəʔ$^{\underline{423}}$	tiəʔ$^{\underline{423}}$	ȵiəʔ^{3}
平遥	tiʌʔ$^{\underline{212}}$	tʰiʌʔ$^{\underline{212}}$	tʰiʌʔ$^{\underline{212}}$	tʰiʌʔ$^{\underline{212}}$	tiʌʔ$^{\underline{523}}$	tiʌʔ$^{\underline{523}}$	tiʌʔ$^{\underline{523}}$	ȵi^{24}
孝义	tiəʔ^{3}	tʰiəʔ^{3}	tʰiəʔ^{3}	tʰiəʔ^{3}	tiəʔ$^{\underline{423}}$	tiəʔ$^{\underline{423}}$	tiəʔ$^{\underline{423}}$	ȵi^{454}
介休	tiʌʔ$^{\underline{12}}$	tʰiʌʔ$^{\underline{12}}$	tʰiʌʔ$^{\underline{12}}$	tʰiʌʔ$^{\underline{12}}$	tiʌʔ$^{\underline{312}}$	tiʌʔ$^{\underline{312}}$	tiʌʔ$^{\underline{312}}$	ȵiʌʔ$^{\underline{12}}$
灵石	tiəʔ^{4}	tʰiəʔ^{4}	tʰiəʔ^{4}	——	tiəʔ^{4}	tiəʔ^{4}	tiəʔ^{4}	niəʔ^{4}
盂县	təʔ^{2}/tiəʔ^{2}	tʰiəʔ^{2}	tʰiəʔ^{2}	tʰiəʔ^{2}	tiʌʔ^{2}	tiəʔ^{2}	tiəʔ$^{\underline{53}}$	ȵiəʔ^{2}
寿阳	tiəʔ^{2}	tʰiəʔ^{2}	tʰiəʔ^{2}	tsʰɿ^{45}	tiəʔ$^{\underline{54}}$	tiəʔ$^{\underline{54}}$	tiəʔ$^{\underline{54}}$	ȵiəʔ^{2}
榆社	tiəʔ^{2}	tʰiəʔ^{2}	tʰiəʔ^{2}	——	tiəʔ^{2}	tiəʔ^{2}	tiəʔ^{2}	niəʔ^{2}
离石	tieʔ^{4}	tʰieʔ^{4}	tʰieʔ^{4}	tʰieʔ^{4}	tieʔ^{4}	tieʔ^{4}	tʰieʔ$^{\underline{23}}$	nieʔ^{4}
汾阳	tieʔ^{2}	tʰieʔ^{2}	tʰieʔ^{2}	tʰieʔ^{2}	tieʔ$^{\underline{312}}$	tieʔ$^{\underline{312}}$	tieʔ$^{\underline{312}}$	ȵieʔ$^{\underline{312}}$
中阳	tieʔ^{4}	tʰieʔ^{4}	tʰieʔ^{4}	tʰieʔ^{4}	tieʔ^{4}	tieʔ$^{\underline{312}}$	tʰieʔ$^{\underline{312}}$	nieʔ^{4}
柳林	tiɛʔ^{4}	tʰiɛʔ^{4}	tʰiɛʔ^{4}	tʰi^{53}	tiɛʔ^{4}	tiɛʔ^{4}	tʰiɛʔ$^{\underline{423}}$白 / tiɛʔ^{4}文	niɛʔ$^{\underline{423}}$
方山	tiɛʔ^{4}	tʰiɛʔ^{4}	tʰiɛʔ^{4}	tiɛʔ^{4}	tiɛʔ^{4}	tiɛʔ^{4}	tiɛʔ^{4}	ni^{52}
临县	tiɐʔ^{3}	tʰiɐʔ^{3}	tʰiɐʔ^{3}	tʰiɐʔ^{3}	tiɐʔ^{3}	tiɐʔ^{3}	tiɐʔ^{3}	niɐʔ$^{\underline{24}}$
兴县	tiəʔ^{5}	tʰiəʔ^{5}	tʰiəʔ^{5}	——	tiəʔ^{5}	tiəʔ^{5}	tiəʔ^{5}	niəʔ^{5}
岚县	tiəʔ^{4}	tɕʰiəʔ^{4}	tɕʰiəʔ^{4}	tɕiəʔ^{4}	tiəʔ^{4}	tiəʔ^{4}	tiəʔ^{4}	ȵiəʔ^{4}
静乐	tiəʔ$^{\underline{212}}$	tɕʰiəʔ^{4}	tɕʰiəʔ^{4}	——	tiəʔ$^{\underline{212}}$	tiəʔ$^{\underline{212}}$	tiəʔ^{4}	ȵiəʔ^{4}
交口	tieʔ^{4}	tʰieʔ^{4}	tʰieʔ^{4}	tʰi^{53}	tieʔ$^{\underline{212}}$	tieʔ^{4}	tʰieʔ$^{\underline{212}}$	ȵieʔ^{4}
石楼	təʔ^{4}	tʰiəʔ^{4}	tʰiəʔ^{4}	tʰi^{51}	tiəʔ^{4}	tiəʔ^{4}	tʰiəʔ$^{\underline{213}}$	ȵiəʔ^{4}

续表

字目	的~确	踢	剔	惕	敌	狄	笛	溺
中古音/方言点	都历 梗开四 入锡端	他历 梗开四 入锡透	他历 梗开四 入锡透	他历 梗开四 入锡透	徒历 梗开四 入锡定	徒历 梗开四 入锡定	徒历 梗开四 入锡定	奴历 梗开四 入锡泥
隰县	tiəʔ^{3}	tʰiəʔ^{3}	tʰiəʔ^{3}	——	tiəʔ^{3}	tiəʔ^{3}	tʰiəʔ^{3}	ȵiəʔ^{3}
大宁	tiəʔ$^{\underline{31}}$	tʰiəʔ$^{\underline{31}}$	tʰiəʔ$^{\underline{31}}$	——	tiɐʔ$^{\underline{31}}$	ti^{24}	tʰiəʔ$^{\underline{31}}$	niəʔ$^{\underline{31}}$
永和	tiəʔ$^{\underline{35}}$	tʰiəʔ$^{\underline{35}}$	tʰiəʔ$^{\underline{35}}$	——	tiəʔ$^{\underline{35}}$	tiəʔ$^{\underline{35}}$	tiəʔ$^{\underline{312}}$	niəʔ$^{\underline{35}}$
汾西	tʑ̩^{11}/tyəʔ^{1}/ tiəʔ^{1}	tʰiəʔ^{1}	tʰʑ̩^{55}	——	tiəʔ^{3}	tiəʔ^{3}	tʰiəʔ^{3} 白 / tiəʔ^{3} 文	nʑ̩^{53}
蒲县	ti^{31}	tʰi^{52}	tʰi^{52}	tʰi^{33}	tiɛʔ$^{\underline{43}}$	ti^{24}	ti^{24}	ȵi^{33}
潞州	tiəʔ$^{\underline{53}}$	tʰiəʔ$^{\underline{53}}$	tʰiəʔ$^{\underline{53}}$	tʰiəʔ$^{\underline{53}}$	tiəʔ$^{\underline{53}}$	tiəʔ$^{\underline{53}}$	tiəʔ$^{\underline{53}}$	ȵi^{54}
上党	tiəʔ$^{\underline{21}}$	tʰiəʔ$^{\underline{21}}$	tʰiəʔ$^{\underline{21}}$	tʰiəʔ$^{\underline{21}}$	tiəʔ$^{\underline{21}}$	tiəʔ$^{\underline{21}}$	tiəʔ$^{\underline{21}}$	niəʔ$^{\underline{21}}$
长子	tiəʔ^{4}	tʰiəʔ^{4}	tʰiəʔ^{4}	tʰiəʔ^{4}	tiəʔ$^{\underline{212}}$	tiəʔ$^{\underline{212}}$	tiəʔ$^{\underline{212}}$	ȵi^{53}
屯留	tiəʔ^{1}	tʰiəʔ^{1}	tʰiəʔ^{1}	tʰiəʔ^{1}	tiəʔ$^{\underline{54}}$	tiəʔ$^{\underline{54}}$	tiəʔ$^{\underline{54}}$	ȵi^{11}
襄垣	tiʌʔ^{3}	tʰiʌʔ^{3}	tʰiʌʔ^{3}	tʰiʌʔ^{3}	tiʌʔ$^{\underline{43}}$	tiʌʔ$^{\underline{43}}$	tiʌʔ$^{\underline{43}}$	ȵi^{53}
黎城	tiɤʔ^{2}	tʰiɤʔ^{2}	tʰiɤʔ^{2}	tʰiɤʔ^{2}	tiɤʔ^{2}	tiɤʔ^{2}	tiɤʔ$^{\underline{31}}$	ni^{53}
平顺	tiəʔ$^{\underline{212}}$	tʰiəʔ$^{\underline{212}}$	tʰiəʔ$^{\underline{212}}$	tʰiəʔ$^{\underline{212}}$	tiəʔ$^{\underline{423}}$	tiəʔ$^{\underline{423}}$	tiəʔ$^{\underline{423}}$	niəʔ$^{\underline{423}}$
壶关	ti^{33}	tʰiəʔ^{2}	tʰiəʔ^{2}	tiəʔ^{2}	tiəʔ$^{\underline{21}}$	tiəʔ$^{\underline{21}}$	tiəʔ$^{\underline{21}}$	ȵiəʔ$^{\underline{21}}$
沁县	tiəʔ$^{\underline{31}}$	tɕʰiəʔ$^{\underline{31}}$	tɕʰiəʔ$^{\underline{31}}$	——	tiəʔ$^{\underline{212}}$	tiəʔ$^{\underline{212}}$	tiəʔ$^{\underline{212}}$	ȵi^{53}
武乡	tiəʔ^{3}	tʰiəʔ^{3}	tʰiəʔ^{3}	tʰiəʔ^{3}	tiəʔ^{3}	tiəʔ$^{\underline{423}}$	tiəʔ$^{\underline{423}}$	ȵiəʔ^{3}
沁源	tiəʔ$^{\underline{31}}$	tʰiəʔ$^{\underline{31}}$	tʰiəʔ$^{\underline{31}}$	tʰiəʔ$^{\underline{31}}$	tiəʔ$^{\underline{31}}$	tiəʔ$^{\underline{31}}$	tiəʔ$^{\underline{31}}$	ȵiəʔ$^{\underline{31}}$
安泽	tiəʔ$^{\underline{21}}$	tʰiəʔ$^{\underline{21}}$	tʰiəʔ$^{\underline{21}}$	tʰi^{53}	ti^{35}/tiəʔ$^{\underline{21}}$	ti^{35}	ti^{35}	ȵi^{53}
沁水端氏	tiəʔ^{2}	tʰiəʔ^{2}	tʰiəʔ^{2}	tʰiəʔ^{2}	tiəʔ$^{\underline{54}}$	tiəʔ^{2}	tiəʔ^{54}	——
阳城	tiəʔ^{2}	tʰiəʔ^{2}	tʰiəʔ^{2}	tʰiəʔ^{2}	tiəʔ^{2}	tiəʔ^{2}	tiəʔ^{2}	ni^{51}
高平	tiəʔ^{2}	tʰiəʔ^{2}	tʰiəʔ^{2}	tʰiəʔ^{2}	tiəʔ^{2}	tiəʔ^{2}	tiəʔ^{2}	ni^{53}
陵川	tiəʔ^{3}	tʰiəʔ^{3}	tʰiəʔ^{3}	tʰiəʔ^{3}	tiəʔ$^{\underline{23}}$	iəʔ$^{\underline{23}}$	iəʔ$^{\underline{23}}$	niəʔ$^{\underline{23}}$
晋城	tiəʔ^{2}	tʰiəʔ^{2}	tʰiəʔ^{2}	tiəʔ^{2}	tiəʔ^{2}	tiəʔ^{2}	tiəʔ^{2}	ni^{53}
忻府	tiəʔ$^{\underline{32}}$	tʰiəʔ$^{\underline{32}}$	tʰiəʔ$^{\underline{32}}$	tʰiəʔ$^{\underline{32}}$	tiəʔ$^{\underline{32}}$	tiəʔ$^{\underline{32}}$	mei^{21} 白 / tiəʔ$^{\underline{32}}$ 文	ni^{53}
原平	tiəʔ$^{\underline{34}}$	tʰiəʔ$^{\underline{34}}$	tʰiəʔ$^{\underline{34}}$	tʰi^{53}	tiəʔ$^{\underline{34}}$	tiəʔ$^{\underline{34}}$	tiəʔ$^{\underline{34}}$	niəʔ$^{\underline{34}}$
定襄	tiəʔ^{1}	tʰiəʔ^{1}	tʰiəʔ^{1}	tʰiəʔ^{1}	tiəʔ^{1}	tiəʔ^{1}	tiəʔ^{1}	niəʔ^{1}
五台	tiəʔ^{3}	tɕʰiəʔ^{3}	tɕʰiəʔ^{3}	tɕʰiəʔ^{3}	tiəʔ^{3}	tiəʔ^{3}	tiəʔ^{3}	niəʔ^{3}
岢岚	tiɛʔ^{4}	tʰiɛʔ^{4}	tʰiɛʔ^{4}	tʰiɛʔ^{4}	tiɛʔ^{4}	tiɛʔ^{4}	tiɛʔ^{4}	ni^{52}
五寨	tiəʔ^{4}	tʰiəʔ^{4}	tʰiəʔ^{4}	tʰiəʔ^{4}	tiəʔ^{4}	tiəʔ^{4}	tiəʔ^{4}	niəʔ^{4}
宁武	tiəʔ^{4}	tɕiʌʔ^{4}	tɕiʌʔ^{4}	tɕʰi^{213}	tiəʔ^{4}	tiəʔ^{4}	tiəʔ^{4}	niəʔ^{4}

续表

字目	的~确	踢	剔	惕	敌	狄	笛	溺
中古音 方言点	都历 梗开四 入锡端	他历 梗开四 入锡透	他历 梗开四 入锡透	他历 梗开四 入锡透	徒历 梗开四 入锡定	徒历 梗开四 入锡定	徒历 梗开四 入锡定	奴历 梗开四 入锡泥
神池	ti^{52}	tʰi^{24}	tʰi^{24}	tʰi^{52}	ti^{32}	ti^{32}	tiəʔ^{4}	ȵi^{52}
繁峙	tiəʔ$^{\underline{13}}$	tʰiəʔ$^{\underline{13}}$	tʰiəʔ$^{\underline{13}}$	tʰi^{24}	ti^{31}	ti^{31}	tiəʔ$^{\underline{13}}$	ȵiəʔ$^{\underline{13}}$
代县	tiəʔ^{2}	tʰiəʔ^{2}	tʰiəʔ^{2}	tʰiəʔ^{2}	tiəʔ^{2}	tiəʔ^{2}	tiəʔ^{2}	niəʔ^{2}
河曲	tiəʔ^{4}	tʰiəʔ^{4}	tʰiəʔ^{4}	——	tiəʔ^{4}	tiəʔ^{4}	tiəʔ^{4}	niəʔ^{4}/ni^{52}
保德	tiəʔ^{4}	tʰiəʔ^{4}	tʰi^{52}	tʰi^{52}	tiəʔ^{4}	tiəʔ^{4}	tiəʔ^{4}	ni^{52}
偏关	tiəʔ^{4}	tʰiəʔ^{4}	tʰiəʔ^{4}	tsʰɿ^{52}	tiəʔ^{4}	tiəʔ^{4}	tiəʔ^{4}	niəʔ^{4}
朔城	tiəʔ$^{\underline{35}}$	tɕiəʔ$^{\underline{35}}$	tɕiəʔ$^{\underline{35}}$	——	tiəʔ$^{\underline{35}}$	tiə^{35}	tiə^{35}	niəʔ$^{\underline{35}}$
平鲁	——	tɕʰiəʔ$^{\underline{34}}$	tɕʰiəʔ$^{\underline{34}}$	tɕʰiəʔ$^{\underline{34}}$	ti^{44}/tiəʔ$^{\underline{34}}$	tiəʔ$^{\underline{34}}$	ti^{44}/tiəʔ$^{\underline{34}}$	niəʔ$^{\underline{34}}$
应县	tiɛʔ$^{\underline{43}}$	tɕʰi^{31}/tʰiɛʔ$^{\underline{43}}$	tʰiɛʔ$^{\underline{43}}$	tʰiɛʔ$^{\underline{43}}$	ti^{31}	ti^{31}	ti^{31}	ni^{24}/niɛʔ$^{\underline{43}}$
灵丘	tiəʔ^{5}	tʰiəʔ^{5}	tʰi^{53}	tʰi^{53}	ti^{31}	ti^{31}	ti^{31}	ni^{53}
浑源	tiəʔ^{4}	tʰiəʔ^{4}	tʰiəʔ^{4}	——	ti^{22}	ti^{22}	ti^{22}	——
云州	tiəʔ^{4} 白 / tɤ^{312} 文	tʰiəʔ^{4}	tʰiəʔ^{4}	tʰiəʔ^{4}	ti^{312}	ti^{312}	ti^{312}	ni^{24}
新荣	tiəʔ^{4}	tʰiəʔ^{4}	tʰiəʔ^{4}	tʰiəʔ^{4}	ti^{312}	ti^{312}	ti^{312}	niəʔ^{4}
怀仁	tiəʔ^{4}	tʰiəʔ^{4}	tʰiəʔ^{4}	tʰiəʔ^{4}	ti^{312}	ti^{312}	ti^{312}	niəʔ^{4}
左云	tiəʔ^{4}	tʰiəʔ^{4}	tʰiəʔ^{4}	tʰi^{24}	tiəʔ^{4}	tiəʔ^{4}	tiəʔ^{4}	niəʔ^{4} 白 / ni^{24} 文
右玉	tiəʔ^{4}	tʰiəʔ^{4}	tʰiəʔ^{4}	——	ti^{212}	ti^{212}	ti^{212}	niəʔ^{4}
阳高	tiəʔ^{3}	tʰiəʔ^{3}	tʰiəʔ^{3}	——	ti^{24}	ti^{24}	ti^{24}	ni^{24}
山阴	tiəʔ^{4}	tɕʰiəʔ^{4}	tɕʰiəʔ^{4}	tɕʰiəʔ^{4}	tiəʔ^{4}	tiəʔ^{4}	ti^{313}	——
天镇	tiəʔ^{4}	tʰiəʔ^{4}	tʰiəʔ^{4}	——	tiəʔ^{4}	tiəʔ^{4}/ti^{55}	tiəʔ^{4}	ni^{24}
平定	tiəʔ^{4}	tʰiəʔ^{4}	tʰiəʔ^{4}	——	tiəʔ^{4}	tiəʔ^{4}	——	niæʔ$^{\underline{23}}$
昔阳	tiʌʔ$^{\underline{43}}$	tʰiʌʔ$^{\underline{43}}$	tʰiʌʔ$^{\underline{43}}$	tʰiʌʔ$^{\underline{43}}$	tiʌʔ$^{\underline{43}}$	tiʌʔ$^{\underline{43}}$	ti^{33}	ni^{13}
左权	tieʔ^{1}	tʰieʔ^{1}	tʰieʔ^{1}	——	tieʔ^{1}	tieʔ^{1}	tieʔ^{1}	ȵieʔ^{1}
和顺	tieʔ$^{\underline{21}}$	tʰieʔ$^{\underline{21}}$	tʰieʔ$^{\underline{21}}$	——	tieʔ$^{\underline{21}}$	tieʔ^{21}	tieʔ$^{\underline{21}}$	——
尧都	ti^{21}	tʰi^{21}	tʰi^{21}	tʰi^{44}	ti^{24}	ti^{24}	tʰi^{24}	ȵi^{21}
洪洞	ti^{24}	tʰi^{21}	tʰi^{21}	——	tʰie^{24} 白 / tie^{24} 文	ti^{24}	tʰi^{24}	——
洪洞赵城	ti^{21}	tʰi^{21}	tʰi^{21}	——	tiɛ^{24}	tʰi^{24}	tʰi^{24}	ȵiɛ^{53}
古县	tɕi^{21}	tɕʰi^{21}	tɕʰi^{21}	tɕʰi^{35}	tɕi^{35}	tɕi^{35}	tɕʰi^{35}	ȵi^{21}
襄汾	ti^{21}	tʰi^{21}	tʰi^{21}	tʰi^{21}	tie^{21}/tie^{24}	ti^{24}	tʰi^{24} 白 /ti^{24} 文	ȵi^{21}

续表

字目	的~确	踢	剔	惕	敌	狄	笛	溺
中古音 方言点	都历 梗开四 入锡端	他历 梗开四 入锡透	他历 梗开四 入锡透	他历 梗开四 入锡透	徒历 梗开四 入锡定	徒历 梗开四 入锡定	徒历 梗开四 入锡定	奴历 梗开四 入锡泥
浮山	ti^{42}	tʰi^{42}	tʰi^{42}	tʰi^{42}	tiε^{13}	tʰi^{13}	tʰi^{13}	ȵi^{42}
霍州	ti^{35}	tɕʰi^{212} 白 / tʰi^{212} 文	tʰi^{212}	tʰi^{55}	ti^{35}	ti^{35}	tʰi^{35} 白 /ti^{35} 文	ȵi^{53}
翼城	ti^{12}	tʰi^{53}	tʰi^{53}	tʰi^{53}	ti^{12}	ti^{12}	ti^{12}	ȵi^{53}
闻喜	ti^{53}	tʰi^{53}	tʰi^{53}	tʰi^{53}	ti^{13}	li^{13} 白 /ti^{13} 文	tʰi^{53}	ȵi^{13}/ li^{53}
侯马	ti^{213}	tʰi^{213}	tʰi^{53}	tʰi^{53}	ti^{213}	ti^{213}	ti^{213}	ȵi^{53}
新绛	ti^{53}	tʰi^{53}	tʰi^{53}	tʰi^{13}	tie^{13}	tʰi^{13}	tʰi^{13}	ȵi^{53}
绛县	ti^{31}	tʰi^{53}	tʰi^{24}	tʰi^{31}	ti^{24}	ti^{24}	tʰi^{24}	ȵi^{31}
垣曲	ti^{22}	tʰi^{22}	tʰi^{53}	tʰi^{53}	ti^{22}	tʰi^{22}	tʰi^{22}	ȵi^{53}
夏县	ti^{42}	tʰi^{31}	tʰi^{53}	tʰi^{31}	ti^{42}	ti^{42}	ti^{42}	ȵi^{31}
万荣	ti^{55}	tʰi^{51}	tʰi^{33}	tʰi^{33}	tiε^{213}	ti^{213}	tʰi^{213}	ȵi^{33}
稷山	ti^{13}	tʰi^{53}	tʰi^{53}	tʰi^{53}	tiε^{13} 白 / ti^{13} 文	ti^{13}	tʰi^{13}	ȵi^{53}
盐湖	ti^{42}	tʰi^{42}	tʰi^{42}	tʰi^{13}	ti^{13}	ti^{13}	ti^{13}	ȵi^{42}
临猗	ti^{13}	tʰi^{42}	tʰi^{44}	tʰi^{44}	tiε^{13} 白 / ti^{13} 文	ti^{13}	tʰi^{13} 白 /ti^{13} 文	ȵi^{44}
河津	ti^{53}	tʰi^{31}	tʰi^{31}	——	ti^{324}	tʰi^{324}	tʰi^{324}	ȵi^{31}
平陆	ti^{33}	tʰi^{31}	tʰi^{31}	tʰi^{33}	tiε^{13}	tʰi^{13}	tʰi^{13} 白 /ti^{13} 文	ȵiei^{33}
永济	ti^{53}/ti^{44}	tʰi^{31}	tʰi^{44}	tʰi^{24}	tie^{24} 白 / ti^{24} 文	tʰi^{24}	tʰi^{24} 白 /ti^{24} 文	ȵi^{44}
芮城	ti^{42}	tʰi^{42}	tʰi^{42}	tʰi^{44}	tiε^{13} 白 / ti^{13} 文	tʰi^{13} 白 /ti^{13} 文	tʰi^{13}	ȵi^{42}
吉县	ti^{33}	tʰi^{423}	tʰi^{13}	tʰi^{13}	tiε^{13}	tiε^{13}	tʰi^{13}	ni^{33}
乡宁	ti^{53}	tʰi^{53}	tʰi^{53}	——	tʰi^{12} 白 /ti^{12} 文	ti^{12}	tʰi^{12}	ȵi^{53}
广灵	ti^{53}/ti^{44}	tʰi^{53}	tʰi^{53}	——	ti^{31}	ti^{31}	ti^{31}	ni^{213}

字目	历~史	历日~	绩	戚	寂	析	锡	激
中古音 / 方言点	郎击 梗开四 入锡来	郎击 梗开四 入锡来	则历 梗开四 入锡精	仓历 梗开四 入锡清	前历 梗开四 入锡从	先击 梗开四 入锡心	先击 梗开四 入锡心	古历 梗开四 入锡见
北京	li^{51}	li^{51}	tɕi^{51}	tɕ^{h}i^{55}	tɕi^{51}	ɕi^{55}	ɕi^{55}	tɕi^{55}
小店	liəʔ^{1}	liəʔ^{1}	——	tɕ^{h}iəʔ^{1}	——	ɕiəʔ^{1}	ɕiəʔ^{1}	tɕiəʔ^{1}
尖草坪	liəʔ^{2}	liəʔ^{2}	tɕiəʔ^{2}	tɕ^{h}iəʔ^{2}	tɕiəʔ$^{\underline{43}}$	ɕiəʔ^{2}	ɕiəʔ^{2}	tɕiəʔ^{2}
晋源	liəʔ^{2}	liəʔ^{2}	tɕiəʔ^{2}	tɕ^{h}iəʔ^{2}	tɕi^{35}	ɕiəʔ^{2}	ɕiəʔ^{2}	tɕiəʔ^{2}
阳曲	liɛʔ^{4}	liɛʔ^{4}	tɕiɛʔ^{4}	tɕ^{h}iɛʔ^{4}	tɕiɛʔ^{4}	ɕiɛʔ^{4}	ɕiɛʔ^{4}	tɕiɛʔ^{4}
古交	liəʔ^{4}	liəʔ^{4}	tɕiəʔ^{4}	tɕ^{h}iəʔ^{4}	tɕiəʔ^{4}	ɕiəʔ^{4}	ɕiəʔ^{4}	tɕiəʔ^{4}
清徐	liəʔ^{1}	liəʔ^{1}	tɕiəʔ^{1}	tɕ^{h}iəʔ^{1}	tɕiəʔ$^{\underline{54}}$	ɕiəʔ^{1}	ɕiəʔ^{1}	tɕiəʔ^{1}
娄烦	liəʔ^{3}	liəʔ^{3}	tɕiəʔ^{3}	tɕ^{h}iaʔ^{3}	tɕiəʔ^{3}	ɕiəʔ^{3}	ɕiəʔ^{3}	tɕiəʔ^{3}
榆次	liəʔ^{1}	liəʔ^{1}	tɕiəʔ^{1}	tɕ^{h}iəʔ^{1}	tɕiəʔ^{1}	ɕiəʔ^{1}	ɕiəʔ^{1}	tɕiəʔ^{1}
交城	liəʔ^{1}	liəʔ^{1}	tɕiəʔ^{1}	tɕ^{h}iəʔ^{1}	tɕiəʔ^{1}	ɕiəʔ^{1}	ɕiəʔ^{1}	tɕiəʔ^{1}
文水	liəʔ^{2}	liəʔ^{2}	tɕiəʔ^{2}	tɕ^{h}iəʔ^{2}	tɕiəʔ^{2}	ɕiəʔ^{2}	ɕiəʔ^{2}	tɕiəʔ^{2}
祁县	liəʔ$^{\underline{32}}$	liəʔ$^{\underline{32}}$	tɕiəʔ$^{\underline{32}}$	tɕ^{h}iəʔ$^{\underline{32}}$	tɕiəʔ$^{\underline{32}}$	ɕiəʔ$^{\underline{32}}$	ɕiəʔ$^{\underline{32}}$	tɕiəʔ$^{\underline{32}}$
太谷	liəʔ^{3}	liəʔ^{3}	tɕiəʔ^{3}	tɕ^{h}iəʔ^{3}	tɕiəʔ^{3}	ɕiəʔ^{3}	ɕiəʔ^{3}	tɕiəʔ^{3}
平遥	liʌʔ$^{\underline{523}}$	liʌʔ$^{\underline{523}}$	tɕiʌʔ$^{\underline{212}}$	tɕ^{h}iʌʔ$^{\underline{212}}$	tɕi^{24}	ɕiʌʔ$^{\underline{212}}$	ɕiʌʔ$^{\underline{212}}$	tɕiʌʔ$^{\underline{212}}$
孝义	liəʔ^{3}	liəʔ^{3}	tɕiəʔ^{3}	tɕ^{h}iəʔ^{3}	tɕi^{454}	ɕiəʔ^{3}	ɕiəʔ^{3}	tɕiəʔ^{3}
介休	liʌʔ$^{\underline{312}}$	liʌʔ$^{\underline{312}}$	tɕiʌʔ$^{\underline{12}}$	tɕ^{h}iʌʔ$^{\underline{12}}$	tɕiʌʔ$^{\underline{12}}$	ɕiʌʔ$^{\underline{12}}$	ɕiʌʔ$^{\underline{12}}$	tɕiʌʔ$^{\underline{12}}$
灵石	liəʔ^{4}	liəʔ^{4}	tɕiəʔ^{4}	tɕ^{h}iəʔ^{4}	tɕiəʔ^{4}	ɕ^{h}iəʔ^{4}	ɕ^{h}iəʔ^{4}	tɕiəʔ^{4}
盂县	liəʔ^{2}	liəʔ^{2}	tɕiəʔ^{2}	tɕ^{h}iəʔ^{2}	tɕiəʔ^{2}	ɕiəʔ^{2}	ɕiəʔ^{2}	tɕiəʔ^{2}
寿阳	liəʔ^{2}	liəʔ^{2}	tɕiəʔ^{2}	tɕ^{h}iəʔ^{2}	tsɿ^{45}	ɕiəʔ^{2}	ɕiəʔ^{2}	tɕiəʔ^{2}
榆社	liəʔ^{2}	liəʔ^{2}	tɕiəʔ^{2}	tɕ^{h}iəʔ^{2}	tɕiəʔ^{2}	ɕiəʔ^{2}	ɕiəʔ^{2}	tɕiəʔ^{2}
离石	lieʔ^{4}	lieʔ^{4}	tɕieʔ^{4}	tɕ^{h}ieʔ^{4}	tɕieʔ^{4}	ɕieʔ^{4}	ɕieʔ^{4}	tɕieʔ^{4}
汾阳	lieʔ$^{\underline{312}}$	lieʔ$^{\underline{312}}$	tɕieʔ^{2}	tɕ^{h}ieʔ^{2}	tɕieʔ^{2}	ɕieʔ^{2}	ɕieʔ^{2}	tɕieʔ^{2}
中阳	lieʔ^{4}	lieʔ^{4}	tɕieʔ^{4}	tɕ^{h}ieʔ^{4}	tɕieʔ^{4}	ɕieʔ^{4}	ɕieʔ^{4}	tɕieʔ^{4}
柳林	liɛʔ$^{\underline{423}}$	liɛʔ$^{\underline{423}}$	tɕiɛʔ^{4}	tɕ^{h}iɛʔ^{4}	tɕiɛʔ^{4}	ɕiɛʔ^{4}	ɕiɛʔ^{4}	tɕiɛʔ^{4}
方山	liɛʔ^{4}	liɛʔ^{4}	tɕiɛʔ^{4}	tɕiɛʔ^{4}	tɕi^{52}	ɕiɛʔ^{4}	ɕiɛʔ^{4}	tɕiɛʔ^{4}
临县	liɐʔ$^{\underline{24}}$	liɐʔ$^{\underline{24}}$	tɕiɐʔ^{3}	tɕ^{h}iɐʔ^{3}	tɕi^{52}	ɕiɐʔ^{3}	ɕiɐʔ^{3}	tɕiɐʔ^{3}
兴县	liəʔ^{5}	liəʔ^{5}	tɕiəʔ^{5}	tɕ^{h}iəʔ^{5}	——	ɕiəʔ^{5}	ɕiəʔ^{5}	tɕiəʔ^{5}
岚县	liəʔ^{4}	liəʔ^{4}	tɕiəʔ^{4}	tɕ^{h}iəʔ^{4}	tɕiəʔ^{4}	ɕiəʔ^{4}	ɕiəʔ^{4}	tɕiəʔ^{4}
静乐	liəʔ^{4}	liəʔ^{4}	tɕiəʔ^{4}	tɕ^{h}iəʔ^{4}	tɕiəʔ^{4}	ɕiəʔ$^{\underline{212}}$	ɕiəʔ^{4}	tɕiəʔ^{4}
交口	lieʔ^{4}	lieʔ^{4}	tɕieʔ^{4}	tɕ^{h}ieʔ^{4}	tɕi^{53}	ɕieʔ^{4}	ɕieʔ^{4}	tɕieʔ^{4}
石楼	liəʔ^{4}	liəʔ^{4}	tɕiəʔ^{4}	tɕ^{h}iəʔ$^{\underline{213}}$	tɕi^{51}	ɕiəʔ^{4}	ɕiəʔ^{4}	tɕiəʔ^{4}
隰县	liəʔ^{3}	liəʔ^{3}	tɕiəʔ^{3}	tɕ^{h}iəʔ^{3}	tɕi^{44}	ɕiəʔ^{3}	ɕiəʔ^{3}	tɕiəʔ^{3}

续表

字目	历~史	历日~	绩	戚	寂	析	锡	激
中古音 / 方言点	郎击 梗开四 入锡来	郎击 梗开四 入锡来	则历 梗开四 入锡精	仓历 梗开四 入锡清	前历 梗开四 入锡从	先击 梗开四 入锡心	先击 梗开四 入锡心	古历 梗开四 入锡见
大宁	liəʔ$^{\underline{31}}$	——	tɕiəʔ$^{\underline{31}}$	tɕiəʔ$^{\underline{31}}$	tɕiəʔ$^{\underline{31}}$	ɕiəʔ$^{\underline{31}}$	ɕiəʔ$^{\underline{31}}$	tɕiəʔ$^{\underline{31}}$
永和	liəʔ$^{\underline{312}}$	liəʔ$^{\underline{312}}$	tɕiəʔ$^{\underline{35}}$	tɕʰiəʔ$^{\underline{35}}$	tɕiəʔ$^{\underline{35}}$	ɕiəʔ$^{\underline{35}}$	ɕiəʔ$^{\underline{35}}$	tɕiəʔ$^{\underline{35}}$
汾西	lʑ̍^{53}	——	tɕiəʔ^{1}	tɕʰiəʔ^{1}/ tɕʰiəʔ^{3} 白	——	ɕiəʔ^{1}	ɕiəʔ^{1}	tɕiəʔ^{1}
蒲县	li^{33}	li^{33}	tɕi^{24}	tɕʰi^{52}	tɕi^{24}	ɕi^{52}	ɕi^{52}	tɕi^{52}
潞州	li^{54}	li^{54}	tɕiəʔ$^{\underline{53}}$	tɕʰiəʔ$^{\underline{53}}$	tɕiəʔ$^{\underline{53}}$	ɕiəʔ$^{\underline{53}}$	ɕiəʔ$^{\underline{53}}$	tɕiəʔ$^{\underline{53}}$
上党	liəʔ$^{\underline{21}}$	liəʔ$^{\underline{21}}$	tɕiəʔ$^{\underline{21}}$	tɕʰiəʔ$^{\underline{21}}$	tɕiəʔ$^{\underline{21}}$	ɕiəʔ$^{\underline{21}}$	ɕiəʔ$^{\underline{21}}$	tɕiəʔ$^{\underline{21}}$
长子	li^{53}	li^{53}	tɕiəʔ^{4}	tɕʰiəʔ^{4}	tɕiəʔ^{4}	ɕiəʔ^{4}	ɕiəʔ^{4}	tɕiəʔ^{4}
屯留	liəʔ^{1}	liəʔ^{1}	tɕiəʔ^{1}	tɕʰiəʔ^{1}	tɕi^{53}	ɕiəʔ^{1}	ɕiəʔ^{1}	tɕiəʔ^{1}
襄垣	liʌʔ^{3}	liʌʔ^{3}	tɕiʌʔ^{3}	tɕʰiʌʔ^{3}	tɕiʌʔ^{3}	ɕiʌʔ^{3}	ɕiʌʔ^{3}	tɕiʌʔ^{3}
黎城	li^{53}	li^{53}	tɕiɤʔ^{2}	tɕʰiɤʔ^{2}	tɕiɤʔ^{2}	ɕiɤʔ^{2}	ɕiɤʔ^{2}	ciɤʔ^{2}
平顺	li^{53}	li^{53}	tɕiəʔ$^{\underline{212}}$	tɕʰiəʔ$^{\underline{212}}$	tɕiəʔ$^{\underline{423}}$	ɕiəʔ$^{\underline{212}}$	ɕiəʔ$^{\underline{212}}$	ciəʔ$^{\underline{212}}$
壶关	li^{353}	li^{353}	tsiəʔ^{2}	cʰi^{33}/tsʰiəʔ^{2}	tsiəʔ^{2}	siəʔ^{2}	siəʔ^{2}	ciəʔ^{2}
沁县	liəʔ$^{\underline{31}}$	liəʔ$^{\underline{31}}$	tɕiəʔ$^{\underline{31}}$	tɕʰiəʔ$^{\underline{31}}$	tɕiəʔ$^{\underline{31}}$	ɕiəʔ$^{\underline{31}}$	ɕiəʔ$^{\underline{31}}$	tɕiəʔ$^{\underline{31}}$
武乡	liəʔ^{3}	liəʔ^{3}	tɕiəʔ^{3}	tɕʰiəʔ^{3}	tɕiəʔ^{3}	ɕiəʔ^{3}	ɕiəʔ^{3}	tɕiəʔ^{3}
沁源	liəʔ$^{\underline{31}}$	liəʔ$^{\underline{31}}$	tɕiəʔ$^{\underline{31}}$	tɕʰiəʔ$^{\underline{31}}$	tɕiəʔ$^{\underline{31}}$	ɕiəʔ$^{\underline{31}}$	ɕiəʔ$^{\underline{31}}$	tɕiəʔ$^{\underline{31}}$
安泽	liəʔ$^{\underline{21}}$	liəʔ$^{\underline{21}}$	tɕi$^{\underline{21}}$/ tɕiəʔ$^{\underline{21}}$	tɕʰi^{21}/ tɕʰiəʔ$^{\underline{21}}$	tɕi^{53}	ɕi^{21}	ɕi^{21}/ɕiəʔ$^{\underline{21}}$	tɕi^{21}
沁水端氏	liəʔ^{2}	liəʔ^{2}	tɕiəʔ^{2}	tɕʰiəʔ^{2}	tɕi^{53}	ɕiəʔ^{2}	ɕiəʔ^{2}	tɕiəʔ^{2}
阳城	liəʔ^{2}	liəʔ^{2}	tɕiəʔ^{2}	tɕʰiəʔ^{2}	tɕi^{51}	ɕiəʔ^{2}	ɕiəʔ^{2}	ciəʔ^{2}
高平	liɛʔ^{2}	liɛʔ^{2}	tɕiəʔ^{2}	tɕʰiəʔ^{2}	tɕiəʔ^{2}	ɕiəʔ^{2}	ɕiəʔ^{2}	ciəʔ^{2}
陵川	liəʔ$^{\underline{23}}$	liəʔ$^{\underline{23}}$	ci^{24}	tɕʰiəʔ^{3}	ci^{24}	cʰiəʔ^{3}	cʰiəʔ^{3}	ciəʔ^{3}
晋城	liəʔ^{2}	liəʔ^{2}	tɕiəʔ^{2}	tɕʰiəʔ^{2}	tɕi^{53}	ɕiəʔ^{2}	ɕiəʔ^{2}	tɕiəʔ^{2}
忻府	liəʔ$^{\underline{32}}$	liəʔ$^{\underline{32}}$	tɕiəʔ$^{\underline{32}}$	tɕʰiəʔ$^{\underline{32}}$	tɕi^{53}	ɕiəʔ$^{\underline{32}}$	ɕiəʔ$^{\underline{32}}$	tɕiəʔ$^{\underline{32}}$
原平	liəʔ$^{\underline{34}}$	liəʔ$^{\underline{34}}$	tɕiəʔ$^{\underline{34}}$	tɕʰiəʔ$^{\underline{34}}$	tɕiəʔ$^{\underline{34}}$	ɕiəʔ$^{\underline{34}}$	ɕiəʔ$^{\underline{34}}$	tɕiəʔ$^{\underline{34}}$
定襄	liəʔ^{1}	liəʔ^{1}	tɕi^{53}	tɕʰiəʔ^{1}	tɕi^{53}	ɕiəʔ^{1}	ɕiəʔ^{1}	tɕiəʔ^{1}
五台	liʔ^{3}	liʔ^{3}	tɕiəʔ^{3}	tɕʰiəʔ^{3}	tɕiəʔ^{3}	ɕiəʔ^{3}	ɕiəʔ^{3}	tɕiəʔ^{3}
岢岚	liɛʔ^{4}	liɛʔ^{4}	tɕiɛʔ^{4}	tɕʰiɛʔ^{4}	tɕi^{52}	ɕiɛʔ^{4}	ɕiɛʔ^{4}	tɕiɛʔ^{4}
五寨	liəʔ^{4}	liəʔ^{4}	tɕiəʔ^{4}	tɕiəʔ^{4}	tɕiəʔ^{4}	ɕiəʔ^{4}	ɕiəʔ^{4}	tɕiəʔ^{4}
宁武	liəʔ^{4}	liəʔ^{4}	tɕiəʔ^{4}	tɕʰiəʔ^{4}	tɕiəʔ^{4}	ɕiəʔ^{4}	ɕiəʔ^{4}	tɕiəʔ^{4}
神池	li^{52}	liəʔ^{4}	tɕi^{52}	tɕʰi^{24}	tɕi^{52}	ɕi^{24}	ɕiəʔ^{4}	tɕi^{24}
繁峙	li^{24}	li^{24}	tɕiəʔ$^{\underline{13}}$	tɕʰiəʔ$^{\underline{13}}$	tɕiəʔ$^{\underline{13}}$	ɕiəʔ$^{\underline{13}}$	ɕiəʔ$^{\underline{13}}$	tɕiəʔ$^{\underline{13}}$

续表

字目	历~史	历日~	绩	戚	寂	析	锡	激
中古音 方言点	郎击 梗开四 入锡来	郎击 梗开四 入锡来	则历 梗开四 入锡精	仓历 梗开四 入锡清	前历 梗开四 入锡从	先击 梗开四 入锡心	先击 梗开四 入锡心	古历 梗开四 入锡见
代县	liəʔ^{2}	liəʔ^{2}	tɕiəʔ^{2}	tɕiəʔ^{2}	tɕiəʔ^{2}	ɕiəʔ^{2}	ɕiəʔ^{2}	tɕiəʔ^{2}
河曲	liəʔ^{4}	liəʔ^{4}	tɕiəʔ^{4}	tɕʰiəʔ^{4}	tɕi^{52}	ɕiəʔ^{4}	ɕiəʔ^{4}	tɕiəʔ^{4}
保德	liəʔ^{4}	liəʔ^{4}	tɕiəʔ^{4}	tɕʰiəʔ^{4}	tɕi^{52}	ɕiəʔ^{4}	ɕiəʔ^{4}	tɕiəʔ^{4}
偏关	liəʔ^{4}	liəʔ^{4}	tɕiəʔ^{4}	tɕʰiəʔ^{4}	tɕiəʔ^{4}	ɕiəʔ^{4}	ɕiəʔ^{4}	tɕiəʔ^{4}
朔城	li^{53}	——	tɕiəʔ$^{\underline{35}}$	tɕiəʔ$^{\underline{35}}$	tɕiəʔ$^{\underline{35}}$	ɕiəʔ$^{\underline{35}}$	ɕiəʔ$^{\underline{35}}$	tɕiəʔ$^{\underline{35}}$
平鲁	——	li^{52}	tɕiəʔ$^{\underline{34}}$	tɕʰiəʔ$^{\underline{34}}$	tɕiəʔ$^{\underline{34}}$	ɕiəʔ$^{\underline{34}}$	ɕiəʔ$^{\underline{34}}$	tɕiəʔ$^{\underline{34}}$
应县	li^{24}	li^{24}	tɕiɛʔ$^{\underline{43}}$	tɕʰiɛʔ$^{\underline{43}}$	tɕiɛʔ$^{\underline{43}}$	ɕiɛʔ$^{\underline{43}}$	ɕiɛʔ$^{\underline{43}}$	tɕiɛʔ$^{\underline{43}}$
灵丘	li^{53}	li^{53}	tɕiəʔ^{5}	tɕʰiəʔ^{5}	tɕi^{53}	ɕiəʔ^{5}	ɕiəʔ^{5}	tɕiəʔ^{5}
浑源	liəʔ^{4}	liəʔ^{4}	tɕiəʔ^{4}	tɕʰiəʔ^{4}	tɕiəʔ^{4}	ɕiəʔ^{4}	ɕiəʔ^{4}	tɕiəʔ^{4}
云州	li^{24}	li^{24}	tɕiəʔ^{4}	tɕʰi^{312}/ tɕʰiəʔ^{4}	tɕʰiəʔ^{4}	ɕiəʔ^{4}	ɕi^{21} 白 / ɕiəʔ^{4} 文	tɕiəʔ^{4}
新荣	li^{24}	li^{24}	tɕiəʔ^{4}	tɕʰiəʔ^{4}	tɕiəʔ^{4}	ɕiəʔ^{4}	ɕiəʔ^{4}	tɕiəʔ^{4}
怀仁	li^{24}	li^{24}	tɕiəʔ^{4}	tɕʰiəʔ^{4}	tɕiəʔ^{4}	ɕiəʔ^{4}	ɕiəʔ^{4}	tɕiəʔ^{4}
左云	liəʔ^{4} 白 / li^{24} 文	liəʔ^{4} 白 / li^{24} 文	tɕiəʔ^{4}	tɕʰiəʔ^{4}	tɕiəʔ^{4}	ɕiəʔ^{4}	ɕiəʔ^{4}	tɕiəʔ^{4}
右玉	li^{24}	li^{24}	tɕiəʔ^{4}	tɕʰiəʔ^{4}	tɕiəʔ^{4}	ɕiəʔ^{4}	ɕiəʔ^{4}	tɕiəʔ^{4}
阳高	li^{24}	li^{24}	tɕiəʔ^{3}	tɕʰi^{31}/ tɕʰiəŋ^{31}	tɕiəʔ^{3}	ɕiəʔ^{3}	ɕiəʔ^{3}	tɕiəʔ^{3}
山阴	li^{335}	li^{335}	tɕiəʔ^{4}	tɕʰiəʔ^{4}	tɕiəʔ^{4}	ɕiəʔ^{4}	——	tɕiəʔ^{4}
天镇	li^{24}	li^{24}	tɕiəʔ^{4}	tɕʰiəʔ^{4}	tɕiəʔ^{4}	ɕiəʔ^{4}	ɕiəʔ^{4}	tɕiəʔ^{4}
平定	lei^{24}	lei^{24}	tɕiəʔ^{4}	tɕʰiəʔ^{4}	tɕiəʔ^{4}	ɕiəʔ^{4}	ɕiəʔ^{4}	tɕiəʔ^{4}
昔阳	lei^{13}	lei^{13}	tɕiʌʔ$^{\underline{43}}$	tɕʰiʌʔ$^{\underline{43}}$	tɕi^{13}	ɕiʌʔ$^{\underline{43}}$	ɕiʌʔ$^{\underline{43}}$	tɕiʌʔ$^{\underline{43}}$
左权	li^{53}	li^{53}	tɕieʔ^{1}	tɕʰieʔ^{1}	tɕieʔ^{1}	ɕieʔ^{1}	ɕieʔ^{1}	tɕieʔ^{1}
和顺	lieʔ$^{\underline{21}}$	lieʔ$^{\underline{21}}$	tɕieʔ$^{\underline{21}}$	tɕʰieʔ$^{\underline{21}}$	tɕi^{13}	ɕieʔ$^{\underline{21}}$	ɕieʔ$^{\underline{21}}$	tɕieʔ$^{\underline{21}}$
尧都	li^{21}	li^{21}	tɕi^{21}	tɕʰi^{21}	tɕi^{21}	ɕi^{21}	ɕi^{21}	tɕi^{21}
洪洞	li^{33}	li^{21}	tɕi^{21}	tɕʰi^{21}	tɕi^{21}	ɕi^{42}	ɕi^{42}	tɕi^{21}
洪洞赵城	li^{53}	li^{53}	tɕi^{53}	tɕʰie^{53}	tɕi^{53}	ɕi^{21}	ɕi^{53}	tɕi^{21}
古县	li^{21}	li^{21}	tɕi^{21}	tɕʰi^{21}	tɕi^{21}	ɕi^{21}	ɕi^{21}	tɕi^{21}
襄汾	li^{21}	li^{21}	tɕi^{21}	tɕʰi^{21}	tɕi^{21}	ɕi^{21}	ɕi^{21}	tɕi^{21}
浮山	li^{42}	li^{42}	tɕi^{42}	tɕʰi^{42}	tɕi^{44}	ɕi^{42}	ɕi^{42}	tɕi^{42}
霍州	li^{53}	li^{53}	tɕi^{212}	tɕʰi^{212}	tɕi^{55}	ɕi^{212}	ɕi^{212}	tɕi^{212}
翼城	li^{53}	li^{53}	tɕi^{53}	tɕʰi^{53}	tɕi^{53}	ɕi^{53}	ɕi^{53}	tɕi^{53}

续表

字目	历~史	历日~	绩	戚	寂	析	锡	激
中古音 / 方言点	郎击 梗开四 入锡来	郎击 梗开四 入锡来	则历 梗开四 入锡精	仓历 梗开四 入锡清	前历 梗开四 入锡从	先击 梗开四 入锡心	先击 梗开四 入锡心	古历 梗开四 入锡见
闻喜	li^{53}	li^{53}	tɕi^{53}	tɕʰi^{13}	tɕi^{13}	ɕi^{53}	ɕi^{53}	tɕi^{53}
侯马	li^{53}	li^{53}	tɕi^{53}	tɕʰi^{213}	tɕi^{53}	ɕi^{213}	ɕi^{213}	tɕi^{213}
新绛	li^{53}	li^{53}	tɕi^{53}	tɕʰi^{13}	tɕi^{53}	ɕi^{53}	ɕi^{53}	tɕi^{53}
绛县	li^{31}	li^{31}	tɕi^{53}	tɕʰieĩ^{31}	tɕi^{31}	ɕi^{53}	ɕi^{53}	tɕi^{53}
垣曲	li^{53}	li^{53}	tɕi^{53}	tɕʰi^{22}	tɕi^{53}	ɕi^{22}	ɕi^{22}	tɕi^{22}
夏县	li^{31}	li^{31}	tɕi^{31}	tɕʰiei^{53}	——	ɕi^{53}	ɕi^{53}	tɕi^{53}
万荣	li^{51}	li^{51}	tɕi^{51}	tɕʰiei^{33}	tɕi^{33}	ɕi^{51}	ɕi^{51}	tɕi^{51}
稷山	li^{53}	li^{53}	tɕi^{53}	tɕʰi^{53}	tɕi^{53}	ɕi^{53}	ɕi^{53}	tɕi^{53}
盐湖	li^{42}	li^{42}	tɕi^{42}	tɕʰi^{42}	tɕi^{13}	ɕi^{42}	ɕi^{42}	tɕi^{42}
临猗	li^{42}	li^{42}	tɕi^{44}	tɕʰi^{42}	tɕi^{44}	ɕi^{42}	ɕi^{42}	tɕi^{42}
河津	li^{44}	li^{44}	tɕi^{31}	tɕʰi^{31}	tɕi^{31} 文	ɕi^{31}	ɕi^{31}	tɕi^{31}
平陆	li^{33}	li^{33}	tɕi^{31}	tɕʰi^{33}	tɕi^{31}/tɕi^{33}	ɕi^{13}	ɕi^{31}	tɕi^{31}
永济	li^{44}	li^{44}	tɕi^{31}	tɕʰi^{31}	tɕʰi^{44}	ɕi^{31}	ɕi^{31}	tɕi^{31}
芮城	li^{42}	li^{13}	tɕi^{42}	tɕʰi^{44}	tɕʰi^{42} 白 / tɕi^{42} 文	ɕi^{42}	ɕi^{42}	tɕi^{42}
吉县	li^{33}	li^{33}	tɕi^{423}	tɕʰiɛ^{33}	tɕi^{423}	ɕi^{423}	ɕi^{423}	tɕi^{423}
乡宁	li^{53}	li^{53}	tɕi^{53}	tɕʰiᴇ^{53}	tɕi^{53}	ɕi^{53}	ɕi^{53}	tɕi^{53}
广灵	li^{213}	li^{213}	tɕi^{53}	tɕʰi^{53}	tɕi^{31}	ɕi^{53}	ɕi^{53}	tɕi^{53}

字目	击	吃~饭	萤	蓬	篷	蒙~骗	东	通
中古音 / 方言点	古历 梗开四 入锡见	苦击 梗开四 入锡溪	户扃 梗合四 平青匣	薄红 通合一 平东並	薄红 通合一 平东並	莫红 通合一 平东明	德红 通合一 平东端	他红 通合一 平东透
北京	tɕi^{55}	tʂʰʅ^{55}	iŋ^{35}	pʰəŋ^{35}	pʰəŋ^{35}	məŋ^{35}	tuŋ^{55}	tʰuŋ^{55}
小店	tɕiəʔ^{1}	tsʰəʔ^{1}	iə̃^{11}	pʰəŋ^{11}	pʰəŋ^{11}	məŋ^{11}	tuəŋ^{11}	tʰuəŋ^{11}
尖草坪	tɕiəʔ^{2}	tsʰəʔ^{2}	iʌŋ^{33}	pʰʌŋ^{33}	pʰʌŋ^{33}	mʌŋ^{33}	tuʌŋ^{33}	tʰuʌŋ^{33}
晋源	tɕiəʔ^{2}	tsʰəʔ^{2}	in^{11}	pʰəŋ^{11}	pʰəŋ^{11}	məŋ^{11}	tuəŋ^{11}	tʰuŋ^{11}
阳曲	tɕiɛʔ^{4}	tsʰəʔ^{4}	iə̃^{43}	pʰə̃^{43}	pʰə̃^{43}	mə̃^{43}	tuə̃^{312}	tʰuə̃^{312}
古交	tɕiəʔ^{4}	tsʰəʔ^{4}	iəŋ^{44}	pʰəŋ^{44}	pʰəŋ^{44}	məŋ^{44}	tuəŋ^{44}	tʰuəŋ^{44}
清徐	tɕiəʔ^{1}	tsʰəʔ^{1}	iəŋ^{11}	pʰəŋ^{11}	pʰəŋ^{11}	məŋ^{11}	tuəŋ^{11}	tʰuəŋ^{11}
娄烦	tɕiəʔ^{3}	tsʰəʔ^{3}	iəŋ^{33}	pʰəŋ^{33}	pʰəŋ^{33}	məŋ^{33}	tuəŋ^{33}	tʰuəŋ^{33}
榆次	tɕiəʔ^{1}	tsʰəʔ^{1}	iɣ̃^{11}	pʰɣ̃^{11}	pʰɣ̃^{11}	mɣ̃^{11}	tuɣ̃^{11}	tʰuɣ̃^{11}
交城	tɕiəʔ^{1}	tsʰəʔ^{1}	iə̃^{11}	pʰə̃^{11}	pʰə̃^{11}	mə̃^{11}	tuə̃^{11}	tʰuə̃^{11}
文水	tɕiəʔ^{2}	tsʰəʔ^{2}	iɔŋ^{22}	pʰɔŋ^{22}	pʰɔŋ^{22}	mɔŋ^{22}	tuɔŋ^{22}	tʰuɔŋ^{22}
祁县	tɕiəʔ$^{\underline{32}}$	tʂʰəʔ$^{\underline{32}}$	iɔõ^{31}	pʰɔõ^{31}	pʰɔõ^{31}	mɔõ^{31}	təm^{31}	tʰəm^{31}
太谷	tɕiəʔ^{3}	tsʰəʔ^{3}	iə̃^{33}	pʰə̃^{33}	pʰə̃^{33}	mə̃^{33}	tuə̃^{33}	tʰuə̃^{33}
平遥	tɕiʌʔ$^{\underline{212}}$	tʂʰʌʔ$^{\underline{212}}$	iəŋ^{213}	pʰəŋ^{213}	pʰəŋ^{213}	məŋ^{213}	tuəŋ^{213}	tʰuəŋ^{213}
孝义	tɕiəʔ^{3}	tʂʰəʔ^{3}	iə̃^{33}	pʰə̃^{33}	pʰə̃^{33}	mə̃^{33}	tuə̃^{33}	tʰuə̃^{33}
介休	tɕiʌʔ$^{\underline{12}}$	tʂʰʌʔ$^{\underline{12}}$	in^{13}	pʰəŋ^{13}	pʰəŋ^{13}	məŋ^{13}	tuŋ^{13}	tʰuŋ^{13}
灵石	tɕiəʔ^{4}	tsəʔ^{4}	iŋ^{44}	pʰəŋ^{44}	pʰəŋ^{44}	məŋ^{44}	tuŋ^{535}	tʰuŋ^{535}
盂县	tɕiəʔ^{2}	tsʰəʔ^{2}	iə̃^{22}	pʰə̃^{22}	pʰə̃^{22}	mə̃^{412}	tuə̃^{412}	tʰuə̃^{412}
寿阳	tɕiəʔ^{2}	tsʰəʔ^{2}	iə̃^{22}	pʰə̃^{22}	pʰə̃^{22}	mə̃^{31}	tuə̃^{31}	tʰuə̃^{31}
榆社	tɕiəʔ^{2}	tsʰəʔ^{2}	ieɪ^{22}	pʰeɪ^{22}	pʰeɪ^{22}	meɪ^{22}	tueɪ^{22}	tʰueɪ^{22}
离石	tɕieʔ^{4}	tsʰəʔ^{4}	iəŋ^{44}	pʰəŋ^{44}	pʰəŋ^{44}	məŋ^{44}	tuəŋ^{24}	tʰuəŋ^{24}
汾阳	tɕieʔ^{2}	tʂʰəʔ^{2}	iẽ^{22}	pʰəŋ^{22}	pʰəŋ^{22}	məŋ^{324}	tuŋ^{324}	tʰuŋ^{324}
中阳	tɕieʔ^{4}	tsʰəʔ^{4}	iə̃^{33}	pʰə̃^{33}	pʰə̃^{33}	mə̃^{33}	tuə̃^{24}	tʰuə̃^{24}
柳林	tɕiɛʔ^{4}	tsʰəʔ^{4}	iə̃^{44}	pʰə̃^{44}	pʰə̃^{44}	mə̃^{44}	tuə̃^{24}	tʰuə̃^{24}
方山	tɕiɛʔ^{4}	tʂʰəʔ^{4}	iə̃ŋ^{44}	pʰə̃ŋ^{44}	pʰə̃ŋ^{44}	mə̃ŋ^{24}	tuə̃ŋ^{24}	tʰuə̃ŋ^{24}
临县	tɕiɐʔ^{3}	tʂʰɐʔ^{3}	iə̃^{33}	pʰə̃^{33}	pʰə̃^{33}	mə̃^{24}	tuə̃^{24}	tʰuə̃^{24}
兴县	tɕiəʔ^{5}	tʂʰəʔ^{5}	iəŋ^{55}	pʰəŋ^{55}	pʰəŋ^{55}	məŋ^{324}	tuəŋ^{324}	tʰuəŋ^{324}
岚县	tɕiəʔ^{4}	tsəʔ^{4}	iəŋ^{44}	pʰəŋ^{44}	pʰəŋ^{44}	məŋ^{44}	tuəŋ^{214}	tʰuəŋ^{214}
静乐	tɕiəʔ^{4}	tsʰəʔ^{4}	iɣ̃^{24}	pʰɣ̃^{33}	pʰɣ̃^{33}	mɣ̃^{24}	tuɣ̃^{24}	tʰuɣ̃^{24}
交口	tɕieʔ^{4}	tsʰəʔ^{4}	iəŋ^{44}	pʰəŋ^{44}	pʰəŋ^{44}	məŋ^{44}	tuəŋ^{323}	tʰuəŋ^{323}
石楼	tɕiəʔ^{4}	tʂʰiəʔ^{4}	sʅ^{51}	pʰəŋ^{44}	pʰəŋ^{44}	məŋ^{44}	tuəŋ^{213}	tʰuəŋ^{213}
隰县	tɕiəʔ^{3}	tsʰəʔ^{3}	iəŋ^{24}	pʰəŋ^{24}	pʰəŋ^{24}	məŋ^{24}	tuəŋ ^{53}	tʰuəŋ^{53}

续表

字目	击	吃~饭	萤	蓬	篷	蒙~骗	东	通
中古音 / 方言点	古历 梗开四 入锡见	苦击 梗开四 入锡溪	户扃 梗合四 平青匣	薄红 通合一 平东並	薄红 通合一 平东並	莫红 通合一 平东明	德红 通合一 平东端	他红 通合一 平东透
大宁	tɕiəʔ$\underline{31}$	tʂʰəʔ$\underline{31}$	iən24	pʰəŋ24	pʰəŋ24	məŋ24	tuəŋ31	tʰuəŋ31
永和	tɕiəʔ$\underline{35}$	tʂʰəʔ$\underline{35}$	iəŋ35	pʰəŋ35	pʰəŋ35	məŋ35	tuəŋ33	tʰuəŋ33
汾西	tɕiəʔ1	tsʰʅ11/tsʰyəʔ1	iəŋ35	pʰəŋ35/ pʰei35 白	pʰəŋ35	məŋ11/ məŋ35	tuəŋ11	tʰuəŋ11
蒲县	tɕi52	tʂʰəʔ$\underline{43}$	iŋ24	pʰəŋ24	pʰəŋ24	məŋ24	tueĩ52 白 / tuŋ52 文	tʰuŋ52
潞州	tɕiəʔ$\underline{53}$	tsʰəʔ$\underline{53}$	iŋ24	pʰəŋ24	pʰəŋ24	məŋ24	tuŋ312	tʰuŋ312
上党	tɕiəʔ$\underline{21}$	tɕʰiəʔ$\underline{21}$	iŋ44	pʰəŋ44	pʰəŋ44	məŋ535	tuŋ213	tʰuŋ213
长子	tɕiəʔ4	tsʰəʔ4	iŋ24	pʰəŋ24	pʰəŋ24	məŋ24	tuŋ312	tʰuŋ312
屯留	tɕiəʔ1	tsʰəʔ1	iəŋ11	pʰəŋ11	pʰəŋ11	məŋ11	tuəŋ31	tʰuəŋ31
襄垣	tɕiʌʔ3	tsʰʌʔ3	iəŋ31	pʰəŋ31	pʰəŋ31	məŋ31	tuəŋ33	tʰuəŋ33
黎城	ciɤʔ2	tɕʰiɤʔ2	iəŋ53	pʰəŋ53	pʰəŋ53	məŋ33	tuəŋ33	tʰuəŋ33
平顺	ciəʔ$\underline{212}$	tɕʰiəʔ$\underline{212}$	iŋ13	pʰəŋ13	pʰəŋ13	məŋ434	tuŋ213	tʰuŋ213
壶关	ciəʔ2	tʃʰiəʔ2	iŋ13	pʰəŋ13	pʰəŋ13	məŋ535	tuŋ33	tʰuŋ33
沁县	tɕiəʔ$\underline{31}$	tsʰəʔ$\underline{31}$	iə̃33	pʰə̃33	pʰə̃33	mə̃33	tuə̃224	tʰuə̃224
武乡	tɕiəʔ3	tsʰəʔ3	iɐŋ113	pʰɐŋ33	pʰɐŋ33	mɐŋ33	tuɐŋ113	tʰuɐŋ113
沁源	tɕiəʔ$\underline{31}$	tʂʰəʔ$\underline{31}$	iə̃33	pʰə̃33	pʰə̃33	mə̃33	tuə̃324	tʰuə̃324
安泽	tɕi21	tsʰəʔ$\underline{21}$	iəŋ35	pʰəŋ35	pʰəŋ35	məŋ35	tuəŋ21	tʰuəŋ21
沁水端氏	tɕiəʔ2	tsʰəʔ2	iŋ24	pʰoŋ24	pʰoŋ24	moŋ24	toŋ21	tʰoŋ21
阳城	ciəʔ2	tʂʰəʔ2	iə̃ĩ22	pʰuoŋ22	pʰuoŋ22	muoŋ22	tuoŋ224	tʰuoŋ224
高平	ciəʔ2	tʂʰəʔ2	iə̃ŋ33	pʰə̃ŋ33	pʰə̃ŋ33	mə̃ŋ33	tuə̃ŋ33	tʰuə̃ŋ33
陵川	ciəʔ3	tʂʰʅ33	iŋ53	pʰəŋ53	pʰəŋ53	məŋ53	tuŋ33	tʰuŋ33
晋城	tɕiəʔ2	tʂʰəʔ2	iẽ324	pʰoŋ324	pʰoŋ324	moŋ324	tuoŋ33	tʰuoŋ33
忻府	tɕiəʔ$\underline{32}$	tʂʰəʔ$\underline{32}$	iəŋ21	pʰəŋ21	pʰəŋ21	məŋ21	tuəŋ313	tʰuəŋ313
原平	tɕiəʔ$\underline{34}$	tʂʰəʔ$\underline{34}$	iəŋ33	pʰəŋ33	pʰəŋ33	məŋ33	tuəŋ213	tʰuəŋ213
定襄	tɕiəʔ1	tʂʰəʔ1	iəŋ11	pʰəŋ11	pʰəŋ11	məŋ11	tuəŋ24	tʰuəŋ24
五台	tɕiəʔ3	tsʰəʔ3	iən33	pʰən33	pʰən33	mən33	tuən213	tʰuən213
岢岚	tɕiɛʔ4	tʂʰəʔ4	iəŋ44	pʰəŋ44	pʰəŋ44	məŋ13	tuəŋ13	tʰuəŋ13
五寨	tɕiəʔ4	tsʰəʔ4	iəɣ̃44	pʰəɣ̃44	pʰəɣ̃44	məɣ̃13	tuəɣ̃13	tʰuəɣ̃13
宁武	tɕiəʔ4	tsʰəʔ4	iɤɯ33	pʰɤɯ33	pʰɤɯ33	mɤɯ33	tuɤɯ23	tʰuɤɯ23
神池	tɕi$\underline{24}$	tsʰəʔ4	iə̃32	pʰə̃32	pʰə̃32	mə̃32	tuə̃24	tʰuə̃24
繁峙	tɕiəʔ$\underline{13}$	tsʰəʔ$\underline{13}$	iəŋ31	pʰəŋ31	pʰəŋ31	məŋ31	tuəŋ53	tʰuəŋ53

续表

字目	击	吃~饭	萤	蓬	篷	蒙~骗	东	通
中古音 方言点	古历 梗开四 入锡见	苦击 梗开四 入锡溪	户扃 梗合四 平青匣	薄红 通合一 平东並	薄红 通合一 平东並	莫红 通合一 平东明	德红 通合一 平东端	他红 通合一 平东透
代县	tɕiəʔ^{2}	tsʰəʔ^{2}	iɤŋ^{44}	pʰɤŋ^{44}	pʰɤŋ^{44}	mɤŋ^{44}	tuɤŋ^{213}	tʰuɤŋ^{213}
河曲	tɕiəʔ^{4}	tɕʰʅ^{213}	iŋ^{44}	pʰɤŋ^{44}	pʰɤŋ^{44}	mɤŋ^{44}	tuŋ^{213}	tʰuŋ^{213}
保德	tɕiəʔ^{4}	tʂʰəʔ^{4}	iəŋ^{44}	pʰəŋ^{44}	pʰəŋ^{44}	məŋ^{44}	tuəŋ^{213}	tʰuəŋ^{52}
偏关	tɕiəʔ^{4}	tʂʰəʔ^{4}	iɤŋ^{44}	pʰɤŋ^{44}	pʰɤŋ^{44}	mɤŋ^{44}	tuɤŋ^{24}	tʰuɤŋ^{24}
朔城	tɕiəʔ$^{\underline{35}}$	tʂʰəʔ$^{\underline{35}}$	iə̃^{35}	pʰə̃^{35}	pʰə̃^{35}	mə̃^{312}	tuə̃^{312}	tʰuə̃^{312}
平鲁	tɕiəʔ$^{\underline{34}}$	tsʰəʔ$^{\underline{34}}$	iəɯ^{44}	pʰəɯ^{44}	pʰəɯ^{44}	məɯ^{44}	tuəɯ^{213}	tʰuəɯ^{213}
应县	tɕi^{43}/tɕiɛʔ$^{\underline{43}}$	tsʰəʔ$^{\underline{43}}$	iəŋ^{31}	pʰəŋ^{31}	pʰəŋ^{31}	məŋ^{43}/ məŋ^{31}	tuəŋ^{43}	tʰuəŋ^{43}/ tʰuəŋ^{24}
灵丘	tɕiəʔ^{5}	tsʰəʔ^{5}	iŋ^{31}	pʰəŋ^{31}	pʰəŋ^{31}	məŋ^{442}	tuŋ^{442}	tʰuŋ^{442}
浑源	tɕiəʔ^{4}	tsʰəʔ^{4}	iə̃^{22}	pʰə̃^{22}	pʰə̃^{22}	mə̃^{22}	tuə̃^{52}	tʰuə̃^{52}
云州	tɕiəʔ^{4}	tʂʰəʔ^{4}	iəɣ^{312}	pʰəɣ^{312}	pʰəɣ^{312}	məɣ^{312}	tuəɣ^{21}	tʰuəɣ^{21}
新荣	tɕiəʔ^{4}	tʂʰəʔ^{4}	iɣ^{312}	pʰɤɣ^{312}	pʰɤɣ^{312}	mɤɣ^{312}	tuɤɣ^{32}	tʰuɤɣ^{32}
怀仁	tɕiəʔ^{4}	tsʰəʔ^{4}	iəŋ^{312}	pʰəŋ^{312}	pʰəŋ^{312}	məŋ^{42}	tuəŋ^{42}	tʰuəŋ^{42}
左云	tɕiəʔ^{4}	tsʰəʔ^{4}	iəɣ^{313}	pʰəɣ^{313}	pʰəɣ^{313}	məɣ^{313}	tuəɣ^{31}	tʰuəɣ^{31}
右玉	tɕiəʔ^{4}	tʂʰəʔ^{4}	iə̃ɣ^{31}	pʰə̃ɣ^{212}	pʰə̃ɣ^{212}	mə̃ɣ^{212}	tuə̃ɣ^{31}	tʰuə̃ɣ^{31}
阳高	tɕiəʔ^{3}	tsʰəʔ^{3}	iəŋ^{312}	pʰəŋ^{312}	pʰəŋ^{312}	məŋ^{312}	tuəŋ^{31}	tʰuəŋ^{31}
山阴	tɕiəʔ^{4}	tʂəʔ^{4}	iə̃^{313}	pʰə̃^{313}	pʰə̃^{313}	mə̃^{313}	tuə̃^{313}	tʰuə̃^{313}
天镇	tɕiəʔ^{4}	tsʰəʔ^{4}	iɤɣ^{22}	pʰɤɣ^{22}	pʰɤɣ^{22}	mɤɣ^{55}	tuɤɣ^{31}	tʰuɤɣ^{31}
平定	tɕiəʔ^{4}	tʂʰəʔ^{4}	iɤŋ^{44}	pʰɤŋ^{44}	pʰɤŋ^{44}	mɤŋ^{44}	tuɤŋ^{31}	tʰuɤŋ^{31}
昔阳	tɕiʌʔ$^{\underline{43}}$	tʂʰʌʔ$^{\underline{43}}$	iəŋ^{33}	pʰəŋ^{33}	pʰəŋ^{33}	məŋ^{33}	tuəŋ^{42}	tʰuəŋ^{42}
左权	tɕieʔ^{1}	tʂʰəʔ^{1}	yəŋ^{11}	pʰəŋ^{11}	pʰəŋ^{11}	məŋ^{11}	tuəŋ^{31}	tʰuəŋ^{31}
和顺	tɕieʔ$^{\underline{21}}$	tʂʰəʔ$^{\underline{21}}$	iəŋ^{22}	pʰəŋ^{22}	pʰəŋ^{22}	məŋ^{22}	tuəŋ^{42}	tʰuəŋ^{42}
尧都	tɕi^{21}	tʂʰʅ^{21}	iəŋ^{24}	pʰəŋ^{24}	pʰəŋ^{24}	məŋ^{24}	tʰuə̃^{21} 白 / tuəŋ^{21} 文	tʰuəŋ^{21}
洪洞	tɕi^{21}	tʂʰʅ^{21}	ieŋ^{24}	pʰen^{21} 白 / pʰeŋ^{24} 文	pʰeŋ^{24}	meŋ^{24}	tuen^{21} 白 / tueŋ^{21} 文	tʰueŋ^{21}
洪洞赵城	tɕi^{21}	tʂʰʅ^{21}	ieŋ^{24}	pʰeŋ^{24}	pʰeŋ^{24}	meŋ^{24}	tueŋ^{21}	tʰueŋ^{21}
古县	tɕi^{21}	tʂʰʅ^{21}	iŋ^{35}	pʰəŋ^{35}	pʰəŋ^{35}	məŋ^{35}	tuen^{21} 白 / tuəŋ^{21} 文	tʰuəŋ^{21}
襄汾	tɕi^{21}	tʂʰɯ^{21}	ien^{24}	peŋ^{24}	feŋ^{24}	meŋ^{24}	tuen^{21} 白 / tueŋ^{21} 文	tʰueŋ^{21}

续表

字目	击	吃~饭	萤	蓬	篷	蒙~骗	东	通
中古音 / 方言点	古历 梗开四 入锡见	苦击 梗开四 入锡溪	户扃 梗合四 平青匣	薄红 通合一 平东並	薄红 通合一 平东並	莫红 通合一 平东明	德红 通合一 平东端	他红 通合一 平东透
浮山	tɕi^{42}	tʂʰʅ^{42}	ẽĩ^{13}	peŋ^{13}	feŋ^{13}	meŋ^{13}	tuẽĩ^{42} 白 / tueŋ^{42} 文	tʰueŋ^{42}
霍州	tɕi^{212}	tʂʰʅ^{212}	iŋ^{35}	pʰəŋ^{35}	pʰəŋ^{35}	məŋ^{35}	tuŋ^{212}	tʰuŋ^{212}
翼城	tɕi^{53}	tʂʅ^{53}	iŋ^{12}	pʰəŋ^{12}	pʰəŋ^{12}	məŋ^{12}	tuŋ^{53}	tuŋ^{53}
闻喜	tɕi^{53}	tsʰʅ^{53}	iəŋ^{13}	pʰəŋ^{13}	pʰəŋ^{13}	məŋ^{13}	tuəŋ^{53}	tʰuəŋ^{53}
侯马	tɕi^{213}	tʂʰʅ^{213}	iəŋ^{213}	pʰəŋ^{213}	pʰəŋ^{213}	məŋ^{213}	tuẽĩ^{213} 白 / tuəŋ^{213} 文	tʰuəŋ^{213}
新绛	tɕi^{53}	tʂʰʅ^{53}	ȵie^{13}/iəŋ^{13}	pʰəŋ^{13}	pʰəŋ^{13}	məŋ^{13}	tuẽ^{53}	tʰuəŋ^{53}
绛县	tɕi^{31}	tʂʰʅ^{53}	iʌŋ^{24}	pʰʌŋ^{24}	pʰʌŋ^{24}	mʌŋ^{24}	tueĩ^{53} 白 / tuʌŋ^{53} 文	tʰuʌŋ^{53}
垣曲	tɕi^{22}	tʂʰʅ^{22}	iəŋ^{22}	pʰəŋ^{22}	pʰəŋ^{22}	məŋ^{22}	tuəŋ^{22}	tʰuəŋ^{22}
夏县	tɕi^{53}	tʂʰʅ^{53}	iəŋ^{42}	pʰəŋ^{42}	pʰəŋ^{42}	məŋ^{42}	tuəŋ^{53}	tʰuəŋ^{53}
万荣	tɕi^{51}	tʂʰʅ^{51}	iaŋ^{213}	pʰaŋ^{213}	pʰaŋ^{213}	maŋ^{213}	tuaŋ^{51}	tʰuaŋ^{51}
稷山	tɕi^{53}	tʂʰʅ^{53}	iʌŋ^{13}	pʰʌŋ^{13}	pʰʌŋ^{13}	mʌŋ^{13}	tuə̃^{53} 白 / tuŋ^{53} 文	tʰuŋ^{53}
盐湖	tɕi^{42}	tʂʰʅ^{42}	iŋ^{13}	pʰəŋ^{13}	pʰəŋ^{13}	məŋ^{13}	tuəŋ^{42}	tʰuəŋ^{42}
临猗	tɕi^{42}	tʂʰʅ^{42}	iəŋ^{13}	pʰəŋ^{13}	pʰəŋ^{13}	məŋ^{13}	tuəŋ^{42}	tʰuəŋ^{42}
河津	tɕi^{31}	tʂʰʅ^{31}	yəŋ^{324}	pʰəŋ^{324}	pʰəŋ^{324}	məŋ^{324}	tuəŋ^{31}	tʰuəŋ^{31}
平陆	tɕi^{31}	tʂʰʅ^{31}	iŋ^{13}	pʰeŋ^{13}	pʰeŋ^{13}	meŋ^{13}	toŋ^{31}	tʰoŋ^{31}
永济	tɕi^{31}	tʂʰʅ^{31}	iŋ^{24} 白 / yəŋ^{24} 文	pʰəŋ^{24}	pʰəŋ^{24}	məŋ^{31}/məŋ^{24}	tuŋ^{31}	tʰuŋ^{31}
芮城	tɕi^{42}	tʂʰʅ^{42}	iəŋ^{13}	pʰəŋ^{13}	pʰəŋ^{13}	məŋ^{13}	tuəŋ^{42}	tʰuəŋ^{42}
吉县	tɕi^{423}	tʂʰʅ^{423}	——	——	pʰəŋ^{13}	məŋ^{13}	tuei^{423} 白 / tuəŋ^{423} 文	tʰuəŋ^{423}
乡宁	tɕi^{53}	tʂʰʅ^{53}	iəŋ^{12}	pʰəŋ^{12}	pʰəŋ^{12}	məŋ^{12}	tuəŋ^{53}	tʰuəŋ^{53}
广灵	tɕi^{53}	tsʰɿ^{53}	iŋ^{31}	pʰəŋ^{31}	pʰəŋ^{31}	məŋ^{53} məŋ^{31}	tuŋ^{53}	tʰuŋ^{53}

字目	同	铜	桐	童	瞳	筒	笼鸟~	聋
中古音 / 方言点	徒红 通合一 平东定	徒红 通合一 平东定	徒红 通合一 平东定	徒红 通合一 平东定	徒红 通合一 平东定	徒红 通合一 平东定	卢红 通合一 平东来	卢红 通合一 平东来
北京	tʰuŋ^{35}	tʰuŋ^{35}	tʰuŋ^{35}	tʰuŋ^{35}	tʰuŋ^{35}	tʰuŋ^{214}	luŋ^{35}	luŋ^{35}
小店	tʰuəŋ^{11}	tuəŋ^{11} 白 / tʰuəŋ^{11} 文	tʰuəŋ^{11}	tʰuəŋ^{11}	tʰuəŋ^{11}	tʰuəŋ^{53}	luəŋ^{11}	luəŋ^{11}
尖草坪	tʰuʌŋ^{33}	tʰuʌŋ^{33}	tʰuʌŋ^{33}	tʰuʌŋ^{33}	tʰuʌŋ^{33}	tʰuʌŋ^{312}	luʌŋ^{33}	luʌŋ^{33}
晋源	tʰuəŋ^{11}	tuəŋ^{11}	tʰuəŋ^{11}	tʰuəŋ^{11}	tʰuəŋ^{11}	tʰuəŋ^{42}	luəŋ^{11}	luəŋ^{11}
阳曲	tʰuə̃^{43}	tʰuə̃^{43}	tʰuə̃^{43}	tʰuə̃^{43}	tʰuə̃^{43}	tʰuə̃^{312}	luə̃^{43}	luə̃^{43}
古交	tʰuəŋ^{44}	tʰuəŋ^{44}	tʰuəŋ^{44}	tʰuəŋ^{44}	tʰuəŋ^{44}	tʰuəŋ^{312}	luəŋ^{44}	luəŋ^{44}
清徐	tuəŋ^{11} 白 / tʰuəŋ^{11} 文	tuəŋ^{11} 白 / tʰuəŋ^{11} 文	tʰuəŋ^{11}	tuəŋ^{11} 白 / tʰuəŋ^{11} 文	tʰuəŋ^{11}	tʰuəŋ^{54}	ləŋ^{11} 白 / ləŋ^{45} 白 / luəŋ^{11} 文	luəŋ^{11}
娄烦	tʰuəŋ^{33}	tʰuəŋ^{33}	tʰuəŋ^{33}	tʰuəŋ^{33}	tʰuəŋ^{33}	tʰuəŋ^{312}	luəŋ^{33}	luəŋ^{33}
榆次	tʰuɤ̃^{11}	tʰuɤ̃^{11}	tʰuɤ̃^{11}	tʰuɤ̃^{11}	tʰuɤ̃^{11}	tʰuɤ̃^{53}	lyɤ̃^{11}	lyɤ̃^{11}
交城	tuə̃^{11} 白 / tʰuə̃^{11} 文	tuə̃^{11} 白 / tʰuə̃^{11} 文	tʰuə̃^{11}	tuə̃^{11} 白 / tʰuə̃^{11} 文	tʰuə̃^{11}	tʰuə̃^{53}	luə̃^{11}	luə̃^{11}
文水	tuɔŋ^{22} 白 / tʰuɔŋ^{22} 文	tuɔŋ^{22} 白 / tʰuɔŋ^{22} 文	tʰuɔŋ^{22}	tʰuɔŋ^{22}	tʰuɔŋ^{22}	tʰuɔŋ^{423}	luɔŋ^{22}	luɔŋ^{22}
祁县	təm^{31} 白 / tʰəm^{31} 文	təm^{31} 白 / tʰəm^{31} 文	tʰəm^{31}	təm^{31} 白 / tʰəm^{31} 文	tʰəm^{31}	tʰəm^{314}	ləm^{31}	ləm^{31}
太谷	tuə̃^{33} 白 / tʰuə̃^{33} 文	tuə̃^{33} 白 / tʰuə̃^{33} 文	tʰuə̃^{33}	tuə̃^{33} 白 / tʰuə̃^{33} 文	tʰuə̃^{33}	tʰuə̃^{312}	luə̃^{33}	luə̃^{33}
平遥	tʰuəŋ^{213}	tʰuəŋ^{213}	tʰuəŋ^{213}	tʰuəŋ^{213}	tʰuəŋ^{213}	tʰuəŋ^{512}	luəŋ^{213}	luəŋ^{213}
孝义	tʰuə̃^{33}	tʰuə̃^{33}	tʰuə̃^{33}	tʰuə̃^{33}	tʰuə̃^{33}	tʰuə^{312}	luə̃^{33}	luə̃^{33}
介休	tuŋ^{13} 白 / tʰuŋ^{13} 文	tuŋ^{13} 白 / tʰuŋ^{13} 文	tʰuŋ^{13}	tʰuŋ^{13}	tʰuŋ^{13}	tʰuŋ^{423}	luŋ^{13}	luŋ^{13}
灵石	tʰuŋ^{44}	tʰuŋ^{44}	tʰuŋ^{44}	tʰuŋ^{44}	tʰuŋ^{44}	tʰuŋ^{212}	luŋ^{44}	luŋ^{44}
盂县	tʰuə̃^{412}	tʰuə̃^{412}	tʰuə̃^{412}	tʰuə̃^{412}	tʰuə̃^{412}	tʰuə̃^{53}	luə̃^{22}	luə̃^{22}
寿阳	tʰuə̃^{22}	tʰuə̃^{22}	tʰuə̃^{22}	tʰuə̃^{22}	tʰuə̃^{22}	tʰuə̃^{53}	ləɯ^{45}/luə̃^{22}	luə̃^{22}
榆社	tʰuɛɪ^{22}	tʰuɛɪ^{22}	tʰuɛɪ^{22}	tʰuɛɪ^{22}	tʰuɛɪ^{22}	tʰuɛɪ^{312}	luɛɪ^{22}	luɛɪ^{22}
离石	tʰuəŋ^{44}	tʰuəŋ^{44}	tʰuəŋ^{44}	tʰuəŋ^{44}	tʰuəŋ^{44}	tʰuəŋ^{312}	luəŋ^{44}	luəŋ^{44}
汾阳	tʰuŋ^{22}	tʰuŋ^{22}	tʰuŋ^{22}	tʰuŋ^{22}	tʰuŋ^{22}	tʰuŋ^{312}	luŋ^{22}	luŋ^{22}
中阳	tʰuə̃^{33}	tʰuə̃^{33}	tʰuə̃^{33}	tʰuə̃^{33}	tʰuə̃^{33}	tʰuə̃^{423}	luə̃^{33}	luə̃^{33}
柳林	tʰuə̃^{44}	tʰuə̃^{44}	tʰuə̃^{44}	tʰuə̃^{44}	tʰuə̃^{44}	tʰuə̃^{312}	luə̃^{44}	luə̃^{44}
方山	tʰuə̃ŋ^{44}	tʰuə̃ŋ^{44}	tʰuə̃ŋ^{44}	tʰuə̃ŋ^{44}	tʰuə̃ŋ^{44}	tʰuə̃ŋ^{312}	luə̃ŋ^{44}	luə̃ŋ^{44}
临县	tʰuə̃^{33}	tʰuə̃^{33}	tʰuə̃^{33}	tʰuə̃^{33}	tʰuə̃^{33}	tʰuə̃^{312}	luə̃^{33}	luə̃^{33}
兴县	tʰuəŋ^{55}	tʰuəŋ^{55}	tʰuəŋ^{55}	tʰuəŋ^{55}	tʰuəŋ^{55}	tʰuəŋ^{324}	ləŋ^{55}	luəŋ^{55}

续表

字目	同	铜	桐	童	瞳	筒	笼鸟～	聋
中古音 / 方言点	徒红 通合一 平东定	徒红 通合一 平东定	徒红 通合一 平东定	徒红 通合一 平东定	徒红 通合一 平东定	徒红 通合一 平东定	卢红 通合一 平东来	卢红 通合一 平东来
岚县	tʰuəŋ^{44}	tʰuəŋ^{44}	tʰuəŋ^{44}	tʰuəŋ^{44}	tʰuəŋ^{44}	tʰuəŋ^{312}	luəŋ^{44}	luəŋ^{44}
静乐	tʰuɤ̃^{33}	tʰuɤ̃^{33}	tʰuɤ̃^{33}	tʰuɤ̃^{33}	tʰuɤ̃^{33}	tʰuɤ̃^{314}	luɤ̃^{33}	luɤ̃^{33}
交口	tʰuəŋ^{44}	tʰuəŋ^{44}	tʰuəŋ^{44}	tʰuəŋ^{44}	tʰuəŋ^{44}	tʰuəŋ^{323}	luəŋ^{44}	luəŋ^{44}
石楼	tʰuəŋ^{44}	tʰuəŋ^{44}	tʰuəŋ^{44}	tʰuəŋ^{44}	tʰuəŋ^{44}	tʰuəŋ^{213}	luəŋ^{44}	luəŋ^{44}
隰县	tʰuəŋ^{24}	tʰuəŋ^{24}	tʰuəŋ^{24}	tʰuəŋ^{24}	tʰuəŋ^{24}	tʰuəŋ^{21}	luəŋ^{24}	luəŋ^{24}
大宁	tʰuəŋ^{24}	tʰuəŋ^{24}	tʰuəŋ^{24}	tʰuəŋ^{24}	tʰuəŋ^{24}	tʰuəŋ^{24}	luəŋ^{31}	luəŋ^{24}
永和	tʰuəŋ^{35}	tʰuəŋ^{35}	tʰuəŋ^{35}	tʰuəŋ^{35}	tʰuəŋ^{35}	tʰuəŋ^{35}	luəŋ^{35}	luəŋ^{35}
汾西	tʰuəŋ^{35}	tʰuəŋ^{35}	tʰuəŋ^{35}	tʰuəŋ^{35}	tʰuəŋ^{35}	tʰuəŋ^{33}	lei^{33} 白	ləŋ^{35}
蒲县	tʰuŋ^{24}	tʰueĩ^{24}	tʰuŋ^{24}	tʰuŋ^{24}	tʰuŋ^{24}	tʰuŋ^{31}	luŋ^{24}	leĩ^{24}
潞州	tʰuŋ^{24}	tʰuŋ^{24}	tʰuŋ^{24}	tʰuŋ^{24}	tʰuŋ^{24}	tʰuŋ^{535}	luŋ^{24}	luŋ^{24}
上党	tʰuŋ^{44}	tʰuŋ^{44}	tʰuŋ^{44}	tʰuŋ^{44}	tʰuŋ^{44}	tʰuŋ^{535}	luŋ^{24}	luŋ^{24}
长子	tʰuŋ^{24}	tʰuŋ^{24}	tʰuŋ^{434}	tʰuŋ^{24}	tʰuŋ^{24}	tʰuŋ^{434}	luŋ^{24}	luŋ^{24}
屯留	tʰuəŋ^{11}	tʰuəŋ^{11}	tʰuəŋ^{11}	tʰuəŋ^{11}	tʰuəŋ^{11}	tʰuəŋ^{43}	luəŋ^{11}	luəŋ^{11}
襄垣	tʰuəŋ^{31}	tʰuəŋ^{31}	tʰuəŋ^{31}	tʰuəŋ^{31}	tʰuəŋ^{31}	tʰuəŋ^{42}	luəŋ^{31}	luəŋ^{31}
黎城	tʰuəŋ^{53}	tʰuəŋ^{53}	tʰuəŋ^{53}	tʰuəŋ^{53}	tʰuəŋ^{53}	tʰuəŋ^{33}	luəŋ^{53}	luəŋ^{53}
平顺	tʰuŋ^{13}	tʰuŋ^{13}	tʰuŋ^{13}	tʰuŋ^{13}	tʰuŋ^{13}	tʰuŋ^{434}	luŋ^{13}	luŋ^{13}
壶关	tʰuŋ^{13}	tʰuŋ^{13}	tʰuŋ^{13}	tʰuŋ^{13}	tʰuŋ^{13}	tʰuŋ^{535}	luŋ^{13}	luŋ^{13}
沁县	tʰuə̃^{33}	tʰuə̃^{33}	tʰuə̃^{33}	tʰuə̃^{33}	tʰuə̃^{33}	tʰuə̃^{214}	luə̃^{33}	luə̃^{33}
武乡	tʰuɐŋ^{33}	tʰuɐŋ^{33}	tʰuɐŋ^{33}	tʰuɐŋ^{33}	tʰuɐŋ^{33}	tʰuɐŋ^{213}	ləu^{33}	luɐŋ^{33}
沁源	tʰuə̃^{33}	tʰuə̃^{33}	tʰuə̃^{33}	tʰuə̃^{33}	tʰuə̃^{33}	tʰuə̃^{33}	luə̃^{33}	luə̃^{33}
安泽	tʰuəŋ^{35}	tʰuəŋ^{35}	tʰuəŋ^{35}	tʰuəŋ^{35}	tʰuəŋ^{35}	tʰuəŋ^{42}	luəŋ^{35}	luəŋ^{35}
沁水端氏	tʰoŋ^{24}	tʰoŋ^{21}	tʰoŋ^{21}	tʰoŋ^{21}	tʰoŋ^{21}	tʰoŋ^{31}	loŋ^{24}	loŋ^{24}
阳城	tʰuoŋ^{22}	tʰuoŋ^{22}	tʰuoŋ^{22}	tʰuoŋ^{22}	tʰuoŋ^{22}	tʰuoŋ^{22}	luoŋ^{22}	luoŋ^{22}
高平	tʰuə̃ŋ^{33}	tʰuə̃ŋ^{33}	tʰuə̃ŋ^{33}	tʰuə̃ŋ^{33}	tʰuə̃ŋ^{33}	tʰuə̃ŋ^{212}	nuə̃ŋ^{33}	nuə̃ŋ^{33}
陵川	tʰuŋ^{53}	tʰuŋ^{53}	tʰuŋ^{53}	tʰuŋ^{53}	tʰuŋ^{53}	tʰuŋ^{312}	luŋ^{53}	luŋ^{53}
晋城	tʰuoŋ^{324}	tʰuoŋ^{324}	tʰuoŋ^{324}	tʰuoŋ^{324}	tʰuoŋ^{324}	tʰuoŋ^{213}	luoŋ^{324}	luoŋ^{324}
忻府	tʰuəŋ^{21}	tʰuəŋ^{21}	tʰuəŋ^{21}	tʰuəŋ^{21}	tʰuəŋ^{21}	tʰuəŋ^{313}	luəŋ^{21}	luəŋ^{21}
原平	tʰuəŋ^{33}	tʰuəŋ^{33}	tʰuəŋ^{33}	tʰuəŋ^{33}	tʰuəŋ^{33}	tʰuəŋ^{213}	luəŋ^{33}	luəŋ^{33}
定襄	tʰuəŋ^{11}	tʰuəŋ^{11}	tʰuəŋ^{11}	tʰuəŋ^{11}	tʰuəŋ^{11}	tʰuəŋ^{24}	luəŋ^{11}	luəŋ^{11}
五台	tʰuən^{33}	tʰuən^{33}	tʰuən^{33}	tʰuən^{33}	tʰuən^{33}	tʰuən^{213}	luən^{33}	luən^{33}
岢岚	tʰuəŋ^{44}	tʰuəŋ^{44}	tʰuəŋ^{44}	tʰuəŋ^{44}	tʰuəŋ^{44}	tʰuəŋ^{13}	luəŋ^{44}	luəŋ^{44}

续表

字目	同	铜	桐	童	瞳	筒	笼鸟～	聋
中古音 / 方言点	徒红 通合一 平东定	徒红 通合一 平东定	徒红 通合一 平东定	徒红 通合一 平东定	徒红 通合一 平东定	徒红 通合一 平东定	卢红 通合一 平东来	卢红 通合一 平东来
五寨	tʰuəɣ̃^{44}	tʰuəɣ̃^{44}	tʰuəɣ̃^{44}	tʰuəɣ̃^{44}	tʰuəɣ̃^{44}	tʰuəɣ̃^{13}	luəɣ̃^{44}	luəɣ̃^{44}
宁武	tʰuɤɯ^{33}	tʰuɤɯ^{33}	tʰuɤɯ^{33}	tʰuɤɯ^{33}	tʰuɤɯ^{33}	tʰuɤɯ^{213}	——	lyɤɯ^{33}
神池	tʰuə̃^{32}	tʰuə̃^{32}	tʰuə̃^{32}	tʰuə̃^{32}	tʰuə̃^{32}	tʰuə̃^{13}	luə̃^{32}	luə̃^{32}
繁峙	tʰuəŋ^{31}	tʰuəŋ^{31}	tʰuəŋ^{31}	tʰuəŋ^{31}	tʰuəŋ^{31}	tʰuəŋ^{53}	luəŋ^{31}	luəŋ^{31}
代县	tʰuɤŋ^{44}	tʰuɤŋ^{44}	tʰuɤŋ^{44}	tʰuɤŋ^{44}	tʰuɤŋ^{44}	tʰuɤŋ^{213}	luɤŋ^{44}	luɤŋ^{44}
河曲	tʰuŋ^{44}	tʰuŋ^{44}	tʰuŋ^{44}	tʰuŋ^{44}	tʰuŋ^{44}	tʰuŋ^{213}	luŋ^{44}	luŋ^{44}
保德	tʰuəŋ^{44}	tʰuəŋ^{44}	tʰuəŋ^{44}	tʰuəŋ^{44}	tʰuəŋ^{44}	tʰuəŋ^{213}	luəŋ^{44}	luəŋ^{44}
偏关	tʰuɤŋ^{44}	tʰuɤŋ^{44}	tʰuɤŋ^{44}	tʰuɤŋ^{44}	tʰuɤŋ^{44}	tʰuɤŋ^{213}	luɤŋ^{44}	luɤŋ^{44}
朔城	tʰuə̃^{35}	tʰuə̃^{35}	tʰuə̃^{35}	tʰuə̃^{35}	tʰuə̃^{35}	tʰuə̃^{312}	luə̃^{35}	luə̃^{35}
平鲁	tʰuəɯ^{44}	tʰuəɯ^{44}	tʰuəɯ^{44}	tʰuəɯ^{44}	tʰuəɯ^{44}	tʰuəɯ^{213}	luəɯ^{44}	luəɯ^{44}
应县	tʰuəŋ^{31}	tʰuəŋ^{31}	tʰuəŋ^{31}	tʰuəŋ^{31}	tʰuəŋ^{31}	tʰuəŋ^{54}	luəŋ^{31}	luəŋ^{31}
灵丘	tʰuŋ^{31}	tʰuŋ^{31}	tʰuŋ^{31}	tʰuŋ^{31}	tʰuŋ^{31}	tʰuŋ^{442}	luŋ^{31}	luŋ^{31}
浑源	tʰuə̃^{22}	tʰuə̃^{22}	tʰuə̃^{22}	tʰuə̃^{22}	tʰuə̃^{22}	tʰuə̃^{52}	luə̃^{22}	luə̃^{22}
云州	tʰuəɣ^{312}	tʰuəɣ^{312}	tʰuəɣ^{312}	tʰuəɣ^{312}	tʰuəɣ^{312}	tʰuəɣ^{55}	luəɣ^{312}	luəɣ^{312}
新荣	tʰuɤɣ^{312}	tʰuɤɣ^{312}	tʰuɤɣ^{312}	tʰuɤɣ^{312}	tʰuɤɣ^{312}	tʰuɤɣ^{54}	luɤɣ^{312}	luɤɣ^{312}
怀仁	tʰuəŋ^{312}	tʰuəŋ^{312}	tʰuəŋ^{312}	tʰuəŋ^{312}	tʰuəŋ^{312}	tʰuəŋ^{53}	luəŋ^{312}	luəŋ^{312}
左云	tʰuəɣ^{313}	tʰuəɣ^{313}	tʰuəɣ^{313}	tʰuəɣ^{313}	tʰuəɣ^{313}	tʰuəɣ^{54}	luəɣ^{313}	luəɣ^{313}
右玉	tʰuə̃ɣ^{212}	tʰuə̃ɣ^{212}	tʰuə̃ɣ^{212}	tʰuə̃ɣ^{212}	tʰuə̃ɣ^{212}	tʰuə̃ɣ^{212}	luə̃ɣ^{212}	luə̃ɣ^{212}
阳高	tʰuəŋ^{312}	tʰuəŋ^{312}	tʰuəŋ^{312}	tʰuəŋ^{312}	tʰuəŋ^{312}	tʰuəŋ^{53}	luəŋ^{312}	luəŋ^{312}
山阴	tʰuə̃^{313}	tʰuə̃^{313}	tʰuə̃^{313}	tʰuə̃^{313}	tʰuə̃^{313}	tʰuə̃^{52}	luə̃^{313}	luə̃^{313}
天镇	tʰuɤɣ^{22}	tʰuɤɣ^{22}	tʰuɤɣ^{22}	tʰuɤɣ^{22}	——	tʰuɤɣ^{55}	luɤɣ^{22}	luɤɣ^{22}
平定	tʰuɤŋ^{44}	tʰuɤŋ^{44}	tʰuɤŋ^{44}	tʰuɤŋ^{44}	tʰuɤŋ^{44}	tʰuɤŋ^{53}	lɤu^{44} 白 / luɤŋ^{44} 文	luɤŋ^{44}
昔阳	tʰuəŋ^{33}	tʰuəŋ^{33}	tʰuəŋ^{33}	tʰuəŋ^{33}	tʰuəŋ^{33}	tʰuəŋ^{55}	luəŋ^{33}	luəŋ^{33}
左权	tʰuəŋ^{11}	tʰuəŋ^{11}	tʰuəŋ^{11}	tʰuəŋ^{11}	tʰuəŋ^{11}	tʰuəŋ^{42}	luəŋ^{11}	luəŋ^{11}
和顺	tʰuəŋ^{22}	tʰuəŋ^{22}	tʰuəŋ^{22}	tʰuəŋ^{22}	tʰuəŋ^{22}	tʰuəŋ^{53}	luəŋ^{22}	luəŋ^{22}
尧都	tʰuəŋ^{24}	tʰuə̃^{24} 白 / tʰuəŋ^{24} 文	tʰuəŋ^{24}	tʰuəŋ^{24}	tʰuəŋ^{24}	tʰuəŋ^{24}	lou^{24} 白 / ləŋ^{24} 文	luəŋ^{24}
洪洞	tʰueŋ^{24}	tʰuen^{24} 白 / tʰueŋ^{24} 文	tʰuen^{24} 白 / tʰueŋ^{24} 文	tʰuen^{24} 白 / tʰueŋ^{24} 文	tʰueŋ^{24}	tʰueŋ^{42}	len^{24} 白 / leŋ^{24} 文	len^{24} 白 / leŋ^{24} 文
洪洞赵城	tʰueŋ^{24}	tʰueŋ^{24}	tʰueŋ^{24}	tʰueŋ^{24}	tʰueŋ^{24}	tʰueŋ^{24}	leŋ^{24}	leŋ^{24}

续表

字目	同	铜	桐	童	瞳	筒	笼鸟~	聋
中古音 / 方言点	徒红 通合一 平东定	徒红 通合一 平东定	徒红 通合一 平东定	徒红 通合一 平东定	徒红 通合一 平东定	徒红 通合一 平东定	卢红 通合一 平东来	卢红 通合一 平东来
古县	tʰuəŋ^{35}	tʰuəŋ^{35}	tʰuen^{35} 白 / tʰuəŋ^{35} 文	tʰuəŋ^{35}	tʰuəŋ^{35}	tʰuəŋ^{21}	len^{35} 白 / luəŋ^{35} 文	len^{35} 白 / ləŋ^{35} 文
襄汾	tʰueŋ^{24}	tʰuen^{24}	tʰuen^{24}	tʰueŋ^{24}	tʰueŋ^{24}	tʰuen^{42}	len^{24} 白 / lueŋ^{24} 文	len^{24} 白 / lueŋ^{24} 文
浮山	tʰueŋ^{13}	tʰuẽĩ^{13}	tʰuẽĩ^{13}	tʰueŋ^{13}	tʰueŋ^{13}	tʰuẽĩ^{33}	lẽĩ^{13} 白 / lueŋ^{13} 文	lẽĩ^{42}
霍州	tʰuŋ^{35}	tʰuŋ^{35}	tʰuŋ^{35}	tʰuŋ^{35}	tʰuŋ^{35}	tʰuŋ^{35}	luŋ^{35}	luŋ^{35}
翼城	tuŋ^{12}	tuŋ^{12}	tuŋ^{12}	tuŋ^{12}	tuŋ^{12}	tʰuŋ^{44} 白 / tuŋ^{44} 文	luŋ^{12}	luŋ^{12}
闻喜	tʰuəŋ^{13}	tʰuəŋ^{13}	tʰuəŋ^{13}	tʰuəŋ^{13}	tʰuəŋ^{13}	tʰuəŋ^{33}	luəŋ^{13}	luəŋ^{13}
侯马	tʰueĩ^{44} 白 / tʰuəŋ^{44} 文	tʰueĩ^{44}	tʰuəŋ^{44}	tuəŋ^{53}	tʰuəŋ^{213}	nueĩ^{213} 白 / nuəŋ^{213} 文	lyeĩ^{213}	——
新绛	tʰuəŋ^{13}	tʰuẽ^{13}	tʰuəŋ^{13}	tʰuəŋ^{13}	tʰuəŋ^{13}	tʰuəŋ^{44}	luəŋ^{13}	luẽ^{13}
绛县	tʰuʌŋ^{24}	tʰuʌŋ^{24}/ tʰueĩ^{24}	tʰuʌŋ^{24}	tʰuʌŋ^{24}	tʰuʌŋ^{24}	tʰuʌŋ^{24}	luʌŋ^{24}	luʌŋ^{24}
垣曲	tʰuəŋ^{22}	tʰuəŋ^{22}	tʰuəŋ^{22}	tʰuəŋ^{22}	tʰuəŋ^{22}	tʰuəŋ^{44}	luəŋ^{22}	luəŋ^{22}
夏县	tʰuəŋ^{42}	tʰuəŋ^{42}	tʰuəŋ^{42}	tʰuəŋ^{42}	tʰuəŋ^{42}	tʰuəŋ^{24}	luəŋ^{42}	luəŋ^{42}
万荣	tʰuaŋ^{213}	tʰuaŋ^{213}	tʰuaŋ^{213}	tʰuaŋ^{213}	tʰuaŋ^{213}	tʰuaŋ^{55}	luaŋ^{213}	naŋ^{213}/ luaŋ^{213}
稷山	tʰuŋ^{13}	tʰuə̃^{13} 白 / tʰuŋ^{13} 文	tʰuŋ^{13}	tʰuŋ^{13}	tʰuŋ^{13}	tʰuŋ^{44}	luŋ^{13}	luə̃^{13} 白 / luŋ^{13} 文
盐湖	tʰuəŋ^{13}	tʰuəŋ^{13}	tʰuəŋ^{13}	tʰuəŋ^{13}	tʰuəŋ^{13}	tʰuəŋ^{53}	luəŋ^{13}	luəŋ^{13}
临猗	tʰuəŋ^{13}	tʰuəŋ^{13}	tʰuəŋ^{13}	tʰuəŋ^{13}	tʰuəŋ^{13}	tʰuəŋ^{53}	ləŋ^{13} 白 / luəŋ^{13} 文	ləŋ^{13} 白 / luəŋ^{13} 文
河津	tʰuəŋ^{324}	tʰuəŋ^{324}	tʰuəŋ^{324}	tʰuəŋ^{324}	tʰuəŋ^{324}	tʰuəŋ^{324}	luəŋ^{324}	luəŋ^{324}
平陆	tʰoŋ^{13}	tʰoŋ^{13}	tʰoŋ^{13}	tʰoŋ^{13}	tʰoŋ^{13}	tʰoŋ^{55}	loŋ^{31}	loŋ^{31}
永济	tʰuŋ^{24}	tʰuŋ^{24}	tʰuŋ^{24}	tʰuŋ^{24}	tʰuŋ^{24}	tʰuŋ^{31}	ləŋ^{24}	nəŋ^{31}
芮城	tʰuəŋ^{13}	tʰuəŋ^{13}	tʰuəŋ^{13}	tʰuəŋ^{13}	tʰuəŋ^{13}	tʰuəŋ^{53}	luəŋ^{13}	luəŋ^{13}
吉县	tʰuəŋ^{13}	tʰuei^{13}	——	tʰuəŋ^{13}	tʰuəŋ^{13}	tʰuəŋ^{53}	ləu^{53}	luei^{13}
乡宁	tʰuəŋ^{12}	tʰuəŋ^{12}	tʰuəŋ^{12}	tʰuəŋ^{12}	tʰuəŋ^{12}	tʰuəŋ^{44}	luəŋ^{12}	luəŋ^{12}
广灵	tʰuŋ^{31}	tʰuŋ^{31}	tʰuŋ^{31}	tʰuŋ^{31}	tʰuŋ^{31}	tʰuŋ^{44}	luŋ^{31}	luŋ^{31}

字目	棕	鬃	聪	匆	葱	从	公	工
中古音 方言点	子红 通合一 平东精	子红 通合一 平东精	仓红 通合一 平东清	仓红 通合一 平东清	仓红 通合一 平东清	徂红 通合一 平东从	古红 通合一 平东见	古红 通合一 平东见
北京	tsuŋ^{55}	tsuŋ^{55}	tsʰuŋ^{55}	tsʰuŋ^{55}	tsʰuŋ^{55}	tsʰuŋ^{35}	kuŋ^{55}	kuŋ^{55}
小店	tsuəŋ^{11}	tsuəŋ^{11}	tsʰuəŋ^{11}	tsʰuəŋ^{11}	tsʰuəŋ^{11}	tsʰuəŋ^{11}	kuəŋ^{11}	kuəŋ^{11}
尖草坪	tsuʌŋ^{33}	tsuʌŋ^{33}	tsʰuʌŋ^{33}	tsʰuʌŋ^{33}	tsʰuʌŋ^{33}	tsʰuʌŋ^{33}	kuʌŋ^{33}	kuʌŋ^{33}
晋源	tɕyn^{35}	tsuəŋ^{11}	tsʰuəŋ^{11}	tsʰuəŋ^{11}	tsʰuəŋ^{11}	tsʰuəŋ^{11}	kuəŋ^{11}	kuəŋ^{11}
阳曲	tsuə̃^{312}	tsuə̃^{312}	tsʰuə̃^{312}	tsʰuə̃^{312}	tsʰuə̃^{312}	tsʰuə̃^{43}	kuə̃^{312}	kuə̃^{312}
古交	tsuəŋ^{44}	tsuəŋ^{44}	tsʰuəŋ^{44}	tsʰuəŋ^{44}	tsʰuəŋ^{44}	tsʰuəŋ^{44}	kuəŋ^{44}	kuəŋ^{44}
清徐	tsuəŋ^{11}	tsuəŋ^{11}	tsʰuəŋ^{11}	tsʰuəŋ^{11}	tsʰuəŋ^{11}	tsʰuəŋ^{11}	kuəŋ^{11}	kuəŋ^{11}
娄烦	tsuəŋ^{33}	tsuəŋ^{33}	tsʰuəŋ^{33}	tsʰuəŋ^{33}	tsʰuəŋ^{33}	tsʰuəŋ^{33}	kuəŋ^{33}	kuəŋ^{33}
榆次	tsuɣ̃^{11}	tsuɣ̃^{11}	tsʰuɣ̃^{11}	tsʰuɣ̃^{11}	tsʰuɣ̃^{11}	tsʰuɣ̃^{11}	kuɣ̃^{11}	kuɣ̃^{11}
交城	——	tsuə̃^{11}	tsʰuə̃^{11}	tsʰuə̃^{11}	tsʰuə̃^{11}	tsʰuə̃^{11}	kuə̃^{11}	kuə̃^{11}
文水	tsuɔŋ^{22}	tsuɔŋ^{22}	tsʰuɔŋ^{22}	tsʰuɔŋ^{22}	tsʰuɔŋ^{22}	tsʰuɔŋ^{22}	kuɔŋ^{22}	kuɔŋ^{22}
祁县	tsəm^{31}	tsəm^{31}	tsʰəm^{31}	tsʰəm^{31}	tsʰəm^{31}	tsʰəm^{31}	kəm^{31}	kəm^{31}
太谷	tsuə̃^{33}	tsuə̃^{33}	tsʰuə̃^{33}	tsʰuə̃^{33}	tsʰuə̃^{33}	tsʰuə̃^{33}	kuə̃^{33}	kuə̃^{33}
平遥	tsuəŋ^{213}	tsuəŋ^{213}	tsʰuəŋ^{213}	tsʰuəŋ^{213}	tsʰuəŋ^{213}	tsʰuəŋ^{213}	kuəŋ^{213}	kuəŋ^{213}
孝义	tsuə̃^{33}	tsuə̃^{33}	tsʰuə̃^{33}	tsʰuə̃^{33}	tsʰuə̃^{33}	tsʰuə̃^{33}	kuə̃^{33}	kuə̃^{33}
介休	tsuŋ^{13}	tsuŋ^{13}	tsʰuŋ^{13}	tsʰuŋ^{13}	tsʰuŋ^{13}	tsʰuŋ^{13}	kuŋ^{13}	kuŋ^{13}
灵石	——	tsuŋ^{535}	tsʰuŋ^{535}	——	tsʰuŋ^{535}	tsʰuŋ^{44}	kuŋ^{535}	kuŋ^{535}
盂县	tsuə̃^{55}	tsuə̃^{412}	tsʰuə̃^{412}	tsʰuə̃^{412}	tsʰuə̃^{412}	tsʰuə̃^{22}	kuə̃^{412}	kuə̃^{412}
寿阳	tsuə̃^{31}	tsuə̃^{31}	tsʰuə̃^{31}	tsʰuə̃^{31}	tsʰuə̃^{31}	tsʰuə̃^{22}	kuə̃^{31}	kuə̃^{31}
榆社	tsueɪ^{22}	tsueɪ^{22}	tsʰueɪ^{22}	tsʰueɪ^{22}	tsʰueɪ^{22}	tsʰueɪ^{22}	kueɪ^{22}	kueɪ^{22}
离石	tsuəŋ^{24}	tsuəŋ^{24}	tsʰuəŋ^{24}	tsʰuəŋ^{24}	tsʰuəŋ^{24}	tsʰuəŋ^{44}	kuəŋ^{24}	kuəŋ^{24}
汾阳	tsuŋ^{324}	tsuŋ^{324}	tsʰuŋ^{324}	tsʰuŋ^{324}	tsʰuŋ^{324}	tsʰuŋ^{22}	kuŋ^{324}	kuŋ^{324}
中阳	tʂuə̃^{24}	tʂuə̃^{24}	tʂʰuə̃^{24}	tʂʰuə̃^{24}	tʂʰuə̃^{24}	tʂʰuə̃^{33}	kuə̃^{24}	kuə̃^{24}
柳林	tsuə̃^{24}	tsuə̃^{24}	tsʰuə̃^{24}	tsʰuə̃^{24}	tsʰuə̃^{24}	tsʰuə̃^{44}	kuə̃^{24}	kuə̃^{24}
方山	tsuə̃ŋ^{24}	tsuə̃ŋ^{24}	tsʰuə̃ŋ^{24}	tsʰuə̃ŋ^{24}	tsʰuə̃ŋ^{24}	tsʰuə̃ŋ^{44}	kuə̃ŋ^{24}	kuə̃ŋ^{24}
临县	tsuə̃^{33}	tsuə̃^{33}	tsʰuə̃^{24}	tsʰuə̃^{24}	tsʰuə̃^{24}	tsʰuə̃^{33}	kuə̃^{24}	kuə̃^{24}
兴县	——	——	tsʰuəŋ^{324}	tsʰuəŋ^{324}	tsʰuəŋ^{324}	tsʰuəŋ^{55}	kuəŋ^{324}	kuəŋ^{324}
岚县	tsuəŋ^{214}	tsuəŋ^{214}	tsʰuəŋ^{214}	tsʰuəŋ^{214}	tsʰuəŋ^{214}	tsʰuəŋ^{44}	kuəŋ^{214}	kuəŋ^{214}
静乐	tsuɣ̃^{24}	tsuɣ̃^{24}	tsʰuɣ̃^{24}	tsʰuɣ̃^{24}	tsʰuɣ̃^{24}	tsʰuɣ̃^{33}	kuɣ̃^{24}	kuɣ̃^{24}
交口	tsuəŋ^{323}	tsuəŋ^{323}	tsʰuəŋ^{323}	tsʰuəŋ^{323}	tsʰuəŋ^{323}	tsʰuəŋ^{44}	kuəŋ^{323}	kuəŋ^{323}
石楼	tʂuəŋ^{213}	tʂuəŋ^{213}	tʂʰuəŋ^{213}	tʂʰuəŋ^{213}	tʂʰuəŋ^{213}	tʂuəŋ^{44}	kuəŋ^{213}	kuəŋ^{213}
隰县	tsuəŋ^{53}	tsuəŋ^{53}	tsʰuəŋ^{53}	tsʰuəŋ^{53}	tsʰuəŋ^{53}	tsʰuəŋ^{24}	kuəŋ^{53}	kuəŋ^{53}

续表

字目	棕	鬃	聪	匆	葱	从	公	工
中古音 / 方言点	子红 通合一 平东精	子红 通合一 平东精	仓红 通合一 平东清	仓红 通合一 平东清	仓红 通合一 平东清	徂红 通合一 平东从	古红 通合一 平东见	古红 通合一 平东见
大宁	tsuəŋ^{31}	tsuəŋ^{31}	tsʰuəŋ^{31}	tsʰuəŋ^{31}	tsʰuəŋ^{31}	tsʰuəŋ^{24}	kuəŋ^{31}	kuəŋ^{31}
永和	tsuəŋ^{33}	tsuəŋ^{33}	tsʰuəŋ^{33}	tsʰuəŋ^{33}	tsʰuəŋ^{33}	tsʰuəŋ^{33}	kuəŋ^{33}	kuəŋ^{33}
汾西	tsuəŋ^{11}	——	tsʰuəŋ^{11}	tsʰuəŋ^{11}	tsʰuəŋ^{11}	tsʰuəŋ^{35}	kuəŋ^{11}	kuəŋ^{11}
蒲县	tsuŋ^{52}	tsuŋ^{52}	tsʰuŋ^{52}	tsʰuŋ^{52}	tsʰuŋ^{52}	tsʰuŋ^{24}	kuŋ^{52}	kuŋ^{52}
潞州	tsuŋ^{312}	tsuŋ^{312}	tsʰuŋ^{312}	tsʰuŋ^{312}	tsʰuŋ^{312}	tsʰuŋ^{24}	kuŋ^{312}	kuŋ^{312}
上党	tsuŋ^{213}	tsuŋ^{213}	tsʰuŋ^{213}	tsʰuŋ^{213}	tsʰuŋ^{213}	tsʰuŋ^{44}	kuŋ^{213}	kuŋ^{213}
长子	tsuŋ^{312}	tsuŋ^{312}	tsʰuŋ^{312}	tsʰuŋ^{312}	tsʰuŋ^{312}	tsʰuŋ^{24}	kuŋ^{312}	kuŋ^{312}
屯留	tsuəŋ^{31}	tsuəŋ^{31}	tsʰuəŋ^{31}	tsʰuəŋ^{31}	tsʰuəŋ^{31}	tsʰuəŋ^{11}	kuəŋ^{31}	kuəŋ^{31}
襄垣	tsuəŋ^{33}	tsuəŋ^{33}	tsʰuəŋ^{33}	tsʰuəŋ^{33}	tsʰuəŋ^{33}	tsʰuəŋ^{33}	kuəŋ^{33}	kuəŋ^{33}
黎城	tsuəŋ^{33}	tsuəŋ^{33}	tsʰuəŋ^{33}	tsʰuəŋ^{33}	tsʰuəŋ^{33}	tsʰuəŋ^{33}	kuəŋ^{33}	kuəŋ^{33}
平顺	tsuŋ^{213}	tsuŋ^{213}	tsʰuŋ^{213}	tsʰuŋ^{213}	tsʰuŋ^{213}	tsʰuŋ^{13}	kuŋ^{213}	kuŋ^{213}
壶关	tʂuŋ^{33}	tʂuŋ^{33}	tʂʰuŋ^{33}	tʂʰuŋ^{33}	tʂʰuŋ^{33}	tʂʰuŋ^{13}	kuŋ^{33}	kuŋ^{33}
沁县	tsuə̃^{224}	tsuə̃^{224}	tsʰuə̃^{224}	tsʰuə̃^{224}	tsʰuə̃^{224}	tsʰuə̃^{33}	kuə̃^{224}	kuə̃^{224}
武乡	tsuɐŋ^{113}	tsuɐŋ^{113}	tsʰuɐŋ^{113}	tsʰuɐŋ^{113}	tsʰuɐŋ^{113}	tsʰuɐŋ^{33}	kuɐŋ^{113}	kuɐŋ^{113}
沁源	tsuə̃^{324}	tsuə̃^{324}	tsʰuə̃^{324}	tsʰuə̃^{324}	tsʰuə̃^{324}	tsʰuə̃^{33}	kuə̃^{324}	kuə̃^{324}
安泽	tsuəŋ^{21}	tsuəŋ^{21}	tsʰuəŋ^{21}	——	tsʰuəŋ^{21}	tsʰuəŋ^{35}	kuəŋ^{21}	kuəŋ^{21}
沁水端氏	tsoŋ^{21}	tɕyŋ^{21}	tsʰoŋ^{21}	tsʰoŋ^{21}	tsʰoŋ^{21}	tsʰoŋ^{24}	koŋ^{21}	koŋ^{21}
阳城	tɕyoŋ^{224}	tɕyoŋ^{224}	tsʰuoŋ^{224}	tsʰuoŋ^{224}	tsʰuoŋ^{224}	tsʰuoŋ^{22}	kuoŋ^{224}	kuoŋ^{224}
高平	tʂuə̃ŋ^{33}	tʂuə̃ŋ^{33}	tʂʰuə̃ŋ^{33}	tʂʰuə̃ŋ^{33}	tʂʰuə̃ŋ^{33}	tʂʰuə̃ŋ^{33}	kuə̃ŋ^{33}	kuə̃ŋ^{33}
陵川	tʂuŋ^{33}	tʂuŋ^{33}	tʂʰuŋ^{33}	tʂʰuŋ^{33}	tʂʰuŋ^{33}	tʂʰuŋ^{53}	kuŋ^{33}	kuŋ^{33}
晋城	tʂuoŋ^{33}	tʂuoŋ^{33}	tʂʰuoŋ^{33}	tʂʰuoŋ^{33}	tʂʰuoŋ^{33}	tʂʰuoŋ^{324} 白 / tɕʰyoŋ^{324} 文	kuoŋ^{33}	kuoŋ^{33}
忻府	tsuəŋ^{313}	tsəŋ^{313} 白 / tsuəŋ^{313} 文	tsʰuəŋ^{313}	tsʰuəŋ^{313}	tsʰuəŋ^{313}	tsʰuəŋ^{21}	kuəŋ^{313}	kuəŋ^{313}
原平	tsuəŋ^{213}	tsuəŋ^{213}	tsʰuəŋ^{213}	tsʰuəŋ^{213}	tsʰuəŋ^{213}	tsʰuəŋ^{33}	kuəŋ^{213}	kuəŋ^{213}
定襄	tsuəŋ^{24}	tsuəŋ^{24}	tsʰuəŋ^{24}	tsʰuəŋ^{24}	tsʰuəŋ^{24}	tsʰuəŋ^{11}	kuəŋ^{24}	kuəŋ^{24}
五台	tsuən^{213}	tsən^{213}	tsʰuən^{213}	tsʰuən^{213}	tsʰuən^{213}	tsʰuən^{213}	kuən^{213}	kuən^{213}
岢岚	tʂuəŋ^{13}	tʂuəŋ^{13}	tsʰuəŋ^{13}	tsʰuəŋ^{13}	tsʰuəŋ^{13}	tsʰuəŋ^{44}	kuəŋ^{13}	kuəŋ^{13}
五寨	tsuəɣ̃^{13}	tsuəɣ̃^{13}	tsʰuəɣ̃^{13}	tsʰuəɣ̃^{13}	tsʰuəɣ̃^{13}	tsʰuəɣ̃^{44}	kuəɣ̃^{13}	kuəɣ̃^{13}
宁武	tsuɤɯ^{23}	tsɤɯ^{23}	tsuɤɯ^{23}	tsuɤɯ^{23}	tsuɤɯ^{23}	tsuɤɯ^{33}	kuɤɯ^{23}	kuɤɯ^{23}
神池	tsuə̃^{24}	tsuə̃^{24}	tsʰuə̃^{24}	tsʰuə̃^{24}	tsʰuə̃^{24}	tsʰuə̃^{32}	kuə̃^{24}	kuə̃^{24}

续表

字目	棕	鬃	聪	匆	葱	从	公	工
中古音 方言点	子红 通合一 平东精	子红 通合一 平东精	仓红 通合一 平东清	仓红 通合一 平东清	仓红 通合一 平东清	徂红 通合一 平东从	古红 通合一 平东见	古红 通合一 平东见
繁峙	tsuəŋ^{24}	tsuəŋ^{53}	ts^{h}uəŋ^{53}	ts^{h}uəŋ^{53}	ts^{h}uəŋ^{53}	ts^{h}uəŋ^{31}	kuəŋ^{53}	kuəŋ^{53}
代县	tsuɤŋ^{213}	tsɤŋ^{213}	ts^{h}uɤŋ^{213}	ts^{h}uɤŋ^{213}	ts^{h}uɤŋ^{213}	ts^{h}uɤŋ^{213}	kuɤŋ^{213}	kuɤŋ^{213}
河曲	——	tsuŋ^{213}	ts^{h}uŋ^{213}	ts^{h}uŋ^{44}	ts^{h}uŋ^{213}	ts^{h}uŋ^{213}	kuŋ^{213}	kuŋ^{213}
保德	tsuəŋ^{213}	tsuəŋ^{213}	tsuəŋ^{213}	tsuəŋ^{213}	tsuəŋ^{213}	tsuəŋ^{44}	kuəŋ^{213}	kuəŋ^{213}
偏关	tsuɤŋ^{24}	tsuɤŋ^{24}	ts^{h}uɤŋ^{24}	ts^{h}uɤŋ^{24}	ts^{h}uɤŋ^{24}	——	kuɤŋ^{24}	kuɤŋ^{24}
朔城	tsuə̃^{312}	tsuə̃^{312}	ts^{h}uə̃^{312}	ts^{h}uə̃^{312}	ts^{h}uə̃^{312}	ts^{h}uə̃^{35}	kuə̃^{312}	kuə̃^{312}
平鲁	——	tsuəɯ^{213}	ts^{h}uəɯ^{213}	ts^{h}uəɯ^{213}	ts^{h}uəɯ^{213}	ts^{h}uəɯ^{44}	kuəɯ^{213}	kuəɯ^{213}
应县	tsuəŋ^{43}	tsuəŋ^{43}	ts^{h}uəŋ^{43}	ts^{h}uəŋ^{43}	ts^{h}uəŋ^{43}	ts^{h}uəŋ^{31}	kuəŋ^{43}	kuəŋ^{43}
灵丘	tsuŋ^{442}	tsuŋ^{442}	ts^{h}uŋ^{442}	ts^{h}uŋ^{442}	ts^{h}uŋ^{442}	ts^{h}uŋ^{31}	kuŋ^{442}	kuŋ^{442}
浑源	——	tsuə̃^{52}	ts^{h}uə̃^{52}	ts^{h}uə̃^{52}	ts^{h}uə̃^{52}	ts^{h}uə̃^{22}	kuə̃^{52}	kuə̃^{52}
云州	tsuəɣ^{24}	tsuəɣ^{21}	ts^{h}uəɣ^{21}	ts^{h}uəɣ^{21}	ts^{h}uəɣ^{21}	ts^{h}uəɣ^{312}	kuəɣ^{21}	kuəɣ^{21}
新荣	tsuɤɣ^{32}	tsuɤɣ^{32}	ts^{h}uɤɣ^{32}	ts^{h}uɤɣ^{32}	ts^{h}uɤɣ^{32}	ts^{h}uɤɣ^{312}	kuɤɣ^{32}	kuɤɣ^{32}
怀仁	tsuəŋ^{42}	tsuəŋ^{42}	ts^{h}uəŋ^{42}	ts^{h}uəŋ^{42}	ts^{h}uəŋ^{42}	ts^{h}uəŋ^{312}	kuəŋ^{42}	kuəŋ^{42}
左云	tsuəɣ^{24}	tsuəɣ^{31}	ts^{h}uəɣ^{31}	ts^{h}uəɣ^{31}	ts^{h}uəɣ^{31}	ts^{h}uəɣ^{313}	kuəɣ^{31}	kuəɣ^{31}
右玉	tsuə̃ɣ^{31}	tsuə̃ɣ^{31}	ts^{h}uə̃ɣ^{31}	ts^{h}uə̃ɣ^{31}	ts^{h}uə̃ɣ^{31}	ts^{h}uə̃ɣ^{212}	kuə̃ɣ^{31}	kuə̃ɣ^{31}
阳高	——	tsuəŋ^{31}	ts^{h}uəŋ^{31}	——	ts^{h}uəŋ^{31}	——	kuəŋ^{31}	kuəŋ^{31}
山阴	——	tsuə̃^{313}	ts^{h}uə̃^{313}	ts^{h}uə̃^{313}	ts^{h}uə̃^{313}	ts^{h}uə̃^{313}	kuə̃^{313}	kuə̃^{313}
天镇	——	tsuɤɣ^{31}	ts^{h}uɤɣ^{31}	ts^{h}uɤɣ^{31}	ts^{h}uɤɣ^{31}	ts^{h}uɤɣ^{22}	kuɤɣ^{31}	kuɤɣ^{31}
平定	tsuɤŋ^{31}	tsuɤŋ^{31}	ts^{h}uɤŋ^{31}	ts^{h}uɤŋ^{31}	ts^{h}uɤŋ^{31}	ts^{h}uɤŋ^{44}	kuɤŋ^{31}	kuɤŋ^{31}
昔阳	tsuəŋ^{42}	tsuəŋ^{42}	ts^{h}uəŋ^{42}	ts^{h}uəŋ^{42}	ts^{h}uəŋ^{42}	ts^{h}uəŋ^{33}	kuəŋ^{42}	kuəŋ^{42}
左权	tsuəŋ^{11}	tsuəŋ^{11}	ts^{h}uəŋ^{31}	——	ts^{h}uəŋ^{31}	ts^{h}uəŋ^{11}	kuəŋ^{31}	kuəŋ^{31}
和顺	tsuəŋ^{42}	tsuəŋ^{42}	ts^{h}uəŋ^{42}	ts^{h}uəŋ^{42}	ts^{h}uəŋ^{42}	ts^{h}uəŋ^{22}	kuəŋ^{42}	kuəŋ^{42}
尧都	tsuəŋ^{21}	tsuəŋ^{21}	ts^{h}uəŋ^{21}	——	ts^{h}uəŋ^{21}	ts^{h}uəŋ^{24}	kuəŋ^{21}	kuəŋ^{21}
洪洞	tɕyeŋ^{33}	tsueŋ^{21}	ts^{h}ueŋ^{21}	ts^{h}ueŋ^{21}	ts^{h}uen^{21} 白 / ts^{h}ueŋ^{21} 文	ts^{h}ueŋ^{21}	kuen^{21} 白 / kueŋ^{21} 文	kuen^{21} 白 / kueŋ^{21} 文
洪洞赵城	tsueŋ^{21}	tsueŋ^{21}	ts^{h}ueŋ^{21}	ts^{h}ueŋ^{21}	ts^{h}ueŋ^{21}	ts^{h}ueŋ^{21}	kueŋ^{21}	kueŋ^{21}
古县	tsuəŋ^{21}	tsuen^{21}	ts^{h}uəŋ^{21}	ts^{h}uəŋ^{21}	ts^{h}uen^{21} 白 / ts^{h}uəŋ^{21} 文	ts^{h}uəŋ^{35}	kuen^{21} 白 / kuəŋ^{21} 文	kuəŋ^{21}
襄汾	tsueŋ^{21}	tsueŋ^{21}	ts^{h}ueŋ^{21}	ts^{h}ueŋ^{21}	ts^{h}ueŋ^{21}	ts^{h}ueŋ^{24}	kueŋ^{21}	kueŋ^{21}
浮山	tsueŋ^{42}	tsueŋ^{42}	ts^{h}ueŋ^{42}	ts^{h}ueŋ^{42}	tsueŋ^{42}	tseŋ^{13}	kueŋ^{42}	kueŋ^{42}

续表

字目 / 中古音 / 方言点	棕	鬃	聪	匆	葱	从	公	工
	子红 通合一 平东精	子红 通合一 平东精	仓红 通合一 平东清	仓红 通合一 平东清	仓红 通合一 平东清	徂红 通合一 平东从	古红 通合一 平东见	古红 通合一 平东见
霍州	tsuŋ^{212}	tɕyŋ^{212}	tsʰuŋ^{212}	tsʰuŋ^{212}	tsʰu^{212} 白 / tsʰuŋ^{212} 文	tsʰuŋ^{35}	kuŋ^{212}	kuŋ^{212}
翼城	tsuŋ^{53}	tsuŋ^{53}	tsʰuŋ^{53}	tsʰuŋ^{53}	tsʰuŋ^{53}	tsʰuŋ^{12}	kuŋ^{53}	kuŋ^{53}
闻喜	tsuəŋ^{53}	tsuəŋ^{53}	tsʰuəŋ^{53}	——	tsʰuəŋ^{53}	tsʰuəŋ^{13}	kuəŋ^{53}	kuəŋ^{53}
侯马	tsuəŋ^{213}	tsuəŋ^{213}	tsʰuəŋ^{213}	tsʰuəŋ^{213}	tsʰuəŋ^{44}	tsʰuəŋ^{213}	kuəŋ^{213}	kuəŋ^{213}
新绛	tsuəŋ^{53}	tsuəŋ^{53}	tsʰuəŋ^{44}	tsʰuəŋ^{53}	tsʰuɛ̃^{53}	tsʰuəŋ^{53}	kuɛ̃^{53} 白 / kuəŋ^{53} 文	kuəŋ^{53}
绛县	tsuʌŋ^{53}	tsuʌŋ^{53}	tsʰuʌŋ^{53}	tsʰuʌŋ^{53}	tsʰuʌŋ^{53}/ tʂʰueĩ^{53}	tsʰuʌŋ^{24}	kuʌŋ^{53}/ kueĩ^{53}	kuʌŋ^{53}
垣曲	tsuəŋ^{22}	tsuəŋ^{22}	tsʰuəŋ^{22}	tsʰuəŋ^{22}	tsʰuəŋ^{22}	tsʰuəŋ^{22}	kuəŋ^{22}	kuəŋ^{22}
夏县	tsuəŋ^{53}	tsuəŋ^{53}	tsʰuəŋ^{53}	tsʰuəŋ^{53}	tsʰuəŋ^{53}	tsʰuəŋ^{42}	kuəŋ^{53}	kuəŋ^{53}
万荣	tsuaŋ^{51}	tsuaŋ^{51}	tsʰuaŋ^{51}	tsʰuaŋ^{51}	tsʰuaŋ^{51}	tsʰuaŋ^{213}	kuaŋ^{51}	kuaŋ^{51}
稷山	tsuŋ^{53}	tsuŋ^{53}	tsʰuŋ^{53}	tsʰuŋ^{53}	tsʰuə̃^{53} 白 / tsʰuŋ^{53} 文	tsʰuŋ^{13}	kuə̃^{53} 白 / kuŋ^{53} 文	kuŋ^{53}
盐湖	tsuəŋ^{42}	tsuəŋ^{42}	tsʰuəŋ^{42}	tsʰuəŋ^{42}	tsʰuəŋ^{42}	——	kuəŋ^{42}	kuəŋ^{42}
临猗	tsuəŋ^{42}	tsuəŋ^{42}	tsʰuəŋ^{42}	tsʰuəŋ^{42}	tɕʰyəŋ^{42} 白 / tsʰuəŋ^{42} 文	tsʰuəŋ^{13}	kuəŋ^{42}	kuəŋ^{42}
河津	tsuəŋ^{31}	tsuəŋ^{31}	tsʰuəŋ^{31}	tsʰuəŋ^{31}	tsʰuəŋ^{31}	tsʰuəŋ^{53}	kuəŋ^{31}	kuəŋ^{31}
平陆	tsoŋ^{31}	tsoŋ^{31}	tsʰoŋ^{31}	tsʰoŋ^{31}	tsʰoŋ^{31}	tsʰoŋ^{31}	koŋ^{31}	koŋ^{31}
永济	tsuŋ^{31}	tsuŋ^{31}	tsʰuŋ^{31}	tsʰuŋ^{31}	tsʰuŋ^{31}	tsʰuŋ^{31}	kuŋ^{31}	kuŋ^{31}
芮城	tsuəŋ^{42}	tsuəŋ^{42}	tsʰuəŋ^{42}	tsʰuəŋ^{42}	tsʰuəŋ^{42}	tsʰuəŋ^{13}	kuəŋ^{42}	kuəŋ^{42}
吉县	tsuəŋ^{423}	tsuəŋ^{423}	tsʰuəŋ^{423}	tsʰuəŋ^{423}	tsʰuəŋ^{423}	tsʰuəŋ^{423}	kuəŋ^{423}	kuəŋ^{423}
乡宁	tsuəŋ^{53}	tsuəŋ^{53}	tsʰuəŋ^{53}	tsʰuəŋ^{53}	tsʰuəŋ^{53}	tsʰuəŋ^{12}	kuəŋ^{53}	kuəŋ^{53}
广灵	tsuŋ^{53}	tsuŋ^{53}	tsʰuŋ^{53}	tsʰuŋ^{53}	tsʰuŋ^{53}	tsʰuŋ^{53}	kuŋ^{53}	kuŋ^{53}

字目	功	攻	空~虚	烘	红	洪	鸿	虹
中古音 方言点	古红 通合一 平东见	古红 通合一 平东见	苦红 通合一 平东溪	呼东 通合一 平东晓	呼东 通合一 平东匣	户公 通合一 平东匣	户公 通合一 平东匣	户公 通合一 平东匣
北京	kuŋ^{55}	kuŋ^{55}	kʰuŋ^{55}	xuŋ^{55}	xuŋ^{35}	xuŋ^{35}	xuŋ^{35}	xuŋ^{35}
小店	kuəŋ^{11}	kuəŋ^{11}	kʰuəŋ^{11}	xuəŋ^{11}	xuəŋ^{11}	xuəŋ^{11}	xuəŋ^{11}	xuəŋ^{11}
尖草坪	kuʌŋ^{33}	kuʌŋ^{33}	kʰʌŋ^{33}	xʌŋ^{33}	xʌŋ^{33}	xʌŋ^{33}	xʌŋ^{33}	xʌŋ^{33}
晋源	kuəŋ^{11}	kuəŋ^{11}	kʰuəŋ^{11}	xuəŋ^{11}	xuəŋ^{11}	xuəŋ^{11}	xuəŋ^{11}	xuəŋ^{11}
阳曲	kuə̃^{312}	kuə̃^{312}	kʰuə̃^{312}	xuə̃^{312}	xuə̃^{43}	xuə̃^{43}	xuə̃^{43}	xuə̃^{43}/tɕiɔ^{454}
古交	kuəŋ^{44}	kuəŋ^{44}	kʰuəŋ^{44}	xuəŋ^{44}	xuəŋ^{44}	xuəŋ^{44}	xuəŋ^{44}	xuəŋ^{44}
清徐	kuəŋ^{11}	kuəŋ^{11}	kʰuəŋ^{11}	xuəŋ^{11}	xuəŋ^{11}	xuəŋ^{11}	xuəŋ^{11}	xuəŋ^{11}
娄烦	kuəŋ^{33}	kuəŋ^{33}	kʰuəŋ^{33}	xuəŋ^{33}	xuəŋ^{33}	xuəŋ^{33}	xuəŋ^{33}	tɕiɑ̃^{54}
榆次	kuɤ̃^{11}	kuɤ̃^{11}	kʰuɤ̃^{35}	xuɤ̃^{11}	xuɤ̃^{11}	xuɤ̃^{11}	xuɤ̃^{11}	tɕiɒ^{35}
交城	kuə̃^{11}	kuə̃^{11}	kʰuə̃^{11}	xuə̃^{11}	xuə̃^{11}	xuə̃^{11}	xuə̃^{11}	tɕiɤ^{24} 白 / xuə̃^{11} 文
文水	kuɔŋ^{22}	kuɔŋ^{22}	kʰuɔŋ^{22}	xuɔŋ^{22}	xuɔŋ^{22}	xuɔŋ^{22}	xuɔŋ^{22}	tɕiu^{35} 白 / xuɔŋ^{22} 文
祁县	kəm^{31}	kəm^{31}	kʰəm^{31}	xəm^{31}	xəm^{31}	xəm^{31}	xəm^{31}	tɕia^{45}
太谷	kuə̃^{33}	kuə̃^{33}	kʰuə̃^{33}	xuə̃^{33}	xuə̃^{33}	xuə̃^{33}	xuə̃^{33}	tɕiɒ^{53} 白 / xuə̃^{33} 文
平遥	kuəŋ^{213}	kuəŋ^{213}	kʰuəŋ^{213}	xuəŋ^{213}	xuəŋ^{213}	xuəŋ^{213}	xuəŋ^{213}	tɕyə^{24} 白 / xuəŋ^{24} 文
孝义	kuə̃^{33}	kuə̃^{33}	kʰuə̃^{33}	xuə̃^{33}	xuə̃^{33}	xuə̃^{33}	xuə̃^{33}	xuə̃^{33}
介休	kuŋ^{13}	kuŋ^{13}	kʰuŋ^{13}	xuŋ^{13}	xuŋ^{13}	xuŋ^{13}	xuŋ^{13}	tɕyɤ^{45} 白 / xuŋ^{13} 文
灵石	kuŋ^{535}	kuŋ^{535}	kʰuŋ^{535}	xuŋ^{535}	xuŋ^{44}	xuŋ^{44}	xuŋ^{44}	xuŋ^{44}
盂县	kuə̃^{412}	kuə̃^{412}	kʰuə̃^{412}	xuə̃^{412}	xuə̃^{22}	xuə̃^{22}	xuə̃^{22}	tɕio^{55} 白 / xuə̃^{22} 文
寿阳	kuə̃^{31}	kuə̃^{31}	kʰuə̃^{31}	xuə̃^{31}	xuə̃^{22}	xuə̃^{22}	xuə̃^{22}	tɕiɒo^{45}/ xuə̃^{22}
榆社	kueɪ^{22}	kueɪ^{22}	kʰueɪ^{22}	ueɪ^{22}	xuei^{22}	ueɪ^{22}	ueɪ^{22}	——
离石	kuəŋ^{24}	kuəŋ^{24}	kʰuəŋ^{24}	xuəŋ^{24}	xuəŋ^{44}	xuəŋ^{44}	xuəŋ^{44}	xuəŋ^{44}
汾阳	kuŋ^{324}	kuŋ^{324}	kʰuŋ^{324}	xuŋ^{324}	xuŋ^{22}	xuŋ^{22}	xuŋ^{22}	xuŋ^{22}
中阳	kuə̃^{24}	kuə̃^{24}	kʰuə̃^{24}	xuə̃^{24}	xuə̃^{33}	xuə̃^{33}	xuə̃^{33}	xuə̃^{33}
柳林	kuə̃^{24}	kuə̃^{24}	kʰuə̃^{24}	xuə̃^{24}	xuə̃^{44}	xuə̃^{44}	xuə̃^{44}	xuə̃^{44}
方山	kuə̃ŋ^{24}	kuə̃ŋ^{24}	kʰuə̃ŋ^{24}	xuə̃ŋ^{24}	xuə̃ŋ^{44}	xuə̃ŋ^{44}	xuə̃ŋ^{44}	xuə̃ŋ^{44}
临县	kuə̃^{24}	kuə̃^{24}	kuə̃^{24}	xuə̃^{24}	xuə̃^{33}	xuə̃^{33}	xuə̃^{33}	xuə̃^{33}

续表

字目	功	攻	空~虚	烘	红	洪	鸿	虹
中古音 / 方言点	古红 通合一 平东见	古红 通合一 平东见	苦红 通合一 平东溪	呼东 通合一 平东晓	呼东 通合一 平东匣	户公 通合一 平东匣	户公 通合一 平东匣	户公 通合一 平东匣
兴县	kuəŋ^{324}	kuəŋ^{324}	kʰuəŋ^{324}	xuəŋ^{324}	xuəŋ^{55}	xuəŋ^{55}	xuəŋ^{55}	tɕiɛ^{53} 白 / xuəŋ^{324} 文
岚县	kuəŋ^{214}	kuəŋ^{214}	kʰuəŋ^{214}	xuəŋ^{214}	xuəŋ^{44}	xuəŋ^{44}	xuəŋ^{44}	tɕyə^{312}
静乐	kuɤ̃^{24}	kuɤ̃^{314}	kʰuɤ̃^{24}	xuɤ̃^{33}	xuɤ̃^{33}	xuɤ̃^{33}	xuɤ̃^{33}	xuɤ̃^{33}
交口	kuəŋ^{323}	kuəŋ^{323}	kʰuəŋ^{323}	xuəŋ^{323}	xuəŋ^{44}	xuəŋ^{44}	xuəŋ^{44}	tɕya^{53}
石楼	kuəŋ^{213}	kuəŋ^{213}	kʰuəŋ^{213}	xuəŋ^{213}	xuəŋ^{44}	xuəŋ^{44}	xuəŋ^{44}	xuəŋ^{44}
隰县	kuəŋ^{53}	kuəŋ^{53}	kʰuəŋ^{53}	xuəŋ^{53}	xuəŋ^{24}	xuəŋ^{24}	xuəŋ^{24}	xuəŋ^{24}
大宁	kuəŋ^{31}	kuəŋ^{31}	kʰuəŋ^{31}	xuəŋ^{31}	xuəŋ^{24}	xuəŋ^{24}	xuəŋ^{24}	tɕiẽ^{31} 白 / xuəŋ^{24} 文
永和	kuəŋ^{33}	kuəŋ^{33}	kʰuəŋ^{33}	xuəŋ^{53}	xuəŋ^{35}	xuəŋ^{35}	xuəŋ^{35}	xuəŋ^{35}
汾西	kuəŋ^{11}	kuəŋ^{11}	kʰuəŋ^{11}	xuəŋ^{11}	xuəŋ^{35}	xuəŋ^{35}	xuəŋ^{35}	xuəŋ^{35}/ tɕi^{55} 白
蒲县	kuŋ^{52}	kuŋ^{52}	kʰuŋ^{52}	xuŋ^{52}	xuŋ^{24}	xuŋ^{24}	xuŋ^{24}	xuŋ^{24}
潞州	kuŋ^{312}	kuŋ^{312}	kʰuŋ^{312}	xuŋ^{312}	xuŋ^{24}	xuŋ^{24}	xuŋ^{24}	xuŋ^{24}
上党	kuŋ^{213}	kuŋ^{213}	kʰuŋ^{213}	xuŋ^{213}	xuŋ^{44}	xuŋ^{44}	xuŋ^{44}	xuŋ^{44}
长子	kuŋ^{312}	kuŋ^{312}	kʰuŋ^{312}	xuŋ^{312}	xuŋ^{24}	xuŋ^{24}	xuŋ^{24}	xuŋ^{24}
屯留	kuəŋ^{31}	kuəŋ^{31}	kʰuəŋ^{31}	xuəŋ^{31}	xuəŋ^{11}	xuəŋ^{11}	xuəŋ^{11}	xuəŋ^{11}
襄垣	kuəŋ^{33}	kuəŋ^{33}	kʰuəŋ^{33}	xuəŋ^{33}	xuəŋ^{31}	xuəŋ^{31}	xuəŋ^{31}	xuəŋ^{31}
黎城	kuəŋ^{33}	kuəŋ^{33}	kʰuəŋ^{33}	xuəŋ^{33}	xuəŋ^{53}	xuəŋ^{53}	xuəŋ^{53}	xuəŋ^{53}/ tɕiaŋ^{53}
平顺	kuŋ^{213}	kuŋ^{213}	kʰuŋ^{213}	xuŋ^{213}	xuŋ^{13}	xuŋ^{13}	xuŋ^{13}	xuŋ^{13}
壶关	kuŋ^{33}	kuŋ^{33}	kʰuŋ^{33}	xuŋ^{33}	xuŋ^{13}	xuŋ^{13}	xuŋ^{13}	xuŋ^{13}
沁县	kuə̃^{224}	kuə̃^{224}	kʰuə̃^{224}	xuə̃^{53}	xuə̃^{33}	xuə̃^{33}	xuə̃^{33}	xuə̃^{33}/tɕiɔ^{53}
武乡	kuɐŋ^{113}	kuɐŋ^{113}	kʰuɐŋ^{113}	xuɐŋ^{113}	xuɐŋ^{33}	xuɐŋ^{33}	xuɐŋ^{33}	xuɐŋ^{33}
沁源	kuə̃^{324}	kuə̃^{324}	kʰuə̃^{324}	xuə̃^{324}	xuə̃^{33}	xuə̃^{33}	xuə̃^{33}	xuə̃^{33}
安泽	kuəŋ^{21}	kuəŋ^{21}	kʰuəŋ^{21}	xuəŋ^{21}	xuəŋ^{35}	xuəŋ^{35}	xuəŋ^{35}	tɕiʌŋ^{53}
沁水端氏	koŋ^{21}	koŋ^{21}	kʰoŋ^{21}	xoŋ^{21}	xoŋ^{24}	xoŋ^{24}	xoŋ^{24}	tɕiaŋ^{53}
阳城	kuoŋ^{224}	kuoŋ^{224}	kʰuoŋ^{224}	xuoŋ^{224}	xuoŋ^{22}	xuoŋ^{22}	xuoŋ^{22}	ciɑ̃ŋ^{51}
高平	kuə̃ŋ^{33}	kuə̃ŋ^{33}	kʰuə̃ŋ^{33}	xuə̃ŋ^{33}	xuə̃ŋ^{33}	xuə̃ŋ^{33}	xuə̃ŋ^{33}	tɕiɔ̃^{33}
陵川	kuŋ^{33}	kuŋ^{33}	kʰuŋ^{33}	xuŋ^{33}	xuŋ^{53}	xuŋ^{53}	xuŋ^{53}	xuŋ^{53}
晋城	kuoŋ^{33}	kuoŋ^{33}	kʰuoŋ^{33}	xuoŋ^{33}	xuoŋ^{324}	xuoŋ^{324}	xuoŋ^{324}	xuoŋ^{324}/ tɕiɔ̃^{53}

续表

字目	功	攻	空~虚	烘	红	洪	鸿	虹
中古音／方言点	古红 通合一 平东见	古红 通合一 平东见	苦红 通合一 平东溪	呼东 通合一 平东晓	呼东 通合一 平东匣	户公 通合一 平东匣	户公 通合一 平东匣	户公 通合一 平东匣
忻府	kuəŋ^{313}	kuəŋ^{313}	k^{h}uəŋ^{313}	xuəŋ^{313}	xuəŋ^{21}	xuəŋ^{21}	xuəŋ^{21}	tɕiɛ^{53}白／ xuəŋ^{21}文
原平	kuəŋ^{213}	kuəŋ^{213}	k^{h}uəŋ^{213}	xuəŋ^{213}	xuəŋ^{33}	xuəŋ^{33}	xuəŋ^{33}	xuəŋ^{33}
定襄	kuəŋ^{24}	kuəŋ^{24}	k^{h}uəŋ^{24}	xuəŋ^{24}	xuəŋ^{11}	xuəŋ^{11}	xuəŋ^{11}	tɕiæ^{11}
五台	kuən^{213}	kuən^{213}	k^{h}uən^{213}	xuən^{213}	xuən^{33}	xuən^{33}	xuən^{33}	xuən^{33}
岢岚	kuəŋ^{13}	kuəŋ^{13}	k^{h}uəŋ^{13}	xuəŋ^{13}	xuəŋ^{44}	xuəŋ^{44}	xuəŋ^{44}	xuəŋ^{44}
五寨	kuəɣ̃^{13}	kuəɣ̃^{13}	k^{h}uəɣ̃^{13}	xuəɣ̃^{52}	xuəɣ̃^{44}	xuəɣ̃^{44}	xuəɣ̃^{44}	xuəɣ̃^{44}
宁武	kuɤɯ^{23}	kuɤɯ^{23}	k^{h}uɤɯ^{23}	xuɤɯ^{23}	xuɤɯ^{33}	xuɤɯ^{33}	xuɤɯ^{33}	tɕiɒ^{52}白／ xuɤɯ^{33}文
神池	kuə̃^{24}	kuə̃^{24}	k^{h}uə̃^{24}	xuə̃^{24}	xuə̃^{32}	xuə̃^{32}	xuə̃^{32}	xuə̃^{32}
繁峙	kuəŋ^{53}	kuəŋ^{53}	k^{h}uəŋ^{53}	xuəŋ^{53}	xuəŋ^{31}	xuəŋ^{31}	xuəŋ^{31}	xuəŋ^{31}
代县	kuɤŋ^{213}	kuɤŋ^{213}	k^{h}uɤŋ^{213}	xuɤŋ^{213}	xuɤŋ^{44}	xuɤŋ^{44}	xuɤŋ^{44}	xuɤŋ^{44}
河曲	kuŋ^{213}	kuŋ^{213}	k^{h}uŋ^{213}	xuŋ^{213}	xuŋ^{44}	xuŋ^{44}	xuŋ^{44}	xuŋ^{44}
保德	kuəŋ^{213}	kuəŋ^{213}	k^{h}uəŋ^{213}	xuəŋ^{213}	xuəŋ^{44}	xuəŋ^{44}	xuəŋ^{44}	tɕiɔ^{52}白／ xuəŋ^{44}文
偏关	kuɤŋ^{24}	kuɤŋ^{24}	k^{h}uɤŋ^{24}	xuɤŋ^{24}	xuɤŋ^{44}	xuɤŋ^{44}	xuɤŋ^{44}	xuɤŋ^{44}
朔城	kuə̃^{312}	kuə̃^{312}	k^{h}uə̃^{312}	xuə̃^{312}	xuə̃^{35}	xuə̃^{35}	xuə̃^{35}	tɕiɑ̃^{53}
平鲁	kuəɯ^{213}	kuəɯ^{213}	k^{h}uəɯ^{213}	xuəɯ^{213}	xuəɯ^{44}	xuəɯ^{44}	xuəɯ^{44}	——
应县	kuəŋ^{43}	kuəŋ^{43}	k^{h}uəŋ^{43}	xuəŋ^{43}	xuəŋ^{31}	xuəŋ^{31}	xuəŋ^{31}	xuəŋ^{31}
灵丘	kuŋ^{442}	kuŋ^{442}	k^{h}uŋ^{442}	xuŋ^{442}	xuŋ^{31}	xuŋ^{31}	xuŋ^{31}	xuŋ^{31}
浑源	kuə̃^{52}	kuə̃^{52}	k^{h}uə̃^{52}	xuə̃^{52}	xuə̃^{22}	xuə̃^{22}	xuə̃^{22}	xuə̃^{22}
云州	kuəɣ^{21}	kuəɣ^{21}	k^{h}uəɣ^{21}	xuəɣ^{21}	xuəɣ^{312}	xuəɣ^{312}	xuəɣ^{312}	xuəɣ^{312}
新荣	kuɤɣ^{32}	kuɤɣ^{32}	k^{h}uɤɣ^{32}	xuɤɣ^{32}	xuɤɣ^{312}	xuɤɣ^{312}	xuɤɣ^{312}	xuɤɣ^{312}/ tɕiɔ^{24}
怀仁	kuəŋ^{42}	kuəŋ^{42}	k^{h}uəŋ^{42}	xuəŋ^{42}	xuəŋ^{312}	xuəŋ^{312}	xuəŋ^{312}	tɕiɒ^{24}
左云	kuəɣ^{31}	kuəɣ^{31}	k^{h}uəɣ^{31}	xuəɣ^{31}	xuəɣ^{313}	xuəɣ^{313}	xuəɣ^{313}	xuəɣ^{313}
右玉	kuə̃ɣ^{31}	kuə̃ɣ^{31}	k^{h}uə̃ɣ^{31}	xuə̃ɣ^{31}	xuə̃ɣ^{212}	xuə̃ɣ^{212}	xuə̃ɣ^{212}	xuə̃ɣ^{212}
阳高	kuəŋ^{31}	kuəŋ^{31}	k^{h}uəŋ^{31}	xuəŋ^{31}	xuəŋ^{312}	xuəŋ^{312}	xuəŋ^{312}	tɕiɔ^{24}/ xuəŋ^{312}/ xuəŋ^{24}
山阴	kuə̃^{313}	kuə̃^{313}	k^{h}uə̃^{313}	xuə̃^{313}	xuə̃^{313}	xuə̃^{313}	xuə̃^{313}	tɕiɒ^{335}
天镇	kuɤɣ^{31}	kuɤɣ^{31}	k^{h}uɤɣ^{31}	xuɤɣ^{22}	xuɤɣ^{22}	xuɤɣ^{22}	xuɤɣ^{22}	tɕiɒ^{24}白／ xuɤɣ^{22}文

续表

字目	功	攻	空~虚	烘	红	洪	鸿	虹
中古音 / 方言点	古红 通合一 平东见	古红 通合一 平东见	苦红 通合一 平东溪	呼东 通合一 平东晓	呼东 通合一 平东匣	户公 通合一 平东匣	户公 通合一 平东匣	户公 通合一 平东匣
平定	kuɤŋ^{31}	kuɤŋ^{31}	kʰuɤŋ^{31}	xuɤŋ^{31}	xuɤŋ^{44}	xuɤŋ^{44}	xuɤŋ^{44}	tɕiaŋ^{24}/ xuɤŋ^{44}
昔阳	kuəŋ^{42}	kuəŋ^{42}	kʰuəŋ^{42}	xuəŋ^{42}	xuəŋ^{33}	xuəŋ^{33}	xuəŋ^{33}	xuəŋ^{33}
左权	kuəŋ^{31}	kuəŋ^{31}	kʰuəŋ^{31}	xuəŋ^{31}	xuəŋ^{11}	xuəŋ^{11}	xuəŋ^{11}	tɕiɔ^{53} 白 / xuəŋ^{11} 文
和顺	kuəŋ^{42}	kuəŋ^{42}	kʰuəŋ^{13}	xuəŋ^{42}	xuəŋ^{22}	xuəŋ^{22}	xuəŋ^{22}	tɕiɔ^{13} 白 / xuəŋ^{22} 文
尧都	kuəŋ^{21}	kuəŋ^{21}	kʰuəŋ^{21}	xuəŋ^{21}	xuəŋ^{24}	xuəŋ^{24}	xuəŋ^{24}	xuəŋ^{24}
洪洞	kuen^{21} 白 / kueŋ^{21} 文	kueŋ^{42}	kʰuen^{21} 白 / kʰueŋ^{21} 文	xueŋ^{21}	xuen^{24} 白 / xueŋ^{24} 文	xueŋ^{24}	xueŋ^{24}	to^{24} 白 / xueŋ^{24} 文
洪洞赵城	kueŋ^{21}	kueŋ^{21}	kʰueŋ^{21}	xueŋ^{21}	xueŋ^{24}	xueŋ^{24}	xueŋ^{24}	xueŋ^{24}
古县	kuəŋ^{21}	kuəŋ^{21}	kʰuen^{21}	xuəŋ^{21}	xuen^{35} 白 / xuəŋ^{35} 文	xuəŋ^{35}	xu^{35} 白 / xuəŋ^{35} 文	tɕyo^{35}/ xuəŋ^{35}
襄汾	kueŋ^{21}	kueŋ^{42}	kʰueŋ^{21}	xueŋ^{21}	xuen^{24} 白 / xueŋ^{24} 文	xuen^{21}	xueŋ^{24}	tɕyɔ^{44} 白 / xueŋ^{24} 文
浮山	kueŋ^{42}	kueŋ^{33}	kʰuẽĩ^{4} 白 / kʰueŋ^{42} 文	xueŋ^{42}	xuẽĩ^{13} 白 / xueŋ^{13} 文	xuẽĩ^{42}	xueŋ^{13}	tɕyo^{44}
霍州	kuŋ^{212}	kuŋ^{212}	kʰuŋ^{212}	xuŋ^{212}	xuŋ^{35}	xuŋ^{35}	xuŋ^{35}	xuŋ^{35}
翼城	kuŋ^{53}	kuŋ^{53}	kʰuŋ^{53}	xuŋ^{53}	xuŋ^{12}	xuŋ^{12}	xuŋ^{12}	xuŋ^{12}
闻喜	kuəŋ^{53}	kuəŋ^{53}	kʰuəŋ^{53}	xuəŋ^{53}	xuəŋ^{13}	xuəŋ^{13}	xuəŋ^{13}	xuəŋ^{13}
侯马	kəŋ^{213}	kəŋ^{213}	kʰuəŋ^{213}	xuəŋ^{213}	xuəŋ^{213}	xuəŋ^{213}	xuəŋ^{213}	xuəŋ^{213}
新绛	kuəŋ^{53}	kuəŋ^{44}	kʰuəŋ^{53}	xuəŋ^{53}	xuɛ̃^{13}	xuəŋ^{13}	xuəŋ^{13}	xuəŋ^{13}
绛县	kuʌŋ^{53}	kuʌŋ^{53}	kʰuʌŋ^{53}	xuʌŋ^{31}	xuʌŋ^{24}/ xueĩ^{24}	xuʌŋ^{24}	xuʌŋ^{24}	xuʌŋ^{24}/ tɕiʌŋ^{31}
垣曲	kuəŋ^{22}	kuəŋ^{22}	kʰuəŋ^{22}	xuəŋ^{22}	xuəŋ^{22}	xuəŋ^{22}	xuəŋ^{22}	xuəŋ^{22}
夏县	kuəŋ^{53}	kuəŋ^{53}	kʰuəŋ^{53}	xuəŋ^{53}	xuəŋ^{42}	xuəŋ^{42}	xuəŋ^{42}	tɕiəŋ^{42}
万荣	kuaŋ^{51}	kuaŋ^{55}	kʰuaŋ^{51}	xuaŋ^{51}	xuaŋ^{213}	xuaŋ^{213}	xuaŋ^{213}	xuaŋ^{213}
稷山	kuŋ^{53}	kuŋ^{53}	kʰuə̃^{53} 白 / kʰuŋ^{53} 文	xuŋ^{53}	xuə̃^{13} 白 / xuŋ^{13} 文	xuŋ^{13}	xuŋ^{13}	xuŋ^{13}
盐湖	kuəŋ^{42}	kuəŋ^{42}	kʰuəŋ^{42}	xuəŋ^{42}	xuəŋ^{13}	xuəŋ^{13}	xuəŋ^{13}	tɕiaŋ^{44} 白 / xuəŋ^{13} 文
临猗	kuəŋ^{42}	kuəŋ^{42}	kʰuəŋ^{42}	xuəŋ^{42}	xuəŋ^{13}	xuəŋ^{13}	xuəŋ^{13}	tɕiaŋ^{44} 白 / xuəŋ^{13} 文
河津	kuəŋ^{31}	kuəŋ^{53}	kʰuəŋ^{31}	xuəŋ^{31}	xuəŋ^{324}	xuəŋ^{324}	xuəŋ^{324}	tʂaŋ^{44} 白 / xuəŋ^{324} 文

续表

字目	功	攻	空~虚	烘	红	洪	鸿	虹
中古音 / 方言点	古红 通合一 平东见	古红 通合一 平东见	苦红 通合一 平东溪	呼东 通合一 平东晓	呼东 通合一 平东匣	户公 通合一 平东匣	户公 通合一 平东匣	户公 通合一 平东匣
平陆	koŋ^{31}	koŋ^{13}	kʰoŋ^{31}	xoŋ^{33}	xoŋ^{13}	xoŋ^{13}	xoŋ^{13}	xoŋ^{13}
永济	kuŋ^{31}	kuŋ^{31}	kʰuŋ^{31}/ kʰuŋ^{53}	xuŋ^{31}	xuŋ^{24}	xuŋ^{24}	xuŋ^{24}	tɕiaŋ^{44} 白 / xuŋ^{24} 文
芮城	kuəŋ^{42}	kuəŋ^{53}	kʰuəŋ^{42}	xuəŋ^{53}	xuəŋ^{13}	xuəŋ^{42}	xuəŋ^{13}	xuəŋ^{13}
吉县	kuəŋ^{423}	kuəŋ^{53}	kʰuei^{423} 白 /	xuəŋ^{53}	xuei^{13} 白 / xuəŋ^{13} 文	xuəŋ^{33}	xuəŋ^{13}	xuəŋ^{13}/ tɕiəŋ^{33}
乡宁	kuəŋ^{53}	kuəŋ^{53}	kʰuəŋ^{53}	xuəŋ^{53}	xuəŋ^{12}	xuəŋ^{12}	xuəŋ^{12}	xuəŋ^{12}
广灵	kuŋ^{53}	kuŋ^{53}	kʰuŋ^{53}	xuŋ^{53}	xuŋ^{31}	xuŋ^{31}	xuŋ^{31}	xuŋ^{31}

字目	翁	冬	农	脓	宗	松~紧	董	懂
中古音 / 方言点	乌红 通合一 平东影	都宗 通合一 平冬端	奴冬 通合一 平冬泥	奴冬 通合一 平冬泥	作冬 通合一 平冬精	思恭 通合一 平冬心	多动 通合一 上董端	多动 通合一 上董端
北京	uəŋ^{55}	tuŋ^{55}	nuŋ^{35}	nuŋ^{35}	tsuŋ^{55}	suŋ^{55}	tuŋ^{214}	tuŋ^{214}
小店	vəŋ^{11}	tuəŋ^{11}	nəŋ^{11}	nəŋ^{11}	tsuəŋ^{11}	suəŋ^{11}	tuəŋ^{53}	tuəŋ^{53}
尖草坪	vʌŋ^{33}	tuʌŋ^{33}	nʌŋ^{33} 白 / nuʌŋ^{33} 文	nʌŋ^{33} 白 / nuʌŋ^{33} 文	tsuʌŋ^{33}	suʌŋ^{33}	tuʌŋ^{312}	tuʌŋ^{312}
晋源	vəŋ^{11}	tuəŋ^{11}	nuəŋ^{11}	nuəŋ^{11}	tsuəŋ^{11}	suəŋ^{11}	tuəŋ^{42}	tuəŋ^{42}
阳曲	və̃^{312}	tuə̃^{312}	nə̃^{43}	nə̃^{43}	tsuə̃^{312}	suə̃^{312}	tuə̃^{312}	tuə̃^{312}
古交	vəŋ^{44}	tuəŋ^{44}	nuəŋ^{44}	nuəŋ^{44}	tsuəŋ^{44}	suəŋ^{44}	tuəŋ^{312}	tuəŋ^{312}
清徐	vəŋ^{11}	tuəŋ^{11}	nəŋ^{11} 白 / nuəŋ^{11} 文	nəŋ^{11} 白 / nuəŋ^{11} 文	tsuəŋ^{11}	suəŋ^{11}	tuəŋ^{54}	tuəŋ^{54}
娄烦	vəŋ^{33}	tuəŋ^{33}	nəŋ^{33}	nəŋ^{33}	tsuəŋ^{33}	suəŋ^{33}	tuəŋ^{312}	tuəŋ^{312}
榆次	vɤ̃^{11}	tuɤ̃^{11}	nɤ̃^{11} 白	nɤ̃^{11}	tsuɤ̃^{11}	suɤ̃^{11}	tuɤ̃^{53}	tuɤ̃^{53}
交城	uə̃^{11}	tuə̃^{11}	nə̃^{11}	nə̃^{11}	tsuə̃^{11}	suə̃^{11}	tuə̃^{53}	tuə̃^{53}
文水	uəŋ^{22}	tuəŋ^{22}	nəŋ^{22} 老 / nuəŋ^{22} 新	nəŋ^{22} 老 / nuəŋ^{22} 新	tsuəŋ^{22}	suəŋ^{22}	tuəŋ^{423}	tuəŋ^{423}
祁县	əm^{31}	təm^{31}	nɔə̃^{31} 白 / nəm^{31} 文	nɔə̃^{31} 白 / nəm^{31} 文	tsəm^{31}	səm^{31}	təm^{314}	təm^{314}
太谷	və̃^{33}	tuə̃^{33}	nə̃^{33}	nə̃^{33}	tsuə̃^{33}	suə̃^{33}	tuə̃^{312}	tuə̃^{312}
平遥	kuəŋ^{213} 白 / uəŋ^{213} 文	tuəŋ^{213}	nəŋ^{213}	nəŋ^{213}	tsuəŋ^{213}	suəŋ^{213}	tuəŋ^{512}	tuəŋ^{512}
孝义	kuə̃^{33}	tuə̃^{33}	nuə̃^{33}	nuə̃^{33}	tsuə̃^{33}	suə̃^{33}	tuə̃^{312}	tuə̃^{312}
介休	uŋ^{13}	tuŋ^{13}	nəŋ^{13} 老 / nuŋ^{13} 新	nəŋ^{13} 老 / nuŋ^{13} 新	tsuŋ^{13}	suŋ^{13}	tuŋ^{423}	tuŋ^{423}
灵石	uŋ^{535}	tuŋ^{535}	nuŋ^{44}	nuŋ^{44}	tsuŋ^{535}	suŋ^{535}	tuŋ^{212}	tuŋ^{212}
盂县	və̃^{412}	tuə̃^{412}	nə̃^{22} 白 / ȵuə̃^{22} 文	nə̃^{22} 白 / ȵuə̃^{22} 文	tsuə̃^{412}	suə̃^{412}	tuə̃^{53}	tuə̃^{53}
寿阳	və̃^{31}	tuə̃^{31}	nə̃^{22}/nuə̃^{22}	nə̃^{22}	tsuə̃^{31}	suə̃^{31}	tuə̃^{53}	tuə̃^{53}
榆社	kueɪ^{22}	tueɪ^{22}	tʰueɪ^{45}	neɪ^{22}	tsueɪ^{22}	sueɪ^{22}	tueɪ^{312}	tueɪ^{312}
离石	uəŋ^{24}	tuəŋ^{24}	nuəŋ^{44}	nuəŋ^{44}	tsuəŋ^{24}	suəŋ^{24}	tuəŋ^{312}	tuəŋ^{312}
汾阳	uŋ^{324}	tuŋ^{324}	nuŋ^{22}	nuŋ^{22}	tsuŋ^{324}	suŋ^{22}	tuŋ^{312}	tuŋ^{312}
中阳	uə̃^{24}	tuə̃^{24}	nuə̃^{33}	nuə̃^{33}	tʂuə̃^{24}	ʂuə̃^{24}	tuə̃^{423}	tuə̃^{423}
柳林	uə̃^{24}	tuə̃^{24}	nuə̃^{44}	nuə̃^{44}	tsuə̃^{24}	suə̃^{24}	tuə̃^{312}	tuə̃^{312}
方山	uəŋ^{24}	tuə̃ŋ^{24}	nuə̃ŋ^{44}	nuə̃ŋ^{44}	tsuə̃ŋ^{24}	suə̃ŋ^{24}	tuə̃ŋ^{312}	tuə̃ŋ^{312}
临县	uə̃^{24}	tuə̃^{24}	nuə̃^{33}	nuə̃^{33}	tsuə̃^{33}	suə̃^{24}	tuə̃^{312}	tuə̃^{312}
兴县	uəŋ^{55}	tuəŋ^{324}	nuəŋ^{324}	nuəŋ^{324}	tsuəŋ^{324}	suəŋ^{324}	tuəŋ^{324}	tuəŋ^{324}

续表

字目	翁	冬	农	脓	宗	松~紧	董	懂
中古音 / 方言点	乌红 通合一 平东影	都宗 通合一 平冬端	奴冬 通合一 平冬泥	奴冬 通合一 平冬泥	作冬 通合一 平冬精	思恭 通合一 平冬心	多动 通合一 上董端	多动 通合一 上董端
岚县	uəŋ^{214}	tuəŋ^{214}	nəŋ^{44}	nəŋ^{44}	tsuəŋ^{214}	suəŋ^{214}	tuəŋ^{312}	tuəŋ^{312}
静乐	vɤ̃^{33}	tuɤ̃^{24}	nɤ̃^{33}	nɤ̃^{33}	tsuɤ̃^{24}	suɤ̃^{24}	tuɤ̃^{314}	tuɤ̃^{314}
交口	uəŋ^{323}	tuəŋ^{323}	nəŋ^{44}	nuəŋ^{44}	tsuəŋ^{323}	suəŋ^{323}	tuəŋ^{323}	tuəŋ^{323}
石楼	uəŋ^{44}	tuəŋ^{213}	nuəŋ^{44}	nuəŋ^{44}	tʂuəŋ^{213}	ʂuəŋ^{213}	tuəŋ^{213}	tuəŋ^{213}
隰县	uəŋ^{53}	tuəŋ ^{53}	nuəŋ^{24}	nuəŋ^{24}	tsuəŋ^{53}	suəŋ^{53}	tuəŋ^{21}	tuəŋ^{21}
大宁	vəŋ^{31}	tuəŋ^{31}	nuəŋ^{24}	nuəŋ^{24}	tsuəŋ^{31}	suəŋ^{31}	tuəŋ^{55}	tuəŋ^{31}
永和	uəŋ^{33}	tuəŋ^{33}	luəŋ^{35}	nuəŋ^{35}	tsuəŋ^{33}	suəŋ^{33}	tuəŋ^{312}	tuəŋ^{312}
汾西	uəŋ^{11}	tuəŋ^{11}	nuəŋ^{35} 文 / nəŋ^{35}	nuəŋ^{35} 文 / nəŋ^{35}	tsuəŋ^{11}	suəŋ^{11}	tuəŋ^{33}	——
蒲县	uŋ^{52}	tuŋ^{52}	nuŋ^{24}	nueĩ^{24}	tsuŋ^{52}	sueĩ^{52}	tuŋ^{31}	tuŋ^{31}
潞州	uŋ^{312}	tuŋ^{312}	nuŋ^{24}	nuŋ^{24}	tsuŋ^{312}	suŋ^{312}	tuŋ^{535}	tuŋ^{535}
上党	uŋ^{213}	tuŋ^{213}	nuŋ^{24}	nuŋ^{24}	tsuŋ^{213}	ɕyŋ^{213}	tuŋ^{535}	tuŋ^{535}
长子	vəŋ^{312}	tuŋ^{312}	nəŋ^{24}	nəŋ^{24}	tsuŋ^{312}	suŋ^{312}	tuŋ^{434}	tuŋ^{434}
屯留	vəŋ^{31}	tuəŋ^{31}	nuəŋ^{11}	nuəŋ^{11}	tsuəŋ^{31}	suəŋ^{31}	tuəŋ^{43}	tuəŋ^{43}
襄垣	vəŋ^{33}	tuəŋ^{33}	nəŋ^{31}	nəŋ^{31}	tsuəŋ^{33}	suəŋ^{33}	tuəŋ^{42}	tuəŋ^{42}
黎城	uəŋ^{33}	tuəŋ^{33}	nuəŋ^{53}	nuəŋ^{53}	tsuəŋ^{33}	ɕyəŋ^{33}	tuəŋ^{213}	tuəŋ^{213}
平顺	uŋ^{213}	tuŋ^{213}	nuŋ^{13}	nuŋ^{13}	tsuŋ^{213}	suŋ^{213}	tuŋ^{434}	tuŋ^{434}
壶关	uŋ^{33}	tuŋ^{33}	nuŋ^{13}	nuŋ^{13}	tʂuŋ^{33}	syŋ^{33}	tuŋ^{535}	tuŋ^{535}
沁县	və̃^{224}	tuə̃^{224}	nə̃^{33}	nə̃^{33}	tsuə̃^{224}	suə̃^{224}	tuə̃^{214}	tuə̃^{214}
武乡	kuɐŋ^{113}	tuɐŋ^{113}	nɐŋ^{33}	nɐŋ^{33}	tsuɐŋ^{113}	suɐŋ^{113}	tuɐŋ^{213}	tuɐŋ^{213}
沁源	və̃^{324}	tuə̃^{324}	nə̃^{33}	nə̃^{33}	tsuə̃^{324}	suə̃^{324}	tuə̃^{324}	tuə̃^{324}
安泽	vəŋ^{21}	tuəŋ^{21}	nuəŋ^{35}	nəŋ^{35}	tsuəŋ^{21}	suəŋ^{21}	tuəŋ^{42}	tuəŋ^{42}
沁水端氏	oŋ^{21}	toŋ^{21}	noŋ^{24}	noŋ^{24}	tsoŋ^{21}	soŋ^{21}	toŋ^{31}	toŋ^{31}
阳城	uoŋ^{224}	tuoŋ^{224}	nuoŋ^{22}	nuoŋ^{22}	tɕyoŋ^{224}	suoŋ^{224}	tuoŋ^{212}	tuoŋ^{212}
高平	və̃ŋ^{33}	tuə̃ŋ^{33}	nuə̃ŋ^{33}	nuə̃ŋ^{33}	tʂuə̃ŋ^{33}	ʂuə̃ŋ^{33}	tuə̃ŋ^{212}	tuə̃ŋ^{212}
陵川	uŋ^{33}	tuŋ^{33}	nuŋ^{53}	nuŋ^{53}	tʂuŋ^{33}	ʂuŋ^{33}	tuŋ^{312}	tuŋ^{312}
晋城	uoŋ^{33}	tuoŋ^{33}	nuoŋ^{324}	nuoŋ^{324}	tʂuoŋ^{33}	ʂuoŋ^{33}	tuoŋ^{213}	tuoŋ^{213}
忻府	vəŋ^{313}	tuəŋ^{313}	nəŋ^{21} 白 / nuəŋ^{21} 文	nəŋ^{21} 白 / nuəŋ^{21} 文	tsuəŋ^{313}	suəŋ^{313}	tuəŋ^{313}	tuəŋ^{313}
原平	vəŋ^{213}	tuəŋ^{213}	nəŋ^{33}	nəŋ^{33}	tsuəŋ^{213}	suəŋ^{213}	tuəŋ^{213}	tuəŋ^{213}
定襄	vəŋ^{24}	tuəŋ^{24}	nəŋ^{11}	nəŋ^{11}	tsuəŋ^{24}	suəŋ^{24}	tuəŋ^{24}	tuəŋ^{24}
五台	uən^{213}	tuən^{213}	nən^{33}	nən^{33}	tsuən^{213}	suən^{213}	tuən^{213}	tuən^{213}

续表

字目	翁	冬	农	脓	宗	松~紧	董	懂
中古音 / 方言点	乌红 通合一 平东影	都宗 通合一 平冬端	奴冬 通合一 平冬泥	奴冬 通合一 平冬泥	作冬 通合一 平冬精	思恭 通合一 平冬心	多动 通合一 上董端	多动 通合一 上董端
岢岚	vəŋ^{13}	tuəŋ^{13}	nuəŋ^{44}	nəŋ^{44}	tʂuəŋ^{13}	suəŋ^{13}	tuəŋ^{13}	tuəŋ^{13}
五寨	vəɣ̃^{13}	tuəɣ̃^{13}	nuəɣ̃^{44}	nəɣ̃^{44}	tsuəɣ̃^{13}	suəɣ̃^{13}	tuəɣ̃^{13}	tuəɣ̃^{13}
宁武	uɤɯ^{23}	tuɤɯ^{23}	nɤɯ^{33}	nɤɯ^{33}	tsuɤɯ^{23}	suɤɯ^{23}	tuɤɯ^{213}	tuɤɯ^{213}
神池	vuə̃^{24}	tuə̃^{24}	nuə̃^{32}	nuə̃^{32}	tsuə̃^{24}	suə̃^{24}	tuə̃^{13}	tuə̃^{13}
繁峙	vəŋ^{53}	tuəŋ^{53}	nuəŋ^{31}	nuəŋ^{31}	tsuəŋ^{53}	suəŋ^{53}	tuəŋ^{53}	tuəŋ^{53}
代县	uɤŋ^{213}	tuɤŋ^{213}	nɤŋ^{44}	nɤŋ^{44}	tsuɤŋ^{213}	suɤŋ^{213}	tuɤŋ^{213}	tuɤŋ^{213}
河曲	vɤŋ^{52}	tuŋ^{213}	luŋ^{44}	nɤŋ^{44}	tsuŋ^{213}	suŋ^{213}	tuŋ^{213}	tuŋ^{213}
保德	vəŋ^{213}	tuəŋ^{213}	nəŋ^{44}	nəŋ^{44}	tsuəŋ^{213}	suəŋ^{213}	tuəŋ^{213}	tuəŋ^{213}
偏关	vɤŋ^{24}/ kuɤŋ^{24}	tuɤŋ^{24}	nuɤŋ^{44}	nuɤŋ^{44}	tsuɤŋ^{24}	suɤŋ^{24}	tuɤŋ^{213}	tuɤŋ^{213}
朔城	——	tuə̃^{312}	nə̃^{35}	nə̃^{35}	tsuə̃^{312}	suə̃^{312}	tuə̃^{312}	tuə̃^{312}
平鲁	uəɯ^{44}	tuəɯ^{213}	nəɯ^{44}	nəɯ^{44}	tsuəɯ^{213}	suəɯ^{213}	tuəɯ^{213}	tuəɯ^{213}
应县	vəŋ^{43}	tuəŋ^{43}	nuəŋ^{31}	nəŋ^{31}	tsuəŋ^{43}	suəŋ^{43}	tuəŋ^{54}	tuəŋ^{54}
灵丘	vəŋ^{442}	tuŋ^{442}	nuŋ^{31}	nuŋ^{31}	tsuŋ^{442}	suŋ^{442}	tuŋ^{442}	tuŋ^{442}
浑源	kuə̃^{52}	tuə̃^{52}	nə̃^{22}	nə̃^{22}	tsuə̃^{52}	suə̃^{52}	tuə̃^{52}	tuə̃^{52}
云州	vəɣ^{21}	tuəɣ^{21}	nəɣ^{312}	nəɣ^{312}	tsuəɣ^{21}	suəɣ^{21}	tuəɣ^{55}	tuəɣ^{55}
新荣	vɤɣ^{32}/ kuɤɣ^{32}	tuɤɣ^{32}	luɤɣ^{312}	nɤɣ^{312}	tsuɤɣ^{32}	suɤɣ^{32}	tuɤɣ^{54}	tuɤɣ^{54}
怀仁	vəŋ^{42}	tuəŋ^{42}	luəŋ^{312}	nəŋ^{312}	tsuəŋ^{42}	suəŋ^{42}	tuəŋ^{53}	tuəŋ^{53}
左云	vəɣ^{31}	tuəɣ^{31}	nuəɣ^{313}	nəɣ^{313}	tsuəɣ^{31}	suəɣ^{31}	tuəɣ^{54}	tuəɣ^{54}
右玉	və̃ɣ^{31}	tuə̃ɣ^{31}	——	nə̃ɣ^{212}	tsuə̃ɣ^{31}	suə̃ɣ^{31}	tuə̃ɣ^{53}	tuə̃ɣ^{53}
阳高	vəŋ^{31}	tuəŋ^{31}	nuəŋ^{312}/ luəŋ^{312}	nəŋ^{312}	tsuəŋ^{31}	suəŋ^{31}	tuəŋ^{53}	tuəŋ^{53}
山阴	uə̃^{313}	tuə̃^{313}	nuə̃^{313}	nə̃^{313}	tsuə̃^{313}	suə̃^{313}	tuə̃^{52}	tuə̃^{52}
天镇	vɤɣ^{31}	tuɤɣ^{31}	luɤɣ^{22}	nɤɣ^{22}	tsuɤɣ^{31}	suɤɣ^{31}	tuɤɣ^{55}	tuɤɣ^{55}
平定	vɤŋ^{31}	tuɤŋ^{31}	nuɤŋ^{44}	nuɤŋ^{44}	tsuɤŋ^{31}	suɤŋ^{31}	tuɤŋ^{53}	tuɤŋ^{53}
昔阳	vəŋ^{42}	tuəŋ^{42}	nuəŋ^{33}	nuəŋ^{33}	tsuəŋ^{42}	suəŋ^{42}	tuəŋ^{55}	tuəŋ^{55}
左权	vəŋ^{31}	tuəŋ^{31}	nuəŋ^{11}	nuəŋ^{11}	tsuəŋ^{11}	suəŋ^{31}	tuəŋ^{42}	tuəŋ^{42}
和顺	vəŋ^{22}	tuəŋ^{42}	nuəŋ^{22}	nuəŋ^{22}	tsuəŋ^{42}	suəŋ^{42}	tuəŋ^{53}	tuəŋ^{53}
尧都	uəŋ^{21}	tʰuə̃^{21} 白 / tuəŋ^{21} 文	nə̃^{24} 白 / nuəŋ^{24} 文	nuəŋ^{24}	tsuəŋ^{21}	suəŋ^{21}	tuəŋ^{53}	tuəŋ^{53}
洪洞	ueŋ^{21}	tuen^{21} 白 / tueŋ^{21} 文	neŋ^{24}	nen^{24} 白 / neŋ^{24} 文	tsueŋ^{21}	sueŋ^{21}	tueŋ^{42}	tueŋ^{42}

续表

字目	翁	冬	农	脓	宗	松~紧	董	懂
中古音 / 方言点	乌红 通合一 平东影	都宗 通合一 平冬端	奴冬 通合一 平冬泥	奴冬 通合一 平冬泥	作冬 通合一 平冬精	思恭 通合一 平冬心	多动 通合一 上董端	多动 通合一 上董端
洪洞赵城	ueŋ^{21}	tueŋ^{21}	neŋ^{24}	neŋ^{24}	tsueŋ^{21}	sueŋ^{21}	tueŋ^{42}	tueŋ^{42}
古县	uəŋ^{21}	tuen^{21} 白 / tuəŋ^{21} 文	nen^{35} 白 / nuəŋ^{35} 文	nəŋ^{35} 白	tsuen^{21} 白 / tsuəŋ^{35} 文	suen^{21} 白 / suəŋ^{21} 文	tuəŋ^{42}	tuəŋ^{42}
襄汾	ueŋ^{21}	tuen^{21}	neŋ^{24}	nen^{24}	tsueŋ^{21}	suen^{21} 白 / sueŋ^{21} 文	tueŋ^{42}	tueŋ^{42}
浮山	ueŋ^{42}	tueŋ^{42}	neŋ^{13}	——	tsueŋ^{42}	suẽĩ^{42}	tueŋ^{33}	tueŋ^{33}
霍州	uŋ^{212}	tuəŋ^{212}	ləŋ^{35}	ləŋ^{35}	tsuŋ^{212}	suŋ^{212}	tuəŋ^{33}	tuəŋ^{33}
翼城	uŋ^{53}	tuŋ^{53}	nuŋ^{12}	nuŋ^{12}	tsuŋ^{12}	suŋ^{53}	tuŋ^{44}	tuŋ^{44}
闻喜	uəŋ^{53}/uʌŋ^{53}	tuəŋ^{53}	luəŋ^{13}/ ləŋ^{13}	luəŋ^{13}/ ləŋ^{13}	tsuəŋ^{53}	suəŋ^{53}	tuəŋ^{33}	tuəŋ^{33}
侯马	uəŋ^{213}	tʰueĩ^{213} 白 / tuəŋ^{213} 文	nueĩ^{213}	nuəŋ^{213}	tsuəŋ^{213}	suəŋ^{213}	tuəŋ^{44}	tuəŋ^{44}
新绛	uəŋ^{53}	tuɛ̃^{53}	nuəŋ^{13}	nuɛ̃^{13}	tsuəŋ^{44}	suəŋ^{53}	tuəŋ^{44}	tuɛ̃^{44} 白 / tuəŋ^{44} 文
绛县	uʌŋ^{53}	tueĩ^{53}	nuʌŋ^{24}	neĩ^{24}	tsuʌŋ^{53}	suʌŋ^{53} 白 / sueĩ^{53} 文	tuʌŋ^{33}	tueĩ^{33} 白 / tuʌŋ^{33} 文
垣曲	uəŋ^{22}	tuəŋ^{22}	nuəŋ^{22}	nuəŋ^{22}	tsuəŋ^{22}	suəŋ^{22}	tuəŋ^{44}	tuəŋ^{44}
夏县	uəŋ^{53}	tuəŋ^{53}	luəŋ^{42}	luəŋ^{42}	tsuəŋ^{53}	suəŋ^{53}	tuəŋ^{24}	tuəŋ^{24}
万荣	uaŋ^{51}	tuaŋ^{51}	nuaŋ^{213}/ luaŋ^{213}	nuaŋ^{213}	tsuaŋ^{51}	suaŋ^{51}	tuaŋ^{55}	tuaŋ^{55}
稷山	uŋ^{53}	tuə̃^{53} 白 / tuŋ^{53} 文	nuŋ^{13}	nə̃^{13} 白 / nuŋ^{13} 文	tsuŋ^{53}	suə̃^{53} 白 / suŋ^{53} 文	tuŋ^{44}	tuŋ^{44}
盐湖	uəŋ^{42}	tuəŋ^{42}	luəŋ^{13}	luəŋ^{13}	tsuəŋ^{42}	suəŋ^{42}	tuəŋ^{53}	tuəŋ^{53}
临猗	uəŋ^{42}	tuəŋ^{42}	ləŋ^{13} 白 / luəŋ^{13} 文	ləŋ^{13} 白 / luəŋ^{13} 文	tsuəŋ^{42}	ɕyəŋ^{42} 白 / suəŋ^{42} 文	tuəŋ^{53}	tuəŋ^{53}
河津	uəŋ^{31}	tuəŋ^{31}	nuəŋ^{324}	nəŋ^{324}	tsuəŋ^{31}	suəŋ^{31}	tuəŋ^{53}	tuəŋ^{53}
平陆	ueŋ^{31}	toŋ^{31}	loŋ^{31}	loŋ^{13}	tsoŋ^{31}	soŋ^{31}	toŋ^{55}	toŋ^{55}
永济	vəŋ^{31}	tuŋ^{31}	nuŋ^{24}	nuŋ^{24}	tsuŋ^{31}	suŋ^{31}	tuŋ^{53}	tuŋ^{53}
芮城	uəŋ^{42}	tuəŋ^{42}	luəŋ^{13}	luəŋ^{13}	tsuəŋ^{42}	suəŋ^{42}	tuəŋ^{53}	tuəŋ^{53}
吉县	kuəŋ^{423}	tuei^{423} 白 / tuəŋ^{423} 文	luəŋ^{13}	nei^{13}	tsuəŋ^{423}	suəŋ^{423}	tuəŋ^{53}	tuəŋ^{53}
乡宁	uəŋ^{53}	tuəŋ^{53}	luəŋ^{12} 白 / nuəŋ^{12} 文	nəŋ^{12}	tsuəŋ^{53}	suəŋ^{53}	tuəŋ^{44}	tuəŋ^{44}
广灵	uŋ^{53}	tuŋ^{53}	nəŋ^{31}	nəŋ^{31}	tsuŋ^{53}	suŋ^{53}	tuŋ^{44}	tuŋ^{44}

字目	桶	动	笼~罩	拢	总	孔	哄~骗	汞
中古音 / 方言点	他孔 通合一 上董透	徒揔 通合一 上董定	力董 通合一 上董来	力董 通合一 上董来	作孔 通合一 上董精	康董 通合一 上董溪	胡孔 通合一 上董晓	胡孔 通合一 上董晓
北京	tʰuŋ^{214}	tuŋ^{51}	luŋ^{214}	luŋ^{214}	tsuŋ^{214}	kʰuŋ^{214}	xuŋ^{214}	kuŋ^{214}
小店	tʰuəŋ^{53}	tuəŋ^{24}	luəŋ^{11}	luəŋ^{53}	tsuəŋ^{53}	kʰuəŋ^{53}	xuəŋ^{53}	kuəŋ^{53}
尖草坪	tʰuʌŋ^{312}	tuʌŋ^{35}	luʌŋ^{312}	luʌŋ^{312}	tsuʌŋ^{312}	kʰʌŋ^{312}	xʌŋ^{312}	kuʌŋ^{312}
晋源	tʰuəŋ^{42}	tuəŋ^{35}	lɤu^{35}	luəŋ^{42}	tsuəŋ^{42}	kʰuəŋ^{42}	xuəŋ^{42}	kuəŋ^{42}
阳曲	tʰuə̃^{312}	tuə̃^{454}	luə̃^{43}	luə̃^{312}	tsuə̃^{312}	kʰuə̃^{312}	xuə̃^{312}	kuə̃^{312}
古交	tʰuəŋ^{312}	tuəŋ^{53}	luəŋ^{312}	luəŋ^{312}	tsuəŋ^{312}	kʰuəŋ^{312}	xuəŋ^{312}	kuəŋ^{312}
清徐	tʰuəŋ^{54}	tuəŋ^{45}	luəŋ^{54}	luəŋ^{54}	tsuəŋ^{54}	kʰuəŋ^{54}	xuəŋ^{54}	kuəŋ^{54}
娄烦	tʰuəŋ^{312}	tuəŋ^{54}	luəŋ^{312}	luəŋ^{312}	tsuəŋ^{312}	kʰuəŋ^{312}	fə^{312}	kuəŋ^{312}
榆次	tʰuɤ̃^{53}	tuɤ̃^{35}	luɤ̃^{53}	luɤ̃^{53}	tsuɤ̃^{53}	kʰuɤ̃^{53}	xuɤ̃^{53}	kuɤ̃^{53}
交城	tʰuə̃^{53}	tuə̃^{24}	luə̃^{53}	luə̃^{53}	tsuə̃^{53}	kʰuə̃^{53}	xuə̃^{53}	kuə̃^{53}
文水	tʰuɔŋ^{423}	tuɔŋ^{35}	luɔŋ^{423}	luɔŋ^{423}	tsuɔŋ^{423}	kʰuɔŋ^{423}	xuɔŋ^{423}	kuɔŋ^{423}
祁县	tʰəm^{314}	təm^{45}	ləm^{314}	ləm^{314}	tsəm^{314}	kʰəm^{314}	xəm^{314}	kəm^{314}
太谷	tʰuə̃^{312}	tuə̃^{53}	luə̃^{33}	luə̃^{312}	tsuə̃^{312}	kʰuə̃^{312}	xuə̃^{312}	kuə̃^{312}
平遥	tʰuəŋ^{512}	tuəŋ^{24}	luəŋ^{213}	luəŋ^{512}	tsuəŋ^{512}	kʰuəŋ^{512}	xuəŋ^{512}	kuəŋ^{512}
孝义	tʰuə̃^{312}	tuə̃^{454}	luə̃^{33}	luə̃^{312}	tsuə̃^{312}	kʰuə̃^{312}	xuə̃^{312}	kuə̃^{312}
介休	tʰuŋ^{423}	tuŋ^{45}	luŋ^{423}	luŋ^{423}	tsuŋ^{423}	kʰuŋ^{423}	xuŋ^{423}	kuŋ^{423}
灵石	tʰuŋ^{212}	tuŋ^{53}	luŋ^{44}	luŋ^{212}	tsuŋ^{212}	kʰuŋ^{212}	xuŋ^{212}	kuŋ^{212}
盂县	tʰuə̃^{53}	tuə̃^{55}	luə̃^{22}	luə̃^{53}	tsuə̃^{53}	kʰuə̃^{53}	xuə̃^{53}/ xuə̃^{55}	kuə̃^{53}
寿阳	tʰuə̃^{53}	tuə̃^{45}	luə̃^{53}	luə̃^{53}	tsuə̃^{53}	kʰuə̃^{53}	xuə̃^{53}	kuə̃^{53}
榆社	tʰueɪ^{312}	tueɪ^{45}	lueɪ^{22}	lueɪ^{312}	tsueɪ^{312}	kʰueɪ^{312}	ueɪ^{312}	kueɪ^{312}
离石	tʰuəŋ^{312}	tuəŋ^{53}	luəŋ^{44}	luəŋ^{312}	tsuəŋ^{312}	kʰuəŋ^{312}	xuəŋ^{312}	kuəŋ^{312}
汾阳	tʰuŋ^{312}	tuŋ^{55}	luŋ^{312}	luŋ^{312}	tsuŋ^{312}	kʰuŋ^{312}	xuŋ^{312}/ xuŋ^{55}	kuŋ^{312}
中阳	tʰuə̃^{423}	tuə̃^{53}	luə̃^{33}	luə̃^{423}	tʂuə̃^{423}	kʰuə̃^{423}	xuə̃^{423}	kuə̃^{423}
柳林	tʰuə̃^{312}	tuə̃^{53}	luə̃^{312}	luə̃^{312}	tsuə̃^{312}	kʰuə̃^{312}	xuə̃^{312}	kuə̃^{312}
方山	tʰuə̃ŋ^{312}	tuə̃ŋ^{52}	luə̃ŋ^{312}	luə̃ŋ^{312}	tsuə̃ŋ^{312}	kʰuə̃ŋ^{312}	xuə̃ŋ^{312}	kuə̃ŋ^{312}
临县	tʰuə̃^{312}	tuə̃^{52}	luə̃^{33}	luə̃^{312}	tsuə̃^{312}	kuə̃^{312}	xuə̃^{312}	kuə̃^{312}
兴县	tʰuəŋ^{324}	tuəŋ^{53}	luəŋ^{55}	luəŋ^{324}	tsuəŋ^{324}	kʰuəŋ^{324}	xuəŋ^{324}	kuəŋ^{324}
岚县	tʰuəŋ^{312}	tuəŋ^{53}	luəŋ^{312}	luəŋ^{312}	tsuəŋ^{312}	kʰuəŋ^{312}	xuəŋ^{312}	kuəŋ^{312}
静乐	tʰuɤ̃^{314}	tuɤ̃^{53}	luɤ̃^{33}	luɤ̃^{314}	tsuɤ̃^{314}	kʰuɤ̃^{314}	xuɤ̃^{314}	kuɤ̃^{314}
交口	tʰuəŋ^{323}	tuəŋ^{53}	luəŋ^{323}	luəŋ^{323}	tsuəŋ^{323}	kʰuəŋ^{323}	xuəŋ^{323}	kuəŋ^{323}
石楼	tʰuəŋ^{213}	tuəŋ^{51}	luəŋ^{44}	luəŋ^{213}	tʂuəŋ^{213}	kʰuəŋ^{213}	xuəŋ^{213}	kuəŋ^{213}

续表

字目	桶	动	笼~罩	拢	总	孔	哄~骗	汞
中古音 方言点	他孔 通合一 上董透	徒揔 通合一 上董定	力董 通合一 上董来	力董 通合一 上董来	作孔 通合一 上董精	康董 通合一 上董溪	胡孔 通合一 上董晓	胡孔 通合一 上董晓
隰县	tʰuəŋ^{21}	tʰuəŋ^{44}白/ tuəŋ^{44}文	luəŋ^{24}	luəŋ^{21}	tsuəŋ^{21}	kʰuəŋ^{21}	xuəŋ^{21}	kuəŋ^{21}
大宁	tʰuəŋ^{31}	tʰuəŋ^{55}	luəŋ^{24}	luəŋ^{24}	tsuəŋ^{31}	kʰuəŋ^{31}	xuəŋ^{31}	kuəŋ^{31}
永和	tʰuəŋ^{312}	tʰuəŋ^{53}白/ tuəŋ^{53}文	luəŋ^{35}	luəŋ^{35}	tsuəŋ^{312}	kʰuəŋ^{312}	xuəŋ^{312}	kuəŋ^{53}
汾西	tʰuəŋ^{33}	tuəŋ^{33}	ləŋ^{35}白	——	tsuəŋ^{33}	kʰuəŋ^{33}	xuəŋ^{33}/ xuəŋ^{53}	kuəŋ^{33}
蒲县	tʰueĩ^{52}白/ tʰuŋ^{31}文	tʰuən^{33}白/ tuŋ^{33}文	luŋ^{31}	luŋ^{31}	tsuŋ^{31}	kʰuŋ^{31}	xuŋ^{31}	kuŋ^{31}
潞州	tʰuŋ^{535}	tuŋ^{54}	luŋ^{24}	luŋ^{535}	tsuŋ^{535}	kʰuŋ^{535}	xuŋ^{535}	kuŋ^{535}
上党	tʰuŋ^{535}	tu^{42}	luŋ^{535}	luŋ^{535}	tsuŋ^{535}	kʰuŋ^{535}	xuŋ^{535}	kuŋ^{535}
长子	tʰuŋ^{434}	tuŋ^{53}	luŋ^{24}	luŋ^{434}	tsuŋ^{434}	kʰuŋ^{434}	xuŋ^{434}	kuŋ^{434}
屯留	tʰuəŋ^{43}	tuəŋ^{11}	luəŋ^{43}	luəŋ^{43}	tsuəŋ^{43}	kʰuəŋ^{43}	xuəŋ^{43}	kuəŋ^{43}
襄垣	tʰuəŋ^{42}	tuəŋ^{45}	luəŋ^{31}	luəŋ^{42}	tsuəŋ^{33}	kʰuəŋ^{42}	——	kuəŋ^{42}
黎城	tʰuəŋ^{213}	tuəŋ^{53}	luəŋ^{53}	luəŋ^{213}	tsuəŋ^{213}	kʰuəŋ^{213}	xuəŋ^{33}/ xuəŋ^{213}	kuəŋ^{213}
平顺	tʰuŋ^{434}	tuŋ^{53}	luŋ^{13}	luŋ^{434}	tsuŋ^{434}	kʰuŋ^{434}	xuŋ^{434}	kuŋ^{434}
壶关	tʰuŋ^{535}	tuŋ^{353}	luŋ^{13}	luŋ^{535}	tʂuŋ^{535}	kʰuŋ^{535}	xuŋ^{535}	kuŋ^{535}
沁县	tʰuã^{214}	tuã^{53}	——	luã^{214}	tsuã^{214}	kʰuã^{214}	xuã^{214}	kuã^{214}
武乡	tʰuɐŋ^{213}	tuɐŋ^{55}	luɐŋ^{213}	luɐŋ^{213}	tsuɐŋ^{213}	kʰuɐŋ^{213}	xuɐŋ^{213}	kuɐŋ^{213}
沁源	tʰuã^{324}	tuã^{53}	luã^{33}	luã^{324}	tsuã^{324}	kʰuã^{324}	xuã^{324}	kuã^{324}
安泽	tʰuəŋ^{42}	tuəŋ^{53}	luəŋ^{35}	luəŋ^{42}	tsuəŋ^{21}	kʰuəŋ^{53}	xuəŋ^{42}/ xuəŋ^{53}	kuəŋ^{53}
沁水端氏	tʰoŋ^{31}	toŋ^{53}	loŋ^{24}	loŋ^{31}	tsoŋ^{31}	kʰoŋ^{31}	xoŋ^{31}	——
阳城	tʰuoŋ^{212}	tuoŋ^{51}	luoŋ^{212}	luoŋ^{212}	tɕyoŋ^{212}	kʰuoŋ^{212}	xuoŋ^{212}	kuoŋ^{212}
高平	tʰuə̃ŋ^{212}	tuə̃ŋ^{53}	nuə̃ŋ^{212}	nuə̃ŋ^{212}	tʂuə̃ŋ^{212}	kʰuə̃ŋ^{212}	xuə̃ŋ^{212}	kuə̃ŋ^{212}
陵川	tʰuŋ^{312}	tuŋ^{24}	luŋ^{312}	luŋ^{312}	tʂuŋ^{312}	kʰuŋ^{312}	xuŋ^{312}	kuŋ^{312}
晋城	tʰuoŋ^{213}	tuoŋ^{53}	luoŋ^{324}	luoŋ^{213}	tʂuoŋ^{213}	kʰuoŋ^{213}	xuoŋ^{213}	kuoŋ^{213}
忻府	tʰuəŋ^{313}	tuəŋ^{53}	luəŋ^{313}	luəŋ^{313}	tsuəŋ^{313}	kʰuəŋ^{313}	xuəŋ^{313}	kuəŋ^{313}
原平	tʰuəŋ^{213}	tuəŋ^{53}	luəŋ^{213}	lyəŋ^{213}白/ luəŋ^{213}文	tsuəŋ^{213}	kʰuəŋ^{213}	xuəŋ^{213}	kuəŋ^{213}
定襄	tʰuəŋ^{24}	tuəŋ^{53}	luəŋ^{24}	luəŋ^{24}	tsuəŋ^{24}	kʰuəŋ^{24}	xuəŋ^{24}	kuəŋ^{24}
五台	tʰuən^{213}	tuən^{52}	luən^{33}	luən^{213}	tsuən^{213}	kʰuən^{213}	xuən^{213}	kuən^{213}

续表

字目	桶	动	笼~罩	拢	总	孔	哄~骗	汞
中古音 / 方言点	他孔 通合一 上董透	徒揔 通合一 上董定	力董 通合一 上董来	力董 通合一 上董来	作孔 通合一 上董精	康董 通合一 上董溪	胡孔 通合一 上董晓	胡孔 通合一 上董晓
岢岚	tʰuəŋ^{13}	tuəŋ^{52}	luəŋ^{13}	luəŋ^{13}	tʂuəŋ^{13}	kʰuəŋ^{13}	xuəŋ^{13}	kuəŋ^{13}
五寨	tʰuəɣ̃^{13}	tuəɣ̃^{52}	luəɣ̃^{13}	luəɣ̃^{13}	tsuəɣ̃^{13}	kʰuəɣ̃^{13}	xuəɣ̃^{13}	kuəɣ̃^{13}
宁武	tʰuɤɯ^{213}	tuɤɯ^{52}	——	lyɤɯ^{213}/ luɤɯ^{213}	tsuɤɯ^{23}	kʰuɤɯ^{213}	xuɤɯ^{213}	kuɤɯ^{213}
神池	tʰuə̃^{13}	tuə̃^{52}	luə̃^{32}	luə̃^{13}	tsuə̃^{13}	kʰuə̃^{13}	xuə̃^{13}/ xuə̃^{52}	kuə̃^{13}
繁峙	tʰuəŋ^{53}	tuəŋ^{24}	luəŋ^{31}	luəŋ^{53}	tsuəŋ^{53}	kʰuəŋ^{53}	xuəŋ^{24}	kuəŋ^{53}
代县	tʰuɤŋ^{213}	tuɤŋ^{53}	luɤŋ^{44}	luɤŋ^{213}	tsuɤŋ^{213}	kʰuɤŋ^{213}	xuɤŋ^{53}	kuɤŋ^{213}
河曲	tʰuŋ^{213}	tuŋ^{52}	luŋ^{44}	luŋ^{213}	tsuŋ^{213}	kʰuŋ^{213}	xuŋ^{213}	kuŋ^{213}
保德	tʰuəŋ^{213}	tuəŋ^{52}	luəŋ^{44}	luəŋ^{213}	tsuəŋ^{213}	kʰuəŋ^{213}	xuəŋ^{213}	kuəŋ^{213}
偏关	tʰuɤŋ^{213}	tuɤŋ^{52}	——	luɤŋ^{213}	tsuɤŋ^{213}	kʰuɤŋ^{213}	xuɤŋ^{213}	kuɤŋ^{213}
朔城	tʰuə̃^{312}	tuə̃^{53}	——	luə̃^{35}	tsuə̃^{312}	kʰuə̃^{312}	xuə̃^{53}	kuə̃^{312}
平鲁	tʰuəɯ^{213}	tuəɯ^{52}	luəɯ^{213}	luəɯ^{44}/ luəɯ^{213}	tsuəɯ^{213}	kʰuəɯ^{213}	xuəɯ^{213}	kuəɯ^{213}
应县	tʰuəŋ^{54}	tuəŋ^{24}	luəŋ^{54}	luəŋ^{54}	tsuəŋ^{54}	kʰuəŋ^{54}	xuəŋ^{54}	kuəŋ^{54}
灵丘	tʰuŋ^{442}	tuŋ^{53}	luŋ^{31}	luŋ^{442}	tsuŋ^{442}	kʰuŋ^{442}	xuŋ^{442}	kuŋ^{442}
浑源	tʰuə̃^{52}	tuə̃^{13}	luə̃^{22}	lyə̃^{52}	tsuə̃^{52}	kʰuə̃^{52}	xuə̃^{52}	kuə̃^{52}
云州	tʰuəɣ^{55}	tuəɣ^{24}	luəɣ^{55}	luəɣ^{55}	tsuəɣ^{55}	kʰuəɣ^{55}	xuəɣ^{55}	kuəɣ^{55}
新荣	tʰuɤɣ^{54}	tuɤɣ^{24}	luɤɣ^{312}	luɤɣ^{54}	tsuɤɣ^{54}	kʰuɤɣ^{54}	xuɤɣ^{54}	kuɤɣ^{54}
怀仁	tʰuəŋ^{53}	tuəŋ^{24}	luəŋ^{53}	luəŋ^{53}	tsuəŋ^{53}	kʰuəŋ^{53}	xuəŋ^{53}	kuəŋ^{53}
左云	tʰuəɣ^{54}	tuəɣ^{24}	luəɣ^{313}	luəɣ^{54}	tsuəɣ^{54}	kʰuəɣ^{54}	xuəɣ^{54}	kuəɣ^{54}
右玉	tʰuə̃ɣ^{53}	tuə̃ɣ^{24}	——	luə̃ɣ^{53}	tsuə̃ɣ^{53}	kʰuə̃ɣ^{53}	xuə̃ɣ^{53}	kuə̃ɣ^{24}
阳高	tʰuəŋ^{53}	tuəŋ^{24}	luəŋ^{312}	luəŋ^{53}	tsuəŋ^{53}	kʰuəŋ^{53}	xuəŋ^{53}	kuəŋ^{53}
山阴	tʰuə̃^{52}	tuə̃^{335}	luə̃^{52}	luə̃^{313}	tsuə̃^{52}	kʰuə̃^{52}	xuə̃^{52}/ xuə̃^{335}	kuə̃^{52}
天镇	tʰuɤɣ^{55}	tuɤɣ^{24}	luɤɣ^{22}	luɤɣ^{55}	tsuɤɣ^{55}	kʰuɤɣ^{55}	xuɤɣ^{55}/ xuɤɣ^{24}	kuɤɣ^{55}
平定	tʰuəŋ^{53}	tɤŋ^{31} 白 / tuɤŋ^{24} 文	lɤu^{44} 白 / luɤŋ^{44} 文	luɤŋ^{53}	tsuɤŋ^{53}/ tsuəʔ^{4}	kʰuɤŋ^{53}	xuɤŋ^{53}	kuɤŋ^{53}
昔阳	tʰuəŋ^{55}	tuəŋ^{13}	luəŋ^{33}	luəŋ^{55}	tsuəŋ^{55}	kʰuəŋ^{55}	xuəŋ^{55}	kuəŋ^{55}
左权	tʰuəŋ^{42}	tuəŋ^{53}	luəŋ^{11}	luəŋ^{42}	tsuəŋ^{42}	kʰuəŋ^{42}	xuəŋ^{42}	kuəŋ^{42}
和顺	tʰuəŋ^{53}	təŋ^{13} 白 / tuəŋ^{13} 文	luəŋ^{22}	luəŋ^{53}	tsuəŋ^{53}	kʰuəŋ^{53}	xuəŋ^{53}/ xuəŋ^{13}	kuəŋ^{53}

续表

字目	桶	动	笼~罩	拢	总	孔	哄~骗	汞
中古音 / 方言点	他孔 通合一 上董透	徒揔 通合一 上董定	力董 通合一 上董来	力董 通合一 上董来	作孔 通合一 上董精	康董 通合一 上董溪	胡孔 通合一 上董晓	胡孔 通合一 上董晓
尧都	tʰuə̃^{53}白 / tʰuəŋ^{53}文	tʰuə̃^{44}白 / tuəŋ^{44}文	luəŋ^{53}	luəŋ^{53}	tsuəŋ^{53}	kʰuəŋ^{53}	xuəŋ^{53}	kuəŋ^{53}
洪洞	tʰuen^{42}白 / tʰueŋ^{42}文	tʰuen^{53}白 / tueŋ^{53}文	len^{42}白	leŋ^{24}	tsueŋ^{42}	kʰueŋ^{33}	xueŋ^{21}/ xueŋ^{53}	kueŋ^{33}
洪洞赵城	tʰueŋ^{42}	tʰueŋ^{53}白 / tueŋ^{53}文	leŋ^{24}	lueŋ^{42}	tsueŋ^{42}	kʰueŋ^{21}	xueŋ^{42}	kueŋ^{42}
古县	tʰuəŋ^{42}	tʰuen^{53}白 / tuəŋ^{53}文	——	ləŋ^{42}	tsuəŋ^{42}	kʰuəŋ^{42}	xuen^{42}白 / xuəŋ^{42}文 / xuəŋ^{53}	kuəŋ^{42}
襄汾	tʰuen^{42}	tʰuen^{53}白 / tueŋ^{53}文	len^{24}白 / lueŋ^{24}文	leŋ^{42}	tsueŋ^{42}	kʰueŋ^{42}	xueŋ^{21}	kueŋ^{42}
浮山	tʰueŋ^{33}/ tʰuẽĩ^{33}	tʰuẽĩ^{53}白 / tueŋ^{53}文	lẽĩ^{13}白 / lueŋ^{13}文	leŋ^{33}	tsueŋ^{33}	kʰueŋ^{33}	xueŋ^{42}	kueŋ^{33}
霍州	tʰu^{53}/tʰuŋ^{53}	tʰuŋ^{53}	luŋ^{35}	luŋ^{33}	tsuŋ^{33}	kʰuŋ^{33}	xuŋ^{33}	kuŋ^{33}
翼城	tʰuŋ^{44}	tuŋ^{53}	luŋ^{12}	luŋ^{44}	tsuŋ^{44}	kʰuŋ^{44}	xuŋ^{44}	kuŋ^{44}
闻喜	tʰuəŋ^{33}	tʰuəŋ^{13}	luəŋ^{13}	luəŋ^{33}	——	kʰuəŋ^{33}	xuəŋ^{13}	kuəŋ^{13}
侯马	tʰuəŋ^{44}	tuəŋ^{53}	luəŋ^{44}	luəŋ^{44}	tsuəŋ^{44}	kʰuəŋ^{44}	xuəŋ^{44}	kuəŋ^{44}
新绛	tʰuẽ^{44}白 / tuəŋ^{44}文	tʰuẽ^{53}	luəŋ^{13}	luəŋ^{44}	tsuəŋ^{44}	kʰuəŋ^{44}	xuəŋ^{44}	kuəŋ^{53}
绛县	tʰueĩ^{33}	tueĩ^{31}	luʌŋ^{24}	luʌŋ^{33}	tsuʌŋ^{33}	kʰuʌŋ^{33}	xuʌŋ^{33}	kuʌŋ^{33}
垣曲	tʰuəŋ^{44}	tʰuəŋ^{53}白 / tuəŋ^{53}文	luəŋ^{44}	luəŋ^{44}	tsuəŋ^{44}	kʰuəŋ^{44}	xuəŋ^{44}	kuəŋ^{44}
夏县	tʰuəŋ^{24}	tʰuəŋ^{31}白 / tuəŋ^{31}文	luəŋ^{24}	——	tsuəŋ^{24}	kʰuəŋ^{24}	xuəŋ^{24}	kuəŋ^{24}
万荣	tʰuaŋ^{55}	tʰuaŋ^{33}白 / tuaŋ^{33}文	luaŋ^{55}	luaŋ^{55}	tsuaŋ^{55}	kʰuaŋ^{55}	xuaŋ^{55}	kuaŋ^{55}
稷山	tʰuə̃^{44}白 / tʰuŋ^{44}文	tʰuə̃^{42}白 / tʰuŋ^{42}白 / tuŋ^{42}文	luŋ^{44}	luŋ^{44}	tsuŋ^{44}	kʰuŋ^{44}	xuə̃^{44}	kuŋ^{44}
盐湖	tʰuəŋ^{53}	tuəŋ^{44}	——	luəŋ^{53}	tsuəŋ^{53}	kʰuəŋ^{53}	xuəŋ^{53}	kuəŋ^{53}
临猗	tʰuəŋ^{53}	tʰuəŋ^{44}白 / tuəŋ^{44}文	luəŋ^{53}	luəŋ^{53}	tsuəŋ^{53}	kʰuəŋ^{53}	xuəŋ^{53}	kuəŋ^{53}
河津	tʰuəŋ^{53}	tʰuəŋ^{44}白 / tuəŋ^{44}文	ləŋ^{324}	luəŋ^{53}	tsuəŋ^{53}	kʰuəŋ^{53}	xuəŋ^{53}	kuəŋ^{53}
平陆	tʰoŋ^{55}	tʰoŋ^{33}白 / toŋ^{33}文	loŋ^{55}	loŋ^{55}	tsoŋ^{55}	kʰoŋ^{55}	xoŋ^{55}/ xoŋ^{33}	koŋ^{55}

续表

字目	桶	动	笼~罩	拢	总	孔	哄~骗	汞
中古音 / 方言点	他孔 通合一 上董透	徒揔 通合一 上董定	力董 通合一 上董来	力董 通合一 上董来	作孔 通合一 上董精	康董 通合一 上董溪	胡孔 通合一 上董晓	胡孔 通合一 上董晓
永济	tʰuŋ^{53}	tuŋ^{44} 白 / tʰuŋ^{44} 文	ləŋ^{24}	luŋ^{53}	tsuŋ^{53}	kʰuŋ^{53}	xuŋ^{53}	kuŋ^{53}
芮城	tʰuəŋ^{53}	tuəŋ^{44}	luəŋ^{13}	luəŋ^{53}	tsuəŋ^{53}	kʰuəŋ^{53}	xuəŋ^{53}	kuəŋ^{53}
吉县	tʰuei^{53}	tʰuei^{33} 白 / tʰuəŋ^{33} 文	——	luəŋ^{53}	tsuəŋ^{53}	kʰuəŋ^{53}	xuei^{53} 白 / xuəŋ^{53} 文	kuəŋ^{33}
乡宁	tʰuəŋ^{44}	tʰuəŋ^{22} 白 / tuəŋ^{22} 文	luəŋ^{12}	luəŋ^{44}	tsuəŋ^{44}	kʰuəŋ^{44}	xuəŋ^{44}	kuəŋ^{44}
广灵	tʰuŋ^{44}	tuŋ^{213}	luŋ^{44}	luŋ^{44}	tsuŋ^{44}	kʰuŋ^{44}	xuŋ^{53}/ xuŋ^{44}	kuŋ^{44}

字目	冻	栋	痛	洞	弄~坏	粽	送	贡
中古音 方言点	多贡 通合一 去送端	多贡 通合一 去送端	他贡 通合一 去送透	徒弄 通合一 去送定	卢贡 通合一 去送来	作弄 通合一 去送精	苏弄 通合一 去送心	古送 通合一 去送见
北京	tuŋ^{51}	tuŋ^{51}	tʰuŋ^{51}	tuŋ^{51}	nuŋ^{51}	tsuŋ^{51}	suŋ^{51}	kuŋ^{51}
小店	tuəŋ^{24}	tuəŋ^{24}	tʰuəŋ^{24}	tuəŋ^{24}	nuəŋ^{24}/ luəŋ^{11}	tɕyə̃^{24}	suəŋ^{24}	kuəŋ^{24}
尖草坪	tuʌŋ^{35}	tuʌŋ^{35}	tʰuʌŋ^{35}	tuʌŋ^{35}	luʌŋ^{35} 白/ nuʌŋ^{35} 文	tsuʌŋ^{35}	suʌŋ^{35}	kuʌŋ^{312}
晋源	tuəŋ^{35}	tuəŋ^{35}	tʰuəŋ^{35}	tuəŋ^{35}	nuəŋ^{35}	tɕyn^{35}	suəŋ^{35}	kuəŋ^{35}
阳曲	tuə̃^{454}	tuə̃^{454}	tʰuə̃^{454}	tuə̃^{454}	luə̃^{43} 白/ nuə̃^{454} 文	tsuə̃^{454}	suə̃^{454}	kuə̃^{312}
古交	tuəŋ^{53}	tuəŋ^{53}	tʰuəŋ^{53}	tuəŋ^{53}	nuəŋ^{53}	tɕyəŋ^{53} 白/ tsuəŋ^{53} 文	suəŋ^{53}	kuəŋ^{53}
清徐	tuəŋ^{45}	tuəŋ^{45}	tʰuəŋ^{45}	tuəŋ^{45}	nuəŋ^{45}	tsuəŋ^{45}	suəŋ^{45}	kuəŋ^{45}
娄烦	tuəŋ^{54}	tuəŋ^{54}	tʰuəŋ^{54}	tuəŋ^{54}	luəŋ^{54}	tɕyəŋ^{54}/ tsuəŋ^{54}	suəŋ^{54}	kuəŋ^{312}
榆次	tuɤ̃^{35}	tuɤ̃^{35}	tʰuɤ̃^{35}	tuɤ̃^{35}	nɤ̃^{35}	tɕyɤ̃^{35}/ tsuɤ̃^{35} 文	suɤ̃^{35}	kuɤ̃^{35}
交城	tuə̃^{24}	tuə̃^{24}	tʰuə̃^{24}	tuə̃^{24}	luə̃^{24}	tɕyə̃^{24}	suə̃^{24}	kuə̃^{24}
文水	tuɔŋ^{35}	tuɔŋ^{35}	tʰuɔŋ^{35}	tuɔŋ^{35}	lɔŋ^{35} 老/ nuɔŋ^{35} 新	tɕyɔŋ^{35}	suɔŋ^{35}	kuɔŋ^{35}
祁县	təm^{45}	təm^{45}	tʰəm^{45}	təm^{45}	ləm^{45}	tɕiəm^{45}	səm^{45}	kəm^{45}
太谷	tuə̃^{53}	tuə̃^{53}	tʰuə̃^{53}	tuə̃^{53}	luə̃^{53}	tɕyə̃^{53}	suə̃^{53}	kuə̃^{53}
平遥	tuəŋ^{24}	tuəŋ^{512}/ tuəŋ^{24}	tʰuəŋ^{24}	tuəŋ^{24}	luəŋ^{24}	tɕyəŋ^{24}	suəŋ^{24}	kuəŋ^{24}
孝义	tuə̃^{454}	tuə̃^{454}	tʰuə̃^{454}	tuə̃^{454}	luə̃^{454}	tɕyə̃^{454}	suə̃^{454}	kuə̃^{454}
介休	tuŋ^{45}	tuŋ^{45}	tʰuŋ^{45}	tuŋ^{45}	nəŋ^{45} 老/ nuŋ^{45} 新/ luŋ^{45}	tɕyn^{45}	suŋ^{45}	kuŋ^{45}
灵石	tuŋ^{53}	tuŋ^{53}	tʰuŋ^{53}	tuŋ^{53}	nuŋ^{53}	tsuŋ^{53}	suŋ^{53}	kuŋ^{53}
盂县	tuə̃^{55}	tuə̃^{55}	tʰuə̃^{55}	tuə̃^{55}	luə̃^{55} 白/ ȵuə̃^{55} 文	tɕyə̃^{55}	suə̃^{55}	kuə̃^{55}
寿阳	tuə̃^{45}	tuə̃^{45}	tʰuə̃^{45}	tuə̃^{45}	luə̃^{45}	tɕyə̃^{45}/tsuə̃^{45}	suə̃^{45}	kuə̃^{45}
榆社	tueɪ^{45}	tueɪ^{45}	tʰueɪ^{45}	tueɪ^{45}	lueɪ^{45}	tsueɪ^{45}	sueɪ^{45}	kueɪ^{45}
离石	tuəŋ^{53}	tuəŋ^{53}	tʰuəŋ^{53}	tuəŋ^{53}	luəŋ^{53}	tɕyəŋ^{53}	suəŋ^{53}	kuəŋ^{53}
汾阳	tuŋ^{55}	tuŋ^{55}	tʰuŋ^{55}	tuŋ^{55}	nuŋ^{55}	tɕyŋ^{55}	suŋ^{55}	kuŋ^{55}
中阳	tuə̃^{53}	tuə̃^{53}	tʰuə̃^{53}	tuə̃^{53}	luə̃^{53}	tɕyə̃^{53}	ʂuə̃^{53}	kuə̃^{53}
柳林	tuə̃^{53}	tuə̃^{53}	tʰuə̃^{53}	tuə̃^{53}	nuə̃^{53}	tɕyə̃^{53}	suə̃^{53}	kuə̃^{53}
方山	tuə̃ŋ^{52}	tuə̃ŋ^{52}	tʰuə̃ŋ^{52}	tuə̃ŋ^{52}	luə̃ŋ^{52}	tɕyə̃ŋ^{52}	suə̃ŋ^{52}	kuə̃ŋ^{52}

续表

字目	冻	栋	痛	洞	弄~坏	粽	送	贡
中古音 方言点	多贡 通合一 去送端	多贡 通合一 去送端	他贡 通合一 去送透	徒弄 通合一 去送定	卢贡 通合一 去送来	作弄 通合一 去送精	苏弄 通合一 去送心	古送 通合一 去送见
临县	tuə̃^{52}	tuə̃^{52}	tʰuə̃^{52}	tuə̃^{52}	nuə̃^{52}	tɕyə̃^{52}	suə̃^{52}	kuə̃^{52}
兴县	tuəŋ^{53}	tuəŋ^{53}	tʰuəŋ^{53}	tuəŋ^{53}	luəŋ^{53}	tsuəŋ^{53}	suəŋ^{53}	kuəŋ^{53}
岚县	tuəŋ^{53}	tuəŋ^{53}	tʰuəŋ^{53}	tuəŋ^{53}	luəŋ^{53}	tɕyəŋ^{53}	suəŋ^{53}	kuəŋ^{53}
静乐	tuɤ̃^{53}	tuɤ̃^{53}	tʰuɤ̃^{53}	tuɤ̃^{53}	luɤ̃^{53}	tsuɤ̃^{53}	suɤ̃^{53}	kuɤ̃^{53}
交口	tuəŋ^{53}	tuəŋ^{53}	——	tuəŋ^{53}	luəŋ^{53}/ nuəŋ^{53}	tɕyəŋ^{53}	suəŋ^{53}	kuəŋ^{53}
石楼	tuəŋ^{51}	tuəŋ^{51}	tʰuəŋ^{51}	tuəŋ^{51}	luəŋ^{51} 白 / nuəŋ^{51} 文	tɕyəŋ^{51}	ʂuəŋ^{51}	kuəŋ^{51}
隰县	tuəŋ^{44}	tuəŋ^{44}	tʰuəŋ^{44}	tʰuəŋ^{44} 白 / tuəŋ^{44} 文	luəŋ^{44}	tɕyəŋ^{44}	suəŋ^{44}	kuəŋ^{44}
大宁	tuəŋ^{55}	tuəŋ^{55}	tʰuəŋ^{55}	tʰuəŋ^{55} 白 / tuəŋ^{55} 文	nuəŋ^{55}	tɕyən^{55}	suəŋ^{55}	kuəŋ^{55}
永和	tuəŋ^{53}	tuəŋ^{53}	tʰuəŋ^{53}	tʰuəŋ^{53} 白 / tuəŋ^{53} 文	luəŋ^{53}	tɕyəŋ^{53}	suəŋ^{53}	kuəŋ^{53}
汾西	——	——	tʰuəŋ^{55}	tʰuəŋ^{35}/ tʰuəŋ^{53} 白	ləŋ^{53}	tɕyəŋ^{55} 白	suəŋ^{55}	kuəŋ^{55}
蒲县	tueĩ^{33}	tuŋ^{33}	tʰuŋ^{33}	tuŋ^{33}	nuŋ^{33}	tɕyeĩ^{33} 白 / tsʰuŋ^{33} 文	sueĩ^{33}	kuŋ^{33}
潞州	tuŋ^{44}	tuŋ^{44}	tʰuŋ^{44}	tuŋ^{54}	nuŋ^{54}	tɕiŋ^{44}	suŋ^{44}	kuŋ^{44}
上党	tu^{22}	tu^{22}	tʰuŋ^{22}	tu^{42}	nuŋ^{42}	tɕiŋ^{22}	suŋ^{213}	kuŋ^{22}
长子	tuŋ^{422}	tuŋ^{53}	tʰuŋ^{422}	tuŋ^{53}	nuŋ^{53}	tɕiŋ^{422}	suŋ^{422}	kuŋ^{422}
屯留	tuəŋ^{53}	tuəŋ^{53}	tʰuəŋ^{53}	tuəŋ^{11}	nuəŋ^{11}	tɕiəŋ^{53}	suəŋ^{53}	kuəŋ^{53}
襄垣	tuəŋ^{53}	tuəŋ^{53}	tʰuəŋ^{53}	tuəŋ^{45}	nuəŋ^{45}	tsuəŋ^{53}	suəŋ^{53}	kuəŋ^{45}
黎城	tuəŋ^{53}	tuəŋ^{422}	tʰuəŋ^{53}	tuəŋ^{53}	nuəŋ^{53}	tɕyəŋ^{53}	suəŋ^{422}	kuəŋ^{53}
平顺	tuŋ^{53}	tuŋ^{53}	tʰuŋ^{53}	tuŋ^{53}	nuŋ^{53}	tsuŋ^{53}	suŋ^{53}	kuŋ^{53}
壶关	tuŋ^{42}	tuŋ^{42}	tʰuŋ^{42}	tuŋ^{353}	nuŋ^{353}	ciŋ^{42}	ʂuŋ^{42}	kuŋ^{42}
沁县	tuə̃^{53}	tuə̃^{53}	tʰuə̃^{53}	tuə̃^{53}	luə̃^{53}	tsuə̃^{53}	suə̃^{53}	kuə̃^{53}
武乡	tuɐŋ^{55}	tuɐŋ^{55}	tʰuɐŋ^{55}	tuɐŋ^{55}	——	tsuɐŋ^{55}	suɐŋ^{55}	kuɐŋ^{55}
沁源	tuə̃^{53}	tuə̃^{53}	tʰuə̃^{53}	tuə̃^{53}	n̩^{53}	tɕyə̃^{53}	suə̃^{53}	kuə̃^{53}
安泽	tuəŋ^{53}	tuəŋ^{53}	tʰuəŋ^{53}	tuəŋ^{53}	——	tɕyəŋ^{53} 白 / tsuəŋ^{53} 文	suəŋ^{53}	kuəŋ^{53}
沁水端氏	toŋ^{53}	toŋ^{53}	tʰoŋ^{53}	toŋ^{53}	noŋ^{53}	tɕyŋ^{53}	soŋ^{53}	koŋ^{53}
阳城	tuoŋ^{51}	tuoŋ^{224}	tuoŋ^{51}	tuoŋ^{51}	nuoŋ^{51}	tɕyoŋ^{51}	suoŋ^{51}	kuoŋ^{51}

续表

字目	冻	栋	痛	洞	弄~坏	粽	送	贡
中古音 方言点	多贡 通合一 去送端	多贡 通合一 去送端	他贡 通合一 去送透	徒弄 通合一 去送定	卢贡 通合一 去送来	作弄 通合一 去送精	苏弄 通合一 去送心	古送 通合一 去送见
高平	tuə̃ŋ^{53}	tuə̃ŋ^{53}	tʰuə̃ŋ^{53}	tuə̃ŋ^{53}	nuə̃ŋ^{53}	tɕiuə̃ŋ^{53}	ʂuə̃ŋ^{53}	kuə̃ŋ^{53}
陵川	tuŋ^{24}	tuŋ^{24}	tʰuŋ^{24}	tuŋ^{24}	nuŋ^{24}	tʂyɒŋ^{24}	ʂuŋ^{24}	kuŋ^{24}
晋城	tuoŋ^{53}	tuoŋ^{53}	tʰuoŋ^{53}	tuoŋ^{53}	nuoŋ^{53}	tɕyoŋ^{53}	ʂuoŋ^{53}	kuoŋ^{53}
忻府	tuəŋ^{53}	tuəŋ^{53}	tʰuəŋ^{53}	tuəŋ^{53}	luəŋ^{53} 白 / nuəŋ^{53} 文	tsəŋ^{53} 白 / tsuəŋ^{53} 文	suəŋ^{53}	kuəŋ^{53}
原平	tuəŋ^{53}	tuəŋ^{53}	tʰuəŋ^{53}	tuəŋ^{53}	luəŋ^{53}	tsəŋ^{53}	suəŋ^{53}	kuəŋ^{213}
定襄	tuəŋ^{53}	tuəŋ^{53}	tʰuəŋ^{53}	tuəŋ^{53}	nuəŋ^{53}	tsəŋ^{53}	suəŋ^{53}	kuəŋ^{53}
五台	tuən^{52}	tuən^{52}	tʰuən^{52}	tuən^{52}	luən^{52}	tsən^{52}	suən^{52}	kuən^{52}
岢岚	tuəŋ^{52}	tuəŋ^{52}	tʰuəŋ^{52}	tuəŋ^{52}	luəŋ^{52} 老 / nuəŋ^{52} 新	tʂuəŋ^{52}	suəŋ^{52}	kuəŋ^{52}
五寨	tuəɣ̃^{52}	tuəɣ̃^{52}	tʰuəɣ̃^{52}	tuəɣ̃^{52}	luəɣ̃^{52}	tsuəɣ̃^{52}	suəɣ̃^{52}	kuəɣ̃^{52}
宁武	tuɤɯ^{52}	tuɤɯ^{52}	tʰuɤɯ^{52}	tuɤɯ^{52}	luɤɯ^{52}	——	suɤɯ^{52}	kuɤɯ^{52}
神池	tuə̃^{13}	tuə̃^{52}	tʰuə̃^{52}	tuə̃^{52}	luə̃^{52}	tsuə̃^{52}	suə̃^{52}	kuə̃^{52}
繁峙	tuəŋ^{24}	tuəŋ^{24}	tʰuəŋ^{24}	tuəŋ^{24}	nəŋ^{24}/ luəŋ^{24}	tsuəŋ^{24}	suəŋ^{24}	kuəŋ^{24}
代县	tuɤŋ^{53}	tuɤŋ^{53}	tʰuɤŋ^{53}	tuɤŋ^{53}	nuɤŋ^{53}	tsuɤŋ^{213}	suɤŋ^{53}	kuɤŋ^{53}
河曲	tuŋ^{52}	tuŋ^{52}	tʰuŋ^{52}	tuŋ^{52}	nuŋ^{52}	tɕyŋ^{52}	suŋ^{52}	kuŋ^{52}
保德	tuəŋ^{52}	tuəŋ^{52}	tʰuəŋ^{52}	tuəŋ^{52}	nuəŋ^{52}	tsyəŋ^{52}	suəŋ^{52}	kuəŋ^{52}
偏关	tuɤŋ^{52}	tuɤŋ^{52}	tʰuɤŋ^{52}	tuɤŋ^{52}	luɤŋ^{52}	tsuɤŋ^{52}	suɤŋ^{52}	kuɤŋ^{52}
朔城	tuə̃^{53}	tuə̃^{53}	tʰuə̃^{53}	tuə̃^{53}	luə̃^{53}	tsuə̃^{53}	suə̃^{53}	kuə̃^{53}
平鲁	tuəɯ^{52}	tuəɯ^{52}	tʰuəɯ^{52}	tuəɯ^{52}	luəɯ^{52}	tsuəɯ^{52}	suəɯ^{52}	kuəɯ^{52}
应县	tuəŋ^{24}	tuəŋ^{24}	tʰuəŋ^{24}	tuəŋ^{24}	luəŋ^{24}	tsuəŋ^{43}	suəŋ^{24}	kuəŋ^{24}
灵丘	tuŋ^{53}	tuŋ^{53}	tʰuŋ^{53}	tuŋ^{53}	lɔo^{53}	tsuŋ^{53}	suŋ^{53}	kuŋ^{53}
浑源	tuə̃^{13}	tuə̃^{13}	tʰuə̃^{13}	tuə̃^{13}	luə̃^{13}	tsuə̃^{13}	suə̃^{13}	kuə̃^{13}
云州	tuəɣ^{24}	tuəɣ^{24}	tʰuəɣ^{24}	tuəɣ^{24}	luəɣ^{24}	tsuəɣ^{24}	suəɣ^{24}	kuəɣ^{24}
新荣	tuɤɣ^{24}	tuɤɣ^{54}/ tuɤɣ^{24}	tʰɤɣ^{312}/ tʰuɤɣ^{24}	tuɤɣ^{24}	nuɤɣ^{24}/ luɤɣ^{24}	tsuɤɣ^{24}	suɤɣ^{24}	kuɤɣ^{24}
怀仁	tuəŋ^{24}	tuəŋ^{24}	tʰuəŋ^{24}	tuəŋ^{24}	luəŋ^{24}	tsuəŋ^{24}	suəŋ^{24}	kuəŋ^{24}
左云	tuəɣ^{24}	tuəɣ^{24}	tʰuəɣ^{24}	tuəɣ^{24}	nuəɣ^{24}	tsuəɣ^{24}	suəɣ^{24}	kuəɣ^{24}
右玉	tuə̃ɣ^{24}	tuə̃ɣ^{24}	tʰuə̃ɣ^{24}	tuə̃ɣ^{24}	luə̃ɣ^{24}	tsuə̃ɣ^{24}	suə̃ɣ^{24}	kuə̃ɣ^{24}
阳高	tuəŋ^{24}	tuəŋ^{24}	tʰuəŋ^{24}	tuəŋ^{24}	nuəŋ^{24}/ luəŋ^{24}	——	suəŋ^{24}	kuəŋ^{24}

续表

字目	冻	栋	痛	洞	弄~坏	粽	送	贡
中古音 方言点	多贡 通合一 去送端	多贡 通合一 去送端	他贡 通合一 去送透	徒弄 通合一 去送定	卢贡 通合一 去送来	作弄 通合一 去送精	苏弄 通合一 去送心	古送 通合一 去送见
山阴	tuə̃^{335}	tuə̃^{335}	tʰuə̃^{335}	tuə̃^{335}	luə̃^{313}	tsuə̃^{335}	suə̃^{335}	kuə̃^{335}
天镇	tuɤɣ^{24}	tuɤɣ^{24}	tʰuɤɣ^{24}	tuɤɣ^{24}	luɤɣ^{24} 白 / nuɤɣ^{24} 文	——	suɤɣ^{24}	kuɤɣ^{24}
平定	tuɤŋ^{24}	tuɤŋ^{24}	tʰuɤŋ^{24}	tuɤŋ^{24}	nuɤŋ^{24}	tsuɤŋ^{24}	suɤŋ^{24}	kuɤŋ^{24}
昔阳	tuəŋ^{13}	tuəŋ^{13}	tʰuəŋ^{13}	tuəŋ^{13}	nuəŋ^{13}	tsuəŋ^{13}	suəŋ^{13}	kuəŋ^{13}
左权	tuəŋ^{53}	tuəŋ^{53}	tʰuəŋ^{53}	tuəŋ^{53}	luəŋ^{53}	tsuəŋ^{53}	suəŋ^{53}	kuəŋ^{53}
和顺	tuəŋ^{13}	tuəŋ^{13}	tʰuəŋ^{13}	tuəŋ^{13}	luəŋ^{13}	tsuəŋ^{13}	suəŋ^{13}	kuəŋ^{13}
尧都	tuə̃^{44} 白 / tuəŋ^{44} 文	tuəŋ^{44}	tʰuəŋ^{44}	tʰuə̃^{44} 白 / tuəŋ^{44} 文	nuəŋ^{44}	tɕyə̃^{44}	suəŋ^{44}	kuəŋ^{53}
洪洞	tuen^{33} 白 / tueŋ^{33} 文	tueŋ^{33}	tʰueŋ^{42}	tʰuen^{53} 白 / tueŋ^{53} 文 / tʰueŋ^{24}	leŋ^{53}	tɕyen^{33} 白 / tsueŋ^{33} 文	suen^{33} 白 / sueŋ^{33} 文	kueŋ^{33}
洪洞赵城	tueŋ^{24}	tueŋ^{53}	tʰueŋ^{24}	tʰueŋ^{53} 白 / tueŋ^{53} 文	leŋ^{53}	tɕyeŋ^{53}	sueŋ^{24}	kueŋ^{24}
古县	tuen^{35}	tuəŋ^{53}	——	tuəŋ^{53}	ləŋ^{53} 白 / nuəŋ^{53} 文	tɕyn^{53} 白 / tsuəŋ^{53} 文	suen^{35} 白 / suəŋ^{35} 文	kuəŋ^{35}
襄汾	tuen^{44} 白 / tueŋ^{44} 文	tueŋ^{44}	tʰueŋ^{44}	tʰuen^{53} 白 / tueŋ^{53} 文	neŋ^{53}	tɕyen^{44}	suen^{44}	kueŋ^{44}
浮山	tuẽĩ^{44}	tueŋ^{44}	tʰueŋ^{44}	tʰuẽĩ^{53} 白 / tueŋ^{53} 文	leŋ^{53}	tɕyẽĩ^{44}	suẽĩ^{44}	kueŋ^{44}
霍州	tuəŋ^{55}	tuŋ^{55}	tʰuŋ^{55}	tuŋ^{53}	ləŋ^{53}	tɕyŋ^{55}	suŋ^{55}	kuŋ^{55}
翼城	tuŋ^{53}	tuŋ^{53}	tʰuŋ^{53}	tuŋ^{53}	nuŋ^{53}	tsuŋ^{53}	suŋ^{53}	kuŋ^{53}
闻喜	tuəŋ^{53}	tuəŋ^{53}	tʰuəŋ^{53}	tʰuəŋ^{13}	lɤ^{53} 白 / ləŋ^{13} 文 / luəŋ^{13}	tsuəŋ^{53}	suəŋ^{53}	kuəŋ^{53}
侯马	tuəŋ^{53}	tuəŋ^{53}	tʰuəŋ^{53}	tueĩ^{53} 白 / tuəŋ^{53} 文	nuəŋ^{53}	tsueĩ^{53}	seĩ^{53} 白 / səŋ^{53} 文	kuəŋ^{53}
新绛	tuɛ̃^{53} 白 / tuəŋ^{53} 文	tuəŋ^{53}	tʰuəŋ^{53}	tuəŋ^{53}	nuɛ̃^{53} 白 / nuəŋ^{53} 文	tsuəŋ^{53}	suɛ̃^{53}	kuəŋ^{53}
绛县	tuʌŋ^{31}	tuʌŋ^{31}	tʰuʌŋ^{31}	tuʌŋ^{53}/tueĩ^{31}	luʌŋ^{31}/lueĩ^{53}	tsuʌŋ^{31}	sueĩ^{31}	kuʌŋ^{31}
垣曲	tuəŋ^{53}	tʰuəŋ^{53}	tʰə̃^{53}	tʰuəŋ^{53}	nuəŋ^{53}	tsuəŋ^{53}	suəŋ^{53}	kuəŋ^{53}
夏县	tuəŋ^{31}	tuəŋ^{24}	tʰuəŋ^{31}	tʰuəŋ^{31} 白 / tuəŋ^{31} 文	luəŋ^{31}	tsuəŋ^{31}	suəŋ^{31}	kuəŋ^{31}
万荣	tuaŋ^{33}	tuaŋ^{33}	tʰuaŋ^{33}	tuaŋ^{33}	nuaŋ^{33}	tsuaŋ^{33}	suaŋ^{33}	kuaŋ^{33}

续表

字目	冻	栋	痛	洞	弄~坏	粽	送	贡
中古音 方言点	多贡 通合一 去送端	多贡 通合一 去送端	他贡 通合一 去送透	徒弄 通合一 去送定	卢贡 通合一 去送来	作弄 通合一 去送精	苏弄 通合一 去送心	古送 通合一 去送见
稷山	tuə̃⁴² 白 / tuŋ⁴² 文	tuŋ⁴²	tʰuŋ⁴²	tuŋ⁴²	luə̃⁴² 白 / nuŋ⁴⁴ 文	tɕyə̃⁴² 白 / tsuŋ⁴² 文	suə̃⁴² 白 / suŋ⁴² 文	kuŋ⁴²
盐湖	tuəŋ⁴⁴	tuəŋ⁴⁴	tʰuəŋ⁴⁴	tuəŋ⁴⁴	luəŋ⁴⁴	tsuəŋ⁴⁴	suəŋ⁴⁴	kuəŋ⁴⁴
临猗	tuəŋ⁴⁴	tuəŋ⁴⁴	tʰuəŋ⁴⁴	tʰuəŋ⁴⁴ 白 / tuəŋ⁴⁴ 文	ləŋ⁴⁴ 白 / luəŋ⁴⁴ 文	tsuəŋ⁴⁴	suəŋ⁴⁴	kuəŋ⁴⁴
河津	tuəŋ⁴⁴	tuəŋ⁴⁴	tʰuəŋ⁴⁴	tʰuəŋ⁴⁴	luəŋ⁴⁴	tsuəŋ⁴⁴	suəŋ⁴⁴	kuəŋ⁴⁴
平陆	toŋ³³	toŋ³³	tʰoŋ³³	tʰoŋ³³	noŋ³³	tsoŋ³³	soŋ³³	koŋ³³
永济	tuŋ⁴⁴	tuŋ⁴⁴	tʰuŋ⁴⁴	tuŋ⁴⁴ 白 / tʰuŋ⁴⁴ 文	nəŋ⁴⁴	tsuŋ⁴⁴	suŋ⁴⁴	kuŋ⁴⁴
芮城	tuəŋ⁴⁴	tuəŋ⁴⁴	tʰuəŋ⁴⁴	tʰuəŋ⁴⁴	luəŋ⁴⁴	tsuəŋ⁴⁴	suəŋ⁴⁴	kuəŋ⁴⁴
吉县	tuei³³	tuəŋ³³	tʰuəŋ⁵³	tuəŋ³³	luəŋ³³	tsuəŋ³³	suei³³ 白 / suəŋ³³ 文	kuəŋ³³
乡宁	tuəŋ²²	tuəŋ²²	tʰuəŋ²²	tʰuəŋ²² 白 / tuəŋ²² 文	luəŋ²² 白 / nuəŋ²² 文	tɕyəŋ²²	suəŋ²²	kuəŋ²²
广灵	tuŋ²¹³	tuŋ²¹³	tʰuŋ²¹³	tuŋ²¹³	nuŋ²¹³	tsuŋ²¹³	suŋ²¹³	kuŋ²¹³

字目	控	空~缺	瓮	统	综	宋	扑	仆~人
中古音 / 方言点	苦贡 通合一 去送溪	苦贡 通合一 去送溪	乌贡 通合一 去送影	他综 通合一 去宋透	子宋 通合一 去宋精	苏统 通合一 去宋心	普木 通合一 入屋滂	普木 通合一 入屋並
北京	kʰuŋ^{51}	kʰuŋ^{51}	uəŋ^{51}	tʰuŋ^{214}	tsuŋ^{55}	suŋ^{51}	pʰu^{55}	pʰu^{35}
小店	kʰuəŋ^{24}	kʰuəŋ^{24}	vəŋ^{24}	tʰuəŋ^{53}	tsuəŋ^{11}	suəŋ^{24}	pʰəʔ^{1}	pʰu^{11}
尖草坪	kʰʌŋ^{35}	kʰʌŋ^{35}	vʌŋ^{35}	tʰuʌŋ^{312}	tsuʌŋ^{33}	suʌŋ^{35}	pʰəʔ^{2}	pʰəʔ$^{\underline{43}}$
晋源	kʰuəŋ^{35}	kʰuəŋ^{35}	vəŋ^{35}	tʰuəŋ^{42}	tsuəŋ^{11}	suəŋ^{35}	pəʔ^{2} 白 / pʰəʔ^{2} 文	pʰəʔ^{2}
阳曲	kʰuə̃^{454}	kʰuə̃^{454}	və̃^{454}	tʰuə̃^{312}	tsə̃^{312}	suə̃^{454}	pʰəʔ^{4}	pʰəʔ^{4}
古交	kʰuəŋ^{53}	kʰuəŋ^{53}	vəŋ^{53}	tʰuəŋ^{312}	tsuəŋ^{53}	suəŋ^{53}	pʰəʔ^{4}	pʰəʔ^{4}
清徐	kʰuəŋ^{45}	kʰuəŋ^{45}	vəŋ^{45}	tʰuəŋ^{54}	tsuəŋ^{11}	suəŋ^{45}	pʰəʔ^{1}	pʰu^{11}
娄烦	kʰuəŋ^{54}	kʰuəŋ^{54}	vəŋ^{54}	tʰuəŋ^{312}	tsuəŋ^{33}	suəŋ^{54}	pʰəʔ^{3}	pʰəʔ^{3}/ pʰaʔ^{3}
榆次	kʰuɤ̃^{35}	kʰuɤ̃^{11}	vɤ̃^{35}	tʰuɤ̃^{53}	tsuɤ̃^{11}	suɤ̃^{35}	pʰəʔ^{1}	pʰəʔ^{1}
交城	kʰuə̃^{24}	kʰuə̃^{24}	uə̃^{24}	tʰuə̃^{53}	tsuə̃^{11}	suə̃^{24}	pʰu^{24} 白 / pʰəʔ^{1} 文	pʰəʔ^{1}
文水	kʰuɔŋ^{35}	kʰuɔŋ^{35}	uɔŋ^{22}	tʰuɔŋ^{423}	tsuɔŋ^{22}	suɔŋ^{35}	pʰəʔ^{2}	pʰəɸ^{22}
祁县	kʰəm^{45}	kʰəm^{45}	əm^{31}	tʰəm^{314}	tsəm^{31}	səm^{45}	pʰəʔ$^{\underline{32}}$	pʰəʔ$^{\underline{32}}$
太谷	kʰuə̃^{53}	kʰuə̃^{53}	və̃^{53}	tʰuə̃^{312}	tsuə̃^{33}	suə̃^{53}	pʰəʔ^{3}	pʰəʔ^{3}
平遥	kʰuəŋ^{24}	kuəŋ^{24}	uəŋ^{24}	tʰuəŋ^{512}	tsuəŋ^{512}	suəŋ^{24}	pʰʌʔ$^{\underline{212}}$	pʰʌʔ$^{\underline{212}}$
孝义	kʰuə̃^{454}	kʰuə̃^{454}	uə̃^{454}	tʰuə̃^{33}	tsuə̃^{33}	suə̃^{454}	pʰəʔ^{3}	pʰəʔ^{3}
介休	kʰuŋ^{45}	kʰuŋ^{45}	uŋ^{13}	tʰuŋ^{423}	tsuŋ^{13}	suŋ^{45}	pʰʌʔ$^{\underline{12}}$	pʰu^{13}
灵石	kʰuŋ^{53}	kʰuŋ^{53}	uŋ^{53}	tʰuŋ^{212}	tsuŋ^{535}	suŋ^{53}	pʰəʔ^{4}	——
盂县	kʰuə̃^{55}	kʰuə̃^{55}	və̃^{55}	tʰuə̃^{53}	tsuə̃^{412}	suə̃^{55}	pʰu^{55}/pʰəʔ^{2}	pʰu^{22}
寿阳	kʰuə̃^{45}	kʰuə̃^{45}	və̃^{45}	tʰuə̃^{53}	tsuə̃^{31}	suə̃^{45}	pʰəʔ^{2}	pʰu^{22}
榆社	kʰueɪ^{45}	kʰueɪ^{45}	——	tʰueɪ^{312}	tsueɪ^{22}	sueɪ^{45}	paʔ^{2}	paʔ$^{\underline{312}}$
离石	kʰuəŋ^{53}	kʰuəŋ^{53}	uəŋ^{53}	tʰuəŋ^{312}	tsuəŋ^{24}	suəŋ^{53}	pʰəʔ^{4}	pʰəʔ^{4}
汾阳	kʰuŋ^{55}	kʰuŋ^{55}	uŋ^{55}	tʰuŋ^{312}	tsuŋ^{324}	suŋ^{55}	pʰəʔ^{2}	pʰəʊ^{22}
中阳	kʰuə̃^{53}	kʰuə̃^{53}	uə̃^{53}	tʰuə̃^{423}	tʂuə̃^{24}	ʂuə̃^{53}	pʰəʔ^{4}	pʰəʔ^{4}
柳林	kʰuə̃^{53}	kʰuə̃^{53}	uə̃^{53}	tʰuə̃^{312}	tsuə̃^{24}	suə̃^{53}	pʰəʔ^{4}	pʰəʔ^{4}
方山	kʰuə̃ŋ^{52}	kʰuə̃ŋ^{52}	uə̃ŋ^{52}	tʰuə̃ŋ^{312}	tsuə̃ŋ^{24}	suə̃ŋ^{52}	pʰəʔ^{4}	pʰu^{44}
临县	kuə̃^{52}	kuə̃^{24}	uə̃^{52}	tʰuə̃^{312}	tsuə̃^{33}	suə̃^{52}	pʰɐʔ^{3}	pʰu^{33}
兴县	kʰuəŋ^{53}	kʰuəŋ^{53}	uəŋ^{53}	tʰuəŋ^{324}	——	suəŋ^{53}	pʰəʔ^{5}	pʰəʔ^{5}
岚县	kʰuəŋ^{53}	kʰuəŋ^{53}	uəŋ^{53}	tʰuəŋ^{312}	tsuəŋ^{214}	suəŋ^{53}	pʰəʔ^{4}	pʰəʔ^{4}
静乐	kʰuɤ̃^{53}	kʰuɤ̃^{24}	vɤ̃^{53}	tʰuɤ̃^{314}	tsuɤ̃^{24}	suɤ̃^{53}	pʰaʔ^{4}	pʰaʔ^{4}
交口	kʰuəŋ^{53}	kʰuəŋ^{53}	uəŋ^{53}	tʰuəŋ^{323}	tsuəŋ^{323}	suəŋ^{53}	pʰəʔ^{4}	pʰəʔ^{4}

续表

字目	控	空~缺	瓮	统	综	宋	扑	仆~人
中古音 方言点	苦贡 通合一 去送溪	苦贡 通合一 去送溪	乌贡 通合一 去送影	他综 通合一 去宋透	子宋 通合一 去宋精	苏统 通合一 去宋心	普木 通合一 入屋滂	普木 通合一 入屋並
石楼	kʰuəŋ^{51}	kʰuəŋ^{51}	uəŋ^{51}	tʰuəŋ^{213}	tʰuəŋ^{213}	ʂuəŋ^{51}	pʰəʔ^{4}	pʰu^{44}
隰县	kʰuəŋ^{44}	kʰuəŋ^{44}	uəŋ^{44}	tʰuəŋ^{21}	tsuəŋ^{53}	suəŋ^{44}	pʰu^{21}	pʰu^{24}
大宁	kʰuəŋ^{55}	kʰuəŋ^{55}	vəŋ^{55}	tʰuəŋ^{31}	tsuəŋ^{31}	suəŋ^{55}	pʰəʔ$^{\underline{31}}$	pʰəʔ$^{\underline{31}}$
永和	kʰuəŋ^{35}	kʰuəŋ^{53}	uəŋ^{53}	tʰuəŋ^{312}	——	suəŋ^{53}	pʰəʔ$^{\underline{35}}$	pʰəʔ$^{\underline{35}}$
汾西	kʰuəŋ^{33}	kʰuəŋ^{55}	uəŋ^{55}	tʰuəŋ^{33}	tsuəŋ^{11}	suəŋ^{55}	pʰyəʔ^{1}/pʰβ̍^{11}	pʰβ̍^{35}
蒲县	kʰuŋ^{33}	kʰueĩ^{52} 白 / kʰuŋ^{52} 文	uŋ^{52}	tʰuŋ^{31}	tsuŋ^{52}	suŋ^{33}	pʰu^{33}	pʰu^{24}
潞州	kʰuŋ^{44}	kʰuŋ^{44}	uŋ^{312}	tʰuŋ^{535}	tsuŋ^{312}	suŋ^{54}	pʰəʔ$^{\underline{53}}$	pʰəʔ$^{\underline{53}}$ 白 / pʰu^{24} 文
上党	kʰuŋ^{22}	kʰuŋ^{535}	uŋ^{22}	tʰuŋ^{535}	tsuŋ^{22}	suŋ^{213}	pʰəʔ$^{\underline{21}}$	pʰəʔ$^{\underline{21}}$
长子	kʰuŋ^{422}	kʰuŋ^{422}	vəŋ^{422}	tʰuŋ^{434}	tsəŋ^{53}	suŋ^{422}	pʰəʔ^{4}	pʰu^{24}
屯留	kʰuəŋ^{53}	kʰuəŋ^{53}	vəŋ^{53}	tʰuəŋ^{43}	tsuəŋ^{31}	suəŋ^{53}	pʰəʔ^{1}	pʰu^{11}
襄垣	kʰuəŋ^{53}	kʰuəŋ^{53}	vəŋ^{45}	tʰuəŋ^{42}	tsuəŋ^{53}	suəŋ^{45}	pʰʌʔ^{3}	pʰʌʔ^{3}
黎城	kʰuəŋ^{53}	kʰuəŋ^{53}	uəŋ^{53}	tʰuəŋ^{213}	tsuəŋ^{33}	suəŋ^{422}	pʰɤʔ^{2}	pʰu^{33}
平顺	kʰuŋ^{53}	kʰuŋ^{53}	uŋ^{53}	tʰuŋ^{434}	tsuŋ^{213}	suŋ^{53}	pʰəʔ$^{\underline{212}}$	pʰəʔ$^{\underline{212}}$
壶关	kʰuŋ^{42}	kʰuŋ^{42}	uŋ^{42}	tʰuŋ^{535}	tʂuŋ^{33}	ʂuŋ^{42}	pʰəʔ^{2}	pʰəʔ^{2}
沁县	kʰuə̃^{53}	kʰuə̃^{53}	və̃^{53}	tʰuə̃^{214}	——	suə̃^{53}	pʰəʔ$^{\underline{31}}$	——
武乡	kʰuɐŋ^{55}	kʰuɐŋ^{55}	——	tʰuɐŋ^{213}	tsuɐŋ^{55}	suɐŋ^{55}	pʰəʔ^{3}	——
沁源	kʰuə̃^{53}	kʰuə̃^{53}	və̃^{53}	tʰuə̃^{324}	tsuə̃^{324}	suə̃^{53}	pʰʌʔ$^{\underline{31}}$	pʰʌʔ$^{\underline{31}}$
安泽	kʰuəŋ^{53}	kʰuəŋ^{53}	vəŋ^{53}	tʰuəŋ^{42}	tsuəŋ^{21}	suəŋ^{53}	pʰu^{21}	pʰu^{21}
沁水端氏	kʰoŋ^{53}	kʰoŋ^{53}	oŋ^{53}	tʰoŋ^{31}	tsoŋ^{21}	soŋ^{53}	pʰəʔ^{2}	pʰu^{24}
阳城	kʰuoŋ^{51}	kʰuoŋ^{51}	uoŋ^{51}	tʰuoŋ^{212}	tɕyoŋ^{212}	suoŋ^{51}	pʰʌʔ^{2}	pʰʌʔ^{2}
高平	kʰuə̃ŋ^{53}	kʰuə̃ŋ^{53}	və̃ŋ^{53}	tʰuə̃ŋ^{212}	tʂuə̃ŋ^{33}	ʂuə̃ŋ^{53}	pʰəʔ^{2}	pʰəʔ^{2}
陵川	kʰuŋ^{24}	kʰuŋ^{24}	uŋ^{33}	tʰuŋ^{312}	tʂuŋ^{33}	ʂuŋ^{24}	pʰəʔ^{3}	pʰəʔ^{3}
晋城	kʰuoŋ^{53}	kʰuoŋ^{53}	uoŋ^{53}	tʰuoŋ^{213}	tʂuoŋ^{33}	ʂuoŋ^{53}	pʰəʔ^{2}	pʰu^{324}
忻府	kʰuəŋ^{53}	kʰuəŋ^{53}	vəŋ^{53}	tʰuəŋ^{313}	tsuəŋ^{313}	suəŋ^{53}	pʰəʔ$^{\underline{32}}$	pʰəʔ$^{\underline{32}}$
原平	kuəŋ^{53}	kuəŋ^{53}	vəŋ^{213}	tʰuəŋ^{213}	tsuəŋ^{213}	suəŋ^{53}	pʰəʔ$^{\underline{34}}$	pʰu^{33}
定襄	kʰuəŋ^{53}	kʰuəŋ^{53}	vəŋ^{24}	tʰuəŋ^{24}	tsuəŋ^{24}	suəŋ^{53}	pʰəʔ^{1}	pʰəʔ^{1}
五台	kʰuən^{52}	kʰuən^{52}	uən^{52}	tʰuən^{213}	tsuən^{213}	suən^{52}	pʰəʔ^{3}	pʰəʔ^{3}
岢岚	kʰuəŋ^{52}	kʰuəŋ^{52}	vəŋ^{52}	tʰuəŋ^{13}	tʂuəŋ^{13}	suəŋ^{52}	pʰəʔ^{4}	pʰaʔ^{4}
五寨	kʰuəɣ̃^{52}	kʰuəɣ̃^{52}	vəɣ̃^{52}	tʰuəɣ̃^{13}	tsuəɣ̃^{13}	suəɣ̃^{52}	pʰaʔ^{4}	pʰaʔ^{4}
宁武	kʰuɤɯ^{52}	kʰuɤɯ^{52}	uɤɯ^{52}	tʰuɤɯ^{213}	tsuɤɯ^{23}	suɤɯ^{52}	pʰəʔ^{4}	pʰəʔ^{4}

续表

字目	控	空~缺	瓮	统	综	宋	扑	仆~人
中古音／方言点	苦贡 通合一 去送溪	苦贡 通合一 去送溪	乌贡 通合一 去送影	他综 通合一 去宋透	子宋 通合一 去宋精	苏统 通合一 去宋心	普木 通合一 入屋滂	普木 通合一 入屋並
神池	kʰuə̃^{52}	kʰuə̃^{52}	vuə̃^{52}	tʰuə̃^{13}	tsuə̃^{52}	suə̃^{52}	pʰu^{24}	pʰu^{24}
繁峙	kʰuəŋ^{24}	kʰuəŋ^{24}	vəŋ^{24}	tʰuəŋ^{53}	tsuəŋ^{53}	suəŋ^{24}	pʰəʔ^{13}	pʰu^{31}
代县	kʰuɤŋ^{53}	kʰuɤŋ^{53}	uɤŋ^{53}	tʰuɤŋ^{213}	tsuɤŋ^{213}	suɤŋ^{53}	pʰu^{53}	pʰaʔ^{2}
河曲	kʰuŋ^{52}	kʰuŋ^{52}	vɤŋ^{52}	tʰuŋ^{213}	tsuŋ^{213}	suŋ^{52}	pʰəʔ^{4}	pʰəʔ^{4}
保德	kʰuəŋ^{52}	kʰuəŋ^{52}	vəŋ^{52}	tʰuəŋ^{213}	tsuəŋ^{213}	suəŋ^{52}	pʰəʔ^{4}	pʰu^{44}
偏关	kʰuɤŋ^{52}	kʰuɤŋ^{52}	vɤŋ^{52}	tʰuɤŋ^{213}	——	suɤŋ^{52}	pʰʌʔ^{4}	pʰʌʔ^{4}
朔城	kʰuə̃^{53}	kʰuə̃^{53}	və̃^{53}	tʰuə̃^{312}	——	suə̃^{53}	pʰəʔ$^{\underline{35}}$/pʌʔ$^{\underline{35}}$	pʰu^{35}
平鲁	kʰuəɯ^{52}	kʰuəɯ^{52}	uəɯ^{52}	tʰuəɯ^{213}	——	suəɯ^{52}	pʰu^{44}/ pʰʌʔ$^{\underline{34}}$ 文	pʰʌʔ$^{\underline{34}}$
应县	kʰuəŋ^{24}	kʰuəŋ^{24}	vəŋ^{24}	tʰuəŋ^{54}	tsuəŋ^{43}	suəŋ^{24}	pʰaʔ$^{\underline{43}}$/pʰəʔ$^{\underline{43}}$	pʰu^{31}/pʰaʔ$^{\underline{43}}$
灵丘	kʰuŋ^{53}	kʰuŋ^{53}	vəŋ^{53}	tʰuŋ^{442}	tsuŋ^{442}	suŋ^{53}	pʰəʔ^{5}	pʰu^{31}
浑源	kʰuə̃^{13}	kʰuə̃^{13}	və̃^{13}	tʰuə̃^{52}	tsuə̃^{52}	suə̃^{13}	pʰʌʔ^{4}	pʰʌʔ^{4}
云州	kʰuəɣ^{24}	kʰuəɣ^{24}	vəɣ^{24}	tʰuəɣ^{55}	tsuəɣ^{21}	suəɣ^{24}	pʰuəʔ^{4}	pʰu^{312}
新荣	kʰuɤɣ^{24}	kʰuɤɣ^{24}	vɤɣ^{24}	tʰuɤɣ^{54}	tsuɤɣ^{32}	suɤɣ^{24}	pʰaʔ^{4}	pʰu^{312}
怀仁	kʰuəŋ^{24}	kʰuəŋ^{24}	vəŋ^{24}	tʰuəŋ^{53}	tsuəŋ^{42}	suəŋ^{24}	pʰəʔ^{4}	pʰu^{312}
左云	kʰuəɣ^{24}	kʰuəɣ^{24}	vəɣ^{24}	tʰuəɣ^{54}	tsuəɣ^{31}	suəɣ^{24}	pʰəʔ^{4}	pʰu^{313}
右玉	kʰuə̃ɣ^{24}	kʰuə̃ɣ^{24}	və̃ɣ^{24}	tʰuə̃ɣ^{53}	——	suə̃ɣ^{24}	pʰaʔ^{4}	pʰu^{212}/ pʰu^{53}
阳高	kʰuəŋ^{24}	kʰuəŋ^{24}	vəŋ^{31}	tʰuəŋ^{24}	tsuəŋ^{31}	suəŋ^{24}	pʰəʔ^{3}	pʰu^{312}/pʰəʔ^{3}
山阴	kʰuə̃^{335}	kʰuə̃^{335}	uə̃^{335}	tʰuə̃^{52}	tsuə̃^{313}	suə̃^{335}	pʰəʔ^{4} 白 / pʰʌʔ^{4} 文	pʰʌʔ^{4}
天镇	kʰuɤɣ^{24}	kʰuɤɣ^{24}	vɤɣ^{24}	tʰuɤɣ^{55}	tsuɤɣ^{31}	suɤɣ^{24}	pʰəʔ^{4}/pʰɑʔ^{4}	pɑʔ^{4}
平定	kʰuɤŋ^{24}	kʰuɤŋ^{24}	vɤŋ^{24}	tʰuɤŋ^{53}	tsuɤŋ^{31}	suɤŋ^{24}	pʰaʔ^{4}	pʰaʔ^{4}
昔阳	kʰuəŋ^{13}	kʰuəŋ^{13}	vəŋ^{42}	tʰuəŋ^{55}	tsuəŋ^{42}	suəŋ^{13}	pʰʌʔ$^{\underline{43}}$	pʰu^{33}
左权	kʰuəŋ^{53}	kʰuəŋ^{53}	vəŋ^{53}	tʰuəŋ^{42}	tsuəŋ^{53}	suəŋ^{53}	——	——
和顺	kʰuəŋ^{13}	kʰuəŋ^{13}	vəŋ^{13}	tʰuəŋ^{53}	tsuəŋ^{42}	suəŋ^{13}	pʰəʔ$^{\underline{21}}$	pʰəʔ$^{\underline{21}}$
尧都	kʰuəŋ^{44}	kʰuəŋ^{21} 白 / kʰuəŋ^{44} 文	uəŋ^{44}	tʰuəŋ^{53}	tsuəŋ^{21}	suəŋ^{44}	pʰu^{21}	pʰu^{21}
洪洞	kʰueŋ^{33}	kʰuen^{42} 白 / kʰueŋ^{33} 文	uen^{33} 白 / ueŋ^{2133} 文	tʰueŋ^{21}	tɕyen^{33} 白 / tsueŋ^{21} 文	sueŋ^{33}	pʰu^{21}	pu^{24}
洪洞赵城	kʰueŋ^{53}	kʰueŋ^{21}	ueŋ^{24}	tʰueŋ^{42}	tsueŋ^{21}	sueŋ^{24}	pʰu^{24}	pʰu^{24}
古县	kʰuəŋ^{53}	kʰuen^{53}	uen^{53}	tʰuəŋ^{53}	tsuəŋ^{21}	suəŋ^{53}	pʰu^{21}	pʰu^{35}
襄汾	kʰueŋ^{53}	kʰueŋ^{53}	uen^{44}	tʰueŋ^{42}	tsueŋ^{21}	sueŋ^{44}	pʰu^{21}	pʰu^{24}

续表

字目	控	空~缺	瓮	统	综	宋	扑	仆~人
中古音 / 方言点	苦贡 通合一 去送溪	苦贡 通合一 去送溪	乌贡 通合一 去送影	他综 通合一 去宋透	子宋 通合一 去宋精	苏统 通合一 去宋心	普木 通合一 入屋滂	普木 通合一 入屋並
浮山	kʰueŋ^{53}	kʰueŋ^{53}	uẽĩ^{44}	tʰueŋ^{33}	tsueŋ^{44}	sueŋ^{44}	pʰu^{42}	pʰu^{13}
霍州	kʰuŋ^{55}	ku^{55} 白 / kʰuŋ^{55} 文	uŋ^{212}	tʰuŋ^{55}	tsuŋ^{212}	suŋ^{53}	pʰu^{212}	pʰu^{35}
翼城	kʰuŋ^{53}	kʰuŋ^{53}	uŋ^{53}	tʰuŋ^{44}	tsuŋ^{53}	suŋ^{53}	pʰu^{53}	pʰu^{12}
闻喜	kʰuəŋ^{53}	kʰuəŋ^{53}	uəŋ^{33}/uʌŋ^{33}	tʰuəŋ^{53}	tsuəŋ^{53}	suəŋ^{53}	——	pʰu^{53}
侯马	kʰuəŋ^{53}	kʰuəŋ^{53}	uəŋ^{53}	tʰueĩ^{44} 白 / tʰuəŋ^{44} 文	tsuəŋ^{213}	suəŋ^{53}	pʰu^{213}	pʰu^{213}
新绛	kʰuəŋ^{53}	kʰuəŋ^{53}	uəŋ^{53}	tʰuəŋ^{44}	tsuəŋ^{53}	suəŋ^{53}	pʰu^{53}	pʰu^{13}
绛县	kʰuʌŋ^{31}	kʰuʌŋ^{31}	ueĩ^{31}	tʰuʌŋ^{33}	tsuʌŋ^{33}	suʌŋ^{31}	pɤ^{53}/pʰu^{53}	pʰu^{24}
垣曲	kʰuəŋ^{53}	kʰuəŋ^{53}	uəŋ^{22}	tʰuəŋ^{44}	tsuəŋ^{53}	suəŋ^{53}	pʰu^{22}	pʰu^{22}
夏县	kʰuəŋ^{24}	kʰuəŋ^{31}	uəŋ^{53}	tʰuəŋ^{24}	tsuəŋ^{53}	suəŋ^{31}	pʰu^{53}	pʰu^{42} 白 / pu^{42} 文
万荣	kʰuaŋ^{55}	kʰuaŋ^{33}	uaŋ^{33}	tʰuaŋ^{55}	tsuaŋ^{33}	suaŋ^{33}	pʰu^{51}	pʰu^{55}
稷山	kʰuŋ^{42}	kʰuŋ^{42}	uŋ^{42}	tʰuŋ^{44}	tsuŋ^{53}	suŋ^{42}	pʰu^{53}	pʰu^{53}
盐湖	kʰuəŋ^{44}	kʰuəŋ^{44}	uəŋ^{44}	tʰuəŋ^{53}	tsuəŋ^{44}	suəŋ^{44}	pʰu^{42}	pʰu^{13}
临猗	kʰuəŋ^{44}	kʰuəŋ^{44}	uəŋ^{44}	tʰuəŋ^{53}	tsuəŋ^{44}	suəŋ^{44}	pʰu^{42}	pʰu^{13}
河津	kʰuəŋ^{53}	kʰuəŋ^{44}	uəŋ^{44}	tʰuəŋ^{53}	tsuəŋ^{44}	suəŋ^{44}	pʰu^{31}	pʰu^{53}
平陆	kʰoŋ^{33}	kʰoŋ^{33}	ueŋ^{33}	tʰoŋ^{55}	tsoŋ^{31}	soŋ^{33}	pʰu^{31}	pʰu^{55}
永济	kʰuŋ^{53}	kʰuŋ^{31}/ kʰuŋ^{53}	vəŋ^{44} 白 / uŋ^{44} 文	tʰuŋ^{53}	tsuŋ^{31} 白 / tsuŋ^{44} 文	suŋ^{44}	pʰu^{31}	pʰu^{24}
芮城	kʰuəŋ^{53}	kʰuəŋ^{42}	uəŋ^{44}	tʰuəŋ^{53}	tsuəŋ^{42}	suəŋ^{44}	pʰu^{42}	pʰu^{42}
吉县	kʰuəŋ^{33}	kʰuəŋ^{33}	vei^{33}	tʰuəŋ^{53}	tsuəŋ^{33}	suei^{33} 白 / suəŋ^{33} 文	pʰu^{13}	pʰu^{423}
乡宁	kʰuəŋ^{22}	kʰuəŋ^{22}	uəŋ^{22}	tʰuəŋ^{44}	tsuəŋ^{53}	suəŋ^{22}	pʰu^{53}	pʰu^{12}
广灵	kʰuŋ^{213}	kʰuŋ^{213}	vəŋ^{213}	tʰuŋ^{44}	tsuŋ^{53}	suŋ^{213}	pʰu^{53}	pʰu^{53}/ pʰo^{53}

字目	木	秃	独	读	牍	鹿	禄	族
中古音 / 方言点	莫卜 通合一 入屋明	他谷 通合一 入屋透	徒谷 通合一 入屋定	徒谷 通合一 入屋定	徒谷 通合一 入屋定	卢谷 通合一 入屋来	卢谷 通合一 入屋来	昨木 通合一 入屋从
北京	mu^{51}	tʰu^{55}	tu^{35}	tu^{35}	tu^{35}	lu^{51}	lu^{51}	tsu^{35}
小店	məʔ^{1}	tʰuəʔ^{1}	tuəʔ$^{\underline{54}}$	tuəʔ$^{\underline{54}}$	tuəʔ$^{\underline{54}}$	luəʔ^{1}	luəʔ^{1}	tsuəʔ^{1}
尖草坪	məʔ^{2}	tʰuəʔ^{2}	tuəʔ$^{\underline{43}}$	tuəʔ$^{\underline{43}}$	tuəʔ$^{\underline{43}}$	luəʔ^{2}	luəʔ^{2}	tsuəʔ^{2}/ tsʰuəʔ^{2}白
晋源	məʔ^{2}	tʰuəʔ^{2}	tuəʔ^{2}	tuəʔ^{2}	tuəʔ$^{\underline{42}}$	luəʔ^{2}	luəʔ^{2}	tsuəʔ^{2}
阳曲	məʔ^{4}	tʰuəʔ^{4}	tuəʔ^{4}	tuəʔ^{4}	tuəʔ^{4}	luəʔ^{4}	luəʔ^{4}	tsuəʔ^{4}
古交	muəʔ^{4}	tʰuəʔ^{4}	tuəʔ$^{\underline{312}}$	tuəʔ$^{\underline{312}}$	tuəʔ$^{\underline{312}}$	luəʔ^{4}	luəʔ^{4}	tɕyəʔ^{4}
清徐	məʔ^{1}	tʰuəʔ$^{\underline{54}}$	tuəʔ$^{\underline{54}}$	tuəʔ$^{\underline{54}}$	tuəʔ$^{\underline{54}}$	luəʔ^{1}	luəʔ^{1}	tɕyəʔ$^{\underline{54}}$
娄烦	məʔ^{3}	tʰuəʔ^{3}	tuəʔ^{3}	tuəʔ^{3}	tuəʔ^{3}	luəʔ^{3}	luəʔ^{3}	tsuəʔ^{3}
榆次	məʔ^{1}	tʰuəʔ^{1}	tuəʔ$^{\underline{53}}$	tuəʔ$^{\underline{53}}$	tuəʔ^{1}	luəʔ^{1}	luəʔ^{1}	tsuəʔ$^{\underline{53}}$
交城	məʔ^{1}	tʰuəʔ^{1}	tuəʔ$^{\underline{53}}$	tuəʔ$^{\underline{53}}$	tuəʔ$^{\underline{53}}$	luəʔ^{1}	luəʔ^{1}	tsuəʔ$^{\underline{53}}$
文水	məʔ^{2}	tʰuəʔ^{2}	tuəʔ$^{\underline{312}}$	tuəʔ$^{\underline{312}}$	tuəʔ$^{\underline{312}}$	luəʔ^{2}	luəʔ^{2}	tɕyəʔ^{2}老/ tsuəʔ^{2}新
祁县	məʔ$^{\underline{32}}$	tʰuəʔ$^{\underline{32}}$	tuəʔ$^{\underline{324}}$	tuəʔ$^{\underline{324}}$	tuəʔ$^{\underline{324}}$	luəʔ$^{\underline{32}}$	luəʔ$^{\underline{32}}$	tsuəʔ$^{\underline{324}}$
太谷	məʔ^{3}	tʰuəʔ^{3}	tuəʔ$^{\underline{423}}$	tuəʔ$^{\underline{423}}$	tuəʔ$^{\underline{423}}$	luəʔ^{3}	luəʔ^{3}	tɕyəʔ$^{\underline{423}}$
平遥	mʌʔ$^{\underline{523}}$	tʰuʌʔ$^{\underline{212}}$	tuʌʔ$^{\underline{523}}$	tuʌʔ$^{\underline{523}}$	——	luʌʔ$^{\underline{523}}$	luʌʔ$^{\underline{523}}$	tɕyʌʔ$^{\underline{523}}$
孝义	məʔ^{3}	tuəʔ^{3}	tuəʔ^{3}	tuəʔ$^{\underline{423}}$	tuəʔ$^{\underline{423}}$	luəʔ$^{\underline{423}}$	luəʔ^{3}	tsuəʔ$^{\underline{423}}$
介休	mʌʔ$^{\underline{312}}$	tʰuʌʔ$^{\underline{12}}$	tuʌʔ$^{\underline{312}}$	tuʌʔ$^{\underline{312}}$	tuʌʔ$^{\underline{312}}$	luʌʔ$^{\underline{12}}$	luʌʔ$^{\underline{12}}$	tsuʌʔ$^{\underline{312}}$
灵石	məʔ^{4}	tʰuəʔ^{4}	tuəʔ$^{\underline{212}}$	tuəʔ$^{\underline{212}}$	——	luəʔ^{4}	luəʔ^{4}	tsuəʔ$^{\underline{212}}$
盂县	məʔ^{2}	tʰuəʔ^{2}	tuəʔ$^{\underline{53}}$	tuəʔ$^{\underline{53}}$	tuəʔ$^{\underline{53}}$	luəʔ^{2}	luəʔ^{2}	tɕyəʔ$^{\underline{53}}$
寿阳	məʔ^{2}	tʰuəʔ^{2}	tuəʔ$^{\underline{54}}$	tuəʔ$^{\underline{54}}$	tuəʔ$^{\underline{54}}$	luəʔ^{2}	luəʔ^{2}	tsuəʔ$^{\underline{54}}$
榆社	məʔ^{2}	tʰuəʔ^{2}	tuəʔ^{2}	tuəʔ$^{\underline{312}}$	tuəʔ^{2}	luəʔ^{2}	luəʔ^{2}	tsuəʔ$^{\underline{312}}$
离石	məʔ$^{\underline{23}}$	tʰuəʔ^{4}	tuəʔ^{4}	tuəʔ^{4}	tuəʔ^{4}	luəʔ$^{\underline{23}}$	luəʔ$^{\underline{23}}$	——
汾阳	məʔ$^{\underline{312}}$	tʰəʊ^{324}	tuəʔ$^{\underline{312}}$	tuəʔ$^{\underline{312}}$	tuəʔ$^{\underline{312}}$	luəʔ$^{\underline{312}}$	luəʔ$^{\underline{312}}$	tsuəʔ$^{\underline{312}}$
中阳	məʔ^{4}	tʰuəʔ^{4}	tuəʔ$^{\underline{312}}$	tuəʔ$^{\underline{312}}$	tuəʔ^{4}	luəʔ$^{\underline{312}}$	luəʔ$^{\underline{312}}$	tsuəʔ$^{\underline{312}}$
柳林	məʔ$^{\underline{423}}$	tʰuəʔ$^{\underline{423}}$	tuəʔ$^{\underline{423}}$	tuəʔ$^{\underline{423}}$	——	luəʔ$^{\underline{423}}$	luəʔ$^{\underline{423}}$	tsuəʔ$^{\underline{423}}$
方山	məʔ$^{\underline{23}}$	tʰuəʔ^{4}	tuəʔ^{4}	tuəʔ^{4}	tuəʔ^{4}	luəʔ$^{\underline{23}}$	luəʔ$^{\underline{23}}$	tsuəʔ^{4}
临县	mɐʔ^{3}	tʰuɐʔ^{3}	tuɐʔ^{3}	tu^{24}	tuɐʔ^{3}	luɐʔ^{3}	luɐʔ^{3}	tsʰu^{24}
兴县	məʔ$^{\underline{312}}$	tʰuəʔ^{5}	tuəʔ^{5}	tuəʔ^{5}	——	laʔ$^{\underline{312}}$	luəʔ^{5}	tsuəʔ^{5}
岚县	məʔ^{4}	tʰuəʔ^{4}	tuəʔ^{4}白/ tʰuəʔ$^{\underline{312}}$文	tuəʔ^{4}	tuəʔ^{4}	luəʔ^{4}	luəʔ^{4}	tɕʰyəʔ^{4}
静乐	məʔ^{4}	tʰuəʔ^{4}	tuəʔ$^{\underline{212}}$	tuəʔ$^{\underline{212}}$	tuəʔ$^{\underline{212}}$	luəʔ^{4}	luəʔ^{4}	tɕyəʔ$^{\underline{212}}$
交口	məʔ^{4}	tʰuəʔ^{4}	tuəʔ^{4}	tuəʔ^{4}	tuəʔ^{4}	luəʔ^{4}	luəʔ^{4}	tsuəʔ$^{\underline{212}}$

续表

字目 中古音 方言点	木	秃	独	读	椟	鹿	禄	族
	莫卜 通合一 入屋明	他谷 通合一 入屋透	徒谷 通合一 入屋定	徒谷 通合一 入屋定	徒谷 通合一 入屋定	卢谷 通合一 入屋来	卢谷 通合一 入屋来	昨木 通合一 入屋从
石楼	mə$ʔ^{4}$	t^{h}uə$ʔ^{4}$	tuə$ʔ^{\underline{213}}$	tuə$ʔ^{\underline{213}}$	——	luə$ʔ^{4}$	luə$ʔ^{4}$	tʂ^{h}uə$ʔ^{\underline{213}}$
隰县	mə$ʔ^{3}$	t^{h}uə$ʔ^{3}$	t^{h}uə$ʔ^{3}$	tuə$ʔ^{3}$	tuə$ʔ^{3}$	lu^{44}	luə$ʔ^{3}$	ts^{h}uə$ʔ^{3}$
大宁	mə$ʔ^{\underline{31}}$	t^{h}uə$ʔ^{\underline{31}}$	t^{h}uə$ʔ^{\underline{31}}$	t^{h}uə$ʔ^{4}$	t^{h}uə$ʔ^{\underline{31}}$	luə$ʔ^{\underline{31}}$	luə$ʔ^{\underline{31}}$	ts^{h}uə$ʔ^{4}$
永和	mə$ʔ^{\underline{35}}$	t^{h}uə$ʔ^{\underline{35}}$	t^{h}uə$ʔ^{\underline{312}}$ 白 / tuə$ʔ^{\underline{312}}$ 文	t^{h}uə$ʔ^{\underline{35}}$ 白 / tuə$ʔ^{\underline{35}}$ 文	t^{h}uə$ʔ^{\underline{35}}$ 白 / tuə$ʔ^{\underline{35}}$ 文	luə$ʔ^{\underline{35}}$	luə$ʔ^{\underline{35}}$	tsuə$ʔ^{\underline{35}}$
汾西	mə$ʔ^{1}$	t^{h}uə$ʔ^{3}$	t^{h}uə$ʔ^{3}$/ tuə$ʔ^{3}$ 文	t^{h}uə$ʔ^{3}$/ tuə$ʔ^{3}$ 文	——	lu^{11}	lu^{11}	——
蒲县	muə$ʔ^{\underline{43}}$	t^{h}uə$ʔ^{\underline{43}}$	tuə$ʔ^{3}$	tu^{24}	tu^{24}	lu^{52}	lu^{52}	tsuə$ʔ^{3}$
潞州	mə$ʔ^{\underline{53}}$	t^{h}uə$ʔ^{\underline{53}}$	tuə$ʔ^{\underline{53}}$	tuə$ʔ^{\underline{53}}$	tuə$ʔ^{\underline{53}}$	luə$ʔ^{\underline{53}}$ 白 / lu^{54} 文	luə$ʔ^{\underline{53}}$	tsuə$ʔ^{\underline{53}}$
上党	mə$ʔ^{\underline{21}}$	t^{h}uə$ʔ^{\underline{21}}$	tuə$ʔ^{\underline{21}}$	tuə$ʔ^{\underline{21}}$	tuə$ʔ^{\underline{21}}$	luə$ʔ^{\underline{21}}$	luə$ʔ^{\underline{21}}$	tsuə$ʔ^{\underline{21}}$
长子	mə$ʔ^{4}$	t^{h}uə$ʔ^{4}$	tuə$ʔ^{\underline{212}}$	tuə$ʔ^{\underline{212}}$	tuə$ʔ^{\underline{212}}$	luə$ʔ^{4}$	luə$ʔ^{4}$	tsuə$ʔ^{\underline{212}}$
屯留	mə$ʔ^{1}$	t^{h}uə$ʔ^{1}$	tuə$ʔ^{\underline{54}}$	tuə$ʔ^{\underline{54}}$	tuə$ʔ^{\underline{54}}$	luə$ʔ^{1}$	luə$ʔ^{1}$	tsuə$ʔ^{\underline{54}}$
襄垣	mʌ$ʔ^{3}$	t^{h}uʌ$ʔ^{3}$	tuʌ$ʔ^{\underline{43}}$	tuʌ$ʔ^{\underline{43}}$	tuʌ$ʔ^{\underline{43}}$	luʌ$ʔ^{3}$	luʌ$ʔ^{3}$	tsuʌ$ʔ^{\underline{43}}$
黎城	mʌ$ʔ^{\underline{31}}$	t^{h}uɤ$ʔ^{2}$	tuɤ$ʔ^{2}$	tuɤ$ʔ^{\underline{31}}$	tuɤ$ʔ^{\underline{31}}$	luɤ$ʔ^{\underline{31}}$	luɤ$ʔ^{2}$	tsuɤ$ʔ^{\underline{31}}$
平顺	mə$ʔ^{\underline{423}}$	t^{h}uə$ʔ^{\underline{212}}$	tuə$ʔ^{\underline{423}}$	tuə$ʔ^{\underline{423}}$	tuə$ʔ^{\underline{423}}$	luə$ʔ^{\underline{423}}$	luə$ʔ^{\underline{423}}$	——
壶关	mə$ʔ^{\underline{21}}$	t^{h}uə$ʔ^{2}$	tuə$ʔ^{\underline{21}}$	tuə$ʔ^{\underline{21}}$	tuə$ʔ^{\underline{21}}$	luə$ʔ^{\underline{21}}$	luə$ʔ^{\underline{21}}$	tʂuə$ʔ^{2}$
沁县	mə$ʔ^{\underline{31}}$	t^{h}uə$ʔ^{\underline{31}}$	tuə$ʔ^{\underline{212}}$	tuə$ʔ^{\underline{212}}$	tuə$ʔ^{\underline{212}}$	luə$ʔ^{\underline{31}}$	luə$ʔ^{\underline{31}}$	——
武乡	mə$ʔ^{3}$	t^{h}uə$ʔ^{3}$	tuə$ʔ^{\underline{423}}$	tuə$ʔ^{\underline{423}}$	tuə$ʔ^{\underline{423}}$	luə$ʔ^{3}$	luə$ʔ^{3}$	tsuə$ʔ^{3}$
沁源	mə$ʔ^{\underline{31}}$	t^{h}uə$ʔ^{\underline{31}}$	tuə$ʔ^{\underline{31}}$	tuə$ʔ^{\underline{31}}$	tuə$ʔ^{\underline{31}}$	luə$ʔ^{\underline{31}}$	luə$ʔ^{\underline{31}}$	tsuʌ$ʔ^{\underline{31}}$
安泽	mu^{53}	t^{h}uə$ʔ^{\underline{21}}$	tuə$ʔ^{\underline{21}}$	tu^{35}	tu^{35}	luə$ʔ^{\underline{21}}$	luə$ʔ^{\underline{21}}$	tsu^{35}
沁水端氏	muə$ʔ^{2}$	t^{h}uə$ʔ^{2}$	tuə$ʔ^{\underline{54}}$	tuə$ʔ^{\underline{54}}$	——	luə$ʔ^{2}$	luə$ʔ^{2}$	tsuə$ʔ^{\underline{54}}$
阳城	mʌ$ʔ^{2}$	t^{h}uə$ʔ^{2}$	tuə$ʔ^{2}$	tuə$ʔ^{2}$	tuə$ʔ^{2}$	luə$ʔ^{2}$	luə$ʔ^{2}$	tsuə$ʔ^{2}$
高平	mə$ʔ^{2}$	t^{h}uə$ʔ^{2}$	tuə$ʔ^{2}$	tuə$ʔ^{2}$	——	luə$ʔ^{2}$	luə$ʔ^{2}$	tʂuə$ʔ^{2}$
陵川	mə$ʔ^{3}$	t^{h}uə$ʔ^{3}$	tuə$ʔ^{\underline{23}}$	tuə$ʔ^{\underline{23}}$	tuə$ʔ^{\underline{23}}$	luə$ʔ^{\underline{23}}$	luə$ʔ^{\underline{23}}$	tʂuə$ʔ^{\underline{23}}$
晋城	mə$ʔ^{2}$	t^{h}uə$ʔ^{2}$	tuə$ʔ^{2}$	tuə$ʔ^{2}$	tuə$ʔ^{2}$	luə$ʔ^{2}$	luə$ʔ^{2}$	tʂuə$ʔ^{2}$
忻府	mə$ʔ^{\underline{32}}$	t^{h}uə$ʔ^{\underline{32}}$	tuə$ʔ^{\underline{32}}$	tuə$ʔ^{\underline{32}}$	tuə$ʔ^{\underline{32}}$	luə$ʔ^{\underline{32}}$	luə$ʔ^{\underline{32}}$	tsuə$ʔ^{\underline{32}}$
原平	mə$ʔ^{\underline{34}}$	t^{h}uə$ʔ^{\underline{34}}$	tuə$ʔ^{\underline{34}}$	tuə$ʔ^{\underline{34}}$	tuə$ʔ^{\underline{34}}$	luə$ʔ^{\underline{34}}$	luə$ʔ^{\underline{34}}$	tsuə$ʔ^{\underline{34}}$
定襄	mə$ʔ^{1}$	t^{h}uə$ʔ^{1}$	tuə$ʔ^{1}$	tuə$ʔ^{1}$	tuə$ʔ^{1}$	luə$ʔ^{1}$	luə$ʔ^{1}$	tsuə$ʔ^{1}$
五台	mə$ʔ^{3}$	t^{h}uə$ʔ^{3}$	tuə$ʔ^{3}$	tuə$ʔ^{3}$	tuə$ʔ^{3}$	luə$ʔ^{3}$	luə$ʔ^{3}$	ts^{h}u^{33}
岢岚	mə$ʔ^{4}$	t^{h}uə$ʔ^{4}$	tuə$ʔ^{4}$	tuə$ʔ^{4}$	tuə$ʔ^{4}$	luə$ʔ^{4}$	luə$ʔ^{4}$	tʂuə$ʔ^{4}$
五寨	mə$ʔ^{4}$	t^{h}uə$ʔ^{4}$	tuə$ʔ^{4}$	tuə$ʔ^{4}$	tuə$ʔ^{4}$	luə$ʔ^{4}$	luə$ʔ^{4}$	tsuə$ʔ^{4}$

续表

字目	木	秃	独	读	渎	鹿	禄	族
中古音 / 方言点	莫卜 通合一 入屋明	他谷 通合一 入屋透	徒谷 通合一 入屋定	徒谷 通合一 入屋定	徒谷 通合一 入屋定	卢谷 通合一 入屋来	卢谷 通合一 入屋来	昨木 通合一 入屋从
宁武	məʔ^{4}	t^{h}uəʔ^{4}	tuəʔ^{4}	tuəʔ^{4}	tuəʔ^{4}	luəʔ^{4}	luəʔ^{4}	——
神池	məʔ^{4}	t^{h}u^{52}	tu^{32}	tuəʔ^{4}	tu^{4}	luəʔ^{4}	lu^{52}	tsuəʔ^{4}
繁峙	məʔ$^{\underline{13}}$	t^{h}uəʔ$^{\underline{13}}$	tuəʔ$^{\underline{13}}$	tuəʔ$^{\underline{13}}$	tuəʔ$^{\underline{13}}$	luəʔ$^{\underline{13}}$	luəʔ$^{\underline{13}}$	tsu^{31}
代县	məʔ^{2}	t^{h}uəʔ^{2}	tuəʔ^{2}	tuəʔ^{2}	tuəʔ^{2}	luəʔ^{2}	luəʔ^{2}	tsu^{44}
河曲	məʔ^{4}	t^{h}uəʔ^{4}	tuəʔ^{4}	tuəʔ^{4}	tuəʔ^{4}	luəʔ^{4}	luəʔ^{4}	tsuəʔ^{4}
保德	məʔ^{4}	t^{h}uəʔ^{4}	tuəʔ^{4}	tuəʔ^{4}	tuəʔ^{4}	luəʔ^{4}	luəʔ^{4}	tsuəʔ^{4}
偏关	məʔ^{4}	t^{h}uəʔ^{4}	tuəʔ^{4}	tuəʔ^{4}	tuəʔ^{4}	luəʔ^{4}	luəʔ^{4}	tsuəʔ^{4}
朔城	mu^{53}	t^{h}uəʔ$^{\underline{35}}$	tuəʔ$^{\underline{35}}$	tuəʔ$^{\underline{35}}$	——	luəʔ$^{\underline{35}}$	luəʔ$^{\underline{35}}$	ts^{h}uəʔ$^{\underline{35}}$
平鲁	mu^{52}	t^{h}uəʔ$^{\underline{34}}$	tuəʔ$^{\underline{34}}$	tuəʔ$^{\underline{34}}$	tuəʔ$^{\underline{34}}$	luəʔ$^{\underline{34}}$	luəʔ$^{\underline{34}}$	tsuəʔ$^{\underline{34}}$
应县	mu^{24}	t^{h}uəʔ$^{\underline{43}}$	tuəʔ$^{\underline{43}}$	təu^{24}/tuəʔ$^{\underline{43}}$	tuəʔ$^{\underline{43}}$	luəʔ$^{\underline{43}}$	luəʔ$^{\underline{43}}$	tsuəʔ$^{\underline{43}}$
灵丘	mu^{53}	t^{h}uəʔ^{5}	tuəʔ^{5} 白 / tu^{31} 文	tuəʔ^{5}	tu^{31}	lu^{53}	lu^{53}	tsu^{31}
浑源	mu^{13}	t^{h}iəʔ^{4}	tiəʔ^{4}	tiəʔ^{4}	tiəʔ^{4}	luəʔ^{4}	luəʔ^{4}	tsu^{22}
云州	mu^{24}	t^{h}uəʔ^{4}	tuəʔ^{4}	tuəʔ^{4}	tuəʔ^{4}	luəʔ^{4}	luəʔ^{4}	tsu^{312}/tsuəʔ^{4}
新荣	mu^{24}	t^{h}uəʔ^{4}	tuəʔ^{4}	tuəʔ^{4}	tuəʔ^{4}	ləu^{24}	luəʔ^{4}	tsuəʔ^{4}
怀仁	mu^{24}	t^{h}uəʔ^{4}	tuəʔ^{4}	tuəʔ^{4}	tuəʔ^{4}	luəʔ^{4}	luəʔ^{4}	tsu^{312}
左云	mu^{24}	t^{h}uəʔ^{4}	tuəʔ^{4}	tuəʔ^{4}	tuəʔ^{4}	luəʔ^{4}	luəʔ^{4}	tsuəʔ^{4}
右玉	mu^{24}	t^{h}uəʔ^{4}	tuəʔ^{4}	tuəʔ^{4}	tuəʔ^{4}	luəʔ^{4}	luəʔ^{4}	tsu^{212}
阳高	mu^{24}	t^{h}uəʔ^{3}	tuəʔ^{3}	tuəʔ^{3}	tuəʔ^{3}	luəʔ^{3}	luəʔ^{3}	tsu^{312}
山阴	mu^{335}	t^{h}uəʔ^{4}	tuəʔ^{4}	tuəʔ^{4}	tuəʔ^{4}	luəʔ^{4}	luəʔ^{4}	tsuəʔ^{4}
天镇	mu^{24}/məʔ^{4}	t^{h}uəʔ^{4}	tuəʔ^{4}	tuəʔ^{4}	tuəʔ^{4}	luəʔ^{4}	luəʔ^{4}	tsuəʔ^{4}
平定	məʔ$^{\underline{23}}$	t^{h}uəʔ^{4}	tuəʔ^{4}	tuəʔ^{4}	——	luəʔ$^{\underline{23}}$	luəʔ$^{\underline{23}}$	tsu^{4}
昔阳	mu^{13}	t^{h}ʌʔ$^{\underline{43}}$	tʌʔ$^{\underline{43}}$	tʌʔ$^{\underline{43}}$	tʌʔ$^{\underline{43}}$	lu^{13}	lu^{13}	tsu^{33}
左权	mu^{53}/məʔ^{1}	t^{h}uəʔ^{1}	tuəʔ^{1}	tuəʔ^{1}	tuəʔ^{1}	lu^{53} 白 / luəʔ^{1} 文	lu^{53}	tsuəʔ^{1}
和顺	məʔ$^{\underline{21}}$	t^{h}uəʔ$^{\underline{21}}$	tuəʔ$^{\underline{21}}$	tuəʔ$^{\underline{21}}$	tuəʔ$^{\underline{21}}$	luəʔ$^{\underline{21}}$	luəʔ$^{\underline{21}}$	——
尧都	mu^{21}	t^{h}u^{21}	t^{h}u^{24}	tu^{24}	tu^{24}	lou^{21}	lou^{21}	ts^{h}u^{24} 白 / ts^{h}ou^{24} 文
洪洞	mu^{21}	t^{h}u^{21}	t^{h}u^{24} 白 / tu^{24} 文	t^{h}u^{24}	tu^{24}	lou^{21}	lou^{21}	tsou^{24}
洪洞赵城	mu^{21}	tu^{21}	t^{h}u^{24}	tu^{24}	tu^{24}	lou^{21}	lou^{53}	tsuɤ^{24}
古县	mu^{21}	t^{h}u^{21}	t^{h}u^{35} 白 / tu^{35} 文	t^{h}u^{35} 白 / tu^{35} 文	tu^{35}	ləu^{21}	ləu^{21}	ts^{h}əu^{35}

续表

字目	木	秃	独	读	牍	鹿	禄	族
中古音 方言点	莫卜 通合一 入屋明	他谷 通合一 入屋透	徒谷 通合一 入屋定	徒谷 通合一 入屋定	徒谷 通合一 入屋定	卢谷 通合一 入屋来	卢谷 通合一 入屋来	昨木 通合一 入屋从
襄汾	mu^{21}	t^{h}u^{21}	t^{h}u^{24}	t^{h}u^{24} 白 / tu^{24} 文	t^{h}u^{24}/tu^{24}	lou^{21}	lou^{21}	ts^{h}ou^{21}
浮山	mu^{42}/mɤ^{33}	t^{h}u^{42}	t^{h}u^{13}	t^{h}u^{13}	tu^{13}	lou^{53}	lou^{53}	tʂou^{53}
霍州	mu^{53}	t^{h}u^{212}	t^{h}u^{35} 白 / tu^{35} 文	tu^{35}	tu^{35}	luɤ^{212} 老 / lu^{53} 新	luɤ^{212} 老 / lu^{212} 新	ts^{h}u^{35}
翼城	mu^{53}	t^{h}u^{53}	tu^{12}	tu^{12}	tu^{12}	lu^{53}	lu^{53}	tsu^{12}
闻喜	mu^{53}	t^{h}u^{53}	t^{h}u^{13}	t^{h}u^{13}	——	lɤu^{53}	lɤu^{53}	——
侯马	fu^{53}	t^{h}u^{213}	tu^{213}	tu^{213}	tu^{213}	——	——	tsou^{213}
新绛	mu^{53}	t^{h}u^{53}	tu^{13}	tu^{13}	tu^{13}	ləu^{53}	ləu^{53}	ts^{h}əu^{13}
绛县	mu^{31}	təu^{53}	t^{h}əu^{24}	t^{h}əu^{24}	t^{h}əu^{24}	ləu^{31}	ləu^{31}	ts^{h}əu^{33}
垣曲	mu^{53}	t^{h}ou^{22}	t^{h}ou^{22}	tou^{22}	tou^{22}	lou^{53}	lou^{53}	ts^{h}ou^{22}
夏县	mu^{31}	t^{h}u^{53}	t^{h}u^{42} 白 / tu^{42} 文	t^{h}u^{42} 白 / tu^{42} 文	——	ləu^{31}	ləu^{31}	ts^{h}əu^{42} 白 / tsəu^{42} 文
万荣	pɤ^{51} 白 / mu^{51} 文	t^{h}u^{51}	t^{h}u^{213}	tu^{213}	tu^{55}	ləu^{51}	ləu^{51}	ts^{h}əu^{213}
稷山	pɤ^{53} 白 / mu^{53} 文	t^{h}u^{53}	t^{h}u^{13} 白 / tu^{13} 文	t^{h}u^{13}	——	ləu^{53} 白 / lu^{53} 文	ləu^{53} 白 / lu^{53} 文	ts^{h}əu^{13}
盐湖	mu^{42}	t^{h}u^{42}	t^{h}u^{13}	t^{h}u^{13} 白 / tu^{13} 文	tu^{13}	lou^{42}	lou^{42}	——
临猗	mu^{42}	t^{h}u^{42}	t^{h}u^{13}	t^{h}u^{13} 白 / tu^{13} 文	——	ləu^{42}	ləu^{44}	ts^{h}əu^{13} 白 / tsu^{13} 文
河津	mu^{31}	t^{h}u^{31}	t^{h}u^{324} 白 / tu^{324} 文	t^{h}u^{324} 白 / tu^{324} 文	t^{h}u^{324}	ləu^{31}	ləu^{31}	——
平陆	mu^{31}/mu^{33}	t^{h}u^{31}	t^{h}u^{13} 白 / tu^{13} 文	t^{h}u^{13} 白 / tu^{13} 文	——	ləu^{31}	ləu^{31}	ts^{h}əu^{13}
永济	mu^{31}	tu^{24} 白 / t^{h}u^{31} 文	t^{h}u^{24} 白 / tu^{24} 文	t^{h}u^{24} 白 / tu^{24} 文	tu^{24}	ləu^{31} 白 / lu^{31} 文	ləu^{31} 白 / lu^{31} 文	ts^{h}əu^{24}
芮城	mu^{42}	t^{h}u^{42}	t^{h}u^{13}	t^{h}u^{13}	——	ləu^{42}	ləu^{42}	ts^{h}əu^{13}
吉县	mə^{423} 白 / mu^{423} 文	t^{h}u^{423}	t^{h}u^{13}	t^{h}u^{13}	——	ləu^{423}	ləu^{423}	——
乡宁	pɤ^{53} 白 / mu^{53} 文	t^{h}u^{53}	t^{h}u^{12} 白 / tu^{12} 文	t^{h}u^{12} 白 / tu^{12} 文	tu^{12}	lou^{53}	lou^{53}	ts^{h}ou^{12}
广灵	mu^{44}	t^{h}u^{53}	tu^{31}	tu^{31}	tu^{31}	lu^{213}	lu^{213}	tsu^{31}

字目	速	谷五~	谷山~	哭	屋	毒	督	酷
中古音 方言点	桑谷 通合一 入屋心	古禄 通合一 入屋见	古禄 通合一 入屋见	空谷 通合一 入屋溪	乌谷 通合一 入屋影	徒沃 通合一 入沃定	冬毒 通合一 入沃端	苦沃 通合一 入沃溪
北京	su^{51}	ku^{214}	ku^{214}	kʰu^{55}	u^{55}	tu^{35}	tu^{55}	kʰu^{51}
小店	suəʔ^{1}	kuəʔ^{1}	kuəʔ^{1}	kʰuəʔ^{1}	vəʔ^{1}	tuəʔ$^{\underline{54}}$	tuəʔ^{1}	kʰuəʔ^{1}
尖草坪	suəʔ^{2}	ku^{312}	kuəʔ^{2}	kʰuəʔ^{2}	vəʔ^{2}	tuəʔ$^{\underline{43}}$	tuəʔ^{2}	kʰuəʔ^{2}
晋源	suəʔ^{2}	kuəʔ^{2}	kuəʔ^{2}	kʰuəʔ^{2}	vəʔ^{2}	tuəʔ^{2}	tuəʔ^{2}	kʰuəʔ^{2}
阳曲	suəʔ^{4}	kuəʔ^{4}	kuəʔ^{4}	kʰuəʔ^{4}	vəʔ^{4}	tuəʔ$^{\underline{212}}$	tuəʔ^{4}	kuəʔ^{4}
古交	suəʔ^{4}	kuəʔ^{4}	kuəʔ^{4}	kʰuəʔ^{4}	vəʔ^{4}	tuəʔ$^{\underline{312}}$	tuəʔ^{4}	kʰuəʔ^{4}
清徐	suəʔ^{1}	kuəʔ^{1}	kuəʔ^{1}	kʰuəʔ^{1}	vəʔ^{1}	tuəʔ$^{\underline{54}}$	tuəʔ^{1}	kʰuəʔ^{1}
娄烦	suəʔ^{3}	kuəʔ^{3}	kuəʔ^{3}	kʰuəʔ^{3}	vəʔ^{3}	tuəʔ^{3}	tuəʔ$^{\underline{21}}$	kʰu^{54}
榆次	suəʔ^{1}	kuəʔ^{1}	kuəʔ^{1}	kʰuəʔ^{1}	vuəʔ^{1}	tuəʔ$^{\underline{53}}$	tuəʔ^{1}	kʰu^{35}
交城	suəʔ^{1}	kuəʔ^{1}	kuəʔ^{1} 白 / ku^{53} 文	kʰuəʔ^{1}	uəʔ^{1}	tuəʔ$^{\underline{53}}$	tuəʔ$^{\underline{53}}$	kʰuaʔ^{1}
文水	ɕyəʔ^{2} 老 / suəʔ^{2} 新	kuəʔ^{2}	kuəʔ^{2}	kʰuəʔ^{2}	uəʔ^{2}	tuəʔ$^{\underline{312}}$	tuəʔ^{2}	kʰəɸ^{35}
祁县	suəʔ$^{\underline{32}}$	kuəʔ$^{\underline{32}}$	kuəʔ$^{\underline{32}}$	kʰuəʔ$^{\underline{32}}$	uəʔ$^{\underline{32}}$	tuəʔ$^{\underline{324}}$	tuəʔ$^{\underline{32}}$	kʰu^{45}
太谷	ɕyəʔ^{3}	kuəʔ^{3}	kuəʔ^{3}	kʰuəʔ^{3}	vəʔ^{3}	tuəʔ$^{\underline{423}}$	tuəʔ^{3}	kʰu^{53}
平遥	suʌʔ$^{\underline{212}}$	kuʌʔ$^{\underline{212}}$	kuʌʔ$^{\underline{212}}$	kʰuʌʔ$^{\underline{212}}$	uʌʔ$^{\underline{212}}$	tuʌʔ$^{\underline{523}}$	tuʌʔ$^{\underline{523}}$	kʰuə^{24}
孝义	suəʔ^{3}	kuəʔ^{3}	kuəʔ^{3}	kʰuəʔ^{3}	uaʔ^{3}	tuəʔ$^{\underline{423}}$	tuəʔ$^{\underline{423}}$	kuə^{454}
介休	suʌʔ$^{\underline{12}}$	kuʌʔ$^{\underline{12}}$	kuʌʔ$^{\underline{12}}$	kʰuʌʔ$^{\underline{12}}$	u^{13}	tuʌʔ$^{\underline{312}}$	tuʌʔ$^{\underline{12}}$	kʰu^{45}
灵石	suəʔ^{4}	kuəʔ^{4}	kuəʔ^{4}	kʰuəʔ^{4}	u^{44}	tuəʔ$^{\underline{212}}$	——	kʰuəʔ^{4}
盂县	ɕyəʔ^{2}	kuəʔ^{2}	kuəʔ^{2}	kʰuəʔ^{2}	vəʔ^{2}	tuəʔ^{2}	tuəʔ^{2}	kʰuəʔ^{2}
寿阳	ɕyəʔ^{2}	kuəʔ^{2}	kuəʔ^{2}	kʰuəʔ^{2}	u^{31}	tuəʔ$^{\underline{54}}$	tuəʔ^{2}	ku^{45}
榆社	ɕyəʔ^{2}	kuəʔ^{2}	kuəʔ^{2}	kʰuəʔ^{2}	vəʔ^{2}	tuəʔ^{2}	tuəʔ^{2}	kʰuəʔ^{2}
离石	suəʔ^{4}	kuəʔ^{4}	kuəʔ^{4}	kʰuəʔ^{4}	uəʔ^{4}	tuəʔ$^{\underline{23}}$	tuəʔ^{4}	kʰu^{53}
汾阳	suəʔ^{2}	kuəʔ^{2}	kuəʔ^{2}	kʰuəʔ^{2}	uəʔ^{2}	tuəʔ$^{\underline{312}}$	tuəʔ^{2}	kʰuəʔ^{2}
中阳	ʂuəʔ^{4}	kuəʔ^{4}	kuəʔ^{4}	kʰuəʔ^{4}	uəʔ^{4}	tuəʔ^{4}	tuəʔ^{4}	kʰu^{53}
柳林	suəʔ^{4}	kuei^{4}	kuəʔ^{4}	kʰuəʔ^{4}	uəʔ^{4}	tuəʔ^{4}	tuəʔ^{4}	kʰu^{53}
方山	suəʔ^{4}	kuəʔ^{4}	kuəʔ^{4}	kʰuəʔ^{4}	uəʔ^{4}	tuəʔ^{4}	tu^{24}	kʰu^{52}
临县	suɐʔ^{3}	kuɐʔ^{3}	kuɐʔ^{3}	kʰuɐʔ^{3}	u^{24}	tuɐʔ^{3}	tu^{24}	kʰu^{52}
兴县	ɕyəʔ^{5}	kuəʔ^{5}	——	kʰuəʔ^{5}	uəʔ^{5}	tuəʔ^{5}	tuəʔ^{5}	kʰu^{53}/kʰuəʔ^{5}
岚县	ɕyəʔ^{4}	kuəʔ^{4}	kuəʔ^{4}	kʰuəʔ^{4}	uəʔ^{4}	tʰuəʔ$^{\underline{312}}$ 白 / tuəʔ^{4} 文	tuəʔ^{4}	kʰuəʔ^{4}
静乐	suəʔ^{4}	kuəʔ^{4}	kuəʔ^{4}	kʰuəʔ^{4}	vuəʔ^{4}	tuəʔ$^{\underline{212}}$	tuəʔ$^{\underline{212}}$	kʰuaʔ^{4}

续表

字目	速	谷五~	谷山~	哭	屋	毒	督	酷
中古音 方言点	桑谷 通合一 入屋心	古禄 通合一 入屋见	古禄 通合一 入屋见	空谷 通合一 入屋溪	乌谷 通合一 入屋影	徒沃 通合一 入沃定	冬毒 通合一 入沃端	苦沃 通合一 入沃溪
交口	suaʔ^{4}	kuəʔ^{4}	kuəʔ^{4}	kʰuəʔ^{4}	uaʔ^{4}	tʰuəʔ$^{\underline{212}}$ 白 / tuəʔ^{4} 文	tuəʔ^{4}	kʰu^{53}
石楼	ʂuəʔ^{4}	kuəʔ^{4}	kuəʔ^{4}	kʰuəʔ^{4}	uəʔ^{4}	tʰuəʔ^{4} 白 / tʰuəʔ$^{\underline{213}}$ 文	tuəʔ^{4} 白 / tu^{213} 文	kʰu^{51}
隰县	suəʔ^{3}	kuəʔ^{3}	kuəʔ^{3}	kʰuəʔ^{3}	uəʔ^{3}	tʰuəʔ^{3}	tuəʔ^{3}	kʰu^{44}
大宁	suəʔ$^{\underline{31}}$	kuəʔ$^{\underline{31}}$	kuəʔ$^{\underline{31}}$	kʰuəʔ$^{\underline{31}}$	u^{31}	tʰuəʔ^{4}	tuəʔ$^{\underline{31}}$	kʰuəʔ$^{\underline{31}}$ 白 / kʰu^{55} 文
永和	suəʔ$^{\underline{35}}$	kuəʔ$^{\underline{35}}$	kuəʔ$^{\underline{35}}$	kʰuəʔ$^{\underline{35}}$	uəʔ$^{\underline{35}}$	tʰuəʔ$^{\underline{312}}$ 白 / tuəʔ$^{\underline{312}}$ 文	tuəʔ$^{\underline{35}}$	kʰuəʔ$^{\underline{35}}$
汾西	suəʔ^{1}	kuəʔ^{1}	——	kʰuəʔ^{1}	uəʔ^{1}	tʰuəʔ^{3}/ tuəʔ^{3} 文	tβ̍^{11}	kʰuəʔ^{1}
蒲县	su^{33}	kuəʔ$^{\underline{43}}$	ku^{52}	kʰu^{52}	u^{52}	tu^{24}	tu^{52}	kʰu^{33}
潞州	suəʔ$^{\underline{53}}$	kuəʔ$^{\underline{53}}$	kuəʔ$^{\underline{53}}$	kʰuəʔ$^{\underline{53}}$	uəʔ$^{\underline{53}}$ 白 / u^{312} 文	tuəʔ$^{\underline{53}}$	tuəʔ$^{\underline{53}}$	kʰuəʔ$^{\underline{53}}$ 白 / kʰu^{44} 文
上党	suəʔ$^{\underline{21}}$	kuəʔ$^{\underline{21}}$	kuəʔ$^{\underline{21}}$	kʰuəʔ$^{\underline{21}}$	uəʔ$^{\underline{21}}$	tuəʔ$^{\underline{21}}$	tuəʔ$^{\underline{21}}$	kʰu^{22}
长子	suəʔ^{4}	kuəʔ^{4}	kuəʔ^{4}	kʰuəʔ^{4}	vəʔ^{4}	tuəʔ$^{\underline{212}}$	tuəʔ$^{\underline{212}}$	kʰuəʔ^{4}
屯留	suəʔ^{1}	kuəʔ^{1}	kuəʔ^{1}	kʰuəʔ^{1}	vəʔ^{1} 白 / u^{11} 文	tuəʔ$^{\underline{54}}$	tu^{31}	kʰu^{53}
襄垣	suʌʔ^{3}	kuʌʔ^{3}	kuʌʔ^{3}	kʰuʌʔ^{3}	vʌʔ^{3}	tuʌʔ$^{\underline{43}}$	tuʌʔ^{3}	kʰuʌʔ^{3}
黎城	suɤʔ^{2}	kuɤʔ^{2}	kuɤʔ^{2}	kʰuɤʔ^{2}	uɤʔ^{2}	tuɤʔ$^{\underline{31}}$	tuɤʔ^{2}	kʰu^{53}
平顺	suəʔ$^{\underline{212}}$	kuəʔ$^{\underline{212}}$	kuəʔ$^{\underline{212}}$	kʰuəʔ$^{\underline{212}}$	u^{213}	tuəʔ$^{\underline{423}}$	tuəʔ$^{\underline{212}}$	kʰu^{53}
壶关	ʂuəʔ^{2}	kuəʔ^{2}	kuəʔ^{2}	kʰuəʔ^{2}	uəʔ^{2}	tuəʔ$^{\underline{21}}$	tuəʔ^{2}	kʰu^{42}/kʰuəʔ^{2}
沁县	suəʔ$^{\underline{31}}$	kuəʔ$^{\underline{31}}$	kuəʔ$^{\underline{31}}$	kʰuəʔ$^{\underline{31}}$	vu^{224}	tuəʔ$^{\underline{212}}$	tuəʔ$^{\underline{212}}$	kʰuəʔ$^{\underline{31}}$
武乡	suəʔ^{3}	kuəʔ^{3}	kuəʔ^{3}	kʰuəʔ^{3}	u^{113}	tuəʔ$^{\underline{423}}$	tuəʔ^{3}	——
沁源	suəʔ$^{\underline{31}}$	kuəʔ$^{\underline{31}}$	kuəʔ$^{\underline{31}}$	kʰuəʔ$^{\underline{31}}$	vʌʔ$^{\underline{31}}$	tuəʔ$^{\underline{31}}$	tuəʔ$^{\underline{31}}$	kʰu^{53}
安泽	səu^{21} 白 / su^{21} 文	kuəʔ$^{\underline{21}}$	kuəʔ$^{\underline{21}}$	kʰu^{21}/ kʰuəʔ$^{\underline{21}}$	u^{21}	tu^{35}	tu^{21}	kʰu^{53}
沁水端氏	suəʔ^{2}	kuəʔ^{2}	kuəʔ^{2}	kʰuəʔ^{2}	vəʔ^{2}	tuəʔ^{54}	tuəʔ^{2}	kʰu^{53}
阳城	suəʔ^{2}	kuəʔ^{2}	kuəʔ^{2}	kʰuəʔ^{2}	vəʔ^{2} 白 /u^{224} 文	tuəʔ^{2}	tuəʔ^{2}	kʰuəʔ^{2}
高平	ʂuəʔ^{2}	kuəʔ^{2}	kuəʔ^{2}	kuəʔ^{2}	vəʔ^{2}	tuəʔ^{2}	tuəʔ^{2}	kuəʔ^{2}
陵川	ʂuəʔ^{3}	kuəʔ^{3}	kuəʔ^{3}	kʰuəʔ^{3}	uəʔ^{3}	tuəʔ$^{\underline{23}}$	tuəʔ^{3}	tʂʰu^{24}
晋城	ʂuəʔ^{2}	kuəʔ^{2}	kuəʔ^{2}	kʰuəʔ^{2}	uəʔ^{2}	tuəʔ^{2}	tuəʔ^{2}	kʰu^{53}
忻府	suəʔ$^{\underline{32}}$	kuəʔ$^{\underline{32}}$	kuəʔ$^{\underline{32}}$	kʰuəʔ$^{\underline{32}}$	vəʔ$^{\underline{32}}$	tuəʔ$^{\underline{32}}$	tuəʔ$^{\underline{32}}$	kʰu^{53}

续表

字目	速	谷五~	谷山~	哭	屋	毒	督	酷
中古音 / 方言点	桑谷 通合一 入屋心	古禄 通合一 入屋见	古禄 通合一 入屋见	空谷 通合一 入屋溪	乌谷 通合一 入屋影	徒沃 通合一 入沃定	冬毒 通合一 入沃端	苦沃 通合一 入沃溪
原平	suəʔ$^{\underline{34}}$	kuəʔ$^{\underline{34}}$	kuəʔ$^{\underline{34}}$	kʰuəʔ$^{\underline{34}}$	vəʔ$^{\underline{34}}$	tuəʔ$^{\underline{34}}$	tuəʔ$^{\underline{34}}$	kʰuəʔ$^{\underline{34}}$
定襄	suəʔ^{1}	kuəʔ^{1}	kuəʔ^{1}	kʰuəʔ^{1}	uəʔ^{1}	tuəʔ^{1}	tuəʔ^{1}	kʰu^{53}
五台	suəʔ^{3}	kuəʔ^{3}	kuəʔ^{3}	kʰuəʔ^{3}	uəʔ^{3}	tuəʔ^{3}	tuəʔ^{3}	kʰu^{213}
岢岚	suəʔ^{4}	kuəʔ^{4}	kuəʔ^{4}	kʰuəʔ^{4}	u^{44}	tuəʔ^{4}	tuəʔ^{4}	kʰuəʔ^{4}
五寨	suəʔ^{4}	kuəʔ^{4}	kuəʔ^{4}	kʰuəʔ^{4}	vəʔ^{4}	tuəʔ^{4}	tuəʔ^{4}	kʰuəʔ^{4}
宁武	suəʔ^{4}	kuəʔ^{4}	kuəʔ^{4}	kʰuəʔ^{4}	vəʔ^{4}	tuəʔ^{4}	tuəʔ^{4}	kʰuəʔ^{4}
神池	su^{52}	ku^{13}	kuəʔ	kʰuəʔ^{4}	vəʔ^{4}	tuəʔ^{4}	tu^{24}	kʰu^{52}
繁峙	suəʔ$^{\underline{13}}$	kuəʔ$^{\underline{13}}$	kuəʔ$^{\underline{13}}$	kʰuəʔ$^{\underline{13}}$	vəʔ$^{\underline{13}}$	tuəʔ$^{\underline{13}}$	tuəʔ$^{\underline{13}}$	kʰu^{24}
代县	suəʔ^{2}	kuəʔ^{2}	kuəʔ^{2}	kʰuəʔ^{2}	uəʔ^{2}	tuəʔ^{2}	tuəʔ^{2}	kʰuəʔ^{2}
河曲	suəʔ^{4}	kuəʔ^{4}	kuəʔ^{4}	kʰuəʔ^{4}	vəʔ^{4}	tuəʔ^{4}	tuəʔ^{4}	kʰuəʔ^{4}
保德	suəʔ^{4}	kuəʔ^{4}	kuəʔ^{4}	kʰuəʔ^{4}	vəʔ^{4}	tuəʔ^{4}	tu^{213}	kʰu^{52}
偏关	suəʔ^{4}	kuəʔ^{4}	kuəʔ^{4}	kʰuəʔ^{4}	vəʔ^{4}	tuəʔ^{4}	tuəʔ^{4}	kʰuəʔ^{4}
朔城	suəʔ$^{\underline{35}}$	kuəʔ$^{\underline{35}}$	ku^{53}	kʰuəʔ$^{\underline{35}}$	vəʔ$^{\underline{35}}$	tuəʔ$^{\underline{35}}$	tuəʔ$^{\underline{35}}$	kʰuəʔ$^{\underline{35}}$
平鲁	suəʔ$^{\underline{34}}$	kuəʔ$^{\underline{34}}$	——	kʰuəʔ$^{\underline{34}}$	uəʔ$^{\underline{34}}$	tu^{44}/tuəʔ$^{\underline{34}}$	tuəʔ$^{\underline{34}}$	kʰuəʔ$^{\underline{34}}$
应县	suəʔ$^{\underline{43}}$	kuəʔ$^{\underline{43}}$	kuəʔ$^{\underline{43}}$	kʰuəʔ$^{\underline{43}}$	vəʔ$^{\underline{43}}$	tu^{31}	tuəʔ$^{\underline{43}}$	kʰu^{43}/ kʰuəʔ$^{\underline{43}}$
灵丘	suəʔ^{5}	kuəʔ^{5}	kuəʔ^{5}	kʰuəʔ^{5}	vəʔ^{5}	tu^{31}	tu^{442}	kʰu^{53}
浑源	siəʔ^{4}	kuəʔ^{4}	kuəʔ^{4}	kʰiəʔ^{4}/xiəʔ^{4}	vəʔ^{4}	tu^{22}	ziəʔ^{4}	——
云州	suəʔ^{4}	kuəʔ^{4}	kuəʔ^{4}	kʰuəʔ^{4}	vəʔ^{4}白/vu^{21}文	tuəʔ^{55}白/ tu^{312}文	tuəʔ^{4}	kʰu^{55}
新荣	suəʔ^{4}	kuəʔ^{4}	kuəʔ^{4}	kʰuəʔ^{4}	u^{32}/vəʔ^{4}	tu^{312}	tuəʔ^{4}	kʰuəʔ^{4}
怀仁	suəʔ^{4}	kuəʔ^{4}	kuəʔ^{4}	kʰuəʔ^{4}	u^{42}	tu^{312}	tuəʔ^{4}	kʰuəʔ^{4}
左云	suəʔ^{4}	kuəʔ^{4}	kuəʔ^{4}	kʰuəʔ^{4}	vəʔ^{4}	tuəʔ^{4}	tuəʔ^{4}	kʰu^{24}
右玉	suəʔ^{4}	kuəʔ^{4}	kuəʔ^{4}	kʰuəʔ^{4}	vəʔ^{4}	tuəʔ^{4}	tuəʔ^{4}	kʰuəʔ^{4}
阳高	suəʔ^{3}	kuəʔ^{3}	kuəʔ^{3}	kʰuəʔ^{3}	vu^{31}	tuəʔ^{3}	tu^{31}	kʰuəʔ^{3}
山阴	suəʔ^{4}	kuəʔ^{4}	——	kʰuəʔ^{4}	uəʔ^{4}	tu^{313}	tuəʔ^{4}	kʰuəʔ^{4}
天镇	suəʔ^{4}	kuəʔ^{4}	kuəʔ^{4}	kʰuəʔ^{4}	vəʔ^{4}	tuəʔ^{4}	tuəʔ^{4}	kʰuəʔ^{4}
平定	suəʔ^{4}	kuəʔ^{4}	kuəʔ^{4}	kʰuəʔ^{4}	u^{44}	tuəʔ^{4}	tuəʔ^{4}	kʰuaʔ^{4}
昔阳	syʌʔ$^{\underline{43}}$	kuʌʔ$^{\underline{43}}$	kuʌʔ$^{\underline{43}}$	kʰuʌʔ$^{\underline{43}}$	vʌʔ$^{\underline{43}}$	tʌʔ$^{\underline{43}}$	tu^{42}	kʰu^{13}
左权	suəʔ^{1}	kuəʔ^{1}	kuəʔ^{1}	kʰuəʔ^{1}	vəʔ^{1}	tuəʔ^{1}	tuəʔ^{1}	kʰuəʔ^{1}
和顺	suəʔ$^{\underline{21}}$	kuəʔ$^{\underline{21}}$	kuəʔ$^{\underline{21}}$	kʰuəʔ$^{\underline{21}}$	vəʔ$^{\underline{21}}$	tuəʔ$^{\underline{21}}$	tuəʔ$^{\underline{21}}$	kʰuəʔ$^{\underline{21}}$
尧都	sou^{21}	ku^{21}	ku^{21}	kʰu^{21}	u^{21}	tʰu^{24}	tu^{21}	kʰu^{21}

续表

字目	速	谷五~	谷山~	哭	屋	毒	督	酷
中古音 方言点	桑谷 通合一 入屋心	古禄 通合一 入屋见	古禄 通合一 入屋见	空谷 通合一 入屋溪	乌谷 通合一 入屋影	徒沃 通合一 入沃定	冬毒 通合一 入沃端	苦沃 通合一 入沃溪
洪洞	sou^{21}	ku^{21}	ku^{21}	kʰu^{21}	u^{21}	tʰu^{24} 白 / tu^{24} 文	tu^{42}	kʰu^{42}
洪洞赵城	suɤ^{21}	ku^{21}	ku^{21}	kʰu^{21}	u^{21}	tʰu^{24}	tu^{21}	kʰu^{53}
古县	səu^{21}	ku^{42}	ku^{21}	kʰu^{21}	u^{21}	tʰu^{35} 白 / tu^{35} 文	tu^{21}	kʰu^{21}
襄汾	sou^{21}	ku^{21}	ku^{21}	kʰu^{21}	u^{21}	tʰu^{24} 白 / tu^{24} 文	tu^{21}	kʰu^{21}
浮山	sou^{42}	ku^{42}	ku^{42}	kʰu^{42}	u^{13}	tʰu^{13}	tu^{42}	kʰu^{42}
霍州	suɤ^{212}	ku^{33}	ku^{33}	kʰu^{212}	u^{212}	tʰu^{35} 白 / tu^{35} 文	tu^{212}	kʰu^{53}
翼城	sou^{53}	ku^{44}	ku^{44}	ku^{53}	u^{53}	tu^{12}	tu^{53}	kʰu^{53}
闻喜	sɤu^{53}	ku^{53}	ku^{53}	kʰu^{53}	u^{53}/ui^{53}	tʰu^{13}	tu^{53}	kʰu^{53}
侯马	su^{53}	ku^{44}	ku^{44}	kʰu^{213}	u^{213}	tu^{213}	tu^{213}	kʰu^{53}
新绛	səu^{53}	ku^{44}	ku^{53}	kʰu^{53}	u^{53}	tʰu^{13}	tu^{53}	xu^{53}
绛县	səu^{31}	ku^{53}	ku^{53}	kʰu^{53}	u^{53}	tʰəu^{24}	təu^{31}	kʰu^{31}
垣曲	sou^{53}	ku^{44}	ku^{44}	kʰu^{22}	u^{22}	tʰou^{22}	tou^{22}	kʰu^{53}
夏县	səu^{31}	ku^{24}	ku^{24}	kʰu^{53}	u^{53}	tʰu^{42} 白 / tu^{42} 文	tu^{53}	kʰu^{53}
万荣	səu^{51}	ku^{51}	ku^{51}	kʰu^{51}	u^{213}	tʰu^{213}	tu^{55}	kʰu^{33}
稷山	səu^{53}	ku^{53}	ku^{53}	kʰu^{53}	u^{53}	tʰu^{53} 白 / tu^{53} 文	tu^{53}	kʰu^{44}
盐湖	sou^{42}	ku^{42}	ku^{42}	kʰu^{42}	u^{42}	tu^{13}	tu^{42}	kʰu^{42}
临猗	səu^{42}	ku^{42}	ku^{42}	kʰu^{42}	u^{42}	tʰu^{13} 白 / tu^{13} 文	tu^{42}	kʰu^{44}
河津	səu^{31}	ku^{31}	ku^{31}	kʰu^{31}	u^{324}	tʰu^{324} 白 / tu^{324} 文	tu^{53}	kʰu^{31}
平陆	səu^{31}	ku^{31}	ku^{31}	kʰu^{31}	u^{13}	tʰu^{13} 白 / tu^{13} 文	tu^{31}	kʰu^{31}/kʰu^{33}
永济	səu^{31}	ku^{53}	ku^{53}	kʰu^{31}	u^{24}	tʰu^{24}	tu^{31}	kʰu^{44}
芮城	səu^{42}	ku^{42}	ku^{42}	kʰu^{42}	u^{13}	tʰu^{42}	tu^{42}	kʰu^{44}
吉县	səu^{33}	ku^{423}	ku^{423}	kʰu^{423}	vu^{423}	tʰu^{13}	tu^{53}	kʰu^{423}
乡宁	sou^{53}	ku^{53}	ku^{53}	kʰu^{53}	uɤ^{53}	tʰu^{12} 白 / tu^{12} 文	tu^{53}	kʰu^{53}
广灵	su^{53}	ku^{53}	ku^{53}	kʰu^{53}	vu^{53}	tu^{31}	tu^{53}	kʰu^{53}

字目	沃	风	疯	丰~收	冯姓	隆	中当~	忠
中古音 方言点	乌酷 通合一 入沃影	方戎 通合三 平东非	方冯 通合三 平东非	敷容 通合三 平东敷	房戎 通合三 平东奉	力中 通合三 平东来	陟弓 通合三 平东知	陟弓 通合三 平东知
北京	uo^{51}	fəŋ^{55}	fəŋ^{55}	fəŋ^{55}	fəŋ^{35}	luŋ^{35}	tʂuŋ^{55}	tʂuŋ^{55}
小店	vaʔ^{1}	fəŋ^{11}	fəŋ^{11}	fəŋ^{11}	fəŋ^{11}	luəŋ^{11}	tsuəŋ^{11}	tsuəŋ^{11}
尖草坪	vəʔ^{2}	fʌŋ^{33}	fʌŋ^{33}	fʌŋ^{33}	fʌŋ^{33}	luʌŋ^{33}	tsuʌŋ^{33}	tsuʌŋ^{33}
晋源	vəʔ^{2}	fəŋ^{11}	fəŋ^{11}	fəŋ^{11}	fəŋ^{11}	luŋ^{11}	tsuŋ^{11}	tsuŋ^{11}
阳曲	vuəʔ^{4}	fə̃^{312}	fə̃^{312}	fə̃^{312}	fə̃^{43}	luə̃^{312}	tsuə̃^{312}	tsuə̃^{312}
古交	vəʔ^{4}	fəŋ^{44}	fəŋ^{44}	fəŋ^{44}	fəŋ^{44}	luəŋ^{44}	tsuəŋ^{44}	tsuəŋ^{44}
清徐	vəʔ^{1}	fəŋ^{11}	fəŋ^{11}	fəŋ^{11}	fəŋ^{11}	luəŋ^{11}	tsuəŋ^{11}	tsuəŋ^{11}
娄烦	vəʔ^{3}	fəŋ^{33}	fəŋ^{33}	fəŋ^{33}	fəŋ^{33}	luəŋ^{33}	pfəŋ^{33}	pfəŋ^{33}
榆次	vaʔ^{1}	fɤ̃^{11}	fɤ̃^{11}	fɤ̃^{11}	fɤ̃^{11}	luɤ̃^{11}	tsuɤ̃^{11}	tsuɤ̃^{11}
交城	uaʔ^{1}	xuə̃^{11}	xuə̃^{11}	xuə̃^{11}	xuə̃^{11}	lə̃^{11}/luə̃^{11}	tsuə̃^{11}	tsuə̃^{11}
文水	uaʔ^{2}	xuəŋ^{22}	xuəŋ^{22}	xuəŋ^{22}	xuəŋ^{22}	luəŋ^{22}	tsuəŋ^{22}	tsuəŋ^{22}
祁县	uɑʔ$^{\underline{32}}$	xəm^{31}	xəm^{31}	xəm^{31}	xəm^{31}	ləm^{31}	tsəm^{31}	tsəm^{31}
太谷	vaʔ^{3}	fə̃^{33}	fə̃^{33}	fə̃^{33}	fə̃^{33}	luə̃^{33}	tsuə̃^{33}	tsuə̃^{33}
平遥	uə^{213}	xuəŋ^{213}	xuəŋ^{213}	xuəŋ^{213}	xuəŋ^{213}	luəŋ^{213}	tsuəŋ^{213}	tsuəŋ^{213}
孝义	uaʔ^{3}	xuə̃^{33}	xuə̃^{33}	xuə̃^{33}	xuə̃^{33}	luə̃^{33}	tsuə̃^{33}	tsuə̃^{33}
介休	uʌʔ$^{\underline{12}}$	xuŋ^{13}	xuŋ^{13}	xuŋ^{13}	xuŋ^{13}	luŋ^{13}	tsuŋ^{13}	tsuŋ^{13}
灵石	uaʔ^{4}	xuŋ^{535}	xuŋ^{535}	xuŋ^{535}	xuŋ^{44}	luŋ^{44}	tsuŋ^{535}	tsuŋ^{535}
盂县	vʌʔ^{2}	fə̃^{412}	fə̃^{412}	fə̃^{412}	fə̃^{22}	luə̃^{22}	tsuə̃^{412}	tsuə̃^{412}
寿阳	vaʔ^{2}	fə̃^{31}	fə̃^{31}	fə̃^{31}	fə̃^{22}	luə̃^{22}	tsuə̃^{31}	tsuə̃^{31}
榆社	vaʔ^{2}	feɪ^{22}	feɪ^{22}	feɪ^{22}	feɪ^{22}	lueɪ^{22}	tsueɪ^{22}	tsueɪ^{22}
离石	uəʔ^{4}	xuəŋ^{24}	xuəŋ^{24}	xuəŋ^{24}	xuəŋ^{44}	luəŋ^{44}	tsuəŋ^{24}	tsuəŋ^{24}
汾阳	uaʔ^{2}	fəŋ^{324}	fəŋ^{324}	fəŋ^{324}	fəŋ^{22}	luŋ^{22}	tʂuŋ^{324}	tʂuŋ^{324}
中阳	uəʔ^{4}	xuə̃^{24}	xuə̃^{24}	xuə̃^{24}	xuə̃^{33}	luə̃^{33}	tʂuə̃^{24}	tʂuə̃^{24}
柳林	uəʔ^{4}	xuə̃^{24}	xuə̃^{24}	xuə̃^{24}	xuə̃^{44}	luə̃^{44}	tsuə̃^{24}	tsuə̃^{24}
方山	uə^{52}	xuə̃ŋ^{24}	xuə̃ŋ^{24}	xuə̃ŋ^{24}	xuə̃ŋ^{44}	luə̃ŋ^{44}	tsuə̃ŋ^{24}	tsuə̃ŋ^{24}
临县	uɐʔ^{3}	fə̃^{24}	fə̃^{24}	fə̃^{24}	fə̃^{24}	luə̃^{33}	tsuə̃^{24}	tsuə̃^{24}
兴县	uəʔ^{5}	xuəŋ^{324}	xuəŋ^{324}	xuəŋ^{324}	xuəŋ^{55}	luəŋ^{55}	tsuəŋ^{324}	tsuəŋ^{324}
岚县	uəʔ^{4}	fəŋ^{214}	fəŋ^{214}	fəŋ^{214}	fəŋ^{44}	luəŋ^{44}	tsuəŋ^{214}	tsuəŋ^{214}
静乐	vəʔ^{4}	fɤ̃^{24}	fɤ̃^{24}	fɤ̃^{24}	fɤ̃^{33}	luɤ̃^{33}	tsuɤ̃^{24}	tsuɤ̃^{24}
交口	uə^{53}	xuəŋ^{323}	xuəŋ^{323}	xuəŋ^{323}	xuəŋ^{44}	luəŋ^{44}	tsuəŋ^{323}	tsuəŋ^{323}
石楼	uə^{51}	xuəŋ^{213}	xuəŋ^{213}	xuəŋ^{213}	xuəŋ^{44}	luəŋ^{44}	tʂuəŋ^{213}	tʂuəŋ^{213}
隰县	uəʔ^{3}	xuəŋ^{53}	xuəŋ^{53}	xuəŋ^{53}	xuəŋ^{24}	luəŋ^{24}	tsuəŋ^{53}	tsuəŋ^{53}

续表

字目	沃	风	疯	丰~收	冯姓	隆	中当~	忠
中古音 / 方言点	乌酷 通合一 入沃影	方戎 通合三 平东非	方冯 通合三 平东非	敷容 通合三 平东敷	房戎 通合三 平东奉	力中 通合三 平东来	陟弓 通合三 平东知	陟弓 通合三 平东知
大宁	vɐʔ$^{\underline{31}}$	fəŋ^{31}	fəŋ^{31}	fəŋ^{31}	fəŋ^{24}	luəŋ^{24}	tʂuəŋ^{31}	tʂuəŋ^{31}
永和	uɤ^{312}	xuəŋ^{33}	xuəŋ^{33}	xuəŋ^{33}	xuəŋ^{35}	luəŋ^{35}	tʂuəŋ^{33}	tʂuəŋ^{33}
汾西	uəʔ^{1}	fəŋ^{11}	fəŋ^{11}	fəŋ^{11}	fəŋ^{35}	ləŋ^{35}	tsuəŋ^{11}	tsuəŋ^{11}
蒲县	uo^{33}	feĩ^{52} 白 / fəŋ^{52} 文	feĩ^{52} 白 / fəŋ^{52} 文	fəŋ^{52}	fəŋ^{24}	luŋ^{24}	tʂueĩ^{52} 白 / tʂuŋ^{33} 文	tʂuŋ^{52}
潞州	uəʔ$^{\underline{53}}$	fəŋ^{312}	fəŋ^{312}	fəŋ^{312}	fəŋ^{24}	luŋ^{24}	tsuŋ^{312}	tsuŋ^{312}
上党	uəʔ$^{\underline{21}}$	fəŋ^{213}	fəŋ^{213}	fəŋ^{213}	fəŋ^{44}	luŋ^{24}	tsuŋ^{213}	tsuŋ^{213}
长子	vəʔ^{4}	fəŋ^{312}	fəŋ^{312}	fəŋ^{312}	fəŋ^{24}	luŋ^{24}	tsuŋ^{312}	tsuŋ^{312}
屯留	vəʔ^{1}	fəŋ^{31}	fəŋ^{31}	fəŋ^{31}	fəŋ^{11}	luəŋ^{11}	tsuəŋ^{31}	tsuəŋ^{31}
襄垣	vʌʔ^{3}	fəŋ^{33}	fəŋ^{33}	fəŋ^{33}	fəŋ^{31}	luəŋ^{31}	tsʰuəŋ^{33} 白 / tsuəŋ^{33} 文	tsuəŋ^{33}
黎城	uɤ^{53}	fəŋ^{33}	fəŋ^{33}	fəŋ^{33}	fəŋ^{53}	luəŋ^{53}	tsuəŋ^{33}	tsuəŋ^{33}
平顺	uəʔ$^{\underline{212}}$	fəŋ^{213}	fəŋ^{213}	fəŋ^{213}	fəŋ^{13}	luŋ^{13}	tsuŋ^{213}	tsuŋ^{213}
壶关	uəʔ^{2}	fəŋ^{33}	fəŋ^{33}	fəŋ^{33}	fəŋ^{13}	luŋ^{13}	tʂuŋ^{33}	tʂuŋ^{33}
沁县	vaʔ$^{\underline{31}}$	fə̃^{224}	fə̃^{224}	fə̃^{224}	fə̃^{33}	luə̃^{33}	tsʰuə̃^{224} 白 / tsuə̃^{224} 文	tsuə̃^{224}
武乡	uɤ^{213}	fɐŋ^{113}	fɐŋ^{113}	fɐŋ^{113}	fɐŋ^{33}	luɐŋ^{113}/ luɐŋ^{33} 文	tsuɐŋ^{113}	tsuɐŋ^{113}
沁源	vʌʔ$^{\underline{31}}$ 白 / uə^{53} 文	fə̃^{324}	fə̃^{324}	fə̃^{324}	fə̃^{33}	luə̃^{33}	tʂuə̃^{324}	tʂuə̃^{324}
安泽	u^{53}	fəŋ^{21}	fəŋ^{21}	fəŋ^{21}	fəŋ^{35}	luəŋ^{35}	tsuəŋ^{21}	——
沁水端氏	u^{21}	foŋ^{21}	foŋ^{21}	foŋ^{21}	foŋ^{24}	loŋ^{24}	tsoŋ^{21}	tsoŋ^{21}
阳城	vəʔ^{2} 白 /u^{224} 文	fuoŋ^{224}	fuoŋ^{224}	fuoŋ^{224}	fuoŋ^{22}	luoŋ^{22}	tʂuoŋ^{224}	tʂuoŋ^{224}
高平	vʌʔ^{2}	fə̃ŋ^{33}	fə̃ŋ^{33}	fə̃ŋ^{33}	fə̃ŋ^{33}	nuə̃ŋ^{33}	tʂuə̃ŋ^{33}	tʂuə̃ŋ^{33}
陵川	uʌʔ^{3}	fəŋ^{33}	fəŋ^{33}	fəŋ^{33}	fəŋ^{53}	luŋ^{53}	tʂuŋ^{33}	tʂuŋ^{33}
晋城	uʌʔ^{2}	foŋ^{33}	foŋ^{33}	foŋ^{33}	foŋ^{324}	luoŋ^{324}	tʂuoŋ^{33}	tʂuoŋ^{33}
忻府	vəʔ$^{\underline{32}}$	fəŋ^{313}	fəŋ^{313}	fəŋ^{313}	fəŋ^{21}	ləŋ^{21}/ luəŋ^{21}	tsəŋ^{313}	tsəŋ^{313}
原平	vɔʔ$^{\underline{34}}$	fəŋ^{213}	fəŋ^{213}	fəŋ^{213}	fəŋ^{33}	luəŋ^{33}	tsuəŋ^{213}	tsuəŋ^{213}
定襄	uəʔ^{1}	fəŋ^{24}	fəŋ^{24}	fəŋ^{24}	fəŋ^{11}	luəŋ^{11}	tʂuəŋ^{24}	tsuəŋ^{24}
五台	uəʔ^{3}	fən^{213}	fən^{213}	fən^{213}	fən^{33}	luən^{33}	tsuən^{213}	tsuən^{213}
岢岚	vaʔ^{4}	fəŋ^{13}	fəŋ^{13}	fəŋ^{13}	fəŋ^{44}	luəŋ^{44}	tʂuəŋ^{13}	tʂuəŋ^{13}

续表

字目	沃	风	疯	丰~收	冯姓	隆	中当~	忠
中古音 / 方言点	乌酷 通合一 入沃影	方戎 通合三 平东非	方冯 通合三 平东非	敷容 通合三 平东敷	房戎 通合三 平东奉	力中 通合三 平东来	陟弓 通合三 平东知	陟弓 通合三 平东知
五寨	vaʔ^{4}	fəɣ̃^{13}	fəɣ̃^{13}	fəɣ̃^{13}	fəɣ̃^{44}	luəɣ̃^{44}	tsuəɣ̃^{13}	tsuəɣ̃^{13}
宁武	pᴀʔ^{4}/vᴀʔ^{4}	fɤɯ^{23}	fɤɯ^{23}	fɤɯ^{23}	fɤɯ^{33}	luɤɯ^{33}	tsuɤɯ^{23}	tsuɤɯ^{23}
神池	vaʔ^{4}	fə̃^{24}	fə̃^{24}	fə̃^{24}	fə̃^{32}	luə̃^{32}	tsuə̃^{24}	tsuə̃^{24}
繁峙	vaʔ$^{\underline{13}}$	fəŋ^{53}	fəŋ^{53}	fəŋ^{53}	fəŋ^{31}	luəŋ^{31}	tsuəŋ^{53}	tsuəŋ^{53}
代县	uaʔ^{2}	fɤŋ^{213}	fɤŋ^{213}	fɤŋ^{213}	fɤŋ^{44}	luɤŋ^{44}	tsuɤŋ^{213}	tsuɤŋ^{213}
河曲	vaʔ^{4}	fɤŋ^{213}	fɤŋ^{213}	fɤŋ^{213}	fɤŋ^{44}	luŋ^{44}	tʂuŋ^{52}/ tʂuŋ^{213}	tʂuŋ^{213}
保德	vɤ^{52}	fəŋ^{213}	fəŋ^{213}	fəŋ^{213}	fəŋ^{44}	luəŋ^{44}	tʂuəŋ^{213}	tʂuəŋ^{213}
偏关	vᴀʔ^{4}	fɤŋ^{24}	fɤŋ^{24}	fɤŋ^{24}	fɤŋ^{44}	luɤŋ^{44}	tʂuɤŋ^{24}	tʂuɤŋ^{24}
朔城	vᴀʔ$^{\underline{35}}$	fə̃^{312}	fə̃^{312}	fə̃^{312}	fə̃^{35}	luə̃^{35}	tsuə̃^{312}	tsuə̃^{312}
平鲁	uʌʔ$^{\underline{34}}$	fəɯ^{213}	fəɯ^{213}	fəɯ^{213}	fəɯ^{44}	luəɯ^{44}	tsuəɯ^{213}	tsuəɯ^{213}
应县	vaʔ$^{\underline{43}}$	fəŋ^{43}	fəŋ^{43}	fəŋ^{43}	fəŋ^{31}/pʰiəŋ^{31}	luəŋ^{31}	tsuəŋ^{43}	tsuəŋ^{43}
灵丘	vᴀʔ^{5}	fəŋ^{442}	fəŋ^{442}	fəŋ^{442}	fəŋ^{31}	luŋ^{31}	tsuŋ^{442}	tsuŋ^{442}
浑源	vuo^{13}/vəʔ^{4}	fə̃^{52}	fə̃^{52}	fə̃^{52}	fə̃^{22}	luə̃^{22}	tsuə̃^{52}	tsuə̃^{52}
云州	vɑʔ^{4}	fəɣ^{21}	fəɣ^{21}	fəɣ^{21}	fəɣ^{312}	luəɣ^{312}	tʂuəɣ^{21}	tʂuəɣ^{21}
新荣	vaʔ^{4}	fɤɣ^{32}	fɤɣ^{32}	fɤɣ^{32}	fɤɣ^{312}	luɤɣ^{312}	tʂuɤɣ^{32}	tʂuɤɣ^{32}
怀仁	vaʔ^{4}	fəŋ^{42}	fəŋ^{42}	fəŋ^{42}	fəŋ^{312}	luəŋ^{312}	tsuəŋ^{42}	tsuəŋ^{42}
左云	vaʔ^{4}	fəɣ^{31}	fəɣ^{31}	fəɣ^{31}	fəɣ^{313}	luəɣ^{313}	tsuəɣ^{31}	tsuəɣ^{31}
右玉	vaʔ^{4}	fə̃ɣ^{31}	fə̃ɣ^{31}	fə̃ɣ^{31}	fə̃ɣ^{212}	luə̃ɣ^{212}	tʂuə̃ɣ^{31}	tʂuə̃ɣ^{31}
阳高	vɑʔ^{3}	fəŋ^{31}	fəŋ^{31}	fəŋ^{31}	fəŋ^{312}	luəŋ^{312}	tsuəŋ^{31}	tsuəŋ^{31}
山阴	uᴀʔ^{4}	fə̃^{313}	fə̃^{313}	fə̃^{313}	fə̃^{313}	luə̃^{313}	tʂuə̃^{313}	tʂuə̃^{313}
天镇	vɑʔ^{4}	fɤɣ^{31}	fɤɣ^{31}	fɤɣ^{31}	fɤɣ^{22}	luɤɣ^{22}	tsuɤɣ^{31}	tsuɤɣ^{31}
平定	vaʔ$^{\underline{23}}$	fəŋ^{31}	fəŋ^{31}	fəŋ^{31}	fəŋ^{44}	luəŋ^{44}	tsʰuəŋ^{44} 白 / tsuəŋ^{31} 文	tsuəŋ^{31}
昔阳	vʌʔ$^{\underline{43}}$	fəŋ^{42}	fəŋ^{42}	fəŋ^{42}	fəŋ^{33}	luəŋ^{33}	tsʰuəŋ^{13}/ tsuəŋ^{42}	tsuəŋ^{42}
左权	vəʔ^{1}	fəŋ^{31}	fəŋ^{31}	fəŋ^{31}	fəŋ^{11}	luəŋ^{11}	tsʰuəŋ^{31} 白	tsuəŋ^{11}
和顺	vəʔ$^{\underline{21}}$	fəŋ^{42}	fəŋ^{42}	fəŋ^{42}	fəŋ^{22}	ləŋ^{22}	tsuəŋ^{42} 白 / tsʰuəŋ^{22} 文	tsuəŋ^{42}
尧都	uo^{44}	fəŋ^{21} 文 /fə̃^{21} 白	fəŋ^{21} 文 /fə̃^{21} 白	fəŋ^{21}	fəŋ^{24}	luəŋ^{24}	tsuəŋ^{53} 白 / tsuəŋ^{21} 文	tsuəŋ^{21}
洪洞	u^{21}	fen^{21} 白 / feŋ^{21} 文	fen^{21} 白 / feŋ^{21} 文	feŋ^{21}	fen^{24} 白	leŋ^{42}	to^{21} 白 / taŋ^{21} 文	tʂueŋ^{21}

续表

字目	沃	风	疯	丰~收	冯姓	隆	中当~	忠
中古音 / 方言点	乌酷 通合一 入沃影	方戎 通合三 平东非	方冯 通合三 平东非	敷容 通合三 平东敷	房戎 通合三 平东奉	力中 通合三 平东来	陟弓 通合三 平东知	陟弓 通合三 平东知
洪洞赵城	u^{21}	feŋ^{21}	feŋ^{21}	feŋ^{21}	feŋ^{24}	leŋ^{24}	tʂueŋ^{21}	tʂueŋ^{21}
古县	u^{21}	fen^{21} 白 / fəŋ^{21} 文	fəŋ^{21}	fəŋ^{35}	fen^{35} 白 / fəŋ^{35} 文	ləŋ^{35}	tʂuəŋ^{21}	tʂuəŋ^{21}
襄汾	u^{21}	fen^{21}	fen^{21}	feŋ^{21}	fen^{24}	leŋ^{24} 白 / lueŋ^{24} 文	tʂʰuen^{21} 白 / tʂueŋ^{21} 文	tʂueŋ^{21}
浮山	u^{42}	fẽĩ^{42}	fẽĩ^{42}	feŋ^{42}	fẽĩ^{13}	lueŋ^{13}	pfʰẽĩ^{42} 白 / pfeŋ^{42} 文	tʂueŋ^{42}
霍州	uɤ^{212}	fəŋ^{212}	fəŋ^{212}	fəŋ^{212}	fəŋ^{35}	luŋ^{35}	tʂuŋ^{212}	tʂuŋ^{212}
翼城	uɤ^{53}	fəŋ^{53}	fəŋ^{53}	fəŋ^{53}	fəŋ^{12}	tʂuŋ^{12}	tʂuŋ^{53}	tʂuŋ^{53}
闻喜	u^{13} 白 /uɤ^{33} 文	fəŋ^{53}	fẽĩ^{13} 白 / fəŋ^{13} 文	fəŋ^{53}	fəŋ^{13}/ pʰiəŋ^{13}	luəŋ^{13}	pfəŋ^{53} 白 / tsuəŋ^{53} 文	pfəŋ^{53}
侯马	u^{53}	fəŋ^{213}	feĩ^{213}	fəŋ^{213}	fəŋ^{213}	luəŋ^{213}	tʂuəŋ^{213}	tʂuəŋ^{213}
新绛	u^{53}	fɛ̃^{53}	fɛ̃^{13}	fəŋ^{53}	fəŋ^{13}	luəŋ^{13}	pfəŋ^{53}	pfəŋ^{53}
绛县	uɤ^{31}	feĩ^{53}	feĩ^{53}	fʌŋ^{53}	fʌŋ^{24}	luʌŋ^{24}	pfʌŋ^{53}	tʂuʌŋ^{53}
垣曲	uo^{53}	fəŋ^{22}	fəŋ^{22}	fəŋ^{22}	fəŋ^{22}	luəŋ^{22}	tʂuəŋ^{22}	tʂuəŋ^{22}
夏县	u^{31}	fəŋ^{53}	fəŋ^{53}	fəŋ^{53}	fəŋ^{42}	luəŋ^{42}	pfəŋ^{53} 白 / tʂuəŋ^{53} 文	pfəŋ^{53} 白 / tʂuəŋ^{53} 文
万荣	u^{213}	faŋ^{51}	faŋ^{51}	faŋ^{51}	faŋ^{213}	luaŋ^{213}	faŋ^{51} 白 / pfaŋ^{51} 文	pfaŋ^{51}
稷山	uɤ^{53}	fə̃^{53} 白 /fʌŋ^{53} 文	fə̃^{53}	fʌŋ^{53}	fʌŋ^{13}	luŋ^{53}	pfʌŋ^{53} 白 / tʂuŋ^{53} 文	pfʌŋ^{53} 白 / tʂuŋ^{53} 文
盐湖	——	fəŋ^{42}	fəŋ^{42}	fəŋ^{42}	fəŋ^{13}	luəŋ^{13}	pfəŋ^{42} 白 / tʂuəŋ^{42} 文	pfəŋ^{42} 白 / tʂuəŋ^{42} 文
临猗	uo^{44}	fəŋ^{42}	fəŋ^{42}	fəŋ^{42}	fəŋ^{13}	ləŋ^{13} 白 / luəŋ^{13} 文	pfʰəŋ^{42} 白 / pfəŋ^{42} 白 / tʂuəŋ^{42} 文	pfəŋ^{42} 白 / tʂuəŋ^{42} 文
河津	u^{31}	fəŋ^{31}	fəŋ^{31}	fəŋ^{324}	fəŋ^{324}	luəŋ^{324}	pfʰəŋ^{31} 白 / pfəŋ^{31}	pfəŋ^{31}
平陆	uə^{13}	feŋ^{31}	feŋ^{31}	feŋ^{31}	feŋ^{13}	loŋ^{31}	pfʰeŋ^{31} 白 / pfeŋ^{31} 文	pfeŋ^{31}
永济	uo^{31}	fəŋ^{31}	fəŋ^{31}	fəŋ^{31}	fəŋ^{24}	luŋ^{24}	pfʰəŋ^{31} 白 / pfəŋ^{31} 文 / pfəŋ^{44}	pfəŋ^{31}
芮城	uo^{42}	fəŋ^{42}	fəŋ^{42}	fəŋ^{42}	fəŋ^{13}	luəŋ^{13}	pfʰəŋ^{42} 白 / pfəŋ^{42} 白 / tʂuəŋ^{42} 文	pfəŋ^{42}

续表

字目	沃	风	疯	丰~收	冯姓	隆	中当~	忠
中古音 / 方言点	乌酷 通合一 入沃影	方戎 通合三 平东非	方冯 通合三 平东非	敷容 通合三 平东敷	房戎 通合三 平东奉	力中 通合三 平东来	陟弓 通合三 平东知	陟弓 通合三 平东知
吉县	vu^{423}	fei^{423} 白 / $fəŋ^{423}$ 文	fei^{423}	$fəŋ^{423}$	fei^{13}	$luəŋ^{13}$	$pfəŋ^{423}$	$pfəŋ^{423}$
乡宁	$uɤ^{53}$	$fəŋ^{53}$	$fəŋ^{53}$	$fəŋ^{53}$	$fəŋ^{12}$	$luəŋ^{12}$	$tʂuəŋ^{53}$	$tʂuəŋ^{53}$
广灵	vo^{53}	$fəŋ^{53}$	$fəŋ^{53}$	$fəŋ^{53}$	$fəŋ^{31}$	$luŋ^{31}$	$tsuŋ^{53}$	$tsuŋ^{53}$

字目	衷	虫	崇	终	充	戎	绒	弓
中古音 / 方言点	陟弓 通合三 平东知	直弓 通合三 平东澄	锄弓 通合三 平东崇	职戎 通合三 平东章	昌终 通合三 平东昌	如融 通合三 平东日	如融 通合三 平东日	居戎 通合三 平东见
北京	tʂuŋ^{55}	tʂʰuŋ^{35}	tʂʰuŋ^{35}	tʂuŋ^{55}	tʂʰuŋ^{55}	ʐuŋ^{35}	ʐuŋ^{35}	kuŋ^{55}
小店	tsuəŋ^{11}	tsuəŋ^{11} 白 / tsʰuəŋ^{11} 文	tsʰuəŋ^{11}	tsuəŋ^{11}	tsʰuəŋ^{11}	zuəŋ^{11}	zuəŋ^{11}	kuəŋ^{11}
尖草坪	tsuʌŋ^{33}	tsʰuʌŋ^{33}	tsʰuʌŋ^{33}	tsuʌŋ^{33}	tsʰuʌŋ^{33}	zuʌŋ^{33}	zuʌŋ^{33}	kuʌŋ^{33}
晋源	tsuŋ^{11}	tsuŋ^{11}	tsʰuŋ^{11}	tsuŋ^{11}	tsʰuŋ^{11}	zuŋ^{11}	zuŋ^{11}	kuŋ^{11}
阳曲	tsuə̃^{312}	tsʰuə̃^{43}	tsʰuə̃^{312}	tsuə̃^{312}	tsʰuə̃^{312}	zuə̃^{43}	zuə̃^{43}	kuə̃^{312}
古交	tsuəŋ^{44}	tsuəŋ^{44}	tsʰuəŋ^{44}	tsuəŋ^{44}	tsʰuəŋ^{44}	zuəŋ^{44}	zuəŋ^{44}	kuəŋ^{44}
清徐	tsuəŋ^{11}	tsuəŋ^{11} 白 / tsʰuəŋ^{11} 文	tsʰuəŋ^{11}	tsuəŋ^{11}	tsʰuəŋ^{11}	zuəŋ^{11}	zuəŋ^{11}	kuəŋ^{11}
娄烦	pfəŋ^{33}	pfʰəŋ^{33}	pfʰəŋ^{312}	pfəŋ^{33}	pfʰəŋ^{33}	vəŋ^{33}	vəŋ^{33}	kuəŋ^{33}
榆次	tsuɤ̃^{11}	tsuɤ̃^{11}	tsʰuɤ̃^{11}	tsuɤ̃^{11}	tsʰuɤ̃^{11}	yɤ̃^{11}	yɤ̃^{11}	kuɤ̃^{11}
交城	tsuə̃^{11}	tsuə̃^{11} 白 / tsʰuə̃^{11} 文	tsʰuə̃^{11}	tsuə̃^{11}	tsʰuə̃^{11}	zʮə̃^{11}	zʮə̃^{11}	kuə̃^{11}
文水	tsuɔŋ^{22}	tsuɔŋ^{22} 白 / tsʰuɔŋ^{22} 文	tsʰuɔŋ^{22}	tsuɔŋ^{22}	tsʰuɔŋ^{22}	zʮɔŋ^{22}	zʮɔŋ^{22}	kuɔŋ^{22}
祁县	tsəm^{31}	tsəm^{31} 白 / tsʰəm^{31} 文	tsʰəm^{31}	tsəm^{31}	tsʰəm^{31}	zəm^{31}	zəm^{31}	kəm^{31}
太谷	tsuə̃^{33}	tsuə̃^{33} 白 / tsʰuə̃^{33} 文	tsʰuə̃^{33}	tsuə̃^{33}	tsʰuə̃^{33}	zuə̃^{33}	və̃^{33} 白 / zuə̃^{33} 文	kuə̃^{33}
平遥	tsuəŋ^{213}	tsuəŋ^{213}	tsʰuəŋ^{213}	tsuəŋ^{213}	tsʰuəŋ^{213}	zʮəŋ^{213}	zʮəŋ^{213}	kuəŋ^{213}
孝义	tsuə̃^{33}	tsʰuə̃^{33}	tsʰuə̃^{33}	tsuə̃^{33}	tsʰuə̃^{33}	zuə̃^{33}	zuə̃^{33}	kuə̃^{33}
介休	tsuŋ^{13}	tsuŋ^{13} 白 / tsʰuŋ^{13} 文	tsʰuŋ^{13}	tsuŋ^{13}	tsʰuŋ^{13}	zʮŋ^{13}	zuŋ^{13}	kuŋ^{13}
灵石	tsuŋ^{535}	tsʰuŋ^{44}	tsʰuŋ^{44}	tsuŋ^{535}	tsʰuŋ^{535}	zuŋ^{44}	zuŋ^{44}	kuŋ^{535}
盂县	tsuə̃^{412}	tsʰuə̃^{22}	tsʰuə̃^{22}	tsuə̃^{412}	tsʰuə̃^{412}	zuə̃^{22}	zuə̃^{22}	kuə̃^{412}
寿阳	tsuə̃^{31}	tsʰuə̃^{22}	tsʰuə̃^{22}	tsuə̃^{31}	tsʰuə̃^{53}/ tsʰuə̃^{31}	zuə̃^{22}	zuə̃^{22}	kuə̃^{31}
榆社	tsueɪ^{22}	tsʰueɪ^{22}	tsʰueɪ^{22}	tsueɪ^{22}	tsʰueɪ^{22}	zueɪ^{22}	zueɪ^{22}	kueɪ^{22}
离石	tsuəŋ^{24}	tsʰuəŋ^{44}	tsʰuəŋ^{44}	tsuəŋ^{24}	tsʰuəŋ^{24}	zuəŋ^{44}	zuəŋ^{44}	kuəŋ^{24}
汾阳	tʂuŋ^{324}	tʂʰuŋ^{22}	tʂʰuŋ^{22}	tʂuŋ^{324}	tʂʰuŋ^{324}	ʐuŋ^{22}	ʐuŋ^{22}	kuŋ^{324}
中阳	tʂuə̃^{24}	tʂʰuə̃^{33}	tʂʰuə̃^{33}	tʂuə̃^{24}	tʂʰuə̃^{24}	ʐuə̃^{33}	ʐuə̃^{33}	kuə̃^{24}
柳林	tsuə̃^{24}	tsʰuə̃^{44}	tsʰuə̃^{44}	tsuə̃^{24}	tsʰuə̃^{24}	zuə̃^{44}	zuə̃^{44}	kuə̃^{24}
方山	tsuə̃ŋ^{24}	tsʰuə̃ŋ^{44}	tsʰuə̃ŋ^{44}	tsuə̃ŋ^{24}	tsʰuə̃ŋ^{24}	zuə̃ŋ^{44}	zuə̃ŋ^{44}	kuə̃ŋ^{24}
临县	tsuə̃^{24}	tsʰuə̃^{33}	sʰuə̃^{33}	tsuə̃^{24}	tsʰuə̃^{24}	zuə̃^{33}	zuə̃^{33}	kuə̃^{24}

续表

字目	衷	虫	崇	终	充	戎	绒	弓
中古音 / 方言点	陟弓 通合三 平东知	直弓 通合三 平东澄	锄弓 通合三 平东崇	职戎 通合三 平东章	昌终 通合三 平东昌	如融 通合三 平东日	如融 通合三 平东日	居戎 通合三 平东见
兴县	——	tsʰuəŋ^{55}	tsʰuəŋ^{55}	tsuəŋ^{324}	tsʰuəŋ^{324}	zuəŋ^{55}	zuəŋ^{55}	kuəŋ^{324} / tɕyəŋ^{324}
岚县	tsuəŋ^{214}	tsʰuəŋ^{44}	tsʰuəŋ^{44}	tsuəŋ^{214}	tsʰuəŋ^{214}	ʐuəŋ^{44}	ʐuəŋ^{44}	kuəŋ^{214}
静乐	tsuɤ̃^{24}	tsʰuɤ̃^{33}	tsʰuɤ̃^{24}	tsuɤ̃^{24}	tsʰuɤ̃^{24}	vɤ̃^{33}	vɤ̃^{33}	kuɤ̃^{24}
交口	tsuəŋ^{323}	tsʰuəŋ^{44}	tsʰuəŋ^{44}	tsuəŋ^{323}	tsʰuəŋ^{323}	ʐuəŋ^{44}	ʐuəŋ^{44}	kuəŋ^{323}
石楼	tʂuəŋ^{213}	tʂʰuəŋ^{44}	tʂʰuəŋ^{44}	tʂuəŋ^{213}	tʂʰuəŋ^{213}	ʐuəŋ^{44}	ʐuəŋ^{44}	kuəŋ^{213}
隰县	tsuəŋ^{53}	tsʰuəŋ^{24}	tsʰuəŋ^{24}	tsuəŋ^{53}	tsʰuəŋ^{53}	zuəŋ^{24}	zuəŋ^{24}	kuəŋ^{53}
大宁	tʂuəŋ^{31}	tʂʰuəŋ^{24}	tʂʰuəŋ^{24}	tsuəŋ^{31}	tʂʰuəŋ^{31}	ʐuəŋ^{24}	ʐuəŋ^{24}	kuəŋ^{31}
永和	tʂuəŋ^{33}	tʂʰuəŋ^{35}	tʂʰuəŋ^{35}	tʂuəŋ^{33}	tʂʰuəŋ^{33}	ʐuəŋ^{35}	ʐuəŋ^{35}	kuəŋ^{33}
汾西	tsuəŋ^{11}	tsʰuəŋ^{35}	tsʰuəŋ^{35}	tsuəŋ^{11}	tsʰuəŋ^{11}	zuəŋ^{35}	vəŋ^{35} 白 / zuəŋ^{35} 文	kuəŋ^{11}
蒲县	tʂuŋ^{52}	tʂʰueĩ^{24} 白 / tʂʰuŋ^{24} 文	tʂʰuŋ^{24}	tsuŋ^{52}	tʂʰuŋ^{52}	ʐuŋ^{24}	ʐuŋ^{24}	kuŋ^{52}
潞州	tsuŋ^{312}	tsʰuŋ^{24}	tsʰuŋ^{24}	tsuŋ^{312}	tsʰuŋ^{312}	yŋ^{24}	yŋ^{24}	kuŋ^{312}
上党	tsuŋ^{213}	tsʰuŋ^{44}	tsʰuŋ^{44}	tsuŋ^{213}	tsʰuŋ^{213}	yŋ^{44}	yŋ^{44}	kuŋ^{213}
长子	tsuŋ^{312}	tsʰuŋ^{24}	tsʰuŋ^{24}	tsuŋ^{312}	tsʰuŋ^{312}	yŋ^{24}	yŋ^{24}	kuŋ^{312}
屯留	tsuəŋ^{31}	tsʰuəŋ^{11}	tsʰuəŋ^{11}	tsuəŋ^{31}	tsʰuəŋ^{31}	yəŋ^{11}	yəŋ^{11}	kuəŋ^{31}
襄垣	tsuəŋ^{33}	tsʰuəŋ^{31}	tsʰuəŋ^{31}	tsuəŋ^{33}	tsʰuəŋ^{33}	ʐuəŋ^{31}	ʐuəŋ^{31}	kuəŋ^{33}
黎城	tsuəŋ^{33}	tsʰuəŋ^{53}	tsʰuəŋ^{213}	tsuəŋ^{33}	tsʰuəŋ^{33}	luəŋ^{53}	luəŋ^{53}	kuəŋ^{33}
平顺	tsuŋ^{213}	tsʰuŋ^{13}	tsʰuŋ^{13}	tsuŋ^{213}	tsʰuŋ^{213}	yŋ^{13}	yŋ^{13}	kuŋ^{213}
壶关	tʂuŋ^{33}	tʂʰuŋ^{13}	tʂʰuŋ^{13}	tʂuŋ^{33}	tʂʰuŋ^{33}	yŋ^{13}	yŋ^{13}	kuŋ^{33}
沁县	——	tsʰuə̃^{33}	tsʰuə̃^{33}	tsuə̃^{224}	tsʰuə̃^{224}	zuə̃^{33}	zuə̃^{33}	kuə̃^{224}
武乡	tsuɐŋ^{113}	tsʰuɐŋ^{33}	tsʰuɐŋ^{33}	tsuɐŋ^{113}	tsʰuɐŋ^{113}	zuɐŋ^{33}	zuɐŋ^{33}	kuɐŋ^{113}
沁源	tʂuə̃^{324}	tʂʰuə̃^{33}	tsʰuə̃^{33}	tʂuə̃^{324}	tʂʰuə̃^{324}	ʐuə̃^{33}	ʐuə̃^{33}	kuə̃^{324}
安泽	tsuəŋ^{21}	tsʰuəŋ^{35}	tsʰuəŋ^{35}	tsuəŋ^{21}	tsʰuəŋ^{21}	zuəŋ^{35}	zuəŋ^{35}	kuəŋ^{21}
沁水端氏	tsoŋ^{21}	tsʰoŋ^{24}	tsʰoŋ^{24}	tsoŋ^{21}	tsʰoŋ^{21}	zoŋ^{24}	zoŋ^{24}	koŋ^{21}
阳城	tʂuoŋ^{224}	tʂʰuoŋ^{22}	tʂʰuoŋ^{22}	tʂuoŋ^{224}	tʂʰuoŋ^{224}	ʐuoŋ^{22}	ʐuoŋ^{22}	kuoŋ^{224}
高平	ʂuə̃ŋ^{212}	tʂʰuə̃ŋ^{33}	tʂʰuə̃ŋ^{33}	tʂuə̃ŋ^{33}	tʂʰuə̃ŋ^{33}	ʐuə̃ŋ^{33}	ʐuə̃ŋ^{33}	kuə̃ŋ^{33}
陵川	tʂuŋ^{33}	tʂʰuŋ^{53}	tʂʰuŋ^{53}	tʂuŋ^{33}	tʂʰuŋ^{33}	yŋ^{53}	yŋ^{53}	kuŋ^{33}
晋城	tʂuoŋ^{33}	tʂʰuoŋ^{324}	tʂʰuoŋ^{324}	tʂuoŋ^{33}	tʂʰuoŋ^{33}	ʐuoŋ^{33}	ʐuoŋ^{33}	kuoŋ^{33}
忻府	tsəŋ^{313}	tsʰuəŋ^{21}	tsʰuəŋ^{21}	tsəŋ^{313}	tsʰuəŋ^{313}	zuəŋ^{21}	zuəŋ^{21}	kuəŋ^{313}
原平	tsuəŋ^{213}	tsʰuəŋ^{33}	tsʰuəŋ^{33}	tsuəŋ^{213}	tsʰuəŋ^{213}	zuəŋ^{33}	zuəŋ^{33}	kuəŋ^{213}

续表

字目	衷	虫	崇	终	充	戎	绒	弓
中古音 / 方言点	陟弓 通合三 平东知	直弓 通合三 平东澄	锄弓 通合三 平东崇	职戎 通合三 平东章	昌终 通合三 平东昌	如融 通合三 平东日	如融 通合三 平东日	居戎 通合三 平东见
定襄	tsuəŋ^{24}	tsʰuəŋ^{11}	tsʰuəŋ^{11}	tsuəŋ^{24}	tsʰuəŋ^{24}	ʐuəŋ^{11}	ʐuəŋ^{11}	kuəŋ^{24}
五台	tsuən^{213}	tsʰuən^{33}	tsʰuən^{33}	tsuən^{213}	tsʰuən^{213}	zuən^{33}	zuən^{33}	kuən^{213}
岢岚	tʂuəŋ^{13}	tʂʰuəŋ^{44}	tʂʰuəŋ^{44}	tʂuəŋ^{13}	tʂʰuəŋ^{13}	ʐuəŋ^{44}	ʐuəŋ^{44}	kuəŋ^{13}
五寨	tsuəɣ̃^{13}	tsʰuəɣ̃^{44}	tsʰuəɣ̃^{44}	tsuəɣ̃^{13}	tsʰuəɣ̃^{13}	yəɣ̃^{44}	yəɣ̃^{44}	kuəɣ̃^{13}
宁武	tsuɤɯ^{23}	tsʰuɤɯ^{33}	tsʰuɤɯ^{33}	tsuɤɯ^{23}	tsʰuɤɯ^{23}	zuɤɯ^{33}	zuɤɯ^{33}	kuɤɯ^{23}
神池	tsuə̃^{24}	tsʰuə̃^{32}	tsʰuə̃^{32}	tsuə̃^{24}	tsʰuə̃^{24}	zuə̃^{32}	zuə̃^{32}	kuə̃^{24}
繁峙	tsuəŋ^{53}	tsʰuəŋ^{31}	tsʰuəŋ^{31}	tsuəŋ^{53}	tsʰuəŋ^{53}	ʐuəŋ^{31}	ʐuəŋ^{31}	kuəŋ^{53}
代县	tsuɤŋ^{213}	tsʰuɤŋ^{44}	tsʰuɤŋ^{44}	tsuɤŋ^{213}	tsʰuɤŋ^{213}	zuɤŋ^{44}	zuɤŋ^{44}	kuɤŋ^{213}
河曲	——	tʂʰuŋ^{44}	tsʰuŋ^{213}	tʂuŋ^{213}	tʂʰuŋ^{213}	ʐuŋ^{44}	ʐuŋ^{44}	kuŋ^{213}
保德	tʂuəŋ^{213}	tʂʰuəŋ^{44}	tʂʰuəŋ^{44}	tʂuəŋ^{213}	tʂʰuəŋ^{213}	ʐuəŋ^{44}	ʐuəŋ^{44}	kuəŋ^{213}
偏关	tʂuɤŋ^{24}	tʂʰuɤŋ^{44}	tʂʰuɤŋ^{44}	tʂuɤŋ^{24}	tʂʰuɤŋ^{24}	ʐuɤŋ^{44}	ʐuɤŋ^{44}	kuɤŋ^{24}
朔城	——	tsʰuə̃^{35}	tsʰuə̃^{35}	tsuə̃^{312}	tsʰuə̃^{312}	ʐuə̃^{35}	ʐuə̃^{35}	kuə̃^{312}
平鲁	tsuəɯ^{213}	tsʰuəɯ^{44}	suɛi^{52}/ tsʰuəɯ^{213}	tsuəɯ^{213}	tsʰuəɯ^{213}	zuəɯ^{44}	zuəɯ^{44}	kuəɯ^{213}
应县	tsuəŋ^{43}	tsʰuəŋ^{31}	tsʰuəŋ^{31}	tsuəŋ^{43}	tsʰuəŋ^{43}	zuəŋ^{43}	zuəŋ^{43}	kuəŋ^{43}
灵丘	tsuŋ^{442}	tsʰuŋ^{31}	tsʰuŋ^{31}	tsuŋ^{442}	tsʰuŋ^{442}	zuŋ^{31}	zuŋ^{31}	kuŋ^{442}
浑源	tsuə̃^{52}	tsʰuə̃^{22}	tsʰuə̃^{22}	tsuə̃^{52}	tsʰuə̃^{52}	zuə̃^{22}	zuə̃^{22}	kuə̃^{52}
云州	tʂuəɣ^{21}	tʂʰuəɣ^{312}	tʂʰuəɣ^{312}	tʂuəɣ^{21}	tʂʰuəɣ^{21}	ʐuəɣ^{312}	ʐuəɣ^{312}	kuəɣ^{21}
新荣	tʂuɤɣ^{32}	tʂʰuɤɣ^{312}	tʂʰuɤɣ^{312}	tʂuɤɣ^{32}	tʂʰuɤɣ^{54}	ʐuɤɣ^{312}	ʐuɤɣ^{312}	kuɤɣ^{32}
怀仁	tsuəŋ^{42}	tsʰuəŋ^{312}	tsʰuəŋ^{312}	tsuəŋ^{42}	tsʰuəŋ^{53}	zuəŋ^{312}	zuəŋ^{312}	kuəŋ^{42}
左云	tsuəɣ^{31}	tsʰuəɣ^{313}	tsʰuəɣ^{313}	tsuəɣ^{31}	tsʰuəɣ^{31}	ʐuəɣ^{313}	ʐuəɣ^{313}	kuəɣ^{31}
右玉	tʂuə̃ɣ^{31}	tʂʰuə̃ɣ^{212}	tʂʰuə̃ɣ^{212}	tʂuə̃ɣ^{31}	tʂʰuə̃ɣ^{31}	ʐuə̃ɣ^{212}	ʐuə̃ɣ^{212}	kuə̃ɣ^{31}
阳高	——	tsʰuəŋ^{312}	tsʰuəŋ^{312}	tsuəŋ^{31}	tsʰuəŋ^{31}	ʐuəŋ^{312}	ʐuəŋ^{312}	kuəŋ^{31}
山阴	tʂuə̃^{313}	tʂʰuə̃^{313}	tʂʰuə̃^{313}	tʂuə̃^{313}	tʂʰuə̃^{313}	ʐuə̃^{313}	ʐuə̃^{313}	kuə̃^{313}
天镇	——	tsʰuɤɣ^{22}	——	tsuɤɣ^{31}	tsʰuɤɣ^{31}	zuɤɣ^{22}	zuɤɣ^{22}	kuɤɣ^{31}
平定	tsuɤŋ^{31}	tsʰuɤŋ^{44}	tsʰuɤŋ^{31}	tsuɤŋ^{31}	tsʰuɤŋ^{31}	zuɤŋ^{44}	zuɤŋ^{44}	kuɤŋ^{31}
昔阳	tsuəŋ^{42}	tsʰuəŋ^{33}	tsʰuəŋ^{33}	tsuəŋ^{42}	tsʰuəŋ^{42}	zuəŋ^{33}	zuəŋ^{33}	kuəŋ^{42}
左权	——	tsʰuəŋ^{11}	tsʰuəŋ^{11}	tsuəŋ^{11}	tsʰuəŋ^{31}	ʐuəŋ^{11}	ʐuəŋ^{11}	kuəŋ^{31}
和顺	tsuəŋ^{42}	tsʰuəŋ^{22}	tsʰuəŋ^{22}	tsuəŋ^{42}	tsʰuəŋ^{42}	zuəŋ^{22}	zuəŋ^{22}	kuəŋ^{42}
尧都	tsuəŋ^{21}	tsʰuəŋ^{24}	tsʰuəŋ^{24}	tsuəŋ^{21}	tsʰuəŋ^{21}	ʐuəŋ^{24}	ʐuəŋ^{24}	kuəŋ^{21}
洪洞	tʂueŋ^{21}	tʂʰuen^{24} 白 / tʂʰueŋ^{24} 文	tsʰueŋ^{24}	tʂueŋ^{21}	tʂʰueŋ^{21}	veŋ^{24}	veŋ^{24}	kueŋ^{21}

续表

字目	衷	虫	崇	终	充	戎	绒	弓
中古音 / 方言点	陟弓 通合三 平东知	直弓 通合三 平东澄	锄弓 通合三 平东崇	职戎 通合三 平东章	昌终 通合三 平东昌	如融 通合三 平东日	如融 通合三 平东日	居戎 通合三 平东见
洪洞赵城	tʂueŋ^{21}	tʂʰueŋ^{24}	tʂʰueŋ^{24}	tʂueŋ^{21}	tʂʰueŋ^{21}	ʐueŋ^{24}	ʐueŋ^{24}	kueŋ^{21}
古县	tʂuəŋ^{21}	tʂʰuen^{35} 白 / tʂʰuəŋ^{35} 文	——	tʂuəŋ^{21}	tsʰuəŋ^{21}	ʐuəŋ^{35}	ʐuəŋ^{35}	kuəŋ^{21}
襄汾	tʂueŋ^{21}	tʂʰuen^{24}	tsʰueŋ^{24}	tʂueŋ^{21}	tʂʰueŋ^{42}	ven^{24}/ʐueŋ^{24}	ven^{24}/ʐueŋ^{24}	kueŋ^{21}
浮山	tʂueŋ^{42}	pfʰẽĩ^{13}	tʂʰueŋ^{13}	tʂueŋ^{42}	tʂʰueŋ^{42}	ʐueŋ^{13}	ʐueŋ^{13}	kueŋ^{42}
霍州	tʂuŋ^{212}	tʂʰuŋ^{35}	tʂʰuŋ^{35}	tʂuŋ^{212}	tʂʰuŋ^{212}	ʐuŋ^{35}	ʐuŋ^{35}	kuŋ^{212}
翼城	tʂuŋ^{53}	pfʰəŋ^{12}	tʂʰuŋ^{12}	tʂuŋ^{53}	pfʰəŋ^{53}	ʐuŋ^{12}	ʐəŋ^{12}	kuŋ^{53}
闻喜	tsuəŋ^{53}	pfʰəŋ^{13}	pfʰəŋ^{13}/ tsʰuəŋ^{13}	tsuəŋ^{53}	pfʰəŋ^{53} 白 / tsʰuəŋ^{53} 文	——	——	kuəŋ^{53}
侯马	tʂueĩ^{213}	tʂʰuəŋ^{213}	tʂʰuəŋ^{213}	tʂueĩ^{213}	tʂʰuəŋ^{213}	ʐuəŋ^{213}	ʐuəŋ^{213}	kuəŋ^{213}
新绛	tʂuəŋ^{53}	pfʰɛ̃^{13}	tʂʰuəŋ^{13}	tʂuəŋ^{53}	tʂʰuəŋ^{53}	vəŋ^{13}	vəŋ^{13}/ʐuəŋ^{13}	kuəŋ^{53}
绛县	pfʌŋ^{53}	pfʰʌŋ^{24}	pfʰʌŋ^{24}	tʂuʌŋ^{53}	pfʌŋ^{53}	ʐuʌŋ^{24}	vʌŋ^{24}	kuʌŋ^{53}
垣曲	tʂuəŋ^{22}	tʂʰuəŋ^{22}	tʂʰuəŋ^{22}	tʂuəŋ^{22}	tʂʰuəŋ^{22}	ʐuəŋ^{22}	ʐuəŋ^{22}	kuəŋ^{22}
夏县	pfəŋ^{53} 白 / tʂuəŋ^{53} 文	pfʰəŋ^{42} 白 / tʂʰuəŋ^{42} 文	pfʰəŋ^{42} 白 / tʂʰuəŋ^{42} 文	pfəŋ^{53} 白 / tʂuəŋ^{53} 文	pfʰəŋ^{53} 白 / tʂʰuəŋ^{53} 文	vəŋ^{42} 白 / ʐuəŋ^{42} 文	vəŋ^{42} 白 / ʐuəŋ^{42} 文	kuəŋ^{53}
万荣	pfaŋ^{51}	pfʰaŋ^{213}	pfʰaŋ^{55}	pfaŋ^{51}	pfʰaŋ^{51}	ʐuaŋ^{213}	vaŋ^{213}	kuaŋ^{51}
稷山	pfʌŋ^{53} 白 / tʂuŋ^{53} 文	pfʰə̃^{13} 白 / pfʰʌŋ^{13} 白 / tʂʰuŋ^{13} 文	tʂʰuŋ^{13}	pfʌŋ^{53} 白 / tʂuŋ^{53} 文	pfʰʌŋ^{53} 白 / tʂʰuŋ^{53} 文	ʐuŋ^{13}	vʌŋ^{13} 白 / ʐuŋ^{13} 文	kuŋ^{53}
盐湖	tʂuəŋ^{42}	pfʰəŋ^{13} 白 / tʂʰuəŋ^{13} 文	pfʰəŋ^{13} 白 / tʂʰuəŋ^{13} 文	tʂuəŋ^{42}	tʂʰuəŋ^{42}	ʐuəŋ^{13}	ʐuəŋ^{13}	kuəŋ^{42}
临猗	pfəŋ^{42} 白 / tʂuəŋ^{42} 文	pfʰəŋ^{13} 白 / tʂʰuəŋ^{13} 文	pfʰəŋ^{13} 白 / tʂʰuəŋ^{13} 文	pfəŋ^{42} 白 / tʂuəŋ^{42} 文	pfʰəŋ^{42} 白 / tʂʰuəŋ^{42} 文	ʐuəŋ^{13}	vəŋ^{13} 白 / ʐuəŋ^{13} 文	kuəŋ^{42}
河津	pfəŋ^{31}	pfʰəŋ^{324}	pfʰəŋ^{53}	pfəŋ^{31}	pfʰəŋ^{31}	vəŋ^{324}	vəŋ^{324}	kuəŋ^{31}
平陆	pfoŋ^{31}	pfʰoŋ^{13}	pfʰoŋ^{13}	pfoŋ^{31}	pfʰoŋ^{31}	voŋ^{13}	voŋ^{13}	koŋ^{31}
永济	pfəŋ^{31}	pfʰəŋ^{24}	pfʰəŋ^{24}	pfəŋ^{31} 白 / tʂuŋ^{31} 文	pfʰəŋ^{31} 白 / tʂʰuŋ^{31} 文	vəŋ^{24} 白 / yəŋ^{24} 文	vəŋ^{24} 白 / yəŋ^{24} 文	kuŋ^{31}
芮城	pfəŋ^{42}	pfʰəŋ^{13}	pfʰəŋ^{13}	pfəŋ^{42} 白 / tʂuəŋ^{42} 文	pfʰəŋ^{53}	vəŋ^{13}	vəŋ^{13}	kuəŋ^{42}
吉县	——	pfʰei^{13} 白 / pfʰəŋ^{13} 文	pfʰəŋ^{13}	pfəŋ^{423}	pfʰəŋ^{13}	——	vəŋ^{13}	kuəŋ^{423}
乡宁	tʂuəŋ^{53}	tʂʰuəŋ^{12}	tʂʰuəŋ^{12}	tʂuəŋ^{53}	tʂʰuəŋ^{53}	ʐuəŋ^{12}	ʐuəŋ^{12}	kuəŋ^{53}
广灵	tsuŋ^{53}	tsʰuŋ^{31}	tsʰuŋ^{31}	tsuŋ^{53}	tsʰuŋ^{53}	zuŋ^{31}	zuŋ^{31}	kuŋ^{53}

字目	躬	宫	穷	熊	雄	融	封	峰
中古音 方言点	居戎 通合三 平东见	居戎 通合三 平东见	渠弓 通合三 平东群	羽弓 通合三 平东云	羽弓 通合三 平东云	以戎 通合三 平东以	府容 通合三 平钟非	敷容 通合三 平钟敷
北京	kuŋ^{55}	kuŋ^{55}	tɕʰyŋ^{35}	ɕyŋ^{35}	ɕyŋ^{35}	zʅuŋ^{35}	fəŋ^{55}	fəŋ^{55}
小店	kuəŋ^{11}	kuəŋ^{11}	tɕyə̃^{11} 白 / tɕʰyə̃^{11} 文	ɕyə̃^{11}	ɕyə̃^{11}	yə̃^{11} 白 / zuəŋ^{11} 文	fəŋ^{11}	fəŋ^{11}
尖草坪	kuʌŋ^{33}	kuʌŋ^{33}	tɕʰyʌŋ^{33}	ɕyʌŋ^{33}	ɕyʌŋ^{33}	zuʌŋ^{33}	fʌŋ^{33}	fʌŋ^{33}
晋源	kuŋ^{11}	kuŋ^{11}	tɕyn^{11}	kuŋ^{11}	ɕyn^{11}	zuŋ^{11}	fəŋ^{11}	fəŋ^{11}
阳曲	kuə̃^{312}	kuə̃^{312}	tɕʰyə̃^{43}	ɕyə̃^{43}	ɕyə̃^{43}	yə̃^{43} 白 / zuə̃^{43} 文	fə̃^{312}	fə̃^{312}
古交	kuəŋ^{44}	kuəŋ^{44}	tɕyəŋ^{44}	ɕyəŋ^{44}	ɕyəŋ^{44}	zuəŋ^{44}	fəŋ^{44}	fəŋ^{44}
清徐	kuəŋ^{11}	kuəŋ^{11}	tɕyəŋ^{11} 白 / tɕʰyəŋ^{11} 文	ɕyəŋ^{11}	ɕyəŋ^{11}	yəŋ^{11}	fəŋ^{11}	fəŋ^{11}
娄烦	kuəŋ^{33}	kuəŋ^{33}	tɕʰyəŋ^{33}	ɕyəŋ^{33}	ɕyəŋ^{33}	yəŋ^{33}	fəŋ^{33}	fəŋ^{33}
榆次	kuɣ̃^{11}	kuɣ̃^{11}	tɕiɣ̃^{11}	ɕyɣ̃^{11}	ɕyɣ̃^{11}	yɣ̃^{11}	fɣ̃^{11}	fɣ̃^{11}
交城	kuə̃^{11}	kuə̃^{11}	tɕyə̃^{11} 白 / tɕʰyə̃^{11} 文	ɕyə̃^{11}	ɕyə̃^{11}	yə̃^{11}	xuə̃^{11}	xuə̃^{11}
文水	kuɔŋ^{22}	kuɔŋ^{22}	tɕyɔŋ^{22} 白 / tɕʰyɔŋ^{22} 文	ɕyɔŋ^{22}	ɕyɔŋ^{22}	yɔŋ^{22} 老 / zʅuɔŋ^{22} 新	xuɔŋ^{22}	xuɔŋ^{22}
祁县	kəm^{31}	kəm^{31}	tɕiəm^{31} 白 / tɕʰiəm^{31} 文	ɕiəm^{31}	ɕiəm^{31}	iəm^{31}	xəm^{31}	xəm^{31}
太谷	kuə̃^{33}	kuə̃^{33}	tɕyə̃^{33} 白 / tɕʰyə̃^{33} 文	ɕyə̃^{33}	ɕyə̃^{33}	yə̃^{33}	fə̃^{33}	fə̃^{33}
平遥	kuəŋ^{213}	kuəŋ^{213}	tɕyəŋ^{213} 白 / tɕʰyəŋ^{213} 文	ɕyəŋ^{213}	ɕyəŋ^{213}	zʅuəŋ^{213}	xuəŋ^{24}	xuəŋ^{213}
孝义	kuə̃^{33}	kuə̃^{33}	tɕyə̃^{33}	ɕyə̃^{33}	ɕyə̃^{33}	yə̃^{33}	xuə̃^{33}	xuə̃^{33}
介休	kuŋ^{13}	kuŋ^{13}	tɕyn^{13} 白 / tɕʰyn^{13} 文	ɕyn^{13}	ɕyn^{13}	zuŋ^{13}	xuŋ^{13}	xuŋ^{13}
灵石	kuŋ^{535}	kuŋ^{535}	tɕʰyŋ^{44}	ɕyŋ^{44}	ɕyŋ^{44}	——	xuŋ^{535}	xuŋ^{535}
盂县	kuə̃^{412}	kuə̃^{412}	tɕʰyə̃^{22}	ɕyə̃^{22}	ɕyə̃^{22}	yə̃^{22}	fə̃^{412}	fə̃^{412}
寿阳	kuə̃^{31}	kuə̃^{31}	tɕʰyə̃^{22}	ɕyə̃^{22}	ɕyə̃^{22}	yə̃^{22}	fə̃^{31}	fə̃^{31}
榆社	kueɪ^{22}	kueɪ^{22}	tɕʰyeɪ^{22}	ɕyeɪ^{22}	ɕyeɪ^{22}	zueɪ^{22}	feɪ^{22}	feɪ^{22}
离石	kuəŋ^{24}	kuəŋ^{24}	tɕʰyəŋ^{44}	ɕyəŋ^{44}	ɕyəŋ^{44}	zuəŋ^{44}	xuəŋ^{24}	xuəŋ^{24}
汾阳	kuŋ^{324}	kuŋ^{324}	tɕʰyŋ^{22}	ɕyŋ^{22}	ɕyŋ^{22}	yŋ^{22} 老 / zʅuŋ^{22} 新	fəŋ^{324}	fəŋ^{324}
中阳	kuə̃^{24}	kuə̃^{24}	tɕʰyə̃^{33}	ɕyə̃^{33}	ɕyə̃^{33}	zʅuə̃^{33}	xuə̃^{24}	xuə̃^{24}
柳林	kuə̃^{24}	kuə̃^{24}	tɕʰyə̃^{44}	ɕyə̃^{44}	ɕyə̃^{44}	yə̃^{44}	xuə̃^{24}	xuə̃^{24}
方山	kuə̃ŋ^{24}	kuə̃ŋ^{24}	tɕʰyə̃ŋ^{24}	ɕyə̃ŋ^{44}	ɕyə̃ŋ^{44}	zuə̃ŋ^{44}	xuə̃ŋ^{24}	xuə̃ŋ^{44}

续表

字目	躬	宫	穷	熊	雄	融	封	峰
中古音 / 方言点	居戎 通合三 平东见	居戎 通合三 平东见	渠弓 通合三 平东群	羽弓 通合三 平东云	羽弓 通合三 平东云	以戎 通合三 平东以	府容 通合三 平钟非	敷容 通合三 平钟敷
临县	kuə̃^{24}	kuə̃^{24}	tɕʰyə̃^{33}	ɕyə̃^{33}	ɕyə̃^{33}	zuə̃^{33}	fə̃^{24}	fə̃^{24}
兴县	kuəŋ^{324}	kuəŋ^{324}	tɕʰyəŋ^{55}	ɕyəŋ^{55}	ɕyəŋ^{55}	yəŋ^{55}	xuəŋ^{324}	xuəŋ^{324}
岚县	kuəŋ^{214}	kuəŋ^{214}	tɕʰyəŋ^{44}	ɕyəŋ^{44}	ɕyəŋ^{44}	yəŋ^{44}	fəŋ^{214}	fəŋ^{214}
静乐	kuɤ̃^{24}	kuɤ̃^{24}	tɕʰyɤ̃^{33}	ɕyɤ̃^{33}	ɕyɤ̃^{33}	yɤ̃^{33}	fɤ̃^{24}	fɤ̃^{24}
交口	kuəŋ^{323}	kuəŋ^{323}	tɕʰyəŋ^{44}	ɕyəŋ^{44}	ɕyəŋ^{44}	zuəŋ^{44}	xuəŋ^{323}	xuəŋ^{323}
石楼	kuəŋ^{44}	kuəŋ^{213}	tɕʰyəŋ^{44}	ɕyəŋ^{44}	ɕyəŋ^{44}	zuəŋ^{44}	xuəŋ^{213}	xuəŋ^{213}
隰县	kuəŋ^{53}	kuəŋ^{53}	tɕʰyəŋ^{24}	ɕyəŋ^{24}	ɕyəŋ^{24}	zuəŋ^{24}	xuəŋ^{53}	xuəŋ^{53}
大宁	kuəŋ^{31}	kuəŋ^{31}	tɕʰyən^{24}	ɕyən^{24}	ɕyən^{24}	yən^{24}	fəŋ^{31}	fəŋ^{24}
永和	kuəŋ^{33}	kuəŋ^{33}	tɕʰyəŋ^{35}	ɕyəŋ^{35}	ɕyəŋ^{35}	yəŋ^{35}	xuəŋ^{33}	xuəŋ^{33}
汾西	kuəŋ^{11}	kuəŋ^{11}	tɕʰyəŋ^{35}	ɕyəŋ^{35}	ɕyəŋ^{35}	zuəŋ^{35}	fəŋ^{11}	fəŋ^{35}
蒲县	kuŋ^{52}	kuŋ^{52}	tɕʰyn^{24} 白 / tɕʰyŋ^{24} 文	ɕyŋ^{24}	ɕyŋ^{24}	zuŋ^{24}	fəŋ^{52}	fəŋ^{52}
潞州	kuŋ^{312}	kuŋ^{312}	tɕʰyŋ^{24}	ɕyŋ^{24}	ɕyŋ^{24}	yŋ^{24}	fəŋ^{312}	fəŋ^{312}
上党	kuŋ^{213}	kuŋ^{213}	tɕʰyŋ^{44}	ɕyŋ^{44}	ɕyŋ^{44}	yŋ^{44}	fəŋ^{213}	fəŋ^{213}
长子	kuŋ^{312}	kuŋ^{312}	tɕʰyŋ^{24}	ɕyŋ^{24}	ɕyŋ^{24}	yŋ^{24}	fəŋ^{312}	fəŋ^{312}
屯留	kuəŋ^{31}	kuəŋ^{31}	tɕʰyəŋ^{11}	ɕyəŋ^{11}	ɕyəŋ^{11}	yəŋ^{11}	fəŋ^{31}	fəŋ^{31}
襄垣	kuəŋ^{33}	kuəŋ^{33}	tɕʰyəŋ^{31}	ɕyəŋ^{31}	ɕyəŋ^{33}	zuəŋ^{31}	fəŋ^{33}	fəŋ^{33}
黎城	kuəŋ^{33}	kuəŋ^{33}	cʰyəŋ^{53}	çyəŋ^{53}	çyəŋ^{33}	yəŋ^{33}	fəŋ^{33}	fəŋ^{33}
平顺	kuŋ^{213}	kuŋ^{213}	cʰyŋ^{13}	ɕyŋ^{13}	ɕyŋ^{13}	yŋ^{13}	fəŋ^{213}	fəŋ^{213}
壶关	kuŋ^{33}	kuŋ^{33}	cʰyŋ^{13}	çyŋ^{13}	çyŋ^{13}	yŋ^{13}	fəŋ^{33}	fəŋ^{33}
沁县	kuə̃^{224}	kuə̃^{224}	——	ɕyə̃^{214}	ɕyə̃^{33}	yə̃^{33}	fə̃^{224}	fə̃^{224}
武乡	kuɐŋ^{113}	kuɐŋ^{113}	tɕʰyɐŋ^{33}	ɕyɐŋ^{33}	ɕyɐŋ^{33}	yɐŋ^{33}	fɐŋ^{113}	fɐŋ^{113}
沁源	kuə̃^{324}	kuə̃^{324}	tɕʰyə̃^{33}	ɕyə̃^{33}	ɕyə̃^{33}	yə̃^{33}	fə̃^{324}	fə̃^{324}
安泽	kuəŋ^{21}	kuəŋ^{21}	tɕʰyəŋ^{35}	ɕyəŋ^{35}	ɕyəŋ^{35}	zuəŋ^{35}	fəŋ^{21}	fəŋ^{21}
沁水端氏	koŋ^{21}	koŋ^{21}	tɕʰyŋ^{24}	ɕyŋ^{24}	ɕyŋ^{24}	zoŋ^{24}	foŋ^{21}	foŋ^{21}
阳城	kuoŋ^{224}	kuoŋ^{224}	cʰyoŋ^{22}	çyoŋ^{22}	çyoŋ^{22}	zuoŋ^{22}	fuoŋ^{224}	fuoŋ^{224}
高平	kuə̃ŋ^{33}	kuə̃ŋ^{33}	cʰiuə̃ŋ^{33}	ɕiuə̃ŋ^{33}	ɕiuə̃ŋ^{33}	iuə̃ŋ^{33}	fə̃ŋ^{33}	fə̃ŋ^{33}
陵川	kuŋ^{33}	kuŋ^{33}	cʰyŋ^{53}	ɕyŋ^{53}	ɕyŋ^{53}	øyŋ^{53}	fəŋ^{33}	fəŋ^{33}
晋城	kuoŋ^{33}	kuoŋ^{33}	tɕʰyoŋ^{324}	ɕyoŋ^{324}	ɕyoŋ^{324}	yoŋ^{324}	foŋ^{33}	foŋ^{33}
忻府	kuəŋ^{313}	kuəŋ^{313}	tɕʰyəŋ^{21}	ɕyəŋ^{21}	ɕyəŋ^{21}	yəŋ^{21}	fəŋ^{313}	fəŋ^{313}
原平	kuəŋ^{213}	kuəŋ^{213}	tɕyəŋ^{33}	ɕyəŋ^{33}	ɕyəŋ^{33}	yəŋ^{33} 白 / zuəŋ^{33} 文	fəŋ^{213}	fəŋ^{213}

续表

字目 中古音 方言点	躬 居戎 通合三 平东见	宫 居戎 通合三 平东见	穷 渠弓 通合三 平东群	熊 羽弓 通合三 平东云	雄 羽弓 通合三 平东云	融 以戎 通合三 平东以	封 府容 通合三 平钟非	峰 敷容 通合三 平钟敷
定襄	kuəŋ^{24}	kuəŋ^{24}	tɕyəŋ^{11}	ɕyəŋ^{11}	ɕyəŋ^{11}	z̩uəŋ^{11}	fəŋ^{24}	fəŋ^{24}
五台	kuən^{213}	kuən^{213}	tɕʰyən^{33}	ɕyən^{33}	ɕyən^{33}	yən^{33}	fən^{213}	fən^{213}
岢岚	kuəŋ^{13}	kuəŋ^{13}	tɕʰyəŋ^{44}	ɕyəŋ^{44}	ɕyəŋ^{44}	yəŋ^{44}	fəŋ^{13}	fəŋ^{13}
五寨	kuəɣ̃^{13}	kuəɣ̃^{13}	tɕʰyəɣ̃^{44}	ɕyəɣ̃^{44}	ɕyəɣ̃^{44}	yəɣ̃^{44}	fəɣ̃^{13}	fəɣ̃^{13}
宁武	kuɤɯ^{23}	kuɤɯ^{23}	tɕʰyɤɯ^{33}	ɕyɤɯ^{33}	ɕyɤɯ^{33}	yɤɯ^{33}	fɤɯ^{23}	fɤɯ^{23}
神池	kuə̃^{24}	kuə̃^{24}	tɕʰyə̃^{32}	ɕyə̃^{32}	ɕyə̃^{32}	zuə̃^{32}	fə̃^{24}	fə̃^{24}
繁峙	kuəŋ^{53}	kuəŋ^{53}	tɕʰyəŋ^{31}	ɕyəŋ^{31}	ɕyəŋ^{31}	z̩uəŋ^{31}	fəŋ^{53}	fəŋ^{53}
代县	kuɤŋ^{213}	kuɤŋ^{213}	tɕʰyɤŋ^{44}	ɕyɤŋ^{44}	ɕyɤŋ^{44}	yɤŋ^{44}	fɤŋ^{213}	fɤŋ^{213}
河曲	kuŋ^{213}	kuŋ^{213}	tɕʰyŋ^{44}	ɕyŋ^{44}	ɕyŋ^{44}	z̩uŋ^{44}	fɤŋ^{213}	fɤŋ^{44}
保德	kuəŋ^{213}	kuəŋ^{213}	tɕʰyəŋ^{44}	ɕyəŋ^{44}	ɕyəŋ^{44}	yəŋ^{44}	fəŋ^{213}	fəŋ^{213}
偏关	kuɤŋ^{24}	kuɤŋ^{24}	tɕʰyɤŋ^{44}	ɕyɤŋ^{44}	ɕyɤŋ^{44}	yɤŋ^{44}	fɤŋ^{24}	fɤŋ^{24}
朔城	kuə̃^{312}	kuə̃^{312}	tɕʰyə̃^{312}	ɕyə̃^{35}	ɕyə̃^{35}	yə̃^{35}	fə̃^{312}	fə̃^{312}
平鲁	kuəɯ^{213}	kuəɯ^{213}	tɕʰyəɯ^{44}	ɕyəɯ^{44}	ɕyəɯ^{44}	yəɯ^{44}	fəɯ^{213}/ fəɯ^{52}	fəɯ^{44}
应县	kuəŋ^{43}	kuəŋ^{43}	tɕʰyəŋ^{31}	ɕyəŋ^{31}	zuəŋ^{43}	fəŋ^{43}	fəŋ^{43}	fəŋ^{43}
灵丘	kuŋ^{442}	kuŋ^{442}	tɕʰyŋ^{31}	ɕyŋ^{31}	ɕyŋ^{31}	zuŋ^{31}	fəŋ^{442}	fəŋ^{442}
浑源	kuə̃^{52}	kuə̃^{52}	tɕʰyə̃^{22}	ɕyə̃^{22}	ɕyə̃^{22}	yə̃^{22}	fə̃^{52}	fə̃^{22}
云州	kuəɣ^{21}	kuəɣ^{21}	tɕʰyəɣ^{312}	ɕyəɣ^{312}	ɕyəɣ^{21} 白 / ɕyəɣ^{312} 文	z̩uəɣ^{312}	fəɣ^{24} 白 / fəɣ^{21} 文	fəɣ^{21}
新荣	kuɤɣ^{32}	kuɤɣ^{32}	tɕʰyɣ^{312}	ɕyɣ^{312}	ɕyɣ^{312}	z̩uɤɣ^{312}/ yɣ^{312}	fɤɣ^{32}	fɤɣ^{32}
怀仁	kuəŋ^{42}	kuəŋ^{42}	tɕʰyəŋ^{312}	ɕyəŋ^{312}	ɕyəŋ^{312}	yəŋ^{312}	fəŋ^{24}	fəŋ^{42}
左云	kuəɣ^{31}	kuəɣ^{31}	tɕʰyəɣ^{313}	ɕyəɣ^{313}	ɕyəɣ^{313}	z̩uəɣ^{313}	fəɣ^{31}	fəɣ^{31}
右玉	kuə̃ɣ^{31}	kuə̃ɣ^{31}	tɕʰyə̃ɣ^{212}	ɕyə̃ɣ^{212}	ɕyə̃ɣ^{212}	z̩uə̃ɣ^{212}	fə̃ɣ^{31}	fə̃ɣ^{31}
阳高	kuəŋ^{31}	kuəŋ^{31}	tɕʰyəŋ^{312}	ɕyəŋ^{312}	ɕyəŋ^{312}	z̩uəŋ^{312}	fəŋ^{31}	fəŋ^{31}
山阴	kuə̃^{313}	kuə̃^{313}	tɕʰyə̃^{313}	ɕyə̃^{313}	ɕyə̃^{313}	yə̃^{313}	fə̃^{313}	fə̃^{313}
天镇	kuɤɣ^{31}	kuɤɣ^{31}	tɕʰyɤɣ^{22}	ɕyɤɣ^{22}	ɕyɤɣ^{22}	zuɤɣ^{22}	fɤɣ^{31}	fɤɣ^{31}
平定	kuɤŋ^{31}	kuɤŋ^{31}	tɕʰyɤŋ^{44}	ɕyɤŋ^{44}	ɕyɤŋ^{44}	yɤŋ^{44}	fɤŋ^{31}	pʰɤŋ^{31} 白 / fɤŋ^{31} 文
昔阳	kuəŋ^{42}	kuəŋ^{42}	tɕʰyəŋ^{33}	ɕyəŋ^{33}	ɕyəŋ^{33}	zuəŋ^{33}	fəŋ^{42}	fəŋ^{42}
左权	kuəŋ^{31}	kuəŋ^{31}	tɕʰyəŋ^{11}	ɕyəŋ^{11}	ɕyəŋ^{11}	yəŋ^{11}	fəŋ^{31}	fəŋ^{31}
和顺	kuəŋ^{42}	kuəŋ^{42}	tɕʰyəŋ^{22}	ɕyəŋ^{22}	ɕyəŋ^{22}	yəŋ^{22}	fəŋ^{42}	fəŋ^{42}

续表

字目	躬	宫	穷	熊	雄	融	封	峰
中古音 方言点	居戎 通合三 平东见	居戎 通合三 平东见	渠弓 通合三 平东群	羽弓 通合三 平东云	羽弓 通合三 平东云	以戎 通合三 平东以	府容 通合三 平钟非	敷容 通合三 平钟敷
尧都	kuəŋ^{21}	kuəŋ^{21}	tɕʰyəŋ^{24}	ɕyəŋ^{24}	ɕyəŋ^{24}	ʐuəŋ^{24}	fəŋ^{21}	fəŋ^{21}
洪洞	kueŋ^{21}	kueŋ^{21}	tɕʰyen^{24} 白 / tɕʰyeŋ^{24} 文	ɕyeŋ^{24}	ɕyeŋ^{24}	yeŋ^{24}	feŋ^{21}	feŋ^{24}
洪洞赵城	kueŋ^{21}	kueŋ^{21}	tɕʰyeŋ^{24}	ɕyeŋ^{42}	ɕyeŋ^{24}	ʐueŋ^{24}	feŋ^{21}	feŋ^{24}
古县	kuəŋ^{21}	kuəŋ^{21}	tɕʰyn^{35} 白 / tɕʰyŋ^{35} 文	ɕyŋ^{35}	ɕyŋ^{35}	ʐuəŋ^{35}	fəŋ^{21}	fəŋ^{35}
襄汾	kueŋ^{21}	kueŋ^{21}	tɕʰyen^{24} 白 / tɕʰyeŋ^{24} 文	ɕyeŋ^{24}	ɕyeŋ^{24}	yeŋ^{24}	feŋ^{21}	feŋ^{21}
浮山	kueŋ^{42}	kueŋ^{42}	tɕʰuẽĩ^{13}	ɕyeŋ^{13}	ɕyeŋ^{13}	yeŋ^{13}	feŋ^{42}	feŋ^{42}
霍州	kuŋ^{212}	kuŋ^{212}	tɕʰyŋ^{35}	ɕyŋ^{35}	ɕyŋ^{35}	ʐuŋ^{35}	fəŋ^{212}	fəŋ^{212}
翼城	kuŋ^{12}	kuŋ^{53}	tɕʰyŋ^{12}	ɕyŋ^{12}	ɕyŋ^{12}	ʐuŋ^{12}	fəŋ^{53}	fəŋ^{53}
闻喜	kuəŋ^{53}	kuəŋ^{53}	tɕʰyəŋ^{13}	ɕyəŋ^{13}	ɕyəŋ^{13}	——	fəŋ^{13}	fəŋ^{53}
侯马	kuəŋ^{213}	kuəŋ^{213}	tɕʰyəŋ^{213}	ɕyəŋ^{213}	ɕyəŋ^{213}	ʐuəŋ^{213}	fəŋ^{213}	fəŋ^{213}
新绛	kuəŋ^{53}	kuəŋ^{53}	tɕʰyəŋ^{13}	ɕyəŋ^{13}	ɕyəŋ^{13}	ʐuəŋ^{13}	fəŋ^{53}	fəŋ^{53}
绛县	kuʌŋ^{53}	kuʌŋ^{53}	tɕʰyeĩ^{24}	ɕyʌŋ^{24}	ɕyʌŋ^{24}	yʌŋ^{24}	fʌŋ^{53}	fʌŋ^{53}
垣曲	kuəŋ^{22}	kuəŋ^{22}	tɕʰyeŋ^{22}	ɕyəŋ^{22}	ɕyəŋ^{22}	ʐuəŋ^{22}	fəŋ^{22}	fəŋ^{22}
夏县	kuəŋ^{53}	kuəŋ^{53}	tɕʰyəŋ^{42}	ɕyəŋ^{42}	ɕyəŋ^{42}	——	fəŋ^{53}	fəŋ^{53}
万荣	kuaŋ^{51}	kuaŋ^{51}	tɕʰyaŋ^{213}	ɕyaŋ^{51}	ɕyaŋ^{213}	yaŋ^{213}	faŋ^{51}	faŋ^{213}
稷山	kuŋ^{53}	kuŋ^{53}	tɕʰyə̃^{13} 白 / tɕʰyŋ^{13} 文	ɕyŋ^{13}	ɕyŋ^{13}	ʐuŋ^{13}	fʌŋ^{53}	fʌŋ^{53}
盐湖	kuəŋ^{42}	kuəŋ^{42}	tɕʰyŋ^{13}	ɕyŋ^{13}	ɕyŋ^{13}	ʐuəŋ^{13}	fəŋ^{42}	fəŋ^{42}
临猗	kuəŋ^{42}	kuəŋ^{42}	tɕʰyəŋ^{13}	ɕyəŋ^{13}	ɕyəŋ^{13}	ʐuəŋ^{13}	fəŋ^{42}	fəŋ^{42}
河津	kuəŋ^{31}	kuəŋ^{31}	tsʰuəŋ^{324} 白 / tɕʰyəŋ^{324} 文	suəŋ^{324} 白 / ɕyəŋ^{324} 文	suəŋ^{324} 白 / ɕyəŋ^{324} 文	yəŋ^{324}	fəŋ^{31}	fəŋ^{324}
平陆	koŋ^{31}	koŋ^{31}	tɕʰioŋ^{13}	ɕioŋ^{13}	ɕioŋ^{13}	ioŋ^{13}	feŋ^{31}	feŋ^{13}
永济	kuŋ^{31}	kuŋ^{31}	tɕʰyŋ^{24}	suŋ^{24}/ɕyŋ^{24}	ɕyŋ^{24}	yŋ^{24}	fəŋ^{31}	fəŋ^{31}
芮城	kuəŋ^{42}	kuəŋ^{42}	tɕʰyəŋ^{13}	suəŋ^{13} 白 / ɕyəŋ^{13} 文	ɕyəŋ^{13}	yəŋ^{13}	fəŋ^{42}	fəŋ^{13}
吉县	kuəŋ^{423}	kuəŋ^{423}	tɕyei^{13} 白 / tɕʰyəŋ^{13} 文	ɕyəŋ^{13}	ɕyəŋ^{423}	yəŋ^{13}	fəŋ^{423}	fəŋ^{423}
乡宁	kuəŋ^{53}	kuəŋ^{53}	tɕʰyəŋ^{12}	ɕyəŋ^{12}	ɕyəŋ^{12}	ʐuəŋ^{12}	fəŋ^{53}	fəŋ^{53}
广灵	kuŋ^{53}	kuŋ^{53}	tɕʰyŋ^{53}	ɕyŋ^{31}	ɕyŋ^{31}	zuŋ^{31}	fəŋ^{53}	fəŋ^{53}

字目	锋	蜂	逢	缝~补	浓	龙	踪	纵~横
中古音 / 方言点	敷容 通合三 平钟敷	敷容 通合三 平钟敷	符容 通合三 平钟奉	符容 通合三 平钟奉	女容 通合三 平钟泥	力锺 通合三 平钟来	即容 通合三 平钟精	即容 通合三 平钟精
北京	fəŋ^{55}	fəŋ^{55}	fəŋ^{35}	fəŋ^{35}	nuŋ^{35}	luŋ^{35}	zuŋ^{55}	zuŋ^{51}
小店	fəŋ^{11}	pʰəŋ^{11} 白 / fəŋ^{11} 文	fəŋ^{11}	fəŋ^{11}	nəŋ^{11}	luəŋ^{11}	tsuəŋ^{11}	tsuəŋ^{24}
尖草坪	fʌŋ^{33}	fʌŋ^{33}	fʌŋ^{33}	fʌŋ^{33}	nʌŋ^{33} 白 / nuʌŋ^{33} 文	luʌŋ^{33}	tsuʌŋ^{33}	tsuʌŋ^{35}
晋源	fəŋ^{11}	fəŋ^{11}	fəŋ^{11}	fəŋ^{11}	nəŋ^{11}	luŋ^{11}	tsuŋ^{11}	tsuŋ^{11}
阳曲	fə̃^{312}	fə̃^{312}	fə̃^{43}	fə̃^{454}	nə̃^{43}	luə̃^{43}	tsuə̃^{312}	tsuə̃^{454}
古交	fəŋ^{44}	fəŋ^{44}	fəŋ^{44}	fəŋ^{44}	nuəŋ^{44}	luəŋ^{44}	tsuəŋ^{44}	tsuəŋ^{53}
清徐	fəŋ^{11}	pʰəŋ 白 / fəŋ^{11} 文	fəŋ^{11}	fəŋ^{11}	nəŋ^{11} 白 / nuəŋ^{11} 文	luəŋ^{11}	tsuəŋ^{11}	tsuəŋ^{11}
娄烦	fəŋ^{33}	fəŋ^{33}	fəŋ^{33}	fəŋ^{33}	nəŋ^{33}	luəŋ^{33}	tsuəŋ^{33}	tsuəŋ^{54}
榆次	fɤ̃^{11}	pʰɤ̃^{11}	fɤ̃^{11}	fɤ̃^{11}	nɤ̃^{11}	luɤ̃^{11}	tsuɤ̃^{11}	tsuɤ̃^{35}
交城	xuə̃^{11}	pʰə̃^{11} 白 / xuə̃^{11} 文	xuə̃^{11}	xuə̃^{11}	nə̃^{11}	luə̃^{11}	tsuə̃^{11}	tsuə̃^{24}
文水	xuəŋ^{22}	pʰəŋ^{22} 白 / xuəŋ^{22} 文	pʰəŋ^{35} 白 / xuəŋ^{22} 文	xuəŋ^{22}	nuəŋ^{22}	luəŋ^{22}	tsuəŋ^{22}	tsuəŋ^{35}
祁县	xəm^{31}	pʰɔ̃^{31} 白 / xəm^{31} 文	xəm^{31}	xəm^{31}	nɔ̃^{31} 白 / nəm^{31} 文	ləm^{31}	tsəm^{31}	tsəm^{45}
太谷	fə̃^{33}	pʰə̃^{33} 白 / fə̃^{33} 文	fə̃^{33}	fə̃^{33}	nə̃^{33}	luə̃^{33}	tsuə̃^{33}	tsuə̃^{53}
平遥	xuəŋ^{213}	pʰəŋ^{213} 白 / xuəŋ^{213} 文	xuəŋ^{213}	xuəŋ^{24}	nuəŋ^{213}	luəŋ^{213}	tsuəŋ^{213}	tsuəŋ^{512}
孝义	xuə̃^{33}	xuə̃^{33}	xuə̃^{33}	xuə̃^{454}	nuə̃^{33}	luə̃^{33}	tsuə̃^{33}	tsuə̃^{312}
介休	xuŋ^{13}	pʰəŋ^{13} 白 / xuŋ^{13} 文	pʰəŋ^{45} 白 / xuŋ^{13} 文	xuŋ^{13}	nuŋ^{13}	luŋ^{13}	tsuŋ^{13}	tsuŋ^{45}
灵石	xuŋ^{535}	xuŋ^{535}	xuŋ^{44}	xuŋ^{44}	nuŋ^{44}	luŋ^{44}	tsuŋ^{535}	tsuŋ^{53}
盂县	fə̃^{412}	fə̃^{412} 文	fə̃^{22}	fə̃^{22}	nə̃^{55} 白 / ȵuə̃^{22} 文	lyə̃^{22} 白 / luə̃^{22} 文	tsuə̃^{412}	tsuə̃^{55}
寿阳	fə̃^{31}	pʰə̃^{22} 白 / fə̃^{31} 文	fə̃^{22}	fə̃^{22}	nə̃^{22}	luə̃^{22}	tsuə̃^{31}	tsuə̃^{45}
榆社	feɪ^{22}	feɪ^{22}	feɪ^{22}	feɪ^{22}	neɪ^{22}	lueɪ^{22}	tsueɪ^{22}	tsueɪ^{45}
离石	xuəŋ^{44}	xuəŋ^{24}	xuəŋ^{44}	xuəŋ^{44}	nuəŋ^{44}	luəŋ^{44}	tsuəŋ^{24}	tsuəŋ^{53}
汾阳	fəŋ^{324}	fəŋ^{324}	fəŋ^{22}	fəŋ^{22}	nuŋ^{22}	luŋ^{22}	tsuŋ^{324}	tsuŋ^{55}
中阳	xuə̃^{33}	xuə̃^{24}	xuə̃^{33}	xuə̃^{33}	nuə̃^{33}	luə̃^{33}	tʂuə̃^{24}	tʂuə̃^{53}
柳林	xuə̃^{24}	xuə̃^{24}	xuə̃^{44}	xuə̃^{44}	nuə̃^{44}	luə̃^{44}	tsuə̃^{24}	tsuə̃^{53}

续表

字目	锋	蜂	逢	缝~补	浓	龙	踪	纵~横
中古音 / 方言点	敷容 通合三 平钟敷	敷容 通合三 平钟敷	符容 通合三 平钟奉	符容 通合三 平钟奉	女容 通合三 平钟泥	力锺 通合三 平钟来	即容 通合三 平钟精	即容 通合三 平钟精
方山	xuə̃ŋ^{44}	xuə̃ŋ^{24}	xuə̃ŋ^{44}	xuə̃ŋ^{44}	nuə̃ŋ^{44}	luə̃ŋ^{44}	tsuə̃ŋ^{24}	tsuə̃ŋ^{52}
临县	fə̃^{24}	fə̃^{24}	fə̃^{24}	fə̃^{52}	nuə̃^{33}	luə̃^{33}	tsuə̃^{33}	tsuə̃^{52}
兴县	xuəŋ^{324}	xuəŋ^{324}	xuəŋ^{55}	xuəŋ^{55}	nuəŋ^{324}	luəŋ^{55}	——	tsuəŋ^{53}
岚县	fəŋ^{214}	fəŋ^{214}	fəŋ^{44}	fəŋ^{44}	nəŋ^{53}	luəŋ^{44}	tsuəŋ^{214}	tsuəŋ^{53}
静乐	fɤ̃^{24}	fɤ̃^{24}	fɤ̃^{33}	fɤ̃^{33}	nɤ̃^{53}	luɤ̃^{33}	tsuɤ̃^{24}	tsuɤ̃^{53}
交口	xuəŋ^{323}	xuəŋ^{323}	xuəŋ^{44}	xuəŋ^{44}	nuəŋ^{44}	luəŋ^{44}/ lyəŋ^{44}	tsuəŋ^{323}	tsuəŋ^{53}
石楼	xuəŋ^{44}	xuəŋ^{44}	xuəŋ^{44}	xuəŋ^{44}	nuəŋ^{44}	luəŋ^{44}	tʂuəŋ^{213}	tʂuəŋ^{51}
隰县	xuəŋ^{53}	xuəŋ^{53}	xuəŋ^{24}	xuəŋ^{24}	nuəŋ^{24}	lyəŋ^{24}	tsuəŋ^{53}	tsuəŋ^{44}
大宁	fəŋ^{24}	fəŋ^{31}	fəŋ^{24}	fəŋ^{24}	nuəŋ^{24}	luəŋ^{24}	tɕyən^{31} 白 / tsuəŋ^{31} 文	——
永和	xuəŋ^{33}	xuəŋ^{33}	xuəŋ^{35}	xuəŋ^{35}	nuəŋ^{35}	luəŋ^{35}	tsuəŋ^{33}	tsuəŋ^{53}
汾西	fəŋ^{11}	fəŋ^{11}	fəŋ^{35}	fəŋ^{35}	nuəŋ^{35} 文	ləŋ^{35} 白	tsuəŋ^{11}	——
蒲县	fəŋ^{52}	fəŋ^{52}	fəŋ^{24}	fəŋ^{24}	nuŋ^{24}	luŋ^{24}	tsuŋ^{52}	tsuŋ^{33}
潞州	fəŋ^{312}	fəŋ^{312}	fəŋ^{24}	fəŋ^{24}	nuŋ^{24}	lyŋ^{24}	tsuŋ^{312}	tsuŋ^{44}
上党	fəŋ^{213}	fəŋ^{213}	fəŋ^{44}	fəŋ^{44}	nuŋ^{24}	lyŋ^{44}	tsuŋ^{213}	tsuŋ^{213}
长子	fəŋ^{312}	fəŋ^{312}	fəŋ^{24}	fəŋ^{24}	nəŋ^{24}	luŋ^{24}	tsuŋ^{312}	tsuŋ^{422}
屯留	fəŋ^{31}	fəŋ^{11}	fəŋ^{11}	fəŋ^{11}	nuəŋ^{11}	lyəŋ^{11} 白 / luəŋ^{11} 文	tsuəŋ^{31}	tsuəŋ^{11}
襄垣	fəŋ^{33}	fəŋ^{33}	fəŋ^{31}	fəŋ^{45}	nəŋ^{31}	luəŋ^{31}	tsuəŋ^{33}	tsuəŋ^{53}
黎城	fəŋ^{33}	fəŋ^{33}	fəŋ^{53}	fəŋ^{53}	nuəŋ^{53}	luəŋ^{53}	tsuəŋ^{33}	tsuəŋ^{422}
平顺	fəŋ^{213}	fəŋ^{213}	fəŋ^{13}	fəŋ^{13}	nuŋ^{13}	lyŋ^{13}	tsuŋ^{213}	tsuŋ^{213}
壶关	fəŋ^{33}	fəŋ^{33}	fəŋ^{13}	fəŋ^{13}	nuŋ^{13}	lyŋ^{13}	tʂuŋ^{33}	tʂuŋ^{33}
沁县	fə̃^{224}	fə̃^{224}	fə̃^{33}	fə̃^{33}	nə̃^{33}	luə̃^{33}	tsuə̃^{224}	tsuə̃^{53}
武乡	fɐŋ^{113}	fɐŋ^{113}	fɐŋ^{33}	fɐŋ^{33}	nɐŋ^{33}	luɐŋ^{33}	tsuɐŋ^{113}	tsuɐŋ^{55}
沁源	fə̃^{324}	fə̃^{324}	fə̃^{33}	fə̃^{33}	nə̃^{33}	luə̃^{33}	tsuə̃^{324}	tsuə̃^{53}
安泽	fəŋ^{21}	fəŋ^{21}	fəŋ^{35}	fəŋ^{35}	nuəŋ^{35}	lyəŋ^{35}	tsuəŋ^{21}	tsuəŋ^{53}
沁水端氏	foŋ^{21}	foŋ^{21}	foŋ^{24}	foŋ^{24}	noŋ^{24}	lyŋ^{24} 白 / loŋ^{24} 文	tsoŋ^{21}	tsoŋ^{53}
阳城	fuoŋ^{224}	fuoŋ^{224}	fuoŋ^{22}	fuoŋ^{22}	nuoŋ^{22}	lyoŋ^{212} 白 / luoŋ^{22} 文	tɕyoŋ^{224}	tsuoŋ^{51}
高平	fə̃ŋ^{33}	fə̃ŋ^{33}	fə̃ŋ^{33}	fə̃ŋ^{33}	nuə̃ŋ^{33}	niuə̃ŋ^{33} 白 / nuə̃ŋ^{33} 文	tʂuə̃ŋ^{33}	tʂuə̃ŋ^{33}

续表

字目	锋	蜂	逢	缝~补	浓	龙	踪	纵~横
中古音 / 方言点	敷容 通合三 平钟敷	敷容 通合三 平钟敷	符容 通合三 平钟奉	符容 通合三 平钟奉	女容 通合三 平钟泥	力锺 通合三 平钟来	即容 通合三 平钟精	即容 通合三 平钟精
陵川	fəŋ^{33}	fəŋ^{33}	fɒŋ^{53} 白 / fəŋ^{53} 文	fəŋ^{53}	nuŋ^{53}	lyŋ^{53}	tʂuŋ^{33}	tʂuŋ^{24}
晋城	foŋ^{33}	foŋ^{33}	foŋ^{324}	foŋ^{324}	nuoŋ^{324}	luoŋ^{324} 白 / lyoŋ^{324} 文	tʂuoŋ^{33}	tʂuoŋ^{53}
忻府	fəŋ^{313}	fəŋ^{313}	fəŋ^{21}	fəŋ^{21}	nəŋ^{21}	lyəŋ^{21} 白 / luəŋ^{21} 文	tsuəŋ^{313}	tsuəŋ^{53}
原平	fəŋ^{213}	fəŋ^{213}	fəŋ^{33}	fəŋ^{33}	nuəŋ^{33}	lyəŋ^{33} 白 luəŋ^{33} 文	tsuəŋ^{213}	tsuəŋ^{53}
定襄	fəŋ^{24}	fəŋ^{24}	fəŋ^{11}	fəŋ^{11}	nəŋ^{11}	luəŋ^{11}	tsuəŋ^{24}	tsuəŋ^{53}
五台	fən^{213}	fən^{213}	fən^{33}	fən^{33}	nən^{33}	luən^{33}/ lyən^{33}	tsuən^{213}	tsuən^{52}
岢岚	fəŋ^{13}	fəŋ^{13}	fəŋ^{44}	fəŋ^{44}	nuəŋ^{44}	luəŋ^{44}	tʂuəŋ^{13}	tʂuəŋ^{52}
五寨	fəɣ̃^{13}	fəɣ̃^{13}	fəɣ̃^{44}	fəɣ̃^{44}	nuəɣ̃^{44}	luəɣ̃^{44}	tsuəɣ̃^{13}	tsuəɣ̃^{52}
宁武	fɤɯ^{23}	fɤɯ^{23}	fɤɯ^{33}	fɤɯ^{33}	nɤɯ^{33}	lyɤɯ^{33}	tsuɤɯ^{23}	——
神池	fə̃^{24}	fə̃^{24}	fə̃^{32}	fə̃^{32}	nə̃^{32}	luə̃^{32}	tsuə̃^{24}	tsuə̃^{52}
繁峙	fəŋ^{53}	fəŋ^{53}	fəŋ^{31}	fəŋ^{31}	nuəŋ^{31}	luəŋ^{31}	tsuəŋ^{53}	tsuəŋ^{24}
代县	fɤŋ^{213}	fɤŋ^{213}	fɤŋ^{44}	fɤŋ^{44}	nɤŋ^{44}	lyɤŋ^{44} 白 / luɤŋ^{44} 文	tsuɤŋ^{213}	tsuɤŋ^{53}
河曲	fɤŋ^{44}	fɤŋ^{44}	fɤŋ^{44}	fɤŋ^{44}	nuŋ^{44}	luŋ^{44}	tsuŋ^{213}	tsuŋ^{52}
保德	fəŋ^{213}	fəŋ^{213}	fəŋ^{44}	fəŋ^{44}	nuəŋ^{44}	luəŋ^{44}	tsuəŋ^{213}	tsuəŋ^{52}
偏关	fɤŋ^{24}	fɤŋ^{24}	fɤŋ^{44}	fɤŋ^{52}	nuɤŋ^{44}	luɤŋ^{44}	tsuɤŋ^{24}	tsuɤŋ^{52}
朔城	fə̃^{312}	fə̃^{312}	fə̃^{35}	fə̃^{35}	nuə̃^{35}	luə̃^{35}	tsuə̃^{312}	——
平鲁	fəɯ^{44}	fəɯ^{44}	fəɯ^{44}	fəɯ^{44}	nəɯ^{44}	luəɯ^{44}	tsuəɯ^{213}	tsuəɯ^{52}
应县	fəŋ^{43}	fəŋ^{43}	fəŋ^{31}	fəŋ^{31}	nuəŋ^{31}	luəŋ^{31}	tsuəŋ^{43}	tsuəŋ^{43}
灵丘	fəŋ^{442}	fəŋ^{442}	fəŋ^{31}	fəŋ^{53}	nuŋ^{31}	luŋ^{31}	tsuŋ^{442}	tsuŋ^{53}
浑源	fə̃^{22}	fə̃^{22}	fə̃^{22}	fə̃^{22}	nə̃^{22}	luə̃^{22}	tsuə̃^{52}	tsuə̃^{13}
云州	fəɣ^{21}	fəɣ^{21}	fəɣ^{312}	pəɣ^{21} 白 / fəɣ^{312} 文	nuəɣ^{312}	luəɣ^{312}	tsuəɣ^{21}	tsuəɣ^{24}
新荣	fɤɣ^{32}	fɤɣ^{32}	fɤɣ^{312}	pɤɣ^{32}/ fɤɣ^{312}	nuɤɣ^{312}/ nɤɣ^{24}	luɤɣ^{312}	tsuɤɣ^{32}	tsuɤɣ^{24}
怀仁	fəŋ^{42}	fəŋ^{42}	fəŋ^{312}	fəŋ^{312}	nuəŋ^{312}	luəŋ^{312}	tsuəŋ^{42}	tsuəŋ^{24}
左云	fəɣ^{31}	fəɣ^{31}	fəɣ^{313}	fəɣ^{313}	nuəɣ^{313}	luəɣ^{313}	tsuəɣ^{31}	tsuəɣ^{24}
右玉	fə̃ɣ^{31}	fə̃ɣ^{31}	fə̃ɣ^{212}	fə̃ɣ^{212}	nuə̃ɣ^{212}	luə̃ɣ^{212}	tsuə̃ɣ^{31}	——

续表

字目	锋	蜂	逢	缝~补	浓	龙	踪	纵~横
中古音 / 方言点	敷容 通合三 平钟敷	敷容 通合三 平钟敷	符容 通合三 平钟奉	符容 通合三 平钟奉	女容 通合三 平钟泥	力锺 通合三 平钟来	即容 通合三 平钟精	即容 通合三 平钟精
阳高	fəŋ^{31}	fəŋ^{31}	fəŋ^{31}	fəŋ^{31}	nuəŋ^{312}	luəŋ^{312}	tsuəŋ^{31}	tsuəŋ^{24}
山阴	fə̃^{313}	fə̃^{313}	fə̃^{313}	fə̃^{313}	nuə̃^{313}	luə̃^{313}	tsuə̃^{313}	tsuə̃^{335}
天镇	fɤɣ^{31}	fɤɣ^{31}	fɤɣ^{22}	fɤɣ^{22}	nuɤɣ^{22}	luɤɣ^{22}	tsuɤɣ^{31}	tsuɤɣ^{24}
平定	fɤŋ^{31}	pʰɤŋ^{31} 白 / fɤŋ^{31} 文	fɤŋ^{44}	fɤŋ^{44}	nuɤŋ^{44}	luɤŋ^{44}	tsuɤŋ^{31}	tsuɤŋ^{24}
昔阳	fəŋ^{42}	pʰəŋ^{42} 白 / fəŋ^{42} 文	fəŋ^{33}	fəŋ^{33}	nuəŋ^{33}	luəŋ^{33}	tsuəŋ^{42}	tsuəŋ^{13}
左权	fəŋ^{31}	fəŋ^{31}	fəŋ^{11}	fəŋ^{11}	nuəŋ^{11}	luəŋ^{11}	tsuəŋ^{11}	tsuəŋ^{53}
和顺	fəŋ^{31}	fəŋ^{31}	fəŋ^{11}	fəŋ^{11}	nuəŋ^{11}	luəŋ^{11}	tsuəŋ^{11}	tsuəŋ^{53}
尧都	fəŋ^{21}	fəŋ^{21}	fəŋ^{24}	fəŋ^{24}	nuəŋ^{24}	luəŋ^{24}	tsuəŋ^{21}	tsuəŋ^{21}
洪洞	feŋ^{24}	fen^{21} 白 / feŋ^{21} 文	feŋ^{24}	fen^{53} 白 / feŋ^{53} 文	neŋ^{24}	leŋ^{24}	tsueŋ^{21}	tsueŋ^{21}
洪洞赵城	feŋ^{24}	feŋ^{24}	feŋ^{24}	feŋ^{24}	neŋ^{53}	leŋ^{24}	tsueŋ^{21}	tsueŋ^{21}
古县	fəŋ^{35}	fəŋ^{35}	fəŋ^{35}	fəŋ^{35}	nuəŋ^{35}	len^{35}/lyn^{35}	tsuəŋ^{21}	tsuəŋ^{21}
襄汾	feŋ^{21}	feŋ^{21}	feŋ^{24}	feŋ^{24}	neŋ^{24}	len^{24} 白 / lueŋ^{24} 文	tsueŋ^{21}	——
浮山	feŋ^{42}	feĩ^{42}	feŋ^{13}	feŋ^{13}	neŋ^{13}	leŋ^{13}	tsueŋ^{42}	tsueŋ^{42}
霍州	fəŋ^{212}	fəŋ^{212}	fəŋ^{35}	fəŋ^{35}	ləŋ^{35}	lyŋ^{35} 白 / luŋ^{35} 文	tsuŋ^{212}	tsuŋ^{212}
翼城	fəŋ^{53}	fəŋ^{53}	fəŋ^{12}	fəŋ^{12}	nuŋ^{12}	luŋ^{12}	tsuŋ^{53}	tsuŋ^{53}
闻喜	fəŋ^{53}	fəŋ^{53}	fəŋ^{13}	fəŋ^{13}	luəŋ^{13}/ ləŋ^{13}	luəŋ^{13}	tsuəŋ^{53}	tsuəŋ^{53}
侯马	fəŋ^{213}	fəŋ^{213}	fəŋ^{213}	fəŋ^{213}	nuəŋ^{213}	luəŋ^{213}	tsuəŋ^{213}	tsuəŋ^{53}
新绛	fəŋ^{53}	fɛ̃^{53}	fəŋ^{53}	fəŋ^{13}	nuəŋ^{13}	luəŋ^{13}	tsuəŋ^{53}	tsʰuəŋ^{53}
绛县	fʌŋ^{53}	feĩ^{53}	fʌŋ^{24}	fʌŋ^{24}	nuʌŋ^{24}	luʌŋ^{24}/lueĩ^{24}	tsuʌŋ^{53}	tsuʌŋ^{53}
垣曲	fəŋ^{53}	fəŋ^{53}	fəŋ^{53}	fəŋ^{22}	nuəŋ^{22}	lyəŋ^{22}	tsuəŋ^{22}	tsuəŋ^{53}
夏县	fəŋ^{53}	fəŋ^{53}	fəŋ^{42}	fəŋ^{42}	luəŋ^{42}	luəŋ^{42}	tsuəŋ^{53}	tsuəŋ^{31}
万荣	faŋ^{213}	faŋ^{51}	faŋ^{213}	faŋ^{213}	nuaŋ^{213}	luaŋ^{213}	tsuaŋ^{51}	tsuaŋ^{33}
稷山	fʌŋ^{53}	fə̃^{53} 白 / fʌŋ^{53} 文	fʌŋ^{13}	fʌŋ^{13}	nuŋ^{13}	luŋ^{13}	tsuŋ^{53}	tsuŋ^{53}
盐湖	fəŋ^{42}	fəŋ^{42}	fəŋ^{13}	fəŋ^{13}	luəŋ^{13}	luəŋ^{13}	tsuəŋ^{42}	tsuəŋ^{42}
临猗	fəŋ^{42}	fəŋ^{42}	fəŋ^{13}	fəŋ^{13}	luəŋ^{13}	luəŋ^{13}	tsuəŋ^{42}	tsuəŋ^{42}

续表

字目	锋	蜂	逢	缝~补	浓	龙	踪	纵~横
中古音 / 方言点	敷容 通合三 平钟敷	敷容 通合三 平钟敷	符容 通合三 平钟奉	符容 通合三 平钟奉	女容 通合三 平钟泥	力锺 通合三 平钟来	即容 通合三 平钟精	即容 通合三 平钟精
河津	fəŋ^{324}	fəŋ^{324}	fəŋ^{324}	fəŋ^{324}	nuəŋ^{324}	luəŋ^{324}	tsuəŋ^{31}	tsuəŋ^{44}
平陆	feŋ^{31}	feŋ^{31}	feŋ^{13}	feŋ^{13}	loŋ^{31}	loŋ^{31}	tsoŋ^{31}	tsoŋ^{31}
永济	fəŋ^{31}	fəŋ^{31}	fəŋ^{24}	fəŋ^{24}	nəŋ^{24} 白 / nuŋ^{24} 文	ləŋ^{24} 白 / luŋ^{24} 文	tsuŋ^{44}	tsuŋ^{44}
芮城	fəŋ^{13}	fəŋ^{42}	fəŋ^{13}	fəŋ^{13}	luəŋ^{13}	luəŋ^{13}	tsuəŋ^{42}	tsuəŋ^{44}
吉县	fəŋ^{423}	fəŋ^{423}	fəŋ^{13}	fəŋ^{423}	luəŋ^{13}	luəŋ^{13}	tsuəŋ^{33}	tsuəŋ^{33}
乡宁	fəŋ^{53}	fəŋ^{53}	fəŋ^{12}	fəŋ^{12}	luəŋ^{12} 白 / nuəŋ^{12} 文	luəŋ^{12}	tsuəŋ^{53}	tsuəŋ^{53}
广灵	fəŋ^{53}	fəŋ^{53}	fəŋ^{31}	fəŋ^{31}	nuŋ^{31}	lyŋ^{31} 白 / luŋ^{31} 文	tsuŋ^{53}	tsuŋ^{213}

字目	从服~	松~树	重~复	钟	锺	盅	冲~锋	舂
中古音 / 方言点	疾容 通合三 平钟从	祥容 通合三 平钟邪	直容 通合三 平钟澄	职容 通合三 平钟章	职容 通合三 平钟章	职容 通合三 平钟章	尺容 通合三 平钟昌	书容 通合三 平钟书
北京	tsʰuŋ^{35}	suŋ^{55}	tʂʰuŋ^{35}	tʂuŋ^{55}	tʂuŋ^{55}	tʂuŋ^{55}	tʂʰuŋ^{55}	tʂʰuŋ^{55}
小店	tsʰuəŋ^{11}	suəŋ^{11}	tsuəŋ^{24} 白 / tsʰuəŋ^{24} 文	tsuəŋ^{11}	——	tsuəŋ^{11}	tsʰuəŋ^{11}/ tsʰuəŋ^{24}	tsʰuəŋ^{11}
尖草坪	tsʰuʌŋ^{33}	suʌŋ^{33}	tsʰuʌŋ^{33}	tsuʌŋ^{33}	tsuʌŋ^{33}	tsuʌŋ^{33}	tsʰuʌŋ^{33}	tsʰuʌŋ^{33}
晋源	tsʰuŋ^{11}	suŋ^{11}	tsʰuŋ^{11}	tsuŋ^{11}	tsuŋ^{11}	tsuŋ^{11}	tsʰuŋ^{11}	tsʰuŋ^{11}
阳曲	tsʰuə̃^{43}	suə̃^{312}	tsʰuə̃^{43}	tsuə̃^{312}	tsuə̃^{312}	tsuə̃^{312}	tsʰuə̃^{312}	tsʰuə̃^{312}
古交	tsʰuəŋ^{44}	suəŋ^{44}	tsʰuəŋ^{44}	tsuəŋ^{44}	tsuəŋ^{44}	tsuəŋ^{44}	tsʰuəŋ^{44}	tsʰuəŋ^{44}
清徐	tsʰuəŋ^{11}	suəŋ^{11}	tsuəŋ^{11} 白 / tsʰuəŋ^{11} 文	tsuəŋ^{11}	tsuəŋ^{11}	tsuəŋ^{11}	tsʰuəŋ^{11}	tsʰuəŋ^{11}
娄烦	tsʰuəŋ^{33}	suəŋ^{33}	pfʰəŋ^{33}	pfuəŋ^{33}	pfəŋ^{33}	pfəŋ^{33}	pfʰəŋ^{33}	pfʰəŋ^{33}
榆次	tsʰuɤ̃^{11}	suɤ̃^{11}	tsuɤ̃^{11}	tsuɤ̃^{11}	tsuɤ̃^{11}	tsuɤ̃^{11}	tsʰuɤ̃^{11}	tsʰuɤ̃^{11}
交城	tsʰuə̃^{11}	suə̃^{11}	tsuə̃^{11} 白 / tsʰuə̃^{11} 文	tsuə̃^{11}	tsuə̃^{11}	tsuə̃^{11}	tsʰuə̃^{11}	tsʰuə̃^{11}
文水	tsʰuəŋ^{22}	suəŋ^{22}	tsuəŋ^{22} 白 / tsʰuəŋ^{22} 文	tsuəŋ^{22}	tsuəŋ^{22}	tsuəŋ^{22}	tsʰuəŋ^{22}	tsʰuəŋ^{22}
祁县	tsʰəm^{31}	səm^{31}	tsəm^{31} 白 / tsʰəm^{31} 文	tsəm^{31}	tsəm^{31}	tsəm^{31}	tsʰəm^{31}	tsʰəm^{31}
太谷	tsʰuə̃^{33}	suə̃^{33}	tsuə̃^{33} 白 / tsʰuə̃^{33} 文	tsuə̃^{33}	tsuə̃^{33}	tsuə̃^{33}	tsʰuə̃^{33}	tsʰuə̃^{33}
平遥	tsʰuəŋ^{213}	suəŋ^{213}	tsuəŋ^{24}	tsuəŋ^{213}	tsuəŋ^{213}	tsuəŋ^{213}	tsʰuəŋ^{213}	——
孝义	tsʰuə̃^{33}	suə̃^{33}	tsuə̃^{33} 白 / tsʰuə̃^{33} 文	tsuə̃^{33}	tsuə̃^{33}	tsuə̃^{33}	tsʰuə̃^{33}	——
介休	tsʰuŋ^{13}	suŋ^{13}	tsʰuŋ^{13}	tsuŋ^{13}	tsuŋ^{13}	tsuŋ^{13}	tsʰuŋ^{13}	tsʰuŋ^{13}
灵石	tsʰuŋ^{44}	suŋ^{535}	tsʰuŋ^{44}	tsuŋ^{535}	——	tsuŋ^{535}	tsʰuŋ^{535}	tsʰuŋ^{535}
盂县	tsʰuə̃^{22}	suə̃^{412}	tsʰuə̃^{22}	tsuə̃^{412}	tsuə̃^{412}	tsuə̃^{412}	tsʰuə̃^{412}	tsʰuə̃^{412}
寿阳	tsʰuə̃^{22}	suə̃^{31}	tsʰuə̃^{22}	tsuə̃^{31}	tsuə̃^{31}	tsuə̃^{31}	tsʰuə̃^{53}/ tsʰuə̃^{31}	tsʰuə̃^{31}
榆社	tsʰueɪ^{22}	sueɪ^{22}	tsʰueɪ^{22}	tsueɪ^{22}	——	tsueɪ^{22}	tsʰueɪ^{22}	tsʰueɪ^{22}
离石	tsʰuəŋ^{44}	suəŋ^{24}	tsʰuəŋ^{44}	tsuəŋ^{24}	tsuəŋ^{24}	tsuəŋ^{24}	tsʰuəŋ^{24}	tsʰuəŋ^{24}
汾阳	tsʰuŋ^{22}	suŋ^{22}	tʂʰuŋ^{22}	tʂuŋ^{324}	tʂuŋ^{324}	tʂuŋ^{324}	tʂʰuŋ^{324}	tʂʰuŋ^{324}
中阳	tʂʰuə̃^{33}	ʂuə̃^{24}	tʂʰuə̃^{33}	tʂuə̃^{24}	tʂuə̃^{24}	tʂuə̃^{24}	tʂʰuə̃^{24}	tʂʰuə̃^{24}
柳林	tsʰuə̃^{44}	suə̃^{24}	tsʰuə̃^{44}	tsuə̃^{24}	tsuə̃^{24}	tsuə̃^{24}	tsʰuə̃^{24}	tsʰuə̃^{24}
方山	tsʰuə̃ŋ^{44}	suə̃ŋ^{24}	tsʰuə̃ŋ^{44}	tsuə̃ŋ^{24}	tsuə̃ŋ^{24}	tsuə̃ŋ^{24}	tsʰuə̃ŋ^{24}	tsʰuə̃ŋ^{24}
临县	tsʰuə̃^{24}	suə̃^{24}	sʰuə̃^{33}	tsuə̃^{24}	tsuə̃^{24}	tsuə̃^{24}	tsʰuə̃^{24}	tsʰuə̃^{24}

续表

字目	从服~	松~树	重~复	钟	锺	盅	冲~锋	春
中古音／方言点	疾容 通合三 平钟从	祥容 通合三 平钟邪	直容 通合三 平钟澄	职容 通合三 平钟章	职容 通合三 平钟章	职容 通合三 平钟章	尺容 通合三 平钟昌	书容 通合三 平钟书
兴县	tsʰuəŋ^{55}	suəŋ^{324}	tsʰuəŋ^{55}	tsuəŋ^{324}	——	tsuəŋ^{324}	tsʰuəŋ^{324}	tsʰuəŋ^{324}
岚县	tsʰuəŋ^{44}	suəŋ^{214}	tsʰuəŋ^{44}	tsuəŋ^{214}	tsuəŋ^{214}	tsuəŋ^{214}	tsʰuəŋ^{214}	tsʰuəŋ^{214}
静乐	tsʰuɤ̃^{33}	suɤ̃^{24}	tsʰuɤ̃^{33}	tsuɤ̃^{24}	tsuɤ̃^{24}	tsuɤ̃^{24}	pfʰɤ̃^{24}	pfʰɤ̃^{24}
交口	tsʰuəŋ^{44}	suəŋ^{323}	tsʰuəŋ^{44}	tsuəŋ^{323}	tsuəŋ^{323}	tsuəŋ^{323}	tsʰuəŋ^{323}	tsʰuəŋ^{323}
石楼	tʂʰuəŋ^{44}	ʂuəŋ^{213}	tʂuəŋ^{51}	tʂuəŋ^{213}	tʂuəŋ^{213}	tʂuəŋ^{213}	tʂʰuəŋ^{213}	tʂuəŋ^{213}
隰县	tsʰuəŋ^{24}	suəŋ^{53}	tsʰuəŋ^{24}	tsuəŋ^{53}	tsuəŋ^{53}	tsuəŋ^{53}	tsʰuəŋ^{53}	tsʰuəŋ^{53}
大宁	tsʰuəŋ^{24}	suəŋ^{31}	tʂʰuəŋ^{24}	tʂuəŋ^{31}	tʂuəŋ^{31}	tʂuəŋ^{31}	tʂʰuəŋ^{31}	——
永和	tsʰuəŋ^{35}	suəŋ^{33}	tʂʰuəŋ^{35}	tʂuəŋ^{33}	tʂuəŋ^{33}	tʂuəŋ^{33}	tʂʰuəŋ^{33}	tʂʰuəŋ^{33}
汾西	tsʰuəŋ^{35}/tɑ^{11}	——	tsʰuəŋ^{35}	tsuəŋ^{11}	——	tsuəŋ^{11}	tsʰuəŋ^{11}	tsʰuəŋ^{55}
蒲县	tsʰuŋ^{24}	sueĩ^{52}	tsʰuŋ^{24}	tsuŋ^{52}	tʂuŋ^{52}	tʂuŋ^{52}	tsʰuŋ^{52}	tʂueĩ^{52}
潞州	tsʰuŋ^{24}	ɕyŋ^{312}	tsʰuŋ^{24}	tsuŋ^{312}	tsuŋ^{312}	tsuŋ^{312}	tsʰuŋ^{312}	tsʰuŋ^{312}
上党	tsʰuŋ^{44}	ɕyŋ^{213}	tsʰuŋ^{44}	tsuŋ^{213}	tsuŋ^{213}	tsuŋ^{213}	tsʰuŋ^{213}	tsʰuŋ^{213}
长子	tsʰuŋ^{24}	ɕyŋ^{312}	tsʰuŋ^{24}	tsuŋ^{312}	tsuŋ^{312}	tsuŋ^{312}	tsʰuŋ^{312}	tsʰuŋ^{312}
屯留	tsʰuəŋ^{11}	suəŋ^{31}	tsʰuəŋ^{11}	tsuəŋ^{31}	tsuəŋ^{31}	tsuəŋ^{31}	tsʰuəŋ^{31}	tsʰuəŋ^{31}
襄垣	tsʰuəŋ^{31}	suəŋ^{33}	fʌʔ^{3}	tsuəŋ^{33}	tsuəŋ^{33}	tsuəŋ^{33}	tsʰuəŋ^{33}	tsʰuəŋ^{33}
黎城	tsʰuəŋ^{53}	ɕyəŋ^{33}	tsʰuəŋ^{33}	tsuəŋ^{33}	tsuəŋ^{33}	tsuəŋ^{33}	tsʰuəŋ^{33}	tsʰyəŋ^{33}
平顺	tsʰuŋ^{13}	suŋ^{213}	tsʰuŋ^{13}	tsuŋ^{213}	tsuŋ^{213}	tsuŋ^{213}	tsʰuŋ^{213}	tsʰuŋ^{213}
壶关	tʂʰuŋ^{13}	syŋ^{33}	tʂʰuŋ^{13}	tʂuŋ^{33}	tʂuŋ^{33}	tʂuŋ^{33}	tʂʰuŋ^{33}	tʂʰuŋ^{33}
沁县	tsʰuə̃^{33}	suə̃^{224}	tsʰuə̃^{33}	tsuə̃^{224}	tsuə̃^{224}	tsuə̃^{224}	tsʰuə̃^{224}	tsʰuə̃^{224}
武乡	tsʰuɐŋ^{33}	suɐŋ^{113}	tsʰuɐŋ^{33}	tsuɐŋ^{113}	tsuɐŋ^{113}	tsuɐŋ^{113}	tsʰuɐŋ^{113}	tsʰuɐŋ^{113}
沁源	tsʰuə̃^{33}	suə̃^{324}	tʂʰuə̃^{33}	tʂuə̃^{324}	tʂuə̃^{324}	tʂuə̃^{324}	tʂʰuə̃^{324}	tʂʰuə̃^{324}
安泽	tsʰuəŋ^{35}	——	——	tsuəŋ^{21}	tsuəŋ^{21}	tsuəŋ^{21}	tsʰuəŋ^{21}	tsʰuəŋ^{21}
沁水端氏	tsʰoŋ^{24}	soŋ^{21}	tsʰoŋ^{24}	tsoŋ^{21}	tsoŋ^{21}	tsoŋ^{21}	tsʰoŋ^{21}	——
阳城	tsʰuoŋ^{22}	suoŋ^{224}	tʂʰuoŋ^{22}	tʂuoŋ^{224}	tʂuoŋ^{224}	tʂuoŋ^{224}	tʂʰuoŋ^{224}	——
高平	tɕʰiuə̃ŋ^{33}	ɕiuə̃ŋ^{33}	tʂʰuə̃ŋ^{33}	tʂuə̃ŋ^{33}	tʂuə̃ŋ^{33}	tʂuə̃ŋ^{33}	tʂʰuə̃ŋ^{33}	——
陵川	tʂʰuŋ^{53}	ʂuŋ^{33}	tʂʰuŋ^{53}	tʂuŋ^{33}	tʂuŋ^{33}	tʂuŋ^{312}	tʂʰuŋ^{33}	tʂʰuŋ^{33}
晋城	tɕʰyoŋ^{324}	ɕyoŋ^{33}	tʂʰuoŋ^{324}	tʂuoŋ^{33}	tʂuoŋ^{33}	tʂuoŋ^{33}	tʂʰuoŋ^{33}	ʂuoŋ^{33}
忻府	tsʰuəŋ^{21}	suəŋ^{313}	tsʰuəŋ^{21}	tsəŋ^{313}	tsəŋ^{313}	tsəŋ^{313}	tsʰuəŋ^{313}	tsʰuəŋ^{313}
原平	tsʰuəŋ^{33}	suəŋ^{213}	tsʰuəŋ^{33}	tsuəŋ^{213}	tsuəŋ^{213}	tsuəŋ^{213}	tsʰuəŋ^{213}	tsʰuəŋ^{213}
定襄	tsʰuəŋ^{11}	suəŋ^{24}	tsʰuəŋ^{11}	tsuəŋ^{24}	tsuəŋ^{24}	tsuəŋ^{24}	tsʰuəŋ^{24}	tsʰuəŋ^{24}
五台	tsʰuən^{33}	suən^{213}	tsʰuən^{33}	tsuən^{213}	tsuən^{213}	tsuən^{213}	tsʰuən^{213}	tsʰuən^{213}

续表

字目	从服~	松~树	重~复	钟	锺	盅	冲~锋	舂
中古音 / 方言点	疾容 通合三 平钟从	祥容 通合三 平钟邪	直容 通合三 平钟澄	职容 通合三 平钟章	职容 通合三 平钟章	职容 通合三 平钟章	尺容 通合三 平钟昌	书容 通合三 平钟书
岢岚	tsʰuəŋ^{44}	suəŋ^{13}	tʂʰuəŋ^{44}	tʂuəŋ^{13}	tʂuəŋ^{13}	tʂuəŋ^{13}	tʂʰuəŋ^{13}	tʂʰuəŋ^{13}
五寨	tsʰuəɣ̃^{44}	suəɣ̃^{13}	tsʰuəɣ̃^{44}	tsuəɣ̃^{13}	tsuəɣ̃^{13}	tsuəɣ̃^{13}	tsʰuəɣ̃^{13}	tsʰuəɣ̃^{13}
宁武	tsuɤɯ^{33}	suɤɯ^{23}	tsʰuɤɯ^{33}	tsuɤɯ^{23}	——	tsuɤɯ^{23}	tsʰuɤɯ^{23}	tsʰuɤɯ^{23}
神池	tsʰuə̃^{32}	suə̃^{24}	tsʰuə̃^{32}	tsuə̃^{24}	tsuə̃^{24}	tsuə̃^{24}	tsʰuə̃^{24}	tsʰuə̃^{24}
繁峙	tsʰuəŋ^{31}	suəŋ^{53}	tsʰuəŋ^{31}	tsuəŋ^{53}	tsuəŋ^{53}	tsuəŋ^{53}	tsʰuəŋ^{53}	tsʰuəŋ^{53}
代县	tsʰuɤŋ^{44}	suɤŋ^{213}	tsʰuɤŋ^{44}	tsuɤŋ^{213}	tsuɤŋ^{213}	tsuɤŋ^{213}	tsʰuɤŋ^{213}	tsʰuɤŋ^{213}
河曲	tsʰuŋ^{213}	suŋ^{213}	tʂʰuŋ^{44}/ tʂuŋ^{52}	tʂuŋ^{213}	tʂuŋ^{213}	tʂuŋ^{213}	tʂʰuŋ^{213}	tʂʰuŋ^{213}
保德	tsuəŋ^{44}	suəŋ^{213}	tʂʰuəŋ^{44}	tʂuəŋ^{213}	tʂuəŋ^{213}	tʂuəŋ^{213}	tʂʰuəŋ^{213}	tʂʰuəŋ^{213}
偏关	tsʰuɤŋ^{44}	suɤŋ^{24}	tʂʰuɤŋ^{44}	tʂuɤŋ^{24}	tʂuɤŋ^{24}	tʂuɤŋ^{24}	ʂʰuɤŋ^{24}/ ʂʰuɤŋ^{52}	tʂʰuɤŋ^{24}
朔城	tsʰuə̃^{35}	suə̃^{312}	tsʰuə̃^{35}	tsuə̃^{312}	——	tsuə̃^{312}	tsʰuə̃^{312}	tsʰuə̃^{312}
平鲁	tsʰuəɯ^{44}	suəɯ^{213}	tsʰuəɯ^{44}	tsuəɯ^{213}	——	tsuəɯ^{213}	tsʰuəɯ^{44}/ tsʰuəɯ^{52}	——
应县	tsʰuəŋ^{31}	suəŋ^{43}	tsʰuəŋ^{31}	tsuəŋ^{43}	tsuəŋ^{43}	tsuəŋ^{43}	tsʰuəŋ^{31}	tsʰuəŋ^{31}
灵丘	tsʰuŋ^{31}	suŋ^{442}	tsʰuŋ^{442}	tsuŋ^{442}	tsuŋ^{442}	tsuŋ^{442}	tsʰuŋ^{442}	tsʰuŋ^{442}
浑源	tsʰuə̃^{22}	suə̃^{52}	tsʰuə̃^{22}	tsuə̃^{52}	tsuə̃^{52}	tsuə̃^{52}	tsʰuə̃^{52}	tsʰuə̃^{52}
云州	tsʰuəɣ^{312}	suəɣ^{21}	tʂʰuəɣ^{312}	tʂuəɣ^{21}	tʂuəɣ^{21}	tʂuəɣ^{21}	tʂʰuəɣ^{21}	tʂʰuəɣ^{21}
新荣	tsʰuɤɣ^{312}	suɤɣ^{32}	tʂʰuɤɣ^{312}	tʂuɤɣ^{32}	tʂuɤɣ^{32}	tʂuɤɣ^{32}	tʂʰuɤɣ^{32}	tʂʰuɤɣ^{32}
怀仁	tsʰuəŋ^{312}	suəŋ^{42}	tsʰuəŋ^{312}	tsuəŋ^{42}	tsuəŋ^{42}	tsuəŋ^{42}	tsʰuəŋ^{42}	tsʰuəŋ^{42}
左云	tsʰuəɣ^{313}	suəɣ^{31}	tsʰuəɣ^{313}	tsuəɣ^{31}	tsuəɣ^{31}	tsuəɣ^{31}	tsʰuəɣ^{31}	tsʰuəɣ^{31}
右玉	tsʰuə̃ɣ^{212}	suə̃ɣ^{31}	tʂʰuə̃ɣ^{212}	tʂuə̃ɣ^{31}	tʂuə̃ɣ^{31}	tʂuə̃ɣ^{31}	tʂʰuə̃ɣ^{31}	tʂʰuə̃ɣ^{31}
阳高	tsʰuəŋ^{312}	suəŋ^{31}	tsʰuəŋ^{312}	tsuəŋ^{31}	tsuəŋ^{31}	tsuəŋ^{31}	tsʰuəŋ^{31}	tsʰuəŋ^{31}
山阴	tsʰuə̃^{313}	suə̃^{313}	tʂʰuə̃^{313}	tʂuə̃^{313}	——	tʂuə̃^{313}	tʂʰuə̃^{313}	tʂʰuə̃^{313}
天镇	tsʰuɤɣ^{22}	suɤɣ^{31}	tsuʰɤɣ^{22}	tsuɤɣ^{31}	tsuɤɣ^{31}	tsuɤɣ^{31}	tsʰuɤɣ^{31}	tsʰuɤɣ^{24}
平定	tsʰuɤŋ^{44}	suɤŋ^{31}	tsʰuɤŋ^{44}	tsuɤŋ^{31}	——	tsuɤŋ^{31}	tsʰuɤŋ^{31}	tsʰuɤŋ^{31}
昔阳	tsʰuəŋ^{33}	suəŋ^{42}	tsʰuəŋ^{33}	tsuəŋ^{42}	tsuəŋ^{42}	tʂuə̃r^{42}	tsʰuəŋ^{42}	tsʰuəŋ^{42}
左权	tsʰuəŋ^{11}	suəŋ^{31}	tsʰuəŋ^{11}	tsuəŋ^{11}	——	tsuəŋ^{11}	tsʰuəŋ^{31}	tsʰuəŋ^{31}
和顺	tsʰuəŋ^{22}	suəŋ^{42}	tsʰuəŋ^{22}	tsuəŋ^{42}	tsuəŋ^{42}	tsuəŋ^{42}	tsʰuəŋ^{42}	tsʰuəŋ^{42}
尧都	tsʰuəŋ^{24}	suəŋ^{21}	tsʰuəŋ^{24}	tsuəŋ^{21}	tsuəŋ^{21}	tsuəŋ^{21}	tsʰuəŋ^{21}	tsʰuəŋ^{21}
洪洞	tsʰueŋ^{24}	suen^{21} 白 / sueŋ^{21} 文	tʂueŋ^{24} 文	tʂueŋ^{21}	tʂueŋ^{21}	tʂueŋ^{21}	tʂʰueŋ^{21}	tʂʰueŋ^{21}
洪洞赵城	tsʰueŋ^{24}	sueŋ^{21}	tʂʰueŋ^{24}	tʂueŋ^{21}	tʂueŋ^{21}	tʂueŋ^{21}	tʂʰueŋ^{21}	tʂʰueŋ^{24}

续表

字目	从服~	松~树	重~复	钟	锺	盅	冲~锋	舂
中古音 方言点	疾容 通合三 平钟从	祥容 通合三 平钟邪	直容 通合三 平钟澄	职容 通合三 平钟章	职容 通合三 平钟章	职容 通合三 平钟章	尺容 通合三 平钟昌	书容 通合三 平钟书
古县	tsʰuəŋ^{35}	suen^{21}白/ suəŋ^{21}文	tʂʰuen^{35}	tʂuəŋ^{21}	tʂuəŋ^{21}	tʂuəŋ^{21}	tʂʰuəŋ^{21}	——
襄汾	tsʰueŋ^{24}	suen^{21}白/ sueŋ^{21}文	fu^{21}	tʂueŋ^{21}	tʂueŋ^{21}	tʂueŋ^{21}	tʂʰueŋ^{42}/ tʂʰueŋ^{53}	——
浮山	tsʰueŋ^{13}	sueĩ^{42}	pfʰẽĩ^{13}白/ tʂʰueŋ^{13}文	pfeŋ^{42}白/ tʂueŋ^{42}文	pfeŋ^{42}白/ tʂueŋ^{42}文	pfeŋ^{42}	pfʰeŋ^{42}白/ tʂʰueŋ^{42}文/ tʂʰueŋ^{53}	——
霍州	tsʰuŋ^{35}	suŋ^{212}	tʂʰuŋ^{35}	tʂuŋ^{212}	tʂuŋ^{212}	tsu^{212}白/ tʂuŋ^{212}文	tʂʰuŋ^{212}	tʂʰuŋ^{212}
翼城	tsʰuŋ^{12}	suŋ^{53}	tʂʰuŋ^{12}	tʂuŋ^{53}	tʂuŋ^{53}	tʂuŋ^{53}	tʂʰuŋ^{53}	tʂʰuŋ^{53}
闻喜	tsʰuəŋ^{13}	suəŋ^{53}	pfʰəŋ^{13}	pfəŋ^{53}	pfəŋ^{53}	pfəŋ^{53}	pfʰəŋ^{53}	tsʰuəŋ^{53}
侯马	tsʰuəŋ^{213}	suəŋ^{213}	tsʰuəŋ^{213}	tʂueĩ^{213}白/ tʂʰuəŋ^{213}文	——	tʂuəŋ^{53}	tʂʰuəŋ^{213}	tʂʰuəŋ^{213}
新绛	tsʰuəŋ^{13}	suəŋ^{53}	tʂʰuəŋ^{13}/ pfəŋ^{53}	tʂuəŋ^{53}	tʂuəŋ^{53}	pfəŋ^{53}	tʂʰuəŋ^{53}	tʂʰuẽ^{53}
绛县	tsʰuʌŋ^{24}/ tʂueĩ^{24}	sueĩ^{53}白/ suʌŋ^{53}文	pfʌŋ^{24}	pfʌŋ^{53}	pfʌŋ^{53}	pfʌŋ^{53}	pfʰʌŋ^{24}	tʂʰuʌŋ^{24}
垣曲	tsʰuəŋ^{22}	suəŋ^{22}	tʂʰuəŋ^{22}	tʂuəŋ^{22}	tʂuəŋ^{22}	tʂuəŋ^{22}	tʂʰuəŋ^{22}	tʂʰu^{22}
夏县	tsʰuəŋ^{42}	suəŋ^{53}	pfʰəŋ^{42}白/ tʂʰuəŋ^{42}文	pfəŋ^{53}白/ tʂuəŋ^{53}文	pfəŋ^{53}白/ tʂuəŋ^{53}文	pfəŋ^{53}白/ tʂuəŋ^{53}文	pfʰəŋ^{53}白/ tʂʰuəŋ^{53}文	——
万荣	tsʰuaŋ^{213}	suaŋ^{51}	pfʰaŋ^{213}	pfaŋ^{51}	pfaŋ^{51}	pfaŋ^{51}	pfʰaŋ^{51}	pfʰaŋ^{51}
稷山	tsʰuŋ^{13}	suə̃^{53}白/ suŋ^{53}文	pfʰʌŋ^{13}白/ tʂʰuŋ^{13}文	pfʌŋ^{53}白/ tʂuŋ^{53}文	——	pfʌŋ^{53}	pfʰə̃^{53}白/ tʂʰuŋ^{53}文	——
盐湖	tsʰuəŋ^{42}/ tsʰuəŋ^{13}	suəŋ^{42}	fu^{42}	pfəŋ^{42}白/ tʂuəŋ^{42}文	pfəŋ^{42}白/ tʂuəŋ^{42}文	pfəŋ^{42}白/ tʂuəŋ^{42}文	tʂʰuəŋ^{42}	——
临猗	tsʰuəŋ^{13}	ɕyəŋ^{42}白/ suəŋ^{42}文	pfʰəŋ^{13}白/ tʂʰuəŋ^{13}文	pfəŋ^{42}白/ tʂuəŋ^{42}文	——	pfəŋ^{42}白/ tʂuəŋ^{42}文	pfʰəŋ^{42}白/ tʂʰuəŋ^{42}文	——
河津	tsʰuəŋ^{324}	suəŋ^{31}	pfʰəŋ^{324}	pfəŋ^{31}	pfəŋ^{31}	pfəŋ^{31}	pfʰəŋ^{31}	pfʰəŋ^{31}
平陆	tsʰoŋ^{13}	soŋ^{31}	pfʰeŋ^{13}	pfeŋ^{31}	pfeŋ^{31}	pfeŋ^{31}	pfʰeŋ^{31}	——
永济	tsʰuŋ^{24}	suŋ^{31}	pfʰəŋ^{24}/ pfʰəŋ^{44}	pfəŋ^{31}	pfəŋ^{31}	pfəŋ^{31}	pfʰəŋ^{31}	pfʰəŋ^{31}
芮城	tsʰuəŋ^{13}	suəŋ^{42}	pfʰəŋ^{13}	pfəŋ^{42}	pfəŋ^{42}	pfəŋ^{42}	pfʰəŋ^{42}	——
吉县	tsʰuəŋ^{13}	suei^{423}	pfʰəŋ^{13}	pfəŋ^{423}	pfəŋ^{423}	pfəŋ^{423}	pfʰəŋ^{423}	——
乡宁	tsʰuəŋ^{12}	suəŋ^{53}	tʂʰuəŋ^{12}	tʂuəŋ^{53}	tʂuəŋ^{53}	tʂuəŋ^{53}	tʂʰuəŋ^{53}	tʂʰuəŋ^{53}
广灵	tsʰuŋ^{31}	suŋ^{53}	tsʰuŋ^{31}	tsuŋ^{53}	tsuŋ^{53}	tsuŋ^{53}	tsʰuŋ^{213}	tsuŋ^{53}

字目	茸	恭	供~给	凶吉~	凶~恶	匈	胸	容
中古音 / 方言点	而容 通合三 平钟日	九容 通合三 平钟见	九容 通合三 平钟见	许容 通合三 平钟晓	许容 通合三 平钟晓	许容 通合三 平钟晓	许容 通合三 平钟晓	徐封 通合三 平钟以
北京	ʐuŋ^{35}	kuŋ^{55}	kuŋ^{55}	ɕyŋ^{55}	ɕyŋ^{55}	ɕyŋ^{55}	ɕyŋ^{55}	ʐuŋ^{35}
小店	zuəŋ^{11}	kuəŋ^{11}	kuəŋ^{11}/ kuəŋ^{24}	ɕyə̃^{11}	ɕyə̃^{11}	ɕyə̃^{11}	ɕyə̃^{11}	yə̃^{11} 白 / zuəŋ^{11} 文
尖草坪	zuʌŋ^{33}	kuʌŋ^{33}	kuʌŋ^{35}	ɕyʌŋ^{33}	ɕyʌŋ^{33}	ɕyʌŋ^{33}	ɕyʌŋ^{33}	zuʌŋ^{33}
晋源	zuŋ^{11}	kuŋ^{11}	kuŋ^{35}	ɕyn^{11}	ɕyn^{11}	ɕyn^{11}	ɕyn^{11}	yn^{11} 白
阳曲	zuə̃^{43}	kuə̃^{312}	kuə̃^{312}	ɕyə̃^{312}	ɕyə̃^{312}	ɕyə̃^{312}	ɕyə̃^{312}	yə̃^{43}/zuə̃^{43}
古交	zuəŋ^{44}	kuəŋ^{44}	kuəŋ^{44}	ɕyəŋ^{44}	ɕyəŋ^{44}	ɕyəŋ^{44}	ɕyəŋ^{44}	zuəŋ^{44}
清徐	zuəŋ^{11}	kuəŋ^{11}	kuəŋ^{11}	ɕyəŋ^{11}	ɕyəŋ^{11}	ɕyəŋ^{11}	ɕyəŋ^{11}	yəŋ^{11}
娄烦	vəŋ^{33}	kuəŋ^{33}	kuəŋ^{54}	ɕyəŋ^{33}	ɕyəŋ^{33}	ɕyəŋ^{33}	ɕyəŋ^{33}	yəŋ^{33}
榆次	zuɤ̃^{11}	kuɤ̃^{11}	kuɤ̃^{35}	ɕyɤ̃^{11}	ɕyɤ̃^{11}	ɕyɤ̃^{11}	ɕyɤ̃^{11}	yɤ̃^{11}
交城	ʐuə̃^{53}	kuə̃^{11}	kuə̃^{24}	ɕyə̃^{11}	ɕyə̃^{11}	ɕyə̃^{11}	ɕyə̃^{11}	yə̃^{11}
文水	yɔŋ^{22} 老 / ʐuɔŋ^{22} 新	kuɔŋ^{22}	kuɔŋ^{22}	ɕyɔŋ^{22}	ɕyɔŋ^{22}	ɕyɔŋ^{22}	ɕyɔŋ^{22}	yɔŋ^{22} 老 / ʐuɔŋ^{22} 新
祁县	ʐəm^{31}	kəm^{31}	kəm^{45}	ɕiəm^{31}	ɕiəm^{31}	ɕiəm^{31}	ɕiəm^{31}	iəm^{31}
太谷	zuə̃^{33}	kuə̃^{33}	kuə̃^{53}	ɕyə̃^{33}	ɕyə̃^{33}	ɕyə̃^{33}	ɕyə̃^{33}	yə̃^{33}/zuə̃^{33}
平遥	ʐuəŋ^{213}	kuəŋ^{213}	kuəŋ^{213}	ɕyəŋ^{213}	ɕyəŋ^{213}	ɕyəŋ^{213}	ɕyəŋ^{213}	yəŋ^{213}
孝义	ʐuə̃^{33}	kuə̃^{33}	kuə̃^{454}/kuə̃^{33}	ɕyə̃^{33}	ɕyə̃^{33}	ɕyə̃^{33}	ɕyə̃^{33}	yə̃^{33}
介休	zuŋ^{13}	kuŋ^{13}	kuŋ^{13}	ɕyn^{13}	ɕyn^{13}	ɕyn^{13}	ɕyn^{13}	yn^{13}
灵石	zuŋ^{44}	kuŋ^{535}	kuŋ^{535}	ɕyŋ^{535}	ɕyŋ^{535}	ɕyŋ^{535}	ɕyŋ^{535}	yŋ^{44}
盂县	yə̃^{22}	kuə̃^{412}	kuə̃^{55}	ɕyə̃^{412}	ɕyə̃^{412}	ɕyə̃^{412}	ɕyə̃^{412}	yə̃^{22}
寿阳	zuə̃^{22}	kuə̃^{31}	kuə̃^{31}	ɕyə̃^{31}	ɕyə̃^{31}	ɕyə̃^{31}	ɕyə̃^{31}	yə̃^{22}
榆社	zueɪ^{22}	kueɪ^{22}	kueɪ^{22}	ɕyeɪ^{22}	ɕyeɪ^{22}	ɕyeɪ^{22}	ɕyeɪ^{22}	zueɪ^{22}
离石	zuəŋ^{44}	kuəŋ^{24}	kuəŋ^{24}	ɕyəŋ^{24}	ɕyəŋ^{24}	ɕyəŋ^{44}	ɕyəŋ^{44}	yəŋ^{44}
汾阳	ʐuŋ^{22}	kuŋ^{324}	kuŋ^{324}	ɕyŋ^{324}	ɕyŋ^{324}	ɕyŋ^{324}	ɕyŋ^{324}	yŋ^{22} 老 / ʐuŋ^{22} 新
中阳	ʐuə̃^{33}	kuə̃^{24}	kuə̃^{24}	ɕyə̃^{24}	ɕyə̃^{24}	ɕyə̃^{33}	ɕyə̃^{33}	yə̃^{33}
柳林	zuə̃^{44}	kuə̃^{24}	kuə̃^{53}	ɕyə̃^{24}	ɕyə̃^{24}	ɕyə̃^{44}	ɕyə̃^{44}	yə̃^{44}
方山	zuə̃ŋ^{44}	kuə̃ŋ^{24}	kuə̃ŋ^{24}	ɕyə̃ŋ^{24}	ɕyə̃ŋ^{24}	ɕyə̃ŋ^{44}	ɕyə̃ŋ^{24}	yə̃ŋ^{44}
临县	zuə̃^{33}	kuə̃^{24}	kuə̃^{52}	ɕyə̃^{24}	ɕyə̃^{24}	ɕyə̃^{33}	ɕyə̃^{24}	zuə̃^{33}
兴县	zuəŋ^{55}	kuəŋ^{324}	tɕyəŋ^{324} 白 / kuəŋ^{324} 文	ɕyəŋ^{324}	ɕyəŋ^{324}	ɕyəŋ^{55}	ɕyəŋ^{55}	yəŋ^{55}
岚县	ʐuəŋ^{44}	kuəŋ^{214}	kuəŋ^{214}	ɕyəŋ^{214}	ɕyəŋ^{214}	ɕyəŋ^{214}	ɕyəŋ^{214}	yəŋ^{44}
静乐	zuɤ̃^{33}	kuɤ̃^{24}	kuɤ̃^{53}	ɕyɤ̃^{24}	ɕyɤ̃^{24}	ɕyɤ̃^{24}	ɕyɤ̃^{24}	yɤ̃^{33} 白

续表

字目	茸	恭	供~给	凶吉~	凶~恶	匈	胸	容
中古音 方言点	而容 通合三 平钟日	九容 通合三 平钟见	九容 通合三 平钟见	许容 通合三 平钟晓	许容 通合三 平钟晓	许容 通合三 平钟晓	许容 通合三 平钟晓	馀封 通合三 平钟以
交口	ʐuəŋ^{44}	kuəŋ^{323}	tɕyəŋ^{323}	ɕyəŋ^{323}	ɕyəŋ^{323}	ɕyəŋ^{44}	ɕyəŋ^{323}	ʐuəŋ^{44}
石楼	ʐuəŋ^{44}	kuəŋ^{213}	kuəŋ^{51}	ɕyəŋ^{213}	ɕyəŋ^{213}	ɕyəŋ^{44}	ɕyəŋ^{213}	yəŋ^{44} 白 / ʐuəŋ^{44} 文
隰县	zuəŋ^{24}	kuəŋ^{53}	kuəŋ^{53}	ɕyəŋ^{53}	ɕyəŋ^{53}	ɕyəŋ^{53}	ɕyəŋ^{53}	yəŋ^{24}
大宁	——	kuəŋ^{31}	kuəŋ^{31}	ɕyən^{31}	——	ɕyən^{31}	ɕyən^{31}	yən^{24}
永和	ʐuəŋ^{35}	kuəŋ^{53}	kuəŋ^{33}	ɕyəŋ^{33}	ɕyəŋ^{33}	——	ɕyəŋ^{33}	yəŋ^{33}
汾西	vəŋ^{35} 白 / zuəŋ^{35} 文	kuəŋ^{11}	kuəŋ^{55}	ɕyəŋ^{11}	——	ɕyəŋ^{11}	ɕyəŋ^{11}	zuəŋ^{35}
蒲县	ʐuŋ^{24}	kuŋ^{52}	kuŋ^{33}	ɕyŋ^{52}	ɕyŋ^{52}	ɕyŋ^{52}	ɕyŋ^{52}	ʐuŋ^{24}
潞州	yŋ^{24}	kuŋ^{312}	kuŋ^{312}	ɕyŋ^{312}	ɕyŋ^{312}	ɕyŋ^{312}	ɕyŋ^{312}	yŋ^{24}
上党	yŋ^{44}	kuŋ^{213}	kuŋ^{535}	ɕyŋ^{213}	ɕyŋ^{213}	ɕyŋ^{213}	ɕyŋ^{213}	yŋ^{44}
长子	yŋ^{24}	kuŋ^{312}	kuŋ^{312}	ɕyŋ^{312}	ɕyŋ^{312}	ɕyŋ^{312}	ɕyŋ^{312}	yŋ^{24}
屯留	yəŋ^{11}	kuəŋ^{31}	kuəŋ^{53}	ɕyəŋ^{31}	ɕyəŋ^{31}	ɕyəŋ^{31}	ɕyəŋ^{31}	yəŋ^{11}
襄垣	ʐuəŋ^{31}	kuəŋ^{33}	kuəŋ^{33}	ɕyəŋ^{33}	ɕyəŋ^{33}	ɕyəŋ^{33}	ɕyəŋ^{33}	yəŋ^{31}
黎城	yəŋ^{33}	kuəŋ^{33}	kuəŋ^{33}	çyəŋ^{33}	çyəŋ^{33}	çyəŋ^{33}	çyəŋ^{33}	yəŋ^{53}
平顺	yŋ^{13}	kuŋ^{213}	kuŋ^{213}	ɕyŋ^{213}	ɕyŋ^{213}	ɕyŋ^{213}	ɕyŋ^{213}	yŋ^{13}
壶关	yŋ^{13}	kuŋ^{33}	kuŋ^{33}	çyŋ^{33}	çyŋ^{33}	çyŋ^{33}	çyŋ^{33}	yŋ^{13}
沁县	zuə̃^{33}	kuə̃^{224}	kuə̃^{224}	ɕyə̃^{224}	ɕyə̃^{224}	——	ɕyə̃^{224}	——
武乡	zuɐŋ^{33}	kuɐŋ^{113}	kuɐŋ^{113}	ɕyɐŋ^{113}	ɕyɐŋ^{113}	ɕyɐŋ^{113}	ɕyɐŋ^{113}	yɐŋ^{33}
沁源	ʐuə̃^{33}	kuə̃^{324}	kuə̃^{324}	ɕyə̃^{324}	ɕyə̃^{324}	ɕyə̃^{324}	ɕyə̃^{324}	yə̃^{33} 白 / ʐuə̃^{33} 文
安泽	zuəŋ^{35}	kuəŋ^{21}	kuəŋ^{21}	ɕyəŋ^{21}	ɕyəŋ^{21}	——	ɕyəŋ^{21}	yeŋ^{35}
沁水端氏	zoŋ^{24}	koŋ^{21}	koŋ^{21}	ɕyŋ^{21}	ɕyŋ^{21}	ɕyŋ^{21}	ɕyŋ^{21}	zoŋ^{24}
阳城	ʐuoŋ^{22}	kuoŋ^{224}	kuoŋ^{224}	çyoŋ^{224}	çyoŋ^{224}	tɕyoŋ^{224}	çyoŋ^{224}	yoŋ^{22}
高平	ʐuə̃ŋ^{33}	kuə̃ŋ^{33}	kuə̃ŋ^{53}	ɕiuə̃ŋ^{33}	ɕiuə̃ŋ^{33}	ɕiuə̃ŋ^{33}	ɕiuə̃ŋ^{33}	iuə̃ŋ^{33}
陵川	yŋ^{53}	kuŋ^{33}	kuŋ^{24}	ɕyɒŋ^{33}	ɕyɒŋ^{33}	ɕyŋ^{33}	ɕyŋ^{33}	yŋ^{53}
晋城	ʐuoŋ^{33}	kuoŋ^{33}	kuoŋ^{33}	ɕyoŋ^{33}	ɕyoŋ^{33}	ɕyoŋ^{33}	ɕyoŋ^{33}	yoŋ^{324}
忻府	zuəŋ^{21}	kuəŋ^{313}	kuəŋ^{313}	ɕyəŋ^{313}	ɕyəŋ^{313}	ɕyəŋ^{313}	ɕyəŋ^{313}	yəŋ^{21}
原平	zuəŋ^{33}	kuəŋ^{213}	kuəŋ^{53}	ɕyəŋ^{213}	ɕyəŋ^{213}	ɕyəŋ^{33}	ɕyəŋ^{33}	yəŋ^{33} 白 / zuəŋ^{33} 文
定襄	ʐuəŋ^{11}	kuəŋ^{24}	kuəŋ^{53}	ɕyəŋ^{24}	ɕyəŋ^{24}	ɕyəŋ^{24}	ɕyəŋ^{24}	ʐuəŋ^{11}
五台	zuən^{33}	kuən^{213}	kuən^{213}	ɕyən^{213}	ɕyən^{213}	ɕyən^{33}	ɕyən^{213}	yən^{33}

续表

字目	茸	恭	供~给	凶吉~	凶~恶	匈	胸	容
中古音 方言点	而容 通合三 平钟日	九容 通合三 平钟见	九容 通合三 平钟见	许容 通合三 平钟晓	许容 通合三 平钟晓	许容 通合三 平钟晓	许容 通合三 平钟晓	馀封 通合三 平钟以
岢岚	ʐuəŋ^{44}	kuəŋ^{13}	kuəŋ^{13}	ɕyəŋ^{13}	ɕyəŋ^{13}	ɕyəŋ^{44}	ɕyəŋ^{13}	yəŋ^{44}
五寨	yəɣ̃^{44}	kuəɣ̃^{13}	kuəɣ̃^{13}	ɕyəɣ̃^{13}	ɕyəɣ̃^{13}	ɕyəɣ̃^{13}	ɕyəɣ̃^{13}	yəɣ̃^{44}
宁武	zuɤɯ^{33}	kuɤɯ^{23}	kuɤɯ^{23}	ɕyɤɯ^{23}	ɕyɤɯ^{23}	ɕyɤɯ^{33}	ɕyɤɯ^{23}	yɤɯ^{33}
神池	zuə̃^{13}	kuə̃^{24}	kuə̃^{24}	ɕyə̃^{24}	ɕyə̃^{24}	ɕyə̃^{24}	ɕyə̃^{24}	yə̃^{32}
繁峙	ʐuəŋ^{31}	kuəŋ^{53}	kuəŋ^{53}	ɕyəŋ^{53}	ɕyəŋ^{53}	ɕyəŋ^{53}	ɕyəŋ^{53}	yəŋ^{31} 白 / ʐuəŋ^{31} 文
代县	zuɤŋ^{44}	kuɤŋ^{213}	kuɤŋ^{53}	ɕyɤŋ^{213}	ɕyɤŋ^{213}	ɕyɤŋ^{213}	ɕyɤŋ^{213}	yɤŋ^{44}
河曲	ʐuŋ^{44}	kuŋ^{213}	kuŋ^{213}	ɕyŋ^{213}	ɕyŋ^{213}	ɕyŋ^{44}	ɕyŋ^{213}	yŋ^{44}
保德	ʐuəŋ^{44}	kuəŋ^{213}	kuəŋ^{213}	ɕyəŋ^{213}	ɕyəŋ^{213}	ɕyəŋ^{213}	ɕyəŋ^{213}	yəŋ^{44}
偏关	ʐuɤŋ^{44}	kuɤŋ^{213}	kuɤŋ^{213}	ɕyɤŋ^{44}	ɕyɤŋ^{24}	ɕyɤŋ^{44}	ɕyɤŋ^{44}	yɤŋ^{44}
朔城	ʐuə̃^{35}	kuə̃^{312}	——	ɕyə̃^{312}	——	——	ɕyə̃^{312}	yə̃^{35}
平鲁	zuəɯ^{44}	kuəɯ^{213}	——	ɕyəɯ^{213}	——	——	ɕyəɯ^{213}	yəɯ^{44}
应县	zuəŋ^{43}	kuəŋ^{43}	kuəŋ^{43}	ɕyəŋ^{43}	ɕyəŋ^{43}	ɕyəŋ^{43}	ɕyəŋ^{43}	yəŋ^{31}
灵丘	zuŋ^{31}	kuŋ^{442}	kuŋ^{442}	ɕyŋ^{442}	ɕyŋ^{442}	ɕyŋ^{442}	ɕyŋ^{442}	zuŋ^{31}
浑源	zuə̃^{22}	kuə̃^{52}	kuə̃^{13}	ɕyə̃^{52}	ɕyə̃^{52}	ɕyə̃^{52}	ɕyə̃^{52}	yə̃^{22}
云州	ʐuəɣ^{312}	kuəɣ^{21}	kuəɣ^{21}	ɕyəɣ^{21}	ɕyəɣ^{21}	ɕyəɣ^{21}	ɕyəɣ^{21}	yəɣ^{312} 白 / ʐuəɣ^{312} 文
新荣	ʐuɤɣ^{312}	kuɤɣ^{32}	kuɤɣ^{32}	ɕyɣ^{32}	ɕyɣ^{32}	ɕyɣ^{312}	ɕyɣ^{32}	yɣ^{312}
怀仁	zuəŋ^{312}	kuəŋ^{42}	kuəŋ^{42}	ɕyəŋ^{42}	ɕyəŋ^{42}	ɕyəŋ^{42}	ɕyəŋ^{42}	yəŋ^{312}
左云	ʐuəɣ^{313}	kuəɣ^{31}	kuəɣ^{31}	ɕyəɣ^{31}	ɕyəɣ^{31}	ɕyəɣ^{31}	ɕyəɣ^{31}	zuəɣ^{312}
右玉	ʐuə̃ɣ^{212}	kuə̃ɣ^{31}	kuə̃ɣ^{31}	ɕyə̃ɣ^{31}	ɕyə̃ɣ^{31}	ɕyə̃ɣ^{31}	ɕyə̃ɣ^{31}	yə̃ɣ^{212}
阳高	ʐuəŋ^{312}	kuəŋ^{31}	——	ɕyəŋ^{31}	ɕyəŋ^{31}	ɕyəŋ^{31}	ɕyəŋ^{312}	ʐuəŋ^{312}/ yəŋ^{312}
山阴	ʐuə̃^{313}	kuə̃^{313}	kuə̃^{313}	ɕyə̃^{313}	——	ɕyə̃^{313}	ɕyə̃^{313}	yə̃^{313}
天镇	zuɤɣ^{22}	kuɤɣ^{31}	kuɤɣ^{24}	ɕyɤɣ^{31}	ɕyɤɣ^{31}	——	ɕyɤɣ^{22}	yɤɣ^{22}
平定	zuɤŋ^{44}	kuɤŋ^{31}	kuɤŋ^{31}	ɕyɤŋ^{31}	ɕyɤŋ^{31}	——	ɕyɤŋ^{31}	yɤŋ^{44}
昔阳	zuəŋ^{33}	kuəŋ^{42}	kuəŋ^{42}	ɕyəŋ^{42}	ɕyəŋ^{42}	ɕyəŋ^{42}	ɕyəŋ^{42}	yəŋ^{33}
左权	ʐuəŋ^{11}	kuəŋ^{31}	kuəŋ^{31}	ɕyəŋ^{31}	ɕyəŋ^{31}	——	ɕyəŋ^{31}	yəŋ^{11}
和顺	zuəŋ^{22}	kuəŋ^{42}	kuəŋ^{42}	ɕyəŋ^{42}	ɕyəŋ^{42}	ɕyəŋ^{42}	ɕyəŋ^{42}	yəŋ^{22}/zuəŋ^{22}
尧都	ʐuəŋ^{24}	kuəŋ^{21}	kuəŋ^{21}	ɕyəŋ^{21}	ɕyəŋ^{21}	ɕyəŋ^{21}	ɕyəŋ^{21}	ʐuəŋ^{24}
洪洞	veŋ^{24}	kueŋ^{21}	kueŋ^{42}	ɕyeŋ^{21}	ɕyeŋ^{21}	ɕyeŋ^{21}	ɕyeŋ^{21}	yeŋ^{24}

续表

字目	茸	恭	供~给	凶吉~	凶~恶	匈	胸	容
中古音 / 方言点	而容 通合三 平钟日	九容 通合三 平钟见	九容 通合三 平钟见	许容 通合三 平钟晓	许容 通合三 平钟晓	许容 通合三 平钟晓	许容 通合三 平钟晓	馀封 通合三 平钟以
洪洞赵城	ʐueŋ^{24}	kueŋ^{53}	kueŋ^{21}	ɕyeŋ^{21}	ɕyeŋ^{21}	ɕyeŋ^{21}	ɕyeŋ^{21}	yeŋ^{24}白 / ʐueŋ^{24}文
古县	ʐuəŋ^{35}	kuəŋ^{21}	kuəŋ^{21}	ɕyŋ^{21}	ɕyŋ^{21}	ɕyŋ^{21}	ɕyŋ^{21}	yŋ^{35}
襄汾	ʐueŋ^{24}	kueŋ^{21}	kueŋ^{21}	ɕyeŋ^{21}	ɕyeŋ^{21}	ɕyeŋ^{21}	ɕyeŋ^{21}	yeŋ^{21}
浮山	ʐueŋ^{13}	kueŋ^{42}	kueŋ^{42}	ɕyeŋ^{42}	ɕyeŋ^{42}	ɕyeŋ^{42}	ɕyeŋ^{42}	yeŋ^{42}
霍州	ʐuŋ^{35}	kuŋ^{212}	kuŋ^{55}	ɕyŋ^{212}	ɕyŋ^{212}	ɕyŋ^{212}	ɕyŋ^{212}	ʐuŋ^{35}
翼城	ʐuŋ^{12}	kuŋ^{53}	kuŋ^{53}	ɕyŋ^{53}	ɕyŋ^{53}	ɕyŋ^{53}	ɕyŋ^{53}	yŋ^{12}
闻喜	——	kuəŋ^{53}	kuəŋ^{53}	ɕyəŋ^{53}	ɕyəŋ^{53}	——	ɕyəŋ^{53}	yəŋ^{13}
侯马	ʐuəŋ^{213}	kuəŋ^{213}	kuəŋ^{53}	ɕyəŋ^{213}	ɕyəŋ^{213}	ɕyəŋ^{213}	ɕyəŋ^{213}	ʐuəŋ^{213}
新绛	ʐuəŋ^{13}	kuəŋ^{53}	kuəŋ^{53}	ɕyəŋ^{53}	ɕyəŋ^{53}	ɕyəŋ^{13}	ɕyəŋ^{53}	ʐuəŋ^{13}
绛县	ʐuʌŋ^{24}	kuʌŋ^{53}	kuʌŋ^{53}	ɕyʌŋ^{53}	ɕyʌŋ^{53}	ɕyʌŋ^{53}	ɕyʌŋ^{53}	yʌŋ^{24}
垣曲	ʐuəŋ^{22}	kuəŋ^{53}	kuəŋ^{53}	ɕyəŋ^{53}	ɕyəŋ^{53}	ɕyəŋ^{53}	ɕyəŋ^{53}	ʐuəŋ^{22}
夏县	vəŋ^{42}白 / ʐuəŋ^{42}文	kuəŋ^{53}	kuəŋ^{53}	ɕyəŋ^{53}	ɕyəŋ^{53}	ɕyəŋ^{53}	ɕyəŋ^{53}	yəŋ^{42}白 / ʐuəŋ^{42}文
万荣	vaŋ^{213}	kuaŋ^{51}	kuaŋ^{51}	ɕyaŋ^{51}	ɕyaŋ^{51}	ɕyaŋ^{51}	ɕyaŋ^{51}	yaŋ^{213}
稷山	vʌŋ^{13}	kuŋ^{53}	kuŋ^{53}	ɕyŋ^{53}	ɕyŋ^{53}	ɕyŋ^{53}	ɕyŋ^{53}	yŋ^{13}白 / ʐuŋ^{13}文
盐湖	ʐuəŋ^{13}	kuəŋ^{42}	kuəŋ^{42}	ɕyŋ^{42}	ɕyŋ^{42}	ɕyŋ^{42}	ɕyŋ^{42}	yŋ^{13}
临猗	ʐuəŋ^{13}	kuəŋ^{42}	kuəŋ^{44}	ɕyəŋ^{42}	ɕyəŋ^{42}	ɕyəŋ^{42}	ɕyəŋ^{42}	yəŋ^{13}白 / ʐuəŋ^{13}文
河津	vəŋ^{324}	kuəŋ^{31}	kuəŋ^{31}	ɕyəŋ^{31}	ɕyəŋ^{31}	ɕyəŋ^{31}	suəŋ^{31}白 / ɕyəŋ^{31}文	yəŋ^{324}
平陆	veŋ^{13}	koŋ^{31}	koŋ^{31}	ɕioŋ^{31}	ɕioŋ^{31}	ɕioŋ^{13}	ɕioŋ^{31}	veŋ^{13}
永济	vəŋ^{24}白 / uŋ^{24}文	kuŋ^{31}	kuŋ^{44}	ɕyŋ^{31}	ɕyŋ^{31}	ɕyŋ^{31}	ɕyŋ^{31}	yŋ^{24}
芮城	vəŋ^{13}	kuəŋ^{42}	kuəŋ^{44}	ɕyəŋ^{42}	ɕyəŋ^{42}	ɕyəŋ^{13}	ɕyəŋ^{42}	yəŋ^{13}
吉县	——	kuəŋ^{423}	kuəŋ^{423}	ɕyəŋ^{423}	ɕyəŋ^{423}	——	ɕyəŋ^{423}	yəŋ^{13}
乡宁	ʐuəŋ^{12}	kuəŋ^{53}	kuəŋ^{53}	ɕyəŋ^{53}	ɕyəŋ^{53}	ɕyəŋ^{53}	ɕyəŋ^{53}	yəŋ^{12}白 / ʐuəŋ^{12}文
广灵	zuŋ^{31}	kuŋ^{53}	kuŋ^{53}	ɕyŋ^{53}	ɕyŋ^{53}	ɕyŋ^{53}	ɕyŋ^{53}	yŋ^{31}

字目	溶	熔	捧	奉	陇	垄	耸	宠
中古音 / 方言点	馀封 通合三 平钟以	馀封 通合三 平钟以	敷奉 通合三 上肿敷	扶陇 通合三 上肿奉	力踵 通合三 上肿来	力踵 通合三 上肿来	息拱 通合三 上肿心	丑陇 通合三 上肿彻
北京	ʐuŋ^{35}	ʐuŋ^{35}	pʰəŋ^{214}	fəŋ^{51}	luŋ^{214}	luŋ^{214}	suŋ^{214}	tʂʰuŋ^{214}
小店	zuəŋ^{11}	yə̃^{11} 白 / zuəŋ^{11} 文	pʰəŋ^{53}	fəŋ^{24}	luəŋ^{53}	luəŋ^{53}	suəŋ^{53}	tsʰuəŋ^{53}
尖草坪	zuʌŋ^{33}	zuʌŋ^{33}	pʰʌŋ^{312}	fʌŋ^{35}	luʌŋ^{312}	luʌŋ^{312}	suʌŋ^{312}	tsʰuʌŋ^{312}
晋源	zuŋ^{11}	yn^{11}	pʰəŋ^{42}	fəŋ^{11}	luŋ^{42}	luŋ^{42}	tsʰuŋ^{42}	tsʰuŋ^{42}
阳曲	zuə̃^{312}	zuə̃^{312}	pʰə̃^{312}	fə̃^{454}	luə̃^{43}	luə̃^{312}	suə̃^{312}	tsʰuə̃^{312}
古交	zuəŋ^{44}	zuəŋ^{44}	pʰəŋ^{312}	fəŋ^{53}	luəŋ^{312}	luəŋ^{312}	suəŋ^{312}	tsʰuəŋ^{312}
清徐	yəŋ^{11}	yəŋ^{11}	pʰəŋ^{54}	fəŋ^{45}	luəŋ^{54}	ləŋ^{54} 白 / luəŋ^{54} 文	suəŋ^{54}	tsʰuəŋ^{54}
娄烦	yəŋ^{33}	yəŋ^{33}	pʰə^{312} 白 / pʰəŋ^{312} 文	fəŋ^{54}	luəŋ^{312}	luəŋ^{312}	suəŋ^{312}	pfʰəŋ^{312}
榆次	yɤ̃^{11}	yɤ̃^{11}	pʰɤ̃^{53}	fɤ̃^{35}	luɤ̃^{53}	luɤ̃^{53}	suɤ̃^{53}	tsʰuɤ̃^{53}
交城	yə̃^{11}	yə̃^{11}	pʰə̃^{53}	xuə̃^{24}	luə̃^{53}	luə̃^{53}	suə̃^{53}	tsʰuə̃^{53}
文水	ʐuɔŋ^{22}	ʐuɔŋ^{22}	pʰɔŋ^{423}	xuɔŋ^{35}	luɔŋ^{423}	luɔŋ^{423}	suɔŋ^{423}	tsʰuɔŋ^{423}
祁县	ʐəm^{31}	ʐəm^{31}	pʰɔõ^{314}	xəm^{45}	ləm^{314}	ləm^{314}	səm^{314}	tsʰəm^{314}
太谷	yə̃^{33}/zuə̃^{33}	yə̃^{33}/zuə̃^{33}	pʰə̃^{312}	fə̃^{53}	luə̃^{312}	luə̃^{312}	suə̃^{312}	tsʰuə̃^{312}
平遥	yəŋ^{213}	yəŋ^{213}	pʰəŋ^{512}	xəŋ^{213}	luəŋ^{512}	luəŋ^{512}	suəŋ^{512}	tsʰuəŋ^{512}
孝义	yə̃^{33}	yə̃^{33}	pʰə̃^{312}	xuə̃^{454}	luə̃^{312}	luə̃^{312}	suə̃^{454}	tsʰuə̃^{312}
介休	yn^{13}	yn^{13}	pʰəŋ^{423}	xuŋ^{45}	luŋ^{423}	luŋ^{423}	suŋ^{423}	tsʰuŋ^{423}
灵石	——	——	pʰəŋ^{212}	xuŋ^{53}	——	luŋ^{212}	suŋ^{212}	tsʰuŋ^{212}
盂县	yə̃^{22}	yə̃^{22}	pʰə̃^{53}	fə̃^{55}	luə̃^{53}	lə̃^{22} 白 / luə̃^{53} 文	suə̃^{53}	tsʰuə̃^{53}
寿阳	yə̃^{22}	yə̃^{22}	pʰə̃^{53}	fə̃^{45}	luə̃^{53}	luə̃^{53}	suə̃^{53}	tsʰuə̃^{53}
榆社	zuɛɪ^{22}	zuɛɪ^{22}	pʰɛɪ^{312}	fɛɪ^{45}	luɛɪ^{312}	luɛɪ^{312}	suɛɪ^{312}	tsʰuɛɪ^{312}
离石	yəŋ^{44}	yəŋ^{44}	pʰəŋ^{312}	xuəŋ^{53}	luəŋ^{312}	luəŋ^{312}	suəŋ^{312}	tsʰuəŋ^{312}
汾阳	yŋ^{22} 老 / ʐuŋ^{22} 新	yŋ^{22} 老 / ʐuŋ^{22} 新	pʰəŋ^{312}	fəŋ^{55}	luŋ^{312}	luŋ^{312}	suŋ^{312}	tʂʰuŋ^{312}
中阳	yə̃^{33}	yə̃^{33}	pʰə̃^{423}	xuə̃^{53}	luə̃^{423}	luə̃^{423}	ʂuə̃^{423}	tʂʰuə̃^{423}
柳林	zuə̃^{44}	zuə̃^{44}	pʰə̃^{312}	xuə̃^{53}	luə̃^{312}	luə̃^{312}	suə̃^{312}	tsʰuə̃^{312}
方山	yə̃ŋ^{44}	yə̃ŋ^{44}	pʰə̃ŋ^{312}	xuə̃ŋ^{52}	luə̃ŋ^{312}	luə̃ŋ^{312}	suə̃ŋ^{312}	tsʰuə̃ŋ^{312}
临县	zuə̃^{33}	zuə̃^{33}	pʰə̃^{312}	fə̃^{52}	luə̃^{33}	luə̃^{312}	suə̃^{312}	sʰuə̃^{312}
兴县	yəŋ^{33}	——	pʰəŋ^{324}	xuəŋ^{53}	——	——	——	——
岚县	yəŋ^{44}	yəŋ^{44}	pʰəŋ^{312}	fəŋ^{53}	luəŋ^{312}	luəŋ^{312}	suəŋ^{312}	tsʰuəŋ^{312}
静乐	yɤ̃^{33} 白	yɤ̃^{33} 白	pʰɤ̃^{314}	fɤ̃^{53}	luɤ̃^{314}	luɤ̃^{314}	suɤ̃^{314}	tsʰuɤ̃^{24}

续表

字目	溶	熔	捧	奉	陇	垄	耸	宠
中古音 方言点	馀封 通合三 平钟以	馀封 通合三 平钟以	敷奉 通合三 上肿敷	扶陇 通合三 上肿奉	力踵 通合三 上肿来	力踵 通合三 上肿来	息拱 通合三 上肿心	丑陇 通合三 上肿彻
交口	ʐuəŋ^{44}	ʐuəŋ^{44}	pʰəŋ^{323}	xuəŋ^{53}	luəŋ^{323}	luəŋ^{323}	suəŋ^{323}	tsʰuəŋ^{323}
石楼	yəŋ^{44} 白 / ʐuəŋ^{44} 文	yəŋ^{44} 白 / ʐuəŋ^{44} 文	pʰəŋ^{213}	xuəŋ^{51}	luəŋ^{213}	luəŋ^{213}	ʂuəŋ^{213}	tʂʰuəŋ^{213}
隰县	yəŋ^{24}	zuəŋ^{24}	pʰəŋ^{21}	xuəŋ^{44}	luəŋ^{21}	luəŋ^{21}	suəŋ^{21}	tsʰuəŋ^{21}
大宁	yən^{24}	yən^{24}	pʰəŋ^{31}	fəŋ^{55}	luəŋ^{24}	luəŋ^{24}	——	tʂʰuəŋ^{24}
永和	yəŋ^{33}	yəŋ^{33}	pʰəŋ^{312}	xuəŋ^{53}	luəŋ^{35}	——	——	tʂʰuəŋ^{312}
汾西	zuəŋ^{35}	zuəŋ^{35}	pʰəŋ^{33}	fəŋ^{53}	ləŋ^{35}	ləŋ^{33} 白	suəŋ^{33}	tsʰuəŋ^{33}
蒲县	ʐuŋ^{24}	ʐuŋ^{24}	pʰəŋ^{31}	fəŋ^{33}	luŋ^{31}	luŋ^{31}	suŋ^{31}	tʂʰuŋ^{31}
潞州	yŋ^{24}	yŋ^{24}	pʰəŋ^{535}	fəŋ^{54}	luŋ^{535}	luŋ^{535}	suŋ^{535}	tsʰuŋ^{535}
上党	yŋ^{44}	yŋ^{44}	pʰəŋ^{535}	fəŋ^{42}	lyŋ^{44}	luŋ^{535}	suŋ^{535}	tsʰuŋ^{535}
长子	yŋ^{24}	yŋ^{24}	pʰəŋ^{434}	fəŋ^{53}	luŋ^{434}	luŋ^{434}	suŋ^{434}	tsʰuŋ^{434}
屯留	yəŋ^{11}	yəŋ^{11}	pʰəŋ^{43}	fəŋ^{11}	luəŋ^{43}	luəŋ^{43}	suəŋ^{43}	tsʰuəŋ^{43}
襄垣	ʐuəŋ^{31}	ʐuəŋ^{31}	pʰəŋ^{42}	fəŋ^{45}	luəŋ^{42}	luəŋ^{42}	——	tsʰuəŋ^{42}
黎城	yəŋ^{213}	yəŋ^{213}	pʰəŋ^{213}	fəŋ^{53}	luəŋ^{213}	luəŋ^{213}	suəŋ^{213}	tsʰuəŋ^{213}
平顺	yŋ^{13}	yŋ^{13}	pəŋ^{434}	fəŋ^{53}	lyŋ^{434}	lyŋ^{434}	suŋ^{434}	tsʰuŋ^{434}
壶关	yŋ^{13}	yŋ^{13}	pʰəŋ^{535}	fəŋ^{353}	lyŋ^{535}	lyŋ^{535}	ʂuŋ^{535}	tʂʰuŋ^{535}
沁县	——	——	pʰə̃^{214}	fə̃^{53}	luə̃^{214}	luə̃^{214}	——	tsʰuə̃^{214}
武乡	yɐŋ^{33}	yɐŋ^{33}	pʰæŋ^{213}	fɐŋ^{55}	luɐŋ^{213}	luɐŋ^{213}	suɐŋ^{213}	tsʰuɐŋ^{213}
沁源	yə̃^{33}	yə̃^{33}	pʰə̃^{324}	fə̃^{53}	luə̃^{324}	luə̃^{324}	suə̃^{324}	tʂʰuə̃^{324}
安泽	——	——	pʰəŋ^{42}	fəŋ^{53}	luəŋ^{42}	lyəŋ^{35}	——	tsʰuəŋ^{42}
沁水端氏	zoŋ^{24}	zoŋ^{24}	pʰoŋ^{31}	foŋ^{53}	lyŋ^{31}	lyŋ^{31}	soŋ^{31}	tsʰoŋ^{31}
阳城	ʐuoŋ^{22}	ʐuoŋ^{22}	pʰuoŋ^{212}	fuoŋ^{51}	luoŋ^{212}	lyoŋ^{212}	suoŋ^{212}	tʂʰuoŋ^{212}
高平	ʐuə̃ŋ^{33}	ʐuə̃ŋ^{33}	pʰə̃ŋ^{212}	fə̃ŋ^{53}	nuə̃ŋ^{212}	niuə̃ŋ^{212}	ʂuə̃ŋ^{212}	tʂʰuə̃ŋ^{212}
陵川	yŋ^{53}	yŋ^{53}	pʰəŋ^{312}	fəŋ^{24}	luŋ^{312}	luŋ^{312}	ʂuŋ^{312}	tʂʰuŋ^{312}
晋城	ʐuoŋ^{324}	ʐuoŋ^{324}	pʰoŋ^{213}	foŋ^{53}	luoŋ^{213}	luoŋ^{213}	ʂuoŋ^{213}	tʂʰuoŋ^{213}
忻府	yəŋ^{21}	yəŋ^{21}	pʰəŋ^{313}	fəŋ^{53}	luəŋ^{313}	luəŋ^{313}	suəŋ^{313}	tsʰuəŋ^{313}
原平	yənŋ^{33}	yəŋ^{33} 白 / zuəŋ^{33} 文	pʰəŋ^{213}	fəŋ^{53}	luəŋ^{33}	lyəŋ^{213} 白 / luəŋ^{213} 文	suəŋ^{213}	tsʰuəŋ^{213}
定襄	ʐuəŋ^{11}	ʐuəŋ^{11}	pʰəŋ^{24}	fəŋ^{53}	luəŋ^{24}	luəŋ^{24}	suəŋ^{24}	tsʰuəŋ^{24}
五台	yən^{33}	yən^{33}	pʰən^{213}	fən^{52}	luən^{213}	luən^{213}	suən^{213}	tsʰuən^{213}
岢岚	yəŋ^{44}	yəŋ^{44}	pʰəŋ^{13}	fəŋ^{52}	luəŋ^{13}	luəŋ^{13}	suəŋ^{13}	tʂʰuəŋ^{13}
五寨	yəỹ^{44}	yəỹ^{44}	pʰəỹ^{13}	fəỹ^{52}	luəỹ^{13}	luəỹ^{13}	suəỹ^{13}	tsʰuəỹ^{13}

续表

字目	溶	熔	捧	奉	陇	垄	耸	宠
中古音 方言点	徐封 通合三 平钟以	徐封 通合三 平钟以	敷奉 通合三 上肿敷	扶陇 通合三 上肿奉	力踵 通合三 上肿来	力踵 通合三 上肿来	息拱 通合三 上肿心	丑陇 通合三 上肿彻
宁武	——	yɤɯ^{33}	pʰɤɯ^{213}	fɤɯ^{52}	lyɤɯ^{213}/ luɤɯ^{213}	lyɤɯ^{213}/ luɤɯ^{213}	suɤɯ^{213}	tsʰuɤɯ^{213}
神池	yə̃^{32}	yə̃^{32}	pʰə̃^{13}	fə̃^{52}	luə̃^{13}	luə̃^{13}	suə̃	tsʰuə̃^{13}
繁峙	ʐuəŋ^{31}	ʐuəŋ^{31}	pʰəŋ^{53}	fəŋ^{24}	luəŋ^{53}	luəŋ^{53}	suəŋ^{53}	tsʰuəŋ^{53}
代县	yɤŋ^{44}	yɤŋ^{44}	pʰɤŋ^{213}	fɤŋ^{53}	luɤŋ^{213}	luɤŋ^{213}	suɤŋ^{213}	tsʰuɤŋ^{213}
河曲	yŋ^{44}	——	pʰɤŋ^{213}	fɤŋ^{52}	luŋ^{213}	luŋ^{213}	——	tʂʰuŋ^{213}
保德	yəŋ^{44}	ʐuəŋ^{44}	pʰəŋ^{213}	fəŋ^{52}	luəŋ^{213}	luəŋ^{213}	suəŋ^{213}	tʂʰuəŋ^{213}
偏关	yɤŋ^{44}	yɤŋ^{44}	pʰɤŋ^{213}	fɤŋ^{52}	luɤŋ^{213}	luɤŋ^{213}	——	tʂʰuɤŋ^{213}
朔城	yə̃^{35}	yə̃^{35}	pʰə̃^{312}	fə̃^{53}	luə̃^{312}	luə̃^{312}	suə̃^{312}	tsʰuə̃^{35}
平鲁	yəɯ^{44}	yəɯ^{44}	pʰəɯ^{213}	fəɯ^{52}	——	luəɯ^{213}	suəɯ^{213}	tsʰuəɯ^{213}
应县	yəŋ^{31}	yəŋ^{31}	pʰəŋ^{54}	fəŋ^{24}	luəŋ^{54}	luəŋ^{54}	suəŋ^{54}	tsʰuəŋ^{54}
灵丘	zuŋ^{31}	zuŋ^{31}	pʰəŋ^{442}	fəŋ^{53}	luŋ^{442}	luŋ^{442}	suŋ^{442}	tsʰuŋ^{442}
浑源	yə̃^{22}	yə̃^{22}	pʰə̃^{52}	fə̃^{13}	luə̃^{52}	luə̃^{52}	——	tsʰuə̃^{52}
云州	ʐuəɣ^{312}	ʐuəɣ^{312}	pʰəɣ^{55}	fəɣ^{24}	luəɣ^{55}	luəɣ^{55}	suəɣ^{55}	tʂʰuəɣ^{55}
新荣	yɣ^{312}	ʐuɤɣ^{312}/ yɣ^{312}	pʰɤɣ^{54}	fɤɣ^{24}	luɤɣ^{54}	luɤɣ^{54}	suɤɣ^{54}	tʂʰuɤɣ^{54}
怀仁	yəŋ^{312}	yəŋ^{312}	pʰəŋ^{53}	fəŋ^{24}	luəŋ^{53}	luəŋ^{53}	suəŋ^{53}	tsʰuəŋ^{53}
左云	ʐuəɣ^{313}	ʐuəɣ^{313}	pʰəɣ^{54}	fəɣ^{24}	luəɣ^{54}	luəɣ^{54}	suəɣ^{54}	tsʰuəɣ^{54}
右玉	yə̃ɣ^{212}	yə̃ɣ^{212}	pʰə̃ɣ^{53}	fə̃ɣ^{24}	luə̃ɣ^{53}	luə̃ɣ^{53}	suə̃ɣ^{53}	tʂʰuə̃ɣ^{53}
阳高	ʐuəŋ^{312}	ʐuəŋ^{312}	pʰəŋ^{53}	fəŋ^{24}	luəŋ^{53}	luəŋ^{53}	suəŋ^{53}	tsʰuəŋ^{53}
山阴	yə̃^{313}	yə̃^{313}	pʰə̃^{52}	fə̃^{335}	luə̃^{52}	luə̃^{52}	suə̃^{52}	tʂʰuə̃^{52}
天镇	——	——	pʰɤɣ^{55}	fɤɣ^{24}	luɤɣ^{22}	luɤɣ^{55}	sɤɣ^{55}	tsuʰɤɣ^{55}
平定	yɤŋ^{44}	yɤŋ^{44}	pʰɤŋ^{53}	fɤŋ^{24}	luɤŋ^{53}	luɤŋ^{53}	suɤŋ^{53}	tsʰuɤŋ^{53}
昔阳	yəŋ^{33}	yəŋ^{33}	pʰəŋ^{55}	fəŋ^{13}	luəŋ^{55}	luəŋ^{55}	suəŋ^{55}	tsʰuəŋ^{55}
左权	——	——	pʰəŋ^{42}	fəŋ^{53}	luəŋ^{42}	luəŋ^{42}	suəŋ^{42}	tsʰuəŋ^{42}
和顺	yəŋ^{22}	yəŋ^{22}	pʰəŋ^{53}	fəŋ^{13}	luəŋ^{53}	luəŋ^{53}	——	tsʰuəŋ^{53}
尧都	yə̃^{33}	ʐuəŋ^{24}	pʰəŋ^{24}	fəŋ^{53}	ləŋ^{24}	——	suəŋ^{24}	tsʰuəŋ^{53}
洪洞	yeŋ^{24}	yeŋ^{24}	pʰeŋ^{24}	feŋ^{53}	leŋ^{24}	leŋ^{24}	sueŋ^{24}	tʂʰueŋ^{24}
洪洞赵城	ʐueŋ^{24}	ʐueŋ^{24}	pʰeŋ^{24}	feŋ^{53}	lueŋ^{24}	leŋ^{24}	——	tʂʰueŋ^{24}
古县	yŋ^{35}	yŋ^{35}	pʰəŋ^{42}	fəŋ^{53}	luəŋ^{35}	——	suəŋ^{42}	tʂʰuəŋ^{35}
襄汾	yeŋ^{24}	yeŋ^{24}	pʰeŋ^{42}	feŋ^{53}	len^{24}	len^{42}	tsueŋ^{42}	tʂʰueŋ^{42}
浮山	yeŋ^{13}	yeŋ^{13}	pʰeŋ^{33}	feŋ^{53}	lẽĩ^{13}	lẽĩ^{33}	tsueŋ^{33}	tʂʰueŋ^{33}

续表

字目	溶	熔	捧	奉	陇	垄	耸	宠
中古音 / 方言点	徐封 通合三 平钟以	徐封 通合三 平钟以	敷奉 通合三 上肿敷	扶陇 通合三 上肿奉	力踵 通合三 上肿来	力踵 通合三 上肿来	息拱 通合三 上肿心	丑陇 通合三 上肿彻
霍州	ʐuŋ^{35}	ʐuŋ^{35}	pʰəŋ^{33}	fəŋ^{53}	luŋ^{33}	luŋ^{33}	suŋ^{33}	tʂʰuŋ^{33}
翼城	yŋ^{12}	yŋ^{12}	pʰəŋ^{44}	fəŋ^{53}	luŋ^{44}	luŋ^{44}	suŋ^{44}	tʂʰuŋ^{44}
闻喜	——	——	pʰəŋ^{33}	fəŋ^{13}	luəŋ^{33}	luəŋ^{33}	suəŋ^{33}	tsʰuəŋ^{33}
侯马	ʐuəŋ^{213}	ʐuəŋ^{213}	pʰuəŋ^{44}	fəŋ^{53}	luəŋ^{44}	luəŋ^{44}	suəŋ^{44}	tʂʰuəŋ^{44}
新绛	yəŋ^{13}	yəŋ^{13}	pʰəŋ^{13}	fəŋ^{53}	luəŋ^{13}	luəŋ^{13}	suəŋ^{53}	tʂʰuəŋ^{13}
绛县	ʐuʌŋ^{24}	ʐuʌŋ^{24}	pʰʌŋ^{33}	fʌŋ^{31}	luʌŋ^{33}	lyʌŋ^{31}	suʌŋ^{33}	tʂʰuʌŋ^{31}
垣曲	ʐuəŋ^{22}	ʐuəŋ^{22}	pʰəŋ^{53}	fəŋ^{53}	luəŋ^{44}	luəŋ^{44}	tsuəŋ^{44}	tʂʰuəŋ^{44}
夏县	yəŋ^{42} 白 / ʐuəŋ^{42} 文	yəŋ^{42} 白 / ʐuəŋ^{42} 文	pʰəŋ^{42}	fəŋ^{53}	——	luəŋ^{24}	suəŋ^{24}	pfʰəŋ^{24} 白 / tʂʰuəŋ^{24} 文
万荣	yaŋ^{213}	yaŋ^{213}	pʰaŋ^{51}	faŋ^{33}	luaŋ^{213}	luaŋ^{55}	suaŋ^{51}	pfʰaŋ^{55}
稷山	ʐuŋ^{13}	ʐuŋ^{13}	pʰʌŋ^{44}	fʌŋ^{42}	luŋ^{44}	luŋ^{44}	suŋ^{44}	pfʰʌŋ^{53} 白 / tʂʰuŋ^{53} 文
盐湖	——	——	pʰəŋ^{53}	fəŋ^{44}	luəŋ^{53}	luəŋ^{53}	suəŋ^{53}	tʂʰuəŋ^{53}
临猗	ʐuəŋ^{13}	ʐuəŋ^{13}	pʰəŋ^{53}	fəŋ^{44}	luəŋ^{53}	luəŋ^{53}	suəŋ^{53}	pfʰəŋ^{53} 白 / tʂʰuəŋ^{53} 文
河津	yəŋ^{324}	yəŋ^{324}	pʰəŋ^{53}	fəŋ^{44}	luəŋ^{324}	luəŋ^{53}	suəŋ^{53}	pfʰəŋ^{53}/ tʂʰuən^{53} 文
平陆	ioŋ^{13}	ioŋ^{13}	pʰeŋ^{55}	feŋ^{33}	loŋ^{55}	loŋ^{55}	soŋ^{55}	pfʰeŋ^{55}
永济	yŋ^{24}	yŋ^{24}	pʰŋ^{53}	fəŋ^{44}	luŋ^{53}	luŋ^{53}	suŋ^{53}	pfʰəŋ^{53}
芮城	yəŋ^{13}	yəŋ^{13}	pʰəŋ^{53}	fəŋ^{44}	luəŋ^{53}	luəŋ^{53}	suəŋ^{53}	pfʰəŋ^{53}
吉县	——	——	pʰəŋ^{423}	fəŋ^{33}	luəŋ^{53}	luəŋ^{33}	——	pfʰəŋ^{53}
乡宁	ʐuəŋ^{12}	ʐuəŋ^{12}	pʰəŋ^{44}	fəŋ^{22}	luəŋ^{44}	luəŋ^{44}	suəŋ^{44}	tʂʰuəŋ^{44}
广灵	yŋ^{31}	yŋ^{31}	pʰəŋ^{44}	fəŋ^{213}	luŋ^{44}	lyŋ^{44}	suŋ^{44}	tsʰuŋ^{44}

字目	重~量	种~类	肿	拱	巩	恐	拥	勇
中古音 / 方言点	直陇 通合三 上肿澄	之陇 通合三 上肿章	之陇 通合三 上肿章	居悚 通合三 上肿见	居悚 通合三 上肿见	丘陇 通合三 上肿溪	於陇 通合三 上肿影	余陇 通合三 上肿以
北京	tʂuŋ^{51}	tʂuŋ^{214}	tʂuŋ^{214}	kuŋ^{214}	kuŋ^{214}	kʰuŋ^{214}	yŋ^{55}	yŋ^{214}
小店	tsuəŋ^{24}	tsuəŋ^{53}	tsuəŋ^{53}	kuəŋ^{53}	kuəŋ^{53}	kʰuəŋ^{53}	yə̃^{11}	yə̃^{53}
尖草坪	tsuʌŋ^{35}	tsuʌŋ^{312}	tsuʌŋ^{312}	kuʌŋ^{312}	kuʌŋ^{312}	kʰʌŋ^{312}	yʌŋ^{33}	yʌŋ^{312}
晋源	tsuŋ^{24}	tsuŋ^{42}	tsuŋ^{42}	kuŋ^{42}	kuŋ^{42}	kʰuŋ^{42}	yn^{42}	yn^{42}
阳曲	tsuə̃^{454}	tsuə̃^{312}	tsuə̃^{312}	kuə̃^{312}	kuə̃^{312}	kʰuə̃^{312}	yə̃^{312}	yə̃^{312}
古交	tsuəŋ^{53}	tsuəŋ^{312}	tsuəŋ^{312}	kuəŋ^{312}	kuəŋ^{312}	kʰuəŋ^{312}	yəŋ^{312}	yəŋ^{312}
清徐	tsuəŋ^{45}	tsuəŋ^{54}	tsuəŋ^{54}	kuəŋ^{54}	kuəŋ^{54}	kʰuəŋ^{54}	yəŋ^{54}	yəŋ^{54}
娄烦	pfəŋ^{54}	pfəŋ^{312}	pfəŋ^{312}	kuəŋ^{312}	kuəŋ^{312}	kʰuəŋ^{312}	yəŋ^{312}	yəŋ^{312}
榆次	tsuɣ̃^{35}	tsuɣ̃^{53}	tsuɣ̃^{53}	kuɣ̃^{53}	kuɣ̃^{53}	kʰuɣ̃^{53}	yɣ̃^{11}	yɣ̃^{53}
交城	tsuə̃^{24}	tsuə̃^{53}	tsuə̃^{53}	tɕyə̃^{53} 白 / kuə̃^{53} 文	kuə̃^{53}	kʰuə̃^{53}	yə̃^{11}	yə̃^{53}
文水	tsuɔŋ^{35}	tsuɔŋ^{423}	tsuɔŋ^{423}	kuɔŋ^{423}	kuɔŋ^{423}	kʰuɔŋ^{423}	yɔŋ^{22}	yɔŋ^{423}
祁县	tsəm^{45}	tsəm^{314}	tsəm^{314}	tɕiəm^{314} 白 / kəm^{314} 文	kəm^{314}	kʰəm^{314}	iəm^{314}	iəm^{314}
太谷	tsuə̃^{53}	tsuə̃^{312}	tsuə̃^{312}	tɕyə̃^{312} 白 / kuə̃^{312} 文	kuə̃^{312}	kʰuə̃^{312}	yə̃^{312}	yə̃^{312}
平遥	tsuəŋ^{24}	tsuəŋ^{512}	tsuəŋ^{512}	kuəŋ^{512}	tɕyəŋ^{512} 白 / kuəŋ^{512} 文	kʰuəŋ^{512}	yəŋ^{512}	yəŋ^{512}
孝义	tsuə̃^{454}	tsuə̃^{312}	tsuə̃^{312}	kuə̃^{454}	kuə̃^{312}	kʰuə̃^{312}	yə̃^{312}	yə̃^{312}
介休	tsuŋ^{45}	tsuŋ^{423}	tsuŋ^{423}	kuŋ^{423}	kuŋ^{423}	kʰuŋ^{423}	yn^{13}	yn^{423}
灵石	tsuŋ^{53}	tsuŋ^{212}	tsuŋ^{212}	kuŋ^{212}	kuŋ^{212}	kʰuŋ^{212}	yŋ^{535}	yŋ^{212}
盂县	tsuə̃^{55}	tsuə̃^{53}	tsuə̃^{53}	kuə̃^{53}	kuə̃^{53}	kʰuə̃^{53}	yə̃^{22}	yə̃^{53}
寿阳	tsuə̃^{45}	tsuə̃^{53}	tsuə̃^{53}	kuə̃^{53}	kuə̃^{53}	kʰuə̃^{53}	yə̃^{53}	yə̃^{53}
榆社	tsueɪ^{45}	tsueɪ^{312}	tsueɪ^{312}	kueɪ^{312}	kueɪ^{312}	kʰueɪ^{312}	yeɪ^{312}	yeɪ^{312}
离石	tsuəŋ^{53}	tsuəŋ^{312}	tsuəŋ^{312}	kuəŋ^{312}	kuəŋ^{312}	kʰuəŋ^{312}	yəŋ^{312}	yəŋ^{312}
汾阳	tʂuŋ^{55}	tʂuŋ^{312}	tʂuŋ^{312}	kuŋ^{312}	kuŋ^{312}	kʰuŋ^{312}	yŋ^{324}	yŋ^{312}
中阳	tʂuə̃^{53}	tʂuə̃^{423}	tʂuə̃^{423}	kuə̃^{423}	kuə̃^{423}	kʰuə̃^{423}	yə̃^{423}	yə̃^{423}
柳林	tsuə̃^{53}	tsuə̃^{312}	tsuə̃^{24}	kuə̃^{312}	kuə̃^{312}	kʰuə̃^{312}	yə̃^{24}	yə̃^{312}
方山	tsuə̃ŋ^{52}	tsuə̃ŋ^{312}	tsuə̃ŋ^{312}	kuə̃ŋ^{312}	kuə̃ŋ^{312}	kʰuə̃ŋ^{312}	yə̃ŋ^{312}	yə̃ŋ^{312}
临县	tsuə̃^{52}	tsuə̃^{52}	tsuə̃^{312}	kuə̃^{312}	kuə̃^{312}	kuə̃^{312}	yə̃^{312}	yə̃^{312}
兴县	tsuəŋ^{53}	tsuəŋ^{324}	tsuəŋ^{324}	tɕyəŋ^{324} 白 / kuəŋ^{324} 文	kuəŋ^{324}	kʰuəŋ^{324}	yəŋ^{324}	yəŋ^{324}
岚县	tsuəŋ^{53}	tsuəŋ^{312}	tsuəŋ^{312}	kuəŋ^{312}	kuəŋ^{312}	kʰuəŋ^{312}	yəŋ^{312}	yəŋ^{312}
静乐	tsuɣ̃^{53}	tsuɣ̃^{53}	tsuɣ̃^{314}	kuɣ̃^{314}	kuɣ̃^{314}	kʰuɣ̃^{314}	yɣ̃^{24}	yɣ̃^{314}

续表

字目	重~量	种~类	肿	拱	巩	恐	拥	勇
中古音 方言点	直陇 通合三 上肿澄	之陇 通合三 上肿章	之陇 通合三 上肿章	居悚 通合三 上肿见	居悚 通合三 上肿见	丘陇 通合三 上肿溪	於陇 通合三 上肿影	余陇 通合三 上肿以
交口	tsuəŋ^{53}	tsuəŋ^{323}	tsuəŋ^{323}	kuəŋ^{323}	kuəŋ^{323}	kʰuəŋ^{323}	yəŋ^{323}	yəŋ^{323}
石楼	tʂʰuəŋ^{44}	tʂuəŋ^{51}	tʂuəŋ^{213}	kuəŋ^{213}	kuəŋ^{213}	kʰuəŋ^{213}	yəŋ^{213}	yəŋ^{213}
隰县	tsʰuəŋ^{44}	tsuəŋ^{21}	tsuəŋ^{21}	kuəŋ^{21}	kuəŋ^{21}	kʰuəŋ^{21}	yəŋ^{53}	yəŋ^{21}
大宁	tʂʰuəŋ^{55}	tʂuəŋ^{31}	tʂuəŋ^{31}	çyən^{55}白 / kuəŋ^{31}文	kuəŋ^{31}	kʰuəŋ^{31}	yən^{31}	yən^{31}
永和	tʂʰuəŋ^{53}白 / tʂuəŋ^{53}文	tʂuəŋ^{312}	tʂuəŋ^{312}	kuəŋ^{35}	kuəŋ^{312}	——	yəŋ^{312}	yəŋ^{35}
汾西	tsʰuəŋ^{53}白 / tsuəŋ^{53}文	tsuəŋ^{33}	tsuəŋ^{33}	kuəŋ^{33}	kuəŋ^{33}	kʰuəŋ^{33}	yəŋ^{11}	yəŋ^{33}
蒲县	tsʰuŋ^{33}	tsuŋ^{31}	tʂueĩ^{31}	kuŋ^{31}	kuŋ^{31}	kʰuŋ^{31}	yŋ^{31}	yŋ^{31}
潞州	tsuŋ^{54}	tsuŋ^{44}	tsuŋ^{535}	kuŋ^{535}	kuŋ^{535}	kʰuŋ^{535}	yŋ^{535}	yŋ^{535}
上党	tsuŋ^{42}	tsuŋ^{535}	tsuŋ^{535}	kuŋ^{535}	kuŋ^{535}	kʰuŋ^{535}	yŋ^{213}	yŋ^{535}
长子	tsuŋ^{53}	tsuŋ^{434}	tsuŋ^{434}	kuŋ^{434}	kuŋ^{434}	kʰuŋ^{434}	yŋ^{312}	yŋ^{434}
屯留	tsuəŋ^{11}	tsuəŋ^{43}	tsuəŋ^{43}	kuəŋ^{43}	kuəŋ^{43}	kʰuəŋ^{43}	yəŋ^{31}	yəŋ^{43}
襄垣	tsuəŋ^{45}	tsuəŋ^{42}	tsuəŋ^{42}	kuəŋ^{42}	kuəŋ^{42}	kʰuəŋ^{42}	yəŋ^{31}	yəŋ^{42}
黎城	tsuəŋ^{53}	tsuəŋ^{213}	tsuəŋ^{213}	kuəŋ^{213}	kuəŋ^{213}	kʰuəŋ^{213}	yəŋ^{33}	yəŋ^{213}
平顺	tsuŋ^{13}	tsuŋ^{434}	tsuŋ^{434}	kuŋ^{434}	kuŋ^{434}	kʰuŋ^{434}	yŋ^{213}	yŋ^{434}
壶关	tʂuŋ^{353}	tʂuŋ^{535}	tʂuŋ^{535}	kuŋ^{535}	kuŋ^{535}	kʰuŋ^{535}	yŋ^{33}	yŋ^{535}
沁县	tsuə̃^{53}	tsuə̃^{214}	tsuə̃^{214}	kuə̃^{214}	kuə̃^{214}	kʰuə̃^{214}	iə̃^{224}	yə̃^{214}
武乡	tsuɐŋ^{55}	tsuɐŋ^{213}	tsuɐŋ^{213}	kuɐŋ^{213}	kuɐŋ^{213}	kʰuɐŋ^{213}	yɐŋ^{113}/ yɐŋ^{213}	yɐŋ^{213}
沁源	tʂuə̃^{53}	tʂuə̃^{324}	tʂuə̃^{324}	kuə̃^{324}	kuə̃^{324}	kʰuə̃^{324}	yə̃^{324}	yə̃^{324}
安泽	tsuəŋ^{53}	tsuəŋ^{42}	tsuəŋ^{42}	kuəŋ^{42}	kuəŋ^{42}	kʰuəŋ^{53}	yəŋ^{21}	yəŋ^{42}
沁水端氏	tsoŋ^{53}	tsoŋ^{31}	tsoŋ^{31}	koŋ^{31}	koŋ^{31}	kʰoŋ^{31}	yŋ^{21}	yŋ^{31}
阳城	tʂuoŋ^{51}	tʂuoŋ^{212}	tʂuoŋ^{212}	kuoŋ^{212}	kuoŋ^{212}	kʰuoŋ^{212}	yoŋ^{212}	yoŋ^{212}
高平	tʂuə̃ŋ^{53}	tʂuə̃ŋ^{212}	tʂuə̃ŋ^{212}	kuə̃ŋ^{212}	kuə̃ŋ^{212}	kʰuə̃ŋ^{212}	iuə̃ŋ^{212}	iuə̃ŋ^{212}
陵川	tʂuŋ^{24}	tʂuŋ^{312}	tʂuŋ^{312}	kuŋ^{312}	kuŋ^{312}	kʰuŋ^{312}	yŋ^{33}	yŋ^{312}
晋城	tʂuoŋ^{53}	tʂuoŋ^{213}	tʂuoŋ^{213}	kuoŋ^{33}	kuoŋ^{33}	kʰuoŋ^{213}	yoŋ^{33}	yoŋ^{213}
忻府	tsuəŋ^{53}	tsuəŋ^{313}	tsuəŋ^{313}	kuəŋ^{313}	kuəŋ^{313}	kʰuəŋ^{313}	yəŋ^{313}	yəŋ^{313}
原平	tsuəŋ^{53}	tsuəŋ^{53}	tsuəŋ^{213}	kuəŋ^{213}	kuəŋ^{213}	kʰuəŋ^{213}	yəŋ^{213}	yəŋ^{213}
定襄	tsuəŋ^{53}	tsuəŋ^{24}	tsuəŋ^{24}	kuəŋ^{24}	kuəŋ^{24}	kʰuəŋ^{24}	yəŋ^{24}	yəŋ^{24}
五台	tsuən^{52}	tsuən^{213}	tsuən^{213}	kuən^{213}	kuən^{213}	kʰuən^{213}	yən^{213}	yən^{213}

续表

字目	重~量	种~类	肿	拱	巩	恐	拥	勇
中古音 / 方言点	直陇 通合三 上肿澄	之陇 通合三 上肿章	之陇 通合三 上肿章	居悚 通合三 上肿见	居悚 通合三 上肿见	丘陇 通合三 上肿溪	於陇 通合三 上肿影	余陇 通合三 上肿以
岢岚	tʂuəŋ^{52}	tʂuəŋ^{13}	tʂuəŋ^{13}	kuəŋ^{13}	kuəŋ^{13}	kʰuəŋ^{13}	yəŋ^{13}	yəŋ^{13}
五寨	tsuəɣ̃^{52}	tsuəɣ̃^{13}	tsuəɣ̃^{13}	kuəɣ̃^{13}	kuəɣ̃^{13}	kʰuəɣ̃^{13}	yəɣ̃^{13}	yəɣ̃^{13}
宁武	tsuɤɯ^{52}	tsuɤɯ^{213}	tsuɤɯ^{213}	kuɤɯ^{213}	kuɤɯ^{213}	kʰuɤɯ^{213}	yɤɯ^{23}	yɤɯ^{213}
神池	tsuə̃^{52}	tsuə̃^{52}	tsuə̃^{13}	kuə̃^{13}	kuə̃^{13}	kʰuə̃^{13}	yə̃^{24}	yə̃^{13}
繁峙	tsuəŋ^{24}	tsuəŋ^{53}	tsuəŋ^{53}	kuəŋ^{53}	kuəŋ^{53}	kʰuəŋ^{53}	yəŋ^{53}	yəŋ^{53}
代县	tsuɤŋ^{53}	tsuɤŋ^{213}	tsuɤŋ^{213}	kuɤŋ^{213}	kuɤŋ^{213}	kʰuɤŋ^{213}	yɤŋ^{213}	yɤŋ^{213}
河曲	tʂʰuŋ^{44}	tʂuŋ^{213}	tʂuŋ^{213}	kuŋ^{213}	kuŋ^{213}	kʰuŋ^{213}	yŋ^{213}	yŋ^{213}
保德	tʂuəŋ^{52}	tʂuəŋ^{213}	tʂuəŋ^{213}	kuəŋ^{213}	kuəŋ^{213}	kʰuəŋ^{213}	yəŋ^{213}	yəŋ^{213}
偏关	tʂuɤŋ^{52}	tʂuɤŋ^{213}	tʂuɤŋ^{213}	kuɤŋ^{213}	kuɤŋ^{213}	kʰuɤŋ^{213}	ɕyɤŋ^{24}	ɕyɤŋ^{213}
朔城	tsuə̃^{53}	tsuə̃^{312}	tsuə̃^{312}	kuə̃^{312}	kuə̃^{312}	kʰuə̃^{312}	yə̃^{312}	yə̃^{312}
平鲁	tsuəɯ^{52}	tsuəɯ^{213}	tsuəɯ^{213}	kuəɯ^{213}	kuəɯ^{213}	kʰuəɯ^{213}	yəɯ^{213}	yəɯ^{213}
应县	tsuəŋ^{24}	tsuəŋ^{54}	tsuəŋ^{54}	kuəŋ^{54}	kuəŋ^{54}	kʰuəŋ^{54}	yəŋ^{43}	yəŋ^{54}
灵丘	tsuŋ^{53}	tsuŋ^{442}	tsuŋ^{442}	kuŋ^{442}	kuŋ^{442}	kʰuŋ^{442}	yŋ^{442}	yŋ^{442}
浑源	tsuə̃^{13}	tsuə̃^{52}	tsuə̃^{52}	kuə̃^{52}	kuə̃^{52}	kʰuə̃^{52}	yə̃^{52}	yə̃^{52}
云州	tʂuəɣ^{24}	tʂuəɣ^{55}	tʂuəɣ^{55}	kuəɣ^{55}	kuəɣ^{55}	kʰuəɣ^{55}	yəɣ^{21}	yəɣ^{55}
新荣	tʂuɤɣ^{24}	tʂuɤɣ^{54}	tʂuɤɣ^{54}	kuɤɣ^{54}	kuɤɣ^{54}	kʰuɤɣ^{54}	yɣ^{54}	yɣ^{54}
怀仁	tsuəŋ^{24}	tsuəŋ^{53}	tsuəŋ^{53}	kuəŋ^{53}	kuəŋ^{53}	kʰuəŋ^{53}	yəŋ^{53}	yəŋ^{53}
左云	tsuəɣ^{24}	tsuəɣ^{54}	tsuəɣ^{54}	kuəɣ^{54}	kuəɣ^{54}	kʰuəɣ^{54}	yəɣ^{31}	yəɣ^{54}
右玉	tʂuə̃ɣ^{24}	tʂuə̃ɣ^{53}	tʂuə̃ɣ^{53}	kuə̃ɣ^{53}	kuə̃ɣ^{53}	kʰuə̃ɣ^{53}	yə̃ɣ^{53}	yə̃ɣ^{53}
阳高	tsuəŋ^{24}	tsuəŋ^{53}	tsuəŋ^{53}	kuəŋ^{53}	kuəŋ^{53}	kʰuəŋ^{53}	yəŋ^{31}	yəŋ^{53}
山阴	tʂuə̃^{335}	tʂuə̃^{52}	tʂuə̃^{52}	kuə̃^{52}	kuə̃^{52}	kʰuə̃^{52}	yə̃^{313}	yə̃^{313}
天镇	tsuɤɣ^{24}	tsuɤɣ^{55}	tsuɤɣ^{55}	kuɤɣ^{31}	kuɤɣ^{55}	kʰuɤɣ^{55}	yɤɣ^{55}	yɤɣ^{55}
平定	tsuɤŋ^{24}	tsuɤŋ^{53}	tsuɤŋ^{53}	kuɤŋ^{53}	kuɤŋ^{53}	kʰuɤŋ^{53}	yɤŋ^{53}	yɤŋ^{53}
昔阳	tsuəŋ^{13}	tsuəŋ^{55}	tsuəŋ^{55}	kuəŋ^{55}	kuəŋ^{55}	kʰuəŋ^{55}	yəŋ^{42}	yəŋ^{55}
左权	tsuəŋ^{53}	tsuəŋ^{42}	tsuəŋ^{42}	kuəŋ^{42}	kuəŋ^{42}	kʰuəŋ^{42}	yəŋ^{42}	yəŋ^{42}
和顺	tsuəŋ^{13}	tsuəŋ^{53}	tsuəŋ^{53}	kuəŋ^{53}	kuəŋ^{53}	kʰuəŋ^{53}	yəŋ^{42}	yəŋ^{53}
尧都	tsuəŋ^{44}	tsuəŋ^{44}	tsuəŋ^{53}	kuəŋ^{53}	kuəŋ^{53}	kʰuəŋ^{53}	yəŋ^{21}	yəŋ^{53}
洪洞	tʂʰuen^{53} 白 / tʂueŋ^{53} 文	tʂuen^{33} 白 / tʂueŋ^{33} 文	tʂuen^{42} 白 / tʂueŋ^{42} 文	kueŋ^{21}	kueŋ^{33}	kʰueŋ^{33}	yeŋ^{42}	yeŋ^{42}
洪洞赵城	tʂʰueŋ^{53}	tʂueŋ^{53}	tʂueŋ^{42}	kueŋ^{42}	kueŋ^{42}	kʰueŋ^{42}	yeŋ^{42}	yeŋ^{53}
古县	tʂʰuen^{53} 白 / tʂuəŋ^{53} 文	tʂuen^{42} 白	tʂuen^{42} 白 / tʂuəŋ^{42} 文	kuəŋ^{42}	kuəŋ^{42}	kʰuəŋ^{42}	yŋ^{42}	yŋ^{42}

续表

字目	重~量	种~类	肿	拱	巩	恐	拥	勇
中古音 / 方言点	直陇 通合三 上肿澄	之陇 通合三 上肿章	之陇 通合三 上肿章	居悚 通合三 上肿见	居悚 通合三 上肿见	丘陇 通合三 上肿溪	於陇 通合三 上肿影	余陇 通合三 上肿以
襄汾	tʂʰuen^{53} 白 / tʂʰueŋ^{53} 白 / tʂueŋ^{53} 文	tʂuen^{42} 白 / tʂueŋ^{42} 文	tʂuen^{42}	kueŋ^{42}	kueŋ^{42}	kʰueŋ^{42}	yeŋ^{21}	yeŋ^{42}
浮山	pfʰẽĩ^{52} 白 / tʂueŋ^{53} 文	pfẽĩ^{33} 白 / tʂueŋ^{33} 文	pfẽĩ^{33}	kueŋ^{33}	kueŋ^{33}	kʰueŋ^{33}	yeŋ^{42}	yeŋ^{33}
霍州	tʂʰuŋ^{53}	tʂuŋ^{33}	tʂuŋ^{33}	kuŋ^{33}	kuŋ^{33}	kʰuŋ^{33}	yŋ^{33}	yŋ^{33}
翼城	pfəŋ^{53}	pfəŋ^{44}	pfəŋ^{44} 白 / tʂuŋ^{44} 文	kuŋ^{44}	kuŋ^{44}	kʰuŋ^{44}	yŋ^{53}	yŋ^{44}
闻喜	tsuəŋ^{13}	pfəŋ^{53}	pfəŋ^{53}/ tsuəŋ^{33}	kuəŋ^{33}	——	kʰuəŋ^{33}	yəŋ^{53}/yəŋ^{13}	yəŋ^{13}
侯马	tʂuəŋ^{53}	tʂuəŋ^{44}	tʂueĩ^{44}	kueĩ^{44}	kuəŋ^{44}	kʰuəŋ^{44}	yəŋ^{213}	yəŋ^{44}
新绛	pfʰəŋ^{53}	tʂuəŋ^{44}	pfɛ̃^{44}	kuəŋ^{53}	kʰuəŋ^{13}	kʰuəŋ^{44}	yəŋ^{53}	yəŋ^{13}
绛县	pfʰʌŋ^{31}	tʂuʌŋ^{33}	pfʌŋ^{31}	kuʌŋ^{33}	kueĩ^{33}	kʰuʌŋ^{24}	yʌŋ^{33}	yʌŋ^{33}
垣曲	tʂʰuəŋ^{53}	tʂuəŋ^{44}	tʂuəŋ^{44}	kuəŋ^{44}	kuəŋ^{44}	kʰuəŋ^{44}	yəŋ^{213}	yəŋ^{44}
夏县	pfəŋ^{31} 白 / tʂuəŋ^{31} 文	pfəŋ^{24} 白 / tʂuəŋ^{24} 文	pfəŋ^{24} 白 / tʂuəŋ^{24} 文	kuəŋ^{24}	kuəŋ^{24}	kʰuəŋ^{24}	yəŋ^{53}	yəŋ^{24}
万荣	pʰaŋ^{33}	pfaŋ^{55}	pfaŋ^{55}	kuaŋ^{51}	kuaŋ^{55}	kʰuaŋ^{55}	yaŋ^{51}	yaŋ^{55}
稷山	pfʰʌŋ^{42} 白 / tʂuŋ^{42} 文	pfʌŋ^{44} 白 / tʂuŋ^{44} 文	pfə̃^{44} 白 / pfʌŋ^{44} 文	kuŋ^{44}	kuŋ^{44}	kʰuŋ^{44}	yŋ^{53}	yŋ^{44}
盐湖	tʂuəŋ^{44}	pfəŋ^{53} 白 / tʂuəŋ^{53} 文	pfəŋ^{53} 白 / tʂuəŋ^{53} 文	kuəŋ^{53}	kuəŋ^{53}	kʰuəŋ^{53}	yŋ^{42}	yŋ^{53}
临猗	pfʰəŋ^{44} 白 / tʂuəŋ^{44} 文	pfəŋ^{53} 白 / tʂuəŋ^{53} 文	pfəŋ^{53} 白 / tʂuəŋ^{53} 文	kuəŋ^{53}	kuəŋ^{53}	kʰuəŋ^{53}	yəŋ^{42}	yəŋ^{53}
河津	pfʰəŋ^{44}	pfəŋ^{53}	pfəŋ^{53}	kuəŋ^{53}	kuəŋ^{31}	kʰuəŋ^{53}	yəŋ^{31}	yəŋ^{53}
平陆	pfʰeŋ^{33} 白 / tʂoŋ^{33} 文	pfeŋ^{55}	pfeŋ^{55}	koŋ^{55}	koŋ^{55}	kʰoŋ^{55}	ioŋ^{31}	ioŋ^{55}
永济	pfʰəŋ^{24}/ pfʰəŋ^{44}	pfəŋ^{53}/ pfəŋ^{44}	pfəŋ^{53}	kuŋ^{44}	kuŋ^{44}	kʰuŋ^{44}	yŋ^{53}	yŋ^{53}
芮城	pfʰəŋ^{44}	pfəŋ^{44}	pfəŋ^{53}	kuəŋ^{53}	kuəŋ^{53}	kʰuəŋ^{53}	yəŋ^{42}	yəŋ^{53}
吉县	pfəŋ^{33}	pfəŋ^{53}	pfei^{53}	kuəŋ^{33}	kuəŋ^{53}	kʰuəŋ^{53}	yəŋ^{423}	yəŋ^{53}
乡宁	tʂʰuəŋ^{22} 白 / tʂuəŋ^{22} 文	tʂuəŋ^{44}	tʂuəŋ^{44}	kuəŋ^{44}	kuəŋ^{44}	kʰuəŋ^{44}	yəŋ^{53}	yəŋ^{44}
广灵	tsuŋ^{213}	tsuŋ^{44}	tsuŋ^{44}	kuŋ^{44}	kuŋ^{44}	kʰuŋ^{44}	yŋ^{53}	yŋ^{44}

字目	涌~现	踊	讽	凤	梦	中射~	仲	众
中古音 / 方言点	余陇 通合三 上肿以	余陇 通合三 上肿以	方凤 通合三 去送非	冯贡 通合三 去送奉	莫凤 通合三 去送明	陟仲 通合三 去送知	直众 通合三 去送澄	之仲 通合三 去送章
北京	yŋ^{214}	yŋ^{214}	fəŋ^{214}	fəŋ^{51}	məŋ^{51}	tʂuŋ^{51}	tʂuŋ^{51}	tʂuŋ^{51}
小店	yə̃^{53}	yə̃^{53}	fəŋ^{53}	fəŋ^{24}	məŋ^{24}	tsuəŋ^{24}	tsuəŋ^{24}	tsuəŋ^{24}
尖草坪	yʌŋ^{312}	yʌŋ^{312}	fʌŋ^{312}	fʌŋ^{35}	mʌŋ^{35}	tsuʌŋ^{35}	tsuʌŋ^{35}	tsuʌŋ^{35}
晋源	yn^{42}	yn^{42}	fəŋ^{42}	fəŋ^{35}	məŋ^{35}	tsuŋ^{35}	tsuŋ^{35}	tsuŋ^{35}
阳曲	yə̃^{312}	yə̃^{312}	fə̃^{312}	fə̃^{454}	mə̃^{454}	tsuə̃^{454}	tsuə̃^{454}	tsuə̃^{454}
古交	yəŋ^{312}	yəŋ^{312}	fəŋ^{312}	fəŋ^{53}	məŋ^{53}	tsuəŋ^{53}	tsuəŋ^{53}	tsuəŋ^{53}
清徐	yəŋ^{54}	yəŋ^{54}	fəŋ^{54}	fəŋ^{45}	məŋ^{45}	tsuəŋ^{45}	tsuəŋ^{45}	tsuəŋ^{45}
娄烦	yəŋ^{312}	yəŋ^{312}	fəŋ^{312}	fəŋ^{54}	məŋ^{54}	pfəŋ^{54}	pfəŋ^{54}	pfəŋ^{54}
榆次	yɤ̃^{53}	yɤ̃^{53}	fɤ̃^{53}	fɤ̃^{35}	mɤ̃^{35}	tsuɤ̃^{35}	tsuɤ̃^{11}	tsuɤ̃^{35}
交城	yə̃^{53}	yə̃^{53}	xuə̃^{53}	xuə̃^{24}	mə̃^{24}	tsuə̃^{24}	tsuə̃^{24}	tsuə̃^{24}
文水	yɔŋ^{423}	yɔŋ^{423}	xuɔŋ^{423}	xuɔŋ^{35}	mɔŋ^{35}	tsuɔŋ^{35}	tsuɔŋ^{35}	tsuɔŋ^{35}
祁县	iəm^{314}	iəm^{314}	xəm^{314}	xəm^{45}	mɔõ^{45}	tsəm^{45}	tsəm^{45}	tsəm^{45}
太谷	yə̃^{312}	yə̃^{312}	fə̃^{312}	fə̃^{53}	mə̃^{53}	tsuə̃^{53}	tsuə̃^{53}	tsuə̃^{53}
平遥	yəŋ^{512}	yəŋ^{512}	xuəŋ^{213}	xuəŋ^{24}	məŋ^{24}	tsuəŋ^{213}	tsuəŋ^{213}	tsuəŋ^{24}
孝义	yə̃^{312}	yə̃^{312}	xuə̃^{312}	xuə̃^{454}	mə̃^{454}	tsuə̃^{454}	tsuə̃^{33}	tsuə̃^{454}
介休	yn^{423}	yn^{423}	xuŋ^{423}	xuŋ^{45}	məŋ^{45}	tsuŋ^{45}	tsuŋ^{45}	tsuŋ^{45}
灵石	yŋ^{212}	——	xuŋ^{212}	xuŋ^{53}	məŋ^{53}	tsuŋ^{53}	tsuŋ^{53}	tsuŋ^{53}
盂县	yə̃^{53}	yə̃^{53}	fə̃^{53}	fə̃^{55}	mə̃^{55}	tsuə̃^{55}	tsuə̃^{55}	tsuə̃^{55}
寿阳	yə̃^{53}	yə̃^{53}	fə̃^{53}	fə̃^{45}	mə̃^{45}	tsuə̃^{45}	tsuə̃^{45}	tsuə̃^{45}
榆社	yeɪ^{312}	yeɪ^{312}	fɛɪ^{312}	fɛɪ^{45}	mɛɪ^{45}	tsuɛɪ^{45}	tsuɛɪ^{45}	tsuɛɪ^{45}
离石	yəŋ^{312}	yəŋ^{312}	xuəŋ^{312}	xuəŋ^{53}	məŋ^{53}	tsuəŋ^{53}	tsuəŋ^{53}	tsuəŋ^{53}
汾阳	yŋ^{312}	yŋ^{312}	fəŋ^{312}	fəŋ^{55}	məŋ^{55}	tʂuŋ^{55}	tʂuŋ^{55}	tʂuŋ^{55}
中阳	yə̃^{423}	yə̃^{423}	xuə̃^{423}	xuə̃^{53}	mə̃^{53}	tʂuə̃^{53}	tʂuə̃^{53}	tʂuə̃^{53}
柳林	yə̃^{312}	yə̃^{312}	xuə̃^{312}	xuə̃^{53}	mə̃^{53}	tsuə̃^{53}	tsuə̃^{53}	tsuə̃^{53}
方山	yə̃ŋ^{312}	yə̃ŋ^{312}	xuə̃ŋ^{312}	xuə̃ŋ^{52}	mə̃ŋ^{52}	tsuə̃ŋ^{52}	tsuə̃ŋ^{52}	tsuə̃ŋ^{52}
临县	yə̃^{312}	yə̃^{312}	fə̃^{312}	fə̃^{52}	mə̃^{52}	tsuə̃^{52}	tsuə̃^{52}	tsuə̃^{5}
兴县	yəŋ^{324}	——	xuəŋ^{324}	xuəŋ^{53}	məŋ^{53}	tsuəŋ^{53}	tsuəŋ^{53}	tsuəŋ^{53}
岚县	yəŋ^{312}	yəŋ^{312}	fəŋ^{312}	fəŋ^{53}	məŋ^{53}	tsuəŋ^{53}	tsʰuəŋ^{53}	tsuəŋ^{53}
静乐	yɤ̃^{314}	yɤ̃^{314}	fɤ̃^{314}	fɤ̃^{53}	mɤ̃^{53}	tsuɤ̃^{24}	tsuɤ̃^{53}	tsuɤ̃^{53}
交口	yəŋ^{323}	yəŋ^{323}	xuəŋ^{323}	xuəŋ^{53}	məŋ^{53}	tsuəŋ^{53}	tsuəŋ^{53}	tsuəŋ^{53}
石楼	yəŋ^{213}	yəŋ^{213}	xuəŋ^{213}	xuəŋ^{51}	məŋ^{51}	tʂuəŋ^{213}	tʂuəŋ^{51}	tʂuəŋ^{51}
隰县	yəŋ^{21}	yəŋ^{21}	xuəŋ^{21}	xuəŋ^{44}	məŋ^{44}	tsuəŋ^{44}	tsuəŋ^{44}	tsuəŋ^{44}

续表

字目	涌~现	踊	讽	凤	梦	中射~	仲	众
中古音 / 方言点	余陇 通合三 上肿以	余陇 通合三 上肿以	方凤 通合三 去送非	冯贡 通合三 去送奉	莫凤 通合三 去送明	陟仲 通合三 去送知	直众 通合三 去送澄	之仲 通合三 去送章
大宁	yəŋ31	——	fəŋ31	fəŋ55	məŋ55	tʂuəŋ55	——	tʂuəŋ55
永和	yəŋ35	——	xuəŋ312	xuəŋ53	məŋ53	tʂuəŋ312	tʂuəŋ53	tʂuəŋ53
汾西	ɕyəŋ33	ɕyəŋ33	fəŋ33	fəŋ53	məŋ53	tsuəŋ55	tsuəŋ11	——
蒲县	yŋ31	yŋ31	fəŋ31	fəŋ33	meĩ33 白 / məŋ33 文	tʂuŋ52	tʂuŋ52	tsuŋ33
潞州	yŋ535	yŋ535	fəŋ535	fəŋ54	məŋ54	tsuŋ44	tsuŋ54	tsuŋ44
上党	yŋ535	yŋ535	fəŋ535	fəŋ42	məŋ42	tsuŋ22	tsuŋ42	tsuŋ22
长子	yŋ434	yŋ434	fəŋ434	fəŋ53	məŋ53	tsuŋ53	tsuŋ53	tsuŋ422
屯留	yəŋ43	yəŋ43	fəŋ43	fəŋ11	məŋ11	tsuəŋ53	tsuəŋ11	tsuəŋ11
襄垣	yəŋ42	yəŋ42	fəŋ42	fəŋ45	məŋ45	tsuəŋ45	tsuəŋ53	tsuəŋ53
黎城	yəŋ33	yəŋ33	fəŋ213	fəŋ53	məŋ53	tsuəŋ53	tsuəŋ33	tsuəŋ53
平顺	yŋ434	yŋ434	fəŋ434	fəŋ53	məŋ53	tsuŋ53	tsuŋ53	tsuŋ53
壶关	yŋ535	yŋ535	fəŋ535	fəŋ33	məŋ353	tʂuŋ42	tʂuŋ353	tʂuŋ42
沁县	yə̃214	——	fə̃214	fə̃53	mə̃53	tsuə̃53	tsuə̃53	tsuə̃53
武乡	yɐŋ213	yɐŋ213	fɐŋ213	fɐŋ113	mɐŋ55	tsuɐŋ55	tsuɐŋ55	tsuɐŋ55
沁源	yə̃324	yə̃324	fə̃324	fə̃53	mə̃53	tʂuə̃53	tʂuə̃53	tʂuə̃53
安泽	yəŋ42	——	fəŋ42	——	məŋ53	tsuəŋ53	tsuəŋ21	tsuəŋ53
沁水端氏	yŋ31	yŋ31	foŋ31	foŋ53	moŋ53	tsoŋ53	tsoŋ53	tsoŋ53
阳城	yoŋ212	yoŋ212	fuoŋ212	fuoŋ51	muoŋ51	tʂuoŋ51	tʂuoŋ51	tʂuoŋ51
高平	iuə̃ŋ212	iuə̃ŋ212	fə̃ŋ33	fə̃ŋ53	mə̃ŋ53	tʂuə̃ŋ53	tʂuə̃ŋ33	tʂuə̃ŋ53
陵川	yŋ312	yŋ312	fəŋ312	fəŋ24	məŋ24	tʂuŋ24	tʂuŋ24	tʂuŋ24
晋城	yoŋ33	yoŋ213	foŋ213	foŋ53	moŋ53	tʂuoŋ53	tʂuoŋ53	tʂuoŋ53
忻府	yəŋ313	yəŋ313	fəŋ313	fəŋ53	məŋ53	tsuəŋ53	tsuəŋ53	tsuəŋ53
原平	yəŋ213	yəŋ213	fəŋ213	fəŋ53	məŋ53	tsuəŋ53	tsuəŋ53	tsuəŋ53
定襄	yəŋ24	yəŋ24	fəŋ24	fəŋ53	məŋ53	tʂuəŋ53	tsuəŋ53	tsuəŋ53
五台	yən213	yən213	fən213	fən52	mən52	tsuən213	tsuən52	tsuən52
岢岚	yəŋ13	yəŋ13	fəŋ13	fəŋ52	məŋ52	tʂuəŋ52	tʂuəŋ52	tʂuəŋ52
五寨	yəɣ̃13	yəɣ̃13	fəɣ̃13	fəɣ̃52	məɣ̃52	tsuəɣ̃52	tsuəɣ̃52	tsuəɣ̃52
宁武	yɤɯ213	——	fɤɯ213	fɤɯ52	mɤɯ52	tsuɤɯ52	tsuɤɯ52	tsuɤɯ52
神池	yə̃13	yə̃13	fə̃13	fə̃52	mə̃52	tsuə̃52	tsuə̃52	tsuə̃52
繁峙	yəŋ53	yəŋ53	fəŋ53	fəŋ24	məŋ24	tsuəŋ24	tsuəŋ24	tsuəŋ24

续表

字目	涌~现	踊	讽	凤	梦	中射~	仲	众
中古音 / 方言点	余陇 通合三 上肿以	余陇 通合三 上肿以	方凤 通合三 去送非	冯贡 通合三 去送奉	莫凤 通合三 去送明	陟仲 通合三 去送知	直众 通合三 去送澄	之仲 通合三 去送章
代县	yɤŋ^{213}	yɤŋ^{213}	fɤŋ^{213}	fɤŋ^{53}	mɤŋ^{53}	tsuɤŋ^{53}	tsuɤŋ^{53}	tsuɤŋ^{53}
河曲	yŋ^{213}	yŋ^{213}	fɤŋ^{213}	fɤŋ^{52}	mɤŋ^{52}	tʂuŋ^{52}	tʂuŋ^{52}	tʂuŋ^{52}
保德	yəŋ^{213}	yəŋ^{213}	fəŋ^{213}	fəŋ^{52}	məŋ^{52}	tʂuəŋ^{52}	tʂuəŋ^{52}	tʂuəŋ^{52}
偏关	ɕyɤŋ^{213}	ɕyɤŋ^{213}	fɤŋ^{213}	fɤŋ^{52}	mɤŋ^{52}	tʂuɤŋ^{52}	tʂuɤŋ^{52}	tʂuɤŋ^{52}
朔城	yə̃^{312}	yə̃^{312}	fə̃^{312}	fə̃^{53}	mə̃^{53}	tsuə̃^{53}	tsuə̃^{312}	tsuə̃^{53}
平鲁	yəɯ^{213}	yəɯ^{213}	fəɯ^{213}	fəɯ^{52}	məɯ^{52}	tsuəɯ^{52}	tsuəɯ^{52}	tsuəɯ^{52}
应县	yəŋ^{54}	yəŋ^{54}	fəŋ^{54}	fəŋ^{24}	məŋ^{24}	tsuəŋ^{24}	tsuəŋ^{24}	tsuəŋ^{24}
灵丘	yŋ^{442}	yŋ^{442}	fəŋ^{442}	fəŋ^{53}	məŋ^{53}	tsuŋ^{53}	tsuŋ^{53}	tsuŋ^{53}
浑源	yə̃^{52}	yə̃^{52}	fə̃^{52}	fə̃^{13}	mə̃^{13}	tsuə̃^{13}	tsuə̃^{52}	tsuə̃^{13}
云州	yəɣ^{55}	yəɣ^{55}	fəɣ^{55}	fəɣ^{24}	məɣ^{24}	tʂuəɣ^{21}	tʂuəɣ^{24}	tʂuəɣ^{24}
新荣	yɣ^{54}	yɣ^{54}	fɤɣ^{54}	fɤɣ^{24}	mɤɣ^{24}	tʂuɤɣ^{24}	tʂuɤɣ^{24}	tʂuɤɣ^{24}
怀仁	yəŋ^{53}	yəŋ^{53}	fəŋ^{53}	fəŋ^{24}	məŋ^{24}	tsuəŋ^{24}	tsuəŋ^{24}	tsuəŋ^{24}
左云	yəɣ^{54}	yəɣ^{54}	fəɣ^{54}	fəɣ^{24}	məɣ^{24}	tsuəɣ^{24}	tsuəɣ^{24}	tsuəɣ^{24}
右玉	yə̃ɣ^{53}	yə̃ɣ^{53}	fə̃ɣ^{24}	fə̃ɣ^{24}	mə̃ɣ^{24}	tʂuə̃ɣ^{24}	tʂuə̃ɣ^{24}	tʂuə̃ɣ^{24}
阳高	yəŋ^{53}	yəŋ^{53}	fəŋ^{53}	fəŋ^{24}	məŋ^{24}	tsuəŋ^{24}	tsuəŋ^{53}	tsuəŋ^{24}
山阴	yə̃^{313}	yə̃^{313}	fə̃^{52}	fə̃^{335}	mə̃^{335}	tʂuə̃^{335}	tʂuə̃^{52}	tʂuə̃^{335}
天镇	yɤɣ^{55}	yɤɣ^{55}	fɤɣ^{55}	fɤɣ^{24}	mɤɣ^{24}	——	tsuɤɣ^{24}	tsuɤɣ^{24}
平定	yɤŋ^{53}	yɤŋ^{53}	fɤŋ^{53}	fɤŋ^{24}	mɤŋ^{24}	tsuɤŋ^{24}	tsuɤŋ^{24}	tsuɤŋ^{24}
昔阳	yəŋ^{55}	yəŋ^{55}	fəŋ^{55}	fəŋ^{13}	məŋ^{13}	tsuəŋ^{13}	tsuəŋ^{13}	tsuəŋ^{13}
左权	yəŋ^{42}	——	fəŋ^{42}	fəŋ^{53}	məŋ^{53}	tsuəŋ^{53}	tsuəŋ^{53}	tsuəŋ^{53}
和顺	yəŋ^{53}	yəŋ^{53}	fəŋ^{53}	fəŋ^{13}	məŋ^{13}	tsuəŋ^{13}	tsuəŋ^{53}	tsuəŋ^{13}
尧都	yəŋ^{53}	yəŋ^{53}	fəŋ^{53}	fəŋ^{44}	mɤ^{44} 白 / məŋ^{44} 文	tsuəŋ^{53}	tsuəŋ^{53}	tsuəŋ^{53}
洪洞	yeŋ^{42}	yeŋ^{42}	feŋ^{21}	feŋ^{53}	men^{53} 白 / meŋ^{53} 文	tʂuen^{42} 白 / tʂueŋ^{42} 文	tʂueŋ^{21}	tʂueŋ^{33}
洪洞赵城	yeŋ^{53}	yeŋ^{53}	feŋ^{21}	feŋ^{53}	meŋ^{21}	tʂueŋ^{24}	——	tʂueŋ^{24}
古县	yŋ^{42}	——	fəŋ^{53}	fəŋ^{53}	men^{53} 白 / məŋ^{53} 文	tʂuəŋ^{35}	tʂuəŋ^{53}	tʂuəŋ^{35}
襄汾	yeŋ^{42}	yeŋ^{42}	feŋ^{42}	feŋ^{53}	mɔ^{21} 白 / meŋ^{53} 文	tʂueŋ^{44}	tʂueŋ^{44}	tʂueŋ^{44}
浮山	yeŋ^{33}	yeŋ^{33}	feŋ^{33}	feŋ^{53}	mẽĩ^{53}	pfeŋ^{44}	tʂueŋ^{44}	pfʰeŋ^{44}
霍州	yŋ^{33}	yŋ^{33}	fəŋ^{55}	fəŋ^{53}	məŋ^{53}	tʂuŋ^{55}	tʂuŋ^{55}	tʂuŋ^{55}

续表

字目	涌~现	踊	讽	凤	梦	中射~	仲	众
中古音 / 方言点	余陇 通合三 上肿以	余陇 通合三 上肿以	方凤 通合三 去送非	冯贡 通合三 去送奉	莫凤 通合三 去送明	陟仲 通合三 去送知	直众 通合三 去送澄	之仲 通合三 去送章
翼城	yŋ^{44}	yŋ^{44}	fəŋ^{44}	fəŋ^{53}	məŋ^{53}	tʂuŋ^{53}	tʂuŋ^{53}	tʂuŋ^{53}
闻喜	——	——	fəŋ^{53}	fəŋ^{13}	pʰəŋ^{13}	pfəŋ^{53} 白 / tsuəŋ^{53} 文	tsuəŋ^{13}/ pfʰuʌŋ^{13}	pfəŋ^{53}
侯马	yəŋ^{44}	yəŋ^{44}	fəŋ^{44}	fəŋ^{53}	məŋ^{53}	tʂuəŋ^{53}	tʂuəŋ^{53}	tʂuəŋ^{53}
新绛	yəŋ^{53}	yəŋ^{53}	fəŋ^{44}	fəŋ^{53}	mẽ^{53}	tʂuəŋ^{53}	tʂʰuəŋ^{53}	tʂuəŋ^{53}
绛县	yʌŋ^{31}	yʌŋ^{33}	fʌŋ^{31}	fʌŋ^{31}	meĩ^{31}	pfei^{31} 白 / pfʌŋ^{31} 文	pfʰʌŋ^{53}	pfʌŋ^{31}
垣曲	yəŋ^{44}	yəŋ^{44}	fəŋ^{44}	fəŋ^{53}	məŋ^{53}	tʂuəŋ^{53}	tʂʰuəŋ^{53}	tʂuəŋ^{53}
夏县	yəŋ^{24}	yəŋ^{24}	fəŋ^{24}	fəŋ^{31}	məŋ^{31}	pfəŋ^{31} 白 / tʂuəŋ^{31} 文	pfəŋ^{31} 白 / tʂuəŋ^{31} 文	pfəŋ^{31} 白 / tʂuəŋ^{31} 文
万荣	yaŋ^{55}	yaŋ^{55}	faŋ^{55}	faŋ^{33}	maŋ^{33}	pfaŋ^{33}	pfaŋ^{51}	pfaŋ^{33} 白 / tʂuaŋ^{33} 文
稷山	yŋ^{44}	yŋ^{44}	fʌŋ^{44}	fʌŋ^{42}	mə̃^{42} 白 / mʌŋ^{42} 文	pfʌŋ^{42} 白 / tʂuŋ^{42} 文	——	pfʌŋ^{42}
盐湖	yŋ^{53}	yŋ^{53}	fəŋ^{53}	fəŋ^{44}	məŋ^{44}	pfəŋ^{44} 白 / tʂuəŋ^{44} 文	pfəŋ^{44}	tʂuəŋ^{44}
临猗	yəŋ^{53}	yəŋ^{53}	fəŋ^{53}	fəŋ^{44}	məŋ^{44}	pfəŋ^{44} 白 / tʂuəŋ^{44} 文	——	pfəŋ^{44} 白 / tʂuəŋ^{44} 文
河津	yəŋ^{53}	yəŋ^{53}	fəŋ^{53}	fəŋ^{44}	məŋ^{44}	pfəŋ^{44}	pfəŋ^{53}	pfəŋ^{44}
平陆	ioŋ^{55}	ioŋ^{55}	feŋ^{55}	feŋ^{33}	meŋ^{33}	pfeŋ^{33}	pfeŋ^{33}	pfeŋ^{33}
永济	yŋ^{53}	yŋ^{53}	fəŋ^{44}	fəŋ^{44}	məŋ^{44}	pfʰəŋ^{31} 白 / pfəŋ^{31} 文 / pfəŋ^{44}	pfəŋ^{44}	pfəŋ^{44} 白 / tʂuŋ^{44} 文
芮城	yəŋ^{53}	yəŋ^{53}	fəŋ^{53}	fəŋ^{44}	məŋ^{44}	pfəŋ^{44}	pfʰəŋ^{42}	pfəŋ^{44}
吉县	yəŋ^{53}	——	fəŋ^{423}	fəŋ^{33}	mei^{33} 白 / məŋ^{33} 文	pfəŋ^{33}	——	pfəŋ^{33}
乡宁	yəŋ^{44}	yəŋ^{44}	fəŋ^{44}	fəŋ^{22}	məŋ^{22}	tʂuəŋ^{22}	tʂuəŋ^{22}	tʂuəŋ^{22}
广灵	yŋ^{44}	yŋ^{44}	fəŋ^{44}	fəŋ^{213}	məŋ^{213}	tsuŋ^{213}	tsuŋ^{213}	tsuŋ^{213}

字目	缝~隙	纵放~	诵	颂	讼	种~植	供~养	共
中古音 / 方言点	扶用 通合三 去用奉	子用 通合三 去用精	似用 通合三 去用邪	似用 通合三 去用邪	似用 通合三 去用邪	之用 通合三 去用章	居用 通合三 去用见	渠用 通合三 去用群
北京	fəŋ^{35}	tsuŋ^{51}	suŋ^{51}	suŋ^{51}	suŋ^{51}	tʂuŋ^{51}	kuŋ^{51}	kuŋ^{51}
小店	fəŋ^{24}	tsuəŋ^{24}	suəŋ^{24}	suəŋ^{24}	suəŋ^{24}	tsuəŋ^{24}	kuəŋ^{11}/ kuəŋ^{24}	kuəŋ^{24}
尖草坪	fʌŋ^{35}	tsuʌŋ^{35}	suʌŋ^{35}	suʌŋ^{35}	suʌŋ^{35}	tsuʌŋ^{35}	kuʌŋ^{35}	kuʌŋ^{35}
晋源	fəŋ^{35}	tsuŋ^{35}	suŋ^{35}	suŋ^{35}	suŋ^{35}	tsuŋ^{35}	kuŋ^{35}	kuŋ^{35}
阳曲	fə̃^{454}	tsuə̃^{454}	suə̃^{454}	suə̃^{454}	suə̃^{454}	tsuə̃^{454}	kuə̃^{454}	kuə̃^{454}
古交	fəŋ^{53}	tsuəŋ^{53}	suəŋ^{53}	suəŋ^{53}	suəŋ^{53}	tsuəŋ^{53}	kuəŋ^{53}	kuəŋ^{53}
清徐	fəŋ^{45}	tsuəŋ^{45}	suəŋ^{45}	suəŋ^{45}	suəŋ^{45}	tsuəŋ^{45}	kuəŋ^{45}	kuəŋ^{45}
娄烦	fəŋ^{54}	tsuəŋ^{54}	suəŋ^{54}	suəŋ^{54}	suəŋ^{54}	pfəŋ^{54}	kuəŋ^{54}	kuəŋ^{54}
榆次	fɤ̃^{35}	tsuɤ̃^{35}	suɤ̃^{35}	suɤ̃^{35}	suɤ̃^{35}	tsuɤ̃^{35}	kuɤ̃^{35}	kuɤ̃^{35}
交城	xuə̃^{24}	tsuə̃^{24}	ɕyə̃^{24}	ɕyə̃^{24}	suə̃^{24}	tsuə̃^{24}	kuə̃^{24}	kuə̃^{24}
文水	xuɔŋ^{35}	tsuɔŋ^{35}	suɔŋ^{35}	suɔŋ^{35}	suɔŋ^{35}	tsuɔŋ^{35}	kuɔŋ^{35}	kuɔŋ^{35}
祁县	xəm^{45}	tsəm^{45}	səm^{45}	səm^{45}	səm^{45}	tsəm^{45}	kəm^{45}	kəm^{45}
太谷	fə̃^{53}	tsuə̃^{53}	suə̃^{53}	suə̃^{53}	suə̃^{53}	tsuə̃^{53}	kuə̃^{53}	kuə̃^{53}
平遥	xuəŋ^{24}	tsuəŋ^{512}	suəŋ^{24}	suəŋ^{24}	suəŋ^{24}	tsuəŋ^{24}	kuəŋ^{24}	kuəŋ^{24}
孝义	xuə̃^{454}	tsuə̃^{454}	suə̃^{454}	suə̃^{454}	suə̃^{454}	tsuə̃^{454}	kuə̃^{454}	kuə̃^{454}
介休	xuŋ^{45}	tsuŋ^{45}	suŋ^{45}	suŋ^{45}	suŋ^{45}	tsuŋ^{45}	kuŋ^{45}	kuŋ^{45}
灵石	xuŋ^{53}	tsuŋ^{53}	suŋ^{53}	suŋ^{53}	suŋ^{53}	tsuŋ^{53}	kuŋ^{53}	kuŋ^{53}
盂县	fə̃^{55}	tsuə̃^{55}	suə̃^{55}	suə̃^{55}	suə̃^{55}	tsuə̃^{55}	kuei^{55} 白 / kuə̃^{55} 文	kuə̃^{55}
寿阳	fə̃^{45}	tsuə̃^{45}	suə̃^{45}	suə̃^{45}	suə̃^{45}	tsuə̃^{45}	kuə̃^{45}	kuə̃^{45}
榆社	feɪ^{45}	tsueɪ^{45}	sueɪ^{45}	sueɪ^{45}	sueɪ^{45}	tsueɪ^{45}	kueɪ^{45}	kueɪ^{45}
离石	xuəŋ^{53}	tsuəŋ^{53}	suəŋ^{53}	suəŋ^{53}	suəŋ^{53}	tsuəŋ^{53}	kuəŋ^{53}	kuəŋ^{53}
汾阳	fəŋ^{55}	tsuŋ^{55}	suŋ^{55}	suŋ^{55}	suŋ^{55}	tʂuŋ^{55}	kuŋ^{55}	kuŋ^{55}
中阳	xuə̃^{53}	tʂuə̃^{53}	ʂuə̃^{53}	ʂuə̃^{53}	ʂuə̃^{53}	tʂuə̃^{53}	kuə̃^{53}	kuə̃^{53}
柳林	xuə̃^{53}	tsuə̃^{53}	suə̃^{53}	suə̃^{53}	suə̃^{53}	tsuə̃^{53}	kuə̃^{53}	kuə̃^{53}
方山	xuə̃ŋ^{52}	tsuə̃ŋ^{52}	suə̃ŋ^{52}	suə̃ŋ^{52}	suə̃ŋ^{52}	tsuə̃ŋ^{52}	kuə̃ŋ^{52}	kuə̃ŋ^{52}
临县	fə̃^{24}	tsuə̃^{52}	suə̃^{52}	suə̃^{52}	suə̃^{52}	tsuə̃^{5}	kuə̃^{52}	kuə̃^{52}
兴县	xuəŋ^{53}	tsuəŋ^{53}	suəŋ^{53}	suəŋ^{53}	suəŋ^{53}	tsuəŋ^{53}	kuəŋ^{324}	kuəŋ^{53}
岚县	fəŋ^{53}	tsuəŋ^{53}	suəŋ^{53}	suəŋ^{53}	suəŋ^{53}	tsuəŋ^{53}	kuəŋ^{214}	kuəŋ^{53}
静乐	fɤ̃^{53}	tsuɤ̃^{53}	suɤ̃^{53}	suɤ̃^{53}	suɤ̃^{53}	tsuɤ̃^{53}	kuɤ̃^{53}	kuɤ̃^{53}
交口	xuəŋ^{53}	tsuəŋ^{53}	suəŋ^{53}	suəŋ^{53}	suəŋ^{53}	tsuəŋ^{53}	kuəŋ^{53}	kuəŋ^{53}
石楼	xuəŋ^{51}	tʂuəŋ^{51}	ʂuəŋ^{51}	ʂuəŋ^{51}	ʂuəŋ^{51}	tʂuəŋ^{51}	kuəŋ^{51}	kuəŋ^{51}

续表

字目	缝~隙	纵放~	诵	颂	讼	种~植	供~养	共
中古音 / 方言点	[扶用] 通合三 去用奉	[子用] 通合三 去用精	[似用] 通合三 去用邪	[似用] 通合三 去用邪	[似用] 通合三 去用邪	[之用] 通合三 去用章	[居用] 通合三 去用见	[渠用] 通合三 去用群
隰县	xuəŋ^{44}	tsuəŋ^{44}	suəŋ^{44}	suəŋ^{44}	suəŋ^{44}	tsuəŋ^{44}	kuəŋ^{44}	kuəŋ^{44}
大宁	fəŋ^{55}	tsuəŋ^{55}	suəŋ^{55}	suəŋ^{55}	suəŋ^{55}	tʂuəŋ^{55}	kuəŋ^{55}	kuəŋ^{55}
永和	xuəŋ^{53}	tsuəŋ^{53}	suəŋ^{53}	suəŋ^{53}	suəŋ^{33}	tʂuəŋ^{53}	kuəŋ^{53}	kuəŋ^{53}
汾西	fəŋ^{53}	tsuəŋ^{55}	suəŋ^{55}	suəŋ^{53}	suəŋ^{55}	tsuəŋ^{55}	kuəŋ^{55}	kuəŋ^{55}
蒲县	feĩ^{33} 白 / fəŋ^{33} 文	tsuŋ^{33}	suŋ^{33}	suŋ^{33}	suŋ^{33}	tʂueĩ^{33} 白 / tsuŋ^{33} 文	kuŋ^{33}	kuŋ^{33}
潞州	fəŋ^{54}	tsuŋ^{44}	suŋ^{54}	suŋ^{54}	suŋ^{54}	tsuŋ^{44}	kuŋ^{44}	kuŋ^{54}
上党	fəŋ^{42}	tsuŋ^{22}	ɕyŋ^{42}	suŋ^{42}	suŋ^{42}	tsuŋ^{22}	kuŋ^{22}	kuŋ^{42}
长子	fəŋ^{53}	tsuŋ^{422}	suŋ^{53}	suŋ^{53}	suŋ^{53}	tsuŋ^{422}	kuŋ^{422}	kuŋ^{53}
屯留	fəŋ^{11}	tsuəŋ^{53}	suəŋ^{53}	suəŋ^{53}	suəŋ^{53}	tsuəŋ^{53}	kuəŋ^{53}	kuəŋ^{11}
襄垣	fəŋ^{45}	tsuəŋ^{53}	suəŋ^{45}	suəŋ^{45}	suəŋ^{45}	tsuəŋ^{53}	kuəŋ^{53}	kuəŋ^{45}
黎城	fəŋ^{53}	tsuəŋ^{422}	ɕyəŋ^{53}	ɕyəŋ^{53}	ɕyəŋ^{33}	tsuəŋ^{422}	kuəŋ^{53}	kuəŋ^{53}
平顺	fəŋ^{53}	tsuŋ^{53}	suŋ^{53}	suŋ^{53}	suŋ^{53}	tsuŋ^{53}	kuŋ^{53}	kuŋ^{53}
壶关	fəŋ^{353}	tʂuŋ^{33}	syŋ^{353}	ʂuŋ^{353}	syŋ^{353}	tʂuŋ^{42}	kuŋ^{33}	kuŋ^{353}
沁县	fə̃^{53}	tsuə̃^{53}	suə̃^{53}	suə̃^{53}	suə̃^{53}	tsuə̃^{53}	kuə̃^{53}	kuə̃^{53}
武乡	fɐŋ^{55}	tsuɐŋ^{55}	suɐŋ^{55}	suɐŋ^{55}	suɐŋ^{55}	tsuɐŋ^{55}	kuɐŋ^{55}	kuɐŋ^{55}
沁源	fə̃^{53}	tsuə̃^{53}	suə̃^{53}	suə̃^{53}	suə̃^{53}	tʂuə̃^{53}	kuə̃^{53}	kuə̃^{53}
安泽	fəŋ^{53}	tsuəŋ^{53}	suəŋ^{35}	suəŋ^{35}	suəŋ^{35}	tsuəŋ^{53}	kuəŋ^{53}	kuəŋ^{53}
沁水端氏	foŋ^{53}	tsoŋ^{53}	soŋ^{53}	soŋ^{53}	soŋ^{53}	tsoŋ^{53}	koŋ^{53}	koŋ^{53}
阳城	fuoŋ^{51}	tɕyoŋ^{51}	suoŋ^{51}	suoŋ^{51}	suoŋ^{51}	tʂuoŋ^{51}	kuoŋ^{51}	kuoŋ^{51}
高平	fə̃ŋ^{53}	tɕiuə̃ŋ^{53}	ɕiuə̃ŋ^{53}	ɕiuə̃ŋ^{53}	ɕiuə̃ŋ^{53}	tʂuə̃ŋ^{53}	kuə̃ŋ^{53}	kuə̃ŋ^{53}
陵川	foŋ^{24} 白 / fəŋ^{24} 文	tʂuŋ^{24}	ʂuŋ^{24}	ʂuŋ^{24}	ʂuŋ^{24}	tʂuŋ^{24}	kuŋ^{24}	kuŋ^{24}
晋城	foŋ^{53}	tɕyoŋ^{53}	ɕyoŋ^{53}	ɕyoŋ^{53}	ʂuoŋ^{53}	tʂuoŋ^{53}	kuoŋ^{53}	kuoŋ^{53}
忻府	fəŋ^{53}	tsuəŋ^{53}	ɕyəŋ^{53}	ɕyəŋ^{53}	suəŋ^{53}	tsuəŋ^{53}	kuəŋ^{53}	kuəŋ^{53}
原平	fəŋ^{53}	tsuəŋ^{53}	suəŋ^{53}	suəŋ^{53}	suəŋ^{53}	tsuəŋ^{53}	kuəŋ^{53}	kuəŋ^{53}
定襄	fəŋ^{53}	tsuəŋ^{53}	suəŋ^{53}	suəŋ^{53}	suəŋ^{53}	tsuəŋ^{53}	kuəŋ^{53}	kuəŋ^{53}
五台	fən^{52}	tsuən^{52}	suən^{52}	suən^{52}	suən^{52}	tsuən^{52}	kuən^{52}	kuən^{52}
岢岚	fəŋ^{52}	tʂuəŋ^{52}	suəŋ^{52}	suəŋ^{52}	suəŋ^{52}	tʂuəŋ^{52}	kuəŋ^{52}	kuəŋ^{52}
五寨	fəỹ^{52}	tsuəỹ^{52}	suəỹ^{52}	suəỹ^{52}	suəỹ^{52}	tsuəỹ^{52}	kuəỹ^{52}	kuəỹ^{52}
宁武	fɤɯ^{52}	tsuɤɯ^{52}	suɤɯ^{52}	suɤɯ^{52}	suɤɯ^{52}	tsuɤɯ^{52}	kuɤɯ^{52}	kuɤɯ^{52}

续表

字目	缝~隙	纵放~	诵	颂	讼	种~植	供~养	共
中古音 方言点	扶用 通合三 去用奉	子用 通合三 去用精	似用 通合三 去用邪	似用 通合三 去用邪	似用 通合三 去用邪	之用 通合三 去用章	居用 通合三 去用见	渠用 通合三 去用群
神池	fə̃^{52}	tsuə̃^{52}	suə̃^{52}	suə̃^{52}	suə̃^{52}	tsuə̃^{52}	kuə̃^{52}	kuə̃^{52}
繁峙	fəŋ^{24}	tsuəŋ^{24}	suəŋ^{24}	suəŋ^{24}	suəŋ^{24}	tsuəŋ^{24}	kuəŋ^{24}	kuəŋ^{24}
代县	fɤŋ^{53}	tsuɤŋ^{53}	suɤŋ^{53}	suɤŋ^{53}	suɤŋ^{53}	tsuɤŋ^{53}	kuɤŋ^{53}	kuɤŋ^{53}
河曲	fɤŋ^{44}	tsuŋ^{52}	suŋ^{52}	suŋ^{52}	suŋ^{52}	tʂuŋ^{213}	kuŋ^{213}	kuŋ^{52}
保德	fəŋ^{52}	tsuəŋ^{52}	suəŋ^{52}	suəŋ^{52}	suəŋ^{52}	tʂuəŋ^{52}	kuəŋ^{52}	kuəŋ^{52}
偏关	fɤŋ^{52}	tsuɤŋ^{52}	suɤŋ^{52}	suɤŋ^{52}	suɤŋ^{52}	tʂuɤŋ^{52}	kuɤŋ^{52}	kuɤŋ^{52}
朔城	fə̃^{53}	tsuə̃^{53}	suə̃^{53}	suə̃^{53}	suə̃^{53}	tsuə̃^{53}	kuə̃^{53}	kuə̃^{53}
平鲁	fəɯ^{52}	tsuəɯ^{52}	suəɯ^{52}	suəɯ^{52}	suəɯ^{52}	tsuəɯ^{52}	kuəɯ^{52}	kuəɯ^{52}
应县	fəŋ^{24}	tsuəŋ^{24}	suəŋ^{24}	suəŋ^{24}	suəŋ^{24}	tsuəŋ^{24}	kuəŋ^{24}	kuəŋ^{24}
灵丘	fəŋ^{53}	tsuŋ^{53}	suŋ^{53}	suŋ^{53}	suŋ^{53}	tsuŋ^{53}	kuŋ^{53}	kuŋ^{53}
浑源	fə̃^{13}	tsuə̃^{13}	suə̃^{13}	suə̃^{13}	suə̃^{13}	tsuə̃^{13}	kuə̃^{13}	kuə̃^{13}
云州	fəɣ^{24}	tsuəɣ^{24}	suəɣ^{24}	suəɣ^{24}	suəɣ^{24}	tʂuəɣ^{24}	kuəɣ^{24}	kuəɣ^{24}
新荣	fɤɣ^{24}	tsuɤɣ^{24}	suɤɣ^{24}	suɤɣ^{24}	suɤɣ^{24}	tʂuɤɣ^{24}	kuɤɣ^{24}	kuɤɣ^{24}
怀仁	fəŋ^{24}	tsuəŋ^{24}	suəŋ^{24}	suəŋ^{24}	suəŋ^{24}	tsuəŋ^{24}	kuəŋ^{24}	kuəŋ^{24}
左云	fəɣ^{24}	tsuəɣ^{24}	suəɣ^{24}	suəɣ^{24}	suəɣ^{24}	tsuəɣ^{24}	kuəɣ^{24}	kuəɣ^{24}
右玉	fə̃ɣ^{24}	tsuə̃ɣ^{24}	suə̃ɣ^{24}	suə̃ɣ^{24}	suə̃ɣ^{24}	tʂuə̃ɣ^{24}	kuə̃ɣ^{24}	kuə̃ɣ^{24}
阳高	fəŋ^{24}	tsuəŋ^{24}	suəŋ^{24}	suəŋ^{24}	suəŋ^{24}	tsuəŋ^{24}	kuəŋ^{24}	kuəŋ^{24}
山阴	fə̃^{335}	——	suə̃^{335}	suə̃^{335}	suə̃^{335}	tʂuə̃^{335}	kuə̃^{335}	kuə̃^{335}
天镇	fɤɣ^{24}	tsuɤɣ^{24}	suɤɣ^{24}	suɤɣ^{24}	suɤɣ^{24}	tsuɤɣ^{24}	kuɤɣ^{24}	kuɤɣ^{24}
平定	fɤŋ^{24}	tsuɤŋ^{24}	suɤŋ^{24}	suɤŋ^{24}	suɤŋ^{24}	tsuɤŋ^{24}	kuɤŋ^{24}	kuɤŋ^{24}
昔阳	fəŋ^{13}	tsuəŋ^{13}	suəŋ^{13}	suəŋ^{13}	suəŋ^{13}	tsuəŋ^{13}	kuəŋ^{13}	kuəŋ^{13}
左权	fəŋ^{53}	tsuəŋ^{53}	suəŋ^{53}	suəŋ^{53}	suəŋ^{53}	tsuəŋ^{53}	kuəŋ^{53}	kuəŋ^{53}
和顺	fəŋ^{13}	tsuəŋ^{13}	suəŋ^{13}	suəŋ^{13}	suəŋ^{13}	tsuəŋ^{13}	kuəŋ^{13}	kuəŋ^{13}
尧都	fəŋ^{44}	tsuəŋ^{44}	suəŋ^{44}	suəŋ^{44}	suəŋ^{44}	tsuəŋ^{44}	kuəŋ^{44}	kuəŋ^{44}
洪洞	feŋ^{24}	tsueŋ^{33}	sueŋ^{33}	sueŋ^{33}	sueŋ^{33}	tʂuen^{42} 白 / tʂueŋ^{33} 文	kueŋ^{42}	kueŋ^{33}
洪洞赵城	feŋ^{53}	tsueŋ^{53}	sueŋ^{53}	sueŋ^{53}	sueŋ^{53}	tʂueŋ^{24}	kueŋ^{24}	kueŋ^{53}
古县	fəŋ^{53}	tsuəŋ^{53}	suəŋ^{35}	suəŋ^{35}	suəŋ^{35}	tʂuen^{35}	kuəŋ^{53}	kuəŋ^{53}
襄汾	fen^{53}	——	sueŋ^{53}	sueŋ^{53}	sueŋ^{53}	suen^{53} 白 / tʂueŋ^{44} 文	kueŋ^{44}	kueŋ^{44}
浮山	fẽĩ^{53}	tsueŋ^{42}	sueŋ^{44}	sueŋ^{44}	sueŋ^{44}	pfẽĩ^{33}	kueŋ^{44}	kueŋ^{53}

续表

字目	缝~隙	纵放~	诵	颂	讼	种~植	供~养	共
中古音 / 方言点	扶用 通合三 去用奉	子用 通合三 去用精	似用 通合三 去用邪	似用 通合三 去用邪	似用 通合三 去用邪	之用 通合三 去用章	居用 通合三 去用见	渠用 通合三 去用群
霍州	fəŋ^{35}	tsuŋ^{55}	suŋ^{53}	suŋ^{53}	suŋ^{53}	tʂuŋ^{55}	kuŋ^{55}	kuŋ^{55}
翼城	fəŋ^{53}	tsuŋ^{53}	suŋ^{53}	suŋ^{53}	suŋ^{53}	pfəŋ^{53}	kuŋ^{53}	kuŋ^{53}
闻喜	fəŋ^{13}	tsuəŋ^{53}	suəŋ^{13}	suəŋ^{13}	suəŋ^{13}	pfəŋ^{53}	kuəŋ^{53}	kuəŋ^{13}
侯马	fəŋ^{53}	tsuəŋ^{53}	suəŋ^{53}	suəŋ^{53}	suəŋ^{53}	tʂuəŋ^{53}	kuəŋ^{53}	kuəŋ^{53}
新绛	fẽ^{53}	tsʰuəŋ^{53}	suəŋ^{53}	suəŋ^{53}	suəŋ^{53}	pfẽ^{53}	kuəŋ^{53}	kuəŋ^{53}
绛县	feĩ^{53}	tsuʌŋ^{31}	suʌŋ^{31}	suʌŋ^{31}	suʌŋ^{31}	pfʌŋ^{31}	kuʌŋ^{31}	kuʌŋ^{53}
垣曲	fəŋ^{53}	tsuəŋ^{53}	suəŋ^{53}	suəŋ^{53}	suəŋ^{53}	tʂuəŋ^{53}	kuəŋ^{53}	kuəŋ^{53}
夏县	fəŋ^{31}	tsuəŋ^{31}	suəŋ^{31}	suəŋ^{31}	suəŋ^{31}	pfəŋ^{31} 白 / tʂuəŋ^{31} 文	kuəŋ^{31}	kuəŋ^{31}
万荣	faŋ^{33}	tsuaŋ^{33}	suaŋ^{55}	suaŋ^{55}	suaŋ^{55}	pfaŋ^{33}	kuaŋ^{33}	kuaŋ^{33}
稷山	fə̃^{42} 白 / fʌŋ^{42} 文	tsuəŋ^{42}	suŋ^{42}	suŋ^{42}	suŋ^{42}	pfə̃^{42} 白 / pfʌŋ^{42} 文	kuŋ^{42}	kuŋ^{42}
盐湖	fəŋ^{44}	tsuəŋ^{44}	suəŋ^{44}	suəŋ^{44}	suəŋ^{44}	pfəŋ^{44} 白 / tʂuəŋ^{44} 文	kuəŋ^{44}	kuəŋ^{44}
临猗	fəŋ^{44}	tsuəŋ^{44}	suəŋ^{44}	suəŋ^{44}	suəŋ^{44}	pfəŋ^{44} 白 / tʂuəŋ^{44} 文	kuəŋ^{44}	kuəŋ^{44}
河津	fəŋ^{44}	tsuəŋ^{44}	suəŋ^{53}	suəŋ^{53}	suəŋ^{53}	pfəŋ^{44}	kuəŋ^{44}	kuəŋ^{44}
平陆	feŋ^{33}	tsoŋ^{33}	soŋ^{55}	soŋ^{55}	soŋ^{55}	pfeŋ^{33}	koŋ^{33}	koŋ^{33}
永济	fəŋ^{31}	tsuŋ^{44}	suŋ^{44}	suŋ^{44}	suŋ^{44}	pfəŋ^{24}/pfəŋ^{44}	kuŋ^{44}	kuŋ^{44}
芮城	fəŋ^{44}	tsuəŋ^{44}	suəŋ^{53}	suəŋ^{53}	suəŋ^{53}	pfəŋ^{44}	kuəŋ^{44}	kuəŋ^{44}
吉县	fəŋ^{33}	tsuəŋ^{33}	suəŋ^{53}	suəŋ^{53}	suəŋ^{53}	pfei^{33}	kuəŋ^{423}	kuəŋ^{33}
乡宁	fəŋ^{22}	tsuəŋ^{22}	suəŋ^{22}	suəŋ^{22}	suəŋ^{22}	tʂuəŋ^{22}	kuəŋ^{22}	kuəŋ^{22}
广灵	fəŋ^{213}	tsuŋ^{213}	suŋ^{213}	suŋ^{213}	suŋ^{213}	tsuŋ^{213}	kuŋ^{213}	kuŋ^{213}

字目	用	福	复~杂	腹	覆	服	伏	复~原
中古音 / 方言点	余颂 通合三 去用以	方六 通合三 入屋非	方六 通合三 入屋非	方六 通合三 入屋非	芳福 通合三 入屋敷	房六 通合三 入屋奉	房六 通合三 入屋奉	房六 通合三 入屋奉
北京	yŋ^{35}	fu^{35}	fu^{51}	fu^{51}	fu^{51}	fu^{35}	fu^{35}	fu^{51}
小店	yə̆^{24}	fəʔ^{1}	fəʔ^{1}	fəʔ^{1}	fəʔ^{1}	fəʔ$^{\underline{54}}$	fəʔ$^{\underline{54}}$	fəʔ^{1}
尖草坪	yʌŋ^{35}	fəʔ^{2}	fəʔ^{2}	fəʔ^{2}	fəʔ^{2}	fəʔ$^{\underline{43}}$	pu^{35} 白 / fəʔ$^{\underline{43}}$ 文	fəʔ^{2}
晋源	yn^{24}	fəʔ^{2}	fəʔ^{2}	fəʔ^{2}	fəʔ^{2}	fəʔ^{2}	fəʔ^{2}	fəʔ^{2}
阳曲	yə̃^{454}	fəʔ^{4}	fu^{454}/fəʔ^{4}	fəʔ^{4}	fəʔ^{4}	fəʔ^{4}	fəʔ^{4}	fəʔ$^{\underline{212}}$
古交	yəŋ^{53}	fəʔ^{4}	fəʔ^{4}	fəʔ^{4}	fəʔ^{4}	fəʔ$^{\underline{312}}$	fəʔ$^{\underline{312}}$	fəʔ$^{\underline{312}}$
清徐	yəŋ^{45}	fəʔ^{1}	fu^{45}	fəʔ^{1}	fəʔ^{1}	fəʔ$^{\underline{54}}$	fəʔ$^{\underline{54}}$	fəʔ^{1}
娄烦	yəŋ^{54}	fəʔ^{3}	fəʔ^{3}	fəʔ^{3}	fəʔ^{3}	fəʔ$^{\underline{21}}$	fəʔ^{3}	fəʔ^{3}
榆次	yɣ̃^{35}	fəʔ^{1}	fəʔ^{1}	fəʔ^{1}	fəʔ^{1}	fəʔ^{1}	fəʔ^{1}	fəʔ^{1}
交城	yə̃^{24}	xuəʔ^{1}	xuəʔ$^{\underline{53}}$	xuəʔ^{1}	xuəʔ^{1}	xuəʔ$^{\underline{53}}$	xuəʔ$^{\underline{53}}$	xəʔ^{1}
文水	yoŋ^{35}	xuəʔ^{2}	xuəʔ^{2}	xuəʔ^{2}	xuəʔ^{2}	xuəʔ$^{\underline{312}}$	xuəʔ$^{\underline{312}}$	xuəʔ^{2}
祁县	iəm^{45}	xuəʔ$^{\underline{32}}$	xuəʔ$^{\underline{324}}$	xuəʔ$^{\underline{324}}$	xuəʔ$^{\underline{324}}$	xuəʔ$^{\underline{324}}$	xuəʔ$^{\underline{324}}$	xuəʔ$^{\underline{324}}$
太谷	yə̃^{53}	fəʔ^{3}	fəʔ$^{\underline{423}}$	fəʔ$^{\underline{423}}$	fəʔ$^{\underline{423}}$	fəʔ$^{\underline{423}}$	fəʔ$^{\underline{423}}$	fəʔ$^{\underline{423}}$
平遥	yəŋ^{24}	xuʌʔ$^{\underline{212}}$	xuʌʔ$^{\underline{212}}$	xuʌʔ$^{\underline{212}}$	xuʌʔ$^{\underline{212}}$	xuʌʔ$^{\underline{523}}$	xuʌʔ$^{\underline{523}}$	xuʌʔ$^{\underline{212}}$
孝义	yə̃^{454}	xuəʔ^{3}	xuəʔ^{3}	xuəʔ^{3}	xuəʔ^{3}	xuəʔ$^{\underline{423}}$	xuəʔ$^{\underline{423}}$	xuəʔ^{3}
介休	yn^{45}	xuʌʔ$^{\underline{12}}$	xuʌʔ$^{\underline{12}}$	xuʌʔ$^{\underline{12}}$	xuʌʔ$^{\underline{12}}$	xuʌʔ$^{\underline{312}}$	xuʌʔ$^{\underline{312}}$	xuʌʔ$^{\underline{12}}$
灵石	yŋ^{53}	xuəʔ^{4}	xuəʔ$^{\underline{212}}$	xuəʔ^{4}	xuəʔ^{4}	xuəʔ$^{\underline{212}}$	xuəʔ$^{\underline{212}}$	xuəʔ$^{\underline{212}}$
盂县	yə̃^{55}	fəʔ^{2}	fəʔ^{2}	fəʔ$^{\underline{53}}$	fəʔ$^{\underline{53}}$	fəʔ$^{\underline{53}}$	fəʔ$^{\underline{53}}$	fəʔ^{2}
寿阳	yə̃^{45}	fəʔ^{2}	fəʔ^{2}	fəʔ$^{\underline{54}}$	fəʔ$^{\underline{54}}$	fəʔ$^{\underline{54}}$	fəʔ$^{\underline{54}}$	fəʔ^{2}
榆社	yer^{45}	fəʔ^{2}	fəʔ$^{\underline{312}}$	fəʔ$^{\underline{312}}$	fəʔ$^{\underline{312}}$	fəʔ$^{\underline{312}}$	fəʔ$^{\underline{312}}$	fəʔ$^{\underline{312}}$
离石	yəŋ^{53}	xuəʔ^{4}	xuəʔ^{4}	xuəʔ^{4}	xuəʔ^{4}	xuəʔ$^{\underline{23}}$	xuəʔ$^{\underline{23}}$	xuəʔ^{4}
汾阳	yŋ^{55}	fəʔ^{2}	fəʔ^{2}	fəʔ$^{\underline{312}}$	fəʔ$^{\underline{312}}$	fəʔ$^{\underline{312}}$	fəʔ$^{\underline{312}}$	fəʔ^{312}
中阳	yə̃^{53}	xuəʔ^{4}	xuəʔ^{4}	xuəʔ^{4}	xuəʔ^{4}	xuəʔ$^{\underline{312}}$	xuəʔ$^{\underline{312}}$	xuəʔ$^{\underline{312}}$
柳林	yə̃^{53}	xuəʔ^{4}	xuəʔ^{4}	xuəʔ^{4}	xuəʔ^{4}	xuəʔ$^{\underline{423}}$	xuəʔ$^{\underline{423}}$	xuəʔ^{4}
方山	yə̃ŋ^{52}	xuəʔ^{4}	xuəʔ^{4}	xuəʔ^{4}	xuəʔ^{4}	xuəʔ^{4}	xuəʔ^{4}	xuəʔ^{4}
临县	yə̃^{52}	fɐʔ^{3}	fɐʔ^{3}	fɐʔ^{3}	fɐʔ^{3}	fɐʔ^{3}	fɐʔ^{3}	fɐʔ^{3}
兴县	yəŋ^{53}	xuəʔ^{5}	xuəʔ^{5}	xu^{53}	xuəʔ^{5}	xuəʔ$^{\underline{312}}$	xuəʔ$^{\underline{312}}$	xu^{52}
岚县	yəŋ^{51}	fəʔ^{4}	fəʔ^{4}	fəʔ^{4}	fəʔ^{4}	fəʔ^{4}	fəʔ^{4}	fəʔ^{4}
静乐	yɣ̃^{53}	fəʔ^{4}	fəʔ^{4}	fəʔ^{4}	fəʔ^{4}	fəʔ$^{\underline{212}}$	fəʔ$^{\underline{212}}$	fəʔ^{4}
交口	yəŋ^{53}	xuəʔ^{4}	xuəʔ^{4}	xuəʔ^{4}	xuəʔ^{4}	xuəʔ$^{\underline{212}}$	xuəʔ$^{\underline{212}}$	xuəʔ^{4}
石楼	yəŋ^{44}	xuəʔ^{4}	xuəʔ^{4}	xuəʔ^{4}	xuəʔ^{4}	xuəʔ^{4} 白 / xu^{213} 文	xuəʔ$^{\underline{213}}$	xuəʔ^{4}

续表

字目	用	福	复~杂	腹	覆	服	伏	复~原
中古音 / 方言点	余颂 通合三 去用以	方六 通合三 入屋非	方六 通合三 入屋非	方六 通合三 入屋非	芳福 通合三 入屋敷	房六 通合三 入屋奉	房六 通合三 入屋奉	房六 通合三 入屋奉
隰县	yəŋ^{44}	xuəʔ^{3}	xuəʔ^{3}	xuəʔ^{3}	xuəʔ^{3}	xuəʔ^{3}	xuəʔ^{3}	xuəʔ^{3}
大宁	yəŋ^{55}	fəʔ$^{\underline{31}}$	fəʔ$^{\underline{31}}$	pəʔ$^{\underline{31}}$ 白 / fəʔ$^{\underline{31}}$ 文	fəʔ$^{\underline{31}}$	fəʔ$^{\underline{31}}$	fəʔ^{4}	fəʔ$^{\underline{31}}$
永和	yəŋ^{53}	xuəʔ$^{\underline{35}}$	xuəʔ$^{\underline{35}}$	pəʔ$^{\underline{312}}$	xuəʔ$^{\underline{35}}$	xuəʔ$^{\underline{35}}$	xuəʔ$^{\underline{35}}$	xuəʔ$^{\underline{35}}$
汾西	ɕyəŋ^{53}	fəʔ^{1}	fəʔ^{1}	fəʔ^{1}	fəʔ^{1}	fəʔ^{3}	——	——
蒲县	yŋ^{33}	fu^{52}	fu^{33}	fu^{33}	fu^{33}	fuəʔ^{3}	fu^{52}	fu^{33}
潞州	yŋ^{54}	fəʔ$^{\underline{53}}$	fəʔ$^{\underline{53}}$	fəʔ$^{\underline{53}}$	fəʔ$^{\underline{53}}$	fəʔ$^{\underline{53}}$	fəʔ$^{\underline{53}}$	fəʔ$^{\underline{53}}$
上党	yŋ^{42}	fuəʔ$^{\underline{21}}$	fuəʔ$^{\underline{21}}$	fuəʔ$^{\underline{21}}$	fuəʔ$^{\underline{21}}$	fuəʔ$^{\underline{21}}$	fuəʔ$^{\underline{21}}$	fuəʔ$^{\underline{21}}$
长子	yŋ^{53}	fəʔ^{4}	fəʔ^{4}	fəʔ^{4}	fəʔ^{4}	fəʔ$^{\underline{212}}$	fəʔ$^{\underline{212}}$	fəʔ^{4}
屯留	yəŋ^{11}	fəʔ^{1}	fəʔ^{1}	fəʔ^{1}	fəʔ^{1}	fəʔ$^{\underline{54}}$	fəʔ$^{\underline{54}}$	fəʔ^{1}
襄垣	yəŋ^{45}	fʌʔ^{3}	fʌʔ^{3}	fʌʔ^{3}	fʌʔ^{3}	fʌʔ$^{\underline{43}}$	fʌʔ^{3}	fʌʔ^{3}
黎城	yəŋ^{53}	fɤʔ^{2}	fɤʔ^{2}	fɤʔ^{2}	fɤʔ^{2}	fɤʔ^{2}	fɤʔ^{2}	fɤʔ^{2}
平顺	yŋ^{53}	fəʔ$^{\underline{212}}$	fəʔ$^{\underline{212}}$	fəʔ$^{\underline{212}}$	fəʔ$^{\underline{212}}$	fəʔ$^{\underline{423}}$	fəʔ$^{\underline{423}}$	fəʔ$^{\underline{212}}$
壶关	yŋ^{353}	fəʔ^{2}	fəʔ^{2}	fəʔ^{2}	fəʔ^{2}	fəʔ$^{\underline{21}}$	fəʔ$^{\underline{21}}$	fəʔ^{2}
沁县	yə̃^{53}	fəʔ$^{\underline{31}}$	fəʔ$^{\underline{31}}$	fəʔ$^{\underline{212}}$	fəʔ$^{\underline{31}}$	fəʔ$^{\underline{212}}$	fəʔ$^{\underline{31}}$	fəʔ$^{\underline{31}}$
武乡	yɐŋ^{55}	fəʔ^{3}	fəʔ^{3}	fəʔ$^{\underline{423}}$	fəʔ^{3}	fəʔ$^{\underline{423}}$	fəʔ$^{\underline{423}}$	fəʔ$^{\underline{423}}$
沁源	yə̃^{53}	fəʔ$^{\underline{31}}$	fəʔ$^{\underline{31}}$	fəʔ$^{\underline{31}}$	fəʔ$^{\underline{31}}$	fəʔ$^{\underline{31}}$	fəʔ$^{\underline{31}}$	fəʔ$^{\underline{31}}$
安泽	yəŋ^{53}	fəʔ$^{\underline{21}}$	fu^{53}	fu^{21}	fu^{21}	fu^{35}	fu^{35}	fu^{21}
沁水端氏	yŋ^{53}	fəʔ^{2}	fəʔ^{2}	fəʔ^{2}	fəʔ^{2}	fəʔ^{2}/fəʔ$^{\underline{54}}$	fəʔ$^{\underline{54}}$	fəʔ^{2}
阳城	yoŋ^{51}	fəʔ^{2}	fəʔ^{2}	fəʔ^{2}	fəʔ^{2}	fəʔ^{2}	fu^{22}	fəʔ^{2}
高平	iuə̃ŋ^{53}	fəʔ^{2}	fəʔ^{2}	fəʔ^{2}	fəʔ^{2}	fəʔ^{2}	fəʔ^{2}	fəʔ^{2}
陵川	yŋ^{24}	fəʔ$^{\underline{23}}$	fu^{24}	fu^{24}	fəʔ^{3}	fəʔ^{3}	fəʔ^{3}	fəʔ^{3}
晋城	yoŋ^{53}	fəʔ^{2}	fəʔ^{2}	fəʔ^{2}	fəʔ^{2}	fəʔ^{2}	fəʔ^{2}	fəʔ^{2}
忻府	yəŋ^{53}	fəʔ$^{\underline{32}}$	fəʔ$^{\underline{32}}$	fəʔ$^{\underline{32}}$	fəʔ$^{\underline{32}}$	fəʔ$^{\underline{32}}$	fəʔ$^{\underline{32}}$	fəʔ$^{\underline{32}}$
原平	yəŋ^{53}	fəʔ$^{\underline{34}}$	fəʔ$^{\underline{34}}$	fəʔ$^{\underline{34}}$	fəʔ$^{\underline{34}}$	fəʔ$^{\underline{34}}$	fəʔ$^{\underline{34}}$	fəʔ$^{\underline{34}}$
定襄	yəŋ^{53}	fəʔ^{1}	fəʔ^{1}	fəʔ^{1}	fəʔ^{1}	fəʔ^{1}	fəʔ^{1}	fəʔ^{1}
五台	yəŋ^{52}	fəʔ^{3}	fəʔ^{3}	fəʔ^{3}	fəʔ^{3}	fəʔ^{3}	fəʔ^{3}	fəʔ^{3}
岢岚	yəŋ^{52}	fəʔ^{4}	fəʔ^{4}	fəʔ^{4}	fəʔ^{4}	fəʔ^{4}	fəʔ^{4}	fəʔ^{4}
五寨	yəɣ̃^{52}	fəʔ^{4}	fəʔ^{4}	fəʔ^{4}	fəʔ^{4}	fəʔ^{4}	fəʔ^{4}	fəʔ^{4}
宁武	yɤɯ^{52}	fəʔ^{4}	fəʔ^{4}	fəʔ^{4}	fəʔ^{4}	fəʔ^{4}	fəʔ^{4}	fəʔ^{4}
神池	yə̃^{52}	fəʔ^{4}	fu^{52}	fu^{52}	fu^{52}	fəʔ^{4}	fu^{32}	fu^{52}

续表

字目	用	福	复~杂	腹	覆	服	伏	复~原
中古音 方言点	余颂 通合三 去用以	方六 通合三 入屋非	方六 通合三 入屋非	方六 通合三 入屋非	芳福 通合三 入屋敷	房六 通合三 入屋奉	房六 通合三 入屋奉	房六 通合三 入屋奉
繁峙	yəŋ^{24}	fəʔ$^{\underline{13}}$	fəʔ$^{\underline{13}}$	fəʔ$^{\underline{13}}$	fəʔ$^{\underline{13}}$	fəʔ$^{\underline{13}}$	fu^{31}	fəʔ$^{\underline{13}}$
代县	yɤŋ^{53}	fəʔ^{2}	fəʔ^{2}	fəʔ^{2}	fəʔ^{2}	fəʔ^{2}	fəʔ^{2}	fəʔ^{2}
河曲	yŋ^{44}	fəʔ^{4}	fəʔ^{4}	fəʔ^{4}	fəʔ^{4}	fəʔ^{4}	fəʔ^{4}	fəʔ^{4}
保德	yəŋ^{52}	fəʔ^{4}	fəʔ^{4}	fəʔ^{4}	fəʔ^{4}	fəʔ^{4}	fəʔ^{4}	fəʔ^{4}
偏关	ɕyɤŋ^{52}	fəʔ^{4}	fəʔ^{4}	fəʔ^{4}	fəʔ^{4}	fəʔ^{4}	fəʔ^{4}	fəʔ^{4}
朔城	yə̃^{53}	fəʔ$^{\underline{35}}$	fəʔ$^{\underline{35}}$	fəʔ$^{\underline{35}}$	——	fəʔ$^{\underline{35}}$	fəʔ$^{\underline{35}}$	——
平鲁	yəɯ^{52}	fəʔ$^{\underline{34}}$	——	fəʔ$^{\underline{34}}$	——	fu^{44}/fəʔ$^{\underline{34}}$	fu^{44}/fəʔ$^{\underline{34}}$	——
应县	yəŋ^{24}	fəʔ$^{\underline{43}}$	fəʔ$^{\underline{43}}$	fəʔ$^{\underline{43}}$	fəʔ$^{\underline{43}}$	fəʔ$^{\underline{43}}$	fu^{31}/fəʔ$^{\underline{43}}$/fuəʔ$^{\underline{43}}$	fəʔ$^{\underline{43}}$
灵丘	yŋ^{53}	fəʔ^{5}	fu^{53}	fu^{53}	ly^{442}	fəʔ^{5}	fəʔ^{5} 白 / fu^{31} 文	fu^{53}
浑源	yə̃^{13}	fəʔ^{4}	fəʔ^{4}	fəʔ^{4}	fəʔ^{4}	fu^{22}/fəʔ^{4}	fu^{22}/fəʔ^{4}	fəʔ^{4}
云州	yəɣ^{24}	fəʔ^{4}	fuəʔ^{4}	fuəʔ^{4}	fuəʔ^{4}	fəʔ^{4}	fəʔ^{4}	fuəʔ^{4}
新荣	yɣ^{24}	fəʔ^{4}	fəʔ^{4}	fəʔ^{4}	fəʔ^{4}	fəʔ^{4}	fu^{312}/fəʔ^{4}	fəʔ^{4}
怀仁	yəŋ^{24}	fəʔ^{4}	fəʔ^{4}	fəʔ^{4}	fəʔ^{4}	fəʔ^{4}	fəʔ^{4}	fəʔ^{4}
左云	yəɣ^{24}	fəʔ^{4}	fəʔ^{4}	fəʔ^{4}	fəʔ^{4}	fəʔ^{4}	fəʔ^{4}	fəʔ^{4}
右玉	yə̃ɣ^{24}	fəʔ^{4}	fəʔ^{4}	fəʔ^{4}	fəʔ^{4}	fəʔ^{4}	fəʔ^{4}	fəʔ^{4}
阳高	yəŋ^{24}	fəʔ^{3}	fəʔ^{3}	fəʔ^{3}	fəʔ^{3}	fəʔ^{3}	fəʔ^{3}	fəʔ^{3}
山阴	yə̃^{335}	fəʔ^{4}	fəʔ^{4}	fəʔ^{4}	fəʔ^{4}	fəʔ^{4}	fəʔ^{4}	——
天镇	yɤɣ^{24}	fəʔ^{4}	fəʔ^{4}	fəʔ^{4}	fəʔ^{4}	fəʔ^{4}	fəʔ^{4}	fəʔ^{4}
平定	yɤŋ^{24}	fəʔ^{4}	fəʔ^{4}	fəʔ^{4}	fəʔ^{4}	fəʔ^{4}	fu^{44}/fəʔ^{4}	fəʔ^{4}
昔阳	yəŋ^{13}	fʌʔ$^{\underline{43}}$	fʌʔ$^{\underline{43}}$	fʌʔ$^{\underline{43}}$	fʌʔ$^{\underline{43}}$	fʌʔ$^{\underline{43}}$	fʌʔ$^{\underline{43}}$	fʌʔ$^{\underline{43}}$
左权	yəŋ^{53}	fəʔ^{1}	fəʔ^{1}	fəʔ^{1}	fəʔ^{1}	fu^{53}/fəʔ^{1}	fəʔ^{1}	fəʔ^{1}
和顺	yəŋ^{13}	fəʔ$^{\underline{21}}$	fəʔ$^{\underline{21}}$	fəʔ$^{\underline{21}}$	fəʔ$^{\underline{21}}$	fəʔ$^{\underline{21}}$	fəʔ$^{\underline{21}}$	fəʔ$^{\underline{21}}$
尧都	yəŋ^{44}	fu^{21}	fu^{21}	fu^{21}	fu^{21}	fu^{24}	fu^{24}	tsɑ^{24}
洪洞	yeŋ^{53}	fu^{21}	fu^{21}	fu^{24}	fu^{24}	fu^{24}	fu^{24}	fu^{24}
洪洞赵城	yeŋ^{53}	fu^{21}	fu^{24}	fu^{24}	fu^{24}	fu^{24}	fu^{24}	fu^{24}
古县	yŋ^{53}	fu^{21}	——	fu^{35}	fu^{21}	fu^{35}	fu^{35}	fu^{35}
襄汾	yeŋ^{53}	fu^{21}	fu^{21}	fu^{21}	fu^{21}	fu^{24}	fu^{24}	fu^{21}
浮山	yeŋ^{53}	fu^{42}	fu^{42}	fu^{42}	fu^{42}	fu^{13}	fu^{13}	fu^{42}
霍州	yŋ^{53}	fu^{35}	fu^{212}	fu^{212}	fu^{212}	fu^{35}	fu^{35}	fu^{212}
翼城	yŋ^{53}	fu^{12}	fu^{53}	fu^{53}	fu^{53}	fu^{12}	fu^{12}	fu^{53}

续表

字目 中古音 方言点	用	福	复~杂	腹	覆	服	伏	复~原
	余颂 通合三 去用以	方六 通合三 入屋非	方六 通合三 入屋非	方六 通合三 入屋非	芳福 通合三 入屋敷	房六 通合三 入屋奉	房六 通合三 入屋奉	房六 通合三 入屋奉
闻喜	yəŋ^{13}	fu^{53}	fu^{53}	fu^{53}	fu^{53}	fu^{13}	fu^{13}	——
侯马	yəŋ^{213}	fu^{213}	fu^{53}	fu^{53}	fu^{53}	fu^{213}	fu^{213}	fu^{53}
新绛	yəŋ^{53}	fu^{53}	fu^{53}	fu^{13}	fu^{13}	fu^{13}	fu^{13}	fu^{13}
绛县	yʌŋ^{31}	fu^{53}	fu^{31}	fu^{53}	fu^{53}	fu^{24}	fu^{24}	fu^{24}
垣曲	yəŋ^{53}	fu^{22}	fu^{53}	fu^{53}	fu^{53}	fu^{22}	fu^{22}	fu^{53}
夏县	yəŋ^{31}	fu^{42}	fu^{31}	fu^{31}	——	fu^{42}	fu^{42}	fu^{31}
万荣	yəŋ^{33}	fu^{51}	fu^{33}	fu^{213}	fu^{213}	fu^{213}	fu^{213}	fu^{213}
稷山	yŋ^{42}	fu^{42}	fu^{53}	fu^{53}	fu^{53}	fu^{13}	fu^{13}	fu^{53}
盐湖	yŋ^{44}	fu^{13}	fu^{44}	fu^{42}	fu^{42}	fu^{13}	fu^{13}	fu^{13}
临猗	yəŋ^{44}	fu^{42}	fu^{44}	fu^{44}	fu^{44}	fu^{13}	fu^{13}	fu^{44}
河津	yəŋ^{44}	fu^{31}	fu^{53}	fu^{53}	fu^{324}/fu^{53}	fu^{324}	fu^{324}	fu^{53}
平陆	ioŋ^{33}	fu^{31}	fu^{13}	fu^{13}	fu^{13}	fu^{13}	fu^{13}	fu^{31}
永济	yŋ^{53}	fu^{24}	fu^{44}	fu^{44}	fu^{24}	fu^{24}	fu^{24}	fu^{44}
芮城	yəŋ^{44}	fu^{42}	fu^{44}	fu^{13}	fu^{44}	fu^{13}	fu^{13}	fu^{44}
吉县	yəŋ^{53}	fu^{423}	fu^{423}	fu^{423}	fu^{423}	fu^{423}	fu^{13}	fu^{423}
乡宁	yəŋ^{22}	fu^{53}	fu^{53}	fu^{53}	fu^{53}	fu^{12}	fu^{12}	fu^{53}
广灵	yŋ^{213}	fu^{31}	fu^{53}	fu^{53}	fu^{53}	fu^{53}/fu^{31}/fu^{213}	fu^{31}	fu^{53}

字目	目	牧	陆大~	六	肃	宿~舍	竹	筑建~
中古音 / 方言点	莫六 通合三 入屋明	莫六 通合三 入屋明	力竹 通合三 入屋来	力竹 通合三 入屋来	息逐 通合三 入屋心	息逐 通合三 入屋心	张六 通合三 入屋知	张六 通合三 入屋知
北京	mu^{51}	mu^{51}	lu^{51}	liou^{51}	su^{51}	su^{51}	tʂu^{35}	tʂu^{51}
小店	məʔ^{1}	mu^{24}	luəʔ^{1}	liəɯ^{24}/luəʔ^{1}	ɕyəʔ^{1}	suəʔ^{1} 文	tsuəʔ^{1}	tsuəʔ^{1}
尖草坪	məʔ^{2}	mu^{35}	lu^{35}	luəʔ^{2}/lei^{35}	ɕyəʔ^{2}	ɕyəʔ^{2}	tsuəʔ^{2}	tsuəʔ^{2}
晋源	məʔ^{2}	mu^{35}	luəʔ^{2}	luəʔ^{2} 白 / liɤu^{35} 文	ɕyəʔ^{2}	ɕyəʔ^{2}	tsuəʔ^{2}	tsuəʔ$^{\underline{43}}$
阳曲	məʔ^{4}	mu^{454}	luəʔ^{4}	luəʔ^{4} 白 / liei^{454} 文	ɕyɛʔ^{4}	ɕyɛʔ^{4}	tsuəʔ$^{\underline{312}}$	tsuəʔ^{4}
古交	məʔ^{4}	mu^{53}	luəʔ^{4}	luəʔ^{4} 白 / liei^{53} 文	ɕyəʔ^{4}	ɕyəʔ^{4}	tsuəʔ^{4}	tsuəʔ^{4}
清徐	məʔ^{1}	mu^{45}	luəʔ^{1}	liəu^{45} 文	ɕyəʔ^{1} 白 / suəʔ^{1} 文	ɕyəʔ$^{\underline{54}}$	tsuəʔ^{1}	tsuəʔ^{1}
娄烦	məʔ^{3}	məʔ^{3}	luəʔ^{3}	liu^{54}	ɕyəʔ^{3}	ɕyəʔ^{3}	pfəʔ^{3}	pfəʔ^{3}
榆次	məʔ^{1}	məʔ^{1}	luəʔ^{1}	liɯ^{35}/ luəʔ^{1} 白	suəʔ^{1}	ɕyəʔ^{1}	tsuəʔ^{1}	tsu^{35}
交城	məʔ^{1}	mu^{24}	luəʔ^{1}	liʌɯ^{24}	ɕyəʔ^{1}	ɕyəʔ^{1}	tsuəʔ^{1}	tsu^{24}/tsuəʔ^{1}
文水	məʔ^{2}	məʔ^{2}/məɸ^{35}	luəʔ^{2}	luəʔ^{2} 白 / liəɯ^{35} 文	ɕyəʔ^{2} 老 / suəʔ^{2} 新	ɕyəʔ^{2} 老 / suəʔ^{2} 新	tsuəʔ^{2}	tsuəʔ^{2}
祁县	məʔ$^{\underline{32}}$	məʔ$^{\underline{32}}$	luəʔ$^{\underline{32}}$	luəʔ$^{\underline{32}}$ 白 / liɤu^{45} 文	ɕyəʔ$^{\underline{32}}$	ɕyəʔ$^{\underline{32}}$	tsuəʔ$^{\underline{32}}$	tsuəʔ$^{\underline{32}}$
太谷	məʔ^{3}	məʔ^{3}	luəʔ^{3}	luəʔ^{3} 白 / liəɯ^{53} 文	ɕyəʔ^{3}	ɕyəʔ^{3}	tsuəʔ^{3}	tsuəʔ^{3}
平遥	mʌʔ$^{\underline{212}}$	mu^{24}	luʌʔ$^{\underline{523}}$	lʌʔ$^{\underline{212}}$ 白 / luʌʔ$^{\underline{523}}$ 白 / liəu^{24} 文	ɕyʌʔ$^{\underline{212}}$	ɕyʌʔ$^{\underline{212}}$	tsuʌʔ$^{\underline{212}}$	tsuʌʔ$^{\underline{212}}$
孝义	məʔ^{3}	mu^{454}	luəʔ^{3}	luəʔ^{3} 白 / liəʔ^{3} 白 / liou^{454} 文	ɕyəʔ^{3}	ɕyəʔ^{3}	tsuəʔ^{3}	tsuəʔ$^{\underline{423}}$
介休	mʌʔ$^{\underline{12}}$	mʌʔ$^{\underline{12}}$/mu^{45}	luʌʔ$^{\underline{312}}$	luʌʔ$^{\underline{312}}$ 白 / liəu^{45} 文	ɕyʌʔ$^{\underline{12}}$ 老 / suʌʔ$^{\underline{12}}$ 新	ɕyʌʔ$^{\underline{12}}$	tsuʌʔ$^{\underline{12}}$	tsuʌʔ$^{\underline{12}}$
灵石	məʔ^{4}	mu^{53}	luəʔ^{4}	——	suəʔ^{4}	suəʔ^{4}	tsuəʔ^{4}	tsuəʔ^{4}
盂县	məʔ^{2}	mu^{55}	luəʔ^{2}	luəʔ^{2} 白 / liəu^{55} 文	ɕyəʔ^{2}	ɕyəʔ^{2}	tsuəʔ^{2}	tsuəʔ$^{\underline{53}}$
寿阳	məʔ^{2}	mu^{45}	luəʔ^{2}	liəɯ^{45}/ luəʔ^{2} 白	ɕyəʔ^{2}	ɕyəʔ$^{\underline{54}}$	tsuəʔ^{2}	tsɥ^{45}
榆社	məʔ^{2}	mv^{45}	luəʔ^{2}	liəu^{22}	ɕyəʔ^{2}	ɕyəʔ^{2}	tsuəʔ^{2}	——
离石	məʔ$^{\underline{23}}$	mu^{53}	luəʔ$^{\underline{23}}$	liʌu^{53}	ɕyeʔ^{4}	ɕyeʔ^{4}	tsuəʔ^{4}	tsuəʔ^{4}

续表

字目	目	牧	陆大~	六	肃	宿~舍	竹	筑建~
中古音 方言点	莫六 通合三 入屋明	莫六 通合三 入屋明	力竹 通合三 入屋来	力竹 通合三 入屋来	息逐 通合三 入屋心	息逐 通合三 入屋心	张六 通合三 入屋知	张六 通合三 入屋知
汾阳	məʔ$^{\underline{312}}$	məʋ^{55}	luəʔ$^{\underline{312}}$	liou^{55}	çyeʔ^{2}	çyeʔ^{2}	tʂ̻uəʔ^{2}	tʂ̻uəʔ^{2}
中阳	məʔ$^{\underline{312}}$	mu^{53}	luəʔ$^{\underline{312}}$	liʌ^{53} 白 / luəʔ^{4} 文	çyeʔ^{4}	çyeʔ^{4}	tʂ̻uəʔ^{4}	tʂ̻uəʔ^{4}
柳林	məʔ$^{\underline{423}}$	mu^{53}	luəʔ$^{\underline{423}}$	liɛ^{53}	çyɛʔ^{4}	çyɛʔ^{4}	tsuəʔ^{4}	tsuəʔ^{4}
方山	məʔ$^{\underline{23}}$	mu^{52}	luəʔ$^{\underline{23}}$	liəɯ^{52}	çyɛʔ^{4}	çyɛʔ^{4}	tsuəʔ^{4}	tsuəʔ^{4}
临县	mɐʔ^{3}	mɐʔ^{3}	luɐʔ^{3}	liəɯ^{52}	tçuɐʔ^{3}	suɐʔ^{3}	tsuɐʔ^{3}	tsuɐʔ^{3}
兴县	məʔ^{5}	mu^{53}	luəʔ^{5}	liou^{53}	çyəʔ^{5}	çyəʔ^{5}	tsuəʔ^{5}	tsuəʔ^{5}
岚县	məʔ^{4}	mu^{53}	luəʔ^{4}	luəʔ^{4}	çyəʔ^{4}	çyəʔ^{4}	tsuəʔ^{4}	tsuəʔ^{4}
静乐	məʔ^{4}	mu^{53}	luəʔ^{4}	liɤɯ^{53}	suəʔ^{4}	suəʔ^{4}	tsuəʔ^{4}	tsuəʔ^{4}
交口	məʔ^{4}	məʔ^{4}	luəʔ^{4}	liou^{53}/luəʔ^{4}	——	çyeʔ^{4}	tsuəʔ^{4}	tsuəʔ^{4}
石楼	məʔ^{4}	mu^{51}	luəʔ^{4}	liou^{51}	çyəʔ^{4}	çyəʔ^{4}	tʂ̻uəʔ^{4}	tʂ̻uəʔ^{4}
隰县	məʔ^{3}	məʔ^{3}	luəʔ^{3}	liou^{53}	çyəʔ^{3}	çyəʔ^{3}	tsuəʔ^{3}	tsuəʔ^{3}
大宁	məʔ$^{\underline{31}}$	mu^{55}	luəʔ$^{\underline{31}}$	lyəʔ^{4} 白 / liəu^{55} 文	çyəʔ$^{\underline{31}}$	çyəʔ$^{\underline{31}}$	tʂ̻uəʔ$^{\underline{31}}$	tʂ̻uəʔ$^{\underline{31}}$
永和	məʔ$^{\underline{35}}$	mu^{53}	luəʔ$^{\underline{35}}$	luəʔ$^{\underline{35}}$ 白 / liɤu^{53} 文	çyəʔ$^{\underline{35}}$	çyəʔ$^{\underline{35}}$	tʂ̻uəʔ$^{\underline{35}}$	tʂ̻uəʔ$^{\underline{35}}$
汾西	məʔ^{1}	mβ^{53}	——	lyəʔ^{1}	suəʔ^{1}	suəʔ^{1}/çyəʔ^{1}	tsuəʔ^{1}	tsuəʔ^{1}
蒲县	mu^{52}	mu^{52}	lu^{52}	liou^{33}	su^{33}	su^{33}	tʂ̻uəʔ$^{\underline{43}}$	tʂ̻u^{33}
潞州	məʔ$^{\underline{53}}$	mu^{54}	luəʔ$^{\underline{53}}$	luəʔ$^{\underline{53}}$ 白 / liəu^{54} 文	suəʔ$^{\underline{53}}$	suəʔ$^{\underline{53}}$ 白 / su^{54} 文	tsuəʔ$^{\underline{53}}$	tsuəʔ$^{\underline{53}}$
上党	məʔ$^{\underline{21}}$	məʔ$^{\underline{21}}$	luəʔ$^{\underline{21}}$	luəʔ$^{\underline{21}}$	çyəʔ$^{\underline{21}}$	suəʔ$^{\underline{21}}$	tsuəʔ$^{\underline{21}}$	tsuəʔ$^{\underline{21}}$
长子	məʔ^{4}	m^{53} 白 /mu^{53} 文	luəʔ^{4}	luəʔ^{4} 白 / liəu^{53} 文	çyəʔ^{4}	çyəʔ^{4} 白 / suəʔ^{4} 文	tsuəʔ^{4}	tsuəʔ^{4}
屯留	məʔ^{1}	məʔ^{1}	luəʔ^{1}	liəu^{53}	suəʔ^{1}	suəʔ^{1}	tsuəʔ^{1}	tsuəʔ$^{\underline{54}}$
襄垣	mʌʔ^{3}	mʌʔ^{3}	luʌʔ^{3}	luʌʔ^{3} 白 / liəu^{53} 文	çyʌʔ^{3}	sʌʔ$^{\underline{43}}$	tsuʌʔ^{3}	tsuʌʔ^{3}
黎城	mu^{53}	mu^{53}	luɤʔ^{2}	liəu^{53}	çyɤʔ^{2}	çyɤʔ^{2}	tçyɤʔ^{2}	tsuɤʔ^{2}
平顺	məʔ$^{\underline{423}}$	mu^{53}	luəʔ$^{\underline{423}}$	liəu^{53}	syəʔ$^{\underline{212}}$	syəʔ$^{\underline{212}}$	tsuəʔ$^{\underline{212}}$	tsuəʔ$^{\underline{212}}$
壶关	mu^{353}/məʔ$^{\underline{21}}$	mu^{353}	luəʔ$^{\underline{21}}$	luəʔ$^{\underline{21}}$	syəʔ^{2}	syəʔ^{2}	tʂ̻uəʔ^{2}	tʂ̻yəʔ^{2}
沁县	məʔ$^{\underline{31}}$	mu^{53}	luəʔ$^{\underline{31}}$	ly^{53}	çyəʔ$^{\underline{31}}$	çyəʔ$^{\underline{31}}$	tsuəʔ$^{\underline{31}}$	tsuəʔ$^{\underline{31}}$
武乡	məʔ^{3}	mu^{55}	luəʔ^{3} 白	liəu^{33} 文	çyəʔ^{3}	çyəʔ^{3}	tsuəʔ^{3}	tsuəʔ^{3}
沁源	məʔ$^{\underline{31}}$	mu^{53}	luəʔ$^{\underline{31}}$	luəʔ$^{\underline{31}}$ 白 / liəu^{53} 文	çyəʔ$^{\underline{31}}$	çyəʔ$^{\underline{31}}$	tʂ̻uəʔ$^{\underline{31}}$	tʂ̻uəʔ$^{\underline{31}}$

续表

字目	目	牧	陆大～	六	肃	宿～舍	竹	筑建～
中古音 / 方言点	莫六 通合三 入屋明	莫六 通合三 入屋明	力竹 通合三 入屋来	力竹 通合三 入屋来	息逐 通合三 入屋心	息逐 通合三 入屋心	张六 通合三 入屋知	张六 通合三 入屋知
安泽	məʔ$^{\underline{21}}$	mu^{53}	ləu^{53} 白 / lu^{53} 文	liəu^{53}	ɕy^{21} 白 / su^{53} 文	ɕyəʔ$^{\underline{21}}$	tsuəʔ$^{\underline{21}}$	tsuəʔ$^{\underline{21}}$
沁水端氏	məʔ^{2}	moŋ^{53}	luəʔ^{2}	luəʔ^{2} 白 / liɔu^{53} 文	ɕyəʔ^{2}	ɕyəʔ^{2}	tsuəʔ^{2}	tsuəʔ^{2}
阳城	məʔ^{2}	muoŋ^{51}	luəʔ^{2}	luəʔ^{2} 白 / liɐu^{51} 文	ɕyəʔ^{2}	ɕyəʔ^{2}	tʂuəʔ^{2}	tʂuəʔ^{2}
高平	məʔ^{2}	m̩^{53}	luəʔ^{2}	luəʔ^{2}	ɕiəʔ^{2}	ɕiəʔ^{2}	tʂuəʔ^{2}	tʂuəʔ^{2}
陵川	mu^{24}	mu^{24}	luəʔ$^{\underline{23}}$	liəo^{24}	ɕyəʔ^{3}	ɕyəʔ^{3}	tʂuəʔ^{3}	tʂuəʔ^{3}
晋城	məʔ^{2}	mu^{53}	luəʔ^{2}	liaɯ^{53} 白 / luəʔ^{2}	ʂuəʔ^{2} 白 / ɕyʌʔ^{2} 文	ʂuəʔ^{2}	tʂuəʔ^{2}	tʂuəʔ^{2}
忻府	məʔ$^{\underline{32}}$	mu^{53}	luəʔ$^{\underline{32}}$	luəʔ$^{\underline{32}}$ 白 / liəu^{53} 文	ɕyεʔ$^{\underline{32}}$	ɕyεʔ$^{\underline{32}}$ 白 / su^{53} 文	tsuəʔ$^{\underline{32}}$	tsuəʔ$^{\underline{32}}$
原平	məʔ$^{\underline{34}}$	məʔ$^{\underline{34}}$	luəʔ$^{\underline{34}}$	liɤɯ^{53}	ɕyəʔ$^{\underline{34}}$	ɕyəʔ$^{\underline{34}}$	tsuəʔ$^{\underline{34}}$	tsuəʔ$^{\underline{34}}$
定襄	məʔ^{1}	məʔ^{1}	luəʔ^{1}	luəʔ^{1} 白 / liəu^{53} 文	suəʔ^{1}	ɕyəʔ^{1}	tsuəʔ^{1}	tsuəʔ^{1}
五台	məʔ^{3}	mu^{52}	luəʔ^{3}	liey^{52}	ɕyəʔ^{3}	ɕyəʔ^{3}	tsuəʔ^{3}	tsuəʔ^{3}
岢岚	məʔ^{4}	mu^{52}	luəʔ^{4}	liu^{52}	ɕyεʔ^{4}	ɕyεʔ^{4}	tʂuəʔ^{4}	tʂuəʔ^{4}
五寨	məʔ^{4}	mu^{52}	luəʔ^{4}	liəu^{52}	ɕyəʔ^{4}	ɕyəʔ^{4}	tsuəʔ^{4}	tsuəʔ^{4}
宁武	məʔ^{4}	məʔ^{4}	luəʔ^{4}	luəʔ^{4} 白 / liəu^{52} 文	ɕyəʔ^{4}	ɕyəʔ^{4}	tsuəʔ^{4}	tsuəʔ^{4}
神池	məʔ^{4}	mu^{52}	lu^{52}	liəu^{52}	su^{52}	ɕyəʔ^{4}	tsuəʔ^{4}	tsu^{52}
繁峙	məʔ$^{\underline{13}}$	mu^{24}	luəʔ$^{\underline{13}}$	liəu^{24}	suəʔ$^{\underline{13}}$	suəʔ$^{\underline{13}}$/ ɕiəu^{24}	tsuəʔ$^{\underline{13}}$	tsuəʔ$^{\underline{13}}$
代县	məʔ^{2}	mu^{53}	luəʔ^{2}	liəu^{53}	ɕyəʔ^{2}	ɕyəʔ^{2}	tsuəʔ^{2}	tsuəʔ^{2}
河曲	tiəʔ^{4}	mu^{52}	luəʔ^{4}	luəʔ^{4} 白 / liɤɯ^{52} 文	ɕyəʔ^{4}	ɕyəʔ^{4} 白 / suəʔ^{4} 文	tʂuəʔ^{4}	tʂuəʔ^{4}
保德	məʔ^{4}	məʔ^{4}	luəʔ^{4}	liʌu^{52}	suəʔ^{4}	suəʔ^{4}	tʂuəʔ^{4}	tʂuəʔ^{4}
偏关	məʔ^{4}	mu^{52}	luəʔ^{4}	luəʔ^{4} 白 / liɤu^{52} 文	ɕyəʔ^{4}	ɕyəʔ^{4}	tʂuəʔ^{4}	tʂuəʔ^{4}
朔城	məʔ$^{\underline{35}}$	mu^{53}	luəʔ$^{\underline{35}}$	liəu^{53}	ɕyəʔ$^{\underline{35}}$	ɕyəʔ$^{\underline{35}}$	tsuəʔ$^{\underline{35}}$	tsuəʔ$^{\underline{35}}$
平鲁	mu^{52}/məʔ$^{\underline{34}}$	mu^{52}	liəu^{52}/luəʔ$^{\underline{34}}$	liəu^{52}	ɕyəʔ$^{\underline{34}}$	ɕyəʔ$^{\underline{34}}$	tsuəʔ$^{\underline{34}}$	tsuəʔ$^{\underline{34}}$
应县	mu^{24}	mu^{24}	liəu^{31}/luəʔ$^{\underline{43}}$	liəu^{24}	ɕyεʔ$^{\underline{43}}$	ɕyεʔ$^{\underline{43}}$	tsuəʔ$^{\underline{43}}$	tsuəʔ$^{\underline{43}}$
灵丘	mu^{53}	mu^{53}	luəʔ^{5}	lieiu^{53}	su^{53}	syəʔ^{5}	tsuəʔ^{5}	tsuəʔ^{5}

续表

字目	目	牧	陆大~	六	肃	宿~舍	竹	筑建~
中古音 / 方言点	莫六 通合三 入屋明	莫六 通合三 入屋明	力竹 通合三 入屋来	力竹 通合三 入屋来	息逐 通合三 入屋心	息逐 通合三 入屋心	张六 通合三 入屋知	张六 通合三 入屋知
浑源	mu^{13}	mu^{13}	lu^{13}	luəʔ^{4}	siəʔ^{4}	ɕyəʔ^{4}	tsiəʔ^{4}	tsuəʔ^{4}
云州	mu^{24}	mu^{24}	luəʔ^{4}	liɤu^{24}	suəʔ^{4}	ɕyəʔ^{4}	tʂuəʔ^{4}	tʂuəʔ^{4}
新荣	mu^{24}	mu^{24}	luəʔ^{4}	luɤŋ^{4} 白 / liəu^{24} 文	ɕyəʔ^{4}	ɕyəʔ^{4}	tʂuəʔ^{4}	tʂuəʔ^{4}
怀仁	mu^{42}	mu^{24}	luəʔ^{4}	liɤu^{24}	ɕyəʔ^{4}	ɕyəʔ^{4}	tsuəʔ^{4}	tsuəʔ^{4}
左云	məʔ^{4}	mu^{24}	luəʔ^{4}	liəu^{24}	suəʔ^{4}	syəʔ^{4}	tsuəʔ^{4}	tsuəʔ^{4}
右玉	mu^{24}	mu^{24}	luəʔ^{4}	liəu^{24}	ɕyəʔ^{4}	ɕyəʔ^{4}	tʂuəʔ^{4}	tʂuəʔ^{4}
阳高	mu^{24}	mu^{24}	luəʔ^{3}	liɤu^{24}	ɕyəʔ^{33}	suəʔ^{3}/ɕyəʔ^{3}	tsuəʔ^{3}	tsuəʔ^{3}
山阴	məʔ^{4}	mu^{335}	ləu^{313}	lyəʔ^{4}	syəʔ^{4}	ɕyəʔ^{4}	tʂuəʔ^{4}	tʂuəʔ^{4}
天镇	mu^{24}	mu^{24}	liɤu^{24}	liɤu^{24}	ɕyəʔ^{4}	ɕyəʔ^{4}	tsuəʔ^{4}	tsuəʔ^{4}
平定	məʔ$^{\underline{23}}$	mu^{24}	luəʔ$^{\underline{23}}$	liɤu^{24}/luəʔ$^{\underline{23}}$	ɕyəʔ^{4}	ɕyəʔ^{4}	tsuəʔ^{4}	tsuəʔ^{4}
昔阳	mu^{13}	mu^{13}	lu^{13}	liəu^{13}	syʌʔ$^{\underline{43}}$	syʌʔ$^{\underline{43}}$ 白 / su^{13} 文	tsuʌʔ$^{\underline{43}}$	tsuʌʔ$^{\underline{43}}$
左权	mu^{53}/mɑ^{53}	mu^{53}	lu^{53}	liʌu^{53}	suəʔ^{1}	suəʔ^{1}	tʂʌu^{53} 白 / tsuəʔ^{1} 文	tʂu^{53}
和顺	məʔ$^{\underline{21}}$	mu^{13}	luəʔ$^{\underline{21}}$	liɤu^{13}	ɕyeʔ$^{\underline{21}}$	ɕyeʔ$^{\underline{21}}$	tsuəʔ$^{\underline{21}}$	tsuəʔ$^{\underline{21}}$
尧都	mu^{21}	mu^{44}	lou^{44}	ly^{44} 白 / liou^{44} 文	sou^{53}	ɕy^{21}	tʂu^{21}	tʂu^{21}
洪洞	mu^{21}	mu^{21}	lou^{21}	ly^{21} 白 / liou^{21} 文	ɕy^{21}/ɕy^{42}	ɕy^{21}	tʂu^{21}	tʂu^{21}
洪洞赵城	mu^{53}	mu^{53}	lou^{53} 白 / ly^{21} 文	ly^{21}	ɕy^{21}	ɕy^{53} 白 /su^{53}	tʂu^{21}	tʂu^{21}
古县	mu^{53}	mu^{53}	ly^{21}	ly^{21} 白 / liəu^{21} 文	ɕy^{21} 白 / su^{21} 文	ɕy^{21}	tʂu^{21}	tʂu^{21}
襄汾	mu^{21}	mu^{21}	lou^{21}	liou^{21}	ɕy^{21} 白 / su^{21} 文	ʂə^{44}	tʂou^{21} 白 / tʂ^{h}u^{21} 文	tʂou^{21}/tʂ^{h}u^{21}
浮山	mu^{42}	mu^{42}	lou^{42}	liou^{42}	ɕy^{42}	ɕy^{42}	tʂou^{13}	tʂou^{13}
霍州	mu^{212}	mu^{53}	lu^{212}	ly^{212} 白	səu^{212} 老 / su^{212} 新	ɕy^{212} 老 / su^{212} 新	tʂu^{35}	tʂu^{53}
翼城	mu^{53}	mu^{53}	lou^{53}	liou^{53}	sou^{53}	sou^{53}	tʂu^{12}	tʂou^{53}
闻喜	mu^{53}	mu^{53}	lɤu^{53}	liɤu^{53}	ɕy^{53}	su^{53}	tsɤu^{53}	tsɤu^{53}
侯马	fu^{53}	mu^{53}	lu^{53}	liou^{53}	su^{53}	su^{53}	tsou^{213}	tsou^{53}
新绛	mu^{53}	mu^{53}	ləu^{13}	liəu^{53}	səu^{53}	ɕy^{53} 白 / səu^{53} 文	tsəu^{13}	tsəu^{53}

续表

字目	目	牧	陆大~	六	肃	宿~舍	竹	筑建~
中古音 / 方言点	莫六 通合三 入屋明	莫六 通合三 入屋明	力竹 通合三 入屋来	力竹 通合三 入屋来	息逐 通合三 入屋心	息逐 通合三 入屋心	张六 通合三 入屋知	张六 通合三 入屋知
绛县	mu^{31}	mu^{31}	ləu^{53}	liəu^{24}	ɕy^{53}	ɕy^{31} 白 / səu^{31} 文	tʂəu^{24}	tʂəu^{53}
垣曲	mu^{53}	mu^{53}	lou^{53}	liou^{53}	sou^{53}	ɕy^{53}	tsou^{53}	tsou^{53}
夏县	mu^{31}	——	ləu^{31}	liəu^{31}	su^{31} 白 / ɕy^{31} 文	su^{31} 白 / ɕy^{31} 文	tʂəu^{42}	tʂəu^{31}
万荣	mu^{51}	mu^{51}	lu^{51}	liəu^{51}	səu^{51}	ɕy^{51}	tsəu^{51}	tsəu^{51}
稷山	mu^{53}	mu^{53}	ləu^{53} 白 / lu^{53} 文	liəu^{53}	ɕy^{53} 白 / səu^{53} 文	ɕy^{53} 白 / su^{53} 文	tʂəu^{53}	tsəu^{53}
盐湖	mu^{42}	mu^{42}	lou^{42}	liou^{42}	su^{42}	ʂa^{53} 白 / ʂɤ^{44} 文	tsou^{42}	tsou^{42}
临猗	mu^{42}	mu^{44}	ləu^{44}	liəu^{42}	səu^{42} 白 / su^{42} 文	ɕy^{42} 白 / su^{42} 文	tsəu^{42} 白 / tsu^{42} 文	tsəu^{42}
河津	mu^{31}	mu^{44}	ləu^{324}	——	ɕy^{31} 白	ɕy^{31} 白	tsəu^{31}	tsəu^{31}
平陆	mu^{31}	mu^{31}	ləu^{13}	liəu^{31}	ɕy^{31}	ɕy^{31}	tsəu^{31}	tsəu^{31}
永济	mu^{31}	mu^{31}	ləu^{31} 白 / lu^{31} 文	liəu^{31}	su^{44}	ɕy^{31} 白 / su^{31} 文	pfu^{31} 白 / tʂəu^{24} 白 / tʂu^{24} 文	pfu^{44}
芮城	mu^{42}	mu^{44}	ləu^{42}	liəu^{42}	ɕy^{42}	ɕy^{42}	tsəu^{42}	tsəu^{42}
吉县	mu^{423}	mu^{33}	ləu^{423}	liəu^{33}	ɕy^{423}	ɕy^{423}	tsəu^{423}	pfu^{423}
乡宁	mu^{53}	mu^{53}	lu^{53}	liou^{53}	ɕy^{53}	ɕy^{53}	tsou^{53}	tsou^{53}
广灵	mu^{44}	mu^{44}	lu^{213}	liɤu^{213}	su^{53}	ɕy^{31}	tsu^{53}	tsu^{53}

字目	畜~牲	逐	轴	缩	祝	粥	叔	熟
中古音 / 方言点	丑六 通合三 入屋彻	直六 通合三 入屋澄	直六 通合三 入屋澄	所六 通合三 入屋生	之六 通合三 入屋章	之六 通合三 入屋章	式竹 通合三 入屋书	殊六 通合三 入屋禅
北京	tʂʰu^{51}	tʂu^{35}	tʂou^{35}	suo^{55}	tʂu^{51}	tʂou^{55}	ʂu^{55}	ʂu^{35}
小店	tsʰuəʔ^{1}	——	tsəɯ^{11}	tsʰuəʔ^{1}/suaʔ^{1}	tsuəʔ^{1}	tsəɯ^{11}	fəʔ^{1}	fəʔ^{1}
尖草坪	ɕyəʔ^{2}	tsuəʔ$^{\underline{43}}$	tsuəʔ$^{\underline{43}}$	suəʔ^{2}	tsuəʔ^{2}	tsuəʔ^{2} 白 / tsei^{33} 文	suəʔ^{2}	suəʔ$^{\underline{43}}$
晋源	ɕyəʔ^{2}	tsuəʔ$^{\underline{43}}$	tsɤu^{42}	faʔ^{2} 白 / suaʔ^{2} 文	tsuəʔ$^{\underline{43}}$	tsɤu^{11}	fəʔ^{2}	fəʔ^{2}
阳曲	tsʰu^{454}	tsuəʔ^{4}	tsei^{43}	suəʔ^{4}	tsuəʔ^{4}	tsei^{312}	suəʔ^{4}	suəʔ$^{\underline{212}}$
古交	tsʰuəʔ^{4}	tsuəʔ^{4}	tsei^{312}	suəʔ^{4}	tsuəʔ^{4}	tsuəʔ^{4}	suəʔ^{4}	suəʔ$^{\underline{312}}$
清徐	tsʰuəʔ^{1}	tsuəʔ$^{\underline{54}}$	tsɐu^{54} 文	sua^{11}	tsuəʔ^{1}	tsɐu^{11} 文	suəʔ^{1}	suəʔ$^{\underline{54}}$
娄烦	pfʰəʔ^{3}	pfəʔ^{3}	tsə^{33}	sɷ^{312}	pfəʔ^{3}	tsə^{33}	fəʔ^{3}	fəʔ$^{\underline{21}}$
榆次	tsʰu^{35}	tsuəʔ^{1}	tsɯ^{53}	suaʔ^{1}	tsu^{35}/tsuəʔ^{1}	tsuəʔ^{1} 白 / tsɯ^{11} 文	suəʔ^{1}	suəʔ$^{\underline{53}}$
交城	tsʰuəʔ^{1}	tsuəʔ$^{\underline{53}}$	tsuəʔ$^{\underline{53}}$ 白 / tsʌɯ^{53} 文	suaʔ^{1}	tsuəʔ^{1}	tsuəʔ^{1} 白 / tsʌɯ^{11} 文	suəʔ^{1}	suəʔ$^{\underline{53}}$
文水	tsʰuəʔ^{2}/tsʰəɸ^{35}	tsuəʔ^{2}	tsəɯ^{423}	suaʔ^{2}	tsuəʔ^{2}	tsuəʔ^{2} 白 / tsəɯ^{22} 文	suəʔ^{2}	suəʔ$^{\underline{312}}$
祁县	tsʰuəʔ$^{\underline{32}}$	tsuəʔ$^{\underline{32}}$	tsɤu^{314}	suaʔ$^{\underline{32}}$	tsuəʔ$^{\underline{32}}$	tsuəʔ$^{\underline{32}}$	suəʔ$^{\underline{32}}$	suəʔ$^{\underline{324}}$
太谷	tsʰuəʔ^{3}	tsuəʔ^{3}	tsuəʔ$^{\underline{423}}$ 白 / tsəɯ^{312} 文	faʔ^{3}	tsuəʔ^{3}	tsuəʔ^{3}	fəʔ^{3}	fəʔ$^{\underline{423}}$
平遥	tsʰuʌʔ$^{\underline{212}}$	tsuʌʔ$^{\underline{523}}$	tsəu^{512}	suʌʔ$^{\underline{212}}$	tsuʌʔ$^{\underline{212}}$	tsuʌʔ$^{\underline{212}}$ 白 / tʂəu^{213} 文	suʌʔ$^{\underline{212}}$	suʌʔ$^{\underline{523}}$
孝义	tsʰuəʔ^{3}	tsuəʔ^{3}	tsou^{33}	suaʔ^{3}	tsuəʔ$^{\underline{423}}$	tʂou^{33}	suəʔ^{3}	suəʔ$^{\underline{423}}$/suəʔ^{3}
介休	tsʰuʌʔ$^{\underline{12}}$	tsuʌʔ$^{\underline{12}}$	tʂəu^{423}	suʌʔ$^{\underline{12}}$	tsuʌʔ$^{\underline{12}}$	tsuʌʔ$^{\underline{12}}$ 白 / tʂəu^{13} 文	suʌʔ$^{\underline{12}}$	suʌʔ$^{\underline{312}}$
灵石	tsʰuəʔ^{4}	tsuəʔ^{4}	——	suəʔ^{4}	tsuəʔ^{4}	——	——	suəʔ$^{\underline{212}}$
盂县	tsʰuəʔ^{2}	tsuəʔ^{2}	tsuəʔ$^{\underline{53}}$	suʌʔ^{2}	tsuəʔ^{2}	tsuəʔ^{2} 白 / tsəu^{412} 文	suəʔ^{2}	suəʔ$^{\underline{53}}$
寿阳	tsʰɥ^{45}	tsuəʔ^{2}	tsuəʔ$^{\underline{54}}$	suaʔ^{2}	tsɥ^{45}	tsuəʔ$^{\underline{54}}$	suəʔ^{2}	suəʔ$^{\underline{54}}$
榆社	ɕyəʔ^{2}	tsuəʔ$^{\underline{312}}$	——	suaʔ^{2}	tsuəʔ^{2}	tsəu^{22}	suəʔ^{2}	suəʔ$^{\underline{312}}$
离石	tsʰu^{53}	tsuəʔ^{4}	tsʌu^{312}	suɑʔ^{4}	tsuəʔ^{4}	tsʌu^{24}	suəʔ^{4}	suəʔ$^{\underline{23}}$
汾阳	tʂʰuəʔ^{2}	tʂuəʔ$^{\underline{312}}$	tʂou^{324}	ʂuaʔ^{2}	tʂuəʔ^{2}	tʂou^{324}	ʂuəʔ^{2}	ʂuəʔ$^{\underline{312}}$
中阳	ɕyeʔ^{4}	tʂuəʔ^{4}	tsʌ^{423}	ʂuɑʔ^{4}	tʂuəʔ^{4}	tsʌ^{24}	ʂuəʔ^{4}	ʂuəʔ$^{\underline{312}}$
柳林	ɕyɛʔ^{4}	tsuəʔ^{4}	tsʰuəʔ$^{\underline{423}}$	suɑʔ^{4}	tsuəʔ^{4}	tsuəʔ^{4}	suəʔ^{4}	suəʔ$^{\underline{423}}$

续表

字目	畜~牲	逐	轴	缩	祝	粥	叔	熟
中古音 / 方言点	丑六 通合三 入屋彻	直六 通合三 入屋澄	直六 通合三 入屋澄	所六 通合三 入屋生	之六 通合三 入屋章	之六 通合三 入屋章	式竹 通合三 入屋书	殊六 通合三 入屋禅
方山	tsʰɥ^{52}	tsuəʔ^{4}	tʂəɯ^{312}	suaʔ^{4}	tsuəʔ^{4}	tʂəɯ^{24}	suəʔ^{4}	suəʔ$^{\underline{23}}$
临县	tsʰɥ^{52}	tsuɐʔ^{3}	tʂəɯ^{312}	suaʔ^{3}	tsuɐʔ^{3}	tʂəɯ^{24}	suɐʔ^{3}	suɐʔ$^{\underline{24}}$
兴县	tsʰu^{53}	tsuəʔ^{5}	tʂou^{55}	suaʔ^{5}/uɤ^{324}	tsuəʔ^{5}	tʂou^{324}	suəʔ^{5}	suəʔ$^{\underline{312}}$
岚县	ɕyəʔ^{4}	tsuəʔ^{4}	tsɐu^{312}	suaʔ^{4}	tsuəʔ^{4}	tsɐu^{214}	suəʔ^{4}	suəʔ$^{\underline{312}}$
静乐	ɕyəʔ^{4}	tsuəʔ^{4}	fəʔ$^{\underline{212}}$	suəʔ^{4}	tsuəʔ^{4}	tsɤɯ^{24}	suəʔ^{4}	suəʔ$^{\underline{212}}$
交口	ɕyeʔ^{4}	tsuəʔ^{4}	tsou^{323}/ tsʰuəʔ^{4}	suaʔ^{4}	tsuəʔ^{4}	tsuaʔ^{4}/ tsou^{323}	suəʔ^{4}	suəʔ$^{\underline{212}}$
石楼	tʂʰuəʔ^{4}	tʂuəʔ^{4}	tʂou^{213}	ʂuʌʔ^{4}	tʂuəʔ^{4} 白/ tʂu^{51} 文	tʂou^{213}	ʂuəʔ^{4} 白/ ʂu^{51} 文	ʂuəʔ$^{\underline{213}}$
隰县	tsʰuəʔ^{3}	tsuəʔ^{3}	tsou^{24}	suaʔ^{3}	tsuəʔ^{3}	tsou^{53}	suəʔ^{3}	suəʔ^{3}
大宁	tʂʰuəʔ$^{\underline{31}}$	tʂuəʔ$^{\underline{31}}$	tʂəu^{24} 文	suɐʔ$^{\underline{31}}$	tʂuəʔ$^{\underline{31}}$	tʂuəʔ$^{\underline{31}}$ 白/ tʂəu^{31} 文	suəʔ$^{\underline{31}}$	suəʔ^{4}
永和	tʂʰuəʔ$^{\underline{35}}$	tʂuəʔ$^{\underline{35}}$	tʂɤu^{33}	ʂuɐʔ$^{\underline{35}}$	tʂuɐʔ$^{\underline{35}}$	tʂuɐʔ$^{\underline{35}}$	ʂuɐʔ$^{\underline{35}}$	ʂuɐʔ$^{\underline{35}}$
汾西	——	tsuəʔ^{3}	tsou^{35}	suəʔ^{1}	tsuəʔ^{1}	tsuəʔ^{1}	fy^{11} 白	suəʔ^{3}
蒲县	tʂʰu^{52}	tʂu^{24}	tʂou^{24}	suo^{52}	tʂu^{33}	tʂou^{52}	ʂu^{33}	ʂu^{24}
潞州	tsʰuəʔ$^{\underline{53}}$	tsuəʔ$^{\underline{53}}$	tsuəʔ$^{\underline{53}}$	suəʔ$^{\underline{53}}$	tsuəʔ$^{\underline{53}}$	tsəu^{312}	suəʔ$^{\underline{53}}$	suəʔ$^{\underline{53}}$
上党	tsuəʔ$^{\underline{21}}$	tsuəʔ$^{\underline{21}}$	tsuəʔ$^{\underline{21}}$	suəʔ$^{\underline{21}}$	tsuəʔ$^{\underline{21}}$	tsuəʔ$^{\underline{21}}$	suəʔ$^{\underline{21}}$	suəʔ$^{\underline{21}}$
长子	tsʰuəʔ^{4}	tsuəʔ^{4}	tsuəʔ$^{\underline{212}}$	suəʔ^{4}	tsuəʔ^{4}	tsəu^{312}	suəʔ^{4}	suəʔ$^{\underline{212}}$
屯留	tsʰuəʔ^{1}	tsuəʔ^{1}	tsuəʔ$^{\underline{54}}$	suəʔ^{1}	tsuəʔ$^{\underline{54}}$	tsəu^{31}	suəʔ^{1}	suəʔ$^{\underline{54}}$
襄垣	ɕyʌʔ^{3}	tsuʌʔ^{3}	tsuʌʔ^{43}	suʌʔ^{3}	tsuʌʔ^{3}	tsuʌʔ^{3} 白/ tsəu^{33} 文	suʌʔ^{3}	suʌʔ$^{\underline{43}}$
黎城	ɕyɤʔ^{2}	tsuɤʔ^{2}	tsəu^{33}/ tɕyɤʔ^{2}	suʌʔ^{2}	tsuɤʔ^{2}	tɕiəu^{33}	ɕyɤʔ$^{\underline{31}}$/ suɤʔ^{2}	ɕyɤʔ$^{\underline{31}}$
平顺	tsʰuəʔ$^{\underline{212}}$	tsuəʔ$^{\underline{423}}$	tsuəʔ$^{\underline{423}}$	suəʔ$^{\underline{212}}$	tsuəʔ$^{\underline{212}}$	tsuəʔ$^{\underline{212}}$	suəʔ$^{\underline{212}}$	suəʔ$^{\underline{423}}$
壶关	tʂʰuəʔ^{2}	tʂuəʔ$^{\underline{21}}$	tʂuəʔ$^{\underline{21}}$	ʂuəʔ^{2}	tʂuəʔ^{2}	tʂuəʔ^{2}	ʂuəʔ^{2}	ʂuəʔ$^{\underline{21}}$
沁县	ɕyəʔ$^{\underline{31}}$	tsuəʔ$^{\underline{31}}$	tsuəʔ$^{\underline{31}}$	suaʔ$^{\underline{31}}$	tsuəʔ$^{\underline{31}}$	tsəu^{224}	suəʔ$^{\underline{31}}$	suəʔ$^{\underline{212}}$
武乡	ɕyəʔ^{3}	tsuəʔ^{3}	tsuəʔ^{3}	suəʔ^{3}	tsuəʔ^{3}	——	suəʔ^{3}	suəʔ$^{\underline{423}}$
沁源	tʂʰuəʔ$^{\underline{31}}$	tʂuəʔ$^{\underline{31}}$	tʂei$^{\underline{31}}$	ʂuʌʔ$^{\underline{31}}$	tʂuʌʔ$^{\underline{31}}$	tʂei^{324}	ʂuəʔ$^{\underline{31}}$	ʂuəʔ$^{\underline{31}}$
安泽	tsʰu^{53}	tsu^{35}	tsu^{35}	suəʔ$^{\underline{21}}$	tsu^{53}	tsəu^{21}/tsu^{21}	suəʔ$^{\underline{21}}$	su^{35}
沁水端氏	ɕyəʔ^{2}	tsuəʔ^{2}	tsou^{21}	suaʔ^{2}	tsuəʔ^{2}	tsu^{31} 白/ tsou^{21} 文	suəʔ$^{\underline{54}}$	suəʔ$^{\underline{54}}$
阳城	tʂʰu^{51}	tʂuəʔ^{2}	tʂɐu^{22}	suʌʔ^{2}	tʂuəʔ^{2}	tʂuəʔ^{2}	ʂu^{51}	ʂuəʔ^{2}
高平	tʂʰuəʔ^{2}	tʂuəʔ^{2}	tʂuəʔ^{2}	ʂuʌʔ^{2}	tʂuəʔ^{2}	tʂuəʔ^{2}	ʂuəʔ^{2}	ʂuəʔ^{2}

续表

字目	畜~牲	逐	轴	缩	祝	粥	叔	熟
中古音 方言点	丑六 通合三 入屋彻	直六 通合三 入屋澄	直六 通合三 入屋澄	所六 通合三 入屋生	之六 通合三 入屋章	之六 通合三 入屋章	式竹 通合三 入屋书	殊六 通合三 入屋禅
陵川	tʂʰuəʔ^{3}	tʂuəʔ$^{\underline{23}}$	——	ʂuʌʔ^{3}	tʂuəʔ^{3}	tʂəo^{33}	ʂuəʔ^{3}	ʂuəʔ$^{\underline{23}}$
晋城	tʂʰuəʔ^{2}	tʂuəʔ^{2}	tʂuəʔ^{2}	ʂuʌʔ^{2}	tʂuəʔ^{2}	tʂu^{213}	ʂu^{33} 白 / ʂuəʔ^{2} 文	ʂuəʔ^{2}
忻府	tsʰu^{53}	tsuəʔ$^{\underline{32}}$	tʂəu^{313}	suəʔ$^{\underline{32}}$	tsuəʔ$^{\underline{32}}$	tʂəu^{313}	suəʔ$^{\underline{32}}$	suəʔ$^{\underline{32}}$
原平	tsʰu^{53}	tsuəʔ$^{\underline{34}}$	tʂɤɯ^{33}	suɔʔ$^{\underline{34}}$	tsuəʔ$^{\underline{34}}$	tʂɤɯ^{213}	suəʔ$^{\underline{34}}$	suəʔ$^{\underline{34}}$
定襄	ɕyəʔ^{1}	tsuəʔ^{1}	tʂəu^{11}	səʔ^{1}	tsuəʔ^{1}	tsəu^{24}	suəʔ^{1}	suəʔ^{1}
五台	ɕyəʔ^{3}	tsuəʔ^{3}	tsei^{33}	suəʔ^{3}	tsuəʔ^{3}	tsei^{213}	suəʔ^{3}	suəʔ^{3}
岢岚	tsʰu^{52}	tʂuəʔ^{4}	tʂəu^{44}	suaʔ^{4}	tʂuəʔ^{4}	tʂəu^{13}	ʂuəʔ^{4}	ʂuəʔ^{4}
五寨	tsʰu^{52}	tsuəʔ^{4}	tsəu^{44}	suəʔ^{4}	tsuəʔ^{4}	tsəu^{13}	suəʔ^{4}	suəʔ^{4}
宁武	——	tsuəʔ^{4}	tsəu^{33}	suᴀʔ^{4}	tsuəʔ^{4}	tsəu^{23}	suəʔ^{4}	suəʔ^{4}
神池	ɕyəʔ^{4}	tsu^{32}	tsəu^{32}	suᴀʔ^{4}	tsu^{52}	tsəu^{24}	suəʔ^{4}	suəʔ^{4}
繁峙	ɕyəʔ$^{\underline{13}}$	tsuəʔ$^{\underline{13}}$	tsəu^{31}	suaʔ$^{\underline{13}}$	tsuəʔ$^{\underline{13}}$	tsəu^{53}	suəʔ$^{\underline{13}}$	suəʔ$^{\underline{13}}$ 白 / su^{31} 文 / səu^{31} 文
代县	ɕyəʔ^{2}	tsuəʔ^{2}	tsəu^{44}	suaʔ^{2}	tsuəʔ^{2}	tsəu^{213}	suəʔ^{2}	suəʔ^{2}
河曲	ɕyəʔ^{4}	tsuəʔ^{4}	tʂɤɯ^{213}	suaʔ^{4}	tʂuəʔ^{4}	tʂɤɯ^{213}	ʂuəʔ^{4}	ʂuəʔ^{4}
保德	tʂʰu^{52}	tʂuəʔ^{4}	tʂʌu^{44}	suəʔ^{4}	tʂuəʔ^{4}	tʂʌu^{213}	ʂuəʔ^{4}	ʂuəʔ^{4} 白 / ʂʌu^{44} 文
偏关	ɕyəʔ^{44}	ʂuə^{33}	tʂɤu^{44}	suəʔ^{4}	tʂuəʔ^{4}	tʂɤu^{24}	ʂuəʔ^{4}	ʂuəʔ^{4}/sɤu^{44}
朔城	tsʰu^{53}	tsuəʔ$^{\underline{35}}$	tsəu^{35}	——	tsuəʔ$^{\underline{35}}$	tsəu^{312}	səu^{312}	suəʔ$^{\underline{35}}$
平鲁	ɕyəʔ$^{\underline{34}}$	tsuəʔ$^{\underline{34}}$	tsəu^{44}	suɑ^{213}/ suʌʔ$^{\underline{34}}$	tsuəʔ$^{\underline{34}}$	tsəu^{213}	səu^{213}/ suəʔ$^{\underline{34}}$	su^{44}/səu^{44}/ suəʔ$^{\underline{34}}$
应县	ɕyɛʔ$^{\underline{43}}$	tsuəʔ$^{\underline{43}}$	tsəu^{31}	suaʔ$^{\underline{43}}$	tsuəʔ$^{\underline{43}}$	tsəu^{43}	su^{43}/səu^{43}	səu^{31}
灵丘	tsʰyəʔ^{5}	tsuəʔ^{5}	tseiu^{31}	suᴀʔ^{5}	tsu^{53}	tseiu^{442}	suəʔ^{5}	su^{31}
浑源	tsʰu^{13}	tsiəʔ^{4}	tsiəu^{22}	suʌʔ^{4}	——	tsiəu^{52}	siəu^{52}/ siəʔ^{4}	səiəu^{52}
云州	ɕyəʔ^{4}	tʂuəʔ^{4}	tʂɤu^{312}	ʂuɑʔ^{4}	tʂuəʔ^{4} 白 / tʂu^{24} 文	tʂɤu^{21}	ʂuəʔ^{4}/ʂɤu^{21}	ʂɤu^{312}/ʂuəʔ^{4}
新荣	ɕyəʔ^{4}/tʂʰu^{24}	tʂuəʔ^{4}	tʂiəu^{312}	suaʔ^{4}	tʂuəʔ^{4}	tʂiəu^{32}	ʂəu^{32}/ʂuəʔ^{4}	ʂəu^{312}/ʂu^{312}
怀仁	ɕyəʔ^{4}	tsuəʔ^{4}	tsɤu^{312}	suaʔ^{4}	tsuəʔ^{4}	tsɤu^{42}	suəʔ^{4}	su^{312}
左云	tsʰu^{24}	tsuəʔ^{4}	tsəu^{313}	suaʔ^{4}	tsuəʔ^{4}	tsəu^{31}	səu^{31}	suəʔ^{4} 白 / səu^{313} 文

续表

字目	畜~牲	逐	轴	缩	祝	粥	叔	熟
中古音 / 方言点	丑六 通合三 入屋彻	直六 通合三 入屋澄	直六 通合三 入屋澄	所六 通合三 入屋生	之六 通合三 入屋章	之六 通合三 入屋章	式竹 通合三 入屋书	殊六 通合三 入屋禅
右玉	ɕyəʔ^{4}	tʂuəʔ^{4}	tʂəu^{24}	suaʔ^{4} / ʂuaʔ^{4}	tʂuəʔ^{4}	tʂəu^{31}	ʂuəʔ^{4}	ʂuəʔ^{4}/ ʂu^{212}/ ʂəu^{212}
阳高	ts^{h}u^{24}	tsuəʔ^{3}	tsɤu^{312}	suɑʔ^{3}	tsuəʔ^{3}	tsɤu^{312}	su^{31}/suəʔ^{3}	su^{31}
山阴	——	tʂuəʔ^{4}	tʂəu^{313}	ʂuʌʔ^{4}	tʂuəʔ^{4}	tʂəu^{313}	ʂuəʔ^{4}	ʂuəʔ^{4}
天镇	ts^{h}u^{24}	tsuəʔ^{4}	tsɤu^{22}	suɑʔ^{4}	tsuəʔ^{4}	tsɤu^{31}	sɤu^{31}/suəʔ^{4}	suəʔ^{4}
平定	ts^{h}u^{24}	tsuəʔ^{4}	tʂu^{44} 白 / tʂɤu^{24} 文	ɕyəʔ^{4}	tsuəʔ^{4}	tʂɤu^{31}	suəʔ^{4}	su^{44}
昔阳	ts^{h}u^{13}	tsuʌʔ$^{\underline{43}}$	tʂəu^{33}	ts^{h}uʌʔ$^{\underline{43}}$/ ɕyʌʔ$^{\underline{43}}$	tsuʌʔ$^{\underline{43}}$	tʂəu^{42}	suʌʔ$^{\underline{43}}$	su^{33}
左权	ɕyeʔ^{1}	tsuəʔ^{1}	tsuəʔ^{1}	ts^{h}uəʔ^{1} 白 / suəʔ^{1} 文	tʂu^{53}	tsuəʔ^{1} 白 / tʂʌu^{31} 文	suəʔ^{1}	suəʔ^{1}
和顺	ɕyeʔ$^{\underline{21}}$	tsuəʔ$^{\underline{21}}$	tʂɤu^{213}	səʔ$^{\underline{21}}$	tsuəʔ$^{\underline{21}}$	tsuəʔ$^{\underline{21}}$ 白 / tʂɤu^{42} 文	suəʔ$^{\underline{21}}$	suəʔ$^{\underline{21}}$
尧都	tʂ^{h}u^{44}	tʂu^{24}	tʂou^{24}	suo^{21}	tʂu^{44}	tʂou^{21}	ʂu^{21}	ʂu^{24}
洪洞	ts^{h}u^{53}	tʂu^{24}	tʂou^{24}	suo^{21}	tʂu^{53}	tʂou^{21}	ʂu^{21}	ʂu^{24}
洪洞赵城	ts^{h}u^{53}	tʂu^{24}	tʂəu^{24}	suɤ^{21}	tʂu^{53}	tʂou^{21}	ʂu^{21}	ʂu^{24}
古县	——	tʂu^{35}	tʂəu^{35}	suɛ^{21}	tʂu^{53}	tʂəu^{21}	ʂu^{21}	ʂu^{35}
襄汾	tʂ^{h}u^{53}	tʂu^{24}	tʂou^{24}	suɔ^{24}	tʂu^{53}	tʂou^{21}	ʂu^{21}	ʂu^{24}
浮山	tʂ^{h}u^{53}	tʂu^{13}	tʂou^{13}	suo^{42}	tʂu^{53}	tʂou^{42}	ʂu^{42}	ʂou^{13} 白 / ʂu^{13} 文
霍州	tʂ^{h}u^{53}	tʂu^{5}	tʂəu^{35}	suɤ^{212}	tʂu^{53}	tʂəu^{212}	ʂu^{212}	ʂu^{35}
翼城	tʂ^{h}u^{53}	tʂu^{12}	tʂou^{12}	suɤ^{53}	tʂu^{53}	tʂou^{53}	ʂu^{53}	ʂu^{12}
闻喜	ts^{h}u^{53}	tsu^{33}	tsɤu^{13}	suɤ^{53}	tsu^{53}	tsɤu^{53}	su^{53}	sɤu^{13}
侯马	ts^{h}u^{53}	tʂu^{213}	tʂou^{213}	suɤ^{213}	tʂu^{53}	tʂou^{53}	ʂou^{213}	ʂu^{213}
新绛	tʂ^{h}u^{53}	tʂu^{13}	tʂəu^{13}	ʂuɤ^{53}	tʂu^{53}	tʂəu^{53}	ʂu^{53}	ʂəu^{13} 白 / ʂu^{13} 文
绛县	tʂ^{h}u^{31}	tʂu^{24}	tʂəu^{24}	ʂuɤ^{53}	tʂu^{31}	tʂəu^{53}	ʂu^{53}/ʂəu^{53}	ʂəu^{24}
垣曲	tʂ^{h}u^{53}	tʂu^{22}	tʂou^{22}	suo^{22}	tʂu^{53}	tʂou^{22}	ʂu^{22}	ʂu^{22}
夏县	ts^{h}u^{31}	tsuɤ^{42}	tsu^{42}	suɤ^{53}	tsu^{31}	tsəu^{53}	su^{53}	su^{42}
万荣	tʂ^{h}u^{33}	tʂuɤ^{213}	tʂəu^{213}	suɤ^{213}	tʂu^{33}	tʂəu^{51}	ʂu^{51}	ʂu^{213}
稷山	tʂ^{h}u^{42}	tʂu^{13}	tʂəu^{13}	suɤ^{53}	tʂu^{42}	tʂəu^{53}	ʂu^{53}	ʂu^{13}/ʂəu^{13}
盐湖	tʂ^{h}u^{44}	tʂu^{13}	tʂou^{13}	suo^{42}	tʂu^{44}	tʂou^{42}	ʂu^{42}	ʂu^{13}

续表

字目	畜~牲	逐	轴	缩	祝	粥	叔	熟
中古音 / 方言点	丑六 通合三 入屋彻	直六 通合三 入屋澄	直六 通合三 入屋澄	所六 通合三 入屋生	之六 通合三 入屋章	之六 通合三 入屋章	式竹 通合三 入屋书	殊六 通合三 入屋禅
临猗	tʂʰu^{42}	tʂu^{13}	tʂəu^{13}	suo^{42}	tʂu^{44}	tʂəu^{42}	ʂu^{42}	ʂu^{13}
河津	tʂʰu^{44}	tʂu^{324}	tʂəu^{324}	suɤ^{31}	tʂu^{44}	tʂəu^{31}	ʂu^{31}	ʂu^{324}
平陆	tʂʰu^{33}	tʂu^{13}	tʂəu^{13}	suə^{31}	tʂu^{33}	tʂəu^{31}	ʂu^{31}	ʂu^{13}
永济	——	tʂu^{24}	tʂəu^{24}	suo^{31}	tʂu^{44}	tʂəu^{31}	ʂu^{31}	ʂu^{24}
芮城	tʂʰu^{44}	tʂu^{13}	tʂəu^{13}	suo^{42}	tʂu^{44}	tʂəu^{42}	ʂu^{42}	ʂu^{13}
吉县	tʂʰu^{33}	tʂu^{13}	tʂəu^{13} 白 / tʂu^{13} 文	suə^{423}	tʂu^{33}	tʂəu^{423}	ʂu^{423}	ʂu^{13}
乡宁	tʂʰu^{22}	tʂu^{12}	tʂou^{12}	suɤ^{53}	tʂu^{22}	tʂou^{53}	ʂu^{53}	ʂu^{12}
广灵	tsʰu^{213}	tsu^{31}	tsɤu^{31}	suo^{53}	tsu^{213}	tsɤu^{53}	su^{53}	su^{31}

字目	肉	菊	麹	畜~牧	蓄	郁姓	育	录
中古音 方言点	如六 通合三 入屋日	居六 通合三 入屋见	驱匊 通合三 入屋溪	许竹 通合三 入屋晓	许竹 通合三 入屋晓	於六 通合三 入屋影	余六 通合三 入屋以	力玉 通合三 入烛来
北京	ʐou^{51}	tɕy^{35}	tɕʰy^{55}	ɕy^{51}	ɕy^{51}	y^{51}	y^{51}	lu^{51}
小店	zəɯ^{24}	tɕʰyəʔ^{1} 白 / tɕyəʔ$^{\underline{54}}$ 文	——	ɕyəʔ^{1}	ɕyəʔ^{1}	——	yəʔ^{1}	luəʔ^{1}
尖草坪	zei^{35}	tɕʰyəʔ^{2} 白 / ɕyəʔ^{2} 文	tɕʰyəʔ^{2}	ɕyəʔ^{2}	ɕyəʔ^{2}	y^{35}	yəʔ^{2}	lei^{35}
晋源	zɤu^{35}	tɕʰyəʔ^{2}	tɕʰyəʔ^{2}	ɕyəʔ^{2}	ɕyəʔ^{2}	y^{35}	yəʔ^{2}	luəʔ^{2}
阳曲	zei^{454}	tɕʰyɛʔ^{4} 白 / tɕyɛʔ^{4} 文	tɕʰyɛʔ^{4}	ɕyɛʔ^{4}/tsʰu^{454}	ɕyɛʔ^{4}	y^{454}	yɛʔ^{4}	luəʔ^{4}
古交	zei^{53}	tɕyəʔ^{4}	tɕʰyəʔ^{4}	ɕyəʔ^{4}	ɕyəʔ^{4}	yəʔ^{4}	yəʔ^{4}	luəʔ^{4}
清徐	zɐu^{45}	tɕyəʔ^{1}	tɕʰyəʔ^{1}	ɕyəʔ^{1}	ɕyəʔ^{1}	yəʔ^{1}	yəʔ^{1}	luəʔ^{1}
娄烦	zə^{54}	tɕʰyəʔ^{3}	tɕʰyəʔ^{3}	ɕyəʔ^{3}	ɕyəʔ^{3}	y^{54}	yəʔ^{3}	luəʔ^{3}
榆次	zɯ^{35}	tɕyəʔ$^{\underline{53}}$	tɕʰyəʔ^{1}	ɕyəʔ^{1}	ɕyəʔ^{1}	y^{35}	yəʔ^{1}	luəʔ^{1}
交城	ʐʌɯ^{24}	tɕʰyəʔ^{1} 白 / tɕyəʔ$^{\underline{53}}$ 文	tɕʰyəʔ^{1}	ɕyəʔ^{1}	ɕyəʔ^{1}	yəʔ^{1}	yəʔ^{1}	luəʔ^{1}
文水	ʐəɯ^{35}	tɕʰyəʔ^{2} 白 / tɕyəʔ^{2} 文	tɕʰyəʔ^{2}	ɕyəʔ^{2}	ɕyəʔ^{2}	yəʔ^{2}/ɥ^{35}	yəʔ^{2}	luəʔ^{2}
祁县	ʐuəʔ$^{\underline{32}}$ 白 / ʐɤu^{45} 文	tɕʰyəʔ$^{\underline{32}}$ 白 / tɕyəʔ$^{\underline{32}}$ 文	tɕʰyəʔ$^{\underline{32}}$	ɕyəʔ$^{\underline{32}}$	ɕyəʔ$^{\underline{32}}$	yəʔ$^{\underline{32}}$	yəʔ$^{\underline{32}}$	luəʔ$^{\underline{32}}$
太谷	zəɯ^{53}	tɕʰyəʔ^{3}	tɕʰyəʔ^{3}	ɕyəʔ^{3}	ɕyəʔ^{3}	yəʔ^{3}	yəʔ^{3}	luəʔ^{3}
平遥	ʐəu^{24}	tɕʰyʌʔ$^{\underline{212}}$	tɕyʌʔ$^{\underline{212}}$	ɕyʌʔ$^{\underline{212}}$	ɕyʌʔ$^{\underline{212}}$	y^{24}	yʌʔ$^{\underline{212}}$	luʌʔ$^{\underline{523}}$
孝义	zuəʔ^{3} 白 / ʐou^{454} 文	tɕʰyəʔ^{3}	tɕʰyəʔ^{3}	ɕyəʔ^{3}	ɕyəʔ^{3}	yəʔ^{3}	yəʔ$^{\underline{423}}$	luəʔ^{3}
介休	ʐəu^{45}	tɕʰyʌʔ$^{\underline{12}}$ 白 / tɕyʌʔ$^{\underline{12}}$ 文	tɕʰyʌʔ$^{\underline{12}}$	ɕyʌʔ$^{\underline{12}}$	ɕyʌʔ$^{\underline{12}}$	y^{45}	yʌʔ^{12}	luʌʔ$^{\underline{12}}$
灵石	ʐou^{53}	tɕʰyəʔ^{4}	——	ɕyəʔ^{4}	ɕyəʔ^{4}	y^{53}	y^{53}	luəʔ^{4}
盂县	zuəʔ^{2} 白 / zəu^{55} 文	tɕyəʔ^{2} 文	tɕʰyəʔ^{2}	ɕyəʔ$^{\underline{53}}$	ɕyəʔ^{2}	y^{55}	yəʔ^{2}	luəʔ^{2}
寿阳	zəɯ^{45}	tɕʰyəʔ$^{\underline{54}}$	tɕʰyəʔ^{2}	ɕyəʔ^{2}	ɕyəʔ^{2}	zɥ^{45}	yəʔ^{2}	luəʔ$^{\underline{54}}$
榆社	zəu^{45}	tɕyəʔ$^{\underline{312}}$	——	ɕyəʔ^{2}	ɕyəʔ^{2}	——	zɥ^{45}	luəʔ^{2}
离石	zʌu^{53}	tɕʰyeʔ^{4}	tɕʰyeʔ^{4}	ɕyeʔ^{4}	ɕyeʔ^{4}	yeʔ^{4}	yeʔ^{4}	luəʔ$^{\underline{23}}$
汾阳	ʐou^{55}	tɕyeʔ^{2}	tɕʰyeʔ^{2}	tʂʰuəʔ^{2}	ɕyeʔ^{2}	ɥ^{55}	yeʔ^{2}	luəʔ$^{\underline{312}}$
中阳	ʐʌ^{53}	tɕʰyeʔ^{4}	tɕʰyeʔ^{4}	ɕyeʔ^{4}	ɕyeʔ^{4}	yeʔ^{4}	yeʔ^{4}	luəʔ$^{\underline{312}}$
柳林	zə^{53}	tɕʰyɛʔ^{4}	tɕʰyɛʔ^{4}	ɕyɛʔ^{4}	ɕyɛʔ^{4}	yɛʔ^{4}	yɛʔ^{4}	luəʔ$^{\underline{423}}$
方山	zəɯ^{52}	tɕyɛʔ^{4}	tɕʰyɛʔ^{4}	ɕyɛʔ^{4}	ɕyɛʔ^{4}	yɛʔ^{4}	yɛʔ^{4}	luəʔ$^{\underline{23}}$

续表

字目	肉	菊	麴	畜~牧	蓄	郁姓	育	录
中古音 / 方言点	如六 通合三 入屋日	居六 通合三 入屋见	驱匊 通合三 入屋溪	许竹 通合三 入屋晓	许竹 通合三 入屋晓	於六 通合三 入屋影	余六 通合三 入屋以	力玉 通合三 入烛来
临县	zəɯ^{52}	tɕʰyɐʔ^{3}	tɕʰyɐʔ^{3}	ɕyɐʔ^{3}	ɕyɐʔ^{3}	y^{52}	yɐʔ^{3}	luɐʔ^{3}
兴县	ʐou^{53}	tɕʰyəʔ^{5}	——	ɕyəʔ^{5}	ɕyəʔ^{5}	y^{53}	y^{53}	luəʔ^{5}
岚县	ʐɐu^{53}	tɕyəʔ$^{\underline{312}}$	tɕʰyəʔ^{4}	ɕyəʔ^{4}	ɕyəʔ^{4}	y^{53}	y^{53}	luəʔ^{4}
静乐	zɤɯ^{53}	tɕyəʔ^{4}	tɕʰyəʔ^{4}	ɕyəʔ^{4}	ɕyəʔ^{4}	yəʔ^{4}	yəʔ^{4}	luəʔ^{4}
交口	ʐou^{53}	tɕʰyeʔ$^{\underline{212}}$ 白 / tɕyeʔ^{4} 文	tɕʰyeʔ^{4}	ɕyeʔ^{4}	ɕyeʔ^{4}	y^{53}	yeʔ^{4}	luəʔ^{4}
石楼	ʐou^{51}	tɕʰyəʔ$^{\underline{213}}$	tɕʰyəʔ^{4}	tʂʰuəʔ$^{\underline{213}}$	ɕyəʔ^{4}	y^{51}	yəʔ^{4}	lyəʔ^{4}
隰县	zou^{44}	tɕyəʔ^{3}	——	ɕyəʔ^{3}	ɕyəʔ^{3}	y^{44}	y^{44}	luəʔ^{3}
大宁	ʐuəʔ$^{\underline{31}}$ 白 / ʐəu^{55} 文	tɕʰyəʔ$^{\underline{31}}$	tɕʰyəʔ$^{\underline{31}}$	ɕyəʔ$^{\underline{31}}$	ɕyəʔ$^{\underline{31}}$	y^{55}	y^{55}	luəʔ$^{\underline{31}}$
永和	ʐɤu^{53}	tɕyəʔ$^{\underline{35}}$	tɕʰyəʔ$^{\underline{35}}$	ɕyəʔ$^{\underline{35}}$	ɕyəʔ$^{\underline{35}}$	y^{35}	y^{35}	——
汾西	vyəʔ^{1} 白 / zou^{11} 文	tɕyəʔ^{1}	——	ɕy^{11}	——	——	yəʔ^{1}	——
蒲县	ʐou^{3}	tɕy^{24}	tɕʰy^{52}	ɕy^{33}	ɕy^{33}	y^{33}	y^{33}	lu^{52}
潞州	iəu^{44}	tɕyəʔ$^{\underline{53}}$	tɕʰyəʔ$^{\underline{53}}$	ɕyəʔ$^{\underline{53}}$	ɕyəʔ$^{\underline{53}}$	y^{44}	y^{54}	luəʔ$^{\underline{53}}$
上党	iəu^{42} 白	tɕyəʔ$^{\underline{21}}$	tɕʰyəʔ$^{\underline{21}}$	ɕyəʔ$^{\underline{21}}$	ɕyəʔ$^{\underline{21}}$	y^{42}	y^{42}	luəʔ$^{\underline{21}}$
长子	iəu^{422}	tɕyəʔ^{4}	tɕʰyəʔ^{4}	ɕyəʔ^{4}	ɕyəʔ^{4}	y^{53}	y^{53}	luəʔ$^{\underline{212}}$
屯留	iəu^{11}	tɕyəʔ^{1}	tɕʰyəʔ^{1}	ɕyəʔ^{1}	ɕyəʔ^{1}	yəʔ^{1}	y^{11}	luəʔ^{1}
襄垣	ʐəu^{53}	tɕʰyʌʔ$^{\underline{43}}$ 白 / tɕyʌʔ$^{\underline{43}}$ 文	——	ɕyʌʔ^{3}	ɕy^{53}	y^{45}	y^{45}	luʌʔ^{3}
黎城	iəu^{53}	cyɤʔ^{2}	cʰyɤʔ^{2}	ɕyɤʔ^{2}	ɕyɤʔ^{2}	y^{53}	y^{53}	luɤʔ^{2}
平顺	iəu^{53}	cyəʔ$^{\underline{212}}$	cʰyəʔ$^{\underline{212}}$	ɕyəʔ$^{\underline{212}}$	ɕyəʔ$^{\underline{212}}$	y^{53}	y^{53}	luəʔ$^{\underline{423}}$
壶关	iəu^{353}	cyəʔ^{2}	çyəʔ^{2}	çyəʔ^{2}	çyəʔ^{2}	y^{353}	y^{42}	luəʔ$^{\underline{21}}$
沁县	zəu^{53}	tɕyəʔ$^{\underline{212}}$	tɕʰyəʔ$^{\underline{31}}$	——	ɕyəʔ$^{\underline{31}}$	yəʔ$^{\underline{31}}$	yəʔ$^{\underline{31}}$	luəʔ$^{\underline{31}}$
武乡	zəu^{55}	tɕyəʔ$^{\underline{423}}$	——	ɕyəʔ^{3}	ɕyəʔ^{3}	yəʔ^{3}	yəʔ^{3}	luəʔ^{3}
沁源	ʐei^{53}	tɕyəʔ$^{\underline{31}}$	tɕʰyəʔ$^{\underline{31}}$	ɕyəʔ$^{\underline{31}}$	ɕyəʔ$^{\underline{31}}$	y^{53}	yəʔ$^{\underline{31}}$	luəʔ$^{\underline{31}}$
安泽	zəu^{53}	tɕyəʔ$^{\underline{21}}$	——	ɕy^{53}	ɕyəʔ$^{\underline{21}}$	y^{53}	y^{21}	lu^{21}/luəʔ$^{\underline{21}}$
沁水端氏	zɔu^{53}	tɕyəʔ^{2}	tɕʰyəʔ^{2}	ɕyəʔ^{2}	ɕyəʔ^{2}	y^{53}	y^{53}	luəʔ^{2}
阳城	ʐɐu^{51}	cyəʔ^{2}	cʰyəʔ^{2}	çyəʔ^{2}	çyəʔ^{2}	y^{51}	y^{51}	luəʔ^{2}
高平	ʐʌu^{53}	ciəʔ^{2}	cʰiəʔ^{2}	çiəʔ^{2}	çiəʔ^{2}	i^{53}	i^{53}	luəʔ^{2}
陵川	ləo^{24}	cyəʔ$^{\underline{23}}$	cyəʔ^{3}	çyəʔ^{3}	çyəʔ^{3}	y^{24}	y^{24}	luəʔ$^{\underline{23}}$

续表

字目	肉	菊	麹	畜~牧	蓄	郁姓	育	录
中古音 方言点	如六 通合三 入屋日	居六 通合三 入屋见	驱匊 通合三 入屋溪	许竹 通合三 入屋晓	许竹 通合三 入屋晓	於六 通合三 入屋影	余六 通合三 入屋以	力玉 通合三 入烛来
晋城	ʐɤɯ^{53}白 / ʐaɯ^{53}	tɕyəʔ^{2}	tɕʰyəʔ^{2}	ɕyə^{33}	ɕyəʔ^{2}	y^{53}	y^{53}	luəʔ^{2}
忻府	ʐəu^{53}	tɕʰyɛʔ$^{\underline{32}}$白 / tɕyɛʔ$^{\underline{32}}$文	tɕʰyɛʔ$^{\underline{32}}$	ɕyɛʔ$^{\underline{32}}$	ɕyɛʔ$^{\underline{32}}$	y^{53}	yɛʔ$^{\underline{32}}$	luəʔ$^{\underline{32}}$
原平	ʐɤɯ^{53}	tɕyəʔ$^{\underline{34}}$	tɕʰyəʔ$^{\underline{34}}$	ɕyəʔ$^{\underline{34}}$	ɕyəʔ$^{\underline{34}}$	yəʔ$^{\underline{34}}$	yəʔ$^{\underline{34}}$	luəʔ$^{\underline{34}}$
定襄	ʐəu^{53}	tɕyəʔ^{1}	tɕʰyəʔ^{1}	ɕyəʔ^{1}	ɕyəʔ^{1}	yəʔ^{1}	yəʔ^{1}	luəʔ^{1}
五台	zei^{52}	tɕyəʔ^{3}	tɕʰyəʔ^{3}	ɕyəʔ^{3}	ɕyəʔ^{3}	yəʔ^{3}	yəʔ^{3}	luəʔ^{3}
岢岚	ʐəu^{52}	tɕyɛʔ^{4}	tɕʰyɛʔ^{4}	ɕyɛʔ^{4}	ɕyɛʔ^{4}	yɛʔ^{4}	y^{52}	luəʔ^{4}
五寨	zəu^{52}	tɕyəʔ^{4}	tɕʰyəʔ^{4}	ɕyəʔ^{4}	ɕyəʔ^{4}	yɛʔ^{4}	y^{52}	luəʔ^{4}
宁武	zəu^{52}	tɕyəʔ^{4}	tɕyəʔ^{4}	ɕyəʔ^{4}	ɕyəʔ^{4}	yəʔ^{4}	yəʔ^{4}	luəʔ^{4}
神池	zəu^{52}	tɕyəʔ^{4}	tɕʰy^{24}	ɕy^{52}	ɕy^{52}	yəʔ^{4}	yəʔ^{4}	luə^{52}
繁峙	ʐəu^{24}	tɕyəʔ$^{\underline{13}}$	tɕʰyəʔ$^{\underline{13}}$	ɕyəʔ$^{\underline{13}}$	ɕyəʔ$^{\underline{13}}$	y^{24}	y^{24}	luəʔ$^{\underline{13}}$
代县	zəu^{53}	tɕʰyəʔ^{2}	tɕʰyəʔ^{2}	ɕyəʔ^{2}	ɕyəʔ^{2}	yəʔ^{2}	yəʔ^{2}	luəʔ^{2}
河曲	ʐɤɯ^{52}	tɕyəʔ^{4}	——	ɕyəʔ^{4}	ɕyəʔ^{4}	yəʔ^{4}	yəʔ^{4}	luəʔ^{4}
保德	ʐʌu^{52}	tɕyəʔ^{4}	tɕʰyəʔ^{4}	ɕyəʔ^{4}	ɕyəʔ^{4}	y^{52}	y^{52}	luəʔ^{4}
偏关	ʐɤu^{52}	tɕyəʔ^{4}	tɕʰyəʔ^{4}	ɕyəʔ^{4}	ɕyəʔ^{4}	yəʔ^{4}	yəʔ^{4}	luəʔ^{4}
朔城	ʐəu^{53}	tɕyəʔ$^{\underline{35}}$	tɕʰyəʔ$^{\underline{35}}$	ɕyəʔ$^{\underline{35}}$	ɕyəʔ$^{\underline{35}}$	yəʔ$^{\underline{35}}$	yəʔ$^{\underline{35}}$	luəʔ$^{\underline{35}}$
平鲁	zɤ^{52}/zəu^{52}	tɕyəʔ$^{\underline{34}}$	——	ɕyəʔ$^{\underline{34}}$	ɕyəʔ$^{\underline{34}}$	yəʔ$^{\underline{34}}$	yəʔ$^{\underline{34}}$	luəʔ$^{\underline{34}}$
应县	zəu^{24}	tɕyɛʔ$^{\underline{43}}$	——	ɕyɛʔ$^{\underline{43}}$	ɕyɛʔ$^{\underline{43}}$	y^{24}	yɛʔ$^{\underline{43}}$	luəʔ$^{\underline{43}}$
灵丘	zeiu^{53}	tɕyəʔ^{5}	tɕʰyəʔ^{5}	tsʰu^{53}	ɕyəʔ^{5}	y^{53}	y^{53}	luəʔ^{5}
浑源	siəu^{13}	tɕyəʔ^{4}	tɕʰyəʔ^{4}	ɕyəʔ^{4}	ɕyəʔ^{4}	y^{13}	y^{13}	luəʔ^{4}
云州	ʐɤu^{24}	tɕyəʔ^{4}	tɕʰyəʔ^{4}	ɕyəʔ^{4}	ɕyəʔ^{4}	y^{24}	yəʔ^{4}	luəʔ^{4}
新荣	ʐuəʔ^{4}/ʐiəu^{24}	tɕyəʔ^{4}	tɕʰyəʔ^{4}	ɕyəʔ^{4}	ɕyəʔ^{4}	y^{24}	y^{24}	luəʔ^{4}
怀仁	zɤu^{24}	tɕyəʔ^{4}	tɕʰyəʔ^{4}	ɕyəʔ^{4}	ɕyəʔ^{4}	yəʔ^{4}	y^{24}	luəʔ^{4}
左云	ʐəu^{24}	tɕyəʔ^{4}	tɕʰyəʔ^{4}	ɕyəʔ^{4}	ɕyəʔ^{4}	yəʔ^{4}	yəʔ^{4}白/y^{24}文	luəʔ^{4}
右玉	ʐəu^{24}	tɕyəʔ^{4}	tɕʰyəʔ^{4}	ɕyəʔ^{4}	ɕyəʔ^{4}	yəʔ^{4}	yəʔ^{4}	luəʔ^{4}
阳高	ʐɤu^{24}	tɕyəʔ^{3}	——	ɕyəʔ^{3}	ɕyəʔ^{3}	y^{24}	yəʔ^{3}	luəʔ^{3}
山阴	ʐəu^{335}	tɕyəʔ^{4}	——	ɕyəʔ^{4}	ɕyəʔ^{4}	——	tɕyəʔ^{4}	ləu^{313}
天镇	zɤu^{24}	tɕyəʔ^{4}	——	ɕyəʔ^{4}	ɕyəʔ^{4}	yəʔ^{4}	yəʔ^{4}	luəʔ^{4}
平定	ʐɤu^{24}	tɕʰyəʔ^{4}	——	ɕyəʔ^{4}	ɕyəʔ^{4}	y^{24}	y^{24}	luəʔ$^{\underline{23}}$
昔阳	ʐəu^{13}	tɕʰyʌʔ$^{\underline{43}}$	tɕʰyʌʔ$^{\underline{43}}$	ɕyʌʔ$^{\underline{43}}$	ɕyʌʔ$^{\underline{43}}$	yʌʔ$^{\underline{43}}$	yʌʔ$^{\underline{43}}$	lu^{13}

续表

字目	肉	菊	蘜	畜~牧	蓄	郁姓	育	录
中古音 / 方言点	如六 通合三 入屋日	居六 通合三 入屋见	驱匊 通合三 入屋溪	许竹 通合三 入屋晓	许竹 通合三 入屋晓	於六 通合三 入屋影	余六 通合三 入屋以	力玉 通合三 入烛来
左权	ʐuəʔ^{1} 白 / ʐʌu^{53} 文	tɕʰyeʔ^{1} 白 / tɕyeʔ^{1} 文	tɕyeʔ^{1}	ɕyeʔ^{1}	ɕyeʔ^{1}	y^{53}	y^{53}	lu^{53}
和顺	ʐɤu^{13}	tɕʰyeʔ$^{\underline{21}}$ 白 / tɕyeʔ$^{\underline{21}}$ 文	——	ɕyeʔ$^{\underline{21}}$	tɕyeʔ$^{\underline{21}}$	y^{13}	y^{13}	luəʔ$^{\underline{21}}$
尧都	ʐou^{44}	tɕy^{21}	——	tʂʰu^{21} 白 / ɕy^{21} 文	tʂu^{21}	y^{21}	y^{21}	lou^{21}
洪洞	vu^{21} 白 / ʐou^{21} 文	tɕy^{21}	——	ɕy^{53}	ɕy^{21}	y^{21}	y^{42}	lou^{21}
洪洞赵城	ʐu^{21}	tɕy^{21}	tɕʰy^{21}	ɕy^{21}	ɕy^{21}	y^{53}	y^{53}	lou^{21}
古县	vu^{21} 白 / ʐəu^{21} 文	tɕy^{21}	——	ɕy^{21}	ɕy^{21}	y^{21}	y^{21}	ləu^{21}
襄汾	vu^{21} 白 / ʐou^{21} 文	tɕy^{21}	——	ɕy^{21}	ɕy^{21}	y^{21}	y^{21}	lou^{21}
浮山	ʐou^{42}	tɕy^{42}	tɕʰy^{42}	ɕy^{42}	ɕy^{42}	——	y^{42}	lou^{42}
霍州	ʐu^{212}	tɕy^{35}	tɕy^{212}	ɕy^{53}	ɕy^{53}	y^{53}	y^{53}	lu^{212}
翼城	ʐou^{53}	tɕy^{12}	tɕy^{53}	ɕy^{53}	ɕy^{53}	y^{53}	y^{53}	lou^{53}
闻喜	zɤu^{53}	tɕy^{53}	——	ɕy^{53}	ɕy^{53}/pfʰu^{13}	y^{53}	y^{53}	lɤu^{53}
侯马	ʐou^{53}	tɕy^{213}	tɕʰy^{213}	ɕy^{53}	ɕy^{53}	y^{53}	y^{53}	lou^{53}
新绛	ʐəu^{53}	tɕy^{13}	tɕʰy^{13}	ɕy^{53}	ɕy^{53}	y^{53}	y^{53}	ləu^{13}
绛县	ʐəu^{31}	tɕy^{53}	——	ɕy^{31}	ɕy^{31}	y^{31}	y^{31}	ləu^{31}
垣曲	zou^{53}	tɕy^{22}	tɕʰy^{22}	ɕy^{53}	ɕy^{53}	y^{53}	y^{53}	lou^{53}
夏县	ʐəu^{31}	tɕy^{42}	——	ɕy^{31}	ɕy^{31}	y^{31}	y^{31}	ləu^{31}
万荣	ʐəu^{51}	tɕy^{33}	tɕʰy^{33}	ɕy^{51}	ɕy^{51}	y^{33}	y^{33}	ləu^{51}
稷山	ʐəu^{42}	tɕy^{53}	——	ɕy^{53}	ɕy^{53}	y^{53}	y^{53}	ləu^{53} 白 / lu^{53} 文
盐湖	ʐou^{42}	tɕy^{13}	——	ɕy^{42}	ɕy^{42}	y^{42}	y^{42}	lou^{42}
临猗	ʐəu^{42}	tɕy^{13}	——	ɕy^{44}	ɕy^{44}	y^{42}	y^{42}	ləu^{42}
河津	zəu^{31}	tɕy^{31}	——	ɕy^{31}	ɕy^{31}	y^{44}	y^{44}	ləu^{31}
平陆	ʐəu^{33}	tɕy^{33}	——	ɕy^{31}	ɕy^{31}	y^{33}	y^{33}	ləu^{31}
永济	ʐəu^{31}	tɕy^{24}/ tɕy^{44}	——	ɕy^{31}	ɕy^{44}	y^{44}	y^{44}	ləu^{31}
芮城	ʐəu^{44}	tɕy^{42}	——	ɕy^{42}	ɕy^{42}	y^{44}	y^{44}	ləu^{42}

续表

字目	肉	菊	麹	畜~牧	蓄	郁姓	育	录
中古音 / 方言点	如六 通合三 入屋日	居六 通合三 入屋见	驱匊 通合三 入屋溪	许竹 通合三 入屋晓	许竹 通合三 入屋晓	於六 通合三 入屋影	余六 通合三 入屋以	力玉 通合三 入烛来
吉县	vu^{33} 白 / zə̩u^{33} 文	tɕy^{423}	——	ɕy^{423}	ɕy^{423}	y^{53}	y^{53}	ləu^{423}
乡宁	z̩ou^{53}	tɕy^{53}	——	ɕy^{53}	ɕy^{53}	y^{53}	y^{53}	lou^{53}
广灵	zɤu^{213}	tɕy^{31}	——	ɕy^{53}	ɕy^{53}	y^{213}	y^{213}	lu^{213}

字目	绿	足	促	粟	俗	续	烛	嘱
中古音 方言点	力玉 通合三 入烛来	即玉 通合三 入烛精	七玉 通合三 入烛清	相玉 通合三 入烛心	似足 通合三 入烛邪	似足 通合三 入烛邪	之欲 通合三 入烛章	之欲 通合三 入烛章
北京	ly^{51}	tsu^{35}	ts^{h}u^{51}	su^{51}	su^{35}	ɕy^{51}	tʂu^{35}	tʂu^{214}
小店	luəʔ^{1}	tɕyəʔ^{1} 白 / tsuəʔ$^{\underline{54}}$ 文	ts^{h}u^{24}	suəʔ$^{\underline{54}}$	suəʔ$^{\underline{54}}$	ɕy^{24}	tsuəʔ^{1}	tsu^{53}
尖草坪	luəʔ^{2}	tɕyəʔ^{2}	ts^{h}uəʔ^{2}	suəʔ^{2}	ɕyəʔ$^{\underline{43}}$	ɕy^{35}	tsuəʔ^{2}	tsuəʔ^{2}
晋源	luəʔ^{2}	tɕyəʔ^{2}	ts^{h}uəʔ^{2}	su^{35}	ɕyəʔ$^{\underline{43}}$	ɕyəʔ$^{\underline{43}}$	tsuəʔ$^{\underline{43}}$	tsuəʔ$^{\underline{43}}$
阳曲	luəʔ^{4} 白 / ly^{454} 文	tɕyɛ^{454} 白 / tsuəʔ^{4} 文	ts^{h}əʔ^{4}	su^{454}	ɕyɛʔ^{4} 白 / suəʔ^{4} 文	ɕyɛʔ^{4}	tsuəʔ^{4}	tsuəʔ^{4}
古交	luəʔ^{4}	tɕyəʔ^{4}	ts^{h}uəʔ^{4}	suəʔ^{4}	ɕyəʔ$^{\underline{312}}$	ɕyəʔ$^{\underline{312}}$	tsuəʔ^{4}	tsuəʔ^{4}
清徐	luəʔ^{1}	tɕyəʔ^{1}	ts^{h}uəʔ^{1}	ɕyəʔ^{1}	ɕyəʔ$^{\underline{54}}$	ɕy^{45}	tsuəʔ^{1}	tsuəʔ^{1}
娄烦	luəʔ^{3}	tɕyəʔ^{3}	ts^{h}uəʔ^{3}	su^{54}	ɕyəʔ$^{\underline{21}}$	ɕyəʔ^{3}	pfəʔ^{3}	pfəʔ^{3}
榆次	luəʔ^{1}	tsuəʔ$^{\underline{53}}$/ tɕyəʔ$^{\underline{53}}$	tsuəʔ^{1}	su^{35}	ɕyəʔ$^{\underline{53}}$	ɕyəʔ^{1}	tsuəʔ^{1}	tsu^{53}
交城	luəʔ^{1}	tɕyəʔ^{1}	ts^{h}uəʔ^{1}	su^{24}/ɕyəʔ^{1}	ɕyəʔ$^{\underline{53}}$	ɕyəʔ$^{\underline{53}}$	tsuəʔ$^{\underline{53}}$	tsuəʔ^{1}
文水	luəʔ^{2}	tɕyəʔ^{2} 老 / tsuəʔ^{2} 新	ts^{h}uəʔ^{2}	ɕyəʔ^{2} 老 / suəʔ^{2} 新	ɕyəʔ$^{\underline{312}}$ 老 / suəʔ$^{\underline{312}}$ 新	ɕyəʔ^{2}	tsuəʔ^{2}	tsuəʔ^{2}
祁县	luəʔ$^{\underline{32}}$	tɕyəʔ$^{\underline{32}}$	ts^{h}uəʔ$^{\underline{32}}$	suβ̍^{45}	ɕyəʔ$^{\underline{324}}$	ɕyəʔ$^{\underline{324}}$	tsuəʔ$^{\underline{324}}$	tsuəʔ$^{\underline{32}}$
太谷	luəʔ^{3}	tɕyəʔ^{3}	ts^{h}uəʔ^{3}	su^{53}	ɕyəʔ$^{\underline{423}}$	ɕyəʔ$^{\underline{423}}$	tsuəʔ$^{\underline{423}}$	tsu^{312}
平遥	luʌʔ$^{\underline{523}}$	tɕyʌʔ$^{\underline{212}}$	tɕuʌʔ$^{\underline{212}}$	ɕyʌʔ$^{\underline{212}}$	ɕyʌʔ$^{\underline{523}}$	ɕyʌʔ$^{\underline{523}}$	tsuʌʔ$^{\underline{523}}$	tsuʌʔ$^{\underline{523}}$
孝义	luəʔ^{3}	tɕyəʔ^{3}	ts^{h}uaʔ^{3}	su^{53}	ɕyəʔ^{3}	ɕyəʔ^{3}	tsuəʔ$^{\underline{423}}$	tsuəʔ^{3}
介休	luʌʔ$^{\underline{312}}$	tɕyʌʔ$^{\underline{12}}$/ tsuʌʔ$^{\underline{12}}$	ts^{h}uʌʔ$^{\underline{12}}$	suʌʔ$^{\underline{12}}$	ɕyʌʔ$^{\underline{312}}$	ɕyʌʔ$^{\underline{12}}$	tsuʌʔ$^{\underline{12}}$	tsuʌʔ$^{\underline{12}}$
灵石	luəʔ$^{\underline{212}}$	tɕyəʔ^{4}	ts^{h}uəʔ^{4}	su^{53}	ɕyəʔ^{4}	ɕy^{53}	tsuəʔ^{4}	tsuəʔ^{4}
盂县	luəʔ^{2}	tɕyəʔ^{2}	ts^{h}uəʔ^{2}	su^{55}	ɕy^{22}	ɕyəʔ$^{\underline{53}}$	tsuəʔ$^{\underline{53}}$	tsu^{53}
寿阳	luəʔ^{2}	tɕyəʔ^{2}	ts^{h}uəʔ^{2}	su^{45}	ɕyəʔ$^{\underline{54}}$	ɕyəʔ$^{\underline{54}}$	tsuəʔ$^{\underline{54}}$	tsɥ^{53}
榆社	lyəʔ^{2}	tɕyəʔ^{2}	ts^{h}uəʔ^{2}	suəʔ$^{\underline{312}}$	ɕyəʔ$^{\underline{312}}$	ɕyəʔ$^{\underline{312}}$	tsuəʔ^{2}	tsuəʔ^{2}
离石	luəʔ$^{\underline{23}}$	tɕyeʔ^{4}	ts^{h}uəʔ^{4}	su^{53}	ɕyeʔ$^{\underline{23}}$	ɕyeʔ^{4}	tsuəʔ^{4}	tsuəʔ^{4}
汾阳	luəʔ$^{\underline{312}}$	tsuəʔ^{2}	ts^{h}uəʔ^{2}	ɕyeʔ^{2}	suəʔ$^{\underline{312}}$	ɕyeʔ$^{\underline{312}}$	tʂuəʔ^{2}	tʂuəʔ$^{\underline{312}}$
中阳	luəʔ$^{\underline{312}}$	tɕyeʔ^{4}	tʂ^{h}uəʔ^{4}	ʂu^{53}	ʂuəʔ$^{\underline{312}}$	ɕyeʔ^{4}	tʂuəʔ^{4}	tʂuəʔ^{4}
柳林	luəʔ$^{\underline{423}}$	tɕyɛʔ^{4}	ts^{h}uɑʔ^{4}	suəʔ^{4}	ɕyɛʔ$^{\underline{423}}$	ɕyɛʔ$^{\underline{423}}$	tsuəʔ^{4}	tsuəʔ^{4}
方山	luəʔ$^{\underline{23}}$	tɕyɛʔ^{4}	ts^{h}uɑʔ^{4}	sɥ^{52}	ɕyɛʔ^{4}	ɕyɛʔ^{4}	tsuəʔ^{4}	tsɥ^{312}
临县	luɐʔ$^{\underline{24}}$	tɕyɐʔ^{3}	ts^{h}uɐʔ^{3}	——	suɐʔ^{3}	ɕyɐʔ^{3}	tsuɐʔ^{3}	tsuɐʔ^{3}
兴县	luəʔ$^{\underline{312}}$	tsuəʔ^{5}	ts^{h}uəʔ^{5}	——	ɕyəʔ$^{\underline{312}}$	ɕyəʔ$^{\underline{312}}$	tsuəʔ^{5}	——

续表

字目	绿	足	促	粟	俗	续	烛	嘱
中古音／方言点	力玉 通合三 入烛来	即玉 通合三 入烛精	七玉 通合三 入烛清	相玉 通合三 入烛心	似足 通合三 入烛邪	似足 通合三 入烛邪	之欲 通合三 入烛章	之欲 通合三 入烛章
岚县	luəʔ^{4}	tsuəʔ^{4}	tsʰuaʔ^{4}	ɕyəʔ^{4}	ɕyəʔ$^{\underline{312}}$	ɕyəʔ^{4} 白 / ɕy^{53} 文	tsuəʔ^{4}	suəʔ^{4}
静乐	luəʔ^{4}	tsyəʔ^{4}	tsʰuəʔ^{4}	suəʔ$^{\underline{212}}$	suəʔ$^{\underline{212}}$	ɕyəʔ^{4}	tsuəʔ^{4}	tsuəʔ^{4}
交口	lyeʔ^{4}	tɕyeʔ^{4}	tsʰuaʔ^{4}	su^{53}	ɕyeʔ$^{\underline{212}}$	ɕyeʔ^{4}	tsuəʔ^{4}	tsɥ^{323}
石楼	lyəʔ^{4}	tɕyəʔ^{4}	tʂʰuəʔ^{4}	ʂu^{213}	ɕyəʔ^{4}	ɕy^{51}	tʂuəʔ^{4}	tʂu^{213}
隰县	lyəʔ^{3}	tɕyəʔ^{3} 白 / tsuəʔ^{3} 文	tsʰuəʔ^{3}	su^{44}	ɕyəʔ^{3}	ɕyəʔ^{3}	tsuəʔ^{3}	tsuəʔ^{3}
大宁	luəʔ$^{\underline{31}}$ 白 / lyəʔ^{4} 文	tɕyəʔ$^{\underline{31}}$	tsʰuəʔ$^{\underline{31}}$	suəʔ$^{\underline{31}}$	ɕyəʔ$^{\underline{31}}$	ɕy^{55}	tʂuəʔ$^{\underline{31}}$	tʂuəʔ$^{\underline{31}}$
永和	lyəʔ$^{\underline{312}}$ 白 / luəʔ$^{\underline{312}}$ 文	tɕyəʔ$^{\underline{312}}$	tsʰuəʔ$^{\underline{35}}$	suəʔ$^{\underline{35}}$	ɕyəʔ$^{\underline{35}}$	ɕy^{53}	tʂuəʔ$^{\underline{35}}$	tʂuəʔ$^{\underline{35}}$
汾西	lyəʔ^{1}	tɕyəʔ^{1}	tsʰuəʔ^{1}	——	ɕyəʔ^{3}	ɕy^{53}	tsuəʔ^{1}	tsβ^{33}
蒲县	lyɛʔ$^{\underline{43}}$	tsu^{24}	tsʰu^{33}	su^{33}	su^{24}	ɕyɛʔ^{3}	tʂu^{24}	tʂu^{31}
潞州	lyəʔ$^{\underline{53}}$	tɕyəʔ$^{\underline{53}}$	tsʰuəʔ$^{\underline{53}}$	su^{44}	ɕyəʔ$^{\underline{53}}$	ɕy^{54}	tsuəʔ$^{\underline{53}}$	tsuəʔ$^{\underline{53}}$
上党	lyəʔ$^{\underline{21}}$	tɕyəʔ$^{\underline{21}}$	tsʰuəʔ$^{\underline{21}}$	suəʔ$^{\underline{21}}$	ɕyəʔ$^{\underline{21}}$	ɕy^{42}/ɕyəʔ$^{\underline{21}}$	tsuəʔ$^{\underline{21}}$	tsuəʔ$^{\underline{21}}$
长子	luəʔ^{4}	tɕyəʔ^{4}	tsʰuəʔ^{4}	su^{422}	ɕyəʔ$^{\underline{212}}$	ɕy^{53}	tsuəʔ^{4}	tsuəʔ^{4}
屯留	lyəʔ^{1}	tsuəʔ^{1}	tsʰuəʔ^{1}	suəʔ^{1}	ɕyəʔ^{1}	ɕy^{53}	tsuəʔ^{1}	tsuəʔ^{1}
襄垣	lyʌʔ^{3}	tsyʌʔ^{3}	tsʰuʌʔ^{3}	su^{53}	ɕyʌʔ$^{\underline{43}}$	ɕyʌʔ$^{\underline{43}}$	tsuʌʔ^{3}	tsuʌʔ^{3}
黎城	luɤʔ$^{\underline{31}}$	tsuɤʔ^{2}/ tɕyɤʔ^{2}	tsuɤʔ^{2}	su^{53}	ɕyɤʔ^{2}	ɕy^{53}	tsuɤʔ^{2}	tɕyɤʔ^{2}
平顺	lyəʔ$^{\underline{423}}$	tsyəʔ$^{\underline{212}}$	tsyəʔ$^{\underline{212}}$	syəʔ$^{\underline{212}}$	syəʔ$^{\underline{423}}$	syəʔ$^{\underline{423}}$	tsuəʔ$^{\underline{212}}$	tsuəʔ$^{\underline{212}}$
壶关	lyəʔ$^{\underline{21}}$	tsyəʔ^{2}	tsʰyəʔ^{2}	syəʔ^{2}	syəʔ^{2}	syəʔ$^{\underline{21}}$/ɕy^{353}	tʂuəʔ^{2}	tʂuəʔ^{2}
沁县	lyəʔ$^{\underline{31}}$	tɕyəʔ$^{\underline{31}}$	tsʰuəʔ$^{\underline{31}}$	su^{53}	ɕyəʔ$^{\underline{212}}$	ɕyəʔ$^{\underline{212}}$	tsuəʔ$^{\underline{212}}$	tsuəʔ$^{\underline{31}}$
武乡	lyəʔ^{3}	——	tsʰuəʔ^{3}	——	ɕyəʔ$^{\underline{423}}$	ɕyəʔ^{3}	tsuəʔ^{3}	——
沁源	lyəʔ$^{\underline{31}}$	tɕyəʔ$^{\underline{31}}$	tsʰuəʔ$^{\underline{31}}$	su^{53}	ɕyəʔ$^{\underline{31}}$	ɕyəʔ$^{\underline{31}}$	tʂuəʔ$^{\underline{31}}$	tʂuəʔ$^{\underline{31}}$
安泽	lyəʔ$^{\underline{21}}$	tsu^{35}/ tsuəʔ$^{\underline{21}}$	tsʰəu^{53} 白 / tsʰu^{53} 文	su^{53}	ɕy^{21} 白 / su^{35} 文	ɕy^{53}	tsu^{35}	tsu^{42}
沁水端氏	lyəʔ^{2}	tɕyəʔ^{2}	tsʰuəʔ^{2}	su^{53}	ɕyəʔ^{2}	ɕy^{53}	tsuəʔ^{2}	tsuəʔ^{2}
阳城	luəʔ^{2}/lyəʔ^{2}	tɕyəʔ^{2}	tsʰuəʔ^{2}	——	ɕyəʔ^{2}	ɕy^{51}	tʂuəʔ^{2}	tʂuəʔ^{2}
高平	liɛʔ^{2}	tɕiəʔ^{2}	tʂʰuʌʔ^{2}	ʂu^{212}	ɕyəʔ 白 / ʂuəʔ^{2} 文	ɕi^{53}	tʂuəʔ^{2}	tʂuəʔ^{2}
陵川	lyəʔ$^{\underline{23}}$	tɕyəʔ^{3}	tʂʰuəʔ^{3}	ʂuəʔ^{3}	ɕyəʔ$^{\underline{23}}$	ɕyəʔ$^{\underline{23}}$	tʂuəʔ^{3}	tʂuəʔ^{3}

续表

字目	绿	足	促	粟	俗	续	烛	嘱
中古音 方言点	力玉 通合三 入烛来	即玉 通合三 入烛精	七玉 通合三 入烛清	相玉 通合三 入烛心	似足 通合三 入烛邪	似足 通合三 入烛邪	之欲 通合三 入烛章	之欲 通合三 入烛章
晋城	lyʌʔ^{2}白/ luəʔ^{2}文	tɕyʌʔ^{2}	tʂʰuəʔ^{2}	ʂu^{53}	ɕyʌʔ^{2}	ɕyə^{53}	tʂuəʔ^{2}	tʂuəʔ^{2}
忻府	luəʔ$^{\underline{32}}$	tɕyeʔ$^{\underline{32}}$白/ tsu^{21}文	tsʰuəʔ$^{\underline{32}}$	su^{53}	ɕyɛʔ$^{\underline{32}}$	ɕyɛʔ$^{\underline{32}}$	tsuəʔ$^{\underline{32}}$	tsuəʔ$^{\underline{32}}$
原平	luəʔ$^{\underline{34}}$	tɕyəʔ$^{\underline{34}}$	tsʰu^{53}	su^{53}	ɕyəʔ$^{\underline{34}}$	ɕyəʔ$^{\underline{34}}$	tsuəʔ$^{\underline{34}}$	tsuəʔ$^{\underline{34}}$
定襄	lyəʔ^{1}	tɕyəʔ^{1}	tsʰuəʔ^{1}	suəʔ^{1}	suə^{11}	ɕyəʔ^{1}	tsuəʔ^{1}	tsuəʔ^{1}
五台	luəʔ^{3}	tɕyəʔ^{3}	tsʰuəʔ^{3}	su^{52}	ɕyəʔ^{3}	ɕyəʔ^{3}	tsuəʔ^{3}	tsuəʔ^{3}
岢岚	luəʔ^{4}	tɕyɛʔ^{4}	tsʰuəʔ^{4}	su^{52}	ɕyɛʔ^{4}	ɕy^{52}	tʂuəʔ^{4}	tʂuəʔ^{4}
五寨	luəʔ^{4}	tɕyəʔ^{4}	tsʰuəʔ^{4}	su^{52}	ɕyəʔ^{4}	ɕy^{52}	tsuəʔ^{4}	tsuəʔ^{4}
宁武	luəʔ^{4}	tɕyəʔ^{4}	tsʰuəʔ^{4}	su^{52}	ɕyəʔ^{4}	ɕyəʔ^{4}	tsuəʔ^{4}	tsuəʔ^{4}
神池	luəʔ^{4}	tɕyəʔ^{4}	tsʰu^{52}	su^{52}	su^{32}	ɕy^{52}	tsuəʔ^{4}	tsu^{13}
繁峙	luəʔ$^{\underline{13}}$白/ lyəʔ$^{\underline{13}}$文	tɕyəʔ$^{\underline{13}}$	tsʰuəʔ$^{\underline{13}}$	suəʔ$^{\underline{13}}$	suəʔ$^{\underline{13}}$	ɕy^{24}	tsuəʔ$^{\underline{13}}$	tsuəʔ$^{\underline{13}}$
代县	luəʔ^{2}	tɕyəʔ^{2}	tsʰuəʔ^{2}	su^{53}	ɕyəʔ^{2}	ɕyəʔ^{2}	tsuəʔ^{2}	tsuəʔ^{2}
河曲	luəʔ^{4}	tɕyəʔ^{4}	tsʰuaʔ^{4}	su^{52}	ɕyəʔ^{4}	ɕy^{52}	tʂuəʔ^{4}	tʂuəʔ^{4}
保德	luəʔ^{4}	tɕyəʔ^{4}	tɕʰyəʔ^{4}	su^{52}	ɕyəʔ^{4}	ɕyəʔ^{4}	tʂuəʔ^{4}	tʂu^{213}
偏关	luəʔ^{4}	tɕyəʔ^{4}	tsʰuəʔ^{4}	su^{52}	ɕyəʔ^{4}	ɕyəʔ^{4}	tʂuəʔ^{4}	tʂuəʔ^{4}
朔城	luəʔ$^{\underline{35}}$	tsuəʔ$^{\underline{35}}$	tsʰuəʔ$^{\underline{35}}$	ɕyəʔ$^{\underline{35}}$	ɕyəʔ$^{\underline{35}}$	ɕy^{53}	tsuəʔ$^{\underline{35}}$	tsuəʔ$^{\underline{35}}$
平鲁	luəʔ$^{\underline{34}}$	tɕyəʔ$^{\underline{34}}$	tsʰuəʔ$^{\underline{34}}$	——	ɕyəʔ$^{\underline{34}}$	ɕy^{52}	tsuəʔ$^{\underline{34}}$	tsuəʔ$^{\underline{34}}$
应县	ly^{24}	tsu^{31}/tɕyɛʔ$^{\underline{43}}$	tsʰuəʔ$^{\underline{43}}$	su^{24}	ɕyɛʔ$^{\underline{43}}$	ɕy^{24}	tsuəʔ$^{\underline{43}}$	tsuəʔ$^{\underline{43}}$
灵丘	ly^{53}	tsu^{31}	tsʰuəʔ^{5}	su^{53}	su^{31}	ɕy^{53}	tsuəʔ^{5}	tsuəʔ^{5}
浑源	ly^{13}	tsiəʔ^{4}/ tɕyəʔ^{4}	tsʰiəʔ^{4}	su^{13}	siəʔ^{4}	ɕy^{13}	tsiəʔ^{4}	tsiəʔ^{4}
云州	ly^{24}	tɕyəʔ^{4}/ tsu^{312}	tsʰuəʔ^{4}	su^{24}	ɕyəʔ^{4}	ɕy^{24}	tʂuəʔ^{4}	tʂu^{55}
新荣	luəʔ^{4}白/ ly^{24}文	tsuəʔ^{4}/ tɕyəʔ^{4}	tsʰuəʔ^{4}	su^{24}	ɕyəʔ^{4}	ɕy^{24}	tʂuəʔ^{4}	tʂuəʔ^{4}
怀仁	ly^{24}	tɕyəʔ^{4}	tsʰuəʔ^{4}	su^{53}	ɕyəʔ^{4}	ɕy^{24}	tsuəʔ^{4}	tsuəʔ^{4}
左云	luəʔ^{4}/lyəʔ^{4}	tɕyəʔ^{4}/ tsuəʔ^{4}	tsʰuəʔ^{4}	su^{24}	ɕyəʔ^{4}白/ suəʔ^{4}文	ɕy^{24}	tsuəʔ^{4}	tsu^{54}
右玉	luəʔ^{4}	tɕyəʔ^{4}	tsʰuəʔ^{4}	——	ɕyəʔ^{4}	ɕy^{24}	tʂuəʔ^{4}	tʂuəʔ^{4}
阳高	luəʔ^{3}	tsuəʔ^{3}	tsʰuəʔ^{3}	su^{53}	su^{312}/ɕyəʔ^{3}	ɕy^{24}	——	——

续表

字目	绿	足	促	粟	俗	续	烛	嘱
中古音 / 方言点	力玉 通合三 入烛来	即玉 通合三 入烛精	七玉 通合三 入烛清	相玉 通合三 入烛心	似足 通合三 入烛邪	似足 通合三 入烛邪	之欲 通合三 入烛章	之欲 通合三 入烛章
山阴	lyəʔ^{4}/ ly^{335}	tɕyəʔ^{4}	tsʰuəʔ^{4}	——	ɕyəʔ^{4}	ɕy^{335}	tʂuəʔ^{4}	tʂuəʔ^{4}
天镇	luəʔ^{4}	tɕyəʔ^{4}	tsʰuəʔ^{4}	su^{55}	ɕyəʔ^{4}	ɕy^{24}	tsuəʔ^{4}	tsuəʔ^{4}
平定	luəʔ$^{\underline{23}}$	tɕyəʔ^{4}	tsʰyəʔ^{4}	su^{24}	ɕyəʔ^{4}	ɕy^{24}/ɕyəʔ^{4}	tsuəʔ^{4}	tsuəʔ^{4}
昔阳	lu^{13}	tsuʌʔ$^{\underline{43}}$	tsʰu^{13}	su^{55}	su^{33}	ɕyʌʔ$^{\underline{43}}$	tsuʌʔ$^{\underline{43}}$	tsu^{55}
左权	lu^{53}/luəʔ^{1}	tsuəʔ^{1}	tsʰu^{53}	suəʔ^{1}	suəʔ^{1}	suəʔ^{1} 白 / ɕyeʔ^{1} 文	tsuəʔ^{1}	tsuəʔ^{1}
和顺	luəʔ$^{\underline{21}}$	tsuəʔ$^{\underline{21}}$	tsʰuəʔ$^{\underline{21}}$	——	ɕyeʔ$^{\underline{21}}$	ɕy^{13}	tsuəʔ$^{\underline{21}}$	tsuəʔ$^{\underline{21}}$
尧都	ly^{21}	tsou^{24}	tsʰu^{21}	ʂu^{21}	ɕy^{21}	y^{44} 白 /y^{21} 文	tʂu^{21}	tʂu^{21}
洪洞	ly^{21}	tɕy^{21}	tsʰo^{21}	su^{21}	ɕy^{21}	ɕy^{33}	tʂu^{21}	tʂu^{21}
洪洞赵城	lou^{21}	tɕy^{21}	tsuɤ^{21}	su^{21}	ɕy^{21}	ɕy^{21}	——	tʂu^{21}
古县	ly^{21}	tɕy^{21} 白	tsʰuo^{21}	——	ɕy^{21} 白 / su^{21} 文	ɕy^{21}	tʂu^{35}	tʂu^{35}
襄汾	liou^{21} 白 / ly^{53} 文	tɕy^{21}	tsʰou^{21}	li^{21}	ɕy^{21}	ɕy^{53}	tʂou^{21}	tʂou^{21}
浮山	liou^{42}	tɕy^{42}	tsʰou^{42}	sou^{42}	ɕy^{42}	——	tʂu^{42}	tʂou^{42}
霍州	ly^{212}	tsu^{35}	tsʰu^{212}	su^{212}	ɕy^{35} 老 / su^{35} 新	ɕy^{55}	tʂu^{35}	tʂu^{33}
翼城	ly^{53}	tʂu^{12}	tʂʰu^{53}	sou^{53}	tsou^{12}	ɕy^{53}	tʂou^{53}	tʂu^{44}
闻喜	liɤu^{53}	tɕy^{53} 白 / tsu^{53} 文	tsʰɤu^{53}	su^{53}	ɕy^{13}	ɕy^{53}	tsɤu^{53}	tsɤu^{53}
侯马	liou^{53}	tsou^{213}	tsʰu^{53}	su^{53}	——	ɕy^{53}	——	tʂu^{44}
新绛	liəu^{53}	tɕy^{13} 白 / tsu^{13} 文	tsʰəu^{53}	su^{53}	ɕy^{13}	ɕy^{53}	tsəu^{13}	tʂu^{13}
绛县	liəu^{31}	tɕy^{31}	tsʰəu^{53}	ɕy^{31}	ɕy^{53}	ɕy^{53}/ɕy^{31}	tʂəu^{53}	tʂəu^{31}
垣曲	liou^{53}	tsou^{53}	tsou^{53}	sou^{53}	sou^{53}	ɕy^{53}	tsou^{22}	tʂu^{44}
夏县	liəu^{31}	tɕy^{42} 白 / tsu^{42} 文	tsʰəu^{31}	——	ɕy^{42} 白 / su^{42} 文	ɕiəu^{31}/ɕy^{31}	tʂəu^{42}	tʂəu^{24}
万荣	y^{51}	tɕy^{213}	tsʰəu^{33}	——	ɕy^{51}	ɕy^{33}	tsəu^{51}	tsəu^{51}
稷山	liəu^{53}	tsəu^{13}	tsʰəu^{53}	——	ɕy^{13} 白 / səu^{13} 文	ɕy^{53}	tʂəu^{13}	pfu^{53}
盐湖	liou^{42} 白 / ly^{42} 文	tɕy^{13} 白 / tsu^{13} 文	tsʰou^{42}	su^{42}	ɕy^{13} 白 / su^{13} 文	ɕy^{42}	tsou^{13}	tsou^{42}

续表

字目	绿	足	促	粟	俗	续	烛	嘱
中古音 方言点	力玉 通合三 入烛来	即玉 通合三 入烛精	七玉 通合三 入烛清	相玉 通合三 入烛心	似足 通合三 入烛邪	似足 通合三 入烛邪	之欲 通合三 入烛章	之欲 通合三 入烛章
临猗	ləu^{42} 白 / liəu^{42} 白 / ly^{42} 文	tɕy^{42} 白 / tsu^{13} 文	tsʰəu^{42}	su^{42}	səu^{42} 白 / su^{13} 文	ɕy^{44}	tsəu^{13} 白 / tʂu^{13} 文	pfu^{53} 白 / tʂu^{53} 文
河津	y^{31}	tɕy^{31} 白	tsʰəu^{31}	səu^{31}	ɕy^{31} 白	ɕy^{44}	tsəu^{31}	tsəu^{31}
平陆	liəu^{31}	tɕy^{13} 白 / tsu^{13} 文	tsʰəu^{31}	fu^{31}	ɕy^{31} 白 / səu^{13} 文	ɕy^{33}	tsəu^{31}	pfu^{31}
永济	ləu^{31} 白 / liəu^{31} 文	tɕy^{31}	tsʰəu^{31}	səu^{31}	ɕy^{24} 白 / su^{24} 文	ɕy^{44}	tʂəu^{31}	tʂəu^{31}
芮城	liəu^{42}	tɕy^{42}	tsʰəu^{44} 白 / tsʰəu^{42} 文	səu^{42}	ɕy^{42}	ɕy^{44}	tsəu^{42}	tsəu^{42}
吉县	y^{423}	tɕy^{423}	tsəu^{423}	——	ɕy^{423}	ɕy^{33}	tsəu^{423}	tsəu^{423}
乡宁	ly^{53}	tsu^{53}	tsʰou^{53}	su^{53}	ɕy^{53}	ɕy^{53}	tsou^{53}	tsu^{53}
广灵	lu^{213}/ly^{213}	tsu^{31}	tsʰuo^{53}	su^{53}/ɕy^{53}	ɕy^{31}	ɕy^{213}	tsu^{31}	tsu^{53}

字目	触	赎	束	属	蜀	辱	褥	曲
中古音 / 方言点	尺玉 通合三 入烛昌	神蜀 通合三 入烛船	书玉 通合三 入烛书	市玉 通合三 入烛禅	市玉 通合三 入烛禅	而蜀 通合三 入烛日	而蜀 通合三 入烛日	丘玉 通合三 入烛溪
北京	tʂʰu^{51}	ʂu^{35}	ʂu^{51}	ʂu^{214}	ʂu^{214}	ʐu^{214}	ʐu^{214}	tɕʰy^{214}
小店	tsuəʔ^{1} 白 / tsʰuəʔ^{1} 文	——	suəʔ^{1}	fəʔ^{1}	su^{53}	vuəʔ^{1} 白 / zuəʔ^{1} 文	zuəʔ^{1}	tɕʰyəʔ^{1}
尖草坪	tsuəʔ^{2} 白 / tsʰu^{35} 文	suəʔ$^{\underline{43}}$	suəʔ^{2}	suəʔ$^{\underline{43}}$	su^{312}	zuəʔ^{2}	zuəʔ^{2}	tɕʰyəʔ^{2}
晋源	tsuəʔ$^{\underline{43}}$	fəʔ^{2}	suəʔ^{2}	suəʔ$^{\underline{43}}$	suəʔ$^{\underline{43}}$	zu^{42}	vəʔ^{2}	tɕʰyəʔ^{2}
阳曲	tsuəʔ^{4} 白 / tsʰuəʔ^{4} 文	suəʔ^{4}	suəʔ^{4}	suəʔ$^{\underline{212}}$	su^{312}	zuəʔ^{4}	zuəʔ^{4}	tɕʰyɛʔ^{4}
古交	tsuəʔ^{4}	suəʔ$^{\underline{312}}$	suəʔ^{4}	suəʔ$^{\underline{312}}$	suəʔ$^{\underline{312}}$	zuəʔ^{4}	zuəʔ^{4}	tɕʰyəʔ^{4}
清徐	tsʰuəʔ^{1}	suəʔ$^{\underline{54}}$	suəʔ^{1}	suəʔ$^{\underline{54}}$	suəʔ$^{\underline{54}}$	zuəʔ^{1}	zuəʔ^{1}	tɕʰyəʔ^{1}
娄烦	pfəʔ^{3}	fəʔ$^{\underline{21}}$	fəʔ^{3}	fəʔ^{3}	fəʔ^{3}	zəʔ^{3}	vəʔ^{3}	tɕʰyəʔ^{3}
榆次	tsuəʔ$^{\underline{53}}$ 白 / tsʰuəʔ$^{\underline{53}}$	suəʔ$^{\underline{53}}$	suəʔ^{1}	suəʔ$^{\underline{53}}$	su^{53}	zuəʔ^{1}	zuəʔ^{1}	tɕʰyəʔ^{1}/ tɕʰy^{53}
交城	tsuəʔ$^{\underline{53}}$ 白 / tsʰuəʔ^{1} 文	suəʔ$^{\underline{53}}$/ ɕyəʔ$^{\underline{53}}$	suəʔ^{1}	suəʔ$^{\underline{53}}$	su^{53}	ʐuəʔ^{1}	ʐuəʔ^{1}	tɕʰyəʔ^{1}
文水	tsuəʔ^{2} 白 / tsʰuəʔ^{2} 文	suəʔ$^{\underline{312}}$	suəʔ^{2}	suəʔ$^{\underline{312}}$	suəʔ$^{\underline{312}}$	ʐuəʔ^{2}	ʐuəʔ^{2}	tɕʰyəʔ^{2}
祁县	tsuəʔ$^{\underline{32}}$/ tsʰuɑʔ$^{\underline{32}}$	suəʔ$^{\underline{324}}$	suəʔ$^{\underline{324}}$	suəʔ$^{\underline{324}}$	suβ̍^{314}	ʐuəʔ$^{\underline{32}}$	ʐuəʔ$^{\underline{32}}$	tɕʰyəʔ$^{\underline{32}}$
太谷	tsʰuaʔ^{3}/ tsuəʔ$^{\underline{423}}$/ tsʰuəʔ^{3}	fəʔ$^{\underline{423}}$	fəʔ$^{\underline{423}}$	fəʔ$^{\underline{423}}$	su^{312}	vu^{312}/zu^{312}	vəʔ^{3}	tɕʰyəʔ^{3}
平遥	tsuʌʔ$^{\underline{212}}$	suʌʔ$^{\underline{523}}$	suʌʔ$^{\underline{523}}$	suʌʔ$^{\underline{523}}$	tsuʌʔ$^{\underline{212}}$	zɥ^{512}	zuʌʔ$^{\underline{523}}$	tɕʰyʌʔ$^{\underline{212}}$
孝义	tsuəʔ^{3}	suəʔ$^{\underline{423}}$	suəʔ^{3}/tsuəʔ^{3}	suəʔ$^{\underline{423}}$	tsuəʔ$^{\underline{423}}$	zuəʔ^{3}	zuəʔ^{3}	tɕʰyəʔ^{3}
介休	tsʰuʌʔ$^{\underline{12}}$	suʌʔ$^{\underline{312}}$	suʌʔ$^{\underline{12}}$	suʌʔ$^{\underline{312}}$	suʌʔ$^{\underline{312}}$	ʐuʌʔ$^{\underline{312}}$	ʐuʌʔ$^{\underline{12}}$	tɕʰyʌʔ$^{\underline{312}}$
灵石	——	suəʔ$^{\underline{212}}$	suəʔ^{4}	suəʔ$^{\underline{212}}$	su^{212}	——	ʐuəʔ^{4}	tɕʰyəʔ^{4}
盂县	tsuəʔ^{2} 白 / tsʰuəʔ^{2} 文	ɕyəʔ$^{\underline{53}}$	suəʔ^{2} 白 / su^{55} 文	suəʔ$^{\underline{53}}$	su^{55}	zuəʔ^{2}	zuəʔ^{2}	kuəʔ^{2}/ tɕʰyəʔ^{2}
寿阳	tsʰuəʔ$^{\underline{54}}$	suəʔ$^{\underline{54}}$	suəʔ$^{\underline{54}}$	suəʔ$^{\underline{54}}$	sɥ^{53}	zɥ^{53}	zuəʔ^{2}	tɕʰyəʔ^{2}
榆社	tsuəʔ^{2}	suəʔ$^{\underline{312}}$	suəʔ^{2}	suəʔ$^{\underline{312}}$	suəʔ$^{\underline{312}}$	zuəʔ^{2}	zuəʔ^{2}	tɕʰyəʔ^{2}
离石	tsuəʔ^{4}	suəʔ$^{\underline{23}}$	suəʔ^{4}	suəʔ$^{\underline{23}}$	su^{312}	zuəʔ$^{\underline{23}}$	zuəʔ$^{\underline{23}}$	tɕʰyeʔ^{4}
汾阳	tʂuəʔ^{2}	ʂuəʔ$^{\underline{312}}$	ʂuəʔ^{2}	ʂuəʔ$^{\underline{312}}$	ʂuəʔ$^{\underline{312}}$	ʐuəʔ^{2}	ʐuəʔ$^{\underline{312}}$	tɕʰyeʔ^{2}
中阳	tʂuəʔ^{4}	ʂuəʔ$^{\underline{312}}$	ʂuəʔ^{4}	ʂuəʔ$^{\underline{312}}$	ʂu^{423}	ʐuəʔ$^{\underline{312}}$	ʐuəʔ$^{\underline{312}}$	tɕʰyeʔ^{4}
柳林	tsuəʔ^{4}	suəʔ$^{\underline{423}}$	suəʔ^{4}/ tsʰuəʔ^{4}	suəʔ$^{\underline{423}}$	su^{312}	zu^{312}	zuəʔ$^{\underline{423}}$	tɕʰyɛʔ^{4}

续表

字目	触	赎	束	属	蜀	辱	褥	曲
中古音 / 方言点	尺玉 通合三 入烛昌	神蜀 通合三 入烛船	书玉 通合三 入烛书	市玉 通合三 入烛禅	市玉 通合三 入烛禅	而蜀 通合三 入烛日	而蜀 通合三 入烛日	丘玉 通合三 入烛溪
方山	tsuəʔ^{4}	suəʔ$^{\underline{23}}$	suəʔ^{4}	suəʔ$^{\underline{23}}$	sɥ^{312}	zuəʔ^{4}	zuəʔ$^{\underline{23}}$	tɕʰyɛʔ^{4}
临县	tsʰɥ^{52}	su	suɐʔ^{3}	suɐʔ^{3}	sɥ^{312}	zɥ^{312}	zuɐʔ^{3}	tɕʰyɐʔ^{3}
兴县	tsuəʔ^{5} 白 / tsʰuəʔ^{5} 文	suəʔ^{312}	suəʔ^{5}	suəʔ^{5}	su^{324}	zuəʔ^{5}	zuəʔ^{5}	tɕʰyəʔ^{5}
岚县	tsuəʔ^{4}	suəʔ$^{\underline{312}}$	suəʔ^{4}	suəʔ^{4}	suəʔ^{4}	ʐuəʔ^{4}	ʐuəʔ^{4}	tɕʰyəʔ^{4}
静乐	tsʰuəʔ^{4}	suəʔ$^{\underline{212}}$	suəʔ^{4}	suəʔ$^{\underline{212}}$	suəʔ^{4}	zuəʔ$^{\underline{212}}$	zuəʔ^{4}	tɕʰyəʔ^{4}
交口	tsʰuəʔ^{4} 白 / tsuəʔ^{4} 文	suəʔ$^{\underline{212}}$	suəʔ^{4}	suəʔ$^{\underline{212}}$	sɥ^{323}	ʐɥ^{323}	ʐuəʔ^{4}	tɕʰyeʔ^{4}
石楼	tʂuəʔ^{4} 白 / tʂʰu^{51} 文	ʂuəʔ$^{\underline{213}}$	ʂu^{51}	ʂuəʔ$^{\underline{213}}$	ʂu^{213}	ʐu^{213}	ʐuəʔ^{4}	tɕʰyəʔ^{4}
隰县	tsʰuəʔ^{3}	suəʔ^{3}	suəʔ^{3}	suəʔ^{3}	suəʔ^{3}	zuəʔ^{3}	zuəʔ^{3}	tɕʰyəʔ^{3}
大宁	tʂuəʔ$^{\underline{31}}$	ʂuəʔ^{4}	suəʔ$^{\underline{31}}$/ ʂuəʔ$^{\underline{31}}$	ʂuəʔ^{4}	tʂuəʔ$^{\underline{31}}$	ʐuəʔ$^{\underline{31}}$	ʐuəʔ$^{\underline{31}}$	tɕʰyəʔ$^{\underline{31}}$
永和	tʂuəʔ$^{\underline{35}}$	ʂuəʔ$^{\underline{312}}$	ʂuəʔ$^{\underline{35}}$	ʂuəʔ$^{\underline{35}}$	ʂuəʔ$^{\underline{35}}$	ʐuəʔ$^{\underline{35}}$	ʐuəʔ$^{\underline{35}}$	tɕʰyəʔ$^{\underline{35}}$
汾西	tsʰuəʔ^{3} 白 / tsuəʔ^{3} 文	suəʔ^{3}	fyəʔ^{1}/suəʔ^{1}	suəʔ^{3}	suəʔ^{3}	vyəʔ^{1} 白 / zou^{35} 文	——	tɕʰyəʔ^{1}
蒲县	tʂʰu^{31}	suəʔ^{3}	ʂu^{52}	ʂu^{33}	ʂu^{33}	ʐu^{31}	ʐu^{52}	tɕʰy^{31}
潞州	tsuəʔ$^{\underline{53}}$	suəʔ$^{\underline{53}}$	suəʔ$^{\underline{53}}$	suəʔ$^{\underline{53}}$	suəʔ$^{\underline{53}}$	ʐu^{535}	yəʔ$^{\underline{53}}$	tɕʰyəʔ$^{\underline{53}}$
上党	tsuəʔ$^{\underline{21}}$	suəʔ$^{\underline{21}}$	tsʰuəʔ$^{\underline{21}}$	suəʔ$^{\underline{21}}$	suəʔ$^{\underline{21}}$	yəʔ$^{\underline{21}}$	yəʔ$^{\underline{21}}$	tɕʰyəʔ$^{\underline{21}}$
长子	tsuəʔ^{4} 白 / tsʰuəʔ^{4} 文	suəʔ$^{\underline{212}}$	suəʔ^{4}	suəʔ$^{\underline{212}}$	suəʔ$^{\underline{212}}$	yəʔ$^{\underline{212}}$	yəʔ$^{\underline{212}}$	tɕʰyəʔ^{4} 白 / tɕʰy^{434} 文
屯留	tsuəʔ^{1}	suəʔ$^{\underline{54}}$	suəʔ^{1}	suəʔ$^{\underline{54}}$	su^{43}	yəʔ^{1}	yəʔ$^{\underline{54}}$	tɕʰyəʔ^{1}
襄垣	tsʰuʌʔ^{3}	suʌʔ$^{\underline{43}}$	suʌʔ^{3}	suʌʔ$^{\underline{43}}$	suʌʔ$^{\underline{43}}$	ʐuʌʔ^{3}	ʐuʌʔ$^{\underline{43}}$	tɕʰyʌʔ^{3}
黎城	tsʰuɤʔ^{2}	ɕyɤʔ^{2}	suɤʔ^{2}	suɤʔ^{2}	ɕy^{213}	luɤʔ^{2}	yɤʔ$^{\underline{31}}$	cʰyɤʔ^{2}
平顺	tsuəʔ$^{\underline{212}}$	suəʔ$^{\underline{423}}$	suəʔ$^{\underline{212}}$	suəʔ$^{\underline{423}}$	suəʔ$^{\underline{423}}$	yəʔ$^{\underline{423}}$	yəʔ$^{\underline{423}}$	cʰyəʔ$^{\underline{212}}$
壶关	tʂuəʔ^{2}	ʂuəʔ$^{\underline{21}}$	ʂuəʔ^{2}	ʂuəʔ$^{\underline{21}}$	ʂuəʔ$^{\underline{21}}$	yəʔ$^{\underline{21}}$	yəʔ$^{\underline{21}}$	cʰyəʔ^{2}
沁县	tsuəʔ$^{\underline{31}}$	ɕyəʔ$^{\underline{212}}$	suəʔ$^{\underline{31}}$	suəʔ$^{\underline{212}}$	su^{214}	zuəʔ$^{\underline{31}}$	zuəʔ$^{\underline{31}}$	tɕʰyəʔ$^{\underline{212}}$
武乡	tsʰuəʔ^{3}	suəʔ$^{\underline{423}}$	suəʔ^{3}	suəʔ$^{\underline{423}}$	——	zuəʔ^{3}	zuəʔ^{3}	tɕʰyəʔ^{3}
沁源	tʂʰuəʔ^{31} 白 / tʂʰu^{53} 文	ʂuəʔ$^{\underline{31}}$	ʂuəʔ$^{\underline{31}}$	ʂuəʔ$^{\underline{31}}$	ʂuəʔ$^{\underline{31}}$	ʐuəʔ$^{\underline{31}}$	ʐuəʔ$^{\underline{31}}$	tɕʰyəʔ$^{\underline{31}}$
安泽	tsʰu^{35}	su^{35}	su^{53}	suo^{21}/ su^{42}	su^{42}	zu^{42}	zuəʔ$^{\underline{21}}$	tɕʰyəʔ$^{\underline{21}}$
沁水端氏	tsuəʔ^{2}	suəʔ$^{\underline{54}}$	suəʔ^{2}	suəʔ$^{\underline{54}}$	su^{31}	zu^{31}	zuəʔ^{2}	tɕʰyəʔ^{2}
阳城	tʂuəʔ^{2}	ʂuəʔ^{2}	ʂuəʔ^{2}	ʂuəʔ^{2}	tʂuəʔ^{2}	ʐuəʔ^{2}	ʐuəʔ^{2}	cʰyəʔ^{2}

续表

字目	触	赎	束	属	蜀	辱	褥	曲
中古音 / 方言点	尺玉 通合三 入烛昌	神蜀 通合三 入烛船	书玉 通合三 入烛书	市玉 通合三 入烛禅	市玉 通合三 入烛禅	而蜀 通合三 入烛日	而蜀 通合三 入烛日	丘玉 通合三 入烛溪
高平	tʂuəʔ^{2}	ʂuəʔ^{2}	ʂuəʔ^{2}	ʂuəʔ^{2}	ʂuəʔ^{2}	ʐuəʔ^{2}	ʐuəʔ^{2}	cʰiəʔ^{2}
陵川	tʂʰuəʔ^{3}	ʂuəʔ$^{\underline{23}}$	ʂuəʔ^{3}	ʂuəʔ^{3}	ʂuəʔ^{3}	——	ye^{24}	cʰyəʔ^{3}
晋城	tʂuəʔ^{2}	ʂuəʔ^{2}	ʂuəʔ^{2}	ʂuəʔ^{2}	ʂu^{213}	ʐuəʔ^{2}	ʐuəʔ^{2}	tɕʰyəʔ^{2}
忻府	tsuəʔ$^{\underline{32}}$	suəʔ$^{\underline{32}}$	suəʔ$^{\underline{32}}$	suəʔ$^{\underline{32}}$	su^{313}	zu^{313}	zuəʔ$^{\underline{32}}$	tɕʰyɛʔ$^{\underline{32}}$
原平	tsuəʔ$^{\underline{34}}$	suəʔ$^{\underline{34}}$	suəʔ$^{\underline{34}}$	suəʔ$^{\underline{34}}$	su^{213}	zuəʔ$^{\underline{34}}$	zuəʔ$^{\underline{34}}$	tɕʰyəʔ$^{\underline{34}}$
定襄	tsʰuəʔ^{1}	suəʔ^{1}	suəʔ^{1}	suəʔ^{1}	suəʔ^{1}	ʐuəʔ^{1}	ʐuəʔ^{1}	tɕʰyəʔ^{1}
五台	tsuəʔ^{3}	suəʔ^{3}	suəʔ^{3}	suəʔ^{3}	su^{213}	zuəʔ^{3}	zuəʔ^{3}	tɕʰyəʔ^{3}
岢岚	tʂuəʔ^{4}	ʂuəʔ^{4}	ʂuəʔ^{4}	suəʔ^{4}/suaʔ^{4}	ʂu^{13}	zu^{13}	ʐuəʔ^{4}	tɕʰyɛʔ^{4}
五寨	tsuəʔ^{4}	suəʔ^{4}	suəʔ^{4}	suəʔ^{4}	su^{13}	zuəʔ^{4}	zuəʔ^{4}	tɕʰyəʔ^{4}
宁武	tsuəʔ^{4}	——	suəʔ^{4}	suəʔ^{4}	su^{213}	zuəʔ^{4}	zuəʔ^{4}	tɕyəʔ^{4}
神池	tsʰu^{52}	suəʔ^{4}	su^{52}	zuəʔ^{4}	su^{13}	zu^{13}	zʊəʔ^{4}	tɕʰyəʔ^{4}
繁峙	tsʰuəʔ$^{\underline{13}}$	su^{31}	suəʔ$^{\underline{13}}$	suəʔ$^{\underline{13}}$	suəʔ$^{\underline{13}}$	ʐu^{53}	ʐuəʔ$^{\underline{13}}$	tɕʰyəʔ$^{\underline{13}}$
代县	tsuəʔ^{2}	su^{44}	suəʔ^{2}	suəʔ^{2}	su^{213}	zuəʔ^{2}	zuəʔ^{2}	tɕʰyəʔ^{2}
河曲	tʂuəʔ^{4}	ʂuəʔ^{4}	ʂuəʔ^{4}	ʂuəʔ^{4}	tsuəʔ^{4}	ʐuəʔ^{4}	ʐuəʔ^{4}	tɕʰyəʔ^{4}
保德	tʂʰuəʔ^{4}	ʂuəʔ^{4}	ʂuəʔ^{4}	ʂuəʔ^{4}	ʂu^{213}	ʐu^{213}	ʐuəʔ^{4}	tɕʰyəʔ^{4}
偏关	tʂʰuəʔ^{4}	ʂuəʔ^{4}	ʂuəʔ^{4}	ʂu^{213}	ʂuə^{213}	ʐuəʔ^{4}	ʐuəʔ^{4}	tɕʰyəʔ^{4}
朔城	tsʰuəʔ$^{\underline{35}}$	suəʔ$^{\underline{35}}$	suəʔ$^{\underline{35}}$	suəʔ$^{\underline{35}}$/ suʌʔ$^{\underline{35}}$	su^{312}	ʐuəʔ$^{\underline{35}}$	ʐu^{53}	tɕʰyəʔ$^{\underline{35}}$
平鲁	tsʰuəʔ$^{\underline{34}}$	su^{44}	suəʔ$^{\underline{34}}$	suʌʔ$^{\underline{34}}$/ suəʔ$^{\underline{34}}$	su^{213}	zu^{213}/zuəʔ$^{\underline{34}}$	zu^{52}	tɕʰyəʔ$^{\underline{34}}$
应县	tsuəʔ$^{\underline{43}}$	su^{43}	——	su^{54}/tsuəʔ$^{\underline{43}}$	su^{54}	zu^{54}	zu^{24}	tɕʰyɛʔ$^{\underline{43}}$
灵丘	tsuəʔ^{5}	su^{31}	suəʔ^{5}	suəʔ^{5}	su^{442}	zu^{442}	zu^{53}	tɕʰyəʔ^{5}
浑源	tsʰu^{13}/ tsʰiəʔ^{4}	su^{22}	su^{13}	siəʔ^{4}	——	zu^{52}	zu^{13}	tɕʰyəʔ^{4}
云州	tʂʰuəʔ^{4}	ʂu^{312}	ʂuəʔ^{4}	ʂuəʔ^{4}	ʂu^{55}	ʐu^{55}	ʐu^{24}	tɕʰyəʔ^{4}
新荣	tʂʰuəʔ^{4}/ tʂuəʔ^{4}	ʂu^{312}	ʂuəʔ^{4}	ʂu^{54}/ʂuəʔ^{4}	ʂu^{54}	ʐu^{54}	ʐu^{24}	tɕʰyəʔ^{4}
怀仁	tsuəʔ^{4}	su^{312}	suəʔ^{4}	suəʔ^{4}	su^{53}	zuəʔ^{4}	zu^{24}	tɕʰyəʔ^{4}
左云	tsʰuəʔ^{4}	su^{313}	suəʔ^{4}	suəʔ^{4} 白/ su^{54} 文	su^{54}	ʐuəʔ^{4}	ʐu^{24}	tɕʰyəʔ^{4}
右玉	tʂuəʔ^{4}	ʂu^{212}	ʂuəʔ^{4}	——	ʂu^{53}	ʐu^{53}	ʐu^{24}	tɕʰyəʔ^{4}

续表

字目	触	赎	束	属	蜀	辱	褥	曲
中古音 / 方言点	尺玉 通合三 入烛昌	神蜀 通合三 入烛船	书玉 通合三 入烛书	市玉 通合三 入烛禅	市玉 通合三 入烛禅	而蜀 通合三 入烛日	而蜀 通合三 入烛日	丘玉 通合三 入烛溪
阳高	tsʰu^{24}/ tsuəʔ^{3}	su^{312}	suəʔ^{3}	su^{53}	su^{53}	ʐu^{53}	ʐuəʔ^{3}	tɕʰyəʔ^{3}
山阴	——	ʂu^{313}	ʂuəʔ^{4}	ʂuəʔ^{4}/ʂuʌʔ^{4}	ʂu^{52}	ʐuəʔ^{4}	ʐu^{335}	tɕʰyəʔ^{4}
天镇	tsuəʔ^{4} 白 / tsʰuəʔ^{4} 文	suəʔ^{4}	suəʔ^{4}	suəʔ^{4}	su^{55}/tsuəʔ^{4}	zuəʔ^{4}	zuəʔ^{4}	tɕʰyəʔ^{4}
平定	tsʰuəʔ^{4}	suəʔ^{4}	suəʔ^{4}	suəʔ^{4}	su^{53}	zuəʔ$^{\underline{23}}$	zuəʔ$^{\underline{23}}$	tɕʰyəʔ^{4}
昔阳	tsʰuʌʔ$^{\underline{43}}$	su^{33}	suʌʔ$^{\underline{43}}$	suʌʔ$^{\underline{43}}$ 白 / su^{55} 文	su^{55}	zu^{55}	zu^{13}	tɕʰyʌʔ$^{\underline{43}}$
左权	tsuəʔ^{1}	suəʔ^{1}	tsʰuəʔ^{1} 白 / suɑʔ^{1} 文 / suəʔ^{1} 文	suəʔ^{1}	tsuəʔ^{1}	ʐuəʔ^{1}	ʐuəʔ^{1} 白 / ʐʌu^{53} 文	tɕʰyeʔ^{1} 白 / tɕʰye^{11} 文
和顺	tsʰuəʔ$^{\underline{21}}$	suəʔ$^{\underline{21}}$	suəʔ$^{\underline{21}}$	suəʔ$^{\underline{21}}$	——	zuəʔ$^{\underline{21}}$	zuəʔ$^{\underline{21}}$	tɕʰyeʔ$^{\underline{21}}$
尧都	tʂʰou^{21}	fu^{24} 白 / ʂu^{24} 文	ʂu^{21}	fu^{24} 白 / ʂu^{24} 文	ʂu^{21}	ʐu^{21}	vu^{21}	tɕʰy^{21}
洪洞	tʂu^{42}	fu^{24}	fu^{21}	fu^{21}	fu^{24}	vu^{42}	vu^{53} 白 / ʐu^{53} 文	tɕʰy^{21}
洪洞赵城	tʂʰu^{24}	ʂu^{24}	ʂu^{24}	ʂu^{24}	ʂu^{24}	ʐu^{24}	ʐu^{53}	tɕʰy^{21}
古县	tʂu^{35} 白 / tʂʰu^{35} 文	fu^{35}	fu^{21}	fu^{35}	fu^{35}	ʐu^{42}	vu^{53}	tɕʰy^{21}
襄汾	tʂou^{24} 白 / tʂʰou^{21} 文	fu^{24}	fu^{21} 白 / sou^{21} 文	fu^{21} 白 / ʂou^{24} 文	fu^{21}	vu^{21} 白 / ʐou^{24} 文	vu^{21} 白 /ʐʅ^{24} 文 / ʐou^{24} 文	tɕʰy^{21}
浮山	——	ʂou^{13}	ʂou^{42}	ʂou^{13}	fu^{13}	——	ʐou^{13}	tɕʰy^{42}
霍州	tʂʰu^{53}	ʂu^{35}	suɤ^{212} 老 / ʂu^{212} 新	ʂu^{33}	ʂu^{33}	ʐu^{33}	ʐu^{33}	tɕʰy^{212}
翼城	tʂʰu^{53}	ʂu^{12}	ʂu^{53}	ʂu^{44}	ʂu^{44}	ʐu^{44}	ʐu^{44}	tɕʰy^{44}
闻喜	tsʰɤu^{53}	fu^{13}	sɤu^{53}	sɤu^{13}	fu^{13}	zɤu^{53}	zɤu^{53}	tɕʰy^{53}
侯马	tʂʰu^{53}	sou^{213}	su^{53}	ʂu^{44}	ʂu^{44}	ʐu^{44}	ʐu^{44}	tɕʰy^{44}
新绛	tsəu^{44}	səu^{13}	səu^{53}	səu^{53}	su^{44}	ʐu^{13}	ʐəu^{53}	tɕʰy^{44}
绛县	tʂəu^{53}	ʂəu^{24}	səu^{31}	ʂəu^{31}	fu^{33}	vu^{33}	ʐəu^{31}	tɕʰy^{31}
垣曲	tʂʰu^{53}	sou^{22}	ʂu^{53}	sou^{44}	ʂu^{44}	ʐu^{44}	zou^{44}	tɕʰy^{44}
夏县	tʂəu^{31} 白 / tʂʰu^{31} 文	fu^{42} 白 / ʂu^{42} 文	ʂəu^{53} 白 / ʂu^{53} 文	ʂəu^{24} 白 / ʂu^{24} 文	fu^{24} 白 / ʂu^{24} 文	ʐəu^{24} 白 / ʐu^{24} 文	vu^{31} 白 / ʐu^{31} 文	tɕʰy^{53}
万荣	tsəu^{51}	fu^{213}	səu^{51}	fu^{213} 白 / səu^{213} 文	fu^{55}	ʐəu^{55}	ʐəu^{51}	tɕʰy^{213}/tɕʰy^{51}

续表

字目	触	赎	束	属	蜀	辱	褥	曲
中古音 / 方言点	尺玉 通合三 入烛昌	神蜀 通合三 入烛船	书玉 通合三 入烛书	市玉 通合三 入烛禅	市玉 通合三 入烛禅	而蜀 通合三 入烛日	而蜀 通合三 入烛日	丘玉 通合三 入烛溪
稷山	tsəu^{53}	ʂəu^{13} 白 / ʂu^{13} 文	səu^{44}	ʂəu^{44}	fu^{44}	ʐəu^{44}	ʐəu^{53}	tɕʰy^{44}
盐湖	tʂʰu^{42}	fu^{13} 白 / ʂu^{13} 文	ʂu^{42}	sou^{42}	sou^{42}	ʐu^{42}	vu^{42} 白 / ʐu^{42} 文	tɕʰy^{42}
临猗	pfʰu^{53} 白 / tsʰəu^{53} 文	fu^{13} 白 / səu^{13} 文	səu^{42}	fu^{13} 白 / səu^{13} 文	fu^{53} 白 / ʂu^{53} 文	vu^{53} 白 / ʐu^{53} 文	vu^{42} 白 / ʐəu^{42} 文	tɕʰy^{42}
河津	tsəu^{31}	səu^{324}	səu^{31}	səu^{31}	səu^{31}	ʐəu^{324} 文	zəu^{31}	tɕʰy^{31}
平陆	tsəu^{55}	səu^{13}	səu^{31}	fu^{13} 白 / səu^{13} 文	fu^{55}	ʐəu^{55}	ʐəu^{31}	tɕʰy^{31}/tɕʰy^{55}
永济	tʂʰəu^{31}	ʂəu^{24}	tʂʰəu^{31}	ʂəu^{24}	fu^{53}	ʐəu^{53}	ʐu^{53}	tɕʰy^{31}/ tɕʰy^{24}
芮城	tsəu^{42}	səu^{13} 白 / fu^{13} 文	səu^{42}	fu^{13} 白 / səu^{13} 文	fu^{53}	——	vu^{42} 白 / ʐəu^{42} 文	tɕʰy^{53}
吉县	tsəu^{423}	fu^{13}	fu^{13}	fu^{423}	fu^{53}	ʐəu^{53}	vu^{423}	tɕʰy^{423}
乡宁	tsou^{53}	ʂu^{12}	ʂu^{53}	sou^{44}	sou^{44}	ʐu^{53}	ʐu^{53}	tɕʰy^{53}
广灵	tsu^{53}	su^{31}	su^{53}	su^{44}	su^{44}	zu^{44}	zu^{213}	tɕʰy^{53}

字目	局	玉	狱	旭	欲	浴
中古音 / 方言点	渠玉 通合三 入烛群	鱼欲 通合三 入烛疑	鱼欲 通合三 入烛疑	许玉 通合三 入烛晓	余蜀 通合三 入烛以	余蜀 通合三 入烛以
北京	tɕy^{35}	y^{51}	y^{51}	ɕy^{51}	y^{51}	y^{51}
小店	tɕyəʔ$^{\underline{54}}$	yəʔ^{1}	yəʔ^{1}	ɕyəʔ^{1}	yəʔ^{1}	yəʔ^{1}
尖草坪	tɕyəʔ$^{\underline{43}}$	y^{35}	yəʔ^{2}	ɕy^{35}	yəʔ^{2}	yəʔ^{2}
晋源	tɕyəʔ$^{\underline{43}}$	y^{35}	yəʔ^{2}	ɕyəʔ$^{\underline{43}}$	yəʔ^{2}	y^{35}
阳曲	tɕyɛʔ$^{\underline{212}}$	y^{454}	yɛʔ^{4}	ɕy^{454}	y^{454}	y^{454}
古交	tɕyəʔ$^{\underline{312}}$	y^{53}	yəʔ^{4}	ɕyəʔ^{4}	yəʔ^{4}	yəʔ^{4}
清徐	tɕyəʔ$^{\underline{54}}$	yəʔ^{1} 白 /y^{45} 文	yəʔ^{1}	ɕyəʔ^{1}	yəʔ^{1}	yəʔ^{1}
娄烦	tɕyəʔ^{3}	y^{54}	yəʔ^{3}	ɕyəʔ^{3}	yəʔ^{3}	yəʔ^{3}
榆次	tɕyəʔ$^{\underline{53}}$	y^{35}	yəʔ^{1}	ɕyəʔ^{1}/ɕy^{35}	yəʔ^{1}	yəʔ^{1}
交城	tɕyəʔ$^{\underline{53}}$	y^{24}	yəʔ^{1}	ɕyəʔ$^{\underline{53}}$	yəʔ^{1}	yəʔ^{1}
文水	tɕyəʔ$^{\underline{312}}$	ɥ^{35}	yəʔ^{2}	ɕyəʔ^{2}	yəʔ^{2}/ɥ^{35}	yəʔ^{2}/ɥ^{35}
祁县	tɕyəʔ$^{\underline{324}}$	iəβ^{45}	yəʔ$^{\underline{32}}$	ɕyəʔ$^{\underline{32}}$	yəʔ$^{\underline{32}}$	yəʔ$^{\underline{32}}$
太谷	tɕyəʔ$^{\underline{423}}$	y^{53}	yəʔ^{3}	ɕyəʔ^{3}	yəʔ^{3}	yəʔ^{3}
平遥	tɕyʌʔ$^{\underline{523}}$	y^{24}	yʌʔ$^{\underline{212}}$	ɕyʌʔ$^{\underline{212}}$	y^{24}	y^{24}
孝义	tɕyəʔ$^{\underline{423}}$	y^{454}	yəʔ$^{\underline{423}}$	ɕyəʔ^{3}	y^{454}	y^{454}
介休	tɕyʌʔ$^{\underline{312}}$	y^{45}	yʌʔ$^{\underline{12}}$	ɕyʌʔ$^{\underline{12}}$	yʌʔ$^{\underline{312}}$	yʌʔ$^{\underline{12}}$
灵石	tɕyəʔ$^{\underline{212}}$	y^{53}	y^{53}	——	y^{53}	y^{53}
盂县	tɕyəʔ$^{\underline{53}}$	y^{55}	yəʔ^{2}	ɕyəʔ^{2}	yəʔ^{2}	yəʔ^{2}
寿阳	tɕyəʔ$^{\underline{54}}$	zɥ^{45}	yəʔ^{2}	ɕyəʔ^{2}	zɥ^{45}	zɥ^{22}/yəʔ^{2}
榆社	tɕyəʔ$^{\underline{312}}$	yəʔ^{2}	yəʔ^{2}	——	yəʔ^{2}	yəʔ^{2}
离石	tɕyeʔ$^{\underline{23}}$	zu^{53}	yeʔ^{4}	ɕyeʔ^{4}	yeʔ^{4}	yeʔ^{4}
汾阳	tɕyeʔ$^{\underline{312}}$	ɥ^{55}	yeʔ^{2}/ieʔ^{2}	ɕyeʔ^{2}	yeʔ^{2}	yaʔ$^{\underline{312}}$
中阳	tɕyeʔ$^{\underline{312}}$	y^{53}	yeʔ^{4}	ɕyeʔ^{4}	yeʔ^{4}	yeʔ^{4}
柳林	tɕyɛʔ^{4}	y^{53}	yɛʔ^{4}	ɕyɛʔ^{4}	yɛʔ$^{\underline{423}}$	yɛʔ^{4}
方山	tɕyɛʔ^{4}	y^{52}	yɛʔ^{4}	ɕyɛʔ^{4}	yɛʔ^{4}	yɛʔ^{4}
临县	tɕyɐʔ^{3}	y^{52}	y^{52}	ɕyɐʔ^{3}	y^{52}	yɐʔ^{3}
兴县	tɕyəʔ^{5}	y^{53}	yəʔ^{5}	——	yəʔ^{5}	yəʔ^{5}
岚县	tɕyəʔ^{4}	y^{53}	yəʔ^{4}	ɕyeʔ^{4}	yəʔ^{4}	yəʔ^{4}
静乐	tɕyəʔ$^{\underline{212}}$	y^{53}	yəʔ^{4}	——	yəʔ^{4}	yəʔ^{4}
交口	tɕyeʔ$^{\underline{212}}$	y^{53}	y^{53}	ɕyeʔ^{4}	yeʔ^{4}	yeʔ^{4}
石楼	tɕyəʔ^{4}	y^{51}	y^{51}	ɕy^{51}	y^{51}	y^{51}
隰县	tɕyəʔ^{3}	y^{44}	yəʔ^{3}	ɕy^{44}	yəʔ^{3}	yəʔ^{3}

续表

字目	局	玉	狱	旭	欲	浴
中古音 / 方言点	渠玉 通合三 入烛群	鱼欲 通合三 入烛疑	鱼欲 通合三 入烛疑	许玉 通合三 入烛晓	余蜀 通合三 入烛以	余蜀 通合三 入烛以
大宁	tɕʰy^{24}	yəʔ$^{\underline{31}}$	yəʔ$^{\underline{31}}$	——	yəʔ$^{\underline{31}}$	yəʔ$^{\underline{31}}$
永和	tɕyəʔ$^{\underline{312}}$	y^{53}	yəʔ$^{\underline{35}}$	——	y$^{\underline{35}}$	y$^{\underline{35}}$
汾西	tɕʰyəʔ^{3} 白 / tɕyəʔ^{3} 文	yəʔ^{1}	yəʔ^{1}	ɕy^{53}	yəʔ^{1}	yəʔ^{1}
蒲县	tɕʰy^{24} 白 /tɕy^{24} 文	y^{52}	y^{52}	ɕy^{33}	y^{33}	y^{52}
潞州	tɕyəʔ$^{\underline{53}}$	y^{54}	y^{54}	ɕyəʔ$^{\underline{53}}$	y^{54}	y^{54}
上党	tɕyəʔ$^{\underline{21}}$	y^{42}	y^{42}	ɕyəʔ$^{\underline{21}}$	y^{42}	y^{42}
长子	tɕyəʔ$^{\underline{212}}$	yəʔ^{4} 白 /y^{53} 文	y^{53}	ɕyəʔ^{4}	y^{53}	y^{53}
屯留	tɕyəʔ$^{\underline{54}}$	yəʔ^{1}	y^{11}	ɕyəʔ^{1}	y^{11}	y^{11}
襄垣	tɕyʌʔ$^{\underline{43}}$	y^{45}	y^{45}	——	y^{45}	y^{45}
黎城	cyɤʔ^{2}	y^{53}	y^{53}	ɕyɤʔ^{2}	y^{53}	y^{53}
平顺	cyəʔ$^{\underline{423}}$	y^{53}	y^{53}	syəʔ$^{\underline{212}}$	y^{53}	y^{53}
壶关	cyəʔ$^{\underline{21}}$	y^{42}	y^{353}	çyəʔ^{2}	y^{353}	y^{42}
沁县	tɕyəʔ$^{\underline{31}}$	ɥ^{53}	yəʔ$^{\underline{31}}$	——	yəʔ$^{\underline{31}}$	yəʔ$^{\underline{31}}$
武乡	tɕyəʔ$^{\underline{423}}$	yəʔ^{3}	yəʔ^{3}	ɕyəʔ^{3}	yəʔ^{3}	——
沁源	tɕyəʔ$^{\underline{31}}$	y^{53}	yəʔ$^{\underline{31}}$	ɕyəʔ$^{\underline{31}}$	y^{53}	y^{53}
安泽	tɕy^{35}	y^{53}	y^{53}	ɕy^{53}	y^{53}	y^{53}
沁水端氏	tɕyəʔ^{2}	i^{53}/yəʔ^{2}	y^{53}	ɕyəʔ^{2}	y^{53}	y^{53}
阳城	cyəʔ^{2}	yəʔ^{2}	y^{51}	ɕyəʔ^{2}	yəʔ^{2}	y^{51}
高平	ciəʔ^{2}	iəʔ^{22} 白 /i^{53} 文	i^{53}	ɕiəʔ^{2}	i^{53}	i^{53}
陵川	cyəʔ$^{\underline{23}}$	y̩^{24}	y̩^{24}	ɕyəʔ^{3}	y̩^{24}	y̩^{24}
晋城	tɕyʌʔ^{2}	yʌʔ^{2}	y^{53}	ɕyʌʔ^{2}	y^{53}	y^{53}
忻府	tɕyɛʔ$^{\underline{32}}$	yu^{53}	y^{53}	ɕyɛʔ$^{\underline{32}}$	y^{53}	yu^{53}
原平	tɕyəʔ$^{\underline{34}}$	yʉ^{53}	yəʔ$^{\underline{34}}$	ɕyəʔ$^{\underline{34}}$	yəʔ$^{\underline{34}}$	yəʔ$^{\underline{34}}$
定襄	tɕyəʔ^{1}	yəʔ^{1}	yəʔ^{1}	ɕyəʔ^{1}	yəʔ^{1}	yəʔ^{1}
五台	tɕyəʔ^{3}	y^{52}	yəʔ^{3}	ɕyəʔ^{3}	yəʔ^{3}	yəʔ^{3}
岢岚	tɕyɛʔ^{4}	y^{52}	yɛʔ^{4}	ɕyɛʔ^{4}	yɛʔ^{4}	yɛʔ^{4}
五寨	tɕyəʔ^{4}	y^{52}	yəʔ^{4}	ɕyəʔ^{4}	y^{52}	y^{52}
宁武	tɕyəʔ^{4}	y^{52}	yəʔ^{4}	ɕyəʔ^{4}	yəʔ^{4}	yəʔ^{4}
神池	tɕyəʔ^{4}	y^{52}	yəʔ^{4}	y^{52}	y^{52}	yəʔ^{4}
繁峙	tɕyəʔ$^{\underline{13}}$	y^{24}	y^{24}	ɕy^{24}	y^{24}	yəʔ$^{\underline{13}}$

续表

字目	局	玉	狱	旭	欲	浴
中古音 方言点	渠玉 通合三 入烛群	鱼欲 通合三 入烛疑	鱼欲 通合三 入烛疑	许玉 通合三 入烛晓	余蜀 通合三 入烛以	余蜀 通合三 入烛以
代县	tɕyəʔ^{2}	y^{53}	yəʔ^{2}	ɕyəʔ^{2}	yəʔ^{2}	yəʔ^{2}
河曲	tɕyəʔ^{4}	yəʔ^{4}	yəʔ^{4}	ɕy^{52}	yəʔ^{4}	yəʔ^{4}
保德	tɕyəʔ^{4}	y^{52}	y^{52}	ɕyəʔ^{4}	yəʔ^{4}	y^{52}
偏关	tɕyəʔ^{4}	yəʔ^{4}	yəʔ^{4}	ɕyəʔ^{4}	yəʔ^{4}	yəʔ^{4}
朔城	tɕyəʔ$^{\underline{35}}$	y^{53}	y^{53}	——	yəʔ$^{\underline{35}}$	yəʔ$^{\underline{35}}$
平鲁	tɕy^{213}	y^{52}	y^{213}	——	yəʔ$^{\underline{34}}$	yəʔ$^{\underline{34}}$
应县	tɕy^{31}	y^{24}	y^{24}	ɕy^{24}	y^{24}/yɛʔ$^{\underline{43}}$	y^{24}/yɛʔ$^{\underline{43}}$
灵丘	tɕy^{31}	y^{53}	y^{53}	ɕy^{53}	y^{53}	y^{53}
浑源	tɕy^{22}	y^{13}	y^{13}	——	y^{13}	y^{13}
云州	tɕyəʔ^{4}白/ tɕy^{312}文	y^{24}	y^{24}	ɕy^{24}	y^{24}	y^{24}
新荣	tɕy^{312}	y^{24}	y^{24}	ɕyəʔ^{4}	y^{24}	y^{24}
怀仁	tɕy^{312}	y^{24}	y^{24}	ɕyəʔ^{4}	yəʔ^{4}	y^{24}
左云	tɕyəʔ^{4}白/ tɕy^{313}文	y^{24}	y^{24}	ɕy^{24}	yəʔ^{4}	yəʔ^{4}白/y^{24}文
右玉	tɕy^{31}	y^{24}	y^{24}	——	yəʔ^{4}	yəʔ^{4}
阳高	tɕy^{312}	y^{24}	y^{24}	——	yəʔ^{3}	yəʔ^{3}
山阴	tɕy^{313}	y^{335}	y^{335}	——	tɕyəʔ^{4}	tɕyəʔ^{4}
天镇	tɕyəʔ^{4}	y^{24}	y^{24}	——	yəʔ^{4}	yəʔ^{4}
平定	tɕy^{44}	y^{24}	y^{24}	——	y^{24}	y^{24}
昔阳	tɕy^{33}	y^{13}	yʌʔ^{43}	ɕyʌʔ$^{\underline{43}}$	y^{13}	yʌʔ$^{\underline{43}}$
左权	tɕy^{53}	i^{53}白/y^{53}文	y^{53}	——	y^{53}	y^{53}
和顺	tɕyeʔ$^{\underline{21}}$	i^{13}白/y^{13}文	y^{13}	——	y^{13}	y^{13}
尧都	tɕy^{24}	y^{21}	y^{21}	——	y^{21}	y^{21}
洪洞	tɕy^{24}	y^{21}	y^{21}	ɕy^{42}	y^{42}	y^{53}
洪洞赵城	tɕy^{24}	y^{53}	y^{24}	ɕy^{21}	y^{53}	y^{53}
古县	tɕʰy^{35}白/tɕy^{35}文	y^{53}	y^{53}	ɕy^{21}	y^{53}	y^{21}
襄汾	tɕʰy^{24}白/tɕy^{24}文	y^{21}	y^{21}	ɕy^{53}	y^{21}	y^{21}
浮山	tɕy^{13}	y^{42}	y^{42}	——	y^{42}	y^{42}
霍州	tɕy^{35}	y^{53}	y^{53}	ɕy^{53}	y^{53}	y^{53}
翼城	tɕy^{12}	y^{53}	y^{53}	ɕy^{53}	y^{53}	y^{53}
闻喜	tɕʰy^{13}	——	——	ɕy^{53}	y^{53}	y^{53}

续表

字目	局	玉	狱	旭	欲	浴
中古音 / 方言点	渠玉 通合三 入烛群	鱼欲 通合三 入烛疑	鱼欲 通合三 入烛疑	许玉 通合三 入烛晓	余蜀 通合三 入烛以	余蜀 通合三 入烛以
侯马	$tɕy^{213}$	y^{53}	y^{53}	$ɕy^{53}$	y^{53}	y^{53}
新绛	$tɕ^hy^{13}$	y^{53}	y^{53}	$ɕy^{13}$	y^{53}	y^{53}
绛县	$tɕ^hy^{24}$	y^{31}	y^{31}	$ɕy^{53}$	y^{31}	y^{31}
垣曲	$tɕy^{22}$	y^{53}	y^{53}	$ɕy^{53}$	y^{53}	y^{53}
夏县	$tɕ^hy^{42}$	y^{31}	y^{31}	$ɕy^{31}$	y^{31}	y^{31}
万荣	$tɕ^hy^{213}$	y^{51}	y^{51}	$ɕy^{55}$	y^{33}	y^{33}
稷山	$tɕ^hy^{13}$	y^{53}	y^{53}	$ɕy^{53}$	y^{53}	y^{53}
盐湖	$tɕy^{13}$	y^{42}	y^{42}	$ɕy^{42}$	y^{42}	y^{42}
临猗	$tɕ^hy^{13}$ 白 / $tɕy^{13}$ 文	y^{42}	y^{42}	$ɕy^{44}$	y^{42}	y^{42}
河津	$tɕ^hy^{324}$ 白 / $tɕy^{324}$ 文	y^{31}	y^{31}	$ɕy^{31}$	y^{44}	y^{44}
平陆	$tɕ^hy^{13}$ 白 / $tɕy^{13}$ 文	y^{31}	y^{31}	$ɕy^{33}$	y^{33}	y^{33}
永济	$tɕ^hy^{24}$	y^{31}	y^{31}	$ɕy^{31}$	y^{44}	y^{44}
芮城	$tɕ^hy^{13}$	y^{42}	y^{42}	$ɕy^{42}$	y^{44}	y^{42}
吉县	$tɕ^hy^{13}$	y^{423}	y^{423}	——	y^{33}	y^{33}
乡宁	$tɕ^hy^{12}$ 白 / $tɕy^{12}$ 文	y^{53}	y^{53}	$ɕy^{53}$	y^{53}	y^{53}
广灵	$tɕy^{31}$	y^{213}	y^{213}	$ɕy^{53}$	y^{213}	y^{213}

字目索引

字目索引

chǐ
尺 1734
齿 688
耻 684
chì
赤 1734
翅 729
chōng
冲 1841
充 1828
舂 1841
chóng
虫 1828
重 1841
崇 1828
chǒng
宠 1849
chōu
抽 925
chóu
仇 929
绸 925
酬 933
稠 925
愁 925
筹 925
chǒu
丑 945
丒 945
chòu
臭 961
chū
出 1401
初 447
chú
除 443
厨 459
锄 447
橱 459
chǔ
础 475
储 443
楚 475
处 475
chù
处 509
畜 1874
触 1889
chuān
川 1227
穿 1227
chuán
传 1227
船 1227
椽 1227
chuǎn
喘 1243
chuàn
串 1247
chuāng
创 1478
疮 1478
窗 1557
chuáng
床 1483
chuǎng
闯 1508
chuàng
创 1523
chuī
吹 742
炊 742
chuí
垂 742
锤 747
chūn
春 1377
椿 1377
chún
纯 1381
唇 1377
chǔn
蠢 1393
chuō
戳 1572
chuò
绰 1532
cí
词 646
祠 646
瓷 671
辞 646
慈 642
磁 642
雌 659
cǐ
此 701
cì
次 713
刺 729
赐 729
cōng
匆 1788
葱 1788
聪 1788
cóng
从 1841
丛 1788
còu
凑 913
cū
粗 398
cù
促 1884
醋 434
cuàn
篡 1179
cuī
崔 547
催 547
cuì
脆 605
翠 771
cūn
村 1308
cún
存 1308
cùn
寸 1320
cuō
搓 307
撮 1149
cuò
挫 1450
错 1450

jìng
劲 1725
净 1720
竞 1715
竟 1715
敬 1715
静 1710
境 1705
镜 1715
jiū
纠 933
纠 953
究 961
jiǔ
九 949
久 949
灸 949
酒 941
jiù
旧 961
臼 949
救 961
就 953
舅 949
jū
拘 463
居 451
驹 463
jú
局 1894
菊 1879
橘 1405
jǔ
举 479
jù
巨 479
句 501
拒 479
具 501
剧 1725
据 509
距 479
惧 501
锯 509
聚 487
juān
捐 1231
juǎn
卷 1243
juàn
卷 1251
倦 1251
绢 1251
眷 1251
jué
决 1296
觉 1572
绝 1259
掘 1263
jūn
军 1385
均 1381
君 1385
钧 1381
jùn
俊 1393

K

kāi
开 518
kǎi
慨 535
楷 581
kān
刊 1092
看 1092
勘 985
堪 973
kǎn
坎 977
砍 981
kàn
看 1104
kāng
康 1423
慷 1432
糠 1423
kàng
抗 1436
kǎo
考 808
烤 808
kào
靠 820
kē
科 324
棵 324
颗 332
磕 994
ké
壳 1577
kě
可 311
渴 1112
kè
克 1601
刻 1601
客 1664
课 336
kěn
肯 1591
垦 1300
恳 1300
啃 1300
kēng
坑 1643
kōng
空 1792
kǒng
孔 1801
恐 1853
kòng
控 1811
空 1811
kǒu
口 905
kòu
叩 913
扣 913
寇 913
kū
枯 402

miào
妙 873
庙 873
miè
灭 1214
mín
民 1329
mǐn
闽 1329
悯 1345
敏 1345
míng
名 1690
明 1685
鸣 1685
冥 1747
铭 1747
mìng
命 1710
miù
谬 965
mō
摸 1441
mó
模 394
膜 1441
摩 320
磨 320
魔 320
mǒ
抹 1144
mò
末 1144
没 1324
沫 1144
陌 1664
莫 1441
漠 1441
墨 1591
磨 336
默 1591
móu
谋 917
mǒu
某 901
mǔ
母 897
牡 901
亩 897
mù
木 1815
目 1869
牧 1879
墓 430
幕 1441
慕 426
暮 426

N

ná
拿 341
nà
纳 989
nǎi
乃 523
奶 581
nài
奈 539
耐 531
nán
男 969
南 969
难 1084
nàn
难 1100
náng
囊 1414
náo
挠 824
nǎo
恼 803
脑 803
nào
闹 840
nèi
内 559
nèn
嫩 1320
néng
能 1587
ní
尼 671
泥 614
nǐ
你 680
nì
逆 1725
腻 709
溺 1772
niān
拈 1044
nián
年 1267
黏 1016
niǎn
碾 1197
niàn
念 1048
niáng
娘 1463
niàng
酿 1513
niǎo
鸟 885
niào
尿 889
niē
捏 1288
niè
聂 1032
孽 1223
níng
宁 1752
凝 1611
niú
牛 933
niǔ
扭 941
纽 941
nóng
农 1797

pìn
聘 1715
píng
平 1680
评 1680
坪 1680
凭 1601
凭 1606
屏 1743
瓶 1743
萍 1747
pō
坡 316
泼 1144
颇 316
pó
婆 320
pò
迫 1658
破 332
魄 1658
pōu
剖 897
pū
扑 1811
铺 389
pú
仆 1811
脯 389
蒲 389
葡 394
pǔ
朴 1567
浦 410
普 410
谱 410
pù
铺 426

Q

qī
七 1365
妻 614
凄 618
戚 1776
期 651
欺 651
漆 1365
qí
齐 618
祁 676
其 651
奇 667
祈 638
脐 618
骑 667
棋 655
旗 651
麒 655
qǐ
乞 1373
岂 680
企 701
启 626
起 692
qì
气 705
弃 717
汽 705
泣 1080
契 634
器 717
qiā
掐 1011
qià
恰 1011
qiān
千 1271
迁 1188
牵 1271
铅 1231
谦 1048
签 1016
签 1020
qián
前 1271
虔 1193
钱 1188
钳 1020
乾 1193
潜 1020
qiǎn
浅 1201
qiàn
欠 1032
歉 1048
qiāng
羌 1488
枪 1473
腔 1562
qiáng
强 1493
墙 1473
qiǎng
抢 1503
强 1513
qiāo
锹 853
敲 832
qiáo
乔 861
侨 861
桥 861
樵 853
qiǎo
巧 836
qiào
窍 893
qiē
切 1288
qié
茄 336
qiě
且 380
qiè
切 1288
妾 1036
怯 1040
窃 1288
qīn
钦 1060
侵 1056
亲 1333

ruǐ
蕊 757
ruì
锐 610
瑞 781
rùn
闰 1397
润 1397
ruò
若 1537
弱 1537

S

sǎ
洒 353
sāi
腮 518
sài
赛 531
sān
三 977
sǎn
伞 1096
散 1096
sàn
散 1104
sāng
桑 1419
丧 1419
sǎng
嗓 1432
sàng
丧 1436
sāo
骚 790
臊 790
sǎo
扫 808
嫂 808
sè
色 1625
涩 1076
啬 1625
塞 1596
瑟 1369
sēn
森 1056
sēng
僧 1587
shā
杀 1170
沙 345
纱 345
shǎ
傻 366
shà
煞 1170
霎 1007
shāi
筛 568
shài
晒 585
shān
山 1149
杉 994
删 1158
衫 998
扇 1193
shǎn
闪 1028
陕 1028
shàn
扇 1210
善 1201
shāng
伤 1483
商 1483
shǎng
赏 1508
shàng
上 1508
上 1527
尚 1527
shāo
烧 857
梢 828
稍 840
sháo
勺 1537
shǎo
少 869
shào
少 877
绍 869
shē
赊 380
shé
舌 1219
蛇 375
shě
舍 380
shè
舍 389
设 1219
社 380
射 389
涉 1036
赦 389
摄 1036
shēn
申 1337
伸 1337
身 1337
参 1056
深 1060
shén
神 1337
shěn
沈 1068
审 1068
婶 1068
shèn
肾 1349
甚 1068
渗 1072
慎 1357
shēng
升 1611
生 1638
声 1695
牲 1638
甥 1638
shéng
绳 1611

植 1630
zhǐ
止 688
只 701
旨 696
址 688
纸 701
指 696
zhì
至 713
志 721
志 721
制 601
质 713
质 1369
治 717
致 713
智 729
痣 721
滞 601
置 717
稚 713
zhōng
中 1823
忠 1823
终 1828
盅 1841
钟 1841
衷 1828
锺 1841
zhǒng
肿 1853
种 1853
zhòng
中 1857
仲 1857
众 1857
种 1861
重 1853
zhōu
舟 929
州 929
周 929
洲 929
粥 1874
zhóu
轴 1874
zhǒu
肘 945
帚 945
zhòu
咒 957
昼 957
皱 957
骤 957
zhū
朱 459
珠 463
株 459
诸 447
猪 443
蛛 459
zhú
竹 1869
逐 1874
烛 1884
zhǔ
主 487
煮 475
嘱 1884
zhù
助 509
住 496
注 496
注 501
驻 496
柱 487
祝 1874
著 505
蛀 501
铸 501
筑 1869
zhuā
抓 828
zhuān
专 1227
砖 1227
zhuǎn
转 1243
zhuàn
传 1247
转 1247
赚 1003
篆 1243
zhuāng
庄 1478
桩 1557
装 1478
zhuàng
壮 1523
状 1523
撞 1567
zhuī
追 747
锥 747
zhuì
坠 771
赘 605
zhǔn
准 1389
准 1393
zhuō
捉 1572
桌 1572
zhuó
浊 1572
着 1532
着 1532
啄 1572
镯 1572
zī
姿 671
兹 642
资 671
滋 642
zǐ
子 684
姊 696
紫 701
zì
自 713
字 721
zōng
宗 1797

参考文献

白云编著《和顺方言志》，三晋出版社，2016。

北京大学中国语言文学系语言学教研室编《汉语方音字汇》（第二版重排本），语文出版社，2003。

丁声树编录，李荣参订《古今字音对照手册》，中华书局，1981。

董少文编《语音常识》（改订版），文化教育出版社，1958。

侯精一、温端政主编《山西方言调查研究报告》，山西高校联合出版社，1993。

乔全生主编《中国语言资源集·山西》，商务印书馆，2023。

乔全生主编“山西方言重点研究丛书”（10辑70本），中央文献出版社、山西人民出版社、语文出版社、九州出版社、北岳文艺出版社等，1999-2022。

山西省方言调查指导组编《山西方言概况》（语音部分），油印本，1961。

沈明:《山西岚县方言》，中国社会科学出版社，2014。

中国社会科学院语言研究所、中国社会科学院民族学与人类学研究所、香港城市大学语言资讯科学研究中心:《中国语言地图集》（第2版），商务印书馆，2012。

中国社会科学院、澳大利亚人文科学院:《中国语言地图集》，朗文（远东）出版有限公司，1987。

中国社会科学院语言研究所:《方言调查字表》（修订本），商务印书馆，1981。